W9-BGF-039

Golfo de Vizcaya
Golfe de Gascogne

FRANCIA
FRANCE

PRINCIPADO DE ASTURIAS
PRINCIPAUTÉ DES ASTURIES

CANTABRIA
CANTABRIQUE

COMUNIDAD FORAL DE NAVARRA
NAVARRE

La Coruña
La Corogne

Santiago de Compostela
St-Jacques-de-Compostelle

Oviedo

Santander

Bilbao
PAÍS VASCO
PAYS BASQUE

Vitoria

Pamplona
Pampelune

ANDORRA
ANDORRE

Golfo de León
Golfe du Lion

Aneto
Pic d'Aneto ▲ 3404

GALICIA
GALICE

León

Burgos

Logroño
LA RIOJA

Pirineos
Pyrénées

Vigo

Orense

Zaragoza
Saragosse

Gerona
Gérone

Costa Brava

CASTILLA-LEÓN
CASTILLE-LÉON

Cordillera Ibérica

CATALUÑA
CATALOGNE

Valladolid

Duero
Douro

Chaînes Ibériques

Ebro
Ebre

ARAGÓN
ARAGON

Barcelona
Barcelone

Tarragona
Tarragone

PORTUGAL

Salamanca
Salamanque

COMUNIDAD DE MADRID
COMMUNAUTÉ DE MADRID

Guadalajara

Teruel

BALEARES
BALÉARES

Menorca
Minorque

MADRID ■

Cuenca

COMUNIDAD VALENCIANA
COMMUNAUTÉ DE VALENCE

Palma de Mallorca
Palma de Majorque

Mallorca
Majorque

Tajo
Tage

Toledo
Tolède

EXTREMADURA
ESTRÉMADURE

CASTILLA-LA MANCHA
CASTILLE-LA MANCHE

Júcar

Valencia
Valence

Ibiza

Cabrera

Mérida

Guadiana

Ciudad Real

Albacete

Formentera

Badajoz

Guadiana

Sierra Morena

Murcia
Murcie

Alicante

Mar Mediterráneo
Mer Méditerranée

Córdoba
Cordoue

Guadalquivir

ANDALUCÍA
ANDALOUSIE

REGIÓN DE MURCIA
MURCIE

Sevilla
Séville

Granada
Grenade

Mulhacén ▲ 3478

Huelva

Málaga
Malaga

Sierra Nevada

Almería

Golfo de Cádiz
Golfe de Cadix

Cádiz
Cadix

Costa del Sol

OCÉANO ATLÁNTICO
OCÉAN ATLANTIQUE

Gibraltar (G-B)

Estrecho de Gibraltar
Détroit de Gibraltar

Ceuta

Melilla

MARRUECOS
MAROC

200 km

Islas Canarias
Iles Canaries

15°

La Palma

Tenerife

Santa Cruz de Tenerife

Lanzarote

Fuerteventura

Gomera

Las Palmas

28°

Hierro

Gran Canaria
Grande Canarie

OCÉANO ATLÁNTICO
OCÉAN ATLANTIQUE

100 km

■ Capital de Estado
  Capitale d'État

● Otras ciudades
  Autres villes

Frontera internacional
Frontière internationale

● Capital de Comunidad Autónoma
  Capitale de Communauté autonome

Límite de Comunidad Autónoma
Limite de Communauté autonome

200 500 1000 2000 m

Provincias
Provinces

1	Álava	25	La Coruña
2	Albacete	26	La Rioja
3	Alicante	27	León
4	Almería	28	Lérida
5	Asturias	29	Lugo
6	Ávila	30	Madrid
7	Badajoz	31	Málaga
8	Baleares	32	Murcia
9	Barcelona	33	Navarra
10	Burgos	34	Orense
11	Cáceres	35	Palencia
12	Cádiz	36	Pontevedra
13	Cantabria	37	Salamanca
14	Castellón de la Plana	38	Segovia
15	Ciudad Real	39	Sevilla
16	Córdoba	40	Soria
17	Cuenca	41	Tarragona
18	Gerona	42	Teruel
19	Granada	43	Toledo
20	Guadalajara	44	Valencia
21	Guipuzcoa	45	Valladolid
22	Huelva	46	Vizcaya
23	Huesca	47	Zamora
24	Jaén	48	Zaragoza

Canarias : Las Palmas de Gran Canaria
Santa Cruz de Tenerife

GRAN DICCIONARIO

ESPAÑOL-FRANCÉS
FRANCÉS-ESPAÑOL

por **Ramón García-Pelayo y Gross**

Professeur à l'École supérieure d'interprètes et de traducteurs de l'Université de Paris
Maître de conférences à l'École nationale d'administration
et à l'Institut des sciences politiques de Paris
Miembro del Ilustre Colegio de Abogados de Madrid
Miembro c. de la Academia de San Dionisio de Ciencias, Artes y Letras
de la Academia Boliviana de la Historia
de la Real Academia de Bellas Artes de San Telmo
y de la Academia Argentina de Letras

y **Jean Testas**

Agrégé de l'Université – Assistant à la Sorbonne
Maître de conférences à l'École nationale d'administration
Responsable des études hispaniques
à l'École des hautes études commerciales de Paris (Jouy-en-Josas)

con la colaboración de

Micheline Durand

Licenciée de l'Université de Paris – Interprète de conférence
Professeur à l'École supérieure d'interprètes et de traducteurs de l'Université de Pa
Maître de conférences à l'Institut des sciences politiques de Paris

Fernando García-Pelayo y Gross

Diplômé de l'Université de Madrid
Professeur d'espagnol commercial à l'Institut supérieur de co

Jean-Paul Vidal

Licencié et diplômé d'études supérie
Diplômé de l'École supérieure de traduct

GRAND DICTIONNAIRE

ESPAGNOL-FRANÇAIS
FRANÇAIS-ESPAGNOL

par **Ramón García-Pelayo y Gross**
Professeur à l'École supérieure d'interprètes et de traducteurs de l'Université de Paris
Maître de conférences à l'École nationale d'administration
et à l'Institut des sciences politiques de Paris
Miembro del Ilustre Colegio de Abogados de Madrid
Miembro c. de la Academia de San Dionisio de Ciencias, Artes y Letras
de la Academia Boliviana de la Historia
de la Real Academia de Bellas Artes de San Telmo
y de la Academia Argentina de Letras

et **Jean Testas**
Agrégé de l'Université – Assistant à la Sorbonne
Maître de conférences à l'École nationale d'administration
Responsable des études hispaniques
à l'École des hautes études commerciales de Paris (Jouy-en-Josas)

avec la collaboration de

Micheline Durand
Licenciée de l'Université de Paris – Interprète de conférence
Professeur à l'École supérieure d'interprètes et de traducteurs de l'Université de Paris
Maître de conférences à l'Institut des sciences politiques de Paris

Fernando García-Pelayo y Gross
Diplômé de l'Université de Madrid
Professeur d'espagnol commercial à l'Institut supérieur de commerce de Paris

Jean-Paul Vidal
Licencié et diplômé d'études supérieures d'espagnol
Diplômé de l'École supérieure de traducteurs de l'Université de Paris

Collaborateurs de la première édition
Colaboradores de la primera edición

Amadeo Bernadó Calcató, Jean Coste, Jacqueline Englund, Ernesto García-Herrera,
Antonio García-Pelayo, Fernando Gómez Peláez, Annick Labarère, Françoise Laye,
José María Rodríguez, Anne-Marie Suret, Guy Testas, Adolphe V. Thomas, René Violot

Collaborateurs de la deuxième édition
Colaboradores de la segunda edición

Gabino Alonso, Ralf Brockmeier, María Jesús Bueno Contestabile,
Paloma Cabot, Jean-Jacques Carreras, Béatrice Cazalaà, Pierre Coët, Anna Jené Palat,
María Elena Rodríguez Nieto, Hermenesindo Salceda Rodríguez

ISBN 2-03-401512-6
Larousse-Paris

Collaborateurs de la nouvelle édition
Colaboradores de la nueva edición

Coordination éditoriale
Coordinación editorial
Sophie Jaquet

Rédaction / Redacción
Béatrice Bolta
Isabelle Couté
Laurence Larroche
Elvira de Moragas
Cécile Nief

Révision / Revisión
Sophie Hincelin
Peggy Loi son

Informatique éditoriale
Informática editorial
Jocelyne Rebena

Maquette / Maqueta
Sophie Compagne

Composition / Composición
I.G.S. – Charente Photogravure

Fabrication / Fabricación
Nicolas Perrier

Cartographie / Cartografía
Krystyna Mazoyer

Préface

Le souci primordial des auteurs de la première édition était de couvrir l'intégralité de la réalité linguistique que l'utilisateur peut avoir à manier dans sa pratique quotidienne et professionnelle – ambition révolutionnaire à l'époque ! Cette nouvelle conception, qui a su répondre aux attentes des hispanistes, lui a valu un succès incontestable.

Comment appréhender l'intégralité d'une réalité linguistique sans faire appel à un corpus le plus vaste possible ? C'est en prenant pour source des quotidiens, des revues à caractère général, des revues spécialisées et des extraits d'œuvres littéraires des plus grands auteurs français et espagnols qui celui-ci a été constitué. Les nombreux termes spécialisés également présents dans cet ouvrage sont la marque des progrès accomplis par les sciences et les techniques. Le dictionnaire fait en même temps une large part aux tournures et expressions familières dont les traductions tentent de rendre l'esprit et la saveur. La langue classique n'a pas été négligée pour autant et les américanismes, reflétant l'importance du monde latino-américain, ont reçu la place qui leur revient. Les auteurs ont par ailleurs tenu à doter certains articles de listes de synonymes et d'observations sur une difficulté de l'une ou de l'autre langue. L'ouvrage en tant que précieux instrument de travail a ainsi accompagné des milliers d'utilisateurs dans leur étude de la langue espagnole.

Mais nos civilisations vivent un profond bouleversement de leurs moyens de création, d'échange et de communication. Animés par le souci constant de satisfaire à cette exigence de qualité qui fit le succès du texte de départ, nous l'avons enrichi de 30 000 ajouts pour en faire un outil indispensable à la compréhension du français et de l'espagnol d'aujourd'hui. De nombreux domaines sont plus largement traités : l'informatique, le nucléaire, l'environnement, mais aussi les télécommunications, l'économie, la médecine, la biologie, le sport. Cet ouvrage n'a cependant pas l'ambition de devenir un dictionnaire de langue spécialisée. En introduisant de nombreux termes techniques et scientifiques, il veut seulement rendre compte de l'évolution de la langue dans le sens d'une plus grande perméabilité aux langues de spécialité. Certains ajouts n'appartiennent à aucune discipline particulière, mais inscrivent définitivement l'ouvrage dans notre époque. En effet, l'utilisateur y trouvera les mots et les expressions familières, voire argotiques, tels qu'il peut les entendre dans son environnement quotidien. Le nombre d'abréviations et de noms géographiques a été considérablement augmenté.

Mais un dictionnaire est aussi un pont entre les cultures et les sociétés ; de nombreuses gloses et encadrés historiques et culturels s'efforcent d'expliquer lorsque traduire n'est pas possible, lorsqu'il faut aller au-delà du lexique. Enfin, un précis grammatical enrichi de tous les tableaux de conjugaison et des formules de correspondance les plus courantes complètent cet ouvrage.

La physionomie du texte même a été modifiée. La typographie a reçu une attention particulière pour une meilleure convivialité de l'accès de l'information et un plus grand confort de lecture.

Nous sommes convaincus qu'en consultant la présente édition augmentée et enrichie, les utilisateurs retrouveront toute la satisfaction que leur a procurée la précédente et qu'ils n'hésiteront pas à nous faire part de leurs remarques et commentaires éventuels.

LES ÉDITEURS

Prólogo

La principal preocupación de los autores de la primera edición de esta obra fue abarcar en todas sus manifestaciones la realidad lingüística con que el usuario pudiera llegar a encontrarse en su quehacer cotidiano y profesional, ambición no poco revolucionaria en aquella época. Este nuevo planteamiento supo responder a las expectativas de los estudios de la lengua francesa y supuso un éxito indiscutible.

¿Cómo captar la totalidad de una realidad lingüística sin contar con un corpus lo más amplio posible? Para la constitución de dicho corpus se acudió a diarios y revistas de carácter general o especializadas, y a extractos de obras literarias de los más señalados autores españoles y franceses. De los progresos realizados por la ciencia y la técnica dejan constancia los numerosos términos de especialidad recogidos en esta obra, en la que también tienen cabida los giros y expresiones coloquiales cuyo carácter y sabor propios se intenta conservar en las traducciones. No por ello se ha pasado por alto el lenguaje clásico, y los americanismos, fiel reflejo de la importancia de la realidad hispanoamericana, ocupan aquí un lugar por derecho propio. En algunos artículos, los autores han querido ofrecer una diversidad de sinónimos así como observaciones sobre dificultades de uno u otro idioma. El resultado de todo ello es una inapreciable herramienta de trabajo que ha servido a miles de usuarios en su estudio de la lengua francesa.

Pero la sociedad de nuestro tiempo está experimentando una profunda transformación en cuanto a medios de creación, intercambio y comunicación. Movidos por la fidelidad a los principios de calidad que hicieron posible su éxito inicial, hemos enriquecido el texto de partida con 30 000 nuevas voces a fin de ofrecer una obra de consulta indispensable para la comprensión del español y el francés de nuestros días. Numerosas áreas de conocimiento: la informática, energía nuclear, medio ambiente, telecomunicaciones, economía, medicina, biología y deportes, ven ampliados sus horizontes terminológicos. Sin embargo, esta obra no trata de convertirse en un diccionario de especialidad; al introducir los nuevos términos técnicos y científicos sólo pretende dar testimonio de la evolución de la lengua y de su mayor permeabilidad y receptividad frente a los vocablos especializados. Sin pertenecer a ninguna materia en particular, algunas de las voces incorporadas confieren a esta obra una dimensión plenamente contemporánea. Ciertamente, el usuario podrá encontrar palabras familares, incluso de argot, las mismas que puede oír en su entorno habitual. El número de siglas, abreviaturas y nombres geográficos se ha visto considerablemente aumentado.

Pero un diccionario es también un puente entre las culturas y las sociedades; numerosas glosas y recuadros históricos y culturales intentan una explicación cuando traducir no es posible, cuando hay que ir más allá del léxico.

Por último, completan esta obra un compendio gramatical enriquecido con todos los cuadros de conjugación y las fórmulas de correspondencia más usuales.

La fisionomía del texto mismo ha sido modificada. La tipografía ha sido objeto de un cuidado particular para un mejor acceso a la información y una lectura más fácil.

Estamos persuadidos de que, al consultar la presente edición corregida y aumentada, los usuarios se sentirán tan satisfechos como con la anterior y confiamos en que nos comunicarán cuantos comentarios y observaciones consideren oportunos.

LOS EDITORES

Comment utiliser ce dictionnaire

Ordre des mots

1. Les libellés se présentent toujours dans l'ordre alphabétique. Cependant, si deux libellés ont le même sens et des orthographes très voisines, ils peuvent être groupés. Ex : **clef** ; **clé**.

2. Les mots composés sont également classés par ordre alphabétique et non après le mot simple dont ils dérivent. C'est ainsi qu'**auto-induction** est placé après **autoguidé** et non à l'intérieur de l'article **auto**, étudié en tant que préfixe.

3. Les verbes essentiellement pronominaux, ne dépendant d'aucun verbe simple, font l'objet d'un article à part entière (cherchez **s'écrire** à **écrire**). Par contre, ceux qui ne sont qu'accidentellement pronominaux sont traités à l'intérieur de l'article relatif au verbe simple, après l'abréviation *v pr* (cherchez **mirarse** à **mirar**).

Transcription phonétique

La prononciation n'est indiquée que lorsque le mot présente une difficulté phonétique.

C'est pourquoi, dans la partie espagnole, elle n'apparaît que rarement. Elle est indiquée selon la méthode de l'Association phonétique internationale (voir p. XII) et placée entre crochets, immédiatement après le libellé. Ex: **gageure** [gaʒyr].

Indications grammaticales

1. La catégorie grammaticale du libellé est indiquée par une abréviation très claire, dont la liste détaillée figure p. X.

2. Le genre des substantifs n'est indiqué dans la traduction que s'il est différent de celui du libellé. Ex : **visage** *m* rostro, cara *f.* Il en est de même pour le nombre. Ex : **ajedrez** *m* échecs *pl.*

3. Le pluriel irrégulier des mots est indiqué en observation à la fin de l'article, ex : **chou-fleur** : OBSERV pl choux-fleurs ; ou figure dans un exemple qui illustre l'article en question. Ex : **œil** *m* ojo ; **des yeux bleus** ojos azules.

4. Quand le même libellé revêt plusieurs formes grammaticales, celles-ci sont traitées dans le même article et sont signalées par un losange (◇ ou ➤). Ex : à **moins**, on étudie d'abord l'adverbe, puis le substantif.

5. Les verbes irréguliers sont immédiatement suivis d'un numéro de conjugaison entre crochets, qui renvoie au tableau des verbes modèles en milieu d'ouvrage.

Distinction des sens

1. Les traductions sont groupées par acceptions séparées les unes des autres par ;. Ces acceptions peuvent être différenciées par des rubriques, qui les précèdent et permettent une consultation rapide de l'article (voir la liste des **Abréviations** et des **Domaines**, p. X et XI). Si un vocable a plusieurs sens correspondant à une même rubrique, cette dernière n'est indiquée que la première fois, et les acceptions sont séparées par . Lorsqu'un mot a de nombreux sens, un tableau figurant en tête de l'article classe les diverses acceptions et donne la possibilité au lecteur de se reporter directement à celle qui l'intéresse. C'est ainsi que, si on doit traduire estar para, il suffit de lire le paragraphe **3** de l'article **estar** (intitulé SEGUIDO DE UNA PREPOSICIÓN), sans avoir besoin de parcourir tout ce qui précède. Les acceptions qui sont placées au début de l'article sont naturellement les plus courantes.

2. Les locutions ou expressions se trouvent toujours après toutes les acceptions, desquelles elles sont séparées par le signe ■. Elles sont classées par ordre alphabétique de la façon suivante : tout d'abord celles qui ne contiennent pas de verbe (elles se subdivisent en expressions dans lesquelles le libellé est placé le premier, en expressions dans lesquelles il figure à l'intérieur d'un groupe de mots, et en locutions diverses), puis celles qui renferment un verbe (voir **carga**). Il faut noter, cependant, que, lorsque le nombre de ces locutions ou expressions est très restreint, elles sont classées selon un ordre alphabétique rigoureux, c'est-à-dire sans tenir compte du fait qu'il y a un verbe ou non (voir **izquierda**).

3. Pour orienter le lecteur et éviter qu'il n'emploie sans s'en rendre compte des termes peu convenables, on a distingué trois degrés de familiarité : FAM correspond à « familier, mais admis », TFAM à « très familier », et VULG à « vulgaire », voire « argotique ». Si ces rubriques précèdent la traduction, elles s'appliquent au libellé ; si elles la suivent, elles portent sur la traduction. Par conséquent, puisque le mot français **salaud** est immédiatement suivi de la rubrique VULG, on en déduit qu'il est jugé vulgaire. En général, la traduction rend compte de ce degré de familiarité, sauf dans les quelques cas où il n'existe pas d'équivalent. Il arrive que le libellé puisse être traduit par un mot parfaitement correct ou par un mot familier ; s'il en est ainsi, le second est suivi de la mention FAM.

Indications sémantiques

Lorsqu'un mot a plusieurs acceptions, chacune d'elles est suivie d'une explication, qui est placée entre parenthèses si elle est rédigée dans la langue source, ce qui est presque toujours le cas, et entre crochets si elle est écrite dans la langue cible. Ex : **louer** alquilar (maison, meubles, etc.) arrendar (terres). Il en est de même pour les expressions qui ont plusieurs sens. Très souvent, on a préféré remplacer les explications par des exemples. Il arrive qu'une acception ait plusieurs traductions qui ne peuvent s'employer indifféremment; chacune d'elles est alors suivie d'une explication entre parenthèses et séparée de la suivante par une virgule (voir **malle**). Si plusieurs exemples ou expressions ont une partie commune, celle-ci n'est indiquée que la première fois, et les différentes versions sont séparées par o ou par ou, selon qu'il s'agit de français ou d'espagnol, respectivement. Ex : lengua pastosa ou gorda **langue pâteuse** ; changer du tout au tout **cambiar por completo** ou completamente ; à titre gracieux o gratuit **graciosamente, gratis**.

Synonymes

Certains mots, qui ne peuvent avoir plusieurs équivalents, sont suivis d'une ou de deux listes de synonymes, ce terme recouvrant les mots ayant un sens soit rigoureusement identique, soit très voisin. Lorsqu'une liste se rapporte à une acception particulière du mot traité, elle est précédée de [▷ SYN], ainsi que l'acception correspondante.

Observations

Des observations placées à la fin de l'article, et rédigées soit en français, soit en espagnol, selon le lecteur auquel elles s'adressent plus particulièrement, éclairent le sens d'un mot, son emploi, son évolution, ou tout autre caractéristique utile à celui qui consultera l'ouvrage (voir **achalandé**).

Notices culturelles et historiques

Des notices également placées en fin d'article, et rédigées en français dans la partie espagnole, en espagnol dans la partie française, décrivent des réalités historiques ou culturelles dans chaque environnement linguistique (voir **conseil**).

Américanismes

Les américanismes les plus fréquents sont inclus dans ce dictionnaire. Ils sont précédés de l'abréviation *(Amér)* dans le texte français, et *(Amer)* dans l'espagnol.

Cómo usar este diccionario

Orden de las palabras

1. Los lemas se presentan siempre en su orden alfabético. Sin embargo, cuando dos lemas tienen el mismo sentido y parecida ortografía, pueden aparecer agrupados. Por ej.: **clef**; **clé**.

2. Las palabras compuestas se clasifican también por orden alfabético y no tras el elemento simple del que se derivan. Así, **auto-induction** está colocado a continuación de **autoguidé**, y no en el interior del artículo **auto**, considerado como prefijo.

3. Los verbos esencialmente pronominales, es decir, que no dependen de ningún verbo simple, figuran en un artículo separado (búsquese **s'écrier** en **écrier**). En cambio, aquellos que son pronominales solamente de modo accidental están tratados en el interior del artículo relativo al verbo simple, tras la abreviatura *v pr* (búsquese **mirarse** en **mirar**).

Transcripción fonética

La pronunciación está indicada solamente cuando la palabra presenta alguna dificultad de orden fonético. Por esta razón, en la parte española sólo aparece en ciertos casos. Se ha utilizado el método de la Asociación Fonética Internacional (véase pág. XII) y se ha colocado entre corchetes a continuación del lema. Por ej.: **gageure** [gaʒyr].

Indicaciones gramaticales

1. La categoría gramatical de cada palabra está indicada por una abreviatura muy clara, cuya lista detallada figura en la pág. X.

2. El género de los substantivos está indicado en la traducción solamente cuando es diferente al de la palabra que se estudia. Por ej.: **visage** *m* rostro, cara *f*. El mismo procedimiento cuando se trata del número. Por ej.: **ajedrez** *m* échecs *pl*.

3. El plural irregular de ciertos sustantivos se indica en forma de observación al final del artículo, por ej.: **chou-fleur**: OBSERV pl choux-fleurs; o bien figura en un ejemplo ilustrativo. Por ej.: **œil** *m* ojo; **des yeux bleus** ojos azules.

4. Cuando el mismo lema encierra diferentes partes de la oración, éstas se encuentran tratadas en el mismo artículo, pero precedidas de un rombo (◇ o ➧). Por ej.: en **moins** se estudia en primer lugar el adverbio y luego el sustantivo.

5. Los verbos irregulares están señalados con un número de conjugación entre corchetes que envía al compendio de gramática, donde se encuentra la lista de los verbos modelos.

Diferenciación de los sentidos

1. Las traducciones están constituidas par acepciones, separadas mediante el signo ⸗. Estas acepciones pueden ser diferenciadas por medio de rúbricas, que les preceden, y facilitan la consulta rápida del artículo (véase la lista de **Abreviaturas** y de **Campos semánticos** en las páginas X y XI). Si un vocablo tiene varios sentidos, correspondientes a una misma rúbrica, ésta figura solamente al principio, y las acepciones están separadas por el signo ⸗. En el caso en que una palabra posea numerosos sentidos, se ha colocado un cuadro en la cabecera del artículo, en el cual se han clasificado las diversas acepciones, dando así la posibilidad al lector de encontrar directamente la que le interese. Un ejemplo aclarará lo dicho: si hay que traducir **estar para**, basta consultar el párrafo **13** del artículo **estar** (que figura con en título lo SEGUIDO DE UNA PREPOSICIÓN), sin necesidad de recorrer todo lo que precede. Las acepciones que aparecen al comienzo del artículo son naturalmente las más corrientes.

2. Las locuciones y expresiones se encuentran siempre de todas las acepciones y separadas por el signo ■. La clasificación de las mismas es también alfabética, ateniéndose a las normas siguientes: en primer lugar van las que no tienen verbo; este grupo se subdivide a su vez en expresiones que comienzan por el lema, en otras donde dicha palabra figura en el interior, y en locuciones diversas; en segundo lugar, las expresiones formadas por un verbo (véase **carga**). No obstante, cuando el número de estas expresiones o locuciones es muy reducido, la clasificación se ha hecho de acuerdo con un orden alfabético riguroso, es decir, sin tener en cuenta que haya o no haya verbo (véase **izquierda**).

3. Con objeto de orientar al lector y evitar que pueda emplear palabras o expresiones malsonantes sin darse cuenta, hemos distinguido dos grados de familiaridad: FAM, es decir "familiar, pero admitido", MFAM, es decir "muy familiar", y VULG, equivalente a "vulgar". Si estas rúbricas preceden a la traducción, se refieren al lema, mientras que si le siguen, son aplicables a la traducción. Por lo tanto, el término francés **salaud**, que está seguido de la rúbrica VULG, ha sido considerado vulgar. En general, al poner la traducción se ha tenido en cuenta el grado de familiaridad, salvo en los pocos casos en que no existe equivalente. Ocurre a veces también que una palabra perfectamente correcta ha sido traducida por una familiar, en cuyo caso la traducción va seguida de la mención FAM.

Indicaciones semánticas

Cuando una palabra tiene varias acepciones, cada una de ellas va seguida de una pequeña explicación colocada entre paréntesis, si está redactada en la lengua de salida, que es el caso más corriente, o entre corchetes, si está escrita en la lengua de llegada. Por ej.: **louer** alquilar (maison, meubles, etc.) ⸗ arrendar (terres). Del mismo modo procedemos con las expresiones que tienen varios significados. Frecuentemente hemos preferido sustituir las explicaciones por ejemplos. A veces, también, una simple acepción tiene varias traducciones que no pueden emplearse indiferentemente; en este caso, cada una de ellas va seguida de una explicación entre paréntesis, y está separada de la siguiente por una coma (véase **malle**). Por otro lado, si varios ejemplos o expresiones tienen una primera parte común, ésta se indica sólo una vez y las diferentes variante están separadas por ou o por o, según se trate de francés o de español respectivamente. Por ej.: lengua pastosa o gorda **langue pâteuse**; changer du tout au tout **cambiar por completo** ou **completamente**; à titre gracieux o gratuit **graciosamente, gratis**.

Sinónimos

Algunos artículos se van seguido de una o dos listas de sinónimos, que engloban no solamente aquellas palabras de idéntico significado sino también algunas afines. Cuando una lista se refiere solamente a una acepción determinada, va precedida de [▷ SYN], colocado también delante de la acepción correspondiente.

Observaciones

Al final de algunos artículos aparecen unas observaciones redactadas en francés o en español, según a qué lector van más particularmente dirigidas. Tienen por objeto aclarar el sentido de una palabra, el uso especial de la misma, su evolución o cualquier otra característica útil para quien consulte el diccionario (véase **achalandé**).

Reseñas culturales e históricas

Las reseñas emplazadas al final de los artículos, redactadas en francés en la parte española y en español en la parte francesa, describen las realidades históricas o culturales en cada contexto lingüístico (véase **conseil**).

Americanismos

Los americanismos de uso más frecuente están incluidos en nuestro vocabulario, y van precedidos de la abreviatura (*Amer*) en el texto español y (*Amér*) en el francés.

Abreviaturas   Abréviations

Etiquetas gramaticales estilísticas y dialecticas   Étiquettes grammaticales stylistiques et dialectales

abreviatura	abrev/abr	abréviation
adjetivo	*adj*	adjectif
adverbio	*adv*	adverbe
americanismo	*Amer/Amér*	américanisme
anticuado	ant/vx	vieux
argot	**ARG**	argot
argot escolar	**ARG ESCOL/ARG SCOL**	argot scolaire
argot militar	**ARG MIL**	argot militaire
artículo	*art*	article
cardinal	*card*	cardinal
complemento	*compl*	complément
conjunción	*conj*	conjonction
definido	*def/déf*	défini
demostrativo	*dem/dém*	démonstratif
despectivo	**DESPEC/PÉJ**	péjoratif
diminutivo	*dim*	diminutif
eufemismo	eufem/euphém	euphémisme
femenino	*f*	féminin
familiar	**FAM**	familier
figurado	**FIG**	figuré
indefinido	*indef/indéf*	indéfini
insultante	insult/injur	injurieux
interjección	*interj*	interjection
interrogativo	*interr*	interrogatif
invariable	*inv*	invariable
irónico	**IRÓN/IRON**	ironique
italiano	*ital*	italien
latino	*lat*	latin
literario	**LIT/LITT**	littéraire
locución	*loc*	locution
masculino	*m*	masculin
muy familiar	**MFAM/TFAM**	très familier
nombre propio	*n pr*	nom propre
numeral	*num*	numéral
ordinal	*ord*	ordinal
personal	*pers*	personnel
plural	*pl*	pluriel
popular	**POP**	populaire
posesivo	*pos/poss*	possessif
participio pasado	*p p*	participe passé
participio presente	*p pr*	participe présent
prefijo	*pref/préf*	préfixe
preposición	*prep/prép*	préposition
pronombre	*pron*	pronom
poco usado	p us	peu usité
relativo	*rel*	relatif
sustantivo	*s*	substantif
singular	*sing*	singulier
sinónimo	**SIN/SYN**	synonyme
verbo auxiliar	*v auxil*	verbe auxiliaire
verbo impersonal	*v impers*	verbe impersonnel
verbo intransitivo	*v intr*	verbe intransitif
verbo pronominal	*v pr*	verbe pronominal
verbo transitivo	*v tr*	verbe transitif
vulgar	**VULG**	vulgaire
equivalente cultural	≃	équivalent culturel

Campos semánticos   Domaines

agricultura; economía rural	AGRIC	agriculture ; économie rurale
anatomia	ANAT	anatomie
arquitectura	ARQ/ARCHIT	architecture
artes	ARTES/ARTS	arts
astronomía	ASTRON	astronomie
astrología	ASTROL	astrologie
automóvil	AUTOM	automobile
aviación; aeronáutica	AVIAC/AVIAT	aviation ; aéronautique
biología	BIOL	biologie
blasón; heráldica	BLAS	blason ; héraldique
botánica	BOT	botanique
cinematografía	CINEM/CINÉM	cinématographie
comercio	COM/COMM	commerce
construcción	CONSTR	construction
culinario; cocina	CULIN	culinaire ; cuisine
deportes	DEP/SPORTS	sports
derecho	DR	droit
eclesiástico; iglesia	ECLES/ECCLÉS	ecclésiastique ; église
economía	ECON/ÉCON	économie
electricidad	ELECTR/ÉLECTR	électricité
equitación	EQUIT/ÉQUIT	équitation
filosofía	FILOS/PHILOS	philosophie
física	FÍS/PHYS	physique
fotografía	FOT/PHOT	photographie
geografía	GEOGR/GÉOGR	géographie
geología	GEOL/GÉOL	géologie
geometría	GEOM/GÉOM	géométrie
gramática	GRAM/GRAMM	grammaire
historia	HIST	histoire
imprenta	IMPR	imprimerie
informática	INFORM	informatique
juegos	JUEGOS/JEUX	jeux
lingüística	LING	linguistique
marina	MAR	marine
matemáticas	MAT/MATH	mathématiques
mecánica	MECÁN/MÉCAN	mécanique
medicina	MED/MÉD	médecine
militar	MIL	militaire
minas; mineralogía	MIN	mines ; minéralogie
mitología	MITOL/MYTH	mythologie
música	MÚS/MUS	musique
nuclear	NUCL	nucléaire
poética	POÉT	poétique
química	QUÍM/CHIM	chimie
radiotelevisión	RAD	radiotélévision
religión	RELIG	religion
tauromaquía	TAUROM	tauromachie
teatro	TEATR/THÉÂTR	théâtre
tecnología; industria	TECN/TECHN	technologie ; industrie
transportes	TRANSP	transports
veterinaria	VETER/VÉTÉR	vétérinaire
zoología	ZOOL	zoologie

Transcription phonétique

Voyelles espagnoles

[i]   piso, imagen
[e]   tela, eso
[a]   pata, amigo
[o]   bola, otro
[u]   luz, una

Diphtongues espagnoles

[ei]   ley, peine
[ai]   aire, caiga
[oi]   soy, boina
[au]   causa, aula
[eu]   Europa, feudo

Semi-voyelles

[j]   hierba, miedo
[w]   agua, hueso

Consonnes

[p]   papá, campo
[b]   vaca, bomba
[β]   curvo, caballo
[t]   toro, pato
[d]   donde, caldo
[k]   que, cosa
[g]   grande, guerra
[ɣ]   aguijón, bulldog
[tʃ]   ocho, chusma
[f]   fui, afable
[θ]   cera, paz
[ð]   cada, pardo
[s]   solo, paso
[x]   gema, jamón
[m]   madre, cama
[n]   no, pena
[ɲ]   caña
[ŋ]   lifting, parking
[l]   ala, luz
[r]   altar, paro
[rr]   perro, rosa
[ʎ]   llave, collar

Prononciation

En espagnol, toutes les lettres se prononcent, à l'exception du **h**, toujours muet, et du **u** dans les syllabes **gue, gui, que, qui** (cependant le **u** des groupes **gue, gui** se prononce s'il est surmonté d'un tréma : cigüeña).

L'accent tonique

Il porte généralement sur l'avant-dernière syllabe des mots terminés par une voyelle, par **-n** ou par **-s** (libro, libros, cantan).
Il porte sur la dernière syllabe dans les autres cas (papel, profesor).
Les mots qui ne suivent pas les règles précédentes portent un accent écrit (') sur la voyelle tonique (página, café, árbol).

> **OBSERV** On trouvera au début de chaque lettre les indications concernant sa prononciation.

L'accent écrit

Il permet de distinguer des mots de forme identique, mais dont la fonction grammaticale est différente : ainsi **él** (pronom, il, lui) et **el** (article, le), **sí** (adverbe, oui ; réfléchi, soi) et *si* (conjonction, si), **más** (adverbe, plus) et **mas** (conjonction, mais), **sólo** (adverbe, seulement) et **solo** (adjectif, seul), etc.

L'accent écrit figure également sur les démonstratifs employés comme pronoms, sur les pronoms interrogatifs et exclamatifs et sur certaines personnes des verbes (**canto** je chante ; **cantó** il chanta).

Les diphtongues (**ai, au, ei**, etc.) et les triphtongues (**iai, iei, uai, uei**) ont toujours la valeur d'une syllabe. Dans les diphtongues constituées par une voyelle forte et une voyelle faible, l'accent tonique porte sur la voyelle forte **a, e, o** (aire, puedo, oigo). Si la diphtongue est constituée par deux voyelles faibles (**i, u**), l'accent tonique porte sur la seconde voyelle (diurno, truismo).

Transcripción fonética

Vocales franceses
[i]   fille, île
[e]   pays, année
[ɛ]   bec, aime
[a]   lac, papillon
[o]   drôle, aube
[ɔ]   botte, automne
[u]   outil, goût
[y]   usage, lune
[ø]   aveu, jeu
[œ]   peuple, bœuf
[ə]   le, je

Nasales franceses
[ɛ̃]   timbre, main
[ɑ̃]   champ, ennui
[ɔ̃]   ongle, mon
[œ̃]   parfum, brun

Semivocales
[j]   yeux, lieu
[w]   ouest, oui
[ɥ]   lui, nuit

Consonantes
[p]   prendre, grippe
[b]   bateau, rosbif
[t]   théâtre, temps
[d]   dalle, ronde
[k]   coq, quatre
[g]   garder, épilogue
[f]   physique, fort
[v]   voir, rive
[s]   cela, savant
[z]   fraise, zéro
[ʃ]   charrue, schéma
[ʒ]   rouge, jabot
[m]   mât, drame
[n]   nager, trône
[ɲ]   agneau, peigner
[l]   halle, lit
[r]   arracher, sabre

Pronunciación

Acento tónico

El acento tónico recae siempre en francés sobre la última sílaba cuando ésta no es muda. Cuando es muda, el acento tónico recae sobre la penúltima, dejándose oír claramente la última consonante (ami se lee amí, madame se dice madám).

> **OBSERV** Se consideran como completamente mudas las terminaciones -e y -es de los polisílabos, así como la final -ent de los verbos en la 3ª persona del plural. Así une porte, des portes, ils portent se pronuncian del mismo modo.

Consonantes finales

Las consonantes finales de las palabras no suelen pronunciarse. Pero, l, f, c, r se dejan generalmente oír al final de las palabras. Hay, sin embargo, innumerables excepciones. Así, la -r final no suena en la terminación del infinitivo de los verbos del 1ᵉʳ grupo ni tampoco en la terminación -ier de los polisílabos.

Enlace de las palabras

Cuando una palabra termina en consonante o e muda y la siguiente empieza por vocal o h muda, se leen generalmente ambas enlazadas como si formaran una sola (mon âme se lee monam; notre âme se lee notram).

Toda consonante final conserva su sonido propio en el enlace de las palabras, salvo la d que al enlazar se pronuncia t (grand abri se lee grantabri) y la s y la x que toman el sonido suave de la z francesa [θ] (les amis se lee lezami; six ans se lee sizɑ̃).

En los finales -rd y -rt, el enlace se verifica con la r y no con la d o la t (regard étonné se lee regarétonné).

> **OBSERV** La t de la conjunción et no enlaza nunca.

Noticias

Los verbos franceses

Los verbos franceses llevan un número (del [1] al [116]) que hace referencia a la tabla de conjugación que aparece en las páginas centrales de la obra. El número no se repite en los verbos pronominales cuando son subentradas.

Los verbos españoles

Los verbos españoles llevan un número (del [4] al [81]) que hace referencia a la tabla de conjugación que aparece en las páginas centrales de la obra. El número no se repite en los verbos pronominales cuando son subentradas.

La ordenación alfabética en español

En este diccionario se ha seguido la ordenación alfabética internacional; por lo tanto, las consonantes **ch** y **ll no** se consideran letras aparte. Esto significa que las entradas con **ch** aparecerán después de **cg** y no al final de **c**; del mismo modo las entradas con **ll** vendrán después de **lk** y no al final de **l**. Adviértase, sin embargo, que la letra **ñ sí** se considera letra aparte y sigue a la **n** en orden alfabético.

Remarques

Les verbes français

Les verbes français comportent un numéro (de [1] à [116]) qui renvoie aux conjugaisons fournies dans le cahier central. Ce numéro n'est pas répété après les verbes pronominaux lorsqu'ils apparaissent comme sous-libellés.

Les verbes espagnols

Les verbes espagnols comportent un numéro (de [4] à [81]) qui renvoie aux conjugaisons fournies dans le cahier central. Ce numéro n'est pas répété après les verbes pronominaux lorsqu'ils apparaissent comme sous-libellés.

L'ordre alphabétique en espagnol

Ce dictionnaire respectant l'ordre alphabétique international, les lettres espagnoles **ch** et **ll** ne sont **pas** traitées comme des lettres à part entière. Le lecteur trouvera donc les entrées comprenant les consonnes **ch** dans l'ordre alphabétique strict, c'est-à-dire après celles comprenant **cg** et non plus à la fin de la lettre **c**. De la même façon, les mots comprenant un **ll** figurent après ceux comprenant **lk** et non à la fin de la lettre **l**. Notons, cependant, que le **ñ** reste une lettre à part entière et figure donc après le **n** dans l'ordre alphabétique.

Espagnol-Français
Español-Francés

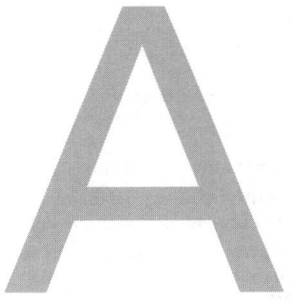

a; A *f a m*; una a minúscula un petit a ▌a por a y be por be point par point, en détail ▌demostrar por A más B prouver par A plus B.

▌ **OBSERV 1.** Le a espagnol se prononce à peu près comme le a ouvert français de *table* ou *action*.
▌ **2.** pl aes; Aes.

a *prep* à [avec l'article masculin singulier el, se contracte en al]

1. SITUACIÓN, LUGAR
2. DESTINACIÓN
3. ÉPOCA, FECHA
4. MODO DE OBRAR
5. PRECIO
6. EVALUACIÓN
7. ENTRE DOS VERBOS
8. SINTAXIS
9. FRASES ELÍPTICAS

1. SITUACIÓN, LUGAR à, au (contracción de à y del artículo masculino le); **a mi derecha** à ma droite; **a izquierda de** à gauche de; **a orillas del mar** au bord de la mer ▌à (con movimiento); **voy al campo** je vais à la campagne ▌dans, à (dentro); **caer al agua** tomber dans l'eau ▌chez (una persona); **voy al peluquero** je vais chez le coiffeur (es incorrecto aunque frecuente decir *au coiffeur*) ▌de; **a este lado de** ce côté ▌**a casa de** chez; **a casa de mi padre** chez mon père.

▌ **OBSERV 1.** À (con un nombre de ciudad): **voy a Madrid** je vais à Madrid.
▌ **2.** Au (con nombres de países masculinos): **van a México** ils vont au Mexique; **va a El Salvador** il va au Salvador.
▌ **3.** En (con nombres de países femeninos): **fue a Colombia** il est allé en Colombie.

2. DESTINACIÓN à; **dilo a tu amigo** dis-le à ton ami; **dirigirse a su director** s'adresser à son directeur

3. ÉPOCA, FECHA, TIEMPO à (momento concreto); **a las cinco** à cinq heures ▌le (fecha); **¿a cuánto estamos? – a 8 de marzo** le combien sommes-nous? – le 8 mars; **París, a 27 de febrero** Paris, le 27 février; **al día siguiente** le lendemain ▌après (tiempo pasado); **a los seis meses de llegado** six mois après son arrivée; **al poco tiempo** peu après ▌**a eso de** vers; **a eso de las ocho** vers huit heures

4. MODO DE OBRAR à; **ir a pie** aller à pied; **a nado** à la nage; **escribir a lápiz** écrire au crayon; **matar a pedradas** tuer à coups de pierre ▌de; **moler a palos** rouer de coups ▌par; **a la fuerza** par force ▌sur; **a petición suya** sur sa demande; **a la medida** sur mesure ▌de; **a sangre fría** de sang-froid ▌à force de; **este niño me va a matar a disgustos** cet

enfant va me tuer à force de me donner des soucis.

▌ **OBSERV** C'est une faute grave que de dire en espagnol **máquina a escribir** (machine à écrire) au lieu de **máquina de escribir** et **molino a viento** au lieu de **molino de viento**, etc.

5. PRECIO a; **patatas a o de a cinco pesetas el kilo** des pommes de terre à cinq pesetas le kilo ▌**¿a cuánto es? – a tanto** combien est-ce? – tant

6. EVALUACIÓN à; **de tres a cuatro años** de trois à quatre ans ▌par (distributivo); **a docenas** par douzaines; **a millares** par milliers; **dos a dos** deux par deux; **cien pesetas al día** cent pesetas par jour

7. ENTRE DOS VERBOS 1) a ne se tradui pas (si le premier verbe indique le mouvement); **voy a escribir** je vais écrire; **corre a decírselo** cours le lui dire 2) a se traduit ou ne se traduit pas (après d'autres verbes, selon le verbe employé); **enseñar a leer** apprendre à lire; **atreverse a hacer algo** oser faire quelque chose

8. SINTAXIS 1) a se traduit de différentes façons (après un verbe de mouvement, selon le verbe employé); **acercarse a** s'approcher de 2) a ne se traduit pas (devant le complément direct); **quiero a mi madre** j'aime ma mère; **vi llorar a un niño** j'ai vu un enfant pleurer. No se confunda con el complemento indirecto 3) de (après un adjectif indiquant la proximité); **cercano a** proche de 4) de (après un nom); **el amor a la verdad** l'amour de la vérité; **olor a rosa** odeur de rose; **miedo al lobo** peur du loup.

▌ **OBSERV** L'emploi de la préposition a est obligatoire en espagnol devant les compléments d'objet direct de personnes déterminées: **se busca una criada** (indéterminé) mais **busco a mi criada que desapareció** (déterminé); il peut en outre se justifier pour des noms de choses plus ou moins personnifiées (**amar a la patria** aimer sa patrie, etc.) ainsi que pour distinguer le complément de l'attribut: **llamar casa a un tugurio** appeler un taudis (complément), maison (attribut), donner le nom de maison à un taudis. Par ailleurs a est répété en espagnol devant le complément direct redoublé: **a ti te quiero mucho** toi, je t'aime beaucoup; **a éste le conozco bien** lui, je le connais bien.

9. FRASES ELÍPTICAS **¡a comer!** à table! ▌**¡a dormir!** au lit! ▌**¿a qué viene usted?** que venez-vous faire?, que voulez-vous? ▌**a ver** voyons ▌**FAM ir a por vino** aller chercher du vin ▌**mandar a** envoyer [chercher, faire, etc.]; **le mandé a un recado** je l'ai envoyé faire une commission ▌**a que** je parie que; **a que llego más pronto que tú** je te parie que j'arrive avant toi.

AA *m pl* (abrev de **Alcohólicos Anónimos**) AA.
◇ *f pl* (abrev de **Aerolíneas Argentinas**) AA.

AA EE (abrev de **Ministerio de Asuntos Exteriores**) *m* ministère espagnol des Affaires étrangères.

Aarón *n pr* Aaron.

ABA (abrev de **Agentes de Bolsa Asociados**) *m pl* association espagnole des agents de change.

ababa *f;* **ababol** *m* BOT coquelicot *m* ▌FIG & FAM nigaud (simplón).

abacá *m* abaca (árbol de Manila) ▌étoffe *f* en fibre d'abaca (tejido).
▌ **OBSERV** pl abacás.

abacería *f* épicerie.

abacero, ra *m & f* épicier, ère.

abacial *adj* abbatial, e.

ábaco *m* ARQ abaque, tailloir ▌boulier, abaque (instrumento aritmético) ▌MIN coffre de bois pour le lavage des métaux.

abad *m* abbé (superior de un monasterio) ▌curé (cura, párroco) ▌**abad mitrado** abbé crossé et mitré.

abadejo *m* morue *f*, aiglefin (bacalao) ▌roitelet (ave) ▌méloé (carraleja) ▌cantharide *f* (cantárida).

abadengo, ga *adj* abbatial, e; **tierras abadengas** terres abbatiales.

abadesa *f* abbesse.

abadía *f* [▷ SIN] abbaye (convento) ▌dignité d'abbé, d'abbesse.
▌ **SIN** convento couvent; monasterio monastère; priorato prieuré; claustro cloître.

abadiado; abadiato *m* abbaye *f* ▌dignité *f* d'abbé.

abajadero *m* côte *f*, pente *f* (pendiente).

abajar *v intr & tr* descendre (bajar).

abajeño, ña; abajero, ra; abajino, na *adj & s* (*Amer*) habitant, e de la côte o des terres basses.

abajero, ra *adj* (*Amer*) que l'on place dessous, inférieur, e.

abajino, na ▬▶ **abajeño, ña.**

abajo *adv* dessous (debajo) ▌en bas; **estoy abajo** je suis en bas ▌à bas; **¡abajo el tirano!** à bas le tyran! ▌■ **abajo del todo** tout en bas ▌**aquí abajo** ici-bas ▌**cuesta abajo** en descendant ▌**de arriba abajo** de haut en bas ▌**el abajo firmante** le soussigné ▌**hacia abajo** vers le bas ▌**más abajo** plus bas, au-dessous; **está colocado más abajo** c'est placé plus bas; ci-dessous (en un escrito) ▌**por abajo** par en bas ∥ río **abajo** en aval, en descendant le courant ■ echar **abajo** renverser; echar **abajo** un gobierno renverser un gouvernement; démolir; echar **abajo** los planes de uno démolir les plans de quelqu'un; démolir, abattre (una casa), abattre (un avión) ∥ ir **abajo** descendre ∥ venirse **abajo** s'écrouler, s'effondrer.

abalanzar [13] v tr équilibrer (la balanza) ∥ lancer, jeter (lanzar).

➤ **abalanzarse** v pr s'élancer, se jeter, fondre; abalanzarse sobre su adversario se jeter sur son adversaire; el águila se abalanzó sobre el cordero l'aigle fondit sur l'agneau ∥ se jeter; los niños se abalanzan sobre los pasteles les enfants se jettent sur les gâteaux ∥ (Amer) se cabrer (el caballo).

abalaustrado, da adj à balustres, balustré, e.

abalaustrar v tr munir de balustres.

abalear v tr AGRIC débourrer ∥ (Amer) tirailler, tirer des coups de fusil (tirotear).

abaleo m AGRIC débourrage [des céréales] ∥ balai (escoba) ∥ plante f dont on fait les balais (planta).

abalizamiento m balisage.

abalizar [13] v tr MAR baliser.

aballestar v tr MAR haler.

abalorio m verroterie f ∥ perle f de verre.

abaluartar v tr bastionner.

abamperio m FÍS abampère.

abanar v tr éventer.

abancaino, na; abancayno, na adj & s de Abancay (Perú).

abanderado m MIL porte-drapeau inv ∥ porte-bannière inv (procesión) ∥ FIG porte-drapeau inv.

abanderamiento m MAR nationalisation f (de un buque) ∥ enrôlement (en un ejército).

abanderar v tr mettre sous pavillon ∥ FIG être le porte-drapeau de, se faire le porte-drapeau de ∥ (Amer) fixer un programme [politique, etc.] ∥ barco abanderado en España bateau sous pavillon espagnol.

abanderizar [13] v tr diviser en faction, semer la discorde dans o entre.

➤ **abanderizarse** v pr s'enrôler (en un partido).

abandonado, da adj abandonné, e ∥ FIG négligent, e (desidioso) ∥ négligé, e; peu soigné, e (descuidado); es una chica abandonada c'est une fille négligée ∥ (Amer) vicieux, euse (vicioso) ∥ noceur, euse (calavera) ∥ dejar un jardín abandonado laisser un jardin à l'abandon.

abandonar v tr [▷ SIN] abandonner; estar abandonado de o por todos être abandonné de tous ∥ abandonner, quitter; abandonar la casa de sus padres quitter la maison de ses parents ∥ FIG négliger (descuidar); abandonar sus quehaceres négliger ses occupations ∥ abandonner, déclarer forfait (deportes) ∥ perdre, se départir de; abandonar su calma perdre son calme ∥ renoncer à, abandonner (renunciar) ∥ abandonar la partida abandonner la partie.

➤ **abandonarse** v pr s'abandonner, se laisser aller (entregarse); abandonarse al dolor s'abandonner à la douleur ∥ FIG devenir né-

gligent, se négliger (descuidarse) ∥ se décourager, perdre courage, se laisser aller (desanimarse) ∥ se confier (sincerarse).

∥ SIN soltar lâcher; ceder céder; dejar laisser; renunciar renoncer; descuidar négliger; desamparar délaisser.

abandonismo m défaitisme.

abandonista adj & s défaitiste, capitulard, e; política abandonista politique défaitiste.

abandono m abandon (acción de abandonar) ∥ FIG abandon, négligence f (descuido) ∥ abandon (deportes) ∥ abandon, confiance f, franchise f.

∥ OBSERV Dans le sens de franchise, confiance, le mot abandono est un gallicisme.

abanicar [10] v tr éventer.
➤ **abanicarse** v pr s'éventer.

abanicazo m coup d'éventail.

abanico m éventail ∥ écran (pantalla) ∥ roue f (del pavo real) ∥ MAR bigue f (cabria) ∥ FIG éventail; el abanico de los precios l'éventail des prix ∥ (Amer) abanico de chimenea pare-étincelles, écran de cheminée ∥ abanico eléctrico ventilateur ∥ en abanico en éventail.

abaniqueo m action f de s'éventer.

abaniquero, ra m & f fabricant, vendeur d'éventail.

abano m éventail ∥ panka, panca, punka (abanico grande).

abanto m ZOOL vautour d'Afrique.
⬦ adj simplet (necio) ∥ craintif, peureux (toro).

abaratado, da adj dont le prix a baissé, qui a diminué; géneros abaratados articles dont le prix a baissé.

abaratamiento m baisse f, diminution f du prix o du coût; el abaratamiento de un producto la diminution du prix d'un produit; el abaratamiento de la vida la diminution du coût de la vie.

∥ SIN rebaja rabais; depreciación dépréciation; devaluación dévaluation; desvalorización, desvaloración dévalorisation.

abaratar v tr baisser le prix de; abaratar las frutas baisser le prix des fruits ∥ baisser, diminuer; abaratar los precios baisser les prix.
➤ **abaratarse** v pr baisser; la vida se ha abaratado después de la guerra la vie a baissé après la guerre.

abarbechar v tr mettre en jachère.

abarca f sandale (calzado) ∥ sabot m (zueco).

abarcadura f; **abarcamiento** m embrassement m, étreinte f.

abarcar [10] v tr embrasser (ceñir) ∥ cerner, entourer (rodear) ∥ FIG comprendre, renfermer, contenir (comprender) ∥ embrasser; abarcar con una sola mirada embrasser d'un coup d'œil; la filosofía lo abarca todo la philosophie embrasse tout ∥ s'occuper à la fois de; abarcar varios trabajos s'occuper de plusieurs travaux à la fois ∥ (Amer) accaparer (acaparar) ∥ couver (empollar) ∥ quien mucho abarca, poco aprieta qui trop embrasse, mal étreint.

abaritonado, da adj à la voix de baryton (persona) ∥ au son grave (cosa) ∥ de baryton (voz).

abarloar v tr MAR accoster (a un muelle) ∥ mettre à couple (dos barcos).

abarquillado, da adj gondolé, e; gauchi, e; tabla abarquillada planche gauchie ∥ gondolé, e (el cartón).

abarquillamiento m gauchissement (de una tabla) ∥ gondolage (del cartón).

abarquillar v tr courber, incurver ∥ gondoler; el calor abarquilla el cartón la chaleur gondole le carton ∥ gauchir (alabear) ∥ rouler (arrollar).
➤ **abarquillarse** v pr se gondoler, se gauchir.

abarraganamiento m concubinage.

abarrajado, da adj (Amer) dévergondé, e (desvergonzado); débauché, e (disoluto).

abarrajar v tr renverser (atropellar) ∥ (Amer) lancer, jeter (arrojar) ∥ sortir en coup de vent (salir).
➤ **abarrajarse** v pr (Amer) buter, trébucher (tropezar) ∥ s'encanailler, s'avilir (encanallarse).

abarrajo m (Amer) chute f, faux pas.

abarrancadero m bourbier (atolladero) ∥ impasse f (asunto del que no se puede salir fácilmente).

abarrancamiento m embourbement (enlodamiento) ∥ ravinement ∥ MAR échouement.

abarrancar [10] v tr raviner; la tormenta abarrancó los campos l'orage a raviné les champs.
⬦ v intr MAR échouer, s'échouer.
➤ **abarrancarse** v pr s'embourber (atascarse) ∥ FIG s'embourber (en malos negocios).

abarrisco adv tout o tous o toutes ensemble, sans distinction (en tropel).

abarrocado, da adj baroquisant, e.

abarrotado, da adj bondé, e; bourré, e; plein à craquer (atestado); un autobús abarrotado un autobus bondé ∥ bourré, e; una carta abarrotada de disparates une lettre bourrée d'âneries.
➤ **abarrotado** m (Amer) épicerie f.

abarrotar v tr garnir de barreaux (con barrotes) ∥ MAR arrimer (la carga) ∥ bonder, surcharger (atestar); este coche está abarrotado cette voiture est surchargée ∥ encombrer, remplir; la mesa está abarrotada de libros la table est encombrée de livres ∥ (Amer) accaparer, monopoliser.
➤ **abarrotarse** v pr s'emplir; los restaurantes se abarrotan de gente les restaurants s'emplissent de monde ∥ (Amer) baisser de prix (abaratarse).

abarrote m MAR ballot.
➤ **abarrotes** m pl (Amer) articles d'épicerie et de bazar (artículos) ∥ épicerie f sing (tienda) ∥ quincaillerie (ferretería).

abarrotería f (Amer) quincaillerie (ferretería).

abarrotero, ra m & f (Amer) épicier, ère.

abasí adj & s abbasside.

abasíes; abasidas n pr pl Abbassides.

abastardar v intr s'abâtardir, dégénérer (cosas) ∥ déchoir (personas).

abastecedor, ra adj & s fournisseur, euse; pourvoyeur, euse ∥ (Amer) boucher, ère (carnicero).

abastecer [30] *v tr* approvisionner, ravitailler; **abastecer de víveres una guarnición** ravitailler en vivres une garnison.

abastecido, da *adj* approvisionné, e; achalandé, e; **tienda bien abastecida** magasin bien achalandé.

> **OBSERV** La palabra francesa **achalandé** es un barbarismo muy empleado en el sentido de abastecido o surtido.

abastecimiento *m* [▷ **SIN**] ravitaillement (avituallamiento) ‖ approvisionnement; **abastecimiento de aguas** approvisionnement en eau ‖ **comisaría de abastecimientos** service de ravitaillement.

> **SIN** provisión provision; abasto approvisionnement; racionamiento rationnement; suministro founiture.

abastero *m* (Amer) boucher en gros.

abastionar *v tr* bastionner.

abasto *m* approvisionnement, ravitaillement (abastecimiento) ‖ abondance *f* ‖ partie *f* secondaire d'une broderie ‖ (Amer) abattoir (matadero) ■ **dar abasto a satisfaire**; **no pueden dar abasto a todos sus clientes** ils ne peuvent pas satisfaire tous leurs clients ‖ **no dar abasto** ne pas y arriver; **tengo tantas cosas que hacer que no puedo dar abasto** j'ai tant de choses à faire que je ne peux pas y arriver.

> **abastos** *m pl* ravitaillement *sing* ■ **comisaría de abastos** service du ravitaillement ‖ **plaza de abastos** marché, halles.

abatanado, da *adj* foulé, e (el paño) ‖ FIG rompu, e (experimentado); **abatanado en el negocio** rompu aux affaires.

abatanador *m* fouleur (batanero).

abatanar *v tr* fouler (el paño) ‖ FIG battre (golpear).

abatatar *v tr* FAM (Amer) intimider (amedrentar) ‖ ramollir (aplatanar); **este tiempo bochornoso nos abatata** ce temps orageux nous ramollit.

> **abatatarse** *v pr* (Amer) être intimidé, se démonter, perdre ses moyens (acobardarse).

abate *m* (p us) abbé; **el abate Grégoire, el abate Marchena** l'abbé Grégoire, l'abbé Marchena.

abatí *m* maïs ‖ boisson *f* fermentée de maïs.

abatible *adj* abattable ‖ escamotable ‖ **asiento abatible** siège inclinable ‖ **mesa de alas abatibles** table à abattants.

abatidamente *adv* d'une manière consternée.

abatido, da *adj* abattu, e (desanimado) ‖ abject, e; méprisable (despreciable) ‖ tombant, e; **párpados abatidos** paupières tombantes.

abatimiento *m* [▷ **SIN**] abattement, découragement, accablement (desánimo) ‖ abaissement (humillación) ‖ honte *f* (cosa afrentosa) ‖ GEOM rabattement ‖ MAR abattée *f* ‖ MAR **abatimiento del rumbo** dérive.

> **SIN** desaliento, descorazonamiento découragement; desánimo accablement; desconsuelo, desolación désolation; agobio affaissement, accablement; desfallecimiento défaillance; agotamiento épuisement; aniquilamiento anéantissement.

abatir *v tr* abattre (derribar) ‖ FIG abattre, abaisser (el orgullo) ‖ humilier, abaisser (humi-

llar) ‖ abattre (deprimir); **dejarse abatir por la adversidad** se laisser abattre par l'adversité ‖ MAR amener; **abatir banderas, velas** amener pavillon, les voiles ‖ abattre (el rumbo) ‖ incliner (inclinar) ‖ démonter (descomponer); **abatir una tienda de campaña** démonter une tente ‖ abattre (juegos de naipes) ‖ MAT abatir una perpendicular abaisser o tracer une perpendiculaire.

> *v intr* MAR dériver.

> **abatirse** *v pr* s'abattre (arrojarse) ‖ FIG s'humilier ‖ s'abattre; **la desgracia se abatió sobre su familia** le malheur s'abattit sur sa famille ‖ se décourager, se laisser abattre, perdre courage (desanimarse).

> **OBSERV** Le verbe espagnol **abatir** n'a pas comme le français **abattre** le sens de tuer.

abayado, da *adj* BOT bacciforme.

abazón *m* ZOOL bajoue *f*, abajoue *f*.

ABC *n pr* journal espagnol royaliste.

Abdalá *n pr* Abd Allāah.

Abderramán *n pr* Abd Al-Rahmāan.

abdicación *f* abdication.

> **SIN** dimisión démission; renuncia renonciation; renunciamiento renoncement; abandono abandon; resignación résignation.

abdicar [10] *v tr* abdiquer; **abdicar el poder en su hijo** abdiquer le pouvoir en faveur de son fils.

> **SIN** dimitir démissionner, se démettre; renunciar renoncer; resignar résigner; abandonar abandonner; desistir se désister.

abdicatario *m* abdicataire.

abdomen *m* ANAT abdomen.

abdominal *adj* abdominal, e; **músculos abdominales** muscles abdominaux.

abducción *f* abduction.

abductor *adj m & s* abducteur (músculo).

Abdullah *n pr* Abdullah.

abecé *m* A B C, abécédaire (alfabeto) ‖ FIG A B C ‖ FIG **eso es el abecé** c'est l'enfance de l'art ‖ **no saber el abecé** ne savoir ni A ni B.

abecedario *m* alphabet (alfabeto); **abecedario manual** alphabet des sourds-muets; **abecedario telegráfico** alphabet télégraphique ‖ [▷ **SIN**] abécédaire, A B C (libro).

> **SIN** alfabeto alphabet; abecé A B C; cartilla, silabario syllabaire.

abedul *m* bouleau (árbol).

abeja *f* abeille ■ **abeja albañil** abeille maçonne ‖ **abeja carpintera** abeille charpentière ‖ **abeja machiega** o **maesa** o **maestra** o **reina** reine ‖ **abeja neutra** o **obrera** ouvrière.

abejar *m* rucher.

abejarrón *m* bourdon.

abejaruco *m* guêpier (pájaro).

abejera *f* rucher *m* (colmenar) ‖ BOT mélisse.

abejero, ra *m & f* apiculteur, trice.
> *m* guêpier (pájaro).

abejón *m* bourdon (abejorro) ‖ faux-bourdon (zángano) ‖ (Amer) **hacer abejón** siffler [un orateur, etc.].

abejorreo *m* FAM bourdonnement.

abejorro *m* bourdon (insecto himenóptero) ‖ hanneton (insecto coleóptero) ‖ FIG & FAM **ser un abejorro** être une plaie o ennuyeux.

abejuno, na *adj* abeiller, ère; apicole.

Abel *n pr* Abel.

Abelardo *n pr* Abélard.

abeliano, na *adj* MAT abélien, enne.

abellacado, da *adj* fourbe.

abellacar [10] *v tr* avilir.

> **abellacarse** *v pr* s'encanailler.

abellotado, da *adj* en forme de gland.

abemolar *v tr* adoucir (la voz) ‖ MÚS bémoliser.

Abencerraje *n pr* Abencérage.

aberenjenado, da *adj* aubergine (color) ‖ en forme d'aubergine (forma).

aberración *f* aberration ■ FÍS **aberración cromática** aberration chromatique ‖ **aberración esférica** aberration de sphéricité.

aberrante *adj* aberrant, e.

aberrar [47] *v intr* errer (extraviarse) ‖ aberrer (p us), se tromper, se fourvoyer (equivocarse).

Aberri Eguna *m* fête nationale basque.

abertal *adj* qui se crevasse facilement (tierra) ‖ sans clôture (campo).

abertura *f* ouverture (boquete) ‖ crique (ensenada) ‖ fente, crevasse (grieta) ‖ trouée, passage *m* (entre dos montañas) ‖ fente; **chaqueta con aberturas laterales** veste avec des fentes sur le côté ‖ FIG ouverture, largeur; **abertura de espíritu** largeur d'esprit ‖ franchise, sincérité (franqueza).

abertzale *adj* nationaliste basque radical, partisan de l'indépendance; **movimiento abertzale** mouvement nationaliste basque radical partisan de l'indépendance.

abestiado, da *adj* abêti, e; abruti, e.

abestiarse [8] *v pr* s'abêtir, s'abrutir.

abetal; **abetar** *m* sapinière *f*.

abetinote; **abietino** *m* abiétine *f* (del pino).

abeto *m* sapin (árbol) ■ **abeto albar** sapin blanc o argenté ‖ **abeto del Norte** o **falso** o **rojo** épicéa.

abetunado, da *adj* bitumineux, euse.

abetunador *m* cireur (limpiabotas).

abetunar *v tr* cirer (los zapatos) ‖ bitumer (la carretera).

abicharse *v pr* (Amer) se gâter; être véreux, euse (fruta) ‖ être mangé, e par les vers (herida).

Abidjan; **Abiyán** *n pr* GEOGR Abidjan.

abiertamente *adv* ouvertement.

abierto, ta *adj* ouvert, e ‖ découvert, e (terreno) ‖ évident, e ‖ INFORM **fichero abierto** fichier ouvert ‖ FIG ouvert, e; **tener una cara abierta** avoir un visage ouvert ‖ franc, franche (sincero) ‖ épanoui, e (flor) ■ **abierto de par en par** grand ouvert ‖ **a cielo abierto** en plein air ‖ **a pecho abierto** à cœur ouvert ‖ **a tumba abierta** à tombeau ouvert (conducir) ‖ **con las piernas abiertas** les jambes écartées ‖ **con los brazos abiertos** à bras ouverts ‖ FIG **quedarse con la boca abierta** rester bouche bée.

> **abierto** *m* (Amer) terrain défriché.

abietáceas; **abietíneas** *f pl* BOT abiétinées, abiétacées.

abietino ► abetinote.

abigarrado, da *adj* bigarré, e; bariolé, e; una tela abigarrada une étoffe bigarrée ‖ FIG bigarré, e.

abigarramiento *m* bariolage, bigarrure *f*.

abigarrar *v tr* bigarrer, barioler.
‖ SIN entremezclar entremêler; motear moucheter; jaspear jasper; vetear veiner.

abigeato *m* abigéat (robo de ganado).

ab intestato *loc lat* ab intestat ‖ FIG & FAM négligé, e; abandonné, e (descuidado).

abintestato *m* DR procédure *f* d'un héritage ab intestat.

abiogénesis *f* BIOL abiogenèse.

abiosis *f* BIOL abiose.

abiótico, ca *adj* abiotique.

abisagrar *v tr* munir de gonds (puerta, ventana) o de charnières (caja).

abisal *adj* abyssal, e.

abiselar *v tr* biseauter.

Abisinia *n pr f* GEOGR & HIST Abyssinie (antiguo nombre del macizo etíope).

abisinio, nia *adj & s* abyssinien, enne.

abismal *adj* abyssal, e.

abismar *v tr* plonger dans un abîme, engloutir (hundir) ‖ humilier, confondre (confundir).
‖ **abismarse** *v pr* s'abîmer (en el mar) ‖ FIG s'abîmer dans (el dolor, los pensamientos) ‖ se plonger dans (el trabajo) ‖ (Amer) s'étonner, rester confondu (asombrarse).
‖ OBSERV Le verbe espagnol abismar n'a pas le sens de gâter ou endommager que le verbe français abîmer a souvent.

abismático, ca *adj* insondable, incommensurable.

abismo *m* [▷ SIN] abîme ‖ enfer (infierno) ‖ FIG abîme; estar al borde del abismo être au bord de l'abîme; un abismo de dolor un abîme de douleur ‖ monde, abîme; hay un abismo entre lo que dije y lo que has entendido il y a un monde entre ce que j'ai dit et ce que tu as compris.
‖ SIN sima gouffre; precipicio précipice; barranco ravin; abiso, abismo océanico abysse.

abiso *m* abysse.

abitar *v tr* MAR amarrer.

Abiyán ► Abidjan.

abizcochado, da *adj* biscuité, e.

abjurable *adj* abjurable.

abjuración *f* abjuration.

abjurar *v tr & intr* abjurer; abjurar de su fe abjurer sa foi.

ablación *f* MED ablation, amputation ‖ GEOL ablation.

ablactación *f* ablactation, sevrage *m*.

ablandabrevas *m & f* FIG & FAM nullité *f*, incapable.

ablandador, ra *adj* ramollissant, e; amollissant, e ‖ adoucissant, e (que suaviza).
‖ **ablandador** *m* adoucisseur; ablandador de agua adoucisseur d'eau.

ablandadura *f*; **ablandamiento** *m* ramollissement *m*, amollissement *m* ‖ FIG adoucissement *m* ‖ fléchissement *m*, assouplissement *m*; registramos un ablandamiento de su política nous constatons un assouplis-sement de sa politique ‖ ablandamiento del agua adoucissement de l'eau.

ablandar *v tr* ramollir, amollir, attendrir; ablandar la carne attendrir la viande ‖ FIG radoucir (calmar) ‖ attendrir, fléchir; ablandar a sus padres attendrir ses parents.
◇ *v intr* se radoucir (el frío) ‖ tomber, se calmer (el viento).
‖ **ablandarse** *v pr* s'amollir ‖ FIG s'adoucir, se radoucir (calmarse) ‖ se laisser attendrir; no me ablando nunca por las lágrimas je ne me laisse pas attendrir par les larmes.

ablande *m* (Amer) rodage (de un vehículo).

ablandecer [31] *v tr* ramollir (ablandar).

ablativo *m* ablatif; ablativo absoluto ablatif absolu.

ablegado *m* ablégat.

ablepsia *f* MED ablepsie [cécité].

ablución *f* ablution (lavatorio).

abluente *adj & s m* MED abluant, e.

ablusado, da *adj* blousant, e.

abnegación *f* abnégation, dévouement *m*; dar pruebas de abnegación faire preuve d'abnégation.

abnegadamente *adv* avec abnégation.

abnegado, da *adj* dévoué, e.

abnegarse [35] *v pr* se dévouer, se sacrifier.

abobado, da *adj* niais, e; bête, sot, sotte (tonto) ‖ hébété, e; ahuri, e (alelado) ‖ tout bête, hébété, e; estás aquí abobado, sin decir nada tu es là tout bête, sans rien dire.

abobamiento *m* abêtissement, bêtise *f*.

abobar *v tr* abêtir, rendre stupide ‖ FAM ébahir (dejar pasmado).
‖ **abobarse** *v pr* s'abêtir.

abocado, da *adj* qui a du bouquet (vin) ■ abocado a la ruina acculé à la ruine, au bord de la ruine ‖ estar uno abocado a courir droit à (una catástrofe), être acculé à (un acto).

abocar [10] *v tr* saisir avec les dents ‖ approcher (acercar) ‖ s'adresser (a una persona).
◇ *v intr* aboutir à, déboucher sur; para abocar a una solución pour aboutir à une solution.
‖ **abocarse** *v pr* s'approcher (acercarse) ‖ s'aboucher (conchabarse).

abocardado, da *adj* évasé, e [comme un tromblon].

abocardar *v tr* évaser.

abocardo *m* TECN foret (barrena grande).

abocatero *m* avocat (aguacate).

abocelado, da *adj* en forme de tore.

abocetado, da *adj* esquissé, e; ébauché, e.

abocetamiento *m* ébauchage.

abocetar *v tr* esquisser, ébaucher; abocetar un dibujo esquisser un dessin ‖ brosser; abocetar un cuadro brosser un tableau.

abochornado, da *adj* FIG honteux, euse (avergonzado); estoy abochornado de tu conducta je suis honteux de ta conduite ‖ gêné, e; confus, e (molesto).

abochornar *v tr* suffoquer; es un calor que abochorna c'est une chaleur qui suffoque ‖ FIG faire rougir, vexer, faire honte à; siempre intentas abochornarme delante de todos tu essaies toujours de me faire honte devant tout le monde.
‖ **abochornarse** *v pr* FIG avoir honte (avergonzarse) ‖ rougir (ruborizarse) ‖ AGRIC griller.

abocinado, da *adj* évasé, e (como una trompeta) ‖ ARQ rampant (arco).

abocinamiento *m* évasement.

abocinar *v intr* FAM tomber en avant o à plat ventre.
◇ *v tr* évaser (un orificio).

abofeteamiento *m* action *f* de gifler, gifle *f* ‖ FIG gifle *f*, soufflet, camouflet ‖ mépris; abofeteamiento de los principios democráticos mépris des principes démocratiques.

abofetear *v tr* gifler ‖ FIG bafouer, piétiner; abofetear los principios de la moralidad bafouer les principes de la moralité.

abogacía *f* barreau *m*, profession d'avocat (profesión) ‖ plaidoirie [art de plaider] ‖ abogacía de pobres assistance judiciaire.

abogada *f* avocate, femme avocat ‖ FAM femme d'avocat ‖ médiatrice, avocate (intercesora).

abogaderas *f pl* FAM (Amer) arguments *m* spécieux, arguties.

abogadesco, ca; abogadil *adj* FAM ayant trait aux avocats o au barreau ‖ avocassier, ère.

abogadillo *m* FAM avocassier, avocaillon.

abogado *m* [▷ SIN] avocat; abogado demandante, consultor, de pobres avocat plaidant, conseil, des pauvres ‖ FIG avocat (defensor) ‖ médiateur, intercesseur (intercesor) ■ abogado criminalista avocat au criminel, pénaliste ‖ abogado charlatán, trampista avocat marron ‖ abogado defensor avocat défenseur ‖ abogado del diablo avocat du diable ‖ abogado del Estado avocat de l'État ‖ abogado de secano avocat sans causes, prétentieux, charlatan, pédant ‖ abogado fiscal procureur, ministère public ‖ pasante de abogado avocat stagiaire ■ hacerse el abogado de se faire le défenseur o l'avocat de, plaider en faveur de.
‖ SIN letrado, hombre de leyes homme de loi; asesor avocat-conseil; defensor défenseur; legista légiste; jurista juriste; jurisconsulto jurisconsulte; FAM leguleyo, picapleitos avocaillon, avocassier.

abogar [16] *v intr* plaider; abogar por o en o a favor de uno plaider en faveur de quelqu'un ‖ FIG intercéder (mediar) ‖ abogar por algo se faire le défenseur de quelque chose, plaider en faveur de quelque chose.

abolengo *m* ascendance *f*, lignée *f*; familia de rancio abolengo famille de haute lignée ‖ patrimoine, héritage (patrimonio) ‖ de abolengo de vieille souche (familia), de tradition; de rancio abolengo de vieille tradition (cosa).

abolición *f* abolition.

abolicionismo *m* abolitionnisme.

abolicionista *adj & s* abolitionniste.

abolir [78] *v tr* abolir, abroger.
‖ OBSERV Abolir ne s'emploie qu'aux temps où se trouve la voyelle i: abolí, aboliendo, abolido, aboliste, abolía, aboliere, aboliré, etc.

abollado, da *adj* bosselé, e; cabossé, e; un coche abollado une voiture cabossée ‖ FIG & FAM fauché, e (sin dinero).

abolladura *f* bosselure, bosse.

abollar *v tr* bosseler, cabosser.

➤ **abollarse** *v pr* se bosseler, se cabosser.

abollonar *v tr* bosseler.

◇ *v intr* bourgeonner.

abolsarse *v pr* prendre la forme d'un sac o d'une poche.

abombado, da *adj* bombé, e; cristal abombado verré bombé ‖ (*Amer*) hébété, e (atontado) ‖ pompette FAM, éméché, e (achispado).

abombar *v tr* bomber, rendre convexe ‖ FIG & FAM assourdir, étourdir (aturdir).

➤ **abombarse** *v pr* (*Amer*) FIG s'enivrer (emborracharse) ‖ pourrir, se corrompre (el agua), tourner (la leche).

abominable *adj* abominable; el abominable hombre de las nieves l'abominable homme des neiges.

‖ SIN detestable détestable; execrable exécrable; aborrecible haïssable; vituperable blâmable; condenado damné; maldito maudit; odioso odieux.

abominación *f* abomination, horreur; tengo abominación por la pedantería j'ai la pédanterie en abomination.

abominar *v tr* abominer (p us), avoir en abomination o en horreur; abomino el vino j'ai le vin en horreur ‖ détester (odiar).

◇ *v intr* maudir; abominar de su suerte maudir son sort.

abonable *adj* qui mérite crédit ‖ payable (pagadero) ‖ amendable (tierras).

abonado, da *adj* crédité, e; qui a un crédit ‖ payé, e (pagado) ‖ sûr, e; offrant toute garantie; un hombre abonado un homme sûr ‖ engraissé, e; fumé, e (tierras) ‖ FIG capable de, parfait pour (capaz) ‖ disposé à (dispuesto) ‖ idéal pour, parfait pour, prêt pour (cosas); este país es terreno abonado para tal ideología ce pays est un terrain parfait pour une telle idéologie ‖ abonado en cuenta crédité.

◇ *m & f* abonné, e (de teléfono, teatro, etc.) ‖ INFORM abonado al telex abonné au télex.

➤ **abonado** *m* AGRIC fumage, fumure *f*, épandage d'engrais (estercolado) ‖ abonado en superficie épandage en surface.

abonador, ra *m & f* garant, e; caution *f*.

➤ **abonador** *m* tarière *f* (de tonelero).

➤ **abonadora** *f* AGRIC épandeur *m* d'engrais.

abonamiento *m* caution *f*, garantie *f*, cautionnement (fianza) ‖ amélioration *f*, perfectionnement (mejora) ‖ crédit (en una cuenta) ‖ payement (pago) ‖ AGRIC fumage.

abonanzar [13] *v intr* MAR se calmer (calmarse) ‖ FIG se calmer, s'apaiser.

abonar *v tr* verser, payer; abonar una gran cantidad verser une forte somme; abonar sus deudas payer ses dettes ‖ AGRIC fumer, engraisser, bonifier ‖ accréditer (acreditar) ‖ cautionner, garantir (salir fiador) ‖ améliorer, bonifier (mejorar) ‖ affirmer, certifier (dar por cierto) ‖ créditer (en una cuenta) ‖ allouer (atribuir) ‖ abonner (suscribir) ■ FIG abonar el terreno poser des jalons, préparer le terrain ‖ abonar en cuenta de verser au compte de, créditer.

◇ *v intr* se calmer (el mar).

➤ **abonarse** *v pr* s'abonner, prendre un abonnement (a un periódico).

abonaré *m* COM bon, billet à ordre, avis de crédit (pagaré).

abonero, ra *m & f* (*Amer*) marchand, e ambulant, e qui vend à crédit.

abono *m* payement (pago) ‖ AGRIC engrais (fertilizante); abonos nitrogenados engrais azotés ‖ fumage (acción de abonar la tierra) ‖ abonnement (suscripción); sacar un abono para las corridas prendre un abonnement pour les courses de taureaux ‖ caution *f*, garantie *f*, cautionnement (fianza) ‖ amélioration *f*, perfectionnement (mejora) ‖ crédit, avis de crédit (en una cuenta) ‖ en abono de à l'appui de (una tesis).

aboquillado, da *adj* muni, e d'une embouchure ‖ évasé, e (abocardado); chanfreiné, e (achaflanado).

aboquillar *v tr* mettre une embouchure ‖ évaser (abocardar) ‖ chanfreiner (achaflanar).

abordable *adj* abordable (accesible).

abordaje *m* MAR abordage ‖ FIG abord, contact ‖ al abordaje à l'abordage.

abordar *v tr & intr* MAR aborder; abordar a o en una isla aborder dans une île ‖ FIG aborder (un asunto) ‖ [▷ SIN] aborder, accoster (una persona).

‖ SIN aproximarse, acercarse s'approcher; acostar accoster; FAM enganchar racoler.

abordo *m* MAR abordage.

aborigen *adj & s* aborigène (indígena).

aborlonado, da *adj* (*Amer*) vergé, e (tejido).

aborrajar *v tr* (*Amer*) enrober (rebozar).

➤ **aborrajarse** *v pr* sécher prématurément (mieses).

aborrascado, da *adj* orageux, euse (tiempo).

aborrascarse [10] *v tr* devenir orageux, se mettre à l'orage (el tiempo).

aborrecer [30] *v tr* détester, abhorrer (p us); aborrecer a su vecino détester son voisin ‖ abandonner [son nid, ses petits] ‖ ennuyer, lasser (fastidiar); esta vida me cansa y me aborrece cette vie me fatigue et m'ennuie ‖ perdre, gaspiller (el tiempo, el dinero) ‖ aborrecer de muerte haïr à mort.

➤ **aborrecerse** *v pr* s'ennuyer.

aborrecible *adj* haïssable, exécrable (detestable).

aborrecido, da *adj* abhorré, e (p us); détesté, e ‖ FIG ennuyé, e; qui s'ennuie (aburrido).

aborrecimiento *m* haine *f*, aversion *f* (odio) ‖ répugnance *f*, dégoût (repugnancia) ‖ ennui, lassitude *f* (aburrimiento).

aborregado, da *adj* moutonneux, euse (cielo) ‖ FIG moutonnier, ère (carácter).

aborregarse [16] *v pr* se moutonner, se pommeler (el cielo) ‖ FIG (*Amer*) être intimidé (acobardarse).

aborricarse [10] *v pr* s'abrutir (embrutecerse).

abortar *v intr* avorter (provocado), faire une fausse couche (involuntario) ‖ FIG avorter, échouer; la conspiración abortó la conspiration a avorté.

◇ *v tr* FIG & FAM accoucher de, pondre (algo extraordinario).

abortista *m & f* partisan de la légalisation de l'avortement.

abortivo, va *adj* abortif, ive.

➤ **abortivo** *m* remède abortif.

aborto *m* avortement (provocado) ‖ fausse couche (natural) ‖ FIG avortement, échec (fracaso) ‖ FIG & FAM avorton; este chico es un verdadero aborto ce garçon est un véritable avorton ■ aborto ilegal avortement illégal ‖ aborto provocado avortement provoqué.

abortón *m* (p us) avorton (animal abortado) ‖ peau *f* d'agneau mort-né.

aborujar *v tr* mettre en pelote.

➤ **aborujarse** *v pr* se pelotonner, s'envelopper.

abotagamiento *m* boursouflure *f* (de la piel, de la carne) ‖ bouffissure *f* (de la cara).

abotagarse; abotargarse [16] *v pr* se boursoufler (la piel, la carne) ‖ bouffir (la cara).

abotargado, da *adj* bouffi, e (hinchado); me levanté con la cara abotargada je me suis levé, la figure bouffie.

abotargarse ➤ **abotagarse**.

abotijarse *v pr* s'enfler, se bouffir.

abotinado, da *adj* montant, e; zapato abotinado chaussure montante.

abotonador *m* tire-bouton.

abotonadura *f* boutonnage *m*.

abotonar *v tr* boutonner ‖ (*Amer*) boucher.

◇ *v intr* bourgeonner (plantas) ‖ éclater pendant la cuisson (los huevos).

➤ **abotonarse** *v pr* boutonner.

abovedado, da *adj* voûté, e.

abovedar *v tr* ARQ voûter.

aboyar *v tr* MAR baliser ‖ liéger (las redes) ‖ affermer (arrendar).

◇ *v intr* flotter (flotar).

abozalar *v tr* museler.

abr. (abrev escrita de **abril**) avr.

abra *f* MAR crique (ensenada) ‖ petite vallée (valle) ‖ crevasse (en el suelo) ‖ (*Amer*) battant *m* (de puerta o ventana), vantail *m* (de portalón) ‖ clairière (en un bosque).

abracadabra *m* abracadabra.

abracar [10] *v tr* (*Amer*) embrasser [d'un coup d'œil] ‖ ceinturer, ceindre.

Abraham; Abrahán *n pr* Abraham.

abrasador, ora *adj* brûlant, e.

abrasar *v tr* embraser, brûler (quemar); las llamas lo abrasaban todo les flammes embrasaient tout ‖ brûler; murieron abrasados en el incendio ils sont morts brûlés dans l'incendie ‖ AGRIC brûler, griller (las plantas) ‖ brûler (calentar demasiado) ‖ FIG gaspiller, dissiper (la fortuna) ‖ faire rougir, mortifier (avergonzar) ‖ mourir de; le abrasa la sed il meurt de soif.

➤ **abrasarse** *v pr* se brûler ‖ FIG se consumer; abrasarse de amor se consumer d'amour ‖ abrasarse en ira être rouge de colère.

abrasilado, da *adj* rouge sombre.

abrasión *f* abrasion ‖ érosion (por el mar).

abrasivo, va *adj & s m* abrasif, ive.

abrazadera *f* anneau *m* (anillo) ‖ MECÁN chape (del motor) ‖ TECN bride, collier *m* ‖ IMPR crochet *m*, accolade ‖ **sierra abrazadera** scie de scieur de long.

abrazador, ra *adj* qui étreint.

abrazar [13] *v tr* [▷ **SIN**] prendre dans ses bras ‖ serrer [dans ses bras], étreindre; **le abracé contra mi corazón** je le serrai contre mon cœur ‖ entourer, ceindre (rodear) ‖ **FIG** comprendre, embrasser (comprender) ‖ embrasser; **abrazar una religión** embrasser une religion‖embrasser, épouser, adopter (adoptar); **abrazar una causa** épouser une cause ‖entreprendre (un negocio).

> **OBSERV** Abrazar n'a pas comme le français embrasser le sens de donner un baiser (besar). **SIN** estrechar resserrer; enlazar enlacer; abarcar embrasser; envolver envelopper; ceñir ceindre; rodear entourer.

abrazo *m* embrassade *f*, accolade *f* (con amistad), étreinte *f* (con ternura) ■ **abrazos** affectueusement (en una carta) ‖ **dar un abrazo** embrasser ‖ **un abrazo cariñoso** je vous embrasse affectueusement (en las cartas) ‖ **un fuerte abrazo de** (en las cartas) à toi, à vous, bien amicalement (con cierto respeto), recevez toutes mes amitiés (para amigos), je vous embrasse très affectueusement, très tendrement (para personas íntimas).

abreboca *m & f* (*Amer*) distrait, e.

abrebotellas *m inv* ouvre-bouteilles.

abrecartas *m* coupe-papier (plegadera).

abrecoches *m* chasseur, groom (hoteles).

ábrego *m* autan (viento sur).

abrelatas *m inv* ouvre-boîtes.

abrevadero *m* abreuvoir ‖ (*Amer*) mine *f* inondée.

abrevador, ra *adj* qui abreuve.
➠ **abrevador** *m* abreuvoir.

abrevar *v tr* abreuver, donner à boire ‖ **TECN** faire boire [les peaux] ‖ arroser (regar) ‖ **FIG** rassasier (saciar).

abreviación *f* abrègement *m*, raccourci *m*.

abreviadamente *adv* en abrégé, sommairement.

abreviado, da *adj* abrégé, e (corto) ‖ sommaire; **ésta es una explicación abreviada** c'est là une explication sommaire.

abreviador, ra *adj & s* abréviateur, trice.
➠ **abreviador** *m* bréviateur, secrétaire de la Nonciature apostolique.

abreviar [8] *v tr* abréger (un texto) ‖abréger, raccourcir (un plazo).

abreviativo, va *adj* abréviatif, ive.

abreviatura *f* [▷ **SIN**] abréviation; **cuadro de abreviaturas** tableau d'abréviations ‖ abrégé *m*, résumé *m* (resumen) ‖ **en abreviatura** en abrégé.

> **SIN** sigla sigle; signo signe; iniciales initiales; cifra chiffre.

abriboca *adj inv* (*Amer*) **FAM** bouche bée.

abribonado, da *adj* qui a l'air fripon, friponne.

abribonarse *v pr* devenir un fripon.

abridero, ra *adj* facile à ouvrir.
➠ **abridero** *m* **BOT** sorte de pêche *f* à noyau non adhérent.

abridor, ra *adj* ouvreur, euse; qui ouvre.
➠ **abridor** *m* ouvre-boîtes, décapsuleur ‖ spatule *f* du greffoir (para injertar) ‖ sorte de pêche *f* (abridero) ‖ mandrin (arete de oro para

las orejas) ‖ (*Amer*) démêloir (peine) ■ **abridor de láminas** graveur ‖ **abridor de ostras** écailleur.

abrigada *f*; **abrigadero** *m* **MAR** abri *m* ‖(*Amer*) repaire *m* (guarida).

abrigado, da *adj* abrité, e; **un lugar abrigado del viento** un endroit abrité du vent ‖ bien couvert, e (persona); **iba muy abrigado para no coger frío** il était très bien couvert pour ne pas prendre froid.

abrigador, ra *adj & f* complice (encubridor).
◇ *adj* (*Amer*) qui tient chaud.

abrigaño *m* abri ‖ **AGRIC** paillasson, abrivent.

abrigar [16] *v tr* abriter (proteger); **abrigar del viento** abriter du vent ‖ **FIG** nourrir; **abrigar una ambición desmedida** nourrir une ambition démesurée‖nourrir, caresser; **abrigar una esperanza** caresser un espoir ‖ tenir chaud; **este jersey abriga mucho** ce tricot tient très chaud ‖ protéger; **esta gabardina no abriga nada** cette gabardine ne protège pas du tout ‖ couvrir; **abrígale bien que hace mucho frío** couvre-le bien car il fait très froid ‖ **MAR** abriter ‖ **abrigar una duda** avoir un doute.
➠ **abrigarse** *v pr* s'abriter; **abrigarse de la lluvia** s'abriter de la pluie ‖ se couvrir (con prendas de vestir); **abrígate bien** couvre-toi bien.

abrigo *m* [▷ **SIN 1**] abri ‖**MAR** abri ‖[▷ **SIN 2**] pardessus (de hombre), manteau (de mujer); **abrigo de pieles** manteau de fourrure; **abrigo de visón** manteau de vison ‖ **FIG** refuge, abri (refugio) ‖ **TECN** abrivent ■ **al abrigo de** à l'abri de ‖ **de abrigo** chaud, e; **prendas de abrigo** vêtements chauds; **de taille, très grand, énorme; una tontería de abrigo** une bêtise énorme ‖ **para abrigo** comme protection, pour se protéger.

> **SIN 1.** asilo asile; refugio refuge; retiro retraite; **MIL** chabola guérite, cabane; casamata casemate; blocao blockhaus.
> **2.** sobretodo pardessus; gabán, paletó paletot; pelliza pelisse; capa cape; capote capote; gabardina gabardine; chubasquero caban; (*Amer*) tapado manteau.

ábrigo *m* autan (viento).

abril *m* avril ‖ **FIG** printemps, jeunesse *f* ■ **muchacha de quince abriles** jeune fille de quinze printemps ■ **en abril, aguas mil** en avril ne te découvre pas d'un fil ‖ **FIG estar hecho, cha un abril** être beau, belle comme un jour de printemps.

abrileño, ña *adj* du mois d'avril, printanier, ière.

abrillantador *m* lapidaire ‖ brunissoir (instrumento para pulir) ‖ brillant à métaux (producto para pulir).

abrillantamiento *m* lustrage ‖facettage.

abrillantar *v tr* facetter, tailler en facettes, brillanter ‖ brunir, polir, faire briller (pulir) ‖**FIG** donner de l'éclat, mettre en valeur.

abrir *v tr* ouvrir ‖ percer, ouvrir (horadar) ‖ fendre; **abrir la cabeza** fendre le crâne ‖ creuser; **abrir un surco** creuser un sillon ‖écarter; **abrir las piernas** écarter les jambes ‖**COM** ouvrir; **abrir crédito, una cuenta** ouvrir un crédit, un compte ‖ graver, sculpter (grabar) ‖ **FIG** ouvrir (inaugurar) ‖ ouvrir, fonder (establecer) ‖ ouvrir; **abrir el corazón** ouvrir

son cœur ‖ **MAR** larguer ‖ (*Amer*) déboiser (bosques) ■ **abrir calle** percer une rue (hacer), s'ouvrir un passage (una persona) ‖ **abrir el apetito o las ganas** ouvrir l'appétit ‖ **FIG abrir el ojo** ouvrir l'œil (tener cuidado) ‖ **abrir en canal un animal** éventrer o fendre de haut en bas un animal ‖ **FIG abrir la mano** se montrer plus souple ‖ **abrir un abismo entre** creuser un abîme entre ‖ **abrir una puerta de par en par** ouvrir une porte en grand o à deux battants ‖ **abrir un libro** couper les pages d'un livre (con cortapapel).
◇ *v intr* ouvrir, s'ouvrir ‖ être en tête, ouvrir la marche (ser el primero) ‖ s'ouvrir, s'épanouir (las flores) ■ **a medio abrir** entrouvert ‖ **en un abrir y cerrar de ojos** en un clin d'œil, en moins de deux **FAM**.
➠ **abrirse** *v pr* s'ouvrir ‖ s'ouvrir, s'épanouir (las flores) ‖ s'ouvrir, se déplier (desplegarse) ‖ s'éclaircir, se dégager (el tiempo) ‖craquer, se craqueler (agrietarse) ‖ percer (un absceso) ‖ se fendre (la cabeza) ‖ donner; **puertas que se abren en la calle** des portes qui donnent sur la rue ‖ s'ouvrir, se confier (sincerarse); **abrirse con uno** s'ouvrir à quelqu'un ‖ **FAM** (*Amer*) prendre le large, partir (largarse) ‖ se défiler (rajarse) ■ **FIG abrirse camino** percer, faire son chemin; **este hombre se abrirá camino** cet homme percera ‖ **abrirse paso** s'ouvrir un passage, se frayer un chemin.

> **OBSERV** Le participe passé du verbe abrir est irrégulier (abierto, ta).

abrochador *m* tire-bouton, crochet à bottines.

abrochadura *f*; **abrochamiento** *m* boutonnage *m* (botones) ‖agrafage *m* (broches).

abrochar *v tr* boutonner (cerrar con botones) ‖ agrafer (con broche) ‖ lacer (zapatos, corsé) ‖(*Amer*) agrafer, saisir (agarrar).
➠ **abrocharse** *v pr* (*Amer*) se disputer (reñir).

abrogación *f* abrogation.

abrogar [16] *v tr* abroger (revocar, anular).

abrogatorio, ria *adj* abrogatoire.

abrojal *m* lieu couvert de ronces.

abrojín *m* **ZOOL** murex (caracol de mar).

abrojo *m* **BOT** chardon ‖ **MIL** chausse-trape *f*.
➠ **abrojos** *m pl* ronces *f*, broussailles *f* (zarzas) ‖ **MAR** écueils, brisants ‖ **FIG** peines *f* (dolores).

abromarse *v pr* **MAR** se vermouler (un barco).

abroncar [10] *v tr* **FAM** ennuyer, fâcher (disgustar) ‖ réprimander, houspiller (regañar); **abroncar a los niños** réprimander les enfants ‖faire rougir (avergonzar).

abroquelado, da *adj* en forme de bouclier ‖**BOT** pelté, e.

abroquelarse; embroquelarse *v pr* se couvrir d'un bouclier ‖ **FIG** se protéger, se défendre ‖**MAR** brasser carré.

abrótano *m* **BOT** armoise *f* (planta).

abrumado, da *adj* écrasé, e ‖ **FIG** accablé, e; **abrumado de deudas, de trabajo** accablé de dettes, de travail.

abrumador, ra *adj* écrasant, e; accablant, e; **un trabajo abrumador** un travail accablant ‖ écrasant, e; **un fracaso abrumador** une défaite écrasante ‖ accablant, e; **un testimonio abrumador** un témoignage accablant.

abrumadoramente *adv* de manière accablante.

abrumar *v tr* [▷ **SIN**] écraser, accabler (agobiar) ‖ ennuyer, assommer (fastidiar); **esta discusión me abruma** cette discussion m'assomme ‖ accabler; **esta noticia me abrumó** cette nouvelle m'a accablé ‖ **abrumar a preguntas** accabler de questions.

➥ **abrumarse** *v pr* s'embrumer, devenir brumeux.

> **SIN** oprimir opprimer; agobiar, atosigar accabler; apesadumbrar attrister; **FAM** incordiar importuner; fastidiar embêter; incomodar incommoder; molestar gêner; aplanar abattre.

abrupción *f* **MED** abruption (desgarro) ‖ **POÉT** abruption.

abrupto, ta *adj* abrupt, e.

abrutado, da *adj* brutal, e ‖ de brute; **tiene una cara abrutada** il a une tête de brute.

Abruzos *n pr m pl* **GEOGR** Abruzzes.

Absalón *n pr* Absalon.

absceso *m* **MED** abcès; **el absceso se ha abierto** l'abcès a percé.

> **SIN** flemón phlegmon; pústula pustule; panadizo panaris; ántrax anthrax; apostema apostème; bubón bubon; furúnculo furoncle.

abscisa *f* **GEOM** abscisse.

abscisión *f* **MED** ablation (amputación).

absenta *f* absinthe.

absentismo *m* absentéisme.

absentista *adj & s* absentéiste.

ábsida *f*; **ábside** *m & f* **ARQ** abside *f* ‖ **ASTRON** apside *f* ‖ **ábside lobulado** chœur à absidioles ‖ **ábside triconque** o **trebolado** o **tricoro** abside tréflée o trilobée.

absidal *adj* absidal, e; **ornamentos absidales** ornements absidaux.

ábside ➥ **ábsida**.

absidiola *f*; **absidiolo** *m* **ARQ** absidiole *f*.

absintio *m* **BOT** absinthe *f*.

absintismo *m* absinthisme.

absolución *f* absolution (perdón); **el sacerdote me dio la absolución** le prêtre m'a donné l'absolution ‖ acquittement *m* (de un reo) ■ **absolución general** absoute ‖ **absolución sacramental** rémission des péchés, absolution.

absoluta *f* affirmation catégorique ‖ **MIL** libération définitive (del servicio militar).

absolutamente *adv* [▷ **SIN**] absolument ‖ en aucun cas (de ninguna manera).

> **SIN** completamente complètement; enteramente entièrement; radicalmente radicalement; perfectamente parfaitement; estrictamente strictement; plenamente pleinement; totalmente totalement, tout à fait; puramente purement; simplemente, meramente simplement.

absolutidad *f* absoluité.

absolutismo *m* absolutisme.

absolutista *adj & s* absolutiste.

absoluto, ta *adj* absolu, e; **poder absoluto** pouvoir absolu ■ **en absoluto** absolument (enteramente), pas du tout (nada); **¿le gusta esta película? – en absoluto** aimez-vous ce film? – pas du tout ‖ **en tono absoluto** d'un

---

ton impérieux, tranchant ‖ **obtener la mayoría absoluta** obtenir la majorité absolue.

> **SIN** omnipotente omnipotent; autocrático autocratique; autoritario autoritaire; omnímodo omnimode; dictatorial dictatorial; despótico despotique; totalitario totalitaire.

absolutorio, ria *adj* absolutoire ■ **fallo absolutorio** jugement absolutoire ‖ **veredicto absolutorio** verdict d'acquittement.

absolvederas *f pl* **FAM** indulgence *sing* excessive d'un confesseur ‖ **tener buenas** o **bravas absolvederas** être trop accommodant, être très large d'esprit.

absolvedor, ra *adj & s* qui absout.

absolver [24] *v tr* acquitter, absoudre (un acusado) ‖ absoudre, pardonner (un pecador) ‖ innocenter; **absolver a un reo por falta de pruebas** innocenter un accusé faute de preuves ‖ délier (de una promesa, un juramento, etc.).

absorbedor *m* **FÍS** absorbeur.

absorbencia *f* absorption.

absorbente *adj & s* absorbant, e ‖ **FIG** absorbant, e (trabajo) ‖ exclusif, ive; **carácter absorbente** caractère exclusif.

◇ *m* **FÍS** absorbeur; **absorbente nuclear** absorbeur nucléaire.

absorber *v tr* absorber.

> **OBSERV** Ce verbe a deux participes: absorbido et absorto. Le premier est employé avec haber et le second, comme adjectif, avec ser ou estar.
> **SIN** aspirar aspirer; embeber imbiber; sorber engloutir; impregnarse, empaparse s'imprégner.

absorciómetro *m* absorptiomètre.

absorción *f* absorption.

absortar *v tr* étonner, ébahir.

absorto, ta *adj* absorbé, e; plongé, e; **estar absorto en su trabajo** être absorbé par le travail; **estar absorto en la lectura** être plongé dans la lecture ‖ étonné, e; ébahi, e (admirado); **estoy absorto ante sus progresos** je suis ébahi devant ses progrès.

abstemio, mia *adj & s* abstème (ant), sobre.

abstención *f* abstention.

abstencionismo *m* abstentionnisme.

abstencionista *adj & s* abstentionniste.

abstenerse [72] *v pr* s'abstenir; **en la duda, absténte** dans le doute, abstiens-toi.

> **SIN** privarse se priver; pasar sin se passer de; renunciar renoncer.

abstergente *adj & s m* abstergent, e (p us).

abstinencia *f* abstinence.

abstinente *adj & s* abstinent, e.

abstracción *f* abstraction ‖ concentration d'esprit, réflexion ‖ **hacer abstracción de** faire abstraction de.

abstracto, ta *adj* abstrait, e; **es un problema abstracto** c'est un problème abstrait; **pintura abstracta** peinture abstraite ‖ ■ **en abstracto** abstraitement (de modo no concreto), dans l'abstrait (ateniéndose a lo abstracto) ‖ **lo abstracto** l'abstrait.

abstraer [73] *v tr* abstraire.

◇ *v intr* **abstraer de** faire abstraction de, omettre.

➥ **abstraerse** *v pr* s'abstraire, s'absorber.

> **OBSERV** Ce verbe a deux participes passés: abstraído et abstracto. Le premier s'emploie avec haber, le second, comme adjectif, avec ser ou estar.

abstraído, da *adj* **FIG** distrait, e ‖ absorbé, e; **estar abstraído por la lectura** être absorbé par la lecture ‖ isolé, e (aislado).

abstruso, sa *adj* abstrus, e (p us); abscons, e (oscuro).

absuelto, ta *adj* absous, oute; **absuelto de todo pecado** absous de tout péché ‖ acquitté, e (un reo); **salir absuelto** être acquitté.

absurdidad *f* absurdité.

absurdo, da *adj* [▷ **SIN**] absurde ‖ **lo absurdo** l'absurdité; **el colmo de lo absurdo** le comble de l'absurdité; l'absurde; **caer en lo absurdo** tomber dans l'absurde; **ce qui est absurde; lo absurdo sería perder esta oportunidad** ce qui serait absurde c'est de perdre cette occasion.

➥ **absurdo** *m* absurdité *f* (disparate); **decir absurdos** dire des absurdités.

> **SIN** desrazonable déraisonnable; aberrante aberrant; extravagante extravagant; insensato insensé; ridículo ridicule; estrafalario saugrenu.

abubilla *f* huppe (pájaro).

abuchear *v tr* huer, conspuer, siffler; **los actores fueron abucheados** les acteurs furent sifflés ‖ chahuter; **los alumnos abuchean a los profesores** les élèves chahutent les professeurs.

abucheo *m* **FAM** huées *f pl*; **salió bajo un abucheo** il sortit sous les huées ‖ cris *pl* (en el espectáculo), chahut (de alumnos).

abuela *f* grand-mère (usual), aïeule (literario); **mi abuela es joven todavía** ma grand-mère est encore jeune; **nuestras abuelas no salían por la noche** nos aïeules ne sortaient pas le soir ‖ **FIG** grand-mère, femme âgée, vieille femme ‖ **FIG & FAM** **¡cuéntaselo a tu abuela!** à d'autres! ‖ **¡éramos pocos y parió la abuela!** il ne manquait plus que cela!, c'est le comble! ‖ **no tener** o **no necesitar abuela** ne pas se donner de coups de pied, s'envoyer des fleurs.

abuelastro, tra *m & f* père, mère du beau-père, de la belle-mère ‖ mari de la grand-mère, épouse du grand-père.

abuelita *f* grand-maman, bonne-maman ‖ (*Amer*) bonnet *m* d'enfant.

abuelito *m* grand-papa, bon-papa.

abuelo *m* [▷ **SIN**] grand-père (usual), aïeul (literario); **sólo me queda un abuelo** je n'ai plus qu'un grand-père ‖ **FIG** grand-père, vieillard (anciano).

➥ **abuelos** *m pl* grands-parents (usual), aïeuls (literario) ‖ aïeux, ancêtres (antepasados); **nuestros abuelos eran muy valientes** nos aïeux étaient très courageux ‖ **FAM** cheveux de la nuque (tolanos).

> **OBSERV** Aïeul hace aïeuls en plural en el sentido de padres de los padres, y aïeux en el de antepasados.
> **SIN** antepasado ancêtre; ascendiente, antecesor ascendant; predecesor prédécesseur.

abuhado, da *adj* bouffi, e (hinchado) ‖ pâle (de mal color).

abuhardillado, da *adj* mansardé, e.

Abuja *n pr* **GEOGR** Abuja.

abulense *adj* & *s* d'Avila ‖ la Abulense sainte Thérèse d'Avila.

abulia *f* MED aboulie.

abúlico, ca *adj* & *s* aboulique (sin voluntad).

abulomanía *f* MED aboulie.

abultado, da *adj* gros, grosse; volumineux, euse; este paquete es muy abultado ce paquet est très volumineux ‖ épais, épaisse; esta persona tiene los labios abultados cette personne a les lèvres épaisses ‖ enflé, e; renflé, e (hinchado); tengo los labios abultados porque me ha picado una avispa j'ai les lèvres enflées parce qu'une guêpe m'a piqué ‖ FIG grossi, e; exagéré, e (exagerado).

abultamiento *m* grossissement, augmentation *f* (crecimiento) ‖ renflement, proéminence *f* (hinchazón) ‖ forme *f* (bulto).

abultar *v tr* grossir (aumentar) ‖ FIG grossir, exagérer; abultar una historia grossir une histoire ‖ dégrossir, ébaucher (desbastar, esbozar).
◇ *v intr* être gros, grosse; être volumineux, euse (ser grueso) ‖ prendre de la place; este armario abulta mucho cette armoire prend beaucoup de place ‖ encombrer, être encombrant (ocupar demasiado sitio).

abundamiento *m* abondance *f* ‖ a mayor abundamiento à plus forte raison (con más razón), en outre, en plus, au surplus, pardessus le marché [familier] (además).

abundancia *f* abondance ‖ QUÍM abondance [astrophysique] ■ cuerno de la abundancia corne d'abondance ‖ de la abundancia del corazón habla la boca on ne parle bien que de ce que l'on aime ‖ nadar en la abundancia nager dans l'abondance, rouler sur l'or, être cousu d'or.
| SIN profusión profusion; superabundancia surabondance; afluencia affluence; exuberancia exubérance; plétora pléthore; plenitud plénitude; copia, copiosidad foison; multitud multitude, foule; opulencia opulence; riqueza richesse.

abundante *adj* abondant, e.

abundantemente *adv* abondamment.

abundar *v intr* abonder ‖ [▷ SIN] foisonner, être très nombreux, abonder; en este libro abundan los ejemplos dans ce livre les exemples foisonnent ■ abundar en la opinión de abonder dans le sens de, être du même avis que ‖ lo que abunda no daña abondance de biens ne nuit pas.
| SIN hormiguear fourmiller; hervir en grouiller de; rebosar regorger; pulular pulluler.

Abundio *n pr* FAM más tonto que Abundio fin comme Gribouille.

abundo *adv* abondamment.

abuñolar [23]; **abuñuelar** *v tr* souffler, gonfler (hinchar) ‖ frire (huevos, buñuelos).

¡abur! *interj* FAM salut!, au revoir!

aburguesado, da *adj* embourgeoisé, e.

aburguesamiento *m* embourgeoisement.

aburguesarse *v pr* s'embourgeoiser.

aburrado, da *adj* abruti, e; imbécile (estúpido).

aburrición *f* FAM ennui *m* ‖ (Amer) antipathie.

aburrido, da *adj* qui s'ennuie (avec estar); estoy aburrido je m'ennuie ‖ ennuyeux, euse (que aburre); es una película aburrida c'est un film ennuyeux ‖ las, lasse; dégoûté, e; aburrido de la vida las de la vie ■ estar aburrido con en avoir assez de ‖ estar muy aburrido s'ennuyer beaucoup, s'ennuyer ferme ‖ lo aburrido es... ce qui est ennuyeux c'est...
| OBSERV Aburrido ne signifie jamais contrarié.

aburrimiento *m* ennui ‖ lassitude *f*, dégoût (tedio) ‖ ¡qué aburrimiento! quel ennui!, que c'est donc ennuyeux! ‖ ser un aburrimiento être ennuyeux; esta conferencia es un aburrimiento que cette conférence est ennuyeuse!

aburrir *v tr* [▷ SIN] ennuyer; aburrir con un largo discurso ennuyer par un long discours ‖ abandonner, laisser (abandonar).
➧ **aburrirse** *v pr* s'ennuyer ‖ FIG & FAM aburrirse como una ostra s'ennuyer à mourir, s'ennuyer à cent sous de l'heure, s'ennuyer comme un rat mort.
| OBSERV Le verbe espagnol aburrir n'a que le sens de provoquer de l'ennui et non celui de contrarier.
| SIN molestar ennuyer, fatiguer; cansar lasser; importunar importuner; fastidiar embêter; irritar irriter; FAM reventar assommer; atosigar, jorobar empoisonner; hastiar lasser; cargar tanner; jeringar canuler; dar la lata, moler raser; chinchar, dar guerra enquiquiner.

abusado, da *adj* (Amer) malin, igne.

abusar *v intr* abuser; abusar de, con abuser de.
◇ *v tr* abuser, tromper.
| OBSERV Le verbe abusar dans le sens de tromper est un gallicisme.

abusivo, va *adj* abusif, ive (excesivo); precio abusivo prix abusif.

abuso *m* abus; abuso de autoridad, de confianza abus d'autorité, de confiance ‖ abusos deshonestos abus déshonnêtes.
| SIN exceso excès; atropello empiétement; injusticia injustice; exageración exagération.

abusón, ona *adj* & *s* abusif, ive (abusivo) ‖ profiteur, euse (aprovechado) ‖ effronté, e (descarado).

abyección *f* abjection (bajeza).

abyecto, ta *adj* abject, e (vil) ‖ misérable, abject, e; condición abyecta état misérable.
| SIN bajo bas; despreciable méprisable; miserable misérable; indecente sale; sórdido sordide; vil vil; innoble ignoble; infame infâme; inmundo immonde; FAM cochino sale, cochon.

a. C. (abrev escrita de antes de Cristo) av. J.-C.

acá *adv* ici, là; ven acá viens ici, viens là [▷ OBSERV 1] ‖ près (con adverbio); más acá plus près [▷ OBSERV 2] ‖ en deçà de, en avant de; más acá de esta línea en avant de cette ligne ‖ depuis (desde); ¿de cuándo acá? depuis quand? ■ acá abajo ici bas ‖ acá y allá çà et là, par-ci par-là; poner unas citas acá y allá mettre des citations par-ci par-là; ici et là; ir acá y allá aller ici et là ‖ de... para acá depuis d'ici... à; de París para acá d'ici à Paris, de Paris jusqu'ici; de París para acá hemos tardado una hora de Paris jusqu'ici nous avons mis une heure ‖ de acá para allá ici et là; de ci, de là ‖ de ayer acá depuis hier ‖ desde entonces acá depuis lors ‖ más acá plus près ‖ más acá de en avant de ‖ muy acá tout près ‖ no tan acá moins près, plus loin ‖ tan acá como aussi près que.
| OBSERV 1. En francés, là se emplea a menudo por ici (aquí), aunque nunca ici por là (allá).

2. Acá désigne un endroit moins déterminé que aquí; c'est pourquoi il comporte des degrés de comparaison que aquí ne peut admettre. Dans certains pays d'Amérique latine (Argentine par exemple) on emploie presque exclusivement acá pour signifier ici.

Acab *n pr* Achab.

acabable *adj* achevable.

acabadamente *adv* parfaitement ‖ entièrement, complètement.

acabado, da *adj* terminé, e; fini, e (concluido); hay que devolver el trabajo acabado lo más pronto posible il faut rendre le travail fini le plus vite possible ‖ fini, e; producto acabado produit fini ‖ achevé, e; parfait, e; esto es el modelo acabado de todas las virtudes c'est le modèle parfait de toutes les vertus ‖ accompli, e; consommé, e (persona); un historiador acabado un historien consommé ‖ fini, e (viejo, destrozado); es un hombre acabado c'est un homme fini ‖ épuisé, e (agotado) ‖ usé, e (salud).
➧ **acabado** *m* achèvement (conclusión) ‖ finissage, finition *f*; el acabado de un coche la finition d'une voiture ‖ coloris (matiz).

acaballadero *m* haras.

acaballado, da *adj* chevalin, e; cara acaballada visage chevalin.

acaballar *v tr* saillir, couvrir (el caballo).

acaballerado, da *adj* distingué, e; noble ‖ qui se veut distingué, e.

acaballonador *m* AGRIC buttoir.

acaballonar *v tr* AGRIC faire des ados dans (un campo).

acabamiento *m* achèvement (conclusión) ‖ accomplissement, parachèvement (terminación perfecta) ‖ TECN finissage, finition *f*.

acabañar *v intr* construire une cabane (los pastores).

acabar *v tr* [▷ SIN 1] finir, achever, terminer (terminar) ‖ [▷ SIN 2] achever, perfectionner ‖ consommer, achever; acabar su ruina achever sa ruine ‖ achever, donner le coup de grâce à (rematar) ‖ (Amer) dire du mal de (murmurar) ‖ antes que acabes no te alabes il ne faut pas vendre la peau de l'ours avant de l'avoir tué.
◇ *v intr* finir, se terminer; acabar en punta finir en pointe, se terminer par une pointe ‖ finir; ven cuando acabes viens quand tu auras fini ‖ finir, mourir ‖ devenir; con este niño, voy a acabar loca avec cet enfant je vais devenir folle ■ FIG & FAM ¡acaba de parir! accouche!, explique-toi! ‖ FAM ¡acabáramos! enfin!, il était temps! ‖ acabar con en finir avec, venir à bout de; por fin he acabado con este trabajo je suis enfin venu à bout de ce travail; rompre avec; acabar con su novia rompre avec sa fiancée; avoir raison de, achever, tuer; ese trabajo tan penoso va a acabar conmigo ce travail si pénible va me tuer ‖ acabar con sus huesos (en la cárcel, etc.) finir (en prison, etc.) ‖ acabar de venir de; acaba de morir su padre son père vient de mourir ‖ acabar de una vez en finir une bonne fois ‖ acabar diciendo finir en disant (al final), finir par dire (en fin) ‖ acabar en finir en, aboutir à ‖ acabar por finir par ‖ es cosa o el cuento de nunca acabar c'est à n'en plus finir ‖ no acabar de comprender ne pas arriver à comprendre.

acabarse *v pr* finir, prendre fin ‖ se terminer ∎ **se acabó** et c'est tout, un point c'est tout (nada más), c'est fini, c'en est fait ‖ **se me acabó la paciencia** ma patience est à bout ‖ **y sanseacabó** et c'est fini, un point c'est tout.
▌ **SIN 1.** terminar terminer; concluir conclure, finir; finiquitar achever; consumar consommer; llevar a cabo réaliser, effectuer, mener à bonne fin; coronar couronner; completar compléter, achever. **2.** perfeccionar perfectionner, parfaire; rematar parachever; perfilar fignoler; refinar raffiner; bordar perler; retocar retoucher; limar limer; cincelar ciseler; pulir polir.

acabestrar *v tr* habituer au licou.

acabildar *v tr* rallier à une opinion.

acabiray *m* (*Amer*) espèce de vautour.

acabóse *m* FAM la fin de tout, le comble, le bouquet, la fin des haricots (el colmo) ‖ le fin du fin (lo mejor).

acacalote *m* (*Amer*) corbeau d'eau (ave).

acachetar *v tr* TAUROM achever [le taureau, d'un coup de poignard].

acachetear *v tr* gifler, donner des claques à.

acacia *f* acacia *m* ‖ **acacia blanca** o **falsa** faux acacia, robinier.

acacóyotl *m* (*Amer*) larmes-de-Job *f pl* (planta).

academia *f* académie ‖ école; **academia militar** école militaire; **academia de idiomas** école de langues ‖ académie, étude d'après le modèle vivant ∎ **Academia General Militar** école inter-armes ‖ **la Real Academia Española** académie de la langue espagnole, ≃ Académie française ‖ **la Real Academia de la Historia** l'Académie royale d'histoire d'Espagne.

▌ **LA REAL ACADEMIA ESPAÑOLA**
Cette institution est chargée d'officialiser l'usage, tant lexical que syntaxique, qui est fait de la langue espagnole en Espagne et dans les pays hispanophones d'Amérique. La Real Academia publie régulièrement des bulletins où elle présente les nouveaux mots dont elle a admis l'usage, les résolutions prises par les académiciens au cours de leurs réunions mensuelles, ainsi que les ajouts faits à leur ouvrage de grammaire en préparation, « Esbozo de una nueva gramática de la Real Academia Española ». L'Académie publie également un dictionnaire, connu sous le nom de « diccionario de la Real Academia » (DRAE), dont la 21ème édition papier est parue en 1992; il existe, également depuis 1992, une version du dictionnaire sur CD-ROM.

academicismo *m* académisme.

academicista *adj & s* qui pratique l'académisme ‖ relatif, ive à l'académisme.

académico, ca *adj* académique ‖ universitaire; **título académico** titre universitaire.
◇ *m & f* académicien, enne (de una academia) ∎ **Académico correspondiente** correspondant de l'Académie ‖ **académico de número** académicien en titre.

academizar [13] *v tr* académiser.

acaecer [30] *v intr* arriver, survenir, avoir lieu.
◇ *v impers* arriver.
▌ **SIN** llegar, ocurrir arriver; sobrevenir, acontecer survenir.

acaecimiento *m* événement.

acalabazado, da *adj* en forme de courge.

acalabrotar *v tr* MAR câbler [corder].

acalambrarse *v pr* avoir une crampe.

acalefos *m pl* ZOOL acalèphes.

acalenturarse *v pr* avoir de la fièvre.

acalia *f* BOT guimauve (malvavisco).

acallar *v tr* faire taire ‖ FIG faire taire, apaiser (aplacar) ‖ apaiser, assouvir; **acallar el hambre** assouvir sa faim ‖ faire taire; **acallar los malos instintos** faire taire ses mauvais instincts.

acaloradamente *adv* avec ardeur, ardemment.

acalorado, da *adj* échauffé, e; **acalorado por los esfuerzos realizados** échauffé par les efforts réalisés ‖ FIG échauffé, e (excitado); **acalorado por la disputa** échauffé par la dispute ‖ vif, vive; passionné, e; chaud, e; **una discusión acalorada** une discussion passionnée ‖ ardent, e; enflammé, e (entusiasta); **es un defensor acalorado de mis ideas** c'est un ardent défenseur de mes idées.

acaloramiento *m* échauffement ‖ chaleur *f* (tiempo) ‖ FIG ardeur *f*; **defender una causa con mucho acaloramiento** défendre une cause avec beaucoup d'ardeur ‖ le plus vif, le plus fort; **en el acaloramiento de la pelea** au plus fort de la bataille.

acalorar *v tr* chauffer ‖ FIG encourager (fomentar) ‖ échauffer, exciter, enflammer; **estar acalorado por la pasión** être enflammé par la passion.
▶ **acalorarse** *v pr* s'échauffer ‖ FIG s'emporter (airarse) ‖ s'enflammer (entusiasmarse).

acamar *v tr* coucher, courber (las plantas).
▶ **acamarse** *v pr* se coucher.

acamastronarse *v pr* devenir rusé.

acamaya *f* sorte de perroquet (papagayo).

acamellado, da *adj* semblable au chameau.

acamellonar *v tr* AGRIC (*Amer*) faire des ados.

acampada *f* camping *m*.

acampado, da *adj* cantonné, e; installé, e dans un camp.

acampador, ra *adj & s* campeur, euse.

acampamento *m* camping, campement (acción) ‖ campement, camp, bivouac (campamento).

acampamiento *m* camping, campement (acción) ‖ cantonnement (efecto).

acampanado, da *adj* en forme de cloche ‖ **falda acampanada** jupe cloche o évasée.

acampanar *v tr* donner la forme d'une cloche à.
▶ **acampanarse** *v pr* prendre la forme d'une cloche.

acampar *v tr* camper.
◇ *v intr & pr* camper.
▌ **OBSERV** En francés existe el verbo *se camper* pero significa plantarse.

acanalado, da *adj* encaissé, e (encajonado) ‖ cannelé, e; **columna acanalada** colonne cannelée ‖ à côtes (calcetín).

acanalador *m* bouvet (de carpintero).

acanaladura *f* cannelure ‖ strie.

acanalar *v tr* canneler ‖ strier ‖ rucher (una tela).

acanallado, da *adj* encanaillé, e; canaille.

acanallar *v tr* encanailler (encanallar).

acanelado, da *adj* qui a la couleur, le goût de la cannelle.

acanillado, da *adj* vergé, e; rayé, e (tejidos).

acantáceas *f pl* BOT acanthacées.

acantilado, da *adj* escarpé, e (abrupto) ‖ en falaise ‖ en terrasse (fondo del mar).
▶ **acantilado** *m* falaise *f*; **los acantilados de Dover** les falaises de Douvres ‖ pente *f* abrupte (pendiente).

acanto *m* BOT acanthe *f* ‖ ARQ acanthe *f* (ornamento).

acantonamiento *m* MIL cantonnement.

acantonar *v tr* cantonner.
▶ **acantonarse** *v pr* se cantonner.
▌ **OBSERV** Le verbe *acantonarse* est un gallicisme dans le sens de *se limiter*.

acantopterigios *m pl* ZOOL acanthoptérygiens.

acantosis *f inv* MED acanthose.

acaobado, da *adj* acajou *inv* (color).

acaparador, ra *adj & s* accapareur, euse.
▌ **SIN** logrero profiteur; monopolista monopoliseur.

acaparamiento *m* accaparement.

acaparar *v tr* accaparer.

acaparrosado, da *adj* d'un vert bleuté [couleur de la couperose ou du sulfate de cuivre].
▌ **OBSERV** On ne doit pas traduire *acaparrosado* par *couperosé*, qui s'applique seulement à une coloration rouge du visage.

acápite *m* (*Amer*) paragraphe, alinéa ‖ (*Amer*) **punto acápite** point à la ligne.

acaponado, da *adj* efféminé, e; d'eunuque; **rostro, voz acaponados** visage, voix d'eunuque ‖ châtré, e (capado).

acapullarse *v pr* être en bouton (flor) ‖ VULG & FIG devenir con.

acaramelado, da *adj* caramélisé, e ‖ caramel (color) ‖ FIG obséquieux, euse ‖ doucereux, euse; mielleux, euse; **una voz acaramelada** une voix mielleuse ‖ **estar acaramelados** être comme deux tourtereaux.

acaramelar *v tr* caraméliser.
▶ **acaramelarse** *v pr* FIG & FAM être tout sucre et tout miel (ser muy obsequioso), faire les yeux doux (mirar con cariño).

acardenalar *v tr* meurtrir, couvrir de bleus.
▶ **acardenalarse** *v pr* se couvrir de bleus.

acardenillarse *v pr* se couvrir de vert-de-gris.

acariciante *adj* caressant, e.

acariciar [8] *v tr* caresser ‖ FIG caresser, nourrir; **acariciar muchas esperanzas** nourrir de grands espoirs; **acariciar grandes ambiciones** nourrir de grandes ambitions.

acariñar *v tr* (*Amer*) caresser (acariciar).

acarminado, da *adj* carminé, e.

acarnerado, da *adj* busqué, e (caballo).

ácaro *m* ZOOL acarien, acaride.

acarraladura *f* (*Amer*) maille filée, échelle (de las medias).

acarralar *v tr* relâcher les fils [d'une étoffe] ▌défaire une maille (en una media).

acarreador, ra *adj & s* qui transporte. ➤ **acarreador** *m* transporteur.

acarreamiento *m* charoi (transporte) ▌charriage (arrastre).

acarrear *v tr* transporter (llevar) ▌ charrier (arrastrar) ▌charroyer (transportar en carro) ▌FIG entraîner, occasionner; **esta medida acarrea una readaptación de las estructuras** cette mesure entraîne une réadaptation des structures; **esto le acarreará muchos sinsabores** ceci lui occasionnera bien des déboires ▌AGRIC **acarrear las cosechas** engranger les récoltes.

acarreo *m* transport (transporte) ▌charroi (en carro) ▌charriage (arrastre) ▌prix de transport, port ▌AGRIC engrangement, rentrée *f* (cosechas) ▌**de acarreo** de charriage, de rapport, de remblai, d'alluvion (tierras).

acarroñarse *v pr* (ant) se corrompre ▌FAM (*Amer*) se décourager, prendre peur.

acartonado, da *adj* cartonné, e ▌FAM parcheminé, e; desséché, e; **una cara acartonada** un visage parcheminé.

acartonar *v tr* durcir [comme du carton]. ➤ **acartonarse** *v pr* FAM se dessécher, se ratatiner.

▌OBSERV Existe en francés el verbo *cartonner* pero significa *encartonar*.

acasamatado, da *adj* en forme de casemate ▌enfermé dans une casemate.

acaso *m* hasard.
◇ *adv* peut-être; **acaso venga** peut-être viendra-t-il ▌(ant) par hasard, d'aventure (p us); **estaba acaso allí** il était là par hasard ▌**¿acaso...?** est-ce que par hasard...?; **¿acaso ha sido él?** est-ce que par hasard ce serait lui? ▌**al acaso** au hasard ▌**por si acaso** au cas où, dans le cas où, pour le cas où, en cas que; **he preparado el trabajo por si acaso venías a buscarlo** j'ai préparé le travail au cas où tu viendrais le chercher; **à tout hasard, au cas où, pour le cas où; he llamado por si acaso** j'ai frappé à tout hasard; **me llevo el paraguas por si acaso** j'emporte mon parapluie au cas où ▌**si acaso** au cas où, si par hasard (por si acaso), peut-être, à la rigueur (quizás).

acastañado, da *adj* tirant sur le châtain.

acatable *adj* respectable.

acatadamente *adv* avec respect, avec déférence.

acatador, ra *adj* respectueux, euse.

acataléctico, ca; acatalecto, ta *adj* acatalectique (verso).

acatalepsia *f* acatalepsie.

acatamiento *m* obéissance *f* (obediencia); **el acatamiento a los superiores** l'obéissance aux supérieurs ▌soumission *f* (sumisión) ▌respect, observance *f*; **acatamiento de las leyes** observance des lois ▌hommage (homenaje).

acatar *v tr* honorer, respecter (respetar) ▌respecter, observer; **acatar una ley** respecter une loi ▌obéir à (obedecer); **acatar las órdenes, las decisiones de uno** obéir aux ordres, aux décisions de quelqu'un ▌(*Amer*) remarquer (notar).

acatarrarse *v pr* s'enrhumer ▌FAM (*Amer*) s'enivrer.

acaudalado, da *adj* riche, fortuné, e (rico).

acaudalador, ra *adj* thésauriseur, euse.

acaudalar *v tr* thésauriser ▌FIG amasser, accumuler (amontonar).

acaudillador, ra *adj & s* (p us) qui commande. ➤ **acaudillador** *m* chef.

acaudillamiento *m* commandement.

acaudillar *v tr* commander, être à la tête de.

acaule *adj* BOT acaule.

Acaya *n pr* HIST Achaïe.

acayú *m* (*Amer*) acajou (caoba).

acceder *v intr* accéder; **accedo a tus deseos** j'accède à tes désirs ▌acquiescer, consentir (asentir) ▌accepter de, consentir à (aceptar); **accedió a dejarse retratar** il accepta de se faire photographier.

accesibilidad *f* accessibilité.

accesible *adj* accessible.
▌SIN asequible, alcanzable accessible; abordable abordable; cercano proche.

accesión *f* consentement *m* (consentimiento) ▌accession (al poder) ▌accessoire *m*, chose accessoire (complemento) ▌DR accession ▌MED accès *m* de fièvre.

accésit *m* accessit.
▌OBSERV D'après l'Académie espagnole, le pluriel de ce mot est *accésit*, mais on rencontre fréquemment la forme *accésits*.

acceso *m* accès ▌accession (al poder) ▌MED accès ▌voie *f* d'accès (camino) ▌FIG poussée *f*; **un acceso de fanatismo** une poussée de fanatisme ▌**acceso de tos** quinte de toux ▌INFORM **acceso aleatorio, directo, secuencial** accès aléatoire, direct, séquentiel ▌**acceso a la universidad** examen d'entrée à l'université.

EL ACCESO A LA UNIVERSIDAD

Il existe actuellement, en Espagne, deux modalités d'entrée à l'université: la « selectividad » et l'examen réservé aux plus de vingt-cinq ans. L'examen de la « selectividad », que l'on passe en fin d'études secondaires, se compose d'une série d'épreuves, certaines dans les matières communes à toutes les branches et d'autres particulières à l'option (scientifique ou littéraire) choisie au cours des études secondaires. La moyenne des notes obtenues dans chacune de ces épreuves constitue la note finale de la « selectividad ». Étant donné la disproportion entre le nombre d'étudiants qui désirent entrer à l'université et le nombre de places offertes, il y a peu d'élus à l'examen. Pour atténuer ce problème, chaque faculté ou institut technique exige une note d'entrée minimale égale à la moyenne entre la note finale de la « selectividad » et la moyenne des notes obtenues au cours des études secondaires.
---

accesoria *f* dépendance (edificio unido al principal) ▌annexe (edificio anejo).

accesorio, ria *adj & s m* accessoire ▌**gastos accesorios** faux frais.

accesorista *m & f* TEATR accessoiriste.

accidentado, da *adj* accidenté, e (terreno) ▌FIG agité, e; mouvementé, e; accidenté, e; **lleva una vida accidentada** il mène une vie mouvementée.
◇ *m & f* accidenté, e (herido).

accidental *adj* accidentel, elle.
◇ *m* MÚS accident.

accidentalidad *f* caractère *m* accidentel.

accidentalmente *adv* accidentellement.

accidentar *v tr* causer un accident. ➤ **accidentarse** *v pr* être victime d'un accident.

accidente *m* accident; **accidente de trabajo o laboral** accident du travail; **seguro contra accidentes** assurance accidents ▌syncope *f*, défaillance *f*, évanouissement (síncope) ▌GRAM flexion *f* ▌MÚS accident ■ **accidente aéreo** accident d'avion ▌**accidente de carretera** accident de la route ▌**accidente de circulación** accident de la circulation ▌**accidente del terreno** accident de terrain ■ **por accidente** par accident, accidentellement, par hasard.

acción *f* [▷ SIN] action ▌geste *m*; **unir la acción a la palabra** joindre le geste à la parole ▌attitude (postura) ▌jeu *m* (de un actor) ▌affaire; **la acción fue encarnizada** l'affaire fut chaude ▌ÉCON action; **acción al portador** action au porteur; **acción liberada** action libérée ▌DR action ▌MIL action (combate) ▌(*Amer*) billet *m* de tombola (rifa) ■ **acción de gracias** action de grâces ▌**esfera de acción** champ d'action ▌**hombre de acción** homme d'action ▌**radio de acción** rayon d'action ■ FAM **dejar a uno sin acción** immobiliser quelqu'un, empêcher quelqu'un d'agir; **ganar a uno la acción** devancer quelqu'un. ➤ **¡acción!** *interj* silence, on tourne! (cine).
▌SIN acto acte; actividad activité; hecho fait.

accionamiento *m* mise *f* en mouvement o en marche, commande *f*.

accionar *v tr* actionner, faire marcher (una máquina) ▌DR (*Amer*) intenter une action ▌INFORM **accionar el ratón** déplacer la souris. ◇ *v intr* gesticuler.

accionariado *m* actionnariat, actionnaires *pl*.

accionario, ria *adj* relatif aux actions. ◇ *m & f* actionnaire.

accionista *m & f* COM actionnaire; **accionista beneficiario** titulaire d'actions de jouissance.

accisa *f* accise (impuesto).

ACE (abrev de **amplificador de contrafase equilibrado**) *m* ACE.

acebal *m*; **acebada** *f*; **acebado** *m* lieu *m* planté de houx.

acebo *m* BOT houx.

acebollado, da *adj* atteint de roulure (madera).

acebolladura *f* roulure.

acebrado, da *adj* zébré, e.

acebuchal *m* bois d'oliviers sauvages.

acebuche *m* olivier sauvage.

acebuchina *f* olive sauvage.

acechadera *f* affût *m*.

acechador, ra *adj & s* guetteur, euse.

acechanza *f* guet *m*.
▌OBSERV Ne pas confondre avec *asechanza* piège, guet-apens.

acechar *v tr* guetter (observar).

aceche *m* couperose *f* (caparrosa).

OBSERV No hay que confundir con la couperose du visage.

acecho *m* guet ▌ al o en acecho de à l'affût de (esperando), aux aguets (vigilando).

acecinar *v tr* boucaner (ahumar).
➡ **acecinarse** *v pr* FIG se dessécher, se ratatiner.

OBSERV Ne pas confondre avec asesinar assassiner.

acedar *v tr* aigrir (agriar) ▌ FIG aigrir, fâcher.
➡ **acedarse** *v pr* s'aigrir, devenir aigre (agriarse) ▌ se faner, se flétrir (ajarse).

acedera *f* oseille (planta).

acederaque *m* cinnamome (árbol).

acederón *m* grande oseille *f* (planta).

acedía *f* aigreur, acidité ▌ aigreur (en el estómago) ▌ FIG aigreur, âpreté, rudesse (desabrimiento) ▌ jaunissement *m* (de las plantas) ▌ plie, carrelet *m*, limande (pez).

acedo, da *adj* aigre, acide.

acéfalo, la *adj* acéphale (sin cabeza).
➡ **acéfalo** *m* ZOOL acéphale, lamellibranche.

aceitada *f* gâteau *m* à l'huile.

aceitado *m* graissage.

aceitar *v tr* huiler, graisser.

aceitazo *m* huile *f* épaisse et trouble.

aceite *m* huile *f*; aceite de oliva, de cacahuete huile d'olive, d'arachide ▪ aceite alcanforado huile camphrée ▌ aceite bruto pétrole brut ▌ aceite combustible huile combustible ▌ aceite de abeto oléorésine de pin ▌ aceite de algodón huile de coton ▌ aceite de almendra huile d'amande ▌ aceite de anís anisette ▌ QUÍM aceite de arsénico chlorure d'arsenic ▌ aceite de ballena huile de baleine ▌ aceite de cada huile de cade ▌ aceite de colza huile de colza ▌ (*Amer*) aceite de comer huile camphrée ▌ aceite de girasol huile de tournesol ▌ aceite de hígado de bacalao huile de foie de morue ▌ aceite de linaza huile de lin ▌ aceite de onfacino huile omphacine ▌ aceite de palo huile de copahu ▌ aceite de ricino huile de ricin ▌ QUÍM aceite de vitriolo huile de vitriol, acide sulfurique ▌ aceite esencial o volátil huile essentielle o volatile ▌ aceite explosivo nitroglycérine ▌ aceite lampante pétrole lampant ▌ aceite lubricante huile lubrifiante ▌ aceite mineral huile minérale ▌ aceite pesado huile lourde ▌ aceite puro huile pure ▌ aceite refinado huile raffinée ▌ aceite secante huile siccative, siccatif ▌ aceite vegetal huile végétale ▌ aceite virgen huile vierge ▪ FIG balsa de aceite mer d'huile ▪ FIG echar aceite al fuego jeter de l'huile sur le feu ▌ extenderse como mancha de aceite faire tache d'huile.

aceitera *f* marchande d'huile ▌ burette (vasija para el aceite) ▌ méloé *m* (insecto).
➡ **aceiteras** *f pl* huilier *m sing.*

aceitería *f* huilerie.

aceitero, ra *adj & s m* huilier (sin femenino).
➡ **aceitero** *m* marchand d'huile, huilier.

aceitón *m* huile *f* épaisse et trouble ▌ résidus *pl* de la purification de l'huile ▌ exsudation *f* de certains insectes.

aceitoso, sa *adj* huileux, euse.

aceituna *f* olive; aceituna rellena olive farcie ▪ aceituna gordal olive grossane ▌ aceituna picudilla picholine.

aceitunada *f* olivaison, récolte des olives.

aceitunado, da *adj* olivâtre; tiene una tez aceitunada il a un teint olivâtre.

aceitunero, ra *m & f* marchand, e d'olives (que las vende) ▌ cueilleur, cueilleuse d'olives (que coge aceitunas).
➡ **aceitunero** *m* grenier à olives.

aceituno *m* olivier (árbol) ▌ aceituno silvestre olivier sauvage.
◇ *adj* (*Amer*) olivâtre.

aceleración *f* accélération ▌ AUTOM poder de aceleración reprise.

aceleradamente *adv* vite, rapidement.

acelerado, da *adj* accéléré, e ▌ con paso acelerado au pas de course.
➡ **acelerada** *f* accélération (auto).
➡ **acelerado** *m* accéléré (cine).

acelerador, ra *adj & s m* accélérateur, trice ▌ acelerador nuclear o de partículas accélérateur nucléaire o de particules.

aceleramiento *m* accélération *f*.

acelerar *v tr & intr* accélérer ▌ acelerar el paso hâter o presser o accélérer le pas.
➡ **acelerarse** *v pr* FIG & FAM s'exciter.

SIN apresurar hâter; apremiar, apurar, dar prisa presser; activar activer; precipitar précipiter; aligerar, darse prisa se dépêcher; urgir être urgent.

aceleratriz *adj f* accélératrice (fuerza).

acelerón *m* coup d'accélérateur.

acelga *f* bette, poirée (planta) ▌ FAM cara de acelga figure de carême (mal humor), mine de papier mâché (falta de salud).

acémila *f* bête de somme ▌ FAM butor *m*, âne *m* (persona ruda).

acemilero, ra *m & f* muletier.
◇ *adj* des bêtes de somme.

acemita *f* pain *m* de son.

acemite *m* fleurage [son mêlé de farine] ▌ bouillie *f* de gruau torréfié.

acendrado, da *adj* épuré, e ▌ FIG pur, e; un amor acendrado un amour pur.

acendramiento *m* épuration *f*.

acendrar *v tr* épurer ▌ FIG purifier (purificar) ▌ affiner (el oro, la plata).

acenefar *v tr* orner de bordures.

acento *m* accent; acento agudo, circunflejo, grave accent aigu, circonflexe, grave ▌ POÉT acento métrico o rítmico accent métrique ▌ acento ortográfico accent orthographique.

OBSERV L'accent orthographique en espagnol est uniquement tonique; il indique la syllabe accentuée (**huérfano, arábigo**), et non pas la qualité du son (ouvert ou fermé).

acentuación *f* accentuation.

acentuadamente *adv* en accentuant ▌ avec insistance ▌ de façon marquée, nettement.

acentuado, da *adj* accentué, e (con acento) ▌ accentué, e; marqué, e; facciones acentuadas traits accentués.

acentuar [6] *v tr* accentuer ▌ détacher; acentuar todas las sílabas détacher toutes les syllabes.
➡ **acentuarse** *v pr* s'accentuer (incrementar).

aceña *f* moulin *m* à eau.

aceñero *m* meunier.

acepar *v intr* prendre racine (arraigar).

acepción *f* acception (significado); en toda la acepción de la palabra dans toute l'acception du terme ▌ préférence, acception (preferencia); sin acepción de personas sans acception de personne.

acepilladora *f* raboteuse (máquina).

acepilladura *f* brossage *m* (de los vestidos) ▌ rabotage *m* (de la madera) ▌ copeau *m* (viruta).

acepillar *v tr* raboter (la madera) ▌ brosser (los vestidos) ▌ FIG & FAM polir, civiliser.

aceptabilidad *f* acceptabilité.

aceptable *adj* acceptable.

SIN pasable, pasadero passable; tolerable tolérable; admisible admissible; suficiente suffisant; apto apte.

aceptablemente *adv* d'une manière acceptable.

aceptación *f* acceptation (acción de aceptar) ▌ approbation ▌ satisfaction (contento) ▌ DR acception; aceptación de personas acception de personne ▌ FIG succès *m* (éxito); tener poca aceptación avoir peu de succès.

aceptador, ra *adj & s* COM accepteur (sin femenino) ▌ acceptant, e.

aceptar *v tr* accepter; aceptar una cena accepter un dîner; aceptar una letra de cambio accepter une lettre de change ▌ aceptar un reto relever un défi.

SIN admitir admettre; acoger accueillir; recibir recevoir; tomar prendre; tolerar tolérer.

acepto, ta *adj* agréé, e; bien accueilli, e (admitido con gusto); ser acepto a la nación être agréé par la nation.

aceptor *m* COM accepteur.

acequia *f* canal *m* d'irrigation, rigole (para el riego) ▌ (*Amer*) ruisseau *m* (arroyo).

acera *f* trottoir *m* (en una calle); rondar la acera faire les cent pas sur le trottoir ▌ rangée de maisons ▌ ARQ parement *m* d'un mur ▌ FAM & DESPEC ser de la acera de enfrente être de la pédale (marica).

aceráceas *f pl* BOT acéracées.

aceración *f* aciération, aciérage *m*.

acerado, da *adj* aciéré, e ▌ acéré, e; aigu, ë (cortante) ▌ FIG d'acier, résistant, e ▌ acéré, e (mordaz) ▌ agua acerada eau ferrée.
➡ **acerado** *m* TECN aciérage, aciération *f*.

acerar *v tr* acérer (soldar acero al hierro) ▌ aciérer (convertir en acero) ▌ donner (à l'eau) des propriétés médicinales en y plongeant de l'acier rougi ▌ FIG fortifier ▌ acérer (una frase) ▌ ARQ revêtir (un mur) de son parement ▌ faire un trottoir (poner acera).

acerbamente *adv* âprement, cruellement.

acerbidad *f* aigreur, âpreté.

acerbo, ba *adj* aigre, âpre ▌ FIG aigre, acerbe; tono acerbo ton acerbe; lo acerbo la rigueur.

acerca de *loc prep* sur, au sujet de; acerca de él à son sujet.

acercamiento *m* rapprochement.

acercar [10] *v tr* [▷ SIN] rapprocher, approcher; acerca tu silla a la mesa rapproche ta chaise de la table ▌ FIG rapprocher; esta medida acercará a los pueblos cette mesure rapprochera les peuples.

◆ **acercarse** *v pr* approcher, s'approcher de, se rapprocher [▷ **OBSERV**]; acercarse a s'approcher de; un perro se le acercó un chien s'approcha de lui | passer, aller; acércate a mi casa esta tarde passe chez moi cet après-midi | FIG approcher; acercarse a la vejez approcher de la vieillesse; se acerca la hora l'heure approche | rejoindre, se rapprocher; esto se acerca a mis ideas cela rejoint mes idées o se rapproche de mes idées.

> **OBSERV** No hay que confundir estos tres verbos. Approcher (intransitivo) es llegar junto a las inmediaciones de una cosa o sitio; se rapprocher significa sólo que se acorta relativamente la distancia: el enemigo se acerca a la ciudad l'ennemi approche de la ville (ya está muy cerca), l'ennemi se rapproche de la ville (puede estar todavía a 100 km de ella). Por otra parte, hablando de cosas, se emplea más bien approcher. En cuanto a s'approcher, conviene en ambos sentidos, pero refiriéndose sobre todo a personas: acérquese approchez-vous.
>
> **SIN** arrimar mettre auprès; aproximar approcher, rapprocher; juntar joindre; unir unir.

acería *f* aciérie (fundición de acero).

acerico; acerillo *m* pelote *f* à épingles (para alfileres) | coussin (almohada).

acerino, na *adj* POÉT aciéré, e (el hierro) | acéré, e.

acero *m* acier; acero dulce, semiduro, moldado acier doux, semi-dur, moulé | FIG fer, acier (arma blanca); el acero homicida le fer homicide | courage, intrépidité *f* (valor) ■ acero al manganeso acier (au) manganèse | acero bruto acier brut o cru | acero colado acier au creuset | acero inoxidable acier inoxidable | acero rápido acier rapide | aceros especiales aciers spéciaux ■ FIG tener buenos aceros avoir du cran.

acerola *f* azerole (fruto).

acerolo *m* BOT azerolier.

acérrimo, ma *adj* FIG très fort, e; robuste, vigoureux, euse | tenace, acharné, e; un acérrimo partidario un partisan acharné.

> **OBSERV** Cet adjectif superlatif de acre n'est employé que dans les sens figurés indiqués ci-dessus.

acerrojar *v tr* verrouiller.

acertadamente *adv* adroitement, avec succès | juste, bien (hablar, opinar) | à juste titre (con toda la razón) | bien, convenablement; todos los actores trabajan muy acertadamente tous les acteurs jouent très bien | par bonheur; acertadamente no fui a verle ayer par bonheur je ne suis pas allé le voir hier.

acertado, da *adj* trouvé, e; deviné, e (adivinado) | réussi, e (bien ejecutado) | juste (dicho, opinión) | opportun, e; no sería acertado que fueses a verle ahora il ne serait pas opportun que tu ailles le voir maintenant | pertinent, e; opportun, e; tu contestación ha sido muy acertada ta réponse a été très pertinente | adroit, e; habile, heureux, euse (hábil); un paso acertado une démarche adroite; en esto, estuviste poco acertado tu n'as pas été adroit dans cette affaire | lo acertado le mieux, le plus raisonnable; lo acertado es marcharse ahora le mieux c'est de partir

maintenant; le bien-fondé; lo acertado de una decisión le bien-fondé d'une décision.

acertante *adj & s* gagnant, e.

acertar [19] *v tr* atteindre (dar en el blanco) | trouver (encontrar) | [▷ **SIN**] réussir, avoir du succès (hacer con acierto) | deviner, trouver (adivinar); ¿a que no lo aciertas? je parie que tu ne le devineras pas.
◇ *v intr* deviner juste, trouver | réussir (lograr); acertó a abrir la puerta il réussit à ouvrir la porte | venir; acertó a pasar il vint à passer. | acertar con trouver (encontrar).

> **SIN** hacer carrera percer; conseguir parvenir à; ascender, llegar a arriver; prosperar, medrar prospérer; florecer fleurir.

acertijo *m* devinette *f*.

aceruelo *m* petite selle *f* | pelote *f* à épingles (acerico).

acervo *m* tas, monceau, amas (montón) | biens *pl* possédés en commun, masse *f* | FIG trésor, patrimoine; acervo cultural patrimoine culturel | DR acervo común patrimoine commun (herencia indivisa).

acescencia *f* acescence.

acescente *adj* acescent, e.

acetábulo *m* ANAT acétabule | mesure *f* ancienne.

acetal *m* QUÍM acétal.

acetaldehído *m* QUÍM acétaldéhyde.

acetato *m* QUÍM acétate.

acético, ca *adj* QUÍM acétique; ácido acético acide acétique.

acetificación *f* acétification.

acetificar [10] *v tr* acétifier.

acetilación *f* QUÍM acétylation.

acetilénico, ca *adj* acétylénique.

acetileno *m* QUÍM acétylène.

acetilo *m* QUÍM acétyle.

acetimetría *f* QUÍM acétimétrie.

acetímetro *m* acétimètre, acétomètre.

acetocelulosa *f* QUÍM acétocellulose.

acetol *m* QUÍM acétol.

acetona *f* QUÍM acétone.

acetonemia *f* MED acétonémie.

acetonuria *f* MED acétonurie.

acetosa *f* oseille (planta).

acetoso, sa *adj* acéteux, euse.

acetre *m* (p us) seau de puits | bénitier portatif (para agua bendita).

acetrinar *v tr* rendre jaune citron.

achabacanamiento *m* vulgarité *f*, platitude *f*.

achabacanar *v tr* rendre vulgaire.
◆ **achabacanarse** *v pr* devenir vulgaire.

achacable *adj* imputable.

achacar [10] *v tr* imputer, attribuer.

achacosamente *adv* maladivement, débilement | avec difficulté; andaba achacosamente il marchait avec difficulté.

achacoso, sa *adj* malade, perclus, e (baldado) | maladif, ive; dolent, e; souffreteux, euse (enfermizo) | indisposé, e; souffrant, e (ligeramente enfermo) | défectueux, euse (una cosa).

achaflanar *v tr* chanfreiner.

achagual *m* (Amer) bourbier.

¡achalay! *interj* (Amer) que c'est beau!

achampanado, da; achampañado, da *adj* champagnisé, e; façon champagne.

achancharse *v pr* (Amer) s'affaiblir | avoir honte.

achantar *v tr* FAM faire peur, intimider (asustar); a este niño no le achanta nadie personne ne fait peur à cet enfant | couper le sifflet, faire perdre tous ses effets (dejar desarmado) | ¡achanta la mui! boucle-la!
◆ **achantarse** *v pr* FAM perdre tous ses effets | se tenir coi (aguantarse) | se dégonfler (rajarse).

achaparrado, da *adj* court et touffu (árbol) | FIG courtaud, e; trapu, e (pequeño); tassé, e; viejo achaparrado vieillard tassé | écrasé, e (aplastado).

achaparrarse *v pr* s'élargir [sans croître en hauteur] (los árboles) | FIG se tasser, s'épaissir (personas).

achapinarse *v pr* (Amer) adopter les us et coutumes du Guatemala.

achaque *m* maladie *f* (ligera) | malaise, indisposition *f* (malestar) | FAM indisposition *f*, règles *f pl* (de mujeres) | grossesse *f* (embarazo) | infirmité *f*; lleno de achaques plein d'infirmités | FIG excuse *f*, prétexte; con el achaque de sous le prétexte de | apparence *f*, semblant (reputación) | occasion *f*, motif (causa) | défaut, manie *f* (vicio) | amende *f* (multa) | affaire *f*, sujet, matière *f* (materia) ■ achaques de salud ennuis de santé | achaques de la vejez infirmités de l'âge.

> **OBSERV 1.** En espagnol enfermedad est une maladie en général, achaque une infirmité légère et plus ou moins chronique; dolencia ajoute l'idée de souffrance.
> **2.** En francés, maladie corresponde a enfermedad, infirmité significa una enfermedad crónica (como la ceguera), una parálisis o una mutilación. Malaise es un malestar más o menos fuerte.

achaquiento, ta *adj* malade, souffrant, e.

¡achara! *interj* (Amer) dommage! (¡qué lástima!).

acharar *v tr* faire honte (avergonzar).

achares *m pl* jalousie *f sing* | dar achares a rendre jaloux.

acharolado, da *adj* vernissé, e.

acharolar *v tr* vernir.

acharranarse *v pr* FAM devenir vulgaire.

achatado, da *adj* écrasé, e.

achatamiento *m* aplatissement.

achatar *v tr* aplatir.
◆ **achatarse** *v pr* (Amer) prendre courage, se dégonfler.

achicado, da *adj* enfantin, e (aniñado).

achicador, ra *adj* qui écope, qui diminue.
◆ **achicador** *m* MAR écope *f*.

achicamiento *m* rapetissement *m* | vidange (del agua) | FIG abaissement (humillación) | dégonflement, dégonflage (rajamiento).

achicar [10]; **achiquitar** *v tr* diminuer, réduire; tuvo que achicar sus pretensiones il dut réduire ses prétentions | MAR écoper | vider (el agua de una mina, etc.) | FIG humilier, rabaisser (humillar) | faire honte (avergonzar) | FAM tuer, descendre.

achicarse *v pr* FAM se dégonfler (rajarse) ▌ **no hay que achicarse** il ne faut pas se laisser abattre.

achicharradero *m* fournaise *f* (sitio caluroso).

achicharrante *adj* brûlant, e.

achicharrar; achicharronar (*Amer*) *v tr* brûler (asar demasiado) ▌ FIG brûler, griller (calentar con exceso)▌agacer, tourmenter (quemar la sangre) ▌ mitrailler, bombarder; **le achicharraron a preguntas** on l'a bombardé de questions ▌(*Amer*) aplatir, écraser (estrujar).
➥ **achicharrarse; achicharronarse** *v pr* brûler (un guiso) ▌griller (con el sol).

achichicle; achichique *m* (*Amer*) stalactite *f*.

achichinque *m* (*Amer*) ouvrier d'une mine (obrero) ▌ domestique zélé (servidor) ▌ flatteur (adulador).

achichique ➥ **achichicle**.

achicoria *f* chicorée (planta).

achiguarse [45] *v pr* (*Amer*) se bomber, se gauchir (pared, tabla, etc.) ▌prendre de l'embonpoint (una persona).

achilenado, da *adj & s* qui a adopté les manières de vivre, les usages chiliens.

achimero; achinero *m* (*Amer*) colporteur.

achimes *m pl* (*Amer*) pacotille *f sing*.

achinado, da *adj* bridé, e (los ojos) ▌ oriental, e; **esta chica tiene una cara achinada** cette jeune fille a un visage oriental ▌(*Amer*) métis, isse▌vulgaire.

achinar *v tr* FAM intimider (acoquinar).

achinelado, da *adj* en forme de pantoufle.

achinería *f* (*Amer*) colportage *m*.

achinero ➥ **achimero**.

achingar [16] *v tr* (*Amer*) raccourcir.

achiotal *m* lieu planté de rocouyers.

achiote *m* rocouyer (árbol).

achique *m* vidage, écopage (del agua).

achiquillado, da *adj* enfantin, e.

achiquitar *v tr* FAM (*Amer*) rapetisser ▌➥ **achicar**.
➥ **achiquitarse** *v pr* (*Amer*) prendre peur, se faire tout petit.

achira *f* (*Amer*) balisier *m* (cañacoro).

achispado, da *adj* gris, e; pompette, éméché, e; **estar un poco achispado después de haber bebido** être un peu gris après avoir bu.

achispar *v tr* griser (embriagar).
➥ **achisparse** *v pr* se griser.

achocar [10] *v tr* heurter, frapper.

achocharse *v pr* FAM devenir gâteux, radoter.

achocolatado, da *adj* chocolat *inv*.

acholado, da *adj* (*Amer*) au teint cuivré, à la peau cuivrée (cobrizo) ▌ penaud, e; honteux, euse (avergonzado).

acholar *v tr* (*Amer*) faire honte à, faire rougir.
➥ **acholarse** *v pr* (*Amer*) rougir, avoir honte (avergonzarse) ▌prendre un coup de soleil (insolarse).

achololera *f* (*Amer*) rigole.

achubascarse [10] *v pr* se couvrir (tiempo, cielo).

achuchado, da *adj* FAM difficile, dur, e; **la vida está muy achuchada** la vie est très difficile.

achuchar *v tr* FAM aplatir, écraser (aplastar) ▌ FIG bousculer, pousser (empujar); **me achucharon por todos lados** on m'a bousculé de tous les côtés ▌FIG & FAM peloter ▌exciter (un perro).

achucharrar *v tr* (*Amer*) aplatir.
➥ **achucharrarse** *v pr* (*Amer*) se décourager (amilanarse).

achuchón *m* FAM poussée *f*; **me tiró al agua de un achuchón** d'une poussée, il me jeta à l'eau ▌ écrasement, aplatissement (aplastamiento) ▌FIG & FAM apostrophe ▌**dar un achuchón** pousser, bousculer.
➥ **acuchones** *m pl* bousculade *f sing*.

achucutar; achucuyar *v tr* (*Amer*) faire honte.

achulado, da; achulapado, da *adj* vulgaire, canaille (grosero) ▌ drôle (gracioso) ▌ effronté, e (descarado).

achulaparse *v pr* s'encanailler.

achularse *v pr* frimer *v intr*.

achura *f* (*Amer*) abats *m pl*, fressure.

achurar; achurear *v tr* (*Amer*) vider [une bête tuée] ▌FIG & FAM étriper.

achurruscar [10] *v tr* (*Amer*) presser, serrer.
➥ **achurruscarse** *v pr* s'entortiller (ensortijarse).

ACI (abrev de Alianza Cooperativa Internacional) *f* ACI.

aciago, ga *adj* funeste, malheureux, euse; malencontreux, euse; **una palabra aciaga** un mot malheureux; **aquél fue un día aciago para mí** ce fut un jour funeste pour moi ▌de mauvais augure; **una persona aciaga** une personne de mauvais augure.

acial *m* VETER morailles *f pl* ▌(*Amer*) fouet.

aciano *m* BOT bleuet, bluet.

acíbar *m* aloès ▌ FIG amertume *f*, douleur *f* ▌**amargo como el acíbar** amer comme le fiel.

acibarar *v tr* rendre amer ▌ FIG aigrir; **acibararle a uno la vida** aigrir la vie de quelqu'un.

acicalado, da *adj* fourbi, e (armas) ▌ pomponné, e; **una mujer acicalada** une femme pomponnée ▌ tiré à quatre épingles, élégant, e; **siempre va muy acicalado** il est toujours tiré à quatre épingles.
➥ **acicalado** *m* fourbissage.

acicalador, ra *adj & s* fourbisseur, euse (de armas) ▌polisseur, euse.
➥ **acicalador** *m* polissoir.

acicalamiento *m* fourbissure *f* (armas).

acicalar *v tr* fourbir (armas) ▌ FIG parer, orner (adornar) ▌ aiguiser, affiner [l'esprit].
➥ **acicalarse** *v pr* se pomponner, se faire beau, se faire belle.

acicate *m* éperon à broche ▌FIG aiguillon, stimulant; **llevado por este acicate llegará lejos** poussé par cet aiguillon il ira loin.

acicatear *v tr* stimuler, éperonner, aiguillonner (animar).

aciche *m* batte *f*, hachette *f* de carreleur.

acíclico, ca *adj* acyclique.

acicular *adj* aciculaire (de forma de aguja).

acidez *f* acidité ▌aigreur (del estómago).
▢ OBSERV pl acideces.

acidífero, ra *adj* acidifère.

acidificable *adj* acidifiable.

acidificación *f* acidification.

acidificante *adj & s m* acidifiant, e.

acidificar [10] *v tr* acidifier.

acidimetría *f* QUÍM acidimétrie.

acidímetro; acidómetro *m* acidimètre.

acidioso, sa *adj* paresseux, euse; mou, molle.

ácido, da *adj* acide ▌ FIG amer, ère (desabrido).
➥ **ácido** *m* acide ▌FAM acide (LSD) ▪ **ácido acético** acide acétique ▌ **ácido carbónico** acide carbonique ▌**ácido clorhídrico** acide chlorhydrique ▌**ácido lisérgico** acide lysergique ▌**ácido nucleico** acide nucléique ▌**ácido oxálico** acide oxalique ▌**ácido sulfuroso** acide sulfureux.

acidólisis *f inv* QUÍM acidolyse.

acidómetro ➥ **acidímetro**.

acidorresistente *adj* BIOL acido-résistant, e.

acidosis *f inv* MED acidose.

acidular *v tr* aciduler.

acídulo, la *adj* acidulé, e.

acierto *m* réussite *f*; **esta idea ha sido un acierto** cette idée a été une réussite ▌succès, réussite *f* (éxito); **el gobierno ha tenido muchos aciertos** le gouvernement a eu de nombreuses réussites ▌trouvaille *f*; **el título de este libro es un acierto** le titre de ce livre est une trouvaille ▌solution *f*, réponse *f* juste (enigma) ▌FIG adresse *f*, habileté *f*▌sagesse *f*, bon sens (sabiduría)▌hasard (casualidad)▌excellente idée *f*; **¡qué acierto el haber venido hoy!** quelle excellente idée d'être venu aujourd'hui!

ácigos *adj & s f* ANAT azygos.

aciguatado, da *adj* atteint de la jaunisse ▌FIG pâle, jaunâtre (pálido).

aciguatarse *v pr* contracter la jaunisse ▌(*Amer*) s'abêtir, devenir stupide.
◇ *v tr* guetter (acechar).

acije *m* couperose *f* (caparrosa).

ácimo *adj* azyme; **pan ácimo** pain azyme.

acimut *m* ASTRON azimut.
▢ OBSERV pl acimutes ou acimuts.

acimutal *adj* ASTRON azimutal, e.

ácino *m* ANAT acinus (de una glándula).

ación *f* étrivière *f*, porte-étriers *m inv*.

acionera *f* (*Amer*) boucle de l'étrivière.

acirate *m* ados, talus (caballón entre dos campos) ▌plateau (terreno elevado).

ACJ (abrev de Alianza Mundial de Asociaciones Cristianas Jóvenes) *f* UCJG.

aclamación *f* acclamation; **nombrar por aclamación** nommer par acclamation.

aclamar *v tr* [▷ SIN] acclamer; **aclamar al rey** acclamer le roi ▌nommer, appeler (nombrar).
▌ SIN ovacionar ovationner; aplaudir applaudir; bisar bisser; palmear, palmotear, tocar las palmas battre des mains; vitorear crier vivat, pousser des vivats.

aclaración *f* éclaircissement *m*, mise au point; al día siguiente, el autor publicó una aclaración a su artículo le lendemain l'auteur publia une mise au point sur son article ‖éclaircissement *m*; he tenido unas aclaraciones sobre lo que pasó j'ai eu des éclaircissements sur ce qui s'est passé ‖ explication; una aclaración al margen une explication en marge.

aclarado *m* rinçage.

aclarar *v tr* éclaircir (el color, un líquido) ‖dégarnir, éclaircir (un bosque, las filas) ‖rincer (la ropa) ‖ éclaircir (la voz) ‖ allonger (una salsa) ‖ FIG éclairer (la mente) ‖[▷ SIN] éclairer; esta explicación aclara el texto cette explication éclaire le texte‖éclaircir, clarifier (una duda, una situación)‖éclaircir, expliquer; voy a aclarar lo dicho anteriormente je vais éclaircir ce qui a été dit au préalable ‖tirer au clair; me gusta siempre aclarar las cosas j'aime toujours tirer les choses au clair ‖illustrer (hacer ilustre)‖éclaircir (la expresión del rostro)‖prévenir, rappeler (declarar); te aclaro que ya no debes salir je te préviens que tu ne dois plus sortir.
<> *v intr* s'éclaircir (el tiempo) ‖ se lever, pointer (el día) ‖(Amer) se clarifier (un líquido).
◆ **aclararse** *v pr* s'éclaircir ‖ se clarifier (un líquido) ‖s'éclaircir (la voz) ‖FIG & FAM s'expliquer, donner des précisions; aclárate explique-toi‖se comprendre; estas dos personas no se aclaran ces deux personnes ne se comprennent pas‖se remettre; después del puñetazo que había recibido tardó mucho en aclararse après le coup de poing qu'il avait reçu il mit très longtemps à se remettre ‖ voir clair; no consigo aclararme en este asunto je n'arrive pas à voir clair dans cette affaire ‖ (Amer) être fauché, e (no tener dinero).

‖ OBSERV El francés éclairer significa, en sentido propio, alumbrar.

‖ SIN desenredar, desenmarañar, desembrollar démêler; desbrozar débrouiller, défricher; dilucidar, elucidar élucider; clarificar clarifier; descifrar déchiffrer.

aclaratorio, ria *adj* explicatif, ive; apportant des précisions; nota aclaratoria note explicative.

aclavelado, da *adj* semblable à l'œillet.

aclimatable *adj* acclimatable.

aclimatación *f* acclimatation.

aclimatar *v tr* acclimater.
◆ **aclimatarse** *v pr* s'acclimater.

aclínico, ca *adj* aclinique (lugar).

aclorhidria *f* MED achlorhydrie.

aclorhídrico, ca *adj* MED achlorhydrique.

acmé *m* MED acmé.

acné *f* MED acné.

acnodo *m* MAT point acnodal.

acobardamiento *m* peur *f*, crainte *f*.

acobardar *v tr* faire peur à, intimider.
◆ **acobardarse** *v pr* avoir peur, être intimidé, e ‖se laisser impressionner; no te acobardes ante la dificultad de este texto ne te laisse pas impressionner par la difficulté de ce texte.

‖ SIN atemorizar effrayer; asustar, meter miedo faire peur; amedrentar apeurer; espantar épouvanter; intimidar, amilanar, arredrar inti-

mider; desanimar, desalentar décourager; FAM acoquinarse, achantarse reculer, se dégonfler.

acobijar *v tr* AGRIC butter.

acobrado, da *adj* cuivré, e (color).

acocear *v tr* ruer (dar coces) ‖ FIG & FAM outrager, vexer, offenser (ofender).

acochambrar *v tr* (Amer) salir, souiller.

acochinar *v tr* FAM égorger, tuer [quelqu'un sans défense] ‖ FIG & FAM décourager (desanimar), intimider (acobardar) ‖ cerner un pion (juego de damas).

acocil; acocili *m* (Amer) crevette *f* d'eau douce (camarón) ‖ FIG (Amer) estar como un acocili être rouge comme une écrevisse.

acocote *m* (Amer) calebasse *f* pour recueillir le pulque.

acodado, da *adj* coudé, e (doblado); un tubo acodado un tube coudé ‖ accoudé, e (apoyado en los codos); acodado en la barra accoudé au bar ‖AGRIC marcotté, e.

acodadura *f* accoudement *m* (apoyo sobre los codos) ‖AGRIC marcottage *m* (de una planta) ‖coude *m*, courbe (incurvación).

acodalamiento *m* ARQ étrésillonnement, étaiement.

acodalar *v tr* ARQ étrésillonner, étayer.

acodamiento *m* accoudement (acodadura).

acodar *v tr* étayer (apuntalar) ‖ couder (doblar) ‖AGRIC marcotter.
◆ **acodarse** *v pr* s'accouder.

acoderamiento *m* MAR embossage.

acoderar *v tr* MAR embosser.

acodillar *v tr* couder, courber.
<> *v intr* tomber sur les genoux (animal).

acodo *m* AGRIC marcotte *f* (esqueje) ‖ arçon (de la vid) ‖marcottage (acción de acodar).

acogedor, ra *adj* accueillant, e (afable); un pueblo acogedor un peuple accueillant.

acogencia *f* (Amer) acceptation.

acoger [14] *v tr* accueillir, recevoir; sabe muy bien acoger a los amigos elle sait très bien recevoir ses amis ‖ protéger, secourir ‖ FIG accueillir; acoger favorablemente una petición accueillir favorablement une requête.
◆ **acogerse** *v pr* FIG se réfugier ‖recourir à, faire valoir (un pretexto, una ley) ■ acogerse a o bajo sagrado chercher o demander asile dans une église ‖acogerse a uno recourir à l'aide de quelqu'un (pedir el auxilio), recourir à la protection de quelqu'un (pedir protección).

acogida *f* [▷ SIN] accueil *m*; una acogida triunfal un accueil triomphal ‖ retraite, refuge *m* (refugio) ‖ retraite (retirada) ‖ acceptation (aprobación).

‖ SIN recepción, recibimiento réception; bienvenida bienvenue.

acogido, da *adj* accueilli, e ‖ acogido a la ley bénéficiant de la loi.
<> *m & f* assisté, e (de un hospicio).

acogimiento *m* accueil ‖refuge (refugio).

acogollar *v intr* AGRIC bourgeonner.
<> *v tr* AGRIC abriter, couvrir ‖ mettre sous cloche o sous châssis.

acogotar *v tr* assommer (matar) ‖ colleter (derribar a uno) ‖ FIG (Amer) tenir à sa merci, laisser sans voix (vencer).

acojinamiento *m* capitonnage (muebles) ‖MECÁN refoulement.

acojinar *v tr* capitonner.
◆ **acojinarse** *v pr* refouler.

acojonado, da *adj* VULG estar acojonado avoir les boules.
<> *m & f* VULG trouillard, e; froussard, e.

acojonamiento *m* VULG trouille *f*, frousse *f* (canguelo).

acojonante *adj* VULG dingue, génial, e (asombroso, estupendo) ‖flippant, e (atemorizador).

acojonar *v tr* VULG faire peur, ficher la trouille.

acojone; acojono *m* VULG trouille *f*, frousse *f*, flip.

acolada *f* accolade.

acolar *v tr* BLAS accoler.

acolchado *m* matelassure *f* (relleno) ‖(Amer) dessus-de-lit (colcha).

acolchar *v tr* capitonner (muebles) ‖ matelasser, rembourrer ‖ matelasser; una bata acolchada une robe de chambre matelassée ‖ FIG amortir; la nieve acolcha el ruido la neige amortit le bruit.

acolchonar *v tr* matelasser.

acolitado *m* acolytat.

acolitar *v intr* (Amer) accompagner ‖ FIG & FAM partager le repas de quelqu'un.

acolitazgo *m* acolitat.

acólito *m* acolyte ‖enfant de chœur (monaguillo) ‖FIG acolyte, complice.

acollador *m* MAR ride *f*, ridoir (cuerda) ‖AGRIC buttoir, butteur.

acolladura *f* AGRIC buttage *m*.

acollar [23] *v tr* AGRIC butter ‖ MAR calfater (calafatear) ‖ rider (cuerdas).

acollarado, da *adj* ZOOL qui porte un collier, à collier; mirlo acollarado merle à collier.

acollarar *v tr* mettre un collier (a un animal) ‖ attacher ensemble (dos animales) ‖ (Amer) unir (unir).
◆ **acollararse** *v pr* FAM (Amer) se marier (casarse), se coller (amancebarse).

acomedirse [26] *v pr* (Amer) s'offrir à faire une chose, rendre service, être serviable.

acometedor, ra *adj & s* assaillant, e; entreprenant, e (atrevido) ‖ combatif, ive; un toro acometedor un taureau combatif.

acometer *v tr* assaillir, attaquer; acometer un campo assaillir un camp; acometer al enemigo attaquer l'ennemi ‖ entreprendre (emprender); acometer una reforma entreprendre une réforme ‖ éprouver [une sensation]; me acometieron unas ganas enormes de irme j'éprouvai une envie terrible de m'en aller ‖ venir [à l'esprit]; le acometió la idea de irme l'idée lui vint de ‖ prendre (sueño) ‖ prendre, surprendre (enfermedad) ‖ arriver à (accidente) ‖ foncer sur, attaquer; el toro le acometió le taureau fonça sur lui ‖ déboucher sur o dans (galería, cañería, etc.) ‖ FAM attaquer; acometer un trabajo attaquer un travail.

acometida *f* attaque ‖branchement *m* (de una cañería, de tubos) ‖acometida de agua adduction d'eau.

acometimiento *m* attaque *f*, agression *f* ❘ entreprise *f*; el acometimiento de un trabajo l'entreprise d'un travail ❘ branchement, embranchement (de cañería).

acometividad *f* agressivité, combativité; la acometividad de un toro la combativité d'un taureau ❘ esprit o caractère *m* entreprenant.

acomodación *f* accommodement *m*, arrangement *m* ❘ accomodation (del ojo) ❘ aménagement *m* (de un piso).

acomodadamente *adv* convenablement, avec ordre ❘ à l'aise, aisément (fácilmente).

acomodadizo, za *adj* accommodant, e; arrangeant, e.

acomodado, da *adj* commode, convenable (conveniente) ❘ commode, aménagé, e; un piso acomodado para recibir un appartement commode pour recevoir ❘ à l'aise, aisé, e; una familia acomodada une famille aisée ❘ cossu, e; una casa acomodada une maison cossue ❘ qui aime ses aises (comodón) ❘ placé, e; installé, e (colocado) ❘ installé, e; acomodado en su sillón installé dans son fauteuil ❘ en rapport avec, adapté a; precio acomodado a mis medios prix en rapport avec mes moyens.

acomodador, ra *adj* accommodateur, trice.
◇ *m & f* placeur *m*, ouvreuse *f* (espectáculo).

acomodamiento *m* [▷ SIN] accommodement, arrangement (convenio) ❘ commodité *f*, convenance *f* (comodidad) ❘ aménagement (de un sitio).

❘ SIN arreglo arrangement; capitulación capitulation.

acomodar *v tr* arranger (ordenar) ❘ accommoder ❘ aménager (un sitio) ❘ adapter, régler; acomodar su conducta con régler sa conduite sur ❘ régler (un lente) ❘ placer (en un espectáculo) ❘ installer (a uno cómodamente) ❘ FIG raccommoder, réconcilier (conciliar) ❘ adapter (adaptar) ❘ (Amer) placer, offrir un emploi à (ofrecer trabajo) ❘ haga usted lo que le acomode faites ce qui vous arrange o comme il vous plaira.
◇ *v intr* convenir, arranger.
➥ **acomodarse** *v pr* se placer (en un espectáculo) ❘ s'installer (cómodamente); acomodarse en un sillón s'installer dans un fauteuil ❘ accommoder (el ojo) ❘ se placer; acomodarse de criada se placer comme bonne à tout faire ❘ trouver une place (lograr empleo) ❘ FIG s'accommoder, s'arranger (conformarse); acomodarse con todo s'arranger de tout ❘ se conformer; acomodarse a una norma se conformer à une règle ❘ s'adapter (adaptarse) ❘ (Amer) se faire beau, belle; s'arranger (componerse) ❘ se débrouiller (amañarse).

acomodaticio, cia *adj* accommodant, e; arrangeant, e; siempre se puede llegar a un acuerdo con él porque es muy acomodaticio on peut toujours arriver à s'arranger avec lui parce qu'il est très accommodant ❘ convenable (conveniente) ❘ complaisant, e (complaciente) ❘ ser acomodaticio être de bonne composition, être arrangeant.

acomodo *m* place *f*, situation *f* (empleo) ❘ place *f* (sitio) ❘ commodité *f*, convenance *f* (conveniencia) ❘ FIG place *f*; la violencia tiene fácil acomodo en la aventura la violence

trouve facilement sa place dans l'aventure ❘ (Amer) toilette *f*, élégance *f* (compostura).

acompañado, da *adj* accompagné, e; ir muy bien acompañado être très bien accompagné ❘ FAM fréquenté, e; passant, e (concurrido) ❘ más vale estar solo que mal acompañado il vaut mieux être seul qu'en mauvaise compagnie.
◇ *adj & s* adjoint, e (adjunto).
➥ **acompañado** *m* (Amer) conduite *f* (atarjea).

acompañador, ra *adj & s* accompagnateur, trice.

acompañamiento *m* accompagnement ❘ suite *f*, compagnie *f*, cortège (comitiva) ❘ TEATR figuration *f* ❘ MÚS accompagnement ❘ FIG escorte *f*; la guerra y su acompañamiento de horrores la guerre et son escorte d'horreurs.

acompañanta *f* dame de compagnie.

acompañante *adj & s* accompagnateur, trice.
➥ **acompañantes** *m pl* suite *f sing*; el ministro y sus acompañantes le ministre et sa suite.

acompañar *v tr* accompagner; acompañado por sus amigos accompagné de ses amis ❘ tenir compagnie à (hacer compañía a) ❘ raccompagner, reconduire, ramener; le voy a acompañar a su casa je vais vous raccompagner chez vous ❘ suivre; acompañar un entierro suivre un enterrement ❘ joindre, inclure (adjuntar) ❘ FIG partager; le acompaño en su sentimiento je partage votre douleur ❘ sympathiser avec ❘ MÚS accompagner; acompañar con el piano accompagner au piano ❘ se joindre à, être des; mañana organizamos un bridge en casa, ¿quiere usted acompañarnos? demain nous organisons un bridge à la maison, voulez-vous vous joindre à nous o être des nôtres? ❘ acompañar siempre ne pas quitter; un deseo que nos acompaña siempre un désir qui ne nous quitte pas.
➥ **acompañarse** *v pr* s'accompagner; acompañarse con la guitarra, con el piano s'accompagner à la guitare, au piano.

acompasadamente *adv* avec calme, avec lenteur, posément; hablar acompasadamente parler posément.

acompasado, da *adj* rythmé, e; cadencé, e ❘ cadencé, e; paso acompasado pas cadencé ❘ FIG posé, e.

acompasar *v tr* mesurer avec un compas ❘ battre la mesure, rythmer (dar cadencia) ❘ FIG régler; hay que acompasar las exportaciones con las importaciones il faut régler les exportations sur les importations.

acomplejado, da *adj & s* qui a un complexe, complexé, e.

acomplejamiento *m* inhibition *f* (acción) ❘ inhibition *f*, timidité *f* (efecto).

acomplejar *v tr* donner o provoquer un complexe o des complexes, complexer; me acomplejas con tus éxitos de toda clase tu me donnes des complexes avec tes succès de toutes sortes.

acomunarse *v pr* s'unir, s'allier.

aconcagüino, na *adj & s* de l'Aconcagua.

aconchabamiento *m* entente *f*.

aconchabarse *v pr* FAM s'entendre, s'acoquiner; aconchabarse con malhechores s'acoquiner à des malfaiteurs, s'entendre avec des malfaiteurs.

aconchar *v tr* mettre à l'abri ❘ MAR drosser, entraîner.
➥ **aconcharse** *v pr* s'échouer (encallar).

acondicionado, da *adj* aménagé, e; arrangé, e (arreglado); un castillo bien acondicionado un château bien aménagé ❘ conditionné, e; aire acondicionado air conditionné ❘ climatisé, e; piso acondicionado appartement climatisé.

acondicionador *m* climatiseur (de aire) ❘ acondicionador de escaparates étalagiste.

acondicionamiento *m* arrangement, aménagement; acondicionamiento de la red de carreteras aménagement du réseau routier ❘ aménagement; acondicionamiento de un museo aménagement d'un musée ❘ conditionnement (del aire), climatisation *f* (de un piso) ❘ esta casa no tiene el acondicionamiento adecuado para recibir a mucha gente cette maison n'est pas aménagée pour recevoir beaucoup de monde.

acondicionar *v tr* arranger, préparer ❘ emballer, conditionner; acondicionar mercancías conditionner des marchandises ❘ aménager (un sitio); acondicionar un castillo aménager un château ❘ conditionner (el aire), climatiser (un piso).
➥ **acondicionarse** *v pr* acquérir certains caractères.

aconfesional *adj* non confesionnel, elle.

acongojadamente *adv* avec angoisse ❘ douloureusement.

acongojante *adj* angoissant, e ❘ affligeant, e.

acongojar *v tr* angoisser (angustiar) ❘ affliger (entristecer).

aconitina *f* QUÍM aconitine.

acónito *m* BOT aconit (planta).

aconsejable *adj* conseillable.

aconsejado, da *adj* conseillé, e ❘ prudent, e ❘ mal aconsejado imprudent.

aconsejador, ra *adj & s* conseiller, ère.

aconsejar *v tr* conseiller; le aconsejo viajar je vous conseille de voyager ❘ engager à, conseiller de; le aconsejo que abandone este trabajo je vous engage à abandonner ce travail.
➥ **aconsejarse** *v pr* prendre conseil; aconsejarse con o de su médico prendre conseil de son médecin.

aconsonantar *v tr* faire rimer.
◇ *v intr* rimer.

acontecedero, ra *adj* éventuel, elle; possible.

acontecer [30] *v intr* arriver, avoir lieu, survenir (suceder); aconteció lo que suponíamos il arriva ce que nous pensions.

acontecimiento *m* événement (suceso).

acopar *v tr* tailler en dôme (los árboles).
➥ **acoparse** *v pr* s'arrondir (árboles).

acopas *adv* (Amer) à l'improviste, contre toute attente ❘ étonnamment.

acopiamiento *m* abondance *f* (acopio) ❘ rassemblement (reunión).

acopiar [8] *v tr* amasser, entasser (amontonar) ▌ rassembler; **acopiar documentos para una tesis** rassembler des documents pour une thèse.

acopio *m* [▷ SIN] provision *f*, approvisionnement ▌ abondance *f* ▌ **hacer acopio de** amasser, faire une réserve de.

> SIN **bloque** bloc; **hacina** amas; **revoltillo** ramassis; **fárrago** fatras; **masa** masse; **montón** tas; **cúmulo** monceau; **acumulación** accumulation; **pila** pile; **amontonamiento** amoncellement.

acoplable *adj* ajustable (piezas) ▌ attelable (animales).

acoplado, da *adj* accouplé, e ▌ assorti, e; **una pareja muy bien acoplada** un couple très bien assorti.

➡ **acoplado** *m* (*Amer*) remorque *f* (carruaje).

acoplador *m* TECN coupleur; **acoplador acústico** coupleur acoustique.

acopladura *f* assemblage *m*.

acoplamiento *m* accouplement; **biela, manguito de acoplamiento** bielle, manchon d'accouplement ▌ assemblage (ensambladura); **acoplamiento en serie** assemblage en série ▌ MECÁN raccord, engagement (de ruedas) ▌ **barra de acoplamiento de cargas** palonnier.

acoplar *v tr* TECN assembler, accoupler (juntar) ▌ ELECTR accoupler, coupler ▌ FIG accoupler; **acoplar dos epítetos** accoupler deux épithètes ▌ [▷ SIN] accoupler (animales) ▌ concilier (cosas), réconcilier (personas) ▌ faire cadrer, adapter; **tengo que acoplar el horario de las clases con mis días de trabajo** il faut que je fasse cadrer l'horaire de mes cours dans mes journées de travail ▌ rendre homogène.

➡ **acoplarse** *v pr* s'accoupler ▌ FIG sympathiser (hacerse amigos) ▌ s'entendre (llevarse bien); **es muy difícil acoplarse con él** c'est très difficile de s'entendre avec lui.

> SIN **aparear, parear** apparier; **emparejar** appareiller; **cubrir** couvrir (ganado) ▌ **saltar** saillir (caballos); **pisar** côcher (aves de corral).

acoquinamiento *m* peur *f* (miedo) ▌ découragement, abattement (desánimo).

acoquinar *v tr* FAM décourager, abattre.

➡ **acoquinarse** *v pr* FAM prendre peur (asustarse) ▌ se décourager (desanimarse) ▌ reculer (rajarse).

> OBSERV Existe en francés el verbo s'acoquiner, pero significa sobre todo aconchabarse.

acorazado, da *adj* cuirassé, e; **buque acorazado** bateau cuirassé ▌ blindé, e; **cámara acorazada** coffre blindé ▌ FIG cuirassé, e; endurci, e; **es una persona acorazada contra toda clase de injurias** c'est une personne cuirassée contre toutes sortes d'insultes ▌ **división acorazada** division blindée.

➡ **acorazado** *m* cuirassé (buque).

acorazamiento *m* cuirassement.

acorazar [13] *v tr* cuirasser, blinder.

➡ **acorazarse** *v pr* FIG se cuirasser, s'endurcir.

acorazonado, da *adj* en forme de cœur, cordé, e.

acorchado, da *adj* liégeux, euse; semblable au liège (como el corcho) ▌ spongieux, euse (esponjoso) ▌ liégé, e (cubierto con corcho) ▌ cotonneux, euse (fruta) ▌ FIG engourdi, e; insensible; **estar con las piernas acorchadas**

avoir les jambes engourdies ▌ empâté, e (boca).

acorchamiento *m* spongiosité *f* ▌ FIG engourdissement, insensibilité *f* (de los miembros) ▌ empâtement (de la boca).

acorchar *v tr* recouvrir de liège.

➡ **acorcharse** *v pr* devenir spongieux ▌ se cotonner, devenir cotonneux (fruta) ▌ FIG s'engourdir; **se me acorcharon las piernas** mes jambes se sont engourdies.

acordada *f* arrêt *m*, ordre *m* (de un tribunal).

acordadamente *adv* d'un commun accord, d'accord (de común acuerdo) ▌ avec réflexion, posément (con reflexión).

acordado, da *adj* réfléchi, e; sensé, e (persona) ▌ sensé, e; réfléchi, e; sage (acción o dicho) ▌ **lo acordado** ce qui a été décidé o arrêté, ce dont on est convenu.

acordar [23] *v tr* se mettre d'accord pour, être convenu de; **ambos estadistas han acordado estrechar la cooperación** les deux hommes d'État se sont mis d'accord pour resserrer la coopération ▌ décider de (decidir) ▌ convenir, se mettre d'accord sur, arrêter; **acordar un precio** convenir d'un prix ▌ résoudre, décider (resolver) ▌ accorder, concilier (conciliar) ▌ [▷ SIN] rappeler, remémorer (recordar) ▌ accorder (música y pintura) ▌ (*Amer*) accorder, concéder (otorgar).

➡ **acordarse** *v pr* se souvenir, se rappeler ▌ penser; **no me acordé de devolverle el libro** je n'ai pas pensé à lui rendre le livre; **no se ha acordado nada de ella** il n'a pas du tout pensé à elle ▌ se mettre d'accord, tomber d'accord ■ **si mal no me acuerdo** si j'ai bonne mémoire ▌ FAM **¡te acordarás de mí!** tu auras de mes nouvelles! ▌ **y... si te he visto, no me acuerdo** il ne me connaît plus, il a fait semblant de ne pas me reconnaître.

<> *v intr* s'accorder, concorder.

> OBSERV 1. Ce verbe est un gallicisme dans le sens de concéder, octroyer.
> 2. Cuidado con el régimen en francés: se dice se rappeler une chose (v tr), pero se souvenir d'une chose (v intr): sólo me acuerdo de los momentos felices, je ne me rappelle que les moments heureux, je ne me souviens que des moments heureux.

> SIN **retrazar** retracer; **evocar** évoquer; **recordar** se souvenir de; **rememorar** remémorer.

acorde *adj* d'accord; **después de una larga discusión, quedaron acordes** après une longue discussion ils tombèrent d'accord ▌ conforme, en accord; **construir un edificio acorde a las tendencias actuales** construire un édifice conforme aux o en accord avec les tendances actuelles ▌ identique; **sentimientos acordes** sentiments identiques ▌ MÚS accordé, e; harmonieux, euse.

<> *m* MÚS accord; **acorde perfecto** accord parfait.

acordelado, da *adj* tiré au cordeau.

acordelar *v tr* arpenter, mesurer; **acordelar un campo** arpenter un champ ▌ aligner, tracer au cordeau ▌ entourer de [un cordon, etc.].

acordeón *m* MÚS accordéon ▌ **plisado de acordeón** plissé accordéon.

acordeonista *m & f* accordéoniste.

acordonado, da *adj* entouré d'un cordon [de soldats ou de policiers]; **el barrio estaba acordonado de policías** le quartier était en-

touré d'un cordon de police ▌ cordonné, e; en forme de cordon (en figura de cordón) ▌ (*Amer*) efflanqué, e; maigre (animales).

acordonamiento *m* laçage (lazada) ▌ cordonnage, crénelage (de las monedas) ▌ cordon de soldats o de policiers.

acordonar *v tr* lacer (los zapatos) ▌ ganser (poner un cordón) ▌ créneler, cordonner (las monedas) ▌ entourer d'un cordon [de soldats, d'agents] ▌ investir, encercler; **el enemigo ha acordonado la ciudad** l'ennemi a investi la ville ▌ (*Amer*) préparer la terre (para la siembra).

acores *m pl* MED croûtes *f* de lait.

acornar [23]; **acornear** *v tr* donner des coups de corne, encorner.

ácoro *m* acore (planta).

acorralado, da *adj* aux abois; **un ciervo acorralado** un cerf aux abois ▌ traqué, e; **el bandido, al verse acorralado, se levantó la tapa de los sesos** se voyant traqué, le bandit se brûla la cervelle.

acorralamiento *m* parcage, parquement (del ganado) ▌ FIG acculement.

acorralar *v tr* parquer (el ganado) ▌ mettre aux abois (un ciervo) ▌ FIG acculer (arrinconar) ▌ traquer; **lo acorralaron en un desván** ils l'ont traqué dans un grenier ▌ acculer, mettre aux abois (acosar) ▌ acculer, confondre (confundir).

acorrer *v tr* secourir, aider.

<> *v intr* accourir.

acortamiento *m* raccourcissement.

acortar *v tr* raccourcir ▌ FIG réduire, diminuer; **acortar el racionamiento** diminuer le rationnement ▌ réduire, écourter (distancia) ▌ abréger, écourter; **acortar un relato, una clase** abréger un récit, un cours ▌ rabattre de; **acortar sus pretensiones** rabattre de ses prétentions.

➡ **acortarse** *v pr* FIG être à court d'idées (no saber qué decir) ▌ se ramasser (los caballos) ▌ diminuer, raccourcir; **en agosto los días empiezan a acortarse** en août les jours commencent à diminuer.

acosador, ra *adj & s* poursuivant, e.

➡ **acosador** *m* traqueur, coureur (caza).

acosamiento *m* poursuite *f*, harcèlement ▌ traque *f* (caza).

acosar *v tr* poursuivre, harceler; **acosado por los perros** harcelé par les chiens ▌ traquer, réduire aux abois (acorralar) ▌ FIG poursuivre, harceler; **acosar a un deudor** harceler un débiteur ▌ assaillir, harceler; **acosar con preguntas** assaillir de questions ▌ faire courir (un caballo).

acosijar *v tr* (*Amer*) harceler, persécuter, poursuivre.

acoso *m* harcèlement (acosamiento); **acoso sexual** harcèlement sexuel ▌ traque *f* (caza) ▌ TAUROM poursuite *f* du taureau à cheval ▌ **toque de acoso** hallali.

acostada *f* somme *m* ▌ halte de nuit (en un viaje).

acostamiento *m* coucher ▌ alitement (de un enfermo) ▌ (ant) salaire (sueldo), rémunération *f* (pago) ▌ faveur *f* protection *f* (favor).

acostar [23] *v tr* coucher (en la cama o en el suelo) ▌ MAR accoster ▌ (*Amer*) accoucher (parir).

◇ *v intr* MAR aborder.

◆ **acostarse** *v pr* [▷ SIN] se coucher; me voy a acostar porque es muy tarde je vais me coucher car il est très tard ‖ coucher; para dejar una cama libre a nuestro invitado los niños se acostarán juntos pour laisser un lit à notre invité les enfants coucheront ensemble ‖ se coucher, coucher; acostarse vestido se coucher tout habillé ‖ se pencher (inclinarse) ‖ s'approcher (arrimarse) ‖ acostarse con o como las gallinas se coucher avec o comme les poules.

▌ SIN echarse s'allonger; tenderse s'étendre; meterse en la cama se mettre au lit; encamarse s'aliter; guardar cama garder le lit.

acostumbradamente *adv* habituellement, à l'accoutumée.

acostumbrado, da *adj* habitué, e; accoutumé, e ‖ habituel, elle (que se hace por costumbre).

▌ OBSERV Accoutumé en francés se emplea menos que habitué, mientras que en español se emplea más acostumbrado que habituado.

acostumbrar *v tr* habituer à, accoutumer à; me han acostumbrado al trabajo on m'a habitué au travail ‖ avoir l'habitude de; acostumbro levantarme temprano j'ai l'habitude de me lever tôt ‖ prendre l'habitude de, accoutumer de (sólo usado en los tiempos pasados); he acostumbrado pasearme cada día j'ai pris l'habitude de me promener tous les jours.

◆ **acostumbrarse** *v pr* prendre l'habitude de; acostumbrarse a beber prendre l'habitude de boire ‖ s'habituer à, se faire à (avezarse).

▌ OBSERV En francés se emplea más habituer que accoutumer y en español más acostumbrar que habituar.

acotación *f* bornage *m* (acción de limitar) ‖ annotation, note (nota) ‖ cote (en topografía) ‖ TEATR indication scénique.

acotado, da *adj* réservé, e; gardé, e (terreno).

◆ **acotada** *f* terrain *m* réservé à la culture.

acotamiento *m* bornage, cantonnement, délimitation *f* (de un terreno) ‖ cote *f* (topografía) ‖ FIG délimitation *f*; el acotamiento de un problema la délimitation d'un problème.

acotar *v tr* borner, délimiter (un terreno) ‖ marquer, fixer (fijar) ‖ interdire (prohibir) ‖ annoter, mettre des notes à (anotar) ‖ accepter, admettre; acoto lo que usted me ofrece j'accepte ce que vous m'offrez ‖ FIG délimiter ‖ FAM choisir (elegir) ‖ (p us) témoigner (atestiguar) ‖ AGRIC ébrancher, étêter (un árbol) ‖ coter (topografía).

◆ **acotarse** *v pr* se réfugier.

acotejar *v tr* (Amer) arranger (acomodar).

acotiledón, ona; acotiledóneo, a *adj* & *s* acotylédone, acotylédoné, e.

acoyundar *v tr* atteler (uncir).

acoyuntar *v tr* accoupler des bêtes de maître différent pour labourer en commun.

acracia *f* anarchie.

ácrata *adj* & *s* anarchiste.

acrático, ca *adj* anarchique.

acre *m* acre *f* (medida).

acre *adj* âcre (agrio) ‖ FIG aigre, mordant, e (mordaz); palabras acres des propos mordants ‖ acariâtre (desabrido).

acrecentamiento *m* accroissement, augmentation *f*.

acrecentar [19] *v tr* accroître, augmenter.

acrecer [30] *v tr* accroître, augmenter.

◇ *v intr* croître, augmenter ‖ DR derecho de acrecer droit d'accroissement, accroissement successoral.

acrecimiento *m* accroissement, augmentation *f*.

acreditación *f* accréditation.

acreditado, da *adj* accrédité, e ‖ COM crédité, e ‖ réputé, e; pintor acreditado peintre réputé.

acreditar *v tr* accréditer (a un embajador, una costumbre, etc.) ‖ COM créditer, porter au crédit (abonar) ‖ FIG révéler, consacrer (como poeta, etc.) ‖ confirmer; esto acredita lo que te decía ceci confirme ce que je te disais.

◆ **acreditarse** *v pr* prendre du crédit, s'accréditer; acreditarse con o para con uno s'accréditer auprès de quelqu'un ‖ présenter ses lettres de créance (un embajador) ‖ devenir réputé, être connu; antes de que este bar se acredite habrá que esperar mucho tiempo avant que ce bar ne soit connu il faudra attendre longtemps ‖ FIG se faire une réputation de; acreditarse de necio se faire une réputation de sot ‖ se propager, s'accréditer (una cosa).

acreditativo, va *adj* accréditif, ive.

acreedor, ra *adj* & *s* créancier, ère; acreedor hipotecario créancier hypothécaire ‖ créditeur, trice ‖ FIG digne de, qui mérite; acreedor a mi cariño digne de mon affection ‖ hacerse acreedor a mériter, être digne de.

acreencia *f* (Amer) crédit *m*, créance.

acrescente *adj* BOT accrescent, e.

acribadura *f* criblage *m* (acción).

◆ **acribaduras** *f pl* criblures (resultado).

acribar *v tr* cribler ‖ FIG cribler, percer comme un crible.

acribillar *v tr* cribler, percer; acribillar a balazos, a puñaladas cribler de balles, de coups de poignard ‖ FIG & FAM cribler; estar acribillado de deudas être criblé de dettes ‖ assaillir; estar acribillado de solicitudes être assailli de demandes.

acrídidos; acridios *m pl* ZOOL acridiens.

acrílico, ca *adj* & *s m* QUÍM acrylique ‖ ácido acrílico acide acrylique ‖ aldehído acrílico aldéhyde acrylique ‖ resinas acrílicas résines acryliques.

acriminar *v tr* incriminer (acusar).

acrimonia *f* âcreté ‖ FIG acrimonie, ton *m* mordant, aigreur.

acrimonioso, sa *adj* acrimonieux, euse.

acriollado, da *adj* créole, qui a pris les habitudes du pays.

acriollarse *v pr* (Amer) prendre les habitudes du pays.

acrisolado, da *adj* parfait, e.

acrisolar *v tr* affiner, purifier (los metales) ‖ FIG faire briller (la verdad).

acristalamiento *m* vitrage.

acristalar *v tr* vitrer.

acritud *f* âcreté ‖ FIG acrimonie, âcreté ‖ aigreur; hablar con acritud parler avec aigreur.

acrobacia *f* acrobatie.

acróbata *m* & *f* acrobate.

acrobático, ca *adj* acrobatique.

acrocefalia *f* MED acrocéphalie.

acrocéfalo, la *adj* & *s* acrocéphale.

acrocianosis *f inv* MED acrocyanose.

acroleína *f* QUÍM acroléine.

acromado, da *adj* chromé, e.

acromático, ca *adj* achromatique.

acromatina *f* BIOL achromatine.

acromatismo *m* achromatisme.

acromatizar [13] *v tr* achromatiser.

acromatófilo, la *adj* QUÍM achromique, achrome.

acromatopsia *f* MED achromatopsie.

acromegalia *f* MED acromégalie.

acromio; acromion *m* ANAT acromion.

acrónico, ca *adj* ASTRON acronyque.

acrónimo *m* GRAM acronyme.

ácrono, na *adj* intemporel, elle.

acroparestesia *f* MED acroparesthésie.

acrópolis *f inv* ARQ acropole.

acrosa *f* QUÍM acrose.

acróstico, ca *adj* & *s m* acrostiche.

acrotera; acrótera *f* ARQ acrotère *m*.

acroterio *m* ARQ acrotère [parapet au bord d'un toit].

acta *f* acte *m*; acta notarial acte notarié ‖ compte *m* rendu, procès-verbal *m* (de una sesión) ‖ dossier *m* (expediente) ‖ acte *m*, arrêté *m* administratif ■ acta adicional avenant ‖ acta de acusación acte d'accusation ‖ acta de calidad label de qualité ‖ acta de defunción acte de décès ‖ (Amer) acta de nacimiento acte de naissance ‖ acta de peritaje compte rendu d'expertise ■ levantar acta dresser procès-verbal, verbaliser (multa), faire un constat (atestado), rédiger un procès-verbal (de una reunión), dresser un acte (derecho).

◆ **actas** *f pl* actes *m*, vies des saints ‖ compte rendu *m sing*, procès-verbal *m sing*; actas taquigráficas o literales compte rendu in extenso ‖ registres *m* (para las notas de un examen) ‖ actas de un concilio actes d'un concile.

actea *f* BOT actée.

actinauta *m* MAR navire radioguidé.

actinia *f* actinie (anémona de mar).

actínico, ca *adj* actinique.

actinímetro ➤ **actinómetro**.

actinio *m* actinium (metal).

actinismo *m* actinisme.

actinolito *m* MIN actinolyte.

actinología *f* QUÍM actinologie.

actinometría *f* actinométrie.

actinométrico, ca *adj* actinométrique.

actinómetro; actinímetro *m* actinomètre.

actinomices *m* actinomycès.

actinomicosis *f* MED actinomycose.

actinon *m* QUÍM actinon.

actinota *f* MINER actinote *m*.

actinoterapia *f* MED actinothérapie.

actinouranio *m* QUÍM actino-uranium.

actitud *f* attitude.

SIN postura posture, pose; posición position; gesto geste.

activación *f* activation.

activador *m* QUÍM activeur ‖ FÍS activateur.

activamente *adv* activement ‖ GRAM au sens actif.

activar *v tr* activer; activar un trabajo activer un travail ‖ QUÍM activer; lodo activado boue activée ‖INFORM activer.

➤ **activarse** *v pr* s'activer.

actividad *f* activité; volcán en actividad volcan en activité ■ QUÍM actividad óptica activité optique ‖ esfera de actividad champ d'action ■ desplegar una actividad déployer une activité.

activismo *m* activisme.

activista *adj & s* activiste.

activo, va *adj* [▷ SIN] actif, ive ■ dividendo activo dividende distribué ‖ MIL escala activa active; oficial de la escala activa officier d'active ‖ GRAM participio activo participe présent‖ voz activa voix active ■ en activo en activité, en fonction; militar, funcionario en activo militaire, fonctionnaire en activité ‖ estar en servicio activo être en activité.

➤ **activo** *m* COM actif (haber) ‖FIG & FAM por activa y por pasiva de toute façon ■ activo circulante actif circulant ‖ activo disponible a corto plazo actif négociable ‖ activo inmaterial o intangible actif immatériel o incorporel ‖ activo inmovilizado o fijo actif immobilisé ‖ activo líquido, realizable actif disponible, réalisable ‖ activo neto actif net.

SIN operante agissant; eficaz efficace; eficiente efficient.

acto *m* acte (hecho); se conoce a un hombre por sus actos on connaît un homme à ses actes ‖ action *f* (acción) ‖ acte; acto de fe, de contrición acte de foi, de contrition ‖ œuvre *f*; acto carnal œuvre de chair ‖ assemblée *f* (en las universidades) ‖ TEATR acte; comedia de dos actos comédie en deux actes ‖ séance *f* (de una asamblea); acto inaugural séance inaugurale ‖ cérémonie *f*, manifestation *f*; los ministros presenciaron el acto les ministres assistèrent à cette manifestation ■ acto continuo o seguido tout de suite, tout de suite après, immédiatement après ‖ acto de conciliación conciliation devant le juge ‖ acto reflejo réflexe ‖ acto sexual acte sexuel ‖ RELIG Actos de los Apóstoles Actes des apôtres ‖ DR injurias y actos de violencia injures et voies de fait ‖ salón de actos salle des fêtes ■ en el acto sur-lechamp, séance tenante (inmediatamente), sur le coup; murió en el acto il mourut sur le coup ‖ en el acto de au moment où o de ‖ hacer acto de presencia faire acte de présence ‖ muerto en acto de servicio mort au service de la patrie.

actor, ra *adj & s* DR demandeur, demanderesse ‖ DR parte actora demandeur.

actor, triz *m & f* [▷ SIN] acteur, actrice ■ actor, actriz de doblaje doublure ‖ primer actor acteur principal, vedette ‖ primera ac-

triz vedette ‖ segundo, tercer actor second, troisième rôle.

SIN cómico, comediante comédien; artista artiste; intérprete interprète; protagonista protagoniste; galán jeune premier; figura vedette; estrella étoile, star; farsante baladin; figurante (teatro), extra (cine) figurant; comparsa comparse; histrión histrion; doble doublure; cómico de la legua comédien ambulant.

actuación *f* façon d'agir, conduite; su actuación fue poco apreciada sa conduite fut peu appréciée ‖ comportement *m*; la actuación de los jugadores le comportement des joueurs ‖ rôle *m*; en este caso la actuación de la policía no ha quedado muy clara le rôle que la police a joué dans cette affaire n'est pas très clair ‖ DR procédure ‖ activité ‖ jeu *m* [d'un acteur] ‖ numéro *m*; la actuación de los malabaristas le numéro des jongleurs ‖ actuación pericial expertise.

➤ **actuaciones** *f pl* dossiers *m* d'un procès.

actual *adj* actuel, elle.

actualidad *f* actualité ■ en la actualidad aujourd'hui, à l'heure actuelle, actuellement (en nuestra época), pour le moment (en este momento) ‖ ser de actualidad être d'actualité, être à l'ordre du jour.

➤ **actualidades** *f pl* actualités (noticiario).

actualización *f* actualisation, mise à jour ‖ recyclage *m* (en capacitación) ‖ COM actualisation.

actualizar [13] *v tr* actualiser, rendre actuel, mettre à jour; actualizar un texto mettre à jour un texte ‖ COM actualiser.

actualmente *adv* actuellement.

actuante *adj & s* agissant, e ‖ soutenant [d'une thèse] ‖ candidat, e [à un examen, etc.].

actuar [6] *v intr* agir (obrar); en eso actuó bien en cela il a bien agi ‖ jouer un rôle ‖ remplir une charge o des fonctions ‖ soutenir une thèse (en la universidad) ‖ subir (un examen), se présenter (à un concours) ‖ jouer; este actor actuará en nuestro teatro la semana que viene cet acteur jouera dans notre théâtre la semaine prochaine ‖ DR procéder, instruire un procès ‖ agir; actuar por lo civil agir civilement ‖ TAUROM combattre ‖ actuar de jouer le rôle de.
<> *v tr* mettre en action, actionner ‖ assimiler ‖ absorber.

➤ **actuarse** *v pr* actuarse en s'exercer à; actuarse en escribir s'exercer à écrire ‖ actuarse en un negocio instruire une affaire.

actuariado *m* actuariat.

actuarial *adj* de l'actuaire, actuariel, elle; técnica actuarial technique actuarielle.

actuario *m* DR actuaire, greffier ‖ actuaire (de seguros).

acuache *m* (Amer) copain, ami ‖ ir acuaches aller ensemble.

acuadrillar *v tr* réunir en bande o en troupe ‖ commander [une bande].

acuafortista *m* aquafortiste.

acuamotor *m* appareil à moteur hydraulique.

acuaplano *m* aquaplane.

acuarela *f* aquarelle.

acuarelista *m & f* aquarelliste.

acuarelístico, ca *adj* relatif, ive à l'aquarelle.

acuario *m* aquarium (de peces).

Acuario *m* ASTRON & ASTROL Verseau.

acuartelado, da *adj* BLAS écartelé, e.

acuartelamiento *m* casernement ‖ consigne *f*.

acuartelar *v tr* caserner ‖ consigner (tropas) ‖ diviser (un terrain) en quartiers.

➤ **acuartelarse** *v pr* se retirer à la caserne.

acuartillar *v tr* plier les jarrets [cheval].

acuático, ca *adj* aquatique ‖ nautique; esquí acuático ski nautique.

acuátil *adj* aquatile.

acuatinta *f* aquatinte, aqua-tinta (grabado).

acuatintista *m & f* aquatintiste.

acuatizar [13] *v intr* amerrir (un hidroavión).

acucharado, da *adj* en forme de cuiller.

acuchillado, da *adj* FIG expérimenté, e ‖ mangas acuchilladas manches à crevés.

➤ **acuchillado** *m* ponçage (suelos de madera).

acuchillador, ra *adj & s* batailleur, euse; querelleur, euse (pendenciero) ‖ ponceur, euse (del suelo).

➤ **acuchillador** *m* bretteur, spadassin (espadachín).

acuchillamiento *m* ponçage (del suelo).

acuchillar *v tr* poignarder (apuñalar) ‖ passer au fil de l'épée (pasar a cuchillo) ‖ taillader (vestidos) ‖ garnir de crevés (mangas) ‖ fendre (el aire) ‖ raboter (la madera) ‖ poncer (el suelo).

acucia *f* diligence, empressement *m* ‖ convoitise, désir *m* (anhelo).

acuciador, ra *adj & s* pressant, e (estimulante) ‖ avide (ansioso).

acuciamiento *m* stimulation *f* (estímulo) ‖ convoitise *f* (deseo, ansia) ‖ empressement, diligence *f*.

acuciante *adj* pressant, e; una orden acuciante un ordre pressant ‖ urgent, e (apremiante).

acuciar [8] *v tr* presser, hâter (animar) ‖ presser; estar acuciado por la sed, por la necesidad être pressé par la soif, par le besoin ‖ presser, harceler; acuciar a alguien con preguntas presser quelqu'un de questions ‖ convoiter (anhelar).

acuciosamente *adv* diligemment, avec empressement ‖ ardemment.

acuciosidad *f* empressement *m*, diligence (solicitud) ‖ (Amer) empressement *m*.

acucioso, sa *adj & s* diligent, e ‖ avide, désireux, euse.

acuclillarse *v pr* s'accroupir.

ACUDE (abrev de Asociación de Consumidores y Usuarios de España) *f* association espagnole de défense des consommateurs.

acudir *v intr* arriver, venir; en seguida acudo je viens tout de suite ‖ venir; acudieron muchos espectadores beaucoup de spectateurs sont venus ‖ se rendre, aller (ir); acudir a una cita se rendre à un rendez-vous ‖ se présenter; acudir a un examen se présenter à un examen ‖ aller ouvrir (a la puerta) ‖ répondre; ¿quién acudió al teléfono? qui a répondu au téléphone? ▌ venir en aide à, secourir (auxiliar) ▌ fréquenter (ir a menudo) ▌obéir à, exécuter (una orden) ▌recourir à (recurrir) ▌survenir (sobrevenir) ▌obéir (el caballo) ▌accourir (con prisa) ■ **acudir a** recourir à; s'adresser à (dirigirse) ▌acudir a la huida prendre la fuite ▌acudir al pensamiento o a la mente venir à l'esprit o à l'idée ▌acudir en ayuda de venir en aide à ▌no saber a quién acudir ne savoir à quel saint se vouer.

acueducto *m* aqueduc.

ácueo, a *adj* aqueux, euse; humor ácueo humeur aqueuse.

acuerdo *m* accord; lo hicieron de común acuerdo ils l'ont fait d'un commun accord ▌harmonie *f*, entente *f*; reinaba el acuerdo entre ellos l'harmonie régnait entre eux ▌accord; acuerdo general sobre tarifas arancelarias y comercio accord général sur les tarifs douaniers et le commerce; concertar un acuerdo conclure un accord ▌sagesse *f*, bon sens (cordura) ▌avis, conseil (parecer) (ant) souvenir ▌ (Amer) conseil des ministres ■ acuerdo bilateral, multilateral accord bilatéral, multilatéral ▌acuerdo de crédito accord de crédit ▌DR acuerdo de las partes accord des parties ▌acuerdo económico, social contrat économique, social ▌acuerdo marco accord-cadre ▌acuerdo tripartito accord triparti(te) ▌acuerdo verbal accord verbal ■ **de acuerdo** d'accord ▌de acuerdo con conformément à (conforme con), en accord avec ■ adoptar acuerdos approuver des décisions ▌estar de acuerdo en être d'accord sur (una cosa), être d'accord pour (con un verbo) ▌estar en su acuerdo avoir tout son bon sens o toute sa tête ▌llegar a un acuerdo parvenir à un accord ▌ponerse de acuerdo se mettre o tomber d'accord ▌volver sobre su acuerdo revenir sur une décision.

acuícola *adj* aquicole.

acuicultivo *m* aquiculture *f*, aquaculture *f*.

acuicultura *f* aquaculture, aquiculture.

acuidad *f* acuité.

acuífero, ra *adj* aquifère.

acuitadamente *adv* péniblement, avec affliction.

acuitar *v tr* affliger, chagriner.

aculado, da *adj* BLAS assis, e.

acular *v tr* appuyer, caler (arrimar) ▌FAM acculer (acosar, arrinconar).

➤ **acularse** *v pr* MAR toucher le fond.

acullá *adv* là-bas, par-là ▌acá y acullá parci, par-là, çà et là.

acullico *m* (Amer) boulette *f* de feuilles de coca.

aculturación *f* acculturation.

acuminado, da *adj* acuminé, e (puntiagudo).

acumulable *adj* accumulable.

acumulación *f*; **acumulamiento** *m* accumulation *f* ▌cumul *m* (de empleos o penas) ▌emmagasinage *m*, emmagasinement *m*; acumulación de recuerdos emmagasinage de souvenirs.

acumulador, ra *adj* accumulateur, trice.

➤ **acumulador** *m* TECN accumulateur, accus FAM; acumulador eléctrico accumulateur électrique ▌INFORM accumulateur.

acumulamiento ▬ acumulación.

acumular *v tr* accumuler (amontonar) ▌cumuler (empleos o penas) ▌emmagasiner, accumuler; acumular recuerdos emmagasiner des souvenirs.

➤ **acumularse** *v pr* s'accumuler (cosas) ▌se rassembler (personas); la gente se acumulaba delante del escaparate les gens se rassemblaient devant la vitrine.

acumulativamente *adv* DR cumulativement.

acumulativo, va *adj* qui accumule ▌DR cumulatif, ive.

acunar *v tr* bercer; acunar a un niño bercer un enfant.

acuñación *f* frappe, monnayage *m* (monedas).

acuñador *m* monnayeur.

acuñar *v tr* frapper (monedas y medallas) ▌caler, coincer (poner cuñas) ▌expresión acuñada expression toute faite.

<> *v intr* battre monnaie.

acuocultivo *m* BOT aquaculture *f*, aquiculture *f*.

acuosidad *f* aquosité.

acuoso, sa *adj* aqueux, euse ▌juteux, euse (fruta).

acuotubular *adj* TECN aquatubulaire (caldera).

acupuntor, ra *adj & s* MED acupuncteur, trice; acuponcteur, trice.

acupuntura *f* MED acuponcture, acupuncture.

acure *m* ZOOL agouti.

acurrucarse [10] *v pr* se blottir, se pelotonner.

▌ SIN agazaparse se tapir; agacharse se baisser; ponerse en cuclillas s'accroupir; arrebujarse, hacerse un ovillo se pelotonner.

acurrullar *v tr* MAR amener [les voiles].

acusación *f* accusation; acta de acusación acte d'accusation; cargo de acusación chef d'accusation.

acusadamente *adv* d'une manière marquée.

acusado, da *adj & s* accusé, e (inculpado).

<> *adj* accusé, e (saliente).

▌ OBSERV L'adjectif espagnol acusado est un gallicisme dans le sens de marqué, qui ressort.

acusador, ra *adj & s* accusateur, trice ▌DR acusador público procureur de la République; procureur du Roi [autrefois]; accusateur public [sous la Révolution française].

acusar *v tr* accuser; acusar de robo accuser de vol; no hay que acusar nunca a su prójimo il ne faut jamais accuser son prochain ▌annoncer (juegos) ▌reprocher, accuser; le acuso de todas nuestras desdichas je vous reproche tous nos malheurs ▌FIG accuser (manifestar); acusa gran cansancio il accuse une grande fatigue ▌FAM dénoncer; su antiguo amigo le acusó son ancien ami l'a dénoncé; cafarder, rapporter; los niños malos tienen la costumbre de acusar les vilains enfants ont l'habitude de rapporter ■ acusar el golpe accuser le coup ▌FIG acusar las cuarenta a uno dire son fait o ses quatre vérités à quelqu'un ▌acusar recibo accuser réception.

➤ **acusarse** *v pr* s'accuser.

acusativo, va *adj & s* GRAM accusatif.

acusatorio, ria *adj* accusatoire.

acuse *m* accusé; acuse de recibo accusé de réception ▌annonce *f* (juegos).

acusetas; acusete *m* FAM (Amer) mouchard, cafard (soplón).

acusica *m & f* FAM rapporteur, euse; cafard, e; mouchard, e (soplón).

acusón, ona *adj & s* FAM rapporteur, euse; cafard, e; mouchard, e (soplón).

acústico, ca *adj & s f* acoustique; trompetilla acústica cornet acoustique.

acutángulo, la *adj* acutangle.

acutí *m* (Amer) agouti (roedor).

a.D. (abrev escrita de anno Domini) A.D.

ADA (abrev de Asociación de Ayuda al Automovilista) *f* association privée de défense des automobilistes en Espagne, ≃ ACF.

adagio *m* adage ▌MÚS adagio.

adala *f* MAR dalot *m*.

adalid *m* chef ▌champion; el adalid de la democracia le champion de la démocratie.

adamado, da *adj* efféminé, e (afeminado) ▌raffiné, e; élégant, e (fino) ▌qui joue à la dame.

adamantino, na *adj* adamantin, e.

adamar *v tr* courtiser (requebrar).

➤ **adamarse** *v pr* s'efféminer (afeminarse).

adamascado, da *adj* damassé, e.

adamascar [10] *v tr* damasser (tejidos).

adamismo *m* adamisme (herejía).

adamita *m* adamite, adamien (hereje).

adán *m* FIG & FAM homme négligé o sans soin (descuidado) ▌va-nu-pieds (desharrapado) ▌homme paresseux o sans volonté o fainéant (haragán) ▌ir hecho un adán être dépenaillé.

Adán *n pr* Adam ▌ANAT manzana o nuez de Adán pomme d'Adam ■ FAM ir en el traje de Adán être en costume d'Adam.

adanismo *m* adamisme.

adaptabilidad *f* adaptabilité.

adaptable *adj* adaptable.

adaptación *f* adaptation.

adaptado, da *adj* adaptado (a) adapté (à).

adaptador, ra *adj & s* adaptateur, trice.

adaptar *v tr* adapter; adaptar su conducta con la de su hermano adapter sa conduite à celle de su frère; adaptar una novela al teatro adapter un roman au théâtre.

➤ **adaptarse** *v pr* s'adapter.

▌ SIN ajustar ajuster; cuadrar cadrer; ir, caer, sentar, pegar aller.

adaraja *f* ARQ harpe, pierre d'attente.

adarga *f* targe, bouclier *m* (escudo).

adargar [16] *v tr* (ant) couvrir d'un bouclier ▌FIG défendre, protéger.

adarme *m* (ant) adarme [ancien poids: 1, 79 g] ▌FIG brin, grain, miette *f*, trace *f*; no tiene un adarme de bondad il n'y a pas trace de bonté chez lui ▌FIG no me importa ni un adarme je m'en moque complètement ▌por adarmes au compte-gouttes (poco a poco).

adarve *m* chemin de ronde (fortificación).

adatar *v tr* dater, mettre la date sur.

adaza f вот sorgho m (zahína).

addenda m inv addenda.

adecenar v tr compter par dizaines.

adecentar v tr nettoyer (limpiar), mettre en ordre (ordenar) | arranger; **hay que hacer estas obras para adecentar la casa** il faut faire ces travaux pour arranger la maison.

◆ **adecentarse** v pr s'arranger, s'habiller décemment.

ADECU (abrev de Asociación para la Defensa de los Consumidores y Usuarios) f association espagnole de défense des consommateurs et usagers.

adecuación f adéquation, conformité | adaptation, ajustement m (arreglo) | aménagement m; **la adecuación de los grandes almacenes** l'aménagement des grands magasins.

adecuadamente adv convenablement | justement, à propos.

adecuado, da adj adéquat, e; approprié, e; **vehículo adecuado para este tipo de terreno** véhicule approprié à ce genre de terrain | FILOS adéquat, e.

⏐ OBSERV Adéquat es menos usado que el español adecuado.

adecuar [7] v tr approprier, accommoder, adapter.

adefesiero, ra; adefesioso, sa adj (Amer) ridicule, extravagant, e.

adefesio m FAM épouvantail (persona) | polichinelle (persona ridícula) | extravagance f (disparate) | vêtement extravagant, tenue f ridicule (traje) ■ FAM **estar hecho un adefesio** être fichu comme l'as de pique | **poner como un adefesio** mal fagoter.

adefesioso, sa ▶ **adefeseiro.**

adehala f gratification.

adehesamiento m transformación f (d'un terrain) en pâturage.

adehesar v tr convertir en pâturage.

a. de JC.; a. JC. (abrev escrita de antes de Jesucristo) av. J.-C.

Adela n pr Adèle.

Adelaida n pr Adélaïde.

adelantadamente adv d'avance, à l'avance.

adelantado, da adj avancé, e; **un niño adelantado** un enfant avancé | en avance, qui avance | en avance, d'avance; **pago adelantado** paiement d'avance | évolué, e; **país adelantado** pays évolué | DEP de premier ordre (excelente) | en avant, en profondeur; **un pase muy adelantado** une passe très en avant.

◆ **adelantado** adv por adelantado d'avance, à l'avance, par anticipation.

◆ **adelantado** m HIST gouverneur d'une province | FIG pionnier, précurseur ■ **adelantado de corte** o **del rey** officier de justice | **adelantado de mar** chef, capitaine d'une expédition maritime.

⏐ OBSERV L'adelantado était le plus haut représentant des pouvoirs politiques, militaires et judiciaires en Amérique pendant la période de la conquête et l'époque coloniale espagnole.

adelantador, ra adj qui avance.

adelantamiento m avance f, avancement (adelanto) | dépassement (de un coche) | FIG progrès, essor (mejora); **industria de gran adelantamiento** industrie en plein essor ■ HIST **charge** f de gouverneur de province | gouvernement (territorio).

adelantar v tr avancer; **adelantar el reloj** avancer sa montre | avancer de; **adelantar cuatro pasos** avancer de quatre pas | avancer de, gagner; **adelantar cuatro puestos en una clase** avancer de quatre places dans une classe | accélérer, hâter (apresurar) | avancer; **adelantar dinero** avancer de l'argent | dépasser, laisser en arrière (dejar atrás); **adelantar a un rival en una carrera** dépasser un rival dans une course | doubler, dépasser (a un vehículo); **adelantar un coche** dépasser une voiture | FIG augmenter (aumentar) | améliorer (mejorar) | faire progresser (una ciencia).

◇ v intr avancer; **tu reloj adelanta** ta montre avance | progresser (progresar) | faire des progrès; **este niño ha adelantado mucho en matemáticas** cet enfant a fait beaucoup de progrès en mathématiques | **adelantar en edad** avancer en âge.

◆ **adelantarse** v pr s'avancer; **adelantarse al encuentro** s'avancer à la rencontre | doubler, dépasser; **adelantarse a un coche** doubler une voiture | devancer; **adelantarse a su época** devancer son temps; **adelantarse a alguno** devancer quelqu'un | dépasser, laisser en arrière (dejar atrás) | FIG supplanter, prendre le pas sur (aventajar).

adelante adv plus loin (más allá) | en avant, devant soi ■ **de aquí o de hoy en adelante,** en adelante désormais, à partir de maintenant | **más adelante** plus loin (en textos), plus tard (luego) | **para adelante, para más adelante** pour plus tard ■ **ir adelante** aller de l'avant | **llevar adelante** pousser, mener (conducir), faire vivre; **llevar la familia adelante** faire vivre la famille; faire marcher; **llevar la casa adelante** faire marcher la maison; poursuivre, mener à bien (una tarea) | **sacar adelante** élever dignement (su familia), faire prospérer, mener à bien (un negocio) | **salir adelante** s'en tirer | **seguir adelante** continuer.

◆ **¡adelante!** interj entrez! (voz para que alguien entre), continuez (siga), en avant! (avance) | FAM **¡adelante con los faroles!** vas-y donc!

adelanto m avance f; **este ciclista tiene veinte minutos de adelanto sobre el pelotón** ce cycliste a vingt minutes d'avance sur le peloton | avancement; **el adelanto de las obras** l'avancement des travaux | avance f, provision f (de dinero); **pedir un adelanto** demander une avance | avance f (de un reloj) | [▷ SIN] progrès; **los adelantos de la ciencia** les progrès de la science.

⏐ SIN progreso progrès; progresión progression; desarrollo, desenvolvimiento développement, déroulement; evolución évolution; marcha marche; curso cours; proceso processus.

adelfa f вот laurier-rose m.

adelfal m bosquet de lauriers-roses.

adelfilla f lauréole, daphné m (planta).

adelgazador, ra adj amincisseur, euse.

adelgazamiento m amincissement | amaigrissement (enflaquecimiento) | **de adel**gazamiento amaigrissant; **cura, régimen de adelgazamiento** cure, régime amaigrissant.

adelgazante adj amaigrissant, e.

adelgazar [13] v tr amincir, rendre mince | effiler (una punta) | faire maigrir (quitar peso a una persona); **esta medicina te adelgazará** ce médicament te fera maigrir | amincir; **este vestido le adelgaza mucho** cette robe l'amincit beaucoup | maigrir de (peso) | amenuiser.

◇ v intr maigrir; **he adelgazado** j'ai maigri | amincir; **traje que adelgaza** vêtement qui amincit | faire maigrir (quitar peso).

◆ **adelgazarse** v pr s'amincir.

ademán m expression f, visage, air; **ademán severo** visage sévère | geste (movimiento) ■ **en ademán de** avec l'air de, en signe de | **hacer ademán de** faire mine de (aparentar), faire signe de (mandar).

◆ **ademanes** m pl façons f, manières f (modales) | signes, manifestations f (manifestación).

ademar v tr MIN étançonner, étayer.

además adv en plus, de plus (formas corrientes), en outre, par surcroît (formas cultas) | **además de esto** en plus de cela, outre cela.

⏐ SIN también aussi; asimismo de même; amén de en plus de; igualmente également.

ademe m MIN étançon, étai.

ADENA (abrev de Asociación para la Defensa de la Naturaleza) f association écologiste espagnole.

adenalgia f MED adénalgie.

adenitis f inv MED adénite.

adenoideo, a adj adénoïde.

adenoides f pl végétations adénoïdes.

adenología f ANAT adénologie.

adenoma m adénome.

adenomatosis f inv MED adénomatose.

adenopatía f adénopathie.

adenotomía f MED adénotomie.

adentellar v tr mordre | ARQ laisser (dans un mur) des pierres d'attente.

adentrarse v pr pénétrer, s'enfoncer; **adentrarse en un bosque** s'enfoncer dans un bois | FIG **adentrarse en uno mismo** s'absorber dans ses pensées.

adentro adv a l'intérieur, dedans; **estar adentro** être dedans ■ **mar adentro** au large, en pleine mer | **tierra adentro** à l'intérieur du pays ■ **meterse puertas adentro** entrer | **ser muy de adentro** faire partie des intimes.

◆ **adentros** m pl for sing intérieur; **para o en sus adentros** dans son for intérieur; **pensar para sus adentros** penser dans son for intérieur | FAM **hablar para sus adentros** parler à son bonnet, monologuer.

◆ **¡adentro!** interj entrez!.

⏐ OBSERV Ponctuant souvent les chants et danses d'Amérique latine, l'interjection ¡adentro! sert à inciter les chanteurs à entamer un nouveau couplet et les danseurs à entrer dans la danse.

adepto, ta adj & s partisan, e; **adepto al gobierno** partisan du gouvernement | adepte (de una secta o doctrina).

aderezado, da adj FIG favorable, propice.

aderezamiento m parure f (adorno) | préparation f des aliments | assaisonnement, condiment (aliño) ▌arrangement (arreglo) ▌apprêt (preparación).

aderezar [13] *v tr* parer, orner (adornar), embellir (embellecer) ▌ CULIN [▷ SIN] faire cuire, préparer ▌accommoder; **aderezar pescado** accommoder du poisson ▌assaisonner, condimenter (aliñar) ▌ aromatiser (licor) ▌apprêter, préparer (disponer) ▌ apprêter (dar apresto a las telas) ▌guider (guiar) ▌ FIG agrémenter, enjoliver (amenizar).
➤ **aderezarse** *v pr* se parer (adornarse) ▌s'apprêter (prepararse).
▌ SIN aliñar, arreglar accommoder; guisar, preparar apprêter; sazonar, condimentar assaisonner.

aderezo *m* toilette *f* (acción de aderezarse) ▌parure *f*, ornement (adorno) ▌parure *f* (joyas) ▌ préparation *f* (de la comida) ▌ assaisonnement (con especias, etc.) ▌aromatisation *f* (de licores) ▌apprêt (de las telas) ▌harnais (de caballo) ▌garde *f* (de espada) ▌FIG préparation *f*, organisation *f*, préparatifs *pl*.

adestrado, a *adj* BLAS adextré, e.

adestrar [34] *v tr* dresser.

adeudado, da *adj* dû, e (debido) ▌ endetté, e (que tiene deudas).

adeudar *v tr* devoir, avoir une dette de; **adeudar un millón de francos** devoir un million de francs ▌acquitter o payer des droits de douane (géneros) ▌ COM débiter (en una cuenta).
◇ *v intr* s'apparenter, entrer dans une famille (emparentar).
➤ **adeudarse** *v pr* s'endetter, faire des dettes.

adeudo *m* dette *f* (deuda) ▌droit de douane o d'octroi (en las aduanas) ▌COM débit (de una cuenta).

adeveras *adv* FAM (*Amer*) pour de bon, pour de vrai.

ADEVIDA (abrev de Asociación en Defensa de la Vida Humana) *f* association espagnole de lutte contre l'avortement.

adherencia *f* [▷ SIN] adhérence ▌tenue de route (de un coche) ▌**tener buena adherencia** bien tenir la route (un coche).
▌ SIN adhesión adhésion; coherencia cohérence; cohesión cohésion; inherencia inhérence; encolamiento, pegadura collement.

adherente *adj & s* adhérent, e.
◇ *m* condition *f* nécessaire.
➤ **adherentes** *m pl* accessoires, choses *f*.

adherir [27] *v tr* coller, fixer (pegar).
◇ *v intr* adhérer à (pegarse).
◇ *v intr & pr* adhérer à (una doctrina, un partido); **no se adhiere a ningún partido** il n'adhère à aucun parti ▌ FIG se rallier à (alguien) ▌s'associer, se rallier à, se ranger à; **adherirse a una opinión** se ranger à une opinion.

adhesión *f* adhésion ▌ ralliement *m* (a alguien) ▌adhésion (a un partido, etc.).

adhesividad *f* adhésivité.

adhesivo, va *adj & s m* adhésif, ive.

adiabático, ca *adj* FÍS adiabatique.

adiado, da *adj* fixé, e (día).

adiamantado, da *adj* diamantin, e.

adiar [8] *v tr* fixer un jour, une date.

adicción *f* dépendance [toxicomanie].

adición *f* addition ▌note, annotation ▌MAT somme, addition (operación aritmética) ▌ DR adition, acceptation; **adición de la herencia** adition d'hérédité.

adicionable *adj* additionnable.

adicionador, ra *adj & s* additionneur, euse.
➤ **adicionador** *m* INFORM additionneur.

adicional *adj* additionnel, elle; supplémentaire; **disposiciones adicionales** dispositions supplémentaires; **cláusula adicional** clause additionnelle.

adicionar *v tr* additionner (sumar) ▌ajouter, additionner (agregar) ▌annoter (un poema).

adicto, ta *adj* attaché, e; fidèle, dévoué, e; **un amigo adicto** un ami dévoué ▌intoxiqué, e; toxicomane ▌ **ser muy adicto a una causa** être tout acquis à une cause.
◇ *m & f* partisan, e.

adiestrado, da *adj* BLAS adextré, e ▌entraîné, e; exercé, e (ejercitado).

adiestrador, ra *adj & s* dresseur, euse.

adiestramiento *m* dressage; **el adiestramiento de un caballo** le dressage d'un cheval ▌instruction *f*, entraînement; **el adiestramiento de las tropas** l'entraînement des troupes.

adiestrar *v tr* dresser (un animal) ▌instruire, exercer, entraîner (instruir) ▌ guider, diriger (encaminar).
➤ **adiestrarse** *v pr* s'exercer, s'entraîner; **adiestrarse en saltar** s'exercer à sauter.

adietar *v tr* mettre à la diète.

adifés (*Amer*) *adv* exprès, délibérément; **hacer algo adifés** faire quelque chose délibérément.
◇ *adj* difficile (difícil) ▌sans méthode ni logique (sin orden, sin lógica).

Adigio *n pr m* GEOGR Adige.

adinamia *f* MED adynamie.

adinámico, ca *adj* adynamique.

adinerado, da *adj & s* riche, fortuné, e.

adinerarse *v pr* FAM s'enrichir.

ad infinitum *adv* à l'infini.

adintelado, da *adj* ARQ déprimé, e (arco).

¡adiós! *interj* adieu (definitivo) ▌ au revoir (hasta luego) ▌ FAM **¡adiós mi dinero!** adieu mon argent! ▌decir adiós a sus pretensiones, a la vida dire adieu à ses prétentions, à la vie ▌decir adiós a un objeto faire son deuil d'un objet.
➤ **adiós** *m* adieu.
OBSERV 1. Adiós est d'un emploi très courant en espagnol et correspond le plus souvent au français au revoir.
2. Sólo se emplea la palabra adieu con el sentido de hasta luego en el Sur de Francia.
SIN hasta la vista, a más ver au revoir; hasta luego à bientôt, à tout à l'heure; buenos días bonjour; buenas tardes bonjour [l'après-midi], bonsoir [en soirée]; buenas noches bonne nuit.

adípico, ca *adj* QUÍM adipique [acide].

adipoblasto *m* adipocyte.

adipólisis *f inv* adipolyse.

adiposidad *f* adiposité.

adiposis *f inv* MED adipose.

adiposo, sa *adj* adipeux, euse.

adir *v tr* DR accepter un héritage.

aditamento *m* addition *f*, supplément ▌additif, supplément.

aditicio, cia *adj* ajouté, e.

aditivo, va *adj* additif, ive.
➤ **aditivo** *m* additif; **aditivos alimentarios** additifs alimentaires.

adiva *f* ZOOL chacal *m*.

adivinable *adj* devinable.

adivinación *f*; **adivinamiento** *m* divination *f* (de los adivinos) ▌solution *f*, résolution *f* (de un enigma o acertijo).

adivinador, ra *m & f* devin, devineresse (adivino).

adivinamiento ▸ adivinación.

adivinanza *f* divination (adivinación) ▌devinette (acertijo); **acertar una adivinanza** trouver une devinette.

adivinar *v tr* deviner ▪ **¡adivina quién soy!** qui est-ce? (juego) ▌**adivina quién te dio main chaude** (juego) ▌**¡a que no lo adivina!** je vous le donne en cent o en mille, je parie que vous ne devinerez pas.

adivinatorio, ria *adj* divinatoire.

adivino, na *m & f* devin, devineresse.
▌ SIN adivinador devin; profeta prophète; brujo, zahorí sorcier; visionario visionnaire; vidente voyant; vaticinador vaticinateur; astrólogo astrologue; mago magicien; nigromante nécromancien, nécromant; augur, agorero augure; arúspice aruspice; pitonisa pythonisse; pitia pythie; oráculo oracle.

adjetivación *f* emploi *m* d'un substantif comme adjectif.

adjetivadamente *adv* GRAM adjectivement.

adjetival *adj* adjectival, e.

adjetivar *v tr* GRAM adjectiver (emplear como adjetivo) ▌accorder (concordar) ▌FIG qualifier, traiter; **le adjetivaron de tonto** ils le traitèrent d'idiot.

adjetivo, va *adj & s m* adjectif, ive.
▌ SIN calificativo qualificatif; atributo, predicado attribut, prédicat; epíteto épithète; apositivo appositif.

adjudicación *f* adjudication.

adjudicador, ra *adj & s* adjudicateur, trice.

adjudicar [10] *v tr* adjuger (atribuir).
➤ **adjudicarse** *v pr* s'adjuger (apropriarse).

adjudicatario, ria *m & f* adjudicataire.

adjudicativo, va *adj* adjudicatif, ive.

adjunción *f* adjonction.

adjuntar *v tr* joindre à une lettre, envoyer ci-joint; **le adjunto un sobre con un sello** j'envoie ci-joint une enveloppe timbrée ▌adjoindre; **le van a adjuntar un auxiliar** on va lui adjoindre un assistant.

adjuntía *f* poste *m* de maître-assistant, te.

adjunto, ta *adj* adjoint, e; **profesor adjunto** professeur d'université de rang inférieur au "catedrático" ▌ci-joint, e; **adjunta una fotografía** ci-joint une photographie ▌remitir algo adjunto envoyer ci-joint quelque chose, adjoindre quelque chose.
◇ *m & f* adjoint, e ▌assistant, e (profesor).
OBSERV La expresión ci-joint es invariable: 1) al principio de la frase (ci-joint une lettre) y 2) cuando le sigue un nombre que no determina ningún artículo o adjetivo (j'envoie ci-

joint copie de cette lettre). En los otros casos, ci-joint concuerda con el nombre (les pièces ci-jointes; vous avez ci-jointe la copie).

adjuración f adjuration.

adjurar v tr adjurer.

adjutor, ra adj & s auxiliaire.

adlátere m compagnon.

adminicular v tr DR aider.

adminículo m DR adminicule.
➡ **adminículos** m pl choses f accessoires.
OBSERV Ce mot est en espagnol du langage courant alors que le français adminicule appartient surtout à la langue juridique.

administrable adj administrable.

administración f administration ■ administración de correos administration des postes ‖ administración de fincas públicas administration des domaines ‖ DR administración de justicia administration de la justice ‖ la Administración pública l'administration ■ por administración en régie.

administrado, da adj & s administré, e.

administrador, ra adj & s administrateur, trice; administrador de aduanas administrateur des douanes; administrador de correos administrateur des postes.

administrar v tr administrer (regir) ‖ administrer (sacramentos, medicamentos) ‖ FAM administrer; administrar una paliza administrer une râclée ■ administrar (la) justicia rendre o administrer la justice ‖ administrar los santos sacramentos munir des sacrements, administrer les sacrements.

administrativista m & f DR spécialiste en droit administratif.

administrativo, va adj administratif, ive.
➡ **administrativo** m employé de bureau.

administratorio, ria adj administratif, ive.

admirable adj admirable.
SIN extraordinario extraordinaire; estupendo épatant; magnífico magnifique; soberbio superbe; maravilloso merveilleux; prodigioso prodigieux; fabuloso fabuleux; espléndido splendide; sublime sublime.

admirablemente adv admirablement.

admiración f admiration; producir la admiración de faire l'admiration de ‖ étonnement m (asombro); su llegada me llenó de admiración son arrivée m'emplit d'étonnement ‖ merveille (cosa admirable) ‖ GRAM point m d'exclamation.

admirador, ra adj & s admirateur, trice.

admirante adj & s admirateur, trice.
◇ m GRAM point d'exclamation.

admirar v tr admirer (entusiasmarse); admiro su valor j'admire son courage ‖ étonner (sorprender); tanta generosidad me admira tant de générosité m'étonne ‖ quedarse admirado être émerveillé (maravillarse).
➡ **admirarse** v pr s'étonner (asombrarse); me admiro de su insolencia je m'étonne de son insolence ‖ être en admiration devant; admirarse de los progresos científicos être en admiration devant les progrès scientifiques.

admirativamente adv admirativement (con admiración) ‖ admirablement (admirablemente).

admirativo, va adj admiratif, ive (que admira) ‖ admirable ‖ émerveillé, e (maravillado).

admisibilidad f admissibilité.

admisible adj admissible.

admisión f admission ‖ admissibilité, admission (en un examen) ‖ AUTOM admission.

admitancia f ELECTR admittance.

admitir v tr [▷ SIN] admettre ‖ accepter, admettre (aceptar) ‖ donner l'admissibilité (en un examen) ‖ accorder, consentir (conceder) ‖ MAR admitir un buque a la libre práctica admettre un navire en libre pratique.
SIN sufrir souffrir; tolerar tolérer; permitir permettre; comportar comporter.

admixtión f admixtion (mezcla).

admón. (abrev escrita de administración) adm.

admonición f admonition (advertencia).

admonitorio, ria adj d'avertissement.

ADN (abrev de ácido desoxirribonucleico) m ADN.

adnato, ta adj adné, e.

adnotación f adnotation (sello del Papa).

adobado m daube f (adobo).

adobador, ra adj & s apprêteur, euse ‖ tanneur, euse (curtidor).

adobadura f; **adobamiento** m daube f (de la carne) ‖ apprêt m (de las pieles) ‖ assaisonnement m (de ciertos platos).

adobar v tr apprêter, disposer, préparer ‖ assaisonner (sazonar) ‖ mettre en daube (la carne) ‖ préparer à la marinade (el pescado) ‖ apprêter (las pieles) ‖ arranger (arreglar) ‖ FIG agrémenter; el texto está adobado con una música de calidad y un ballet le texte est agrémenté d'une musique de qualité et d'un ballet.

adobasillas m rempailleur, raccommodeur de chaises.

adobe m brique f crue [d'argile ou de torchis] (ladrillo secado al sol) ‖ fers pl (grilletes) ‖ (Amer) grand pied (pie).

adobera f moule m à briques ‖ briqueterie (adobería) ‖ (Amer) moule m à fromages ‖ fromage m de forme rectangulaire (queso).

adobería f briqueterie (ladrillería) ‖ tannerie (tenería).

adobo m apprêt, préparation f ‖ daube f (de la carne), marinade f (del pescado) ‖ apprêt (de las pieles y telas) ‖ fard (afeite).

adobón m (Amer) pan de mur en pisé.

adocenado, da adj vulgaire, commun, e; ordinaire, banal, e.

adocenar v tr compter par douzaines ‖ confondre avec le commun; no quiero que me adocenen je ne veux pas qu'on me confonde avec le commun.
➡ **adocenarse** v pr devenir vulgaire.

adoctrinamiento m endoctrinement.

adoctrinar v tr endoctriner, enseigner.

adogmatismo m adogmatisme.

adolecer [30] v intr tomber malade (caer enfermo) ‖ souffrir de, être affligé de; adolecer de reúma souffrir de rhumatisme ‖ FIG être en proie à (una pasión) ‖ souffrir de; adolecer de ciertos defectos souffrir de certains défauts ‖ pécher; esta novela adolece de monotonía ce roman pèche par monotonie.

adolescencia f adolescence.

adolescente adj & s adolescent.
SIN joven, mozo, zagal, FAM pollo jeune homme; efebo éphèbe; jovenzuelo, mancebo jouvenceau; doncel damoiseau; mozalbete godelureau; mozuelo bachelier; FAM mocoso blanc-bec; FAM pipiolo béjaune; muchacho, mozo garçon.

Adolfo n pr Adolphe.

adonde adv où [vers où].
OBSERV Où sans idée de mouvement se traduit généralement par donde bien que adonde soit aussi employé. Dans une phrase interrogative ou exclamative adonde porte un accent écrit: ¿adónde va? où va-t-il?

adondequiera adv n'importe où [avec mouvement].
OBSERV Dondequiera en espagnol n'indique pas de mouvement: vete adondequiera va où tu voudras; puedes vivir dondequiera tu peux vivre n'importe où.

adonis m FIG adonis ‖ BOT adonis.

adonizarse [13] v pr se parer avec recherche, s'adoniser (p us).

adopción f adoption.

adoptable adj adoptable.

adoptante adj adoptant, e.

adoptar v tr adopter ‖ prendre (tomar).

adoptivo, va adj adoptif, ive; hijo adoptivo fils adoptif ‖ d'adoption; patria adoptiva patrie d'adoption.

adoquín m pavé (piedra) ‖ FIG & FAM empoté, sot, cruche f, bûche f (necio); eres un adoquín tu es une cruche ‖ (Amer) pavé de bois (tarugo) ‖ FAM comer adoquines manger des briques.

adoquinado, da adj pavé, e.
➡ **adoquinado** m pavage, pavement.

adoquinador m paveur.

adoquinar v tr paver.

adorable adj adorable.

adoración f adoration; estar en perpetua adoración ante alguien être en adoration devant quelqu'un ‖ adoración de los Reyes adoration des Rois mages, Épiphanie, jour des Rois.
SIN idolatría idolâtrie; culto culte; latría latrie; dulía dulie; hiperdulía hyperdulie.

adorador, ra adj & s adorateur, trice.

adorar v tr adorer.
◇ v intr prier (orar).

adoratorio m petit retable portatif ‖ (Amer) temple d'idole.

adoratriz f adoratrice (religiosa).

adormecedor, ra adj endormant, e; assoupissant, e ‖ FIG calmant, e (sedante).

adormecer [30] v tr assoupir, endormir; esta música adormece cette musique endort ‖ FIG endormir, calmer; el opio adormece los dolores l'opium calme les douleurs.
➡ **adormecerse** v pr s'assoupir, somnoler (amodorrarse) ‖ s'endormir (dormirse) ‖ FIG s'engourdir (un miembro) ‖ s'endormir (relajarse) ‖ s'adonner, s'abandonner (aficionarse); adormecerse en un vicio s'adonner à un vice.

adormecido, da adj endormi, e; assoupi, e.

adormecimiento *m* [▷ SIN] assoupissement (modorra) | engourdissement (de un miembro) | FIG apaisement.

> SIN entumecimiento, embotamiento engourdissement; torpor, amodorramiento torpeur; somnolencia, soñolencia somnolence; letargo, aletargamiento léthargie; narcosis narcose; coma coma; sopor sopor.

adormidera *f* BOT pavot *m* | stupéfiant *m* (estupefaciente).

adormilarse; adormitarse *v pr* s'assoupir, somnoler.

adornador, ra *adj & s* décorateur, trice.

adornamiento *m* ornement | parure *f* (atavío).

adornar *v tr* [▷ SIN] orner, parer; adornar con o de flores orner de fleurs (una cosa), parer de fleurs (una persona) | FIG parer, embellir (con supuestas calidades) | embellir; adornar una historia embellir une histoire | souligner, exalter (enaltecer).

➤ **adornarse** *v pr* se parer (ataviarse) | FIG s'orner, s'agrémenter de.

> SIN arreglar arranger; ataviar, engalanar parer, attifer; decorar décorer; embellecer embellir; acicalar enjoliver.

adornista *m* décorateur, peintre décorateur.

adorno *m* [▷ SIN] ornement, garniture *f* (en cosas) | parure *f* (en personas) | FIG ornement | TAUROM fioriture *f* | de adorno d'agrément.

➤ **adornos** *m pl* BOT balsamine *f*.

> SIN atavío, compostura ajustement, parure; ornamento ornement, parement; gala atour; realce éclat.

adorote *m* (*Amer*) brancard | lianne *f* courbe servant d'attache.

adosado, da *adj & m* adossé, e | jumeau, elle; casas, chalets adosados maisons jumelles, pavillons jumeaux.

adosamiento *m* adossement.

adosar *v tr* adosser | adapter, ajuster; las bombonas espaciales están adosadas al traje espacial les bonbonnes spatiales sont adaptées à la combinaison spatiale | columna adosada colonne adossée.

adovelado, da *adj* ARQ à vousseaux, à claveaux.

adquirente *adj & s* acquéreur (sin femenino).

adquirible *adj* qui peut être acquis, achetable.

adquirido, da *adj* acquis, e; velocidad adquirida vitesse acquise.

adquiridor, ra *adj & s* acquéreur (comprador).

> OBSERV Acquéreur no tiene forma femenina.

adquirir [22] *v tr* acquérir.

adquisición *f* acquisition (compra) | INFORM adquisición de datos acquisition de données.

adquisidor, ra *adj & s* acquéreur (sin femenino).

adquisitivo, va *adj* acquisitif, ive; prescripción adquisitiva prescription acquisitive | poder adquisitivo pouvoir d'achat.

adquisitorio, ria *adj* acquisitif, ive.

adquisividad *f* propension à acquérir.

adragante; adraganto *m* gomme *f* adragante | BOT tragacanthe.

adral *m* ridelle *f* (de un carro).

adrede *adv* exprès, à dessein.

adrenal *adj & s f* ANAT surrénal, e.

adrenalina *f* adrénaline.

adrián *m* oignon (juanete).

Adriano *n pr* Hadrien, Adrien.

Adriático *n pr m* GEOGR Adriatique *f*.

adrizamiento *m* redressement.

adrizar [13] *v tr* MAR redresser.

adscribir *v tr* assigner, attribuer (atribuir) | affecter, destiner (destinar).

> OBSERV Le participe passé est irrégulier (adscrito, ta; et plus rarement adscripto, ta).

adscripción *f* assignation, attribution (atribución) | affectation (destino).

adscripto, ta; adscrito, ta *adj* inscrit, e | assigné, e; attribué, e | affecté, e (destinado).

> OBSERV [▶ adscribir].

adsorbente *adj & s m* adsorbant, e.

adsorber *v tr* adsorber.

adsorción *f* adsorption.

adstrato *m* GRAM adstrat.

adstricción ▶ **astricción**.

adstringente ▶ **astringente**.

adstringir ▶ **astringir**.

aduana *f* douane | aduana interior droit intérieur, taxe intérieure.

aduanal *adj* (*Amer*) douanier, ère.

aduanar *v tr* dédouaner, payer des droits de douane pour.

aduanero, ra *adj & s* douanier, ère.

aduar *m* douar (de beduinos) | campement (de gitanos).

adúcar *m* bourrette *f*, strasse *f* (seda) | soie *f* grège (tela de adúcar) | cocon double (capullo ocal).

aducción *f* adduction.

aducir [33] *v tr* alléguer.

aductor *adj & s m* ANAT adducteur.
◇ *m* adducteur (cañería).

aduendado, da *adj* lutin, e.

adueñarse *v pr* s'approprier, s'emparer; adueñarse de los bienes ajenos s'emparer des biens d'autrui.

adufe *m* tambour de basque.

aduja *f* MAR glène, enroulement *m* (de un cable).

adujar *v tr* MAR lover, gléner.
➤ **adujarse** *v pr* se pelotonner.

adulación *f* flatterie, adulation (lisonja).

adulador, ra *adj & s* flatteur, euse; adulateur, trice.

adular *v tr* aduler, flatter (halagar) | FIG flatter (deleitar).

adularia *f* feldspath *m* nacré.

adulatorio, ria *adj* adulatoire.

adulete ▶ **adulón**.

adulón, ona; adulete (*Amer*) *adj & s* FAM flatteur, euse; flagorneur, euse.

adulteración *f* adultération (falsificación) | falsification, frelatage *m* (de alimentos).

adulterado, da *adj* adultéré, e; frelaté, e; falsifié, e.

adulterador, ra *adj & s* falsificateur, trice (falsificador).

adulterar *v intr* commettre un adultère.
◇ *v tr* adultérer; adulterar un jarabe con sacarina adultérer un sirop avec de la saccharine | falsifier, frelater (un producto alimenticio) | corrompre.

adulterinamente *adv* en commettant l'adultère.

adulterino, na *adj* adultérin, e; hijo adulterino enfant adultérin | FIG falsifié, e; adultéré, e (falsificado).

adulterio *m* adultère (acto) | FIG adultération *f* (falsificación).

adúltero, ra *adj & s* adultère (que comete adulterio).
◇ *adj* adultéré, e (falsificado) | corrompu, e (lenguaje).

adultez *f* âge *m* adulte, maturité | (*Amer*) virilité.

adulto, ta *adj & s* adulte.

adulzar [13] *v tr* TECN adoucir.

adulzorar *v tr* adoucir, modérer.

adumbrar *v tr* ombrer, mettre des ombres dans (un cuadro).

adunar *v tr* réunir, unir (congregar) | unifier (unificar).

adundarse *v pr* (*Amer*) s'abêtir (atontarse).

adustez *f* sécheresse, sévérité.

> OBSERV pl adusteces.

adusto, ta *adj* FIG sévère, austère; rostro adusto visage sévère | (p us) aduste | brûlé, e (tostado) | très chaud, torride.

advenedizo, za *adj & s* FIG arriviste (arribista) | parvenu, e (nuevo rico) | étranger, ère (forastero) | (p us) émigrant, e.

advenidero, ra *adj* futur, à venir.

advenimiento *m* avènement (de un soberano, del mesías, de una época) | arrivée [solennelle] (llegada), venue *f* (venida) | FIG & FAM esperar el santo advenimiento attendre la fin du monde o le déluge.

advenir [75] *v intr* arriver.
◇ *v impers* advenir, arriver (suceder).

adventicio, cia *adj* adventice (ocasional) | BOT adventice (salvaje) | adventif, ive (raíces) | adventif, ive; bienes adventicios biens adventifs.

adventismo *m* adventisme.

adventista *adj & s* adventiste.

adveración *f* DR certification, attestation, authentification.

adverado *adj* certifié, e; authentifié, e (certificado) | testamento adverado testament authentifié [fait par-devant le notaire et deux témoins].

adverar *v tr* certifier, authentifier.

adverbial *adj* adverbial, e.

adverbializar [13] *v tr* employer comme adverbe, adverbialiser.

adverbio *m* GRAM adverbe.

adversario, ria *adj & s* adversaire (contrario).
➤ **adversarios** *m pl* notes *f*, fiches *f* [pour rédiger un ouvrage].

adversativo, va *adj* GRAM adversatif, ive.

adversidad f adversité (desgracia).

adverso, sa adj contraire, défavorable, adverse; suerte adversa sort défavorable ∥ adverse, opposé, e; el equipo adverso l'équipe adverse; la parte adversa la partie adverse.

advertencia f [▷ SIN] avertissement m, remarque; hacer una advertencia a un niño faire une remarque o donner un avertissement à un enfant (observación, aviso) ∥avertissement m, sommation; después de repetidas advertencias se negaron a dispersarse après plusieurs sommations ils refusèrent de se disperser ∥mise en garde, remarque (explicación) ∥observation, remarque (nota) ∥avertissement m, avant-propos m inv (prólogo) ∥MAR semonce ∥advertencia conminatoria sommation.

SIN aviso, parte avis; consejo conseil; lección leçon; monición, admonición monition.

advertidamente adv sciemment.

advertido, da adj avisé, e; averti, e; prévenu, e.

advertidor adj & s avertisseur.

advertimiento m avertissement (advertencia).

advertir [27] v tr remarquer, observer, constater, se rendre compte; he advertido que había muchas faltas j'ai remarqué qu'il y avait beaucoup de fautes ∥[▷ SIN] signaler (señalar); le advierto algunos errores je vous signale quelques erreurs ∥ avertir, prévenir; le advierto que no lo consiento je vous avertis que je ne le permets pas; te advertiré de mi marcha je te préviendrai de mon départ ∥faire remarquer; le advierto que no dije tal cosa je vous fais remarquer que ce n'est pas ce que j'ai dit ∥ conseiller de, engager à (mandar amenazando); te advierto que no lo hagas je te conseille de ne pas le faire.
◇ v intr remarquer, comprendre (caer en la cuenta) ∥faire attention (estar atento).

SIN hacer saber, hacer presente donner avis, faire savoir; informar informer; avisar aviser, avertir; prevenir prévenir.

adviento m avent; cuarto domingo de Adviento quatrième dimanche de l'Avent.

advocación f RELIG vocable m ∎ bajo la advocación de la Virgen sous l'invocation de la Vierge ∥poner bajo la advocación de vouer à, placer sous l'invocation de.

advocar [10] v tr plaider [une affaire].

adyacencia f contiguïté, voisinage m, proximité.

adyacente adj adjacent, e (cercano).

adyuvante adj adjuvant, e.

aedo m aède (poeta).

AEE (abrev de Agencia Espacial Europea) f ASE.

Aenor (abrev de Asociación Española para la Normalización y Racionalización) f association espagnole de normalisation, ≃ AFNOR f.

Aeorma (abrev de Asociación Española para la Ordenación del Medio Ambiente) f association de gestion de l'environnement dépendant du ministère de l'Équipement en Espagne.

aeración f aération, aérage m (ventilación).

aéreo, a adj aérien, enne; navegación aérea navigation aérienne ∎ estación aérea aérogare ∥toma aérea aérien, antenne ∥transpor-tador aéreo aérocâble ∥ transporte aéreo transport áerien.

aereofotografía ➥ aerofotografía.

aerícola adj aéricole.

aerífero, ra; aeróforo, ra adj aérifère.

aerificación f QUÍM gazéification.

aerificar [10] v tr FÍS & QUÍM gazéifier.

aerio m aérium (sanatorio).

aerobic m aérobic.

aerobio, bia adj & s m BIOL aérobie.

aerobiosis f inv aérobiose.

aeroclub m aéro-club.
◻ OBSERV pl aeroclubs o aeroclubes.

aerocondensador m FÍS aérocondenseur.

aerodeslizador m aéroglisseur.

aerodinámico, ca adj & s f aérodynamique ∎ freno aerodinámico aérofrein ∥técnico aerodinámico aérodynamicien.

aerodinamismo m aérodynamisme.

aerodinamométrica f FÍS dynamométrie des forces aérodynamiques.

aerodino m aérodyne (avión).

aerodistorsión f AVIAC aérodistorsion.

aeródromo m aérodrome.

aeroelasticidad f AVIAC aéroélasticité.

aeroelectrónica f aéroélectronique (aviónica).

aeroespacial adj aérospatial, e.

aerofagia f aérophagie.

aerofaro m aérophare.

aerofiltro m FÍS filtre à air.

aerofobia f aérophobie.

aeróforo, ra ➥ aerífero.

aerofotografía; aereofotografía f photographie aérienne.

aerofotogrametría f GEOGR photogrammétrie aérienne.

aerogastria f aérogastrie.

aerogenerador m ELECTR aérogénérateur.

aerografía f aérographie.

aerógrafo m aérographe.

aerograma m aérogramme.

aerolínea f compagnie aérienne.

aerolito m aérolithe, aérolite.

aerología f aérologie.

aeromarítimo, ma adj aéromaritime.

aerómetro m aéromètre.

AEROMEXICO (abrev de Aerovías de México, SA) f compagnie aérienne nationale mexicaine.

aeromodelismo m aéromodelisme.

aeromodelista adj & s aéromodéliste.

aeromodelo m modèle réduit [d'avion].

aeromotor m aéromoteur.

aeromóvil m appareil aérien.

aeromoza f hôtesse de l'air (azafata).

aeromozo m steward.

aeronauta m & f aéronaute.

aeronáutico, ca adj & s f aéronautique.

aeronaval adj aéronaval, e.

aeronave f aéronef m.

aeronavegación f navigation aérienne.

aeroplano m aéroplane (avión).

aeroportuario, ria adj aéroportuaire.

aeropostal adj aéropostal, e.

aeropuerto m aéroport; aeropuerto de base aéroport d'attache.

aeroscopio m FÍS aéroscope.

aerosol m aérosol.

aerostación f aérostation.

aerostático, ca adj & s f aérostatique.

aeróstato m aérostat (globo).

aerotaxi m avion-taxi.

aerotecnia; aerotécnica f aérotechnique.

aerotécnico, ca adj aérotechnique.

aeroterapia f aérothérapie.

aerotermodinámica f aérothermodynamique.

aerotransportado, da adj aéroporté, e.

aerotransportar v tr transporter par voie aérienne.

AES (abrev de acuerdo económico y social) m accord économique et social entre le patronat, les syndicats et le gouvernement espagnols.

afabilidad f affabilité (amabilidad).

SIN cortesía courtoisie, politesse; amenidad aménité; amabilidad amabilité; dulzura douceur; cordialidad cordialité; gentileza gentillesse.

afabilísimo, ma adj très affable.

afable adj affable; afable con o para o para con todos affable avec o envers tout le monde.

afablemente adv affablement.

afabulación f affabulation.

afacetado, da adj à facettes.

afamado, da adj fameux, euse; renommé, e; réputé, e (famoso).

afamar v tr rendre fameux, euse.
➥ **afamarse** v pr devenir fameux, conquérir la célébrité.

afán m labeur, travail (trabajo penoso); los afanes cotidianos le labeur quotidien ∥ardeur f, empressement (ardor) ∥désir véhément (deseo) ∥soif f; afán de venganza soif de vengeance ∥goût; tener afán de aventuras avoir du goût pour l'aventure ∥souci (preocupación) ∥efforts pl; poner su afán en porter ses efforts sur ∎ cada día trae su afán à chaque jour suffit sa peine ∥el afán de lucro l'appât du gain.

afanadamente ➥ afanosamente.

afanador, ra adj & s qui se donne de la peine, travailleur, euse; zélé, e ∥(Amer) voleur (ladrón) ∥homme de peine.

afanar v intr [▷ SIN] travailler beaucoup, se donner de la peine, travailler dur, peiner (en trabajos penosos).
◇ v tr tourmenter, ennuyer (molestar) ∥FAM faucher, piquer, rafler (robar) ∥(Amer) gagner de l'argent.
➥ **afanarse** v pr s'efforcer de, s'évertuer à, se donner beaucoup de mal o de la peine pour; se afana por o en conseguir un buen puesto il s'efforce de trouver une bonne situation.

SIN atarearse s'affairer; poner empeño se mettre en quatre; bregar se démener.

Afanías (abrev de Asociación de Familias con Niños y Adultos Subnormales) *f* association espagnole d'aide aux handicapés mentaux.

afanípteros *m pl* ZOOL aphaniptères.

afanita *f* GEOL amphibolite.

afano *m* (*Amer*) vol (robo).

afanosamente; afanadamente *adv* avec ardeur, ardemment ▌ avidement ▌ péniblement.

afanoso, sa *adj* pénible, laborieux, euse (trabajoso) ▌ désireux, euse; impatient, e; avide (deseoso); **afanoso de saber** avide de savoir ▌ empressé, e (atento); zélé, e (concienzudo) ▌ soucieux, euse; anxieux, euse (preocupado).

afantasmado, da *adj* FAM prétentieux, euse; poseur, euse (presumido).

afarolado, da *adj & s m* passe *f* de cape [où le torero fait voler sa cape au-dessus de lui].

afarolarse *v pr* (*Amer*) se troubler (conturbarse) ▌ monter sur ses grands chevaux, se fâcher (enfadarse).

afasia *f* MED aphasie.

afásico, ca *adj & s* aphasique.

afeador, ra *adj* qui enlaidit ▌ qui reproche, qui blâme, censeur (sin femenino).

afeamiento *m* enlaidissement ▌ reproche, blâme (censura).

afear *v tr* enlaidir, rendre laid; **este maquillaje le afea** ce maquillage l'enlaidit ▌ FIG reprocher, blâmer; **afear mucho a uno su conducta** reprocher sévèrement sa conduite à quelqu'un, blâmer sévèrement quelqu'un pour sa conduite.

afección *f* affection ▌ MED afección cardíaca, hepática affection cardiaque, maladie du foie.
　　SIN cariño, afecto affection; ternura tendresse; apego attachement; amistad amitié; amor amour; pasión passion; capricho caprice; adoración adoration.

afeccionarse *v pr* s'attacher, prendre en affection; **afeccionarse a uno** s'attacher à quelqu'un.

afectación *f* affectation.
　　OBSERV Le mot espagnol afectación n'a pas le sens de « destination à tel ou tel usage », ni de « désignation à un poste ».
　　SIN amaneramiento façons maniérées; remilgo, melindre mièvrerie; rebuscamiento recherche; culteranismo cultisme; conceptismo conceptisme; pedantería pédanterie; presunción présomption.

afectadamente *adv* avec affectation.

afectado, da *adj* [▷ SIN] affecté, e; maniéré, e (amanerado) ▌ endommagé, e; abîmé, e (dañado) ▌ affecté, e; **fondos afectados al pago** de fonds affectés au paiement de ▌ sinistré, e (damnificado) ▌ (*Amer*) malade, souffrant, e (enfermo).
　　SIN amanerado maniéré; rebuscado recherché; estudiado étudié; ceremonioso cérémonieux; conceptuoso précieux; melindroso, remilgado mièvre.

afectar *v tr* [▷ SIN] affecter; **afectar suma elegancia** affecter une grande élégance ▌ affecter, feindre (fingir) ▌ affecter, toucher, intéresser; **problema que afecta a la economía** problème qui touche l'économie ▌ annexer (agregar) ▌ endommager, abîmer (dañar) ▌ frapper; **hipoteca que afecta a todos los bie**nes hypothèque qui frappe tous les biens ▌ affecter; **la enfermedad de su madre le afecta mucho** la maladie de sa mère l'affecte beaucoup ▌ éprouver; **su pulmonía le ha afectado mucho** sa pneumonie l'a beaucoup éprouvé.
　　SIN fingir feindre; ostentar, hacer alarde de afficher; preciarse de se piquer.

afectísimo, ma *adj* très affectionné, e; très dévoué, e (final de cartas); mon très cher, ma très chère (amigo, etc.) ▌ su afectísimo servidor votre très dévoué serviteur ▌ suyo afectísimo bien à vous, votre très dévoué.

afectividad *f* affectivité.

afectivo, va *adj* affectif, ive.

afecto, ta *adj* affectionné, e; attaché, e; cher, chère; **un amigo afecto** un ami cher (querido) ▌ atteint, e (aquejado) ▌ affecté, e; attaché, e (destinado).
　　➡ **afecto** *m* affection *f*, attachement (cariño) ▌ MED affection *f*.

afectuosamente *adv* affectueusement.

afectuosidad *f* affection.

afectuoso, sa *adj* affectueux, euse.

afeitada *f* (*Amer*) rasage *m*.

afeitado *m* coupe *f* de la barbe, rasage [action de se raser] ▌ TAUROM épointage (de los cuernos del toro).

afeitadora *f* rasoir *m*.

afeitar *v tr* raser, faire la barbe ▌ raser [des poils] ▌ farder, mettre au fard (poner afeites) ▌ orner, parer, embellir (adornar) ▌ tondre (los animales) ▌ TAUROM épointer (los cuernos del toro) ▌ FIG & FAM raser, passer très près de ▌ recién afeitado frais rasé, rasé de frais.
　　➡ **afeitarse** *v pr* se raser.

afeite *m* fard (cosmético) ▌ parure *f*, toilette *f* [de femme].

afelio *m* ASTRON aphélie.

afelpado, da *adj* pelucheux, euse.
　　➡ **afelpado** *m* paillasson.

afelpar *v tr* pelucher.

afeminación *f* effémination.

afeminadamente *adv* d'une manière efféminée.

afeminado, da *adj & s* efféminé, e.

afeminamiento *m* effémination *f*.

afeminar *v tr* efféminer.

aferente *adj* ANAT afférent, e.

aféresis *f inv* GRAM aphérèse.

aferradamente *adv* obstinément.

aferrado, da *adj* obstiné, e; opiniâtre (obstinado) ▌ FIG ancré, e; **idea bien aferrada** idée bien ancrée.

aferramiento *m* accrochage, prise *f* (acción de agarrar) ▌ MAR mouillage (acción de anclar) ▌ FIG obstination *f*, entêtement.

aferrar [34] *v tr* saisir (agarrar) ▌ MAR carguer, ferler (las velas) ▌ accrocher avec une gaffe, gaffer (con un garfio) ▌ mouiller, jeter l'ancre (anclar).
　　◇ *v intr* MAR mordre, s'accrocher (hablando del ancla) ▌ FIG estar aferrado a o en être attaché à, tenir à.
　　➡ **afeminarse** *v pr* s'accrocher ▌ FIG s'entêter, s'obstiner (obstinarse); **aferrarse en un error** s'entêter dans une erreur ▌ aferrarse a o en una opinión ne pas démordre d'une opinion.

afestonado, da *adj* festoné, e.

affaire *m* affaire *f* (caso).

affiche *f* affiche *f* (cartel).

Afganistán *n pr m* GEOGR Afghanistan.

afgano, na *adj & s* afghan, e.
　　➡ **afgano** *m* LING afghan.

AFI *m* (abrev de alfabeto fonético internacional) API.
　　◇ *f* (abrev de Asociación Fonética Internacional) association de phonétique internationale.

afianzador, ra *adj* garant, e.

afianzamiento *m* cautionnement, garantie *f* (garantía) ▌ affermissement, consolidation *f* (acción de asegurar) ▌ FIG affermissement; **el afianzamiento de la salud** l'affermissement de la santé ▌ consolidation *f*; **el afianzamiento de un régimen** la consolidation d'un régime.

afianzar [13] *v tr* cautionner, garantir (garantizar) ▌ affermir, consolider, raffermir; **afianzar estructuras** consolider des structures; **este éxito lo ha afianzado en su puesto** ce succès l'a consolidé dans son poste ▌ cristalliser, fixer; **estudio un poco para afianzar lo que he oído en la conferencia** j'étudie un peu pour fixer ce que j'ai entendu à la conférence ▌ soutenir, appuyer (sostener) ▌ soutenir, renforcer (reforzar) ▌ saisir, cramponner (agarrar).
　　➡ **afianzarse** *v pr* se saisir (agarrar) ▌ se cramponner (agarrarse) ▌ FIG se stabiliser (afirmarse) ▌ se raffermir.

afiatado, da *adj* (*Amer*) harmonisé, e.

afiche *m* (*Amer*) affiche *f*.

afición *f* penchant *m*, goût *m* (inclinación); **tener afición a la lectura** avoir du goût pour la lecture ▌ ardeur, zèle *m* (afán) ▌ **de afición** amateur; **pintor de afición** peintre amateur ▌ la afición les amateurs; **la afición está satisfecha con el programa de corridas de este año** les amateurs sont satisfaits du programme de courses de taureaux de cette année ▌ **por afición** en amateur; **pintar por afición** peindre en amateur ▌ **tener afición a** aimer, raffoler de, être un amateur de ▌ **tener afición a los toros** s'intéresser beaucoup à la tauromachie.

aficionado, da *adj & s* amateur (sin femenino), passionné, e (aficionado); **aficionado al fútbol** amateur de football ▌ amateur (no profesional); **teatro de aficionados** théâtre d'amateurs ▌ **ser muy aficionado a** aimer beaucoup; **es muy aficionado a pasearse por el campo** il aime beaucoup se promener dans la campagne; **être très amateur de**, être passionné de; **es muy aficionado a la música** il est très amateur de musique.
　　OBSERV Aficionado employé seul s'applique le plus souvent aux amateurs de courses de taureaux, et, dans ce sens, on peut garder le terme en français.

aficionar *v tr* attacher à, faire aimer (una persona, su país) ▌ donner le goût o la passion de, faire prendre goût à; **esta persona me ha aficionado a la pintura** cette personne m'a fait prendre goût à la peinture.
　　➡ **aficionarse** *v pr* [▷ SIN] s'attacher à, aimer (una persona), prendre plaisir à, prendre

goût à, s'engouer de (despectivo), aimer (cosas).

> **SIN** empeñarse, encapricharse s'entêter; encapricharse s'enticher.

afidávit *m* affidavit.

afidios *m pl* aphidiens (insectos).

afiebrarse *v pr* (*Amer*) avoir de la fièvre.

afijo *adj m* & *s m* **GRAM** affixe.

afiladera *adj* piedra afiladera pierre à aiguiser.
<> *f* affiloir *m*, pierre à aiguiser.

afilado, da *adj* aiguisé, e; affilé, e; cuchillo afilado couteau aiguisé ‖ taillé, e; lápiz afilado crayon taillé ‖ pointu, e; diente afilado dent pointue ‖ aigu, ë; voz afilada voix aiguë ■ cara afilada figure en lame de couteau (estrecha) ‖ **FIG** tener las uñas afiladas avoir les mains crochues.
➡ **afilado** *m* aiguisage, repassage, affilage.

afilador, ra *adj* & *s* aiguiseur, euse.
➡ **afilador** *m* rémouleur, aiguiseur (amolador) ‖ cuir (correa) ‖ (*Amer*) coureur [des filles].
➡ **afiladora** *f* **AGRIC** affûteuse.

afiladura *f* aiguisage *m*, aiguisement *m*, affilage *m*.

afilalápices *m inv* taille-crayon *inv* (sacapunta) ‖ grattoir, canif.

afilamiento *m* amincissement [des traits du visage, du nez, des doigts].

afilar *v tr* aiguiser, affûter; afilar un cuchillo aiguiser un couteau ‖ affiler (sacar punta) ‖ repasser (con afilador, muela o piedra de afilar) ‖ tailler, aiguiser (un lápiz) ‖ rendre aiguë (la voz) ‖ **FAM** (*Amer*) faire la cour, flirter (cortejar), flatter (adular) ‖ piedra de afilar pierre à aiguiser o repasser.
➡ **afilarse** *v pr* **FIG** se tirer [les traits du visage] ‖ s'effiler; su nariz se ha afilado son nez s'est effilé ‖ (*Amer*) se préparer (prepararse) ‖ (*Amer*) venirse bien afilado être fin prêt.

afiliación *f* affiliation.

afiliado, da *adj* & *s* affilié, e; adhérent, e (miembro); afiliado a un partido adhérent à un parti.

afiliar *v tr* affilier.
➡ **afiliarse** *v pr* s'affilier, adhérer.

afiligranado, da *adj* filigrané, e; en filigrane ‖ **FIG** menu, e; gracile (personas), délicat, e; fin, e (cosas).

afiligranar *v tr* filigraner, travailler en filigrane ‖ **FIG** polir, perfectionner, embellir (hermosear).

áfilo, la *adj* **BOT** aphylle.

afilón *m* cuir à aiguiser (de cuero) ‖ affiloir, fusil [pour aiguiser].

afilosofado, da *adj* qui joue o pose au philosophe.

afín, afine *adj* contigu, ë; limitrophe; campos afines champs limitrophes ‖ analogue (semejante) ‖ qui a des affinités; cuerpos afines corps qui ont des affinités ‖ connexe; vamos a tratar de la economía y de los problemas afines nous allons traiter de l'économie et des problèmes connexes ‖ ideas afines idées voisines, association d'idées, analogie.
➡ **afines** *m pl* proches, parents par affinité o par alliance.

afinación *f* **TECN** affinage *m*, affinement *m* (afinado) ‖ **FIG** raffinement *m* (del ingenio) ‖ **MÚS** accordage *m*, accordement *m* (de un instrumento) ‖ justesse (en el canto).

afinadamente *adv* avec justesse, juste (cantar) ‖ intelligemment, finement (delicadamente).

afinado, da *adj* juste, accordé, e; piano afinado piano juste.
➡ **afinado** *m* affinage (depuración) ‖ accordage (de un piano).

afinador, ra *adj* & *s* affineur, euse; qui affine.
➡ **afinador** *m* **MÚS** accordeur (persona que afina) ‖ accordoir (para afinar).

afinadura *f*; **afinamiento** *m* **TECN** affinage *m*, affinement *m* (depuración) ‖ **FIG** raffinement *m* (del ingenio) ‖ accordage *m* (de un piano) ‖ justesse *f* (en el canto) ‖ **FIG** finesse *f* (finura).

afinar *v tr* **TECN** affiner; afinar el oro affiner l'or ‖ **FIG** affiner, dégrossir; su estancia en la ciudad le ha afinado mucho son séjour à la ville l'a beaucoup affiné ‖ **MÚS** accorder; afinar un piano accorder un piano ‖ jouer o chanter juste ‖ achever, polir, mettre la dernière main (dar la última mano) ‖ finir, terminer (acabar) ‖ ajuster; afinar la puntería ajuster son tir.
➡ **afinarse** *v pr* s'élancer (adelgazar) ‖ **FIG** se dégrossir.

afincado *m* (*Amer*) propriétaire d'une exploitation agricole.

afincar [10] *v intr* acquérir une propriété.
➡ **afincarse** *v pr* se fixer, s'établir; afincarse en Madrid s'établir à Madrid.

afine ➡ **afín**.

afinidad *f* affinité; hay cierta afinidad entre estas dos personas il y a une certaine affinité entre ces deux personnes ‖ alliance; parientes por afinidad parents par alliance ‖ **QUÍM** affinité ‖ **FIG** las afinidades electivas les affinités électives.

afino *m* **TECN** affinage, affinement.

afirmación *f* [> **SIN**] affirmation; una afirmación atrevida une affirmation osée ‖ affermissement *m* (acción de sostener).

> **SIN** aserción, aserto, aseveración assertion; alegación allégation.

afirmado *m* chaussée *f* macadam (firme de una carretera).

afirmar *v tr* [> **SIN 1**] assurer, affirmer; le afirmo que es verdad je vous assure que c'est vrai; sólo puede uno afirmar lo que es seguro on ne peut affirmer que ce qui est sûr ‖ [> **SIN 2**] consolider; poner unos clavos para afirmar un estante mettre des clous pour consolider une étagère ‖ affermir, consolider, raffermir; afirmar unas estructuras raffermir des structures ‖ afirmar sin pruebas avancer quelque chose en l'air o sans avoir de preuves.
➡ **afirmarse** *v pr* prendre appui (en los estribos) ‖ afirmarse en lo dicho maintenir ses affirmations, maintenir ce qu'on a dit.

> **SIN 1.** asegurar assurer; atestar, atestiguar attester; certificar certifier; sostener soutenir; garantizar garantir; responder répondre; jurar jurer.
> **2.** asegurar assurer, raffermir; fortificar, fortalecer fortifier; reforzar renforcer; corroborar corroborer.

afirmativamente *adv* affirmativement.

afirmativo, va *adj* affirmatif, ive; respuesta afirmativa réponse affirmative ‖ en caso afirmativo dans l'affirmative.
➡ **afirmativa** *f* affirmative.

afistularse; **afistolarse** *v pr* **MED** se transformer en fistule.

aflamencado, da *adj* qui a le genre "flamenco".

aflatarse *v pr* (*Amer*) être triste o abattu, e.

aflautado, da *adj* semblable au son de la flûte, flûté, e ‖ aigu, ë; pointu, e; criard, e; una voz aflautada une voix aiguë.

> **OBSERV** El adjetivo francés flûté se dice de un sonido o de una voz muy delicada, suave y ligera.

aflautar *v tr* rendre aigu, ë (la voz, un sonido) ‖ parler d'une voix criarde o pointue.

aflechado, da *adj* sagittal, e (p us); en forme de flèche.

aflicción *f* affliction, peine, tristesse (pesar); esta noticia me ha dado mucha aflicción cette nouvelle m'a fait beaucoup de peine.

aflictivo, va *adj* **DR** afflictif, ive (pena) ‖ affligeant, e (que causa aflicción); una noticia aflictiva une nouvelle affligeante.

afligidamente *adv* avec affliction (con aflicción) ‖ de façon navrante o désolante (de modo aflictivo).

afligido, da *adj* affligé, e; afligido con la noticia affligé par la nouvelle ‖ **FIG** affligé, e (de un defecto, etc.).

afligimiento *m* affliction *f*.

afligir [15] *v tr* affliger (entristecer) ‖ frapper, affliger; la desgracia que le aflige le malheur qui vous frappe ‖ (*Amer*) battre, rosser (apalear).
➡ **afligirse** *v pr* être affligé; afligirse con o de algo être affligé de o par quelque chose.

aflogístico, ca *adj* aphlogistique.

aflojamiento *m* relâchement *m*.

aflojar *v tr* relâcher (soltar) ‖ desserrer (un cinturón, la corbata, un tornillo) ‖ détendre (un muelle) ‖ **FIG** relâcher (su severidad), réduire (pretensiones) ‖ **FAM** lâcher, abouler (soltar); aflojar dinero, aflojar la mosca lâcher de l'argent, abouler la galette ‖ casquer, cracher (pagar) ■ aflojar el paso ralentir le pas ‖ aflojar la bolsa dénouer les cordons de la bourse.
<> *v intr* diminuer, baisser; el calor ha aflojado la chaleur a diminué ‖ se relâcher, se détendre (una cuerda) ‖ céder, relâcher (ceder) ‖ **FIG** se relâcher, faiblir; alumno que afloja en su estudio élève qui se relâche dans son travail; fe que afloja foi qui faiblit ‖ **FAM** casquer, cracher (pagar).
➡ **aflojarse** *v pr* se relâcher, se détendre (una cuerda) ‖ **FIG** se relâcher.

afloramiento *m* affleurement *m*.

aflorar *v intr* affleurer (aparecer) ‖ **FIG** affleurer, apparaître (surgir).
<> *v tr* vanner, tamiser (cerner).

afluencia *f* affluence; afluencia de espectadores affluence de spectateurs ‖ afflux *m*; afluencia de refugiados afflux de réfugiés ‖ **FIG** faconde, abondance de paroles (facundia).

afluente *adj* affluent, e; qui afflue ‖ nombreux, euse (gente) ‖ FIG verbeux, euse; bavard, e (facundo, hablador).
◇ *m* affluent [rivière]; **este río es afluente de la izquierda del Ebro** ce fleuve est un affluent de la rive gauche de l'Èbre.

afluir [51] *v intr* affluer; **la sangre afluye al cerebro** la sang afflue au cerveau ‖ FIG affluer, arriver en grand nombre; **los turistas afluyen a Rouen** les touristes affluent à Rouen ‖ confluer; **este río afluye al Ebro** ce fleuve conflue avec l'Èbre ‖ se jeter dans (en el mar) ‖ aboutir (una calle).

aflujo *m* afflux; **aflujo de sangre** afflux du sang.

afluxionarse *v pr* (Amer) s'enrhumer ‖ se gonfler (abotagarse).

afofado, da *adj* flasque, mou, molle.

afofarse *v pr* se ramollir (ponerse fofo).

afollar [23] *v tr* (p us) souffler [avec un soufflet] (soplar) ‖ plisser (plegar); **un cuello afollado** un col plissé.
→ **afollarse** *v pr* se bomber (la pared).

afondar *v tr* couler, faire couler.
→ **afondarse** *v pr* couler, sombrer.

afonía *f* MED aphonie, extinction de voix.

afónico, ca; áfono, na *adj* aphone.

aforado, da *adj & s* privilégié, e; qui jouit d'un fuero [privilège royal concédé à une ville ou une province au Moyen Âge].

aforador *m* jaugeur, indicateur de débit (instrumento) ‖ jaugeur (obrero).

aforamiento *m* jaugeage (medida) ‖ estimation *f* ‖ taxation *f* (de mercancías) ‖ exemption *f*, privilège (fuero).

aforar [46] *v tr* jauger; **aforar un barco** jauger un bateau ‖ estimer, évaluer (valorar) ‖ évaluer le débit (un río) ‖ taxer (mercancías) ‖ accorder des privilèges o "fueros".
→ **aforarse** *v pr* FAM cracher (pagar) ‖ se tirer (irse).

aforismo *m* aphorisme (máxima).

aforístico, ca *adj* aphoristique.

aforo *m* jaugeage ‖ évaluation *f* (valoración) ‖ taxation *f* (tasación) ‖ estimation *f* (estimación) ‖ débit; **el aforo de un río** le débit d'un fleuve ‖ nombre de places, capacité *f*; **el teatro tiene un aforo de dos mil personas** le théâtre a deux mille places.

aforrar *v tr* doubler, mettre une doublure à.
→ **aforrarse** *v pr* s'emmitoufler, se vêtir chaudement ‖ FIG & FAM se gaver de, s'empiffrer de (hartarse).

afortunadamente *adv* heureusement.

afortunado, da *adj* heureux, euse; **fue una época afortunada** ce fut une époque heureuse ‖ qui a de la chance, chanceux, euse; **no soy afortunado** je n'ai pas de chance ‖ fortuné, e (con buena fortuna); **un pueblo afortunado** un peuple fortuné ‖ MAR orageux, euse (tiempo) ■ **poco afortunado** malheureux; **una reforma poco afortunada** une réforme malheureuse; ingrat, disgracieux, une cara poco afortunada un visage ingrat; pas très heureux, d'assez mauvais goût; **la decoración de este piso es poco afortunada** la décoration de cet appartement n'est pas très heureuse ■ **hombre afortu-**

nado en amores homme heureux en amour ‖ **los afortunados por la lotería** les heureux gagnants à la loterie ‖ **un estilo afortunado en imágenes** un style aux images heureuses.

afoscarse [10] *v pr* MAR se brouiller, s'assombrir.

afrailado, da *adj* monacal, e ‖ IMPR qui contient un blanc; défectueux, euse [page].

afrailar *v tr* AGRIC étêter, ébrancher.

afrancesado, da *adj* francisé, e.
→ **afrancesado** *m* personne *f* de culture et de goûts français [surtout au XVIII⁰ siècle] ‖ HIST partisan de Napoléon pendant la guerre d'Espagne.

afrancesamiento *m* imitation *f* des mœurs françaises, mode *f* française, gallomanie *f*.

afrancesar *v tr* franciser.
→ **afrancesarse** *v pr* se franciser ‖ prendre le parti de Napoléon (durante la guerra de la Independencia española).

afrecho *m* son [du blé] ‖ issues *f pl* [moutures].

afrenillar *v tr* MAR rabaner, rabanter [attacher].

afrenta *f* affront *m*, outrage *m*; **aguantar una afrenta** essuyer un affront, subir un outrage ‖ déshonneur *m*, opprobre *m* (deshonra).

afrentar *v tr* faire affront à, outrager (ultrajar) ‖ humilier, offenser (humillar).
→ **afrentarse** *v pr* rougir, avoir honte; **afrentarse de o por su pobreza** rougir de sa pauvreté.

afrentoso, sa *adj* ignominieux, euse; **una medida afrentosa** une mesure ignominieuse ‖ déshonorant, e; indigne (deshonroso); **acción afrentosa** action déshonorante ‖ honteux, euse; infâme (vergonzoso) ‖ outrageant, e (insultante).

afretar *v tr* MAR nettoyer (limpiar el casco).

África *n pr f* GEOGR Afrique ‖ **África austral** Afrique australe ‖ **África negra** Afrique noire ‖ **África del Norte** Afrique du Nord.

africada *adj & s f* GRAM affriquée (consonante).

africanidad *f* africanité.

africanismo *m* africanisme (en sciences humaines).

africanista *adj & s* africaniste.

africanización *f* africanisation.

africanizar [13] *v tr* africaniser.

africano, na *adj & s* africain, e.

áfrico *m* autan, vent du sud.

afrikánder *m* afrikander.

afro *adj inv* afro (peinado).

afroamericano, na *adj & s* afro-américain, e.

afroantillano, na *adj & s* afro-antillais, e.

afroasiático, ca *adj & s* afro-asiatique.

afrocubano, na *adj & s* afro-cubain, e.

afrodisiaco, ca ► **anafrodisíaco.**

Afrodita *n pr* MITOL Aphrodite.

afronitro *m* QUÍM nitre dépuré.

afrontado, da *adj* BLAS affronté, e.

afrontamiento *m* affrontement (acción de arrostrar) ‖ confrontation *f* (careo).

afrontar *v tr* affronter; **afrontar al enemigo** affronter l'ennemi ‖ confronter (dos cosas o personas); **afrontar dos testigos** confronter deux témoins ‖ mettre l'un en face de l'autre; **afrontar dos cuadros** mettre deux tableaux l'un en face de l'autre.

afrutado, da *adj* fruité, e.

afta *f* MED aphte *m*.

aftoso, sa *adj* aphteux, euse (fiebre).

afuera *adv* dehors; **váyase afuera** allez dehors ■ **la parte de afuera** le dehors ‖ **por afuera** au-dehors.
→ **afueras** *f pl* [▷ SIN] les alentours *m*, les environs *m*; **las afueras de Madrid** les environs de Madrid.
→ **¡afuera!** *interj* hors d'ici!, dehors!

SIN periferia périphérie; alrededores environs; cercanías alentours; arrabal, suburbio faubourg; extramuros, extrarradio extramuros.

afuereño, ña; afuerino, na *adj* (Amer) étranger, ère (forastero).

afuerita *adv* (Amer) FAM dehors.

afuetear *v tr* (Amer) fouetter (azotar).

afusilar *v tr* (Amer) FAM fusiller.

afusión *f* MED affusion (ducha).

afuste *m* MIL affût (de cañón).

afutrarse *v pr* (Amer) s'endimancher, se mettre sur son trente et un (emperejilarse).

aga *m* agha, aga (oficial turco).

agabachar *v tr* FAM franciser.

agachada *f* FAM ruse, truc *m* (astucia) ‖ accroupissement *m* (acción de agacharse).
→ **agachadas** *f pl* faux-fuyants *m*, mauvaises excuses (pretextos).

agachadera *f* cochevis *m* (ave).

agachadiza *f* bécassine (ave) ‖ FAM **hacer la agachadiza** faire semblant de se cacher.

agachado, da *adj* (Amer) bas, basse (servil) ‖ sournois, e (disimulado).

agachaparse *v pr* se baisser (inclinarse) ‖ s'accroupir (ponerse en cuclillas) ‖ FIG & FAM se tapir, se blottir (ocultarse).

agachar *v tr* baisser; **agachar la cabeza** baisser la tête.
→ **agacharse** *v pr* se baisser; **agáchate para que te pueda peinar** baisse-toi pour que je puisse te coiffer ‖ se baisser, s'accroupir (ponerse en cuclillas) ‖ FIG tendre le dos, laisser passer l'orage; **más vale agacharse** il vaut mieux laisser passer l'orage ‖ se cacher, disparaître (retirarse) ‖ (Amer) céder, se soumettre, se résigner à (someterse a) ‖ se préparer à (prepararse a).

agachona *f* (Amer) oiseau *m* aquatique.

agalbanado, da *adj* FAM paresseux, euse; flemmard, e; fainéant, e (perezoso).

agalerar *v tr* MAR incurver les voiles [pour rejeter l'eau de pluie].

agalla *f* BOT galle, noix de galle ‖ ANAT amygdale ‖ ZOOL ouïe (de los peces) ‖ (Amer) gaffe (gancho).
→ **agallas** *f pl* angine *sing* (angina) ‖ FIG & FAM cran *m sing*, courage *m sing* (valor); **hay que tener muchas agallas para afrontar ciertas personas** il faut avoir beaucoup de cran pour affronter certaines personnes ‖ FIG &

FAM **tener agallas** avoir de l'estomac, avoir du cran, ne pas avoir froid aux yeux.

agallado, da _adj_ (_Amer_) qui a fière allure; élégant, e; viril, e.

agallegado, da _adj_ qui a l'accent galicien, qui ressemble aux Galiciens.

agallón _m_ gros grain (de rosario o de collar) ‖ ARQ godron ‖ (_Amer_) galle _f_, noix de galle _f_ (agalla).

➤ **agallones** _m pl_ (_Amer_) ganglions (cuerpos glandulosos), oreillons (paperas).

agalludo, da _adj_ audacieux, euse; casse-cou (valiente) ‖ (_Amer_) radin, e; chiche (roñoso) ‖ effronté, e (desvergonzado).

Agamenón _n pr_ MITOL Agamemnon.

agamí _m_ (_Amer_) agami, oiseau trompette (ave).

agamuzado, da _adj_ chamois _inv_ (color).

agamuzar [13] _v tr_ chamoiser.

agangrenarse _v pr_ se gangrener (gangrenarse).

ágape _m_ agape _f_ (convite entre los primeros cristianos) ‖ agapes _f pl_ (banquete).

agar agar _m_ agar-agar, gélose _f_.

agarbado, da _adj_ gracieux, euse; élégant, e.

agarbanzado, da _adj_ beige [couleur].

agarbillar _v tr_ AGRIC gerber, mettre en gerbes.

agareno, na _adj & s_ agaréen, enne ‖ mahométan, e.

agárico _m_ BOT agaric ‖ agárico mineral silicate d'alumine et de magnésie.

agarrada _f_ FAM accrochage _m_ (pelea) ‖ accrochage _m_, prise de bec, algarade (riña verbal).

agarradera _f_ (_Amer_) poignée (mango).

➤ **agarraderas** _f pl_ FAM piston _m sing_, appui _m sing_, relations; **tener buenas agarraderas** avoir de bonnes relations, avoir du piston.

agarradero _m_ poignée _f_ (asa) ‖ manche (mango) ‖ embrasse _f_ (de las cortinas) ‖ FIG & FAM piston, appui (protección).

agarrado, da _adj_ pris, e; empoigné, e; saisi, e ‖ attaché, e ■ agarrado a la garganta pris à la gorge ‖ agarrados del brazo bras dessus, bras dessous ‖ FAM bailar agarrado danser joue contre joue.

◇ _adj & s_ FAM radin, e; pingre; es un hombre muy agarrado c'est un homme très radin.

agarrador, ra _adj_ (_Amer_) fort, e; qui enivre.

➤ **agarrador** _m_ poignée _f_ (de la plancha) ‖ FAM agent, flic (guardia).

agarrar _v tr_ attraper, saisir, accrocher; agarrar de o por la manga saisir par la manche ‖ saisir, prendre, attraper; agarrar un palo saisir un bâton ‖ FIG & FAM décrocher (obtener); agarrar una buena colocación décrocher une bonne situation ‖ surprendre (el sueño, un apuro) ‖ accrocher; agarrar un marido accrocher un mari ‖ gagner; agarró dos puntos en el campeonato il a gagné deux points au championnat ‖ ramasser; agarrar un bofetón ramasser une gifle ‖ remporter; agarró su primer éxito el año pasado il a remporté son

premier succès l'année dernière ‖ attraper (coger); agarrar un resfriado attraper un rhume ‖ saisir, attraper, prendre; agarrar por la garganta saisir à la gorge ‖ attraper; si lo agarro lo mato si je l'attrape je le tue ‖ attraper, prendre (tomar); no se sabe por donde agarrarlo on ne sait pas par quel bout le prendre ■ agarrar del brazo saisir par le bras FAM agarrarla prendre une cuite ‖ agarrar un buen susto avoir très peur.

◇ _v intr_ prendre (fijarse una vacuna, un tinte) ‖ prendre; esta planta no agarra cette plante ne prend pas ‖ attacher; el arroz ha agarrado en la sartén le riz a attaché dans la poêle ‖ (_Amer_) prendre (dirección); agarrar por una calle prendre une rue ‖ estar siempre agarrado a los faldones de uno être toujours pendu aux basques de quelqu'un.

➤ **agarrarse** _v pr_ s'accrocher, se cramponner, s'agripper; agarrarse a las ramas de un árbol s'accrocher aux branches d'un arbre ‖ s'accrocher; la hiedra se agarra a las paredes le lierre s'accroche aux murs ‖ prendre; el humo se me agarra a la garganta la fumée me prend à la gorge ‖ tenir; agárrate a su cintura para no caerte tiens-le par la taille pour ne pas tomber ‖ FIG se raccrocher, saisir, prendre; se agarra a cualquier pretexto para no hacer lo que le he mandado il se raccroche à n'importe quel prétexte pour ne pas faire ce que je lui ai demandé ‖ FAM se disputer, s'accrocher (pelearse) ■ FIG agarrarse a un clavo ardiendo saisir n'importe quelle planche de salut ‖ agarrarse a o de un pelo saisir le moindre prétexte ‖ agarrarse del brazo se prendre par le bras ‖ agarrarse del moño se crêper le chignon ‖ agarrarse por el cuello se tenir par le cou.

agarre _m_ prise _f_, adhérence _f_ ‖ DEP prise _f_.

agarrochador _m_ picador.

agarrochar _v tr_ piquer [les taureaux] ‖ MAR brasser au plus près du vent.

agarrón _m_ FAM (_Amer_) dispute _f_, bagarre _f_ (agarrada) ‖ coup, secousse _f_.

agarrotado, da _adj_ FIG raide (tieso) ‖ raidi, e; engourdi, e (músculo) ‖ grippé, e; bloqué, e (un motor).

agarrotamiento _m_ garrotage ‖ action de serrer, d'attacher ‖ grippage, grippement (de un motor) ‖ raidissement (de un músculo).

agarrotar _v tr_ garroter (atar) ‖ raidir; el agua muy fría agarrota los músculos l'eau très froide raidit les muscles ‖ serrer, comprimer ‖ faire subir le supplice du garrot (a un reo).

➤ **agarrotarse** _v pr_ gripper, bloquer (un motor) ‖ s'engourdir, se raidir (un músculo), avoir des crampes (una persona).

agasajado, da _adj & s_ invité, e.

agasajador, ra _adj_ accueillant, e; cordial, e ‖ prévenant, e; empressé, e.

agasajar _v tr_ fêter, accueillir chaleureusement, bien accueillir, traiter avec prévenance; he sido muy agasajado durante mi estancia en Madrid j'ai été très bien accueilli pendant mon séjour à Madrid ‖ accueillir chaleureusement; el ministro ha sido muy agasajado le ministre a été accueilli très chaleureusement ‖ s'empresser auprès de; agasajar a sus convidados s'empresser auprès de ses invités ‖ loger (alojar) ‖ recevoir (acoger).

agasajo _m_ prévenance _f_, bon accueil ‖ cadeau, présent (regalo) ‖ invitation _f_, réception _f_.

ágata _f_ agate.

agauchado, da _adj_ semblable aux gauchos.

agaucharse _v pr_ adopter les habitudes du gaucho.

agavanza _f_; **agavanzo** _m_ églantier _m_.

agave _f_ BOT agave _m_, agavé _m_ (pita).

agavillador, ra _m & f_ botteleur, euse; gerbeur, euse.

➤ **agavilladora** _f_ botteleuse, gerbeuse, javeleuse (máquina).

agavillamiento _m_ gerbage.

agavillar _v tr_ gerber, mettre en gerbes, botteler; agavillar la mies mettre la moisson en gerbes.

➤ **agavillarse** _v pr_ former une bande.

agazapar _v tr_ FAM attraper.

➤ **agazaparse** _v pr_ FIG se blottir, se cacher; el niño se agazapó detrás de la puerta l'enfant se blottit derrière la porte ‖ (_Amer_) se tapir.

agencia _f_ agence; agencia de viajes agence de voyages; agencia inmobiliaria agence immobilière ‖ bureau _m_; agencia de colocaciones bureau de placement ‖ cabinet _m_ d'affaires (gestoría) ‖ FIG démarche (trámite) ‖ (_Amer_) boutique de prêteur sur gages ■ agencia de publicidad agence de publicité ‖ agencia ejecutiva étude d'huissier ‖ agencia funeraria pompes funèbres ‖ agencia matrimonial agence matrimoniale.

agenciar [8] _v tr_ préparer, agencer ‖ FIG procurer; te voy a agenciar una colocación muy buena je vais te procurer une très bonne situation.

➤ **agenciarse** _v pr_ FAM s'arranger, se débrouiller; este chico no sabe agenciárselas ce garçon ne sait pas se débrouiller ‖ se procurer, décrocher; agenciarse una buena colocación décrocher une bonne situation; se ha agenciado un piso magnífico il s'est procuré un appartement magnifique.

agenciero _m_ (_Amer_) directeur d'une agence ‖ prêteur sur gages.

agenda _f_ agenda _m_ ‖ ordre _m_ du jour (de una reunión) ‖ agenda de entrevistas carnet _m_ de rendez-vous.

agenesia _f_ MED agénésie.

agente _m_ agent; agente atmosférico agent atmosphérique ‖ agent (persona); agente de bolsa o de cambio o de cambio y bolsa, agent de change; agente de seguros agent d'assurances ‖ représentant; tú serás mi agente en el extranjero tu seras mon représentant à l'étranger ■ agente comercial agent commercial ‖ agente de colocaciones placeur ‖ agente de compras acheteur, courtier ‖ agente del orden, de policía agent (de police) ‖ agente de negocios agent o homme d'affaires ‖ agente de turismo agent de voyages ‖ agente de ventas vendeur ‖ agente económico agent économique ‖ agente ejecutivo huissier ‖ agente fiscal agent du fisc ‖ agente inmobiliario agent immobilier ‖ agente provocador agent provocateur ‖ agente secreto agent secret.

agerato _m_ BOT agérate, ageratum.

agermanado, da *adj* germanisé, e; qui imite les Allemands.

agestado, da *adj* bien o mal agestado de bonne o mauvaise mine.

agibílibus ► **agílibus**.

agible *adj* faisable (hacedero).

agigantado, da *adj* gigantesque ▌ FIG prodigieux, euse ▌ a pasos agigantados à pas de géant.

agigantar *v tr* donner des proportions gigantesques, grossir démesurément; no hay que agigantar lo que pasó il ne faut pas grossir démesurément ce qui s'est passé ▌ augmenter o élargir considérablement; este acontecimiento agiganta el problema cet événement augmente considérablement le problème.

ágil *adj* [▷ SIN] agile; está todavía muy ágil a pesar de su edad il est encore très agile malgré son âge ▌ souple; hay que ser muy ágil para hacer estas acrobacias il faut être très souple pour faire ces acrobaties ▌ alerte, enlevé, e; vif, vive; coulant, e; estilo ágil style enlevé ▌ rapide.

> SIN flexible souple; ligero léger; vivo vif; vivaracho sémillant; listo, suelto leste; presto preste; pronto prompt; dispuesto allègre.

agílibus; agibílibus *m* FAM savoir-faire *m inv*.

agilidad *f* agilité; para dar este salto hace falta mucha agilidad il faut beaucoup d'agilité pour faire ce saut ▌ agilité, souplesse; ha perdido su agilidad de joven il a perdu la souplesse de sa jeunesse ▌ habileté; tener mucha agilidad en los negocios avoir une grande habileté dans les affaires ▌ rapidité (celeridad).

agilipollado, da *adj & s* VULG con, conne.

agilipollar *v tr* VULG rendre con.

► **agilipollarse** *v pr* VULG devenir con.

agilización *f* accélération.

agilizar [13] *v tr* rendre agile ▌ accélérer (los trámites) ▌ assouplir (flexibilizar).

ágilmente *adv* agilement.

agio *m* COM agio (beneficio) ▌ agiotage (especulación).

agiotador *m* COM agioteur.

agiotaje *m* COM agiotage, spéculation *f* ▌ agio (beneficio).

agiotar *v intr* COM agioter.

agitable *adj* agitable.

agitación *f* agitation; agitación de las olas, de un barco, de las masas agitation des vagues, d'un bateau, des masses ■ FÍS agitación térmica agitation thermique ■ FIG sembrar la agitación en los ánimos semer l'agitation dans les esprits.

agitador, ra *adj & s* agitateur, trice; meneur, euse.

► **agitador** *m* QUÍM agitateur, baguette *f*.

agitanado, da *adj* qui ressemble aux gitans.

agitanar *v tr* donner une apparence gitane o un caractère gitan.

► **agitanarse** *v pr* se conduire comme un gitan, se donner des allures de gitan.

agitar *v tr* agiter (un líquido) ▌ FIG troubler; agitar los ánimos troubler les esprits.

► **agitarse** *v pr* s'agiter.

Aglaya; Aglae *n pr* MITOL Aglaé.

aglomeración *f* agglomération ▌ groupement *m* (agrupación) ▌ aglomeraciones de gente cohue.

aglomerado *m* aggloméré (combustible) ▌ agglomérat (conglomerado) ▌ aglomerado esférico boulet (carbón).

aglomerar *v tr* agglomérer.

► **aglomerarse** *v pr* s'agglomérer, s'entasser, s'accumuler (amontonarse) ▌ s'attrouper; curiosos que se aglomeran des curieux qui s'attroupent.

aglutinación *f* agglutination.

aglutinante *adj & s* agglutinant, e; lengua aglutinante langue agglutinante.

aglutinar *v tr* agglutiner.

aglutinógeno *m* BIOL agglutinogène.

agnación *f* agnation.

agnado *m* DR agnat.

agneau *m* agneau (piel).

agnominación *f* paronomase.

agnosia *f* agnosie.

agnosticismo *m* agnosticisme.

agnóstico, ca *adj & s* agnostique.

agnus; agnusdéi *m inv* Agnus Dei (oración) ▌ agnus-dei (imagen) ▌ médaillon à reliques [de femme].

ago. (abrev escrita de agosto) août.

agobiado, da *adj* accablé, e; agobiado por o con el peso de una carga, de los años accablé sous le poids d'un fardeau, des ans ▌ accablé, e; débordé, e (de trabajo) ▌ harassé, e; épuisé, e (cansado) ▌ voûté, e (cargado de espaldas).

agobiador, ra *adj* accablant, e; éreintant, e; épuisant, e.

agobiante *adj* épuisant, e; accablant, e; écrasant, e; éreintant, e; una tarea agobiante une tâche épuisante ▌ accablant, e; un calor agobiante une chaleur accablante ▌ fatigant, e; épuisant, e; es un niño agobiante c'est un enfant épuisant ▌ ennuyeux, euse; es agobiante ir ahora allí c'est ennuyeux d'aller là-bas maintenant.

agobiar [8] *v tr* [▷ SIN] courber, écraser (recargar) ▌ FIG épuiser, accabler (cansar); le agobian las penas il est accablé par les soucis ▌ accabler; me agobia con tanta bondad vous m'accablez par tant de bonté ▌ ennuyer, fatiguer; me agobias con tus preguntas tu me fatigues avec tes questions ▌ humilier (rebajar) ▌ déprimer, abattre (desanimar).

▌ SIN recargar surcharger; aplastar écraser.

agobio *m* accablement, épuisement (cansancio) ▌ angoisse *f* (angustia) ▌ oppression *f* (sofocación) ▌ ennui (aburrimiento).

agogía *f* MIN rigole d'évacuation [de l'eau].

agolpamiento *m* entassement, accumulation *f*.

agolparse *v pr* se presser, se rassembler; se agolpaba la gente en aquel sitio para ver lo que había pasado les gens se pressaient à cet endroit pour voir ce qui s'était passé ▌ FIG s'accumuler, s'entasser (hablando de cosas) ▌ se agolparon las lágrimas en sus ojos des larmes lui montèrent aux yeux, ses yeux s'emplirent de larmes.

agonía *f* agonie ▌ FIG agonie, souffrance (aflicción) ▌ convoitise, désir *m* ardent (ansia).

< > *m & f* FAM égoïste, personne exigeante.

agónico, ca *adj* de l'agonie; estertores agónicos les râles de l'agonie ▌ moribond, e; à l'agonie; está agónico il est moribond.

agonioso, sa *adj* FAM exigeant, e; no seas tan agonioso ne sois pas si exigeant.

agonístico, ca *adj & s f* FILOS agonistique.

agonizante *adj & s* agonisant, e (moribundo).

< > *adj* FIG agonisant, e; luz agonizante lumière agonisante.

< > *m* religieux qui assiste les agonisants.

agonizar [13] *v tr* assister (a un moribundo).

< > *v intr* agoniser ▌ FIG agoniser; luz que agoniza lumière qui agonise ▌ casser les pieds, fatiguer (molestar) ▌ mourir d'envie de; agonizo por salir je meurs d'envie de sortir ▌ être à l'agonie, souffrir le martyre.

ágora *f* agora (plaza).

agorafobia *f* MED agoraphobie.

agorar [46] *v tr* augurer, prédire.

agorero, ra *m & f* devin *m*, devineresse *f*.

< > *adj* de mauvais augure, de malheur; ave agorera oiseau de mauvais augure.

agorgojarse *v pr* être charançonné, e.

agorzomar *v tr* (*Amer*) harceler, traquer (a una persona o un animal).

agostadero *m* pâturage d'été, estivage.

agostamiento *m* AGRIC dessèchement.

agostar *v tr* dessécher, faner; el sol agosta las flores le soleil dessèche les fleurs ▌ labourer en août (arar) ▌ sarcler en août (desherbar).

< > *v intr* paître [dans les chaumes ou les prés].

▌ OBSERV Existe en francés el verbo aoûter pero significa madurar.

agosteño, ña *adj* propre au mois d'août; un calor agosteño une chaleur propre au mois d'août ▌ du mois d'août, aoûtien, enne; feria agosteña foire du mois d'août.

agostero, ra *adj* du mois d'août ▌ paissant dans les chaumes [bétail].

► **agostero** *m* (p us) aoûteron ▌ moissonneur.

agostizo, za *adj* du mois d'août ▌ chétif, ive; malingre (débil).

agosto *m* août (mes); el 15 de agosto le 15 août ▌ moisson *f*, récolte *f* (cosecha) ▌ FIG profit (beneficio) ▌ FIG & FAM hacer su agosto faire son beurre, s'enrichir.

agotador, ra *adj* épuisant, e.

agotamiento *m* épuisement.

agotar *v tr* vider [complètement]; épuiser, tarir; agotar una cisterna vider une citerne ▌ épuiser; agotar las existencias, los recursos épuiser les stocks, les ressources; edición agotada édition épuisée ▌ épuiser (la tierra) ▌ épuiser, traiter à fond (un tema) ▌ agotar la paciencia mettre o pousser à bout, épuiser la patience ▌ estar agotado être épuisé o exténué ▌ agotado de trabajar épuisé par le travail.

► **agotarse** *v pr* s'épuiser, s'exténuer ▌ se me ha agotado la paciencia je suis à bout de patience, ma patience est à bout.

agracejina *f* BOT épine-vinette (fruto).

agracejo *m* épine-vinette *f* ‖ raisin vert (uva).

agraceño, ña *adj* acide, aigre.

agracero, ra *adj* viñedo agracero verjus.
➤ **agracera** *f* carafe à verjus.

agraciadamente *adv* gracieusement.

agraciado, da *adj* joli, e; charmant, e; un rostro agraciado un joli visage ‖ gracieux, euse (gracioso) ‖ favorisé, e; agraciado por la suerte favorisé par le sort ‖ gagnant, e; el billete agraciado le billet gagnant ■ no agraciado perdant (billete) ‖ poco agraciado ingrat, e; una cara poco agraciada un visage ingrat.
◇ *m & f* heureux gagnant, heureuse gagnante; los agraciados recibirán su premio les heureux gagnants recevront leur prix.

agraciar [8] *v tr* accorder une grâce ‖ remettre; agraciar con un premio, una condecoración remettre un prix, une décoration.

agracillo *m* épine-vinette *f* (arbusto).

agradable *adj* agréable; agradable al o para el tacto agréable au toucher; agradable de sabor de saveur agréable; agradable con o para todos agréable à tous ‖ unir lo útil con lo agradable joindre l'utile à l'agréable.
| **SIN** dulce doux [saveur, ton]; suave doux [au toucher]; manso doux [caractère]; suave, dulce suave; deleitoso, delicioso délicieux; exquisito exquis; apetitoso appétissant; sabroso savoureux; ameno amène; grato gracieux; placentero plaisant.

agradablemente *adv* agréablement.

agradar *v intr* plaire; a mí este espectáculo me agrada mucho ce spectacle me plaît beaucoup ‖ si le agrada si le cœur vous en dit, si cela vous chante, si vous voulez.
| **SIN** satisfacer satisfaire; convenir convenir; complacer complaire; gustar plaire.

agradecer [30] *v tr* remercier; le agradezco su oferta je vous remercie de votre offre ‖ être reconnaissant, savoir gré; si pudiera usted venir, se lo agradecería mucho si vous pouviez venir, je vous en serais très reconnaissant ‖ **FIG** remercier (corresponder a un beneficio) ‖ se lo agradezco mucho je vous en remercie infiniment, je vous en suis très reconnaissant.

agradecidamente *adv* avec reconnaissance.

agradecido, da *adj & s* reconnaissant, e; obligé, e; agradecido a su bienhechor reconnaissant envers son bienfaiteur; agradecido por un favor reconnaissant d'un service; le estaría muy agradecido si me dejara el coche je vous serais très obligé de me laisser votre voiture.

agradecimiento *m* reconnaissance *f*, gratitude *f*.

agrado *m* plaisir (gusto); haz lo que sea de tu agrado fais ce qui te fera plaisir ‖ plaisir, agrément; hallar agrado en una conversación trouver de l'agrément à une conversation ‖ complaisance *f*, affabilité *f* (afabilidad) ‖ con agrado avec plaisir, volontiers.

agrafe *m* **MED** agrafe *f* (grapa).
| **OBSERV** Ce mot est un gallicisme très employé en médecine.

agrafia *f* agraphie (imposibilidad de escribir).

agramadera *f* broie, broyeuse (máquina).

agramado *m* broyage, broiement.

agramador, ra *adj & s* broyeur, euse.

agramaduras *f pl* chènevotte *sing*.

agramar *v tr* broyer, teiller (el cáñamo).

agramatical *adj* agrammatical, e.

agramaticalidad *f* **GRAM** agrammaticalité.

agramilar *v tr* égaliser (los ladrillos) ‖ **ARQ** briqueter (simular hileras de ladrillos).

agramiza *f* chènevotte.

agrandamiento *m* agrandissement.

agrandar *v tr* agrandir; agrandar una casa agrandir une maison; agrandar un boquete agrandir un trou ‖ grossir, amplifier; agrandar los defectos de alguien grossir les défauts de quelqu'un ‖ augmenter; esto agranda la diferencia que existe entre nosotros ceci augmente la différence qui existe entre nous ‖ **FOT** agrandir.
➤ **agrandarse** *v pr* augmenter.

agranujado, da *adj* grenu, e ‖ boutonneux, euse; una cara agranujada un visage boutonneux ‖ **FAM** canaille.

agranujarse *v pr* s'encanailler.

agranulocitosis *f inv* **MED** agranulocytose.

agrario, ria *adj* agraire; ley, reforma agraria loi, réforme agraire ‖ agrarien, enne ‖ la clase agraria la classe paysanne, le paysannat.

agravación *f;* **agravamiento** *m* aggravation *f*.

agravador, ra *adj* aggravant, e.

agravamiento ➤ **agravación**.

agravante *adj* aggravant, e; circunstancias agravantes circonstances aggravantes ‖ robo con agravantes vol qualifié.

agravar *v tr* aggraver (hacer más grave) ‖ augmenter, alourdir; agravar los impuestos augmenter les impôts.
➤ **agravarse** *v pr* s'aggraver.

agraviador, ra *adj* offensant, e.
➤ **agraviador** *m* offenseur.

agraviamiento *m* offense *f*.

agraviante *m* offenseur.
◇ *adj* offensant, e.

agraviar [8] *v tr* offenser; agraviar la palabra offenser en paroles ‖ nuire à, faire du tort à (perjudicar) ‖ accabler (oprimir, apesadumbrar) ‖ grever (con impuestos) ‖ aggraver (aumentar) ‖ **DR** faire appel.
➤ **agraviarse** *v pr* s'aggraver ‖ se froisser, s'offenser (ofenderse).

agravio *m* offense *f* (ofensa), injure *f* (injuria), affront (afrenta) ‖ tort, dommage (perjuicio) ‖ **DR** plainte *f* en appel ‖ deshacer agravios redresser des torts (defender a los otros), prendre sa revanche (defender su interés).

agravioso, sa *adj* offensant, e.

agraz *m* verjus, raisin vert (uva sin madurar) ‖ verjus (zumo de uva en agraz) ‖ **BOT** épine-vinette *f* (agracejo) ‖ **FIG & FAM** désagrément, peine *f* (amargura) ‖ en agraz encore vert, en herbe.
| **OBSERV** pl agraces.

agrazar [13] *v intr* avoir un goût aigre, piquer.
◇ *v tr* déplaire (disgustar).

agrazón *m* verjus, raisin vert (uva) ‖ groseillier à maquereau (grosellero).

agrecillo *m* épine-vinette *f* (arbusto).

agredido, da *adj & s* agressé, e.

agredir [78] *v tr* attaquer, agresser.

agregable *adj* ajoutable.

agregación *f* agrégation ‖ addition (añadido).

agregado, da *adj* ajouté, e ‖ affecté, e.
◇ *m & f* attaché, e; adjoint, e; agregado de prensa attaché de presse ‖ maître-auxiliaire (profesor).
➤ **agregado** *m* agrégat, ensemble (conjunto) ‖ annexe *f*, supplément (añadidura) ‖ attaché; agregado comercial, cultural, naval attaché commercial, culturel, naval ‖ (*Amer*) métayer.
| **OBSERV** La palabra francesa agrégé corresponde en español a catedrático por oposición.

agreduría *f* bureau *m*, fonction d'un attaché.

agregar [16] *v tr* agréger ‖ ajouter; agregar cinco a diez ajouter cinq à dix ‖ affecter; ha sido agregado a la dirección il a été affecté à la direction.
➤ **agregarse** *v pr* s'ajouter ‖ s'unir, s'agréger ‖ agregarse a o con s'ajouter à.

agremán *m* entre-deux *inv*, passementerie *f*.

agremiación *f* réunion en corporation o en corps de métier.

agremiar *v tr* réunir en corporation o en corps de métier.

agresión *f* agression.

agresivamente *adv* aggressivement.

agresividad *f* agressivité ‖ mordant *m* (de un ejército).

agresivo, va *adj* agressif, ive.

agresor, ra *adj* assaillant, e; el ejército agresor l'armée assaillante.
◇ *m & f* agresseur *m*.
| **OBSERV** La palabra francesa agresseur no tiene forma femenina, y así se dice sa femme était l'agresseur su mujer era la agresora.

agreste *adj* agreste (campestre) ‖ sauvage, inculte (inculto) ‖ **FIG** rude, grossier, ère (tosco).

agrete *adj* aigrelet, ette; vino agrete vin aigrelet.

agriado, da *adj* aigri, e; vino agriado vin aigri ‖ tourné, e (leche, etc.) ‖ **FIG** aigri, e; persona agriada por las injusticias personne aigrie par les injustices.

agriamente *adv* **FIG** aigrement, vertement (con aspereza) ‖ amèrement (amargamente).

agriar [9] *v tr* aigrir ‖ **FIG** aigrir.
➤ **agriarse** *v pr* s'aigrir, tourner à l'aigre; el vino se ha agriado le vin a tourné à l'aigre ‖ tourner (la leche) ‖ **FIG** s'aigrir, être aigri, e; agriarse con los reveses de la fortuna être aigri par les revers de la fortune.

agriaz *m* **BOT** cinnamome.

agrícola *adj* agricole.

agricultor, ra *m & f* [▷ **SIN**] agriculteur, trice.
➤ **agricultora** *f* femme d'agriculteur.
| **SIN** agrónomo agronome; cultivador, labrador cultivateur; arador laboureur; terrateniente propriétaire foncier; campesino, labriego paysan.

agricultura *f* agriculture.

agridulce *adj* aigre-doux, aigre-douce.

agridulcemente *adv* d'une manière aigre-douce (manera), sur un ton aigre-doux (tono).

agriera *f*; **agrieras** *f pl* (*Amer*) aigreurs.

agrietamiento *m* formation *f* o apparition de crevasses (suelo), de lézardes (pared), de gerçures (piel) ▌fendillement (de un plato).

agrietar *v tr* crevasser (la tierra) ▌gercer (la piel, los labios) ▌gercer, crevasser (las manos) ▌fendiller (un plato, etc.) ▌lézarder (una pared).

Agrigento *n pr* GEOGR Agrigente.

agrilla *f* oseille (acedera).

agrimensor *m* arpenteur, géomètre.

agrimensura *f* arpentage *m*.

agrimonia; agrimoña *f* aigremoine (planta).

agringarse [16] *v pr* (*Amer*) se conduire comme un gringo o un étranger.

agrio, agria *adj* [▷ SIN] aigre (ácido); esta fruta está agria ce fruit est aigre; agrio al o de gusto aigre au goût ▌FIG rude (pendiente) ▌accidenté, e (terreno) ▌sévère, rude (castigo) ▌aigre, revêche (carácter) ▌cassant (metal).

  ➤ **agrio** *m* aigreur *f* (sabor) ▌jus acide (zumo).

  ➤ **agrios** *m pl* agrumes [oranges, citrons, etc.].

▌ SIN ácido acide; acidulado acidulé; acedo sur; agrete aigrelet; acre âcre; acerbo acerbe; agridulce aigre-doux; verde vert; avinagrado vinaigré.

agrión *m* VETER râpes *f pl* (callosidad).

agrior *m* (*Amer*) aigreur *f* d'estomac (acedía).

agripalma *f* BOT agripaume, léonure *m*.

Agripina *n pr* Agrippine.

agrisado, da *adj* gris, e; grisâtre.

agrisar *v tr* donner une couleur grise.

  ➤ **agrisarse** *v pr* devenir gris o grise.

agriura *f* aigreur.

  ➤ **agriuras** *f pl* agrumes *m* (agrios).

agro *m* campagne *f* (campo) ▌agriculture *f*.

agroalimentario, ria *adj* agroalimentaire.

agrobiología *f* BIOL agrobiologie.

agro-forestación *f* agri-sylviculture.

agrología *f* agrologie.

agrológico, ca *adj* agrologique.

agronomía *f* agronomie.

agronómico, ca *adj* agronomique.

agrónomo *adj m* & *s m* agronome; ingeniero agrónomo ingénieur agronome.

agropecuario, ria *adj* agricole, rural, e ▬ ingeniero agropecuario vétérinaire ▌productos agropecuarios produits agricoles.

agroquímica *f* QUÍM agrochimie.

agror *m* aigreur *f*, acidité *f*.

agróstide *f* BOT agrostide (grama).

agrumar *v tr* grumeler.

agrupación *f*; **agrupamiento** *m* [▷ SIN] groupement *m* (acción) ▌groupement *m*, groupe *m* (grupo) ▌mouvement *m*; agrupación de jóvenes mouvement de jeunesse ▌agrupación coral chorale.

▌ SIN reunión réunion, rassemblement; conjunto assemblage, ensemble; bloque bloc; aglomeración agglomération; grupo groupe.

agrupador, ra *adj* rassembleur, euse.

agrupamiento ▬ **agrupación**.

agrupar *v tr* grouper (reunir).

agrura *f* aigreur ▌raideur d'une pente, escarpement *m* (pendiente).

  ➤ **agruras** *f pl* agrumes *m* (agrios).

agua *f* eau (líquido); dame agua donne-moi de l'eau ▌eau, pluie (lluvia) ▌versant *m*, pente; tejado de dos aguas toit à deux pentes ▌larmes *pl*, pleurs *m pl* (lágrimas) ▌MAR voie d'eau (agujero) ▌marée (flujo o reflujo) ▌courant *m* marin ▌FAM fric *m* (dinero) ▬ agua acerada eau ferrée ▌agua acídula eau acidulée ▌agua amoniacal eau ammoniacale ▌agua angélica angélique [liqueur] ▌agua bendita eau bénite ▌agua carbónica eau pétillante ▌agua caudal liqueur à base d'essences de rose et de cannelle ▌agua cibera eau d'irrigation ▌agua compuesta jus de fruit coupé avec de l'eau sucrée ▌agua con gas eau gazeuse ▌agua corriente eau courante ▌agua cruda o gorda eau dure ▌agua de ángeles eau de senteur ▌agua de arroz eau de riz ▌agua de azahar eau de fleur d'oranger ▌agua de cal eau de chaux ▌agua de cebada sorte de sirop d'orgeat ▌FAM agua de cepas jus de la vigne ▌agua de coco lait de coco ▌agua de colonia eau de Cologne ▌agua de fregar eau de vaisselle ▌agua de la aurora sorte de sirop d'orgeat ▌agua de lejía eau de Javel ▌agua delgada eau légère ▌agua del grifo eau du robinet ▌agua de limón citronnade ▌agua de lluvia o llovediza eau de pluie ▌agua de manantial eau de roche ▌agua de melisa eau de mélisse ▌agua de olor eau de toilette ▌agua de pie eau vive, eau de source ▌agua de Seltz eau de Seltz ▌agua de socorro ondoiement (bautizo) ▌agua dulce eau douce ▌agua estancada eau dormante ▌agua de refrigeración eau de refroidissement ▌agua destilada eau distillée ▌agua fenicada eau phéniquée ▌agua ferruginosa eau ferrugineuse ▌agua fuerte eau-forte (ácido nítrico) ▌agua gorda eau dure ▌agua herrada eau ferrée ▌DEP agua milagrosa eau "magique" [qui réanime instantanément un joueur blessé] ▌agua mineral eau minérale ▌agua natural o sin gas eau plate ▌agua nieve pluie mêlée de neige, neige fondue ▌agua oxigenada eau oxygénée ▌agua pesada eau lourde ▌agua potable eau potable ▌agua regia eau régale ▌agua sal saumure ▌agua salobre eau saumâtre ▌agua tofana aquatoffana (veneno) ▌agua viento pluie accompagnée de vent ▌agua viva eau courante ▬ agua abajo, aguas abajo en aval ▌agua arriba, aguas arriba en amont, en remontant le courant ▌como pez en el agua comme un poisson dans l'eau ▌pera de agua poire fondante ▬ agua pasada no mueve molino ce qui est fait est fait, inutile de revenir là-dessus ▌agua que no has de beber ce ne sont pas tes affaires ▌ahogarse en un vaso de agua se noyer dans un verre d'eau ▌algo tendrá el agua cuando la bendicen cette chose, cette personne doit tout de même avoir quelques qualités ▌FAM bailarle a uno el agua lécher les bottes de quelqu'un ▌como quien se bebe un vaso de agua en un tour de main, comme si c'était un jeu d'enfant ▌(*Amer*) dar agua a uno tuer quelqu'un ▌dar agua a la ropa passer le linge à l'eau ▌del agua mansa me libre Dios, que de la brava me guardaré yo il n'est pire eau que l'eau qui dort ▌echar agua en el mar porter de l'eau à la rivière ▌echar el agua baptiser ▌FIG echarse al agua se jeter à l'eau (decidirse) ▌es agua sucia c'est de la lavasse, du jus de chapeau (café) ▌(*Amer*) estar como agua para chocolate bouillir de colère ▌FIG estar con el agua al cuello avoir la corde au cou ▌estar hecho un agua être en eau o en nage ▌MAR hacer agua faire eau ▌hacérsele a uno la boca agua en avoir o faire venir l'eau à la bouche ▌hacerse una cosa agua en la boca fondre dans la bouche ▌(*Amer*) hay agua puesta le temps est à l'eau, il va pleuvoir ▌FIG irse al agua tomber à l'eau (fracasar) ▌llevar el agua a su molino faire venir l'eau à son moulin ▌nadie diga de esta agua no beberé il ne faut jamais dire: fontaine, je ne boirai pas de ton eau; il ne faut jurer de rien ▌parecerse como dos gotas de agua se ressembler comme deux gouttes d'eau ▌(*Amer*) ponerse al agua menacer de pleuvoir ▌quedar en agua de borrajas finir o s'en aller en eau de boudin, finir en queue de poisson ▌FIG & FAM saca agua de las piedras il tondrait un œuf ▌se mete en agua el tiempo le temps est à la pluie, le temps est à l'eau ▌FAM ▌FIG ser más claro que el agua être clair comme de l'eau de roche ▌FIG & FAM sin decir agua va sans crier gare ▌FAM venir como el agua de mayo tomber à pic, arriver comme mars en carême.

  ➤ **aguas** *f pl* eau *sing*, reflet *m sing* (de una piedra preciosa); diamante de hermosas aguas diamant d'une belle eau ▌moirure *sing*, moiré *m sing* (en las telas) ▌MAR eaux; aguas jurisdiccionales eaux territoriales ▌sillage *m sing* (estela) ▌eaux; tomar las aguas prendre les eaux (enfermo), couvrir un toit (arquitectura) ▬ aguas de creciente flux, marée montante ▌aguas de menguante reflux, marée descendante ▌aguas llenas marée haute ▌aguas madres eaux-mères ▌aguas mayores selles, matières fécales ▌aguas menores urine ▌aguas muertas marée de morte-eau, marée faible ▌aguas sucias o residuales eaux usées, eaux ménagères, eaux vannés, eaux d'égout ▌aguas termales eaux thermales (caldas) ▌aguas vertientes eaux courantes o de ruissellement (del tejado) ▌aguas vivas marée de vive eau, grande marée ▬ cubrir aguas mettre hors d'eau (edificio) ▌FIG estar entre dos aguas être perplexe ▌hacer aguas uriner ▌nadar entre dos aguas nager entre deux eaux ▌romper aguas perdre les eaux (una parturienta).

  ➤ **¡agua!** *interj* un homme à la mer! (¡hombre al agua!) ▌¡agua va! gare à l'eau!

aguacal *m* échaudage, lait de chaux (lechada).

aguacatal *m* plantation d'avocatiers.

aguacate *m* BOT avocatier (árbol) ▌avocat, poire *f* d'avocat (fruto) ▌(*Amer*) chiffe *f* (persona floja) ▌testicule ▌(*Amer*) ser aguacate con pan être insipide, fade.

aguacero *m* averse *f*, ondée *f*; cae un aguacero il tombe une averse ▌(*Amer*) ver luisant (luciérnaga).

  ➤ **aguaceros** *m pl* FIG ennuis, pépins FAM, tuiles *f* FAM.

aguacha *f* eau croupie.

aguachar *m* flaque *f* d'eau (charco).

aguachar *v tr* noyer, inonder ‖ (*Amer*) apprivoiser, domestiquer (amansar).

◆ **aguacharse** *v pr* sevrer (un animal), engraisser (un caballo) ‖ s'attacher à (encariñarse).

aguacharnar *v tr* noyer, inonder, remplir d'eau.

aguachento, ta *adj* (*Amer*) saturé, e d'eau.

aguachinangado, da *adj* (*Amer*) qui imite les Mexicains.

aguachinar *v tr* noyer, inonder.

aguachirle *m* piquette *f* (vino malo) ‖ FAM lavasse *f*, jus de chaussettes o de chapeau; este café es aguachirle ce café est de la lavasse.

aguacibera *f* AGRIC eau d'irrigation.

aguacil ⟶ **alguacil**.

aguada *f* MAR provision d'eau douce ‖ eau; hacer aguada faire de l'eau ‖ point *m* d'eau ‖ aiguade ‖ MIN inondation ‖ gouache (pintura) ‖ (*Amer*) abreuvoir *m* (abrevadero).

aguadera *adj f* imperméable; capa aguadera cape imperméable.

aguaderas *f pl* vannes, vanneaux *m* (plumas de ave de cetrería) ‖ bât *m sing* pour transporter les jarres.

aguadero *m* abreuvoir.

aguado, da *adj* coupé, e; baptisé, e FAM; vino aguado, leche aguada vin baptisé, lait baptisé ‖ FIG troublé, e; perturbé, e (trastornado).

◆ **aguado** *m* AGRIC mouillage.

aguador *m* porteur d'eau ‖ DEP porteur d'eau (ciclismo).

aguaducho *m* buvette *f* [où l'on vend de l'eau] ‖ (p us) inondation *f*, crue *f* subite ‖ aqueduc ‖ noria *f*.

aguadura *f* VETER fourbure (del caballo).

aguafiestas *m & f inv* trouble-fête *m inv*, rabat-joie *m inv*.

aguafuerte *f* eau-forte.

> OBSERV Dans le sens de gravure, le mot aguafuerte est constamment employé comme masculin bien qu'il soit donné comme féminin par l'Académie.

aguafuertista *m & f* aquafortiste.

aguaita *f* (*Amer*) FAM guet *m*.

aguaitada *f* (*Amer*) FAM echar una aguaitada jeter un coup d'œil.

aguaitar *v tr* (*Amer*) FAM guetter, épier (acechar).

aguaite *m* (*Amer*) FAM al aguaite sur le qui-vive.

aguaje *m* MAR courant ‖ grande marée *f* (marea) ‖ sillage (estela) ‖ provision *f* d'eau (aguada) ‖ point d'eau ‖ (*Amer*) violente averse *f* (aguacero) ‖ semonce *f*, réprimande *f*.

agualoja *f* (*Amer*) boisson fermentée à base de maïs et d'eau sucrée.

agualojero, ra *adj & s* (*Amer*) vendeur, euse d'"agualoja".

agualotal *m* (*Amer*) mare *f*, marécage.

aguamala *f* ZOOL méduse.

aguamanil *m* pot à eau (jarro) ‖ cuvette *f* (palangana) ‖ aiguière *f*, aguamanile (lavamanos).

aguamanos *m* lave-mains.

aguamar *m* ZOOL méduse *f*.

aguamarina *f* MIN aigue-marine.

aguamiel *f* hydromel *m* ‖ (*Amer*) suc *m* de l'agave [dont on fait le pulque].

aguanés, esa; ahuanés, esa *adj* (*Amer*) qui a les flancs d'une couleur différente du reste du corps (animal).

aguanieve *f* neige fondue, pluie mêlée de neige.

aguanosidad *f* sérosité, humeur aqueuse.

aguanoso, sa *adj* détrempé, e; terreno aguanoso terrain détrempé ‖ (*Amer*) insipide (soso).

aguantable *adj* supportable.

aguantaderas *f pl* patience *sing*; para no enfadarse conmigo hace falta que tenga muchas aguantaderas pour ne pas se fâcher avec moi il faut qu'il ait beaucoup de patience ‖ endurance *sing*, résistance *sing*.

aguantar *v tr* endurer, supporter (soportar) ‖ supporter, souffrir; no poder aguantar a alguien ne pas pouvoir souffrir quelqu'un ‖ essuyer (una tempestad, un huracán) ‖ contenir, réprimer (contener) ‖ supporter, tolérer (tolerar); no aguanto las impertinencias je ne tolère pas les impertinences ‖ attendre, patienter (esperar); aguanté tres horas y luego me fui j'ai patienté trois heures et puis je suis parti ‖ tenir; aguanta esta tabla aquí tiens cette planche ici ‖ résister (resistir) ‖ attendre (le taureau) de pied ferme [au moment de la mise à mort] ■ aguantar bromas comprendre o prendre bien la plaisanterie ‖ aguantar mucho bebiendo tenir le vin ‖ yo no lo aguanto j'en ai assez, je ne peux pas supporter cela.

◇ *v intr* résister ‖ tenir bon, résister; el enemigo aguantó tres horas l'ennemi a tenu bon pendant trois heures.

◆ **aguantarse** *v pr* se taire; él se aguanta, no dice ni pío il se tait, il ne dit pas un mot ‖ se contenir, se retenir; hace mucho tiempo que me aguanto pero no puedo más il y a longtemps que je me retiens, mais je n'en peux plus ‖ prendre son parti; aguantarse con una cosa prendre son parti d'une chose ‖ FIG & FAM ¡que se aguante! tant pis pour lui!

aguante *m* endurance *f*, résistance *f* (resistencia) ‖ patience *f*; hombre de mucho aguante homme qui a beaucoup de patience ‖ tolérance *f* ‖ tener mucho aguante avoir une patience à toute épreuve (paciencia), avoir beaucoup d'endurance (resistencia).

aguantón, ona *adj* (*Amer*) bonne pâte.

aguapié *m* piquette *f* (vino malo).

aguar [45] *v tr* mélanger d'eau, couper, baptiser, mouiller (un líquido); aguar el vino couper le vin ‖ mettre trop d'eau, noyer; aguar el café noyer le café ‖ étendre d'eau, délayer (desleír) ‖ FIG gâter, gâcher; con tus reproches me has aguado la noche avec tes reproches tu m'as gâché la soirée ‖ troubler; aguó la fiesta al armar una bronca il troubla la fête en y semant la pagaille ‖ (*Amer*) abreuver ‖ aguarle la fiesta a uno gâcher o son plaisir à quelqu'un.

◆ **aguarse** *v pr* être inondé, e (una casa, etc.) ‖ FIG se gâter; se aguó la fiesta la fête s'est gâtée ‖ VETER être fourbu (caballo).

aguará *m* renard d'Argentine et du Brésil.

aguaraibá *m* (*Amer*) térébinthe (árbol).

aguardar *v tr* attendre (esperar); aguardar a alguien, a otro día attendre quelqu'un, un autre jour; no sabes lo que te aguarda tu ne sais pas ce qui t'attend.

◆ **aguardarse** *v pr* attendre, s'arrêter; ¡aguárdate! attends!

aguardentería *f* débit *m* d'eau-de-vie.

aguardentoso, sa *adj* spiritueux, euse; alcoolisé, e ‖ analogue à l'eau-de-vie, d'eau-de-vie; un olor aguardentoso une odeur d'eau-de-vie ■ bebidas aguardentosas boissons alcoolisées, spiritueux ‖ voz aguardentosa voix rauque o éraillée (ronca), avinée, de rogomme (de beber).

aguardiente *m* eau-de-vie *f* (licor) ■ aguardiente alemán eau-de-vie allemande (purgante) ‖ aguardiente de cabeza eau-de-vie de premier jet ‖ aguardiente de caña tafia.

aguaribay *m* (*Amer*) térébinthe (árbol).

aguarrás *m* essence *f* de térébenthine.

> OBSERV pl aguarrases.

aguasal *f* saumure.

aguasarse *v pr* (*Amer*) devenir rustre o grossier.

aguate (*Amer*) *m* épine *f*.

aguate ⟶ **ahuate**.

aguatero *m* (*Amer*) porteur d'eau (aguador).

aguatinta *f* gravure à l'eau-forte.
◇ *m* eau-forte *f* (grabado realizado).

aguatoso, sa *adj* (*Amer*) épineux, euse.

aguaturma *f* BOT topinambour *m*.

aguaverde *f* ZOOL méduse.

aguaviento *m* pluie *f* accompagnée de vent.

aguavientos *m inv* BOT phlomis, herbe *f* au vent.

aguavilla *f* BOT raisin *m* d'ours, busserole.

aguay *m* (*Amer*) lucuma (árbol).

aguaza *f* VETER sérosité, humeur aqueuse ‖ BOT aquosité.

aguazal *m* bourbier, marécage.

aguazar [13] *v tr* inonder (encharcar).

agudamente *adv* avec perspicacité ‖ subtilement ‖ spirituellement (ingeniosamente).

agudeza *f* finesse (de un instrumento, del oído) ‖ acuité (del dolor, de los sentidos) ‖ FIG perspicacité, subtilité, vivacité (del ingenio) ‖ esprit (ingenio); es una persona muy graciosa, tiene mucha agudeza c'est une personne très drôle, elle a beaucoup d'esprit ‖ mordant *m* (de la sátira) ‖ piquant *m* ‖ trait *m* d'esprit (rasgo de ingenio) ‖ mot *m* d'esprit (palabra chistosa).

agudización *f* aggravation, intensification.

agudizamiento *m* aggravation *f*; agudizamiento de la situación social aggravation de la situation sociale ‖ intensification *f*; agudizamiento de la tensión internacional intensification de la tension internationale.

agudizar [13] *v tr* aiguiser ‖ FIG accentuer, intensifier; esto no hará más que agudizar la crisis ceci ne fera qu'accentuer la crise.

◆ **agudizarse** *v pr* s'aggraver (una enfermedad) ❙ FIG s'accentuer, s'intensifier, s'aggraver; **el conflicto político se ha agudizado** le conflit politique s'est accentué ❙ s'accentuer; **con la edad sus manías se agudizan** avec l'âge ses manies s'accentuent.

agudo, da adj mince, fin, fine, subtil, e (sutil) ❙ aigu, ë (puntiagudo) ❙ coupant, e; tranchant, e (cortante) ❙ FIG spirituel, elle; plein, e d'esprit (gracioso); **una persona aguda** une personne pleine d'esprit ❙ mordant, e (satírico); **un escritor agudo** un écrivain mordant ❙ aigu, ë; vif, vive (dolor) ❙ aigu, ë (enfermedad, crisis) ❙ pénétrant, e (olor o sabor) ❙ aigu, ë; perçant, e; pointu, e (voz) ❙ perçant, e (vista) ❙ GEOM & MÚS aigu, ë ❙ GRAM accentué sur la dernière syllabe, oxyton (mot) ■ **dicho agudo** mot d'esprit ❙ **ser agudo de ingenio** avoir l'esprit vif.

Águeda n pr Agathe.

agüero m augure, présage ❙ **pájaro de mal agüero** oiseau de mauvais augure o de malheur.

aguerrido, da adj aguerri, e ❙ FIG expérimenté, e (perito).

aguerrir [78] v tr aguerrir.
> OBSERV Verbe défectif, ne s'emploie qu'aux temps où la voyelle i figure dans la désinence.

aguijada f aiguillon m (de boyero).

aguijar v tr aiguillonner ❙ FIG aiguillonner, stimuler.
◇ v intr se hâter (apresurarse).

aguijón m pointe f de l'aiguillon ❙ pointe f (punta) ❙ ZOOL & BOT aiguillon ❙ FIG aiguillon; **el aguijón de los celos** l'aiguillon de la jalousie ❙ aiguillon, stimulant; **la gloria es un poderoso aguijón** la gloire est un stimulant puissant ❙ **cocear contra el aguijón** ruer dans les brancards.

aguijonada f coup m d'aiguillon.

aguijonamiento m aiguillonnement.

aguijonazo m coup d'aiguillon.

aguijonear v tr aiguillonner; **aguijonear la curiosidad** aiguillonner la curiosité.

águila f aigle m (ave) ❙ aigle m (condecoración); **el águila negra de Prusia** l'aigle noir de Prusse ❙ aigle (estandarte) ❙ ASTRON Aigle m (constelación) ❙ aigle (moneda) ❙ aigle m, as m; **es un águila para los negocios** c'est un as en affaires ❙ FAM (Amer) tapeur (petardista) ❙ cigare (puro) ■ BLAS **águila agrifada** griffon ❙ **águila barbuda** grand aigle ❙ **águila bastarda** o **calzada** aigle roux aux pattes emplumées ❙ **águila blanca** sorte d'orfraie [en Amérique du Sud] ❙ **águila caudal** o **real** aigle fauve o royal ❙ **águila del foro** ténor du barreau ❙ **águila explayada** aigle éployée ❙ **águila imperial** aigle impériale ❙ **águila pasmada** aigle au vol abaissé ❙ **águila pescadora** aigle pêcheur, pygargue, orfraie, haliaète ❙ **mirada, vista de águila** regard, yeux d'aigle.
◇ m aigle de mer (pez).
> OBSERV La palabra francesa **aigle** es masculina o femenina. Es masculina hablando del animal (ave o pez) y en sentido figurado de una persona. Es femenina cuando se trata de los estandartes o de las águilas heráldicas (salvo en los nombres de condecoraciones en que es masculino).

aguileña f ancolie (planta).

aguileño, ña adj aquilin, e (nariz un poco encorvada); crochu, e (nariz ganchuda) ❙ long, longue; allongé, e (rostro).

aguilera f aire (nido del águila).

aguililla m (Amer) cheval très rapide (caballo) ❙ FAM tapeur (petardista).

agüilla f eau, humeur, liquide m transparent.

aguilón m flèche f, bras (de una grúa) ❙ tuile f creuse (teja) ❙ ARQ pignon (pared) ❙ BLAS alérion.

aguilucho m aiglon ❙ BLAS alérion.

agüín m BOT petit conifère.

aguinaldo m étrennes f pl; **dar el aguinaldo a la portera** donner des étrennes à la concierge ❙ chant de Noël (villancico) ❙ plante f grimpante de Cuba fleurissant à Noël.

> **EL AGUINALDO**
> Cadeau ou petite somme d'argent que l'on offre en certaines occasions. Ce mot désigne plus spécialement les étrennes que l'on donne aux employés municipaux (éboueurs, facteur...), en échange de cartes de vœux accompagnées de quelques vers faisant allusion à leur profession, et aux enfants qui font la tournée du quartier en entonnant des chants de Noël.

agüisote m FAM (Amer) raseur, casse-pieds inv.

agüista m & f curiste.

aguja f aiguille ❙ sonde (de aduanero) ❙ aiguille (de gramófono) ❙ aiguille (en los ferrocarriles); **dar agujas** manœuvrer les aiguilles ❙ aiguille (de un puente) ❙ flèche, aiguille (de un campanario) ❙ gâteau m en forme d'éclair ❙ ZOOL aiguille (pez) ❙ AGRIC greffon m (púa) ❙ BOT aiguille (de pino) ❙ burin m (de grabador) ❙ talon m de collier (carne) ■ **aguja colchonera** aiguille à matelas ❙ **aguja de arria** o **espartera** aiguille à sparterie ❙ **aguja de gancho** crochet [à la dentelle, etc.] ❙ **aguja de hacer punto** o **de hacer media** aiguille à tricoter ❙ **aguja de inyección** aiguille à injection ❙ **aguja de la cuba del carburador** pointeau de carburateur ❙ **aguja de marear** boussole (brújula) ❙ **aguja de pastor** o **de Venus** scandix, aiguille de berger, peigne de Vénus (planta) ❙ **aguja hipodérmica** seringue hypodermique ❙ **aguja imantada** o **magnética** aiguille aimantée ❙ **aguja mechera** lardoire ❙ **aguja paladar** orphie (pez) ❙ **aguja saquera** o **de enjalmar** grosse aiguille ■ **buscar una aguja en un pajar** chercher une aiguille dans une botte o meule de foin ❙ **conocer la aguja de marear** savoir mener sa barque ❙ **meter aguja por sacar reja** donner un œuf pour avoir un bœuf.
➔ **agujas** f pl aiguillage m sing (de ferrocarril); **entrar en agujas** aborder l'aiguillage ❙ côtes (de un animal) ❙ VETER maladie f sing du cheval.

agujal m trou de boulin.

agujazo m coup d'aiguille.

agujerear; agujerar v tr percer, faire des trous, trouer; **agujerear una pared** faire des trous dans un mur.

agujero m [▷ SIN] trou (abertura); **tapar un agujero** boucher un trou ❙ fabricant, vendeur d'aiguilles ❙ aiguillier (alfiletero) ❙ ASTRON **agujero negro** trou noir ❙ **tiene más agujeros**

que un colador il est criblé o percé comme une écumoire.
> SIN vacío vide; abertura ouverture; orificio orifice; boquete trouée; paso percée; brecha brèche; hueco creux; hundimiento enfoncement.

agujeta f aiguillette (cordón) ❙ (Amer) grande aiguille.
➔ **agujetas** f pl courbatures (dolor); **tener agujetas en todo el cuerpo** avoir des courbatures partout ❙ **estar lleno de agujetas** être plein de courbatures, être tout courbaturé o courbatu.

agujetero, ra m & f aiguilletier, ère.
➔ **agujetero** m (Amer) étui à aiguilles, aiguillier.

agujón m épingle f à cheveux (pasador) ❙ grande aiguille f.

agujuela f broquette, petit clou m (clavo).

aguosidad f aquosité, humeur.

aguoso, sa adj aqueux, euse.

¡agur! interj au revoir! (adiós).

agusanado, da adj véreux, euse (fruto) ❙ vermoulu, e (madera).

agusanamiento m état d'un fruit véreux (frutos), d'un bois vermoulu (madera), d'une chose mangée des vers (libros, etc.).

agusanarse v pr devenir véreux, euse (frutos) ❙ être mangé par les vers (cosas) ❙ se vermouler (madera).

Agustín n pr Augustin.

Agustina n pr Agustina de Aragón Augustine d'Aragon.

agustinianismo m augustinisme.

agustiniano, na adj augustinien, enne.

agustino, na adj & s augustin, e.

agutí m ZOOL agouti.

aguzadero, ra adj qui sert à aiguiser ❙ piedra aguzadera pierre à aiguiser.

aguzado, da adj aiguisé, e ❙ pointu, e (puntiagudo).

aguzador, ra adj & s aiguiseur, euse.

aguzamiento m aiguisement m, aiguisage m.

aguzanieves f inv bergeronnette (ave).

aguzar [13] v tr [▷ SIN] aiguiser, affiler; **aguzar un cuchillo** aiguiser un couteau ❙ tailler (un lápiz) ❙ FIG aiguillonner, stimuler (estimular) ❙ aiguiser (el apetito) ■ **aguzar el ingenio, el entendimiento** tendre son esprit, prêter toute son attention ❙ **aguzar las orejas** pointer ses oreilles (un perro) ❙ **aguzar las orejas, el oído** dresser, tendre l'oreille, être tout oreilles ❙ **aguzar la vista** regarder attentivement.
> SIN afilar affiler, affûter; amolar émoudre; suavizar, vaciar repasser (rasoirs).

¡ah! interj ah! ❙ (Amer) hein?, quoi?

Ahaggar; Hoggar n pr m GEOGR el Ahaggar o Hoggar le Hoggar.

ahebrado, da adj fibreux, euse.

ahechadero m lieu destiné au vannage.

ahechaduras f pl criblures, vannures.

ahechar v tr cribler, vanner.

ahecho m vannage, criblage.

ahelear v tr enfieller ❙ FIG troubler (turbar).
◇ v intr être amer, ère.

ahelgado, da *adj* édenté, e.

ahembrado, da *adj* efféminé, e.

aherrojamiento *m* enchaînement.

aherrojar *v tr* enchaîner, mettre aux fers (cargar de cadenas) ‖ mettre sous les verrous (encarcelar) ‖ FIG opprimer.

aherrumbar *v tr* rendre ferrugineux, euse (el agua) ‖ donner la couleur du fer.

➤ **aherrumbarse** *v pr* rouiller, se rouiller.

ahervorarse *v pr* s'échauffer (cereales).

ahí *adv* là; ahí está la dificultad c'est là que réside la difficulté ▪ ahí está le voilà ‖ ahí fue, ahí será ello ce fut alors, ce sera le moment critique ‖ FAM ahí me las den todas c'est le cadet de mes soucis, je m'en fiche ‖ (*Amer*) ahí no más ici même ‖ ahí tienes lo que querías voilà ce que tu voulais ‖ ahí viene le voilà ‖ de ahí que il s'ensuit que ‖ de por ahí quelconque, médiocre (cosa) ‖ he ahí voilà; he ahí lo que buscaba voilà ce que je cherchais ‖ por ahí parlà; ha pasado por ahí il est passé par-là; là-bas; voy un rato por ahí je m'en vais là-bas un instant ‖ por ahí, por ahí à peu près.

ahidalgado, da *adj* chevaleresque, noble.

ahijado, da *m & f* filleul, e ‖ FIG protégé, e.

ahijamiento *m* adoption *f.*

ahijar *v tr* adopter, prendre pour fils, fille; pour filleul, filleule ‖ FIG imputer, attribuer.

◇ *v intr* enfanter, procréer ‖ AGRIC pousser des rejetons, taller.

¡ahijuna! *interj* FAM (insult) (*Amer*) fils de garce!

ahilado, da *adj* léger, ère (viento) ‖ fluet, ette; frêle (voz) ‖ qui file, qui tourne à la graisse (vino).

ahilamiento *m* défaillance *f.*

ahilar *v intr* aller en file.

➤ **ahilarse** *v pr* défaillir (desmayarse) ‖ faire des fils, filer, tourner à la graisse (vino, etc.) ‖ FIG maigrir (adelgazar) ‖ s'étioler (ajarse) ‖ pousser droit (los árboles).

ahílo *m* défaillance *f.*

ahincadamente *adv* avec insistance ‖ avec acharnement, avec ténacité, obstinément.

ahincado, da *adj* véhément, e ‖ acharné, e; obstiné, e.

ahincar [10] *v tr* (p us) prier avec insistance.

➤ **ahincarse** *v pr* se dépêcher, se presser (darse prisa).

ahínco *m* véhémence *f* ‖ acharnement; trabajar con ahínco travailler avec acharnement.

ahitamiento *m* indigestión *f.*

ahitar *v tr* causer une indigestion ‖ borner, jalonner; ahitar un terreno jalonner un terrain.

➤ **ahitarse** *v pr* se gaver, s'empiffrer ‖ FAM ahitarse de caramelos se gaver de bonbons ‖ avoir une indigestion.

ahíto, ta *adj* qui a une indigestion (malucho) ‖ rassasié, e; repu, e; quedarse ahíto después de una buena comida être repu après un bon repas ‖ FIG fatigué, e; rassasié, e (de una cosa) ‖ FAM estar ahíto n'en pouvoir plus,

être rassasié, en avoir une indigestion, en avoir tout son soûl.

AHN (abrev de Archivo Histórico Nacional) *m* Archives nationales espagnoles.

ahocicar [10] *v tr* corriger [les chiens ou les chats] ‖ FAM convaincre (quelqu'un) de son erreur, clouer le bec à.

◇ *v intr* FIG & FAM s'incliner, céder, capituler, s'avouer vaincu; al final no tuvo más remedio que ahocicar finalement il dut céder ‖ tomber à plat ventre (caer de bruces) ‖ piquer du nez (barco).

ahocinarse *v pr* se resserrer, s'étrangler (un río).

ahogadero *m* étuve *f*, bain turc; esta sala es un ahogadero cette pièce est une étuve ‖ sous-gorge *f* (arreo del caballo) ‖ corde *f.*

ahogadilla *f* dar una ahogadilla faire boire la tasse.

ahogadizo, za *adj* âpre, rêche (fruta) ‖ qui ne flotte pas (madera).

ahogado, da *adj & s* noyé, e; en ese naufragio hubo diez ahogados dans ce naufrage il y eut dix noyés.

◇ *adj* étouffé, e (asfixiado) ‖ oppressé, e; haletant, e; respiración ahogada respiration oppressée ‖ renfermé, e; sans air (sin ventilación) ‖ pat (en el ajedrez) ‖ FIG poussé, e à bout; harcelé, e (apurado) ‖ (*Amer*) en ragoût (rehogado) ▪ ahogado en deudas accablé de dettes ‖ estar o verse ahogado être acculé, avoir la corde au cou, être pris à la gorge.

ahogador, ra *adj* étouffant, e.

➤ **ahogador** *m* carcan, lourd collier de femme au XVIᵉ siècle ‖ (*Amer*) fausse martingale *f.*

ahogamiento *m* étouffement (asfixia) ‖ noyade *f* (en agua).

ahogante *adj* étouffant, e.

ahogar [16] *v tr* noyer; ahogar a los gatos noyer les chats ‖ [▷ SIN] étouffer (impedir la respiración) ‖ étrangler; ahogar a uno con una cuerda étrangler quelqu'un avec une corde ‖ inonder (encharcar, inundar) ‖ noyer (regar con exceso) ‖ étouffer; ahogar la lumbre con ceniza étouffer le feu avec de la cendre ‖ étouffer (las plantas, sembrándolas muy apretadas) ‖ FIG étouffer; ahogar una rebelión étouffer une rébellion; este sentimiento me ahoga ce sentiment m'étouffe ‖ étouffer, refouler; ahogar el llanto, los sollozos refouler ses pleurs, ses sanglots ‖ noyer; ahogar su pena embriagándose noyer son chagrin dans le vin ‖ faire pat (ajedrez) ‖ étouffer en germen étouffer au berceau, dans l'œuf ‖ ahogar los remordimientos faire taire ses remords.

➤ **ahogarse** *v pr* se noyer; se ahogó en el río il s'est noyé dans la rivière ‖ s'étouffer (asfixiarse); el niño se ahogó bajo la almohada l'enfant s'est étouffé sous l'oreiller ‖ étouffer, s'éteindre (incendio) ‖ s'étrangler (ahocándose por accidente) ‖ FIG étouffer; uno se ahoga aquí on étouffe ici; ahogarse de calor étouffer de chaleur ‖ FIG ahogarse en poca agua o en un vaso de agua se noyer dans un verre d'eau.

⎸ SIN sofocar suffoquer, étouffer; asfixiar asphyxier; estrangular étrangler.

ahogaviejas *f* BOT sandix *m*, peigne *m* de Vénus.

ahogo *m* étouffement ‖ angoisse, oppression *f* ‖ FIG embarras, gêne *f*, difficulté *f* financière; pasar un ahogo être dans la gêne.

ahoguío *m* étouffement, suffocation *f.*

ahombrado, da *adj* FAM masculin, e (hombruno).

ahondamiento *m* approfondissement, creusement.

ahondar *v tr* creuser, approfondir; ahondar un pozo creuser un puits ‖ enfoncer (una cosa en otra).

◇ *v intr* creuser, pénétrer; las raíces ahondan en la tierra les racines creusent la terre ‖ FIG approfondir, étudier à fond; ahondar en una cuestión approfondir une question.

➤ **ahondarse** *v pr* s'enfoncer.

ahonde *m* creusement, approfondissement.

ahora *adv* maintenant, à présent; ahora no puedo ir je ne peux pas y aller maintenant ‖ FIG tout à l'heure; ahora escribiré j'écrirai tout à l'heure ‖ tout de suite; ahora vengo j'arrive tout de suite ▪ ahora me lo han dicho ils viennent de me le dire ‖ ahora que remarque bien que, remarquez bien que; ahora que tampoco me disgustaría hacer este trabajo remarque bien que ça ne me déplairait pas de faire ce travail; mais; es inteligente, ahora que es perezoso il est intelligent, mais il est paresseux ‖ de ahora en adelante désormais, dorénavant, à partir de maintenant ‖ desde ahora à partir de maintenant, dès à présent, dès lors ‖ hasta ahora à tout à l'heure, à tout de suite (hasta luego), jusqu'à présent, jusqu'ici, jusqu'à maintenant (hasta la fecha) ‖ por ahora pour l'instant, pour le moment.

◇ *conj* soit que, que; ahora vengas, ahora no vengas soit que tu viennes, soit que tu ne viennes pas ‖ ahora, ahora bien or; ahora bien, su padre ha vuelto or, son père est revenu; maintenant, mais, cela dit; no me gusta; ahora bien, si lo quieres a toda costa... ça ne me plaît pas, maintenant, si tu y tiens absolument...; bon, et alors; ahora bien, ¡qué te crees! bon, et alors, qu'est-ce que tu crois! ‖ ahora mismo tout de suite; lo haré ahora mismo je vais le faire tout de suite; à l'instant même; ha salido ahora mismo il est sorti à l'instant même ‖ ahora o nunca c'est le moment ou jamais ‖ ahora sí que me voy cette fois, je m'en vais ‖ ahora sí que vale la pena maintenant, ça vaut la peine, pour le coup ça vaut la peine.

ahorca *f* (*Amer*) cadeau *m.*

ahorcado, da *adj & s* pendu, e ‖ en casa del ahorcado, no hay que mentar la soga il ne faut pas parler de corde dans la maison d'un pendu.

ahorcadura *f* pendaison.

ahorcajarse *v pr* se mettre à califourchon.

ahorcamiento *m* pendaison *f.*

ahorcaperros *m inv* MAR nœud coulant.

ahorcar [10] *v tr* pendre ‖ FIG abandonner, laisser ▪ ahorcar los hábitos jeter le froc aux orties ‖ a la fuerza ahorcan on ne fait pas toujours ce qu'on veut ‖ ¡que me ahorquen si...! je veux bien être pendu si...!

➤ **ahorcarse** *v pr* se pendre; ahorcarse de o en una rama de árbol se pendre à une branche d'arbre.

ahorita *adv* FAM tout de suite, à l'instant même.

ahormar *v tr* mettre en forme ‖ se former (zapatos, vestidos nuevos) ‖ FIG dresser; **vamos a poner este niño en un internado para que le ahormen** nous allons mettre cet enfant dans un internat pour qu'on le dresse ‖ habituer (acostumbrar) ‖ TAUROM placer (le taureau) en bonne position pour le mettre à mort.

➤ **ahormarse** *v pr* FIG se plier ‖ se faire, s'habituer; **ahormarse a una nueva vida** se faire à une nouvelle vie.

ahornagarse [16] *v pr* griller, se dessécher.

ahornar *v tr* enfourner, mettre au four.

➤ **ahornarse** *v pr* se havir (el pan).

ahorquillado, da *adj* fourchu, e.

ahorquillar *v tr* étayer (un árbol) ‖ courber, donner la forme d'une fourche; **ahorquillar un alambre** courber un fil de fer.

ahorrado, da *adj* économe (ahorrativo) ‖ libre (exento) ‖ économisé, e (dinero) ‖ épargné, e; évité, e (trabajo).

ahorrador, ra *adj* économe.

◇ *m & f* économe; **sus padres son unos ahorradores** ses parents sont des économes ‖ épargnant, e; **el Estado estimula a los ahorradores** l'État encourage les épargnants.

ahorrar *v tr* [▷ SIN] économiser, épargner, mettre de côté; **la sociedad ha ahorrado dinero** la société a épargné de l'argent; **he ahorrado unos cuartos para irme de vacaciones** j'ai mis de côté quelques sous pour aller en vacances ‖ FIG épargner, éviter; **esto me ahorra hacerlo** cela m'évite de le faire ‖ économiser, épargner; **ahorrar sus fuerzas** économiser ses forces; **ahorrar saliva** économiser sa salive ‖ épargner; **ahorremos palabras inútiles** épargnons les paroles inutiles ‖ (ant) libérer, affranchir (un esclavo).

◇ *v intr* faire des économies, économiser.

➤ **ahorrarse** *v pr* s'épargner; **ahorrarse un trabajo penoso** s'épargner un travail pénible ‖ épargner; **ahorrarse trabajo, tiempo** épargner sa peine, son temps ‖ économiser, gagner; **para ahorrarse cuatro duros no come** pour économiser quatre sous il ne mange pas ‖ faire l'économie de; **ahorrarse una explicación** faire l'économie d'une explication ‖ éviter; **así se ahorra usted discusiones** ainsi vous évitez des discussions ‖ **no ahorrarse o no ahorrárselas con nadie** ne pas y aller par quatre chemins.

‖ SIN economizar économiser; atesorar thésauriser; guardar garder; reservar réserver.

ahorratividad *f* parcimonie ‖ pingrerie FAM.

ahorrativo, va *adj* économe.

ahorrista *adj & s* (Amer) économe.

ahorro *m* économie *f*; **tener algunos ahorros** avoir quelques économies ‖ épargne *f*; **hay que fomentar el ahorro** il faut encourager l'épargne ‖ FIG économie *f*; **es un ahorro de tiempo** c'est une économie de temps ■ **ahorros de chicha y nabo** économies de bouts de chandelle ‖ **caja de ahorros** caisse d'épargne.

AHS (abrev de Asociación de Hombres Separados) *f* association espagnole d'hommes séparés.

---

ahuanés, esa ▭ **aguanés**.

ahuate; aguate; ajuate *m* (Amer) poil, duvet (de una planta).

ahuchar *v tr* économiser, garder dans une tirelire (poner en una hucha) ‖ FIG mettre sous clef, mettre en lieu sûr (guardar) ‖ (Amer) stimuler (incitar).

ahuecado, da *adj* bouffant, e (vestido) ‖ grave, profond, e (voz) ‖ creux, creuse (hueco).

ahuecador *m* pouf, crinoline *f* (miriñaque).

ahuecamiento *m* creusement ‖ évidement (acción de dejar hueco) ‖ ameublissement; **ahuecamiento del suelo** ameublissement du sol ‖ gonflement (inflado) ‖ FIG vanité *f*.

ahuecar [10] *v tr* creuser, évider; **ahuecar un tronco de árbol** évider un tronc d'arbre ‖ ameublir (la tierra) ‖ décompresser, alléger (lana, etc.) ‖ FIG enfler [la voix] ‖ faire bouffer, faire gonfler (un vestido) ‖ FAM ahuecar, ahuecar el ala mettre les voiles, débarrasser le plancher, se débiner (largarse).

➤ **ahuecarse** *v pr* se creuser, devenir creux ‖ FIG & FAM se gonfler d'orgueil, être bouffi d'orgueil.

ahuehué; ahuehuete *m* arbre conifère du Mexique.

ahuesado, da *adj* couleur d'os, jaunâtre (amarillento) ‖ dur comme de l'os.

ahuesarse *v pr* (Amer) devenir inutile.

ahuevado, da *adj* en forme d'œuf.

ahuevar *v tr* donner la forme d'un œuf.

ahuizote *m* (Amer) loutre *f* (nutria) ‖ mauvais augure (mal presagio) ‖ raseur (pesado).

ahulado *m* (Amer) toile *f* cirée.

ahumada *f* feu *m* [servant de signal].

ahumado, da *adj* enfumé, e (lleno de humo) ‖ fumé, e; **salmón ahumado** saumon fumé; **gafas ahumadas** verres fumés ‖ FIG éméché, e (ebrio); **cuando salió del casino estaba algo ahumado** quand il sortit du casino, il était un peu éméché ‖ **arenque ahumado** hareng saur.

➤ **ahumado** *m* fumage; **el ahumado de la carne** le fumage de la viande ‖ saurissage, saurage (con salmuera) ‖ étouffage (de las abejas).

ahumador *m* saurisseur (de pescado).

ahumar *v tr* fumer; **ahumar jamón** fumer du jambon ‖ boucaner (acecinar) ‖ enfumer (llenar de humo).

◇ *v intr* fumer, dégager de la fumée ‖ enivrer; **los licores ahuman** les liqueurs enivrent.

➤ **ahumarse** *v pr* prendre un goût de fumée ‖ noircir (ennegrecerse) ‖ FAM se soûler, s'enivrer (emborracharse) ‖ FAM **ahumársele a uno el pescado** se mettre en rogne.

ahusado, da *adj* fuselé, e ‖ **falda ahusada** jupe fourreau.

ahusar *v tr* fuseler, effiler.

➤ **ahusarse** *v pr* s'effiler.

ahuyentar *v tr* mettre en fuite; **ahuyentar a los ladrones** mettre les voleurs en fuite, chasser; **el fuego ahuyenta las fieras** le feu chasse les bêtes sauvages ‖ FIG chasser, éloigner, repousser; **ahuyentar un pensamiento** chasser une pensée ‖ chasser; **el vino ahuyenta las penas** le vin chasse les peines.

➤ **ahuyentarse** *v pr* s'enfuir (huir).

AID (abrev de Asociación Internacional de Desarrollo) *f* AID.

AIF (abrev de Asociación Internacional de Fomento) *f* AID.

aigrette *f* aigrette (penacho).

AIH (abrev de Asociación Internacional de Hidrogeólogos) *f* AIH.

AIICA (abrev de Asociación Internacional de Investigación sobre la Contaminación del Agua) *f* AIRPE.

AIJA (abrev de Asociación Internacional de Jóvenes Abogados) *f* AIJA.

aijada *f* aiguillon *m*.

ailanto *m* ailante (árbol).

aíllo (Amer); **ayllu** *m* race *f*, lignée *f* (entre los quechuas) ‖ communauté *f* agraire.

aimara; aimará *adj & s* aymara (raza andina).

▨ OBSERV pl aimaras; aimarás.

aindiado, da *adj* d'aspect indien.

AIP (abrev de Asociación Internacional de Puertos) *f* Association internationale des ports.

AIPCC (abrev de Asociación Internacional Permanente de Congresos de Carreteras) *f* AIPCR.

AIR (abrev de Asociación Interamericana de Radiodifusión) *f* Association interaméricaine de radiodiffusion.

airadamente *adv* furieusement.

airado, da *adj* furieux, euse; irrité, e; en colère; courroucé, e; **gesto airado** visage, air irrité; **respondió con un tono airado** il répondit d'un ton courroucé ‖ **mujer de vida airada** femme de mauvaise vie o de mœurs légères.

airamiento *m* irritation *f*, emportement, colère *f*.

airar *v tr* fâcher, mettre en colère, irriter.

airbag ['erβak] *m* AUTOM coussin gonflable, airbag.

▨ OBSERV pl airbags ['erβags].

aire *m* petit mammifère insectivore de Cuba.

aire *m* air (fluide); corriente, bocanada de aire courant, bouffée d'air ‖ air; **el avión vuela por los aires** l'avion vole dans les airs ‖ air, vent; **hoy hace mucho aire** aujourd'hui il y a beaucoup de vent ‖ vent, air; **hacer aire con el abanico** faire du vent avec un éventail ‖ FIG air (parecido); **un aire de familia** un air de famille ‖ air (aspecto); **con aire triste** d'un air triste; **tener un aire severo** avoir l'air sévère ‖ vanité *f*; futilité *f*, frivolité *f* ‖ MÚS mouvement ‖ air (canción); **aire bailable** air de danse; **un aire popular** un air populaire ‖ FIG chic, allure *f* (gallardía) ‖ allure *f* (del caballo) ‖ FAM attaque *f*; **le dio un aire que le dejó paralizado** il a eu une attaque qui l'a laissé paralysé ‖ (Amer) danse *f* folklorique ■ **aire acondicionado** air conditionné ‖ **aire a presión** air comprimé ‖ **aire colado** vent coulis ‖ **aire comprimido** air comprimé ‖ FIG **aire de suficiencia** air suffisant ‖ **aire líquido** air liquide ‖ **al aire** en l'air; **disparar al aire** tirer en l'air ‖ **al aire libre** en plein air, au grand air; **dormir al aire libre** dormir en plein air; **la vida al aire libre** la vie au grand air ‖ **con**

un pie en el aire comme l'oiseau sur la branche (una persona), branlant, e (una cosa); en suspens (un negocio) ▮ FIG de buen, mal aire de bonne, mauvaise humeur ▮ nivel de aire niveau à bulle d'air ▮ FIG & FAM palabras al aire paroles en l'air, du vent ▮ cambia el aire le vent tourne o change ▮ FAM cogerlas o matarlas en el aire être vif comme la poudre ▮ dar aire faire o donner de l'air (airear) ▮ darse aires de prendre des airs de ▮ darse un aire a ressembler à ▮ echar al aire mettre à l'air (enfermo) ▮ estar en el aire être en suspens (un negocio) ▮ exponer al aire mettre à l'air ▮ hablar al aire parler en l'air ▮ hacer aire faire de l'air ▮ herir el aire déchirer o fendre l'air ▮ levantar castillos en el aire bâtir des châteaux en Espagne ▮ mudar o cambiar de aires changer d'air (enfermo) ▮ ¿qué aires te traen por aquí? quel bon vent vous amène? ▮ FIG ser aire n'être que du vent ▮ sustentarse del aire vivre de l'air du temps (vivir con poco) ▮ tener aires de gran señor avoir grand air ▮ tomar el aire prendre l'air, s'aérer (pasearse).

➡ ¡aire! interj FAM de l'air!, du vent!

aireación f aération.

aireado, da adj aéré, e (ventilado) ▮ aigre; vino aireado vin aigre.

aire-aire adj air-air (misil).

airear v tr aérer, donner de l'air ▮ FIG remettre sur le tapis, rappeler (recordar) ▮ faire beaucoup de bruit autour de (dar publicidad).

➡ **airearse** v pr prendre l'air; ha salido para airearse il est sorti pour prendre l'air ▮ prendre un refroidissement (resfriarse).

aireo m aération f, aérage.

aire-tierra adj air-sol (misil).

airón m héron (ave) ▮ aigrette f (penacho) ▮ panache (de cascos) ▮ puits [très profond].

airosamente adv avec grâce o élégance, gracieusement; andar airosamente marcher avec grâce ▮ salir airosamente de bien se tirer de.

airosidad f grâce, élégance.

airoso, sa adj aéré, e (ventilado) ▮ venteux, euse (ventoso) ▮ FIG gracieux, euse; élégant, e (garboso); una postura airosa une attitude gracieuse ▮ élégant, e; una respuesta airosa une réponse élégante ▮ quedar o salir airoso bien s'en tirer, s'en tirer brillamment, s'en tirer avec honneur.

aislable adj isolable.

aislacionismo m isolationnisme.

aislacionista adj & s isolationniste.

aisladamente adv isolément ▮ à l'écart (lejos, sin amparo).

aislado, da adj isolé, e (solo); vivir aislado vivre isolé ▮ isolé, e (casa); écarté, e (sitio, aldea) ▮ mis à l'écart (apartado).

aislamiento m isolement; vivir en el aislamiento vivre dans l'isolement ▮ mise f à l'écart ▮ isolation f (térmico, etc.).

aislante adj & s m isolant, e; el vidrio es un buen aislante le verre est un bon isolant.

aislar v tr isoler ▮ mettre à l'écart (apartar).

AISS (abrev de Administración Institucional de Servicios Socioprofesionales) f organe gouvernemental espagnol pour l'administration des services socioprofessionnels.

AIT (abrev de Asociación Internacional de Trabajadores) f première association internationale de travailleurs.

aizkolari m personne qui participe aux concours traditionnels de coupe de troncs d'arbre organisés au Pays basque.

¡ajá! interj FAM voilà!, tout juste! (aprobación) ▮ eh bien!, ah çà! (sorpresa).

ajabeba f flûte mauresque.

ajada f aillade (salsa).

ajado, da adj défraîchi, e (tela, vestido, etc.) ▮ fané, e; défraîchi, e (deslucido) ▮ fané, e; flétri, e (marchitado) ▮ abîmé, e (estropeado).

¡ajajá!; ¡ajajay! interj FAM voilà!, tout juste! (aprobación) ▮ eh bien!, ah çà! (sorpresa).

ajamiento m usure f (desgaste); el ajamiento de una tela l'usure d'une étoffe ▮ flétrissure f (de la piel).

ajamonado, da adj FAM bien en chair; una mujer ajamonada une femme bien en chair.

ajamonamiento m FAM empâtement.

ajamonarse v pr FAM grossir, être bien en chair.

ajaquecarse [10] v pr avoir la migraine.

ajar m terrain semé d'ail.

ajar v tr défraîchir, user (desgastar); ajar un vestido user une robe ▮ défraîchir; el sol aja las cortinas le soleil défraîchit les rideaux ▮ flétrir, faner; flores ajadas des fleurs fanées; tez ajada teint flétri ▮ FIG flétrir, rabaisser (humillar) ▮ froisser; ajar el amor propio froisser l'amour-propre.

➡ **ajarse** v pr se flétrir, se faner (flores).

ajaraca f ARQ arabesque, entrelacs m.

ajaracado, da adj ARQ à entrelacs, orné d'arabesques.

ajarafe m plateau (meseta) ▮ terrasse f.

ajardinamiento m aménagement d'espaces verts.

ajardinar v tr aménager en espaces verts.

aje m infirmité f (achaque) ▮ (Amer) igname, chou caraïbe (planta) ▮ patate f (batata) ▮ sorte de cochenille f.

ajear v intr cacaber (la perdiz).

ajebe m alun (alumbre).

ajedrea f sarriette (planta).

ajedrecista m & f joueur, joueuse d'échecs.

ajedrez m échecs pl, jeu d'échecs (juego) ▮ MAR caillebotis (enjaretado).
▮ OBSERV pl ajedreces.

ajedrezado, da adj en damier.

ajengibre m gingembre.

ajenjo m absinthe f.

ajeno, na adj d'un autre, des autres, d'autrui; las desgracias ajenas les malheurs des autres; en casa ajena chez autrui ▮ étranger, ère; ajeno a un negocio étranger à une affaire; prohibida la entrada a las personas ajenas al servicio entrée interdite aux personnes étrangères au service ▮ étranger, ère, en dehors de; disertación ajena al asunto dissertation étrangère au sujet ▮ en dehors de; yo estaba completamente ajeno a lo que ocurría j'étais tout à fait en dehors de ce qui arrivait; estás completamente ajeno a este mundo tu es complètement en dehors

de ce monde ▮ libre, dégagé, e; ajeno de prejuicios libre de préjugés ▮ différent, e; mis preocupaciones son muy ajenas a las tuyas mes préoccupations sont très différentes des tiennes ▮ contraire à, impropre à; ajeno a su estado, a su carácter contraire à son état, à son caractère ▮ adverse; el equipo va a jugar en campo ajeno l'équipe va jouer sur le terrain adverse ■ lo ajeno, el bien ajeno le bien d'autrui ■ estar ajeno de sí s'oublier [soi-même] ▮ estar uno ajeno de una cosa ne pas être au courant de quelque chose, être loin de penser à quelque chose ▮ vivir a costa ajena vivre aux dépens d'autrui, sur le dos des autres.

ajeo m cri de la perdrix ▮ perro de ajeo braque.

ajerezado, da adj ressemblant au vin de Xérès.

ajete m ail tendre ▮ poireau sauvage ▮ aillade f, sauce f à l'ail.

ajetreado, da adj occupé, e; affairé, e; una persona muy ajetreada une personne très occupée ▮ mouvementé, e; una vida ajetreada une vie mouvementée.

ajetrearse v pr s'affairer (atarearse) ▮ se donner du mal, se démener, s'éreinter; me he ajetreado mucho para nada je me suis donné beaucoup de mal pour rien.

ajetreo m déploiement d'activité ▮ affairement; ¡qué ajetreo!, no paré ni un momento quel affairement, je n'ai pas arrêté un instant! ▮ agitation f; la preparación de un viaje acarrea mucho ajetreo la préparation d'un voyage entraîne une grande agitation ▮ animation f; hay mucho ajetreo en la calle il y a beaucoup d'animation dans la rue ▮ grande fatigue f, éreintement.

ají m piment rouge, poivre de Guinée ▮ sauce f au piment ▮ (Amer) cohue f, vacarme, tumulte (tumulto) ■ FAM ponerse como un ají piquer un fard (sonrojarse), éclater, sortir de ses gonds (enfurecerse) ▮ ser más bravo que el ají avoir un caractère de chien, être mauvais comme la gale.
▮ OBSERV pl ajíes.

ajiaceite m ailloli, aillade f (salsa).

ajiaco m sauce f au piment ▮ (Amer) ragoût aux piments.

ajicero, ra adj du piment.
◇ m & f (Amer) marchand de piment.
➡ **ajicero** m plat à piment.

ajicomino m sauce f à l'ail et au cumin.

ajigolones m pl (Amer) gros ennuis, embarras.

ajilimoje; ajilimójili m sauce f piquante (salsa).

➡ **ajilimojes; ajilimójilis** m pl FIG & FAM tout le tremblement; y con todos sus ajilimójilis et tout le tremblement.

ajillo m sorte d'ailloli.

ajimez m fenêtre f à meneaux.

ajipuerro m poireau sauvage.

ajizal m (Amer) champ de piments.

ajo m ail; ristra de ajos chapelet d'ails ▮ aillade f, sauce f à l'ail ▮ FIG affaire f secrète, histoire f, coup ▮ gros mot, juron (palabrota) ■ ajo blanco sorte de soupe à l'ail ▮ ajo cañete o castañete o castañuela ail à enveloppe o tunique rougeâtre ▐ **ajo cebollino** ciboulette ▐ **ajo chalote** o **de ascalonia** échalote ▐ **ajo porro** o **puerro** poireau, ail à tunique ▐ **ajo tierno** poireau, oignon blanc ▐ **diente de ajo** gousse d'ail ■ FIG & FAM **¡bueno anda el ajo!** nous sommes dans de beaux draps! ▐ **estar en el ajo** être dans le coup ▐ **estar harto de ajos** être mal élevé o rustre ▐ **quien se pica, ajos come** qui se sent morveux se mouche ▐ **revolver el ajo** jeter de l'huile sur le feu, raviver une querelle ▐ **ser tieso como un ajo** être raide comme un manche à balai.

▐ OBSERV El francés **ail** tiene dos plurales: **aulx**, poco usado, y **ails**.

¡ajo!; ¡ajó! *interj* areu, areu [pour encourager les enfants à parler].

ajoaceite *m* aïoli, ailloli.

ajoarriero *m* plat de morue à l'ail.

ajobar *v tr* porter sur le dos.

ajofaina *f* cuvette (palangana).

ajolín *m* espèce de punaise *f*.

ajolote *m* axolotl (animal anfibio).

ajomate *m* conserve *f*, algue *f* d'eau douce (alga).

ajonje *m* glu *f* (liga) ▐ BOT houx épineux.

ajonjolí *m* BOT sésame (alegría).
▐ OBSERV pl ajonjolíes.

ajonuez *m* sauce *f* à l'ail et à la noix de muscade.

ajoqueso *m* plat à l'ail et au fromage.

ajorar *v tr* entraîner.

ajorca *f* bracelet *m* (pulsera).

ajornalar *v tr* louer o prendre à la journée.

ajotar *v tr* (*Amer*) irriter, exciter.

ajuagas *f pl* VETER javart *m sing*, malandre *sing*.

ajuanetado, da *adj* déformé par un durillon (pie) ▐ aux pommettes saillantes (rostro).

ajuar *m* mobilier (de una casa) ▐ trousseau (de novia).

ajuate ▬ **ahuate**.

ajudiado, da *adj* semblable aux juifs, de juif.

ajuglarar *v tr* écrire à la manière des troubadours.

ajuiciado, da *adj* sage (tranquilo, bien criado) ▐ sage, judicieux, euse (prudente).

ajuiciar *v tr* assagir ▐ traduire en jugement (juzgar).

ajumarse *v pr* MFAM se saouler.

ajuntar *v tr* causer; **no te ajunto** je ne te cause plus (lenguaje infantil).
▬ **ajuntarse** *v pr* vivre en concubinage ▐ s'unir [mariage].
▐ OBSERV Le verbe transitif s'emploie surtout à la forme négative.

ajustado, da *adj* réglé, e ▐ juste, correct, e; exact, e; **un cálculo ajustado** un calcul exact ▐ ajusté, e; collant, e; **un vestido muy ajustado** une robe très ajustée ▐ joint, e; **ventanas mal ajustadas** fenêtres mal jointes ▐ serré, e; **resultados ajustados** des résultats serrés.
▬ **ajustado** *m* ajustage; **el ajustado de las piezas de un motor** l'ajustage des pièces d'un moteur.

ajustador *m* (ant) justaucorps (prenda de vestir) ▐ bustier (ropa interior) ▐ ajusteur (obrero) ▐ IMPR metteur en pages.

ajustamiento *m* ajustement (acción de ajustar) ▐ ajustage (trabajo de ajuste) ▐ réglage (de una máquina) ▐ relevé, état d'un compte (de una cuenta).

ajustar *v tr* ajuster; **ajustar un vestido** ajuster un vêtement ▐ ajuster, adapter; **ajustar una tapa a una caja** adapter un couvercle à une boîte ▐ arranger; **ajustar un matrimonio** arranger un mariage ▐ aménager; **ajustar un horario** aménager un horaire ▐ mettre d'accord, réconcilier (enemigos) ▐ convenir de; **ajustar un precio** convenir d'un prix ▐ engager (un criado) ▐ embaucher (un empleado) ▐ régler (una cuenta) ▐ IMPR mettre en pages ▐ assener, donner; **ajustar un puñetazo** assener un coup de poing ▐ TECN ajuster, assembler; **ajustar dos piezas** ajuster deux pièces ▐ régler (una máquina) ▐ (*Amer*) attraper ▐ économiser (ahorrar) ▐ être dur, sévère (en un examen) ■ FIG **ajustar el paso al de alguien** régler son pas sur quelqu'un ▐ **ajustar las cuentas** faire les comptes ▐ FIG **ajustar las cuentas a uno** régler son compte à quelqu'un ▐ **ajustarle las clavijas a uno** serrer la vis à quelqu'un ▐ **ajustar su conducta a** modeler o aligner o régler sa conduite sur.
◇ *v intr* aller, s'adapter parfaitement; **esta tapadera no ajusta** ce couvercle ne va pas ▐ serrer, coller (un vestido) ▐ FIG cadrer, s'adapter parfaitement; **esto ajusta con lo que te dije** ceci cadre avec ce que je t'ai dit.
▬ **ajustarse** *v pr* s'adapter; **me ajusto a todo** je m'adapte à tout ▐ se conformer à ▐ être conforme; **lo que me dices se ajusta a la verdad** ce que tu me dis est conforme à la vérité ▐ coller (un vestido) ▐ serrer; **ajustarse el cinturón** serrer sa ceinture ▐ se mettre d'accord, convenir; **se ajustaron en que iban a venir** ils ont convenu de venir ■ **ajustarse a razones** se rendre à la raison ▐ **ajustarse en sus costumbres**, régler ses mœurs o sa conduite.

ajuste *m* TECN ajustage (operación de ajustar) ▐ réglage (acción de reglar) ▐ accord, conciliation *f* (avenencia) ▐ arrangement, préparation *f* (concierto) ▐ engagement (de un criado), embauche *f* (de un obrero) ▐ accord, marché, convention *f* (trato); **llegar a un ajuste** arriver à un accord ▐ fixation *f* (del precio) ▐ TECN assemblage (asemblaje), emboîtement (encaje de dos cosas) ▐ IMPR imposition *f* (imposición) ▐ COM règlement de compte ▐ CINEM raccord ▐ FOT cadrage ■ FIG **ajuste de cuenta** règlement de compte ▐ **ajuste de la paz** préliminaires de paix ▐ **anillo de ajuste** bague de réglage o d'arrêt ▐ **carta de ajuste** grille de réglage, mire (en la televisión) ▐ **tornillo de ajuste** vis de blocage ■ **más vale mal ajuste que buen pleito** un mauvais arrangement vaut mieux qu'un bon procès.

ajusticiado, da *m & f* victime *f* (actualmente), supplicié, e (antiguamente).

ajusticiamiento *m* exécution *f* (actualmente), supplice (antiguamente).

ajusticiar *v tr* exécuter (actualmente), supplicier (antiguamente).

al *prep* **1.** Seguida de sustantivo masculino au, à la; **dar el libro al maestro**, **ir al coche** donner le livre au maître, aller à la voiture; al principio, al final au début, à la fin ▐ chez; **ir al dentista** aller chez le dentiste ▐ dans; **bajar al patio** descendre dans la cour ▐ en; **traducir al italiano** traduire en italien; **gravar al claroscuro** graver en clair-obscur ▐ par; **ganar tanto al mes** gagner tant par mois ■ **al anochecer** à la tombée de la nuit ▐ **al mediodía** à midi ▐ **al menos** au moins, tout au moins ▐ **al mismo tiempo** en même temps ▐ **dar la vuelta al mundo** faire le tour du monde **2.** Seguida de infinitivo en; **al llegar**, **se cayó** en arrivant, il tomba; **al entrar vio a su tío** en entrant, il vit son oncle ▐ comme; **al dar las cinco** comme cinq heures sonnaient ▐ puisque (ya que) ▐ **al salir el sol** au lever du soleil.

ala *f* aile (ave, insecto, avión, edificio, ejército) ▐ file, rangée (fila) ▐ bord *m*; **sombrero de ala ancha** chapeau à large bord ▐ lobe *m* (hígado) ▐ aile (nariz) ▐ pente (techo) ▐ aile (molino) ■ **ala del corazón** oreillette ▐ DEP **ala delta** deltaplane, aile delta ■ **a golpe de ala** à tire-d'aile ▐ **color ala de mosca** aile-de-mouche ▐ FAM **del ala** balle; **veinte del ala** vingt balles [vingt francs] ▐ FAM **ahuecar el ala** mettre les voiles, débarrasser le plancher, se débiner (marcharse) ▐ **arrastrar el ala** courtiser, faire les yeux doux (enamorar), battre de l'aile (no estar bien) ▐ FIG **caérsele a uno las alas del corazón** perdre courage ▐ **cortar las alas** décourager, refroidir (desanimar) ▐ **cortar** o **recortar las alas** couper o rogner les ailes (quitar la ayuda) ▐ **llevar plomo en el ala** avoir du plomb dans l'aile ▐ **tomar alas** prendre des libertés ▐ **volar con sus propias alas** voler de ses propres ailes.

¡ala! *interj* allons!, allons-y! (para incitar) ▐ holà! (para llamar).

Alá *n pr* Allah.

alabado, da *adj* loué, e ▐ **alabado sea Dios** Dieu soit loué.
▬ **alabado** *m* louange *f* (motete) ▐ (*Amer*) chant de l'aube [des veilleurs de nuit] ▐ (*Amer*) **al alabado** à l'aube.

alabamiento *m* louange *f* ▐ vantardise *f* (jactancia).

alabandina *f* MIN alabandine.

alabanza *f* éloge *m*; louange; **cantar las alabanzas de** chanter les louanges de, ne pas tarir d'éloges sur ▐ vantardise (jactancia) ▐ **en alabanza de** à la louange de.

alabar *v tr* louer, vanter, faire des éloges (celebrar) ■ **alabar a su santo** prêcher pour son saint ▐ **alabar a uno de discreto** o **por su discreción** louer quelqu'un pour son intelligence.
◇ *v intr* (*Amer*) chanter l'"alabado".
▬ **alabarse** *v pr* se vanter (jactarse) ▐ se réjouir; **me alabo de tu triunfo** je me réjouis de ton triomphe.

alabarda *f* hallebarde ▐ sergent *m* d'infanterie (sargento).

alabardado, da *adj* en forme de hallebarde.

alabardazo *m* coup de hallebarde.

alabardero *m* hallebardier.
▬ **alabarderos** *m pl* la claque *f sing* (en el teatro).

alabastrado, da *adj* semblable à l'albâtre.

alabastrina *f* mince plaque d'albâtre [aux baies d'un temple].

alabastrino, na *adj* d'albâtre, alabastrin, e ‖ semblable à l'albâtre.

alabastrita; alabastrites *f* alabastrite.

alabastro *m* albâtre ‖ alabastro yesoso albâtre gypseux, alabastrite.

álabe *m* MECÁN aube *f*, palette *f* (de rueda hidráulica) ‖ dent *f*, alluchon [d'une roue] ‖ branche *f* pendante (de un árbol) ‖ ridelle *f* (de un carro).

alabeado, da *adj* gauchi, e; gondolé, e; una tabla alabeada une planche gauchie.

alabear *v tr* gauchir (torcer) ‖ gondoler (abarquillar) ‖ bomber (encorvar).

⇒ **alabearse** *v pr* gauchir, se gauchir, se déjeter (torcerse) ‖ se gondoler (abarquillarse) ‖ se bomber (encorvarse).

alabeo *m* gauchissement (torcedura) ‖ gondolement (abarquilladura).

alacena *f* placard *m*; una casa con muchas alacenas une maison avec de nombreux placards.

alacha *f*; **alache** *m* ZOOL anchois *m* frais.

alaco; halaco *m* (*Amer*) haillon (harapo); vieillerie *f* ‖ débauché, noceur (un calavera).

alacrán *m* scorpion (arácnido) ‖ esse (de un corchete) ‖ branche *f* [du mors] ‖ (*Amer*) mauvaise langue *f*, langue *f* de vipère (maldiciente) ▪ alacrán cebollero courtilière ‖ alacrán marinero sorte de raie (pez).

alacranado, da *adj* piqué par un scorpion ‖ FIG pourri, e; corrompu, e (viciado).

alacranear *v intr* (*Amer*) médire (de).

alacranera *f* chenillette (planta).

alacridad *f* alacrité (p us), joie, allégresse.

alada *f* coup *m* d'aile, battement *m* d'aile.

aladares *m pl* cheveux sur les tempes.

aladierna *f*; **aladierno** *m* nerprun *m*, alaterne *f* (arbusto).

Aladino *n pr* Aladin.

alado, da *adj* ailé, e; hormiga alada fourmi ailée ‖ BOT en forme d'aile ‖ FIG rapide (ligero).

aladrero *m* charron (que repara arados, carros, etc.) ‖ MIN boiseur (carpintero).

aladroque *m* anchois [frais] (boquerón).

alagartado, da *adj* qui ressemble au lézard ‖ bigarré, e (abigarrado).

alagartarse *v pr* écarter les pattes.

alajú *m* sorte de pain d'épice.

alalá *m* chanson *f* populaire du nord de l'Espagne.

ALALC (abrev de Asociación Latinoamericana de Libre Comercio) *f* ALALE.

alalia *f* aphasie, alalie (p us).

alalimón *m* jeu d'enfants.

alamanes *n pr m pl* Alamans.

alamar *m* fermail (presilla) ‖ brandebourg (adorno de casaca) ‖ frange *f* (fleco) ‖ gland (en el traje del torero).

alambicado, da *adj* FIG alambiqué, e; una teoría alambicada une théorie alambiquée ‖ fourni au compte-gouttes (escaso) ‖ precio alambicado prix étudié.

alambicamiento *m* alambiquage ‖ distillation *f* ‖ FIG complexité *f*, complication *f*; el alambicamiento de un razonamiento la complexité d'un raisonnement.

alambicar [10] *v tr* distiller (destilar) ‖ FIG éplucher, passer au crible (examinar) ‖ alambiquer, tarabiscoter (complicar, sutilizar) ‖ étudier (un precio).

alambique *m* alambic ▪ FIG pasar por el alambique passer au crible (aquilatar) ‖ por alambique au compte-gouttes (escasamente).

alambiquería *f* (*Amer*) distillerie.

alambiquero *m* (*Amer*) distillateur.

alambor *m* escarpe *f* ‖ côté [d'une pierre] taillé en oblique ‖ BOT orange *f*.

alambrada *f* barbelés *m pl* ‖ grillage (reja) ‖ alambrada de espino o de púas fil de fer barbelé.

alambrado, da *adj* grillagé, e ‖ clôturé de fil de fer o de barbelé.

⇒ **alambrado** *m* grillage (alambrera) ‖ clôture *f* de fil de fer ‖ saltar el alambrado franchir o sauter le pas.

alambrar *v tr* grillager (una ventana) ‖ clôturer avec des fils de fer, des barbelés (un terreno).

alambre *m* fil de fer (de hierro) ‖ fil métallique ‖ clochettes *f pl*, sonnailles *f pl* (del ganado) ‖ rasette *f* (del órgano) ▪ alambre cargado fil sous tension ‖ alambre de púas o de espino o espinoso fil de fer barbelé, barbelé ‖ piernas de alambre des jambes comme des fils de fer o des allumettes ▪ FAM ser un alambre être maigre comme un clou.

alambrera *f* grillage *m* (red de alambre) ‖ toile métallique (red muy fina) ‖ cloche [en toile métallique] ‖ garde-manger *m inv* (alacena).

alambrista *m & f* équilibriste, funambule.

alambrón *m* TECN fil machine.

alameda *f* [▷ SIN] allée de peupliers ‖ allée, promenade (paseo) ‖ peupleraie (plantío de álamos).

‖ SIN avenida avenue; bulevar boulevard; paseo promenade.

alamín *m* contrôleur des poids et mesures ‖ inspecteur des travaux ‖ juge (de los riegos).

álamo *m* BOT peuplier; álamo blanco, negro, temblón peuplier blanc, noir, tremble.

alampar *v intr* brûler d'envie de; alampar por beber brûler d'envie de boire.

alanceado, da *adj* BOT lancéolé, e.

alancear *v tr* percer de coups de lance.

alangiáceo, a; alangieo, a *adj & s* BOT de la famille des alangiers.

alano *adj m* perro alano dogue.

Alanos *n pr m pl* Alains.

alantoides *f inv* ANAT allantoïde.

alar *m* avant-toit, auvent (alero).

alarconiano, na *adj* d'Alarcón (autor).

alarde *m* MIL parade *f*, revue *f* ‖ [▷ SIN] étalage; hacer alarde de su riqueza faire étalage de sa richesse ‖ un alarde urbanístico une démonstration d'urbanisme ‖ visite *f* (en la cárcel) ‖ reconnaissance *f* de la ruche [par les abeilles] ‖ DR examen périodique des causes laissées en suspens ‖ hacer alarde de se vanter, se targuer de, tirer vanité de (vanagloriarse), afficher; hacer alarde de indiferencia afficher de l'indifférence; faire montre de; hacer alarde de ingenio faire montre d'ingéniosité.

‖ SIN muestra montre; jactancia jactance; ostentación ostentation.

alardear *v intr* parader ‖ se vanter (jactarse); alardear de sus conocimientos se vanter de ses connaissances ‖ se croire (presumir); alardea de inteligente il se croit très intelligent ‖ tirer vanité de; alardear de buen mozo tirer vanité de sa belle allure.

alardeo *m* étalage, parade *f* (alarde).

alargadera *f* rallonge (de un compás, de un goniómetro) ‖ ELECTR rallonge (cable) ‖ tube *m* de verre, allonge (retorta).

alargado, da *adj* allongé, e.

alargador, ra *adj* qui rallonge.

⇒ **alargador** *m* rallonge *f*.

alárgama *f* BOT harmale (alharma).

alargamiento *m* prolongement; el alargamiento de una calle le prolongement d'une rue ‖ prolongation *f* (en el tiempo) ‖ allongement; el alargamiento de un elástico l'allongement d'un élastique.

alargar [16] *v tr* allonger; alargar un vestido, una pared allonger une robe, un mur ‖ étirer (estirar) ‖ étendre (los límites) ‖ rallonger; alargar una falda que se ha quedado corta rallonger une jupe qui est devenue trop courte ‖ prolonger (en el tiempo) ‖ alargar su estancia, un discurso, un plazo prolonger son séjour, un discours, un délai ‖ passer (dar); alárgame ese libro passe-moi ce livre ‖ différer, repousser (diferir) ‖ écarter (desviar) ‖ laisser filer, dérouler; alarga un poco de cuerda laisse filer un peu de corde ‖ tendre l'oreille (escuchar) ‖ FIG scruter, examiner (examinar) ‖ augmenter (aumentar) ‖ étendre son action à ‖ faire traîner en longueur (dar largas) ▪ alargar el camino rallonger le chemin ‖ alargar el paso allonger o presser le pas.

⇒ **alargarse** *v pr* s'allonger ‖ s'étendre ‖ rallonger, allonger; en marzo los días se alargan en mars les jours rallongent ‖ rallonger; este traje se alarga al lavarse cette robe rallonge au lavage ‖ s'éloigner, s'écarter (apartarse) ‖ se répandre en (alabanzas, regalos, etc.) ‖ FIG s'étendre; me he alargado mucho en mi carta je me suis beaucoup étendu dans ma lettre ‖ FIG & FAM pousser jusqu'à, aller à; alargarse a o hasta la ciudad pousser jusqu'à la ville ‖ passer, aller; alárgate a casa de tu hermano passe chez ton frère ‖ MAR tourner [le vent].

alaria *f* tournassin *m* (de alfarero).

Alarico *n pr* Alaric.

alarido *m* cri, hurlement; dar alaridos pousser des hurlements; alaridos de muerte des cris de mort.

alarifazgo *m* maîtrise *f* ‖ métier de maçon.

alarife *m* maître d'œuvre (maestro albañil) ‖ maçon (albañil) ‖ (*Amer*) malin, dégourdi.

alarije *m* variété *f* de raisin.

alarma *f* alarme; dar la alarma donner l'alarme ‖ alerte; proclamar o declarar el estado de alarma proclamer o déclarer l'état d'alerte; falsa alarma fausse alerte ‖ inquiétude, alarme; vivir en alarma vivre dans l'inquiétude ▪ señal de alarma signal d'alarme ‖ voz de alarma cri d'alarme (sentido propio] ■ **dar un toque de alarma** pousser un cri d'alarme.

alarmado, da *adj* alarmé, e.

alarmante *adj* alarmant, e.

alarmar *v tr* alarmer ∥ prévenir, avertir; **me ha alarmado de la gravedad de la situación** il m'a prévenu de la gravité de la situation.

◆ **alarmarse** *v pr* s'alarmer, s'inquiéter; **no alarmarse por nada** ne s'alarmer de rien.

alarmismo *m* propos *pl* alarmistes (palabras) ∥ caractère inquiet, angoisse *f* (angustia).

alarmista *adj & s* alarmiste.

Alaska *n pr m* GEOGR Alaska.

a látere *loc lat* FIG & FAM inséparable.

alaterno *m* BOT nerprun, alaterne *f* (aladierna).

alauita *adj & s* alaouite (dinastía marroquí).

Álava *n pr* GEOGR Álava, Alava.

alavense; alavés, esa *adj & s* d'Alava.
▨ OBSERV pl alavenses; alaveses, alavesas.

alazán, ana; alazano, na *adj & s* alezan, e ∥ **alazán dorado, tostado** alezan doré, brûlé.

alba *f* [▷ SIN] aube, petit jour *m*; **me levanté al alba** je me suis levé à l'aube ∥ **aube** (de los sacerdotes) ■ **misa del alba** première messe à l'aube ■ **al rayar el alba** à l'aube, au point du jour; **levantarse al rayar el alba** se lever à l'aube ∥ clarear o rayar o romper el alba poindre [le jour] ∥ **la del alba sería cuando...** il pouvait être l'heure du petit jour lorsque...
▨ SIN aurora aurore; amanecer, alborada point du jour.

Alba *n pr* **duque, duquesa de Alba** duc, duchesse d'Albe.

albaca *f* BOT basilic *m*.

albacea *m & f* exécuteur, exécutrice testamentaire.

albaceazgo *m* fonction *f* d'exécuteur testamentaire.

Albacete *n pr* GEOGR Albacete.

albaceteño, ña; albacetense *adj & s* d'Albacete.

albacora *f* figue d'été, figue fleur (breva) ∥ ZOOL thon *m* (bonito).

albahaca *f* basilic *m* (planta).

albaicín *m* quartier d'une ville construit à flanc de colline, en particulier à Grenade (el Albaicín).

albalá *m ou f* brevet *m*, lettre *f* patente [du roi] ∥ document *m* (documento).
▨ OBSERV pl albalaes.

albanega *f* résille *f* (para el pelo) ∥ filet *m* (para cazar).

albanés, esa *adj & s* albanais, e.
◆ **albanés** *m* LING albanais.
▨ OBSERV pl albaneses, albanesas.

Albania *n pr f* GEOGR Albanie.

albañal; albañar *m* égout (alcantarilla).

albañil *m* maçon ■ **oficial de albañil** maître maçon ∥ **peón de albañil** aide-maçon.
▌ OBSERV Les mots français maçon, maçonnerie employés pour franc-maçon, franc-maçonnerie se traduisent en espagnol par masón et masonería.

albañila *adj f* **abeja albañila** abeille maçonne.

albañilería *f* maçonnerie.

albar *adj* blanc, blanche.

albarán *m* écriteau "à louer" ∥ brevet [royal] (albalá) ∥ bulletin de livraison.

albarazado, da *adj* lépreux, euse (gafo) ∥ blanchâtre (blanquecino) ∥ (*Amer*) métis, métisse.

albarazo *m* lèpre *f* blanche.

albarda *f* bât *m* (de una caballería) ∥ (*Amer*) selle (silla) ∥ barde (albardilla de tocino).

albardado, da *adj* qui a le dos d'une autre couleur que le reste du corps (animal).

albardar *v tr* bâter.

albardear *v tr* (*Amer*) ennuyer, importuner ∥ dresser des chevaux sauvages.

albardería *f* sellerie (talabartería).

albardero *m* sellier.

albardilla *f* selle de dressage ∥ coussinet *m* (almohadilla) ∥ poignée (para coger la plancha) ∥ chaperon *m* (tejadillo) ∥ laine du dos (de las ovejas) ∥ AGRIC ados *m* [dans un potager] ∥ traînée de boue (en las sendas) ∥ barde, tranche de lard (de tocino) ∥ petit pain *m* (panecillo).

albardón *m* bastine *f* (silla de montar) ∥ (*Amer*) talus, tertre (de tierra) ∥ chaperon (de un techo).

albarejo, ja *adj* blanc, blanche (dicho de ciertas plantas).

albareque *m* filet à sardines (red).

albaricoque *m* abricot (fruta) ∥ abricotier (árbol).

albaricoquero *m* abricotier (árbol).

albarillo *m* abricot à chair blanche ∥ air de guitare très vif.

albariza *f* lagune.

albarizo, za *adj* blanchâtre (blanquecino).
◆ **albarizo** *m* sol blanchâtre (terreno).

albarrada *f* mur *m* de pierres sèches (muro) ∥ terrasse [pour la culture] ∥ clôture en pisé (tapia) ∥ alcarazas (alcarraza).

albarrana *adj f* flanquante (torre) ∥ **cebolla albarrana** scille (planta).

albarrazado, da *m & f* (*Amer*) métis, métisse.

albatros *m* albatros.

albayaldado, da *adj* recouvert de céruse.

albayalde *m* céruse *f*, blanc d'Espagne.

albazano, na *adj* bai, e; brun, e (caballo).

albazo *m* (*Amer*) aubade (alborada) ∥ lever matinal.

albear *m* carrière *f* de terre glaise.

albear *v intr* blanchir ∥ (*Amer*) poindre (el día) ∥ se lever matin, de bonne heure (madrugar).

albedo *m* albédo (de los astros).

albedrío *m* arbitre; **libre albedrío** libre arbitre ∥ fantaisie *f*, caprice (capricho) ∥ coutume *f* (costumbre) ∥ **hazlo a tu albedrío** agis à ta guise.

albéitar *m* vétérinaire.

albeitería *f* art *m* vétérinaire.

albellón *m* égout (alcantarilla) ∥ rigole *f* d'écoulement (desaguadero).

alberca *f* bassin *m* (estanque) ∥ (*Amer*) piscine; **bañarse en una alberca** se baigner dans une piscine ∥ citerne, réservoir *m* (depósito) ∥ rouissoir (poza para cáñamo).

albérchigo *m* alberge *f* [sorte de pêche] ∥ albergier (árbol) ∥ abricotier (albaricoquero).

alberchiguero *m* albergier (árbol) ∥ abricotier (albaricoquero).

albergador, ra *adj* (p us) accueillant, e.
◇ *m & f* hôte, hôtesse [qui héberge] ∥ aubergiste (ventero).

albergar [16] *v tr* héberger, loger ∥ FIG abriter, renfermer (encerrar) ∥ nourrir; **alberga la esperanza de ir a México** il nourrit l'espoir d'aller au Mexique ∥ éprouver; **albergar cierta inquietud** éprouver une certaine inquiétude.
◇ *v intr & pr* loger, être logé, e; descendre; **se alberga en el mismo hotel que yo** il loge dans le même hôtel que moi.

albergue *m* logement (alojamiento) ∥ auberge *f* (posada); **albergue de juventud** auberge de jeunesse ∥ repaire (de fieras) ∥ asile, refuge; **encontrar albergue en casa de un amigo** trouver refuge chez un ami ∥ **albergue de carretera** relais, auberge.

albero, ra *adj* (p us) blanc, blanche (albar).
◆ **albero** *m* torchon (paño) ∥ sol blanchâtre (terreno).

alberquero, ra *m & f* gardien, enne d'un bassin o d'une citerne.

Alberta *n pr* Alberte.

Alberto *n pr* Albert.

albigense *adj & s* albigeois, e.

albillo, lla *adj & s* **uva albilla, vino albillo** chasselas.

albín *m* hématite *f* (óxido de hierro) ∥ sanguine *f* (color).

albina *f* laguna ∥ sel *m*, croûte de sel.

albinismo *m* albinisme.

Albino *n pr* Aubin.

albino, na *adj & s* albinos; **esta niña es albina** cette fille est albinos ∥ (*Amer*) fils d'un Européen et d'une mulâtresse.

Albión *n pr f* HIST Albion (nombre tradicional de Gran Bretaña); **la pérfida Albión** la perfide Albion.

albis
◆ **in albis** *loc adv* FAM **estar in albis** ne pas savoir le premier mot de, ne pas avoir la moindre idée de ∥ **quedarse in albis** ne rien piger, ne rien comprendre.

albita *f* MIN albite.

albitana *f* paillasson *m* (en la huerta).
◇ *m* MAR contre-étrave (en la proa) ∥ contre-étambot *m* (en la popa).

albo, ba *adj* POÉT blanc, blanche.

albogue *m* MÚS espèce de flageolet (oboe) ∥ flûte *f* double (instrumento pastoril) ∥ cymbale *f* (platillo).

alboguero, ra *m & f* joueur, joueuse de flûte.

albóndiga; albondiguilla *f* boulette, croquette (de carne).

albor *m* blancheur *f* (blancura) ∥ aube *f*, point du jour (alba) ∥ FIG début (principio) ∥ **albores de la vida** printemps de la vie.

alborada *f* aube, point *m* du jour (aurora) ∥ MÚS aubade ∥ MIL attaque à l'aube.

alborear *v impers* poindre [le jour]; ya alborea le jour point.

alborno *m* BOT aubier.

albornoz *m* burnous (de los árabes) ‖ peignoir (para el baño).

　　‖ OBSERV pl albornoces.

alboronía *f* ratatouille (guiso).

alboroque *m* gratification *f* (regalo).

alborotadamente *adv* tumultueusement, avec turbulence.

alborotado, da *adj* turbulent, e ‖ FIG troublé, e (turbado) ‖ mouvementé, e; hoy ha sido un día alborotado aujourd'hui a été un jour mouvementé ‖ mouvementé, e; agité, e (el mar).

alborotador, ra *adj* tapageur, euse; turbulent, e; es un niño alborotador c'est un enfant turbulent ‖ chahuteur, euse; es el chico más alborotador del colegio c'est le garçon le plus chahuteur de l'école ‖ séditieux, euse; ideas alborotadoras idées séditieuses.
　　<> *m & f* fauteur, euse de troubles; agitateur, trice; siempre hay alborotadores en las manifestaciones il y a toujours des agitateurs dans les manifestations ‖ séditieux, euse (sedicioso) ‖ chahuteur, euse (en un colegio).

alborotamiento *m* tumulte, vacarme; hubo tal alborotamiento que la gente salió a ver lo que ocurría il y eut un tel vacarme que les gens sortirent voir ce qui se passait ‖ soulèvement, sédition *f*, trouble; durante su reinado hubo muchos alborotamientos pendant son règne il y eut beaucoup de soulèvements.

alborotapueblos *m* agitateur, séditieux.

alborotar *v intr* faire du tapage (meter jaleo) ‖ mettre o causer du désordre ‖ s'agiter, remuer; este niño no deja de alborotar cet enfant ne cesse de remuer ‖ ¡no alborotéis más, niños! les enfants, tenez-vous tranquilles!
　　<> *v tr* troubler (perturbar), soulever (amotinar) ‖ ameuter; alborotar el barrio ameuter le quartier ‖ mettre sens dessus dessous; lo has alborotado todo tu as tout mis sens dessus dessous ‖ alborotar el gallinero o el cotarro mettre la pagaïe.
　　➡ **alborotarse** *v pr* se troubler (perturbarse) ‖ s'emporter (encolerizarse) ‖ s'affoler; no te alborotes por tan poca cosa ne t'affole pas pour si peu ‖ devenir grosse o agitée (el mar).

alborotero, ra; alborotista *adj* (*Amer*) bruyant, e; agité, e; turbulent, e.

alboroto *m* [▷ SIN] vacarme, tapage (vocerío, jaleo); causar o crear alboroto faire du vacarme ‖ émeute *f*, sédition *f* (motín) ‖ désordre, tumulte (desorden) ‖ trouble (sobresalto) ‖ inquiétude *f* (inquietud) ■ alboroto nocturno tapage nocturne ‖ alborotos públicos désordres sur la voie publique.
　　➡ **alborotos** *m pl* (*Amer*) grains de maïs grillés.

　　‖ SIN fragor, estruendo tintamarre; ruido bruit; rumor rumeur; estrépito fracas; jaleo chahut; cencerrada charivari; FAM bochinche boucan; algarabía, algazara brouhaha; barullo, jollín chambard; guirigay brouhaha; bulla raffut, tapage.

alborotoso, sa *adj* (*Amer*) bruyant, e; turbulent, e; agité, e.

alborozadamente *adv* avec joie, joyeusement.

alborozador, ra *adj* réjouissant, e.

alborozar [13] *v tr* réjouir, causer de la joie, remplir de joie.
　　➡ **alborozarse** *v pr* se réjouir.

alborozo *m* grande joie *f*, allégresse *f* (gran alegría, regocijo).

albortante *m* (*Amer*) sorte d'applique *f* (candelero).

albricias *f pl* cadeau *m sing*, présent *m sing* (regalo) ‖ (*Amer*) évents *m* (en metalurgia) ‖ dar albricias complimenter, féliciter.
　　➡ **¡albricias!** *interj* réjouissons-nous!, chic!

albufera *f* lagune, étang *m* naturel [en particulier sur la côte du Levant espagnol].

albugíneo, a *adj* albuginé, e (muy blanco) ‖ ANAT membrana albugínea albuginée.

albugo *m* BOT albugo.

álbum *m* album (cuaderno, libro, disco) ‖ álbum de sellos album de timbres.
　　‖ OBSERV El plural en francés es albums y en español álbumes.

albumen *m* BOT albumen.

albúmina *f* albumine.

albuminar *v tr* albuminer.

albuminímetro; albuminómetro *m* albuminimètre.

albuminoide *m* QUÍM albuminoïde.

albuminoideo, a *adj* QUÍM albuminoïde.

albuminómetro ➡ **albuminímetro**.

albuminoso, sa *adj* albumineux, euse.

albuminuria *f* MÉD albuminurie.

albur *m* cabot (pez) ‖ première levée *f* du banquier (en el juego) ‖ FIG hasard, coup de hasard; los albures de la vida les hasards de la vie ‖ (*Amer*) calembour, jeu de mots ‖ jugar o correr un albur courir o tenter sa chance.
　　➡ **albures** *m pl* jeu *sing* de cartes.

albura *f* blancheur (blancura) ‖ blanc *m* (de huevo) ‖ BOT aubier *m* ‖ doble albura lunure.

alburear *v intr* (*Amer*) faire des calembours.

alburero, ra *m & f* (*Amer*) humoriste [qui joue sur les mots].

alburno *m* BOT aubier (albura).

alcabala *f* (ant) impôt *m* sur les ventes.

alcabalero *m* percepteur (recaudador).

alcacel; alcacer *m* BOT orge *f* verte ‖ champ d'orge (terreno).

alcachofa *f* artichaut *m* (planta) ‖ tête de chardon (del cardo) ‖ pomme d'arrosoir (de regadera) ‖ pomme (de la ducha) ‖ crépine (de un tubo) ‖ crapaudine (de una bañera).

alcachofado, da *adj* en forme d'artichaut.
　　➡ **alcachofado** *m* plat d'artichauts.

alcachofal; alcachofar *m* champ d'artichauts.

alcachofero, ra *adj* qui produit des artichauts.
　　<> *m & f* marchand, marchande d'artichauts.

alcachofera *f* artichaut *m* (planta).

alcací; alcacil *m* artichaut.

alcade ➡ **alcalde**.

alcahuete, ta *m & f* [▷ SIN] entremetteur, euse ‖ maquereau, erelle MFAM ‖ FAM médisant, e; cancanier, ère; mauvaise langue (chismoso).
　　➡ **alcahuete** *m* rideau d'entracte (teatro) ‖ (*Amer*) mouchard (soplón).

　　‖ SIN celestina maquerelle, appareilleuse; comadre commère.

alcahuetear *v intr* servir d'entremetteur, d'entremetteuse.
　　➡ **alcahuetearse** *v pr* corrompre (a una mujer).

alcahuetería *f* métier *m* d'entremetteur, d'entremetteuse, proxénétisme *m* ‖ FIG & FAM complicité ‖ manœuvre (artimaña).

alcaicería *f* (ant) quartier *m* des marchands de soie.

alcaico *adj m* POÉT alcaïque.

alcaide *m* (ant) gouverneur d'une forteresse (de una fortaleza) ‖ geôlier (en una prisión).

alcaidesa *f* femme de l'alcaide.

alcaidía *f* gouvernement *m* d'une forteresse ‖ maison du gouverneur (casa).

alcalaíno, na *adj & s* d'Alcalá [en particulier d'Alcalá de Henares].

alcaldada *f* abus *m* de pouvoir, coup *m* d'autorité.

alcalde; alcade *m* maire; el alcalde de Madrid le maire de Madrid ‖ jeu de cartes ■ alcalde de agua préposé à la distribution de l'eau d'irrigation ‖ alcalde de alzadas juge d'appel ‖ alcalde de barrio, teniente de alcalde adjoint au maire ‖ FAM alcalde de monterilla maire de village ‖ alcalde mayor juge de paix ■ tener el padre alcalde être pistonné.

alcaldesa *f* femme du maire, mairesse.

alcaldía *f* mairie; la alcaldía se encuentra en la plaza la mairie se trouve sur la place ‖ dignité de maire; se le ha subido a la cabeza la alcaldía sa dignité de maire lui est montée à la tête ‖ juridiction du maire; la alcaldía de Jerez se extiende hasta aquí la juridiction du maire de Xérès s'étend jusqu'ici.

alcalemia *f* MÉD alcalémie.

alcalescencia *f* QUÍM alcalescence.

alcalescente *adj* alcalescent, e.

álcali *m* QUÍM alcali ‖ álcali volátil ammoniaque, alcali volatil.

alcalificante *adj* alcalifiant, e; principio alcalificante principe alcalifiant.

alcalimetría *f* QUÍM alcalimétrie.

alcalímetro *m* QUÍM alcalimètre.

alcalinidad *f* alcalinité.

alcalinización ➡ **alcalización**.

alcalinizar [13] *v tr* alcaliniser.

alcalino, na *adj & s m* QUÍM alcalin, e.

alcalinotérreo *adj & s m* alcalino-terreux.

alcalización; alcalinización *f* alcalisation, alcalinisation.

alcalizar [13] *v tr* QUÍM alcaliser, alcaliniser.

alcaloide *m* QUÍM alcaloïde.

alcaloideo, a *adj* QUÍM alcaloïde.

alcalometría *f* QUÍM dosimétrie des alcaloïdes.

alcalosis *f inv* MED alcalose.

alcance *m* portée *f*; libro que está a mi alcance livre qui est à ma portée ▌ portée *f*, atteinte *f*; fuera de mi alcance hors d'atteinte ▌ portée *f*; arma de largo alcance arme à longue portée ▌ FIG talent, capacité *f*; hombre de mucho alcance homme de grand talent ▌ portée *f*, importance *f*; noticia de mucho alcance nouvelle de grande importance ▌ portée *f*, envergure *f*; un proyecto de mucho alcance un projet de grande envergure ▌ levée *f* supplémentaire (correo) ▌ courrier extraordinaire ▌ déficit (en las cuentas) ▌ nouvelle *f* de dernière heure (en los periódicos) ▌ VETER atteinte *f* (alcanzadura) ■ al alcance de la mano à portée de la main ■ FIG dar alcance a uno rejoindre o rattraper quelqu'un ▌ irle a uno a los alcances poursuivre quelqu'un (perseguir), filer quelqu'un (espiar) ▌ ser corto de alcances, tener pocos o cortos alcances avoir l'esprit bouché, être borné.

alcancía *f* tirelire (hucha).

alcándara *f* perchoir *m*, juchoir *m* (cetrería) ▌ séchoir *m* (para la ropa).

alcanfor *m* camphre.

alcanforada *f* camphrée (planta).

alcanforar *v tr* camphrer; alcohol alcanforado alcool camphré.
➡ **alcanforarse** *v pr* (Amer) disparaître, se cacher.

alcanforero *m* camphrier (árbol).

alcantarilla *f* égout *m* (cloaca); las alcantarillas de una ciudad les égouts d'une ville ▌ bouche d'égout; la pelota se cayó en la alcantarilla la balle est tombée dans la bouche d'égout ▌ petit pont *m* ▌ (Amer) réservoir *m* (de agua).

alcantarillado *m* égouts *pl*.

alcantarillar *v tr* construire des égouts; alcantarillar una calle construire des égouts dans une rue.

alcantarillero *m* égoutier.

alcantarino, na *adj & s* d'Alcantara.
➡ **alcantarino** *m* chevalier d'Alcantara ▌ franciscain réformé.

alcanzadizo, za *adj* accessible.

alcanzado, da *adj* dans la gêne, à court [d'argent]; no te puedo prestar dinero porque este mes estoy alcanzado je ne peux pas te prêter d'argent car ce mois-ci je suis dans la gêne; no me iré de vacaciones ya que este año estoy alcanzado de dinero je n'irai pas en vacances puisque cette année je suis à court d'argent ▌ endetté, e (adeudado); quedar o salir alcanzado être endetté ▌ (Amer) fatigué, e (cansado).

alcanzadura *f* VETER atteinte.

alcanzar [13] *v tr* atteindre, arriver jusqu'à; alcanzar con la mano el techo atteindre le plafond avec la main ▌ [▷ SIN] rattraper, rejoindre; alcanzar a un caminante rattraper un promeneur ▌ saisir, comprendre; no alcanzo lo que me dices je ne saisis pas ce que tu dis ▌ rejoindre; allí alcanzas la carretera là tu rejoins la route ▌ FIG avoir connu, avoir vécu; yo alcancé la Primera Guerra mundial j'ai connu la Première Guerre mondiale ▌ atteindre, frapper; la bala le alcanzó en la frente la balle l'a frappé au front ▌ atteindre; alcanzar su objetivo atteindre son objectif ▌ couvrir, toucher, affecter; ley que alcanza a todos los damnificados loi qui touche tous les sinistrés ▌ percevoir (con los sentidos) ▌ obtenir; siempre alcanza lo que quiere il obtient toujours ce qu'il veut ▌ rattraper; le he alcanzado en sus estudios je l'ai rattrapé dans ses études ▌ remporter; esta película alcanzó gran éxito ce film a remporté un grand succès ▌ pouvoir attraper; todavía alcanzas el tren de las siete tu peux encore attraper le train de sept heures ▌ passer; alcánzame el pan passe-moi le pain ▌ accrocher; el coche alcanzó al peatón la voiture a accroché le piéton ▌ alcanzar de cuenta a alguien prendre quelqu'un en faute ▌ tu carta no me alcanzó ta lettre ne m'est pas arrivée.
◇ *v intr* arriver, parvenir; alcanzar a hacer algo útil arriver à faire quelque chose d'utile ▌ échoir, aller à; a mí me alcanzó una finca inmensa une propriété immense m'est échue ▌ suffire, être suffisant; el vino alcanza para el camino le vin suffit pour le chemin ▌ porter; los cañones modernos alcanzan muy lejos les canons modernes portent très loin ▌ y arriver; cógeme este libro, yo no alcanzo attrape-moi ce livre, je n'y arrive pas.
➡ **alcanzarse** *v pr* se rejoindre ▌ VETER se meurtrir les pieds (herirse) ▌ s'attraper (caballos).

▌ SIN atrapar, dar alcance attraper; coger prendre; juntarse joindre, rallier.

alcaparra *f* câprier *m* (arbusto) ▌ câpre (flor y condimento).

alcaparrado, da *adj* assaisonné, e de câpres.

alcaparral *m* câprière *f*.

alcaparrera *f*; **alcaparrero** *m* câprier *m*.

alcaparrón *m* câpre *f*.

alcaparrosa *f* couperose [du cuivre].

alcaraván *m* butor (ave).

alcaravea *f* carvi *m* (planta) ▌ graine de carvi (semilla).

alcarracero, ra *m & f* marchand, marchande d'alcarazas.
➡ **alcarracero** *m* étagère *f* pour placer les alcarazas (estante).

alcarraza *f* alcarazas *m*, cruche poreuse.

alcarria *f* plateau *m* dénudé.

alcatifa *f* tapis *m* (alfombra).

alcatraz *m* pélican (ave) ▌ arum (planta).
▌ OBSERV *pl* alcatraces.

alcaucí; alcaucil *m* BOT artichaut sauvage (silvestre) ▌ artichaut (comestible) ▌ (Amer) rapporteur, cancanier (chismoso).

alcaudón *m* pie-grièche *f*, lanier (ave).

alcayata *f* piton *m* (escarpia).

alcayota *f* (Amer) chayote (fruto).

alcazaba *f* forteresse ▌ casbah.

alcázar *m* alcazar, palais royal (palacio) ▌ forteresse *f*, château fort (fortaleza) ▌ MAR gaillard d'arrière.

alce *m* ZOOL élan ▌ coupe *f* (naipes) ▌ (Amer) répit (tregua) ▌ chargement de la canne à sucre.

alcedo *m* bois d'érables.

Alcestes *n pr* Alceste.

Alcibíades *n pr* Alcibiade.

Alcides *n pr* Alcide.

alcino *m* basilic sauvage.

alción *m* martin-pêcheur (ave) ▌ alcyon (ave fabulosa) ▌ alcyon (pólipo).

alcista *m & f* haussier (en Bolsa).
◇ *adj* à la hausse; tendencia alcista tendance à la hausse.

alcoba *f* chambre à coucher (dormitorio) ▌ FIG alcôve; secretos de alcoba secrets d'alcôve.

alcohol *m* alcool; alcohol de quemar alcool à brûler ▌ galène *f* (mineral) ▌ khôl (afeite) ■ QUÍM alcohol absoluto alcool absolu ▌ alcohol amílico alcool amylique ▌ alcohol de madera o metílico esprit-de-bois, alcool méthylique ▌ alcohol etílico alcool éthylique.

alcoholado *m* MED alcoolé.

alcoholar *v tr* alcooliser ▌ se farder au khôl (pintarse) ▌ nettoyer avec de l'alcool ▌ MAR goudronner.

alcoholato *m* MED alcoolat.

alcoholaturo *m* alcoolature *f*.

alcoholemia *f* alcoolémie.

alcoholero, ra *adj* de l'alcool.
➡ **alcoholera** *f* distillerie.

alcohólico, ca *adj & s* alcoolique.

alcoholificación *f* alcoolification.

alcoholimetría; alcohometría *f* alcoolométrie, alcoométrie.

alcoholímetro; alcohómetro *m* alcoomètre.

alcoholismo *m* alcoolisme.

alcoholización *f* alcoolisation.

alcoholizado, da *adj* alcoolisé, e.
◇ *m & f* alcoolique.

alcoholizar [13] *v tr* alcooliser.

alcoholoscopia *f* QUÍM alcooloscopie.

alcohometría ➡ **alcoholimetría**.

alcohómetro ➡ **alcoholímetro**.

alcohotest *m* Alcootest®, Alcotest®.
▌ OBSERV *pl* alcohotests.

alcor *m* coteau (colina).

Alcorán ➡ **Corán**.

alcoránico, ca *adj* coranique.

alcornocal *m* lieu planté de chênes-lièges.

alcornoque *m* BOT chêne-liège ▌ FIG andouille *f*, buse *f*; este niño es un alcornoque cet enfant est une buse ▌ corazón de alcornoque cœur de pierre.

alcornoqueño, ña *adj* relatif au chêne-liège.

alcorozado *m* (Amer) torchis.

alcorque *m* trou au pied de l'arbre pour l'arrosage ▌ espadrille *f* à semelle de liège (alpargata).

alcorzar [13] *v tr* glacer (los dulces).

alcotán *m* ZOOL laneret.

alcotana *f* décintroir *m* (de albañil) ▌ piolet *m* (de alpinista).

alcrebite; alcribite *m* soufre (azufre).

alcubilla *f* réservoir *m* à eau.

alcucero, ra *adj* FIG & FAM gourmand, e. ◇ *m* & *f* marchand, e de burettes à huile.

alcurnia *f* lignée, lignage *m* (estirpe) ■ familia de alcurnia famille de vieille souche ‖ ser de alta alcurnia avoir ses quartiers de noblesse, être de haute lignée.

alcuza *f* burette à huile (aceitera).

alcuzada *f* burette.

alcuzcuz *m* couscous (plato árabe).

aldaba *f* heurtoir *m*, marteau *m* de porte (llamador) ‖ barre (de puertas y ventanas) ■ anneau *m* fixé au mur pour attacher les chevaux. ➤ **aldabas** *f pl* FAM appuis *m*, piston *m* *sing* ■ FAM agarrarse a buenas aldabas faire jouer ses influences ‖ tener buenas aldabas avoir des appuis, savoir où frapper.

aldabada *f* coup *m* de heurtoir o de marteau de porte.

aldabazo *m* grand coup de heurtoir o de marteau de porte.

aldabear *v intr* heurter à la porte [avec le marteau].

aldabeo *m* coups *pl* de heurtoir redoublés.

aldabía *f* poutre.

aldabilla *f* crochet *m*, gâche (de cerradura) ‖ bobinette (de madera).

aldabón *m* heurtoir, marteau de porte (aldaba) ‖ poignée *f*, anse *f* (asa).

aldabonazo *m* coup violent de heurtoir ‖ FIG avertissement, signal d'alarme (advertencia).

aldea *f* village *m*, bourgade.

aldeaniego, ga *adj* ➤ aldeano.

aldeanismo *m* régionalisme (modismo) ‖ esprit de clocher (mentalidad).

aldeano, na *adj* & *s* villageois, e (que vive en una aldea) ‖ campagnard, e (campesino) ‖ FIG rustre, paysan, e (rústico).

aldehído *m* QUÍM aldéhyde.

aldehorro ➤ aldeorrio.

aldehuela *f* hameau *m*, petit village *m*.

aldeorrio; aldehorro *m* trou, coin perdu, bled.

ALDHU (abrev de Asociación Latinoamericana para los Derechos Humanos) *f* association latinoaméricaine pour les droits de l'homme.

aldino, na *adj* aldin, e (tipografía).

ale *m* ale *f* (cerveza).

¡ale! *interj* allons!, allez!

álea *m* aléa (riesgo).

aleación *f* alliage *m*.

alear *v intr* battre des ailes (aletear) ‖ FIG agiter les bras (los niños) ‖ reprendre des forces, se remettre (cobrar fuerzas). ◇ *v tr* allier; alear el cobre con el oro allier le cuivre à l'or.

aleatorio, ria *adj* aléatoire.

alebrarse; alebrestarse; alebronarse *v pr* se tapir, se coucher à plat ventre (agazaparse) ‖ FIG avoir peur (acobardarse) ‖ (Amer) se soulever (alborotarse).

alebrestado *adj* & *s* (Amer) coureur (mujeriego) ‖ irritable (enojadizo).

alebrestarse ➤ alebrarse.

alebronarse ➤ alebrarse.

aleccionador, ra *adj* instructif, ive; plein d'enseignements; una historia muy aleccionadora une histoire très instructive ‖ exemplaire; un castigo aleccionador une punition exemplaire.

aleccionamiento *m* enseignement, instruction *f* ‖ dressage (amaestramiento).

aleccionar *v tr* enseigner, instruire ‖ faire la leçon; su madre la aleccionó para que no volviera a hacer lo mismo sa mère lui a fait la leçon pour qu'il ne recommence pas ‖ dresser, former; aleccionar a un criado former un domestique ‖ apprendre; esto te aleccionará para no volver a caer en los mismos errores cela t'apprendra à ne pas retomber dans les mêmes erreurs ‖ estar aleccionado avoir compris.

aleche *m* anchois [frais] (boquerón).

alechugar [16] *v tr* plisser, godronner (p us) (la ropa) ‖ cuello alechugado fraise, collerette.

alecrín *m* (Amer) requin des Antilles (pez).

aledaño, ña *adj* voisin, e; limitrophe ‖ accessoire, annexe. ➤ **aledaño** *m* (ant) limite *f*.

alegación *f* allégation ‖ exposé *m*, plaidoirie (de un abogado) ‖ alegación de falsedad inscription en faux.

alegar [16] *v tr* alléguer (menos usado en francés que en español), dire que; para disculparse de no haber venido alegó que había estado enfermo pour s'excuser de n'être pas venu il a dit qu'il avait été malade ‖ faire valoir, mettre en avant (méritos, etc.) ‖ invoquer; alegar razones invoquer des raisons ‖ (Amer) discuter, disputer (disputar). ◇ *v intr* plaider (un abogado).

alegato *m* DR plaidoirie *f*; el alegato del abogado defensor la plaidoirie de l'avocat de la défense ‖ FIG plaidoirie *f*, plaidoyer; pronunció un alegato en defensa de su postura il a fait un plaidoyer pour défendre sa position ‖ (Amer) dispute *f*, querelle *f*.

alegoría *f* allégorie.

SIN alusión allusion; metáfora métaphore; imagen image; figura figure; emblema emblème.

alegóricamente *adv* allégoriquement.

alegórico, ca *adj* allégorique.

alegorismo *m* art de l'allégorie ‖ caractère allégorique.

alegorización *f* allégorisation.

alegorizador, ra *adj* & *s* enclin, e à l'allégorie.

alegorizar *v tr* allégoriser.

alegrar *v tr* réjouir; tu venida me alegra ta venue me réjouit ‖ égayer; unos cuadros alegran las paredes des tableaux égayent les murs ‖ animer; para alegrar la fiesta vamos a cantar pour animer la fête nous allons chanter ‖ émoustiller, égayer, rendre gai; este vinillo me ha alegrado ce petit vin m'a émoustillé ‖ FIG réjouir (la vista) ‖ attiser (la lumbre) ‖ agrémenter; una joya alegraría tu vestido negro un bijou agrémenterait ta robe noire; alegrar una conversación con chistes agrémenter une conversation d'histoires drôles ‖ aviver; la luz alegra los colores la lumière avive les couleurs ‖ TAUROM exci-

ter (le taureau) à l'attaque ‖ MAR donner du mou (aflojar).

➤ **alegrarse** *v pr* se réjouir, être enchanté; alegrarse por o de o con una noticia se réjouir d'une nouvelle ‖ sourire; alégrate, no pongas esta cara de duelo souris, ne fais pas cette tête d'enterrement ‖ s'animer (los ojos, la cara) ‖ FIG & FAM être gai, être un peu éméché o gris (achisparse) ■ ¿aquí está? me alegro vous êtes là? j'en suis enchanté o ravi ‖ me alegro de verle je suis heureux de vous voir, je me réjouis de vous voir.

alegre *adj* [▷ SIN 1] gai, gaie; familia alegre famille gaie ‖ joyeux, euse; content, e; alegre con la noticia joyeux de la nouvelle ‖ heureux, euse; una noticia alegre une heureuse nouvelle; esta persona tiene una cara alegre cette personne a un visage heureux ‖ réjouissant, e; es muy alegre ver a los niños jugar c'est très réjouissant de voir jouer les enfants ‖ gai, e; un color alegre une couleur gaie ‖ FIG & FAM gai, e; gris, e; éméché, e (achispado) ‖ [▷ SIN 2] leste, libre (licencioso) ‖ aventureux, euse; hardi, e (atrevido) ‖ audacieux, euse (juego) ■ alegre como unas pascuas o como unas castañuelas gai comme un pinson ‖ alegre como un niño con zapatos nuevos fier comme Artaban ‖ alegre de cascos écervelé.

SIN 1. festivo enjoué; regocijado réjoui; gozoso, jubiloso joyeux; jovial jovial; animador boute-en-train.
2. verde égrillard; libre leste; picante grivois; picaresco rabelaisien.

alegremente *adv* gaiement, joyeusement.

alegrete, ta *adj* un peu gai, gaie; enjoué, e.

alegreto *adv* & *s m* MÚS allegretto.

alegría *f* [▷ SIN] joie; la alegría de vivir la joie de vivre; eres la alegría de la casa tu fais la joie de la maison ‖ gaieté (buen humor) ‖ irresponsabilité, légèreté (irreflexión) ‖ BOT sésame *m* (ajonjolí) ‖ tener mucha alegría être très heureux; tengo mucha alegría en anunciarte esta noticia je suis très heureux de t'annoncer cette nouvelle.

➤ **alegrías** *f pl* fêtes publiques ‖ chanson et danse de Cadix.

SIN júbilo, gozo joie; dicha bonheur; alborozo allégresse; jovialidad joyeuseté.

alegro *adv* & *s m* MÚS allegro.

alegrón *m* FAM grande joie *f*, explosion *f* o flambée *f* de joie; me dio un alegrón con su éxito son succès m'a fait une grande joie ‖ FIG & FAM flambée (llamarada breve). ◇ *adj* (Amer) qui tombe amoureux facilement (enamoradizo) ‖ gris, e; éméché, e (medio ebrio).

alejado, da *adj* [▷ SIN] éloigné, e; un lugar alejado de todo un endroit éloigné de tout ‖ écarté, e; alejado del poder écarté du pouvoir.

SIN lejano lointain; remoto reculé.

alejamiento *m* éloignement; sufrir por el alejamiento de un amigo souffrir de l'éloignement d'un ami ‖ distance *f*, éloignement.

Alejandra *n pr* Alexandrine.

Alejandría *n pr* GEOGR Alexandrie.

Alejandrina *n pr* Alexandrine.

alejandrino *m* alexandrin (verso).
> OBSERV **1.** L'alejandrino espagnol est un vers de 14 syllabes, divisé en deux hémistiches. **2.** El alexandrín francés tiene 12 sílabas y dos hemistiquios.

Alejandro *n pr* Alexandre.

alejar *v tr* éloigner; hay que alejar a este niño de las malas compañías il faut éloigner cet enfant des mauvaises fréquentations ▮ éloigner, écarter; alejar las sospechas éloigner les soupçons ▮ écarter; alejar del poder écarter du pouvoir.
➡ **alejarse** *v pr* s'éloigner ▮ alejarse de s'éloigner de, quitter; alejarse del buen camino quitter le droit chemin.

Alejo *n pr* Alexis.

alela *adj* (*Amer*) qui a de grands pieds.

alelado, da *adj* hébété, e; ahuri, e.

alelamiento *m* hébétement.

alelar *v tr* hébéter.

alelí *m* BOT giroflée *f* (alhelí).
> OBSERV pl alelíes.

aleluya *m* ou *f* alléluia *m* (canto religioso).
<> *m* Pâques, le temps de Pâques (tiempo de Pascuas).
<> *f* petite image pieuse (estampita) ▮ image d'Épinal (estampa) ▮ sorte de gâteau *m* (dulce) ▮ alléluia *m* (planta) ▮ (*Amer*) ruse, roublardise, mauvaise excuse ▮ FIG & FAM navet *m*, croûte (cuadro malo) ▮ échalas *m*, squelette *m* (muy flaco).
➡ **aleluyas** *m pl* FIG & FAM vers *m* de mirliton ▮ réjouissance, joie.
➡ **¡aleluya!** *interj* alléluia!, bravo!

alema *f* distribution de l'eau d'irrigation.

alemán, ana *adj & s* allemand, e; alemán, ana occidental ouest-allemand, e; alemán, ana oriental est-allemand, e ▮ alto, bajo alemán haut, bas allemand ▮ plata alemana maillechort.
➡ **alemán** *m* LING allemand.

alemana; alemanda *f* allemande (danza).

Alemania *n pr f* GEOGR Allemagne ▮ HIST Alemania Occidental Allemagne de l'Ouest ▮ Alemania Oriental Allemagne de l'Est.

alemánico, ca *adj* alémanique.
➡ **alemánico** *m* LING alémanique.

alemanisco, ca *adj* damassé, e (mantel).

Alençon *n pr* GEOGR Alençon.

alentada *f* souffle *m*, haleine (aliento) ▮ de una alentada tout d'une traite.

alentado, da *adj* encouragé, e; alentado por sus éxitos encouragé par ses succès ▮ vaillant, e; brave (valiente) ▮ résistant, e [à la fatigue]; endurant, e (resistente) ▮ hautain, e; fier, ère ▮ (*Amer*) sain, e; robuste ▮ convalescent, e.

alentador, ra *adj* encourageant, e; palabras alentadoras paroles encourageantes ▮ prometteur, euse; encourageant, e; éxito alentador succès prometteur ▮ réconfortant, e; noticia alentadora nouvelle réconfortante.

alentar [19] *v intr* respirer ▮ (*Amer*) accoucher.
<> *v tr* encourager (animar); alentar a uno con sus consejos encourager quelqu'un de ses conseils; alentar la rebelión encourager la rébellion ▮ (*Amer*) applaudir (palmotear).
➡ **alentarse** *v pr* s'enhardir (envalento-

narse) ▮ reprendre courage ▮ se remettre, se rétablir (reponerse) ▮ estar alentado aller mieux, être remis (un enfermo).

aleonado, da *adj* fauve (color).

Alepo *n pr* GEOGR Alep.

alerce *m* mélèze (árbol).

alérgeno *m* allergène.

alergia *f* allergie.

alérgico, ca *adj & s* allergique.

alergífero, ra *adj* allergisant, e.

alergista *adj & s* MED allergologiste, allergologue.

alergodermia *f* MED dermatose allergique.

alergología *f* allergologie.

alergólogo, ga *m & f* ▶ **alergista**.

alero *m* ARQ avant-toit, auvent (tejado) ▮ garde-boue (en los coches) ▮ DEP ailier ▮ FIG estar en el alero être en suspens, être incertain.

alerón *m* aileron.

alerta *adv* en alerte, sur ses gardes.
<> *f* alerte ■ alerta roja état d'alerte maximale ■ dar la voz de alerta donner l'alerte ▮ estar ojo alerta avoir l'œil aux aguets, être sur ses gardes ▮ poner en alerta mettre en alerte.
➡ **¡alerta!** *interj* alerte!
> OBSERV Être alerte en francés significa estar despierto o ágil.

alertamente *adv* avec vigilance, alertement ▮ avec vivacité.

alertar *v tr* alerter, donner l'alerte (dar la voz de alerta) ▮ avertir, prévenir (avisar).

alerto, ta *adj* attentif, ive; vigilant, e (atento) ▮ sur ses gardes (cuidadoso).

aleta *f* ZOOL nageoire (de los peces) ▮ ARQ aile ▮ aile (de la nariz, de un coche) ▮ ailette (de un radiador, de un proyectil) ▮ palme (para nadar) ▮ empennage (de una bomba) ▮ MAR armature de la poupe (armazón).

aletada *f* coup *m* d'aile.

aletargado, da *adj* en léthargie, engourdi, e ▮ FIG endormi, e; aletargado en un rincón endormi dans un coin.

aletargamiento *m* léthargie *f* (letargo) ▮ engourdissement (adormecimiento).

aletargar [16] *v tr* engourdir, faire tomber en léthargie.

aletazo *m* coup d'aile ▮ FAM (*Amer*) gifle *f*, taloche *f* (bofetada).

aletear *v intr* battre des ailes (las aves) ▮ agiter les nageoires (los peces) ▮ agiter les bras (los niños).

aleteo *m* battement d'ailes ▮ FIG battements *pl*, palpitations *f pl* (del corazón) ▮ aleteo de la muerte souffle de la mort.

aleto *m* haliète, aigle pêcheur (águila).

aleurona *f* BOT aleurone.

Aleutianas *n pr f pl* GEOGR las islas Aleutianas o Aleutas les îles Aléoutiennes o Aléoutes.

alevín; alevino *m* alevin (pez).

alevosa *f* VETER grenouillette.

alevosamente *adv* traîtreusement.

alevosía *f* traîtrise (traición) ▮ fourberie (maña) ▮ con o por alevosía traîtreusement, par traîtrise.

alevoso, sa *adj* traître, esse; fourbe.

alexia *f* alexie.

aleya *f* verset du Coran.

aleznado, da *adj* BOT effilé, e; aigu, ë.

alezo *m* MED bande *f* abdominale.

alfa *f* alpha *m* (letra griega) ▮ rayos alfa rayons alpha.
> OBSERV L'alfa (plante) se dit aujourd'hui en espagnol esparto.

alfabético, ca *adj* alphabétique.

alfabetización *f* alphabétisation.

alfabetizado, da *adj* alphabétisé, e.

alfabetizar [13] *v tr* alphabétiser.

alfabeto *m* alphabet; alfabeto Braille alphabet Braille; alfabeto Morse alphabet Morse.

alfaguara *f* source abondante (manantial).

alfajía *f* bois *m* de chambranle.

alfajor *m* espèce de pain d'épice (alajú) ▮ (*Amer*) macaron (dulce redondo) ▮ poignard, couteau (daga).

alfalfa *f* BOT luzerne.

alfalfal; alfalfar *m* luzernière *f* (p us), champ de luzerne.

alfalfar *v tr* (*Amer*) planter de la luzerne [un champ].

alfalfe *m* luzerne *f*.

alfandoque *m* (*Amer*) pâte *f* de mélasse, de fromage et d'anis ou de gingembre ▮ espèce de nougat ▮ sorte de maracas.

alfaneque *m* ZOOL crécelle *f*, émouchet.

alfanjado, da *adj* en forme de cimeterre.

alfanje *m* alfange *f* (p us), cimeterre (sable) ▮ espadon (pez).

alfanumérico, ca *adj* alphanumérique ▮ INFORM presentación alfanumérica présentation alphanumérique; teclado alfanumérico clavier alphanumérique.

alfañique *m* (*Amer*) sucre d'orge (alfeñique).

alfaque *m* MAR barre *f*, banc de sable (banco de arena).

alfaquí *m* docteur de la loi, uléma.
> OBSERV pl alfaquís o alfaquíes.

alfar *m* atelier de potier ▮ argile *f* (arcilla).

alfaraz *m* coursier arabe.

alfarda *f* ARQ arbalétrier *m* ▮ ancien impôt *m* [payé par les musulmans et les juifs].

alfardilla *f* petite natte de paille.

alfarería *f* poterie.

alfarero *m* potier.

alfarje *m* moulin à huile ▮ ARQ soffite, plafond à caissons.

alfarjía *f* bois *m* de chambranle (madero).

alfayate *m* (ant) tailleur.

alfazaque *m* ZOOL bousier.

alfeiza; alféizar *m* ARQ tablette *f* (en el interior), appui, rebord, allège *f* (al exterior).

alfénido *m* alfénide (metal blanco).

alfeñicarse [10] *v pr* FIG & FAM maigrir (adelgazar) ▮ faire des manières, des chichis (remilgarse).

alfeñique *m* sucre d'orge ‖ FIG & FAM gringalet; su hijo es un alfeñique son fils est un gringalet ‖ chichis *pl*, affectation *f*.

alferazgo *m* titre de porte-drapeau ‖ grade de sous-lieutenant.

alferecía *f* MED attaque d'épilepsie; darle a uno una alferecía avoir une attaque d'épilepsie ‖ MIL titre *m* o grade *m* de porte-drapeau.

alférez *m* sous-lieutenant (oficial) ‖ porte-drapeau *inv* (abanderado) ‖ (*Amer*) personne *f* qui prend à sa charge les frais d'une fête ‖ MIL alférez de fragata enseigne de vaisseau de deuxième classe, aspirant ‖ alférez de navío enseigne de vaisseau.
  ‖ OBSERV pl alfereces.

alfil *m* fou (en el ajedrez).

alfiler *m* épingle *f*; sujetar con un alfiler attacher avec une épingle; alfiler de corbata épingle de cravate ■ alfiler de la ropa pince à linge ‖ (*Amer*) alfiler de nodriza o de criandera o de gancho épingle de sûreté o à nourrice ‖ alfiler de sombrero épingle à chapeaux ‖ FAM para alfileres de pourboire (propina), d'argent de poche (a un niño) ‖ FAM aquí no cabe un alfiler c'est plein à craquer, c'est bourré (de cosas), c'est bondé o bourré, c'est plein à craquer (de personas) ‖ FIG & FAM el alumno lleva la lección prendida con alfileres l'élève sait sa leçon très superficiellement ‖ estar de veinticinco alfileres être tiré à quatre épingles ‖ (*Amer*) no caberle un alfiler de gusto ne pas se sentir de joie.

alfilerar *v tr* épingler; alfilerar un vestido épingler une robe.

alfilerazo *m* coup d'épingle ‖ FIG coup d'épingle, pique *f*; siempre me está tirando alfilerazos il m'envoie toujours des piques.

alfilerero ► alfiletero.

alfilerillo *m* (*Amer*) plante *f* fourragère ‖ cactus (pita) ‖ parasite du tabac (insecto).

alfiletero; alfilerero *m* aiguillier, étui à épingles (para alfileres), étui à aiguilles (para agujas).

alfolí *m* grenier public ‖ grenier à sel.
  ‖ OBSERV pl alfolís o alfolíes.

alfoliero; alfolinero *m* gardien d'un grenier public.

alfombra *f* [▷ SIN] tapis *m*; alfombra persa tapis persan ‖ MED rubéole (alfombrilla) ‖ alfombra de cama descente de lit.
  ‖ SIN tapiz tapisserie; tapete tapis (de table); colgadura tenture; moqueta moquette.

alfombrado, da *adj* recouvert de tapis; salón alfombrado salon recouvert de tapis ‖ qui imite le tapis.
  ◆ **alfombrado** *m* tapis *pl*; el alfombrado de la escalera les tapis de l'escalier.

alfombrar *v tr* recouvrir de tapis ‖ FIG tapisser; calles alfombradas de flores rues tapissées de fleurs.

alfombrero, ra *m & f* fabricant, e de tapis ‖ marchand, e de tapis.

alfombrilla *f* MED rubéole ‖ carpette (alfombra pequeña) ‖ paillasson *m* (esterilla en las puertas) ‖ alfombrilla de cama descente de lit, carpette.

alfombrista *m* tapissier ‖ vendeur de tapis.

alfóncigo *m* pistachier (árbol) ‖ pistache *f* (fruto).

Alfonsa; Alfonsina *n pr* Alphonsine.

alfonsí; alfonsino, na *adj* alphonsin, e [relatif à l'un des rois espagnols nommés Alphonse] ‖ tablas alfonsinas tables alphonsines [d'Alphonse X le Sage].

alfónsigo *m* pistachier (árbol).

Alfonsina ► Alfonsa.

alfonsino, na ► alfonsí.

alfonsismo *m* loyalisme envers les rois d'Espagne nommés Alphonse.

Alfonso *n pr* Alphonse.

alforfón *m* sarrasin, blé noir (planta).

alforja *f* besace *sing* ‖ provisions *f pl*, vivres *m pl* ■ caerle a uno como alforjas être ficelé comme un sac ‖ ¡qué alforjas! laissez-moi tranquille! ‖ para este viaje no se necesitan alforjas il est gros-jean comme devant, il est bien avancé ‖ FIG & FAM (*Amer*) pasarse a la otra alforja dépasser les bornes (excederse).

alforjero *m* FAM frère quêteur (fraile).

alforza *f* pli *m*, rempli *m* (costura) ‖ FIG & FAM balafre *f*, cicatrice *f* (cicatriz).

alforzar [13] *v tr* faire un pli à; alforzar la manga de una camisa faire un pli à la manche d'une chemise.

alfoz *m & f* gorge *f*, défilé *m* (paso entre dos montañas) ‖ banlieue *f* (arrabal).

Alfredo *n pr* Alfred.

alga *f* BOT algue.
  ‖ SIN varech, corbela varech; fuco fucus; sargazo sargasse; plancton plancton.

algaida *f* taillis *m*, bois *m* touffu ‖ dune (duna).

algalia *f* civette (perfume) ‖ ambrette (planta) ‖ MED sonde ‖ gato de algalia civette (animal).

algaliar *v tr* parfumer à la civette.

algara *f* MIL razzia ‖ troupe à cheval ‖ pelure (de la cebolla).

algarabía *f* (ant) langue arabe, arabe *m* ‖ FIG hébreu *m*; para mí esto es algarabía pour moi c'est de l'hébreu ‖ galimatias *m*, charabia *m*; hablar en algarabía parler charabia ‖ brouhaha *m*, vacarme *m*; los niños armaban una algarabía tremenda les enfants faisaient un vacarme terrible ‖ BOT plante à balais.

algarada *m* MIL razzia, incursion ‖ troupe à cheval (tropa de jinetes) ‖ brouhaha *m*, vacarme *m* (jaleo).
  ‖ OBSERV La palabra francesa algarade significa hoy salida de tono, ex abrupto.

Algarbe ► Algarve.

algarrada *f* catapulte ‖ TAUROM course de jeunes taureaux (novillada) ‖ emprisonnement *m* des taureaux dans le toril (encierro) ‖ course de taureaux en pleine campagne (en el campo).

algarroba *f* BOT vesce (planta forrajera) ‖ graine de vesce (semilla) ‖ caroube (fruto).

algarrobal *m* lieu planté de vesces.

algarrobera *f*; **algarrobero** *m* caroubier *m* (árbol).

algarrobilla *f* vesce (algarroba) ‖ algue.

algarrobillo *m* (*Amer*) caroube *f* (fruto).

algarrobo *m* caroubier (árbol) ‖ algarrobo loco grainier (ciclamor).

Algarve; Algarbe *n pr m* GEOGR Algarve.

algavaro *m* ZOOL capricorne.

algazara *f* cri de guerre des Maures ‖ FIG vacarme *m*, brouhaha *m* (jaleo) ‖ cris *m pl*, clameur (gritería).

algazul *m* salsola *m* (planta).

álgebra *f* MAT algèbre ‖ MED art *m* du rebouteux.

algebraico, ca; algébrico, ca *adj* algébrique.

algebrista *m & f* MAT algébriste ‖ rebouteux.

Algeciras *n pr* GEOGR Algésiras.

algecireño, ña *adj & s* d'Algésiras.

algente *adj* POÉT froid, e; glacé, e.

algez *m* gypse (yeso).

algidez *f* MED algidité.
  ‖ OBSERV pl algideces.

álgido, da *adj* MED algide.

algo *pron indef* quelque chose; aquí hay algo que no entiendo il y a là quelque chose que je ne comprends pas; esta obra es algo maravilloso cet ouvrage est quelque chose de merveilleux ‖ un peu; sabe algo de todo il sait un peu de tout ‖ n'importe quoi; algo daría por je donnerais n'importe quoi pour.
  ◇ *adv* un peu, assez; algo lejos un peu loin; es algo tímido il est assez timide ‖ anda algo escaso de dinero il est un peu o légèrement à court d'argent.
  ◇ *m* assez; tiene su algo de orgulloso il est assez orgueilleux ‖ un je-ne-sais-quoi, un petit quelque chose FAM; tiene un algo de su madre il a un je-ne-sais-quoi de sa mère ■ algo así como une sorte de; environ ‖ algo es algo, ya es algo c'est toujours ça de pris, c'est toujours quelque chose, c'est mieux que rien ‖ FAM creerse algo se croire quelqu'un ‖ más vale algo que nada cela vaut mieux que rien ‖ por algo lo hice je ne l'ai pas fait pour rien ‖ por algo será il y a sûrement une raison, il doit y avoir une raison ‖ tener algo que ver y être pour quelque chose.

algodón *m* cotonnier (planta) ‖ coton; algodón hidrófilo, en rama coton hydrophile, brut ‖ coton (tejido); vestido de algodón robe de coton ‖ barbe *f* à papa (golosina de azúcar) ■ algodón pólvora coton-poudre, fulmicoton ‖ FAM criado entre algodones élevé dans du coton.

algodonal *m* champ de coton, cotonnerie *f*.

algodonar *v tr* rembourrer de coton, ouater.

algodonero, ra *adj* cotonnier, ère.
  ◇ *m & f* cotonnier, ère (obrero).
  ◆ **algodonero** *m* cotonnier (planta).
  ◆ **algodonera** *f* cotonnerie (fábrica).

algodonoso, sa *adj* cotonneux, euse.
  ◆ **algodonosa** *f* cotonnière (planta).

ALGOL; algol *m* INFORM algol (lenguaje).

algonquiano *m* algonquin, algonkin (lenguas).

algónquico, ca *adj & s* GEOL algonquien, ienne; algonkien, ienne.

algorín *m* grenier à olives.

algoritmia *f* MAT algorithmique.

algorítmico, ca *adj* algorithmique.

algoritmo *m* INFORM algorithme; algoritmo de traducción algorithme de traduction.

algoso, sa *adj* rempli d'algues.

alguacil *m* alguazil, gendarme ‖ TAUROM alguazil ‖ ZOOL araignée *f* d'eau ‖ pince *f* monseigneur (ganzúa) ‖ (Amer) libellule *f* ‖ alguacil de ayuntamiento concierge [dans une mairie].

alguacilazgo *m* emploi d'alguazil.

alguacilesco, ca *adj* propre à l'alguazil.

alguacilillo *m* alguazil (en las corridas de toros) ‖ ZOOL araignée *f* d'eau.

alguien *pron indef* quelqu'un; alguien llama a la puerta quelqu'un frappe à la porte ‖ FAM quelqu'un (persona importante).

algún *adj* [apocope de alguno devant les substantifs masculins, même précédés d'un adjectif] quelque; algún pobre niño quelque pauvre enfant ■ algún hombre un homme ‖ algún tanto quelque peu, un peu ‖ algún tiempo quelque temps, un certain temps ‖ en algún sitio quelque part.

alguno, na *adj* quelque (se usa más en el plural), un, une; vino alguna mujer une femme est venue; quiere algunos libros il veut quelques livres ‖ un peu de (un poco); ¿tiene algún dinero? avez-vous un peu d'argent?
◇ *pron* l'un, l'une *sing*; quelques-uns, quelques-unes *pl*; alguno de ellos me lo preguntó l'un d'eux me l'a demandé ‖ quelqu'un (alguien) ■ alguna que otra vez de temps à autre ‖ alguna vez, algunas veces quelquefois ‖ alguno que otro quelques *adj*, quelques-uns *pron* ‖ algunos piensan certains pensent (traducción corriente), d'aucuns pensent (estilo elevado) ‖ no... alguno ne... aucun; no he comprado periódico alguno je n'ai acheté aucun journal; ne... pas du tout; no tiene dinero alguno il n'a pas d'argent du tout ‖ no he visto cosa alguna je n'ai rien vu du tout, je n'ai absolument rien vu.

alhaja *f* bijou *m*; una alhaja de oro un bijou en or ‖ joyau *m* (de gran valor); las alhajas de la corona les joyaux de la couronne ‖ FIG perle; este empleado es una alhaja cet employé est une perle ‖ joyau *m*, bijou *m*; esta catedral es una verdadera alhaja de arte gótico cette cathédrale est un vrai bijou d'art gothique ‖ bijou *m*, amour *m*; este niño es una alhaja cet enfant est un amour ‖ ¡buena alhaja! drôle de numéro! (irónicamente).

alhajar *v tr* parer o couvrir de bijoux; alhajar a una chica couvrir une jeune fille de bijoux ‖ meubler (amueblar).

alhajera *f*; **alhajero** *m* (Amer) écrin *m* à bijoux.

alhajito, ta *adj* (Amer) joli, e (bonito).

alharaca *f* explosion (de cólera, de alegría).

alhárgama; alharma *f* plante rameuse.

alhelí *m* giroflée *f* (flor).
▮ OBSERV *pl* alhelíes.

alheña *f* troène *m* (arbusto) ‖ henné *m* (polvo y arbusto) ‖ fleur du troène (flor) ‖ rouille (de las mieses) ‖ estar hecho una alheña o molido como una alheña être moulu (estar agotado).

alheñar *v tr* teindre au henné.
➡ **alheñarse** *v pr* se dessécher (las mieses).

alhóndiga *f* halle au blé.

alhorre *m* méconium (excremento) ‖ MED croûtes *f pl* de lait (erupción).

alhucema *f* lavande (espliego).

alhumajo *m* aiguille *f* de pin.

aliabierto, ta *adj* qui a les ailes déployées.

aliacán *m* jaunisse *f* (ictericia).

aliáceo, a *adj* alliacé, e.

aliado, da *adj* & *s* allié, e.

aliadófilo, la *adj* partisan des Alliés.

aliaga *f* BOT ajonc *m* (aulaga).

aliancista *adj* HIST partisan de; relatif, ive à l'Alliance populaire [parti politique espagnol].
◇ *m* & *f* HIST membre de l'Alliance populaire.

alianza *f* alliance (unión); pacto de alianza pacte d'alliance ‖ alliance (anillo) ‖ la Alianza atlántica l'Alliance atlantique.

aliar [9] *v tr* allier.
➡ **aliarse** *v pr* s'allier.

alias *adv lat* autrement dit, alias, dit; Antonio López, alias el Tuerto Antoine López, dit le Borgne.
◇ *m* surnom, sobriquet (apodo).

alibi *m* alibi (coartada).
▮ OBSERV Esta palabra es un galicismo.

aliblanca *f* (Amer) paresse.

alicaído, da *adj* qui a les ailes tombantes ‖ FIG & FAM affaibli, e; sans forces; el enfermo anda alicaído le malade est affaibli ‖ abattu, e; morne; desde que ha recibido esta noticia le encuentro alicaído depuis qu'il a reçu cette nouvelle je le trouve abattu ‖ tener la moral alicaída avoir le moral bas.

alicante *m* vipère *f* cornue, céraste (víbora) ‖ nougat (dulce) ‖ vin d'Alicante.

Alicante *n pr* GEOGR Alicante.

alicantino, na *adj* & *s* d'Alicante.

alicanto *m* (Amer) arbuste du Chili.

alicatado, da *adj* orné d'azulejos (sala, etc.) ‖ carrelé, e (cocina, etc.).
➡ **alicatado** *m* décor d'azulejos, revêtement mural (de sala) ‖ carrelage (de cocina).

alicatar *v tr* orner d'azulejos (una sala, etc.) ‖ carreler (una cocina, etc.) ‖ tailler (los azulejos).

alicates *m pl* pince *f sing*; alicates universales pince universelle; alicates de uñas pince à ongles.

Alicia *n pr* Alice.

aliciente *m* attrait; el aliciente de la vida al aire libre l'attrait de la vie en plein air ‖ intérêt; este viaje no tiene aliciente para mí ce voyage n'a pas d'intérêt pour moi ‖ stimulant (incentivo); es un aliciente para o a las grandes acciones c'est un stimulant aux actions d'éclat.

alicortar *v tr* rogner les ailes (cortar) ‖ blesser à l'aile (herir) ‖ FIG couper les ailes (a uno).

alicorto, ta *adj* aux petites ailes (pájaro) ‖ FIG qui manque d'envergure.

alicrejo *m* (Amer) haridelle *f*, rosse *f* ‖ horreur *f* (persona, animal o cosa fea).

alicuanta *adj f* & *s f* aliquante.

alícuota *adj f* aliquote; parte alícuota partie aliquote.

alicuya *f* (Amer) douve du foie (saguaipé).

alidada *f* alidade (regla).

alienabilidad *f* aliénabilité.

alienable *adj* aliénable.

alienación *f* aliénation.

alienado, da *adj* & *s* aliéné, e.

alienador, ra; alienante *adj* aliénant, e.

alienar *v tr* aliéner (enajenar).

alienígeno, na *adj* & *s* étranger, ère.
➡ **alienígena** *adj* & *s f* extraterrestre.

alienista *adj* & *s* aliéniste (médico).

aliento *m* [▷ SIN] haleine *f*; olerle a uno el aliento avoir l'haleine forte ‖ encouragement; su apoyo es un aliento para mí son appui est un encouragement pour moi ‖ FIG vigueur *f*, courage; es un hombre de aliento c'est un homme qui a du courage ‖ souffle; perder el aliento perdre le souffle ■ de un aliento d'une seule haleine, d'une seule traite ■ FIG cobrar aliento reprendre haleine o courage ‖ dejar sin aliento faire perdre le souffle ‖ estar sin aliento être hors d'haleine (jadeante), être découragé, être à plat (desanimado) ‖ exhalar el postrer aliento rendre l'âme o l'esprit o le dernier soupir ‖ tomar aliento reprendre haleine o son souffle.
▮ SIN hálito haleine; soplo souffle.

alifafe *m* VETER vessigon ‖ FAM petit malaise, infirmité *f*; mi abuelo tiene muchos alifafes mon grand-père a beaucoup d'infirmités.

alífero, ra *adj* ailé, e; alifère.

aliforme *adj* aliforme.

aligamiento *m* rattachement, réunion *f*.

aligátor *m* alligator (caimán).

aligeramiento *m* allégement ‖ soulagement (alivio) ‖ abrègement (abreviación) ‖ accélération *f* (apresuramiento).

aligerar *v tr* alléger, rendre plus léger; aligerar una carga alléger un fardeau; aligerar un programa alléger un programme ‖ abréger (abreviar) ‖ FIG soulager, calmer; la morfina aligera el dolor la morphine soulage la douleur ‖ atténuer, alléger, soulager; tu presencia aligera mi tristeza ta présence atténue ma tristesse ‖ décharger (descargar) ‖ presser, hâter; aligerar el paso presser o hâter le pas.
◇ *v intr* & *pr* se dépêcher, se grouiller FAM; aligera o aligérate que hay que irse dépêche-toi, il faut partir ‖ aligerarse de ropa s'habiller plus légèrement (cuando hace calor), enlever un vêtement (desnudarse).

alígero, ra *adj* POÉT ailé, e; mercurio alígero mercure ailé ‖ rapide, véloce.

aligonero *m* BOT micocoulier.

aligustre *m* henné (alheña).

alijador *m* MAR allège *f* (barcaza) ‖ débardeur, docker (descargador) ‖ contrebandier (matutero).

alijar *v tr* MAR alléger ‖ décharger (un barco) ‖ débarquer [de la contrebande] ‖ débourrer (el algodón).

alijar *m* terrain en friche (terreno) ‖ carreau de faïence (azulejo).
➡ **alijares** *m pl* terrains communaux.

alijarar *v tr* partager [les terres en friche] pour les cultiver.

alijo *m* allégement (acción de alijar) ▌déchargement (de un barco) ▌contrebande *f* (contrabando) ▌TECN tender (de ferrocarril).

alilaya *f* (Amer) excuse frivole.

alimaña *f* bête nuisible, vermine.

alimañero *m* garde-chasse chargé de la destruction des bêtes nuisibles.

alimentación *f* alimentation; para que la alimentación sea buena hace falta que sea equilibrada pour que l'alimentation soit bonne il faut qu'elle soit équilibrée ▌nourriture; en esta región la alimentación es excelente dans cette région la nourriture est excellente ▌alimentación de energía alimentation en énergie ▌ INFORM alimentación continua alimentation continue; alimentación de hoja en hoja alimentation feuille à feuille.

alimentador, ra; alimentante *adj* qui alimente ▌alimentaire ▌nutritif, ive.
◆ **alimentador; alimentante** *m* MECÁN feeder ▌ INFORM alimentador de papel bac d'alimentation papier.

alimentar *v tr* nourrir; alimentar a su familia nourrir sa famille ▌ alimenter (a un enfermo) ▌ INFORM alimentar la impresora alimenter l'imprimante ▌ FIG alimenter (ríos, máquinas, fuego) ▌nourrir (virtudes, vicios, sentimientos) ▌nourrir; la lectura alimenta el espíritu la lecture nourrit l'esprit ▌nourrir, caresser; alimentar esperanzas nourrir des espoirs ▌ entretenir; hay libertades que alimentan toda clase de disturbios il y a des libertés qui entretiennent toutes sortes de troubles.
◆ **alimentarse** *v pr* se nourrir, s'alimenter; alimentarse con o de verduras se nourrir de légumes ▌alimentarse de quimeras vivre o se nourrir de chimères.

alimentario, ria *adj* alimentaire.

alimenticio, cia *adj* alimentaire; pastas alimenticias pâtes alimentaires; pensión alimenticia pension alimentaire ▌[▷ SIN] nourrissant, e; este plato es muy alimenticio ce plat est très nourrissant ▌productos alimenticios denrées alimentaires.

  ▌ SIN nutritivo nutritif; nutricio nourricier.

alimentista *m & f* DR personne qui reçoit une pension alimentaire.

alimento *m* [▷ SIN] nourriture *f*, aliment (palabra menos usada) ▌ FIG nourriture *f*; la ciencia es el alimento del espíritu la science est la nourriture de l'esprit ■ alimento energético, plástico aliment énergétique, plastique ▌ alimento líquido, sólido aliment liquide, solide ▌de mucho alimento très nourrissant.
◆ **alimentos** *m pl* DR pension *f sing* alimentaire.

  ▌ SIN alimentación alimentation; nutrición nutrition; comida nourriture; subsistencia, sustento subsistance; víveres vivres; FAM pitanza pitance; jamancia becquetance; manducatoria mangeaille, boustifaille.

alimoche *m* ZOOL alimoche.

alimón
◆ **al alimón** *loc adv* hacer algo al alimón faire quelque chose à deux ▌hacer un trabajo al alimón combattre un taureau en-semble [les deux toreros saisissent chacun un coin de la cape].

alimonarse *v pr* jaunir (las hojas de un árbol).

alinar *v tr* borner; alindar dos fincas borner deux propriétés ▌embellir (embellecer).
◇ *v intr* toucher, être contigu, ë; tu campo alinda con el mío ton champ touche le mien ▌ être contigu, se toucher; nuestras casas alindan nos maisons sont contiguës.

alindado, da *adj* coquet, ette; prétentieux, euse.

alindamiento *m* bornage.

alinderar *v tr* (Amer) limiter, borner (deslindar).

alineación *f* alignement *m* ▌DEP formation; la alineación de un equipo la formation d'une équipe ▌política de no alineación politique de non-alignement.

alineado, da *adj* aligné, e; país no alineado pays non-aligné.

alineamiento *m* alignement; política de no alineamiento politique de non-alignement.

alinear *v tr* aligner.
◆ **alinearse** *v pr* faire partie; me he alineado en el equipo de España j'ai fait partie de l'équipe d'Espagne.

aliñado, da *adj* arrangé, e; préparé, e (compuesto) ▌assaisonné, e (cocina) ▌aromatisé, e (licores) ▌bien mis, e; élégant, e ▌remis, e (hueso); réduit, e (fractura).

aliñador, ra *adj & s* qui pare, qui embellit ▌qui assaisonne (cocina).
◇ *m & f* (Amer) rebouteux, euse.

aliñar *v tr* arranger, préparer (componer) ▌assaisonner; aliñar la lechuga assaisonner la laitue ▌arranger, parer (una persona) ▌aromatiser (los licores) ▌remboîter o remettre un os, réduire une fracture ▌FIG & FAM expédier; a éste le voy a aliñar pronto celui-ci, je vais l'expédier rapidement ▌TAUROM préparer le taureau pour une mise à mort rapide.

aliño *m* [▷ SIN] apprêt ▌assaisonnement; un aliño muy fuerte un assaisonnement très fort ▌ingrédient (ingrediente) ▌parure *f*, ornement (adorno) ▌propreté *f*, correction *f* de la tenue (aseo).

  ▌ SIN aderezo accommodement, assaisonnement; especia spice; condimento condiment; aromatizante aromatisant.

aliñoso, sa *adj* orné, e; paré, e (compuesto) ▌soigneux, euse (cuidadoso) ▌diligent, e; studieux, euse (aplicado).

alioli *m* ailloli (salsa).

alionín *m* mésange *f* bleue.

alípede; alípedo *adj m* POÉT ailé, aux pieds ailés.

alipegarse [16] *v pr* (Amer) s'incruster (en una reunión).

alipego *m* (Amer) pourboire, gratification *f* (propina).

aliquebrado, da *adj* qui a l'aile cassée ▌FIG & FAM abattu, e (desanimado) ▌affaibli, e (débil).

aliquebrar [34] *v tr* briser les ailes.

alirón *m* DEP vivat [cri de joie des supporters d'une équipe de football victorieuse].

alirrojo, ja *adj* aux ailes rouges.

alisado *m* alésage.

alisador, ra *adj & s* polisseur, euse (persona).
◆ **alisador** *m* polissoir (instrumento) ▌alésoir (para alisar el interior de un cilindro) ▌ébourroir (de zapatero) ▌(Amer) peigne fin.

alisadura *f* polissage *m* (acción de pulir) ▌alésage *m* (de un cilindro).
◆ **alisaduras** *f pl* raclures, rognures.

alisar *m* aulnaie *f*, aunaie *f*.

alisar *v tr* lisser, polir (pulir) ▌aléser (un cilindro) ▌aplanir (allanar) ▌lisser (el pelo).
◆ **alisarse** *v pr* se lisser ▌alisarse el pelo mettre de l'ordre dans sa coiffure (arreglarse el pelo).

aliseda *f* aulnaie, aunaie.

alisios *adj m pl & s m pl* MAR alizés (vientos).

alisma *f* alisma *m*, plantain *m* d'eau (planta).

alismáceas; alismatáceas *f pl* BOT alismacées.

aliso *m* aulne, aune, alisier (árbol) ▌alise *f* (fruto) ■ aliso blanco bouleau (abedul) ▌aliso negro bourdaine (arraclán).

alistado, da *adj* rayé, e (listado) ▌enrôlé, e; engagé, e; alistado en la Legión engagé dans la Légion.
◆ **alistado** *m* engagé volontaire.

alistador *m* recruteur, enrôleur.

alistamiento *m* MIL enrôlement, recrutement ▌ engagement; alistamiento voluntario engagement par un devancement d'appel o volontaire ▌inscription *f* ▌FIG enrôlement (en un partido, etc.) ▌classe *f*, contingent (quinta).

alistar *v tr* enrôler, recruter (reclutar) ▌inscrire sur une liste (registrar) ▌préparer, tenir prêt (preparar).
◆ **alistarse** *v pr* s'enrôler ▌s'engager (en el ejército) ▌FIG se ranger; alistarse en las filas monárquicas se ranger sous la bannière monarchique o du côté de la monarchie.

aliteración *f* allitération ▌paronomase (paronomasia).

aliterado, da *adj* qui contient une o des allitération(s).

alitierno *m* nerprun (aladierna).

alitranca *f* (Amer) frein *m* (retranca).

aliviadero *m* trop-plein, déversoir (desaguadero) ▌déversoir (de una presa).

aliviador, ra *adj* allégeant, qui allège ▌qui soulage.
◆ **aliviador** *m* levier de la meule d'un moulin.

alivianar *v tr* (Amer) soulager (aliviar).

aliviar [8] *v tr* [▷ SIN 1] alléger; aliviar una carga alléger un fardeau ▌soulager (mitigar); aliviarle a uno el trabajo soulager quelqu'un dans son travail ▌[▷ SIN 2] soulager, calmer; esta medicina te aliviará ce médicament te soulagera ▌soulager (confortar) ▌adoucir (una pena) ▌réconforter (alentar) ▌MED dégager (el vientre) ▌FIG presser, hâter (el paso, un negocio) ▌aliviar el luto égayer le deuil.
◆ **aliviarse** *v pr* aller mieux, se trouver mieux (un enfermo).

  ▌ SIN 1. aligerar alléger; descargar décharger; disminuir, reducir diminuer, réduire; moderar modérer; atenuar atténuer.

2. lenificar lénifier; mitigar mitiger; suavizar, endulzar adoucir; calmar calmer; aplacar, apaciguar apaiser.

alivio *m* allègement (de una carga) ▌soulagement (bienestar físico) ▌soulagement; su marcha fue un alivio para mí son départ a été un soulagement pour moi ▌réconfort; tus palabras son un alivio tes paroles sont un réconfort ▌amélioration *f*, mieux; con estas inyecciones sentirás pronto un alivio avec ces piqûres tu sentiras vite une amélioration ▌adoucissement (pena, sufrimiento) ▌alivio de luto demi-deuil ▌FAM jugada de alivio tour pendable, mauvais tour ▌persona de alivio personne gratinée.

aljaba *f* carquois *m* (para las flechas) ▌(Amer) fuchsia *m* (planta).

aljama *f* synagogue (sinagoga) ▌mosquée (mezquita) ▌réunion de Maures o de juifs.

aljamía *f* langue romane, castillan *m* [nom donné au castillan par les Arabes] ▌document *m* en langue espagnole mais en caractères arabes.

aljamiado, da *adj* écrit en espagnol mais avec des caractères arabes ▌qui parle espagnol (arabe).

aljez *m* gypse.

aljibe *m* citerne *f* ▌réservoir (de agua) ▌MAR bateau-citerne ▌(Amer) source *f* (manantial) ▌cachot *m* (calabozo) ▌barco aljibe bateau-citerne.

aljofaina *f* cuvette (jofaina).

aljófar *m* perle *f*.

aljofarar *v tr* garnir de petites perles.

aljofifa *f* serpillière.

aljofifado *m* nettoyage du carrelage o du plancher.

aljofifar *v tr* nettoyer avec une serpillière.

aljuba *f* (ant) casaque mauresque.

allá *adv* là-bas (lugar) ▌autrefois (tiempo); allá en mis mocedades autrefois dans ma jeunesse ■ allá abajo là en bas ▌allá arriba là-haut (arriba), au ciel, là-haut (en el cielo) ▌allá él tant pis pour lui, c'est son affaire, ça le regarde, ça ne me regarde pas ▌allá en estos tiempos dans ce temps-là ▌allá en mis tiempos de mon temps ▌allá se las componga qu'il se débrouille, qu'il s'arrange ▌allá se va c'est à peu près la même chose ▌allá usted si libre à vous de ▌de Madrid para allá après Madrid ▌el más allá l'au-delà ▌más allá plus loin ▌no ser muy allá ne pas être fameux (no muy bueno) ▌no tan allá pas si loin.

OBSERV Allá (qui indique un endroit moins précis que allí) admet divers degrés de comparaison: tan allá aussi loin; no tan allá pas si loin; más allá plus loin; muy allá très loin. D'autre part, lorsque allá est suivi d'un complément de temps ou de lieu on peut, dans la plupart des cas, ne pas le traduire: allá en América en Amérique.

allanador, ra *adj* & *s* qui aplanit, aplanisseur, euse.

allanamiento *m* aplanissement (acción de poner llano) ▌FIG aplanissement; el allanamiento de las dificultades l'aplanissement des difficultés▌pacification *f* ▌DR violation *f*; allanamiento de morada violation de domicile▌soumission *f* à une décision judiciaire.

allanar *v tr* [▷ SIN] aplanir, niveler; allanar el suelo aplanir le sol ▌FIG aplanir, vaincre

(una dificultad) ■ FIG allanar el terreno déblayer le terrain ▌DR allanar la morada violer le domicile.

⬥ **allanarse** *v pr* s'effondrer, s'écrouler (derrumbarse) ▌FIG se soumettre, se plier; yo me allano a todo moi je me plie à tout.

SIN aplastar aplatir; alisar planer; nivelar niveler.

allegado, da *adj* ramassé, e; réuni, e (reunido) ▌proche, voisin, e (cercano) ▌proche; en los círculos allegados a la presidencia dans les millieux proches de la présidence.

⬥ *adj* & *s* proche, parent, e; mis allegados mes proches ▌partisan, e (partidario) ▌intime de (a una casa, etc.).

⬥ **allegados** *m pl* entourage *sing*; los allegados al ministro l'entourage du ministre.

allegador, ra *adj* qui rassemble.

⬥ **allegador** *m* râteau, herse *f* (rastro) ▌tisonnier (hurgón).

allegamiento *m* assemblage, réunion *f*.

allegar [16] *v tr* ramasser, recueillir (recoger); allegar fondos recueillir des fonds ▌approcher, rapprocher (acercar) ▌AGRIC entasser (la parva trillada) ▌ajouter (añadir).

⬥ *v intr* arriver (llegar).

⬥ **allegarse** *v pr* s'approcher (acercarse) ▌adhérer à (adherirse).

allegretto *m* MÚS allegretto.

allegro *m* MÚS allegro.

allende *adv* au-delà de, de l'autre côté de; allende los mares au-delà des mers ▌outre, en outre (además) ▌outre, en plus de (fuera de).

allí *adv* là; es allí adonde voy c'est là que je vais ▌y; voy allí todos los días j'y vais tous les jours ▌alors (entonces) ■ allí están los voilà ▌FAM allí fue ello c'est alors que la chose arriva, ce fut le moment critique o décisif ▌aquí y allí ici et là.

alma *f* [▷ SIN] âme ▌âme; alma noble âme noble ▌FIG âme; no hay ni un alma il n'y a pas une âme, il n'y a pas âme qui vive; ciudad de cien mil almas ville de cent mille âmes▌âme; es el alma del partido il est l'âme du parti ▌foyer *m*; el alma de la revolución está en París le foyer de la révolution est à Paris ▌baliveau (de cañón, de un cable) ▌MÚS âme (de un violín) ■ alma bendita simple d'esprit ▌FIG & FAM alma de cántaro cruche, gourde ▌alma de Dios bonne âme ▌alma en pena âme du Purgatoire, âme en peine (fig) ▌alma gemela âme sœur ▌FAM alma mía mon chou, mon chéri (querido), bon sang! (por Dios) ▌alma viviente âme qui vive ▌con el alma, con toda el alma de grand cœur, de tout cœur, de toute son âme ▌con el alma y la vida de tout cœur ▌de mi alma de mon cœur ▌en cuerpo y alma corps et âme ▌en lo más hondo de mi alma au plus profond de mon cœur ■ FIG caérsele a uno el alma a los pies s'effondrer ▌dar el alma rendre l'âme ▌dar el alma al diablo donner son âme au diable ▌dolerle a uno el alma avoir le cœur déchiré o brisé ▌FAM echarse el alma a las espaldas se moquer de tout ▌entregar uno el alma, entregar el alma a Dios rendre l'âme, rendre l'esprit ▌estar con el alma de Caribay ne savoir que faire, être comme l'âne de Buridan ▌estar con el alma en la boca être à l'agonie (morir) ▌estar con el alma en un hilo être mort d'inquiétude (in-

quieto), être plus mort que vif (de miedo) ▌FAM ir como alma que lleva el diablo filer comme un dératé, détaler, aller à fond de train, courir comme si on avait le diable à ses trousses ▌hablar al alma parler au cœur ▌llegar al alma aller droit au cœur ▌llevar el baile en el alma avoir la danse dans le sang ▌me da en el alma que no volverá j'ai le pressentiment qu'il ne reviendra pas ▌FIG no tener alma être sans cœur (ser duro) ▌partir el alma fendre le cœur o l'âme, déchirer le cœur ▌paseársele a uno el alma por el cuerpo ne pas s'en faire ▌recomendar el alma recommander son âme à Dieu ▌romper el alma tordre le cou ▌sentir en el alma regretter du fond du cœur o profondément, être désolé o navré ▌tener su alma en el almario avoir du cran ▌tocar en el alma aller droit au cœur.

OBSERV Bien que féminin, le mot alma doit être précédé au singulier de l'article masculin, el ou un.
SIN espíritu, ánimo esprit; inteligencia intelligence; instinto instinct; entendimiento entendement.

almacén *m* magasin, entrepôt (depósito); almacén nevera entrepôt frigorifique ▌magasin; los grandes almacenes les grands magasins ▌magasin (de un arma) ▌IMPR magasin ▌(Amer) épicerie *f* (tienda de comestibles).

almacenaje *m* magasinage (derecho) ▌emmagasinage.

almacenamiento *m* emmagasinage, stockage; estar encargado del almacenamiento de las mercancías être chargé du stockage des marchandises ▌stocks *pl*; hay almacenamientos de víveres il y a des stocks de víveres ▌INFORM almacenamiento de datos mise en mémoire o stockage de l'information.

almacenar *v tr* emmagasiner, stocker ▌FIG emmagasiner, accumuler (recuerdos, etc.).

almacenero *m* magasinier ▌(Amer) épicier.

almacenista *m* propriétaire d'un magasin o d'une boutique, marchand ▌entreposeur (de vino) ▌grossiste (mayorista).

almáciga *f* mastic *m* (resina) ▌AGRIC pépinière (semillero).

almacigado, da *adj* (Amer) roux, rousse; fauve.

almácigo *m* lentisque ▌AGRIC pépinière *f* (semillero).

almaciguero, ra *adj* & *s* pépiniériste.

almádana; almádena *f* masse, casse-pierres *m* (de cantero).

almadía *f* train *m* de bois (armadía).

almadiarse *v pr* avoir le mal de mer (marearse).

almadiero *m* conducteur [d'un train de bois].

almadraba *f* madrague (red) ▌pêche au thon (pesca) ▌pêcherie de thon, lieu *m* de pêche au thon (lugar de pesca).

almadrabero *m* madragueur, pêcheur de thon.

almadreña *f* sabot *m* (zueco).

almagesto *m* almageste.

almagra *f* ocre rouge.

almagradura *f* teinture en rouge.

almagral *m* terrain ocreux.

almagrar v tr teindre en rouge.

almagre m ocre f rouge.

almagrero, ra adj ocreux, euse (terreno).

Almagro n pr GÉOGR Almagro.

> EL FESTIVAL DE TEATRO DE ALMAGRO
>
> La ville d'Almagro, dans la communauté autonome de Castille-La Manche, organise chaque année, au mois de juillet, un festival de théâtre classique. Celui-ci se déroule en plein air, dans une magnifique cour des XVIᵉ et XVIIᵉ siècles, ornée de galeries et située sur la place centrale. On y joue toutes sortes de pièces classiques espagnoles et étrangères.

almajal m terrain planté de soude ‖ terrain marécageux (pantano).

almajaneque m mangonneau (máquina de guerra).

almalafa f haïk m.

almanaque m almanach ‖ annuaire (con datos económicos) ‖ calendrier; almanaque de taco calendrier à effeuiller.

almandina f almandine, escarboucle.

almanta f espace m entre deux files o deux sillons.

Almanzor n pr Almanzor.

almarada f (ant) stylet m (puñal) ‖ grande aiguille (aguja).

almarbatar v tr TECN assembler.

almarga f marne ‖ terrain m marné.

almarjal m touffe f de soude ‖ terrain planté de soude ‖ terrain marécageux.

almarjo m soude f (planta).

almarraja; almarraza f arrosoir m en verre.

almártaga f licou m (cabezada).

almártiga f; **almartigón** m licou m (cabezada).

almasilio m almasilium (metal).

almástiga f mastic m (resina).

almatriche m AGRIC rigole f (reguera).

almazara f moulin m à huile.

almazarero m meunier d'un moulin à huile.

almea f BOT flûteau m (azúmbar) ‖ écorce desséchée du styrax (corteza) ‖ almée (bailarina árabe).

almecina f micocoule [fruit du micocoulier].

almecino m BOT micocoulier.

almeja f ZOOL clovisse (molusco) ‖ almeja de río mye.

almejar m parc à clovisses.

almena f créneau m.

almenado, da adj crénelé, e.

almenaje m ensemble des créneaux.

almenar v tr créneler.

almenara f feu m de signal ‖ chandelier m (candelero).

almendra f amande; almendra amarga amande amère; almendra tostada amande grillée ‖ FIG & FAM caillou m (guijarro).

➤ **almendras** f pl pendeloques (araña, candelabro) ‖ almendras garapiñadas pralines.

almendrada f lait m d'amande.

almendrado m pâte f d'amandes.

almendral m amandaie f, bois d'amandiers (sitio poblado de almendros).

almendrera f BOT amandier m (almendro).

almendrero m BOT amandier (almendro) ‖ assiette f pour servir les amandes.

almendrilla f TECN lime à bout arrondi (lima) ‖ cailloutis m, gravier m (grava).

almendro m amandier (árbol).

almendrón m amandier des Antilles.

almendruco m amande f verte.

almenilla f découpure, dentelure (en la ropa).

Almería n pr GÉOGR Almería.

almeriense adj & s d'Almería.

almete m armet (casco).

almez m micocoulier (árbol).

almeza f micocoule [fruit du micocoulier].

almezo m micocoulier (árbol).

almiar m AGRIC gerbier, meule f (pajar).

almíbar m sirop; melocotones en almíbar pêches au sirop ‖ FAM estar uno hecho un almíbar être tout sucre et tout miel.

almibarado, da adj doucereux, euse (muy dulce) ‖ FIG & FAM mielleux, euse; doucereux, euse (meloso).

almibarar v tr confire, baigner dans du sirop.

almicantarat f ASTRON almicantarat m [cercle sur la sphère céleste].

almidón m amidon.

almidonado, da adj empesé, e; amidonné, e; un cuello almidonado un col empesé ‖ FIG & FAM tiré à quatre épingles (muy compuesto).

➤ **almidonado** m empesage.

almidonar v tr empeser, amidonner.

almidonería f amidonnerie.

almidonero, ra adj & s m amidonnier, ière.

almijar m séchoir à figues o à fruits.

almilla f gilet m, justaucorps m (jubón) ‖ TECN tenon m (espiga).

almimbar m mimbar (de mezquita).

alminar m minaret.

almiranta f vaisseau m amiral ‖ amirale, femme de l'amiral.

almirantazgo m amirauté f ‖ tribunal de l'amirauté.

almirante m amiral.

almirez m mortier en métal.
  ‖ OBSERV pl almireces.

almizcate m tour d'échelle, espace entre deux maisons.

almizclar v tr musquer.

almizcle m musc.

almizcleña f BOT muscari m, jacinthe musquée.

almizcleño, ña adj musqué, e; sentant le musc; pera almizcleña poire musquée.

almizclero, ra adj musqué, e; ratón almizclero rat musqué ‖ lirón almizclero muscardin.

➤ **almizclero** m porte-musc (rumiante).

➤ **almizclera** f desman m (roedor).

almocadén m (ant) capitaine.

almocafre m sarcloir, plantoir.

almocárabes; almocarbes m pl entrelacs.

almocela f aumusse f [espèce de capuchon].

almocrí m lecteur du Coran [dans les mosquées].

almodrote m sauce f à l'huile [pour les aubergines] ‖ FIG & FAM imbroglio (lio).

almófar m coiffe f de mailles métalliques [sous le casque].

almogávar m soldat qui faisait des razzias.

almogavarear v intr razzier.

almogavaría f troupe qui faisait des razzias.

almohada f oreiller m (de la cama) ‖ coussin m (para sentarse) ‖ taie d'oreiller (funda) ‖ ARQ bossage m (almohadilla) ‖ FIG & FAM hay que consultar con la almohada la nuit porte conseil.

almohadado, da adj ARQ bosselé, e; orné d'un bossage.

almohadazo m coup d'oreiller.

almohade adj & s almohade.

almohadilla f coussinet m, petit coussin m (cojincillo) ‖ sachet m; almohadilla perfumada sachet parfumé ‖ panneau m, coussin de bât (en los arreos) ‖ tampon m encreur (para sellar) ‖ pattemouille (para planchar) ‖ ARQ bosse (piedra) ‖ coussinet m (de la voluta jónica) ‖ (Amer) pelote (de alfileres) ‖ poignée (de la plancha).

almohadillado, da adj rembourré, e; capitonné, e (acolchado) ‖ ARQ bosselé, e; ornée de bossage.

➤ **almohadillado** m ARQ bossage; almohadillado achaflanado bossage à onglet; almohadillado rústico bossage rustique ‖ capitonnage (relleno).

almohadillar v tr ARQ orner de bossages, bosseler ‖ rembourrer, capitonner (acolchar).

almohadón m coussin; almohadones de pluma des coussins de plume ‖ ARQ coussinet (de un arco).

almohaza f étrille (para los caballos).

almohazador m valet d'écurie.

almohazar [13] v tr étriller.

almojarifazgo m (ant) ancien droit de douane.

almojarife m (ant) percepteur d'impôts (recaudador) ‖ douanier (aduanero).

almojaya f boulin m (albañilería).

almóndiga f boulette de viande.

almoneda f vente aux enchères (subasta) ‖ vente au rabais, soldes m pl (a bajo precio) ‖ antiquités pl (tienda) ‖ vender en almoneda vendre aux enchères.

almonedear v tr vendre aux enchères (subastar) ‖ vendre au rabais, solder (a bajo precio).

almoraduj; almoradux m BOT marjolaine f.

almorávide adj & s almoravide.

almorejo m panic (planta).

almorranas f pl hémorroïdes.

almorta *f* gesse (planta).

almorzada *f* jointée (hueco de las manos).

almorzado, da *adj* qui a déjà déjeuné.

almorzar [37] *v intr* déjeuner.
◇ *v tr* déjeuner de, manger au déjeuner; almorzar chuletas déjeuner de côtelettes.

almotacén *m* vérificateur des poids et mesures.

almotacenazgo *m* charge *f* (cargo), bureau (oficina) du vérificateur des poids et mesures.

almotacenía *f* droits *m pl* à payer au vérificateur des poids et mesures.

almozárabe *adj* & *s* mozarabe.

almud *m* almude [mesure valant soit 1, 76 l soit 4, 6 l, soit 28 l].

almudada *f* espace de terre où l'on pouvait semer un almude de grain.

almudí; almudín *m* halle *f* au blé (alhóndiga).

almuecín; almuédano *m* muezzin.

almuerzo *m* déjeuner (al mediodía) ▌ petit déjeuner (por la mañana).

> **OBSERV** Le mot almuerzo correspond au déjeuner de midi, bien qu'il soit employé dans certaines régions pour le petit déjeuner qui se traduit généralement par desayuno.

almunia *f* jardin *m* potager.

alnado, da *m* & *f* beau-fils *m* (hijastro), belle-fille *f* (hijastra).

¡aló! *interj* (*Amer*) allô! (teléfono).

alóbroge *adj* & *s* HIST allobroge.

alobunado, da *adj* semblable au loup.

alocación *f* ouverture; alocación de créditos ouverture de crédits.

alocadamente *adv* étourdiment.

alocado, da *adj* étourdi, e; es un niño alocado, lo olvida todo c'est un enfant étourdi, il oublie tout ▌ écervelé, e; es una persona demasiado alocada para que le confíes algo importante c'est une personne trop écervelée pour que tu lui confies quelque chose d'important ▌ irréfléchi, e; inconsidéré, e; un gesto alocado un geste irréfléchi ▌ lunatique, bizarre, maniaque (extraño).

alocar [10] *v tr* rendre fou, folle; égarer.
➥ **alocarse** *v pr* devenir fou, folle (volverse loco) ▌ FIG s'affoler; no hay que alocarse por tan poca cosa il ne faut pas s'affoler pour si peu.

alocución *f* allocution.

alodial *adj* DR allodial; bienes alodiales biens allodiaux.

alodio *m* DR franc-alleu, alleu.

áloe; aloe *m* aloès (planta y jugo).

alófono *m* allophone [variante combinatoire].

alógeno, na *adj* & *s* allogène.

aloína *f* QUÍM aloïne.

aloja *f* sorte d'hydromel ▌ (*Amer*) boisson rafraîchissante à base de caroubes fermentées.

alojado, da *adj* logé, e.
➥ **alojado** *m* soldat logé chez l'habitant.
◇ *m* & *f* (*Amer*) hôte, hôtesse (persona hospedada).

alojamiento *m* logement; boleta de alojamiento billet de logement ▌ MIL camp (campamento) ▌ dar alojamiento loger.

alojar *v tr* loger (hospedar) ▌ FIG loger (encajar); no puedo alojar tantos libros aquí je ne peux pas loger tous ces livres ici.
➥ **alojarse** *v pr* loger, se loger; alojarse en un hotel loger à l'hôtel ▌ MIL prendre position (situarse).

alojo *m* (*Amer*) logement.

alomado, da *adj* au dos arqué (caballo, mulo) ▌ AGRIC billonné, e.

alomar *v tr* AGRIC billonner, labourer par billons o en ados.

alómero, ra *adj* QUÍM allomère.

alomorfo, fa *adj* & *s* QUÍM & GRAM allomorphe.

alón *m* aile *f* (de ave).
◇ *adj m* à larges bords (sombrero) ▌ (*Amer*) ailé.

alondra *f* alouette (pájaro).

Alonso *n pr* Alphonse.

alópata *adj* & *s* allopathe (médico).

alopatía *f* MED allopathie.

alopecia *f* MED alopécie, pelade.

aloque *adj* & *s m* clairet, rosé (vino).

aloquecerse [30] *v pr* devenir fou, folle.

alosa *f* alose (sábalo) ▌ QUÍM allose.

alosauro *m* ZOOL allosaure.

alosna *f* BOT absinthe.

alotar *v tr* MAR prendre un ris.

alotropía *f* allotropie.

alotrópico, ca *adj* allotropique.

alpaca *f* alpaga *m* (animal y tejido); un traje de alpaca un costume en alpaga ▌ maillechort *m* (metal blanco).

alpañata *f* TECN polissoir *m* de cuir.

alpargata *f* espadrille.

alpargatado, da *adj* en forme d'espadrille ▌ avec des espadrilles.

alpargatar *v intr* faire des espadrilles.

alpargatazo *m* coup d'espadrille.

alpargate *m* espadrille *f* de chanvre.

alpargatería *f* fabrique, magasin *m* d'espadrilles.

alpargatero, ra *m* & *f* fabricant, e d'espadrilles ▌ marchand, e d'espadrilles.

alpargatilla *m* & *f* FIG & FAM carpette *f*, intrigant, e; lécheur, euse.

alpax *m* alpax (aleación).

alpechín *m* liquide résiduel du broyage des olives ▌ (*Amer*) jus d'écorce d'orange.

alpechinera *f* cuve d'évacuation [des moulins à huile].

alpende; alpendre *m* appentis (cobertizo).

alpenstock *m* alpenstock (palo de alpinista).

Alpes *n pr m pl* GEOGR los Alpes les Alpes; los Alpes franceses les Alpes françaises.

Alpes Dináricos *n pr m pl* GEOGR los Alpes Dináricos les Alpes o Chaînes Dinariques.

Alpes Dolomíticos *n pr m pl* GEOGR los Alpes Dolomíticos les Alpes Dolomites.

alpestre *adj* alpestre.

alpinismo *m* alpinisme (montañismo).

alpinista *m* & *f* alpiniste.

alpino, na *adj* alpin, e; raza alpina race alpine ▌ cordillera alpina chaîne des Alpes.

alpiste *m* BOT alpiste, millet long ▌ FIG & FAM pinard (vino), tord-boyaux (aguardiente) ▌ FAM gustarle a uno mucho el alpiste être très porté sur la bouteille, aimer le pinard.

alpistelarse *v pr* FIG & FAM se saouler.

alpistera *f* petite galette.

alpujarreño, ña *adj* & *s* des Alpujarras [montagnes du sud de l'Andalousie].

alquequenje *m* alkékenge, coqueret (planta).

alquería *f* ferme (granja) ▌ hameau *m* (aldea).

alquermes *m* alkermès (licor).

alquicel *m* manteau mauresque.

alquilable *adj* à louer.

alquilar *v tr* louer; alquilar un piso en 100 000 pesetas louer un appartement 100 000 pesetas; alquilar por horas, por meses louer à l'heure, au mois ▌ piso por alquilar appartement à louer ▌ se alquila à louer ▌ FAM será cosa de alquilar balcones c'est à ne pas manquer o rater.

alquiler *m* location *f*; coche de alquiler voiture de location ▌ loyer; hay que pagar el alquiler del piso il faut payer le loyer de l'appartement ▌ location *f*; el alquiler de este aparato es caro la location de cet appareil est chère ■ alquiler con opción a compra location-vente ▌ alquiler trimestral terme (de una casa) ▌ casa de alquiler maison de rapport ▌ de alquiler en location, à louer (pisos), de louage (ant), de location (coches), à louer (animales o cosas).

alquimia *f* alchimie.

alquimila *f* alchimille (planta).

alquimista *m* alchimiste.

alquitara *f* alambic *m* (alambique) ▌ FIG & FAM por alquitara au compte-gouttes.

alquitarar *v tr* distiller (destilar) ▌ FIG alambiquer; estilo alquitarado style alambiqué.

alquitira *f* BOT tragacanthe *m*.

alquitrán *m* goudron; alquitrán mineral goudron de houille.

alquitranado *m* MAR toile *f* goudronnée ▌ goudronnage (acción de alquitranar); el alquitranado de las carreteras le goudronnage des routes.

alquitranador, ra *adj* & *s* goudronneur, euse.
➥ **alquitranadora** *f* goudronneuse (máquina).

alquitranar *v tr* goudronner ▌ máquina de alquitranar goudronneuse.

alrededor *adv* autour, tout autour; girar alrededor de la mesa tourner autour de la table ▌ aux alentours, alentour; un vago rondaba alrededor de la casa un vagabond rodait aux alentours de la maison ▌ FAM alrededor de environ, à peu près, autour de, dans les; alrededor de mil pesos environ mille pesos; aux environs de, à... environ; llegó alrededor de las nueve il est arrivé à neuf heures environ.
➥ **alrededores** *m pl* [▷ SIN] alentours, environs; los alrededores de París les environs de Paris.

OBSERV Autour designa una zona circular y precisa, mientras que aux alentours sólo una zona vaga, más o menos cercana y circular. **SIN** cercanías, contornos alentours; afueras abords.

Alsacia *n pr f* **GEOGR** Alsace.

alsaciano, na *adj & s* alsacien; enne.
● **alsaciano** *m* **LING** alsacien.

álsine *f* **BOT** mouron *m*.

alta *f* bulletin *m* de sortie; ya tengo el alta del hospital j'ai déjà le bulletin de sortie de l'hôpital ‖ entrée (ingreso en un oficio, etc.) ‖ billet *m* d'entrée (de ingreso) ‖ incorporation (en una actividad) ‖ **MIL** inscription [d'une recrue]; entrée en service actif ‖ ancienne danse de cour ■ dar de alta inscrire ‖ dar de o el alta donner l'exeat (a un enfermo) ‖ darse de alta s'inscrire ‖ **MIL** ser alta entrer o rentrer en service actif.

altabaquillo *m* liseron (planta).

altaico, ca *adj* altaïque (raza).

altamente *adv* hautement; altamente satisfecho hautement satisfait.

altanería *f* haut vol (caza) ‖ **FIG** orgueil *m*, fierté (orgullo) ‖ morgue, arrogance; me contestó con altanería il m'a répondu avec arrogance.

altanero, ra *adj* de haut vol (ave de rapiña) ‖ **FIG** hautain; altier, ère (altivo) ‖ orgueilleux, euse; fier, ère (orgulloso).

altanos *m pl* vents variables.

altar *m* autel ‖ reposoir (altar temporal) ‖ **MIN** autel (de horno) ‖ gradin de mine (grada) ‖ altar mayor maître-autel ‖ **FIG** poner en un altar mettre sur un piédestal, porter au pinacle (elogiar).

altaverapacense *adj & s* de Alta Verapaz (Guatemala).

altavoz *m* haut-parleur; altavoces potentes des hauts-parleurs puissants.
‖ **OBSERV** pl altavoces.

altea *f* althaea, guimauve (planta).

alterabilidad *f* altérabilité.

alterable *adj* altérable.

alteración *f* altération ‖ émeute, tumulte *m* (motín) ‖ dispute, querelle (altercado) ‖ dérèglement *m* (del pulso) ‖ alteración del orden désordre, trouble.

alterado, da *adj* altéré, e ‖ **FIG** altérée, e (voz, cara) ‖ ému, e; troublé, e (una persona) ‖ modifié, e (modificado).

alterante *adj* altérant, e.

alterar *v tr* [▷ **SIN**] altérer, changer.
● **alterarse** *v pr* s'altérer ‖ s'émouvoir, se troubler (turbarse); no alterarse por nada ne s'émouvoir de rien ‖ se fâcher, se mettre en colère (enojarse) ‖ s'énerver, s'agiter (excitarse); ¡no te alteres! ne t'énerve pas! ‖ (Amer) être altéré, avoir soif ‖ se altera con la humedad craint l'humidité (medicina, etc.).
‖ **OBSERV** Le verbe transitif espagnol alterar n'a pas comme en français le sens de donner soif.
‖ **SIN** bastardear abâtardir; desnaturalizar, desvirtuar dénaturer; viciar vicier.

altercación *f*; **altercado** *m* altercation *f*, démêlé *m*.

altercante *adj* qui se querelle, en litige.

altercar [10] *v intr* se quereller, se disputer.

álter ego *m* alter ego.

alternable *adj* qui peut être alterné.

alternación *f* alternance.

alternadamente *adv* alternativement.

alternado, da *adj* alterné, e.

alternador *m* **ELECTR** alternateur.

alternancia *f* alternance.

alternante *adj* alternant, e.

alternar *v tr* alterner; alternar trabajos alterner des travaux ‖ faire alterner; alterno el trabajo con el descanso je fais alterner le travail et le repos ‖ **AGRIC** alternar cultivos assoler.
◇ *v intr* alterner, se relayer; alternar en un trabajo se relayer dans un travail ‖ fréquenter; alternar con los sabios fréquenter les savants ‖ sortir; a esta chica le gusta mucho alternar cette jeune fille aime beaucoup sortir ‖ **MAT** intervertir [les termes de deux fractions].
● **alternarse** *v pr* se relayer; nos alternamos en el volante nous nous relayons au volant.

alternativa *f* alternance, alternative (sucesión) ‖ alternative, choix *m*; dejar una alternativa laisser le choix ‖ solution alternative [investiture accordée à un **novillero** par un **matador**].

alternativamente *adv* alternativement, tour a tour, à tour de rôle.

alternativo, va *adj* alternatif, ive; cultivo alternativo culture alternative ‖ huelga alternativa grève tournante.

alterne *m* **FAM** contact (trato) ‖ **FIG** tournée *f* des bars ‖ bar de alterne bar à hôtesses.

alterno, na *adj* alternatif, ive; corriente alterna courant alternatif ‖ alterne; hojas alternas, ángulos alternos externos feuilles alternes, angles alternes externes ‖ clases alternas cours un jour sur deux, cours trois fois par semaine o tous les deux jours.

altero *m* (Amer) tas, pile *f*.

alteza *f* altesse (tratamiento); su alteza real votre altesse royale ‖ hauteur (altura) ‖ **FIG** grandeur, élévation (de sentimientos, etc.).

altibajo *m* coup de haut en bas (esgrima).
● **altibajos** *m pl* aspérités *f*, inégalités *f* (de un terreno) ‖ **FIG & FAM** hauts et bas, vicissitudes *f*; los altibajos de la política les hauts et les bas de la politique.

altillano *m*; **altillanura** *f* (Amer) plateau *m* (meseta, altiplanicie).

altillo *m* coteau, colline *f* (cerrillo) ‖ (Amer) combles *pl*, soupente *f* (desván) ‖ entresol (entresuelo).

altilocuencia *f* grandiloquence.

altilocuente; altílocuo, cua *adj* grandiloquent, e.

altimetría *f* altimétrie.

altímetro, tra *adj* altimétrique.
● **altímetro** *m* altimètre.

altipampa *f* (Amer) haut plateau *m*.

altiplanicie *f* haut plateau *m* (meseta).

altiplano *m* (Amer) haut plateau (altiplanicie).

altísimo, ma *adj* très haut, e; très élevé, e (cosa) ‖ très grand, e (persona) ‖ altissime.

● **altísimo** *m* el Altísimo le Très-Haut.

altisonancia *f* emphase (del estilo) ‖ grandiloquence (de un discurso).

altisonante; altísono, na *adj* pompeux, euse; ronflant, e; emphatique (estilo) ‖ grandiloquent, e; pompeux, euse (discurso) ‖ ronflant, e (apellido).

altitonante *adj* tonnant, e; Júpiter altitonante Jupiter tonnant.

altitud *f* altitude.

altivamente *adv* de manière altière o hautaine.

altivarse; altivecerse *v pr* s'enorgueillir.

altivez; altiveza *f* hauteur, arrogance, morgue.

altivo, va *adj* hautain, e; altier, ère; arrogant, e.

alto, ta *adj* grand, e; una mujer alta, un árbol alto une grande femme, un grand arbre ‖ haut, e; élevé, e; la torre Eiffel es muy alta la tour Eiffel est très haute ‖ haut, e; el Alto Rin le Haut-Rhin; el alto Egipto la Haute-Égypte ‖ **HIST** haut, e; alta Edad Media haut Moyen Âge ‖ élevé, e; los pisos altos les étages élevés ‖ fort, e; voz alta voix forte ‖ haut, e (mar) ‖ en crue; el río está alto la rivière est en crue ‖ poussé, e; haut, e; altos estudios de matemáticas études poussées de mathématiques ‖ **FIG** haut, e; tener alta idea de sus méritos avoir une haute idée de ses mérites ‖ haut placé, e (personalidad) ‖ élevé, e; altos sentimientos sentiments élevés; precios altos prix élevés ‖ beau, belle; el más alto ejemplo de patriotismo le plus bel exemple de patriotisme ‖ (Amer) court, e (vestido) ■ alta sociedad grand monde ‖ alta traición haute trahison ‖ alto personal hauts fonctionnaires ‖ a altas horas de la noche à une heure très avancée de la nuit ‖ en alta mar en haute mer ‖ en las altas esferas en haut lieu ‖ en voz alta à voix haute ‖ fiesta alta fête mobile.
● **alto** *m* hauteur *f*, haut; mesa de metro y medio de alto table d'un mètre et demi de hauteur o de haut ‖ hauteur *f*, colline *f* ‖ étage élevé; vivir en un alto habiter à un étage élevé ‖ **MÚS** alto ‖ halte *f* (parada); hacer alto faire halte ‖ (Amer) tas (montón) ■ desde lo alto de du haut de ‖ los altos y los bajos les hauts et les bas.
● **alto** *adv* haut; poner un libro muy alto mettre un livre très haut ‖ à haute voix; hablar alto parler à haute voix ■ de alto abajo de haut en bas ‖ de lo alto d'en haut ‖ en lo alto tout en haut ‖ por todo lo alto de premier ordre ‖ conseguir el alto el fuego obtenir le cessez-le-feu ‖ hacer algo por lo alto faire quelque chose en grand ‖ mantener en alto maintenir bien haut ‖ pasar por alto passer sous silence, passer sur, sauter, laisser de côté (omitir), oublier, passer pardessus (olvidar) ‖ **FIG** poner muy alto porter aux nues, mettre sur un piédestal (alabar) ‖ se me pasó por alto cela m'a échappé ‖ tirar por alto compter largement (contar), ficher en l'air (tirar) ‖ ver las cosas de alto voir les choses de haut.
● **alto** *interj* halte!, stop! ‖ ¡alto ahí! halte-là!

altocúmulo *m* altocumulus (meteorología).

altoestrato *m* altostratus (meteorología).

altoparlante *m* (*Amer*) haut-parleur (altavoz).

altorrelieve *m* haut-relief.

altozano *m* monticule, mamelon (cerro) ‖ lieu le plus élevé d'une ville ‖ (*Amer*) parvis.

altramuz *m* lupin (planta).
■ **OBSERV** pl altramuces.

altruismo *m* altruisme.

altruista *adj & s* altruiste.

altruistamente *adv* avec altruisme, de manière altruiste.

altura *f* altitude; las nubes circulan a gran altura les nuages passent à haute altitude ‖ hauteur; la altura de un peldaño la hauteur d'une marche ‖ hauteur, haut *m*; un poste de cinco metros de altura un poteau de cinq mètres de haut ‖ **MAT** hauteur; altura de un prisma hauteur d'un prisme ‖ hauteur, niveau *m*; estar a la misma altura être au même niveau ‖ **FIG** mérite *m*, valeur ‖ élévation (de sentimiento) ■ altura del barómetro hauteur barométrique ‖ altura de miras largeur de vues ‖ **ASTRON** altura meridiana hauteur méridienne ■ barco de altura bateau de haute mer (pesquero), long-courrier (de viajeros) ‖ navegación de altura navigation hauturière o au long cours ‖ pesca de altura pêche hauturière o en haute mer ‖ piloto de altura pilote hauturier ‖ salto de altura saut en hauteur ‖ un programa de altura un programme à la hauteur ‖ **FIG** a estas alturas maintenant, à présent, à l'heure actuelle ‖ a la altura de las circunstancias à la hauteur des circonstances ■ **FIG & FAM** quedar a la altura del betún o de una zapatilla o de un poroto (americanismo) être au-dessous de tout.
➥ **alturas** *f pl* hauteurs, hauts sommets *m* [cumbres]; hay nieve en las alturas il y a de la neige sur les hauteurs ‖ gloria a Dios en las alturas y paz en la tierra a los hombres de buena voluntad gloire à Dieu au plus haut des cieux et paix sur la terre aux hommes de bonne volonté.

alúa *f* (*Amer*) cucuje *m* (insecto).

aluato *m* **ZOOL** singe hurleur, alouate.

alubia *f* haricot *m* (judía).

alucinación *f* hallucination.

alucinado, da *adj & s* halluciné, e.

alucinamiento *m* hallucination *f* ‖ tromperie *f* (engaño) ‖ égarement (error).

alucinante *adj* hallucinant, e ‖ trompeur, euse (engañoso) ‖ **FIG & FAM** hallucinant, e; dingue.

alucinar *v tr* halluciner ‖ leurrer, tromper.

alucinógeno, na *adj & s m* hallucinogène.

alucita *f* alucite (insecto).

alucón *m* hulotte *f*, chat-huant (ave).

alud *m* avalanche *f*.

aluda *f* **ZOOL** fourmi ailée.

aludido, da *adj* dont on a parlé, en question, mentionné, e; la persona aludida la personne en question ‖ **FIG** darse por aludido se sentir visé ‖ no darse por aludido faire la sourde oreille.

aludir *v intr* parler de, faire allusion à (hablar de); no ha aludido a este negocio il n'a

pas parlé de cette affaire ‖ se référer à, renvoyer à (referirse en un texto).

alujar *v tr* (*Amer*) faire briller.

alumbrado, da *adj* éclairé, e; alumbrado con gas éclairé au gaz ‖ **FAM** éméché, e; gris, e (achispado) ‖ aluné, e (con alumbre).
◇ *adj & s* illuminé, e (hereje).
➥ **alumbrado** *m* éclairage; alumbrado eléctrico éclairage électrique ‖ éclairage (de un coche).

alumbramiento *m* éclairage, éclairement (acción de alumbrar) ‖ source *f* (fuente) ‖ accouchement, mise *f* au monde, heureux événement (parto) ‖ el alumbramiento de la Virgen l'enfantement de la Vierge.

alumbrante *adj* qui éclaire.
◇ *m* allumeur (teatro).

alumbrar *v tr* éclairer; el Sol nos alumbra le Soleil nous éclaire; alumbrar la sala con gas éclairer la salle au gaz; voy a alumbrarte je vais t'éclairer ‖ rendre la vue (a un ciego) ‖ **FIG** découvrir [des eaux souterraines] ‖ éclairer, instruire (enseñar) ‖ **FIG & FAM** frapper, maltraiter ‖ **TECN** aluner, plonger dans l'alun ‖ (*Amer*) mirer (un huevo).
◇ *v intr* enfanter, mettre au monde (parir) ‖ éclairer; esta lámpara alumbra bien cette lampe éclaire bien.
➥ **alumbrarse** *v pr* **FAM** se griser, s'enivrer.

alumbre *m* alun.

alumbrera *f* alunière (mina de alumbre).

alúmina *f* **QUÍM** alumine.

aluminar *v tr* **TECN** aluminer.

aluminato *m* **QUÍM** aluminate.

aluminio *m* aluminium ‖ papel de aluminio papier (d')aluminium.

aluminita *f* **QUÍM** aluminite.

aluminosis *f inv* **CONSTR** maladie du ciment alumineux, qui provoque l'écroulement des bâtiments.

aluminoso, sa *adj* alumineux, euse.

aluminotermia *f* aluminothermie.

alumnado *m* effectif scolaire, ensemble des élèves.

alumno, na *m & f* élève; un alumno modelo un élève modèle.

alunado, da *adj* lunatique (lunático) ‖ fou, folle (loco) ‖ **VETER** lunatique.

alunarado, da *adj* tacheté, e (res).

alunarse *v pr* se gâter (la carne) ‖ s'envenimer (las heridas).

alunífero, ra *adj* alunifère.

alunita *f* alunite (mineral).

alunizaje *m* alunissage.

alunizar [13] *v intr* alunir.

alusión *f* allusion ‖ alusión personal attaque personnelle.

alusivo, va *adj* allusif, ive.

alustrar *v tr* polir, lustrer (lustrar).

aluvial *adj* alluvial, e; terrenos aluviales terrains alluviaux.

aluvión *m* crue *f* (inundación) ‖ alluvion *f* ‖ **FIG** multitude, foule (gran cantidad) ‖ tierra de aluvión alluvions ‖ **FAM** un aluvión de improperios un torrent d'injures.

alveario *m* conduit auditif externe.

álveo *m* lit (madre de un río).

alveolado, da *adj* alvéolé, e.

alveolar *adj* alvéolaire ‖ **GRAM** dental, e (sonido) ‖ arco alveolar arcade dentaire.

alveolo; alvéolo *m* alvéole.

alverja *f* (*Amer*) petit pois.

alverjilla; alverjita *f* (*Amer*) pois *m* de senteur (guisante de olor).

alvino, na *adj* **ANAT** alvin, e.

alza *f* hausse; el alza de los precios la hausse des prix ‖ hausse (de un arma de fuego) ‖ **IMPR** hausse ‖ vanne (puerta de esclusa) ■ **FAM** estar en alza avoir la cote ‖ jugar al alza jouer à la hausse (en la Bolsa).

alzacuello *m* rabat, collet (de eclesiástico).

alzada *f* hauteur au garrot (de los caballos) ‖ pâturage *m* d'été (pasto) ‖ **DR** pourvoi *m*, recours *m*, appel *m* (apelación) ‖ caballo de mucha, poca alzada cheval haut, bas sur pattes.

alzadamente *adv* à forfait.

alzado, da *adj* qui fait une banqueroute frauduleuse ‖ (*Amer*) fugitif, ive; sauvage (montaraz) ‖ en rut, en chaleur (en celo) ‖ arrogant, e; insolent, e ‖ rebelle (rebelde) ‖ a tanto alzado à forfait.
➥ **alzado** *m* **ARQ** levé, tracé (proyección) ‖ hauteur (altura) ‖ **IMPR** brochage, assemblage ‖ máquina de alzado machine à brocher.

alzador *m* **IMPR** atelier o salle *f* d'assemblage (taller) ‖ assembleur (obrero).

alzadora *f* (*Amer*) bonne d'enfants (niñera).

alzamiento *m* action *f* de lever o de soulever (levantamiento) ‖ soulèvement; un alzamiento popular un soulèvement populaire ‖ levée *f* de boucliers (contra una autoridad) ‖ surenchère *f* (puja) ‖ **COM** banqueroute *f* frauduleuse ‖ **IMPR** assemblage.

alzapaño *m* patère *f* (gancho) ‖ embrasse *f* (para cortinas).

alzaprima *f* levier *m* (palanca) ‖ cale, coin *m* (para realzar) ‖ (*Amer*) haquet *m* (para transportar toneles) ‖ éfourceau *m* (para transportar troncos de árboles) ‖ courroie des éperons (de las espuelas).

alzaprimar *v tr* soulever (con una palanca) ‖ **FIG** soulever, exciter.

alzapuertas *m* **TEATR** figurant, utilité *f*.

alzar [13] *v tr* lever; alzar la mano lever la main ‖ élever, hausser (una pared, la voz) ‖ relever (una cosa o una persona caída, el cuello de un abrigo) ‖ soulever (a poca altura) ‖ enlever (quitar) ‖ dresser; alzar un plano dresser un plan ‖ lever (la caza) ‖ **FIG** soulever (sublevar) ‖ lever (un castigo, el embargo, etc.) ‖ **AGRIC** rentrer; alzar la cosecha rentrer les récoltes ‖ donner un premier labour (arar) ‖ élever (la hostia) ‖ **IMPR** assembler ■ ¡alza! bravo! ‖ (*Amer*) alzar pelo a hésiter devant, craindre ‖ alzar con una cosa s'emparer d'une chose, rafler, embarquer quelque chose **FAM** ‖ alzar el vuelo prendre son vol o son essor (volar), mettre les voiles (irse) ‖ alzar velas mettre à la voile.
➥ **alzarse** *v pr* se lever (levantarse) ‖ se relever (del suelo) ‖ s'élever (sobresalir) ‖ s'emparer; alzarse con los fondos s'emparer des fonds ‖ **FIG** se soulever; el ejército se ha alzado contra el gobierno l'armée s'est sou-

levée contre le gouvernement ‖ s'élever; alzarse contra el orden establecido s'élever contre l'ordre établi ‖ faire Charlemagne (en el juego) ‖ COM faire une banqueroute frauduleuse (quebrar) ‖ DR faire o interjeter appel, se pourvoir ‖ (Amer) s'enfuir, retourner à l'état sauvage (un animal) ‖ s'enfuir, gagner le maquis (personas) ‖ se alzó con el santo y la limosna il a tout embarqué.

a.m. (abrev escrita de ante meridiem) a.m.

ama f maîtresse de maison (señora de la casa) ‖ propriétaire, maîtresse (propietaria) ‖ maîtresse, patronne (para los criados) ‖ gouvernante (de un soltero) ■ (Amer) ama de brazos nourrice ‖ ama de casa maîtresse de maison ‖ ama, ama de cría o de leche nourrice ‖ ama de gobierno, ama de llaves gouvernante ‖ ama seca nourrice sèche.

amabilidad f amabilité, gentillesse; es de una gran amabilidad il est d'une grande amabilité; le agradezco por su amabilidad je vous remercie de votre gentillesse ‖ tenga la amabilidad de pasar donnez-vous la peine d'entrer.

amabilísimo, ma adj très aimable.

amable adj [▷ SIN] aimable; el ministro ha sido muy amable conmigo le ministre a été très aimable avec moi ‖ gentil, ille; es un profesor muy amable c'est un professeur très gentil ■ amable a o con o para con todos aimable avec o envers tous ‖ amable de carácter d'un caractère aimable ‖ ha sido usted muy amable viniendo c'est très aimable o gentil à vous d'être venu ‖ ¿sería usted tan amable de…? voudriez-vous être assez aimable pour…?, voulez-vous avoir l'amabilité o l'obligeance de…?

> SIN agradable agréable; servicial serviable, avenant; atento plein d'attentions; gentil gentil; afable affable; cordial cordial; encantador adorable.

amablemente adv aimablement.

amacayo m (Amer) sorte d'amaryllis f (planta).

amachambrarse; amachinarse v pr FAM (Amer) se coller (amancebarse).

amachetar; amachetear v tr frapper à coups de machette.

amachinarse ► amachambrarse.

amacho adj & m (Amer) éminent, e; remarquable.

amacigado, da adj jaune, jaunâtre.

amacizar [13] v tr (Amer) bourrer, remplir.

amacollar v intr former une touffe (plantas).
— **amacollarse** v pr former une touffe.

amadamado, da adj maniéré, e (amanerado).

Amadeo n pr Amédée.

amado, da adj & s aimé, e; bien-aimé, e; chéri, e.

amadrigar [16] v tr FIG faire bon accueil à.
— **amadrigarse** v pr se terrer (en la madriguera) ‖ FIG s'enterrer, s'isoler, vivre retiré (retraerse).

amadrinamiento m accouplement, attelage à deux (de caballos) ‖ FIG parrainage (apadrinamiento).

amadrinar v tr attacher par le mors, atteler ensemble (dos caballos) ‖ FIG parrainer (apadrinar).

amaestrado, da adj dressé, e (animal) ‖ savant, e; pulga amaestrada puce savante.

amaestrador, ra adj & s dresseur, euse.

amaestramiento m dressage.

amaestrar v tr dresser.

amagamiento m (Amer) ravin (quebrada).

amagar [16] v intr être sur le point de, promettre de (estar una cosa a punto de) ‖ s'annoncer; amaga un día hermoso une belle journée s'annonce ‖ menacer, s'annoncer; amaga una tempestad un orage menace ‖ se déclarer (una enfermedad) ‖ esquisser; amagar una sonrisa esquisser un sourire ‖ amagar y no dar promettre et ne pas donner, menacer sans frapper.
— **amagarse** v pr FAM se cacher (esconderse).

amago m menace f, signe (amenaza) ‖ MED symptôme (de una enfermedad) ‖ attaque f simulée, feinte f ‖ signe, commencement (comienzo) ‖ semblant, geste; hizo un amago de il fit semblant de o le geste de ‖ tentative f; sólo hemos oído hablar de amagos de industrialización nous n'avons entendu parler que de tentatives d'industrialisation.

amainar v tr MAR amener (las velas).
<> v intr se calmer; amaina el temporal la tempête se calme ‖ tomber; el viento amaina le vent tombe ‖ FIG modérer, réduire; amainar en sus pretensiones modérer ses prétentions.

amaine m apaisement ‖ FIG modération f.

amajadar v tr & intr AGRIC parquer (rebaños) ‖ rentrer dans la bergerie.

¡amalaya!; ¡amalhaya! interj (Amer) je l'espère!, que Dieu vous entende!

amalayar; amalhayar v tr (Amer) désirer, convoiter (anhelar).

amalgama f amalgame m.

amalgamar v tr amalgamer.

amalgamiento m amalgamation f.

Amalia ► Amelia.

Amaltea n pr MITOL Amalthée.

amamantamiento m allaitement.

amamantar v tr allaiter, nourrir au sein.

amán m aman, grâce f, pardon.

amancay m sorte de narcisse jaune.

amancebamiento m concubinage.

amancebarse v pr vivre en concubinage.

amancillar v tr tacher (manchar).

amanecer [30] v impers faire jour, se lever [le jour], poindre [le jour]; amanece tarde en invierno le jour se lève tard en hiver, il fait jour tard en hiver ‖ amaneciendo au lever du jour, au point du jour.
<> v intr arriver au lever du jour; amanecimos en París au lever du jour nous arrivâmes à Paris ‖ apparaître [à l'aube, au point du jour]; el jardín amaneció cubierto de nieve à l'aube, le jardin apparut couvert de neige ‖ se réveiller le matin; ayer amanecí con mucha fiebre hier matin je me suis réveillé avec une forte fièvre ‖ FIG apparaître, commencer à se manifester ‖ el día amaneció nublado à l'aube le ciel était couvert.

amanecer m; **amanecida** f point m du jour, aube f, lever m du jour; al amanecer au lever du jour.

amaneradamente adv avec affectation, avec des façons maniérées.

amanerado, da adj maniéré, e; affecté, e; una persona amanerada une personne maniérée ‖ (Amer) affable, courtois, e (atento).

amaneramiento m façons f pl maniérées, affectation f.

amanerarse v pr avoir une style affecté (un artista) ‖ faire des manières (una persona).

amanita f BOT amanite (hongo).

amanojar v tr botteler.

amansador, ra adj & s dresseur, euse; dompteur, euse (domador).
— **amansador** m (Amer) dresseur o dompteur de chevaux.
— **amansadora** f (Amer) poteau m auquel on attache les poulains ou les chevaux pour les dresser.

amansamiento m apprivoisement, domestication f.

amansar v tr [▷ SIN] dompter; amansar una fiera dompter une bête féroce ‖ apprivoiser; amansar una ardilla apprivoiser un écureuil ‖ FIG calmer, apaiser (sosegar, apaciguar) ‖ apprivoiser, maîtriser (domar) ‖ dompter (el carácter).
— **amansarse** v pr s'apprivoiser ‖ s'adoucir (ablandarse).

> SIN domesticar domestiquer; domar dompter; amaestrar dresser.

amante adj qui aime; amante de comer bien qui aime bien manger.
<> adj & s ami, e; amant, e; amante de la libertad ami de la liberté ‖ amoureux, euse; amante de la gloria amoureux de la gloire.
<> m amant ‖ MAR câble, filin.
<> f maîtresse.

amantillo m MAR balancine f.

amanuense m employé aux écritures, secrétaire (empleado) ‖ copiste.

amanzanar v tr (Amer) lotir [un terrain].

amañar v tr combiner, truquer ‖ truquer (las elecciones).
— **amañarse** v pr se débrouiller, s'arranger, s'ingénier; siempre te las amañas para conseguir lo que quieres tu t'arranges toujours pour arriver à tes fins.

amaño m adresse f, dispositions f pl (maña) ‖ FIG ruse f, astuce f (treta, ardid).
— **amaños** m pl outils (herramientas, aperos).

amapola f BOT coquelicot m ‖ rojo como una amapola rouge comme un coquelicot o une pivoine.

amar [1] v tr aimer; amar al prójimo aimer son prochain; amar con locura aimer à la folie.

> OBSERV Le verbe espagnol amar s'emploie beaucoup moins que le verbe français aimer, il correspond à des sentiments plus abstraits (aimer sa patrie, etc.). Il n'a jamais le sens d'apprécier (aimer une chose) et rarement celui de chérir (aimer quelqu'un); dans ce dernier sens son emploi est poétique ou prétentieux.
> SIN querer chérir; gustar plaire; aficionarse, encariñarse s'attacher; amartelarse être mordu pour; adorar adorer; idolatrar idolâtrer; apa-

sionarse se passionner; **chalarse**, FAM chiflarse por en pincer pour, avoir le béguin pour.

amaraje *m* amerrissage.

amarantáceas *f pl* BOT amarantacées.

amarantina *f* BOT sorte d'immortelle rouge.

amaranto *m* BOT amarante *f*.

amarar *v intr* amerrir.

amarchantarse *v pr* (*Amer*) devenir client.

amargado, da *adj* amer, ère ‖ FIG aigri, e; **persona amargada** personne aigrie.
◇ *m & f* personne qui broie du noir, personne aigrie, pessimiste.

amargamente *adv* amèrement.

amargar [16] *v intr* être amer; **esta fruta amarga** ce fruit est amer.
◇ *v tr* rendre amer (dar sabor amargo) ‖ FIG affliger, faire de la peine (afligir) ‖ aigrir; **los reveses de la fortuna le han amargado** les revers de fortune l'ont aigri ‖ peser; **me amarga la vida** la vie me pèse ■ **amargarle la vida a alguien** empoisonner la vie de quelqu'un, faire la vie dure à quelqu'un ‖ **a nadie le amarga un dulce** il ne faut pas se plaindre que la mariée est trop belle.

amargo, ga *adj* amer, ère; **almendra amarga** amande amère ‖ FIG amer, ère; triste; **un recuerdo amargo** un souvenir amer‖amer, ère; aigri, e; **un carácter amargo** un caractère aigri ‖ (*Amer*) indécis, e (flojo) ‖**lo amargo** les choses amères.
◆ **amargo** *m* amertume *f* (sabor amargo) ‖ amer (infusión) ‖ (*Amer*) maté amer.

amargor *m* amertume *f*.

amargoso, sa *adj* (*Amer*) amer, amère.

amargura *f* amertume (sabor) ‖ FIG amertume; **sus fracasos le han llenado de amargura** ses échecs l'ont rempli d'amertume ‖ ennui *m*; **darle a uno muchas amarguras** donner beaucoup d'ennuis à quelqu'un.

amariconado, da *adj* FAM & DESPEC efféminé, e.

amariconarse *v pr* FAM & DESPEC devenir efféminé.

amarilidáceas *f pl* BOT amaryllidacées.

amarilis *f* BOT amaryllis.

amarilla *f* FAM jaunet *m* (moneda) ‖ VETER maladie hépatique des moutons.

amarillar; amarillear [1]; **amarillecer** [30] *v intr* jaunir; **en otoño las hojas amarillean** en automne les feuilles jaunissent ‖ tirer sur le jaune (tirar a amarillo) ‖ pâlir, déteindre (palidecer).

amarillento, ta *adj* jaunâtre ‖ blême, jaune; **tener la tez amarillenta** avoir le teint jaune.

amarilleo *m* jaunissement.

amarillo, lla *adj* jaune; **raza amarilla** race jaune ‖ jaune, amaril, e; **fiebre amarilla** fièvre amarile ■ **amarillo como la cera** jaune comme un citron o comme un coing ‖ **ponerse amarillo** jaunir.
◆ **amarillo** *m* jaune (color); **amarillo claro** jaune clair ‖ assoupissement passager (de los gusanos de seda).

Amarillo *n pr* GEOGR **el río Amarillo** le fleuve Jaune; **el mar Amarillo** la mer Jaune.

amarilloso, sa *adj* (*Amer*) jaunâtre.

amarinar *v tr* MAR amariner ‖ faire mariner (en escabeche).

amariposado, da *adj* BOT papilionacé, e.

amaro *m* BOT marum, germandrée *f* (planta).

amaromar *v tr* amarrer (atar).

amarra *f* MAR amarre (cabo) ‖ martingale (de un arnés).
● **amarras** *f pl* FIG & FAM piston *m sing*, relations; **tener buenas amarras** avoir du piston ■ **largar amarras** larguer les amarres ‖**soltar las amarras** lâcher les amarres.

amarradero *m* MAR bitte *f* d'amarrage (poste) ‖ anneau d'amarre (argolla) ‖ poste d'amarrage (sitio donde se amarran los barcos).

amarradura *f* amarrage *m*.

amarraje *m* MAR droit d'amarrage (impuesto).

amarrar *v tr* amarrer (un barco) ‖ attacher; **amarra tus zapatos** attache tes chaussures; **amarrar un paquete** attacher un paquet ‖ attacher, ficeler, ligoter; **le amarraron a una silla** ils l'ont ligoté à une chaise ‖ lier (las gavillas) ‖ tricher (al barajar las cartas) ‖ **jugar muy amarrado** jouer à coup sûr (en el póker).
● **amarrarse** *v pr* FAM s'assurer ‖ attacher (los zapatos) ‖ (*Amer*) **amarrársela** prendre une cuite, se saouler.

amarre *m* tricherie *f* (al barajar las cartas) ‖ amarrage (amarradura).

amarrete *adj* (*Amer*) chiche, mesquin, e (tacaño).

amarteladamente *adv* passionnément.

amartelado, da *adj* épris, e ‖ amoureux, euse; **están muy amartelados** ils sont très amoureux.

amartelamiento *m* passion *f*, amour passionné; **ya no está en edad de amartelamientos** il n'a plus l'âge des passions.

amartelar *v tr* rendre jaloux, ouse (dar celos) ‖ rendre amoureux, euse (enamorar).
● **amartelarse** *v pr* s'éprendre passionnément de, être mordu pour (enamorarse).

amartillar *v tr* marteler (golpear) ‖ armer (armas de fuego).

amasadera *f* pétrin *m*.

amasadero *m* fournil (cuarto de la amasadera).

amasador, ra *adj & s* pétrisseur, euse ‖ MED masseur, euse (masajista).
● **amasadora** *f* malaxeur *m* (máquina).

amasadura *f*; **amasamiento** *m* pétrissage *m* ‖ pâte *f* (amasijo) ‖ MED massage *m* (masaje) ‖ malaxage *m* (industria lechera).

amasandería *f* (*Amer*) petite boulangerie.

amasandero *m & f* (*Amer*) boulanger, ère.

amasar *v tr* pétrir; **amasar el pan** pétrir le pain ‖ TECN gâcher [du plâtre, du mortier] ‖ MED masser (dar masajes) ‖ FIG composer, amalgamer ‖ amasser; **amasar una fortuna** amasser une fortune ‖ FIG & FAM combiner, tramer, machiner, manigancer (amañar).

amasia *f* (*Amer*) maîtresse (amante).

amasiato *m* (*Amer*) concubinage.

amasijo *m* pâte *f* pétrie (masa de harina) ‖ pétrissage (amasadura) ‖ gâchis, mortier (de yeso, cal, etc.) ‖ FIG & FAM fatras, ramassis (mezcolanza); **este libro es un amasijo de tópi-**

cos ce livre est un ramassis de lieux communs ‖ boulot, travail (tarea).

amateur *adj* DEP amateur.
▮ OBSERV *pl* amateurs.

amateurismo *m* DEP amateurisme.

amatista *f* améthyste (piedra).

amatorio, ria *adj* d'amour, amoureux, euse; **cartas amatorias** lettres d'amour.

amaurosis *f* MED amaurose (ceguera).

amauta *m* (*Amer*) sage indien.

amayorazgar *v tr* constituer en majorat.

amazacotado, da *adj* lourd, e; disgracieux, euse ‖ FIG lourd, e; indigeste, sans élégance (estilo); **autor de obras amazacotadas** auteur d'œuvres indigestes ‖ pâteux, euse; **un arroz con leche amazacotado** un riz au lait pâteux.

amazona *f* amazone, écuyère; **montar en amazona** o **a la amazona** monter en amazone o à l'écuyère ‖ FIG amazone (traje).

Amazonas *n pr m* GEOGR **el Amazonas** l'Amazone.

amazónico, ca; amazonio, nia *adj* amazonien, enne.

ambages *m pl* FIG ambages; **hablar sin ambages** parler sans ambages ‖ **andarse con ambages** prendre des détours.
▮ SIN circunloquio circonlocution; rodeo détour.

ámbar *m* ambre ‖ nectar (vino) ■ **ámbar gris** o **pardillo** ambre gris ‖ **ámbar negro** jais (azabache) **de ámbar** ambré, e (perfumado) ‖ **disco ámbar** feu orange (semáforo).

ambarar *v tr* ambrer (perfumar).

ambarino, na *adj* ambré, e.
● **ambarina** *f* (*Amer*) scabieuse (planta) ‖ ambréine (alcohol).

Amberes *n pr* GEOGR Anvers.

amberino, na *adj & s* anversois, e.

ambición *f* ambition.
▮ SIN pretensión prétention; codicia cupidité; ansia convoitise; apetito appétit; avidez avidité.

ambicionar *v tr* ambitionner.
▮ SIN ansiar, envidiar convoiter; aspirar a aspirer à; desear désirer; pretender prétendre.

ambiciosamente *adv* ambitieusement.

ambicioso, sa *adj & s* ambitieux, euse.

ambidextro, tra; ambidiestro, tra *adj & s* ambidextre.

ambientación *f* ambiance (ambiente) ‖ RAD bruitage *m* ‖ **ruido de ambientación** bruit de fond.

ambientador *m* désodorisant.

ambiental *adj* de l'environnement.

ambientar *v tr* baigner d'une certaine atmosphère, créer l'ambiance de; **ambientar una exposición** créer l'ambiance d'une exposition ‖ **un cuadro bien ambientado** un tableau où l'atmosphère est bien rendue.
● **ambientarse** *v pr* s'habituer, s'adapter, s'acclimater; **se ambienta rápidamente en todos los países** il s'acclimate rapidement dans tous les pays.

ambiente *adj* ambiant, e; **el aire ambiente** l'air ambiant ‖ **medio ambiente** environnement.
◇ *m* milieu ambiant, milieu environnant

‖ air ambiant, atmosphère; **ambiente cargado de humo** atmosphère enfumée ‖ FIG ambiance *f*, milieu (medio); **un ambiente intelectual** une ambiance intellectuelle ‖ ambiance *f*, atmosphère *f*; **aquí hay un ambiente desagradable** ici il y a une atmosphère désagréable ‖ climat; **un ambiente optimista** un climat optimiste ‖ atmosphère *f*; **no hay ambiente para trabajar** l'atmosphère n'incite pas au travail ‖ ambiance *f*; **no entres en esta sala de fiestas, no hay ambiente** n'entre pas dans cette boîte de nuit, il n'y a pas d'ambiance ‖ perspective *f* (en pintura) ‖ milieu (sector); **ambiente rural** milieu rural ‖ (*Amer*) pièce *f* (habitación).

ambigú *m* ambigu, repas froid, lunch (comida) ‖ buffet (lugar donde se sirve).

ambiguamente *adv* avec ambiguïté.

ambigüedad *f* ambiguïté.

ambiguo, gua *adj* [▷ SIN] ambigu, ë; **una contestación ambigua** une réponse ambiguë ‖ GRAM des deux genres.
‖ SIN **equívoco** équivoque; **anfibológico** amphibologique; FAM **turbio** louche.

ámbito *m* enceinte *f* (recinto) ‖ FIG milieu, atmosphère *f* (ambiente) ‖ cadre; **en el ámbito de la ley** dans le cadre de la loi ‖ **el ámbito nacional** le territoire national.

ambivalencia *f* QUÍM ambivalence.

ambivalente *adj* QUÍM ambivalent, e.

amblador, ra *adj* ambleur, euse (caballo).

ambladura *f* amble *m*; **paso de ambladura** amble.

amblar *v intr* ambler, aller l'amble.

ambliopía *f* MED amblyopie.

amblístoma *m* ZOOL amblystome.

ambo *m* ambe (lotería) ‖ (*Amer*) costume deux pièces.

ambón *m* lutrin (púlpito) ‖ ARQ ambon.

ambos, as *adj pl* les deux; **llegaron ambos hermanos** les deux frères arrivèrent ‖ **ambos a dos** les deux ensemble o en même temps ‖ **de ambas partes** de part et d'autre ‖ **por ambos lados** des deux côtés.
◇ *pron pl* tous deux, toutes deux, tous les deux, toutes les deux; **ambos vinieron** ils sont venus tous les deux.
‖ OBSERV Ce mot s'emploie lorsqu'il s'agit de personnes ou de choses qui vont généralement par paires: **con ambas manos** avec les deux mains, à deux mains.

ambrosía *f* ambroisie (manjar) ‖ FIG nectar *m*, ambroisie (cosa o manjar delicioso).

ambrosíaco, ca *adj* ambrosiaque; **perfume ambrosíaco** parfum ambrosiaque.

ambrosiano, na *adj* ambrosien, enne (de San Ambrosio); **rito, canto ambrosiano** rite, chant ambrosien; **biblioteca ambrosiana** bibliothèque Ambrosienne.

Ambrosio *n pr* Ambroise.

ambulacro *m* allée *f* (paseo plantado de árboles) ‖ ambulacre (de los equinodermos).

ambulancia *f* ambulance ‖ **ambulancia de correos** bureau ambulant [poste].

ambulanciero, ra *m & f* ambulancier, ère.

ambulante *adj* ambulant, e; **vendedor ambulante** marchand ambulant ‖ itinérant, e; **embajador ambulante** ambassadeur itinérant; **misión ambulante** mission itinérante.

◇ *m* (*Amer*) marchand ambulant (vendedor) ‖ ambulancier (ambulanciero) ‖ **ambulante de correos** postier ambulant (en los trenes).

ambulatorio, ria *adj* ambulatoire.
➤ **ambulatorio** *m* hôpital [de la Sécurité sociale], dispensaire.

AME (abrev de Acuerdo Monetario Europeo) *m* AME.

ameba *f* ZOOL amibe.

amedrentador, ra *adj* effrayant, e.

amedrentamiento *m* peur *f*, frayeur *f*.

amedrentar *v tr* effrayer, intimider, faire peur; **no amedrento a nadie** je ne fais peur à personne ‖ effrayer, apeurer; **los gritos amedrentaron a los vecinos** les cris effrayèrent les voisins.
➤ **amedrentarse** *v pr* s'effrayer; **se amedrenta por cualquier cosa** il s'effraie de n'importe quoi ‖ être intimidé, e; **se amedrentaba ante el profesor** il était intimidé devant le professeur.

amelar *v intr* fabriquer le miel (las abejas).

amelcochado, da *adj* (*Amer*) blond, e.

amelcochar *v tr* donner la consistance du miel.

amelga *f* AGRIC planche (sembrado).

amelgado, da *adj* planté, e; planté inégalement (el trigo).

amelgar [16] *v tr* AGRIC labourer par planches.

Amelia; Amalia *n pr* Amélie.

amelocotonado, da *adj* en forme de pêche ‖ au goût de pêche.

amelonado, da *adj* en forme de melon; **tiene una cabeza amelonada** il a une tête en forme de melon ‖ FIG & FAM amoureux, euse; amouraché, e.

amén *m inv* FAM amen; **decir amén a todo** dire amen à tout.
◇ *adv* amen, ainsi soit-il; **líbranos del mal, amén** délivrez-nous du mal, ainsi soit-il ‖ FAM **amén de** outre, en plus de; **amén de lo dicho** outre ce qui a été dit ‖ (*Amer*) **amén que** encore un ‖ FIG **en un decir amén, en un amén** en un clin d'œil, en moins de deux.

amenamente *adv* avec aménité.

amenaza *f* menace; **amenazas vanas** menaces en l'air.

amenazador, ra; amenazante *adj* menaçant, e.

amenazar [13] *v tr* menacer; **amenazar con un arma** menacer d'une arme ‖ **la patria amenazada** la patrie en danger o menacée.
◇ *v intr* menacer ‖ FIG menacer (estar inminente); **amenaza nieve** il menace de neiger.

amenguar [45] *v tr* amoindrir, diminuer ‖ FIG deshonorer (deshonrar).

amenidad *f* aménité ‖ agrément *m*, charme *m*; **la amenidad de una conversación** le charme d'une conversation.

amenizar [13] *v tr* égayer; **amenizar la conversación** égayer la conversation ‖ agrémenter; **amenizar un discurso con citas** agrémenter un discours de citations ‖ animer; **la fiesta será amenizada por una orquesta** la fête sera animée par un orchestre.

ameno, na *adj* amène (p us), agréable.

amenorrea *f* MED aménorrhée.

amentífero, ra *adj* amentifère.

amentiforme *adj* amentiforme.

amento *m* BOT chaton.

amerengado, da *adj* meringué, e.

América *n pr f* Amérique [continent] ‖ **América Central** Amérique centrale ‖ **América Latina** Amérique latine ‖ **América del Norte** Amérique du Nord ‖ **América del Sur** Amérique du Sud.

americana *f* veston *m*, veste; **una americana cruzada** un veston croisé; **su americana no es del mismo color que su pantalón** sa veste n'est pas de la même couleur que son pantalon ‖ américaine (faetón).

americanismo *m* américanisme.

americanista *m & f* américaniste.

americanización *f* américanisation.

americanizar [13] *v tr* américaniser.

americano, na *adj & s* américain, e (del continente) ‖ latino-américain, e; d'Amérique latine (de Hispanoamérica) ‖ américain, e (de los EE.UU.)
➤ **americano** *m* LING américain.
‖ OBSERV [➤ **américain**, parte francesa].

americio *m* américium (metal).

amerindio, dia *adj & s* amérindien, enne.

ameritado, da *adj* (*Amer*) digne de respect, qui mérite récompense.

ameritar *v tr* (*Amer*) mériter.

amerizaje *m* amerrissage.

amerizar [13] *v intr* amerrir (amarar).

amestizado, da *adj* métissé, e.

ametista *f* améthyste.

ametrallador, ra *adj & s f* mitrailleur, euse.

ametrallamiento *m* mitraillage.

ametrallar *v tr* mitrailler.

amétrope *adj* amétrope.

ametropía *f* MED amétropie.

amianto *m* amiante.

amiba *f* ZOOL amibe.

amida *f* QUÍM amide.

amiga *f* (fem de amigo) amie ‖ maîtresse (concubina) ‖ petite amie (de un joven) ‖ maîtresse [d'école] ‖ école de filles (escuela).

amigable *adj* amiable; **contrato amigable** contrat à l'amiable; **amigable componedor** amiable compositeur ‖ INFORM convivial.

amigablemente *adv* à l'amiable, amiablement.

amigacho, cha *m & f* FAM copain, copine.

amigar [16] *v tr* devenir l'ami de, se lier d'amitié avec (hacerse amigo).
➤ **amigarse** *v pr* se mettre en concubinage.

amigazo, za *adj & s* (*Amer*) copain, copine.

amígdala *f* ANAT amygdale.

amigdalectomía *f* MED amygdalectomie.

amigdalitis *f inv* MED amygdalite.

amigo, ga *adj & s* [▷ SIN] ami, e; **amigo de siempre** o **de toda la vida** ami de toujours; **una voz amiga** une voix amie; **es un amigo mío** c'est un de mes amis ‖ amateur; **ser amigo de las cosas buenas** être amateur de bonnes choses ‖ **amigo de la casa** ami in-

time, ami de la maison ∥ **amigo del alma** ami intime ∥ FAM **amigo del asa** ami intime ∥ **amigo de lo ajeno** voleur ∥ **amigo invisible** jeu au cours duquel un groupe d'amis tire au sort, pour chacun d'entre eux, la personne qui devra lui faire un cadeau ■ **como amigos en amis** ∥ **cuanto más amigos más claros** les bons comptes font les bons amis ■ **bueno es tener amigos hasta en el infierno** il est bon d'avoir des amis partout ∥ **es muy amigo mío** c'est un de mes bons amis, c'est un bon o un grand ami ∥ **ganar amigos** se faire des amis ∥ **poner cara de pocos amigos** faire grise mine ∥ **ser amigo de** aimer, aimer à (con el infinitivo) ∥ **tener cara de pocos amigos** avoir une mine rébarbative, avoir un visage peu sympathique.
◇ adj amical, e (amistoso) ∥ MAT amiable (número).
◆ **amigo** m amant (amante).
◆ **¡amigo!** interj mon ami!; ¡amigo!, dígame usted qué hora es mon ami, dites-moi quelle heure il est.
│ SIN conocido connaissance; relación relation; camarada, compañero camarade; FAM amigote, amigacho copain, pote; compadre compère.
│ **EL AMIGO INVISIBLE**
│ Ce jeu s'est répandu en Espagne il y a quelques dizaines d'années: un groupe d'amis ou de collègues de travail tire au sort, pour chacun d'entre eux, la personne qui devra lui faire un petit présent. Tout l'amusement réside dans le fait qu'on ne sait pas à l'avance qui va vous offrir un cadeau et qu'on doit le deviner au moment où on le reçoit. Il n'y a pas de date fixe pour célébrer cette fête, mais on choisit en général un jour pendant la période de Noël.

amigote m FAM copain, pote.
amiguismo m copinage.
amiláceo, a adj QUÍM amylacé, e.
amilanamiento m peur f (miedo) ∥ découragement (desánimo).
amilanar v tr effrayer, faire peur, intimider (asustar) ∥ FIG décourager (desanimar).
◆ **amilanarse** v pr s'effrayer ∥ se décourager.
amilasa f amylase.
Amílcar n pr Amilcar Barca Hamilcar Barca.
amileno m amylène.
amílico, ca adj amylique.
◆ **amílico** m FAM tord-boyaux (aguardiente).
amillaramiento m cadastre ∥ répartition f des impôts.
amillarar v tr répartir les impôts [d'après le cadastre].
amilo m QUÍM amyle.
amilobácter m amylobacter (microbio).
amilosis f inv MED amylose.
amina f QUÍM amine.
aminado, da adj QUÍM aminé, e.
aminar v tr QUÍM aminer.
aminoácido m QUÍM aminoacide.
aminoplástico m QUÍM aminoplaste.
aminoración f diminution; la aminoración de los impuestos la diminution des impôts ∥ ralentissement m; la aminoración del ritmo de los negocios le ralentissement du rythme des affaires ∥ aminoración de la velocidad ralentissement.

aminorar v tr diminuer, amoindrir ∥ ralentir; aminorar el paso ralentir le pas ∥ aminorar la velocidad ralentir.
amiotrofia f MED amyotrophie.
amir m (p us) émir (jefe árabe).
amistad f amitié; granjearse la amistad de gagner l'amitié de ∥ liaison, concubinage m (concubinato) ∥ FIG affinité (entre cosas) ■ contraer o trabar amistad se lier d'amitié.
◆ **amistades** f pl amis m, relations; tener amistades poco recomendables avoir des amis peu recommandables ∥ hacer las amistades se réconcilier, faire la paix ∥ romper las amistades rompre.
amistar v tr rendre amis ∥ réconcilier.
◆ **amistarse** v pr devenir amis, se lier avec ∥ se réconcilier.
amistosamente adv amicalement ∥ à l'amiable.
amistoso, sa adj amical, e; una correspondencia muy amistosa une correspondance très amicale ∥ à l'amiable; un arreglo amistoso un arrangement à l'amiable.
amito m amict (paño sacerdotal).
Ammán; 'Amman n pr GEOGR 'Ammãan.
amnesia f MED amnésie.
amnésico, ca adj & s amnésique.
amnios m ANAT amnios ∥ agua del amnios liquide amniotique.
amniótico, ca adj ANAT amniotique; líquido amniótico liquide amniotique.
amnistía f amnistie ∥ ECON amnistía fiscal amnistie fiscale.
│ SIN gracia, indulto grâce; perdón pardon; olvido oubli.
amnistiar [9] v tr amnistier.
amo m maître; amo de casa maître de maison ∥ maître (propietario); el ojo del amo engorda al caballo l'œil du maître engraisse le cheval ∥ propriétaire; soy el amo de este coche je suis le propriétaire de cette voiture ∥ patron (de un taller) ■ (Amer) Nuestro Amo le saint sacrement ∥ perro de muchos amos personne qui a fait tous les métiers ■ FIG & FAM ser el amo del cotarro être le grand manitou, faire la pluie et le beau temps, mener la danse.
amodita f ZOOL vipère cornue, céraste m (víbora) ∥ ammodyte m (pez).
amodorrado, da adj assoupi, e; somnolent, e.
amodorramiento m assoupissement, somnolence f.
amodorrarse v pr s'assoupir.
amodorrido, da adj atteint d'immobilité [maladie] o de tournis [les moutons].
amófilo m ammophile f (avispa).
amogollonarse v pr s'entasser, s'accumuler.
amohinar v tr fâcher, chagriner.
◆ **amohinarse** v pr bouder, faire la moue.
amojamado, da adj maigre, sec, sèche (flaco).
amojamar v tr boucaner, saurer, saurir.
◆ **amojamarse** v pr maigrir, se dessécher (adelgazar).
amojonamiento m bornage.

amojonar v tr borner, mettre des bornes à; amojonar un campo borner un champ.
amoladera adj f piedra amoladera pierre à aiguiser.
◇ f meule (rueda), pierre à aiguiser (piedra).
amolador m rémouleur ∥ FIG & FAM raseur, casse-pieds inv (latoso).
amoladura f aiguisage m ∥ poudre tombant de la meule (arenilla).
amolar [23] v tr aiguiser (palabra usual), émoudre (p us) ∥ FIG & FAM raser, casser les pieds, barber (fastidiar) ∥ faire maigrir (adelgazar) ∥ piedra de amolar pierre meulière.
amoldable adj conciliant, e (persona); amoldable a adaptable à; amoldable a (persona) qui sait s'adapter à.
amoldamiento m moulage ∥ FIG ajustement (ajuste) ∥ FIG adaptation f, respect; amoldamiento a adaptation à, respect pour.
amoldar v tr mouler (en un molde) ∥ ajuster (ajustar) ∥ régler; amoldar su conducta a los principios cristianos régler sa conduite sur les principes chrétiens.
◆ **amoldarse** v pr se mouler, s'ajuster ∥ FIG s'adapter, suivre; amoldarse a las costumbres locales suivre les habitudes locales ∥ s'adapter; amoldarse a las circunstancias s'adapter aux circonstances.
amollar v intr ne pas monter (juegos de naipes) ∥ mollir (aflojar).
◇ v tr MAR mollir.
amolletado, da adj joufflu, e (mofletudo).
amomo m BOT amome (planta) ∥ maniguette f (semilla de esta planta).
amonal m QUÍM ammonal.
amonarse v pr FAM s'enivrer, se soûler.
amondongado, da adj trapu, e (rechoncho).
amonedación f monnayage m.
amonedar v tr monnayer (acuñar).
amonestación f admonestation, avertissement, réprimande (advertencia) ∥ ban m (anuncio de boda); correr las amonestaciones publier les bans.
amonestador, ra adj admoniteur, trice.
amonestar v tr admonester (p us), faire une remontrance à, réprimander (reprender) ∥ publier les bans de mariage (anunciar la boda).
amoniacal adj QUÍM ammoniacal, e; sales amoniacales des sels ammoniacaux.
amoniaco, ca; amoníaco, ca adj QUÍM ammoniac, aque; sal amoníaca sel ammoniac.
◆ **amoniaco; amoníaco** m QUÍM ammoniac f ∥ gomme f ammoniaque (goma).
amonio m QUÍM ammonium.
amonita adj & s HIST ammonite.
◇ f ZOOL ammonite (fósil).
amontillado, da adj très sec (vin).
◆ **amontillado** m vin de Xérès très sec.
amontonadamente adv en tas.
amontonador, ra adj & s entasseur, euse; qui entasse ∥ amontonadora neumática de granos pelleteuse pneumatique.
amontonamiento m entassement, amoncellement.

amontonar *v tr* [▷ SIN] entasser (poner en montones); amontonar libros entasser des livres ‖ amonceler (acumular); amontonar documentos amonceler des documents ‖ accumuler, amasser; amontonar pruebas accumuler des preuves ‖ accumuler, emmagasiner (recuerdos).

◆ **amontonarse** *v pr* s'entasser, se masser; se amontonaba la gente en la plaza les gens se massaient sur la place ‖ s'accumuler, s'amonceler; las pruebas contra él se amontonaban les preuves contre lui s'accumulaient ‖ FIG & FAM s'emballer (enfadarse) ‖ se mettre ensemble, se coller (amancebarse).

| SIN acopiar, hacer acopio amasser; hacinar amonceler; acumular accumuler; apilar empiler.

amor *m* amour; el amor de un padre l'amour d'un père; trabajar con amor travailler avec amour ‖ amour (persona o cosa amada); eres mi amor tu es mon amour ‖ carotte *f* sauvage (cadillo) ■ BOT amor al uso ketmie changeante ‖ amor a primera vista coup de cœur, coup de foudre ‖ amor correspondido amour partagé ‖ BOT amor de hortelano gratteron ‖ amor maternal amour maternel ‖ amor pasajero amourette, amour passager ‖ amor propio amour-propre ■ al amor del agua au fil de l'eau ‖ al amor de la lumbre o del fuego au coin du feu ‖ con o de mil amores avec grand plaisir, très volontiers ‖ en amor y compañía en bonne intelligence ‖ por amor al arte pour l'amour de l'art ‖ por amor de pour l'amour de; por amor de Dios pour l'amour de Dieu; à cause de (con motivo de) ■ amor con amor se paga c'est un échange de bons procédés ‖ hacer el amor faire l'amour ‖ pagar el amor payer de retour ‖ tener amor a aimer.

◆ **amores** *m pl* amours *f* o *m*; amores contrariados des amours contrariées ‖ hablar de amores parler d'amour ‖ mots d'amour, galanteries *f* (requiebros).

| OBSERV Amour en francés es femenino o masculino en plural cuando significa la persona o cosa amada o las relaciones amorosas, pero es masculino cuando se trata de los dioses del amor y, por extensión, de niños y niñas muy graciosos.

amoral *adj & s* amoral, e; hechos amorales des faits amoraux.

amoralidad *f* amoralité.

amoralismo *m* amoralisme.

amoratado, da *adj* violacé, e; tener las manos amoratadas de frío avoir les mains violacées de froid.

amoratar *v tr* rendre violacé.

◆ **amoratarse** *v pr* devenir violet.

amorcillos *m pl* ARQ petits amours, amours.

amordazar [13] *v tr* bâillonner; los ladrones le amordazaron les voleurs le bâillonnèrent ‖ museler (un animal) ‖ FIG museler, bâillonner; amordazar la prensa bâillonner la presse.

amorecer [30] *v tr* accoupler [bélier et brebis].

amorfo, fa *adj* amorphe.

amoricones *m pl* FAM mamours, chatteries *f*.

amorío *m* FAM amourette *f*.

amoriscado, da *adj* mauresque.

amormado, da *adj* morveux, euse; atteint, e de la morve (enfermo).

amorosamente *adv* affectueusement, amoureusement, tendrement.

amoroso, sa *adj* tendre, affectueux, euse; un padre amoroso un père affectueux ‖ d'amour; cartas amorosas lettres d'amour ‖ amoureux, euse; miradas amorosas des regards amoureux ‖ AGRIC doux, douce (tierra) ‖ FIG tiède, agréable (tiempo) ‖ (*Amer*) adorable (encantador) ‖ carta o esquela amorosa billet doux.

amoroso *adv* MÚS amoroso.

amorrar *v intr* FAM baisser le nez o la tête ‖ MAR tanguer (hocicar el barco) ‖ échouer (vararar).

amorronar *v tr* MAR mettre le pavillon en berne [en signe de deuil, de détresse].

amortajamiento *m* ensevelissement.

amortajar *v tr* ensevelir, mettre dans un linceul ‖ TECN assembler [le tenon et la mortaise], emboîter [le tenon dans la mortaise].

amortecer [31] *v tr* amortir.

◆ **amortecerse** *v pr* s'évanouir.

amortiguación *f* amortissement *m*.

amortiguador, ra *adj* amortissant, e.

◆ **amortiguador** *m* TECN amortisseur.

amortiguamiento *m* amortissement.

amortiguar [45] *v tr* amortir; amortiguar el ruido amortir le bruit ‖ FIG amortir, atténuer, étouffer (menguar) ‖ atténuer (los colores).

◆ **amortiguarse** *v pr* s'amortir.

| OBSERV La palabra francesa amortir corresponde en español a amortiguar en el sentido de apagar o ahogar, y a amortizar en sentido comercial y jurídico.

amortizable *adj* amortissable; renta amortizable rente amortissable.

amortización *f* COM & DR amortissement *m*; caja de amortización caisse d'amortissement.

amortizar [13] *v tr* COM & DR amortir; amortizar el capital empleado amortir le capital employé.

amoscamiento *m* colère *f*, irritation *f*.

amoscarse [10] *v pr* se fâcher, prendre la mouche.

amostazar [13] *v tr* irriter.

◆ **amostazarse** *v pr* FAM s'emporter, s'irriter, monter sur ses ergots, prendre la mouche (enfadarse) ‖ (*Amer*) rougir, être confus (avergonzarse) ‖ empieza a amostazarse la moutarde lui monte au nez.

amotinado, da *adj & s* insurgé, e; révolté, e (insurrecto), rebelle (rebelde).

amotinador *m* émeutier, meneur.

amotinamiento *m* émeute *f* (motín), révolte *f* (rebelión), mutinerie *f* (de soldados).

amotinar *v tr* soulever, ameuter; amotinar al pueblo soulever le peuple ‖ FIG déchaîner, soulever (turbar).

◆ **amotinarse** *v pr* se soulever, se révolter; el pueblo se amotinó le peuple s'est révolté ‖ se mutiner; los soldados se amotinaron les soldats se sont mutinés ‖ FIG se déchaîner (turbarse).

amovible *adj* amovible.

amovilidad *f* amovibilité.

amparador, ra *adj & s* protecteur, trice.

amparar *v tr* protéger; amparar a un delincuente protéger un délinquant ‖ ¡Dios le ampare! Dieu vous protège!

◆ **ampararse** *v pr* s'abriter, se protéger; ampararse de la lluvia se protéger de la pluie ‖ s'abriter; se mettre à l'abri; ampararse debajo de un árbol s'abriter sous un arbre ‖ se mettre sous la protection de; a usted me amparo je me mets sous votre protection ‖ s'abriter derrière, se prévaloir de; ampararse en la ley s'abriter derrière la loi.

amparo *m* protection *f*; al amparo de uno, de la ley sous la protection de quelqu'un, de la loi ‖ abri; ponerse al amparo de la lluvia se mettre à l'abri de la pluie ‖ appui, soutien, protection; puedo contar con su amparo je peux compter sur son appui ‖ refuge; la Iglesia siempre ha sido el amparo de los desdichados l'Église a toujours été le refuge des malheureux ‖ María del Amparo Notre-Dame du Bon Secours [de là dérive le prénom féminin "Amparo"].

ampelidáceas *f pl* BOT ampélidacées.

ampelita *f* ampélite.

ampelografía *f* ampélographie.

ampelográfico, ca *adj* ampélographique.

ampelógrafo, fa *m & f* ampélographe.

amperaje *m* TECN ampérage.

amperímetro *m* TECN ampèremètre.

amperio *m* FÍS ampère ‖ amperio hora ampère-heure.

ampliable *adj* que l'on peut agrandir.

ampliación *f* agrandissement *m*; ampliación de una tienda agrandissement d'une boutique ‖ extension; ampliación de una fábrica extension d'une usine ‖ accroissement *m*; ampliación de la superficie accroissement de la superficie ‖ élargissement *m*; ampliación de un acuerdo élargissement d'un accord ‖ agrandissement *m* (de una foto) ■ COM ampliación de capital augmentation du capital ‖ ampliación de estudios perfectionnement.

ampliado, da *adj* agrandi, e ‖ élargi, e; programa ampliado de asistencia técnica programme élargi d'assistance technique.

ampliador, ra *adj* amplificateur, trice.

◆ **ampliadora** *f* FOT agrandisseur *m*.

ampliamente *adv* amplement.

ampliar [9] *v tr* agrandir; ampliar un almacén agrandir un magasin ‖ étendre, élargir; ampliar los poderes del gerente étendre les pouvoirs du gérant ‖ augmenter; ampliar el número de los accionistas, el capital augmenter le nombre des actionnaires, le capital ‖ élargir, amplifier (ensanchar) ‖ élargir (un acuerdo) ‖ développer (desarrollar) ‖ FOT agrandir ‖ accroître (una superficie) ‖ amplifier.

amplificación *f* amplification ‖ développement *m* (de una idea).

amplificador, ra *adj & s m* amplificateur, trice ■ amplificador de audio amplificateur haute-fréquence ‖ FÍS amplificador de banda ancha amplificateur à large bande ‖ amplificador de luminancia amplificateur de luminance.

amplificar [10] *v tr* amplifier (ampliar) ‖ agrandir; el microscopio amplifica los pequeños cuerpos le microscope agrandit les petits corps ‖développer (una idea).

amplio, ia _adj_ ample; un vestido amplio une robe ample ‖ étendu, e; tener amplios poderes avoir des pouvoirs étendus ‖ étendu, e; vaste; conocimientos muy amplios des connaissances très étendues ‖ vaste; amplio es el mundo vaste est le monde; ha habido un amplio movimiento de huelga il y a eu un vaste mouvement de grève ‖ grand, e; este pantalón te está un poco amplio ce pantalon est un peu grand pour toi ‖ considérable; el amplio desarrollo de la economía le développement considérable de l'économie ‖ approfondi, e; vaste; un amplio cambio de impresiones un échange de vues approfondi ‖ el sentido amplio de una palabra le sens large d'un terme.

amplísimo, ma _adj_ amplissime.

amplitud _f_ ampleur (extensión) ‖ amplitude (de una oscilación) ‖ ASTRON amplitude ‖ étendue; la amplitud del mar l'étendue de la mer ‖FIG étendue, ampleur; la amplitud de un desastre l'étendue d'un désastre ‖ étendue; la amplitud de los poderes l'étendue des pouvoirs ‖ importance; la amplitud de la publicidad l'importance de la publicité ‖ envergure; un proyecto de gran amplitud un projet de grande envergure ▪ amplitud de ideas idées larges, largeur d'esprit ‖ con amplitud largement; aquí caben con amplitud veinte personas ici peuvent tenir largement vingt personnes.

ampo _m_ blancheur _f_ éclatante; el ampo de la nieve la blancheur éclatante de la neige ‖ flocon (copo de nieve).

ampolla _f_ MED ampoule, cloque; tengo ampollas en las manos j'ai des ampoules aux mains ‖ ampoule (de inyección) ‖ ampoule (vasija) ‖ burette (vinajera) ‖ bulle (burbuja).

ampollar _v tr_ produire des ampoules ‖ creuser, évider (ahuecar).
➡ **ampollarse** _v pr_ se faire des ampoules; ampollarse las manos se faire des ampoules aux mains.

ampolleta _f_ sablier (reloj) ‖ temps _m_ mis par le sable pour s'écouler (tiempo).

ampón, ona _adj_ pommé, e; creux, euse.

ampulosamente _adv_ avec emphase, emphatiquement.

ampulosidad _f_ FIG emphase, enflure (estilo).

ampuloso, sa _adj_ FIG ampoulé, e; enflé, e; emphatique (estilo) ‖ tener un nombre muy ampuloso avoir un nom à rallonge.

┃ SIN enfático emphatique; pomposo pompeux; grandilocuente grandiloquent; declamatorio déclamatoire; sonoro sonore; retumbante, rimbombante ronflant; pindárico pindarique.

ampurdanés, esa _adj_ de l'Ampurdan.

amputación _f_ amputation; amputación de un miembro, de créditos amputation d'un membre, de crédits.

┃ SIN resección résection; ablación ablation; excisión excision; abscisión abscission; mutilación mutilation.

amputar _v tr_ amputer (mutilar, reducir).

AMS (abrev de Asociación de Mujeres Separadas) _f_ association espagnole des femmes séparées.

Amsterdam _n pr_ GEOGR Amsterdam.

amuchachado, da _adj_ enfantin, e; rostro amuchachado visage enfantin.

amueblar _v tr_ meubler ‖ piso amueblado meublé, appartement meublé.

amuelar _v tr_ mettre en tas (le grain).

amuermado, da _adj_ FAM assommé, e; groggy (atontado) ‖ abattu, e; découragé, e (deprimido) ‖ qui s'embête o se fait suer (aburrido) ‖MED atteint, e de la morve.
◇ _m & f_ FAM camé, e [drogue].

amuermar _v tr_ FAM abrutir, assommer (atontar) ‖ embêter, assommer, faire suer (aburrir).

amugronar _v tr_ AGRIC provigner.

amujerado, da _adj_ efféminé, e (afeminado).

amularse _v pr_ (Amer) se fâcher (enfadarse) ‖ devenir invendable.

amulatado, da _adj_ brun, e; basané, e (moreno) ‖ semblable aux mulâtres [par les traits].

amuleto _m_ amulette _f_.

amunicionar _v tr_ munitionner, amunitionner.

amuñecado, da _adj_ poupin, e; rostro amuñecado visage poupin ‖ pomponné, e (acicalado).

amura _f_ MAR amure (cabo) ‖ joue _f_ de navire (proa).

amurada _f_ MAR flanc _m_ de bateau [vu de l'intérieur].

amurallar _v tr_ entourer de murailles, fortifier.

amurar _v tr_ MAR amurer ‖ (Amer) rompre (abandonar).

amurrarse; amurriarse _v tr_ (Amer) devenir triste o mélancolique.

amusgar [16] _v tr & intr_ coucher les oreilles (los animales) ‖ cligner les yeux pour mieux voir.
➡ **amusgarse** _v pr_ (Amer) se plier, céder.

amustiar [8] _v tr_ faner, flétrir.

ana _f_ aune (medida de longitud).

Ana _n pr_ Anne, Anna.

anabaptismo _m_ anabaptisme.

anabaptista _adj & s_ anabaptiste.

anabólico, ca _adj_ anabolique.

anabolismo _m_ anabolisme.

anabolizante; anabolizador, ra _adj & s m_ anabolisant, e.

anacarado, da _adj_ nacré, e.

anacardo _m_ anacardier (árbol) ‖ anacarde, pomme _f_ de cajou (fruto).

Anacarsis _n pr_ Anacharsis.

Anacleto _n pr_ Anaclet.

anaco _m_ (Amer) jupe _f_ courte des Indiennes.

anacoluto _m_ anacoluthe _f_.

anaconda _f_ ZOOL anaconda _m_ (serpiente).

anacora _f_ trompe, corne (clarín).

anacoreta _m & f_ anachorète.

Anacreonte _n pr_ Anacréon.

anacreóntico, ca _adj_ anacréontique.

anacrónico, ca _adj_ anachronique.

anacronismo _m_ anachronisme.

anacrusis _f inv_ anacrouse, anacruse (métrica).

ánade _m_ ou _f_ ZOOL canard _m_ (pato).

anadear _v intr_ se dandiner.

anadino, na _m & f_; **anadón** _m_ ZOOL caneton _m_, canardeau _m_ (sin femenino).

anadiómena _adj_ anadyomène (Venus).

anadón ➡ anadino.

anaerobio, bia _adj & s m_ anaérobie.

anaerobiosis _f inv_ anaérobiose.

anafe _m_ réchaud à charbon (hornillo).

anafiláctico, ca _adj_ anaphylactique.

anafilaxia; anafilaxis _f_ MED anaphylaxie.

anáfora _f_ anaphore (repetición).

anaforesis _f inv_ QUÍM anaphorèse.

anafórico, ca _adj_ anaphorique.

anafre _m_ réchaud à charbon (hornillo).

anafrodisia _f_ anaphrodisie.

anafrodisíaco, ca; afrodisiaco, ca _adj & s m_ anaphrodisiaque.

anaglífico, ca _adj_ ARQ anaglyphique.

anáglifo _m_ ARQ & FOT anaglyphe, anaglypte.

anaglíptico, ca _adj_ anaglyptique.

anagnórisis _f_ TEATR anagnorisis.

anagoge _m_; **anagogía** _f_ RELIG anagogie _f_.

anagógico, ca _adj_ anagogique.

anagrama _m_ anagramme _f_.

anagramático, ca _adj_ anagrammatique.

anal _adj_ ANAT anal.

analectas _f pl_ analectes _m_, florilège _m sing_.

analéptico, ca _adj & s m_ analeptique.

anales _m pl_ annales _f_.
┃ SIN cronología chronologie; crónica chronique; fastos fastes; efemérides éphémérides.

analfabético, ca _adj_ analphabétique.

analfabetismo _m_ analphabétisme.

analfabeto, ta _adj & s_ analphabète.

analgesia _f_ MED analgésie, analgie.

analgésico, ca _adj & s m_ MED analgésique.

análisis _m inv_ analyse _f_; análisis cuantitativo analyse quantitative; análisis de sangre analyse de sang.

analista _m & f_ annaliste ‖ MED analyste ▪ INFORM analista de sistemas; analista programadora analyste-programmeur ‖ ECON analista financiero analyste financier.

analístico, ca _adj_ des annales, relatif aux annales.

analíticamente _adv_ analytiquement.

analítico, ca _adj_ analytique; cuadro analítico tableau analytique.

analizador, ra _adj_ qui analyse.
➡ **analizador** _m_ FÍS & INFORM analyseur.

analizar [13] _v tr_ analyser.
┃ SIN examinar examiner; estudiar étudier; comparar comparer; descomponer décomposer; desintegrar désintégrer.

análogamente _adv_ pareillement.

analogía *f* analogie.

   SIN semejanza, parecido ressemblance; similitud similitude; conformidad conformité; afinidad affinité.

analógicamente *adv* par analogie.

analógico, ca *adj* analogique ‖ INFORM cálculo analógico calcul analogique.

analogismo *m* analogisme.

analogista *m & f* GRAM analogiste.

análogo, ga *adj* analogue.

anamita *adj & s* annamite (de Anam).

anamnesia; anamnesis *f* MED anamnèse.

anamorfosis *f inv* anamorphose.

ananá; ananás *m* BOT ananas (planta y fruto).

   OBSERV Le pluriel de ananás est soit ananaes soit ananases. Le pluriel de ananá est ananás.

Ananías *n pr* Ananie.

anapelo *m* BOT napel (acónito).

anapéstico, ca *adj* anapestique.

anapesto *adj & s m* POÉT anapeste.

anaplasia *f* MED anaplasie.

anaplastia *f* MED anaplastie.

anaptixis *f inv* GRAM anaptysis, anaptyxe.

Anapāurna ➤ **Annapāurnāa.**

anaquel *m* rayon, étagère *f* (de un armario) ‖ étagère *f*, tablette *f* (de un muro).

anaquelería *f* rayonnage *m*.

anaranjado, da *adj* orangé, e.

  ➨ **anaranjado** *m* orange (color).

anarco *m* FAM anar (anarquista).

anarcosindicalismo *m* anarcho-syndicalisme.

anarcosindicalista *adj & s* anarcho-syndicaliste.

anarmónico, ca *adj* anharmonique.

anarquía *f* anarchie.

anárquico, ca *adj* anarchique.

anarquismo *m* anarchisme.

anarquista *adj & s* anarchiste.

anarquizante *adj & s* anarchisant, e.

anarquizar [13] *v tr* anarchiser ‖ faire de la propagande anarchiste.

anastasia *f* BOT armoise (artemisa).

Anastasia *n pr* Anastasie ‖ FIG & FAM Doña Anastasia Anastasie; las tijeras de Doña Anastasia les ciseaux d'Anastasie.

Anastasio *n pr* Anastase.

anastigmático, ca *adj & s m* anastigmatique, anastigmat (objetivo).

anastigmatismo *m* FÍS anastigmatisme.

anastomosarse *v pr* BIOL s'anastomoser.

anastomosis *f inv* BIOL anastomose.

anástrofe *f* GRAM anastrophe (inversión).

anata *f* rente (renta) ‖ annate (impuesto antiguo).

anatema *m* anathème; lanzar o fulminar un anatema jeter o prononcer un anathème.

anatematización *f*; **anatematismo** *m* anathématisation *f*.

anatematizar [13] *v tr* anathématiser.

anátidas *m pl* ZOOL anatidés.

anatife *m* ZOOL anatife (percebe).

Anatolia *n pr f* GEOGR Anatolie.

Anatolio *n pr* Anatole.

anatomía *f* anatomie ‖ [▷ SIN] dissection, anatomie; hacer la anatomía de un cadáver faire l'anatomie d'un cadavre ‖ anatomía patológica anatomie pathologique.

   SIN autopsia autopsie; biopsia biopsie; disección dissection; vivisección vivisection.

anatómico, ca *adj* anatomique.

  ◇ *m & f* anatomiste.

anatomista *m & f* anatomiste.

anatomizar [13] *v tr* anatomiser (p us), disséquer.

anatoxina *f* MED anatoxine.

anátropo, pa *adj* BOT anatrope.

Anaxágoras *n pr* Anaxagore.

anca *f* hanche (del caballo) ‖ FAM fesse (nalga) ‖ (*Amer*) maïs *m* grillé.

  ➨ **ancas** *f pl* croupe *sing* (grupas); a ancas en croupe ‖ ancas de rana cuisses de grenouille.

ANCA (abrev de Asociación Nacional de Controladores Aéreos) *f* association nationale espagnole des contrôleurs aériens.

ANCABA (abrev de Asociación Nacional de Catedráticos de Bachillerato) *f* association privée des enseignants du second degré en Espagne.

ancado, da *adj* mal équilibré, e (caballo).

ancestral *adj* ancestral, e.

ancestro *m* nuestros ancestros nos ancêtres *m pl*.

ancho, cha *adj* large; vestido ancho vêtement large ‖ trop large (demasiado ancho) ‖ épais, épaisse; una pared ancha un mur épais ‖ grand, e; el piso nos viene ancho l'appartement est grand pour nous ■ a lo largo y a lo ancho en long et en large ‖ FIG ancha es Castilla l'avenir est à toi, à lui, etc. ‖ estar o ponerse muy o tan ancho se gonfler ‖ la independencia viene un poco ancha al país le pays n'est pas tout à fait mûr pour l'indépendance ‖ le viene un poco ancho su cargo il n'est pas tout à fait à la hauteur de ses fonctions ‖ quedarse tan ancho ne pas s'affoler, ne pas s'émouvoir, ne pas s'en faire ‖ ser ancho de espaldas avoir les épaules larges ‖ FIG tener anchas las espaldas avoir bon dos o le dos large ‖ tener la manga ancha avoir la conscience large.

  ➨ **ancho** *m* largeur *f* (anchura); el ancho de la acera la largeur du trottoir; estos dos objetos tienen lo mismo de ancho ces deux objets ont la même largeur ‖ écartement; ancho de vía écartement des rails (ferrocarril) ‖ tener menos ancho que être moins large que.

  ➨ **anchas** *f pl* a mis, a tus, a sus anchas à mon, à ton, à son aise; à l'aise ‖ estar a sus anchas être très à l'aise, avoir les coudées franches.

anchoa *f* anchois *m* (pez) ‖ anchoas en rollos o enrolladas anchois roulés.

   OBSERV Anchois se dit boquerón pour le poisson frais et anchoa pour le poisson préparé et salé en boîte.

anchova; anchoveta *f* anchois *m* (pez).

anchura *f* largeur (dimensión) ‖ FIG sans gêne *m* ‖ largeur, ouverture; anchura de miras ouverture d'esprit ‖ IMPR justification ■ a mis anchuras à mon aise, à l'aise ‖ anchura de espaldas carrure.

anchuroso, sa *adj* vaste, très large.

ancianidad *f* vieillesse (período de la vida) ‖ ancienneté (calidad de anciano).

anciano, na *adj & s* [▷ SIN] vieux, vieille; âgé, e (de edad).

  ◇ *m & f* vieillard (sin femenino), vieille personne, personne âgée, vieux, vieille (viejo).

  ➨ **anciano** *m* ancien (dignidad religiosa o militar).

   OBSERV 1. L'adjectif espagnol anciano n'a pas le sens du mot français ancien (antiguo). 2. Los sustantivos vieux y vieille son familiares.

   SIN patriarca patriarche; viejo vieux; abuelo grand-père; vejestorio grison; carcamal vieille barbe.

ancilar *adj* ancillaire.

ancla *f* MAR ancre; echar, levar anclas jeter, lever l'ancre ■ ancla de la esperanza ancre de miséricorde o de salut ‖ FIG ancla de salvación ancre de salut ‖ ancla hall ancre Hall.

ancladero *m* MAR mouillage, ancrage.

anclaje *m* MAR ancrage, mouillage (fondeadero) ‖ droit de mouillage (derecho) ‖ CONSTR ancrage.

anclar *v tr & intr* mouiller, ancrer [un navire].

anclote *m* MAR grappin.

ancolía *f* BOT ancolie (aguileña).

ancón *m*; **anconada** *f* MAR anse *f* (bahía pequeña) ‖ (*Amer*) coin *m* (rincón).

Ancona *n pr* GEOGR Ancône.

anconada ➤ **ancón.**

áncora *f* MAR ancre ‖ FIG ancre; áncora de salvación ancre de salut ‖ TECN ancre (de reloj) ‖ ARQ ancre (para muros).

ancoraje *m* MAR ancrage, mouillage.

ancorar *v intr* MAR mouiller, jeter l'ancre.

ancua *f* (*Amer*) maïs *m* grillé.

anda *f* (*Amer*) brancard *m*.

andada *f* (*Amer*) longue marche (caminata).

  ➨ **andadas** *f pl* empreintes, traces (huellas) ‖ FIG & FAM volver a las andadas retomber dans les mêmes fautes o erreurs.

andaderas *f pl* youpala *m sing*, chariot *m sing* (para niño).

andado, da *adj* fréquenté, e; passant, e; animé, e; calle poco andada rue peu animée ‖ vulgaire, banal, e (corriente) ‖ usé, e (vestidos); ropa muy andada linge très usé.

andador, ra *adj & s* bon marcheur, bonne marcheuse (que anda mucho) ‖ rapide (veloz) ‖ vagabond, e (andariego).

  ➨ **andador** *m* (p us) commissionnaire (recadero) ‖ (p us) allée *f*, sentier (senda).

  ➨ **andadores, ras** *pl* lisières *f* (tirantes) ‖ chariot *sing*, youpala *sing* (andaderas) ‖ FIG no necesitar andadores se débrouiller tout seul, se tirer d'affaire tout seul.

andadura *f* marche ‖ allure (del caballo) ‖ paso de andadura amble.

andalón, ona *adj & s* (*Amer*) bon marcheur, bonne marcheuse.

Andalucía *n pr f* GEOGR Andalousie.

   ANDALUCÍA
   La communauté autonome d'Andalousie se compose des provinces d'Almería, Grenade, Malaga, Cadix, Séville, Huelva, Cordoue et

Jaén. Elle a obtenu l'autonomie le 30 décembre 1981 et a pour capitale Séville; son gouvernement est connu sous le nom de « Junta de Andalucía ».

andalucismo *m* mot o tournure *f* propre à l'Andalousie ▌provincialisme andalou.

andaluz, za *adj* & *s* andalou, ouse.
▌ OBSERV pl andaluces, andaluzas.

andaluzada *f* FAM gasconnade, rodomontade; decir andaluzadas dire des rodomontades.

andaluzarse *v pr* prendre le caractère andalou.

andamiada *f* (p us) TECN échafaudage *m*.

andamiaje *m* échafaudage.

andamio *m* TECN échafaudage; andamio metálico échafaudage métallique ▌ ARG MIL flor de andamio tabac de troupe (tabaco muy malo).

➤ **andamios** *m pl* échafaudage *sing*; andamios suspendidos o colgados échafaudage volant.

andana *f* rangée (hilera) ▌ AGRIC (*Amer*) javelle, andain ▌ FAM llamarse Andana revenir sur sa parole, se dédire.

andanada *f* bordée, volée (descarga); soltar una andanada lâcher une bordée ▌ promenoir *m* (gradería) ▌ FIG & FAM bordée; una andanada de injurias une bordée d'injures.

andancia *f*; **andancio** *m* (*Amer*) épidémie *f* bénigne (epidemia) ▌ évènement *m* (andanza).

¡andandito!; ¡andando! *interj* FAM en avant!, en route!

andante *adj* & *s m* MÚS andante.
◇ *adj* errant, e; caballero andante chevalier errant.

andantino *adv* & *s m* MÚS andantino.

andanza *f* aventure; a su regreso de América me contó todas sus andanzas à son retour d'Amérique il m'a raconté toutes ses aventures ▌ évènement *m* ▌ chance, fortune; buena, mala andanza bonne, mauvaise fortune ▌ (*Amer*) volver a las andanzas retomber dans les mêmes fautes o erreurs.

andar [52] *v intr* [▷ SIN] marcher; andar de prisa marcher vite; andar a gatas, con las manos, de rodillas marcher à quatre pattes, sur les mains, sur les genoux ▌ se déplacer; los planetas andan les planètes se déplacent ▌ FAM aller; anda, vete allez, va-t-en ▌ marcher, aller, fonctionner; mi reloj anda bien ma montre marche bien; el comercio anda mal le commerce va mal ▌ marcher; el coche anda con gasolina la voiture marche à l'essence ▌ se trouver; andaba por allí cuando lo mataron je me trouvais par là quand ils l'ont tué ▌ FIG être; andar alegre, triste être gai, triste; ando ahora muy ocupado je suis très occupé actuellement ▌ en être; ¿estás leyendo mi libro?, ¿por dónde andas? tu es en train de lire mon livre?, où en es-tu? ▌y avoir; anda mucho barullo por aquí il y a bien du bruit par ici ▌passer (el tiempo) ▌être en train de (con el gerundio); andar escribiendo être en train d'écrire ▌ andar a se battre; andar a puñetazos se battre à coups de poing ▌ andar a gusto se trouver bien ▌ andar a la greña se crêper le chignon ▌ andar a la que salta vivre au jour le jour ▌ andar bueno, malo aller bien, mal (salud) ▌andar como alma en pena errer comme une âme en peine ▌andar con avoir, être (con adjetivo en francés); andar con miedo avoir peur; manier; andar con pólvora manier de la poudre; porter, avoir; andar con traje nuevo porter un costume neuf; avoir; andar con ojos enrojecidos avoir les yeux rouges ▌andar con cuidado faire attention, être prudent ▌ andar con cumplidos faire des manières ▌ FIG andar con ojo faire attention ▌andar con pies de plomo regarder où on met les pieds ▌ andar con rodeos tourner autour du pot ▌andar con secretos faire des messes basses ▌andar corto de dinero o mal de cuartos être à court d'argent ▌ andar de acá para allá errer çà et là, flâner ▌ FIG andar de cabeza être sur les dents, ne pas savoir où donner de la tête ▌andar de Herodes a Pilato aller de mal en pis ▌ andar de picos pardos faire la noce o la vie ▌ andar de puntillas marcher sur la pointe des pieds ▌ andar en fouiller; andar en un cajón fouiller dans un tiroir; s'occuper de; andar en negocios raros s'occuper d'affaires bizarres; aller sur; anda en los treinta años il va sur ses trente ans ▌ andar en dimes y diretes se disputer pour des bêtises, se chamailler ▌andar en lenguas de todos être dans toutes les bouches o sur toutes les lèvres ▌ andar en tratos être en pourparlers ▌ andar mal de la cabeza être tombé sur la tête, avoir une araignée dans le plafond ▌andar por las nubes être dans les nuages ▌andar siempre descontento être toujours mécontent ▌ andar siempre metido en pleitos être toujours en procès ▌ andar tras courir après (desear o perseguir) ■ ¡anda! allons! (para animar), allons donc! (desconfianza), attrape! (¡pega!), et voilà!; ¿te has caído?, ¡anda! te lo había dicho tu es tombé? et voilà!, je t'avais prévenu; oh! là, là! (admiración) ▌ (*Amer*) ¡ándele! allez! (para estimular) ▌ ande yo caliente, ríase la gente mon bien-être avant tout et peu m'importe les gens ▌a más o a todo andar à toute vitesse o allure ▌ dime con quién andas y te diré quién eres dis-moi qui tu hantes et je te dirai qui tu es ▌más viejo que andar a pie o para adelante vieux comme le monde o comme Hérode ▌ no andar por las nubes avoir les deux pieds sur terre ▌quien mal anda, mal acaba telle vie, telle mort ▌ ¡vamos, anda! allons, dépêche-toi! (date prisa), ne reste pas sans rien faire (haz algo), allons donc!, tu parles! (en signo de duda).
◇ *v tr* parcourir, faire (recorrer); andar tres kilómetros parcourir trois kilomètres.

➤ **andarse** *v pr* s'en aller (marcharse) ▌MAR se mettre par le travers ■ andarse con o en user de; andarse con bromas user de plaisanteries; no andarse en circunloquios ne pas user de circonlocutions; s'occuper de; siempre te andas con unos negocios raros tu t'occupes toujours d'affaires bizarres; utiliser; siempre anda con los mismos cuentos il utilise toujours les mêmes histoires ■ andarse con paños calientes employer des palliatifs ▌ andarse por las ramas o por las márgenes tourner autour du pot ▌ ¿cómo andamos de tiempo? combien de temps nous reste-t-il? ▌dejar los años que se anduvo a gatas oublier les mois de nourrice ▌no andarse con chiquitas ne pas y aller avec le dos de la cuillère, ne pas y aller de main morte ▌ no andarse con rodeos ne pas y aller par quatre chemins ▌todo se andará tout vient à point à qui sait attendre, chaque chose vient en son temps.
▌ SIN deambular déambuler; caminar cheminer; callejear flâner; pasear promener; errar errer; marchar marcher; viajar voyager.

andar *m* marche *f* (acción).

➤ **andares** *m pl* démarche *f sing*, allure *f sing*; con sus andares femeninos avec sa démarche féminine.

andaraje *m* TECN roue *f* de la noria.

andariego, ga *adj* & *s* bon marcheur, bonne marcheuse (de mucho andar) ▌ flâneur, euse (callejero) ▌vagabond, e (errante).

andarín, ina *adj* & *s* marcheur, euse; este chico es buen andarín ce garçon est un bon marcheur.

➤ **andarina** *f* ZOOL hirondelle (golondrina).

andarivel *m* va-et-vient *m inv* (en un río) ▌MAR garde-corps *inv* (pasamanos) ▌(*Amer*) bac (barco).

andarrío; andarríos *m* ZOOL bergeronnette *f* (aguzanieves).

andas *f pl* brancard *m sing*.

andén *m* promenoir (de paseo) ▌ quai (de estación); andén de salida quai de départ ▌trottoir (de un puente) ▌ parapet (pretil) ▌bas-côté, accotement (de una carretera) ▌étagère *f*, rayon (anaquel) ▌ (*Amer*) trottoir (acera) ▌AGR terrasse *f* (bancal).

andero *m* brancardier.

Andes *n pr m pl* GEOGR los Andes o la cordillera de los Andes les Andes o la cordillère des Andes.

andesita *f* andésite.

andinismo *m* (*Amer*) alpinisme [dans les Andes].

andinista *m* & *f* (*Amer*) alpiniste [des Andes].

andino, na *adj* & *s* andin, e (de los Andes).

andoba; andóbal *m* FAM type, individu.

andorga *f* FAM bedaine, panse (barriga).

Andorra *n pr f* GEOGR (el principado de) Andorra la principauté d'Andorre.

andorrano, na *adj* & *s* andorran, e.

andorrear *v intr* FAM flâner, traîner, traînasser.

andorrero, ra *adj* & *s* flâneur, euse.

andrajo *m* [▷ SIN] guenille *f*, haillon; ir vestido de andrajos être en guenilles ▌FIG guenille *f*, loque *f* (cosa de poco valor) ▌loque *f* (persona); es un andrajo humano c'est une loque humaine ▌estar hecho un andrajo être déguenillé (persona), être en loques (cosa).
▌ SIN harapo haillon; guiñapo loque.

andrajosamente *adv* d'une manière déguenillée.

andrajoso, sa *adj* & *s* déguenillé, e; loqueteux, euse; dépenaillé, e.

Andrea *n pr* Andrée.

Andrés *n pr* André.

Andrianópolis; Andrinópolis *n pr* HIST Andrinople (antiguo nombre de Edirne).

andrina *f* BOT prunelle (endrina).

andrino *m* BOT prunellier (endrino).

Andrinópolis ➤ **Andrianópolis**.

androcéfalo, la *adj* androcéphale.

androceo *m* BOT androcée.

androcracia *f* phallocratie.

androfobia *f* MED androphobie.

androgénesis *m inv* MED androgénèse *f.*

andrógeno *m* androgène.

androginismo *m* androgynie *f.*

andrógino, na *adj & s* androgyne.

androide *m* androïde.

andrólatra *adj & s* andrôlatre.

andrología *f* MED andrologie.

Andrómaca *n pr* Andromaque.

Andrómeda *n pr* Andromède.

andrómina *f* FAM histoires *pl*, mensonges *m pl*, blagues *pl.*

andromorfo, fa *adj* andromorphe.

andropausia *f* andropause.

androsterona *f* androstérone.

andujareño, ña *adj & s* d'Andújar.

andullo *m* carotte *f* de tabac.

andurriales *m pl* FAM coin *sing* perdu; ¿qué haces por estos andurriales? que fais-tu dans ce coin perdu?

ANE (abrev de Asociación Numismática Española) *f* association numismatique espagnole.

anea *f* BOT massette *f* [roseau] ▎ silla de anea chaise de paille.

anécdota *f* anecdote.

▎ SIN narración histoire; historieta, chascarrillo historiette; eco écho.

anecdotario *m* recueil d'anecdotes.

anecdótico, ca *adj* anecdotique.

ANEF (abrev de Asociación Nacional de Entrenadores de Fútbol) *f* association nationale espagnole des entraîneurs de football.

anegadizo, za *adj* inondable; terreno anegadizo terrain inondable ▎ submersible (madera).

anegamiento *m* inondation *f.*

anegar [16] *v tr* inonder; anegar un campo inonder un champ ▎noyer (ahogar) ▎anegado en llanto inondé o noyé o baigné de larmes.

➥ **anegarse** *v pr* se noyer ▎ être inondé ▎MAR sombrer (un navío) ■ anegarse en llanto fondre en larmes ▎anegarse en sangre baigner dans son sang.

anejar *v tr* annexer.

anejo, ja *adj* annexe; escuela aneja école annexe.

➥ **anejo** *m* annexe *f.*

anélidos *m pl* ZOOL annélides *f.*

anemia *f* MED anémie.

anemiante *adj* anémiant, e; un clima anemiante un climat anémiant.

anémico, ca *adj & s* anémique.

◇ *adj* anémié, e.

anemófilo, la *adj* BOT anémophile.

anemografía *f* FÍS anémographie.

anemográfico, ca *adj* FÍS anémographique.

anemógrafo *m* FÍS anémographe.

anemograma *m* FÍS anémogramme.

anemometría *f* FÍS anémométrie.

anemométrico, ca *adj* FÍS anémométrique.

anemómetro *m* FÍS anémomètre.

anémona; anemone *f* BOT anémone (planta) ▎ anémona de mar anémone de mer (actinia).

anencéfalo, la *adj & s m* anencéphale.

aneroide *adj* FÍS anéroïde (barómetro).

anestesia *f* MED anesthésie ▎ MED anestesia local insensibilisation, anesthésie locale.

anestesiar [8] *v tr* MED anesthésier.

anestésico, ca *adj & s m* MED anesthésique, anesthésiant, e.

▎ OBSERV Anesthésiant y anesthésique son sinónimos. Pero anesthésiant caracteriza una anestesia incompleta o accidental, y anesthésique es sobre todo una técnica quirúrgica.

anestesista *m & f* anesthésiste.

aneurisma *m* MED anévrisme.

anexar *v tr* annexer.

anexidades *f pl* DR annexes *m*, accessoires *m.*

anexión *f* annexion.

anexionar *v tr* annexer.

anexionismo *m* annexionnisme.

anexionista *adj & s* annexionniste.

anexitis *f inv* MED annexite.

anexo, xa *adj* annexe.

➥ **anexo** *m* annexe *f*; el anexo de un hotel l'annexe d'un hôtel.

➥ **anexos** *m pl* ANAT annexes *f* (del útero).

anfeta *f* FAM amphets, amphés *f pl.*

anfetamina *f* amphétamine.

anfiartrosis *f inv* amphiarthrose.

anfibio, bia *adj & s* ZOOL amphibie ▎ TECN amphibie (avión, automóvil).

➥ **anfibios** *m pl* ZOOL amphibiens.

anfíbol *m* MIN amphibole *f.*

anfibolita *f* MIN amphibolite.

anfibología *f* amphibologie (ambigüedad).

anfibológico, ca *adj* amphibologique.

anfíbraco *m* POÉT amphibraque.

anfictión *m* amphictyon (diputado griego).

anfictionía *f* amphictyonie.

anfímacro *m* POÉT amphimacre.

anfineuro *m* ZOOL amphineure.

anfión *m* opium.

anfioxo *m* amphioxus.

anfípodo *m* ZOOL amphipode.

anfipróstilo *m* ARQ amphiprostyle.

anfiteatro *m* amphithéâtre ▎ TEATR amphithéâtre (ant), poulailler, paradis ▎ anfiteatro anatómico amphithéâtre de dissection.

anfitrión *m* amphitryon.

Anfitrite *n pr* MITOL Amphitrite.

ánfora *f* amphore.

anfractuosidad *f* anfractuosité.

anfractuoso, sa *adj* anfractueux, euse.

angaria *f* MAR angarie [réquisition].

angarillas *f pl* brancard *m sing* (andas) ▎bât *m sing* garni de paniers (de caballo) ▎huilier *m sing* (vinagreras) ▎bard *m sing* (para piedras).

ángel *m* [▷ SIN] ange; ángel de la guarda, ángel custodio ange gardien ▎FIG charme; tener ángel avoir du charme; no tener ángel manquer de charme ■ ángel bueno bon ange, ange de lumière ▎ángel caído ange déchu ▎ángel malo o de tinieblas mauvais ange, ange des ténèbres ▎ el Ángel l'archange Gabriel ■ bueno como un ángel sage comme une image ▎salto de ángel saut de l'ange ■ cantar como los ángeles chanter comme un dieu o comme un ange ▎tener mal ángel être fade, n'avoir aucun charme ▎ ser como un ángel être beau comme un ange o un dieu (hermoso), être un ange (bueno).

▎ SIN serafín séraphin; querubín chérubin; arcángel archange.

Ángel *n pr* Ange.

angélica *f* BOT angélique.

angelical *adj* angélique; miradas angelicales regards angéliques.

angélico, ca *adj* angélique; salutación angélica salutation angélique.

➥ **angélico** *m* petit ange, angelot, angelet (p us).

angelito *m* petit ange, angelot, angelet (p us) ▎enfant de chœur (inocentón) ▎FIG & FAM estar con los angelitos dormir; être dans la lune, dans les nuages (estar distraído).

angelón; angelón de retablo *m* FIG & FAM enfant joufflu, enfant qui a un visage poupin o de pleine lune.

angelote *m* statue *f* d'ange, angelot ▎FIG & FAM brave garçon, brave fille *f* (persona sencilla), poupon, onne; poupard, e (niño gordo) ▎ZOOL ange de mer (pez) ▎BOT sorte de trèfle.

ángelus *m* angélus.

angevino, na *adj & s* angevin, e.

angina *f* MED angine ▎angina de pecho, diftérica angine de poitrine, couenneuse.

angiocardiopatía *f* MED angiocardiopathie.

angiocolitis *f inv* MED angiocholite.

angiografía *f* angiographie.

angiograma *m* cliché obtenu par angiographie.

angioleucitis *f inv* MED angioleucite.

angiología *f* MED angiologie.

angiólogo, ga *m & f* angiologue.

angioma *f* MED angiome.

angiospermas *f pl* BOT angiospermes.

angitis *f inv* MED angéite.

anglicado, da *adj* anglicisé, e.

anglicanismo *m* anglicanisme.

anglicanización *f* anglicisation.

anglicanizado, da *adj* anglicisé, e.

anglicanizante *adj* calqué, e sur l'anglais.

anglicanizar [13] *v tr & pr* angliciser, s'angliciser.

anglicano, na *adj & s* anglican, e.

anglicismo *m* anglicisme (giro inglés).

anglicista *m & f* angliciste, anglicisant, e.

ánglico, ca *adj* propre o relatif, ive aux Anglais et à l'Angleterre.

angliparla *f* langage *m* truffé d'anglicismes.

angliparlante *adj* qui abuse des anglicismes.

angliparlista *m* & *f* personne qui abuse des anglicismes.

anglista *m* & *f* angliciste.

anglística *f* étude de la langue et de la civilisation anglaises.

anglístico, ca *adj* relatif, ive à la langue ou à la civilisation anglaises.

angloamericano, na *adj* & *s* anglo-américain, e ▌ américain, e d'origine anglaise ▌américain, e (de Estados Unidos).
- **angloamericano** *m* LING anglo-américain.

angloárabe *adj* & *s* anglo-arabe.

anglofilia *f* anglophilie.

anglófilo, la *adj* & *s* anglophile.

anglofobia *f* anglophobie.

anglófobo, ba *adj* & *s* anglophobe.

anglófono, na *adj* & *s* anglophone.

anglohablante *adj* & *s* anglophone.

anglomanía *f* anglomanie.

anglómano, na *adj* & *s* anglomane.

anglonormando, da *adj* & *s* anglo-normand, e.
- **anglonormando** *m* LING anglo-normand.

angloparlante *adj* & *s* anglophone.

anglosajón, ona *adj* & *s* anglo-saxon, onne.
- **anglosajón** *m* LING anglo-saxon.

Angola *n pr f* GEOGR Angola.

angoleño, ña *adj* & *s* angolais, e.

Angora *n pr* HIST Angora (antiguo nombre de Ankara).

angostar *v tr* rétrécir.
- **angostarse** *v pr* se resserrer, se rétrécir; allí el camino se angosta là-bas le chemin se resserre.

angosto, ta *adj* étroit, e; resserré, e.
▌ SIN estrecho étroit; apretado serré, rétréci; ceñido ceint; limitado limité.

angostura *f* étroitesse ▌ gorge, défilé *m* (paso estrecho) ▌BOT angusture.

angra *f* MAR anse, baie, crique (ensenada).

angrelado, da *adj* BLAS engrêlé, e.

angström *m* angström (unidad de longitud de onda).

anguila *f* anguille (pez) ▌ MAR anguille (madero) ▪ anguila de cabo fouet (rebenque) ▌anguila de mar congre (pez).

anguilazo *m* anguillade (latigazo).

anguilla *f* (*Amer*) anguille.

anguílula *f* ZOOL anguillule.

anguina *f* VETER veine de l'aine.

angula *f* civelle (cría de anguila).

angular *adj* angulaire; piedra angular pierre angulaire.
◇ *m* TECN cornière *f*.

Angulema *n pr* GEOGR Angoulême ▌de Angulema angoumois, e, angoumoisin, e.

ángulo *m* angle; ángulo óptico angle visuel; ángulo recto, plano angle droit, plat ▪ GEOM ángulo agudo angle aigu▌ángulo diedro angle dièdre ▌ ANAT ángulo facial angle facial ▌ GEOM ángulo obtuso angle obtus ▌ángulo semirrecto angle de 45 degrés ▪ ARQ ángulo de corte angle de taille o de coupe ▌MIL ángulo de mira angle de mire o de site ▌ángulo de tiro angle de tir ▌ GEOM ángulos opuestos por el vértice angles opposés par le sommet ▪ desde este ángulo sous cet angle.
▌ SIN rincón, esquina coin; codo coude; saliente saillant; arista arête.

anguloso, sa *adj* anguleux, euse.

angumés, esa *m* & *f* Angoumois, e.

angurria *f* MED & FAM incontinence d'urine ▌ FAM (*Amer*) voracité, fringale, boulimie (hambre) ▌avarice (avaricia).

angurriento, ta *adj* FAM (*Amer*) glouton, onne; vorace (glotón) ▌avide, avare (avaro).

angustia *f* [▷ SIN] angoisse; vivir en la angustia vivre dans l'angoisse ▌peine, chagrin *m*; me da angustia verlo tan enfermo cela me fait de la peine de le voir si malade.
- **angustias** *f pl* affres; angustias de la muerte affres de la mort ▪ dar angustias rendre malade, impressionner; me da angustias presenciar una operación cela me rend malade d'assister à une opération ▌Virgen de las Angustias Vierge de Douleur.
▌ SIN ansiedad, ansia anxiété; agonía agonie; zozobra angoisse.

angustiado, da *adj* angoissé, e; anxieux, euse; están angustiados con la desaparición de su hijo ils sont anxieux à cause de la disparition de leur fils ▌envieux, euse; jaloux, ouse (codicioso) ▌vil, e; misérable (apocado) ▌resserré, e (estrecho) ▌affolé, e; a finales de mes está siempre angustiado porque no le queda dinero à la fin du mois il est toujours affolé car il ne lui reste plus d'argent.

angustiar [8] *v tr* angoisser, affliger ▌affoler (inquietar).

Angustias *n pr* Angustias.
▌ OBSERV Ce prénom féminin dérivé de María de las Angustias n'a pas d'équivalent en français.

angusticlavia *f* angusticlave *m* (de los romanos).

angustiosamente *adv* avec angoisse, anxieusement.

angustioso, sa *adj* angoissant, e; es angustioso esperar el resultado de los exámenes c'est angoissant d'attendre le résultat des examens ▌angoissé, e; anxieux, euse (angustiado) ▌con voz angustiosa d'une voix angoissée.

angustura *f* BOT angusture.

anhelante *adj* essoufflé, e; haletant, e; sentirse anhelante être haletant, essoufflé ▌désireux, euse (deseoso) ▌esperar anhelante una cosa attendre impatiemment quelque chose.

anhelar *v intr* haleter.
◇ *v tr* & *intr* aspirer à, briguer, soupirer après; anhelar dignidades briguer les honneurs; anhelar la gloria aspirer à la gloire ▌souhaiter, désirer; anhelo su regreso je souhaite son retour.

anhelo *m* désir ardent (deseo).
- **anhelos** *m pl* désirs, aspirations *f*; compartimos sus preocupaciones y sus anhelos nous partageons vos inquiétudes et vos aspirations.

anhelosamente *adv* avec désir.

anheloso, sa *adj* halelant, e (respiración) ▌avide de (que anhela).

anhídrido *m* QUÍM anhydride ▪ anhídrido arsenioso anhydride arsénieux ▌ anhídrido sulfúrico anhydride sulfurique ▌ anhídrido sulfuroso anhydride sulfureux.

anhidrita *f* MIN anhydrite.

anhidro, dra *adj* QUÍM anhydre.

anhidrosis *f inv* MED anhidrose.

Aníbal *n pr* Hannibal, Annibal.

anidar *v intr* nicher, faire son nid; el águila anida en los altos peñascos l'aigle fait son nid sur les rochers élevés.
◇ *v tr* FIG loger, accueillir (acoger).
◇ *v intr* & *pr* FIG demeurer, habiter (morar).
- **anidarse** *v pr* se nicher.

ANIEL (abrev de Asociación Nacional de Industrias de Electrónica) *f* association nationale espagnole des industries de l'électronique.

anilina *f* QUÍM aniline.

anilismo *m* anilisme (intoxicación).

anilla *f* anneau *m* ▌bague (de un ave, de un puro).
- **anillas** *f pl* anneaux *m* (de gimnasia).

anillado, da *adj* & *s* ZOOL annelé, e.
- **anillado** *m* ceinturage (de un obús).

anillar *v tr* anneler (dar forma de anillo) ▌garnir d'anneaux (poner anillas).

anillo *m* anneau; los anillos de Saturno les anneaux de Saturne ▌[▷ SIN] bague *f*, anneau (del dedo) ▌ZOOL anneau; los anillos de un gusano les anneaux d'un ver▌nœud; los anillos de la culebra les nœuds de la couleuvre ▌BLAS anille *f* ▌TAUROM arène *f* (redondel) ▌ARQ annelet, moulure *f* (de columna) ▌base *f* circulaire (de cúpula) ▌ceinture *f* (de un obús) ▌cerne (de los árboles) ▪ TECN anillo colector électrode de captage [iconoscope] ▌anillo de boda alliance ▌anillo pastoral anneau pastoral ▌ sentar como anillo al dedo aller comme un gant ▌viene como anillo al dedo cela tombe bien, cela tombe à pic, cela vient à point o fort à propos.
▌ SIN sortija bague; alianza alliance; sello chevalière; (*Amer*) aro bague.

ánima *f* âme [en particulier âme du purgatoire] ▌FIG âme [d'arme à feu] ▌ánima bendita âme du purgatoire.
- **ánimas** *f pl* sonnerie *sing* de cloche au début de la nuit [à l'intention des âmes du purgatoire].

animación *f* [▷ SIN] animation; discutir con animación discuter avec animation ▌entrain *m*, allant *m*; tener mucha animación avoir beaucoup d'allant ▌ animation (concurrencia de gente) ▌ ambiance; la animación de la fiesta es extraordinaria l'ambiance de la fête est extraordinaire ▌mise en marche (de un mecanismo) ▌dar animación mettre de l'ambiance.
▌ SIN vivacidad vivacité; actividad activité; movimiento mouvement; atareamiento, ajetreo affairement.

animadamente *adv* avec animation.

animado, da *adj* animé, e; animado de buenas intenciones animé de bonnes intentions ▌animé, e; una calle muy animada une rue très animée ▌plein de vie o d'entrain; es una persona muy animada c'est une personne absolument pleine de vie ▌encouragé, e; animado por este primer éxito, seguí escribiendo encouragé par ce premier succès, j'ai continué à écrire ‖ en forme; el enfermo está mucho más animado le malade est beaucoup plus en forme ‖dibujos animados dessins animés.

animador, ra *adj & s* animateur, trice.

animadversión *f* animadversion.

animal *adj* animal, e ‖ FIG brute; es tan animal que lo rompe todo il est tellement brute qu'il casse tout ‖ bête (estúpido).
◇ *m* animal; animales domésticos animaux domestiques ‖ [▷ SIN] animal, bête *f*; animal de asta o cornado bête à cornes ‖ FIG animal, cruche (persona estúpida) ‖ brute, animal, sauvage; ¡pedazo de animal! espèce de brute! ■ animal de bellota cochon (cerdo), bête à manger du foin (estúpido); es un animal de bellota il est bête à manger du foin ‖animal de carga bête de somme ‖ animal irracional animal dépourvu de raison ‖ animal racional animal doué de raison ‖ animales vivos animaux sur pied ‖ animal fiero o salvaje bête sauvage ■ comer como un animal manger comme quatre, se goinfrer.

| SIN bestia bête; bruto brute; bicho bestiole; acémila bête de somme.

animalada *f* FAM ânerie, bêtise; estás diciendo animaladas tu dis des âneries ‖atrocité, horreur, abomination; este bombardeo ha sido una animalada ce bombardement a été une atrocité ‖ ¡qué animalada! il faut être un sauvage pour; ¡qué animalada comerse dos pollos enteros! il faut être un sauvage pour manger deux poulets entiers!; il faut être fou pour; ¡qué animalada haber venido andando desde tan lejos! il faut être fou pour être venu à pied de si loin!

animálculo *m* ZOOL animalcule.

animalejo *m* bestiole *f*.

animalidad *f* animalité.

animalismo *m* animalité *f*.

animalista *adj & s* animalier, animaliste (pintor o escultor de animales).

animalización *f* animalisation.

animalizar [13] *v tr* animaliser.
➤ **animalizarse** *v pr* s'animaliser.

animalucho *m* vilaine bête *f*, animal répugnant (desagradable) ‖ bestiole *f*, petite bête *f* (pequeño).

animar *v tr* animer (dar vida); el alma anima al cuerpo l'âme anime le corps ‖ [▷ SIN] FIG encourager, inciter; animar a los soldados al combate encourager les soldats au combat; no animo a nadie a seguir mi ejemplo je n'encourage personne à suivre mon exemple ‖ animer, intensifier (dar intensidad) ‖ animer (la conversation, etc.) ‖ égayer; para animar las calles han puesto guirnaldas pour égayer les rues on a mis des guirlandes ‖ mettre de l'ambiance (en una fiesta) ‖ remonter; estaba muy decaído pero conseguí animarle il était très abattu mais j'ai réussi à le remonter ‖ animar con promesas encourager par des promesses.
➤ **animarse** *v pr* s'enhardir (cobrar ánimo) ‖ s'animer; sus ojos se animan cuando habla son regard s'anime quand il parle ‖se dépêcher (darse prisa) ‖ se décider; al final me animé y me fui de excursión finalement je

me suis décidé à aller en excursion ‖ ¡anímate! allez!

| SIN enardecer, infundir valor enhardir; excitar exciter; incitar, tentar inciter; espolear éperonner; exhortar exhorter; impulsar pousser à; aguijonear aiguillonner; picar piquer; estimular, aguzar, acuciar stimuler.

anímico, ca *adj* animique, relatif à l'âme.

animismo *m* animisme.

animista *adj & s* animiste (doctrina, culto).

ánimo *m* âme *f* (alma), esprit (espíritu) ‖esprit; quiero grabar esto en el ánimo de todos je veux graver ceci dans l'esprit de tous ‖ [▷ SIN] FIG courage (valor); cobrar ánimo prendre courage; recobrar ánimo reprendre courage ‖ intention *f*, esprit; no está en mi ánimo hacer eso il n'est pas dans mon intention de faire cela ■ ¡ánimo! courage! ‖ con ánimo de dans o avec l'intention de ‖estado de ánimo état d'esprit o d'âme ‖presencia de ánimo présence d'esprit ‖sin ánimo sans courage, sans enthousiasme (sin energía) ‖ sin ánimo de sans l'intention de ■ dar ánimos donner des encouragements, encourager ‖levantar el ánimo remonter, redonner du courage ‖sentirse con ánimos de se sentir le courage de.

| SIN valor, arrojo, bravura, bizarría bravoure (p us), courage; heroísmo héroïsme; valentía, denuedo vaillance; FAM hígado, agallas cran.

animosidad *f* animosité (resentimiento).

animoso, sa *adj* courageux, euse; animoso en la lucha courageux dans la lutte.

aniñadamente *adv* puérilement.

aniñado, da *adj* enfantin, e; una cara aniñada un visage enfantin ‖ puéril, e; un comportamiento aniñado un comportement puéril.

aniñarse *v pr* faire l'enfant.

anión *m* FÍS anion.

aniquilación *f* annihilation.

aniquilador, ra *adj* qui annihile, destructeur, trice.

aniquilamiento *m* anéantissement.

aniquilar *v tr* annihiler (quitar la fuerza) ‖ anéantir; el ejército fue aniquilado l'armée fut anéantie ‖ réduire à néant; esto aniquila todas mis esperanzas cela réduit tous mes espoirs à néant ‖boulverser (perturbar).

anís *m* BOT anis (planta y grano); anís estrellado anis étoilé ‖ anis (confite) ‖eau-de-vie *f* anisée (licor) ‖ FIG & FAM no ser grano de anís ne pas être une bagatelle.
| OBSERV pl anises.

anisado *m* anisette *f*.

anisal; anisar *m* terrain semé d'anis.

anisar *v tr* aniser; aguardiente anisado eau-de-vie anisée.

anisete *m* anisette *f*.

anisocitosis *f* anisocytose.

anisogamia *f* anisogamie.

anisómero, ra *adj* BIOL anisomère.

anisopétalo, la *adj* BOT anisopétale.

anisotropía *f* anisotropie.

anisótropo, pa *adj* anisotrope.

Anita *n pr* Annette, Annie.

aniversario, ria *adj & s m* anniversaire; es el primer aniversario de su muerte c'est le premier anniversaire de sa mort.

Anjeo; Anjou *n pr m* GEOGR Anjou.

Ankara *n pr* GEOGR Ankara.

Annapūrnā; Anapūrnā *n pr m* el Annapūrnā l'Annapurna.

ano *m* ANAT anus ‖ ano contra natura anus artificiel.

anoche *adv* hier soir; anoche fui al teatro hier soir je suis allé au théâtre ‖la nuit dernière; anoche no pude dormir la nuit dernière je n'ai pas pu dormir.

anochecer [30] *v intr & impers* commencer à faire nuit, tomber la nuit; anochece la nuit tombe ‖ arriver o se trouver à la tombée de la nuit dans un endroit; anochecer en París arriver à Paris à la tombée de la nuit ‖ al anochecer, cuando anochezca, ya anochecido à la nuit tombée.
◇ *v tr* FIG obscurcir, ternir.

anochecer *m*; **anochecida** *f* crépuscule *m*, tombée *f* de la nuit, nuit *f* tombante, brune *f*; al anochecer à la tombée de la nuit.

anochecido *adv* la nuit tombée, au début de la nuit.

anódico, ca *adj* FÍS anodique.

anodinia *f* MED absence de douleur.

anodino, na *adj* anodin, e; un libro anodino un livre anodin ‖ MED anodin, e; calmant, e.
➤ **anodino** *m* calmant (medicina).

ánodo *m* FÍS anode *f* ■ ánodo acelerador anode accélératrice ‖ ánodo de enfoque anode de focalisation.

anodonte *m* anodonte (molusco).

anodontia *f* anodontie.

anofeles *m inv* anophèle (mosquito).

anomalía *f* anomalie.

anómalo, la *adj* anomal, e.

anón *m* anone *f* (arbusto).

anona *f* anone (arbusto y fruto) ‖ annone (provisión de víveres).

anonáceas *f pl* BOT annonacées, anonacées.

anonadado, da *adj* abasourdi, e (sorprendido) ‖anéanti, e (abatido).

anonadar *v tr* anéantir (aniquilar), accabler, atterrer (apocar); me anonadó esa noticia j'ai été accablé par cette nouvelle.

anónimamente *adv* anonymement.

anonimato *m* anonymat.
| OBSERV Le mot anonimato est un gallicisme très employé.

anónimo, ma *adj* anonyme; una sociedad anónima une société anonyme.
➤ **anónimo** *m* anonymat, anonyme (p us); conservar el anónimo garder l'anonymat ‖écrit o lettre *f* anonyme (escrito).

anorak *m* anorak (chaqueta impermeable).
| OBSERV pl anoraks.

anorexia *f* MED anorexie.

anormal *adj & s* anormal, e; niños anormales des enfants anormaux.

anormalidad *f* anomalie ‖ caractère *m* anormal.

anormalmente *adv* anormalement.

anosmia *f* anosmie.

anotación *f* annotation.

anotador, ra *adj & s* annotateur, trice.
➤ **anotadora** *f* scripte (cine).

anotar *v tr* noter, prendre note de; anotar la dirección noter l'adresse ‖ annoter (un escrito).

anovulatorio, ria *adj* anovulatoire.
➤ **anovulatorio** *m* contraceptif oral.

anoxemia *f* anoxémie.

ANPE (abrev de Asociación Nacional del Profesorado Estatal de EGB) *f* association nationale espagnole des enseignants des écoles publiques.

anquear *v intr* (*Amer*) remuer de la croupe (el caballo).

anquilosamiento *m* ankylose *f* ‖ FIG ankylose *f*, paralysie *f*; el anquilosamiento de la economía l'ankylose de l'économie.

anquilosar *v tr* ankyloser.
➤ **anquilosarse** *v pr* FIG être paralysé, e; se anquilosa la economía l'économie est paralysée.

anquilosis *f* MED ankylose.

anquilostoma *m* ZOOL ankylostome.

anquilostomiasis *f inv* MED ankylostomiase.

Anquises *n pr* Anchise.

ansa *f* hanse (confederación).

ánsar *m* ZOOL oie *f* (oca).

ansarino; ansarón *m* oison (pollo del ánsar).

anseático, ca *adj* hanséatique.

Anselmo *n pr* Anselme.

ansí *adv* (ant) ainsi.

ansia *f* anxiété, angoisse (inquietud, angustia) ‖ convoitise, avidité, désir *m* ardent; ansia de riquezas désir ardent de richesses.
➤ **ansias** *f pl* nausées; tener ansias avoir des nausées ‖ affres; las ansias de la muerte les affres de la mort.

ansiadamente ➤ **ansiosamente**.

ansiar [9] *v tr* convoiter; ansiar algo convoiter quelque chose ‖ désirer ardemment; ansiar la tranquilidad désirer ardemment la tranquilité.

ansiedad *f* anxiété (angustia) ‖ avidité, désir *m* ardent, convoitise.

ansiolítico, ca *adj* anxiolytique.
➤ **ansiolítico** *m* anxiolytique.

ansiosamente; ansiadamente *adv* avidement (anhelosamente) ‖ anxieusement (angustiosamente).

ansioso, sa *adj & s* anxieux, euse (inquieto) ‖ avide de; désireux, euse de; affamé, e de; ansioso de gloria avide de gloire ‖ égoïste; es muy ansioso, lo quiere todo para él il est très égoïste, il veut tout pour lui.

anta *f* ZOOL élan *m* (rumiante) ‖ menhir *m* (menhir) ‖ ante, pilastre *m* (pilastra) ‖ (*Amer*) tapir *m* (tapir).

antagalla *f* MAR ris *m*.

antagallar *v tr* MAR prendre un ris.

antagónico, ca *adj* antagonique.

antagonismo *m* antagonisme.

antagonista *adj & s* antagoniste.

antálgico, ca *adj* antalgique.

antaño *adv* l'année dernière (el año pasado) ‖ jadis, autrefois (antiguamente) ‖ de antaño d'antan (p us), d'autrefois, ancien, enne (muy antiguo); de l'année dernière (del año pasado).

antañón, ona *adj* vieillot, otte; très vieux, très vieille (viejo).

antártico, ca; antárctico, ca *adj* antarctique.

Antártida *n pr f* GEOGR Antarctique, Antarctide.

ante *m* ZOOL élan (ciervo) ‖ daim; una chaqueta de ante une veste en daim ‖ bubale (antílope) ‖ chamois (color) ‖ (ant) entrée *f* (primer plato) ‖ (*Amer*) boisson *f* rafraîchissante aux fruits ‖ gâteau aux amandes ‖ bouillie *f* de céréales et de miel.

ante *prep* devant; comparecer ante el tribunal comparaître devant le tribunal ‖ avant; ante todo avant tout ‖ devant, étant donné; ante las circunstancias, he decidido irme devant les circonstances, j'ai décidé de m'en aller ■ ante el juez par-devant o par-devers le juge ‖ ante el temor de que de peur que ‖ ante los ojos sous les yeux ‖ ante notario par-devant notaire.

> **OBSERV** Ante exprime un rapport abstrait (en présence, en comparaison de) et s'oppose à delante de, qui indique une position dans l'espace, et à antes de, qui indique le temps.

antealtar *m* chœur (en una iglesia).

anteanoche *adv* avant-hier soir, il y a deux nuits.

anteanteanoche *adv* il y a trois nuits, avant avant-hier soir FAM.

anteanteayer *adv* il y a trois jours, avant avant-hier FAM.

anteayer *adv* avant-hier.

antebrazo *m* ANAT avant-bras.

anteburro *m* (*Amer*) tapir.

antecama *m* descente *f* de lit (alfombra).

antecámara *f* antichambre (vestíbulo).

antecambriano, na *adj & s m* GEOL antécambrien, enne.

antecapilla *f* vestibule *m* d'une chapelle.

antecedencia *f* (p us) antécédence.

antecedente *adj & s m* antécédent, e ‖ précédent, e; esto va a constituir un antecedente ceci va constituer un précédent ■ DR antecedentes penales casier judiciaire ‖ persona con antecedentes penales repris de justice ‖ tener malos antecedentes avoir de mauvais antécédents, avoir un casier chargé.

anteceder *v tr & intr* précéder.

antecesor, ra *m & f* prédécesseur; he sido tu antecesor en este despacho j'ai été ton prédécesseur dans ce bureau ‖ ancêtre, aïeul, e (antepasado).

> **OBSERV** La palabra predecesor no tiene forma femenina (elle fut son prédécesseur, elle le précéda).

anteclásico, ca *adj* préclassique.

antecocina *f* office *m*.

antecoger [14] *v tr* cueillir des fruits avant maturité.

antecolumna *f* colonne isolée.

antecristo *m* antéchrist.

antecuerpo *m* ARQ avant-corps.

antedata *f* DR antidate ‖ poner antedata en una carta mettre une antidate à une lettre, antidater une lettre.

antedatar *v tr* antidater.

antedecir [57] *v tr* prédire.

antedespacho *m* antichambre *f* d'un bureau.

antedía *adv* avant le jour fixé.

antedicho, cha *adj* susdit, e.

antediluviano, na *adj* antédiluvien, enne.

antefélico, ca *adj* dépigmentant, e [pour éphélides].

antefijo *m* ARQ antéfixe *f*.

antefirma *f* formule de politesse au bas d'une lettre (fórmula) ‖ titre *m* du signataire (título).

anteguerra *f* avant-guerre.

antehistoria *f* préhistoire.

antehistórico, ca *adj* préhistorique.

anteiglesia *f* parvis *m* (atrio).

anteislámico, ca *adj* antéislamique, préislamique.

antejardín *m* (*Amer*) espace compris entre la rue et un bâtiment.

antejuicio *m* DR jugement préalable.

antelación *f* anticipation ■ con antelación à l'avance, par avance, par anticipation ‖ con antelación a avant.

antemano
➤ **de antemano** *loc adv* d'avance; lo sabía de antemano je le savais d'avance.

antemencionado, da *adj* susmentionné, e; mentionné, e plus haut.

antemeridiano, na *adj* avant midi ‖ ASTRON situé avant le passage du méridien.

antemural *m* rempart (defensa).

antena *f* RAD & ZOOL antenne ■ antena colectiva antenne collective ‖ antena parabólica antenne parabolique ■ estar en antena avoir l'antenne, être à l'antenne.

antenacido, da *adj* né, e avant terme.

antenista *m & f* installateur-réparateur *m* d'antennes.

antenoche *adv* avant-hier soir.

antenombre *m* titre précédant le nom [comme san saint; don monsieur; etc.].

antenupcial *adj* prénuptial, e.

Anteo *n pr* MITOL Antée.

anteojera *f* œillère (de caballo) ‖ étui *m* à lunettes (estuche) ‖ FIG œillère.

anteojo *m* [▷ SIN] lunette *f* ■ anteojo de larga vista lunette d'approche, longue-vue.
➤ **anteojos** *m pl* (*Amer* o desusado) lunettes *f* (lentes) ‖ jumelles *f* (prismáticos) ■ serpiente de anteojos serpent à lunettes.

> SIN telescopio télescope; catalejo longue-vue; gemelos jumelles.

antepagar [16] *v tr* payer d'avance.

antepalco *m* petit salon d'une loge de théâtre.

antepasado, da *adj* passé, e; antérieur, e.
➤ **antepasados** *m pl* aïeux, ancêtres (ascendientes).

antepasar *v intr* précéder *v tr*.

antepatio *m* avant-cour *f*.

antepechado, da *adj* pourvu, e d'un garde-fou.

antepecho *m* garde-fou, parapet (balaustrada) ▌appui, accoudoir (de ventana) ▌poitrail du harnais (arreo) ▌ MIN gradin de mine (banco).

antepenúltimo, ma *adj* & *s* antépénultième.

anteponer [65] *v tr* mettre devant ▌ FIG faire passer avant, préférer à; anteponer el deber al interés personal faire passer le devoir avant l'intérêt personnel.

anteportada *f* IMPR faux-titre *m*.

anteportal *m* avant-porche.

anteposición *f* mise o report *m* en avant ▌préférence (preferencia).

anteproyecto *m* avant-projet.

antepuerta *f* contre-porte.

antepuerto *m* MAR avant-port, avant-bassin.

antepuesto, ta *adj* placé en avant o devant ▌préféré, e.

Antequera *n pr* GÉOGR Antequera ▌ que salga el sol por Antequera advienne que pourra.

antequerano, na *adj* & *s* d'Antequera.

antera *f* BOT anthère.

anteridia *f* anthéride.

anterior *adj* antérieur, e ▌précédent, e; en la página anterior à la page précédente.

anterioridad *f* antériorité ▌con anterioridad auparavant, précédemment (antes), à l'avance (con antelación).

anteriormente *adv* antérieurement, précédemment, avant, auparavant; esto no había ocurrido nunca anteriormente ce n'était jamais arrivé précédemment ▌avant; anteriormente era muy simpático avant il était très sympathique ▌ci-dessus; véase anteriormente voyez ci-dessus.

anterozoide *m* BOT anthérozoïde.

antes *adv* & *prep* [▷ SIN] avant; antes que llegue avant qu'il (n') arrive; antes, todo era distinto avant, tout était différent ■ antes de avant; antes de mí avant moi ▌antes de anoche avant-hier soir ▌antes de ayer avant-hier ▌antes de Jesucristo avant Jésus-Christ ▌antes que usted; lo he visto antes que tú je l'ai vu avant toi ▌antes que nada avant tout, avant toutes choses ▌cuanto antes o lo antes posible le plus tôt possible, dès que possible, au plus tôt ▌cuanto antes mejor le plus tôt sera le mieux ▌de antes de la guerra d'avant-guerre ▌mucho antes bien avant, longtemps avant ▌poco antes peu de temps avant.
◇ *adv* plutôt; antes morir que faltar a su deber plutôt mourir que faillir à son devoir [▷ OBSERV].
◇ *conj* plutôt, au contraire (más bien); no teme la muerte, antes la desea il ne craint pas la mort, il la désire plutôt ▌antes bien, antes al contrario bien au contraire.
◇ *adj* d'avant, précédent, e; el día, la noche, el año antes le jour, la nuit, l'année d'avant.

OBSERV Plutôt indica una preferencia y plus tôt una anterioridad en el tiempo: llegó antes de mí il est arrivé plus tôt que moi.
SIN previamente préalablement, au préalable; anteriormente antérieurement.

antesala *f* antichambre ▌FIG hacer antesala faire antichambre.

antesis *f inv* BOT anthèse.

antetemplo *m* portique d'un temple.

anteúltimo, ma *adj* pénultième.

antevenir [75] *v intr* précéder *v tr*, arriver avant.

antever [76] *v tr* prévoir, voir avant [un autre].

antevíspera *f* avant-veille.

antevisto, ta *adj* prévu, e; vu, e [avant un autre].

anti *pref* anti.

antiabortista *m* & *f* personne ou loi opposées à la légalisation de l'avortement.

antiacadémico, ca *adj* antiacadémique.

antiácido, da *adj* & *m* antiacide.

antiadherente *adj* antiadhésif, ive.

antiaéreo, a *adj* antiaérien, enne.

antiafrodisíaco, ca *adj* antiaphrodisiaque.

antialcalino, na *adj* antialcalin, e.

antialcohólico, ca *adj* antialcoolique.

antialcoholismo *m* antialcoolisme.

antiamericano, na *adj* antiaméricain.

antiápex *m* ASTRON anti-apex.

antiapoplético, ca *adj* antiapoplectique.

antiarrugas *adj inv* antirides.

antiartístico, ca *adj* antiartistique.

antiartrítico, ca *adj* & *s m* antiarthritique.

antiasmático, ca *adj* & *s m* antiasthmatique.

antiatómico, ca *adj* antiatomique.

antibala *adj* pare-balles.

antibaquio *m* antibacchée.

antibiograma *m* antibiogramme.

antibioterapia *f* antibiothérapie.

antibiótico *m* MED antibiotique.

anticanceroso, sa *adj* anticancéreux, euse.

anticanónico, ca *adj* anticanonique.

anticarro *m* MIL antichar.

anticatarral *adj* MED contre le rhume.

anticátodo *m* FÍS anticathode *f*.

anticatólico, ca *adj* anticatholique.

antichoc; antichoque *adj* antichoc (resistente a golpes).

anticiclón *m* anticyclone.

anticiclonal *adj* anticyclonal, e.

anticiclónico, ca *adj* anticyclonique.

anticientífico, ca *adj* antiscientifique.

anticipación *f* anticipation ▌con anticipación par anticipation, à l'avance, d'avance.

anticipadamente *adv* préalablement.

anticipado, da *adj* anticipé, e; pago anticipado versement anticipé; gracias anticipadas remerciement d'avance o par anticipation.

anticipamiento *m* anticipation *f*.

anticipar *v tr* anticiper (p us), avancer la date o le moment de; anticipar las fiestas, una visita avancer la date des fêtes, le moment d'une visite ▌anticiper (un pago) ▌avancer; anticipo el dinero j'avance l'argent ▌FIG avancer (dar por seguro).
➤ **anticiparse** *v pr* devancer; anticiparse a un rival devancer un rival ▌FIG prévenir; anticiparse a una desgracia prévenir un malheur ▌dire à l'avance ▌être en avance; se anticipa la estación la saison est en avance ▌arriver avant terme; el niño se ha anticipado l'enfant est arrivé avant terme ▌anticiparse a su época devancer son époque.

anticipo *m* avance *f*; llegar con anticipo arriver en avance ▌acompte (sobre una deuda) ▌avance *f* (sobre un sueldo) ▌DR provision *f*; anticipo sobre los honorarios provision sur les honoraires (de un abogado).

anticlerical *adj* & *s* anticlérical, e.

anticlericalismo *m* anticléricalisme.

anticlímax *m* déception *f*.

anticlinal *m* GEOL anticlinal.

anticloro *m* QUÍM antichlore.

anticoagulante *adj* & *s m* anticoagulant, e.

anticolisión *f* AVIAC anticollision.

anticolonial *adj* anticolonial, e.

anticolonialismo *m* anticolonialisme.

anticolonialista *adj* & *s* anticolonialiste.

anticombustible *adj* & *s m* anticombustible.

anticomunismo *m* anticommunisme.

anticomunista *adj* & *s* anticommuniste.

anticoncepción *f* contraception.

anticoncepcional; anticoncepcionista *adj* anticonceptionnel, elle.

anticoncepcionismo *m* contraception *f*.

anticoncepcionista ➤ **anticoncepcional**.

anticonceptivo, va *adj* & *s m* contraceptif, ive.

anticonformismo *m* anticonformisme.

anticonformista *adj* & *s* anticonformiste.

anticongelante *m* antigel ▌antigivre.

anticonstitucional *adj* & *s m* anticonstitutionnel, elle.

anticonstitucionalidad *f* inconstitutionnalité.

anticorrosivo, va *adj* anticorrosif.
➤ **anticorrosivo** *m* anti-corrosif.

anticresis *f* DR antichrèse (contrato).

anticrético, ca *adj* relatif, ive à l'antichrèse.

anticristo *m* antéchrist.

anticuado, da *adj* vieilli, e; palabra anticuada mot vieilli ▌vieillot, otte (persona) ▌démodé, e; suranné, e (fuera de moda) ▌désuet, ète; uso anticuado coutume désuète ▌vieux, vieille; ancien, enne ■ estar anticuado dater (vestido, película), être vieux jeu (persona) ▌quedarse anticuado passer de mode.

anticuar [8] *v tr* déclarer vieilli o inusité.
➤ **anticuarse** *v pr* vieillir, se démoder.

anticuariado *m* la profession *f* des antiquaires.

anticuario *m* antiquaire (persona) ▌magasin d'antiquités (tienda).

anticuchos *m pl* (*Amer*) CULIN brochettes *f.*

anticuerpo *m* BIOL anticorps.

antidáctilo *adj* anapeste.

antideflagrante *adj & s m* antidéflagrant, e.

antidemócrata *m & f* antidémocrate.

antidemocrático, ca *adj* antidémocratique.

antideportivo, va *adj* antisportif, ive.

antidepresivo *adj & s m* antidépresseur.

antideslizante *adj & s m* antidérapant, e.

antideslumbrante *adj & s m* antiaveuglant, antiéblouissant.

antidetonante *adj & s m* antidétonant, e.

antidiabético, ca *adj* antidiabétique.

antidiftérico, ca *adj* antidiphtérique.

antidinástico, ca *adj* antidynastique.

antidisturbios ➤ brigada.

antidiurético, ca *adj & s m* antidiurétique.

antidopaje *m* contrôle antidopage, lutte antidopage.

antidoping *adj* antidoping, antidopage.

antidoral *adj* DR rémunératoire.

antídoto *m* MED antidote, contrepoison.

antidroga *adj* anti-drogue.

antidumping *adj* COM antidumping.

antieconómico, ca *adj* antiéconomique ▌pas économique (caro).

antiemético, ca *adj & s m* MED antiémétique.

antienzima *f* antienzyme.

antiepiléptico, ca *adj & s m* antiépileptique.

antier *adv* FAM avant-hier.

antiesclavista *adj & s* antiesclavagiste.

antiescorbútico, ca *adj & s m* MED antiscorbutique.

antiespañol, la *adj & s* antiespagnol, e.

antiespasmódico, ca *adj & s m* MED antispasmodique.

antiestático, ca *adj* antistatique.

antiestético, ca *adj* inesthétique.

antievangélico, ca *adj* antiévangélique.

antifading *m* TECN antifading.

antifascismo *m* antifascisme.

antifascista *adj & s* antifasciste.

antifaz *m* masque (máscara) ▌loup (que sólo tapa la frente y los ojos). ▌ OBSERV pl antifaces.

antifederal *adj* qui s'oppose au fédéralisme. ◇ *m & f* opposant, e au fédéralisme.

antifeminismo *m* antiféminisme.

antifeminista *adj & s* antiféministe.

antifermento *m* antiferment.

antifilosófico, ca *adj* antiphilosophique.

antiflogístico, ca *adj & s m* MED antiphlogistique.

antífona *f* RELIG antienne.

antifonario *m* antiphonaire.

antifonero *m* chantre d'antiennes.

antifranquista *adj & s* antifranquiste.

antífrasis *f inv* antiphrase.

antifricción *f* antifriction (aleación).

antigás *adj inv* antigaz, à gaz; careta antigás masque à gaz.

antigénico, ca *adj* MED antigénique.

antígeno *m* MED antigène.

Antígona *n pr* Antigone.

antigramatical *adj* agrammatical.

antigripal *adj* antigrippe.

antigualla *f* vieillerie, antiquaille; vestirse de antiguallas porter des vieilleries.
➡ **antiguallas** *f pl* vieilles histoires, contes *m* de grand-mère.

antiguamente *adv* anciennement.

antiguar [7] *v tr* déclarer vieilli o inusité.
➡ *v pr & intr* acquérir de l'ancienneté (en un empleo).
➡ **antiguarse** *v pr* vieillir, se démoder (anticuarse).

Antigua y Barbuda *n pr f* GEOGR Antigua et Barbuda.

antigubernamental *adj* antigouvernemental, e.

antigüedad *f* Antiquité (época antigua) ▌ antiquité, ancienneté (calidad de antiguo) ▌ ancienneté; ascenso por **antigüedad** avancement par ancienneté; ser ascendido por **antigüedad** être promu à l'ancienneté ▪ de toda **antigüedad** de toute antiquité ▌ tener mucha **antigüedad** avoir beaucoup d'ancienneté.
➡ **antigüedades** *f pl* antiquités; tienda de antigüedades magasin d'antiquités.

antiguo, gua *adj* [▷ SIN] antique (de la Antigüedad) ▌ ancien, enne; vieux, vieille (viejo); tradición antigua vieille tradition; porcelana antigua porcelaine ancienne ▌ ancien, enne; es el antiguo presidente c'est l'ancien président ▌ antique, démodé, e (pasado de moda); un traje antiguo un costume antique ▪ **antiguo testamento** Ancien Testament ▪ a la antigua, a lo antiguo à l'antique ▌ de antiguo depuis longtemps, de longue date, de vieille date ▌ desde muy antiguo de toute antiquité ▌ en lo antiguo autrefois ▌ estar chapado a la antigua être vieux jeu ▌ venir de antiguo venir de loin.
➡ **antiguo** *m* antique; copiar lo antiguo copier l'antique.
➡ **antiguos** *m pl* Anciens; los antiguos eran supersticiosos les Anciens étaient superstitieux.

▌ SIN viejo vieux; secular séculaire; vetusto vétuste; arcaico archaïque; antediluviano antédiluvien; desusado inusité; anticuado vieilli.

antihalo *adj & s m* antihalo (fotografía).

antihemorroidal *adj & s m* antihémorroïdaire.

antihéroe *m* antihéros.

antihigiénico, ca *adj* antihygiénique.

antihipertensivo, va *adj & s m* MED hypotenseur.

antihistamínico, ca *adj & s m* antihistaminique.

antihistérico, ca *adj* antihystérique.

antihistórico, ca *adj* contraire à l'histoire.

antihumanitario, ria *adj* antihumanitaire.

antihumano, na *adj* inhumain.

antiimperialismo *m* anti-impérialisme.

antiimperialista *adj & s* anti-impérialiste.

antiinflacionista *adj* anti-inflationniste.

antiinflamatorio, ria *adj & s m* anti-inflammatoire.

antijurídico, ca *adj* contraire au droit.

antilegal *adj* illégal, e.

antiliberal *adj & s* antilibéral, e.

antiliberalismo *m* antilibéralisme.

antillano, na *adj & s* antillais, e.

Antillas *n pr f pl* GEOGR las Antillas les Antilles.

antilogaritmo *m* MAT antilogarithme.

antilogía *f* antilogie (contradicción).

antilógico, ca *adj* antilogique.

antílope *m* antilope *f.*

antimagnético, ca *adj* antimagnétique.

antimasónico, ca *adj* antimaçonnique.

antimateria *f* antimatière.

antimeridiano *m* antiméridien.

antimicrobiano, na *adj* antimicrobien, ienne.

antimilitarismo *m* antimilitarisme.

antimilitarista *adj & s* antimilitariste.

antimisil *adj & s m* antimissile.

antimitótico, ca *adj* antimitotique.

antimonárquico, ca *adj* antimonarchique, antimonarchiste.

antimoniado, da *adj* antimonié, e.

antimonial *adj* QUÍM antimonial, e.

antimoniato *m* QUÍM antimoniate.

antimonio *m* QUÍM antimoine (metal).

antimoniuro *m* QUÍM antimoniure.

antimonopolio *adj* ECON antitrust.

antimoral *adj* immoral, e; antimoral, e.

antinacional *adj* antinational, e.

antinatural *adj* antinaturel, elle.

antinazi *adj & s* antinazi, e.

antinefrítico, ca *adj & s m* antinéphrétique.

antineoplásico, ca *adj* antinéoplasique.

antineurálgico, ca *adj* MED antinévralgique, antimigraineux, euse.

antineutrino *m* FÍS antineutrino.

antineutrón *m* FÍS antineutron.

antiniebla *adj* antibrouillard.

antinomia *f* antinomie.

antinómico, ca *adj* antinomique.

antinuclear *adj* antinucléaire.

antiofídico, ca *adj* antivenimeux.
➡ **antiofídico** *m* anti-venin.

antioqueno, na *adj & s* d'Antioche [en Syrie].

antioqueño, ña *adj & s* d'Antioquia [en Colombie].

Antioquía *n pr* GEOGR Antioche.

antioxidante *adj* & *s m* antioxydant, e; antirouille.

antipalúdico, ca *adj* qui combat le paludisme.

antipapa *m* antipape.

antipapado *m* antipapauté *f*.

antipapista *adj* & *s* antipapiste.

antipara *f* paravent *m* (biombo) ▌jambière (polaina).

antiparalela *adj f* MAT antiparallèle.

antiparásito, ta; antiparasitario, ria *adj* & *s m* antiparasite, antipoux (loción, champú) ▌antipuces (collar) ▌antiparasite (radio).

➤ **antiparasitario** *m* collier antipuces (de animales) ▌antiparasite (telecomunicaciones).

antiparlamentario, ria *adj* & *s* antiparlementaire.

antiparlamentarismo *m* antiparlementarisme.

antiparras *f pl* FAM lunettes.

antipartícula *f* FÍS antiparticule.

antipartido *adj* antiparti.

antipatía *f* antipathie.

antipático, ca *adj* antipathique; esta persona me cae antipática cette personne m'est antipathique ▌désagréable; ¡qué antipático eres! que tu es désagréable!, ce que tu peux être désagréable!
◇ *m* & *f* personne désagréable.

antipatizar [13] *v intr* (*Amer*) éprouver de l'antipathie pour quelqu'un.

antipatriota *adj* & *s* antipatriote.

antipatriótico, ca *adj* antipatriotique.

antipatriotismo *m* antipatriotisme.

antipedagógico, ca *adj* antipédagogique.

antiperistáltico, ca *adj* antipéristaltique.

antipirético, ca *adj* & *s m* MED antipyrétique.

antipirina *f* MED antipyrine.

antípoda *m* & *f* antipode *m*.

antipoético, ca *adj* antipoétique (p us), contraire à la poésie.

antipolilla *adj* & *s m* antimite.

antipontificado *m* usurpation *f* du pontificat [par un antipape].

antiprogresista *adj* & *s* antiprogressiste.

antiprohibicionista *adj* & *s* antiprohibitionniste.

antiproteccionismo *m* antiprotectionnisme.

antiproteccionista *adj* & *s* antiprotectionniste.

antiprotón *m* antiproton.

antipútrido, da *adj* & *s m* antiputride.

antiquísimo, ma *adj* très ancien, enne.

antirrábico, ca *adj* MED antirabique.

antirracional *adj* antirationnel, elle.

antirracionalismo *m* antirationnalisme.

antirracismo *m* antiracisme.

antirracista *adj* & *s* antiraciste.

antirradar *adj* antiradar.

antirraquítico, ca *adj* MED antirachitique.

antirreflectante *adj* antireflet *adj inv*.

antirreflector, ra *adj* antireflet.

antirreglamentario, ria *adj* antiréglementaire.

antirreligioso, sa *adj* & *s* antireligieux, euse.

antirrepublicano, na *adj* & *s* antirépublicain, e.

antirreumático, ca *adj* & *s m* antirhumatismal, e.

antirrevolucionario, ria *adj* & *s* antirévolutionnaire.

antirrobo *m* antivol.

antiscios *m pl* antisciens.

antisemita *adj* & *s* antisémite.

antisemítico, ca *adj* antisémitique.

antisemitismo *m* antisémitisme.

antisepsia *f* MED antisepsie.

antiséptico, ca *adj* & *s* MED antiseptique.

antisifilítico, ca *adj* MED antisyphilitique.

antisísmico, ca *adj* antisismique, parasismique.

antisociable *adj* antisociable.

antisocial *adj* antisocial, e.

antistrofa *f* POÉT antistrophe.

antisubmarino, na *adj* anti-sous-marin, e.

antisudoral *adj* & *s m* antisudoral, e.

antisuero *m* antisérum.

antitanque *adj* antichar.

antitérmico, ca *adj* MED antithermique.

antiterrorismo *m* lutte *f* antiterroriste.

antiterrorista *adj* antiterroriste.

antítesis *f inv* antithèse.

antitetánico, ca *adj* MED antitétanique.

antitético, ca *adj* antithétique.

antitífico, ca *adj* antityphique.

antitóxico, ca *adj* antitoxique.

antitoxina *f* MED antitoxine.

antitrago *m* antitragus.

antituberculoso, sa *adj* MED antituberculeux, euse.

antitusígeno, na *adj* & *s m* antitussif, ive.

antivariólico, ca *adj* antivariolique.

antivenenoso, sa *adj* antivenimeux, euse (contra el veneno de los animales) ▌antivénéneux, euse (contra el veneno de las plantas).

antivenéreo, a *adj* MED antivénérien, enne.

antivirus *m inv* antiviral.

antiyanqui *adj* & *s* FAM anti-américain, e.

antojadizo, za *adj* capricieux, euse ▌lunatique (cambiadizo) ▌fantasque (extravagante).

antojarse *v pr* avoir envie de (desear); no hace más que lo que se le antoja il ne fait que ce dont il a envie ▌avoir l'idée de; se le antojó dar la vuelta al mundo il eut l'idée de faire le tour du monde ▌avoir dans l'idée, avoir l'impression; se me antoja que va a llover j'ai l'impression qu'il va pleuvoir ▌penser, croire (opinar).

▌ OBSERV Dans le premier sens, le verbe antojarse ne s'emploie qu'à l'infinitif et aux troisièmes personnes avec un pronom personnel: se me antojó j'ai eu envie.

antojito *m* (*Amer*) amuse-gueule (bocado ligero).

antojo *m* caprice; hay que satisfacer todos sus antojos il faut lui passer tous ses caprices ▌lubie *f*, passade *f*; esto no es más que un antojo ce n'est qu'une lubie ▌envie *f*; las mujeres embarazadas tienen antojos les femmes enceintes ont des envies ▌envie *f* (mancha de la piel) ■ **cada uno a su antojo** chacun à sa guise ▌**manejar a uno a su antojo** mener quelqu'un par le bout du nez, faire ce que l'on veut de quelqu'un ▌(*Amer*) **no morirse de antojo** ne pas rester sur sa faim ▌**no obrar sino a su antojo** n'en faire qu'à sa tête ▌**seguir sus antojos** suivre sa fantaisie ▌**vivir a su antojo** vivre à sa guise.

antología *f* anthologie ▌FAM **de antología** magnifique, fantastique; Rodríguez marcó un gol de antología Rodríguez marqua un but magnifique.

antológico, ca *adj* anthologique.

antólogo, ga *m* & *f* anthologiste.

Antonia *n pr* Antoinette.

antonimia *f* antonymie.

antónimo *m* antonyme (contrario).

Antonino *n pr* Antoine.

Antonio *n pr* Antoine.

antonomasia *f* antonomase.

antonomástico, ca *adj* relatif, ive à l'antonomase.

antorcha *f* torche, flambeau *m*.

antozoarios *m pl* ZOOL anthozoaires.

antozoo *m* ZOOL anthozoaire.

antraceno *m* anthracène.

antracita *f* anthracite *m*.
◇ *adj* anthracite (color).

antracnosis *f inv* anthracnose (enfermedad de la vid).

antracosis *f inv* MED anthracose.

antraquinona *f* QUÍM anthraquinone.

ántrax *m inv* MED anthrax ▌ántrax maligno charbon, pustule maligne.

antreno *m* ZOOL anthrène (insecto).

antro *m* antre.

antropocéntrico, ca *adj* anthropocentrique.

antropocentrismo *m* anthropocentrisme.

antropofagia *f* anthropophagie.

antropófago, ga *adj* & *s* anthropophage.

antropofobia *f* anthropophobie.

antropogenia *f* anthropogénie, anthropogenèse.

antropogeografía *f* anthropogéographie.

antropografía *f* anthropographie.

antropográfico, ca *adj* anthropographique.

antropoide; antropoideo, a *adj* & *s* anthropoïde.

antropolatría *f* anthropolâtrie.

antropología *f* anthropologie.

antropológico, ca *adj* anthropologique.

antropologista; antropólogo, ga *m* & *f* anthropologue, anthropologiste.

antropómetra *m* & *f* spécialiste en anthropométrie.

antropometría *f* anthropométrie.

antropométrico, ca *adj* anthropométrique.

antropomórfico, ca *adj* anthropomorphique.

antropomorfismo *m* RELIG anthropomorphisme.

antropomorfita *adj* & *s* anthropomorphiste, anthropomorfite.

antropomorfo, fa *adj* & *s* anthropomorphe.

antroponimia *f* anthroponymie.

antropónimo *m* anthroponyme.

antropopiteco *m* anthropopithèque (mono).

antruejar *v tr* faire des farces au carnaval.

antruejo *m* carnaval.

antucá *m* en cas, encas (sombrilla).

antuerpiense; antuerpino, na *adj* & *s* anversois, e; d'Anvers (de Amberes).

antuvión *m* FAM agression *f*, attaque *f* brusque ■ de antuvión soudain, inopinément ■ jugar de antuvión prendre de vitesse.

anual *adj* annuel, elle.

anualidad *f* annuité (renta); pagar las anualidades payer les annuités ∥ annualité (carácter anual).

anualmente *adv* annuellement.

anuario *m* annuaire.

anubarrado, da *adj* nuageux, euse; couvert, e; cielo anubarrado ciel nuageux.

anublar *v tr* obscurcir (el cielo) ∥ cacher (los astros) ∥ FIG ternir (la fama, la alegría).

➡ **anublarse** *v pr* se couvrir; el cielo se va anublando le ciel se couvre peu à peu ∥ AGRIC se faner (las plantas) ∥ FIG s'évanouir (desvanecerse).

anublo *m* nielle *f* (añublo).

anudadura *f*; **anudamiento** *m* nouage *m*, nouement *m*.

anudar *v tr* nouer; anudar una cinta, una corbata nouer un ruban, une cravate ∥ attacher (atar); anudar los zapatos attacher ses chaussures ∥ FIG renouer; anudar la conversación renouer la conversation.

➡ **anudarse** *v pr* attacher (los zapatos) ∥ nouer (la corbata) ∥ AGRIC se rabougrir.

anuencia *f* assentiment *m*, consentement *m*.

anuente *adj* consentant, e.

anulable *adj* annulable ∥ DR cassable.

anulación *f* annulation; la anulación de un tratado l'annulation d'un traité ∥ anulación de contrato annulation de contrat ∥ décommandement *m*; la anulación de una cena le décommandement d'un dîner.

anular *adj* annulaire.
◇ *m* annulaire (dedo).

anular *v tr* [▷ SIN] annuler ∥ révoquer, destituer (una persona) ∥ décommander, annuler; anular un encargo annuler une commande; anular una comida décommander un repas.

➡ **anularse** *v pr* s'annuler.

SIN abrogar abroger; abolir abolir; revocar révoquer; derogar déroger; invalidar invalider; cancelar résilier; rescindir rescinder; suprimir supprimer.

anunciación *f* annonciation.

Anunciada *n pr f* Annonciade.

anunciador, ra *adj* & *s* annonciateur, trice ∥ annonceur (en un periódico) ∥ empresa anunciadora agence de publicité.

anunciante *m* annonceur.

anunciar [8] *v tr* [▷ SIN] annoncer; anunciar algo a bombos y platillos annoncer quelque chose à grand renfort de trompettes; anunciar una nueva annoncer une nouvelle ∥ afficher; anunciar una subasta afficher une vente aux enchères ∥ faire de la publicité pour; es un producto que han anunciado mucho c'est un produit pour lequel on a fait beaucoup de publicité ∥ el tiempo anuncia lluvia le temps est à la pluie.

SIN avisar aviser; declarar déclarer; proclamar proclamer; manifestar manifester; exponer exposer.

anuncio *m* annonce *f*; los anuncios de un diario les annonces d'un journal ∥ pancarte *f*; había un gran anuncio de madera al borde de la carretera il y avait une grande pancarte en bois au bord de la route ∥ affiche *f* (cartel); anuncio luminoso affiche lumineuse ∥ publicité *f* ■ anuncio mural affiche publicitaire ∥ anuncio por palabras petites annonces (en un periódico) ∥ anuncio publicitario spot publicitaire ■ fijación de anuncios affichage ∥ hombre anuncio homme-sandwich ∥ tablón o tablilla de anuncios tableau d'affichage ■ prohibido fijar anuncios défense d'afficher.

anuo, nua *adj* annuel, elle; planta anua plante annuelle.

anuria *f* MED anurie, anurèse.

anuro *adj* & *s* ZOOL anoure.

anverso *m* avers, face *f* (de moneda) ∥ recto (de página).

anzuelo *m* hameçon ∥ tragar el anzuelo, caer o picar en el anzuelo mordre à l'hameçon, tomber dans le panneau.

añada *f* temps *m* général de l'année ∥ AGRIC sole (de tierra).

añadido, da *adj* ajouté, e ∥ lo añadido ce qui est ajouté.

➡ **añadido** *m* postiche (de cabello) ∥ addition *f*, ajouté, ajout (p us); hacer un añadido a un texto, faire une addition à un texte ∥ poner un añadido a rallonger; poner un añadido a una mesa rallonger une table.

añadidura *f* addition, ajout *m*, ajouté *m* (en un texto) ∥ supplément *m* ∥ allonge (de un vestido) ∥ por añadidura en outre, par surcroît, avec cela, en sus, par-dessus le marché (además).

añadir *v tr* ajouter.

añafea *f* strasse, papier *m* d'emballage, papier *m* gris.

añagaza *f* appeau *m*, moquette (pájaro que atrae a los demás) ∥ FIG ruse, leurre *m*, artifice *m* (ardid).

añal *adj* annuel, elle (anual) ∥ âgé, e d'un an (las reses).
◇ *m* offrande *f* pour l'anniversaire d'un

défunt ∥ jeune veau o chevreau o agneau âgé d'un an.

añalejo *m* RELIG ordo.

añares *m pl* (*Amer*) années; hace añares cela fait des années, ça fait des lustres.

añas *m* (*Amer*) mouffette *f* (zorra).

añejar *v tr* vieillir.

➡ **añejarse** *v pr* vieillir (el vino).

añejo, ja *adj* vieux, vieille (vinos, conservas); vino añejo vin vieux ∥ FIG & FAM vieux, vieille; ancien, enne (noticia).

añicos *m pl* miettes *f*, morceaux; hacer añicos réduire en miettes, mettre en morceaux.

añil *m* indigotier (arbusto) ∥ indigo (color) ∥ color de añil bleu indigo.

añilar *v tr* teindre en bleu indigo.

añilería *f* indigoterie.

añinero *m* mégissier.

añinos *m pl* agnelin *sing* (pieles) ∥ agneline *f sing* (lana).

año *m* an; tener veinte años cumplidos avoir vingt ans révolus; el año 50 antes de J.C. l'an 50 avant J.-C.; ir para o acercarse a los treinta años aller sur ses trente ans ∥ année *f*, an [▷ OBSERV]; el año que viene l'année prochaine, l'an prochain; año bisiesto o intercalar, común o vulgar, civil année bissextile, commune, civile; año académico o escolar année scolaire ∥ agneau (piel); abrigo de año manteau d'agneau ■ año árabe o lunar année lunaire ∥ año astral o astronómico, sideral o sidéreo année astronomique, sidérale ∥ año de gracia an de grâce ∥ año de jubileo o santo année sainte ∥ ASTRON año de luz année de lumière, année-lumière ∥ año económico exercice financier ∥ año entrante année qui commence ∥ ECON año fiscal année o exercice budgétaire ∥ año nuevo nouvel an ∥ año republicano l'an I de la République [calendrier républicain] ∥ año tras año d'année en année ∥ el año de la nana le temps où la reine Berthe filait ∥ el año nuevo le nouvel an ∥ el día de año nuevo le jour de l'an ■ ¡buen año!, ¡feliz año nuevo! bonne année!, ¡feliz año nuevo! bonne année!, heureuse o joyeuse année! ∥ un año con otro bon an mal an ∥ una vez al año o por año une fois l'an o par an ■ felicitar el día de año nuevo o por año nuevo souhaiter la bonne année ∥ venir del año de Maricastaña remonter au déluge ∥ vivir muchos años vivre de longues années.

➡ **años** *m pl* années ∥ temps; en aquellos años felices de nuestra juventud au temps heureux de notre jeunesse ■ años pobres années de misère ∥ años y años pendant des années ■ con sus pocos, muchos años malgré son jeune, grand âge ∥ en sus años mozos dans sa jeunesse ∥ entrado en años d'un âge avancé ∥ por los años 1800 vers 1800, dans les années 1800 ∥ ¡qué años aquellos! ah! quelle époque! ■ con los años viene el juicio la raison vient avec l'âge ∥ en los años que corren par les temps qui courent ∥ hace años il y a des années; hace años que la producción no ha aumentado il y a des années que la production n'a pas augmenté; il y a des années, il y a des siècles; hace años que no le he visto il y a des siècles que je ne l'ai pas vu.

▨ [▷ OBSERV **an**, parte francesa].

añojal *m* AGRIC sole *f*.

añojo *m* veau o agneau d'un an.

añoñar *v tr* (*Amer*) gâter, choyer.

añoranza *f* regret *m* (pesar) ▌ nostalgie; tener añoranza de su país avoir la nostalgie de son pays.

añorar *v tr* regretter, avoir la nostalgie de; añorar el tiempo pasado avoir la nostalgie du temps passé.

añoso, sa *adj* âgé, e (viejo).

añublo *m* AGRIC nielle *f* (enfermedad).

aojador, ra *adj & s* jeteur, euse de sort; jettatore *m*.

aojadura *f*; **aojamiento** *m* mauvais œil *m*, sort *m*.

aojar *v tr* jeter un sort sur (impedir el logro de una cosa).

aojo *m* mauvais œil, sort.

aónides *f pl* MIT aonides (las Musas).

aoristo *m* GRAM aoriste.

aorta *f* ANAT aorte.

aórtico, ca *adj* aortique.

aortitis *f inv* MED aortite.

aovado, da *adj* ovale.

aovar *v intr* pondre ▌ frayer (peces).

AP (abrev de **Alianza Popular**) *m* ancien nom du PP, parti politique espagnol de droite.

APA (abrev de **asociación de padres de alumnos**) *f* association espagnole de parents d'élèves.

apabullar *v tr* FAM aplatir, écraser (aplastar) ▌ FIG renverser, sidérer ▌ faire taire, clouer le bec FAM; lo apabulló con sus argumentos il lui cloua le bec avec ses arguments.

apacentadero *m* AGRIC pâturage.

apacentador, ra *adj* qui fait paître, qui paît.
◇ *m & f* berger, ère; pâtre (sin femenino).

apacentamiento *m* AGRIC pâturage, mise *f* à l'herbage (acción) ▌ pâture *f* (pasto).

apacentar [19] *v tr* AGRIC paître, faire paître, pâturer, pacager (p us) ▌ repaître (satisfacer los deseos).

◆ **apacentarse** *v pr* paître (comer) ▌ FIG se repaître.

apache *m* Apache (piel roja) ▌ FIG apache, malfaiteur (bandido) ▌ (*Amer*) vêtement en feuilles de palmier utilisé par les paysans pour se protéger de la pluie.

apachico *m* (*Amer*) paquet o ballot porté sur le dos.

apacibilidad *f* tranquillité, douceur, calme *m* ▌ FIG affabilité.

apacible *adj* [▷ SIN] paisible, calme, tranquille; una vida apacible une vie tranquille ▌ calme, doux, douce; esta niña es muy apacible cette enfant est très calme ▌ FIG affable (de buen carácter) ▌ calme (tiempo).

▨ SIN pacífico pacifique; pacifista pacifiste.

apaciblemente *adv* paisiblement.

apaciguador, ra *adj* apaisant, e.
◇ *m & f* pacificateur, trice; conciliateur, trice.

apaciguamiento *m* apaisement.

apaciguar [45] *v tr* apaiser, calmer; apaciguar los ánimos apaiser les esprits.

◆ **apaciguarse** *v pr* s'apaiser, se calmer; la tempestad se apaciguó la tempête s'est calmée.

▌ SIN calmar calmer; tranquilizar tranquilliser; serenar, aquietar rasséréner; pacificar pacifier; templar tempérer.

apadrinado *m* protégé, poulain [familier] [protegido].

apadrinador, ra *adj & s* protecteur, trice.
◆ **apadrinador** *m* témoin dans un duel (en un desafío).

apadrinamiento *m* parrainage ▌ fonction *f* de témoin dans un duel ▌ FIG parrainage, protection *f*.

apadrinar *v tr* parrainer, être le parrain de; apadrino a mi sobrino je suis le parrain de mon neveu ▌ FIG servir de témoin (en un desafío) ▌ parrainer; apadrinar a un escritor principiante parrainer un écrivain débutant ▌ défendre; apadrina todas las ideas humanitarias il défend toutes les idées humanitaires.

apagado, da *adj* éteint, e; fuego apagado feu éteint ▌ terne, sans éclat; un color apagado une couleur terne ▌ FIG effacé, e; esta mujer es muy apagada cette femme est très effacée ▌ éteint, e (voz, mirada) ▌ étouffé, e; sourd, e (ruido) ▌ cal apagada chaux éteinte.

apagador, ra *adj* qui éteint (el fuego) ▌ qui étouffe (el sonido).
◇ *m & f* éteigneur, euse (que apaga).
◆ **apagador** *m* éteignoir (útil para apagar) ▌ extincteur d'incendie (de incendio) ▌ MÚS étouffoir (del piano).

apagamiento *m* extinction *f* ▌ étouffement, assourdissement (de un sonido).

apagapenol *m* MAR cargue *f* (cabo).

apagar [16] *v tr* éteindre (el fuego, la luz) ▌ éteindre, faner, ternir; el sol apaga los colores le soleil éteint les couleurs ▌ détremper, éteindre (la cal) ▌ étouffer, assourdir (sonido) ▌ FIG apaiser, adoucir; apagar su ira apaiser sa colère ▌ atténuer; el tiempo apaga todos los rencores le temps atténue toutes les rancunes ▌ FIG tarir, étouffer (un afecto) ▌ apagar la sed désaltérer, étancher la soif; el limón apaga la sed le citron désaltère; se désaltérer; apagó su sed bebiendo un vaso de agua il s'est désaltéré en buvant un verre d'eau ▌ FAM apaga y vámonos ça suffit, n'en parlons plus.

◆ **apagarse** *v pr* s'éteindre ▌ FIG s'éteindre (morir).

apagavelas *m* éteignoir.

apagón *m* coupure *f*, panne *f* [du courant électrique].

apainelado, da *adj* ARQ en anse de panier, surbaissé, e (arco).

apaisado, da *adj* oblong, gue; en largeur (más ancho que largo); formato apaisado format en largeur ▌ à l'italienne (dibujo, libro) ▌ tamaño apaisado format rectangulaire o à l'italienne.

apajarado, da *adj* (*Amer*) étourdi, e.

apalabrar *v tr* décider o convenir verbalement de; apalabrar un negocio con un amigo décider verbalement d'une affaire avec un ami ▌ arrêter (contratar); apalabrar a un criado arrêter un domestique.

◆ **apalabrarse** *v pr* s'entendre verbalement.

Apalaches *n pr m pl* GEOGR los Apalaches les Appalaches.

apalachino, na *adj* appalachien, enne.

apalancamiento *m* levage.

apalancar [10] *v tr* MECÁN lever, exercer une pesée sur [avec un levier] ▌ soulever (levantar) ▌ FIG appuyer, soutenir (apoyar).

apalancarse [10] *v pr* FAM prendre racine, s'incruster (en un sitio).

apaleado, da *adj & s* battu, e ▌ tras cornudo apaleado les battus paient l'amende; cocu, battu et content.

apaleador, ra *adj* qui frappe.
◇ *m & f* assaillant, e ▌ gauleur, euse (de frutos).

apaleamiento *m* bastonnade *f* ▌ gaulage (de los frutos) ▌ action de battre les vêtements (la ropa).

apalear *v tr* donner des coups de bâton, battre, rosser, bâtonner (p us) ▌ battre (la ropa) ▌ AGRIC gauler (los frutos) ▌ éventer (el grano) ▌ FIG apalear oro o dinero o las onzas de oro o los millones remuer l'argent à la pelle, rouler sur l'or, être cousu d'or.

apaleo *m* bastonnade *f* ▌ AGRIC éventage, remuage (del trigo), gaulage (de frutos).

apandar *v tr* FAM chiper, rafler, piquer (robar).

apandillar *v tr* grouper en bande.
◆ **apandillarse** *v pr* se grouper en bande, faire une bande.

apangarse [16] *v pr* (*Amer*) s'accroupir, se baisser.

apaniguarse [45] *v pr* (*Amer*) comploter, se concerter pour préparer un mauvais coup.

apanojado, da *adj* BOT disposé en épis o en grappe.

apantallado, da *adj* (*Amer*) ahuri, e (bobo); impressionné, e (achatado).

apantanar *v tr* inonder (un terreno).

apañado, da *adj* foulé, e (tejido) ▌ FIG & FAM adroit, e; habile; es muy apañado para toda clase de cosas il est très habile pour toutes sortes de choses ▌ bricoleur, euse; al ver su casa se da una cuenta que es un chico apañado en voyant sa maison on se rend compte que c'est un garçon bricoleur ▌ pratique; me he comprado un vestido muy apañado je me suis acheté une robe très pratique ▌ utile; un colaborador apañado un collaborateur utile ▌ bien arrangé, e; esta chica va siempre muy apañada cette fille est toujours très bien arrangée.

apañamiento *m* arrangement (arreglo) ▌ FAM adresse *f* (habilidad).

apañar *v tr* FAM arranger, disposer (preparar) ▌ réparer, arranger, retaper, raccommoder; apañar unos pantalones arranger un pantalon ▌ arranger; ¿te apaña coger el avión de la noche? ça t'arrange de prendre l'avion de nuit? ▌ prendre, attraper (coger) ▌ couvrir (con ropa) ▌ (*Amer*) s'approprier, adopter ▌ protéger, défendre; las madres apañan a sus hijos les mères défendent leurs enfants.

◆ **apañarse** *v pr* FAM s'arranger, se débrouiller; yo me las apaño siempre para conseguir lo que quiero moi je m'arrange toujours pour obtenir ce que je veux | se débrouiller; **a pesar de su poca edad se apaña él solo** malgré son jeune âge il se débrouille tout seul | se procurer, dégoter; **me apañé un coche para irme de vacaciones** je me suis procuré une voiture pour aller en vacances.

apaño *m* FAM arrangement (arreglo) | raccommodage, réparation *f*, retapage (compostura) | adresse *f*, habileté *f* (habilidad) | liaison *f* (relaciones amorosas) | ami, e (amante) | fortune *f* | FAM **ser algo de mucho o de gran apaño** être quelque chose de très utile.

apañuscar *v tr* FAM chiffonner, friper (estrujar) | chiper, faucher (robar).

apapachador, ra *adj* (*Amer*) câlin, e.

apapachar *v tr* (*Amer*) cajoler, câliner (mimar).

apapachos *m pl* (*Amer*) câlins.

aparador *m* buffet (meuble) | atelier (taller) | vitrine *f* (escaparate).

aparato *m* [▷ SIN] apparat, pompe *f*; **una ceremonia con mucho aparato** une cérémonie en grand apparat; **me agrada poco tanto aparato** je n'aime pas beaucoup toute cette pompe | appareil; **un aparato de televisión** un appareil de télévision | machine *f* (máquina) | appareil (para los dientes) | appareil (avión, teléfono, fotografía) | ANAT appareil, système; **aparato circulatorio, digestivo** appareil circulatoire, digestif | MED appareil (vendaje) | appareil (de un partido) | appareil (preparativos) | (*Amer*) fantôme ■ **aparato de radio** poste de radio | **aparato escénico** mise en scène | **aparato salvavidas** appareil de sauvetage | **aparatos de gimnasia** agrès | **¿quién está en el aparato?** qui est à l'appareil? (teléfono).

SIN pompa, pomposidad pompe; ceremonial cérémonial; FAM bambolla tralala.

aparatosidad *f* pomposité | caractère *m* spectaculaire | manque *m* de simplicité.

aparatoso, sa *adj* pompeux, euse (vistoso) | spectaculaire; **accidente aparatoso** accident spectaculaire | qui ne passe pas inaperçu, qu'on remarque; **un traje aparatoso** une robe qui ne passe pas inaperçue.

aparcamiento *m* stationnement (acción de aparcar) | parc de stationnement, parking (sitio).

aparcar [10] *v tr* garer, ranger, parquer; **aparcar su coche** garer sa voiture.
◇ *v intr* se ranger, se garer; **en esta calle nunca puede uno aparcar** dans cette rue on ne peut jamais se garer | stationner; **prohibido aparcar** défense de stationner | aparcar en batería se ranger en épi.

aparcería *f* AGRIC métayage *m*.

aparcero, ra *m & f* AGRIC métayer, ère | copropriétaire (comunero) | (ant) compagnon *m*.

apareamiento *m* accouplement.

aparear *v tr* accoupler, apparier | égaliser, rendre égal (hacer igual).
◆ **aparearse** *v pr* s'accoupler.

aparecer [30] *v intr* [▷ SIN] apparaître (dejarse ver) | paraître (un libro) | figurer (en una lista) | FAM arriver (llegar) | paraître, venir (venir); **no apareció en la oficina** il n'a pas paru au bureau; **hace dos años que no aparece por**

aquí il y a deux ans qu'il ne vient pas par ici | faire son apparition; **después de un cuarto de hora apareció** il a fait son apparition un quart d'heure plus tard | **aparecer en escena** paraître sur la scène (teatro).
◆ **aparecerse** *v pr* apparaître; **Dios se apareció a Moisés** Dieu apparut à Moïse; **los fantasmas se aparecen por la noche** les fantômes apparaissent la nuit.

SIN mostrarse se montrer; brotar germer; surgir surgir; despuntar poindre.

aparecido *m* revenant, fantôme.

aparejado, da *adj* préparé, e | propre, convenable, adéquat, e ■ **ir aparejado con** aller de pair avec | **traer aparejado** entraîner.

aparejador *m* préparateur | aide-architecte | MAR gréeur.

aparejar *v tr* apprêter, préparer (preparar) | disposer (disponer) | harnacher (los caballos) | MAR gréer | apprêter, imprimer (imprimar).
◆ **aparejarse** *v pr* se préparer, s'apprêter.

OBSERV Existe en francés el verbo appareiller, hablando de un barco, pero significa zarpar.

aparejo *m* préparation *f*, arrangement (preparativo) | matériel, attirail (lo necesario) | harnais (arreo), bât (de un animal de carga) | FIG matériel, attirail | ARQ appareil | CONSTR liaison *f* | MECÁN moufle *f* (de poleas) | MAR gréement (palos) | palan (botavara) | IMPR impression *f*, apprêt | apprêt (de un cuadro) ■ **aparejo de pescar** attirail de pêche | **aparejo marconi** gréement Marconi o bermudien | **aparejo mixto** gréement composé de voiles carrées et de voiles auriques.
◆ **aparejos** *m pl* attirail *sing*, matériel *sing* | outillage *sing* (herramientas).

aparentador, ra *adj & s* simulateur, trice.

aparentar *v tr* feindre, simuler (simular) | sembler, avoir l'air (parecer); **aparentar alegría** avoir l'air gai | paraître, faire; **no aparenta cuarenta años** il ne fait pas quarante ans | paraître; **¿estaba contento?, no lo dejaba aparentar** il était content?, il ne le laissait pas paraître ■ **aparentar trabajar** o que **se trabaja** faire semblant o feindre de travailler | **no aparentar la edad que se tiene** ne pas faire son âge, ne pas porter son âge.
◇ *v intr* se faire remarquer, paraître; **a esta mujer le gusta mucho aparentar** cette femme aime beaucoup se faire remarquer.

aparente *adj* apparent, e; **un éxito aparente** un succès apparent | propre, approprié, e (adecuado) | **un vestido muy aparente** une robe très bien.

aparentemente *adv* apparemment.

aparición *f* apparition (visión) | parution (publicación).

apariencia *f* [▷ SIN] apparence; **fiarse de las apariencias** se fier aux apparences; **guardar o salvar o cubrir las apariencias** sauver les apparences; **juzgar por las apariencias** juger sur les apparences | FIG & FAM façade ■ **apariencia falsa** apparence trompeuse | **en apariencia** en apparence, apparemment ■ **tener la apariencia** avoir l'air; **tiene apariencia de gran señor** il a l'air d'un grand seigneur.

SIN verosimilitud, verisimilitud vraisemblance; probabilidad probabilité.

aparroquiar [8] *v tr* (p us) COM achalander, amener des clients.
◆ **aparroquiarse** *v pr* devenir client.

aparta *f* (*Amer*) triage *m* des animaux (de distintos propietarios).

apartadamente *adv* séparément.

apartadero *m* gare *f* de triage (estación) | voie de garage (vía) | refuge, lieu de dégagement (en un camino) | bief de dérivation (en los canales) | enceinte *f* où l'on choisit les taureaux [pour les "corridas"].

apartado, da *adj* écarté, e; éloigné, e; distant, e; **un pueblo apartado** un village écarté | FIG écarté, e; **persona apartada del poder** personne écartée du pouvoir | **mantenerse apartado** rester o se tenir à l'écart o dans l'ombre.
◆ **apartado** *m* fond d'un appartement, partie *f* située à l'écart (aposento) | cabinet particulier (en un bar) | TEATR aparté (aparte) | section *f*, service (de oficina) | boîte *f* postale (de correos) | alinéa, paragraphe (párrafo) | mise *f* au toril [des taureaux] | choix des taureaux (selección de las reses) | MIN affinage (del oro) | **apartado oficial** franchise postale.

apartador, ra *adj & s* qui écarte (que aparta) | trieur, euse (que selecciona) | (*Amer*) aiguillon (aijada).

apartamento *m* appartement.

OBSERV Le mot apartamento correspond en réalité à un petit appartement.

apartamiento *m* écartement (acción de apartar) | tri, triage (acción de escoger) | appartement (piso) | DR désistement.

apartar *v tr* [▷ SIN] écarter, éloigner (alejar) | mettre o tenir à l'écart; **apartar a alguien de todas las ventajas** tenir quelqu'un à l'écart de tous les avantages | écarter, détourner; **apartar a uno de su camino** détourner quelqu'un de son chemin | mettre de côté; **ya he apartado todo lo que tengo que llevar** j'ai déjà mis de côté tout ce que je dois emporter | FIG détourner, dissuader (disuadir) | se mettre à (empezar); **apartar a correr** se mettre à courir | TECN trier (el mineral) ■ **apartar de sí el temor, la ira** bannir la crainte, la colère | **apartar la vista** o **la mirada de** détourner les yeux o le regard o la vue de | **no apartar la mirada de** ne pas détacher les yeux de.
◆ **apartarse** *v pr* s'écarter, s'éloigner (alejarse) | FIG s'éloigner; **doctrinas que se apartan una de otra** des doctrines qui s'éloignent l'une de l'autre | s'éloigner, se retirer; **apartarse del mundo** s'éloigner du monde | se détourner; **apartarse de su deber** se détourner de son devoir | se pousser; **apártate para que tenga un poco más de sitio** pousse-toi pour que j'aie un peu plus de place | s'écarter (dejar el paso libre) | DR se désister d'une plainte ■ **apartarse del peligro** fuir le danger | **apártate de mi camino** ôte-toi de mon chemin | **apártate de mi vista** ôte-toi de ma vue.

SIN alejar éloigner; dejar a un lado mettre à l'écart; quitar enlever; separar séparer; aislar isoler; desunir disjoindre.

aparte *adv* de côté; **poner aparte** mettre de côté | à part; **bromas aparte** plaisanteries à part; **es una niña aparte** c'est une enfant à part | en plus; **aparte recibe ayuda del exterior** en plus il reçoit une aide de l'extérieur | **aparte de** mis à part, en dehors de, hormis; **aparte del estilo esta obra no vale nada** mis à part le style, cet ouvrage ne vaut rien ■ **conversación aparte** aparté | **eso aparte** outre cela, cela mis à part ■ **dejando aparte**

abstraction faite de ▌ eso es capítulo aparte c'est une autre histoire, c'est à part ▌ hacer párrafo aparte aller à la ligne ▌ hacer rancho aparte faire bande à part.
◇ *m* **TEATR** aparté ▌ paragraphe, alinéa (párrafo) ▌ punto y aparte point à la ligne.

apartheid *m* apartheid.

apartijo *m* petit tas; hacer apartijos faire des petits tas ▌ cabinet, dépendance *f* (sitio).

apartotel *m* complexe d'appartements bénéficiant de services hôteliers.

aparvadera *f* râteau *m* (rastrillo).

aparvar *v tr* étaler sur l'aire; aparvar el trigo étaler le blé sur l'aire.

apasionadamente *adv* passionnément.

apasionado, da *adj* passionné, e; apasionado por la caza, por una persona passionné de chasse, pour une personne ▌ partisan, e (partidario) ▌ ardent, e; acharné, e; es un apasionado defensor de c'est un défenseur ardent de.

apasionamiento *m* passion *f* ▌ con apasionamiento passionnément, avec passion.

apasionante *adj* passionnant, e.

apasionar *v tr* passionner.
➥ **apasionarse** *v pr* se passionner; apasionarse por el estudio se passionner pour l'étude.

apaste; apastle *m* (*Amer*) cuvette *f*.

apatía *f* apathie.
▌ **SIN** abulia aboulie; abandono abandon; desidia, negligencia négligence; desgana dégoût; indolencia indolence; insensibilidad insensibilité; dejadez laisser-aller; molicie mollesse; indiferencia indifférence; languidez langueur.

apático, ca *adj & s* apathique.

apatito *m* **MIN** apatite *f*.

apátrida *adj & s* apatride.

apdo. (abrev escrita de **apartado**) BP.

APE (abrev de Asamblea Parlamentaria Europea) *f* parlement européen.

apeadero *m* halte *f*, petite gare *f* (ferrocarriles); la línea cuenta con cuarenta estaciones y once apeaderos la ligne comprend quarante gares et onze haltes ▌ pied-à-terre *inv* (casa) ▌ montoir (poyo).

apeador *m* arpenteur (agrimensor).

apealar *v tr* (*Amer*) entraver.

apeamiento *m* descente *f*.

apear *v tr* faire descendre [de cheval ou de voiture] ▌ entraver (trabar un caballo) ▌ caler (un vehículo) ▌ arpenter, délimiter (medir) ▌ abattre (un árbol) ▌ **FIG & FAM** faire démordre (disuadir); no pude apearlo je n'ai pas pu l'en faire démordre ▌ **ARQ** étayer (apuntalar) ▌ déplacer, descendre (bajar) ▌ apear el tratamiento laisser les titres de côté.
➥ **apearse** *v pr* mettre pied à terre (bajarse de un caballo), descendre (de un coche, de caballo) ▌ **FIG & FAM** démordre (se emplea sólo con una negación), renoncer à (disuadirse) ▌ (*Amer*) descendre (en un hotel) ■ **FAM** apearse del burro reconnaître son erreur ▌ apearse por las orejas vider les arçons, faire panache.

apechugar [16] *v intr* **FIG & FAM** se coltiner, s'appuyer; siempre tengo que apechugar con todo el trabajo il faut toujours que je me

coltine tout le travail ▌ s'appuyer; apechugar con una caminata s'appuyer une longue course ▌ affronter; hay que apechugar con las consecuencias de esta acción il faut affronter les conséquences de cette action ▌ pousser avec la poitrine (empujar).

apedazar [13] *v tr* rapiécer.

apedreado, da *adj* lapidé, e; San Esteban murió apedreado saint Étienne est mort lapidé ▌ bariolé, e (abigarrado) ▌ grêlé, e [de petite vérole].

apedreamiento *m* lapidation *f*.

apedrear *v tr* jeter des pierres, lapider.
◇ *v impers* grêler (granizar).
➥ **apedrearse** *v pr* être grêlé (cosechas).

apedreo *m* lapidation *f* ▌ destruction *f* des récoltes par la grêle.

apegadamente *adv* avec attachement o affection.

apegado, da *adj* attaché, e; estar muy apegado a las tradiciones être très attaché aux traditions.

apegarse [16] *v pr* s'attacher à, avoir de l'attachement o de l'affection pour; apegarse a una persona s'attacher à une personne ▌ (*Amer*) s'approcher (acercarse).

apego *m* attachement, affection *f*; apego a una persona affection pour quelqu'un ▌ attachement; apego a la patria attachement à sa patrie ▌ intérêt; demostrar poco apego a los estudios montrer peu d'intérêt pour les études ■ tener apego a tenir à; tiene apego a su reputación il tient à sa réputation ▌ tomar o cobrar apego a s'attacher à.

apegualar *v tr* (*Amer*) entraver.

apelación *f* **DR** appel *m*; presentar una apelación faire appel ▌ consultation de médecins (entre médicos) ■ médico de apelación médecin consultant ▌ recurso de apelación recours en appel ▌ tribunal de apelación cour d'appel ■ **FIG** interponer apelación interjeter appel ▌ no haber o no tener apelación être sans appel o irrévocable.

apeladarse *v pr* (*Amer*) s'encanailler.

apelambrar *v tr* planer (los cueros).

apelante *adj & s* **DR** appelant, e; la partie appelante.

apelar *v intr* **DR** faire appel; apelar de una sentencia faire appel d'un jugement ▌ **FIG** faire appel, en appeler, s'en remettre; apelo a su competencia j'en appelle à votre compétence ▌ avoir recours; apelar a la violencia avoir recours à la violence ▌ avoir même poil o même robe (los animales) ■ **DR** apelar a avoir recours à, recourir à, saisir; apelar a la justicia saisir les tribunaux ▌ apelar por appeler à.

apelativo, va *adj* **GRAM** commun [nom].
➥ **apelativo** *m* nom, appellation *f*.

apellidar *v tr* nommer, appeler (llamar por su apellido) ▌ dénommer, surnommer; a este indio le apellidan Ojo de Lince on surnomme cet Indien Œil-de-Lynx ▌ appeler, convoquer (llamar) ▌ **FIG** appeler; yo a esto lo apellido una broma pesada moi, j'appelle ça une mauvaise plaisanterie.
➥ **apellidarse** *v pr* se nommer, s'appeler.

apellido *m* nom (de famille); me acuerdo de su nombre pero no de su apellido je me

rappelle votre prénom mais pas votre nom ▌ surnom; le han dado un apellido muy feo on lui a donné un surnom très laid ▌ appel (llamamiento o grito).

▌ **EL APELLIDO**
Tous les espagnols portent un prénom et deux noms, celui du père et celui de la mère (le parlement espagnol étudie actuellement une loi qui permettrait de choisir librement l'ordre des noms). En général, seul le premier est usité, mais les deux apparaissent sur les documents officiels. Par ailleurs, après le mariage civil ou religieux, la femme ne perd pas le nom de ses parents, et elle continue de signer comme auparavant. On peut cependant l'appeler par le nom de son mari, précédé de la particule « de ».

apelmazado, da *adj* compact, e; collé, e; arroz apelmazado riz collé ▌ **FIG** lourd, e; indigeste (amazacotado).

apelmazamiento *m* compacité *f*.

apelmazar [13] *v tr* comprimer, tasser ▌ feutrer (el pelo).

apelotonar *v tr* pelotonner.

apenado, da *adj* (*Amer*) gêné, e.

apenar *v tr* peiner, faire de la peine, affliger.
➥ **apenarse** *v pr* s'affliger.

apenas *adv* à peine, presque pas; apenas se mueve, no se mueve apenas il bouge à peine, il ne bouge presque pas ▌ à peine; apenas hay un kilómetro il y a à peine un kilomètre ▌ avec peine, péniblement (penosamente) ▌ dès que; apenas llegó se puso a trabajar dès qu'il arriva, il se mit à travailler ▌ apenas... cuando à peine... que; apenas había llegado cuando le vi à peine étais-je arrivé que je le vis.

apencar [10] *v intr* **FAM** bosser, trimer, boulonner (trabajar mucho) ▌ se coltiner, s'appuyer; apenca con el trabajo más pesado il se coltine le travail le plus ennuyeux ▌ affronter; apencar con las consecuencias affronter les conséquences.

apéndice *m* **ANAT** appendice ▌ appendice (de un libro) ▌ **FIG** acolyte.

apendicectomía *f* **MED** appendicectomie.

apendicitis *f inv* **MED** appendicite.

apendicular *adj* appendiculaire.

Apeninos *n pr m pl* **GEOGR** los Apeninos l'Apennin, les Apennins.

apeñuscar [10] *v tr* entasser, amonceler (agrupar).

apeo *m* arpentage (de tierras) ▌ abattage (de árboles) ▌ **ARQ** étaiement (con puntales) ▌ étai (puntal).

apeonar *v intr* courir, trotter (las aves).

apepsia *f* **MED** apepsie.

aperador *m* contremaître (capataz) ▌ charron (carretero).

apercibimiento *m* préparation *f* ▌ action *f* d'apercevoir ▌ **DR** sommation *f*, avis (aviso).

apercibir *v tr* préparer, disposer (preparar) ▌ avertir, admonester (advertir) ▌ percevoir (percibir) ▌ **DR** faire une sommation.
➥ **apercibirse** *v pr* se préparer; apercibirse para un viaje se préparer pour un voyage.

apercollar [23] *v tr* colleter (agarrar del cuello) ‖ FAM assommer (matar) ‖ FIG & FAM rafler, faucher (coger).

apergaminado, da *adj* parcheminé, e ‖ FIG parcheminé, e; comme du parchemin (rostro).

apergaminarse *v pr* FIG & FAM se racornir, se ratatiner.

apergollar *v tr* (*Amer*) arrêter (detener) ‖ prendre au piège (hacer caer en una trampa).

aperiódico, ca *adj* apériodique.

aperitivo, va *adj* apéritif, ive.
◆ **aperitivo** *m* apéritif (bebida) ‖ amuse-gueule (comida).

apero *m* matériel agricole ‖ bêtes *f pl* de trait (animales) ‖ (*Amer*) harnachement (recado de montar), selle *f* (silla de montar).
◆ **aperos** *m pl* outils, instruments, matériel *sing* (herramientas); aperos de labranza outils agricoles.

aperreado, da *adj* FAM de chien; una vida aperreada une vie de chien.

aperreador, ra *adj* ennuyeux, euse (cargante).

aperrear *v tr* lâcher les chiens [sur quelqu'un] ‖ FIG & FAM assommer, ennuyer (molestar).
◆ **aperrearse** *v pr* FAM s'entêter; ¿por qué te aperreas en ir tan lejos? pourquoi t'entêtes-tu à aller si loin? ‖ s'éreinter, s'échiner (cansarse).

aperreo *m* FAM tracas, ennui (molestia); ¡qué aperreo tener que ir a trabajar! quel ennui que de devoir aller travailler! ‖ éreintement, fatigue *f* (cansancio) ‖ colère *f*; el niño cogió un aperreo l'enfant a fait une colère ‖ ¡qué aperreo de vida! quelle vie de chien!

apersonado, da *adj* bien, mal apersonado de bonne, mauvaise apparence.

apersonamiento *m* DR comparution *f*.

apertura *f* ouverture; apertura del testamento ouverture du testament ‖ entrée de jeu (ajedrez) ‖ ouverture (rugby); medio de apertura demi d'ouverture ‖ percement *m* (de una calle) ‖ ouverture; la apertura de la pesca, del congreso, de una sesión, de crédito l'ouverture de la pêche, du congrès, d'une séance, de crédits ‖ politique d'ouverture ‖ apertura de curso rentrée des classes ‖ en Espagne, nom donné à la période qui a vu l'introduction progressive de changements politiques et sociaux sous le régime franquiste, à partir de 1970.
‖ OBSERV Apertura, contrairement à son paronyme abertura, a souvent un sens abstrait: apertura de las hostilidades ouverture des hostilités.

aperturismo *m* politique *f* d'ouverture.

aperturista *adj* d'ouverture (política).
◇ *adj & s* partisan de l'ouverture.

apesadumbrar; apesarar *v tr* attrister, faire de la peine, chagriner, affliger.
◆ **apesadumbrarse; apesararse** *v pr* s'affliger; apesadumbrarse con o de o por una noticia s'affliger d'une nouvelle.

apestado, da *adj & s* empesté, e ‖ pestiféré, e; hospital para apestados hôpital pour pestiférés ‖ FIG infesté, e; la ciudad está apestada de pordioseros la ville est infestée de mendiants.

apestar *v tr* donner la peste ‖ FIG & FAM assommer, ennuyer (fastidiar).
◇ *v intr* puer, empester (heder); apestar a ajos puer l'ail; aquí apesta ici, ça empeste.
◆ **apestarse** *v pr* attraper la peste ‖ (*Amer*) s'enrhumer.

apestoso, sa *adj* puant, e (hediondo); bolas apestosas boules puantes ‖ FIG assommant, e (enojoso).

apétalo, la *adj* BOT apétale.

apetecedor, ra *adj* séduisant, e; lo que me propones es muy apetecedor ce que tu me proposes est très séduisant ‖ désirable.

apetecer [30] *v tr* désirer, avoir envie de (codiciar).
◇ *v intr* faire envie, plaire, dire; si le apetece podemos ir al cine si cela vous dit, nous pouvons aller au cinéma ‖ avoir envie de; hoy no me apetece salir je n'ai pas envie de sortir aujourd'hui; no me apetece nada je n'en ai aucune envie.

apetecible *adj* désirable, appétissant, e.

apetecido, da *adj* voulu, e; désiré, e (deseado) ‖ recherché, e; souhaité, e; escompté, e; puede que la búsqueda de petróleo no dé el resultado apetecido il se peut que les recherches de pétrole ne donnent pas le résultat escompté.

apetencia *f* appétence (deseo), appétit (apetito).

apetito *m* appétit; tener apetito avoir de l'appétit; tener mucho apetito avoir bon appétit; comer con mucho apetito manger de bon appétit ‖ appât; el apetito de la ganancia l'appât du gain ■ apetito carnal appétit charnel ■ abrir o dar o despertar el apetito ouvrir l'appétit, mettre en appétit.

apetitoso, sa *adj* appétissant, e; este pastel parece muy apetitoso ce gâteau a l'air très appétissant ‖ bon, bonne; délicieux, euse; savoureux, euse; hemos comido un plato apetitoso nous avons mangé un plat savoureux ‖ FIG & FAM appétissant, e.

ápex *m* ASTRON apex.

apezonado, da *adj* mamelonné, e.

api *m* (*Amer*) préparation *f* culinaire à base de farine de maïs.

API (abrev de agente de la propiedad inmobiliaria) *m* agent immobilier.

apiadar *v tr* apitoyer; su desgracia apiada a sus amigos son malheur apitoie ses amis.
◆ **apiadarse** *v pr* s'apitoyer; apiadarse de uno s'apitoyer sur quelqu'un; apiadarse de las desdichas de uno s'apitoyer sur les malheurs de quelqu'un.
‖ SIN enternecerse s'attendrir; compadecer plaindre.

apical *adj* GRAM apical, e; fonemas apicales des phonèmes apicaux.

apicararse *v pr* devenir un coquin, s'encanailler.

ápice *m* extrémité *f*, pointe *f* (extremo) ‖ accent, signe orthographique ‖ FIG sommet, apogée (apogeo) ‖ rien, iota (cosa inapreciable); no falta un ápice il ne manque rien o pas un iota ‖ hic (dificultad) ■ ni un ápice pas le moins du monde; no me molesta ni un ápice ça ne me gêne pas le moins du monde; pas un brin de; no tiene ni un ápice de bondad il n'y a pas un brin de bonté chez lui ■ estar en ápices de alguna cosa connaître quelque chose à fond ■ no cambiar un ápice en una cosa, no cambiar una cosa en un ápice ne pas changer un iota à quelque chose.

apícola *adj* apicole (de las abejas).

apicultor, ra *m & f* apiculteur, trice.

apicultura *f* apiculture.

ápidos *m pl* ZOOL apidés.

apilado ► apilamiento.

apilador, ra *adj & s* empileur, euse.

apilamiento; apilado *m* empilement, entassement.

apilar *v tr* empiler (poner en pilas) ‖ entasser (el grano).

apilonar *v tr* (*Amer*) empiler.

apimplarse *v pr* FAM prendre une cuite, se soûler (emborracharse).

apimpollarse *v pr* AGRIC bourgeonner.

apiñado, da *adj* entassé, e; tassé, e; serré, e; en el metro la gente está apiñada dans le métro, les gens sont tassés ‖ en pomme de pin, conique (de figura de piña).

apiñamiento *m* entassement, empilement ‖ apiñamiento de gente foule, affluence.

apiñar *v tr* entasser, empiler (amontonar) ‖ serrer (apretar).
◆ **apiñarse** *v pr* s'entasser, se presser, s'empiler; la gente se apiñaba ante los escaparates les gens se pressaient devant les vitrines.

apiñonado, da *adj* (*Amer*) brun, e de peau; basané, e (de color moreno).

apio *m* BOT céleri ‖ apio caballar céleri sauvage.

apiolar *v tr* FIG & FAM zigouiller, estourbir, descendre, ratiboiser (matar) ‖ attraper, arrêter (prender).

apiparse; apiporrarse *v pr* FAM s'empiffrer, se caler les joues (atracarse).

apir; apire *m* (*Amer*) ouvrier mineur.

apirético, ca *adj* MED apyrétique.

apirexia *f* MED apyrexie.

apiro, ra *adj* apyre.

apisonadora *f* rouleau *m* compresseur, cylindre *m*.

apisonamiento *m* cylindrage, damage, tassement de la terre.

apisonar [23] *v tr* damer, tasser, cylindrer (aplastar); apisonar una carretera cylindrer une route.

apitonar *v intr* pousser [les cornes] ‖ BOT bourgeonner (los brotes).
◆ **apitonarse** *v pr* FIG & FAM se chamailler, se fâcher, se disputer, prendre la mouche.

apizarrado, da *adj* ardoisé, e.

aplacable *adj* qui peut être apaisé.

aplacador, ra *adj* qui apaise.

aplacamiento *m* apaisement.

aplacar [10] *v tr* apaiser, calmer; aplacar el hambre, la ira calmer la faim, la colère ‖ étancher; aplacar la sed étancher la soif ‖ aplacar el entusiasmo refroidir l'enthousiasme.
◆ **aplacarse** *v pr* se calmer; la tempestad se aplacó la tempête s'est calmée.

aplanacalles m (Amer) flâneur (azotacalles).

aplanadera f TECN hie, demoiselle, dame.

aplanador, ra adj aplanisseur, euse.
➡ **aplanadora** f AGRIC niveleuse, aplanisseuse ‖ (Amer) rouleau m compresseur (apisonadora).

aplanamiento m aplanissement; el aplanamiento de un terreno l'aplanissement d'un terrain ‖ effondrement, écroulement (derrumbamiento) ‖ FIG & FAM abattement, découragement, accablement (abatimiento).

aplanar v tr aplanir (allanar) ‖ niveler (suelo) ‖ FIG & FAM abattre; esta noticia le aplanó cette nouvelle l'a abattu; estar aplanado por el calor être abattu par la chaleur ‖ (Amer) aplanar las calles flâner, arpenter les rues.
➡ **aplanarse** v pr s'effondrer, s'écrouler (edificio) ‖ dépérir (perder el vigor).

aplanético, ca adj FÍS aplanétique.

aplanetismo m FÍS aplanétisme.

aplasia f aplasie.

aplastador, ra; aplastante adj écrasant, e (mayoría, etc.); un triunfo aplastante un triomphe écrasant ‖ implacable (lógica).

aplastamiento m aplatissement ‖ FIG écrasement; el aplastamiento de las tropas l'écrasement des troupes.

aplastante ➡ aplastador.

aplastar v tr aplatir; aplastar un sombrero aplatir un chapeau ‖ écraser; aplastar un tomate écraser une tomate ‖ FIG & FAM réduire à néant; sus argumentos aplastan todas las críticas ses arguments réduisent à néant toutes les critiques ‖ décontenancer, laisser sans voix o sans réplique, sidérer (dejar confuso) ‖ écraser; aplastar a un adversario écraser un adversaire ‖ (Amer) épuiser, crever (una caballería).
➡ **aplastarse** v pr s'aplatir, s'écraser; el albaricoque se aplastó contra la pared l'abricot s'écrasa contre le mur ‖ s'aplatir; se aplastó contra el suelo para no ser alcanzado por las balas il s'aplatit contre le sol pour ne pas être frappé par les balles ‖ (Amer) s'affaler (en un sillón) ‖ se décourager (desanimarse) ‖ s'épuiser (una caballería).

aplatanado, da adj FAM avachi, e; ramolli, e.

aplatanarse v pr FAM être ramolli, s'avachir, se ramollir; uno se aplatana cuando hace mucho calor on est ramolli quand il fait très chaud.

aplaudidor, ra m & f applaudisseur, euse.

aplaudir v tr & intr applaudir; aplaudir frenéticamente applaudir à tout rompre ‖ applaudir à; aplaudo tu decisión j'applaudis à ta décision (aprobar).

aplauso m applaudissement; una salva de aplausos un tonnerre o une salve d'applaudissements ‖ applaudissements pl, éloges pl; su obra merece el mayor aplauso son œuvre mérite les plus grands éloges ‖ con el aplauso de aux applaudissements de.

aplazamiento m ajournement, remise f, renvoi; el aplazamiento de una sesión l'ajournement d'une séance ‖ citation f [convocation] ‖ (Amer) ajournement (de un candidato).

aplazar [13] v tr ajourner, remettre, différer, renvoyer; aplazar una reunión ajourner une réunion ‖ reculer, différer; aplazar un pago reculer le paiement ‖ citer, convoquer (citar) ‖ (Amer) ajourner (en un examen).

aplebeyamiento m avilissement.

aplebeyar v tr avilir, dégrader.

aplicabilidad f applicabilité.

aplicable adj applicable.

aplicación f application (ejecución); la aplicación de una teoría l'application d'une théorie ‖ mise en œuvre; la aplicación del plan de desarrollo la mise en œuvre du plan de développement ‖ application (esmero); aplicación en el trabajo application au travail ‖ application, applique; mueble con aplicaciones de marfil meuble avec des applications d'ivoire ‖ INFORM application ‖ MIL escuela de aplicación école d'application.

aplicado, da adj FIG appliqué, e; studieux, euse; un alumno muy aplicado un enfant très appliqué.

aplicar [10] v tr appliquer; aplicar una ley, un sistema, un barniz appliquer une loi, un système, un vernis ‖ appliquer, employer; aplicar un remedio appliquer un remède ‖ FIG appliquer ‖ aplicar el oído prêter l'oreille, écouter attentivement.
➡ **aplicarse** v pr s'appliquer (hacer con esmero); aplicarse en hacer bien un trabajo s'appliquer à bien faire un travail ‖ s'appliquer (concernir); esta ley se aplica a todos los ciudadanos cette loi s'applique à tous les citoyens ‖ apliquese el cuento tirez-en la leçon.

aplicativo m INFORM logiciel d'application.

aplique f applique (lámpara).

aplomado, da adj plombé, e; grisâtre (plomizo) ‖ FIG équilibré, e; pondéré, e; una persona muy aplomada une personne très équilibrée ‖ TAUROM affaissé, e; sans énergie.

aplomar v tr mettre d'aplomb.
◇ v intr vérifier une verticale au fil à plomb (con la plomada).
➡ **aplomarse** v pr s'effondrer (desplomarse) ‖ FIG se remettre d'aplomb; para aplomarme me di una ducha pour me remettre d'aplomb, j'ai pris une douche ‖ (Amer) avoir honte.

aplomo m sérieux, jugement ‖ aplomb (serenidad); perder el aplomo perdre son aplomb ‖ aplomb (del caballo) ‖ aplomb (verticalidad).

apnea f MED apnée.

apoastro m ASTRON apoastre.

apocado, da adj pusillanime, timide.

apocalipsis m inv apocalypse f.

apocalíptico, ca adj apocalyptique.

apocamiento m FIG pusillanimité f, timidité f.

apocar [10] v tr amoindrir, diminuer (disminuir) ‖ limiter, réduire (limitar) ‖ FIG faire peur; a mí no me apoca nada rien ne me fait peur.
➡ **apocarse** v pr FIG s'avilir, s'humilier (humillarse) ‖ s'effrayer; no me apoco por nada je ne m'effraie de rien.

apocatástasis f inv FILOS apocatastase.

apocináceas f pl BOT apocynacées.

apócopa f GRAM apocope.

apocopado, da adj apocopé, e.

apocopar v tr GRAM faire une apocope.

apócope f GRAM apocope.

apócrifo, fa adj apocryphe (supuesto).

apodar v tr surnommer; Antonio, apodado "el Embustero" Antoine, surnommé "le Menteur".

apoderado m mandataire, fondé de pouvoir ‖ manager (de deportista) ‖ imprésario (de un torero).

apoderamiento m appropriation f.

apoderar v tr nommer comme fondé de pouvoir, déléguer des pouvoirs à.
➡ **apoderarse** v pr s'emparer; apoderarse del poder s'emparer du pouvoir ‖ FIG s'emparer; el miedo se apoderó de ti la peur s'est emparée de toi.

apodia f apodie.

apodíctico, ca adj apodictique (indiscutible).

apodo m surnom, sobriquet (mote).

ápodo, da adj ZOOL apode, sans pieds.

apódosis f inv apodose.

apófije f ARQ apophyge.

apófisis f inv ANAT apophyse.

apofonía f apophonie.

apogamia f BOT apogamie.

apogeo m ASTRON apogée ‖ FIG apogée; el apogeo de la gloria l'apogée de la gloire ‖ estar en todo su apogeo être à son apogée (cosa), être à l'apogée de sa gloire o de sa réussite (persona), battre son plein (fiesta).

apolillado, da adj mangé, e par les mites; mité, e (la ropa) ‖ vermoulu, e (la madera).

apolilladura f trou m fait par les mites.

apolillamiento m dégâts pl faits par les mites (en las telas) ‖ vermoulure f (en la madera).

apolillar v tr ronger (la polilla) ‖ FAM (Amer) estarla apolillando roupiller, pioncer (dormir).
➡ **apolillarse** v pr être vermoulu, e (la madera); être mangé par les mites (la ropa).

apolíneo, a adj POÉT apollinaire, apollinien, enne (en honor de Apolo).

apolismar v tr abîmer, meurtrir.

apoliticismo; apolitismo m apolitisme.

apolítico, ca adj apolitique.

apolitismo ➡ apoliticismo.

Apolo n pr MITOL Apollon.

apologético, ca adj & s f apologétique.

apología f apologie ‖ apología del terrorismo apologie du terrorisme.

> SIN justificación justification; alegato, defensa plaidoyer; defensa défense.
> **LA APOLOGÍA DEL TERRORISMO**
> L'introduction récente de ce délit dans le code espagnol permet de juger et de condamner une personne si l'on considère que ses propos ou son attitude ont encouragé ou suscité un acte terroriste. Cette nouveauté juridique a été motivée par la situation qui règne en Espagne, et en particulier au Pays basque, suite aux actes terroristes de l'ETA. Un jugement pour apologie du terrorisme a précisément été prononcé à l'encontre de Herri Batasuna.

apologista adj & s apologiste.

apólogo *m* apologue.

apoltronado, da *adj* acagnardé, e (p us), fainéant, e.

apoltronarse *v pr* s'acagnarder (p us), fainéanter (arrellanarse) ‖ devenir paresseux, se laisser aller (hacerse poltrón).

apomazar [13] *v tr* poncer.

apomorfina *f* MED apomorphine.

aponer [65] *v tr* GRAM mettre en apposition.

aponeurosis *f inv* ANAT aponévrose.

aponeurótico, ca *adj* ANAT aponévrotique.

apoplejía *f* MED apoplexie; apoplejía fulminante apoplexie foudroyante.

apoplético, ca *adj & s* MED apoplectique.

apoquinar *v tr* FAM lâcher, cracher [de l'argent].
◇ *v intr* FAM casquer, cracher (pagar).

aporca; aporcadura *f* AGRIC buttage *m* (acción) ‖ buttoir *m*, butteur *m* (arado).

aporcador *m* buttoir, butteur.

aporcadura ▸ **aporca**.

aporcar [10] *v tr* AGRIC butter.

aporco *m* (*Amer*) AGRIC buttage.

aporético, ca *adj* FILOS aporétique.

aporía *f* FILOS aporie.

aporisma *m* MED thrombus.

aporreado, da *adj* battu, e; assommé, e (golpeado) ‖ misérable; llevar una vida aporreada mener une vie misérable ‖ coquin, e (bribón).

aporreadura *f*; **aporreamiento** *m* bastonnade *f*, volée *f*.

aporrear *v tr* battre, frapper, cogner; aporrear a una persona cogner quelqu'un ‖ FIG aporrearle a uno los oídos casser les oreilles de quelqu'un.
◇ *v intr* frapper, cogner; aporrear en la puerta frapper à la porte ‖ aporrear en el piano pianoter, taper sur le piano.
▸ **aporrearse** *v pr* se battre, se donner des coups (pelearse) ‖ FIG s'acharner au travail, s'éreinter (trabajar).

aporreo *m* bastonnade *f*, volée *f* (golpeo).

aportación *f* apport *m*; aportación de fondos apport de fonds ‖ apport *m*, contribution; la aportación de este país ha sido considerable la contribution de ce pays a été considérable.

aportar *v intr* MAR aborder (tocar tierra) ‖ FIG arriver à, débarquer (llegar) ‖ échouer; hay que ver a dónde ha ido a aportar il faut voir où il est allé échouer ‖ passer; cuando aportó por allí fue muy mal recibido quand il est passé par là il a été très mal reçu.
◇ *v tr* apporter, faire un apport de (fondos a una sociedad) ‖ FIG fournir (proporcionar).

aporte *m* (*Amer*) apport.

aportillar *v tr* faire une brèche [dans un mur].

aportuguesado, da *adj* qui a le caractère portugais.

aposentador, ra *m & f* longeur, euse ‖ partida aposentadora détachement précurseur.
▸ **aposentador** *m* MIL fourrier ■ MIL aposentador mayor maréchal des logis.

aposentamiento *m* logement.

aposentar *v tr* loger, héberger.
▸ **aposentarse** *v pr* se loger, s'installer (alojarse) ‖ descendre; aposentarse en un hotel descendre dans un hôtel.

aposento *m* chambre *f*, pièce *f* (habitación) ‖ demeure *f*; mi humilde aposento mon humble demeure ■ aquí el aposento es caro ici il est cher de se loger ‖ tomar aposento en loger, descendre; tomar aposento en una fonda descendre dans une auberge.

aposición *f* GRAM apposition.

apósito *m* MED pansement, bandage; poner, levantar un apósito mettre, enlever un pansement.

aposta; apostas *adv* à dessein, exprès; lo ha hecho aposta para molestarme il l'a fait exprès pour m'ennuyer.

apostadero *m* lieu de ralliement (lugar de reunión) ‖ MAR port militaire, station *f* navale.

apostante *adj & s* parieur, euse.

apostar *v tr & intr* parier; apostar en las carreras de caballos parier aux courses de chevaux; apostar sobre seguro parier à coup sûr; ¿cuánto te apuestas que...? combien paries-tu que...? ‖ poster, aposter (colocar gente en un lugar) ■ apostar la cabeza donner sa tête à couper, parier tout l'or du monde ‖ apostar mucho que y avoir gros o beaucoup o tout à parier que.
▸ **apostarse** *v pr* parier; apostárselas con alguien parier avec quelqu'un ‖ se poster (en un lugar).
▌ OBSERV Ce verbe est irrégulier dans le sens de parier et se conjugue comme contar. Il est régulier dans l'acception de poster, aposter.

apostas ▸ **aposta**.

apostasía *f* apostasie.

apóstata *adj & s* apostat, e.
▌ SIN renegado renégat; hereje hérétique; heresiarca hérésiarque; heterodoxo hétérodoxe; cismático schismatique; relapso relaps.

apostatar *v intr* apostasier.

apostema *f* MED apostème *m*.

apostemar *v tr* MED causer un apostème à.

apostilla *f* apostille.

apostillar *v tr* apostiller (anotar).
▸ **apostillarse** *v pr* MED se couvrir de croûtes; la herida se ha apostillado la blessure s'est couverte de croûtes.

apóstol *m* apôtre; los Hechos de los Apóstoles les Actes des apôtres ‖ FIG apôtre; apóstol de la paz apôtre de la paix.

apostolado *m* apostolat.

apostolicidad *f* apostolicité.

apostólico, ca *adj* apostolique ‖ apostolique, papal, e (del papa) ‖ nuncio apostólico nonce apostolique.

apostolizar [13] *v tr* évangéliser.

apostrofar *v tr* apostropher.

apóstrofe *m & f* apostrophe *f*.

apóstrofo *m* apostrophe *f* (signo ortográfico).

apostura *f* prestance, élégance, allure (aspecto); de buena apostura de belle prestance; una noble apostura une noble prestance; una persona de mucha apostura une personne qui a beaucoup d'allure.

apotecia *f* apothécie, apothèce.

apotegma *m* apophtegme (sentencia).

apotema *f* GEOM apothème *m*.

apoteósico, ca; apoteótico, ca *adj* d'apothéose ‖ ha sido un triunfo apoteósico ce triomphe a été une apothéose.

apoteosis *f inv* apothéose.

apoteótico, ca ▸ **apoteósico**.

apoticario *m* (ant) apothicaire.

apotrerar *v tr* (*Amer*) diviser (une terre) en parcelles destinées a l'élevage.

apoyacabezas *m inv* appui-tête *m*.

apoyar *v tr* appuyer; apoyar los codos en la mesa appuyer les coudes sur la table; apoyar en la pared appuyer contre le mur ‖ FIG confirmer, sanctionner, appuyer, venir à l'appui de; sus discursos apoyan su decisión ses discours appuient sa décision ‖ appuyer; apoyar a un candidato appuyer un candidat.
◇ *v intr & pr* s'appuyer, reposer sur ‖ s'appuyer; apoyarse en un bastón, en una doctrina s'appuyer sur un bâton, sur une doctrine ‖ FIG s'appuyer, reposer sur; su doctrina no se apoya en la realidad sa doctrine ne repose pas sur la réalité.

apoyatura *f* MÚS appogiature ‖ FIG appui *m*, base (apoyo).

apoyo *m* appui; punto de apoyo point d'appui; en apoyo de à l'appui de ‖ FIG [▷ SIN] appui, protection *f* (protección) ‖ MECÁN palier.
▌ SIN sostén soutien; ayuda aide; protección protection; asistencia assistance; socorro, auxilio secours.

APRA (abrev de Alianza Popular Revolucionaria Americana) *f* parti politique péruvien de centre-droit.

apraxia *f* MED apraxie.

apreciabilidad *f* appréciabilité.

apreciable *adj* appréciable (que puede valorarse); una ayuda apreciable une aide appréciable ‖ FIG estimable, de valeur (digno de estima); persona apreciable personne estimable.

apreciación *f* appréciation, estimation, évaluation.

apreciador, ra *adj & s* appréciateur, trice.

apreciar [8] *v tr* apprécier, estimer, évaluer (valorar) ‖ FIG apprécier, estimer, avoir de l'estime pour; apreciar mucho o en mucho a un amigo avoir beaucoup d'estime pour un ami ■ apreciar en o por su verdadero valor apprécier à sa juste valeur ‖ un genio mal apreciado un génie méconnu.
▸ **apreciarse** *v pr* enregistrer; se ha apreciado un excedente on a enregistré un excédent ‖ apparaître; en la foto se aprecian unos defectos sur la photo apparaissent quelques défauts.

apreciativo, va *adj* appréciatif, ive.

aprecio *m* appréciation *f*, estimation *f*, évaluation *f* (evaluación) ‖ FIG estime *f*, considération *f*; tener gran aprecio a uno avoir quelqu'un en grande estime, avoir beaucoup de considération pour quelqu'un ‖ es una persona de mi mayor aprecio c'est une personne que j'ai en grande estime.

aprehender *v tr* appréhender, saisir (coger) ▌concevoir (concebir) ▌appréhender, craindre (temer).

▌ OBSERV Aprehender, dans le sens de craindre, est un gallicisme.

aprehensión *f* appréhension (p us), prise, capture; la aprehensión de un ladrón la capture d'un voleur ▌compréhension, conception (comprensión) ▌appréhension (temor).

▌ OBSERV Dans le sens de crainte, aprehensión est un gallicisme; le mot adéquat est aprensión.

aprehensivo, va *adj* perspicace (perspicaz).

apremiable *adj* DR contraignable.

apremiadamente *adv* d'une façon pressante, avec insistance.

apremiador, ra; apremiante *adj* pressant, e; urgent, e; trabajo apremiante travail pressant ▌DR contraignant, e (que compele).

apremiar [8] *v tr* contraindre, forcer (obligar) ▌presser; no me apremie usted tanto ne me pressez pas tant ▌opprimer ▌DR contraindre.
◇ *v intr* presser (dar prisa, urgir); el tiempo apremia le temps presse.

apremio *m* contrainte *f* (obligación) ▌urgence *f* (urgencia) ▌DR contrainte *f*; comisionado de apremios porteur de contraintes; por vía de apremio par contrainte.

aprender *v tr* apprendre; aprender de memoria o de carretilla apprendre par cœur ▌aprender en cabeza ajena apprendre aux dépens d'autrui ▌para que aprenda ça lui apprendra, il l'a bien cherché, il ne l'a pas volé.
➤ **aprenderse** *v pr* apprendre; aprenderse la lección apprendre sa leçon.

aprendiz, za *m & f* apprenti, e; aprendiz de pastelero apprenti pâtissier ■ aprendiza de costura petite main ▌colocar de aprendiz mettre en apprentissage ▌ser aprendiz de todo y oficial de nada être un propre à rien.

▌ OBSERV pl aprendices, aprendizas.

aprendizaje *m* apprentissage.

aprensión *f* appréhension (recelo) ▌peur; tiene mucha aprensión a los enfermos il a très peur des malades ▌scrupules *m pl*; me da aprensión aceptar este trabajo porque se lo quito a otro j'ai des scrupules à accepter ce travail, car je l'enlève à quelqu'un d'autre ▌el enfermo de aprensión le malade imaginaire.
➤ **aprensiones** *pl* idées fausses, imaginations.

aprensivo, va *adj* pusillanime, craintif, ive ▌peureux, euse; es tan aprensivo que nunca va a ver a los enfermos il est tellement peureux qu'il ne va jamais voir les malades ▌ser aprensivo s'écouter, écouter son mal.

apresador, ra *adj & s* qui capture.

apresamiento *m* prise *f*, capture *f*, saisie *f* ▌MAR arraisonnement.

apresar *v tr* saisir [avec les griffes ou avec les dents]; el lobo apresó el cordero le loup saisit l'agneau ▌MAR arraisonner (apoderarse de un barco) ▌(ant) incarcérer (aprisionar).

aprestar *v tr* apprêter (preparar); aprestar las armas apprêter les armes ▌TECN apprêter (cueros, tejidos, etc.).
➤ **aprestarse** *v pr* s'apprêter; aprestarse para salir s'apprêter pour sortir.

apresto *m* préparatifs *pl* ▌TECN apprêt (cueros, tejidos, etc.).

apresuradamente *adv* hâtivement, en toute hâte.

apresurado, da *adj* pressé, e; que las personas apresuradas pasen primero que les personnes pressées passent les premières ▌FIG hâtif, ive; conclusión apresurada conclusion hâtive.

apresuramiento *m* hâte *f*, empressement (prisa).

apresurar *v tr* presser, hâter; apresurar el paso hâter le pas.
➤ **apresurarse** *v pr* s'empresser, se hâter; apresurarse a o por llegar, en responder s'empresser d'arriver, de répondre ▌se presser, se hâter; hay que apresurarse, ya es muy tarde il faut se hâter, il est déjà très tard ▌no apresurarse prendre son temps; no se apresure prenez votre temps.

apretadamente *adv* fortement, étroitement ▌de justesse; ganó apretadamente il a gagné de justesse ▌avec insistance, de façon pressante ▌petitement; vivir muy apretadamente vivre très petitement ▌llegar muy apretadamente al final del mes avoir du mal à finir le mois.

apretadera *f* sangle (correa).

apretado, da *adj* serré, e; lío muy apretado ballot bien serré; los codos apretados al cuerpo les coudes serrés au corps ▌FIG serré, e; resserré, e (escritura) ▌pincé, e; serré, e (los labios) ▌difficile, périlleux, euse; critique; asunto apretado affaire périlleuse; lance apretado situation critique ▌chiche, regardant, e (tacaño) ■ FIG & FAM estar uno muy apretado avoir de gros problèmes d'argent (de dinero), avoir de gros ennuis (problemas) ▌un programa apretado un programme chargé ▌vivir muy apretado en un piso être très à l'étroit dans un appartement.

apretador, ra *adj & s* qui serre.
➤ **apretador** *m* corselet sans manches (almilla) ▌agrafe *f* (grapa).

apretadura *f* serrement *m*.

apretamiento *m* serrement, compression *f*; foule *f*, entassement (de la gente) ▌gêne *f*, situation *f* critique (apuro).

apretar [19] *v tr* [▷ SIN] serrer; apretar entre los brazos serrer dans ses bras; apretar la mano, los dientes serrer la main, les dents; apretar un tornillo serrer une vis ▌serrer (un vestido) ▌serrer, pincer; apretar los labios pincer les lèvres ▌presser, comprimer (comprimir) ▌presser, appuyer; apretar el gatillo presser o appuyer sur la détente ▌presser, hâter, accélérer (activar); apretar el paso presser le pas; ¡apriete! hâtez-vous! ▌harceler, presser (acosar); me aprieta el tiempo le temps me presse ▌FIG affliger, contrarier (afligir) ■ apretar las clavijas a alguien visser quelqu'un, serrer la vis à quelqu'un ▌cada uno sabe donde le aprieta el zapato chacun sait où le bât le blesse ▌quien mucho abarca, poco aprieta qui trop embrasse, mal étreint.
◇ *v intr* redoubler; la lluvia aprieta la pluie redouble ■ apretar a correr se mettre à courir, prendre ses jambes à son cou ▌FAM apretar a fondo bloquer ▌apretarse el cinturón serrer sa ceinture (sentido propio), se serrer la ceinture (sentido figurado) ▌FAM ¡aprieta! allons donc!, voyons!

▌ SIN comprimir comprimer; prensar presser; estrechar serrer; apretujar tasser; estrujar pressurer; oprimir opprimer.

apretón *m* serrement (apretadura) ▌pincement (dolor) ▌FAM besoin pressant (necesidad natural) ▌FIG & FAM embarras, situation *f* critique (apuro) ▌FAM course *f* courte et rapide, sprint (carrera) ▌touche *f* très foncée (pintura) ■ apretón de manos poignée de main ▌reciba un apretón de manos amicalement (en una carta).

apretujar *v tr* FAM presser très fort.
➤ **apretujarse** *v pr* FAM se serrer, se tasser, se presser (las personas por falta de espacio).

apretujón *m* FAM serrement.

apretura *f* gêne, embarras *m*; momentos de apretura des moments de gêne ▌foule, cohue (gentío) ▌bousculade; en los autobuses hay muchas apreturas dans les autobus il y a beaucoup de bousculades ▌passage étroit (sitio estrecho) ▌disette (escasez).

aprieto *m* gêne *f*, oppresion *f* ▌FIG embarras, situation critique, gêne (mala situación); hallarse o verse en un aprieto, pasar un aprieto se trouver o être dans l'embarras; en tales aprietos hay que tener valor dans des situations critiques il faut avoir du courage ■ FIG & FAM estar en aprietos être dans de beaux draps ▌poner en un aprieto mettre dans l'embarras, embarrasser ▌salir del aprieto se tirer d'affaire.

apriorismo *m* apriorisme.

apriorista *adj* aprioriste.

apriorístico, ca *adj* apriorique, aprioritique.

aprisa *adv* vite, rapidement; se fue muy aprisa il est parti très vite.

apriscar [10] *v tr* rentrer [les troupeaux].
➤ **apriscarse** *v pr* rentrer au bercail (el ganado).

aprisco *m* bercail, bergerie *f* (establo), parc à moutons (al aire libre).

aprisionar *v tr* [▷ SIN] emprisonner (encarcelar) ▌FIG enchaîner, lier, tenir; aprisionado por el reglamento tenu par le règlement.

▌ SIN detener arrêter; encarcelar incarcérer, écrouer; FIG & FAM enjaular, enchironar, FAM enchiquerar coffrer, entôler; meter en chirona mettre en tôle.

aproar *v intr* MAR mettre le cap sur.

aprobación *f* [▷ SIN] approbation, consentement *m*; dar su aprobación donner son consentement ▌adoption; aprobación de un informe adoption d'un rapport ▌mise à l'essai, à l'épreuve (prueba) ▌succès *m* (en un examen) ■ sonrisa de aprobación sourire approbateur ▌dar la aprobación a approuver, donner son approbation à.

▌ SIN aquiescencia acquiescement; aceptación acceptation; adhesión adhésion; consentimiento, consenso consentement; beneplácito agrément; acuerdo accord; admisión admission; asentimiento, asenso assentiment; permiso permis.

aprobado, da *adj* approuvé, e; agréé, e; aprobado por el Ministerio de Industria approuvé par le ministère de l'Industrie ▌ reçu, e (en un examen); salir aprobado être reçu.

➡ **aprobado** *m* mention *f* passable; **tener un aprobado** avoir la mention passable (en un examen).

aprobar [23] *v tr* approuver ▌ être reçu à, réussir (en un examen); aprobar el examen de ingreso réussir l'examen d'entrée ▌ adopter; aprobar una ley adopter une loi ▌ admettre à un examen; el profesor no me ha aprobado le professeur ne m'a pas admis à l'examen ▌ aprobar por unanimidad recevoir o approuver à l'unanimité.

aprobatorio, ria *adj* approbatif, ive.

aproches *m pl* MIL approches *f*, travaux d'approche ▌ (*Amer*) environs (cercanías).

aprontar *v tr* préparer rapidement ▌ payer comptant (pagar en el acto) ▌ (*Amer*) arriver.

apropiación *f* appropriation ▌ DR apropiación indebida divertissement, détournement de fonds.

apropiadamente *adv* de façon appropriée, convenablement.

apropiado, da *adj* approprié, e.

▌ SIN pertinente pertinent; oportuno opportun; acertado réussi; adecuado adéquat; atinado judicieux; idóneo idoine.

apropiar [8] *v tr* approprier, adapter; apropiar las leyes a las costumbres adapter les lois aux coutumes.

➡ **apropiarse** *v pr* s'approprier, s'emparer; se ha apropiado de lo que no le pertenece il s'est approprié ce qui ne lui appartient pas.

▌ SIN atribuirse s'attribuer; usurpar usurper; arrogarse s'arroger; arrebatar ravir; adjudicarse s'adjuger; tomar, coger prendre; FAM soplar souffler; arramblar, arramplar rafler; arrebañar ramasser, ratiboiser; trincar ratisser.

apropincuarse *v tr* s'approcher; apropincuarse a s'approcher de.

apropósito *m* TEATR à-propos [pièce de circonstance].

aprovechable *adj* utilisable; estos restos son todavía aprovechables ces restes sont encore utilisables ▌ mettable; un vestido aún aprovechable une robe encore mettable.

aprovechadamente *adv* profitablement.

aprovechado, da *adj* très économe; ama de casa muy aprovechada ménagère très économe ▌ FIG appliqué, e (estudioso) ▌ conçu, e; casa bien aprovechada maison bien conçue ▌ employé, e; dinero, tiempo bien aprovechado argent, temps bien employé ▌ débrouillard, e (apañado).
◇ *adj & s* profiteur, euse (aprovechón).

aprovechador, ra *adj & s* profiteur, euse; débrouillard, e FAM.

aprovechamiento *m* profit, parti; sacaron el aprovechamiento máximo de esto ils en ont tiré le plus grand profit ▌ utilisation *f*; aprovechamiento de los recursos naturales utilisation des ressources naturelles ▌ exploitation *f*, utilisation *f*; aprovechamiento en común exploitation en commun; aprovechamiento de una información exploitation d'un renseignement ▌ mise *f* en valeur; aprovechamiento de las tierras mise en valeur

des terres ▌ aménagement; el aprovechamiento de un curso de agua l'aménagement d'un cours d'eau.

aprovechar *v intr* profiter à, être utile, servir; esto les aprovechará a tus hermanos cela servira à tes frères ▌ en profiter; como hacía buen tiempo, aprovecharon y se fueron al campo comme il faisait beau, ils en profitèrent et partirent à la campagne ▌ FIG progresser (adelantar); aprovechar en sabiduría progresser en sagesse ▌ MAR serrer au plus près ▌ ¡que aproveche! bon appétit!
◇ *v tr* mettre à profit, profiter de, utiliser; aprovechar el tiempo mettre le temps à profit ▌ profiter de, tirer profit de; ha aprovechado muy bien las clases il a très bien profité des cours ▌ profiter de; aprovechó la situación y me fui j'ai profité de l'occasion et je suis parti ▌ se servir de, utiliser; no aprovecho nunca los restos je ne me sers jamais des restes ▌ mettre en valeur (tierras) ▌ aménager; aprovechar un salto de agua aménager une chute d'eau ▌ exploiter (fincas) ▌ utiliser (emplear) ■ aprovechando la ocasión, les diré que par la même occasion, je vous dirai que ▌ aprovechar la ocasión profiter de l'occasion.

➡ **aprovecharse** *v pr* profiter de, tirer parti o avantage de (sacar provecho) ▌ en profiter; aprovéchate ahora, luego será demasiado tarde profites-en maintenant, après il sera trop tard ▌ profiter; aprovecharse de uno profiter de quelqu'un; aprovecharse de un momento de descuido profiter d'un moment d'inattention.

➡ **aprovechón, ona** *m & f* FAM profiteur, euse.

aprovisionamiento *m* approvisionnement, ravitaillement (abastecimiento).

aprovisionar *v tr* approvisionner, ravitailler.

aproximación *f* approximation (estimación vaga); cálculo con aproximación calcul par approximation ▌ lot *m* de consolation (en la lotería) ▌ proximité (proximidad) ▌ rapprochement (acercamiento) ■ con una aproximación del uno por ciento à un pour cent près ▌ sólo es una aproximación ce n'est qu'un à-peu-près.

aproximadamente *adv* approximativement, à peu près.

aproximado, da *adj* approximatif, ive; approché, e; cálculo aproximado calcul approximatif; valor aproximado valeur approchée.

aproximar *v tr* approcher.

➡ **aproximarse** *v pr* s'approcher; aproximarse al fuego s'approcher du feu ▌ approcher; se aproxima la hora del almuerzo l'heure du déjeuner approche ▌ ¡ni se le aproxima! il en est loin!

aproximativo, va *adj* approximatif, ive.

ápside *m* ASTRON apside *f*.

aptamente *adv* convenablement.

apterigotos *m pl* ZOOL aptérygotes.

ápterix *m* ZOOL aptéryx.

áptero, ra *adj* ZOOL aptère (sin alas).
➡ **ápteros** *m pl* ZOOL aptères.

aptitud *f* aptitude; aptitudes físicas aptitudes physiques ▌ disposition; tener aptitudes

para el dibujo avoir des dispositions pour le dessin ▌ compétence, capacité (capacidad) ▌ certificado de aptitud certificat d'aptitude.

apto, ta *adj* apte; apto para ocupar este cargo apte à occuper ce poste ■ MIL apto para el servicio bon pour le service ▌ apta para todos los públicos visible par tous (película) ▌ no apta para menores interdit aux moins de dix-huit ans (película).

apuesta *f* pari *m* ▌ apuestas mutuas pari mutuel.

apuestamente *adv* élégamment, avec belle prestance.

apuesto, ta *adj* de belle prestance, beau, belle; élégant, e; un chico apuesto un beau garçon.

Apuleyo *n pr* Apulée.

apulgarar *v tr* presser avec le pouce.
➡ **apulgararse** *v pr* se piquer de petites taches (la ropa).

Apulia *n pr f* HIST Apulie ▌ GEOGR Pouille, Pouilles *pl*.

apunarse *v pr* (*Amer*) avoir le mal des montagnes.

apuntación *f* annotation, remarque (nota) ▌ pointage *m* (de armas) ▌ MÚS notation.

apuntado, da *adj* pointu, e (puntiagudo) ▌ BLAS appointé, e ▌ ARQ en ogive (arco).

apuntador, ra *adj & s* pointeur, euse (artillería) ▌ annotateur, trice (que anota).
➡ **apuntador** *m* TEATR souffleur; concha del apuntador trou du souffleur ▌ pointeur (en petanca) ▌ FIG en esta obra muere hasta el apuntador dans cette pièce tout le monde y passe.
◇ *m & f* secrétaire de plateau (cine).

apuntalamiento *m* étaiement, étayage.

apuntalar *v tr* étayer.

apuntamiento *m* pointage (de un arma) ▌ marque *f* (señal en un escrito) ▌ note *f* (nota) ▌ bâti (costura) ▌ FIG indication *f* ▌ DR qualités *f pl*.

apuntar *v tr* pointer, braquer (un arma) ▌ viser; apuntar a uno a la cabeza viser la tête de quelqu'un ▌ montrer, désigner (señalar); apuntar con el dedo montrer du doigt ▌ manifester, faire preuve de; este principiante apunta excelentes cualidades ce débutant manifeste d'excellentes qualités ▌ faire remarquer, signaler; el periodista apunta la importancia del problema le journaliste fait remarquer l'importance du problème ▌ marquer (señalar un escrito) ▌ noter, prendre note de (anotar); apuntar unas señas noter une adresse ▌ mettre, noter; apúntalo en mi cuenta mets-le sur mon compte ▌ convenir de, fixer (concertar) ▌ aiguiser, tailler (sacar punta); apuntar un lápiz tailler un crayon ▌ empointer (una aguja) ▌ bâtir (en la costura) ▌ FAM raccommoder (zurcir) ▌ ARTES croquer, esquisser (bosquejar) ▌ FIG indiquer, montrer (enseñar) ▌ souffler; le están apuntando la lección on lui souffle la leçon ▌ FAM apúntalo en la barra de hielo tu peux en faire ton deuil.
◇ *v intr* poindre (el día) ▌ pousser (la barba) ▌ FIG viser; objetivos que apuntan a la supresión de los privilegios objectifs qui visent à la suppression des privilèges ▌ mettre en joue (con un arma) ▌ ponter (en el juego)

▮¡apunten! en joue! ▮ apuntar presente porter o marquer présent.

◆ **apuntarse** v pr s'aigrir, tourner (el vino) ▮ **FAM** s'inscrire; me apuné en el colegio je me suis inscrit à l'école ▮ se griser (embriagarse) ▮ apuntarse a algo être partant pour faire quelque chose ▮ apuntarse un tanto marquer un point.

apunte m annotation f, note f (nota) ▮ croquis, esquisse f (dibujo) ▮ **TEATR** souffleur (apuntador) ▮ texte du souffleur (texto) ▮ secrétaire de plateau (cine) ▮ ponte (jugador) ▮ mise f (en el juego, puesta) ▮ (Amer) llevar al apunte payer de retour (corresponder).

◆ **apuntes** m pl notes f [de cours]; tomar apuntes prendre des notes ▮ cours sing; apuntes a multicopista cours polycopié.

apuntillar v tr achever, donner le coup de grâce.

apuñalar v tr poignarder.

apuñear v tr frapper à coups de poing.

apuracabos m inv brûle-tout inv (palmatoria).

apuración f épuisement m (de un tema) ▮ hâte (prisa) ▮ (Amer) difficulté (apuro).

apuradamente adv avec gêne, avec embarras ▮ d'un air confus o embarrassé; vino a decírmelo apuradamente il est venu me le dire d'un air embarrassé ▮ dans la gêne; vivir apuradamente vivre dans la gêne ▮ **FAM** exactement.

apurado, da adj gêné, e; dans la gêne, à court d'argent; estar apurado être dans la gêne ▮ gêné, e (molesto) ▮ épuisé, e; tari, e (agotado) ▮ précis, e; exact, e (exacto) ▮ **FIG** difficile, délicat, e; périlleux, euse (peligroso) ▮ (Amer) pressé, e (apresurado) ■ estar apurado de tiempo être à court de temps, être pressé ▮ estar apurado por uno être ennuyé par quelqu'un.

apurador, ra adj épuisant, e.

apuramiento m épuration f (acción de apurar) ▮ épuisement (agotamiento) ▮ **FIG** éclaircissement (aclaración).

apurar v tr épurer (una cosa) ▮ purifier (una persona) ▮ épuiser, finir (agotar) ▮ **FIG** éclaircir (examinar a fondo) ▮ peiner, faire de la peine, attrister; me apura tener que decirle esto cela me fait de la peine de devoir lui dire ça ▮ épuiser, mettre, pousser à bout; apurar la paciencia épuiser la patience, pousser à bout ▮ harceler, presser (apremiar) ▮ finir, aller jusqu'au bout de; apurar el cigarrillo, el vaso finir sa cigarette, son verre ■ apurándolo mucho tout au plus; apurándolo mucho esta casa le ha costado cinco millones cette maison lui a coûté tout au plus cinq millions ▮ apurar el cáliz hasta las heces boire le calice jusqu'à la lie.

◆ **apurarse** v pr s'affliger, s'attrister ▮ s'inquiéter, s'en faire **FAM**; no se apure por esto ne vous inquiétez pas pour cela ▮ (Amer) se hâter, se dépêcher (apresurarse) ■ apurarse la barba se raser de près ▮ no apurarse por nada ne s'embarrasser de rien.

apuro m gêne f, embarras, mauvais pas; sacar de apuro tirer d'un mauvais pas; estar en un apuro être dans l'embarras ▮ affliction f, tristesse f ▮ difficulté f; al principio he pasado muchos apuros en este país ou dans ce pays, j'ai eu beaucoup de difficultés ▮ (Amer) hâte (prisa) ■ estar en apuros, estar

en un apuro de dinero, tener apuros de dinero être dans la pénurie o dans la gêne, être à court d'argent, avoir des difficultés d'argent, être dans l'embarras ▮ estar en el mayor apuro avoir de grandes difficultés ▮ no tengas apuros, díselo ne t'en fais pas, dis-le-lui ▮ poner a alguien en un apuro, hacer pasar un apuro a uno mettre quelqu'un dans l'embarras ▮ sacar de apuro tirer d'embarras o d'affaire ▮ salir de apuro sortir d'embarras ▮ tengo apuro en hacer tal cosa ça m'ennuie de faire cela.

apurón, ona adj houspilleur, euse; harceleur, euse (que apura mucho).

apurruñar v tr (Amer) tripoter.

aquaplanning m **AUTOM** aquaplanning.

aquárium m aquarium (acuario).

aquejado, da adj atteint, e; affligé, e (de una enfermedad).

aquejar v tr peiner, chagriner ▮ **FIG** affliger, frapper; aquejado de grave enfermedad affligé d'une maladie grave ▮ **FIG** estar o encontrarse aquejado de souffrir de; la economía se encuentra aquejada de falta de mano de obra l'économie souffre d'un manque de main-d'œuvre.

aquel m **FAM** charme, chien (gracia) ▮ un petit quelque chose; esta persona no es guapa pero tiene un aquel cette personne n'est pas jolie, mais elle a un petit quelque chose.

aquel, lla adj dem ce, cette (plural masculino y femenino: ces); aquel sombrero ce chapeau; aquella mujer cette femme ▮ ¿te acuerdas de la mujer aquella que encontramos? te rappelles-tu la femme que nous avons rencontrée? [▷ **OBSERV** aquél].

◇ pron celui, celle; aquel de quien no me fío nada celui en qui je n'ai aucune confiance; aquella cuya casa está siempre abierta celle dont la maison est toujours ouverte.

▮ **OBSERV** 1. Cuando el adjetivo masculino francés va seguido de un sustantivo que empieza por una vocal o una h muda se transforma en cet: cet oiseau aquel pájaro; cet homme aquel hombre. Se añade en francés a veces la partícula invariable là para dar mayor precisión: ce livre-là aquel libro. **2.** m pl aquellos, f pl aquellas.

aquél, élla, ello pron dem celui-là, celle-là, cela (plural: ceux-là, celles-là); éste es mayor que aquél celui-ci est plus grand que celui-là; esto no es tan bueno como aquello ceci n'est pas aussi bon que cela.

▮ **OBSERV** 1. Aquel, adjectif ou pronom, s'emploie pour désigner une personne ou une chose également éloignées dans l'espace ou dans le temps de la personne qui parle et de celle à qui on parle: il s'oppose ainsi à este et ese. Les pronoms aquél et aquélla portent un accent pour se distinguer des adjectifs homonymes, sauf lorsqu'ils précèdent un pronom relatif. Aquello n'étant que pronom n'a pas besoin de porter un accent écrit. **2.** m pl aquéllos, f pl aquéllas.

aquelarre m sabbat (brujos) ▮ **FIG** sabbat, tapage (ruido).

aquella ▬ aquel.

aquello ▬ aquel.

aquende adv de ce côté-ci de, en deçà de; aquende los Pirineos de ce côté-ci des Pyrénées.

aquenio m **BOT** akène.

aqueo, a adj & s achéen, enne; aqueo antiguo acchéen ancien.

aquerenciado, da adj (Amer) amoureux, euse.

aquerenciarse v pr s'attacher (animales).

Aqueronte n pr m **MITOL** Achéron.

aquese, sa, so POÉT ▬ ése, ésa, eso.

aqueste, ta, to ▬ éste, ésta, esto.

aquí adv ici; aquí abajo ici-bas; ven aquí viens ici ▮ là (con preposición y en sentido figurado); de aquí viene su desgracia de là vient son malheur; por aquí se conoce que par là on voit que ▮ alors, là (entonces); aquí no pudo contenerse alors il ne put se contenir ▮ maintenant; aquí nos va a pagar todas c'est maintenant qu'il va payer ▮ ici, maintenant (con preposición); hasta aquí jusqu'ici, jusqu'à maintenant ▮ **FAM** celui-ci, celle-ci ■ aquí presente ici présent ▮ aquí y allí, aquí y allá çà et là, ici et là ▮ de aquí a mañana d'ici à demain ▮ de aquí a ocho días dans huit jours (plazo), aujourd'hui en huit (fecha) ▮ de aquí a poco d'ici peu, sous peu, bientôt ▮ de aquí en adelante dorénavant, désormais ▮ de aquí hasta entonces d'ici là ▮ por aquí y por allá par-ci par-là ■ aquí está voici; aquí está tu libro voici ton livre ▮ aquí estoy, aquí está, etc. me voici, le voici, etc. ▮ ¡aquí fue Troya! alors ce fut la bagarre (pelea), alors ce fut la pagaille (desorden) ▮ aquí le cojo aquí le mato aussitôt pris aussitôt tué ▮ aquí yace ci-gît ▮ he aquí voici.

aquiescencia f acquiescement m, assentiment m.

aquietador, ra adj qui calme, qui apaise.

aquietar v tr apaiser; aquietar los ánimos apaiser les esprits ▮ rassurer, rasséréner (calmar).

◆ **aquietarse** v pr s'apaiser, se calmer.

aquilatado, da adj éprouvé, e; hombre de aquilatado valor homme de valeur éprouvée.

aquilatamiento m aloyage.

aquilatar v tr éprouver, déterminer le titre de (el oro) ▮ estimer la valeur [d'un diamant, d'une perle, etc.] ▮ affiner, épurer (purificar) ▮ **FIG** juger, apprécier (una persona o una cosa).

aquilea f **BOT** achillée, mille-feuille.

Aquiles n pr m **MITOL** Achille.

aquilino, na adj aquilin, e (aguileño); nariz aquilina nez aquilin.

aquillado, da adj en forme de quille.

aquilón m aquilon.

Aquisgrán n pr **GEOGR** Aix-la-Chapelle.

Aquitania n pr f **GEOGR** Aquitaine.

aquitano, na adj & s aquitain, e.

ara f autel m (altar) ▮ pierre d'autel (piedra) ▮ en aras de sur l'autel de, en l'honneur de (en honor a), au nom de; en aras de nuestra amistad au nom de notre amitié.

◇ m **ZOOL** ara (guacamayo) ▮ **ASTRON** autel (constelación).

árabe adj & s arabe ▮ **FAM** eso es árabe para mí c'est de l'hébreu pour moi.

◇ m **LING** arabe; árabe clásico, literario o culto arabe classique, littéraire; árabe moderno arabe moderne.

arabesco, ca *adj* arabesque.
➤ **arabesco** *m* arabesque *f*.

arabia *f* (*Amer*) cotonnade à carreaux bleus et blancs (tela).

Arabia Saudí *n pr f* GEOGR Arabie Saoudite.

arábico, ca; arábigo, ga *adj* arabe; número arábigo chiffre arabe ▌arabique; goma arábiga gomme arabique.
➤ **arábico; arábigo** *m* arabe (lengua) ▌FIG & FAM estar en arábigo être de l'hébreu.

Arábigo *n pr* GEOGR el mar Arábigo la mer d'Oman ▌el golfo Arábigo le golfe Arabique.

arabismo *m* arabisme.

arabista *m & f* arabisant, e.

arabización *f* arabisation.

arabizar [13] *v tr* arabiser.

arable *adj* arable.

arac *m* arak (aguardiente de arroz).

aracari *m* (*Amer*) aracari (ave).

aráceas *f pl* BOT aracées.

arácneo, a *adj* arachnéen, enne.

arácnidos *m pl* ZOOL arachnides.

aracnofobia *f* arachnophobie.

aracnoideo, a *adj* arachnoïdien, enne.

aracnoides *f inv* ANAT arachnoïde.

arada *f* AGRIC labourage *m* (acción de arar) ▌terre labourée (tierra labrada) ▌labours *m pl* ▌travail *m* de la terre (trabajo) ▌ouvrée (jornal).

arado *m* AGRIC charrue *f*; arado múltiple, bisurco charrue polysoc, bisoc ▌(*Amer*) labours *pl* (labor) ▌AGRIC arado de balancín charrue-balance ▌arado de viñador o de viñatero déchausseuse, décavaillonneur, décavaillonneuse.

arador, ra *adj & s* laboureur, euse.
➤ **arador** *m* ZOOL acare (ácaro).

aradura *f* AGRIC labourage *m*.

Aragón *n pr m* GEOGR Aragon.

> ▌ARAGÓN
> La communauté autonome d'Aragon se compose des provinces de Huesca, Saragosse et Teruel. Elle a obtenu l'autonomie le 10 août 1982 et a pour capitale Saragosse; son gouvernement est connu sous le nom de « Diputación general ».

aragonés, esa *adj & s* aragonais, e ▌FIG testarudo o terco como un aragonés têtu comme un Breton o une mule.
▌ OBSERV *pl* aragoneses.

aragonito *m* MIN aragonite *f*.

araguato *m* alouate, singe hurleur (mono).

Aral *n pr* GEOGR el mar de Aral la mer d'Aral.

arambel *m* draperie *f*, tenture *f* (colgadura) ▌FIG chiffon, haillon (andrajo).

arameo, a *adj & s* araméen, enne.
➤ **arameo** *m* LING araméen.

aramio *m* jachère *f* (barbecho).

arancel *m* tarif douanier (tarifa) ▌droit de douane (derecho) ▌arancel aduanero común tarif douanier commun ▌arancel de aduanas tarif douanier.

arancelar *v tr* (*Amer*) payer, verser de l'argent.

arancelario, ria *adj* concernant les tarifs douaniers ▪ derechos arancelarios droits de douane ▌leyes arancelarias législation douanière.

arándano *m* BOT airelle *f*, myrtille *f*.

arandela *f* bobèche (de bujía) ▌TECN rondelle, bague (para tuercas) ▌raquette (de esquí) ▌rondelle (de lanza) ▌candélabre *m* de table o d'applique (candelabro) ▌(*Amer*) jabot *m* (chorrera).

arandillo *m* ZOOL lavandière *f* (pájaro).

araña *f* ZOOL araignée ▌BOT nigelle de Damas (arañuela) ▌lustre *m* (lámpara de techo) ▌filet *m* pour les oiseaux (red) ▌MAR araignée (de hamaca) ▌FIG & FAM fourmi, personne très économe ▌(*Amer*) carriole ▪ araña de agua gyrin (insecto) ▌araña de mar araignée de mer (crustáceo) ▌red o tela de araña toile d'araignée.

arañadura *f* égratignure.

arañar *v tr* griffer; el gato me ha arañado le chat m'a griffé ▌égratigner (rasguñar ligeramente); las zarzas me han arañado les ronces m'ont égratigné ▌érafler; la portezuela del coche está arañada la portière de la voiture est éraflée ▌FIG grappiller, ramasser (recoger) ▌gratter (un instrumento de cuerda).
➤ **arañarse** *v pr* se griffer, s'égratigner.

arañazo *m* coup de griffe (de gato, etc.) ▌égratignure *f* (rasguño ligero).

arañuela *f* ZOOL petite araignée ▌larve d'insecte (larva) ▌BOT nigelle de Damas.

arañuelo *m* échelette *f* (pájaro).

arar *m* genévrier (enebro) ▌mélèze (alerce).

arar *v tr* AGRIC labourer ▌FIG sillonner (surcar) ▌ronger; el rostro arado por el sufrimiento le visage rongé par la souffrance ▌FIG arar en el mar donner des coups d'épée dans l'eau, porter de l'eau à la rivière o la mer.

Ararat *n pr* GEOGR el monte Ararat le mont Ararat.

aratorio, ria *adj* aratoire.

araucano, na *adj & s* araucan, e.

araucaria *f* BOT araucaria *m*.

aravico *m* poète, barde [chez les Indiens du Pérou].

arbitrable *adj* arbitrable.

arbitraje *m* arbitrage; arbitraje de divisas arbitrage de change.

arbitrajista *m* COM arbitragiste.
▌ SIN conciliación conciliation; compromiso compromis; mediación médiation.

arbitral *adj* DR arbitral, e; sentencias arbitrales jugements arbitraux, sentences arbitrales.

arbitramiento *m* arbitrage.

arbitrar *v tr* arbitrer; arbitrar un partido de fútbol arbitrer un match de football.
➤ **arbitrarse** *v pr* s'arranger pour, s'ingénier à (ingeniarse).

arbitrariamente *adv* arbitrairement.

arbitrariedad *f* arbitraire *m*, procédé *m* arbitraire.

arbitrario, ria *adj* arbitraire.

arbitrio *m* volonté *f* (voluntad); seguir el arbitrio de sus padres obéir à la volonté de ses parents ▌libre arbitre (albedrío) ▌bon plaisir, fantaisie *f*; seguir su arbitrio suivre sa fantaisie ▌expédient, recours (medio) ▌DR arbitrage.
➤ **arbitrios** *m pl* taxes *f* municipales, droits d'octroi, charges *f* (impuestos).

arbitrismo *m* arbitraire.

arbitrista *m & f* faiseur, faiseuse de projets [en politique], songe-creux *inv* FAM.

árbitro *m* arbitre ▌DEP árbitro de centro arbitre de champ ▌árbitro de portería arbitre de ligne de but.

árbol *m* arbre; árbol frutal arbre fruitier ▌corps (de camisa sin mangas) ▌CONSTR noyau (escalera) ▌IMPR arbre (prensa) ▌MAR mât (palo) ▌TECN arbre; árbol motor arbre moteur ▪ INFORM árbol de directorios arborescence ▌BOT árbol de la cera arbre à cire, cirier ▌árbol de la ciencia del bien y del mal arbre de la connaissance du bien et du mal ▌árbol de Judas arbre de Judée ▌MAR árbol de la hélice arbre de couche ▌árbol del diablo sablier ▌MECÁN árbol de levas arbre à cames ▌BOT árbol del pan arbre à pain ▌árbol de monte alto arbre de haute futaie ▌árbol de Navidad o de Noel arbre de Noël ▌BOT árbol desmochado têtard ▌árbol genealógico arbre généalogique ▌ANAT árbol respiratorio système respiratoire ▪ del árbol caído, todos hacen leña quand l'arbre est tombé, chacun court aux branches ▌por el fruto se conoce al árbol on connaît l'arbre à son fruit.

arbolado, da *adj* boisé, e; couvert, e o planté, e d'arbres; lugar, paseo arbolado endroit boisé, promenade plantée d'arbres.
➤ **arbolado** *m* bois (bosque).

arboladura *f* MAR mâture.

arbolar *v tr* arborer (enarbolar) ▌MAR mâter (poner mástiles) ▌arborer, battre; arbolar bandera argentina battre pavillon argentin, arborer le pavillon argentin.
➤ **arbolarse** *v pr* se cabrer (encabritarse).

arboleda *f* bois *m*, bosquet *m*, boqueteau *m* (bosque).

arbolista *m & f* arboriculteur, trice; pépiniériste.

arborecer [30] *v intr* croître, atteindre sa maturité [un arbre].

arbóreo, a *adj* arborescent, e.

arborescencia *f* BOT arborescence.

arborescente *adj* BOT arborescent, e.

arboricida *adj & s m* arboricide.

arborícola *adj* arboricole.

arboricultor *m* arboriculteur.

arboricultura *f* arboriculture.

arboriforme *adj* arboriforme.

arborización *f* MIN arborisation.

arborizado, da *adj* arborisé, e.

arborizar [13] *v tr* arboriser.

arbotante *m* ARQ arc-boutant ▌MAR support d'arbre (de la hélice).

arbustivo, va *adj* arbustif, ive.

arbusto *m* BOT arbrisseau; el lila es un arbusto le lilas est un arbrisseau ▌arbuste; la madreselva es un arbusto le chèvrefeuille est un arbuste.

arca *f* coffre *m* (cofre) ▌coffre-fort *m* (caja de caudales) ▌arche; arca de Noé arche de Noé

‖ TECN arche (de cristalería) ■ arca de agua château d'eau ‖ arca de la Alianza o del Testamento Arche d'alliance ‖ arca del cuerpo tronc du corps humain.

◆ **arcas** f pl coffres m (en las tesorerías) ‖ ANAT flancs m (debajo de las costillas) ‖ arcas públicas coffres de l'État, Trésor, Trésor public.

arcabucero m arquebusier.

arcabuz m arquebuse f ‖ arquebusier (arcabucero).
■ OBSERV pl arcabuces.

arcabuzazo m coup d'arquebuse, arquebusade f.

arcada f arcade (arcos) ‖ arche (de puente) ■ arcada ciega o falsa arcade aveugle ‖ arcada fingida o figmada arcade simulée o feinte.

◆ **arcadas** f pl nausées (náuseas).

árcade; arcádico, ca; arcadio, dia adj & s arcadien, enne (de la Arcadia).

◆ **árcade** m arcade, arcadien (de la academia de este nombre) ‖ LING arcadien.

Arcadia n pr f GEOGR Arcadie.

arcádico, ca ► árcade.

arcadio, dia ► árcade.

arcaduz m conduite f, tuyau (caño) ‖ godet, auge f (de noria).
■ OBSERV pl arcaduces.

arcaico, ca adj archaïque ‖ GEOL archéen, enne.

arcaísmo m archaïsme.

arcaísta m archaïsant.

arcaizante adj archaïsant, e.

arcaizar [13] v intr employer des archaïsmes.
◇ v tr rendre archaïque.

arcángel m archange.

arcangélico, ca adj archangélique.

arcano, na adj secret, ète; caché, e.
◆ arcano m arcane, secret, mystère.
◆ **arcanos** m pl FIG coulisses f, arcanes; los arcanos de la política les coulisses de la politique.

arce m érable (árbol) ‖ arce blanco sycomore, faux platane.

arcedianato m archidiaconat (dignidad) ‖ archidiaconé (jurisdicción).

arcediano m archidiacre.

arcén m accotement, bas-côté (de una carretera).

archero m archer (soldado).

archicofrade m & f confrère [membre d'une archiconfrérie].

archicofradía f archiconfrérie.

archiconocido, da adj FAM archiconnu, e.

archidiácono m archidiacre.

archidiocesano, na adj archidiocésain, e.

archidiócesis f inv archevêché m.

archiducado m archiduché.

archiduque, quesa m & f archiduc, chesse.

archifonema m GRAM archiphonème.

archimandrita m archimandrite.

archimillonario, ria adj & s archimillionnaire.

archipámpano m FAM grand moutardier, grand mamamouchi (dignidad imaginaria) ‖ creerse el archipámpano de Sevilla se croire le grand moutardier du pape.

archipiélago m archipel.

archisabido, da adj archiconnu, e.

archivador, ra m & f archiviste (persona).
◆ archivador m classeur (mueble).

archivar v tr classer (clasificar) ‖ mettre aux archives ‖ INFORM archiver, stocker ‖ FIG classer; los grandes problemas pendientes quedan archivados les grands problèmes en suspens sont classés ‖ mettre au rancart o au rebut (arrumbar) ‖ FIG archivar algo en su cabeza prendre bonne note de quelque chose.

archivero, ra; archivista m & f archiviste.

archivo m archives f pl; los archivos de la Biblioteca Nacional les archives de la Bibliothèque nationale ‖ FIG tombeau (persona que sabe guardar secretos) ‖ modèle (dechado).

archivolta f ARQ archivolte.

arcilla f argile (greda) ‖ matière, substance (tierra cualquiera) ‖ arcilla cocida terre cuite ‖ arcilla figulina o de alfarería argile figuline [à potier] ‖ arcilla refractaria argile réfractaire.

arcillar v tr AGRIC glaiser.

arcilloso, sa adj argileux, euse.

arciprestal adj achipresbytéral, e.

arciprestazgo m archiprêtré.

arcipreste m archiprêtre.

arco m GEOM arc; arco de círculo arc de cercle ‖ arc (arma); tirar con arco tirer à l'arc ‖ archet (de violín) ‖ cerceau (de tonel) ‖ ANAT arcade f; arco alveolar arcade dentaire ‖ ARQ arc (bóveda) ‖ arche f (de un puente) ‖ arçon (para la lana) ‖ (Amer) but (portería) ■ ARQ arco abocinado arc en anse ‖ arco adintelado o a nivel arc déprimé ‖ arco apuntado arc en lancette ‖ arco capialzado arc de biais ‖ arco carpanel o apainelado arc en anse de panier ‖ arco ciego o cegado arc aveugle ‖ GEOM arco complementario arc complémentaire ‖ ARQ arco conopial arc en accolade ‖ arco cortinado o de cortina arc infléchi ‖ arco de descarga, sobrearco arc de décharge ‖ arco de herradura o morisco arc en fer à cheval o outrepassé ‖ arco de medio punto arc en plein cintre ‖ arco de todo punto arc en ogive ‖ arco de triunfo o triunfal arc de triomphe ‖ arco elíptico arc elliptique ‖ arco en gola arc en doucine ‖ arco escarzano arc bombé ‖ arco formero arc formeret ‖ arco iris o de San Martín arc-en-ciel ‖ ARQ arco lanceolado arc lancéolé ‖ arco mitral arc brisé ‖ arco ojival arc en ogive ‖ arco peraltado arc surhaussé ‖ arco perpiaño arc doubleau ‖ arco por tranquil o rampante arc rampant ‖ arco rebajado arc surbaissé o en anse de panier ‖ GEOM arco suplementario arc supplémentaire ‖ ARQ arco tercelete tierceron ‖ arco toral arc de soutien (d'une coupole) ‖ arco trebolado o trilobulado arc trilobé ‖ arco tudor arc Tudor ‖ ELECTR arco voltaico arc voltaïque ‖ armar el arco bander son arc ‖ desarmar el arco débander l'arc.

arcón m grand coffre ‖ MIL caisson (de artillería).

arcontado m archontat.

arconte m archonte (magistrado griego).

Ardenas n pr f pl GEOGR Ardenne f [macizo]; Ardennes f pl [departamento francés] ‖ de las Ardenas ardennais, e.

ardentía f ardeur ‖ brûlures pl (usual), pyrosis (científico); sentir ardentía en el estómago avoir des brûlures d'estomac.

arder v intr brûler; la leña seca arde bien le bois sec brûle bien ‖ FIG être dévoré; arder en celos être dévoré de jalousie ‖ brûler, griller FAM; arder en deseos brûler d'envie ‖ bouillir; arder de o en ira bouillir de colère ‖ AGRIC fermenter (el estiércol) ■ arderle a uno la boca avoir la bouche en feu ‖ este país arde en guerra, en discordia la guerre, la discorde fait rage dans ce pays ‖ la ciudad arde en fiestas la ville est tout en fête, la ville est en liesse ‖ la cosa está que arde le torchon brûle ‖ (Amer) ¿qué te arde? qu'est-ce que cela peut te faire?
◇ v tr brûler (abrasar).
◆ **arderse** v pr brûler ‖ AGRIC brûler, griller (las plantas).

ardid m ruse f; valerse de ardides user de ruses.

ardido, da adj (ant) hardi, e (valiente) ‖ (Amer) en colère, irrité, e (enojado).

ardiente adj ardent, e ‖ FIG ardent, e; chaud, e; ardiente partidario chaud partisan ‖ capilla ardiente chapelle ardente.

ardientemente adv ardemment.

ardilla f ZOOL écureuil m.

ardiloso, sa adj (Amer) cancanier, ère (chismoso).

ardimiento m embrasement (ardor) ‖ FIG bravoure f, courage (valor).

ardite m (ant) liard (moneda) ■ FAM me importa un ardite je m'en moque comme de l'an quarante ‖ no valer un ardite ne pas valoir un liard.

ardor m ardeur f; el ardor del sol l'ardeur du soleil; ardor en el trabajo ardeur au travail; en el ardor de la batalla dans l'ardeur de la bataille ‖ feu; en el ardor de la acción dans le feu de l'action.
◆ **ardores** m pl brûlures f (de estómago).
■ SIN calor chaleur; fuego feu; fogosidad fougue; llama flamme.

ardorosamente adv ardemment.

ardoroso, sa adj ardent, e.

arduamente adv péniblement, avec grandes difficultés.

arduo, dua adj ardu, e.

ARE (abrev de Asamblea de Regiones Europeas) f ARE.

área f aire (superficie) ‖ GEOM surface; el área del triángulo la surface du triangle ‖ are m (medida agraria) ‖ AGRIC massif m (de flores) ‖ carré m (de hortalizas) ‖ zone; no se puede construir en un área de 50 kilómetros on ne peut pas construire sur une zone de 50 kilomètres ■ DEP área de castigo o de penalti zone o surface de réparation ‖ área de conocimiento unité de formation et de recherche (universidad) ‖ área de gol terrain d'en-but (rugby) ‖ ECON área de libre cambio zone de libre-échange ‖ área de servicios aire de services ‖ área metropolitana o urbana district urbain.

areca f BOT arec, aréquier m (palmera) ‖ noix d'arec, arec m (fruto).

areico, ca *adj* GEOGR aréique.

areísmo *m* GEOGR aréisme.

areito *m* chant o danse *f* des anciens Indiens d'Amérique centrale.

arel *m* van (criba).

arena *f* sable *m*; no hay arena en esta playa il n'y a pas de sable sur cette plage ‖ arènes *pl* (redondel) ■ arena de ampolleta sable très fin pour sablier ‖ arena de miga sable argileux ‖ reloj de arena sablier ■ edificar sobre arena, sembrar en la arena bâtir sur le sable. ➥ **arenas** *f pl* MED sable *m sing*, calculs (en el riñón) ‖ poudre *sing*; arenas de oro poudre d'or ■ arenas movedizas sables mouvants.

arenáceo, a *adj* arénacé, e.

arenal *m* étendue *f* de sable, banc de sable ‖ sablière *f* (cantera) ‖ sables *pl* mouvants (arenas movedizas).

arenar *v tr* ensabler (enarenar) ‖ sabler, sablonner (frotar con arena).

arencar [10] *v tr* saurer, saurir.

arenero *m* marchand de sable (vendedor de arena) ‖ boîte *f* à sable, sablière *f* (de locomotora) ‖ TAUROM garçon d'arène.

arenga *f* harangue.

arengar [16] *v tr* haranguer.

arenícola *adj & s m* arénicole.

arenífero, ra *adj* arénifère.

arenilla *f* sable *m* [pour sécher l'encre]. ➥ **arenillas** *f pl* MED sable *m sing*, calculs *m* ‖ salpêtre *m sing* (salitre).

arenillero *m* sablier [pour sécher l'encre].

arenisco, ca *adj* sablonneux, euse (arenoso) ‖ en grès; vaso arenisco vase en grès ‖ piedra arenisca grès. ➥ **arenisca** *f* grès *m* (piedra).

arenoso, sa *adj* sablonneux, euse; playa arenosa plage sablonneuse.

arenque *m* ZOOL hareng; arenque ahumado hareng saur ‖ FIG & FAM seco como un arenque sec comme un hareng.

arenquera *f* harenguière (red) ‖ FIG & FAM harengère (vendedora de pescado).

areografía *f* aréographie.

areola; aréola *f* MED & ANAT aréole.

areolar *adj* ANAT aréolaire.

areometría *f* aréométrie.

areómetro *m* FÍS aréomètre.

areópago *m* aréopage.

areóstilo *m* ARQ aréostyle.

arepa *f* (Amer) galette de maïs ‖ (Amer) FAM ganar la arepa gagner sa croûte.

arepero, ra *adj & s* (Amer) vagabond, e.

arepita *f* (Amer) petite galette de maïs.

arequipa *f* (Amer) riz au lait.

arestín *m* BOT panicaut [chardon] ‖ VETER teigne *f* (de los caballos).

arete *m* petit anneau (anillo) ‖ boucle *f* d'oreille (pendiente).

Aretusa *n pr* Aréthuse.

arfada *f* MAR tangage.

arfar *v intr* MAR tanguer.

argadijo; argadillo *m* dévidoir (devanadera).

argallera *f* jabloir *m*, rabot *m* à moulures rondes.

argamandel *m* haillon, lambeau (andrajo).

argamandijo *m* FAM attirail, affaires *f pl*.

argamasa *f* mortier *m*.

argamasar *v tr* gâcher [du mortier] ‖ cimenter (trabar con argamasa).

argamasón *m* morceau de ciment, plâtras.

árgana *f* grue *f* (máquina).

árganas *f pl* sorte de bât *m sing*.

arganeo *m* MAR arganeau (del ancla).

árgano *m* grue *f* (máquina).

argavieso *m* orage (tormenta) ‖ averse *f* (aguacero).

argayar *v impers* s'ébouler [le terrain].

argayo *m* éboulement, glissement de terrain.

Argel *n pr* GEOGR Alger.

Argelia *n pr f* GEOGR Algérie.

argelino, na *adj & s* algérien, enne.

argemone *f* BOT argémone.

argén *m* BLAS argent.

argentado, da *adj* argenté, e ‖ argentin, e (voz).

argentador, ra *adj & s* argenteur, euse.

argentar *v tr* argenter.

argénteo, a *adj* d'argent (de plata) ‖ argenté, e (semejante a la plata o bañado de plata).

argentería *f* orfroi *m* (bordado de oro o de plata) ‖ argenterie (platería).

argentero *m* orfèvre (platero).

argéntico, ca *adj* argentique.

argentífero, ra *adj* argentifère.

argentina *f* argentine (planta).

Argentina *n pr f* GEOGR Argentine.

argentinismo *m* argentinisme.

argentinizar [13] *v tr* donner le caractère argentin o les manières argentines.

argentino, na *adj* argentin, e; voz argentina voix argentine ‖ argenté, e (argénteo). ◇ *adj & s* argentin, e (de la República Argentina).

argento *m* POÉT argent ‖ argento vivo vif-argent (metal).

argentoso, sa *adj* mêlé d'argent; argenté, e.

argiráspide *m* argyraspide (soldado griego).

argirismo *m* MED argyrisme.

argirosa *m* MIN argyrose.

argivo, va *adj & s* argien, enne (de Argos).

argo *m* argon (gas).

argólico, ca *adj* argien, enne (argivo).

argolla *f* anneau *m* (aro de metal) ‖ sorte de passe-boule (juego) ‖ carcan *m*, pilori *m* (castigo público) ‖ collerette (adorno de mujer) ‖ FIG carcan *m* (sujeción) ‖ MAR boucle *f* ‖ (Amer) alliance (de matrimonio) ‖ FAM (Amer) veine (suerte).

árgoma *f* BOT ajonc *m* (aulaga).

argón *m* QUÍM argon (gas).

argonauta *m* argonaute ‖ ZOOL argonaute.

argos *m* FIG argus (persona muy vigilante) ‖ ZOOL argus (pájaro).

Argos *n pr* MITOL Argos, Argus.

argot *m* jargon; argot médico jargon médical ‖ argot (germanía).
> OBSERV **1.** Le mot argot est un gallicisme dans le sens d'argot, mais il ne l'est pas dans celui de jargon.
> **2.** pl argots.

argucia *f* argutie.

argüe *m* cabestan (cabrestante).

árguenas; árgueñas *f pl* besace *sing* (alforjas) ‖ civière *sing*, bard *m sing* (angarillas).

argüir [44] *v tr* arguer (p us), déduire, conclure; de esto arguyo que vendrá j'en conclus qu'il viendra ‖ faire voir, prouver, arguer (probar) ‖ reprocher [une chose à quelqu'un], accuser [quelqu'un d'une chose], arguer; argüir de falso un acta arguer de faux un acte ‖ rétorquer (contestando). ◇ *v intr* arguer, argumenter (poner argumentos) ‖ discuter (discutir).

argumentación *f* argumentation ‖ argument *m*.

argumentador, ra *adj & s* argumentateur, trice.

argumentar *v intr* argumenter, discuter. ◇ *v tr* arguer (p us), conclure (concluir) ‖ démontrer, prouver (probar) ‖ alléguer, dire; ¿qué tienes tú que argumentar para tu defensa? qu'as-tu à alléguer pour ta défense?

argumentativo, va *adj* argumentatif, ive.

argumentista *m & f* argumentateur, trice.

argumento *m* argument, raisonnement; tu argumento es falso ton raisonnement est faux; argumento terminante argument sans réplique ‖ argument (de una obra) ‖ sujet (asunto) ‖ scénario; el argumento de una película le scénario d'un film ‖ résumé (resumen) ‖ argumento cornuto argument cornu, dilemme.

arguyente *adj* argumentateur, trice.

aria *f* MÚS aria.

Ariana; Ariadna *n pr* MITOL Ariane, Ariadne.

aricar [10] *v tr* faire un léger labour (arar).

aridecer [30] *v tr* rendre aride. ➥ **aridecerse** *v pr* devenir aride.

aridez *f* aridité ‖ FIG aridité; aridez del espíritu aridité d'esprit.
■ OBSERV pl arideces.

árido, da *adj* aride ‖ FIG aride; asunto árido sujet aride. ➥ **áridos** *m pl* COM grains, céréales *f* ‖ TECN agrégats ‖ medida de áridos mesure de capacité.

Aries *n pr m inv* ASTRON & ASTROL Bélier; ser Aries être Bélier.

arieta *f* MÚS ariette.

ariete *m* MIL bélier (máquina de guerra) ‖ (ant) MAR bateau à éperon ‖ avant-centre (en fútbol) ‖ ariete hidráulico bélier hydraulique.

arije *adj* uva arije chasselas doré.

arijo, ja *adj* léger, ère; facile à travailler, meuble (tierra).

arilado, da *adj* BOT arillé, e.

arillo *m* boucle *f* d'oreille (pendiente).

arilo *m* BOT arille (tegumento).

arimez *m* ARQ saillie *f*, avant-corps *inv*.

ario, ria *adj* & *s* aryen, enne.

arioso *m* MÚS arioso.

Ariosto *n pr* Arioste.

arique *m* (*Amer*) corde *f* [en fibres de palmier].

arísaro *m* gouet (planta).

arisblanco, ca *adj* à barbes blanches (trigo).

arisco, ca *adj* sauvage, farouche; **es un niño muy arisco** c'est un enfant très sauvage ‖ bourru, e; intraitable, revêche; **genio arisco** caractère bourru; **persona arisca** personne revêche ‖ rébarbatif, ive; **tener una cara arisca** avoir un visage rébarbatif ‖ (*Amer*) peureux, euse (miedoso) ■ **es arisco como un gato** c'est un ours mal léché.

arisnegro, gra; arisprieto, ta *adj* BOT à barbes noires (trigo).

arista *f* arête (borde, intersección) ‖ GEOM arête; **arista de un cubo** arête d'un cube ‖ barbe (del trigo) ‖ ARQ arête; **bóveda por arista** voûte d'arêtes ‖ chènevotte (parte leñosa del cáñamo) ‖ bavure (de los metales).

aristado, da *adj* à arêtes saillantes ‖barbu, e (el trigo).

Arístides *n pr* Aristide.

aristocracia *f* aristocratie.

aristócrata *adj* & *s* aristocrate.

> SIN noble noble; señor seigneur; caballero chevalier; gentilhombre, hidalgo gentilhomme; patricio patricien; hidalgo de gotera noblaillon.

aristocráticamente *adv* aristocratiquement.

aristocrático, ca *adj* aristocratique.

aristocratizar [13] *v tr* rendre aristocratique.

Aristófanes *n pr* Aristophane.

aristoloquia *f* BOT aristoloche.

Aristóteles *n pr* Aristote.

aristotélico, ca *adj* & *s* aristotélicien, enne; aristotélique.

aristotelismo *m* aristotélisme.

aritmética *f* arithmétique.

aritmético, ca *adj* arithmétique; **progresión aritmética** progression arithmétique. ◇ *m* & *f* arithméticien, enne.

aritmología *f* MAT arithmologie.

aritmomancia *f* arithmomancie.

aritmomanía *f* arithmomanie.

aritmómetro *m* MAT arithmomètre.

arito *m* boucle *f* d'oreille.

arjorán *m* arbre de Judée, gainier (ciclamor).

arlequín *m* TEATR arlequin ‖ arlequin (máscara) ‖ polichinelle, pantin (persona ridícula y despreciable) ‖ FIG & FAM glace *f* panachée (helado).

arlequinada *f* FAM arlequinade.

arlequinesco, ca *adj* d'Arlequin.

arlesiano, na *adj* & *s* arlésien, enne.

arma *f* arme; **arma de fuego** arme à feu ‖ MIL arme; **arma de caballería** arme de cavalerie ‖ défense (de los animales) ‖ FIG arme; **sin más armas que su buena voluntad** n'ayant pour arme que sa bonne volonté ■ **arma aérea** arme aérienne ‖ **arma antiaérea** arme

antiaérienne ‖ **arma arrojadiza** arme de jet ‖ **arma blanca** arme blanche ‖**arma de depósito** arme à magasin ‖ FIG **arma de dos filos** arme à deux tranchants ‖ **arma de fuego** arme à feu ‖ **arma de repetición** arme à répétition ‖ **arma de retrocarga** arme se chargeant par la culasse ‖ **arma naval** arme navale ‖ **arma negra** fleuret moucheté ‖ **arma nuclear** arme nucléaire ‖**¡sobre el hombro, arma!** arme sur l'épaule! ■ **estar en arma** o **en armas** être en armes ‖ **rendir el arma** rendre les honneurs au saint sacrement ‖ **tocar el arma** appeler o sonner aux armes.

➤ **armas** *f pl* MIL armes ‖ BLAS armes; **armas parlantes** armes parlantes ‖ **escudo de armas** armoiries ‖ **hecho de armas** fait d'armes (hazaña) ‖ **libro de armas** armorial (heráldica) ‖ **licencia de armas** port d'armes (autorización legal) ‖ **tenencia de armas** port d'armes (posesión) ■ **¡a las armas!**, **¡a formar con armas!**, **¡arma, arma!** aux armes! ‖ **con las armas en la mano** les armes à la main ‖ **de armas tomar** qui n'a pas froid aux yeux (persona) ‖ **sobre las armas** sous les armes ■ **alzarse en armas** prendre les armes, se révolter, se soulever ‖**¡cuelguen armas!** l'arme à la bretelle! ‖ **dar armas contra sí mismo** fournir des armes contre soi ‖ **descansar las armas** reposer les armes ‖**¡descansen armas!** arme au pied!; reposez, armes! ‖ **hacer sus primeras armas** faire ses premières armes, débuter, faire ses débuts; **hacer sus primeras armas en el foro** débuter au barreau ‖ **llegar a las armas** en venir aux armes ‖ **medir las armas** se battre ‖ **pasar por las armas** passer par les armes, fusiller ‖ **poner en armas** armer (armar), soulever (sublevar) ‖ **presentar las armas** présenter les armes ‖**¡presenten armas!** présentez, armes! ‖ **rendir las armas** rendre les armes, mettre bas les armes ‖**tomar (las) armas** prendre les armes (armarse), présenter les armes (hacer los honores militares) ‖**velar las armas** faire sa veillée d'armes.

armada *f* armée de mer, flotte (conjunto de fuerzas navales) ‖ escadre (escuadra) ‖ armada; **la Armada Invencible** l'Invincible Armada ‖(*Amer*) disposition du lasso [pour le lancer].

armadera *f* MAR couple *m*.

armadía *f* train *m* de bois flotté, radeau *m*.

armadijo *m* piège, traquenard (trampa).

armadillo *m* ZOOL tatou, "armadillo".

armado, da *adj* armé, e (en armas) ‖ armé, e; monté, e; **un fusil armado** un fusil armé ‖ armé, e; **hormigón armado** béton armé ‖(*Amer*) têtu, e (terco) ‖**armado hasta los dientes** armé jusqu'aux dents.

➤ **armado** *m* homme vêtu en soldat romain (en las procesiones) ‖ assemblage (costura) ‖(*Amer*) cigarette *f* roulée à la main.

armador *m* MAR armateur (naviero) ‖ pourpoint (jubón) ‖ assembleur ‖(*Amer*) gilet (chaleco) ‖ porte-manteau (percha).

armadura *f* armure (armas) ‖ armature (armazón) ‖squelette *m* (esqueleto) ‖ TECN charpente (del tejado) ‖carcasse (de neumático) ‖assemblage *m*, monture (montura) ‖ FÍS armature (de imán o de condensador) ‖ MÚS armature, armure ‖ armadura de la cama bois de lit.

armamentismo *m* politique favorable à la course aux armements.

armamentista *adj* de l'armement (industria) ‖ aux armements; **carrera armamentista** course aux armements ‖(*Amer*) militariste.

armamento *m* armement; **carrera de armamentos** course aux armements.

Armando *n pr* Armand.

armañac *m* armagnac.

armar *v tr* armer; **armado con un fusil** armé d'un fusil; **armar a cien mil hombres** armer cent mille hommes ‖ armer (un arma, un muelle) ‖ monter (una máquina) ‖ bander (un arco) ‖ dresser, monter (una cama, una tienda de campaña, etc.) ‖ FIG disposer, préparer (preparar) ‖ monter, organiser; **armar una cábala** monter une cabale ‖ FIG & FAM organiser; **armar un baile** organiser un bal ‖faire, causer; **armar ruido, jaleo, escándalo, la gorda** faire du bruit, du raffut o du foin o du tapage, un scandale o toute une histoire, les quatre cents coups ‖ produire, susciter; **armar dificultades a uno** susciter des difficultés à quelqu'un ‖ MAR armer, équiper (un navío) ‖(*Amer*) rouler [une cigarette] ■ FIG & FAM **armarla, armar una** o **armarla buena** faire un scandale o un esclandre; **no hagas esto sino la armo** ne fais pas ça sinon je fais un scandale; faire beaucoup de bruit (meter mucho ruido), faire du grabuge (mucho jaleo) ‖ **armar una intriga** machiner une intrigue ‖ **armar una trampa** tendre o dresser un piège ‖ **armar un lío** faire une histoire ‖ **armar pendencia** chercher querelle ‖ **palanca de armar** levier d'armement.

➤ **armarse** *v pr* armer; **los países se armaban** les pays armaient ‖ FIG s'armer; **armarse de paciencia, de valor** s'armer de patience, de courage ‖éclater, se produire (riñas, escándalos) ‖ se préparer; **se arma una tempestad** un orage se prépare ‖(*Amer*) s'arrêter net (plantarse) ‖ s'obstiner, s'entêter (obstinarse) ■ FIG & FAM **¡se armó un lío!** cela a fait toute une histoire! ‖ **se va a armar la de Dios es Cristo** o **la gorda** o **la de San Quintín** il va y avoir du grabuge, ça va barder.

armario *m* armoire *f*; **armario de luna** armoire à glace; **armario frigorífico** armoire frigorifique ‖ **armario empotrado** placard ‖ INFORM **armario de control** o **de mando** armoire de commande.

> SIN arca, arcón coffre; aparador buffet; costurero chiffonnier; entredós entre-deux; ropero vestiaire; cómoda commode; bargueño cabinet.

armatoste *m* monument, objet encombrant et inutile (objeto tosco); **este armario es un armatoste** cette armoire est un monument ‖ FIG & FAM personne *f* encombrante, gros paquet (persona corpulenta).

armazón *f* armature, carcasse; **armazón de pantalla** carcasse d'abat-jour ‖ charpente (maderamen) ‖ FIG charpente (de una obra) ‖ châssis *m* (bastidor) ‖ TECN monture ‖ MÚS éclisse ‖armazón de un tejado comble. ◇ *m* squelette, carcasse *f* (esqueleto) ‖(*Amer*) étagères *f pl*, rayons *pl* (estante).

armella *f* piton *m* (clavo).

Armenia *n pr f* GEOGR Arménie.

arménico, ca *adj* d'Arménie; **bol arménico** bol d'Arménie.

armenio, nia *adj* & *s* arménien, enne.

➤ **armenio** *m* LING arménien.

armería *f* armurerie (tienda del armero) ‖ musée *m* de l'armée (museo) ‖ blason *m*.

armero *m* armurier (fabricante o vendedor de armas) ‖ râtelier (para colocar las armas) ■ armero mayor responsable de l'armurerie royale espagnole ‖ maestro armero maître armurier.

armilar *adj* ASTRON armillaire (esfera).

armilla *f* ARQ armilles *pl* ‖ ASTRON sphère armillaire.

arminiano, na *adj & s* arminien, enne.

armiñado, da *adj* garni d'hermine ‖ BLAS herminé, e.

armiño *m* ZOOL hermine *f* (animal).

armisticio *m* armistice.

armón *m* avant-train, prolonge *f* (del cañón).

armonía *f* [▷ SIN] MAT & MÚS harmonie ‖ FIG harmonie; vivir en armonía vivre en harmonie.

◾ SIN concordancia concordance; acuerdo accord; simetría symétrie.

armónicamente *adv* harmoniquement, en harmonie.

armónico, ca *adj* harmonique.
◆ **armónica** *f* harmonique *m* (sonido) ‖ harmonica *m* (instrumento de música).

armonicordio *m* MÚS harmonicorde.

armonio *m* MÚS harmonium.

armoniosamente; harmoniosamente *adv* harmonieusement.

armonioso, sa *adj* harmonieux, euse.

armonista *m* MÚS harmoniste.

armonización *f* harmonisation.

armonizar [13] *v tr* harmoniser.
◇ *v intr* être en harmonie.

armorial *m* armorial (libro de armas).

Armórica *n pr f* GEOGR Armorique.

armoricano, na *adj & s* armoricain, e.

armuelle *m* BOT arroche (planta).

ARN (abrev de ácido ribonucleico) *m* ARN.

Arnaldo *n pr* Arnaud.

arnés *m* harnois (armadura).
◆ **arneses** *m pl* harnais *sing* (de las caballerías) ‖ FIG & FAM attirail *sing*, équipement *sing*.

árnica *f* arnica (planta); tintura de árnica teinture d'arnica.

aro *m* cercle (de un tonel) ‖ cerceau; ya los niños no juegan al aro les enfants ne jouent plus au cerceau ‖ anneau de fer (argolla) ‖ arum (planta) ‖ (*Amer*) bague *f* (sortija) ‖ boucle *f* d'oreille (pendiente) ■ aro de émbolo anneau de piston ‖ aro de rueda cercle de roue ‖ aro para las servilletas rond de serviette ■ FIG & FAM entrar o pasar por el aro s'incliner, capituler, en passer par là.
◆ **¡aro!** *interj* (*Amer*) cri poussé lorsque l'on offre un verre de liqueur à celui qui parle, danse ou chante.

aroideas *f pl* BOT aroïdées, aroïdacées.

aroma *m* arôme, parfum.

aromar *v tr* parfumer, aromatiser.

aromaterapia *f* aromathérapie.

aromático, ca *adj* aromatique.

aromatización *f* aromatisation.

aromatizador *m* (*Amer*) vaporisateur.

aromatizante *adj* aromatisant, e.

aromatizar [13] *v tr* aromatiser.

aromo *m* BOT cassie *f*, cassier, casse *f*.

arón *m* arum, gouet (planta).

arpa *f* MÚS harpe; arpa eolia harpe éolienne; tocar o tañer el arpa jouer o pincer de la harpe.

arpado, da *adj* denté, e; dentelé, e; crochu, e ‖ POÉT au chant mélodieux (pájaros).

arpar *v tr* griffer, égratigner (rasguñar) ‖ déchirer (desgarrar).

arpegiar *v intr* MÚS arpéger.

arpegio *m* MÚS arpège.

arpende *m* arpent.

arpeo *m* MAR grappin.

arpía *f* harpie (ave fabulosa) ‖ FIG harpie, mégère, chipie (mujer mala) ‖ ZOOL harpie (pájaro).

arpillar *v tr* (*Amer*) emballer.

arpillera *f* serpillière (tela).

arpista *m & f* harpiste.

arpón *m* harpon ‖ ARQ crampon de fer (grapa).

arponado, da *adj* en forme de harpon.

arponar; arponear *v tr* harponner.

arponeo *m* harponnage, harponnement.

arponero *m* harponneur.

arqueada *f* MÚS coup *m* d'archet.

arqueado, da *adj* arqué, e; piernas arqueadas jambes arquées.

arqueador *m* jaugeur (de las embarcaciones) ‖ arçonneur (de la lana).

arqueaje; arqueamiento *m* jaugeage (acción de arquear) ‖ tonnage, jauge *f* (cabida).

arquear *v tr* arquer (combar) ‖ cambrer; arquear el tronco cambrer la taille ‖ TECN arçonner (la lana) ‖ MAR jauger (un navío) ‖ FIG arquear el lomo faire le gros dos.
◇ *v intr* FAM avoir des nausées.
◆ **arquearse** *v pr* se courber.

arquegonio *m* BOT archégone.

arqueo *m* courbure *f* (acción de arquear) ‖ cambrure *f* (del cuerpo) ‖ MAR jauge *f*; arqueo neto, de registro bruto jauge nette, brute ‖ tonnage (tonelaje) ‖ arçonnage (de la lana) ‖ COM caisse *f*, compte de la caisse; hacer el arqueo faire la caisse.

arqueolítico, ca *adj* de l'âge de pierre.

arqueología *f* archéologie.

arqueológico, ca *adj* archéologique.

arqueólogo, ga *m & f* archéologue.

arqueópterix *m* archéoptéryx (ave fósil).

arquería *f* arcature, série d'arcs.

arquero *m* archer (soldado) ‖ (p us) COM caissier (cajero) ‖ fabricant de cerceaux (para toneles) ‖ (*Amer*) gardien de but (en fútbol).

arqueta *f* coffret *m* ‖ ARQ borne (para conexiones eléctricas, etc.).

arquetipo *m* archétype.

arquidiócesis *f inv* archidiocèse *m*.

arquiepiscopal *adj* archiépiscopal, e.

Arquímedes *n pr* Archimède.

arquípteros *m pl* ZOOL archiptères.

arquita *f* coffret *m*.

arquitecto *m* architecte.

arquitectónico, ca *adj & s f* architectonique.

arquitectura *f* architecture ‖ arquitectura naval construction navale ‖ INFORM arquitectura de máquina architecture de machine; arquitectura de redes architecture de réseau.

arquitectural *adj* architectural, e; medios arquitecturales des moyens architecturaux.

arquitrabado, da *adj* ARQ architravé, e.

arquitrabe *m* ARQ architrave *f*.

arquivolta *f* ARQ archivolte.

arrabá *m* ARQ encadrement rectangulaire d'un arc dans l'architecture musulmane.
◾ OBSERV *pl* arrabaes.

arrabal *m* faubourg.

arrabalero, ra; arrabalesco, ca *adj & s* faubourien, enne.

arrabiatar *v tr* (*Amer*) attacher par la queue (los caballos).

arrabio *m* fonte *f* de première fusion (hierro colado) ‖ lingote de arrabio gueuse.

arracacha *f* (*Amer*) sorte de panais *m*, sorte de céleri *m* ‖ FAM bêtise, sottise (tontería).

arracada *f* boucle d'oreille.

arracimado, da *adj* en grappe.

arracimarse *v pr* se réunir o se disposer en grappes.

arraclán *m* BOT bourdaine *f* (árbol) ‖ scorpion (alacrán).

arraigadamente *adv* tenacement ‖ profondément.

arraigado, da *adj* enraciné, e.
◆ **arraigado** *m* MAR amarrage.

arraigamiento ▶ **arraigo**.

arraigar [16] *v intr* s'enraciner, prendre racine ‖ FIG prendre racine, s'enraciner (costumbre, vicio, etc.).
◇ *v tr* enraciner ‖ FIG enraciner, établir ‖ (*Amer*) assigner à résidence.
◆ **arraigarse** *v pr* s'enraciner, prendre racine ‖ se fixer, s'établir; arraigarse en París se fixer à Paris ‖ FIG prendre racine, s'enraciner.

arraigo; arraigamiento *m* enracinement ‖ biens-fonds *pl*, terres *f pl* (bienes raíces).

arramblar; arramplar *v tr* ensabler (cubrir de arena).
◇ *v tr & intr* FIG & FAM ramasser, emporter, rafler, embarquer (robar, coger); arramblar con todo tout rafler.
◆ **arramblarse** *v pr* s'ensabler (los ríos).

arrancaclavos *m inv* arrache-clous.

arrancada *f* démarrage *m* brusque (de un coche) ‖ bond *m* en avant (de una persona o cosa que se mueve) ‖ départ *m* (de una carrera) ‖ démarrage *m* (de un corredor) ‖ MAR départ *m* brusque ‖ arraché *m* (halterofilia).

arrancadero *m* départ, point de départ.

arrancado, da *adj* arraché, e; un árbol arrancado por la tormenta un arbre arraché par l'orage ‖ FIG & FAM lessivé, e; ruiné, e (arruinado) ‖ FAM très mauvais, e ‖ BLAS arraché, e ‖ FAM es más malo que arrancado il est mauvais comme la gale (un niño).

arrancador, ra *adj* & *s* arracheur, euse.

→ **arrancadora** *f* AGRIC arracheuse; arrancadora de patatas arracheuse de pommes de terre.

→ **arrancador** *m* arrachoir (herramienta) ‖ AUTOM démarreur.

arrancadura *f*; **arrancamiento** *m* arrachement *m*.

> SIN desarraigo, descuaje déracinement; extracción extraction; extirpación extirpation; erradicación éradication; avulsion avulsion.

arrancar [10] *v tr* arracher; arrancar una planta, una muela arracher une plante, une dent ‖ FIG arracher, extorquer; arrancar una promesa arracher une promesse ‖ décrocher; el equipo arrancó un punto l'équipe décrocha un point ‖ mettre en marche, faire démarrer; a ver si podemos arrancar este motor voyons si nous pouvons mettre ce moteur en marche ‖ INFORM lancer (programas) ‖ arrancar de raíz o de cuajo déraciner; el viento arrancó de cuajo los árboles le vent a déraciné les arbres; extirper; arrancar de cuajo los abusos extirper les abus.

> *v intr* démarrer, partir; el coche arrancó la voiture démarra ‖ se mettre à courir (echar a correr) ‖ s'élancer; el toro arrancó contra él le taureau s'élança contre lui ‖ FIG procéder, venir, provenir, découler; dificultades que arrancan de su mala gestión des difficultés qui proviennent de sa mauvaise gestion ‖ commencer, débuter (empezar) ‖ partir de; la calle arranca de la plaza la rue part de la place.

→ **arrancarse** *v pr* commencer, se mettre; se arrancó a cantar il s'est mis à chanter ‖ s'élancer (arremeter) ‖ (*Amer*) se ruiner.

arranchar *v tr* MAR longer, ranger (pasar cerca de); arranchar una costa ranger une côte ‖ (*Amer*) prendre, s'emparer de (arrebatar).

arranque *m* arrachage (acción de arrancar) ‖ départ (de una persona que corre) ‖ démarrage, mise *f* en marche (de un vehículo, de una máquina) ‖ FIG élan (ímpetu, pujanza) ‖ mouvement, accès; arranque de ira, de mal genio accès de colère, de mauvaise humeur ‖ boutade *f*, repartie *f* (ocurrencia) ‖ sortie *f*; tiene algunos arranques desagradables il a des sorties désagréables ‖ audace *f*, courage (brío) ‖ commencement, début (principio); el arranque de esta película es bueno le début de ce film est bon ‖ point de départ; el arranque de un razonamiento le point de départ d'un raisonnement ‖ démarrage; el arranque de un negocio le démarrage d'une affaire ‖ ANAT attache *f*, articulation *f* (de un miembro) ‖ ARQ point de départ; el arranque de la escalera le point de départ de l'escalier ‖ base *f*, point de départ, naissance *f* (de bóveda o de arco) ‖ BOT base *f*, point d'attache ‖ TECN démarreur (de un motor) ‖ MIN abattage ‖ (*Amer*) pauvreté *f* ■ arranque de energía sursaut d'énergie ‖ arranque de generosidad accès de générosité.

arrapiezo *m* haillon, loque *f* (harapo) ‖ FIG & FAM gamin, loupiot, mioche (muchacho) ‖ pauvre diable (pobre).

arras *f pl* arrhes ‖ DR donation *sing* faite par le mari à sa femme.

arrasado, da *adj* satiné, e (tela).

arrasadura *f* arasement *m* (allanamiento) ‖ action de rader (los granos).

arrasamiento *m* aplanissement (igualamiento) ‖ rasement (destrucción).

arrasar *v tr* aplanir (allanar) ‖ raser (destruir) ‖ rader (los granos) ‖ remplir jusqu'au bord o à ras bord (llenar hasta el borde) ‖ ravager, dévaster; el ciclón ha arrasado la región le cyclone a ravagé la région.

> *v intr* & *pr* s'éclaircir (el cielo) ■ arrasarse en lágrimas fondre en larmes ‖ ojos arrasados en lágrimas yeux remplis de larmes.

arrastradero *m* TECN glissoir, chemin de débardage (camino) ‖ TAUROM sortie *f* par laquelle on entraîne le taureau mort hors de l'arène ‖ (*Amer*) tripot (garito).

arrastrado, da *adj* FIG & FAM misérable; llevar una vida arrastrada mener une vie misérable ‖ coquin, e (pícaro) ‖ se dit des jeux où il faut fournir de la couleur jouée (juegos).

> *f* FIG & FAM traînée (mujer pública).

arrastramiento *m* traînage.

arrastrar *v tr* traîner; arrastrar una miserable existencia traîner une existence misérable ‖ FIG entraîner; arrastrar a sus hermanos a cometer malos actos entraîner ses frères à commettre de mauvaises actions ‖ convaincre, entraîner; su discurso arrastró a la multitud son discours a convaincu la foule ‖ MAR porter; la corriente arrastra mar adentro le courant porte au large ‖ arrastrar a uno por los suelos traîner quelqu'un dans la boue.

> *v intr* traîner (una cortina, un vestido) ‖ jouer atout (juegos).

→ **arrastrarse** *v pr* ramper (reptar) ‖ se traîner; el herido se arrastró hasta la puerta le blessé se traîna jusqu'à la porte ‖ FIG se traîner, ramper (humillarse) ‖ traîner en longueur; la crisis viene arrastrándose desde hace tiempo la crise traîne en longueur depuis longtemps.

arrastre *m* traînage ‖ action de jouer atout ‖ débardage (árboles) ‖ MECÁN entraînement ‖ (*Amer*) bocard ‖ INFORM entraînement; arrastre por patillas entraînement par ergots; arrastre por fricción entraînement par friction ■ FIG ser de mucho arrastre avoir beaucoup d'influence, faire la pluie et le beau temps ‖ FAM estar para el arrastre être au bout du rouleau (persona), ne plus valoir grand-chose (cosa).

arratonado, da *adj* rongé par les souris.

arrayán *m* myrte; patio de los arrayanes cour des myrtes [à l'Alhambra].

arrayanal *m* bois de myrtes.

¡arre! *interj* hue! ‖ FAM allons donc!.

arrea *f* (*Amer*) convoi *m* de bêtes de somme (recua).

¡arrea! *interj* dépêchons!, allons! (para meter prisa), oh, là, là! (para manifestar sorpresa).

arreador *m* (*Amer*) fouet (látigo).

arrear *v tr* exciter, stimuler [les bêtes] ‖ harnacher (poner los arreos) ‖ parer, orner (adornar) ‖ dépêcher, hâter (dar prisa) ‖ FAM flanquer, ficher; arrear un latigazo flanquer un coup de fouet ‖ (*Amer*) voler du bétail.

> *v intr* aller, marcher vite (ir de prisa) ‖ irse arreando partir en vitesse.

arrebañadura *f* FAM ramassage *m*.

→ **arrebañaduras** *f pl* miettes, résidus *m*, déchets *m*.

arrebañar *v tr* ramasser ‖ FAM rafler (arramblar) ‖ saucer (un plato).

arrebatadamente *adv* précipitamment (con prisa) ‖ impétueusement (con vehemencia) ‖ inconsidérément.

arrebatadizo, za *adj* FIG irritable, emporté, e (carácter).

arrebatado, da *adj* emporté, e; impétueux, euse ‖ FIG violent, e; inconsidéré, e (inconsiderado) ‖ très rouge (rostro).

arrebatador, ra *adj* & *s* qui enlève, qui arrache (que quita) ‖ captivant, e; enchanteur, euse (cautivador) ‖ entraînant, e (que arrastra).

arrebatamiento *m* arrachement, enlèvement (acción de quitar) ‖ rapt, enlèvement (rapto) ‖ extase *f*, transport, ravissement (éxtasis) ‖ FIG accès [de colère], fureur *f* (furor).

arrebatar *v tr* [▷ SIN] enlever, arracher (quitar); arrebatar de las manos arracher des mains ‖ entraîner (llevar tras sí) ‖ enthousiasmer, ravir, transporter (arrobar) ‖ griller (las mieses) ‖ (*Amer*) bousculer, renverser (atropellar).

→ **arrebatarse** *v pr* s'emporter ‖ arrebatarse en cólera o de ira s'emporter, sortir de ses gonds.

> SIN arrancar arracher; arramblar rafler.

arrebatiña *f* action d'enlever une chose violemment.

arrebato *m* emportement, fureur *f* (furor); hablar con arrebato parler avec emportement ‖ accès, mouvement; hizo esto en un arrebato de cólera il a fait cela dans un mouvement de colère ‖ extase *f*, transport (éxtasis).

arrebiatar *v tr* (*Amer*) attacher par la queue.

→ **arrebiatarse** *v pr* (*Amer*) se rallier à l'opinion d'autrui.

arrebol *m* couleur *f* rouge [des nuages]; embrasement [au lever ou au coucher du Soleil]; el sol poniente tiene arreboles magníficos le Soleil couchant a de merveilleux embrasements ‖ fard rouge (afeite) ‖ rougeur *f* (rubor).

arrebolada *f* nuages *m pl* rougis par le Soleil [à son lever ou à son coucher].

arrebolar *v tr* rougir, teindre en rouge ‖ enflammer; la aurora arrebolaba el cielo l'aurore enflammait le ciel ‖ tener el rostro arrebolado être tout rouge.

→ **arrebolarse** *v pr* se teindre en rouge, prendre une teinte rouge ‖ flamboyer, être embrasé, rougeoyer (el cielo) ‖ (*Amer*) s'orner.

arrebolera *f* pot *m* pour le fard ‖ BOT belle-de-nuit (dondiego de noche).

arrebozar [13] *v tr* enrober (con azúcar, harina, etc.).

→ **arrebozarse** *v pr* s'envelopper; arrebozarse en la capa s'envelopper dans sa cape.

arrebozo *m* façon *f* de s'envelopper dans une cape.

arrebujar; rebujar *v tr* chiffonner, friper (arrugar).

arrebujarse *v pr* s'envelopper; arrebujarse en una capa s'envelopper dans une cape ‖ s'envelopper, s'emmitoufler; arrebujarse en una manta s'emmitoufler dans une couverture.

arrecharse *v pr* (*Amer*) s'emporter (encolerizarse) ∥ s'exciter (ponerse cachondo).

arrecho, cha *adj* (*Amer*) lascif, ive.

arrechuchar *v tr* pousser (empujar).

arrechucho *m* FAM accès; arrechucho de cólera, de piedad accès de colère, de pitié ∥ indisposition *f*, malaise passager, petit malaise (indisposición).

arreciar [8] *v intr* redoubler, tomber dru (lluvia).

arrecife *m* récif.

arrecirse [78] *v pr* être transi o engourdi de froid.

arredramiento *m* effroi, peur *f* (miedo).

arredrar *v tr* écarter, éloigner (apartar) ∥ FIG faire reculer (retraer) ∥ faire peur, effrayer (asustar).

➡ **arredrarse** *v pr* avoir peur; no se arredra por nada il n'a peur de rien.

arredro *adv* en arrière (hacia atrás).

arregazar [13] *v tr* retrousser, relever (la falda).

arregladamente *adv* convenablement (con sujeción a regla) ∥ conformément (con arreglo a) ∥ modérément (moderadamente).

arreglado, da *adj* réglé, e; soumis à une règle (sujeto a regla) ∥ FIG modéré, e (moderado) ∥ arrangé, e (compuesto) ∥ ordonné, e; mesuré, e (ordenado) ∥ réglé, e; rangé, e; vida arreglada vie réglée ∥ raisonnable, avantageux, euse (precio); me ha hecho un precio muy arreglado il m'a fait un prix très avantageux ■ FAM ¡estamos arreglados! nous sommes bien!, nous voilà bien!, nous voilà bien avancés! ∥ estar arreglados con alguien être bien loti avec quelqu'un; ¡arreglados estamos con estos colaboradores! nous sommes bien lotis avec ces collaborateurs!

arreglar *v tr* régler (someter a una regla) ∥ [▷ SIN] arranger, réparer; arreglar un mueble roto réparer un meuble cassé ∥ aménager (instalar) ∥ arranger; hay que arreglar esta obra de teatro il faut arranger cette pièce de théâtre ∥ ranger, mettre en ordre; arreglar su cuarto ranger sa chambre ∥ régler, arranger; arreglaré este asunto je réglerai cette affaire ∥ FIG réparer, raccommoder (un error) ∥ arranger, décorer (una casa) ∥ FAM corriger, arranger (castigar) ∥ (*Amer*) castrer, châtrer ■ arreglar el cuello rafraîchir les cheveux ∥ FAM lo han arreglado de lo lindo on l'a drôlement arrangé ∥ ¡ya te arreglaré! je vais t'apprendre!, tu vas avoir affaire à moi!

➡ **arreglarse** *v pr* s'arranger, se contenter; me arreglo con cualquier cosa je m'arrange avec n'importe quoi, je me contente de n'importe quoi ∥ se préparer, s'arranger; me voy a arreglar para salir je vais me préparer pour sortir ∥ s'habiller (vestirse) ∥ s'arranger; ya nos arreglaremos nous nous arrangerons ■ FAM arreglárselas se débrouiller, s'en sortir, s'arranger; ¡que se las arregle como pueda! qu'il se débrouille comme il pourra! ∥ arreglarse muy bien con alguien s'entendre très bien avec quelqu'un ∥ arreglarse por las buenas s'arranger à l'amiable ∥ saber arreglárselas savoir comment s'y prendre.

│ SIN acondicionar, poner en condiciones aménager; reparar réparer; disponer disposer, agencer; instalar installer; acomodar accommoder.

arreglista *m & f* MÚS arrangeur, euse.

arreglo *m* accord, arrangement; llegar a un arreglo parvenir à un accord ∥ règlement (asunto, cuentas) ∥ réparation *f* (compostura) ∥ MÚS arrangement ∥ FAM concubinage (amancebamiento) ■ arreglo final mise au point ∥ con arreglo a conformément à, dans le cadre de (conforme con), par rapport à (en comparación) ■ no tener arreglo ne pas avoir de solution, être sans issue.

arregostarse *v pr* FAM prendre goût à, devenir friand de.

arregosto *m* FAM péché mignon, dada.

arrejacar [10] *v tr* herser (con grada), biner (con azadilla).

arrejerar *v tr* MAR mouiller sur trois ancres, mouiller en patte d'oie.

arrejuntarse *v pr* se réunir (reunirse) ∥ FAM se mettre en ménage (vivir maritalmente).

arrellanarse *v pr* s'asseoir commodément, se caler, s'enfoncer, se carrer.

arremangado, da *adj* FAM ir arremangado, a avoir les manches retroussées.

arremangar [16] *v tr* retrousser, relever, trousser ∥ FIG nariz arremangada nez retroussé.

➡ **arremangarse** *v pr* retrousser les manches; arremangarse la camisa retrousser les manches de sa chemise.

arremango *m* retroussement (acción) ∥ retroussis (parte arremangada).

arremetedero *m* MIL point d'attaque.

arremetedor, ra *adj & s* assaillant, e.

arremeter *v tr & intr* foncer sur, tomber sur; arremeter al o contra el enemigo foncer sur l'ennemi ∥ FIG s'en prendre, s'attaquer; arremeter contra la Constitución s'en prendre à la Constitution.

arremetida *f* attaque, assaut *m* (acción de atacar) ∥ bousculade *f*, poussée *f* (empujón) ∥ FIG attaque.

arremolinadamente *adv* en désordre.

arremolinarse *v pr* tournoyer, tourbillonner; las hojas se arremolinan les feuilles tourbillonnent ∥ tourbillonner, faire des tourbillons (el agua) ∥ FIG s'entasser (la gente).

arrempujar *v tr* FAM (desusado) pousser.

arrempujón *m* FAM bousculade *f*.

arrendable *adj* affermable.

arrendadero *m* anneau pour attacher les chevaux.

arrendado, da *adj* docile au frein (caballo) ∥ affermé, e (finca), loué, e (casa).

arrendador, ra *adj & s* loueur, euse.

➡ **arrendador** *m* fermier ∥ anneau pour attacher les chevaux (anillo).

arrendajo *m* ZOOL geai (pájaro) ∥ FIG & FAM singe (persona que remeda a otra).

arrendamiento *m* affermage, louage (de una finca rural) ∥ location *f* (de una casa) ∥ bail (contrato o precio) ∥ tomar en arrendamiento prendre à ferme.

arrendar [19] *v tr* louer; arrendar tierras louer des terres ∥ affermer, donner o prendre à ferme (una finca) ∥ attacher (un cheval) par la bride ∥ no le arriendo la ganancia je ne voudrais pas être à sa place, je ne l'envie pas, je ne suis pas jaloux de son sort.

arrendatario, ria *adj & s* affermataire, fermier, ère [qui prend à ferme] ∥ locataire ∥ Compañía Arrendataria de Tabacos régie des tabacs.

arrendaticio, cia *adj* relatif, ive au bail o au contrat de fermage.

arrenquín; arrequín; arriquín *m* (*Amer*) bête *f* qui guide le troupeau ∥ FIG inséparable, ombre *f* [d'une autre personne].

arreo *m* parure *f*, ornement (adorno).

➡ **arreos** *m pl* harnais *sing* (para los caballos) ∥ FIG & FAM accessoires, attirail *sing* ∥ attirail *sing*; llegó a casa con todos sus arreos il est arrivé à la maison avec tout son attirail ∥ (*Amer*) troupeau *sing* (recua).

arrepanchigarse; arrepanchingarse [16] *v pr* FAM s'asseoir confortablement, se carrer (arrellanarse).

arrepentido, da *adj & s* repentant, e; repenti, e.

➡ **arrepentida** *f* repentie.

arrepentimiento *m* [▷ SIN] repentir; tener arrepentimiento por avoir du repentir pour ∥ ARTES repentir.

│ SIN remordimiento remords; pesar regret; atrición attrition; contrición contrition; compunción componction; penitencia pénitence.

arrepentirse [27] *v pr* se repentir de; ¡ya se arrepentirá usted! vous vous en repentirez!

arrepollar *v intr* (*Amer*) s'accroupir.

arrequesonarse [23] *v pr* (se) cailler (la leche).

arrequín ➤ arrenquín.

arrequives *m pl* FAM atours; Juana iba con todos sus arrequives Jeanne était dans tous ses atours ∥ FIG & FAM circonstances *f*, formalités *f* (requisitos).

arrestado, da *adj* audacieux, euse (audaz); entreprenant, e (arrojado) ∥ détenu, e; arrêté, e (preso).

arrestar *v tr* MIL mettre aux arrêts ∥ arrêter; arrestar a un ladrón arrêter un voleur.

➡ **arrestarse** *v pr* se lancer, se jeter aux devants de (lanzarse a una acción).

arresto *m* MIL arrêts *pl*; arresto mayor, menor arrêts de rigueur, simples ∥ détention *f* préventive (provisional) ∥ emprisonnement, détention *f* (reclusión) ∥ audace *f*, hardiesse *f* (arrojo).

arretranca *f* (*Amer*) frein *m* [de voiture].

arrezafe *m* BOT chardon (cardo borriquero).

arrezagar [16] *v tr* relever, retrousser (arremangar) ∥ lever (el brazo).

arria *f* convoi *m* de bêtes de somme (recua).

arriada *f* crue, inondation (riada) ∥ MAR action d'amener les voiles.

arriado, da *adj* (*Amer*) calme, lent, e (calmoso).

arrianismo *m* arianisme (herejía).

arriano, na *adj & s* arien, enne (hereje).

│ OBSERV No hay que confundir con la palabra aryen, que significa ario, de la raza aria.

arriar [9] *v tr* MAR amener; arriar bandera amener pavillon ∥ affaler, mollir (un cable).

➡ **arriarse** *v pr* être inondé (inundarse).

arriata *f;* **arriate** *m* plate-bande *f* ‖ AGRIC planche *f* ‖ chaussée *f* (calzada).

arriaz *m* garde *f* d'épée (gavilán) ‖ poignée *f* d'épée (puño).

arriba *adv* en haut; Pedro vive arriba Pierre vit en haut ‖ là-haut, en haut; ¿dónde está? – arriba où est-il? – là-haut ‖ dessus, au-dessus (encima) ‖ ci-dessus, plus haut; lo arriba mencionado ce qui a été mentionné ci-dessus ‖ plus de; de dos pesetas arriba de plus de deux pesetas ■ arriba del todo tout en haut ■ allá arriba là-haut ‖ de arriba d'en haut, du ciel, de Dieu (del cielo), gratis, à l'œil (en América) ‖ de arriba abajo de haut en bas (cosas), de fond en comble (radicalmente), de haut en bas, des pieds à la tête; mirar a uno de arriba abajo regarder quelqu'un des pieds à la tête ‖ lo de arriba le dessus ‖ más arriba plus; más arriba de cinco años plus de cinq ans; plus haut (más alto), ci-dessus, plus haut (en una carta) ‖ para arriba passé, plus de; tiene de cincuenta años para arriba il a plus de cinquante ans, il a cinquante ans passés ‖ por arriba y por abajo de tous les côtés ■ aguas o río arriba en amont ‖ calle arriba en remontant la rue ‖ cuesta arriba en remontant la côte ‖ ¡manos arriba! haut les mains! ‖ patas arriba les quatre fers en l'air; caerse patas arriba tomber les quatre fers en l'air; sens dessus dessous; ponerlo todo patas arriba tout mettre sens dessus dessous ‖ peñas arriba vers le sommet ‖ véase más arriba voir plus haut o ci-dessus.

➡ **¡arriba!** *interj* debout! (levántate), courage! (ánimo) ‖ ¡arriba España! vive l'Espagne! ‖ ¡arriba los corazones! haut les cœurs!

arribada *f* MAR accostage *m,* arrivée (llegada de un barco) ‖ bordée (bordada) ‖ arrivage *m;* arribada de mercancías arrivage de marchandises.

arribaje *m* MAR accostage.

arribano, na *adj & s* habitant de la côte nord du Pérou ou des provinces méridionales du Chili.

arribar *v intr* MAR accoster, arriver (abordar) ‖ se laisser aller avec le vent ‖ FIG arriver (por tierra).

arribazón *m* grande affluence *f* de poissons.

arribeño, ña *adj & s* (*Amer*) habitant des terres hautes ‖ habitant des provinces du nord.

arribismo *m* arrivisme.

arribista *adj & s* arriviste.

arribo *m* MAR arrivée *f* (de un barco) ‖ arrivage (de mercancías).

arricés *m* porte-étrivière *inv.*

arriendo *m* affermage ‖ location *f* (de una casa) ‖ bail (contrato o precio).

arrieraje *m* (*Amer*) métier de muletier.

arrierería *f* métier *m* de muletier.

arriero *m* muletier.

arriesgadamente *adv* dangereusement ‖ hardiment.

arriesgado, da *adj* risqué, e; dangereux, euse (peligroso) ‖ hasardeux, euse; una empresa arriesgada une entreprise hasardeuse ‖ hardi, e; audacieux, euse (audaz).

arriesgar [16] *v tr* risquer, hasarder; arriesgar la vida risquer sa vie.

➡ **arriesgarse** *v pr* risquer de, s'exposer à; arriesgarse a perderlo todo risquer de tout perdre ‖ se risquer à, se hasarder à; arriesgarse a salir se risquer à sortir ‖ quien no se arriesga no pasa el río o la mar qui ne risque rien n'a rien.

▌ SIN aventurar aventurer; comprometer compromettre; jugarse jouer; exponerse s'exposer.

arrimadero *m* appui, soutien (apoyo) ‖ montoir (para montar a caballo) ‖ escabeau.

arrimadizo, za *adj* qui peut être appuyé, e.
◇ *adj & s* FIG intéressé, e; opportuniste.

arrimado, da *m & f* (*Amer*) amant, e.
◇ *adj & s* (*Amer*) parasite.
➡ **arrimado** *m* (*Amer*) sorte de ragoût péruvien.

arrimador *m* grosse bûche *f* (leña) ‖ pointeur (en la petanca).

arrimadura *f* appui *m.*

arrimar *v tr* approcher, mettre auprès; arrima tu silla a la mía approche ta chaise de la mienne ‖ adosser (adosar) ‖ appuyer (apoyar) ‖ FIG abandonner; arrimar los libros abandonner ses études ‖ reléguer, mettre dans un coin (arrinconar) ‖ FIG & FAM donner, envoyer, flanquer; arrimar un palo donner un coup de bâton ■ FIG & FAM arrimar candela passer à tabac (pegar) ‖ arrimar el ascua a su sardina tirer la couverture à soi, faire venir l'eau à son moulin ‖ FIG arrimar el hombro donner un coup d'épaule o de main ‖ FAM estar arrimado con una mujer être marié de la main gauche.

➡ **arrimarse** *v pr* s'appuyer; arrimarse a la pared s'appuyer au o contre le mur ‖ s'approcher; arrimarse al fuego s'approcher du feu ‖ FIG se réunir, se rapprocher (juntarse) ‖ se mettre sous la protection [de quelqu'un] ‖ arrimarse al sol que más calienta se tenir près du soleil, se mettre du côté du plus fort.

▌ OBSERV Ne pas confondre l'espagnol arrimar avec le français arrimer, qui équivaut à arrumar, estibar.

arrimo *m* approche *f* ‖ FIG appui, soutien (protección) ‖ attachement, penchant (inclinación) ‖ mur mitoyen (pared) ■ al arrimo de alguien, de algo proche de quelqu'un, de quelque chose, sous la protection de quelqu'un, de quelque chose ‖ tener buen arrimo avoir de bons appuis.

arrinconado, da *adj* laissé de côté, jeté dans un coin; un objeto arrinconado un objet laissé de côté ‖ délaissé, e; laissé à l'écart; un hombre arrinconado y solitario un homme délaissé et solitaire ‖ FIG négligé, e; oublié, e (olvidado).

arrinconamiento *m* abandon, mise *f* au rebut.

arrinconar *v tr* mettre dans un coin ‖ abandonner, laisser de côté, mettre au rancart o au rebut; arrinconar un mueble desvencijado mettre au rancart un meuble démantibulé ‖ FIG négliger, délaisser, laisser tomber FAM; arrinconar a un antiguo amigo laisser tomber un ancien ami ‖ acculer, traquer (acosar).

➡ **arrinconarse** *v pr* FIG & FAM se renfermer, vivre dans son coin (vivir solo).

arriñonado, da *adj* réniforme, en forme de rein.

arriostrar *v tr* ARQ étayer.

arriquín ➥ arrenquín.

arriscado, da *adj* hardi, e; résolu, e (audaz) ‖ casse-cou *inv* (temerario) ‖ vif, vive; agile (ágil) ‖ accidenté, e; abrupt, e (lleno de riscos) ‖ (*Amer*) nariz arriscada nez retroussé.

arriscador, ra *m & f* ramasseur, euse d'olives.

arriscamiento *m* hardiesse *f,* audace *f.*

arriscar [10] *v tr* risquer ‖ (*Amer*) retrousser, lever, relever (levantar) ‖ atteindre, monter à, arriver à; no arrisca a cien pesos cela ne monte pas à plus de cent pesos.

➡ **arriscarse** *v pr* tomber dans un ravin (las reses) ‖ s'enorgueillir, tirer vanité (engreirse) ‖ FIG se fâcher, se mettre en colère (enfurecerse) ‖ (*Amer*) s'habiller avec soin (vestirse con esmero).

arritmia *f* arythmie.

arrítmico, ca *adj* arythmique.

arritranca *f* avaloire (correa) ‖ (*Amer*) ornement *m* de mauvais goût, fanfreluche.

arritranco *m* (*Amer*) objet inutile, vieux machin.

arrivismo *m* arrivisme.

arrivista *adj & s* arriviste.

▌ OBSERV Arrivismo et arrivista sont des barbarismes qu'il faut remplacer par arribismo et arribista.

arrizar [13] *v tr* MAR prendre des ris, arriser (tomar rizos) ‖ lester (lastrar) ‖ lier, attacher (atar).

arroba *f* arrobe [11, 502 kg] ‖ arrobe [16, 137 litres pour le vin, 12, 564 litres pour l'huile] ■ FIG por arrobas à foison, à gogo FAM ‖ (*Amer*) llevar la media arroba a uno damer le pion à quelqu'un.

arrobado, da *adj* en extase [mystique] ‖ béat, e; sonrisa arrobada sourire béat.

arrobamiento *m* extase *f,* ravissement [en particulier mystique].

arrobar *v tr* ravir, mettre en extase.

➡ **arrobarse** *v pr* tomber en extase, être dans le ravissement ‖ être en extase (los místicos).

▌ OBSERV Ce mot s'emploie surtout dans le langage mystique.

arrobo *m* extase *f,* ravissement.

arrocabe *m* ARQ lambris.

arrocería *f* restaurant spécialisé dans les plats à base de riz.

arrocero, ra *adj* rizier, ère ‖ molino arrocero rizerie.
◇ *m & f* riziculteur, trice (cultivador) ‖ marchand, e de riz (vendedor).

arrocinado, da *adj* chevalin, e.

arrocinar *v tr* FIG & FAM abrutir (embrutecer) ‖ (*Amer*) dresser (amansar).

➡ **arrocinarse** *v pr* FIG & FAM s'amouracher, se toquer de (enamorarse).

arrodajarse *v pr* (*Amer*) s'asseoir en tailleur.

arrodilladura *f;* **arrodillamiento** *m* agenouillement *m.*

arrodillar *v tr* agenouiller, mettre à genoux.
◇ *v intr & pr* [▷ SIN] s'agenouiller.

SIN hincarse, ponerse de rodillas ou de hinojos se mettre à genoux; postrarse, prosternarse se prosterner.

arrodrigar [16]; **arrodrigonar** *v tr* AGRIC échalasser (la vid).

arrogación *f* attribution (atribución) ‖ mainmise sur, usurpation de (usurpación).

arrogancia *f* arrogance (soberbia) ‖ élégance, grâce; andar con mucha arrogancia marcher avec beaucoup d'élégance.

arrogante *adj* arrogant, e (altanero) ‖ élégant, e (gallardo) ‖ vaillant, e; courageux, euse (valiente).

arrogantemente *adv* avec arrogance, arrogamment ‖ vaillamment (con valor) ‖ élégamment (con elegancia).

arrogarse [16] *v pr* s'arroger; arrogarse un derecho s'arroger un droit.

arrojadamente *adv* courageusement, hardiment (con atrevimiento) ‖ audacieusement, témérairement (con resolución).

arrojadizo, za *adj* de jet; arma arrojadiza arme de jet.

arrojado *adj* FIG hardi, e; courageux, euse (valiente) ‖ audacieux, euse; téméraire (temerario).

arrojador, ra *adj* lanceur, euse; qui lance.

arrojar *v tr* lancer; arrojar una piedra lancer une pierre ‖ jeter; arrojar algo por la borda jeter quelque chose par-dessus bord ‖ lancer, cracher; volcán que arroja lava volcan qui crache de la lave ‖ darder; arrojar rayos darder ses rayons ‖ atteindre, totaliser; los tres diamantes arrojan un valor de 1 000 dólares les trois diamants atteignent une valeur de 1 000 dollars ‖ démontrer, montrer, faire apparaître; según lo que arrojan las estadísticas d'après ce que démontrent les statistiques ‖ signaler, faire apparaître; la estimación arroja un crecimiento de las inversiones l'estimation signale un accroissement des investissements; el balance arroja un beneficio lo bilan fait apparaître un bénéfice ‖ FAM rendre, vomir (vomitar) ‖ prohibido arrojar basuras défense de déposer des ordures.

➤ **arrojarse** *v pr* se jeter, se ruer; arrojarse a uno se jeter sur quelqu'un ‖ se précipiter (precipitarse) ‖ FIG se jeter à corps perdu, se lancer (en una actividad) ■ arrojarse al mar, a las llamas se jeter dans la mer, dans les flammes ‖ arrojarse a los pies de uno se jeter o tomber aux pieds de quelqu'un ‖ arrojarse de cabeza se jeter la tête la première.

arrojo *m* courage, hardiesse *f*, intrépidité *f*, cran FAM; hace falta mucho arrojo para obrar de esta manera il faut beaucoup de courage pour agir de la sorte.

arrollado *m* (Amer) viande *f* de porc cuite et roulée dans la peau de l'animal.

arrollador, ra *adj* entraînant, e; qui entraîne (que arrastra) ‖ FIG irrésistible; una fuerza arrolladora une force irrésistible ‖ retentissant, e; fracassant, e; éxito arrollador succès retentissant.

arrollamiento *m* enroulement.

arrollar *v tr* enrouler, rouler (enrollar) ‖ entraîner, rouler (arrastrar) ‖ emporter; el agua de la crecida lo arrolló todo l'eau de la crue a tout emporté ‖ renverser; el coche arrolló a un peatón la voiture a renversé un piéton

‖ FIG mettre en déroute, enfoncer; arrollar los batallones enemigos enfoncer les bataillons ennemis ‖ confondre, laisser sans réplique; en la discusión lo arrolló en seguida au cours de la discussion, il l'a laissé immédiatement sans réplique ‖ renverser, passer outre; arrollar todos los principios renverser tous les principes.

arromanzar [13] *v tr* traduire en castillan.

arromar *v tr* émousser, épointer (embotar).

arronzar [13] *v tr* MAR soulever avec des leviers.

◇ *v intr* MAR être trop sous le vent.

arropamiento *m* action *f* de couvrir o de se couvrir, enveloppement.

arropar *v tr* couvrir; en invierno hay que arropar mucho a los niños en hiver, il faut bien couvrir les enfants ‖ border (a alguien en una cama) ‖ envelopper, emmitoufler ‖ mêler du moût cuit [au vin nouveau] ‖ FIG protéger; dos montañas arropan la bahía deux montagnes protègent la baie ‖ estar muy arropado en la cama être bien couvert o bordé dans son lit.

➤ **arroparse** *v pr* se couvrir; arrópate bien que hace mucho frío couvre-toi bien car il fait très froid ‖ se couvrir (en la cama) ‖ FIG s'appuyer; arroparse con buenas recomendaciones s'appuyer sur de bonnes recommandations.

arrope *m* moût cuit ‖ sirop (jarabe) ‖ (Amer) confiture *f* de figues, de caroubes, etc.

arropía *f* pâte de guimauve (melcocha).

arrorró *m* FAM dodo ‖ arrorró mi nene, arrorró mi sol dodo, l'enfant do.

■ OBSERV pl arrorroes.

arrostrar *v tr* affronter, faire face, braver; arrostrar el frío, un peligro affronter le froid, faire face à un danger; arrostrar la muerte braver la mort ‖ faire face; arrostrar las consecuencias de una acción faire face aux conséquences d'une action.

➤ **arrostrarse** *v pr* se mesurer, tenir tête; arrostrarse con uno se mesurer avec quelqu'un, tenir tête à quelqu'un.

arroyada *f* ravine, ravin *m* (curso de un arroyo) ‖ crue, inondation (inundación).

arroyadero *m* ravin, ravine *f* (valle).

arroyar *v tr* raviner ‖ former des rigoles (la lluvia).

➤ **arroyarse** *v pr* se raviner ‖ AGRIC se rouiller, être attaqué par la rouille; el trigo se arroya le blé est attaqué par la rouille.

arroyo *m* ruisseau (riachuelo) ‖ caniveau (en una calle) ‖ FIG rue *f* (calle); tirar al arroyo, plantar o poner en el arroyo jeter à la rue ‖ torrent, flot, ruisseau; arroyos de lágrimas des torrents de larmes ‖ (Amer) rivière *f* (río) ‖ FIG sacar del arroyo tirer du ruisseau.

arroyuelo *m* ruisselet.

arroz *m* riz; arroz descascarillado riz décortiqué ■ arroz a la italiana risotto ‖ arroz blanco o en blanco riz à la créole ‖ arroz con leche riz au lait ‖ (Amer) arroz de leche riz au lait ‖ arroz picón o quebrantado brisures de riz ‖ polvos de arroz poudre de riz ‖ FAM haber o tener arroz y gallo muerto y avoir grande chère, tuer le veau gras.

■ OBSERV pl arroces.

arrozal *m* rizière *f* (campo de arroz).

arruar [7] *v intr* nasiller (el jabalí).

arrufadura *f* MAR tonture (curvatura del puente del navío).

arrufar *v tr* MAR tonturer (arquear).

➤ **arrufarse** *v pr* FAM se mettre en colère o en rogne.

arrufianado, da *adj* de voyou, canaille.

arrufo *m* MAR tonture *f*.

arruga *f* ride; este anciano tiene muchas arrugas ce vieillard a beaucoup de rides ‖ pli *m* (en la ropa); este vestido tiene arrugas cette robe fait des plis ‖ (Amer) escroquerie (estafa).

arrugamiento *m* ridement, formation *f* de rides (en la piel) ‖ froissement (de la ropa).

arrugar [16] *v tr* rider (hacer arrugas) ‖ chiffonner, froisser; de rabia arrugó la carta que tenía en las manos de rage, il chiffonna la lettre qu'il avait entre les mains ‖ plisser (hacer pliegues) ‖ (Amer) ennuyer, embêter (fastidiar) ‖ arrugar el ceño o el entrecejo froncer les sourcils.

➤ **arrugarse** *v pr* se rétrécir (encogerse) ‖ se chiffonner, se froisser; al sentarse, este vestido se arruga quand on s'assoit, cette robe se froisse.

arruinar *v tr* ruiner; la guerra arruinó a mucha gente la guerre a ruiné bien des gens ‖ FIG ruiner; arruinar la salud ruiner la santé ‖ démolir; arruinar una reputación démolir une réputation.

➤ **arruinarse** *v pr* se ruiner.

arrullador, ra *adj* roucoulant, e (las aves) ‖ berceur, euse (para los niños) ‖ FIG cajoleur, euse.

arrullar *v intr* roucouler (los palomos).

◇ *v tr* FIG bercer en chantant (dormir a un niño cantándole) ‖ FIG & FAM roucouler auprès de (enamorar).

arrullo *m* roucoulement; el arrullo de las palomas le roucoulement des colombes ‖ roucoulement (de los enamorados) ‖ FIG berceuse *f* (canción de cuna).

arruma *f* MAR division dans la cale d'un bateau ‖ (Amer) tas *m*, pile (rimero).

arrumaco *m* FAM câlinerie *f*, cajolerie *f*, chatterie *f* (mimo); andar con arrumacos faire des câlineries ‖ minauderie *f*, simagrée *f*; esta chica está siempre haciendo arrumacos cette fille fait toujours des simagrées ‖ fanfreluche *f* (adorno ridículo).

arrumaje *m* MAR arrimage.

arrumar *v tr* MAR arrimer.

arrumazón *f* MAR arrimage *m* ‖ amoncellement *m* des nuages à l'horizon (nubes).

arrumbador *m* MAR arrimeur ‖ transvaseur (de vinos).

arrumbamiento *m* MAR direction *f*, cap, route *f* (rumbo) ‖ FIG mise *f* au rancart o au rebut (arrinconamiento).

arrumbar *v tr* mettre au rancart o au rebut FAM ‖ FIG laisser sans réplique, fermer la bouche a (confundir) ‖ arrimer [des tonneaux, des barriques].

◇ *v intr* MAR mettre le cap sur un point.

➤ **arrumbarse** *v pr* MAR déterminer sa position o sa route.

arrume *m* (Amer) pile *f*.

arrurrú *m* (*Amer*) dodo.
  ▌ OBSERV pl arrurrúes.

arrurruz *m* arrow-root (fécula).
  ▌ OBSERV pl arrurruces.

arsenal *m* arsenal.

arseniado, da *adj* QUÍM arsénié, e.

arseniato *m* QUÍM arséniate.

arsenical *adj* QUÍM arsenical, e; arsénié, e.

arsénico, ca *adj* QUÍM arsénique.
  ◆ **arsénico** *m* arsenic (metaloide); **arsénico blanco** arsenic blanc.

Arsenio *n pr* Arsène.

arsenioso, sa *adj* QUÍM arsénieux, euse.

arsenito *m* QUÍM arsénite.

arseniuro *m* QUÍM arséniure.

arsina *f* QUÍM arsine.

art. (abrev escrita de **artículo**) art.

arta *f* BOT plantain *m* (llantén).

Artajerjes *n pr* Artaxerxès.

artanica; artanita *f* cyclamen *m*.

arte *m o f* art *m* ▌ art *m* (conjunto de reglas) ▌ FIG art *m*, adresse *f*; ejecutar una cosa con arte faire quelque chose avec art ■ **arte abstracto** art abstrait ▌ **arte conceptual** art conceptuel ▌ (ant) POÉT **arte de maestría o mayor** genre poétique comportant la répétition des mêmes rimes tout au long de la pièce▌**arte de maestría media** genre analogue au précédent mais avec une rime changée à chaque strophe ▌ **arte mecánica** arts mécaniques ▌ **arte plumaria** broderie en plumes ▌**arte poética** art poétique ■ **artes de adorno** arts d'agrément ▌ **artes domésticas** arts ménagers ▌ **artes liberales** arts libéraux ▌ DEP **artes marciales** arts martiaux ▌**artes y oficios** arts et métiers ■ **bellas artes** beaux-arts ▌con todas las reglas del arte dans les règles de l'art, selon les règles de l'art, dans les règles ▌ **por amor al arte** pour l'amour de l'art ▌ **por arte de birlibirloque, por arte de magia** comme par enchantement, par l'opération du Saint-Esprit ▌**por buenas, malas artes** par des moyens o des procédés honnêtes ou malhonnêtes ▌**sin arte ni tino** à tort et à travers, maladroitement ■ **no tener arte ni parte** en una cosa n'être pour rien dans quelque chose.
  ◆ **artes** *m pl* engin *m sing*, attirail *m sing* (de pesca).
  ▌ OBSERV Le mot **arte** est toujours féminin au pluriel (las artes gráficas les arts graphiques) et généralement masculin au singulier sauf lorsqu'il est suivi de certains adjectifs (arte cisoria, poética, plumaria, etc.).

artefacto *m* machine *f* (máquina) ▌ engin; artefactos explosivos engins explosifs.

artejo *m* jointure *f*, articulation *f* (nudillo) ▌ article (en los insectos).

artemisa; artemisia *f* BOT armoise.

Artemisa; Artemis *n pr* MITOL Artémis.

artemisia ► **artemisa**.

arteramente *adv* sournoisement, malhonnêtement ▌par ruse, astucieusement.

arteria *f* ANAT artère; arteria subclavia artère sous-clavière ▌ FIG artère (vía de comunicación).

artería *f* ruse, astuce, artifice *m*.

arterial *adj* artériel, elle.

arterialización *f* artérialisation.

arteriectomía *f* MED artériectomie.

arterioesclerosis ► **arteriosclerosis**.

arteriografía *f* artériographie.

arteriola *f* ANAT artériole.

arteriopatía *f* MED artériopathie.

arterioplastia *f* MED artérioplastie.

arteriosclerósico, ca *adj* artérioscléreux, euse.

arteriosclerosis; arterioesclerosis *f inv* MED artériosclérose.

arteriosclerótico, ca *adj & s* artérioscléreux, euse.

arterioso, sa *adj* artériel, elle.

arteriotomía *f* MED artériotomie.

arteriovenoso, sa *adj* ANAT artério-veineux, euse.

arteritis *f inv* MED artérite.

artero, ra *adj* astucieux, euse; rusé, e.

artesa *f* pétrin *m* (del panadero) ▌ auge (del albañil).

artesanado *m* artisanat.

artesanal *adj* artisanal, e.

artesanía *f* artisanat *m* (conjunto de artesanos) ▌ ouvrage *m* d'artisan (obra de artesano) ▌ de artesanía artisanal, e; trabajos de artesanía travaux artisanaux.

artesano, na *m & f* artisan, e.
  ▌ SIN artista artiste; obrero, operario ouvrier; trabajador travailleur; FIG artífice artisan.

artesiano, na *adj & s* artésien, enne [de l'Artois] ▌pozo artesiano puits artésien.

artesilla *f* auge (de una noria).

artesón *m* baquet (cubo) ▌ ARQ caisson (de un techo) ▌plafond à caissons (techo).

artesonado, da *adj* ARQ à caissons, lambrissé, e (techo).
  ◆ **artesonado** *m* plafond à caissons (techo).

artesonar [23] *v tr* ARQ orner de caissons, lambrisser.

ártico, ca *adj* arctique.

articulación *f* [▷ SIN] ANAT articulation ▌articulation (pronunciación) ▌MECÁN articulation, joint *m*; articulación hidráulica joint hydraulique ▌ GRAM modo de articulación mode d'articulation ▌punto de articulación lieu o point d'articulation.
  ▌ SIN coyuntura, juntura jointure; unión union; juego jeu.

articuladamente *adv* en articulant nettement [les mots], en détachant les syllabes.

articulado, da *adj* articulé, e; lenguaje articulado langage articulé; tren articulado train articulé.
  ◆ **articulado** *m* texte, ensemble des articles (de una ley).
  ◆ **articulados** *m pl* ZOOL articulés.

articular *adj* articulaire; reúma articular rhumatisme articulaire.

articular *v tr* articuler; articular dos piezas articuler deux pièces ▌ articuler; articular bien las palabras bien articuler les mots ▌DR articuler (enunciar en artículos).

articulista *m* journaliste, auteur d'articles (periodista), chroniqueur (cronista).

artículo *m* [▷ SIN] article; un artículo de periódico un article de journal ▌denrée *f*; artículos de consumo denrées alimentaires ▌article (de los insectos) ▌ GRAM article ■ **artículo básico** denrée de base ▌**artículo de fe** article de foi ▌**artículo de fondo** éditorial, article de fond ▌**artículo de marca** produit de marque ■ **artículos de escritorio** fournitures de bureau ▌ **artículos de primera necesidad** produits de première nécessité ▌**artículos de tocador** objets de toilette ■ **como artículo de fe** c'est parole d'Évangile ▌**en el artículo de la muerte, in artículo mortis** à l'article de la mort ▌**hacer el artículo** faire l'article, vanter sa marchandise.
  ▌ SIN editorial éditorial; crónica chronique; estudio étude; folletín feuilleton.

artífice *m & f* FIG artisan; ha sido el artífice de su fortuna il a été l'artisan de sa fortune ▌auteur *m* (autor) ▌artiste (artista).

artificial *adj* artificiel, elle; inseminación, pierna artificial insémination, jambe artificielle ▌fuegos artificiales feux d'artifice.

artificialmente *adv* artificiellement.

artificiero *m* artificier.

artificio *m* artifice, art (arte, habilidad) ▌machine *f*, appareil, engin (aparato) ▌FIG artifice, astuce *f* (astucia) ▌artificio de luces, de señales artifice éclairant, à signaux.

artificiosamente *adv* FIG artificieusement (con disimulo) ▌ ingénieusement, astucieusement (con arte).

artificiosidad *f* ingéniosité.

artificioso, sa *adj* artificieux, euse (cauteloso); conducta artificiosa conduite artificieuse ▌ingénieux, euse (hecho con habilidad).

artiga *f* AGRIC écobuage *m*, défrichage ▌terrain *m* écobué.

artigar [16] *v tr* AGRIC écobuer, défricher.

artillar *v tr* armer de canons o de pièces d'artillerie.

artillería *f* MIL artillerie; artillería pesada artillerie lourde ▌atestar o poner toda la artillería dresser ses batteries.

artillero *m* artilleur ▌artillero de mar artilleur o canonnier de marine.

artilugio *m* FAM mécanique *f*, machine *f*, engin ▌valerse de artilugios user de subterfuges.

artimaña *f* ruse, artifice *m* (astucia) ▌piège *m*, traquenard *m*, menées *pl* (trampa).

artimón *m* MAR voile *f* d'artimon.

artiodáctilos *m pl* ZOOL artiodactyles.

artista *adj & s* artiste ■ **artista de cine** artiste de cinéma, acteur, actrice ▌artista de variedades artiste de variétés.

artísticamente *adv* artistiquement.

artístico, ca *adj* artistique ▌ monumento declarado de interés artístico monument classé.

artocarpáceo; artocárpeo *m* BOT artocarpe.

artolas *f pl* cacolet *m sing* (silla doble).

artralgia *f* MED arthralgie.

artrítico, ca *adj & s* MED arthritique.

artritis *f inv* MED arthrite.

artritismo *m* MED arthritisme.

artrografía *f* ANAT arthrographie.

artrología *f* ANAT arthrologie.

artropatía *f* MED arthropathie.

artroplastia *f* MED arthroplastie.

artrópodos *m pl* ZOOL arthropodes.

artrosis *f inv* MED arthrose.

artuña *f* brebis qui a perdu son agneau.

Arturo *n pr* Arthur.

aruco *m* (*Amer*) kamichi (ave).

aruñón *m* (*Amer*) menace *f*.

arúspice *m* haruspice, aruspice.

arveja *f* BOT vesce (planta) ‖ petit pois *m* (guisante) ‖ arveja silvestre gesse.

arvejal *m* champ de vesce ‖ champ o carré de petits pois (de guisantes).

arvejana *f* BOT vesce ‖ (*Amer*) petit pois *m* (guisante).

arvejera *f* vesce (planta).

arvejo *m* petit pois (guisante).

arvejón *m* BOT gesse *f*.

arvejona *f* BOT vesce (planta).

arz. (abrev escrita de arzobispo) archevêque.

arzobispado *m* archevêché ‖ archiépiscopat (duración).

arzobispal *adj* archiépiscopal, e; d'archevêque ‖ palacio arzobispal archevêché.

arzobispo *m* archevêque.

arzolla *f* lampourde (planta).

arzón *m* arçon (de la silla de montar) ‖ potro con arzón cheval d'arçon, cheval-arçons (gimnasia).

as *m* as (carta y dado); parejas de ases une paire d'as ‖ as (moneda romana) ‖ FIG as (persona notable); un as del volante un as du volant; ser un as être un as.

  ‖ OBSERV pl ases.

asa *f* anse (de una vasija, cesta, etc.) ‖ manche *m* (mango) ‖ poignée (de una maleta) ‖ anse (del intestino) ‖ BOT assa (gomorresina) ■ asa dulce o olorosa benjoin ‖ BOT asa fétida assafœtida ‖ los brazos en asa les poings sur les hanches.

asá *loc* FAM así que asá d'une façon ou d'une autre ‖ a mí se me da así que asá cela m'est égal.

asadero, ra *adj* qui peut être cuit ‖ pera asadera poire à cuire.

  ◆ **asadero** *m* broche *f*.

asado *m* rôti ‖ (*Amer*) quartier de viande rôtie à la broche ou sur le gril en plein air ‖ (*Amer*) asado con cuero quartier de viande rôtie avec son cuir.

asador *m* broche *f* (varilla para asar) ‖ rôtissoire *f* (aparato para asar).

asadura *f* foie *m* (víscera) ‖ FAM flegme *m*, lenteur (pachorra).

  ◆ **asaduras** *f pl* abats *m*, entrailles, fressure *sing* ‖ FIG & FAM echar las asaduras en mettre un coup, s'éreinter.

  ◇ *m* flemmard, pataud.

asaetear *v tr* cribler o percer de flèches (herir o matar con saetas) ‖ lancer des flèches (disparar) ‖ FIG harceler, assaillir; asaetear a o con preguntas assaillir de questions.

asalariado, da *adj & s* salarié, e.

asalariar [8] *v tr* salarier.

asalmonado, da *adj* saumoné, e (salmonado) ‖ rose saumon *inv* (color).

asaltador, ra; asaltante *adj & s* assaillant, e.

asaltar *v tr* assaillir, attaquer, prendre d'assaut ‖ FIG venir; una idea le asaltó une idée lui vint.

asalto *m* [▷ SIN] assaut; dar asalto donner l'assaut; tomar por asalto prendre d'assaut ‖ attaque *f*, agression *f* (ataque) ‖ round (boxeo) ‖ assaut (esgrima) ‖ FAM surprise-partie *f* (fiesta).

  ‖ SIN ataque attaque; agresión agression; golpe de mano coup de main; refriega engagement; encuentro rencontre; escaramuza escarmouche; ofensiva offensive.

asamblea *f* assemblée (reunión) ‖ MIL rassemblement *m* (reunión o toque).

asambleísta; asambleario *m & f* membre d'une assemblée ‖ congressiste (congresista).

asao *adv* FAM lo mismo me da así que asao cela m'est égal.

asar *v tr* [▷ SIN] rôtir; asar en o a la parrilla rôtir sur le gril ‖ importuner, agacer, casser les oreilles FAM; me asaron con preguntas ils me cassèrent les oreilles avec leurs questions ■ asar a la plancha griller ‖ eso no se le ocurre ni al que asó la manteca cela ne viendrait même pas à l'idée du dernier des imbéciles.

  ◆ **asarse** *v pr* FIG rôtir, étouffer (sentir gran calor); estar asado de calor étouffer de chaleur ‖ asarse vivo griller (de calor).

  ‖ SIN tostar griller; soasar rôtir légèrement; quemar brûler.

asardinado, da *adj* de chant (ladrillo).

asargado, da *adj* sergé, e.

asaúra *f* FAM lenteur, indolence (pachorra) ‖ ennui *m* (molestia) ‖ balourdise (poca gracia).

  ◇ *m & f* FAM indolent, e ‖ casse-pieds (molesto) ‖ balourd, e (soso).

asaz *adv* POÉT assez (bastante) ‖ très fort (muy), beaucoup (mucho).

asbesto *m* asbeste (mineral).

asbestosis *f inv* MED asbestose.

asca *f* BOT asque *m*.

ascalonia *f* BOT échalote (chalote).

áscari *m* askari.

ascáride *f* ZOOL ascaride *m*, ascaris *m*.

ascendencia *f* ascendance.

ascendente *adj & s* ascendant, e.

ascender [20] *v intr* monter; ascender por los aires monter en l'air ‖ monter, se monter; la cuenta asciende a dos mil francos la note monte à deux mille francs ‖ atteindre, s'élever; la producción de acero asciende a cinco mil toneladas la production d'acier s'élève à cinq mille tonnes ‖ FIG monter en grade, avoir de l'avancement (en un empleo) ‖ accéder au grade de, passer; ascender a capitán passer capitaine.

  ◇ *v tr* accorder de l'avancement, promouvoir ‖ ser ascendido a jefe por antigüedad être promu au grade de chef à l'ancienneté.

ascendido, da *adj* promu, e.

ascendiente *adj* ascendant, e.

  ◇ *m* ascendant.

ascensión *f* ascension; la ascensión a los Alpes l'ascension des Alpes ‖ montée; la ascensión de un avión la montée d'un avion ‖ ascension (fiesta) ‖ accession (al pontificado, al trono) ‖ ASTRON ascensión recta ascension droite.

ascensional *adj* ascensionnel, elle.

ascensionista *m & f* ascensionniste.

ascenso *m* ascension *f*, montée *f* (subida) ‖ FIG avancement (en un empleo); conseguir un ascenso obtenir de l'avancement ‖ promotion *f*; el ascenso a capitán la promotion au grade de capitaine ■ GEOL ascenso de falla glissement vertical le long d'un plan de faille ‖ ascenso por antigüedad, por elección avancement à l'ancienneté, au choix ■ lista de ascenso tableau d'avancement.

ascensor *m* ascenseur; el hueco del ascensor la cage de l'ascenseur ■ ascenseur de subida y bajada ascenseur et descenseur ‖ DEP equipo ascensor équipe qui peut passer dans la division supérieure.

ascensorista *m & f* liftier, ère.

ascesis *f* ascèse (gran virtud).

asceta *m & f* ascète.

ascético, ca *adj & s f* ascétique.

ascetismo *m* ascétisme.

ascidia *f* BOT ascidie.

ASCII (abrev de American standard code for information interchange) *m* ASCII; en ASCII en ASCII; archivo ASCII fichier ASCII.

ascítico, ca *adj & s* MED ascitique.

ascitis *f inv* MED ascite.

asclepiadáceas *f pl* BOT asclépiadacées.

asclepiadeo, a *adj & s m* asclépiade (verso).

asclepias *f* BOT asclépiade, asclépias.

asco *m* dégoût (repugnancia); tener asco a o de la vida avoir du dégoût pour la vie ■ FIG canta que da asco il chante à faire pitié ‖ coger o cobrar o tomar asco a prendre en dégoût ‖ ¡da asco! c'est dégoûtant! ‖ dar asco dégoûter, répugner; eso le da asco cela le dégoûte ‖ FAM estar hecho un asco être dégoûtant o très sale, ne pas être à prendre avec des pincettes ‖ hacer asco (de todo) faire le difficile o le dégoûté o la fine bouche ‖ le tengo asco il me dégoûte (me da asco), je le déteste, je ne peux pas le voir (le odio) ‖ le tiene asco al agua il a une sainte horreur de l'eau ‖ poner cara de asco prendre un air dégoûté ‖ ¡qué asco! c'est dégoûtant! ‖ FIG & FAM ser un asco ne rien valoir, être dégoûtant (no tener valor), être dégoûtant (estar sucio o tener mal gusto).

ascomicetos *m pl* BOT ascomycètes (hongos).

ascosidad *f* chose dégoûtante, ordure ‖ honte, ignominie.

ascospora *f* ascospore (spora).

ascua *f* braise, charbon *m* ardent ■ FIG ascua de oro escarboucle (cosa que brilla mucho) ‖ hierro hecho ascua fer chauffé au rouge ■ FIG arrimar uno el ascua a su sardina tirer la couverture à soi, faire venir l'eau à son moulin ‖ estar en o sobre ascuas être sur des charbons ardents, être sur le gril ‖ pasar como sobre ascuas passer très vite ‖ poner en ascuas mettre sur le gril ‖ ser un ascua de oro être beau comme un astre, être sur son trente-et-un ‖ tener ojos como ascuas avoir les yeux brillants o pétillants.

asdic *m* asdic (aparato de detección submarina).

aseadamente *adv* proprement, élégamment.

aseado, da *adj* propre, net, nette (limpio) ‖ soigné, e; bien mis, bien mise (elegante).

asear *v tr* laver (lavar) ‖ nettoyer (limpiar) ‖ arranger [avec soin] ‖ parer (ataviar) ‖ orner (adornar).

➠ **asearse** *v pr* faire sa toilette, se laver (lavarse) ‖ se préparer, s'arranger (componerse).

asechador, ra *adj* insidieux, euse; qui tend des pièges o des embûches.
◇ *m & f* roué, e; malin, igne.

asechamiento *m*; **asechanza** *f* piège *m*, embûche *f*, guet-apens *m* (trampa).

asechar *v tr* tendre o dresser des embûches o des pièges.

asecho *m* piège, embûche *f* (trampa).

asedado, da *adj* soyeux, euse.

asedar *v tr* affiner (el cáñamo).

asediador, ra *adj & s* assiégeant, e ‖ FIG harcelant, e; importun, e (importuno).

asediar [8] *v tr* assiéger (sitiar) ‖ FIG assiéger, poursuivre, harceler; estaba asediado de solicitudes il était assiégé de demandes; asediar con preguntas harceler de questions.

asedio *m* siège (cerco, sitio) ‖ FIG importunité *f*, harcèlement.

asegurado, da *adj & s* assuré, e; casa asegurada de incendio maison assurée contre l'incendie; asegurado en un millón de pesetas assuré pour un million de pesetas.

asegurador, ra *adj* d'assurances; compañía aseguradora compagnie d'assurances.
➠ **asegurador** *m* assureur.

aseguramiento *m* assurance *f* (seguro) ‖ affermissement, raffermissement (consolidación).

asegurar *v tr* [▷ SIN] assurer (dar firmeza) ‖ mettre en sûreté (poner en sitio seguro) ‖ préserver de, assurer contre (preservar) ‖ affermir, consolider (consolidar) ‖ rassurer (tranquilizar) ‖ assurer, garantir, certifier (afirmar); le aseguro que es así je vous assure qu'il en est ainsi ‖ assurer; asegurar contra incendio o de incendio assurer contre l'incendie.
➠ **asegurarse** *v pr* s'assurer.
‖ SIN afianzar affermir, raffermir; consolidar consolider; fijar fixer, arrêter; sujetar assujettir; apuntalar étayer.

asemejar *v tr* rendre semblable, assimiler à (hacer parecido).
◇ *v intr* ressembler (parecerse a).
➠ **asemejarse** *v pr* se ressembler ‖ ressembler.

asendereado, da *adj* FIG surmené, e; accablé, e (agobiado) ‖ battu, e; fréquenté, e (camino) ‖ FIG expérimenté, e (experto).

asenderear *v tr* tracer des sentiers; asenderear un bosque tracer des sentiers dans une forêt ‖ FIG harceler (acosar).

asenso *m* assentiment, approbation.

asentada *f* séance, temps *m* que l'on reste assis ‖ de una asentada en une seule fois, tout d'une traite.

asentaderas *f pl* FAM fesses, séant *m sing*, derrière *m sing* (nalgas).

asentadillas
➠ **a asentadillas** *loc adv* en amazone.

asentado, da *adj* placé, e; situé, e ‖ FIG stable, équilibré, e (estable) ‖ sage (cuerdo) ‖ assis, e; reputación muy asentada réputation bien assise.

asentador *m* poseur; asentador de vías poseur de rails o de voies ferrées ‖ ciseau à froid des forgerons (de herrero) ‖ fournisseur (de un mercado al por mayor) ‖ mandataire aux Halles (en París) ‖ cuir à rasoir (suavizador) ‖ (Amer) taquoir (tamborilete).

asentamiento *m* action *f* de s'asseoir o d'asseoir ‖ établissement, installation *f* (de personas) ‖ emplacement (emplazamiento) ‖ COM inscription *f* ‖ FIG sagesse *f*, bon sens (juicio) ‖ asentamientos humanos établissements humains, aménagement du territoire.

asentar [19] *v tr* asseoir (sentar) ‖ placer (colocar) ‖ établir (establecer) ‖ poser (poner) ‖ asseoir (p us en este sentido), fonder; asentar una ciudad fonder une ville ‖ assener (un golpe) ‖ aplatir (aplanar) ‖ aiguiser (una navaja de afeitar) ‖ supposer (suponer) ‖ convenir que o de; se asentó que il fut convenu que ‖ assurer (afirmar una cosa) ‖ établir (un contrato, un convenio) ‖ fixer; asentar una persona inestable fixer une personne instable ‖ noter, enregistrer (escribir) ‖ établir, installer (las personas) ‖ établir, poser (un principio, un argumento) ‖ COM porter, inscrire; asentar algo en los libros porter quelque chose sur les livres.
◇ *v intr* convenir, aller bien (ir o sentar bien).
➠ **asentarse** *v pr* s'asseoir ‖ se fixer, s'établir (establecerse) ‖ s'adapter, s'ajuster (encajarse) ‖ s'affirmer; su carácter se asienta son caractère s'affirme ‖ se percher (los pájaros) ‖ déposer, former un dépôt (los líquidos) ‖ blesser [le harnais] ‖ asentarse en el estómago peser o rester sur l'estomac, ne pas passer (los alimentos).

asentimiento *m* assentiment, consentement *m*.

asentir [27] *v intr* assentir (p us), acquiescer.

asentista *m* fournisseur ‖ entrepreneur (contratista).

aseñorado, da *adj* qui a un air (que parece) o qui prend des airs (que imita) de grand seigneur, de grande dame.

aseo *m* propreté *f* (limpieza) ‖ soin [dans la toilette] ‖ hygiène *f*; productos para el aseo produits pour l'hygiène personnelle ‖ toilette *f*; cuarto de aseo cabinet de toilette ‖ cabinet de toilette (cuarto).

asépalo, la *adj* BOT dépourvu de sépales.

asepsia *f* asepsie (saneamiento).

aséptico, ca *adj* aseptique.

aseptizar [13] *v tr* aseptiser.

asequible *adj* accessible, abordable; precio asequible prix abordable; persona asequible personne abordable ‖ INFORM convivial ‖ FIG accessible, à la portée de; lectura asequible a todos lecture à la portée de tous.

aserción *f* assertion, affirmation.

aserenar *v tr* tranquilliser, rasséréner.

aseriarse *v pr* devenir sérieux o grave.

aserradero *m* scierie *f*.

aserrado, da *adj* dentelé, e.
➠ **aserrado** *m* sciage.

aserrador, ra *adj & s m* scieur, euse.
➠ **aserradora** *f* scieuse (máquina).

aserradura *f* sciage *m* (acción) ‖ trait *m* de scie, entaille (corte que hace la sierra).
➠ **aserraduras** *f pl* sciure *sing* (aserrín).

aserrar [19] *v tr* scier.

aserrín *m* sciure *f*.

aserruchar *v tr* (Amer) scier [avec une égoïne].

aserto *m* assertion *f* (aserción).

asertorio, ria *adj* assertorique (juicio).

asesinar *v tr* assassiner (matar) ‖ FIG tuer, causer une vive affliction; me vas a asesinar a disgustos tu vas me tuer à force de me contrarier.

asesinato *m* assassinat, meurtre.

asesino, na *adj* assassin, e; mano asesina main assassine.
◇ *m & f* assassin (sin femenino), meurtrier, ère ‖ asesino pagado o profesional tueur à gages.
‖ OBSERV La palabra assassin no tiene forma femenina. Se dice sa femme était l'assassin.
‖ SIN criminal criminel; homicida homicide.

asesor, ra *adj & s* conseiller, ère; asesor fiscal conseiller fiscal; asesor jurídico conseiller juridique.
➠ **asesor** *m* assesseur (magistrado) ‖ asesor agrónomo agronome conseil.

asesorado *m* assessorat, assessoriat.

asesoramiento *m* consultation *f*, conseil [d'un homme de loi] ‖ conseil (consejo) ‖ assistance *f*; con el asesoramiento técnico de avec l'assistance technique de.

asesorar *v tr* conseiller.
➠ **asesorarse** *v pr* prendre conseil de, consulter; asesorarse con o de un letrado prendre conseil d'un homme de loi.

asesoría *f* assessorat *m*, assessoriat *m* (cargo de asesor) ‖ bureau *m* d'un conseiller (oficina) ‖ charge, fonction de conseiller (cargo).

asestadura *f* braquement *m*.

asestar *v tr* braquer, pointer; asestar un cañón braquer un canon; asestar la lanza pointer la lance ‖ braquer; asestar la vista, los anteojos braquer son regard, ses jumelles ‖ assener (dar un golpe); asestar una puñalada, un puñetazo assener un coup de couteau, un coup de poing ‖ tirer, envoyer; asestar un tiro envoyer une balle.
‖ OBSERV Braquer se emplea sobre todo hablando de las armas de fuego.

aseveración *f* affirmation, assertion.

aseverar *v tr* assurer, affirmer.

aseverativo, va *adj* affirmatif, ive ‖ GRAM oración aseverativa affirmative.

asexual; asexuado, da *adj* asexué, e; asexuel, elle (p us).

asfaltado, da *adj* asphalté, e.
➠ **asfaltado** *m* asphaltage.

asfaltadora *f* goudronneuse.

asfaltar *v tr* asphalter.

asfáltico, ca *adj* bitumineux, euse.

asfalto *m* asphalte.

asfíctico, ca *adj* asphyxique.

asfixia *f* asphyxie.

asfixiado, da *adj* & *s* asphyxié, e.

asfixiante; asfixiador, ra *adj* asphyxiant, e; gas asfixiante gaz asphyxiant.

asfixiar [8] *v tr* asphyxier ▌ FIG étouffer; la miseria asfixia muchos talentos la misère étouffe bien des talents.

➤ **asfixiarse** *v pr* s'asphyxier.

asfódelo *m* BOT asphodèle.

así *adv* ainsi, comme cela; así habló il parla ainsi ▌ comme celui-là, celle-là, cela; un amigo así no se encuentra todos los días on ne trouve pas tous les jours un ami comme celui-là ▌ aussi, également; es hombre bueno y así honrado c'est un homme bon et également honnête ▌ alors, ainsi donc; ¿así me dejas? alors tu me quittes? ▌ d'une telle façon; así lo dijo que toda la gente se lo creyó il l'a dit d'une telle façon que tout le monde l'a cru ▌ aussi, par conséquent; se resfrió, así no pudo venir il s'est enrhumé, aussi n'a-t-il pas pu venir ■ [con el subjuntivo] même si; así te mueras même si tu meurs; que; así Dios te ayude que Dieu te vienne en aide; puisse; ¡así llegues a entenderme! puisses-tu arriver à comprendre!; quand bien même; así lo quiera el rey quand bien même le roi le voudrait ■ así, así; así como así comme ci comme ça, passablement, couci couça ▌ así como ainsi que; estaban sus padres así como sus hermanas il y avait ses parents ainsi que ses sœurs; dès que; así como llegue, le hablaré dès qu'il arrivera, je lui parlerai; de la même façon, comme; así como lo hiciste, lo hice yo je l'ai fait comme tu l'as fait toi-même; de même que; así como los sordos no oyen, así los ciegos no ven de même que les sourds n'entendent pas, les aveugles ne voient pas ▌ así... como tout autant... que, comme, aussi bien... que, tant... que; así los buenos como los malos les bons comme les méchants, tant les bons que les méchants ▌ así como así de toute manière ▌ FAM así de comme ça; así de grande grand comme ça ▌ así mismo de même ▌ (Amer) así no más comme ci comme ça ▌ así pues donc, ainsi donc ▌ así o asá d'une façon ou d'une autre ▌ así que dès que; así que amanezca, me levantaré dès qu'il fera jour, je me lèverai; si bien que, aussi; llovía, así que no salimos il pleuvait, aussi ne sommes-nous pas sortis; par conséquent, donc; no vas a conseguir nada, así que ya te puedes ir tu ne vas rien obtenir, tu peux donc partir ▌ así... que tant... que, tellement... que; así había trabajado que estaba agotado il avait tellement travaillé qu'il était épuisé ▌ FAM así que asá, así que asao d'une manière ou d'une autre, c'est pareil, c'est égal; lo mismo me da así que asá d'une façon ou d'une autre ça m'est égal ▌ y todo malgré tout ▌ ¿cómo así? comment ça? ▌ y así si bien que ■ así es c'est comme ça ▌ así es o fue como c'est ainsi que; así fue como se nos escapó c'est ainsi qu'il nous a échappé ▌ ¡así me gusta! à la bonne heure!, très bien!, bravo! ▌ así sea qu'il en soit ainsi ▌ ¿no es así? n'est-ce pas? ▌ puesto que así es puisqu'il en est ainsi.

Asia *n pr f* GEOGR Asie ▌ Asia central Asie centrale ▌ Asia Menor Asie Mineure.

asialia *f* asialie (falta de saliva).

asiático, ca *adj* & *s* asiatique.
◇ *m* & *f* asiate.

asidera *f* (Amer) anneau *m* fixé à la selle auquel on attache le lasso.

asidero *m* manche (mango), anse *f* (asa), poignée *f* (para agarrarse) ▌ FIG occasion *f*, prétexte; aprovechó este asidero il a profité de cette occasion▌appui; ya le quedan pocos asideros il n'a plus beaucoup d'appuis ▌ no tener asidero ne pas tenir debout.

asido, da *adj* saisi, e; pris, e ▌ asidos del brazo bras dessus, bras dessous.

asidonense *adj* de Medinasidonia [ville d'Andalousie, autrefois "Asido"].

asiduamente *adv* assidûment, fréquemment.

asiduidad *f* assiduité.

asiduo, dua *adj* assidu, e.
◇ *m* & *f* habitué, e.

asiento *m* siège; estos asientos no son muy cómodos ces sièges ne sont pas très confortables ▌ banquette *f*, siège (de un coche) ▌place *f*; el asiento nº 5 está en este departamento la place nº 5 est dans ce compartiment ▌ place *f*; déjame tu asiento laisse-moi ta place; tome usted asiento prenez place ▌ assise *f* (base, fundamento) ▌ emplacement (lugar que ocupa una casa, una ciudad) ▌ fond, base *f* (de botellas, vasijas, etc.) ▌ place *f* (localidad en un espectáculo) ▌ reservar un asiento réserver une place ▌ pose *f*, mise *f* en place (colocación) ▌ lie *f*, dépôt, sédiment (p us) ▌ ARQ tassement des matériaux [d'une construction] ▌ assiette *f*; el asiento de una viga l'assiette d'une poutre ▌ contrat de fourniture ▌ traité, accord (tratado) ▌ COM inscription *f*, enregistrement, écriture *f*, passation *f* d'écriture (en un libro); asiento contable écriture comptable ▌ chapitre (de un presupuesto) ▌poste (en una cuenta) ▌ assiette (del impuesto, hipotecas) ▌ note *f*, annotation *f* (anotación) ▌ embouchure *f* (del freno) ▌ barres *f pl* (de la boca del caballo) ▌ TECN siège; asiento de válvula siège de soupape ▌ FIG stabilité *f*, permanence *f*▌sagesse *f*, bon sens; persona de asiento personne de bon sens ▌ (Amer) étendue *f* (de una mina) ▌ centre d'une exploitation agricole ■ asiento de colmenas rucher ▌ asiento de estómago embarras gastrique ▌ BOT asiento de pastor hérisonne ▌ COM asiento duplicado double emploi ▌asiento giratorio siège pivotant ▌baño de asiento bain de siège ▌estar de asiento résider ▌FIG no calentar el asiento ne pas moisir [quelque part] ▌ tomar asiento s'asseoir, prendre place, prendre un siège.

➤ **asientos** *m pl* séant *sing*, fesses *f* (asentaderas).

asignable *adj* assignable.

asignación *f* assignation (cita) ▌ attribution (atribución) ▌ allocation (subsidio) ▌ allocation; la asignación de un crédito l'allocation d'un crédit ▌ traitement *m*, émoluments *m pl* (sueldo) ▌ asignación presupuestaria crédit budgétaire ▌INFORM affectation.

asignado *m* assignat [papier monnaie] ▌(Amer) partie *f* du salaire payée en nature.

asignar *v tr* assigner ▌attribuer, assigner; le han asignado un sueldo muy elevado on lui a attribué un salaire très élevé ▌ accorder, allouer (un crédito).

asignatario, ria *m* & *f* (Amer) légataire, bénéficiaire d'un héritage.

asignatura *f* matière (disciplina); el primer año escolar tiene cinco asignaturas y son todas difíciles en première année, il y a cinq matières, qui sont toutes difficiles ■ asignatura pendiente matière o discipline à repasser (examen) ■ FIG tener una asignatura pendiente faire un blocage sur quelque chose.

asilado, da *m* & *f* pensionnaire d'un asile ▌asilado político réfugié politique.

asilar *v tr* donner asile; asilar a un condenado político donner asile à un condamné politique.

➤ **asilarse** *v pr* trouver asile.

asilo *m* asile; derecho de asilo droit d'asile ▌ FIG asile, protection *f*, faveur *f* (protección) ▌ asile; asilo de la paz asile de paix ▌ ZOOL asile (insecto) ■ asilo político asile politique ■ buscar asilo demander asile.

asimetría *f* asymétrie.

asimétrico, ca *adj* asymétrique.

asimiento *m* prise *f*, saisie *f* (acción de asir) ▌FIG attachement (afecto).

asimilable *adj* assimilable.

asimilación *f* assimilation.

asimilador, ra *adj* assimilateur, trice.

asimilar *v tr* & *intr* assimiler.
◇ *v intr* ressembler à (parecerse).

➤ **asimilarse** *v pr* s'assimiler ▌ se ressembler, être similaire (asemejarse).

asimismo *adv* de la même manière, pareillement (del mismo modo) ▌aussi, de même (también).

asimplado, da *adj* niais, e; simple.

asín; asina *adv* FAM ainsi (así) ▌ aussi, même (también).

asincrónico, ca *adj* GRAM asynchrone.

asincronismo *m* asynchronisme.

asíncrono, na *adj* asynchrone ▌ INFORM asynchrone.

asíndeton *m* asyndète (supresión de conjunciones).

asinergia *f* ANAT asynergie.

asíntota *f* GEOM asymptote.

asintótico, ca *adj* asymptote.

asir [53] *v tr* [▷ SIN] prendre (tomar), saisir (agarrar); asir del brazo prendre o saisir par le bras ▌asir la ocasión de o por los cabellos saisir l'occasion aux cheveux o au moment propice.
◇ *v intr* prendre racine (las plantas).

➤ **asirse** *v pr* se saisir (tomar) ▌ s'accrocher à (agarrarse) ▌FIG mettre à profit, saisir, profiter; se asió del primer pretexto il saisit le premier prétexte ▌FIG & FAM se disputer, se bagarrer (reñir).

▌ SIN coger attraper, prendre; agarrar attraper, agripper; atrapar prendre, FAM pillar happer.

Asiria *n pr f* HIST Assyrie.

asirio, ria *adj* & *s* assyrien, enne.

asiriología *f* assyriologie.

asiriólogo, ga *m* & *f* assyriologue.

asisito *adv* (*Amer*) **FAM** comme ci comme ça.

asistencia *f* assistance (auditorio) ‖ présence; con asistencia de en présence de ‖ soins *m pl* (de un médico); prestar asistencia a uno donner des soins à quelqu'un ‖ secours *m pl* (socorros) ‖ **TAUROM** personnel *m* des arènes ‖ (*Amer*) petit salon *m* (saloncito) ■ asistencia facultativa soins médicaux (curas), personnel médical (médicos) ‖ asistencia médica assistance médicale, soins médicaux ‖ asistencia pública assistance publique ‖ asistencia social assistance sociale ‖ asistencia técnica assistance technique ■ (*Amer*) casa de asistencia pension de famille ‖ ficha de asistencia jeton de présence.
→ **asistencias** *f pl* aliments *m*, pension *sing* (pensión alimenticia).

asistencial *adj* d'aide ‖ d'assistance.

asistenta *f* assistante (monja) ‖ femme de ménage, femme de journée (criada no permanente) ‖ (ant) femme de chambre, camériste (en un palacio) ‖ asistenta social assistante sociale.

asistente *adj* qui assiste, assistant, e.
◇ *m* assistant (obispo, religioso) ‖ **MIL** ordonnance *f* ‖ présent, personne *f* présente; entre los asistentes se encontraban varios artistas parmi les personnes présentes se trouvaient plusieurs artistes.
◇ *f* asistente social assistante sociale.
→ **asistentes** *m pl* assistance *f sing*; había muchos asistentes il y avait une assistance nombreuse.

asistido, da *adj* assisté, e (socorrido) ‖ freno asistido frein assisté.

asistir *v tr* assister; le asiste en su trabajo il l'assiste dans son travail ‖ assister, secourir; asistir a los pobres secourir les pauvres ‖ soigner, traiter; le asiste un buen médico c'est un bon médecin qui le soigne ‖ servir provisoirement [comme domestique] ‖ me asiste el derecho le droit est de mon côté, j'ai le droit pour moi.
◇ *v intr* assister, être présent à, aller; no asiste nunca a clase il n'assiste jamais au cours ‖ être présent; asistía una multitud impresionante une foule considérable était présente ‖ fournir de la couleur jouée (en los naipes).

askenazi *adj* & *s* ashkénase.
■ **OBSERV** pl askenazíes.

asma *f* asthme *m*.

asmático, ca *adj* & *s* asthmatique.

Asmodeo *n pr* Asmodée.

asna *f* ânesse (hembra del asno).
→ **asnas** *f pl* chevrons *m* (vigas).

asnada *f* **FIG** & **FAM** ânerie, bourde.

asnalmente *adv* **FAM** monter à dos d'âne (al montar) ‖ brutalement, bestialement (brutalmente).

asnear *v intr* dire des âneries (hablar) ‖ se conduire comme un âne (obrar).

asnería *f* **FAM** troupeau *m* d'ânes ‖ **FIG** & **FAM** ânerie, bêtise (tontería); decir asnerías dire des bêtises.

asnilla *f* étançon *m* (puntal) ‖ tréteau *m* (caballete).

asnino, na *adj* d'âne, de l'âne, asinal, e; asinien, enne.

asno *m* âne (animal) ‖ **FIG** & **FAM** âne, bourrique *f* ■ puente de los asnos pont aux ânes ■ al asno muerto, la cebada al rabo après la mort le médecin ‖ **FIG** & **FAM** apearse o caer uno de su asno reconnaître son erreur ‖ no ver uno siete o tres en un asno n'y voir goutte ‖ parecerse al asno de Buridán faire comme l'âne de Buridan.
▌ **SIN** burro, jumento âne; garañón baudet; borrico, rucho bourricot; pollino bourriquet.

asociable *adj* associable.

asociación *f* association; Asociación Europea de Libre Cambio Association européenne de libre-échange ■ asociación de ideas association d'idées ‖ **ECON** Asociación Española de Banca Privada (AEB) Association espagnole de banques privées.

asociacionismo *m* associationnisme.

asociado, da *adj* & *s* associé, e.
▌ **SIN** socio associé; cooperador coopérateur; colaborador collaborateur.

asocial *adj* asocial, e.

asociamiento *m* association *f*.

asociar [8] *v tr* associer.
→ **asociarse** *v pr* s'associer ‖ **FIG** partager, s'associer; asociarse a la alegría de uno partager la joie de quelqu'un.

asociativo, va *adj* associatif, ive.

asocio *m* (*Amer*) association *f* ‖ en asocio de en collaboration avec.
▌ **OBSERV** Ce mot est un barbarisme.

asolador, ra *adj* & *s* dévastateur, trice; destructeur, trice.

asolamiento *m* dévastation *f*, ravage.

asolanar *v tr* **AGRIC** brûler, griller.

asolar [23] *v tr* [▷ **SIN**] dévaster, ravager (destruir); el granizo ha asolado las viñas la grêle a ravagé les vignes ‖ **AGRIC** brûler, dessécher (el calor, el sol).
→ **asolanarse** *v pr* déposer, former un dépôt (los líquidos).
▌ **SIN** desolar désoler; devastar dévaster; infestar infester; arruinar ruiner; saquear saccager.

asoleada *f* (*Amer*) insolation.

asoleado, da *adj* exposé, e au soleil ‖ (*Amer*) victime d'une insolation (insolado) ‖ fruste (rudo); maladroit, e (torpe).

asolear *v tr* mettre au soleil ‖ ensoleiller; casa muy asoleada maison très ensoleillée.
→ **asolearse** *v pr* se chauffer au soleil (tomar el sol) ‖ brunir, se hâler (tostarse al sol) ‖ être atteint d'insolation (los animales).

asoleo *m* **VETER** insolation *f* ‖ exposition *f* au soleil ‖ insolation *f*, coup de soleil (de personas).

asomar *v intr* apparaître ‖ se montrer, apparaître; hoy el sol no asoma aujourd'hui le soleil ne se montre pas ‖ apparaître, poindre (el día) ‖ sortir, dépasser; un pañuelo asomaba fuera de su bolsillo un mouchoir sortait de sa poche.
◇ *v tr* montrer, laisser voir; asomar la punta de la oreja montrer le bout de l'oreille ‖ asomar la cabeza a o por la ventana mettre la tête à la fenêtre, se pencher au-dehors.
→ **asomarse** *v pr* se montrer; asomarse a o por la ventana se montrer à la fenêtre ‖ **FAM** être un peu gris (achisparse) ‖ se pencher; está prohibido asomarse al exterior il

est interdit de se pencher au-dehors (en los trenes) ‖ jeter un coup d'œil, regarder vaguement; usted no se ha asomado siquiera a la lección vous n'avez même pas jeté un coup d'œil à la leçon ‖ montrer son nez, faire une courte apparition; no hice más que asomarme a esa reunión je n'ai fait que montrer mon nez à cette réunion.
▌ **OBSERV** Il ne faut surtout pas confondre avec le verbe assommer qui se traduit par matar a golpes.

asombrado, da *adj* étonné, e ‖ ahuri, e (pasmado).

asombrar *v tr* ombrager (dar sombra) ‖ foncer, obscurcir (una pintura) ‖ **FIG** effrayer (asustar) ‖ étonner, épater **FAM**, stupéfier (causar admiración).
→ **asombrarse** *v pr* **FIG** s'effrayer (asustarse) ‖ s'étonner; no se asombra de o por o con nada il ne s'étonne de rien.

asombro *m* frayeur *f*, peur *f* (susto) ‖ étonnement (sorpresa); con gran asombro de mi madre au grand étonnement de ma mère ‖ ahurissement (estupefacción) ‖ **FAM** revenant, fantôme (aparecido) ■ de asombro étonnant ‖ ¡no salgo de mi asombro! je n'en reviens pas!

asombrosamente *adv* merveilleusement, étonnamment.

asombroso, sa *adj* étonnant, e ‖ ahurissant, e.
▌ **SIN** prodigioso prodigieux; maravilloso merveilleux; sensacional sensationnel; sorprendente surprenant; formidable formidable; estupendo épatant; **FIG** & **FAM** despampanante ébouriffant; enorme énorme; fenomenal phénoménal; **FAM** pistonudo époustouflant.

asomo *m* apparence *f* (apariencia) ‖ ombre *f*; sin el menor asomo de duda sans l'ombre d'un doute ‖ indice (indicio) ‖ soupçon (presunción) ■ ni por asomo en aucune manière, pas le moins du monde, nullement ‖ no conocer ni por asomo ne connaître ni d'Ève ni d'Adam, ne pas connaître le moins du monde.

asonada *f* émeute, tumulte *m* (motín).

asonancia *f* assonance (consonancia) ‖ **FIG** relation, rapport *m* (entre dos cosas) ‖ assonance (retórica).

asonantado, da *adj* assonancé, e.

asonantar *v intr* être assonant, e.
◇ *v tr* faire rimer par assonance.

asonante *adj* & *s* assonant, e.

asonar [23] *v intr* produire une assonance.

asorocharse *v pr* (*Amer*) avoir le mal de montagne (apunarse) ‖ rougir, piquer un fard, avoir honte (ruborizarse).

aspa *f* croix de saint André, croix en forme de X ‖ **MAT** signe *m* de multiplication ‖ dévidoir *m*, asple *m* (devanadera) ‖ aile (de molino) ‖ **BLAS** sautoir *m* ‖ corne (cuerno) ‖ colocado en aspa en forme de X.

aspadera *f* dévidoir *m* (devanadera).

aspado, da *adj* les bras en croix (los penitentes de una procesión) ‖ **FIG** & **FAM** gêné aux entournures [par ses vêtements] ‖ en forme de croix.

aspar *v tr* dévider (hilo) ‖ crucifier (crucificar) ‖ **FIG** & **FAM** mortifier (mortificar) ‖ ¡que me aspen si...! je veux bien être pendu si...!
→ **asparse** *v pr* **FIG** asparse a gritos pous-

ser de grands cris, s'égosiller (desgañitarse).

aspáragus *m* asparagus (planta ornamental).

aspártico, ca *adj* aspartique; ácido aspártico acide aspartique.

aspaventero, ra *adj & s* faiseur, euse de simagrées.

aspavientos *m pl* simagrées *f*, gestes désordonnés.

aspecto *m* [▷ SIN] aspect (apariencia) ‖ domaine (terreno) ‖ mine *f* (estado de salud), allure *f* (garbo), aspect; **tener buen aspecto** avoir bonne mine (estar bien), avoir de l'allure (tener buena facha), avoir bon aspect (cosas) ▪ **al o a primer aspecto** à première vue, au premier abord ‖ **bajo este aspecto** à ce point de vue-là, à cet égard, vu sous cet angle ‖ **en ciertos aspectos** à certains égards ‖ **en todos los aspectos** sous tous les rapports.

> SIN apariencia apparence; exterior extérieur, dehors; semblante semblant; presencia prestance; vista vue.

ásperamente *adv* âprement, rugueusement.

aspereza; asperidad aspérité ‖ âpreté, rudesse (del carácter) ‖ **limar asperezas** arrondir les angles.

asperges *m inv* aspergès (parte de la misa).

aspergilo *m* BOT aspergille *f* (hongo).

asperidad ☞ **aspereza**.

asperiega *adj f* manzana asperiega pomme à cidre.

asperilla *f* BOT aspérule, reine-des-bois.

asperillo *m* âpreté *f*, goût âpre.

asperjar *v tr* asperger (rociar).

aspermo, ma *adj* BOT asperme.

áspero, ra *adj* âpre (al gusto) ‖ rugueux, euse; rêche (al tacto) ‖ dur, e; acerbe (voz, respuesta) ‖ violent, e; acharné, e (violento) ‖ mauvais, e (tiempo) ‖ **ser áspero de condición o de genio** avoir mauvais caractère.

asperón *m* grès (piedra).

aspersión *f* aspersion.

aspersor *m* asperseur (para jardín) ‖ pulvérisateur (para cultivos).

aspersorio *m* aspersoir, goupillon.

áspid; áspide *m* ZOOL aspic (víbora).

aspidistra *f* BOT aspidistra *m*.

aspilla *f* jauge [tige graduée].

aspillera *f* meurtrière.

aspiración *f* aspiration ‖ FIG aspiration ‖ **aspiración de aire** appel d'air.

aspirador, ra *adj* aspirateur, trice.
◇ *m & f* aspirateur *m* (aparato doméstico).

aspirante *adj* aspirant, e; bomba aspirante pompe aspirante.
◇ *adj & s* aspirant, e (postulante); candidat, e (candidato).

aspirar *v tr & intr* aspirer ‖ FIG aspirer; aspirar a altos cargos aspirer à de hautes charges.

aspiratorio, ria *adj* aspiratoire.

aspirina *f* aspirine.

aspro *m* aspre (moneda).

asquear *v tr & intr* dégoûter, écœurer; su conducta me asquea sa conduite me dégoûte.
➡ **asquearse** *v pr* se dégoûter ‖ asquearse de la vida être dégoûté de la vie.

asquerosamente *adv* salement, d'une manière dégoûtante.

asquerosidad *f* saleté, chose dégoûtante.

asqueroso, sa *adj* dégoûtant, e; repoussant, e; écœurant, e (olor, conducta, etc.); asqueroso de ver dégoûtant à voir; asqueroso en su aspecto d'un aspect repoussant ‖ dégoûté, e; écœuré, e (que siente asco).
◇ *m & f* dégoûtant, e; son unos asquerosos ce sont des dégoûtants.

asta *f* haste (lanza de los romanos) ‖ bois *m*, hast *m* (palo de la lanza) ‖ lance, pique (armas) ‖ hampe (de la bandera) ‖ manche *m* (mango) ‖ corne (cuerno) ‖ corne; un peine de asta un peigne en corne ‖ ente, manche *m* (del pincel) ▪ **a media asta** en berne (bandera).
➡ **astas** *f pl* bois *m* (del ciervo) ‖ FIG & FAM dejar a uno en las astas del toro laisser quelqu'un en plan, laisser tomber quelqu'un, laisser quelqu'un se débrouiller.

astado, da *adj* BOT hasté, e.
➡ **astado** *m* taureau.

astático, ca *adj* FÍS astatique.

astenia *f* MED asthénie.

asténico, ca *adj & s* MED asthénique.

aster *m* BOT aster.

asteria *f* ZOOL astérie, étoile de mer (estrellamar) ‖ opale (ópalo).

asterisco *m* astérisque.

asterismo *m* astérisme (constelación).

astero *m* hastaire (soldado romano).

asteroide *m* ASTRON astéroïde.

asti *m* asti (vino italiano).

astifino, na *adj* aux cornes fines (toro).

astigiano, na *adj & s* de Écija [ville d'Andalousie, autrefois "Astigi"].

astigmático, ca *adj & s* astigmate.

astigmatismo *m* MED astigmatisme.

astil *m* manche (mango de instrumento) ‖ fléau, bras (de la balanza) ‖ tuyau (de la pluma) ‖ bois (de la flecha).

astilla *f* éclat *m*, fragment *m* de bois o de pierre ‖ écharde (de leña) ‖ esquille (de un hueso) ▪ MAR astilla muerta acculement ‖ de tal palo, tal astilla tel père, tel fils ‖ hacer astillas réduire en miettes, briser en éclats ‖ no hay peor astilla que la del mismo palo il n'est pire ennemi que son ancien ami.

astillar *v tr* casser, fendre (hacer pedazos) ‖ fendre [du bois].

astillero *m* MAR chantier naval, arsenal (taller) ‖ râtelier (de armas).

astilloso, sa *adj* qui se fend, qui éclate facilement (madera o piedra) ‖ esquilleux, euse (hueso).

astracán *m* astrakan.

astracanada *f* FAM farce, pièce d'un comique farfelu.

astrágalo *m* ANAT & ARQ BOT astragale.

astral *adj* astral, e; des astres; influencia astral influence astrale; cuerpos astrales corps astraux.

astreñir; astringir [15]; **adstringir** [15]; **astriñir** *v tr* astreindre (obligar) ‖ resserrer, contracter (apretar).

astricción; adstricción *f* astringence.

astrictivo, va *adj* astrictif, ive.

astricto, ta *adj* astreint, e; contraint, e; astricto a un servicio astreint à un service.

astringencia *f* astringence; la astringencia del ácido gálico l'astringence de l'acide gallique.

astringente; adstringente *adj & s m* astringent, e.

astringir; adstringir; astriñir ☞ **astreñir**.

astro *m* ASTRON astre (estrella) ‖ FIG vedette *f*, étoile *f* (de cine, etc.) ‖ el astro rey o del día l'astre du jour (el sol).

astrobiología *f* astrobiologie.

astrocentro *m* BIOL centrosome.

astrodinámica *f* ASTRON dynamique astrale.

astrofísico, ca *adj* astrophysicien, enne.
➡ **astrofísica** *f* astrophysique.

astrofotografía *f* ASTRON astrophotographie.

astrofotometría *f* ASTRON astrophotométrie.

astrografía *f* astrographie.

astrográfico, ca *adj* astrographique.

astroide *m* BIOL astroïde.

astrolabio *m* ASTRON astrolabe.

astrolito *m* aérolithe, aérolite.

astrologar [16] *v tr* lire l'avenir dans les astres.

astrología *f* astrologie.

astrológico, ca *adj* astrologique.

astrólogo *m* astrologue (adivino).

astronauta *m* astronaute.

astronáutico, ca *adj & s f* astronautique.

astronave *f* astronef *m*.

astronomía *f* astronomie.

astronómico, ca *adj* astronomique ‖ FIG & FAM astronomique, très élevé (cifra).

astrónomo *m & f* astronome.

astroquímica *f* astrochimie.

astroso, sa *adj* sale, malpropre (desastrado) ‖ déguenillé, e; négligé, e (desaseado) ‖ malheureux, euse (desgraciado) ‖ FIG misérable, sordide, méprisable (despreciable).

astucia *f* astuce, ruse, rouerie.

> SIN ardid ruse; artificio artifice; estratagema stratagème; perfidia perfidie; maquiavelismo machiavélisme; FAM trapacería finasserie; comándula malice; marrullería roublardise.

astucioso, sa *adj* astucieux, euse; roué, e.

astur; asturiano, na *adj & s* asturien, enne; des Asturies.

asturianismo *m* asturianisme.

asturiano, na ☞ **astur**.

Asturias *n pr f pl* GEOGR Asturies ‖ el príncipe de Asturias le prince des Asturies.

astuto, ta *adj* astucieux, euse; rusé, e; roué, e; madré, e; un abogado astuto un avocat astucieux; un animal astuto un animal rusé; un campesino astuto un paysan madré ‖ astuto como un zorro malin comme un singe.

| SIN sagaz, taimado futé; pícaro rusé; socarrón narquois; ladino, marrullero retors, roublard; FAM zorro débrouillard; cuco malin.

asueto *m* congé (vacación corta); día de asueto jour de congé.

asumir *v tr* assumer; asumir una responsabilidad assumer une responsabilité.

asunceño, ña *adj & s* d'Asunción.

asunción *f* action d'assumer, prise en charge ‖ RELIG assomption ‖ FIG élévation, avènement *m* (a una dignidad).

Asunción *n pr* Asunción.

| OBSERV Ce prénom n'a pas d'équivalent en français.

Asunción *n pr* GEOGR Asunción, Assomption.

asuncionista *adj & s* assomptionniste.

asuntillo *m* FAM aventure *f* amoureuse.

asunto *m* sujet (tema) ‖ question *f*; asuntos de orden general des questions d'ordre général ‖ affaire *f* (negocio); trataré de ese asunto je m'occuperai de cette affaire; eso es asunto mío cela c'est mon affaire; un asunto peliagudo une affaire épineuse ‖ fait (caso); el asunto es que le fait est que ‖ ennui (molestia); el asunto es que no tenemos dinero l'ennui c'est que nous n'avons pas d'argent ■ asunto concluido affaire o question réglée ‖ asuntos exteriores o extranjeros affaires étrangères ‖ asuntos pendientes affaires en suspens, affaires courantes ■ conocer bien el asunto s'y connaître ‖ eso es otro asunto c'est une autre histoire, c'est une autre paire de manches ‖ está el asunto que el fait est que ‖ no me gusta el asunto ça ne me dit rien qui vaille ‖ *(Amer)* poner el asunto faire attention ‖ suspendiendo todos los demás asuntos toute affaire cessante ‖ volvamos a nuestro asunto revenons à nos moutons ‖ ¡y asunto concluido! ça suffit!

asunto, ta *adj* assumé, e.

asurar *v tr* brûler.

asurcar [10] *v tr* sillonner (surcar).

asuso *adv* (p us) en haut (arriba).

asustadizo, za *adj* craintif, ive; peureux, euse; facile à effrayer ‖ ombrageux, euse (caballo) ‖ FAM más asustadizo que una mona peureux comme un lièvre.

asustar *v tr* faire peur à, effrayer (dar miedo); es un espectáculo que asusta c'est un spectacle à faire peur; es de un feo que asusta il est laid à faire peur.

➤ **asustarse** *v pr* avoir peur; asustarse del ruido avoir peur du bruit; asustarse por o con nada avoir peur d'un rien ‖ nada le asusta rien ne lui fait peur, il ne recule devant rien.

atabacado, da *adj* de couleur tabac, tabac *inv*.

atabal *m* MÚS timbale *f* (tambor).

atabalear *v intr* marteler le sol (el caballo) ‖ tambouriner (tamborilear).

atabalero *m* timbalier (timbalero).

atabanado, da *adj* miroité, e (caballo).

atabe *m* regard (de cañería).

atablar *v tr* AGRIC aplanir, herser.

atacable *adj* attaquable.

atacado, da *adj* FIG & FAM timide, hésitant, e (irresoluto) ‖ avare, mesquin, e (mezquino).

atacador, ra *adj & s* attaquant, e (que ataca).

➤ **atacador** *m* refouloir (de cañón).

atacante *adj & s m* attaquant, e.

atacar [10] *v tr* [▷ SIN] attaquer, s'attaquer à; atacar a un adversario s'attaquer à un adversaire ‖ bourrer (un arma de fuego) ‖ prendre, surprendre (una enfermedad, el sueño) ‖ MÚS attaquer ‖ QUÍM attaquer, ronger (corroer); el orín ataca el hierro la rouille attaque le fer ‖ FIG attaquer, s'attaquer à; atacar el estudio de la geometría attaquer l'étude de la géométrie ■ DR atacar de falsedad attaquer en faux ‖ atacar los nervios taper sur les nerfs, crisper, agacer ‖ atacar una pipa bourrer une pipe.

| SIN acometer attaquer; arremeter foncer sur; asaltar assaillir; provocar provoquer; agredir agresser; atentar contra attenter à.

átaco *m* ZOOL attacus (mariposa).

atacola *f* trousse-queue *m inv* (arreo).

ataderas *f pl* FAM jarretières (ligas).

atadero *m* attache *f*, lien (para atar) ‖ FIG lien, entrave *f* ‖ FIG & FAM no tener atadero n'avoir ni queue ni tête, ne pas tenir debout; esa pregunta no tiene atadero cette question n'a ni queue ni tête.

atadijo *m* FAM paquet mal ficelé.

atado, da *adj* FIG embarrassé, e; gauche (apocado).

➤ **atado** *m* paquet (paquete); un atado de ropa un paquet de linge ‖ *(Amer)* paquet de cigarettes (de cigarrillos).

atador, ra *adj & s* lieur, euse; botteleur, euse.

➤ **atadora** *f* AGRIC lieuse.

➤ **atador** *m* *(Amer)* longe *f* servant à attacher le cheval.

atadura *f* attache, lien *m* ‖ fixation (de esquíes) ‖ FIG lien *m*, union (unión) ‖ entrave, assujettissement *m* (traba).

atafagar [16] *v tr* suffoquer, étourdir.

atafetanado, da *adj* qui ressemble au taffetas.

atagallar *v tr* MAR faire force de voiles.

ataguía *f* batardeau *m*, barrage *m* provisoire.

ataharre *m* culière *f*, avaloire *f* (arreos).

Atahualpa *n pr* Atahualpa.

ataire *m* moulure *f*.

atajadero *m* barrage (de una acequia).

atajadizo *m* clôture *f*, mur (muro) ‖ enclos (terreno cercado).

atajador, ra *adj & s* qui arrête, qui barre ‖ celui, celle qui prend un raccourci.

➤ **atajador** *m* *(Amer)* muletier de tête (que guía).

atajar *v intr* couper, prendre un raccourci (tomar un atajo); atajar por los campos couper à travers champs ‖ raccourcir, couper (ser más corto el camino).

◇ *v tr* barrer o couper le chemin; atajaron al fugitivo ils coupèrent le chemin au fugitif ‖ couper, diviser (dividir), séparer ‖ FIG couper, arrêter (parar); atajar el fuego couper le feu ‖ couper la parole, interrompre; atajar al orador couper la parole à l'orateur ‖ souligner,

cocher (señalar en un escrito) ‖ couper court à, arrêter (interrumpir) ‖ enrayer; hay que atajar el aumento de la delincuencia juvenil il faut enrayer l'augmentation de la délinquence juvénile.

➤ **atajarse** *v pr* FIG se troubler, rester court (turbarse, cortarse) ‖ FAM s'enivrer (emborracharse).

atajea; atajía *f* conduite d'eau (atarjea).

atajo *m* raccourci, chemin de traverse (camino); echar por un atajo prendre un raccourci ‖ FIG moyen, expédient (procedimiento) ‖ séparation *f*, division *f* (separación) ‖ coupure *f*, suppression *f* (en un escrito) ‖ petit troupeau (rebaño pequeño) ■ FIG & FAM echar o tomar por el atajo prendre un biais ‖ no hay atajo sin trabajo nul bien sans peine, on n'a rien sans peine.

| OBSERV Certains emploient ce mot à tort dans le sens de série, tas, à la place du terme correct qui est hatajo.

atalajar *v tr* atteler.

atalaje *m* MIL attelage ‖ FIG & FAM attirail, équipement (equipo).

atalaya *f* tour de guet, échauguette, poivrière (torre de una fortaleza para vigilar) ‖ beffroi *m* (torre para dar la alarma) ‖ éminence, hauteur (lugar elevado).

◇ *m* guetteur, vigie *f* (el que vigila).

atalayador, ra *adj & s* guetteur, euse; observateur, trice ‖ FIG curieux, euse; fureteur, euse.

atalayar *v tr* guetter (vigilar) ‖ FIG épier, observer (espiar).

atalayero *m* éclaireur.

Atalía *n pr* Athalie.

atamiento *m* attache *f* ‖ FIG & FAM embarras, timidité *f*.

atanasia *f* BOT sisymbre *m* ‖ caractère *m* d'imprimerie [14 points].

Atanasio *n pr* Athanase.

atanor *m* conduite *f* d'eau.

atañer *v intr* concerner, regarder; esto no me atañe ceci ne me regarde pas ‖ concerner; esta medida nos atañe a todos cette mesure nous concerne tous ‖ incomber, être du ressort de; esto atañe al primer ministro ceci est du ressort du Premier ministre ‖ en lo que atañe a en ce qui concerne.

ataque *m* attaque *f*; ataque por sorpresa attaque par surprise; ataque de apoplejía attaque d'apoplexie ‖ crise *f* (de nervios, epiléptico) ‖ DEP attaque *f* (de un equipo) ■ ataque de risa fou rire ‖ ataque de tos quinte de toux ‖ iniciar un ataque déclencher une attaque.

atar *v tr* [▷ SIN] attacher; atar a un árbol attacher à un arbre ‖ lier; atar una gavilla lier une gerbe ‖ ficeler (con bramante) ‖ CULIN brider (ave) ‖ FIG lier; estos compromisos me atan ces engagements me lient ■ atar bien los cabos s'assurer ‖ atar cabos tirer des conclusions, procéder par recoupements, conclure, déduire; atando cabos d'où je déduis que, j'en conclus que ‖ FIG & FAM atar corto a uno tenir la bride à quelqu'un ‖ atar de pies y manos lier les pieds et les mains ‖ atar la lengua réduire au silence, lier la langue ‖ atar y desatar faire et défaire, lier et délier ■ FIG atado de pies y manos pieds et poings liés ‖ átame esta mosca por el rabo cela va te donner du fil à retordre ‖ **loco de atar** fou à lier ‖ **no atar ni desatar** parler à tort et à travers (hablar sin concierto), ne rien résoudre (no resolver nada).

➡ **atarse** *v pr* attacher, lacer (con lazos); **atarse los zapatos** lacer ses chaussures ‖ **FIG** se troubler, s'embrouiller (hablando) ‖ s'embarrasser; **es hombre que no se ata por tan poco** il n'est pas homme à s'embarrasser pour si peu ‖ **s'en tenir à** (ceñirse a una cosa).

▌ **SIN** liar, ligar lier; encadenar enchaîner; amarrar amarrer.

atarantado, da *adj* piqué, e de la tarentule ‖ **FIG & FAM** turbulent, e; remuant, e (bullicioso) ‖ étourdi, e (aturdido); épouvanté, e (espantado).

atarantamiento *m* étourdissement.

atarantar *v tr* étourdir (aturdir).

ataraxia *f* ataraxie (impasibilidad).

atarazana *f* arsenal *m* ‖ corderie (taller del cordelero) ‖ dépôt *m* de cuves de vin ‖ (*Amer*) toit *m* à deux versants.

atarazar [13] *v tr* mordre, déchirer avec les dents.

atardecer [30] *v intr* décliner, tomber [le jour].

atardecer *m* soir, déclin o tombée *f* du jour; **iré al atardecer** j'irai à la tombée du jour.

atareado, da *adj* affairé, e; occupé, e; **un hombre muy atareado** un homme très occupé.

atareamiento *m* affairement.

atarear *v tr* donner une tâche o un travail à faire (señalar una tarea).

➡ **atarearse** *v pr* s'affairer, s'adonner au travail.

atarjea *f* revêtement *m* de briques d'une conduite ‖ conduite d'eau (cañería) ‖ égout *m* (alcantarilla) ‖ (*Amer*) réservoir *m* d'eau (depósito de agua).

atarquinar *v tr* couvrir de fange.

➡ **atarquinarse** *v pr* s'embourber.

atarragar [16] *v tr* façonner (una herradura).

atarrayar *v tr* (*Amer*) appréhender, arrêter ‖ pêcher à l'épervier ‖ attraper une bête au lasso.

atarugamiento *m* chevillage (acción de poner cuñas) ‖ **FIG & FAM** embarras, confusion *f* ‖ empiffrement, gavage (acción de atracarse) ‖ remplissage, bourrage (atestamiento).

atarugar [16] *v tr* cheviller (fijar con tarugos) ‖ boucher (con un tapón) ‖ **FIG & FAM** clouer le bec (hacer callar) ‖ bonder, bourrer (llenar) ‖ bourrer, gaver (atracar).

➡ **atarugarse** *v pr* rester court, ne savoir que répondre (quedar sin saber qué responder) ‖ se troubler, s'embrouiller (turbarse) ‖ **FIG & FAM** s'empiffrer, se gaver (atracarse).

atasajar *v tr* découper de la viande.

atascadero *m* bourbier, ornière *f* ‖ **FIG** obstacle (estorbo).

atascar [10] *v tr* boucher, engorger (una cañería) ‖ étouper (tapar con estopa) ‖ coincer (un mecanismo) ‖ **FIG** arrêter, contrarier (un negocio) ‖ arrêter, gêner, déranger (a una persona) ‖ **FIG** quedarse atascado s'arrêter.

➡ **atascarse** *v pr* s'embourber, s'enliser

(un coche) ‖ se boucher, s'engorger (atorarse una cañería) ‖ se coincer (un mecanismo) ‖ s'embrouiller, s'empêtrer (embrollarse).

atasco *m* engorgement, obstruction *f* (de una cañería) ‖ embourbement, enlisement (de un coche) ‖ embouteillage; **en esta ciudad hay muchos atascos** dans cette ville il y a beaucoup d'embouteillages ‖ obstacle, empêchement (obstáculo) ‖ empêtrement (en un discurso) ‖ coincement (de un mecanismo) ‖ enrayage (de un arma).

ataúd *m* cercueil, bière *f* (féretro).

ataujía *f* damasquinage *m*.

ataviar [9] *v tr* parer, orner (adornar).

➡ **ataviarse** *v pr* se parer; **ataviarse con** o **de** se parer de ‖ s'habiller, se préparer (vestirse).

atávico, ca *adj* atavique.

atavío *m* parure *f*, ornement (adorno) ‖ **FIG** habillement, vêtements *pl*, toilette *f* (de mujer) ‖ harnachement, accoutrement (de mal gusto).

atavismo *m* atavisme (herencia).

ataxia *f* **MED** ataxie.

atáxico, ca *adj & s* **MED** ataxique.

ate *m* (*Amer*) gelée *f* de coing.

atediar *v tr* ennuyer.

ateísmo *m* athéisme.

ateísta *adj & s* athée (ateo).

atejonarse *v pr* (*Amer*) se cacher, se blottir, se tapir.

atelaje *m* attelage (caballos) ‖ harnais, harnachement (arreos).

atelanas *f pl* atellanes (comedia latina).

ateles *m* **ZOOL** atèle (mono).

atemorizar [13] *v tr* effrayer (asustar) ‖ atemorizarse de o por algo s'effrayer de quelque chose.

atemperación *f* modération.

atemperar *v tr* tempérer, modérer ‖ accommoder, adapter.

➡ **atemperarse** *v pr* se modérer ‖ s'accommoder à o de (arreglarse) ‖ s'adapter; **la formación profesional debe atemperarse al ritmo de la industria** la formation professionnelle doit s'adapter au rythme de l'industrie.

Atenas *n pr* **GEOGR** Athènes.

atenazar [13] *v tr* tenailler ‖ **FIG** tenailler, tourmenter (torturar) ‖ **estar atenazado** être pris o serré comme dans un étau.

atención *f* [▷ **SIN**] attention; **prestar atención a** faire attention à; **fijar la atención** fixer son attention ‖ politesse, courtoisie (cortesía) ‖ soin; **hacer un trabajo con mucha atención** faire un travail avec beaucoup de soin ‖ intérêt *m*; **su atención por estos problemas ha sido muy grande** il a porté un très grand intérêt à ces problèmes ◼ **atención domiciliaria** o **a domicilio** soins à domicile ‖ **a la atención de** à l'attention de ‖ **en atención a** eu égard à, en considération de, étant donné; **en atención a sus méritos** en considération de ses mérites ◼ **llamar la atención** attirer l'attention (despertar la curiosidad) ‖ **llamar la atención a alguien** rappeler quelqu'un à l'ordre, réprimander quelqu'un (reprender) ‖ **no me llamó la atención** je n'ai pas remar-

qué ‖ **¡no vayas a llamar la atención!** ne te fais pas remarquer! ‖ **poner atención** prêter attention.

➡ **atenciones** *f pl* attentions, égards *m*, prévenance *sing*, marques de politesse; **tener atenciones con las personas de edad** avoir des égards pour les personnes âgées ‖ gentillesses; **tuvo mil atenciones conmigo** il m'a fait mille gentillesses ‖ affaires (ocupaciones) ◼ **deshacerse en atenciones** o **tener atenciones delicadas con** o **para uno** être aux petits soins pour quelqu'un.

➡ **¡atención!** *interj* attention!

▌ **SIN** aplicación application; reflexión réflexion; meditación méditation.

atendedor, ra *m & f* **IMPR** teneur de copie.

atender [20] *v tr* s'occuper de; **atiendo mis negocios** je m'occupe de mes affaires ‖ s'occuper de, servir (en una tienda); **¿le atienden?** on s'occupe de vous? ‖ s'occuper de; **el médico atiende al enfermo** le médecin s'occupe du malade ‖ recevoir, accueillir; **el propio director atendió al visitante** le directeur lui-même a reçu le visiteur ‖ assurer; **atender el servicio permanente** assurer la permanence ‖ (ant) attendre (esperar) ◼ **atender una petición** satisfaire une demande, faire droit à une demande ‖ **atender un ruego** satisfaire une prière.

◇ *v intr* faire attention à; **atiende a lo que haces** fais attention à ce que tu fais ‖ faire o prêter attention, être attentif; **atender a una lección** prêter attention à une leçon ‖ **IMPR** lire des yeux avec un teneur de copie ◼ **atender al nombre de** répondre au nom de ‖ **atender a lo más urgente** courir au plus pressé ‖ **atender al teléfono** répondre au téléphone ‖ **atender a sus necesidades** subvenir à ses besoins ‖ **atendiendo a las circunstancias** compte tenu des circonstances, vu les circonstances ‖ **el servicio postal está mal atendido** le service postal fonctionne mal o est mal organisé ‖ **este almacén está muy bien atendido ahora** ce magasin a beaucoup de personnel maintenant, on s'occupe bien de la clientèle maintenant dans ce magasin ‖ **este hotel está muy bien atendido** le service est très bien fait dans cet hôtel ‖ **iglesia bien atendida** église bien desservie ‖ **no atender a razones** ne pas entendre raison.

atenebrarse *v pr* s'assombrir, s'enténébrer.

ateneísta *m & f* membre d'un athénée.

ateneo, a *adj & s* **POÉT** athénien, enne.

➡ **ateneo** *m* athénée (sociedad científica o literaria).

atenerse [72] *v pr* s'en tenir à, s'en référer à, s'en rapporter à; **me atengo a lo que has dicho** je m'en tiens à ce que tu as dit ‖ s'en remettre (a una persona) ◼ **aténgase a las consecuencias** subissez-en les conséquences, vous l'avez voulu ‖ **ateniéndose a las circunstancias** compte tenu des o vu les circonstances ‖ **no saber a qué atenerse** ne savoir à quoi s'en tenir, ne plus savoir sur quel pied danser **FAM** ‖ **querer saber a qué atenerse** vouloir en avoir le cœur net, vouloir savoir à quoi s'en tenir o de quoi il retourne.

ateniense *adj & s* athénien, enne.

atenorado, da *adj* ténorisant, e; propre à un ténor.

atentado, da *adj* prudent, e; sage (prudente) ‖ silencieux, euse (hecho sin ruido).

➧ **atentado** *m* attentat (contra personas) ‖ atteinte *f*, attentat; atentado contra la seguridad del Estado atteinte à la sûreté de l'État; atentado contra las buenas costumbres attentat aux mœurs.

atentamente *adv* attentivement (con atención) ‖ poliment, courtoisement ‖ le saludo muy atentamente recevez mes salutations empressées (en una carta).

atentar *v intr* attenter à; atentar contra o a la vida de su hermano attenter à la vie de son frère ‖ porter atteinte (contra el honor, la moral) ‖ commettre un attentat ‖ (Amer) tâter (tocar).

atentatorio, ria *adj* attentatoire; medida atentatoria a la libertad mesure attentatoire à la liberté.

atento, ta *adj* attentif, ive; atento al menor ruido attentif au moindre bruit ‖ gentil, ille; es usted muy atento vous êtes très gentil ‖ attentionné, e; prévenant, e; plein d'attentions; este hombre es atento con todos cet homme est prévenant avec tout le monde ‖ soucieux, euse; atento a hablar bien soucieux de bien parler ‖ tout particulier, toute particulière; su atenta atención a los problemas árabes son attention toute particulière pour les problèmes arabes ▪ su atenta votre honorée (carta) ‖ su atento y seguro servidor (s.a.s.s.) votre tout dévoué (fórmula de correspondencia).

➧ **atento** *adv* attendu, eu égard à (en atención a).

atenuación *f* atténuation (disminución) ‖ litote, atténuation *f* (p us).

atenuador *m* RAD atténuateur.

atenuante *adj* atténuant, e.
◇ *m* circonstance *f* atténuante.

atenuar [6] *v tr* atténuer ‖ FIG atténuer, diminuer; atenuar la culpa diminuer la faute.

ateo, a *adj & s* athée.

ateperetarse *v pr* (Amer) se troubler, perdre la tête (atolondrarse).

atepocate *m* (Amer) têtard (renacuajo).

aterciopelado, da *adj* velouté, e; satiné, e; papel aterciopelado papier velouté; cutis aterciopelado peau satinée.

aterido, da *adj* transi, e de froid.
‖ SIN helado gelé; yerto glacé.

aterimiento *m* engourdissement, saisissement (de frío).

aterirse [78] *v pr* être transi de froid.

atérmano, na *adj* FÍS athermane.

atérmico, ca *adj* FÍS athermique.

ateroma *m* MED athérome.

aterrador, ra *adj* effroyable, épouvantable, terrifiant, e.

aterrajado *m* filetage (de un tornillo), taraudage (de una tuerca).

aterrajar *v tr* fileter (un tornillo), tarauder (una tuerca).

aterrar [34] *v tr* renverser, jeter à terre (echar por tierra) ‖ MIN décombrer ‖ atterrer, terrifier, effrayer; me aterra pensar que je suis effrayé à l'idée que ‖ (Amer) remplir de terre (llenar).

◇ *v intr* MAR aborder ‖ atterrir (aterrizar) ‖ atterrer, terrifier; quedó aterrado por la noticia il fut atterré par la nouvelle.

➧ **aterrarse** *v pr* s'effrayer, être atterré o terrorisé (estar aterrado).

aterrizaje *m* atterrissage; tren de aterrizaje train d'atterrissage ▪ aterrizaje en un portaaviones appontage ‖ aterrizaje forzoso atterrissage forcé ‖ aterrizaje sin visibilidad o a ciegas atterrissage sans visibilité ‖ tren de aterrizaje plegable atterrisseur o train d'atterrissage escamotable.

aterrizar [13] *v intr* atterrir.

aterronar *v tr* réduire en morceaux.

➧ **aterronarse** *v pr* être réduit en morceaux.

aterrorizador, ra *adj* terrifiant, e; effroyable.

aterrorizar [13] *v tr* terroriser, terrifier.
➧ **aterrorizarse** *v pr* être terrorisé.

atesarse *v pr* (Amer) partir, s'enfuir.

atesoramiento *m* thésaurisation *f*.

atesorar *v tr* amasser, thésauriser (ahorrar) ‖ FIG réunir; Felipe atesora muchas cualidades Philippe réunit beaucoup de qualités.

atestación *f* attestation (escrita) ‖ déposition, témoignage *m*, déclaration (más bien oral).

atestado *m* attestation *f* (documento) ‖ acte, pedir, hacer un atestado demander, donner acte ‖ constat, procès-verbal, contravention *f*; hacer un atestado faire un constat, dresser une contravention o un procès-verbal.

atestado, da *adj* rempli, e; bourré, e ‖ bondé, e; comble, plein à craquer (lugar público) ‖ entêté, e; têtu, e (testarudo) ‖ ouillé, e (una cuba).

atestadura *f*; **atestamiento** *m* bourrage *m*, remplissage *m* (acción de atestar) ‖ moût *m* pour ouiller (mosto) ‖ ouillage *m* (de una cuba).

atestar [34] *v tr* bourrer, remplir (llenar) ‖ encombrer; atestar con muebles un piso encombrer de meubles un appartement ‖ bonder; un tren atestado un train bondé ‖ ouiller (las cubas de vino) ‖ DR attester, témoigner de (atestiguar).

➧ **atestarse** *v pr* FIG & FAM se bourrer, s'empiffrer (atracarse).

atestiguación *f*; **atestiguamiento** *m* témoignage *m* ‖ DR atestiguación forense constat.

atestiguar [45] *v tr* témoigner de o que, déclarer que [comme témoin] ‖ FIG témoigner de, démontrer, prouver; esto atestigua el valor de estas medidas cela démontre la valeur de ces mesures.

‖ SIN asegurar assurer; certificar certifier; pretender prétendre; sostener soutenir; afirmar affirmer.

atezado, da bruni, e; hâlé, e (piel) ‖ noir, e (negro) ‖ poli, e; lisse (pulido).

atezar [13] *v tr* brunir, hâler (la piel) ‖ noircir ‖ polir (pulir).

➧ **atezarse** *v pr* brunir.

atiborrar *v tr* bourrer (llenar de borra) ‖ FIG & FAM bourrer, remplir.

➧ **atiborrarse** *v pr* FIG & FAM se gaver, se bourrer, s'empiffrer; atiborrarse de frutas se gaver de fruits.

Ática *n pr f* GEOGR Attique.

aticismo *m* atticisme (delicadeza).

ático, ca *adj & s* attique.
➧ **ático** *m* ARQ attique, dernier étage.

atiesar *v tr* raidir, tendre.

atigrado, da *adj* tigré, e.

Atila *n pr* Attila.

atildado, da *adj* d'une mise recherchée, soigné, e; élégant, e ‖ FIG recherché, e; estilo atildado style recherché.

atildamiento *m* critique *f*, censure *f* ‖ FIG parure *f*, ornement *m* ‖ recherche *f* [de la toilette], élégance *f*; vestido con atildamiento vêtu avec recherche ‖ ponctuation *f* (puntuación).

atildar *v tr* (p us) mettre les accents o les tildes ‖ FIG critiquer, censurer.
➧ **atildarse** *v pr* FIG se parer, se bichonner, se pomponner [familier] (acicalarse).

atinadamente *adv* adroitement, judicieusement ‖ justement, avec justesse.

atinado, da *adj* judicieux, euse; una observación atinada une remarque judicieuse ‖ bien choisi, e; bien trouvé, e; réussi, e; una contestación atinada une réponse bien trouvée ‖ pertinent, e; opportun, e; approprié, e; adéquat, e; una medida atinada une mesure opportune.

atinar *v intr* trouver, découvrir, tomber sur; atinar con la solución tomber sur o trouver la solution ‖ tomber o deviner juste (acertar) ‖ réussir; atinó a encontrar la solución il a réussi à trouver la solution ‖ viser juste, frapper au but (dar en el blanco).

atinconar *v tr* MIN étayer.

atinente *adj* touchant à, relatif à.

atingencia *f* (Amer) rapport *m*, relation.

atipia *f* MED atypie.

atípico, ca *adj* atypique.

atiplado, da *adj* aigu, ë (voz).

atiplar *v tr* mettre à l'aigu.
➧ **atiplarse** *v pr* passer à l'aigu.

atipujarse *v pr* (Amer) se gaver (comer con exceso).

atirantar *v tr* raidir, tendre.

atisbadero *m* poste de guet.

atisbadura *f* guet *m*.

atisbar *v tr* guetter (acechar) ‖ regarder, observer (mirar).

atisbo *m* guet (acecho) ‖ FIG indice léger, soupçon (asomo) ‖ lueur *f*; no es muy astuto pero a veces tiene atisbos de inteligencia il n'est pas très astucieux mais il a quelquefois des lueurs d'intelligence.

¡atiza! *interj* oh, là, là!, fichtre!, sapristi!

atizadero *m* tisonnier.

atizador, ra *adj & s* attiseur, euse (que atiza).
➧ **atizador** *m* tisonnier (atizadero).

atizar [13] *v tr* tisonner, attiser (el fuego) ‖ moucher (una luz) ‖ FIG attiser; atizar la discordia attiser la discorde ‖ FIG & FAM allonger, flanquer, donner; atizar un puntapié allonger un coup de pied.

➧ **atizarse** *v pr* FAM siffler; se atizó el vaso de un trago il siffla son verre d'un trait.

atizonar *v tr* encastrer dans un mur (una viga).

➤ **atizonarse** *v pr* se nieller, se moucheter (el trigo).

atlante *m* ARQ atlante (telamón).

atlántico, ca *adj* atlantique.

Atlántico *n pr* GEOGR el océano Atlántico l'océan Atlantique.

Atlántida *n pr f* GEOGR Atlantide.

atlantismo *m* atlantisme.

atlantista *adj & s* atlantiste.

atlas *m* atlas.

Atlas *n pr m* GEOGR el Atlas l'Atlas.

atleta *m & f* athlète ∥ FIG athlète ∥ un atleta de feria un hercule.

atlético, ca *adj* athlétique.

atletismo *m* athlétisme.

atmidometría *f* FÍS atmidométrie.

atmidómetro *m* FÍS atmidomètre.

atmólisis *f inv* QUÍM atmolyse.

atmósfera; atmosfera *f* atmosphère ∥ FIG climat *m*, atmosphère.

atmosférico, ca *adj* atmosphérique.

atoaje *m* MAR remorquage, touage.

atoar *v tr* touer, remorquer.

atocha *f* alfa *m*, sparte *m* (esparto).

atochar *v tr* bourrer de sparte ∥ FIG bourrer, remplir ∥ MAR plaquer (una vela).

➤ **atocharse** *v pr* MAR être coincé, e (un câble).

atocinado, da *adj* FIG & FAM gras, grasse.

atocinar *v tr* préparer le lard (hacer los tocinos) ∥ dépecer [un porc] ∥ FIG & FAM descendre (matar).

➤ **atocinarse** *v pr* FIG & FAM prendre la mouche, se fâcher (irritarse) ∥ se toquer de, s'enticher de (encapricharse).

atol; atole *m* (Amer) boisson *f* à base de maïs ∥ GEOGR atoll (atolón).

atolladero *m* bourbier (atascadero) ∥ FIG impasse *f*; las negociaciones están ahora en un atolladero les négociations se trouvent maintenant dans une impasse ■ cada sendero tiene su atolladero il n'y a pas de rose sans épine ∥ FIG & FAM estar en un atolladero être en mauvaise posture o dans le pétrin o dans de beaux draps o dans une mauvaise passe ∥ sacar del atolladero tirer d'embarras o du pétrin o d'affaire o d'une mauvaise passe ∥ salir del atolladero se tirer du pétrin o d'affaire o d'embarras, se dépêtrer, sortir d'une mauvaise passe.

atollar *v intr & pr* s'embourber, s'enliser.

atolón *m* atoll (isla).

atolondradamente *adv* étourdiment, avec inconséquence, à l'étourdie.

atolondrado, da *adj* FIG écervelé, e; étourdi, e.

   SIN alocado, desjuiciado écervelé; mal avisado malavisé; desatinado inconsidéré; inconsecuente inconséquent; FAM cabeza de chorlito tête de linotte.

atolondramiento *m* étourderie *f*, inconséquence *f*; obrar con atolondramiento agir avec inconséquence.

atolondrar *v tr* étourdir.

➤ **atolondrarse** *v pr* FIG perdre la tête

(turbarse).

atomicidad *f* QUÍM atomicité.

atómico, ca *adj* atomique; bomba, cabeza, energía, pila atómica bombe, tête, énergie, pile atomique; peso atómico poids atomique.

atomismo *m* FIL & FÍS atomisme.

atomista *adj & s* FIL & FÍS atomiste.

atomístico, ca *adj & s f* atomistique.

atomización *f* atomisation.

atomizador *m* atomiseur.

atomizar [13] *v tr* atomiser.

átomo *m* atome ■ átomo-gramo atome-gramme ∥ FIG & FAM ni un átomo de pas un atome de, pas l'ombre de.

atonal *adj* MÚS atonal, e.

atonalidad *f* MÚS atonalité.

atonía *f* MED atonie.

atónico, ca *adj* atonique.

atónito, ta *adj* abasourdi, e; stupéfait, e (estupefacto); pantois, e (boquiabierto).

átono, na *adj* atone (sin acentuación).

atontadamente *adv* stupidement, bêtement.

atontado, da *adj* étourdi, e; abruti, e (por un ruido) ∥ ahuri, e; ébahi, e (boquiabierto) ∥ abêti, e; abruti, e; atontado por un trabajo estúpido abêti par un travail stupide ∥ abruti, e; atontado por un sedante abruti par un calmant.

atontamiento *m* étourdissement, abrutissement (por un ruido) ∥ abêtissement, abrutissement (embrutecimiento) ∥ abrutissement (por una medicina).

atontar *v tr* étourdir, abrutir (el ruido) ∥ étourdir (un golpe) ∥ abêtir, abrutir (embrutecer) ∥ entêter, étourdir (un perfume).

➤ **atontarse** *v pr* être étourdi ∥ s'abêtir, s'abrutir.

atontolinamiento *m* FAM étourdissement, abrutissement ∥ abêtissement (embrutecimiento).

atontolinar *v tr* FAM abrutir (atontar) ∥ estar atontolinado être dans le cirage.

atorado, da *adj* (Amer) bouché, e (atascado) ∥ FIG nerveux, euse (agitado).

atoramiento *m* engorgement (atascamiento) ∥ enlisement (en el fango).

atorar *v tr* engorger, obstruer, boucher (una bomba, una cañería, etc.).

◇ *v intr & pr* s'engorger, s'obstruer (una bomba, una cañería) ∥ s'embourber (en un barrizal) ∥ FAM (Amer) avaler de travers, s'étrangler (atragantarse).

atormentadamente *adv* douloureusement.

atormentador, ra *adj & s* tourmenteur, euse (persona), qui tourmente, pénible, douloureux, euse (cosa).

atormentar *v tr* tourmenter ∥ FIG torturer; ¿por qué me atormentas con estos recuerdos? pourquoi me tortures-tu avec ces souvenirs?

➤ **atormentarse** *v pr* se tourmenter, s'inquiéter ∥ no atormentarse por nada ne s'affliger de rien.

   SIN inquietar, intranquilizar, desasosegar inquiéter; preocupar préoccuper; FAM marear tracasser; acosar, hostigar harceler; asediar assiéger; torturar torturer; mortificar mortifier, vexer; FAM amolar tarabuster.

atornillar *v tr* visser ∥ FIG (Amer) déranger, harceler.

atoro *m* (Amer) engorgement (atasco) ∥ FIG gêne, embarras (apuro).

atorón *m* (Amer) embouteillage.

atorranta *f* MFAM (Amer) gourgandine, traînée.

atorrante *adj & s* (Amer) vagabond, e; clochard, e (vago); fainéant, e (ocioso) ∥ voyou *m* (granuja).

atorrantismo *m* (Amer) vagabondage, fainéantise *f*.

atorrar *v intr* (Amer) vagabonder, vivre en fainéant (holgazanear).

atortillar *v tr* (Amer) écraser, aplatir (aplastar).

atortolar *v tr* FAM troubler, faire perdre la tête (aturdir) ∥ estar muy atortolados être comme des tourtereaux.

➤ **atortolarse** *v pr* FAM s'éprendre l'un de l'autre.

atortujar *v tr* aplatir, presser (aplastar).

atosigador, ra *adj & s* empoisonneur, euse (envenenador) ∥ harceleur, euse; qui harcèle (que apremia).

atosigamiento *m* empoisonnement (envenenamiento) ∥ harcèlement.

atosigar [16] *v tr* empoisonner (envenenar) ∥ FIG harceler, presser, bousculer (dar prisa) ∥ FAM empoisonner (fastidiar).

➤ **atosigarse** *v pr* être obsédé o harcelé.

atrabiliario, ria *adj* atrabilaire.

atrabilioso, sa *adj* atrabilaire.

atrabilis *f inv* MED atrabile ∥ FIG mauvaise humeur.

atracada *f* MAR accostage *m* ∥ (Amer) gavage *m*, goinfrerie (atracón) ∥ bagarre, rixe (pelea).

atracadero *m* MAR débarcadère.

atracador, ra *m & f* malfaiteur *m*, voleur, euse [à main armée]; auteur *m* d'un hold-up ∥ bourre-pipe.

atracar [10] *v tr* MAR amarrer ∥ FAM bourrer, gaver (hartar) ∥ attaquer, dévaliser, voler à main armée (robar).

◇ *v intr* MAR amarrer ∥ atracar al muelle se mettre à quai.

➤ **atracarse** *v pr* FAM se bourrer, se gaver, s'empiffrer (hartarse) ∥ (Amer) faire chorus, entrer dans les vues de quelqu'un (adherirse) ∥ se battre, se bagarrer (reñir).

atracción *f* attraction; ley de atracción universal loi d'attraction universelle ∥ attirance; sentir una atracción por una persona ressentir une attirance pour une personne ∥ attraction (espectáculo) ■ FÍS atracción molecular attraction moléculaire ∥ la atracción de la fiesta le clou de la soirée.

atraco *m* agression *f*, vol o attaque *f* à main armée [dans la rue].

atracón *m* FAM gavage, goinfrerie *f* ∥ (Amer) poussée *f*, bousculade *f* (empujón) ∥ darse un atracón de caramelos se gaver de bonbons.

atractivo, va *adj* attractif, ive; d'attraction ‖ FIG [▷ SIN] attirant, e (persona); attrayant, e (cosa).

➤ **atractivo** *m* attrait, charme (encanto) ‖ FIG appât; el atractivo de la ganancia l'appât du gain.

> SIN placentero, grato plaisant; atrayente attirant; seductor séduisant; fascinante fascinant; encantador charmant, adorable.

atractriz *adj* FÍS attractive (fuerza).

atraer [73] *v tr* attirer; el imán atrae el hierro l'aimant attire le fer ‖ FIG attirer; atraer las miradas attirer les regards.

atrafagar [16] *v intr* se fatiguer, s'éreinter.

atragantamiento *m* étouffement (sofoco), étranglement (ahogo).

atragantarse *v pr* s'étrangler, avaler de travers; come tan de prisa que se atraganta il mange si vite qu'il s'étrangle ‖ se mettre en travers du gosier; se me ha atragantado una espina une arête s'est mise en travers de mon gosier ‖ FIG & FAM se troubler, se décontenancer, s'embarrasser (turbarse) ‖ perdre le fil (cortarse) ■ FIG & FAM atragantársele algo a uno avoir quelque chose sur l'estomac atragantársele a uno una persona ne pas pouvoir souffrir o sentir o avaler quelqu'un.

atraillar; atramojar (*Amer*) *v tr* harder, ameuter (los perros) ‖ FIG dominer, tenir en laisse (dominar).

atramparse *v pr* se boucher, s'obstruer, s'engorger (cegarse un conducto) ‖ se coincer, se bloquer (un pestillo) ‖ FIG & FAM s'empêtrer, s'embourber, s'enliser (atollarse).

atrancar [10] *v tr* barrer, barricader, fermer avec une barre; atrancó la puerta por miedo a los bandidos il a barré la porte par peur des bandits ‖ boucher (obstruir).

➤ **atrancarse** *v pr* se boucher, s'obstruer (obstruirse) ‖ se coincer (un mecanismo) ‖ s'embourber (atascarse) ‖ s'embrouiller, s'arrêter dans un discours ‖ (*Amer*) s'entêter, s'obstiner (empeñarse).

atranco; atranque *m* bourbier (atasco) ‖ FIG embarras, gêne *f* (apuro) ‖ no hay barranco sin atranco on n'a rien sans peine.

atrapamoscas *m* BOT attrape-mouches *inv*.

atrapar *v tr* FAM attraper ‖ décrocher; atrapar un empleo décrocher un emploi.

atraque *m* MAR accostage, amarrage.

atrás *adv* derrière; ir atrás marcher derrière ‖ en arrière; quedar atrás rester en arrière ‖ exprime aussi le temps écoulé; algunos días atrás quelques jours plut tôt, il y a quelques jours (hace algunos días) ‖ cuenta hacia atrás compte à rebours ‖ hacia atrás, para atrás en arrière; mirar hacia atrás o para atrás regarder en arrière ■ echado para atrás renversé; la cabeza echada para atrás la tête renversée; rejeté en arrière; el pelo echado para atrás les cheveux rejetés en arrière ‖ estos problemas vienen de muy atrás ces problèmes remontent à très loin o viennent de loin ‖ volverse atrás revenir en arrière ‖ volverse o echarse para atrás se dédire, revenir sur ce que l'on a dit.

➤ **¡atrás!** *interj* arrière!

atrasado, da *adj* en retard; estoy muy atrasado para salir je suis très en retard pour sortir ‖ en retard; este niño está atrasado en los estudios cet enfant est en retard dans ses études ‖ arriéré, e; pago atrasado paiement arriéré ‖ sous-développé, e (subdesarrollado) ‖ FIG endetté, e (entrampado) ‖ qui retarde (reloj) ■ ¡andas atrasado de noticias! tu retardes! ‖ lo atrasado l'arriéré; saldar lo atrasado solder l'arriéré ‖ un atrasado mental un débile mental, un arriéré.

atrasar *v tr* retarder; atrasar un reloj retarder une montre ‖ retarder de; mi reloj atrasa cinco minutos ma montre retarde de cinq minutes.

➤ **atrasarse** *v pr* rester en arrière (quedarse atrás) ‖ se mettre o être en retard (llevar atraso) ‖ s'endetter (entramparse) ‖ être retardé, e [dans son développement].

atraso *m* retard; este reloj tiene un atraso de diez minutos cette montre a dix minutes de retard ‖ retard; esta niña tiene mucho atraso en los estudios cette enfant a beaucoup de retard dans ses études ‖ con atraso en retard.

➤ **atrasos** *m pl* arriéré *sing*, arriérages; este comerciante tiene muchos atrasos ce commerçant a beaucoup d'arriérés.

atravesado, da *adj* en travers; había un árbol atravesado en la carretera il y avait un arbre en travers de la route ‖ atravesado por las flechas transpercé de flèches ‖ traversé, e; franchi, e (recorrido) ‖ louche (bizco) ‖ croisé, e (bastardo) ‖ FIG pervers, e; méchant, e; una persona atravesada une personne méchante ■ poner atravesado mettre en travers ‖ tener a alguien atravesado ne pas pouvoir avaler o souffrir o sentir quelqu'un ‖ tener el genio atravesado avoir l'esprit de travers ‖ tener la cara atravesada avoir une mine rébarbative.

atravesar [19] *v tr* mettre en travers (poner) ‖ traverser, passer à travers; el agua atraviesa este impermeable l'eau traverse cet imperméable ‖ percer, transpercer (traspasar); atravesar el pecho de un balazo transpercer la poitrine d'une balle; atravesar de parte a parte transpercer de part en part ‖ [▷ SIN] traverser, franchir (franquear) ‖ traverser (cruzar); atravesar la calle traverser la rue ‖ FIG traverser; la economía atraviesa un período difícil l'économie traverse une période difficile ‖ traverser; atravesar el pensamiento traverser l'esprit ‖ couper (juego) ‖ parier pour l'un des joueurs (apostar) ‖ FAM jeter un sort (aojar) ‖ MAR mettre à la cape ‖ (*Amer*) accaparer, monopoliser ‖ atravesar el Rubicón passer o franchir le Rubicon.

➤ **atravesarse** *v pr* se mettre en travers; se atravesó en mi camino il s'est mis en travers de mon chemin ‖ FIG intervenir dans, se mêler de, prendre part à; atravesarse en el juego prendre part au jeu ‖ se disputer, se quereller (tener pendencia) ‖ engager [une somme dans une partie] ‖ FAM atravesársele a uno una persona ne pas pouvoir avaler o souffrir o sentir quelqu'un.

> SIN pasar passer; recorrer parcourir; salvar franchir.

atrayente *adj* attrayant, e (cosa); attirant, e (persona).

atrechar *v intr* (*Amer*) FAM couper à travers champs.

atrenzo *m* (*Amer*) difficulté *f*, épreuve *f*.

atrepsia *f* MED athrepsie (desnutrición).

atreverse *v pr* oser; atreverse a hablar oser parler ‖ manquer de respect, être insolent; atreverse con un superior manquer de respect à un supérieur, être insolent envers un supérieur.

atrevidamente *adv* hardiment ‖ insolemment (con insolencia).

atrevido, da *adj* [▷ SIN] audacieux, euse; hardi, e; una política atrevida une politique audacieuse ‖ insolent, e (descarado) ‖ osé, e; una película atrevida un film osé ‖ entreprenant, e; atrevido con las mujeres entreprenant avec les femmes.

<> *m & f* audacieux, euse ‖ insolent, e; estos chicos son unos atrevidos ces garçons sont des insolents.

> SIN osado osé; intrépido intrépide; audaz audacieux; temerario téméraire; decidido décidé; resuelto résolu; determinado déterminé; desenvuelto désinvolte; FAM descarado, caradura culotté.

atrevimiento *m* hardiesse *f*, audace *f* (osadía); tiene el atrevimiento de interrumpirme il a l'audace de m'interrompre ‖ insolence *f*, effronterie *f* (insolencia).

> SIN intrepidez, denuedo intrépidité; impavidez impavidité; audacia audace; osadía hardiesse; temeridad témérité; descaro, desfachatez effronterie; FAM caradura, desparpajo culot; tupé, frescura toupet.

atrezo ➤ attrezzo.

atribución *f* attribution; esto sale de mis atribuciones ceci est en dehors de mes attributions.

atribuir [51] *v tr* attribuer.

➤ **atribuirse** *v pr* s'attribuer.

> SIN conceder concéder; otorgar accorder; adjudicar adjuger; conferir conférer.

atribulado, da *adj* en butte aux tribulations ‖ vida atribulada vie d'infortune o de tribulations.

atribular *v tr* affliger, attrister, consterner.

➤ **atribularse** *v pr* être affligé o consterné; atribularse con la noticia de su muerte être consterné par la nouvelle de sa mort.

atributario, ria *adj* DR attributaire.

atributivo, va *adj* attributif, ive.

atributo *m* attribut ‖ apanage; las grandes ideas son el atributo del genio les grandes idées sont l'apanage du génie ‖ GRAM attribut.

atrición *f* attrition.

atril *m* pupitre à musique ‖ lutrin (facistol) ‖ appui-livres, appuie-livres.

atrincar [10] *v tr* (*Amer*) attacher (atar).

atrincheramiento *m* MIL retranchement.

atrincherar *v tr* retrancher (fortificar).

➤ **atrincherarse** *v pr* se retrancher.

atrinchilar *v tr* (*Amer*) coincer [une femme], étreindre.

atrio *m* ARQ atrium (de la casa romana) ‖ parvis (pórtico) ‖ vestibule (zaguán) ‖ portique (galería).

atrito, ta *adj* affligé, e.

atrochar *v intr* couper [par des chemins de traverse], prendre un raccourci.

atrocidad *f* atrocité; los invasores hicieron atrocidades en todo el país les envahisseurs ont commis des atrocités dans tout le pays ‖ FIG & FAM ➤ barbaridad.

atrofia *f* MED atrophie.

atrofiar [8] *v tr* atrophier.

atrojar *v tr* engranger (entrojar).

➡ **atrojarse** *v pr* (*Amer*) s'y perdre (confundirse) | être dans le pétrin | être épuisé par la chaleur (caballos).

atrompetado, da *adj* évasé, e ∥ nariz atrompetada nez en trompette.

atronado, da *adj* étourdi, e; écervelé, e.

atronador, ra *adj* assourdissant, e; un ruido atronador un bruit assourdissant | tonitruant, e; una voz atronadora une voix tonitruante | unos aplausos atronadores, una atronadora ovación un tonnerre d'applaudissements.

atronadura *f* cadranure, gélivure (de la madera) | VETER entretaillure, avalure (alcanzadura).

atronamiento *m* assourdissement (por el ruido) | étourdissement (por un golpe) | VETER entretaillure *f*, avalure *f* (alcanzadura).

atronar [23] *v tr* assourdir (con el ruido) | foudroyer (matar de un solo golpe) | étourdir (con un golpe) | assommer (en el matadero).

atropar *v tr* rassembler, attrouper (p us).

atropelladamente *adv* avec précipitation, précipitamment, à la hâte | hablar atropelladamente bafouiller, bredouiller.

atropellado, da *adj* qui agit o parle avec précipitation | précipité, e; discurso atropellado discours précipité.

➡ **atropellada** *f* (*Amer*) bousculade (atropello).

atropellador, ra *adj* brusque, impétueux, euse.

◇ *m & f* emporté, e; violent, e.

atropellamiento ➡ **atropello**.

atropellaplatos *adj & s* FAM mazette *f*.

atropellar *v tr* renverser; fue atropellado por un coche il a été renversé par une voiture | bousculer (empujar con violencia) | FIG passer par-dessus, passer outre, piétiner; atropellar todos los principios morales passer par-dessus tous les principes de la moralité | outrager (ultrajar) | malmener, maltraiter (agraviar) | bâcler (un trabajo) | abattre, accabler (las desgracias).

➡ **atropellarse** *v pr* se bousculer (empujarse) | bredouiller, bafouiller (al hablar).

atropello; atropellamiento *m* bousculade *f* (empujón) | accident (por un vehículo) | FIG infraction *f*, violation *f* (de las leyes) | violation *f* (de los principios) | outrage (insulto) | mauvais traitement (agravio) | bredouillement, bafouillement (de palabras).

atropina *f* QUÍM atropine.

atroz *adj* atroce | FAM énorme, démesuré, e.

■ OBSERV pl atroces.

atrozmente *adv* atrocement | FIG énormément, démesurément.

atruchado *adj m* truité (hierro).

A.T.S. (abrev de ayudante técnico sanitario) *m* infirmier, ère.

attrezzista *m & f* CINEM accessoiriste.

attrezzo; atrezo *m* CINEM accessoires *pl*.

atuendo *m* toilette *f*, tenue *f*, mise *f* (atavío) | (p us) apparat, ostentation *f* (ostentación).

atufado, da *adj* irrité, e; en colère (irritado) | incommodé, e (por el tufo) | étouffé, e; asphyxié, e, (ahogado) | (*Amer*) étourdi, e; écervelé, e (atolondrado).

atufamiento *m* colère *f*, irritation *f*.

atufar *v tr* FIG fâcher, irriter (enfadar).

◇ *v intr* sentir mauvais (oler mal).

➡ **atufarse** *v pr* se fâcher (enfadarse); se atufa por o con o de nada il se fâche pour un rien | être incommodé (por un olor) | s'asphyxier, s'étouffer (por el tufo) | se piquer, s'aigrir (vino).

atufo *m* irritation *f*, colère *f*.

atún *m* thon (pescado) | FIG & FAM idiot, e; âne, abruti, e; pedazo de atún espèce d'idiot.

atunara *f* madrague (red).

atunero, ra *m & f* marchand, e de thon (que vende atún) | barco atunero, atunero thonier.

➡ **atunero** *m* pêcheur de thon (pescador).

➡ **atunera** *f* hameçon *m* pour le thon (anzuelo).

aturdido, da *adj* étourdi, e; écervelé, e.

aturdidor, ra *adj* étourdissant, e.

aturdimiento *m* étourdissement (perturbación de los sentidos) | commotion *f*, étourdissement, trouble (perturbación moral) | FIG étourderie *f*; a causa de su aturdimiento no se puede uno fiar de él on ne peut pas lui faire confiance à cause de son étourderie | maladresse *f* (torpeza).

aturdir *v tr* étourdir | FIG stupéfier, ahurir (pasmar).

aturquesado, da *adj* turquoise *inv* (color).

aturrullamiento; aturullamiento *m* FAM trouble.

aturrullar; aturullar *v tr* FAM démonter, décontenancer, troubler.

➡ **aturrullarse; aturullarse** *v pr* FAM s'embrouiller, perdre la tête, se troubler (turbarse) | s'affoler; aturrullarse por el tráfico s'affoler devant la circulation.

atusar *v tr* tondre (cortar el pelo) | lisser (el pelo, el bigote) | caresser; atusarle el cuello a un caballo caresser l'encolure d'un cheval | (*Amer*) couper les crins (de un animal).

➡ **atusarse** *v pr* FIG se pomponner, s'attifer (componerse mucho) | (*Amer*) se fâcher (enfadarse).

atutía *f* tuthie, tutie (óxido de zinc).

auca *f* (p us) oie (oca) | (*Amer*) chapeau *m* melon.

audacia *f* audace, hardiesse; manifestar audacia payer d'audace, montrer de la hardiesse.

audaz *adj & s* audacieux, euse; la fortuna es de los audaces la fortune sourit aux audacieux.

■ OBSERV pl audaces.

audazmente *adv* audacieusement.

audibilidad *f* audibilité.

audible *adj* audible.

audición *f* audition.

audiencia *f* audience; dar audiencia donner audience | audience, tribunal *m*, cour (tribunal de justicia); audiencia de lo criminal, territorial cour d'assises, d'appel | palais *m* de justice (palacio de justicia) | (ant) audiencia [en Espagne et en Amérique] ■ audiencia arbitral tribunal d'arbitrage | audiencia oral audience.

audífono *m* audiophone.

audímetro *m* audimètre.

audio *m* RAD matériel audio, son.

audiobilidad *f* audibilité.

audiocirugía *f* chirurgie de l'oreille.

audiofrecuencia *f* audiofréquence.

audiograma *m* audiogramme.

audiometría *f* audiométrie.

audiómetro *m* FÍS audiomètre.

audiovisual *adj* audiovisuel, elle.

auditar *v tr* auditer (finances).

auditivo, va *adj* auditif, ive.

auditor *m* auditeur | commissaire aux comptes, audit (interventor de cuentas).

auditoría *f* auditorat *m* | tribunal *m* o bureau *m* de l'auditeur (tribunal o despacho) | audit *m*, vérification o contrôle *m* des comptes; auditoría externa audit externe.

auditorio *m* auditoire | FIG audience *f*; persona que tiene mucho auditorio personne qui a une large audience | auditorium | distraer el auditorio amuser la galerie.

auditorium *m* auditorium.

auge *m* essor; la televisión ha tenido un auge extraordinario la télévision a connu un essor extraordinaire | ASTRON apogée ■ auge económico expansion économique | en período de o en pleno auge en plein essor.

Augsburgo *n pr* GEOGR Augsbourg.

augur *m* augure (adivino).

augurador, ra *adj* qui augure.

augural *adj* augural, e; ciencia augural science augurale.

augurar *v tr* augurer, prédire.

| SIN conjeturar conjecturer; presumir présumer; presagiar, predecir présager.

augurio *m* augure, présage.

Augusto *n pr* Auguste.

augusto, ta *adj* auguste.

aula *f* salle, amphithéâtre *m* (en la universidad) | salle (en una escuela) | POÉT palais *m* (palacio) | aula magna grand amphithéâtre.

aulaga *f* BOT ajonc *m*.

áulico, ca *adj* aulique.

➡ **áulico** *m* (p us) courtisan.

aullador, ra *adj* hurleur, euse.

➡ **aullador** *m* singe hurleur (mono).

aullante *adj* hurlant, e.

aullar *v intr* hurler.

| OBSERV Le présent de l'indicatif de ce verbe fait: aúllo, aúllas, aúlla, aullamos, aulláis, aúllan.

aullido; aúllo *m* hurlement.

aumentación *f* augmentation | progression (gradación).

aumentador, ra *adj* augmentateur, trice.

aumentar *v tr* augmenter; aumentar en un tercio augmenter d'un tiers; aumentar un sueldo augmenter un salaire | grossir; el microscopio aumenta los objetos le microscope grossit les objets.

◇ *v intr* augmenter, croître.

◆ **aumentarse** *v pr* s'augmenter, s'accroître.

‖ SIN crecer croître; agrandar, ampliar agrandir; acrecentar accroître; redoblar redoubler; amplificar amplifier; extender étendre; intensificar intensifier; ensanchar, ampliar élargir.

aumentativo, va *adj & s m* augmentatif, ive.

aumento *m* augmentation *f*, accroissement ‖ grossissement (de microscopio) ‖ majoration *f* (de un precio) ‖ (*Amer*) postscriptum (posdata) ■ aumento temporal augmentation saisonnière ‖ lentes de aumento verres grossissants ■ tener aumento de sueldo avoir une augmentation.

‖ SIN acrecentamiento, incremento accroissement; ampliación amplification; ensanche élargissement.

aun *adv* même; te daré mil francos, y aun dos mil je te donnerai mille francs, et même deux mille ‖ cependant, malgré tout (sin embargo) ■ aun así et encore ‖ aun cuando même cuando si; aun cuando quisiera, no podría même si je voulais, je ne pourrais pas ‖ aun si si encore; aun si tuviera si encore il avait ‖ ni aun ni même, pas même, même pas.

aún *adv* encore, toujours; no ha llegado aún il n'est pas encore arrivé; aún no lo sé je ne le sais toujours pas ‖ encore; yo tengo más aún j'ai encore plus ‖ aún no pas encore.

‖ OBSERV Aún s'accentue quand il signifie encore (adverbe de temps); il ne prend pas d'accent dans les autres cas.

aunar *v tr* unir, allier, réunir (unir) ‖ conjuguer; aunar los esfuerzos conjuguer les efforts ‖ unifier (unificar).

aunche; aunchi *m* (*Amer*) déchet, résidu.

aunque *conj* quoique, bien que, encore que (con el subjuntivo en francés); aunque estoy malo, no faltaré a la cita bien que je sois malade, je ne manquerai pas au rendez-vous; aunque no venga nadie debes quedarte aquí quoiqu'il ne vienne personne tu dois rester ici ‖ même si (con el indicativo en francés); iré aunque llueva j'irai même s'il pleut ‖ quand bien même, même si; aunque estuvieses aquí quand bien même tu serais ici, même si tu étais ici ‖ aunque más avoir beau, quelque... que, quoique.

‖ OBSERV Aunque se construit avec l'indicatif si la restriction porte sur un fait réel et avec le subjonctif si elle ne porte que sur un fait éventuel; dans ce dernier cas aunque se rapproche de la nuance de même si.

¡aúpa! *interj* houp!, hop là! ■ FAM de aúpa formidable, du tonnerre (magnífico), gratiné, e (en el mal sentido) ‖ los de aúpa les picadors.

‖ OBSERV La locution de aúpa a une valeur emphatique et sert à conférer au mot qu'elle accompagne le sens d'exceptionnel, qui sort de l'ordinaire.

aupar *v tr* FAM hisser, lever ‖ FIG porter aux nues, exalter (ensalzar).

aura *f* urubu *m*, aura (buitre de América) ‖ POÉT zéphir *m*, souffle *m* léger (viento apacible) ‖ FIG faveur populaire, approbation générale (aceptación) ‖ aura (atmósfera inmaterial) ‖ MED aura; aura epiléptica aura épileptique.

auranciáceas *f pl* BOT aurantiacées.

Aurelia *n pr* Aurélie.

Aureliano *n pr* Aurélien.

Aurelio *n pr* Aurèle.

áureo, a *adj* d'or (de oro) ‖ doré, e; d'or (parecido al oro) ‖ áureo número nombre d'or.

◆ **áureo** *m* auréus (antigua moneda de oro).

aureola *f* auréole ‖ FIG auréole.

aureolar *v tr* auréoler, nimber.

aureolar *adj* auréolaire.

auricalco *m* orichalque (metal).

áurico, ca *adj* aurique, d'or.

◇ *adj f* aurique (vela).

aurícula *f* ANAT oreillette (del corazón) ‖ auricule ‖ BOT auricule (de las hojas).

auriculado, da *adj* auriculé, e.

auricular *adj* auriculaire.

◇ *m* auriculaire (dedo) ‖ écouteur (teléfono) ‖ auricular con micrófono combiné.

auriculoventricular *adj* ANAT auriculoventriculaire.

aurífero, ra *adj* aurifère.

aurificación *f* aurification.

aurificar [10] *v tr* aurifier.

auriga *m* POÉT aurige (cochero) ‖ ASTRON le Cocher (constelación).

auriñacense *adj & s* aurignacien, enne.

auroc *m* aurochs.

aurora *f* aurore (amanecer) ‖ FIG aurore (principio) ‖ lait *m* d'amandes (bebida) ‖ aurore (color) ‖ (*Amer*) sorte de chicha, boisson fermentée ‖ oiseau *m* grimpeur du Mexique ■ aurora polar, boreal, austral aurore polaire, boréale, australe ‖ CULIN salsa aurora Béchamel à la tomate ■ despuntar, romper la aurora poindre [le jour].

Aurora *n pr* Aurore.

auroral *adj* de l'aurore, auroral, e.

auscultación *f* MED auscultation.

auscultar *v tr* MED ausculter.

ausencia *f* absence ■ FAM brillar por su ausencia briller par son absence ‖ en ausencia de en l'absence de.

‖ SIN alejamiento éloignement; desaparición disparition; partida départ.

ausentado, da *adj* absent, e.

ausentarse *v pr* s'absenter.

‖ SIN alejarse s'éloigner; marcharse s'en aller; desaparecer disparaître; faltar manquer, faire défaut.

ausente *adj & s* absent, e ‖ ni ausente sin culpa, ni presente sin disculpa les absents ont toujours tort.

ausentismo *m* absentéisme (absentismo).

ausentista *adj & s* absentéiste (absentista).

ausoles *m pl* (*Amer*) crevasses *f* [des terrains volcaniques].

auspiciar [8] *v tr* (*Amer*) protéger, patronner.

auspicio *m* auspice; bajo los auspicios de sous les auspices de ‖ protection *f*, faveur *f* ‖ con buenos auspicios sous d'heureux auspices.

‖ SIN protección, amparo protection; salvaguardia sauvegarde; tutela tutelle; patronato, patronazgo patronage; égida égide; amparo protection.

auspicioso, sa *adj* (*Amer*) de bon augure.

austenita *f* austénite (acero).

austeridad *f* austérité ‖ austeridad económica austérité ‖ sévérité.

austero, ra *adj* austère.

‖ SIN severo, adusto sévère; sobrio sobre; rígido rigide; rigorista rigoriste; espartano spartiate; estoico stoïque; ascético ascétique; puritano puritain.

austral *adj* austral, e.

Australasia *n pr f* GEOGR Australasie.

Australia *n pr f* GEOGR Australie.

australiano, na *adj & s* australien, enne.

australopiteco *m* australopithèque.

Austrasia *n pr f* HIST Austrasie.

Austria *n pr f* GEOGR Autriche.

austriaco, ca *adj & s* autrichien, enne.

austro *m* autan, auster (poético).

austro-húngaro, ra *adj & s* austro-hongrois, e.

autarcía *f* autarcie.

autárcico, ca *adj* autarcique.

autarquía *f* autarcie.

autárquico, ca *adj* autarchique.

auténtica *f* ECLES authentique ‖ acte *m* authentique.

auténticamente *adv* authentiquement.

autenticar [10] *v tr* DR authentiquer, légaliser.

autenticidad *f* authenticité.

auténtico, ca *adj* authentique ‖ FAM vrai, e; es un gitano auténtico c'est un vrai gitan ‖ véritable; joya auténtica bijou véritable ‖ MÚS authente.

◇ *m & f* vrai, e; vrai de vrai, véritable; los hombres, los auténticos, son valerosos les hommes, les vrais, sont courageux.

autentificación *f* authentification.

autentificar [10]; **autentizar** [13] *v tr* authentifier.

autillo *m* ZOOL chat-huant ‖ arrêt de l'Inquisition (auto del tribunal de la Inquisición).

autismo *m* autisme.

autista *adj & s* autiste.

auto *m* DR arrêt, arrêté, jugement (sentencia) ‖ acte (de un pleito) ‖ drame religieux [du XVIe et du XVIIe siècle surtout, correspondant à peu près aux mystères français du Moyen Âge] ■ auto de comparecencia assignation ‖ auto de fe autodafé ‖ auto definitivo jugement définitif ‖ auto de oficio jugement d'office ‖ auto de posesión envoi de possession ‖ auto de prisión mandat d'arrêt o de dépôt ‖ auto de procesamiento arrêt d'accusation ‖ DR auto interlocutorio jugement interlocutoire ‖ auto para mejor proveer décision prise dans le but d'obtenir de plus amples informations ‖ auto sacramental auto, drame sur l'Eucharistie.

◆ **autos** *m pl* procédure *f sing* judiciaire ■ el día de autos le jour du délit ‖ estar, poner en autos être, mettre au courant.

auto *m* FAM auto *f*, voiture *f* (coche) ‖ auto de choque auto tamponneuse.

autoabastecimiento *m* autosuffisance *f*.

autoaccesorio *m* accessoire automobile.

autoacusación *f* autoaccusation.

autoadhesivo, va *adj* autoadhésif, ive; autocollant, e.

autoagresión *f* autoagressivité.

autoalimentación *f* INFORM alimentation papier automatique.

autoametralladora *f* automitrailleuse.

autoarranque *m* MECÁN démarrage automatique.

autobanco *m* système informatique permettant d'effectuer des opérations bancaires depuis sa voiture.

autobiografía *f* autobiographie.

autobiográfico, ca *adj* autobiographique.

autobiógrafo *m* auteur d'une autobiographie, autobiographe.

autobomba *f* autopompe.

autobombo *m* FAM auto-publicité *f*, éloge que l'on fait de soi-même ‖ FAM **hacerse el autobombo** s'envoyer des fleurs.

autobús *m* autobus ■ **autobús de dos pisos** autobus à impériale ‖ **autobús de línea** autocar [de ligne], car.
‖ OBSERV pl autobuses.

autocamión *m* camion automobile.

autocañón *m* autocanon.

autocar *m* autocar, car.

autocarista *m & f* passager, ère d'un autocar.

autocarril *m* (*Amer*) autorail.

autocartera *f* parts du capital d'une société détenues par cette société elle-même.

autocastigo *m* autopunition *f*.

autocensura *f* autocensure.

autociclo *m* autocycle.

autocine *m* drive-in.

autoclave *f* autoclave *m*.

autocomplacencia *f* autosatisfaction.

autoconsumo *m* autoconsommation *f*.

autocontrol *m* self-control, autocontrôle ‖ auto-évaluation (alumno).

autocopia *f* autocopie.

autocracia *f* autocratie.

autócrata *m & f* autocrate.

autocrático, ca *adj* autocratique.

autocrítica *f* autocritique.

autocromo, ma *adj* autochrome.

autóctono, na *adj & s* autochtone.

autodecisión *f* autodétermination.

autodefensa *f* auto-défense.

autodefinido *m* mots fléchés *pl*.

autodestrucción *f* autodestruction.

autodestructor, ra *adj* autodestructeur, trice.

autodestruirse [51] *v pr* s'autodétruire.

autodeterminación *f* autodétermination.

autodidacta *adj & s* autodidacte.

autodino *m* FÍS autodyne.

autodirección *f* autoguidage *m*.

autodirigido, da *adj* autoguidé, e.

autodisciplina *f* autodiscipline.

autodominio *m* maîtrise *f* de soi.

autódromo *m* autodrome.

autoedición *f* INFORM microédition, PAO, publication assistée par ordinateur.

autoeditar *v tr* INFORM mettre en page avec un logiciel de PAO.

autoencendido *m* AUTOM auto-allumage.

autoenfoque *m* mise au point *f* automatique.

autoescuela *f* auto-école.

autoestima *f* estime de soi.

autoestop; autoestopismo; auto-stop *m* auto-stop.

autoestopista; auto-stopista *m & f* auto-stoppeur, euse.

autoestrada *f* autoroute, autostrade.

autoexcitación *f* TÉCN autoexcitation.

autofecundación *f* BIOL autofécondation.

autofinanciable *adj* qui peut s'autofinancer.

autofinanciación *f*; **autofinanciamiento** *m* autofinancement *m*.

autofinanciarse *v pr* s'autofinancer.

autofoco *m* FOT autofocus.

autofocus *m inv* FOT autofocus.

autogamia *f* BOT autogamie.

autógeno, na *adj* autogène.

autogestión *f* autogestion.

autogestionario, ria *adj & s* autogestionnaire.

autogiro *m* autogire.

autogobierno *m* autonomie *f*.

autogol *m* DEP but marqué dans son propre camp.

autograbado *m* procédé chimique de gravure en creux.

autografía *f* autographie.

autografiar [9] *v tr* autographier.

autográfico, ca *adj* autographique.

autógrafo, fa *adj & s m* autographe.

autoinducción *f* self-induction, auto-induction.

autoinfección *f* auto-infection.

autointoxicación *f* auto-intoxication.

autólisis *f inv* autolyse.

automación *f* automation.
‖ OBSERV Automación est un anglicisme à éviter. Le mot correct est **automatización**.

autómata *m* automate.

automáticamente *adv* automatiquement.

automaticidad *f* automaticité.

automático, ca *adj* [▷ SIN] automatique ‖ **conducción automática** autoguidage.
➡ **automático** *m* bouton-pression.
‖ SIN mecánico mécanique; involuntario involontaire; instintivo instinctif; maquinal machinal.

automatismo *m* automatisme.

automatización *f* automatisation ‖ **automatización de fábricas** robotisation ‖ INFORM **automatización doméstica** domotique.

automatizar [13] *v tr* automatiser.

automedicación *f* automédication.

autómnibus *m* autobus.

automoción *f* automobilisme *m*.

automodelismo *m* modélisme automobile.

automotor, ra *adj* automoteur, trice.
➡ **automotor** *m* automotrice *f*, autorail (autovía) ‖ automobile *f*.

automotriz *adj* automotrice ‖ automobile.

automóvil *adj* automobile.
◇ *m* automobile *f*, voiture *f* (coche) ■ **automóvil de carreras** voiture de course ‖ **automóvil eléctrico** voiture électrique ‖ **automóvil todo terreno** voiture tout-terrain.

automovilismo *m* automobilisme.

automovilista *adj & s* automobiliste.

automovilístico, ca *adj* de l'automobile.

automutilación *f* automutilation.

autónica *f* électronique appliquée à l'automobile.

autonomía *f* autonomie.

autonómico, ca *adj* autonome.

autonomismo *m* (p us) mouvement politique en faveur du statut d'autonomie des régions espagnoles.

autonomista *adj & s* autonomiste.

autónomo, ma *adj* autonome.

autooruga *m* autochenille *f*.

autopase *m* DEP feinte *f* de corps.

autopiloto *m* pilote automatique.

autopista *f* autoroute ‖ INFORM **autopistas de (la) información** autoroutes de l'information.

autoplastia *f* MED autoplastie.

autoplástico, ca *adj* MED autoplastique.

autopolinización *f* BOT autopollinisation.

autoportante *adj* autoportant, e.

autoproclamado, da *adj* autoproclamé, e.

autopropulsado, da *adj* autopropulsé, e.

autopropulsión *f* autopropulsion.

autopropulsor *m* autopropulseur.

autopsia *f* MED autopsie.

autopsiar *v tr* autopsier.

autópsido, da *adj* MIN autopside.

autopullman *m* car pullman.

autor, ra *m & f* auteur; **esta mujer es la autora de esta novela** cette femme est l'auteur de ce roman ‖ TEATR chef d'une troupe (anticuado), régisseur (hoy).

autorcillo *m* FAM écrivassier, plumitif.

autoría *f* TEATR emploi *m* de régisseur.

autoridad *f* [▷ SIN] autorité ‖ officiel *m*; **las autoridades que acompañan al jefe del Estado** les officiels qui accompagnent le chef de l'État ■ **autoridad férrea** poigne; **hombre de autoridad férrea** homme à poigne ‖ **autoridades judiciales** parquet, autorités judiciaires ■ **abuso de autoridad** abus de pouvoir ‖ **con plena autoridad** de pleine autorité ‖ **por su propia autoridad** de sa propre autorité ‖ **ser autoridad** faire autorité (un autor, un libro) ‖ **tener autoridad para** avoir qualité pour.
‖ SIN potencia, poder puissance; poderío, poder pouvoir; imperio, señorío empire; dominación, dominio domination; omnipotencia omnipotence, toute-puissance; prepotencia prépotence.

autoritariamente *adv* d'autorité.

autoritario, ria *adj* autoritaire.

autoritarismo *m* autoritarisme.

autorizable *adj* autorisable.

autorización *f* autorisation; pedir autorización para salir demander l'autorisation de sortir.

autorizadamente *adv* avec autorité (con autoridad) ‖sur autorisation (con permiso).

autorizado, da *adj* autorisé, e; respectable; opinión autorizada avis autorisé ‖fondé, e (fundamento); estar autorizado para decir être fondé à dire ‖accrédité, e; palabra autorizada por su uso constante mot accrédité pour son usage constant.

autorizar [13] *v tr* autoriser ‖authentifier, légaliser (un documento) ‖confirmer, prouver (confirmar) ‖accréditer (acreditar) ‖consacrer (por el uso).

autorradio *m* autoradio.

autorradiografía *f* autoradiographie.

autorrebobinado *m* FOT rembobinage automatique.

autorregulable *adj* autoréglable, autorégulable, à réglage o régulation automatique.

autorregulación *f* autoréglage *m*, autorégulation.

autorregulador, ra *adj* autorégulateur, trice.

autorregularse *v pr* se réguler o se régler automatiquement.

autorretrato *m* autoportrait.

autorreverse *m* autoreverse (de un casete).

autorreversible *adj* autoreverse *inv*.

autorriel *m* (*Amer*) autorail.

autorruta *f* (*Amer*) autoroute.

autosatisfacción *f* autosatisfaction.

autoservicio *m* self-service.

autosoma *m* autosome.

auto-stop ➥ **autoestop**.

auto-stopista ➥ **autoestopista**.

autosuficiencia *f* autosuffisance.

autosuficiente *adj* autosuffisant, e.

autosugestión *f* autosuggestion.

autosugestionarse *v pr* pratiquer l'autosuggestion.

autotélico, ca *adj* autotélique.

autotomía *f* autotomie.

autótrofo, fa *adj* BOT autotrophe.

autovacuna *f* autovaccin *m*.

autovía *m* route *f* à quatre voies, quatre-voies *f inv* (carretera) ‖autorail, automotrice *f* (de ferrocarril).

autovolquete *m* tombereau.

autrigones *m pl* anciens habitants du Pays basque.

autumnal *adj* automnal, e (otoñal).

auvernés, esa *adj & s* auvergnat, e.

Auvernia *n pr f* GEOGR Auvergne.

auxiliador, ra *adj & s* auxiliateur, trice.

auxiliar *adj & s* auxiliaire, adjoint, e; assistant, e; catedrático auxiliar professeur adjoint ‖GRAM auxiliaire.

◇ *m & f* assistant, e (profesor) ▪ auxiliar de contabilidad aide-comptable ‖auxiliar de farmacia préparateur en pharmacie, aide de pharmacie ‖auxiliar de laboratorio laborantin ‖auxiliar de vuelo steward (avión) ‖auxiliar sanitario aide-soignant, e ▪ profesor auxiliar professeur suppléant.

auxiliar [8] *v tr* aider, assister, porter secours à; auxiliar a uno con donativos aider quelqu'un de ses dons ‖assister (un mourant).

auxiliaría *f* poste *m* de professeur agrégé.

auxilio *m* secours, aide *f*, assistance *f* ▪ auxilio en carretera secours routier ‖ Auxilio Social Assistance publique (beneficencia pública) ‖con el auxilio de avec l'aide de (una persona), à l'aide de (una cosa) ‖en auxilio de au secours de ▪ dar auxilio prêter secours ‖pedir auxilio appeler au secours, demander du secours ‖prestar auxilio venir en aide, porter secours, prêter main forte (ayudar), secourir.

➥ **¡auxilio!** *interj* au secours!

av.; avda. (abrev escrita de avenida) av.

aval *m* COM aval, garantie *f* ‖garantie *f* ▪ aval crediticio o de crédito crédit par aval ▪ dar su aval a apporter sa caution à, se porter garant de ‖por aval pour aval.

avalador, ra *adj & s* garant, e.

avalancha *f* avalanche.

> OBSERV Le mot avalancha s'emploie surtout au sens figuré: una avalancha de censuras une avalanche de reproches. Au sens propre, on dit plutôt alud.

avalar *v tr* COM avaliser, donner son aval o sa caution à, se porter garant de.

avalentar [34] *v tr* enhardir, encourager.

avalentonado, da *adj* crâne, fanfaron, onne (valentón).

avalista *m & f* caution *f*, garant, e.

avalorar *v tr* donner de la valeur, valoriser ‖évaluer, estimer (valorar) ‖FIG encourager, donner du courage (dar valor).

avaluación *f* évaluation, estimation.

avaluar [6] *v tr* évaluer, estimer (valuar).

avalúo *m* évaluation *f*, estimation *f*.

avambrazo *m* avant-bras (de la armadura).

avance *m* avance *f*, avancement, progression *f* (acción de avanzar) ‖empiètement (del mar) ‖avance *f*, acompte (de dinero) ‖budget (presupuesto de un Estado) ‖devis (presupuesto de una obra) ‖bilan (balance) ‖MECÁN avance *f* ‖CINEM bande-annonce ▪ avance al encendido avance à l'allumage ‖avance informativo flash d'information.

avante *adv* MAR en avant; avante toda en avant toute.

avantrén *m*; **avanzadilla** *f* MIL avant-garde.

avanzada *f* MIL avancée.

avanzadilla ➥ **avantrén**.

avanzado, da *adj* avancé, e (ideas) ‖avancé, e; avanzado de o en edad d'âge avancé.

avanzar [13] *v tr & intr* avancer ‖avanzar en edad prendre de l'âge.

avanzo *m* budget (presupuesto de un Estado) ‖devis (presupuesto de una obra) ‖bilan (balance).

avaramente *adv* d'une manière avare.

avaricia *f* avarice ‖avidité (codicia) ‖la avaricia rompe el saco l'avarice perd tout en voulant tout gagner.

avariciosamente *adv* avec avarice, chichement (tacañamente) ‖avidement, avec cupidité (codiciosamente).

avaricioso, sa; **avariento, ta** *adj & s* avaricieux, euse; avare ‖RELIG la parábola del rico avariento la parabole du mauvais riche.

avariosis *f inv* MED avarie, syphilis.

avaro, ra *adj & s* avare.

> SIN avaricioso, avariento avaricieux; interesado intéressé; ambicioso ambitieux; mezquino mesquin; usurero usurier.

avasallador, ra *adj* asservissant, e.

◇ *m & f* asservisseur, euse.

avasallamiento *m* asservissement ‖soumission *f* (sometimiento).

avasallar *v tr* asservir, soumettre (someter).

➥ **avasallarse** *v pr* s'asservir.

avatar *m* avatar.

avda. ➥ **av.**

ave *f* oiseau *m* (clase de animales) ▪ ave canora oiseau chanteur ‖ave de corral volaille, oiseau de basse-cour ‖ave del paraíso paradisier, oiseau de paradis ‖ave de mal agüero oiseau de mauvais augure, oiseau de malheur ‖ave de rapiña oiseau de proie ‖ave de ribera échassier ‖ASTRON ave Fénix Phénix ‖ave lira oiseau-lyre, ménure ‖FIG ave nocturna noctambule ‖ave pasajera o de paso oiseau de passage ‖ave rapaz rapace ‖ave tonta o zonza bruant jaune ‖FAM ave tonta o zonza cornichon.

> OBSERV Le mot ave s'emploie surtout pour désigner les grandes espèces tandis que le mot pájaro s'applique aux petites.

AVE (abrev de de alta velocidad española) *m* ≃ TGV.

avecasina *f* (*Amer*) bécasse.

avechucho *m* vilain oiseau ‖FIG sale oiseau, triste sire (persona despreciable).

avecilla *f* petit oiseau *m* ‖avecilla de las nieves bergeronnette.

avecinar *v tr* domicilier.

➥ **avecinarse** *v pr* se domicilier ‖s'approcher (acercarse) ‖fixer sa demeure, s'établir (establecerse) ‖approcher; se avecina el fin del mundo la fin du monde approche ‖se rapprocher; todas estas tendencias se avecinan toutes ces tendances se rapprochent.

> OBSERV Existe en francés el verbo avoisiner pero significa ser cercano a, lindar con.

avecindamiento *m* établissement [dans un endroit] ‖domicile (lugar).

avecindar *v tr* domicilier.

➥ **avecindarse** *v pr* s'établir, élire domicile, fixer son domicile.

avefría *f* ZOOL vanneau *m* ‖FIG glaçon *m* (persona fría).

avejentar *v tr* vieillir prématurément.

◇ *v intr & pr* vieillir; Felipe se ha avejentado mucho Philippe a beaucoup vieilli.

avejigar [16] *v tr* former des ampoules ‖cloquer (pintura).

avellana *f* noisette ■ color de avellana, color avellana noisette; ojos color de avellana yeux noisette; beurre frais; guantes color de avellana des gants beurre frais ‖ más seco que una avellana sec comme un coup de trique.

avellanado, da *adj* ratatiné, e (arrugado) ‖ de couleur noisette.

➡ **avellanado** *m* TECN fraisage.

avellanador *m* MECÁN fraise *f* conique, fraise *f* champignon.

avellanal; avellanar *m* coudraie *f*.

avellanar *v tr* MECÁN fraiser, agrandir (un trou) avec la fraise.

➡ **avellanarse** *v pr* se rider, se ratatiner (envejecer).

avellaneda *f*; **avellanedo** *m* coudraie *f*.

avellanera *f* BOT noisetier *m* (avellano) ‖ marchande de noisettes (vendedora).

avellano *m* noisetier, coudrier, coudre.

> OBSERV Estos tres sinónimos no se usan indiferentemente. Hay que decir: le fruit du noisetier, une branche de coudrier, du bois de coudre.

avemaría *f* ave *m*, ave-maria *m*, avemaria *m* (oración) ‖ ave *m* (cuenta del rosario) ‖ angélus *m* du soir ■ al avemaría à la nuit tombante ‖ FIG en una avemaría en un clin d'œil ‖ FIG saber algo como el avemaría savoir quelque chose sur le bout du doigt.

¡ave María! *interj* Jésus Marie! (para expresar asombro o extrañeza) ‖ ¡ave María!, ¡ave María purísima! salutation que l'on adresse dans certaines provinces en entrant dans une maison.

avena *f* BOT avoine ‖ POÉT pipeau *m* (zampoña) ‖ avena loca folle avoine (ballueca).

avenáceas *f pl* BOT avénacées.

avenado, da *adj* lunatique, un peu fou, un peu folle ‖ drainé, e; terreno avenado terrain drainé.

avenal *m* champ d'avoine, aveinière *f*.

avenamiento *m* drainage ‖ tubos de avenamiento tuyaux d'amenée.

avenar *v tr* drainer.

avenate *m* sorte d'orgeat ‖ accès o coup de folie, transport au cerveau.

avenencia *f* accord *m* (convenio) ‖ accord *m* (conformidad) ‖ más vale mala avenencia que buena sentencia un mauvais accommodement vaut mieux qu'un bon procès.

avenible *adj* avenant, e (afable) ‖ compatible, accordable (cosas).

avenida *f* crue (de un río) ‖ avenue (calle).

avenido, da *adj* estar bien, mal avenido con s'entendre bien, mal avec, être en bons, en mauvais termes avec.

avenimiento *m* accord (acuerdo).

> OBSERV Existe en francés la palabra avènement pero corresponde a advenimiento.

avenir [75] *v tr* accorder, mettre d'accord.

◇ *v intr* advenir (suceder).

➡ **avenirse** *v pr* s'accorder, se mettre d'accord (ajustarse) ‖ s'entendre (entenderse bien) ‖ s'accommoder; esta persona se aviene con o a todo cette personne s'accommode de tout ‖ se conformer à (amoldarse) ‖ FAM se débrouiller, s'arranger; allá se las avenga

qu'il se débrouille ■ avenirse a razones entendre raison, se rendre à la raison.

aventador, ra *adj & s* vanneur, euse.

➡ **aventador** *m* van (harnero) ‖ fourche *f* (bieldo) ‖ éventail (abanico) ‖ TECN clapet (de un tubo de aspiración).

➡ **aventadora** *f* tarare *m* (máquina agrícola).

aventadura *f* VETER enflure, météorisation (de los caballos).

aventajadamente *adj* avantageusement.

aventajado, da *adj* remarquable (notable) ‖ avancé, e (adelantado) ‖ avantageux, euse (ventajoso).

aventajamiento *m* avantage (ventaja).

aventajar *v tr* dépasser, surpasser, l'emporter sur; aventaja a todos en el juego il surpasse tout le monde au jeu ‖ avantager, favoriser (dar ventaja) ‖ devancer (ir por delante) ‖ préférer.

➡ **aventajarse** *v pr* dépasser, surpasser; se me aventaja en mucho il me surpasse de beaucoup ‖ être avantagé, e (lograr ventaja).

aventamiento *m* éventement (acción) ‖ AGRIC vannage.

aventar [19] *v tr* éventer (exponer al viento) ‖ AGRIC vanner ‖ pousser, emporter (el viento) ‖ disperser; sus cenizas fueron aventadas ses cendres furent dispersées ‖ (Amer) exposer (le sucre) à l'air et au soleil (el azúcar) ‖ FIG & FAM mettre dehors, renvoyer (despedir).

➡ **aventarse** *v pr* se gonfler d'air (de viento) ‖ FIG & FAM prendre la clé des champs, mettre les voiles (huir).

aventón *m* (Amer) dar un aventón a alguien déposer qqn [en voiture].

aventura *f* [▷ SIN] aventure; novela de aventuras roman d'aventures ‖ hasard *m* (casualidad) ‖ risque *m*, danger *m* (peligro).

> SIN andanza aventure; accidente accident; episodio épisode; suceso évènement; peripecia péripétie.

aventurado, da *adj* risqué, e; hasardeux, euse; aventuré, e; empresa aventurada entreprise aventurée ‖ aventureux, euse; un proyecto aventurado un projet aventureux ‖ no es aventurado decir on peut se permettre de dire.

aventurar *v tr* aventurer ‖ risquer, hasarder; aventurar su vida risquer sa vie ‖ FIG hasarder, risquer; aventurar una teoría hasarder une théorie.

➡ **aventurarse** *v pr* s'aventurer, se risquer ‖ el que no se aventura no pasa el mar qui ne risque rien, n'a rien.

aventureramente *adv* à l'aventure.

aventurero, ra *adj* aventureux, euse (que busca aventura) ‖ (Amer) produit hors-saison (maíz, arroz).

◇ *m & f* aventurier, ère.

➡ **aventurero** *m* (Amer) muletier de louage (arriero).

average *m* DEP goal-average.

avergonzado, da *adj* honteux, euse; penaud, e.

avergonzar [38] *v tr* faire honte; avergonzar a uno por su pereza faire honte à quelqu'un de sa paresse.

➡ **avergonzarse** *v pr* avoir honte; me

avergüenzo de tu conducta j'ai honte de ta conduite.

avería *f* avarie (daño) ‖ panne (en un coche); tener una avería en el motor avoir une panne de moteur ■ avería con compensación, sin compensación avarie avec dédommagement, sans dédommagement ‖ avería general panne o avarie générale ‖ MAR avería gruesa avarie commune, grosse ‖ avería parcial avarie partielle ■ reparar una avería dépanner.

averiado, da *adj* en panne (un automóvil, un motor) ‖ avarié, e; gâté, e (echado a perder) ‖ endommagé, e; abîmé, e (estropeado) ‖ avarié, e (un buque).

averiarse [8] *v pr* tomber en panne, se dérégler, ne plus fonctionner (un motor) ‖ s'avarier, se gâter (echarse a perder) ‖ s'abîmer (estropearse) ‖ avoir une avarie (un buque).

averiguable *adj* vérifiable.

averiguación *f* vérification, examen *m* ‖ enquête (investigación) ‖ recherche (busca).

averiguador, ra *adj & s* investigateur, trice.

averiguar [45] *v tr* vérifier, examiner (examinar) ‖ rechercher, enquêter sur; hay que averiguar las causas del accidente il faut enquêter sur les causes de l'accident ‖ se renseigner sur, s'enquérir de, rechercher; voy a averiguar lo que ha sucedido je vais me renseigner sur ce qui est arrivé ‖ savoir; por fin averigüé la verdad j'ai enfin su la vérité ‖ FIG averíguelo Vargas débrouillez-vous [cette expression s'emploie lorsque l'on charge quelqu'un d'enquêter ou de se renseigner sur une question difficile].

➡ **averiguarse** *v pr* FAM s'entendre avec (llevarse bien) ‖ (Amer) disputer (reñir).

averno *m* POÉT enfer.

Averno *n pr m* GEOGR el Averno l'Averne.

Averroes *n pr* Averroès, Averrhoès.

averrugado, da *adj* verruqueux, euse.

aversión *f* aversion; cobrarle aversión a uno prendre quelqu'un en aversion.

avestrucera *f* "boleadora", sorte de lasso *m* pour chasser les autruches ou nandous.

avestruz *m* autruche *f* (ave) ■ avestruz de América autruche d'Amérique, nandou (ñandú) ‖ FIG política del avestruz politique de l'autruche.

> OBSERV pl avestruces.

avetado, da *adj* veiné, e.

avezado, da *adj* habitué, e ‖ rompu, e; avezado a toda clase de trabajos rompu à toutes sortes de travaux ‖ expérimenté, e; qui a de l'expérience.

avezar [13] *v tr* accoutumer à, habituer à, familiariser avec ‖ endurcir (curtir) ‖ avezado en estas lides rompu à ces travaux.

➡ **avezarse** *v pr* s'accoutumer à, s'habituer à; avezarse a todo s'habituer à tout.

aviación *f* aviation.

Aviaco (abrev de Aviación y Comercio, SA) *f* division de la compagnie aérienne nationale espagnole Iberia, qui organise essentiellement des vols charters.

aviado, da *adj* disposé, e; préparé, e ‖ préparé, e; prêt, e; el pollo ya está aviado le poulet est déjà prêt ‖ prêt, e; aviado para salir prêt à sortir ▌¡aviado estoy o voy! me voilà bien!, me voilà propre!, je suis dans de beaux draps!

aviador, ra *m & f* aviateur, trice (que tripula un avión).

➤ **aviador** *m* tarière *f* (barrena de calafete) ▌(*Amer*) bailleur de fonds (que presta dinero).

AVIANCA (abrev de Aerovías Nacionales de Colombia) *f* compagnie aérienne nationale colombienne.

aviar; aviario, ria *adj* peste aviar peste des poules.

aviar [9] *v tr* arranger, préparer; aviar una habitación arranger une pièce ▌préparer; aviar una maleta préparer une valise ▌CULIN préparer; aviar la carne préparer la viande ▌FAM rendre service, dépanner; ¿no me puedes prestar mil pesetas para aviarme? peux-tu me prêter mille pesetas pour me dépanner? ▌arranger; ¿te avía si te llevo en coche? ça t'arrange que je t'emmène en voiture? ▌FAM ir aviando se dépêcher; vamos aviando dépêchons-nous.

➤ **aviarse** *v pr* s'arranger, se préparer; aviarse para ir a cenar se préparer pour aller dîner ▌FAM s'arranger, se débrouiller; se avía con muy poca cosa il se débrouille avec très peu de choses ▌se dépêcher, se presser, se grouiller [familier] (darse prisa); ¡aviate! dépêche-toi! ▌aviarse de ropa s'habiller, se nipper FAM.

aviario, ria ➥ aviar.

Aviateca (abrev de Aviación Guatemalteca) *f* compagnie aérienne nationale guatémaltèque.

aviceptología *f* art *m* ou traité *m* de la chasse des oiseaux.

avícola *adj* avicole.

avicultor, ra *m & f* aviculteur, trice.

avicultura *f* aviculture.

ávidamente *adv* avidement (ansiosamente) ▌avidement (codiciosamente).

avidez *f* avidité (ansia).

▌ OBSERV pl avideces.

ávido, da *adj* avide (ansioso) ▌ávido de dinero âpre au gain.

aviejar *v tr* vieillir; este traje la avieja mucho cette robe la vieillit beaucoup.
◇ *v intr & pr* vieillir [prématurément].

aviesamente *adv* méchamment.

avieso, sa *adj* retors, e; espíritu avieso esprit retors ▌torve; mirada aviesa regard torve.

avifauna *f* ZOOL avifaune.

avilantarse *v pr* devenir insolent, faire l'insolent.

avilés, esa *adj & s* d'Avila [Espagne].

avilesino, na *adj & s* d'Avilés [aux Asturies].

avillanado, da *adj* roturier, ère (no noble).

avillanamiento *m* avilissement, encanaillement.

avillanar *v tr* avilir, abaisser (envilecer) ▌encanailler (encanallar).

avinado, da *adj* aviné, e.

▌ OBSERV Ce mot est un gallicisme.

avinagradamente *adv* aigrement, âprement.

avinagrado, da *adj* aigre, vinaigré, e ▌FIG amer, ère; acariâtre, aigre; carácter avinagrado caractère amer ▌aigri, e (amargado).

avinagrar *v tr* aigrir.

➤ **avinagrarse** *v pr* s'aigrir, tourner au vinaigre (el vino).

Aviñón *n pr* GEOGR Avignon; en Aviñón en Avignon; el festival de Aviñón le festival d'Avignon.

aviñonense; aviñonés, esa *adj & s* avignonais, e.

avío *m* apprêts *pl*, préparatifs *pl* ▌provisions *f pl* de bouche (de un pastor) ▌(*Amer*) prêt d'argent à un agriculteur ou à un industriel ▌ ¡al avío! au travail!, au boulot! FAM ▌hacer avío rendre service, dépanner FAM, faire l'affaire de; esta bicicleta me hace un avío imponente cette bicyclette me rend extrêmement service; hace mi avío il fait mon affaire ▌FAM ir a su avío ne penser qu'à soi, chercher son profit.

➤ **avíos** *m pl* FAM affaires *f*, attirail *sing* ▌nécessaire; avíos de coser, de escribir, de afeitar nécessaire à ouvrage, à écrire, pour la barbe ▌ingrédients (de cocina) ▌TAUROM tomar los avíos de matar prendre la muleta et l'épée.

avión *m* avion (aeroplano); avión de reacción, de carga, nodriza, de reconocimiento, cohete, teledirigido, supersónico avion à réaction, cargo, de ravitaillement, de reconnaissance, fusée, téléguidé, supersonique ▌ avión comercial avion commercial ▌avión de bombardeo bombardier, avion de bombardement ▌avión de caza avion de chasse, chasseur ▌avión de despegue vertical avion à décollage vertical ▌avión de recorrido de distancias medias o continental moyen-courrier ▌avión de recorrido de larga distancia o transcontinental long-courrier ▌avión sin motor planeur.

avión *m* ZOOL martinet (pájaro).

avioneta *f* avion *m* de tourisme, avionnette ▌avioneta cigüeña biplace.

aviónica *f* avionique.

avisadamente *adv* prudemment, sagement.

avisado, da *adj* avisé, e; averti, e; prudent, e ▌TAUROM averti, e; expérimenté, e [le taureau] ▌mal avisado malavisé.

avisador *adj m & s m* avertisseur ▌TEATR avertisseur.

avisar *v tr* aviser, avertir ▌annoncer (decir); avisaron la llegada del avión on annonça l'arrivée de l'avion ▌prévenir; me avisaste demasiado tarde para que pudiera venir tu m'as prévenu trop tard pour que je puisse venir ▌dire, faire savoir, prévenir; me acaba de avisar que se tiene que ir il vient de me dire qu'il doit partir ▌appeler; avisar al médico appeler le médecin.

aviso *m* [▷ SIN] avis; aviso al público avis au public ▌avis, nouvelle *f* (noticia) ▌avertissement; sin previo aviso sans avis o sans avertissement préalable ▌avertissement; darle un aviso a uno por sus retrasos repetidos donner un avertissement à quelqu'un à cause de ses retards répétés ▌avis; recibir un aviso de la prefectura recevoir un avis de la préfecture ▌note *f*, avis (nota) ▌annonce *f* (anuncio); dar un aviso al público faire une annonce au public ▌précaution *f*, soin (cuidado) ▌prudence *f*, sagesse *f* (prudencia) ▌FIG avertissement; su recaída ha sido un aviso sa rechute a été un avertissement; el ataque del país vecino es un aviso l'attaque du pays voisin est un avertissement ▌MAR avis (navío) ▌TAUROM avertissement [adressé par le président de la course au matador lorsque celui-ci n'a pas tué le taureau dans le temps réglementaire] ▌ aviso telefónico préavis ▌aviso de crédito avis de virement ▌aviso de débito avis de débit ▌aviso de vencimiento avis d'échéance ▌COM carta de aviso lettre d'avis ▌con aviso avec préavis; Miguel ha pedido una conferencia telefónica con aviso Michel a demandé une communication téléphonique avec préavis ▌hasta nuevo aviso jusqu'à nouvel ordre ▌sin el menor aviso sans crier gare; llegó a casa sin el menor aviso il est arrivé à la maison sans crier gare; sans avis préalable; le han echado sin el menor aviso on l'a mis à la porte sans avis préalable ▌ andar o estar sobre aviso être o se tenir sur ses gardes o sur la réserve o en éveil ▌poner sobre aviso mettre sur ses gardes.

▌ SIN advertencia avertissement; anuncio annonce; comunicado communiqué; comunicación, oficio communication.

avispa *f* guêpe (insecto) ▌cintura de avispa taille de guêpe.

avispado, da *adj* FIG & FAM éveillé, e; vif, ive.

avispar *v tr* fouetter, cingler (con el látigo) ▌FIG & FAM éveiller, dégourdir (espabilar).

➤ **avisparse** *v pr* FIG se réveiller ▌s'inquiéter, s'agiter.

avispero *m* guêpier (nido de avispas) ▌rayon, étage du guêpier (panal) ▌FIG & FAM guêpier; meterse en un avispero se fourrer dans un guêpier ▌MED anthrax.

avispón *m* frelon (insecto).

avistar *v tr* apercevoir, découvrir.

➤ **avistarse** *v pr* se réunir, se voir.

avitaminosis *f inv* avitaminose.

avituallamiento *m* ravitaillement.

avituallar *v tr* ravitailler ▌MAR avitailler.

avivador, ra *adj* vivifiant, e; qui vivifie.

➤ **avivador** *m* rainure *f* entre deux moulures ▌TECN bouvet, feuilleret (cepillo).

avivamiento *m* animation *f*, excitation *f* ▌attisage, attisement (del fuego) ▌avivage (de un color).

avivar *v tr* exciter, stimuler (excitar) ▌aviver, raviver, ranimer; avivar la lumbre aviver le feu ▌raviver, rafraîchir, aviver (colores) ▌FIG rallumer (una pasión, una cólera) ▌enflammer, échauffer (acalorar) ▌attiser; avivar el fuego de la insurrección attiser le feu de l'insurrection ▌avivar el paso presser le pas.
◇ *v intr & pr* reprendre des forces, revenir à la vie ▌éclore (los gusanos de seda) ▌ FAM ¡avívate! grouille-toi! ▌¡hay que avivarse! il faut se remuer!

avizor *adj* ¡ojo avizor! attention! ▌estar ojo avizor être sur ses gardes, avoir l'œil au guet.

avizorar *v tr* guetter, épier (acechar).

-avo, va MAT terminaison que l'on ajoute aux nombres cardinaux pour exprimer les fractions ayant au dénominateur un nombre supérieur à dix; **los dos dieciseisavos** les deux seizièmes; **los tres veintinueveavos** les trois vingt-neuvièmes; **la dieciseisava parte** le seizième.

avocar [10] *v tr* **DR** évoquer, se saisir de [une cause].

avocastro *m* (*Amer*) épouvantail (persona fea).

avocatero *m* (*Amer*) avocat (aguacate).

avoceta *f* **ZOOL** avocette.

avolcanado, da *adj* volcanique (suelo).

avorazado, da *adj* (*Amer*) avide.

avulsión *f* **MED** avulsion (extracción).

avutarda *f* **ZOOL** outarde.

axial; axil *adj* axial, e; axile (relativo al eje).

axila *f* aisselle.

axilar *adj* **ANAT & BOT** axillaire.

axiología *f* **FILOS** axiologie.

axiológico, ca *adj* **FILOS** axiologique.

axioma *m* axiome.

axiomático, ca *adj* axiomatique.

axis *m inv* **ANAT** axis (vértebra).

axolotl *m* **ZOOL** axolotl.

axonométrico, ca *adj* **MAT** axonométrique.

ay *m* aï, paresseux (animal).
| **OBSERV** pl ayes.

¡ay! *interj* aïe! (dolor físico) | hélas! (aflicción) ■ **¡ay de los vencidos!** malheur aux vaincus! | **¡ay del que...!** malheur à celui qui... (amenaza), malheureux celui qui... (compasión) | **¡ay, Dios mío!** mon Dieu!
◇ *m* plainte *f*, soupir; **se oían tristes ayes** on entendait de tristes plaintes; **dar ayes** pousser des soupirs.
| **OBSERV** Suivi de la particule de et d'un nom ou pronom, ¡ay! exprime la douleur, la menace, la crainte ou la pitié: ¡ay de mi! hélas!, pauvre de moi!; ¡ay de él! malheur à lui!, gare à lui! (amenaza), le malheureux! (compasión).

aya *f* gouvernante.

ayacuá *m* (*Amer*) diablotin, farfadet [dans la mythologie des Indiens d'Amérique].

ayahuasca; ayahuasa *f* (*Amer*) plante narcotique.

ayatollah *m* ayatollah.

ayer *adv* hier; **ayer por la tarde** hier après-midi; **ayer noche** hier soir; **ayer hizo un año que nos encontramos** il y a eu un an hier que nous nous sommes rencontrés | hier (hace poco tiempo); **parece que fue ayer** on croirait que c'était hier | autrefois (en tiempo pasado); **esta persona ya no es lo que era ayer** cette personne n'est plus ce qu'elle était autrefois ■ **antes de ayer** avant-hier | **de ayer acá, de ayer a hoy** depuis peu | **lo que va de ayer a hoy** les choses ont bien changé | **no es cosa de ayer** cela ne date pas d'hier | **no ha nacido ayer** il n'est pas né d'hier.

ayllu ➡ **aíllo**.

ayo *m* précepteur.

ayocote *m* (*Amer*) gros haricot.

ayote *m* (*Amer*) courge *f* (fruto) | **FIG** (*Amer*) **dar ayotes** recaler (en un examen), repousser, éconduire (a un chico).

ayotera *f* (*Amer*) courge (planta).

ayuda *f* aide; **hacer un trabajo con ayuda de alguien** faire un travail avec l'aide de quelqu'un; **ayuda estatal** aide accordée par l'État | secours *m*, aide; **acudir en ayuda de alguien** se précipiter au secours de quelqu'un, venir en aide à quelqu'un | lavement *m*, clystère *m* (lavativa) | secours *m* (dinero) | appui *m*; **encontrar ayudas** trouver des appuis ■ **ayuda crediticia** aide au crédit | **ayuda de costa** secours en argent, gratification | **ayuda mutua** entraide | **ayuda de parroquia** église paroissiale auxiliaire | **ayuda financiera** aide financière | **ayuda por carestía de vida** indemnité de cherté de vie | **centro de ayuda** centre d'accueil | **con ayuda de** à l'aide de | **Dios y ayuda** Dieu aidant | **FAM no necesitar ayuda del vecino** n'avoir besoin de personne | **prestar ayuda** prêter secours (a un herido), aider (ayudar).
◇ *m* valet; **ayuda de cámara** valet de chambre ■ **ayuda de oratorio** prêtre-sacristain de l'oratoire du Palais Royal | **no hay hombre grande para su ayuda de cámara** nul n'est un grand homme pour son valet de chambre.
➡ **ayudas** *f pl* **EQUIT** aides.

ayudado *s m* **TAUROM** passe de muleta avec l'intervention des deux mains.

ayudanta *f* assistante.

ayudante *m* aide, assistant, adjoint; **ayudante de dirección** assistant du metteur en scène | professeur adjoint, assistant (profesor) | **MIL** adjudant ■ **ayudante de campo** aide de camp | **CINEM ayudante del operador** aide-opérateur | **ayudante de obras públicas** ingénieur adjoint [des travaux publics] | **ayudante de peluquería** apprenti-coiffeur | **ayudante técnico sanitario** auxiliaire de santé.

ayudantía *f* emploi *m* d'adjoint, titre *m* d'adjoint | **MIL** grade *m* d'adjudant | titre *m* d'assistant (de profesor) | **MED** adjuvat *m*.

ayudar *v tr* [▷ **SIN**] aider; **ayudar a uno con sus consejos** aider quelqu'un de ses conseils; **ayudar a los pobres** aider les pauvres; **ayudar a uno a llevar una maleta** aider quelqu'un à porter une valise | avancer; **eso no ayuda nada** cela n'avance à rien ■ **ayudar a misa** servir la messe | **un grano no hace granero pero ayuda al compañero** petit à petit l'oiseau fait son nid.
➡ **ayudarse** *v pr* s'aider (uno al otro) | s'entraider (entre varios); **en la vida hay que ayudarse** dans la vie il faut s'entraider | s'aider (valerse); **ayudándose con sus dientes, desató la cuerda** en s'aidant de ses dents, il défit la corde | **ayúdate y ayudarte he, ayúdate y el cielo o Dios te ayudará** aide-toi, le ciel t'aidera.
| **SIN** asistir assister; socorrer, auxiliar secourir; apoyar appuyer; sostener soutenir; favorecer favoriser; echar una mano donner un coup de main.

ayunar *v intr* jeûner; **ayunar en cuaresma** jeûner pendant le carême | **FIG ayunarle a uno** craindre o respecter quelqu'un.

ayunas
➡ **en ayunas** *loc adv* à jeun ■ **estar en ayunas** être à jeun (sin comer), ne pas être au courant (no saber) | **FIG quedarse en ayunas** ne rien comprendre (no entender), ne rien savoir (no saber).

ayuno *m* jeûne | **guardar ayuno** pratiquer le jeûne, jeûner.
| **SIN** dieta diète; inanición inanition; abstinencia, vigilia abstinence; cuaresma carême; privación privation.

ayuno, na *adj* à jeun | **FIG** privé, e; **estar ayuno del calor materno** être privé de la chaleur maternelle | **me tiene usted ayuno de lo que dice** je ne suis pas au courant de ce que vous dites (no saber), je ne comprends rien à ce que vous dites (no entender).

ayuntamiento *m* conseil municipal (institución) | [▷ **SIN**] hôtel de ville, mairie *f* (edificio) | réunion *f*, assemblée *f* (reunión) | copulation *f* (cópula) | **ayuntamiento carnal** accouplement.
| **SIN** alcaldía mairie; casa consistorial hôtel de ville.

ayustar *v tr* **MAR** réunir, ajuster.

azabachado, da *adj* d'un noir de jais.

azabache *m* jais (variedad de lignito) | petite charbonnière *f* (pájaro).

azabara *f* **BOT** aloès *m*.

azacán, ana *adj* employé à de durs travaux.
➡ **azacán** *m* homme de péine | porteur d'eau (aguador) | **hecho un azacán** surchargé de travail.

azacanear *v intr* **FAM** travailler dur, trimer.

azache *m* capiton (seda basta).

azada *f* houe (instrumento agrícola).

azadada *f*; **azadado** *m* coup *m* de houe.

azadón *m* houe *f* (instrumento agrícola) | **azadón de peto o de pico** pioche.

azadonar *v tr* houer.

azadonazo *m* coup de houe.

azafata *f* dame d'atour (en palacio) | hôtesse de l'air (en un avión) | hôtesse (recepcionista); **azafata de exposiciones y congresos** hôtesse d'accueil.

azafate *m* corbeille *f* d'osier.

azafrán *m* safran | **azafrán silvestre** safran printanier o à fleurs blanches.

azafranado, da *adj* safran *inv*, safrané, e (color).

azafranal *m* safranière *f*.

azafranar *v tr* safraner.

azafranero, ra *m & f* safranier, ère.

azagaya *f* sagaie, javelot *m*.

azahar *m* fleur *f* d'oranger; **agua de azahar** eau de fleur d'oranger.

azalá *m* prière *f* (de los musulmanes).
| **OBSERV** pl azalás.

azalea *f* **BOT** azalée.

azanca *f* **MIN** source souterraine.

azar *m* [▷ **SIN**] hasard (hecho fortuito); **un puro azar** un pur hasard | malheur, imprévu, revers (desgracia) ■ **los azares de la vida** les vicissitudes de la vie | **al azar** au hasard, par hasard.
| **SIN** casualidad hasard; fortuna fortune; suerte chance.

azaramiento; azoramiento; azoro *m* effarement, trouble (miedo) | embarras, gêne (confusión).

azarar *v tr* faire rougir, faire honte (avergonzar).

➤ **azararse** *v pr* rougir, avoir honte; este niño no se azara de lo que ha hecho cet enfant ne rougit pas de ce qu'il a fait ‖ se troubler, être gêné o embarrassé (turbarse) ‖ prendre une mauvaise tournure, ne pas réussir (malograrse).

azarbe *m* fossé de décharge.

azarbeta *f* drain *m* (para el desagüe).

azarearse *v pr* (*Amer*) s'irriter, se fâcher ‖ rougir, se troubler.

azarosamente *adv* malheureusement, par malchance (por desgracia).

azaroso, sa *adj* malheureux, euse (desgraciado) ‖ hasardeux, euse (arriesgado).

azeótropo, pa *adj* azéotrope, azéotropique.

Azerbaiján; Azerbaiyán *n pr* GEOGR Azerbaïdjan.

azerbaijanés, esa; azerbaiyanés, esa *adj & s* azerbaïdjanais, e.

Azerbaiyán ➡ **Azerbaiján**.

azerbaiyanés, esa ➡ **azerbaijanés**.

azerbaiyano, na *adj* azerbaïdjanais, aise.

ázimo *adj m & s m* azyme; pan ázimo pain azyme.

azimut *m* ASTRON azimut (acimut).
‖ OBSERV pl azimutes.

azoado, da *adj* QUÍM azoté, e; azoteux, euse.

azoar *v tr* QUÍM azoter (nitrogenar).

azoato *m* QUÍM azotate, nitrate.

ázoe *m* azote (nitrógeno).

azofaifa ➡ **azufaifa**.

azofaifo ➡ **azufaifo**.

azófar *m* laiton.

azogado, da *adj* étamé, e (espejos) ‖ MED atteint d'hydrargyrisme ‖ FIG agité, e ‖ FIG temblar como un azogado trembler comme une feuille.

azogador *m* étameur.

azogamiento *m* étamage, argenture *f* ‖ FIG agitation *f* extrême, surexcitation *f* (agitación) ‖ MED tremblement mercuriel, hydrargyrisme.

azogar [16] *v tr* étamer (los espejos) ‖ éteindre (la cal viva).

➤ **azogarse** *v pr* MED être atteint d'hydrargyrisme ‖ FIG & FAM ne pas tenir en place, être surexcité (agitarse mucho).

azogue *m* mercure, vif-argent (metal) ■ FIG ser uno un azogue être du vif-argent, être très remuant ‖ temblar como azogue trembler comme une feuille ‖ tener azogue en las venas avoir du vif-argent dans les veines.

azoico *adj* azoïque.

azolar [23] *v tr* dégrossir à la hache, planer (la madera).

azor *m* autour (ave).

azoramiento ➡ **azaramiento**.

azorar *v tr* ➡ **azarar** ‖ effrayer.

Azores *n pr f pl* GEOGR las Azores les Açores.

azoro ➡ **azaramiento**.

azorrado, da *adj* semblable au renard ‖ FIG assoupi, e (adormilado) ‖ pris de vin (borracho).

azorrarse *v pr* s'assoupir, avoir la tête lourde.

azotacalles *m & f* FAM flâneur, euse (persona callejera); batteur *m* de pavés, coureur *m* de rues, vadrouilleur, euse FAM.

azotado, da *adj* fouetté, e ‖ battu, e; azotado por los vientos battu par les vents ‖ panaché, e (flor) ‖ (*Amer*) tigré, e (atigrado) ‖ zébré, e (acebrado).

➤ **azotado** *m* condamné au fouet (reo) ‖ pénitent.

azotador, ra *adj* cinglant, e (lluvia, viento).

azotaina *f* FAM volée, raclée (paliza); dar una azotaina administrer une volée ‖ fessée (a los niños).

azotamiento *m* fouettement.

azotar *v tr* fouetter (dar azotes) ‖ battre, frapper (pegar) ‖ fouetter, cingler (la lluvia, el granizo) ‖ battre (el viento) ‖ s'abattre sur; el ciclón azotó la isla le cyclone s'abattit sur l'île ‖ battre, fouetter (el mar) ‖ azotar las calles battre le pavé, courir les rues, vadrouiller ‖ azotar el aire donner des coups d'épée dans l'eau.

➤ **azotarse** *v pr* (*Amer*) flâner, battre le pavé ‖ se précipiter, se jeter; azotarse en el agua se jeter à l'eau.

azote *m* fouet (látigo) ‖ coup de fouet (latigazo) ‖ fessée *f* (golpe en las nalgas) ‖ lanière *f* (tira de cuero) ‖ FIG coup de fouet (del viento, del mar) ‖ fléau; la peste es un azote la peste est un fléau ‖ fléau (persona mala).

➤ **azotes** *m pl* fouet *sing* (suplicio antiguo) ‖ dar azotes o de azotes fouetter.

azotea *f* terrasse (terraza) ‖ (*Amer*) maison à toit plat ‖ FIG & FAM estar mal de la azotea avoir une araignée au o dans le plafond, onduler de la toiture.

azotera *f* (*Amer*) fouet *m* (látigo) ‖ lanière (de un látigo) ‖ fessée (azotaina).

azotina *f* FAM fessée.

azteca *adj & s* aztèque.

azua *f* (*Amer*) bière de maïs (chicha).

azúcar *m & f* sucre *m*; un terrón de azúcar un morceau de sucre ■ azúcar blanco o de flor o florete o refinado sucre raffiné ‖ azúcar cande, candi sucre candi ‖ azúcar de caña sucre de canne ‖ azúcar de cortadillo o en terrones sucre en morceaux ‖ azúcar de leche sucre de lait (lactosa) ‖ azúcar de lustre sucre glace ‖ azúcar en polvo sucre en poudre ‖ azúcar de pilón sucre en pain ‖ azúcar de plomo o de Saturno sel de Saturne ‖ azúcar de quebrados casson ‖ azúcar mascabada cassonade ‖ azúcar moreno o negro sucre roux, cassonade ‖ azúcar refinado sucre raffiné ‖ azúcar rosado sirop de sucre ‖ azúcar terciada sucre paille ‖ fábrica de azúcar sucrerie ■ echar azúcar en sucrer.
‖ OBSERV Le féminin est plus courant que le masculin, mais le pluriel est toujours du genre masculin: los azúcares finos.

azucarado, da *adj* sucré, e; sabor azucarado goût sucré ‖ FIG sucré, e; mielleux, euse; palabras azucaradas paroles mielleuses.

azucarar *v tr* sucrer; azucarar el café sucrer le café ‖ FIG sucrer, adoucir.

➤ **azucararse** *v pr* se cristalliser.

azucarera *f* sucrier *m* (vasija para el azúcar) ‖ sucrerie (fábrica).

azucarería *f* sucrerie (fábrica) ‖ (*Amer*) confiserie.

azucarero, ra *adj* sucrier, ère.

➤ **azucarero** *m* sucrier (recipiente) ‖ grimpereau des régions tropicales (ave).

azucarillo *m* sucre spongieux.

azucena *f* BOT lis *m*, lys *m* (p us) ■ azucena de agua nénuphar ‖ azucena silvestre martagon.

azud *m*; **azuda** *f* roue *f* hydraulique ‖ barrage *m* (presa).

azuela *f* herminette, erminette (herramienta).

azufaifa; azofaifa *f* jujube *m* (fruto).

azufaifo; azofaifo *m* jujubier (árbol).

azufrado, da *adj* soufré, e ‖ couleur de soufre.

➤ **azufrado** *m* soufrage.

azufrador *m* soufroir (para la ropa) ‖ soufreur (para las vides).

azuframiento *m* soufrage ‖ méchage (de los toneles).

azufrar *v tr* soufrer ‖ mécher (las cubas).

azufre *m* soufre ■ azufre vegetal soufre végétal, poudre de lycopode ‖ azufre vivo soufre natif ■ flor de azufre fleur de soufre.

azufrera *f* soufrière (mina).

azufrín *m* mèche *f* soufrée.

azufrón *m* minerai de soufre.

azufroso, sa *adj* soufré, e; sulfureux, euse.

azul *adj* bleu, e ‖ (*Amer*) indigo (añil) ■ azul celeste, claro, oscuro, de cobalto, marino, pastel, de Prusia, verdoso bleu ciel, clair, foncé, de cobalt, marine, pastel, de Prusse, pétrole ‖ azul de ultramar o ultramarino o ultramaro bleu outremer ‖ azul eléctrico bleu électrique ‖ azul turquí indigo (color) ■ el príncipe azul le prince charmant ‖ enfermedad azul maladie bleue ‖ GEOGR la Costa Azul la Côte d'Azur ‖ sangre azul sang bleu.
◇ *m* bleu ‖ bleu, azur [poétique] (del cielo, del mar).

azulado, da *adj* bleuté, e; bleuâtre, azuré, e.

➤ **azulado** *m* bleuissage.

azulaque *m* enduit de goudron, lut.

azular *v tr* bleuter, bleuir, azurer (p us).

azulear *v intr* être bleu, faire une tache bleue ‖ bleuir (ponerse azul) ‖ tirer sur le bleu (tirar a azul).
◇ *v tr* bleuter (con añil).

azulejear *v tr* carreler, recouvrir d'azulejos.

azulejería *f* revêtement *m* de carreaux de faïence (revestimiento) ‖ fabrication de carreaux de faïence.

azulejo *m* azulejo, carreau de faïence émaillée ‖ nom de divers oiseaux à plumage bleu (pájaro) ‖ guêpier (abejaruco) ‖ BOT bluet, bleuet (aciano).
◇ *adj* (*Amer*) bleuâtre, bleuté, e (azulado).

azulenco, ca *adj* bleuté, e.

azuleo *m* bleuissage.

azulete *m* bleu (para la ropa blanca) ‖ dar azulete bleuter.

azulgrana *adj* & *s* supporter du football-club de Barcelone.

azulillo *m* (*Amer*) teinture *f* d'indigo.

azuloso, sa *adj* bleuté, e.

azumar *v tr* teindre [les cheveux].

azúmbar *m* étoile *f* d'eau (planta).

azumbrado, da *adj* FIG éméché, e; ivre (borracho).

azumbre *f* mesure de liquide [2, 016 litres].

azuquita *m* sucre.

azur *adj* & *s m* BLAS azur.

azurita *f* MIN azurite.

azurronarse *v pr* rester prisonnier de son enveloppe [l'épi].

azuzador, ra *adj* qui excite, qui irrite.

azuzar [13] *v tr* exciter (a los perros) ‖ FIG pousser, exciter, asticoter FAM.

b; B *f* b *m*; una "b" mayúscula, minúscula un grand, un petit b ‖probar por "a" más "b" prouver par a plus b.

‖ **OBSERV** L'espagnol ne fait pas de différence entre la prononciation du b et celle du v. Ainsi le b de burro se confond avec le v de vaca. Cette confusion peut entraîner des fautes d'orthographe.

baba *f* bave ‖ lait *m* (de ciertas plantas) ‖ (*Amer*) espèce de caïman ■ **FIG** & **FAM** caérsele a uno la baba être aux anges, boire du petit lait ‖echar baba baver ‖**FAM** tener mala baba être mal embouché, être hargneux.

babada *f* grasset *m* (de los solípedos).

babadero; babador *m* bavoir, bavette *f*.

babaza *f* bave (baba) ‖limace (babosa).

babear *v intr* baver (las personas) ‖ baver, écumer (los animales) ‖**FIG** & **FAM** faire le joli cœur, faire des grâces.

babel *m o f* **FIG** & **FAM** tour *f* de Babel, capharnaüm *m*, foutoir *m*; esta casa es una babel cette maison est un capharnaüm.

Babel *n pr* torre de Babel tour de Babel.

babeo *m* action *f* de baver ‖**FIG** & **FAM** empressement, belles manières *f pl*.

babera *f* bavière (de la armadura) ‖bavoir *m* (babero).

babero *m* bavoir, bavette *f*; los niños pequeños llevan un babero para comer les petits enfants portent un bavoir pour manger ‖ salopette *f* (pantalón) ‖ blouse *f* (bata) ‖ tablier (para niños).

babi *m* tablier [d'écolier].

babia *s* **FAM** estar en babia être dans les nuages o dans la lune.

babieca *adj* & **FAM** nigaud, e; bêta, asse.

Babieca *n pr* cheval du Cid Campeador.

babilla *f* grasset *m* (de los solípedos) ‖rotule (rótula) ‖(*Amer*) synovie (humor).

babilonia *f* **FIG** & **FAM** tour de Babel, capharnaüm *m*, foutoir *m* (sitio desordenado); es una babilonia c'est un vrai capharnaüm.

Babilonia *n pr f* **GEOGR** Babylone.

babilónico, ca *adj* babylonien, enne ‖**FIG** oriental, e; fastueux, se.

babilonio, nia *adj* & *s* babylonien, enne.

babirusa *f* **ZOOL** babiroussa (cerdo salvaje).

babismo *m* babisme (doctrina persa).

bable *m* asturien (dialecto).

babor *m* **MAR** bâbord ‖a babor à bâbord.

babosa *f* **ZOOL** limace.

babosada *f* (*Amer*) sottise, niaiserie (bobería) ‖rien *m*, moins que rien *m* y *f* (cosa, sujeto despreciable).

babosear *v tr* baver.
◇ *v intr* **FIG** & **FAM** faire le joli cœur, faire des grâces.

baboso, sa *adj* baveux, euse ‖**FIG** & **FAM** niais, e; sot, sotte (tonto) ‖galant, e.
➤ **baboso** *m* **FAM** bourreau des cœurs, vert-galant (anciano enamoradizo) ‖morveux (mocoso).

babucha *f* babouche (zapatilla) ‖(*Amer*) a babucha sur le dos.

babuino *m* babouin (mono).

baby *m* **FAM** blouse *f*, tablier (guardapolvo) ‖(*Amer*) bébé.

baca *f* impériale (de diligencia) ‖galerie (de automóvil) ‖bâche (de lona).

bacalada *f* morue sèche, stockfish *m*.

bacaladero, ra; bacalaero, ra *adj* & *s m* morutier, ère.

bacaladilla *f* **ZOOL** merlan *m* bleu, poutassou *m* (pez).

bacalaero, ra ➤ **bacaladero**.

bacalao *m* morue *f* (pez) ■ **FIG** & **FAM** cortar o partir el bacalao faire la pluie et le beau temps, être le grand manitou, avoir la haute main‖te conozco bacalao aunque vienes disfrazado je te vois venir avec tes gros sabots.

bacán, ana *m* & *f* **FAM** (*Amer*) personne *f* bien.

bacanal *f* bacchanale.

bacanora *f* (*Amer*) boisson fermentée tirée de l'agave.

bacante *f* bacchante ‖**FIG** bacchante.

bácara; bácaris *m* **BOT** marum (amaro).

bacarrá; bacará *m* baccara (juego).

‖ **OBSERV** le pl de bacarrá est bacarrás, le pl de bacará est bacarás.

Baccarrat *n pr* **GEOGR** Baccarrat ‖cristal de Baccarrat baccarat.

bacera *f* **VETER** mal *m* de rate.

bache *m* trou, nid-de-poule (hoyo), ornière *f* (carrilada) ‖trou d'air; no puedo soportar los baches en los viajes de avión je ne peux pas supporter les trous d'air dans les voyages en avion ‖salir del bache sortir d'une mauvaise passe, sortir de l'ornière.

➤ **baches** *m pl* moments difficiles, les hauts et les bas; los baches de la vida les moments difficiles de la vie.

bachear *v tr* boucher o combler les ornières.

bacheo *m* bouchage o comblement des ornières.

bachicha; bachiche *m* **FAM** (*Amer*) italien.
➤ **bachichas; bachiches** *m pl* restes, résidus (sobras).

bachiller, ra *m* & *f* bachelier, ère; bachiller en letras bachelier en lettres ‖**FIG** & **FAM** bavard, e; phraseur, euse (charlatán).

bachillerato *m* baccalauréat, bac **FAM**, bachot **FAM** [examen]; bachillerato comercial baccalauréat d'économie ‖ études secondaires (curso de estudios); está haciendo el bachillerato il est en train de faire ses études secondaires ■ bachillerato elemental premier cycle des études secondaires ‖bachillerato superior deuxième cycle des études secondaires.

bachillerear *v intr* **FIG** & **FAM** palabrer, discourir à tort et à travers (discursear).

bachillería *f* **FAM** bagout *m* (locuacidad) ‖idiotie, bêtise (tontería).

bacía *f* cuvette ‖plat *m* à barbe (de barbero).

báciga *f* bésigue *m* (juego).

bacilar *adj* **MED** bacillaire.

bacilemia *f* **MED** bacillémie.

baciliforme *adj* bacilliforme.

bacilo *m* **MED** bacille; bacilo de Koch bacille de Koch.

bacilón, ona ➤ **vacilón**.

bacilosis *f inv* **MED** bacillose (tuberculosis).

baciluria *f* **MED** bacillurie.

bacín *m* vase de nuit, pot de chambre (orinal) ‖sébile *f* (de mendigo) ‖**FAM** pauvre type.

bacinada *f* contenu *m* du pot de chambre ‖ **FIG** & **FAM** cochonnerie, saloperie (mala acción).

bacineta *f* sébile (de mendigo).

bacinete *m* bassinet (de armadura) ‖ **ANAT** pelvis, bassin.

bacinica; bacinilla *f* sébile (para las limosnas) ‖petit vase *m* de nuit (orinal).

backgammon *m inv* backgammon *m*.

backup [ba'kap] *m* **INFORM** sauvegarde *f*.
‖ **OBSERV** pl backups.

Baco *n pr* **MITOL** Bacchus.

bacon [beikon] *m* bacon.

bacteria *f* bactérie.

bacteriáceas *f pl* BOT bactériacées.

bacteriano, na *adj* bactérien, enne.

bactericida *adj & s m* bactéricide.

bacteridia *f* BOT bactéridie.

bacteriófago *m* bactériophage.

bacteriología *f* bactériologie.

bacteriológico, ca *adj* bactériologique.

bacteriólogo *m* bactériologiste, bactériologue.

bacteriostático, ca *adj & s m* bactériostatique.

báculo *m* bâton (cayado) ‖ crosse *f*, bâton (de obispo); **báculo pastoral** crosse, bâton pastoral ‖ bourdon (de peregrino) ‖ FIG appui, soutien (apoyo) ‖ FIG **báculo de la vejez** bâton de vieillesse.

badajada *f*; **badajazo** *m* coup *m* de cloche ‖ FIG & FAM sottise *f*, bêtise *f*; **soltar una badajada** dire une bêtise.

badajear *v intr* FIG & FAM jacasser.

badajo *m* battant (de campana) ‖ FIG pie *f*, moulin à paroles; **esta mujer es un verdadero badajo** cette femme est un véritable moulin à paroles.

badajocense; badajoceño, ña *adj & s* de Badajoz.

Badajoz *n pr m* GEOGR Badajoz.

badal *m* morailles *f pl*.

badán *m* tronc (de animal).

badana *f* basane (piel) ■ **ser un badana** être fainéant o flemmard (holgazán) ‖ FIG & FAM **zurrar la badana** secouer les puces, passer à tabac, tanner le cuir (golpes), éreinter, bassiner (con palabras).

badea *f* pastèque (sandía) o melon *m* (melón) o concombre *m* (pepino) de mauvaise qualité.

Baden *n pr* GEOGR Bade.

badén *m* rigole (arroyo) ‖ cassis (bache en una carretera).

baderna *f* MAR baderne.

badián *m* badiane *f* (árbol).

badiana *f* badiane (fruto).

badil *m*; **badila** *f* pelle *f* à feu ‖ FIG & FAM **dar a uno con la badila en los nudillos** taper sur les doigts de quelqu'un.

badilejo *m* truelle *f* (llana).

bádminton *m* badminton.

badulacada *f* FAM bêtise, niaiserie.

badulaque *m* sorte de fard.
◇ *adj & s* FIG & FAM idiot, e; imbécile, nigaud, e; crétin, e (estúpido) ‖ (*Amer*) vaurien, enne (bellaco).

baffle *m* RAD baffle.
‖ OBSERV pl baffles.

baga *f* capsule de la graine de lin.

bagacera *f* séchoir à bagasse.

bagaje *m* bagage, bagages *pl*, matériel d'équipement (militar) ‖ bagages *pl* (equipaje) ‖ bête *f* de somme (acémila) ‖ FIG bagage (intelectual, etc.).
‖ OBSERV Ce mot est un gallicisme dans le sens figuré et dans celui d'equipaje.

bagar [16] *v intr* grener, monter en graine (el lino).

bagatela *f* bagatelle.
‖ SIN fruslería vétille; puerilidad puérilité; entretenimiento amusette; menudencia bricole.

bagayo *m* FAM (*Amer*) balluchon (lío de ropa).

bagazo *m* bagasse *f* (de la caña de azúcar) ‖ marc (residuo de uva, etc.) ‖ balle *f* (del lino) ‖ (*Amer*) personne *f* méprisable, vermine *f*.

Bagdad *n pr* GEOGR Bagdad.

bagre *m* (*Amer*) vilain oiseau (persona antipática) ‖ caricature *f*, épouvantail, laideron (mujer fea) ‖ fin renard (persona muy lista) ‖ poisson-chat.

bagual *adj* (*Amer*) sauvage (animal), sauvage, rustre (persona).
◇ *m* (*Amer*) cheval sauvage (caballo) ‖ rustre (hombre).

bagualada *f* (*Amer*) troupeau *m* de chevaux sauvages ‖ FAM bourde, ânerie (barbaridad).

bagualón *m* (*Amer*) cheval à moitié dressé (medio bagual).

baguarí *m* (*Amer*) sorte de cigogne *f* blanche.

baguío *m* ouragan.

¡bah! *interj* bah!

Bahamas *n pr f pl* GEOGR las Bahamas les Bahamas.

bahamés, esa *adj* des Bahamas.
◇ *m & f* habitant, e des Bahamas.

bahareque ➤ **bajareque**.

baharí *m* hobereau (halcón).

bahía *f* baie (golfo); **la bahía de Málaga** la baie de Malaga.

Bahrein *n pr m* GEOGR las islas Bahrein les îles Bahreïn o Bahrayn.

Baikal *n pr* GEOGR el lago Baïkal le lac Baïkal.

bailable *adj* dansant, e; **música bailable** musique dansante ‖ dansable (que puede bailarse).
◇ *m* ballet (ballet).

bailador, ra *m & f* danseur, euse.
‖ OBSERV Ce mot s'applique à l'artiste spécialisé dans l'interprétation de danses folkloriques espagnoles, et notamment andalouses; on l'écrit d'ailleurs généralement bailaor. Dans son acception la plus générale danseur se traduit par bailarín.

bailaor, ra *m & f* danseur, euse (de flamenco).

bailar *v intr* danser; **bailar agarrado** danser par couple ‖ FIG danser (moverse) ‖ tourner, pivoter (un trompo) ‖ FIG & FAM nager; **mis pies bailan en los zapatos** mes pieds nagent dans mes chaussures ■ **bailar al son que tocan** hurler avec les loups, suivre le mouvement ‖ **bailar como una peonza** tourner comme une toupie ‖ **bailar de puntas** faire des pointes ‖ **bailar en la cuerda floja** danser o être sur la corde raide ‖ **bailarle a uno los ojos de alegría** être tout guilleret ‖ **otro que bien baila** les deux font la paire ‖ **¡que me quiten lo bailado!** c'est autant de pris o de gagné, c'est toujours ça de pris o de gagné ‖ **sacar a bailar a una joven** faire danser une jeune fille, inviter une jeune fille à danser.
◇ *v tr* danser; **bailar un vals** danser une valse ‖ FIG & FAM **bailarle el agua a uno** lécher les bottes de quelqu'un.

bailarín, ina *adj & s* danseur, euse (que baila).
➤ **bailarina** *f* ballerine (de profesión).

baile *m* [▷ SIN] danse *f* (danza); música de baile musique de danse; **baile clásico** danse classique ‖ bal (lugar donde se baila) ‖ TEATR ballet; **cuerpo de baile** corps de ballet ■ FAM **baile de candil** o **de botón gordo** o **popular** bastringue, bal musette ‖ **baile de etiqueta** o **serio** grand bal, bal paré ‖ **baile de gala** soirée de gala ‖ **baile de máscaras** o **de disfraces** bal masqué o costumé ‖ **baile de noche** soirée dansante ‖ **baile de piñata** bal de carnaval ‖ **baile de salón** danse de salon ‖ **baile de San Vito** danse de Saint-Gui ‖ **baile de trajes** bal costumé o travesti ‖ **té baile** thé dansant ■ FIG **dirigir el baile** mener la danse ‖ **estando en el baile hay que bailar** une fois pris dans l'engrenage, il faut suivre le mouvement ‖ FAM **tener ganas de baile** avoir le cœur à la danse.
‖ SIN coreografía chorégraphie; danza danse; ballet, bailete, bailable ballet.

baile *m* bailli (magistrado).

bailecito *m* (*Amer*) danse *f* folklorique d'Argentine et de Bolivie.

bailete *m* TEATR ballet.

bailía *f* bailliage *m*.

bailío *m* bailli (de una orden militar).

bailón, ona *m & f* FAM personne qui aime beaucoup danser.

bailongo *m* (*Amer*) bal populaire.

bailotear *v intr* FAM dansotter, gigoter.

bailoteo *m* action *f* de dansotter ‖ bal (baile) ‖ **a él le gusta mucho el bailoteo** il adore danser.

baivel *m* biveau (escuadra falsa).

baja *f* baisse (del agua, de los precios, en la Bolsa) ‖ MIL perte; **el ejército tuvo muchas bajas en el combate** l'armée a subi de grandes pertes dans le combat ‖ procès-verbal *m* de disparition (documento) ■ **baja de** o **por enfermedad** congé de maladie ■ **dar de baja** porter disparu (a un soldado muerto, un desertor), réformer (en el servicio militar), délivrer un arrêt de travail (a un obrero, un empleado), congédier, licencier, donner congé à (despedir), rayer des cadres, exclure (echar de una sociedad) ‖ **darse de baja** se retirer, cesser d'appartenir (dejar de pertenecer); **se ha dado de baja oficialmente en el Consejo de Administración** il s'est retiré officiellement du conseil d'administration; démissionner (dimitir), se faire porter malade (declararse enfermo) ‖ **darse de baja en una suscripción** arrêter un abonnement ‖ **estar dado de baja** être en congé de maladie ‖ **estar de** o **en baja** être en baisse (perder valor), être en perte de vitesse (tener menos aceptación) ‖ **jugar a la baja** jouer à la baisse (en Bolsa) ‖ **ser baja** être porté disparu (un soldado, por muerte o deserción), cesser d'appartenir à (en una sociedad, etc.).
‖ OBSERV pl bajas.

bajá *m* pacha (dignatario turco).

Baja California *n pr f* GEOGR Basse-Californie.

bajada *f* baisse; la bajada de las aguas la baisse des eaux ▌ descente ■ bajada de aguas tuyau de descente, conduite d'eau ▌ bajada de bandera prise en charge (en un taxi) ▌ bajada del telón baisser o chute du rideau.

bajador *m* (*Amer*) martingale *f* (gamarra).

bajalato *m* pachalik.

bajamar *f* MAR marée basse, basse mer.

bajante *f* (*Amer*) marée basse.

bajapieles *m inv* repoussoir (de manicura).

bajar *v intr* descendre; bajar a la bodega descendre à la cave; bajar del autobús, del tren descendre de l'autobus, du train ▌ baisser; baja la marea la marée baisse ▌ baisser, diminuer (el frío, los precios, el nivel del agua, la vista, etc.) ▌ tomber, baisser, diminuer; le ha bajado la fiebre sa fièvre est tombée ▌ FIG baisser; fulano ha bajado mucho en mi estime untel a beaucoup baissé dans mon estime ▌ FAM baisser o el tono baisser le ton ▌ no bajará de dos horas il ne faudra pas moins de deux heures.
◇ *v tr* descendre (poner en un lugar inferior); bájame este libro descends-moi ce livre ▌ descendre (una escalera) ▌ baisser, courber (inclinar) ▌ bajar la cabeza baisser o courber la tête ▌ rabattre; bajar las alas de un sombrero rabattre les bords d'un chapeau ▌ [▷ SIN] baisser, abaisser (una cortina, los párpados, los precios, etc.) ▌ baisser; bajar el tono baisser le ton ▌ diminuer; me ha bajado la cuenta il a diminué ma note ▌ FIG abaisser, rabaisser, rabattre (humillar); bajar el orgullo a uno rabattre l'orgueil à quelqu'un ■ bajar las orejas baisser l'oreille ▌ bajar los bríos a uno remettre quelqu'un à sa place ▌ FAM bajarle los humos a uno rabattre le caquet de quelqu'un, remettre quelqu'un à sa place ▌ bajar sus pretensiones en rabattre.
◆ **bajarse** *v pr* se baisser, s'incliner, s'abaisser ▌ descendre; bajarse del autobús descendre de l'autobus.

┃ OBSERV Le verbe bajar sous la forme pronominale peut signifier descendre, avec une nuance d'effort: me bajo la escalera veinte veces al día je descends l'escalier vingt fois par jour.
┃ SIN rebajar rabaisser, abaisser; depreciar, abaratar déprécier; desvalorizar dévaluer.

bajareque; bahareque *m* (*Amer*) mur en roseaux et en terre (pared) ▌ hutte *f*, cabane *f* (choza).

Baja Sajonia *n pr f* GEOGR Basse-Saxe.

bajel *m* (ant) bateau, vaisseau (buque).

bajero, ra *adj* inférieur, e; de dessous; sábana bajera drap de dessous.
◆ **bajera** *f* (*Amer*) couverture de selle (manta) ▌ mauvais tabac *m* (tabaco).

bajete *m* MÚS baryton (barítono).

bajeza *f* bassesse; cometer una bajeza commettre une bassesse ▌ FIG bajeza de ánimo lâcheté.

┃ SIN servilismo servilisme; villanía vilenie; envilecimiento avilissement; abyección abjection; indignidad indignité.

bajial *m* (*Amer*) terre *f* basse.

bajines; bajini
◆ **por bajines; por lo bajini** *loc adv* FAM en dessous; hacer algo por bajines faire quelque chose en dessous ▌ tout bas; hablar por bajines parler tout bas ▌ sous cape; reírse por lo bajini rire sous cape.

bajío *m* banc de sable, bas-fond (arena) ▌ (*Amer*) terre *f* basse (terreno bajo) ▌ dépression *f*, marigot (anegadizo) ▌ FIG dar en un bajío achopper.

bajista *adj & s* ECON baissier (en la Bolsa).

bajito *adv* tout bas; le gusta hablar bajito il aime parler tout bas.

bajo, ja *adj* bas, basse; una silla baja une chaise basse ▌ petit, e (estatura); una mujer muy baja une femme très petite ▌ bas, basse; baissé, e; con la cabeza baja la tête basse ▌ baissé, e; con los ojos bajos les yeux baissés ▌ faible, bas, basse; la cifra más baja le chiffre le plus faible ▌ pâle, terne (los colores); azul bajo bleu terne ▌ FIG bas, basse; humble (humilde) ▌ bas, basse; ordinaire, grossier, ère; vulgaire (vulgar) ▌ bas, basse; vil, e; a bajo precio à bas prix, à vil prix ▌ MÚS grave, bas, basse (sonido, voz) ▌ GEOGR bas, basse; Baja Normandía Basse Normandie ■ baja latinidad bas latin ▌ baja temporada saison creuse ▌ bajo las aguas au dos plongeant (caballería) ▌ bajo relieve bas-relief ▌ FIG bajos fondos bas-fonds ▌ bajo vientre bas-ventre ▌ IMPR caja baja bas de casse ▌ golpe bajo coup bas ▌ los barrios bajos les quartiers populaires, les bas quartiers ▌ monte bajo garrigue, maquis ▌ tierras bajas basses terres, terres basses ■ de baja ralea de bas étage ▌ en voz baja à voix basse ▌ tiene la moral muy baja il a le moral très bas.
◆ **bajo** *adv* au-dessous, en dessous (abajo) ▌ bas; hablar bajo parler bas; este avión vuela bajo cet avion vole bas.
◆ **bajo** *m* bas-fond, terrain bas (lugar hondo) ▌ bas-fond, haut-fond (en los mares, ríos, lagos) ▌ rez-de-chaussée *inv* (piso bajo) ▌ MÚS basse *f*; bajo cantante, cifrado, continuo, fundamental, profundo basse chantante, chiffrée, continue, fondamentale, profonde.
◆ **bajos** *m pl* dessous (ropa interior), bas *sing* (de pantalones) ▌ rez-de-chaussée *sing* (piso bajo).
◆ **bajo** *prep* sous; bajo la dominación romana sous la domination romaine; bajo tutela sous tutelle ▌ sur; bajo palabra sur parole; bajo mi honor sur mon honneur; bajo la recomendación de sur la recommandation de ▌ au-dessous de; dos grados bajo cero deux degrés au-dessous de zéro ■ por bajo au bas mot (por lo menos) ▌ por bajo de au-dessous de ▌ por lo bajo en cachette, en secret (disimuladamente), tout bas (bajito), au bas mot (por lo menos) ■ echando por bajo au bas mot.

bajón *m* MÚS basson (fagot) ▌ basson, bassoniste (instrumentista) ▌ FIG & FAM grande baisse *f*, diminution *f* ▌ chute *f*; el bajón de las acciones en Bolsa la chute des actions en Bourse ▌ déclin (de la salud) ▌ dégradation *f*, détérioration *f* (de la situación) ▌ dar un bajón baisser (salud, inteligencia); Pedro ha dado un gran bajón Pierre a beaucoup baissé; vieillir d'un coup, prendre un coup de vieux FAM, se dégrader, se détériorer (la situación).

bajonazo *m* TAUROM coup d'épée porté trop bas.

bajoncillo *m* MÚS basson quinte (instrumento).

bajonista *m* MÚS basson, bassoniste (músico).

bajorrelieve; bajo relieve *m* bas-relief.

bajura *f* de bajura côtière, littorale; pesca de bajura pêche côtière.

bakalao *m* FAM & MÚS musique de type techno, acid house, etc.

Bakelita *f* Bakélite.

bala *f* balle (proyectil); bala explosiva, fría, trazadora balle explosive, morte, traceuse o traçante ▌ boulet *m* (de artillería); bala de cadena, enramada boulet de chaîne, ramé ▌ balle (de algodón, etc.) ▌ IMPR balle (tampón de tinta) ▌ (*Amer*) poids *m* (deporte) ■ bala cansada o perdida balle perdue ▌ FIG & FAM bala perdida écervelé, hurluberlu (tarambana), tête brûlée (temerario) ▌ bala rasa tête brûlée (balarrasa) ▌ (*Amer*) ni a bala en aucune façon ▌ FAM salir como una bala partir o filer comme une flèche.
◇ *m* FAM voyou, vaurien.

balaca; balacada *f* (*Amer*) fanfaronnade, bravade ▌ echar balacas fanfaronner.

balacear *v tr* (*Amer*) blesser o tuer par balles.

balacera *f* (*Amer*) fusillade.

balada *f* ballade.

baladí *adj* sans importance, futile, insignifiant, e.
▌ OBSERV pl baladíes.

baladrar *v intr* hurler, pousser des hurlements.

baladro *m* hurlement (grito).

baladronada *f* fanfaronnade, bravade ▌ decir o soltar baladronadas fanfaronner.

baladronear *v intr* faire le fanfaron.

balagar *m* meule *f* de paille.

bálago *m* glui, paille *f* (paja).

balalaica *f* MÚS balalaïka.

balance *m* balancement (balanceo) ▌ FIG hésitation *f*, doute (vacilación) ▌ COM balance *f* (cuenta) ▌ bilan (estado de cuentas); hacer balance faire o dresser le bilan; examen de balance analyse de bilan; el balance arroja un superávit le bilan présente un excédent ▌ ELECTR balance *f* ▌ MAR roulis ▌ (*Amer*) affaire *f* (negocio) ■ balance de víctimas nombre de victimes ▌ FIG hacer el balance de la situación faire le point de la situation.

balancé *m* balancé (paso de baile).

balancear *v intr* [▷ SIN] balancer, se balancer ▌ FIG balancer, hésiter (dudar) ▌ rouler, avoir du roulis (un barco).
◇ *v tr* mettre en équilibre.
◆ **balancearse** *v pr* se balancer.
▌ SIN mecer, cunear bercer; cabecear dodeliner; contonearse se dandiner.

balancela *f* MAR balancelle.

balanceo *m* balancement ▌ roulis (de un barco).

balancín *m* palonnier (de un carruaje) ▌ balancier (de volatinero) ▌ MECÁN balancier, bascule *f* (de una máquina) ▌ palonnier (de un automóvil) ▌ culbuteur (de un motor) ▌ balancier (para acuñar moneda) ▌ fauteuil à bascule, rocking-chair (mecedora) ▌ MAR balancier (para dar estabilidad) | **balancine** _f_ (cabo) | **ZOOL** balancier (de insectos).

balandra _f_ **MAR** sloop _m_ (barco).

balandrán _m_ balandran (vestido).

balandrista _m_ & _f_ yachtman, yachtwoman.

balandro _m_ **MAR** cotre | yacht (de vela) | voilier (embarcación pequeña).

balanitis _f inv_ **MED** balanite.

bálano; balano _m_ **ANAT** gland | **ZOOL** balane _f_ (molusco).

balanza _f_ [▷ **SIN**] balance; balanza de cocina balance de ménage; balanza de precisión balance de précision; balanza de Roberval balance de Roberval; balanza romana balance romaine | **COM** balance; balanza comercial, de cuentas, de pagos balance commerciale, des comptes, des paiements | comparaison, confrontation, mise en balance o en parallèle (confrontación) | **ASTRON** & **ASTROL** Balance | (_Amer_) balancier _m_ (de volatinero) ■ inclinar el fiel de la balanza faire pencher la balance | poner en balanza mettre en balance, comparer.

▎ **SIN** báscula bascule; pesillo trébuchet; romana romaine; peso poids.

balar _v intr_ bêler.

balarrasa _f_ tord-boyaux _m_ (aguardiente) | **FIG** tête brûlée (persona).

balastar _v tr_ ballaster.

balastera _f_ ballastière.

balasto; balastro _m_ ballast (grava).

balata _f_ ballade (poesía).

balate _m_ talus, terrasse _f_ (terreno) | talus, bord (de una acequia) | **ZOOL** holothurie _f_.

Balatón _n pr_ **GEOGR** el lago Balatón le lac Balaton.

balaustrada _f_ balustrade.

▎ **SIN** pretil parapet; balcón balcon; antepecho garde-corps; barandilla garde-fou.

balaustrar _v tr_ balustrer.

balaustre; balaústre _m_ balustre (columnita) | (_Amer_) truelle _f_ (llana).

balay _m_ (_Amer_) corbeille _f_ de jonc (cesta) | van (aventador).

▎ **OBSERV** pl balays o balayes.

balazo _m_ coup de feu (tiro); le dieron un balazo en el pecho on lui a tiré un coup de feu dans la poitrine | blessure _f_ produite par une balle | murió de un balazo une balle le tua.

balboa _m_ balboa [unité monétaire de Panama].

balbucear _v intr_ & _tr_ balbutier (balbucir).

▎ **SIN** tartamudear, tartajear bégayer; farfullar bredouiller; barbullar bafouiller.

balbuceo _m_ balbutiement.

balbucir [79] _v intr_ babutier.

Balcanes _n pr m pl_ **GEOGR** Balkans.

balcánico, ca _adj_ & _s_ balkanique.

balcanización _f_ balkanisation.

balcanizar [13] _v tr_ balkaniser.

balcón _m_ balcon; asomarse al balcón se mettre au balcon ■ balcón corrido grand balcon | **FIG** & **FAM** eso es cosa de alquilar balcones c'est à ne pas manquer, c'est une

chose à voir, c'est à ne pas rater, les places seront chères.

balconaje _m_ ensemble des balcons.

balconcillo _m_ petit balcon | balcon (teatro, plaza de toros).

balconear _v intr_ (_Amer_) regarder par la fenêtre o du balcon.

balda _f_ étagère, rayon _m_ (de un armario).

baldada _f_ (_Amer_) contenu _m_ d'un seau.

baldado, da _adj_ & _s_ impotent, e.

baldaquín; baldaquino _m_ baldaquin.

baldar _v tr_ estropier (lisiar) | jouer atout, couper (naipes) | **FIG** contrarier, indisposer (contrariar) | **FAM** estar o quedarse baldado être éreinté o claqué o pompé.

➡ **baldarse** _v pr_ s'éreinter (cansarse).

balde

➡ **de balde** _loc adv_ gratis, gratuitement, à l'œil **FAM** tener entradas de balde avoir des billets gratis ■ en balde en vain, pour rien, pour des prunes **FAM** hemos hecho todo este trabajo en balde nous avons fait tout ce travail pour rien ■ estar de balde être oisif (estar sin empleo), être de trop (estar de más).

balde _m_ **MAR** baille _f_ (cubo de madera) | seau (cubo de metal) | (_Amer_) puits (pozo) | **FIG** & **FAM** caer como un balde de agua fría faire l'effet d'une douche froide.

baldear _v tr_ laver à grande eau (lavar) | écoper, vider l'eau (achicar).

baldeo _m_ lavage à grande eau.

baldíamente _adv_ en vain, inutilement.

baldío, a _adj_ vague, inculte, en friche (terreno sin cultivo) | **FIG** vain, e; deshacerse en esfuerzos baldíos se dépenser en vains efforts | vagabond, e; sans feu ni lieu (vagabundo).

➡ **baldío** _m_ terrain inculte, friche _f_ | (_Amer_) terrain vague.

baldo _m_ renonce _f_ (naipes).

baldón _m_ affront, injure _f_ (oprobio).

baldonar; baldonear _v tr_ outrager, injurier (afrentar).

baldosa _f_ carreau _m_ | dalle (de mayor tamaño).

baldosar _v tr_ carreler, daller.

baldosilla _f_; **baldosín** _m_ carreau _m_.

baldragas _adj_ & _s m_ **FAM** chiffe _f_ molle, mazette _f_ (bragazas).

balduque _m_ ruban étroit (cinta).

balear _v tr_ (_Amer_) blesser (herir), tuer (matar), transpercer d'une o plusieurs balles | fusiller.

balear _adj_ & _s_ baléare, des Baléares.

Baleares _n pr f pl_ las (islas) Baleares les (îles) Baléares.

┌─ **LAS ISLAS BALEARES** ─────────
│ La communauté autonome des Baléares se
│ compose de la seule province des Baléares,
│ qui comprend les îles de Majorque, Minorque, Ibiza et Formentera. Elle a obtenu l'autonomie le 25 février 1983 et a pour capitale
│ Palma de Majorque; son gouvernement est
│ connu sous le nom de « Gobierno balear ».

baleárico, ca _adj_ des Baléares.

balénidos _m pl_ **ZOOL** balénidés.

baleo _m_ paillasson, natte _f_ (estera) | (_Amer_) coups _pl_ de feu (tiroteo).

balero _m_ (_Amer_) roulement à billes (cojinete) | bilboquet (boliche).

Bali _n pr_ **GEOGR** Bali.

balido _m_ bêlement | dar balidos bêler.

balín _m_ balle _f_ de petit calibre | plomb (escopeta de aire comprimido).

balinense _adj_ & _s_ balinais, e.

balista _f_ **MIL** baliste.

balístico, ca _adj_ & _s f_ balistique.

balita _f_ (_Amer_) bille (canica).

balitar _v intr_ bêler souvent.

baliza _f_ **MAR** & **AVIAC** balise | **AVIAC** baliza de obstrucción balise d'obstacle.

balizador _m_ **MAR** baliseur.

balizaje; balizamiento _m_ balisage.

balizar [13] _v tr_ baliser.

ballena _f_ baleine (mamífero) | baleine (de corsé, etc.) | **ASTRON** Baleine.

ballenato _m_ baleineau.

ballenero, ra _adj_ baleinier, ère.

➡ **ballenero** _m_ baleinier (barco y pescador).

➡ **ballenera** _f_ baleinière (barco).

ballesta _f_ baliste (máquina de guerra) | arbalète (arma antigua) | ressort _m_ à lames (de coche).

ballestero _m_ arbalétrier; ballestero mayor grand maître des arbalétriers | fabricant d'arbalètes.

ballestilla _f_ palonnier _m_ (balancín pequeño) | **ASTRON** arbalétrille | **VETER** flamme (navajilla).

ballet _m_ ballet (baile y música); los ballets rusos les ballets russes.

▎ **OBSERV** pl ballets.

ballico _m_ ivraie _f_ vivace, ray-grass.

ballueca _f_ folle avoine (gramínea).

balneario, ria _adj_ balnéaire; estación balnearia station balnéaire.

➡ **balneario** _m_ station _f_ balnéaire (en el mar) | établissement de bains, bains _pl_ (de baños medicinales) | station _f_ thermale | ir a un balneario aller aux eaux, aller prendre les eaux.

balneoterapia _f_ **MED** balnéothérapie.

balompédico, ca _adj_ de football; sociedad balompédica société de football.

balompié _m_ football.

balón _m_ ballon (pelota) | ballon (recipiente); balón de oxígeno ballon d'oxygène | ballot (paquete) ■ balón alto chandelle (fútbol) | balón muerto ballon mort (rugby) | balón oval ballon ovale (de rugby).

balonazo _m_ coup de ballon.

baloncestista _m_ & _f_ basketteur, euse.

baloncesto _m_ basket-ball (juego) | jugador de baloncesto basketteur.

balonmano _m_ hand-ball (juego).

balonvolea _m_ volley-ball (juego).

balota _f_ ballotte (para votar).

balotada _f_ ballottade (salto del caballo).

balotaje _m_ (_Amer_) ballottage (empate en una votación).

balotar _v intr_ (_Amer_) ballotter.

balsa _f_ radeau _m_ (embarcación); balsa insuflable radeau pneumatique; balsa salvavidas radeau de sauvetage | mare (charca) | **BOT** balsa *m* (árbol y madera) ▪ FIG balsa de aceite mer d'huile | este lugar es una balsa de aceite cet endroit est très tranquille, le calme règne dans cet endroit.

balsadera *f*; **balsadero** *m* endroit *m* d'une rivière où il y a un bac.

balsamera *f* flacon *m* à baume.

balsamero *m* balsamier (árbol).

balsámico, ca *adj* balsamique.

balsamina *f* balsamine (planta).

bálsamo *m* baume; bálsamo de copaiba, del Perú baume de capahu, du Pérou ▪ FIG baume.

balsar *m* (*Amer*) fourré, broussailles *f pl*.

balsero *m* conducteur de bac.

balso *m* MAR agui (nudo) | balsa (árbol).

Baltasar *n pr* Balthazar.

báltico, ca *adj & s* baltique.
➥ **báltico** *m* LING baltique.

Báltico *n pr m* GEOGR el (mar) Báltico la (mer) Baltique.

balto, ta *adj & s* balte.

baluarte *m* bastion ▪ FIG rempart, bastion; esta provincia es un baluarte del cristianismo cette province est un bastion du christianisme.

baluma; balumba *f* amas *m*, tas *m* (bulto), fatras *m* (lío) | tapage *m*, agitation, brouhaha *m* (barullo), pagaille (desorden).

bamba *f* raccroc *m*, point *m* heureux (billar) | balançoire (columpio) | (*Amer*) nom *m* de diverses monnaies | loupe (en un árbol) | bamba (baile).

bambalear *v intr* chanceler, vaciller.

bambalina *f* TEATR frise ▪ actor nacido entre bambalinas enfant de la balle | detrás de las bambalinas dans les coulisses.

bambarria *m & f* FAM sot, sotte; niais, e; bêta, asse (tonto).
◇ *f* raccroc *m*, point *m* heureux (en el billar).

bambino, na *m & f* (*Amer*) enfant, bambin *m*.

bambochada *f* bambochade (pintura).

bamboche *m* FAM bamboche, poussah.

bambolear *v intr & pr* osciller, branler, ballotter; mueble, cabeza que bambolea o se bambolea meuble qui branle, tête qui ballotte | chanceller, vaciller (las personas) | hacer bambolear ballotter, secouer.

bamboleo *m* balancement, oscillation *f* | ballottement, balancement; el bamboleo de un barco le ballottement d'un navire.

bambolla *f* FAM esbroufe, étalage *m* (aparato) | tralala *m*; una fiesta con mucha bambolla une fête avec beaucoup de tralala | (*Amer*) bavardage *m* (charla) | fanfaronnade, épate *m* (fanfarronería).

bambollero, ra *adj* FAM qui fait de l'esbroufe, esbroufeur, euse.

bambú *m* BOT bambou.
▪ OBSERV pl bambúes o bambús.

bambuco *m* (*Amer*) air et danse *f* populaires.

bambula *f* bamboula (baile y tambor de los negros).

banal *adj* banal, e; elogios banales des éloges banals.
▪ OBSERV [➥ banal, parte francesa].

banalidad *f* banalité.

banalizar [13] *v tr* banaliser.

banana *f* banane (fruto) | bananier *m* (árbol).
▪ OBSERV En espagnol, banane se traduit de préférence par plátano, mot qui signifie également platane (arbre). Banano o banana est surtout employé en Amérique.

bananal; bananar *m* (*Amer*) bananeraie *f*, plantation *f* de bananiers.

bananero, ra *adj* bananier, ère ▪ compañía bananera compagnie bananière | república bananera république bananière.
➥ **bananero** *m* bananier (árbol y barco).

banano *m* banane *f* (fruto) | bananier (árbol).

banas *f pl* (*Amer*) dispensa de banas dispense *f* de bans.

banasta *f* banne, manne (cesto).

banastero, ra *m & f* vannier, ère.

banastillo *m* banneton (cesto).

banasto *m* panier rond, bannette *f* (cesto).

banato *m* banat (en Croacia).

banca *f* banquette, banc *m* (asiento) | auget *m* (de lavandera) | sorte de pirogue philippine | banque (juegos); hacer saltar la banca faire sauter la banque | éventaire *m* (de vendedor) | COM banque (conjunto de bancos, profesión) | banque (establecimiento de crédito) | (*Amer*) banc *m* (para sentarse) | siège *m* (escaño en el parlamento) ▪ ECON banca oficial banque d'État | banca privada banque privée [secteur bancaire] ▪ copar la banca faire banco (baccara) | (*Amer*) tener banca avoir du piston o influencias (tener influencias).
▪ OBSERV El término banca o casa de banca actualmente muy poco usado para denominar un establecimiento bancario, empleándose sobre todo banco. En cambio banca se utiliza corrientemente para representar el conjunto o la profesión: la nacionalización de la banca, la banca hace jornada intensiva.

bancada *f* banc *m* de pierre (banco) | grande table (mesa) | MAR banc *m* de nage | MECÁN bâti *m*, banc *m*, socle *m* (soporte) | MIN gradin *m*.
➥ **bancadas** *f pl* AGRIC litière *sing* (capa).

bancal *m* carré (de verduras); bancal de lechugas carré de laitues | terrasse *f*, gradin (en una montaña); campo de bancales champ en terrasse | tapis [dont on recouvre un banc]; garniture (tapete).

bancar [10] *v tr* FAM (*Amer*) banquer, entretenir | FIG faire avec (aguantar).

bancario, ria *adj* bancaire.

bancarrota *f* banqueroute | declararse en bancarrota déposer le bilan.

banco *m* banc (de piedra, de madera, en las iglesias, etc.), banquette *f* (en un salón, una antesala) | COM banque *f* (establecimiento de crédito) [➥ OBSERV banca] | comptoir (de cambista) | établi (de carpintero) | banc (de arena, de peces) | ARQ soubassement (sotabanco) | CONSTR assise *f* [en pierre] | GEOL banc (estrato) | (*Amer*) banc (de los acusados) | banque *f* (juego) ▪ banco azul banc des ministres (en el congreso) | banco comercial o de depósitos banque de dépôts | banco de crédito banque de crédit | banco de datos banque de don-

nées | banco de fábrica banc d'œuvre (en las iglesias) | banco de hielo banquise | TECN banco de husada banc à broches | banco de negocios banque d'affaires | banco de esperma, de órganos, de sangre banque de sperme, d'organes, du sang | banco de pruebas banc d'essai | banco emisor banque centrale, banque o institut d'émission | banco hipotecario crédit foncier | Banco Mundial Banque *f* mondiale | Banco de España banque *f* centrale espagnole.
➥ **bancos** *m pl* branches *f* (del freno).

banda *f* [▷ SIN] bande, écharpe, grand cordon *m* (condecoración) | écharpe (faja) | bandelette (de momia) | bande (de gentes, de animales) | volée, bande (de pájaros); una banda de gorriones une volée de moineaux | côté *m* (lado); de la banda de acá de la montaña de ce côté-ci de la montagne | rive (orilla); de la banda de allá del río sur l'autre rive du fleuve | aile (de un partido político) | bande (billar); jugar por la banda jouer par la bande | voile *m* huméral (humeral) | voie (de la carretera) | BLAS bande | CINEM bande; banda sonora bande sonore | FÍS bande [spectre de] | MAR bord *m*; de banda a banda bord sur bord | bande; banda estribor bande de tribord | MÚS fanfare | touche (fútbol); juez, línea de banda juge, ligne de touche; quedarse en la banda rester sur la touche; saque de banda remise en touche; fuera de banda sortie en touche | RAD bande; banda de frecuencia bande de fréquence | (*Amer*) battant *m* (de puerta, de ventana) ▪ ECON bandas de fluctuación marge de fluctuation | banda de rodadura chape, bande de roulement (de una rueda) | banda magnética bande magnétique | banda salarial échelle des salaires ▪ de banda a banda de part en part ▪ arriar en banda larguer les amarres | caer o estar en banda être libre (un cabo, etc.) | FAM coger a uno por banda prendre quelqu'un à partie; en faire baver à quelqu'un; prendre quelqu'un à part [pour lui parler] | FIG & FAM cerrarse a la banda n'en pas démordre, ne rien vouloir entendre, se buter | dar de banda o a la banda donner de la bande o de la gîte, mettre à la bande (voluntariamente).
▪ SIN venda bandeau; vendaje bandage; faja ceinture.

bandada *f* bande (grupo) | volée, bande (de pájaros) | compagnie (de perdices y perdigones).

bandazo *m* MAR coup de roulis | FAM tour, balade *f* (paseo) | embardée *f*; dar un bandazo faire une embardée (coche) | FAM dar bandazos flâner, errer.

bandear *v tr* (*Amer*) traverser (cruzar) | transpercer (de un tiro) | harceler (perseguir) | blesser gravement (herir) | faire la cour (a una mujer).
➥ **bandearse** *v pr* s'arranger, se débrouiller, se tirer d'affaire, nager; este hombre sabe bandearse cet homme sait se tirer d'affaire | (*Amer*) retourner sa veste (en política).

bandeja *f* plateau *m* | (*Amer*) plat *m* (fuente) | plage arrière (de coche) | bandeja para los cubiletes de hielo bac à glace | FIG en bandeja de plata sur un plat d'argent ▪ FIG poner o traer en bandeja apporter sur un plateau | servir en bandeja servir sur un plateau | pasar la bandeja demander un service (sentido figurado); faire la quête (sentido propio).

bandera *f* [▷ **SIN**] drapeau *m*; la bandera española, del regimiento le drapeau espagnol, du régiment; bandera blanca o de paz drapeau blanc ‖ couleurs *pl*; izar la bandera hisser les couleurs ‖ bannière (de una cofradía) ‖ **INFORM** drapeau ‖ (ant) **MIL** compagnie (compañía) ‖ **MAR** pavillon *m*; bandera de inteligencia pavillon d'aperçu; bandera morrón o a media asta pavillon en berne ■ a banderas desplegadas en toute liberté ‖ bajada de bandera prise en charge (taxi) ‖ **FIG** & **FAM** de bandera du tonnerre ‖lleno hasta la bandera plein à craquer ■ **MAR** afianzar o afirmar o asegurar la bandera assurer le pavillon ‖ **MIL** alzar o levantar bandera o la bandera recruter des troupes ‖**MAR** arriar bandera o la bandera amener o rentrer pavillon ‖ **MIL** batir banderas baisser le drapeau ‖ militar bajo la bandera de uno, seguir la bandera de uno se ranger sous le drapeau o la bannière de quelqu'un ‖ **MAR** rendir la bandera saluer du pavillon, baisser pavillon ‖ **MIL** salir con banderas desplegadas avoir les honneurs de la guerre.

> **SIN** pabellón pavillon; pendón bannière; estandarte étendard; banderola banderole; banderín guidon, fanion; oriflama oriflamme.

banderazo *m* **DEP** signal du juge de touche.

bandería *f* faction, parti *m* (partido).

banderilla *f* **TAUROM** banderille; banderilla de fuego banderille de feu [entourée de pétards] ‖ becquet *m*, béquet *m* (imprenta) ‖ amuse-gueule *m* piqué sur un cure-dents (palillo) ‖ (*Amer*) emprunt *m*, tapage *m* (sablazo) ■ **FIG** & **FAM** clavar, plantar o poner banderillas a uno lancer des piques à quelqu'un.

banderillazo *m* (*Amer*) emprunt, tapage (sablazo).

banderillear *v intr* planter des banderilles.

banderillero *m* **TAUROM** banderillero.

banderín *m* **MIL** guidon, fanion (bandera) ‖ porte-fanion, enseigne (soldado) ‖ banderín de enganche bureau de recrutement.

banderizo, za *adj* factieux, euse; révolté, e ‖**FIG** turbulent, e; agité, e.

banderola *f* banderole, flamme (bandera) ‖**MIL** guidon *m*, pennon *m* (ant), flamme (con dos o varias puntas) ‖ (*Amer*) vasistas *m* (de una ventana).

bandidaje *m* banditisme, brigandage.

bandido *m* bandit, brigand (bandolero).

> **SIN** salteador, bandolero brigand; malandrín malandrin.

bando *m* ban, édit; echar bando publier o promulguer un édit ‖ arrêté; bando de policía, de la alcaldía arrêté de police, du maire ‖ faction *f*, parti (partido) ‖ bande *f* (bandada) ‖ **FAM** ser uno del otro bando o del bando contrario être de la jaquette.

◆ **bandos** *m pl* bans (amonestaciones).

bandola *f* **MÚS** mandoline ‖ **MAR** mât *m* de fortune.

bandolera *f* femme bandit (mujer) ‖ bandoulière (correa); a la o en bandolera en bandoulière ‖ a la bandolera en écharpe (brazo).

bandolerismo *m* banditisme, brigandage.

bandolero *m* bandit, brigand (bandido).

bandolina *f* bandoline (cosmético) ‖mandoline (bandola).

bandolinista *m* & *f* mandoliniste.

bandoneón *m* **MÚS** bandonéon.

bandos *m pl* bandeaux (peinado).

bandullo *m* **FAM** bedaine *f*, panse *f* (vientre).

bandurria *f* **MÚS** mandore, mandole, mandoline espagnole.

Bangkok *n pr* **GEOGR** Bangkok.

Bangladesh *n pr m* **GEOGR** Bangladesh.

Bangui *n pr* **GEOGR** Bangui.

baniano *m* banian (miembro de una secta brahmánica).

banjo *m* **MÚS** banjo.

Banjul *n pr* **GEOGR** Banjul.

banquear *v tr* (*Amer*) niveler (el terreno).

banquero, ra *adj* & *s* banquier, ère.

banqueta *f* banquette (asiento corrido) ‖ tabouret *m* (asiento) ‖marchepied *m*, escabeau *m* (para los pies) ‖ banquette (andén) ‖ **MIL** banquette ‖trottoir *m* (acera).

banquete *m* banquet (festín) ■ banquete de boda repas de noce ‖ banquete de gala banquet.

banquetear *v tr* & *intr* donner des banquets (dar banquetes) ‖ banqueter (andar en banquetes).

banquillo *m* banc des accusés, sellette *f* (del tribunal) ‖petit banc (banco) ‖ billot (de zapatero) ‖ **FIG** colocar o sentar en el banquillo de los acusados mettre sur la sellette.

banquisa *f* banquise (banco de hielo).

banzo *m* ensouple (del bastidor para bordar) ‖ montant (de una escalera de mano), bras, montant (del respaldo de una silla).

baña ▶ **bañadero**.

bañadera *f* (*Amer*) baignoire (bañera).

bañadero *m*; **baña** *f* bauge *f* (de un jabalí).

bañado *m* (*Amer*) marais (pantano)‖prairie *f* basse et inondable.

bañador, ra *m* & *f* baigneur, euse (que se baña).

◆ **bañador** *m* maillot o costume de bain (traje de baño) ■ bañador de dos piezas deux-pièces ‖ bañador de una pieza maillot (de bain) une pièce.

bañar *v tr* baigner (a un niño) ‖ baigner, tremper (un cuerpo) ‖ baigner (el mar, un río); costas bañadas por el mar côtes baignées par la mer ‖arroser (un río); el arroyo bañaba hermosas huertas le ruisseau arrosait de beaux jardins ‖enrober; un pastel bañado en chocolate un gâteau enrobé de chocolat ‖baigner, inonder (luz, sol, etc.); el sol baña la habitación de una luz cruda le soleil inonde la pièce d'une lumière crue ■ bañado en llanto o en lágrimas tout en larmes, baigné de larmes ‖ bañado en sangre couvert de sang, tout en sang ‖bañado en sudor ruisselant de sueur, en nage, tout en sueur ‖ **FIG** ojos bañados en lágrimas yeux baignés de larmes.

◆ **bañarse** *v pr* se baigner (en el mar) ‖prendre un bain, se baigner (en la bañera).

bañera *f* baignoire (baño).

bañil *m* bauge *f* (de un jabalí).

bañista *m* & *f* baigneur, euse (que va al baño) ‖curiste (que toma aguas medicinales).

baño *m* bain; baño de mar, de sol bain de mer, de soleil ‖ baignade *f* (en un río) ‖ baignoire *f* (bañera) ‖ couche *f* (capa); un baño de pintura une couche de peinture ‖ enrobage, enrobement (en chocolate, etc.) ‖ **FIG** vernis, teinture *f* (barniz) ‖ **QUÍM** bain ‖ (*Amer*) toilettes *f pl* (excusado) ■ baño de asiento, de vapor bain de siège, de vapeur ‖baño (de) maría bain-marie ‖ baño turco bain turc (con vapor), étuve; esta habitación es un baño turco cette pièce est une étuve ‖ espuma de baño bain moussant ■ darse un baño se baigner (bañarse), se replonger; darse un baño de inglés se replonger dans l'anglais ‖ **FAM** dar un baño a donner une leçon, flanquer une piquette; el equipo azul ha dado un baño al equipo amarillo l'équipe bleue a flanqué une piquette à l'équipe jaune.

◆ **baños** *m pl* établissement *sing* de bains ‖ bagne *sing* (prisión); los baños de Argel le bagne d'Alger ‖ casa de baños établissement de bains, bains publics ‖ ir a los baños aller aux eaux.

bao *m* **MAR** bau.

baobab *m* **BOT** baobab.

baptismo *m* baptisme.

baptista *adj* & *s* baptiste.

baptisterio *m* baptistère (edificio) ‖ fonts *pl* baptismaux (pila).

baque *m* coup (golpe) ‖chute *f* (caída).

baquear *v intr* naviguer poussé par le courant.

baquelita *f* bakélite.

baqueta *f* baguette (de fusil) ‖ **ARQ** baguette ■ **FIG** & **FAM** llevar o mandar o tratar a la baqueta mener à la baguette o tambour battant, traiter durement.

◆ **baquetas** *f pl* baguettes de tambour (de tambor) ‖ **MIL** baguettes.

baquetazo *m* coup de baguette.

baqueteado, da *adj* qui a beaucoup d'expérience; endurci, e; aguerri, e.

baquetear *v tr* **MIL** passer par les baguettes ‖ **FIG** mener o traiter durement (tratar mal) ‖ exercer, habituer, aguerrir (ejercitar) ‖ ennuyer, incommoder (incomodar).

baqueteo *m* cahotement, ballottement (traqueteo) ‖ expérience *f*, habitude *f*, aguerrissement (ejercitación) ‖ ennui, tracas (molestia).

baquetudo, da *adj* (*Amer*) flegmatique.

baquía *f* pratique, expérience (experiencia) ‖ (*Amer*) adresse, habileté (habilidad) ‖ expérience (experiencia).

baquiano, na *adj* & *s* connaisseur, euse; averti, e; expert, e; versé, e (experto); ser baquiano en el comercio être versé dans le commerce.

◆ **baquiano** *m* guide (guía).

baquiar *v tr* (*Amer*) dresser (adiestrar).

báquira; baquira *m* (*Amer*) pécari.

bar *m* bar (café); bar de citas o de alterne bar à hôtesses ‖bar (unidad de presión atmosférica).

baraca *f* baraka (suerte).

baracuda *f* barracuda (pez).

barahúnda; baraúnda f tapage m, vacarme m (alboroto) ‖ mêlée (confusión); **meterse en la barahúnda** se jeter dans la mêlée.

baraja f jeu m de cartes ‖ querelle, dispute (disputa) ‖ FIG & FAM **jugar con dos barajas** miser sur deux tableaux, jouer double jeu.

> OBSERV La baraja francesa consta de 52 cartas.
>
> LA BARAJA ESPAÑOLA
>
> Bien que le jeu de cartes français soit largement répandu en Espagne, on utilise également très souvent le jeu espagnol, composé de 48 cartes allant de l'as jusqu'au neuf, suivi de « sota » (valet), « caballo » (cavalier) et « rey » (roi). Les quatre couleurs sont: « oros » (pièces d'or), « copas » (coupes), « bastos » (massues) et « espadas » (épées). Parmi les jeux les plus courants, citons « el mus », « el tute » et « la brisca ».

barajar v tr battre, mêler (naipes) ‖ FIG brouiller, embrouiller, mêler (mezclar, revolver) ‖ brasser; **barajar ideas** brasser des idées ‖ mettre en avant; **se barajan varios nombres para esta colocación** on met en avant plusieurs noms en vue de cette place ‖ (Amer) saisir au bond (agarrar al vuelo) ‖ empêcher (estorbar).
◇ v intr s'embrouiller, se mêler (mezclarse).

baranda f rampe, main courante (de escalera) ‖ balustrade (balaustrada), barre d'appui (de balcón, etc.) ‖ bande (de billar).

barandal m socle (base de la balaustrada) ‖ tablette f, tablette f d'appui (parte superior de la balaustrada) ‖ rampe f (barandilla).

barandilla f rampe, main courante (de escalera) ‖ balustrade (balaustrada), barre d'appui (de balcón, etc.) ‖ barre (de un tribunal) ‖ MAR rambarde ‖ (Amer) ridelle (de coche).

baratear v tr solder, sacrifier, vendre à perte (saldar).

baratería f DR concussion, exaction (prevaricación) ‖ tromperie, fraude (fraude) ‖ MAR baraterie du patron (de capitán o patrón).

baratero, ra adj (Amer) (ant) qui vend à bon marché.

baratía ▶ baratura.

baratija f bagatelle, babiole, bricole (fruslería) ‖ camelote (joya sin valor).

baratillero, ra m & f brocanteur, euse; marchand, e de bric-à-brac; fripier, ère.

baratillo m boutique m de brocanteur, friperie f (tienda) ‖ braderie f (subasta) ‖ bric-à-brac (conjunto de cosas).

barato, ta adj bon marché inv (no caro); **un traje barato, una falda barata** un costume, une jupe bon marché ‖ FIG facile (fácil).
◆ **barato** m vente f au rabais, liquidation f (venta) ‖ **lo barato es o sale caro** le bon marché coûte toujours trop cher.
◆ **barata** f bon marché m (baratura) ‖ troc m, échange m (cambio) ‖ (Amer) liquidation, vente au rabais (saldo) ‖ blatte (cucaracha).
◆ **barato** adv bon marché, à bon marché; **vender barato** vendre à bon marché o bon marché ■ **de barato** gratis, à l'œil FAM ‖ **salir barato** revenir bon marché.

báratro m POÉT l'empire des morts (infierno).

baratura; baratía (Amer) f bon marché m, bas prix m.

baraúnda ▶ barahúnda.

barba f menton m (parte de la cara) ‖ barbe (pelo); **barba cerrada** o **corrida, bien poblada** barbe touffue, bien fournie [▷ OBSERV] ‖ barbe (de cabra, etc.) ‖ barbillon m (de ave) ‖ fanon m (de ballena) ‖ AGRIC essaim m primaire (enjambre) ‖ plafond m de la ruche (de la colmena) ‖ BOT **barba cabruna** barbe-de-bouc ‖ **barba de cabra** barbe-de-chèvre ‖ **papel de barba** papier non rogné ■ FAM **con toda la barba** accompli, pour de bon, à trois poils ‖ **hacer la barba** faire la barbe (afeitar), faire de la lèche (adular) ‖ **hazme la barba, hacerte he el copete** passez-moi la rhubarbe, je vous passerai le séné ‖ **llevar** o **gastar barba** porter la barbe ‖ FAM **nos salió a tanto por barba** cela nous est revenu à tant par tête de pipe ‖ **tener pelos en la barba** avoir de la barbe au menton.
◆ **barbas** f pl barbes (de las plantas, del papel, de las plumas), penne f sing (de una flecha) ‖ barbe; **barbas enmarañadas** barbe en broussaille ‖ **barbas de coco** fibre de coco ‖ **barbas de chivo** bouc ‖ **en las barbas de** à la barbe de, au nez et à la barbe de; **reírse en las barbas de uno** rire à la barbe de quelqu'un ‖ **cuando las barbas del vecino veas a pelar, echa las tuyas a remojar** si l'on rosse ton voisin, tu peux préparer tes reins ‖ **echar a las barbas** jeter au visage ‖ **subirse a las barbas** de perdre tout respect pour ‖ **tener pocas barbas** n'avoir pas encore de poil au menton ‖ **tirarse de las barbas** s'arracher les cheveux.

> OBSERV Pour désigner la barbe, pillosité au menton, l'espagnol emploie de préférence le pluriel: **barbas de zamarro** barbe drue, imposante.

barba m TEATR barbon, père noble (comediante).

Barba Azul n pr Barbe-Bleue.

barbacana f barbacane (fortificación, tronera).

barbacoa f gril m rustique, barbecue m (parrilla) ‖ viande grillée (carne asada) ‖ (Amer) lit m rustique, grabat m [fait d'une natte tendue sur quatre pieux] ‖ hutte [bâtie sur pilotis ou sur un arbre] ‖ grenier m (para guardar los granos) ‖ échafaudage m soutenu par des pieux (andamio) ‖ treillage m (emparrado) ‖ claie sur laquelle on fait sécher le maté (para secar el mate).

barbada f ganache, sous-barbe (del caballo) ‖ gourmette (cadenilla del freno) ‖ barbue (pez) ‖ (Amer) ▶ barboquejo.

barbado, da adj barbu, e.
◆ **barbado** m provin (sarmiento) ‖ bouture f (esqueje) ‖ rejeton, rejet, surgeon (rama que brota al pie de un árbol).

Barbados n pr GEOGR Barbade.

bárbara m barbara (silogismo).

Bárbara n pr f Barbe.

bárbaramente adv avec barbarie (de forma bárbara) ‖ FAM fantastiquement, incroyablement, extraordinairement (extraordinariamente).

barbarear v intr (Amer) dire, faire des sottises (disparatar).

barbaridad f [▷ SIN] barbarie, cruauté (crueldad) ‖ atrocité, horreur; **durante la guerra se cometieron barbaridades** pendant la guerre des atrocités ont été commises ‖ FIG bêtise, sottise, énormité (necedades); **decir barbaridades** sortir des énormités; **hacer barbaridades** faire des bêtises ‖ FAM énormément, beaucoup; **comer una barbaridad** manger énormément; **una barbaridad de gente** énormément de gens ‖ **¡qué barbaridad!** quelle horreur!, mon Dieu! (¡Dios mío!), c'est incroyable!; **¡qué barbaridad, hay que ver cómo las ciencias adelantan!** c'est incroyable de voir la façon dont les sciences progressent.

> SIN vandalismo vandalisme; brutalidad brutalité; salvajismo sauvagerie; crueldad cruauté; atrocidad atrocité; ferocidad férocité; inhumanidad inhumanité; sadismo sadisme.

barbarie f FIG barbarie.

barbarismo m GRAM barbarisme ‖ FIG bêtise f (barbaridad) ‖ barbarie f (crueldad).

bárbaro, ra adj & s barbare ‖ FIG barbare (cruel, grosero); **un soldado bárbaro** un soldat barbare ‖ audacieux, euse; téméraire (temerario) ‖ grossier, ère (bruto) ‖ FAM formidable, du tonnerre (muy bueno); **esta película es bárbara** ce film est du tonnerre ‖ énorme (muy grande) ‖ FAM **hacer un efecto bárbaro** faire un effet bœuf, faire beaucoup d'effet.
◆ **bárbaro** adv FAM formidablement bien.
◆ **¡bárbaro!** interj FAM formidable!

barbarote, ta adj & s FAM grosse brute f.

Barbarroja n pr Barberousse.

barbasco m (Amer) bouillon-blanc.

barbear v tr atteindre avec le menton.
◇ v tr faire la barbe, raser (afeitar) ‖ FAM (Amer) flatter, lécher les bottes (adular) ‖ renverser (un animal) en le saisissant par le museau.

barbechar v tr mettre en jachère.

barbechera f; **barbecho** m AGRIC jachère f.

barbería f boutique du barbier o du coiffeur.

barberil adj FAM du o de barbier.

barbero, ra adj navaja barbera rasoir.
◆ **barbero** m barbier (ant), coiffeur (peluquero).

barbeta f barbette (fortificación); **a barbeta** à barbette.

barbián, ana m & f FAM luron, onne; **un gran barbián** un gai luron.

barbiblanco, ca adj à barbe blanche.

barbicacho m mentonnière f.

barbicano, na adj à la barbe chenue, à la barbe blanche.

barbicastaño, ña adj à la barbe châtain.

barbiespeso, sa adj à la barbe touffue o épaisse.

barbijo ▶ barboquejo.

barbilampiño adj à la barbe peu fournie, glabre.
◇ m FIG blanc-bec, béjaune (novicio).

barbilindo; barbilucio adj m efféminé.

barbilla f ANAT menton m ‖ barbillon m (de pez) ‖ TECN tenon m ‖ VETER grenouillette.
◆ **barbillas** f pl (Amer) homme m sing à la barbe rare.

barbillera f mentonnière.

barbilucio ▶ barbilindo.

barbinegro, gra adj à (la) barbe noire.

barbiquejo *m* mentonnière *f* (barboquejo) ‖ (*Amer*) licou (cabestro).

barbirrojo, ja *adj* à (la) barbe rousse.

barbirrubio *adj* à (la) barbe blonde.

barbirrucio *adj* à (la) barbe grise.

barbitaheño *adj* à (la) barbe rousse.

barbitúrico, ca *adj* & *s* QUÍM barbiturique.

barbiturismo *m* barbiturisme, barbituro-manie.

barbo *m* barbeau (pez).

barbón *m* barbu ‖ bouc (macho cabrío).
‖ OBSERV Le mot français barbon se traduit en espagnol par vejancón, vejete.

barboquejo; barbijo *m* mentonnière *f*, jugulaire *f*.

barbotar *v intr* marmotter, bredouiller.

barboteo *m* clapotis, clapotement.

barbotina *f* TECN barbotine (cerámica).

Barbuda *n pr f* GEOGR Barbuda, Barbouda.

barbudo, da *adj* barbu, e.
➡ **barbudo** *m* (*Amer*) rejeton, rejet, surgeon (de árbol).

barbulla *f* FAM chahut *m*, vacarme *m*.

barbullador, ra *adj* & *f* bafouilleur, euse.

barbullar *v intr* FAM bafouiller.

barbullón, ona *adj* & *s* FAM bafouilleur, euse.

barbuquejo *m*; **barbada** *f* mentonnière *f* (barboquejo).

barca *f* barque; barca de pesca barque de pêche ‖ barca de pasaje bac.

barcada *f* barquée, batelée (carga de una barca) ‖ voyage *m* que fait une barque, traversée (viaje).

barcaje *m* batellerie *f* (transporte) ‖ batelage (lo que se paga).

barcarola *f* MÚS barcarolle.

barcaza *f* barcasse, allège (embarcación) ‖ bac *m* (transbordador) ■ MIL barcaza armada o de guerra vedette, chaloupe ‖ barcaza de desembarco péniche de débarquement.

Barcelona *n pr* GEOGR Barcelone.

barcelonés, esa *adj* & *s* barcelonais, e.
‖ OBSERV pl barceloneses, barcelonesas.

barcelonista *adj* relatif, ive au football-club de Barcelone.
◇ *m* & *f* supporter du football-club de Barcelone.

barceo *m* sparte sec.

barchilón, ona *m* & *f* (*Amer*) infirmier, ère (de un hospital) ‖ guérisseur, euse (curandero).

barcia *f* criblure (del trigo).

barcino, na *adj* roussâtre, poil de vache (color).
◇ *adj* & *s* FIG & FAM (*Amer*) caméléon, qui retourne souvent sa veste (que muda de partido).

barco *m* [▷ SIN] bateau; barco de vapor, de velas bateau à voiles ‖ nacelle *f* (de nave espacial) ‖ ravin peu profond (barranco) ‖ (*Amer*) calebasse *f* coupée en deux ■ **barco aljibe** o **cisterna** bateau-citerne ‖ **barco bomba** bateau-pompe ‖ **barco cablero** câblier ‖ **barco carbonero** charbonnier, navire charbonnier ‖ **barco de apoyo** navire o bâtiment de soutien ‖ **barco de guerra** navire o bâti-

ment de guerre ‖ **barco del práctico** bateau-pilote ‖ **barco de pasajeros** paquebot ‖ **barco de recreo** bateau de plaisance ‖ **barco escuela** bateau-école, navire-école ‖ **barco faro** bateau-phare, bateau-feu ‖ **barco mercante** o **de carga** bateau marchand, cargo ‖ **barco meteorológico** navire météorologique ‖ **barco nodriza** ravitailleur, navire ravitailleur ‖ **barco ómnibus** bateau-mouche (de París) ‖ **barco patrullero** patrouilleur ‖ **barco volandero** tramp.
‖ OBSERV 1. Bateau es el nombre genérico; bâtiment se aplica a una embarcación de gran tamaño; navire designa un barco grande destinado a viajar por alta mar; vaisseau se dice más bien de un buque de guerra.
2. Barco est le nom générique; buque et navío ne peuvent désigner que des bâtiments d'un assez fort tonnage; nave est un terme poétique ou ancien: naves de Cristóbal Colón.
SIN buque bâtiment; nave vaisseau; navío navire, vaisseau; transatlántico, paquebote transatlantique, paquebot; vapor vapeur; yate yacht.

barda *f* barde (armadura del caballo) ‖ couronnement *m* d'un mur en ronces (de una tapia) ‖ MAR gros nuage *m* (nubarrón oscuro).

bardado, da *adj* bardé, e (caballo).

bardal *m* mur chaperonné de ronces (tapia) ‖ haie *f* (vallado) ‖ saltando bardales en une fuite éperdue.

bardana *f* BOT bardane, glouteron *m* (lampazo).

bardar *v tr* hérisser de ronces (una tapia) ‖ barder (con una armadura).

bardo *m* barde (poeta).

baremo *m* barème.

barestesia *f* MED baresthésie.

bargueño *m* cabinet espagnol.
‖ OBSERV Meuble typiquement espagnol, le bargueño est, avec ses nombreux tiroirs, comparable au cabinet de la Renaissance.

baría *f* barye (unidad de presión).

baricentro *m* barycentre.

barígula *f* barigoule (hongo).

barilla *f* BOT kali *m*.

barimetría *f* barymétrie.

bario *m* baryum (metal).

barita *f* QUÍM baryte.

baritina *f* QUÍM barytine.

barítono *m* MÚS baryton.

barloa *f* MAR amarre.

barloar *v tr* MAR accoster (a un muelle) ‖ mettre à couple (dos barcos).

barloventear *v intr* MAR louvoyer ‖ FIG & FAM traîner, bourlinguer (vagabundear).

barlovento *m* MAR dessus du vent ■ MAR banda de barlovento côté au vent ‖ islas de Barlovento îles du Vent ■ estar a barlovento être au vent ‖ ganar el barlovento monter au vent.

barman *m* barman.
‖ OBSERV pl barmans.

barn *m* barn (unidad de superficie en física nuclear).

barnabita *adj* & *s* barnabite (clérigo).

barnacla *m* barnache, bernoche (pato marino).

barniz *m* vernis; barniz para las uñas vernis à ongles ‖ crème *f* (afeite) ‖ FIG vernis; no tiene realmente cultura sino sólo un barniz il n'a pas vraiment de culture mais seulement un vernis ‖ BOT barniz del Japón vernis du Japon.
‖ OBSERV pl barnices.

barnizado *m* vernissage.

barnizador, ra *adj* & *s* vernisseur, euse.

barnizar [13] *v tr* vernir.

barógrafo *m* barographe.

barométrico, ca *adj* barométrique.

barómetro *m* baromètre; barómetro aneroide, registrador, de mercurio o de cubeta baromètre anéroïde, enregistreur, à mercure o à cuvette ■ barómetro de sifón baromètre à siphon ‖ barómetro metálico baromètre métallique ‖ barómetro holostérico baromètre anéroïde.

barón *m* baron (título).

baronesa *f* baronne.

baronía *f* baronnie, baronnage *m*.

baroscopio *m* FÍS baroscope.

barquear *v tr* traverser en barque.

barquero, ra *m* & *f* batelier, ère ‖ FIG decirle o cantarle a uno las verdades del barquero dire à quelqu'un son fait o ses quatre vérités.

barqueta *f*; **barquete** *m*; **barquichuelo** *m* petit bateau *m*, batelet *m* (barco pequeño).

barquilla *f* MAR flotteur *m* de loch ‖ AVIAC nacelle (de un globo) ‖ fuseau-moteur *m* (de un motor de avión).

barquillero, ra *m* & *f* marchand, e d'oublies.
➡ **barquillero** *m* moule à oublies o à plaisirs (ant) o à gaufres.

barquillo *m* oublie *f*, plaisir (ant), gaufre *f* (pastel).

barquín *m* soufflet de forge (fuelle).

barquinazo *m* cahot (tumbo) ‖ renversement (vuelca) ‖ dar barquinazos cahoter (dar tumbos), se renverser (volcar).

barquitos *m pl* FAM mouillettes *f*, trempettes *f* (en un líquido).

barra *f* barre (de madera, metal, chocolate) ‖ barre, levier *m* (palanca) ‖ bâton *m*; barra de labios o de carmín bâton de rouge à lèvres ‖ pain *m*, bâton *m*; barra de lacre bâton de cire à cacheter ‖ tringle (para cortinas) ‖ barrette (joya) ‖ baguette, pain *m* de fantasie (pan de forma alargada) ‖ pain *m* (de hielo) ‖ barre (banco de arena) ‖ comptoir *m*, bar *m*; tomar un chato de vino en la barra prendre un verre au comptoir ‖ BLAS barre ‖ DR barre (del tribunal) ‖ MAR barre ‖ MÚS barre ‖ (*Amer*) public *m*, foule (público) ■ barra americana bar américain ‖ AUTOM barra de acoplamiento barre d'accouplement ‖ BLAS barra de bastardía barre de bâtardise ‖ barra de carga o de acoplamiento de cargas palonnier ‖ AVIAC barra de control o de dirección barre de direction ‖ barra de equilibrios poutre ‖ barra espaciadora o de espacios barre d'espacement ‖ barra fija barre fixe ‖ ELECTR barra ómnibus barre omnibus ‖ de barra a barra de part en part, d'un bout à l'autre.
➡ **barras** *f pl* barres (juego) ‖ barres (de la quijada del caballo) ■ barras asimétricas barres asymétriques ‖ barras paralelas barres paral-

lèles ‖ ejercicios en la barra exercices à la barre (ballet) ■ a barras derechas sans détours ■ no pararse en barras ne faire ni une ni deux ‖ sin pararse o reparar en barras sans aucun égard (sin miramientos), sans s'arrêter à quoi que ce soit, en allant droit au but.

barrabás m FIG & FAM démon, espiègle (travieso), scélérat (malo).

Barrabás n pr Barrabbas, Barrabas.

barrabasada f FAM vacherie, rosserie ‖ monstruosité, acte m odieux, tour m pendable (acción perversa) ‖ bêtise, sottise; el niño hizo barrabasadas l'enfant a fait des bêtises.

barraca f baraque (caseta) ‖ stand m; barraca de tiro al blanco stand de tir ‖ chaumière [dans les huertas de Valence et Murcie] ‖ (Amer) hangar m, magasin m, dépôt m (cobertizo) ‖ étal, m (en un mercado).

barracón m grande baraque f.

barracuda f barracuda m (pez).

barrado, da adj rayé, e; tela barrada tissu rayé ‖ BLAS barré, e.

barragán m concubin.

barragana f concubine.

barraganería f concubinage m.

barraganete m MAR allonge f.

barranca f ravin m (barranco).

barrancal m terrain raviné.

barranco m ravin ‖ précipice (precipicio) ‖ FIG obstacle, difficulté f ‖ FIG salir del barranco se tirer d'affaire o d'un mauvais pas.

barranquera f ravin m (barranco).

barraquismo m el barraquismo la prolifération f des bidonvilles.

barrar v tr barbouiller, tacher.

barredero, ra adj qui balaie, qui entraîne avec soi, que l'on traîne ‖ MAR red barredera traîne.
➤ **barredero** m écouvillon (escoba).
➤ **barredera** f balayeuse.

barredor, ra adj & s balayeur, euse.
➤ **barredora** f balayeuse (municipal) ‖ barredora-regadora arroseuse-balayeuse.

barredura f balayage m.
➤ **barreduras** f pl balayures (basura) ‖ déchets m (residuos).

barrena f mèche, foret m (sin mango) ‖ vrille (con mango) ‖ barre à mine (de minero) ‖ tarière (para la madera) ■ barrena de mano vrille, chignole ‖ entrar en barrena, hacer la barrena descendre en vrille (un avión).

barrenado, da adj FAM piqué, e (loco).

barrenador m mineur.

barrenadora f foreuse.

barrenar v tr percer, forer (abrir agujeros) ‖ miner (una roca, etc.) ‖ MAR saborder ‖ FIG déjouer, faire échouer, torpiller (un proyecto, una empresa) ‖ enfreindre, fouler aux pieds (las leyes, los reglamentos) ‖ TAUROM faire tourner le fer de la pique dans la blessure du taureau.

barrendero, ra m & f balayeur, euse.

barrenero m foreur (minero).

barreno m grande vrille f (barrena grande) ‖ trou de vrille (agujero) ‖ MIN fougasse f (de pólvora, trou de mine (taladro) ‖ FIG vanité f,

présomption f (vanidad) ‖ (Amer) manie f, marotte f (manía).

barreño m terrine f (de barro) ‖ bassine f, cuvette f (metálico, de plástico).

barrer v tr balayer (limpiar) ‖ FIG balayer ■ (Amer) al barrer sans distinction ‖ FIG barrer con todo faire place nette, faire table rase ‖ barrer para adentro tirer la couverture à soi.

barrera f barrière (de paso a nivel, etc.) ‖ barrage m (cierre de un camino) ‖ FIG barrière; los Pirineos sirven de barrera natural entre España y Francia les Pyrénées servent de barrière naturelle entre l'Espagne et la France ‖ obstacle m, empêchement m (obstáculo) ‖ glaisière (de arcilla) ‖ MIL barrage m (de tiros) ‖ TAUROM barrière (para saltar el torero) ‖ première rangée (localidad) ‖ mur m (fútbol); formar barrera faire le mur ■ barrera del sonido mur du son ‖ barreras arancelarias barrières douanières.

Barrera n pr f GEOGR la Gran Barrera la Grande Barrière.

barrero m potier (alfarero) ‖ glaisière f (de arcilla) ‖ bourbier (barrizal) ‖ (Amer) salpêtrière f (terreno salitroso).

barreta f barrette (barra pequeña) ‖ barre à mine (de minero, albañiles) ‖ ailette (de zapato) ‖ bâton m (de turrón, etc.) ‖ (Amer) pic m, pioche (pico).

barretear v tr barrer, renforcer avec des barres ‖ (Amer) creuser (des trous ou des tranchées) avec le pic o la barre à mine.

barretero m MIN mineur.

barretina f bonnet m catalan (gorro).
‖ OBSERV La barretina ressemble au bonnet phrygien.

barretón m pic, pioche f.

barriada f quartier m [dans les faubourgs].

barrial m (Amer) glaisière f (gredal) ‖ bourbier (barrizal).

barrica f barrique (tonel) ‖ barrica bordelesa bordelaise.

barricada f barricade (obstáculo).

barrida f (Amer) balayage m, balayures f pl.

barrido m balayage, balayures f pl ‖ FÍS balayage, scanning ‖ scannographie ‖ INFORM barrido electrónico balayage ■ barrido ligero coup de balai ‖ FIG lo mismo sirve para un barrido que para un fregado il est bon à tout, on le met à toutes les sauces.
➤ **barridos** m pl balayures f (barreduras).

barriga f ventre m; dolor de barriga mal au ventre; echar barriga prendre du ventre ‖ FAM bedaine, panse; llenarse la barriga se remplir la panse ‖ panse (de una vasija) ‖ bombement m, renflement m (de una pared) ■ FIG llenar el ojo antes que la barriga avoir les yeux plus gros que le ventre ‖ FAM hacer una barriga mettre en cloque ‖ rascarse o tocarse la barriga se tourner les pouces.

barrigazo m FAM se ramasser une gamelle o un gadin; darse un barrigazo tomber à plat ventre.

barrigón, ona; barrigudo, da adj FAM ventru, e; bedonnant, e; ventripotent, e (grueso).
◇ m & f bambin m; gamin, e (niño).

➤ **barrigón** m (gros) ventre (vientre).

barriguera f sous-ventrière (arreo).

barril m baril, tonneau (tonel); un barril de vino un tonneau de vin; un barril de pólvora un baril de poudre ‖ baril (159 litros de petróleo) ‖ caque f (para pescado salado) ‖ cruchon (de barro) ■ FIG barril de pólvora poudrière; este país es un barril de pólvora ce pays est une poudrière ‖ cerveza de barril bière (à la) pression.

barrilaje m; **barrilamen** m; **barrilería** f (Amer) ensemble m de barils o de tonneaux.

barrilero m tonnelier.

barrilete m valet (de carpintero) ‖ crabe (crustáceo) ‖ barillet (de un revólver) ‖ (Amer) cerfvolant (cometa) ‖ avocat stagiaire (pasante de abogado) ‖ laideron (mujer fea).

barrilla f soude (planta).

barrillar m lieu couvert de soude.

barrillo m MED point noir [sur le visage].

barrio m quartier; una ciudad se divide en varios barrios une ville est divisée en plusieurs quartiers ‖ faubourg (arrabal) ■ barrio comercial quartier commerçant ‖ barrio chino quartier chaud ‖ barrio de las latas bidonville ‖ barrio periférico quartier périphérique ‖ FIG & FAM el otro barrio l'autre monde, l'au-delà ‖ los barrios bajos les bas quartiers, les quartiers populaires ■ FIG & FAM irse al otro barrio partir pour l'autre monde, passer l'arme à gauche, avaler son bulletin de naissance ‖ FAM mandar a uno al otro barrio envoyer quelqu'un dans l'autre monde, faire avaler à quelqu'un son bulletin de naissance.

barriobajero, ra adj faubourien, enne; acento barriobajero accent faubourien.

barrista m gymnaste qui travaille à la barre fixe.

barrizal m bourbier (lodazal).

barro m boue f (lodo); después de un aguacero los caminos están llenos de barro après une averse les chemins sont pleins de boue ‖ terre f, terre f glaise; barro cocido, de alfareros terre cuite, à potier; jarro de barro pot en terre ‖ argile f; Dios creó al hombre con barro Dieu créa l'homme avec de l'argile ‖ poterie f (recipiente de barro) ‖ FIG vétille f (cosa sin importancia) ‖ MED point noir (granillo) ‖ VETER échauboulure f (erupción) ‖ (Amer) grosse gaffe f, bourde f (metedura de pata) ■ FIG & FAM estar comiendo o mascando barro manger les pissenlits par la racine (estar enterrado) ‖ estar con barro hasta los ojos être crotté jusqu'aux oreilles o jusqu'aux yeux ‖ mancharse de barro se crotter, se couvrir de boue.

barroco, ca adj & s m baroque.

barroquismo m baroque ‖ FIG extravagance f, mauvais goût.

barroso, sa adj glaiseux, euse; argileux, euse (con arcilla) ‖ boueux, euse (lleno de barro) ‖ terreux, euse; bistre (de color rojizo) ‖ MED boutonneux, euse; rostro barroso visage boutonneux.

barrote m barreau; barrotes de hierro des barreaux de fer ‖ barre f (para reforzar algo).

barrueco m perle f baroque (perla) ‖ nodule, rognon (de las rocas).

barrumbada f FAM fanfaronnade, rodomontade (dicho jactancioso) | folle dépense, gaspillade m (gasto).

barruntador, ra adj prophétique; signos barruntadores signes prophétiques.

barruntamiento m pressentiment.

barruntar v tr pressentir, sentir; barrunto que me va a dar un sablazo je sens qu'il va me demander de l'argent | présumer (suponer).

barrunte; barrunto m indice, indication f (indicio) | pressentiment (presentimiento) | soupçon (sospecha) | tener barruntos de avoir vent de.

bartola
- **a la bartola** loc adv FIG & FAM tout à son aise, sans s'en faire, sans se soucier de rien ■ FAM echarse o tenderse o tumbarse a la bartola s'étendre comme un veau (descansar), en prendre à son aise, ne pas s'en faire, se la couler douce, se reposer; este alumno se ha tumbado a la bartola durante el tercer trimestre cet élève en a pris à son aise o ne s'en est pas fait o se l'est coulée douce pendant le troisième trimestre | hacer algo a la bartola faire quelque chose par-dessus l'épaule o par-dessous la jambe.

bartolillo m pâtisserie f fourrée de viande, friand, petit pâté.

bartolina f (Amer) cachot m, bloc m FAM (calabozo).

Bartolomé n pr Barthélemy | la noche de San Bartolomé la Saint-Barthélemy.

bártulos m pl FIG affaires f (objetos de uso corriente), saint-frusquin sing FAM; preparar todos sus bártulos préparer toutes ses affaires; llegó con todos sus bártulos il est arrivé avec tout son saint-frusquin ■ liar los bártulos plier bagage, faire ses malles, prendre ses cliques et ses claques (para una mudanza o un viaje) | preparar los bártulos préparer tout, prendre ses dispositions (disponer).

Baruc; Baruk n pr Baruch.

barullero, ra adj & s brouillon, onne.

barullo m FAM tohu-bohu, pagaye, pagaille f, remue-ménage, chambard (alboroto); armar barullo faire du chambard | cohue f (multitud); en los grandes almacenes hay mucho barullo il y a beaucoup de cohue dans les grands magasins | a barullo à la pelle; en Italia hay monumentos a barullo en Italie, il y a des monuments à la pelle.

barza f; **barzal** m (Amer) broussailles f pl (maleza).

barzón m flânerie f, balade f FAM (paseo) | dar barzones flâner, faire une balade.

barzonear v intr flâner, se balader FAM.

basa f ARQ base; basa corintia, toscana base corinthienne, toscane | FIG base.

basada f MAR ber m.

basal adj basal, e | metabolismo basal métabolisme basal o de base.

basáltico, ca adj basaltique.

basalto m MIN basalte.

basamento m ARQ soubassement.

basar v tr baser | FIG baser, fonder; una escuadrilla basada en Torrejón une escadrille basée à Torrejón.

- **basarse** v pr FIG se fonder, se baser; basarse en datos falsos se fonder sur des données fausses.

    OBSERV Debe evitarse la forma pronominal, aunque ésta se emplea corrientemente.

basca f nausée, haut-le-cœur m inv; ese olor da bascas cette odeur donne des haut-le-cœur | FAM clique, bande | FIG & FAM accès de rage, coup de sang, rogne.

bascosidad f immondice, saleté (suciedad) | dégoût m (asco) | nausée | (Amer) gros mot m (palabra soez), obscénité (obscenidad).

bascoso, sa adj qui a des nausées (que tiene bascas) | dégoûtant, e | (Amer) indécent, e; obscène.

báscula f bascule ■ báscula automática balance automatique | báscula de baño pèse-personne | báscula de precisión balance de précision | báscula de puente pont-bascule | báscula de Roberval balance de Roberval | báscula hidrostática balance hydrostatique.

basculador m basculeur.

bascular v intr basculer.

bascuñana f variété de blé dur.

base f base; base de un edificio base d'un édifice | QUÍM, BOT & MAT base | MIL base; base naval, extranjera, aérea base navale, étrangère, aérienne | FIG base; teniendo como base sur la base de | fondement m; esta noticia carece absolutamente de base cette nouvelle est dénuée de tout fondement | pilier m; Pedro es la base de la pandilla Pierre est le pilier de la bande | base (de un sindicato) ■ INFORM base de datos base de données | base de datos relacional base de données relationnelle | base de lanzamiento, base espacial base de lancement | MIL base de operaciones théâtre d'opérations | base imponible o liquidable assiette de l'impôt, revenu imposable ■ ley de bases loi-cadre | militante de base militant de base (política) | pelota base base-ball | salario o sueldo base salaire de base ■ a base de à coups de; traducir a base de diccionarios traduire à coups de dictionnaires; grâce à; a base de enormes esfuerzos grâce à d'énormes efforts | FAM a base de bien tout ce qu'il y a de mieux | una comida a base de jamón y salchichón un repas composé o à base de jambon et de saucisson ■ el Real Madrid es la base de la selección nacional le Real Madrid fournit l'essentiel de l'équipe nationale | no tener base ne pas tenir debout, n'avoir pas de sens | sentar las bases de jeter les bases de | teniendo como base, si tomamos como base sur la base de.

baseball; base-ball m inv base-ball m.

basela f BOT baselle.

BASIC; basic ['beisik] m INFORM BASIC, basic (lenguaje).

basicidad f basicité.

básico, ca adj QUÍM basique | de base; industrias básicas industries de base | fondamental, e; essentiel, elle; un hecho básico un fait essentiel.

basidio m baside f (hongo).

basidiomiceto adj & s m basidiomycète (hongo).

basilar adj ANAT basilaire.

Basilea n pr GEOGR Bâle.

basileense; basilense; basiliense adj & s bâlois, e.

basílica f basilique.
- **basílicas** f pl DR basiliques.

Basilio n pr Basile.

basilisco m basilic (animal fabuloso) | basilic (reptil) ■ FIG & FAM estar hecho un basilisco être fou de rage, être frémissant de colère | ponerse como un basilisco monter sur ses ergots, frémir de rage.

basket-ball; basketball [basketbol] m inv basket m, basket-ball m.

Basora; Basra n pr GEOGR Bassora, Basra.

basquear v intr avoir des nausées.
- v tr donner des nausées.

basquilla f maladie du bétail ovin.

basquiña f basquine (falda).

Basra ► Basora.

basset m basset (pachón).

Basseterre n pr GEOGR Basse-Terre.

basta f bâti m, faufilure (hilvanado) | piqûre (en los colchones).

bastante adv assez; es bastante rico il est assez riche | suffisamment, assez; hemos comido bastante nous avons suffisamment o assez mangé | lo bastante para assez pour, suffisamment pour.
- adj suffisant, e; assez | tiene bastantes amigos il a pas mal d'amis.

    OBSERV Bastante, employé comme adjectif s'accorde avec le nom qu'il précède o remplace: bastantes razones assez de raisons, des raisons suffisantes, suffisamment de raisons: ¿tiene muchos amigos? – bastantes a-t-il beaucoup d'amis? – assez.

bastanteo m DR validation f (de un documento).

bastar v intr suffire, n'y avoir que; basta pulsar el botón para que arranque el motor il suffit de o il n'y a qu'à presser sur le bouton pour que le moteur démarre ■ bastar con suffire de o que; basta con apuntarlo il suffit d'en prendre note; basta con que vengas il suffit que tu viennes ■ ¡basta! assez!, cela suffit! | ¡basta con eso! cela suffit!, il suffit!, c'en est assez! | basta con tus tonterías en voilà assez avec tes bêtises | ¡basta de bromas! trêve de plaisanteries! | ¡basta y sobra! en voilà assez!, c'est plus qu'il n'en faut, c'est amplement suffisant ■ hasta decir basta jusqu'à satiété | me basta con su palabra je vous crois sur parole, votre parole me suffit | me basta y me sobra j'en ai largement assez, j'en ai plus qu'il n'en faut, c'est amplement suffisant.
- **bastarse** v pr se suffire.

bastarda f bâtarde (lima) | bâtarde (letra).

bastardear v intr s'abâtardir, dégénérer | FIG s'abâtardir | FIG bastardear de sus antepasados déchoir de ses aïeux.
- v tr abâtardir.

    OBSERV Ce verbe est un néologisme dans son sens transitif.

bastardelo m minutier (del notario).

bastardeo m abâtardissement, dégénérescence f.

bastardía f bâtardise | FIG indignité, vilenie; cometer una bastardía commettre une vilenie.

bastardilla *adj f* & *s f* IMPR italique (letra). ◇ *f* espèce de flûte (flauta).

bastardo *m* IMPR bâtarde *f* (letra) ‖ MAR voile *f* bâtarde.

bastardo, da *adj* & *s* bâtard, e ‖ letra bastarda bâtarde.

baste *m* bâti, faufilure *f* (hilván) ‖ coussinet (de la silla de montar).

bastear *v tr* bâtir, faufiler (hilvanar).

bastedad *f* grossièreté, rusticité.

basteza *f* grossièreté, rusticité (de una persona) ‖ grossièreté (de una cosa).

bastida *f* MIL bastide (ciudad fuerte) ‖ bastille (máquina de guerra).

bastidor *m* châssis (de lienzo para pintar, de vidriera) ‖ métier à broder (de bordadora) ‖ châssis (de vagón, de coche) ‖ CONSTR châssis ‖ MAR cadre de l'hélice (de la hélice) ‖ (*Amer*) jalousie (celosía) ‖ sommier métallique (colchón de muelles) ■ bastidor fijo châssis fixe o dormant.
➧ **bastidores** *m pl* TEATR châssis *sing* (decorado) ‖ coulisses *f* ‖ FIG entre bastidores dans les coulisses, dans la coulisse.

bastilla *f* ourlet *m* (doblez).

bastillado, da *adj* BLAS bastillé, e.

bastimentar *v tr* approvisionner.

bastimento *m* bâtiment, embarcation *f* (embarcación) ‖ approvisionnement, vivres *f pl*, provisions *f pl*.

bastión *m* bastion.

basto *m* bât (arnés) ‖ baste (as de bastos) ‖ coussinet de selle (de silla de montar).
➧ **bastos** *m pl* l'une des quatre couleurs du jeu de cartes espagnol (naipes) ‖ (*Amer*) panneau *sing* (de la silla de montar).

basto, ta *adj* grossier, ère; una tela basta un tissu grossier ‖ FIG grossier, ère; rustre; un hombre basto un homme rustre.

bastón *m* canne *f* (para apoyarse); un bastón con contera de plata une canne avec un bout en argent ‖ bâton (insignia); bastón de mariscal, de mando bâton de maréchal, de commandement ‖ BLAS pal, bâton ■ bastón de montañero piolet ‖ FIG empuñar el bastón prendre le commandement ‖ no hay razón como la del bastón la raison du plus fort est toujours la meilleure.
▌ OBSERV Le mot **bâton**, dans son sens habituel de long morceau de bois, se traduit de préférence par **palo** ou **vara**.

bastonada *f*; **bastonazo** *m* coup *m* de canne o de bâton (golpe) ‖ bastonnade *f* (paliza).

bastoncillo *m* badine *f*, petit bâton ‖ galon étroit (galoncillo) ‖ ANAT bâtonnet (en la retina).

bastonear *v tr* bâtonner.

bastonera *f* porte-parapluies *m inv*, portecannes *m inv*.

bastonero *m* fabricant o marchand de cannes ‖ maître de ballet (que dirige ciertos bailes).

basura *f* [▷ SIN] ordures *pl*; tirar la basura jeter les ordures ‖ ordures *pl* ménagères; los basureros recogen la basura les éboueurs ramassent les ordures ménagères ‖ saleté; barrer basuras balayer des saletés ‖ crottin *m* (estiércol de caballo) ■ cubo de basura poubelle, boîte à ordures ‖ está prohibido arrojar

basuras il est interdit de déposer des ordures ‖ vertedero o colector de basuras vide-ordures.
▌ SIN detrito détritus; barredura balayure; suciedad, porquería saleté.

basural *m* (*Amer*) voirie *f*, décharge *f*.

basurear *v tr* FAM (*Amer*) vaincre (vencer) ‖ descendre (matar) ‖ traîner dans la boue (humillar) ‖ écraser (apabullar).

basurero *m* boueux FAM, boueur (p us), éboueur (el que recoge la basura) ‖ voirie *f*, décharge *f* (lugar donde se arroja la basura).

bata *f* robe de chambre (salto de cama) ‖ blouse (para trabajar) ‖ (*Amer*) corsage *m*. ◇ *m* jeune Indien des Philippines.

batacazo *m* fracas, bruit que fait un objet en tombant sur le sol ‖ chute *f* (caída); darse un batacazo faire une chute ‖ (*Amer*) victoire *f* inattendue [dans une course de chevaux].

batahola; bataola *f* FAM raffut *m*, tapage *m*; armar una batahola infernal faire un raffut de tous les diables.

batalla *f* bataille; batalla campal bataille rangée ‖ ordre *m* de bataille; formar en batalla se ranger en ordre de bataille ‖ siège *m* (de la silla de montar) ‖ empattement *m* (de un carruaje) ‖ assaut *m* (esgrima) ‖ ARTES bataille ■ de batalla courant, de tous les jours; traje de batalla costume de tous les jours ‖ en batalla en bataille ‖ marca de batalla marque courante ■ FIG dar la batalla livrer bataille ‖ dar mucha batalla donner du mal o du fil à retordre ‖ quedar sobre el campo de batalla rester sur le carreau.

batallador, ra *adj* & *s* batailleur, euse; Alfonso I el Batallador Alphonse Ier le Batailleur.
➧ **batallador** *m* escrimeur (esgrimidor).

batallar *v intr* batailler, livrer bataille ‖ FIG batailler, livrer bataille (disputar); batallar por pequeñeces batailler sur des riens ‖ hésiter, balancer (vacilar) ‖ faire assaut (en esgrima).

batallita *f* FAM craque (cuento); contar batallitas raconter des craques.

batallola *f* MAR batayole.

batallón *m* MIL bataillon.

batallón, ona *adj* combatif, ive ‖ turbulent, e; un niño batallón un enfant turbulent ■ FAM cuestión batallona question très débattue o épineuse ‖ traje batallón costume de tous les jours.

batán *m* foulon, moulin à foulon, fouloir (máquina para el paño) ‖ batan (tejido) ■ batán doble batteur double ‖ tierra de batán terre à foulon.
➧ **batanes** *m pl* jeu *sing* d'enfants.

batanadura *f* foulage *m* (del paño).

batanar *v tr* fouler les draps.

batanear *v tr* FIG & FAM tanner le cuir, secouer les puces.

batanero *m* foulon, fouleur.

batanga *f* balancier *m* (de algunas embarcaciones filipinas).

bataola ➥ **batahola**.

batará *m* (*Amer*) coq gris perdrix (gallo).

batasuno, na *adj* & *s* relatif, ive au parti politique basque Herri Batasuna.

batata *f* BOT patate douce, batate ‖ FAM (*Amer*) timidité (timidez), trac *m*, gêne (turbación). ◇ *m* poule *f* mouillée, timoré (apocado).

batatar; batatal *m* plantation *f* de patates.

batatazo
➧ **dar batatazo** *loc* (*Amer*) gagner la course [en parlant d'un outsider] (un caballo) ‖ faire un coup de raccroc (billar).

batávico, ca *adj* batavique.

bátavo, va *adj* & *s* batave (holandés).

batayola *f* MAR bastingage *m*, bastingue, batayole.

bate *m* batte *f*, bat (béisbol).

batea *f* plateau *m* (bandeja) ‖ clayon *m* (de mimbre) ‖ bac *m* (embarcación) ‖ plateau *m*, wagon *m* plat (vagón descubierto) ‖ MIN batée ‖ (*Amer*) bac *m* à laver (para lavar), baquet *m*, cuvette (cubeta).

bateador *m* batteur (béisbol).

batear *v tr* frapper (la balle) avec une batte.

batel *m* canot (bote).

batelero, ra *m* & *f* batelier, ère; los bateleros del Volga les bateliers de la Volga.

bateo *m* FAM baptême (bautizo).

batería *f* MIL & MAR batterie; batería contracarro batterie antichar; entrar en batería mettre en batterie ‖ ELECTR batterie ‖ MÚS batterie (instrumentos) ‖ TEATR rampe ■ aparcar en batería ranger en épi (automóviles) ‖ batería de cocina batterie de cuisine ‖ TEATR batería de luces lumières de la scène o de la rampe ‖ FAM cargar las baterías recharger ses accus (recuperarse). ◇ *m* batteur (músico).

batey *m* (*Amer*) sucrerie *f*, raffinerie *f* (fábrica de azúcar) ‖ installations *f pl* d'une raffinerie (maquinaria).

batial *adj* bathyal, e.

batiborrillo; batiburrillo *m* FAM mélimélo, fouillis; había un batiborrillo tremendo en sus papeles il y avait un fouillis terrible dans ses papiers ‖ galimatias; su discurso fue un verdadero batiborrillo son discours a été un véritable galimatias ‖ fatras; esta novela es un batiborrillo de cosas inconexas ce roman est un fatras d'idées sans lien les unes avec les autres ‖ ¡qué batiborrillo! quelle salade!

baticola *f* trousse-queue *inv* (arnés).

batida *f* battue (caza) ‖ batida de la policía rafle.

batidera *f* bouloir *m* (de albañil), couteau *m* d'apiculteur (de apicultor).

batidero *m* battement répété ‖ terrain accidenté o cahoteux o raboteux (terreno).

batido, da *adj* battu, e (camino) ‖ chatoyant, e (tejido) ‖ fouetté, e; nata batida crème fouettée ‖ tierra batida terre battue.
➧ **batido** *m* œufs *pl* battus en neige (huevos) ‖ battage (acción de batir) ‖ batte *f* (del oro) ‖ barattage (de la mantequilla) ‖ lait battu et parfumé, "milk-shake" (leche) ‖ battu, saut battu (danza).

batidor, ra *adj* batteur, euse; qui bat.
➧ **batidor** *m* MIL éclaireur (explorador) ‖ démêloir (peine) ‖ batteur (cacería) ‖ batte *f* (para

la mantequilla) ▐ (*Amer*) chocolatière *f* (chocolatera) ▐ dénonciateur (soplón) ▐ **batidor de oro, de plata** batteur d'or, d'argent.

➤ **batidora** *f* mixer *m*, mixeur *m*, batteur *m* (de cocina) ▐ batteuse (para los metales).

batiente *adj* battant, e ▐ **reírse a mandíbula batiente** rire à gorge déployée.
◇ *m* battant (hoja de la puerta) ▐ battée *f*, battement (marco de la puerta) ▐ MAR brisant.

batiesfera *f* bathysphère.

batifondo *m* (*Amer*) pagaille *f*, pagaye *f*, vacarme (batuque).

batihoja *m* batteur d'or ou d'argent (batidor).

batik *m* batik [décoration de tissus].

batimento *m* ARTES ombre *f* portée.

batimetría *f* bathymétrie.

batímetro *m* bathymètre.

batimiento *m* battement.

batín *m* veste *f* d'intérieur.

batintín *m* gong.

batipelágico, ca *adj* bathypélagique.

batiporte *m* MAR seuillet (bajo), sommier (alto).

batir *v tr* battre; **las olas baten el acantilado** les vagues battent la falaise ▐ abattre; **la artillería batió las murallas enemigas** l'artillerie abattit les murailles ennemies ▐ battre; **batir las alas** battre les ailes ▐ battre (los huevos, el metal) ▐ fouetter (la nata) ▐ battre, frapper (acuñar) ▐ battre (derrotar) ▐ crêper (el pelo) ▐ baratter (la leche) ▐ balayer; **el viento batía la región** le vent balayait la région ▐ (*Amer*) rincer (la ropa) ■ **batir el campo** battre la campagne ▐ **batir en brecha** battre en brèche ▐ **batir palmas** battre des mains, applaudir ▐ **batir una mayonesa** monter une mayonnaise ▐ **batir un récord** battre un record ■ **al hierro candente batir de repente** il faut battre le fer pendant qu'il est chaud.
◇ *v intr* (*Amer*) avouer.

➤ **batirse** *v pr* se battre; **batirse en duelo** se battre en duel ■ FIG **batirse el cobre** travailler dur o ferme ▐ **batirse en retirada** battre en retraite.

batiscafo *m* bathyscaphe.

batisfera *f* bathysphère.

batisismo *m* séisme sous-marin.

batista *f* batiste (tela).

batitermógrafo *m* bathythermographe.

batitú *m* (*Amer*) bécassine *f* ▐ délateur.

bato *m* rustre, niais ▐ FAM vieux (padre).

batojar *v tr* gauler (varear).

batómetro *m* bathymètre.

batracio *m* ZOOL batracien.

batuda *f* suite de sauts périlleux.

batuecas *f pl* FAM **estar en las batuecas** être dans les nuages o dans la lune.

batueco, ca *adj & s* natif, native des Batuecas [région d'Espagne].

batuque *m* (*Amer*) boucan, raffut, vacarme (ruido) ▐ FAM pagaille *f* (confusión).

batuquear *v tr* (*Amer*) battre, agiter (mover con ímpetu).
◇ *v intr* (*Amer*) faire du chahut, semer la pagaille (armar gresca).

baturrada *f* acte *m* o parole propre à un Aragonais.

baturrillo *m* FIG & FAM méli-mélo, fatras, fouillis, salade *f* (mezcla), galimatias.

baturro, rra *adj & s* paysan aragonais, paysanne aragonaise.

batuta *f* MÚS baguette (de un director de orquesta) ▐ **llevar la batuta** diriger l'orchestre (una orquesta), avoir la haute main sur, faire la pluie et le beau temps, mener la danse (dirigir un asunto).

baudio *m* baud (unidad de velocidad).

baúl *m* [▷ SIN] malle *f* (maleta grande) ▐ FIG & FAM bedaine *f*, bedon ■ **baúl metálico** cantine ▐ **baúl mundo** chapelière, grosse malle.
▐ SIN maleta, valija (*Amer*) valise, mallette; maletín mallette.

baulero *m* bahutier.

baumé *m* baumé (grado).

bauprés *m* MAR baupré.
▐ OBSERV pl baupreses.

bausa *f* FAM (*Amer*) fainéantise, flemme (pereza).

bausán, ana *m & f* mannequin revêtu d'une armure (maniquí) ▐ FIG & FAM nigaud, e; niais, e (bobo) ▐ FAM (*Amer*) fainéant, e (holgazán).

bautismal *adj* baptismal, e ▐ **pila bautismal** fonts baptismaux.

bautismo *m* baptême ■ **bautismo de infusión** baptême par affusion ▐ **bautismo de inmersión** baptême par immersion ▐ **bautismo del aire, de fuego** baptême de l'air, du feu ▐ **fe de bautismo** extrait o acte de baptême ▐ **pila de bautismo** fonts baptismaux ▐ FIG & FAM **romper el bautismo a uno** casser la figure à quelqu'un.

bautista *m* baptiseur (p us) ▐ baptiste (secta protestante) ▐ FIG & FAM chauffeur de maître; valet de chambre ▐ **el Bautista** saint Jean-Baptiste.

Bautista *n pr* Baptiste.

bautisterio *m* baptistère.

bautizar [13] *v tr* RELIG baptiser ▐ FIG baptiser; **bautizar una calle** baptiser une rue ▐ FAM baptiser (aguar el vino o la leche).

bautizo *m* baptême (ceremonia).

bauxita *f* bauxite.

bauza *f* bille (madero).

bávaro, ra *adj & s* bavarois, e.

Baviera *n pr* GEOGR Bavière.

baya *f* BOT baie (fruto) ▐ sorte de jacinthe (planta) ▐ (*Amer*) espèce de clovisse (almeja) ▐ boisson fermentée, "chicha" de raisin (bebida).

Bayaceto *n pr* Bajazet.

bayadera *f* bayadère (bailarina).

bayahonda *f* espèce d'acacia.

bayal *m* lin très fin (lino) ▐ levier (palanca).

Bayardo *n pr* Bayard.

bayarte ➤ **parihuelas**.

bayeta *f* flanelle, bayette (tejido de lana) ▐ serpillière, lavette (para fregar) ▐ (*Amer*) chiffe (hombre flojo) ▐ **bayeta de gamuza** peau de chamois.

bayetón *m* molleton (tejido).

bayo, ya *adj* bai, e (caballo).
➤ **bayo** *m* papillon du ver à soie, bombyx (mariposa) ▐ (*Amer*) bière *f*, cercueil (féretro) ▐ **pescar de bayo** pêcher à la mouche.

bayón *m* sac en fibres de buri (en Filipinas).

Bayona *n pr* GEOGR Bayonne.

bayonés, esa *adj & s* bayonnais, e.

bayoneta *f* MIL baïonnette; **a la bayoneta** à la baïonnette; **bayoneta de cubo** baïonnette à douille ■ **armar** o **calar la bayoneta** mettre la baïonnette au canon ▐ **hacer frente con la bayoneta calada** croiser la baïonnette.

bayonetazo *m* coup de baïonnette.

bayú *m* (*Amer*) lieu de débauche.

bayunco, ca *adj & s* (*Amer*) sauvage, rustre.

baza *f* levée, pli *m* (en el juego); **baza de menos** levée en moins ▐ FIG atout *m*; **tiene muchas bazas para conseguir lo que quiere** il a beaucoup d'atouts pour obtenir ce qu'il veut ■ **asentar bien su baza** bien établir son crédit ▐ **hacer baza** faire son chemin ▐ **meter baza en** fourrer son nez dans (un asunto), mettre son grain de sel, dire son mot, se mêler à (la conversación) ▐ **no dejar meter baza** ne pas laisser placer un mot (en la conversación) ▐ **sentada esta baza** ce point étant acquis.

bazar *m* bazar.

bazo, za *adj* bis, e (pan, tela).
➤ **bazo** *m* ANAT rate *f*.

bazofia *f* restes *m pl* (de comida) ▐ FIG saleté, cochonnerie (cosa sucia) ▐ mauvais repas *m*, ratatouille (comida mala).

bazooka; bazuca *m* MIL bazooka.

bazucar [10]; **bazuquear** *v tr* remuer, agiter (un líquido) ▐ secouer (traquetear).

bazuqueo *m* agitation *f*.

BBS (abrev de Bulletin Board System) INFORM BBS; **servidor BBS** serveur BBS.

be *f* bé, nom de la lettre b ▐ **be por be** par le menu, en détail ▐ **tener las tres bes** être excellente, réunir toutes les conditions (bonita jolie; **barata** bon marché; **buena** bonne).

be *m* bêlement, bê (balido).

beagle *m* beagle (perro pachón).

Béarn; Bearn *n pr m* GEOGR Béarn.

bearnés, esa *adj & s* béarnais, e.

beata *f* dévote ▐ béguine (mujer que vive en comunidad) ▐ bigote (mujer muy devota) ▐ FAM peseta.

beatería *f* bigoterie.

beaterio *m* béguinage.

beatificación *f* béatification.

beatíficamente *adv* béatement.

beatificar [10] *v tr* béatifier.

beatífico, ca *adj* béatifique; **visión beatífica** vision béatifique ▐ béat, e; **una sonrisa beatífica** un sourire béat.

beatísimo, ma *adj* béatissime ▐ **beatísimo Padre** Très Saint-Père.

beatitud *f* béatitude.

beato, ta *adj & s* bienheureux, euse; béat, e (beatificado) ▐ dévot, e (piadoso) ▐ [▷ SIN] FAM bigot, e; cagot, e (muy devoto).
➤ **beato** *m* béat (p us), frère convers (religioso).

SIN mojigato bigot; gazmoño, camandulero faux dévot, papelard; santurrón, tragasantos bondieusard.

beatón, ona; beatuco, ca *adj* FAM bigot, e; cagot, e.

Beatriz *n pr* Béatrice.

beatuco, ca ► beatón.

beba *f* (*Amer*) FAM bébé *m*, petite fille.

bebe *m* (*Amer*) FAM bébé, petit garçon.

bebé *m* bébé ▌ bebé probeta bébé-éprouvette.
> **OBSERV 1.** En Argentine, on dit bebe, m et beba, f.
> **SIN** niño (de pecho) nourrisson; rorro, nene poupon; mocoso, mocosuelo gamin; churumbel, pituso gosse, marmot.
> **2.** pl bébés.

bebedero, ra *adj* buvable, bon, bonne à boire; d'une saveur agréable.
➼ **bebedero** *m* auget (de los pájaros), abreuvoir (para los animales) ▌ bec (de algunas vasijas).

bebedizo, za *adj* buvable, bon, bonne à boire (bebedero).
➼ **bebedizo** *m* MED potion *f* ▌ philtre (filtro mágico) ▌ breuvage empoisonné (veneno).

bebedor, ra *adj & s* buveur, euse.

beber *m* boire (acción); el beber le boire ▌ boisson *f* (bebida).

beber *v intr & tr* boire; beber agua, al chorro boire de l'eau, à la régalade; beber de la botella boire à la bouteille ▌ boire (emborracharse); este hombre bebe cet homme boit ▌ boire (brindar); beber por o a la salud de uno boire à la santé de quelqu'un, boire à quelqu'un ■ FAM beber a morro boire à (même) la bouteille o au goulot ▌ beber a pote être un gros buveur ▌ beber a sorbos o a tragos boire à petites gorgées ▌ FIG & FAM beber como una cuba o como una esponja o como un cosaco boire comme un trou o comme une éponge o comme un Polonais ▌ beber de un trago boire d'un trait ▌ FIG beber en las fuentes de puiser aux sources de, s'abreuver aux sources de; beber en las fuentes grecolatinas puiser aux sources gréco-latines ▌ beber los vientos por guigner (una cosa), être éperdument amoureux de (una mujer) ▌ echar de beber verser à boire ▌ esto es como quien se bebe un vaso de agua c'est simple comme bonjour, c'est bête comme chou ▌ no hay que decir de esa agua no beberé il ne faut jamais dire: fontaine je ne boirai pas de ton eau ▌ sin comerlo ni beberlo sans y être pour rien.
➼ **beberse** *v pr* boire.
> **SIN** absorber absorber; tragar avaler; libar sucer; brindar trinquer; beborrotear buvoter; pimplar picoler; soplar siffler.

beberaje *m* (*Amer*) excès de boisson.

bebezón *m* (*Amer*) cuite *f* (borrachera).

bebible *adj* FAM buvable.

bebida *f* boisson; bebida alcohólica boisson alcoolisée ▌ boire *m*; la bebida y la comida le boire et le manger ▌ (*Amer*) potion (potingue) ■ darse a la bebida s'adonner à la boisson ▌ tener mala bebida avoir le vin mauvais.

bebido, da *adj* gris, e; un peu ivre, pris, e de boisson.

bebistrajo *m* FAM mixture *f*, breuvage désagréable, bibine *f*.

bebito, ta *m & f* (*Amer*) (petit) bébé *m*.

be-bop *m* be-bop (baile).

beborrotear *v intr* FAM siroter, buvoter.

beca *f* bourse (de estudio); beca de investigación bourse de recherche.

becacina; becasina *f* (p us) bécassine.

becada *f* ZOOL bécasse.

becado, da *m & f* boursier, ère.

becafigo *m* becfigue (pájaro).

becar [10] *v tr* accorder une bourse à.

becardón *m* bécassine *f* (agachadiza).

becario, ria *m & f* boursier, ère.

becasina ► becacina.

becerra *f* génisse [de moins d'un an] ▌ muflier *m* (planta).

becerrada *f* course de jeunes taureaux.

becerrear *v intr* FAM brailler.

becerril *adj* relatif au veau.

becerrillo *m* veau (cuero).

becerrista *m* torero qui combat de très jeunes taureaux.

becerro *m* veau [d'un an ou deux] ▌ veau (cuero) ▌ cartulaire, livre terrier (libro) ■ becerro de oro veau d'or ▌ becerro marino veau marin, phoque (foca).
> **OBSERV** Le veau, viande de boucherie, se dit ternera.

bechamel *f* béchamel (salsa).

becuadro *m* MÚS bécarre.

bedano *m* bédane, bec-d'âne (escoplo).

bedel *m* appariteur (en la universidad).

bedelía *f* charge d'appariteur.

beduino, na *adj & s* bédouin, e (árabe nómada) ▌ FIG barbare, sauvage (hombre brutal).

befa *f* raillerie, moquerie (escarnio) ▌ hacer befa de uno tourner quelqu'un en dérision, se moquer de quelqu'un.

befar *v intr* remuer les lèvres, jouer avec le mors (los caballos).
◇ *v tr* se moquer de, railler (burlarse).

befo, fa *adj* lippu, e (de labio grueso) ▌ cagneux, euse (zambo).
➼ **befo** *m* babine *f* (de perro, mono, etc.), lèvre *f* (de caballo, etc.) ▌ lippe *f* (labio inferior grueso) ▌ singe (mico).

begardo *m* bégard, béguard, beggard (hereje).

begonia *f* BOT bégonia *m*.

beguina *f* béguine (religiosa).

beguinaje *m* béguinage (convento).

begum *f* begum.

behaviorismo *m* behaviorisme, behaviourisme.

behetría *f* HIST ville libre dont les habitants avaient le droit d'élire leur seigneur ▌ FIG confusion, désordre *m*.

BEI (abrev de Banco Europeo de Inversiones) *m* BEI *f*.

beige *adj & s m* beige (color).
> **OBSERV** Ce mot est un gallicisme très employé.

Beijing *n pr* GEOGR Beijing.

Beirut *n pr* GEOGR Beyrouth.

béisbol *m* base-ball.

bejín *m* vesse-de-loup *f* (hongo).

bejucal *m* lieu où abondent les lianes.

bejuco *m* liane *f* (planta).

bejuquear *v tr* (*Amer*) bâtonner, gauler (un árbol) ▌ frapper avec un bâton (una persona).

bejuquillo *m* chaînette *f* d'or ▌ BOT ipécacuana, ipéca.

bel *m* bel (unidad de intensidad sonora).

bel canto *m inv* bel canto *m*.

Belcebú *n pr* Belzébuth, Belzébul.

belcho *m* BOT uvette *f*, raisin des mers.

beldad *f* beauté ▌ beauté (mujer bella).

beldar [34] *v tr* AGRIC éventer.

belduque *m* (*Amer*) grand couteau pointu.

belemnita *f* bélemnite (fósil).

belén *m* crèche *f* (del niño Jesús) ▌ FIG & FAM pagaille *f*, pagaye *f* (confusión) ▌ capharnaüm, foutoir (lugar donde hay desorden) ▌ meterse en belenes se fourrer dans un guêpier.

Belén *n pr* GEOGR Bethléem ▌ estar en Belén être dans les nuages o dans la Lune.

beleño *m* BOT jusquiame *f*.

belérico *m* BOT myrobalan, myrobolan.

belesa *f* BOT dentelaire, malherbe.

belfo, fa *adj* lippu, e.
➼ **belfo** *m* lèvre *f* (del caballo), babine *f* (de perro, mono, etc.) ▌ lippe *f* (labio inferior grueso).

belga *adj & s* belge.

Bélgica *n pr f* GEOGR Belgique.

Belgrado *n pr* GEOGR Belgrade.

Belice *n pr m* GEOGR Belize (estado).

beliceño, ña *adj* bélizéen, enne.
◇ *m & f* Bélizéen, enne.

belicismo *m* bellicisme.

belicista *adj & s* belliciste.

bélico, ca *adj* de guerre; preparativos bélicos préparatifs de guerre.

belicosidad *f* bellicosité, caractère *m* belliqueux, agressivité.

belicoso, sa *adj* belliqueux, euse.

beligerancia *f* belligérance ■ no dar beligerancia a uno ne pas s'occuper de quelqu'un, laisser quelqu'un tranquille ▌ política de no beligerancia politique de non-belligérance o de non-intervention.

beligerante *adj & s* belligérant, e.

belígero, ra *adj* POÉT belliqueux, euse.

belinógrafo *m* bélinographe.

belinograma *m* bélinogramme.

belio *m* bel (unidad de intensidad sonora).

Belisario *n pr* Bélisaire.

belísono, na *adj* POÉT guerrier, ère; aux accords martiaux.

belitre *adj & s* FAM bélître.

beliz *m* (*Amer*) bagage à main *f*.

bellaco, ca *adj & s* coquin, e; fripon, onne (astuto) ▌ scélérat, e; vaurien, enne (malo) ▌ (*Amer*) rétif, ive (caballo) ▌ mentir como un bellaco mentir comme un arracheur de dents.

belladona *f* BOT belladone.

bellamente *adv* bellement.

bellaquear *v intr* commettre des friponneries, se conduire très mal ▌(*Amer*) se cabrer (los caballos) ▌**FIG** se cabrer (resistir).

bellaquería *f* friponnerie, méfait *m* (acción) ▌friponnerie, scélératesse (calidad).

bellasombra *f* (*Amer*) ombu *m* (árbol).

belleza *f* beauté ■ diplomada en belleza esthéticienne diplômée ▌una belleza une beauté (mujer).

bellísimo, ma *adj* très beau, très belle ▌una bellísima persona une excellente personne.

bello, lla *adj* beau, bel, belle; bello como un sol beau comme un astre; las bellas artes les beaux-arts ■ el bello sexo le beau sexe ▌**FIG** por su bella cara pour ses beaux yeux.

> **OBSERV** Bel se emplea delante de los sustantivos masculinos singulares que empiezan por vocal o h aspirada: un niño, un hombre bello un bel enfant, un bel homme.
>
> **SIN** bonito, precioso, lindo joli; gracioso, gentil gentil; mono mignon.

bellota *f* **BOT** gland *m* (de la encina) ▌**ANAT** gland *m* (bálano) ▌gland *m* (adorno) ▌bouton *m* d'œillet (del clavel) ▌**FIG** & **FAM** animal de bellota cochon, porc (cerdo), mule, cabochard (testarudo), buse, butor (de escasa inteligencia).

bellotero, ra *m* & *f* celui, celle qui récolte des glands ▌marchand, e de glands (que vende).

    ◆ **bellotera** *f* glandée, récolte des glands (cosecha).

Belmopan *n pr* **GEOGR** Belmopan.

Beltrán *n pr* Bertrand.

beluario *m* belluaire.

belvedere *m* belvédère.

bembo, ba *adj* (*Amer*) lippu, e (de labio grueso)▌sot, sotte; nigaud, e; niais, e (bobo). ⋄ *m* & *f* (*Amer*) lippe *f* (labio grueso) ▌mufle *m*, museau *m* (hocico).

bembón, ona; bembudo, da *adj* & *s* (*Amer*) lippu, e.

bemol *adj* & *s m* **MÚS** bémol; si bemol "si" bémol ▌hacer bemol bémoliser.

    ◆ **bemoles** *m pl* **FIG** & **FAM** cran *sing* (valor) ▌**FIG** & **FAM** esto tiene bemoles o muchos bemoles o tres bemoles ce n'est pas de la blague, ce n'est pas facile, ce n'est pas du tout cuit.

bemolado, da *adj* bémolisé, e.

ben *m* ben (hijo de) ▌**BOT** moringa.

benceno *m* **QUÍM** benzène.

bencidina *f* **QUÍM** benzidine.

bencílico, ca *adj* **QUÍM** benzilique.

bencina *f* **QUÍM** benzine.

bendecidor, ra *adj* & *s* bénisseur, euse.

bendecir [66] *v tr* bénir; bendecir la mesa, la comida bénir le repas; estar bendecido por los dioses être béni des dieux ▌¡Dios le bendiga! Dieu vous bénisse!.

> **OBSERV 1.** Le verbe espagnol bendecir a deux participes passés: l'un régulier, bendecido, employé dans l'énoncé d'une action ou de son résultat: esta iglesia fue bendecida por cette église a été bénite par; l'autre, le participe irrégulier, bendito, qui n'a qu'une valeur d'adjectif. Cependant cette dernière forme

subsiste dans les prières ou les invocations: bendita eres entre todas las mujeres, bendito sea tu nombre tu es bénie entre les femmes, béni soit ton nom.

2. El verbo francés bénir tiene dos participios pasados: béni, e y bénit, e. Este último se usa solamente al tratar de objetos consagrados: pain bénit, eau bénite, pan bendito, agua bendita. En los demás casos, se dice béni, e: une époque bénie una época bendita.

bendición *f* bénédiction ■ bendición apostólica bénédiction apostolique ▌bendición nupcial bénédiction nuptiale ▌**FIG** & **FAM** echar la bendición a alguien couper les ponts avec quelqu'un ▌**FAM** es una bendición de Dios c'est une bénédiction ▌ya nos echaron las bendiciones nous sommes déjà passés devant monsieur le curé (matrimonio).

bendito, ta *adj* béni, e; bénit, e [▷ **OBSERV** bendecir] ▌bienheureux, euse (bienaventurado) ▌heureux, euse (dichoso) ▌benêt *m*, niais, e; bébête (de pocos alcances) ▌¡bendito sea Dios! mon Dieu! (de enojo), Dieu soit loué o béni (de contento).

    ◆ **bendito** *m* benêt, niais (bobo) ▌bonasse (bonachón) ▌prière *f* qui commence par les mots "bendito y alabado", etc. ▌(*Amer*) niche *f* pour statue (hornacina)▌sorte de tente *f* (tienda de campaña) ■ **FIG** & **FAM** dormir como un bendito dormir comme un bienheureux ▌reír como un bendito rire aux anges.

benedícite *m* bénédicité (oración).

benedictino, na *adj* & *s* bénédictin, e ▌**FIG** obra de benedictino travail de bénédictin, œuvre de longue haleine.

    ◆ **benedictina** *m* bénédictine *f* (licor).

Benedicto *n pr* Benoît [papes].

benefactor, ra *adj* & *s* bienfaiteur, trice.

beneficencia *f* bienfaisance; sección de beneficencia bureau de bienfaisance ▌beneficencia pública assistance publique (administración).

beneficiado, da *m* & *f* bénéficiaire.

    ◆ **beneficiado** *m* bénéficier (eclesiástico).

beneficiar [8] *v tr* faire du bien (hacer bien); beneficiar al género humano faire du bien au genre humain ▌faire valoir, mettre en valeur (una cosa, un terreno) ▌cultiver (la tierra) ▌exploiter (une mine) ▌traiter (un mineral) ▌(*Amer*) abattre (matar una res) ▌dépecer (descuartizar) ▌favoriser (favorecer) ▌ser beneficiado por être l'objet d'une dotation de la part de; el convento ha sido beneficiado por le couvent a été l'objet d'une dotation de la part de.

    ◆ **beneficiarse** *v pr* bénéficier; beneficiarse de una ley bénéficier d'une loi; beneficiarse con la ayuda de bénéficier de l'aide de ▌tirer profit, profiter (sacar provecho).

beneficiario, ria *m* & *f* bénéficiaire.

beneficio *m* bienfait (bien); colmar a uno de beneficios combler quelqu'un de bienfaits ▌bénéfice (ganancia); los beneficios del año les bénéfices de l'année ▌avantage; beneficios sociales avantages sociaux ▌**FIG** bénéfice, profit (provecho); a o en beneficio de au bénéfice de ▌**ECLES** bénéfice ▌exploitation *f* (explotación) ▌**AGRIC** culture *f* (cultivo) ▌**MIN** traitement (de un mineral) ▌(*Amer*) abattage (matanza) ▌dépeçage (descuartizamiento) ▌exploitation *f* rurale (hacienda) ▌fumier (abono) ■ beneficio bruto bénéfice brut ▌**DR** benefi-

cio de inventario bénéfice d'inventaire ▌beneficio líquido o neto bénéfice net ▌beneficio operativo bénéfice d'exploitation ▌remanente de beneficios bénéfices rapportés ■ a beneficio de inventario sous bénéfice d'inventaire ▌de beneficio bénéficiaire; margen de beneficio marge bénéficiaire ▌en beneficio de au profit de ▌en beneficio propio pour son propre compte ▌no tener oficio ni beneficio ne rien avoir du tout.

beneficioso, sa *adj* avantageux, euse; profitable (provechoso), bienfaisant, e (benéfico).

benéfico, ca *adj* (ant) bénéfique (los astros) ▌bienfaisant, e; bénéfique (que hace bien) ▌fiesta benéfica fête de bienfaisance.

Benelux *n pr m* **GEOGR** Bénélux, Benelux; los países del Benelux les pays du Bénélux o Benelux.

Benemérita *f* la Benemérita la garde civile [gendarmerie espagnole].

benemérito, ta *adj* digne d'honneur, méritant, e; digne de récompense ■ benemérito de la patria qui a bien mérité de la patrie.

beneplácito *m* approbation *f*, agrément, accord; dar su beneplácito donner son approbation o son accord; negar el beneplácito refuser son accord.

Benevento *n pr* **GEOGR** Bénévent.

benévolamente *adv* bénévolement (voluntariamente).

benevolencia *f* bienveillance.

benévolo, la *adj* bienveillant, e; bénévole (bueno) ▌bénévole; oyente benévolo auditeur bénévole.

> **OBSERV** Dans le sens de "qui est fait à titre gracieux", bénévole se traduit en espagnol par voluntario, gratuito, espontáneo.

bengala *f* feu *m* de Bengale ▌rotin *m* (caña).

Bengala *n pr f* **GEOGR** Bengale *m*; el golfo de Bengala le golfe du Bengale.

bengalí *adj* & *s* bengali (de Bengala). ⋄ *m* bengali (pájaro) ▌**LING** bengali.

> **OBSERV** pl bengalíes.

benignamente *adv* bénignement, de façon bénigne.

benignidad *f* bénignité ▌douceur (del clima).

benigno, na *adj* bénin, bénigne; enfermedad benigna maladie bénigne ▌doux, douce (clima).

Benín; Benin *n pr m* **GEOGR** Bénin.

Benito *n pr* Benoît.

benjamín *m* benjamin (hijo menor).

Benjamín *n pr* Benjamin.

benjuí *m* benjoin (bálsamo).

> **OBSERV** pl benjuís o benjuíes.

bentónico, ca *adj* **BIOL** benthique.

bentonita *f* bentonite (arcilla).

bentos *m inv* benthos (fauna del fondo de los mares).

benzaldehído *m* **QUÍM** benzaldéhyde.

benzoato *m* **QUÍM** benzoate.

benzodiacepina *f* **QUÍM** benzodiazépine (radical).

    ◆ **benzodiacepinas** *f pl* benzodiazépines (grupo).

benzoico, ca *adj* QUÍM benzoïque.

benzol *m* QUÍM benzol.

benzolismo *m* benzolisme.

benzonaftol *m* QUÍM benzonaphtol.

benzopiridina *f* QUÍM benzopyridine.

Beocia *n pr f* HIST Béotie.

beocio, cia *adj & s* béotien, enne ∥ FIG béotien, enne (grosero).

beocismo *m* béotisme (grosería).

beodez *f* ivresse.

beodo, da *adj & s* ivre, ivrogne, esse (borracho).

beque *m* MAR poulaine *f* (delantera del barco) ∥ bouteilles *f pl* (excusado).

bequeriana *f* composition poétique sur un thème amoureux, à la façon de Bécquer.

béquico, ca *adj* MED béchique (pectoral).

berberecho *m* bucarde, coque *f* (molusco).

berberí ➤ **beréber**.

Berbería *n pr f* HIST Barbarie.

berberidáceas *f pl* BOT berbéridacées.

berberisco, ca *adj & s* barbaresque.

bérbero; bérberos *m* BOT épine-vinette *f*.

berbiquí *m* vilebrequin (barrena).

berceo *m* sparte sec.

beréber; berebere; bereber; berberí *adj & s* berbère.
◇ *m* LING berbère.

Berenguela *n pr* Bérengère.

Berenice *n pr* Bérénice.

berenjena *f* BOT aubergine; berenjenas rellenas aubergines farcies ∥ FAM ¡ni qué berenjenas! des figues!, des nèfles!

berenjenal *m* champ d'aubergines ∥ FIG pagaille *f*, pagaye *f*; armar un berenjenal semer la pagaille ∥ FIG & FAM meterse en un berenjenal se mettre dans de beaux draps (en un apuro), se fourrer dans un guêpier (en un lío).

bergamasco *adj & s* bergamasque, de Bergame.

Bérgamo *n pr* GEOGR Bergame.

bergamota *f* bergamote (fruta).

bergamoto *m* bergamotier (árbol).

bergante *m* FAM chenapan, vaurien.

bergantín *m* brigantin, brick (barco).

berginización *f* berginisation (carburantes).

beri *m* FAM con las de beri méchamment, avec une mauvaise intention.

beriberi *m* béribéri (enfermedad tropical).

berilio *m* béryllium (metal).

beriliosis *f inv* MED bérylliose.

berilo *m* MIN béryl.

Bering *n pr* GEOGR el estrecho de Bering le détroit de Béring.

berkelio *m* berkélium.

berlanga *f* brelan *m* (trío de cartas).

Berlín *n pr* GEOGR Berlin ∥ el muro de Berlín le mur de Berlin.

berlina *f* berline (vehículo) ∥ coupé *m* (de una diligencia).

berlinés, esa *adj & s* berlinois, e.

Berlín Este *n pr* HIST Berlin-Est.

Berlín Oeste *n pr* HIST Berlin-Ouest.

berma *f* berme (fortificación).

bermejear *v intr* tirer sur le vermeil o sur le rouge.

bermejizo, za *adj* qui tire sur le vermeil, rougeâtre.

bermejo, ja *adj* vermeil, eille (rojo) ∥ roux, rousse (cabellos).

bermejón, ona *adj* vermeil, eille.

bermellón *m* vermillon (color).

bermudas *m pl* bermuda *m sing*.

Bermudas *n pr f pl* GEOGR las Bermudas les Bermudes; el triángulo de las Bermudas le triangle des Bermudes.

Berna *n pr* GEOGR Berne.

Bernabé *n pr* Barnabé.

bernabita *m* barnabite (monje).

bernardina *f* FAM boniment *m* (mentira) ∥ fanfaronnade (baladronada).

Bernardino *n pr* Bernardin.

bernardo, da *adj & s* bernardin, e (religiosos).

Bernardo *n pr* Bernard ∥ san Bernardo saint-bernard (perro).

bernés, esa *adj & s* bernois, e (de Berna).

berquelio *m* berkélium.

berra; berraza *f* cresson *m* monté en graine.

berraco *m* braillard (niño).

berraza ➤ **berra**.

berrear *v intr* mugir, beugler (los becerros) ∥ FIG & FAM brailler, beugler (gritar o cantar) ∥ pleurer comme un veau (llorar) ∥ se mettre en rogne (enfadarse).

berrenchín *m* odeur *f* du sanglier furieux ∥ FIG & FAM ➤ **berrinche**.

berrendo, da *adj* tacheté, e; berrendo en negro tacheté de noir (toro).
➤ **berrendo** *m* (*Amer*) variété *f* de blé à tige bleue (trigo) ∥ espèce d'antilope *f*, antilocapre *f*.

berrera *f* BOT ache d'eau.

berretín *m* FAM (*Amer*) passade *f*, caprice.

berrido *m* beuglement, mugissement (del becerro) ∥ FIG hurlement, cri, braillement (grito) ∥ fausse note *f*, couac, canard (al cantar).

berrín *m* capricieux, soupe-au-lait *f* (bejín).

berrinche; berrenchín *m* FAM rogne *f*, colère *f* (rabieta); el niño ha cogido un berrinche l'enfant a piqué une rogne ∥ gros chagrin, contrariété *f* (disgusto).

berrinchudo, da *adj* (*Amer*) coléreux, euse.

berrizal *m* cressonnière *f*.

berro *m* cresson.

berrocal *m* terrain rocheux.

berroqueña *adj* piedra berroqueña granite, granit.

berrueco *m* rocher de granite (roca) ∥ perle *f* baroque (barrueco) ∥ MED tumeur *f* à l'iris de l'œil.

bersagliero *m* bersaglier (soldado italiano).

berta *f* berthe (en un escote).

Berta *n pr* Berthe.

bertsolari *m* poète de langue basque qui pratique l'improvisation lors de rassemblements et de joutes littéraires.

berza *f* chou *m* (col) ∥ FIG un berzas une andouille.

berzal *m* champ de choux.

berzotas *m & f inv* FAM andouille *f* (idiota).

besalamano *m* billet non signé, portant en tête l'abréviation B.L.M. (je vous baise les mains) et le nom de l'expéditeur; faire-part.

besamanos *m* baisemain.

besamela; besamel *f* béchamel (salsa).

besana *f* AGRIC billonnage *m* (surcos paralelos) ∥ enrayure (primer surco) ∥ mesure agraire catalane [21 ares 87].

Besançon; Besanzón *n pr* GEOGR Besançon.

besante *m* besant (moneda) ∥ BLAS besant.

Besanzón ➤ **Besançon**.

besar *v tr* baiser [▷ OBSERV] embrasser (dar un beso); le besé en las mejillas je l'ai embrassé sur les joues ∥ FIG toucher, effleurer (tocar) ∥ FAM aquello fue llegar y besar el santo ça a marché comme sur des roulettes ∥ hacer besar la lona envoyer au tapis (boxeo).
➤ **besarse** *v pr* s'embrasser ∥ se toucher, s'effleurer (rozarse).

> OBSERV Hoy día el verbo baiser no debe emplearse más que en expresiones como baiser les mains, les pieds, le front, les lèvres besar las manos, los pies, la frente, los labios; se le sustituye con el verbo embrasser, que significa propiamente abrazar.

Besarabia *n pr f* GEOGR Bessarabie.

besico; besito *m* petit baiser, bécot, bise *f*; dar un besito faire o donner une bise, faire la bise ∥ BOT besico de monja campanule (farolillo).

beso *m* baiser; beso de paz baiser de paix ∥ FIG coup, heurt, choc (golpe) ∥ FIG & FAM comerse a besos se manger de baisers ∥ FAM dar un beso de tornillo rouler un patin.

besotear *v tr* FAM bécoter, baisoter (p us).

bessemer *m* bessemer (metalurgia).

bestezuela *f* bestiole.

bestia *f* bête ∥ FIG brute (persona ruda); ¡vaya tío bestia! espèce de brute! ∥ âne (ignorante) ∥ bestia de albarda âne ∥ bestia de carga bête de somme ∥ bestia de tiro bête de trait ∥ FIG bestia negra bête noire ∥ gran bestia élan (anta), tapir (tapir) ∥ FAM a lo bestia vachement ∥ FAM ser un bestia être une brute.

bestial *adj* bestial, e (irracional); instintos bestiales instincts bestiaux.

bestialidad *f* brutalité (brutalidad) ∥ FAM énormité (tontería) ∥ FAM una bestialidad de des tonnes de (montón).

bestializar [13] *v tr* bestialiser.
➤ **bestializarse** *v pr* devenir bestial.

bestiario *m* bestiaire.

béstola *f* curette (arrejada).

best seller *m* best-seller.
OBSERV pl best sellers.

besucar [10] *v tr* FAM bécoter, baisoter (p us).

besucón, ona *adj & s* FAM lécheur, euse.

besugo *m* ZOOL daurade *f*, dorade *f*, rousseau ∥ FIG & FAM niais, bête, moule *f*.

besuguera _f_ marchande de daurades ‖ turbotière (para el besugo) ‖ plat _m_ à poisson (para cualquier pescado).

besuguete _m_ pagel (pez).

besuquear _v tr_ FAM bécoter, baisoter (p us).

→ **besuquearse** _v pr_ se bécoter.

besuqueo _m_ bécotage, fricassé _f_ de museaux FAM.

beta _f_ bêta _m_ (letra griega) ‖ bout _m_ de corde o de ficelle (cuerda) ‖ MAR filin _m_, cordage _m_ (cable) ‖ rayos beta rayons bêta.

betarraga; betarrata _f_ betterave (remolacha).

betatrón _m_ FÍS bêtatron.

betel _m_ BOT bétel.

Bética _n pr f_ HIST Bétique (antiguo nombre de Andalucía).

bético, ca _adj_ bétique.
→ **bética** _f_ bétique.

betilo _m_ bétyle.

betónica _f_ BOT bétoine.

Betsabé; Bethsabée _n pr_ Bethsabée.

betuláceas _f pl_ BOT bétulacées.

betuminoso, sa → **bituminoso**.

betún _m_ bitume (brea) ‖ cirage (para el calzado) ‖ mastic (masilla) ■ betún de Judea bitume de Judée, asphalte ‖ negro como el betún noir comme un pruneau ‖ FAM quedar a la altura del betún être au-dessous de tout, être minable.

betunería _f_ fabrique de cirage.

betunero _m_ marchand de cirage ‖ cireur (limpiabotas).

bevatrón _m_ FÍS bévatron.

beylical _adj_ beylical, e.

beylicato _m_ beylicat.

bezaar _m_ bézoard.

bezar _m_ bézoard.

bezo _m_ lippe _f_ (labio grueso) ‖ lèvre _f_ (de una herida).

bezoar _m_ bézoard.

bezoárico _m_ antidote (contraveneno) ‖ bezoárico mineral bézoard minéral, peroxyde d'antimoine.

bezote _m_ labret (adorno).

bezudo, da _adj_ lippu, e; qui a des grosses lèvres.

Bhután; Bután _n pr m_ GEOGR Bhoutan.

biaba _f_ FAM (Amer) calotte, baffe (bofetada) ‖ raclée, volée (zurra).

biácido, da _adj & s m_ QUÍM biacide.

bianual _adj_ biennal, e.

biarticulado, da _adj_ biarticulé, e.

biatlón _m_ DEP biathlon.

biatómico, ca _adj_ QUÍM biatomique.

biáxico, ca _adj_ biaxial, e.

biaza _f_ besace, bissac _m_ (bizaza).

bíbaro _m_ bièvre (castor).

bibásico, ca _adj_ bibasique.

bibelot _m_ bibelot.

biberón _m_ biberon.

bibijagua _f_ (Amer) sorte de grande fourmi de Cuba (hormiga) ‖ FIG fourmi.

bibijagüera _f_ (Amer) fourmilière.

biblia _f_ bible ■ FAM la biblia en pasta o en verso des masses ‖ la Santa Biblia la Sainte Bible ‖ papel biblia papier bible ■ FIG & FAM es la biblia en verso c'est terrible ‖ FIG saber la biblia tout savoir.

bíblico, ca _adj_ biblique.

bibliobús _m_ bibliobus.

bibliofilia _f_ bibliophilie.

bibliófilo, la _m & f_ bibliophile.

bibliografía _f_ bibliographie.

bibliográfico, ca _adj_ bibliographique.

bibliógrafo _m_ bibliographe.

bibliología _f_ bibliologie.

bibliomanía _m_ bibliomanie.

bibliorato _m_ (Amer) classeur (carpeta).

biblioteca _f_ bibliothèque ■ biblioteca circulante bibliothèque circulante o itinérante ‖ biblioteca de consulta bibliothèque de référence ‖ biblioteca pública bibliothèque publique ‖ biblioteca universitaria bibliothèque universitaire ■ FIG es una biblioteca viviente c'est une encyclopédie vivante.

bibliotecario, ria _m & f_ bibliothécaire.

bibliotecología _f_ bibliologie.

bibliotecológico, ca _adj_ bibliologique.

bibliotecólogo, ga _m & f_ bibliologue.

biblioteconomía _f_ bibliothéconomie.

bical _m_ saumon mâle.

bicameral _adj_ bicaméral, e; principios bicamerales principes bicaméraux.

bicameralismo _m_ bicamérisme, bicaméralisme.

bicarbonatado, da _adj_ bicarbonaté, e.

bicarbonato _m_ QUÍM bicarbonate.

bicarburo _m_ QUÍM bicarbure.

bicéfalo, la _adj & s m_ bicéphale.

bíceps _adj & s m_ ANAT biceps; bíceps crural biceps crural.

bicerra _f_ ZOOL chamois _m_, isard _m_.

bicha _f_ (ant) bête (bicho) ‖ couleuvre (culebra) ‖ ARQ mascaron _m_.

bichar _v tr_ (Amer) épier, guetter (bichear) ‖ travailler un madrier (un madero).

bicharraco _m_ sale bête _f_ ‖ FAM sale type, sale individu.

bichear _v intr_ (Amer) épier, guetter.

bichero _m_ MAR gaffe _f_.

bicho _m_ bestiole _f_ (bestia pequeña) ‖ FAM bête _f_, taureau (toro de lidia) ‖ FIG phénomène, drôle de phénomène (persona ridícula) ■ (Amer) bicho colorado aoûtat ‖ FIG & FAM bicho malo, mal bicho sale individu, sale type, chameau ‖ bicho malo nunca muere mauvaise herbe croît toujours ‖ bicho raro drôle d'oiseau, bête curieuse ‖ no hay bicho viviente que no lo sepa tout le monde le sait, personne ne l'ignore ‖ todo bicho viviente tout un chacun, tous sans exception, tout le monde ‖ INFORM bogue.

bichoco, ca _adj_ (Amer) vieux, vieille; hors d'usage.

bici _f_ FAM vélo _m_, bécane (bicicleta).

bicicleta _f_ bicyclette; ir en bicicleta aller à bicyclette ‖ bicicleta estática bicyclette d'appartement.
‖ OBSERV La forma aller en bicyclette es incorrecta.

biciclo _m_ bicycle.

bicipital _adj_ bicipital, e (de los bíceps).

bicípite _adj_ bicéphale.

bicloruro _m_ QUÍM bichlorure.

bicoca _f_ FIG & FAM babiole, bricole, bagatelle (fruslería) ‖ occasion, bonne affaire (ganga) ‖ fromage _m_ (puesto ventajoso) ‖ bicoque (fortificación) ‖ (Amer) calotte (de los clérigos) ‖ chiquenaude (capirotazo) ‖ por una bicoca pour rien, pour une bouchée de pain, pour une misère (muy barato).
‖ OBSERV Le mot bicoca n'a jamais en espagnol le sens familier de bicoque, petite maison mal tenue.

bicolor _adj_ bicolore.

bicóncavo, va _adj_ biconcave.

biconvexo, xa _adj_ biconvexe.

bicoquete; bicoquín _m_ bonnet, coiffe _f_.

bicorne _adj_ bicorne ‖ argumento bicorne dilemme (lógica).

bicornio _m_ bicorne (sombrero).

bicromato _m_ QUÍM bichromate.

bicromía _f_ bichromie.

bicuadrado, da _adj_ MAT bicarré, e; ecuación bicuadrada équation bicarrée.

bidé _m_ bidet (mueble).

bidentado, da _adj_ bidenté, e.

bidente _adj_ bidenté, e.
◇ _m_ AGRIC bident, roue _f_ à deux dents.

bidimensional _adj_ bidimensionnel, elle.

bidón _m_ bidon; un bidón de gasolina un bidon d'essence.

biela _f_ bielle; biela de acoplamiento bille d'accouplement; fundir una biela couler une bielle ‖ manivelle (de una bicicleta).

bielda _f_ AGRIC rateau _m_ à faner ‖ vannage _m_ (acción de bieldar).

bieldar _v tr_ éventer (los cereales).

bieldo _m_ AGRIC fourche _f_ à faner ‖ bident (con los dientes).

Bielorrusia _n pr f_ GEOGR Biélorussie.

bien _m_ bien (moral); discernir el bien del mal discerner le bien du mal; lo hice por tu bien o en bien tuyo je l'ai fait pour ton bien; hombre de bien homme de bien ‖ bien, intérêt; el bien de la patria l'intérêt de la patrie; el bien público l'intérêt public ■ bien común bien public ‖ bien supremo souverain bien ‖ devolver bien por mal rendre le bien pour le mal ‖ hacer bien o el bien faire du bien (beneficiar), faire le bien (socorrer) ‖ haz el bien y no mires a quien que ta main gauche ignore le bien que fait ta main droite ‖ lo bien fundado le bienfondé ‖ no hay bien ni mal que cien años dure le bonheur et le malheur ne sont pas éternels ‖ no hay mal que por bien no venga à quelque chose malheur est bon ‖ querer el bien de vouloir du bien à, vouloir le bien de.
→ **bienes** _m pl_ biens; bienes muebles, de consumo, de equipo biens meubles, de consommation, d'équipement ■ bienes de

capital biens d'équipement ▌bienes de consumo duraderos biens de consommation durables ▌bienes de fortuna des biens, du bien [patrimoine] ▌bienes de inversión biens d'investissement ▌bienes de propios usages ▌bienes fungibles biens fongibles ▌bienes gananciales acquêts; comunidad de bienes gananciales communauté réduite aux acquêts ▌ bienes heredables biens transmissibles ▌bienes inmuebles biens immeubles, immobilier ▌bienes mostrencos biens jacents, épaves ▌ bienes nullius biens vacants o sans maître ▌bienes parafernales biens paraphernaux ▌bienes públicos bien public ▌bienes raíces biens-fonds ▌ bienes relictos patrimoine successoral laissé par le de cujus ▌bienes sedientes biens-fonds ▌bienes semovientes bétail, cheptel vif ▌bienes terrestres biens terrestres o de ce monde ▌bienes vinculados biens inaliénables ▌bienes y personas corps et biens (en un naufragio) ▪ bienes mal adquiridos a nadie han enriquecido bien mal acquis ne profite jamais ▌FAM decir mil bienes de uno dire beaucoup de bien de quelqu'un, porter quelqu'un aux nues.

bien *adv* bien (convenientemente); obrar bien agir bien ▌bien (correctamente); habla bien el francés il parle bien français; bien criado bien élevé ▌bien, juste; razonar bien raisonner juste ▌bien (felizmente); su negocio marcha bien son affaire marche bien ▌bien, largement, à l'aise (cómodamente); vive bien il vit bien o largement, il est à l'aise ▌bon; oler bien sentir bon ▌bien, volontiers, avec plaisir (con gusto); bien le ayudaría si je vous aiderais volontiers si ▌bien, assez (bastante); estoy bien cansado je suis bien fatigué ▌bien, beaucoup, pas mal (mucho); hemos caminado bien nous avons bien marché ▌bien, très (muy); es bien malo il est bien méchant ▌bien; bien entendiste tu as bien compris; bien es verdad que il est bien vrai que; bien me lo decía mi abuelo mon grand-père me le disait bien ▌bien, bon, soit (de acuerdo); ¿vamos al cine? bien nous allons au cinéma? bon ▪ ahora bien or, cela étant, ceci dit ▌bien... o bien, bien sea... o bien soit... soit ▌de a bien a bon gré, de gré à gré (por las buenas) ▌de bien en mejor de mieux en mieux ▌gente bien des gens bien ▌mal que bien tant bien que mal ▌más o menos bien plus ou moins bien, tant bien que mal ▌no bien à peine; no bien vio el relámpago, echó a correr à peine eut-elle vu l'éclair qu'elle se mit à courir; ne... pas plutôt, à peine; no bien lo había dicho cuando se levantó il ne l'avait pas plutôt dit qu'il se leva ▌¡pues bien! bon! ▌FAM ¡qué bien! épatant!, magnifique!, chic! ▌si bien quoique, bien que, encore que ▌y bien eh bien, alors ▪ como bien le parezca comme bon vous semble ▌¡está bien! d'accord! (de acuerdo), ça commence à bien faire! (¡basta!) ▌estar bien con être dans les bonnes grâces de, être bien avec ▌estar bien de salud être en bonne santé o bien portant ▌hablar bien de dire du bien de, parler en bien de ▌hacer bien en faire bien de, avoir raison de, ne pas avoir tort de ▌quien bien te quiere te hará llorar qui aime bien châtie bien ▌sentar bien faire du bien (un alimento, una cura), aller bien (vestido) ▌tener a bien vouloir, vouloir bien, avoir l'obligeance de; tenga usted a bien decirme veuillez me dire; espero que usted tendrá a bien

escribirme pronto j'espère que vous voudrez bien m'écrire bientôt; juger bon; tuve a bien quedarme más tiempo j'ai jugé bon de rester plus longtemps ▌tomar a bien prendre du bon côté, bien prendre ▌¡ya está bien! cela suffit!, c'en est assez!, ça commence à bien faire!

bienal *adj* biennal, e; rotaciones bienales assolements biennaux.
◇ *f* biennale.

bienandante *adj* heureux, euse.

bienandanza; buenandanza *f* bonheur *m*, félicité (felicidad) ▌chance, réussite (éxito).

bienaventurado, da *adj & s* bienheureux, euse.

bienaventuranza *f* béatitude ▌bonheur *m* (felicidad).
➤ **bienaventuranzas** *f pl* RELIG béatitudes; las ocho bienaventuranzas les huit béatitudes.

bienestar *m* bien-être, confort.

bienhablado, da *adj* courtois, e; poli, e. ◇ *adj & s* bien-disant, e (p us).

bienhadado, da *adj* heureux, euse; fortuné, e.

bienhechor, ra *adj & s* bienfaiteur, trice.

bienintencionadamente *adv* avec de bonnes intentions.

bienintencionado, da *adj* bien intentionné, e.

bienio *m* espace de deux ans.

bienmandado, da *adj* obéissant, e; soumis, e.

bienmesable *m* œufs *pl* à la neige.

bienoliente *adj* odorant, e; qui sent bon.

bienquerencia *f*; **bienquerer** *m* affection *f* (cariño) ▌bonne volonté *f* ▌estime *f* (consideración).

bienquerer [67] *v tr* estimer, apprécier.

bienquistar *v tr* mettre d'accord, réconcilier.
➤ **bienquistarse** *v pr* se mettre d'accord, se réconcilier.

bienquisto, ta *adj* bien vu, e; apprécié, e; bienquisto de sus vecinos bien vu de ses voisins.
▌OBSERV Ce mot est le participe passé irrégulier de bienquerer.

bienteveo *m* mirador (candelecho) ▌(Amer) pitangue, tyran jaune (pájaro).

bienvenida *f* bienvenue; dar la bienvenida souhaiter la bienvenue.

bienvenido, da *adj & s* bienvenu, e; ser bienvenido être le bienvenu.

bienvivir *v intr* vivre à l'aise (con holgura) ▌mener une vie honnête (honradamente).

bies *m* biais (costura); al bies en biais; poner un bies mettre un biais.
▌OBSERV Ce mot est un gallicisme très employé.

bifásico, ca *adj* biphasé, e.

bife *m* (Amer) bifteck; bife a caballo bifteck avec deux œufs sur le plat ▌calotte *f*, claque *f* (guantada).

bífido, da *adj* BOT bifide (hendido).

bifilar *adj* bifilaire.

bifocal *adj* bifocal, e; à double foyer; lentes bifocales verres à double foyer.

biftec ➤ bistec.

bifurcación *f* bifurcation.

bifurcarse [10] *v pr* bifurquer, se diviser en deux (un río, una rama) ▌bifurquer (carretera); la carretera se bifurca en Soria la route bifurque à Soria.

biga *f* bige *m* (carro romano).

bigamia *f* bigamie.

bígamo, ma *adj & s* bigame.

bigardear *v intr* FAM courir la prétantaine, battre le pavé (vagar).

bigardo, da; bigardón, ona *adj & s* paresseux, euse; fainéant, e (vago) ▌libertin, e.

bígaro; bigarro *m* bigorneau (molusco).

bigarrado, da *adj* bigarré, e.

bigarro ➤ bígaro.

big bang *m* big-bang.

bignoniáceas *f pl* BOT bignoniacées.

bigorneta *f* bigorneau *m* (yunque).

bigornia *f* bigorne (yunque).

bigote *m* moustache *f*; bigote retorcido moustache retroussée; bigote con guías moustache en croc ▌IMPR sorte de filet ▌trou de coulée (en un horno) ▪ ELECTR bigote de gato chercheur, moustache ▪ FAM estar de bigote être du tonnerre o formidable ▌tener bigotes, ser un hombre de bigotes être un dur o un brave à trois poils.

bigotera *f* relève-moustache *m*, bigotelle (para el bigote) ▌strapontin *m* (en los coches) ▌balustre *m*, compas *m* à balustre (compás) ▌bout *m*, renfort *m* (del zapato) ▌trou *m* de coulée (de las escorias).
➤ **bigoteras** *f pl* moustaches (bocera en los labios).

bigotudo, da *adj* moustachu, e.

biguá *f* (Amer) espèce de cormoran *m*.

bigudí *m* bigoudi.
▌OBSERV pl bigudís o bigudíes.

bija *f* BOT rocouyer *m* ▌rocou *m* (tinte).

bikini; biquini *m* bikini, deux-pièces (bañador).

bilabarquín *m* (Amer) vilebrequin.

bilabiado, da *adj* BOT bilabié, e.

bilabial *adj & s* bilabial, e.

bilarciasis *f inv* MED bilharziose.

bilateral *adj* bilatéral, e; acuerdos bilaterales accords bilatéraux.

bilbaína *f* béret *m* (boina).

bilbaíno, na *adj & s* de Bilbao.

bilbilitano, na *adj & s* de Calatayud [ville d'Aragon, autrefois "Bilbilis"].

biliar; biliario, ria *adj* biliaire (humor).

bilingüe *adj & s* bilingue.

bilingüismo *m* bilinguisme.

bilioso, sa *adj & s* bilieux, euse.

bilirrubina *f* bilirubine.

bilis *f inv* bile (humor) ▌FIG bile; exaltar la bilis échauffer la bile (irritar) ▪ FIG descargar la bilis décharger sa bile ▌FIG & FAM revolver la bilis (re) tourner les sangs ▌FAM tragar bilis avaler des couleuvres (aguantar).

bill *m* bill (proyecto de ley en Inglaterra).

billa f bille (en el billar).

billar m billard (juego); **taco de billar** queue de billard ∎ **billar americano** billard américain o à six trous ∥ **billar automático** flipper, billard électrique (maquinitas) ∥ **billar ruso** billard russe.

billarista m & f joueur, euse de billard.

billetaje m billets pl, totalité f des billets.

billete m billet (carta); **billete amoroso** billet doux ∥ billet (de banco, de tren, de lotería, de espectáculo, etc.); **sacar un billete** prendre un billet; **billete circular** billet circulaire ∥ ticket (metro, tranvía, andén) ∎ **billete al portador** billet au porteur ∥ **billete a mitad de precio** billet demi-tarif ∥ **billete de abono** abonnement ∥ **billete de andén** billet de quai ∥ TEATR **billete de favor** billet de faveur ∥ **billete de ida** billet simple, aller simple ∥ **billete de ida y vuelta** aller-retour, billet d'aller et retour ∥ **billete kilométrico** carnet kilométrique ∥ **billete postal** carte-lettre ∥ **billete semanal** billet hebdomadaire ∥ **billete sencillo** aller simple ∎ **billete tarifa completa** billet à plein tarif ∥ **con el cartel de no hay billetes** à bureaux fermés ∥ **medio billete** demi-place ∥ **no hay billetes** complet.

billetera f; **billetero** m porte-billets m inv, portefeuille m (cartera) ∥ (Amer) marchand, e de billets de lotería.

billón m MAT billion (millón de millones). ∥ OBSERV Antiguamente el **billón** francés valía mil millones (un milliard). Actualmente este uso persiste en los Estados Unidos.

billonésimo, ma adj & s MAT millionième de millionième.

bilobulado, da adj bilobé, e.

bilocular adj BOT biloculaire.

bilongo m (Amer) sorcellerie f (brujería).

bimano, na adj & s ZOOL bimane.

bimba f FAM tube m, gibus m (chistera) ∥ talmouse (puñetazo) ∥ FAM (Amer) perche (persona alta) ∥ cuite (borrachera).

bimbalete m bringuebale f (de bomba) ∥ (Amer) balançoire f (columpio) ∥ chadouf (para extraer agua).

bimbre m FAM osier (mimbre).

bimensual adj bimensuel, elle.

bimestral adj bimestriel, elle.

bimestre m bimestre.

bimetálico, ca adj bimétallique.

bimilenario m bimillénaire.

bimotor, ra adj & s m bimoteur, trice.

bina f AGRIC binage m.

binación f ECLES binage m (derecho).

binadera f AGRIC binette (herramienta).

binador m AGRIC celui qui bine ∥ binette f (herramienta).

binadora f bineur m, bineuse (máquina).

binadura f AGRIC binage m.

binar v tr AGRIC biner. ◇ v intr ECLES biner.

binario, ria adj binaire ∥ INFORM dígito binario chiffre binaire.

binazón f AGRIC binage m.

bincha f (Amer) bandeau m (cinta para el pelo).

bingarrote m (Amer) eau-de-vie f d'agave.

bingo m bingo.

binguero, ra m & f joueur, euse de bingo.

binocular adj binoculaire.

binóculo m binocle.

binomio m MAT binôme.

binza f pelure d'oignon (de cebolla) ∥ membrane coquillière (del huevo) ∥ membrane (telilla).

bioagricultura f agriculture biologique.

biobibliografía f biobibliographie.

biocenosis f inv biocénose, biocœnose.

biodegradable adj biodégradable.

biodinámica f biodynamique.

biodiversidad f biodiversité.

bioelemento m elément biogénétique.

bioenergética f bioénergie.

bioética f bioéthique.

biofeedback m inv biofeedback m.

biofísica f biophysique.

biofísico, ca adj & s biophysique. ◇ m & f biophysicien, enne.

biogénesis f inv biogenèse f.

biogenético, ca adj biogénétique.

biogeografía f biogéographie.

biografía f biographie.

biografiar [9] v tr écrire la biographie de.

biográfico, ca adj biographique.

biógrafo, fa m & f biographe. ◆ **biógrafo** m (Amer) cinéma. ∥ OBSERV Ce mot est un barbarisme dans le sens de cinéma.

bioingeniería f génie m o ingénierie biologique.

biología f biologie; **biología aplicada** biologie appliquée; **biología molecular** biologie moléculaire.

biológico, ca adj biologique.

biólogo, ga m & f biologiste.

biomasa f biomasse.

biomaterial m biomatériau.

biombo m paravent.

biomecánica f biomécanique.

biomédico, ca adj biomédical, e.

biometría f biométrie.

biométrico, ca adj biométrique.

biónico, ca adj bionique. ◆ **biónica** f bionique.

biopsia f MED biopsie.

bioquímico, ca adj biochimique. ◇ m & f biochimiste. ◆ **bioquímica** f biochimie.

biorritmo m MED biorythme.

bioscopio m bioscope.

biosfera f biosphère.

biosíntesis f inv biosynthèse.

biota f biote m.

biotecnología f biotechnologie, biotechnique.

bioterapia f biothérapie.

biótico, ca adj biotique.

biotipo m biotype.

biotipología f biotypologie.

biotita f MIN biotite.

biotopo m biotope.

bióxido m QUIM bioxyde.

bipartición f bipartition.

bipartidismo m bipartisme.

bipartidista adj biparti, e; bipartite.

bipartido, da adj biparti, e; bipartite (en el lenguaje científico); **hoja bipartida** feuille bipartite ∥ biparti, e; bipartite (comité, gobierno, etc.).

bipartito, ta adj bipartite, biparti, e (acuerdo).

bípede; bípedo, da adj & s m bipède.

biplano m biplan (avión).

biplaza adj & s m biplace.

bipolar adj bipolaire.

bipolaridad f bipolarité.

bipolarización f bipolarisation.

biquini ➤ bikini.

biricú m ceinturon, porte-épée, bélière f.

birimbao m MÚS guimbarde f (instrumento).

birla f quille (bolo).

birlar v tr rabattre (en el juego de los bolos) ∥ FIG & FAM chiper, barboter, faucher, piquer (robar) ∥ rabioter, ratiboiser (en el juego) ∥ souffler (una novia, un empleo) ∥ descendre, ratiboiser (matar).

birlesca f FAM bande de filous, cour des mirades.

birlí m IMPR blanc de pied, queue f, partie f non imprimée au bas de la page.

birlibirloque ◆ **por arte de birlibirloque** loc adv par enchantement, comme par enchantement.

birlocha f cerf-volant m (cometa).

birlocho m briska f, sorte de victoria f (coche).

birlón m but (en el juego de bolos).

birlonga f brelan m (juego).

Birmania n pr f GEOGR Birmanie.

birmano, na adj & s birman, e. ◆ **birmano** m LING birman.

birra f MFAM mousse (cerveza).

birreactor adj & s m biréacteur.

birrefringencia f biréfringence.

birrefringente adj biréfringent, e.

birreme f MAR birème.

birreta f barrette (de cardenal).

birrete m barrette f (birreta) ∥ toque f (de los magistrados) ∥ bonnet (gorro).

birretina f petit bonnet m ∥ (ant) MIL bonnet m à poil.

birria f FAM horreur (cosa o persona fea) ∥ cochonnerie (cosa sin valor) ∥ (Amer) haine (tirria) ∥ caprice m, manie (capricho).

birriondo adj & s m (Amer) fêtard, coureur de jupons.

bis adv bis. ∥ OBSERV pl bises.

bisabuelo, la m & f arrière-grand-père m, arrière-grand-mère f; bisaïeul, e (p us). ◆ **bisabuelos** m pl arrière-grands-parents.

bisagra *f* charnière (de puerta, etc.) ▌ bisaigüe (de zapatero) ▌ FIG charnière (política, etc.).

bisanual; bisanuo, a *adj* bisannuel, elle.

bisar *v tr* bisser.

bisbisar; bisbisear *v tr* FAM marmotter (decir entre dientes) ▌ murmurer, chuchoter (al oído).

bisbiseo *m* chuchotement, murmure.

biscote *m* biscotte *f*; biscote integral biscotte complète.

biscuit *m* biscuit (porcelana).

bisección *f* GEOM bissection.

bisector, triz *adj & s f* GEOM bissecteur, trice.
▌ OBSERV le pluriel de bisectriz est bisectrices.

bisel *m* biseau; en bisel en biseau.

biselado *m* biseautage.

biselar *v tr* biseauter, tailler en biseau.

bisemanal *adj* bihebdomadaire.

bisemanario *m* (*Amer*) revue bihebdomadaire.

bisexual *adj* bissexuel, elle; bissexué, e.

bisexualidad *f* bisexualité.

bisiesto *adj* bissextile; año bisiesto année bissextile ▌ día bisiesto bissexte, jour bissextile ▌ FIG & FAM mudar de bisiesto changer son fusil d'épaule.

bisilábico, ca; bisílabo, ba *adj* de deux syllabes.

bismuto *m* bismuth.

bisnieto, ta *m & f* arrière-petit-fils *m*, arrière-petite-fille *f*.
➡ **bisnietos** *m pl* arrière-petits-enfants.

bisojo, ja *adj & s* loucheur, euse; bigle (bizco).

bisonte *m* ZOOL bison.

bisontino, na *adj & s* bisontin, e (de Besançon).

bisoñada; bisoñería *f* FIG & FAM gaminerie, pas *m* de clerc.

bisoñé *m* toupet, petite perruque *f*.

bisoñería ➡ bisoñada.

bisoño, ña *adj & s* débutant, e; novice (principiante).
➡ **bisoño** *m* MIL bleu, nouvelle recrue *f* ▌ FAM bleu, béjaune, blanc-bec.

bistec; bisté; biftec *m* bifteck, beefsteak.
▌ OBSERV pl bistecs; bistés; biftecs.

bistorta *f* BOT bistorte.

bistre; bistro *adj & s m* bistre (color).

bisturí *m* MED bistouri.
▌ OBSERV pl bisturíes.

bisulco, ca *adj* ZOOL bisulque.

bisulfato *m* QUÍM bisulfate.

bisulfito *m* QUÍM bisulfite.

bisulfuro *m* QUÍM bisulfure.

bisurco *adj m* arado bisurco bisoc.

bisutería *f* bijouterie de fantaisie o en faux o fausse o en simili o en toc FAM; una joya de bisutería un bijou en simili.
▌ OBSERV La bijouterie en fin se dit joyería.

bit *m* INFORM bit.
▌ OBSERV pl bits.

bita *f* MAR bitte.

bitácora *f* MAR habitacle *m* ▌ INFORM journal *m* de bord ▌ cuaderno de bitácora livre *m* de bord.

bitensión *f* bitension.

bíter ➡ bitter.

Bitinia *n pr* GEOGR Bithynie.

bitongo *adj* FAM niño bitongo gros garçon.

bitoque *m* fausset (de tonel) ▌ (*Amer*) robinet (grifo) ▌ canule *f* (de una jeringa) ▌ égout (sumidero).

bitor *m* roi des cailles (pájaro).

bitter; bíter *m* bitter (licor).

bituminoso, sa; betuminoso, sa *adj* bitumineux, euse.

bivalente *adj* QUÍM bivalent, e.

bivalvo, va *adj & s m* BOT & ZOOL bivalve.

Bizancio *n pr* GEOGR Byzance.

bizantinismo *m* byzantinisme.

bizantino, na *adj & s* byzantin, e ▌ FIG discusiones bizantinas discussions byzantines.

bizarrear *v intr* montrer du courage, faire preuve de courage (valor) ▌ montrer de la générosité, faire preuve de générosité.

bizarría *f* courage *m*, bravoure, hardiesse (valor) ▌ générosité, largesse (generosidad) ▌ prestance, allure (gallardía).

bizarro, ra *adj* courageux, euse; brave, vaillant, e; hardi, e; un bizarro coronel un vaillant colonel ▌ généreux, euse; large (generoso) ▌ de belle prestance (gallardo).
▌ OBSERV La palabra francesa bizarre significa extraño, raro.

bizaza *f*; **bizazas** *f pl* besace *sing*, bissac *m sing* (saco).

bizcaitarra *m & f* nationaliste basque.

bizcar [10] *v intr* loucher (mirar torcido).

bizco, ca *adj* louche, bigle.
◇ *m & f* loucheur, euse; bigle ▌ FIG & FAM dejar bizco laisser pantois o baba o comme deux ronds de flanc.

bizcochada *f* soupe au lait et aux biscuits (sopa) ▌ petit pain *m* fendu (bollo).

bizcochar *v tr* biscuiter, recuire; pan bizcochado pain biscuité ▌ biscuiter (la porcelana).

bizcochero, ra *m & f* marchand, e de biscuits (vendedor).
➡ **bizcochera** *f* boîte à biscuits (caja).

bizcocho *m* CULIN biscuit, pâte *f* à biscuit (masa) ▌ gâteau (pastel) ▌ TECN biscuit (de porcelana) ▌ bizcocho borracho baba [au rhum].
▌ OBSERV La palabra francesa biscuit designa también la galleta.

bizcochuelo *m* petit biscuit.

bizcotela *f* biscuit *m* glacé (bizcocho).

Bizerta *n pr* GEOGR Bizerte.

biznaga *f* visnage *m* (plante) ▌ petit bouquet *m* de jasmin (en Andalucía) ▌ (*Amer*) échinocactus *m*, cactacée du Mexique (cacto).

biznieto, ta *m & f* arrière-petit-fils *m*, arrière-petite-fille *f*.
➡ **biznietos** *m pl* arrière-petits-enfants.

bizquear *v intr* FAM loucher, bigler.

bizquera *f* strabisme *m*.

blablablá *m* FAM bla-bla.

black-rot *m* black-rot (enfermedad de la vid).

blanca *f* maille (antigua moneda) ▌ MÚS blanche ▌ pie (urraca) ▌ FAM blanche (cocaína) ▌ FIG & FAM no tener una blanca, estar sin blanca n'avoir pas un radis, être fauché, être sans un rond o sans le sou.

Blancanieves *n pr* Blanche-Neige.

blanco, ca *adj* blanc, blanche; pan, vino blanco pain, vin blanc ▌ FIG (desusado) froussard, e; trouillard, e (cobarde) ▌ blanco como el papel blanc comme un linge, pâle comme la mort ▌ manjar blanco blancmanger (natilla) ▌ más blanco que la nieve blanc comme neige ▌ ropa blanca lingerie ▌ tienda de ropa blanca maison de blanc ▌ dar carta blanca donner carte blanche ▌ FAM estar blanco avoir un casier (judiciaire) vierge.
◇ *m & f* Blanc, Blanche (de raza blanca) ▌ blanca doble double-blanc (dominós).
➡ **blanco** *m* blanc (color) ▌ blanc (intervalo) ▌ cible *f* (para tirar) ▌ FIG but (objetivo) ▌ blanco de ballena blanc de baleine ▌ blanco de cinc o de España o de plata o de plomo blanc de zinc o d'Espagne o d'argent o de céruse ▌ blanco de la uña lunule ▌ blanco del ojo blanc de l'œil ▌ caseta de tiro al blanco stand de tir ▌ cheque en blanco chèque en blanc ▌ tiro al blanco tir à la cible ▌ como de lo blanco a lo negro comme le jour et la nuit ▌ en blanco en blanc (sin escribir), nue (espada); négatif; ha sido un día no blanco cela a été un jour négatif ▌ calentar al blanco chauffer à blanc ▌ dar en el blanco, hacer blanco frapper au but, donner o mettre dans le mille, faire mouche ▌ pasar una noche en blanco passer une nuit blanche ▌ FIG ponerse en blanco chavirer (los ojos) ▌ FAM quedarse en blanco en être pour ses frais (a la luna de Valencia) ▌ ser el blanco de las burlas être un objet de risée, être en butte aux plaisanteries ▌ ser el blanco de las miradas être le point de mire ▌ tirar al blanco faire un carton ▌ votar en blanco voter blanc.

blancor *m* blancheur *f* (blancura).

blancote, ta *adj* très blanc, très blanche; livide; tez blancota teint livide.
◇ *adj & s* FIG & FAM froussard, e (cobarde).

blancura *f* blancheur.

blancuzco, ca *adj* blanchâtre.

blandamente *adv* mollement (con blandura) ▌ FIG doucement (suavemente); hablar blandamente parler doucement.

blandear *v intr* faiblir, fléchir (flojear) ▌ céder.
◇ *v tr* influencer ▌ brandir (un arma).
➡ **blandearse** *v pr* fléchir.

blandengue *adj & s* FAM faible, mou, molle; mollasse.
◇ *m* (*Amer*) lancier [de la province de Buenos Aires].

blandenguería *f* mollesse, faiblesse.

blandicia *f* flatterie (halago) ▌ mollesse, délicatesse (delicadeza).

blandir [78] *v tr* brandir (un arma).

blando, da *adj* mou, molle (muelle); este colchón es blando ce matelas est mou ▌ tendre (tierno) ▌ FIG doux, douce (ojos, palabras, etc.) ▌ tendre; blando de corazón au cœur tendre ▌ [▷ SIN] mou, molle; faible (débil); carácter blando caractère faible ▌ FAM froussard, e (cobarde) ▌ MÚS bémolisé, e.

blando *adv* mollement, doucement.

❚ SIN débil faible; pasivo veule; abúlico aboulique; amorfo amorphe.

blandón *m* brandon (antorcha) ❚ torchère *f* (candelero).

blanducho, cha; blandujo, ja *adj* FAM mollasse, mollasson, onne.

blandura *f* mollesse (calidad) ❚ emplâtre *m*, émollient *m* (emplasto) ❚ tiédeur (de la atmósfera) ❚ FIG douceur, bien-être *m* (bienestar) ❚ affabilité, douceur (en el trato) ❚ flatterie (halago).

blanqueado ► **blanqueo**.

blanqueador, ra *adj* qui blanchit, blanchissant, e.

➤ **blanqueador** *m* badigeonneur.

blanquear *v tr* blanchir (poner una cosa blanca) ❚ chauler, blanchir o badigeonner à la chaux (encalar las paredes) ❚ blanchir (los metales, el azúcar) ❚ ECON blanchir (el dinero).
◇ *v intr* blanchir, devenir blanc, blanche (ponerse blanco); esta salsa blanquea cette sauce blanchit ❚ tirer sur le blanc (tirar a blanco) ❚ blanchoyer (tener reflejos blancos).

blanquecer [30] *v tr* blanchir (los metales).

blanquecino, na *adj* blanchâtre ❚ blafard, e; una luz blanquecina une lumière blafarde.

blanqueo; blanqueado *m* blanchiment (acción de blanquear), chaulage, badigeonnage à la chaux (encalado) ❚ ECON blanchiment (del dinero) ❚ TECN blanchiment (del azúcar).

blanqueta *f* blanchet *m* (tela).

blanquete *m* blanc, fard blanc (afeite).

blanquición *f* blanchiment *m* (de metales).

blanquillo, lla *adj* trigo blanquillo froment.

➤ **blanquillo** *m* (Amer) œuf (huevo) ❚ pêche *f* à chair blanche (melocotón) ❚ poisson du Chili ❚ VULG (Amer) couille *f* (testículo).

blanquinegro, gra *adj* noir et blanc.

blanquinoso, sa *adj* blanchâtre.

blanquizco, ca *adj* blanchâtre.

Blas *n pr* Blaise ❚ díjolo o lo dijo Blas, punto redondo brigadier, vous avez raison.

blasfemador, ra *adj & s* blasphémateur, trice.

blasfemar *v intr* blasphémer; blasfemar contra Dios, de la virtud blasphémer contre Dieu, contre la vertu.

blasfematorio, ria *adj* blasphématoire.

blasfemia *f* blasphème *m*.

❚ SIN taco, reniego, terno juron; juramento, voto jurement; palabrota gros mot.

blasfemo, ma *adj* blasphématoire (palabra).
◇ *adj & s* blasphémateur, trice (persona).

blasón *m* blason ❚ honneur, gloire *f* (gloria) ❚ hacer blasón de faire parade de.

blasonador, ra *adj* vantard, e; hâbleur, euse; fanfaron, onne.

blasonar *v tr* blasonner (heráldica).
◇ *v intr* FIG se vanter, se targuer, faire parade o étalage de; blasonar de rico se targuer d'être riche, faire étalage de sa richesse.

blasonería *f* hâblerie, fanfaronnade, vantardise.

blastema *m* BIOL blastème.

blastodermo *m* BIOL blastoderme.

blastómero *m* blastomère.

blastomicetos *m pl* BOT blastomycètes.

blastomicosis *f inv* MED blastomycose.

blástula *f* BIOL blastula, blastule.

blata *f* blatte (cucaracha).

blazer [bleiser] *m* blazer.
❚ OBSERV pl blazers.

bledo *m* blette *f* (planta) ■ FIG & FAM no dársele a uno un bledo de alguna cosa ne pas donner un sou de quelque chose ❚ no me importa un bledo je m'en fiche, je m'en moque comme de l'an quarante.

blefaritis *f inv* MED blépharite.

blenda *f* MIN blende.

blenorragia *f* MED blennorragie.

blindado, da *adj* blindé, e; puerta blindada porte blindée.

blindaje *m* blindage.

blindar *v tr* blinder.

blizzard *m* blizzard.

bloc *m* bloc; bloc de notas bloc-notes.
❚ OBSERV pl blocs.

blocaje *m* blocage.

blocao *m* blockhaus (fortificación).

blocar [10] *v tr* DEP bloquer.

block-system *m* block-system, bloc-système, bloc (ferrocarriles).

blonda *f* blonde (encaje).

blondo, da *adj* blond, e (rubio).

bloom *m* bloom (lingote grueso).

bloque *m* bloc; un bloque de mármol un bloc de marbre ❚ INFORM bloc; bloque de memoria bloc mémoire ■ MECÁN bloque de motor bloc-moteur (coche), fuseau moteur (avión) ❚ bloque de matrizar bloc à colonne ❚ bloque de sellos carnet de timbres ❚ bloque diagrama bloc-diagramme ■ de un solo bloque tout d'une pièce, en un seul bloc ❚ en bloque en bloc, en masse ■ formar bloque con former corps avec, faire un tout avec.

bloqueado *m* IMPR blocage.

bloqueador, ra *adj* qui bloque ❚ de blocus; armada bloqueadora flotte de blocus.
◇ *adj & s* assiégeant, e.

bloquear *v tr* MIL & MAR bloquer, faire le blocus de (cercar) ❚ COM bloquer, geler (créditos, etc.) ❚ FIG bloquer.

bloqueo *m* MIL & MAR blocus ❚ COM blocage; bloqueo de fondos blocage de fonds ■ bloqueo económico blocus économique ❚ bloqueo mental blocage.

blue-jean *m* blue-jean (pantalón vaquero).

blues *m* MÚS blues.

bluff *m* bluff (farol).

blusa *f* blouse (de alumno, etc.) ❚ corsage *m*, blouse, chemisier *m* (de mujer).

blusón *m* blouse *f* longue (blusa larga) ❚ marinière *f* (de mujer).

bluyín *m m*; **bluyines** *m pl* (Amer) jean *m*.

BNG (abrev de Bloque Nacionalista Gallego) parti nationaliste galicien.

boa *f* boa *m* (reptil) ❚ boa *m* (adorno de pieles, de plumas).

Boabdil *n pr* Boabdil.

boardilla *f* mansarde (buhardilla).

boato *m* ostentation *f*, faste.

bobada *f* bêtise, sottise ❚ ¡déjate de bobadas! trêve de plaisanteries!, cesse de dire o de faire des bêtises.

bobalicón, ona *adj & s* FAM abruti, e; crétin, e; bébête (tonto).

bobamente *adv* bêtement, sottement ❚ FIG sans soin, avec négligence (sin cuidado).

bobear *v intr* niaiser (p us), faire (hacer), dire (decir) des bêtises. '

bobería *f* niaiserie, sottise.

bobeta ► **bobo**.

bóbilis bóbilis

➤ **de bóbilis bóbilis** *loc adv* FAM sans se casser, les doigts dans le nez (muy fácilmente) ❚ à l'œil, aux frais de la princesse (de balde).

bobina *f* bobine (carrete) ❚ ELECTR bobina de sintonía bobine d'accord.

bobinado *m* bobinage.

bobinador, ra *m & f* bobineur, euse.

bobinadora *f* bobinoir *m*.

bobinar *v tr* embobiner, bobiner.

bobito *m* ZOOL gobe-mouches de Cuba.

bobo, ba *adj & s*; **bobeta** (Amer) *adj* [► SIN] sot, sotte; idiot, e; niais, e (tonto) ❚ naïf, ive (candoroso) ❚ la guerra boba la drôle de guerre.

➤ **bobo** *m* TEATR bouffon ❚ poisson d'eau douce d'Amérique centrale (pez) ❚ FAM (Amer) tocante *f* (reloj) ■ a los bobos se les aparece la madre de Dios aux innocents les mains pleines ❚ el bobo de Coria l'idiot du village ❚ entre bobos anda el juego ils s'entendent comme larrons en foire.

❚ SIN tonto bête; imbécil imbécile; simple, cándido naïf, niais; simplón simplet; inocente innocent; memo, panoli niais, nigaud; bendito, pánfilo benêt; pavitonto, pasmarote cloche, gourde; tontaina, bobalicón bébête; lila gourde, jobard; papanatas serin; FAM mastuerzo, majadero, melón cornichon; percebe moule; primo pigeon, poire; Juan Lanas jean-foutre.

bobsleigh *m* bobsleigh (trineo).
❚ OBSERV pl bobsleighs.

boca *f* bouche; boca acorchada bouche empâtée ❚ gueule [► OBSERV] ❚ ZOOL pince (de crustáceo) ❚ bec *m* (de una vasija) ❚ bouche (de un cañón) ❚ entrée (de un puerto) ❚ TECN bouche, gueule (de un horno) ❚ gueulard (de alto horno) ❚ tranchant *m* (de una herramienta cortante) ❚ mâchoire (de las pinzas) ❚ panne (de un martillo) ❚ débouché *m* (de una calle) ❚ goût *m*, bouquet *m* (del vino) ❚ FIG bouche; tener seis bocas que atender avoir six bouches à nourrir ■ boca abajo à plat ventre, sur le ventre ❚ boca a boca bouche à bouche ❚ boca arriba sur le dos (personas); volver boca arriba retourner sur le dos; sur table; poner las cartas boca arriba mettre cartes sur table ❚ FIG boca de escorpión langue de vipère ❚ FAM boca de espuerta four, bouche fendue jusqu'aux oreilles ❚ MIL boca de fuego bouche à feu ❚ boca de incendio bouche d'incendie ❚ FIG boca del estómago creux de l'estomac ❚ boca de metro bouche de métro ❚ boca de oro beau parleur, saint Jean Bouche d'or ❚ boca de riego bouche d'arrosage d'eau, prise d'eau ■ a boca, boca a boca de vive voix ❚ a boca de cañón à bout portant (desde muy cerca), à brûle-pourpoint, de but en blanc (repentinamente) ▌a boca de jarro à bout portant (a quema ropa) ▌a boca de noche à la tombée de la nuit, entre chien et loup ▌a boca llena sans mâcher ses mots, tout cru ▌ancho de boca évasé ▌blando de boca à la bouche sensible o tendre (un caballo) ▌con la boca abierta bouche bée; dejar con la boca abierta laisser bouche bée ▌con toda la boca à pleine bouche ▌duro de boca à la bouche dure o fraîche (un caballo) ▌por una boca à l'unisson ¡punto en boca! bouche cousue!, motus!, silence! ▌telón de boca rideau de scène ■ abrir boca ouvrir l'appétit, mettre en appétit ▌FAM ¡a callarse la boca! la ferme! ▌andar de boca en boca aller o voler de bouche en bouche, être sur toutes les lèvres ▌andar en boca de las gentes être dans toutes les bouches ▌a pedir de boca à souhait ▌buscar a uno la boca chercher noise à quelqu'un ▌calentársele a uno la boca s'étendre, délayer, avoir la bouche pleine de son sujet (hablar con extensión), prendre feu, s'emporter (enardecerse) ▌callar la boca retenir sa langue ▌cerrar a uno la boca clouer le bec o couper le sifflet o rabattre le caquet à quelqu'un ▌con sólo abrir la boca il suffit de dire un mot pour que ▌darle a uno en la boca casser la figure à quelqu'un (romper las narices), en boucher un coin à quelqu'un (dejar patidifuso) ▌decir algo con la boca chiquita dire quelque chose du bout des lèvres ▌decir uno lo que le viene a la boca dire tout ce qui lui passe par la tête ▌de la mano a la boca se pierde la sopa il y a loin de la coupe aux lèvres ▌despegar la boca ouvrir la bouche, desserrer les dents ▌echar por aquella boca cracher ▌el que tiene boca, se equivoca il n'y a que celui qui ne dit rien qui ne se trompe jamais ▌en boca cerrada no entran moscas la parole est d'argent, le silence est d'or ▌estar colgado de la boca de uno être pendu aux lèvres de quelqu'un, boire les paroles de quelqu'un ▌estar oscuro como boca de lobo faire noir comme dans un four ▌estar uno a que quieres boca être dans l'aisance ▌estar uno con la boca a la pared être sur le pavé o sur la paille ▌hablar por boca de parler par la bouche de ▌hablar uno por boca de ganso répéter comme un perroquet ▌hacer boca ouvrir l'appétit ▌hacer la boca faire o travailler la bouche (de un caballo) ▌hacer una promesa de boca para fuera faire une promesse en l'air ▌írsele la boca a uno ne pas savoir tenir sa langue ▌meterse en la boca del lobo se jeter dans la gueule du loup ▌no abrir o descoser la boca ne pas desserrer les dents ▌no caérsele a uno algo de la boca n'avoir que cela à la bouche ▌no decir esta boca es mía ne pas souffler mot, ne pas ouvrir la bouche, rester muet comme une carpe, ne pas piper (mot) ▌no tener nada que llevarse a la boca n'avoir rien à se mettre sous la dent ▌FAM partir la boca a uno casser la figure à quelqu'un ▌poner boca de corazoncito faire la bouche en cœur ▌poner en boca de mettre dans la bouche de ▌poner o volver las cartas boca arriba étaler son jeu (en el juego), mettre cartes sur table, retourner ses cartes (en un negocio) ▌por la boca muere el pez trop parler nuit ▌quitárselo uno de la boca s'ôter le pain de la bouche ▌respirar por boca de ne jurer que par ▌se me hace la boca agua al ver este pastel la

vue de ce gâteau me fait venir l'eau à la bouche, en voyant ce gâteau l'eau m'en vient à la bouche ▌FAM tapar la boca a uno faire taire quelqu'un, graisser la patte à quelqu'un (sobornar), faire taire, clouer le bec, couper le sifflet à quelqu'un (hacer callar) ▌torcer la boca faire la moue ▌venir a pedir de boca bien tomber, tomber à pic.

➡ **bocas** f pl bouches, embouchure sing; las bocas del Nilo les bouches du Nil.

▌ OBSERV Bouche se aplica a la boca del hombre y de los animales de tiro o de carga (buey, caballo). Se dice también bouche al referirse a un salmón, una carpa, una rana. Gueule se aplica a la boca de los carnívoros (perro, lobo, tiburón, etc.) y en el lenguaje vulgar, a la boca del hombre (jeta).

bocacalle f débouché m o entrée d'une rue ▌tuerza a la tercera bocacalle a la derecha tournez à la troisième rue à droite.

bocacaz f saignée, prise d'eau.
▌ OBSERV pl bocacaces.

bocacha f grande bouche ▌ tromblon m (trabuco).

bocadear v tr découper en petits morceaux.

bocadillo m sandwich (emparedado); un bocadillo de jamón un sandwich au jambon ▌casse-croûte inv (comida ligera) ▌bulle f (de tiras cómicas) ▌(Amer) pâte f de goyave (dulce de guayaba), de noix de coco (dulce de coco) ▌tomar un bocadillo casser la croûte.

bocado m bouchée f; bocado de pan bouchée de pain ▌morceau (de comida); un buen bocado un bon morceau; comer o tomar un bocado manger un morceau ▌becquée f, béquée f (lo que coge el ave de una vez con el pico) ▌morsure f, coup de dent (mordisco); dar un bocado faire une morsure, donner un coup de dent ▌mors (freno del caballo) ▌embouchure f (parte del freno) ■ bocado de Adán pomme d'Adam ▌FAM bocado de cardenal morceau de roi ▌con el bocado en la boca ayant à peine fini de manger, la bouche encore pleine ■ FAM comer una cosa en un bocado ne faire qu'une bouchée d'une chose ▌me lo comería a bocados il, elle est à croquer ▌no haber para un bocado n'y avoir pas grand-chose à manger ▌no pruebo bocado desde je ne me suis rien mis sous la dent depuis.

bocajarro
➡ **a bocajarro** loc adv à brûle-pourpoint (decir) ▌à bout portant (disparar).

bocal m bocal.

bocamanga f ouverture de la manche, poignet m ▌MIL parement m (del uniforme).

bocamina f entrée d'une mine.

bocana f (Amer) embouchure (de un río).

bocanada f bouffée (de humo) ▌gorgée; una bocanada de vino une gorgée de vin ■ FIG bocanada de aire bouffée d'air ▌bocanada de gente flot de gens, affluence ▌bocanada de viento coup de vent.

bocarte m MIN bocard.

bocata m FAM sandwich.

bocateja f tuile du bord du toit.

bocatijera f MECÁN fourchette (en un coche).

bocaza f FAM four m, grande bouche (boca grande).

bocazas m FAM grande gueule f sing.

bocazo m long feu (de una mina, un cohete).

bocel; bocelete m ARQ tore (moldura) ▌MIL bourrelet ▌ARQ cuarto bocel quart-de-rond.

bocelar v tr ARQ tailler en tore.

bocelete ➡ **bocel**.

bocera f moustaches pl [ce qui reste collé aux lèvres après avoir mangé o bu]; boceras de chocolate moustaches de chocolat ▌MED gerçure aux commissures des lèvres, perlèche.

boceras m inv FAM grande gueule f.

boceto m esquisse f (dibujo), pochade f (pintura) ▌ébauche f (escultura, escrito) ▌IMPR projet.

bocha f boule (bola).
➡ **bochas** f pl boules (juego).
▌ OBSERV Le mot espagnol bolo correspond au français quille.

bochar v tr poquer (en el juego de bochas) ▌FIG & FAM (Amer) repousser, éconduire ▌recaler, coller (en un examen).

bochazo m coup de boule.

boche m bloquette f (agujero) ▌bourreau (verdugo) ▌(Amer) coup de boule ▌dispute f, bagarre f (pendencia) ▌FIG & FAM (Amer) dar boche donner un camouflet, repousser, éconduire, envoyer sur les roses.

bochinche; buchinche m FAM raffut, tapage, boucan (alboroto); armar un bochinche faire du tapage ▌taverne f, bistrot (taberna), boui-boui (cafetucho) ▌(Amer) petite fête f (baile, fiesta casera).

bochinchero, ra adj & s FAM tapageur, euse; turbulent, e; chahuteur, euse (alborotador).

bochorno m chaleur f lourde (calor sofocante) ▌FIG honte f; sufrir un bochorno avoir honte ▌rougeur f (rubor) ▌étourdissement (mareo corto) ▌MED bouffée f (sofoco).

bochornoso, sa adj lourd, e; étouffant, e; orageux, euse (el tiempo); un día bochornoso une journée étouffante ▌honteux, euse; una acción bochornosa une action honteuse.

bocina f MÚS corne, porte-voix m inv (para hablar desde lejos) ▌AUTOM trompe, corne (antes); klaxon m, avertisseur m (ahora) ▌pavillon m (de los gramófonos) ▌MAR gueulard m, porte-voix m inv ▌ASTRON Petite Ourse (Osa Menor) ▌ZOOL buccin ▌(Amer) chapeau m de moyeu (de las ruedas) ▌cornet m acoustique (para los sordos) ▌tocar la bocina corner (antes), klaxonner (ahora).

bocinar v intr MÚS jouer de la corne ▌corner, klaxonner (un automóvil).

bocinazo m coup de gueule.

bocio m goitre; bocio exoftálmico goitre exophtalmique.

bock m chope f (de cerveza).
▌ OBSERV pl bocks.

bocón, ona adj & s FAM qui a une grande bouche ▌FIG & FAM hâbleur, euse; grande gueule (fanfarrón).
➡ **bocón** m sardine f de la mer des Antilles (sardina) ▌(Amer) tromblon (trabuco).

bocoy m boucaut (tonel).
▌ OBSERV pl bocoyes.

bocudo, da adj à grande bouche.

boda *f* noce, mariage *m* [▷ OBSERV] ▮ FIG & FAM boda de negros bamboula ▮no hay boda sin tornaboda il n'y a pas de rose sans épine.

➡ **bodas** *f pl* noces; bodas de diamante, de oro, de plata noces de diamant, d'or, d'argent.

▮ OBSERV Se usa hoy mariage para designar la ceremonia nupcial y el enlace: faire un beau mariage hacer una buena boda; témoins de mariage padrinos de boda. Noce se aplica sobre todo a la festividad que acompaña el casamiento y al séquito: une noce bruyante una boda alegre; les gens de la noce la gente de la boda. Hay que señalar además que la palabra noce es más familiar que el término mariage.

bodega *f* cave (donde se guarda el vino, etc.) ▮cellier *m* (donde se guarda y cría el vino) ▮chai (donde se almacenan cubas de vino o aguardiente) ▮grenier *m* (granero) ▮dock *m*, entrepôt *m*, magasin *m* (almacén en los puertos) ▮MAR cale (del barco).

bodegaje *m* (*Amer*) emmagasinage.

bodegón *m* gargote *f* (restaurante malo) ▮bistrot FAM, cabaret (taberna) ▮nature morte (pintura) ▮ ¿en qué bodegón hemos comido juntos? aurions-nous gardé les cochons ensemble?

bodegonero, ra *m & f* gargotier, ère; cabaretier, ère.

bodeguero, ra *m & f* sommelier, ère (persona que cuida de la bodega) ▮ propriétaire d'une cave (dueño).

bodigo *m* petit pain de fleur de farine.

bodijo; bodorrio *m* FAM mauvais mariage, mésalliance *f* (boda desigual) ▮mariage pauvre (sin aparato).

bodoque *m* jalet (de ballesta) ▮relief (bordados) ▮tapon, pelote *f* (burujo) ▮FIG & FAM bûche *f*, cruche *f* (persona poco inteligente) ▮(*Amer*) bosse *f* (chichón).

bodoquera *f* moule *m* à jalets (molde) ▮sarbacane (cerbatana).

bodorrio ➡ **bodijo**.

bodrio *m* ratatouille *f* (guiso malo) ▮sang préparé pour la confection du boudin (para morcillas) ▮FIG fatras, méli-mélo (mezcla) ▮cochonnerie *f* (cosa mal hecha).

body *m* body.
▮ OBSERV pl bofies o bodys.

BOE (abrev de Boletín Oficial del Estado) *m* Journal officiel espagnol.

bóer *adj & s* boer.

bofe *m*; **bofes** *m pl* poumons *pl* (p us), mou *sing* (de ternera, etc.).

➡ **bofe** *m sing* (*Amer*) jeu d'enfant (trabajo llevadero) ▮FIG & FAM echar el bofe o los bofes souffler comme un bœuf, être à bout de souffle (jadear), travailler dur, en mettre un coup (trabajar).

bofetada *f*; **bofetón** *m* [▷ SIN] gifle *f* ▮FIG gifle *f*, camouflet *m*, affront *m* ▮FAM gamelle (caída); darse una bofetada ramasser une gamelle.

▮ SIN sopapo, cachete, guantada claque; pescozón taloche; soplamocos mornifle; FAM chuleta baffe.

bofia *f* FAM la bofia les poulets *m pl*, les flics *m pl*.

boga *f* ZOOL bogue *m* (pez) ▮MAR nage (acción de remar) ▮FIG vogue, mode; estar en boga être en vogue o à la mode.
◇ *m & f* rameur, euse.

bogada *f* MAR espace *m* que le bateau parcourt d'un seul coup de rames.

bogador *m* rameur.

bogar [16] *v intr* MAR ramer, nager (navegar, remar) ▮FIG naviguer ▮(*Amer*) écumer (el metal fundido).

bogavante *m* (ant) MAR vogue-avant (remero) ▮ZOOL homard (crustáceo).

bogie; boggie *m* boggie (carretón).

Bogotá; Santa Fe de Bogotá *n pr* GEOGR Bogotá, Santa Fe de Bogotá, Bogota.

bogotano, na *adj & s* de Bogota.

bohemia *f* bohème (vida de bohemio).

Bohemia *n pr f* HIST Bohême.

bohémico, ca *adj* bohémien, enne (de Bohemia).

bohemio, mia *adj & s* bohémien, enne (de Bohemia) ▮bohème (de vida desarreglada); vida de bohemio vie de bohème.

bohemo, ma *adj & s* bohémien, enne (de Bohemia).

bohío *m* (*Amer*) hutte *f*, case *f*.

bohordo *m* hampe *f* (de flor) ▮javelot, petite lance *f* (arma).

boicot; boycot *m* boycott.
▮ OBSERV le pluriel de boicot est boicots.

boicoteador, ra *m & f* boycotteur, euse.

boicotear; boycotear *v tr* boycotter.

boicoteo; boycotes *m* boycott, boycottage.

boíl *m* (p us) étable *f* à bœufs, bouverie *f*.

boina *f* béret *m*; boina vasca béret basque.

boiquira *f* (*Amer*) serpent *m* à sonnette.

boira *f* brouillard *m* (niebla).

boîte *f* boîte (sala de baile).
▮ OBSERV pl boîtes.

boj; boje *m* BOT buis.
▮ OBSERV le pluriel de boj est bojes.

boja *f* BOT armoise (abrótano).

bojar; bojear *v tr* étirer, polir (le cuir) avec l'étire ▮MAR mesurer le périmètre [d'une île].
◇ *v intr* MAR avoir un périmètre de (una isla, etc.) ▮faire le tour d'une île (navegar) ▮longer une côte (costear).

boje ➡ **boj**.

bojeo; bojo *m* MAR mesure *f* du périmètre d'une île (medida) ▮tour, périmètre (de una isla).

bol *m* bol (taza grande) ▮filet (red) ▮lancement du filet (redada) ▮bol arménico bol d'Arménie (barro rojo).
▮ OBSERV pl boles.

bola *f* boule (cuerpo esférico) ▮bille (de billar, canica) ▮vole (acción de hacer todas las bazas) ▮chelem *m* (en el juego de bridge); media bola petit chelem ▮cirage *m* (betún) ▮FIG & FAM balle (fútbol) ▮FIG & FAM mensonge *m*, bobard *m*, craque (cuento); contar o meter bolas raconter des bobards ▮(*Amer*) cerf-volant *m* rond (cometa) ▮foire (reunión desordenada) ▮émeute (motín) ▮tourte (tamal) ▮bola de cristal boule de cristal ▮bola de nieve boule-de-neige (arbusto), boule de neige ▮(*Amer*) bola pampa arme de jet constituée par une boule attachée à une corde ▮ carbón de bola boulet ▮cojinetes de bolas roulements à billes ▮el Niño de la Bola l'Enfant Jésus ▮ a bola vista ouvertement, cartes sur table ▮¡dale bola! encore!, ce n'est pas fini? ▮dar bola cirer ▮(*Amer*) dar en bola réussir, mettre dans le mille ▮FIG & FAM dejar que ruede la bola laisser faire o courir, laisser rouler la boule ▮echar bola negra blackbouler ▮FIG & FAM no dar pie con bola faire tout de travers, faire tout à l'envers ▮no rascar bola ne pas en ficher une rame ▮¡ruede la bola! vogue la galère!

➡ **bolas** *f pl* ➡ **boleadoras** ▮VULG couilles (testículos) ▮FAM en bolas à poil; ir en bolas se promener à poil.

bolacha *f* (*Amer*) boule de caoutchouc.

bolada *f* jet *m* de boule ▮volée (del cañón) ▮(*Amer*) occasion (oportunidad) ▮friandise (golosina) ▮mauvais tour *m* (jugarreta) ▮bon mot *m* (ocurrencia).

bolado ➡ **azucarillo**.

bolanchera *f* boulangère (baile).

bolandistas *m pl* bollandistes.

bolardo *m* MAR bitte *f* d'amarrage (noray).

bolazo *m* coup de boule ▮(*Amer*) sottise *f*, craque *f*, bobard (tontería).

bolchevique *adj & s* bolchevique.

bolchevismo *m* bolchevisme.

bolchevizar [13] *v tr* bolcheviser.

bolea *f* DEP volée.

boleada *f* (*Amer*) chasse, partie de chasse [aux "boleadoras"].

boleadoras *f pl* (*Amer*) arme *sing* de jet constituée par deux ou trois longues courroies terminées par des boules de pierre.

bolear *v intr* jouer au billard sans engager la partie (al billar) ▮FIG mentir, raconter des bobards (mentir) ▮(*Amer*) jouer un mauvais tour (trampear).
◇ *v tr* FAM lancer, jeter (arrojar) ▮(*Amer*) blackbouler (en una votación) ▮recaler, coller (en un examen) ▮cirer (el calzado) ▮lancer [les "boleadoras"].

➡ **bolearse** *v pr* (*Amer*) se tromper (equivocarse) ▮s'embrouiller (enredarse) ▮se cabrer (un potro) ▮perdre la boule, se troubler (turbarse).

boleo *m* jeu de boules.

bolera *f* bilboquet *m* (boliche) ▮jeu de quilles (juego de bolos) ▮boulodrome *m* ▮bolera americana bowling (local).

bolería *f* (*Amer*) cireur *m* de chaussures [boutique].

bolero, ra *adj* qui fait l'école buissonnière (novillero) ▮ZOOL escarabajo bolero bousier.
◇ *adj & s* FIG & FAM menteur, euse; bluffeur, euse (mentiroso).
◇ *m & f* danseur, euse de bolero (que baila el bolero).

➡ **bolero** *m* boléro (baile español) ▮boléro (chaquetilla de mujer) ▮(*Amer*) haut-de-forme (sombrero de copa) ▮cireur (limpiabotas) ▮volant (faralá).

boleta *f* billet *m* d'entrée (cédula de entrada) ▮bon *m* (vale) ▮(*Amer*) bulletin *m*; boleta de sanidad bulletin de santé ▮MIL boleta de alojamiento billet de logement.

boletaje *m* billets *m pl*.

boletería *f* (*Amer*) guichet *m* (taquilla).

boletero, ra *m* & *f* (*Amer*) employé, e qui vend des billets au guichet.

boletín *m* bulletin (cédula, periódico) | billet (billete) ■ **boletín de inscripción** bulletin d'inscription | **boletín de multa** procès-verbal | **boletín de premios** liste des prix | **boletín de suscripción** bulletin d'abonnement | **boletín facultativo** bulletin de santé | **boletín informativo** o **de noticias** bulletin d'informations | **boletín meteorológico** bulletin météorologique | **Boletín Oficial del Estado** Journal officiel.

boleto *m* bolet (hongo) | billet (billete) | (*Amer*) billet (ferrocarril, teatro, etc.) | promesse *f* de vente (contrato) | FAM bobard (embuste) | **boleto de apuestas** bulletin de pari individuel.

boli *m* FAM stylo, Bic®.

bolichada *f* coup *m* de boulier | FIG & FAM aubaine, bonne affaire.

boliche *m* cochonnet (blanco en la petanca) | jeu de quilles (juego de bolos) | bowling (bolera americana) | bilboquet (juguete) | troumadame (juego antiguo) | boule *f* (adorno) | fourneau à réverbère (horno) | boulier (red) | menus poissons *pl*, blanchaille *f* (morralla) | (*Amer*) épicerie-buvette *f*, échoppe *f* (tienda) | bistrot (taberna) | mauvais tabac (tabaco).

bolichear *v intr* (*Amer*) bricoler.

bolichero, ra *m* & *f* tenancier, ère du jeu de boules | marchand, e de poisson (pescadero) | (*Amer*) tenancier, ère o patron, onne d'une épicerie-buvette.

bólido *m* bolide | FAM **ir como un bólido** filer comme un bolide.

bolígrafo *m* crayon à bille, stylo à bille.

bolilla *f* petite boule ■ **bolillas pestosas** boules puantes | (*Amer*) FAM **dar bolilla** faire gaffe.

bolillo *m* fuseau; **encaje de bolillos** dentelle aux fuseaux | boulet (de las caballerías) | (*Amer*) petit pain (panecillo).

➤ **bolillos** *m pl* sucres d'orge, sucettes *f* (dulce) | (*Amer*) baguettes *f* (de tambour).

bolín *m* cochonnet (boliche).

bolina *f* MAR sonde (sonda) | bouline (cuerda) | cordelette [de l'araignée del hamac] | punition du fouet (castigo) | FIG & FAM raffut *m*, boucan *m* (ruido) | FIG & FAM **echar de bolina** faire de l'épate o de l'esbroufe | MAR **ir** o **navegar de bolina** aller à la bouline, bouliner, naviguer au plus près.

bolinga *adj inv* MFAM beurré, e; bourré, e.

bolingón *m* MFAM pillar un bolingón prendre une cuite.

bolista *adj* & *s* FAM menteur, euse.

bolita *f* (*Amer*) bille (canica).

bolívar *m* bolivar (unité monétaire du Venezuela).

Bolivia *n pr f* GEOGR Bolivie.

bolivianismo *m* bolivianisme.

boliviano, na *adj* & *s* bolivien, enne.

➤ **boliviano** *m* boliviano [unité monétaire de Bolivie].

bolladura *f* bosse.

bollar *v tr* cabosser, bosseler (abollar).

bollería *f* pâtisserie.

bollero, ra *m* & *f* pâtissier, ère.

bollo *m* petit pain au lait (alargado), brioche *f* (redondo) | bosse *f* (bulto, chichón) | bosse *f* (abolladura) | FAM (*Amer*) coup de poing, gnon (puñetazo) ■ **hacerle un bollo a un objeto** cabosser un objet | **no está el horno para bollos** ce n'est vraiment pas le moment, le moment est bien mal choisi | **perdonar el bollo por el coscorrón** le jeu n'en vaut pas la chandelle | **¡se va a armar un bollo!** il va y avoir du pétard!

bollón *m* caboche *f*, clou d'ameublement (tachuela) | pendant d'oreille (pendiente) | BOT bourgeon (de la vid).

bollonado, da *adj* orné, e de clous d'ameublement; clouté, e.

bolo *m* quille *f* (juego) | MECÁN arbre, axe (eje) | noyau (de una escalera) | vole *f* (en los naipes) | capot (el que no hace baza en el juego) | FIG & FAM empoté, gourde | bol (píldora) | coutelas (machete filipino) ■ **bolo alimenticio** bol alimentaire | **bolo armónico** bol d'Arménie | **jugador de bolos** bouliste.

➤ **bolos** *m pl* quilles *f* (juego) | bowling *sing* (bolera americana).

bolo, la *adj* (*Amer*) ivre (ebrio) | sans queue (sin cola).

bolómetro *m* bolomètre (termómetro).

bolón *m* ARQ (*Amer*) moellon.

Bolonia *n pr* GEOGR Bologne.

bolonio *adj m* & *s m* étudiant du collège espagnol de Bologne | FIG & FAM âne (necio), cancre (ignorante).

boloñés, esa *adj* & *s* bolonais, e.

bolsa *f* bourse (para el dinero); **tener la bolsa repleta** avoir la bourse bien garnie; **tener la bolsa vacía** avoir la bourse plate | sacoche (de cuero o tela) | sac *m* poche (de papel) | trousse (de herramientas, etc.) | chancelière (para los pies), poche, faux pli *m* (de un vestido) | bourse; **bolsa de Comercio, de Trabajo** bourse de commerce, du travail; **operaciones de Bolsa** opérations de Bourse | ANAT bourse (serosa, sinovial) | sac *m* (lagrimal) | poche (de los ojos, de pus) | poche; **los calamares tienen una bolsa de tinta** les calmars ont une poche d'encre | MED vessie à glace (de hielo) | bouillotte, boule (de agua caliente) | MIL poche (cerco) | MIN poche (de mineral, de gas) | bourse [cachet d'un boxeur] | (*Amer*) poche (bolsillo) ■ **bolsa de aire** trou d'air | **bolsa de labores** sac à ouvrage | **bolsa de las aguas** poche des eaux | BOT **bolsa de pastor** bourse-à-pasteur | **bolsa negra** marché noir | FIG **bolsa rota** panier percé, gouffre ■ **¡la bolsa o la vida!** la bourse ou la vie! | **sin aflojar la bolsa** sans bourse délier ■ (*Amer*) **hacer algo bolsa** réduire en miettes | **volver a uno bolsa** tromper quelqu'un.

➤ **bolsas** *f pl* ANAT bourses (escroto).

bolsear *v intr* faire des plis o des poches (los vestidos).

◇ *v tr* FAM (*Amer*) repousser, envoyer promener, éconduire (echar) | soutirer de l'argent à, taper (sablear) | voler à la tire (robar).

bolsero, ra *m* & *f* boursier, ère; fabricant, e (el que hace) o marchand, e (el que vende) de bourses.

➤ **bolsero** *m* (*Amer*) pique-assiette (gorrón).

| voleur à la tire (ratero).

bolsico *m* (*Amer*) poche *f*.

bolsicón *m* (*Amer*) gros jupon.

bolsillo *m* poche *f* (de un vestido); **bolsillo de parche, con cartera** poche rapportée o plaquée, à revers o à rabat | gousset (del chaleco) | bourse *f*, porte-monnaie (portamonedas) ■ **de bolsillo** de poche; **libro de bolsillo** livre de poche ■ **consultar con el bolsillo** consulter son porte-monnaie | FIG & FAM **meterse a alguien en el bolsillo** mettre quelqu'un dans sa poche | **poner de su bolsillo** mettre de sa poche, en être de sa poche | **rascarse el bolsillo** râcler ses fonds de poche o de tiroir | **sin echarse la mano al bolsillo** sans bourse délier | **tener a uno en el bolsillo** avoir quelqu'un dans sa poche.

bolsín *m* COM bourse *f* de seconde importance, coulisse *f* (Bolsa) | réunion *f* de boursiers.

bolsiquear *v tr* (*Amer*) faire les poches à.

bolsista *m* COM boursier | (*Amer*) voleur à la tire (ladrón).

bolsita *f* sachet *m*; **una bolsita de azafrán** un sachet de safran.

bolso *m* sac à main (de mujer) | bourse *f*, porte-monnaie (portamonedas) | poche (bolsillo) ■ **bolso de mano** sac à main (grande), pochette (pequeño) | **bolso de viaje** sac de voyage.

bolsón *m* grande bourse *f*, grand sac | (*Amer*) cartable | poche *f* de minerai (mineral) | dépression *f* (en una zona desértica) | lagune *f* (laguna) | FAM (*Amer*) âne, cancre (alumno malo).

boludez *f* MFAM (*Amer*) connerie.

boludo, da *adj* MFAM (*Amer*) con, conne; connard, e.

bomba *f* TECN pompe; **bomba aspirante e impelente** pompe aspirante et foulante; **bomba de aire** pompe à air | MIL bombe; **bomba atómica, de efecto retardado** bombe atomique, à retardement | globe *m* (de lámpara) | MÚS pompe | FIG bombe, coup *m* de théâtre (noticia inesperada) | poème *m* improvisé (poema) | FAM (*Amer*) cuite (borrachera) | cerf-volant *m* rond (cometa) | bulle [de savon] (pompa de jabón) | louche (cucharón) | mensonge *m* (mentira), canard *m* (noticia falsa) | haut-de-forme *m* (chistera) | ballon *m* aérostatique (globo) ■ TECN **bomba centrífuga** o **rotatoria** pompe centrifuge | **bomba de aceite** pompe à huile | **bomba de alimentación** pompe d'alimentation | MED **bomba de cobalto** bombe au cobalt | **bomba de engrase** pompe à diffusion d'huile o de graissage | **bomba de gasolina** pompe à essence | **bomba de hidrógeno** o **termonuclear** bombe thermonucléaire o à hydrogène, bombe H | **bomba de humo** bombe fumigène | **bomba de incendios** pompe à incendies | **bomba de inyección** pompe à injection | MIL **bomba de mano** grenade | **bomba de profundidad** grenade sous-marine | **bomba fétida** boule puante | **bomba lacrimógena** bombe o grenade lacrymogène | **bomba neumática** pompe pneumatique o à air | **bomba volcánica** o **de lava** bombe volcanique | FIG & FAM **éxito bomba** succès fou o bœuf | **noticia bomba** nouvelle sensationnelle | **salud a prueba de bomba** santé de fer ■ a prueba de bombas à l'épreuve des bombes ∎ FIG caer como una bomba arriver o tomber comme une bombe | dar a la bomba pomper | estar echando bombas être sous pression | FAM pasarlo bomba s'amuser comme un fou, s'en donner à cœur joie.

bombacha *f* (*Amer*) pantalon *m* bouffant | culotte (de niño o de mujer).

   OBSERV Bombacha s'emploie surtout au pluriel.

bombacho *adj m & s m* pantalón bombacho, bombacho pantalon de golf (de los jugadores de golf), pantalon de zouave (de zuavo), culotte bouffante (de niños).

bombarda *f* MIL, MAR & MÚS bombarde.

bombardear *v tr* bombarder.

bombardeo *m* MIL & FÍS bombardement; bombardeo aéreo bombardement aérien; bombardeo en picado bombardement en piqué.

bombardero, ra *adj* de bombardement | lancha bombardera canonnière.

  ➟ **bombardero** *m* bombardier (soldado y avión).

bombardino *m* MÚS saxhorn.

bombardón *m* MÚS bombardon, saxhorn contrebasse.

bombástico, ca *adj* ampoulé, e; grandiloquent, e.

Bombay *n pr* GEOGR Bombay.

bombazo *m* explosion *f* d'une bombe.

bombeador *m* (*Amer*) pompier (bombero) | éclaireur (explorador) | espion (espía).

bombear *v tr* pomper (con una bomba); bombear agua pomper de l'eau | arquer, bomber (arquear) | FIG & FAM vanter (dar bombo) | (*Amer*) épier (espiar), explorer (explorar) | congédier (despedir) | FAM tomber les filles (ligar) | balón bombeado balle en cloche.

bombeo *m* bombement (convexidad) | pompage (de un líquido); estación de bombeo station de pompage.

bombero *m* pompier (de incendios) | MIL mortier (cañón) | (*Amer*) explorateur, éclaireur (explorador) | espion (espía).

bómbice; bómbix *m* bombyx (insecto).

bombilla *f* ELECTR ampoule, lampe [électrique]; el casquillo de una bombilla la douille d'une ampoule électrique; se ha fundido la bombilla la lampe est grillée | MAR fanal *m* (farol) | (*Amer*) pipette [pour boire le maté] | louche (cucharón).

bombillo *m* siphon (sifón) | pipette *f* (para sacar líquidos) | MAR petite bombe *f* | (*Amer*) ampoule *f* électrique (bombilla).

bombín *m* FAM melon, chapeau melon (hongo) | pompe *f* à bicyclette.

bómbix ➟ **bómbice**.

bombo, ba *adj* étourdi, e; abasourdi, e (atolondrado) ∎ FAM poner la cabeza bomba casser la tête | tener la cabeza bomba avoir la tête comme un tambour o como o como ça o prête à éclater.

  ➟ **bombo** *m* grosse *f* caisse (tambor) | joueur de grosse caisse (músico) | bac, chaland (barco) | sphère *f* (de lotería) | FIG bruit, tam-tam (publicidad); dar mucho bombo a una obra faire beaucoup de tam-tam autour d'un ouvrage ∎ publicidad a bombo y plati-

llos publicité tapageuse o à grand renfort de trompettes | publicidad de bombo battage publicitaire | sin bombo ni platillos sans tambour ni trompette ∎ FAM anunciar a bombo y platillos annoncer à grand bruit o à son de trompe o avec tambour et trompette | darse bombo s'envoyer des fleurs | dejar a una con bombo mettre une fille en cloque | estar con bombo être en cloque | (*Amer*) irse al bombo échouer (fracasar).

bombón *m* chocolat, bonbon au chocolat, crotte *f* de chocolat; una caja de bombones une boîte de chocolats | récipient en bambou (aux Philippines) | (*Amer*) sorte de grande louche *f* (cucharón) | FIG & FAM ser un bombón être joli à croquer o comme un cœur (una mujer, un niño).

  OBSERV Le mot espagnol bombón s'applique toujours aux bonbons au chocolat. Le mot français bonbon se traduit par caramelo.

bombona *f* bombonne | bouteille (de butano).

bombonera *f* bonbonnière (caja) | FIG bonbonnière (casita, teatro, etc.).

bombonería *f* confiserie.

Bona *n pr* HIST Bône (antiguo nombre de Annaba).

bonachón, ona *adj* FAM bonasse, débonnaire, bon enfant.

  ◇ *m & f* brave homme, brave femme.

bonachonería *f* bonasserie, débonnaireté.

bonaerense *adj & s* de Buenos Aires.

bonancible *adj* calme, paisible, serein, e; tiempo bonancible temps serein.

bonanza *f* MAR bonace (calma) | FIG prospérité (prosperidad) | calme *m* (tranquilidad) | (*Amer*) filon *m* très riche (en una mina).

bonapartismo *m* bonapartisme.

bonapartista *adj & s* bonapartiste.

bondad *f* bonté ∎ es la bondad personificada c'est la bonté même | tenga la bondad de ayez la bonté de, prenez la peine de; tenga la bondad de sentarse prenez la peine de vous asseoir; ayez la bonté de; tenga la bondad de ayudarme ayez la bonté de m'aider.

  SIN benignidad bénignité; benevolencia bienveillance; bonachonería bonasserie, débonnaireté.

bondadosamente *adv* avec bonté.

bondadoso, sa *adj* bon, bonne; gentil, ille; doux, douce.

bonderización *f* bondérisation (protección contra la herrumbre).

boneta *f* MAR bonnette (vela).

bonete *m* bonnet carré (de eclesiástico, colegiales, graduados, etc.) | barrette *f* (de eclesiástico) | FIG prêtre séculier (clérigo) | comptoir (tarro) | bonnette *f*, bonnet à o de prêtre, queue-d'aronde *f* (fortificación) | ZOOL bonnet (de rumiante) ∎ FIG & FAM a tente bonete à n'en pouvoir plus, tant et plus, plus que de raison | tirarse los bonetes se crêper le chignon, se chamailler.

bonetería *f* (p us) bonneterie (fábrica) | (*Amer*) mercerie.

bonetero, ra *m & f* bonnetier, ère | (*Amer*) mercier, ère.

  ➟ **bonetero** *m* fusain (arbusto).

bongo *m* (*Amer*) bateau plat, bac.

bongó *m* bongo.

bongocero *m* (*Amer*) joueur de bongo.

boniato *m* BOT patate *f*.

bonico, ca *adj* FAM mignon, onne.

Bonifacio *n pr* Boniface.

bonificación *f* bonification (mejora y rebaja) | ristourne (rebaja).

bonificar [10] *v tr* bonifier; bonificar tierras bonifier des terres.

bonísimo, ma *adj* très bon, très bonne.

bonitamente *adv* joliment | adroitement (con habilidad) | doucement, petit à petit (despacio).

bonito, ta *adj* jolie, e | ¡muy bonito! c'est du joli!, c'est du propre!

  ➟ **bonito** *m* bonite *f*, thon (pez); bonito en aceite thon à l'huile.

bonitolera *f* boitte, boette (cebo).

Bonn *n pr* GEOGR Bonn.

bono *m* bon ∎ bono alimenticio ticket de ravitaillement ∎ bono del Estado obligation d'État; bono del Tesoro bon du Trésor.

bonobús *m* coupon d'autobus valable pour 10 trajets.

bonoloto *f* ≃ loto *m*.

  EL BONOLOTO
  Dans ce jeu de hasard institué par l'État espagnol, les joueurs doivent déterminer la combinaison gagnante de six numéros sur quarante-neuf. Un tirage a lieu quatre fois par semaine.

bonsai *m* BOT bonsaï.

bonzo *m* bonze (sacerdote budista).

boñiga *f*; **boñigo** *m* bouse *f*.

boogie-woogie [buɣi'βuɣi] *m* boogie-woogie.

  OBSERV pl boogie-woogies.

bookmaker *m* bookmaker (corredor de apuestas).

boom *m* boom.

boomerang *m* boomerang, boumerang.

Bootes ➟ **Boyero**.

bootlegger *m* bootlegger (contrabandista de licores).

boqueada *f* dernier soupir *m* | FAM dar las últimas boqueadas rendre le dernier soupir, en être à la dernière extrémité, agoniser (persona), agoniser (cosa).

boquear *v intr* ouvrir la bouche | expirer, agoniser, râler (morir) | FIG & FAM expirer, agoniser, tirer à sa fin (acabarse).

boquera *f* MED perlèche, gerçure aux commissures des lèvres | saignée, prise d'eau (para regar) | lucarne *f*, fenêtre (del pajar) | VETER plaie à la bouche.

boquerón *m* anchois (pez) | large ouverture *f*, large brèche *f*.

  OBSERV Ce mot ne s'applique qu'aux anchois frais, les anchois en boîte portant le nom de anchoas.

boquete *m* trou (agujero) | passage étroit | brèche *f*, ouverture *f* (en una pared), trouée *f* (en un bosque) | MIL trouée *f*, brèche *f*.

boquiabierto, ta *adj* qui a la bouche ouverte | FIG [▷ SIN] bouche bée; me dejó boquiabierto j'en suis resté bouche bée.

SIN atónito ébahi; aturdido, atolondrado étourdi; turbado troublé; pasmado médusé; sorprendido surpris; turulato estomaqué; patidifuso baba; petrificado pétrifié.

boquiancho, cha *adj* qui a la bouche large o fendue ‖ évasé, e (un jarro, etc.).

boquiangosto, ta *adj* qui a la bouche étroite.

boquiblando, da *adj* qui a la bouche tendre (caballo).

boquiduro, ra *adj* fort en bouche (caballo).

boquifresco, ca *adj* qui a la bouche fraîche (caballo) ‖ **FIG** & **FAM** effronté, e (descarado).

boquilla *f* porte-cigarette *m inv*, fume-cigarette *m inv* (para cigarrillos) ‖ fume-cigare *m inv* (para cigarros puros) ‖ filtre *m* (de cigarrillo), bout *m*; boquilla con filtro bout filtre ‖ saignée, prise d'eau (para regar) ‖ **MÚS** embouchure, bec *m* (de varios instrumentos) ‖ mortaise (escopleadura) ‖ embouchoir *m* (del fusil) ‖ ouverture (orificio) ‖ fermoir *m* (de un bolso) ‖ tétine (de biberón) ‖ chape (de la funda de la espada) ‖ bec *m* (de lámpara) ‖ **TECN** buse (de tobera) ‖ raccord *m* (de dos tubos) ▪ de boquilla en l'air; hacer una promesa de boquilla faire une promesse en l'air.

boquirroto, ta *adj* **FAM** à la langue bien pendue, bavard, e (parlanchín).

boquirrubio, bia *adj* bavard, e (parlanchín) ‖ naïf, ive; candide (candoroso).
➤ **boquirrubio** *m* **FAM** blanc-bec, blondin.

boquiseco, ca *adj* qui a la bouche sèche (caballo).

boquisumido, da *adj* qui a la bouche enfoncée.

boquitorcido, da; boquituerto, ta *adj* qui a la bouche de travers.

boratado, da *adj* **QUÍM** boraté, e.

boratera *f* (*Amer*) mine de borate.

boratero, ra *adj* (*Amer*) du borate.

borato *m* **QUÍM** borate.

bórax *m inv* **QUÍM** borax.

borbollar; borbollear *v intr* bouillonner ‖ barbotter (un gas) ‖ **FIG** bafouiller (hablar mal).

borbolleo ➤ borboteo.

borbollón ➤ borbotón.

borbollonear *v intr* bouillonner (borbollar).

Borbón *n pr* Bourbon.

borbonés, esa *adj* bourbonnais, e.

Borbonesado *n pr m* **GEOGR** Bourbonnais.

borbónico, ca *adj* bourbonnien, enne ‖ nariz borbónica nez bourbonien.

borbor *m* bouillonnement.

borborigmo *m* **MED** borborygme.

borboritar; borbotar; borbotear ➤ borbollar.

borboteo; borbolleo *m* bouillonnement ‖ barbottement (de un gas).

borbotón; borbollón *m* bouillonnement ▪ a borbotones à gros bouillons; el agua hierve a borbotones l'eau bout à gros bouillons; à flots; la sangre corre a borbotones le sang coule à flots; précipitamment; hablar a borbotones parler précipitamment.

borceguí *m* brodequin.

borda *f* **MAR** bord *m* ‖ hutte (choza) ▪ **FIG** & **FAM** arrojar o echar o tirar por la borda jeter par-dessus bord ‖ motor de fuera borda moteur hors-bord.

bordada *f* **MAR** bordée, bord *m*; dar bordadas tirer des bordées ‖ **FIG** & **FAM** allées et venues *pl*, balade (paseo).

bordado, da *adj* brodé, e ‖ **FIG** salir bordado être très réussi o parfait.
➤ **bordado** *m* broderie *f*; bordado a canutillo, de realce, a tambor broderie en cannetille, en relief, au tambour.

bordador, ra *m* & *f* brodeur, euse.

bordadura *f*; **bordado** *m* broderie *f*.

bordar *v tr* broder; bordar en calado, de realce broder à jour, en relief ‖ **FIG** fignoler, ciseler, soigner; bordar una obra fignoler un ouvrage; este actor bordó su papel cet acteur a soigné son rôle.

borde *m* bord; el borde de una mesa le bord d'une table ‖ **MAR** bord ‖ **MFAM** salaud (persona mala) ▪ borde de ataque, de salida bord d'attaque, de fuite (avión) ‖ borde con borde bord à bord ▪ a borde de sur le point de, à deux doigts de; estar al borde de llorar être sur le point de pleurer ‖ llenar un vaso hasta el borde remplir un verre à ras bord.

borde *adj* **BOT** sauvage; ciruelo borde prunier sauvage ‖ **FAM** ponerse borde faire sa tête de mule.
◇ *adj* & *s* bâtard, e (bastardo).

bordear *v intr* **MAR** tirer des bords, louvoyer ‖ longer, border, côtoyer (costear) ‖ arriver à ras bord; el agua del estanque bordeaba l'eau du bassin arrivait à ras bord.
◇ *v tr* encadrer, entourer; bordear una foto con una lista blanca encadrer une photo d'une bande blanche ‖ **FIG** friser; esto bordea el ridículo cela frise le ridicule ‖ (*Amer*) bordear un asunto éluder un sujet.

bordelés, esa *adj* & *s* bordelais, e.
➤ **bordelesa** *f* bordelaise (tonel).

bordillo *m* bord, bordure *f* (de la acera).

bordo *m* **MAR** bord; subir a bordo monter à bord ‖ bordée *f* (bordada) ‖ (*Amer*) levée *f* de terre ▪ **MAR** a bordo à bord ‖ de alto bordo de haut bord ‖ los hombres de a bordo les hommes du bord ‖ segundo de a bordo second, commandant en second ‖ virar de bordo virer de bord.

bordón *m* bourdon (de peregrino) ‖ refrain (estribillo) ‖ **FIG** refrain, ritournelle *f*, rengaine *f* (repetición) ‖ soutien, appui, guide (guía) ‖ **IMPR** bourdon (olvido) ‖ **MÚS** bourdon (cuerda).

bordona *f* (*Amer*) **MÚS** bourdon *m* (cuerda).

bordoncillo *m* refrain, ritournelle *f*, rengaine *f*.

bordonear *v intr* donner des coups de bâton (dar palos) ‖ jouer avec les cordes graves de la guitare ‖ vagabonder (andar vagando) ‖ bourdonner (zumbar).

bordoneo *m* bourdonnement (zumbido).

bordonero, ra *adj* & *s* vagabond, e.

bordura *f* **BLAS** bordure.

boreal *adj* boréal, e (septentrional); aurora boreal aurore boréale.

bóreas *m* **POÉT** borée (viento del Norte).

borgoña *m* bourgogne (vino).

Borgoña *n pr f* **GEOGR** Bourgogne.

borgoñón, ona *adj* & *s* bourguignon, onne.

borgoñota *f* bourguignotte (celada).

boricado, da *adj* boriqué, e.

bórico, ca *adj* **QUÍM** borique; ácido bórico acide borique.

borinqueño, ña *adj* & *s* portoricain, e (puertorriqueño).

borla *f* gland *m* (adorno) ‖ pompon *m* (del gorro militar) ‖ houppe, houppette (para polvos) ‖ bonnet *m* de docteur (en la universidad) ‖ **FIG** tomar la borla prendre le bonnet de docteur.
➤ **borlas** *f pl* **BOT** amarante *sing*.

borlarse; borlearse *v pr* (*Amer*) prendre le bonnet de docteur.

borlilla *f* **BOT** anthère.

borne *m* morne *f* (de la lanza) ‖ borne *f* (de aparatos eléctricos) ‖ **BOT** cytise *f*.

borneadura *f* gauchissement *m*.

bornear *v tr* tourner, faire le tour (torcer) ‖ **ARQ** appareiller (los sillares) ‖ galber (una columna) ‖ bornoyer (mirar con un solo ojo).
◇ *v intr* **MAR** virer, tourner (un barco).
➤ **bornearse** *v pr* gauchir (la madera).

borneo *m* gauchissement (acción de torcerse) ‖ visée *f* (acción de mirar con un solo ojo).

Borneo *n pr* **GEOGR** Bornéo.

boro *m* **QUÍM** bore (metaloide).

borococo *m* (*Amer*) confusion *f*, micmac (enredo) ‖ amour caché, passion *f* secrète.

borona *f* millet *m* (mijo) ‖ maïs *m* (maíz) ‖ pain *m* de maïs (pan de maíz) ‖ (*Amer*) miette (migaja).

borra *f* bourre (de lana, pelo) ‖ boue, dépôt *m* (de tinta, etc.), lie (hez) ‖ **FIG** & **FAM** fadaises *pl*, fariboles *pl*, balivernes *pl* (palabras) ‖ meter borra faire du remplissage (ripio).

borrable *adj* effaçable.

borrachera *f* [▷ **SIN**] cuite; agarrar o coger una borrachera attraper une cuite ‖ beuverie, soûlerie (festín) ‖ **FIG** exaltation, ivresse; la borrachera de los triunfos l'ivresse des triomphes ‖ despejarse o quitarse o espabilarse la borrachera dessoûler.

SIN ebriedad ébriété; embriaguez enivrement; **FAM** tajada, merluza, tablón, cogorza, curda, melopea, jumera cuite.

borrachín *m* **FAM** poivrot, soûlard, soûlot, soûlaud.

borracho, cha *adj* [▷ **SIN**] ivre, soûl, e; saoul, e ‖ rouge, violacé, e (color) ‖ **FIG** ivre; borracho de ira ivre de colère ‖ enivré, e; borracho con sus éxitos enivré par ses succès ‖ (*Amer*) blet, blette (fruta) ▪ bizcocho borracho baba [au rhum] ‖ **FAM** borracho como una cuba complètement rond, soûl comme une bourrique ‖ borracho como un tronco, una uva soûl o bourré comme un cochon, un âne ‖ estar borracho perdido être ivre mort.
◇ *m* & *f* ivrogne, esse; ser un borracho perdido un ivrogne invétéré o fini.

SIN alcohólico alcoolique; ebrio, beodo ivre; etílico éthylique; dipsómano dipsomane; **FAM** borrachín poivrot, soûlard; calamocano pompette; chispa, achispado, alumbrado, alegre éméché.

borrachuelo, la adj pompette. <> m & f poivrot, e (borracho).

➤ **borrachuelo** m beignet au miel (pestiño).

➤ **borrachuela** f ivraie (cizaña).

borrado, da adj effacé, e (con goma) ▎ biffé, e; barré, e (tachado) ▎ FIG effacé, e (sin personalidad).

borrador m brouillon ▎ cahier de brouillon (cuaderno) ▎ COM brouillard, brouillon, main f courante ▎ gomme f (goma de borrar).

borradura f biffage m (acción) ▎ rature, biffage m; carta llena de borraduras lettre pleine de ratures.

borragináceas f pl BOT borraginacées.

borraja f BOT bourrache ▎ FIG agua de borrajas eau de boudin; quedar en agua de borrajas s'en aller en eau de boudin.

borrajear v tr griffonner (palabras) ▎ barbouiller (papel).

borrar v tr [▷ SIN] biffer, barrer, raturer (tachar) ▎ effacer (con una esponja), gommer (con una goma) ▎ FIG effacer, faire disparaître ▎ goma de borrar gomme à effacer ▎ INFORM effacer.

➤ **borrarse** v pr s'effacer, disparaître; esta historia se borró de mi memoria cette histoire s'est effacée de ma mémoire.

▎ SIN tachar rayer, barrer, raturer; cortar, suprimir couper, supprimer; raspar gratter.

borrasca f [▷ SIN] bourrasque (temporal), tempête, tourmente (tempestad) ▎ FIG risque m, péril m (riesgo); las borrascas de la vida les périls de la vie ▎ FIG & FAM orgie, bringue (orgía) ▎ (Amer) épuisement m du minerai (en el filón).

▎ SIN temporal orage; torbellino tourbillon; viento vent; huracán ouragan; tempestad tempête; tormenta orage, tourmente; ciclón cyclone; tromba trombe; ráfaga, racha rafale; vendaval grand vent; tornado tornade; marejada raz de marée; tifón typhon; simún simoun.

borrascoso, sa adj orageux, euse (viento, lugar) ▎ tourmenté, e (mar, etc.) ▎ FIG & FAM orageux, euse; tumultueux, euse; désordonné, e (vida, conducta).

borregada f troupeau m de moutons.

borrego, ga m & f agneau, agnelle; petit mouton m [d'un à deux ans] ▎ FIG & FAM benêt m, nigaud, e (tonto) ▎ mouton (servil) ▎ (Amer) fausse nouvelle f, bobard FAM.

borreguil adj moutonnier, ère; grégaire; espíritu borreguil caractère moutonnier, esprit grégaire.

borrén m bande f d'arçon.

borrica f ânesse (asna) ▎ FIG & FAM bourrique (mujer ignorante).

borricada f troupeau m d'ânes ▎ promenade à ânes; dar una borricada faire une promenade à dos d'âne ▎ FIG & FAM ânerie (tontería); soltar borricadas sortir des âneries.

borrical adj de l'âne.

borrico m âne (asno) ▎ baudet, chevalet (de carpintero) ▎ FIG & FAM âne, baudet, âne bâté (necio) ■ FIG apearse de su borrico reconnaître son erreur ▎ caerse del borrico tomber de haut ▎ ser muy borrico être très bête o très bouché.

▎ OBSERV Le mot bourricot, petit âne, se traduit par borriquito ou borriquillo.

borricón; borricote adj & s FIG & FAM âne (necio)▎cheval (fuerte) ▎ ser muy borricote para las matemáticas être brouillé avec les mathématiques.

borrilla f duvet m (de las frutas).

borriquero adj m cardo borriquero chardon aux ânes.

➤ **borriquero** m ânier.

borriquete m baudet, chevalet (caballete).

borriquillo; borriquito m bourricot, petit âne ▎ el borriquito por delante, para que no se espante on ne doit jamais se nommer le premier.

borro m agnelet [agneau de moins de deux ans].

Borromeas n pr f pl GEOGR las islas Borromeas les îles Borromées.

borrón m pâté, tache f d'encre (de tinta) ▎ brouillon, cahier de brouillon (borrador) ▎ ébauche f, pochade f (de una pintura) ▎ FIG tache f, défaut (defecto) ▎ tache f (deshonor); este acto es un borrón en su vida cet acte est une tache dans sa vie ▎ gribouillage (escrito) ▎ FIG & FAM borrón y cuenta nueva passons l'éponge, n'y pensons plus, n'en parlons plus, tournons la page.

borronear v tr griffonner (palabras) ▎ barbouiller; borronear el papel barbouiller le papier.

borroso, sa adj boueux, euse (líquido) ▎ confus, e; embrouillé, e (escritura) ▎ flou, e (fotografía, pintura) ▎ fumeux, euse; vague; nébuleux, euse (ideas) ▎ IMPR bavocheux, euse.

borujo m tourteau d'olive, tourte f (orujo) ▎ bosse f (bulto).

borujón m grosse bosse f (bulto).

boruquear v tr (Amer) faire du grabuge.

boscaje m bosquet, bocage (bosque pequeño) ▎ bocage, paysage (pintura).

Bosco n pr el Bosco Jérôme Bosch.

boscoso, sa adj boisé, e; couvert de bois.

Bósforo n pr m HIST Bosphore; el estrecho del Bósforo le détroit du Bosphore.

Bosnia n pr f GEOGR Bosnie.

bosniaco, ca; bosnio, nia adj & s bosnien, enne.

Bosnia-Herzegovina n pr f GEOGR Bosnie-Herzégovine.

bosorola f (Amer) lie, dépôt m (poso).

bosque m bois, forêt f; un bosque de pinos une forêt de pins; bosque comunal forêt communale; bosque del Estado forêt domaniale; bosque maderable bois pour exploitation forestière.

▎ OBSERV En francés bois y forêt difieren sólo por la extensión. La primera palabra se aplica a un sitio poblado de árboles generalmente menos extenso que la forêt. Forêt no corresponde al español selva sino cuando se trata de superficies arboladas muy extensas y de carácter salvaje: la forêt amazonienne la selva amazónica; la Forêt-Noire la Selva Negra.

▎ SIN bosquecillo boqueteau; bosquete bosquet; boscaje bosquet, bocage; selva forêt; oquedal futaie; (Amer) catinga forêt; floresta bocage.

bosquecillo m boqueteau, petit bois.

bosquejar v tr ébaucher, esquisser (una pintura, una escultura, etc.); bosquejar un retrato esquisser un portrait ▎ FIG ébaucher, esquisser (esbozar); bosquejar un proyecto ébaucher un projet ▎ brosser; bosquejar un cuadro de la situación brosser un tableau de la situation.

bosquejo m ébauche f, esquisse f.

bosquete m bosquet.

bossa-nova f bossa-nova.

bosta f bouse (de los bovinos) ▎ crottin m (del caballo).

bostear v intr (Amer) excréter, crotter (los animales).

bostezar [13] v intr bâiller.

bostezo m bâillement.

bostón m boston (juego y baile).

bóstrico m bostryche f (insecto).

bota f gourde (para el vino) ▎ tonneau m (cuba) ▎ botte; botas de agua o de goma bottes en caoutchouc; botas de campaña o altas o de montar bottes à revers o à l'écuyère ▎ chaussure montante (zapato) ▎ bota de esquiar chaussure de ski ▎ bota de potro botte à l'écuyère rustique faite avec le cuir d'une patte de poulain ▎ botas de fútbol chaussures de football ▎ el Gato con botas le Chat botté ■ FIG colgar las botas se retirer, cesser une activité ▎ estar con las botas puestas avoir le pied à l'étrier, être prêt à partir ▎ morir con las botas puestas mourir debout ▎ FIG & FAM ponerse las botas faire son beurre (negocio), s'en mettre plein la lampe (comida).

botada ➤ **botadura**.

botadero m (Amer) gué (vado) ▎ décharge f (vertedero).

botado, da adj & s (Amer) enfant trouvé (expósito) ▎ effronté, e (descarado) ▎ très bon marché (barato) ▎ gaspilleur, euse; panier m percé (derrochador) ▎ ivre mort (borracho).

botador m MAR gaffe f (bichero) ▎ chasse-clou (para sacar clavos) ▎ davier (de dentista) ▎ IMPR mentonnière f, décognoir.

<> adj & s (Amer) gaspilleur, euse (derrochador).

botadura; botada f lancement m [d'un bateau].

botafuego m MIL boutefeu ▎ FIG & FAM boutefeu (persona irritable).

botafumeiro m encensoir.

▎ EL BOTAFUMEIRO ────────
L'encensoir de la cathédrale de Saint-Jacques-de-Compostelle est célèbre pour ses dimensions exceptionnelles: il mesure près de 1, 80 m de haut. Il n'est utilisé que pour la fête du saint patron de la ville, appelé « Santiago » ou « Jaime ». Le premier « botafumeiro » fut fabriqué au XIIe siècle, et utilisé jusqu'au XVe siècle pour purifier l'air de la cathédrale, visitée par des centaines de pèlerins. Il était constitué d'une cassolette en argent qui disparut pendant la guerre d'Espagne. Il fut remplacé par un encensoir en fer que l'on utilisa jusqu'en 1851, date à laquelle on mit en service l'actuel « botafumeiro ».

botalón m MAR bout-dehors, boute-hors, tangon ▎ pieu (estaca).

botamanga f poignet m (de un vestido).

botana f pièce [à une outre] ▎ bouchon m (tapón), bonde (de un tonel) ▎ FIG & FAM emplâtre m ▎ cicatrice (de una llaga) ▎ (Amer) capuchon *m* en cuir [dont on recouvre les ergots des coqs de combat] ‖ amuse-gueule *m* (tapas).

botánico, ca *adj* botanique; jardín botánico jardin botanique.
◇ *m & f* botaniste.
➡ **botánica** *f* botanique (ciencia).

botanista *m & f* (p us) botaniste.

botar *v tr* lancer, jeter dehors (arrojar) ‖ MAR lancer (en un astillero), mettre à l'eau (barco pequeño) ‖ mettre la barre à; botar a babor mettre la barre à bâbord ‖ FAM ficher dehors, flanquer à la porte, bouter (p us); lo botaron del colegio ils l'ont flanqué à la porte de l'école ‖ botter; botar un córner botter un corner ‖ (Amer) jeter (tirar) ‖ gaspiller (malgastar).
◇ *v intr* rebondir (una pelota, una piedra) ‖ sauter, bondir; botar de alegría sauter de joie ‖ cabrioler (un caballo) ■ FAM estar que bota être à cran o en rogne.
➡ **botarse** *v pr* (Amer) se jeter (arrojarse) ‖ devenir (volverse).
‖ OBSERV El verbo bouter, con el sentido de arrojar, es anticuado.

botaratada *f* FAM crétinerie, bêtise (tontería).

botarate *m* FAM idiot (tonto); no seas botarate ne fais pas l'idiot ‖ (Amer) gaspilleur, dépensier, panier percé (manirroto).

botarel *m* ARQ arc-boutant.

botarete *adj* ARQ arco botarete arc-boutant.

botarga *f* costume *m* d'arlequin.

botasilla *f* MIL boute-selle *m inv*.

botavara *f* MAR gui *m*, bôme.

bote *m* bond (salto) ‖ bond (de una pelota) ‖ boîte *f*; bote de leche condensada boîte de lait concentré ‖ pot (tarro); bote de tabaco pot à tabac ‖ MAR canot; bote salvavidas o de salvamento canot de sauvetage ‖ coup (de pica o lanza) ‖ bloquette *f* (boche) ‖ haut-le-corps (caballo) ‖ FAM poche *f* (bolsillo) ‖ cagnotte *f* (en un bar) ■ bote de carnero saut-de-mouton (de un caballo) ‖ bote de paseo o de remos bateau à rames ‖ bote de paso bac ‖ bote neumático canot pneumatique ‖ DEP bote neutro chandelle ‖ bote patrullero patrouilleur ‖ TECN bote rotativo boîte tournante (de la carda) ‖ FIG & FAM de bote en bote comble, plein à craquer ■ FAM chupar del bote être un profiteur ‖ dar botes de alegría bondir de joie ‖ FIG & FAM dar el bote lessiver, ficher dehors (echar) ‖ darse el bote se tirer, se barrer (irse) ‖ estar en el bote être dans la poche o dans le sac ‖ pegar un bote faire un bond ‖ tener metido en el bote avoir dans sa poche ‖ (Amer) tocarle a uno amarrar el bote être bon dernier.

botella *f* bouteille; beber de la botella boire à la bouteille ■ FÍS botella de Leiden bouteille de Leyde ‖ botella termo bouteille thermos, thermos.

botellazo *m* coup de bouteille.

botellero *m* casier à bouteilles, porte-bouteilles *inv* (estante) ‖ panier à bouteilles (cesta) ‖ fabricant (el que fabrica), marchand (el que vende) de bouteilles.

botellín *m* petite bouteille *f*.

botellón *m* grande bouteille *f* ‖ (Amer) dame-jeanne *f* (damajuana).

botepronto *m* coup de pied tombé (rugby) ‖ demi-volée *f* (fútbol).

botería *f* MAR futaille ‖ fabrique d'outres o de gourdes (taller del botero) ‖ (Amer) cordonnerie (zapatería).

botero *m* bourrelier ‖ patron d'un canot (patrón de un bote) ‖ cordonnier, bottier (zapatero) ‖ FAM Pedro Botero le démon, Satan.

botica *f* pharmacie, officine (ant) ‖ médicaments *m pl*, pharmacie (médicamentos) ‖ (p us) boutique (tienda) ■ hay de todo, como en botica on trouve tout ce qu'on veut o de tout ‖ FAM oler a botica sentir la pharmacie.

boticaria *f* femme du pharmacien ‖ pharmacienne (profesión).

boticario *m* pharmacien, apothicaire (ant) ‖ venir como pedrada en ojo de boticario arriver comme marée en carême, arriver à point, tomber à pic.

botija *f* cruche ‖ (Amer) magot *m*, trésor *m* caché ■ estar hecho o estar como una botija être gros comme un tonneau, une bombonne.

botijero, ra *m & f* fabricant, e (que hace) o marchand, e (que vende) de cruches.

botijo *m* gargoulette *f*, cruche *f* ■ FAM cara de botijo visage de pleine lune ‖ tren botijo train de plaisir.

botilla *f* bottine (de señora) ‖ brodequin *m* (borceguí).

botillería *f* débit *m* de boissons, buvette.

botillero *m* barman (camarero), sommelier.

botín *m* guêtre *f* (polaina) ‖ bottine *f*, botillon (calzado) ‖ MIL butin *m* ‖ (Amer) chaussette *f* (calcetín).

botina *f* bottine, bottillon *m*.

botinería *f* cordonnerie (zapatería).

botinero *m* bottier, cordonnier (zapatero).

botiquín *m* pharmacie *f* portative (maletín) ‖ trousse *f* à pharmacie, boîte *f* de secours (estuche) ‖ armoire *f* à pharmacie (mueble) ‖ infirmerie *f* (enfermería) ‖ (Amer) débit de vins.

botivoleo *m* renvoi entre bond et volée [au jeu de paume].

Botnia *n pr f* GEOGR Bothnie; el golfo de Botnia le golfe de Botnie.

boto *m* botte *f*.

boto, ta *adj* émoussé, e ‖ FIG obtus, e.

botón *m* bouton (en los vestidos) ‖ BOT bouton (de flor) ‖ bourgeon (renuevo) ‖ bouton, poussoir (de timbre) ‖ bout, bouton (del florete) ‖ FAM (Amer) flic (poli) ■ botón automático bouton-pression ‖ AUTOM botón de arranque starter ‖ botón de contacto bouton de contact ‖ botón de fuego bouton o pointe de feu ‖ botón de muestra échantillon ‖ MED botón de Oriente bouton d'Alep ‖ botón de oro bouton d'or (planta) ‖ RAD botón de sintonización bouton de recherche de station ‖ botón espoleado bouton quadrillé ■ (Amer) al botón en vain (en vano), au hasard (al buen tuntún) ‖ como botón de muestra à titre d'exemple, en échantillon ‖ FIG & FAM (p us) de botones adentro dans mon (ton, son, etc.) for intérieur ■ dar al botón tourner le bouton ‖ pulsar el botón appuyer sur le bouton.

botonadura *f* garniture de boutons, les boutons *m pl*.

botonazo *m* touche *f* (esgrima).

botones *m* chasseur, groom (de un hotel, etc.) ‖ garçon de courses (chico de los recados).

bototo *m* (Amer) calebasse *f* (calabaza).
➡ **bototos** *m pl* (Amer) gros souliers, godasses *f* (zapatos).

botriocéfalo *m* botriocéphale (gusano).

Botswana *n pr m* GEOGR Botswana.

botswanés, esa *adj* botswanais, e.
◇ *m & f* Botswanais, e.

botulismo *m* MED botulisme.

botuto *m* trompette *f* de guerre [des Indiens de l'Orénoque] ‖ BOT pétiole du papayer.

bou *m* pêche au boulier (pesca) ‖ chalutier (barco).

bouillabaisse ➡ **bullabesa**.

bouquet ➡ **buqué**.

bourbon [burbon] *m* bourbon [alcool].

boutique [butik] *f* boutique [de vêtements].

bóveda *f* ARQ voûte ‖ crypte (cripta) ■ bóveda anular voûte annulaire ‖ bóveda celeste voûte céleste, calotte des cieux ‖ bóveda craneana o craneal boîte crânienne ‖ bóveda de cañón voûte en berceau o en plein cintre ‖ bóveda de crucería voûte en croisée d'ogives ‖ bóveda de cuarto de esfera o de cascarón o de horno voûte en cul-de-four ‖ bóveda de medio punto voûte en plein cintre ‖ bóveda de ojiva o nervada voûte nervée ‖ bóveda esférica o semiesférica o de media naranja voûte sphérique ‖ bóveda palatina voûte du palais o palatine (cielo de la boca) ‖ bóveda por arista o claustral o esquifada voûte d'arête ‖ bóveda vaída voûte en hémicycle ‖ clave de bóveda clef de voûte.

bovedilla *f* ARQ entrevous *m*, solin *m* ‖ MAR voûte d'arcasse, voûte.

bóvidos *m pl* ZOOL bovidés.

bovino, na *adj & s* bovin, e.
➡ **bovinos** *m pl* bovins, bovidés.

bowling [boulin] *m* bowling.

box *m* box.
‖ OBSERV pl boxes.

box-calf *m* box-calf (cuero).

boxeador *m* boxeur.

boxear *v intr* boxer.

boxeo *m* boxe *f*.

bóxer *m* boxer (perro).
‖ OBSERV pl bóxers.

boy *m* boy (criado indígena).

boya *f* MAR bouée; boya luminosa bouée lumineuse ‖ flotteur *m*, bouchon *m* (de una red) ‖ (Amer) forme (de un sombrero) ‖ boya de salvamento o salvavidas bouée de sauvetage.

boyada *f* troupeau *m* de bœufs.

boyante *adj* TAUROM se dit du taureau facile à combattre ou franc ‖ prospère, fortuné, e (próspero); heureux, euse (feliz) ‖ MAR lège.

boyar *v intr* être renfloué o remis à flot (barco) ‖ flotter.

boyardo *m* boyard, boïard.

boycot ➡ **boicot**.

boycotear ➡ **boicotear**.

boycoteo ➧ boicoteo.

boyera; boyeriza *f* bouverie, étable à bœufs ‖ bouvril *m* (en el matadero).

boyerizo *m* bouvier.

Boyero; Bootes *n pr* ASTRON Bouvier.

boyero *m* bouvier ‖ ASTRON Bouvier.

boyezuelo *m* bouvillon.

boy-scout *m* boy-scout (explorador).
 ◼ OBSERV *pl* boy-scouts.

boyuno, na *adj* bovin, e.

boza *f* MAR bosse (cable).

bozal *adj & s* (ant) Noir, Noire récemment venu d'Afrique (negro) ‖ FIG & FAM blanc-bec, nouveau, elle (novicio) ‖ niais, e; sot, sotte (tonto) ‖ sauvage; **caballo bozal** cheval sauvage ‖ (*Amer*) Indien o étranger qui parle mal l'espagnol, baragouineur, euse.
 ◇ *m* muselière *f* (para los animales) ‖ (*Amer*) licou (cabestro).

bozo *m* duvet (vello) ‖ bouche *f* (parte exterior de la boca) ‖ sorte de licou (cabestro) ‖ **a este niño ya le apunta el bozo** la moustache de ce garçon commence à pousser.

Brabante *n pr* GEOGR Brabant.

brabanzón, ona *adj & s* brabançon, onne.

braceada *f* mouvement *m* violent des bras.

braceador, ra *adj* au pas relevé (caballo).

braceaje *m* brassage (de los metales, de las monedas) ‖ MAR profondeur *f* (profundidad en brazas).

bracear *v intr* agiter o remuer les bras (agitar los brazos) ‖ nager la brasse (nadar) ‖ FIG s'efforcer (esforzarse) ‖ relever correctement les jambes de devant en marchant (un caballo) ‖ MAR brasser (las velas).

braceo *m* mouvement des bras ‖ brasse *f* (natación) ‖ MAR brassage.

bracero *m* manœuvre (peón).

bracista *m & f* nageur, euse de brasse.

bracmán *m* brahmane.

bráctea *f* BOT bractée.

bradicardia *f* MED bradycardie.

bradipo *m* ZOOL bradype, aï, paresseux.

brafonera *f* brassard *m*, épaulière (de la armadura).

braga *f* culotte, slip *m* (de mujer) ‖ lange *m*, couche, couche-culotte (de niño de pecho) ‖ verboquet *m* (cuerda) ‖ FAM **estar hecho una braga** être crevé.
 ➧ **bragas** *f pl* braies (calzón ancho) ◼ FIG & FAM **en bragas** fauché; sans un rond ‖ **no se pescan truchas a bragas enjutas** on ne fait pas d'omelette sans casser des œufs.
 ‖ OBSERV Dans sa première acception, le mot braga s'emploie surtout au pluriel.

bragado, da *adj* se dit de l'animal dont l'entrecuisse est d'une couleur différente du reste de la robe ‖ FIG & FAM énergique, décidé, e; culotté, e; courageux, euse (valiente) ‖ faux, fausse; malintentionné, e (malintencionado).

bragadura *f* entrecuisse *m* (del animal) ‖ entrejambe *m*, enfourchure (del pantalón).

Braganza *n pr* GEOGR Bragance.

bragapañal *m* couche-culotte *f*.

bragazas *m inv* FAM chiffe *f*, nouille *f*.

braguero *m* bandage herniaire (ortopédico) ‖ MAR brague *f* (de cañón).

bragueta *f* braguette ◼ **casamiento de bragueta** mariage d'intérêt ‖ **hidalgo de bragueta** gentilhomme titré pour avoir eu sept garçons consécutifs.

braguetazo *m* FAM **dar un braguetazo** épouser une femme riche, faire un mariage intéressant.

braguetón *m* ARQ tierceron (de bóveda).

brahmán; bramán *m* brahmane.

brahmánico, ca; bramánico, ca *adj* brahmanique.

brahmanismo; bramanismo *m* brahmanisme.

brahmín; bramín *m* bramine, brahmane.

Brahmāa; Brahma; Brama *n pr* Brahma.

braille [braile] *m* braille.

brainstorming [breinstormin] *m* remueméninges *m inv*.

Brama ➧ Brahmāa.

brama *f* rut *m* (de los ciervos, etc.) ‖ temps *m* de brame (temporada).

bramadero *m* lieu où se réunissent les animaux sauvages au temps du rut ‖ (*Amer*) poteau [pour attacher le bétail].

bramador, ra *adj* mugissant, e; bramant, e.

bramán ➧ brahmán.

bramánico ➧ brahmánico.

bramanismo ➧ brahmanismo.

bramante *m* ficelle *f* (cuerda delgada).

bramar *v intr* mugir (el toro) ‖ bramer (el venado) ‖ barrir (el elefante) ‖ FIG mugir (el viento, el mar, etc.), gronder (el trueno), mugir (de ira) ‖ FAM brailler, hurler (gritar).

bramido *m* mugissement (del toro) ‖ brame, bramement (del venado) ‖ barrissement, barrit (del elefante) ‖ FAM mugissement (del viento, del mar, etc.) ‖ FAM rugissement, hurlement; **dar bramidos** pousser des hurlements.

bramín ➧ brahmín.

brancada *f* tramail *m* (red).

brancal *m* longeron.

brandal *m* MAR hauban, galhauban (de las velas).

Brandeburgo; Brandeuburgo *n pr m* GEOGR Brandebourg.

brandeburgués, esa *adj & s* brandebourgeois, e.

Brandeuburgo ➧ Brandeburgo.

brandy; brandi *m* brandy (coñac).
 ◼ OBSERV *pl* brandies; brandis.

branquial *adj* ANAT branchial, e; **órganos branquiales** organes branchiaux.

branquias *f pl* branchies (del pez).

branquiópodos *m pl* ZOOL branchiopodes.

braña *f* pâturage *m* d'été.

braquial *adj* brachial, e; du bras.

braquicéfalo, la *adj* brachycéphale.

braquiópodos *m pl* ZOOL brachiopodes (gusanos).

braquiuros *m pl* ZOOL brachyures (crustáceos).

brasa *f* braise; **a la brasa** à la braise ◼ FIG **estar como en brasas** o **en brasas** être sur des charbons ardents ‖ **pasar como sobre brasas por un asunto** passer rapidement sur un sujet, ne faire qu'effleurer un sujet.

brasca *f* brasque (metalurgia).

braseado, da *adj* à la braise.

brasear *v tr* cuire sur la braise.

braserillo *m* chaufferette *f*.

brasero *m* brasero ‖ bûcher (hoguera) ‖ (*Amer*) foyer (hogar).
 ‖ OBSERV En Espagne, on se sert d'un brasero, en forme de bassin, pour chauffer les appartements. Il est souvent placé sous une table appelée **camilla**.

brasier; brassier *m* (*Amer*) soutien-gorge.

brasil *m* bois du Brésil, brésillet (palo brasil).

Brasil *n pr m* GEOGR Brésil.

brasileño, ña *adj & s* brésilien, enne.
 ➧ **brasileño** *m* LING brésilien.

brasilero, ra *adj & s* (*Amer*) brésilien, enne.
 ➧ **brasilero** *m* LING brésilien.

brasilete *m* BOT brésillet.

Brásilia; Brasilia *n pr* GEOGR Brasília.

brava *f* (*Amer*) bravade (bravata) ‖ (*Amer*) **a la brava** de force.

bravamente *adv* bravement, vaillamment (con bravura) ‖ cruellement (con crueldad) ‖ magnifiquement, superbement (perfectamente) ‖ FAM copieusement, abondamment (abundantemente).

bravata *f* bravade, fanfaronnade, rodomontade.

bravear *v intr* faire le bravache ‖ crier bravo (aplaudir).

bravera *f* regard *m*, trou *m* d'aération.

braveza *f* bravoure (bravura) ‖ violence, furie (de los elementos).

bravío, a *adj* sauvage (sin domar, sin civilizar) ‖ sauvage (silvestre) ‖ rustre, sauvage (rústico).
 ➧ **bravío** *m* férocité *f* (bravura).

¡bravísimo! *interj* bravissimo!

bravo, va *adj* brave, vaillant, e (valeroso) ‖ bon, bonne; excellent, e (bueno, excelente) ‖ féroce, sauvage, combatif, ive (animal) ‖ de combat (de lidia); **toros bravos** des taureaux de combat ‖ sauvage; **un paisaje muy bravo** un paysage très sauvage; **indio bravo** Indien sauvage ‖ déchaîné, e (los elementos) ‖ FAM vantard, e; bravache (valentón) ‖ FIG & FAM sauvage, bourru, e (de mal carácter) ‖ superbe, magnifique (magnífico) ‖ irrité, e; en colère (enfadado).
 ➧ **bravo** *m* bravo (aplauso).
 ➧ **¡bravo!** *interj* bravo!
 ‖ OBSERV 1. Le mot espagnol bravo n'a pas le sens de bon, honnête.
 2. La palabra francesa brave no tiene los sentidos de agitado y de salvaje.

bravucón, ona *adj & s* FAM bravache, fanfaron, onne.
 ‖ SIN matamoros, perdonavidas matamore; baladrón bravache; fierabrás fier-à-bras; fanfarrón fanfaron; jactancioso vantard.

bravuconada; bravuconería *f* fanfaronnade.

bravuconear *v intr* DESPEC fanfaronner.

bravura *f* férocité (de los animales) ∥ combativité (de un toro) ∥ bravoure (valor) ∥ bravade (bravata).

braza *f* brasse (medida) ∥ MAR bras *m* (cuerda) ∥ brasse (modo de nadar); **braza mariposa** brasse papillon; **nadar a la braza** nager la brasse.

brazada *f* brassée, brasse (del nadador) ∥ brassée [ce qu'on tient dans ses bras] ∥ (*Amer*) brasse (medida).

brazado *m* brassée *f* (lo que abarcan los brazos).

brazal *m* brassard (de la armadura) ∥ brassard (en la manga) ∥ saignée *f* (de un río).

brazalete *m* bracelet (pulsera) ∥ brassard (en la manga).

brazo *m* ANAT bras ∥ patte *f* antérieure o de devant (de un cuadrúpedo) ∥ bras (de una palanca, de una balanza, de un sillón) ∥ branche *f* (de un candelero, etc.) ∥ bras (de mar, de río) ∥ perche *f*, bras (del micrófono) ∥ FIG bras, pouvoir (poder); **nadie resiste a su brazo** nul ne résiste à son bras ∥ (*ant*) état [chacune des classes de citoyens représentées aux Cortes] ■ **brazo de cruz** croisillon ∥ **brazo de dirección** levier de commande o de direction ∥ **brazo de gitano** sorte de biscuit roulé ∥ **brazo secular** bras séculier ■ **a brazo** à bras, à force de bras ∥ **a brazo partido** à bras-le-corps (sin usar las armas), à bras raccourcis, à tour de bras (de poder a poder) ∥ **a fuerza de brazos** à force de bras ∥ **con los brazos abiertos** à bras ouverts, les bras ouverts ∥ **con los brazos cruzados** les bras croisés ∥ **del brazo** bras dessus, bras dessous ∥ **en brazos** dans le bras ∥ **huelga de brazos caídos** grève sur le tas o des bras croisés ■ **cruzarse de brazos** se croiser les bras, rester les bras croisés (no obrar) ∥ **dar el brazo de uno** donner le bras à quelqu'un ∥ **dar su brazo a torcer** lâcher prise, en rabattre (ceder), en mettre sa main au feu ∥ **echar los brazos al cuello de alguien** jeter les bras autour du cou de quelqu'un ∥ **echarse o entregarse en brazos de uno** se jeter dans les bras de quelqu'un ∥ **estar atado de brazos** être pieds et poings liés ∥ **estar con los brazos cruzados** rester les bras croisés, se tourner les pouces ∥ FAM **estar hecho un brazo de mar** être beau comme un astre, parée comme une châsse ∥ **ir del brazo o dándose el brazo o cogidos del brazo** aller bras dessus, bras dessous; **se donner le bras** ∥ **no dar su brazo a torcer** ne pas lâcher prise, ne pas en démordre, ne pas se laisser faire ∥ **ser el brazo derecho de uno** être le bras droit de quelqu'un ∥ **tener en brazos** tenir dans ses bras.

➤ **brazos** *m pl* FIG bras; **faltan brazos en la agricultura** l'agriculture manque de bras.

brazola *f* MAR surbau *m*.

brazolargo *m* (*Amer*) atèle, singe-araignée.

brazuelo *m* petit bras (brazo pequeño) ∥ avant-bras (de caballo) ∥ épaule *f*, éclanche *f* (de carnero), jambonneau (del cerdo).

brea *f* brai *m*; **brea mineral** brai de goudron de houille ∥ prélart *m* (tela embreada).

break *m* break (coche).

brear *v tr* FIG & FAM rosser, malmener (maltratar) ∥ assommer (fastidiar) ∥ **brear a palos** rouer de coups.

➤ **brearse** *v pr* FAM **brearse de trabajar** se tuer à la tâche.

brebaje *m* breuvage.

breca *f* ZOOL ablette (albur), pagel *m* (pagel).

brecha *f* brèche; **abrir una brecha en la muralla** faire une brèche dans le mur ∥ trouée, percée (en un bosque, en las líneas enemigas) ∥ MIN brèche ∥ FIG impression, effet *m*; **hacer una brecha en** faire impression sur ■ MIL & FIG **abrir brecha** faire brèche, ouvrir o faire une brèche ∥ **batir en brecha** battre en brèche ∥ **estar siempre en la brecha** être toujours sur la brèche ∥ **hacerse una brecha en la frente** s'ouvrir le front ∥ MIL **montar la brecha** monter sur la brèche ∥ **morir en la brecha** mourir sur la brèche.

brécol *m*; **brecolera** *f* BOT brocoli *m*.

brega *f* lutte (pelea); **la brega de la vida** la lutte pour la vie ∥ querelle, dispute (pendencia) ∥ rude besogne, travail *m* dur (trabajo) ■ TAUROM **capote de brega** cape de travail ∥ **en brega con** en lutte avec ■ **andar a la brega** trimer, travailler dur o ferme o d'arrache-pied ∥ **dar brega** malmener.

bregar [16] *v intr* lutter ∥ FIG trimer (trabajar) ∥ se démener, se mettre en quatre, se décarcasser, se donner du mal (cansarse).

◇ *v tr* pétrir (amasar) ∥ TAUROM travailler [le taureau].

brema *f* brème (pez).

Brema *n pr* GEOGR Brême.

breña *f* broussaille, hallier *m* (maleza).

breñal *m* terrain broussailleux.

breñoso, sa *adj* broussailleux, euse.

breque *m* pagel (pez) ∥ (*Amer*) frein à main (freno) ∥ fourgon à bagages (vagón de equipajes) ∥ break (coche).

brequero *m* (*Amer*) serre-frein.

Bretaña *n pr f* GEOGR **(la) Bretaña** la Bretagne.

brete *m* fers *pl* [des prisonniers] ∥ FIG situation *f* difficile, embarras, difficultés *f*; **estar, poner en un brete** être, mettre dans une situation difficile o dans l'embarras o en difficulté ∥ bétel (buyo) ∥ (*Amer*) enclos [où l'on marque, où l'on enferme le bétail].

bretón, ona *adj & s* breton, onne.

➤ **bretón** *m* LING breton ∥ BOT chou cavalier.

breva *f* figue-fleur (higo) ∥ gland *m* précoce (bellota) ∥ cigare *m* aplati (cigarro) ∥ FIG & FAM aubaine, veine (suerte); **cogió o le cayó una buena breva** il a eu une sacrée veine ∥ fromage *m* (buena colocación) ∥ (*Amer*) tabac *m* à mâcher o à chiquer (tabaco) ∥ FIG & FAM **de higos a brevas** tous les 36 du mois.

breve *adj* bref, ève; court, e (corto) ∥ quelque; **breves palabras** quelques mots ∥ GRAM bref, ève ∥ **en breve** bientôt, sous peu, d'ici peu, dans peu de temps, prochainement (pronto), bref (en pocas palabras).

◇ *m* bref (bula apostólica).

◇ *f* MÚS brève (nota) ∥ brève (sílaba).

brevedad *f* brièveté ■ **con brevedad** brièvement ∥ **niña vestida con brevedad** jeune fille court-vêtue ∥ **se ruega hablar con brevedad** on est prié d'être bref.

brevemente *adv* brièvement.

brevete *m* en-tête (membrete).

∥ OBSERV La palabra francesa **brevet** sólo equivale hoy a **patente**, **privilegio**.

breviario *m* bréviaire.

brevipenne *adj & s* ZOOL brévipenne.

brezal *m* bruyère *f* (terreno cubierto de brezo).

brezo *m* BOT bruyère *f*.

briaga *f* (*Amer*) cuite.

briago, ga *adj* (*Amer*) poivrot, e.

briba; bribia *f* gueuserie, vie de parasite ∥ **andar o vivir a la briba** vivre à ne rien faire.

bribón, ona *adj & s* coquin, e; fripon, onne (pícaro); **este niño es un bribón** cet enfant est un coquin ∥ gueux, gueuse (mendigo).

bribonada *f* friponnerie, coquinerie.

bribonear *v intr* mener une vie de fripon ∥ commettre des friponneries.

bribonería *f* friponnerie, coquinerie.

bricbarca *m* brick (barco).

bricolage; bricolaje *m* bricolage.

bricolar *v tr & intr* bricoler.

brida *f* bride (rienda) ∥ collerette (de un tubo) ∥ MED bride ∥ TECN bride (abrazadera) ■ **a toda brida** à toute bride, à bride abattue ∥ **brida de fijación** étrier.

bridge *m* bridge (naipes); **jugar al bridge** jouer au bridge ∥ **jugador de bridge** bridgeur.

Bridgetown [bridʒ'taun] *n pr* GEOGR Bridgetown.

bridón *m* bridon (brida pequeña) ∥ mors de filet (pieza del bocado) ∥ cheval de selle (caballo) ∥ POÉT coursier (caballo).

brigada *f* MIL brigade ∥ troupe (de bestias) ∥ brigade, équipe (de trabajadores, etc.) ■ **brigada antidisturbios** brigade antiémeutes ∥ **brigada antidroga** brigade des stupéfiants ∥ **brigada de bombas** équipe de déminage ∥ **brigada móvil** brigade mobile.

◇ *m* MIL adjudant.

brigadier *m* général de brigade, brigadier.

∥ OBSERV Hoy el grado de **brigadier**, en francés, corresponde al de **sargento** de caballería o de policía.

Bright

➤ **mal de Bright** *m* MED mal de Bright (nefritis).

Brígida *n pr* Brigitte.

Briján *n pr* FIG & FAM **saber más que Briján**, **ser más listo que Briján** être malin comme un singe.

brillante *adj* brillant, e ∥ FIG brillant, e (lucido).

◇ *m* brillant, diamant (diamante) ∥ **un collar de brillantes** une rivière de diamants.

brillantemente *adv* brillamment.

brillantez *f* FÍS brillance ∥ éclat *m*; **las ceremonias se han desarrollado con gran brillantez** les cérémonies se sont déroulées avec beaucoup d'éclat ∥ **terminó sus estudios con gran brillantez** il a terminé ses études très brillamment.

∥ OBSERV *pl* brillanteces.

brillantina *f* brillantine.

brillar *v intr* [▷ SIN] briller ∥ FIG briller, rayonner; **la alegría brillaba en sus ojos** ses yeux brillaient de joie ∥ briller (sobresalir)

brillar por su ausencia briller par son absence.

> SIN lucir luire; relucir, relumbrar reluire; resplandecer, refulgir resplendir; deslumbrar éblouir; espejear miroiter; tornasolar chatoyer.

brillazón *f* (*Amer*) mirage *m* (en la pampa).

brillo *m* [▷ SIN] éclat, brillant ‖ FIG éclat, gloire *f*; esto no quita brillo a lo que ha hecho cela n'enlève pas d'éclat à ce qu'il a fait ‖ lustre (esplendor) ■ papel de brillo papier glacé ■ estar lleno de brillos être plein d'entrain ‖ sacar brillo a faire reluire (zapatos), faire briller, astiquer (metales, madera).

> SIN resplandor, esplendor splendeur; brillantez éclat; realce relief; centelleo scintillement.

brilloso, sa *adj* (*Amer*) brillant, e (brillante).

brin *m* brin (tela) ‖ brin de safran (de azafrán).

brincar [10] *v intr* bondir, sauter (saltar) ‖ FIG & FAM bondir (enfadarse) ‖ bondir, sauter; brincar de alegría bondir de joie ‖ FAM está que brinca il est piqué au vif (de cólera), il ne tient plus en place (de alegría).

brinco *m* bond, saut (salto); pegar un brinco faire un bond ‖ gambade *f* (niño) ‖ bond (caballo, cabra, etc.) ‖ pendeloque *f* (joya) ■ a brincos par à-coups ‖ de un brinco d'un bond ‖ en dos brincos, en un brinco en moins de deux ■ dar brincos faire des bonds, bondir.

brindar *v intr* porter un toast à, boire à; brindemos por nuestra amistad buvons à notre amitié ‖ boire à la santé de; brindar por uno boire à la santé de quelqu'un ‖ trinquer (chocar las copas).
> ◇ *v tr* offrir (proponer, ofrecer); le brindo la oportunidad de je vous offre la possibilité de ‖ TAUROM brindar el toro dédier le taureau, offrir le sacrifice du taureau.

➤ **brindarse** *v pr* offrir, proposer; se brindó a pagar il offrit de payer.

brindis *m* toast; echar un brindis porter un toast ‖ TAUROM brindis [hommage que le matador fait du taureau qu'il va tuer à une personnalité ou au public].

Brindisi; Brindis *n pr* GEOGR Brindisi.

brinell *m* brinell (para los metales).

briñolero *m* BOT olivier des Antilles.

briñón *m* brugnon (fruta).

brío *m* courage, énergie *f* (pujanza) ‖ brio; hablar con brío parler avec brio ‖ fougue *f*, entrain; lleno de brío plein d'entrain; cantar con brío chanter avec entrain ‖ abattage (de un actor, etc.) ‖ grâce *f*, élégance *f* (gentileza) ‖ hombre de bríos homme énergique.

brioche [briotʃe] *m* brioche *f*.

briofitas *f pl* BOT bryophytes (muscíneas).

briol *m* MAR cargue *f* (cuerda).

briología *f* BOT bryologie.

brionia *f* BOT bryone.

bríos! (¡voto a) *interj* FAM sacrebleu!, morbleu!
> OBSERV Dans les jurons, bríos remplace en espagnol Dios, de même que bleu remplace en français Dieu.

briosamente *adv* courageusement (con valor) ‖ avec entrain (con ardor) ‖ avec brio (con brillo).

brioso, sa *adj* courageux, euse; énergique (enérgico) ‖ fougueux, euse; vif, vive (fogoso); caballo brioso cheval fougueux.

briozoarios *m pl* BOT bryozoaires.

briqueta *f* briquette (carbón).

brisa *f* brise (viento); brisa marina brise de mer o marine ‖ marc *m* (orujo).

brisada *f* BLAS brisure.

brisca; briscán (*Amer*) *f* brisque, mariage *m* (juego).

briscado *adj* broché, e (tela).
➤ **briscado** *m* brocart.

briscán ➤ brisca.

briscar [10] *v tr* brocher, broder au fil d'or.

brisera *f* (*Amer*) verre *m* de lampe.

brístol *m* bristol (cartulina).

brisura *f* BLAS brisure.

Británicas *n pr f pl* GEOGR las islas Británicas les îles Britanniques.

británico, ca *adj* & *s* britannique.

britano, na *adj* & *s* anglais, e; britannique ‖ (ant) breton, onne.

briza *f* BOT brize (cedacillo).

brizna *f* brin *m*; una brizna de hierba, de paja un brin d'herbe, de paille ‖ fil *m* (de la judía).

briznoso, sa *adj* filamenteux, euse; filandreux, euse.

broca *f* broche (de bordadora) ‖ foret *m*, tarière (taladro) ‖ broquette (clavo).

brocado, da *adj* broché, e (telas).
➤ **brocado** *m* brocart (tela).

brocal *m* margelle *f* (de un pozo) ‖ chape *f* (de una vaina) ‖ embouchure *f* (d'une outre à vin) ‖ BLAS bordure *f*.

brocamantón *m* grande broche *f* en pierreries.

brocatel *m* brocatelle *f* (tela, mármol).

brocearse *v tr* (*Amer*) s'épuiser (una mina) ‖ FIG se gâter (echarse a perder).

broceo *m* (*Amer*) épuisement (de una mina).

brocha *f* brosse, gros pinceau *m* (pincel) ‖ queue-de-morue (pincel aplastado) ‖ houpette (para polvos) ‖ dé chargé o pipé (juegos) ‖ TECN broche ■ brocha de afeitar blaireau ‖ pintor de brocha gorda peintre en bâtiment (casa), barbouilleur (mal pintor) ‖ versos de brocha gorda vers de mirliton.

brochada ➤ brochazo.

brochado, da *adj* broché, e (telas).

brochadora *f* MECÁN brocheuse.

brochadura *f* broche, agrafe.

brochal *m* ARQ chevêtre.

brochazo *m*; **brochada** *f* coup de brosse o de pinceau.

broche *m* broche *f*, agrafe *f* ‖ (*Amer*) trombone (para sujetar papeles) ‖ FIG el broche final o de oro le couronnement, le point final, l'apothéose, le bouquet.

➤ **broches** *m pl* (*Amer*) boutons de manchettes (gemelos).

brocheta *f* CULIN brochette.

brocho *adj m* TAUROM aux cornes très rapprochées.

bróculi *m* BOT brocoli (brécol).

brodequin *m* brodequin.
> OBSERV C'est un gallicisme employé pour borceguí.

broker [broker] *m* agent de change (finances).
> ■ OBSERV pl brokers.

broma *f* [▷ SIN] plaisanterie; ¡no es ninguna broma! ce n'est pas une plaisanterie! ‖ farce, blague; gastar bromas faire des farces ‖ ZOOL taret *m* (molusco) ‖ bruit *m*, tapage *m* (bulla) ■ broma aparte blague o plaisanterie à part ‖ broma de mal gusto plaisanterie de mauvais goût ‖ broma pesada mauvaise plaisanterie, sale blague ‖ en broma pour plaisanter, pour rire ‖ entre bromas y veras mi-figue, mi-raisin ‖ ni en broma sûrement pas, jamais de la vie ‖ sin broma blague à part ‖ tienda de bromas y engaños magasin de farces et attrapes ■ ¡basta de bromas!, ¡dejémonos de bromas! trêve de plaisanteries!, suffit! ‖ dar una broma a faire une blague à ‖ es pura broma c'est de la rigolade ‖ no estar para bromas ne pas avoir envie de rire o le cœur à rire, ne pas avoir envie de plaisanter ‖ no gastar bromas ne pas plaisanter ‖ saber tomar las bromas comprendre o savoir prendre la plaisanterie ‖ ser amigo de bromas aimer à rire, aimer la rigolade FAM ‖ tomar a broma tourner en dérision o en plaisanterie (ridiculizar), ne pas prendre au sérieux (tomar a guasa).

> SIN humorada, ocurrencia boutade; chiste, gracia plaisanterie, blague; chanza, chirigota, guasa plaisanterie; chocarrería gaudriole; bufonada, jocosidad bouffonnerie; pulla quolibet; novatada brimade.

bromar *v tr* ronger [le bois].

bromato *m* QUÍM bromate.

bromatología *f* diététique.

bromatólogo, ga *m* & *f* diététicien, enne.

bromazo *m* plaisanterie *f* de mauvais goût, grosse o mauvaise plaisanterie *f*; dar un bromazo faire une grosse plaisanterie.

bromear *v intr* plaisanter, blaguer FAM, rigoler FAM; no estoy bromeando je ne plaisante pas.

bromeliáceas *f pl* broméliacées.

bromhídrico, ca *adj* QUÍM bromhydrique.

brómico, ca *adj* QUÍM bromique.

bromista *adj* & *s* farceur, euse; plaisantin (sin femenino), blagueur, euse; rigolo, ote FAM ‖ bromista pesado mauvais plaisant.

bromo *m* BOT & QUÍM brome.

bromoformo *m* QUÍM bromoforme.

bromuro *m* QUÍM bromure.

bronca *f* bagarre, rixe, grabuge *m* (riña) ‖ réprimande, savon, engueulade MFAM (reprensión), chahut *m* (manifestación colectiva) ‖ huées *pl* (gritos) ‖ scène; bronca familiar scène de famille; su mujer le armó una bronca sa femme lui fit une scène ■ dar una bronca faire du chahut, chahuter ‖ echar una bronca passer un savon, sonner les cloches, disputer ‖ ganarse una bronca se faire huer ‖ llevarse una bronca recevoir un savon, se faire sonner les cloches, se faire disputer ‖ se armó una bronca une bagarre a éclaté, il y a eu du grabuge.

bronce *m* bronze (metal y objeto de arte) ‖ POÉT airain, bronze ‖ FIG escribir en bronce écrire sur l'airain ‖ ser de bronce avoir un cœur de pierre o d'acier.

bronceado, da *adj* bronzé, e.
➤ **bronceado** *m* bronzage.

bronceador *m* huile *f* de bronzage.

bronceadora *f* IMPR bronzeuse.

bronceadura *f* bronzage *m*.

broncear *v tr* bronzer (un metal, una estatua, la piel).

➡ **broncearse** *v pr* se bronzer (la piel).

broncíneo, a *adj* bronzé, e (del color del bronce) ‖ de bronze.

broncista *m* bronzier, bronzeur.

bronco, ca; brozno, na *adj* âpre, rude ‖ cassant, e (metales) ‖ rauque, désagréable (voz, sonido) ‖ FIG revêche, désagréable (carácter).

broncoectasia *f* MED bronchectasie, bronchiectasie.

broncofonía *f* MED bronchophonie.

bronconeumonía *f* MED bronchopneumonie.

broncopatía *f* MED bronchopathie.

broncorrea *f* MED bronchorrée.

broncoscopia *f* bronchoscopie.

broncoscopio *m* bronchoscope.

broncotomía *f* MED bronchotomie.

bronquear *v tr* MED réprimander, gronder.

bronquedad; bronquera *f* rudesse.

bronquial *adj* ANAT bronchial, e.

bronquio *m* ANAT bronche *f*.

bronquiolos *m pl* ANAT bronchioles *f*.

bronquítico, ca *adj & s* bronchitique.

bronquitis *f inv* MED bronchite.

brontosauro *m* brontosaure (fósil).

broquel *m* bouclier.

broquelarse *v pr* se couvrir, se mettre à l'abri d'un bouclier ‖ FIG se défendre, se mettre à l'abri, se protéger.

broquelazo *m* coup de bouclier.

broqueta *f* brochette; riñones en broqueta rognons en brochette.

brotadura *f* pousse (acción de brotar las plantas) ‖ jaillissement *m* (de una fuente).

brotar *v intr* pousser (las plantas); el trigo brota le blé pousse ‖ bourgeonner (echar renuevos); este árbol empieza a brotar cet arbre commence à bourgeonner ‖ [▷ SIN] jaillir, sourdre (las fuentes) ‖ jaillir; brotaron las lágrimas de sus ojos les larmes jaillirent de ses yeux ‖ apparaître, sortir (erupción cutánea) ‖ FIG apparaître, se manifester (surgir).
◇ *v tr* produire.
‖ SIN manar jaillir; resaltar rejaillir; surtir, surgir, saltar jaillir.

brote *m* [▷ SIN] BOT bourgeon, pousse *f* ‖ jaillissement (del agua, de las lágrimas) ‖ poussée *f* (de fiebre) ‖ FIG première manifestation *f*, début (principio), apparition *f*.
‖ SIN renuevo pousse; botón, capullo bouton.

browniano *adj m* FÍS brownien (movimiento).

browning *f* browning *m* (pistola).

browser *m* INFORM navigateur; browser en modo texto navigateur en mode texte.

broza *f* feuilles *pl* mortes (hojas muertas), débris *m pl* végétaux (residuos vegetales) ‖ résidus *m pl*, débris *m pl* (desechos) ‖ buissons *m pl* (matorrales) ‖ broussailles *pl* (maleza) ‖ FIG remplissage *m* (por escrito), verbiage *m*, bla-

bla *m* (de palabra); meter broza faire du remplissage ‖ IMPR brosse.

brozno, na ➡ **bronco**.

brucería *f* brosserie (fábrica de cepillos).

brucero, ra *m & f* brossier, ère.

bruces
➡ **a bruces; de bruces** *loc adv* à plat ventre ‖ caer o darse de bruces s'étaler de tout son long, tomber à plat ventre.

brucina *f* QUÍM brucine.

brugo *m* bruche (insecto).

bruja *f* sorcière (hechicera) ‖ ZOOL chouette ‖ FIG sorcière (mujer vieja y fea) ■ creer en brujas croire au Père Noël, gober tout ‖ (Amer) estar bruja être pauvre o misérable.

Brujas *n pr* GEOGR Bruges.

brujear *v intr* se livrer à la sorcellerie.

brujería *f* sorcellerie.

brujidor *m* grésoir, grugeoir (grujidor).

brujir *v tr* gruger (grujir).

brujo *m* sorcier ‖ el aprendiz de brujo l'apprenti sorcier.

brújula *f* boussole ‖ (p us) mire, viseur *m* (mira) ■ ASTRON brújula de cuadrante boussole à cadran ‖ brújula de declinación boussole de déclinaison ‖ GEOGR brújula de eclímetro boussole à éclimètre ‖ brújula de inclinación boussole d'inclinaison ‖ brújula giroscópica compas gyroscopique ■ FIG perder la brújula perdre la boussole o le nord o la boule.

brujulear *v tr* filer les cartes (naipes) ‖ FIG & FAM deviner (adivinar) ‖ flâner (vagar).

brujuleo *m* action *f* de filer ses cartes ‖ FIG & FAM divination *f*.

brulote *m* MAR brûlot ‖ (Amer) propos blessant, injure *f* ‖ libelle, pasquin.

bruma *f* brume ‖ bruma ligera brumasse.

brumal *adj* relatif, ive à la brume.

brumar *v tr* accabler (abrumar).

brumario *m* brumaire (mes del calendario republicano francés que va del 23 de octubre al 21 de noviembre).

brumazón *f* brume épaisse.

brumoso, sa *adj* brumeux, euse.

Brunei *n pr m* GEOGR Brunei.

bruno *adj* brun, e.
◇ *m* BOT prune *f* noire (fruta) ‖ prunier (árbol).

bruñido *m* bruni, poli (pulimento) ‖ brunissage, polissage (acción) ‖ brunissure *f* (pulido).

bruñidor, ra *m & f* brunisseur, euse.
➡ **bruñidor** *m* TECN brunissoir, polissoir.

bruñidura *f*; **bruñimiento** *m* brunissage *m*, polissage *m* (acción) ‖ brunissure *f* (pulido) ‖ bruni *m*, brunissage *m* (pulimento).

bruñir *v tr* polir (un metal, una piedra), brunir (un metal) ‖ lustrer (un espejo) ‖ fourbir (un metal, una espada) ‖ FAM (Amer) embêter, raser, barber (fastidiar).
➡ **bruñirse** *v pr* FIG & FAM se farder (maquillarse).

‖ OBSERV Bruñir perd le « i » atone de la désinence quand celui-ci est situé entre la consonne « ñ » et une voyelle (comme dans bruñendo, bruñó, bruñera).

bruscamente *adv* brusquement (toscamente) ‖ soudainement, abruptement (de repente).

brusco, ca *adj* brusque.
➡ **brusco** *m* BOT petit houx, fragon épineux.

brusela *f* BOT pervenche.

bruselas *f pl* brucelles, pinces (de joyeros).

Bruselas *n pr* GEOGR Bruxelles.

bruselense *adj & s* bruxellois, e.

brusquedad *f* brusquerie.

brut *adj inv* brut (champán).

brutal *adj* brutal, e; hombres brutales des hommes brutaux ‖ FAM énorme, terrible ‖ de una manera brutal brutalement (con brusquedad), énormément (mucho).
◇ *m* brute *f* (bruto).

brutalidad; bruteza *f* brutalité ‖ FAM énormité (barbaridad).

brutalizar [13] *v tr* brutaliser.
➡ **brutalizarse** *v pr* s'abrutir (embrutecerse).

brutalmente *adv* brutalement.

bruteza ➡ **brutalidad**.

bruto, ta *adj* bête, stupide, idiot, e; bouché, e; este hombre es muy bruto cet homme est très bête ‖ brut, e (sin cultura) ‖ brut, e; piedra bruta pierre brute; petróleo bruto pétrole brut ■ (Amer) a la bruta, a lo bruto grossièrement, à la va-vite ‖ el noble bruto le cheval ‖ en bruto brut; diamante, peso en bruto diamant, poids brut ‖ FIG & FAM pedazo de bruto espèce de brute ‖ FAM ser más bruto que un adoquín o un arado être complètement bouché, en tenir une couche.
◇ *m & f* imbécile, idiot, e (tonto) ‖ rustre (rústico) ‖ FIG sauvage; este niño es un bruto, acaba de comer diez pasteles cet enfant est un sauvage, il vient de manger dix gâteaux.
➡ **bruto** *m* brute *f*.

Bruto *n pr* HIST Brutus.

bruza *f* brosse (de tipógrafo).

bruzador *m* IMPR baquet [pour laver les formes].

bruzar [13] *v tr* brosser.

bu *m* FAM croque-mitaine (coco).
‖ OBSERV *pl* búes.

buarillo ➡ **buharro**.

buaro ➡ **buharro**.

bubi *m* Noir de Fernando Poo.

bubón *m* MED bubon.

bubónico, ca *adj* MED bubonique (peste).

buboso, sa *adj* qui a des bubons.

bucal *adj* buccal, e.

bucanero *m* boucanier.

Bucarest *n pr* GEOGR Bucarest.

búcaro *m* cruche *f* (vasija de barro) ‖ boucaro (arcilla).

buccinador *m* ANAT buccinateur (músculo de la mejilla).

buccino *m* ZOOL buccin (molusco).

buceador *m* scaphandrier (buzo) ‖ pêcheur de perles.

bucear *v intr* plonger, travailler sous l'eau o en plongée (el buzo) ▌ nager sous l'eau (nadar) ▌ FIG explorer, sonder, tâter (un asunto).

bucéfalo *m* FIG & FAM brute *f*, butor (estúpido).

Bucéfalo *n pr* Bucéphale.

buceo *m* plongée *f* (del buzo) ▌ plongeon (del nadador) ▌ FIG exploration *f*, recherches *f pl*, sondage (investigación).

bucero *m* griffon (perro).

buchaca *f* (*Amer*) bourse (bolsa) ▌ blouse (tronera del billar).

buchada *f* gorgée.

buche *m* jabot (de las aves) ▌ estomac (de ciertos animales) ▌ gorgée *f* (de líquido) ▌ poche *f* (que hace la ropa) ▌ FIG & FAM ventre, panse *f* (estómago) ▌ cœur, ventre (pecho) ▌ ânon (borrico) ▌ (*Amer*) haut-de-forme (chistera) ▌ goitre (bocio) ▌ FAM llenarse el buche se remplir la panse, se taper la cloche ▌ no le cupo en el buche esta broma il n'a pas avalé cette plaisanterie.

buchinche ▬ bochinche.

buchón, ona *adj* boulant, e (paloma) ▌ ventru, e (barrigón).

bucle *m* boucle *f* (de cabellos) ▌ INFORM boucle *f*; bucle de programa boucle de programme; bucle iterativo o de iteración bucle itérative.

bucólica *f* bucolique (composición poética) ▌ FAM boustifaille, mangeaille (comida).

bucólico, ca *adj* bucolique.

bucolismo *m* amour de la poésie pastorale (afición a la poesía), amour de la vie champêtre (afición a la vida del campo).

bucráneo *m* ARQ bucrane.

buda *m* bouddha.

Buda *n pr* Bouddha.

Budapest *n pr* GEOGR Budapest.

budare *m* (*Amer*) plat [pour cuire le pain de maïs].

budín *m* CULIN pudding (pastel) ▌ pain; budín de espinacas pain d'épinards.

▌ OBSERV Ne pas confondre avec boudin, qui se traduit par morcilla.

budinadora *f* TECN boudineuse (máquina de extrusión).

budinera *f* moule *m* à pudding.

budión *m* labre, vieille de mer (pez).

budismo *m* bouddhisme.

budista *adj & s* bouddhiste.

buen *adj* forme apocopée de bueno [▬ bueno].

▌ OBSERV L'adjectif bueno s'apocope en buen lorsqu'il est placé devant le mot qu'il détermine, que ce soit un substantif (un buen libro un bon livre; un buen mozo un beau garçon; un buen hombre un brave homme; hace buen tiempo il fait beau; un buen día un beau jour, etc.) ou un verbe à l'infinitif employé comme substantif (un buen andar un bon pas, etc.).

Buena Esperanza *n pr* GEOGR el cabo de Buena Esperanza le cap de Bonne-Espérance.

buenamente *adv* tout bonnement, tout simplement (sencillamente) ▌ facilement (fácilmente) ▌ de bonne foi; creer buenamente todo lo que se dice croire de bonne foi tout ce qu'on dit ▌ si buenamente puede usted hacerlo si vous voulez bien avoir la gentillesse de le faire.

buenandanza ▬ bienandanza.

buenaventura *f* bonne aventure; echar o decir la buenaventura dire la bonne aventure ▌ chance (suerte).

Buenaventura *n pr* Bonaventure.

buenazo, za *adj* bonasse, débonnaire. ◇ *m & f* brave homme, brave femme.

bueno, na *adj* (▷ SIN) bon, bonne (bondadoso); es más bueno que el pan il est bon comme le pain o du bon pain ▌ sage; este niño es bueno como un ángel cet enfant est sage comme une image ▌ bon, bonne; buena conducta bonne conduite; ser de buena familia être de bonne famille ▌ bon, bonne; fort, e; una buena calentura une bonne fièvre ▌ bon, bonne (útil, agradable) ▌ bon, bonne (hábil); un buen obrero un bon ouvrier ▌ en bonne santé; estar bueno être en bonne santé [dans ce cas, toujours avec le verbe estar] ▌ bon, bonne; brave (sencillote); una buena chica une bonne fille ▌ bon, bonne; beau, belle; llevarse una buena bofetada recevoir une belle gifle ▌ beau, belle; tener buena voz avoir une belle voix; una buena ocasión une belle occasion ▌ beau, belle; un buen día un beau jour ▌ FAM gentil, ille; coquet, ette; una buena cantidad une gentille somme ▌ drôle de; ¡buen sinvergüenza está hecho Juan! Jean est un drôle d'effronté! ■ FAM buena jugada mauvais tour, drôle de tour (mala jugada), bon coup (acierto) ▌ buenas noches bonsoir (al atardecer), bonne nuit (al acostarse) ▌ buenas tardes bonjour (después del mediodía), bonsoir (al atardecer) ▌ bueno de o para bon à; bueno de comer bon à manger ▌ buenos días bonjour (hasta el mediodía) ▌ buen perdedor beau joueur ■ a buenas, por las buenas volontiers, de bon gré ¿adónde o a dónde bueno? où allez-vous comme ça o de ce pas? ▌ a la buena de Dios à la bonne franquette, sans façon (sin cumplido), au petit bonheur, à la va-comme-je-te-pousse, à la six-quatre-deux (a lo que salga) ▌ de buena gana de bon cœur ▌ de buenas a primeras de but en blanc, brusquement (de repente), de prime abord (a primera vista) ▌ ¿de dónde bueno? d'où venez-vous comme ça? ▌ de las buenas magistral ▌ de verdad de las buenas vrai de vrai ▌ el buen camino le droit chemin ▌ los buenos tiempos le bon vieux temps ▌ por las buenas comme ça (hacer las cosas) ▌ por las buenas o por las malas bon gré mal gré, de gré ou de force ■ dar por buena una cosa approuver o admettre une chose ▌ darse buena vida mener la belle o bonne vie ▌ es bueno saberlo c'est bon à savoir ▌ FAM estar bueno, buena être bien foutu, e ▌ FAM estar de buenas être bien luné o de bonne humeur ▌ (*Amer*) estar en la buena être chanceux ▌ estaría bueno que il ferait beau voir que, il ne manquerait plus que ▌ hace buen tiempo il fait beau ▌ librarse de una buena l'échapper belle ▌ poner buena cara faire bon visage ▌ ¿qué dice de bueno? quoi de neuf? ▌ ser muy buena persona être très gentil ▌ FAM tirarse una buena vida se la couler douce ▌ verá usted lo que es bueno vous allez voir ce que vous allez voir.

▬ **bueno** *m* bon; los buenos y los malos les bons et les méchants; el bueno de la película le bon du film, le héros ▌ bon; preferir lo bueno a lo bello préférer le bon au beau ▌ FAM lo bueno es que le meilleur o le mieux o le plus fort c'est que ▌ lo bueno, si breve, dos veces bueno le plus court est le meilleur, plus c'est court mieux c'est.

➡ **¡bueno!** *interj* FAM bon!, bien! (está bien), assez!, stop! (basta) ■ ¡buenas! salut! ¡pero bueno! mais enfin! ¡qué buena!, ¡muy buena! elle est bien bonne! (historia) ▌ (*Amer*) ¡qué bueno! chic!, formidable! (¡qué bien!) ▌ ¡qué bueno!, ¡muy bueno! bravo! (olé), excellent! ■ ¡buena es ésa! ça alors!, c'est un peu fort! (sorpresa), elle est bien bonne! (tiene gracia) ▌ buena la has hecho! tu en as fait de belles! ▌ FAM ¡bueno está lo bueno! ça suffit! ▌ ¡estamos buenos! nous voilà bien! ▌ FAM ¡estaría bueno! il ne manquerait plus que ça!.

▌ SIN agradable agréable; excelente excellent; bondadoso, benévolo bienveillant; bonachón bonasse.

Buenos Aires *n pr* GEOGR Buenos Aires.

buey *m* ZOOL bœuf ■ buey de mar tourteau (crustáceo) ▌ buey marino lamantin ■ el buey suelto bien se lame rien ne vaut la liberté ▌ (*Amer*) hablar de bueyes perdidos parler pour ne rien dire ▌ habló el buey y dijo mu que pouvait-on attendre d'autre de lui?

▌ OBSERV 1. Le bœuf, viande de boucherie, se traduit de préférence par vaca.

▌ 2. pl bueyes.

bueyada *f* (*Amer*) troupeau *m* de bœufs.

bueyecillo; bueyezuelo *m* bouvillon.

bufa *f* plaisanterie, bouffonnerie (bufonada) ▌ (*Amer*) cuite (borrachera).

bufado, da *adj* soufflé, e (vidrio).

bufador *m* GEOL explosion *f* produite par la mer en s'engouffrant dans une cavité du rivage.

búfalo, la *m & f* ZOOL buffle, bufflonne.

bufanda *f* cache-nez *m inv*, cache-col *m inv*, écharpe; una bufanda de lana, de seda un cache-nez en laine, une écharpe de soie.

bufar *v intr* souffler (el toro, etc.) ▌ FIG écumer de colère ▌ s'ébrouer (resoplar el caballo), feuler (el gato) ▌ bufando de cólera fumant o écumant de colère.

bufarrón *m* (*Amer*) FAM pédé.

bufé ▬ buffet.

bufete *m* bureau (mesa) ▌ cabinet, étude *f* (despacho de un abogado); abrir bufete ouvrir une étude ▌ clientèle *f* (de un abogado).

▌ OBSERV Le français buffet (d'où vient d'ailleurs bufete) se traduit en espagnol par aparador.

buffer ['bafer] *m* INFORM mémoire *f* tampon.

▌ OBSERV pl buffers.

buffet; bufé *m* buffet (mesa donde se sirven refrescos, fonda) ▌ (*Amer*) repas froid, lunch (ambigú).

▌ OBSERV pl buffets; bufés.

bufido *m* mugissement (del toro) ▌ feulement (de los felinos); dar bufidos pousser des feulements ▌ ébrouement (de los caballos) ▌ FIG & FAM bouffée *f*, explosion *f*; dar bufidos de rabia avoir des bouffées de colère ▌ remontrance *f*, coup de gueule FAM; el director ha dado un bufido le directeur a poussé un coup de gueule o a fait une remontrance ▌recibir un bufido se faire engueuler.

bufo, fa *adj* bouffe (ópera) ▌ actor bufo bouffe.
◇ *m & f* bouffon, onne.

bufón, ona *adj & s* bouffon, onne ▌hacer el bufón faire le pitre.
▌ SIN bromista plaisantin; cómico comédien; histrión histrion; polichinela polichinelle.

bufonada; bufonería *f* bouffonnerie ▌plaisanterie (broma).

bufonearse *v pr* bouffonner (p us), faire o dire des bouffonneries ▌ se moquer (burlarse).

bufonería ► bufonada.

bufonesco, ca *adj* bouffon, onne.

bufos *m pl* bouffes *f* (teatro).

bufosa *f*; **bufoso** *m* FAM (*Amer*) pétard *m* (revólver).

bug [buk] *m* INFORM bogue.
▌ OBSERV pl bugs.

buganvilla *f* BOT bougainvillée.

buggy *m* buggy (coche).

bugle *m* MÚS bugle.

buglosa *f* buglosse, buglose (planta).

bugui bugui *m* boogie-woogie.

buharda; buhardilla *f* lucarne, fenêtre à tabatière (ventanilla) ▌ combles *m pl*, mansarde (desván); vivir en una buhardilla habiter une mansarde o sous les combles.

buharro; buaro; buarillo *m* petit duc (ave).

búho *m* hibou (ave) ▌FIG & FAM vieux hibou, ours mal léché ▌búho real grand duc.

buhonear *v intr* être camelot o colporteur.

buhonería *f* pacotille, camelotte FAM (mercancías), éventaire *m* (tienda portátil).

buhonero *m* colporteur (ambulante) ▌camelot (vendedor al aire libre).

buido, da *adj* effilé, e; aiguisé, e (afilado) ▌strié, e; cannelé, e (acanalado) ▌estilo buido style coulant.

buitre *m* vautour (ave); buitre franciscano vautour moine ▌FIG corbeau ▌FIG & FAM vautour.

buitrear *v intr* (*Amer*) chasser le vautour (cazar) ▌vomir.

buitrera *f* endroit *m* où le chasseur dépose un appât pour le vautour.

buitrero *m* chasseur de vautours.

buitrón *m* seine *f*, senne *f*, bire *f* (red) ▌(*Amer*) four à manche (horno).

bujarra; bujarrón *m* FAM pédé.

buje *m* frette *f* (de un eje).

bujería *f* colifichet *m*, babiole (fruslería).

bujía *f* bougie (vela, de encendido, unidad de intensidad luminosa).

bula *f* bulle (adorno antiguo) ▌bulle (del papa) ▌bulle, dispense (dispensa) ■ HIST bula de oro bulle d'or ▌FIG & FAM no poder con la bula être à bout, n'en pouvoir plus ▌tener bula para todo avoir carte blanche.

bulbar *adj* bulbaire.

bulbo *m* BOT, ANAT & ARQ bulbe ■ bulbo dentario pulpe dentaire ▌bulbo piloso bulbe pileux ▌bulbo raquídeo bulbe rachidien.

bulboso, sa *adj* BOT bulbeux, euse.

buldog; bulldog *m* bouledogue (perro).
▢ OBSERV pl buldogs; bulldogs.

buldozer; bulldozer *m* bulldozer (excavadora).
▢ OBSERV pl buldozers; bulldozers.

bule *m* (*Amer*) gourde *f* [fruit et récipient] ▌llenarse hasta los bules se goinfrer.

bulerías *f pl* buterias [air et danse andalous].

bulero *m* distributeur des bulles de la Sainte Croisade et collecteur des aumônes.

buleto *m* bref [du pape].

bulevar *m* boulevard (alameda).
▢ OBSERV pl bulevares.

Bulgaria *n pr f* GEOGR Bulgarie.

búlgaro, ra *adj & s* bulgare.
➔ búlgaro *m* LING bulgare.

bulimia *f* MED boulimie (hambre).

bulímico, ca *adj & s* boulimique.

bulín *m* FAM (*Amer*) piaule *f* (casa).

bulla *f* tapage *m*, raffut *m*, vacarme *m*; meter o armar bulla faire du raffut, du boucan ▌chahut *m*; a él le gusta mucho la bulla il aime beaucoup le chahut ▌foule, affluence, cohue; hay mucha bulla en las tiendas il y a beaucoup de cohue dans les magasins ▌bousculade (atropello) ■ meter bulla bousculer (meter prisa) ▌tener bulla être bousculé.

bullabesa; bouillabaisse *f* bouillabaisse.

bullanga; bullaranga *f* agitation, tumulte *m* (tumulto).

bullanguero, ra *adj & s* turbulent, e; tapageur, euse (alborotador).

bullaranga ► bullanga.

bullarengue *m* tournure *f* (de la falda) ▌(*Amer*) simulacre.

bulldog ► buldog.

bulldozer ► buldozer.

bullebulle *m & f* FIG & FAM personne qui a la bougeotte, qui ne tient pas en place.
◇ *m* agitation *f*.

bullicio *m* brouhaha, tumulte, tapage (ruido) ▌agitation *f*; retirarse al campo para huir del bullicio se retirer à la campagne pour fuir l'agitation ▌bousculade *f*; ser cogido en el bullicio être pris dans la bousculade ▌grouillement (de la muchedumbre).

bullicioso, sa *adj* bruyant, e (ruidoso); una calle bulliciosa une rue bruyante ▌remuant, e; turbulent, e (inquieto); un chico muy bullicioso un garçon très turbulent ▌séditieux, euse (sedicioso).

bullidor, ra *adj* vif, vive; remuant, e.

bullir *v intr* bouillir (hervir) ▌bouillonner (a borbotones) ▌grouiller (insectos), frétiller (peces) ▌FIG bouillir; la sangre le bulle en las venas le sang bout dans ses veines ▌fourmiller, grouiller (una muchedumbre) ▌remuer, s'agiter (agitarse) ▌foisonner, abonder (las cosas) ▌bullirle a uno hacer algo avoir une envie folle de faire quelque chose ▌le bullen los pies al ver bailar en voyant danser, elle a une envie folle d'en faire autant ▌me bulle la lengua la langue me démange.
◇ *v tr* (p us) remuer (mover).
➔ **bullirse** *v pr* se remuer (moverse).
▌ OBSERV Bullir perd le « i » atone de la désinence quand celui-ci est situé entre la

consonne « ll » et une voyelle (comme dans bullendo, bulló, bullera).

bullón *m* bouillon (tinte) ▌fleuron, ornement (de una encuadernación) ▌bouillon (pliegue).
▌ OBSERV Le mot français bouillon, aliment liquide, se traduit par caldo.

bully *m* DEP bully.

bulo *m* FAM canard, bobard, fausse *f* nouvelle, faux bruit; corre un bulo un faux bruit court.

bulto *m* volume, grosseur *f*, taille *f*; libro de poco bulto livre de petite taille ▌masse *f*, silhouette *f*, forme *f* vague (objeto o persona de aspecto confuso); he visto dos bultos cerca de la casa j'ai vu deux silhouettes près de la maison ▌grosseur *f*, bosse *f*; me hice un bulto al caerme je me suis fait une bosse en tombant; tiene un bulto en el cuello il a une grosseur dans le cou ▌paquet, colis (paquete) ▌ballot; un bulto de ropa un ballot de linge ▌taie *f* (de almohada) ▌corps; el toro busca el bulto le taureau cherche le corps ▌(*Amer*) cartable (cartapacio) ■ a bulto au jugé, en gros, au pifomètre FAM ▌bultos de mano bagages à main ▌cuanto menos bulto, más claridad bon débarras ▌de bulto de taille ▌de mucho bulto (voluminoso) ▌error de bulto erreur grossière o manifeste o de taille ■ FIG & FAM buscar a uno el bulto chercher noise à quelqu'un ▌escoger a bulto prendre dans le tas ▌escurrir el bulto se défiler, se dérober ▌hacer bulto faire nombre ▌hacer mucho bulto encombrer, prendre beaucoup de place ▌ser de bulto sauter aux yeux, être évident o manifeste ▌tirar a bulto tirer au jugé o au hasard.

bululú *m* comédien ambulant.
▌ OBSERV pl bululúes.

bumerán; bumerang *m* boomerang (arma).
▢ OBSERV pl bumeráns; bumerangs.

bungalow *m* bungalow.
▢ OBSERV pl bungalows.

buniato *m* BOT patate *f* (boniato).

búnquer; bunker *m* bunker.
▢ OBSERV pl búnquers; bunkers.

buñolada *f* kermesse.

buñolería *f* boutique de marchand de beignets.

buñuelo *m* beignet ▌FIG & FAM navet; esta película es un buñuelo ce film est un navet ■ buñuelo de viento pet-de-nonne ▌FIG & FAM hacer un buñuelo bâcler son travail.

BUP (abrev de Bachillerato Unificado Polivalente) *m* cycle d'enseignement pour les élèves de 14 à 17 ans, en Espagne, ≃ scolarité de la troisième à la première.

bupresto *m* ZOOL bupreste (agrilo).

buque *m* bateau, bâtiment, vaisseau (barco); buque de hélice, de ruedas, de vapor, de vela, mercante bateau à hélice, à aubes, à vapeur, à voiles, marchand ▌contenance *f*, capacité *f* (cabida); MAR coque *f* (casco) ■ buque aljibe bateau-citerne ▌buque almirante vaisseau amiral ▌buque costero garde-côte (s) ▌buque de abastecimiento ravitailleur ▌buque de carga cargo ▌buque de desembarco péniche de débarquement ▌buque de guerra navire de guerre ▌buque de línea paquebot ▌buque escuela bateau-école,

navire-école ▮ **buque factoría** navire-usine ▮ **buque fanal** o **faro** bateau-feu, bateau-phare ▮ **buque granelero** vraquier ▮ **buque hospital** navire-hôpital ▮ **buque insignia** vaisseau-amiral ▮ **buque minador** mouilleur de mines ▮ **buque portacontenedores** porte-conteneurs.
▮ OBSERV [➤ **barco**].

buqué; bouquet *m* bouquet (bouquet).
▮ OBSERV 1. le mot buqué est un gallicisme. 2. pl buqués; bouquets.

buraco *m* FAM (*Amer*) trou (agujero).

burbuja *f* bulle (de aire).

burbujear *v intr* bouillonner, faire des bulles ▮ pétiller (vino).

burbujeo *m* bouillonnement ▮ pétillement (del vino).

burda *f* MAR galhauban *m* [des mâts de perroquet].

burdégano *m* ZOOL bardot, bardeau.

burdel *adj* vicieux, euse.
◇ *m* MFAM bordel.

burdeos *adj inv* & *m inv* bordeaux.

Burdeos *n pr* GEOGR Bordeaux.

burdo, da *adj* grossier, ère.

burel *m* BLAS burelle *f*, burèle *f* ▮ taureau (toro).

burelado, da *adj* BLAS burelé, e.

bureo *m* FAM passe-temps, distraction *f* (diversión) ▮ tour (paseo) ▮ FAM **estar** o **irse de bureo** faire la noce o la foire.

bureta *f* QUÍM burette.

burgalés, esa *adj* & *s* de Burgos.

burgao *m* burgau.

burgo *m* (ant) hameau, bourg (población pequeña) ▮ **burgo podrido** bourg pourri.

burgomaestre *m* bourgmestre.

burgos *m inv* fromage de Burgos.

Burgos *n pr* GEOGR Burgos.

burgrave *m* burgrave.

burgraviato *m* burgraviat.

burgués, esa *adj* & *s* bourgeois, e.
▮ OBSERV pl burgueses, burguesas.

burguesía *f* bourgeoisie; **alta burguesía** haute bourgeoisie.

burí *m* BOT sagoutier.

buriel *adj* brun, e ▮ **paño buriel** bure.
◇ *m* bure *f* (tejido).

buril *m* burin.

burilada; buriladura *f* coup *m* de burin.

burilado *m* burinage.

buriladura ➤ **burilada**.

burilar *v tr* buriner, graver au burin.

burjaca *f* besace (bolsa).

Burkina *n pr m* GEOGR Burkina.

Burkina Faso *n pr m* HIST Burkina (antiguo nombre de Burkina).

burla *f* [▷ SIN] moquerie (mofa) ▮ plaisanterie (chanza) ▮ tromperie (engaño) ■ FAM **burla burlando** en badinant (bromeando), sans s'en rendre compte (sin darse cuenta), mine de rien (disimuladamente) ▮ **de burlas**, en son de burlas pour rire, pour plaisanter ▮ **entre burlas y veras** mi-sérieux, mi-plaisant; mi-figue, mi-raisin ■ **gastar burlas** plaisanter ▮ **hacer**

burla de uno se moquer de quelqu'un (mofarse) ▮ **hacer burla de uno con la mano** faire un pied de nez à quelqu'un (un palmo de narices).
▮ SIN mofa moquerie; sátira satire; irrisión dérision; chifla persiflage; ironía ironie; sarcasmo sarcasme; chacota plaisanterie; chunga gouaille; sorna goguenardise.

burladero *m* TAUROM refuge [écran en planche].

burlador, ra *adj* & *s* moqueur, euse.
➥ **burlador** *m* libertin, séducteur, Don Juan.

burlar *v tr* [▷ SIN] plaisanter ▮ tromper, abuser (engañar) ▮ FIG se moquer de; **burlar las leyes** se moquer des lois ▮ ruiner, déjouer, faire échouer (una esperanza, etc.).
➥ **burlarse** *v pr* se moquer, railler; **burlarse de alguien** se moquer de quelqu'un, railler quelqu'un.
▮ SIN satirizar satiriser; escarnecer bafouer; chiflar, rechiflar persifler; guasearse, chacotear blaguer; chocarrear faire de grosses plaisanteries; FAM chotearse, cachondearse se ficher; mofarse se moquer.

burlería *f* moquerie (burla) ▮ fable, conte *m*, histoire (cuento).

burlesco, ca *adj* FAM burlesque, grotesque (festivo) ▮ **el género burlesco** le burlesque, le genre burlesque.

burlete *m* bourrelet.

burlón, ona *adj* & *s* moqueur, euse; **aire burlón** air moqueur.
➥ **burlón** *m* plaisantin.

burlonamente *adv* moqueusement.

burlote *m* sorte de banque *f* (juegos).

buró *m* bureau (mesa de despacho, junta política) ▮ (*Amer*) table *f* de nuit.
▮ OBSERV pl burós.

burocracia *f* bureaucratie.

burócrata *m* & *f* bureaucrate.

burocrático, ca *adj* bureaucratique.

burocratismo *m* bureaucratisation *f*.

burocratización *f* bureaucratisation.

burocratizar [13] *v tr* bureaucratiser.

burra *f* ânesse (hembra del burro) ▮ FIG & FAM bourrique (ignorante) ▮ bourreau *m* de travail (trabajadora).

burrada *f* troupeau d'ânes ▮ FIG & FAM ânerie, bêtise (necedad), énormité (barbaridad); **soltar una burrada** dire une énormité ▮ FAM flopée, tapée, tas *m*; **una burrada de gente** une flopée de gens.

burrero *m* ânier, muletier (arriero) ▮ chardon des champs (planta) ▮ FAM (*Amer*) turfiste.

burriciego, ga *adj* qui a la vue basse, qui ne voit pas clair (cegato).

burrillo *m* RELIG ordo (añalejo).

burrito *m* ânon, bourricot ▮ (*Amer*) frange *f* (flequillo).

burro *m* ZOOL âne; **en burro** à âne, à dos d'âne ▮ baudet, chevalet [de scieur] ▮ bourre *f* (juego) ▮ FIG âne, âne bâté, crétin, idiot; **este muchacho es muy burro** ce garçon est un vrai âne ▮ (*Amer*) échelle *f* pliante o double (escalera) ▮ table *f* à repasser (para planchar) ■ FIG & FAM **burro cargado de letras** aliboron ▮ **burro de carga** cheval de labour, bourreau

de travail ■ **a burro muerto cebada al rabo** il est trop tard, après la mort le médecin ▮ FAM **apearse** o **caerse de su burro** reconnaître son erreur ▮ (*Amer*) FIG & FAM **gustarle a uno los burros** être amateur de turf ▮ FIG & FAM **no querer bajar** o **apearse del burro** ne pas en démordre ▮ **no ver tres en un burro** être myope comme une taupe, n'y voir goutte.

bursátil *adj* COM boursier, ère.

burujo *m* petite boule *f*, pelote *f* (de lana) ▮ tapon (de cabellos, etc.) ▮ tourteau d'olive (de aceitunas).

burujón *m* bosse *f* (chichón).

burundanga *f* (*Amer*) babiole, vieillerie.

Burundi *n pr m* GEOGR Burundi.

bus *m* bus, autobus ▮ INFORM bus.
▮ OBSERV pl buses.

busarda *f* FAM (*Amer*) estomac *m*.

busca; búsqueda *f* recherche, quête (acción de buscar); **en** o **a la busca de** à la recherche de, en quête de ▮ battue (caza).
➥ **buscas** *f pl* (*Amer*) à-côtés *m*.

buscador, ra *adj* & *s* chercheur, euse ▮ **cabeza buscadora** tête chercheuse (de un cohete).

buscaniguas ➥ **buscapiés**.

buscapersonas; busca *m inv* bip *m*.

buscapié *m* FIG ballon d'essai.

buscapiés; buscaniguas (*Amer*) *m* serpenteau, crapaud, petit pétard.

buscapleitos *m* (*Amer*) chicanier, chicaneur.

buscar [10] *v tr* chercher; **lo busqué en toda la ciudad sin encontrarle** je l'ai cherché dans toute la ville sans le trouver ▮ rechercher; **buscar la amistad de uno** rechercher l'amitié de quelqu'un ▮ FAM chercher (provocar) ■ FAM **buscarle la boca a uno** chercher quelqu'un ▮ **buscarle las cosquillas a uno** chercher les puces à quelqu'un ▮ **buscar** o **buscarle tres pies al gato** chercher midi à quatorze heures ▮ **buscarse algo** o **vida** se débrouiller ▮ **buscársela** le chercher, gagner; **¡te la has buscado!** tu l'as cherché!, tu as gagné! ▮ **buscarse la ruina** courir à sa ruine ▮ **buscar una aguja en un pajar** chercher une aiguille dans une meule o botte de foin ▮ **quien busca halla** qui cherche trouve.
▮ SIN rebuscar rechercher; explorar explorer; investigar enquêter.

buscarruidos *m* & *f inv* FIG & FAM querelleur, euse; chamailleur, euse (camorrista).

buscavidas *m* & *f inv* FIG & FAM fouineur, euse; fureteur, euse (muy curioso) ▮ débrouillard, e (que sabe desenvolverse).

busco *m* busc (de esclusa) ▮ (ant) piste *f* (rastro de los animales).

buscón, ona *adj* & *s* chercheur, euse.
➥ **buscón** *m* filou (ratero) ▮ aventurier (aventurero).
➥ **buscona** *f* FAM & DESPEC racoleuse, raccrocheuse (ramera).

busilis *m* hic; **ahí está el busilis** voilà le hic ▮ **dar con el busilis** mettre le doigt sur la difficulté.

búsqueda ➥ **busca**.

busto *m* buste.

butaca *f* fauteuil *m* (asiento) ■ butaca de patio fauteuil d'orchestre ‖ patio de butacas orchestre (en un cine o teatro).

butacón *m* grand fauteuil.

butadieno *m* butadiène.

Bután ► Bhután.

butano *m* butane; bombona de butano bouteille de butane.

buten
➤ **de buten** *loc adj* FAM épatant, e; au poil.

butifarra *f* sorte de saucisse catalane.

butileno *m* QUÍM butylène.

butirato *m* QUÍM butyrate.

butírico, ca *adj* butyrique.

butirina *f* butyrine.

butirómetro *m* butyromètre.

butiroso, sa *adj* butyreux, euse.

buxáceas *f pl* BOT buxacées.

buyo *m* bétel.

buzamiento *m* MIN inclination *f* (del filón).

buzar [13] *v intr* MIN pencher, s'affaisser.

buzarda *f* MAR guirlande.

buzo *m* plongeur; campana de buzo cloche à plongeur ‖ scaphandrier (con escafandra) ‖ bleu de travail (mono de trabajo) ■ enfermedad de los buzos maladie des caissons.

buzón *m* boîte *f* aux lettres; echar una tarjeta en el buzón mettre o jeter une carte dans la boîte aux lettres ‖ bonde *f* (de un estanque) ‖ bouchon (tapón) ‖ INFORM buzón electrónico boîte aux lettres électronique.

buzoneo *m* distribution *f* de prospectus.

buzonero *m* (*Amer*) facteur.

byte *m* INFORM octet.
▮ OBSERV pl bytes.

c; C *f* c *m.*

> **OBSERV** Devant e ou i, le c a le son du z espagnol (fricative interdentale) et se prononce avec la pointe de la langue entre les dents, comme le th sourd anglais [ð]. Dans les autres cas, le c est une vélaire occlusive sourde comme le k. Il convient de remarquer que le premier de ces sons se confond avec celui du s dans la prononciation hispano-américaine ou andalouse.

c/ (abrev escrita de **cuenta**) cpte.

c.; c/ (abrev escrita de **calle**) r.

¡ca! *interj* **FAM** pas question! [indique la négation].

Caaba ➥ **Kaaba.**

cabal *adj* juste, exact, e; una cuenta cabal une somme juste; una definición cabal une définition exacte ‖ parfait, e; accompli, e (sin defecto); un hombre cabal un homme accompli ‖ total, e; complet, ète; un cabal fracaso un échec total ‖ juste; tres horas cabales trois heures juste ■ es honrado a carta cabal c'est l'honnêteté même o personnifiée, il est parfaitement honnête ‖ no estar en sus cabales ne pas avoir tous ses esprits o toute sa tête ‖ por sus cabales parfaitement, suivant les règles (perfectamente), au plus juste prix (precio).

cábala *f* cabale, kabbale (doctrina) ‖ **FIG** cabale; andar metido en una cábala être impliqué dans une cabale ‖ hacer cábalas sobre algo faire des pronostics o se livrer à des conjectures sur quelque chose.

cabalgada *f* chevauchée, cavalcade (cabalgata) ‖ la cabalcada de los Reyes Magos défilé de chars et de cavalliers déguisés en Rois mages pour l'Épiphanie.

cabalgadura *f* monture (bestia de silla) ‖ bête de somme (bestia de carga).

cabalgar [16] *v intr* chevaucher, monter o aller à cheval.
◇ *v tr* monter ‖ saillir, couvrir (cubrir).

cabalgata *f* cavalcade, défilé *m* (desfile) ‖ chevauchée (correría a caballo) ‖ la cabalgata de los Reyes Magos le défilé des Rois mages.

> **OBSERV** El francés cavalcade se aplica exclusivamente hoy a un desfile de máscaras o, por extensión, a una tropa ruidosa.

cabalista *adj & s* cabaliste.

cabalístico, ca *adj* cabalistique.

caballa *f* maquereau *m* (pescado).

caballada *f* troupeau *m* de chevaux ‖ (*Amer*) ânerie, bêtise (necedad), énormité (barbaridad).

caballaje *m* monte *f* (de caballos, etc.).

caballar *adj* chevalin, e; raza caballar race chevaline; perfil caballar profil chevalin ‖ cría caballar élevage de chevaux.

caballejo *m* **FAM** petit cheval, bidet.

caballerango *m* (*Amer*) écuyer (caballerizo).

caballerear *v intr* faire le monsieur.

caballerescamente *adv* noblement, galamment.

caballeresco, ca *adj* chevaleresque (heroico) ‖ de chevalerie; poema caballeresco poème de chevalerie ‖ **FIG** chevaleresque; sentimientos caballerescos sentiments chevaleresques.

caballerete *m* **FAM** petit monsieur, gommeux, petit-maître (joven muy presumido).

caballería *f* monture (bestia de silla) ‖ **MIL** cavalerie (cuerpo militar); una carga de caballería une charge de cavalerie ‖ chevalerie (orden) ‖ équitation (arte de cabalgar) ‖ (*Amer*) nom de différentes mesures agraires [de 1 343 ares à Cuba, 7 858 ares à Porto Rico, et 4 279 ares à Mexico et au Guatemala] ■ **FIG** & **FAM** andarse en caballerías faire des façons o des manières (cumplidos), débiter des compliments (galanterías) ‖ caballería andante, ligera chevalerie errante, légère ‖ caballería mayor cheval, mule ‖ caballería menor âne.

caballeriza *f* écurie.

caballerizo *m* écuyer ‖ garçons *pl* d'écurie (criados) ‖ caballerizo mayor del rey grand écuyer du roi.

caballero, ra *adj* à cheval, monté, e; caballero en un asno à cheval sur un âne ‖ **FIG** à cheval (porfiado); caballero en su opinión à cheval sur son opinion ‖ **ARTES** perspectiva caballera perspective cavalière.
➥ **caballero** *m* [▷ **SIN**] chevalier (noble, de una orden); armar caballero armer chevalier ‖ monsieur [appellation de politesse]; ¡entren, señoras y caballeros! entrez, mesdames et messieurs! ‖ homme; trajes para caballeros costumes pour hommes ‖ **FIG** homme bien né o de cœur, un monsieur (de consideración) ‖ galant homme ‖ cavalier (fortificación) ■ caballero andante chevalier errant ‖ **FIG** & **FAM** caballero cubierto grand d'Espagne (sentido propio), malappris (sentido figurado) ‖ caballero de industria o de la industria chevalier d'industrie ‖ caballero en plaza torero à cheval ‖ de caballero a caballero d'homme à homme ‖ el caballero sin miedo y sin tacha le Chevalier sans peur et sans reproche ■ comportarse como un caballero agir o se conduire en gentleman ‖ poderoso caballero

es Don Dinero l'argent peut tout ‖ ser un caballero être un homme comme il faut.

> **SIN** hidalgo gentilhomme; hidalguejo nobliau; señor seigneur.

caballerosamente *adv* en gentleman, noblement.

caballerosidad *f* noblesse, esprit *m* chevaleresque (nobleza), générosité (generosidad).

caballeroso, sa *adj* chevaleresque ‖ galant, e; un hombre caballeroso un galant homme ‖ de gentleman.

caballerote *m* **FAM** noblaillon, nobliau.

caballeta *f* sauterelle (saltamontes).

caballete *m* faîte (del tejado) ‖ chevalet (de tortura) ‖ chevalet, tréteau (soporte) ‖ mitre *f* (de chimenea) ‖ dos, épine *f* (de la nariz) ‖ **AGRIC** billon (caballón) ‖ **ARTES** chevalet (de pintor), sellette *f* (de escultor).

caballista *m* cavalier (jinete) ‖ écuyer (en un espectáculo).
◇ *f* écuyère.

caballito *m* petit cheval ‖ (*Amer*) dos, épine *f* (de la nariz) ‖ couche *f*, pointe *f* (metedor de los niños) ‖ radeau (balsa) ■ caballito de agua hippocampe ‖ caballito de Bamba cinquième roue du carrosse, bon à rien ‖ caballito del diablo libellule, demoiselle ‖ caballito de mar o marino cheval marin, hippocampe ‖ (*Amer*) caballito de San Vicente libellule (saltamontes) ‖ caballito de totora petit radeau en jonc.
➥ **caballitos** *m pl* manège *sing* de chevaux de bois (tiovivo) ‖ petits chevaux (juego).

caballo *m* [▷ **SIN**] **ZOOL** cheval; tiene muchos caballos il a beaucoup de chevaux; montar a caballo monter à cheval; caballo que ha cerrado cheval hors d'âge ‖ cavalier (jinete) ‖ cavalier (juego de ajedrez) ‖ l'une des cartes du jeu espagnol (naipes), ≃ dame *f*, cavalier (tarot) ‖ baudet (burro de serrar) ‖ **FAM** héroïne (droga) ‖ **MIN** masse *f* de roche ‖ **FAM** cheval (muy fuerte), grand cheval (espingarda) ■ caballo de agua hippocampe ‖ **FIG** caballo de batalla cheval de bataille ‖ **FIG** & **FAM** caballo de buena boca bonne pâte, personne accommodante ‖ caballo de carrera cheval de course ‖ **MIL** caballo de frisa cheval de frise ‖ **TECN** caballo de fuerza cheval-vapeur britannique ‖ **ZOOL** caballo del diablo libellule, demoiselle ‖ caballo de mar o marino cheval marin, hippocampe ‖ caballo de regalo cheval de parade ‖ caballo de silla o de montar cheval de selle ‖ caballo de tiro cheval de trait ‖ **TECN** caballo de vapor cheval-vapeur ‖ **ASTRON** Caballo Menor Petit Cheval ‖ caballo padre étalon ‖ expendeduría de carne de caballo boucherie chevaline ‖ un coche de dos caballos une deux-chevaux ■ a caballo à cheval ‖ a mata caballo à bride abattue, ventre à terre ‖ a uña de caballo a toute bride, à bride abattue; correr a uña de caballo courir à bride abattue ‖ FAM con mil de a caballo aux cinq cents diables ‖ soldado de a caballo cavalier ■ a caballo regalado no le mires el diente à cheval donné on ne regarde pas la bride ‖ jugar al caballo perdedor miser sur le mauvais cheval.

> SIN corcel coursier; palafrén palefroi; potro poulain; rocín roussin; rocinante rossinante; jaca bidet; semental étalon; matalón, penco rosse.

caballón m AGRIC billon, ados.

caballuno, na adj chevalin, e; perfil caballuno profil chevalin.

cabalmente adv parfaitement, suivant les règles (perfectamente), à son juste prix (a su precio), entièrement, exactement.

cabaña f [▷ SIN] cabane (casita) ‖ troupeau m (rebaño) ‖ cheptel; la cabaña nacional le cheptel national ‖ bétail m (ganado) ‖ quartier m (en el juego de billar) ‖ ARTES pastorale, sujet m pastoral ‖ (Amer) ferme d'élevage ‖ cabaña alpina chalet [dans les Alpes].

> SIN choza hutte; chozo chaumine; (amer) bohío case.

cabañal adj emprunté par les troupeaux, pastoral, e (camino).
> m hameau.

cabañero, ra; cabañil adj relatif aux troupeaux ‖ perro cabañero chien de berger.
 cabañero; cabañil m berger (pastor), muletier (arriero).

cabañuela f petite cabane.
 cabañuelas f pl pronostics m météorologiques [d'après les observations faites dans les 24 premiers jours du mois d'août, de septembre ou de janvier, selon la contrée] ‖ (Amer) premières pluies d'été.

cabaret m cabaret, boîte f de nuit.
> OBSERV 1. [cabaret, parte francesa].
2. pl cabarets.

cabaretera f danseuse de cabaret, entraîneuse.

cabás m cabas (capazo).

cabe prep (ant) POÉT près de, jouxte; cabe la casa jouxte la maison, près de la maison.

cabeceada f (Amer) coup m de tête ‖ dar cabeceadas dodeliner de la tête (el que duerme sentado).

cabeceado m plein (en la escritura).

cabeceador, ra adj qui hoche o branle la tête (que cabecea) ‖ MAR qui a tendance à tanguer (barco).

cabecear v intr branler o hocher la tête (balancear) ‖ dire non de la tête, hocher o secouer la tête (negar) ‖ dodeliner de la tête (durmiéndose) ‖ faire une tête (fútbol) ‖ EQUIT battre à la main, encenser ‖ MAR tanguer (los barcos) ‖ cahoter (carruajes) ‖ pencher (inclinarse).
> v tr couper (el vino) ‖ border (los tapices) ‖ tranchefiler (un libro) ‖ rempiéter (las medias viejas) ‖ AGRIC enrayer ‖ (Amer) attacher par la tige [feuilles de tabac].

cabeceo m hochement de tête (de la cabeza) ‖ dodelinement (oscilación ligera) ‖ cahot

(de un vehículo) ‖ EQUIT secousse f donnée par un cheval qui bat à la main ‖ MAR tangage.

cabecera f tête (parte principal) ‖ chevet m, tête du lit (de la cama); a la cabecera del enfermo au chevet du malade ‖ haut bout m (plaza de honor en la mesa) ‖ source (fuente de un río) ‖ chef-lieu m (capital de distrito o territorio) ‖ IMPR frontispice m, tranchefile (en un libro) ‖ manchette (en un periódico) ‖ (p us) oreiller m (almohada) ■ cabecera del reparto tête d'affiche (teatro) ‖ cabecera de puente tête de pont ‖ estar a la cabecera de la mesa présider [à table] ‖ médico de cabecera médecin traitant.

cabecero m appui-tête, appuie-tête.

cabecil m bourrelet (rodete).

cabecilla m & f FIG & FAM écervelé, e; étourdi, e.
> m chef de file, meneur (jefe de rebeldes).

cabellera f chevelure (cabellos, pelo) ‖ ASTRON chevelure, queue (de cometa) ‖ cabellera postiza chevelure postiche, perruque, faux cheveux (peluca).

cabello m [▷ SIN] cheveu (pelo); cabellos postizos faux cheveux ‖ cheveux pl, chevelure f; tenía el cabello rubio elle avait les cheveux blonds [▷ OBSERV] ■ cabello lacio cheveux raides ‖ cabellos de ángel cheveux d'ange (dulce), cheveux d'ange (fideos) ‖ cabello merino cheveux crépus ■ en cabello les cheveux épars ‖ en cabellos en cheveux, nutête ‖ por los cabellos par les cheveux; agarrar a una persona por los cabellos attraper quelqu'un par les cheveux ‖ FIG agarrar la ocasión por los cabellos saisir l'occasion aux cheveux o par les cheveux ‖ asirse de un cabello saisir le moindre prétexte ‖ cortar o partir un cabello en el aire saisir tout à demi-mot ‖ FAM estar colgado de los cabellos être dans ses petits souliers ‖ estar pendiente de un cabello ne tenir qu'à un cheveu o à un fil ‖ llevar de o por los cabellos mener par le bout du nez ‖ mesarse los cabellos s'arracher les cheveux ‖ poner los cabellos de o en punta faire dresser les cheveux sur la tête ‖ traer por los cabellos tirer par les cheveux; explicación traída por los cabellos explication tirée par les cheveux ‖ tropezar en un cabello s'arrêter à des riens.
 cabellos m pl barbes f (del maíz).

> OBSERV Chevelure se aplica al conjunto de pelos solamente cuando éstos son largos y abundantes.

> SIN cabellera chevelure; melena crinière; greñas tignasse; pelo poil; vello poil, duvet; peluca perruque; crin crins.

cabelludo, da adj chevelu, e; el cuero cabelludo le cuir chevelu.

caber [54] v intr & tr tenir, entrer, rentrer; caben seis personas en el coche six personnes tiennent dans la voiture; mi chaqueta no cabe en la maleta ma veste ne tient o n'entre pas dans la valise ‖ être à, appartenir (tocarle a uno); no me cabe decirlo ce n'est pas à moi o il ne m'appartient pas de le dire ‖ revenir, incomber; me cabe el honor de il me revient l'honneur de ‖ pouvoir; cabe decir, calcular que on peut dire, calculer que ‖ tenir, contenir (contener) ■ ¿cabe mayor disparate que...? est-ce possible?, peut-on imaginer que? ‖ cabe pensar que il y a lieu de penser que, on peut penser que

‖ dentro de lo que cabe dans la mesure du possible, autant que possible ‖ en lo que cabe autant que possible ‖ ¡esto no me cabe en la cabeza! cela me dépasse! ‖ me cabe la satisfacción de j'ai le plaisir de, je suis heureux de ‖ no cabe duda il n'y a pas de doute, cela ne fait pas de doute ‖ no cabe la menor duda ça ne fait pas l'ombre d'un doute, il n'y a aucun doute ‖ no cabe más c'est plein (lleno), c'est le comble (el colmo) ‖ no cabe más holgazán on ne peut plus paresseux ‖ no caber en el pellejo ne tenir dans sa peau ‖ no caber en sí être bouffi d'orgueil ‖ no caber en sí de gozo o de júbilo o de contento ne pas se tenir o se sentir de joie ‖ no caberle a uno el corazón en el pecho avoir le cœur trop grand ‖ no cabe en la cabeza la idea que je n'arrive pas à croire que ¿quepo yo? y a-t-il une place pour moi? ‖ si cabe si c'est possible ‖ FAM todo cabe en él il est capable de tout, tout est possible chez lui ‖ todo cabe en lo humano tout est possible, rien n'est impossible.

cabestraje m troupeau de bœufs.

cabestrante m cabestan (cabrestante).

cabestrar v tr mettre un licou à.

cabestrear v intr se laisser mener par le licou.

cabestrero, ra adj qui se laisse mener par le licou, docile.
 cabestrero m bourrelier, sellier.

cabestrillo m MED écharpe f (venda); brazo en cabestrillo bras en écharpe ‖ chaînette f [autour du cou].

cabestro m licou (rienda) ‖ sonnailler (buey guía).

cabete m ferret (herrete).

cabeza f ANAT tête (cráneo); romper la cabeza a uno fendre la tête à quelqu'un ‖ tête (individuo); pagar tanto por cabeza payer tant par tête ‖ tête (res); rebaño de cien cabezas troupeau de cent têtes ‖ tête, jugement m (juicio); es hombre de gran cabeza c'est un homme de tête ‖ tête (mente); tener algo metido en la cabeza avoir quelque chose en tête o dans la tête ‖ tête, vie (vida); pedir la cabeza de un reo réclamer la tête d'un condamné ‖ FIG estar en cabeza tenir la tête, être en tête ‖ GEOGR sommet m (de montaña) ‖ tête (de alfiler, de clavo, de viga, de ajo, de capítulo, de rotor, de tornillo, etc.) ‖ tête (de magnétofono); cabeza sonora o de grabación, auditiva, supresora tête d'enregistrement, de lecture, d'effacement ‖ tête (de un convoy) ‖ hune (de campana) ‖ cabeza a pájaros o destornillada tête sans cervelle ‖ TECN cabeza atómica tête atomique, ogive nucléaire ‖ cabeza buscadora tête chercheuse (de un cohete) ‖ cabeza caliente tête brûlée ‖ BOT cabeza de ajo tête d'ail ‖ cabeza de cordada premier de cordée ‖ cabeza de chorlito tête de linotte ‖ BOT cabeza de espárrago pointe d'asperge ‖ cabeza de fraile tête de loup ‖ cabeza de hierro tête de fer o carrée ‖ cabeza de línea tête de ligne ‖ cabeza de lista tête de liste (elecciones) ‖ IMPR cabeza de muerto blocage ‖ BOT cabeza de negro variété d'annone (anona), arbre à ivoire (árbol), tête de nègre (fruto) ‖ cabeza de olla écume ‖ cabeza de partido chef-lieu d'arrondissement ‖ MIL cabeza de playa, de puente tête de plage, de pont ‖ DEP cabeza de serie tête de série ‖ cabeza de turco tête de turc, bouc émissaire ▌ **cabeza dura** tête dure, entêté ▌ **cabeza lectora** tête de lecture ▌ **cabeza loca** tête brûlée ▌ **cabeza mayor** tête de gros bétail ▌ **cabeza menor** tête de petit bétail ▌ **cabeza redonda** tête dure ▌ **cabeza torcida** faux jeton (hipócrita) ▪ **dolor de cabeza** mal de tête, mal à la tête ▌ **flaco de cabeza** tête fêlée ▌ **quebraderos de cabeza** cassetête, cassements de tête ▪ **a la cabeza** en tête, devant; **ir a la cabeza** aller en tête; à la tête; **a la cabeza de un negocio** à la tête d'une affaire ▌ **con la cabeza alta, baja** la tête haute, basse ▌ **de cabeza** de tête, par cœur (de memoria); **aprender de cabeza** apprendre par cœur; tête baissée, sans hésiter (con rapidez, de lleno), la tête la première; **caerse de cabeza** tomber la tête la première ▌ **de gran cabeza** de grand talent ▌ **de pies a cabeza** de pied en cap; **vestir a un niño de pies a cabeza** habiller un enfant de pied en cap; des pieds à la tête, cent pour cent; **es un hombre de pies a cabeza** c'est un homme cent pour cent ▌ **de mi (tu, etc.) cabeza** de mon (ton, etc.) cru (del propio ingenio) ▌ (Amer) **en cabeza** nu-tête ▌ **mala cabeza** mauvaise tête ▌ **por una cabeza** d'une tête (ganar o perder en una carrera) ▌ **por su cabeza** à sa tête (según su voluntad), de son propre chef, de sa propre initiative (por su dictamen) ▌ **tanto por cabeza** tant par tête o tête de pipe FAM ▪ **agachar la cabeza** courber le front, baisser la tête ▌ **alzar** o **levantar cabeza** lever la tête (sentido propio), reprendre du poil de la bête (rehacerse) ▌ **andar** o **ir de cabeza** ne pas savoir où donner de la tête, être sur les dents ▌ FAM **andar mal de la cabeza** avoir le timbre fêlé o une araignée dans le plafond ▌ **andársele** o **írsele a uno la cabeza** avoir la tête qui (lui) tourne ▌ **apostar la cabeza** donner sa tête o son bras à couper ▌ **bajar** o **doblar la cabeza** baisser o courber la tête ▌ **calentarse la cabeza** s'échauffer ▌ **cargársele a uno la cabeza** se sentir la tête lourde ▌ **conservar la cabeza** garder o avoir toute sa tête ▌ **dar de cabeza en el suelo** tomber la tête la première ▌ FIG **darle a uno dolores de cabeza** casser la tête à quelqu'un ▌ **darle a uno vueltas la cabeza** tourner la tête à quelqu'un; **me da vueltas la cabeza** la tête me tourne ▌ FIG **dar en la cabeza** contredire ▌ **darse de cabeza contra la pared** se taper la tête contre les murs ▌ FAM **dar un buen lavado de cabeza** passer un savon ▌ AGRIC **echar de cabeza** provigner, marcotter ▌ FAM **estar mal de la cabeza** être piqué o timbré ▌ FIG **hacer a alguien levantar cabeza** remettre quelqu'un sur pied ▌ **hincharle a uno la cabeza** casser la tête à quelqu'un (fastidiar), monter la tête à quelqu'un (incordiar) ▌ **írsele a uno la cabeza** perdre la tête ▌ **írsele a uno de la cabeza** sortir de l'esprit o de la tête de quelqu'un ▌ **jugarse la cabeza** donner sa tête à couper ▌ **lavarse la cabeza** se laver les cheveux o la tête ▌ **llenar la cabeza de pajaritos** bourrer le crâne ▌ **llevarse las manos a la cabeza** lever les bras au ciel ▌ **más vale ser cabeza de ratón que cola de león** mieux vaut être le premier dans son village que le second à Rome ▌ **meter en la cabeza** mettre dans la tête o en tête ▌ **nadie escarmienta en cabeza ajena** on apprend toujours à ses dépens ▌ FIG **no levantar cabeza** ne pas arrêter (trabajar), ne pas reprendre le dessus ▌ **no tener cabeza** ne pas avoir de tête ▌ **no tener ni pies ni cabeza**

n'avoir ni queue ni tête, ne pas tenir debout (ser insensata una cosa) ▌ **otorgar de cabeza** dire oui de la tête, acquiescer de la tête ▌ **pagar con la cabeza** payer de sa tête ▌ **pasarle a uno por la cabeza** (lui) passer par la tête o traverser l'esprit ▌ **perder la cabeza** perdre la tête ▌ FAM **poner la cabeza bomba** casser les oreilles o la tête ▌ **quebrantarle** o **romperle a uno la cabeza** casser la tête o les pieds à quelqu'un ▌ **quebrarse** o **romperse la cabeza** se casser la tête, se creuser la tête o la cervelle ▌ **¡quítate eso de la cabeza!** ôte-toi cette idée de la tête, tu peux toujours courir (¡ni pensarlo!) ▌ **sacar la cabeza** montrer la tête ▌ **se le subieron los humos a la cabeza** il est devenu prétentieux ▌ **sentar la cabeza** se calmer (volverse razonable), se ranger ▌ **ser duro de cabeza** ne pas avoir la comprenette facile FAM ▌ **sin levantar cabeza** sans lever les yeux ▌ **subirse a la cabeza** monter à la tête ▌ **tener la cabeza a las once** o **a pájaros** avoir la tête fêlée, le cerveau vide (tonto), une tête sans cervelle, la tête à l'évent (distraído) ▌ **tener la cabeza loca** avoir la tête à l'envers ▌ **tirarse de cabeza** plonger, se jeter la tête la première ▌ **tocado de la cabeza** piqué, cinglé, toqué ▌ **torcer la cabeza** tomber malade (enfermarse), casser sa pipe (morir) ▌ **traer a uno de cabeza** rendre fou, faire perdre la tête ▌ **venir a la cabeza** venir à l'esprit. ▱ m tête f, chef (jefe); **cabeza de familia** chef de famille.
➥ **cabezas** f pl (Amer) têtes (fuentes).

cabezada f coup m de tête (golpe dado con la cabeza) ▌ coup m reçu à la tête (golpe recibido en la cabeza) ▌ **dodelinement** m de la tête (al dormirse) ▌ salut m de la tête (saludo) ▌ tranchefile (encuadernación) ▌ MAR tangage m ▌ caveçon m (del caballo) ▌ (Amer) arçon m (arzón) ▪ FIG & FAM **dar cabezadas** dodeliner de la tête ▌ **darse de cabezadas** se creuser o se casser la tête o la cervelle ▌ **echar una cabezada** faire un petit somme.

cabezal m oreiller (almohada) ▌ traversin (almohada larga) ▌ appui-tête, appuie-tête (de un sillón) ▌ MED compresse f ▌ TECN avant-train (de coche) ▌ poupée f (de torno).

cabezazo m coup de tête ▌ tête f (en el fútbol); **dar un cabezazo** faire une tête.

cabezo m sommet (cima) ▌ monticule, mamelon (cerro) ▌ MAR écueil [arrondi] (escollo).

cabezón, ona adj & s FAM qui a une grosse tête ▌ FIG & FAM cabochard, e; têtu, e; entêté, e (terco) ▌ qui monte à la tête (de mucha graduación) ▪ **cabezón de cuadra** caveçon (cabezada) ▪ **ser cabezón como un aragonés** être têtu comme un Breton o une mule.

cabezonada f FIG & FAM coup m de tête (capricho).

cabezonería f FIG & FAM entêtement m.

cabezota f FAM grosse tête, citrouille. ▱ m & f FAM cabochard, e; tête f de mule (terco).

cabezudo, da adj qui a une grosse tête ▌ FAM cabochard, e (terco) ▌ capiteux, euse (bebida).
➥ **cabezudo** m ZOOL muge (mújol).
➥ **cabezudos** m pl nains, grosses têtes f (en algunas fiestas).

cabezuela f petite tête. ▌ repasse, recoupe, recoupette (harina) ▌ fleurs pl (del vino) ▌ BOT

jacée ▌ capitule m (inflorescencia) ▌ bouton m de rose (de rosa) ▌ pointe (de espárrago) ▌ FIG tête de linotte, tête à l'évent (de poco juicio).

cabezuelo m butte f, monticule.

cabial m ZOOL cabiai (capibara).

cabiblanco m (Amer) couteau (cuchillo).

cabida f capacité, contenance; **esta sala tiene cabida para cien personas** cette salle a une capacité de cent personnes.
▌ SIN capacidad capacité; tonelaje tonnage; arqueo jauge; aforo jaugeage.

cabila adj & s f kabyle (berebere).
◇ m LING kabyle.

cabildada f FAM coup m de force.

cabildante m (Amer) conseiller municipal.

cabildear v intr intriguer.

cabildeo m manœuvres f pl électorales ▌ **andar de cabildos** intriguer.

cabildo m chapitre (de iglesia) ▌ conseil municipal (ayuntamiento) ▌ réunion f [du chapitre ou du conseil] ▌ salle f de réunion [du chapitre ou du conseil].

cabilla f MAR cheville (clavo grueso) ▌ cabillot m (de los cabos).

cabillo m BOT queue f, pédoncule.

cabina f cabine (telefónica, en un cine, en un avión, en un barco, etc.) ▌ cabine de bain (caseta) ▪ **cabina de cambio de agujas** poste o cabine d'aiguillage ▌ **cabina electoral** isoloir.

cabinera f (Amer) hôtesse de l'air (azafata).

cabio m ARQ solive f (viga) ▌ traverse f (de puerta o ventana) ▌ **cabio bajo** jet (de una ventana).

cabizbajo, ja adj tête basse (meditabundo).

cable m câble (maroma); **cable de alambre** câble métallique o d'acier ▌ câble (cablegrama) ▌ MAR encablure f (medida) ▪ **cable desnudo, eléctrico, herciano, portante, submarino** câble nu, électrique, hertzien, porteur, sous-marin ▪ FIG & FAM **echar un cable** tendre la perche.

cableado, da adj câblé, e.
◇ m câblage.

cablear v tr câbler (alambres).

cablegrafiar [9] v intr câbler.

cablegrama m câblogramme, câble.

cablero adj m MAR câblier (barco).

cablevisión m télévision par câble.

cabo m bout (extremidad) ▌ bout (pedazo); **cabo de vela** bout de chandelle ▌ manche (de herramienta) ▌ colis (paquete) ▌ MAR cordage, bout [cuerda] ▌ GEOGR cap; **cabo de Hornos** cap Horn ▌ carte f blanche (en el revesino) ▌ MIL caporal (de escuadra) ▌ brigadier (de caballería, de policía) ▌ MIL **cabo de cañón** chef de pièce ▌ **cabo de fila, de ronda** chef de file, de patrouille ▌ **cabo primero** caporal-chef ▌ **cabo de la Marina** o **de mar** quartier-maître ▌ **cabo de año** bout de l'an (oficio religioso) ▌ **cabo de maestranza** chef d'équipe ▌ **cabo de trompetas** brigadier-trompette ▌ **cabo de vara** gardien de prison ▌ **cabo furriel** brigadier-fourrier ▌ **cabos negros** cheveux, sourcils, yeux noirs [d'une femme] ▌ **cabo suelto** question en suspens, affaire non réglée ▪ **al cabo** à la fin ▌ **al cabo de** au bout de; **al cabo del mundo** au bout du monde ▌ **al fin y al cabo** finalement, à la fin, en fin de compte, au bout du compte ▌ **de cabo a cabo, de cabo a rabo** d'un bout à l'autre, de bout en bout ▐**en mi, en tu, en su solo cabo** moi, toi, lui tout seul (a solas) ▌ **por ningún cabo** en aucune façon ▌ **atando cabos** par recoupements ▌ **atar o juntar cabos** réunir des renseignements, mener l'enquête, procéder par recoupements ▐**dar cabo a una cosa** terminer o parachever une chose ▌**dar cabo de** achever, détruire complètement ▌ **FIG echar un cabo a alguien** aider quelqu'un à s'en sortir o à se tirer d'affaires ▐**estar, ponerse al cabo (de la calle)** être, se mettre au courant ▌ **llevar a cabo** mener à bien o à bonne fin (ejecutar), réaliser (realizar), effectuer (efectuar), venir à bout de (concluir) ▌ **no dejar cabo suelto** ne rien laisser en suspens, faire tout le nécessaire.

➡ **cabos** *m pl* accessoires [de l'habillement] ▌ attaches *f* (tobillo, muñeca) ▌ queue et crinière *f sing* (del caballo).

> LOS CABOS
> el cabo Blanco le cap Blanc;
> el cabo Bon le cap Bon;
> el cabo de Buena Esperanza le cap de Bonne-Espérance;
> el cabo de Creus le cap Creus;
> cabo Cañaveral cap Canaveral;
> el cabo de Gata le cap de Gata;
> el cabo de Hornos le cap Horn;
> el cabo Norte le cap Nord;
> el cabo de la Nao le cap de la Nao;
> el cabo de Palos le cap de Palos;
> el cabo de Roca le cap de Roca.

Cabo *n pr* GEOGR El Cabo Le Cap.

cabotaje *m* MAR cabotage.

Cabo Verde *n pr m* GEOGR Cap-Vert; el arquipiélago de Cabo Verde les îles du Cap-Vert.

cabra *f* ZOOL chèvre ▌(*Amer*) dé *m* pipé (brocha)▐sorte de sulky (carruaje) ▪ **cabra de almizcle** musc, porte-musc (almizclero) ▌ **cabra de los Alpes** bouquetin *m* ▌ **cabra montés** bouquetin *m* ▪ **FAM estar como una cabra** être piqué o sonné o timbré ▐**la cabra siempre tira al monte** la caque sent toujours le hareng.

cabrahigadura *f* AGRIC caprification.

cabrahigal; cabrahigar *m* lieu planté de figuiers.

cabrahigo *m* BOT caprifiguier, figuier sauvage (árbol) ▐figue *f* sauvage (fruto).

cabrajo *m* homard (bogavante).

cabrales *m inv* fromage bleu des Asturies au goût très fort.

cabreado, da *adj* MFAM de mauvais poil (de mal humor)▐fâché, e (enfadado); en colère.

cabrear *v tr* MFAM crisper, faire bondir (enojar).

◇ *v intr* (*Amer*) jouer en sautant (jugar).

➡ **cabrearse** *v pr* MFAM se mettre en rogne (irritarse) ▌ se fâcher (enfadarse).

cabreo *m* MFAM coger un cabreo piquer une crise *f* ▌ dar un cabreo mettre de mauvais poil▐tener un cabreo être de mauvais poil o en colère.

cabrerizo, za *adj* caprin, e; relatif, relative aux chèvres.

➡ **cabrerizo** *m* chevrier (cabrero).

➡ **cabreriza** *f* chevrière (cabrera) ▌ cabane du chevrier (choza).

cabrero, ra *m & f* chevrier, ère.

◇ *adj* FAM (*Amer*) coléreux, euse (propenso a enojarse), en colère (enojado).

cabrestante *m* MAR cabestan.

cabria *f* TECN chèvre.

cabrilla *f* ZOOL serran *m* ▐TECN baudet *m* (de carpintero).

➡ **cabrillas** *f pl* ASTRON Pléiades ▌ moutons *m* (olas en el mar)▐ricochets *m* (juego)▐jugar al juego de cabrillas s'amuser à faire des ricochets ▌ rougeurs produites par le brasero.

cabrillear *v intr* moutonner (el mar) ▌brasiller (rielar).

cabrilleo *m* moutonnement (en el mar).

cabrio *m* ARQ & BLAS chevron.

cabrío, a *adj* caprin, e; raza cabría race caprine ▐macho cabrío bouc (cabrón).

➡ **cabrío** *m* troupeau de chèvres (rebaño).

cabriola *f* (▷ SIN) cabriole; dar cabriolas faire des cabrioles.

➡ **cabriolas** *f pl* (*Amer*) espiègleries, niches (travesuras) ▌hacer cabriolas caracoler (los caballos).

▌ SIN brinco gambade; pirueta pirouette; volereta, trecha culbute.

cabriolar *v intr* cabrioler.

cabriolé; cabriolet *m* cabriolet (coche) ▌balandran (capote).

cabriolear *v intr* cabrioler.

cabriolet ➡ **cabriolé**.

cabrita *f* chevrette (cabra pequeña).

cabritilla *f* chevreau *m* (piel).

cabrito *m* chevreau, cabri ▌ FAM salopard (persona mala).

➡ **cabritos** *m pl* (*Amer*) grains de maïs grillés (rosetas de maíz).

cabro, bra *m & f* (*Amer*) gamin, e.

cabrón *m* ZOOL bouc (macho de la cabra) ▌FIG & MFAM vache *f*, salaud (persona mala) ▌cocu (cornudo) ▌souteneur (rufián).

cabronada *f* MFAM vacherie, tour *m* de cochon.

cabronazo *m* VULG salaud.

cabruno, na *adj* caprin, e.

cabuchón; cabujón *m* cabochon (piedra).

cábula *f* (*Amer*) ruse, artifice *m* (maña).

cabulero, ra *adj* (*Amer*) rusé, e.

caburé *m* (*Amer*) sorte de chouette *f*.

cabuya *f* BOT agave *m*, agavé *m* ▌ fibre d'agave (fibra) ▌MAR cordage *m*, cordages *m pl* ▪ (*Amer*) dar cabuya amarrer ▌ponerse en la cabuya se mettre au courant.

cabuyera *f* araignée *f* (de la hamaca).

caca *f* FAM caca *m* (excremento, suciedad) ▌FIG & FAM vice *m*, défaut *m* ▌eso es una caca ça ne vaut rien, c'est une cochonnerie.

cacahual *m* AGRIC cacaoyère *f*, cacaotière *f*.

cacahuate *f* (*Amer*) cacahuète.

cacahué; cacahuey *m* cacahuète *f*, cacahouète *f*(planta y fruto).

▌ OBSERV le pluriel cacahuey est cacahuyes.

cacahuero *m* propriétaire d'une cacaoyère.

cacahuete *m* cacahuète *f*, cacahouète *f* ▌aceite de cacahuete huile d'arachide.

cacahuetero *m* marchand de cacahuètes.

cacahuey ➡ **cacahué**.

cacalote *m* (*Amer*) corbeau (cuervo) ▌grains *pl* de maïs grillés (rosetas).

cacao *m* cacaoyer, cacaotier (árbol) ▌cacao (grano); crema de cacao crème de cacao; manteca de cacao beurre de cacao; cacao en polvo poudre de cacao ▌FAM pagaille *f* (lío) ▌(*Amer*) cacao, chocolat ▌FAM cacao mental salade *f*, confusion *f*.

cacaotal *m* AGRIC cacaoyère *f*, cacaotière *f*.

cacarañar *v tr* (*Amer*) pincer.

cacareado, da *adj* FIG vanté, e; rebattu, e; un éxito demasiado cacareado un succès trop vanté o dont on nous a trop rebattu les oreilles ▌fameux, euse; tus planes tan cacareados no tienen base tes fameux projets ne tiennent pas debout.

cacareador, ra *adj* caqueteur, euse (que cacarea) ▌vantard, e; fort, e en gueule (que presume).

cacarear *v intr* caqueter (las gallinas).

◇ *v tr* FIG & FAM crier sur les toits, faire grand bruit de; ¡cómo cacarea lo poco que hace! comme il fait grand bruit du peu qu'il fait ▌vanter, faire beaucoup de bruit pour (una persona).

cacareo *m* caquetage (acción de cacarear), caquet (de la gallina) ▌FIG concert de louanges (alabanzas).

cacatúa *f* ZOOL cacatoès *m*.

cacaxtle *m* (*Amer*) sorte de banne *f* [pour transporter des fruits, légumes, etc.] ▌squelette.

cacaxtlero *m* (*Amer*) portefaix.

cacear *v tr* remuer avec la louche.

cacera *f* rigole, canal *m* d'irrigation.

cacería *f* partie de chasse; ir de cacería aller à une partie de chasse ▌chasse (caza).

cacerola *f* casserole (con mango), marmite, fait-tout *m inv* (con asas).

cacha *f* plaque (de cuchillo), manche *m* (mango) ▌ plaque de crosse (de una pistola) ▌ FAM fesse (nalga) ▌ joue, bajoue (carrillo) ▌(*Amer*) corne (cuerno)▐argent *m* (dinero) ▪ FIG & FAM hasta las cachas jusqu'au cou; se ha metido en este asunto hasta las cachas il s'est mis dans cette affaire jusqu'au cou ▪ (*Amer*) hacer la cacha se moquer (burlarse) ▌FAM estar cachas être baraqué.

▌ OBSERV S'emploie surtout au pluriel.

cachaciento, ta *adj* (*Amer*) calme, flegmatique (cachazudo), flemmard, e (perezoso).

cachaco *adj & s m* (*Amer*) blanc-bec (joven) ▌FAM dandy (lechuguino).

cachada *f* (*Amer*) coup *m* de corne (cornada) ▌blague (burla).

cachador, ra *adj* (*Amer*) moqueur, euse.

cachafaz *m* (*Amer*) coquin, drôle.

▌ OBSERV pl cachafaces.

cachalote *m* ZOOL cachalot.

cachano *m* FAM le diable.

cachar *v tr* briser, casser (romper) ▌fendre (la madera) ▌ FAM (*Amer*) dégoter (obtener) ▌prendre, saisir (asir) ▌surprendre (sorprender) ▌ridiculiser, tourner en dérision, railler (ridiculizar) ▌prendre (el autobús, tranvía, etc.).

cacharpari *m* (*Amer*) repas et fête *f* d'adieu.

cacharpas *f pl* (*Amer*) affaires, frusques, saint-frusquin *m inv* (trebejos).

cacharrazo *m* FAM coup (porrazo), chute *f* (caída). | FAM (*Amer*) coup (trago).

cacharrería *f* magasin *m* de faïences et de poteries.

cacharrero, ra *m & f* marchand, e de poteries, faïencier, ère.

cacharro *m* pot (recipiente) | poterie *f* (vasija) | tesson (tiesto) | FAM machin, truc (chisme) | clou (máquina, bicicleta) | sabot (barco, piano) | tacot, guimbarde *f* (coche) | joint (porro) | (*Amer*) prison *f* (cárcel).
➤ **cacharros** *m pl* affaires *f pl*; llegó con todos sus cacharros y se puso a trabajar il est arrivé avec toutes ses affaires et il s'est mis à travailler | ustensiles; los cacharros de la cocina les ustensiles de la cuisine.

cachava *f* crosse (juego) | crosse (bastón).

cachavazo *m* coup de crosse.

cachaza *f* FAM calme *m*, lenteur (lentitud) | flegme *m* (flema); hombre que tiene mucha cachaza homme qui a beaucoup de flegme | tafia *m* (aguardiente) | (*Amer*) écume du sucre.

cachazo *m* (*Amer*) coup de corne (cornada).

cachazudo, da *adj & s* flegmatique (flemático).

cache *adj* (*Amer*) habillé comme l'as de pique, mal fringué, e FAM (mal ataviado).

caché; cachet *m* cachet [d'un acteur, d'un musicien].

cachear *v tr* fouiller (registrar) | (*Amer*) donner un coup de corne (cornear).

cachemir *m*; **cachemira** *f* cachemire *m* (tela).

Cachemira *n pr f* GEOGR Cachemire *m*.

cacheo *m* fouille *f* (registro) | (*Amer*) coup de corne (cornada).

cachería *f* FAM (*Amer*) petite boutique (cambalache) | manque *m* de goût pour s'habiller (falta de gusto en el vestir).

cachet *m* cachet (carácter) | ➤ **caché.**

cachetada *f* gifle, claque (bofetada); dar un par de cachetadas a uno donner une paire de gifles à quelqu'un.

cachete *m* FAM joue *f*, bajoue *f* (carrillo) | horion, coup de poing (golpe), claque *f*, gifle *f* (bofetada); pegar un cachete flanquer un horion | poignard (puñal).

cachetear *v tr* gifler.

cachetero *m* poignard (puñal) | TAUROM toréro chargé de donner le coup de grâce au taureau.

cachetón, na *adj* (*Amer*) joufflu, e (carrilludo) | effronté, e (descarado).
◇ *m & f* (*Amer*) petit voyou *m*; fripon, onne.

cachetudo, da *adj* joufflu, e (mofletudo).

cachicamo *m* (*Amer*) tatou (armadillo).

cachicuerno, na *adj* à manche de corne (cuchillo).

cachidiablo *m* FAM diable (máscara).

cachifollar *v tr* FAM humilier, confondre, donner un camouflet à (apabullar) | gâcher (estropear).

cachillada *f* portée, ventrée.

cachimba *f*; **cachimbo** *m* pipe *f*, bouffarde *f* FAM; fumar en cachimba fumer la pipe | (*Amer*) chupar cachimbo fumer la pipe (fumar en pipa), sucer son pouce (un niño).

cachipolla *f* éphémère *m* (insecto).

cachiporra *f* massue.

cachiporrazo *m* coup de massue.

cachirulo *m* flacon [pour spiritueux] | cruche *f* (botijo) | petite embarcation *f* à trois mâts (embarcación) | FAM galurin (sombrero) | gigolo (amante) | basane *f* (de pantalón de montar).
➤ **cachirulos** *m pl* trucs, machins (chismes).

cachito *m* petit morceau (trocito) | a cachitos au compte-gouttes.

cachivache *m* ustensile, récipient (vasija, utensilio) | babiole *f* (fruslería) | truc, machin (chisme) | FIG & FAM pauvre type (hombre despreciable).

cachivachero, ra *adj & s* (*Amer*) marchand, e de vaisselle, de babioles.

cacho, cha *adj* courbé, e (encorvado).
➤ **cacho** *m* morceau; un cacho de pan un morceau de pain | brelan, bouillotte *f* (juego de cartas) | (*Amer*) corne *f* (cuerno) | (*Amer*) cacho de bananas régime de bananes très serré.

cachón *m* (p us) lame *f* (ola).

cachondearse *v pr* FAM se ficher de (guasearse); cachondearse de alguien se ficher de quelqu'un | prendre à la rigolade; se cachondea de todo il prend tout à la rigolade.

cachondeo *m* FAM moquerie *f* (burla), rigolade *f* (guasa) ■ armar cachondeo faire du chahut, chahuter | FAM & DESPEC tomar a cachondeo prendre à la rigolade.

cachondez *f* rut *m*, chaleur (de los animales) | FIG sensualité, lascivité.
| OBSERV pl cachondeces.

cachondo, da *adj* en chaleur, en rut (un animal) | FIG & FAM en chaleur | sensuel, elle; lascif, ive | FAM marrant, e; bidonnant, e; rigolo, ote (gracioso).

cachopín ➤ **cachupín.**

cachorrillo *m* coup-de-poing (arma de mano).

cachorro, rra *m & f* chiot *m* (cría del perro) | lionceau *m* (cría del león) | petit *m* (cría de otros mamíferos); la loba y sus cachorros la louve et ses petits.
◇ *adj* (*Amer*) mal élevé, e (malcriado).

cachú *m* cachou (extracto vegetal).

cachucha *f* MAR petit canot *m* (lancha) | casquette (gorra) | cachucha (baile) | (*Amer*) VULG chatte (sexo de la mujer).

cachuchear *v tr* caresser, cajoler (acariciar).

cachucho *m* aiguillier, porte-aiguilles *inv* (alfiletero) | pot (vasija tosca) | cruche *f* (botijo) | MAR petit canot (bote) | ZOOL serran (pez de las Antillas).

cachudo, da *adj* (*Amer*) rusé, e.

cachumbo *m* (*Amer*) coque *f*.

cachunde *m* cachou (pasta aromática).

cachupín, ina *m & f*; **cachopín** *m* (*Amer*) Espagnol, Espagnole [établi au Mexique].

cachureco, ca *adj* (*Amer*) conservateur, trice | difforme (deformado).

cacillo *m* louche *f* (cucharón) | petite casserole *f* (cacerola).

cacique *m* cacique (jefe) | FIG & FAM coq du village (gallo de pueblo) | personnage influent.

caciquil *adj* tyrannique.

caciquismo *m* caciquisme | FIG influence *f* excessive, arbitraire.

> **EL CACIQUISMO**
>
> Sous la première république espagnole, les riches et les notables usaient de tous les moyens pour influencer le vote des classes les plus défavorisées: corruption et protection des personnes qui se soumettaient à leur volonté, et utilisation de la force contre celles qui ne se prêtaient pas à leur jeu. Le caciquisme n'a pas totalement disparu, même si actuellement le personnage du cacique ne correspond plus à celui du fils de riches propriétaires terriens, mais plutôt à l'élu local.

cacle *m* (*Amer*) sandale *f* en cuir.

caco *m* filou (ladrón) | FAM timide | poule *f* mouillée, poltron (cobarde).

cacodilato *m* QUÍM cacodylate.

cacodílico *adj* QUÍM cacodylique; ácido cacodílico acide cacodylique.

cacofonía *f* cacophonie.
| SIN disonancia dissonance; discordancia discordance.

cacofónico, ca *adj* cacophonique.

cacografía *f* cacographie (mala ortografía).

cacología *f* cacologie.

cacoquimia *f* MED cacochymie.

cacosmia *f* MED cacosmie.

cactáceo, a; cácteo, a *adj & s* BOT cacté, e; cactacé, e.

cacto; cactus *m* BOT cactus, cactier (p us).

cacumen *m* FIG & FAM esprit (caletre) | flair (agudeza), perspicacité *f*.

cacunda *f* (*Amer*) bosse.

CAD (abrev de computer aided design) *m* CAO *f*.

cada *adj* chaque; cada cosa chaque chose | tous les, toutes les [avec un nom au pluriel]; cada tres días tous les trois jours; cada cuarto de hora tous les quarts d'heure ■ cada cual; cada uno, una chacun, e; a cada cual lo suyo à chacun son bien | cada día tous les jours | cada dos días tous les deux jours, un jour sur deux | cada dos por tres à tout bout de champ | FAM cada hijo de vecino, cada quisque chacun, e; tout un chacun | cada oveja con su pareja chacun avec sa chacune | cada uno, una chacun, e; chaque; cada uno de estos libros chacun de ces livres; me han costado veinte francos cada uno ils m'ont coûté vingt francs chaque | cada uno en su casa y Dios en la de todos chacun pour soi et Dieu pour tous | cada uno es rey en su casa charbonnier est maître chez lui | cada vez más, cada día más; cada vez menos, cada día menos de plus en plus, de moins en moins | cada vez peor de mal en pis | cada y cuando toutes les fois que, aussitôt que, dès que, aussitôt ■ a cada paso partout | el pan nuestro de cada día notre pain quotidien o de chaque jour | uno de cada diez un sur dix | FAM ¡le dio cada bofetada! il lui a donné de ces gifles! | ¡se veían señoras con cada sombrero! on voyait des dames avec de ces chapeaux!

cadalso *m* [▷ SIN] échafaud, gibet (patíbulo) ‖ estrade *f* (tablado).

‖ SIN patíbulo échafaud; horca potence; estrapada estrapade; garrote garrot.

cadarzo *m* bourrette *f* (seda basta).

cadáver *m* cadavre ‖ corps; **hacer una autopsia de un cadáver** faire l'autopsie d'un corps ■ **levantamiento del cadáver** levée du corps ‖ **rígido como un cadáver** raide comme un mort ‖ **antes pasarán por encima de mi cadáver** il faudrait me passer sur le corps.

cadavérico, ca *adj* cadavérique (relativo al cadáver); **rigidez cadavérica** rigidité cadavérique ‖ cadavéreux, euse (que se parece a un cadáver).

caddie ➤ cadi.

caddy *m* caddie (en el juego de golf).

‖ OBSERV pl caddies.

cadejo *m* touffe *f* de cheveux (cabellos) ‖ petit écheveau (madeja).

cadena *f* chaîne; **cadena de agrimensor** chaîne d'arpenteur ‖ chaîne (de presidiarios) ‖ DR travaux *m pl* forcés, détention, emprisonnement *m*; **cadena perpetua** travaux forcés à perpétuité, détention perpétuelle, emprisonnement à vie ‖ FIG chaîne (sujeción); **las cadenas de la esclavitud** les chaînes de l'esclavage; **romper las cadenas** briser ses chaînes ‖ chaîne, enchaînement *m* (sucesión de hechos) ‖ chaîne (de periódicos, emisoras, cines, hoteles, tiendas, etc.) ‖ ARQ & QUÍM chaîne ■ **cadena alimenticia** chaîne alimentaire ‖ **cadena de contrete** chaîne à étançons o à étais ‖ **cadena de montaje** chaîne de montage ‖ GEOGR **cadena de montañas** chaîne de montagnes ‖ **cadena de seguridad** chaîne d'entrebâillement o de sûreté (de puerta), chaîne de sûreté (de pulsera) ‖ **cadena de transmisión** chaîne de transmission ‖ **cadena sin fin** chaîne sans fin ‖ **cadena Vaucanson** chaîne Vaucanson ‖ **reacción en cadena** réaction en chaîne ‖ **trabajo en cadena** travail à la chaîne ■ **hacer cadena** faire la chaîne.

cadencia *f* cadence; **caminar con cadencia** marcher en cadence.

cadencioso, sa *adj* cadencé, e.

cadeneta *f* chaînette; **punto de cadeneta** point de chaînette ‖ tranchefile, chaînette (encuadernación) ‖ guirlande de papier (adorno de papel).

cadenilla; cadenita *f* chaînette.

cadente *adj* cadencé, e (cadencioso).

cadera *f* ANAT hanche.

caderamen *m* FAM sacré tour de hanches (de una mujer).

caderillas *f pl* (ant) paniers *m*, tournure *sing* (miriñaque).

cadete *m* MIL cadet ‖ (*Amer*) coursier.

cadi; caddie *m* DEP caddie, caddy.

cadí *m* cadi (juez musulmán).

cadillo *m* BOT caucalier ‖ verrue *f* (verruga).

Cádiz *n pr* GEOGR Cadix.

cadmia *f* QUÍM cadmie.

cadmiado *m* cadmiage.

cadmio *m* QUÍM cadmium.

Cadmo *n pr* MITOL Cadmos.

caducar [10] *v intr* être périmé, expirer; **su pasaporte ha caducado** son passeport est périmé o a expiré ‖ être périmé, e (ley) ‖ retomber en enfance, radoter (chochear).

caduceo; cadúceo *m* caducée (emblema).

caducidad *f* caducité; **la caducidad de una ley** la caducité d'une loi ‖ DR déchéance (de un derecho).

caduco, ca *adj* caduc, caduque (viejo) ‖ FIG périmé, e ‖ révolu, e; **tiempos caducos** des temps révolus ‖ BOT caduc, caduque; **hojas caducas** feuilles caduques ‖ DR caduc, caduque; **testamento caduco** testament caduc.

CAE (abrev escrita de cóbrese al entregar) envoi *m* contre remboursement.

caer [55] *v intr* tomber, choir (ant); **el niño ha caído a o en o por tierra** l'enfant est tombé par terre; **caer de cabeza** tomber sur la tête o la tête la première; **caer de espaldas, de rodillas** tomber sur le dos, sur les genoux o à genoux ‖ tomber (las cosas); **las hojas de los árboles caían lentamente** les feuilles des arbres tombaient lentement; **un vestido que cae bien** une robe qui tombe bien ‖ FIG tomber (en una trampa, emboscada, etc.) ‖ tomber; **caer en la indigencia, en desgracia** tomber dans l'indigence, en disgrâce ‖ tomber (un imperio, ministerio) ‖ tomber, décliner (declinar) ‖ tomber (morir); **el capitán cayó al frente de sus tropas** le capitaine est tombé à la tête de ses troupes ‖ tomber (el sol, la noche, etc.) ‖ tomber; **nuestras ilusiones caen una tras otra** nos illusions tombent les unes après les autres ‖ trouver (adivinar); **he caído en la solución** j'ai trouvé la solution ‖ se trouver, être situé; **la puerta cae a la derecha** la porte se trouve à droite; **este detalle cae en el capítulo 10** ce détail se trouve au chapitre X ‖ donner sur; **una ventana que cae a la calle** une fenêtre qui donne sur la rue ‖ tomber; **su cumpleaños cae en domingo** son anniversaire tombe un dimanche ‖ entrer; **esto cae dentro de sus atribuciones** cela entre dans ses attributions ■ FIG **caer a mano** tomber sous la main ‖ **caer a tiempo** bien tomber, tomber à pic ‖ **caer bien, mal** tomber bien, mal (venir bien o mal); aller bien, mal; tomber bien, mal; **este traje te cae bien** ce costume te va bien o tombe bien sur toi ‖ **caer como chinches** o **como moscas** tomber comme des mouches ‖ **caer como muerto** tomber comme une masse ‖ **caer como pedrada en ojo de boticario** tomber à pic ‖ **caer como un balde de agua fría** faire l'effet d'une douche froide, jeter un froid ‖ **caer de perlas** tomber à pic ‖ **caer dentro de la competencia de** relever de la compétence de ‖ **caer de pie** retomber sur ses pieds ‖ **caer de su peso** o **de suyo** tomber sous le sens, aller de soi, couler de source ‖ **caer encima** tomber dessus ‖ **caer encima de** o **sobre** tomber o retomber sur ‖ FIG **caer en el garlito** o **en el lazo** o **en la trampa** donner dans le panneau, mordre à l'hameçon ‖ **caer en el nombre de una persona** mettre un nom sur un visage ‖ **caer enfermo** o **malo** tomber malade ‖ **caer en gracia** plaire (persona) ‖ **caer en la cuenta** comprendre, saisir, piger FAM, se rendre compte (darse cuenta), se rappeler (acordarse) ‖ **caer en los mismos errores** retomber dans les mêmes erreurs ‖ **caer en manos de** o **en poder de** tomber entre les mains de o aux mains de ‖ **caer en redondo** s'écrouler ‖ FIG **caer en suerte** échoir ‖ FIG & FAM **caer gordo, pesado** déplaire, taper sur le système

‖ **caer hecho jirones** tomber en lambeaux ‖ FIG **caerle a uno el premio gordo** gagner le gros lot ‖ **caerle a uno seis meses de cárcel** attraper six mois de prison ‖ **caer patas arriba** tomber les quatre fers en l'air ‖ **cayó cuan largo era**, **cayó de plano** il est tombé de tout son long ■ **al caer la noche** à la nuit tombante ‖ **estar al caer** être sur le point d'arriver (a punto de ocurrir), être dans la poche (punto de conseguirse) ‖ **este tío me cae bien, mal** ce type-là me plaît, ne me revient pas (agradar o no) ‖ **hacerle caer la venda de los ojos** lui ouvrir les yeux ‖ **Juan me cae simpático** je trouve Jean sympathique ‖ **no caerá esa breva** ça n'arrivera pas ‖ **no caer en saco roto** ne pas tomber dans l'oreille d'un sourd ‖ **tomar las cosas cuando caen** prendre les choses comme elles viennent ‖ **¡ya caigo!** j'y suis!, j'ai compris!, j'ai saisi.

➤ **caerse** *v pr* tomber (nunca reflexivo en francés); **caerse de espaldas** tomber à la renverse; **caerse de sueño** tomber de sommeil; **se me cae el pelo** mes cheveux tombent [▷ OBSERV] ■ **caerse al agua** tomber à l'eau ‖ **caerse a pedazos** tomber en miettes ‖ FIG **caerse de debilidad** tomber d'inanition ‖ **caerse de tonto** être bête comme tout ‖ **caérsele a uno la cara de vergüenza** ne plus savoir où se mettre ‖ **caerse muerto de miedo, de risa** mourir de peur, de rire ‖ **caerse redondo** tomber raide ‖ FIG **no se cayó de la cuna** il n'est pas né d'hier ‖ **no tener dónde caerse muerto** être sur le pavé, n'avoir ni feu ni lieu.

‖ OBSERV La forme réfléchie du verbe caer marque une nuance de spontanéité dans l'action: elle est fréquente et devra être traduite par la forme active.

café *m* café (grano y bebida); **café con leche** café au lait, café crème ‖ BOT caféier (cafeto) ‖ café (establecimiento); **café cantante** café-concert ‖ FAM (*Amer*) savon; **dar un café** passer un savon ■ **café americano** grand café noir ‖ **café instantáneo, soluble** café instantané, soluble ‖ **café irlandés** irish-coffee, café irlandais ‖ **café molido** café moulu ‖ **café solo** café noir, noir ‖ **los estrategas de café** les stratèges en chambre ■ FAM **tener mal café** être de mauvais poil (mal humor), être un mauvais coucheur (mal genio), être quelqu'un dont il faut se méfier (mala intención). ◇ *adj* café; **vestido de color café** robe café.

EL CAFÉ

En Espagne, le café que l'on boit dans les établissements publics et à la maison est un café serré, servi dans une petite tasse. Il peut s'agir d'un café noir, « un café solo » o « un solo », ou d'un café au lait. Il prend alors différents noms selon les proportions: « un cortado » équivaut à une tasse de café avec un peu de lait; « un café con leche » contient plus de lait que de café et se sert dans une plus grande tasse. Enfin, on appelle « carajillo » le café auquel on a ajouté du rhum, du cognac ou de l'alcool d'anis, et que l'on sert dans une petite tasse.

cafebrería *f* café *m* littéraire.

LA CAFEBRERÍA

En Amérique hispanophone, la « cafebrería » est un établissement où l'on peut consommer du café, des boissons, des sandwichs, etc. et où l'on peut acheter des livres. C'est un lieu privilégié pour la lecture, les réunions littéraires, les concerts, les récitals de poésie, les conférences, etc.

cafeína *f* QUÍM caféine.

cafetal *m* caféière *f*, plantation *f* de café.

cafetalero, ra *adj* du café.

➤ **cafetalero** *m* planteur de café.

cafetear *v intr* boire du café.

café-teatro *m* café-théâtre.

cafetera *f* cafetière ∥ FAM tacot *m* (coche), clou *m*, rossignol *m* (aparato que funciona mal) ∥ FAM estar como una cafetera être cinglé.

cafetería *f* snack-bar *m*, milk-bar *m*.

> OBSERV **1.** La cafetería se distingue du café traditionnel par sa décoration moderne et son comptoir plus grand. Outre les boissons courantes, on y sert des repas légers.
> **2.** El snack-bar se especializa en comidas ligeras, mientras que el milk-bar sirve bebidas no alcohólicas.

cafetero, ra *adj* relatif au café ∥ FAM Juan es muy cafetero Jean est très amateur de café.

◇ *m & f* cafetier, ère (p us); patron, onne d'un café (propietario de un café).

cafetín; cafetucho *m* FAM bistrot, caboulot ∥ cafetucho cantante beuglant.

cafeto *m* caféier (árbol).

cafetucho ➤ **cafetín**.

cafiche *m* (Amer) FAM maquereau.

cáfila *f* FAM bande (de personas o animales) ∥ FIG & FAM flopée; soltar una cáfila de mentiras sortir une flopée de mensonges.

cafiolo *m* (Amer) maquereau (proxeneta).

cafre *adj & s* cafre ∥ FIG barbare, sauvage (cruel y bárbaro) ∥ sauvage, rustre (zafio).

caftán *m* cafetan, caftan.

caftén *m* (Amer) souteneur, maquereau (rufián).

cafúa *f* FAM (Amer) violon *m* (cárcel).

cagaaceite *m* ZOOL drenne *f*, draine *f* (ave).

cagachín *m* petit moustique roux (mosquito) ∥ sorte de chardonneret (pájaro).

cagada *f* excrément *m*, chiure (de mosca), fiente (de ave) ∥ FIG & FAM bourde (en un negocio).

cagadero *m* VULG chiottes *f pl*.

cagado, da *adj & s* VULG trouillard, e ∥ FIG & VULG estar cagado de miedo faire dans son froc.

cagafierro *m* mâchefer (escoria).

cagajón *m* crottin.

cagalaolla *m & f* FAM chienlit, arlequin *m*.

cagalera; cagaleta *f* VULG foire, foirade ∥ VULG tener cagalera foirer, caner (tener miedo).

cagar [16] *v intr* VULG chier.

◇ *v tr* FIG & VULG cochonner, saloper (chapucear) ∥ VULG cagarla mettre les pieds dans le plat (meter la pata).

➤ **cagarse** *v pr* VULG foirer, avoir la trouille (de miedo).

cagarria *f* morille (seta).

cagarro *m* VULG merde *f*.

cagarruta *f* crotte (excremento).

cagatinta; cagatintas *m* FAM rond-de-cuir, gratte-papier *inv* (chupatintas).

cagatorio *m* VULG chiottes *f pl*.

Cagliari *n pr* GEOGR Cagliari.

cagón, ona; cagueta *adj & s* VULG trouillard, e ∥ ser un cagueta chier dans son froc [avoir peur].

caguana *f* ZOOL tortue marine, tortue verte.

cagueta ➤ **cagón**.

caí *m* (Amer) saï (mono).

caíd *m* caïd (gobernador musulmán).

caída *f* chute (acción de caer) ∥ pente (declive) ∥ pente (tapicería colgante) ∥ tombée, retombée (paño o ropa) ∥ FIG chute (del primer hombre) ∥ chute, effondrement *m*; caída del Imperio romano la chute de l'Empire romain ∥ réception (de un salto) ∥ MAR chute (de una vela) ∥ FIG & FAM trait *m* d'esprit, bon mot *m* ■ caída de la tarde chute du jour, tombée de la nuit ∥ caída del telón baisser du rideau ∥ caída en desuso de désaffection pour (una cosa) ∥ caída libre chute libre (paracaidista) ∥ caída vertical de los precios effondrement des prix ■ a la caída de la tarde, del sol à la tombée de la nuit o du jour, au coucher du soleil ∥ hacerle a uno una caída de ojos faire les yeux en coulisse à quelqu'un.

caído, da *adj* tombé, e ∥ FIG défaillant, e (desfallecido) ∥ abattu, e (abatido) ∥ tombant, e (abatido) ∥ tener los hombros caídos avoir les épaules tombantes ∥ caído del cielo tombé du ciel.

➤ **caídos** *m pl* morts, tués (en la guerra); la Cruz de los Caídos le monument aux morts ∥ réglures *f* obliques d'un cahier d'écriture (de un cuaderno).

Caifás *n pr* Caïphe ∥ FIG & FAM bourreau, homme cruel.

caimán *m* caïman (reptil) ∥ FIG vieux renard, fin matois (hombre astuto).

Caín *n pr* Caïn ■ FIG alma de Caín peau de vache ∥ ir con las de Caín être animé de mauvaises intentions ∥ pasar las de Caín en voir de toutes les couleurs o de dures.

cairel *m* tour de cheveux (peluca) ∥ frange *f* (pasamanería).

cairelar *v tr* garnir de franges.

cairota *adj & s* cairote.

caja *f* [▷ SIN] boîte (pequeña de cartón, etc.); una caja de bombones une boîte de chocolats ∥ caisse (de gran tamaño, de madera); una caja de uva une caisse de raisin ∥ boîte, caisse (contenido) ∥ tiroir-caisse *m* (cajón) ∥ caisse; ocuparse de la caja être à la caisse, tenir la caisse ∥ COM caisse (donde se hacen los pagos) ∥ cercueil *m*, bière (ataúd) ∥ caisse (del coche) ∥ MÚS caisse (del reloj) ∥ caisse (tambor) ∥ buffet *m*, laie (del órgano) ∥ fût *m* (de un arma de fuego) ∥ ARQ cage (de escalera o ascensor) ∥ BOT capsule (fruto) ∥ IMPR casse; caja alta haut de casse; caja baja bas de casse ∥ boîtier *m* (de máquina fotográfica) ∥ (Amer) lit *m* (de un río) ■ ANAT caja craneana boîte crânienne ∥ caja de ahorros caisse d'épargne ∥ caja de arena boîte à sable (para las armas) ∥ TECN caja de cambios boîte de vitesses ∥ caja de caudales coffre, coffre-fort ∥ TECN caja de combustión boîte à feu ∥ caja de cortar al sesgo o de ingletes boîte à onglets ∥ caja de distribución boîte à tiroir(s) o à vapeur o de distribution ∥ caja de engrase boîte à graisse ∥ caja de humos boîte à fumée ∥ caja de la cama bois de lit ∥ FAM caja de las muelas bouche, bec, mandibules ∥ ANAT caja del cuerpo o torácica cage thoracique ∥ caja del tambor o del tím-

pano caisse du tympan ∥ caja de música boîte à musique ∥ MIL caja de recluta bureau de recrutement ∥ MÚS caja de resonancia caisse de résonance ∥ MIL caja de respetos trousse aux accessoires ∥ caja fuerte o de seguridad coffre-fort ∥ AVIAC caja negra boîte noire ∥ IMPR caja perdida casseau du haut de casse ∥ ECON Caja Postal de Ahorros caisse d'épargne dépendant de la poste espagnole ∥ caja registradora caisse enregistreuse ∥ fábrica de cajas caisserie, fabrique de caisses ∥ libro de caja livre des comptes o de caisse ∥ valores en caja o caja encaisse ■ FAM echar a uno con cajas destempladas renvoyer quelqu'un avec pertes et fracas, envoyer bouler quelqu'un ∥ entrar en caja se ranger (una persona), faire partie du prochain contingent (militar) ∥ ingresar en caja encaisser.

> SIN cajón caisse; cofre coffre; joyero écrin; estuche étui.

cajel *m* naranja cajel orange amère, bigarade.

cajero, ra *m & f* caissier, ère (encargado de la caja).

➤ **cajero** *m* fabricant de caisses ∥ cajero automático distributeur automatique, billetterie.

➤ **cajera** *f* MAR arcasse (de polea).

cajeta *f* petite boîte (caja pequeña) ∥ caissette (de madera) ∥ tronc *m* (cepillo para limosnas) ∥ MAR garcette (cuerda) ∥ (Amer) pot *m* à confiture (para dulces y jaleas) ∥ VULG chatte (sexo de la mujer).

◇ *adv* (Amer) de cajeta en or, excellent; un negocio de cajeta une affaire en or.

cajetilla *f* paquet *m* de cigarettes (de cigarrillos) o de tabac (tabaco) ∥ boîte (de cerillas).

◇ *m* FAM (Amer) gandin, gommeux.

cajetín *m* caissette *f* (cajita) ∥ ELECTR baguette *f* ∥ IMPR cassetin ∥ TECN boîtier.

cajiga *f* BOT chêne *m* rouvre (quejigo).

cajigal *m* rouvraie *f*.

cajista *m & f* IMPR compositeur, trice ∥ cajista de imprenta ouvrier typographe.

cajo *m* mors (encuadernación).

cajón *m* caisse *f* (caja grande) ∥ tiroir (de mueble) ∥ compartiment (en los estantes) ∥ échoppe *f*, boutique *f* (tienda) ∥ IMPR casseau ∥ caisson (obras públicas) ∥ (Amer) gorge *f*, défilé (cañada) ∥ cercueil (ataúd) ■ cajón de herramientas boîte à outils ∥ FIG cajón de sastre o de turco fouillis, capharnaüm, foutoir (objetos en desorden) ∥ FIG & FAM de cajón évident, e; qui va de soi; ¡es de cajón! c'est évident, ça va de soi; ordinaire, quelconque (corriente).

cajonera *f* AGRIC châssis *m*.

cajuela *f* (Amer) AUTOM coffre *m*.

cake *m* CULIN cake.

cal *f* chaux; cal viva o anhidra, apagada o muerta chaux vive, éteinte; cal hidráulica chaux hydraulique ∥ FIG & FAM a o de cal y canto à double tour (cerrado), à chaux et à sable (construido) ∥ lechada de cal lait de chaux ∥ una de cal y otra de arena moitié moitié.

cala *f* entame (primer trozo), tranche [pour goûter un fruit] ∥ MED suppositoire *m* (supositorio) ∥ sonde (sonda) ∥ MAR cale ∥ GEOGR anse, crique ∥ BOT arum *m* ∥ FIG sondage *m* (sondeo de opinión) ‖ FAM peseta ‖ a cala y cata à la tranche, à la coupe.

calaba m calambac (árbol).

calabacear v tr FAM coller, recaler, étendre (en un examen) ‖ repousser, éconduire, envoyer promener (a un pretendiente).

calabacera f marchande de courges o de calebasses ‖ courge (planta).

calabacín m courgette f (fruto) ‖ FIG & FAM gourde f, courge f.

calabacino m calebasse f, gourde f (recipiente).

calabaza f BOT courge‖citrouille (de gran tamaño) ‖ gourde, calebasse (recipiente) ‖ FIG & FAM gourde, courge (persona tonta)‖sabot m, rafiot m (buque pesado) ■ calabaza bonetera o pastelera potiron turban, pâtisson ‖ calabaza confitera o totanera o de cidra potiron ‖ calabaza de peregrino gourde ‖ calabaza de San Roque calebasse ‖ calabaza vinatera gourde, calebasse ‖ FIG & FAM dar calabazas coller, étendre, recaler (en un examen), dire non, envoyer promener, éconduire (a un pretendiente)‖recibir calabazas essuyer un refus (un pretendiente), être collé o recalé (en un examen).

calabazada f FAM coup m de tête.

calabazar m AGRIC champ de courges.

calabazate m confiture f de courges.

calabazazo m coup donné avec une courge ‖ FAM coup sur la tête.

calabobos m inv FAM crachin, bruine f.

calabocero m geôlier (carcelero).

calabozaje m geôlage.

calabozo m cachot, geôle f (prisión); meter en el calabozo mettre au cachot o en geôle.

calabrés, esa adj & s calabrais, e.

Calabria n pr f GEOGR Calabre.

calabrote m MAR grelin.

calache m (Amer) babiole f, vieillerie f.

calada f trempage m (en o con líquido) ‖ bouffée (de cigarrillo) ‖ essor m, vol m à tire d'aile (de las aves).

caladero m lieu de pêche.

calado m broderie f à jour o ajourée (bordado) ‖ découpure f, ajour (perforado de papel, tejidos, etc.) ‖ MAR tirant d'eau, calaison f ‖ MECÁN calage (de un motor).

calador m MED sonde f ‖ (Amer) sonde f [pour prélever des échantillons].

calafate m MAR calfat.

calafateado m; **calafateadura** f calfatage m.

calafatear v tr MAR calfater (barcos) ‖calfeutrer (cualquier juntura).

calafateo m; **calafatería** f calfatage m.

calamar m ZOOL calmar, encornet.

calambac m calambac, calambar, calambour (árbol y madera).

calambre m MED crampe f; calambre de estómago crampe d'estomac; me ha dado un calambre en la pierna j'ai eu une crampe à la jambe‖décharge f électrique.

calambur m calembour (retruécano).

calamento m BOT calament (planta) ‖ MAR mise f à l'eau des filets (de redes).

calamidad f calamité; la guerra es una calamidad la guerre est une calamité ‖fléau m (plaga) ‖ FIG & FAM ser una calamidad être un bon à rien o une nullité (un incapaz).

calamina f calamine (carbonato de cinc).

calamita f MIN calamite.

calamitoso, sa adj calamiteux, euse.

cálamo m MÚS chalumeau (flauta) ‖ POÉT roseau (planta)‖plume f (para escribir).

calamocano, na adj FAM éméché, e; pompette.

calamoco m glaçon (carámbano).

calamo currente loc adv au courant de la plume.

calamón m poule f sultane (ave) ‖cabochon (clavo).

calandra f AUTOM calandre.

calandraco m & f (Amer) écervelé, e; tête en l'air.
 ◇ f soupe [faite par les marins avec des restes de biscuit].

calandrado m TECN calandrage.

calandrajo m FAM lambeau, loque f (jirón) ‖guenille f, haillon (harapos) ‖ FIG & FAM chiffe f, loque f (persona despreciable).

calandrar v tr TECN calandrer.

calandria f calandre (ave) ‖ TECN calandre (para lustrar)‖calandre (de automóvil)‖sorte de treuil (torno) ‖ FAM malade m imaginaire (enfermo fingido) ‖(Amer) FAM flemmard m.

calaña f modèle m, forme (muestra) ‖ FIG nature (las personas), qualité (las cosas) ‖ espèce, engeance, acabit m (despectivo); estos dos chicos son de la misma calaña ces deux garçons sont du même acabit ‖éventail m bon marché (abanico) ‖gente de mala calaña gens peu recommandables.

calañar ▶ calcañal.

calañés adj m sombrero calañés chapeau à bords relevés.

cálao m calao (ave tropical).

calar adj calcaire (calizo).
 ◇ m carrière f de pierre à chaux (cantera).

calar v tr tremper, transpercer (un líquido); la lluvia ha calado el abrigo la pluie a trempé le manteau ‖ traverser, transpercer; calar una tabla con la barrena transpercer une planche avec la vrille ‖ broder à jours (bordar) ‖ ajourer (agujerear) ‖ entamer (una fruta) ‖enfoncer (un sombrero) ‖ FIG percer, percer à jour, deviner (adivinar); ha calado mis intenciones il a deviné mes intentions‖pénétrer, saisir (comprender) ‖ pénétrer; calar hondamente en el alma humana pénétrer à fond dans l'âme humaine ‖ MAR caler; calar una vela caler une voile ‖(Amer) humilier (cachifollar) ‖extraire (un échantillon) avec la sonde ■ calar la bayoneta mettre baïonnette au canon ‖ hacer frente con la bayoneta calada croiser la baïonnette.
 ◇ v intr MAR caler.
 ◆ calarse v pr être trempé, e; se caló hasta los huesos il a été trempé jusqu'aux os ‖enfoncer; calarse el sombrero enfoncer son chapeau ‖ fondre, s'abattre rapidement (el ave) ‖ FAM se fourrer (introducirse) ‖ MÉCAN caler; se me caló el motor mon moteur a calé ‖calarse las gafas chausser ses lunettes.

calato, ta adj (Amer) nu, e (desnudo).

calatravo, va adj & s m chevalier de l'ordre de Calatrava.

calavera f tête de mort (cráneo) ‖ ZOOL sphinx m tête-de-mort (mariposa).
 ◇ m FIG viveur, bambocheur, noceur (juerguista) ‖ tête f brûlée (cabeza loca).

calaverada f frasque, fredaine.

calaveras f pl (Amer) AUTOM feux m pl arrière.

calazón m MAR calaison f, tirant d'eau.

calcado, da adj calqué, e; ser calcado a alguien être tout le portrait de qqn.

calcador, ra m & f calqueur, euse.

calcáneo m calcanéum (hueso).

calcañal; calcañar; calcaño m talon.

calcar [10] v tr calquer, décalquer (reproducir) ‖ FIG calquer (imitar) ‖ fouler (pisar).

calcáreo, a adj calcaire.

calcarone m TECN calcarone.

calce m jante f (de rueda) ‖ acérure f (de instrumentos cortantes) ‖ coin (cuña) ‖ cale f (alza); poner un calce a un mueble cojo mettre une cale à un meuble boiteux ‖(Amer) pied, bas (de un documento) ‖(Amer) dar calce donner l'occasion (permitir).

calcedonia f MIN calcédoine.

calceolaria f calcéolaire (planta).

calceta f bas m (media) ‖hacer calceta tricoter.

calcetería f usine de bonneterie (fábrica) ‖bonneterie (tienda).

calcetero, ra m & f bonnetier, ère (comerciante) ‖tricoteur, euse (que hace puntos).

calcetín m chaussette f ‖ FIG volverle a uno como a un calcetín retourner quelqu'un comme un gant.

calcetón m guêtre f en tricot (polaina).

calcha f (Amer) fanon m (del caballo), plume sur les pattes (de ciertas aves)‖vêtements m pl (prendas de vestir).

cálcico, ca adj QUÍM calcique.

calcicosis f inv MED chalicose.

calcificación f calcification.

calcificar [10] v tr calcifier.

calcillas m inv FAM nabot sing, petit bout d'homme (retaco)‖mauviette f sing (cobarde).

calcina f béton m (hormigón).

calcinación f calcination.

calcinar v tr calciner ‖ FIG & FAM casser les pieds, bassiner (fastidiar).

calcinosis f inv MED calcinose.

calcio m calcium (metal).

calciotermia f QUÍM calciothermie.

calcirrudita f MIN calcirudite.

calcita f MIN calcite.

calciterapia f calcithérapie.

calcitonina f calcitonine.

calco m calque (copia); papel de calco papier-calque.

calcografía f chalcographie.

calcografiar [9] v tr chalcographier.

calcógrafo m chalcographe (grabador).

calcolítico m chalcolithique.

calcomanía *f* décalcomanie.

calcopirita *f* MIN chalcopyrite.

calcosiderita *f* MIN chalcosidérite.

calcosina *f* MIN chalcosine.

calcotriquita *f* chalcotrichite.

calculable *adj* calculable.

calculador, ra *adj* & *s* calculateur, trice; calculadora de bolsillo calculatrice de poche, calculette; calculadora electrónica calculateur o calculatrice électronique ‖ FIG calculateur, trice (interesado).

calcular *v tr* calculer; calcular una raíz cuadrada calculer une racine carrée ‖ FIG calculer, évaluer; calcular los gastos de viaje évaluer les frais de voyage ‖ penser, supposer, croire, compter; calculo que terminaré mañana je pense finir demain ∎ calculando por bajo au bas mot ‖ máquina de calcular machine à calculer.

cálculo *m* calcul; cálculo diferencial, integral, infinitesimal, mental calcul différentiel, intégral, infinitésimal, mental ‖ évaluation *f*, calcul; cálculo de gastos évaluation des frais ‖ FIG calcul (conjetura, reflexión) ‖ prudence *f*; obrar con mucho cálculo agir avec beaucoup de prudence ‖ MED calcul (piedra) ‖ regla de cálculo règle à calculer.

calculoso, sa *adj* MED calculeux, euse.

Calcuta *n pr* GEOGR Calcutta.

calda *f* chauffage *m* (acción de calentar) ‖ chauffe (introducción del combustible) ‖ TECN chaude (metales).

➤ **caldas** *f pl* eaux thermales, station *sing* thermale (baños).

caldaico, ca *adj* chaldaïque (de Caldea).

Caldea *n pr f* GEOGR Chaldée.

caldeamiento *m* chauffe *f*, chauffage.

caldear *v tr* chauffer (calentar), réchauffer (lo que se ha enfriado) ‖ rougir (los metales) ‖ FIG réchauffer, chauffer (el ambiente, etc.).

➤ **caldearse** *v pr* se chauffer ‖ rougir (los metales).

caldén *m* (*Amer*) arbre au bois très dur.

caldeo *m* chauffe *f*, chauffage (calda); el caldeo de una habitación le chauffage d'une pièce; superficie de caldeo surface de chauffe.

caldeo, a *adj* & *s* chaldéen, enne (de caldea).

caldera *f* chaudière; caldera de vapor chaudière à vapeur ‖ chaudron *m* (caldero) ‖ chaudière, chaudronnée (calderada) ‖ MIN puisard *m* (pozo) ‖ (*Amer*) bouilloire (para infusiones) ‖ cratère *m* ∎ caldera de jabón savonnerie ‖ FIG & FAM las calderas de Pero Botero l'Enfer, le feu éternel.

calderada *f* chaudière, chaudronnée.

caldereria *f* chaudronnerie.

calderero *m* chaudronnier.

caldereta *f* petit chaudron *m*, petite chaudière (caldera) ‖ ECLES bénitier *m* portatif (de agua bendita) ‖ CULIN soupe de poisson (sopa de pescado) ‖ ragoût *m* de mouton o de chevreuil.

calderilla *f* ECLES bénitier *m* portatif (de agua bendita) ‖ petite o menue monnaie, ferraille (moneda fraccionaria).

caldero *m* chaudron (recipiente) ‖ chaudron, chaudronnée *f* (contenido) ‖ TECN poche *f*

[pour la fonte]; caldero de colada poche de coulée.

calderón *m* gros chaudron (recipiente) ‖ IMPR pied-de-mouche (signo) ‖ MÚS point d'orgue.

calderoniano, na *adj* caldéronien, enne [du dramaturge Calderón].

caldibache *m* FAM lavasse *f* (caldo muy claro).

caldillo *m* jus, sauce *f* (salsa).

caldo *m* bouillon; caldo de verduras bouillon de légumes ‖ consommé (sopa) ‖ assaisonnement, sauce *f* [de la salade] ‖ (*Amer*) jus de la canne à sucre (jugo de la caña) ∎ AGRIC caldo bordelés bouillie bordelaise ‖ caldo corto court-bouillon ‖ caldo de cultivo bouillon de culture ∎ al que no quiere caldo, la taza llena o tres tazas lui qui n'aimait pas ça, te voilà servi ‖ FAM estar a caldo être à sec (sin dinero) ‖ gallina vieja da o hace buen caldo c'est dans les vieilles marmites qu'on fait la bonne soupe ‖ hacerle a uno el caldo gordo faire le jeu de quelqu'un ‖ poner a caldo passer un savon (regañar).

➤ **caldos** *m pl* liquides alimentaires (vino, vinagre, aceite, etc.) ‖ crus; los caldos de Jerez les crus de Xérès.

caldoso, sa *adj* qui a beaucoup de jus o de sauce.

calducho *m* FAM lavasse *f*.

calé *m* Gitan ‖ monnaie *f* de cuivre (moneda).

calecer [30] *v intr* s'échauffer.

Caledonia *n pr f* HIST Calédonie (antiguo nombre de Escocia).

calefacción *f* chauffage *m*; calefacción central chauffage central; calefacción por fueloil chauffage au mazout ‖ TECN chauffe; superficie de calefacción surface de chauffe.

calefactor *m* chauffeur (encargado de la calefacción) ‖ radiateur (aparato de calefacción).

caleidoscopio *m* kaléidoscope.

calendario *m* calendrier; calendario gregoriano, juliano, perpetuo calendrier grégorien, julien, perpétuel ‖ calendrier (distribución de la labor) ‖ échéancier (para los pagos) ∎ calendario americano o exfoliador o de taco calendrier à effeuiller ‖ BOT calendario de Flora calendrier de Flore ‖ calendario escolar calendrier scolaire ‖ calendario laboral calendrier de travail ‖ calendario republicano calendrier républicain ∎ FIG hacer calendarios faire des pronostics (pronósticos), rêvasser (soñar).

‖ SIN almanaque almanach; agenda agenda; efemérides éphéméride.

calendas *f pl* calendes (día del mes) ‖ FAM calendas griegas calendes grecques.

calentador, ra *adj* chauffant, e.

➤ **calentador** *m* calorifère (aparato) ‖ chauffe-eau *inv* (para calentar agua), chauffe-bain (de baño) ‖ bassinoire *f*, chauffe-lit (de cama) ‖ TECN réchauffeur; calentador de aire réchauffeur d'air surchauffeur (de locomotora) ‖ FIG & FAM bassinoire *f* (reloj muy grueso).

calentamiento *m* chauffage (acción de calentar) ∎ DEP calentamiento específico échauffement ‖ ejercicios de calentamiento exercices d'échauffement.

calentar [19] *v tr* chauffer, faire chauffer; calentar un horno chauffer un four; calentar hasta el rojo blanco chauffer à blanc; caliéntame un poco de agua fais-moi chauffer un peu d'eau ‖ échauffer; calentar los músculos échauffer les muscles ‖ FIG & FAM chauffer; calentar el asiento chauffer sa place ‖ chauffer, activer, mener rondement; calentar un negocio chauffer une affaire ‖ FAM flanquer une dégelée (azotar) ∎ calentar la cabeza o los cascos con échauffer o rebattre les oreilles avec ‖ calentar las orejas a alguien chauffer les oreilles à quelqu'un ‖ calentar la sangre échauffer le sang.

➤ **calentarse** *v pr* se chauffer (el que tiene frío) ‖ chauffer (el fuego) ‖ être en chaleur (los animales) ‖ FIG s'échauffer (irritarse) ∎ las manos se le calientan la main lui démange ‖ FAM no calentarse los cascos ne pas se creuser la cervelle.

calentón *m* darse un calentón se mettre à chauffer (un motor).

calentura *f* MED fièvre, température; tener calentura avoir de la fièvre ‖ bouton *m* de fièvre (pústula en los labios) ‖ (*Amer*) sorte de asclepias (planta) ‖ phtisie (tisis) ‖ colère ‖ FIG & FAM calentura de pollo maladie imaginaire.

calenturiento, ta *adj* fiévreux, euse ‖ FIG fiévreux, euse; fébrile; tener la mente calenturienta avoir l'imagination fiévreuse.

calenturón *m* MED grosse fièvre *f*, fièvre *f* de cheval.

calera *f* carrière de pierre à chaux (cantera) ‖ four *m* à chaux, chaufour *m* (p us).

calero, ra *adj* de la chaux.

➤ **calero** *m* chaufournier.

calesa *f* calèche (carruaje).

calesera *f* veste de postillon (chaqueta) ‖ chant *m* populaire andalou (cante).

calesero *m* postillon (cochero).

calesita *f* (*Amer*) manège [de chevaux de bois].

caleta *f* crique, anse (ensenada) ‖ (*Amer*) petit port *m*.

caletero *m* (*Amer*) docker (descargador de barcos) ‖ caboteur (barco).

caletre *m* FAM jugeote *f* (tino); tener poco caletre avoir peu de jugeote ‖ de su propio caletre de son cru.

calibración *f* calibrage *m*.

calibrado *m* TECN alésage (de un tubo o un cilindro) ‖ calibrage (medición).

calibrador *m* calibre; calibrador de mordazas calibre à mâchoires ‖ jauge *f*; calibrador de profundidades jauge de profondeur ‖ alésoir (de un tubo) ‖ calibrador micrométrico jauge micrométrique, palmer.

calibrar *v tr* calibre (medir) ‖ alléser (mandrilar) ‖ FIG jauger (juzgar) ‖ máquina de calibrar aléseuse.

calibre *m* MIL calibre ‖ TECN calibre, jauge *f* ‖ alésage (diámetro interior) ‖ FIG importance *f*; un asunto de mucho calibre une affaire de grande importance.

calicantáceas *f pl* BOT calycanthacées.

calicata *f* MIN sondage *m*.

caliche *m* (*Amer*) caliche, salpêtre (nitrato) ‖ meurtrissure *f* (maca) ‖ écaille *f* (de pintura, de cal) ‖ fente *f* (en una vasija) ‖ recuit (piedra).

calichera *f* (*Amer*) salpêtrière, gisement *m* de salpêtre.

caliciflora *adj* BOT caliciflore.
➤ **calicifloras** *f pl* BOT caliciflores.

caliciforme *adj* HIST caliciforme.

calicillo *m* BOT collerette *f*.

calicó *m* calicot (tejido de algodón).
■ OBSERV pl calicós.

calidad *f* qualité; tela de buena calidad toile de bonne qualité; persona de calidad personne de qualité ‖ qualité (condición); calidad de ciudadano qualité de citoyen ‖ choix *m*; de primera, de segunda calidad de premier, de second choix ‖ FIG importance, poids *m*; asunto de calidad affaire d'importance ‖ condition (cláusula de contrato) ■ calidad cromática qualité chromatique (pintura) ‖ calidad de vida qualité de la vie ■ certificado de calidad label de qualité ‖ control de calidad contrôle de (la) qualité ‖ voto de calidad voix prépondérante ■ a calidad de que à condition que ‖ en calidad de en qualité de, à titre de, au titre de ‖ de dinero y calidad la mitad de la mitad il faut en prendre et en laisser.
➤ **calidades** *f pl* qualités ‖ conditions (juegos).

cálido, da *adj* chaud, e; clima, colorido cálido climat, ton chaud; voz cálida voix chaude.

calidoscopio *m* kaléidoscope.

calientapiés *m inv* chaufferette *f*, chauffe-pieds.

calientaplatos *m inv* chauffe-plats, chauffe-assiettes.

caliente *adj* [▷ SIN] chaud, e; agua caliente eau chaude; colorido caliente ton chaud ‖ FIG chaud, e; ardent, e ■ en caliente sur-le-champ, tout chaud (en el acto), à chaud (una operación quirúrgica) ■ FIG estar en caliente être en chaleur (los animales) ‖ mantener caliente tenir au chaud ‖ FIG ser caliente de cascos avoir la tête chaude.
| SIN térrido torride; caluroso chaud; ardiente ardent; hirviente bouillant.

califa *m* calife.

califato *m* califat.

calificable *adj* qualifiable.

calificación *f* qualification ‖ note (de un ejercicio).

calificado, da *adj* éminent, e (importante) ‖ qualifié, e (apto).

calificador *m* qualificateur, examinateur ■ calificador del Santo Oficio qualificateur du Saint-Office ‖ jurado calificador de un premio jury chargé de décerner un prix.

calificar [10] *v tr* qualifier ‖ noter (un examen) ‖ qualifier, traiter; calificar a uno de ladrón traiter quelqu'un de voleur ‖ FIG ennoblir, illustrer (ilustrar).
➤ **calificarse** *v pr* prouver ses quartiers de noblesse.

calificativo, va *adj & s m* qualificatif, ive; adjetivo calificativo adjectif qualificatif; un calificativo injurioso un qualificatif injurieux.

California *n pr f* GEOGR Californie.

californiano, na; californio, nia *adj & s* californien, enne (de California).

californio *m* QUÍM californium.

calígine *f* POÉT obscurité, ténèbres *pl*.

caliginoso, sa *adj* obscur, e; ténébreux, euse ‖ caligineux, euse (brumoso).

caligrafía *f* calligraphie.

caligrafiar [9] *v tr* calligraphier.

caligráfico, ca *adj* calligraphique.

calígrafo *m* calligraphe.

caligrama *m* POÉT calligramme.

calilla *f* petit suppositoire *m* (supositorio) ‖ FAM (*Amer*) raseur *m* (cargante)‖embêtement *m*, empoisonnement *m* (molestia) ‖ calvaire *m* (calvario).

calimocho *m* FAM boisson *f* rafraîchissante à base de vin et de cola.

calina *f* brume *m* (niebla) ‖ chaleur.

calinoso, sa *adj* brumeux, euse.

Calíope *n pr* MITOL Calliope.

calipso *m* calypso.

Calipso *n pr* MITOL Calypso.

calisaya *f* sorte de quinquina.

calitipia *f* FOT calotype *m*.

Calixto *n pr* Calixte, Calliste.

cáliz *m* ECLES calice (copa) ‖ BOT calice ‖ apurar el cáliz hasta las heces boire le calice jusqu'à la lie.
■ OBSERV pl cálices.

calizo, za *adj* calcaire.
➤ **caliza** *f* calcaire *m* (roca sedimentaria); caliza litográfica calcaire lithographique ‖ pierre à chaux (carbonato de calcio natural); caliza hidráulica pierre à chaux hydraulique ‖ MIN caliza lenta dolomie.

calla *f* (*Amer*) sorte de plantoir.

callada *f* silence *m* (acción de callarse) ■ a la callada, de callada en tapinois, en catimini ‖ dar la callada por respuesta ne pas daigner répondre.

calladamente *adv* sans mot dire, secrètement.

callado, da *adj* silencieux, euse; discret, ète ‖ réservé, e (comedido); es una persona muy callada c'est une personne très réservée ■ de callado en catimini ‖ más callado que un muerto muet comme une carpe o comme la tombe ■ no quedarse nunca callado avoir réponse à tout.

callampa *f* (*Amer*) champignon *m* (hongo) ‖FAM galurin *m* en feutre (sombrero).

callana *f* (*Amer*) plat *m*, récipient *m* [utilisé par les Indiens pour griller le maïs].

callandico; callandito *adv* FAM en tapinois, en catimini.

callao *m* galet, caillou roulé (canto rodado) ‖terrain couvert de galets (terreno).

callar *v intr & pr* se taire; los niños deben callar cuando hablan las personas mayores les enfants doivent se taire quand les grandes personnes parlent; dicho esto, calló ceci dit, il se tut ■ calla callando en douce ‖¡cállate! tais-toi! ‖ FAM ¡cállate la boca! la ferme!, ferme-la! ‖ ¡cállense! taisez-vous! ■ a la chita callando en catimini ‖ al buen callar llaman Sancho il faut savoir parler avec modération ‖matarlas callando faire les choses en douce ‖ quien calla otorga qui ne dit mot consent.
◇ *v tr* taire (un secreto) ‖ passer sous silence

(no decir); he callado lo principal j'ai passé sous silence le plus important.

calle *f* [▷ SIN] rue (camino); calle mayor grand-rue ‖ voie (de una autopista) ‖ allée (de árboles) ‖ IMPR rue ‖ couloir *m* (atletismo), ligne d'eau, couloir *m* (en una piscina) ■ calle abajo en descendant la rue ‖ calle arriba en remontant la rue ‖ calle peatonal rue piétonnière o piétonne ‖ calle pública voie publique ‖ el hombre de la calle l'homme de la rue, monsieur Tout-le-monde ‖traje de calle costume de ville ■ FIG & FAM abrir calle se frayer un passage ‖ azotar calles battre le pavé ‖ coger la calle prendre la porte, sortir ‖dejar en la calle, echar a la calle jeter sur le pavé ‖ doblar la calle tourner au coin de la rue ‖ FIG & FAM echar a la calle, plantar en la calle mettre dehors, mettre à la porte, jeter à la rue ‖echar por la calle de en medio foncer droit au but ‖ echarse a la calle descendre dans la rue ‖echar por la calle de en medio foncer droit au but ‖ echarse a la calle descendre dans la rue ‖ estar en la calle être sorti (haber salido), être sur le pavé (ser pobre) ‖ hacer calle faire la haie (soldados) ‖ irse a la calle sortir ‖ FIG & FAM llevarse de calle convaincre par des arguments, embobiner ‖poner de patitas en la calle flanquer o mettre à la porte ‖quedarse en la calle être à la rue, rester sur le pavé.
| SIN callejón, callejuela, calleja ruelle; sendero sentier; pasaje passage; vía voie; arteria artère.

calleja *f* ruelle (calle pequeña).

Calleja *n pr* sépase quién es Calleja vous ne savez pas à qui vous avez affaire.

callejear *v intr* flâner, battre le pavé, courir les rues (vaguear).
| SIN vaguear muser, musarder; cancanear flâner, traînasser.

callejeo *m* flânerie *f* (paseo).

callejero, ra *adj* flâneur, euse (amigo de callejear) ‖de la rue; la animación callejera l'animation de la rue ‖ ambulant, e; venta callejera vente ambulante ‖ boulevardier, ère; musa callejera muse boulevardière.
➤ **callejero** *m* répertoire des rues d'une ville.

callejón *m* ruelle *f*, petite rue *f*, passage ‖TAUROM couloir qui court le long de l'arène et sert de refuge aux toréros ‖callejón sin salida impasse, cul-de-sac (calle), impasse (situación).

callejuela *f* ruelle (calle) ‖ FIG échappatoire (evasiva).

callicida *m* MED coricide.

callista *m & f* pédicure.

callo *m* [▷ SIN] MED cor (en los pies), durillon, callosité *f* (en los pies o en las manos) ‖ cal (de una fractura) ‖ éponge *f* (de la herradura) ‖ FIG & FAM mocheté *f*, horreur *f*, laideron (fea) ‖FAM dar el callo bosser (trabajar).
➤ **callos** *m pl* tripes *f pl*, gras-double *sing* (plato) ■ callos a la madrileña sorte de tripes à la mode de Caen.
| OBSERV El gras-double se prepara exclusivamente con estómago de vaca.
| SIN juanete oignon; ojo de gallo œil-de-perdrix.

callosidad *f* callosité ‖ úlcera con callosidades ulcère calleux.

calloso, sa *adj* calleux, euse; **manos callosas** mains calleuses; **cuerpo calloso** corps calleux.

calma *f* calme *m* (tranquilidad) **║** FIG calme *m*; **la calma de la noche** le calme de la nuit **║** accalmie (en los dolores, en los negocios) **║** calme *m*, nonchalance, décontraction (pachorra); **lo hace todo con una calma increíble** il fait tout avec une nonchalance incroyable **■** MAR **calma chicha** calme plat **■** **con calma** calmement, à tête reposée **║** ¡**con mucha calma!** du calme!, tout doux! **║** **en calma** calme; **todo está en calma** tout est calme **■** **después de la tempestad viene la calma** après la pluie le beau temps.

calmante *adj* calmante, e.
◇ *m* MED calmant, tranquillisant.

calmar *v tr* calmer, apaiser (sosegar) **║** calmer; **esta medicina calma el dolor** ce médicament calme la douleur.
◇ *v intr & pr* se calmer **║** tomber (el viento).

calmazo *m* MAR calme plat **║** accalmie *f* (calma momentánea).

calmo, ma *adj* AGRIC inculte (erial), en jachère (en barbecho).

calmoso, sa *adj* calme (tranquilo) **║** FAM nonchalant, e; indolent, e (pachorrudo) **║** flegmatique.

calmuco, ca *adj & s* kalmouk.

caló *m* LING romani.

calobiótica *f* art *m* de vivre.

calocéfalo, la *adj* calocéphale.

calofilo, la *adj* BOT calophylle.

calofrío *m* frisson (escalofrío).

calología *f* esthétique.

calomel *m;* **calomelanos** *m pl* MED calomel *sing.*

calor *m* FÍS chaleur *f;* **calor específico** chaleur spécifique; **calor natural** chaleur naturelle **║** chaleur *f;* **los calores del verano** les chaleurs de l'été **║** chaleur *f,* chaud (calidad de lo caliente); **mantener al calor** tenir au chaud **║** FIG chaleur *f,* feu; **en el calor de la improvisación, del combate** dans la chaleur de l'improvisation, dans le feu du combat **║** chaleur *f;* **acoger con calor** accueillir avec chaleur **■** FIG **al calor de** avec l'aide o la protection de **■** FAM **ahogarse** o **asarse** o **morirse de calor** mourir de chaud, crever de chaleur **║** **dar calor** encourager (animar), tenir chaud **║** **darse calor** se tenir chaud **║** **entrar en calor** s'échauffer (acalorarse), se réchauffer (cuando se tiene frío) **║** **hace calor** il fait chaud **║** **hacer entrar en calor** réchauffer **║** **tener calor** avoir chaud **║** **tomar una cosa con calor** prendre une chose à cœur.
║ OBSERV L'usage de *calor* au féminin est à proscrire.

calorescencia *f* FÍS calorescence.

caloría *f* FÍS calorie; **caloría grande, pequeña** grande, petite calorie.

calórico, ca *adj* calorique.
◆ **calórico** *m* FÍS calorique **║** chaleur *f;* **desprender mucho calórico** dégager beaucoup de chaleur; **calórico radiante** chaleur radiante.

calorífero, ra *adj & s m* calorifère.

calorificación *f* calorification.

calorífico, ca *adj* calorifique.

calorífugo, ga *adj & s m* calorifuge.

calorimetría *f* calorimétrie.

calorimétrico, ca *adj* calorimétrique.

calorímetro *m* calorimètre.

calostro *m* colostrum (primera leche).

calote *m* (*Amer*) escroquerie *f,* vol (estafa) **║** (*Amer*) **dar calote** escroquer, rouler (estafar), voler, calotter (birlar).

caloyo *m* agneau nouveau-né, agnelet.

calpense *adj & s* gibraltarien, enne (de Gibraltar).

calumnia *f* calomnie (acusación falsa).

calumniador, ra *adj & s* calomniateur, trice.

calumniar [8] *v tr* calomnier.

calumnioso, sa *adj* calomnieux, euse.

calurosamente *adv* chaleureusement, chaudement; **el presidente fue recibido calurosamente** le président fut accueilli chaleureusement; **felicitar calurosamente** féliciter chaudement.
║ OBSERV *Chaleureusement* implica mayor viveza que *chaudement* y hasta entusiasmo en la manera de actuar.

caluroso, sa *adj* chaud, e (con calor); **un día caluroso** une chaude journée **║** FIG chaleureux, euse; **un recibimiento caluroso** un accueil chaleureux.

calva *f* calvitie (calvicie) **║** partie élimée o râpée (de una piel) **║** clairière (en un bosque).

calvados *m inv* calvados *m.*

calvario *m* RELIG calvaire **║** FIG & FAM calvaire (de adversidades) **║** **tener un calvario de deudas** être criblé de dettes.

calverizo, za *adj* parsemé de clairières.

calvero *m* clairière *f* (en un bosque).

calvez; calvicie *f* calvitie.
║ OBSERV pl calveces; calvicies.

calvinismo *m* calvinisme.

calvinista *adj & s* calviniste.

Calvino *n pr* Calvin, Cauvin.

calvo, va *adj & s* chauve (cabeza).
◇ *adj* dénudé, e; pelé, e (terreno) **║** râpé, e; élimé, e (tejido) **║** **a la ocasión la pintan calva** il faut saisir l'occasion par les cheveux o au vol, l'occasion est chauve (p us).

calza *f* cale (cuña) **║** FAM bas *m* (media) **║** bague (señal que se pone a ciertos animales) **║** BLAS chausse **║** (*Amer*) plombage *m* (de una muela).
◆ **calzas** *f pl* chausses (vestido antiguo); **medias calzas** bas-de-chausses **║** FAM **verse en calzas prietas** être dans ses petits souliers.

calzada *f* chaussée.

calzado, da *adj* chaussé, e **║** pattu, e (ave); **pichón calzado** pigeon pattu **║** BLAS chaussé, e **║** **caballo calzado de blanco** cheval balzan.
◆ **calzado** *m* [▷ SIN] chaussure *f;* **industria del calzado** industrie de la chaussure **║** chaussures *f pl;* **una tienda de calzado** un magasin de chaussures [ne s'emploie jamais au pluriel en espagnol dans ce sens].
◆ **calzados** *m pl* (p us) bas (medias), jarretières *f* (ligas).
║ SIN zapato soulier; sandalia sandale; bota botte; botín, botina bottine; borceguí brodequin; FAM zapatón godillot, croquenot.

calzador *m* chausse-pied, corne *f* à chaussure **║** (*Amer*) porte-plume (portaplumas)

║porte-cure-dents (palillero) ║porte-crayon (lapicero).

calzadura *f* action de chausser **║** calage *m* (con calce) ║jante en bois (llanta).

calzapiés *m inv* cale-pied (de pedal).

calzar [13] *v tr* chausser (los pies); **calzo el 37** je chausse du 37; **hay que calzar a los niños porque no pueden hacerlo solos** il faut chausser les enfants parce qu'ils ne peuvent pas le faire tout seuls ║ chausser, porter (llevar puesto); **calzar zuecos** porter des sabots ║ caler (poner un calce) ║ chausser (poner neumáticos) ║(*Amer*) plomber (una muela).
◇ *v intr* FAM (*Amer*) se caser (lograr un puesto).
◆ **calzarse** *v pr* se chausser ║ mettre (ponerse); **calzarse los zapatos** mettre ses chaussures.

calzo *m* cale *f* (calce), coin (cuña) ║ point d'appui du levier (fulcro) ║ pied en avant (en fútbol).
◆ **calzos** *m pl* extrémités *f* (de caballería).

calzón *m* [▷ SIN] culotte *f* (prenda); **calzón bombacho** culotte bouffante ║ TECN étrier (para sujetarse) ║(*Amer*) culotte *f* (de mujer), caleçon (calzoncillo) ║ragoût de porc (guiso) ║maladie *f* de la canne à sucre.
◆ **calzones** *m pl* culotte *f sing* ║ FIG & FAM **llevar los calzones** o **tener los calzones bien puestos** porter la culotte (en un matrimonio).
║ OBSERV Le mot *calzón* s'emploie plus fréquemment au pluriel lorsqu'il désigne une culotte.
║ SIN bombacho culotte bouffante; pantalón pantalon; calzas chausses; short short.

calzonazos *m inv* FAM chiffe *f,* femmelette *f.*

calzoncillos *m pl* caleçon *sing.*

calzoneras *f pl* (*Amer*) pantalon *m sing* ouvert et boutonné sur le côté.

calzonudo, da *adj* (*Amer*) mollasson, onne.

calzorras *m inv* chiffe *f* molle, femmelette *f* (hombre débil).

Cam *n pr* Cham.

CAM (abrev de computer aided manufacturing) *f* FAO.

cama *f* [▷ SIN] lit *m;* **cama de campaña** lit de camp; **cama de matrimonio** lit à deux places, lit pour deux personnes, grand lit; **camas separadas** lits jumeaux; **camas nido** lits gigognes; **destapar la cama** découvrir le lit ║ lit *m,* châlit *m* (armadura del lecho) ║ lit *m;* **hospital de cien camas** hôpital de cent lits ║ gîte *m,* lit *m* (de la liebre), reposée (de los animales para su descanso) ║ portée (camada) ║ fond *m* d'une charrette (suelo de la carreta) ║ partie d'un melon qui repose sur le sol ║ FIG couche, lit *m* (capa); **una cama de tierra, de césped** une couche de terre, un lit de gazon ║ AGRIC age *m* (del arado) ║ MAR souille (hoyo del casco en la arena) **■** **cama de paja** litière ║ **cama redonda** lit à plusieurs places (sentido propio), FIG & FAM partouse ║ **cama turca** cosy **■** **caer en cama** tomber malade ║ **echarse en la cama** s'allonger sur le lit ║ **estar en cama, guardar cama, hacer cama** garder le lit, être alité ║**hacer la cama a la inglesa** retaper un lit ║ FIG **hacer** o **poner la cama a uno** se comporter en traître avec quelqu'un

SIN lecho, tálamo couche; litera couchette [bateau, train]; camastro grabat; catre de tijera lit de sangle; ARG piltra pieu, plumard, pageot.

camada *f* portée, litée, nichée (crías) ‖ couche, ensemble *m* d'objets placés horizontalement; caja con dos camadas de huevos caisse avec deux couches d'œufs ‖ FIG & FAM bande (de ladrones) ■ FAM son lobos de la misma camada ils sont tous à mettre dans le même sac, ils sont du même acabit.

camafeo *m* camée (piedra grabada, pintura).

camagua *adj* (*Amer*) mûrissant (maíz).

camal *m* licou (cabestro) ‖ (*Amer*) abattoir.

camaleón *m* caméléon (reptil) ‖ FIG caméléon (persona) ‖ camaleón azul bolet satan (seta).

camaleónico, ca *adj* FIG es camaleónico c'est un caméléon.

camalote *m* pontédéria (planta acuática americana).

camama *f* MFAM blague, mensonge *m* (bola).

camándula *f* FAM malice, ruse (astucia) ‖ fausseté, hypocrisie (hipocresía).

camandulense *m* camaldule (religioso).

camandulero, ra *adj & s* FAM hypocrite, fourbe.
◇ *m & f* cagot, e (beato).
➤ **comandulero** *m* papelard, faux dévot (mojigato) ‖ faux jeton (hipócrita).

cámara *f* chambre (habitación) ‖ (ant) chambre à coucher (dormitorio) ‖ chambre (consejo); cámara de comercio, sindical chambre de commerce, syndicale ‖ chambre (cuerpo legislativo); cámara de diputados chambre des députés ‖ grenier *m* (desván) ‖ chambre à air (neumático) ‖ ANAT chambre (del ojo); cámara anterior y posterior del ojo chambre antérieure et postérieure de l'œil ‖ CINEM caméra ‖ FOT appareil photo ‖ MAR carré *m*, chambre (de los oficiales) ‖ MIL chambre (de las armas de fuego) ‖ TECN chambre (de los hornos de combustión, etc.) ‖ sas *m* [d'une écluse] ■ cámara acorazada chambre forte, coffre blindé ‖ cámara apostólica chambre apostolique ‖ cámara clara o lúcida chambre claire ‖ cámara de aire chambre à air ‖ (*Amer*) DR cámara de apelaciones tribunal de seconde o de dernière instance ‖ ECON cámara de compensación chambre de compensation ‖ cámara de gas chambre à gaz ‖ cámara del rey trésor du roi ‖ cámara de oxígeno tente à oxygène ‖ cámara de resonancia chambre d'écho ‖ cámara frigorífica chambre froide ‖ cámara mortuoria chambre mortuaire, chapelle ardente ‖ cámara oscura chambre noire ‖ FOT cámara réflex appareil reflex ■ ayuda de cámara valet de chambre ‖ música de cámara musique de chambre ■ CINEM a cámara lenta au ralenti.
➤ **cámaras** *f pl* selles (excremento), diarrhée *sing* (diarrea).

cámara *m* CINEM cadreur, caméraman.

camarada *m* camarade.

camaradería *f* camaraderie.

camaranchón *m* grenier, mansarde *f*, galetas.

camarera *f* serveuse (en un café, restaurante) ‖ servante (sirvienta) ‖ camériste (en casa principal) ■ camarera de teatro habilleuse ‖ camarera mayor de la Reina première dame de la reine.

camarería *f* emploi *m* de camériste.

camarero *m* garçon de café ‖ valet de chambre (en un hotel) ‖ habilleur (de un teatro) ‖ (ant) camérier ‖ camarero de piso garçon d'étage (en un hotel).
➤ **¡camarero!** *interj* garçon!

camareta *f* MAR carré *m* ‖ (*Amer*) sorte de mortier pour lancer des feux d'artifice.

camariento, ta *adj* qui a la diarrhée.

camarilla *f* camarilla, coterie, clan *m* ‖ lobby *m* (de parlamento) ‖ box *m* (de dormitorio).

camarín *m* niche *f* (para las estatuas) ‖ TEATR loge *f* (de los actores) ‖ cabinet (donde se guarda una colección) ‖ cabinet de toilette (tocador) ‖ cabinet, bureau (despacho).

camarista *f* camériste.
◇ *m* DR membre de l'ancienne Chambre de Castille.

camarlengo *m* camerlingue (dignidad eclesiástica).

camarón *m* crevette *f*.

camaronear *v tr* (*Amer*) pêcher des crevettes ‖ FIG chercher d'éventuels profits en trahissant son parti.

camaronero, ra *m & f* pêcheur, euse de crevettes (pescador) ‖ marchand, e de crevettes (vendedor).

camarote *m* MAR cabine *f*.

camarotero *m* (*Amer*) steward [garçon à bord des paquebots].

camastro *m* grabat (cama mala).

camastrón, ona *m & f* FAM finaud, e; roublard, e (astuto).

cambalache *m* FAM échange, troc ‖ (*Amer*) bric-à-brac, boutique *f* de brocanteur.

cambalachear *v tr* FAM échanger.

cámbaro *m* crabe (cangrejo de mar).

cambiable *adj* échangeable.

cambiador, ra *adj & s* changeur, euse.
➤ **cambiador** *m* échangeur; cambiador de calor échangeur de chaleur ‖ (*Amer*) aiguilleur (guardagujas).

cambiante *adj* changeant, e ‖ [▷ SIN] changeant, e; inconstant, e; instable (carácter).
◇ *m* chatoiement (visos); moiré [s'emploie surtout au pluriel] ‖ COM cambiste, changeur.
SIN inconstante inconstant; ligero léger; versátil versatile; variable variable; voluble volage.

cambiar [8] *v tr* changer; cambiar una rueda changer une roue ‖ [▷ SIN] échanger; cambiar sellos con un filatelista échanger des timbres avec un philatéliste ‖ cambiar impresiones échanger des impressions ‖ changer; cambiar francos en pesetas changer des francs en pesetas ‖ faire la monnaie de; cámbiame estos mil francos fais-moi la monnaie de ces mille francs ‖ renverser, inverser; cambiar los papeles renverser les rôles ‖ cambiar el aceite de un motor vidanger un moteur.
◇ *v intr* changer (el viento) ‖ faire de la monnaie ‖ AUTOM changer de vitesse ■ FAM cambiar de idea cada tres por cuatro changer

d'idée comme de chemise ‖ MAR cambiar de rumbo se dérouter ‖ FIG & FAM cambiar la peseta dégobiller ‖ cambiar más que una veleta tourner comme une girouette ‖ cambiar por completo o completamente changer du tout au tout ‖ FAM (*Amer*) mandarse cambiar ficher le camp, se tirer.
➤ **cambiarse** *v pr* se changer (de ropa) ‖ FIG cambiarse la chaqueta changer son fusil d'épaule, tourner casaque.

OBSERV 1. Changer significa sustituir una cosa por otra; échanger supone cambiar algo con alguien.
2. Ce verbe est un gallicisme dans le sens de: mettre d'autres vêtements mudarse de ropa.
SIN canjear échanger; trocar troquer.

cambiazo *m* volte-face *f*; dar un cambiazo faire volte-face ‖ FAM dar el cambiazo a uno rouler quelqu'un.

cambija *f* château *m* d'eau.

cambio *m* [▷ SIN] échange (acción de cambiar) ‖ COM cours, cours du change; ¿a cuánto está el cambio de la peseta hoy? quel est le cours de la peseta aujourd'hui? ‖ monnaie *f*; ¿tiene usted cambio? avez-vous de la monnaie?; dar el cambio rendre la monnaie ‖ échange, change (trueque) ‖ changement; cambio de tiempo changement de temps ‖ change; perder con el cambio perdre au change ‖ changement (de dirección) ‖ FIG volte-face *f*, revirement, retournement (en su opinión) ■ cambio brusco de humor saute d'humeur ‖ cambio de impresiones échange de vues ‖ MECÁN cambio de marcha o de velocidades changement de vitesse (de un coche), dérailleur (de una bicicleta) ‖ cambio sincronizado boîte de vitesses synchronisées, synchroniseur ‖ TECN cambio de piñón dérailleur ‖ cambio de vía aiguillage ‖ cambio escénico changement à vue (teatro) ■ agente de Cambio y Bolsa agent de change ‖ botón de cambio de ondas changeur d'ondes (radio) ‖ AUTOM caja de cambios boîte de vitesses ‖ casa de cambio bureau de change ‖ caseta o cabina de cambio de agujas poste d'aiguillage ‖ letra de cambio lettre de change ‖ zona de libre cambio zone de libre-échange ■ a cambio de en échange de ‖ a las primeras de cambio immédiatement, sur-le-champ (en seguida), à la première occasion ‖ en cambio en revanche, par contre (al contrario), en contrepartie; hazme este favor y en cambio te haré otro rends-moi ce service et en contrepartie je t'en rendrai un autre ‖ en cambio de en échange de, au lieu de ‖ esto es un cambio para mí cela me change.
SIN canje échange; trueque troc; permuta permutation; traslado translation; muda mutation; mudanza déménagement.

cambista *m* changeur ‖ COM cambiste (de monedas).

Camboya *n pr f* GEOGR Cambodge *m*.

camboyano, na *adj & s* cambodgien, enne.
➤ **camboyano** *m* LING cambodgien.

Cambrai; Cambray *n pr* Cambrai.

cambriano, na; cámbrico, ca *adj* GEOL cambrien, enne.

cambrón *m* BOT nerprun (espino cerval) ‖ ronce *f* (zarza) ‖ paliure épineux, épine *f* du Christ (espina santa).

cambronal *m* ronceraie *f*, lieu couvert de ronces.

cambujo, ja *adj* noir truité (caballerías).

cambullón *m* (*Amer*) ruse *f*, astuce *f* (trampa) | troc (cambalache).

cambur *m* (*Amer*) banane *f* (plátano).

CAME (abrev de Consejo de Ayuda Mutua Económica) *m* CAEM, COMECON.

camelador, ra *adj* & *s* FAM flatteur, euse.

camelar *v tr* FAM baratiner, faire du boniment o du baratin à; camelar a una chica baratiner une fille | enjôler (embaucar) | aimer, désirer (querer) | (*Amer*) regarder (mirar).

cameleo *m* FAM boniment, baratin.

camelia *f* BOT camélia *m* (planta).

camélidos *m pl* ZOOL camélidés.

camelina *f* BOT caméline (planta).

camelista *m* & *f* FAM fumiste (cuentista) | baratineur, euse.
◇ *adj* FAM à la manque, à la gomme; es un pintor camelista c'est un peintre à la manque.

camelístico, ca *adj* FAM fumiste.

camella *f* chamelle (rumiante) | AGRIC billon *m* (caballón) | auge (artesa).

camellear *v intr* FAM revendre de la drogue.

camellero *m* chamelier.

camello *m* ZOOL chameau | MAR chameau (pontón) | FAM dealer [revendeur de drogue].

camellón *m* AGRIC billon, cavaillon (caballón) | auge *f* (artesa, bebedero) | (*Amer*) talus, terre-plein (terraplén).

camelo *m* FAM baratin, galanterie *f* (galanteo) | fumisterie *f*, chiqué (tongo); es puro camelo c'est de la fumisterie | histoire *f*, mensonge (mentira) | tape-à-l'œil; esta construcción es un camelo cet édifice est du tape-à-l'œil ■ FAM dar el camelo o rouler quelqu'un (timar) | de camelo à la manque, à la gomme; un escritor de camelo un écrivain à la manque.

camelote *m* camelot (tela) | BOT sorte de graminée tropicale.
| OBSERV Le mot français familier camelote se traduit par mercancía de mala calidad.

camembert [ˈkamember] *m* camembert (queso).
| OBSERV pl camemberts.

cameraman *m* CINEM cadreur, caméraman.
| OBSERV **1.** pl cameramen.
2. On doit éviter cet anglicisme et employer cámara.

camerino *m* TEATR loge *f* [des artistes].

camero, ra *adj* de grand lit; manta camera couverture de grand lit | cama camera lit à deux personnes o à deux places.
◇ *m* & *f* marchand, e de literie.

Camerún *n pr m* GEOGR (el) Camerún le Cameroun.

Camila *n pr* Camille [femme].

camilla *f* lit *m* de repos (cama para descansar) | brancard *m*, civière (angarillas) | table ronde sous laquelle on place le brasero, sorte de tambour | camilla de ruedas chariot d'hôpital.

camillero *m* brancardier.

Camilo *n pr* Camille [homme].

caminante *m* & *f* voyageur, euse à pied.

caminar *v intr* voyager (viajar); caminar de noche voyager de nuit | marcher, cheminer (andar) | FIG marcher, suivre son cours (un río, un astro).
◇ *v tr* marcher (recorrer); hemos caminado tres kilómetros nous avons marché trois kilomètres | parcourir (recorrer).

caminata *f* FAM longue promenade fatigante, randonnée, grande balade (paseo); darse una caminata faire une grande balade | petit voyage *m* d'agrément (paseo por diversión) | trotte (distancia).

caminero, ra *adj* qui appartient au chemin | peón caminero cantonnier.

camino *m* [▷ SIN] chemin (vía); camino vecinal, de herradura, de sirga chemin vicinal, muletier, de halage | voyage, route *f*; ponerse en camino se mettre en route | chemin, route *f* (itinerario) | FIG chemin, voie *f* (del honor, de la gloria, de la virtud, etc.) | chemin (medio); ir por buen camino suivre le bon chemin; ir por mal camino suivre un mauvais chemin ■ camino asendereado chemin battu | camino carretero o carretil o de ruedas route carrossable | camino cubierto chemin couvert | camino de hierro chemin de fer | FIG camino derecho droit au but, sans détours | camino de ronda chemin de ronde | FIG & FAM camino de rosas chemin de velours | ASTRON Camino de Santiago Voie lactée | camino real chemin royal (ant), grande route, grand-route (carretera), le plus court chemin (lo más corto) | caminos, canales y puertos ponts et chaussées | camino trillado o trivial chemin battu (el muy frecuentado), sentier battu (tema trillado) ■ a camino largo, paso corto qui veut voyager loin ménage sa monture | a medio camino, a la mitad del camino à mi-chemin | camino adelante tout droit | camino de en direction de, vers; vamos camino de Francia nous allons vers la France; en allant à o vers; camino del colegio le encontramos nous l'avons rencontré en allant vers l'école | de camino chemin faisant, en chemin, en passant (al pasar), en même temps (al mismo tiempo) | el buen camino le droit chemin | en el camino en route, en cours de route ■ abrir camino ouvrir o montrer le chemin | abrirse camino se frayer o s'ouvrir un chemin (al andar), faire son chemin (en la vida) | FIG cruzarse en el camino de alguien se mettre sur le chemin de quelqu'un | dejar en el camino laisser en route | errar el camino faire fausse route | hacerse su camino faire son chemin | ir fuera de camino faire fausse route | ir por su camino aller son petit bonhomme de chemin | ir o ser una cosa fuera de camino ne pas tenir debout | llevar buen camino prendre une bonne tournure, être sur la bonne voie | pillarle de camino a uno être sur le chemin de quelqu'un | salirle a uno al camino aller à la rencontre de quelqu'un | ¡siga usted su camino! passez o allez votre chemin! | todos los caminos van a Roma tous les chemins mènent à Rome | tomar el camino más largo prendre le chemin des écoliers.

| SIN carretera route; calzada chaussée; vía voie; sendero sentier; pista piste; paso passage; trocha, atajo raccourci.

camión *m* camion (vehículo); camión cisterna camion-citerne | (*Amer*) autocar (autobús) ■ camión de carga pesada poids lourd | camión remolque semi-remorque | FAM está como un camión elle est drôlement bien (una mujer) | transportar en camión camionner, transporter en camion.

camionaje *m* camionnage (transporte y precio).

camionero *m* camionneur, routier.

camioneta *f* camionnette.

camisa *f* chemise (ropa) | peau, enveloppe (de ciertas semillas) | dépouille (de las serpientes) | chemise (envoltura de papel) | TECN chemise (de horno, de cilindro) | manchon *m* à incandescence (manguito) | chemise, crépi *m* (enlucido de cemento o yeso) | MIL chemise (de fortificación) | HIST camisa azul chemise bleue ■ camisa de dormir chemise de nuit | camisa de fuerza camisole de force, gilet de force (p us) ■ FAM cambiar de camisa virer de bord, tourner casaque (chaquetear) | dejarle a uno sin camisa mettre quelqu'un sur la paille | jugarse uno hasta la camisa jouer jusqu'à sa dernière chemise | meterse en camisa de once varas se mêler des affaires d'autrui, fourrer son nez partout | no llegarle a uno la camisa al cuerpo ne pas en mener large | ¡no te metas en camisa de once varas! occupe-toi de ce qui te regarde o de tes oignons!

| CAMISA AZUL
Ainsi s'appelaient les membres de la « falange » espagnole, groupement politique des années 30, partisan de l'État totalitaire et qui fut chargé d'exposer le programme politique du gouvernement franquiste, dans les premières années. Le terme de « camisa azul », donné aux phalangistes en raison de la couleur de leur uniforme, a pris des connotations péjoratives et est devenu synonyme de fasciste.

camisería *f* chemiserie (tienda).

camisero, ra *m* & *f* chemisier, ère (persona) | traje camisero robe chemisier.

camiseta *f* chemisette (camisa corta) | gilet *m* o tricot *m* de corps, gilet *m* de peau, maillot *m* (la que se lleva sobre la piel) | maillot *m* (de un deportista) | camiseta de punto maillot de corps.

camisola *f* camisole (ropa) | chemise d'homme (camisa común) | maillot *m* (de un deportista).

camisolín *m* plastron.

camisón *m* chemise *f* de nuit (camisa grande) | chemise *f* d'homme (camisa) | (*Amer*) chemise *f* de femme (de mujer).

camoatí *m* (*Amer*) guêpe *f* (avispa).

camomila *f* BOT camomille (manzanilla).

camón *m* trône portatif (trono) | véranda *f* (mirador) | ARQ cintre (armazón de bóveda) | camón de vidrios cloison vitrée (tabique).

camorra *f* FAM bagarre, querelle, noise (disputa); armar o buscar camorra chercher noise o la bagarre o querelle.

camorrear *v intr* FAM chercher la bagarre.

camorrero, ra; camorrista *adj* & *s* bagarreur, euse; querelleur, euse.

camote *m* (*Amer*) patate *f* douce (batata) | bulbe (bulbo) | béguin (enamoramiento) | maîtresse *f* (querida) | sot, niais (tonto) | **FIG & FAM** (*Amer*) tragar camote bafouiller.

campa *adj f* tierra campa terre rase.

campal *adj f* batalla campal bataille rangée.

campamento *m* campement (acción de acampar) | camp, campement (lugar) | camp (tropa acampada); campamento volante camp volant.

campana *f* [▷ **SIN**] cloche; las campanas de la iglesia les cloches de l'église | manteau *m* (parte exterior de la chimenea), hotte (parte interior) | **TECN** caisson *m* (obras públicas) | cloche (objeto en forma de campana) | paroisse (parroquia o iglesia) | couvre-feu *m* (queda) ■ campana de buzo cloche à plongeur | campana de salvamento cloche de sauvetage | campana extractora de humos hotte aspirante | campana mayor bourdon | campana neumática cloche à vide ■ dar la vuelta de campana capoter (un coche) | echar las campanas al vuelo sonner à toute volée, carillonner (repicar), trompetter, carillonner, crier sur tous les toits (cacarear) | oír campanas y no saber dónde ne comprendre qu'à moitié | un toque de campana un son de cloche.

| **SIN** cencerro sonnaille; campanilla clochette; cascabel grelot; sonajero hochet.

campanada *f* coup *m* de cloche (toque) | **FIG** scandale *m*, éclat *m* (escándalo); dar una campanada faire un scandale o un éclat.

campanario *m* clocher (de iglesia).

campanear *v intr* sonner les cloches (tañer) | (*Amer*) épier (espiar) | **FAM** allá se las campanee qu'il se débrouille comme il pourra.

campanela *f* **MÚS** certain son *m* émis par la guitare (sonido) | pas *m* de danse (paso).

campaneo *m* volée *f* (de campanas) | **FIG & FAM** dandinement (contoneo).

campanero *m* fondeur de cloches (fundidor) | sonneur, carillonneur (el que tañe).

campaneta *f* clochette.

campaniforme *adj* **HIST** campaniforme.

campanil *adj* pour cloches; metal campanil bronze pour cloches.
<> *m* clocher (campanario), campanile (campanilo).

campanilla *f* clochette (campana) | sonnette (para llamar) | bulle d'air (burbuja) | **ANAT** luette (úvula) | **BOT** clochette (flor) ■ campanilla de las nieves perce-neige.
➤ **campanillas** *f pl* liseron *m sing* | de muchas campanillas très important, influent, e (persona); de poids (asunto).

campanillazo *m* coup de sonnette.

campanillear *v intr* carillonner.

campanilleo *m* tintement (tintineo) | carillon (timbre).

campanillero *m* sonneur de clochettes.

campanilo *m* campanile.

campano *m* sonnaille *f*, clochette *f* (esquila).

campante *adj* **FAM** satisfait, e; content de soi (satisfecho) | décontracté, e (tranquilo); toreaba tan campante il toréait tout à fait décontracté | quedarse tan campante ne pas s'en faire.

campanudo, da *adj* en forme de cloche | **FIG** ronflant, e; ampoulé, e (lenguaje); grandiloquent, e (orador) | falda campanuda jupe cloche.

campánula *f* campanule (farolillo).

campanuláceas *f pl* **BOT** campanulacées.

campaña *f* campagne; campaña fértil campagne fertile | **MIL** campagne; ponerse en campaña se mettre en campagne | **FIG** campagne; campaña antialcohólica, parlamentaria, electoral campagne antialcoolique, parlementaire, électorale; campaña de publicidad campagne de publicité o publicitaire ■ **MAR** campaña de pesca campagne de pêche | misa de campaña messe en plein air | tienda de campaña tente.

campañol *m* **ZOOL** campagnol (ratón de campo).

campar *v intr* exceller, briller (sobresalir) | camper (acampar) | **FIG** campar por sus respetos faire ce qu'on veut, agir à sa guise, n'en faire qu'à sa tête (independizarse), faire bande à part (hacer rancho aparte).

campatedije *m* (*Amer*) **FAM** Untel (Fulano).

campeador *adj m & s m* (ant) guerrier illustre | el Cid Campeador le Cid Campéador.

campear *v intr* **AGRIC** aller paître dans les champs (los animales) | **FIG** apparaître, ressortir; en su prosa campea la ironía dans sa prose l'ironie apparaît | verdoyer (los sembrados) | (*Amer*) parcourir la campagne.

campechana *f* (*Amer*) prostituée | cocktail d'alcools.

campechanía *f* **FAM** bonhomie.

campechano, na *adj* **FAM** bon enfant *inv* (bonachón) | sans façon, simple (sin cumplidos).

campeche *m* **BOT** campêche; palo de campeche bois de campêche.

Campeche *n pr* **GEOGR** Campeche.

campeón *m* champion; un campeón ciclista un champion cycliste | **FIG** hacerse el campeón de una causa se faire le champion d'une cause.

campeonato *m* championnat | **FIG & FAM** de campeonato formidable, terrible; una paliza de campeonato une raclée terrible.

campero, ra *adj* de la campagne, rustique (relativo al campo) | en plein air (al aire libre) | que l'on ne rentre pas la nuit (ganado) | (*Amer*) rompu à la vie des champs.
➤ **campera** *f* (*Amer*) blouson *m* (prenda de abrigo).
➤ **campero** *m* jeep *f* (coche).

campesinado *m* paysannerie *f*.

campesino, na *adj* champêtre (del campo) | campagnard, e; paysan, anne; costumbres campesinas habitudes campagnardes | ratón campesino rat des champs.
<> *m & f* paysan, anne.

campestre *adj* champêtre.
| **SIN** rústico rustique; rural rural; agreste agreste; bucólico bucolique; pastoril pastoral.

camping *m* camping (actividad y terreno).
| **OBSERV** pl campings.

campiña *f* grande pièce de terre, champ *m* | campagne; la campiña romana la campagne romaine.

campirano, na *m & f* (*Amer*) paysan, anne.

campista *m* campeur.

campo *m* champ; un campo de trigo un champ de blé | [▷ **SIN 1**] campagne *f* (llano fuera de poblado); pasar las vacaciones en el campo passer ses vacances à la campagne; el campo raso la rase campagne | **FIG** camp; el campo carlista le camp carliste | champ; campo de actividad champ d'activité | domaine; el campo del arte le domaine de l'art | **DEP** terrain (de fútbol, etc.) | court, terrain (de tenis) | **BLAS** champ | fond, champ (fondo) | [▷ **SIN 2**] **MIL** camp; campo atrincherado champ retranché; campo de batalla, del honor champ de bataille, d'honneur ■ **AVIAC** campo de aviación terrain o champ d'aviation | campo de concentración camp de concentration | campo deportivo terrain de sports | campo de trabajo camp de travail | **ELECTR & FÍS** campo eléctrico, magnético, de un microscopio, óptico, visual champ électrique, magnétique, d'un microscope, optique, visuel | **MED** campo operativo champ opératoire | campo santo cimetière | **GRAM** campo semántico champ sémantique | carrera a campo través o traviesa cross-country | casa de campo maison de campagne | conejo de campo lapin de garenne | feria del campo foire agricole | **FOT** profundidad de campo profondeur de champ | **INFORM** zone *f* ■ a campo raso à ciel ouvert (sin techo), à la belle étoile; dormir a campo raso dormir à la belle étoile | a campo traviesa à travers champs | en campo raso en rase campagne ■ batir o descubrir o reconocer el campo battre la campagne | dejar el campo libre laisser le champ libre | hacer campo faire de la place, écarter la foule | levantar el campo lever le camp | reconocer el campo reconnaître le terrain | retirarse al campo se retirer à la campagne, aller planter les choux **FAM** | tener campo libre avoir le champ libre.

| **SIN 1.** campiña campagne; pradera prairie.
| **2.** campamento campement, camping; vivaque, vivac bivouac.

camposanto *m* cimetière.

Campsa (abrev de Compañía Arrendataria del Monopolio de Petróleos, SA) *f* compagnie pétrolière espagnole semi-publique.

campus *m* campus (universitario).

camuesa *f* calville (manzana).

camueso *m* pommier de calville | **FIG** sot.

camuflaje *m* **MIL** camouflage.

camuflar *v tr* **MIL** camoufler.

can *m* chien (perro) | gâchette *f*, chien (gatillo) | **ARQ** corbeau | modillon (modillón) | can de busca chien de quête (caza) | **ASTRON** Can Mayor Grand Chien; Can Menor Petit Chien.

| **OBSERV** Dans sa première acception, le mot can (chien) est réservé au style poétique ou noble. Perro est le mot d'usage courant.

cana *f* cheveu *m* blanc | **FAM** (*Amer*) flic ■ **FIG & FAM** echar una cana al aire faire une incartade | **FAM** (*Amer*) estar en cana être en prison | peinar canas avoir des cheveux blancs.

Canaán *n pr* **GEOGR** la tierra de Canaán la terre de Canaan o Chanaan.

canabíneas *f pl* **BOT** cannabinées.

canaca *m* (*Amer*) jaune, Chinois.

canáceas *f pl* **BOT** cannacées.

canaco, ca *adj* canaque (de Nueva Caledonia) ‖ (*Amer*) pâle, jaunâtre.

Canadá *n pr m* GEOGR (el) Canadá le Canada.

canadiense *adj & s* canadien, enne. ◇ *f* canadienne (pelliza y arado).

canal *m* canal; **canal navegable** canal navigable; **el canal de la Mancha** le canal de la Manche; **canal de riego** canal d'irrigation ‖ circuit; **canales comerciales** circuits commerciaux ‖ RAD & ANAT canal; **canal medular** canal médullaire; **canal torácico** canal thoracique ‖ chenal; **el canal del puerto** le chenal du port ‖ conduite *f*; **el agua pasa por canales de plomo** l'eau passe dans des conduites en plomb ‖ chaîne *f* (de televisión) ‖ MECÁN canal; **el canal de inyección** le canal d'injection ‖ ARQUIT noue *f* (del tejado). ◇ *f* carcasse (de un animal); **peso en canal** poids carcasse ‖ cannelure (de columna) ‖ gouttière (de un libro) ‖ MAR canal de experiencia bassin de carène ‖ **canal maestra** gouttière ■ **abrir en canal** ouvrir de haut en bas (un animal) ‖ FAM **mojar la canal maestra** se rincer la dalle. ◇ *adj* FÍS **rayos canales** rayons canaux.

canaladura *f* cannelure.

canalé *m* pull à côtes.

canaleja *f* petit canal *m* ‖ petite gouttière.

canaleta *f* (*Amer*) gouttière.

canalete *m* pagaie *f* (remo).

canalículo *m* ANAT canalicule.

canalizable *adj* canalisable (río).

canalización *f* canalisation ‖ (*Amer*) réseau *m* d'égouts (alcantarillado).

canalizar [13] *v tr* canaliser ‖ FIG canaliser; **canalizar el descontento** canaliser le mécontentement.

canalizo *m* MAR chenal, passe *f*.

canalla *f* canaille. ◇ *m* canaille *f*, fripouille *f*; **este hombre es un canalla** cet homme est une canaille.

canallada *f* canaillerie.

canallesco, ca *adj* vil, e; abject, e; **acción canallesca** action vile ‖ canaille; **risa canallesca** rire canaille.

canalón *m* descente *f* (conducto vertical) ‖ chapeau *m* d'ecclésiastique ‖ gouttière *f* (conducto en el borde del tejado) ‖ CONSTR cornière *f* (angular).

canalones *m pl* cannelloni (macarrones).

canana *f* cartouchière ‖ (*Amer*) goitre *m* (bocio).

cananeo, a *adj & s* cananéen, enne. ◆ **cananeo** *m* LING cananéen.

canapé *m* [▷ SIN] canapé ‖ CULIN canapé.

‖ SIN sofá sofa; diván divan; confidente causeuse; otomana, turca ottomane.

canaria *f* serine (hembra del canario).

Canarias *n pr f pl* GEOGR **la islas Canarias** les îles Canaries.

‖ LAS ISLAS CANARIAS ————
La communauté autonome des Canaries se compose des provinces de Santa Cruz de Tenerife, qui comprend les îles de Tenerife, La Palma, Gomera et Hierro, et de Las Palmas de Gran Canaria, qui comprend les îles de Gran Canaria, Fuerteventura et Lanzarote. Elle a obtenu l'autonomie le 10 août

1982 et a pour capitale Santa Cruz de Tenerife; son gouvernement est connu sous le nom de « Gobierno canario ».

canario, ria *adj & s* canarien, enne (de las islas Canarias). ◆ **canario** *m* ZOOL serin, canari.

canasta *f* corbeille (cesto) ‖ panier *m* (cesta); **canasta para la ropa** panier à linge ‖ canasta (juego de naipes) ‖ panier *m* (tanto en el baloncesto).

canastero *m* vannier (el que hace los cestos) ‖ (*Amer*) marchand ambulant.

canastilla *f* layette, trousseau *m* (ropa para recién nacido) ‖ corbillon *m* (canasto pequeño) ‖ **canastilla de boda** corbeille de mariage.

canastillo *m* corbillon (canasto pequeño) ‖ corbeille *f*; **un canastillo de geranios** une corbeille de géraniums.

canasto *m* corbeille *f* (canasta). ◆ **¡canastos!** *interj* sapristi!

‖ OBSERV Le canasto est moins évasé que la canasta.

cáncamo *m* piton, cheville *f* à œillet (armella).

cancamurria *f* FAM tristesse, cafard *m*.

cancamusa *f* FAM ruse, astuce.

cancán *m* cancan (baile) ‖ jupon [raide].

cáncana *f* grosse araignée brune, tégénaire.

cancanear *v intr* FAM flâner, traînasser (vagar) ‖ (*Amer*) bégayer (tartamudear).

‖ OBSERV Cancanear n'a pas le sens de faire des potins (chismorrear) qu'a le verbe français cancaner.

cancaneo *m* (*Amer*) bégaiement (tartamudeo).

cáncano *m* FAM pou (piojo).

cancel *m* tambour de porte (de puerta) ‖ (*Amer*) paravent (biombo).

cancela *f* grille, porte en fer forgé.

‖ OBSERV Dans les maisons andalouses, la cancela sépare le vestibule du patio.

cancelación *f* annulation.

cancelar *v tr* annuler (anular); **cancelar un viaje** annuler un voyage ‖ décommander (una invitación) ‖ composter (un billete) ‖ régler, solder (una deuda).

cancelaría *f* chancellerie romaine.

cáncer *m* MED cancer ‖ FIG plaie *f* (calamidad).

Cáncer *n pr m inv* ASTRON & ASTROL Cancer *m*; **ser Cáncer** être Cancer; **trópico de Cáncer** tropique du Cancer. ◇ *m & f inv* ASTROL cancer *m inv* (persona).

cancerarse *v pr* MED devenir cancéreux (un tumor) ‖ FIG se corrompre, se pourrir, se putréfier (corromperse).

cancerbero *m* MIT Cerbère ‖ FIG cerbère (portero) ‖ gardien de but (guardameta).

cancerígeno, na *adj* cancérigène.

cancerización *f* MED cancérisation.

cancerofobia *f* MED cancérophobie.

cancerología *f* MED cancérologie.

cancerológico, ca *adj* MED cancérologique.

cancerólogo *m* cancérologue.

canceroso, sa *adj* MED cancéreux, euse; **tumor canceroso** tumeur cancéreuse.

cancha *f* DEP terrain *m* (de fútbol, etc.) ‖ court *m* (de tenis) ‖ hippodrome (hipódromo) ‖ fronton *m* (de pelota vasca) ‖ (*Amer*) terrain *m*, dépôt *m*; **cancha de maderas** dépôt de bois ‖ partie d'un cours d'eau où celui-ci s'étale sans obstacles (en un río) ‖ maïs *m* grillé (maíz) ■ FIG (*Amer*) **abrir cancha** faire un passage, ouvrir un chemin ‖ **dar cancha a uno** avantager quelqu'un ‖ **estar en su cancha** être dans son élément ‖ **tener cancha** avoir de l'expérience. ◆ **¡cancha!** *interj* (*Amer*) place!, laissez passer!

canchal *m* endroit rocailleux (peñascal).

canchar *v intr* (*Amer*) faire semblant de se battre ‖ se battre à mains nues ‖ trafiquer (negociar) ‖ gagner beaucoup d'argent (ganar).

canchear *v intr* (*Amer*) se débrouiller pour ne rien faire.

canchero, ra *adj* (*Amer*) expert, e; calé, e. ◆ **canchero** *m* (*Amer*) propriétaire d'un terrain de jeu (dueño de una cancha).

cancho *m* rocher élevé ‖ (*Amer*) honoraires *pl* (emolumentos) ‖ gratification *f*, pot-devin (propina).

cancilla *f* porte à claire-voie (puerta).

canciller *m* chancelier ‖ (*Amer*) ministre des Affaires étrangères.

cancilleresco, ca *adj* relatif au chancelier ‖ protocolaire.

cancillería *f* chancellerie; **cancillería apostólica** chancellerie apostolique o romaine ‖ (*Amer*) ministère *m* des Affaires étrangères.

canción *f* chanson ■ **canción báquica** chanson à boire ‖ **canción de cuna** berceuse ‖ **canción de gesta** chanson de geste ‖ **canción ligera** variété, chanson de variétés ‖ **siempre la misma canción** toujours la même histoire ■ **volver siempre a la misma canción** chanter toujours la même chanson, répéter toujours la même rengaine.

cancionero *m* recueil de poésies lyriques, chansonnier (p us) ‖ compositeur de chansons.

cancionista *m & f* chansonnier, ère (ant); compositeur de chansons (compositor).

‖ OBSERV La palabra chansonnier se aplica hoy al autor de canciones satíricas.

canco *m* FAM pédé (marica).

cancón *m* FAM croque-mitaine (bu).

cancro *m* MED & BOT chancre.

cancroide *m* MED cancroïde.

cancroideo, a *adj* cancroïde.

candado *m* cadenas.

candaliza *f* MAR palan *m* d'étai.

candamo *m* ancienne danse *f* paysanne.

candanga *f* (*Amer*) le diable *m*.

cándara *f* crible *m* (criba).

cande *adj* candi; **azúcar cande** sucre candi.

candeal *adj* **pan candeal** pain blanc ‖ **trigo candeal** froment. ◇ *m* (*Amer*) sorte de lait de poule.

candela *f* chandelle (vela de sebo) ‖ chaton *m* (flor de castaño) ‖ FÍS candela (unidad de intensidad) ‖ FAM feu *m*; **pedir candela para el cigarrillo** demander du feu pour la cigarette ‖ FIG & FAM **arrimar candela** rosser ‖ MAR **en candela** debout, verticalement.

candelabro *m* candélabre ‖ BOT candélabre (cacto).

candelada *f* bûcher *m* (hoguera).

candelaria *f* Chandeleur (fiesta) ‖ BOT bouillon-blanc *m* (gordolobo).

candelecho *m* hutte *f* d'un gardien de vigne.

candelejón *adj* (Amer) naïf, ïve; simplet, ette (cándido).

candelero *m* [▷ SIN] chandelier (utensilio) ‖ lampe *f* à huile (velón) ‖ pharillon (para la pesca) ‖ MAR chandelier; candelero ciego chandelier sans anneau; candelero de ojo chandelier surmonté d'un anneau ‖ FIG estar en el candelero être très en vue, tenir le haut du pavé (en un lugar destacado).

| SIN palmatoria bougeoir, candélabre; girándula girandole; aplique applique; hachero torchère.

candelilla *f* petite chandelle (candela pequeña) ‖ MED bougie (sonda) ‖ BOT chaton *m* (inflorescencia) ‖ (Amer) feu *m* follet (fuego fatuo) ‖ luciole (luciérnaga) ‖ espèce d'euphorbe (planta) ■ BOT echar candelillas chatonner ‖ FIG & FAM hacerle a uno candelillas los ojos être entre deux vins.

candencia *f* incandescence.

candente *adj* incandescent, e; chauffé au rouge ‖ FIG à l'ordre du jour; cuestión candente question à l'ordre du jour (de actualidad) ‖ brûlant, e (grave); problema candente problème brûlant.

candi *adj* candi; azúcar candi sucre candi.

Candía *n pr* HIST Candie (antiguo nombre de Héraklión).

candidato *m* candidat; candidato a o para un puesto candidat à un poste.

candidatura *f* candidature; presentar su candidatura poser sa candidature ‖ liste de candidats.

candidez *f* candeur ‖ FIG naïveté.

| OBSERV pl candideces.

cándido, da *adj* candide ‖ FIG naïf, ïve; niais, e (tonto).

candil *m* lampe *f* à huile (lámpara) ‖ andouiller (cuerno) ‖ FIG & FAM corne *f* (de sombrero) ‖ (Amer) lustre (araña) ■ baile de candil bal musette ■ ni buscado con candil c'est exactement ce qu'il fallait ‖ pescar al candil pêcher au flambeau la nuit.

candileja *f* petite lampe ‖ BOT nielle (neguilla).

candilejas *f pl* TEATR rampe *sing*, feux *m* de la rampe.

candilejo *m* petite lampe *f* à huile ‖ nielle *f* (neguilla).

candiota *f* tonneau *m* (barril).

candombe *m* (Amer) danse *f* des Noirs d'Amérique ‖ tambour (tambor) ‖ gabegie *f*, pagaille *f* (desgobierno).

candombear *v intr* (Amer) faire des manœuvres louches [en política] ‖ danser le candombe.

candongo, ga *adj & s* FAM flatteur, euse; lécheur, euse (zalamero); roublard, e (astuto) ‖ fainéant, e; tire-au-flanc (holgazán).

candonga *f* FAM cajolerie, lèche (zalamería) ‖ taquinerie, plaisanterie (burla) ‖ mule

de trait (mula) ‖ (Amer) bandage *m* ombilical (de recién nacido).

candongas *f pl* (Amer) boucles d'oreilles.

candonguear *v tr* FAM taquiner, se payer la tête de (burlarse).
◇ *v intr* FAM tirer au flanc (holgazanear).

candor *m* candeur *f*.

| SIN ingenuidad ingénuité; sencillez, candidez naïveté; inocencia innocence; credulidad crédulité; simpleza simplicité.

candoroso, sa *adj* candide.

Canea *n pr* GEOGR La Canea Khaniá, La Canée.

caneca *f* cruchon *m* à liqueur.

canecillo *m* ARQ corbeau, modillon.

caneco, ca *adj* (Amer) gris, e; éméché, e (ebrio).

canéfora *f* canéphore.

¡canejo! *interj* (Amer) nom d'une pipe!

canela *f* cannelle (especia) ‖ FIG & FAM délice *m* (cosa exquisita) ‖ FIG & FAM ser canela fina être la crème o le fin du fin.

canelé *m* côte *f* (de los calcetines).

canelero *m* BOT cannelier.

canelo, la *adj* cannelle (color).
◇ **canelo** *m* BOT cannelier ‖ FAM hacer el canelo faire l'andouille.

canelón *m* descente *f* (canalón) ‖ glaçon (carámbano) ‖ torsade *f* (pasamanería).

canelones *m pl* cannelloni (pasta alimenticia).

canesú *m* canezou (blusa) ‖ empiècement (de un vestido).

| OBSERV pl canesúes o canesús.

canevá *m* (Amer) canevas (cañamazo).

caney *m* (Amer) hutte *f* (bohío) ‖ coude (de un río).

cangalla *m & f* (Amer) poule *f* mouillée (cobarde).

cangilón *m* godet, auge *f* (de rueda hidráulica) ‖ godron, tuyau (pliegue) ‖ cruche *f*, jarre *f* (vasija) ‖ (Amer) ornière *f* (carril), nid-de-poule (hoyo).

cangreja *f* MAR brigantine (vela).

cangrejero, ra *m & f* marchand, e d'écrevisses o de crabes (vendedor).
◇ **cangrejera** *f* nid *m* de crabes (nido).

cangrejo *m* ZOOL crabe (de mar), écrevisse *f* (de río) ‖ MAR corne *f* (verga) ‖ lorry, wagonnet plat (ferrocarril) ‖ ASTRON Cancer, Écrevisse *f* ■ (Amer) cangrejo moro crabe ‖ FIG & FAM andar o avanzar como los cangrejos marcher à reculons ‖ rojo como un cangrejo rouge comme un homard o comme une écrevisse.

canguelo *m* FAM frousse *f*, trouille *f*; tener canguelo avoir la trouille.

cangüeso *m* ZOOL poisson semblable à la bogue.

canguro *m* ZOOL kangourou.
◇ *f* baby-sitter (niñera).

caníbal *adj & s* cannibale (antropófago) ‖ FIG cannibale, sauvage (cruel).

canibalismo *m* cannibalisme.

canica *f* bille; jugar a las canicas jouer aux billes.

caniche *m* caniche (perro de aguas).

canicie *f* canitie (de los cabellos).

canícula *f* canicule.

canicular *adj* caniculaire; temperatura canicular température caniculaire.

cánidos *m pl* ZOOL canidés.

canijo, ja *adj* FAM malingre, chétif, ive (enclenque) ‖ grêle; piernas canijas jambes grêles.

canilla *f* ANAT os *m* long (hueso) ‖ TECN cannelle, cannette (caño) ‖ canette (para el hilo) ‖ (Amer) robinet *m* (grifo) ‖ force (fuerza) ‖ FIG & FAM irse de canilla avoir la diarrhée (padecer diarrea), dégoiser (hablar sin ton ni son).

canillera *f* jambart *m*, jambière (de la armadura) ‖ jambière (para deportes).

canillero *m* bonde *f* (piquera).

canillita *m* (Amer) crieur de journaux.

canillón, ona; canilludo, da *adj* (Amer) à longues jambes, à longues pattes.

canino, na *adj* canin, e; raza canina race canine ‖ tener hambre canina avoir une faim de loup.
◇ **canino** *m* canine *f* (diente del hombre), croc (del animal).
◇ **canina** *f* crotte (excremento de perro).

canje *m* échange; canje de notas diplomáticas, de prisioneros échange de notes diplomatiques, de prisonniers.

canjeable *adj* échangeable.

canjear *v tr* échanger; canjear los bonos por los premios échanger les bons pour les prix.

cannabáceas *f pl* BOT cannabinacées.

cannabis *m* BOT cannabis.

cano, na *adj* blanc, blanche (el cabello); un anciano de pelo cano un vieillard aux cheveux blancs ‖ FIG vieux, vieille (viejo) ‖ POÉT blanc, blanche (blanco).

canoa *f* canoë *m* (piragua), canot *m* (bote).

canódromo *m* cynodrome.

canoero *m* canoéiste, canotier.

canon *m* ECLES canon (de la Iglesia, de la misa) ‖ canon (regla, precepto) ‖ redevance (pago) ‖ MÚS canon ‖ no estar de acuerdo con los cánones ne pas être réglementaire, ne pas être très orthodoxe.

canonesa *f* chanoinesse.

canónica *f* règle canonique.

canonicato *m*; **canonjía** *f* canonicat *m* (beneficio de canónigo) ‖ FIG & FAM sinécure *f* (enchufe), canonicat *m* (sinecura).

canónico, ca *adj* canonique; derecho canónico droit canon.

canóniga *f* FAM sieste avant le repas.

canónigo *m* chanoine ‖ FIG & FAM llevar una vida de canónigo mener la vie de château, mener une vie de coq en pâte.

canonista *m* canoniste.

canonizable *adj* canonisable.

canonización *f* canonisation.

canonizar [13] *v tr* canoniser ‖ FIG approuver, applaudir à (aprobar).

canonjía ► canonicato.

canoro, ra *adj* chanteur, euse (pájaros) ‖ mélodieux, euse (melodioso).

canoso, sa *adj* chenu, e; grisonnant, e; anciano canoso vieillard chenu ■ **barba canosa** barbe grisonnante ▮ **pelo canoso** cheveux gris o grisonnants ▮ **sienes canosas** tempes grises.

canotié; canotier *m* canotier (sombrero).

canquén *m* (*Amer*) oie *f* sauvage du Chili.

cansado, da *adj* [▷ SIN] fatigué, e; las, lasse; cansado por una larga caminata fatigué d'une longue marche ▮ FIG fatigant, e; un viaje cansado un voyage fatigant ▮ ennuyeux, euse; fatigant, e (fastidioso) ▮ **marfil cansado** vieil ivoire ▮ **tener la cara cansada** avoir les traits tirés o le visage fatigué.

▮ SIN fatigado, rendido fatigué; agobiado harassé; molido moulu, rompu; harto las; agotado épuisé; extenuado exténué; derrengado éreinté; reventado vanné, crevé.

cansador, ra *adj* (*Amer*) fatigant, e (que cansa) ▮ ennuyeux, euse (que aburre).

cansancio *m* fatigue *f*, lassitude *f*.

cansar *v tr* [▷ SIN] fatiguer (causar cansancio); este trabajo nos cansa mucho ce travail nous fatigue beaucoup ▮ FIG fatiguer, ennuyer, lasser (fastidiar); este discurso me cansa ce discours me fatigue ▮ FIG estar cansado en avoir assez; estoy cansado de verlo j'en ai assez de le voir; être dégoûté; estoy cansado de la vida je suis dégoûté de la vie.

➤ **cansarse** *v pr* se fatiguer; cansarse en buscar se fatiguer à chercher; se cansa en seguida il se fatigue très vite.

▮ SIN agotar épuiser; extenuar exténuer; derrengar éreinter; reventar se crever.

cansera *f* FAM ennui *m*, empoisonnement *m* (molestia).

cansino, na *adj* fatigué, e (animales) ▮ ennuyeux, euse; fatigant, e (pesado) ▮ traînant, e; una voz cansina une voix traînante.

cantable *adj* chantable.

◇ *m* partie *f* chantée d'une opérette (de zarzuela) ▮ MÚS cantabile (trozo lento y fácil).

Cantabria *n pr f* GEOGR Cantabrique.

▮ CANTABRIA ─────────
La communauté autonome de Cantabrique se compose de la seule province de Santander. Elle a obtenu l'autonomie le 30 décembre 1981 et a pour capitale Santander; son gouvernement est connu sous le nom de « Diputación regional ».

cantábrico, ca *adj* cantabrique.

Cantábrico *n pr m* GEOGR el (mar) Cantábrico le golfe de Gascogne.

cántabro, bra *adj & s* cantabre.

cantador, ra *m & f* chanteur, euse; cantador de flamenco chanteur de flamenco.

▮ OBSERV Se trouve en général sous la forme dialectale cantaor. [▶ **chanteur**].

cantaleta *f* (*Amer*) rengaine (estribillo) ▮ FIG sermon *m* (regaño).

cantaletear *v tr* (*Amer*) rabâcher (repetir).

cantamañanas *m & f inv* FAM fantaisiste.

cantante *adj* chantant, e (que canta) ▮ chantant, e; café cantante café chantant ▮ FIG llevar la voz cantante tenir les rênes, mener la danse (mandar).

◇ *m & f* chanteur, euse [du théâtre lyrique].

▮ SIN cupletista divette; cantatriz cantatrice; diva diva.

cantaor, ra *m & f* chanteur, euse de flamenco.

cantar *m* chanson *f*; cantar de gesta chanson de geste ■ **Cantar de los cantares** Cantique des cantiques ▮ ¡ése es otro cantar! c'est une autre chanson! ■ **El Cantar de Mío Cid** chanson de geste contant la vie du Cid.

cantar *v intr & tr* [▷ SIN] chanter; cantar a compás chanter en mesure ▮ chanter, célébrer; cantar la gloria de un pueblo chanter la gloire d'un peuple ▮ cantar misa dire sa première messe (después de la ordenación).

◇ *v intr* annoncer (naipes) ▮ FIG & FAM grincer (rechinar) ▮ se mettre à table, chanter, avouer (confesar) ■ FIG & FAM cantar de plano manger le morceau, se mettre à table (confesar) ▮ cantar entonado chanter juste ▮ FAM cantarlas claras ne pas mâcher ses mots ▮ cantarle a uno las cuarenta dire à quelqu'un ses quatre vérités ■ al cantar el gallo au chant du coq ▮ en menos que canta un gallo en deux coups de cuillère à pot, en moins de deux ▮ eso es coser y cantar ça va comme sur des roulettes.

▮ SIN canturrear, tararear chantonner, fredonner; arrullar roucouler; gorjear gazouiller; vocalizar vocaliser; salmodiar psalmodier.

cántara *f* cruche ▮ broc *m* (antigua medida de capacidad) ▮ bidon *m* de lait (metálico).

cantarada *f* cruche, cruchée (contenido).

cantarela *f* MÚS chanterelle.

cantarera *f* banc *m* pour poser les cruches.

cantarería *f* poterie.

cantarero *m* potier (alfarero) ▮ support pour les cruches.

cantárida *f* ZOOL cantharide.

cantarilla *f*; **cantarillo** *m* cruchon *m*.

cantarín, ina *adj* chantant, e (voz).

cántaro *m* cruche *f* ▮ broc (antigua medida) ▮ urne *f* (para sortear) ■ FIG & FAM alma de cántaro cruche ▮ llover a cántaros pleuvoir à verse o à seau o à torrent ▮ tanto va el cántaro a la fuente que al fin se rompe tant va la cruche à l'eau qu'à la fin elle se casse.

▮ OBSERV La cántara est moins haute et plus rebondie que le cántaro.

cantata *f* cantate.

cantatriz *f* cantatrice [du théâtre lyrique].

▮ OBSERV pl cantatrices.

cantautor *m* auteur interprète.

cantazo *m* coup de pierre.

cante *m* chant populaire.

▮ OBSERV Le mot cante s'applique essentiellement au cante hondo ou jondo et au cante flamenco, expressions folkloriques de l'Andalousie.

cantera *f* carrière (de piedra) ▮ FIG pépinière; es una cantera de artistas c'est une pépinière d'artistes ▮ (*Amer*) pierre de taille (cantería).

cantería *f* taille de pierre ▮ ARQ ouvrage *m* en pierre de taille (obra) ▮ pierre de taille (sillar).

cantero *m* tailleur de pierres (que labra las piedras) ▮ carrier (obrero) ▮ chanteau (de pan) ▮ pièce *f* de terre (haza).

cántico *m* MÚS cantique.

▮ SIN salmo psaume; villancico noël; himno hymne; antífona antienne; responso répons.

cantidad *f* quantité; una gran cantidad une grande quantité ▮ somme; abonar una cantidad de mil pesetas payer une somme de

1 000 pesetas ▮ GRAM quantité ■ adjetivo, adverbio de cantidad adjectif, adverbe de quantité ■ **cantidad alzada** somme o prix forfaitaire (tanto alzado) ▮ MAT cantidad constante, continua, variable quantité constante, continue, variable ▮ cantidad imaginaria, real nombre imaginaire, réel ▮ cantidad negativa quantité négative ■ FIG en cantidades industriales en quantités industrielles ■ ¡había una cantidad de gente! il y avait un de ces mondes!

cántiga; cantiga *f* (ant) chanson.

cantil *m* falaise *f*, rocher à pic (acantilado) ▮ (*Amer*) bord d'un précipice.

cantilena *f* cantilène (composición poética) ▮ FIG & FAM rengaine, chanson; siempre la misma cantilena toujours la même chanson.

cantilever *adj* TECN cantilever.

cantillos *m pl* osselets (tabas).

cantimpla *adj & s* simplet, ette; niagud, e.

cantimplora *f* gourde (frasco aplanado), bidon *m* (de soldado) ▮ siphon *m* (sifón) ▮ (*Amer*) double menton *m* (papada) ▮ goitre *m* (bocio).

cantina *f* cantine (refectorio) ▮ buvette (en una estación, etc.) ▮ cave (sótano) ▮ cantine [de voyage] ▮ (*Amer*) taverne, café *m*, bistrot *m* (taberna).

cantinela *f* cantilène (cantilena) ▮ es siempre la misma cantinela c'est toujours la même chanson o le même couplet o le même refrain o la même rengaine.

cantinero, ra *m & f* cantinier, ère.

cantío *m* (*Amer*) chant populaire.

cantizal *m* terrain pierreux.

canto *m* chant; canto de victoria chant de victoire ■ **canto gregoriano** o **llano** chant grégorien, plain-chant ▮ canto jubilatorio o aleluiático chant alléluiatique ▮ canto litúrgico chant liturgique ■ al canto del gallo au chant du coq, à l'aube ▮ FIG el canto del cisne le chant du cygne.

▮ SIN aria, tonada air; canción, copla chanson; cuplé couplet; melopea mélopée.

canto *m* coin, arête *f* (ángulo), bord (borde), bout (extremidad) ▮ côté *f* (lado) ▮ tranche *f* (de una moneda) ▮ chanteau (p us), quignon (pedazo de pan), croûton (extremidad del pan) ▮ dos (de un cuchillo) ▮ tranche *f* (del libro); de canto dorado doré sur tranche ▮ épaisseur *f* (espesor) ▮ caillou, pierre *f* (guijarro) ▮ palet (juego) ■ **canto pelado** o **rodado** galet ■ al canto à l'appui; pruebas al canto preuves à l'appui ▮ de canto sur la tranche, de chant, sur le côté ▮ FIG & FAM por el canto de un duro il s'en est fallu de l'épaisseur d'un cheveu o d'un fil ▮ darse con un canto en los dientes s'estimer content o heureux.

cantón *m* coin (esquina) ▮ canton; Suiza se divide en cantones la Suisse se divise en cantons ▮ cantonnement (acantonamiento) ■ BLAS canton ▮ (*Amer*) sorte de tissu de coton (tejido) ▮ cantón redondo queue-de-rat (limatón).

cantonal *adj* cantonal.

cantonera *f* cantonnière (pieza de metal) ▮ coin *m* (encuadernación) ▮ plaque de couche (de arma).

cantonero, ra *adj & s* flâneur, euse.

cantor, ra adj & s chanteur, euse; **cantor callejero** chanteur des rues ‖ chantre (poeta).

cantoral m livre de chœur.

cantorral m terrain pierreux (cantizal).

cantueso m variété de lavande f rouge (espliego).

cantúo, úa adj FAM du tonnerre (excelente).

canturía f chant m (acción de cantar) ‖ mélopée (canto monótono).

canturrear; canturriar v intr FAM chantonner, fredonner.

canturreo m chantonnement, fredonnement.

canturriar ➤ canturrear.

cánula f MED canule.

canutas
➤ **pasarlas canutas** loc en voir de toutes les couleurs.

canutero m étui à épingles (alfiletero) ‖ (Amer) porte-plume (portaplumas) ‖ stylo (estilográfica).

canutillo m cannetille f (para bordar) ‖ AGRIC injerto de canutillo greffe en flûte ‖ pana de canutillo velours côtelé.

canuto m BOT entre-nœud ‖ étui à aiguilles (canutero) ‖ tube ‖ FAM joint (porro).

caña f BOT chaume m, tige (tallo) ‖ roseau m; **caña común** roseau commun ‖ rotin m (caña de Indias) ‖ ANAT os m du bras o de la jambe (hueso) ‖ canon m (del caballo) ‖ moelle (tuétano) ‖ tige (de la bota) ‖ demi m; **una caña de cerveza** un demi de bière ‖ verre m (vaso) ‖ ligne; **pescar con caña** pêcher à la ligne ‖ fût m (del fusil) ‖ ARQ fût m, tige (fuste) ‖ MIN galerie ‖ MAR barre (del timón) ‖ verge (del ancla) ‖ MÚS chanson populaire andalouse ‖ (Amer) eau-de-vie, tafia m (aguardiente) ‖ fanfaronnade (bravata) ■ BOT **caña borde** roseau commun, roseau à balais (carrizo) ‖ **caña de azúcar** o **dulce** o **melar** canne à sucre ‖ **caña de Bengala** o **de Indias** rotin (rota) ‖ BOT (Amer) **caña de Castilla** canne à sucre ‖ **caña de cuentas** o **de India** balisier (cañácoro) ‖ **caña de mosca** canne à mouche ‖ **caña de pescar** canne à pêche, ligne ‖ **caña de pulmón** trachée (tráquea).
➤ **cañas** f pl joutes (torneo) ‖ **correr cañas** participer à des joutes.

cañacoro m BOT balisier.

cañada f vallon m, gorge (entre dos montañas) ‖ chemin m creux (camino) ‖ (Amer) ruisseau m (arroyo) ‖ **Real cañada** draille [chemin de transhumance].

cañadón m (Amer) ravin.

cañaduz f canne à sucre (caña de azúcar).

cañafístola; cañafístula f BOT casse, canéficier m (árbol) ‖ casse (fruto).

cañaheja; cañaherla f BOT férule ‖ BOT **cañaheja hedionda** thapsia.

cañahua f (Amer) sorte de millet.

cañal m roselière f, cannaie f (cañaveral) ‖ gord (para la pesca en río).

cañamal; cañamar m AGRIC chènevière f.

cañamazo m étoupe f (estopa) ‖ toile f d'étoupe (tela) ‖ canevas (para bordar) ‖ FIG canevas (bosquejo); **sólo está hecho el cañamazo de la obra** seul le canevas de l'ouvrage est fait.

cañameño, ña adj de chanvre.

cañamero, ra adj du chanvre, chanvrier, ère.

cañamiel f canne à sucre.

cañamiza f chènevotte (agramiza).

cáñamo m chanvre (planta y fibra) ‖ (Amer) ficelle f (bramante) ■ **cáñamo de Manila** abaca, chanvre de Manille (abacá) ‖ **cáñamo indio** o **índico** o **de Indias** chanvre indien.

cañamón m BOT chènevis.

cañar m roselière f, cannaie f (plantación de cañas), plantation f de canne à sucre (cañaveral).

cañavera f roseau m commun (carrizo).

cañaveral m roselière f, cannaie f (plantación de cañas), plantation f de canne à sucre (de cañas de azúcar).

cañazo m coup de roseau (golpe) ‖ (Amer) tafia (aguardiente de caña).

cañería f canalisation, conduite (de agua, gas, etc.).

cañero m plombier (fontanero) ‖ plateau double pour verres étroits et hauts (bandeja) ‖ (Amer) planteur o marchand de canne à sucre (cultivador o vendedor de caña) ‖ endroit où l'on dépose les cannes à sucre dans une raffinerie.

cañí adj & s gitan, e.
‖ OBSERV pl cañís.

cañinque adj (Amer) malingre, chétif, ive.

cañiza f toile grossière (lienzo).
◇ adj f **madera cañiza** bois dont les fibres sont dans le sens de la longeur.

cañizal; cañizar m cannaie f, roselière f (plantación de cañas), plantation f de canne à sucre (cañaveral).

cañizo m claie f (de roseaux).

caño m tuyau, tube (tubo) ‖ égout, tout-à-l'égout (albañal) ‖ tuyau (del órgano) ‖ jet (chorro); **el caño de la fuente** le jet de la fontaine ‖ MAR chenal (canal) ‖ (Amer) conduite f, canalisation (de agua, de gas).

cañón m tuyau (tubo); **cañón de chimenea** tuyau de cheminée ‖ tuyau, tuyauté (pliegue de la ropa) ‖ tuyau, canon (de la pluma de ave) ‖ MIL canon; **cañón antiaéreo** canon antiaérien ‖ GEOGR cañón, canyon (desfiladero) ■ MIL **cañón antitanque** o **anticarro** canon antichar ‖ FÍS **cañón de electrones** o **electrónico** canon à électrons ‖ **cañón de obús** obusier ‖ MAR **cañón lanzacabos** canon porte-amarre ‖ MIL **cañón rayado** canon rayé ‖ **cañón sin retroceso** canon sans recul ■ **bóveda de cañón** voûte en berceau ‖ FAM **carne de cañón** chair à canon ‖ **escopeta de dos cañones** fusil à deux coups ‖ FIG **estar al pie del cañón** être à pied d'œuvre ‖ **morir al pie del cañón** mourir à la tâche.
◇ adj FAM formidable, du tonnerre.

cañonazo m coup de canon (tiros y ruido) ‖ shoot (fútbol).

cañonear v tr canonner.

cañoneo m canonnade f.

cañonera f MIL embrasure (tronera) ‖ MAR sabord m (porta) ‖ (Amer) fonte (pistolera).
◇ adj f MAR **lancha cañonera** canonnière.

cañonería f artillerie (conjunto de cañones) ‖ MÚS tuyauterie de l'orgue (del órgano).

cañonero m MAR canonnière f (barco).

cañutería f MÚS tuyauterie de l'orgue (del órgano) ‖ broderie en cannetille (labor).

cañutero m étui à aiguilles (alfiletero).

cañutillo m cannetille f (para bordar) ‖ AGRIC **injerto de cañutillo** greffe en flûte.

cañuto m entre-nœud (de una caña) ‖ tube (tubo) ‖ FIG & FAM mouchard, rapporteur, cafard (soplón).
‖ OBSERV Le terme cañuto est très peu usité; on lui préfère canuto. Il en est de même pour leurs dérivés.

caoba f acajou m (árbol y madera).

caobo m BOT acajou [arbre].

caolín m kaolin.

caos m chaos.

caótico, ca adj chaotique.

CAP m (abrev de **Certificado de Aptitud Pedagógica**) CAP ‖ (abrev de **Centro de Asistencia Primaria**) centre de la Sécurité sociale en Espagne ‖ (abrev de **Centro de Asistencia Pedagógica**) centre d'assistance pédagogique.

cap. (abrev escrita de **capítulo**) chap.

capa f cape (vestido sin mangas) ‖ cape (de torero) ‖ couche; **capa de aire, de pintura** couche d'air, de peinture ‖ enveloppe (envoltorio) ‖ robe, cape (del cigarro) ‖ FIG apparence; **bajo una capa de humildad** sous une apparence d'humilité ‖ robe (color del pelaje) ‖ ZOOL paca m, agouti m ‖ GEOL couche, banc m; **capa geológica, de rocas** couche géologique, banc de rochers ‖ nappe; **capa acuífera, freática, de gas** nappe aquifère, phréatique, de gaz ‖ FIG couche (social) ‖ prétexte m (pretexto) ‖ receleur m (encubridor) ‖ FIG & FAM capitaux, biens (caudal) ‖ MAR cape ‖ POP la nuit (la noche) ■ **capa consistorial** o **magna** grande chape ‖ RELIG **capa de coro** chape ‖ **capa del cielo** calotte des cieux, voûte céleste ‖ **capa gascona** o **aguadera** cape gasconne o imperméable ‖ ANAT **capa pigmentaria** couche pigmentaire ‖ **capa pluvial** pluvial ‖ FIG & FAM **capa rota** agent secret ‖ **capa torera** cape de toréador, cape courte et élégante (prenda de vestir) ■ **de capa y espada** de cape et d'épée ‖ **so capa** sous cape ‖ **so capa de** sous prétexte de, sous le couvert de ■ **andar** o **estar de capa caída** tirer le diable par la queue (recursos), filer un mauvais coton (salud, negocios) ‖ **el que tiene capa escapa** avec de l'argent on s'en sort toujours ‖ MAR **esperar** o **estar** o **poner a la capa** être o se mettre à la cape ‖ **hacer de su capa un sayo** n'en faire qu'à sa tête ‖ **una buena capa todo lo tapa** les apparences sont trompeuses.

capacete m cabasset (casco) ‖ (Amer) capote (de un vehículo).

capacha f couffin m, cabas m (capacho) ‖ FIG & FAM ordre m de Saint-Jean-de-Dieu ‖ (Amer) prison (cárcel).

capacho m couffin, cabas (sera) ‖ FIG & FAM religieux de l'ordre de Saint-Jean-de-Dieu ‖ TECN godet (de pala mecánica) ‖ (Amer) vieux chapeau (sombrero).

capacidad f capacité ‖ DR habilité, capacité; **la capacidad para suceder** l'habilité à succéder ‖ possibilité ‖ INFORM capacité; **capacidad de memoria** capacité de mémoire; **capacidad de procesamiento** o **tratamiento** capacité de traitement ■ **capacidad calorí-**

fica capacité calorifique o thermique ‖ capacidad de decisión pouvoir de décision ‖ capacidad eléctrica capacité électrique ■ estadio de una capacidad para cien mil personas stade pouvant contenir cent mille personnes ■ tener capacidad para être capable de ‖ tener una gran capacidad de trabajo avoir une grande puissance de travail.

capacitación f formation; escuela de capacitación profesional école de formation professionnelle; cursillo de capacitación stage de formation ‖ qualification (capacidad de un obrero).

capacitado, da adj qualifié, e (obrero, persona) ‖ DR habile, capable; capacitado para suceder habile à succéder ‖ capacitado para qualifié pour, apte à.

capacitar v tr former, instruire, préparer; capacitar a alguien para algo former quelqu'un pour quelque chose ‖ DR habiliter.

capador m châtreur, hongreur.

capadura f castration (castradura) ‖ feuille de tabac de qualité inférieure (tabaco).

capar v tr châtrer, castrer (castrar) ‖ FIG diminuer, réduire (disminuir).

caparazón m caparaçon (del caballo) ‖ couverture f (cubierta) ‖ musette f (de la caballería) ‖ carcasse f (de un ave) ‖ carapace f, écaille f (de tortuga) ‖ carapace f (de crustáceo) ■ FIG meterse en el caparazón rentrer dans sa coquille ‖ quitar el caparazón décortiquer (un cangrejo).

caparro m (Amer) singe laineux, lagotriche, lagothrix.

caparrosa f QUÍM couperose.

capataz m contremaître ‖ capataz de cultivo assistant d'un ingénieur des eaux et forêts, assistant d'un ingénieur agronome.
‖ OBSERV pl capataces.

capaz adj capable, habile (diestro) ‖ apte; capaz para un empleo apte à un emploi ‖ capable, susceptible; hombre capaz de matar homme capable de tuer; carne capaz de perderse viande susceptible de se gâter ‖ accessible, capable; capaz de compasión accessible à la pitié, capable de pitié ‖ pouvant contenir, susceptible de contenir; estadio capaz para cien mil personas stade pouvant contenir cent mille personnes ‖ d'une contenance de; capaz de diez litros d'une contenance de dix litres ‖ assez grand pour; banco capaz para tres personas banc assez grand pour trois personnes ‖ spacieux, euse; una iglesia capaz une église spacieuse ‖ FAM es capaz que il est possible que, il se peut que.
‖ OBSERV pl capaces.

capazo m grand cabas de sparte (capacho) ‖ coup donné avec une cape ou un manteau (golpe).

capcioso, sa adj captieux, euse.

CAPE (abrev de Comisión Autónoma de Puertos Españoles) f commission gouvernementale chargée des ports espagnols.

capea f course de jeunes taureaux pour amateurs.
‖ OBSERV La capea consiste exclusivement à exciter le taureau avec la cape, sans pose de banderilles ni mise à mort.

capeador m (ant) tire-laine inv (ladrón) ‖ toréador, torero.

capear v tr TAUROM faire des passes avec la cape ‖ FIG & FAM monter le coup, la faire (engañar); a mí no me capea nadie on ne me la fait pas ‖ se tirer de, surmonter; capear las dificultades se tirer d'affaire, surmonter les difficultés ‖ MAR être o se mettre à la cape ‖ capear el temporal braver la tempête (un barco), laisser passer l'orage (con una persona enfadada).

capelina f MED capeline (vendaje).

capellán m RELIG chapelain ‖ prêtre (sacerdote) ‖ aumônier (militar).

capellanía f chapellenie (beneficio eclesiástico) ‖ MIL aumônerie.

capellina f capeline (sombrero) ‖ MED capeline (vendaje).

capelo m chapeau de cardinal ‖ (Amer) cloche f de verre (fanal).

capeo m TAUROM jeu de cape ‖ course f de jeunes taureaux pour amateurs (capea).

caperucita f petit capuchon m, petit chaperon m (caperuza) ‖ Caperucita Roja le Petit Chaperon rouge.

caperuza f chaperon m (bonete).

caperuzón m grand chaperon.

capeta f pèlerine (capa corta).

Capetos n pr m pl Capétiens.

capialzado m ARQ arrière-voussure f.

capibara m ZOOL cabiai.

capichola f buratine (tela).

capicúa m nombre palindrome.

capigorrista; capigorrón adj & s FAM vanu-pieds (holgazán) ‖ clerc qui n'accède pas aux ordres majeurs.

capilar adj capillaire (relativo al cabello).
◇ adj & s m ANAT capillaire (vaso) ‖ FÍS capillaire (tubo).

capilaridad f FÍS capillarité.

capilla f chapelle (edificio religioso) ‖ chapelle (de capellanes) ‖ chapelle (músicos); maestro de capilla maître de chapelle ‖ capuchon m (capucha) ‖ capuce m (de fraile) ‖ FIG & FAM moine m, religieux m ‖ clan m, chapelle (camarilla) ‖ IMPR feuille ■ capilla ardiente chapelle ardente ‖ capilla mayor sanctuaire [d'une église] ‖ capilla real chapelle royale ■ estar en capilla être en chapelle (un condenado a muerte), être sur des charbons ardents (esperar).

capillejo m écheveau de soie (madeja) ‖ petit béguin (cofia).

capillita m membre d'une confrérie ‖ coterie.

capillo m béguin (gorro de niño) ‖ chrémeau (de niño bautizado) ‖ bout dur (del zapato) ‖ bourse f (red para conejos) ‖ cape f (del cigarro) ‖ cocon (capullo) ‖ bouton (capullo) ‖ chausse f (filtro).

capirotada f sauce à base d'œufs, d'ail, de fines herbes, etc. (aderezo) ‖ (Amer) plat m indigène à base de viande, de maïs grillé et de fromage ‖ (desusado) fosse commune.

capirotazo m chiquenaude f.

capirote adj dont la couleur de tête est différente de celle du reste du corps (res).
◇ m hennin (para mujeres) ‖ chaperon (para hombre o mujer) ‖ chausse f, chaperon, mozette f (de doctores) ‖ cagoule f (de penitente) ‖ chaperon (del halcón) ‖ capote f de voiture (capota) ‖ chiquenaude f (capirotazo) ‖ tonto de capirote bête à manger du foin.

capirucho m FAM chaperon (capuchón) ‖ cagoule f (cucurucho).

capisayo m pèlerine f ‖ camail, mozette f (episcopal).

capiscol m chantre, maître de chapelle.

capiscolía f dignité de chantre.

cápita
➥ **per cápita** loc adv per capita, par tête.

capitación f capitation (tasa).

capital adj capital, e; essentiel, elle; fondamental, e; punto capital point capital; error capital erreur essentielle ‖ capital, e; ciudad capital ville capitale ■ lo capital l'essentiel; lo capital en la vida es la salud l'essentiel, dans la vie, c'est la santé ‖ pecados capitales péchés capitaux ‖ pena capital, sentencia capital peine capitale.

capital m capital (caudal); capital e intereses capital et intérêts ■ capital bajo riesgo capital-risque o à risque ‖ capital circulante o de rotación fonds de roulement, capital d'exploitation ‖ capital fijo capital fixe ‖ capital inicial capital de départ ‖ capital líquido actif net ‖ DR capital social capital social.
◇ f capitale (ciudad principal) ‖ IMPR capitale (mayúscula) ‖ capital de provincia chef-lieu de département.

capitalidad f ostentar la capitalidad de être la capitale de; la capitalidad de Valencia le fait que Valence soit une capitale.

capitalismo m capitalisme.

capitalista adj & s capitaliste.

capitalizable adj capitalisable.

capitalización f capitalisation.

capitalizar [13] v tr & intr capitaliser; capitalizar intereses capitaliser des intérêts.

capitán m MIL capitaine (oficial) ‖ MAR commandant, capitaine; capitán de la marina mercante capitaine au long cours; capitán de corbeta, de fragata, de navío capitaine de corvette, de frégate, de vaisseau ‖ capitaine (jefe); el capitán del equipo de fútbol le capitaine de l'équipe de football ‖ chef (jefe) ‖ (Amer) maître d'hôtel ‖ capitán de farmacia pharmacien capitaine ‖ FIG capitán de industria capitaine d'industrie ‖ capitán general dignité comparable à celle de maréchal ‖ capitán general de región général commandant une région militaire ‖ capitán preboste prévôt de l'armée.

capitana f capitaine (mujer del capitán) ‖ MAR vaisseau amiral m (buque principal de la escuadra) ‖ capitane (galera).

capitanear v tr commander, diriger (mandar).

capitanía f charge du capitaine (empleo) ‖ MIL bureau m du capitaine (oficina del capitán) ‖ MIL capitanía general état-major de région militaire (oficina), région militaire (demarcación).

capitel m ARQ chapiteau; capitel compuesto, dórico, toscano chapiteau composite, dorique, toscan.

capitolino, na *adj* capitolin, e (del Capitolio).

capitolio *m* capitole.

capitón *m* ZOOL muge à grosse tête, cabot.

capitoné *m* camion de déménagement. ◇ *adj* capitonné, e (acolchado). ▪ OBSERV L'adjectif capitoné est un gallicisme.

capitoste *m* FAM grand manitou, caïd.

capítula *f* capitule *m*.

capitulación *f* capitulación (rendición). ☛ **capitulaciones** *f pl* contrat *m sing* de mariage, accords *m* de mariage.

capitular *adj* capitulaire.

capitular *v intr* capituler (libro litúrgico).

capítulo *m* chapitre (de un libro) ▌ECLES chapitre ■ capítulos matrimoniales accords o contrat de mariage ▌FIG eso es capítulo aparte ça c'est une autre histoire, ça c'est à part ▌llamar a capítulo chapitrer, sermonner.

capó; capot *m* AUTOM capot. ▪ OBSERV pl capós; capots.

capoc *m*; **capoca** *f* kapok *m* (fibra).

capón *m* chapon (pollo) ▌fagot de sarments (sarmientos) ▌MAR bosse *f* (boza) ▌FAM pichenette *f* (golpe) ▌(*Amer*) mouton (carnero) ▌caballo capón hongre.

capona *f* contre-épaulette (militar).

caponada *f* (*Amer*) troupeau *m* de moutons.

caponera *f* épinette (jaula) ▌caponnière (fortificación).

caporal *m* contremaître (capataz) ▌AGRIC maître valet ▌(ant) MIL caporal (cabo).

capot ☛ **capó**.

capota *f* capote (de mujer) ▌capote (de coche) ▌carde (del batán).

capotaje *m* capotage.

capotar *v intr* capoter.

capotazo *m* TAUROM passe *f* de cape.

capote *m* capote *f* (abrigo) ▌TAUROM cape *f*; capote de paseo cape de parade ▌FIG & FAM moue *f*, grimace *f*; poner capote faire la moue ▌gros nuage (nubarrón) ▌capot (naipe); dar capote faire capot; llevar capote être capot ▌(*Amer*) volée *f*, rossée *f* (tunda) ■ (*Amer*) capote de monte poncho ▌de capote en cachette, en secret ▌para mi, tu, su capote en mon, ton, son for intérieur; à part moi, toi, soi ■ decir algo para su capote dire quelque chose dans son for intérieur ▌FIG & FAM echar un capote a uno tendre la perche à quelqu'un, donner un coup de main à quelqu'un ▌hablar para su capote parler à son bonnet.

capotear *v tr* TAUROM leurrer (le taureau) avec la cape ▌FIG & FAM monter le coup (engañar) ▌se tirer de, surmonter (dificultades).

capoteo *m* TAUROM travail avec la cape.

capotera *f* (*Amer*) portemanteau *m*.

capotillo *m* petit manteau ▌TAUROM capotillo de paseo cape de parade.

capricho *m* caprice; los caprichos de la moda les caprices de la mode ▌fantaisie, caprice; satisfacer un capricho se passer une fantaisie ▌coup de tête (cabezonada) ▌al capricho de au gré de.

caprichoso, sa *adj* capricieux, euse; un niño muy caprichoso un enfant très capricieux.

capricornio *m* ZOOL capricorne (algavaro).

Capricornio *n pr m inv* ASTRON & ASTROL Capricorne *m*; ser Capricornio être Capricorne; trópico de Capricornio tropique du Capricorne. ◇ *m & f inv* ASTROL capricorne *m inv* (persona).

caprifoliáceas *f pl* BOT caprifoliacées.

caprino, na *adj* caprin, e; raza caprina race caprine.

cápsula *f* capsule (de botella, proyectil, cohete, envase) ▌ANAT capsule; cápsula suprarrenal capsule surrénale ▌bourse; cápsula sinovial o articular bourse synoviale ▌BOT & QUÍM capsule ▌gélule (medicamento) ▌poner una cápsula a capsuler, mettre une capsule à.

capsuladora *f* capsulateur *m*.

capsular *adj* capsulaire.

capsular *v tr* capsuler (botellas).

captación *f* captage *m* (de aguas, ondas, etc.) ▌DR captation (de una herencia).

captar *v tr* capter (granjearse) ▌capter (las aguas, las ondas de radio) ▌FIG saisir, comprendre; captar un pensamiento saisir une pensée ▌gagner, capter (la amistad).

captatorio, ria *adj* DR captatoire.

captura *f* capture ▌prise (de pescado) ▌GEOGR capture (de río); un codo de captura un coude de capture.

capturar *v tr* capturer.

capuana *f* FAM volée, bastonnade.

capucha *f* capuchon *m*, capuche ▌capuce *m* (de monje) ▌IMPR accent *m* circonflexe ▌poche (del pulpo).

capuchino, na *adj & s* capucin, e (religioso). ☛ **capuchino** *m* capucin *m* (mono). ☛ **capuchina** *f* BOT capucine ▌petite lampe à éteignoir (lámpara).

capucho *m* capuchon.

capuchón *m* capuchon (de abrigo, de pluma estilográfica) ▌poche *f* (del pulpo).

capulina *f* (*Amer*) araignée venimeuse (araña).

capullo *m* cocon (de insecto) ▌BOT bouton (de flor) ▌cupule *f* (de bellota) ▌ANAT prépuce (prepucio) ▌bourre *f* (tela de seda) ▌FIG & VULG gland (estúpido).

capuz *m* capuchon (capucho) ▌sorte de pèlerine (capa).

caquéctico, ca *adj & s* MED cachectique.

caquexia *f* MED cachexie.

caqui *m* BOT plaqueminier (árbol) ▌plaquemine *f*, kaki (fruto) ▌kaki (color) ▌FAM ponerse el caqui s'habiller en kaki (soldados). ◇ *adj inv* kaki.

cara *f* [▷ SIN] visage *m*, figure, face [▷ OBSERV] ▌tête (de un animal) ▌visage *m*, mine, figure (semblante); juzgar por la cara juger sur la mine; me recibió con buena cara il m'a reçu avec une figure aimable ▌mine (aspecto); tener buena cara avoir bonne mine ▌air *m*, tête; tiene cara de haberse pasado la noche de juerga il a l'air de quelqu'un qui a passé la nuit à faire la bringue; ¡la cara que puso! il fallait voir sa tête! ▌face (parte ante-rior); echar a cara o cruz jouer à pile ou face (juego) ▌côté *m* (lado) ▌FAM effronterie, audace, front *m*, toupet *m*, culot *m* (descaro); tener cara para avoir l'audace de ▌GEOM face (plano) ■ cara apedreada, cara de rallo visage grêlé ▌cara de acelga figure de papier mâché ▌cara de aleluya o de pascua o de risa visage réjoui ▌cara de Cuaresma o de viernes visage o mine de carême, air de requiem ▌cara de hereje épouvantail (persona muy fea) ▌cara de juez o de pocos amigos o de viernes o de vinagre visage sévère o renfrogné, tête d'enterrement, mine rébarbative ▌cara larga mine allongée ■ por su bella o linda cara pour ses beaux yeux ▌¡qué cara dura! quel culot!, quel toupet! ■ caérsele a uno la cara de vergüenza ne plus savoir où se mettre ▌cruzar la cara flanquer une paire de claques ▌dar con la puerta en la cara fermer la porte au nez ▌dar la cara prendre quelque chose sur soi, prendre la responsabilité d'une chose ▌dar o sacar la cara por uno prendre la défense de quelqu'un, prendre fait et cause pour quelqu'un (salir a su defensa), se porter garant de quelqu'un (avalarle) ▌echar a la cara o en cara jeter à la figure o au visage (una falta), objecter, reprocher; siempre me están echando en cara mi edad on m'objecte toujours mon âge; le echan en cara su riqueza on lui reproche sa richesse ▌en la cara se le conoce cela se lit sur son visage ▌hacer a dos caras jouer sur deux tableaux ▌hacer cara faire face o front, tenir tête ▌juzgarle a uno por su linda cara juger quelqu'un sur sa mine ▌lavar la cara a uno passer la main dans le dos de quelqu'un ▌mirar cara a cara regarder en face ▌mirar con mala cara regarder de travers ▌no mirar la cara a uno ne plus vouloir entendre parler de quelqu'un, ne plus pouvoir voir quelqu'un ▌no saber qué cara poner ne pas savoir quelle figure faire ▌no saber uno dónde tiene la cara être très ignorant ▌poner a mal tiempo buena cara faire contre mauvaise fortune bon cœur ▌poner buena, mala cara faire bonne, mauvaise figure ▌poner cara de faire une tête de ▌poner cara de asco prendre un air dégoûté ▌poner cara de circunstancias faire une mine de circonstance, se composer un visage ▌poner cara larga o mala cara faire la tête (a uno), faire grise mine (a una cosa) ▌reírsele en la cara a alguien rire au nez de quelqu'un ▌romper la cara casser la figure (maltratar) ▌saltar a la cara sauter aux yeux ▌tener cara de alma en pena o de duelo avoir o faire une tête d'enterrement ▌tener cara de sueño avoir l'air endormi ▌tener dos caras être hypocrite, être un faux jeton ▌FAM tener mucha cara, ser un cara, ser un cara dura ne pas manquer de culot o de toupet, être gonflé ▌terciar la cara balafrer (con un cuchillo) ▌verse las caras se retrouver, s'expliquer; nos veremos las caras nous nous retrouverons ▌volver la cara faire volte-face. ◇ *adv* face à (hacia); cara a la pared, al sol face au mur, au soleil ■ cara a cara face à face, nez à nez; a la vuelta de la esquina se encontraron cara a cara au coin de la rue, ils se sont trouvés nez à nez; en tête à tête; tener una conversación cara a cara avoir une conversation en tête à tête; en face; decir algo cara a cara dire quelque chose en face; mirar la muerte cara a cara regarder la mort

en face ‖ cara adelante en avant ‖ cara atrás en arrière ∎ a cara descubierta à visage découvert ‖ de cara de face, de front; tener el sol de cara avoir le soleil en face ‖ de cara a vis-à-vis de.
◇ adj & s FAM culotté, e.
▎ OBSERV Visage y figure son las palabras más corrientes para designar la parte anterior de la cabeza. Son sinónimos perfectos. Sin embargo visage se refiere más bien a la expresión. Face se emplea con menos frecuencia y se usa principalmente como término anatómico: chirurgie de la face cirugía de la cara. Se puede aplicar también a ciertos animales, aunque en este caso es más propio decir tête: la cara del perro, del toro la tête du chien, du taureau.
SIN rostro visage; faz, semblante face; fisonomía physionomie; facies facies; aire air.

caraba f FAM este es la caraba il est impayable ‖ esto es la caraba ça c'est le comble.

cáraba f bateau m utilisé sur la côte est de l'Espagne.

carabao m kérabau (búfalo).

cárabe m ambre (ámbar).

carabela f MAR caravelle.

carabina f carabine (arma) ‖ chaperon m [d'une demoiselle] ‖ eso es la carabina de Ambrosio c'est un cautère sur une jambe de bois.

carabinero f carabinier ‖ grosse crevette (crustáceo).
▎ OBSERV On donne le nom de carabineros en Espagne à des militaires faisant essentiellement fonction de douaniers et chargés de réprimer la contrebande.

cárabo m carabe (coleóptero) ‖ chathuant (autillo).

caracal m ZOOL caracal (lince).

Caracas n pr GEOGR Caracas.

caracol m ZOOL escargot, colimaçon, limaçon (molusco terrestre) ‖ bigorneau (de mar) ‖ CULIN escargot; purgar los caracoles faire dégorger les escargots ‖ accroche-cœur (rizo) ‖ limaçon (de reloj) ‖ ANAT limaçon; caracol óseo, membranoso limaçon osseux, membraneux ‖ (Amer) chemise de nuit ∎ escalera de caracol escalier en colimaçon ‖ ÉQUIT hacer caracoles caracoler.
➡ **¡caracoles!** interj mince!, sapristi!

caracola f ZOOL conque.

caracolada f plat m d'escargots.

caracolear v intr caracoler (los caballos).

caracoleo m caracole f.

caracolillo m BOT haricot limaçon (judía) ‖ café à petits grains (café) ‖ sorte d'acajou très veiné (caoba).

carácter m caractère (índole, genio, personalidad); mal carácter mauvais caractère; hombre de mucho carácter homme de grand caractère ‖ condition f, qualité f, caractère; con carácter de embajador en qualité d'ambassadeur ‖ caractère; carácter dramático caractère dramatique ‖ IMPR caractère ‖ INFORM caractère; carácter de substitución caractère de remplacement.
▎ OBSERV pl caracteres. (Remarquez le déplacement d'accent lorsqu'on passe du singulier au pluriel.).

característico, ca adj caractéristique.
◇ m & f TEATR barbon m (actor), duègne f

(actriz).
➡ **característica** f caractéristique (particularidad) ‖ MAT caractéristique (del logaritmo) ‖ (Amer) indicatif m (teléfono) ‖ características técnicas renseignements techniques.

caracterización f caractérisation.

caracterizado, da adj caractérisé, e ‖ distingué, e; remarquable (notable).

caracterizar [13] v tr caractériser ‖ TEATR jouer o interpréter d'une façon expressive.

caracterología f caractérologie.

caracú m (Amer) moelle f (tuétano).
▎ OBSERV pl caracús o caracúes.

caracul m caracul (carnero y piel).

caradura m & f FAM personne culottée (fresco).
◇ f FAM culot m, toupet m; tener mucha caradura avoir un culot monstre.
◇ adj FAM culotté, e; gonflé, e; ¡qué hombre más caradura! il est gonflé!

Caraibes n pr f pl el mar Caraibes la mer Caraïbe o des Caraïbes.

carajillo m FAM café arrosé [généralement de cognac ou d'anis].

carajo m MFAM ¡qué carajo! quel bordel!; me importa un carajo je n'en ai rien à foutre; irse al carajo aller se faire voir ‖ FIG se casser la gueule.

caramanchel m MAR panneau (escotillón) ‖ galetas (tugurio) ∎ (Amer) gargote f (figón).

caramañola f (Amer) gourde en aluminium des soldats.

¡caramba! interj sapristi!, zut!, mince! ‖ diable! (enfado) ‖ tiens!, allons donc! (sorpresa).

carámbano m glaçon.

carambola f carambolage m (billar) ‖ FIG & FAM coup m double (doble resultado) ‖ hasard m; aprobó por carambola il fut reçu par hasard ‖ niche, tour m (faena hecha a alguien) ∎ carambola corrida coulé ‖ por carambola par ricochet, par contrecoup.

carambolear v tr caramboler (billar).

caramelizar [4] v tr caraméliser.

caramelo m bonbon (golosina) ‖ caramel (azúcar fundida, pasta de azúcar) ∎ caramelo blando caramel ‖ FAM de caramelo à croquer (excelente).
▎ OBSERV Le mot espagnol bombón signifie uniquement bonbon au chocolat.

caramillo m MÚS chalumeau (flauta) ‖ tas, fatras (montón) ‖ FIG tour (enredo), raconter, histoire f (chisme) ‖ BOT arroche f de mer.

carancho m (Amer) caracara, oiseau de proie.

carángano m (Amer) pou (piojo).

carantoña f FIG & FAM vieille coquette (mujer vieja y presumida).
➡ **carantoñas** pl agaceries, minauderies, cajoleries (zalamerías).

caraota f (Amer) haricot m (judía).

carapacho m carapace f test (de los moluscos).

¡carape! interj mince!, diable! (¡caramba!).

carapintada m putschiste m & f.

CARAPINTADA
En Argentine, depuis 1989, on appelle « carapintada » les soldats putschistes qui se camouflaient le visage pour qu'on ne les reconnaisse pas. Ce terme s'est ensuite appliqué aux civils qui se sont ralliés au mouvement et est à l'origine du mot « carapintadismo »: idéologie du coup d'État militaire.

carapintadismo m idéologie du coup d'état militaire.

caraqueño, ña adj & s de Caracas (Venezuela).

cárate ➡ kárate.

carátula f masque m (careta) ‖ FAM planches pl (teatro); dejó la espada por la carátula il abandonna l'épée pour les planches ‖ (Amer) frontispice m, page de titre (de un libro) ‖ couverture (de una revista).

caratulero m fabricant, marchand de masques.

caravana f caravane (de gentes, remolque) ‖ file de voitures (de automóviles) ‖ FAM groupe m troupeau m (tropa) ‖ en caravana en file indienne, à la file.
➡ **caravanas** f pl (Amer) pendants m d'oreille ‖ politesses.

caravanero m caravanier.

caravaning m caravaning.
▎ OBSERV pl caravanings.

caravanseray; caravasar; caravanserrallo m caravansérail.

¡caray! interj mince!, sapristi!, zut!, diable! ∎ ¡caray con los sablistas! au diable (soient) les tapeurs! ‖ ¡qué caray! que diable!

carbón m charbon (combustible); carbón de piedra, mineral, vegetal o de leña charbon de terre, minéral, de bois ‖ BOT charbon (enfermedad de los cereales) ‖ fusain, charbon (carboncillo); dibujo al carbón dessin au fusain ∎ carbón animal charbon animal ‖ carbón de bola boulet ‖ carbón en polvo poussier ∎ negro como el carbón noir comme le jais o comme de l'encre ‖ papel carbón papier carbone.

carbonada f carbonnade, carbonade, charbonnée (carne cocida y después asada) ‖ pelletée de charbon (paletada de carbón) ‖ pâte frite (pasta) ‖ (Amer) ragoût m de viande, pommes de terre, maïs, courgettes et riz (guisado).

carbonado m carbonado (diamante negro).

carbonar v tr charbonner.

carbonario m carbonaro (miembro del carbonarismo).
▎ OBSERV En francés, el plural de la palabra carbonaro es carbonari.

carbonarismo m carbonarisme.

carbonatación f QUÍM carbonatation.

carbonatar v tr QUÍM carbonater.

carbonato m QUÍM carbonate.

carboncillo m fusain [à dessin].

carbonear v tr charbonner (hacer carbón).

carboneo m carbonisation f.

carbonera f meule (para hacer carbón) ‖ charbonnier m (para guardar carbón) ‖ mine de houille ‖ (Amer) soute à charbon (del ténder).

carbonería f charbonnerie (tienda).

carbonero, ra *adj & s* charbonnier, ère ‖ la fe del carbonero la foi du charbonnier.

carbónico, ca *adj* QUÍM carbonique; ácido, gas, anhídrido carbónico acide, gaz, anhydride carbonique; nieve carbónica neige carbonique.

carbonífero, ra *adj* carbonifère.

carbonilla *f* escarbille; tener una carbonilla en el ojo avoir une escarbille dans l'œil ‖ charbonnaille (carbón) ‖ (*Amer*) fusain *m* [à dessin].

carbonización *f* carbonisation.

carbonizar [13] *v tr* carboniser.

carbono *m* QUÍM carbone.

carbonoso, sa *adj* charbonneux, euse.

carborundo *m* QUÍM carborundum.

carbunclo; carbunco *m* MED charbon (enfermedad) ‖ anthrax (tumor).

carbúnculo *m* escarboucle *f* (piedra preciosa).

carburación *f* QUÍM carburation.

carburador, ra *adj & s m* carburateur, trice.

carburante *m* carburant ‖ carburante para reactores carburéacteur.

carburar *v tr* carburer ‖ FIG & FAM carburer, gazer, tourner rond.

carburo *m* QUÍM carbure.

carca *adj & s m* FAM carliste ‖ FIG réactionnaire.

carcaj *m* carquois (aljaba) ‖ porte-étendard (de bandera) ‖ (*Amer*) fourreau de carabine.
▌ OBSERV pl carcajes.

carcajada *f* éclat *m* de rire ■ reír a carcajadas rire aux éclats ‖ soltar la carcajada éclater de rire.

carcajear *v intr* rire aux éclats.

carcamal *m* FAM vieille barbe *f*, vieille baderne *f*, vieille carcasse *f* (persona vieja).

carcamán *m* MAR vieux rafiot (barco viejo). ◇ *m & f* (*Amer*) immigré, e; pauvre.

Carcasona *n pr* GEOGR Carcassonne.

cárcava *f* (p us) ravine (hoya hecha por las aguas) ‖ tranchée (trinchera) ‖ fosse (de sepultura).

cárcel *f* [▷ SIN] prison; salir de la cárcel sortir de prison ‖ TECN sergent *m*, serre-joint *m* (herramienta) ‖ coulisse (ranura) ‖ cárcel de alta seguridad quartier de haute sécurité.
▌ SIN presidio préside; prisión prison; celda cellule; calabozo geôle, cachot; mazmorra oubliette; FAM chirona taule, tôle.

carcelaje *m* geôlage (calabozaje).

carcelario, ria *adj* relatif à la prison, de la prison.

carcelero, ra *adj* de la prison.
▬ **carcelero** *m & f* geôlier, ère; gardien, enne de prison.
▬ **carcelera** *f* chanson populaire andalouse.

carcinogénesis *f* MED carcinogenèse.

carcinoide *m* MED carcinoïde.

carcinología *f* MED carcinologie.

carcinológico, ca *adj* MED carcinologique.

carcinoma *m* MED carcinome (cáncer).

carcinomatoso, sa *adj* carcinomateux, euse.

cárcola *f* marche (de telar).

carcoma *f* ZOOL artison *m*, vrillette ‖ vermoulure (polvo de la madera) ‖ FIG & FAM hantise; esta cuestión es para él una verdadera carcoma cette question est pour lui une véritable hantise ‖ sangsue (persona gastosa).

carcomer *v tr* artisonner (la madera) ‖ FIG ronger, miner, consumer; este problema me carcome ce problème me ronge.
▬ **carcomerse** *v pr* se ronger.

carcomido, da *adj* mangé aux vers, vermoulu, e.

carda *f* cardage *m* (acción) ‖ carde (cabeza de la cardencha) ‖ carde (instrumento) ‖ FIG & FAM savon *m* (reprimenda).

cardado *m* TECN cardage ‖ crêpage (del pelo).

cardador, ra *adj & s m* cardeur, euse.
▬ **cardador** *m* ZOOL scolopendre *f*.

cardadura *f* cardage *m*.

cardamina *f* BOT cardamine (mastuerzo).

cardamomo *m* cardamome (planta).

cardán *f* TECN cardan *m* (articulación).

cardar *v tr* carder (la lana) ‖ crêper (el pelo).

cardelina *f* chardonneret *m* (jilguero).

cardenal *m* cardinal (prelado) ‖ cardinal (pájaro) ‖ bleu (equimosis) ‖ pinçon (que resulta de un pellizco) ‖ un bocado de cardenal un morceau de roi o de prince.

cardenalato *m* cardinalat.

cardenalicio, cia *adj* cardinalice; púrpura cardenalicia pourpre cardinalice.

cardencha *f* BOT chardon *m* à foulon, cardère ‖ TECN carde (carda).

cardenillo *m* vert-de-gris ‖ criar cardenillo verdir.

cárdeno, na *adj* violacé, e (color) ‖ pie (color de reses) ‖ opalin, e (líquidos).

cardiáceo, a *adj* cordiforme.

cardiaco, ca; cardíaco, ca *adj & s* cardiaque; tónico cardiaco tonique cardiaque.

cardialgia *f* MED cardialgie.

cardiálgico, ca *adj* MED cardialgique.

cardias *m inv* ANAT cardia (del estómago).

cardiectasia *f* MED cardiectasie.

cardigan; cardigán *m* cardigan.

cardillo *m* BOT pissenlit.

cardinal *adj* cardinal, e; los puntos cardinales les points cardinaux; las virtudes cardinales les vertus cardinales; número cardinal nombre cardinal.

cardiografía *f* MED cardiographie.

cardiógrafo *m* MED cardiographe.

cardiograma *m* MED cardiogramme.

cardiología *f* MED cardiologie.

cardiólogo, ga *m & f* cardiologue.

cardiomegalia *f* MED cardiomégalie.

cardiopatía *f* MED cardiopathie.

cardiotónico *m* MED cardiotonique.

cardiovascular *adj* MED cardio-vasculaire.

carditis *f inv* MED cardite.

cardizal *m* lieu planté de chardons o de cardons.

cardo *m* cardon (planta comestible) ‖ chardon (planta espinosa) ‖ FIG chardon, porte de prison (persona poco amable) ■ cardo ajonjero, aljonjero carline (ajonjera) ‖ cardo borriquero chardon aux ânes ‖ cardo corredor o setero panicaut, chardon Roland ‖ cardo mariano chardon argenté, chardon Notre-Dame ■ FIG ser un cardo borriquero être un fagot d'épines.

cardón *m* carde *f* (cardencha) ‖ cardage (carda) ‖ (*Amer*) cierge, cactus (cacto).

Cardona *n pr* más listo que Cardona malin comme un singe.

cardoncillo *m* BOT chardon argenté.

cardume; cardumen *m* banc de poisson (banco de peces) ‖ (*Amer*) abondance *f*, profusion *f*.

carear *v tr* DR confronter (cotejar).
▬ **carearse** *v pr* s'aboucher (entrevistarse) ‖ s'expliquer o avoir une explication avec (encararse).

carecer [30] *v intr* manquer, être à court o dépourvu de; carecer de recursos manquer de ressources ‖ Luis presume de lo que carece Louis se vante de ce qu'il n'a pas.

carena *f* MAR carénage *m*, radoub *m* ‖ FIG & FAM brimade (broma pesada) ‖ MAR dique de carena bassin de radoub.

carenado *m* carénage.

carenar *v tr* MAR caréner, radouber.

carencia *f* manque *m*; carencia de datos manque de renseignements ‖ carence; enfermedad por carencia maladie par carence.

carencial *adj* carentiel, elle ‖ estado carencial état de carence.

carenero *m* MAR bassin de radoub, carénage (lugar).

carente *adj* manquant, e; dépourvu, e.

careo *m* confrontation *f*; el careo de los testigos la confrontation des témoins.

carero, ra *adj* qui vend cher.

carestía *f* disette (hambre) ‖ pénurie (escasez) ‖ cherté (precio subido); la carestía de la vida la cherté de la vie.

careta *m* masque *m* ‖ careta antigás o contra gases masque à gaz.

carey *m* caret (tortuga) ‖ écaille *f* de caret ‖ écaille *f*; un peine de carey un peigne en écaille.
▌ OBSERV pl careyes.

carga *f* charge (peso) ‖ chargement *m* (acción); la carga de un barco le chargement d'un bateau ‖ cartouche, recharge (estilográfica) ‖ INFORM carga de página chargement de page; carga del programa chargement du programme; carga por bloques chargement par blocs; carga y ejecución chargement et exécution ‖ MAR cargaison (lo contenido) ‖ charge (de pólvora); carga hueca charge creuse ‖ MIL charge; carga de caballería, cerrada charge de cavalerie, en colonne serrée o en ligne; paso de carga pas de charge ‖ ELECTR charge (de un condensador) ‖ FOT magasin *m* ‖ FIG charge; cargas sociales charges sociales ‖ charge (impuesto) ■ carga de profundidad charge de profondeur ‖ MAR carga máxima port en lourd ‖ carga mayor charge d'un mulet ‖ carga menor charge d'un âne, ânée ‖ TECN carga útil charge utile ■ barco

de carga cargo ‖ **barra de carga** o **de acoplamiento de cargas** palonnier ‖ **bestia de carga** bête de charge o de somme ■ **a carga cerrada** sans réflexion, à la légère (sin reflexión) ‖ FIG & FAM **a cargas** des tonnes, en quantité ‖ **a paso de carga** au pas de course (rápidamente), au pas de charge (militar) ■ **echar uno las cargas a otro** se décharger sur quelqu'un, mettre quelque chose à la charge de quelqu'un ‖ **llevar la carga de** prendre en charge ‖ **ser una carga a uno** être à la charge de quelqu'un ‖ MIL **tocar paso de carga** sonner la charge ‖ **volver a la carga** revenir à la charge.

cargada f (Amer) mauvaise plaisanterie.

cargadera f MAR étrangloir m.
◆ **cargaderas** f pl (Amer) bretelles (tirantes).

cargadero m lieu de chargement ‖ ARQ linteau (dintel).

cargado, da adj chargé, e ‖ lourd, bas (tiempo) ‖ épais, aisse; **ambiente cargado** air épais ‖ lourd, e (ojos) ‖ pleine (próxima a parir) ‖ tassé, e; fort, e (bebida alcohólica); **un whisky muy cargado** un whisky bien tassé ‖ fort, e (infusiones, café) ■ **cargado de años** chargé d'ans ‖ **cargado de espaldas** voûté ‖ FIG & FAM **estar cargado** être gris (borracho).
◆ **cargado** m pas de danse espagnole.

cargador, ra adj & s chargeur, euse ‖ **pala cargadora** pelle mécanique, pelleteuse, pelleteuse chargeuse.
◆ **cargador** m MIL chargeur ‖ TECN chargeur (de acumuladores, etc.) ‖ (Amer) portefaix ‖ **cargador de muelle** docker.
◆ **cargadora** f pelleteuse ‖ AGRIC cargadora de remolachas chargeur de betteraves.

cargamento m MAR cargaison f, chargement.

cargamiento m INFORM téléchargement.

cargante adj FIG & FAM tannant, e; rasoir, casse-pieds.

cargar [16] v tr charger (una acémila, un barco, un horno, una pluma estilográfica, etc.); **cargar una maleta en los hombros** charger une valise sur ses épaules ‖ charger (un arma de fuego); **cargar con bala** charger à balle ‖ charger, recharger (una máquina de retratar) ‖ MAR carguer (las velas) ‖ FIG grever, charger; **cargar el país de impuestos** grever le pays d'impôts ‖ FIG & FAM ennuyer, embêter, barber, raser, faire suer, tanner (fatigar, molestar) ‖ coller, refiler; **me han cargado este trabajo** on m'a refilé ce travail ‖ MIL charger; **cargar al enemigo** charger l'ennemi ‖ FIG attribuer, imputer, mettre sur le dos; **le cargaron la culpa** on lui a attribué la faute ‖ couper (naipes) ‖ INFORM télécharger ■ COM **cargar algo en cuenta** porter quelque chose au débit, débiter quelque chose ‖ FAM **cargar la cuenta** saler la note (cobrar caro) ‖ **cargar la mano** forcer la dose ‖ **cargar las tintas** en rajouter, forcer la note.
◇ v intr s'abattre (el viento, la tempestad) ‖ FIG prendre, emporter; **cargó con el paquete** il a pris le paquet; **cargó con todo** il a tout emporté ‖ porter; **ha tenido que cargar con la maleta todo el tiempo** il a dû porter la valise tout le temps ‖ appuyer sur (estribar en) ‖ se charger de; **cargar con un asunto** se charger d'une affaire ‖ retomber; **todo el trabajo carga sobre mí** tout le travail retombe sur

moi ‖ GRAM tomber (el acento) ‖ (Amer) faire une mauvaise plaisanterie ■ **cargar con el santo y la limosna** tout prendre, tout rafler FAM ‖ **cargar con la responsabilidad de** se charger de, endosser o assumer la responsabilité de, prendre sur soi la responsabilité de ‖ **cargar con las consecuencias** subir les conséquences ‖ **cargar con uno** avoir quelqu'un sur les bras, se charger o s'embarrasser de quelqu'un ‖ FAM **siempre me toca cargar con el muerto** c'est toujours sur moi que tombe la corvée.
◆ **cargarse** v pr se charger (el cielo, el tiempo) ‖ se charger, s'embarrasser; **cargarse de equipajes** s'embarrasser de bagages ‖ FAM bousiller, esquinter; **me he cargado el motor del ventilador** j'ai bousillé le moteur du ventilateur ‖ se taper, se coltiner, s'envoyer; **me he cargado solo todo el trabajo** je me suis tapé le travail tout seul ‖ écoper; **cargarse una multa** écoper une amende ‖ descendre, avoir la peau de (matar) ‖ couler (derribar a uno) ■ **cargarse de lágrimas** se remplir de larmes ‖ **cargarse de paciencia** s'armer de patience.

cargazón f MAR chargement m, cargaison (cargamento) ‖ lourdeur (del estómago, de la cabeza) ‖ amoncellement m [de nuages bas] ‖ (Amer) belle récolte de fruits (de frutos).

cargo m charge f (peso) ‖ chargement (acción) ‖ FIG poste, charge f, place f; **desempeñar un cargo de profesor** occuper o avoir un poste de professeur ‖ accusation f, critique f, reproche; **graves cargos al gobierno** vives critiques lancées contre le gouvernement ‖ charge f; **tener alguien a su cargo** avoir quelqu'un à sa charge ‖ DR charge f; **testigo de cargo** témoin à charge ‖ COM débit ‖ MAR cargo ■ **cargo de acusación** chef d'accusation ‖ **cargo de almas** charge d'âmes ‖ **cargo de conciencia** cas de conscience ‖ **acumulador de cargos** cumulard FAM ■ **a cargo de** à la charge de; **correr a cargo de** être à la charge de [une dépense]; à condition que, à charge de; **te dejo eso a cargo de que me lo devuelvas** je te prête ça à condition que tu me le rendes o à charge pour toi de me le rendre ‖ **con cargo a** au compte de ‖ **correr a cargo de** être à la charge de ‖ **hacer cargo a uno de una cosa** reprocher quelque chose à quelqu'un, mettre quelque chose à la charge de quelqu'un ‖ **hacerse cargo de la situación** se rendre compte o prendre conscience de la situation ‖ **hacerse cargo de una persona** prendre quelqu'un en charge o à sa charge, se charger de quelqu'un ‖ **hacerse cargo de un negocio** se charger d'une affaire, prendre une affaire en charge o en main ‖ **tener a su cargo** avoir à sa charge, s'occuper de ‖ **tomar a su cargo** prendre à sa charge.

cargosear v tr (Amer) harceler, importuner.

cargoso, sa adj (Amer) agaçant, e.

carguero m (Amer) bête f de somme (acémila) ‖ cargo (barco).

cari adj (Amer) gris plombé.
◇ m cari (especia).

cariacontecido, da adj soucieux, euse; préoccupé, e.

cariado, da adj carié, e.

cariancho, cha adj au visage large.

cariar [8] v tr MED carier.
◆ **cariarse** v pr MED se carier.

cariátide f ARQ cariatide.

Caribdis n pr Charybde.

caribe adj & s caraïbe.

Caribe n pr m Caraïbe f.

caribú m ZOOL caribou.
‖ OBSERV pl caribús o caribúes.

caricato m fantaisiste (actor cómico).

caricatura f caricature.

caricaturar ▬ **caricaturizar**.

caricaturesco, ca adj caricatural, e.

caricaturista m caricaturiste.

caricaturizar [13]; **caricaturar** v tr caricaturer.

caricia f caresse.

caridad f [▷ SIN] charité (virtud) ‖ charité (limosna); **hacer caridad** faire la charité ‖ (Amer) repas des prisonniers ■ **la caridad bien entendida comienza por uno mismo** charité bien ordonnée commence par soi-même ‖ **¡por caridad!** de grâce! (por favor).
‖ SIN beneficencia bienfaisance; generosidad générosité; piedad piété; humanidad humanité; filantropía philanthropie; altruismo altruisme.

caries f carie.
‖ OBSERV pl caries.

carilampiño, ña adj imberbe.

carilargo, ga adj FAM qui a le visage allongé.

carilla f page [de papier à lettre].

carillón m MÚS carillon (campanas y sonido).

carimba f marque (hierro candente aplicado a los esclavos).

Carintia n pr f GEOGR Carinthie.

cariñena m vin de Cariñena [vin, très doux de la région de Saragosse].

cariño m affection f, tendresse; **le tiene mucho cariño** il a beaucoup d'affection pour elle ‖ amour (esmero); **hacer una cosa con cariño** faire quelque chose avec amour ‖ FIG caresse f (caricia) ‖ **¡cariño mío!** mon amour! ‖ **tomar cariño a** prendre en affection (a uno), s'attacher (a una cosa).
◆ **cariños** m pl sentiments affectueux (en una carta).

cariñoso, sa adj [▷ SIN] affectueux, euse; tendre (afectuoso) ‖ caressant, e (mimoso).
‖ SIN afectuoso affectueux; tierno tendre; mimoso câlin.

carioca adj & s carioca, de Rio de Janeiro.

cariocinesis f inv BIOL caryocinèse.

cariofiláceas f pl BOT caryophyllacées.

cariópside f BOT caryopse.

carisma m charisme.

carismático, ca adj charismatique.

Cáritas f œuvre caritative de l'Église catholique espagnole.

caritativo, va adj charitable.

carite m (Amer) poisson comestible du Venezuela.

cariz m aspect [de l'atmosphère] ‖ FIG & FAM tournure f, allure f; **esto va tomando mal cariz** ceci prend une mauvaise tournure o une mauvaise allure.
‖ OBSERV pl carices.

carlanca *f* collier *m* à pointes [pour les chiens].

carlancón, ona *adj* rusé, e; astucieux, euse.

carlina *f* BOT carline (especie de cardo).

carlinga *f* MAR & AVIAC carlingue.

carlismo *m* carlisme.

carlista *adj & s* carliste.

Carlomagno *n pr* Charlemagne.

Carlos *n pr* Charles.

carlota *f* charlotte (postre).

Carlota *n pr* Charlotte.

carmañola *f* carmagnole.

carmelita *adj & s* ECLES carmélite. ‖ (*Amer*) havane, marron clair (color).

◇ *m* carme (religioso); **carmelita descalzo** carme déchaussé o déchaux.

◇ *f* carmélite (religiosa) ‖ BOT fleur de la capucine (flor).

carmelitano, na *adj & s* ECLES carmélite.

Carmelo *n pr m* **el Carmelo** le Carmel.

carmen *m* ECLES carmel (orden) ‖ villa *f* [à Grenade].

Carmen *n pr* Carmen (nombre).

carmenador *m* démêloir (peine).

carmenadura *f* démêlage *m* (de la lana).

carmenar *v tr* démêler, peigner (la lana) ‖ FIG & FAM plumer, dévaliser (robar) ‖ tirer o arracher les cheveux o le poil (repelar).

carmesí *adj & s m* cramoisi, e.
‖ OBSERV pl carmesíes.

carmín *adj inv & s m* carmin (color) ‖ **carmín de los labios** rouge à lèvres.

carminativo, va *adj & s m* carminatif, ive.

carmíneo, a; carminoso, sa *adj* carminé, e.

carnada *f* appât *m* [de viande].

carnadura *f* chair (de una persona).

carnal *adj* charnel, elle (sensual) ‖germain, e (primo, hermano); **primo carnal** cousin germain ‖ au premier degré (tío, sobrino) ‖ FIG charnel, elle; matériel, elle.

carnaval *m* carnaval.

carnavalada *f* FAM mascarade.

carnavalesco, ca *adj* carnavalesque.

carnavalito *m* danse *f* d'origine inca, chant et musique accompagnant cette danse.

carnaza *f* (p us) derme *f* (dermis) ‖ FIG & FAM carne, bidoche (carne) ‖FAM chair ‖ (*Amer*) appât *m* (cebo) ‖ tête de Turc (cabeza de turco).

carne *f* ANAT chair (tejidos) ‖chair (cuerpo); **el Verbo se hizo carne** le Verbe s'est fait chair; **la carne es flaca** la chair est faible; **carne prieta, fofa** chair ferme, molle ‖ **viande** (comestible); **carne de vaca, de ternera** viande de bœuf, de veau; **carne poco hecha, ahumada** viande saignante, fumée ‖chair (de los frutos) ‖ (*Amer*) cœur *m* (de un tronco de árbol) ‖ FIG **carne de cañón** chair à canon ‖ **carne de gallina** chair de poule‖**carne de horca** gibier de potence ‖**carne de membrillo** pâte de coing ‖**carne de mi carne** chair de ma chair ‖**carne de pelo** gibier à poil ‖**carne de pluma** gibier à plume ‖**carne mollar** viande maigre ‖**carne picada** viande hachée (de vaca), chair à saucisse (de cerdo) ‖**carnes blancas** viande blanche ‖**carne sin hueso** viande désossée ‖**carne viva** chair vive ‖ **color carne** couleur chair ‖ **día de carne** jour gras ▪ **de** o **en carne y hueso** en chair et en os ‖ **en carne viva** à vif ‖ **en carnes, en vivas carnes** nu, e; tout nu, toute nue ▪ **cortar en carne viva** tailler dans le vif ‖**criar** o **echar carnes** engraisser, prendre de l'embonpoint, grossir ‖**echar** o **poner toda la carne en el asador** risquer le tout pour le tout, y mettre le paquet ‖ FIG **herir en carne viva** piquer au vif (ofender), tourner le couteau dans la plaie (insistir) ‖ **metido** o **metidito en carnes** o **entrado en carnes** bien en chair, rondelet, plantureux ‖ **no ser ni carne ni pescado** n'être ni chair ni poisson, n'être ni lard ni cochon ‖**poner toda la carne en el asador** risquer le tout pour le tout ‖**ser uno de carne y hueso** ne pas être un pur esprit ‖**ser uña y carne** être comme les deux doigts de la main ‖ **temblarle a uno las carnes** avoir la chair de poule.

carné ➤ carnet.

carneada *f* (*Amer*) action d'abattre et de dépecer une bête.

carnear *v tr* (*Amer*) abattre et dépecer les animaux de boucherie (matar y descuartizar) ‖escroquer, rouler (estafar), tromper (engañar) ‖tuer, zigouiller (matar).

carnecería *f* boucherie.

‖ OBSERV Ce mot est employé à tort en Castille et en Aragon à la place de **carnicería**.

cárneo, a *adj* carné, e.

carnerada *f* troupeau *m* de moutons.

carnerear *v tr* (*Amer*) évincer, éliminer.

carnero *m* mouton (rumiante) ‖ mouton (carne y piel) ‖ (*Amer*) lama (llama) ‖FIG mouton (sin voluntad) ▪ **carnero del Cabo** albatros hurleur, mouton du cap (ave) ‖**carnero de simiente** bélier ‖ **carnero llano** mouton ‖**carnero marino** phoque (foca) ‖ **carnero padre** o **morueco** bélier ‖ FIG **no hay tales carneros** c'est de la blague.

carnero *m* FAM (*Amer*) jaune, briseur de grève ‖ charnier (osario) ‖ FAM (*Amer*) **cantar para el carnero** passer l'arme à gauche (morir).

carneruno, na *adj* moutonnier, ère.

carnestolendas *f pl* carême-prenant *m sing* (durante el carnaval) ‖carnaval *m sing*.

carnet; carné *m* carnet (librito); **carnet de billetes** carnet de tickets ‖ agenda, carnet d'adresses ▪ **carnet de conductor** o **de conducir** permis de conduire ‖ **carnet de familia numerosa** carte *f* de famille nombreuse ‖carnet de identidad carte d'identité.

‖ OBSERV pl carnets.

carnicería *f* boucherie; **carnicería hipofágica** boucherie chevaline ‖ [▷ SIN] FIG boucherie, massacre *m*, carnage *m* (matanza) ‖ (*Amer*) abattoir *m* (matadero).

‖ SIN matanza massacre; degollina tuerie, boucherie; hecatombe hécatombe.

carnicero, ra *adj & s* carnassier, ère; **el lobo es carnicero** le loup est carnassier ‖ FAM carnassier, ère (que le gusta la carne) ‖ FIG & FAM sanguinaire.

◇ *m & f* boucher, ère (vendedor).

➡ **carnicero** *m* boucher.

cárnico, ca *adj* de la viande; **industrias cárnicas** industries de la viande.

carnicol *m* onglon, sabot (pezuña).

carnitas *f pl* (*Amer*) viande hachée et marinée servant à farcir les "tacos".

carnívoro, ra *adj & s* carnassier, ère; **el gato es un carnívoro** le chat est un carnassier ‖carnivore (que se alimenta con carne); **el hombre es carnívoro, pero no carnicero** l'homme est carnivore, mais pas carnassier.

carniza *f* FAM issues *pl* (desperdicios de carnicería) ‖ charogne (carne muerta).

carnosidad *f* MED excroissance (excrecencia) ‖embonpoint *m* (gordura).

carnoso, sa *adj* charnu, e ‖ gras, grasse; **planta carnosa** plante grasse ‖ **parte carnosa del brazo, de la pierna** le gras du bras, de la jambe.

caro, ra *adj* cher, ère; **hotel caro** hôtel cher; **caro amigo** cher ami.

➡ **caro** *adv* cher; **pagar caro** payer cher ▪ **lo barato sale caro** le bon marché revient toujours cher ‖ **salir caro** revenir cher ‖ **vender cara su vida** vendre chèrement sa vie.

‖ OBSERV Dans son emploi adverbial, l'adjectif caro admet l'accord avec le sujet. L'accord est obligatoire avec les verbes resultar, quedar, permanecer, seguir; me resultó cara esta casa cette maison m'est revenue cher.

caroca *f* décor *m* en planches et en toile que l'on dresse lors de la Fête-Dieu en Espagne.

carocha *f* couvain *m* (de insectos).

Carolina *n pr* Caroline.

carolingio, gia; carolino, na *adj & s* carolingien, enne (de Carlomagno).

carón, ona *adj* (*Amer*) joufflu, e.

Carón; Caronte *n pr* MITOL Charon, Caron.

carona *f* pièce de cuir ou de toile que l'on place sous la selle (de la silla de montar) ‖ bât *m* (albarda) ‖dos *m*, échine (lomo del caballo).

Caronte ➤ Carón.

carota *m & f* FAM culotté, e (caradura).

caroteno *m* carotène.

carótida *f* ANAT carotide.

carozo *m* rafle *f* (de la mazorca de maíz) ‖ noyau (de la aceituna, durazno, etc.).

carpa *f* carpe (pez) ‖ AGRIC grappillon *m* (racimillo) ‖ tente (tienda de campaña) ‖ chapiteau *m* (del circo) ▪ DEP salto de la carpa saut de carpe ‖ salto en carpa saut carpé.

carpaccio *m* carpaccio.

carpanel *adj* GEOM & ARQ en anse de panier.

carpanta *f* FAM fringale, faim de loup (hambre) ‖ (*Amer*) bande de malfaiteurs.

Cárpatos *n pr m pl* GEOGR los Cárpatos les Carpates.

carpe *m* BOT charme (árbol).

carpelo *m* BOT carpelle *f* (del pistilo).

carpeta *f* sous-main *m* (para escribir) ‖ chemise, dossier *m* (para documentos) ‖ tapis *m* de table (sobre la mesa).

carpetazo
➡ **dar carpetazo** *loc* FIG classer, enterrer; dar carpetazo a un asunto classer une affaire.

carpetovetónico, ca *adj* typiquement espagnol, e [au sens chauvin du terme].

carpiano, na *adj* ANAT carpien, enne.

carpidor *m*; **carpidora** *f* (*Amer*) sarcloir.

carpincho *m* ZOOL cabiai (capibara).

carpintería *f* charpenterie ‖ menuiserie (oficio y taller) ▪ carpintería metálica charpentes métalliques ‖ trabajo de carpintería menuiserie.

carpintero *m* charpentier (en obras gruesas) ‖ menuisier (carpintero de blanco) ▪ carpintero de armar charpentier ‖ carpintero de carretas o de prieto charron ‖ carpintero de ribera charpentier de bateaux ▪ ZOOL pájaro carpintero pic ‖ San José Carpintero saint Joseph charpentier.

carpir *v tr* (*Amer*) sarcler.

carpo *m* ANAT carpe.

carpología *f* carpologie (estudio de las frutas).

carquis *adj* (*Amer*) petit-maître.

carraca *f* MAR caraque (navío) ‖ (ant) chantier *m* naval (astillero) ‖ FIG vieux rafiot *m* (barco viejo) ‖ MECÁN cliquet *m* ‖ MÚS crécelle (instrumento) ‖ (*Amer*) mâchoire (quijada).

carraco, ca *adj* FAM patraque.

Carracuca *n pr* estar más perdido que Carracuca être complètement perdu ‖ ser más feo que Carracuca être laid comme un pou.

carrada *f* charretée (carretada) ‖ FAM flopée, tapée (montón) ‖ ganar dinero a carradas gagner de l'argent à la pelle.

carral *m* tonneau pour le transport des vins.

carraleja *f* ZOOL méloé *m*.

carraón *m* engrain (trigo).

carrara *m* carrare.

Carrara *n pr* GEOGR Carrare.

carrasca *f* BOT yeuse, chêne *m* [de petite taille].
▮ OBSERV [➡ encina].

carrascal *m* bois d'yeuses ‖ (*Amer*) terrain pierreux (pedregal).

carraspear *v intr* se racler la gorge ‖ grailler (p us), parler d'une voix enrouée (hablar con voz ronca).

carraspeo *m*; **carraspera** *f* enrouement *m*, graillement *m* (p us) ‖ tener carraspera être enroué, avoir un chat dans la gorge.

carraspique *m* ibéride *f*, thlaspis (planta).

carrasposo, sa *adj* très enroué, e (ronco) ‖ (*Amer*) rugueux, euse (áspero).

carrasqueño, ña *adj* FIG dur, e; âpre.

carrera *f* DEP course; carrera ciclista, de fondo, de vallas o de obstáculos, de caballos course cycliste, de fond, de haies, de chevaux ‖ cours *m* (de los astros) ‖ cours *m* (calle) ‖ trajet *m*, parcours *m* (trayecto) ‖ course (recorrido); la carrera del émbolo la course du piston ‖ course (d'un taxi) ‖ FIG rangée (fila); carrera de árboles rangée d'arbres ‖ échelle (rotura en la media) ‖ carrière; carrera diplomática carrière diplomatique ‖ profession; carrera liberal profession libérale ‖ études *pl*; exámenes de fin de carrera examen de fin d'études; hacer la carrera de derecho faire des études de droit; ¿qué carrera hace usted? quelles études faites-vous? ‖ FIG carrière, chemin *m*; hacer carrera faire carrière, faire son chemin ‖ vie; una carrera bien aprovechada une vie bien remplie ‖ ARQ lambourde ▪ carrera a campo traviesa o a campo través cross-country ‖ FIG carrera de armamentos course aux armements ‖ carrera de persecución poursuite ‖ carrera de sacos course en sac ▪ a carrera abierta à toutes jambes, à bride abattue (rápidamente), à la légère (sin reflexión) ‖ de carrera avec aisance, haut la main ‖ cubrir la carrera faire la haie (a una comitiva) ‖ dar carrera a uno payer ses études à quelqu'un ‖ FAM hacer la carrera faire le trottoir ‖ media que ha hecho carrera bas qui a filé ‖ FAM no poder hacer carrera con o de uno ne pouvoir rien obtenir de quelqu'un, ne pouvoir venir à bout de quelqu'un (no poder con), ne savoir que faire de quelqu'un ‖ tomar carrera prendre de l'élan.

carrerilla *f* MÚS trait *m* ‖ pas *m* redoublé (paso) ‖ échelle (en una media) ▪ de carrerilla d'un trait (de corrido), par cœur (de memoria), sur le bout du doigt (saber) ‖ coger una carrerilla en una media remmailler un bas ‖ tener una carrerilla en una media avoir une échelle à un bas, avoir un bas filé ‖ tomar carrerilla prendre de l'élan.

carrerista *m* turfiste (aficionado) ‖ coureur (ciclista, a pie).
◇ *f* FAM racoleuse (ramera).

carreta *f* charrette ‖ tombereau *m* (para los condenados a muerte) ▪ andar como una carreta marcher comme une tortue ‖ FAM tren carreta tortillard, charrette.

carretada *f* charretée, tombereau *m* (carga de una carreta) ‖ flopée, tas *m* (gran cantidad) ‖ FAM a carretadas à foison, à la pelle.

carrete *m* bobine *f*; carrete de hilo, de inducción bobine de fil, à induction ‖ FOT rouleau (de película) ‖ bobine (en la máquina de fotografías) ‖ moulinet (de caña de pescar); carrete de tambor fijo moulinet à tambour fixe ▪ dar carrete rendre la main, donner du fil (pesca) ‖ FIG dar carrete a uno raconter des histoires à quelqu'un.

carretear *v tr* charroyer, charrier.

carretel *m* moulinet (de caña de pescar) ‖ MAR touret (de la corredera) ‖ (*Amer*) bobine *f* (carrete).

carretela *f* calèche (coche).

carretera *f* route; carretera nacional route nationale ▪ carretera de empalme o de enlace bretelle de raccordement ‖ carretera general grande route, route à grande circulation ‖ carretera secundaria o comarcal route départementale ▪ albergue de carretera relais routier ‖ estrechamiento de carretera chaussée rétrécie ‖ mapa de carreteras carte routière ‖ red de carreteras réseau routier.

carretería *f* charronnage *m*, charronnerie (oficio) ‖ atelier *m* de charron (taller).

carretero *adj m* carrossable; camino carretero chemin carrossable.
◇ *m* charron (constructor) ‖ charretier (conductor); blasfemar como un carretero jurer comme un charretier ‖ FAM fumar como un carretero fumer comme un pompier.

carretilla *f* brouette ‖ chariot *m* (para los niños) ‖ serpenteau *m* (cohete) ‖ (*Amer*) mâchoire (quijada) ‖ chariot *m* tiré par trois mules (carro) ▪ carretilla de almacén diable ‖ carretilla eléctrica chariot électrique ‖ carretilla elevadora chariot élévateur ‖ de carretilla d'un trait (de corrido), par cœur (de memoria) ‖ saber de carretilla savoir sur le bout des doigts, savoir par cœur.

carretillada *f* brouettée.

carretón *m* charrette *f* (carro) ‖ voiture *f* à bras (tirado a mano) ‖ voiturette *f* de rémouleur (del afilador) ‖ chariot (para enseñar a andar a los niños) ‖ bogie, boggie (ferrocarril) ‖ (*Amer*) bobine *f* (de hilo).

carricoche *m* FAM carriole *f*, guimbarde *f* (coche malo).

carricuba *f* arroseuse hippomobile.

carriego *m* nasse *f* (buitrón).

carril *m* ornière *f* (huella) ‖ sillon (surco) ‖ chemin muletier (camino) ‖ rail (de vía férrea) ‖ voie *f* (de autopista, de autobuses); carril de aceleración voie d'accélération ‖ (*Amer*) chemin de fer (ferrocarril), train (tren).

carrilano; carrilero *m* (*Amer*) cheminot.

carrilera *f* chemin *m* muletier.

carrilero ➡ carrilano.

carrillada *f* bajoue (de cerdo).

carrillera *f* mâchoire (quijada) ‖ jugulaire, mentonnière (barboquejo).

carrillo *m* joue *f* (parte de la cara) ‖ table *f* roulante (mesa para servir) ‖ poulie *f* (garrucha) ‖ triporteur (carro) ▪ comer a dos carrillos manger comme un goinfre o comme quatre.

carrilludo, da *adj* joufflu, e.

carrito *m* table *f* roulante (para servir la mesa) ‖ poussette *f* (para la compra) ‖ sabot (en bacarrá).

carrizal *m* lieu où abondent les roseaux.

carrizo *m* BOT roseau à balais, laîche *f*.

carro *m* chariot (de cuatro ruedas) ‖ voiture *f* (vehículo en general) ‖ voiture *f*, charretée *f* (carga del carro) ‖ morpion (juego) ‖ IMPR train (de la prensa) ‖ MECÁN chariot (de una máquina de escribir, de un torno) ‖ MIL char (tanque); carro de asalto char d'assaut; carro de combate char de combat ‖ (*Amer*) automobile *f*, voiture _f_ (coche)|tramway|wagon ■ **carro cuba** arroseuse hippomobile | **carro de bancada** traînard (del torno) | **carro fuerte** binard (de cantero) | **ASTRON Carro Mayor** o de **David** Grand Chariot (Osa Mayor) | **Carro Menor** Petit Chariot (Osa Menor) | **carro transbordador** chariot (ferrocarril) ■ **FIG empujar el carro** pousser à la roue|le cogió el carro il lui est arrivé une histoire|**parar el carro** se calmer (calmarse), rabattre le caquet, clouer le bec (contestando), mettre le holà (actuando) | **tirar del carro** tirer la charrue, avoir tout le travail|**tragar carros y carretas** en voir des vertes et des pas mûres o de toutes les couleurs|**untar el carro** graisser la patte.

carrocería _f_ carrosserie | **poner la carrocería a un bastidor** carrosser un châssis.

carrocero _m_ carrossier.

carrocha _f_ couvain _m_ (de insectos).

carrochar _v intr_ pondre (los insectos).

carromatero _m_ conducteur de chariot, charretier.

carromato _m_ chariot couvert (carro) | roulotte _f_ (de gente de circo).

carronada _f_ MIL caronade (cañón).

carroño, ña _adj_ pourri, e (podrido).
➤ **carroña** _f_ charogne.

carroñoso, sa _adj_ qui sent la charogne.

carroza _f_ carrosse _m_ (vehículo) | char _m_ (para carnaval) | MAR carrosse _m_ | **carroza fúnebre** corbillard, char funèbre.
◇ _adj_ & _s_ FAM vieux jeu, ringard, e (persona).

carrozar _v tr_ carrosser.

carruaje _m_ voiture _f_ (vehículo) | convoi (conjunto de coches).

carrusel _m_ carrousel (ejercicio hípico) | manège (tiovivo).

carta _f_ [▷ SIN] lettre (misiva); **carta abierta, certificada** lettre ouverte, recommandée; **echar una carta** poster une lettre; **echar una carta al buzón** mettre une lettre à la boîte | carte (naipe); **baraja de cartas** jeu de cartes | carte (lista de platos en un restaurante); **comer a la carta** manger à la carte | **carta del Atlántico** charte de l'Atlantique; **Carta Magna** Grande Charte; **Carta Social Europea** Charte sociale européenne | MAR carte (mapa); **carta de marear** carte marine ■ **carta blanca** carte blanche | **carta con o de valores declarados** lettre chargée, pli chargé | **carta credencial** o **de creencia** lettre de créance | **carta de agradecimiento** lettre de remerciement (para dar las gracias) | **carta de ajuste** mire, grille (televisión) | **carta de amparo** o **de seguro o de encomienda** sauf-conduit | **carta de aviso** lettre d'avis | COM **carta de crédito** lettre de crédit | **carta de despido** lettre de remerciement (para despedir a uno) | **carta de dote** contrat de mariage précisant la valeur de la dot | **carta de fletamento** contrat d'affrètement | MAR **carta de marca** lettre de marque | **carta de naturaleza** lettre de naturalisation | **carta de origen** pedigree | COM **carta de pago** quittance, reçu | **carta de pésame** lettre de condoléances | **carta de porte** lettre de voiture | **carta de presentación** lettre d'introduction | **carta de vecindad** certificat de résidence | **carta ejecutoria** o **de hidalguía** lettres de noblesse | **carta factura** lettre

bordereau | **carta falsa** fausse carte (juegos) | **carta partida** charte-partie | **carta pastoral** lettre pastorale | **cartas de los lectores al director** o **a la dirección** courrier des lecteurs | **papel de cartas** papier à lettres ■ **a carta cabal** parfaitement, foncièrement, cent pour cent; **un hombre honrado a carta cabal** un homme foncièrement honnête; parfait, cent pour cent; **un caballero a carta cabal** un parfait gentleman, un gentleman cent pour cent | **a cartas vistas** cartes sur table (sin disimulo); **jugar a cartas vistas** jouer cartes sur table ■ **echar las cartas** tirer les cartes | **jugarse la última carta** jouer sa dernière carte | **jugárselo todo a una carta** jouer le tout pour le tout | **mostrar las cartas** abattre son jeu o ses cartes | **no saber a qué carta quedarse** ne savoir à quoi s'en tenir, ne savoir sur quel pied danser | **poner las cartas sobre la mesa** o **boca arriba** jouer cartes sur table | **tener carta de ciudadanía** avoir droit de cité | **tomar cartas en un asunto** intervenir dans une affaire.

| **SIN** epístola épître; misiva missive; mensaje message; esquela, billete billet, mot.

cartabón _m_ équerre _f_ (de dibujante, de agrimensor) | pied à coulisse (de zapatero) | (Amer) toise _f_ (talla).

Cartagena _n pr_ GEOGR Carthagène.

cartagenero, ra _adj_ & _s_ de Carthagène.

cartaginense; cartaginés, esa _adj_ & _s_ carthaginois, e.

Cartago _n pr_ GEOGR Carthage.

cártama _f_; **cártamo** _m_ BOT carthame _m_.

cartapacio _m_ cartable, serviette _f_ (para libros) | carton (para dibujos) | carnet de notes (cuaderno) | dossier (de documentos).

cartear _v intr_ jouer les fausses cartes pour reconnaître le jeu.
➤ **cartearse** _v pr_ correspondre, entretenir une correspondance, être en correspondance.

cartel _m_ [▷ SIN] affiche _f_ (anuncio) | alphabet mural (alfabeto) | (ant) cartel (de desafío) | cartel (cártel) | BLAS cartel ■ **colgar el cartel de "no hay localidades"** afficher complet, jouer à bureaux fermés | **obra que continúa** o **se mantiene en cartel** pièce qui tient l'affiche | **pegar** o **fijar carteles** afficher | **se prohíbe** o **prohibido fijar carteles** défense d'afficher | FIG **tener buen** o **mucho cartel** avoir bonne presse, être très coté.

| **SIN** anuncio annonce; pasquín affiche.

cártel _m_ cartel; **el cártel de las izquierdas** le cartel des gauches; **cártel industrial** cartel industriel.

| **OBSERV** pl cárteles.

cartela _f_ tablette (para notas) | console (ménsula) | gousset _m_ (para ensamblar) | BLAS billette.

cartelera _f_ porte-affiche _m inv_ (para carteles) | rubrique des spectacles (en un periódico) | **llevar mucho tiempo en cartelera** tenir longtemps l'affiche.

cartelero, ra _adj_ **ser cartelero** faire fureur.

cartelista _m_ & _f_ affichiste.
◇ _adj_ & _s_ cartelliste (del cártel).

cartelón _m_ grande affiche _f_.

carteo _m_ échange de correspondance.

cárter _m_ TECN carter.
| **OBSERV** pl cárters.

cartera _f_ portefeuille _m_ (de bolsillo) | cartable _m_ (de colegiales), serviette (de mano), porte-documents _m inv_ (portadocumentos) | sacoche (de cobrador) | (Amer) sac _m_ à main (bolso de señora) | COM portefeuille _m_ (efectos comerciales); **cartera de valores** portefeuille de valeurs | carton _m_ (para dibujos) | rabat _m_, patte, revers _m_ (de un bolsillo) | pochette (bolsillo) | FIG portefeuille _m_; **ministro sin cartera** ministre sans portefeuille ■ **cartera de papeles de comercio** portefeuille d'effets de commerce | **cartera de pedidos** carnet de commandes ■ **echar mano a la cartera** sortir son portefeuille (para pagar) | **tener en cartera un asunto** avoir une affaire dans ses dossiers.

cartería _f_ emploi _m_ de facteur | bureau _m_ de poste.

carterilla _f_ rabat _m_, patte, revers _m_ (de un bolsillo) | pochette; **una carterilla de cerillas** une pochette d'allumettes.

carterista _m_ voleur à la tire, pickpocket.

cartero _m_ facteur, préposé des postes (repartidor de correos).

cartesianismo _m_ cartésianisme.

cartesiano, na _adj_ & _s_ cartésien, enne.

cartilagíneo, a; cartilaginoso, sa _adj_ ANAT cartilagineux, euse; **tejido cartilaginoso** tissu cartilagineux.

cartílago _m_ ANAT cartilage.

cartilla _f_ abécédaire _m_, alphabet _m_, ABC _m_ (libro) | memento _m_, précis _m_ (compendio) | livret _m_; **cartilla de ahorros, militar** livret de caisse d'épargne, militaire | ordo _m_ (añalejo) ■ **cartilla de familia numerosa** carte de famille nombreuse | **cartilla de parado** carte de chômeur [Espagne] | **cartilla de racionamiento** carte de rationnement ■ FIG & FAM **cantar** o **leerle a uno la cartilla** faire la leçon à quelqu'un | **no saber la cartilla** être parfaitement ignare.

LA CARTILLA DE RACIONAMIENTO
Après la guerre civile d'Espagne et jusqu'en 1952, l'État a procédé au rationnement de certains aliments, comme le pain, le sucre, les oeufs, les légumes secs, les pommes de terre, le chocolat, etc. Pour pouvoir acquérir ces produits de première nécessité, les familles devaient utiliser la « cartilla de racionamiento », sur laquelle était indiquée la quantité de nourriture achetée. Au début, les cartes étaient valables pour une famille. Plus tard, elles devinrent individuelles.

cartivana _f_ onglet _m_ (encuadernación).

cartografía _f_ cartographie.

cartografiar [9] _v tr_ cartographier.

cartográfico, ca _adj_ cartographique.

cartógrafo _m_ cartographe.

cartomancia; cartomancía _f_ cartomancie.

cartomántico, ca _m_ & _f_ cartomancien, enne.

cartón _m_ carton; **caja de cartón** boîte en carton | ARTES carton | cartouche _f_ (de cigarrillos) ■ **cartón embreado** carton bitumé | **cartón ondulado** carton ondulé | **cartón piedra** carton-pierre, carton-pâte.

cartonaje _m_ cartonnage.

cartoné

➤ **en cartoné** *loc adv* cartonné, e; un libro en cartoné un livre cartonné.

cartonero, ra *adj* & *s* cartonnier, ère.

cartuchera *f* MIL cartouchière.

cartuchería *f* cartoucherie.

cartucho *m* MIL cartouche *f*; cartucho de fogueo, de salvas cartouche à blanc│gargousse *f* (saquete de pólvora) ‖ sac (de papel grueso), cornet (cucurucho) ‖ rouleau (de moneda) ‖ FIG quemar el último cartucho brûler sa dernière cartouche.

cartuja *f* chartreuse.

cartujano, na *adj* & *s* chartreux, euse │ caballo cartujano cheval andalou.

cartujo *adj m* & *s m* chartreux ‖ FIG & FAM vivir como un cartujo vivre en ermite.

cartulario *m* cartulaire.

cartulina *f* bristol *m*.

carúncula *f* ANAT caroncule; carúncula lagrimal caroncule lacrymale.

carvallar; carvalledo *m* (p us) rouvraie *f*.

carvallo *m* BOT rouvre (roble).

carvi *m* BOT carvi, cumin des prés (alcaravea).

casa *f* [▷ SIN] maison; casa amueblada maison meublée o garnie ‖ immeuble *m*, maison (edificio); una casa de ocho plantas un immeuble de huit étages ‖ maison (familia); la casa de los Borbones la maison des Bourbons ‖ maison, maisonnée (habitantes) ‖ maison, ménage *m*; llevar bien la casa bien diriger sa maison, bien conduire son ménage; poner casa monter son ménage ‖ maison (establecimiento comercial); casa editorial maison d'édition ‖ case (división); el tablero de ajedrez tiene 64 casas l'échiquier a 64 cases ‖ quartier *m* (del billar) ■ casa adosada maison mitoyenne ‖ ASTROL casa celeste maison du ciel ‖ casa central o matriz maison mère ‖ casa comercial maison de commerce ‖ casa consistorial hôtel de ville ‖ casa cuna crèche ‖ casa de banca banque ‖ casa de baños établissement de bains ‖ casa de beneficencia maison de bienfaisance, hospice, asile ‖ casa de cambio bureau de change ‖ casa de campo maison de campagne ‖ casa de citas maison de passe ‖ casa de comidas restaurant ‖ casa de contratación de las Indias chambre de commerce créée par les Rois Catholiques à Séville ‖ casa de corrección maison de redressement o de correction ‖ casa de correos poste ‖ casa de Dios maison de Dieu o du Seigneur ‖ casa de empeños o de préstamos maison de prêt sur gages ‖ casa de expósitos hospice des enfants trouvés ‖ casa de fieras ménagerie ‖ casa de huéspedes pension de famille ‖ casa de labor o de labranza métairie ‖ casa del cura cure, presbytère ‖ casa de locos o de orates asile o maison de fous ‖ casa de maternidad maternité, maison d'accouchement ‖ casa de moneda o de la Moneda hôtel de la Monnaie o des monnaies ‖ casa de recreo maison de plaisance ‖ casa de salud maison de santé ‖ casa de socorro clinique d'urgence, poste de secours ‖ casa de tolerancia o de trato maison de tolérance o close ‖ casa de vecindad o de vecinos o de alquiler immeuble o maison de rapport ‖ casa mortuoria maison mortuaire ‖ casa paterna

maison paternelle ‖ casa remolque roulotte, caravane ‖ casa solariega manoir, gentilhommière ‖ casa unifamiliar maison individuelle ‖ amigo de casa ami de la maison o de la famille ‖ FAM la casa de Tócame Roque la cour du roi Pétaud, une pétaudière ‖ la casa de un rey o de un príncipe la maison du roi o du souverain [domesticité] ‖ la casa y comida le vivre et le couvert ‖ una mujer de su casa une femme d'intérieur ■ a casa de chez; irse a casa del vecino aller chez le voisin [▷ OBSERV] ‖ de casa en casa de porte en porte ‖ en casa à la maison, chez moi, toi, lui, etc. [▷ OBSERV] ■ alojarse en una casa particular loger chez l'habitant ‖ aquí está usted en su casa faites comme chez vous, vous êtes ici chez vous ‖ aquí tiene usted su casa vous êtes ici chez vous ‖ cada uno en su casa y Dios en la de todos chacun pour soi et Dieu pour tous ‖ cada uno es rey en su casa chacun est maître chez soi ‖ FIG de andar o de ir por casa insignifiant ‖ echar o tirar la casa por la ventana jeter l'argent par les fenêtres (despilfarrar), mettre les petits plats dans les grands (esmerarse) ‖ empezar la casa por el tejado mettre la charrue avant les bœufs ‖ en casa del herrero cuchillo de palo les cordonniers sont toujours les plus mal chaussés ‖ entrar como Pedro por su casa entrer comme dans un moulin ‖ estar de casa être en négligé ‖ estrenar una casa essuyer les plâtres ‖ hacer la casa faire le ménage ‖ inaugurar la casa pendre la crémaillère ‖ levantar casa déménager ‖ no parar en la casa ne jamais être chez soi, être toujours sorti o dehors ‖ no salir de casa garder la maison, ne pas sortir ‖ no tener casa ni hogar n'avoir ni feu ni lieu ‖ pasar por casa de alguien passer chez quelqu'un ‖ poner casa s'installer

➤ **Casa** *f* Casa de América maison d'Amérique, à Madrid.

┌─────────────────────────────────────
│ OBSERV Casa, con la preposición a, en o de antepuesta, se traduce por el francés chez: voy a casa del médico je vais chez le médecin. Cuando no figura el posesivo, hay que indicar los pronombres personales correspondientes en francés: estoy en casa je suis chez moi; se fue a casa il est rentré chez lui. SIN hotel hôtel; edificio bâtiment; rascacielos gratte-ciel; inmueble immeuble.
└─────────────────────────────────────

Casablanca *n pr* GEOGR Casablanca.

casaca *f* casaque (vestido) ‖ FAM mariage *m* ‖ volver casaca o la casaca tourner casaque, retourner sa veste, changer son fusil d'épaule.

casación *f* DR cassation.

casadero, ra *adj* en âge d'être marié, e; à marier; bon, bonne à marier; mariable; una muchacha casadera une fille à marier o bonne à marier.

casado, da *adj* & *s* marié, e; los recién casados les jeunes o les nouveaux mariés ■ casado casa quiere chacun chez soi ‖ FIG casado con joint à ‖ casado y arrepentido mari et marri.

casamata *f* MIL casemate.

casamentero, ra *adj* & *s* marieur, euse.

casamiento *m* mariage; hacer un casamiento ventajoso faire un mariage d'argent ‖ casamiento desigual mésalliance.

Casandra *n pr* MITOL Cassandre.

casanova *m* don Juan.

casapuerta *f* vestibule *m* (zaguán).

casaquilla *f* casaquin *m*.

casar *v tr* marier (unir en matrimonio) ‖ DR casser (anular) ‖ FIG marier, assortir (combinar); casar los colores marier les couleurs ‖ raccorder (tejidos).

◇ *v intr* & *pr* se marier; casarse por la Iglesia se marier devant l'Église ‖ FIG s'accorder, se marier; colores que casan bien couleurs qui s'accordent bien ■ casarse en segundas nupcias convoler en secondes noces ‖ casarse por detrás de la iglesia se marier de la main gauche ‖ casarse por interés faire un mariage d'argent ‖ casarse por lo civil se marier à la mairie ‖ casarse por poderes se marier par procuration ‖ ¡cásate y verás! qui vivra verra! ■ antes que te cases mira lo que haces il faut réfléchir avant d'agir, il faut tourner sept fois la langue dans sa bouche avant de parler ‖ no casarse con nadie avoir des idées très arrêtées, n'épouser les idées de personne.

casatienda *f* boutique avec logement.

casca *f* marc *m* de raisin ‖ peau (de la uva) ‖ tan *m* (para curtir).

cascabel *m* grelot (campanilla) ‖ MIL bouton de culasse (de un cañón) ■ FIG & FAM de cascabel gordo ronflant, e ‖ serpiente de cascabel serpent à sonnettes, crotale ■ poner el cascabel al gato attacher le grelot ‖ ser un cascabel être étourdi o une tête en l'air.

cascabelear *v tr* FIG & FAM bercer de vaines promesses, leurrer.

◇ *v intr* FIG & FAM agir à la légère ‖ faire un bruit de grelot, tintinnabuler (hacer ruido como de cascabeles) ‖ (*Amer*) bougonner (refunfuñar).

cascabeleo *m* bruit de grelots.

cascabelero, ra *adj* FAM tête en l'air, écervelé, e ‖ de grelot (ruido).

➤ **cascabelero** *m* hochet (sonajero).

cascabelillo *m* petit grelot (cascabel) ‖ prune *f* d'Agen (ciruela).

cascabillo *m* petit grelot (cascabel) ‖ BOT balle *f* (de los cereales) ‖ cupule *f* (de la bellota).

cascaciruelas *m* & *f* FIG & FAM propre à rien.

cascada *f* cascade.

■ SIN catarata cataracte; salto chute.

cascado, da *adj* cassé, e; un anciano muy cascado un vieillard tout cassé ‖ cassé, e; éraillé, e; tener la voz cascada avoir la voix cassée ‖ vétuste (una cosa) ‖ cassé, e; fêlé, e.

cascadura *f* casse, fêlure.

cascajal; cascajar *m* endroit caillouteux.

cascajo *m* gravier (guijarrillo), caillou (guijo) ‖ gravats *pl*, gravois *pl* (escombros) ‖ fruit à coquille (fruto) ‖ FIG & FAM croulant (viejo) ‖ tacot (coche) ‖ rebut, vieillerie *f* (trastos viejos) ‖ ferraille *f* (moneda) ‖ FAM estar hecho un cascajo être tout décrépit.

cascamiento *m* casse *f*, cassage.

cascanueces *m inv* casse-noix, casse-noisettes ‖ ZOOL casse-noix (pájaro).

cascapiñones *m inv* casse-noisettes (utensilio).

cascar [10] *v tr* fêler (una vasija, un huevo) ‖ casser; cascar una nuez casser une noix ‖ casser (la voz) ‖ FAM cogner (pegar, golpear) briser, épuiser (debilitar) ▮FAM casquer (pagar) ▮ coller, flanquer; **cascar una paliza** flanquer une volée ▮ casser; **cascar la boca** casser la gueule ▮ claquer; **hoy casqué mil pesetas en el juego** j'ai claqué aujourd'hui mille pesetas au jeu.

◇ v intr FAM bavarder, pérorer (charlar) ▮MFAM casser sa pipe, mourir.

cáscara f coquille (del huevo) ▮ coque, écalure (de los frutos secos) ▮ écorce (de los troncos) ▮ peau (de las frutas) ▮ croûte (del queso) ▮ zeste m (de la naranja o limón) ▮FAM **ser de la cáscara amarga** être à la pédale.

→ **¡cáscaras!** interj zut!

▮ OBSERV La palabra francesa **coquille** puede aplicarse también a los frutos secos (**coquille de noix** cáscara de nuez) y la palabra **coque** a los huevos.

cascarilla f cascarille (corteza) ▮ coquille de bouton (de botón) ▮ coque du cacao (del cacao) ▮ paillon m, clinquant m (de metal) ▮FAM **jugar de cascarilla** compter pour du beurre.

cascarillo m cascarille f (árbol).

cascarón m coquille f (de huevo) ▮ écorce f épaisse (cáscara) ▮ARQ coquille f, voûte f en quart de sphère ▮ **cascarón de nuez** coquille de noix (barco) ▮FIG & FAM **aún no ha salido del cascarón** il n'est pas encore sorti de l'œuf o de sa coquille, il tète encore sa mère ▮ **meterse en su cascarón** rentrer dans sa coquille.

cascarrabias m & f FAM grincheux, euse; ronchonneur, euse (gruñón) ▮ soupe m au lait (irritable).

cascarrón, ona adj FAM rude, âpre.

casco m casque (de soldado, bombero, aviador) ▮ coiffe f (del sombrero) ▮ casque, serre-tête (de auricular) ▮ crâne (cráneo) ▮ tesson (de botella), éclat (de vidrio, de metralla, de obús) ▮BOT tunique f (de las cebollas) ▮ quartier (de naranja) ▮ fût (tonel) ▮ bouteille f, verre (botella); **casco pagado** bouteille consignée ▮ périmètre urbain, enceinte f (de población) ▮BLAS casque ▮MAR coque f (del barco) ▮ZOOL sabot, corne f (de las caballerías) ▮ (Amer) centre, ensemble des bâtiments et des terrains contigus d'une ferme (de una estancia) ▮ **casco antiguo** centre historique, vieille ville ▮ **casco comercial** quartier commerçant, centre d'affaires ▮ (Amer) **casco de mula** sorte de tortue (tortuga).

→ **cascos** m pl tête f sing de veau o de mouton [sans cervelle ni langue] (cabeza de res) ▮FIG & FAM **alegre o ligero de cascos** écervelé, cervelle d'oiseau, sans cervelle ▮ **de cascos lucios** sans cervelle, écervelé ▮FIG & FAM **estar mal del casco** avoir le crâne un peu fêlé ▮ **levantar de cascos** leurrer, bercer de vaines promesses ▮ **romper los cascos** casser la tête ▮ **romperse o calentarse los cascos** se casser la tête, se creuser la tête o la cervelle ▮ **sentar los cascos** se mettre du plomb dans la tête, se poser.

cascote m sing (Amer) gravats pl, plâtras, décombres pl, gravois pl (p us).

cascotear v tr (Amer) jeter des pierres.

caseificación f QUÍM caséification.

caseína f QUÍM caséine.

caseoso, sa adj QUÍM caséeux, euse.

casería f maison f de campagne.

caserío m hameau (pueblecito) ▮ ferme f (cortijo) ▮ maison f de campagne (casería).

caserna f bunker m, casemate.

casero, ra adj domestique (animal) ▮ de ménage, maison (pan, dulce, etc.); **tarta casera** tarte maison ▮ de famille, familial, e (fiesta, reunión) ▮ du foyer (paz, tranquilidad) ▮ d'intérieur; **traje casero** robe d'intérieur ▮ casanier, ère ▮ **cocina casera** cuisine familiale ▮ **remedio casero** remède de bonne femme.

◇ m & f propriétaire (de casa alquilada) ▮ gérant, e d'une maison de rapport (gerente) ▮ intendant, e (administrador de una finca rústica).

caserón m grande bâtisse f.

caseta f maisonnette (casita) ▮ baraque (barraca) ▮DEP vestiaire m (vestiario) ▮ cabine de bain, cabine (de bañista) ▮ stand m (de exposición) ▮ **caseta de cambio de agujas** poste d'aiguillage (ferrocarriles) ▮MAR **caseta de derrota** kiosque de veille ▮ **caseta del timón** timonerie.

casete m o f cassette f.

cash flow [kaʃflou] m inv marge f brute d'autofinancement, cash-flow m.

casi adv presque; **tiene casi cien años** il a presque cent ans ▮ presque, guère; **casi no tiene amigos** il n'a guère d'amis ▮ presque, peu s'en faut, à peu de chose près; **tiene cien años o casi** il a cent ans ou presque o peu s'en faut o à peu de chose près ▮ quasi, quasiment FAM [▷ OBSERV] ▮ **casi casi** pas loin de; **eran casi casi las doce** il n'était pas loin de midi; pour un peu, peu s'en est fallu; **casi casi me mata** pour un peu il m'aurait tué, peu s'en est fallu qu'il me tuât ▮ **casi nada** presque pas ▮ **casi que parece de ayer** il semble que ce soit hier ▮ **un, una casi** une sorte de; **el arte experimentó una casi resurrección** l'art connut une sorte de résurrection.

▮ OBSERV Los adverbios franceses **quasi** y **quasiment** se emplean poco y preferentemente con un adjetivo.

casia f BOT cassie, cassier m (arbusto).

casicontrato m DR quasi-contrat.

casilla f maisonnette, cabane (casita) ▮ maison (de peón caminero, de un guarda, etc.) ▮TEATR guichet m (venta de billetes) ▮ case (papel rayado) ▮ case (de ajedrez, de un crucigrama) ▮ case, casier m (de estante) ▮FAM violon m, tôle; **meter en la casilla** mettre au violon ▮ (Amer) cabinets m pl, toilettes pl (excusado) ▮ (Amer) **casilla postal** boîte postale (apartado).

→ **casillas** f pl grille sing (de un crucigrama) ▮FIG **sacar a uno de sus casillas** faire sortir quelqu'un de ses gonds, mettre quelqu'un hors de soi ▮ **salir uno de sus casillas** sortir de ses gonds.

casillero m casier.

casimir m; **casimiro** m; **casimira** f cachemire m (tela).

Casimiro n pr Casimir.

casino m casino (casa de recreo) ▮ cercle, club (asociación y lugar donde se reúne).

Casiopea f ASTRON Cassiopée.

casis m cassis (licor).

casiterita f MIN cassitérite.

caso m cas (suceso, circunstancia, etc.) ▮ histoire f FAM; **lo mejor del caso** le plus beau de l'histoire ▮ hasard (casualidad) ▮ affaire f; **el caso Dreyfus** l'affaire Dreyfus ▮MED cas; **un caso de meningitis** un cas de méningite ▮GRAM cas ▮ **caso apretado** affaire difficile ▮ **caso clínico** cas clinique ▮ **caso de conciencia** cas de conscience ▮ **caso de fuerza mayor** cas de force majeure ▮ **caso de honra** affaire d'honneur ▮DR **caso fortuito o de fuerza mayor** cas fortuit o de force majeure ▮ **caso que**, **en caso de que** au cas où, dans le cas où, au cas que (ant) ▮ **en caso de necesidad** en cas de besoin, le cas échéant ▮ **en el peor de los casos** en mettant les choses au pire ▮ **en este caso** dans ce cas, alors ▮ **en tal caso** en ce cas ▮ **en todo caso** en tout cas ▮ **en último caso** en dernier recours ▮ **por el mismo caso** pour la même raison ▮ **dado el caso supuesto que**, étant donné que ▮ **el caso es que** le fait est que ▮ **¡es un caso!** c'est un cas à part! ▮ **eso no viene al caso** cela n'a rien à voir, là n'est pas la question ▮FAM **estar en el caso** être au fait, être au courant ▮ **hablar al caso** parler à bon escient o à propos ▮ **hacer al caso** venir à propos ▮ **hacer caso de** s'occuper de, faire cas de, tenir compte de ▮ **hacer caso omiso de** passer outre à, faire peu de cas de, faire abstraction de, ne pas faire attention à, passer par-dessus; **hizo caso omiso de mis observaciones** il a fait peu de cas de mes observations; ignorer; **hace caso omiso de las leyes, del peligro** il ignore les lois, le danger ▮ **llegado el caso, si viene al caso** le cas échéant, à l'occasion ▮ **no hacer al caso** ne pas venir à propos, être inutile ▮ **no hacerle caso a uno** ne pas faire attention à quelqu'un, négliger quelqu'un (no ocuparse), ne pas écouter quelqu'un (desobedecer) ▮ **no hizo caso** il n'a pas fait attention ▮ **poner por caso** prendre pour exemple, supposer ▮ **ponerse en el peor de los casos** mettre les choses au pis o pire ▮ **ser del caso**, venir al caso venir à propos, tomber bien ▮ **vamos al caso** allons au fait, venons-en au fait.

casoar m casoar (casuario).

casón m; **casona** f grande bâtisse f.

casorio m FAM noce f, mariage.

caspa f pellicules pl.

caspera f décrassoir m, peigne m fin.

Caspio n pr m GEOGR **el (mar) Caspio** la (mer) Caspienne.

¡cáspita! interj FAM diable!, sapristi!

casposo, sa adj pelliculeux, euse; plein, e de pellicules.

casquería f triperie.

casquero m tripier (tripicallero) ▮FIG **tener cosas de casquero** avoir de drôles d'idées.

casquete m calotte f, toque f (gorro) ▮ tour de cheveux (peluca) ▮MED calotte f (de tiñoso) ▮VULG coup (cópula sexual); **echar un casquete** tirer un coup ▮ **casquete esférico, glaciar, polar** calotte sphérique, glaciaire, polaire.

▮ OBSERV Le mot français **casquette** se traduit par **gorra**.

casquijo m gravillon, blocaille f (grava).

casquillo m TECN frette f, bague f (anillo) ▮ culot, douille f (de lámpara); **casquillo de bayoneta, de rosca** culot à baïonnette, à vis ▮ douille f (cartucho) ▮ culot (parte metálica del cartucho) ▮ pointe f de flèche (de saeta)

‖ (*Amer*) fer à cheval (herradura) ‖ porte-plume (portaplumas) ‖ **FAM** a casquillo quitado à gorge déployée, à ventre déboutonné (reír).

casquivano, na *adj* **FAM** écervelé, e; hurluberlu, e; tête en l'air (atolondrado).

cassette *m o f* **TECN** cassette *f*.

casta *f* race (familia, linaje); perro de casta chien de race ‖ **FIG** sorte, espèce, qualité (de las cosas) ‖ caste (en la India) ‖ **IMPR** fonte *f* de casta le viene al galgo el ser rabilargo il a de qui tenir, bon chien chasse de race.

castaña *f* châtaigne (fruto), marron *m* (especie más gruesa que la común) ‖ dame-jeanne (botella) ‖ chignon *m*, marron (p us) ‖ **FAM** marron *m*, châtaigne (puñetazo); arrear una castaña flanquer un marron ‖ cuite (borrachera) ■ castaña confitada marron glacé ‖ castaña de agua châtaigne d'eau, macle, macre ‖ castaña de Indias marron d'Inde ‖ castaña pilonga o apilada châtaigne séchée au four ‖ castaña regoldana châtaigne sauvage ‖ ¡castañas calentitas! chauds les marrons! ■ parecerse como un huevo a una castaña être le jour et la nuit ‖ **FIG** sacar las castañas del fuego tirer les marrons du feu.

castañal *m*; **castañar** *m*; **castañeda** *f* châtaigneraie *f*.

castañazo *m* **FAM** marron, châtaigne *f* (puñetazo) ‖ **FAM** pegarse un castañazo contra s'écraser contre.

castañeda ➤ castañal.

castañero, ra *m & f* marchand, e de marrons.

castañeta *f* claquement *m* de doigts (chasquido) ‖ **MÚS** castagnette (instrumento).

castañetazo *m* claquement sonore des castagnettes o des doigts (chasquido) ‖ craquement des os (de los huesos) ‖ éclat, crépitement (de la castaña que revienta) ‖ **FAM** pegarse un castañetazo contra s'écraser contre.

castañetear *v tr* jouer des castagnettes (con castañetas) ‖ faire claquer (los dedos).
<> *v intr* claquer des dents (los dientes) ‖ craquer (los huesos) ‖ cacaber (las perdices).

castañeteo *m* claquement de dents (de los dientes) ‖ craquement (de huesos) ‖ bruit de castagnettes (de castañuelas).

castaño, ña *adj* châtain, e; marron *inv* (color); una cabellera castaña une chevelure châtain.
➤ castaño *m* châtaignier, marronnier (árbol) ■ castaño de Indias marronnier d'Inde ‖ castaño regoldano châtaignier sauvage ‖ **FIG** & **FAM** pasar de castaño oscuro être trop fort, être le comble, être un peu raide, dépasser les bornes.

‖ **OBSERV** Se usa sobre todo la forma masculina del adjetivo châtain aunque el femenino châtaine existe, pero se emplea sobre todo en lenguaje literario. El marronnier es una variedad de châtaignier que produce el fruto comestible llamado marron, de tamaño mayor que la châtaigne sauvage.

castañola *f* castagnole (pez).

castañuela *f* **MÚS** castagnette ‖ souchet *m* (planta) ‖ **FIG** & **FAM** alegre como unas castañuelas gai comme un pinson.

castellana *f* châtelaine.

castellanismo *m* mot o tournure *f* propre à la Castille.

castellanización *f* la castellanización de las palabras inglesas le fait d'hispaniser les mots anglais.

castellanizar [13] *v tr* hispaniser (una palabra).

castellano, na *adj & s* castillan, e (de Castilla) ‖ paso castellano pas allongé.
➤ castellano *m* **LING** castillan, espagnol ‖ châtelain (señor de un castillo) ‖ a la castellana à la mode de Castille.

castellanoparlante *adj* de langue castillane, hispanophone.
<> *m & f* hispanophone (persona).

castellonense *adj & s* de Castellón de la Plana.

casticidad *f*; **casticismo** *m* pureté *f*, propriété *f*, raffinement *m* (en el lenguaje), respect *m* des usages, traditionalisme *m* (de las costumbres).

castidad *f* chasteté.

castigador, ra *adj & s* punisseur, euse (p us); qui châtie (el que castiga).
➤ castigador *m* **FIG** & **FAM** don Juan, bourreau des cœurs.

castigar [16] *v tr* châtier, punir; castigado por su temeridad puni de sa témérité ‖ **FIG** affliger (afligir) ‖ malmener; castigado por la vida malmené par la vie ‖ châtier, corriger (un escrito) ‖ réduire (los gastos) ‖ **FAM** faire marcher (a las mujeres) ‖ **TAUROM** exciter (le taureau) avec des banderilles.

castigo *m* [▷ **SIN**] châtiment, punition *f* (sanción); como castigo comme châtiment, en punition ‖ **FIG** correction *f* d'un texte (literatura) ‖ pénalité *f* (en deportes) ‖ **MIL** punition *f* ‖ **TAUROM** blessure *f* faite au taureau pour l'exciter ■ área de castigo surface de réparation (fútbol) ■ castigo ejemplar châtiment exemplaire ‖ castigo máximo penalty (fútbol), coup de pied de réparation o de pénalité (rugby).

‖ **OBSERV** La palabra **châtiment** implica una pena mucho más severa que la de **punition**.
SIN penitencia pénitence; pena peine; expiación expiation; sanción sanction; penalidad pénalité; penalización pénalisation.

Castilla *n pr f* **GEOGR** Castille ‖ **FIG** ¡ancha es Castilla! allons-y!, l'avenir est à nous!

Castilla-La Mancha *n pr f* **GEOGR** Castille-la Manche.
‖ CASTILLA-LA MANCHA
La communauté autonome de Castille-La Manche se compose des provinces de Guadalajara, Cuenca, Albacete, Ciudad Real et Tolède. Elle a obtenu l'autonomie le 10 août 1982 et a pour capitale Tolède; son gouvernement est connu sous le nom de « Junta de comunidades ».

Castilla la Nueva *n pr f* **GEOGR** Nouvelle-Castille.

Castilla la Vieja *n pr f* **GEOGR** Vieille-Castille.

Castilla y León *n pr f* **GEOGR** Castille-Léon.
‖ CASTILLA Y LEÓN
La communauté autonome de Castille-Léon se compose des provinces de Léon, Zamora, Salamanque, Valladolid, Palencia, Soria, Ségovie, Avila et Burgos. Elle a obtenu l'autonomie le 25 février 1983 et a pour capitale Valladolid; son gouvernement est connu sous le nom de « Junta de Castilla y León ».

castillejo *m* chariot (para enseñar a andar a los niños) ‖ échafaudage (andamio).

castillete *m* châtelet (pequeño castillo) ‖ castillete de extracción molette d'extraction (mina).

castillo *m* château fort, château (edificio); en Segovia hay un castillo à Ségovie il y a un château fort ‖ **BLAS** château ‖ **MAR** château (ant) gaillard ■ castillo de fuego pièce d'artifice, chevalet (pirotecnia) ‖ **FIG** castillo de naipes château de cartes ‖ **MAR** castillo de popa gaillard d'arrière, dunette ‖ castillo de proa gaillard d'avant ‖ castillo en la arena château de sable ■ levantar o hacer castillos en el aire bâtir o faire des châteaux en Espagne.

‖ **OBSERV** Les demeures royales ou seigneuriales non fortifiées sont appelées en espagnol **palacios**: el palacio de Versalles le château de Versailles; mais on dit los castillos del Loira les châteaux de la Loire.

castina *m* castine (fundente).

castizo, za *adj* pur, e; de bonne souche, cent pour cent, vrai, e (puro); un madrileño castizo un vrai Madrilène, un Madrilène cent pour cent ‖ châtié, e (lenguaje); estilo castizo style châtié ‖ typique, bien de chez nous (típico).

casto, ta *adj* chaste.
‖ **SIN** puro pur; honesto honnête; virtuoso vertueux.

castor *m* castor (animal y su piel).

Cástor *m* **ASTRON** Castor; Cástor y Pólux Castor et Pollux.

castoreño *m* chapeau de poil de castor ‖ chapeau de feutre ‖ **TAUROM** chapeau de picador ‖ picador [car il porte un chapeau en castor].

castóreo *m* castoréum.

castorina *f* castorine (tejido).

castra; **castración** *f* castration ‖ taille des arbres (poda).

castradera *f* couteau *m* à désoperculer (de apicultor).

castrado, da *adj* châtré, e; castré, e.
➤ castrado *m* castrat.

castrador *m* châtreur.

castrar *v tr* châtrer, castrer (capar) ‖ châtrer (una colmena) ‖ **AGRIC** tailler (podar) ‖ cicatriser (una llaga) ‖ **FIG** affaiblir (debilitar).

castrazón *f* taille (de las colmenas).

castrense *adj* militaire; una costumbre castrense une coutume militaire ‖ capellán o cura castrense aumônier militaire.

Castries *n pr* **GEOGR** Castries [à Sainte-Lucie].

castrismo *m* castrisme.

castrista *adj & s* castriste.

casual *adj* casuel, elle (ant); accidentel, elle; fortuit, e; imprévu, e.

casualidad *f* hasard *m*; por o de casualidad par hasard; una verdadera casualidad un pur hasard ■ dar la casualidad advenir; dio la casualidad que il advint que; par hasard, juste; dio la casualidad que en aquel momento saliera de su casa juste à ce moment-là il sortait de chez lui.

casualmente *adv* par hasard, d'aventure.

casuario *m* casoar (ave).

casuca *f*; **casucha** *f*; **casucho** *m* bicoque *f*, baraque *f*.

casuista *m* casuiste.

casuístico, ca *adj* & *s f* casuistique.

casulla *f* ECLES chasuble.

casullero *m* chasublier.

CAT (abrev de **Comisaría de Abastecimientos y Transportes**) *f* service espagnol du ravitaillement et des transports.

cata *f* dégustation (acción de catar) ‖ échantillon *m*, morceau *m* (porción) ‖ (*Amer*) perruche (cotorra) ‖ **vender un melón a raja y cata** o a **cala y cata** vendre un melon à la coupe o à la tranche [après avoir prélevé une tranche pour le faire goûter].

catabólico, ca *adj* BIOL catabolique.

catabolismo *m* BIOL catabolisme.

catacaldos *m inv* FIG & FAM touche-à-tout.

cataclismo *m* cataclysme.

catacresis *f inv* catachrèse (extensión del sentido de una palabra).

catacumbas *f pl* catacombes (cementerio).

catadióptrico, ca *adj* & *s f* catadioptrique.

catador *m* dégustateur (que prueba alimentos) ‖ prospecteur (que prospecta) ‖ **catador de vino** tâte-vin, taste-vin.

catadura *f* dégustation ‖ FIG & FAM mine, tête, air *m* (apariencia); **tener mala catadura** avoir une sale tête.

catafalco *m* catafalque.

catafaro; catafoto *m* cataphote, catadioptre.

catalán, ana *adj* & *s* catalan, e.
➤ **catalán** *m* LING catalan.

catalanismo *m* catalanisme.

catalanista *adj* & *s* catalaniste.

catalasa *f* QUÍM catalase.

cataléctico, ca; catalecto, ta *adj* catalectique (verso).

catalejo *m* longue-vue *f*.

catalepsia *f* MED catalepsie.

cataléptico, ca *adj* & *s* cataleptique.

catalicores *m inv* tâte-vin (pipeta).

catalina *f* FAM crotte (excremento) ‖ **rueda catalina** roue dentée (de un reloj).

Catalina *n pr* Catherine.

catálisis *f inv* QUÍM catalyse.

catalítico, ca *adj* catalytique.

catalizador, ra *adj* & *s m* QUÍM catalyseur.

catalizar [13] *v tr* catalyser.

catalogación *f* catalogage *m*.

catalogar [16] *v tr* cataloguer.

catálogo *m* catalogue.

catalpa *f* catalpa *m* (árbol).

catalufa *f* (ant) moquette (tela).

Cataluña *n pr f* GEOGR Catalogne.
> CATALUÑA
> La communauté autonome de Catalogne se compose des provinces de Barcelone, Tarragone, Lérida et Gérone. Elle a obtenu l'autonomie le 18 décembre 1979 et a pour capitale Barcelone; son gouvernement est connu sous le nom de « Generalitat de Cataluña ».

catamarán *m* catamaran.

catamenial *adj* MED cataménial, e.

catanga *f* (*Amer*) bousier *m* (escarabajo).

Catania *n pr* GEOGR Catane.

cataplasma *f* cataplasme *m* (pasta medicinal) ‖ FIG & FAM pot *m* de colle (pelmazo).

cataplexia *f* MED cataplexie.

¡cataplum!; ¡cataplun! *interj* patatras!

catapulta *f* catapulte.

catapultar *v tr* catapulter.

catapún
➤ **del año catapún** *loc* FAM du temps que la reine Berthe filait, de l'an mille, d'avant le Déluge.

catar *v tr* goûter (probar), déguster (el vino) ‖ (ant) regarder (mirar), examiner, inspecter (examinar) ‖ châtrer (colmenas) ‖ **cata aquí que** voilà que; **cátate que** voilà que, etc.

catarata *f* chute; **las cataratas del Niágara** les chutes du Niagara ‖ cataracte (salto) ‖ MED cataracte (del ojo); **tener catarata** avoir la cataracte.
➤ **cataratas** *f pl* FIG cataractes; **las cataratas del cielo** les cataractes du ciel.

cátaro, ra *adj* & *s m* cathare.

catarral *adj* MED catarrhal, e.

catarro *m* catarrhe, rhume (palabra usual) ‖ **catarro pradial** rhume des foins.

catarsis *f inv* catharsis.

catártico, ca *adj* cathartique.

catastral *adj* cadastral, e; **registros catastrales** registres cadastraux.

catastro *m* cadastre.

catástrofe *f* catastrophe, désastre *m* (desastre).
> SIN **desgracia** malheur; **azote** fléau; **desastre** désastre; **cataclismo** cataclysme.

catastrófico, ca *adj* catastrophique, désastreux, euse.

catastrofismo *m* catastrophisme.

catastrofista *adj* & *s* alarmiste.

catatar *v tr* (*Amer*) ensorceler (hechizar).

catatonía *f* MED catatonie.

cataviento *m* MAR penon (grímpola).

catavino *m* tâte-vin *inv*, taste-vin *inv*.

catavinos *m inv* dégustateur de vins (persona) ‖ FIG & FAM poivrot, pilier de cabaret (bribón y borracho).

catch *m* catch (deporte) ‖ **luchador de catch** catcheur.

cátcher [katʃer] *m* lutter.
> OBSERV pl catchers.

catchup *m* CULIN ketchup.

cate *m* FAM coup de poing (puñetazo), gnon (golpe), baffe *f* (bofetada) ‖ veste *f* (en un examen); **le han dado dos cates en física y en latín** il a ramassé une veste en physique et en latin.

cateador *m* (*Amer*) prospecteur.

catear *v tr* chercher, guetter (buscar) ‖ FAM recaler, coller, étendre (suspender); **me han cateado** je me suis fait étendre ‖ (*Amer*) prospecter (minas).

catecismo *m* catéchisme.

catecúmeno *m* & *f* catéchumène.

cátedra *f* chaire ‖ FIG chaire ■ FIG **cátedra del Espíritu Santo** chaire évangélique o du prédicateur ‖ **cátedra de San Pedro** chaire de saint Pierre ‖ **la cátedra apostólica** la chaire apostolique ■ **clase ex cátedra** cours magis-

tral ‖ **oposición a una cátedra** concours en vue d'obtenir une chaire ‖ **opositor a una cátedra** agrégatif ■ **poner cátedra** parler ex cathedra, pontifier (hablando), donner une leçon.

catedral *adj* & *s f* cathédrale ‖ FIG & FAM **como una catedral** grand, énorme.

catedralicio, cia *adj* de la cathédrale.

catedrático, ca *m* & *f* professeur [d'université, dans un lycée, un collège]; **catedrático por oposición** titre de professeur d'université obtenu sur concours ‖ **título de catedrático por oposición** agrégation.

categorema *f* FILOS catégorème.

categoremático, ca *adj* FILOS catégorématique.

categoría *f* catégorie ‖ classe; **hotel de primera categoría** hôtel de première classe ‖ échelon *m* (grado) ‖ rang *m*, classe; **categoría social** rang social; **persona de alta categoría** personne d'un rang élevé ‖ standing *m*; **piso de gran categoría** appartement de grand standing ■ **de mucha categoría** de grande classe ‖ **de poca categoría** qui n'a pas de classe, quelconque ■ **dar categoría** classer.

categóricamente *adv* catégoriquement.

categórico, ca *adj* catégorique.
> SIN **claro** clair; **limpio** net; **preciso** précis; **explícito** explicite.

catenario, ria *adj* & *s f* TECN caténaire.
➤ **catenaria** *f* GEOM chaînette.

catequesis *f*; **catequismo** *m* catéchèse *f*, catéchisme *m*.

catequista *m* & *f* catéchiste.

catequización *f* catéchisation.

catequizar [13] *v tr* catéchiser ‖ FIG catéchiser, endoctriner.

catering *m* AVIAC service de ravitaillement des avions.

caterva *f* bande, foule, ramassis *m*; **una caterva de pillos** une bande de fripons ‖ tas *m*, amas *m*; **una caterva de cosas viejas** un tas de vieilleries ‖ FAM tripotée, flopée; **había una caterva de policías** il y avait une tripotée d'agents.

catéter *m* MED cathéter (sonda).

cateterismo *m* MED cathétérisme (sondaje).

cateto, ta *adj* FAM paysan, anne ‖ rustre, grossier, ère.
➤ **cateto** *m* GEOM cathète *f*, côté ‖ FAM péquenot, croquant.
◇ *m* & *f* paysan, anne (palurdo).

catetómetro *m* FÍS cathétomètre.

catgut *m* MED catgut.

catilinaria *f* catilinaire (sátira).

catinga *f* (*Amer*) odeur désagréable (mal olor) ‖ forêt clairsemée du Nord-Est du Brésil.

catión *m* FÍS cation.

catire; catiro, ra *adj* & *s* (*Amer*) roux, rousse.

catite *m* petit pain de sucre (azúcar) ‖ tape *f*, calotte *f* (golpe o bofetada) ‖ **sombrero de catite** chapeau pointu ■ FAM **dar catite a uno** rosser quelqu'un (golpear).

catleya *f* cattleya *m* (orquídea).

cato *m* cachou (cachunde).

catódico, ca *adj* FÍS cathodique.

cátodo *m* FÍS cathode *f*.

catolicidad *f* catholicité.

catolicismo *m* catholicisme.

católico, ca *adj* & *s* catholique ‖ FIG & FAM **no estar muy católico** être patraque (pachucho) ‖ **no ser muy católico** ne pas être très catholique (un negocio), ne pas être très orthodoxe (no ser muy correcto).

catón *m* FIG caton, censeur sévère ‖ premier livre de lecture (libro).

catóptrica *f* FÍS catoptrique.

catorce *adj* & *s m* quatorze (decimocuarto); **Luis XIV** (catorce) Louis XIV [quatorze] ‖ quatorzième; **el siglo XIV** (catorce) le XIVe (quatorzième) siècle.

catorceavo, va; catorzavo, va *adj num* quatorzième; **catorceava parte** quatorzième *m*.

catorceno, na *adj* quatorzième.

catorro *m* (*Amer*) coup, gifle.

catre *m* lit [pour une seule personne] ‖ FAM pieu (cama) ‖ **catre de tijera** o **de viento** lit de sangle, lit de camp.

catrecillo *m* pliant (asiento).

catrera *f* FAM (*Amer*) pieu *m*, pageot *m* (cama).

catrín *adj* (*Amer*) petit-maître.

Catulo *n pr* Catulle.

caucáseo, a *adj* & *s* caucasien, enne.

caucásico, ca *adj* & *s* caucasique, caucasien, enne.

→ **caucásico** *m* LING caucasien.

Cáucaso *n pr m* GEOGR **el Cáucaso** le Caucase.

cauce *m* lit [d'un cours d'eau] ‖ canal, rigole *f* (acequia) ‖ cuvette *f* (de un canal) ‖ FIG voie *f*, chemin (vía) ‖ cours (curso) ‖ **volver a su cauce** rentrer dans son lit (un río), reprendre son cours (un asunto).

caucho *m* caoutchouc (goma elástica); **caucho vulcanizado** caoutchouc vulcanisé ‖ **del caucho** caoutchoutier, ère.

cauchutado *m* caoutchoutage.

cauchutar *v tr* caoutchouter.

caución *f* caution, garantie (garantía) ‖ cautionnement *m* (fianza) ‖ couverture (en Bolsa) ‖ DR **caución juratoria** caution juratoire.

caucionar *v tr* cautionner, garantir.

caudal *adj* de grand débit (río) ‖ caudal, e (de la cola) ‖ **águila caudal** aigle royal.

caudal *m* fortune *f*, capital, richesse *f*; **hombre de mucho caudal** homme d'une grande fortune ‖ débit; **río de poco caudal** fleuve de peu de débit ‖ FIG abondance *f*, quantité *f* (abundancia).

caudalímetro *m* débitmètre (contador).

caudaloso, sa *adj* abondant, e; de grand débit (río, manantial) ‖ riche, fortuné, e; aisé, e (rico).

caudatario *m* caudataire.

caudillaje; caudillismo *m* gouvernement d'un caudillo ‖ (*Amer*) domination *f* d'un chef, sorte de despotisme.

caudillo *m* capitaine, chef ‖ caudillo [en Espagne] ‖ FIG (*Amer*) cacique, personnage influent.

caudrivalente *adj* QUÍM tétravalent, e.

caulescente *adj* BOT caulescent, e.

cauri *m* cauris.

causa *f* cause; **no hay efecto sin causa** il n'y a pas d'effet sans cause ‖ [▷ SIN] cause, raison, motif *m*; **hablar sin causa** parler sans raison ‖ DR cause, procès *m*, affaire (proceso); **instruir una causa** instruire une affaire ‖ (*Amer*) collation (comida ligera) ■ FILOS **causa eficiente** cause efficiente ‖ **causa final** cause finale ‖ **causa formal** cause formelle ‖ **causa material** cause matérielle ‖ **causa primera** cause première ‖ DR **causa pública** cause publique ■ **a causa de** à cause de ‖ **fuera de causa** hors de cause ‖ **por causa tuya** à cause de toi, par ta faute ‖ **por cuya causa** à cause de quoi ‖ **por esta causa** pour cette raison ■ **dar la causa por conclusa** déclarer la cause entendue ‖ **hacer causa común** faire cause commune.

‖ SIN **móvil** mobile; **motivo** motif; **razón** raison; **pretexto** prétexte; **porqué** pourquoi.

causahabiente *m* DR ayant cause.

causal *adj* GRAM causal, e.
→ *f* cause, motif *m*.

causalidad *f* causalité; **principio de causalidad** principe de causalité ‖ origine (origen).

causante *adj* & *s* causant, e; qui est la cause.

causar *v tr* causer, occasionner (ser causa) ‖ **causar perjuicio** porter préjudice.

‖ SIN **ocasionar, originar** occasionner; **motivar** donner lieu; **acarrear** entraîner; **crear** créer; **producir** produire; **provocar** provoquer; **suscitar** susciter.

causticidad *f* causticité.

cáustico, ca *adj* & *s m* caustique.

cautamente *adv* avec précaution, prudemment; **obrar cautamente** agir avec précaution.

cautela *f* précaution, prudence, cautèle (ant).

cautelar *adj* DR preventif, ive.

cautelarse *v pr* se prémunir contre, se préserver de.

cauteloso, sa *adj* cauteleux, euse; fin, e; rusé, e (astuto) ‖ prudent, e ‖ **con paso cauteloso** à pas feutrés.

cauterio *m* cautère; **cauterio actual** cautère actuel ‖ FIG remède énergique.

cauterización *f* cautérisation.

cauterizador, ra; cauterizante *adj* & *s m* cautérisant, e.

cauterizar [13] *v tr* MED cautériser ‖ FIG appliquer un remède énergique à.

cautivador, ra *adj* captivant, e; séduisant, e.
→ *m* & *f* séducteur, trice.

cautivante *adj* captivant, e.

cautivar *v tr* faire prisonnier, capturer (a un enemigo) ‖ [▷ FIG] captiver (la atención, a un auditorio) ‖ captiver, séduire.

‖ SIN **captar** capter; **atraer** attirer; **seducir** séduire; **hechizar** envoûter; **arrobar** ravir; **encantar** charmer; **conquistar** conquérir.

cautiverio *m*; **cautividad** *f* captivité *f*; **vivir en cautividad** vivre en captivité.

cautivo, va *adj* & *s* captif, ive ‖ **globos cautivos** ballons captifs.

cauto, ta *adj* prudent, e; avisé, e; circonspect, e.

cava *adj f* ANAT cave (vena).

cava *f* AGRIC labourage *m* à la main, binage *m* ‖ cave (donde se conserva el vino).
→ *m* vin champagnisé catalan.

cavador *m* terrassier (de obras).

cavadura *f*; **cavazón** *m* creusage *m*, creusement *m* (excavación) ‖ TECN terrassement *m* ‖ AGRIC bêchage *m* (con la laya), binage *m* (con la azada).

cavar *v tr* creuser (excavar) ‖ AGRIC bêcher (con laya), biner (con azada) ‖ TECN terrasser.
→ *v intr* FIG creuser, pénétrer, approfondir (ahondar) ‖ méditer; **cavar en los misterios de la fe** méditer sur les mystères de la foi.

cavatina *f* MÚS cavatine.

cavazón ☛ cavadura.

caverna *f* [▷ SIN] caverne ‖ caverne (en el pulmón).

‖ SIN **gruta** grotte; **antro** antre.

cavernario, ria *adj* des cavernes.

cavernícola *adj* & *s* troglodyte (hombre) ‖ cavernicole (animales) ‖ FIG réactionnaire (en política).

> **CAVERNÍCOLA**
> C'est ainsi que la gauche qualifiait la droite traditionnelle, conservatrice, catholique et royaliste. Le terme « cavernícola » ou « hombre de las cavernas » s'oppose à celui de « progresista » ou plus familièrement, de « progre ». De nos jours, on peut encore employer l'expression « derecha cavernícola » pour faire allusion à l'extrême droite actuelle.

cavernoso, sa *adj* caverneux, euse.

caveto *m* ARQ cavet (moldura).

cavia *f* cobaye *m*, cochon *m* d'Inde.

caviar *m* caviar (hueva de esturión).

cavicornio *adj* & *s m* ZOOL cavicorne.

cavidad *f* cavité.

‖ SIN **anfractuosidad** anfractuosité; **hoyo, fosa** fosse; **excavación** excavation.

cavilación *f* réflexion, méditation, cogitation.

cavilar *v intr* réfléchir, méditer, se creuser la tête, cogiter FAM.

caviloso, sa *adj* pensif, ive (pensativo) ‖ préoccupé, e; soucieux, euse ‖ (*Amer*) cancanier, ère (chismoso) ‖ querelleur, euse (agresivo).

cavitación *f* cavitation.

cayado *m* houlette *f* (de pastor) ‖ crosse *f* (de obispo) ‖ ANAT **cayado de la aorta** crosse de l'aorte.

cayaschi; cayascho *m* (*Amer*) glanure *f* de maïs (de maíz) ‖ grapillon (de uva).

Cayena *n pr* GEOGR Cayenne.

cayeputi *m* BOT cajeput (árbol).

Cayetano *n pr* Gaétan.

cayo *m* îlot rocheux, récif, caye (escollo).

cayota; cayote *m* chayote *f*, chaïotte *f*.

cayuco *m* (*Amer*) pirogue *f*.

caz *m* saignée *f*, canal de dérivation.
‖ OBSERV pl **caces**.

caza *f* chasse; **ir de caza** aller à la chasse ‖ chasse, gibier *m* (animales que se cazan); **caza mayor, menor** gros, petit gibier ‖ MIL chasse ■ **caza a la espera** o **al aguardo** o **en puesto**

chasse à l'affût ‖ caza con perros, con hurón chasse aux chiens, au furet ‖ caza de altanería chasse au faucon ‖ caza de brujas chasse aux sorcières ‖ caza en ala chasse à tir ‖ caza furtiva braconnage ‖ caza ojeada o de ojeo battue ■ coto de caza chasse gardée ‖ guarda de caza garde-chasse ‖ licencia o permiso de caza permis de chasse ‖ vedado de caza réserve de chasse ■ andar a la caza de gangas être à l'affût o à la recherche d'une bonne occasion ‖ dar caza donner la chasse à, faire la chasse à, prendre en chasse (a un animal, un ladrón, un avión, etc.), faire la chasse à (los honores) ‖ **FIG** ir a la caza del hombre faire la chasse à l'homme ‖ levantar la caza lever le lièvre.

caza m chasseur, avion de chasse ‖ piloto de caza chasseur, pilote de chasse.

cazabe m cassave f, galette f de manioc.

cazabombardero m **AVIAC** chasseur-bombardier.

cazador, ra adj & s chasseur, euse [féminin poétique: **chasseresse**].
➡ **cazador** m chasseur ‖ **MIL** chasseur (soldado) ■ cazador de alforja chasseur qui n'emploie pas d'armes à feu ‖ **FIG** cazador de dotes coureur o coureur de dots ‖ cazador furtivo braconnier.
➡ **cazadora** f blouson m, vareuse (chaqueta).

cazadotes m inv coureur o chasseur de dots.

cazalla f eau-de-vie d'anis.

cazar [13] v tr chasser (los animales) ‖ **FIG** & **FAM** dénicher, dégoter; cazar un buen destino dénicher une bonne place ‖ attraper (coger) ‖ débusquer (sorprender) ‖ engluer, capturer dans ses filets (cautivar engañosamente) ‖ **MAR** border (las velas) ■ **FIG** cazar en terreno vedado marcher sur les plates-bandes de quelqu'un, chasser sur les terres d'autrui ‖ cazar furtivamente braconner ‖ **FIG** cazar largo voir loin, avoir du flair ‖ cazar moscas gober les mouches.

cazatalentos m & f inv découvreur, euse de talents (de artistas) ‖ chasseur, euse de têtes (de ejecutivos).

cazatorpedero m **MAR** contre-torpilleur.

cazclear v intr se démener sans grand résultat.

cazcarria f crotte, boue (barro) ‖ (Amer) crottin m (excremento).

cazcarriento, ta adj **FAM** crotté, e.

cazo m louche f, cuiller f à pot (semiesférico y con mango) ‖ casserole f (vasija metálica con mango) ■ **TECN** cazo de colada poche de coulée ‖ cazo eléctrico bouilloire électrique.

cazolada f casserolée.

cazolero ➡ **cazoletero**.

cazoleta f petite casserole ‖ bassinet m (de arma de fuego) ‖ coquille (de la espada) ‖ cassolette (para perfumar) ‖ fourneau m, talon m (de pipa).

cazoletear; cominear v intr **FAM** fourrer son nez partout.

cazoletero; cazolero; cominero adj m & s m touche-à-tout, fouille-au-pot.

cazón m chien de mer (pez).

cazudo, da adj qui a la coquille très épaisse.

cazuela f casserole, terrine (de arcilla) ‖ faittout m (de palastro) ‖ cocotte (de fundición) ‖ casserole, ragoût m (guiso) ‖ **TEATR** poulailler m, paradis m ‖ bonnet m (de sostén).

cazumbrar v tr serrer avec de l'étoupe [les douves d'un tonneau].

cazumbre m étoupe f.

cazuñar v tr (Amer) dérober, voler.

cazurro, rra adj renfermé, e; réservé, e (huraño) ‖ bourru, e (rudo) ‖ niais, e (tonto) ‖ têtu, e; tête de mule (testarudo) ‖ roublard, e (astuto).

CBS (abrev de Columbia Broadcasting System) f CBS.

cc (abrev escrita de centímetros cúbicos) cm³.

c/c (abrev escrita de cuenta corriente) cc.

CC m (abrev de código civil) CC, cc, cod. civ. ‖ (abrev de código de circulación) code de la route ‖ (abrev de cuerpo consular) CC.

CCA (abrev de Consejo de Cooperación Aduanera) CCD.
◇ f (abrev de Compañía Cubana de Aviación) compagnie aérienne cubaine.

CCEI (abrev de Conferencia de Cooperación Económica Internacional) f CCEI.

CC OO (abrev de Comisiones Obreras) m syndicat espagnol proche du parti communiste.

CC-RTV (abrev de Corporación Catalana de Radio y Televisión) f chaîne indépendant catalane de radio et de télévision.

CD m (abrev de club deportivo) US f ‖ (abrev de cuerpo diplomático) CD ‖ (abrev de compact disc) CD.

CDC (abrev de Convergència Democràtica de Catalunya) f parti nationaliste catalan de tendance modérée.

CDN (abrev de Centro Dramático Nacional) m théâtre national espagnol.

CDS (abrev de Centro Democrático y Social) m parti social-démocrate espagnol.

CDTI (abrev de Centro para el Desarrollo Tecnológico e Industrial) m Centre de développement technologique et industriel.

ce f c m (letra).

CE m (abrev de Consejo de Europa) CE.
◇ f (abrev de Comunidad Europea) CE ‖ (abrev de constitución española) Constitution espagnole.

cea ➡ **cía**.

CEA f (abrev de Compañía Ecuatoriana de Aviación) CEA ‖ (abrev de Confederación Europea de Agricultura) CEA.

CEAPA (abrev de Confederación Española de Asociaciones de Padres de Alumnos) f confédération nationale espagnole des associations de parents d'élèves.

CEAR (abrev de Comisión Española de Ayuda al Refugiado) f organisation bénévole d'aide aux réfugiés, en Espagne.

ceba f nourriture, gavage m [pour l'engraissement des animaux] ‖ chargement m (de un horno) ‖ (Amer) amorce (de un arma).

cebada f orge f & m (planta, semilla); cebada perlada orge perlé ‖ a burro muerto, cebada al rabo il est trop tard, après la mort le médecin.

cebadal m champ d'orge.

cebadazo, za adj d'orge; paja cebadaza paille d'orge.

cebadera f musette [pour faire manger les animaux] ‖ coffre m à avoine ‖ **MAR** civadière (vela) ‖ **TECN** appareil m de chargement du gueulard (de un horno).

cebadero m marchand d'orge (el que vende) ‖ **TECN** gueulard [de haut fourneau].

cebadilla f **BOT** cévadille.

cebado, da adj gavé, e ‖ **FAM** gros, osse (gordo) ‖ (Amer) féroce [se dit d'un fauve devenu plus féroce après avoir goûté à la chair humaine].

cebador m poire f à poudre, flasque f ‖ (Amer) celui qui prépare le maté.

cebadura f gavage m, engraissement m, engraissage m (de un animal) ‖ amorçage m (de un arma) ‖ (Amer) contenu m d'une calebasse de maté.

cebar v tr gaver, engraisser, nourrir (engordar un animal) ‖ amorcer, appâter (atraer los peces con un cebo) ‖ **FIG** alimenter, entretenir (lumbre) ‖ nourrir; cebar con esperanza nourrir d'espoir ‖ encourager (fomentar) ‖ **MIL** amorcer (armas) ‖ **TECN** charger (un horno) ‖ amorcer, mettre en marche (una máquina) ‖ (Amer) cebar el mate préparer le maté.
◇ v intr **FIG** pénétrer (un clavo), mordre (un tornillo).
➡ **cebarse** v pr s'acharner (encarnizarse); cebarse en uno s'acharner sur quelqu'un; se cebó conmigo il s'acharna contre moi.

cebellina adj f & s f zibeline.

cebiche m (Amer) soupe f de poisson froide.

cebo m nourriture f pour engraisser (para los animales) ‖ amorce f (para atraer los peces) ‖ [▷ **SIN**] appât, esche f, aiche f (lo que se pone en el anzuelo) ‖ amorce f (de un arma) ‖ combustible pour amorcer un four (mineral) ‖ **FIG** appât (señuelo) ‖ aliment (alimento) ■ cebo artificial leurre ‖ cebo artificial de cuchara cuiller (para la pesca).

‖ **SIN** carnada amorce; esca aiche, appât; raba rogue; señuelo, añagaza leurre.

cebo ➡ **cefo**.

cebolla f oignon m (planta y bulbo); una ristra de cebollas un chapelet d'oignons ‖ **FIG** roulure (de la madera) ‖ pomme d'arrosoir (de una regadera) ‖ **FAM** (Amer) pouvoir m, autorité (mando) ‖ agarrar la cebolla prendre le pouvoir ■ **BOT** cebolla albarrana scille maritime ‖ cebolla escalonia échalote ■ **BOT** tela de cebolla pelure d'oignon.

cebollar m champ d'oignons, oignonière f.

cebollazo m **FAM** méchant coup.

cebollero, ra adj grillo cebollero courtilière.
◇ m & f marchand, e d'oignons.

cebolleta f **BOT** ciboulette, civette.

cebollino m petit oignon, ciboule f ■ **FIG** & **FAM** escardar cebollinos peigner la girafe, enfiler des perles ‖ enviar a escardar cebollinos envoyer planter ses choux, envoyer promener, envoyer paître.

cebollón m oignon doux.

cebollón, ona *m & f* FAM (*Amer*) vieux garçon, vieille fille; célibataire endurci, célibataire endurcie (solterón).

cebolludo, da *adj* bulbeux, euse.

cebón, ona *adj* gras, grasse; engraissé, e.
➤ **cebón** *m* porc engraissé (puerco).

cebra *f* zèbre *m* (animal) ‖ **paso de cebra** passage pour piétons.

cebrado, da *adj* zébré, e (rayado).

cebú *m* zébu (animal).
‖ OBSERV pl cebúes.

ceca *f* (ant) hôtel *m* de la Monnaie (Casa de la Moneda) ‖ (*Amer*) pile [d'une pièce de monnaie] ‖ FAM **ir de la Ceca a la Meca** aller à droite et à gauche, aller de côté et d'autre.

CECA *f* (abrev de Comunidad Económica del Carbón y el Acero) CECA ‖ (abrev de Confederación Española de Cajas de Ahorro) association espagnole des caisses d'épargne.

cecal *adj* ANAT cæcal, e.

cecear *v intr* zézayer [prononcer les s comme des z].
◇ *v tr* héler [faire psst ou hé pour appeler quelqu'un].

ceceo *m* zézaiement.

EL CECEO

Cette particularité phonétique consiste à prononcer [θ] le « s », le « z » et le « c », alors que seuls le « z » ainsi que le « c » suivi de « e » ou « i » devraient se prononcer ainsi, le « s » devant se prononcer [s]. Cette prononciation, très répandue dans le sud de l'Andalousie, est communément considérée comme un vulgarisme inacceptable. Elle est aussi présente en Colombie et en Amérique centrale.

cecidia *f* BOT cécidie [galle].

cecilia *f* cécilie (batracio).

Cecilia *n pr* Cécile.

cecina *f* viande séchée (al sol) o boucanée (con humo) ‖ (*Amer*) bande o lamelle de viande séchée.

cecinar *v tr* boucaner, faire sécher (carnes).

CECU (abrev de Confederación Estatal de Consumidores y Usuarios) *f* association espagnole de consommateurs et usagers.

ceda *f* z *m* (letra) ‖ soie (cerda).

CEDA (abrev de Confederación Española de Derechas Autónomas) *f* parti politique catholique d'extrême-droite espagnol.

cedacear *v intr* baisser [la vue].

cedacero *m* boisselier.

cedacillo *m* brize *f* (planta).

cedazo; cernidor *m* tamis, sas, blutoir.

ceder *v tr* céder; **ceder un comercio, el paso** céder un commerce, le pas ‖ céder, donner; **ceder el sitio a una señora** donner sa place à une dame ‖ **ceda el paso** vous n'avez pas la priorité (señal de tráfico).
◇ *v intr* [▷ SIN] céder (someterse) ‖ céder; **el puente ha cedido** le pont a cédé ‖ renoncer, abandonner; **ceder en su derecho** renoncer à son droit ‖ baisser (la temperatura), s'apaiser, se calmer (el viento) ‖ le céder à quelqu'un (ser inferior).

SIN capitular capituler; consentir consentir, acquiescer; rendirse se rendre; claudicar céder, se soumettre; plegarse, doblegarse, allanarse se plier; sucumbir succomber.

CEDES (abrev de Centro de Debates y Estudios Sindicales) *m* centre de conférences et d'études sur les questions syndicales.

CEDI (abrev de Centro Europeo de Documentación e Información) *m* CEDI.

cedilla *f* cédille.

OBSERV La **cedilla** n'est plus usitée à l'heure actuelle en espagnol.

cedizo, za *adj* faisandé, e (carnes).

cedria *f* résine de cèdre.

cedrino, na *adj* de cèdre.

cedro *m* cèdre (árbol) ■ **cedro de España** sabine ‖ **cedro del Líbano** cèdre du Liban.

cédula *f* billet *m* ‖ cédule (de reconocimiento de una deuda) ‖ (*Amer*) carte d'identité (documentación) ■ DR **cédula de citación** exploit o cédule de citation ‖ **cédula de confesión** billet de confession ‖ **cédula de habitabilidad** certificat d'habitabilité ‖ ECON **cédula de inversiones** certificat d'investissement ‖ (ant) **cédula de vecindad** o **personal** carte d'identité ‖ **cédula en blanco** blanc-seing ‖ DR **cédula hipotecaria** cédule hypothécaire ‖ (ant) **cédula real** brevet du roi.

cedular *adj* cédulaire.

CEE (abrev de Comunidad Económica Europea) *f* CEE.

CEEA (abrev de Comisión Europea para la Energía Atómica) *f* CEEA.

cefalalgia *f* MED céphalalgie.

cefalálgico, ca *adj* céphalalgique.

cefalea *f* MED céphalée.

cefálico, ca *adj* céphalique.

cefalitis *f inv* MED encéphalite.

cefalocordados *m pl* ZOOL céphalocordés.

cefalópodos *m pl* céphalopodes (moluscos).

cefalorraquídeo, a *adj* céphalo-rachidien, enne.

cefalotáceas *f pl* BOT céphalotes.

cefalotomía *f* MED céphalotomie.

cefalotórax *m inv* ZOOL céphalothorax.

cefeida *f* ASTRON céphéide.

Ceferina *n pr* Zéphyrine.

Ceferino *n pr* Zéphyrin.

céfiro *m* zéphyr (viento) ‖ zéphyre (lienzo).

cefo; cebo *m* sajou, sapajou (mono).

cegado, da *adj* aveuglé, e ‖ bouché, e (cerrado).

cegador, ra *adj* aveuglant, e.

cegar [35] *v intr* devenir aveugle (perder la vista) ‖ FAM **antes ciegues que tal veas** que jamais ne se réalisent les malheurs que tu prédis.
◇ *v tr* aveugler (quitar la vista) ‖ FIG combler (un pozo, una cañería) ‖ boucher, obstruer (paso o camino) ‖ aveugler (cerrar provisionalmente una vía de agua, etc.) ‖ aveugler; **le ciega la ira** la colère l'aveugle.

cegarra; cegarrita; cegato, ta; cegatón, ona *adj & s* FAM bigleux, euse; myope comme une taupe ‖ **a cegarritas** à l'aveuglette.

cegesimal *adj* cégésimal, e; **sistema cegesimal** système cégésimal.

cegetista *adj & s* cégétiste (de la Confederación General del Trabajo).

ceguedad; ceguera *f* cécité (estado del que es ciego) ‖ FIG aveuglement *m* ‖ MED **ceguera verbal** cécité verbale.

CEH *m* (abrev de Centro de Estudios Hispánicos) centre d'études hispaniques.

CEI (abrev de Comunidad de Estados Independientes) *f* CEI.

ceiba *f* fromager *m* (árbol).

ceibo *m* fromager (ceiba) ‖ flamboyant, érythrine *f* (árbol de flores rojas).

Ceilán *n pr m* HIST Ceylan (antiguo nombre de Sri Lanka).

ceja *f* sourcil *m* (del ojo) ‖ rebord *m* (borde saliente de un objeto) ‖ passepoil *m* (en la ropa) ‖ mors *m* (de un libro) ‖ crête (cumbre de una sierra) ‖ nuages *m pl* qui couronnent une montagne, queues-de-chat *pl* ‖ MÚS sillet *m* (de guitarra, etc.) ‖ ARQ larmier *m* (saledizo) ‖ TECN boudin *m* (de pestaña) ‖ (*Amer*) sentier *m* (vereda) ■ **arquear las cejas** ouvrir grands les yeux ‖ FIG & FAM **estar hasta las cejas** en avoir par-dessus la tête ‖ **quemarse las cejas** piocher, bûcher (estudiar), se crever les yeux ‖ **romper la ceja** rompre l'arcade sourcilière (boxeo) ‖ FIG **tener a uno entre ceja y ceja** o **entre cejas** avoir quelqu'un dans le nez, ne pas pouvoir voir quelqu'un ‖ **tener** o **meterse una cosa entre ceja y ceja** avoir o se mettre quelque chose dans la tête.

cejar *v intr* reculer ‖ FIG renoncer; **no cejes en tu empeño** ne renonce pas à ton entreprise ‖ céder, faiblir, lâcher prise (ceder) ‖ baisser le ton (en una discusión).

cejijunto, ta *adj* aux sourcils épais qui se rejoignent ‖ FIG renfrogné, e (ceñudo).

cejilla *f* sillet *m* (de la guitarra).

cejo *m* brouillard matinal (niebla) ‖ lien (para atar).

cejudo, da *adj* aux sourcils épais qui se rejoignent.

celacanto *m* ZOOL cœlacanthe.

celada *f* salade (del casco) ‖ FIG embuscade, guet-apens *m*; **caer en una celada** tomber dans un guet-apens ‖ embûche, piège *m* (trampa) ‖ **celada borgoñota** bourguignotte.

celador, ra *adj & s* zélateur, trice (que manifiesta celo).
◇ *m & f* surveillant, e (que vigila).

celaje *m* claire-voie *f* (claraboya) ‖ FIG présage, pressentiment (presagio).
➤ **celajes** *m pl* nuages colorés [au crépuscule].

CELAM (abrev de Consejo Episcopal Latinoamericano) *m* conseil épiscopal latino-américain.

celar *v tr* surveiller (vigilar) ‖ veiller; **celar la observancia de las leyes** veiller au respect des lois ‖ celer (ocultar) ‖ (p us) ciseler (grabar).

celda *f* cellule ‖ **celda de castigo** cellule disciplinaire, cachot ‖ INFORM **celda de almacenamiento de datos** cellule de mémoire de données.

celdilla *f* cellule ‖ BOT loge ‖ FIG niche (hornacina) ‖ **celdilla real** cellule royale (de las abejas).

cele *adj* (*Amer*) vert, e; tendre (frutas).

celebérrimo, ma *adj* très célèbre.

celebración f célébration.

celebrador, ra adj qui applaudit ∥ louangeur, euse (que alaba).

celebrante adj & s célébrant, e.
◇ m célébrant (sacerdote).

celebrar v tr célébrer (alabar) ∥ [▷ SIN] célébrer (una ceremonia) ∥ dire, célébrer (misa) ∥ tenir (asamblea, concilio, etc.) ∥ se réjouir de; celebro su éxito je me réjouis de son succès ∥ conclure (un contrato) ∥ fêter; celebrar su cumpleaños fêter son anniversaire ∥ disputer (un partido de fútbol, etc.) ∥ avoir (conversaciones, etc.) ∥ celebrar sesiones o una reunión siéger; la Unesco celebra sus reuniones en París l'Unesco siège à Paris.
◆ **celebrarse** v pr avoir lieu, se tenir (tener lugar).
∥ SIN festejar festoyer; santificar sanctifier; solemnizar solenniser; conmemorar commémorer.

célebre adj célèbre ∥ FAM amusant, e; drôle, rigolo, ote (gracioso) ∥ (Amer) beau, belle; gracieux, euse; charmant, e [surtout pour les femmes].

celebridad f célébrité.

celemín m boisseau (medida) ∥ boisselée f (contenido).

celeminada f boisselée.

celentéreos m pl ZOOL cœlentérés.

célere adj (p us) véloce, prompt, e.

celeridad f célérité (p us), rapidité, vitesse (velocidad) ∥ con toda celeridad en toute hâte, le plus rapidement possible.

celerífero m célérifère.

celesta m MÚS celesta.

celeste adj céleste (del cielo); los espacios celestes les espaces célestes ∥ el Celeste Imperio le Céleste Empire.
◇ adj & s m bleu ciel (color).

celestial adj céleste (del cielo); música celestial musique céleste ∥ FIG parfait, e; divin, e (delicioso) ∥ FAM niais, e (simple, bobo) ∥ FAM todo eso es música celestial tout ça c'est du vent.
∥ OBSERV Celestial ne s'applique qu'au ciel considéré comme la demeure des bienheureux.

celestina f FIG entremetteuse (alcahueta).

Celestina n pr Célestine.

celestino m célestin (monje).

Celestino n pr Célestin.

celiaco, ca adj cœliaque (intestinal).
◆ **celiaca** f flux m cœliaque (diarrea).

celibato m célibat (soltería) ∥ FAM célibataire, vieux garçon (soltero).

célibe adj & s (p us) célibataire.

celical; célico, ca adj POÉT céleste.

celícola m habitant du ciel.

celidonia f BOT chélidoine, éclaire.

celinda f seringa m (planta).

celindrate m ragoût à la coriandre.

cella f ARQ cella.

cellar adj hierro cellar fer plat.

cellisca f bourrasque de neige fondue.

cellisquear v impers tomber de la neige fondue.

cello m cerceau, cercle (de tonel).

celo m zèle (cuidado); mostrar demasiado celo faire trop de zèle ∥ jalousie f (envidia) ∥ rut, chaleur f (de los animales); estar en celo être en rut o en chaleur.
◆ **celos** m pl jalousie f sing (en amor); celos infundados jalousie injustifiée ∥ dar celos rendre jaloux ∥ tener celos être jaloux.

celofán m; **celófana** f Cellophane® f.

celosamente adv avec zèle ∥ jalousement.

celosía f jalousie (ventana) ∥ treillis m (enrejado).

celoso, sa adj & s zélé, e (esmerado) ∥ jaloux, ouse (que tiene celos); celoso como un turco jaloux comme un tigre ∥ méfiant, e (receloso) ∥ MAR léger, ère (embarcación) ∥ (Amer) sensible (un mecanismo) ∥ El celoso extremeño le Jaloux d'Extrémadure (de Cervantes).

celsitud f grandeur, sublimité (elevación) ∥ altesse (tratamiento real).

Celsius n pr grado Celsius degré Celsius.

celta m & f celte.
◇ adj celtique, celte.

Celtiberia n pr Celtibérie.

celtibérico, ca; celtiberio, ria adj & s celtibère, celtibérien, enne.

celtíbero, ra; celtibero, ra adj & s celtibère, celtibérien, enne.

céltico, ca adj & s celtique.
◆ **céltico** m LING celtique.

célula f cellule (celda) ∥ BIOL & ZOOL cellule ∥ FIG cellule (política) ∥ INFORM cellule ■ célula fotoeléctrica cellule photo-électrique ∥ célula sanguínea globule m [du sang] ∥ célula solar cellule solaire [photopile].

celular adj ANAT cellulaire; tejido celular tissu cellulaire ∥ coche celular fourgon o voiture cellulaire, panier à salade FAM.

celulitis f inv MED cellulite.

celuloide m celluloïd ■ celuloide rancio vieux film ∥ llevar al celuloide porter à l'écran (una película).

celulosa f QUÍM cellulose.

celulósico, ca adj cellulosique.

CEM (abrev de Centro de Estudios para la Mujer) m centre pédagogique réservé aux femmes en Espagne.

cementación f TECN cémentation.

cementador m cimentier (ouvrier).

cementar v tr cimenter (con cemento) ∥ TECN cémenter (un metal).

cementerio m cimetière ■ cementerio de automóviles o de coches cimetière de voitures ∥ cementerio nuclear o radioactivo dépôt de déchets radioactifs.
∥ SIN necrópolis nécropole; columbario colombarium; osario ossuaire; catacumba catacombe; cripta crypte; camposanto cimetière.

cemento m ciment; cemento romano ciment romain ∥ béton (hormigón); cemento armado béton armé ∥ cément (de los dientes) ∥ FAM tener una cara de cemento armado avoir un culot monstre, être gonflé.

cempasúchil; cempoal m (Amer) œillet d'Inde.

CEMT (abrev de Conferencia Europea de Ministros de Transportes) f CEMT.

cena f dîner m, souper [comida]; cena con baile dîner dansant ∥ Cène (de Jesucristo); la Última Cena la Dernière Cène ∥ cena de Nochebuena o de Nochevieja réveillon de Noël, du Jour de l'An.
∥ OBSERV La palabra souper sólo se emplea en los medios rurales o para designar la comida que se toma después de una función de noche.

cenacho m cabas (de esparto); un cenacho de legumbres un cabas de légumes.

cenáculo m cénacle.
∥ SIN círculo cercle; casino casino, cercle; club, peña club.

cenadero m (p us) salle f à manger (comedor) ∥ tonnelle f, charmille f, berceau (cenador).

cenado, da adj qui a dîné ∥ estar cenado avoir dîné.

cenador, ra adj & s dîneur, euse.
◆ **cenador** m tonnelle f, charmille f, berceau (en un jardín).

cenagal m bourbier (sitio pantanoso) ∥ FIG & FAM bourbier, pétrin, guêpier; estar metido en un cenagal être dans le pétrin.

cenagoso, sa adj fangeux, euse; bourbeux, euse; boueux, euse; camino cenagoso chemin bourbeux.

cenar v intr dîner, souper ■ cenar fuera dîner en ville ∥ quedarse sin cenar ne pas dîner.
◇ v tr dîner de, manger pour le dîner; ha cenado una tortilla il a mangé une omelette pour son dîner, il a dîné d'une omelette.
∥ OBSERV [➤ cena].

cencapa f (Amer) licou m de lama.

cenceño, ña adj sec, sèche; maigre.

cencerrada f charivari m (alboroto); dar una cencerrada donner un charivari.

cencerrear v intr sonnailler (agitar una campanilla) ∥ faire du bruit (hacer ruido) ∥ FIG & FAM gratter du violon o de la guitare (tocar mal) ∥ crier, grincer (una puerta, una ventana, una herradura) ∥ remuer, branler (un diente).

cencerreo m bruit de sonnailles ∥ tapage, vacarme (ruido).

cencerro m sonnaille f, clarine f (campanilla de los animales) ■ a cencerros tapados en tapinois, en catimini (secretamente) ■ FAM estar como un cencerro o más loco que un cencerro être complètement fou, être fou à lier ∥ mudarse a cencerros tapados déménager à la cloche de bois.

cencerrón m grappillon (racimo de uvas).

cencuate m (Amer) serpent venimeux du Mexique.

cendal m voile (velo) ∥ ECLES voile huméral.
◆ **cendales** m pl barbes f (de la pluma) ∥ essuie-plume sing.

cendra; cendrada f TECN cendrée (pasta de ceniza de huesos).

cendradilla f coupelle.

cendrazo m restes pl de coupellation.

cenefa f bordure, lisière (borde) ∥ plinthe (de la pared).

cenestesia f cénesthésie.

cenestésico, ca adj cénesthésique.

cenestopatía f MED cénesthopathie.

cenicero m cendrier.

Cenicienta n pr Cendrillon.

ceniciento, ta *adj* cendré, e (color); **rubio ceniciento** blond cendré.

cenicilla *f* oïdium *m* (oídio).

CENIDE (abrev de **Centro Nacional de Investigaciones para el Desarrollo de la Educación**) *m* organe gouvernemental de recherche sur l'éducation et l'enseignement en Espagne.

cenit *m* ASTRON zénith.

cenital *adj* zénithal, e.

ceniza *f* cendre; **reducir a cenizas** réduire en cendres ‖ oïdium *m* (de la vid) ‖ enduit *m* (pintura) ■ **miércoles de Ceniza** mercredi des Cendres ‖ **remover las cenizas** remuer la cendre ‖ **tomar la ceniza** recevoir les cendres [le mercredi des Cendres].

➡ **cenizas** *f pl* cendres (restos mortales) ‖ poussières; **cenizas radiactivas** poussières radioactives.

cenizo, za *adj* cendré, e (ceniciento).

➡ **cenizo** *m* oïdium (de la vid) ‖ FAM trouble-fête (aguafiestas) ‖ poisse *f*, guigne *f* (mala suerte); **tener el cenizo** avoir la guigne ‖ FAM **ser un cenizo** avoir le mauvais œil, porter la poisse.

cenobial *adj* cénobitique.

cenobio *m* monastère (monasterio).

cenobita *m & f* cénobite; **vivir como un cenobita** vivre en cénobite.

cenobítico, ca *adj* cénobitique.

cenobitismo *m* cénobitisme.

cenotafio *m* cénotaphe.

cenote *m* (Amer) puits naturel.

censar *v tr* (Amer) effectuer le recensement.

censatario, ria *m & f* DR censitaire.

censo *m* recensement, dénombrement (empadronamiento) ‖ DR cens (ant), redevance *f* (tributo) ‖ contrat de rente, rente *f* (renta); **censo muerto** rente perpétuelle; **censo al quitar** rente amortissable ‖ charge *f* (sobre una casa) ‖ bail (arrendamiento); **constituir un censo** passer un bail ‖ FIG gouffre; **este pleito es un censo** ce procès est un gouffre ■ **censo electoral** corps électoral ‖ DR **censo enfitéutico** emphytéose ‖ **censo reservativo** cession d'un bien immobilier en échange d'une redevance perpétuelle ‖ FIG & FAM **ser un censo** grever le budget (ser costoso).

CENSOLAR (abrev de **Centro de Estudios de la Energía Solar**) *m* centre de recherche sur l'énergie solaire en Espagne.

censonte; censontle *m* moqueur (pájaro).

censor *m* censeur.

censual *adj* censuel, elle; censitaire (del censo).

censualista *m & f* censier, ère (quien percibe el censo).

censura *f* censure; **moción de censura** motion de censure ‖ blâme *m*; **incurrir en la censura** mériter un blâme ‖ **voto de censura** blâme.

LA CENSURA —————————

Durant les premières années de la dictature franquiste, la censure a pris une importance énorme, et est parfois tombée dans des excès ridicules. Le but de la censure était, en principe, d'interdire tout type d'expression non conforme à l'idéologie totalitaire régnant à l'époque. La censure politique était accompagnée de la censure ecclésiastique dont le but était de préserver la morale catholique ultra-conservatrice. La censure portait absolument sur tout, mais les espagnols se souviennent en particulier de la censure des spectacles qui conduisit à altérer sensiblement les traductions de films, et à retoucher les costumes des artistes lorsqu'ils étaient considérés comme indécents.

---

censurable *adj* censurable, blâmable.

censurador, ra *adj* qui censure, qui blâme.

➡ **censurador** *m* censeur.

censurar *v tr* censurer; **censurar una película** censurer un film ‖ censurer, blâmer, critiquer; **censurar a o en uno su conducta** censurer la conduite de quelqu'un, blâmer la conduite de quelqu'un.

centaura; centaurea *f* BOT centaurée.

centauro *m* centaure.

centavo, va *adj & s* centième (centésimo).

➡ **centavo** *m* (Amer) centime, cent (moneda) ‖ FAM **estar sin un centavo** être sans le sou, ne pas avoir un sou.

centella *f* éclair *m* (rayo) ‖ foudre; **cayó una centella sobre el pararrayos de la torre** la foudre est tombée sur le paratonnerre de la tour ‖ étincelle (chispa) ‖ FIG lueur, trace (vestigio) ‖ (Amer) anémone, renoncule ■ FIG **partir como una centella** partir comme un éclair ‖ **raudo como la centella** rapide comme l'éclair.

centellante; centelleante *adj* étincelant, e; scintillant, e.

centellar; centellear *v intr* scintiller, étinceler, briller; **su sortija centellea con el sol** sa bague scintille au soleil.

centelleante ➡ **centellante**.

centellear ➡ **centellar**.

centelleo *m* scintillement (de las estrellas, de los diamantes) ‖ clignotement (de la luz).

centellón *m* grand éclair.

centena *f* centaine.

centenada *f* centaine; **a centenadas** par centaines.

centenal; centenar *m* champ de seigle.

centenar *m* centaine *f* (centena); **a o por centenares** par centaines; **centenares de hombres** des centaines d'hommes ‖ centenaire (centenario).

centenario, ria *adj & s* centenaire; **un viejo centenario de aspecto joven** un centenaire à l'air jeune.

➡ **centenario** *m* centenaire; **el tercer centenario del nacimiento** le troisième centenaire de la naissance.

centenaza *adj f* **paja centenaza** paille de seigle.

centeno, na *adj* (p us) centième (centésimo).

centeno *m* BOT seigle.

centesimal *adj* centésimal, e.

centésimo, ma *adj & s* centième ‖ **la centésima parte** le centième.

➡ **centésimo** *m* centième ‖ centime (centavo en Uruguay y Panamá).

centiárea *f* centiare *m* (medida agraria).

centibario *m* centibar.

centígrado, da *adj & s m* centigrade.

centigramo *m* centigramme.

centilitro *m* centilitre.

centillero *m* candélabre, chandelier à sept branches.

centímetro *m* centimètre; **centímetro cúbico** centimètre cube.

céntimo, ma *adj* centième (centésimo).

➡ **céntimo** *m* centime (moneda).

centinela *m* [▷ SIN] MIL sentinelle *f*, factionnaire ‖ FIG sentinelle *f*; **hacer centinela** faire sentinelle ■ **centinela de vista** gardien de prison ‖ MIL **estar de centinela, hacer centinela** monter la garde, être de faction.

> **OBSERV** Le mot **centinela** s'emploie également au féminin, mais le masculin l'emporte dans la langue actuelle.
> **SIN** guardia garde; atalayero éclaireur; plantón planton.

centinodia *f* renouée (planta).

centiplicado, da *adj* centuplé, e.

centipondio *m* quintal.

centolla *f*; **centollo** *m* araignée *f* de mer.

centón *m* centon (poesía).

centonar *v tr* entasser (cosas) ‖ compiler (obras literarias).

centrado, da *adj* centré, e; **una máquina mal centrada** une machine mal centrée ‖ BLAS cintré, e ‖ FIG équilibré, e; **una persona muy centrada** une personne très équilibrée.

➡ **centrado** *m* centrage.

centrador *m* TECN centreur.

central *adj* central, e; **núcleo central** noyau central ‖ **casa central** maison mère.

◇ *f* centrale; **central hidroeléctrica, nuclear** centrale hydro-électrique, nucléaire ‖ central *m*; **una central telefónica** un central téléphonique ‖ standard *m* (teléfono interior) ‖ maison mère (casa matriz) ■ **central cooperativa** centre coopératif ‖ **central de correos** grande poste, bureau de poste principal ‖ **central eólica** centrale éolienne ‖ **central geotérmica** centrale géothermique ‖ **central hidráulica** centrale hydraulique ‖ **central obrera** centrale ouvrière ‖ **central solar** o **heliotérmica** centrale solaire.

centralismo *m* centralisme.

centralista *adj & s* centraliste.

centralita *f* standard *m* (de teléfono).

centralización *f* centralisation.

centralizado, da *adj* centralisé, e.

centralizador, ra *adj & s* centralisateur, trice.

centralizar [13] *v tr* centraliser.

centrar *v tr* centrer ‖ pointer (arma de fuego) ‖ concentrer (rayos de luz) ‖ FIG préciser, délimiter (un significado) ‖ faire tourner autour; **centra su vida en la política** il fait tourner sa vie autour de la politique ‖ axer; **centrar una novela sobre las cuestiones sociales** axer un roman sur les questions sociales.

◇ *v tr & intr* centrer (deportes).

➡ **centrarse** *v pr* FIG tourner autour, être axé.

céntrico, ca *adj* central, e; **barrios céntricos** quartiers centraux.

centrifugación *f* centrifugation.

centrifugador, ra *adj & s* centrifugeur, euse.

centrifugar [16] *v tr* centrifuger.

centrífugo, ga *adj* centrifuge; bomba centrífuga pompe centrifuge.

centrípeto, ta *adj* centripète; aceleración centrípeta accélération centripète.

centrista *m & f* centriste (en política).
◇ *adj* centriste, du centre; partido político centrista parti politique centriste.

centro *m* centre (medio); el centro de un círculo le centre d'un cercle; comprar algo en el centro acheter quelque chose dans le centre ▌ INFORM centro de cálculo centre de calcul ▌ FIG but, objectif (objeto principal) ▌ milieu; en el centro de la calle au milieu de la rue ▌ milieu; en los centros diplomáticos dans les milieux diplomatiques ▌ FIG foyer; el centro de la rebelión le foyer de la rébellion ▌ cercle (club) ▌ centre (en el fútbol) ▌ ANAT & MAT centre ▌ MED siège (de una enfermedad) ▌ (*Amer*) gilet (chaleco) ▌ jupe *f* (saya) ■ centro chut centretir (fútbol) ▌ centro de atracción, de gravedad centre d'attraction, de gravité ▌ centro de desintoxicación centre de désintoxication ▌ centro de interés centre d'intérêt ▌ centro de mesa chemin de table (tapete), surtout, coupe (recipiente) ▌ centro nervioso centre nerveux ▌ en el mismísimo centro au beau milieu, en plein milieu ■ FIG estar en su centro être dans son élément ▌ (*Amer*) hacer centro faire mouche.

Centroamérica *n pr f* GEOGR Amérique centrale.

centroamericano, na *adj & s* de l'Amérique centrale.

centrocampista *m & f* DEP demi (en el fútbol).

centroeuropeo, a *m & f* Européen, enne du Centre.
◇ *adj* de l'Europe centrale.

centrosoma *m* BIOL centrosome.

centunvirato *m* centumvirat.

centunviro *m* HIST centumvir.

centuplicado, da *adj* au centuple, centuplé, e.

centuplicar [10] *v tr* centupler.

céntuplo, a *adj & s m* centuple.

centuria *f* siècle *m*, centurie (siglo) ▌ centurie (división del ejército romano).

centurión *m* HIST centurion.

cénzalo *m* moustique (mosquito).

cenzonte; cenzontle *m* (*Amer*) moqueur (pájaro).

ceñido, da *adj* économe ▌ ajusté, e; un vestido muy ceñido une robe très ajustée ▌ moulant, e; una camiseta ceñida un gilet de corps moulant ▌ pédiculé, e (los insectos).

ceñidor *m* ceinture *f* (cinturón), cordelière *f* (cordón).

ceñir [26] *v tr* serrer (apretar); esta cintura no me ciñe bien cette ceinture ne me serre pas bien ▌ ceindre, entourer; ceñir la frente de rosas ceindre le front de roses; el mar ciñe la tierra la mer entoure la terre ▌ entourer, encadrer; cabellos negros que ciñen un rostro cheveux noirs qui encadrent un visage ▌ mouler (ajustar); camiseta que ciñe el busto maillot qui moule le buste ▌ ceinturer (abrazar); ceñir a un adversario ceinturer un adversaire ▌ abréger (una narración).

↪ **ceñirse** *v pr* se modérer, se resteindre (en los gastos) ▌ se modérer (en las palabras) ▌ se limiter à, s'en tenir à; me ciño a lo que se ha dicho je m'en tiens à ce qui a été dit ▌ se faire (amoldarse) ▌ coller; este traje se ciñe al cuerpo cette robe colle au corps ▌ TAUROM s'approcher très près [du taureau] ■ ceñirse a serrer; hay que ceñirse al tema il faut serrer le sujet; ceñirse a la derecha serrer à droite ▌ ceñirse a la curva prendre un tournant à la corde (en una carrera).

ceño *m* froncement de sourcils ▌ bourrelet (del casco del caballo) ▌ FIG aspect imposant et menaçant ▌ fruncir el ceño froncer les sourcils.

ceñudo, da *adj* renfrogné, e; sombre, taciturne.

CEOE (abrev de Confederación Española de Organizaciones Empresariales) *f* confédération des organisations patronales en Espagne, ≃ CNPF *m*.

CEOTMA (abrev de Centro de Estudios de Ordenación del Territorio y Medio Ambiente) *m* centre d'études pour l'aménagement du territoire et la gestion de l'environnement dépendant du ministère de l'Équipement en Espagne.

cepa *f* cep *m*, pied *m* de vigne (vid) ▌ souche (tronco de árbol, de un virus) ▌ FIG souche (origen de una persona); de pura o de vieja cepa de vieille souche ▌ pilier *m* (de un puente).

CEPA (abrev de Colectivo de Educación Permanente de Adultos) *m* centre de formation pour adultes.

CEPAL (abrev de Comisión Económica para América Latina) *f* CEPALC, CEPAL.

cepillado *m*; **cepilladura** *f* rabotage *m* (carpintería) ▌ brossage *m* (de un vestido).

↪ **cepillados** *m pl*; **cepilladuras** *f pl* copeaux *m*.

cepilladora *f* raboteuse (en carpintería).

cepilladura ↪ **cepillado**.

cepillar *v tr* brosser (los trajes, etc.) ▌ raboter (carpintería).

↪ **cepillarse** *v pr* FAM recaler, coller, étendre (en un examen) ▌ MFAM bousiller, zigouiller (matar).

cepillo *m* tronc (en las iglesias) ▌ rabot (carpintería) ▌ brosse *f*; cepillo de la ropa, de dientes, de la cabeza brosse à habits, à dents, à cheveux; cepillo para el suelo, las uñas, los zapatos brosse à parquet, à ongles, à chaussures ■ al cepillo en brosse (los cabellos) ▌ cepillo bocel mouchette (herramienta) ▌ cepillo para fregar lavette.

cepo *m* rameau, branche *f* d'arbre (rama) ▌ billot (para el yunque) ▌ rouet à dévider la soie, guindre *f* (para la seda) ▌ cep (instrumento de tortura) ▌ traquenard (trampa) ▌ tronc (en las iglesias) ▌ TECN boulon de butée (ferrocarriles) ▌ ZOOL sajou, sapajou (mono) ▌ sabot de Denver (para bloquear un automóvil) ■ FIG caer en el cepo tomber dans le piège ▌ cepo de campaña o colombiano crapaudine (castigo militar) ▌ MAR cepo del ancla jas.

cepón *m* gros cep de vigne.

ceporro *m* vieux cep bon à brûler, sarment sec ▌ FAM poussah, patapouf (persona muy gruesa) ▌ bûche *f*, cruche *f*, soliveau (estúpido).

CEPSA (abrev de Compañía Española de Petróleos, SA) *f* groupe pétrolier espagnol.

CEPYME (abrev de Confederación Española de la Pequeña y Mediana Empresa) *f* confédération nationale espagnole des petites et moyennes entreprises.

cequí *m* sequin (moneda árabe).

cequia *f* canal *m* d'irrigation (acequia).

cera *f* cire; cera amarilla, blanca, vegetal cire jaune, blanche, végétale ▌ fart *m* (para los esquíes) ▌ (*Amer*) bougie, cierge *m* (vela) ■ cera aleda propolis, cire de abejas cire d'abeille ▌ MED cera de los oídos cérumen, cire ▌ cera mineral cire minérale ▌ ARTES cera perdida cire perdue ▌ cera virgen cire vierge ■ FIG amarillo como la cera jaune comme un citron o comme un coing ■ estar pálido como la cera avoir un teint de papier mâché.

↪ **ceras** *f pl* alvéoles *m* d'une ruche (alvéolos).

cerafolio *m* cerfeuil (planta).

cerámico, ca *adj* céramique ▌ gres cerámico grès cérame.

↪ **cerámica** *f* céramique.

ceramista *m & f* céramiste.

cerapez ↪ **cerote**.

cerasta *f*; **cerastes** *m* céraste (víbora).

ceratias *m* ASTRON comète *f* à deux queues.

cerato *m* cérat (ungüento).

cerbatana *f* sarbacane ▌ cornet *m* acoustique (para los sordos).

cerbero *m* cerbère.

Cerbero *n pr* MITOL Cerbère.

cerca *f* clôture, enceinte.

▌ SIN barrera barrière; empalizada palissade; estacada estacade; enrejado treillage; verja, reja grille; seto haie; alambrado, alambrada grillage.

cerca *adv* près; vivimos muy cerca nous habitons tout près; no te pongas tan cerca ne te mets pas si près ■ cerca de près de, environ (aproximadamente); cerca de mil muertos près de mille morts; auprès de; intervenir cerca de uno intervenir auprès de quelqu'un ▌ cerca de mí, de ti, etc. près de moi, de toi, etc. ▌ de cerca de près; mirar de cerca regarder de près ▌ embajador cerca de la Santa Sede ambassadeur près le Saint-Siège o auprès du Saint-Siège ▌ muy de cerca de très près.

↪ **cercas** *m pl* ARTES premiers plans.

▌ OBSERV 1. Usado absolutamente, cerca se traduce con preferencia por tout près (cerquita). 2. Auprès de indica mayor proximidad que près de.

cercado *m* enclos (huerto) ▌ clôture *f* (valla) ▌ (*Amer*) division *f* territoriale.

cercador, ra *adj & s* qui entoure ▌ MIL assiégeant, e.

↪ **cercador** *m* TECN repoussoir (herramienta).

cercanía *f* proximité; trabaja en la cercanía de su casa il travaille à proximité de chez lui.

↪ **cercanías** *f pl* alentours *m*, environs *m* (alrededores); vive en las cercanías de París il vit aux environs de Paris ▌ banlieue *sing* (suburbios); tren de cercanías train de banlieue.

cercano, na *adj* [▷ SIN] proche, rapproché, e (próximo, inmediato) ▌voisin, e; **ir a un pueblo cercano** aller à un village voisin ■ **cercano a su fin** proche de sa fin ▌**Cercano Oriente** Proche-Orient.

> SIN próximo prochain; vecino, aledaño voisin, avoisinant; inmediato immédiat; contiguo, inmediato contigu; lindante attenant; adyacente adjacent; limítrofe limitrophe; rayano joignant.

cercar [10] *v tr* clore, clôturer (rodear con una cerca) ▌[▷ SIN] MIL assiéger, encercler, cerner (sitiar) ▌entourer, cerner (por la muchedumbre).

> SIN bloquear bloquer; asediar, sitiar assiéger; rodear entourer.

cercén
➤ **a cercén** *loc adv* à ras, ras; **cortar a cercén** couper à ras, couper ras.

cercenador, ra *adj* qui rogne, qui retranche.

cercenadura *f*; **cercenamiento** *m* rognure *f* (parte cortada) ▌rognage *m*, retranchement *m*, raccourcissement *m* (acción de cercenar) ▌raccourcissement *m*, réduction *f* (de un texto, discurso).

cercenar *v tr* rogner, retrancher (cortar el borde) ▌FIG diminuer, réduire (disminuir); **cercenar el gasto** réduire la dépense▌rogner (suprimir una parte de); **cercenar un sueldo** rogner un salaire▌raccourcir, réduire (un texto).

cerceta *f* sarcelle (ave).
➤ **cercetas** *f pl* dagues (del ciervo).

cercha *f* ARQ cintre *m* (cimbra) ▌TECN cerce [patron ou calibre à profil courbe].

cerchar *v tr* AGRIC marcotter, provigner (la vid).

cerchear *v intr* se gauchir (alabearse).

cerchón *m* ARQ cintre.

cerciorar *v tr* assurer.
➤ **cerciorarse** *v pr* s'assurer; **cerciorarse de un hecho** s'assurer d'un fait.

cerco *m* cercle (lo que rodea) ▌cercle (aro de tonel) ▌ceinture *f* (de las ruedas) ▌cercle (corrillo) ▌cerne (figura mágica) ▌cerne (de una mancha) ▌ASTRON halo (corona, halo) ▌cadre (marco de puerta, etc.) ▌MIL siège (asedio); **alzar** o **levantar el cerco** lever le siège ▌(*Amer*) enclos (cercado), clôture *f* (cerca), haie *f* vive (seto vivo) ▌tour (vuelta) ▌**cerco policiaco** cordon de police ■ MIL **poner cerco** mettre le siège, assiéger ▌**poner cerco al enemigo** cerner l'ennemi.

cercopiteco *m* ZOOL cercopithèque (mono).

cerda *f* soie (del cerdo) ▌crin *m* (del caballo) ▌truie (hembra del cerdo) ▌soie, soyon *m* (enfermedad del cerdo) ▌collet *m* (lazo para la caza) ▌récolte, gerbe (mies segada) ▌**ganado de cerda** porcs, porcins.

cerdada *f* FAM cochonnerie (guarrada).

cerdamen *m* touffe *f* de soies o de crins.

Cerdaña *n pr f* GEOGR Cerdagne.

cerdear *v intr* fléchir les pattes antérieures (los animales) ▌MÚS sonner faux (un instrumento) ▌FIG & FAM regimber, se défiler (resistir) ▌(*Amer*) tailler la crinière et la queue des chevaux (cortar la cerda a un caballo).

Cerdeña *n pr f* GEOGR Sardaigne.

cerdo *m* [▷ SIN] porc, cochon (puerco) ▌FIG & FAM cochon ■ **carne de cerdo** viande de porc ▌**cerdo marino** marsouin.

> SIN puerco porc; cochino, guarro cochon; gorrino goret; verraco verrat.

cerdoso, sa *adj* couvert de soies ▌sétacé, e (semejante a la cerda del puerco) ▌comme du crin; **barba cerdosa** barbe comme du crin.

cereal *m* céréale *f*.
➤ **cereales** *m pl* fêtes *f* en l'honneur de Cérès.

cerealista *adj & s m* céréalier, ère; **región cerealista** région céréalière ▌**congreso cerealista** congrès de céréalistes.

cerebelo *m* ANAT cervelet.

cerebral *adj & s* cérébral, e.

cerebro *m* [▷ SIN] ANAT cerveau ▌FIG cerveau (inteligencia) ■ **cerebro electrónico** cerveau électronique ▌FIG **torturar su cerebro** se creuser la cervelle, se torturer les méninges.

> SIN sesos cervelle; encéfalo encéphale; cerebelo cervelet.

cerebroespinal *adj* cérébro-spinal, e.

cereceda *f* cerisaie (cerezal).

cerecilla *f* piment *m* rouge (guindilla).

ceremonia *f* cérémonie ▌façons *pl*, cérémonie, manières *pl* (cumplidos); **andarse con ceremonias** faire des cérémonies o des façons ■ **con gran ceremonia** en grande cérémonie, en grande pompe FAM ▌**de ceremonia** cérémonieux, euse ▌**por ceremonia** par politesse.

ceremonial *m* cérémonial.
◇ *adj* cérémoniel, elle.

ceremonioso, sa *adj* cérémonieux, euse.

céreo, a *adj* de cire, cireux, euse.

cerería *f* magasin *m*, métier *m* du cirier.

cereza *f* cerise (fruta) ▌(*Amer*) écorce du grain de café (de café), cerise (grano de café) ■ **cereza gordal** o **garrafal** bigarreau ▌**cereza mollar** cerise commune ▌**cereza pasa** cerisette ▌**cereza póntica** griotte, guigne ▌**cereza silvestre** merise.

cerezal *m* cerisaie *f* (plantío de cerezos).

cerezo *m* cerisier (árbol) ■ **cerezo aliso** merisier à grappes, putier ▌**cerezo silvestre** merisier.

cerífero, ra *adj* cérifère.

cerífica *adj f* **pintura cerífica** peinture à l'encaustique.

cerilla *f*; **cerillo** *m* allumette (fósforo); **una caja de cerillas** une boîte d'allumettes ▌**rat** *m* **de cave**, queue-de-rat (vela) ▌**cérumen** *m* (cera de los oídos).

cerillera *f*; **cerillero** *m* boîte *f* d'allumettes ▌marchand, e d'allumettes et de cigarettes ▌poche *f* pour les allumettes.

cerillo ➤ **cerilla**.

cerio *m* QUÍM cérium (metal raro).

cerita *f* MIN cérite.

cerites *m* cérithe (molusco fósil).

cermeña *f* muscadelle (variedad de pera).

cermeño *m* poirier muscadelle (peral) ▌FIG rustre, brute *f* (tosco).

cernada *f* charrée (de lejía).

cernadero *m* charrier (para la colada).

cerne *adj* dur, e.
◇ *m* cœur dur de l'arbre (del árbol).

cernedera *f* blutoir *m*, tamis *m* (tamiz).

cernedero *m* bluterie *f*.

cernedor *m* blutoir, bluteau, tamis (cedazo) ▌bluteur, sasseur (persona).

cerneja *f* fanon *m* (del caballo).

cerner [20]; **cernir** [27] *v tr* bluter (la harina), tamiser (cualquier materia) ▌FIG observer, scruter; **cerner el horizonte** scruter l'horizon ▌épurer, purifier (los pensamientos, las acciones).
➤ **cerner** *v intr* être en fleur (florecer) ▌bruiner, pleuviner (llover muy fino).
➤ **cernerse** *v pr* planer (los pájaros, los aviones) ▌FIG planer, menacer (un peligro) ▌se balancer (al andar).

cernícalo *m* ZOOL buse *f*, crécerelle *f* (pájaro) ▌FIG & FAM butor, buse *f*, patate *f*, cruche *f* (tonto) ▌MFAM cuite *f*; **coger** o **pillar un cernícalo** prendre une cuite.

cernidillo *m* bruine *f*, crachin (lluvia fina) ▌FIG balancement (al caminar).

cernido *m* criblage, blutage (acción de cerner) ▌farine *f* blutée (harina).

cernidor ➤ **cedazo**.

cernidura *f* criblage *m*, blutage *m* (cernido).
➤ **cerniduras** *f pl* criblures (residuos del cernido).

cernir ➤ **cerner**.

cero *m* MAT & FÍS zéro; **cero absoluto** zéro absolu; **seis grados bajo cero** six degrés au-dessous de zéro ▌rien (tenis); **cuarenta a cero** quarante à rien ■ FIG & FAM **estar a cero** être fauché ▌**ser un cero** o **un cero a la izquierda** être une nullité o un zéro o un zéro tout rond.

cerón *m* résidus *pl* de la cire.

ceroso, sa *adj* cireux, euse; **tez cerosa** teint cireux.

cerote *m*; **cerapez** *f* poix *f* de cordonnier ▌FIG & FAM frousse *f*, trouille *f* (miedo).

cerotear *v tr* empoisser, poisser (los hilos).

cerquillo *m* couronne *f*, tonsure *f* (tonsura de monje) ▌trépointe *f* (del calzado) ▌(*Amer*) frange *f* (flequillo).

cerquita *adv* tout près.

cerrada *f* partie de la peau correspondant au cou et à l'échine (ant) ▌fermeture.

cerrado, da *adj* fermé, e; **puerta cerrada** porte fermée ▌FIG caché, e; **el sentido cerrado de una carta** le sens caché d'une lettre ▌resserré, e (poro) ▌couvert, e; nuageux, euse (cielo) ▌dru, e (lluvia) ▌touffu, e; épais, aisse (espeso); abondant, e; fourni, e (abundante); **una barba cerrada** une barbe touffue ▌FIG & FAM renfermé, e; peu communicatif, ive (poco expansivo)▌bouché, e (muy torpe); **cerrado de mollera** bouché à l'émeri ▌à l'accent très marqué o prononcé; **hablar un andaluz cerrado** parler avec un accent andalou très marqué ▌nourri, e; fourni, e; **unos aplausos cerrados** des applaudissements nourris ■ **cerrado por obras** en travaux ▌**curva muy cerrada** virage en épingle à cheveux ▌**noche cerrada** nuit noire o close ▌MIL **orden cerrado** formation en masse ▌**pliego** o **sobre cerrado** lettre cachetée, pli cacheté ▌**testamento cerrado** testament secret o mystique ■ **a ojos cerrados** les yeux fermés ‖ **a puerta cerrada** à huis clos ■ **tomar la curva muy cerrada** prendre un virage à la corde.

◆ **cerrado** *m* clôture *f*, enclos (cercado) ‖ FIG & FAM personne *f* bornée (poco inteligente) ‖ **oler a cerrado** sentir le renfermé.

cerrador *m* fermoir.

cerradura *f* serrure (para cerrar); **cerradura de seguridad** serrure de sûreté ‖ fermeture (acción de cerrar) ■ **cerradura antirrobo** antivol ‖ **cerradura de combinación** serrure à combinaison ‖ **cerradura embutida** serrure cachée o affleurée.

cerraja *f* serrure (cerradura) ‖ BOT laiteron *m* ‖ FIG **volverse agua de cerrajas** finir en eau de boudin.

cerrajería *f* serrurerie.

cerrajero *m* serrurier.

cerrajón *m* coteau élevé (cerro).

cerrar [34] *v tr* fermer (una caja, un cajón, una puerta); **cerrar con llave** fermer à clef; **cerrar con dos vueltas** fermer à double tour ‖ fermer (los ojos, la mano, las piernas, etc.) ‖ fermer, plier (un paraguas, un abanico) ‖ fermer (un puerto) ‖ barrer (un camino); **cerrar el paso** barrer la route ‖ boucher (una abertura, un conducto) ‖ boucler (un cinturón) ‖ refermer (una herida) ‖ serrer (unir estrechamente); **cerrar las filas** serrer les rangs ‖ clore, mettre fin, mettre un point final à (una discusión, un debate) ‖ conclure; **cerrar un trato** conclure un marché ‖ clore (un contrato, un negocio) ‖ clore (suscripción, empréstito, etc.) ‖ clore, clôturer, arrêter (una cuenta) ‖ fermer, cacheter (una carta) ‖ fermer (ir detrás); **cerrar la marcha** fermer la marche ■ FIG **cerrar con siete llaves** fermer à double tour ‖ FAM **cerrar el pico** fermer o clouer le bec, la boucler, la fermer ‖ **cerrar en falso** fermer à faux ‖ **cerrar los ojos a la realidad** fermer les yeux sur la réalité ■ (ant) **¡Cierra España!** à l'attaque!, en avant!

◇ *v intr* fermer (cerrarse); **ventana que cierra mal** fenêtre qui ferme mal ‖ démarquer (un caballo) ‖ rabattre (géneros de punto) ■ FIG **cerrar con** o **contra uno** fondre sur quelqu'un, tomber sur quelqu'un ‖ **la noche está cerrada** il fait nuit noire.

◆ **cerrarse** *v pr* se fermer (una herida, una flor, etc.) ‖ faire une queue de poisson; **el camión se me ha cerrado** le camion m'a fait une queue de poisson ‖ FIG s'obstiner, s'entêter; **se cierra en callar** il s'obstine à garder le silence ‖ se couvrir, se boucher (el cielo, el horizonte) ■ **cerrarse a la** o **por** o **en banda** s'entêter, s'obstiner ‖ **cerrarse en falso** mal cicatriser (una herida).

cerrazón *f* obscurité, assombrissement *m* du ciel [qui précède un orage] ‖ FIG étroitesse d'esprit ‖ (*Amer*) contrefort *m* d'une chaîne de montagnes (contrafuerte).

cerrejón *m* butte *f*, colline *f*.

cerrero, ra *adj* vagabond, e (vagabundo) ‖ sauvage (caballo, mula) ‖ FIG rustre, grossier, ère (inculto) ‖ (*Amer*) amer, ère; **café cerrero** café amer.

cerril *adj* accidenté, e (terreno) ‖ sauvage (animal) ‖ FIG & FAM grossier, ère; rustre (tosco).

cerrillo *m* mamelon, petite butte *f* (colina) ‖ BOT chiendent (grama).

cerro *m* [▷ SIN] coteau, colline *f* (colina), butte *f*, tertre (otero) ‖ cou (cuello del animal) ‖ croupe *f* (espalda del animal) ‖ quenouille *f* (de lino o cáñamo) ■ **cerro testigo** butte témoin ‖ FIG & FAM **echar** o **irse por los cerros de Úbeda** divaguer, battre la campagne (divagar), s'éloigner du sujet, être à cent lieues du sujet (salirse del tema).

| SIN **montículo** monticule; **mota** motte; **altozano** mamelon.

cerrojazo *m* fermeture *f*, verrouillage brusque ‖ **dar cerrojazo** fermer [boutique].

cerrojillo ▶ **herreruelo**.

cerrojo *m* verrou ‖ verrou (del fusil) ‖ béton, verrou (en fútbol), bétonneur (jugador) ■ **cerrar con cerrojo, echar** o **correr el cerrojo** fermer au verrou, mettre le verrou à, verrouiller ‖ **descorrer el cerrojo** tirer o ouvrir le verrou.

cerruma *f* paturon *m* (del caballo).

certamen *m* duel (desafío), joute *f* (torneo) ‖ FIG concours [littéraire, etc.]; **participar en un certamen** participer à un concours ‖ joute *f* oratoire (oratoria).

certero, ra *adj* adroit, e ‖ juste; **tiro certero** tir juste ‖ sûr, e; fondé, e (cierto).

certeza; certidumbre *f* certitude, assurance; **tener la certeza que** avoir la certitude que ‖ exactitude, authenticité (autenticidad).

certificación *f* certification (acción de certificar) ‖ recommandation (de una carta) ‖ certificat *m* (certificado).

certificado, da *adj* recommandé, e (carta) ‖ **por certificado** sous pli recommandé.

◆ **certificado** *m* certificat ‖ brevet d'études (diploma) ‖ ECON **certificado de depósito** certificat de dépôt ‖ **certificado de favor** certificat de complaisance ‖ **certificado de penales** extrait de casier judiciaire ‖ **certificado médico** certificat médical.

◆ **certificados** *m pl* objets recommandés.

certificador *m* certificateur.

certificar [10] *v tr* certifier, assurer (asegurar) ‖ recommander (las cartas).

certitud *f* certitude (certeza).

cerúleo, a *adj* céruléen, enne (celeste).

cerumen *m* cérumen (cerilla de los oídos).

ceruminoso, sa *adj* cérumineux, euse.

cerusa *f* céruse (albayalde).

cerval *adj* cervin, e; du cerf ■ **gato cerval** chat-cervier ‖ **lobo cerval** loup-cervier ‖ **miedo cerval** peur bleue.

Cervantes *n pr* Miguel de Cervantes Miguel de Cervantès ‖ **premio Miguel de Cervantes** prix littéraire espagnol.

EL PREMIO MIGUEL DE CERVANTES _____
Ce prix littéraire, créé en 1975 et doté de 15 millions de pesetas, couronne chaque année, un écrivain d'un pays hispanophone, dont l'œuvre peut appartenir à tout genre littéraire. Parmi les lauréats, citons Alejo Carpentier (1976), Rafael Alberti (1983), Mario Vargas Llosa (1994) et Camilo José Cela (1996).

cervantesco, ca; cervántico, ca; cervantino, na *adj* relatif à Cervantes o à son style, cervantesque.

cervantista *adj & s* cervantiste, personne occupée à l'étude des œuvres de Cervantes.

cervantófilo, la *adj & s* cervantophile.

cervatillo *m* ZOOL porte-musc.

cervato *m* ZOOL faon (ciervo).

cerveceo *m* fermentation *f* de la bière.

cervecería *f* brasserie (fábrica y tienda).

cervecero *m* brasseur.

cerveza *f* bière; **cerveza dorada, negra** bière blonde, brune ‖ **cerveza de barril** bière (à la) pression.

cervical *adj* cervical, e.

cérvidos *m pl* ZOOL cervidés.

cerviguillo; cervigón *m* nuque *f*.

cerviz *f* nuque (nuca) ■ FIG **bajar** o **doblar** o **humillar la cerviz** courber la tête o le front o l'échine ‖ **levantar la cerviz** lever la tête ‖ **ser de dura cerviz** être une forte tête.
■ OBSERV pl **cervices**.

cesación *f*; **cesamiento** *m* cessation *f*; **cesación de pagos** cessation de paiement ‖ **cesación a divinis** interdit.

cesante *adj* mis à pied o en disponibilité, révoqué de ses fonctions ‖ suspendu, e; en non-activité (un funcionario) ■ **dejar cesante** remercier, révoquer, relever de ses fonctions ‖ **lucro cesante** manque à gagner.
◇ *m & f* fonctionnaire en disponibilité.

cesantear *v tr* (*Amer*) renvoyer.

cesantía *f* mise à pied (de un funcionario), révocation (despido) ‖ disponibilité, non-activité (sin trabajo) ‖ pension [d'employé en disponibilité] ‖ congé *m* d'inactivité (descanso).

cesar *v intr* cesser, prendre fin ■ **cesar en el cargo** cesser ses fonctions ‖ **cesar en sus quejas** cesser ses plaintes ‖ **sin cesar** sans cesse, sans arrêt.
◇ *v tr* démettre de ses fonctions, révoquer.

césar *m* CINEM césar.

César *n pr* HIST César (estadista romano) ‖ **hay que dar a Dios lo que es de Dios y al César lo que es del César** il faut rendre à César ce qui est à César et à Dieu ce qui est à Dieu.

cesáreo, a *adj* césarien, enne.
◇ **cesárea** *adj f & s* césarienne (operación).

cesariano, na *adj & s* césarien, enne (relativo a Julio César).

cesariense *adj & s* césaréen, enne; de Césarée.

cesarismo *m* césarisme.

cese *m* cessation *f* ‖ ordre de cessation de paiement ‖ révocation *f* d'un fonctionnaire.

Cesedén (abrev de **Centro Superior de Estudios de la Defensa Nacional**) *m* centre de recherche de l'armée espagnole.

cesibilidad *f* cessibilité.

cesible *adj* DR cessible.

Cesid (abrev de **Centro Superior de Investigación de la Defensa**) *m* services secrets espagnols, ≃ DGSE *f*.

LOS PAPELES DEL CESID _____
Les services secrets espagnols ont été compromis ces dernières années dans de nombreux scandales politiques. On les a soupçonnés d'avoir mis sur table d'écoute des membres du gouvernement, et même le roi d'Espagne. On a également accusé d'anciens membres de ces services d'avoir subtilisé des documents relatifs à la lutte contre

l'ETA. Cette affaire est connue sous le nom de « los papeles del CESID ».

cesio *m* césium, cæsium (metal).

cesión *f* cession; **cesión de tierras, de bienes** cession de terres, de biens.
‖ SIN **concesión** concession;/**desasimiento** dessaisissement; **renuncia** renoncement.

cesionario, ria *m* & *f* cessionnaire.

cesionista *m* & *f* cédant, e (que hace cesión de bienes).

CESL (abrev de **Confederación Europea de Sindicatos Libres**) *f* CESL, CESLC.

césped *m* gazon, pelouse *f*; **cortar el césped** tondre la pelouse ‖ **césped inglés** gazon anglais.

cespedera *f* pelouse.

cesta *f* panier *m* (recipiente de mimbre, etc.) ‖ **chistera** *m* [pour jouer à la pelote basque] ‖ panier *m* (en el juego del baloncesto) ‖ **cesta de labores** panier à ouvrage ‖ FIG **cesta de la compra** panier de la ménagère ‖ **cesta de Navidad** colis de Noël ‖ FIG & FAM **llevar la cesta** tenir la chandelle, chaperonner.

cestapunta *f* chistera *m* [pelote basque].

cestería *f* vannerie.

cestero, ra *m* & *f* vannier, ère.

cesto *m* [▷ SIN] panier, corbeille *f*; **cesto de los papeles** corbeille à papiers ‖ manne *f* (cesto grande) ‖ **ceste** (guante de atletas) ‖ **quien hace un cesto hará ciento** qui a bu boira, qui vole un œuf vole un bœuf.
‖ SIN **canasto** panier; **canastilla** corbeille; **banasto** panier rond.

cestodos *m pl* ZOOL cestodes (gusanos).

cestón *m* MIL gabion.

cestonada *f* MIL gabionnade.

cesura *f* POÉT césure (verso).

ceta ▬► **zeta.**

cetáceo *m* ZOOL cétacé.

ceteno *m* cétène (carburo).

cetina *f* blanc *m* de baleine, cétine.

Cetme® *m* MIL fusil d'assaut espagnol.

cetoina *f* ZOOL cétoine.

cetona *f* QUÍM cétone.

cetrería *f* fauconnerie.

cetrero *m* fauconnier.

cetrino, na *adj* citrin, e (p us); olivâtre (color) ‖ FIG mélancolique.

cetro *m* sceptre (insignia de mando) ‖ canne *f* (de capellán) ‖ perchoir (para halcones) ‖ FIG sceptre (reinado) ‖ **cetro de bufón** marotte ‖ **empuñar el cetro** monter sur le trône.

CEU (abrev de **Centro de Estudios Universitarios**) *m* centre privé d'études secondaires et universitaires en Espagne.

ceugma *f* GRAM zeugma *m*.

ceutí *adj* & *s* de Ceuta.
‖ OBSERV pl ceutíes.

cf.; cfr. (abrev escrita de **confróntese**) cf.

CFC (abrev de **clorofluocarbono**) *m* CFC.

CFI (abrev de **Corporación Financiera Internacional**) *f* SFI.

cg (abrev escrita de **centigramo**) cg.

CGPJ (abrev de **Consejo General del Poder Judicial**) *m* conseil supérieur de la magistrature en Espagne, élu par le parlement.

ch; Ch *f* ch *m*.
‖ OBSERV Ch se prononce comme tch en français, son analogue au ch en anglais [tʃ].

CH (abrev de **Confederación Helvética**) *f* CH.

cha *m* schah, shah.

chabacanada *f* grossièreté, vulgarité; **decir chabacanadas** dire des grossièretés.

chabacanear *v intr* agir grossièrement.

chabacanería *f* vulgarité, grossièreté.

chabacano, na *adj* ordinaire, quelconque; **una mujer chabacana** une femme ordinaire ‖ vulgaire; **un aspecto chabacano** un air vulgaire ‖ grossier, ère; vulgaire; **un chiste chabacano** une plaisanterie grossière.
▬► **chabacano** *m* (Amer) type d'abricotier.

chabola *f* hutte (choza) ‖ cabane (caseta) ‖ guérite (del soldado) ‖ baraque (casa mala) ‖ **las chabolas** le bidonville (barrio de latas).

chabolismo *m* bidonvilles *pl*; **hay que terminar con el chabolismo** il faut éliminer les bidonvilles.

chabolista *m* & *f* habitant, e des bidonvilles.

chacal *m* ZOOL chacal.

chacalín *m* (Amer) crevette *f* (camarón) ‖ gosse (chiquillo).

chácara *f* (Amer) ferme (chacra) ‖ bourse (bolsa) ‖ plaie (llaga).

chacarero, ra *adj* & *s* (Amer) fermier, ère; paysan, anne.
▬► **chacarera** *f* danse paysanne [en Argentine, Uruguay et Bolivie].

chacarrachaca *f* FAM vacarme *m*, brouhaha *m*.

chacha *f* FAM bonne (d'enfant), boniche.

cha-cha-cha; chachachá *m* cha-cha-cha.
‖ OBSERV le pluriel de chachachá est chachachás.

chachalaca *f* ortalide, oiseau *m* gallinacé du Mexique (ave) ‖ FIG (Amer) bavard, e; pie (charlatán).

cháchara *f* FAM bavardage *m*, papotage *m*, babillage *m*; bla-bla (charla) ‖ **estar de cháchara** bavarder, papoter.
▬► **chácharas** *f pl* (Amer) babioles *f*, colifichets *m* (baratijas).

chacharear *v intr* FAM bavarder, papoter.

chacharero, ra *adj* & *s* FAM bavard, e.

chachi *adj* FAM super, extra.

chacho, cha *m* & *f* FAM garçon, gars (muchacho), fille (muchacha); **¡ven acá, chacho!** viens ici, mon gars!
▬► *adj* & *s* (Amer) jumeau, elle.

chacina *f* charcuterie.

chacinería *f* charcuterie (tienda).

chacó *m* shako (morrión).

chacolí *m* chacoli (vin basque).
‖ OBSERV pl chacolís.

chacolotear *v intr* locher (la herradura).

chacoloteo *m* branlement (de la herradura).

chacona *f* chaconne (baile y música).

chaconada *f* jaconas *m* (tela).

chacota *f* plaisanterie (burla) ‖ FAM **echar o tomar a chacota** tourner en plaisanterie, prendre à la rigolade (burlarse), se ficher pas mal de (desentenderse de) ‖ **hacer chacota de** se moquer de.

chacotear *v intr* blaguer, plaisanter.

chacoteo *m* moquerie *f*, plaisanterie *f*.

chacotero, ra *adj* & *s* FAM farceur, euse; moqueur, euse; blagueur, euse.

chacotón, ona *adj* (Amer) FAM farceur, euse; moqueur, euse; blagueur, euse.

chacra *f* (Amer) ferme, métairie.

chacuaco, ca *adj* (Amer) rustre, grossier, ère.
▬► **chacuaco** *m* mégot (colilla).

chacuaquería *f* (Amer) bricolage (chapucería).

chadiano, na *adj* & *s* tchadien, enne.

chafaldete *m* MAR cargue *f* de hune.

chafallar *v tr* FAM bâcler, bousiller, gâcher, saboter (trabajar mal).

chafallo *m* FAM rafistolage, bricolage *f*.

chafallón, ona *adj* & *s* FAM bousilleur, euse; saboteur, euse (chapucero).

chafalonía *f* vieux objets *m pl* en or ou en argent (oro y plata viejos).

chafalote *adj* (Amer) rustre, ordinaire.
◇ *m* (Amer) sorte de cimeterre (alfanje).

chafar *v tr* écraser, aplatir (aplastar) ‖ froisser, chiffonner (arrugar) ‖ FIG & FAM confondre, mettre à quia (en una discusión) ‖ écraser, flétrir (humillar) ‖ flanquer par terre; **me ha chafado el plan** cela a flanqué mes projets par terre.

Chafarinas *n pr f pl* GEOGR **las islas Chafarinas** les îles Zaffarines.

chafarote *m* cimeterre (sable corvo).

chafarrinar *v tr* barbouiller, souiller.

chafe *m* FAM (Amer) flic (policía).

chaflán *m* chanfrein (bisel), pan coupé (esquina).

chaflanar *v tr* chanfreiner (abiselar).

chagolla *f* (Amer) bricole, babiole ‖ fausse monnaie.

chagra *m* (Amer) paysan.
◇ *f* (Amer) ferme (chacra).

chaguar [45] *v tr* essorer (exprimir).

chaguar *m* (Amer) sorte d'agave.

chah *m* shah (soberano).

chahuistle *f* rouille (joya).

chaina *f* (Amer) chardonneret *m* (jilguero) ‖ flûte (flauta).

chaira *f* tranchet *m* (de zapatero) ‖ fusil *m* (para afilar cuchillos).

chaise longue *f* chaise longue.

chajá *m* (Amer) kamichi (ave).

chal *m* châle (mantón).

chala *f* (Amer) spathe (del maíz).

chalado, da *adj* FAM toqué, e; dingue, cinglé, e (tonto) ‖ fou, folle d'amour (enamorado) ‖ FAM **estar chalado por o con alguien** en tenir o être mordu pour quelqu'un, être fou de quelqu'un, raffoler de quelqu'un.

chaladura *f* FAM toquade, excentricité ‖ amourette.

chalán *m* maquignon (comerciante en caballos) ‖ (Amer) dresseur (de chevaux).

chalana *f* MAR chaland *m* (gabarra).

chalanear *v intr* FAM maquignonner (en los negocios) ‖ (*Amer*) dresser des chevaux (domar).

chalaneo *m* maquignonnage *m*.

chalanería *f* maquignonnage *m*.

chalanesco, ca *adj* de maquignon.

chalar *v tr* affoler, rendre fou (enloquecer).
➤ **chalarse** *v pr* s'amouracher, s'éprendre, se toquer; **chalarse por** s'amouracher de.

chalate *m* rosse *f* (caballo malo).

chalaza *f* ANAT & BOT chalaze.

chalcha *f* (*Amer*) double menton *m* (papada).

chalchihuite *m* (*Amer*) sorte d'émeraude *f* grossière ‖ colifichet, babiole *f* (baratija).

chalé; chalet *m* pavillon, villa *f* ‖ **chalets** adosados o pareados pavillons jumeaux.
‖ OBSERV **1.** En francés *chalet* designa sobre todo la casita de madera de estilo suizo. **2.** La forme *chalé* est la plus courante. **3.** pl *chalés; chalets.*

chaleco *m* gilet ■ (*Amer*) **chaleco de fuerza** camisole de force ‖ **chaleco de punto** tricot, pull-over ‖ **chaleco salvavidas** gilet de sauvetage.

chalecón, ona *adj* (*Amer*) tricheur, euse (tramposo).

chalequear *v tr* (*Amer*) voler.

chalet ➤ **chalé**.

chalina *f* lavallière (corbata) ‖ écharpe (bufanda).

challenger *m* challenger (candidato).

chalón *m* (*Amer*) écharpe *f*.

chalote *m* BOT échalote *f*.

chaludo, da *adj* FAM (*Amer*) argenté, e.

chalupa *f* chaloupe (barco de vela) ‖ canot *m*, barque (bote) ‖ (*Amer*) gâteau *m* de maïs.

chama *f* échange *m*, troc *m*.

chamaco, ca *m* & *f* (*Amer*) gars *m*, garçon *m*, fille *f*.

chamada *f* bourrée (leña) ‖ flambée (llama) ‖ **pasar una chamada** être dans une mauvaise passe, traverser une mauvaise période.

chamagoso, sa *adj* (*Amer*) crasseux, euse (mugriento) ‖ mal arrangé, e; mal fagoté, e (mal vestido) ‖ quelconque, vulgaire, sans goût (vulgar).

chamal *m* (*Amer*) couverture *f* dont se servent les Indiens Araucans en guise de cape ou de tablier.

chamán *m* chaman.

chamanto *m* (*Amer*) sorte de poncho *m*.

chámara; chamarasca *f* bourrée (leña menuda) ‖ flambée (llama).

chamarilear *v tr* échanger, troquer (cambiar) ‖ brocanter (trastos viejos).

chamarileo *m* brocante *f*.

chamarilero, ra *m* & *f* brocanteur, euse.

chamariz *m* verdier (pájaro).

chamarra *f* pelisse, veste de paysan ‖ (*Amer*) FIG triche, tromperie.

chamarrear *v tr* (*Amer*) tricher, tromper.

chamarreta *f* longue veste légère.

chamarro *m* (*Amer*) couverture *f* grossière.

chamba *f* FAM raccroc *m* (en el billar) ‖ coup *m* de veine, veine (suerte) ‖ (*Amer*) gazon *m* (césped) ‖ travail *m*, emploi *m* (trabajo) ‖ FAM **de** o **por chamba, por pura chamba** par miracle (de milagro), tout à fait par hasard (por casualidad).

chambada *f;* **chambado** *m* (*Amer*) vase *m* fait d'une corne.

chambear *v intr* (*Amer*) FAM bosser (trabajar).

chambelán *m* chambellan.

chambergo, ga *adj* s'est dit d'un régiment créé à Madrid en 1666 par le maréchal de Schomberg pendant la minorité de Charles II ainsi que des soldats de ce régiment et de certaines pièces de leur uniforme ‖ **sombrero chambergo** chapeau à large bord.
➤ **chambergo** *m* chapeau mou à large bord (sombrero) ‖ (*Amer*) petit oiseau noir et jaune de Cuba.

chambilla *f* ARQ chambranle *m* en pierre.

chambón, ona *adj* & *s* FAM veinard, e; chanceux, euse (con suerte) ‖ mazette (mal jugador) ‖ mazette (poco hábil).

chambonada *f* FAM maladresse au jeu (pifia) ‖ veine, coup *m* de veine (suerte).

chambra *f* blouse (prenda de mujer).

chambrana *f* chambranle *m* (de una puerta) ‖ (*Amer*) vacarme *m*, tapage *m*, raffut *m* (jaleo).

chamelicos *m pl* (*Amer*) affaires *f* (cachivaches).

chamicado, da *adj* (*Amer*) taciturne (taciturno) ‖ entre deux vins (achispado).

chamicera *f* arsin *m*, brûlis *m*.

chamico *m* (*Amer*) stramoine *f* ‖ FIG (*Amer*) **dar chamico a uno** charmer, séduire quelqu'un.

chamiza *f* graminée sauvage dont la tige peut servir de chaume ‖ bourrée (leña menuda).

chamizo *m* chaumine *f* (choza) ‖ arbre arsin (árbol) ‖ tison (tizón) ‖ FAM tripot (garito de juego) ‖ taudis (tugurio).

chamorro, rra *adj* & *s* tondu, e.
➤ **chamorra** *f* FAM tête tondue.

champa *f* (*Amer*) gazon *m* (césped) ‖ fouillis *m* (cosa enmarañada).

champán *m* champagne (vino) ‖ sampan (embarcación).

champaña *m* champagne (vino).

champiñón *m* champignon.

champú *m* shampooing.
‖ OBSERV pl *champúes* o *champús.*

champurrado *m* (*Amer*) mélange de liqueurs.

champurrar *v tr* mélanger [des liqueurs].

chamucina *f* (*Amer*) populace (populacho).

chamullar *v intr* FAM parler, causer, jaspiner (hablar) ‖ baragouiner (un idioma).

chamullo *m* FAM bavardage (charla).

chamuscar [10] *v tr* flamber (pasar por la llama) ‖ roussir (quemar ligeramente) ‖ (*Amer*) vendre à bas prix.
➤ **chamuscarse** *v pr* (*Amer*) se fâcher.

chamusquina *f* action de flamber o de roussir ‖ roussi *m* (olor a quemado) ‖ FIG & FAM bagarre (pelea) ‖ FIG & FAM **oler a chamusquina**

sentir le roussi o le brûlé (tener mal aspecto), sentir le fagot (un hereje).

chamuyar *v intr* FAM (*Amer*) baratiner [une femme].

chamuyo *m* (*Amer*) sorte d'argot ou de parler populaire en Argentine.

chancaca *f* (*Amer*) cassonade (azúcar).

chancadora *f* concasseur *m* (de minerales).

chancar [10] *v tr* broyer (triturar) ‖ concasser (minerales).

chance *m* (*Amer*) chance *f* (ocasión).

chancear *v intr* plaisanter, blaguer.

chancero, ra *adj* blagueur, euse.

chancha *f* (*Amer*) truie (cerda) ‖ FIG & FAM souillon (mujer sucia) ‖ (*Amer*) **hacer la chancha** faire l'école buissonnière.

chanchada *f* FAM (*Amer*) vacherie, tour *m* de cochon (acción sucia).

cháncharras máncharras *f pl* FAM détours *m*, faux-fuyants *m*; **no andemos en cháncharras máncharras** pas de faux-fuyants.

chanchería *f* (*Amer*) charcuterie.

chanchero, ra *m* & *f* (*Amer*) charcutier, ère.

chanchi *adv* FAM du tonnerre, formidable.

chancho, cha *adj* (*Amer*) sale (sucio).
➤ **chancho** *m* (*Amer*) porc, cochon (puerco) ‖ pièce *f* bloquée, mat (en el ajedrez).

chanchullero, ra *adj* & *s* intrigant, e.

chanchullo *m* FAM affaire *f* louche, tripotage, magouille *f*; **andar en chanchullos** se livrer à des tripotages.

canciller *m* chancelier (canciller).

chancillería *f* chancellerie.

chancla *f* savate (zapato viejo) ‖ pantoufle (zapatilla); **en chanclas** en pantoufles.

chancleta *f* savate, babouche (babucha) ‖ **en chancletas** en pantoufles ■ FAM (*Amer*) gosse, môme, petite fille.
◇ *m* & *f* FIG & FAM savate *f* (inepto).

chancletear *v intr* être en savates.

chancleteo *m* claquement des savates.

chanclo *m* socque (sandalia de madera) ‖ caoutchouc (para la lluvia y el barro) ‖ claque *f* (de un zapato).

chancro *m* MED chancre.

chándal; chandal *m* survêtement (en deporte).
‖ OBSERV pl *chándals; chandals.*

chanelar *v intr* comprendre ‖ connaître (saber); **yo chanelo de esto** j'en connais un bout, je m'y connais.

chanfaina *f* ragoût *m* de mou.

chanfle *m* (*Amer*) chanfrein (chaflán).

changa *f* (*Amer*) plaisanterie (broma) ‖ travail *m* du portefaix.

changador *m* (*Amer*) portefaix, porteur.

changango *m* (*Amer*) guitare *f*.

changar [16] *v intr* (*Amer*) bricoler.

changarro *m* (*Amer*) petit magasin.

chango *m* (*Amer*) singe (mono pequeño) ‖ garçon (niño).

changuear *v intr* (*Amer*) plaisanter (bromear).

changuero, ra *adj* & *s* (*Amer*) plaisantin, e; farceur, euse.

changüí m FAM farce f, blague f (broma) ■ (Amer) dar changüí tromper l'adversaire au jeu ‖ dar changüí a uno berner quelqu'un, faire une blague à quelqu'un.

changurro m plat basque d'araignée de mer servie dans sa propre carapace.

chano, chano loc adv FAM piano, piano; tout doucement.

chanquete m petit poisson de la famille des athérinidés.

chanta m (Amer) fumiste.

chantada f (Amer) fumisterie.

chantaje m chantage ■ hacer chantaje faire du chantage ‖ hacer chantaje a uno faire chanter quelqu'un.

chantajear v tr faire chanter.

chantajista m & f maître m chanteur.

chantillí m chantilly f [crème].

chantre m chantre (eclesiástico).

chanza f plaisanterie (broma); gastar chanzas faire des plaisanteries ■ FIG entre chanzas y veras mi-figue, mi-raisin ‖ hablar de chanzas parler pour rire.

chanzoneta f FAM plaisanterie (chanza).

chañar m arbre d'Amérique méridionale.

¡chao! interj FAM au revoir!, salut! (adiós).

chapa f plaque (de metal) ‖ capsule, bouchon m capsule (de una botella) ‖ tôle; chapa ondulada tôle ondulée ‖ plaque (de madera) ‖ rougeur f des joues (chapeta) ‖ FIG & FAM jugeote, bon sens m (formalidad) ‖ (Amer) serrure (cerradura) ■ chapa de estarcir pochoir ‖ chapa de madera placage.
　➥ **chapas** f pl pile ou face sing (juego); jugar a las chapas jouer à pile ou face.

chapadanza f (Amer) plaisanterie (chanza).

chapado, da adj TECN plaqué, e (cubierto con chapas); reloj chapado en oro montre en plaqué or ‖ FIG chapado a la antigua vieux jeu.
　➥ **chapado** m tôlage (metal).

chapalear v intr barboter, patauger.

chapaleo m barbotage (chapoteo).

chapaleta f clapet m, soupape (válvula).

chapaleteo m clapotement, clapotis.

chapapote m (Amer) asphalte, bitume.

chapar v tr TECN plaquer (chapear) ‖ FIG lâcher, sortir (encajar); le chapó un insulto il lui a lâché une injure.

chaparra f yeuse (coscoja).

chaparrada f averse (lluvia).

chaparral m bosquet de chênes verts ‖ maquis (monte bajo).

chaparrazo m (Amer) averse f (chaparrón).

chaparrear v intr pleuvoir à verse.

chaparreras f pl (Amer) pantalon m sing de cuir fendu sur le côté.

chaparro m buisson d'yeuses (mata) ‖ FIG personne f boulotte, pot à tabac (rechoncho) ‖ (Amer) enfant (chico).

chaparrón m averse f; cayó un chaparrón il est tombé une averse ‖ FIG & FAM pluie (de injurias, etc.) ‖ llover a chaparrones pleuvoir à verse.

chape m (Amer) natte f, tresse f (trenza).

chapeado, da adj plaqué, e (con chapa) ‖ (Amer) riche (rico).
　➥ **chapeado** m TECN placage ‖ harnais garni de plaques d'argent (arreos).

chapear v tr couvrir de plaques ‖ plaquer (guarnecer con chapas) ‖ (Amer) désherber, nettoyer [la terre].
　◇ v intr locher (la herradura).

chapeca f; **chapecán** m (Amer) tresse f, natte f (trenza).

chapecar v tr (Amer) tresser (trenzar).

chapela f béret m.

chapeleta f TECN clapet m.

chapeo m chapeau, couvre-chef (sombrero).

chapería f TECN placage m (ebanistería).

chapero m MFAM tapineur.

chapeta f plaquette ‖ FIG rougeur au visage (en las mejillas).

chapetón, ona adj & s (Amer) Européen, Européenne nouvellement établis en Amérique ‖ FIG novice, débutant, e (bisoño).
　➥ **chapetón** m averse f (chaparrón).

chapetonada f chapetonade, maladie contractée en Amérique par l'émigrant européen nouvellement arrivé (enfermedad) ■ FIG (Amer) maladresse, manque m d'expérience, pas m de clerc.

chapetonear v intr (Amer) agir comme un novice.

chapín m claque f (calzado) ‖ coffre (pez) ‖ (Amer) guatémaltèque (guatemalteco).

chapino, na adj (Amer) qui se coupe o se donne des atteintes en marchant (un caballo).

chápiro m FAM ¡por vida del chápiro o del chápiro verde!, ¡voto al chápiro! morbleu!, bon sang!

chapista m tôlier, ouvrier tôlier ‖ taller de chapista tôlerie.

chapistería f tôlerie (taller) ‖ tôlage (acción).

chapitel m ARQ flèche f (de una torre) ‖ chapiteau (de columna) ‖ chape f (de la brújula).

chapo, pa adj (Amer) trapu, e.

chapodar v tr AGRIC élaguer, ébrancher.

chapodo m AGRIC élagage.

chapón m pâté (borrón).

chapopote m (Amer) asphalte, bitume.

chapotear v tr mouiller, humecter avec une éponge (mojar).
　◇ v intr FAM barboter, patauger, patouiller.

chapoteo m barbotage (del agua).

chapucear v tr bâcler, saboter (hacer muy de prisa y mal) ‖ (Amer) tromper (engañar).

chapucería f bâclage m, sabotage m (acción de hacer mal un trabajo) ‖ rafistolage m (arreglo rápido) ‖ bricolage m; esta reparación es una chapucería cette réparation c'est du bricolage ‖ camelote (obra mal hecha); este mueble es una chapucería ce meuble c'est de la camelote.

chapucero, ra adj bâclé, e; un trabajo chapucero un travail bâclé.
　◇ m & f bâcleur, euse; bricoleur, euse (frangollón).
　➥ **chapucero** m taillandier (herrero).

chapulín m (Amer) sauterelle f (saltamontes) ‖ gamin (niño).

chapulinada f (Amer) gaminerie, enfantillage.

chapurrar; chapurrear v tr baragouiner, écorcher (hablar mal un idioma); chapurrear el francés baragouiner le français ‖ FAM mélanger [des liqueurs].

chapurreo m baragouinage.

chapuz m; **chapuza** f bricole f (obra de poca monta) ‖ bousillage m, bâclage m (acción de hacer mal un trabajo) ‖ rafistolage m, replâtrage m (arreglo rápido) ‖ plongeon m (zambullida).
　■ OBSERV le pluriel de chapuz est chapuces.

chapuzar [13] v tr & intr plonger.
　➥ **chapuzarse** v pr se baigner.

chapuzón m plongeon ‖ FAM darse un chapuzón faire trempette.

chaqué; chaquet m jaquette f.
　■ OBSERV La forme chaqué est la plus courante et fait chaqués au pluriel.

chaquense; chaqueño, ña adj & s du Chaco.

chaquet ➥ chaqué.

chaqueta f veston m, veste; con chaqueta en veston ■ FAM cambiarse la chaqueta retourner sa veste, tourner casaque ‖ ser más vago que la chaqueta de un guardia avoir un poil dans la main.

chaquete m jacquet (juego).

chaquetear v intr FIG retourner sa veste, tourner casaque, virer de bord (cambiar de opinión) ‖ fuir, s'échapper (huir) ‖ se dégonfler, revenir sur sa décision (rajarse).

chaqueteo m FIG fuite f (huida) ‖ retournement, changement (cambio).

chaquetero, ra adj & s FIG caméléon, girouette (veleta) ‖ FAM lèche-bottes (pelotillero).

chaquetilla f veste courte (de los toreros, camareros) ‖ boléro m (para mujeres).

chaquetón m veste f, vareuse f.

charada f charade.

charal m petit poisson du Mexique (pez) ‖ FIG & FAM estar hecho un charal être maigre comme un clou o comme un coucou.

charamusca f (Amer) petit bois m (leña).

charanga f fanfare (orquesta) ‖ bastringue m (baile, ruido).

charango m (Amer) sorte de petite guitare f.

charanguero m bousilleur, massacreur, bricoleur (chapucero) ‖ colporteur (buhonero) ‖ caboteur (barco).

charca f mare.

charco m flaque f d'eau ‖ FIG & FAM pasar el charco traverser la mare aux harengs [océan Atlantique].

charcutería f charcuterie.

charcutero, ra m & f charcutier, ère.

charla f FAM bavardage m (conversación) ‖ causerie (disertación) ‖ ZOOL drenne, draine (cagaaceite).

charlador, ra adj & s FAM bavard, e.

charladuría f bavardage m.

charlar *v intr* FAM bavarder, causer (hablar mucho) ‖ FAM **charlar por los codos** jaser comme une pie.

> SIN charlotear, charlatanear, parlotear, cascar bavarder, papoter; cuchichear chuchoter; cotorrear jaser; rajar jacasser.

charlatán, ana *adj* & *s* [▷ SIN] bavard, e.
➡ **charlatán** *m* charlatán (curandero) ‖ camelot (vendedor ambulante).

> SIN parlanchín bavard; conversador causeur; bachiller phraseur; FAM cotorra perroquet, perruche.

charlatanear *v intr* bavarder, papoter FAM.

charlatanería *f* charlatanerie (modales de charlatán) ‖ verbosité (locuacidad).

charlestón *m* charleston.

charlista *m* & *f* conférencier, ère.

charlotada *f* bouffonnerie (payasada) ‖ TAUROM corrida bouffonne.

charlotear *v intr* FAM bavarder, papoter.

charloteo *m* FAM bavardage, papotage ‖ FAM **gustarle a uno mucho el charloteo** avoir une fière tapette.

charneca *f* BOT lentisque *m* (lentisco).

charnego, ga *m* & *f* DESPEC en Catalogne, immigrant venant d'une autre région d'Espagne.

charnela; charneta *f* charnière (bisagra) ‖ ZOOL charnière (de algunos moluscos).

charol *m* vernis noir ‖ vernis (cuero barnizado); **zapatos de charol** souliers vernis ‖ (*Amer*) plateau [de bois verni ou laqué] ‖ FAM **darse charol** se faire mousser.

charola *f* (*Amer*) plateau *m* (bandeja).
➡ **charolas** *f pl* FAM (*Amer*) gros yeux, *m*.

charolado, da *adj* verni, e (barnizado) ‖ brillant, e (lustroso).

charolar *v tr* vernir [le cuir].

charpa *f* baudrier *m* (tahalí) ‖ MED écharpe (cabestrillo).

charque *m* (*Amer*) viande *f* boucanée (tasajo).

charqueada *f* (*Amer*) boucanage *m*.

charquear *v tr* (*Amer*) boucaner (la carne) ‖ couper (des fruits) en tranches ‖ FIG larder (quelqu'un) de coups de couteau.

charqueo *m* (*Amer*) boucanage.

charqui *m* (*Amer*) viande *f* boucanée (tasajo) ‖ fruits séchés en tranches (fruta seca).

charquicán *m* (*Amer*) ragoût à base de viande boucanée.

charrada *f* balourdise (torpeza) ‖ danse paysanne du charro (baile) ‖ FIG ornement *m* de mauvais goût (adorno tosco).

charrán *m* mufle, voyou (patán).

charranada *f* muflerie (grosería) ‖ mauvais tour *m*.

charranear *v intr* se conduire comme un mufle o un voyou.

charranería *f* muflerie.

charretera *f* MIL épaulette (insignia militar).

charro, rra *adj* & *s* paysan, paysanne de Salamanque (de Salamanca).
➡ **charro** *m* (*Amer*) cavalier mexicain ‖ chapeau à larges bords (sombrero).
◇ *adj* FIG & FAM balourd, e; rustre (rústico) ‖ rococo, de mauvais goût (de mal gusto).

C'est ainsi qu'on appelle au Mexique, les personnes qui sont passées maîtres dans l'art de monter et de dresser les chevaux, et que l'on peut reconnaître à leur costume richement coloré et orné, leur chapeau à larges bords, leur pantalon moulant, leur boléro et leurs bottines. Les « charros » sont la plus belle expression de la tradition paysanne mexicaine. On appelle aussi « charros de agua dulce » ceux qui, par leur manières et leur contenance, veulent imiter les « charros » sans en être en réalité.

charrúa *adj* & *s* membre des tribus de la côte septentrionale du Río de la Plata.

chárter *adj inv* & *m inv* charter.

¡chas! *interj* crac!

chasca *f* bourrée, brindilles *pl* (leña).

chascar [10] *v intr* craquer (la madera) ‖ claquer (el látigo, la lengua) ‖ croquer (un manjar duro).

chascarrillo *m* histoire *f* drôle, plaisanterie *f*.

chascás *m* MIL chapska (casco).

chasco *m* niche *f*, tour (broma o engaño); **dar un chasco a uno** jouer un tour, faire une niche à quelqu'un ‖ FIG fiasco, échec (fracaso) ‖ déception *f*, désillusion *f* (desengaño); **llevarse un chasco** avoir une déception.

chasis *m inv* châssis ‖ FIG & FAM **quedarse en el chasis** ne plus avoir que la peau et les os.

chasponazo *m* éraflure *f* (roce de un proyectil).

chasquear *v tr* jouer des tours, faire des niches ‖ duper, tromper (engañar) ‖ faire claquer (el látigo).
◇ *v intr* craquer (la madera) ‖ claquer (el látigo, la lengua).
➡ **chasquearse** *v pr* avoir une déception (sufrir un desengaño) ‖ essuyer un échec (fracasar).

chasqui *m* (*Amer*) courrier, messager indien.

chasquido *m* craquement (de la madera) ‖ crachement (de una ametralladora) ‖ claquement (del látigo, de la lengua) ‖ bang, détonation *f* (de aviones y proyectiles).

chasquillas *f pl* (*Amer*) frange *f* [de cheveux].

chata *f* chaland *m* (barco) ‖ urinal *m*, bassin (orinal) ‖ truc *m*, truck *m*, wagon *m* plat (vagón).

chatarra *f* ferraille (hierro viejo).
➡ **chatarras** *f pl* FAM ferblanterie *sing* (condecoraciones).

chatarrería *f* en la chatarrería chez le ferrailleur.

chatarrero *m* ferrailleur.

chatasca *f* (*Amer*) ragoût *m* à base de viande boucanée.

chatear *v intr* FAM prendre quelques verres.

chateo *m* FAM action *f* de prendre quelques verres o de faire la tournée des bistrots.

chato, ta *adj* camus, e; aplati, e; **nariz chata** nez aplati ‖ FIG plat, e; aplati, e (cosa); **barco chato** bateau plat ‖ (*Amer*) pauvre, insignifiant, e ‖ FAM **chata mía** mon chou ‖ **dejar chato en** boucher un coin ‖ **quedarse chato** rester baba o ahurí.
➡ **chato** *m* FAM petit verre; **chato de vino** petit verre de vin.

chatón *m* chaton (de anillo).

chatre *adj* (*Amer*) fringant, e; élégant, e.

¡chau!; ¡chaucito! *interj* (*Amer*) FAM au revoir!, salut!

chaucha *adj* (*Amer*) miteux, euse; pauvre (deslucido).
◇ *f* (*Amer*) petite monnaie (moneda) ‖ haricot *m* vert (judía verde) ‖ (*Amer*) **pelar la chaucha** tirer le couteau, jouer du couteau.

¡chaucito! ➡ **¡chau!**

chauffeur ➡ **chófer**.

chauvinismo *m* chauvinisme (patriotería).

chauvinista *adj* & *s* chauvin, e (patriotero).

chaval, la *m* & *f* FAM gamin, e; gosse, gars *m*.

chavalería *f* FAM marmaille, les mioches *m pl*.

chavalo, la *m* & *f* (*Amer*) FAM gamin, e.

chavea *m* FAM gamin, mioche, gars, gosse.

chaveta *f* TECN clavette, goupille fendue (hendida) ■ FIG & FAM **estar chaveta** être cinglé o piqué ‖ **perder la chaveta** perdre la boule.

chavo, a *m* & *f* (*Amer*) cactée *f* ‖ FAM ancienne monnaie *f* (ochavo) ‖ **no me queda ni un chavo** je n'ai plus un sou o un liard.

chayotera *f* BOT chayote *m* (planta).

che *f* nom de la lettre "ch".
➡ **¡che!** *interj* eh!, tiens!

checar [10] *v tr* (*Amer*) vérifier, contrôler ‖ enregistrer (el equipaje).

chécheres *m pl* (*Amer*) trucs.

checo, ca *adj* & *s* tchèque, tchécoslovaque.

checoslovaco, ca *adj* & *s* tchécoslovaque.

Checoslovaquia *n pr f* HIST Tchécoslovaquie.

chef [tʃef] *m* chef, chef cuisinier.
■ OBSERV *pl* chefs.

cheira *f* tranchet *m* (chaira).

chele *adj* & *s* (*Amer*) blond, e.
◇ *m* chassie *f* (legaña).

cheli *m* argot madrilène.

chelín *m* shilling (moneda inglesa).

Chelito; Chelo *n pr* FAM Consuelo.
■ OBSERV Ce prénom féminin est le diminutif de Consuelo.

chelo, la *adj* & *s* (*Amer*) blond, e (rubio).

chepa *f* FAM bosse (joroba).

cheposo, sa *adj* & *s* bossu, e.

cheque *m* chèque; **extender un cheque** faire un chèque ■ **cheque al portador** chèque au porteur ‖ **cheque Banco de España** chèque de la Banque d'Espagne ‖ **cheque cruzado** chèque barré ‖ **cheque de viaje** o de **viajero** chèque de voyage ‖ **cheque en blanco** chèque en blanc ‖ **cheque nominativo** chèque nominatif o à ordre ‖ **cheque sin fondos** chèque sans provision ‖ **talonario de cheques** carnet de chèques, chéquier.

chequear *v tr* (*Amer*) établir o faire un chèque ‖ contrôler, vérifier ‖ MED faire un bilan de santé à ‖ comparer (cotejar).
◇ *v intr* (*Amer*) utiliser fréquemment l'interjection "che".

chequeo *m* bilan de santé (examen médico) ‖ contrôle, vérification *f* ‖ comparaison *f*.

chequera *f* (*Amer*) porte-chéquier.

Cherburgo *n pr* GEOGR Cherbourg.

Chernobil *n pr* GEOGR Tchernobyl.

cherva *f* ricin *m*.

cheurón; cheurrón *m* ARQ & BLAS chevron.

cheuronado, da *adj* BLAS chevronné, e.

cheurrón ➞ **cheurón**.

chévere *adj* (*Amer*) FAM génial, e; super.

cheviot *m* cheviotte *f* (tejido).
▪ OBSERV pl cheviots.

chía *f* manteau *m* de deuil ‖ FIG & FAM (*Amer*) discorde, zizanie; **meter chía** semer la zizanie o la discorde.

chibalete *m* IMPR chevalet.

chibcha *adj & s* chibcha.

chibola *f* (*Amer*) bosse (chichón).

chibuquí *m* chibouque *f*, chibouk *m* (pipa).
▪ OBSERV pl chibuquíes.

chic *m* chic (distinción).

chica ➞ **chico**.

chicada *f* gaminerie.

Chicago *n pr* GEOGR Chicago.

chicana *f* (*Amer*) chicane, chicanerie.
▪ OBSERV Ce mot est un gallicisme.

chicanear *v tr & intr* (*Amer*) chicaner.
▪ OBSERV Ce mot est un gallicisme.

chicanero, ra *adj & s* chicaneur, euse; chicanier, ère.
▪ OBSERV Ce mot est un gallicisme.

chicano *m* Mexicain résidant aux États-Unis.

chicar [10] *v tr* chiquer (mascar tabaco).

chicarrón, ona *m & f* FAM grand garçon, grande fille.

chicha *adj f* MAR calma chicha calme plat.

chicha *f* chicha (bebida alcohólica) ‖ FAM viande [dans le langage des enfants] ‖ FIG & FAM de chicha y nabo à la noix, à la gomme, de rien du tout, quelconque ‖ hacer economías de chicha y nabo faire des économies de bouts de chandelle ‖ no ser ni chicha ni limonada n'être ni chair ni poisson ‖ tener pocas chichas n'avoir que la peau sur les os (flaco), manquer de ressort, ne pas avoir de nerf (pocas fuerzas).

chícharo *m* petit pois.

chicharra *f* ZOOL cigale (cigarra) ‖ FAM hablar como una chicharra jaser comme une pie.

chicharrero *m* FAM four, étuve *f* (sitio muy caluroso).

chicharro *m* saurel, chinchard (jurel).

chicharrón *m* FIG viande *f* carbonisée ‖ pruneau (persona tostada).
➞ **chicharrones** *m pl* rillons.

chiche *adj* (*Amer*) facile, pratique.
◇ *m* FAM (*Amer*) babiole *f* (chuchería) ‖ joujou (juguete) ‖ bijou (joya) ‖ téton (pecho) ‖ nourrice *f*, nounou (nodriza).

chichear *v intr & tr* siffler (sisear).

chicheo *m* sifflet.

chichería *f* (*Amer*) débit *m* de chicha.

chichi *f* FAM (*Amer*) téton *m*.

chichimeca; chichimeco *adj & s* chichimèque.

chichinabo
➞ **de chichinabo** *loc adv* FAM à la noix, à

la gomme, de rien du tout, quelconque ‖ hacer economías de chichinabo faire des économies de bouts de chandelle.

chichisbeo *m* sigisbée.

chicholo *m* (*Amer*) pâte *f* de fruit enveloppée dans une feuille de maïs.

chichón *m* bosse *f* [à la tête].

chichonear *v tr* FAM (*Amer*) blaguer.

chichonera *f* bourrelet *m* (de niño) ‖ casque *m* (de paracaidista).

chicle *m* chewing-gum, gomme *f* à mâcher (goma de mascar) ‖ (*Amer*) résine *f* du sapotier, chiclé (resina) ‖ crasse *f*, saleté *f* (suciedad).

chiclé ➞ **chicler**.

chiclear *v intr* (*Amer*) mâcher de la gomme, mastiquer (mascar).

chicler; chiclé *m* gicleur (del carburador).

chico, ca *adj* petit, e; **un libro muy chico** un livre très petit ‖ **una perra chica** un petit sou.
◇ *m & f* garçon, fille; **un buen chico** un bon garçon; **una chica guapa** une jolie fille ‖ **¡oye, chico!** écoute, mon vieux!
➞ **chico** *m* enfant; **dar la merienda a los chicos** donner le goûter aux enfants ‖ mesure *f* de capacité ▪ **chico con grande** l'un dans l'autre; **a diez pesetas la docena, chico con grande** à dix pesetas la douzaine, l'un dans l'autre.
➞ **chica** *f* fille, jeune fille (muchacha) ‖ bonne (criada); **chica para todo** bonne à tout faire ‖ petite bouteille (botella) ‖ (*Amer*) mesure de capacité pour le pulque (medida) ‖ danse exotique des Noirs (baile) ‖ **chica de conjunto** chanteuse, danseuse de revue ‖ FAM petit sou *m* (moneda).

chicolear *v intr* FAM conter fleurette, flirter.
➞ **chicolearse** *v pr* FAM (*Amer*) s'amuser.

chicoleo *m* FAM propos *pl* galants, compliments *pl* (requiebro); **decir chicoleos** faire des compliments.

chicoria *f* BOT chicorée.

chicotazo *m* jet (chorro) ‖ (*Amer*) coup de fouet.

chicote, ta *m & f* FAM grand garçon, grande fille.
➞ **chicote** *m* MAR extrémité *f* de cordage (de cuerda) ‖ FIG & FAM bout d'un cigare (cigarro) ‖ (*Amer*) fouet (látigo).

chicotear *v tr* (*Amer*) fouetter (azotar).

chicozapote *m* BOT sapotier (zapote).

chicuelo, la *adj* tout petit, toute petite.
◇ *m & f* gamin, e; gosse.

chifa *m* (*Amer*) restaurant chinois.

chifarrada *f* blessure (herida).

chifla *f* sifflement *m* (silbido) ‖ sifflet *m* (silbato, pito) ‖ doloir *m* (para adelgazar las pieles).

chifladera *f* sifflet *m* (silbato) ‖ (*Amer*) manie, toquade, dada *m*.

chiflado, da *adj & s* FAM toqué, e; piqué, e; cinglé, e; maboul, e (locuelo) ▪ **estar chiflado** être cinglé, travailler du chapeau ‖ **estar chiflado por** raffoler de; **estar chiflado por la música** raffoler de la musique.
➞ **chiflado** *m* mordu; **los chiflados del fútbol** les mordus du football.

chifladura *f* sifflement *m* (silbido) ‖ FAM manie, toquade, dada *m*.

chiflar *v intr* siffler (silbar) ‖ (*Amer*) chanter (las aves).
◇ *v tr* siffler (a un actor) ‖ FAM siffler, lamper (vino, etc.) ▪ **cazar es lo que le chifla** chasser, c'est son dada, il adore chasser ‖ **esto me chifla** j'adore ça.
➞ **chiflarse** *v pr* avoir une toquade pour, se toquer de (de una persona), aimer à la folie, raffoler de (una cosa); **chiflarse por una actriz** se toquer d'une actrice; **chiflarse por el cine** raffoler du cinéma.

chiflato *m* sifflet (silbato).

chifle *m* sifflet (silbato) ‖ appeau (reclamo) ‖ sorte de poire *f* à poudre (para pólvora).

chiflete *m* sifflet (silbato).

chiflido *m* coup de sifflet (con silbato) ‖ sifflement (con la boca).

chiflo *m* sifflet (silbato).

chiflón *m* vent coulis, courant d'air (viento) ‖ (*Amer*) cascade *f* (cascada) ‖ canal d'évacuation (canal) ‖ éboulement (derrumbe).

chigre *m* MAR winch, treuil.

chigüín *m* (*Amer*) enfant chétif.

chihuahua *m* chihuahua.

chiita *adj & s* chiite.

chilaba *f* djellaba.

chilacayote *m* BOT chayote (cidra cayote).

chilar *m* (*Amer*) champ de piments.

chile *m* piment.

Chile *n pr m* GEOGR Chili.

chilena *f* DEP reprise de volée arrière (fútbol).

chilenismo *m* mot o tournure *f* propres aux Chiliens.

chilenista *m & f* personne qui s'occupe d'études chiliennes.

chilenizar [13] *v tr* donner le caractère chilien à.

chileno, na *adj & s* chilien, enne.

chilero, ra *m & f* (*Amer*) personne qui cultive et vend des piments ‖ pot pour les piments.

chilindrina *f* FAM vétille, bagatelle (cosa insignificante) ‖ anecdote, histoire drôle, plaisanterie (anécdota) ‖ bon mot *m*, boutade (chiste).

chilindrinero, ra *adj & s* FAM rigolo, ote.

chilindrón *m* nain jaune (juego) ‖ CULIN pollo al chilindrón poulet basquaise.

chilla *f* appeau *m* (reclamo para la caza) ‖ volige (tabla) ‖ (*Amer*) poil *m* long et souple (pelo) ‖ duvet *m* (de las plantas).

chillado *m* voligeage, toit de voliges (techo).

chillador, ra *adj & s* criard, e (personas).
◇ *adj* glapissant, e (animales).

chillar *v intr* crier, pousser des cris, glapir FAM; **el niño no para de chillar** l'enfant n'arrête pas de crier ‖ glapir (ciertos animales) ‖ grincer (chirriar); **la puerta chilla** la porte grince ‖ FIG être criarde (un color), jurer, crier (detonar varios colores) ‖ (*Amer*) protester, crier (protestar) ‖ **fue chillado por el público** il fut sifflé par le public.
➞ **chillarse** *v pr* (*Amer*) se fâcher, s'irriter (enojarse).

chillería *f* criaillerie, clabaudage *m* (p us) ‖ remontrance (regaño) ‖ echar una chillería a uno faire une remontrance à quelqu'un, crier après quelqu'un.

chillido *m* cri perçant (grito) ‖ glapissement (de un animal) ‖ grincement; el chillido de una rueda le grincement d'une roue.

chillo *m* appeau (reclamo).

chillón, ona *adj & s* [▷ SIN] criard, e; braillard, e; un niño chillón un enfant braillard ‖ FIG criard, e (color, sonido) ‖ una voz chillona une voix pointue o perçante o criarde.
➤ **chillón** *m* TECN pointe *f* (clavo).
| SIN agudo aigu; penetrante perçant; estridente strident; vocinglero glapissant.

chilmole *m* (*Amer*) sauce *f* à base de piment.

chiltepe; chiltipiquín *m* (*Amer*) piment (ají).

chimar *v tr* (*Amer*) ennuyer, importuner, agacer (fastidiar).
➤ **chimarse** *v pr* (*Amer*) se blesser (lastimarse).

chimba *f* (*Amer*) rive opposée (orilla) ‖ bas quartier *m* d'une ville‖gué *m* (vado).

chimbar *v tr* (*Amer*) traverser à gué (vadear).

chimenea *f* cheminée; chimenea francesa, de campana cheminée d'appartement, à hotte ‖ MIN cheminée ■ chimenea de paracaídas trou d'air de parachute‖chimenea de tiro cheminée d'appel ‖ chimenea estufa cheminée à la prussienne ‖ chimenea volcánica cheminée volcanique.

chimiscolear *v intr* (*Amer*) flâner (vagar) ‖cancaner (chismear).

chimó *m* (*Amer*) pâte *f* de tabac et de natron que chiquent les Indiens.

chimpancé *m* ZOOL chimpanzé.

china *f* [▷ SIN] petit caillou *m* (piedrecita) ‖ chine, porcelaine de Chine (porcelana) ‖ lampes *m*, tissu *m* de Chine (tejido) ‖ FIG & FAM argent *m* (dinero) ‖ FAM petite dose de haschisch ■ echar algo a chinas tirer quelque chose à la courte paille ‖jugar a las chinas jouer aux petits cailloux ‖ FIG poner chinos a uno mettre des bâtons dans les roues de quelqu'un, tailler des croupières à quelqu'un‖tocarle a uno la china être désigné par le sort.
| SIN piedrecita caillou; piedra pierre; guijarro, canto rodado galet.

china (*Amer*) ➤ **chino** [2° artículo].

China *n pr f* GEOGR Chine‖el mar de China meridional la mer de Chine méridionale‖el mar de China oriental la mer de Chine orientale.

chinaca *f* (*Amer*) pauvres *m pl*.

chinampa *f* chinampa, jardins *m pl* flottants [près de Mexico].

chinampero, ra *adj* cultivé dans les chinampas.
➤ **chinampero** *m* cultivateur d'une chinampa.

chinarro *m* caillou (piedra).

chinazo *m* caillou (piedra) ‖ coup donné avec un caillou (golpe).

chincaste *m* (*Amer*) cassonade *f* (azúcar).

chincha *f* (*Amer*) punaise (chinche)‖mofette, mouffette (mofeta).

chinchal *m* (*Amer*) petite boutique *f*, échoppe *f* (tenducho).

chinchar *v tr* FAM enquiquiner, casser les pieds, empoisonner (molestar) ‖ descendre, démolir (matar) ‖ FAM chínchate, para que te chinches bisque, bisque rage, c'est bien fait pour toi!

chincharrero *m* nid de punaises (nido de chinches) ‖ (*Amer*) petit bateau de pêche (barco).

chinche *f* ZOOL punaise ‖ punaise (clavito) ‖ FIG & FAM morir como chinches tomber comme des mouches.
◇ *m & f* FIG & FAM enquiquineur, euse; empoisonneur, euse (cargante) ‖ FAM tener o estar con la chinche être de mauvais poil.

chinchel *m* (*Amer*) gargote *f*.

chincheta *f* punaise (clavito).

chinchibi *m* (*Amer*) boisson *f* fermentée au gingembre.

chinchilla *f* chinchilla *m* (animal y piel).

chinchín *m* FAM flonflon; el chinchín de la banda le flonflon de la fanfare ‖ (*Amer*) bruine *f*, crachin (llovizna) ‖ hochet (sonajero).

chinchinear *v tr* (*Amer*) caresser, câliner, dorloter.

chinchón *m* alcool d'anis.

chinchona *f* BOT quinquina *m*.

chinchorrear *v tr* déranger, embêter (molestar).
◇ *v intr* cancaner, potiner (chismorrear).

chinchorrería *f* FIG & FAM ennui *m* (molestia) ‖impertinence‖cancan *m* (chisme).

chinchorrero, ra *adj & s* cancanier, ère (chismoso).

chinchorro *m* MAR boulier, senne *f* (red) ‖youyou (bote).

chinchoso, sa *adj* FIG & FAM assommant, e; enquiquinant, e; empoisonnant, e (cargante).
◇ *m & f* enquiquineur, euse; empoisonneur, euse.

chinchudo, da *adj* (*Amer*) FAM de mauvais poil.

chinchulines *m pl* (*Amer*) tripes *f* de bœuf ou de mouton [que l'on mange grillées].

chincol; chincolito *m* (*Amer*) fine *f* à l'eau (agua con aguardiente).

chincual *m* (*Amer*) rougeole *f* (sarampión).

chincualear *v intr* (*Amer*) faire la fête.

chiné *adj* chiné, e (de colores).
◇ *m* tissu chiné (tejido).

chinear *v tr* (*Amer*) porter dans ses bras o sur le dos (llevar)‖conter fleurette (requebrar) ‖ gâter (mimar).

chinela *f* mule (zapatilla) ‖claque (chanclo).

chinería *f*; **chinerío** *m* (*Amer*) populace *f*.

chinero *m* vaisselier (mueble).

chinesco, ca *adj* chinois, e; sombras chinescas ombres chinoises.
➤ **chinesco** *m* MÚS chapeau chinois.

chinga *f* ZOOL (*Amer*) mofette, mouffette.

chingada; chingadura *f* MFAM embêtement ‖ VULG (*Amer*) échec *m* (fracaso); ¡vete a la chingada! va te faire foutre!

chingado, da *adj* MFAM fichu, e (estropeado) ‖ (*Amer*) VULG foutu, e (jodido).

chingadura ➤ **chingada**.

chingana *f* (*Amer*) gargote (tabernucha)‖fête populaire (fiesta).

chinganear *v intr* faire la bringue.

chingar [16] *v tr* FAM picoler (beber mucho) ‖ FAM embêter, casser les pieds, empoisonner (molestar) ‖ VULG baiser (joder) ‖ (*Amer*) couper la queue (cortar el rabo)‖FAM plaisanter (bromear).
➤ **chingarse** *v pr* FAM (*Amer*) se formaliser, se fâcher (enfadarse)‖se soûler (emborracharse)‖échouer, ne pas réussir (fracasar)‖rater (un cohete).

chingaste *m* (*Amer*) lie *f*, dépôt (pozo).

chingo, ga *adj* (*Amer*) petit, e (pequeño), court, e (corto)‖sans queue (rabón)‖épaté, e (chato); nariz chinga nez épaté.

chingolo *m* ZOOL (*Amer*) passereau chanteur américain (pájaro).

chingón, ona *adj* (*Amer*) FAM super.

chinguirito *m* (*Amer*) tafia (aguardiente).

chino, na *adj & s* chinois, e (de China) ■ tinta china encre de Chine ■ un cuento chino une histoire à dormir debout ■ FAM este le engañan como a un chino il avale tout ce qu'on lui dit ‖ eso es chino para mí pour moi c'est de l'hébreu ‖ trabajar como un chino travailler comme un Nègre.
➤ **chino** *m* LING chinois.

chino, na *adj & s* (*Amer*) indien, enne (indio) ‖ métis, isse (mestizo) ‖ mulâtre, esse (mulato) ‖ chéri, e ■ estar chino por être toqué de ‖ ¿somos chinos? pour qui me prenez-vous?
◇ *adj* (*Amer*) en colère (airado) ‖ crêpu, e (pelo) ‖ jaunâtre (amarillento).
◇ *m* (*Amer*) gosse, gamin (niño) ‖ domestique (criado)‖bouclette *f* (rizo).
➤ **china** *f* (*Amer*) campagnarde, fille de la campagne (campesina)‖servante, domestique (criada)‖compagne (compañera)‖amie, amante (amante)‖toupie (peonza).

chip *m* INFORM puce *f*.
| OBSERV pl chips.

chipa *f* (*Amer*) corbeille à fruits (cesto)‖tortillon *m* (rodete)‖FAM taule, tôle, bloc *m* (cárcel).

chipá *m* (*Amer*) galette *f* de maïs o de manioc.

chipaco *m* (*Amer*) galette *f* grossière.

chipe; chipén *adv* FAM au poil, du tonnerre, formidable (de órdago) ‖ la chipén la vérité.

chipi; chípil *m* (*Amer*) pleurnicheur [enfant].

chipichape *m* FAM dispute *f* (zipizape).

chipichipi *m* (*Amer*) bruine *f* (llovizna).

chípil ➤ **chipi**.

chipirón *m* calmar, encornet (calamar).

chipotear *v tr & intr* (*Amer*) frapper [avec la main].

Chipre *n pr* GEOGR Chypre.

chipriota; chipriote *adj & s* chypriote, cypriote.

chiqueadores *m pl* (*Amer*) emplâtre *sing* de papier graissé contre la migraine.

chiquear *v tr* (*Amer*) flatter, cajoler (mimar).
➤ **chiquearse** *v pr* (*Amer*) se dandiner (contonearse).

chiqueo *m* (*Amer*) flatterie *f*, cajolerie *f* déhanchement, dandinement.

chiquero *m* porcherie *f* (pocilga) ‖ TAUROM toril (toril) ‖ (*Amer*) étable (establo).

chiquichaque *m* scieur de long (aserrador).

chiquilicuatro *m* FAM gringalet, freluquet (hombre pequeño).

chiquilín, ina *m* & *f* (*Amer*) gamin, e.

chiquilinada *f* (*Amer*) gaminerie, enfantillage.

chiquillada *f* gaminerie, enfantillage *m* (niñería) ‖ hacer chiquilladas faire l'enfant.

chiquillería *f* marmaille.

chiquillo, lla *m* & *f* gamin, e; gosse (rapaz) ‖ marmot *m* (nene), bambin, e (niño).

chiquirritico, ca; chiquirritillo, lla; chiquirritito, ta *adj* tout petit, toute petite; riquiqui.

chiquitear *v intr* FAM picoler (beber).

chiquitín, ina *adj* tout petit, toute petite.
◇ *m* & *f* los chiquitines les petits [les enfants].

chiquito, ta *adj* & *s* tout petit, toute petite ‖ FAM no andarse con chiquitas y aller carrément, ne pas y aller par quatre chemins (no vacilar), ne pas y aller de main morte, ne pas y aller avec le dos de la cuillère (no escatimar nada).
◇ *m* & *f* gosse.
➡ **chiquito** *m* verre, petit verre (vaso de vino).

chiribita *f* étincelle (chispa).
➡ **chiribitas** *f pl* mouches volantes (de la vista) ‖ FIG & FAM echar chiribitas jeter feu et flammes, se fâcher tout rouge, être furibond.

chiribitil *m* galetas (desván) ‖ cagibi (cuchitril).

chiricatana *f* (*Amer*) poncho *m* de laine épaisse.

chirigota *f* FAM plaisanterie (chanza) ‖ blague (broma) ‖ FAM a chirigota à la rigolade; tomar algo a chirigota prendre quelque chose à la rigolade.

chirigotero, ra *adj* & *s* farceur, euse.

chirimbolo *m* FAM machin, truc, chose *f* (chisme).

chirimía *f* MÚS chalumeau *m*, flageolet *m*.

chirimoya *f* anone, cachiman *m* (fruto del chirimoyo).

chirimoyo *m* anone *f*, cachimantier (árbol).

chirinada *f* (*Amer*) échec *m* (fracaso).

chiringuito *m* FAM sorte *f* de buvette ‖ montarse un chiringuito monter une petite affaire.

chirinola *f* jeu *m* de quilles (juego) ‖ FIG bagatelle, vétille (cosa insignificante) ‖ estar de chirinola être de bonne humeur.

chiripa *f* raccroc *m* (en el billar) ‖ FIG & FAM coup *m* de veine (suerte, azar) ‖ de o por chiripa, por pura chiripa par miracle (de milagro), tout à fait par hasard (por casualidad).
▮ OBSERV pl chiripaes.

chiripá *m* (*Amer*) sorte de culotte *f* de gaucho faite d'une couverture passée entre les jambes et fixée à la ceinture.

chiripear *v intr* faire un raccroc.

chiripero *m* chanceux, celui qui gagne o réussit par hasard.

chirivía *f* BOT panais *m* (pastinaca) ‖ ZOOL hochequeue *m*, bergeronnette (aguzanieves).

chirla *f* petite clovisse (almeja).

chirlar *v intr* FAM criailler, brailler.

chirlata *f* FAM tripot *m* (garito).

chirle *adj* FAM insipide, fade (insípido).
◇ *m* fiente *f* des moutons (sirle).

chirlo *m* balafre *f*, estafilade *f* (herida y cicatriz) ‖ (*Amer*) coup de fouet (latigazo).

chirola *f* (*Amer*) menue monnaie.

chirona *f* FAM tôle, violon *m*, bloc *m*; meter en chirona mettre en tôle ‖ FAM estar en chirona être sous les verrous o en tôle o au violon.

chirote *m* FAM (*Amer*) imbécile (tonto).

chirriador, ra; chirriante *adj* grinçant, e (que rechina) ‖ pétillant, e; crépitant, e (que restalla) ‖ piailleur, euse (pájaro) ‖ FIG & FAM criard, e; pointu, e; perçant, e (voz).

chirriar [9] *v intr* grincer (las ruedas) ‖ piailler (los pájaros) ‖ FIG & FAM chanter faux, brailler (cantar) ‖ brailler (gritar) ‖ (*Amer*) faire la noce (ir de juerga) ‖ grelotter (tiritar).

chirrido *m* cri (de los pájaros) ‖ grincement (ruido desagradable); el chirrido de la puerta le grincement de la porte ‖ pétillement, crépitement (del fuego) ‖ grésillement (del aceite hirviendo) ‖ FIG & FAM cri, braillement (berrido) ‖ el chirrido del grillo le chant du grillon.

chirrión *m* tombereau (volquete), charrette *f* (carreta) ‖ (*Amer*) fouet de cuir (látigo).

chiruca® *f* Pataugas® *m*.
▮ OBSERV chiruca s'utilise généralement au pluriel.

chirumen *m* FAM jugeote *f* (caletre).

chirusa; chiruza *f* (*Amer*) femme très ordinaire (mujer).

¡chis! *interj* chut! (chitón)

chiscarra *f* variété de calcaire tendre.

chischás *m inv* cliquetis (ruido de las espadas al entrechocarse).

chisgarabís *m* FAM gringalet, freluquet (hombre pequeño) ‖ fouinard (entrometido).
▮ OBSERV pl chisgarabises.

chisguete *m* FAM coup (trago); echar un chisguete boire un coup ‖ jet, giclée *f* (chorro) ‖ (*Amer*) tube de caoutchouc (tubo).

chisguetear *v intr* boire un coup (beber).

chisme *m* cancan, potin, commérage, ragot (habilla); los vecinos andan siempre con chismes les voisins passent leur temps à faire des cancans ‖ FAM babiole *f* (objeto sin importancia) ‖ machin, truc; ¡qué chisme tan raro! quel drôle de truc! ‖ el cuarto de los chismes le débarras ‖ meter, traer chismes cancaner, potiner.

chismear *v intr* cancaner, potiner.

chismería *f* cancan *m*, potin *m*, ragot *m* (chisme).

chismografía *f* FAM commérage *m*, cancan *m* (habladuría).

chismorrear *v intr* cancaner, potiner, faire des potins (chismear).

chismorreo *m* commérage, cancan.

chismoso, sa *adj* & *s* cancanier, ère.

chispa *f* [▷ SIN] étincelle; chispa eléctrica, de ruptura étincelle électrique, de rupture; echar chispas jeter des étincelles ‖ étincelle, petit diamant *m* (diamante pequeño) ‖ goutte, gouttelette (de lluvia) ‖ FIG lueur; una chispa de inteligencia une lueur d'intelligence ‖ brin *m*, miette (pedazo de una cosa); no sobró ni una chispa de pan il ne resta même pas une miette de pain ‖ esprit *m* (viveza, ingenio); tener chispa avoir de l'esprit ‖ FAM cuite (borrachera) ‖ (*Amer*) mensonge *m* (mentira) ‖ succès *m* ▪ de chispa à pierre; escopeta de chispa fusil à pierre ‖ ni chispa pas du tout; no me gusta ni chispa ça ne me plaît pas du tout; esto no tiene ni chispa de gracia ce n'est pas drôle du tout ▪ echar chispas jeter des étincelles, être furibond ‖ ser una chispa être vif comme la poudre.
◇ *adj* (*Amer*) drôle.
➡ **¡chispa!** *interj* diable!
▮ SIN rayo foudre; relámpago éclair; centella étincelle.

chisparse *v pr* FAM se soûler, s'enivrer (emborracharse).

chispazo *m* étincelle *f*; le saltó un chispazo a la cara une étincelle lui sauta au visage ‖ brûlure *f* (quemadura) ‖ FAM cancan, potin (chisme) ▪ FIG chispazo de ingenio étincelle o éclair de génie.

chispeante *adj* étincelant, e (que echa chispas) ‖ pétillant, e; ojos chispeantes des yeux pétillants ‖ FIG spirituel, elle (ingenioso), plein d'esprit, pétillant, e; étincelant, e; pétillant, e; brillant, e (brillante) ‖ FIG tener un ingenio chispeante pétiller d'esprit.

chispear *v intr* étinceler (echar chispas) ‖ FIG pétiller; chispear de alegría pétiller de joie ‖ être brillant; su discurso chispeó son discours a été brillant ‖ pleuviner, tomber quelques gouttes (lloviznar).

chispero *m* taillandier (herrero de grueso) ‖ forgeron (herrero) ‖ FIG & FAM type populaire de Madrid du début du XIXᵉ siècle.

chispo, pa *adj* FAM gris, e; éméché, e.
➡ **chispo** *m* FAM coup (trago).

chispoleto, ta *adj* éveillé, e; vif, vive; dégourdi, e (listo).

chisporroteante *adj* pétillant, e (fuego).

chisporrotear *v intr* pétiller, crépiter; el fuego chisporrotea le feu crépite ‖ crépiter, grésiller (aceite) ‖ RAD cracher.

chisporroteo *m* FAM pétillement, crépitement (de la leña) ‖ grésillement (del aceite) ‖ RAD friture *f*, crachotement, crachement (ruido parásito).

chisquero *m* briquet à amadou.

¡chist! *interj* chut!

chistar *v intr* parler, ouvrir la bouche; no chistó mientras estuvimos allí pendant que nous étions là il n'a pas ouvert la bouche ▪ sin chistar sans répliquer, sans mot dire (sin contestar), sans broncher, sans mot dire, sans tiquer (sin protestar) ‖ FAM sin chistar ni mistar sans dire un mot, sans ouvrir la bouche.

chiste *m* bon mot, plaisanterie *f* (agudeza) ‖ histoire *f* drôle, blague *f* (cuento gracioso); contar un chiste raconter une blague ‖ drôlerie *f*, chose *f* drôle (gracia); no le veo el chiste a lo que ha dicho je ne vois pas ce qu'il y a de drôle dans ce qu'il a dit ▪ con chiste drôlement, spirituellement, avec esprit ‖ sin chiste bêtement, sans esprit ■ caer en el chiste comprendre, piger FAM ‖ hacer chiste de uno se moquer de quelqu'un, se payer la tête de quelqu'un ‖ tener chiste être drôle.

chistera f panier m de pêcheur (cesta de pescador) ‖ FIG & FAM tube m, chapeau m haut de forme, huit-reflets m (sombrero de copa) ‖ chistera (para jugar a la pelota).

chistorra f saucisson typique de Navarre.

chistoso, sa adj spirituel, elle; drôle (gracioso); una anécdota muy chistosa une anecdote très drôle ‖ blagueur, euse (bromista) ■ lo chistoso ce qu'il y a de curieux (extraño), ce qu'il y a de drôle o de piquant.

chistu m MÚS chistu [petite flûte du Pays Basque et du Béarn].

chistulari m joueur de chistu.

¡chit! interj chut!

chita f ANAT astragale m (hueso) ‖ palet m (juego) ■ FIG & FAM a la chita callando à pas de loup, en tapinois; me acerqué a él a la chita callando je me suis approché de lui à pas de loup; en douce; le hizo una mala jugada a la chita callando il lui a joué un mauvais tour en douce; sans tambour ni trompette; se marchó a la chita callando il est parti sans tambour ni trompette ‖ dar en la chita donner dans le mille.

chiticalla m & f personne très discrète.

chiticallando adj FAM à pas de loup, en tapinois, en douce (a la chita callando).

chito m bouchon, palet (juego).

¡chito!; ¡chitón! interj FAM chut!

chiva f chevrette (cabrita) ‖ (Amer) couverture (manta) ‖ bouc m (perilla) ‖ cuite (borrachera) ‖ rage (berrinche).

chivar v tr casser les pieds (fastidiar).
➡ **chivarse** v pr FAM s'embêter ‖ rapporter, cafarder (soplonear), moucharder (delatar) ‖ (Amer) se mettre en colère (enfadarse).

chivata f bâton m de berger.

chivatazo m FAM mouchardage ‖ FAM dar el chivatazo moucharder.

chivatear v intr FAM rapporter, cafarder (soplonear), moucharder (delatar) ‖ (Amer) pousser des cris, hurler (gritar).

chivateo m FAM mouchardage, cafardage.

chivato, ta m & f FAM donneur, euse (delator) ‖ rapporteur, euse; cafard, e (acusica).
➡ **chivato** m mouton (soplón) ‖ voyant (indicador) ‖ chevreau (chivo).

chivo, va m & f chevreau m, chevrette f; cabri m (cría de la cabra) ‖ FIG chivo expiatorio bouc émissaire.

choc m choc émotionnel.
‖ OBSERV pl chocs.

chocante adj choquant, e; unas costumbres chocantes des mœurs choquantes ‖ désagréable; voz chocante voix désagréable.

chocar [10] v intr [▷ SIN] heurter, choquer (p us); chocó el coche con o contra la farola l'auto heurta le réverbère ‖ entrer en collision; chocaron dos trenes deux trains sont entrés en collision ‖ FIG choquer; me chocó mucho su contestación sa réponse m'a beaucoup choqué ‖ se battre (pelear); los ejércitos chocaron en esta ciudad les armées se sont

battues dans cette ville ‖ FAM toper, toucher (la mano); ¡chócala! tope là!, touche là! ■ coches que chocan autos tamponneuses ‖ chocar de frente heurter de plein fouet.
‖ SIN golpear cogner; percutir percuter; topar heurter; tropezar achopper.

chocarrear v intr plaisanter lourdement, dire des blagues o des gaudrioles, faire de grosses plaisanteries.

chocarrería f grosse blague, grosse plaisanterie, gaudriole, turlupinade (p us).

chocarrero, ra adj grossier, ère; égrillard, e.
◇ m & f plaisantin m, blagueur, euse.

chocha; chochaperdiz f ZOOL bécasse (ave).
‖ OBSERV le pluriel de chochaperdiz est chochaperdices.

chochar v intr (Amer) radoter.

chochear v intr radoter (repetir la misma cosa) ‖ radoter, devenir gâteux, retomber en enfance (un anciano) ‖ FIG & FAM perdre la tête; el amor hace chochear con frecuencia a los hombres l'amour fait souvent perdre la tête aux hommes.

chochera; chochez f radotage m (repetición) ‖ gâtisme m (calidad de chocho) ‖ FAM toquade.
‖ OBSERV le pluriel de chochez est chocheces.

chocho m graine f comestible du lupin (altramuz) ‖ sucrerie f à la cannelle (confite) ‖ sucrerie f, bonbon (golosina) ‖ VULG chatte f (sexo de la mujer).

chocho, cha adj radoteur, euse (que chochea) ‖ gâteux, euse; gaga FAM; viejo chocho vieux gâteux ‖ estar chocho por être toqué de, raffoler de.

chochocol m (Amer) cruche f (cántaro), jarre f (tinaja).

choclo m socque (chanclo) ‖ (Amer) épi de maïs très tendre (maíz) ‖ aliment à base de maïs tendre (alimento) ‖ FAM corvée f, ennui (carga) ‖ FAM (Amer) ¡qué choclo! quelle barbe!

choclón m passage de la boule sous l'arceau au croquet ‖ (Amer) réunion f politique, meeting.

choco m petite seiche f (jibia pequeña) ‖ (Amer) barbet (perro de aguas) ‖ moignon (muñón).

choco, ca adj & s (Amer) mutilé, e (mutilado).

chocolate m chocolat; pastilla de chocolate barre o tablette de chocolat; jícara de chocolate tasse de chocolat ‖ FAM shit ‖ chocolate a la taza o para crudo chocolat à cuire o à croquer ‖ FIG economías del chocolate del loro économies de bouts de chandelle ‖ FAM las cosas claras y el chocolate espeso soyons clairs ■ (Amer) sacar chocolate faire saigner du nez.
◇ adj chocolat m inv (color).

chocolatera f chocolatière ‖ FAM tacot m (automóvil) ‖ sabot m (barco).

chocolatería f chocolaterie.

chocolatero, ra adj & s amateur de chocolat.
◇ m & f chocolatier, ère (fabricante).

chocolatín m; **chocolatina** f tablette f de chocolat, barre f chocolatée (alargado), chocolat m, croquette f (redondo).

chofe m mou (bofe).

chófer; chauffeur m chauffeur.
‖ OBSERV les deux pluriels de chófer sont chóferes et chófers.

chofeta f chaufferette.

chola ➡ cholla.

cholada f; **cholerío** m AMER groupe m o foule f de métis.

cholla; chola f FAM cafetière, caillou m, caboche (cabeza) ‖ no le queda un solo pelo en la cholla il n'a plus un seul poil sur le caillou.

chollar v tr (Amer) blesser (herir).

chollo m FAM aubaine f, fromage, sinécure f (ganga) ‖ veine f, chance f (suerte).

cholo, la adj (Amer) métis, isse (mestizo).
◇ m & f (Amer) Indien civilisé, Indienne civilisée ‖ homme, femme du peuple (plebeyo).

chomba; chompa f (Amer) T-shirt m.

chompipe m (Amer) dindon.

chonchón m (Amer) sorte de cerf-volant (cometa) ‖ oiseau de mauvais augure (ave fatídica) ‖ vilain oiseau (persona despreciable).

chongo m (Amer) boucle f (rizo) ‖ chignon (moño) ‖ sucrerie f au lait et au miel (dulce) ‖ plaisanterie f (broma).

chonguear v intr (Amer) plaisanter, blaguer.

chonta f (Amer) palmier m à bois très dur (palmera) ‖ serpent m de couleur noire (serpiente).

chontal adj (Amer) rustre.

chopa f MAR dunette.

chopazo m coup de poing (puñetazo).

chope m (Amer) sorte de houe (azadón) ‖ coup de poing (puñetazo).

chopera f peupleraie.

chopito m sorte de petit calmar pané.

chopo m BOT peuplier noir (álamo) ‖ FAM flingue, flingot (fusil).

choque m choc (golpe) ‖ MED choc; choque operatorio choc opératoire ‖ FIG heurt (oposición) ‖ tamponnement (entre dos trenes) ‖ collision f (colisión) ■ choque de frente télescopage ‖ choque de rechazo choc en retour ‖ precio de choque prix choc.

choquezuela f rotule (du genou).

chorbo, ba m & f FAM mec, gonzesse.

chorear v intr FAM (Amer) bougonner, râler.

choriceo m FAM fauche f.

choricería f charcuterie (salchichería).

chorizar [13] v tr FAM chourer.

chorizo m saucisson au piment, "chorizo" ‖ FAM filou (ladrón) ‖ balancier (balancín) ‖ (Amer) faux filet (lomo) ‖ torchis (para revocar) ‖ andouille f (mentecato).

chorlito m ZOOL chevalier (pájaro) ■ FIG & FAM cabeza de chorlito tête de linotte ‖ chorlito de collar pluvier à collier ‖ chorlito real pluvier, courlis.

chorlo m tourmaline (turmalina).

choro m (Amer) moule f.

chorote m (Amer) chocolatière f (chocolatera) ‖ chocolat (chocolate).

choroy m (Amer) espèce de perruche (cotorra).

chorra *adj* & *s m* MFAM andouille *f* (necio).
◇ *f* MFAM pot *m* (suerte)‖**tener mucha chorra** avoir du pot.

chorrada *f* bonne mesure (dans la vente des liquides) ‖ FAM bêtise; **soltar chorradas** débiter des bêtises.

chorreado, da *adj* à pelage rayé (animal) ‖ (*Amer*) sale, taché, e (sucio).

chorreadura *f* écoulement *m* (chorreo) ‖ tache [faite par un liquide].

chorrear *v intr* couler; **líquido que chorrea** liquide qui coule ‖ dégoutter, dégouliner (gotear); **la ropa está chorreando** le linge dégouline ‖ FIG couler à flots; **el dinero chorrea en esta casa** l'argent coule à flots dans cette maison ‖ FAM **estar chorreando** être trempé.
◇ *v tr* verser, faire couler; **chorrear agua por el suelo** verser l'eau par terre ‖ ruisseler, dégouliner; **el cuerpo chorreando sudor** le corps ruisselant de sueur ‖ FIG **esto chorrea sangre** c'est une injustice flagrante.
➤ **chorrearse** *v pr* FAM (*Amer*) barboter, s'approprier; **chorrearse algo** barboter quelque chose.

chorreo *m* écoulement; **el chorreo del agua** l'écoulement de l'eau ‖ FIG flot; **un chorreo de gente, de turistas** un flot de gens, de touristes ‖ dépense (gasto).

chorreón *m* écoulement (chorreadura) ‖ filet; **echar un chorreón de aceite en la ensalada** verser un filet d'huile dans la salade ‖ tache *f* (mancha).

chorrera *f* rigole, sillon *m* [tracé par l'eau courante] ‖ jabot *m* (de camisa) ‖ (*Amer*) série, flopée FAM; **una chorrera de desatinos** une série d'idioties.

chorretada *f* jet *m*, giclée (chorro) ‖ bonne mesure d'un liquide (chorrada).

chorrillo *m* petit jet ‖ filet; **un chorrillo de aceite** un filet d'huile ‖ AGRIC **sembrar a chorrillo** semer en ligne.

chorro *m* jet (de un líquido, de un gas) ‖ FIG pluie *f*; **un chorro de pesetas** une pluie de pesetas‖flot; **un chorro de luz** un flot de lumière ■ **avión de chorro** avion à réaction ‖ FIG **chorro de voz** voix qui porte ■ **beber al chorro** boire à la régalade ‖**hablar a chorros** parler avec abondance (mucho), bafouiller (balbucear) ‖ **llover a chorros** pleuvoir à torrents ‖ **estar limpio como los chorros de oro** o **como un chorro de agua** être propre comme un sou neuf ‖ **soltar el chorro de la risa** éclater de rire ‖ **sudar a chorros** suer à grosses gouttes.
◇ *adj* (*Amer*) voleur, euse.

chorrón *m* chanvre peigné.

chortal *m* affleurement d'eau.

chotacabras *f inv* ZOOL engoulevent *m*, tête-chèvres *m* FAM.

chote *m* (*Amer*) chayote, chaïote (cucurbitácea).

chotearse *v pr* FAM se payer la tête de, se ficher de (burlarse).

choteo *m* FAM moquerie *f*, raillerie *f* (burla) ‖rigolade *f*; **tomárselo todo a choteo** prendre tout à la rigolade.

chotis *m* scottish *f*, danse *f* ressemblant à la mazurka (baile propio de Madrid).

choto, ta *m* & *f* cabri, chevrette (cabrito) ‖ veau (ternero).

chotuno, na *adj* relatif aux chevreaux ‖ FIG **oler a chotuno** puer comme un bouc.

choucroute *f* choucroute.

chova *f* choucas *m* (corneja).

chovinismo *m* chauvinisme.

chovinista *adj* & *s* chauvin, e.

choza *f* hutte (bohío) ‖ cabane (cabaña) ‖ chaumière (casa con techo de paja) ‖ **choza de paja** paillote.

chozno, na *m* & *f* fils, fille d'un arrière-arrière-petit-fils, d'une arrière-arrière-petite-fille.

chozo *m* petite hutte *f*.

chozpar *v intr* cabrioler, sauter (los animales).

chozpo *m* cabriole *f* (d'un animal).

christmas *m inv* carte *f* de vœux [pour Noël].

chuán *m* HIST chouan.

chubasco *m* averse *f* (aguacero); **chubasco de origen tormentoso** averse orageuse ‖ MAR grain (lluvia) ‖ FIG nuage, contretemps.

chubasquero *m* ciré (impermeable).

chubesqui *m* poêle (estufa).

chuca *f* côté creux de l'osselet (de la taba).

chúcaro, ra *adj* (*Amer*) sauvage.
◇ *m* & *f* (*Amer*) mulet *m* sauvage, mule *f* sauvage.

chucear *v tr* (*Amer*) blesser, piquer [avec une arme pointue].

chucero *m* piquier (soldado).

chucha *f* FAM chienne (perra)‖peseta ‖ (*Amer*) maracas (maraca) ‖ sarigue (zarigüeya) ‖ VULG chatte (sexo de la mujer) ‖ **¡chucha!** allez coucher!

chuchear *v intr* chuchoter (cuchichear) ‖ chasser aux pièges ou aux appeaux (cazar) ‖ FAM grignoter des friandises.

chuchería *f* babiole, colifichet *m* (fruslería) ‖ friandise, sucrerie (golosina) ‖ chasse aux pièges ou aux appeaux (caza).

chucho *m* FAM toutou, chien (perro) ‖ (*Amer*) malaria *f*, paludisme (paludismo) ‖ frisson (escalofrío).
➤ **¡chucho!** *interj* allez coucher! (dirigiéndose a un perro).

chuchoca *f* (*Amer*) maïs *m* torréfié.

chuchumeco *m* FAM nabot, avorton.

chuchurrido, da *adj* FAM fané, e; **flores chuchurridas** fleurs fanées‖ridé, e (arrugado) ‖ratatiné, e; **una vieja mujer chuchurrida** une vieille femme ratatinée.

chueca *f* tête [du fémur ou de l'humérus] ‖ souche (tocón) ‖ jeu *m* analogue à la crosse (juego) ‖ FIG & FAM tour *m* (burla) ‖ blague (broma).

chueco, ca *adj* (*Amer*) tordu, e; **piernas chuecas** jambes tordues.

chufa *f* BOT souchet *m* comestible (planta) ‖**horchata de chufas** orgeat de souchet.

chufar; chufear *v intr* se moquer de, railler.

chufla; chufleta *f* FAM plaisanterie, blague (broma) ‖ raillerie (burla).

chuflarse; chuflearse *v pr* FAM se moquer.

chuflay *m* (*Amer*) boisson *f* alcoolisée, grog.

chuflearse ➤ **chuflarse**.

chufleta ➤ **chufla**.

chufletear *v intr* FAM plaisanter (bromear) ‖railler (burlarse).

chufletero, ra *adj* & *s* FAM blagueur, euse (bromista) ‖railleur, euse; moqueur, euse (burlón).

chulada *f* FAM grossièreté (grosería) ‖saillie, boutade (agudeza) ‖ crânerie, aplomb (desfachatez) ‖ désinvolture (desenfado); **obrar con chulada** agir avec désinvolture ‖ truc *m* sympa (cosa bonita) ‖ FAM **decir una chulada, hacer chuladas** crâner.

chulapo, pa; chulapón, ona *m* & *f* gommeux *m*, poupée *f*.

chulé *m* douro, monnaie *f* de cinq pesetas.

chulear *v tr* railler spirituellement, blaguer ‖ (*Amer*) flirter (flirtear).
➤ **chulearse** *v pr* se payer la tête de (burlarse) ‖ FAM crâner (darse pisto).

chulería *f* grâce piquante ‖ bravade, crânerie (bravata) ‖ désinvolture (desenfado).

chulesco, ca *adj* crâne; **gesto chulesco** air crâne ‖ faubourien, enne (populachero).

chuleta *f* côtelette, côte (costilla); **chuleta empanada** côtelette panée ‖ FIG & FAM tarte, baffe (bofetada) ‖ antisèche (que llevan los estudiantes) ‖ insolent *m*, effronté *m* (chulo).

chullo *m* (*Amer*) sorte de petit passe-montagne de laine (shullo).

chullpa; chulpa *f* (*Amer*) monument *m* funéraire précolombien en Bolivie et au Pérou.

chulo, la *adj* FAM effronté, e; insolent, e (descarado), dévergondé, e (pícaro) ‖ crâne; **un gesto chulo** un air crâne‖joli, e (bonito), bien mis, e (elegante).
➤ **chulo** *m* TAUROM valet ‖ FAM souteneur (rufián) ‖ gigolo (gigolo)‖FAM type, mec‖mauvais garçon (pícaro).
◇ *m* & *f* joli garçon, jolie fille ‖ gommeux *m*, petit maître *m*, poupée *f* [du bas peuple de Madrid].

chulpa ➤ **chullpa**.

chuma *f* (*Amer*) cuite (borrachera).

chumacera *f* MECÁN crapaudine ‖ MAR toletière.

chumarse *v pr* (*Amer*) prendre une cuite, se soûler.

chumbar *v tr* (*Amer*) exciter [un chien].

chumbera *f* BOT nopal *m*, figuier de Barbarie.

chumbo, ba *adj* **higuera chumba** figuier de Barbarie‖**higo chumbo** figue de Barbarie.
➤ **chumbo** *m* (*Amer*) balle (bala).

chuminada *f* FAM connerie.

chumino *m* VULG chatte *f*.

chunga *f*; **chungueo** *m* FAM farce, plaisanterie (broma) ‖ blague, plaisanterie (burla) ■ **por chunga** pour rire ■ FAM **andar de chunga** rigoler ‖ **estar de chunga** plaisanter ‖ **tomar a** o **en chunga** se moquer de, prendre à la rigolade, ne pas prendre au sérieux.

chungarse [16]; **chunguearse** v pr FAM plaisanter (bromear) | se moquer, rigoler (burlarse).

chungo, ga adj FAM nul, nulle (malo).

chunguearse ► chungarse.

chungueo ► chunga.

chuña f (Amer) cariama m, oiseau m échassier (ave).

chuño m (Amer) fécule f (de pomme de terre).

chupa f justaucorps m (prenda) | (Amer) cuite (borrachera) | FIG poner a uno como chupa de dómine mettre quelqu'un plus bas que terre, traîner quelqu'un dans la boue.

chupa-chups® m sucette f ronde.
⬛ OBSERV pl chupa-chups.

chupacirios m FAM bigot, bondieusard (beato).

chupada f bouffée (de humo) | sucement m, succion (de una sustancia).

chupadero, ra adj suceur, euse.
► **chupadero** m sucette f (chupador).

chupado, da adj maigre, émacié, e; cara chupada visage émacié | serré, e; étroit, e; falda chupada jupe serrée | (Amer) paf, ivre (borracho) | FIG & FAM mejillas chupadas joues caves o creuses ⬛ FIG & FAM está chupado c'est simple comme bonjour, c'est l'enfance de l'art, c'est du billard.

chupador, ra adj & s suceur, euse (que chupa).
► **chupador** m tétine f (de biberón) | sucette f (chupete) | (Amer) buveur (bebedor).

chupadura f succion, sucement m.

chupaflor m (Amer) oiseau-mouche, colibri.

chupalámparas m inv FAM sacristain, bedeau.

chupamedias m & f (Amer) FAM lèchebottes.

chupar v tr sucer; chupar un limón sucer un citron | pomper, absorber, boire; las raíces chupan la humedad del suelo les racines pompent l'humidité du sol | FIG sucer, soutirer [de l'argent]; chuparle a uno el dinero soutirer de l'argent à quelqu'un | tirer (sacar) | (Amer) fumer | FIG chupar la sangre a alguno saigner quelqu'un à blanc.
► **chuparse** v pr se lécher; chuparse los dedos se lécher les doigts | maigrir, se creuser (ir enflaqueciendo) | FIG & FAM tirer; chuparse seis meses de prisión tirer six mois de prison | (Amer) boire ⬛ chuparse el dedo sucer son pouce | FAM ¡chúpate esa! avale ça! | es para chuparse los dedos c'est à s'en lécher les babines | no chuparse el dedo ne pas se laisser marcher sur les pieds, ne pas se laisser faire.

chupatintas m inv FAM rond-de-cuir, gratte-papier, scribouillard.

chupe m FAM sucette f (chupador) | (Amer) ragoût de pommes de terre, de viande, d'œufs et de fromage.

chupendo m FAM suçon.

chupeta f petit justaucorps m | MAR cabine (en la popa).

chupete m tétine f (de biberón) | sucette f (chupador) | (Amer) sucette f (caramelo).

chupetear v intr suçoter.

chupeteo m sucement, succion f.

chupetilla f MAR sorte d'écoutille.

chupetón m forte succion f.

chupi adj FAM génial, e.

chupinazo m FAM shoot (con el balón).

chupito m gorgée f (sorbo) | bouffée f (de humo) | (Amer) sucette f (caramelo).

chupo; **chupón** m (Amer) furoncle.

chupón, ona adj & s suceur, euse (que chupa).
► **chupón** m AGRIC gourmand (brote) | bouffée f (chupada) | suçon (beso) | déboucheur (destrancador neumático) | ZOOL plume f vive | MECÁN piston plongeur (émbolo) | sucette f (caramelo) | tétine f (de biberón).
◇ m & f profiteur, euse; parasite m, sangsue f.

chupóptero m FAM cumulard.

chuquearse v pr (Amer) se salir.

churla f; **churlo** m (Amer) sac m en fibres d'agave.

churra f gelinotte des bois (ortega).

churrasco m (Amer) grillade f (carne asada).

churrasquear v intr (Amer) manger une grillade (comer), préparer une grillade (asar).

churrasquería f (Amer) rôtisserie.

churre m FAM suint (sustancia grasa) | FIG crasse f (suciedad).

churrear v intr (Amer) avoir la diarrhée.

churrería f commerce m de "churros".

churrero, ra m & f marchand, e de beignets.

churrete; **churretón** m tache f, saleté f (en la cara) | FAM (Amer) pauvre bougre, pauvre type.

churretoso, sa adj sale, crasseux, euse (sucio).

churri adj FAM de rien du tout.

churriento, ta adj crasseux, euse; sale.

churrigueresco, ca adj ARQ churrigueresque (estilo) | FIG surchargé, e; rococo (recargado).
⬛ OBSERV Le style churrigueresque (du nom de l'architecte José de Churriguera) a marqué l'architecture espagnole à la fin du XVIIe et au début du XVIIIe siècle. Il se caractérise par un baroquisme outré et s'apparente au rococo.

churro, rra adj (Amer) FAM séduisant, e (un hombre o una mujer) | jarreux, euse (lana) | lana churra jarre.
► **churro** m beignet (masa frita) | FAM bricolage (chapuza) | navet; esta película es un churro ce film est un navet ⬛ FAM salirle a uno un churro louper o rater complètement; me ha salido un churro ça a complètement raté | ser un churro être un coup de veine (casualidad), être vraiment loupé o raté (fracaso).

LOS CHURROS
Ces beignets striés de forme cylindrique, saupoudrés de sucre, sont parfois consommés dans les bars, mais il est beaucoup plus commun de les acheter dans des petits stands ambulants nommés « churrerías » que l'on trouve dans les rues et les places principales de toutes les agglomérations. Bien que les Espagnols mangent les « churros » à toute heure, dans la rue, c'est désormais le matin, après une fête, que les « churros » sont de rigueur, accompagnés d'un bol de chocolat chaud.

churroso, sa adj (Amer) qui a la diarrhée.

churruscarse [10] v pr brûler (el pan, un guiso, etc.).

churrusco m croûton de pain brûlé.

churumbel m FAM gosse, loupiot, marmot, mioche.

churumbela f MÚS sorte de hautbois m | (Amer) pipette pour boire le maté (bombilla).

chuscada f plaisanterie, drôlerie, cocasserie, facétie.

chuscamente adv plaisamment, drôlement.

chusco, ca adj plaisant, e; facétieux, euse; cocasse (gracioso) | (Amer) bâtard, e (perro).
► **chusco** m MIL pain de munition.

chusma f chiourme (de galeotes) | populace (muchedumbre) | racaille, vermine (conjunto de gente soez) | (Amer) troupe d'Indiens.

chusmaje m (Amer) populace f.

chus ni mus
► no decir chus ni mus loc ne pas souffler mot.

chuspa f (Amer) bourse en cuir ou en tissu.

chusquero m FAM officier sorti du rang.

chut m shoot (puntapié).
⬛ OBSERV pl chuts.

chutar v intr shooter, botter, tirer (fútbol) ⬛ FAM este asunto va que chuta cette affaire tourne rond o marche à merveille; ¡y va que chuta! c'est bien suffisant!, ça suffit!
► **chutarse** v pr MFAM se shooter.

chute m shoot, fix (drogas).

chuza f (Amer) aux quilles, action d'abattre toutes les quilles d'un seul coup | pique (lanza).

chuzo m pique f (arma) | épieu, bâton ferré (del sereno) | (Amer) cravache f (fusta) | FIG llover a chuzos, caer chuzos de punta tomber o pleuvoir des hallebardes, pleuvoir à seaux.

CI (abrev de coeficiente de inteligencia) m QI.

cía; **cea** f ANAT ischion m.

cía; **Cía** (abrev escrita de compañía) Cie.

CIA (abrev de Central Intelligence Agency) f CIA.

ciaboga f MAR virement m de bord.

cianamida f cyanamide m o f (abono); cianamida cálcica cyanamide calcique.

cianhídrico, ca adj QUÍM cyanhydrique.

cianita f MIN cyanite.

cianofíceas f pl cyanophycées (algas).

cianógeno m QUÍM cyanogène.

cianosis f inv MED cyanose.

cianuro m QUÍM cyanure.

ciar [9] v intr reculer, marcher à reculons (retroceder) | MAR scier (remar) | renoncer, abandonner; ciar en sus pretensiones renoncer à ses prétentions, abandonner ses prétentions | renverser (el vapor).

ciático, ca adj & s f MED sciatique.

Cibeles n pr Cybèle | plaza, fuente Cibeles célèbre place, fontaine madrilène.

LA PLAZA CIBELES
La place Cibeles à Madrid, construite sous Charles III, dans le cadre d'un programme de grands travaux, est de nos jours un important lieu de réunion et le théâtre de nombreuses manifestations et célébrations. Au

centre, se trouve la fontaine de Cibeles, consacrée à la déesse gréco-romaine de la Fertilité, représentée sur un char tiré par deux lions. Autour, se dressent d'importants édifices, comme « el Banco de España », « la Casa de América » et « el palacio de comunicaciones », appelé familièrement « Nuestra Señora de las Comunicaciones ».

cibelina *f* ZOOL zibeline.

cibera *adj f* qui sert à alimenter.
◇ *f* nourriture pour gaver les animaux ‖ quantité de blé que l'on porte dans la trémie du moulin ‖ marc *m*, résidu *m* de fruits pressés.

cibernético, ca *adj* & *s* cybernéticien, ienne; cybernétique.
➥ **cibernética** *f* cybernétique.

ciborio *m* ARQ ciborium (baldaquino) ‖ coupe *f* (copa).
‖ OBSERV El francés ciboire significa copón.

CIC (abrev de Consejo Interamericano Cultural) *m* centre d'échanges culturels interaméricains.

CICAT (abrev de Comisión Interministerial Coordinadora de Asistencia Técnica) *f* comité interministériel de coordination de l'assistance technique.

cicatear *v intr* FAM lésiner.

cicatería *f* lésinerie, ladrerie.

cicatero, ra *adj* & *s* lésineur, euse; avare, chiche, ladre.

cicatrícula *f* cicatricule (galladura del huevo).

cicatriz *f* cicatrice.
‖ SIN costurón estafilade; chirlo balafre; estigma stigmate.
‖ OBSERV pl cicatrices.

cicatrizable *adj* cicatrisable.

cicatrización *f* cicatrisation.

cicatrizado, da *adj* cicatrisé, e.

cicatrizante *adj* cicatrisant, e.
◇ *m* cicatrisant.

cicatrizar [13] *v tr* cicatriser.

cícero *m* IMPR cicéro.

cicerón *m* orateur né.

cicerone *m* cicerone (guía).

cicindela *f* cicindèle (insecto).

Cícladas *n pr f pl* GEOGR las Cícladas les Cyclades.

ciclamen; ciclamino *m* BOT cyclamen.

ciclamor *m* BOT gainier.

ciclano *m* cyclane.

cíclico, ca *adj* cyclique.

ciclismo *m* cyclisme.

ciclista *adj* & *s* cycliste; carrera ciclista course cycliste; un ciclista francés un cycliste français.

ciclo *m* cycle (lunar, literario, vital, etc.) ‖ ciclos económicos cycles économiques.

ciclocross *m* cyclo-cross *m inv*.

cicloidal; cicloideo, a *adj* cycloïdal, e.

cicloide *f* GEOM cycloïde.

cicloideo, a ➥ **cicloidal**.

ciclómetro *m* cyclomètre.

ciclomorfosis *f inv* cyclomorphose.

ciclomotor *m* cyclomoteur.

ciclomotorista *m* & *f* cyclomotoriste.

ciclón *m* cyclone (huracán) ‖ FIG ouragan; llegar como un ciclón arriver comme un ouragan.

ciclonal; ciclónico, ca *adj* cyclonal, e; cyclonique.

cíclope *m* cyclope.

ciclópeo, a; ciclópico, ca *adj* cyclopéen, enne.

ciclosilicato *m* MIN cyclosilicate.

ciclostilo; ciclostil *m* polycopie *f* (técnica) ‖ machine *f* à polycopier (máquina).

ciclostoma *m* ZOOL cyclostome.

ciclóstomos *m pl* cyclostomes (pez).

cicloterapia *f* MED cyclothérapie.

ciclotimia *m* MED cyclothymie.

ciclotímico, ca *adj* MED cyclothymique.

ciclotrón *m* FÍS cyclotron.

cicloturismo *m* cyclotourisme.

CICR (abrev de Comité Internacional de la Cruz Roja) *m* CICR.

cicuta *f* ciguë (planta) ‖ cicuta menor petite ciguë, éthuse.

cicutina *f* cicutine.

Cid *n pr* el Cid le Cid ‖ FAM creerse descendiente de la pata del Cid se croire sorti de la cuisse de Jupiter.

━━ EL CID ━━
Rodrigo Díaz de Vivar, plus connu sous le nom que lui donnèrent les arabes, « el Cid », est un des plus célèbres héros mi-réels mi-légendaires de la Reconquista. Au service du roi de Castille, il aurait été à l'origine de nombreuses victoires et conquêtes, entre autres la prise de Valence. Ce personnage a inspiré une des plus belles chansons de geste de la littérature médiévale: « El Cantar de Mío Cid », œuvre anonyme relatant ses exploits et ses aventures, réalisés en compagnie de son cheval « Babieca » et de son épée « Tizona ».

cid *m* FIG homme valeureux.

CIDEM (abrev de Consejo Interamericano de Música) *m* Conseil interaméricain de la musique.

cidra *f* BOT cédrat *m* (fruta).
‖ OBSERV Ne pas confondre avec sidra cidre [boisson].

cidrada *f* confiture de cédrat.

cidro *m* BOT cédratier.

cidronela *f* BOT citronnelle, mélisse.

CIE (abrev de Centro Internacional de la Infancia) *m* CIE.

CIEA (abrev de Centro Internacional de Estudios Agrícolas) *m* centre international d'études agronomiques.

ciegamente *adv* aveuglément ‖ tête baissée; los soldados atacaron ciegamente les soldats attaquèrent tête baissée ‖ confiar ciegamente en avoir une confiance aveugle en.

ciego, ga *adj* aveugle (que no ve); ciego de nacimiento aveugle-né, aveugle de naissance ‖ FIG aveuglé, e (cegado); ciego de ira aveuglé par la colère ‖ aveuglé, e; bouché, e (cañería) ‖ compact, e; sans trous (pan, queso) ‖ FIG & FAM estar ciego être noir (alcohol), être défoncé (droga) ‖ ponerse ciego se bourrer la gueule o prendre une cuite (alcohol), se défoncer (droga), se bâfrer (comida).
◇ *m* & *f* aveugle ■ coplas de ciego vers de mirliton ■ dar palos de ciego aller o agir à l'aveuglette ‖ en tierra o en país de ciegos el tuerto es rey au royaume des aveugles, les borgnes sont rois ‖ FAM hacerse el ciego fermer les yeux ‖ un ciego lo ve cela crève les yeux.
➥ **ciego** *m* ANAT cæcum (intestino) ‖ FIG & FAM cuite *f* (alcohol), défonce *f* (droga).
➥ **a ciegas** *loc adv* à l'aveuglette (sin ver); andar a ciegas aller à l'aveuglette; en aveugle, à l'aveuglette, aveuglément (sin reflexión); obrar a ciegas agir en aveugle; les yeux fermés; comprar a ciegas acheter les yeux fermés.

cielito *m* strophe d'une chanson populaire en Argentine et Uruguay.

cielo *m* ciel; cielo azul, sereno, aborregado, encapotado ciel bleu, serein, moutonneux, couvert ‖[▷ SIN] RELIG ciel; subir al cielo monter au ciel ‖ (Amer) danse *f* et chanson *f* populaires ■ cielo de la boca voûte o voile du palais ‖ cielo de la cama ciel de lit ‖ cielo raso faux plafond ‖ el reino de los cielos royaume des cieux [▷ OBSERV], le paradis ‖ un aviso del cielo un avertissement du ciel ■ a cielo abierto à ciel ouvert (minas) ‖ a cielo descubierto à découvert, à ciel ouvert ‖ a cielo raso à la belle étoile (a la intemperie) ■ cerrarse o entoldarse el cielo se couvrir [le ciel] ‖ con paciencia se gana el cielo la patience vient à bout de tout ‖ desencapotarse el cielo s'éclaircir ‖ estar en el séptimo cielo être au septième ciel ‖ esto va al cielo c'est la loi et les prophètes ‖ ganar el cielo gagner le ciel ‖ FAM juntársele a uno el cielo con la tierra être pris entre deux feux, être dans la gueule du loup ‖ llovido del cielo tombé du ciel ‖ mover o revolver cielo y tierra remuer ciel et terre ‖ poner al cielo por testigo prendre le ciel à témoin ‖ poner el grito en el cielo pousser les hauts cris ‖ FIG & FAM se me ha ido el santo al cielo ça m'est sorti de la tête ‖ ser un cielo être un ange o un amour ‖ si escupes al cielo, en la cara te caerá ça te retombera sur le nez ‖ ver el cielo abierto voir les cieux ouverts (alegrarse), trouver le joint (descubrir el medio para salir de un apuro).
➥ **¡cielo!** *interj* ¡mi cielo!, ¡cielo mío! mon ange!, mon amour!, mon chou!
➥ **¡cielos!** *interj* ciel!
‖ OBSERV El plural de cielo es cieux pero cuando se trata del clima el plural hace ciels (des ciels sans nuages). También se dice des ciels de lit, des ciels de tableau (parte de un cuadro que representa el cielo).
‖ SIN paraíso paradis; olimpo olympe; empíreo empyrée; Campos Elíseos Champs-Élysées; Walhala Walhala; edén éden; lo alto là-haut.

ciempiés *m inv* ZOOL mille-pattes.

cien *adj* cent ‖ cien por cien cent pour cent.
‖ OBSERV Ciento s'apocope en cien devant les substantifs: cien años, cien pesetas cent ans, cent pesetas et devant les numéraux supérieurs à la centaine: cien mil pesetas cent mille pesetas.

ciénaga *f* marécage *m* (zona pantanosa).

ciencia *f* science; los adelantos de la ciencia les progrès de la science ‖ FIG science; pozo de ciencia puits de science ■ ciencia ficción science-fiction ‖ ciencia infusa science infuse ‖ ciencias naturales, exactas sciences naturelles, exactes ‖ gaya ciencia gai savoir, poésie ■ a o de ciencia cierta en connaissance de cause (con conocimiento), de bonne source, de science certaine (con seguridad) ■ **creer algo a ciencia cierta** croire à quelque chose comme à l'évangile.

cienmilésimo, ma *adj & s* cent millième ▌**la cienmilésima parte** le cent millième.

cienmilímetro *m* centième de millimètre.

cienmillonésimo, ma *adj & s* cent millionième ▌**la cienmillonésima parte** le cent millionième.

cieno *m* vase *f*, bourbe *f* (fango).

cientificismo ➤ **cientifismo**.

científico, ca *adj* scientifique.
➡ **científico** *m* homme de science, savant.

cientifismo; cientificismo *m* scientisme.

cientista *m & f (Amer)* scientifique; **cientista social** sociologue.

ciento *adj & s m* cent ▌centième (centésimo).
◇ *m* cent; **un ciento de ostras** un cent d'huîtres ▌centaine *f*; **un ciento de huevos** une centaine d'œufs ▌FIG & FAM **el ciento y la madre** une kyrielle, une foule ▌**un tanto por ciento** un tant pour cent, un pourcentage ■ **darle ciento y raya a uno** faire la pige à quelqu'un, être cent fois supérieur à quelqu'un ▌**devolver ciento por uno** rendre au centuple.
➡ **cientos** *m pl* piquet *sing* (juego de naipes).
▓ OBSERV [➡ **cent**, parte francesa].

cierne *m* floraison *f* du blé o de la vigne ▌**en cierne** en fleur (la vid), en herbe (el trigo), en herbe (una persona), en germe, embryonnaire, en puissance (una cosa).

cierre *m* fermeture *f* ▌fermoir (de un bolso) ▌clôture *f* (de la Bolsa, de una sesión) ▌clôture *f*, arrêté; **cierre de ejercicio** clôture des comptes ▌fixation *f* (de los esquís) ■ **cierre centralizado** système de fermeture centralisé ▌**cierre de cremallera** fermeture à glissière o Éclair ▌**cierre de seguridad** fermeture de sûreté ▌**cierre hidráulico** fermeture hydraulique ▌**cierre metálico** rideau de fer (de una tienda) ▌**cierre patronal** lock-out (de una fábrica).

cierro *m* fermeture *f* (cierre) ▌*(Amer)* clôture *f* (vallado) ▌enveloppe *f* (sobre) ▌**cierro de cristales** mirador, véranda, balcon vitré.

ciertamente *adv* certainement (con certeza) ▌bien sûr (sí enfático).

cierto, ta *adj* certain, e; **un hecho cierto** un fait certain; **ciertos escritores** certains écrivains; **persona de cierta edad** personne d'un certain âge; **cierto tiempo** un certain temps ▌sûr, e (seguro); **cierto de su razón** sûr d'avoir raison.
➡ **cierto** *m* lo cierto ce qui est certain o sûr, ce qu'il y a de certain o de sûr, la vérité; **lo cierto es que no iré** ce qui est certain c'est que je n'irai pas.
➡ **cierto** *adv* certainement, certes ■ **de cierto** certes, certainement ▌**no por cierto** bien sûr que non, certainement pas ▌**por cierto** certes, certainement, assurément, bien sûr ▌**por cierto a propos**; **por cierto, ayer fui a verte y no te encontré** à propos, hier je suis allé te voir et je ne t'ai pas trouvé ▌**por cierto que** bien sûr que ■ **estar en lo cierto** être dans le vrai ▌**lo cierto es que** toujours est-il que ▌**lo que hay de cierto es**

que ce qu'il y a de certain c'est que, à vrai dire ▌**si es cierto que** s'il est vrai que, si tant est que ▌**tan cierto como dos y dos son cuatro** aussi vrai que deux et deux font quatre.

▕ OBSERV **1.** L'article indéfini est exclu en espagnol lorsque **cierto** est placé devant un nom: **cierto día** un certain jour, mais **un dato cierto** une donnée sûre.
2. Cuando **cierto** viene directamente delante del sustantivo, el francés coloca el artículo indefinido antes de **certain**.

cierva *f* biche (rumiante).

ciervo *m* ZOOL cerf (rumiante) ▌**ciervo volante** cerf-volant (coleóptero).

cierzas *f pl* rejetons *m*, pousses (de la vid).

cierzo *m* bise *f*.

CIES (abrev de **Consejo Interamericano Económico y Social**) *m* conseil économique et social interaméricain.

CIF (abrev de **código de identificación fiscal**) *m* code d'identification fiscale.

cifosis *f* MED cyphose.

cifra *f* chiffre *m* ▌abréviation (abreviatura) ▌FIG **en cifra** obscurément (ininteligiblemente), en abrégé (abreviadamente).

cifrado, da *adj* chiffré, e; **bajo cifrado** basse chiffrée.
➡ **cifrado** *m* mise *f* en chiffre.

cifrar *v tr* chiffrer (un mensaje) ▌résumer, abréger (resumir) ▌COM chiffrer ▌**cifrar en placer**, mettre en o dans; **cifrar la esperanza en Dios** placer son espoir en Dieu; **cifrar su placer en la lectura** placer son plaisir dans la lecture.
➡ **cifrarse** *v pr* se chiffrer, s'élever; **cifrarse en** se chiffrer à.

cigala *f* langoustine (crustáceo).

cigarra *f* cigale (insecto) ▌**cigarra de mar** cigale de mer (crustáceo).

cigarral *m* villa *f* (à Tolède].

cigarrería *f (Amer)* bureau *m* de tabac.

cigarrero, ra *adj* fabricant, e de cigares.
➡ **cigarrera** *f* cigarière (que fabrica cigarros) ▌buraliste (que vende cigarros) ▌porte-cigares *m inv* (para puros) ▌blague à tabac (petaca).

cigarrillo *m* cigarette *f*; **liar un cigarrillo** rouler une cigarette; **una cajetilla de cigarrillos** un paquet de cigarettes ▌**cigarrillo con filtro** cigarette filtre o à bout filtre.

cigarro *m* cigare (puro) ▌cigarette *f* (cigarrillo) ▌*(Amer)* libellule *f* ■ **cigarro de papel** cigarette ▌**cigarro puro** o **habano** cigare.

cigarrón *m* sauterelle *f* (saltamontes).

cigomático, ca *adj* ANAT zygomatique.

cigomicetos *m pl* zygomycètes.

cigoñal *m* chadouf (máquina hidráulica).

cigoñino *m* cigogneau (cría de la cigüeña).

cigoto *m* zygote.

ciguatera *f (Amer)* intoxication alimentaire.

ciguato, ta *adj (Amer)* pâle, anémié, e ▌atteint d'une intoxication alimentaire.

cigüeña *f* ZOOL cigogne ▌MECÁN manivelle, cigogne (manubrio) ▌*(Amer)* orgue *m* de Barbarie (órgano de manubrio) ■ FIG **lo trajo la cigüeña** il est venu au monde dans un chou, c'est la cigogne qui l'a apporté (un niño).

cigüeñal *m* manivelle *f* (manubrio) ▌MECÁN vilebrequin (de motor).

cilantro *m* BOT coriandre *f*.

CILCE (abrev de **Centro Internacional de Lengua y Cultura Españolas**) *m* centre international pour la diffusion de la langue et de la culture espagnoles.

CILEH (abrev de **Centro de Investigaciones Literarias Españolas e Hispanoamericanas**) *m* centre d'études sur la littérature espagnole et hispano-américaine.

ciliado, da *adj & s m* cilié, e.

ciliar *adj* ANAT ciliaire.

Cilicia *n pr f* GEOGR Cilicie.

cilicio *m* cilice.

cilindrada *f* cylindrée; **gran cilindrada** grosse cylindrée.

cilindrado *m* TECN cylindrage.

cilindrar *v tr* cylindrer.

cilíndrico, ca *adj* cylindrique.

cilindro *m* MAT cylindre; **cilindro de revolución** cylindre de révolution ▌MECÁN cylindre; **cilindro de aletas** cylindre à ailettes ▌IMPR cylindre ▌*(Amer)* haut-de-forme, tube (sombrero) ▌orgue de Barbarie (organillo) ▌**cilindro compresor** rouleau compresseur, cylindre (rodillo).

cilindrocónico, ca *adj* cylindro-conique.

cilindroeje *m* ANAT cylindraxe (neurita).

cilindroideo, a *adj* cylindroïde.

cilio *m* BIOL cil; **cilio vibrátil** cil vibratile.

cillero *m* cellier ▌cellerier, administrateur [de la dîme].

CIM (abrev de **Centro de Instrucción de Marinería**) *m* centre d'instruction de la marine espagnole.

cima *f* [▷ SIN] sommet *m*, cime (de una montaña) ▌cime (de un árbol) ▌BOT cyme *m*; **cima helicoidea** cyme hélicoïdale ▌tige (tallo) ■ FIG fin, terme *m* ■ FIG **dar cima a** mener à bonne fin, venir à bout de ▌**mirar una cosa por cima** regarder quelque chose superficiellement ▌**por cima** tout en haut.
▕ OBSERV Ne pas confondre avec **sima** précipice.
▕ SIN **cúspide** sommet; **pináculo** pinacle; **cresta** crête; **cumbre** faîte; **pico** pic, aiguille; **picacho** piton.

CIMA (abrev de **Comisión Interministerial de Medio Ambiente**) *f* commission interministérielle espagnole pour la protection de l'environnement.

cimacio *m* ARQ cimaise *f* (moldura).

cimarra
➡ **hacer la cimarra** *loc (Amer)* faire l'école buissonnière.

cimarrón, ona *adj (Amer)* marron, onne [en Amérique, autrefois "esclave", aujourd'hui "animal domestique qui s'est enfui"] ▌sauvage (animal, planta) ▌paresseux, euse; fainéant, e (vago).
➡ **cimarrón** *m* maté sans sucre, maté pur (mate).

cimarronada *f (Amer)* troupeau *m* d'animaux sauvages.

cimarronear *v intr (Amer)* prendre du maté sans sucre ▌fuir, s'échapper (huir).

cimbalaria *f* BOT cymbalaire.

cimbalillo *m* clochette *f*.

címbalo *m* clochette *f* (campanita).

➤ **címbalos** *m pl* MÚS cymbales *f* (platillos).

cimbel *m* corde *f* pour attacher l'oiseau qui sert d'appeau ▌ moquette *f*, appelant (pájaro que sirve de señuelo) ▌ FIG leurre (añagaza) ▌ FIG & FAM mouchard (soplón).

cimborio; cimborrio *m* ARQ coupole, tourlanterne *f* (en el crucero).

cimbra *f* ARQ cintre *m* (de armazón); **cimbra peraltada, rebajada** cintre surhaussé, surbaissé ▌ MAR courbure ▌ (*Amer*) piège *m* (trampa).

cimbrado, da *adj* cintré, e.

➤ **cimbrado** *m* mouvement de la danse.

cimbrar; cimbrear *v tr* faire vibrer [un objet flexible] ▌ FIG & FAM cingler, frapper (golpear); **cimbrar de un bastonazo** frapper d'un coup de bâton ▌ ARQ cintrer (una bóveda).

➤ **cimbrarse** *v pr* vibrer (un objeto flexible) ▌ se ployer, se plier (doblarse).

cimbreante *adj* flexible, souple ▌ ondulant, e.

cimbrear ➤ **cimbrar**.

cimbreño, ña *adj* flexible, souple.

cimbreo *m* ploiement ▌ cintrage (combadura).

címbrico, ca *adj* HIST cimbrique.

cimbronazo *m* coup donné avec le plat de l'épée (cintarazo) ▌ (*Amer*) frisson nerveux.

CIME (abrev de Comité Intergubernamental para la Migración Europea) *m* CIME.

cimentación *f* fondation, fondements *m pl*.

cimentar [19] *v tr* cimenter (fijar con cemento) ▌ cémenter (hacer la cementación) ▌ ARQ jeter les fondations (de un edificio) ▌ FIG cimenter, consolider, affermir (la amistad, las relaciones, la paz) ▌ jeter les bases o les fondations de (una sociedad, etc.).

cimera *f* cimier *m* (del casco).

cimero, ra *adj* qui occupe le sommet, placé au sommet ▌ FIG dominant, e; supérieur, e.

cimiento *m* [▷ SIN] ARQ fondations *f pl*; **abrir, echar los cimientos** creuser, jeter les fondations ▌ FIG origine *f*, source *f* (origen) ▌ assise *f*, fondement; **su autoridad tiene sólidos cimientos** son autorité a de solides assises ▌ base *f*; **echar los cimientos de una cooperación** jeter les bases d'une coopération.

▌ SIN base base; fundamento fondement; basamento soubassement; asiento assise.

cimitarra *f* cimeterre *m* (arma).

cimotecnia *f* zymotechnie.

CINA (abrev de Comisión Internacional de la Navegación Aérea) *f* CINA.

cinabrio *m* MIN cinabre.

cinámico, ca *adj* QUÍM cinnamique.

cinamomo *m* BOT cinnamome.

cinc *m* zinc (metal).

▌ OBSERV **1.** pl cincs.
2. En espagnol, l'orthographe zinc est également correcte.

cincel *m* ciseau.

cincelado, da *adj* ciselé, e.

➤ **cincelado** *m* ciselure *f*.

cincelar *v tr* ciseler.

cincelete *m* TECN ciselet.

cincha *f* sangle ▌ **a revienta cinchas** à bride abattue.

cinchada *f* (*Amer*) lutte à la corde (juego) ▌➤ **cinchadura**.

cinchadura *f* serrage *m* de la sangle, sanglage *m*.

cinchar *v tr* sangler (la cincha) ▌ cercler (un tonel).

◇ *v intr* (*Amer*) FIG & FAM se démener [pour obtenir quelque chose].

cinchazo *m* (*Amer*) coup donné avec le plat de l'épée.

cinchera *f* partie du corps du cheval où se place la sangle, ventre *m* ▌ VETER écorchure produite par la sangle.

cincho *m* ceinture *f* (cinturón) ▌ cercle, cerceau (para los toneles) ▌ VETER bourrelet (ceño) ▌ (*Amer*) sangle *f* (cincha).

cinco *adj* & *s* cinq; **los cinco dedos** les cinq doigts ▌ cinquième.

◇ *m* cinq (cifra) ▌ cinq (naipe) ▌ (*Amer*) guitare *f* à cinq cordes (guitarrilla) ■ FIG & FAM **esos cinco** la main, la pince ▌ **decir a uno cuántas son cinco** dire à quelqu'un ses vérités ▌ **son las cinco** il est cinq heures ▌ FIG & FAM **vengan o choca esos cinco** tope là (para concluir un acuerdo), serre-moi donc la pince (para reconciliarse).

cincoenrama *f* BOT quintefeuille.

cincograbado *m* zincogravure *f*.

cincografía *f* zincographie.

cincuenta *adj* & *s m* cinquante ▌ cinquantième (quincuagésimo) ▌ **los cincuenta** la cinquantaine; **andar por** o **frisar en los cincuenta** friser la cinquantaine.

cincuentavo, va *adj* & *s* cinquantième.

cincuentenario *m* cinquantenaire.

cincuenteno, na *adj* cinquantième.

➤ **cincuentena** *f* cinquantaine.

cincuentón, ona *adj* & *s* quinquagénaire, qui a atteint la cinquantaine, qui a dans les cinquante ans FAM.

cine *m* cinéma, ciné FAM; **cine mudo, sonoro, de estreno, de sesión continua** cinéma muet, sonore o parlant, d'exclusivité, permanent ▌ **cine de autor** cinéma d'auteur ▌ FAM **de cine** du tonnerre.

▌ OBSERV L'espagnol cine n'est pas familier comme le français ciné.

cineasta *m* cinéaste.

cineclub *m* ciné-club.

▌ OBSERV pl cineclubs o cineclubes.

cinefilia *f* cinéphilie.

cinéfilo, la *adj* & *s* cinéphile.

cinegético, ca *adj* & *s f* cynégétique.

Cinemascope® *m* Cinémascope®.

cinemateca *f* cinémathèque.

cinemática *f* FÍS cinématique.

cinematografía *f* cinématographie.

cinematografiar [9] *v tr* cinématographier.

▌ SIN filmar filmer; rodar tourner; impresionar impressionner.

cinematográficamente *adv* cinématographiquement.

cinematográfico, ca *adj* cinématographique.

cinematógrafo *m* cinématographe.

cinematoscopio *m* cinématoscope.

cinemógrafo *m* FÍS cinémographe.

cinemómetro *m* cinémomètre.

Cinerama® *m* Cinérama®.

cinerario, ria *adj* cinéraire; **urna cineraria** urne cinéraire.

➤ **cineraria** *f* BOT cinéraire.

cinéreo, a; cinericio, cia *adj* cendré, e.

cinético, ca *adj* & *s f* cinétique.

cingalés, esa *adj* & *s* cingalais, e.

➤ **cingalés** *m* LING cingalais; cinghalais.

▌ OBSERV pl cingaleses, cingalesas.

cíngaro, ra *adj* & *s* tzigane.

➤ **cíngaro** *m* zingaro (ant), tzigane.

cingiberáceas *f pl* BOT zingibéracées.

cinglador *m* TECN martinet (de fragua).

cinglar *v intr* MAR godiller.

◇ *v tr* TECN cingler, forger [le fer].

cíngulo *m* ECLES cordon (para ceñir el alba).

cínico, ca *adj* & *s* cynique.

cínife *m* cynips (insecto).

cinípidos *m pl* cynipidés.

cinismo *m* cynisme.

cinocéfalo *m* cynocéphale (mono).

cinódromo *m* cynodrome (canódromo).

cinoglosa *f* BOT cynoglosse (planta).

cinomorfo, fa *adj* cynomorphe.

cinorexia *f* MED cynorexie.

cinosura *f* ASTRON Cynosure, Petite Ourse.

cinquero *adj* *m* & *s m* zingueur.

cinta *f* ruban *m* (para adornar, envolver, etc.) ▌ galon *m* (de lana, de algodón, etc.) ▌ film *m*, bande (película) ▌ ruban *m* (de máquina de escribir) ▌ lacet *m* (lazo) ▌ ARQ ruban *m* (ornamento) ▌ bordure (de baldosines) ▌ MAR préceinte ▌ couronne (del casco de las caballerías) ▌ INFORM **cinta perforada** ruban perforé ■ **cinta adhesiva** ruban adhésif ▌ **cinta auto-adhesiva** ruban auto-adhésif ▌ **cinta aisladora** chatterton, ruban isolant ▌ **cinta cinematográfica** pellicule cinématographique ▌ DEP **cinta de llegada** fil d'arrivée, ruban (en una carrera) ▌ **cinta de papel perforado** bande de papier perforé ▌ **cinta de vídeo** vidéocassette, cassette vidéo ▌ **cinta magnética** bande magnétique ▌ **cinta métrica** décamètre à ruban, mètre à ruban ▌ **cinta transportadora** transporteur o convoyeur à bande.

▌ OBSERV On rencontre parfois le barbarisme **en cinta** pour **encinta** (enceinte, en parlant d'une femme).

cinteado, da *adj* enrubanné, e (guarnecido de cintas) ▌ galonné, e (engalonado).

cintería *f* ensemble *m* de rubans o de galons ▌ rubannerie (industria y comercio).

cintero, ra *m* & *f* rubanier, ère (que hace o vende cintas).

➤ **cintero** *m* ceinture *f* (ceñidor) ▌ corde *f* (soga).

cintilar *v intr* scintiller.

cintillo *m* bourdalou (de sombrero).

cinto, ta *adj* ceint, e.

➤ **cinto** *m* ceinturon (para el sable, etc.)

ceinture *f* (cinturón).

▌ OBSERV L'adjectif **cinto** est le participe passé irrégulier de **ceñir**.

cintra *f* ARQ cintre *m*.

cintrado, da *adj* ARQ cintré, e.

cintura *f* ceinture, taille (talle); **coger por la cintura** prendre par la taille ▌ ceinture (ceñidor) ■ ANAT **cintura escapular** ceinture scapulaire ▌ **cintura pelviana** ceinture pelvienne ▌ **doblarse por la cintura** être plié en deux ▌ FIG & FAM **meter a uno en cintura** faire entendre raison à quelqu'un ▌ **tener una cintura de avispa** avoir une taille de guêpe.

cinturilla *f* gros grain *m*.

cinturón *m* ceinturon (para el sable, etc.) ▌ ceinture *f* (de cuero); **un cinturón de lagarto** une ceinture de lézard ▌ FIG ceinture *f* (de murallas, etc.) ▌ ceinture *f* (en judo) ■ **cinturón de seguridad** ceinture de sécurité ▌ **cinturón salvavidas** ceinture de sauvetage ▌ FIG **apretarse el cinturón** se serrer la ceinture.

CIO (abrev de Comité Internacional Olímpico) *m* CIO.

CIOA (abrev de Comisión Internacional para la Ordenación Alimentaria) *f* commission internationale pour l'établissement de normes alimentaires.

CIOSL (abrev de Confederación Internacional de Organizaciones Sindicales Libres) *f* CISL.

cipayo *m* cipaye.

ciperáceas *f pl* BOT cypéracées.

cipo *m* ARQ cippe ▌ borne *f* (en los caminos).

cipolino *m* cipolin (mármol).

cipote *m & f* (Amer) gamin, e; gosse (chiquillo).

ciprés *m* BOT cyprès.

▌ OBSERV pl cipreses.

Cipriano *n pr m* Cyprien.

ciprínidos *m pl* cyprinidés (peces).

ciprino *m* cyprin (pez).

➥ **ciprinos** *m pl* cyprinidés.

ciprino, na; ciprio, pria; cipriota *adj & s* cypriote, chypriote.

CIR (abrev de Centro de Instrucción de Reclutas) *m* centre d'instruction des recrues, en Espagne.

circaeto *m* ZOOL circaète (ave).

Circasia *n pr f* HIST Circassie.

circasiano, na *adj & s* circassien, enne.

Circe *n pr* MITOL Circé.

circense *adj* du cirque.

circo *m* cirque ■ **circo ecuestre** manège ▌ **circo taurino** arène.

circón *m* zircon (piedra preciosa).

circona *f* QUÍM zircone (óxido).

circonio *m* zirconium (metal).

circonita *f* QUÍM zirconite.

circuitería *f* INFORM circuiterie, ensemble *m* des circuits.

circuito *m* circuit (contorno, viaje) ▌ ELECTR circuit; **corto circuito** court-circuit ■ **circuito cerrado** circuit fermé ▌ **circuito integrado** circuit intégré ▌ **circuito magnético** circuit magnétique ▌ AUTOM **circuito precintado** circuit scellé.

circulación *f* circulation (de la savia, de las ideas, de los vehículos, etc.) ■ BIOL **circulación de la sangre** circulation du sang ▌ ECON **circulación fiduciaria** circulation fiduciaire ▌ **circulación rodada** circulation routière, trafic routier ■ **billetes de circulación** billets en cours ■ **código de la circulación** code de la route.

LA CIRCULACIÓN

Le pays dispose d'un vaste réseau routier, avec des autoroutes (généralement à péage), des quatre-voies et des routes nationales, départementales, etc. Étant donné les caractéristiques géographiques de l'Espagne, il arrive parfois, en hiver, que les routes qui traversent des cols soient temporairement fermées à la circulation à cause des chutes de neige. La limitation de vitesse est de 120 km/h sur autoroute, 100 km/h sur route, et 50 km/h en agglomération, même si les conducteurs espagnols respectent rarement ces règlements. La ceinture de sécurité est obligatoire, en ville et en campagne, pour les passagers de avant.

---

circulante *adj* circulant, e ▌ **biblioteca circulante** bibliothèque de prêt à domicile.

circular *adj* circulaire.

◇ *f* circulaire, lettre circulaire (carta).

circular *v intr* circuler; **circular por las calles** circuler dans les rues ▌ FIG circuler, courir; **circulan rumores** des bruits circulent.

circularmente *adv* circulairement.

circulatorio, ria *adj* circulatoire.

círculo *m* [▷ SIN] cercle (circunferencia) ▌ FIG cercle, club; **círculo de juego** cercle de jeu ▌ cercle (cenáculo) ▌ cercle (extensión) ■ MAR **círculo acimutal** cercle azimutal ▌ **círculo de reflexión** cercle de réflexion ▌ **círculo equinoccial** équateur, ligne équinoxiale ▌ GEOM **círculo máximo, menor** grand, petit cercle ▌ **círculo polar** cercle polaire ▌ **círculo repetidor** rapporteur ▌ FIG **círculo vicioso** cercle vicieux ■ **en círculo** en cercle ■ **formar un círculo alrededor de alguien** faire un cercle autour de quelqu'un.

➥ **círculos** *m pl* milieux (medios); **en los círculos bien informados** dans les milieux bien informés ▌ entourage *sing*; **en los círculos allegados al rey** dans l'entourage du roi.

▌ SIN circunferencia circonférence; órbita orbite; redondel rond; cerco cerne.

circumcirca *adv* FAM à peu près, environ.

circumpolar *adj* circumpolaire.

circuncidante *adj* qui circoncit.

circuncidar *v tr* circoncire.

circuncisión *f* circoncision.

circunciso, sa *adj & s m* circoncis, e.

circundante *adj* environnant, e; qui entoure.

circundar *v tr* environner, entourer.

circunferencia *f* circonférence.

circunferir [27] *v tr* circonscrire, limiter.

circunflejo *adj & s m* circonflexe (acento).

circunfuso, sa *adj* répandu, e autour.

circunlocución *f*; **circunloquio** *m* circonlocution *f*.

circunnavegar [16] *v tr* circumnaviguer.

circunscribir *v tr* circonscrire.

➥ **circunscribirse** *v pr* se limiter, s'en tenir; **circunscribirse a algo** se limiter o s'en tenir à quelque chose.

circunscripción *f* circonscription; **circunscripción electoral** circonscription électorale.

circunscrito, ta; circunscripto, ta *adj* circonscrit, e.

circunsolar *adj* circumsolaire.

circunspección *f* circonspection.

▌ SIN discreción discrétion; reserva réserve; comedimiento modération, mesure.

circunspecto, ta *adj* circonspect, e.

circunstancia *f* circonstance; **adaptarse a las circunstancias** s'adapter aux circonstances ■ DR **circunstancia agravante, atenuante** circonstance aggravante, atténuante ▌ **circunstancia eximente** cause d'irresponsabilité ■ **de circunstancias** de circonstance ▌ **en esta circunstancia** pour la circonstance ▌ **en las circunstancias presentes** dans l'état actuel des choses ■ **poner cara de circunstancias** faire une tête de circonstance, se composer un visage.

circunstancial *adj* circonstanciel, elle; **complemento circunstancial** complément circonstanciel.

circunstante *m & f* assistant, e (presente).

◇ *adj* environnant, e; circonvoisin, e.

circunvalación *f* circonvallation ■ **carretera de circunvalación** boulevard périphérique (en una ciudad) ▌ **línea de circunvalación** ligne de ceinture ▌ **tren, ferrocarril de circunvalación** train, chemin de fer de ceinture.

circunvalar *v tr* entourer, ceindre.

circunvecino, na *adj* circonvoisin, e.

circunvenir *v tr* circonvenir.

circunvolar *v tr* voler autour de.

circunvolución *f* circonvolution ▌ **circunvoluciones cerebrales** circonvolutions cérébrales.

circunyacente *adj* circonvoisin, e; environnant, e.

Cirenaica *n pr f* GEOGR Cyrénaïque.

cirenaico, ca; cireneo, a *adj & s* cyrénaïque (de Cirenaica).

Ciriaco *n pr* Cyriaque.

cirial *m* chandelier d'église (candelero) ▌ porte-chandelier.

cirílico, ca *adj* cyrillique, cyrillien, enne (alfabeto).

Cirilo *n pr* Cyrille.

cireneo, a *adj & s* cyrénéen, enne.

cirio *m* cierge; **cirio pascual** cierge pascal ▌ BOT cierge.

Ciro *n pr* Cyrus.

cirquero, ra *m & f* (Amer) acrobate.

cirrípedos; cirrópodos *m pl* ZOOL cirripèdes.

cirro *m* cirrus (nube) ▌ MED squirre (tumor) ▌ BOT cirre, vrille *f* (zarcillo) ▌ ZOOL cirre.

cirrosis *f inv* MED cirrhose.

cirroso, sa *adj* MED squirreux, euse ▌ BOT cirreux, euse.

ciruela *f* BOT prune (fruta) ■ **ciruela amarilla** mirabelle ▌ **ciruela claudia** reine-claude ▌ **ciruela amacena** o **almacena** o **damascena** quetsche, prune d'Agen ▌ **ciruela pasa** pruneau.

ciruelo *m* BOT prunier (árbol).

cirugía *f* chirurgie ∎ cirugía estética o plástica chirurgie esthétique ‖ cirugía mayor grande chirurgie ‖ cirugía menor petite chirurgie.

ciruja *m* (*Amer*) personne qui récupère des choses dans les décharges pour les vendre.

cirujano *m* chirurgien.

cisalpino, na *adj* cisalpin, e.

cisandino, na *adj* situé en deçà des Andes.

cisatlántico, ca *adj* d'outre-Atlantique.

cisca *f* BOT laîche (carrizo) ‖ (*Amer*) colère (enojo) ‖ honte (vergüenza).

ciscar [10] *v tr* FAM salir, cochonner (ensuciar) ‖ (*Amer*) fâcher, blesser (picar).
➥ **ciscarse** *v pr* déféquer.

cisco *m* charbonnaille *f*, poussier (carbón muy menudo) ‖ FIG & FAM foin, grabuge; meter o armar cisco faire du foin o du grabuge ‖ hacer cisco mettre en pièces.

ciscón *m* résidus *pl* de charbons, mâchefer. ◇ *adj* (*Amer*) susceptible (irritable) ‖ taquin, e (guasón).

cisión *f* incision.

Cisjordania *n pr f* GEOGR Cisjordanie.

cisma *m* schisme; cisma de Oriente schisme d'Orient ‖ FIG discorde *f*.

cismático, ca *adj & s* schismatique.

cismontano, na *adj* outre-monts.

cisne *m* ZOOL cygne ‖ ASTRON cygne ‖ FIG cygne (poeta o músico) ‖ (*Amer*) houppette *f* (para polvos) ‖ FIG canto del cisne chant du cygne.

cisoide *f* GEOM cissoïde.

cisoria *adj f* arte cisoria art de découper les viandes.

cisplatino, na *adj* qui est en deçà du Río de la Plata.

cisquero *m* marchand de poussier ‖ ponce, *f* (para el dibujo).

Cister; Císter *n pr* orden de Cister o Císter ordre de Cîteaux.

cisterciense *adj & s* cistercien, enne (de la orden del Cister).

cisterna *f* citerne; vagón cisterna, buque cisterna wagon-citerne, navire-citerne ‖ chasse d'eau (retrete).

cisternilla *f* chasse d'eau.

cisticerco *m* cysticerque (larva de la tenia).

cístico, ca *adj* cystique.

cistitis *f inv* MED cystite.

cistografía *f* MED cystographie.

cistopatía *f* MED cystalgie.

cistoscopia *f* MED cystoscopie.

cistoscopio *m* MED cystoscope.

cistotomía *f* MED cystotomie.

cisura *f* incision (incisión).

cita *f* rendez-vous *m*; arreglar una cita prendre un rendez-vous ‖ citation (nota sacada de una obra) ∎ casa de citas maison de passe ‖ darse cita se donner rendez-vous, se fixer un rendez-vous.

citación *f* DR citation, assignation ‖ DR citación de remate commandement avant saisie.

citar *v tr* donner rendez-vous; citar a uno en un café donner rendez-vous à quelqu'un dans un café ‖ citer (hacer una cita) ‖ DR citer, appeler; citar a juicio appeler en témoignage ‖ citer, traduire; citar ante la justicia citer en justice ‖ traduire; citar ante un consejo de guerra traduire en conseil de guerre ‖ TAUROM provoquer [le taureau] ‖ para no citar otros pour ne pas les citer tous.
➥ **citarse** *v pr* prendre rendez-vous.

citara *f* galandage *m* (tabique de ladrillos).

cítara *f* MÚS cithare.

Cítera *n pr* GEOGR Cythère.

citerior *adj* citérieur, e.

cítiso *m* BOT cytise.

citocinesis *f inv* BIOL cytocinèse.

citodiagnóstico *m* cytodiagnostic.

citogénesis *f inv* cytogénèse.

citogenética *f* MED cytogénétique.

cítola *f* traquet *m*, claquet *m* (del molino).

citología *f* BIOL cytologie.

citológico, ca *adj* cytologique.

citoplasma *m* ANAT cytoplasme.

citramontano, na *adj* outre-monts.

citrato *m* QUÍM citrate.

cítrico, ca *adj* QUÍM citrique ‖ productos cítricos produits citriques.
➥ **cítricos** *m pl* agrumes (agrios); exportación de cítricos exportation d'agrumes.

citrón *m* (p us) citron (limón).

CiU (abrev de **Convergència i Unió**) *f* coalition nationaliste catalane.

ciudad *f* ville; la Ciudad Eterna la Ville éternelle ‖ cité; ciudad universitaria, obrera cité universitaire, ouvrière ∎ ciudad de lona village de toile ‖ ciudad hermana ville jumelle ‖ ciudad hongo ville-champignon ‖ ciudad jardín cité-jardin ‖ ciudad satélite ville satellite ‖ la ciudad santa la ville sainte ‖ Sr. don Juan Ruiz, Ciudad (en cartas) M. Jean Ruiz, en ville [lettre].

ciudadanía *f* citoyenneté ‖ derecho de ciudadanía droit de cité.

ciudadano, na *m & f* citadin, e (de una ciudad) ‖ citoyen, enne (de un Estado).

Ciudad de El Cabo *n pr m* GEOGR Le Cap.

Ciudad del Vaticano *n pr f* GEOGR État *m* de la Cité du Vatican.

ciudadela *f* citadelle.

ciútico, ca *adj* (*Amer*) crâneur, euse; snob, guindé, e (presumido) ‖ de mauvais goût (cursi).

civeta *f* (p us) civette (gato de algalia).

cívico, ca *adj* civique.
➥ **cívico** *m* (*Amer*) agent de police ‖ chope *f* (de cerveza).

civil *adj & s* civil, e; guerra, matrimonio civil guerre civile, mariage civil ‖ FIG civil, e; sociable (sociable) ∎ casarse por lo civil se marier à la mairie o civilement ‖ incorporado a la vida civil réintégré dans le civil ‖ por lo civil au civil.
◇ *m* FAM gendarme (guardia civil) ‖ civil (paisano).

civilidad *f* civilité (cortesía).

civilista *m* civiliste (jurisconsulto).

civilización *f* civilisation.
∎ SIN cultura culture; instrucción instruction; educación éducation.

civilizado, da *adj & s* civilisé, e.

civilizador, ra *adj & s* civilisateur, trice.

civilizar [13] *v tr* civiliser.

civilmente *adv* civilement.

civismo *m* civisme.

cizalla *f* cisailles *pl* (tijeras grandes) ‖ cisaille (cortaduras de metal) ‖ cizalla de banco cisoires.

cizalladura *f* cisaillement *m*.

cizallar *v tr* cisailler.

cizaña *f* BOT ivraie ‖ FIG ivraie; separar la cizaña del buen grano séparer le bon grain de l'ivraie ‖ zizanie, discorde (enemistad).

cizañar; cizañear *v tr* semer la discorde, la zizanie.

cizañero, ra *adj & s* semeur, euse de discorde.

CJM (abrev de **código de justicia militar**) *m* code espagnol de justice militaire.

cl (abrev escrita de **centilitro**) cl.

cla *f* FAM claque (en el teatro).

clac *m* claque, chapeau claque (sombrero).
➥ **¡clac!** *interj* clac!
∎ OBSERV *pl* claques.

clachique *m* (*Amer*) pulque non fermenté.

clacopacle *m* (*Amer*) aristoloche *f*.

clamar *v tr* clamer, crier; clamar su inocencia, su indignación crier son innocence, son indignation ‖ clamar venganza crier vengeance.
◇ *v intr* implorer; clamar a Dios, por la paz implorer Dieu, la paix ‖ se récrier, crier; clamar contra una injusticia se récrier contre une injustice, crier à l'injustice ‖ FIG réclamer; la tierra clama por agua la terre réclame de l'eau ‖ esto clama al cielo ceci appelle la justice divine.

clámide *f* chlamyde (abrigo griego).

clamor *m* clameur *f* (grito) ‖ plainte *f*, gémissement (voz lastimosa) ‖ acclamation *f* (vítores) ‖ glas (toque de campana fúnebre).

clamorear *v tr* réclamer (con instancia) ‖ implorer (suplicar) ‖ se plaindre (quejarse) ‖ clamer (clamar).
◇ *v intr* sonner le glas (doble de campanas).

clamoreo *m* clameur *f* (clamor) ‖ FAM prière *f* agaçante (ruego).

clamoroso, sa *adj* retentissant, e; éclatant, e; éxito clamoroso succès retentissant ‖ plaintif, ive (quejoso).

clan *m* clan.

clandestinamente *adv* clandestinement.

clandestinidad *f* clandestinité.

clandestino, na *adj* clandestin, e; reunión clandestina réunion clandestine.

claque *f* FIG & FAM claque (teatro).

claqué *m* el claqué les claquettes *f pl*.

claqueta *f* claquette (de cine).
➥ **claquetas** *f pl* claquette *sing* (tablillas).

clara *f* blanc *m* de l'œuf (del huevo) ‖ clarté (claridad) ‖ clairure (falta en una tela) ‖ place dénudée (en el cráneo) ‖ éclaircie (de la lluvia)

‖ (*Amer*) clarisse (monja) ‖ **levantarse con las claras del día** se lever au point du jour.

Clara *n pr* Claire.

claraboya *f* lucarne (tragaluz) ‖ fenêtre à tabatière (en un tejado).

claramente *adv* clairement.

clarear *v tr* éclairer (dar claridad) ‖ éclaircir (aclarar); **clarear un color** éclaircir une couleur ‖ (*Amer*) transpercer [d'un coup de feu]. ◇ *v intr* poindre, se lever (el día) ‖ s'éclaircir; **el cielo va clareando** le ciel s'éclaircit ‖ **al clarear el día** au lever o au point du jour.

➡ **clarearse** *v pr* s'éclaircir, devenir transparent; **el codo de la chaqueta se clarea** le coude de la veste s'éclaircit ‖ être transparent; **tu vestido es tan fino que se clarea tu robe** est si fine qu'elle est transparente ‖ FIG & FAM laisser percer ses intentions, se découvrir, se vendre; **este chico se ha clareado sin querer** ce garçon s'est vendu sans le vouloir ‖ être visible; **sus intenciones se clarean** ses intentions sont visibles.

clarecer [30] *v intr* poindre, se lever (amanecer).

clareo *m* déboisement (de un bosque).

clarete *adj m* rosé, vin rosé, vin clairet.

claretiano, na *adj* de la congrégation des Fils du Cœur de Marie.

claridad *f* clarté; **la claridad del día** la clarté du jour ‖ FIG vérité, impertinence (verdad desagradable); **decir claridades a uno** dire ses vérités à quelqu'un ■ **con claridad** clairement; **me lo dijo con mucha claridad** il me l'a dit très clairement ‖ **cuanto menos bulto, más claridad** bon débarras ‖ **de una claridad meridiana** clair comme le jour ‖ **todavía hay claridad** il fait encore clair.

clarificación *f* clarification ‖ FIG éclaircissement *m* (explicación).

clarificador, ra *adj* éclairant, e.

clarificadora *f* (*Amer*) récipient *m* pour clarifier le sucre.

clarificar [10] *v tr* clarifier; **clarificar el vino** clarifier du vin ‖ FIG éclaircir.

clarín *m* MÚS clairon (instrumento); **toque de clarín** coup de clairon ‖ clairon (instrumentista) ‖ sorte de batiste (tela) ‖ (*Amer*) clarín de la selva sorte de grive (ave).

clarinada *f* FAM bourde (sandez).

clarinazo *m* coup de clairon ‖ FIG sérieux avertissement.

clarinete *m* clarinette *f* (instrumento) ‖ clarinettiste (instrumentista).

clarinetista *m* clarinettiste.

clarión *m* craie *f*.

clarisa *adj f* & *s f* clarisse (religiosa).

clarividencia *f* clairvoyance.

> SIN lucidez lucidité; **penetración** pénétration; sutileza subtilité, finesse; **perspicacia** perspicacité; sagacidad sagacité; **agudeza, acuidad** acuité; FAM olfato flair.

clarividente *adj* & *s* clairvoyant, e.

claro, ra *adj* clair, e; **una habitación clara** une pièce claire; **agua, voz clara** eau, voix claire ‖ clair, e; **que quede esto bien claro** que ce soit bien clair ‖ évident, e; clair, e; **prueba muy clara** preuve très évidente ‖ clairsemé, e (poco abundante); **pelo claro** chevelure clairsemée ‖ illustre, noble (noble);

claros varones de Castilla hommes illustres de la Castille ‖ TAUROM franc, franche; impulsif, ive [bête qui attaque brusquement] ■ **claro que** il est bien évident que ‖ **claro que sí**, claro que no mais oui, mais non ‖ **¿está claro?** c'est clair?, est-ce bien clair? ‖ **¡las cuentas claras y el chocolate espeso!** soyons clairs! ‖ **más claro que el agua** clair comme de l'eau de roche.

➡ **claro** *m* jour, ouverture *f* (agujero) ‖ espace, blanc (entre dos palabras escritas) ‖ pause *f*, repos (en un discurso) ‖ clairière *f* (en un bosque) ■ **claro de luna** clair de lune ‖ **llenar un claro** combler une lacune.

➡ **claro** *adv* clairement, clair, net; **hablar claro** parler clairement ■ **a las claras** clairement, au grand jour ‖ **bien claro** clair et net ‖ **de claro en claro** d'un bout à l'autre ‖ **en claro en clair** ‖ **por lo claro** clairement ■ **pasar en claro una noche** passer une nuit blanche ‖ **poner en claro** tirer au clair ‖ **sacar algo en claro** tirer quelque chose au clair ‖ **ver poco claro** voir trouble, ne pas voir très clair.

➡ **¡claro!** *interj* bien sûr!, évidemment!, naturellement! ‖ **¡claro está!** évidemment!, bien entendu!

claroscuro *m* clair-obscur.

clarucho, cha *adj* très clair, e; **sopa clarucha** soupe très claire.

clascal *m* (*Amer*) omelette *f* au maïs.

clase *f* classe; **la clase media** la classe moyenne; **lucha de clases** lutte des classes ‖ classe (escuela); **está en la clase de los párvulos** il est dans la classe des petits ‖ classe (aula) ‖ cours *m*; **clase nocturna, atrasada** cours du soir, de rattrapage; **dar clases particulares** donner des cours particuliers ‖ FIG genre *m*; **modelo en su clase** modèle en son genre; **¿qué clase de cosas me traes ahí?** quel genre de choses m'apportes-tu? ‖ sorte, espèce; **de toda clase** de toute sorte ‖ classe; **esta persona tiene mucha clase** cette personne a beaucoup de classe ‖ BOT & ZOOL classe ■ **clase social** classe sociale ‖ AVIAC **clase turista** classe touriste o économique ‖ **la clase agraria** le paysannat ‖ TRANSP **primera clase** première classe ■ **de la misma clase** du même genre ‖ **dar clase** faire cours, donner des cours (sentido general), donner une leçon (el profesor), suivre o prendre un cours (el alumno).

➡ **clases** *f pl* MIL hommes *m* de troupe ■ **clases de recuperación** cours de rattrapage ‖ **clases pasivas** retraités et pensionnés de l'État.

clasicismo *m* classicisme.

clasicista *adj* & *s* classiciste.

clásico, ca *adj* classique; **obras, lenguas clásicas** œuvres, langues classiques ‖ FIG typique, classique.

clasificación *f* classification (sistemática, de las ciencias, etc.) ‖ classement *m* (alfabética, etc.) ‖ triage *m* (del correo, de carbones, etc.) ‖ cote (de una película).

clasificador, ra *adj* & *s* classificateur, trice.

➡ **clasificador** *m* classeur (mueble) ‖ MIN **clasificador de aire** classeur à air.

➡ **clasificadora** *f* fichier *m*.

clasificar [10] *v tr* classer ‖ trier (seleccionar).

clasismo *m* discrimination *f* sociale.

clasista *adj* & *s* élitiste.

clástico, ca *adj* GEOL clastique.

claudia *adj* **ciruela claudia, reina claudia** reine-claude.

Claudia *n pr* Claude [femme].

claudicación *f* claudication.

claudicante *adj* claudicant, e; qui cloche ‖ défaillant, e; vacillant, e; **sus fuerzas claudicantes** ses forces défaillantes.

claudicar [10] *v intr* (p us) boiter, clocher (cojear) ‖ FIG céder, se soumettre (ceder) ‖ faillir; **sin claudicar de mis deberes** sans faillir à mon devoir ‖ vaciler, défaillir (disminuir).

Claudina *n pr* Claudine.

Claudio *n pr* Claude [homme].

claustral *adj* claustral, e. ◇ *adj* & *s* cloîtré, e (orden religiosa).

claustrar *v tr* cloîtrer, claustrer.

claustro *m* cloître (de un convento) ‖ FIG cloître, état monastique ‖ conseil, assemblée *f* des professeurs (en la universidad) ‖ ANAT **claustro materno** matrice.

claustrofobia *f* claustrophobie.

cláusula *f* clause (de un contrato) ‖ GRAM phrase, période (período) ■ **cláusula adicional** additif ‖ **cláusula a la orden** clause à ordre ‖ **cláusula de escape** clause échappatoire ‖ **cláusula del país más favorecido** clause de la nation la plus favorisée ‖ **cláusula de protección** o **de salvaguardia** clause de sauvegarde ‖ DR **cláusula resolutoria** clause résolutoire ‖ **cláusula rítmica** vers rythmique.

clausular *v tr* clore, terminer.

clausura *f* clôture (religiosa); **quebrantar la clausura** franchir la clôture ‖ clôture; **sesión de clausura** séance de clôture ‖ (*Amer*) fermeture (cierre) ‖ **monja de clausura** sœur cloîtrée.

clausurar *v tr* clôturer, clore (una sesión, un debate) ‖ fermer (cerrar).

clava *f* massue.

clavadista *m* & *f* (*Amer*) plongeur, euse.

clavado, da *adj* clouté, e (guarnecido con clavos) ‖ juste, tapant, e (exacto); **llegó a las siete clavadas** il arriva à sept heures juste o tapantes FAM ‖ à merveille; **este traje le está clavado** ce costume lui va à merveille ‖ FIG cloué, e; **clavado en la cama** cloué au lit ‖ fixé, e; arrêté, e; **con la mirada clavada en el cielo** le regard fixé sur le ciel ■ **es clavado el retrato de su padre, es su padre clavado** c'est tout le portrait de son père, c'est son père tout craché ‖ **es la traducción clavada** c'est la traduction exacte.

➡ **clavado** *m* clouage ‖ (*Amer*) plongeon, saut (en el agua).

clavadura *f* VETER enclouure, enclouage *m*.

clavar *v tr* clouer (poner clavos); **clavar a** o **en la pared** clouer au mur ‖ enfoncer, planter, ficher (introducir una cosa con punta) ‖ enclouer (un cañón) ‖ FIG fixer, braquer (la atención), river, braquer (la mirada); **clavar los ojos en** fixer les yeux sur ‖ FIG & FAM rouler (engañar) ■ (*Amer*) **clavar a alguien** poser un lapin à quelqu'un ‖ FIG & FAM **en ese restaurante te clavan** dans ce restaurant, c'est le coup de fusil o le coup de barre (muy caro).

➡ **clavarse** *v pr* s'enfoncer (pincharse); me

clavé una espina je me suis enfoncé une épine ‖ (*Amer*) plonger (en el agua)‖empocher (embolsarse).

clavaria *f* clavaire (hongo).

clavazón *f* clouage *m* (conjunto de clavos).

clave *f* clef, clé (explicación) ‖ clef, chiffre *m* (de un texto cifrado) ‖ ARQ clef; **clave de arco** clef de voûte ‖ MÚS clef; **clave de sol** clef de sol ‖ livre *m* du maître ‖ FIG clef ■ **dar en la clave** trouver ‖ **escribir en clave** écrire en code ‖ **la clave del enigma** la clef o le mot de l'énigme.
◇ *m* MÚS clavecin (clavicordio).
◇ *adj* clef; **una posición clave** une position clef ‖ **la palabra clave** le mot clef.

clavecín *m* MÚS clavecin.

clavel *m* BOT œillet (flor) ‖ ZOOL **clavel de mar** œillet o anémone de mer.

clavelito *m* BOT mignonnette *f*, mignardise *f*.

clavellina *f* petit œillet *m*.

clavelón *m* œillet d'Inde, tagète.

clavera *f* cloutière, moule *m* à clous.

clavería *f* dignité de clavier ‖ (*Amer*) office *m* d'administrateur des rentes du chapitre.

clavero *m* BOT giroflier (árbol) ‖ clavier (dignidad de ciertas órdenes religiosas).

clavete *m* petit clou ‖ ferret (de una cinta) ‖ MÚS plectre.

claveteado *m* cloutage.

clavetear *v tr* clouter (guarnecer con clavos) ‖ ferrer (guarnecer con herretes).

clavicémbalo *m* MÚS clavecin (instrumento).

clavicordio *m* MÚS clavicorde (instrumento).

clavícula *f* ANAT clavicule.

clavija *f* cheville (de madera o metal), goupille (de metal), fiche (eléctrica); **clavija de dos contactos** o **de enchufe** fiche bipolaire; **clavija banana** fiche banane ‖ fiche (de central telefónica) ‖ MÚS cheville (de guitarra, etc.) ■ **clavija de escalada** piton (alpinismo) ‖ **clavija maestra** cheville ouvrière ■ FIG & FAM **ajustar** o **apretar las clavijas a uno** serrer la vis à quelqu'un, visser quelqu'un.

clavijero *m* MÚS chevillier.

clavijilla *f* chevillette.

clavillo *m* vis *f*, pivot (pasador) ‖ clou de girofle (especia) ‖ MÚS cheville *f* (del piano).

clavo *m* clou, pointe *f* ‖ clou de girofle (especia) ‖ MED clou (furúnculo) ‖ cor (callo) ‖ migraine *f* (jaqueca) ‖ FIG douleur *f* poignante ‖ VETER clou ‖ FAM ardoise *f*; **dejar un clavo en la tasca** laisser une ardoise au bistrot‖coup de fusil (cosa cara) ‖ FIG & FAM (*Amer*) rossignol, marchandise *f* invendable ‖ filon riche (veta) ■ **clavo baladí** o **de herrar** clou de ferrure ‖ **clavo de ala de mosca** clou à patte ‖ **clavo de especia** clou de girofle ‖ **clavo de gota de sebo** clou à tête ronde ‖ **clavo de pie** clou qui ne dépasse pas vingt centimètres de long ‖ **clavo de rosca** clou fileté, vis ‖ **clavo de tercia** clou d'un peu moins de trente centimètres de longueur ‖ **clavo trabal** cheville à chevrons ■ **como un clavo** ponctuel; **a las diez llegaré como un clavo** j'arriverai à dix heures pile ■ **agarrarse a un clavo ardiendo** saisir n'importe quelle planche de salut‖ **dar en el clavo** tomber o viser juste,

mettre dans le mille, faire mouche, mettre le doigt dessus‖ **dar una en el clavo y ciento en la herradura** réussir une fois par hasard ‖ **por un clavo se pierde una herradura** pour un point Martin perdit son âne‖remachar el clavo insister‖ **ser de clavo pasado** être tout à fait évident o très facile‖ **tener un clavo en el corazón** avoir un poids sur le cœur‖ **un clavo saca otro clavo** un clou chasse l'autre.

claxon *m* klaxon ‖ **tocar el claxon** klaxonner.

claxonazo *m* coup de klaxon.

clazol *m* (*Amer*) bagasse *f*(bagazo).

clearing *m* clearing (compensación financiera).

clemátide *f* BOT clématite.

clemencia *f* clémence.

Clemencia *n pr* Clémence.

clemente *adj* clément, e.

Clemente *n pr* Clément.

clementina *f* clémentine (mandarina).

Clementina *n pr* Clémentine.

Cleopatra *n pr* Cléopâtre.

clepsidra *f* clepsydre (reloj de agua).

cleptomanía *f* cleptomanie.

cleptomaníaco, ca *adj* cleptomane, kleptomane.

cleptómano, na *adj & s* cleptomane.

clerecía *f* clergé *m* (cuerpo eclesiástico) ‖ cléricature (oficio de los clérigos) ‖ clergie (privilegio de los clérigos) ‖ (ant) **mester de clerecía** poésie savante.

clergyman *m* clergyman ‖ clergyman, **traje de clergyman** habit de clergyman (traje seglar).

clerical *adj & s m* clérical, e.

clericalismo *m* cléricalisme.

clericatura *f* cléricature.

clericó *m* (*Amer*) boisson *f* à base de vin clairet, de sucre, d'eau glacée et de citron [ou autres fruits].

clerigalla *f* FAM prêtraille (despectivo).

clérigo *m* ecclésiastique (eclesiástico) ‖prêtre (sacerdote) ‖ clerc (hombre letrado en la Edad Media).

clero *m* clergé.

clerofobia *f* anticléricalisme.

clerófobo, ba *adj & s* anticlérical, e.

¡clic! *interj* clic!

clic *m* INFORM **hacer clic** cliquer; **hacer doble clic** double cliquer.

cliché *m* cliché (fotografía, frase hecha).

cliente *m & f* client, e.

clientela *f* clientèle.

clima *m* climat ‖ FIG climat.

climatérico, ca *adj* climatérique ‖ FIG & FAM **estar climatérico** être mal luné.

climaterio *m* climatère, âge critique.

climático, ca *adj* climatique.

climatización *f* climatisation, conditionnement *m* de l'air.

climatizado, da *adj* (p us) climatisé, e.

climatizador, ra *adj* **un sistema climatizador** un système de climatisation.

➤ **climatizador** *m* climatiseur.

climatizar [13] *v tr* climatiser (acondicionar el aire).

climatología *f* climatologie.

climatológico, ca *adj* climatologique.

climatoterapia *f* climatothérapie.

clímax *m* climax ‖ comble, sommet, summum, apogée (colmo).

clin *f* crin *m*.

clínica *f* clinique.

clínicamente *adv* cliniquement.

clínico, ca *adj* clinique ‖ **termómetro clínico** thermomètre médical.

➤ **clínico** *m* clinicien.

clinómetro *m* FÍS clinomètre.

clip *m* trombone, attache *f* (sujetapapeles) ‖ clip, boucle *f* d'oreille [pour oreille non percée] ‖ pince *f* (para papel de dibujo).
■ OBSERV pl clips.

clíper *m* clipper (barco y avión).

clisado *m* IMPR clichage (estereotipado).

clisador *m* IMPR clicheur (estereotipador).

clisar *v tr* IMPR clicher (estereotipar).

clisé *m* IMPR & FOT cliché.

clisos *m pl* FAM quinquets, mirettes *f* (ojos).

clistel; clister *m* clystère (lavativa).

Clitemnestra *n pr* MITOL Clytemnestre.

clítoris *m inv* ANAT clitoris.

clivoso, sa *adj* POÉT en pente.

clo *m* cri de la poule qui couve.

cloaca *f* cloaque *m*.

Clodoveo *n pr* Clovis.

Cloe *n pr* Chloé.

clon *m* BIOL clone ‖ clown (payaso).
■ OBSERV Clon, dans l'acception de **payaso**, est la forme préconisée par la Real Academia.

clonación *f* BIOL clonage.

clonar *v tr* cloner.

cloque *m* croc (instrumento de pesca).

cloquear *v intr* glousser (las gallinas).

cloqueo *m* gloussement (de una gallina).

cloquera *f* état *m* de la poule qui veut couver.

cloración *f* chloration.

clorado, da *adj* QUÍM chloré, e.

cloral *m* QUÍM chloral.

clorar *v tr* chlorer.

clorato *m* QUÍM chlorate (sal).

clorhidrato *m* QUÍM chlorhydrate (sal).

clorhídrico, ca *adj* QUÍM chlorhydrique (ácido).

clórico *adj m* QUÍM chlorique.

clorita *f* QUÍM chlorite.

clorito *m* QUÍM chlorite (sal).

cloro *m* QUÍM chlore.

cloroanfenicol *m* MED chloramphénicol.

cloróficeas *f pl* chlorophycées, algues vertes (clase).

clorofila *f* BOT chlorophylle.

clorofílico, ca *adj* chlorophyllien, enne; **función clorofílica** fonction chlorophyllienne.

clorófitos *m pl* chlorophycées (división).

clorofluorocarbono *m* chlorofluorocarbure.

clorofórmico, ca *adj* chloroformique.

cloroformizar [13] *v tr* MED chloroformer.

cloroformo *m* QUÍM chloroforme.

clorometría *f* QUÍM chlorométrie.

cloromicetina *f* MED chloromycétine.

cloropicrina *f* QUÍM chloropicrine.

cloroplasto *m* BOT chloroplaste.

cloropreno *m* QUÍM chloroprène.

cloroquinina *f* MED chloroquine.

clorosis *f inv* MED chlorose.

clorótico, ca *adj* & *s* chlorotique.

clorurar *v tr* chlorurer, chlorer.

cloruro *m* QUÍM chlorure.

Cloto *n pr* MITOL Clotho.

clown *m* clown (payaso).
▮ OBSERV pl clowns.

club *m* club ▮ club de noche boîte de nuit.
▮ OBSERV pl clubs ou clubes.

clueca *adj* qui veut couver.
◇ *f* poule couveuse.

cluniacense *adj* clunisien, enne.

cm (abrev escrita de centímetro) cm.

CMP (abrev de Consejo Mundial de la Paz) *m* CMP.

CMRE (abrev de Consejo de Municipios y Regiones de Europa) *m* CCRE.

CMT (abrev de Confederación Mundial del Trabajo) *f* CMT.

CNA (abrev de Comité Nacional de Árbitros) *m* association privée espagnole des arbitres sportifs.

CNAE (abrev de Censo Nacional de Actividades Económicas) *m* centre d'études espagnol de l'activité économique.

CNAG (abrev de Confederación Nacional de Agricultores y Ganaderos) *f* confédération nationale espagnole des agriculteurs et des éleveurs.

CNAS (abrev de Colegio Nacional de Agentes de Seguros) *m* groupement profesionnel des agents d'assurance espagnols.

CNAT (abrev de Confederación Nacional de Autónomos del Taxi) *f* confédération nationale des conducteurs de taxi indépendants.

CNE (abrev de Compañía Nacional de Electricidad) *f* compagnie nationale espagnole d'électricité.

CNMV (abrev de Comisión Nacional del Mercado de Valores) *f* commission nationale espagnole des opérations de Bourse, ≃ COB.

CNT (abrev de Confederación Nacional del Trabajo) *f* syndicat espagnol anarchiste.

CNUMAD (abrev de Conferencia de las Naciones Unidas sobre el Medio Ambiente y el Desarrollo) *f* CNUED.

Co. (abrev escrita de compañía) Cie.

coa *f* (*Amer*) sorte de houe (azada) ▮ argot *m*.

coacción *f* contrainte (violencia).

coaccionar *v tr* contraindre (forzar).

coacervar *v tr* entasser, rassembler.

coach *m* coach.

coacreedor, ra *m* & *f* cocréancier, ière.

coactivo, va *adj* coercitif, ive.

coacusado, da *adj* & *s* coaccusé, e.

coadjutor, ra *m* & *f* coadjuteur, trice.

coadministrador *m* coadministrateur.

coadquiridor *m* coacquéreur.

coadunación *f*; **coadunamiento** *m* union *f*, mélange *m*.

coadunar *v tr* unir, mêler.

coadyutor *m* coadjuteur.

coadyuvador, ra *m* & *f* aide, assistant, e.

coadyuvante *adj* qui aide.

coadyuvar *v tr* contribuer, aider; coadyuvar al bien público contribuer au bien public; glándulas que coadyuvan a la digestión glandes qui aident à la digestion.

coagente *m* coopérateur, collaborateur.

coagulación *f* coagulation.

coagulador, ra *adj* coagulateur, trice.

coagulante *adj* & *s m* coagulant, e.

coagular *v tr* coaguler.

coágulo *m* coagulum (de sustancia coagulada) ▮ caillot (de sangre).

coaguloso, sa *adj* qui coagule, qui est en cours de coagulation.

coaitá *f* ZOOL sapajou *m*.

coalescencia *f* coalescence.

coalescente *adj* coalescent, e.

coalición *f* coalition.
▮ SIN liga ligue; unión union; frente front; bloque bloc; alianza alliance; asociación association; confederación confédération.

coalicionista *m* & *f* coalisé, e.

coaligarse ➤ **coligarse**.

coana *f* ANAT choane *m*.

coaptación *f* MED coaptation.

coartación *f* limitation, restriction.

coartada *f* DR alibi *m*; alegar o presentar una coartada fournir un alibi.

coartar *v tr* limiter.

coaseguro *m* COM coassurance *f*.

coatí *m* ZOOL coati.
▮ OBSERV pl coatís o coatíes.

coautor, ra *m* & *f* coauteur *m*.

coaxial *adj* GEOM & MECÁN coaxial, e; cilindros coaxiales cylindres coaxiaux.

coba *f* FAM blague (embuste) ▮ flatterie, lèche (adulación) ▮ FAM darle coba a uno faire de la lèche o du plat à quelqu'un, passer de la pommade à quelqu'un, lécher les bottes de quelqu'un.

cobalto *m* cobalt (metal).

cobarde *adj* & *s* lâche, poltron, onne.
▮ SIN miedoso peureux; aporado, tímido timide; FAM rajado dégonflé; gallina poule mouillée; VULG cagón, cagueta foireux.

cobardía *f* lâcheté, poltronnerie.

cobardón, ona *adj* & *s* FAM trouillard, e; froussard, e.

cobaya *f*; **cobayo** *m* ZOOL cobaye *m*.

cobea *f* cobéa *m*, cobée (planta).

cobear *v tr* FAM faire de la lèche à, lécher les bottes de.

cobertera *f* couvercle *m* (tapadera).

cobertizo *m* auvent (saledizo) ▮ hangar (cochera) ▮ remise *f* (para maquinaria) ▮ abri (refugio).

cobertor *m* couverture *f* de lit (manta) ▮ dessus-de-lit (colcha).

cobertura *f* couverture.

cobija *f* enfaîteau *m*, tuile faîtière (teja) ▮ (*Amer*) couverture de lit (manta) ▮ toit *m* de chaume.
➤ **cobijas** *f pl* couvertures (pluma de ave).

cobijamiento; **cobijo** *m* protection *f* (protección) ▮ accueil (acogida) ▮ hébergement, hospitalité *f* (hospitalidad) ▮ refuge, abri (refugio).

cobijar *v tr* couvrir, abriter (cubrir) ▮ FIG héberger, loger (albergar) ▮ couver, nourrir; cobijar una ambición desmedida couver une ambition démesurée ▮ protéger (proteger); cobijado bajo un paraguas protégé sous un parapluie.

cobijera *f* (*Amer*) drôlesse, femme olé-olé.

cobijo ➤ **cobijamiento**.

cobista *m* & *f* FAM lécheur, euse; lèche-bottes *inv* (pelotillero).

cobla *f* "fanfare" (en Cataluña).

COBOL; **cobol** *m* INFORM COBOL, cobol.

cobra *f* courroie d'attelage (cornal, coyunda) ▮ ZOOL cobra *m*, naja *m* (serpiente) ▮ rapport *m* (del perro de caza) ■ ZOOL cobra de anteojos serpent à lunettes ▮ cobra real cobra royal.

cobrable; **cobradero, ra** *adj* percevable, recouvrable, encaissable (que puede cobrarse).

cobrador *m* receveur (de un autobús o tranvía) ▮ encaisseur (recaudador).

cobranza *f* encaissement *m*, recouvrement *m* ▮ paye (del sueldo).

cobrar *v tr* toucher; ¿cuánto cobras por mes? combien touches-tu par mois?; cobrar un cheque toucher un chèque ▮ encaisser, percevoir; cobrar una deuda encaisser une dette ▮ prendre, demander; ¿cuánto te ha cobrado? combien t'a-t-il pris? ▮ être payé; cobro a finales de mes je suis payé à la fin du mois ▮ se payer, prendre; cobra lo que te debo prends ce que je te dois ▮ recouvrer, reprendre (recuperar); cobrar valor o ánimo o aliento reprendre courage, haleine ▮ prendre, sentir; cobrarle cariño, odio a alguien prendre quelqu'un en affection, en aversion ▮ prendre; el asunto cobra importancia l'affaire prend de l'importance ▮ acquérir, se faire; cobrar buena fama acquérir une bonne réputation ▮ prendre; cobrar conciencia prendre conscience ▮ tirer, haler (una cuerda) ▮ rapporter [le gibier tué] ▮ FAM écoper, récolter; vas a cobrar una torta tu vas récolter une gifle ■ cobrar afición a prendre goût à, s'éprendre de, se passionner pour ▮ ir a cobrar aller se faire payer, passer à la caisse ▮ FAM ¡vas a cobrar! qu'est-ce que tu vas prendre!
➤ **cobrarse** *v pr* se payer; cóbrate lo que te debo paie-toi ce que je te dois.

cobratorio, ria *adj* qui a rapport aux recouvrements ▮ cuaderno cobratorio carnet de recouvrements.

cobre *m* cuivre ▮ (*Amer*) monnaie *f* de cuivre ■ cobre amarillo cuivre jaune ▮ cobre quemado sulfate de cuivre ▮ cobre verde malachite ■ FIG & FAM batir el cobre mener rondement une affaire‖batirse el cobre y mettre le paquet.

➡ **cobres** *m pl* MÚS cuivres (instrumentos).

cobreño, ña *adj* cuivreux, euse.

cobrizo, za *adj* cuivré, e (color).

cobro *m* paye *f*; día de cobro jour de paye ‖ encaissement, recouvrement (cobranza) ■ cobro indebido trop-perçu ‖ conferencia a cobro revertido communication en PCV (teléfono) ■ poner en cobro mettre en sûreté.

coca *f* BOT coca *m*, cocaïer *m* (arbusto)‖coca (hoja) ‖ cocaïne ‖ baie (baya) ‖ coque [de cheveux] FAM coloquinte, boule (cabeza)‖calotte (coscorrón) ‖ MAR coque (pliegue de una cuerda) ‖ (*Amer*) bilboquet *m* (boliche) ‖ (*Amer*) de coca gratis, à l'œil (de balde).

cocada *f* (*Amer*) confiture à la noix de coco (dulce)‖chique de coca (de coca).

cocaína *f* QUÍM cocaïne.

cocainismo *m* cocaïnisme.

cocainomanía *f* cocaïnomanie.

cocainómano, na *m & f* cocaïnomane.

cocal *m* (*Amer*) plantation *f* de cocaïers ‖plantation *f* de cocotiers (cocotal).

cocaví *m* (*Amer*) provisions *f pl* (víveres).

coccidio *m* coccidie *f* (protozoo).

coccidiosis *f inv* VETER coccidiose.

coccígeo, a *adj* coccygien, enne.

cocción *f* cuisson, coction.
▨ SIN cochura cuite; cocimiento coction.

cóccix *m inv* ANAT coccyx.

cocear *v intr* ruer ‖FIG résister, regimber.

cocer [41] *v tr & intr* cuire (pan, legumbres, ladrillos, etc.); cocer a fuego lento cuire à petit feu ‖ en todas partes cuecen habas c'est partout pareil, nous sommes tous logés à la même enseigne.
◇ *v intr* cuire, fermenter (vino) ‖ bouillir (hervir).

➡ **cocerse** *v pr* cuire; legumbres que se cuecen mal légumes qui cuisent mal ‖ FIG cuire (tener mucho calor).

cocha *f* cuve de lavage (de los metales) ‖ (*Amer*) lagune, étang *m* (laguna) ‖ pampa, étendue désertique (pampa).

cochambre *f* FAM crasse, saleté (suciedad) ‖cochonnerie (porquería).

cochambrero, ra; cochambriento, ta; cochambroso, sa *adj* FAM crasseux, euse; sale.

cochayuyo *m* (*Amer*) algue *f* comestible de couleur noire.

coche *m* [▷ SIN] voiture *f* (de caballos, automóvil); coche de carreras voiture de course ‖ voiture *f*, wagon (en el tren) ■ coche cama, restaurante wagon-lit, voiture-lit, wagon-restaurant, voiture-restaurant ‖ coche celular fourgon cellulaire, panier à salade FAM ‖ coche cerrado conduite intérieure ‖ coche de alquiler voiture en location (alquilado), sans chauffeur (sin conductor) ‖ coche de bomberos voiture de pompiers ‖ coche de correos fourgon postal ‖ coche de línea car, autocar ‖ coche de plaza o de punto o de sitio voiture de place ‖ coche de turismo voiture de tourisme ‖ coche escoba voiture balai ‖ coche fúnebre corbillard ‖ coche patrulla véhicule de patrouille ‖ coche silla poussette (para los niños)

‖ coche simón fiacre ‖ coches literas wagons-couchettes, voitures-couchettes ‖coche utilitario véhicule utilitaire ■ FIG & FAM esto va en coche ce n'est pas si mal que ça‖ir en el coche de San Fernando aller à pied o pedibus cum jambis o à pattes, prendre le train onze.
▨ SIN vehículo véhicule; automóvil, carro (Amer) automobile; carricoche guimbarde.

coche bomba *m* voiture *f* piégée.

cochecito *m* petite voiture *f* (juguete) ‖fauteuil roulant (para inválidos) ■ cochecito de niño voiture d'enfant ‖ coger el cochecito de San Fernando prendre le train onze, aller à pied.

cochera *adj f* cochère; puerta cochera porte cochère.
◇ *f* [▷ SIN] remise, garage *m* (para los coches) ‖ dépôt *m*; cochera de autobuses dépôt d'autobus ‖ femme du cocher (mujer del cochero).
▨ SIN hangar, cobertizo hangar; garaje garage.

cochería *f* (*Amer*) remise, garage *m*.

cochero *m* cocher ‖ ASTRON Cocher (constelación).
▨ SIN automedonte automédon; auriga aurige; postillón postillon; conductor conducteur.

cochevís *m* ZOOL cochevis *m* (cogujada).

cochifrito *m* ragoût de chevreau (cabrito) o de mouton (cordero).

cochina *f* truie.

cochinada *f* FIG & FAM cochonnerie, tour *m* de cochon, saloperie, vacherie.

Cochinchina *n pr f* GEOGR Cochinchine.

cochinería *f* FIG & FAM cochonnerie; hacer, decir cochinerías faire, dire des cochonneries.

cochinero, ra *adj* de mauvaise qualité, bon pour les porcs ‖ FAM el trotecillo cochinero le train-train quotidien (rutina) ‖ trote cochinero petit trot.

➡ **cochinera** *f* porcherie.

cochinilla *f* cloporte *m* (bicho) ‖ cochenille (insecto utilizado en tintorería).

cochinillo *m* cochon de lait, cochonnet.

cochinito de San Antón *m* coccinelle *f*, bête *f* à Bon Dieu.

cochino, na *m & f* FIG & FAM cochon, onne; sagouin, e; dégoûtant, e.
◇ *adj* FIG & FAM cochon, onne; sale (sucio) ‖sale; este cochino despertador funciona muy mal ce sale réveil marche très mal ‖répugnant, e; dégoûtant, e; una comida cochina une nourriture répugnante‖sale, de cochon; hace un tiempo cochino il fait un sale temps o un temps de cochon ‖¡este cochino dinero! ce maudit argent!

➡ **cochino** *m* cochon, porc.

cochiquera *f*; **cochitril** *m* FAM porcherie *f*.

cocho, cha *adj* cuit, e (cocido).
▨ OBSERV Cet adjectif est le participe passé irrégulier du verbe cocer.

cochura *f* cuisson (cocción)‖fournée (de pan).

cocido *m* pot-au-feu ‖ FIG & FAM ganarse el cocido gagner son bifteck.
▨ OBSERV Le cocido correspond au pot-au-feu auquel on aurait ajouté principalement des pois chiches.

cociente *m* MAT quotient ‖ DEP goal-average (en fútbol) ‖ cociente intelectual quotient intellectuel.

cocimiento *m* cuisson *f*, coction *f* ‖ décoction *f* (tisana).

cocina *f* cuisine; hacer la cocina faire la cuisine (guisar) ‖ cuisinière (aparato); cocina eléctrica cuisinière électrique ‖ cocina económica cuisinière (hornillo de cocina).

cocinar *v tr* cuisiner.
◇ *v intr* cuisiner, faire la cuisine (guisar) ‖ FAM se mêler des affaires d'autrui, fourrer son nez partout.

cocinero, ra *m & f* cuisinier, ère ‖FIG haber sido uno cocinero antes que fraile avoir été à bonne école.

cocinilla *f* réchaud *m*; cocinilla de alcohol réchaud à alcool ‖ FAM homme *m* qui se mêle des choses ménagères.

cocker *m* cocker (perro).
▨ OBSERV pl cockers.

cock-tail *m* cocktail (cóctel).

coclear *adj* ANAT cochléaire.

coclearia *f* BOT cochléaria *m*.

coco *m* cocotier (árbol) ‖ noix *f* de coco (fruto) ‖ coccus (microbio) ‖ ver (de las frutas) ‖ bruche *f* (larva) ‖ FAM croque-mitaine (bu) ‖ chignon (moño de pelo) ‖ grain de chapelet (cuenta de rosario) ‖ FAM grimace *f* (mueca) ‖boule *f*, coloquinte *f* (cabeza) ■ FAM comer el coco prendre la tête, embobiner‖comerse el coco se prendre la tête‖estar hasta el coco en avoir ras-le-bol, en avoir par-dessus la tête ‖parecer o ser un coco être un épouvantail.

cococha *f* plat basque à base de merlu.

cocodrilo *m* crocodile (reptil) ‖ FIG lágrimas de cocodrilo larmes de crocodile.

cocodriloideos *m pl* ZOOL crocodiliens.

cocol *m* (*Amer*) petit pain en forme de losange.

cocolero *m* (*Amer*) boulanger.

cocolía *f* (*Amer*) aversion, antipathie.

cocoliche *m* (*Amer*) jargon parlé par les Italiens en Argentine et en Uruguay ‖ FAM italien (italiano).

coconete *m* (*Amer*) enfant rondouillard.

cócora *m & f* FAM raseur, euse; casse-pieds.

cocorocó *m* cocorico.

cocotal *m* lieu planté de cocotiers.

cocotero *m* BOT cocotier.

cóctel *m* cocktail ■ cóctel de mariscos plateau de fruits de mer ‖ cóctel molotov cocktail molotov.
▨ OBSERV pl cócteles.

coctelera *f* shaker *m* (recipiente) ‖ FIG cocktail *m* (mezcla).

cocuy *m & f* (*Amer*) ➡ cocuyo ‖ agave *m* (pita).

cocuyo; cucuyo; cucuyo *m* pyrophore (insecto luminoso).
▨ OBSERV le pluriel de cucuy est cucuyes.

coda *f* MÚS coda ‖taquet *m* (cuña).

codadura *f* marcotte (de la vid).

codal *adj* qui mesure une coudée ‖ coudé, e; en forme de coude (forma).
◇ *m* cubitière *f* (de la armadura) ‖ marcotte *f* de la vigne (de la vid) ‖ ARQ étrésillon (puntal)

bras (de una sierra) ▍ (*Amer*) grosse bougie *f* (vela).

codaste *m* MAR étambot.

codazo *m* coup de coude ■ **abrirse paso** o **camino a codazos** jouer des coudes ▍ **dar codazos a uno** faire du coude à quelqu'un, pousser quelqu'un du coude (para advertir).

codeador, ra *adj* & *s* (*Amer*) quémandeur, euse.

codear *v intr* jouer des coudes; **abrirse paso codeando** s'ouvrir un chemin en jouant des coudes ▍ (*Amer*) quémander, soutirer de l'argent.

➡ **codearse** *v pr* coudoyer, côtoyer, se coudoyer; **codearse con príncipes** coudoyer o côtoyer des princes, se coudoyer avec des princes ▍ fréquenter (tratar); **se codea con la alta sociedad** il fréquente la haute société.

codecisión *f* décision prise en commun.

codeína *f* MED codéine.

codelincuencia *f* complicité.

codelincuente *adj* & *s* complice.

codemandante *adj* & *s* DR codemandeur, eresse.

codeo *m* coudoiement, coude à coude ▍ (*Amer*) emprunt (sablazo).

codera *f* pièce ajoutée au coude d'un vêtement ▍ MAR bosse (cabo).

codesera *f* lieu *m* planté de cytises.

codeso *m* BOT cytise.

codetenido, da *m* & *f* codétenu, e.

codeudor, ra *m* & *f* codébiteur, trice.

códice *m* codex, manuscrit ancien.

codicia *f* [▷ SIN] cupidité (ambición de riquezas) ▍ FIG convoitise (envidia) ▍ soif (deseo vehemente); **codicia de saber** soif de connaissance ▍ âpreté; **la codicia de ganancia** l'âpreté au gain ▍ TAUROM combativité ▍ **la codicia rompe el saco** l'avarice perd tout en voulant tout gagner.

  SIN avidez avidité; ansia cupidité; rapacidad rapacité; concupiscencia concupiscence.

codiciable *adj* désirable, convoitable.

codiciar [8] *v tr* convoiter.

  SIN querer vouloir; desear, apetecer désirer, souhaiter; anhelar, suspirar por soupirer après; ambicionar ambitionner.

codicilar *adj* codicillaire.

codicilo *m* codicille (de un testamento).

codiciosamente *adv* avidement, avec cupidité.

codicioso, sa *adj* & *s* cupide, convoiteur, euse (p us) ▍ FIG & FAM travailleur, euse; bûcheur, euse (laborioso) ▍ de convoitise (mirada).

codificación *f* DR codification ▍ codage *m* ▍ INFORM codage.

codificador, ra *adj* & *s* codificateur, trice.

➡ **codificador** *m* INFORM codeur.

codificar [10] *v tr* DR codifier ▍ coder (un mensaje) ▍ INFORM encoder.

código *m* code; **código de carreteras** o **de la circulación** code de la route; **código postal** code postal ■ **código de barras** code (à) barres ▍ **código deontológico** code déontologique ▍ MAR **código de señales** code de signaux ▍ **código morse** code morse ▍ **código territo-**

rial indicatif (teléfono) ▍ INFORM **código ASCII** code ASCII.

EL CÓDIGO POSTAL ────────

Chaque commune espagnole possède un code postal, qui doit impérativement apparaître sur tout courrier, et qui se compose de cinq chiffres: les deux premiers sont communs à toutes les communes d'une même province (08 pour la province de Barcelone, 28 pour celle de Madrid, etc), et les trois derniers correspondent à la commune - ou, dans le cas des grandes villes, à l'arrondissement - en question.

codillear *v intr* TAUROM coller les coudes au corps en maniant le "capote" ou la "muleta" ▍ pousser du coude.

codillera *f* VETER éponge (tumor).

codillo *m* coude (de los solípedos), épaule *f* (de los demás animales) ▍ bras (brazuelo) ▍ CULIN épaule *f*; **codillo de cordero** épaule de mouton ▍ fourche *f* (de dos ramas de árbol) ▍ défaut de l'épaule (caza) ▍ coude, tube coudé (tubo acodado) ▍ étrier (estribo) ▍ MAR extrémité *f* de la quille ▍ FIG & FAM **jugársela a uno de codillo** couper l'herbe sous les pieds de quelqu'un ▍ **tirar a uno al codillo** tirer dans les jambes de quelqu'un.

codirección *f* codirection.

codirector, ra *m* & *f* codirecteur, trice.

codo *m* coude (parte del brazo); **apoyar los codos en la mesa** mettre les coudes sur la table ▍ coude, épaule *f* (de los animales) ▍ coude, tuyau coudé (tubo acodado) ▍ coudée *f* (medida) ■ **codo con codo, codo a codo** coude à coude ■ FIG & FAM **a base de clavar los codos** à base d'huile de coude (estudiar) ■ FIG & FAM **alzar** o **empinar el codo** lever le coude (beber mucho) ▍ **comerse los codos de hambre** crever de faim ▍ **dar con el codo** donner un coup de coude ▍ FIG & FAM **hablar por los codos** jaser comme une pie, avoir la langue bien pendue ▍ **meterse hasta los codos en un asunto** tremper o être enfoncé jusqu'au cou dans une affaire ▍ **romperse los codos** potasser, bûcher, bachoter.

◇ *m* & *f* (*Amer*) mesquin, e.

codón *m* trousse-queue (baticola).

codoñate *m* cotignac, pâte *f* de coings.

codorniz *f* caille (ave).

  OBSERV pl codornices.

Codorniz *f* **la Codorniz** ancienne revue satirique espagnole.

LA CODORNIZ ────────

Cette revue hebdomadaire, fondée en 1941, a disparu en 1978. De style satirique, elle parodiait des scènes typiques de la vie politique et sociale espagnole. Parmi ses rubriques les plus appréciées, figuraient « La oficina siniestra » et « El papelín nacional », version humoristique du journal officiel espagnol. Le sous-titre de « La Codorniz » était: « La revista más audaz para el lector más inteligente ».

COE (abrev de Compañías de Operaciones Especiales) *f pl* corps d'élite de l'armée espagnole.

coedición *f* coédition.

coeditar *v tr* coéditer.

coeducación *f* coéducation, enseignement *m* mixte.

coeficiencia *f* coopération.

coeficiente *m* coefficient ▍ taux; **coeficiente de invalidez, de incremento** taux d'in-

validez, d'accroissement ■ FÍS **coeficiente de absorción** coefficient d'absorption ▍ **coeficiente de caja** ratio de trésorerie ▍ FÍS **coeficiente de dilatación** coefficient de dilatation ▍ **coeficiente de escorrentía** coefficient d'écoulement ▍ ECON **coeficiente de inversión** ratio d'investissement.

coendú *m* ZOOL coendou.

coenzima *f* QUÍM coenzyme.

coequipier *m* (galicismo) DEP coéquipier (en ciclismo).

coercer [11] *v tr* contraindre (forzar) ▍ contenir (contener) ▍ retenir (sujetar).

coercibilidad *f* FÍS coercibilité.

coercible *adj* coercible.

coercímetro *m* FÍS coercimètre.

coerción *f* coercition.

coercitividad *f* FÍS coercitivité.

coercitivo, va *adj* coercitif, ive.

coetáneo, a *adj* & *s* contemporain, e.

coeterno, na *adj* coéternel, elle.

coexistencia *f* coexistence; **coexistencia pacífica** coexistence pacifique.

coexistente *adj* coexistant, e.

coexistir *v intr* coexister.

coextenderse [20] *v pr* s'étendre simultanément.

cofa *f* MAR hune; **cofa mayor** grande hune.

cofia *f* résille (red para el cabello) ▍ coiffe (especie de gorro) ▍ coiffe (de proyectil) ▍ BOT coiffe (pilorriza).

cofiador *m* DR cofidéjusseur.

cofrade *m* & *f* confrère.

cofradía *f* confrérie (hermandad) ▍ association (asociación).

cofre *m* coffre (caja) ▍ IMPR coffre ▍ ZOOL coffre (pez) ▍ (*Amer*) AUTOM capot.

cofrecillo *m* coffret.

cofrero *m* layetier.

cofto, ta ➡ copto.

cofundador, ra *adj* & *s* cofondateur, trice.

cogedera *f* cueille-fruits *m inv*, cueilloir *m* (para coger los frutos).

cogedor, ra *adj* & *s* cueilleur, euse; ramasseur, euse (que coge o recoge).

➡ **cogedor** *m* pelle *f* à ordures, pelle *f* (instrumento de limpieza).

cogedura *f* cueillette (acción de coger) ▍ ramassage *m* (en el suelo).

coger [14] *v tr* prendre (tomar); **coger del** o **por el brazo** prendre par le bras; **no me gusta coger el avión** je n'aime pas prendre l'avion; **ha cogido mucho sol** il a pris beaucoup de soleil ▍ saisir (agarrar); **lo cogieron por el cuello** ils l'ont saisi au collet ▍ cueillir; **coger manzanas** cueillir des pommes ▍ ramasser; **coger nueces** ramasser des noix ▍ prendre; **coger desprevenido** o **descuidado** prendre au dépourvu ▍ surprendre; **dejarse coger por la lluvia, por la noche** se laisser surprendre par la pluie, par la nuit ▍ attraper; **coger un catarro, frío** attraper un rhume, froid ▍ rattraper, atteindre (alcanzar) ▍ renverser; **le cogió un coche** une voiture l'a renversé ▍ TAUROM blesser, encorner, donner un coup de corne ▍ saillir (los animales) ▍ attraper (un acento)‖attraper; **coger a un ladrón** attraper un voleur‖prendre, occuper; **esto coge mucho sitio** cela prend beaucoup de place‖FIG comprendre, saisir; **no cojo lo que me dices** je ne saisis pas ce que tu me dis ■ **coger al paso** prendre au passage‖**cogerlas al vuelo** tout saisir au vol, tout comprendre à demi-mot‖**coger bajo su manto** prendre sous son aile‖**coger con las manos en la masa** prendre la main dans le sac, sur le fait‖**coger in fraganti** prendre sur le fait‖**cogerle la palabra a uno** prendre quelqu'un au mot‖**coger los puntos o las carreras de las medias** remmailler les bas‖**coger por su cuenta** s'occuper de‖FIG & FAM **coger una liebre** ramasser une pelle o une bûche‖FAM **coger una mona** prendre une cuite‖**dejarse coger** se laisser rattraper (ser alcanzado), se laisser prendre (ser engañado)‖**le cogió de buen humor** il était de bonne humeur à ce moment-là‖**me ha cogido muy mal tiempo** j'ai eu très mauvais temps‖**no hay o no se sabe por dónde cogerlo** on ne sait pas par quel bout le prendre, il n'est pas à prendre avec des pincettes‖**no me cogerán otra vez** on ne m'y reprendra plus‖**no me cogen truchas a bragas enjutas** on ne fait pas d'omelette sans casser des œufs.

◇ v intr prendre; **coger a la derecha** prendre à droite‖prendre; **el tinte no ha cogido** la teinture n'a pas pris‖FAM tenir; **el coche no coge en el garaje** la voiture ne tient pas dans le garage‖VULG (Amer) baiser (copularse)‖**coger y** (verbo) eh bien, et puis (para indicar resolución o determinación); **como no venga, cojo y me voy** s'il n'arrive pas, eh bien! je m'en vais.

◆ **cogerse** v pr se prendre, se coincer, s'attraper (pillarse); **cogerse los dedos con la puerta** se prendre les doigts dans la porte‖s'attraper (pegarse); **el acento del Sur se coge fácilmente** l'accent du Midi s'attrape facilement.

‖ OBSERV Coger a, dans quelques pays d'Amérique latine, un sens inconvenant. On le remplace soit par tomar soit par agarrar.

cogerencia f cogérance.

cogerente m cogérant, e.

cogestión f cogestion.

cogida f cueillette; **la cogida de la uva** la cueillette du raisin‖TAUROM coup m de corne; **sufrir una cogida** recevoir un coup de corne‖**cogida de los puntos o de las carreras de las medias** remmaillage m des bas.

cogido, da adj pris, e‖encorné, e; blessé, e (un torero) ■ **cogidos del brazo** bras dessus, bras dessous‖FAM **estar cogido** être pris, avoir un fil à la patte.

◆ **cogido** m fronce f (frunce)‖pli (pliegue).

cogitativo, va adj pensant, e.

cognación f DR cognation (parentesco).

cognado m cognat (pariente).

cognición f cognition, connaissance.

cognoscitivo, va adj cognitif, ive.

cogollar v intr bourgeonner (acogollar).

cogollo m cœur (de una lechuga, una col, etc.)‖BOT rejeton, bourgeon, pousse f (brote de un árbol); **echar cogollos** faire des bourgeons‖tête f d'un pin (del pino)‖FIG & FAM cœur, centre (centro)‖le dessus du panier (élite)

‖(Amer) extrémité f de la canne à sucre (de la caña de azúcar)‖grosse cigale f (chicharra).

cogorza f FAM cuite (borrachera); **agarrar una cogorza** attraper une cuite.

cogotazo m calotte f.

cogote m nuque f‖FIG & FAM **hasta el cogote** jusqu'au cou.

cogotera f couvre-nuque m.

cóguil m (Amer) fruit comestible du "boqui".

cogujada f ZOOL cochevis m (ave).

cogulla f habit m, froc m, coule (p us); **tomar la cogulla** prendre l'habit‖cagoule (capucha).

cogullada f cou m [du porc].

cohabitación f cohabitation.

cohabitar v intr cohabiter.

cohecha f DR corruption, subornation [de fonctionnaires].

cohechar v tr suborner, corrompre (sobornar)‖AGRIC faire un dernier labour.

cohecho m subornation f, corruption f (soborno)‖AGRIC époque f du dernier labour.

cohén m & f devin, devineresse (adivino); sorcier, ère (hechicero)‖entremetteur, euse (alcahuete).

coheredar v tr cohériter.

coheredero, ra m & f cohéritier, ère.

coherencia f cohérence‖FÍS cohésion.

coherente adj cohérent, e.

coherentemente adv d'une façon cohérente.

cohesión f cohésion.

cohesivo, va adj cohésif, ive.

cohesor m RAD cohéreur.

cohete m fusée f (de fuegos artificiales)‖fusée; **cohete espacial** fusée spatiale‖(Amer) mine f (barreno)‖ivrogne (borracho) ■ **cohete corredor** courantin, dragon‖**cohete chispero, tronador** fusée à étoiles‖**cohete de varilla** fusée à baguette‖**cohete de varios cuerpos** fusée à étages‖AGRIC **cohete paragranizo** fusée paragrêle‖**cohete volador** fusée volante ■ FAM (Amer) **al cohete** en vain, pour des prunes‖**avión cohete** fusée ■ **escapar o salir como un cohete** partir comme une flèche f o comme un bolide.

cohetero m artificier.

cohibición f contrainte.

cohibidor, ra adj qui contraint o intimide.

cohibir v tr réprimer (reprimir)‖intimider; **su presencia le cohíbe** sa présence l'intimide ‖ **estar cohibido** perdre ses moyens, se démonter.

cohobar v tr QUÍM cohober.

cohobo m (Amer) cerf.

cohombrillo m petit concombre‖BOT **cohombrillo amargo** concombre d'âne, ecballium.

cohombro m concombre (planta)‖sorte de beignet (churro)‖**cohombro de mar** holothurie f, concombre de mer (molusco).

cohonestador, ra adj qui s'efforce de sauver les apparences.

cohonestar v tr présenter sous un jour favorable (una acción), sauver les apparences.

cohorte f cohorte‖FIG cohorte, légion‖série, séquelle (acompañamiento)‖**cohortes celestes** cohortes célestes.

COI (abrev de Comité Olímpico Internacional) m CIO.

coihué m (Amer) sorte de hêtre (árbol).

coima f droit m que perçoit le tenancier d'un tripot (del garitero)‖concubine (manceba)‖(Amer) gratification, pot-de-vin m (gratificación).

Coimbra n pr GEOGR Coimbra, Coïmbre.

coimear v intr (Amer) recevoir un pot-de-vin.

coimero, ra m & f (Amer) fonctionnaire corrompu, e.

coincidencia f coïncidence‖**en coincidencia con** en même temps que, parallèlement à.

coincidente adj coïncident, e.

coincidir v intr coïncider‖se rencontrer; **ayer coincidimos en el teatro** hier nous nous sommes rencontrés au théâtre ■ **coincidir con** tomber en même temps que; **mi cumpleaños coincide con el tuyo** mon anniversaire tombe en même temps que le tien ‖ **coincidir en** être d'accord pour o sur (estar de acuerdo)‖**coincidir en la misma opinión** abonder dans le même sens, partager la même opinion, se ranger à la même opinion.

coinquilino, na m & f colocataire.

coinquinar v tr tacher, salir, infecter.

cointeresado, da adj & s coïntéressé, e.

coipo; coipu m coypou, myopotame, ragondin.

coito m coït.

cojear v intr boiter, clocher (las personas)‖être bancal, e; boiter (los muebles); **mesa que cojea** table bancale‖FIG & FAM agir mal (obrar mal)‖clocher; **negocio que coja** affaire qui cloche ■ FIG & FAM **el que no cojea, renquea** nul n'est parfait‖**saber de qué pie cojea uno** connaître le point faible de quelqu'un, savoir où le bât blesse quelqu'un.

cojera f boiterie, claudication.

‖ OBSERV Boiterie se dice sobre todo de los animales.

cojetada f action de boiter‖**dar cojetadas** boiter, boitiller.

cojijo m bestiole f (bicho)‖ennui, tracas.

cojijoso, sa adj ronchonneur, euse.

cojín m coussin‖**cojín de aire** coussin d'air.

cojinete m coussinet (cojín pequeño)‖MECÁN coussinet, palier (de ferrocarril, de rodamiento, etc.) ■ MECÁN **cojinete de bolas** roulement à billes‖**cojinete de rodillos** palier à rouleaux.

cojitranco, ca adj & s boiteux, euse.

cojo, ja adj & s [▷ SIN] boiteux, euse (que cojea).

◇ adj bancal, e; boiteux, euse (mueble); **un sillón cojo** un fauteuil boiteux‖FIG boiteux, euse (razonamiento, etc.) ■ FAM **andar a la pata coja** marcher à cloche-pied‖FIG & FAM **no ser uno cojo ni manco** ne pas être embarrassé de ses dix doigts, ne pas être bancal ni manchot.

‖ SIN patituerto bancal; cojitranco, paticojo boiteux; zambo, patizambo cagneux.

cojolite *m* (*Amer*) pénélope *f* [espèce de faisan].

cojón *m* VULG couille *f* tener los cojones de corbata avoir les boules.

cojonudo, da *adj* VULG du tonnerre.

cojudear *v tr* (*Amer*) MFAM faire o dire des sottises.

cojudez *f* (*Amer*) MFAM connerie.

cojudo, da *adj* entier, ère (no castrado) (*Amer*) idiot, e; poire (bobo) viril, fort, courageux (valiente).

cojuelo, la *adj* légèrement boiteux, euse el diablo cojuelo le diable boiteux.

cok *m* coke (carbón).

col *f* BOT chou *m*; col común, lombarda, rizada, de Bruselas chou commun, rouge, frisé, de Bruxelles ■ el que quiere la col, quiere las hojas de alrededor qui m'aime aime mon chien entre col y col, lechuga l'ennui naquit un jour de l'uniformité.

cola *f* queue (de los cuadrúpedos, aves, peces, de los aviones) traîne (de un vestido); la cola del traje de novia la traîne de la robe de mariée queue (de un cometa) queue (de gente que aguarda); hacer cola faire la queue; ponerse en la cola o en cola se mettre à la queue, prendre la queue colle (substancia gelatinosa); cola fuerte o de conejo colle forte; cola de pescado colle de poisson BOT kola *m*, cola *m* MÚS coda ■ cola de caballo prêle, presle, queue-de-cheval (planta), queue de cheval (peinado) cola de golondrina queue-d'aronde (fortificación) cola de león léonure (planta) cola de milano o de pato queue-d'aronde (ensambladura) cola de rata queue-de-rat (de un caballo con poco pelo) cola de zorra queue-de-renard, vulpin (planta) BOT nuez de cola noix de kola piano de cola piano à queue ■ a la cola lo a la queue, derrière, en queue ■ FIG es la pescadilla mordiéndose la cola c'est l'histoire du poisson qui se mord la queue estar en la cola être à la queue (ser el último) llevar la cola tenir la traîne (en una boda) montar en cola monter en queue (tren) tener o traer cola avoir des suites.

colaboración *f* collaboration.

colaboracionismo *m* politique de collaboration.

colaboracionista *adj & s* collaborateur, trice; collaborationniste [en politique].

colaborador, ra *adj & s* collaborateur, trice.

colaborar *v intr* collaborer.

colación *f* collation (de un beneficio) collation (comparación) [▷ SIN] collation (comida ligera) (*Amer*) bonbon *m* DR colación de bienes rapport à succession, règlement d'une succession ■ sacar o traer a colación faire mention de, ressortir; siempre traes a colación lo mismo tu ressors toujours la même chose DR traer a colación rapporter (en una sucesión), donner à l'appui (un ejemplo).

> SIN merienda goûter; lunch, refrigerio lunch; piscolabis casse-croûte.

colacionar *v tr* collationner (comparar) DR rapporter, inclure dans un partage de succession.

colactáneo, a *m & f* frère, sœur de lait.

colada *f* lessivage *m*, lessive (acción de colar); hacer la colada faire la lessive lessive (lejía y ropa colada) coulée (de lava) TECN coulée (del alto horno); orificio de colada trou de coulée filtrage *m* (filtrado) chemin *m* pour les troupeaux (para los rebaños) gorge (entre dos montañas) FIG bonne épée, durandal [par allusion à l'une des épées du Cid] FAM todo saldrá en la colada tout ça finira par se savoir.

coladera *f* passoire (tamiz pequeño) (*Amer*) grille d'égout égout *m* (sumidero).

coladero *m* passoire *f*, filtre (filtro) couloir, passage étroit (paso) MIN galerie *f*, bure *f* FIG & FAM jury d'examen très coulant.

colado, da *adj* aire colado vent coulis hierro colado fonte ■ FIG & FAM estar colado por en pincer pour.

colador *m* ECLES collateur passoire *f* (para el té, el café, etc.) cuvier, cuve *f* à lessive (para la lejía) ■ los calcetines están como un colador les chaussettes sont une vraie passoire tener más agujeros que un colador être troué comme une écumoire.

coladora *f* lessiveuse.

coladura *f* filtration, filtrage *m* (filtración) MED colature (filtración) marc *m*, résidus *m pl* (residuos de una cosa colada) FIG & FAM gaffe, maladresse, boulette (metedura de pata) erreur (equivocación).

colage *m* collage (arte).

colágeno *m* QUÍM collagène.

colagogo *adj m & s m* MED cholagogue.

colanilla *f* espagnolette, targette (de ventana).

colaña *f* cloison (tabique) parapet *m* d'escalier (en las escaleras).

colapez; colapiscis *f* colle de poisson.

colapsar *v tr* paralyser.
> *v intr* s'effondrer.

colapso *m* MED collapsus effondrement.

colar [23] *v tr* passer, filtrer; colar la leche passer le lait lessiver (con lejía) collationner (conferir un beneficio) couler (los metales) FAM refiler, passer; colar una moneda falsa refiler une pièce fausse.
> *v intr* passer FIG & FAM biberonner (beber vino) prendre; esta noticia falsa no ha colado cette fausse nouvelle n'a pas pris; por si cuela pour voir si ça prend.

⟶ **colarse** *v pr* FAM se glisser, se faufiler; colarse en la primera fila se faufiler au premier rang resquiller (en una cola); haga el favor de no colarse je vous prie de ne pas resquiller se gourer, se ficher dedans (equivocarse) faire une gaffe (meter la pata) FAM colarse con o por alguien s'amouracher de quelqu'un, en pincer pour quelqu'un ¡esto es colarse! c'est de la resquille!

colargol *m* QUÍM collargol.

colateral *adj & s* collatéral, e.

colcha *f* couvre-lit *m*, dessus-de-lit *m*, courtepointe.

colchadura *f* capitonnage *m*, rembourrage *m*.

colchar *v tr* matelasser, capitonner.

colchón *m* matelas ■ TECN colchón de aire coussin d'air colchón de muelles matelas à ressorts (colchón), sommier (bastidor) col-chón de tela metálica sommier métallique colchón neumático o de viento matelas pneumatique ■ FIG dormir en un colchón de plumas dormir dans un lit de plumes.

colchonería *f* lainerie (lanería) boutique du matelassier.

colchonero, ra *m & f* matelassier, ère aguja colchonera carrelet, aiguille à matelas.
⟶ *adj & s* DEP supporter du football-club Atlético de Madrid.

colchoneta *f* matelas *m* étroit (colchón estrecho) coussin *m* (cojín) TECN colchoneta de aire coussin d'air.

colcótar *m* colcotar, rouge d'Angleterre.

cole *m* FAM bahut (colegio).

colear *v intr* remuer la queue (la cola) se balancer [les derniers wagons d'un train en marche] (*Amer*) colea en los sesenta il frise la soixantaine.
⟶ *v tr* retenir o renverser (un taureau) en le prenant par la queue FAM (*Amer*) casser les pieds (fastidiar) suivre (seguir) refuser (negar) ■ FAM todavía colea ce n'est pas encore fini, l'affaire n'est pas terminée vivito y coleando tout frétillant, plus vivant que jamais.

colección *f* [▷ SIN] collection échantillonnage *m*, assortiment *m*, gamme; esta tienda tiene una colección impresionante de corbatas ce magasin a tout un assortiment de cravates.

> SIN recopilación recueil; cuerpo corps; miscelánea miscellanée; compilación compilation.

coleccionable *adj* détachable.
⟶ *m* supplément détachable.

coleccionador, ra *m & f* collectionneur, euse.

coleccionar *v tr* collectionner.

coleccionista *m & f* collectionneur, euse.

colecistectomía *f* MED cholécystectomie (ablación de la vesícula biliar).

colecistitis *f inv* MED cholécystite.

colecistografía *f* cholécystographie.

colecistotomía *f* MED cholécystotomie.

colecta *f* collecte (de un impuesto) collecte, quête (de donativos o limosnas); hacer una colecta faire la quête RELIG collecte (oración de la misa).

> OBSERV La collecte se hace con un fin más bien benéfico, mientras la quête (durante la misa, por ejemplo) supone una intención caritativa y piadosa.

colectar *v tr* collecter, recouvrer (recaudar); colectar el impuesto recouvrer l'impôt recueillir, ramasser (recoger).

colectivero *m* (*Amer*) chauffeur de microbus.

colectividad *f* collectivité.

colectivismo *m* collectivisme.

colectivista *adj & s* collectiviste.

colectivización *f* collectivisation.

colectivizar [13] *v tr* collectiviser.

colectivo, va *adj* collectif, ive.
⟶ **colectivo** *m* GRAM collectif (*Amer*) petit autobus, microbus (autobús).

colector *m* collecteur (recaudador) ELECTR collecteur collecteur, égout (sumidero) ■ COlector de basuras vide-ordures ‖ colector de drenaje gros drain, drain principal.

colédoco adj m & s m cholédoque.

colega m & f collègue, confrère m, consœur f ‖ homologue; el ministro francés de Hacienda ha recibido a su colega español le ministre français des Finances a reçu son homologue espagnol.

▎ OBSERV Son collègues los que ejercen la misma función pública (funcionarios, profesores); son confrères los miembros de una misma sociedad literaria, etc., o los que ejercen la misma profesión liberal (médicos, etc.).

colegatario, ria m & f DR colégataire.

colegiación f inscription dans une corporation officielle.

colegiadamente adv en corps.

colegiado, da adj associé, e (socio).
◇ m & f membre d'une corporation.
➡ **colegiado** m DEP arbitre.

colegial adj collégial, e (relativo al colegio) ‖ collégien, enne (relativo a los colegiales); las costumbres colegiales les habitudes collégiennes ‖ iglesia colegial collégiale.
◇ m écolier (de un colegio), collégien, lycéen (de un instituto).
◇ f collégiale (iglesia).

colegiala f écolière, collégienne, lycéenne.

colegiarse [8] v pr se réunir en corporation o en corps.

colegiata f collégiale (iglesia).

colegiatura f bourse (beca en un colegio).

colegio m collège (casa donde se educa) ‖ école f (escuela); colegio de niñas école de filles ‖ corporation f (corporación) ‖ ordre; colegio de abogados, de médicos ordre des avocats, des médecins ■ colegio apostólico collège apostolique ‖ colegio de cardenales o cardenalicio collège des cardinaux, sacré collège ‖ colegio de internos internat ‖ colegio de párvulos école maternelle, jardin d'enfants ‖ colegio electoral collège électoral ‖ colegio mayor résidence universitaire.

▎ OBSERV 1. Colegio a en espagnol un sens plus large que le français collège.
2. Collège designa exclusivamente un establecimiento de segunda enseñanza menos importante que el lycée (instituto en España).

colegir [42] v tr réunir, rassembler (juntar) ‖ déduire (inferir); colegir algo de lo dicho déduire quelque chose de ce qui a été dit.

colegislador, ra adj un sistema con cuerpos colegisladores un régime à deux assemblées législatives.

colemia f MED cholémie.

coleo m mouvement de la queue.

coleóptero m ZOOL coléoptère.

cólera f colère (ira) ‖ bile (bilis); descargar la cólera en décharger sa bile sur ‖ montar en cólera s'emporter, se mettre en colère.
◇ m MED choléra; cólera-morbo choléra morbus; cólera nostras choléra nostras.

colérico, ca adj [▷ SIN] colérique, coléreux, euse (irritado).
◇ adj & s MED cholérique.

▎ SIN encolerizado, iracundo colérique; furioso furieux; irascible irascible; rabioso rageur; airado courroucé; violento violent; irritado irrité; furibundo furibond.

coleriforme adj MED chólériforme.

colerín m (Amer) cholérine f.

colerina f MED cholérine.

colesterina f ANAT cholestérine.

colesterol m ANAT cholestérol.

coleta f queue (trenza antigua) ‖ petite natte (de los toreros) ‖ natte, tresse (de pelo trenzado) ‖ couette, queue (de pelo sin trenzar) ‖ FIG & FAM addition, ajouté m, appendice m ■ FIG cortarse la coleta abandonner l'arène (torero), renoncer à son métier, prendre sa retraite, se retirer (oficio).

coletazo m coup de queue ‖ FIG soubresaut, sursaut; los últimos coletazos del régimen les derniers sursauts du régime ‖ dar coletazos remuer la queue.

coletero m chouchou (ornement de coiffure).

coletilla f FIG addition, ajouté m, appendice m; poner una coletilla a un texto faire une addition à un texte ‖ leitmotiv m (repetición) ‖ suites pl (consecuencias).

coleto m collet de fourrure ‖ FIG & FAM for intérieur; para mi, tu, su coleto dans mon, ton, son for intérieur ■ FIG & FAM decir para su coleto dire dans son for intérieur, dire à part soi ‖ echarse un libro al coleto avaler un livre d'un trait, lire un livre d'un bout à l'autre ‖ echarse un vaso de vino al coleto siffler un verre de vin, s'en jeter un derrière la cravate ‖ reír para su coleto rire dans sa barbe.

colgadero, ra adj qui peut être accroché.
➡ **colgadero** m croc, crochet (garfio), allonge f (para la carne).

colgadizo, za adj qui doit être accroché, e.
➡ **colgadizo** m appentis, auvent (tejadillo).

colgado, da adj suspendu, e ‖ pendu, e (ahorcado) ‖ FIG & FAM décu, e; frustré, e (burlado) ‖ défoncé, e (bajo los efectos de una droga) ‖ dejar a uno colgado laisser quelqu'un en plan.

colgador m IMPR étendoir ‖ crochet (gancho) ‖ porte-manteau (perchero).

colgadura f tenture ‖ colgadura de cama rideaux m pl de lit.

colgajo m lambeau (de tela, de piel) ‖ grappe f de raisin [que l'on suspend] ‖ pendeloque f (dije).

colgamiento m pendaison f, suspension f.

colgante adj pendant, e; suspendu, e ‖ puente, jardín colgante pont, jardin suspendu.
◇ m ARQ feston ‖ pendeloque f, breloque f (joya) ‖ pendeloque f (de araña).

colgar [39] v tr pendre, suspendre; colgar un vestido de un clavo pendre une robe à un clou ‖ étendre; colgar la ropa en una cuerda étendre le linge sur une corde ‖ accrocher; colgar un cuadro accrocher un tableau ‖ raccrocher (el teléfono) ‖ tapisser, orner de tentures (adornar) ‖ FIG & FAM pendre (ahorcar); colgar de un árbol pendre à un arbre ‖ coller, refuser (en un examen) ‖ refiler, coller; me colgó un trabajo fastidioso il m'a refilé un travail ennuyeux ‖ imputer, attribuer ■ colgar los hábitos jeter le froc aux orties ‖ MIL ¡cuelguen armas! l'arme à la bretelle! ‖ FAM quedarse con dos asignaturas colgadas avoir deux matières à repasser, avoir été collé dans deux matières.

◇ v intr pendre à, être suspendu à ‖ pendre; un vestido que cuelga de un lado un vêtement qui pend d'un côté ‖ raccrocher (teléfono); ¡no cuelgue! ne raccrochez pas!
➡ **colgarse** v pr se pendre à.

coliambo m choliambe (verso).

colibacilo m MED colibacille.

colibacilosis f inv MED colibacillose.

colibrí m colibrí, oiseau-mouche (ave).
▎ OBSERV pl colibríes.

coliche m FAM sorte de surprise-partie f.

colicitante adj m & s m DR colicitant.

cólico, ca adj colique (relativo al colon).
➡ **cólico** m colique f ■ cólico cerrado obstruction intestinale ‖ cólico hepático, nefrítico colique hépatique, néphrétique ‖ cólico miserere colique de miséréré, iléus ‖ cólico saturnino colique de plomb.

colicuación f liquéfaction (licuación).

colicuante; colicuativo, va adj liquéfiable.

colicuar [7] v tr fondre, liquéfier.
➡ **colicuarse** v pr fondre, se liquéfier.

colicuativo, va ➡ **colicuante**.

colicuecer [30] v tr fondre, liquéfier.

colidir v tr se heurter à une opposition physique ou morale.

coliflor f chou-fleur m.

coligación; coligadura f colligation (encadenamiento) ‖ alliance (alianza).

coligado, da adj & s allié, e; coalisé, e.

coligadura ➡ **coligación**.

coligarse; coaligarse v pr s'unir, se coaliser, se liguer.

colilla f mégot m.

colillero, ra m & f ramasseur, euse de mégots.

colimación f TECN collimation.

colimador m TECN collimateur.

colimba f FAM (Amer) service m militaire.

colimbo m plongeon (ave).

colín adj queue-de-rat (caballo).
◇ m gressin, longuet (pan).

colina f [▷ SIN] colline (elevación de terreno) ‖ graine de chou (simiente de coles) ‖ plant m de chou (colino).

▎ SIN collado coteau; eminencia éminence; altura hauteur; alto haut, côte.

colinabo m chou-rave.

colindancia f contiguïté.

colindante adj limitrophe, contigu, ë.

colindar v intr être contigu, ë.

colino m plant de chou.

colipavo, va adj queue-de-paon (paloma).

colirio m MED collyre.

colirrojo m rouge-queue (ave).

colisa f plate-forme tournante d'un canon ‖ canon m à plate-forme tournante.

coliseo m colisée.

colisión f collision ‖ FIG choc m, heurt m (de ideas o intereses).

colisionar v intr LIT & FIG colisionar contra heurter.

colista m dernier, lanterne f rouge.

colitigante *adj* & *s* colitigant, e.

colitis *f inv* MED colite.

colla *f* gorgerin *m* de l'armure, colletin *m* (de la armadura) ‖ sorte de verveux (nasa) ‖ couple de chiens (traílla) ‖ équipe de dockers (en un puerto) ‖ tempête, ouragan *m*.

colla *m* & *f* habitant, e des hauts plateaux des Andes en Argentine et en Bolivie.

collado *m* coteau (cerro) ‖ col (entre dos montañas).

collage *m* collage.

collaje *m* collage (pintura).

collar *m* collier (adorno, de animales domésticos) ‖ chaîne *f* (de una condecoración) ‖ carcan (esclavos, castigo) ‖ MECÁN collier, étrier (abrazadera) ‖ collar de fijación bague de fixation ‖ un collar de brillantes une rivière de diamants.

collarín *m* rabat (alzacuello) ‖ collet, gorgerette *f*, collerette *f* (sobrecuello) ‖ collerette (de un tubo) ‖ collarín de la botella collerette.

collarino *m* ARQ gorgerin.

colleja *f* BOT carnillet *m*.
➤ **collejas** *f pl* petits nerfs *m* situés dans le cou du mouton.

collera *f* collier *m* (parte de los arreos) ‖ FIG chaîne (de presidiarios) ‖ (*Amer*) couple *m*, paire (pareja).
➤ **colleras** *f pl* (*Amer*) boutons *m* de manchette (gemelos).

collete *m* MECÁN tourillon.

colmado, da *adj* plein, e; rempli, e; comblé, e; comble (lleno) ‖ una cucharada colmada une cuillère pleine à ras bord.
➤ **colmado** *m* bistrot, gargote *f* (tasca).

colmar *v tr* remplir à ras bord; colmar un vaso remplir un verre à ras bord ‖ combler (rellenar) ‖ FIG combler; colmar de favores combler de faveurs ■ colmar de injurias agonir d'injures ‖ FIG colmar la medida dépasser les bornes o la mesure.

colmena *f* ruche ‖ FIG fourmilière; una colmena humana une fourmilière humaine ‖ FAM tube *m* (chistera).

colmenar *m* rucher.

colmenero, ra *m* & *f* apiculteur, trice.
➤ **colmenero** *m* (*Amer*) tamandou (oso hormiguero).

colmenilla *f* BOT morille (cagarria).

colmillada *f* coup *m* de dent.

colmillazo *m* coup de dent, morsure *f* ‖ coup de défense (de ciertos animales).

colmillo *m* canine *f* ‖ défense *f* (de elefante, jabalí, morsa, narval) ‖ croc (de un perro) ■ FIG & FAM enseñar los colmillos montrer les dents ‖ escupir por el colmillo faire le bravache o le fanfarron ‖ tener el colmillo retorcido être un vieux renard, avoir beaucoup d'expérience.

colmilludo, da *adj* qui a de grandes canines o défenses o de grands crocs ‖ FIG rusé, e; malin, e (astuto).

colmo *m* comble; el colmo de la locura le comble de la folie ‖ chaume (techo de paja) ■ a colmo abondamment ‖ ¡es el colmo! c'est un comble!, c'est le comble!, c'est le bouquet! ‖ para colmo par-dessus le marché ‖ para colmo de bienes pour comble de chance o de bonheur ‖ para colmo de desgracia pour comble de malheur.

colmo, ma *adj* comble, comblé, e.

colocación *f* placement *m*; agencia o oficina de colocación bureau de placement ‖ situation; tener una buena colocación avoir une bonne situation ‖ place, emploi *m*, poste *m*; conseguir una colocación en el ministerio obtenir un emploi au ministère ‖ pose; colocación de un marco pose d'un cadre ‖ emplacement *m*, place, disposition; no me gusta la colocación de esos cuadros je n'aime pas l'emplacement de ces tableaux ‖ placement *m*, emploi *m* (de dinero) ‖ colocación de la primera piedra pose de la première pierre.

colocado, da *adj* & *s* employé, e; placé, e (trabajo) ‖ placé, e (hípica) ‖ FAM paf (alcohol) ‖ défoncé, e (droga).

colocar [10] *v tr* placer; colocar por orden placer par ordre ‖ mettre, poser; coloqué el libro en la mesa j'ai posé le livre sur la table ‖ placer (dinero) ‖ [▷ SIN] mettre, placer (instalar) ‖ FIG placer; sus padres le han colocado en una panadería ses parents l'ont placé dans une boulangerie ‖ trouver du travail (encontrar trabajo) ■ estar colocado travailler, être employé o placé ‖ estar muy bien colocado avoir une belle situation.
➤ **colocarse** *v pr* se placer; se ha colocado de criada elle s'est placée comme domestique ‖ trouver une situation o du travail; no es tan fácil colocarse ce n'est pas facile de trouver du travail ‖ FAM se défoncer [drogue].
‖ SIN situar situer; instalar installer; meter mettre.

colocasia *f* colocase (planta).

colocho *m* (*Amer*) copeau (viruta) ‖ boucle *f* (rizo).

colocolo *m* (*Amer*) colocolo, chat sauvage.

colocón *m* MFAM llevar un colocón (de droga) planer, être beurré, e o bourré, e (de bebida).

colocutor, ra *m* & *f* interlocuteur, trice.

colodión *m* QUÍM collodion.

colodra *f* jatte (vaso) ‖ corne (cuerna) ‖ AGRIC coffin *m* (estuche del segador).

colodrillo *m* occiput, nuque *m* (cogote).

colofón *m* IMPR cul-de-lampe ‖ note *f* finale (en un libro) ‖ FIG clou; fue el colofón del espectáculo ce fut le clou du spectacle ‖ couronnement, point culminant; el brillante colofón de su carrera le couronnement brillant de sa carrière.

colofonia *f* QUÍM colophane (resina).

cologaritmo *m* MAT cologarithme.

coloidal *adj* QUÍM colloïdal, e; metaloides coloidales métaloïdes colloïdaux.

coloide *adj* & *s m* QUÍM colloïde.

coloideo, a *adj* QUÍM colloïdal, e; colloïde.

Colombia *n pr f* GEOGR Colombie.

colombianismo *m* mot ou expression propre à l'espagnol parlé en Colombie.

colombiano, na *adj* & *s* colombien, enne.

Colombina *n pr* Colombine.

colombino, na *adj* relatif à Christophe Colomb.

colombo *m* BOT colombo (raíz).

colombofilia *f* colombophilie.

colombófilo, la *adj* & *s* colombophile.

colon *m* ANAT côlon (intestino) ‖ GRAM côlon (período) ‖ point-virgule, deux points (puntuación).

colón *m* "colón", unité *f* monétaire de Costa Rica et du Salvador.

Colón *n pr* Colomb ‖ Cristóbal Colón Christophe Colomb.

colonato *m* colonat.

colonche *m* (*Amer*) eau-de-vie *f* analogue au pulque.

colonia *f* colonie (país, reunión de personas, de animales, etc.) ‖ eau de Cologne (agua de colonia) ‖ ruban *m* de soie (cinta) ■ colonia obrera cité ouvrière ‖ colonia de vacaciones, penitenciaria colonie de vacances, pénitentiaire.

Colonia *n pr* GEOGR Cologne.

coloniaje *m* (*Amer*) période *f* de la domination espagnole en Amérique, période *f* coloniale.

colonial *adj* colonial, e ‖ colonial, e; exotique; productos coloniales denrées coloniales, produits exotiques.

colonialismo *m* colonialisme.

colonialista *adj* & *s* colonialiste.

colonización *f* colonisation ‖ colonisation, peuplement *m* (agricultura).

colonizador, ra *adj* & *s* colonisateur, trice.

colonizar [13] *v tr* coloniser.

colono *m* colon (habitante de una colonia) ‖ fermier, colon (el que cultiva una granja).

coloquial *adj* familier, ère; parlé, e (estilo, etc.).

coloquíntida *f* BOT coloquinte.

coloquio *m* colloque, conversation *f*.

color *m* [▷ SIN] couleur *f* ‖ FIG couleur, opinion *f*; el color de un periódico la couleur d'un journal ‖ couleur *f* (apariencia); pintar con colores trágicos peindre sous des couleurs tragiques ■ color del espectro solar o del iris o elemental couleurs spectrales o primitives ‖ color de rosa, de aceituna rose, olive; seda de color de rosa soie rose ‖ colores complementarios couleurs complémentaires ‖ color local o típico couleur locale ‖ color quebrado couleur éteinte ‖ color sólido grand teint *m* (tejido) ■ a todo color (entièrement) en couleurs ‖ de color de couleur; hombre de color homme de couleur ‖ so color de sous couleur de, sous prétexte de ‖ subido de color, de color subido haut en couleur ‖ distinguir de colores être bon juge, savoir juger ‖ FIG mudar de color changer de couleur ‖ pintar con negros colores peindre en noir ‖ FAM ponerse de mil colores passer par toutes les couleurs ‖ sacarle a uno los colores al rostro faire rougir quelqu'un ‖ salirse a uno los colores a la cara rougir ‖ se le suben los colores a la cara le rouge lui monte au visage ‖ tomar color prendre couleur ‖ FAM un color se le iba y otro se le venía il passait par toutes les couleurs ‖ ver las cosas de color de rosa voir les choses en rose.
➤ **colores** *m pl* couleurs *f* (bandera); colores nacionales couleurs nationales.
‖ SIN colorido coloris; coloración coloration; matiz nuance; tinte teinte; tono ton; tonalidad tonalité.

coloración f coloration.

coloradito m (Amer) enfant de chœur.

colorado, da adj coloré, e (que tiene color) | rouge (rojo); **la flor colorada de la amapola** la fleur rouge du coquelicot | FIG libre, leste, grivois, e (conversación) ■ FIG **estar colorado** être tout rouge (de vergüenza) | **más vale ponerse una vez colorado que ciento amarillo** mieux vaut oser qu'ensuite regretter | **poner colorado** faire rougir | **ponerse colorado** rougir, devenir rouge | **ponerse más colorado que un pavo** rougir jusqu'à la racine des cheveux | **ponerse más colorado que un tomate** devenir rouge comme une pivoine o comme une tomate o comme un coq.
➥ **colorado** m rouge (color).

coloradote, ta adj FAM rougeaud, e; haut en couleur | **cara coloradota** visage rougeaud o enluminé.

colorante adj & s m colorant, e.

colorar v tr colorer, colorier.

colorear v tr colorer, colorier | FIG colorer (dar apariencia engañosa); **colorear el vicio** colorer le vice.
◇ v intr rougir (ciertos frutos) | tirer sur le rouge (tirar a rojo).

colorete m rouge, fard (afeite).

colorido m coloris | FIG couleur f.

colorímetro m colorimètre.

colorín m chardonneret (jilguero) | FAM rougeole f (sarampión) | FAM **y colorín, colorado, este cuento se ha acabado** ils se marièrent et ils eurent beaucoup d'enfants (final de un cuento), et l'histoire se termine là.
➥ **colorines** m pl couleurs f criardes.

colorinche m (Amer) bariolage, combinaison f de couleurs criardes.

colorir [78] v tr colorier (dar color) | colorer (colorear).

colorista adj & s coloriste.

colosal adj [▷ SIN] colossal, e; **edificios colosales** édifices colossaux | FIG formidable, extraordinaire, colossal, e (extraordinario).
| SIN gigantesco gigantesque; titánico titanesque, titanique; monumental monumental; ciclópeo cyclopéen; babilónico babylonien.

coloso m colosse.

colostro m colostrum (calostro).

colpa f colcotar m.

cólquico m BOT colchique.

Cólquida n pr f HIST Colchide.

colt m colt (revólver).

columbario m columbarium.

columbear v tr (Amer) balancer (columpiar).

columbeta f culbute, pirouette (voltereta).

Columbia Británica n pr f GEOGR Colombie-Britannique.

columbino, na adj colombin, e (perteneciente a la paloma y color).

columbrar v tr apercevoir, distinguer (ver de lejos) | FIG prévoir, deviner, conjecturer.

columbres m pl FAM mirettes f.

columbrete m îlot.

columelar adj **diente columelar** dent canine.

columna f [▷ SIN] colonne; **columna abalaustrada, compuesta** colonne en balustre,

composite | FIG colonne, pilier m (apoyo) | colonne (en un periódico o libro) | MIL colonne; **en columna de a tres** en colonne par trois ■ **columna aislada o suelta o exenta** colonne isolée | TECN **columna de dirección** colonne de direction (auto) | **columna de fraccionamiento** tour de fractionnement | **columna embebida o entregada** colonne engagée o adossée | **columna estriada** colonne cannelée o striée | **columna fajada** colonne à bossages | **columna fasciculada** colonne fasciculée | **columna miliar** borne milliaire | **columna rostrada o rostral** colonne rostrale | ANAT **columna vertebral** colonne vertébrale (espinazo) ■ **quinta columna** cinquième colonne.
| SIN pilar pilier; pilastra pilastre; contrafuerte contrefort.

LA QUINTA COLUMNA _____
Pendant la guerre civile d'Espagne, des groupes de personnes qui se trouvaient en zone républicaine, essayèrent par tous les moyens, de rompre la cohésion de l'armée républicaine, pour aider les nationalistes à remporter la victoire. C'est le général Mola qui leur donna le nom de cinquième colonne, faisant ainsi allusion aux quatre colonnes de l'armée nationaliste qui avançaient vers Madrid en novembre 1936. On qualifie encore de « quinta columna » les groupes de personnes qui travaillent pour l'ennemi.

columnario, ria adj se disait des monnaies espagnoles frappées en Amérique qui portaient deux colonnes avec la devise "plus ultra".

columnata f ARQ colonnade.

columnista adj & s chroniqueur, euse [d'un journal].

columpiar [8] v tr balancer.
➥ **columpiarse** v pr se balancer (mecerse) | FIG & FAM se dandiner en marchant (al andar) | se gourer, se ficher dedans (equivocarse).

columpio m balançoire f, escarpolette f.
| OBSERV La balançoire puede ser de varios tipos: de madera, de metal o compuesta de un asiento suspendido entre dos cuerdas. La escarpolette designa solamente esta última.

coluria f MED cholurie.

coluro m ASTRON colure.

colusión f DR collusion.

colusorio, ria adj DR collusoire.

colutorio m MED collutoire.

colza f BOT colza m.

coma f virgule (signo ortográfico); **punto y coma** point-virgule | miséricorde (en las sillas del coro) | MÚS comma m (intervalo).
◇ m MED coma.

comadre f sage-femme, accoucheuse (partera) | commère (p us), marraine (la madrina respecto del padrino y los padres) | FAM entremetteuse (alcahueta) | commère (vecina) | **cuentos o chismes de comadre** potins de commère, commérages, cancans.

comadrear v intr FAM faire des commérages, cancaner, potiner, commérer (p us).

comadreja f ZOOL belette.

comadreo m FAM commérage, cancan, potin.

comadrería f FAM (Amer) commérage m, racontar m.

comadrero, ra adj & s potinier, ère; cancanier, ère.

comadrón m FAM accoucheur (partero).

comadrona f FAM sage-femme, accoucheuse (partera) | bonne femme, commère (vecina).

comal m (Amer) plaque f en terre pour cuire les galettes de maïs.

comalia f VETER hydropisie des moutons.

comanche adj & s comanche (indio).

comandancia f MIL commandement m (grado, distrito, edificio) | **comandancia de marina** commandement de la marine (edificio), arrondissement (sector naval).

comandanta f FAM femme du commandant | vaisseau-amiral m (navío).

comandante m commandant ■ **comandante de armas** commandant d'armes | **comandante de provincia marítima** préfet maritime | **comandante de un avión** commandant de bord | **comandante en jefe** commandant en chef.

comandar v tr MIL commander.

comandita f COM commandite; **sociedad en comandita** société en commandite.

comanditar v tr commanditer.

comanditario, ria adj & s m commanditaire | **socio comanditario** commanditaire.

comando m MIL commando.

comarca f contrée, région; **comarcas dotadas** régions favorisées.
| OBSERV Le mot comarca désigne une région considérée surtout sous son aspect d'entité géographique.

comarcal adj régional, e | **carretera comarcal** route départementale.

comarcar [10] v intr confiner, être limitrophe.
◇ v tr planter en échiquier (los árboles).

comatoso, sa adj MED comateux, euse | **estar en estado comatoso** être dans le coma.

comba f courbure, cambrure, bombement m (inflexión) | corde (juego de niñas); **saltar a la comba** sauter à la corde ■ **hacer combas** se balancer | FAM **no perder comba** ne pas rater une occasion.

combadura f courbure, gauchissement m, cambrure (alabeo).

combar v tr courber, tordre; **combar un hierro** tordre un morceau de fer | gauchir (alabear).

combate m [▷ SIN] combat; **empeñar el combate** engager le combat | match, combat (de boxeo); **combate nulo** match nul; **combate en quince asaltos** combat en quinze rounds | (Amer) entraide (para las tareas agrícolas) | **fuera de combate** hors de combat, knock-out (boxeo) | **librar combate por** livrer bataille pour.
| SIN pugna, lucha lutte; batalla bataille; acción action; refriega, pelea mêlée; lidia combat.

combatiente adj & s combattant, e | **ex combatiente** ancien combattant.

combatir v intr combattre.
◇ v tr combattre (al enemigo, un incendio) | battre, frapper (el viento, las olas, etc.) | FIG s'attaquer a, combattre; **combatir los prejuicios** s'attaquer aux préjugés | agiter, troubler (las pasiones).

combatividad f combativité.

combativo, va *adj* combatif, ive.

combés *m* MAR tillac.

combi; combina *f* FAM combine (combinación) ▌amigo de combinas combinard.

combinación *f* combinaison (de colores, química) ▌ combinaison (prenda femenina) ▌cocktail *m* (bebida) ▌ FIG combinaison.

combinado, da *adj* combiné, e ▌ MIL operaciones combinadas opérations combinées.
➤ **combinado** *m* QUÍM combiné ▌cocktail (bebida) ▌combinat (industrial).

combinador *m* combinateur ▌ coupleur (acoplador).

combinar *v tr* combiner ▌combiner, assortir (emparejar).
➤ **combinarse** *v pr* se combiner.

combinatorio, ria *adj* MAT combinatoire.

combo, ba *adj* courbé, e; cambré, e (combado).
➤ **combo** *m* chantier [pour tonneaux] ▌(*Amer*) masse *f* (mazo)▌coup de poing (puñetazo).

comburente *adj & s m* FÍS comburant, e.

combustibilidad *f* combustibilité.

combustible *adj & s m* combustible; combustible nuclear combustible nucléaire.

combustión *f* combustion; combustión espontánea, orgánica combustion spontanée, organique.

combustóleo *m* fuel-oil.

comecocos *m & f inv* FAM manipulateur, trice; enjôleur, euse.

COMECON (abrev de Council for Mutual Economic Assistance) *m* COMECON.

comedero, ra *adj* mangeable, bon à manger.
➤ **comedero** *m* [▷ SIN] mangeoire *f* (para animales) ▌salle *f* à manger (comedor) ▌FIG & FAM limpiarle a uno el comedero priver quelqu'un de son gagne-pain, mettre quelqu'un sur la paille.
▌ SIN pesebrera mangeoires pl, crèches pl; pesebre râtelier; artesa auge; bebedero auget.

comedia *f* [▷ SIN] comédie; representar una comedia jouer la comédie ▌théâtre *m*; ir a la comedia aller au théâtre ▌hacer uno la comedia jouer la comédie ■ comedia de capa y espada comédie de cape et d'épée ▌comedia de carácter o de figurón comédie de genre ▌ comedia de enredo comédie d'intrigue ▌comedia de magia féerie ▌comedia heroica comédie héroïque ▌comedia ligera vaudeville ▌comedia musical comédie musicale ■ ¡eso es pura comedia! c'est de la comédie o du chiqué! FAM.
▌ SIN ficción fiction; sainete saynète; entremés intermède.

comediante, ta *m & f* comédien, enne ▌FIG comédien, enne.

comedido, da *adj* modéré, e; mesuré, e; circonspect, e; réservé, e (moderado) ▌posé, e; tranquille (tranquilo) ▌courtois, e; poli, e (cortés) ▌(*Amer*) intrigant, e (entrometido)▌serviable, obligeant, e (servicial).

comedimiento *m* modération *f*, mesure *f*, circonspection *f*, retenue *f* (moderación) ▌courtoisie *f*, urbanité *f* (cortesía).

comediógrafo, fa *m & f* auteur *m* de pièces de théâtre.

comedirse [26] *v pr* se contenir, se modérer.

comedón *m* MED comédon.

comedor, ra *adj* mangeur, euse.
◇ *m & f* gros mangeur, grosse mangeuse; belle fourchette *f* (persona que come mucho).
➤ **comedor** *m* salle *f* à manger (pieza y muebles) ▌restaurant, cantine *f* (restaurante) ▌réfectoire (en un convento, etc.) ■ coche comedor wagon-restaurant ▌comedor universitario restaurant universitaire ■ jefe de comedor maître d'hôtel.

comején *m* termite, fourmi *f* blanche.

comejenera *f* termitière.

comelengua *f* (*Amer*) couleuvre.

comendador *m* commandeur; comendador mayor grand commandeur.

comendadora *f* supérieure, mère supérieure.

comendatario *adj m* commendataire.

comendaticio, cia; comendatorio, ria *adj* qui recommande ▌ carta comendaticia lettre de recommandation.

comensal *m & f* convive, commensal, e (p us).

comentador, ra *m & f* commentateur, trice.

comentar *v tr* commenter.

comentario *m* commentaire ▌huelgan los comentarios sans commentaires.

comentarista *m & f* commentateur, trice.

comenzar [34] *v tr & intr* commencer; comenzar a hablar commencer à parler; comenzar bien el día bien commencer sa journée ▌commencer, débuter (tener principio) ▌la vida es un eterno comenzar la vie est un perpétuel recommencement.
▌ SIN empezar commencer; emprender entreprendre; preludiar préluder; entablar amorcer; debutar débuter; FIG atacar attaquer.

comer *m* manger; el beber y el comer le boire et le manger ■ el comer y el rascar, todo es empezar l'appétit vient en mangeant ▌ser de buen comer avoir bon appétit.

comer *v tr & intr* [▷ SIN] manger; no se puede vivir sin comer on ne peut vivre sans manger; ir a comer aller manger ▌manger; comer carne, frutas manger de la viande, des fruits ▌déjeuner (al mediodía), dîner (cenar), manger (en un caso u otro) ▌manger, consommer; la estufa come mucho carbón le poêle mange beaucoup de charbon ▌manger, ronger; el orín come el hierro la rouille mange le fer ▌prendre (ajedrez o damas); comer al paso prendre en passant ▌manger, faire passer; el sol come el color de las telas le soleil mange la couleur des tissus ▌démanger (sentir comezón); la pierna me come la jambe me démange ■ FIG comer a dos carrillos engloutir, dévorer, manger comme quatre (comer mucho), manger comme un goinfre (con gula) ▌comer como un pajarito avoir un appétit d'oiseau▌comer como un sabañón o un regimiento o por cuatro manger comme quatre ▌comer con muchas ganas manger de bon appétit ▌comer de vigilia faire maigre ▌comer hasta hartarse manger jusqu'à satiété ▌comer sin ganas manger du bout des dents ■ FIG ¡con su pan se lo coma! grand bien lui fasse!, c'est son affaire! ▌dar de comer donner à manger ▌ FIG & FAM ¿desde cuándo hemos comido en el mismo plato? est-ce que nous avons gardé les cochons ensemble? ▌donde comen dos, comen tres quand il y en a pour deux, il y en a pour trois ▌¡parece que ha comido lengua! qu'est-ce qu'il est bavard aujourd'hui! ▌ sin comerlo ni beberlo sans y être pour rien.
➤ **comerse** *v pr* manger; comerse un pollo entero manger un poulet tout entier ▌ FIG manger; comerse las palabras manger ses mots ▌sauter, omettre; comerse un párrafo sauter un paragraphe▌manger, faire passer; el sol se come los colores le soleil mange les couleurs▌manger; comerse el capital manger son capital ■ FIG comerse a besos se manger o se couvrir de baisers ▌FAM comerse con los ojos a uno couver quelqu'un des yeux o du regard, manger o dévorer quelqu'un des yeux o du regard ▌ FIG comerse de envidia mourir d'envie▌comerse la risa se mordre les lèvres ▌ FIG & FAM comerse las narices se manger le nez ▌comerse los codos de hambre bouffer des briques▌comerse los higadillos se bouffer le nez▌comerse una cosa con la vista o los ojos dévorer o manger quelque chose des yeux ▌ FIG comerse unos a otros se manger les uns les autres ▌comerse vivo a uno avaler quelqu'un tout cru (por enojo) ▌ FAM está para comérsela elle est à croquer, elle est jolie comme un cœur▌está para comérselo on en mangerait ▌se lo come la envidia il crève d'envie ▌ FAM ¿y eso con qué se come? qu'est-ce que c'est que ce truc-là?
▌ SIN devorar dévorer; ingerir ingérer; roer grignoter; FAM apiparse, apiporrarse s'empiffrer; jamar, manducar becqueter, bouffer.

comercial *adj* commercial, e ▌ commerçant, e; calle comercial rue commerçante ■ valor comercial valeur marchande ▌véhículo comercial commerciale.

comercialidad *f* commercialité.

comercialismo *m* mercantilisme.

comercialización *f* commercialisation (mercantilización) ▌commercialisation, marketing *m* (mercadeo).

comercializar [13] *v tr* commercialiser.

comerciante *adj & s* commerçant, e ▌comerciante al por menor détaillant (detallista).
▌ SIN vendedor vendeur; negociante négociant; tendero boutiquier; traficante trafiquant; FAM mercachifle margoulin, mercanti.

comerciar [8] *v intr* faire le commerce (negociar); comerciar con o en naranjas faire le commerce des oranges ▌commercer, faire du commerce; España comercia con el mundo entero l'Espagne commerce avec le monde entier ▌FIG commercer, avoir des relations [avec quelqu'un] ▌comerciar al por mayor, al por menor faire le commerce en gros o de gros, au détail o de détail.

comercio *m* commerce ▌ FIG commerce (trato) ■ comercio al por mayor, al por menor, intermediario al por mayor commerce de gros, de détail, de demi-gros ▌ comercio exterior, interior commerce extérieur, intérieur ■ cámara, código de comercio chambre, code de commerce ▌libre comercio libre échange; zona de libre comercio zone de libre échange ▌viajante de comercio voyageur de commerce.
▌ SIN negocio négoce; tráfico trafic; trato traite.

comestible *adj & s m* comestible ▌ tienda de comestibles épicerie.

cometa *m* ASTRON comète *f* ▌ cometa periódico comète périodique.
◇ *f* cerf-volant *m* (juguete).

cometer *v tr* [▷ SIN] commettre (un error, un crimen) ▌ charger de, confier (encargar); cometerle a uno la ejecución de algo confier l'exécution de quelque chose à quelqu'un ▌ faire, employer (una figura de retórica).
▌ SIN perpetrar perpétrer; consumar consommer.

cometido *m* tâche *f*, mission *f*; cumplir su cometido remplir sa mission ▌ mandat (mandato) ▌ devoir; desempeñar su cometido faire son devoir ▌ llenar su cometido jouer un rôle dans la vie.

comezón *f* démangeaison ▌ FIG sentía comezón por decir algo ça le démangeait de parler, il avait une envie folle de parler.

comible *adj* mangeable.

cómic; comic *m* bande *f* dessinée.
▌ OBSERV pl cómics; comics.

comicastro *m* mauvais acteur, cabotin, cabot.

comicidad *f* comique *m*.

comicios *m pl* comices (asamblea) ▌ élections *f*.

cómico, ca *adj* comique; actor cómico acteur comique ▌ [▷ SIN] FIG comique (divertido).
◇ *adj & s* comédien, enne (comediante) ■ cómico de la legua comédien ambulant, cabotin (ant) ▌ FIG ¡es un cómico! c'est un farceur ▌ lo cómico le comique.
▌ SIN chistoso, gracioso, festivo, jocoso drôle; chusco cocasse; divertido amusant; hilarante hilarant, désopilant; burlesco burlesque.

comida *f* nourriture (alimento) ▌ [▷ SIN] repas *m*; hacemos tres comidas al día nous faisons trois repas par jour; comida de pescado repas maigre ▌ déjeuner *m* (almuerzo); la comida es a las dos le déjeuner est à deux heures [▷ OBSERV] ▌ repas *m* (acción de comer); una comida interminable un repas interminable ■ buena, mala comida bonne, mauvaise chère ▌ comida campestre repas champêtre, pique-nique ▌ comida hecha, compañía deshecha la fête passée adieu le saint ■ gustarle a uno la buena comida aimer la table o la bonne chère.
▌ OBSERV Dans beaucoup de régions, le repas de midi s'appelle almuerzo, et celui du soir, comida.
▌ SIN almuerzo déjeuner; desayuno petit déjeuner; cena dîner, souper; banquete banquet; ágape agape; FAM comilona gueuleton.

comidilla *f* FIG & FAM occupation favorite, dada *m* ▌ sujet *m* de conversation, fable; es la comidilla del pueblo il est la fable du village ▌ ser la comidilla de la actualidad o de los periódicos défrayer la chronique.

comido, da *adj* qui a mangé; está comido il a mangé ■ comido de gusanos mangé par les vers, mangé aux mites ▌ comido y bebido nourri ▌ FIG & FAM lo comido por lo servido ça n'est pas rentable, ça marche tout juste [une affaire, un emploi] ▌ ser pan comido être simple comme bonjour, être du tout cuit, être du gâteau.

comienzo *m* commencement, début ■ dar comienzo commencer ▌ estar en sus comienzos en être à ses débuts.

comilitona *f* FAM gueuleton *m*, ripaille.

comillas *f pl* guillemets *m*; entre comillas entre guillemets.

comilón, ona *adj & s* FAM glouton, onne.
◇ *m & f* gros mangeur, grosse mangeuse; goinfre *m*.

comilona *f* FAM ripaille, gueuleton *m*; darse una comilona faire un gueuleton, faire ripaille.

cominear ➡ **cazoletear**.

cominería *f* méticulosité, souci *m* du détail.

cominero ➡ **cazoletero**.

cominillo *m* BOT ivraie *f* (cizaña) ▌ (Amer) regret (pesar) ▌ boisson *f* alcoolique.

comino *m* BOT cumin ■ FIG & FAM me importa un comino je m'en fiche comme de l'an quarante, je m'en moque royalement ▌ no valer un comino ne pas valoir tripette o un fétu.

COMINTERN (abrev de Internacional Comunista) *f* KOMINTERN.

comiquería *f* FAM troupe de comédiens.

comis *m* commis (ayudante de camarero).

comisar *v tr* confisquer, saisir (confiscar).

comisaria *f* FAM femme du commissaire.

comisaría; comisariato *m* commissariat *m* ▌ HIST Alta Comisaría résidence générale (durante el protectorado de Marruecos).

comisario *m* commissaire ▌ (Amer) inspecteur de police ■ Comisario commissaire de la C.E.E. ▌ comisario de policía commissaire de police ▌ comisario ordenador commissaire ordonnateur ■ HIST Alto Comisario résident général (en Marruecos).

comiscar [10]; **comisquear** *v tr* grignoter, mangeotter.

comisión *f* commission (encargo, delegación) ▌ [▷ SIN] COM commission (porcentaje); cobrar una comisión toucher une commission ▌ accomplissement ▌, perpétration (de un delito) ■ comisión bancaria commission, frais bancaires, agios ▌ comisión de servicio affectation provisoire ▌ Comisión Europea Commission européenne ▌ comisión fija commission fixe ▌ comisión parlamentaria commission parlementaire ■ trabajar con comisiones travailler à la commission.
▌ SIN corretaje courtage; tanto por ciento pourcentage; descuento remise.

comisionado, da *adj* mandaté, e.
◇ *m & f* mandataire ▌ comisionado de apremios porteur de contraintes.

comisionar *v tr* commissionner, mandater.

comisionista *m* COM commissionnaire.

comiso *m* DR confiscation *f*, saisie *f*.

comisorio, ria *adj* DR commissoire.

comisquear ➡ **comiscar**.

comistrajo *m* FAM ratatouille *f* (comida mala).

comisura *f* commissure (de los labios).

comité *m* comité ■ comité de empresa comité d'entreprise ▌ Comité económico y social Conseil économique et social.

comitente *m* commettant.

comitiva *f* suite, cortège *m*.
▌ SIN cortejo cortège; séquito suite; acompañamiento accompagnement; corte cour.

cómitre *m* garde-chiourme.

como

1. ADVERBIO
2. CONJUNCIÓN
3. LOCUCIONES

1. ADVERBIO comme (de la manera que); haz como quieras fais comme tu voudras ▌ comment (de qué manera); no sé cómo agradecerle je ne sais pas comment vous remercier ▌ comment (interrogación); ¿cómo está su padre? comment va votre père?; ¿cómo te llamas? comment t'appelles-tu?; ¿cómo le va?, ¿cómo estás?, ¿cómo anda? comment ça va? ▌ comme (exclamación); ¡cómo llueve! comme il pleut! ▌ comme (comparación); blanco como la nieve blanc comme neige; se quedó como muerto il resta comme mort ▌ POÉT comme un, tel, telle; cayó como una piedra en el abismo il tomba comme o telle une pierre dans l'abîme ▌ que (después de tan, tanto, tal comparativos); es tan alto como yo il est aussi grand que moi ▌ au point de; su enfermedad no es grave como para renunciar a su viaje sa maladie n'est pas grave au point qu'il doive renoncer à son voyage ▌ comme, en, en tant que, à titre de, au titre de (en calidad de); asistió a la ceremonia como testigo il assista à la cérémonie comme témoin; como buen francés que era en bon Français qu'il était ▌ dans le rôle de (en el papel de) ▌ en; partir como hermanos, tratar como amigo partager en frères, traiter en ami ■ ¡cómo! comment! (sorpresa, indignación) ▌ ¿cómo? comment?, pardon?, plaît-il? ▌ ¿cómo así? comment donc?, pourquoi cela? ▌ ¡cómo es eso!, ¡cómo es posible! par exemple! ▌ ¿cómo es eso? comment cela?, comment se fait-il? ▌ (Amer) ¡cómo no! bien sûr! ▌ ¿cómo que nada? comment rien? ▌ ¡cómo que no! bien sûr que si! ▌ como sea n'importe comment

2. CONJUNCIÓN **a)** temporal: comme; como bajaba la cuesta comme il descendait la côte; como daban las once comme onze heures sonnaient

b) causal: comme, étant donné que, vu que; como recibí tarde tu invitación, no pude venir comme j'ai reçu ton invitation tard, je n'ai pas pu venir ▌ como que, como quiera que étant donné que; como que no estaba presente étant donné que j'étais absent; comme, du moment que; como quiera que no me interrogaban, yo callaba comme on ne m'interrogeait pas, je restais silencieux

c) condicional: si; como no lo hagas, te castigaré si tu ne le fais pas, je te punirai ▌ si, pourvu que; como me lo devuelva mañana no diré nada pourvu que vous me le rendiez demain je ne dirai rien ■ ¡como lo hagas otra vez! si jamais tu recommences! ▌ como no sea que à moins que; como no sea que llueva à moins qu'il ne pleuve ▌ como sea tan difícil hacerlo puisque c'est tellement difficile à faire

d) copulativa: que; sabrás como me encontré

ayer con él tu sais sans doute que je l'ai rencontré hier ‖ **de tan, de tanto... como** tant; de tanto calor como hacía tant il faisait chaud

3. LOCUCIONES **como es debido** comme il faut ‖ **como es lógico** o **natural** comme il est normal, comme de juste, comme de raison ‖ **como quien dice, como si dijéramos** comme qui dirait ‖ **como quien no quiere la cosa** mine de rien, sans avoir l'air d'y toucher ‖ **como quiera que** étant donné que ‖ **como quiera que contestes,** te criticará de quelque façon que tu répondes, il te critiquera ‖ **como quiera que sea** quoi qu'il en soit, n'importe comment ‖ **como si** (con subjuntivo), comme si (con indicativo); **como si nada hubiese ocurrido** comme si rien n'était arrivé, comme si de rien n'était ‖ **como si tal cosa** comme si de rien n'était ‖ **así como,** tan pronto como dès que, aussitôt que (en seguida que), de même que (del mismo modo que) ‖ **un como, una como** une sorte de; **un como silencio** une sorte de silence ■ **así fue como** c'est ainsi que ‖ **está como para que lo tire** il est bon à jeter ‖ **había como veinte personas** il y avait presque o environ o à peu près vingt personnes ‖ **hacer como si** o **como quien** faire semblant de; **hace como si escribiera** o **como quien escribe** il fait semblant d'écrire ‖ **parece como que** on dirait que ‖ **sin saber cómo ni cuándo** sans savoir pourquoi ni comment.

> OBSERV **1.** En règle générale, como se traduit par comme lorsqu'il ne porte pas d'accent écrit (sauf dans le cas où il est exclamatif) et par comment quand il porte un accent. Suivi d'un verbe au subjonctif, como équivaut souvent à un participe présent: como sea corta la vida del hombre la vie de l'homme étant courte. **2.** El presente de subjuntivo español se traduce por el futuro de indicativo francés.

cómo *m* comment; **el cómo y el porqué** le pourquoi et le comment.

Como *n pr* GEOGR Côme.

cómoda *f* commode (mueble).

cómodamente *adv* commodément.

comodato *m* DR commodat (contrato).

comodidad *f* commodité, confort *m*; **con todas las comodidades** avec tout le confort, tout confort ‖ intérêt *m*; **Fulano sólo busca su comodidad** Untel ne recherche que son intérêt ‖ avantage *m*, commodité (utilidad) ■ **con comodidad** à l'aise.

⬤ **comodidades** *f pl* commodités, aises; **buscar sus comodidades** chercher ses aises.

comodín *m* joker (naipes) ‖ FIG bouche-trou (persona) ‖ formule *f* passe-partout (palabra).

cómodo, da *adj* confortable ‖ commode (fácil, manejable, acomodaticio) ‖ facile, commode; **carácter cómodo** caractère facile ‖ **póngase cómodo** mettez-vous à l'aise.

comodón, ona *adj* FAM qui aime ses aises (aficionado a su comodidad) ‖ qui en prend à son aise, qui ne s'en fait pas ‖ **ser un comodón** aimer ses aises, en prendre à son aise.

comodoro *m* commodore.

comoquiera *adv* n'importe comment, de toute façon.

Comores *n pr f pl* GEOGR (las) Comores les Comores.

compa *m & f* (*Amer*) FAM copain, copine.

compacidad *f* compacité.

compact; compact disc *m* Compact Disc®, disque (disco) ‖ platine *f* laser, lecteur *m* de CD (aparato).

compactación *f* regroupement *m* ‖ INFORM compression, compactage *m*; **compactación de ficheros** compression de fichiers.

compactar *v tr* (*Amer*) rendre compact, e; unir.

compacto, ta *adj* compact, e ‖ **disco compacto** Compact Disc, disque compact.

compactoteca *f* discothèque spécialisée dans les compacts.

compadecer [30] *v tr* compatir à; **compadezco las desgracias ajenas** je compatis aux malheurs d'autrui ‖ plaindre, avoir pitié de; **compadece a los pobres** il plaint les pauvres ‖ **Fulano no es de compadecer** Untel n'est pas à plaindre.

⬤ **compadecerse** *v pr* compatir à; **compadecerse del** o **con el dolor ajeno** compatir aux douleurs d'autrui ‖ plaindre, avoir pitié de (tener lástima).

compadrada *f* (*Amer*) fanfaronnade.

compadraje ➡ **compadrazgo**.

compadrar *v intr* sympathiser, se lier d'amitié.

compadrazgo; compadraje *m* compérage.

compadre *m* parrain ‖ compère, ami (vecino o amigo) ‖ (*Amer*) fanfaron, matamore (fanfarrón).

compadrear *v intr* FAM (*Amer*) crâner (presumir).

compadreo *m* FAM camaraderie; **hay un buen ambiente de compadreo** il y a une bonne ambiance entre copains (amistad).

compadrería *f* compérage *m*.

compadrito *m* FAM (*Amer*) m'as-tu-vu, poseur.

compaginación *f* assemblage *m* (reunión) ‖ FIG conciliation ‖ IMPR mise en page.

compaginador *m* assembleur (ensamblador) ‖ IMPR metteur en page.

compaginar *v tr* assembler, réunir (reunir) ‖ FIG concilier; **compaginar los intereses de las dos partes** concilier les intérêts des deux parties ‖ combiner, concilier; **puede compaginar todas sus actividades** il peut combiner toutes ses activités ‖ IMPR mettre en page.

⬤ **compaginarse** *v pr* s'accorder, s'harmoniser.

compaña *f* compagnie.

compañerismo *m* camaraderie; **premio de compañerismo** prix de camaraderie.

compañero, ra *m & f* compagnon, compagne; **compañero de fatigas** compagnon d'infortune ‖ camarade; **un compañero de colegio** un camarade de classe ‖ collègue; **compañero de oficina** collègue de bureau ‖ compagnon (miembro de una corporación) ‖ partenaire (en el juego) ‖ FIG pendant *m* [objeto semblable] ■ **compañero de armas** compagnon d'armes ‖ **compañero de equipo** coéquipier ‖ **compañero de viaje** compagnon de voyage.

compañía *f* compagnie (acompañamiento) ‖ compagnie (reunión) ‖ compagnie (sociedad);

compañía de seguros compagnie d'assurances; **y compañía (y Cía.)** et compagnie (et Cⁱᵉ) ‖ troupe, compagnie (de comediantes) ‖ fréquentation; **las malas compañías** les mauvaises fréquentations ‖ MIL compagnie ■ **Compañía de Jesús, la Compañía** Compagnie de Jésus ‖ **compañía de la legua** troupe de comédiens ambulants ‖ ECON **compañía multinacional** multinationale [firme] ■ MAT **regla de compañía** règle de société ‖ **señora de compañía** dame de compagnie ■ **hacer compañía** tenir compagnie.

comparable *adj* comparable.

comparación *f* comparaison ■ GRAM **grados de comparación** degrés de comparaison ■ **en comparación con** en comparaison de, par rapport à ‖ **ni punto de comparación** aucune comparaison, rien à voir ‖ **todas las comparaciones son odiosas** comparaison n'est pas raison.

> SIN paralelo parallèle; cotejo collationnement; confrontación confrontation.

comparador *m* FÍS comparateur.

comparar *v tr* comparer; **comparar una persona con otra** comparer une personne à une autre ‖ confronter, comparer; **comparar dos mapas** confronter deux cartes.

comparativamente *adv* comparativement.

comparativo, va *adj & s m* comparatif, ive.

comparecencia *f* DR comparution.

comparecer [30] *v intr* comparaître ‖ **orden de comparecer** mandat d'amener o de comparution.

compareciente *adj & s* DR comparant, e.

comparendo *m* DR assignation *f*, mandat de comparution.

comparición *f* DR comparution ‖ **orden de comparición** mandat de comparution o d'amener (comparecencia).

comparsa *f* TEATR figuration (acompañamiento) ‖ mascarade, troupe de gens masqués de la même manière (en el carnaval) ‖ suite, cortège *m* (séquito).

◇ *m & f* TEATR comparse‖figurant, e.

comparsería *f* TEATR figuration.

comparte *m & f* DR celui, celle qui est partie avec un autre dans un procès.

compartido, da *adj* INFORM **tiempo compartido** temps partagé.

compartimentado, da *adj* FIG cloisonné, e.

compartimentar *v tr* compartimenter.

compartimiento; compartimento *m* compartiment; **un compartimiento de primera clase** un compartiment de première classe ‖ répartition *f*, distribution *f* (reparto) ■ **compartimiento estanco** sas, compartiment étanche ‖ **dividir en compartimientos** compartimenter ‖ **división en compartimientos** compartimentage, division en compartiments.

compartir *v tr* répartir, partager, copartager (repartir, dividir) ‖ partager; **compartimos el mismo piso** nous partageons le même appartement; **compartir el poder** partager le pouvoir ‖ FIG partager; **compartir una opinión** partager une opinion.

compás *m* compás; compás para dibujo compas à dessin; **trazar un círculo con compás** tracer un cercle au compas ▮ territoire attenant à un monastère ▮ (p us) parvis (atrio) ▮ FIG dimension *f* (tamaño) ▮ mesure *f* (medida) ▮ volte *f* (esgrima) ▮ MAR compas, boussole *f* ▮ MÚS mesure *f*; **llevar el compás** battre la mesure ▪ MÚS **compás binario** mesure binaire ▮ **compás de calibre** compas de calibre ▮ **compás de corredera** pied à coulisse ▮ **compás de cuadrante** compas à quart de cercle ▮ **compás de espera** mesure o temps d'arrêt (música), période d'attente (pausa) ▮ **compás de espesores o de gruesas** compas d'épaisseur ▮ **compás de reducción** compas de réduction ▮ MÚS **compás de tres por cuatro o de seis por ocho** mesure à trois temps ▮ **compás de vara** compas à verge ▮ MÚS **compás mayor** deux-temps ▮ **compás menor** mesure à quatre temps ▮ **compás ternario** mesure ternaire ▪ **al compás** en mesure ▮ **al compás de** au rythme de ▪ TAUROM **abrir el compás** écarter les jambes ▮ FIG **guardar el compás** garder la mesure.
▮ OBSERV pl compases.

compasado, da *adj* modéré, e (mesurado).

compasar *v tr* compasser (medir con compás) ▮ FIG compasser (obrar con orden) ▮ MÚS marquer la mesure.

compasillo *m* MÚS mesure *f* à quatre temps.

compasión *f* compassion, pitié ▪ **llamar a compasión** inciter à la pitié ▮ **merecer compasión** être à plaindre.

compasivo, va *adj* compatissant, e.

compatibilidad *f* compatibilité ▮ INFORM **compatibilidad de programas** compatibilité de programmes; **compatibilidad de los equipos** compatibilité des matériels.

compatibilizar [13] *v tr* rendre compatible.

compatible *adj* compatible ▮ INFORM **compatible hacia arriba** compatible vers le haut.

compatriota; compatricio, cia *m & f* compatriote.
▮ SIN conciudadano concitoyen; coterráneo compatriote; FAM paisano pays.

compediador, ra *adj* qui abrège.
◇ *m & f* abréviateur, trice.

compeler *v tr* contraindre, forcer, obliger, pousser; **le compelieron a hablar** ils le forcèrent o le contraignirent à parler.

compendiar [8] *v tr* abréger, résumer.

compendio *m* résumé, abrégé, précis, compendium (p us); **compendio de historia** abrégé d'histoire ▪ **compendio de química** mémento de chimie ▮ **en compendio** en abrégé.
▮ SIN sumario sommaire; resumen résumé; extracto extrait; suma somme; síntesis synthèse; sinopsis synopse; esquema schème.

compendioso, sa *adj* abrégé, e; compendieux, euse (ant).

compenetración *f* compénétration.

compenetrarse *v tr* se compénétrer ▮ FIG se pénétrer ▮ **compenetrarse con su papel** se mettre dans la peau du personnage, s'identifier à son personnage (actor).

compensable *adj* compensable.

compensación *f* [▷ SIN] compensation ▮ dédommagement *m* (indemnización) ▪ **cámara de compensación** chambre de compensation ▮ **compensación bancaria** compensation, clearing ▮ **en compensación** en revanche ▮ **en justa compensación** par un juste retour des choses.
▮ SIN resarcimiento dédommagement; indemnización indemnité; contrapeso contrepoids; recompensa récompense.

compensador, ra *adj & s m* compensateur, trice ▮ **péndulo compensador** pendule compensateur.

compensar *v tr* compenser; **compensar las pérdidas con las ganancias** compenser les pertes par les gains ▮ dédommager (indemnizar) ▮ payer; **trabajo que compensa** travail qui paie ▪ **compensarse uno a sí mismo** se dédommager ▮ **no me compensa hacer esto** ça ne vaut pas la peine de faire cela ▮ **resultados que compensan** résultats payants.

compensativo, va; compensatorio, ria *adj* compensatoire.

competencia *f* ressort *m*, domaine *m*, compétence (incumbencia); **esto no es de mi competencia, no cae dentro de mi competencia** cela n'est pas de mon ressort, cela n'est pas mon domaine o ne relève pas de ma compétence ▮ compétence (capacidad) ▮ concurrence (rivalidad); **la competencia arruina a algunos comerciantes** la concurrence ruine certains commerçants; **competencia desleal** concurrence déloyale ▮ DR compétence, droit *m* de juger une affaire (un juez) ▮ (*Amer*) compétition (deportiva) ▮ **hacer la competencia a** concurrencer, faire concurrence à.

competente *adj* compétent, e; **tribunal competente** tribunal compétent; **persona muy competente** personne très compétente ▮ approprié, e; convenable (conveniente).

competentemente *adv* avec compétence.

competer *v intr* être de la compétence de, relever de, être du ressort de, regarder; **esto compete al ayuntamiento** c'est du ressort de la municipalité; **no me compete** ça ne me regarde pas ▮ appartenir en droit ▮ **a quien competa** à qui de droit.

competición *f* DEP [▷ SIN] compétition ▮ concurrence (competencia).
▮ SIN partido, partida, contienda match; campeonato championnat.

competido, da *adj* disputé, e (partido, campeonato, etc.).

competidor, ra *adj & s* compétiteur, trice ▮ concurrent, e (en el comercio, los exámenes).
➤ **competidor** *m* partant (carrera).

competir [26] *v intr* concourir, être en concurrence; **muchas personas compiten para esta colocación** de nombreuses personnes concourent pour ce poste ▮ rivaliser; **competir en esfuerzos** rivaliser d'efforts ▮ concurrencer, faire concurrence à (en comercio); **este almacén compite con aquél** ce magasin concurrence celui-là; **esta tela puede competir con aquélla** ce tissu peut faire concurrence à celui-là.

competitividad *f* compétitivité.

competitivo, va *adj* compétitif, ive (competición) ▮ concurrentiel, elle (competencia).

compilación *f* compilation ▮ INFORM **compilación de programa** compilation de programme; **compilación y ejecución** compilation et exécution; **compilación y lanzamiento** compilation et lancement.

compilador, ra *m & f* compilateur, trice.
➤ **compilador** *m* INFORM compilateur de programa compilateur de programme.

compilar *v tr* compiler ▮ INFORM **compilar un programa** compiler un programme.

compinche *m & f* FAM (*Amer*) copain, copine (amigote) ▮ acolyte.

complacencia *f* complaisance; **mirarse con complacencia** se regarder avec complaisance ▮ plaisir *m*, satisfaction; **tener complacencia en** avoir de la satisfaction à.

complacer [29] *v tr* complaire, plaire, être agréable; **los cortesanos procuran complacer al rey** les courtisans s'efforcent de plaire au roi ▮ obliger, rendre service (a sus amigos) ▮ **me complace su éxito** je me réjouis de son succès.
➤ **complacerse** *v pr* se complaire; **complacerse en su desdicha** se complaire dans son malheur; **complacerse en criticar** se plaire à critiquer ▮ avoir plaisir à, se plaire à; **complacerse en el estudio** avoir plaisir à étudier ▮ avoir le plaisir de, être heureux, euse de; **me complazco en saludar al señor X** j'ai le plaisir de saluer monsieur X.

complacido, da *adj* satisfait, e; content, e; **complacido con su suerte** satisfait de son sort.

complaciente *adj* complaisant, e.
▮ SIN servicial serviable; solícito empressé; atento attentionné; deferente déférent.

complejidad; complexidad *f* complexité.

complejo, ja *adj & s m* complexe ▮ **complejo industrial** complexe industriel.

complementar *v tr* compléter.
➤ **complementarse** *v pr* se compléter; **caracteres que se complementan** caractères qui se complètent.

complementario, ria *adj* complémentaire; **ángulos complementarios** angles complémentaires.

complemento *m* complément ▮ GRAM complément; **complemento directo** complément d'objet direct; **complemento circunstancial** complément circonstanciel ▮ MIL **oficial de complemento** officier de réserve.

completamente *adv* complètement.

completar *v tr* compléter; **completar una suma** compléter une somme.

completas *f pl* RELIG complies (oficio).

completivo, va *adj* GRAM complétif, ive.

completo, ta *adj* complet, ète; **autobús completo** autobus complet ▮ complet, ète; parfait, e (perfecto); **un estudio completo** une étude complète ▮ **por completo** complètement, de fond en comble; **registrar una casa por completo** fouiller une maison de fond en comble; complètement, de toutes pièces; **hacer algo por completo** faire quelque chose de toutes pièces.
➤ **completo** *m* petit déjeuner complet.

complexidad ➤ **complejidad**.

complexión *f* complexion.

complexo, xa *adj* complexe.

complicación *f* complication.

| SIN contratiempo contretemps; tropiezo accroc; engorro anicroche; rémora rémora.

complicado, da *adj* compliqué, e (intrincado); sistema complicado système compliqué ∥ impliqué, e; persona complicada en una rebelión personne impliquée dans une rébellion.

complicar [10] *v tr* [▷ SIN] compliquer; complicar una cosa sencilla compliquer une chose facile ∥ mélanger, mêler (mezclar) ∥ complicar en impliquer dans, mêler à; complicado en un robo impliqué dans un vol.

↪ **complicarse** *v pr* se compliquer; complicarse la vida se compliquer la vie ∥¡esto se complica! ça se complique! ça se corse! FAM.

| SIN embrollar, enredar, liar embrouiller; dificultar rendre difficile; obstaculizar, entorpecer embarrasser.

cómplice *m & f* complice; cómplice de un robo complice d'un vol.

complicidad *f* complicité ∥ estar en complicidad con alguien être de connivence avec quelqu'un.

| SIN connivencia connivence; colusión collusion; colaboración collaboration.

complot *m* FAM complot.

| OBSERV pl complots.

complotar *v tr & intr* comploter (conspirar).

complutense *adj & s* d'Alcalá de Henares ∥ Biblia Políglota Complutense biblia complutensis.

componado, da *adj* BLAS componé, e.

componedor, ra *m & f* compositeur, trice; amigable componedor amiable compositeur.

↪ **componedor** *m* IMPR composteur (regla) ∥ (Amer) rebouteur (algebrista).

componenda *f* accommodement *m*, arrangement *m*, compromis *m* (expedientes de conciliación) ∥ FAM combine (combinación) ■ componendas electorales cuisine électorale ∥ sin componendas sans concession.

componente *adj & s m* composant, e (de un todo) ∥ membre (miembro) ∥ viento de componente Sur vent de secteur sud.

componer [65] *v tr* composer (formar un todo) ∥ réparer, arranger (arreglar lo que está roto) ∥ arranger; componer un asunto arranger une affaire ∥ décorer, orner, parer (adornar una cosa) ∥ composer (versos, libros, música) ∥ réconcilier; componer a dos enemigos réconcilier deux ennemis ∥ adouber (ajedrez) ∥ FAM remettre, retaper (fortificar, restablecer la salud) ∥ IMPR composer ∥ MAR adouber ∥ remettre en place [les os] ∥ (Amer) préparer, entraîner [un cheval pour la course, un coq pour le combat] ∥ châtrer (castrar).
◇ *v intr* composer.

↪ **componerse** *v pr* s'arranger, se parer, se faire une beauté, se pomponner (una mujer) ∥ arriver à un accord, se mettre d'accord, s'entendre (ponerse de acuerdo) ■ FAM componérselas s'arranger, se débrouiller, s'en sortir ∥ compóntelas como puedas arrange-toi comme tu pourras, débrouille-toi ∥ no sabía cómo componérselas il ne savait pas comment s'y prendre o comment se débrouiller o comment s'en sortir.

componible *adj* accommodable, conciliable ∥ raccommodable, arrangeable (que se puede arreglar).

comportamiento *m* conduite *f*, comportement.

comportar *v tr* supporter, tolérer, souffrir (sufrir) ∥ comporter, comprendre (contener).

↪ **comportarse** *v pr* se comporter, se conduire (conducirse).

| OBSERV Ce verbe est un gallicisme lorsqu'il est employé dans le sens de comprendre.

comporte *m* conduite *f*, comportement (comportamiento) ∥ démarche *f*, air (porte).

composición *f* [▷ SIN] composition; la composición del agua la composition de l'eau ∥ composition (obra) ∥ composition (ejercicio de redacción) ∥ DEP enchaînement ∥ GRAM, MÚS & IMPR composition ∥ FIG mesure, discrétion (comedimiento) ■ DR composición amigable amiable composition ∥ hacer composición de lugar peser le pour et le contre, se tracer un plan de conduite.

| SIN constitución constitution; estructura structure; contenido, tenor teneur.

compositivo, va *adj* se dit des particules ou prépositions servant à former les mots composés.

compositor, ra *m & f* MÚS compositeur, trice.

↪ **compositor** *m* (Amer) entraîneur, dresseur [de chevaux ou de coqs de combat].

compostelano, na *adj & s* de Saint-Jacques-de-Compostelle.

compostura *f* composition (disposición de las partes de una cosa) ∥ réparation, raccommodage *m* (arreglo); la compostura de un reloj la réparation d'une montre ∥ contenance (actitud) ∥ [▷ SIN] tenue (manera de comportarse) ∥ maintien *m* (porte) ∥ circonspection, retenue (mesura) ∥ toilette, parure (aseo) ∥ accord *m*, entente, arrangement *m* (convenio); hacer una compostura con los acreedores faire un arrangement avec ses créanciers ∥ este vino tiene compostura ce vin est frelaté [contient des colorants artificiels].

| SIN porte port; prestancia prestance; modales manières, tenue; presencia aspect; FAM facha, pinta touche.

compota *f* compote; una compota de manzanas une compote de pommes ∥ FAM un ojo en compota un œil au beurre noir (a la funerala).

compotera *f* compotier *m* (vasija).

compound *m* TECN compound.

compra *f* achat *m*; una compra ventajosa un achat avantageux; precio de compra prix d'achat ■ compra a plazos, al contado achat à terme, comptant ∥ jefe de compras chef des achats ■ (Amer) estar de compras être enceinte ∥ hacer compras faire ses achats ∥ hacer la compra faire son marché ∥ ir a la compra aller au marché, faire son marché ∥ ir de compras faire les commissions o les courses o ses emplettes.

comprador, ra *m & f* acheteur, euse.

| SIN adquiridor acquéreur; cliente, parroquiano client; marchante marchand; importador importateur.

comprar *v tr* [▷ SIN] COM acheter; comprar al contado acheter comptant o au comptant ∥ FIG acheter (sobornar); comprar a uno acheter quelqu'un ■ comprar al por mayor, al por menor acheter en gros, au détail ∥ comprar a plazos, con pérdida, en firme acheter à tempérament, à perte, ferme ∥ FIG comprar con su sangre acheter de son sang ∥ comprar fiado acheter à crédit.

| SIN adquirir acquérir; regatear marchander; importar importer.

compraventa *f* contrat *m* d'achat et de vente.

comprender *v tr* [▷ SIN] comprendre (entender); no comprendo el alemán je ne comprends pas l'allemand ∥ comprendre (contener); esta obra comprende cuatro tomos cet ouvrage comprend quatre tomes ■ comprender mal comprendre de travers, mal comprendre; has comprendido mal lo que he dicho tu as mal compris ce que j'ai dit ∥ comprendida la suma de y compris la somme de ∥ no comprende usted vous n'y êtes pas ∥ todo comprendido tout compris ∥ viaje todo comprendido voyage à forfait ∥¡ya comprendo! j'y suis!

↪ **comprenderse** *v pr* se comprendre ∥ se comprende ça se comprend.

| SIN concebir concevoir; entender entendre, saisir; discernir discerner; descifrar déchiffrer; chanelar comprendre.

comprensibilidad *f* compréhensibilité.

comprensible *adj* compréhensible.

| SIN inteligible intelligible; accesible accessible; fácil facile.

comprensión *f* compréhension, intelligence ∥ ser tardo de comprensión avoir l'esprit lent, avoir la comprenette difficile FAM.

comprensivo, va *adj* compréhensif, ive; hombre comprensivo homme compréhensif.

comprensor, ra *adj & s* qui comprend.

compresa *f* compresse ∥ garniture o serviette périodique, serviette hygiénique.

compresibilidad *f* compressibilité.

compresible *adj* compressible.

compresión *f* compression ∥ GRAM synérèse.

compresivo, va *adj* compressif, ive.

compreso, sa *adj* comprimé, e.

| OBSERV L'adjectif compreso est le participe passé irrégulier de comprimir.

compresor *adj m & s m* compresseur; cilindro compresor rouleau compresseur.

comprimible *adj* compressible.

comprimido, da *adj & s m* comprimé, e.

comprimir *v tr* comprimer ∥ FIG comprimer, réprimer (una sonrisa), retenir (lágrimas) ∥ entasser; viven comprimidos en una sola habitación ils vivent entassés dans une seule pièce ∥ INFORM compacter.

↪ **comprimirse** *v pr* se comprimer ∥ se retenir (refrenarse).

comprobable *adj* vérifiable, contrôlable (que se puede averiguar) ∥ constatable.

comprobación *f* vérification (averiguación) ∥ constatation (observación) ∥ preuve (prueba).

comprobante *adj* probant, e (que prueba).
◇ *m* preuve *f* (justificación) ∥ DR pièce *f* justificative, pièce *f* à l'appui ∥ décharge *f* (de una deuda) ∥ reçu, récépissé (recibo) ∥ comprobante, comprobante de compra ticket, ticket d'achat.

comprobar [23] *v tr* vérifier (averiguar); hay que comprobar la marca antes de comprar il faut vérifier la marque avant d'acheter ‖ constater (observar); **pudiste comprobar tú mismo que había dicho la verdad** tu as pu constater toi-même qu'il avait dit la vérité ‖ contrôler (examinar); **comprobar las afirmaciones de una persona** contrôler les affirmations de quelqu'un ‖ prouver, démontrer (demostrar) ‖ collationner (cotejar).

comprofesor, ra *m* & *f* collègue, confrère (de la misma profesión).

comprometedor, ra *adj* compromettant, e; **persona demasiado comprometedora** personne trop compromettante.

comprometer *v tr* compromettre; **comprometer sus intereses, a una persona** compromettre ses intérêts, une personne ‖ engager; **esto no te compromete a nada** cela ne t'engage à rien; **comprometer su fe** engager sa foi.

◆ **comprometerse** *v pr* se compromettre ‖ s'engager; **comprometerse en o a defender una causa** s'engager à défendre une cause ‖ s'engager; **este escritor no se ha comprometido** cet écrivain ne s'est pas engagé ‖ (*Amer*) se fiancer.

comprometido, da *adj* compromis, e (en un mal negocio) ‖ engagé, e (por una promesa); **política no comprometida** politique non engagée; **un escritor comprometido** un écrivain engagé.

compromisario *m* DR arbitre‖délégué sénatorial (en una elección) ‖ représentant.

compromisión *f* (ant) compromission.

compromiso *m* compromis, accommodement (convenio) ‖ engagement (obligación); **hacer honor a sus compromisos, cumplir sus compromisos** faire honneur à ses engagements; **sin compromiso por su parte** sans engagement de votre part ‖ embarras, difficulté *f*; **poner en un compromiso** mettre dans l'embarras ‖ **actitud o política sin compromisos** non-engagement ‖ **compromiso matrimonial** promesse de mariage ‖ **¡qué compromiso!** quelle histoire!

compromisorio, ria *adj* DR compromissoire.

comprovinciano, na *m* & *f* personne de la même province qu'une autre.

compuerta *f* vanne, porte (de presa o esclusa).

compuesto, ta *adj* composé, e (tiempo, nombre, etc.) ‖ arrangé, e; raccommodé, e (arreglado) ‖ posé, e (una mujer) ‖ FIG réservé, e; discret, ète ‖ ARQ composite ‖ ARQ **orden compuesto** architecture modulaire.

◆ **compuesto** *m* QUÍM composé.

◆ **compuestas** *f pl* BOT composées, composacées.

compulsa *f* DR copie conforme, copie collationnée (de un documento).

compulsación *f* comparaison, collation, confrontation (confrontación).

compulsar *v tr* DR compulser ‖ collationner, comparer, confronter (confrontar) ‖ faire une copie conforme de (sacar una compulsa) ‖ (*Amer*) obliger, contraindre (compeler).

compulsión *f* DR contrainte (apremio).

compulsivo, va *adj* irrépressible.

compunción *f* componction (tristeza).

compungido, da *adj* contrit, e; attristé, e; affligé, e (dolorido); **voz compungida** voix contrite.

compungirse *v pr* s'affliger (entristecerse); **compungirse por** s'affliger de.

computable *adj* calculable.

computación ➥ **cómputo**.

computador *m*; **computadora** *f* ordinateur *m* ‖ calculateur *m*, calculatrice *f* ■ **computadora electrónica** calculateur électronique ‖ **computador analógico, digital** calculateur analogique, numérique.

computadorización; computerización *f* informatisation.

computadorizar; computerizar [13] *v tr* informatiser.

computar *v tr* computer, calculer (calcular).

computerización ➥ **computadorización**.

computerizar ➥ **computadorizar**.

cómputo *m*; **computación** *f* calcul, computation *f* (cálculo) ‖ comput.

comulgante *adj* & *s* communiant, e.

comulgar [16] *v tr* (p us) donner la communion, communier (p us).

◇ *v intr* communier ‖ FIG communier ‖ **comulgar por Pascua Florida** faire ses Pâques ‖ FIG & FAM **hacer comulgar con ruedas de molino** faire prendre des vessies pour des lanternes.

comulgatorio *m* table *f* de communion, sainte table *f*.

común *adj* commun, e; **uso, sentido común** usage, sens commun ‖ courant, e; commun, e; **expresión poco común** expression peu courante ‖ commun, e (vulgar); **modales comunes** manières communes ‖ GRAM commun, e ■ **la voz común** la rumeur publique ‖ **lugar común** lieux d'aisances, cabinets (letrina), lieu commun (tópico) ■ **de común acuerdo, por acuerdo común** d'un commun accord ‖ **en común** en commun ‖ **fuera de lo común** qui sort de l'ordinaire ‖ **por lo común** généralement, communément.

◇ *m* communauté *f* (sociedad) ‖ commun; **el común de los mortales** le commun des mortels ‖ communaux *pl* (tierras que posee la comunidad) ‖ **cámara de los Comunes** Chambre des communes.

comuna *f* communauté [en marge de la société] ‖ (*Amer*) commune, municipe *m*.

Comuna *n pr f* **Comuna de París** Commune de Paris.

comunal *adj* commun, e; communal, e.
◇ *m* communauté *f*.

comunalmente *adv* en commun.

comunero, ra *adj* populaire (popular) ‖ HIST des "comuneros" (relativo a las antiguas comunidades de Castilla).

◆ **comunero** *m* copropriétaire (copropietario) ‖ HIST "comunero" [partisan des communes en Castille, de l'indépendance en Colombie et au Paraguay].

comunicable *adj* communicable ‖ FIG sociable, communicatif, ive (tratable).

comunicación *f* communication; **la comunicación de un movimiento** la communication d'un mouvement ‖ correspondance (correspondencia) ‖ communication (telefónica);

estar en comunicación être en communication ‖ rapport *m*, relation; **ponerse en comunicación con el ministro** se mettre en rapport avec le ministre ‖ **poner en comunicación** relier.

◆ **comunicaciones** *f pl* postes, télégraphes, téléphones ‖ moyens *m* de communication; **este barrio tiene comunicaciones muy malas** ce quartier a de très mauvais moyens de communication ‖ communications (entre pueblos, mares, etc.) ‖ **palacio de comunicaciones** poste centrale de Madrid.

comunicado, da *adj* communiqué, e ‖ desservi, e; **barrio bien comunicado** quartier bien desservi (transportes).

◆ **comunicado** *m* communiqué (aviso) ‖ **comunicado a la prensa** prière d'insérer.

comunicador, ra *adj* communicateur, trice.

comunicante *adj* communicant, e; **vasos comunicantes** vases communicants.

comunicar [10] *v tr* communiquer (transmitir) ‖ communiquer, imprimer (un movimiento).

◇ *v intr* communiquer, être en communication (por carta, teléfono, etc.); **comunicar con alguien** communiquer avec quelqu'un ‖ communiquer; **cuartos que comunican** chambres qui communiquent ‖ être occupé (el teléfono); **está comunicando** c'est occupé.

◆ **comunicarse** *v pr* communiquer, correspondre; **comunicarse por señas** communiquer par signes ‖ communiquer (dos casas, habitaciones, lagos, etc.) ‖ se communiquer (propagarse).

comunicativo, va *adj* communicatif, ive; **risa comunicativa** rire communicatif.

▮ SIN **expansivo** expansif; **exuberante** exubérant.

comunicatoria *adj f* **letras comunicatorias** lettres testimoniales.

comunidad *f* communauté (de intereses, etc.); **comunidad de bienes gananciales** communauté réduite aux acquêts ‖ [▷ SIN] communauté (de religiosos) ‖ (ant) commune (conjunto de habitantes de una ciudad) ■ **comunidad autónoma** communauté autonome ‖ **comunidad de Madrid** nom officiel de la communauté autonome de Madrid ‖ **comunidad de Navarra** nom officiel de la communauté autonome de Navarre ‖ **comunidad de propietarios** syndicat de propriétaires, copropriété ‖ **comunidad sucesoria** communauté d'héritiers ‖ **comunidad o comunitat Valenciana** nom officiel de la communauté autonome de Valence ■ **de comunidad** en commun ‖ **delegado o presidente de la comunidad de propietarios** syndic.

◆ **comunidades** *f pl* HIST Communes [soulèvement populaire au temps de Charles Quint].

▮ SIN **congregación** congrégation; **orden** ordre; **cofradía** confrérie.

LA COMUNIDAD AUTÓNOMA ─────

Cette collectivité territoriale de l'État espagnol est dotée d'organes administratifs propres et peut être constituée d'une ou de plusieurs provinces adjacentes.

LA COMUNIDAD DE MADRID ─────

La communauté autonome de Madrid se compose de la seule province de Madrid. Elle a obtenu l'autonomie le 25 février 1983 et a pour capitale Madrid; son gouvernement est connu sous le nom de « Gobierno de la comunidad ».

comunión *f* communion ▌comunión tradicionalista obédience traditionnaliste.

comunismo *m* communisme.

comunista *adj & s* communiste.

comunitario, ria *adj* communautaire.

comúnmente *adv* communément, généralement, d'ordinaire, d'habitude.

comuña *f* AGRIC méteil *m* (trigo mezclado con cebada) ▌cheptel *m* (aparcería de ganado).

con *prep*

1. À, AU, AVEC	**8.** PAR
2. AVEC	**9.** ENVERS, POUR, AVEC
3. À, AU	**10.** SUR
4. AUPRÈS DE	**11.** DANS
5. CONTRE	**12.** EN
6. AVEC, APRÈS	**13.** CON EL INFINITIVO
7. DE	**14.** LOCUCIONES

1. À, AU, AVEC comer con una cuchara manger avec une cuillère o à la cuillère; un anciano con lentes de oro un vieillard avec des lunettes en or o aux lunettes en or
2. AVEC salir con un amigo sortir avec un ami; reñir con alguien se disputer avec quelqu'un; conforme con uno d'accord avec quelqu'un
3. À, AU café con leche café au lait; igualarse con s'égaler à
4. AUPRÈS DE asiduo con assidu auprès de; disculparse con s'excuser auprès de
5. CONTRE pelear con se battre contre; chocar con un árbol se cogner contre un arbre
6. AVEC, APRÈS estoy disgustado con él je suis fâché avec lui
7. DE con voz ronca d'une voix rauque; hacer seña con la mano faire signe de la main; contento con las noticias, con uno content des nouvelles, de quelqu'un; no sé qué hacer con ese libro je ne sais que faire de ce livre; soñar con algo rêver de quelque chose; contentarse con poco se contenter de peu
8. PAR trataba de seducirnos con halagos il cherchait à nous séduire par des flatteries; demostrar con ejemplos prouver par des exemples
9. ENVERS, POUR, AVEC duro con los criados dur envers les domestiques
10. SUR contar con alguien compter sur quelqu'un; tropezar con una piedra trébucher sur une pierre
11. DANS hacer una cosa con la idea de faire une chose dans l'idée de; con objeto de dans le but de
12. EN con buena salud en bonne santé; con toda franqueza en toute franchise; con toda independencia en toute indépendance
13. CON EL INFINITIVO en (con el participio presente); con pulsar este botón ya se enciende la luz en appuyant sur ce bouton on allume la lumière ▌comme, du fait que; con llegar muy tarde, quedó sin cenar comme il était arrivé très tard, il se passa de dîner ▌bien que, malgré; con ser tan inteligente no ha conseguido triunfar bien qu'il soit très intelligent il n'a pas pu réussir ▌pourvu que (subjuntivo); con escribirme mañana pourvu que tu m'écrives demain
14. LOCUCIONES con arreglo a la ley conformément à la loi ▌con ello pour cela; ¿seremos más felices con ello? serons-nous plus heureux pour cela? ▌con el título de sous le titre de ▌con esto y con todo néanmoins, cependant ▌con gusto volontiers, avec plaisir ▌con las manos juntas les mains jointes ▌con mucho gusto très volontiers ▌con que ainsi, ainsi donc, alors ▌con seguridad, con toda seguridad sûrement ▌con sólo il suffit de; con sólo querer las cosas se consiguen il suffit de vouloir les choses pour les obtenir ▌con tal que, con que, con sólo que pourvu que, du moment que ▌con todo, con todo y con eso malgré tout ▌con todos los requisitos en bonne et due forme ▌para con envers ■ cargar con se charger de ▌cumplir con s'acquitter de ▌no pude salir con tanta lluvia ja n'ai pas pu sortir à cause de la pluie o tant il pleuvait ▌salirse con la suya avoir gain de cause ▌salvó al niño con gran admiración de los que le rodeaban il sauva l'enfant à la grande admiration de ceux qui l'entouraient ▌tener cuidado con faire attention à ▌FAM ¡vaya con el niño! quel enfant!

▌ **OBSERV** Con no tiene traducción en francés cuando expresa la actitud: iba con la cabeza desnuda, con las manos en los bolsillos il allait la tête nue, les mains dans les poches; y después de ciertos verbos: frisar con la cuarentena friser la quarantaine; consultar con un abogado consulter un avocat; quedarse con una cosa garder indûment quelque chose, etc.

conato *m* (p us) effort, acharnement (empeño) ▌intention *f*, désir, projet (propósito) ▌DR tentative *f* (intento); conato de robo tentative de vol ▌conato de incendio début d'incendie.

concadenar; concatenar *v tr* FIG enchaîner, lier.

concatenación *f* enchaînement *m*; la concatenación de las ideas l'enchaînement des idées.

concatenar ➤ **concadenar**.

concausa *f* cause, facteur *m* (causa).

concavidad *f* concavité.

cóncavo, va *adj* concave; espejo cóncavo miroir concave.

concavoconvexo, xa *adj* GEOM concave d'un côté et convexe de l'autre.

concebible *adj* concevable.

concebir [26] *v intr & tr* concevoir (quedar preñada la hembra) ▌FIG concevoir; lo que bien se concibe se enuncia con claridad ce qui se conçoit bien s'énonce clairement.

concedente *adj* accordant, e; qui accorde.

conceder *v tr* accorder, concéder (otorgar); conceder una gracia, un privilegio, un plazo accorder une grâce, un privilège, un délai o accorder; no puedo concederle sino algunos minutos je ne peux vous accorder que quelques minutes ▌accorder, allouer; conceder una indemnización allouer une indemnité ▌décerner (un premio) ▌concéder, admettre, reconnaître, accorder (reconocer); concedo que tiene usted razón j'admets que vous avez raison; vous avez raison, je vous l'accorde ▌conceder importancia accorder o donner o attacher de l'importance o de la valeur.

concejal *m* conseiller municipal.

concejala *f* femme du conseiller municipal ▌conseillère municipale.

concejalía *f* fonction de conseiller municipal.

concejero *m* (*Amer*) conseiller municipal.

concejil *adj* municipal, e ▌HIST milicias concejiles milices communales o bourgeoises.

concejo *m* conseil municipal (ayuntamiento).
▌ **OBSERV** Il ne faut pas confondre ce mot avec consejo, qui a tous les sens du mot conseil français, sauf celui de conseil municipal.

concelebración *f* RELIG concélébration.

concelebrar *v tr* concélébrer.

conceller *m* conseiller municipal en Catalogne.

concento *m* MÚS chant choral.

concentrabilidad *f* qualité de ce qui est concentrable.

concentrable *adj* concentrable.

concentración *f* concentration; la concentración de un producto químico la concentration d'un produit chimique ▌concentration (de personas, de industrias, etc.); campo de concentración camp de concentration ■ concentración parcelaria remembrement ▌llevar a cabo la concentración parcelaria remembrer, procéder au remembrement.

concentrado, da *adj* concentré, e.
➤ **concentrado** *m* concentré; concentrado de tomates concentré de tomate.

concentrar *v tr* concentrer.
➤ **concentrarse** *v pr* se concentrer.

concéntrico, ca *adj* concentrique; concéntrico con concentrique à.

concepción *f* conception ▌Inmaculada Concepción Immaculée Conception.

Concepción *n pr* Concepción.
▌ **OBSERV** Ce prénom féminin, dérivé de María de la Concepción n'a pas d'équivalent en français.

concepcionista *adj & s* se dit d'une religieuse qui appartient à l'ordre de l'Immaculée Conception.

conceptáculo *m* BOT conceptacle.

conceptismo *m* conceptisme [doctrine et style].

concepto *m* concept; concepto puro concept pur ▌pensée *f* (pensamiento) ▌notion *f*, idée *f* (noción) ▌trait d'esprit, saillie *f* (agudeza) ▌opinion *f*, jugement (juicio) ▌raison *f* (razón) ▌poste (de una cuenta) ■ en concepto de à titre de, au titre de, en tant que ▌en mi concepto à mon avis, à mon sens ▌en ningún concepto nullement, en aucun cas ▌en su amplio concepto au sens large ▌por todos los conceptos à tous égards ▌por varios conceptos à divers titres ■ formarse concepto de se faire une idée de ▌perder el con-

cepto de se discréditer ‖ **tener en buen concepto a una persona** avoir bonne opinion de quelqu'un.

conceptual *adj* conceptuel, elle.

conceptualismo *m* conceptualisme.

conceptuar [6] *v tr* estimer, juger, considérer; **conceptuar** o **tener conceptuado a uno de** o **por inteligente** considérer quelqu'un comme intelligent ‖ **bien, mal conceptuado** bien, mal vu.

conceptuoso, sa *adj* ingénieux, euse (agudo) ‖ sentencieux, euse ‖ précieux, euse (estilo).

concerniente *adj* concernant, e; qui concerne, relatif, ive; **reglamento concerniente a los transportes** règlement concernant les transports.

concernir [21] *v intr* concerner, avoir rapport à.
║ **OBSERV** Ce verbe est défectif et se conjugue seulement aux troisièmes personnes. Il est employé au présent et à l'imparfait de l'indicatif et du subjonctif, au participe présent et au gérondif.
║ **SIN** atañer, importar regarder; tocar toucher; corresponder correspondre; interesar intéresser.

concertación *f* concertation.

concertadamente *adv* avec ordre.

concertado, da *adj* ordonné, e; organisé, e ‖ conclu, e (tratado, negocio) ‖ **impuesto concertado** forfait.

concertador, ra *adj & s* conciliateur, trice; médiateur, trice.

concertante *adj & s* MÚS concertant, e.

concertar [19] *v tr & intr* concerter (proyectar en común) ‖ s'entendre sur, convenir de; **concertar una compra** convenir d'un achat; **concertar en** o **por precio** s'entendre sur un prix, convenir d'un prix ‖ passer, conclure; **concertar un negocio** passer un marché ‖ conclure; **concertar un acuerdo** conclure un accord ‖ MÚS accorder (instrumentos de música) ‖ FIG concerter; **concertar los esfuerzos** concerter les efforts.
◇ *v intr* concorder; **dos pasajes que no conciertan** deux passages qui ne concordent pas ‖ GRAM s'accorder (las palabras).
➤ **concertarse** *v pr* se concerter ‖ se mettre d'accord, s'entendre sur (llegar a un acuerdo).

concertina *f* MÚS concertina.

concertino *m* premier violon (en una orquesta).

concertista *m & f* concertiste.

concesible *adj* accordable.

concesión *f* concession ‖ remise (entrega) ‖ délivrance, octroi *m*; **la concesión de un permiso** la délivrance d'un permis ‖ FIG concession; **hacer concesiones** faire des concessions.

concesionario, ria *adj & s m* concessionnaire.

concha *f* coquille (de molusco) ‖ carapace (de tortuga) ‖ coquillage *m* (animal que vive en una concha) ‖ écaille (carey); **peine de concha** peigne en écaille ‖ baie, rade (pequeña bahía) ‖ gîte *m*, meule gisante (de molino) ‖ (Amer) écorce (cáscara) ‖ VULG chatte (sexo de la mujer) ‖ ■ ANAT **concha auricular** o **auditiva** conque

‖ TEATR **concha del apuntador** trou du souffleur ‖ **concha de peregrino** coquille Saint-Jacques ‖ **concha de perla** huître perlière (madreperla) ‖ FIG **meterse en su concha** rentrer dans sa coquille ‖ FIG & FAM **tener muchas conchas** o **más conchas que un galápago** être cachottier (reservado), être sournois (hipócrita).

Concha *n pr* Conception.
║ **OBSERV** Ce prénom féminin est le diminutif de Concepción.

conchabado *m* (Amer) embauche *f*, engagement.
◇ *m & f* (Amer) extra [domestique].

conchabamiento *m*; **conchabanza** *f* accommodement *m* (acción de acomodarse) ‖ FAM complot *m*, ligue *f*, coup *m* monté.

conchabar *v tr* associer, grouper (unir) ‖ (Amer) engager, embaucher [surtout des domestiques].
➤ **conchabarse** *v pr* s'associer, se liguer, se coaliser ‖ s'aboucher, s'acoquiner; **conchabarse con malhechores** s'aboucher à des malfaiteurs ‖ **estar conchabado con** être de mèche avec.

conchal *adj* de première qualité (seda).

conchesta *f* congère (montón de nieve).

conchífero, ra *adj* GEOL conchylien, enne; coquilleux, euse.

conchil *m* sorte de pourpre (concha).

Conchita *n pr f* Conception.
║ **OBSERV** Ce prénom féminin est le diminutif de Concha.

concho *m* (Amer) enveloppe *f* de l'épi du maïs ‖ sédiment, lie *f* (poso) ‖ fin *f* (final).
➤ **conchos** *m pl* (Amer) restes [d'un repas].
➤ **¡concho!** *interj* FAM (Amer) crotte!

conchudo, da *adj* (Amer) fripon, onne; crapule (sinvergüenza) ‖ FAM con, conne (bobalicón).

conciencia *f* conscience; **tener conciencia de sus derechos** avoir conscience de ses droits ‖ conscience (moralidad); **ser ancho de conciencia** avoir la conscience large ■ **cargo de conciencia** affaire de conscience ‖ **caso de conciencia** cas de conscience ‖ **gusanillo de la conciencia** ver rongeur (remordimiento) ‖ **libertad de conciencia** liberté de conscience ■ **a conciencia** consciencieusement; **trabajo hecho a conciencia** travail fait consciencieusement ‖ **en conciencia** en conscience, en bonne conscience, en son âme et conscience ‖ **en descargo de la conciencia** par acquit de conscience ■ **acusar la conciencia** avoir des remords, ne pas avoir bonne conscience ‖ **cargar la conciencia** mettre sur la conscience ‖ **le remuerde la conciencia** il a des remords ‖ **para descargar la conciencia** pour soulager sa conscience ‖ **tener la conciencia limpia** avoir bonne conscience, avoir la conscience tranquille ‖ **tener un peso en la conciencia** avoir quelque chose sur la conscience.

concienzudamente *adv* consciencieusement.

concienzudo, da *adj* consciencieux, euse.
║ **SIN** escrupuloso scrupuleux; minucioso minutieux; meticuloso méticuleux; puntilloso pointilleux.

concierto *m* [▷ SIN] MÚS concert; **concierto al aire libre** concert en plein air ‖ concerto; **concierto de piano** concerto pour piano ‖ FIG concert, accord, entente *f*, harmonie *f*

■ **concierto económico** forfait (impuesto) ■ **de concierto** de concert, conjointement ‖ **sin orden ni concierto** à tort et à travers.
║ **OBSERV** Le mot concierto désigne soit un concert, manifestation musicale, soit un concerto, œuvre musicale pour instrument soliste et orchestre.
║ **SIN** audición audition; recital récital; alborada aubade; serenata sérénade.

conciliable *adj* conciliable.

conciliábulo *m* conciliabule.

conciliación *f* conciliation ■ **acto de conciliación** acte de conciliation, conciliation devant le juge ‖ **tribunal de conciliación laboral** conseil des prud'hommes.

conciliador, ra *adj & s* conciliateur, trice.
║ **SIN** indulgente indulgent; transigente arrangeant; complaciente complaisant; acomodaticio, acomodadizo accommodant; fácil facile.

conciliante *adj* conciliant, e.

conciliar *adj* conciliaire; **padre conciliar** père conciliaire.
◇ *m* membre d'un concile.

conciliar [8] *v tr* concilier, mettre d'accord; **conciliar a dos enemigos** concilier deux ennemis ‖ **conciliar el sueño** trouver le sommeil.
➤ **conciliarse** *v pr* se concilier; **conciliarse la amistad de todo el mundo** se concilier l'amitié de tout le monde.

conciliativo, va; conciliatorio, ria *adj* conciliatoire, conciliant, e.

concilio *m* concile ‖ **concilio ecuménico** o **general** concile œcuménique.
■ **SIN** consistorio consistoire; sínodo synode.

concisamente *adv* avec concision.

concisión *f* concision.

conciso, sa *adj* concis, e.
■ **SIN** preciso précis; lacónico laconique.

concitación *f* instigation (instigación).

concitador, ra *adj & s* instigateur, trice (instigador).

concitar *v tr* attirer; **concitar contra** attirer sur.

concitativo, va *adj* qui pousse, qui incite.

conciudadano, na *m & f* concitoyen, enne.

cónclave; conclave *m* conclave.

conclavista *m* conclaviste (criado de un cardenal).

concluido, da *adj* fini, e; terminé, e; conclu, e (acabado) ‖ réglé, e (solucionado); **es asunto concluido** c'est une affaire réglée ‖ **asunto concluido** c'est un point c'est tout.

concluir [51] *v tr* finir, terminer, achever (acabar) ‖ [▷ SIN] conclure, déduire (deducir) ‖ décider (determinar); **concluyeron pedir un armisticio** ils décidèrent de demander un armistice.
◇ *v intr* conclure, en finir; **es tiempo de concluir** il est temps de conclure o d'en finir ‖ conclure; **después de estas observaciones voy a concluir** après ces remarques, je vais conclure ‖ se terminer, s'achever, finir; **el libro concluye con estas palabras** le livre se termine par ces mots ‖ **concluir con un trabajo** terminer o finir un travail, en finir avec un travail.
➤ **concluirse** *v pr* finir, prendre fin, se terminer.

SIN inducir induire; inferir inférer; deducir déduire.

conclusión *f* conclusion (de un negocio, de un razonamiento) ■ **en** o **como conclusión** en conclusion, en somme ‖ **llegar a la conclusión de que** en arriver à la conclusion que.

concluso, sa *adj* conclu, e; terminé, e.
‖ OBSERV Cet adjectif est le participe passé irrégulier du verbe concluir.

concluyente *adj* concluant, e; **una prueba concluyente** une preuve concluante.

concluyentemente *adv* d'une manière concluante.

concofrade *m* confrère.

concoide *adj* conchoïdal, e (en forma de concha).
◇ *f* GEOM conchoïde (curva).

concoideo, a *adj* conchoïdal, e (en forma de concha).

concolega *m* & *f* condisciple, collègue.

concomerse *v pr* remuer les épaules ‖ FAM se ronger (de impaciencia, etc.).

concomimiento; concomio *m* (p us) mouvement d'épaules ‖ FIG & FAM démangeaison *f* intérieur, agitation *f*.

concomitancia *f* concomitance.

concomitante *adj* concomitant, e.

concordación *f* concordance (relación).

concordancia *f* concordance ‖ GRAM accord *m* (entre sustantivo y adjetivo), concordance (de los tiempos) ‖ MÚS accord *m*.
◆ **concordancias** *f pl* concordances (de la Biblia).

concordar [23] *v tr* mettre d'accord, accorder; **concordar a dos enemigos** mettre deux ennemis d'accord.
◇ *v intr* concorder, être d'accord; **los indicios concuerdan en que** les indices concordent sur le fait que ‖ GRAM s'accorder; **el verbo concuerda con el sujeto** le verbe s'accorde avec son sujet.

concordato *m* concordat (tratado con la Santa Sede).

concorde *adj* d'accord; **estamos concordes** nous sommes d'accord; **poner concordes a dos personas** mettre deux personnes d'accord ‖ opportun, e; convenable (conveniente).

concordemente *adv* d'accord, d'un commun accord.

concordia *f* concorde (unión) ‖ accord *m* ‖ **de concordia** d'un commun accord.

concreado, da *adj* RELIG propre au genre humain (cualidad).

concreción *f* concrétion; **concreción calcárea** concrétion calcaire.

concrescencia *f* BOT concrescence.

concrescente *adj* BOT concrescent, e.

concretamente *adv* concrètement, d'une manière concrète, d'une façon précise; **explicar algo concretamente** expliquer quelque chose d'une manière concrète ‖ plus précisément, en particulier; **se lo dije a uno de vosotros, concretamente a tu hermano** je l'ai dit à l'un de vous, plus précisément à ton frère.

concretar *v tr* concrétiser (hacer concreto) ‖ FIG préciser; **concretar una idea** préciser

une idée ‖ matérialiser ‖ **concretemos** faisons le point, résumons-nous.
◆ **concretarse** *v pr* se limiter, se borner; **me concretaré a hablar de** je me limiterai à parler de ‖ se matérialiser; **su desacuerdo se concretó durante la última asamblea** leur désaccord s'est matérialisé pendant la dernière assemblée ‖ prendre corps, se concrétiser; **la solución parece concretarse** la solution paraît prendre corps.

concretizar [13] *v tr* concrétiser.

concreto, ta *adj* concret, ète ■ **algo concreto** quelque chose de concret ‖ **en concreto** en somme, bref ‖ **en el caso concreto de** dans le cas précis de ‖ **lo concreto** le concret ‖ **nada se ha dicho hasta ahora en concreto, nada concreto se ha dicho hasta ahora** rien de concret n'a été dit jusqu'à présent.
◆ **concreto** *m* concrétion *f* ‖ (Amer) béton (hormigón).

concubinario *m*; **concubina** *f* concubin, ine.

concubinato *m* concubinage.

conculcación *f* infraction, violation.

conculcar [10] *v tr* fouler aux pieds (hollar) ‖ enfreindre, transgresser, violer (infringir); **conculcar la ley** violer la loi.

concuñado, da *m* & *f* beau-frère, belle-sœur par alliance.

concupiscencia *f* concupiscence (codicia).

concupiscente *adj* concupiscent, e.

concurrencia *f* assistance; **una concurrencia numerosa** une assistance nombreuse ‖ coïncidence (simultaneidad); **la concurrencia de dos muertes** la coïncidence de deux morts ‖ concours *m* (de circunstancias) ‖ concurrence (pretensión de varias personas a una misma cosa) ■ **divertir a la concurrencia** amuser la galerie ‖ **gran concurrencia** affluence, foule.
‖ OBSERV Concurrencia au sens de rivalité commerciale (competencia, competición) est considéré comme un gallicisme.

concurrente *adj* & *s* assistant, e (que presencia) ‖ concurrent, e; participant, e (participante en un concurso) ‖ simultané, e (que coincide) ‖ concurrent, e (competidor).
‖ OBSERV Concurrente au sens de rival commercial (competidor) est considéré comme un gallicisme.

concurrido, da *adj* fréquenté, e (paseo, jardín, museo) ‖ passant, e (calle, bulevar).

concurrir *v intr* se rendre à, affluer vers (a un lugar) ‖ assister (presenciar) ‖ coïncider (en el tiempo) ‖ concourir à, contribuer à (contribuir); **concurrir al éxito de** concourir au succès de ‖ être du même avis, abonder dans un sens (en un dictamen) ‖ concourir, participer à un concours (tomar parte en un concurso).

concursante *m* & *f* participant, e (en un concurso).

concursar *v tr* DR convoquer [les créanciers d'un débiteur en faillite].
◇ *v intr* concourir (en un concurso).

concurso *m* affluence *f*, réunion *f*, concours (ant); **concurso de espectadores** affluence de spectateurs ‖ concours (ayuda); **prestar su concurso** prêter son concours ‖ concours (examen, prueba deportiva); **concurso hípico** concours hippique ‖ FIG con-

cours; **concurso de circunstancias** concours de circonstances ‖ adjudication *f* (de una obra, de un servicio) ■ DR **concurso de acreedores** concours entre créanciers ‖ **concurso de belleza** concours de beauté.

concusión *f* concussion, exaction.
‖ SIN exacción exaction; malversación malversation; depredación déprédation; extorsión extorsion; prevaricación prévarication.

concusionario, ria *adj* & *s* concussionnaire.

condado *m* comté (territorio) ‖ dignité *f* de comte.

condal *adj* comtal, e (de conde) ‖ **la Ciudad Condal** Barcelone.

conde *m* comte (título); **el señor conde** monsieur le comte.

CONDECA (abrev de Consejo de Defensa Centroamericana) *m* conseil de défense de l'Amérique centrale.

condecir [57] *v intr* concorder, se marier, s'assortir.

condecoración *f* décoration (insignia); **imponer una condecoración** remettre une décoration.

condecorado, da *adj* & *s* décoré, e.

condecorar *v tr* décorer; **condecorar con una cruz** décorer d'une croix.

condena *f* DR condamnation (sentencia) ‖ peine; **el penado cumplió** o **sufrió su condena** le condamné a accompli o purgé sa peine ‖ **condena condicional** condamnation avec sursis.

condenable *adj* condamnable (digno de ser condenado) ‖ damnable (digno de condenación divina) ‖ blâmable (censurable).

condenación *f* condamnation (acción de condenar); **condenación en costas, en rebeldía** condamnation aux dépens, par contumace ‖ RELIG damnation (infierno).

condenado, da *adj* & *s* condamné, e (por un tribunal) ‖ damné, e (al infierno) ■ FIG & FAM **correr como un condenado** courir comme un dératé ‖ **forcejear como un condenado** se débattre comme un diable o comme un beau diable ‖ **sufrir como un condenado** souffrir le martyre ‖ **trabajar como un condenado** travailler comme un galérien o comme un damné o comme un Nègre.
◇ *adj* condamné, e (por los médicos) ‖ FIG maudit, e; sacré, e; **este condenado Pablo siempre nos está dando la lata** ce sacré Paul il n'arrête pas de nous ennuyer; **este condenado trabajo** ce maudit travail.

condenar *v tr* condamner; **condenar a una multa, por ladrón** condamner à une amende, comme voleur ‖ [▷ SIN] condamner (una doctrina, una conducta) ‖ damner (al infierno) ‖ (Amer) irriter ■ **condenar en costas** condamner aux dépens ‖ **condenar una puerta** condamner une porte.
◆ **condenarse** *v pr* se déclarer coupable (confesar su culpa) ‖ se damner (al infierno).
‖ SIN maldecir maudire; proscribir proscrire; censurar censurer.

condenatorio, ria *adj* DR condamnatoire.

condensable *adj* condensable.

condensación *f* condensation.

condensado, da *adj* condensé, e ‖ **leche condensada** lait concentré o condensé.

condensador *m* FÍS condensateur (para los gases, eléctrico) ‖ MECÁN condenseur (de las máquinas de vapor).

condensar *v tr* condenser.

condesa *f* comtesse (título); la señora condesa madame la comtesse.

condescendencia *f* condescendance.

condescender [20] *v intr* condescendre (avenirse, ceder); condescender a los ruegos de uno condescendre aux prières de quelqu'un; condescender en ir a verle condescendre à aller le voir.

condescendiente *adj* aimable; complaisant, e.

condestable *m* connétable ‖ MAR sous-officier dans l'artillerie de marine.

condición *f* condition (naturaleza de las cosas) ‖ naturel *m*, caractère *m*, tempérament *m*; de condición perversa d'un naturel pervers ‖ condition (situación social); de humilde condición de condition modeste ‖ qualité; en mi condición de ministro ordeno en ma qualité de ministre j'ordonne ‖ DR condition; condición casual, potestativa, tácita condition casuelle, potestative, tacite ■ a condición de à condition de ‖ a condición que, con la condición de que à condition que, pourvu que.
➤ **condiciones** *f pl* dispositions, aptitudes; tener condiciones para el dibujo avoir des dispositions pour le dessin ■ condiciones de pago conditions de paiement ‖ mercancía en malas condiciones marchandise en mauvais état ‖ pliego de condiciones cahier des charges ■ en estas condiciones dans ces conditions ‖ en iguales condiciones dans des conditions semblables ‖ estar en condiciones de être en état de ‖ imponer condiciones mettre des conditions ‖ poner en condiciones de mettre à même de, mettre en état de ‖ rendirse sin condiciones se rendre sans condition.

condicionado, da *adj* conditionné, e (acondicionado); reflejo condicionado réflexe, conditionné o conditionnel ‖ conditionnel, elle (condicional).

condicional *adj* conditionnel, elle ‖ GRAM conjunción condicional conjonction conditionnelle ‖ oración condicional proposition conditionnelle.

condicionamiento *m* conditionnement.

condicionante *m* condition *f*.

condicionar *v intr* convenir, cadrer (convenir).
◇ *v tr* conditionner; su aceptación condiciona la mía son acceptation conditionne la mienne.
▌ OBSERV Condicionar n'a pas en espagnol le sens de préparer, emballer, pour lequel existe le verbe acondicionar.

cóndilo *m* ANAT condyle.

condimentación *f* assaisonnement *m*.

condimentar *v tr* assaisonner, épicer, condimenter (sazonar).

condimento *m* condiment (aliño).

condiscípulo *m & f* condisciple.

condolencia *f* condoléance (pésame).

condolerse [24] *v pr* s'apitoyer sur, compatir à, avoir pitié de, plaindre (compadecerse); condolerse de una desgracia, de los mi-

serables s'apitoyer sur un malheur, plaindre les malheureux.

condominio *m* condominium (de un territorio).

condón *m* capote *f* anglaise.

condonación *f* remise (de una pena, de una deuda) ‖ remise (de contribuciones).

condonar *v tr* remettre [une peine, une dette].

cóndor *m* condor (ave, moneda).

condotiero *m* condottiere.
▌ OBSERV En francés el plural es condottieri.

condrioma *m* chondriome.

condriosoma *m* chondriosome.

condritis *f inv* MED chondrite.

condrodisplasia *f* MED chondrodysplasie.

condroma *m* MED chondrome (tumor).

condromalacia *f* MED chondromalacie.

conducción *f* conduite; conducción de un coche conduite d'une voiture ‖ DR conduction ‖ conduction (de fluido) ‖ conduite (tubo) ‖ permiso de conducción permis de conduire.

conducente *adj* qui conduit o mène à, conduisant ‖ approprié, e; convenable (que conviene).

conducir [33] *v tr* conduire; conducir un coche, un ejército conduire une voiture, une armée.
◇ *v intr* conduire; no sabe conducir il ne sait pas conduire ‖ convenir, être approprié ‖ conduire, mener (llevar); eso no conduce a nada cela ne mène à rien ‖ permiso de conducir permis de conduire.
➤ **conducirse** *v pr* se conduire, se comporter (portarse).

conducta *f* conduite (conducción) ‖ conduite (manera de comportarse); tiene siempre malas notas de conducta il a toujours de mauvaises notes de conduite ‖ conduite, direction (guía, dirección).

conductancia *f* ELECTR conductance.

conductibilidad *f* FÍS conductibilité.

conductible *adj* FÍS conductible.

conductismo *m* comportementalisme.

conductividad *f* ELECTR conductivité.

conducto *m* [▷ SIN] conduit (tubo), conduite *f* (cañería) ‖ FIG intermédiaire, entremise *f*, canal; por conducto de par l'intermédiaire o l'entremise o le canal de ■ ANAT conducto auditivo, lagrimal conduit auditif, lacrymal ‖ conducto de humos carneau ‖ por conducto regular o reglamentario par voie hiérarchique.
▌ SIN canalización canalisation; colector collecteur; tubería tuyauterie; oleoducto pipeline.

conductor, ra *adj & s* conducteur, trice (de automóvil, etc.).
➤ **conductor** *m* FÍS conducteur ‖ conducteur, machiniste (autobús) ‖ IMPR conducteur ‖ contrôleur (coches camas) ‖ (Amer) receveur (cobrador) ‖ conductor suicida conducteur suicide [qui prend une voie en sens contraire].

condueño *m & f* copropriétaire.

conduerma *f* (Amer) stupidité.

condumio *m* FAM mangeaille *f*, boustifaille *f* ‖ (Amer) sorte de nougat.

condutal *m* conduite *f* tuyau d'écoulement des eaux pluviales.

conectado, da *adj* ELECTR branché, e; conectado a branché sur ‖ INFORM connecté, e.

conectador *m* TECN connecteur.

conectar *v tr* TECN & ELECTR connecter, brancher, raccorder ‖ accoupler, coupler ‖ relier (enlazar) ‖ FIG mettre en rapport o en liaison ■ RAD conectar con donner l'antenne (dar), prendre l'antenne (coger) ■ ELECTR conectar con la red brancher sur le secteur ‖ RAD conectamos con Madrid à vous Madrid ‖ estar conectados con être en liaison avec ‖ FAM estar mal conectados ne pas être sur la même longueur d'onde.

conectivo, va *adj* connectif, ive.

coneja *f* lapine (hembra del conejo).

conejal; conejar *m* clapier.

conejera *f* garenne (de los conejos en libertad) ‖ clapier *m*, cabane o cage à lapins (conejal) ‖ FIG souterrain *m*, terrier *m* ‖ repaire *m* (de gente de mal vivir) ‖ clapier *m*, cabane o cage à lapins (casa demasiado pequeña).

conejero, ra *adj* qui chasse les lapins.

conejillo *m* petit lapin, lapereau ‖ conejillo de Indias cochon d'Inde, cobaye.

conejo *m* lapin (mamífero); conejo casero lapin domestique o de choux ‖ VULG chatte *f* (sexo) ‖ conejo de campo o de monte lapin de garenne ‖ conejo de Angora lapin angora ‖ FIG risa de conejo rire jaune.
◇ *adj* (Amer) fade, amer, ère.
▌ OBSERV En América latina, on donne le nom de conejo à divers rongeurs. L'un des plus répandus est le tapetí ou lièvre du Brésil.

conejuno, na *adj* de lapin.

conexidad *f* connexité.

conexión *f* connexion ‖ ELECTR prise ‖ raccordement *m* (empalme) ‖ liaison; estar en conexión con être en liaison avec ‖ vuelo de conexión vol de liaison ‖ INFORM connexion.

conexionar *v tr* établir des connexions.

conexivo, va *adj* connectif, ive.

conexo, xa *adj* connexe.

confabulación *f* confabulation, complot *m*.

confabular *v intr* conférer, deviser, confabuler.
➤ **confabularse** *v pr* se concerter, comploter.

confalón *m* gonfalon, gonfanon (estandarte).

confalonier; confaloniero *m* gonfalonier, gonfanonnier, porte-bannière.

confección *f* confection ‖ confection (ropa hecha); tienda de confección magasin de confection ‖ habillement *m*; sindicato de la confección syndicat de l'habillement ‖ MED confection, électuaire *m* ‖ IMPR mise en page.

confeccionado, da *adj* tout fait (ropa).

confeccionador, ra *m & f* confectionneur, euse ‖ metteur *m* en page (en la redacción).

confeccionar *v tr* confectionner.

confederación *f* confédération.

confederado, da *adj & s* confédéré, e.

confederal *adj* confédéral, e.

confederar *v tr* confédérer.

confer confer.

> OBSERV **1.** Il existe trois abréviations pour confer en espagnol: cf, conf et cof.
> **2.** La abreviatura francesa de confer es cf.

conferencia f conférence; conferencia política, de prensa conférence politique, de presse; conferencia en la cumbre o de alto nivel conférence au sommet ▌communication [téléphonique]; conferencia interurbana communication interurbaine ▪ dar una conferencia faire une conférence ▌poner una conferencia a Madrid téléphoner à Madrid.

conferenciante m & f conférencier, ère.

conferenciar [8] v intr s'entretenir, conférer.

conferencista m & f conférencier, ère.

conferir [27] v tr conférer (conceder una dignidad, etc.) ▌[▷ SIN] attribuer; conferir a uno nuevas responsabilidades attribuer à quelqu'un de nouvelles responsabilités ▌conférer, comparer (comparar) ▌examiner (examinar).
◇ v intr conférer; conferir con su abogado conférer avec son avocat.

> SIN atribuir attribuer; conceder concéder; otorgar accorder; adjudicar adjuger.

confesable adj avouable, confessable.

confesante adj & s DR qui avoue.

confesar [19] v tr [▷ SIN] confesser, avouer; confesar su ignorancia avouer son ignorance ▌confesser (proclamar); confesar la fe confesser sa foi ▌confesser (oír en confesión) ▌confesar de plano tout avouer.
➡ **confesarse** v pr se confesser; confesarse con el párroco se confesser au curé; confesarse de un pecado se confesser d'un péché ▪ confesarse culpable, vencido se déclarer coupable, s'avouer vaincu ▌ir a confesarse aller à confesse o se confesser.

> OBSERV Confesar a deux participes passés: l'un régulier (confesado), l'autre irrégulier (confeso) qui a une valeur d'adjectif.
> SIN declarar déclarer; reconocer reconnaître; FIG & FAM desembuchar accoucher; cantar se mettre à table.

confesión f [▷ SIN] confession, aveu m ▌confession; bajo secreto de confesión sous le sceau de la confession ▌confession (credo religioso) ▪ confesión auricular confession auriculaire ▌confesión general confession générale ▪ oír en confesión confesser ▌volver de confesión revenir de confesse.

> SIN confidencia confidence; declaración déclaration; mea culpa mea-culpa.

confesional adj confessionel, elle; disputas confesionales querelles confessionnelles.

confesionario; confesorio m confessionnal.

confeso, sa adj qui s'est confessé, e; qui a avoué.
◇ adj & s convers, e.
◇ m & f frère lai, sœur converse (lego).

confesonario m confessionnal.

confesor m confesseur.

confesorio ➡ confesionario.

confeti m pl confetti (papelillos).

confiable adj de confiance, sûr, e; un amigo confiable un ami de confiance.

confiadamente adv en confiance.

confiado, da adj confiant, e; crédule (crédulo) ▌présomptueux, euse; vaniteux, euse (presumido).

confianza f confiance; tener confianza en el porvenir avoir confiance dans l'avenir ▪ con toda confianza en toute confiance ▌de confianza de confiance, sûr; él es de confianza c'est une personne de confiance ▌en confianza en confiance ▪ donde no hay confianza, da asco où il y a de la gêne, il n'y a pas de plaisir ▌plantear la cuestión de confianza poser la question de confiance ▌tener confianza en avoir confiance en ▌tener mucha confianza con alguien être très intime avec quelqu'un (ser muy amigo), être très familier avec (tener familiaridad) ▌tomarse demasiadas confianzas prendre trop de libertés, être trop familier.

confiar [9] v tr [▷ SIN] confier (encargar); confiar a o en uno el cuidado confier à quelqu'un le soin.
◇ v intr avoir confiance; confiar en Dios, en su bondad avoir confiance en Dieu, en sa bonté ▌faire confiance, avoir confiance; confío en mi amigo je fais confiance à mon ami, j'ai confiance en mon ami ▌compter sur; confío en su discreción je compte sur votre discrétion ▌avoir (bon) espoir; confío en que esta obra será un éxito j'ai bon espoir que cette œuvre soit un succès ▌espérer; confío en que no le pasará nada j'espère qu'il ne lui arrivera rien.
➡ **confiarse** v pr se confier ▌se confier, s'ouvrir; confiarse a o en un amigo se confier à un ami.

> SIN entregar remettre, livrer; dejar laisser; prestar prêter.

confidencia f confidence (revelación); hacer confidencias faire des confidences.

confidencial adj confidentiel, elle.

confidencialidad f confidentialité.

confidencialmente adv confidentiellement.

confidenta f TEATR soubrette.

confidente adj de confiance, fidèle, sûr, e (fiel).
◇ m & f confident, e ▌informateur, trice; indicateur m de police, mouton m (de policía).
◇ m causeuse f, vis-à-vis (canapé).

configuración f configuration ▌INFORM configuración básica configuration minimale.

configurar v tr configurer ▌INFORM configurar un sistema configurer un système; configurar el equipo configurer le matériel.

confín adj limitrophe; voisin, e.
➡ **confines** m pl confins (límites) ▌por todos los confines del mundo aux quatre coins du monde.

confinación f; **confinamiento** m assignation f à résidence (de detenido) ▌exil m (de desterrado).

confinado m exilé.

confinamiento ➡ confinación.

confinante adj limitrophe, voisin, e.

confinar v intr confiner; Francia confina con España la France confine à l'Espagne.
◇ v tr confiner, exiler, reléguer; confinar a uno en un monasterio confiner quelqu'un dans un monastère.
➡ **confinarse** v pr se confiner.

> OBSERV La forme pronominale du verbe confinar est un gallicisme.

confinidad f contiguïté, proximité, voisinage m (proximidad).

confirmación f confirmation; la confirmación de una noticia la confirmation d'une nouvelle ▌RELIG confirmation.

confirmado, da adj & s confirmé, e.

confirmador, ra adj & s confirmateur, trice.

confirmando, da m & f RELIG confirmand, e.

confirmar v tr confirmer; confirmar una noticia confirmer une nouvelle; confirmar a uno en su cargo confirmer quelqu'un à son poste.
➡ **confirmarse** v pr se confirmer.

confirmativo, va; confirmatorio, ria adj confirmatif, ive.

confiscable adj confiscable.

confiscación f confiscation.

confiscado, da m & f FAM (Amer) fripon, onne.

confiscar [10] v tr confisquer.

confitado, da adj confit, e; nueces confitadas noix confites ▌FIG plein d'espoir, confiant, e (esperanzado) ▌castañas confitadas marrons glacés.

confitar v tr confire ▌FIG adoucir, atténuer.

confite m sucrerie f.

confíteor m confiteor (oración).

confitera f bonbonnière, boîte à bonbons (caja de confites) ▌confiturier m (dulcera).

confitería f confiserie (dulcería) ▌pâtisserie (pastelería) ▌(Amer) salón m de thé (salón de té).

confitero, ra m & f confiseur, euse.

confitura f confiture.

conflagración f conflagration.

conflictividad f me preocupa la conflictividad de este asunto cette affaire pose des problèmes qui m'inquiètent; conflictividad social les conflits sociaux.

conflictivo, va adj de conflit.

conflicto m conflit; conflicto entre dos naciones, de intereses conflit entre deux nations, d'intérêts ▌FIG situation f difficile, mauvais pas (apuro) ▌histoire f (lío) ▌conflicto laboral conflit social.

confluencia f MED confluence ▌confluent m, confluence (de los ríos) ▌FIG punto de confluencia point de rencontre.

confluente adj confluent, e.
◇ m confluent (río).

confluir [51] v intr confluer, se rejoindre (ríos, caminos, etc.) ▌se réunir (personas).

conformación f conformation.

conformador m conformateur (de sombrero).

conformar v tr conformer; conformar su conducta con sus palabras conformer sa conduite à ses paroles.
◇ v intr être d'accord o du même avis; conformo con usted je suis d'accord avec

vous, je suis du même avis que vous o de votre avis ‖ ser de buen conformar être de bonne composition (una persona).

➤ **conformarse** *v pr* se conformer, se soumettre; conformarse con la voluntad de Dios se conformer à la volonté de Dieu ‖ se faire une raison, se résigner; no iremos de vacaciones, hay que conformarse nous n'irons pas en vacances, il faut se faire une raison ‖ se résigner; conformarse con su suerte se résigner à son sort ‖ se contenter; conformarse con poco se contenter de peu ‖ se contenter, se rabattre; como no había carne se conformó con las verduras comme il n'y avait pas de viande, il s'est rabattu sur les légumes o il s'est contenté de légumes ‖ conformarse con el parecer de uno s'en remettre à quelqu'un.

conforme *adj* conforme (parecido, igual); conforme con el modelo conforme au modèle ‖ conforme (de acuerdo); conforme con la razón conforme à la raison ‖ résigné, e; conforme con su suerte résigné à son sort ‖ lu et approuvé, vu et approuvé (un documento) ‖ estar o quedar conforme être d'accord.
◇ *conj* suivant, selon, conformément à (según); pagar a uno conforme a su trabajo payer quelqu'un conformément à son travail ‖ conformément à, en vertu de; conforme a lo establecido en la ley conformément à ce qui est stipulé dans la loi ‖ comme, tel que; te describo la escena conforme la vi je te décris la scène telle que je l'ai vue ‖ aussitôt que, dès que (con indicativo); conforme amanezca, iré dès qu'il fera jour, j'irai ‖ à mesure que, au fur et à mesure que (con indicativo); colocar la gente conforme llegue placer les gens à mesure qu'ils arrivent ‖ según y conforme exactement comme.
➤ **¡conforme!** *interj* d'accord!

conformemente *adv* conformément, en accord.

conformidad *f* conformité ‖ accord *m*; me ha dado su conformidad il m'a donné son accord ‖ résignation, soumission (resignación); aceptar con conformidad las pruebas de la vida accepter avec résignation les épreuves de la vie ■ conformidad con conformité à ‖ conformidad en conformité de ■ de o en conformidad con conformément à ‖ en esta o en tal conformidad dans ce cas, dans cette condition.

conformismo *m* conformisme.

conformista *adj & s* conformiste.

confort *m* confort; esta casa tiene un gran confort cette maison a un grand confort.
■ OBSERV pl conforts.

confortable *adj* confortable (cómodo); un sillón muy confortable un fauteuil très confortable.

confortación *f;* **confortamiento** *m* réconfort *m*.

confortador, ra *adj* réconfortant, e.

confortamiento ➤ **confortación**.

confortante *adj* réconfortant, e.
◇ *m* mitaine *f* (mitón).

confortar *v tr* réconforter; confortar a un desgraciado réconforter un malheureux; confortado con los últimos sacramentos réconforté par les derniers sacrements.

confortativo, va *adj & s* réconfortant, e.

confracción *f* fracture.

confraternal *adj* confraternel, elle.

confraternar [3]; **confraternizar** [13] *v intr* fraterniser.

confraternidad *f* confraternité.

confraternizar ➤ **confraternar**.

confrontación *f* confrontation (careo); confrontación de testigos, de textos confrontation des témoins, de textes.

confrontar *v tr* confronter.
◇ *v intr* confrontar con confiner à, être contigu à (confinar).

confucianismo; confucionismo *m* confucianisme.

Confucio *n pr* Confucius.

confundible *adj* qui peu être confondu.

confundido, da *adj* confus, e; estar confundido être confus.

confundimiento *m* confusion *f*.

confundir *v tr* confondre, mêler (mezclar) ‖ confondre (equivocarse); confundir una calle con otra confondre une rue avec une autre ‖ confondre (turbar, humillar) ‖ FIG & FAM confundir Roma con Santiago o la gimnasia con la magnesia prendre des vessies pour des lanternes.
➤ **confundirse** *v pr* se confondre (turbarse) ‖ se tromper (equivocarse); me he confundido je me suis trompé ‖ se tromper, se méprendre; confundirse respecto a uno se méprendre sur quelqu'un.

confusamente *adv* confusément.

confusión *f* confusion ‖[▷ SIN] désordre *m*, confusion; en esta casa reina la mayor confusión le plus grand désordre règne dans cette maison ‖ DR confusión de los poderes, de las penas confusion des pouvoirs, des peines.
| SIN desconcierto désarroi; tribulación trouble; caos chaos; trastorno bouleversement; desbarajuste pagaille FAM.

confusionismo *m* confusionnisme.

confuso, sa *adj* confus, e; un montón, un ruido, un discurso, un recuerdo confuso un amas, un bruit, un discours, un souvenir confus ‖ confus, e (turbado); permanecer confuso rester confus.

confutar *v tr* réfuter (impugnar).

conga *f* conga (baile).

congal *m* (Amer) lupanar.

congelable *adj* congelable.

congelación *f* congélation ‖ surgélation (a temperatura muy baja) ‖ FIG blocage *m*, gel *m* ‖ FÍS punto de congelación point de congélation.

congelador *m* congélateur, freezer.

congelados *m pl* surgelés.

congelamiento *m* congélation *f*.

congelar *v tr* congeler (helar); carne congelada viande congelée ‖ surgeler (a temperatura muy baja) ‖ FIG bloquer, geler; créditos, fondos congelados crédits, fonds gelés.
➤ **congelarse** *v pr* se congeler, prendre (agua, etc.), se figer (aceite, grasas, etc.).

congénere *adj & s* congénère.

congeniar [8] *v intr* sympathiser.

congénitamente *adv* foncièrement.

congénito, ta *adj* congénital, e; defecto congénito défaut congénital ‖ FIG foncier, ère; una mala fe congénita une mauvaise foi foncière.

congestión *f* MED congestion.

congestionar *v tr* congestionner.
➤ **congestionarse** *v pr* se congestionner.

congestivo, va *adj* congestif, ive.

congio *m* conge (medida romana de tres litros).

conglomeración *f* conglomération.

conglomerado *m* GEOL conglomérat ‖ TECN conglomérat, agrégat ‖ FIG mélange.

conglomerar *v tr* conglomérer.

conglutinación *f* conglutination.

conglutinante *adj & s m* conglutinant, e.

conglutinar *v tr* conglutiner.

conglutinativo, va *adj* conglutinatif, ive.

congo *m* (Amer) nègre, noir (negro).

Congo *n pr m* GEOGR el Congo le Congo.

congoja *f* angoisse (angustia) ‖ douleur, chagrin *m*, affliction ‖ évanouissement *m* (desmayo).

congojar *v tr* angoisser (angustiar) ‖ affliger (entristecer).

congojoso, sa *adj* angoissé, e (angustiado) ‖ affligé, e (entristecido) ‖ affligeant, e (que causa congoja).

congoleño, ña; congolés, esa *adj & s* congolais, e (del Congo).

congosto *m* défilé, gorge *f*.

congraciarse [8] *v pr* gagner o s'attirer les bonnes grâces [de quelqu'un]; congraciarse con su superior gagner les bonnes grâces de son supérieur ‖ gagner; congraciarse las voluntades gagner les volontés.

congratulación *f* congratulation.

congratular *v tr* congratuler (felicitar).
➤ **congratularse** *v pr* se congratuler, se féliciter; congratularse de o por algo se féliciter de quelque chose ‖ se congratuler, se faire des congratulations.

congratulatorio, ria *adj* congratulateur, trice.

congregación *f* congrégation; congregación de los fieles, de los ritos congrégation des fidèles, des rites.

congregante, ta *m & f* congréganiste.

congregar [16] *v tr* réunir, rassembler.

congresal *m & f* (Amer) congressiste.

congresista *m & f* congressiste.

congreso *m* congrès (asamblea) ‖ congreso de los diputados Congrès, Chambre des députés.

congrio *m* congre (pez).

congrua *f* portion congrue.

congruamente *adv* congrûment, d'une manière congrue.

congruencia *f* congruence, congruité, convenance (oportunidad) ‖ MAT congruence.

congruente *adj* MAT congruent, e; congru, e.

congruo, grua *adj* MAT congru, e; congruent, e ‖ porción congrua portion congrue.

conicidad *f* conicité.

cónico, ca *adj & s* GEOM conique.

conidio *m* BOT conidie *f*.

conífero, ra *adj* BOT conifère.

➤ **coníferas** *f pl* conifères *m*.

conimbricense *adj & s* de Coïmbre.

conirrostro, tra *adj & s m* ZOOL conirostre.

conjetura *f* conjecture (suposición); hacer conjeturas sobre el futuro faire des conjectures sur l'avenir.

conjeturable *adj* présumable, supposable.

conjetural *adj* conjectural, e.

conjeturar *v tr* conjecturer.

conjugable *adj* conjugable.

conjugación *f* GRAM conjugaison.

conjugado, da *adj & s* conjugué, e.

conjugar [16] *v tr* GRAM conjuguer ‖ FIG conjuguer.

conjunción *f* conjonction.

conjuntado, da *adj* uni, e; una compañía muy conjuntada une compagnie très unie.

conjuntamente *adv* conjointement.

conjuntar *v tr* rendre cohérent; conjuntar un equipo rendre une équipe cohérente.

conjuntiva *f* ANAT conjonctive.

conjuntivitis *f inv* MED conjonctivite.

conjuntivo, va *adj* conjonctif, ive.

conjunto, ta *adj* conjoint, e ‖ mixte; la base conjunta de Torrejón la base mixte de Torrejon.

➤ **conjunto** *m* ensemble; conjunto vocal ensemble vocal; un conjunto decorativo un ensemble décoratif ‖ ensemble [de pièces d'habillement] ■ conjunto urbanístico grand ensemble ‖ de conjunto d'ensemble ‖ en conjunto dans l'ensemble ‖ en el conjunto dans le nombre ‖ formar un conjunto former un tout.

▮ OBSERV Le mot espagnol conjunto n'a pas le sens français de conjoint cónyuge, consorte.

conjura; conjuración *f* conjuration.

conjurado, da *adj & s* conjuré, e.

conjurador *m* conjurateur.

conjuramentar *v tr* assermenter.

➤ **conjuramentarse** *v pr* prêter serment, s'engager par serment.

conjurar *v intr* conjurer, comploter, conspirer; conjurar contra la República conspirer contre la République.

◇ *v tr* conjurer; os conjuro que vengáis je vous conjure de venir ‖ FIG conjurer (un peligro, etc.).

➤ **conjurarse** *v pr* se conjurer.

conjuro *m* exhortation *f*.

conllevar *v tr* aider à porter ‖ FIG supporter, endurer (soportar).

conmemorable *adj* mémorable.

conmemoración *f* commémoration, commémoraison; conmemoración de los difuntos commémoration des morts.

▮ SIN evocación évocation; aniversario anniversaire; rememoración souvenir.

conmemorar *v tr* commémorer.

conmemorativo, va; conmemoratorio, ria *adj* commémoratif, ive.

conmensurable *adj* commensurable.

conmensurar *v tr* mesurer exactement.

conmigo *pron pers* avec moi; ven conmigo viens avec moi ‖ avec moi, à mon égard; es muy amable conmigo il est très aimable à mon égard ■ no tengo dinero conmigo je n'ai pas d'argent sur moi ‖ tendrá que habérselas conmigo il aura affaire à moi.

conmilitón *m* compagnon d'armes.

conminación *f* menace.

conminador, ra *adj* qui menace.

conminar *v tr* menacer ‖ enjoindre, intimer.

conminativo, va; conminatorio, ria *adj* qui menace, comminatoire, d'intimidation.

conmiseración *f* commisération.

conmoción *f* commotion, choc *m*; conmoción cerebral commotion cérébrale ‖ FIG commotion, émotion, choc *m*; la noticia de su muerte me produjo una gran conmoción la nouvelle de sa mort m'a causé une grande émotion ‖ secousse; una conmoción política une secousse politique.

conmocionado, da *adj & s* commotionné, e.

conmocionar *v tr* commotionner.

conmonitorio *m* mémoire (relación).

conmorientes *m pl* DR comourants.

conmovedor, ra *adj* émouvant, e; touchant, e; poignant, e; un discurso, un espectáculo conmovedor un discours, un spectacle émouvant.

conmover [24] *v tr* [▷ SIN] émouvoir, ébranler, toucher; su desgracia me conmueve son malheur me touche ‖ ébranler, perturber (hacer vacilar).

➤ **conmoverse** *v pr* s'émouvoir.

▮ SIN enternecer attendrir; impresionar impressionner; trastornar bouleverser, retourner FAM; revolucionar révolutionner; turbar troubler.

conmuta *f* (*Amer*) commutation.

conmutable *adj* commuable.

conmutación *f* commutation (cambio) ‖ INFORM conmutación de mensajes commutation des messages; conmutación de paquetes commutation de paquets.

conmutador *m* ELECTR commutateur.

conmutar *v tr* commuer (las penas) ‖ échanger; conmutar una cosa en o con o por otra échanger une chose contre o pour une autre.

conmutativo, va *adj* commutatif, ive.

connato, ta *adj* né, e à la même date.

connaturalización *f* adaptation, acclimatation.

connaturalizarse [13] *v pr* s'habituer, se faire à, s'adapter à; connaturalizarse con s'habituer à, se faire à.

connivencia *f* connivence; estar de connivencia être de connivence.

connivente *adj* connivent, e.

connotación *f* connotation.

connotado, da *adj* (*Amer*) remarquable.

➤ **connotado** *m* parenté *f* lointaine.

connotar *v tr* connoter.

connubio *m* POÉT hymen, mariage.

cono *m* BOT & ZOOL cône ‖ GEOM cône; cono circular o recto cône droit ■ FÍS cono de luz cône de lumière ‖ ASTRON cono de sombra cône d'ombre ‖ GEOM cono oblicuo cône oblique ‖ cono truncado cône tronqué, tronc de cône.

conocedor, ra *adj & s* connaisseur, euse; expert, e (entendido).

◇ *adj* informé de (enterado de) ■ ser conocedor de caballos être connaisseur o s'y entendre en chevaux ‖ ser conocedor de las últimas noticias être informé o au courant des dernières nouvelles.

➤ **conocedor** *m* maître bouvier.

conocer [31] *v tr* connaître; le conozco sólo de vista je le connais seulement de vue ‖ [▷ SIN] connaître, savoir; conocer el latín savoir le latin ‖ connaître, reconnaître (distinguir); conocer a uno por la voz reconnaître quelqu'un à sa voix ‖ faire la connaissance de, connaître; le conocí en Londres el año pasado j'ai fait sa connaissance à Londres l'an dernier ‖ s'y connaître, s'y entendre, être connaisseur; no conoce nada de pintura il n'y connaît rien en peinture ‖ connaître (en sentido bíblico) ■ conocer como la palma de la mano connaître comme sa poche ‖ conocer muy bien el percal o el paño o el asunto connaître la musique ■ DR conocer de un pleito connaître d'une cause ‖ conozco los puntos que calza je le connais comme si je l'avais fait ‖ dar a conocer faire connaître, faire savoir ‖ darse a conocer se faire connaître ‖ no conocer ni por asomo ne connaître ni d'Ève ni d'Adam ‖ FAM te conozco bacalao aunque vengas disfrazado je te vois venir avec tes gros sabots.

➤ **conocerse** *v pr* se connaître; conócete a ti mismo connais-toi toi-même ‖ se conoce a la legua ça se voit de loin o d'une lieue ‖ se conoce que apparemment; se conoce que no pudo venir apparemment il n'a pu venir.

▮ SIN saber savoir; entender comprendre.

conocible *adj* connaissable.

conocidamente *adv* clairement, manifestement.

conocido, da *adj* connu, e ■ es más conocido que la ruda il est connu comme le loup blanc ‖ país conocido pays de connaissance (región) ‖ FIG terreno conocido pays de connaissance (tema).

◇ *m & f* connaissance *f*, relation *f*; un conocido mío une de mes connaissances.

conocimiento *m* [▷ SIN] connaissance *f* (acción); tener un conocimiento profundo del inglés avoir une profonde connaissance de l'anglais ‖ connaissance *f* (sentido); perder el conocimiento perdre connaissance ‖ (ant) reconnaissance *f* (documento) ‖ connaissance *f* (conocido) ‖ COM connaissement (de la carga de un buque) ‖ document prouvant l'identité du porteur d'une lettre de change ■ con conocimiento de causa en connaissance de cause ■ dar conocimiento de donner connaissance de, faire part de ‖ poner en conocimiento de porter à la connaissance de ‖ venir en conocimiento o llegar al conocimiento de uno venir à la connaissance o aux oreilles de quelqu'un.

➤ **conocimientos** *m pl* connaissances *f*, savoir *sing*, érudition *f sing*.

▮ SIN entendimiento entendement; inteligencia intelligence; sabiduría sagesse.

conoidal *adj* GEOM conoïdal, e.

conoide *m* GEOM conoïde.

conopeo *m* conopée.

conopial *adj m* arco conopial arc en accolade.

conque *conj* ainsi donc, alors; conque ¿sigue convencido? ainsi donc, vous êtes toujours convaincu? ‖ ainsi, donc; lo mando, conque lo harás je l'ordonne, ainsi le ferastu.

conquense *adj & s* de Cuenca.

conquiliología *f* conchyliologie.

conquiliólogo, ga *m & f* conchyliologiste.

conquista *f* conquête.

conquistador, ra *adj & s* conquérant, e ‖ conquistador (de América).

➡ **conquistador** *m* FIG & FAM Don Juan, séducteur.

conquistar *v tr* conquérir; conquistar un reino conquérir un royaume ‖ FIG conquérir; por su simpatía nos ha conquistado a todos il nous a tous conquis par sa gentillesse‖faire la conquête de, conquérir (a una mujer) ‖conquistar laureles cueillir des lauriers.

Conrado *n pr* Conrad.

conreinar *v intr* partager le trône [avec quelqu'un] (reinar con otro).

consabido, da *adj* bien connu, e; traditionnel, elle; inévitable, classique; el consabido discurso inaugural le traditionnel discours d'ouverture ‖précité, e (citado antes).

consagración *f* RELIG consécration (del pan y del vino)‖sacre *m* (de un obispo) ‖ FIG consécration; la consagración de una costumbre la consécration d'un usage ‖la consagración de la Primavera le Sacre du Printemps (de Stravinsky).

consagrante *adj m & s m* ECLES consacrant.

consagrar *v tr* ECLES consacrer (una iglesia, un sacerdote, etc.) ‖consacrer (el pan y el vino) ‖sacrer (a un monarca, un obispo) ‖ FIG consacrer, vouer, donner; consagrar su vida a consacrer sa vie à‖consacrer; consagrar una nueva palabra consacrer un nouveau mot ‖vino de consagrar vin de messe.

➡ **consagrarse** *v pr* se consacrer, se vouer, s'adonner; consagrarse al estudio se consacrer à l'étude.

consanguíneo, a *adj & s* consanguin, e.

consanguinidad *f* consanguinité.

▌ SIN parentesco parenté; afinidad affinité.

consciencia ➡ conciencia.

consciente *adj* conscient, e; consciente de sus derechos conscient de ses droits.

conscientemente *adv* consciemment.

conscripción *f* (*Amer*) conscription (reclutamiento).

conscripto *adj m* conscrit; padre conscripto père conscrit (en la antigua Roma).

◇ *m* (*Amer*) conscrit (quinto).

consectario, ria *adj & s m* corollaire.

consecución *f* obtention; la consecución de un premio literario l'obtention d'un prix littéraire ‖réalisation; la consecución de un deseo la réalisation d'un désir ‖réussite (de un proyecto) ‖consécution (encadenamiento) ‖satisfaction (de una aspiración).

consecuencia *f* conséquence ■ a o como consecuencia de par suite de, à la suite de; como consecuencia de ello à la suite de quoi

‖ en consecuencia en conséquence ‖ por consecuencia par conséquent ■ atenerse a las consecuencias supporter o subir les conséquences ‖ estar en consecuencia être en rapport ‖ ser de consecuencia être de conséquence, tirer à conséquence ‖ sufrir las consecuencias subir les conséquences ‖tener o traer buenas, malas consecuencias avoir des conséquences heureuses, malheureuses ‖traer como consecuencia avoir pour conséquence.

▌ SIN corolario corollaire; conclusión conclusion.

consecuente *adj & s m* conséquent, e.

consecuentemente *adv* conséquemment.

consecutivamente *adv* consécutivement.

consecutivo, va *adj* consécutif, ive.

conseguir [43] *v tr* obtenir (un favor) ‖obtenir, trouver; le consiguió una buena colocación il lui a trouvé une bonne situation ‖ remporter (una victoria) ‖ atteindre (un objetivo) ‖ se faire, acquérir (fama) ‖ arriver à, réussir à; conseguí ver al ministro je suis arrivé à voir le ministre ‖parvenir à, arriver à; conseguir sus fines parvenir à ses fins ■ conseguir la mayoría recueillir la majorité (en una votación) ‖dar por conseguido tenir pour acquis, compter sur ‖ una cosa muy conseguida une chose très réussie.

conseja *f* conte *m*, histoire, fable.

consejería *f* ministère d'un gouvernement autonome.

consejero, ra *m & f* conseiller, ère; consejero en Corte conseiller à la Cour ‖ FIG ser buen consejero être de bon conseil.

consejo *m* conseil; pedir consejo a demander conseil à; tomar consejo de prendre conseil de ‖ conseil; Consejo de Estado, de ministros conseil d'État, des ministres ■ ECON consejo de administración conseil d'administration ‖HIST Consejo de Ciento ancien conseil municipal de Barcelone ‖consejo de disciplina conseil de discipline ‖Consejo de Europa Conseil de l'Europe (organización) ‖ consejo de familia conseil de famille ‖Consejo de gobierno nom officiel du gouvernement de la communauté autonome de Murcie ‖ consejo de guerra conseil de guerre, cour martiale ‖ HIST Consejo de Hacienda Conseil des Finances ‖ Consejo de la Inquisición Tribunal de l'Inquisition ‖ Consejo europeo Conseil européen (institución) ■ celebrar consejo tenir conseil.

▌ OBSERV ➡ concejo.

consenso *m* consentement (asentimiento) ‖consensus (acuerdo unánime).

consensual *adj* DR consensuel, elle (contrato).

consensuar [6] *v tr* adopter d'un commun accord.

consentido, da *adj* gâté, e (mimado); niño consentido enfant gâté ‖consentant (marido).

consentidor, ra *adj* tolérant, e.

consentimiento *m* consentement.

consentir [27] *v tr & intr* [▷ SIN] consentir; consentir un plazo, en algo consentir un délai, à quelque chose ‖ FIG tolérer, souffrir, permettre (tolerar); no consiento que el ridiculicen je ne tolère pas qu'on le ridiculise‖permettre, laisser; no tienes por qué consentirle

que traiga a todos sus amigos a tu casa tu n'as aucune raison de le laisser amener tous ses amis chez toi ‖ laisser faire, permettre (permitir); a este niño se lo consienten todo ils laissent tout faire à cet enfant‖gâter (mimar) ‖céder (un mueble).

➡ **consentirse** *v pr* se fendre (rajarse), se fêler (una vasija).

▌ SIN aceptar accepter; prestarse a se prêter à; asentir acquiescer; adherir adhérer; suscribir souscrire; acceder accéder.

conserje *m* concierge; el conserje del Ministerio de Comercio le concierge du ministère du Commerce ‖ conserje de hotel portier [d'hôtel].

▌ OBSERV Au sens de gardien d'immeuble, on emploie en espagnol le mot portero. Le mot conserje ne s'applique qu'aux hommes et désigne les gardiens de bureaux, de ministères, etc.

conserjería *f* conciergerie, loge [du concierge] ‖réception (d'un hotel).

conserva *f* conserve; una lata de conserva une boîte de conserve ‖ MAR navegar en conserva naviguer de conserve.

conservación *f* conservation.

conservador, ra *adj & s* conservateur, trice.

conservaduría *f* charge de conservateur ‖bureau *m* du conservateur (oficina).

conservadurismo *m* conservatisme.

conservante *m* conservateur [produit].

conservar *v tr* [▷ SIN] conserver, garder (la salud, un secreto, sus amigos, etc.) ‖ faire des conserves; conservar los tomates faire des conserves de tomates ‖bien conservado bien conservé.

➡ **conservarse** *v pr* se conserver, se garder; conservarse con o en salud se conserver en bonne santé.

▌ SIN reservar réserver; guardar garder; mantener maintenir; cuidar de entretenir.

conservatismo *m* (*Amer*) conservatisme.

conservatorio, ria *adj* conservatoire.

➡ **conservatorio** *m* conservatoire (de música, etc.) ‖(*Amer*) serre *f* (invernadero)‖collège (academia).

conservería *f* conserverie.

conservero, ra *adj* des conserves; industria conservera industrie des conserves.

◇ *m & f* fabricant, e de conserves.

considerable *adj* considérable.

consideración *f* considération, estime; de mi mayor consideración de toute ma considération ‖ attention; un asunto digno de la mayor consideración une affaire digne de la plus grande attention ‖fait *m*, considération (motivo) ‖égards *m pl*, respect *m*; tratarle a uno sin consideración traiter quelqu'un sans égards, n'avoir aucun égard pour quelqu'un ■ de consideración considérable, important, e; daños de consideración dégâts importants; grave; quemaduras de consideración brûlures graves ‖(*Amer*) de mi consideración, de nuestra consideración cher Monsieur, chers Messieurs [début d'une lettre] ‖en consideración a eu égard à, en raison de, en considération de ‖ falta de consideración manque d'égards ■ ser de consideración mériter considération, être considérable o important ‖tomar o tener en consideración prendre en considération.

considerado, da *adj* réfléchi, e; pondéré, e (que obra con reflexión) | considéré, e (respetado).

considerando *m* considérant, attendu (motivo).

considerar *v tr* considérer, envisager; considerar un asunto en o bajo todos sus aspectos considérer une affaire sous tous ses aspects | considérer (juzgar o tratar con respeto) ■ considerándolo todo tout bien considéré | considerando que attendu que, considérant que.

consigna *f* MIL consigne, mot *m* d'ordre (contraseña) | consigne (en las estaciones) | FIG violar la consigna manger la consigne.

consignación *f* consignation | allocation; consignación de créditos allocation de crédits | caja de depósitos y consignaciones caisse des dépôts et consignations.

consignador *m* COM consignateur.

consignar *v tr* consigner (una mercancía, citar en un escrito) | allouer (créditos).

consignatario *m* consignataire.

consigo *pron pers* avec soi ■ llevar consigo emporter (cosa), emmener (persona), entraîner (acarrear) | no tener dinero consigo ne pas avoir d'argent sur soi | FAM no tenerlas todas consigo ne pas en mener large, ne pas être très rassuré (tener miedo), ne pas avoir toutes les chances de son côté (no estar muy seguro de algo) | FIG traer consigo comporter; esta medida trae consigo muchas desventajas cette mesure comporte bien des inconvénients; entraîner (acarrear).

consiguiente *adj* résultant, e; consécutif, ive; los gastos consiguientes a mi instalación les frais résultant de o consécutifs à mon installation | conséquent, e; río consiguiente fleuve conséquent | por consiguiente par conséquent, donc.

consiguientemente *adv* conséquemment, en conséquence, par conséquent.

consintiente *adj* DR consentant, e.

consistencia *f* consistance | tomar consistencia prendre corps (un asunto), prendre de la consistance, prendre (crema, mayonesa).

consistente *adj* consistant, e.

consistir *v intr* [▷ SIN] consister; la felicidad consiste en la virtud, en practicar la virtud le bonheur consiste dans o en la vertu, à pratiquer la vertu | consister, être composé de; su fortuna consiste en tierras sa fortune consiste en terres | tenir à; en ti consiste el hacerlo il ne tient qu'à toi de le faire.
▨ SIN residir résider; estribar reposer.

consistorial *adj* consistorial, e | casa consistorial hôtel de ville (ayuntamiento), mairie (alcaldía).

consistorio *m* consistoire (de cardenales) | conseil municipal | hôtel de ville (casa consistorial).

consocio, cia *m & f* coassocié, e.

consola *f* console (mueble) | console (de órgano) | INFORM console (de ordenador); consola gráfica o de visualización console graphique o de visualisation.

consolación *f* consolation; un premio de consolación un lot de consolation.

consolador, ra *adj & s* consolateur, trice.
▨ SIN consolante consolant; reconfortante réconfortant; lenitivo lénitif.

consolante *adj* consolant, e.

consolar [23] *v tr* consoler; consolar a los desgraciados consoler les malheureux.
➤ **consolarse** *v pr* se consoler.
▨ SIN reconfortar réconforter; confortar conforter.

consolidable *adj* consolidable.

consolidación *f* consolidation.

consolidar *v tr* consolider; consolidar la amistad consolider l'amitié.

consomé *m* consommé (caldo).

consonancia *f* MÚS consonance | [▷ SIN] rime, consonance (rima) | FIG conformité, accord *m* (similitud).
▨ SIN asonancia assonance; rima rime.

consonante *adj* consonant, e (que suena) | u consonante v [la lettre "v"].
◇ f consonne (letra).

consonantemente *adv* avec consonance.

consonántico, ca *adj* consonantique.

consonantismo *m* consonantisme.

consorcio *m* association *f* (asociación) | consortium (comercial) | union *f*, entente *f* (unión), ménage (matrimonio); vivir en buen consorcio vivre en bonne entente, faire bon ménage | consorcio bancario consortium de banques.

consorte *m & f* conjoint, e (cónyuge) | compagnon, compagne (persona que comparte la existencia de otra) | príncipe consorte prince consort.
➤ **consortes** *m pl* DR consorts.

conspicuo, cua *adj* illustre, notable.

conspiración *f* conspiration; conspiración contra el Estado conspiration contre l'État.

conspirador, ra *m & f* conspirateur, trice.

conspirar *v intr* conspirer; conspirar contra el Estado conspirer contre l'État.

constancia *f* constance, persévérance; trabajar con constancia travailler avec persévérance | certitude, preuve (certeza); no hay constancia de ello on n'en a pas la preuve | dejar constancia de rendre compte de (en un acta), laisser o être un témoignage de.

Constancia *n pr* Constance [femme].

Constancio *n pr* Constance [homme].

constante *adj & s f* constant, e | constante solar constante solaire.
▨ SIN firme ferme; inquebrantable inébranlable; inflexible inflexible.

Constante *n pr* Constant.

constantemente *adv* constamment.

Constantino *n pr* Constantin.

Constantinopla *n pr* Constantinople (antiguo nombre de Istanbul).

Constanza *n pr* GEOGR el lago Constanza le lac Constance.

constar *v intr* être certain o sûr; me consta que no vino je suis sûr qu'il n'est pas venu | être composé o constitué de, se composer de, comporter, comprendre; este libro consta de tres partes ce livre se compose de trois parties | être établi, être prouvé; consta por este documento que il est établi par ce document que | figurer; esto consta en el contrato cela figure dans le contrat | être juste (verso) ■ hacer constar faire remarquer, constater; el periodista hace constar el incremento de la producción le journaliste constate l'augmentation de la production | hacer constar por escrito consigner par écrit | que conste que qu'il soit entendu que | y para que así conste dont acte.

constatación *f* constatation.

constatar *v tr* constater.
▨ OBSERV Constatar et constatación sont des gallicismes.

constelación *f* ASTRON constellation.

constelado, da *adj* constellé, e (el cielo) | parsemé, e (tachonado).

constelar *v tr* consteller; los astros que constelan la bóveda celeste les astres qui constellent la voûte céleste.

consternación *f* consternation (desolación); producir consternación jeter la consternation.

consternar *v tr* consterner (entristecer).
➤ **consternarse** *v pr* être consterné; se consternó con la muerte de il fut consterné par la mort de.

constipación *f* rhume *m* (resfriado) | constipación de vientre constipation.
▨ OBSERV Dans ce dernier sens, il est plus courant de dire estreñimiento.

constipado *m* rhume (catarro); tengo un constipado muy fuerte j'ai un très gros rhume.

constiparse *v pr* s'enrhumer (acatarrarse).

constitución *f* constitution | constitución pontificia constitution papale.

constitucional *adj* constitutionnel, elle; ley constitucional loi constitutionnelle.

constitucionalidad *f* constitutionnalité.

constitucionalismo *m* constitutionnalisme.

constitucionalizar [13] *v tr* constitutionnaliser.

constitucionalmente *adv* constitutionnellement.

constituir [51] *v tr* constituer (formar); constituir una sociedad constituer une société.
➤ **constituirse** *v pr* se constituer ■ DR constituirse parte se porter partie | constituirse por o en fiador se constituer o se porter garant | constituirse prisionero se constituer prisonnier.

constitutivo, va *adj* constitutif, ive.

constituyente *adj & s* constituant, e; las Cortes constituyentes, las Constituyentes l'Assemblée constituante.
◇ *m* constituant; el hidrógeno es uno de los constituyentes del agua l'hydrogène est un des constituants de l'eau.

constreñimiento *m* contrainte *f*.

constreñir; costreñir [26] *v tr* contraindre, forcer (obligar); constreñir a uno a que salga forcer quelqu'un à sortir | MED resserrer (apretar).

constricción *f* constriction, resserrement *m* (estrechamiento) | MED rétrécissement *m*.

constrictor, ra *adj & s m* constricteur, trice | boa constrictor boa constrictor o constricteur.

constringente *adj* constringent, e.

construcción *f* construction; la construcción de un puente la construction d'un pont ▮ bâtiment *m*; trabajar en la construcción travailler dans le bâtiment ▮ GRAM construction ▮ solar para construcción terrain à bâtir.

constructivo, va *adj* constructif, ive; crítica constructiva critique constructive.

constructor, ra *adj & s* constructeur, trice.

construir [51] *v tr* construire, bâtir (edificar) ▮ GEOM & GRAM construire.

consubstanciación *f* TEOL consubstantiation.

consubstancial *adj* consubstantiel, elle; consubstancial con consubstantiel à.

consubstancialidad *f* consubstantialité.

consuegro, gra *m & f* père et mère d'un époux par rapport aux parents de l'autre.

consuelda *f* BOT consoude.

consuelo *m* consolation *f*, réconfort; la lectura es su único consuelo la lecture est sa seule consolation ▮ soulagement (alivio); su marcha ha sido un consuelo para mí son départ a été un soulagement pour moi.

Consuelo *n pr* Consuelo.
▮ OBSERV Ce prénom féminin est le diminutif de Concepción.

consuetudinario, ria *adj* consuétudinaire (habitual) ▮ derecho consuetudinario droit coutumier.

cónsul *m* consul; cónsul general consul général.
▮ OBSERV Lorsqu'il s'agit d'une femme, on dit la cónsul.

cónsula *f* FAM femme du consul.

consulado *m* consulat.

consular *adj* consulaire; dignidad consular dignité consulaire.

consulta *f* consultation; horas de consulta heures de consultation ▮ consultation (de varios médicos) ▮ cabinet *m* de consultation (consultorio) ▮ RELIG consulte; sacra consulta consulte sacrée ■ consulta previa petición de hora consultation sur rendez-vous ▮ obra de consulta ouvrage de référence ■ tener consulta con un médico consulter un médecin.

consultación *f* consultation (entre abogados o médicos).

consultar *v tr & intr* consulter; consultar con un abogado, con un médico consulter un avocat, un médecin; consultar el diccionario consulter le dictionnaire ▮ voir, vérifier, consulter; consultar una palabra en el diccionario vérifier un mot dans le dictionnaire ▮ hay que consultar con la almohada la nuit porte conseil.

consultivo, va *adj* consultatif, ive.

consultor, ra *adj & s* consultant, e; médico consultor médecin consultant ▮ ingeniero consultor ingénieur-conseil.
➧ **consultor** *m* consulteur (dignatario de la corte de Roma); consultor del Santo Oficio consulteur du Saint-Office.

consultoría *f* cabinet-conseil *m*; trabajar en una consultoría travailler comme consultant, e.

consultorio *m* cabinet (de un médico, de un dentista) ▮ étude *f* (de un abogado) ▮ services *pl* de consultation, dispensaire (en un hospital)

▮ service (técnico, etc.) ▮ bureau d'information (de información) ▮ consultorio sentimental courrier du cœur.

consumación *f* consommation ▮ la consumación de los siglos la consommation des siècles.

consumadamente *adv* parfaitement, entièrement.

consumado, da *adj* consommé, e ▮ FIG consommé, e; sabiduría consumada sagesse consommée ▮ achevé, e; accompli, e; émérite; un hombre, un bailarín consumado un homme, un danseur émérite ▮ FAM parfait, e; fini, e; un bribón, un imbécil consumado un parfait fripon, un parfait imbécile ▮ hecho consumado fait accompli.

consumar *v tr* consommer; consumar un crimen, un sacrificio, el matrimonio consommer un crime, un sacrifice, le mariage.

consumero *m* gabelou, employé de l'octroi.

consumición *f* consommation (bebida).

consumido, da *adj* FIG & FAM maigre, décharné, e; efflanqué, e (flaco) ▮ exténué, e; épuisé, e (agotado) ▮ tourmenté, e (preocupado) ▮ miné, e; consumido por la fiebre miné par la fièvre.

consumidor, ra *m & f* consommateur, trice; asociación de consumidores association de consommateurs ▮ a gusto del consumidor au goût du client.

consumir *v tr* consumer, détruire (destruir); el fuego lo ha consumido todo le feu a tout consumé ▮ consommer (comestibles, bebidas) ▮ consommer; consumir gasolina consommer de l'essence ▮ communier (comulgar) ▮ consumer, passer (el tiempo) ▮ FIG & FAM consumer, miner, ronger, faire dépérir; las preocupaciones que tiene le consumen ses soucis le minent ▮ épuiser (agotar) ▮ FIG prendre, absorber; este trabajo consumía todo su tiempo ce travail lui prenait tout son temps.
➧ **consumirse** *v pr* se consumer (extinguirse) ▮ FIG se consumer, dépérir (adelgazar) ■ consumirse con la fiebre être consumé par la fièvre ▮ consumirse de fastidio périr d'ennui ▮ consumirse de impaciencia brûler d'impatience ▮ consumirse en meditaciones s'abîmer dans des méditations.

consumismo *m* surconsommation *f*.

consumista *adj & s* grand consommateur, grande consommatrice.

consumo *m* consommation *f*; bienes de consumo biens de consommation.
➧ **consumos** *m pl* droits d'octroi (contribución).

consunción *f* MED consomption.

consuno
➧ **de consuno** *loc adv* d'un commun accord, de concert, conjointement.

consuntivo, va *adj* consomptif, ive.

consustancial *adj* inhérent, e.

contabilidad *f* comptabilité (contaduría); contabilidad por partida doble, simple comptabilité en partie double, simple ■ contabilidad nacional comptabilité nationale ▮ contabilidad pública comptabilité publique.

contabilización *f* comptabilisation.

contabilizar [13] *v tr* COM comptabiliser, inscrire sur les livres de comptabilité.

contable *adj* qui peut être compté (calculable) ▮ racontable (decible).
◇ *m & f* comptable.

contactar *v intr* contactar con alguien contacter qqn.

contacto *m* contact; ciertas enfermedades se transmiten por simple contacto certaines maladies se transmettent par simple contact ▮ FIG rapport, contact; poner en contacto a dos personas mettre deux personnes en rapport, faire entrer en contact deux personnes ▮ contact, liaison *f*; establecer contactos radiofónicos établir des liaisons radiophoniques ▮ FOT contact ■ contacto sexual rapport sexuel ▮ lentes de contacto verres o lentilles de contact ■ entrar en contacto, ponerse en contacto con, establecer contacto con entrer en contact avec, contacter, se mettre en rapport avec.

contactología *f* contactologie.

contactólogo, ga *m & f* contactologue, contactologiste.

contactor *m* ELECTR contacteur.

contadero, ra *adj* qui peut être compté ▮ à compter; un plazo de diez días contaderos desde esta fecha un délai de dix jours à compter de cette date.

contado, da *adj* compté, e ▮ conté, e; raconté, e (dicho) ▮ rare, peu nombreux, euse; son contadas las personas que saben el griego rares sont les personnes qui savent le grec ▮ en contadas ocasiones rarement ▮ tiene contados los días, sus días están contados ses jours sont comptés.
➧ **contado** *m* (*Amer*) paiement; pagar una deuda en tres contados régler une dette en trois paiements ▮ al contado comptant; pagar al contado payer comptant.

contador, ra *adj* de compte (para contar).
➧ **contador** *m* compteur (que cuenta) ▮ comptable (contable) ▮ comptoir (de una tienda) ▮ compteur (instrumento); contador de agua, de gas, de imágenes compteur d'eau, de gaz, d'images ▮ sin contador sans mesure.
◇ *m & f* (*Amer*) prêteur, euse (prestamista).

contaduría *f* comptabilité ▮ bureau *m* du comptable (oficina) ▮ emploi *m* du comptable (oficio) ▮ bureau *m* de location (teatro) ■ contaduría del Ejército intendance militaire ▮ contaduría general cour des comptes.

contagiar [8] *v tr* contaminer, contagionner (p us); contagiar a un país contaminer un pays ▮ transmettre, passer; me ha contagiado su enfermedad il m'a transmis sa maladie ▮ FIG contaminer.
➧ **contagiarse** *v pr* se transmettre; enfermedad que no se contagia maladie qui ne se transmet pas ▮ être contaminé par ▮ FIG se communiquer; las ganas de bostezar se contagian fácilmente l'envie de bâiller se communique facilement.

contagio *m* contagion *f* (transmisión de una enfermedad), contamination *f* ▮ contage (agente de contagio) ▮ FIG contagion *f*; contagio del vicio contagion du vice.

contagiosidad *f* contagiosité.

contagioso, sa *adj* contagieux, euse; una enfermedad contagiosa une maladie contagieuse ▌FIG contagieux, euse; communicatif, ive; **una risa muy contagiosa** un rire très communicatif.

container *m* TECN container.

contaminación *f* contamination (contagio) ▌pollution [de l'air, de l'eau, etc.].

contaminante *adj & s m* polluant, e.

contaminar *v tr* contaminer ▌polluer (l'air, l'eau, etc.). ▌FIG contaminer.

➥ **contaminarse** *v pr* FIG être contaminé; **contaminarse con el mal ejemplo** être contaminé par le mauvais exemple ▌se polluer (l'air, l'eau, etc.).

contante *adj m* comptant (dinero) ▌**dinero contante y sonante** argent comptant et trébuchant, espèces sonnantes et trébuchantes.

contar [23] *v tr* compter (numerar); **contar dinero** compter de l'argent ▌compter; **contar entre sus amigos a alguien** compter quelqu'un parmi ses amis ▌raconter, conter (referir); **cuando ha bebido, siempre me cuenta su vida** quand il a bu, il me raconte toujours sa vie ▌dire (un cuento) ▌compter, tenir compte de (tener en cuenta) ■ **contar una cosa por hecha** considérer une chose comme faite ▌**cuenta ochenta años de edad** il a quatre-vingts ans ▌**¡cuéntamelo a mí!** ce n'est pas toi qui vas me l'apprendre!, je suis bien placé pour le savoir! ▌FAM **¡cuénteselo a su abuela!** à d'autres! ▌**si me lo cuentan no lo creo** je n'en crois pas mes yeux. ◇ *v intr* compter, calculer; **contar con los dedos** compter sur ses doigts ▌être muni de, disposer, avoir; **el barco cuenta con un motor eléctrico** le bateau est muni d'un moteur électrique ▌disposer, avoir; **cuento con ingresos considerables** j'ai des revenus considérables ■ **contar con uno** compter sur quelqu'un, se fier à quelqu'un ▌**¡cuenta con ello!** compte là-dessus! ▌**dejarse contar** se laisser dire ▌**es largo de contar** c'est long à raconter, il y a fort à dire, c'est toute une histoire FAM ▌**hay que contar con que siempre puede ocurrir una desgracia** il faut toujours penser qu'un malheur peut arriver ▌**no contaba con que podía llover** je ne comptais pas sur la pluie, je ne pensais pas qu'il allait pleuvoir ▌**tener mucho que contar** en avoir long à conter ▌**y pare usted de contar** ça ne va plus loin, un point c'est tout.

▌OBSERV Conter, más familiar que raconter, se refiere a hechos muchas veces supuestos o inverosímiles, narrados con amenidad. Raconter indica un relato más cercano a la verdad.

contemplación *f* contemplation.

➥ **contemplaciones** *f pl* ménagements *m* ■ **no andar con contemplaciones** agir sans ménagements, ne pas y aller de main morte FAM ▌**tratar con, sin contemplaciones a alguien** traiter quelqu'un avec, sans ménagements.

contemplar *v tr* contempler (mirar, meditar) ▌avoir des égards pour, être empressé avec (complacer) ▌envisager (una posibilidad).

contemplativo, va *adj & s* contemplatif, ive; **vida contemplativa** vie contemplative.

contemporaneidad *f* actualité; **obra literaria de constante contemporaneidad** œuvre littéraire toujours d'actualité.

contemporáneo, a *adj & s* contemporain, e.

contemporización *f* temporisation.

contemporizador, ra *adj & s* temporisateur, trice.
◇ *m & f* personne *f* accommodante.

contemporizar [13] *v intr* temporiser, composer, être accommodant, s'arranger; **contemporizar con alguien** s'arranger avec quelqu'un.

contención *f* contention (tensión, esfuerzo) ▌maintien *m* (de precios, etc.) ▌**muro de contención** mur de soutènement o de retenue.

contencioso, sa *adj & s m* DR contentieux, euse; litigieux, euse ▌**lo contencioso** le contentieux.

contender [20] *v intr* lutter, se battre, combattre (batallar) ▌FIG disputer (disputar) ▌rivaliser (competir).

contendiente *adj* opposé, e (contrario).
◇ *m & f* adversaire.

contenedor, ra *adj* qui contient.
◇ *m* container (caja de mercancías) ▌**contenedor de basura** benne à ordures.

contener [72] *v tr* contenir; **el decalitro contiene diez litros** le décalitre contient dix litres ▌[▷ SIN] contenir, renfermer; **este libro contiene muchos ejemplos** ce livre renferme de nombreux exemples ▌retenir; **lo contuvo por el brazo** il l'a retenu par le bras ▌FIG contenir (un pueblo, la cólera, etc.) ▌contenir, retenir; **contener las ganas de reír** retenir l'envie de rire.

➥ **contenerse** *v pr* se contenir, se retenir (dominarse).

▌SIN entrañar, encerrar renfermer; ocultar receler; comprender comprendre; abarcar, abrazar embrasser; englobar englober.

contenido, da *adj* mesuré, e; pondéré, e (que se conduce con moderación) ▌réprimé, e; rentré, e; contenu, e; **ira contenida** colère rentrée.

➥ **contenido** *m* contenu (de una carta) ▌teneur *f* (de un pacto, tratado, escrito) ▌teneur *f*; **contenido de carbono** teneur en carbone.

contentadizo, za *adj* bien, mal contentadizo facile, difficile à contenter o à satisfaire.

contentamiento *m* contentement (contento).

contentar *v tr* contenter, satisfaire ▌(ant) COM endosser (letras) ▌(Amer) réconcilier ▌FAM **ser de buen, mal contentar** être facile, difficile à contenter o à satisfaire.

➥ **contentarse** *v pr* se contenter, être satisfait; **contentarse con poco** se contenter de peu.

contentivo, va *adj* qui contient ▌MED contentif, ive; **vendaje contentivo** bandage contentif.

contento, ta *adj* [▷ SIN] content, e (alegre) ▌content, e; satisfait, e; **contento con o de su suerte, con o del éxito de** content de son sort, du succès de ■ **contento como unas Pascuas** gai comme un pinson ▌**darse por contento** s'estimer heureux.

➥ **contento** *m* contentement, joie *f*, satisfaction *f* (alegría) ▌FIG **no caber en sí de contento** ne pas se tenir de joie, être fou de joie ▌**sentir gran contento** ressentir o éprouver une grande joie.

▌SIN satisfecho satisfait; encantado ravi; feliz heureux.

conteo *m* estimation *f*, évaluation *f*, calcul.

contera *f* embout *m*, bout *m* (de bastón o de paraguas), bouterolle (de vaina de espada) ▌bouton *m* de culasse (de un cañón) ▌capuchon *m* (de lápiz) ▌refrain *m* (estribillo).

contérmino, na *adj* limitrophe.

conterráneo, a *adj & s* compatriote.

contertuliano, na; contertulio, lia *m & f* membre o habitué, e d'un cercle o d'une réunion.

contesta *f* (Amer) conversation, entretien *m* (conversación) ▌réponse (contestación).

contestación *f* réponse (respuesta); **una contestación satisfactoria** une réponse satisfaisante ▌contestation, débat *m* (discusión) ▌DR **contestación a la demanda** mémoire en réponse.

contestador *m* répondeur (teléfono).

contestar *v tr* répondre; **contestar una carta, una pregunta** répondre à une lettre, à une question; **contestar a alguien** répondre à quelqu'un ▌confirmer (garantizar) ▌prouver (comprobar) ▌contester, discuter (impugnar).
◇ *v intr* (Amer) parler, converser (conversar).
▌OBSERV Le verbe contestar est un gallicisme dans le sens de discuter.

contestatario, ria *adj* contestataire.

contexto *m* contexte.

contextualizar [13] *v tr* replacer dans son contexte.

contextura *f* contexture.

contienda *f* guerre, conflit *m* (guerra) ▌FIG dispute, altercation (altercado) ▌**contienda electoral** bataille électorale.

contigo *pron pers* avec toi ▌**¿tienes dinero contigo?** as-tu de l'argent sur toi?

contigüidad *f* contiguïté.

contiguo, gua *adj* contigu, ë (adyacente).

continencia *f* continence (virtud).

continental *adj* continental, e; **climat continental** clima continental.
◇ *m* (p us) message (carta).

continente *adj* contenant (que contiene) ▌continent, e (casto).

continente *m* GEOGR continent; **el Viejo, el Nuevo Continente** l'Ancien, le Nouveau Continent ▌contenant (lo que contiene); **el continente y el contenido** le contenant et le contenu ▌contenance *f*, maintien (actitud).

contingencia *f* contingence ▌éventualité; **prever cualquier contingencia** parer à toute éventualité.

contingentación *f* contingentement *m*.

contingente *adj* contingent, e; aléatoire.
◇ *m* contingent.

contingentemente *adv* par hasard, fortuitement.

continuación *f* [▷ SIN] continuation (acción de continuar) ▌continuation, prolongement *m*; **este sendero es la continuación de este camino** ce sentier est le prolongement de ce chemin ▌suite (lo que sigue) ▌**a continuación** ensuite (después), à la suite (detrás).

▌SIN sucesión suite; continuidad continuité; prosecución suite; decurso cours; prolongamiento prolongement; prolongación prolongation; prórroga, prorrogación prorogation.

continuadamente ➥ **continuamente**.

continuador, ra *m & f* continuateur, trice.

continuamente; continuadamente *adv* continuellement, de façon continue, continûment (p us).

continuar [6] *v tr* [▷ SIN] continuer; continuar trabajando continuer à travailler ‖ poursuivre; continuar su camino poursuivre sa route.
◇ *v intr* continuer, se poursuivre, durer; la lucha continúa la lutte continue ‖ poursuivre; continuar con su trabajo poursuivre son travail; continuar en sus pesquisas poursuivre ses recherches ‖ continuer; el coche continuó hacia París la voiture a continué sur Paris; la sesión continúa la séance continue ■ continuar con buena salud se maintenir en bonne santé, être toujours en bonne santé ‖ continuar en cartel tenir l'affiche ‖ continuar en vigor rester en vigueur ■ continuará à suivre, la suite au prochain numéro (revista o película).
⎪ SIN proseguir poursuivre; perseverar persévérer; persistir persister; mantener maintenir.

continuidad *f* continuité ‖ solución de continuidad solution de continuité (interrupción).

continuismo *m* continuité *f.*

continuo, a *adj* continu, e (no dividido); línea continua ligne continue ‖ continuel, elle (incesante); un temor continuo une crainte continuelle ‖ persévérant, e; un hombre continuo en su política un homme persévérant dans sa politique ■ ELECTR corriente continua courant continu ‖ de sesión continua permanent (cine) ‖ movimiento continuo mouvement perpétuel ‖ ondas continuas ondes entretenues ‖ papel continuo papier sans fin.
◇ *adv* continuellement ‖ de continuo, a la continua continuellement, constamment.

contonearse *v pr* se dandiner, se déhancher.

contoneo *m* dandinement, déhanchement.

contornado, da *adj* BLAS contourné, e.

contornar; contornear *v tr* contourner; contornear una montaña contourner une montagne ‖ TECN chantourner.

contorno *m* contour (línea que rodea) ‖ pourtour, tour (vuelta) ‖ tranche *f* (de una moneda) ‖ en contorno autour (alrededor).
➡ **contornos** *m pl* alentours, environs (de una ciudad).

contorsión *f* contorsion ‖ hacer contorsiones faire des contorsions, se contorsionner.

contorsionista *m & f* contorsionniste (acróbata).

contra *prep* contre; lucha contra el enemigo lutte contre l'ennemi; remedio contra la tos remède contre la toux ‖ sur; alcanzar una victoria contra el enemigo remporter une victoire sur l'ennemi ‖ en face (enfrente); su casa está contra la iglesia sa maison est en face de l'église ■ contra viento y marea contre vent et marée ‖ en contra à l'encontre, contre; en contra de él contre lui ‖ en contra de à l'encontre de, au désavantage de (a expensas de), contre; hablar en contra de uno parler contre quelqu'un ‖ salvo prueba en contra sauf preuve du contraire ‖ viento en contra vent debout ■ tener todo el mundo en contra avoir tout le monde à dos.
◇ *m* contre; el pro y el contra le pour et le contre ‖ MÚS pédale *f* de l'orgue.
◇ *f* FAM difficulté, ennui *m*, hic *m*; ahí está la contra voilà le hic ‖ contre *m* (esgrima) ‖ *(Amer)* prime, gratification (dádiva) ■ FAM hacer o llevar la contra a uno faire obstacle à quelqu'un (poner obstáculos), contredire quelqu'un (contradecir) ‖ jugar a la contra contrer.
➡ **contras** *m pl* MÚS basses.
⎪ OBSERV La préposition contra est un gallicisme dans le sens d'en face.

contraacusación *f* contre-accusation.

contraalmirante; contralmirante *m* contre-amiral.

contraamura *f* MAR fausse amure.

contraarmiños *m pl* BLAS contre-hermine *f.*

contraatacar [10] *v tr* MIL contre-attaquer.

contraataque *m* MIL contre-attaque *f.*

contraaviso *m* contrordre (contraorden).

contrabajo *m* MÚS contrebasse *f* (instrumento) ‖ contrebassiste, contrebasse *f* (músico).

contrabajón *m* MÚS contrebasson (contrafagot).

contrabajonista *m & f* MÚS contrebasson *m.*

contrabalancear *v tr* contrebalancer ‖ FIG contrebalancer, compenser; sus buenas cualidades contrabalancean sus defectos ses bonnes qualités compensent ses défauts.

contrabalanza *f* contrepoids *m* (compensación).

contrabandear *v intr* faire de la contrebande.

contrabandista *adj & s* contrebandier, ère.

contrabando *m* contrebande *f*; vivir del contrabando vivre de la contrebande ■ de contrabando de contrebande ‖ pasar de contrabando passer en contrebande.

contrabarrera *f* seconde rangée de places aux arènes.

contrabasa *f* ARQ piédestal *m* (pedestal).

contrabatería *f* MIL contrebatterie.

contrabocel *m* ARQ contre-profil.

contrabracear *v tr* MAR haler (les voiles) en sens inverse.

contrabranque *m* MAR contre-étrave *f.*

contrabraza *f* MAR faux-bras *m.*

contracaja *f* IMPR haut de casse droit.

contracalcar [10] *v tr* contre-calquer.

contracalle *f* contre-allée.

contracambio *m* échange, troc.

contracanal *m* contre-canal.

contracancha *f* DEP périmètre de sécurité qui sépare le public du terrain.

contracanto *m* MÚS contre-chant.

contracarril *m* contre-rail, contrecœur (ferrocarriles).

contracarta *f* contre-lettre.

contracción *f* [▷ SIN] contraction (de un músculo) ‖ GRAM contraction.
⎪ SIN crispamiento crispation; calambre crampe; convulsión convulsion; atrofia atrophie; espasmo spasme.

contracédula *f* contre-lettre, cédule qui annule la précédente.

contracepción *f* MED contraception.

contraceptivo, va *adj & s m* contraceptif, ive.

contrachapado, da; contrachapeado *m* contreplaqué, e, contreplacage.

contrachapar; contrachapear *v tr* contreplaquer.

contrachapeado ➡ contrachapado.

contrachapear ➡ contrachapar.

contraclave *f* ARQ contreclef.

contracodaste *m* MAR contre-étambot.

contracorazón *m* contrecœur (de vías).

contracorriente *f* contre-courant *m* ‖ ir a contracorriente aller à contre-courant, remonter le courant.

contractibilidad ➡ contractilidad.

contráctil *adj* contractile.

contractilidad; contractibilidad *f* contractilité.

contractivo, va *adj* contractif, ive.

contracto, ta *adj* GRAM contracté, e; artículo contracto article contracté.

contractual *adj* contractuel, elle.

contractura *f* MED contracture.

contracuartelado, da *adj* BLAS contreécartelé, e.

contracultura *f* contre-culture.

contracultural *adj* alternatif, ive.

contracurva *f* ARQ contre-courbe.

contradanza *f* contredanse.

contradecir [66] *v tr* contredire; siempre me estás contradiciendo tu es toujours en train de me contredire ‖ [▷ SIN] FIG contredire, démentir; sus actos contradicen sus palabras ses actes contredisent ses paroles.
➡ **contradecirse** *v pr* se contredire.
⎪ SIN desdecir dédire; desmentir démentir; refutar, rebatir réfuter; atacar attaquer; discutir discuter; opugnar opposer.

contradeclaración *f* déclaration opposée.

contradenuncia *f* DR contre-dénonciation.

contradicción *f* contradiction; en contradicción en contradiction; espíritu de contradicción esprit de contradiction.
⎪ SIN antinomia antinomie; antilogía antilogie.

contradictorio, ria *adj* contradictoire.
➡ **contradictoria** *f* contradictoire (lógica).

contradiós *m* FAM énormité *f* (barbaridad).

contradique *m* contre-digue *f.*

contradriza *f* MAR fausse drisse.

contraelectromotriz *adj* ELECTR contreélectromotrice (fuerza).

contraemboscada *f* MIL contre-embuscade.

contraenvite *m* fausse relance (cartas).

contraer [73] *v tr* contracter; el frío contrae los metales le froid contracte les métaux ‖ FIG contracter, attraper (una enfermedad) ‖ GRAM contracter ■ contraer deudas contracter des dettes, s'endetter ‖ contraer matrimonio se marier ‖ contraer matrimonio con se marier avec, épouser.
➡ **contraerse** *v pr* se contracter ‖ *(Amer)* s'appliquer (al estudio, a un trabajo).

contraescarpa f contrescarpe.

contraescota f MAR fausse écoute.

contraescritura f contre-lettre.

contraespionaje m contre-espionnage.

contraestay m MAR faux étai.

contrafagot m MÚS contrebasson.

contrafallar v tr surcouper (en los naipes).

contrafallo m surcoupe f (naipes).

contrafase f ELECTR opposition de phase.

contrafaz f revers m [d'une médaille ou d'une pièce].
▌ OBSERV pl contrafaces.

contrafigura f doublure [d'un acteur].

contrafilo m contre-pointe f, partie f aiguisée du dos d'une arme blanche.

contrafirma f contreseing m.

contrafoque m MAR petit foc.

contrafoso m TEATR deuxième dessous.

contrafuego m contre-feu (contra los incendios).

contrafuero m atteinte f à un privilège.

contrafuerte m ARQ contrefort ▌ contrefort (de una montaña, del calzado).

contrafuga f MÚS contre-fugue.

contragolpe m contrecoup (rechazo).

contraguerrilla f troupe légère destinée à combattre les guérillas.

contrahacedor, ra adj & s contrefacteur, personne qui contrefait.

contrahacer [60] v tr contrefaire (imitar, falsificar); contrahacer la letra de alguien contrefaire l'écriture de quelqu'un ▌ déguiser, simuler, contrefaire (fingir).

contrahaz f envers (revés de una tela).
▌ OBSERV pl contrahaces.

contrahecho, cha adj contrefait, e; difforme.

contrahechura f contrefaçon, contrefaction (imitación fraudulenta).
▌ OBSERV Contrefaction se aplica a las monedas, los sellos, etc.

contrahílo m contre-fil ▌ a contrahílo à contre-fil (al revés).

contrahuella f contremarche (de un escalón).

contraindicación f MED contre-indication.

contraindicado, da adj contre-indiqué, e; medicación contraindicada remède contre-indiqué.

contraindicante m MED symptôme qui présente une contre-indication (síntoma).

contraindicar [10] v tr MED contre-indiquer.

contralecho
▬ a contralecho loc adv en délit (piedras).

contralisios m pl contre-alizés.

contralizo m lame f, pièce f du métier à tisser (de un telar).

contralmirante ▬ contraalmirante.

contralor m (Amer) inspecteur des Finances.

contraloría f (Amer) inspection des Finances.

contralto m MÚS contralto.

contraluz m contre-jour inv; fotografiar a contraluz photographier à contre-jour.
▌ OBSERV 1. Bien qu'étymologiquement ce mot soit féminin, l'usage moderne préfère le masculin.
2. pl contraluces.

contramaestre m contremaître ▌ MAR contremaître ▌ porion (capataz en las minas) ▌ MAR contramaestre de segunda premier maître.

contramalla; contramalladura f sorte de filet, tramail m (red).

contramandar v tr contremander.

contramandato m contrordre.

contramangas f pl manchettes, fausses manches.

contramanifestación f contre-manifestation.

contramanifestar [34] v intr contre-manifester.

contramaniobra f contre-manœuvre.

contramano
▬ a contramano loc adv en sens interdit (circulación rodada) ▌ actuar a contramano ne pas agir comme il faut.

contramarca f contremarque.

contramarcha f MAR & MIL contremarche.

contramarco m châssis dormant (ventana).

contramarea f contre-marée.

contramatar v tr (Amer) frapper fort.
▬ contramatarse v pr (Amer) regretter (arrepentirse).

contramedida f contre-mesure.

contramina f MIL contre-mine.

contraminar v tr MIL contre-miner ▌ FIG déjouer (un plan, una treta).

contramuelle m quai opposé [à un autre].

contramuralla f; **contramuro** m ARQ contre-mur m.

contranatural adj contre nature.

contraofensiva f MIL contre-offensive.

contraorden f contrordre m.
▌ SIN contraaviso, contramandato contrordre; anulación annulation; abrogación abrogation.

contrapar m ARQ chevron.

contrapartida f contrepartie; como contrapartida en contrepartie ▌ la contrapartida de la gloria la rançon de la gloire.

contrapás m musique f et danse f populaires catalanes.

contrapasar v intr déserter.

contrapaso m contre-pas inv ▌ MÚS contrepartie f.

contrapear v intr accoler deux pièces de bois à fil opposé.

contrapelo
▬ a contrapelo loc adv à contre-poil, à rebrousse-poil (al revés).

contrapendiente f contre-pente.

contrapesar v tr contre-balancer.

contrapeso m contrepoids.

contrapeste m remède contre la peste.

contrapicado m CINEM contre-plongée f.

contrapié
▬ a contrapié loc adv au mauvais moment (inoportunamente) ▬ caer a contrapié

mal tomber ▌ hacer algo a contrapié faire quelque chose de travers.

contrapilastra f ARQ contre-pilastre m ▌ baguette isolante (de puertas o ventanas).

contraponedor, ra adj & s opposant, e.

contraponer [65] v tr opposer; contraponer su voluntad a la de opposer sa volonté à celle de ▌ comparer, confronter (cotejar).
▬ contraponerse v pr s'opposer (oponerse).

contraportada f quatrième page de couverture.

contraposición f opposition ▌ comparaison (cotejo) ▌ contraste m.

contrapotenzado, da adj BLAS contrepotencé, e.

contrapreparación f MIL contre-préparation.

contrapresión f contre-pression.

contraprestación f DR contre-prestation.

contraprincipio m action f contraire à un principe.

contraproducente adj qui a des effets contraires, qui fait plus de mal que de bien; esta medida ha tenido efectos contraproducentes cette mesure a fait plus de mal que de bien o a eu des effets contraires ▌ contre-indiqué, e; una medicina contraproducente un médicament contre-indiqué.

contraproposición; contrapropuesta f contre-proposition.

contraproyecto m contre-projet.

contraprueba f IMPR contre-épreuve ▌ DER contre-preuve ▌ sacar una contraprueba de contre-tirer.

contrapuerta f contre-porte (segunda puerta).

contrapuesto, ta p p de contraponer [opposite].

contrapunta f MECÁN poupée mobile (de un torno).

contrapuntante m MÚS contrepointiste, contrapuntiste, contrapontiste.

contrapuntarse v pr se fâcher; contrapuntarse con su padre se fâcher avec son père.

contrapuntear v tr MÚS chanter en contrepoint ▌ FIG dire des choses désagréables.
▬ contrapuntearse v pr FIG se dire des choses désagréables, avoir une prise de bec ▌ se fâcher, se piquer (enfadarse).

contrapuntismo m MÚS contrepoint.

contrapuntista m MÚS contrepointiste, contrapuntiste, contrapontiste.

contrapunto m MÚS contrepoint ▌ (Amer) concours poétique (competencia poética).

contraquilla f MAR contre-quille.

contrariado, da adj contrarié, e.

contrariamente adv contrairement.

contrariar [9] v tr contrarier.
▌ SIN contradecir contredire; contrarrestar contrecarrer.

contrariedad f contrariété (disgusto) ▌ désappointement m (desengaño) ▌ obstacle m (impedimento); tropezar con una contrariedad rencontrer un obstacle, buter sur un obstacle ▌ ennui m; he tenido una contrariedad, he pinchado al cabo de 10 kilómetros j'ai eu un ennui, j'ai crevé au bout de 10 kilomètres.

contrario, ria *adj* contraire, opposé, e (opuesto); **correr en sentido contrario** courir en sens contraire ▌ FIG nocif, ive; contraire; **el vino es contrario a la salud** le vin est nocif pour la santé ▌ contraire, adverse; **suerte contraria** sort contraire; **la parte contraria** la partie adverse. ◇ *m & f* adversaire (adversario) ▪ **al contrario, por el contrario** au contraire ▌ **de lo contrario** dans le cas contraire, autrement, sinon ▌ **lo contrario le contraire** ▌ **muy al contrario** bien au contraire, tout au contraire ▌ **salvo prueba en contrario** sauf preuve du contraire ▪ **llevar la contraria a uno** contrarier quelqu'un, faire obstacle à quelqu'un (poner obstáculo), contredire (contradecir) ▌ **llevar siempre la contraria** avoir l'esprit de contradiction.

contrarraya *f* contre-taille (grabado).

contrarreembolso ➤ **contrarrembolso**.

Contrarreforma *f* contre-Réforme.

contrarregistro *m* second examen.

contrarreguera *f* rigole transversale (acequia).

contrarreloj *adj inv* DEP contre la montre; **etapa contrarreloj** course contre la montre. ◇ *f inv* DEP contre-la-montre *m inv*.

contrarrembolso; contrarreembolso *m* livraison *f* contre remboursement.

contrarréplica *f* réponse à une réplique.

contrarrestar *v tr* contrecarrer, faire obstacle à (oponerse) ▌ résister ▌ renvoyer [la balle].

contrarresto *m* résistance *f*, opposition *f* (resistencia) ▌ renvoi de la balle (en el frontón de pelota) ▌ joueur qui renvoie la balle (jugador).

contrarrevolución *f* contre-révolution.

contrarrevolucionario, ria *adj & s* contre-révolutionnaire.

contrarriel *m* contrerail (contracarril).

contrarroda *m* MAR contre-étrave *f*.

contrarronda *f* MIL attaque patrouille.

contrarrotura *f* VETER emplâtre *m*.

contrasalida *f* MIL & AVIAC mission de combat.

contraseguro *m* contre-assurance *f*.

contrasello *m* contre-sceau ▌ contre-timbre.

contrasentido *m* contresens; **cometer un contrasentido en una traducción** faire un contresens dans une traduction ▌ contresens, non-sens (disparate); **lo que has dicho es un contrasentido** ce que tu as dit est un non-sens.

contraseña *f* signe *m* de reconnaissance o de ralliement (seña) ▌ contremarque (contramarca) ▌ MIL mot *m* de passe, mot *m* d'ordre ▌ **contraseña de salida** contremarque (teatro).

contraseñar *v tr* contremarquer.

contrastar *v tr* résister à, contrecarrer (oponerse a); **contrastar el ataque** résister à l'attaque ▌ poinçonner (el oro y la plata) ▌ essayer (las joyas) ▌ étalonner, contrôler (verificar pesos y medidas).

◇ *v intr* contraster (formar contraste) ▌ trancher, contraster; **colores contrastados** des couleurs tranchées; **esto contrasta con su moderación habitual** cela tranche sur sa modération habituelle ▌ être très différent, ne pas se ressembler; **dos personas que contrastan mucho entre sí** deux personnes qui sont très différentes ▌ **hacer contrastar** contraster, mettre en contraste.

contraste *m* résistance *f* ▌ contraste (oposición); **formar contraste** faire contraste ▌ poinçon (en las joyas) ▌ étalonnage, étalonnement, contrôle (de pesas y medidas) ▌ contrôle (acción de controlar) ▌ contrôleur (el que controla) ▌ essayeur (de joyas) ▌ étalonneur, contrôleur (de medidas) ▌ poinçonneur (de metales preciosos) ▌ MAR saute *f* de vent ▌ **en contraste con** en opposition avec.

contrata *f* contrat *m* (obligación por escrito); **firmar una contrata** signer un contrat ▌ embauche, embauchage *m* (ajuste) ▌ contrat *m* administratif, adjudication (del gobierno a una corporación o un particular).

contratación *f* contrat *m* (contrato) ▌ engagement *m*; **la contratación de un criado** l'engagement d'un domestique ▌ embauche, embauchage *m*; **la contratación de personal temporero** l'embauche d'un personnel saisonnier (ant) commerce *m*, trafic *m* (comercio) ▌ HIST **Casa de Contratación** chambre de commerce créée par les Rois Catholiques à Séville.

contratante *adj* contractant, e; **las partes contratantes** les parties contractantes. ◇ *m* (ant) commerçant, trafiquant.

contratar *v tr* commercer (hacer comercio) ▌ passer un contrat avec (un contrato) ▌ engager (empleados, artistas), embaucher (obreros); **contratado por meses** engagé au mois.

contraterrorismo *m* contre-terrorisme.

contraterrorista *adj & s* contre-terroriste.

contratiempo *m* contretemps ▌ MÚS contre-mesure *f*; **a contratiempo** à contre-mesure ▌ **a contratiempo** à contretemps, mal à propos; **actuar a contratiempo** agir à contretemps.

contratipo *m* contretype.

contratista *m & f* entrepreneur, euse; **contratista de obras** entrepreneur en bâtiment; **contratista de obras públicas** entrepreneur de travaux publics ▌ adjudicataire.

contrato *m* contrat; **contrato gratuito, oneroso** contrat à titre gratuit, à titre onéreux ▌ engagement (compromiso) ▌ contrat (bridge); **cumplir un contrato** honorer un contrat ▪ **contrato administrativo** contrat administratif ▌ **contrato a la gruesa** o **a riesgo marítimo** contrat à la grosse (aventure) o à risque maritime ▌ **contrato aleatorio** contrat aléatoire ▌ **contrato bilateral** o **sinalagmático** contrat bilatéral o synallagmatique ▌ **contrato consensual** contrat consensuel ▌ **contrato de arrendamiento** contrat de location ▌ **contrato de compraventa** contrat de vente ▌ **contrato de trabajo** contrat de travail ▌ **contrato enfitéutico** bail emphytéotique ▌ **contrato privado** contrat sous seing privé ▌ **contrato real** contrat réel ▌ **contrato solemne** contrat solennel ▌ **contrato temporal** contrat à durée déterminée ▌ **contrato unilateral**

contrat unilatéral ▌ **contrato verbal** contrat verbal.

contratorpedero *m* contre-torpilleur.

contratrinchera *f* contre-tranchée, contre-approches *pl*.

contratuerca *f* MECÁN contre-écrou *m*.

contravalación *f* MIL contrevallation.

contravalor *m* contre-valeur *f*.

contravención *f* contravention, infraction (infracción); **cometer una contravención** commettre une infraction. ▌ OBSERV Le mot **contravención** n'a jamais le sens d'amende.

contraveneno *m* contrepoison. ▌ SIN antídoto antidote; alexifármaco alexipharmaque; vomitivo vomitif.

contravenir [75] *v intr* contrevenir; **contravenir a la ley** contrevenir à la loi.

contraventana *f* volet *m*, contrevent *m*, contre-fenêtre.

contraventor, ra *adj & s* contrevenant, e.

contraventura *f* mésaventure.

contraverado, da *adj* BLAS contre-vairé, e.

contraveros *m pl* BLAS contre-vair *sing*.

contravidriera *f* contrechâssis *m*.

contraviento *m* ARQ contrevent.

contravisita *f* MED contre-visite.

contrayente *adj & s* contractant, e ▌ **los contrayentes** les nouveaux mariés.

contrecho, cha *adj* perclus, e; impotent, e.

contribución *f* contribution; **contribuciones directas, indirectas** contributions directes, indirectes ▪ **contribución de guerra** contribution de guerre ▌ FIG **contribución de sangre** impôt du sang [service militaire] ▌ **contribución industrial** taxe professionnelle, patente ▌ **contribución municipal** impôts locaux ▌ **contribución territorial** contribution foncière ▪ **recaudador de contribuciones** percepteur de contributions.

contribuir [51] *v intr* contribuer, payer ses contributions (pagar) ▌ contribuer; **contribuir a** o **para la construcción de un hospital** contribuer à la construction d'un hôpital; **contribuir en** o **por una tercera parte** contribuer pour un tiers ▌ **le pido que contribuya** je vous mets à contribution. ▌ SIN subvenir pourvoir à; participar participer; pagar payer.

contributivo, va *adj* contributif, ive.

contribuyente *adj & s* contribuable.

contrición *f* contrition; **acto de contrición** acte de contrition.

contrincante *m* concurrent, compétiteur, rival.

contristar *v tr* contrister (p us), affliger.

contrito, ta *adj* contrit, e; affligé, e; **rostro contrito** visage contrit.

control *m* contrôle (comprobación) ▌ contrôle (lugar donde se controla) ▪ DEP **control antidoping** o **de estimulantes** contrôle antidopage ▌ **control de natalidad** contrôle des naissances ▌ **control de seguridad** contrôle de sécurité ▌ **control fronterizo** contrôle douanier ▌ **control remoto** télécommande, commande à distance ▪ AVIAC **torre de control** tour de contrôle.

controlador, ra *m* & *f* contrôleur, euse; controlador del tráfico aéreo contrôleur de la navigation aérienne.

➠ **controlador** *m* INFORM contrôleur.

controlar *v tr* contrôler.

controversia *f* controverse (discusión) ▎ mantener una controversia sobre controverser.

controversista *m* & *f* controversiste.

controvertible *adj* contestable.

controvertir [27] *v intr* & *tr* controverser (discutir) ▎ contester; es un punto controvertido c'est un point contesté.

contubernio *m* (p us) concubinage, cohabitation *f* ▎ FIG alliance *f* contre nature, mariage de la carpe et du lapin.

contumacia *f* contumace; juzgar en contumacia juger par contumace; condenar por contumacia condamner par contumace.

contumaz *adj* opiniâtre, obstiné, e; tenace.
◇ *adj* & *s* DR contumax, contumace.
▎ OBSERV pl contumaces.

contumelia *f* injure, affront *m*, outrage *m*.

contundencia *f* caractère *m* contondant (de un arma) ▎ FIG poids *m* (de un argumento).

contundente *adj* contondant, e; un arma contundente une arme contondante ▎ FIG frappant, e; de poids; un argumento contundente argument frappant ▎ accablant, e; prueba contundente preuve accablante.

contundir *v tr* contusionner, meurtrir.

conturbación *f* trouble *m*, inquiétude.

conturbado, da *adj* troublé, e; inquiet, ète.

conturbar *v tr* troubler, inquiéter, alarmer.

contusión *f* contusion; estar lleno de contusiones être couvert de contusions.
▎ SIN magulladura meurtrissure; equimosis ecchymose; cardenal, moretón bleu.

contusionar *v tr* contusionner.
▎ OBSERV Ce verbe est un barbarisme employé pour contundir.

contuso, sa *adj* MED contus, e; herida contusa blessure contuse.

conuco *m* (*Amer*) petite exploitation *f* agricole.

conurbación *f* GEOGR conurbation.

convalecencia *f* convalescence; casa de convalecencia maison de convalescence.
▎ SIN mejoría amélioration; restablecimiento rétablissement.

convalecer [30] *v intr* entrer o être en convalescence; estoy convaleciendo je suis en convalescence ▎ se remettre, relever; convalecer de una enfermedad se remettre d'une maladie ▎ FIG se remettre, récupérer FAM.

convaleciente *adj* & *s* convalescent, e.

convalidación *f* ratification, confirmation ▎ validation ▎ équivalence (de un diploma).

convalidar *v tr* valider ▎ ratifier, confirmer.

convección *f* FÍS convection.

convecino, na *adj* & *s* voisin, e.

convector *m* convecteur.

convencer [11] *v tr* convaincre.
➠ **convencerse** *v pr* se convaincre, se

persuader; convencerse de una verdad se persuader d'une vérité.
▎ SIN persuadir persuader; demostrar démontrer.

convencido, da *adj* convaincu, e.

convencimiento *m* conviction *f*.

convención *f* convention.

convencional *adj* conventionnel, elle; signos convencionales signes conventionnels.

convencionalismo *m* conventionnalisme.

convencionalmente *adv* conventionnellement.

convenido *adv* conforme, entendu.

conveniencia *f* convenance; conveniencia de caracteres convenance de caractères ▎ opportunité; la conveniencia de una gestión l'opportunité d'une démarche ▎ convenance, commodité; a su conveniencia à votre convenance ▎ place (acomodo de un criado); buscar conveniencia chercher une place ▪ matrimonio de conveniencia mariage de convenance o de raison.
➠ **conivencias** *f pl* avantages *m*, petits profits *m*, accessoires d'un domestique ▎ fortune *sing*, biens *m*, revenus *m*.

conveniente *adj* convenable ▎ convenable, décent, e; una conducta conveniente une tenue décente ▎ satisfaisant, e; respuesta conveniente réponse satisfaisante ▪ es conveniente hacer algo il convient de faire quelque chose ▎ ser conveniente convenir; este trabajo es conveniente para mí ce travail me convient.

convenientemente *adv* convenablement.

convenio *m* convention *f*; convenios colectivos conventions collectives ▎ [▷ SIN] accord; convenio comercial accord commercial; llegar a un convenio arriver à un accord ▎ traité, pacte (pacto) ▪ convenio marco accord-cadre ▎ vinculado por un convenio conventionnel, lié par un accord.
▎ SIN arreglo arrangement; acuerdo, concierto accord; contrato contrat; transacción transaction; tratado traité; pacto, ajuste pacte; alianza alliance; protocolo protocole; unión union; convención convention.

convenir [75] *v tr* & *intr* convenir (estar de acuerdo); hemos convenido en irnos mañana nous avons convenu o nous sommes convenus de partir demain; convino con su amigo que vendrían il convint avec son ami de venir [▷ OBSERV] ▎ s'accorder, tomber d'accord, se mettre d'accord; convenir en una cuestión, en un precio tomber d'accord sur une question, sur un prix ▎ convenir (ser adecuado); me convendría mucho esta casa cette maison me conviendrait bien ▪ convengo en ello j'en conviens, je l'accorde, je le reconnais ▎ el día convenido au jour fixé, au jour dit ▎ eso me conviene mucho cela me plaît beaucoup (gusta), cela fait bien mon affaire, cela m'arrange bien (viene bien) ▎ no te conviene tomar este trabajo tu ne devrais pas prendre ce travail, ce genre de travail n'est pas pour toi ▎ según le convenga comme il vous plaira ▎ sueldo a convenir salaire à débattre.
◇ *v impers* importer, convenir, seoir (p us).
➠ **convenirse** *v pr* se convenir, s'accorder.

▎ OBSERV Teóricamente convenir se conjuga con el auxiliar **être** cuando significa estar de acuerdo y con avoir cuando tiene sentido de gustar. Pero en la práctica se emplea casi siempre avoir.

conventillero, ra *adj* & *s* (*Amer*) mauvaise langue, intrigant, e.

conventillo *m* (*Amer*) maison *f* d'habitation.

convento *m* couvent (casa religiosa); convento de clausura couvent cloître ▎ assemblée *f*, réunion *f*.

conventual *adj* conventuel, elle; vida conventual vie conventuelle.

convergencia *f* convergence.

convergente *adj* convergent; sistema de lentes convergentes système de lentilles convergentes ▎ MIL tiro convergente feux croisés.

converger [14]; **convergir** *v intr* converger.

conversa *f* FAM conversation.

conversación *f* conversation (plática) ▎ [▷ SIN] entretien *m*; el ministro ha tenido conversaciones con el presidente le ministre a eu des entretiens avec le président ▎ échange *m* de vues (cambio de impresiones) ▪ conversación a solas tête-à-tête ▎ dar conversación a uno parler à quelqu'un ▎ FIG & FAM dejar caer en la conversación laisser tomber dans la conversation, glisser dans la conversation ▎ hacer el gasto de la conversación faire les frais de la conversation ▎ sacar la conversación orienter la conversation [sur un sujet]; commencer à parler [d'un sujet] ▎ tener mucha conversación avoir de la conversation ▎ tener poca conversación ne pas avoir beaucoup de conversation ▎ trabar conversación lier conversation, engager o entamer la conversation.
▎ SIN conferencia conférence; negociación pourparlers, négociations; coloquio colloque; conciliábulo conciliabule; entrevista tête-à-tête; diálogo dialogue; charla propos; interviú interview.

conversacional *adj* INFORM conversationnel, elle; interactif, ive.

conversada *f* (*Amer*) conversation.

conversador, ra *adj* & *s* causeur, euse.

conversar *v intr* converser, parler (hablar); siguió conversando con nosotros il continua à converser avec nous ▎ s'entretenir de, causer; conversar sobre diversos asuntos causer de choses et d'autres.

conversión *f* conversion ▎ convertissement *m* (de monedas) ▎ MIL conversion ▎ TECN convertissage *m*.

converso, sa *adj* converti, e (convertido).
◇ *m* & *f* convers, e (lego).
▎ OBSERV El francés convers sólo tiene el sentido de lego y no el de moro o judío convertidos.

conversor *m* FÍS convertisseur.

convertibilidad *f* convertibilité.

convertible *adj* convertissable, convertible ▎ convertible; moneda convertible monnaie convertible.
◇ *m* (*Amer*) cabriolet, voiture *f* décapotable.

convertidor *m* TECN convertisseur ▎ convertidor de frecuencia changeur de fréquence.

convertir [21] *v tr* changer, transformer, convertir (p us en este sentido); **convertir el agua en vino** changer l'eau en vin ‖ changer, convertir; **convertir el papel en dinero** changer des billets pour de l'argent ‖ FIG convertir; **san Pablo convirtió a los gentiles** saint Paul convertit les gentils.

➤ **convertirse** *v pr* se convertir (al catolicismo, etc.) ‖ se changer, se transformer; **el agua se convirtió en vino** l'eau s'est changée en vin ‖ FIG devenir; **convertirse en la providencia de los pobres** devenir la providence des pauvres.

convexidad *f* convexité.

convexo, xa *adj* convexe.

convicción *f* conviction.

convicto, ta *adj* DR convaincu, e; **convicto y confeso** atteint et convaincu.

➤ **convicto** *m* convict (en los países anglosajones).

convictorio *m* pensionnat dans les collèges de jésuites.

convidada *f* FAM tournée; **dar, pagar una convidada** offrir, payer une tournée.

convidado, da *m & f* convive (que asiste a un convite) ‖ invité, e (invitado) ‖ **estar como el convidado de piedra** rester comme la statue du commandeur, être pétrifié.

‖ SIN invitado invité; comensal commensal; huésped hôte; FAM parásito parasite; gorrón pique-assiette.

convidar *v tr* convier, inviter; **me ha convidado a cenar** il m'a invité à dîner ‖ offrir; **convidar a uno con algo** offrir quelque chose à quelqu'un ‖ FIG inciter, pousser, inviter; **los alimentos salados convidan a beber** les aliments salés incitent à boire ‖ **convidar a tomar una copa** offrir un verre.

convincente *adj* convaincant, e ‖ **testimonios convincentes** témoignages parlants o convaincants o probants.

convite *m* invitation *f* (acción de invitar); **rehusar un convite** refuser une invitation ‖ fête *f*, banquet [auquel on est invité] ‖ (*Amer*) mascarade *f* qui parcourt les rues pour annoncer une fête (mojiganga).

convivencia *f* vie en commun, cohabitation ‖ coexistence.

convivir *v intr* vivre ensemble, vivre en commun, cohabiter ‖ coexister.

convocación *f* convocation.

convocar [10] *v tr* [▷ SIN] convoquer (citar); **convocar una junta** convoquer une assemblée ‖ réunir; **convocar el Senado** réunir le Sénat ‖ acclamer (aclamar) ‖ déclencher (una huelga).

‖ SIN invitar inviter; llamar appeler; hacer venir mander; emplazar assigner.

convocatoria *f* convocation (anuncio) ‖ convocation, collante FAM ‖ session (examen); **la convocatoria de septiembre** la session de septembre.

convoluto, ta *adj* BOT & ZOOL convoluté, e.

convolvuláceo, a *adj & s f* BOT convolvulacé, e.

convoy *m* convoi (de buques y escolta) ‖ convoyage, convoiement (escolta) ‖ FIG & FAM suite *f*, cortège (acompañamiento).

‖ OBSERV pl convoyes.

convoyar *v tr* convoyer.

convulsión *f* convulsion (contracción) ‖ FIG trouble; **las convulsiones políticas de África** les troubles politiques en Afrique.

convulsionar *v tr* convulsionner ‖ convulser; **con las facciones convulsionadas por el espanto los traits convulsés par l'effroi ‖ secouer, troubler (agitar).

convulsivamente *adv* convulsivement.

convulsivo, va *adj* convulsif, ive.

convulso, sa *adj* convulsé, e; **rostro convulso de terror** visage convulsé par la terreur.

conyugal *adj* conjugal, e.

cónyuge *m & f* conjoint, e (consorte).

coña *f* MFAM rigolade (guasa); **tomar a coña** prendre à la rigolade.

coñac *m* cognac.

‖ OBSERV pl coñacs.

coñazo *m* MFAM emmerdeur, euse *m & f* (persona) ‖ **dar el coñazo** emmerder.

coño *m* VULG con.

➤ **¡coño!** *interj* VULG merde!

COOB (abrev de Comité Organizador Olímpico Barcelona 92) *m* COOB.

coocupante *m & f* cooccupant, e.

coolí *m* coolie (trabajador chino o hindú).

cooperación *f* coopération.

cooperador, ra *adj & s* coopérateur, trice (persona).

cooperante *adj* qui contribue (cosa).

cooperar *v intr* coopérer; **cooperar al buen éxito de** coopérer au succès de.

cooperario *m* coopérateur.

cooperativismo *m* coopératisme.

cooperativista *adj & s* partisan, e du coopératisme.

cooperativo, va *adj* coopératif, ive; **cooperante, e ‖ espíritu cooperativo** esprit coopératif ‖ **sociedad cooperativa** société coopérative.

➤ **cooperativa** *f* coopérative ■ **cooperativa agraria** coopérative agricole ‖ **cooperativa de consumo** coopérative de consommation.

coopositor, ra *m & f* concurrent, e.

cooptación *f* cooptation.

cooptar *v tr* coopter.

coordenada *f* GEOM coordonnée; **coordenadas cartesianas** coordonnées cartésiennes ‖ ASTRON **coordenadas esféricas** coordonnées astronomiques ‖ **coordenadas geográficas** coordonnées géographiques.

coordinación *f* coordination.

coordinadamente *adv* avec coordination.

coordinado, da *adj* coordonné, e.

coordinador, ra *adj & s* coordonnateur, trice; qui coordonne.

coordinamiento *m* coordination *f*.

coordinar *v tr* coordonner; **coordinar los esfuerzos** coordonner les efforts ‖ ordonner, classer (ordenar).

coordinativo, va *adj* qui peut coordonner.

copa *f* coupe; **copa de champaña** coupe de champagne ‖ verre *m* à pied; **el vino tinto se suele tomar en una copa** on prend d'ordinaire le vin rouge dans un verre à pied ‖ verre; **invitar a una copa** offrir un verre ‖ coupe (trofeo) ‖ tête, cime (de un árbol) ‖ calotte (del sombrero) ‖ bonnet *m* (del sostén) ‖ brasero *m* ‖ mesure de capacité [1/8 de litre] ■ **copa del horno** voûte du four ‖ **copa graduada** verre gradué ‖ **sombrero de copa** o **de copa alta** chapeau haut de forme ■ FIG **apurar la copa del dolor** boire le calice jusqu'à la lie ‖ FAM **estar de copas** o **de copitas** prendre des verres, faire la tournée des cafés.

➤ **copas** *f pl* l'une des quatre couleurs du jeu de cartes espagnol (naipes) ‖ bossettes (del bocado del caballo).

COPA (abrev de Compañía Panameña de Aviación) *f* compagnie aérienne nationale panaméenne.

copada *f* cochevis *m* (pájaro).

copado, da *adj* touffu, e (árbol) ‖ FIG & FAM **estar copado** ne pas pouvoir s'en sortir.

copaiba *f* copayer *m* (árbol) ‖ copahu *m* (bálsamo).

copal *m* copal (resina y barniz).

copante *m* (*Amer*) passerelle *f*.

copaquira *f* (*Amer*) couperose bleue.

copar *v tr* accaparer, rafler; **copar todos los puestos en una elección** accaparer tous les sièges dans une élection ‖ MIL envelopper, encercler, couper la retraite à (un ejército) ■ **copar la banca** faire banco ‖ DEP **copar los dos primeros puestos** faire un doublé.

coparticipación *f* coparticipation.

copartícipe *m & f* coparticipant, e (que participa) ‖ copartageant, e (que comparte).

copartidario, ria *adj & s* qui appartient au même parti politique.

copayero *m* copayer (árbol).

COPE (abrev de Cadena de Ondas Populares Españolas) *f* station de radio espagnole.

copear *v intr* boire o prendre quelques verres (beber) ‖ FAM picoler, chopiner (beber mucho).

copec *m* kopeck (moneda rusa).

COPEL (abrev de Coordinadora de Presos Españoles en Lucha) *f* comité de coordination espagnol pour la défense des droits des détenus.

copela *f* coupelle, casse (crisol) ‖ QUÍM capela de ensayos têt.

copelación *f* TECN coupellation.

Copenhague *n pr* GEOGR Copenhague.

copeo *m* tournée *f* des cafés; **irse de copeo** faire la tournée des cafés ‖ **estar de copeo** prendre quelques verres, faire la tournée des cafés.

copépodos *m pl* ZOOL copépodes.

copera *f* étagère o meuble *m* pour ranger les verres ‖ plateau *m* (bandeja) ‖ (*Amer*) entraîneuse.

Copérnico *n pr* Copernic.

copero *m* échanson; **copero mayor** grand échanson ‖ étagère *f* à verres.

copete *m* houppe *f*, toupet (de cabellos); **Riquete el del copete** Riquet à la houppe ‖ huppe *f*, aigrette *f* (de un pájaro) ‖ toupet (del caballo) ‖ corniche *f* (ornamento) ‖ comble (de un helado) ‖ cime *f*, sommet (de una montaña)

| FIG toupet, culot FAM; **tener mucho copete** avoir beaucoup de toupet **|** (*Amer*) chapeau (de un artículo) **■** FIG **de alto copete** huppé; de la haute FAM; **una familia de alto copete** une famille de la haute **| estar hasta el copete** en avoir par-dessus la tête.

copetín *m* petit verre **|** (*Amer*) apéritif, cocktail.

copetón *adj* (*Amer*) huppé, e.
◇ *m* moineau huppé, huppe *f* (gorrión).

copetuda *f* alouette (alondra).

copetudo, da *adj* huppé, e.

copia *f* abondance, profusion, foule (gran cantidad) **|** exemplaire *m*; **cien copias de este libro** cent exemplaires de ce livre **|** [▷ SIN] copie (reproducción); **copia legalizada** copie certifiée conforme **|** épreuve; **hacer una copia de una fotografía** tirer une épreuve d'une photographie **|** INFORM **copia de seguridad** sauvegarde; **copia en appel** copie papier **|** FIG copie, portrait; **es una copia de su madre** c'est le portrait de sa mère **|** imitation **|** máquina para sacar copias tireuse (en fotografía).
| OBSERV Le mot espagnol *copia* n'a pas le sens de « feuille » (des écoliers) ni celui de « manuscrit » (pour l'imprimerie), comme le français *copie*.
| SIN duplicado, duplicata double; calco calque.

copiador, ra *adj* à copier (máquina).
◇ *adj & s m* copie *f* de lettres (libro copiador).

copiar [8] *v tr* copier; **copiar del natural** copier d'après nature **|** **copiar al pie de la letra** copier mot à mot o à la lettre.
| SIN escribir écrire; transcribir transcrire; reproducir reproduire; calcar décalquer.

copilla *f* chaufferette.

copiloto *m* copilote.

copina *f* (*Amer*) peau d'un animal écorché.

copinar *v tr* (*Amer*) écorcher [un animal] **|** se détacher; tomber (una cosa de otra).

copión, ona *m & f* FAM copieur, euse (en un examen).

copiosamente *adv* copieusement.

copiosidad *f* abondance.

copioso, sa *adj* copieux, euse; **una comida copiosa** un repas copieux **|** FIG abondant, e.

copista *m* copiste.

copistería *f* magasin de photocopie.

copla *f* couplet *m* (combinación métrica) **|** couplet *m* (estrofa corta de canción popular) **|** chanson (canción).
➡ **coplas** *f pl* FAM vers *m*, poésies, poèmes *m* **■** FIG **coplas de Calaínos** histoires à dormir debout, contes de ma mère l'Oie **|** **coplas de ciego** chansons des rues (canciones), vers de mirliton (versos malos) **|** FAM **andar en coplas** être dans toutes les bouches **|** **echar coplas a uno** éreinter quelqu'un, en raconter sur quelqu'un, dire pis que pendre de quelqu'un.

coplanarias *adj f pl* MAT coplanaires; **rectas coplanarias** droites coplanaires.

coplear *v intr* composer des chansons (hacer canciones) **|** chanter des chansons (cantar).

coplería *f* ensemble *m* de couplets.

coplero; coplista *m* FIG rimailleur, poétereau.

copo *m* flocon (de nieve, de trigo, de avena) **|** quenouillée *f* (de cáñamo o lino) **|** touffe *f* (de

lana) **|** caillot (coágulo) **|** grumeau (de harina) **|** banco (en el juego) **|** MIL résultat d'un mouvement enveloppant **|** poche *f* (de una red) **|** (*Amer*) nuage, nimbus (nube) **■** **poquito a poco hila la vieja el copo** les petits ruisseaux font les grandes rivières, petit à petit l'oiseau fait son nid **| sacar el copo** tirer les filets.

copón *m* grande coupe *f* **|** ECLES ciboire (vaso sagrado).

coposesión *f* copossession.

coposo, sa *adj* touffu, e (copudo).

copra *f* coprah *m*, copra *m*, moelle de noix de coco.

copresidencia *f* coprésidence.

copresidir *v intr* assurer conjointement la présidence.

coprívoro, ra *adj* coprophage.

coprocesador *m* INFORM co-processeur; **coprocesador matemático** co-processeur arithmétique.

coprocultivo *m* MED coproculture *f*.

coproducción *f* CINEM coproduction.

coprofagia *f* MED coprophagie.

coprófago, ga *adj & s* ZOOL coprophage.

coprofilia *f* MED coprophilie.

coprolito *m* coprolithe.

coprología *f* MED coprologie.

copropiedad *f* copropriété.

copropietario, ria *adj & s* copropriétaire.

copto, ta; cofto, ta *adj & s* copte.
➡ **copto** *m* LING copte.

copudo, da *adj* touffu, e (árbol).

cópula *f* GRAM copule, liaison, mot *m* de liaison **|** copulation, union charnelle.

copulación *f* copulation.

copular *v tr* (ant) unir.
➡ **copularse** *v pr* s'accoupler (aparearse).

copulativo, va *adj* GRAM copulatif, ive.

coque *m* coke (carbón).

coquear *v intr* (*Amer*) mâcher de la coca.

coquefacción *f* cokéfaction.

coqueluche *m* coqueluche *f*.
| OBSERV Ce mot est un gallicisme employé pour *tos ferina*.

coquera *f* tête de la toupie (del trompo) **|** caisse à charbon (para el coque) **|** cavité dans une pierre (en una piedra) **|** (*Amer*) endroit *m* où l'on garde la coca (lugar) **|** bourse contenant de la coca (bolsa).

coquería *f* cokerie (fábrica de coque).

coquero, ra *adj* (*Amer*) amateur de la coca.

coqueta *adj & s f* coquette; **una mujer coqueta** une femme coquette.
◇ *f* coiffeuse (tocador).

coquetear *v intr* faire la coquette (una mujer) **|** flirter (flirtear).

coqueteo *m* flirt (flirteo).

coquetería *f* coquetterie.

coquetón, ona; coqueto *adj* FAM gentil, ille; coquet, ette; mignon, onne; **un apartamento coquetón** un appartement coquet **|** coquet, ette; **una suma muy coquetona** une somme fort coquette.
➡ **coquetón** *m* FAM dandy **|** joli cœur.
➡ **coquetona** *f* FAM coquette.

coquificación *f* cokéfaction.

coquificar [10] *v tr* cokéfier.

coquina *f* petite clovisse (molusco comestible).

coquinero, ra *m & f* pêcheur, euse; marchand, e de clovisses.

coquito *m* FAM geste (ademán), mine *f*, grimace *f* [pour amuser les enfants] **|** frisette *f* (rizo) **|** (*Amer*) noix *f* de coco (coco) **|** variété de tourterelle *f* (tórtola).

coquización *f* cokéfaction.

coquizar [13] *v tr* cokéfier.

coracero *m* cuirassier (soldado) **|** FIG & FAM mauvais cigare.

coracha *f* sac *m* de cuir.

coraje *m* irritation *f*, colère *f*, emportement, hargne *f* (ira) **|** courage (valor) **■** FAM **dar coraje** faire rager, mettre en colère **|** **echarle coraje a algo y mettre le paquet |** **¡qué coraje! c'est rageant!**
| OBSERV Dans le sens de *courage* le mot *coraje*, peu usité, est remplacé par *valor*.

corajina *f* FAM explosion o accès *m* de colère.

corajinoso, sa; corajoso, sa *adj* irrité, e; en colère.

corajudo, da *adj* irrité, e **|** (*Amer*) courageux, euse; **un hombre corajudo** un homme courageux.

coral *m* ZOOL corail; **corales** coraux **■** FIG **fino como un coral, más fino que un coral** fin comme l'ambre.
◇ *f* corail *m*, serpent *m* corail (serpiente).
➡ **corales** *m pl* collier *sing* de corail (collar) **|** caroncules (del pavo).

coral *adj* choral, e; **canto coral** chant choral.
◇ *f* MÚS choral *m* (composición musical) **|** chorale (coro).

Coral *n pr* GEOGR **el mar de Coral** la mer de Corail.

coralarios *m pl* ZOOL coralliaires.

coralero *m* corailleur.

coralífero, ra *adj* corallifère.

coralillo *m* serpent corail (serpiente).

coralino, na *adj* corallin, e.
➡ **coralina** *f* coralline (alga).

corambre *f* cuirs *m pl*, peaux *pl*.

corambrero *m* peaussier (comerciante en cueros).

Corán; Alcorán *n pr m* Coran.

corán *m* coran, koran (alcorán).

coránico *adj* coranique.

coraza *f* cuirasse **|** MAR blindage *m* **|** ZOOL carapace (de la tortuga).

corazón *m* cœur (víscera) **|** cœur (centro) **|** FIG courage, cœur (valor) **|** cœur (afecto); **amar de todo corazón** aimer de tout son cœur **|** cœur (naipe) **|** cœur (de una vía de ferrocarril) **|** BLAS cœur, abîme **■** **corazón artificial** cœur artificiel **|** **corazón de alcachofa** cœur d'artichaut **■** **blando de corazón** au cœur tendre **|** **con todo mi corazón** de tout mon cœur **|** **de corazón** de bon cœur, bien, franchement **|** **dedo del corazón** doigt du milieu, médius **|** **de todo corazón** de tout cœur, de grand cœur **|** **operación a corazón abierto** opération à cœur ouvert ▌ **prensa del corazón** presse du cœur ▪ **con el corazón metido en un puño** le cœur gros (de tristeza) ▌ **darle a uno un vuelco el corazón** tressaillir (de miedo o de alegría) ▌ **hablar al corazón** aller droit au cœur ▌ **hablar con el corazón en la mano** parler à cœur ouvert ▌ **hacer de tripas corazón** faire contre mauvaise fortune bon cœur ▌ **llegar al corazón** aller droit au cœur, toucher ▌ **llevar el corazón en la mano** avoir le cœur sur la main ▌ **me lo da** o **me lo dice el corazón** le cœur me le dit, j'en ai le pressentiment ▌ **no caberle a uno el corazón en el pecho** avoir un très grand cœur (ser muy bueno), être fou de joie (estar muy alegre) ▌ **no tener corazón** ne pas avoir de cœur, être sans cœur ▌ **no tener corazón para hacer algo** n'avoir pas le cœur à faire quelque chose ▌ **ojos que no ven, corazón que no siente** loin des yeux, loin du cœur ▌ **partir** o **traspasar el corazón** crever o déchirer o fendre le cœur o l'âme ▌ **salir** o **brotar del corazón** jaillir du cœur ▌ **se me encogió el corazón** cela m'a donné un coup au cœur, j'ai eu un pincement au cœur ▌ **ser uno todo corazón** avoir un grand cœur ▌ **tener buen corazón** avoir du cœur, avoir bon cœur ▌ **tener el corazón encogido** avoir le cœur serré ▌ **tener el corazón hecho polvo** avoir le cœur gros ▌ **tener el corazón que se le sale del pecho** avoir le cœur sur la main ▌ **tener mal corazón** ne pas avoir de cœur.

➥ **corazones** *m pl* ARQ rais-de-cœur.

corazonada *f* pressentiment *m*; **tengo la corazonada de que vendrá** j'ai le pressentiment qu'il viendra ▌ élan *m*, impulsion (impulso) ▌ fressure (asadura de una res).

corazoncillo *m* BOT millepertuis.

corbata *f* cravate (prenda de vestir, lazo de bandera); **ponerse la corbata** mettre sa cravate ▪ **con corbata** cravaté ▌ **corbata de neumático** pare-clous.

corbatería *f* magasin *m* de cravates.

corbatín *m* petite cravate *f* ▌ cravate *f* (de bandera) ▌ FIG & FAM **irse** o **salirse por el corbatín** avoir le cou de grue, être taillé dans un bâton de sucette.

corbato *m* réfrigérant (del alambique).

corbeta *f* corvette (embarcación).
▌ OBSERV Corbeta corvette, y **corveta** courbette, ont le b et le v placés à l'inverse du français.

Córcega *n pr f* GEOGR Corse.

corcel *m* coursier (caballo).

corcha *f* liège *m* brut.

corchar *v tr* MAR commettre (torcer un cable).

corchea *f* MÚS croche; **doble corchea** double-croche.

corchera *f* seau *m* à glace ▌ ligne de séparation des couloirs (en las calles de una piscina).

corchero, ra *adj* du liège.

corcheta *f* porte [d'agrafe].

corchete *m* agrafe *f* (para sujetar) ▌ agrafe *f* (que se engancha en la hembra) ▌ crochet (de carpintería) ▌ crochet (signo tipográfico) ▌ (ant) FIG sergent de ville, argousin (agente de policía).

corcho *m* liège (corteza de alcornoque) ▌ bouchon de liège (tapón) ▌ bouchon, flotteur (para pescar) ▌ seau à glace (corchera) ▌ ruche *f*

(colmena) ▌ sorte de pare-étincelles en liège ▌ **corcho bornizo** o **virgen** liège mâle, premier liège.

➥ **corchos** *m pl* ceinture *f sing* de liège, flotteur *sing*, bouée *f sing* (para nadar).

¡córcholis! *interj* sapristi!, nom d'une pipe!, mince!, zut!

corchoso, sa *adj* liégeux, euse.

corchotaponero, ra *adj* de l'industrie des bouchons de liège.

corcino *m* faon (corzo pequeño).

corcova *f* bosse (joroba, jiba) ▌ (*Amer*) prolongation d'une fête.

corcovado, da *adj* & *s* bossu, e.

corcovar *v tr* courber, plier (encorvar).

corcovear *v intr* faire des courbettes.

corcoveta *m* & *f* FAM boscot, otte; bossu, e (jorobado).

corcovo *m* courbette *f* cabriole *f* (salto) ▌ croupade *f* (de caballo) ▌ FIG courbure *f* (torcedura).

cordado, da *adj* BLAS cordé, e (acorazonado).

➡ **cordada** *f* cordée (alpinismo); **primero** o **cabeza** o **jefe de cordada** premier de cordée.

➡ **cordados** *m pl* ZOOL cordés.

cordaje *m* [▷ SIN] cordages *pl* (conjunto de cuerdas) ▌ MAR manœuvre *f* (jarcia).
▌ SIN cable, maroma câble; cuerda, soga corde; cabo filin.

cordal *adj f* **muela cordal** dent de sagesse.

cordal *m* cordier (de violín).

cordel *m* corde *f* (cuerda) ▌ cordeau (cuerda delgada); **tirado a cordel** tiré au cordeau ▌ longueur *f* de cinq pas (distancia) ▌ draille *f* (camino pastoril).

cordelejo *m* cordelette *f* ▌ (*Amer*) **dar cordelejo** faire traîner en longueur [une affaire].

cordelería *f* corderie (oficio y tienda del cordelero) ▌ MAR cordages *m pl*, manœuvres *pl*.

cordelero *m* cordier.

cordera *f* agnelle, petite brebis (ovejita) ▌ FIG agneau *m*, femme très douce.

cordería *f* cordages *m pl*.

corderillo *m* agnelet, petit agneau ▌ agnelin (piel de cordero).

corderino, na *adj* relatif à l'agneau.

➡ **corderina** *f* agneau *m*, agnelin *m* (piel).

cordero *m* agneau (cría de la oveja) ▌ agneau (carne de cordero menor), mouton (carne de cordero mayor) ▌ agneau, agnelin (piel) ▌ FIG agneau; **manso como un cordero** doux comme un agneau ▪ **cordero endoblado** agneau qui tête deux mères ▌ **cordero lechal** o **de su cesto** agneau de lait ▌ **cordero pascual** agneau pascal ▌ FIG **el Divino Cordero, Cordero de Dios** l'Agneau divin, l'Agneau de Dieu ▌ FIG **la madre del cordero** le mot de l'énigme, le fin mot de l'histoire.
▌ OBSERV En termes de boucherie, cordero désigne aussi bien la viande de mouton que celle d'agneau.

cordial *adj* cordial, e (confortante); **remedio cordial** remède cordial ▌ FIG cordial, e; **hacer un convite cordial** faire une invitation cordiale ▪ **dedo cordial** doigt du milieu, médius ▌ **saludos cordiales** cordialement, bien à vous (en una carta).

◇ *m* cordial (bebida reconfortante).

cordialidad *f* cordialité, caractère *m* cordial; **hablar con cordialidad** parler avec cordialité.

cordialmente *adv* cordialement (afectuosamente) ▌ cordialement, bien à vous (en una carta).

cordiforme *adj* cordiforme (en forma de corazón).

cordillera *f* cordillère, chaîne; **la cordillera de los Andes, la cordillera de los Alpes** la cordillère des Andes, la chaîne des Alpes; **la cordillera Pirenaica** la chaîne des Pyrénées ▌ (*Amer*) **por cordillera** par personne interposée.

cordillerano, na *adj* (*Amer*) de la cordillère des Andes.

cordita *f* cordite (pólvora).

córdoba *m* unité monétaire du Nicaragua.

Córdoba *n pr* GEOGR Cordoue (en España) ▌ Córdoba, Cordoba (en Argentina).

cordobán *m* cuir de Cordoue (cuero de Córdoba).

cordobés, esa *adj* & *s* cordouan, e (de Córdoba).
▌ OBSERV pl cordobeses, cordobesas.

cordón *m* cordon (cuerda pequeña) ▌ cordon, cordelière *f* (de algunos religiosos) ▌ lacet, cordon (para los zapatos) ▌ cordelière *f* (corbata) ▌ ANAT cordon (umbilical, etc.) ▌ cordon, cordelière *f* (bocel) ▌ MAR bitord ▌ FIG cordon; **cordón sanitario, de policía, de tropa** cordon sanitaire, de police, de troupe ▌ (*Amer*) bordure *f* du trottoir (de la acera).

➡ **cordones** *m pl* aiguillettes *f*, fourragère *f sing* (de uniforme militar).

cordonazo *m* coup de cordon ▌ MAR **cordonazo de San Francisco** tempêtes de l'équinoxe d'automne.

cordoncillo *m* cordonnet ▌ grain d'une étoffe ▌ passepoil (costura) ▌ cordon (de una moneda) ▌ IMPR cordelière *f*.

cordonería *f* passementerie.

cordura *f* sagesse, bon sens *m*.

corea *f* MED chorée, danse de Saint-Guy.

Corea *n pr f* GEOGR Corée ▌ **Corea del Norte** Corée du Nord ▌ **Corea del Sur** Corée du Sud.

coreano, na *adj* & *s* coréen, enne.
➡ **coreano** *m* LING coréen.

corear *v tr* composer des chœurs (componer música coreada) ▌ FIG faire chorus.

corega; corego *m* chorège.

coreo *m* chorée (poesía griega) ▌ MÚS ensemble des chœurs.

coreografía *f* chorégraphie.

coreógrafo *m* chorégraphe.

corezuelo *m* cochon de lait (cochinillo).

Corfú *n pr* GEOGR Corfou.

Coria *n pr* GEOGR Coria.

coriáceo, a *adj* coriace.

coriambo *m* choriambe (poesía).

coriana *f* (*Amer*) couverture (cobertor).

coriano, na *adj* & *s* de Coria.

coribante *m* HIST corybante (sacerdote de Cibeles).

coricida *m* coricide (callicida).

corifeo *m* coryphée.

corimbo *m* BOT corymbe.

Corina *n pr* Corinne.

corindón *m* corindon (piedra fina).

corintio, tia *adj & s* corinthien, enne (de Corinto).

Corinto *n pr* GEOGR Corinthe.

corión *m* chorion (membrana del huevo).

corista *m* choriste (religioso).
◇ *m & f* choriste (ópera).
◇ *f* girl (revista, music-hall).

corito, ta *adj* nu, e (desnudo) ‖ FIG timide, pusillanime.

coriza *f* MED coryza *m* (resfriado).

corladura *f* vernis *m* doré, vermeil *m*.

corlar; corlear *v tr* vernir à l'or, dorer (la plata).

cormorán *m* cormoran (cuervo marino).

cornac; cornaca *m* cornac (conductor de elefantes) ‖ FAM cicerone.

cornada *f* coup *m* de corne; **dar cornadas** donner des coups de corne ‖ flanconade (esgrima) ‖ FAM **más cornadas da el hambre** il vaut mieux ça que crever de faim.

cornadura ► **cornamenta**.

cornal *m* courroie *f* pour attacher le joug (coyunda).

cornalina *f* cornaline (piedra).

cornalón *adj m* à grandes cornes.
◇ *m* grand coup de corne.

cornamenta; cornadura *f* cornes *pl*, encornure (del toro, vaca, etc.) ‖ ramure, bois *m pl* (de un ciervo, etc.).

cornamusa *f* MÚS cornemuse.

cornazo *m* coup de corne.

córnea *f* ANAT cornée (del ojo); **córnea opaca, transparente** cornée opaque, transparente ‖ **de la córnea** cornéen, enne.

cornear *v tr* donner des coups de corne, encorner (dar cornadas).

corneja *f* ZOOL corneille (especie de cuervo) ‖ petit duc *m* (especie de búho).

cornejal *m* lieu planté de cornouillers.

cornejo *m* cornouiller (arbusto).

corneliano, na *adj* cornélien, enne.

córneo, a *adj* corné, e.
◆ **córneas** *f pl* BOT cornacées.

córner *m* DEP corner (saque de esquina); **tirar un córner** botter o tirer un corner.
‖ OBSERV *pl* córners.

cornerina *f* cornaline.

corneta *f* MÚS cornet *m*; **corneta de llaves** cornet à pistons ‖ clairon *m* (militar) ‖ cornette (bandera de un regimiento) ‖ cornette (de monjas) ‖ **corneta acústica** cornet acoustique ‖ **corneta de monte** cor de chasse (trompa) ‖ MIL **corneta de órdenes** sonnerie militaire réglementaire ■ **a toque de corneta** à son de trompe ‖ **toque de corneta** sonnerie de clairon.
◇ *m* MIL clairon, trompette (persona que toca la corneta).

cornete *m* cornet (hueso de la nariz).

cornetilla *f* sorte de piment.

cornetín *m* MÚS cornet à pistons, bugle ‖ cornettiste (el que toca el cornetín).

corneto, ta *adj* (*Amer*) qui a les jambes torses ‖ qui a une seule corne.

cornezuelo *m* ergot (del centeno) ‖ variété *f* d'olive (aceituna) ‖ VETER corne *f*.

cornflakes® [kɔnfleiks] *m pl* corn flakes.

corniabierto, ta *adj* billardé, e (toro de cuernos separados).

corniapretado, da *adj* qui a les cornes rapprochées.

cornicabra *f* BOT térébinthe *m* (terebinto) ‖ caprifiguier *m* (higuera salvaje) ‖ variété d'olive de forme allongée (aceituna) ‖ périploca *m* (planta).

cornigacho, cha *adj* bas encorné, e.

cornija *f* corniche (cornisa).

cornijal *m* coin, angle (esquina) ‖ ECLES manuterge (lienzo).

cornijón *m* entablement (cornisamiento) ‖ coin d'une maison (esquina).

cornisa *f* ARQ & GEOGR corniche ‖ **carretera de cornisa** route de corniche.

cornisamento; cornisamiento *m* ARQ entablement.

corniveleto, ta *adj* haut encorné, e.

corno *m* BOT cornouiller (cornejo) ‖ MÚS **corno inglés** cor anglais.

Cornualles *n pr f* GEOGR Cornouailles.

cornucopia *f* corne d'abondance (emblema decorativo) ‖ miroir *m* orné d'appliques pour bougies.

cornudo, da *adj* cornu, e (con cuernos).
◆ **cornudo** *adj m & s m* FIG & FAM cocu (marido) ‖ FIG & FAM **tras cornudo apaleado** cocu, battu et content.

cornúpeta; cornúpeto *m* taureau (toro).

cornuto *adj m* **argumento cornuto** argument cornu, dilemme.

coro
◆ **de coro** *loc adv* par cœur.

coro *m* MÚS & TEATR chœur; **cantar a** o **en coro** chanter en chœur ‖ chœur (en las iglesias) ■ **hablar a coro** parler tous à la fois o tous en même temps ‖ **hacer coro, repetir a coro** faire chorus.
‖ OBSERV Dans les églises espagnoles, le chœur est fermé par de hautes clôtures en fer forgé et se trouve le plus souvent dans la nef.

corografía *f* chorographie.

coroideo, a *adj* choroïdien, enne.

coroides *f inv* ANAT choroïde (membrana del ojo).

corojo *m* BOT corozo, arbre à beurre.

corola *f* corolle (de flor).

corolario *m* corollaire.

corona *f* couronne (de laurel, de rey, duque, etc.); **corona de espinas** couronne d'épines ‖ sommet *m* de la tête (coronilla) ‖ couronne, tonsure (de clérigos) ‖ couronne (moneda) ‖ FIG couronne (reino) ‖ ANAT couronne (de diente) ‖ ASTRON couronne, auréole (de un astro) ‖ GEOM & ARQ couronne ‖ TECN couronne ‖ remontoir *m* (de reloj) ■ BOT **corona de rey** saxifrage à feuilles longues ‖ **corona fúnebre** couronne funéraire o mortuaire ■ **muela con una corona** dent couronnée ■ **ceñir** o **ceñirse uno la corona** ceindre la couronne ‖ **poner una corona a una muela** couronner une dent, mettre une couronne à une dent.

coronación *f* couronnement *m* (fin, término) ‖ ARQ couronnement *m*.

coronado, da *adj* couronné, e; **testa coronada** tête couronnée ‖ tonsuré (clérigo).

coronal *adj* ANAT coronal, e (hueso).

coronamiento *m* LIT & FIG couronnement.

coronar *v tr* couronner, sacrer (poner una corona) ‖ damer (en el juego de damas) ‖ FIG couronner (acabar) ‖ couronner, surmonter; **una estatua corona el edificio** une statue surmonte l'édifice.

coronario, ria *adj* coronaire; **la arteria coronaria** l'artère coronaire.

coronariopatía *f* MED coronaropathie.

corondel *m* IMPR filet (regleta entre dos columnas).
◆ **corondeles** *m pl* vergeure *f sing* (rayas).

coronel, la *m & f* MIL colonel, elle.

coronelía *f*; **coronelato** (*Amer*) *m* grade *m* de colonel.

corónide *f* achèvement *m*, couronnement *m*.

coronilla *f* sommet *m* de la tête ‖ tonsure (de los sacerdotes) ‖ BOT coronille ■ FIG & FAM **andar** o **estar de coronilla** ne pas savoir où donner de la tête, être sur les dents ‖ **estar uno hasta la coronilla** en avoir par-dessus la tête, en avoir marre, en avoir plein le dos.

corosol *f* BOT corossol (fruto) ‖ corossolier (árbol).

corotos *m pl* (*Amer*) machins, trucs (trastos).

coroza *f* caroche (de los condenados) ‖ cape en paille des paysans galiciens.

corozo *m* corozo (marfil vegetal) ‖ corossol (fruta) ‖ corossolier (árbol).

corpa *f* morceau *m* de minerai brut.

corpachón; corpanchón; corpazo *m* FAM carcasse *f*, grand corps mal bâti ‖ carcasse *f* de volaille (del ave).

corpiño *m* corsage sans manches, corselet ‖ (*Amer*) soutien-gorge (sostén).

corporación *f* corporation ‖ assemblée.
‖ SIN sociedad société; organismo organisme; entidad entité; colegio collège; mutualidad mutualité.

corporal *adj* corporel, elle (del cuerpo); **pena corporal** peine corporelle.
◇ *m* ECLES corporal (lienzo bendito).

corporalidad *f* corporalité.

corporativamente *adv* en corporation.

corporativismo *m* corporatisme.

corporativista *adj & s* corporatiste.

corporativo, va *adj* corporatif, ive.

corporeidad *f* corporéité.

corpóreo *adj* corporel, elle.

corps *m* **guardia de corps** garde du corps ‖ **sumiller de corps** grand chambellan.

corpulencia *f* corpulence.

corpulento, ta *adj* corpulent, e.

Corpus (christi) [kɔrpuskristi] *n pr m* RELIG Fête-Dieu *f*.

corpuscular *adj* corpusculaire.

corpúsculo *m* corpuscule; **los microbios son corpúsculos** les microbes sont des corpuscules.

corral *m* basse-cour *f* (para aves) ▎ cour *f* (patio) ▎ parc (de pesca) ▎ cirque (de montañas) ▎ (ant) théâtre ▎ (*Amer*) enclos (redil) ■ **aves de corral** oiseaux de basse-cour, volaille ▎ **corral de madera** chantier de bois ▎ FIG & FAM **corral de vacas** écurie, porcherie.

corralera *f* chanson andalouse.

corralero, ra *m* & *f* éleveur, euse de volailles.

corralito *m* parc [pour enfants].

corraliza *f* basse-cour, cour (corral).

corralón *m* grande cour *f* ▎ cour *f* (de una casa de vecinos) ▎ (*Amer*) hangar (almacén) ▎ fourrière *f* (para automóviles).

correa *f* [▷ SIN] courroie (tira de cuero); **correa de transmisión** courroie de transmission ▎ ceinture (cinturón) ▎ bracelet *m* (de un reloj) ▎ FIG souplesse, élasticité (flexibilidad) ▎ ARQ panne ▎ FIG & FAM **tener correa** avoir bon dos, comprendre la plaisanterie, être patient (ser sufrido), être costaud, avoir de la résistance (tener fuerza).

> SIN correhuela, (amer) guasca lanière; cincha sangle; cinturón ceinture; correaje harnais.

correaje *m* buffleterie *f* (del equipo del soldado) ▎ harnais (arnés).

correar *v tr* corroyer (la lana).

correazo *m* coup de courroie, sanglade *f*.

correcalles *m* FAM coureur de rues, batteur de pavés (vago).

corrección *f* correction; **recibir una corrección** recevoir une correction ▎ correction (finura, enmienda) ▎ [▷ SIN] IMPR correction ■ **corrección de pruebas** correction des épreuves ▎ **corrección disciplinaria** sanction disciplinaire ▎ **corrección-modelo** corrigé; **la corrección-modelo de la versión** le corrigé de la version.

> SIN enmienda modification; rectificación rectification; reparación réparation.

correccional *adj* correctionnel, elle ▎ **tribunal correccional** tribunal correctionnel, la correctionnelle.
◇ *m* maison *f* de correction, maison *f* de redressement; **correccional de menores** maison de redressement.

correctamente *adv* correctement.

correctivo, va *adj* & *s m* correctif, ive ▎ GRAM **conjunción correctiva** conjonction adversative ▎ **oración correctiva** discours adversatif.

correcto, ta *adj* correct, e.

corrector, ra *adj* & *s* correcteur, trice ▎ corrigeur, euse (imprenta).

> OBSERV El **corrector** está encargado de corregir las pruebas. El **corrigeur** hace, en una imprenta, la corrección tipográfica de los caracteres de plomo.

corredero, ra *adj* coulissant, e; **puerta corredera** porte coulissante.
▸ **corredera** *f* coulisse (de una ventana o puerta) ▎ meule courante (muela de molino) ▎ ZOOL cloporte *m* (cochinilla) ▎ (p us) cirque *m*, hippodrome *m* ▎ allée cavalière (calle) ▎ MAR loch *m* ▎ TECN tiroir *m* (de la máquina de vapor) ▎ FIG & FAM entremetteuse, maquerelle (alcahueta) ▎ FAM (*Amer*) courante (diarrea) ■ **corredera pequeña** coulisseau ▎ **de corredera** à coulisse, coulissant, à glissière (ventana, puerta).

corredizo, za *adj* coulant, e; **nudo corredizo** nœud coulant ▎ **techo corredizo** toit ouvrant o coulissant (de los coches).

corredor, ra *adj* & *s* coureur, euse (que corre) ▎ ZOOL coureur (dícese de ciertas aves).
▸ **corredor** *m* COM courtier, commissionnaire, placier (de ventas); **corredor de seguros** courtier d'assurances ▎ agent; **corredor de Bolsa, de cambio** agent de change ▎ éclaireur (soldado) ▎ couloir, corridor (pasillo) ▎ chemin couvert (fortificación) ▎ AVIAC **corredor aéreo** couloir aérien.
▸ **corredora** *f* coureur *m* (ave).

corredura *f* comble *m* d'une mesure.

correduría *f* courtage *m* (profesión) ▎ courtage *m* (corretaje).

corregidor *m* corrégidor (antiguo magistrado español) ▎ maire (antiguo alcalde nombrado por el rey).

corregidora *f* femme du corrégidor.

corregir [42] *v tr* corriger (una falta, un vicio, a alguien, etc.); **corregir por su mano** corriger de sa main ■ **corregido y aumentado** revu et corrigé ▎ MIL **corregir el tiro** rectifier le tir.
▸ **corregirse** *v pr* se corriger.

> SIN mejorar améliorer; enmendar amender; reformar réformer; remediar remédier; enderezar redresser, relever; rectificar rectifier.

correhuela *f* BOT renouée (centinodia) ▎ liseron *m* (enredadera) ▎ lanière (correa).

correinado *m* règne simultané de deux rois.

correinante *adj* corégnant, e.

correlación *f* corrélation.

correlacionar *v tr* mettre en rapport, relier.

correlativamente *adv* corrélativement.

correlativo, va *adj* & *s m* corrélatif, ive.

correligionario, ria *adj* & *s* coreligionnaire.

correlón, ona *adj* (*Amer*) coureur, euse ▎ lâche, peureux, euse (cobarde).

correntada *f* (*Amer*) courant *m* impétueux.

correntino, na *adj* & *s* de Corrientes (Argentina).

correntío *adj* coulant, e (corriente).

correntón, ona *adj* & *s* coureur, euse; bon marcheur, bonne marcheuse (trotacalles) ▎ boute-en-train *m inv* (festivo).
◇ *adj* enjoué, e; plaisant, e.

correntoso, sa *adj* (*Amer*) torrentueux, euse (un río).

correo *m* courrier, messager (mensajero) ▎ poste *f* (servicio postal); **echar una carta al correo** mettre une lettre à la poste [poster] ▎ bureau de poste (oficina) ▎ courrier, correspondance *f* (cartas recibidas); **hoy no hay mucho correo** aujourd'hui il n'y a pas beaucoup de courrier ▎ train-poste (tren correo) ▎ DR complice, coaccusé (cómplice) ■ **a vuelta de correo** par retour du courrier ■ **correo aéreo** poste aérienne ▎ **correo certificado** courrier recommandé ▎ FIG & FAM **correo de malas nuevas** messager de malheur ▎ INFORM **correo electrónico** courrier o messagerie électronique (e-mail) ▎ **correo marítimo** poste maritime.
▸ **correos** *m pl* poste *f sing*; **la Administración de Correos** l'administration des Postes ■ **apartado de Correos** boîte postale ▎ **central de Correos** poste centrale ▎ **estafeta de Correos** bureau de poste d'un quartier ▎ **lista de Correos** poste restante; **escribir a lista de Correos** écrire poste restante ▎ **sello de correos** timbre-poste.

correón *m* grande courroie *f* ▎ courroie de voiture (sopanda).

correosidad *f* souplesse, flexibilité.

correoso, sa *adj* souple, flexible ▎ mou, molle (el pan) ▎ coriace (la carne) ▎ FIG coriace (coriáceo).

correr *v intr* courir; **correr tras uno** courir à la poursuite de o derrière quelqu'un; **correr en busca de uno** courir à la recherche de quelqu'un ▎ FIG courir; **la senda corre entre las viñas** le sentier court parmi les vignes ▎ couler; **el río corre entre los árboles** la rivière coule entre les arbres; **la sangre corre a borbotones** le sang coule à flots ▎ FIG souffler (el viento) ▎ passer, courir (tiempo); **¡cómo corre el tiempo!** comme le temps passe! ▎ aller vite, filer; **este coche corre mucho** cette voiture va très vite ▎ courir (noticia); **corre la voz que** le bruit court que ▎ avoir cours; **esta moneda no corre** cette monnaie n'a pas cours ▎ être compté (interés, sueldo, renta); **correrá tu sueldo desde el primero de marzo** ton salaire te sera compté à partir du 1er mars ▎ glisser (deslizar) ■ **correr a cargo de** o **por cuenta de** être à la charge de, incomber à ▎ **correr como un descosido** courir comme un dératé o à fond de train o à perdre haleine o à toutes jambes ▎ **correr como un gamo** courir comme un zèbre ▎ **correr con alguna cosa** se charger d'une chose ▎ **correr con los gastos** prendre à ses frais ▎ **correr prisa** être urgent, être pressé ▎ FAM **correr uno que se las pela** courir comme un dératé ■ **al correr de la pluma** au fil o au courant de la plume ▎ **al correr de los días** au fil des jours ▎ **al correr de los siglos** au cours des siècles ▎ **a todo correr, a más correr** à toute vitesse, à toute allure ▎ **a todo turbio, a turbio, correr** continuer quoiqu'il arrive ▎ **¡corre!, ¡corre!** vite, vite! ▎ **de prisa y corriendo** en toute hâte, très vite, à toute vitesse ▎ **el mes que corre** le mois en cours o qui court ▎ **en los tiempos que corren** par les temps qui courent ▎ **eso corre de** o **por su cuenta** cela vous revient (le incumbe), c'est vous qui vous en occupez ▎ **ir a todo correr** aller à fond de train.
◇ *v tr* faire courir; **correr un caballo** faire courir un cheval ▎ courir (acosar); **correr un jabalí** courir un sanglier (los toros) ▎ courir; **correr los cien metros** courir le cent mètres ▎ parcourir (recorrer) ▎ FIG pousser, déplacer; **correr una silla** pousser une chaise ▎ tirer; **correr las cortinas** tirer les rideaux ▎ mettre, pousser, tirer, fermer; **correr el cerrojo** mettre le verrou ▎ dénouer (desatar) ▎ faire pencher (la balanza) ▎ confondre, faire rougir (avergonzar) ▎ (*Amer*) intimider quelqu'un (atemorizar) ■ FAM **correrla** faire la bombe o la noce ▎ **correr las amonestaciones** publier les bans ▎ **correr las mozas** courir le guilledou, courir les filles ▎ **correr mundo** voir du pays, courir le monde (viajar), rouler

sa bosse (conocer mucho) ‖ **correr parejas** aller de pair ‖ **correr peligro** être en danger ‖ **correr peligro de** risquer de ‖ **correr un peligro** courir un danger ‖ FIG **correr un velo sobre** jeter un voile sur, tirer le rideau sur, passer sous silence ‖ **corre el peligro de que** il est à craindre que ‖ **estar corrido** être confus.

◆ **correrse** v pr FIG se pousser; **córrase un poco** poussez-vous un peu ‖ FAM rougir; **correrse de vergüenza** rougir de honte ‖ couler (candela) ‖ filer; **se me ha corrido la media** mon bas a filé ‖ baver (la tinta) ‖ couler (el maquillaje) ■ FAM **correrse una juerga** faire la bringue ‖ IMPR **prueba en que la tinta se corre** épreuve qui bavoche.

correría f incursion, raid m (en país enemigo) ‖ voyage m rapide.

correspondencia f correspondance (relación) ‖ correspondance; **mantener correspondencia con alguien** être en correspondance o entretenir une correspondance avec quelqu'un ‖ correspondance, courrier m (correo) ‖ **llevar o encargarse de la correspondencia** s'occuper du courrier ‖ correspondance (comunicación) ■ MAT **correspondencia biunívoca** correspondance biunivoque ‖ MAT **correspondencia unívoca** correspondance univoque.

corresponder v intr communiquer; **estas dos habitaciones corresponden** ces deux pièces communiquent ‖ rendre, payer de retour; **corresponder un beneficio con otro** rendre un bienfait par un autre, payer de retour un bienfait ‖ revenir; **esto te corresponde a ti** ceci te revient ‖ être à; **a ti te corresponde hacerlo** c'est à toi de le faire ‖ correspondre (concordar); **corresponder a o con** correspondre à ■ **amor correspondido** amour partagé ‖ **a quien corresponda** à qui de droit ‖ **como corresponde** comme de juste ‖ **corresponder a una invitación** rendre une invitation ‖ **querer a alguien sin ser correspondido** aimer quelqu'un sans être payé de retour.

◆ **corresponderse** v pr correspondre, entretenir une correspondance; **corresponderse con un amigo** correspondre avec un ami ‖ s'aimer (amarse).

correspondiente adj correspondant, e; **ángulos correspondientes** angles correspondants ‖ **miembro correspondiente** correspondant (academia).

corresponsable adj coresponsable.

corresponsal adj & s correspondant, e; **corresponsal de periódico** correspondant d'un journal ‖ correspondant, e; agent (de un banco, etc.).

corresponsalía f correspondance (de un periódico) ‖ emploi m de correspondant d'un journal (cargo) ‖ **jefe de corresponsalía** chef de correspondance.

corretaje m COM courtage, commission f.

corretear v intr FAM battre le pavé, flâner, courailler (vagar) ‖ s'ébattre, courir en tous sens (los niños) ‖ (Amer) poursuivre (perseguir).

correteo m FAM flânerie f (del vago) ‖ ébats pl (de los niños).

corretón, ona adj agité, e; qui court ‖ FIG batifoleur, euse.

correvedile; correveidile m & f FIG & FAM rapporteur, euse; cancanier, ère (chismoso) ‖ entremetteur, euse (alcahuete).

corrida f course (carrera) ‖ course de taureaux, corrida (de toros) ‖ FAM série (tanda) ‖ (Amer) affleurement m (minas) ‖ foire (juerga) ‖ **de corrida** à la hâte (apresuradamente), couramment (hablar), à livre ouvert (traducir).

◆ **corridas** f pl **chant** m sing populaire andalou (playera).

corrido, da adj bon, bonne; **un kilo corrido** un bon kilo ‖ cursive (escritura) ‖ FIG confus, e; déconfit, e; penaud, e (avergonzado) ‖ qui a beaucoup d'expérience (experimentado) ■ **balcón corrido** long balcon ‖ **barba corrida** barbe fournie ‖ **de corrido** couramment; **leer de corrido** lire couramment; **hablar un idioma de corrido** parler couramment une langue; à livre ouvert; **traducir de corrido** traduire à livre ouvert ‖ **pesar corrido** faire bon poids ‖ **saber de corrido** savoir sur le bout du doigt.

◆ **corrido** m hangar (cobertizo) ‖ chanson et danse mexicaines.

corriente adj courant, e (que corre) ‖ courant, e (tiempo actual); **el 15 del corriente** le 15 courant; **le escribiré a fines del corriente** je lui écrirai fin courant ‖ courant, e (común) ‖ ordinaire; **vino corriente** vin ordinaire ‖ coulant, e (estilo) ‖ moyen, enne; **el francés corriente** le Français moyen ■ **al corriente** au courant (al tanto), sans retard (sin atraso) ■ **corriente y moliente** courant, ordinaire, moyen ‖ **cuenta corriente** compte courant ‖ **es cosa corriente, es moneda corriente** c'est chose courante, c'est monnaie courante ‖ FIG **poner al corriente** mettre au courant, apprendre ‖ **tener, estar al corriente** tenir, être au courant ‖ **salirse de lo corriente** sortir de l'ordinaire ‖ FAM **estar corriente** avoir la courante VULG.

◇ f courant m (movimiento de un fluido); **corriente marina, de aire** courant marin, d'air ‖ cours m; **seguir la corriente de un río** suivre le cours d'un fleuve ‖ coulée (de lava) ‖ ELECTR courant, e; **corriente alterna, continua, de alta frecuencia, trifásica** courant alternatif, continu, à haute fréquence, triphasé ‖ FIG courant m; **seguir la corriente** suivre le courant; **la corriente de la opinión** le courant de l'opinion ■ FIG **abandonarse a la corriente** aller à la dérive ‖ **dejarse llevar de la corriente** suivre le mouvement ‖ **ir o navegar contra la corriente** remonter le courant ‖ FIG **llevar la corriente** ne pas contrarier.

corrientemente adv couramment.

corrigendo, da adj & s détenu, e [d'un établissement pénitentiaire].

corrillo m cercle, petit groupe ‖ FIG corbeille f, parquet (en la Bolsa) ‖ compartiment (sector).

corrimiento m GEOL glissement [de terrain] ‖ coulée f, action f de couler ‖ AGRIC coulure f (de la uva) ‖ MED fluxion f ‖ FIG confusion f, honte f (vergüenza) ‖ (Amer) rhumatisme (reumatismo).

corro m cercle (de personas); **en corro** en cercle ‖ cercle (espacio circular) ‖ ronde f (danza) ‖ FIG corbeille f, parquet (en la Bolsa) ‖ compartiment (sector); **corro bancario** compartiment bancaire ■ **bailar en corro** faire la ronde ‖ **entrar en el corro** entrer dans la ronde ‖ **ha-**

cer corro faire cercle ‖ **hacer corro aparte** faire bande à part.

corroboración f corroboration.

corroborante m MED fortifiant.

corroborar v tr fortifier (fortificar) ‖ corroborer; **corroborar con hechos** corroborer par des faits.

corroer [69] v tr corroder, ronger (roer) ‖ FIG ronger; **las preocupaciones le corroen** les soucis le rongent.

◆ **corroerse** v pr se corroder.

corromper v tr corrompre.

◆ **corromperse** v pr se corrompre.

corroncho f (Amer) coquille (concha).

corrosal m BOT corossol, anone f.

corrosión f corrosion.

corrosivo, va adj & s m corrosif, ive.

corrugación f BIOL contraction.

corrupción f corruption ‖ FIG corruption (de voces, de costumbres, de funcionarios) ‖ **corrupción de menores** corruption o détournement de mineurs.

corruptela f corruption ‖ abus m (abuso).

corrupto, ta adj corrompu, e.
‖ OBSERV Cet adjectif est le participe passé irrégulier de **corromper**.

corruptor, ra adj & s corrupteur, trice.

corruscante adj croustillant, e (el pan).

corrusco m FAM croûton (de pan).

corsario, ria adj & s m corsaire.

corsé m corset ‖ **corsé ortopédico** corset orthopédique.

corsetería f fabrique (fábrica), boutique (tienda) de corsets.

corsetero, ra adj & s corsetier, ère.

corso m MAR course f [des corsaires]; **armar en corso** armer en course ‖ (Amer) corso (desfile).

corso, sa adj & s corse (de Córcega).

◆ **corso** m LING corse.

corta f coupe (tala).

cortable adj qui peut être coupé.

cortabolsas f FAM coupeur de bourses (ladrón).

cortacallos m inv coupe-cors.

cortacésped m tondeuse f à gazon.

cortacigarros m inv coupe-cigares.

cortacircuitos m inv ELECTR coupe-circuit.
‖ OBSERV Ne pas confondre avec **cortocircuito** court-circuit.

cortacorriente m ELECTR commutateur.

cortada f (Amer) coupure (herida).

cortadera f tranche m, bédane f (herramienta de herrero) ‖ tranchant m, désoperculateur m (de colmenero) ‖ (Amer) sorte de graminée.

cortadillo m gobelet, timbale f (vaso) ‖ azúcar de cortadillo sucre en morceaux.

cortado, da adj coupé, e ‖ FIG troublé, e; confus, e; court, e; **se quedó cortado** il a été confus, il est resté court ‖ tourné, e; **leche cortada** lait tourné ‖ coupé, e; haché, e; saccadé, e (estilo) ‖ BLAS coupé, e ■ (Amer) **andar cortado** être fauché o sans le sou ‖ **dejar cortado** interdire; **lo dejó cortado** il a été tout interdit ‖ **están todos cortados por el mismo**

patrón o la misma tijera ils sont tous taillés sur le même modèle ▌ tener el cuerpo cortado être mal fichu.

◆ **cortado** *m* noisette (café) ▌ coupé (paso de baile).

cortador, ra *adj & s* coupeur, euse (que corta).
◇ *m & f* coupeur, euse (sastre).

◆ **cortadora** *f* TECN trancheuse ▌ cortadora de césped tondeuse à gazon.

cortadura *f* coupure (incisión) ▌ gorge, défilé *m* (entre montañas) ▌ coupure (en un periódico) ▌ hacerse una cortadura en la mano, en la cara con la cuchilla de afeitar se couper la main, se couper la figure avec un rasoir.

◆ **cortaduras** *f pl* rognures (recortes).

cortafierro *m* (*Amer*) ciseau à froid (cortafrío, cincel).

cortafrío *m* TECN ciseau à froid, burin, bédane *f*.

cortafuego *m* AGRIC coupe-feu *inv*, parefeu *inv* ▌ ARQ mur, coupe-feu *inv*.

cortahierro *m* TECN ciseau à froid.

cortalápices *m inv* taille-crayon.

cortalegumbres *m inv* coupe-légumes.

cortante *adj* coupant, e; tranchant, e.
◇ *m* couperet (cuchilla).

cortapapel *m*; **cortapapeles** *m inv* coupe-papier *inv*.

cortapicos *m inv* ZOOL perce-oreille, forficule *f*.

cortapiés *m* FAM coup d'épée dans les jambes.

cortapisa *f* condition, restriction; poner cortapisas a poser des conditions à, faire des restrictions à ▌ obstacle *m*, entrave (traba) ▌ bordure, garniture de vêtements (guarnición) ▌ FIG charme *m*, piquant *m* (gracia) ▌ sin cortapisas sans condition restrictive, sans réserve.

cortaplumas *m inv* canif *m*.

cortapuros *m inv* coupe-cigares.

cortar *v tr* [▷ SIN] couper; cortar pan, un vestido couper du pain, une robe ▌ trancher (separar netamente); cortar la cabeza trancher la tête ▌ tailler, couper (dando determinada forma); cortar el pelo al cepillo tailler les cheveux en brosse ▌ FIG fendre; cortar el agua, el aire fendre l'eau, l'air ▌ couper (suprimir) ▌ couper (vino, líquido) ▌ couper, séparer (separar) ▌ couper, barrer (una calle) ▌ couper (los naipes) ▌ couper, transpercer (el frío, el viento) ▌ couper, interrompre (la inspiración, una comunicación, una discusión) ▌ trancher (decidir como árbitro) ▪ FIG cortar bien una poesía bien réciter une poésie ▌ cortar de raíz tuer dans l'œuf, couper à o par la racine ▌ cortar el apetito couper l'appétit ▌ cortar el bacalao être le grand manitou, faire la pluie et le beau temps, avoir la haute main ▌ cortar el hilo del discurso rompre le fil du discours ▌ cortar el paso barrer le chemin ▌ cortar en seco trancher net ▌ cortar la palabra couper la parole ▌ cortar la retirada couper la retraite ▌ cortar los puentes couper les ponts ▌ cortar por lo vivo o por lo sano trancher dans le vif, crever l'abcès ▌ FAM cortar un traje o un vestido casser du sucre sur le dos de quelqu'un ▌ cortar vestidos cancaner.
◇ *v intr* couper; un cuchillo que corta bien

un couteau qui coupe bien ▌ couper (en los naipes) ▌ FAM éste ni corta ni pincha en su casa chez lui, il n'a que le droit de se taire.

◆ **cortarse** *v pr* se couper ▌ FIG se troubler, rester confondu (turbarse) ▌ tourner; la leche se ha cortado le lait a tourné ▌ gercer (la piel) ▌ se faire couper; yo me corto el pelo en la peluquería je me fais couper les cheveux chez le coiffeur ▌ FAM (*Amer*) claquer (morir).

▌ SIN recortar découper; picar hacher; tajar tailler; rebanar, cercenar trancher; tronzar tronçonner; seccionar sectionner; sajar couper, inciser.

cortarraíces *m inv* coupe-racines.

cortatubos *m inv* coupe-tube.

cortaúñas *m inv* coupe-ongles.

cortaviento *m* coupe-vent *inv*.

corte *m* [▷ SIN] coupure *f* (acción de cortar) ▌ coupure, panne *f* (de corriente eléctrica) ▌ tranchant, fil (filo); el corte de una espada le fil d'une épée ▌ coupe *f* (del pelo); corte a la navaja coupe *f* au rasoir ▌ coupe *f* (de un traje) ▌ métrage (cantidad de tela); corte de vestido métrage d'une robe ▌ coupe *f* (del trigo) ▌ coupure *f* (herida) ▌ coupe *f* (de la cara) ▌ coupe *f* (en los naipes) ▌ tranche *f* (de un libro) ▌ coupe *f* (dibujo de una sección) ▌ coupé (en el tenis) ▌ (*Amer*) moisson *f* (siega) ▌ mouvement de danse, balancement (contoneo) ▪ FAM corte de manga bras d'honneur ▌ darse corte se faire mousser.

▌ SIN cortadura coupure; muesca encoche; ranura rainure; escopleadura mortaise; tajo taille.

corte *f* cour (residencia de los reyes) ▌ cour (familia real y gentes de palacio) ▌ suite, cortège *m* (acompañamiento) ▌ (*Amer*) cour de justice ▪ hacer la corte faire la cour ▌ la corte celestial le ciel, la cour céleste.

cortedad *f* petitesse (poca extensión), brièveté (brevedad) ▌ FIG manque *m* [de moyens, d'instruction, de courage, etc.]; cortedad de ánimo manque de courage ▌ timidité, pusillanimité (timidez) ▌ cortedad de genio timidité.

cortejar *v tr* faire la cour à (halagar) ▌ faire la cour à, courtiser (galantear).

cortejo *m* cour *f* (acción de cortejar) ▌ cortège, suite *f* (séquito); cortejo fúnebre cortège funèbre ▌ présent, cadeau (regalo, agasajo).

Cortes *n pr m pl* HIST états généraux ▌ Cortes [ensemble des deux chambres législatives] (asamblea parlamentaria) ▌ Cortes Constituyentes assemblée *f* constituante.

cortés *adj* courtois, e; poli, e ▌ FAM lo cortés no quita lo valiente on ne perd rien à être poli, la courtoisie n'exclut pas le courage.
▌ OBSERV pl corteses.

cortesanesco, ca *adj* courtisanesque.

cortesanía *f* courtoisie, politesse.

cortesano, na *adj* de la cour (de la corte) ▌ courtois, e; poli, e (cortés) ▌ literatura cortesana littérature courtoise.

◆ **cortesano** *m* courtisan (palaciego).

◆ **cortesana** *f* courtisane (mujer de mala vida).

cortesía *f* courtoisie, politesse, civilités *pl*; rivalizar en cortesía faire assaut de politesses ▌ formule de politesse (en las cartas) ▌ cadeau *m* (regalo) ▌ COM délai *m* de grâce [pour le paiement d'une traite] ▌ grâce (favor) ▌ titre *m*

(tratamiento) ▌ IMPR blanc *m* [page ou espace laissé en blanc] ▪ cortesía de la Dirección General de Turismo cédé par l'Office du tourisme ▌ cortesía del autor hommage de l'auteur.

corteza *f* écorce (del árbol) ▌ écorce, zeste *m* (de naranja o limón) ▌ croûte (del pan, del queso, etc.) ▌ couenne (del tocino) ▌ ZOOL gelinotte (ave) ▌ FIG écorce, extérieur *m* (apariencia) ▌ rudesse, rusticité (rusticidad) ▌ ANAT corteza cerebral cortex *m* (cérébral), écorce cérébrale ▌ la corteza terrestre l'écorce terrestre.

cortical *adj* ANAT cortical, e; sustancia cortical substance corticale.

corticoide *m* corticoïde.

cortijada *f* groupe *m* d'habitations paysannes ▌ groupe *m* de fermes.

cortijero, ra *m & f* fermier, ère; métayer, ère (granjero) ▌ contremaître *m* (capataz).

cortijo *m* ferme *f*, métairie *f* [principalement en Andalousie].

cortina *f* rideau *m* (semi transparente); correr la cortina tirer le rideau ▌ double rideau (opaco) ▌ dais *m* (dosel) ▌ FIG rideau *m*, écran *m* (lo que oculta); cortina de fuego rideau de feu; cortina de humo rideau o écran de fumée ▌ courtine (fortificación) ▌ mur *m* de soutènement d'un quai (muelle).

cortinado; cortinaje *m* rideaux *pl*.

cortinal *m* enclos, jardin.

cortinilla *f* rideau *m*.

cortisona *f* MED cortisone.

corto, ta *adj* [▷ SIN] court, e; una falda muy corta une jupe très courte ▌ FIG timide, timoré, e ▌ corto de alcance borné ▌ corto de estatura très petit ▌ corto de medios à court d'argent, désargenté ▌ corto de vista myope, qui a la vue basse FAM ▪ a corta distancia à faible distance ▌ a la corta o a la larga tôt ou tard ▌ caldo corto court-bouillon ▌ ni corto ni perezoso sans crier gare, de but en blanc ▌ novela corta nouvelle ▌ vestida de corto qui n'a pas encore fait son entrée dans le monde ▌ vista corta vue basse ▪ ser corto de alcances avoir l'esprit bouché ▌ ser corto de genio être timide.

◆ **corto** *adv* court ▪ quedarse corto être au-dessous du nombre, avoir calculé trop juste, être au-dessous de la vérité ▌ y me quedo corto j'en passe, et des meilleures.

◆ **corto** *m* CINEM court-métrage.

▌ SIN bajo bas; pequeño petit; breve bref; lapidario lapidaire; sucinto succint; abreviado abrégé; sumario sommaire.

cortocircuito *m* ELECTR court-circuit.
▌ OBSERV Ne pas confondre avec cortacircuito coupe-circuit.

cortometraje *m* CINEM court-métrage.

cortón *m* ZOOL courtilière *f*.

corúa *f* sorte de cormoran *m* de Cuba.

Coruña *n pr* GEOGR La o A Coruña La Corogne.

coruñés, esa *adj & s* de La Corogne.

coruscar [10] *v intr* POÉT briller.

corva *f* ANAT jarret *m*.

corvadura *f* courbure.

corvar *v tr* courber.

corvato *m* corbillat (cuervo pequeño).

corvaza f VETER tumeur au jarret.

corvejón m jarret (de un animal) ∥ ergot (espolón de las aves) ∥ ZOOL cormoran (cuervo marino) ∥ FAM meter la pata hasta el corvejón mettre les pieds dans le plat, faire une gaffe monumentale.

corvejos m pl jarret sing.

corveta f EQUIT courbette.

corvetear v intr EQUIT faire des courbettes.

córvidos m pl corvidés (aves).

corvina f corbeau m de mer (pez).

corvo, va adj courbé, e ∥ crochu, e ∥ nariz corva nez crochu.

corzo, za m & f chevreuil, chevrette.

corzuelo m grain vêtu [qui a gardé sa balle après battage].

cosa f chose ∥ DR chose; cosa juzgada chose jugée ■ cosa de quelque chose comme, environ, à peu près; cosa de dos horas, de cinco kilómetros quelque chose comme deux heures, environ cinq kilomètres ∥ (Amer) cosa que pour que, afin que, de façon à ce que (no vaya a ser que); iré a verle mañana cosa que no vaya a pensar que le he olvidado j'irai le voir demain pour qu'il ne pense pas que je l'ai oublié ■ a cosa hecha exprès (adrede), à coup sûr (con éxito seguro) ∥ cada cosa en su tiempo, y los nabos en adviento chaque chose en son temps ∥ FAM como si tal cosa comme si de rien n'était ∥ cualquier cosa n'importe quoi ∥ de una cosa a otra de fil en aiguille ∥ FAM poquita cosa minable ∥ ¡qué cosa más estúpida! c'est vraiment stupide!, c'est complètement stupide! ∥ ¡qué cosa más o tan rara! c'est vraiement curieux! ■ como quien no quiere la cosa mine de rien ∥ cosa nunca vista du jamais vu ∥ dejarlo como cosa perdida en faire son deuil ∥ esa es la cosa voilà le hic, c'est là l'ennui ∥ es cosa de un mes, de un año c'est l'affaire d'un mois, d'un an ∥ es cosa de ver, de oír c'est à voir, à entendre; ça vaut la peine d'être vu, d'être entendu ∥ eso es cosa mía c'est mon affaire, cela me regarde ∥ este niño es una cosa mala cet enfant est un démon (demonio), cet enfant est incorrigible (incorregible) ∥ hacerse con una cosa s'emparer de quelque chose ∥ la cosa está que arde le torchon brûle ∥ ¡ni cosa que valga! pas d'excuse qui tienne! ∥ no es cosa del otro jueves o del otro mundo ce n'est pas la mer à boire, il n'y a pas de quoi fouetter un chat (no es difícil), ça ne casse rien, ça ne casse pas des briques (no es ninguna maravilla) ∥ no hay tal cosa il n'en est rien, ce n'est pas vrai ∥ no sea cosa que au cas où ∥ no vale gran cosa ça ne vaut pas grand-chose ∥ ser cosa de être bien de; son cosas de tu amigo c'est bien de ton ami ∥ ser poca cosa être peu de chose ∥ tengo otras cosas en que pensar j'ai d'autres choses en tête ∥ FIG una cosa es enhebrar y otra cosa es dar puntadas la critique est aisée, mais l'art est difficile.

➤ **cosas** f pl affaires (objetos); llévese sus cosas de aquí emportez vos affaires d'ici ∥ FAM idées; ¡qué cosas tiene! il a de ces idées!; son cosas de él ce sont des idées à lui ∥ las cosas de palacio van despacio tout vient à point à qui sait attendre.

cosaco, ca adj & s m cosaque ∥ FIG beber como un cosaco boire comme un Polonais.

cosario, ria adj battu, e; fréquenté, e (camino).

➤ **cosario** m commissionnaire, transporteur, messager.

coscacho m (Amer) coup sur la tête (coscorrón).

coscarse [10] v pr FAM ne rien piger, ne rien saisir (no comprender).

coscoja f BOT chêne m kermès [sorte d'yeuse] (encina) ∥ feuille sèche de l'yeuse (hoja).

coscojal; coscojar m chênaie f.

coscojo m cinelle f, galle f du chêne (agalla).

coscoroba f (Amer) sorte de cygne (cisne).

coscorrón m coup [donné sur la tête].

cosecante f MAT cosécante.

cosecha f AGRIC récolte (término general) ∥ cueillette (de las frutas) ∥ moisson (de cereales) ∥ cru m (vino) ∥ FIG moisson, abondance (acopio) ∥ cru; de su propia cosecha de son cru ∥ de la última cosecha de la dernière cuvée.

cosechador, ra m & f cueilleur, euse.

cosechadora f moissonneuse-lieuse.

cosechar v intr AGRIC faire la récolte ∥ moissonner (cereales).

◇ v tr [▷ SIN] récolter, moissonner ∥ cueillir (frutas, flores) ∥ FIG cueillir; cosechar laureles cueillir des lauriers ∥ recueillir, moissonner; cosechó innumerables galardones il a moissonné d'innombrables récompenses ∥ recueillir (aplausos).

> SIN recoger, recolectar recueillir, ramasser; segar moissonner; coger cueillir; vendimiar vendanger.

cosechero, ra m & f récoltant, e; propriétaire récoltant ∥ cosechero destilador bouilleur de cru.

cosedora f couseuse (máquina de coser) ∥ brocheuse (máquina de coser libros).

coselete m corselet (coraza ligera) ∥ ZOOL corselet (de insecto).

coseno m MAT cosinus.

cosepapeles m inv agrafeuse f.

coser v tr coudre; coser un botón coudre un bouton; máquina de coser machine à coudre ∥ piquer (coser con máquina) ∥ FIG coudre (reunir) ■ coser a cuchilladas larder, transpercer de coups de couteau ∥ coser con grapas agrafer (papeles) ∥ FIG & FAM eso es coser y cantar c'est simple comme bonjour, c'est bête comme chou, c'est un jeu d'enfant (muy fácil), ça va tout seul o comme sur des roulettes (como una seda).

➤ **coserse** v pr se coudre ∥ se piquer ∥ coserse a uno se coller à quelqu'un (pegarse a él).

cosi adv (Amer) c'est-à-dire ∥ comment (qué).

cosicosa f énigme (quisicosa).

cosido, da adj cousu, e; cosido a mano cousu main ∥ piqué, e (a máquina).

➤ **cosido** m couture (costura); cosido hecho a mano couture faite à la main.

cosijo m (Amer) contrariété f, ennui.

cosijoso, sa adj (Amer) geignard, e; bougon, onne; ronchonneur, euse.

COSLI (abrev de Coordinadora de Sindicatos Libres Independientes) f comité de coordination espagnol des syndicats libres indépendants.

Cosme n pr Côme [saint].

cosmético, ca adj & s m cosmétique.

cósmico, ca adj cosmique.

cosmobiología f cosmobiologie.

cosmódromo m cosmodrome.

cosmofísica f astrophysique.

cosmogonía f cosmogonie.

cosmogónico, ca adj cosmogonique.

cosmografía f cosmographie.

cosmográfico, ca adj cosmographique.

cosmógrafo m cosmographe.

cosmología f cosmologie.

cosmológico, ca adj cosmologique.

cosmólogo, ga m & f cosmologiste.

cosmonauta m & f cosmonaute.

cosmonáutica f astronautique.

cosmonave f spationef m.

cosmopolita adj & s cosmopolite.

cosmopolitismo m cosmopolitisme.

cosmoquímica f cosmochimie.

cosmorama m cosmorama.

cosmos m cosmos.

cosmovagar [16] v intr sortir d'un engin spatial [dans l'espace].

cosmóvago, ga m & f astronaute qui sort de son engin spatial.

coso m arènes f pl (plaza de toros) ∥ cours [rue principale dans certaines villes] ∥ ZOOL artison, cossus (carcoma) ∥ (Amer) machin, truc (chisme).

cospe m coup de doloire [pour dégrossir].

cospel m flan (de moneda).

cosque; cosqui m FAM coup [donné sur la tête], gnon.

cosquillar v tr chatouiller.

cosquillas f pl chatouillement m sing ∥ chatouilles FAM ■ FIG buscarle a uno las cosquillas provoquer quelqu'un, chercher à agacer quelqu'un, chercher des choses o des puces à quelqu'un ∥ hacer cosquillas chatouiller, faire des chatouilles ∥ tener cosquillas être chatouilleux.

cosquillear v tr chatouiller.

cosquilleo m chatouillement.

cosquilloso, sa adj chatouilleux, euse ∥ FIG susceptible, chatouilleux, euse.

costa f dépense, frais m pl (gasto) ■ a costa ajena aux dépens d'autrui ∥ a costa de aux dépens de; a costa de su familia aux dépens de sa famille; à force de; a costa de trabajo à force de travail; au prix de; a costa de grandes esfuerzos au prix de grands efforts ∥ a costa de su vida au péril de sa vie ∥ a poca costa à peu de frais ∥ a toda costa à tout prix, absolument, coûte que coûte ■ vivir a costa de uno vivre aux crochets de quelqu'un.

➤ **costas** f pl DR dépens m (gastos judiciales); reserva de costas distraction des dépens; condenar en o a costas condamner aux dépens.

costa *f* côte ■ barajar la costa longer la côte ‖ MAR navegar costa a costa côtoyer la terre, longer la côte.

> **LAS COSTAS**
>
> la costa del Azahar côte méditerranéenne espagnole comprise entre le delta de l'Èbre et Valence;
> la costa azul la Côte d'Azur;
> la costa Blanca la Costa Blanca
> la costa Brava la Costa Brava;
> la costa de Coromandel la Côte de Coromandel;
> la costa Dorada la Costa Dorada;
> la costa de Malabar la Côte de Malabar;
> la costa del Sol la Costa del Sol.

Costa de Marfil *n pr f* GEOGR Côte d'Ivoire.

costado *m* côté; dolor o punto de costado point de côté; tendido de costado couché sur le côté ‖ MIL flanc (de un ejército) ‖ MAR travers, flanc (de un barco) ■ dar el costado présenter le flanc (en un combate), abattre (para carenar o limpiar un barco) ‖ por los cuatro costados jusqu'au bout des ongles.

costal *adj* costal, e (de las costillas).
◇ *m* sac [d'environ 50 kg] ‖ étai (puntal) ■ FIG & FAM eso es harina de otro costal c'est une autre paire de manches, c'est une autre histoire ‖ ser un costal de huesos n'avoir que la peau et les os, être un paquet d'os ‖ vaciar el costal vider son sac, dire tout ce que l'on avait sur le cœur.

costalada *f*; **costalazo** *m* chute *f* sur le côté o sur le dos, culbute *f* ‖ pegarse una costalada se flanquer par terre, faire la culbute.

costalero *m* portefaix, crocheteur (mozo de cordel) ‖ porteur [qui porte les "pasos"].

costana *f* rue en pente ‖ MAR & AVIAC couple *m* (cuaderna).

costanera *f* côte (cuesta).
➡ **costaneras** *f pl* ARQ arbalétriers *m* (armazón).

costanero, ra *adj* en pente (inclinado) ‖ côtier, ère; navegación costanera navigation côtière.

costanilla *f* ruelle en pente (calle).

costar [23] *v intr* coûter, valoir; esto cuesta caro ça coûte cher ‖ FIG coûter; me cuesta mucho confesarlo ça me coûte beaucoup de l'avouer; las promesas cuestan poco les promesses coûtent peu ‖ avoir peine à; cuesta creerlo on a peine à le croire.
◇ *v tr* coûter; este trabajo me ha costado muchos esfuerzos ce travail m'a coûté beaucoup d'efforts ‖ costar la vida coûter la vie ‖ costar trabajo coûter beaucoup, coûter; me ha costado trabajo rehusar ça m'a beaucoup coûté de refuser; avoir peine à, avoir du mal à; me cuesta trabajo creerlo j'ai peine à le croire ‖ FIG & FAM costar un ojo de la cara o un sentido o un riñón coûter les yeux de la tête o un prix fou ‖ costó Dios y ayuda echarle fuera ça a été toute une histoire pour le mettre dehors ‖ cueste lo que cueste coûte que coûte ‖ le ha costado la salud il y a laissé sa santé.

Costa Rica *n pr f* Costa Rica.

costarricense; **costarriqueño, ña** *adj & s* costaricien, enne; de Costa Rica.

costarriqueñismo *m* mot o locution *f* propre à Costa Rica.

costarriqueño, ña ➡ **costarricense**.

coste *m* coût, prix; el coste de un coche le prix d'une voiture ■ coste, seguro y flete C.A.F. [coût, assurance, fret] ‖ coste de la vida coût de la vie ‖ coste de producción coût de production ‖ precio de coste prix de revient ■ a precio de coste au prix coûtant.

> OBSERV La confusion entre coste et costo est fréquente. Coste représente le prix en argent: coste de un mueble prix d'un meuble. Costo s'emploie pour des choses plus importantes et fait partie du langage des économistes: costo de un puente, de una carretera coût d'un pont, d'une route.

costear *v tr* payer; costear la instrucción a un niño payer l'instruction d'un enfant ‖ financer (financiar) ‖ MAR longer la côte ‖ (Amer) engraisser [le bétail].
➡ **costearse** *v pr* couvrir les frais, rentrer dans ses frais; esta empresa apenas se costea cette entreprise rentre à peine dans ses frais ‖ FAM s'offrir, se payer; costearse unas buenas vacaciones s'offrir de belles vacances ‖ (Amer) prendre la peine de‖se payer la tête de (burlarse).

costeño *adj* côtier, ère.

costeo *m* financement ‖ (Amer) embouche *f*, engraissement (del ganado)‖raillerie *f*, moquerie *f* (burla).

costera *f* (p us) côté *m* [d'une chose] ‖ côte (cuesta) ‖ côte (costa) ‖ MAR saison de pêche (período de pesca).

costero, ra *adj* côtier, ère (costanero).
➡ **costero** *m* dosse *f* (tabla) ‖ MAR côtier (barco) ‖ MIN épontes *f pl* (de un filón) ‖ TECN paroi *f* latérale [d'un haut-fourneau].

costilla *f* ANAT côte (del hombre); costilla verdadera, falsa, flotante vraie côte, fausse côte, côte flottante ‖ côte (de una cosa) ‖ côtelette (chuleta) ‖ ARQ côte ‖ MAR couple *m* ‖ FIG & FAM moitié, bourgeoise (esposa); ven a cenar con tu costilla viens dîner avec ta moitié.
➡ **costillas** *f pl* FAM dos *m sing* (espalda) ■ FIG a las costillas de aux dépens de, sur le dos de ‖ llevar sobre las costillas porter sur les épaules‖medirle a uno las costillas caresser o chatouiller les côtes de quelqu'un.

costillaje; **costillar** *m* ensemble des côtes du corps ‖ los costillares de un caballo le flanc d'un cheval (ijada).

costilludo, da *adj* FAM large d'épaules.

costino, na *adj* (Amer) côtier, ère.

costo *m* prix, coût (coste); mercancía de gran costo marchandise de grand prix; costo de fabricación coût de fabrication; costo de la vida coût de la vie ‖ dépense *f*, frais *pl* (gasto) ‖ BOT costus (planta tropical) ‖ FAM hasch (droga).
‖ OBSERV [➡ coste].

costoso, sa *adj* [▷ SIN] coûteux, euse ‖ FIG coûteux, euse; error costoso erreur coûteuse.

> SIN caro cher; oneroso onéreux; dispendioso dispendieux; ruinoso ruineux.

costra *f* croûte ‖ lumignon *m* (de una vela) ‖ MED croûte; costra láctea croûte de lait (usagre).

costreñir ➡ **constreñir**.

costroso, sa *adj* croûteux, euse.

costumbre *f* coutume; cada país tiene sus usos y sus costumbres chaque pays a ses us et coutumes ‖ habitude, coutume (hábito); tener costumbre de avoir l'habitude de, avoir coutume de (p us) ‖ como de costumbre comme d'habitude, comme à l'accoutumée, comme à l'ordinaire ‖ cuadro de costumbres tableau de genre ‖ de costumbre d'habitude, de coutume ‖ por costumbre d'habitude ‖ según costumbre suivant l'usage ‖ la costumbre es una segunda naturaleza l'habitude est une seconde nature ‖ la costumbre tiene fuerza de ley o hace ley la coutume fait loi.
➡ **costumbres** *f pl* mœurs; las costumbres anglosajonas les mœurs anglo-saxonnes; las costumbres de las abejas les mœurs des abeilles ■ atentado a o contra las buenas costumbres attentat aux mœurs.

costumbrismo *m* peinture *f* des mœurs d'un pays [genre et école littéraires].

costumbrista *adj* de mœurs, qui se rapporte à la peinture des mœurs; comedia, escena costumbrista comédie, scène de mœurs.
◇ *m* écrivain spécialisé dans le costumbrismo ‖ peintre de genre.

costura *f* couture; la alta costura la haute couture; sentar las costuras rabattre les coutures (el sastre) ‖ piqûre (con la máquina) ‖ MAR épissure, couture (empalme) ■ caja de costura nécessaire de couture ‖ cesta de costura corbeille à ouvrage ‖ TECN costura de remaches rivure ‖ FIG meter a uno en costura mettre quelqu'un au pas, faire entendre raison à quelqu'un.

costurera *f* couturière (modista) ‖ costurera de ropa blanca lingère.

costurero *m* table *f* à ouvrage (mesita) ‖ chiffonnier (mueble con cajones) ‖ nécessaire de couture (caja).

costurón *m* couture *f* grossière ‖ FIG balafre *f*, estafilade *f*, couture *f* (cicatriz).

cota *f* cote (vestido antiguo) ‖ cotte (armadura); cota jacerina o de mallas cotte de mailles ‖ cote (en topografía, número y altura).

cotana *f* TECN mortaise.

cotangente *f* MAT cotangente.

cotarro *m* asile de nuit (asilo) ‖ côté [flanc d'un ravin] (ladera) ■ FIG & FAM alborotar el cotarro semer le trouble, mettre la pagaille ‖ dirigir el cotarro mener la danse.

cotejar *v tr* confronter, collationner, comparer; cotejar dos textos confronter deux textes ‖ rapprocher, comparer; si cotejamos las dos situaciones si nous rapprochons les deux situations.

cotejo *m* collationnement, collation *f*, comparaison *f* (comparación) ‖ confrontation *f*, rapprochement, comparaison *f*; cotejo de dos textos confrontation de deux textes.

coterráneo, a *adj & s* compatriote.

cotí *m* coutil (tela).

cotidianamente *adv* quotidiennement.

cotidianidad *f* quotidienneté.

cotidiano, na *adj* quotidien, enne; journalier, ère.

> OBSERV Ce mot ne s'emploie pas comme substantif pour désigner un journal, qui se dit en espagnol periódico.

cotila f ANAT cotyle, glène.

cotiledón m BOT cotylédon.

cotilla f sorte de corset.
◇ m & f FAM cancanier, ère; commère f (chismoso).

cotillear v intr FAM cancaner, potiner.

cotilleo m FAM commérage, ragots pl, cancans pl.

cotillero, ra m & f cancanier, ère; commère f.

cotillo m tête f (del martillo).

cotillón m cotillon (baile).

cotinga m (Amer) cotinga (ave).

cotiza f BLAS cotice ‖ (Amer) sandale.

cotizable adj cotisable ■ título cotizable titre coté ‖ valores no cotizables valeurs hors cote.

cotización f COM cote, cours m de la Bourse (en la Bolsa) ‖ cotisation (cuota) ■ cotización al cierre cours de clôture, dernier cours ‖ cotización inicial cours d'ouverture, premier cours.

cotizado, da adj BLAS coticé, e.

cotizante adj & s cotisant, e.

cotizar [13] v tr coter (en la Bolsa) ‖ FIG estar cotizado être coté, avoir la cote; empleado que está muy cotizado employé qui est très bien coté.
◇ v intr cotiser [sa quote-part].
➨ **cotizarse** v pr être coté, e; valores que se cotizan valeurs qui sont cotées.
┃ OBSERV L'emploi de cotizar sous la forme intransitive est un gallicisme.

coto m clos (terreno) ‖ réserve f, terrain réservé (terreno acotado) ‖ borne f (mojón) ‖ cours (precio) ‖ ZOOL chabot (pez) ‖ FIG terme, limite f; poner coto a sus excesos mettre un terme à ses excès ‖ (Amer) goitre (bocio) ■ coto de caza, de pesca chasse, pêche gardée.

cotomono m (Amer) singe hurleur.

cotón m étoffe f de coton imprimé, sorte d'indienne ‖ (Amer) chemise f de paysan ‖ chemisette f (camisa corta).

cotona f (Amer) veste de daim (de gamuza) ‖ chemisette de travail (de tela).

cotonada f cotonnade (tejido).

Cotopaxi n pr m GEOGR el Cotopaxi le Cotopaxi.

cotorra f ZOOL perruche (ave) ‖ pie (urraca) ‖ FIG & FAM perruche, pie (mujer habladora); hablar como una cotorra jacasser comme une pie.

cotorrear v intr FIG & FAM jacasser.

cotorreo m FIG & FAM bavardage, caquet, jacasserie f.

cotorrera f FIG & FAM pie (persona habladora).

cotorro m (Amer) asile de nuit (cotarro).

cotorrón, ona m & f vieux beau, vieille coquette.

cotoso, sa adj goitreux, euse.

cototo m (Amer) bosse f [à la tête].

cotúa f (Amer) cormoran m (mergo).

cotudo, da adj pelucheux, euse; cotonneux, euse ‖ FAM radin, e (cicatero) ‖ têtu, e (cabezón) ‖ (Amer) goitreux, euse (con bocio).

cotufa f BOT topinambour m (tubérculo) ‖ souchet m (chufa) ‖ gourmandise, friandise (golosina).

coturno m cothurne (zapato) ■ FIG calzar el coturno chausser le cothurne ‖ de alto coturno de haut rang.

cotutela f DR cotutelle.

cotutor m DR cotuteur.

COU (abrev de curso de orientación universitaria) m année de préparation à l'entrée à l'université ≃ terminale f.

covacha f caveau m (cueva pequeña) ‖ FAM taudis m (zaquizamí) ‖ (Amer) épicerie (tienda).

covachuela f FAM ministère m, secrétariat m ‖ bureau m (oficina).
┃ OBSERV Ce nom tire son origine du fait que les bureaux des secrétaires des ministres se trouvaient jadis dans les caves (covachas) du Palais Royal à Madrid.

covachuelista; covachuelo m FAM rond-de-cuir (chupatintas).

covadera f gisement m de guano.

covalencia f QUÍM covalence.

cover-girl f cover-girl (presentadora).
┃ OBSERV pl cover-girls.

cow-boy m cow-boy (vaquero).
┃ OBSERV pl cow-boys.

coxal adj ANAT coxal, e; hueso coxal os coxal.

coxalgia f MED coxalgie.

coxálgico, ca adj MED coxalgique.

coxartrosis f inv MED coxarthrose.

coxcojilla; coxcojita f marelle (juego de niños) ‖ a coxcojita à cloche-pied.

coxis m inv ANAT coccyx.

coy m MAR hamac.

coyoleo m sorte de caille américaine.

coyote m coyote (lobo americano) ‖ (Amer) petit marchand, usurier.
◇ adj (Amer) fauve (color).

coyotero, ra adj (Amer) se dit du chien qui chasse le coyote.
◇ m piège à coyotes (trampa).

coyunda f courroie du joug (del yugo) ‖ courroie de sandale (de sandalia) ‖ FIG lien m conjugal, nœuds m pl du mariage ‖ domination, assujettissement m (dominio).

coyuntura f ANAT jointure, articulation (articulación) ‖ FIG occasion (oportunidad) ‖ conjoncture (situación política o económica).

coyuntural adj conjoncturel, elle.

coyuyo m (Amer) grosse cigale f.

coz f ruade (de un caballo); tirar coces lancer des ruades ‖ coup m de pied en arrière (patada) ‖ recul m (de un arma de fuego) ‖ crosse [culata de fusil] ‖ FIG & FAM grossièreté, juron m; soltar o pegar una coz lâcher une grossièreté ■ dar coces lancer des ruades, ruer ‖ FIG & FAM disparar o tirar coces, dar coces contra el aguijón se regimber, se rebiffer, se cabrer.
┃ OBSERV pl coces.

cp (abrev escrita de código postal).

CPME (abrev de Confederación de Pequeñas y Medianas Empresas) f confédération espagnole des petites et moyennes entreprises.

CPN (abrev de Cuerpo de la Policía Nacional) m forces de police espagnole.

cps (abrev escrita de caracteres por segundo) cps.

CPU (abrev de central processing unit) f UCT.

crac m krach, faillite f (quiebra).
┃ OBSERV pl cracs.

crack m crak (favorito).
┃ OBSERV pl cracks.

crácking m QUÍM cracking, craquage (p us).

Cracovia n pr GEOGR Cracovie.

crampón m crampon (de alpinista).

cran m IMPR cran (de un carácter).

craneal; craneano, na adj crânien, enne; bóveda craneana voûte crânienne.

cráneo m ANAT crâne.
┃ SIN calavera tête de mort; casco crâne; FAM mollera caillou; tapa de los sesos caisson.

craneoestenosis f inv MED craniosténose.

craneología f craniologie.

craneopatía f MED craniopathie.

craneoscopia f MED cranioscopie.

craneotabes f MED craniotabes m.

craneotomía f MED craniotomie.

craniano, na adj crânien, enne.

craniectomía f MED craniectomie.

crápula f ivresse (borrachera) ‖ débauche, crapule (libertinaje).

crapuloso, sa adj crapuleux, euse.
➨ **crapuloso** m crapule f (disipado).

craqueo m QUÍM cracking.

crasamente adv FIG grossièrement.

crascitar v intr croasser (graznar).

crasis f inv GRAM crase.

crasitud f embonpoint m (gordura).

craso, sa adj gras, grasse (lleno de grasa) ‖ FIG crasse, grossier, ère; ignorancia crasa ignorance crasse.

crasuláceas adj f pl & s f pl BOT crassulacées.

cráter m cratère (de un volcán); cráter de explosión cratère égueulé o d'explosion.

crátera f cratère m (vasija).

cratícula f guichet m [pour donner la communion dans certaines communautés religieuses].

crawl m crawl (natación).

creación f création ‖ INFORM creación de fichero création de fichier.

creador, ra adj & s créateur, trice (que crea) ‖ el Creador le Créateur.

crear v tr [▷ SIN] créer ‖ ser creado cardenal être sacré cardinal.
┃ SIN hacer faire; formar former; engendrar engendrer.

creatividad f créativité.

creativo, va adj créateur, trice; à l'esprit inventif.

crecer [30] v intr croître, augmenter, allonger; los días crecen les jours allongent ‖ grandir, pousser FAM; este niño ha crecido mucho cet enfant a beaucoup grandi ‖ pousser; los pelos crecen les cheveux poussent ‖ pousser, croître (las plantas) ‖ croître (la luna) ‖ monter, grossir; el río crece le fleuve grossit ‖ croître; creced y multiplicaos croissez et multipliez s'agrandir; **Madrid crece constantemente** Madrid s'agrandit de jour en jour ‖ augmenter de valeur (las monedas) ‖ augmenter (en labores de punto) ■ FIG **crecer como hongos** pousser comme des champignons ‖ **crecer como la cizaña** pousser comme de la mauvaise herbe.

◆ **crecerse** *v pr* FIG se redresser.

creces *f pl* augmentation *sing* de volume ‖ FIG avantages *m* (ventajas), intérêts *m* (intereses); **pagar algo con creces** payer quelque chose avec intérêts ■ **con creces** largement; **tener con creces de que vivir** avoir largement de quoi vivre; de loin, de beaucoup; **ha superado con creces todas las dificultades** il a surmonté de beaucoup toutes les difficultés ‖ **devolver con creces** rendre au centuple.

crecida *f* crue (de un río).

crecido, da *adj* important, e; grand, e; considérable (importante); **una cantidad crecida** une quantité importante ■ **crecido de cuerpo, de talla** monté en graine (una persona) ‖ **un niño muy crecido** un enfant qui a beaucoup grandi.

◆ **crecidos** *m pl* augmentations *f* (punto).

creciente *adj* croissant, e (que crece) ‖ grossissant, e (que aumenta) ‖ **cuarto creciente** premier quartier o croissant de la Lune.
◇ *m* BLAS croissant.
◇ *f* crue (crecida) ‖ levure (levadura) ‖ **creciente del mar** marée montante.

crecimiento *m* croissance *f* (acción de crecer) ‖ accroissement, augmentation *f* (aumento) ‖ grossissement (de un río) ‖ ECON **crecimiento económico** croissance économique.

credencia *f* crédence (mueble) ‖ crédence (del altar).

credencial *adj* de créance; **carta credencial** lettre de créance.

◆ **credenciales** *f pl* lettres de créance (cartas) ‖ (*Amer*) laissez-passer *m inv* (pase) ‖ permis *m* (permiso).

credibilidad *f* crédibilité.

crediticio, cia *adj* de crédit.

crédito *m* crédit (solvencia) ‖ FIG crédit; **gozar de gran crédito** jouir d'un grand crédit ‖ COM crédit (plazo); **crédito a corto plazo, a largo plazo** crédit à court, à long terme; **apertura de crédito** ouverture de crédit ‖ DR créance *f* ■ **crédito abierto** découvert autorisé ‖ **crédito hipotecario** créance hypothécaire ‖ **crédito inmobiliario** crédit foncier ■ **carta de crédito** lettre de crédit ■ **abrir un crédito a uno** ouvrir un crédit à quelqu'un ‖ FIG **conceder crédito** faire crédit ‖ **dar crédito** accorder crédit, faire foi, donner créance (conceder fe), faire crédit, accorder un crédit (acreditar) ‖ FIG **dar crédito a** accorder crédit à, croire ‖ **no dar crédito a sus ojos, a sus oídos** ne pas en croire ses yeux, ses oreilles; ne pas en revenir ‖ **tener crédito** avoir du crédit.

credo *m* credo (oración) ‖ FIG credo (opinión) ‖ FIG **en menos que se dice un credo** en un clin d'œil.

credulidad *f* crédulité.

crédulo, la *adj & s* crédule.

creederas *f pl* FAM crédulité *sing*, candeur *sing*; **tener buenas creederas** être d'une crédulité à toute épreuve.

creencia *f* croyance (sentimiento); **creencia en** croyance au ‖ croyance (religiosa) ‖ **en la creencia de que** croyant que.

‖ SIN fe foi; credulidad crédulité; opinión opinion; idea idée; pensamiento pensée.

creer [50] *v tr & intr* [▷ SIN] croire; **creer en Dios** croire en Dieu; **creer en la virtud** croire à la vertu ‖ croire; **creo de mi deber hacerlo** je crois qu'il est de mon devoir de le faire ‖ penser; **así lo creo** c'est ce que je pense ■ **creer algo a ciencia cierta** croire quelque chose comme à l'Évangile, être convaincu de quelque chose ‖ **creer a pies juntillas** o **a ojos cerrados** croire les yeux fermés o dur comme fer ‖ **creer bajo** o **sobre palabra** croire sur parole ‖ **cualquiera creería que** c'est à croire que ‖ **hay que verlo para creerlo** il faut le voir pour le croire ‖ **¡quién lo hubiera creído!** qui l'eût cru! ‖ **según yo creo** à ce que je crois ‖ FAM **¡ya lo creo!** je crois bien!, je pense bien!, bien sûr!, naturellement!

◆ **creerse** *v pr* se croire ‖ **creérselas** se croire, avoir bonne opinion de soi ‖ **¡es para no creérselo!** c'est à ne pas y croire! ‖ **no me lo creo** je n'y crois pas ‖ FAM **¿qué te crees?** qu'est-ce que tu crois?, tu ne m'as pas regardé! ‖ **¡que te crees tú eso!, ¡que te lo has creído!** tu peux toujours courir!, tu ne m'as pas regardé! (ni hablar), penses-tu!, tu parles! (ni pensarlo) ‖ **si se le cree** à l'en croire.

‖ SIN pensar penser; juzgar juger; estimar estimer.

crehuela *f* sorte de cretonne.

creíble *adj* croyable.

creído, da *adj* confiant, e; crédule (crédulo) ‖ présomptueux, euse; fier, ère; arrogant, e (orgulloso) ■ **creído de sí mismo** content de soi, imbu de soi-même, infatué de sa personne, plein de soi-même.

crema *f* crème (nata, cosmético, licor) ‖ cirage *m*, crème (betún) ‖ FIG crème, gratin *m* (lo mejor) ‖ GRAM tréma *m* ■ **crema batida** crème fouettée ‖ **crema de Chantilly** crème Chantilly ‖ **crema de chocolate** crème au chocolat ‖ **crema dental** pâte dentifrice ‖ **crema pastelera** crème pâtissière.
◇ *adj* crème *inv* (color).

cremación *f* crémation (incineración).

cremallera *f* MECÁN crémaillère; **ferrocarril de cremallera** chemin de fer à crémaillère ‖ fermeture à glissière.

crematística *f* économie politique, chrématistique ‖ FAM argent *m* (dinero).

crematístico, ca *adj* monétaire.

crematorio, ria *adj* crématoire; **horno crematorio** four crématoire.

cremería *f* (*Amer*) crémerie.

Cremona *n pr* GEOGR Crémone.

crémor; crémor tartárico *m* QUÍM crème de tartre.

cremoso *adj* crémeux, euse.

crencha *f* raie (raya del cabello) ‖ bandeau *m* (pelo).

crenoterapia *f* MED crénothérapie.

creosol *m* QUÍM créosol (aceite de creosota).

creosota *f* QUÍM créosote ‖ **aceite de creosota** créosol, huile de créosote.

creosotado *m* TECN créosotage.

creosotar *v tr* TECN créosoter.

crepe *f* CULIN crêpe.

crepé *m* crépon (papel) ‖ crêpe (tela) ‖ crêpe; **suelas de crepé** semelles de crêpe.

crepitación *f* crépitement *m*, crépitation.

crepitar *v intr* crépiter.

crepuscular *m* crépusculaire.

crepúsculo *m* crépuscule.

cresa *f* couvain *m* (huevos de insectos) ‖ larve (larva) ‖ asticot *m* (larva de la moscarda).

crescendo *adv & s m* MÚS crescendo.

Creso *n pr* Crésus.

cresol *m* QUÍM crésol.

crespilla *f* BOT morille (cagarria).

crespo, pa *adj* crépu, e (cabello) ‖ crépu, e; frisé, e (vegetal) ‖ FIG embrouillé, e; obscur, e (estilo) ‖ irrité, e; en colère.

crespón *m* crêpe (tejido); **crespón de China** crêpe de Chine ‖ crêpon (tela) ‖ **crespón tupido** crêpon (tejido).

cresta *f* crête (de las aves) ‖ huppe (copete) ‖ FIG crête, cime, arête (cima) ‖ crête; **cresta de una ola** crête d'une vague ‖ MED crête (excrecencia) ■ **cresta de explanada** crête du glacis ‖ BOT **cresta de gallo** crête-de-coq ■ FIG & FAM **alzar** o **levantar la cresta** se redresser, se rengorger (enorgullecerse) ‖ **dar en la cresta** rabattre le caquet.

crestado, da *adj* crêté, e.

crestería *f* ARQ crête ‖ crête (ant) crénelure, créneaux *m pl* (fortificación).

crestomatía *f* chrestomathie.

crestón *m* cimier, crête *f* (de la celada) ‖ MIN affleurement (de un filón).

creta *f* craie (carbonato de cal).

Creta *n pr f* GEOGR Crète.

cretáceo, a *adj & s m* GEOL crétacé, e.
◇ *adj* crayeux, euse (gredoso).

cretense *adj & s* crétois, e (de Creta).

cretinismo *m* crétinisme (enfermedad) ‖ crétinerie *f* (estupidez).

cretino, na *adj & s* crétin, e.

cretona *f* cretonne (tejido).

creyente *adj & s* croyant, e.

‖ SIN crédulo crédule; piadoso pieux; religioso religieux; místico mystique; devoto dévot.

crezneja *f* tresse.

cría *f* élevage *m*; **cría extensiva, intensiva** élevage extensif, intensif ‖ nourrisson *m* (niño de pecho) ‖ petit *m* (de un animal); **la cría de la loba se llama el lobezno** le petit de la louve s'appelle le louveteau ‖ portée (camada de mamíferos) ‖ couvée, nichée (de aves) ‖ (*Amer*) souche, lignée, lignage *m*.

criada *f* bonne, domestique, employée de maison ‖ **criada para todo** bonne à tout faire ‖ FIG & FAM **me ha salido la criada respondona** je ne m'attendais vraiment pas à ça.

‖ SIN moza domestique, servante; sirvienta servante, bonne; camarera femme de chambre, chambrière, camériste; asistenta femme de ménage.

criadero *m* pépinière (de arbolillos) ‖ élevage (de animales) ‖ parc; **criadero de ostras** parc à huîtres ‖ MIN gisement (yacimiento).

criadilla *f* ANAT testicule *m* ▌ petit pain *m* rond (panecillo) ▌ criadilla de tierra truffe (trufa).

criado *m* domestique, employé de maison.

criado, da *adj* élevé, e; bien, mal criado bien, mal élevé.

criadona; criadota *f* FAM bonniche.

criador *m* éleveur (de animales) ■ criador de vino viticulteur ▌el Criador le Créateur (Dios). ▌ OBSERV Creador désigne surtout celui qui crée, criador, celui qui élève.

criadota ➤ criadona.

criandera *f* (*Amer*) nourrice (nodriza).

crianza *f* élevage *m* (de animales) ▌ allaitement *m* (de niños de pecho) ▌ FIG éducation; buena, mala crianza bonne, mauvaise éducation.

criar [9] *v tr* allaiter, nourrir (a un niño o a un animal); criar con biberón nourrir au biberon ▌ élever (animales) ▌ élever, éduquer, former (instruir) ▌ faire pousser (plantas) ▌ produire; la tierra cría plantas la terre produit des plantes ▌ produire, pousser; un árbol que cría retoños un arbre qui pousse des rejetons ▌ créer (crear) ▌ FIG créer, causer, occasionner, faire naître, provoquer (ocasionar) ■ cría fama y échate a dormir acquiers bonne renommée et fais la grasse matinée, repose-toi sur tes lauriers ▌ criar grasas engraisser (engordar) ▌ Dios los cría y ellos se juntan qui se ressemble, s'assemble ▌ no críes motivos para que te castiguen ne cherche pas des raisons de te faire punir ▌ zapatos que crían ampollas chaussures qui donnent des ampoules.

➤ **criarse** *v pr* être élevé (niños o animales); los niños que se crían al aire libre les enfants qui sont élevés au grand air ▌ se nourrir (alimentarse) ▌ pousser, croître (plantas) ▌ se former (cosas) ▌ travailler (el vino). ▌ OBSERV Dans le sens de créer, on emploie de préférence crear.

criatura *f* créature (cosa creada) ▌ nourrisson *m* (niño de pecho) ▌ FIG enfant *m*, gosse *m* & *f* FAM; llorar como una criatura pleurer comme un enfant.

criba *f* crible *m* ■ FIG & FAM estar como una criba être percé comme une écumoire▌pasar por la criba passer au tamis o au crible.

cribado *m* criblage ▌ (*Amer*) broderie *f* à jour.

cribar *v tr* cribler.

cric *m* TECN cric (gato). ▌ OBSERV pl crics.

cricket; criquet *m* DEP cricket.

cricoides *adj* ANAT cricoïde.

Crimea *n pr f* GEOGR Crimée; la guerre de Crimea la guerre de Crimée.

crimen *m* crime. ▌ SIN atentado attentat; asesinato assassinat; homicidio homicide; fechoría forfait.

criminación *f* incrimination.

criminal *adj & s* criminel, elle.

criminalidad *f* criminalité.

criminalista *m* criminaliste.

criminar *v tr* incriminer.

criminología *f* criminologie.

criminológico, ca *adj* criminologique.

criminologista; criminólogo, ga *m & f* criminologiste.

crin *f* crin *m* (de algunos animales). ➤ **crines** *f pl* crinière *sing* ▌ crin vegetal crin végétal.

crineja *f* (*Amer*) tresse, natte (crizneja).

crinoideos *m pl* ZOOL crinoïdes.

crinolina *f* crinoline. ▌ OBSERV Ce mot est un gallicisme employé à la place de miriñaque.

crío *m* FAM bébé (niño de pecho)▌gosse, marmot, petit; vino con todos sus críos il est venu avec tous ses gosses.

criobiología *f* cryobiologie.

criocirugía *f* MED cryochirurgie.

crioclastia *f* GEOL cryoclastie.

criodesecación *f* FÍS cryodessiccation.

criodeshidratación *f* cryoconservation.

criogenética *f* cryogénétique.

criogenia *f* FÍS cryogénie.

criogénico, ca *adj* FÍS cryogène.

criolita *f* MIN cryolithe.

criollo, lla *adj* créole. ◇ *m & f* Créole. ➤ **criollo** *m* LING créole; hablar criollo parler créole.

▌ **CRIOLLOS**

Ce mot désignait à l'origine les personnes nées dans le Nouveau Monde, de parents espagnols. Le nombre de femmes espagnoles qui s'installèrent en Amérique étant très limité, le nombre de « criollos » l'était également et ceux-ci appartenaient en général aux classes aisées, à l'aristocratie latifundiste ou à la haute bourgeoisie. Cependant, les charges administratives et ecclésiastiques étaient réservées aux « chapetones », espagnols nés en Europe. C'est une des raisons pour lesquelles les « criollos » furent les principaux promoteurs de l'indépendance. En Amérique espagnole, ce terme s'applique maintenant à tout ce qui est autochtone. Ainsi, un « manjar criollo » est un plat typique; un « caballo criollo », un cheval indigène. En Argentine, par extension, « un buen criollo » signifie un bon Argentin, un Argentin de bonne souche.

criología *f* FÍS cryologie.

crioluminiscencia *f* FÍS cryoluminescence.

criomagnetismo *m* FÍS cryomagnétisme.

criometría *f* FÍS cryométrie.

criómetro *m* FÍS cryomètre.

crioscopia *f* FÍS cryoscopie.

crioscopio *m* FÍS cryoscope.

criostato *m* FÍS cryostat.

criotécnica *f* cryotechnique.

crioterapia *f* cryothérapie.

crioturbación *f* GEOL cryoturbation.

cripta *f* crypte.

críptico, ca *adj* énigmatique.

criptoanálisis *m inv* décryptage d'un cryptogramme.

criptogámico, ca *adj* BOT cryptogamique.

criptógamo, ma *adj & s* BOT cryptogame.

criptografía *f* cryptographie (escritura secreta).

criptográfico, ca *adj* cryptographique.

criptógrafo, fa *m & f* cryptographe [personne]. ➤ **criptógrafo** *m* TECN cryptographe [appareil].

criptograma *m* cryptogramme.

criptón *m* QUÍM krypton (gas).

criptorquidia *f* MED cryptorchidie.

criquet ➤ cricket.

cris *m* criss (puñal malayo).

crisálida *f* ZOOL chrysalide.

crisantema *f*; **crisantemo** *m* BOT chrysanthème *m*.

criselefantino, na *adj* chryséléphantin, e (de oro y marfil).

crisis *f inv* crise (de una enfermedad); crisis de apendicitis crise d'appendicite ▌ crise (ataque); crisis de llanto, de furia crise de larmes, de rage ▌ crise (momento decisivo); crisis financiera, ministerial crise financière, ministérielle ■ ECON crisis del petróleo choc pétrolier ▌crisis económica crise économique ■ hacer crisis atteindre un point critique (enfermedad).

crisma *m* chrême (aceite consagrado). ◇ *f* FAM figure (cabeza); romper la crisma casser la figure.

crismas *m* carte *f* de Noël.

crisoberilo *m* chrysobéryl (piedra fina).

crisocalco *m* chrysocale, chrysocalque (aleación).

crisol *m* TECN creuset (para fundir metales) ▌FIG creuset.

crisolada *f* coulée contenue dans le creuset.

crisólito *m* chrysolite *f* (piedra preciosa).

crisomela *f* chrysomèle (insecto).

crisomélidos *m pl* ZOOL chrysomélidés.

crisopacio *m*; **crisoprasa** *f* chrysoprase *f*.

crisóstomo *adj m* chrysostome.

crispación *f* crispation.

crispadura *f*; **crispamiento** *m* crispation *f*.

crispar *v tr* crisper ▌taper sur les nerfs; este niño me crispa cet enfant me tape sur les nerfs. ➤ **crisparse** *v pr* se crisper.

Crispín *n pr* Crépin.

cristal *m* cristal (cuerpo cristalizado); cristal de roca cristal de roche ▌cristal (vidrio fino); cristal de Bohemia cristal de Bohême; cristales de Venecia cristaux de Venise ▌carreau, vitre *f* (de ventana) ▌verre; el cristal de un reloj le verre d'une montre ▌verre (lente); cristal de contacto verre de contact ▌AUTOM glace *f* ▌FIG miroir (espejo) ▌FIG & POÉT cristal (del agua) ▌ (*Amer*) verre (vaso) ■ cristal de aumento verre grossissant ▌cristal hilado verre filé ▌cristal trasero lunette arrière (automóvil).

cristalera *f* armoire vitrée (armario) ▌buffet *m* (aparador) ▌porte vitrée (puerta) ▌verrière (de un techo).

cristalería *f* cristallerie (fábrica de cristal) ▌verrerie (objetos de cristal) ▌service *m* de verres (de mesa).

cristalero, ra *m & f* vitrier, ère (que arregla los cristales) ▌verrier, ère (que trabaja en cristal).

cristalino, na *adj* & *s m* cristallin, e.

cristalización *f* cristallisation.

cristalizador, ra *adj* cristallisant, e.
→ **cristalizador** *m* QUÍM cristallisoir.

cristalizar [13] *v tr* & *intr* cristalliser ‖ se cristalliser; el patriotismo cristalizó en la resistencia al enemigo le patriotisme se cristallisa dans la résistance à l'ennemi.
→ **cristalizarse** *v pr* se cristalliser.

cristalografía *f* MIN cristallographie.

cristalográfico, ca *adj* cristallographique.

cristaloide *adj* & *s m* cristalloïde.

cristaloideo, a *adj* cristalloïde.

cristaloquímica *f* cristallochimie.

Cristián *n pr* Christian.

Cristiana *n pr* Christiane.

cristianar *v tr* FAM baptiser ‖ los trapitos de cristianar les habits du dimanche.

cristiandad *f* chrétienté (conjunto de los cristianos) ‖ christianisme *m* (virtud cristiana).

cristiania *m* christiania (esquí).

cristianísimo, ma *adj* très chrétien, enne (título de los reyes de Francia).

cristianismo *m* christianisme.

cristianización *f* christianisation.

cristianizar [13] *v tr* christianiser.

cristiano, na *adj* & *s* chrétien, enne ■ cristiano nuevo nouveau chrétien [juif, maure, etc. converti au christianisme] ‖ cristiano viejo vieux chrétien [chrétien de souche ancienne] ■ hablar en cristiano parler un langage chrétien, parler espagnol.
→ **cristiano** *m* FAM chrétien ‖ chat, âme *f* qui vive; por la calle no pasa un cristiano il n'y a pas un chat dans la rue.

Cristina *n pr* Christine.

cristino, na *adj* & *s* partisan d'Isabelle II d'Espagne, sous la régence de Marie-Christine, opposé aux carlistes.

Cristo *m* le Christ ‖ christ, crucifix; un cristo de marfil un christ en ivoire ■ FIG & FAM donde Cristo dio las tres voces, donde Cristo perdió el gorro o la boina au diable, au diable vauvert ‖ ni Cristo que lo fundó personne (nadie) ‖ ¡voto a Cristo! mince!, zut! ‖ se armó un Cristo ça a fait toute une histoire.

Cristóbal *n pr* Christophe.

cristobalita *f* MIN cristobalite.

cristología *f* christologie.

cristus *m* croix de par Dieu (alfabeto) ‖ alphabet (abecedario).

criterio *m* critère, critérium (p us) ‖ notion *f* (noción) ‖ jugement, discernement (juicio) ‖ en mi criterio à mon avis, à mon sens.

critérium *m* DEP critérium.

crítica *f* critique (juicio) ‖ critique (censura); la crítica es fácil, pero el arte es difícil la critique est aisée mais l'art est difficile ‖ reproche *m*, critique; ¿qué crítica puedes hacerme? quel reproche peux-tu me faire?

criticable *adj* critiquable.

críticamente *adv* de façon critique, critiquement.

criticar [10] *v tr* critiquer (juzgar) ‖ critiquer (censurar) ‖ critiquer, reprocher; no critico

nada en el sistema je ne reproche rien au système.

criticastro *m* mauvais critique, critique de peu d'envergure.

criticismo *m* FIL criticisme.

criticista *adj* & *s* criticiste.

crítico, ca *adj* critique (propio de la crítica) ‖ critique (propio de la crisis).
→ **crítico** *m* [▷ SIN] critique (el que critica); crítico de arte critique d'art.
◇ *adj* & *s* critiqueur, euse (criticón).
▮ SIN censor censeur; juez juge; aristarco aristarque; zoilo zoïle.

criticón, ona *adj* & *s* qui a l'esprit critique très développé, critiqueur, euse.

crizneja *f* tresse, natte (de pelo) ‖ corde tressée (soga).

CRM (abrev de **certificados de regulación monetaria**) *m pl* certificat de contrôle des changes.

Croacia *n pr f* GEOGR Croatie.

croar *v intr* coasser (las ranas).

croata *adj* & *s* croate.
◇ *m* LING croate.

crocante *m* praline *f* (guirlache).

croché; crochet *m* crochet (ganchillo).

crocitar *v intr* croasser (el cuervo).

croco *m* BOT crocus, safran (azafrán).

croissant; cruasán *m* croissant.
▮ OBSERV le pluriel de **croissant** est **croissants**.

croissantería *f* croissanterie.

crol *m* DEP crawl.

cromado *m* TECN chromage, chromé.

Cro-Magnon; cromañón *m* Cro-Magnon.

cromar *v tr* TECN chromer.

cromático, ca *adj* FÍS & MÚS chromatique; escala cromática gamme chromatique.

cromatina *f* BIOL chromatine.

cromatismo *m* chromatisme.

cromato *m* QUÍM chromate.

cromatóforo *m* chromatophore.

cromatografía *f* QUÍM chromatographie.

crómico, ca *adj* QUÍM chromique.

crómlech; crónlech *m* cromlech (monumento megalítico).

cromo *m* chrome (metal) ‖ chromo (cromolitografía) ‖ image *f*; coleccionar cromos collectionner des images ‖ image *f* d'Épinal, chromo (grabado de poco valor).

cromofobia *f* chromophobie.

cromófobo, ba *adj* chromophobe.

cromofotografía *f* chromophotographie.

cromógeno, na *adj* chromogène.

cromolitografía *f* chromolithographie.

cromolitografiar [9] *v tr* chromolithographier.

cromolitográfico, ca *adj* chromolithographique.

cromolitógrafo, fa *m* & *f* chromolithographe.

cromoproteína *f* chromoprotéine, chromoprotéide *m*.

cromorradiómetro *m* FÍS chromoradiomètre.

cromosfera *f* ASTRON chromosphère.

cromosoma *m* BIOL chromosome.

cromosómico, ca *adj* chromosomique.

cromoterapia *f* MED chromothérapie.

cromotipia *f* chromotypie.

cromotipografía *f* chromotypographie.

cromotipográfico, ca *adj* chromotypographique.

cronaxia *f* BIOL chronaxie.

crónica *f* chronique (anales) ‖ chronique; crónica literaria chronique littéraire ■ crónica de sucesos rubrique des faits divers ‖ crónicas de sociedad carnet mondain.

cronicidad *f* chronicité.

cronicismo *m* chronicité *f* (de una enfermedad).

crónico, ca *adj* chronique.

cronicón *m* chronique *f*.

cronista *m* chroniqueur.

crónlech → **crómlech**.

Crono; Cronos *n pr m* MITOL Cronos, Kronos.

crono *m* DEP chrono.

cronobiología *f* chronobiologie.

cronoescalada *f* DEP contre-la-montre *m inv* en montagne.

cronofotografía *f* chronophotographie.

cronografía *f* chronographie.

cronógrafo *m* chronographe.

cronograma *m* chronogramme.

cronología *f* chronologie.

cronológico, ca *adj* chronologique.

cronometrador *m* chronométreur.

cronometraje *m* chronométrage (de deporte, etc.) ‖ minutage, chronométrage (de un trabajo).

cronometrar *v tr* chronométrer.

cronometría *f* chronométrie.

cronométrico, ca *adj* chronométrique.

cronómetro *m* chronomètre (reloj) ‖ ser como un cronómetro être une pendule (exacto), être réglé comme du papier à musique (regular).

cronoscopio *m* chronoscope.

croquet *m* croquet (juego).

croqueta *f* CULIN croquette; croqueta de pescado croquette de poisson ‖ croquette (de chocolate).

croquis *m inv* croquis (dibujo).

croscitar *v intr* croasser (graznar).

cross; cross-country *m inv* DEP cross, cross-country (carrera).

crótalo *m* crotale (castañuela antigua) ‖ ZOOL crotale, serpent à sonnettes.
→ **crótalos** *m pl* POÉT castagnettes *f*.

crotón *m* BOT croton, ricin (ricino).

crotorar *v intr* claqueter, craqueter (la cigüeña).

croupier; crupier *m* croupier (en el juego).
▮ OBSERV 1. le mot **croupier** est un gallicisme.
2. pl croupiers; crupiers.

cruasán → **croissant**.

cruce *m* [▷ SIN] croisement, carrefour, croisée *f* (encrucijada) ‖ intersection *f* (de carreteras) ‖ échangeur (de autopistas) ‖ interférence *f* de deux conversations au téléphone ‖ croisement (acción de cruzarse) ‖ entrecroisement (acción de cruzarse en varios sentidos) ‖ **BIOL** croisement ‖ court-circuit (cortocircuito) ‖ **luces de cruce** feux de croisement, phares codes.

> **SIN** encrucijada carrefour; cruzamiento croisement; confluencia confluence; bifurcación bifurcation; empalme embranchement, correspondance.

cruceiro ➤ **cruzeiro.**

crucería f **ARQ** croisée d'ogives; **bóveda de crucería** voûte de croisée d'ogives.

crucero m porte-croix (en las procesiones) ‖ croisement, carrefour (encrucijada) ‖ **ARQ** transept, croisée f (en los templos) ‖ **ASTRON** croix du Sud f (constelación) ‖ **CONSTR** traverse f, moise f ‖ croisillon (de ventana) ‖ **IMPR** milieu d'une feuille d'impression ‖ **MAR** croiseur (navío) ‖ croisière f (viaje por mar) ‖ croisière f (vigilancia de las costas) ‖ **MIN** plan de clivage (de un mineral) ‖ **velocidad de crucero** vitesse de croisière.

cruceta f croisillon m (de enrejado) ‖ **MAR** hune (cofa) ‖ traverse (crucero) ‖ **MECÁN** crosse, croisillon m.

crucial adj crucial, e; **incisión crucial** incision cruciale ‖ **FIG** crucial, e (fundamental); **puntos cruciales** points cruciaux.

cruciferario m porte-croix inv (el que lleva la cruz) ‖ religieux de l'ordre de la Sainte-Croix.

crucífero, ra adj & s f **BOT** crucifère.
➤ **crucíferas** f pl **BOT** cruciféracées.

crucificado, da adj crucifié, e.
➤ **crucificado** m el Crucificado le Crucifié (Jesucristo).

crucificar [10] v tr crucifier ‖ **FIG & FAM** crucifier, martyriser, tourmenter.

crucifijo m crucifix.

crucifixión f crucifixion ‖ crucifiement m.

> **OBSERV** Crucifiement es la acción y el efecto de crucificar. La palabra crucifixion se relaciona particularmente con el suplicio de Cristo.

cruciforme adj cruciforme.

crucigrama m mots pl croisés.

crucigramista; cruciverbista m & f amateur de mots croisés, cruciverbiste.

crudamente adv crûment.

crudeza f crudité (de lo que está crudo) ‖ **FIG** rigueur (rigor); **la crudeza de las heladas** la rigueur des gelées ‖ dureté, âpreté (aspereza) ‖ dureté (del agua) ‖ crudité (palabra grosera).

crudillo m bougran (tela).

crudo, da adj cru, e (no cocido) ‖ vert, e (no maduro) ‖ indigeste, cru, e (indigesto) ‖ brut, e; **petróleo crudo** pétrole brut ‖ écru, e; cru, e (cuero, seda) ‖ grège (seda) ‖ **FIG** rigoureux, euse; rude (tiempo) ‖ rude, cruel, elle (cruel) ‖ pas mûr, e (no hecho) ‖ cru, e; **un chiste crudo** une histoire crue ‖ (Amer) ivre mort, dans les vignes du Seigneur (después de una borrachera) ‖ **en crudo** crue, e; **tomate en crudo** tomate crue; crûment (bruscamente).
➤ **crudo** m brut (petróleo).
➤ **cruda** f (Amer) **FAM** cuite (borrachera) ‖ gueule de bois (resaca).

cruel adj & s cruel, elle; **un tirano cruel** un tyran cruel ‖ **mostrarse cruel** être o se mon-

trer cruel; s'acharner; **el destino se muestra cruel con él** le destin s'acharne contre lui.
➤ **SIN** desalmado, feroz féroce; brutal brutal.

crueldad f cruauté.

cruelmente adv cruellement.

cruentamente adv de façon sanglante, avec effusion de sang.

cruento, ta adj sanglant, e (sangriento).

crujía f corridor m, couloir m (corredor) ‖ salle commune (en un hospital) ‖ espace m entre le chœur et le sanctuaire (en una catedral) ‖ **ARQ** espace m entre deux murs de soutènement ‖ **MAR** coursive (de proa a popa) ‖ **crujía de habitaciones** enfilade de pièces ‖ **FIG & FAM** pasar o sufrir una crujía en voir de dures, souffrir le martyre.

crujido m craquement (ruido de lo que cruje) ‖ frou-frou (de una tela) ‖ grincement (de dientes) ‖ claquement (de un látigo).

crujiente adj craquant, e ‖ croustillant, e (pan), croquant, e (galleta).

crujir v intr craquer ‖ grincer (los dientes) ‖ froufrouter (la seda) ‖ crisser (arena, hojas muertas, nieve) ■ **allí será el llorar y el crujir de dientes** il y aura des pleurs et des grincements de dents ‖ **crujirse los dedos** faire craquer ses doigts.

crúor m (p us) cruor (sangre) ‖ caillot (coágulo de sangre) ‖ **POÉT** sang.

crup m croup (garrotillo, difteria).

crupier ➤ **croupier.**

crural adj **ANAT** crural, e.

crustáceo, a adj & s m **ZOOL** crustacé, e.

crústula f petite croûte.

cruz f croix (patíbulo, figura) ‖ croix (condecoración); **gran cruz de Isabel la Católica** grand-croix d'Isabelle la Catholique ‖ pile (de la moneda); **jugar a cara o cruz** jouer à pile ou face ‖ garrot m (de los animales) ‖ fourche (de las ramas de un árbol) ‖ entre-jambes m (de los pantalones) ‖ **FIG** croix (carga); **cada uno lleva su cruz** à chacun sa croix ‖ **ASTRON** Croix du Sud ‖ **BLAS** croix ■ **cruz ancorada** o **de áncora** croix ancrée ‖ **cruz de Borgoña** o **de San Andrés** croix de Saint-André ‖ **cruz de Lorena** croix de Lorraine ‖ **cruz de los Caídos** monument aux morts ‖ **cruz de Malta** croix de Malte ‖ **cruz egipcia** croix ansée ‖ **BLAS cruz flordelisada** croix fleurdelisée ‖ **cruz gamada** croix gammée ‖ **cruz griega** croix grecque ‖ **cruz latina** croix latine ‖ **cruz papal** croix papale ‖ **BLAS cruz potenzada** croix potencée ‖ **Cruz Roja** Croix-Rouge ‖ **cruz tao** o **de San Antonio** tau, croix de Saint-Antoine ‖ **cruz trebolada** croix tréflée ■ **FIG & FAM cruz y raya** c'est fini, qu'il n'en soit plus question, l'affaire est close ‖ **de la cruz a la fecha** d'un bout à l'autre ‖ **en cruz** en croix ‖ **FAM en cruz y en cuadro** sans rien ‖ **señal de la cruz** signe de la croix ‖ **FIG es la cruz y los ciriales** c'est la croix et la bannière ‖ **hacerse cruces** rester pantois ‖ **llevar la cruz a cuestas** porter sa croix ‖ **por esta cruz, por éstas que son cruces** par notre Seigneur Jésus-Christ.
■ **OBSERV** pl cruces.

cruza f (Amer) croisement m [entre espèces].

cruzada f **HIST** croisade ‖ (p us) croisement m, carrefour m (encrucijada) ‖ **FIG** croisade, campagne; **cruzada antialcohólica** croisade antialcoolique.

cruzado, da adj croisé, e; **tela, chaqueta cruzada** étoffe croisée, veston croisé ‖ **COM** barré, e; **cheque cruzado** chèque barré ■ **MIL fuegos cruzados** feux croisés ‖ **palabras cruzadas** mots croisés.
➤ **cruzado** m croisé (participante en una cruzada) ‖ croisé (animal) ‖ croisure f (de una tela) ‖ **MÚS** un des accords de la guitare ‖ chassé-croisé (danza).
➤ **cruzados** m pl hachures f (en el dibujo).

cruzamiento m croisement (de dos coches) ‖ croisement (de animales) ‖ armement (ceremonia).

cruzar [13] v tr croiser; **cruzar las piernas** croiser les jambes ‖ traverser; **cruzar la calle** traverser la rue ‖ couper, croiser; **este camino cruza la carretera** ce chemin coupe la route ‖ barrer (un cheque) ‖ décorer [de la croix d'un ordre], faire chevalier [d'un ordre] ‖ faire (apuestas) ‖ **AGRIC** faire un second labour ‖ **BIOL** croiser (animales o plantas) ■ **cruzar a uno la cara** cingler le visage de quelqu'un ‖ **MIL cruzar la bayoneta** croiser la baïonnette ‖ **cruzar la espada** croiser le fer avec (pelearse) ‖ **FIG cruzar palabras con uno** échanger quelques mots avec quelqu'un (conversar brevemente), avoir une prise de bec, se chamailler avec quelqu'un (disputar) ‖ **cruzar por la imaginación** traverser l'esprit ‖ **nunca había cruzado una palabra con él** je n'avais jamais échangé une parole avec lui.
◇ v intr **MAR** croiser.
➤ **cruzarse** v pr se croiser (dos personas o cosas); **nuestras cartas se han cruzado** nos lettres se sont croisées ‖ échanger (palabras, regalos, etc.) ‖ croiser; **me crucé con él por la calle** je l'ai croisé dans la rue ‖ s'entrecroiser (diversas personas o cosas) ‖ devenir membre d'un ordre ‖ être fait, e (apuesta) ■ **cruzarse de brazos** se croiser les bras ‖ **cruzarse de palabras** se disputer, se prendre de bec ‖ **cruzarse de piernas** croiser les jambes.

cruzeiro; cruceiro m cruzeiro (moneda brasileña).

CSCE (abrev de **Conferencia de Seguridad y Cooperación en Europa**) f CSCE.

CSCO (abrev de **Consejo Superior de las Cámaras Oficiales**) m conseil espagnol des chambres de commerce.

CSD (abrev de **Consejo Superior de Deportes**) m conseil supérieur des sports en Espagne.

CSF (abrev de **coste, seguro y flete**) m CIF.

CSIC (abrev de **Consejo Superior de Investigaciones Científicas**) m Conseil supérieur de la recherche scientifique en Espagne.

CSN (abrev de **Consejo de Seguridad Nuclear**) m conseil espagnol sur le risque nucléaire.

CSP (abrev de **Cuerpo Superior de Policía**) m forces de police espagnole.

CSPM (abrev de **Consejo Superior de Protección de Menores**) m conseil supérieur espagnol pour la protection des mineurs.

CSTAL (abrev de **Confederación Sindical de los Trabajadores de América Latina**) f confédération syndicale des travailleurs d'Amérique latine.

cta. (abrev escrita de **cuenta**) cpte.

cte. (abrev escrita de **corriente**) courant, courante.

CTNE (abrev de Compañía Telefónica Nacional de España) *f* Compagnie espagnole des télécommunications.

ctra. (abrev escrita de **carretera**) rte.

cu *f* q *m*, nom de la lettre q.

cuaba *f* (*Amer*) bois-chandelle *m* (árbol).

cuacar [10] *v intr* (*Amer*) plaire.

cuácara *f* (*Amer*) veston *m*, veste (chaqueta) ‖ blouse (blusa) ‖ redingote (levita).

cuacareo *m* coassement (de la rana).

cuache *adj* (*Amer*) jumeau, elle.

cuaco *m* farine *f* de racine de yucca ‖ (*Amer*) cheval, rosse *f*, haridelle *f*.

cuaderna *f* quaterne, carne (juego) ‖ MAR & AVIAC couple *m*; **cuaderna maestra** maître couple ‖ MAR membrure ‖ **cuaderna vía** quatrain d'alexandrins monorimes (estrofa).

cuadernal *m* MAR moufle *f*.

cuadernillo *m* carnet (librito) ‖ cahier (de papel de fumar) ‖ cahier [de cinq feuilles] ‖ ECLES ordo (añalejo) ‖ IMPR feuillet.

cuaderno *m* [▷ SIN] cahier ‖ FAM jeu de cartes (baraja) ‖ MAR **cuaderno de bitácora** livre de bord.

⬛ SIN libreta carnet; cuadernillo calepin; agenda agenda.

cuadra *f* écurie (caballeriza) ‖ écurie (caballos o automóviles de un propietario) ‖ grande salle (sala grande) ‖ dortoir *m* (dormitorio común) ‖ chambrée (en un cuartel) ‖ quart *m* de mille (medida itineraria) ‖ croupe (grupa) ‖ (*Amer*) pâté *m* o îlot *m* de maisons (manzana de casas) [▷ OBSERV] salon *m* (sala de recibo).

⬛ CUADRA
La plupart des villes américaines de l'époque coloniale sont construites sur un plan quadrillé: les rues parallèles coupent perpendiculairement d'autres rues également parallèles. Un pâté de maisons délimité par deux rues orientées NS et deux rues orientées EO prend le nom de « cuadra ». Ce terme désigne également la distance séparant les deux angles d'un même côté de la « cuadra », et mesurant environ cent mètres. Ainsi, peut-on dire: « vivo a dos cuadras de tu casa ».

cuadrada *f* MÚS carrée, brève (nota).

cuadradillo *m* carrelet (regla) ‖ fanton, fenton, barre *f* de fer quadrangulaire (de hierro) ‖ morceau; **azúcar de cuadradillo** sucre en morceaux ‖ gousset (de camisa).

cuadrado, da *adj* carré; **vela cuadrada** voile carrée; **raíz cuadrada** racine carrée ‖ FIG parfait, e ‖ de face (de frente).

⬤ **cuadrado** *m* GEOM carré (figura) ‖ carrelet (regla) ‖ MAT carré; **el cuadrado de la hipotenusa** le carré de l'hypoténuse ‖ IMPR cadrat, cadratin (para espacios).

cuadrafonía *f* quadriphonie, tétraphonie.

cuadrafónico, ca *adj* quadriphonique.

cuadragenario, ria *adj* & *s* quadragénaire.

cuadragésima *f* quadragésime; **domingo de la cuadragésima** dimanche de la Quadragésime.

cuadragesimal *adj* quadragésimal, e (relativo a la cuaresma).

cuadragésimo, ma *adj* & *s* quarantième.

cuadral *m* ARQ arbalétrier *m*.

cuadrangular *adj* quadrangulaire.

cuadrángulo, la *adj* GEOM quadrangulaire.

⬤ **cuadrángulo** *m* GEOM quadrangle.

cuadrante *m* ASTRON quadrant (de meridiano) ‖ GEOM quadrant (de círculo) ‖ cadran (reloj solar) ‖ MAR quart [de vent ou de rumb] ‖ ECLES tableau des offices (tablilla de las misas) ‖ arbalétrier (cuadral).

cuadrar *v tr* donner la forme d'un carré, rendre carré, carrer (dar forma cuadrada) ‖ MAT élever au carré, carrer (un número) ‖ TECN équarrir (un tronco) ‖ GEOM carrer, faire la quadrature d'une figure (determinar el cuadrado) ‖ cadrer (en compaginación) ‖ graticuler (cuadricular un dibujo).
◇ *v intr* cadrer, s'accorder, aller; **su carácter no cuadra con el mío** votre caractère ne s'accorde pas avec le mien; **nuestras cuentas no cuadran con las suyas** nos comptes ne cadrent pas avec les vôtres ‖ tomber juste; **no me cuadran las cuentas** les comptes ne tombent pas juste ‖ (*Amer*) plaire, convenir (convenir); **no me cuadra eso** cela ne me plaît pas.

⬤ **cuadrarse** *v pr* MIL se mettre au garde-à-vous (soldados) ‖ EQUIT s'arrêter ferme (los caballos) ‖ TAUROM se planter ferme sur les quatre pattes ‖ FIG & FAM se raidir.

cuadrático, ca *adj* MAT quadratique.

cuadratín *m* IMPR cadratin [renfoncement] ‖ cicéro (dos puntos).

cuadratura *f* quadrature (del círculo) ‖ débitage *m* (de la madera).

cuadrero, ra *adj* (*Amer*) bon coureur, bonne coureuse (caballo).

⬤ **cuadrera** *f* (*Amer*) écurie (cuadra).

cuadricenal *adj* quarantenaire.

cuádriceps *adj* & *s m* quadriceps (músculo).

cuadrícula *f* quadrillage *m*.

cuadriculación *f* quadrillage *m*.

cuadriculado, da *adj* quadrillé, e; **papel cuadriculado** papier quadrillé.

⬤ **cuadriculado** *m* quadrillage.

cuadricular *adj* relatif au quadrillage.

cuadricular *v tr* quadriller (un papel), graticuler (un dibujo).

cuadridimensional *adj* FÍS à quatre dimensions; **el espacio cuadridimensional de Einstein** l'espace à quatre dimensions d'Einstein.

cuadrienal *adj* quatriennal, e.

cuadrienio *m* espace de quatre ans.

cuadrífido, da *adj* BOT quadrifide.

cuadrifoliado, da *adj* BOT quadrifolié, e.

cuadrifolio, a *adj* quadrifolié, e.

cuadriga *f* quadrige *m*.

cuadrigéminos *adj m pl* ANAT quadrijumeaux.

cuadrigentésimo, ma *adj* & *s* quatrecentième.

cuadriguero *m* conducteur de quadrige.

cuadril *m* ANAT os de la hanche (hueso) ‖ hanche *f* (cadera) ‖ croupe *f* (de los animales).

cuadrilateral *adj* quadrilatéral, e; quadrilatère.

cuadrilátero, ra *adj* GEOM quadrilatère, quadrilatéral, e; **terrenos cuadriláteros** terrains quadrilatéraux.

⬤ **cuadrilátero** *m* quadrilatère (polígono) ‖ ring (boxeo).

cuadrilítero, ra *adj* en quatre lettres.

cuadrilla *f* TAUROM "cuadrilla", équipe qui accompagne le matador ‖ bande (de amigos, de malhechores) ‖ équipe (de obreros) ‖ quadrille *m* (baile) ‖ HIST compagnie d'archers de la Santa Hermandad [chargés de poursuivre les malfaiteurs].

cuadrillero *m* chef d'équipe (capataz) ‖ HIST archer de la Santa Hermandad.

cuadrilobulado, da *adj* quadrilobé, e.

cuadrilocular *adj* quadrifide.

cuadrilongo, ga *adj* GEOM rectangulaire.

⬤ **cuadrilongo** *m* rectangle (rectángulo).

cuadrimestre *m* quadrimestre.

cuadrimotor *adj m* & *s m* quadrimoteur.

cuadrinieto, ta *m* & *f* quatrième petit-fils, petite-fille.

cuadrinomio *m* MAT quadrinôme.

cuadripartito, ta; cuatripartito, ta *adj* quadripartite.

cuadripétalo, la *adj* BOT quadripétale.

cuadriplicar [10] *v tr* quadrupler (cuatriplicar).

cuadripolar *adj* quadripolaire.

cuadrisílabo, ba *adj* quadrisyllabique.

⬤ **cuadrisílabo** *m* quadrisyllabe.

cuadrivio *m* (p us) carrefour (cruce de caminos) ‖ quadrivium (en las universidades antiguas).

cuadro, a *adj* (p us) carré, e (cuadrado).

⬤ **cuadro** *m* carré, rectangle (rectángulo) ‖ carreau, damier; **tela de cuadros** tissu à carreaux ‖ [▷ SIN] tableau (pintura) ‖ IMPR platine *f* ‖ parterre (de un jardín); **cuadro de flores** parterre de fleurs ‖ TEATR tableau (parte del acto) ‖ FIG tableau (espectáculo) ‖ tableau (descripción); **cuadro de costumbres** tableau de mœurs ‖ équipe *f* (equipo) ‖ TECN cadre (de motos y bicicletas) ‖ MIL cadre (conjunto de jefes) ‖ carré (formación) ‖ (*Amer*) abattoir (matadero) ▪ **cuadro clínico** signes cliniques ‖ **cuadro de distribución** tableau de distribution ‖ **cuadro de instrumentos o de mandos** tableau de bord ‖ **cuadro facultativo o médico** personnel médical ‖ **cuadro flamenco** groupe de flamenco ‖ **cuadro sueco** portique (de gimnasia) ‖ MIL **cuadros de mando** personnel de commandement (ejército) ‖ **cuadro vivo** tableau vivant ▪ **dentro del cuadro de** dans le cadre de ‖ **en cuadro** en carré ‖ **quedarse en cuadro** avoir été déserté ‖ FAM **¡vaya un cuadro!** quel tableau!

⬛ OBSERV Ne pas confondre cuadro tableau, avec marco cadre: un cuadro de Murillo un tableau de Murillo.

⬛ SIN lienzo toile; pintura peinture; boceto pochade; apunte esquisse.

cuadrumano, na *adj* & *s m* ZOOL quadrumane.

cuadrúpedo, da *adj* & *s m* ZOOL quadrupède.

cuádruple *adj* quadruple.

cuadruplex *m inv* quadruplex (telégrafo).

cuadruplicación *f* quadruplication, quadruplement *m*.

cuadruplicar [10] *v tr* & *intr* quadrupler.

cuádruplo *m* quadruple (cuádruple).

cuaima *f* (*Amer*) serpent *m* venimeux du Venezuela ‖ FIG & FAM vipère (persona astuta).

cuajada f caillé m (de la leche) ‖ fromage m blanc, caillé m (requesón).

cuajado, da adj caillé, e ‖ FIG & FAM saisi, e; figé, e (de extrañeza); **quedó cuajado** il resta figé ‖ FIG ahuri, e; stupéfait, e; pantois, e (asombrado) ‖ endormi, e; planté, e; figé, e (inmóvil) ‖ FAM **estar cuajado como un palo** être planté comme un piquet.

cuajado m gâteau de fruits et hachis de viande sucré (pastel).

cuajadura f caillement m, caillage m, coagulation (acción) ‖ caillé m (resultado).

cuajaleche m caille-lait inv (planta).

cuajamiento m caillement, coagulation f, caillage.

cuajar m ANAT caillette f.

cuajar v tr coaguler (la sangre, etc.) ‖ cailler, présurer, empréturer (la leche) ‖ figer (el aceite, las grasas) ‖ FIG surcharger [d'ornements] ‖ réussir; **nuestro equipo cuajó un magnífico partido** notre équipe a réussi un excellent match.
◇ v intr FIG & FAM réussir, bien tourner, marcher; **no cuajó su negocio** son affaire n'a pas marché ‖ prendre; **esta moda no cuajó** cette mode n'a pas pris ‖ prendre, passer; **tales mentiras no cuajan** de tels mensonges ne passent pas ‖ plaire, convenir; **no me cuaja su proposición** votre proposition ne me convient pas ‖ devenir; **esa promesa ha cuajado en un gran artista** cet espoir est devenu un grand artiste ‖ **estar cuajado** être rempli o bourré; **París está cuajado de extranjeros** Paris est bourré d'étrangers; être rempli o couvert; **balcón cuajado de flores** balcon couvert de fleurs; être rempli o parsemé; **cielo cuajado de estrellas** ciel parsemé d'étoiles; être rempli o plein o jalonné; **su vida está cuajada de éxitos** sa vie est jalonnée de succès.
➙ **cuajarse** v pr se coaguler, se figer ‖ se cailler, cailler (la leche) ‖ prendre (una crema, mayonesa, dulces) ‖ prendre (hielo, río) ‖ FIG se remplir (llenarse) ‖ s'endormir (ser poco activo).

cuajarón m caillot, coagulum (de un líquido).

cuajo m présure f (contenido del cuajar) ‖ caillement (coagulación) ‖ ZOOL caillette f (cuajar del rumiante) ‖ FIG & FAM calme (calma) ‖ **añadir cuajo** empresurer ‖ **arrancar de cuajo** déraciner (un árbol), couper à la racine, extirper (cosas malas) ‖ **tener cuajo** être indolent.

cuakerismo m quakérisme (cuaquerismo).

cuákero, ra m & f quaker, eresse (cuáquero).

cual pron rel
1. PRECEDIDO DE ARTÍCULO qui, lequel, laquelle, lesquels, lesquelles; **llamó al portero, el cual dormía** il appela le concierge, lequel dormait o qui dormait ‖ celui-ci, celle-ci, ceux-ci, celles-ci; **entró en la habitación de su hermano, el cual todavía dormía** il entra dans la chambre de son frère; celui-ci dormait encore ■ **a cual más, a cual mejor** à qui mieux mieux ‖ **al cual, a la cual, a los cuales, a las cuales** auquel, à laquelle, auxquels, auxquelles ‖ **bajo el cual** sous lequel ‖ **cada cual** chacun; **a cada cual lo suyo** à chacun son bien ‖ **del cual, de la cual, de los cuales, de las cuales** duquel, de laquelle, desquels, desquelles; **el Sol, en torno del cual gira la**

Tierra **le Soleil autour duquel tourne la Terre; dont, duquel, de laquelle, etc.; el hombre del cual te hablé** l'homme dont je t'ai parlé; **cinco chicos dos de los cuales son unos bandidos** cinq garçons dont deux sont des bandits ‖ **de lo cual ce dont; ha conseguido lo que quería, de lo cual me alegro mucho** il a obtenu ce qu'il voulait, ce dont je me réjouis fort; d'où; **de lo cual podemos inferir que** d'où nous pouvons déduire que ‖ **después de lo cual** après quoi ‖ **en el cual où, dans lequel; el sitio en el cual me encuentro** l'endroit où je me trouve ‖ **lo cual ce qui, ce que; ya no nos saluda, lo cual equivale a decir que está enfadado con nosotros** il ne nous salue plus, ce qui revient à dire qu'il est fâché avec nous ‖ **por lo cual** ce qui fait que, si bien que, c'est pourquoi, par conséquent, donc ‖ **sin lo cual** sans quoi.
2. SIN ARTÍCULO comme, tel que, telle que, tels que, telles que; **epidemias cuales se propagaban en la Edad Media ya no habrá más** il n'y aura plus d'épidémies telles que o comme celles qui se propageaient au Moyen Âge ‖ POÉT comme, tel, telle; **cual las flores del naranjo** comme o telles les fleurs de l'oranger ■ **cual o cual, tal cual** de rares, quelques rares; **entre la asistencia, cual o cual aficionado** parmi l'assistance, de rares amateurs ‖ **tal... cual... tel; cual el padre, tal el hijo** tel père, tel fils.
◇ adv tel que, comme; **cual se lo cuento** tel que je vous le raconte ‖ **tal cual** tel quel; **lo ha dejado tal cual, no lo ha arreglado nada** il l'a laissé tel quel, il ne l'a pas arrangé du tout; comme ci, comme ça; **una solución tal cual** une solution comme ci, comme ça; quelques (algunos).
‖ OBSERV pl cuales.

cuál adj & pron interr quel, quelle, quels, quelles; **no sé cuál será su decisión** je ne sais pas quelle sera sa décision; **¿cuál es el camino más corto?** quel est le chemin le plus court? ‖ qui, lequel, laquelle, lesquels, lesquelles; **¿cuál de los tres llegará primero?** lequel des trois arrivera le premier?
◇ pron indef l'un, l'autre, l'une, l'autre, les uns, les autres, les unes, les autres; qui... qui; **todos se quejaban, cuáles de la comida, cuáles de la cama** tous se plaignaient, les uns de la nourriture, les autres du lit o qui de la nourriture, qui du lit ‖ **todos contribuyeron, cuál más, cuál menos a este éxito** tous contribuèrent à des degrés différents o plus ou moins à ce succès.
◇ adv comment, comme; **¡cuál infeliz se encontraba!** comme il se trouvait malheureux!

cualidad f qualité.
‖ OBSERV Calidad et cualidad traduisent deux sens de qualité: un reloj de calidad une montre de qualité; la bondad es una cualidad la bonté est une qualité.

cualificación f qualification.

cualificado, da adj qualifié, e (obrero).

cualificar [10] v tr qualifier.

cualitativo, va adj qualitatif, ive.

cualquier adj indef apócope de cualquiera.
➙ **cualquiera**.
‖ OBSERV 1. Cualquiera s'apocope obligatoirement en cualquier devant un nom masculin singulier, facultativement devant un nom fé-

minin singulier, rarement devant un nom au pluriel.
2. pl cualesquiera.

cualquiera adj & pron indef n'importe qui, quiconque; **cualquiera de Uds** n'importe qui d'entre vous, quiconque parmi vous ‖ n'importe lequel, n'importe laquelle; **cualquiera de los dos** n'importe lequel des deux ‖ n'importe quel, n'importe quelle; **en cualquier momento y a cualquier hora** à n'importe quel moment et à n'importe quelle heure ‖ quel que, quelle que; **cualquiera que sea su excusa no le perdono** quelle que soit son excuse je ne lui pardonne pas ‖ tout, e; **cualquier hombre inteligente sabe que** tout homme intelligent sait que ‖ personne; **cualquiera lo creerá** personne ne le croira ‖ on; **cualquiera se acostumbra a todo** on s'habitue à tout ‖ quelconque; **un día cualquiera** un jour quelconque ■ **cualquiera que** quiconque; **cualquiera que haya viajado lo sabe** quiconque a voyagé le sait ‖ **cualquier cosa** n'importe quoi ‖ **cualquier cosa que** quoi que; **cualquier cosa que haga** quoi qu'il fasse ‖ **cualquier día** un de ces jours ‖ **cualquier otro** tout autre; **cualquier otro menos yo** tout autre que moi ‖ **en cualquier otra parte** n'importe où ailleurs, partout ailleurs ‖ **una cualquiera** une femme quelconque, une femme de rien ‖ **un cualquiera** le premier venu, un homme quelconque, un homme de rien ‖ **unos cualquieras** des gens de rien ■ **cualquiera lo diría** on croirait bien ‖ **por cualquier parte que vaya** de quelque côté qu'il aille.
‖ OBSERV pl cualesquiera.

cuan adv combien, comme; **no puedes imaginarte cuan cansada estoy** tu ne peux pas t'imaginer combien je suis fatiguée ‖ comme, combien (exclamativo); **¡cuán pronto pasan los años!** comme les années passent vite! ‖ que, comme; **¡cuán hermoso es!** qu'il est beau! ■ **tan... cuan** aussi... que; **el castigo será tan grande cuan grave fue la culpa** le châtiment sera aussi grand que la faute fut grave; autant... autant (cuanto... tanto); **cuan bueno era el padre, tan malo el hijo** autant le père était bon autant le fils est méchant ‖ **cayó cuan largo era** il tomba de tout son long.
‖ OBSERV Cuan, apocope de cuanto, ne s'emploie que devant les adjectifs et les adverbes. Il porte un accent dans les phrases exclamatives ou interrogatives.

cuando conj quand, lorsque (en el tiempo en que); **será ya de noche cuando lleguemos a casa** il fera déjà nuit quand nous arriverons chez nous; **ven a buscarme cuando sean las tres** viens me chercher lorsqu'il sera 3 heures [▷ OBSERV]; **cuando joven, yo creía** quand j'étais jeune, je croyais ‖ même si, quand bien même (aunque); **cuando lo dijeras mil veces** même si tu le répétais mille fois ‖ puisque, du moment que (puesto que); **cuando lo dices será verdad** puisque tu le dis, ce doit être vrai ‖ que; **no bien lo hubo dicho cuando se cayó** il ne l'avait pas plutôt dit qu'il tomba ■ **cuando la guerra** au moment de o pendant la guerre ‖ **cuando la última huelga** lors de la dernière grève ‖ **cuando más, cuando mucho** tout au plus, au plus ‖ **cuando mayor** une fois devenu grand ‖ **cuando menos** tout au moins, au moins, pour le moins ‖ **cuando no** dans le cas contraire, sinon ‖ **cuando quiera que** à quelque moment que ■ **aun cuando** même si, quand bien même, quand; **aun cuando lluvia** même s'il pleuvait; **aun cuando lo supiese me callaría** quand je le saurais, je me tairais ‖ **de cuando en cuando**, de vez en cuando de temps en temps, de temps à autre ‖ **entonces es cuando** c'est alors que.

◇ *adv* quand; **vendrás, pero ¿cuándo?** tu viendras, mais quand?; **no sé cuándo iré** je ne sais pas quand j'irai ■ **cuándo... cuándo** tantôt... tantôt ‖ **cuando quiera** n'importe quand ‖ **¿de cuándo acá, desde cuándo?** depuis quand? ‖ **¿para cuándo?** pour quand?

➡ **cuándo** *m* el cómo y el cuándo comment et quand.

| **OBSERV** Pour marquer l'éventualité, l'espagnol emploie le subjonctif présent là où le français emploie le futur de l'indicatif, et l'imparfait du subjonctif là où le français met le conditionnel. Cuando porte l'accent écrit dans les phrases exclamatives et interrogatives.

cuandú *m* (*Amer*) coendou (roedor americano).

cuanta *m pl* FÍS quanta.

| **OBSERV** El singular francés de quanta es quantum.

cuantía *f* quantité (cantidad) ‖ montant *m* (importe) ‖ qualité, importance (de una persona) ‖ DR importance (de una cosa) ‖ **juicio de mayor, de menor cuantía** jugement pour une somme élevée, peu importante ‖ **persona de mayor, de menor cuantía** personne importante, personne sans importance.

cuántico, ca *adj* quantique; **mecánica cuántica** mécanique quantique.

cuantificable *adj* quantifiable.

cuantificación *f* quantification.

cuantificar [10] *v intr* FÍS quantifier.

cuantimás *adv* FAM à plus forte raison, d'autant plus.

cuantiosamente *adv* en quantité.

cuantioso, sa *adj* considérable, abondant, e; important, e.

cuantitativo, va *adj* quantitatif, ive; **análisis cuantitativo** analyse quantitative.

cuanto, ta *adj* combien de; **¿cuántas manzanas quieres?** combien de pommes veux-tu? ‖ autant; **cuantas cabezas, tantos pareceres** autant de têtes, autant d'avis ‖ que de, quel, quelle; **¡cuánta gracia!** quelle grâce!; **¡cuántos problemas!** que d'ennuis! ‖ tout, toute, tous, toutes; **se llevó cuantos objetos había comprado** il a emporté tous les objets qu'il avait achetés ■ **cuanto más... más** plus... plus ‖ **tanto... cuanto** autant... que; **su salario será tanto más elevado cuanto más penoso sea el trabajo** votre salaire sera d'autant plus élevé que le travail sera plus pénible ‖ **unos cuantos, unas cuantas** quelques; **tengo unos cuantos amigos** j'ai quelques amis.

◇ *pron* combien; **¿cuántos han muerto?** combien sont morts? ‖ tous ceux qui; **cuantos vayan allí serán castigados** tous ceux qui iront là-bas seront punis ‖ **¡si supieras cuánto me dijo!** si tu savais tout ce qu'il m'a dit! ■ **todo cuanto** tout ce que ‖ **unos cuantos, unas cuantas** quelques-uns, quelques-unes; **¿tiene muchos amigos? – tengo unos cuantos** avez-vous beaucoup d'amis? – j'en ai quelques-uns.

◇ *adv* combien (de qué manera); **ya sabes cuánto te aprecio** tu sais combien je t'estime ‖ combien (cantidad); **¿cuánto vale esto?** combien vaut ceci? ‖ combien de temps; **¿cuánto dura este disco?** combien de temps dure ce disque? ■ **cuanto a, en cuanto a** quant à; **en cuanto a mí** quant à moi ‖ **cuanto antes** dès que possible, aussitôt que possible, le plus tôt possible, au plus vite ‖ **cuanto más** à plus forte raison (a mayor abundamiento), tout au plus; **esto vale cuanto más diez francos** cela vaut tout au plus dix francs ‖ **cuanto más... más** plus... plus; **cuanto más le conozco más le quiero** plus je le connais, plus je l'aime ‖ **cuanto más... menos** plus... moins; **cuanto más le veo, menos le comprendo** plus je le vois, moins je le comprends ■ **¿a cuánto estamos?** le combien sommes-nous? (fecha) ‖ **¿cada cuánto?** tous les combien? ‖ **en cuanto** dès que, aussitôt que ‖ **por cuanto** parce que.

➡ **cuanto** *m* FÍS quantum.

| **OBSERV** Cuanto, cuanta portent l'accent écrit dans les phrases exclamatives et interrogatives.

cuaquerismo *m* quakérisme (doctrina religiosa).

cuáquero, ra *m & f* quaker, eresse.

cuarcífero, ra *adj* quartzifère.

cuarcita *f* MIN quartzite *m* (roca).

cuarenta *adj* quarante; **tengo cuarenta alumnos** j'ai quarante élèves.

◇ *m* quarante ‖ quarantième; **es el cuarenta de la clase** c'est le quarantième de la classe ■ **hasta el cuarenta de mayo no te quites el sayo** en avril ne te découvre pas d'un fil ‖ **unos cuarenta** une quarantaine.

◇ *f pl* **las cuarenta** les quarante points que vaut au jeu du "tute" le joueur qui fait un mariage d'atout ‖ FIG & FAM **cantar a uno las cuarenta** dire son fait o ses quatre vérités à quelqu'un.

cuarentavo, va *adj & s* quarantième.

cuarentena *f* quarantaine ‖ carême, quarantaine (cuaresma) ‖ quarantaine (medida de sanidad); **poner un barco en cuarentena** mettre un bateau en quarantaine ‖ FIG **poner a alguien en cuarentena** mettre quelqu'un en quarantaine.

cuarentenal *adj* quarantenaire.

cuarentón, ona *adj & s* quadragénaire, qui a atteint la quarantaine.

cuaresma *f* carême *m*.

cuaresmal *adj* relatif au carême, quadragésimal, e (p us).

cuarta *f* quart *m* (cuarta parte) ‖ empan *m* (palmo) ‖ quatrième (en los juegos) ‖ quarte (en esgrima) ‖ (*Amer*) fouet *m* (látigo) ‖ ASTRON quadrant *m* (cuadrante) ‖ MÚS quarte ‖ MIL peloton *m* ■ MAT **cuarta proporcional** quatrième proportionnelle ‖ FAM **no levanta una cuarta del suelo** il est haut comme trois pommes (es muy bajo).

cuartana *f* MED fièvre quarte.

cuartanal *adj* MED de la fièvre quarte.

cuartanario, ria *adj & s* MED atteint, e de la fièvre quarte.

cuartar *v tr* AGRIC quartager.

cuartazo *m* (*Amer*) coup de fouet.

cuartazos *m inv* FIG & FAM patapouf (persona muy gorda).

cuarteador, ra *adj & s* (*Amer*) dépeceur, euse.

cuartear *v tr* diviser en quatre (dividir en cuatro) ‖ diviser, mettre en pièces (fragmentar) ‖ dépecer (descuartizar) ‖ hausser d'un quart les enchères (pujar).

◇ *v intr* TAUROM planter les banderilles en faisant un bond de côté.

➡ **cuartearse** *v pr* se lézarder, se crevasser, se fendre (una pared) ‖ FIG s'ébranler, être ébranlé; **las estructuras de esta organización se han cuarteado** les structures de cette organisation ont été ébranlées ‖ (*Amer*) manquer à sa parole, faire faux bond.

cuartel *m* MIL quartier (de un ejército); **cuartel general** quartier général, Q.G. FAM ‖ caserne *f* (de tropas) ‖ quartier (gracia concedida al vencido); **dar cuartel** faire o donner quartier ‖ (p us) quart (cuarta) ‖ quartier (barrio) ‖ carré (cuadro de jardín) ‖ BLAS quartier, écartelure *f* ‖ MAR panneau d'écoutille ■ (*Amer*) **golpe de cuartel** coup d'État ‖ **¡guerra sin cuartel!** pas de quartier! ‖ **servicio de cuartel** corvée ‖ **sin cuartel** sans merci; **lucha sin cuartel** lutte sans merci ■ MIL **estar de cuartel** être en demi-solde.

cuartelada *f*; **cuartelazo** *m* putsch *m*, pronunciamiento *m*.

cuartelado, da *adj* BLAS écartelé, e.

cuartelar *v tr* BLAS écarteler.

cuartelazo ➡ **cuartelada**.

cuartelero *adj* relatif à la caserne, de la caserne.

◇ *m* MIL soldat de chambrée à la caserne.

cuartelillo *m* cantonnement d'une section [militaire] ‖ poste de gendarmerie.

cuarteo *m* écart, feinte *f* (del cuerpo) ‖ crevasse *f*, lézarde *f* (grieta en una pared).

cuarterola *f* quartaut *m* (medida para el vino) ‖ (*Amer*) mousqueton *m* (tercerola).

cuarterón, ona *adj & s* quarteron, onne (mulato).

➡ **cuarterón** *m* quart (cuarta parte) ‖ quart (peso de 125 gramos) ‖ vasistas (de ventana) ‖ panneau; **puerta de cuarterones** porte à panneaux.

cuarteta *f* quatrain *m* (redondilla).

cuartete; cuarteto *m* quatrain (poema) ‖ MÚS quatuor, quartetto, quartette; **cuarteto de cuerda** quatuor à cordes.

cuartilla *f* feuillet *m* (de papel) ‖ paturon *m* (de la pata del animal) ‖ **papel de cuartillas** papier écolier.

cuartillo *m* chopine *f* (1/2 litro) ‖ quart d'un real (moneda antigua).

cuartilludo, da *adj* long-jointé, e (caballo).

cuartiza *f* (*Amer*) raclée, volée.

cuarto, ta *adj* quatrième (que sigue al tercero) ‖ quatre; **Enrique IV (cuarto)** Henri IV [quatre] ■ **cuarta parte** quart; **tres es la cuarta parte de doce** trois est le quart de douze ‖ **en cuarto lugar** quatrièmement, en quatrième lieu ‖ FAM **estar a la cuarta pregunta** être sans le sou.

➡ **cuarto** *m* quart (cuarta parte); **un cuarto de hora** un quart d'heure; **son las dos y cuarto** il est deux heures et quart ‖ chambre *f;* **estoy en mi cuarto** je suis dans ma chambre ‖ pièce *f;* **este piso tiene dos cuartos y una cocina** cet appartement a deux pièces et une cuisine ‖ appartement (piso); **cuarto amueblado** appartement meublé ‖ quartier (línea de descendencia) ‖ quartier (de un vestido) ‖ quartier (de un animal) ‖ lot (de un terreno) ‖ ASTRON quartier; **cuarto creciente, menguante** premier, dernier quartier ‖ MAR quart ‖ MIL faction *f* (del centinela) ‖ VETER seime *f* (del casco del caballo) ‖ FIG & FAM liard, sou; **no tener un cuarto** n'avoir pas le sou ‖ FAM argent, galette *f,* fric, sous *pl;* **tener muchos cuartos** avoir de la galette ■ **cuarto de aseo** cabinet de toilette ‖ **cuarto de banderas** salle d'officiers, salle d'honneur (en un cuartel) ‖ **cuarto de baño** salle de bains ‖ **cuarto de dormir** chambre à coucher ‖ **cuarto de estar** salle de séjour ‖ **cuarto de final** quart de finale ‖ **cuarto delantero** train de devant [partie antérieure d'un animal] ‖ **cuarto de luna** quartier de Lune ‖ **cuarto de prevención** salle de police ‖ **cuarto oscuro** chambre noire (de fotógrafo) ‖ **cuarto trasero** train de derrière [d'un animal]; arrière-train ■ **botella de a cuarto** quart; **una botella de a cuarto de agua mineral** un quart d'eau minérale ‖ **de cuatro cuartos, de tres al cuarto** de rien du tout, de quatre sous, de peu de valeur; **un vestido de tres al cuarto** une robe de rien du tout; à la gomme; **un escultor de tres al cuarto** un sculpteur à la gomme ‖ **en cuarto** in-quarto (encuadernación) ‖ **en cuarto mayor** grand in-quarto ‖ **en cuarto menor** petit in-quarto ■ FAM **afloja los cuartos** aboule ta galette ‖ **dar un cuarto al pregonero** crier quelque chose sur les toits ‖ **dejar sin un cuarto** laisser sans un sou ‖ **echar su cuarto a espadas** placer son mot, mettre son grain de sel, se mêler à une conversation ‖ **estar sin un cuarto** ne pas avoir un sou ‖ **es tres cuartos de lo propio** c'est du pareil au même ‖ **manejar los cuartos** tenir les cordons de la bourse ‖ **no andar bien de cuartos** ne pas être en fonds, être à sec ‖ **poner a uno las peras a cuarto** serrer la vis à quelqu'un ‖ **¡qué... ni que ocho cuartos!** il n'y a pas de... qui tienne!

cuartogénito, ta *adj* né le quatrième, née la quatrième.
◇ *m & f* quatrième.

cuartón *m* sapine *f* (viga gruesa).

cuartucho *m* FAM taudis, bouge (habitación mala) ‖ cagibi (habitación pequeña).

cuarzo *m* quartz (piedra); **cuarzo ahumado, hialino** quartz enfumé, hyalin.

cuarzoso, sa *adj* GEOL quartzeux, euse.

cuasi *adv* (p us) presque, quasi.

cuasia *f* BOT quassia *m,* quassier *m.*

cuasicontrato *m* DR quasi-contrat.

cuasidelito *m* DR quasi-délit.

Cuasimodo *n pr m* Quasimodo *f.*

cuasina; cuasita *f* QUÍM quassine.

cuate, ta *adj & s* (Amer) jumeau, jumelle (gemelo) ‖ semblable, pareil, eille (parecido) ‖ copain, copine; ami, e (amigo).

cuatera *f* (Amer) femme qui donne naissance à des jumeaux.

cuaterna *f* quaterne (de la lotería).

cuaternario, ria *adj & s m* quaternaire; **era cuaternaria** ère quaternaire.

cuaternio; cuaternión *m* MAT quaternion.

cuaterno, na *adj* à quatre chiffres.

cuatezón, ona *adj* (Amer) écorné, e.

cuatí *m* ZOOL coati.

cuatorceno, na *adj* (ant) quatorzième.

cuatralbo, ba *adj* balzan, e (caballo).

cuatreño, ña *adj* de quatre ans (toro).

cuatrero, ra *adj & s* voleur, euse de bestiaux ‖ (Amer) voyou *m* (bribón) ‖ FAM blagueur, euse (guasón).

cuatricromía *f* IMPR quadrichromie.

cuatriduano, na *adj* de quatre jours.

cuatrienal *adj* quadriennal, e.

cuatrienio *m* période *f* de quatre ans.

cuatrifolio *m* ARQ quatre-feuilles *inv.*

cuatrillizos, zas *m & f pl* quadruplés, ées (niños).

cuatrillo *m* quadrille (juego de naipes).

cuatrillón *m* quatrillion, quadrillion (un millón de trillones).

cuatrimestral *adj* quadrimestriel, elle ‖ qui dure quatre mois.

cuatrimestre *m* quadrimestre.

cuatrimotor *adj m & s m* quadrimoteur, tétramoteur (avión).

cuatrinca *f* réunion de quatre.

cuatripartito, ta ➤ **cuadripartito.**

cuatrirreactor *adj m & s m* quadriréacteur (avión).

cuatrisílabo, ba *adj* quadrisyllabique (de cuatro sílabas).
◆ **cuatrisílabo** *m* quadrisyllabe.

cuatro *adj* quatre; **Alejandro nació el día cuatro de marzo** Alexandre est né le 4 mars ‖ FAM **le pondré cuatro letras** je lui écrirai deux mots ■ **cuatro ojos ven más que dos** deux valent mieux qu'un ‖ **ni siquiera había cuatro gatos** il n'y avait pas un chat, il y avait quatre pelés et un tondu.
◇ *m* quatre (número) ‖ quatre (naipe) ‖ MÚS quatuor vocal ‖ (Amer) petite guitare *f* à quatre cordes (guitarra) ‖ sottise *f,* bêtise *f* (disparate) ‖ piège, duperie *f,* tromperie *f* (engaño) ■ **de cuatro en cuatro** quatre à quatre ‖ MÚS **de cuatro por ocho** quatre-huit (compás) ‖ **las cuatro cuatro** quatre heures ‖ FIG & FAM **más de cuatro** plus d'un, beaucoup de gens, beaucoup de monde; **más de cuatro se equivocan** plus d'un se trompe ‖ **trabajar por cuatro** travailler comme quatre.

cuatrocentista *adj & s m* quattrocentiste.

cuatrocientos, tas *adj & s m* quatre cents.

cuatrodoblar *v tr* quadrupler.

cuatrojos *m & f inv* FAM quat'z'yeux.

cuba *f* cuve, tonneau *m* (tonel); **cuba de fermentación** cuve de fermentation ‖ cuve, cuvée (contenido) ‖ FIG & FAM tonneau *m* (muy grueso o borracho) ■ **vagón cuba** wagonfoudre *m* ‖ FIG & FAM **beber como una cuba** boire comme une éponge ‖ **estar borracho como una cuba** être noir, être rond ‖ **cada cuba huele al vino que tiene** la caque sent toujours le hareng.

Cuba *n pr f* GEOGR Cuba ■ **cuba libre** rhum Coca ‖ **¡más se perdió en Cuba!** on en a vu d'autres!

cubaje *m* (Amer) cubage (cubicación).

cubalibre *m* rhum-Coca.

cubanismo *m* cubanisme.

cubanizar [13] *v tr* donner le caractère cubain.
◆ **cubanizarse** *v pr* prendre les manières cubaines.

cubano, na *adj & s* cubain, e (de Cuba).
◆ **cubana** *f* sorte de vareuse (pescadora).

cubata *m* FAM rhum-Coca.

cubeba *f* cubèbe *m* (arbusto).

cubero *m* tonnelier ■ FIG & FAM **a ojo de buen cubero** à vue de nez, à vue d'œil, au pifomètre, au juger ‖ **tener ojo de buen cubero** avoir l'œil américain.

cubertería *f* couverts *m pl.*

cubeta *f* petit tonneau *m* (tonel) ‖ cuveau *m* (cuba pequeña) ‖ FÍS cuvette (del barómetro) ‖ cuvette, bac *m* (de laboratorio).

cubicación *f* cubage *m* (acción de cubicar).

cubicaje *m* cylindrée *f* [volume]; **una moto de gran cubicaje** un gros cube.

cubicar [10] *v tr* MAT & GEOM cuber.

cúbico, ca *adj* MAT cubique; **raíz cúbica** racine cubique ‖ cube; **metro cúbico** mètre cube.

cubículo *m* cubiculum.

cubierta *f* couverture ‖ couverture (de libro) ‖ housse (funda) ‖ enveloppe, pneu *m* (neumático) ‖ ARQ couverture, toit *m,* toiture ‖ MAR pont *m;* **cubierta de popa** arrière-pont; **cubierta de proa** avant-pont; **cubierta de vuelos** pont d'envol ‖ gaine, enveloppe, revêtement *m* (de un cable) ‖ FIG couverture, prétexte *m* ‖ (Amer) enveloppe (de una carta) ■ **cubierta a un agua** toit en appentis ‖ **cubierta a dos aguas** toit en bâtière ‖ **cubierta de choza** couverture de chaume ‖ **cubierta de nieve y hielo** pneu clouté.

cubierto, ta *adj* couvert, e.
◆ **cubierto** *m* couvert (para comer) ‖ menu; **cubierto turístico** menu touristique ‖ abri, couverture *f* (abrigo) ■ **a cubierto** à l'abri, à couvert; **ponerse a cubierto** se mettre à l'abri ‖ **juego de cubiertos** service de couverts ‖ **poner los cubiertos** mettre le couvert.

cubil *m* tanière *f,* gîte (de los animales).

cubilar *v intr* parquer (majadear).

cubilete *m* timbale *f* (utensilio de cocina) ‖ CULIN timbale *f* (guiso) ‖ glaçon (hielo) ‖ gobelet, timbale *f* (vaso de metal) ‖ gobelet (de prestidigitador) ‖ cornet, gobelet (para los dados) ‖ (Amer) haut-de-forme, tube (sombrero de copa) ‖ intrigue *f,* machination *f* (intriga) ‖ bandeja para los cubiletes de hielo bac à glace (en las neveras).

cubiletear *v intr* FIG ruser, intriguer.

cubileteo *m* tour de passe-passe ‖ FIG intrigue *f,* ruse *f.*

cubiletero *m* prestidigitateur ‖ timbale *f* (cubilete) ‖ (Amer) intrigant.

cubilla *f;* **cubillo** *m* méloé *m* (carraleja).

cubilote *m* cubilot (crisol).

cubismo *m* cubisme (pintura y escultura); **cubismo analítico** cubisme analytique; **cubismo sintético** cubisme synthétique.

cubista *adj & s* cubiste.

cubital *adj* ANAT cubital, e (del codo).

cubitera *f* seau *m* à glace.

cubito *m* cube ‖ cubito de hielo glaçon, cube de glace.

cúbito *m* ANAT cubitus (hueso).

cubo *m* seau (recipiente portátil) ‖ cuveau (cuba pequeña) ‖ douille *f* (de bayoneta) ‖ moyeu (de rueda) ‖ écluse *f* d'un moulin à eau ‖ boîte *f* (caja) ‖ barillet (del reloj) ‖ tour *f* circulaire ‖ ARQ dé ‖ MAT & GEOM cube; elevar al cubo élever au cube ■ cubo de la basura boîte à ordures, poubelle ‖ AUTOM cubo de rueda boîte d'essieu.

cuboides *adj* cuboïde (hueso).

cubrecadena *m* carter [de bicyclette].

cubrecama *m* dessus-de-lit, couvre-lit.

cubrecorsé *m* cache-corset *inv.*

cubrefuego *m* couvre-feu (queda).

cubrejuntas *m inv* couvre-joint.

cubrenuca *m* couvre-nuque (cogotera).

cubrepiés *m inv* couvre-pieds, couvre-pied.

cubreplatos *m inv* couvre-plat.

cubrerradiador *m* couvre-radiateur, cache-radiateur.

cubretiestos *m inv* cache-pot.

cubrición *f* monte, accouplement *m.*

cubrir *v tr* couvrir; cubrir algo con un velo couvrir quelque chose d'un voile ‖ cacher (ocultar) ‖ FIG satisfaire; cubrir las necesidades satisfaire les besoins‖couvrir (una deuda, gastos); los ingresos cubren los gastos les recettes couvrent les dépenses ‖ couvrir; su voz cubre todas las demás sa voix couvre toutes les autres ‖ pourvoir à; cubrir una vacante pourvoir à une vacance ‖ couvrir, protéger; está cubierto por una persona importante il est couvert par une personne importante ‖ MIL couvrir (defender) ‖ couvrir (un animal) ‖ cubrir aguas mettre hors d'eau (un edificio) ‖ cubrir carrera faire la haie ‖ cubrir de gloria couvrir de gloire ‖ cubrir las apariencias o las formas o el expediente sauver les apparences ‖ cubrir una demanda couvrir une demande, répondre à une demande ‖ esta piscina no cubre dans ce bassin, on a toujours pied.

➤ **cubrirse** *v pr* se couvrir (ponerse el sombrero) ‖ FIG se couvrir; cubrirse de un riesgo con un seguro se couvrir d'un risque par une assurance‖être pourvu, e; el año pasado sólo pudieron cubrirse dos plazas l'année dernière deux places seulement ont pu être pourvues.

cuca *f* BOT souchet *m* comestible (chufa) ‖ ZOOL chenille (cuco) ‖ (*Amer*) espèce de héron (zancuda).

cucalón *m* (*Amer*) curieux (curioso).

cucamonas *f pl* FAM cajoleries, minauderies (carantoñas).

cucaña *f* mât *m* de cocagne (diversión) ‖ FIG & FAM aubaine, profit *m* inespéré (ganga).

cucañero, ra *adj & s* débrouillard, e.

cucar [10] *v tr* cligner de l'œil (guiñar).

cucaracha *f* blatte, cafard *m* (insecto) ‖ tabac *m* à priser (tabaco) ‖ (*Amer*) remorque de tramway‖bagnole (coche viejo).

cucarachero *m* (*Amer*) débrouillard.

cucarda *f* cocarde (escarapela) ‖ boucharde (martillo).

cucayo *m* (*Amer*) vivres *pl* pour un voyage, viatique (p us).

cuchara *f* cuiller (mejor que "cuillère"); cuchara de café cuiller à café; cuchara sopera cuiller à soupe; cuchara de palo cuiller en bois ‖ cuiller à pot (cucharón de cocina) ‖ louche (para servir) ‖ cuiller (para metales) ‖ cuiller (para la pesca) ‖ MAR écope (achicador) ‖ TECN godet *m*, benne preneuse, cuiller (de pala mecánica) ‖ (*Amer*) truelle (llana) ■ cuchara autoprensora benne preneuse ‖ cuchara para desmonte benne butte ■ FAM meter algo con cuchara faire rentrer dans la tête.

cucharada *f* cuillerée (cabida de la cuchara); cucharada de café cuillerée à café ‖ FIG & FAM cucharada y paso atrás repas où tout le monde mange dans le même plat.

cucharetear *v intr* FAM touiller avec une cuiller ‖ FIG fourrer son grain de sel, mettre son nez (entremeterse).

cucharilla *f* petite cuiller; dame una cucharilla donne-moi une petite cuiller ‖ cuiller (cuchara); cucharilla de café, de postre cuiller à café, à dessert ‖ MIN curette (para barrenos) ‖ VETER ratelle (enfermedad del cerdo).

cucharón *m* cuiller *f* à pot (de cocina) ‖ louche *f* (para servir).

cuché *adj m* couché (papel).

cuche; cuchí *m* (*Amer*) porc, cochon.

cucheta *f* (*Amer*) cabine (camarote).

cuchí ➤ **cuche.**

cuchichear *v intr* chuchoter.

cuchicheo *m* chuchotement.

cuchichiar *v intr* cacaber (la perdiz).

cuchifrito *m* porcelet rôti.

cuchilla *f* couperet *m* (de carnicero, de guillotina) ‖ couteau *m* à rogner (del encuadernador) ‖ plane (de curtidor) ‖ lame de rasoir (hoja de afeitar) ‖ lame (de un arma blanca) ‖ coutre *m* (de arado) ‖ POÉT glaive *m*, lame (espada) ‖ (*Amer*) chaîne de montagnes (cadena), crête (cumbre)‖collines *pl*, ligne de crêtes ‖ FIG estar cortado con una cuchilla être taillé au couteau ‖ patines de cuchilla patins à glace.

cuchillada *f* coup *m* d'épée (de espada) o de couteau (de cuchillo o navaja) ‖ blessure d'arme blanche (herida), estafilade, balafre (herida en la cara).

➤ **cuchillada** *f pl* crevés *m* (de vestidos) ‖ FIG dispute *sing* (pendencia).

cuchillazo *m* coup de couteau (cuchillada).

cuchillería *f* coutellerie.

cuchillero *m* coutelier ‖ frette *f* (abrazadera) ‖ (*Amer*) bagarreur, ferrailleur.

cuchillo *m* [▷ SIN] couteau (instrumento cortante); cuchillo de monte, de trinchar, de postre couteau de chasse, à découper, à dessert ‖ couteau (de la balanza) ‖ ZOOL lime *f*, défense *f* inférieure (del jabalí) ‖ soufflet (de un vestido) ‖ FIG droit de justice (jurisdicción) ‖ coin (punta, extremidad) ‖ ARQ aiguille *f* (viga vertical) ‖ MAR coutelas (vela) ■ MIL cuchillo bayoneta baïonnette ‖ cuchillo de la guillotina couperet de la guillotine ‖ cuchillo eléctrico couteau électrique ‖ señor de horca y cuchillo seigneur haut justicier ■ a cuchillo au couteau ‖ en casa del herrero cuchillo de palo les cordonniers sont toujours les plus mal chaussés ■ pasar a cuchillo passer au fil de l'épée ‖ tener el cuchillo en la garganta avoir le couteau sous la gorge.

SIN faca coutelas; puñal poignard; daga dague; estilete stylet; cortaplumas canif; navaja couteau, canif.

cuchipanda *f* FAM ripaille, bombance (comilona)‖bombe (juerga) ‖ FAM ir de cuchipanda faire la bombe (ir de juerga), gueuletonner, (darse una comilona).

cuchitril *m* taudis, bouge (habitación mala) ‖ cagibi (habitación pequeña).

cuchuchear *v intr* chuchoter (cuchichear) ‖ FIG & FAM cancaner, faire des commérages (chismorrear).

cuchufleta *f* FAM blague, plaisanterie.

cuchufletear *v intr* FAM plaisanter.

cuchufletero, ra *adj* FAM blagueur, euse; farceur, euse.

cuchumbo *m* (*Amer*) entonnoir (embudo) ‖ seau (cubo) ‖ cornet, gobelet (cubilete).

cuclillas

➤ **en cuclillas** *loc adv* accroupi, e ‖ ponerse en cuclillas s'accroupir, s'asseoir sur ses talons, se mettre à croupetons.

cuclillo *m* coucou (ave).

cuco, ca *adj* FIG & FAM joli, e (bonito), gentil, ille; mignon, onne (mono).

◇ *adj & s* malin, igne; rusé, e; finaud, e (astuto).

➤ **CUCO** *m* ZOOL coucou (pájaro) ‖ FAM tricheur (tramposo) ‖ reloj de cuco coucou.

➤ **CUCOS** *m pl* culotte *f sing.*

cucú *m* coucou (canto del cuco).
‖ OBSERV *pl* cucús.

cucufato *m* (*Amer*) calotin, bigot (beato).

cucuiza *f* (*Amer*) fil *m* d'agave.

cuculí *m* (*Amer*) pigeon sauvage.
‖ OBSERV *pl* cuculíes.

cucúrbita *f* BOT cucurbite ‖ QUÍM cucurbite (del alambique).

cucurbitáceo, a *adj & s f* cucurbitacé, e.

cucurucho *m* cornet (de papel) ‖ cagoule *f* (caperuza) ‖ (*Amer*) sommet, pointe *f.*

cucuy ➤ **cocuyo.**

cueca *f* danse populaire du Chili.

cuelga *f* fruits *m pl* que l'on suspend pour les conserver (fruta).

cuelgacapas *m inv* portemanteau.

cuelgaplatos *m inv* accroche-plat.

cuellicorto, ta *adj* qui a le cou ramassé.

cuellilargo, ga *adj* à long cou.

cuello *m* cou (del cuerpo); alargar el cuello tendre le cou ‖ goulot (de botella) ‖ BOT hampe *f*, collet (tallo) ‖ col (parte estrecha de un objeto) ‖ collet (de un diente) ‖ col (de un vestido, de la camisa); cuello almidonado, duro col empesé, dur ‖ encolure *f* (número de cuello de una camisa) ‖ collet (adorno de piel) ‖ collerette *f* (de encaje) ‖ encolure (del caballo) ‖ collier (en carnicería) ■ cuello acanalado o alechugado o apanalado o escarolado fraise [collerette] ‖ cuello bufanda col châle ‖ cuello de pajarita o palomita col cassé ‖ cuello postizo faux col ‖ cuello vuelto o alto, cisne col roulé, cheminée ■ agarrar o agarrarse a uno del o por el cuello saisir o prendre quelqu'un au collet echar los brazos al cuello sauter au cou ‖ estar con el agua al cuello avoir de l'eau jusqu'au cou ‖ gritar a voz en cuello crier à tue-tête ‖ hablar al cuello de la camisa parler à son bonnet ‖ FAM meter el cuello trimer, boulonner, en mettre un coup ‖ poner el cuello en mettre sa main au feu (apostar).

cuenca f écuelle de bois (escudilla) ‖ orbite (del ojo) ‖ vallée (valle) ‖ bassin m (de río, lago, mar y mina); **cuenca petrolífera** bassin pétrolifère.

cuenco m terrine f (vaso de barro).

cuenda f centaine (de madeja).

cuenta f [▷ SIN 1] compte m ‖ [▷ SIN 2] note (factura); **la cuenta del gas** la note du gaz ‖ addition, note (en los cafés, hoteles); **pedir la cuenta** demander l'addition; **¡mozo, traiga la cuenta!** garçon, l'addition! ‖ COM compte m; **cuenta corriente, bancaria, de ahorros** compte courant, bancaire, d'épargne; **interventor de cuentas** vérificateur des comptes ‖ grain m (de rosario o collar) ‖ FIG charge (obligación) ‖ affaire (cuidado); **eso es cuenta tuya** c'est ton affaire ‖ **cuenta de efectos impagados** compte d'impayés ‖ FAM **cuenta de la vieja** calcul fait en comptant sur les doigts ‖ **cuenta de resaca** compte de retour ‖ **cuenta atrás** compte à rebours ‖ **cuenta pendiente impayé** ‖ **cuenta redonda** compte rond ‖ **cuenta separada** compte à part ‖ **cuentas galanas** o **del Gran Capitán** comptes d'apothicaire o de cuisinière ‖ INFORM compte; **cuenta de acceso Internet** compte d'accès Internet ■ **ajuste de cuentas** règlement de comptes ‖ **cantidad a buena cuenta** quantité à compte ‖ **cantidad a cuenta** acompte ‖ **desembolso a cuenta** versement provisionnel ‖ FAM **pájaro de cuenta** drôle de loustic ‖ **tribunal de cuentas** cour des comptes ■ **a cuenta** en acompte, à compte, à valoir; **dejar una suma a cuenta** laisser une somme en acompte; **cien pesetas a cuenta de las mil que usted me debe** cent pesetas à valoir sur les mille que vous me devez ‖ **a cuenta de qué** pourquoi, pour quelle raison ‖ **a fin de cuentas** tout compte fait, en fin de compte, au bout du compte ‖ **borrón y cuenta nueva** tournons la page, passons l'éponge ‖ **con su cuenta y razón** et pour cause ‖ **de cuenta** d'importance, considérable ‖ **en resumidas cuentas** en fin de compte, tout compte fait, somme toute, en somme ‖ **las cuentas claras y el chocolate espeso** les bons comptes font les bons amis ‖ **más de la cuenta** plus que de raison, trop (demasiado) ‖ **por cuenta de** pour le compte de ‖ **por cuenta y riesgo de** aux risques et périls de ‖ **por mi cuenta** quant à moi ■ **abonar en cuenta** créditer ‖ **abrir una cuenta** ouvrir un compte ‖ **adeudar en cuenta** débiter, porter au débit d'un compte ‖ **ajustar la cuenta** faire le compte ‖ FIG **ajustarle a uno las cuentas** régler son compte à quelqu'un ‖ **caer** o **dar en la cuenta** y être, piger FAM; **yo caigo en la cuenta** j'y suis, j'ai pigé ‖ **caer en la cuenta de que** se rendre compte de ce que o que ‖ COM **cargar en cuenta** débiter ‖ **cerrar una cuenta** arrêter o solder un compte ‖ **dar cuenta de** rendre compte de (dar a conocer), faire savoir (comunicar), en finir avec, faire un sort à FAM; **dimos buena cuenta de la tortilla** nous fîmes un sort à l'omelette ‖ **darse cuenta de** se rendre compte de, constater ‖ **dejar de cuenta**

laisser pour compte ‖ **echar la cuenta** faire le compte, calculer ‖ **entrar en cuenta** entrer en ligne de compte ‖ **estar fuera de cuenta** être à terme (una mujer) ‖ **estar lejos de la cuenta** être loin du compte, ne pas y être du tout ‖ **esto corre de** o **por mi cuenta** c'est à ma charge, c'est moi qui m'en occupe (hacerse cargo), c'est moi qui paie (pagar) ‖ **habida cuenta de, teniendo en cuenta que** compte tenu de o de ce que ‖ **hacer la cuenta de la vieja** compter sur ses doigts ‖ **hacerse cuenta** s'imaginer, supposer ‖ **hacer sus cuentas** faire ses comptes ‖ **la cuenta sale mal** le compte n'y est pas ‖ **las cuentas son las cuentas** les affaires sont les affaires ‖ **llevar las cuentas** tenir les comptes ‖ **me salen mal las cuentas** les comptes ne sont pas justes ‖ **no querer cuentas con uno** ne pas vouloir avoir affaire à quelqu'un ‖ **pagar algo a cuenta** payer un acompte; **pagar algo a cuenta de una deuda** payer un acompte sur une dette ‖ **pasar la cuenta** envoyer o passer la note ‖ **pasar las cuentas del rosario** égrener son chapelet ‖ **pedir cuentas a uno** avoir affaire à quelqu'un, avoir une explication avec quelqu'un ‖ **pedir cuentas de** demander compte de ‖ **perder la cuenta de** ne pas se rappeler de, perdre souvenance de ‖ **saldar una cuenta** solder un compte ‖ **si echamos la cuenta** tout compte fait ‖ **tener cuenta de** s'occuper de ‖ **tener cuenta** être avantageux; **tener más cuenta** être plus avantageux ‖ **tener en cuenta** tenir compte, considérer, prendre en considération, ne pas oublier; **tengamos en cuenta sus proposiciones** prenons ses propositions en considération; **tenga usted en cuenta que** considérez que, tenez compte du fait que, prenez en considération le fait que ‖ **teniendo en cuenta** vu; **teniendo en cuenta el artículo dos** vu l'article numéro deux ‖ **tomar cuentas** examiner les comptes ‖ **tomar en cuenta** faire entrer en ligne de compte ‖ **trabajar por cuenta** travailler à façon ‖ **trabajar por su cuenta** o **por cuenta propia** travailler à son compte ‖ **traer cuenta** a être profitable o avantageux pour ‖ **vamos a cuentas** mettons les choses au clair.

| SIN **1.** cálculo calcul; balance bilan; cómputo computation.
2. importe montant; factura facture; nota note.

cuentagotas m inv compte-gouttes ‖ FIG **dar una cosa con cuentagotas** donner quelque chose au compte-gouttes.

cuentahílos m inv compte-fils.

cuentakilómetros m inv compteur kilométrique.

cuentarrevoluciones; cuentavueltas m inv compte-tours.

cuentero, ra adj & s (Amer) baratineur, euse; cancanier, ère.

cuentista adj & s conteur, euse (autor de cuentos) ‖ FAM cancanier, ère (chismoso) ‖ rapporteur, euse; cafard, e (soplón) ‖ FIG & FAM baratineur, euse (que dice muchas mentiras); fantaisiste, fumiste, farceur, euse.

cuento m conte; **contar un cuento de hadas** raconter un conte de fées ‖ histoire f, récit (relato) ‖ FAM cancan, potin, ragot (chisme) ‖ histoire f, boniment (mentira); **a mí, que no me vengan con cuentos** qu'on ne vienne pas me raconter d'histoires ‖ histoire f (disgusto)

‖ **cuento chino** o **tártaro** histoire à dormir debout, bobard ‖ **cuento de nunca acabar** histoire à n'en plus finir ‖ **cuento de viejas** conte de bonne femme, conte de ma mère l'Oie ‖ **a cuento de** à propos de ‖ **nada de cuentos** pas d'histoires ‖ **sin cuento** sans nombre ■ **¡aplíquese el cuento!** tirez-en la leçon! ‖ **dejarse de cuentos** aller droit au but ‖ **¡déjate de cuentos!** arrête de raconter des histoires! ‖ **es cuento largo** c'est toute une histoire ‖ **eso es el cuento de la lechera** c'est Perrette et le pot au lait ‖ **estar en el cuento** être au courant, être dans le coup FAM ‖ **esto parece cuento** on croirait que ce sont des histoires ‖ **no venir a cuento** ne rien avoir à voir (no tener nada que ver), ne rimer à rien, ne pas venir à propos (no ser oportuno) ‖ **tener mucho cuento** être très comédien, bluffer ‖ **traer a cuento** ramener sur le tapis (la conversación) ‖ **¡váyase con el cuento a otra parte!** à d'autres!, on ne me la fait pas! ‖ **venir a cuento** venir à propos o à point ‖ **venir con cuentos** raconter des histoires.

cuera f (Amer) guêtre (polaina) ‖ volée, raclée (azotaina).

cuerazo m (Amer) coup de fouet (latigazo).

cuerda f corde; **cuerda de cáñamo** corde de chanvre ‖ ficelle (para atar un paquete) ‖ ANAT corde; **cuerdas vocales** cordes vocales ‖ chaîne (de reloj antiguo) ‖ ressort m (de muelle) ‖ chaîne (de galeote) ‖ corde (de una pista) ‖ GEOM corde ‖ MÚS corde (de un instrumento); **cuerda de tripa** corde de boyau ■ **cuerda dorsal** corde o chorde dorsale ‖ **cuerda floja** corde raide ‖ **mozo de cuerda** portefaix ‖ **por debajo de** o **bajo cuerda** en sous-main, en cachette ■ FIG **acabársele a uno la cuerda** être au bout de son rouleau ‖ **andar** o **bailar en la cuerda floja** danser sur la corde raide ‖ **apretar la cuerda** serrer la vis ‖ **dar cuerda al reloj** remonter la montre o l'horloge ‖ **dar cuerda** o **a la cuerda** faire traîner en longueur ‖ **dar cuerda a uno** faire parler quelqu'un ‖ **estar con la cuerda al cuello** avoir la corde au cou ‖ **no hay que mentar la cuerda en casa del ahorcado** il ne faut pas parler de corde dans la maison du pendu ‖ **no ser de la misma cuerda** ne pas être du même bord (de la misma opinión) ‖ **obrar bajo cuerda** agir en dessous, par-derrière ‖ **parece que a éste le han dado cuerda** il est remonté, le voilà parti ‖ **tener cuerda para rato** en avoir encore pour longtemps ‖ **tirar de la cuerda** tirer sur la corde ‖ **tocar la cuerda sensible** toucher la corde sensible.

➤ **cuerdas** f pl cordes (del ring) ‖ MÚS cordes (instrumentos).

cuerdamente adv sagement.

cuerdo, da adj & s raisonnable (sano de juicio) ‖ sage, judicieux, euse; prudent, e (sensato) ‖ **de cuerdo y loco todos tenemos un poco** chacun a ses travers o ses défauts.

cuereada f (Amer) raclée, volée (paliza).

cuerear v tr (Amer) écorcher, équarrir (desollar) ‖ apprêter [les peaux] ‖ donner une raclée à (golpear) ‖ éreinter, dire du mal de (criticar).

cueriza f FAM (Amer) raclée, volée (paliza).

cuerna f cornes pl (cornamenta) ‖ récipient m en corne ‖ bois m pl, ramure (del ciervo) ‖ cor m de chasse (trompa).

cuerno *m* [▷ **SIN**] corne *f* (asta) ‖ corne *f* (materia); **calzador de cuerno** chausse-pied en corne ‖ antenne *f* (de los insectos) ‖ corne *f* (de la luna) ‖ **ANAT** corne *f* (de médula) ‖ **BOT** craterelle *f*, corne *f* d'abondance, trompette *f* des morts (hongo) ‖ **MÚS** cor (de caza) ■ **cuerno de la abundancia** corne d'abondance (cornucopia) ‖ **FIG & FAM** **estar en los cuernos del toro** être dans la gueule du loup ‖ **levantar** o **poner en los cuernos de la luna** porter aux nues ‖ **mandar a uno al cuerno** envoyer quelqu'un promener o paître o au diable ‖ **no valer un cuerno** ne pas valoir grand-chose ‖ **oler a** o **saber a cuerno quemado** sentir le roussi ‖ **poner en los cuernos del toro** placer dans une situation très critique ‖ **¡váyase al cuerno!** allez au diable!

➡ **cuernos** *m pl* **FIG & FAM** cornes *f* (de un marido engañado) ‖ **poner los cuernos** faire porter des cornes, cocufier, encorner (hacer cornudo).

➡ **¡cuerno!** *interj* **FAM** fichtre!, zut!

|| **SIN** cornamenta bois [du cerf]; asta corne; mogote andouiller.

cuero *m* cuir (piel) ‖ outre *f* (odre) ‖ **DEP** ballon ‖ (*Amer*) fouet ■ **cuero cabelludo** cuir chevelu ‖ **cuero en verde** cuir brut o vert ‖ **cuero exterior** couche superficielle de la peau ‖ **cuero interior** couche profonde de la peau ■ **en cueros** tout nu, toute nue; dans le plus simple appareil, à poil **FAM** ‖ **en cueros vivos** nu comme un ver ‖ **entre cuero y carne** entre cuir et chair ■ **FAM** (*Amer*) **arrimar el cuero, dar** o **echar cuero** flanquer une raclée, fouetter ‖ **estar hecho un cuero** être soûl ‖ **sacar el cuero a uno** éreinter quelqu'un, casser du sucre sur le dos de quelqu'un.

cuerpear *v intr* (*Amer*) s'esquiver.

cuerpo *m* corps; **el cuerpo humano** le corps humain ‖ corps (de un vestido, de un tejido, de un vino) ‖ corps (parte de un mueble); **armario de dos cuerpos** armoire à deux corps; **cuerpo docente, diplomático, de ingenieros** corps enseignant, diplomatique, du génie ‖ étage; **nave espacial de un solo cuerpo** vaisseau spatial à un seul étage ‖ volume (libro); **biblioteca de mil cuerpos** bibliothèque de mille volumes ‖ **ANAT** corps; **cuerpo amarillo, tiroides** corps jaune, thyroïde ‖ **DEP** longueur *f*; **le sacó dos cuerpos de ventaja** il l'a battu avec deux longueurs d'avance; **ganar por medio cuerpo** gagner d'une demi-longueur ‖ **ARQ** corps de logis ‖ **DR** corpus (compilación) ‖ **FÍS & QUÍM** corps; **cuerpo compuesto, simple** corps composé, simple ‖ **IMPR** corps (de una letra) ‖ **MIL** corps; **cuerpo de ejército** corps d'armée; **cuerpo de guardia** corps de garde; **cuerpo expedicionario** corps expéditionnaire ■ **cuerpo a cuerpo** corps à corps ‖ **cuerpo a tierra** à plat ventre ‖ **TEATR cuerpo de baile** corps de ballet ‖ **cuerpo de bomba** corps de pompe ‖ **cuerpo de casa** ménage (limpieza) ‖ **DR cuerpo del delito** corps du délit ‖ **cuerpo electoral** collège électoral ‖ **cuerpo facultativo** faculté ‖ **cuerpo legislativo** corps législatif ‖ **MAR cuerpo muerto** corps mort ‖ **FAM mi cuerpo serrano** ma pomme ‖ **misa de cuerpo presente** messe de funérailles ■ **a cuerpo, en cuerpo** sans pardessus (un hombre), sans manteau, en taille (una mujer) ‖ **a cuerpo descubierto** à découvert (sin protección), en taille (sin abrigo) ‖ **a cuerpo gentil** en taille ‖ **a cuerpo limpio** à corps perdu ‖ **a medio**

cuerpo à mi-corps ‖ **bañador de cuerpo entero** maillot de bain ‖ **bañador de medio cuerpo** caleçon de bain ‖ **de cuerpo entero** en pied (retrato) ‖ **de cuerpo presente** exposé en public, sur son lit de mort (cadáver) ‖ **de medio cuerpo** en buste; **retrato de medio cuerpo** portrait en buste; à mi-corps; **entrar en el agua de medio cuerpo** entrer dans l'eau à mi-corps ‖ **en cuerpo de camisa** en manche de chemise, en bras de chemise ‖ **FIG & FAM en cuerpo y alma** corps et âme, de tout cœur ‖ **por medio del cuerpo** à mi-corps ■ **dar con el cuerpo en tierra** s'étaler, tomber par terre ‖ **dar cuerpo** prendre du corps (líquido) ‖ **estar a cuerpo de rey** être comme un coq en pâte o comme un prince ‖ **formar cuerpo** faire corps avec ‖ **FAM hacer del cuerpo** aller à la selle ‖ **hurtar el cuerpo** faire un écart (fintar) ‖ **FAM me pide el cuerpo hacer tal cosa** j'ai envie de faire telle chose ‖ **no quedarse con nada en el cuerpo** tout avouer, vider son sac ‖ **no tener nada en el cuerpo** avoir l'estomac o le ventre vide ‖ **pertenecer al cuerpo docente** être dans l'enseignement, faire partie du corps enseignant ‖ **FAM sacar del cuerpo** faire dire ‖ **tener buen cuerpo** être bien faite (una mujer) ‖ **¡tengo un miedo en el cuerpo!** j'ai une de ces peurs!, j'ai une peur bleue! ‖ **tomar** o **cobrar cuerpo** prendre corps (un proyecto), prendre consistance (una salsa) ‖ **tratar a uno a cuerpo de rey** traiter quelqu'un comme un prince, se mettre en quatre pour quelqu'un.

cuervo *m* corbeau (pájaro) ■ **cuervo marino** cormoran (mergo) ‖ **cuervo merendero** crave (grajo) ‖ **cría cuervos y te sacarán los ojos** on est toujours payé d'ingratitude, nourris un corbeau, il te crèvera les yeux ‖ **criar cuervos** réchauffer un serpent dans son sein.

cuesco *m* noyau (hueso de fruta) ‖ **FAM** pet bruyant (pedo).

cuesta *f* côte, pente; **a la mitad de la cuesta** à mi-côte; **en cuesta** en pente ‖ **GEOGR** côte ■ **a cuestas** sur le dos; **llevar un bulto a cuestas** porter un paquet sur le dos; sur les épaules (una responsabilidad) ‖ **este trabajo se me ha hecho cuesta arriba** j'ai eu du mal à faire ce travail, j'ai trouvé ce travail pénible ‖ **ir cuesta abajo** descendre (bajar), décliner, baisser (decaer) ‖ **ir cuesta arriba** monter ‖ **tener a uno a cuestas** avoir quelqu'un à sa charge o sur le dos **FAM**.

|| **OBSERV** La palabra española **cuesta** está admitida en el lenguaje geográfico internacional para designar un relieve de cuesta.

cuestación *f* quête, collecte.

cuestión *f* question; **una cuestión interesante** une question intéressante; **poner una cuestión sobre el tapete** mettre une question sur le tapis ‖ question; **es cuestión de vida o muerte** c'est une question de vie ou de mort ‖ affaire; **es cuestión de un cuarto de hora** c'est l'affaire d'un quart d'heure ‖ question (pregunta) ‖ dispute, querelle (riña) ‖ **DR** question (tormento) ■ **cuestión batallona** o **candente** question brûlante ‖ **cuestión de confianza** question de confiance ‖ **MAT cuestión determinada, indeterminada** problème déterminé, indéterminé ‖ **DR cuestión de tormento** question [tortura] ‖ **cuestión prejudicial** question préjudicielle ‖ **cuestión previa** question préalable ■ **esto es cuestión mía** cela c'est mon affaire.

cuestionable *adj* discutable.

cuestionamiento *m* mise *f* en question.

cuestionar *v tr* controverser, débattre ‖ mettre en question (someter a examen).

cuestionario *m* questionnaire.

cuestor *m* questeur (magistrado) ‖ quêteur (el que pide para una cuestación).

cuestura *f* questure (empleo del cuestor).

cuete *m* (*Amer*) tranche *f* de gigot, de rumsteack.

cueto *m* hauteur *f* fortifiée ‖ colline *f* conique et isolée (colina).

cueva *f* grotte, caverne (gruta) ‖ grotte; **las cuevas de Altamira** les grottes d'Altamira ‖ cave (subterráneo y cabaret) ■ **cueva de ladrones** caverne de voleurs ‖ **el hombre de las cuevas** l'homme des cavernes.

cuévano *m* hotte *f* (cesto grande).

cueza *f*; **cuezo** *m* auge *f* (de albañil).

cúfico, ca *adj* coufique (escritura).

cuguar; cuguardo *m* **ZOOL** couguar, cougouar.

cugujada *f* cochevis *m* (ave).

cugulla *f* cagoule.

cuí *m* (*Amer*) cobaye (conejillo de Indias).

cuica *f* (*Amer*) ver *m* de terre, lombric *m* (lombriz).

cuicacoche *f* (*Amer*) sorte de mésange.

cuico *m* (*Amer*) étranger (extranjero) ‖ **FAM** flic (agente de policía).

cuidado *m* [▷ **SIN**] soin (atención); **trabajar con cuidado** travailler avec soin ‖ charge *f* (dependencia); **correr al cuidado de uno** être à la charge de quelqu'un ‖ affaire *f* (cargo); **eso es cuidado tuyo** c'est ton affaire ‖ souci (preocupación); **vivir libre de cuidados** vivre sans souci ‖ attention *f* (cuidado); **ten cuidado con este niño** fais attention à cet enfant; **hay que tener cuidado con este libro** il faut faire attention à ce livre; **tiene mucho cuidado en no herir a nadie** il fait très attention pour ne blesser personne ‖ prudence *f* (precaución) ‖ peur *f* (temor); **tener cuidado, estar con cuidado** avoir peur ■ **¡cuidado!** attention!, prenez garde!, gare!; **¡cuidado con el coche!** attention à la voiture!; **¡cuidado con la pintura!** prenez garde à la peinture!; **¡cuidado contigo!** gare à toi! ‖ **¡cuidado con el niño!** quel gosse! ‖ **¡cuidado con el perro!** attention, chien méchant! ‖ **¡cuidado con Juan, qué pesado es!** ce Jean, ce qu'il peut être pénible! ■ **al cuidado de** aux bons soins de ‖ **bajo el cuidado de** sous la garde de, sous la surveillance de ‖ **de cuidado** grave; **es un enfermo de cuidado** c'est un malade grave; gravement; **estar enfermo de cuidado** être gravement malade ‖ **hombre de cuidado** homme dont il faut se méfier, homme dangereux ‖ **sin cuidado** sans soin, à la va-vite (negligentemente), à tort et à travers (a tontas y a locas) ■ **andarse con cuidado** faire attention ‖ **estar al cuidado de** s'occuper de ‖ **ir con cuidado** faire attention ‖ **FAM me tiene** o **me trae sin cuidado** je m'en fiche, je m'en moque, c'est le dernier o le cadet de mes soucis ‖ **no hay cuidado, pierda cuidado** il n'y a pas de danger ‖ **¡pierda usted cuidado!** ne vous en faites pas! ‖ **poner cuidado en** faire attention à ‖ **poner fuera de cuidado a un en-**

fermo mettre un malade hors de danger, tirer un malade d'affaire ‖ **salir de cuidado** être délivrée (en un parto), être hors de danger (en una enfermedad) ‖ **ser de cuidado** être dangereux (peligroso), être quelqu'un dont il faut se méfier (poco seguro), être grave; **esta herida es de cuidado** cette blessure est grave.

➥ **cuidados** *m pl* soins (del médico).

❙ SIN interés intérêt; curiosidad curiosité; exactitud exactitude; vigilancia vigilance; solicitud sollicitude.

cuidador, ra *adj* soigneux, euse.

➥ **cuidador** *m* soigneur ‖ DEP soigneur.

➥ **cuidadora** *f* (*Amer*) infirmière ‖ bonne d'enfant (niñera).

cuidadosamente *adv* soigneusement (con aplicación) ‖ prudemment (con precaución).

cuidadoso, sa *adj* soigneux, euse ‖ soucieux, euse (atento); **cuidadoso del resultado** soucieux du résultat ‖ précautionneux, euse (aplicado y prudente).

cuidar *v tr* soigner (asistir); **cuidar a un enfermo** soigner un malade ‖ s'occuper de; **en esta pensión me cuidan mucho** dans cette pension on s'occupe beaucoup de moi ‖ tenir bien, s'occuper (guardar); **cuidar la casa bien** tenir la maison ‖ entretenir, avoir o prendre soin de, faire attention à (conservar); **cuidar su ropa** avoir soin de ses vêtements ‖ FIG soigner; **cuidar los detalles** soigner les détails.

◇ *v intr* cuidar de prendre soin de, veiller à o sur, faire attention à; **cuidar de su salud, de los niños** prendre soin de sa santé, veiller aux enfants; être aux petits soins pour (asistir solícitamente) ‖ **cuidar de sus obligaciones** remplir ses obligations.

➥ **cuidarse** *v pr* se soigner (la salud) ‖ se surveiller (después de una enfermedad) ‖ cuidarse de prendre soin de (la salud, etc.), se soucier de, tenir compte de; **no se cuida del qué dirán** il ne se soucie pas du qu'en-dira-t-on; s'occuper de (ocuparse de), faire attention à; **cuídate de lo que dices** fais attention à ce que tu dis ‖ cuidarse mucho faire beaucoup attention à soi.

cuido *m* soin, soins *pl*; **el cuido de la huerta** les soins du jardin.

cuija *f* (*Amer*) petit lézard *m* (lagartija) ‖ FIG grande bringue, perche (mujer flaca).

cuino *m* (p us) porc (cerdo).

cuis *m* ZOOL (*Amer*) cobaye, cochon d'Inde.

cuita *f* peine, souci *m* (aflicción) ‖ (*Amer*) fiente d'oiseaux ‖ **las cuitas del joven Werther** les souffrances du jeune Werther (de Goethe).

cuitado, da *adj* affligé, e; malheureux, euse (afligido) ‖ FIG timoré, e (apocado).

cuitamiento *m* timidité *f* excessive (timidez).

cuja *f* (p us) bois *m* de lit, châlit *m* (armazón de la cama) ‖ porte-étendard *m* (para la bandera) ‖ (*Amer*) lit *m* (cama).

cuje *m* (*Amer*) chevalet sur lequel on fait sécher le tabac.

cují *m* (*Amer*) cassie *f* (aromo).

cujinillos *m pl* (*Amer*) sacoche *f sing* ‖ cantines *f* [pour transporter de la nourriture].

culada *f* chute *f* sur le derrière.

culantrillo *m* BOT capillaire *f*.

culantro *m* BOT coriandre *f*.

culata *f* culasse (del motor, del cañón) ‖ crosse (de la escopeta); **la culata se apoya en el hombro** la crosse s'appuie sur l'épaule ‖ FIG partie postérieure, arrière *m*, fond *m* (parte posterior) ‖ croupe [du cheval] (anca) ‖ collet *m* (de la talla de un diamante) ‖ FIG **le ha salido el tiro por la culata** ça a raté.

culatada *f*; **culatazo** *m* coup *m* de crosse (golpe) ‖ recul *m* (retroceso de un arma).

culatín *f* fausse crosse *f* (de ametralladora).

culazo *m* chute *f* sur le derrière.

culé *adj* FAM & DEP du club de football de Barcelone.

culear *v intr* MFAM remuer le derrière ‖ VULG (*Amer*) forniquer, baiser.

culebra *f* ZOOL couleuvre ‖ serpent *m*; **culebra de cascabel** serpent à sonnettes (crótalo); **culebra coral** serpent corail; **culebra de cristal** serpent de verre, seps ‖ serpentin *m* (del alambique) ‖ FIG & FAM chahut *m*, tapage *m* (alboroto) ‖ ASTRON serpentaire *m* ‖ FIG & FAM **saber más que las culebras** être malin comme un singe.

culebrear *v intr* serpenter, zigzaguer.

culebreo *m* zigzag.

culebrera *f* pygargue *m* (águila).

culebrilla *f* MED dartre (herpes) ‖ ZOOL couleuvreau *m* (cría de la culebra) ‖ BOT dragon *m* vert ‖ **papel de culebrilla** papier de soie.

culebrina *f* couleuvrine (cañón) ‖ éclair *m* (relámpago).

culebrón *m* grosse couleuvre *f* ‖ FIG & FAM fine mouche *f*, vieux renard (astuto) ‖ feuilleton mélo (telenovela).

culera *f* tache sur les langes des enfants (mancha) ‖ fond *m* (de pantalón), pièce (remiendo).

culero, ra *adj* nonchalant, e.

➥ **culero** *m* lange d'enfant ‖ (*Amer*) tablier de cuir (de los mineros, de los campesinos).

culi *m* coolie.

culiblanco *m* ZOOL cul-blanc.

culillo *m* FAM **culillo de mal asiento** personne qui a la bougeotte o qui ne tient pas en place.

culinario, ria *adj* culinaire (de cocina).

culmen *m* sommet (cumbre).

culminación *f* ASTRON culmination ‖ FIG couronnement *m*, point *m* culminant.

culminante *adj* culminant, e.

culminar *v intr* culminer ‖ ASTRON culminer ‖ FIG **su vida culminó en la presidencia de la República** la présidence de la République a été le couronnement o le point culminant de sa vie.

culo *m* FAM cul, derrière (asentaderas); **caer de culo** tomber sur le derrière ‖ FIG cul (de algunos objetos); **culo de botella** cul de bouteille ‖ IMPR **culo de lámpara** cul-de-lampe ‖ FIG & FAM **culo de mal asiento** personne qui ne tient pas en place o qui a la bougeotte ‖ FIG **culo de pollo** couture mal faite ‖ **culo de vaso** fond d'un verre (de una copa), DESPEC bouchon de carafe (piedra falsa) ‖ FIG & FAM **dejar a alguien con el culo al aire** mettre quelqu'un dans le pétrin ‖ FAM **poner los la-** bios de culo o de culito de pollo faire la bouche en cul-de-poule.

culombio *m* ELECTR coulomb.

culón, ona *adj* FAM fessu, e; bien assis, e.

➥ **culón** *m* (ant) invalide (soldado).

culote *m* culot (casquillo).

culpa *m* faute; **es culpa suya** c'est sa faute; **¿de quién es la culpa?** à qui la faute? ‖ tort *m*, torts *m pl*; **tienes la culpa de todo** tu as tous les torts; **reconocer su culpa** reconnaître ses torts; **es él quien tiene la culpa** c'est lui qui a tort ‖ **por culpa de** à cause de; **por culpa de lo que dijiste** à cause de ce que tu as dit; à cause de, par la faute de; **por culpa tuya** à cause de toi, par ta faute ‖ **echar la culpa a uno** rejeter la faute sur quelqu'un, rendre quelqu'un responsable; **echar la culpa de** reprocher; **me ha echado la culpa de su fracaso** il m'a reproché son échec ‖ **es culpa mía** c'est ma faute ‖ **la culpa es de** c'est la faute de ‖ **no tengo la culpa** ce n'est pas ma faute, je n'y suis pour rien ‖ **tener la culpa de** être coupable de, être responsable de.

culpabilidad *f* culpabilité ‖ DR **declaración de no culpabilidad** mise hors cause, déclaration de non-culpabilité ‖ **solicitar la declaración de culpabilidad** plaider coupable.

culpabilizar [13] *v tr* culpabiliser.

culpable *adj* & *s* coupable ‖ fautif, ive (de una cosa de menos importancia) ‖ **declararse culpable** plaider coupable.

culpado, da *adj* & *s* coupable ‖ accusé, e; inculpé, e (acusado).

culpar *v tr* inculper (de un delito, etc.) ‖ accuser; **culpar de insolente** accuser d'insolence o d'être insolent; **yo no culpo a nadie** je n'accuse personne ‖ reprocher, rendre responsable; **le culpo de nuestra derrota** je lui reproche notre défaite; rendre responsable; **culpar a los daños causados por su hijo** rendre le père responsable des dommages causés par son fils.

➥ **culparse** *v pr* s'accuser.

cultalatiniparla *f* FAM phraséologie, préciosité; langage *m* précieux et affecté ‖ bas-bleu *m* (mujer pedante).

cultamente *adv* élégamment (de modo culto) ‖ FIG avec préciosité (con afectación).

culteranismo *m* cultisme, cultéranisme, gongorisme ‖ préciosité *f* (afectación).

culterano, na *adj* & *s* cultiste, précieux, euse; gongoriste.

cultiparlar *v intr* parler avec préciosité o avec affectation.

cultiparlista *adj* & *s* cultiste, précieux, euse (culterano).

cultismo *m* cultisme (culteranismo) ‖ mot recherché (palabra culta).

cultivable *adj* cultivable.

cultivado, da *adj* cultivé, e.

cultivador, ra *adj* & *s* cultivateur, trice.

➥ **cultivador** *m* cultivateur (máquina).

cultivar *v tr* AGRIC cultiver ‖ FIG cultiver (las bellas artes, la memoria, la amistad, etc.) ‖ entretenir (los pensamientos, un recuerdo).

cultivo *m* AGRIC culture *f*; **cultivo extensivo, intensivo** culture extensive, intensive ‖ culture *f*; **el cultivo de las letras** la culture des lettres ▌ **BIOL** culture *f*; cultivo de tejidos culture de tissus ■ cultivo de hortalizas culture maraîchère ▌ cultivo en bancales o de terrazas culture en terrasse ▌ cultivo frutícola culture fruitière ▌ cultivo migratorio divagation des cultures ■ caldo de cultivo bouillon de culture ▌ tierra de cultivo terrain de culture.

> **OBSERV** Le mot espagnol cultivo ne s'emploie qu'au sens propre. Dans le sens de culture de l'esprit, on emploie cultura.

culto, ta *adj* **AGRIC** cultivé, e ▌ **FIG** cultivé, e (instruido) ▌ précieux, euse (culterano) ▌ savant, e; palabra culta mot savant ▌ savant, e; littéraire; el lenguaje culto la langue littéraire.

◆ **culto** *m* **RELIG** culte; culto de dulía, de hiperdulía, de latría culte de dulie, d'hyperdulie, de latrie; culto de los antepasados culte des anciens; culto a los santos culte des saints ▌ rendir culto a rendre o vouer un culte à (un santo, una persona), rendre hommage; rendir culto a la valentía de una persona rendre hommage au courage d'une personne.

cultura *f* culture; hombre de gran cultura homme de grande culture; cultura clásica, física culture classique, physique.

cultural *adj* culturel, elle ▌ agregado cultural attaché culturel.

culturismo *m* **DEP** culturisme.

culturista *adj & s* culturiste.

culturizar [13] *v tr* transmettre sa culture à.

cuma *f* **FAM** (*Amer*) commère.

cumarina *f* **QUÍM** coumarine.

cumbanchero *m* **FAM** (*Amer*) noceur (juerguista).

cumbarí *m* (*Amer*) piment (ají).

cumbia *f* (*Amer*) cumbia, cumbiamba [danse].

cumbre *f* sommet *m* (cima) ▌ **FIG** apogée *m*, faîte *m*; la cumbre de la gloria l'apogée de la gloire ▌ sommet *m* (reunión) ▌ conferencia en la cumbre conférence au sommet.

cumbrera *f* **ARQ** faîtage *m* (de un tejado) ▌ linteau *m* (dintel) ▌ (*Amer*) sommet *m* (cumbre).

cúmel *m* kummel (bebida).

cumpa *m* **FAM** (*Amer*) copain.

cúmplase *m* visa, ordre d'exécution, contreseing [rendant exécutoire un décret ou une nomination].

cumpleaños *m inv* anniversaire (del nacimiento); feliz cumpleaños bon anniversaire.

cumplidamente *adv* comme il se doit.

cumplido, da *adj* accompli, e; révolu, e; veinte años cumplidos vingt ans révolus ▌ accompli, e; una profecía cumplida une prophétie accomplie ▌ complet, ète; pago cumplido paiement complet ▌ accompli, e (perfecto); un cumplido caballero un chevalier accompli ▌ achevé, e; un modelo cumplido de virtudes un modèle achevé de vertus ▌ ample (holgado) ▌ bon, bonne; una cucharada cumplida une bonne cuillerée ▌ poli, e; bien élevé, e (bien educado); persona muy cumplida personne très polie ▌ soldado cumplido soldat qui a fait son temps.

◆ **cumplido** *m* compliment; basta de cumplidos trêve de compliments ■ de cumplido de politesse; visita de cumplido visite de politesse ▌ por cumplido par pure politesse ▌ sin cumplidos sans façons, sans cérémonie ▌ una señora de mucho cumplido une dame très formaliste, très à cheval sur les bons usages, très façonnière ■ devolverle el cumplido a uno rendre la politesse o retourner son compliment à quelqu'un.

◆ **cumplidos** *m pl* politesses *f*, civilités *f*; deshacerse en cumplidos faire assaut de politesses, se confondre en politesses ■ andarse con o hacer cumplidos faire des façons o des cérémonies o des manières.

cumplidor, ra *adj* sérieux, euse (de fiar); un muchacho cumplidor un garçon sérieux ▌ qui remplit; cumplidor de sus obligaciones qui remplit ses obligations ▌ qui tient (de sus promesas).

◇ *m & f* personne qui tient sa parole o qui remplit ses engagements.

cumplimentar *v tr* complimenter, adresser ses compliments à (felicitar) ▌ recevoir, accueillir; el ministro fue cumplimentado por el gobernador le ministre fut reçu par le gouverneur ▌ **DR** exécuter (órdenes).

cumplimentero, ra *adj & s* **FAM** complimenteur, euse.

cumplimiento *m* accomplissement, exécution *f*; cumplimiento de una orden accomplissement d'un ordre ▌ application *f*; el cumplimiento de un decreto l'application d'un décret ▌ respect (acatamiento); cumplimiento de los requisitos legales respect des dispositions de la loi; cumplimiento de los compromisos respect des engagements ▌ réalisation *f*, accomplissement (de los deseos) ▌ compliment, politesse *f* (cortesía) ▌ **FIG** achèvement (perfección) ▌ complément (complemento) ■ cumplimiento pascual devoir pascal ▌ de cumplimiento par politesse ▌ en cumplimiento de conformément à, vu, en application de ■ dar cumplimiento a los nuevos estatutos mettre en application les nouveaux statuts.

cumplir *v tr* accomplir; cumplir un deber accomplir un devoir ▌ accomplir, faire; cumplir el servicio militar faire son service militaire ▌ exécuter; cumplir una orden exécuter un ordre ▌ tenir; cumplir una promesa tenir une promesse ▌ combler; cumplir un deseo combler un désir ▌ faire honneur à, remplir, respecter; cumplir sus compromisos faire honneur à ses engagements ▌ avoir; ha cumplido veinte años il a eu vingt ans; hoy cumple cinco años il a cinq ans aujourd'hui ▌ respecter (una ley) ■ cumplir años être l'anniversaire; hoy cumple años c'est aujourd'hui son anniversaire ▌ cumplir condena purger une peine ▌ haber cumplido 25 años avoir 25 ans révolus.

◇ *v intr* tenir sa parole o sa promesse ▌ faire o remplir son devoir, s'acquitter de son devoir o de ses obligations; cumplió como debía il a fait son devoir comme il devait ▌ s'acquitter, faire, remplir; cumplir con su deber s'acquitter de son devoir, faire son devoir ▌ respecter; cumplir con los requisitos legales respecter les dispositions de la loi ▌ convenir, falloir; cumple a Juan hacer esto il convient que Jean fasse cela ▌ échoir; el pagaré cumple mañana le billet échoit demain ▌ **MIL** avoir fait son temps (soldado) ■ cumplir con la Iglesia o con Dios satisfaire aux préceptes religieux ▌ cumplir con los requisitos remplir les conditions requises ▌ cumplir con su palabra tenir parole ▌ cumplir con sus deberes religiosos faire ses dévotions ▌ cumplir con todos ne manquer à personne ▌ para cumplir, por cumplir pour la forme, par politesse.

◆ **cumplirse** *v pr* s'accomplir, se réaliser; se cumplieron tus vaticinios tes prévisions se sont réalisées ▌ avoir lieu; este año se ha cumplido el centenario de su nacimiento cette année a lieu le centenaire de sa naissance ▌ expirer (un plazo).

cúmquibus *m* **FAM** fric (dinero).

cumulativo, va *adj* cumulatif, ive.

cúmulo *m* accumulation *f*, tas, amoncellement (de cosas) ▌ cumulus (nube) ▌ **FIG** tas; un cúmulo de disparates un tas de bêtises ▌ concours; un cúmulo de circunstancias un concours de circonstances ▌ cúmulo estelar amas d'étoiles.

cumulonimbo *m* cumulo-nimbus.

cuna *f* berceau *m* (cama) ▌ hospice *m* d'enfants trouvés (inclusa) ▌ **FIG** berceau; Grecia, cuna de la civilización Grèce, berceau de la civilisation ▌ naissance, origine (origen de una persona); de ilustre cuna d'illustre naissance ▌ berceau *m* (del cañón) ▌ espace *m* entre les cornes (de un toro) ■ canción de cuna berceuse ▌ casa cuna hospice d'enfants trouvés ▌ cuna colgante bercelonnette, barcelonnette.

cunda *m* (*Amer*) joyeux luron, farceur.

cundeamor; cundiamor *m* (*Amer*) momordique *f* (planta).

cundir *v intr* se répandre, se propager, s'étendre; cundió la noticia, el pánico la nouvelle, la panique se répandit ▌ fournir; esta pierna de cordero cunde mucho ce gigot fournit bien ▌ gonfler, augmenter de volume; el arroz cunde al cocer le riz gonfle à la cuisson ▌ avancer, progresser (un trabajo) ▌ se multiplier (multiplicarse) ▌ s'étaler, s'étendre; las manchas de aceite cunden rápidamente les taches d'huile s'étalent rapidement ■ cunde la voz que le bruit court que ▌ el tiempo no me cunde le temps me semble trop court ▌ le cunde el trabajo il abat de la besogne.

cunear *v tr* bercer (mecer).

◆ **cunearse** *v pr* se bercer, se balancer.

cuneco, ca *adj & s* (*Amer*) benjamin, e; cadet, ette (hijo menor).

cuneiforme *adj* cunéiforme.

cuneo *m* bercement (mecedura).

cunero, ra *adj & s* enfant trouvé (expósito) ▌ d'origine inconnue (toro).

◇ *adj & s* m député parachuté (diputado extraño al distrito y patrocinado por el gobierno).

◇ *adj* **FAM** d'une sous-marque, sans marque; una estilográfica cunera un stylo sans marque ▌ de second ordre.

cuneta *f* fossé *m* (de una carretera) ▌ accotement *m* (arcén) ▌ caniveau *m* (de una calle) ▌ cunette (fortificación).

cunicultura *f* cuniculiculture, élevage *m* de lapins domestiques.

cuña *f* cale (para sostener); poner una cuña mettre une cale ▌ coin *m* (para rajar la madera) ▌ semelle compensée (suela) ▌ **IMPR** cale ▌ **DEP**

chasse-neige (postura) ‖ FIG & FAM piston *m*, appui *m* (apoyo); **tener mucha cuña** avoir beaucoup de piston ‖ ANAT os *m* du tarse ■ **cuña de altas presiones** zone de hautes pressions ‖ GEOM **cuña esférica** coin sphérique ‖ **cuña publicitaria** spot *m* publicitaire, jingle ■ **no hay peor cuña que la de la misma madera** il n'est pire ennemi que ses anciens amis.

cuñado, da *m & f* beau-frère, belle-sœur.

cuño *m* coin (para monedas) ‖ empreinte *f*, poinçon (huella que deja el cuño) ‖ FIG marque *f*, empreinte *f*; **dejar el cuño de su personalidad** laisser la marque de sa personnalité ■ **de buen cuño** marqué au bon coin ‖ **de nuevo cuño** nouveau, nouvelle; moderne.

cuota *f* [▷ SIN] quote-part, quotité (parte proporcional) ‖ cotisation; **pagar su cuota** payer sa cotisation ‖ cotisation, cote (impuestos) ‖ frais *m pl*; **la cuota de instalación de teléfono** les frais d'installation du téléphone ‖ (*Amer*) versement *m* (de una compra a plazos) ‖ tarif *m* (tarifa) ■ ECON **cuota de mercado** part de marché ‖ (*Amer*) **venta por cuotas** vente à tempérament.

‖ SIN quote part; cotización cotisation; escote écot; prorrateo prorata.

cuotidiano, na *adj* (p us) quotidien, enne.

cupé *m* coupé (coche).

cupido *m* FIG & FAM bourreau des cœurs.

Cupido *n pr* Cupidon.

cupla *f* (*Amer*) couple *m* (par).

cuplé *m* chanson *f* (copla).

cupletista *m & f* chanteur, euse.

cupo *m* quote-part *f* (cuota) ‖ MIL contingent (reclutas) ‖ COM contingent, quota; **cupo arancelario** contingent tarifaire ‖ (*Amer*) contenance *f*, capacité *f* (cabida) ‖ MIL **excedente de cupo** jeune homme exempté de service militaire après tirage au sort.

cupón *m* coupon (de un título de renta) ‖ billet (de lotería) ‖ coupon-réponse (para un concurso) ‖ bon; **cupón de pedido** bon de commande ‖ **cupón de cartilla de racionamiento** ticket d'une carte de rationnement ‖ **cupón de los ciegos** billet gagnant à la loterie de la ONCE.

cupresáceas *f pl* BOT cupressacées.

cúprico, ca *adj* QUÍM cuprique, cuivrique.

cuprífero, ra *adj* cuprifère.

cuproníquel *m* QUÍM cupro-nickel.

cuproso, sa *adj* QUÍM cuivreux, euse.

cúpula *f* ARQ coupole (bóveda) ‖ BOT cupule ‖ MAR tourelle (blindaje).

cupulíferas *f pl* BOT cupulifères.

cupulino *m* ARQ lanterne *f* (de una cúpula).

cuquear *v intr* FAM ruser, filouter.

cuquería *f* FAM ruse, fourberie.

cuquillo *m* coucou (cuclillo).

cura; curamiento (ant) *m* prêtre, curé, abbé (sacerdote) ‖ FAM curé (sacerdote católico) ‖ postillon (de saliva) ‖ (*Amer*) avocat (aguacate) ■ **cura de almas** curé (sacerdote) ‖ FAM **cura de misa y olla** prêtre ignorant ‖ **cura obrero** prêtre-ouvrier ‖ **cura párroco** curé d'une paroisse, curé ■ **casa del cura** cure *f*, presbytère ‖ FAM **este cura** bibi, moi (mi menda).

➥ **cura** *f* soin *m*; **curas médicas** soins médicaux ‖ traitement *m* (tratamiento) ‖ cure; **hacer una cura de aguas** faire une cure d'eau ‖ pansement *m* (apósito) ■ REL **cura de almas** charge d'âmes ‖ **cura de reposo** cure de repos ■ FAM **no tener cura** être incurable ‖ **ponerse en cura** se soigner ‖ **tener cura** être guérissable.

curabilidad *f* curabilité.

curable *adj* MED guérissable, curable.

Curaçao; Curazao *n pr* GEOGR Curaçao.

curación *f* MED guérison ‖ traitement *m* (tratamiento) ‖ pansement *m* (apósito).

curadera *f* (*Amer*) FAM cuite [alcool].

curado, da *adj* FIG endurci, e; aguerri, e; habitué, e à la souffrance ‖ séché, e; **jamón curado** jambon séché ‖ (*Amer*) ivre (ebrio) ‖ FIG **estar curado de espanto** en avoir vu bien d'autres.

curador, ra *adj & s* DR curateur, trice; tuteur, trice (tutor); **curador ad bona** curateur aux biens; **curador ad litem** curateur aux causes.

➥ **curador** *m* guérisseur (curandero) ‖ régisseur, administrateur (administrador).

curaduría *f* DR curatelle (cargo de curador).

curagua *f* (*Amer*) maïs *m*.

curalotodo *m* panacée *f*.

curamiento ➥ **cura**.

curandería *f*; **curanderismo** *m* pratique *f* des guérisseurs.

curandero, ra *m & f* guérisseur, euse.

curar *v intr* MED guérir (sanar) ‖ FIG guérir (de un mal moral) ■ **curar de** se soucier de, avoir cure de (ant) ‖ **estar curado de espanto** en avoir vu bien d'autres.
➽ *v tr* soigner (a un enfermo) ‖ panser; **curar una herida** panser une plaie ‖ sécher (carne, pescado) ‖ tanner (pieles) ‖ culotter (pipa) ‖ blanchir (hilos, lienzos) ‖ (*Amer*) **curar un mate** culotter le récipient appelé maté.
➥ **curarse** *v pr* se soigner; **esto se cura con penicilina** ça se soigne avec de la pénicilline ‖ guérir; **si quieres curarte tienes que guardar cama** si tu veux guérir il faut que tu gardes la chambre ‖ FAM (*Amer*) se soûler, se cuiter, prendre une cuite ‖ **curarse en salud** ménager ses arrières, se ménager une porte de sortie, prendre ses précautions.

curare *m* curare (veneno).

curasao *m* curaçao (licor).

curatela *f* DR curatelle (curaduría).

curativo, va *adj* curatif, ive.

curato *m* cure *f* (cargo y parroquia).

Curazao ➥ **Curaçao**.

curbaril *m* BOT courbaril.

curco, ca *adj & s* (*Amer*) bossu, e.
➥ **curca** *f* (*Amer*) bosse (joroba).

cúrcuma *f* BOT curcuma.

curcuncho, cha *adj & s* (*Amer*) bossu, e.

curcusilla *f* croupion *m* (rabadilla).

curdo, da *adj* FAM soûl, e; ivre; **estoy curda** je suis ivre.
➥ **curda** *f* FAM cuite (borrachera).

curdo, da *adj & s* kurde (del Curdistán).

cureña *f* affût *m* (del cañón) ‖ crapaud *m* (del mortero).

cureta *f* MED curette.

curí *m* (*Amer*) araucaria (árbol) ‖ cobaye (cobaya).

curia *f* HIST curie (de los romanos) ‖ curie (de la iglesia); **curia romana** curie romaine ‖ DR tribunal *m* du contentieux ‖ justice, magistrature (justicia) ‖ **gente de curia** gens de robe.

curial *adj* curial, e (de la curia).
➽ *m* HIST officier de la curie romaine ‖ basochien (subalterno).

curialesco, ca *adj* basochien, enne.

curiana *f* blatte, cafard *m* (cucaracha).

curibay *m* sorte de pin (pino).

curie *m* FÍS curie (unidad de radiactividad).

curieterapia *f* MED curiethérapie (radioterapia).

curio *m* QUÍM curium (elemento).

curiosamente *adv* curieusement (con curiosidad) ‖ proprement (con limpieza) ‖ avec soin, soigneusement (cuidadosamente).

curiosear *v intr* FAM se mêler des affaires d'autrui, mettre son nez partout, fouiner.
➽ *v tr* fouiner dans (fisgonear); **los chicos curioseaban los cuartos de la casa** les enfants fouinaient dans les pièces de la maison ‖ regarder d'un œil curieux o avec curiosité.

curiosidad *f* curiosité (deseo de conocer) ‖ propreté (limpieza) ‖ indiscrétion (indiscreción) ‖ soin *m* (cuidado, esmero) ‖ curiosité (cosa curiosa); **es aficionado a curiosidades** il est amateur de curiosités ‖ **mirar con curiosidad** regarder d'un œil curieux.

curioso, sa *adj* curieux, euse (que tiene curiosidad); **ser curioso por naturaleza** être curieux de nature; **curioso por conocer la verdad** curieux de connaître la vérité ‖ propre, soigné, e (limpio) ‖ soigneux, euse (cuidadoso) ‖ curieux, euse; étrange, bizarre (raro) ‖ **curioso de noticias** avide de nouvelles.
➽ *m & f* curieux, euse.

curista *m & f* curiste (agüista).

curita *f* (*Amer*) pansement *m* adhésif.

curiyú *m* (*Amer*) sorte d'anaconda.

curling *m* DEP curling.

Curra *n pr* Françoise.
‖ OBSERV Ce prénom est un diminutif de Francisca.

currante *adj* FAM bosseur, euse.

currar; currelar *v intr* FAM bosser, trimer (trabajar).

curre; currelo; curro *m* FAM boulot, turbin.

currelar ➥ **currar**.

currelo ➥ **curre**.

curricán *m* MAR ligne *f* de fond [grosse ligne pour pêcher à la traîne].

currículo *m* curriculum.

currículum vitae *m* curriculum vitae (historial).
‖ OBSERV pl currícula vita o currículums.

curro ➥ **curre**.

Curro *n pr* François.
‖ OBSERV Ce prénom est un diminutif de Francisco.

curruca *f* ZOOL fauvette.

curruscante *adj* croustillant, e; **pan curruscante** pain croustillant.

curruscar [10] *v intr* croustiller.

currutaco, ca *adj* FAM gommeux, euse.

curry *m* carry.

cursar *v tr* suivre un cours; cursar Literatura suivre un cours de littérature ‖ faire ses études; cursar en Alcalá faire ses études à Alcalá ‖ faire; cursar Derecho, Medicina faire son droit, sa médecine; cursar estudios faire des études ‖ faire suivre son cours, donner suite à [une affaire] ‖ transmettre (órdenes) ‖ envoyer (cartas).

cursi; cursilón, ona *adj* FAM de mauvais goût; un piso muy cursi un appartement de très mauvais goût ‖ guindé, e; chichiteux, euse; una persona cursi une personne guindée ‖ snob ‖ maniéré, e (amanerado) ‖ crâneur, euse; poseur, euse (presumido). ◇ *m & f* snobinard, e ‖ crâneur, euse; poseur, euse (presumido). ◇ *f* pimbêche, mijaurée.

cursilada; cursilería *f* FAM snobisme ‖ mauvais goût *m* ‖ chose de mauvais goût.

cursillista *m & f* étudiant, e qui suit un cours (estudiante) ‖ stagiaire (de prácticas) ‖ profesor cursillista professeur stagiaire.

cursillo *m* cours (de corta duración) ‖ cycle de conférences (conferencias) ‖ stage; cursillo de capacitación stage de formation; un cursillo de vuelo sin visibilidad un stage sur le vol sans visibilité.

cursilón, ona ➥ **cursi**.

cursivo, va *adj* cursif, ive ‖ letra cursiva italique. ➥ **cursiva** *f* cursive, italique *m* (letra).

curso *m* cours; el curso de un río, de los acontecimientos le cours d'un fleuve, des événements ‖ cours (clase); dar un curso de filosofía faire un cours de philosophie ‖ année (año escolar); curso de orientación universitaria (COU) année d'orientation universitaire ‖ FIN cours; este billete tiene curso legal ce billet a cours légal ‖ courant; en el curso de la semana dans le courant de la semaine ‖ courant; el curso de la historia le courant de l'histoire ‖ course *f* (de un astro). ■ apertura de curso rentrée des classes ‖ en curso en cours; este proyecto está en curso ce projet est en cours; el año en curso l'année en cours; courant, e; en cours; asuntos en curso affaires courantes ‖ dar curso a donner cours à; dar libre curso a su cólera donner libre cours à sa colère; donner o faire suite à; dar curso a una solicitud donner suite à une demande.

cursor *m* TECN curseur, coulisseau.

CURT (abrev de centro urbano de rehabilitación de toxicómanos) *m* centre urbain de réhabilitation de toxicomanes.

curtido, da *adj* FIG expérimenté, e; chevronné, e; militar curtido militaire chevronné ‖ rompu; es una persona curtida en los negocios c'est une personne rompue aux affaires ‖ basané, e; tanné, e (piel). ➥ **curtido** *m* tannage (del cuero). ➥ **curtidos** *m pl* cuirs; industrias de curtidos industrie des cuirs.

curtidor *m* tanneur, corroyeur (de cueros).

curtiduría *f* tannerie, corroyage *m*.

curtiembre *f* (*Amer*) tannerie.

curtimiento *m* tannage (acción) ‖ FIG hâle (de la piel humana) ‖ endurcissement (endurecimiento).

curtir *v tr* tanner, corroyer (el cuero) ‖ FIG hâler (la piel humana) ‖ endurcir, aguerrir (acostumbrar a la vida dura); estar curtido contra el frío être aguerri contre le froid ‖ estar curtido être entraîné o rodé FAM, être habitué (acostumbrado). ➥ **curtirse** *v pr* s'endurcir à.

curuja *f* chouette (lechuza).

curul *adj* curule (magistrado y silla).

cururo *m* (*Amer*) rat des champs.

curva *f* courbe (línea) ‖ tournant *m*, virage *m* (de carretera); curva peligrosa virage dangereux; curva muy cerrada virage en épingle à cheveux; curva peraltada virage relevé; tomar la curva muy cerrada prendre un virage à la corde; sortear una curva négocier un virage ‖ boucle (de un río) ‖ FAM rondeur (del cuerpo) ■ ECON curva de costes évolution des charges ‖ curva de temperatura, de natalidad, de nivel courbe de température, de natalité, de niveau.

curvado, da *adj* incurvé, e ‖ recourbé, e (doblado).

curvar *v tr* courber ‖ cintrer (alabear).

curvatura *f* courbure.

curvilíneo, a *adj* curviligne.

curvímetro *m* curvimètre.

curvo, va *adj* courbe; línea curva ligne courbe.
> SIN encorvado, combado, doblado doublé, recourbé; enroscado enroulé; arqueado arqué.

cusca *f* (*Amer*) FAM cuite (borrachera) ‖ commère (chismosa) ‖ prostituée (mujer pública) ‖ FAM hacer la cusca enquiquiner.

Cusco ➥ **Cuzco**.

cuscurrante *adj* croustillant, e.

cuscurrear *v intr* croustiller.

cuscurro; cuscurrón *m* croûton (de pan).

cuscús *m* couscous (alcuzcuz).

cuscuta *f* cuscute (planta).

cusí, cusí *adv* (*Amer*) couci-couça (así así).

cusma ➥ **cuzma**.

cuspidado, da *adj* BOT cuspidé, e.

cúspide *f* sommet *m* (cima, cumbre) ‖ BOT cuspide ‖ GEOM sommet; cúspide de la pirámide sommet de la pyramide ‖ FIG faîte *m*, comble *m*; llegar a la cúspide de los honores arriver au faîte des honneurs.

custodia *f* garde, surveillance (vigilancia); bajo la custodia de sous la surveillance de; colocado en custodia placé sous surveillance ‖ garde *m*, gardien *m* ‖ ECLES ostensoir *m* (vaso sagrado).

custodiar [8] *v tr* garder, surveiller (vigilar) ‖ défendre, protéger (proteger).

custodio *adj m & s m* gardien (el que guarda); ángel custodio ange gardien.

◇ *m* garde, gardien ‖ custode (dignidad franciscana).

cusumbé; cusumbo *m* (*Amer*) coati.

cususa *f* (*Amer*) tafia *m* [eau-de-vie de canne à sucre].

cutáneo, a *adj* ANAT cutané, e.

cúter *m* MAR cotre, cutter.
■ OBSERV pl cúteres.

cuti *f* MED cuti (cutirreacción).

cutí *m* coutil (tela).

cutícula *f* cuticule (epidermis).

cutirreacción *f* MED cuti-réaction, cuti; ser sensible a la cutirreacción virer sa cuti.

cutis *m inv* peau *f* [du visage].

cuto, ta *adj* (*Amer*) incomplet, ète; tronqué, e [choses] ‖ ébréché, e (mellado) ‖ édenté, e (desdentado) ‖ manchot, e (manco).

cutre *adj & s* radin, e (tacaño) ‖ FAM craignos, merdique, pourri, e.

cuy *m* (*Amer*) cobaye, cochon d'Inde.
■ OBSERV pl cuyes.

cuyo, ya *pron rel* dont le, dont la, dont les; la casa cuyo tejado es de tejas la maison dont le toit est en tuiles; la casa cuya puerta es verde la maison dont la porte est verte; el niño cuyos padres están en Madrid l'enfant dont les parents sont à Madrid ‖ de qui, duquel, de laquelle, desquels, desquelles (después de una preposición); el cuarto en cuyo fondo está la chimenea la pièce au fond de laquelle est la cheminée; el amigo a cuya generosidad debo esto l'ami à la générosité de qui je dois ceci ‖ (p us) à qui; ¿cuya es esta capa? à qui est cette cape? ■ a cuyo efecto à cet effet ‖ con cuyo objeto en vue de quoi, dans ce but ‖ en cuyo caso auquel cas ‖ para cuyo fin à cette fin ‖ por cuya causa à cause de quoi, c'est pourquoi. ➥ **cuyo** *m* FAM (p us) soupirant, céladon (enamorado).

¡cuz! *interj* ici! (para llamar a un perro).

cuzca *f* (*Amer*) prostituée (mujer pública).

cuzco *m* petit chien, toutou FAM, roquet (muy ladrador).

Cuzco; Cusco *n pr* GEOGR Cuzco.

cuzcuz *m* couscous (alcuzcuz).

cuzma; cusma *f* (*Amer*) chemise sans manches des Indiens des Andes.

cuzquear *v tr* (*Amer*) faire la cour (galantear).

cuzquero *m* (*Amer*) homme qui fréquente les prostituées.

CV (abrev de caballo de vapor) Ch.

CVF (abrev escrita de caballo fiscal) CV ‖ (abrev escrita de club de fútbol) FC.

Cyrano *n pr* Cyrano.

czar *m* tsar, czar (soberano).

czarda *f* czardas (danza).

czarevitz *m* tsarévitch.

czarina *f* tsarine.
> OBSERV L'orthographe la plus courante de czar, czarevitz et czarina est zar, zarevitz et zarina.

D

d; D *f* d *m* (letra) ▌ D., D.ª abréviation de Don monsieur ou de **Doña** madame.
▌ OBSERV Cette lettre a le même son que le d français.

D. (abrev escrita de **Don**) M.

dable *adj* possible; haré cuanto sea dable por je ferai tout mon possible pour ▌ faisable (factible).

dabuten *adv* MFAM hyper-bien.

Dacia *n pr f* HIST Dacie (antiguo nombre de Rumania).

dacio, cia *adj* dace (pueblo).

dació *f* DR dation (acción de dar).

dacriadenitis *f inv* MED dacryadénite *f*, dacryo-adénite *f*.

dacriocistitis *f inv* MED dacryocystite *f*.

dacriocisto *m* MED sac lacrymal.

dactilar *adj* digital, e; huellas dactilares empreintes digitales.

dactiliforme *adj* palmiforme.

dáctilo *m* dactyle (verso).

dactilografía *f* dactylographie.
▌ OBSERV En espagnol on traduit plutôt dactylographie par mecanografía.

dactilógrafo, fa *m* & *f* dactylographe, dactylo FAM.
▌ OBSERV En espagnol, dactylographe se traduit plutôt par mecanógrafo, mecanógrafa.

dactilograma *m* dactylogramme.

dactilología *f* dactylologie.

dactiloscopia *f* dactyloscopie.

dadaísmo *m* dadaïsme.

dadaísta *adj* & *s* dadaïste.

dádiva *f* don *m* (donación) ▌ présent *m* (regalo).

dadivosidad *f* générosité.

dadivoso, sa *adj* généreux, euse.

dado *m* dé (juegos); dado cargado o falso dé pipé o chargé ▌ ARQ dé ▌ TECN dé (cubito de metal) ■ cargar los dados piper les dés ▌ FIG & FAM correr el dado avoir de la chance, être en veine.

dado, da *adj* donné, e ▌ enclin, e; porté, e (inclinado); dado a la bebida enclin à la boisson, porté sur la boisson; dado a la generosidad porté à la générosité ▌ sonné, e; las once dadas onze heures sonnées ■ dado que étant donné que ▌ FAM ir dado être gâté, être bien loti; ¡vas dado con esos colaboradores! tu es bien loti avec de tels collaborateurs! ▌ ser dado a avoir un penchant o du goût pour; es dado a la poesía il a un pen-

chant pour la poésie ▌ FAM ¡vas dado! tu peux toujours courir!

dador, ra *adj* & *s* donneur, euse.

➤ **dador** *m* porteur (el que entrega una carta) ▌ COM tireur (de una letra de cambio).

Dafne *n pr* MITOL Daphné.

Dafnis *n pr* MITOL Daphnis.

daga *f* dague (puñal) ▌ (*Amer*) coutelas *m* (machete).

Dagoberto *n pr* Dagobert.

daguerrotipo *m* daguerréotype (aparato o imagen) ▌ daguerréotypie *f* (arte).

dahír *m* dahir (decreto del rey de Marruecos).

dahomeyano, na *adj* & *s* dahoméen, enne (de Dahomey).

daifa *f* concubine.

daimio *m* daïmio (príncipe feudal japonés).

dal (abrev escrita de **decalitro**) *m* dal.

dala *f* MAR dalot *m*.

Dalecarlia *n pr f* GEOGR Dalécarlie.

dalia *f* BOT dahlia *m*.

Dalila *n pr* Dalila.

dalla *f*; **dalle** *m* faux *f* (guadaña).

dallar *v tr* faucher (segar).

Dallas ['dalas] *n pr* GEOGR Dallas.

dalle ➤ **dalla**.

Dalmacia *n pr f* GEOGR Dalmatie.

dálmata *adj* & *s* dalmate [de Dalmatie].

dalmática *f* dalmatique (vestidura).

daltoniano, na *adj* & *s* MED daltonien, enne.

daltónico, ca *adj* MED daltonien, enne.

daltonismo *m* MED daltonisme.

dam (abrev escrita de **decámetro**) *m* dam.

dama *f* dame ▌ suivante (criada primera) ▌ (p us) concubine (manceba) ▌ dame (del juego de damas); hacer dama aller à dame ▌ dame, reine (del ajedrez) ▌ MAR dame de nage ▌ TECN dame (del crisol) ■ dama cortesana courtisane (ramera) ▌ dama de honor dome d'honneur ▌ TEATR dama joven jeune première, ingénue ▌ ¡damas y caballeros! mesdames, messieurs ▌ TEATR primera, segunda dama premier, second rôle féminin.

➤ **damas** *f pl* dames (juego) ▌ tablero de damas damier.

damaceno, na *adj* damascène.

damajuana *f* dame-jeanne.

damán *m* ZOOL daman (marmota).

damasana *f* (*Amer*) dame-jeanne (damajuana).

damascado, da *adj* damassé, e.

damasceno, na *adj* & *s* damascène (de Damasco) ▌ ciruela damascena damas, quetsche o prune d'Agen.

damasco *m* damas (tela) ▌ variété d'abricot (albaricoque).

Damasco *n pr* GEOGR Damas.

Dámaso *n pr* Damase.

damasquillo *m* damassin (tela) ▌ abricot.

damasquina *f* BOT tagète *m*, œillet *m* d'Inde.

damasquinado *m* damasquinage.

damasquinar *v tr* damasquiner.

damasquino, na *adj* damascène (de Damasco) ▌ damassé, e (telas) ▌ sable damasquino damas (arma).

damero *m* damier.

damesana *f* (*Amer*) dame-jeanne.

Damián *n pr* Damien.

Damieta *n pr* GEOGR Damiette.

damisela *f* demoiselle, petite demoiselle (irónico) ▌ courtisane (cortesana).

damnificado, da *adj* & *s* sinistré, e ▌ los damnificados por la inundación les personnes sinistrées lors de l'inondation.

damnificar [10] *v tr* endommager.

Damocles *n pr* Damoclès; espada de Damocles épée de Damoclès.

Dánae *n pr* MITOL Danaé.

Danaides *n pr f pl* MITOL Danaïdes.

dáncing *m* dancing (sala de baile).

dandi; dandy *m* dandy.

dandismo; dandysmo *m* dandysme.

dandy ➤ **dandi**.

dandysmo ➤ **dandismo**.

danés, esa *adj* & *s* danois, e ▌ perro danés danois, chien danois.

➤ **danés** *m* LING danois.
▌ OBSERV pl daneses, danesas.

Daniel *n pr* Daniel.

Daniela *n pr* Danielle, Danièle.

danta *f* ZOOL élan *m* (anta) ▌ tapir *m* (tapir).

dante *adj* donnant, e (que da).
◇ *m* élan (anta).

dantellado, da *adj* BLAS denté, e.

dantesco, ca *adj* dantesque.

Danubio *n pr m* GEOGR el Danubio le Danube.

danza *f* [▷ SIN] danse; una danza sagrada une danse sacrée ▌ FAM affaire [louche]; ¿por qué te has metido en tal danza? pourquoi t'es-tu fourré dans cette affaire ?; ¿cómo va la danza ? comment va cette affaire ? ▮ bagarre, querelle (riña) ▮ danza de cintas gymnastique rythmique ▮ danza de espadas danse du sabre ▮ danza de la muerte o macabra danse macabre ▮ danza del vientre danse du ventre ▮ danza guerrera danse guerrière ▮ FAM entrar en la danza entrer en o dans la danse.

▮ SIN coreografía chorégraphie; baile bal.

danzante *adj* dansant, e; procesión danzante procession dansante.
◇ *m & f* danseur, euse (en una procesión) ▮ FIG & FAM personne légère, papillon *m* (casquivano).

danzar [13] *v tr & intr* danser (bailar) ▮ FAM se mêler de (intervenir); ¿qué danza usted en este asunto ? qu'avez-vous à vous mêler de cette affaire ?; courir; va danzando por las bibliotecas il court les bibliothèques ▮ valser; ahora ya tienen danzando de un servicio a otro en ce moment, on la fait valser d'un service à l'autre.

danzarín, ina *m & f* danseur, euse.

danzón *m* danse *f* cubaine dérivée de la habanera.

dañado, da *adj* endommagé, e (estropeado), gâté, e; abîmé, e (fruta), avarié, e (comestible) ▮ méchant, e; pervers, e; hombre muy dañado homme très méchant.

dañar *v tr* nuire à (perjudicar); dañar a uno en su honra nuire à l'honneur de quelqu'un ▮ abîmer, endommager (echar a perder); el granizo ha dañado las cosechas la grêle a endommagé les récoltes ▮ condamner (condenar).
➤ **dañarse** *v pr* s'abîmer, s'endommager.

dañino, na *adj* nuisible; animales dañinos animaux nuisibles.

daño *m* [▷ SIN] dommage; daños y perjuicios dommages et intérêts ▮ tort; reparar los daños que se han hecho réparer les torts que l'on a causés ▮ dégât; los daños causados por el granizo les dégâts causés par la grêle ▮ mal; se ha hecho daño il s'est fait mal ■ DR daño emergente dommage émergeant ▮ hacer daño faire mal; me hace daño el pie le pied me fait mal (doler), faire du tort o du mal (perjudicar) ▮ limitar el daño limiter les dégâts.

▮ SIN estrago ravage; deterioro détérioration; avería avarie; destrozo dégât.

dañoso, sa *adj* nuisible.

dar [56] *v tr* donner; dar una propina, las cartas, noticias, un consejo donner un pourboire, les cartes, des nouvelles, un conseil ▮ donner (un golpe); dar un palo, un puntapié donner un coup de bâton, un coup de pied ▮ donner (ocasionar); dar trabajo donner du travail ▮ donner (causar); dar gana(s), gusto, lástima, pena faire envie, plaisir, pitié (de la), peine ▮ faire (hacer); dar saltos, un paseo, una vuelta, un resbalón, los primeros pasos faire des bonds, une promenade, un tour, une glissade, les premiers pas ▮ pousser; dar un grito, voces, un suspiro, un maullido pousser un cri, des hurlements, un soupir, un miaulement ▮ réciter; dar las lecciones réciter les leçons ▮ sonner; el reloj da las dos, la media l'horloge sonne deux heures, la demie ▮ AGRIC donner; el rosal da rosas

le rosier donne des roses ▮ CINEM passer, donner; hoy dan una película de miedo aujourd'hui on passe un film d'épouvante ■ dar a conocer faire connaître, faire savoir ▮ dar a entender donner à entendre, laisser entendre ▮ dar a luz donner le jour (a un niño) ▮ dar asco dégoûter ▮ MAR dar barreno saborder ▮ FAM dar calabazas recaler (en un examen), éconduire, repousser (a un pretendiente) ▮ dar celos rendre jaloux ▮ FIG & FAM dar ciento y raya a uno être nettement supérieur à quelqu'un, valoir beaucoup plus que quelqu'un ▮ dar cita donner rendez-vous ▮ dar clases suivre des cours (recibirlas), donner des cours (enseñar) ▮ dar cuenta de rendre compte de, faire part de ▮ dar cuerda remonter; dar cuerda al reloj remonter sa montre ▮ dar de donner à; dar de comer donner à manger; enduire, recouvrir; dar de barniz enduire de vernis; frapper à coups de; dar de palos, de cuchilladas, de puñaladas frapper à coups de bâton, de couteau, de poignard ▮ dar de lado laisser de côté (una cosa), laisser tomber, ignorer (a una persona) ▮ dar el día, la noche gâcher la journée, la nuit ▮ dar el parabien féliciter ▮ dar el pésame présenter ses condoléances ▮ dar en qué pensar donner à penser ▮ dar fe faire foi ▮ FIG dar gato por liebre rouler (engañar) ▮ dar importancia a attacher de l'importance à ▮ dar la cara faire face ▮ dar la enhorabuena féliciter ▮ FAM dar la lata raser, casser les pieds ▮ dar la mano donner la main (coger), serrer la main (apretar) ▮ dar la razón a donner raison à ▮ dar largas a un asunto faire traîner une affaire en longueur ▮ dar las gracias por remercier de ▮ dar la última mano a mettre la dernière main à ▮ dar la vuelta rendre la monnaie ▮ darle a uno calentura, un ataque avoir la fièvre, une attaque ▮ darle a uno en la cabeza frapper quelqu'un à la tête ▮ darle vueltas a una idea retourner une idée dans sa tête ▮ dar los buenos días, las buenas tardes donner o souhaiter le bonjour, le bonsoir ▮ dar muerte donner la mort ▮ dar mala, buena suerte porter malheur, bonheur ▮ dar noticias donner de ses nouvelles o signe de vie ▮ dar oídos prêter l'oreille ▮ dar paso laisser passer (dejar pasar), ouvrir la voie (acarrear) ▮ dar permiso para donner la permission de ▮ dar pie a donner lieu o prise à, provoquer ▮ dar por donner o tenir pour, considérer, croire; le dan por muerto on le tient pour mort ▮ dar por hecha o por concluida una cosa considérer une chose comme terminée ▮ dar por perdida una cosa faire son deuil de quelque chose ▮ DR dar por quito tenir quitte ▮ dar por sentado que considérer comme un fait acquis que, partir du principe que ▮ dar prisa presser ▮ dar pruebas de atrevimiento payer d'audace ▮ dar que hablar faire parler de soi (persona), faire couler de l'encre, faire du bruit (una cosa) ▮ dar que hacer donner du mal o du fil à retordre ▮ dar que reír prêter à rire ▮ dar salida a écouler (mercancía) ▮ dar saludos dire bonjour, saluer ▮ dar su nombre donner o décliner son nom ▮ dar su palabra donner sa parole ▮ dar testimonio porter témoignage ▮ dar un abrazo donner l'accolade; serrer dans ses bras, embrasser ▮ dar una broma jouer un tour, faire une farce ▮ dar una coz lancer une ruade ▮ dar un cabezazo faire une tête (fútbol), donner un coup de tête ▮ dar un

mal paso faire une fausse manœuvre (equivocarse), commettre une faute, faire un pas de clerc (cometer una falta) ▮ dar un paso en falso faire un faux pas ▮ FAM dar un plantón poser un lapin ▮ dar un tiro tirer [un coup de feu] ▮ dar vueltas tourner ■ FAM ahí me las den todas ça m'est bien égal, je m'en fiche, je m'en balance ▮ al dar las diez sur le coup de 10 heures ▮ da gusto o gloria verlo ça fait plaisir à voir ▮ (Amer) ¡dale! vas-y! (¡anda!), encore! (¡otra vez!) ▮ dale que dale, dale que das allez, du nerf (¡ánimo!), c'est toujours la même chanson, encore! ▮ donde las dan las toman à bon chat, bon rat ▮ más vale un toma que dos te daré un tiens vaut mieux que deux tu l'auras ▮ me da miedo, vergüenza de j'ai peur, honte de ▮ FAM me va a dar algo il va m'arriver quelque chose ▮ no hay que darle vueltas il n'y a pas de doute, cela ne fait pas l'ombre d'un doute.
◇ *v intr* frapper; dar a la bola con el mazo frapper la boule avec le maillet ▮ sonner [les heures]; dan las tres 3 heures sonnent ▮ appuyer, presser; dar al botón appuyer sur le bouton, presser le bouton ▮ tourner; dar a la manilla tourner la poignée ▮ mettre en marche, actionner; darle a la máquina mettre la machine en marche ■ dar a donner sur; la ventana da al patio la fenêtre donne sur la cour ▮ dar a la luz allumer ▮ dar con trouver par hasard, dénicher (una cosa), rencontrer, joindre (a una persona); no conseguí dar con él en todo el día je n'ai pas réussi à le joindre de la journée; tomber sur; al salir di con él en sortant je suis tombé sur lui; trouver; dar con la solución trouver la solution; frapper avec; dar con la aldaba frapper avec le heurtoir ▮ FIG & FAM dar con los huesos en el suelo ramasser une pelle ▮ dar consigo en el suelo tomber par terre ▮ dar consigo en París se retrouver à Paris ▮ dar de tomber sur; dar de espaldas tomber sur le dos ▮ dar de baja donner un arrêt de travail (médico), radier, rayer des cadres (militar) ▮ dar de sí s'allonger, prêter (una tela), se faire (unos zapatos) ▮ dar diente con diente claquer des dents ▮ dar en saisir, comprendre; dar en el chiste comprendre la plaisanterie ▮ dar en blando ne pas rencontrer de difficultés ▮ dar en duro tomber sur une difficulté ▮ dar en el blanco toucher le but (terminar), tomber juste, mettre dans le mille (acertar) ▮ dar en el clavo tomber juste, mettre le doigt dessus ▮ dar en la trampa tomber dans le piège ▮ darle duro al trabajo abattre de la besogne ▮ dar por se mettre à; a Juan le ha dado por el vino, por viajar Jean s'est mis à boire, à voyager ▮ dar por tierra con algo réduire à néant (esperanza), renverser (teoría) ▮ dar tras uno persécuter quelqu'un ■ da lo mismo, lo mismo da, da igual ça revient au même, c'est pareil ▮ este día no me ha dado de sí je n'ai pas tiré parti de cette journée, je n'ai pas fait aujourd'hui tout ce que je voulais faire ▮ haber para dar y tomar y avoir matière à discussion (en una afirmación), en avoir à revendre; tiene corbatas para dar y tomar il a des cravates à revendre ▮ hay que dar a César lo que es del César il faut rendre à César ce qui est à César ▮ me da el corazón que mañana va a llover j'ai dans l'idée o j'ai le pressentiment que demain il va pleuvoir ▮ me da igual, lo mismo me da ça m'est égal ▮ me da no sé qué ça me gêne, ça me

fait quelque chose ▮ ¿qué más da ? qu'est-ce que ça peut faire ?, peu importe, qu'importe ? ▮ si da el caso si cela se produit o arrive o se présente.

➡ **darse** *v pr* se rendre, se livrer (entregarse) ▮ s'adonner, se mettre à; **darse a la bebida** se mettre à boire, s'adonner à la boisson ▮ se heurter, se cogner; **darse con** o **contra un poste** se heurter contre un poteau ▮ importer, faire; **¿y a mi qué se me da ?** qu'est-ce que ça peut me faire ? ▮ AGRIC donner, venir; **se da bien el tabaco en esta provincia** le tabac donne bien dans cette province ■ **darse a conocer** se faire connaître ▮ **darse bien, mal algo a uno** être doué, ne pas être doué pour; **la natación se me da muy bien** je suis très doué pour la natation; réussir, ne pas réussir; **el latín se me da mejor que las matemáticas** le latin me réussit mieux que les mathématiques; bien, mal marcher; **se le ha dado muy bien la conferencia** sa conférence a très bien marché; avoir le coup pour, ne pas avoir le coup pour (tener o no tener maña) ▮ **darse con la cabeza contra** donner de la tête contre ▮ **darse cuenta** se rendre compte ▮ **darse de baja** cesser d'être membre (de un club) ▮ **darse de cabeza contra la pared** se taper la tête contre les murs ▮ **darse importancia** se donner de l'importance o des airs ▮ **darse el trabajo de** se donner la peine de, prendre la peine de ▮ FIG & FAM **dársela a uno con queso** posséder quelqu'un ▮ **darse la espalda** se tourner le dos ▮ **dárselas de** faire le, jouer le; **dárselas de valiente** faire le brave, jouer les durs; se donner des airs de; **se las daba de marquesa** elle se donnait des airs de marquise ▮ **darse por aludido** se sentir visé ▮ **darse por contento** s'estimer heureux ▮ **darse por entendido** dire o montrer qu'on est au courant, qu'on a compris, faire celui o celle qui a compris ▮ **darse por enterado** se le tenir pour dit ▮ **darse por entero a** se consacrer entièrement à, ne pas se ménager ▮ **darse por vencido** s'avouer o se tenir pour vaincu (ceder), donner sa langue au chat (en un acertijo) ▮ **darse prisa** se hâter, se dépêcher ▮ **darse tono** faire l'important, se donner des airs ▮ FAM **darse una comilona** faire un gueuleton, se taper la cloche ▮ **darse una vida de rey** vivre comme un prince ▮ **poco se me da que te vayas** ça m'est bien égal que tu t'en ailles ▮ **que darse pueda** que l'on puisse imaginer; **es la persona más estúpida que darse pueda** c'est la personne la plus stupide que l'on puisse imaginer ▮ **se ha dado el caso de** il est arrivé que, on a vu... ▮ FAM **se la he dado** je l'ai bien eu, je l'ai roulé.

dardabasí *m* busard (ave de presa).

Dardanelos *n pr m pl* GEOGR Dardanelles; **el estrecho de los Dardanelos** le détroit des Dardanelles.

dardo *m* dard (lanza) ▮ ZOOL dard (aguijón) ▮ ablette *f* (pez) ▮ FIG trait (dicho satírico).

dares y tomares *loc* FAM sommes données et reçues ▮ **andar en dares y tomares** se disputer pour des bêtises, avoir des démêlés.

Darío *n pr* Darios, Darius.

dársena *f* MAR bassin *m*, darse ▮ dock *m* (rodeado de muelles).

▮ OBSERV La palabra **darse** se emplea sobre todo en el sur de Francia.

darvinismo *m* darwinisme.

darvinista *m & f* darwiniste.

dasiuro *m* dasyure (marsupial).

data *f* date (fecha) ▮ COM débit *m* (de la cuenta propia), crédit *m* (de la cuenta ajena) ▮ ouverture calibrée d'un réservoir (orificio).

datación *f* INFORM datation.

datar *v tr* dater (fechar); **datar de un mes** dater d'un mois ▮ COM créditer.
◁▷ *v intr* dater de; **eso data del siglo XV** ceci date du XVᵉ siècle.

dataría *f* daterie (del Vaticano).

datario *m* dataire (del Vaticano).

dátil *m* datte *f* (fruto) ▮ ZOOL dátil de mar datte de mer.
➡ **dátiles** *m pl* FAM doigts (dedos).

datilado, da *adj* en forme de datte ▮ brun-roux (color de dátil).

datilera *f* dattier *m* (palmera).

dativo, va *adj & s m* DR & GRAM datif, ive.

dato *m* donnée *f* (noción) ▮ renseignement (información) ▮ **datos personales** coordonnées ▮ **por falta de datos** par manque de renseignements.
➡ **datos** *m pl* MAT données *f*; **datos estadísticos** données statistiques; **los datos de un problema** les données d'un problème ▮ INFORM données *f*; **datos de entrada** données d'entrée.

datura *f* BOT datura *m*.

David *n pr* David.

daza *f* BOT sorgho *m* (zahína).

DC (abrev de **Democracia Cristiana**) *f* parti des démocrates chrétiens.

Dcha. (abrev escrita de **derecha**) dr., dte.

d.d.C. (abrev escrita de **después de Cristo**) apr. J.-C.

d. de J.C.; d. JC. (abrev escrita de **después de Jesucristo**) apr. J.-C.

DDT (abrev de **diclorodifeniltricloretano**) *m* DDT.

de *f* d *m* (letra).

de *prep*

1. SEGUIDA DE UN SUSTANTIVO
2. SEGUIDA DE UN INFINITIVO
3. SEGUIDA DE UN ADJETIVO O DE UNA CIFRA
4. LOCUCIONES

1. SEGUIDA DE UN SUSTANTIVO de; **el libro de Juan** le livre de Jean; **vengo de Madrid, de allá** je viens de Madrid, de là-bas; **un vaso de agua** un verre d'eau (ver en las locuciones "ser de") ▮ en, de (materia); **una mesa de mármol** une table de marbre ▮ à, au (característica); **la señora de las gafas** la dame aux lunettes; **barco de vapor** bateau à vapeur; **molino de viento** moulin à vent; **una bebida amarga de sabor** une boisson au goût amer ▮ en (modo); **de paisano, de marinero** en civil, en marin ▮ comme (como); **le mandaron a México de embajador** on l'a envoyé à Mexico comme ambassadeur ▮ comme (para); **¿qué hay de postre ?** qu'y a-t-il comme dessert ? ▮ en (por); **me lo dieron de regalo** on me l'a donné en cadeau ▮ de (causa); **llorar de alegría** pleurer de joie; **morir de hambre** mourir de faim ▮ de (entre); **tres de estos coches** trois de ces voitures ▮ d'en-

tre (entre varias personas); **cinco de nosotros** cinq d'entre nous ▮ de (después de un adjetivo); **el bribón de mi hermano** mon coquin de frère; pero se dice:; **el pobre del hombre** le pauvre homme; **la buena de la mujer** la brave femme ▮ sur; **Miranda de Ebro** Miranda-sur-l'Èbre

2. SEGUIDA DE UN INFINITIVO à (destino); **máquina de escribir, de coser** machine à écrire, à coudre ▮ à (después de un adjetivo); **fácil de hacer** facile à faire; **largo de narrar** long à raconter ▮ à (después de otro verbo); **dar de comer** donner à manger ▮ si (suposición); **de saberlo antes, no venía** si je l'avais su plus tôt, je ne serais pas venu

3. SEGUIDA DE UN ADJETIVO O DE UNA CIFRA de (causa); **caerse de cansado** tomber de fatigue (sustantivo en francés) ▮ étant (edad); **la conocí de pequeña** je l'ai connue étant enfant ▮ ôté de; **uno de tres son dos** un ôté de trois égale deux; **cinco de ocho son tres** cinq ôté de huit égale trois ▮ sur; **uno de cada tres** un sur trois ■ **de a** de; **moneda de a ocho reales** pièce de huit réaux; **grupo de a tres** groupe de trois

4. LOCUCIONES **de a caballo, de a pie** à cheval, à pied [soldat] ▮ **de cabeza** la tête la première; **tirarse de cabeza** plonger la tête la première ▮ **de cara a** face à, en face de ▮ **de día, de mañana, de noche** le jour, le matin, la nuit ▮ **de él, de ella, de ellos, de ellas, de ello** en; **ama a su mujer y es amado de ella** il aime sa femme et il en est aimé; à lui, à elle, à eux; **¿de quién es este libro ?** de ella à qui est ce livre ? à elle ▮ **de madrugada** à l'aube ▮ **de...** que tant, tellement; **no se puede tocar de tan caliente que está** on ne peut pas y toucher tant il est chaud ▮ **de que, de quien** dont; **la mujer de quien te hablé** la femme dont je t'ai parlé ▮ **de usted a mí** de vous à moi, entre nous ▮ **de verdad, de veras** vraiment ▮ **de treinta años de edad** âgé de trente ans ▮ **muy de mañana** de bon matin ▮ **¡pobre de mí !** hélas, pauvre de moi! ■ **coger de la mano** prendre par la main ▮ **dar de palos** donner des coups de bâton ▮ **estar de** être [exercer un métier, une charge]; **está de abogado en Bilbao** il est avocat à Bilbao; être en; **está de paseo** il est en promenade ▮ **hacer de** faire le; **yo hice de cocinero** j'ai fait le cuisinier; jouer le rôle de, faire; **este actor hace de Otelo** cet acteur joue le role d'Othello; **¿quién hacía de primera dama ?** qui faisait la jeune première ? ▮ **pasar de** dépasser ▮ **ser de** être à (posesión); **la casa es de Pablo** la maison est à Paul; être en o de (materia); **la casa es de ladrillos** la maison est en brique ▮ **ser de día, de noche** faire jour, faire nuit ▮ **tomar de** prendre sur; **tomar de su capital** prendre sur son capital ▮ **tirar de** tirer; **tirar de una carreta** tirer une charrette; tirer sur; **tirar de una cuerda** tirer sur une corde.

▮ OBSERV La préposition **de** est obligatoire après certains verbes, substantifs et adjectifs tels que: acordarse de, darse noticia de, extrañado de, seguro de...

deambular *v intr* déambuler (andar, pasear).

deambulatorio *m* ARQ déambulatoire.

deán *m* doyen (decano).

deanato; deanazgo *m* doyenné.

debacle *f* débâcle [ruine].

debajo *adv* dessous; **estar debajo** être dessous ▮ **debajo de** sous, en dessous de; **de-**

bajo de la mesa sous la table; au-dessous de; debajo de la ciudad au-dessous de la ville; vivimos debajo de ellos nous habitons au-dessous d'eux ■ por debajo au-dessous, en dessous, par-dessous ‖ FAM por debajo de cuerda en cachette, en sous-main.

▌ OBSERV Sous se traduit en espagnol par de-bajo de, au sens concret, et par bajo au sens abstrait ou au figuré: bajo la República, sous la République.

debate m débat.

debatir v tr débattre ‖ (p us) combattre.

◆ **debatirse** v pr se débattre ‖ debatirse entre la vida y la muerte être entre la vie et la mort.

debe m COM débit (de una cuenta) ‖ doit; el debe y el haber le doit et l'avoir.

debelar v tr MIL réprimer (una rebelión), terminer (una guerra).

▌ OBSERV Ce verbe est surtout usité en Amérique.

deber m [▷ SIN] devoir; cumplir con sus deberes s'acquitter de o remplir ses devoirs ‖ devoir (lecciones) ■ creo mi deber je crois de mon devoir de ‖ es mi deber decírselo il est de mon devoir de vous le dire.

▌ OBSERV Ce mot est un gallicisme dans le sens scolaire de tarea.
▌ SIN carga charge; deuda dette; obligación obligation.

deber v tr devoir; debe venir a verme il doit venir me voir ‖ devoir; me debe cien francos il me doit cent francs ■ deber a medio mundo être criblé de dettes ‖ deber de devoir (probabilité); debe de ser rico il doit être riche ■ ¿a qué debo tan grata visita? quel bon vent vous amène?, que me vaut une si agréable visite?, à quoi dois-je une si agréable visite? ‖ FAM quien debe y paga no debe nada qui paie ses dettes s'enrichit.

◆ **deberse** v pr se devoir; deberse a la patria se devoir à la patrie ‖ être dû; se debe a su ignorancia c'est dû à son ignorance ‖ lo que se debe le dû; reclamar lo que se le debe a uno réclamer son dû à quelqu'un.

debidamente adv dûment (pagar, cumplir) ‖ convenablement, comme il faut (portarse).

debido, da adj dû, due; la suma debida la somme due ‖ convenable; comportamiento debido attitude convenable ‖ pertinent, e; opportun, e; hacer la debida reclamación faire la réclamation pertinente ‖ juste; pagar a su debido precio payer son juste prix ■ debido a à cause de, par suite de (a causa de), étant donné, compte tenu (teniendo en cuenta) ■ a su debido tiempo en temps utile ‖ como es debido comme il convient ‖ en debida forma dûment, en bonne et due forme ‖ lo debido le dû, ce qui est dû ‖ más de lo debido plus que de raison, plus qu'il ne convient.

débil adj [▷ SIN] faible, débile (p us); un niño débil un enfant faible ‖ un anciano débil un vieillard débile ‖ faible; una luz débil une faible lueur ‖ FIG faible, débile (carácter).
◇ m & f faible ‖ débil mental débile mental, faible d'esprit.

▌ SIN debilitado affaibli; endeble débile; deficiente déficient; anémico anémique, anémié; enclenque chétif; canijo malingre.

debilidad f faiblesse (falta de vigor) ‖ débilité, faiblesse; debilidad mental débilité mentale ‖ FIG faible m, faiblesse; tener una

debilidad por algo avoir un faible pour quelque chose ‖ caerse de debilidad tomber d'inanition.

▌ OBSERV Ce mot est un gallicisme dans le sens de penchant.

debilitación f; **debilitamiento** m affaiblissement m, débilitation f (p us) ‖ repli m (de las cotizaciones en la Bolsa).

debilitar v tr affaiblir, débiliter; la enfermedad le ha debilitado la maladie l'a affaibli.

◆ **debilitarse** v pr s'affaiblir, faiblir ‖ FIG faiblir, fléchir, mollir; su voluntad se ha debilitado sa volonté a molli.

▌ SIN enervar énerver; reblandecer amollir; quebrantar ébranler; extenuar exténuer; agotar épuiser.

débilmente adv faiblement (con poca fuerza) ‖ à peine (apenas).

debilucho, cha adj faiblard, e; faible.

debitar v tr (Amer) débiter (cargar en cuenta).

débito m dette f (deuda) ‖ devoir (deber) ■ débito conyugal devoir conjugal ‖ (Amer) pagar sus débitos payer ses échéances.

debut m TEATR début (estreno).

▌ OBSERV 1. Ce mot est un gallicisme de même que debutante et debutar.
2. pl debuts.

debutante m & f débutant, e (principiante).

debutar v intr débuter (un artista).

década f décade.

decadencia f décadence; la decadencia del Imperio Romano la décadence de l'Empire romain ‖ déchéance (moral).

decadente adj & s décadent, e.
◆ **decadentes** m pl décadents (escritores y artistas de la escuela simbolista).

decadentismo m décadentisme.

decadentista adj & s décadent, e.

decaedro m GEOM décaèdre.

decaer [55] v intr déchoir, tomber en déchéance (venir a menos) ‖ dépérir; este comercio decae ce commerce dépérit ‖ tomber; la animación decayó l'animation tomba; el viento decae le vent tombe; esta industria ha decaído mucho cette industrie est beaucoup tombée ‖ décliner, s'affaiblir; fuerzas que decaen forces qui déclinent ‖ FIG baisser, perdre; antes era muy divertido pero ha decaído mucho avant il était très drôle mais il a beaucoup baissé ‖ MAR dériver (desviarse de rumbo).

decagonal adj GEOM décagonal, e.

decágono m GEOM décagone.

decagramo m décagramme.

decaído, da adj déchu, e; imperio decaído empire déchu ‖ abattu, e (desalentado); estar un poco decaído être un peu abattu ‖ peu animé, e (Bolsa, mercado).

decaimiento m décadence f, déchéance f ‖ abattement (desaliento) ‖ MED dépérissement, affaiblissement.

decalcificación f MED décalcification.

decalcificar [10] v tr & pr MED décalcifier.

decalitro m décalitre.

decálogo m décalogue.

decámetro m décamètre.

decampar v intr MIL décamper, lever le camp.

decanato m décanat, doyenné.

decano, na m & f doyen, enne.

decantación f décantation, décantage ‖ depósito de decantación bassin de décantation.

decantador m décantateur.

decantar v tr décanter (un líquido) ‖ vanter, célébrer (celebrar); decantar las proezas de un héroe célébrer les prouesses d'un héros.

◆ **decantarse** v pr préférer, tendre (à, vers) ■ decantarse hacia aller vers [quelque chose] ‖ decantarse por pencher pour, tendre vers.

decapado m décapage.

decapante m TECN décapant.

decapar v tr décaper.

decapitación f décapitation.

decapitar v tr décapiter.

decápodos m pl ZOOL décapodes.

decapsular v tr décoiffer (un proyectil).

decasílabo, ba adj décasyllabe, décasyllabique.
◆ **decasílabo** m décasyllabe.

decatlón m DEP décathlon.

deceleración f décélération.

decelerador m ralentisseur.

decena f dizaine; decenas de conejos des dizaines de lapins ‖ a decenas par dizaines.

decenal adj décennal, e; plan decenal plan décennal.

decenario m décennie f (decenio) ‖ dizain (rosario).

decencia f décence ‖ con decencia décemment ‖ faltar a la decencia blesser la décence.

▌ SIN modestia modestie; pudor pudeur; pudicia pudicité; recato retenue; honestidad honnêteté.

decenio m décennie f (diez años).

deceno, na adj dixième (décimo).

decentar [19] v tr entamer; decentar un pan entamer un pain.
◆ **decentarse** v pr s'ulcérer, s'écorcher [la peau].

decente adj [▷ SIN] décent, e ‖ honnête; una mujer decente une femme honnête ‖ convenable, correct, e; honnête; un empleo decente une situation convenable ‖ confortable; un ingreso muy decente un revenu très confortable ‖ propre, soigné, e (aseado).

▌ SIN conveniente bienséant, convenable, séant; correcto correct; honesto honnête.

decentemente adv décemment ‖ proprement (con aseo).

decenvir m décemvir.

decenvirato m décemvirat.

decenviro m décemvir (magistrado).

decepción f déception; se llevó grandes decepciones il a connu de grosses déceptions.

▌ SIN contrariedad contrariété, désappointement; desilusión désillusion; desencanto désabusement; chasco bévue; escarmiento leçon; desengaño désillusion.

decepcionar v tr décevoir; este resultado me ha decepcionado ce résultat m'a déçu ‖ désappointer (contrariar).

deceso m (ant) décès (muerte).

dechado m modèle, exemple; dechado de virtudes o de perfección modèle de vertu.

deciárea _f_ mesure agraire de 10 m².

decibel; decibelio _m_ fís décibel.

decibelímetro _m_ fís sonomètre.

decibelio ► decibel.

decible; decidero, ra _adj_ qui peut être dit.

decideras _f pl_ fam bagout _m sing._

decidero, ra ► decible.

decididamente _adv_ résolument, carrément; lanzarse decididamente y aller carrément.

> observ La palabra francesa décidément significa en efecto, realmente.

decidido, da _adj_ décidé, e; résolu, e; adversario decidido adversaire résolu ‖ ferme, solide; apoyo decidido ferme appui ‖ persona poco decidida personne indécise o qui n'a pas l'esprit de décision.

decidir _v tr_ [▷ sin] décider; decidir una cuestión décider une question ‖ décider de; decidieron salir ils ont décidé de partir ‖ décréter (resolución categórica); decidió quedarse il décréta qu'il resterait.

◆ **decidirse** _v pr_ se décider; hay que decidirse il faut se décider ‖ decidirse por se décider pour, fixer son choix sur.

> sin determinar déterminer; resolver, acordar résoudre; zanjar, cortar trancher; decretar, fallar décréter.

decigrado _m_ décigrade.

decigramo _m_ decigramme.

decilitro _m_ décilitre.

décima _f_ dixième _m_ (una de las diez partes) ‖ dîme (diezmo) ‖ dizain _m_ (composición poética) ‖ fam tener décimas avoir un peu de fièvre.

decimal _adj_ décimal, e.

◇ _m_ décimale _f_; separar los decimales con una coma séparer les décimales avec une virgule ‖ decimal periódico fraction périodique.

decimar _v tr_ (ant) décimer (diezmar).

decímetro _m_ décimètre (medida).

décimo, ma _adj & s_ dixième ‖ dix; Alfonso X (décimo) Alphonse X [dix] ‖ en décimo lugar dixièmement.

◆ **décimo** _m_ dixième (lotería) ‖ monnaie _f_ d'argent de dix centimes en Colombie et en Équateur (moneda).

decimoctavo, va _adj & s_ dix-huitième.

decimocuarto, ta _adj & s_ quatorzième.

decimonónico, ca _adj_ du XIXᵉ siècle ‖ démodé, e (anticuado).

decimonono, na; decimonoveno, na _adj & s_ dix-neuvième.

decimoquinto, ta _adj & s_ quinzième.

decimoséptimo, ma _adj & s_ dix-septième.

decimosexto, ta _adj & s_ seizième.

decimotercero, ra; decimotercio, cia _adj & s_ treizième.

decir _m_ parole _f_, sentence _f_ ‖ dire; según sus decires selon ses dires; según los decires de au dire de ‖ court poème en prose du Moyen Âge, sorte de lai (poema) ■ es un decir c'est une façon de parler ‖ los decires les on-dit (las habladurías).

decir [57] _v tr_ dire; dime lo que piensas de esto dis-moi ce que tu en penses ‖ dire, rapporter (contar); se dice que on rapporte que ‖ dire, ordonner; te digo que te vayas je te dis de t'en aller ■ fig decir adiós a dire adieu à, faire son deuil de, faire une croix sur ‖ decir agudezas faire de l'esprit ‖ decir bien, mal a aller bien, mal à o avec ‖ decirle a uno cuatro frescas o cuántas son cinco o las verdades del barquero dire à quelqu'un ses quatre vérités ‖ decirlo todo en dire long; una mirada que lo dice todo un regard qui en dit long ‖ decir misa dire la messe ‖ decir para sí o se dire ‖ decir para su capote o para su coleto o para sus adentros dire à son bonnet, dire à part soi (interiormente) ‖ decir por lo bajo dire tout bas, dire à voix basse ‖ decir que no dire non ‖ dicho c'est dit ‖ dicho de otro modo autrement dit ‖ dicho sea de paso soit dit en passant ‖ dicho sea o sea dicho entre nosotros ceci entre nous o entre nous soit dit ‖ dicho y hecho aussitôt dit, aussitôt fait ‖ ¿diga ?, ¿dígame ? allô ? (teléfono) ‖ ¡dígamelo a mí! à qui le dites-vous!, je suis bien placé pour le savoir! ‖ digan lo que digan, dígase lo que se diga quoi qu'on en dise ‖ ¡digo!, ¡digo! tiens, tiens! ‖ digo yo il me semble, à mon avis ‖ dime con quien andas y te diré quién eres dis-moi qui tu hantes, je te dirai qui tu es ■ a decir verdad à vrai dire, à dire vrai ‖ al decir de au dire de ‖ fam como dijo el otro comme disait l'autre ‖ como quien dice, como si dijéramos comme qui dirait ‖ como quien no dice nada sans avoir l'air d'y toucher ‖ con eso queda todo dicho c'est tout dire ‖ dar que decir faire parler de soi (dar que hablar) ‖ de paso diremos que notons en passant que, disons en passant que ‖ el qué dirán le qu'en-dira-t-on ‖ es decir c'est-à-dire ‖ es fácil decirlo c'est facile à dire ‖ es mucho decir c'est beaucoup dire, c'est un bien grand mot ‖ esto me dice algo ça me dit quelque chose ‖ esto no me dice nada ça ne me dit rien (du tout) ‖ esto se dice pronto c'est facile à dire, c'est vite dit ‖ ¡haberlo dicho! il fallait le dire! ‖ hallar qué decir trouver à redire ‖ huelga decirle que inutile de vous dire que ‖ lo dicho, dicho ce qui est dit est dit ‖ lo dije sin querer je l'ai dit sans le vouloir, cela m'a échappé ‖ lo que se dice un... ce qu'on appelle un... (para insistir) ‖ lo que tú digas comme tu voudras, à toi de décider ‖ ni que decir tiene inutile de dire o il va sans dire (que), cela va sans dire (al final de la frase) ‖ no decir esa boca es mía, no decir ni pío ne pas souffler mot, ne pas desserrer les dents ‖ no digo nada j'en passe ‖ no es para o por decir ce n'est pas pour dire ‖ no hay más que decir c'est tout dire ‖ ¡no me diga! pas possible!, allons donc!, sans blague!, par exemple! ‖ ¡no se lo diré dos veces! tenez-vous-le pour dit!, je ne vous le dirai pas deux fois, je ne vous le répéterai pas ‖ no te digo más je ne t'en dis pas plus, tu vois ce que je veux dire ‖ o mejor dicho ou plutôt, ou plus exactement, pour mieux dire ‖ para decirlo con las palabras de mi padre pour reprendre la formule de mon père ‖ para que no se diga pour la forme ‖ por decirlo así pour ainsi dire ‖ por o según lo que se dice à ce qu'on dit ‖ por más que diga il a beau dire ‖ que digamos particulièrement; no es rico que digamos il n'est pas particulièrement riche ‖ ¿qué me dice ? qu'est-ce que vous me racontez ? ‖ ¡que no te digo nada!, ...ya me dirá usted tu m'en diras des nouvelles!, vous m'en donnerez des nouvel-les ‖ se lo dije bien claro je vous l'avais bien dit ‖ sin decir agua va sans crier gare ‖ ¡y usted que lo diga! je vous crois!

◆ **decirse** _v pr_ se dire ‖ lo menos que puede decirse le moins qu'on puisse dire.

decisión _f_ décision; la decisión del Gobierno la décision du gouvernement ‖ décision, détermination; mostrar decisión montrer de la décision ‖ décision, parti _m_; tomar la decisión de callarse prendre le parti de se taire ‖ tomar una decisión prendre une décision, se décider.

decisivamente _adv_ d'une manière décisive.

decisivo, va _adj_ décisif, ive; la Revolución Francesa marca un viraje decisivo en la historia la Révolution française marque un tournant décisif dans l'histoire.

decisorio, ria _adj_ dr décisoire.

declamación _f_ déclamation.

declamar _v tr & intr_ déclamer; declamar versos déclamer des vers.

declamatorio, ria _adj_ déclamatoire.

declaración _f_ déclaration ‖ propos; hacer declaraciones subversivas tenir des propos subversifs ‖ dr déposition, déclaration; la declaración del testigo la déposition du témoin ‖ annonce (en el bridge) ■ declaración de amor déclaration d'amour ‖ declaración de guerra déclaration de guerre ‖ declaración del impuesto sobre la renta o de la renta déclaration d'impôts sur le revenu o de revenus ‖ declaración de no culpabilidad mise hors cause ‖ declaración de quiebra dépôt de bilan; declaración fiscal déclaration d'impôts ‖ declaración fuera de ley mise hors la loi (Amer) dr declaración inmediata déposition immédiate ■ dr prestar una declaración jurada faire une déclaration sous la foi du serment ‖ tomar declaración enregistrer une déclaration o une déposition ‖ inform instrucción de declaración instruction de déclaration.

> **LA DECLARACIÓN DE RENTA**
>
> Toutes les personnes ayant des revenus annuels supérieurs à un million de pesetas doivent présenter une déclaration d'impôts indiquant le montant de leurs revenus auxquels sont déduits certains frais: enfants à charge, frais médicaux, déplacements, etc. Il faut également déduire le montant de l'impôt sur le revenu des personnes physiques (IRPF) retenu à la source, tout au long de l'année. Si le résultat final est positif, l'impôt doit être réglé avant le 20 juin; s'il est négatif, l'avoir est remboursé par l'État à la fin de l'année suivante.

declaradamente _adv_ ouvertement (claramente).

declarante _adj & s_ déclarant, e ‖ dr déposant, e; témoin (sin femenino).

declarar _v tr & intr_ déclarer; declarar por nula una cosa déclarer une chose nulle ‖ déposer, faire une déclaration; declarar ante el juez déposer devant le juge ‖ avouer (confesar) ‖ dr declarar incompetente dessaisir.

◆ **declararse** _v pr_ se déclarer ‖ faire une déclaration d'amour ■ declararse a favor de o por un candidato se déclarer en faveur d'un candidat ‖ declararse culpable plaider coupable ‖ declararse enfermo se faire porter malade ‖ declararse en huelga se mettre en grève ‖ declararse en quiebra déposer son bilan.

declaratorio, ria *adj* déclaratoire.

declinable *adj* GRAM déclinable.

declinación *f* ASTRON & GRAM déclinaison ‖ FIG déclin *m* (decadencia) ‖ pente (pendiente).

declinante *adj* déclinant, e; poder declinante puissance déclinante.

declinar *v intr* s'incliner, être en pente ‖ décliner; declina el día le jour décline ‖ FIG décliner (disminuir) ‖ baisser (debilitarse); ha declinado mucho desde la última vez il a beaucoup baissé depuis la dernière fois ‖ dévier; declinar del camino derecho dévier du droit chemin ‖ ASTRON décliner.
◇ *v tr* DR décliner (rechazar) ‖ GRAM décliner.

declive *m*; **declividad** *f*; **declivio** *m* pente *f*, déclivité *f*, inclinaison *f* ‖ en declive en pente.

decocción *f* décoction ‖ MED amputation (amputación).

decodificación; descodificación *f* INFORM décodage *m*.

decodificador, ra; descodificador, ra *adj* décodeur, euse.
➥ **decodificador; descodificador** *m* INFORM décodeur.

decodificar; descodificar [10] *v tr* INFORM décoder.

decoloración *f* décoloration (del pelo).

decolorante *m* décolorant.

decolorar *v tr* décolorer; pelo decolorado cheveux décolorés.

decomisar *v tr* confisquer, saisir.

decomiso *m* confiscation *f*, saisie *f*.

decoración *f* décoration; la decoración de un salón la décoration d'un salon ‖ TEATR décor *m* (decorado).
‖ OBSERV Une décoration insigne d'une distinction ou d'un ordre se dit condecoración.

decorado *m* décor (de una casa) ‖ TEATR décor.

decorador, ra *adj* & *s* décorateur, trice.

decorar *v tr* décorer (adornar).
‖ OBSERV Décorer dans le sens de remettre une décoration (militaire, etc.) se dit condecorar.

decorativo, va *adj* décoratif, ive ‖ FIG & FAM hacer de figura decorativa jouer les utilités.

decoro *m* respect; guardar el decoro a uno montrer du respect à quelqu'un ‖ dignité *f* (dignidad) ‖ réserve *f*, retenue *f* (recato) ‖ décorum, convenances *f pl*; portarse con decoro observer le décorum ‖ ARQ décoration *f* ■ acabar con decoro finir en beauté ‖ con decoro dignement, correctement.

decorosamente *adv* convenablement, dignement, décemment (como se debe).

decoroso, sa *adj* convenable, correct, e; décent, e; no es decoroso ir a ese sitio ce n'est pas convenable d'aller à cet endroit ‖ honorable; llevó una vida decorosa il mena une vie honorable ‖ digne, respectable (digno) ‖ correct, e; sérieux, euse (que obra bien) ‖ tener un final muy decoroso finir en beauté.

decrecer [30] *v intr* décroître, diminuer (disminuir).

decreciente *adj* décroissant, e.

decremento *m* MAT décrément.

decrepitar *v intr* décrépiter.

decrépito, ta *adj* décrépit, e; anciano decrépito vieillard décrépit.

decrepitud *f* décrépitude.

decrescendo *adv* & *s* MÚS decrescendo.

decretal *f* décrétale (decisión del Papa).

decretar *v tr* décréter.
‖ OBSERV L'espagnol decretar n'a que le sens de décider par décret.

decreto *m* décret ■ decreto ley décret-loi ‖ FIG por real decreto par décret royal.

decúbito *m* MED décubitus; decúbito supino, prono décubitus dorsal, ventral.

decuplar; decuplicar [10] *v tr* décupler.

décuplo, pla *adj* & *s m* décuple.

decuria *f* HIST décurie.

decurión *m* HIST décurion.

decurrente *adj* BOT décurrent, e.

decursas *f pl* DR arrérages *m* d'un cens.

decurso *m* cours; el decurso de los años le cours des ans.

decusado, da; decuso, sa *adj* BOT décussé, e.

dedada *f* un petit peu [ce que l'on peut prendre avec le doigt].

dedal *m* dé à coudre, dé (para coser) ‖ doigtier (dedil).

dedalera *f* BOT digitale.

dédalo *m* FIG dédale, labyrinthe (laberinto).

Dédalo *n pr* MITOL Dédale.

dedicación *f* dédicace (de una iglesia) ‖ vocable *m* (inscripción) ■ de dedicación exclusiva, de plena dedicación à plein temps, à temps complet ‖ le consagra una dedicación completa il lui consacre tout son temps.

dedicado, da *adj* INFORM ordenador dedicado ordinateur dédié.

dedicar [10] *v tr* dédier (una iglesia, etc.) ‖ dédicacer, dédier (un libro) ‖ consacrer (dinero, esfuerzos) ‖ occuper, consacrer (tiempo) ‖ adresser (palabras).
➥ **dedicarse** *v pr* s'adonner, se consacrer; dedicarse al estudio s'adonner à l'étude ‖ s'occuper (ocuparse); dedicarse a la política, a obras de caridad s'occuper de politique, d'œuvres de charité; ¿a qué te dedicas? de quoi t'occupes-tu? ‖ se vouer, se consacrer (consagrarse); dedicarse a los enfermos se consacrer aux malades ‖ se livrer (con ardor) ‖ passer son temps à (con el infinitivo); se dedica a cazar il passe son temps à chasser ‖ emisión dedicada a Francia émission à destination de la France.

dedicatoria *f* dédicace [d'un livre, d'un objet d'art, etc.].

dedil *m* doigtier, doigt; dedil de goma doigt en caoutchouc.

dedillo *m* petit doigt ‖ saber al dedillo savoir sur le bout du doigt.

dedo *m* doigt; yema o punta del dedo bout du doigt ‖ doigt (medida) ■ dedo anular annulaire ‖ dedo auricular o meñique o pequeño auriculaire, petit doigt ‖ dedo cordial o de en medio o del corazón doigt du milieu, médius ‖ el dedo de Dios le doigt de Dieu (la fatalidad) ‖ dedo del pie orteil, doigt de pied ‖ dedo gordo pouce ‖ dedo índice

index ‖ dedo pulgar pouce ■ a dos dedos de à deux doigts de ■ beber un dedo de vino boire un doigt de vin ‖ contar con los dedos compter sur ses doigts ‖ FIG cogerse los dedos se laisser prendre ‖ chuparse el dedo sucer son pouce (un niño) ‖ escaparse de entre los dedos glisser des mains ‖ está para chuparse los dedos c'est à s'en lécher les doigts o les babines ‖ estar a dos dedos de être à deux doigts de ‖ FAM hacer dedo faire de l'auto-stop ‖ meter los dedos a uno tirer les vers du nez à quelqu'un ‖ morderse los dedos s'en mordre les doigts ‖ no chuparse los dedos, no mamarse el dedo ne pas être idiot o né d'hier ‖ nombrar a dedo désigner ‖ no mover un dedo de la mano ne rien faire de ses dix doigts ‖ no tener dos dedos de frente n'avoir pas deux sous de jugeotte ‖ poner el dedo en la llaga mettre le doigt sur la plaie ‖ poner a uno los cinco dedos en la cara flanquer sa main sur la figure de quelqu'un ‖ MÚS poner bien los dedos avoir du doigté, bien placer ses doigts ‖ señalar con el dedo montrer du doigt ‖ tocar con el dedo toucher du doigt.

dedocracia *f* FIG & FAM nomination de protégés à des postes clés.

deducción *f* déduction ‖ MÚS série diatonique ‖ deducción del salario retenue sur le salaire ‖ deducción fiscal prélèvement fiscal.

deducible *adj* déductible; gasto deducible frais déductibles.

deducir [33] *v tr* déduire; deduzco de o por ello que no lo vas a hacer j'en déduis que tu ne vas pas le faire; deducir los gastos de las ganancias déduire les frais des gains ‖ DR alléguer, présenter ‖ COM déduire, défalquer ‖ deducir del salario retenir sur le salaire.

deductivo, va *adj* déductif, ive.

defalcar [10] *v tr* défalquer (rebajar) ‖ détourner des fonds (robar).

defasaje *m* ELECTR déphasage ‖ FIG décalage, déphasage.

defecación *f* défécation.

defecar [10] *v tr* déféquer.

defección *f* défection (deserción).

defectivo, va *adj* défectueux, euse (defectuoso).
◇ *adj* & *s m* GRAM défectif, ive (verbo).

defecto *m* [▷ SIN] défaut ‖ défectuosité *f* (defectuosidad) ‖ IMPR défet (pliego) ■ a defecto de à défaut de, faute de ‖ en su defecto à défaut ‖ por defecto par défaut.
‖ SIN imperfección imperfection; vicio vice; tara tare.

defectuoso, sa *adj* défectueux, euse.

defender [20] *v tr* défendre; defender la patria défendre sa patrie ‖ DR plaider, défendre; defendre una causa plaider une cause.
➥ **defenderse** *v pr* se défendre ‖ FIG & FAM se débrouiller, se défendre (en un idioma), se défendre (no dársele mal) ‖ defenderse como gato panza arriba se défendre comme un lion.
‖ OBSERV Le verbe espagnol defender a eu autrefois comme le français défendre le sens d'interdire, mais il ne l'a plus aujourd'hui.

defendible *adj* défendable.

defendido, da *adj* DR défendeur, eresse ‖ intimé, e (en apelación).

defenestración *f* défenestration ‖ FIG destitution, expulsion (de un puesto, cargo, etc.).

defenestrar *v tr* défenestrer ‖ FIG destituer, expulser (de un puesto, cargo, etc.).

defensa *f* défense; defensa de una ciudad, de una idea défense d'une ville, d'une idée ‖ DR défense; conceder la palabra a la defensa donner la parole à la défense ‖ plaidoyer *m*, plaidoirie (alegato) ‖ MIL & MAR défense; defensa pasiva défense passive ‖ protège-jambe *m* (moto) ‖ DEP défense (línea) ‖ (*Amer*) pare-chocs *m* (de coche) ■ en defensa de en faveur de, à la défense de ‖ en defensa mía o propia à mon corps défendant ‖ legítima defensa légitime défense.

◆ **defensas** *f pl* défenses (colmillos).

‖ OBSERV Ce mot n'a jamais le sens d'interdiction.

defensa *m* DEP arrière; defensa central, izquierda, derecha arrière central, gauche, droit.

defensión *f* défense (resguardo).

defensiva *f* défensive; estar, ponerse a la defensiva être o se tenir, se mettre sur la défensive ‖ DEP défense; jugar a la defensiva jouer la défense.

defensivo, va *adj* défensif, ive; táctica defensiva tactique défensive.

defensor, ra *adj* qui défend ‖ abogado defensor défenseur.

◇ *m & f* défenseur (sin femenino), avocat, e ‖ defensor del pueblo ≃ médiateur de la République.

> **EL DEFENSOR DEL PUEBLO**
> Le « defensor del pueblo » est une institution espagnole récente. Elle est inspirée de l'ombudsman des pays scandinaves, et sa mission consiste à enquêter sur les abus de l'administration vis-à-vis du citoyen. Ce fonctionnaire, élu à la majorité des membres du parlement, jouit d'une totale indépendance. Il est arrivé parfois que la majorité parlementaire n'ait pu être atteinte; le poste de « defensor del pueblo » est alors resté vacant et ses fonctions ont été exercées par un haut fonctionnaire.

defensoría *f* DR ministère *m* du défenseur.

defensorio *m* défense *f*, apologie *f*.

deferencia *f* déférence; por o en deferencia a par déférence pour.

deferente *adj* déférent, e (atento) ‖ ANAT conducto deferente canal déférent.

deferir [27] *v intr* s'en remettre à, s'appuyer sur; deferir al dictamen ajeno s'en remettre à la décision d'autrui.

◇ *v tr* DR déférer; deferir una causa a un tribunal déférer une cause à un tribunal.

deficiencia *f* déficience.

deficiente *adj* déficient, e ‖ médiocre; alumno deficiente élève médiocre ‖ deficiente mental arriéré.

deficientemente *adv* insuffisamment ‖ médiocrement; trabajo hecho muy deficientemente travail fait très médiocrement.

déficit *m* déficit ■ déficit comercial déficit commercial ‖ déficit presupuestario déficit budgétaire ■ en déficit en déficit, déficitaire.

‖ OBSERV pl déficits.

deficitario, ria *adj* déficitaire, en déficit.

definición *f* définition ‖ définition (televisión) ‖ por definición par définition.

definido, da *adj* défini, e; artículo definido article défini ‖ lo definido ce qui est défini, le défini.

definidor, ra *adj* qui définit.

◆ **definidor** *m* définiteur (religioso).

definir *v tr* définir (determinar) ‖ décider (decidir) ‖ finir, mettre la dernière main à (una obra de pintura).

definitivamente *adv* certainement, sans aucun doute (sin duda) ‖ pour de bon (para siempre).

definitivo, va *adj* définitif, ive ‖ en definitiva en définitive, en fin de compte.

definitorio, ria *adj* définitoire.

deflación *f* déflation.

deflacionario, ria; deflacionista *adj* déflationniste.

deflagración *f* déflagration.

deflagrador *m* TECN déflagrateur.

deflagrar *v intr* déflagrer (p us), s'enflammer.

deflector *m* TECN déflecteur ‖ chicane *f* (de cambiador).

deflexión *f* FÍS déflexion.

deflexo, xa *adj* infléchi, e.

defoliación *f* BOT défoliation.

defoliante *adj & s m* défoliant, e.

defoliar *v tr* défolier.

deforestación *f* déforestation, déboisement *m*.

deforestar *v tr* déboiser.

deformación *f* déformation; deformación profesional déformation professionnelle.

deformado, da *adj* [▷ SIN] déformé, e ‖ avachi, e; zapatos deformados souliers avachis ‖ perverti, e (conciencia).

‖ SIN ajado défraîchi; marchito fané; gastado usé.

deformador, ra *adj & s* qui déforme.

deformar *v tr* déformer.

◆ **deformarse** *v pr* se déformer ‖ s'avachir, se déformer; los zapatos se deforman les souliers s'avachissent.

deforme *adj* difforme.

‖ SIN informe, contrahecho contrefait; mal hecho mal bâti, mal fait.

deformidad *f* difformité.

defraudación *f* fraude; defraudación fiscal o de impuestos fraude fiscale.

defraudado, da *adj* déçu, e (decepcionado), frustré, e (frustrado).

defraudador, ra *adj & s* fraudeur, euse.

defraudar *v tr* frauder; defraudar a sus acreedores frauder ses créanciers ‖ frauder (al fisco) ‖ décevoir, frustrer (las esperanzas) ‖ trahir; defraudar la confianza de un amigo trahir la confiance d'un ami.

defuera *adv* dehors, au-dehors ‖ por defuera du dehors, de l'extérieur.

defunción *f* décès *m*; esquela de defunción faire-part de décès; partida de defunción acte de décès ‖ cerrado por defunción fermé pour cause de décès.

DEG (abrev de derecho especial de giro) *m* DTS.

degeneración *f* dégénérescence (de las células) ‖ dégénération (de una familia).

degenerado, da *adj & s* dégénéré, e.

degenerante *adj* dégénéré, e ‖ ARQ déprimé, e (arco).

degenerar *v intr* dégénérer ‖ FIG degenerar en tontería dégénérer en bêtise.

◆ **degenerarse** *v pr* dégénérer, s'abâtardir; animales que se degeneran animaux qui dégénèrent.

degenerativo, va *adj* dégénératif, ive.

deglución *f* déglutition.

deglutir *v intr & tr* déglutir.

degollación *f* décollation; la degollación de San Juan Bautista la décollation de saint Jean-Baptiste ‖ égorgement *m* (degüello) ‖ massacre *m*; la degollación de los Santos Inocentes le massacre des saints Innocents.

degolladero *m* gorge *f* [cou des bêtes de boucherie] ‖ abattoir (matadero) ‖ FIG llevar al degolladero mener à l'abattoir.

degolladura *f* blessure à la gorge (herida).

degollar [23] *v tr* égorger (cortar la garganta) ‖ décoller, décapiter (decapitar) ‖ FIG ruiner, détruire (arruinar); esto degüella todos mis proyectos cela ruine tous mes projects ‖ MAR déchirer les voiles ‖ TAUROM égorger [effectuer maladroitement la mise à mort] ‖ TEATR massacrer (representar mal).

degollina *f* FAM boucherie, tuerie, massacre *m*.

degradación *f* dégradation; degradación cívica, militar dégradation civique, militaire ‖ FIG dégradation, avilissement *m* (envilecimiento) ‖ ARTES dégradé *m*, dégradation, fondu *m*; la degradación de los colores le fondu des couleurs ‖ degradación de luz dégradé.

degradador *m* FOT dégradateur (desvanecedor).

degradante *adj* dégradant, e.

degradar *v tr* dégrader; degradar a un militar dégrader un militaire ‖ FÍS dégrader ‖ FIG dégrader, avilir; degradado por la bebida dégradé par la boisson ‖ dégrader, fondre (el color), réduire (el tamaño).

degüello *m* égorgement *m* ■ MIL entrar a degüello massacrer; entraron a degüello en la ciudad ils massacrèrent la ville entière ‖ pasar a degüello passer au fil de l'épée ‖ FIG & FAM tirar a uno a degüello s'acharner contre o sur quelqu'un ‖ MIL tocar a degüello sonner la charge (caballería).

degustación *f* dégustation.

degustar *v tr* déguster (probar, catar).

‖ OBSERV Ce mot est un gallicisme.

dehesa *f* pâturage *m* ‖ FIG soltar el pelo de la dehesa se dégrossir, se polir.

dehiscencia *f* BOT déhiscence.

dehiscente *adj* BOT déhiscent, e.

deicida *adj & s* déicide.

deicidio *m* déicide.

deícola *adj & s* déicole.

deíctico, ca *adj & s m* déictique.

deidad *f* divinité, déité; las deidades de la fábula les déités de la Fable.

deificación *f* déification.

deificar [10] *v tr* déifier (a una persona) ‖ diviniser (una cosa).

deionización *f* déionisation.

deísmo *m* déisme.

deísta *adj* & *s* déiste.

deíxis *f inv* GRAM déixis ■ **deíxis anafórica** anaphore ∥**deíxis catafórica** cataphore.

deja *f* saillie [entre deux entailles].

dejación *f* abandon *m*, cession; **dejación de bienes** cession de biens.

dejada *f* abandon *m*, action de laisser o de quitter ∥amorti *m* (en tenis).

dejadez *f* laisser-aller *m* ∥négligence, abandon (descuido).

■ OBSERV pl dejadeces.

dejado, da *adj* négligent, e (negligente) ∥indolent, e (flojo) ∥apathique, abattu, e (caído de ánimo) ∥**dejado de la mano de Dios** abandonné des dieux.

◇ *m* & *f* personne *f* négligente.

dejador *m* de cujus [celui dont la succession est ouverte].

dejamiento *m* abandon (dejación) ∥laisser-aller, nonchalance *f* (dejadez) ∥abattement (decaimiento).

dejante *adv* (*Amer*) en plus de, non seulement... mais.

dejar *v tr* laisser; **lo he dejado en casa** je l'ai laissé à la maison; **le he dejado algo por** o **sin hacer** il vous a laissé quelque chose à faire; **déjalo tranquilo** laisse-le tranquille; **dejar a uno el cuidado de** laisser à quelqu'un le soin de; **dejar improductivo un capital** laisser dormir un capital ∥déposer; **dejé a mi amigo en la estación** j'ai déposé mon ami à la gare ∥ [▷ SIN] quitter; **dejar a su mujer** quitter sa femme; **dejar un empleo** quitter sa place ∥laisser, abandonner; **dejar a sus hijos** abandonner ses enfants ∥cesser, arrêter; **deja de trabajar a las seis** il arrête de travailler à 6 heures; **dejó de escribirme** il a cessé de m'écrire ∥rapporter; **este negocio deja mucho dinero** cette affaire rapporte beaucoup d'argent ∥prêter; **¿puedes dejarme mil pesetas?** peux-tu me prêter mille pesetas ? ■ **dejad que los niños se acerquen a mí** laissez venir à moi les petits enfants ∥**¡déjalo!** laisse tomber! ∥**¡déjame en paz!** laisse-moi tranquille!, fiche-moi la paix! ∥**dejar al descubierto** découvrir (un ejército) ∥**dejar aparte** laisser de côté ∥FIG **dejar a salvo** faire abstraction de ∥**dejar atrás** laisser en arrière, lâcher, distancer ∥**dejar a un lado** o **de lado** laisser de côté ∥FIG **dejar caer** glisser; **dejó caer en la conversación que quería irse a España** il glissa dans la conversation qu'il voulait partir en Espagne ∥**dejar como nuevo** remettre à neuf (una cosa), remettre (una persona) ∥FIG **dejar correr** laisser faire, laisser courir ∥FAM **dejar chiquito** laisser loin derrière, surpasser; **este nuevo modelo deja chiquito a todos los anteriores** ce nouveau modèle laisse loin derrière tous les précédents; **en boucher un coin, faire la pige; se compró un coche deportivo para dejar chiquita a toda la vecindad** il acheta une voiture de sport pour en boucher un coin à tous ses voisins ∥**dejar decir** o **hablar** laisser dire ∥**dejar de cuenta** laisser pour compte ∥FIG **dejar de lado** renoncer ∥**dejar de la mano de Dios** abandonner ∥**dejar dicho** dire; **he dejado dicho que no me despierten** j'ai dit qu'on ne me réveille pas ∥**dejar en prenda** mettre en gage ∥FAM **dejar fresco** ne faire ni chaud ni froid; **esto me deja fresco** cela ne me fait ni chaud ni froid ∥**dejar plantado** o **en la esta-** cada planter là, laisser le bec dans l'eau ∥**dejar por heredero a uno** faire son héritier de quelqu'un; **le ha dejado por heredero** il en a fait son héritier ∥**dejar que** laisser, permettre o que; **déjame que hable** laissez-moi parler; **dejó a su hijo que saliera** il permit à son fils de sortir, il laissa son fils sortir ∥**dejar que desear** laisser à désirer ∥**dejar tiempo al tiempo** laisser faire le temps ∥FAM **dejar tirado a alguien** laisser tomber quelqu'un ∥**dejar todo de la mano** laisser tout aller ∥**dejémoslo así** restons-en là ∥**no dejar a uno ni a sol ni a sombra** ne pas quitter quelqu'un d'une semelle ∥**no dejar de** ne pas manquer, ne pas laisser de; **no deja de extrañarme su conducta** sa conduite ne laisse pas de me surprendre; ne pas manquer o oublier; **no dejes de venir** n'oublie pas de venir ∥FIG & FAM **no dejarle a uno un hueso sano** mettre quelqu'un en charpie, hacher menu comme chair à pâté ∥FIG **no dejar piedra por mover** remuer ciel et terre ∥**no dejes para mañana lo que puedas hacer hoy** il ne faut pas remettre au lendemain ce que l'on peut faire le jour même ∥**no por eso deja de ser un disparate** cela n'empêche pas que ce soit une bêtise ∥**no por eso dejaré de ir** je n'en irai pas moins, cela ne m'empêchera pas d'y aller ∥**si me dejan** si on me laisse faire ∥**sin dejar de hablar** sans cesser de parler, tout en parlant.

◆ **dejarse** *v pr* se faire; **se deja sentir el frío** le froid se fait sentir ∥se laisser; **dejarse llevar por el viento** se laisser porter par le vent; **dejarse beber** se laisser boire ∥se négliger, se laisser aller (descuidarse) ■ FIG & FAM **dejarse caer** se présenter, débarquer; **me dejé caer por su casa a las ocho** j'ai débarqué chez eux à huit heures ∥**dejarse convencer** se laisser convaincre ∥**dejarse de** arrêter de; **déjate de historias** arrête de raconter des histoires; **déjese de llorar** arrêtez de pleurer ∥**dejarse de cuentos, de rodeos** aller droit au but ∥**dejarse de ilusiones** perdre ses illusions ∥**dejarse estar** laisser faire ∥**dejarse ir** se laisser aller ∥**dejarse llevar por** se laisser aller à, se laisser emporter par; **dejarse llevar por la cólera** se laisser emporter par la colère ∥**dejarse rogar** se faire prier ∥**dejarse ver** apparaître, se montrer, être visible; **¡por fin!, ¿te dejas ver?** enfin, tu te montres ?

▌OBSERV Dejar suivi d'un participe passé équivaut à l'emploi simple du verbe correspondant, avec cependant une nuance d'intensité, de plénitude: dejar a uno asombrado (asombrar) ébahir, laisser bouche bée; dejar desamparado (desamparar) abandonner, laisser à l'abandon. Dejar hecho est un cas particulier, fort employé, de cette construction: la lluvia le dejó hecho una sopa la pluie le trempa comme une soupe; eso lo dejó hecho una estatua cela l'a littéralement pétrifié.

SIN marcharse de, separarse de, alejarse de quitter; despedirse prendre congé; FAM plantar, dejar plantado planter, plaquer; desembarazarse de se débarrasser de.

deje; dejo *m* accent (de la voz) ∥abandon (dejación) ∥(p us) fin *f*, terme d'une chose (fin) ∥nonchalance *f* (dejadez) ∥arrière-goût (gusto) ∥FIG arrière-goût (sentimiento) ∥**deje de cuenta** laissé-pour-compte.

dejillo *m* accent (modo de hablar) ∥arrière-goût (del gusto).

dejo ▶ **deje**.

del *art* contraction de; **de el** du (delante de los nombres masculinos que comienzan por una consonante, salvo la h muda); **los precios del pan y del arenque son módicos** les prix du pain et du hareng sont modiques ∥de l' (en los demás casos); **este libro trata del amor y del honor** ce livre traite de l'amour et de l'honneur ∥sur; **Francfort del Meno** Francfort-sur-le-Main.

■ OBSERV [▶ **de**].

delación *f* délation.

delantal *m* tablier.

delante *adv* devant; **andar delante** marcher devant; **delante de mí** devant moi ■ **delante de** devant; **delante de la ventana** devant la fenêtre ■ **se lleva todo por delante** rien ne l'arrête ∥**tener algo delante de sus narices** avoir quelque chose sous le nez ∥**tener mucho trabajo por delante** avoir beaucoup de travail devant soi o sur la planche.

delantera *f* devant *m* (de casa, de prenda de vestir, etc.) ∥avant *m* (de coche, de buque) ∥premier rang *m* (teatro y plaza de toros) ∥avance [temps ou chemin gagnés sur un concurrent]; **llevar la delantera** être en avance sur quelqu'un; avants *m pl*; **la delantera de un equipo de fútbol** les avants d'une équipe de football ∥FAM doudounes *pl* (pecho) ∥**coger** o **tomar a uno la delantera** prendre les devants (anticiparse a uno), devancer quelqu'un, gagner quelqu'un de vitesse (adelantársele).

◆ **delanteras** *f pl* culotte *sing* de paysan fendue sur les côtés et servant à protéger les autres vêtements.

delantero, ra *adj* qui va devant (primero) ∥situé, e en avant o devant (anterior) ∥avant (en un vehículo); **rueda delantera** roue avant.

◆ **delantero** *m* DEP avant; **delantero centro** avant centre ∥devant (de un jersey).

delatar *v tr* dénoncer; **delatar a los cómplices** dénoncer ses complices.

delator, ra *adj* & *s* dénonciateur, trice; délateur, trice.

delco *m* AUTOM delco.

dele; deleátur *m* IMPR deleatur.

delectación *f* délectation; **delectación morosa** délectation morose.

delegación *f* délégation ■ **delegación comercial** succursale, agence commerciale ∥**delegación de Hacienda** centre des impôts ∥**delegación de poderes** délégation de pouvoir ∥**delegación sindical** délégation syndicale (conjunto de delegados), bureau syndical [en Espagne].

delegado, da *adj* & *s* délégué, e.

delegar [16] *v tr* déléguer; **delegar sus poderes a** o **en una persona** déléguer ses pouvoirs à une personne.

deleitación *f*; **deleitamiento** *m* délectation *f*.

deleitar *v tr* enchanter, charmer; **la música deleita el oído** la musique charme l'oreille ∥délecter (dar gozo muy intenso) ∥**deleitar aprovechando** joindre l'utile à l'agréable, divertir et enseigner [devise des œuvres classiques].

◆ **deleitarse** *v pr* prendre un vif plaisir, aimer beaucoup, se délecter; **deleitarse en la lectura** aimer beaucoup la lecture, prendre un vif plaisir à la lecture; **deleitarse en novelas policíacas** se délecter de romans policiers; **deleitarse con** o **en la contemplación de** se délecter à la contemplation de.

▌ **OBSERV** Délecter se usa mucho menos que deleitar en espagnol.

deleite *m* délectation *f*; **leer con deleite** lire avec délectation ▌ plaisir, délice; **vivir en los deleites** vivre dans les plaisirs; **esto es un deleite** c'est un délice; **el deleite de los hombres** les délices du genre humain.

▌ **OBSERV** Délice en plural es femenino.

deletéreo, a *adj* délétère (venenoso).

deletrear *v tr* épeler; **deletree su apellido** épelez votre nom ▌ **FIG** déchiffrer; **deletrear jeroglíficos** déchiffrer des hiéroglyphes.

deletreo *m* épellation *f* (de palabras o sílabas), déchiffrage (desciframiento).

deleznable *adj* friable; **arcilla deleznable** argile friable ▌ glissant, e (que resbala) ▌ **FIG** fragile, peu résistant, e; peu durable (que dura poco) ▌ détestable, horrible; **clima deleznable** climat détestable.

delfín *m* dauphin (cetáceo) ▌ dauphin (príncipe heredero de Francia).

Delfín *n pr m* Delphin.

delfina *f* dauphine (esposa del delfín de Francia).

Delfina *n pr* Delphine.

Delfinado *n pr m* **GEOGR** el Delfinado le Dauphiné.

delfinario *m* delphinarium.

delfinés, esa *adj* & *s* dauphinois, e.

delfínidos *m pl* **ZOOL** delphinidés.

Delfos *n pr* **GEOGR** Delphes.

delgadez *f* minceur, finesse ▌ maigreur; **delgadez cadavérica** maigreur cadavérique.

▌ **OBSERV** pl delgadeces.

delgado, da *adj* mince, fin, e (poco grueso); **mujer delgada de cintura** femme à la taille mince ▌ maigre, mince (flaco); **está muy delgado** il est très maigre ▌ maigre (terreno) ▌ **FIG** spirituel, elle; ingénieux, euse (agudo, ingenioso) ■ **intestino delgado** intestin grêle ■ **FAM delgado como un fideo** maigre comme un clou ■ **FIG hilar delgado** couper les cheveux en quatre ▌ **ponerse delgado** maigrir, mincir; **se ha puesto delgado durante el servicio militar** il a maigri pendant le service militaire; **su hermana se ha puesto muy delgada** sa sœur a beaucoup minci.

➤ **delgados** *m pl* flanchets (del vientre de los cuadrúpedos).

delgaducho, cha *adj* maigrichon, onne; maigrelet, ette; grêle; **niño delgaducho** enfant maigrichon; **piernas delgaduchas** jambes grêles.

deliberación *f* délibération.

deliberadamente *adv* délibérément, de propos délibéré.

deliberado, da *adj* délibéré, e.

deliberante *adj* délibérant, e; **asamblea deliberante** assemblée délibérante.

deliberar *v intr* délibérer.

deliberatorio, ria *adj* **DR** délibératoire.

delicadeza *f* délicatesse (del rostro, gusto, etc.) ▌ attention *f*, marque *f* de délicatesse; **fue una delicadeza de su parte** ce fut une attention de sa part ■ **falta de delicadeza** manque de délicatesse ■ **tener mil delicadezas con** être aux petits soins pour, avoir mille attentions pour.

delicado, da *adj* délicat, e; **manjares delicados** des mets délicats; **situación delicada** situation délicate ▌ délicat, e (de salud) ▌ fluet, ette; **miembros delicados** des membres fluets ▌ dégoûté, e; **hacerse el delicado** faire le dégoûté ▌ susceptible (fácil de enojar).

delicaducho, cha *adj* maladif, ive; fragile, malingre.

delicia *f* délice *m*; **es una verdadera delicia** c'est un vrai délice ▌ délices *pl*; **Juanito es la delicia de sus padres** Jeannot fait les délices de ses parents.

➤ **delicias** *f pl* délices.

deliciosamente *adv* merveilleusement, à ravir (con encanto) ▌ délicieusement (sabrosamente).

delicioso, sa *adj* délicieux, euse.

delictivo, va *adj* délictueux, euse.

delictuoso, sa *adj* délictueux, euse.

delicuescencia *f* déliquescence.

delimitación *f* délimitation.

delimitar *v tr* délimiter (temas, atribuciones).

delincuencia *f* délinquance; **delincuencia juvenil** délinquance juvénile.

delincuente *adj* & *s* délinquant, e; **delincuente juvenil** délinquant juvénile.

delineación *f* délinéation.

delineante *m* dessinateur industriel ▌ delineante proyectista dessinateur-projeteur.

delinear *v tr* dessiner des plans, délinéer (p us) ▌ **relieve bien delineado** relief bien profilé o délimité.

delinquir [18] *v intr* commettre un délit.

delio, lia *adj* & *s* délien, enne; déliaque.

deliquio *m* évanouissement (desmayo) ▌ extase *f* (éxtasis) ▌ **QUÍM** deliquium.

delirante *adj* délirant, e; **imaginación, ovaciones delirantes** imagination, ovations délirantes ▌ délirant, e; **en delire; muchedumbre delirante** foule en délire.

delirar *v intr* délirer ▌ **FIG** délirer (desatinar).

delirio *m* délire; **delirio de la persecución** délire de la persécution ■ **con delirio** à la folie ▌ **delirio de grandezas** folie des grandeurs ▌ **en delirio** en délire, délirant, e ■ **FAM es el delirio** c'est du délire.

delitescencia *f* **MED** & **QUÍM** délitescence.

delitescente *adj* délitescent, e.

delito *m* délit (culpa poco grave); **delito de fuga** délit de fuite ▌ crime (muy grave); **delito común, político** crime de droit commun, politique ■ **delito consumado** délit consommé ▌ **delito de lesa majestad** crime de lèse-majesté ▌ **delito de sangre** crime de sang ▌ **delito flagrante** flagrant délit; **cogido en flagrante delito** pris en flagrant délit ▌ **delito frustrado** délit frustré, tentative de délit ■ **el cuerpo del delito** le corps du délit.

delta *f* delta *m* (letra) ▌ **DEP** aile delta.
◇ *m* delta (de un río).

deltoides *adj* & *s m* **ANAT** deltoïde.

demacración *f* émaciation, amaigrissement *m* (adelgazamiento) ▌ affaiblissement *m*, dépérissement *m* (debilitación).

demacrado, da *adj* émacié, e; amaigri, e; **rostro demacrado** visage émacié.

demacrarse *v pr* s'émacier, maigrir.

demagogia *f* démagogie.

demagógico, ca *adj* démagogique.

demagogo *m* démagogue.

demanda *f* demande, requête; **rechazar una demanda** rejeter une demande ▌ quête (limosna) ▌ **COM** demande; **la ley de la oferta y la demanda** la loi de l'offre et de la demande ▌ commande (pedido) ▌ recherche, quête (busca) ▌ **en demanda de** aller à la recherche de (una persona), aller en quête de (una cosa) ■ **DR auto de demanda** mise en cause ▌ **contestar uno la demanda** produire un mémoire en défense ▌ **presentar una demanda** intenter une action ▌ **salir uno a la demanda** être partie prenante ▌ **satisfacer** o **estimar una demanda** faire droit à une requête.

▌ **OBSERV** Le mot espagnol demanda a surtout un sens juridique; demande se traduit normalement par ruego, petición ou pregunta.

demandado, da *m* & *f* **DR** défendeur, eresse.

demandante *adj* & *s* **DR** demandeur, eresse ▌ plaidant, e; **abogado demandante** avocat plaidant ▌ poursuivant, e (querellante).

demandar *v tr* **DR** poursuivre, demander; **demandar un juicio** demander en justice ▌ (p us) demander (pedir) ▌ convoiter, désirer (desear) ■ **demandar por daños y perjuicios** intenter une action en dommages et intérêts.

demaquillador *m* démaquillant.

demaquillar *v tr* démaquiller.

demarcación *f* démarcation; **línea de demarcación** ligne de démarcation ▌ démarcation, délimitation (de las fronteras) ▌ zone (terreno) ▌ territoire *m*, district *m* (jurisdicción).

demarcador, ra *adj* démarcatif, ive; de démarcation; **línea demarcadora** ligne démarcative.

demarcar [10] *v tr* délimiter ▌ **MAR** déterminer la route d'un navire.

demás *adj* & *pron indef* autre, autres *pl*; **los demás invitados** les autres invités; **poco importa lo que piensan los demás** peu importe ce que pensent les autres ▌ **lo demás** le reste.
◇ *adv* du reste, au reste, d'ailleurs ■ **no estaría demás** il ne serait pas inutile, cela ne ferait de mal à personne ▌ **por demás** inutile, en vain; **está por demás que le escribas** il est inutile de lui écrire, c'est en vain que tu vas lui écrire; à l'excès, vraiment trop; **es por demás cobarde** il est vraiment trop peureux ▌ **por lo demás** cela dit, à part cela, au surplus, au reste, du reste, d'ailleurs ▌ **y demás et caetera** (etc.), et les autres (personas), et le reste (cosas); **visitamos el Louvre, la torre Eiffel y demás** nous avons visité le Louvre, la tour Eiffel, etc. ▌ **y todo lo demás** et le reste, et tout le reste.

▌ **OBSERV** Au pluriel, l'adjectif n'est pas toujours précédé de l'article: Andrés y demás alumnos André et les autres élèves.

demasía *f* excès *m*; **cometer demasías** se livrer à des excès ▌ insolence, audace (atrevimiento) ▌ **en** o **con demasía** à l'excès.

demasiado, da *adj* trop de; **demasiada agua** trop d'eau; **demasiados libros** trop de livres ▌ trop; **¿tienes bastantes revistas? tengo demasiadas** as-tu assez de magazines? j'en ai trop ▌ excessif, ive; **la demasiada confianza es perjudicial** une confiance excessive nuit ▌ **lo demasiado** l'excès.

demasiado *adv* trop; pides demasiado tu demandes trop ‖ sería demasiado ce serait trop beau.

demasiarse [9] *v pr* passer les bornes.

demasié *adj & adv* FAM trop; ¡es demasié! c'est trop!

demencia *f* démence.

demencial *adj* démentiel, elle.

demente *adj* dément, e; démentiel, elle.
◇ *m & f* dément, e.

demeritar *v tr* FAM (*Amer*) casser [quelqu'un].

demérito *m* démérite.

Deméter *n pr* MITOL Déméter.

Demetrio *n pr* Démétrios.

demiurgo *m* démiurge.

democracia *f* démocratie ‖ democracia orgánica nom donné par les franquistes à leur propre régime, dans les années 40.

> **LA DEMOCRACIA ORGÁNICA**
> Terme créé par les franquistes, au début des années 40, pour définir leur propre régime. Ils tentaient ainsi d'abandonner la terminologie totalitaire utilisée jusqu'alors, et de s'adapter aux temps modernes où le fascisme commençait à décliner. C'est à cette époque qu'a été créé l'organe législatif des « Cortes Españolas » qui donna au régime l'apparence d'un système représentatif.

demócrata *adj & s* démocrate.

democratacristiano, na; democristiano, na *adj & s* démocrate-chrétien, enne.

democrático, ca *adj* démocratique.

democratización *f* démocratisation.

democratizar [13] *v tr* démocratiser.

democristiano, na ➤ **democratacristiano**.

Demócrito *n pr* Démocrite.

demodé *adj* FAM ringard, e.

demódex *m* demodex (ácaro).

demodulación *f* FÍS démodulation.

demodulador *m* ELECTR démodulateur.

demografía *f* démographie.

demográfico, ca *adj* démographique; explosión demográfica explosion démographique.

demógrafo *m* démographe.

demoledor, ra *adj & s* démolisseur, euse ‖ FIG démolisseur, euse; crítica demoledora critique démolisseuse.

demoler [24] *v tr* démolir.

demolición *f* démolition, démolissage *m*.

demología *f* folklore *m* (ciencia).

demológico, ca *adj* folklorique.

demonche *m* FAM démon, diable.

demoniaco, ca *adj* démoniaque, possédé, e [du démon].
◇ *m & f* démoniaque.

demonio *m* démon ■ ¿cómo demonios... ? comment diable... ? ‖ ¡demonio!, ¡demonios! diable!, mince! ‖ ¡qué demonios! que diable! ‖ ¿quién demonios... ? qui diable... ? ■ FAM del demonio formidable, du diable ‖ de mil demonios du tonnerre, à tout casser ‖ de todos los demonios de tous les diables ‖ ese demonio de hombre ce diable d'homme ■ estar poseído por el demonio être possédé du démon ‖ ponerse hecho un demonio, po-

nerse como un demonio écumer de colère ‖ ¡que me lleve el demonio si...! que le diable m'emporte si...! ‖ FAM saber a demonios avoir un goût horrible ‖ ser el mismísimo demonio être le diable en personne ‖ tener el demonio en el cuerpo avoir le diable au corps o dans la peau ‖ FAM ¡vete al demonio! va te faire voir!

demonismo *m* démonisme.

demonografía *f* démonographie.

demonólatra *m & f* démonolâtre.

demonolatría *f* culte satanique.

demonología *f* démonologie.

demonológico, ca *adj* démonologique.

demonomanía *f* démonomanie.

demontre *m* FAM démon, diable ‖ FAM ¡qué demontre! que diable!

demora *f* [▷ SIN] retard *m*, délai *m* ‖ attente; ¿qué demora tiene una conferencia telefónica con Málaga ? quelle attente y a-t-il pour une communication téléphonique avec Malaga ? ‖ DR retard *m* ‖ (ant) (*Amer*) travail *m* forcé des Indiens dans les mines [8 mois] ‖ sin demora sans retard, sans délai, sans différer.

> SIN plazo délai; respiro répit; tregua trêve; prórroga sursis, atermoiement; aplazamiento ajournement, remise; tardanza retard; moratoria moratoire.

demorar *v tr* [▷ SIN] retarder (retardar); demorar un viaje retarder un voyage; no quiero demorarte más je ne veux pas te retarder davantage ‖ remettre à plus tard; no demores tu solicitud ne remets pas ta demande à plus tard.
◇ *v intr* tarder; me he demorado en contestarle j'ai tardé à vous répondre ‖ demeurer, s'arrêter (detenerse) ‖ MAR se trouver dans une certaine direction par rapport à un point donné.

> OBSERV Demorar n'a pas le sens français de demeurer, habiter.
> SIN retrasar retarder; diferir différer; posponer remettre; remitir renvoyer; aplazar ajourner; entretener lanterner.

demoscopia *f* sondage d'opinion.

demóstenes *m inv* FIG homme très éloquent.

Demóstenes *n pr* Démosthène.

demostrable *adj* démontrable.

demostración *f* démonstration.

> SIN exposición exposition, exposé; explicación explication; testimonio témoignage.

demostrar [23] *v tr* démontrer; demostrar una teoría démontrer une théorie ‖ démontrer; demostrar su ignorancia en la materia démontrer son ignorance en la matière ‖ montrer; su respuesta demuestra su inteligencia sa réponse montre son intelligence ‖ faire preuve de; demostrar buena voluntad faire preuve de bonne volonté ‖ prouver; eso no demuestra nada cela ne prouve rien.

demostrativo, va *adj & s m* démonstratif, ive.

demótico, ca *adj* démotique (escritura).

demudación *f*; **demudamiento** *m* changement *m* (cambio) ‖ altération *f* des traits o de l'expression (del rostro).

demudar *v tr* changer (cambiar) ‖ altérer; rostro demudado por la cólera visage altéré par la colère.

demudarse *v pr* s'altérer, changer; su cara se demudó son visage s'altéra.

demultiplicar [10] *v tr* TECN démultiplier.

denantes *adv* FAM avant, auparavant.

denario, ria *adj* dénaire (decimal).

denario *m* denier (moneda) ‖ nombre dénaire (número).

dendrita *f* MIN & BIOL dendrite.

denegación *f* dénégation ‖ DR débouté *m* ■ denegación de auxilio non-assistance à personne en péril o en danger ‖ denegación de demanda fin de non-recevoir ‖ denegación de paternidad désaveu de paternité.

denegar [35] *v tr* refuser, dénier; denegar un derecho dénier un droit ‖ DR débouter (una demanda).

denegatorio, ria *adj* DR dénégatoire.

denervación *f* MED dénervation.

dengoso, sa *adj* minaudier, ère.

dengue *m* fichu (prenda de vestir) ‖ MED dengue *f* (enfermedad) ‖ FAM démon, diable (demonio) ‖ (*Amer*) belle-de-nuit *f* (planta).

dengues *m pl* minauderies *f*, façons *f*, chichis, manières *f*; no me vengas con dengues pas tant de manières.

denguear *v intr* minauder.

denigración *f* dénigrement *m*.

denigrador, ra; denigrante *adj* infamant, e (acusación, pena); dégradant, e (trabajo, actividad); humiliant, e (trato, etc.).
◇ *m & f* détracteur, trice; dénigreur, euse (p us).

denigrar *v tr* dénigrer ‖ injurier (injuriar).

denodadamente *adv* avec courage, courageusement, vaillamment.

denodado, da *adj* courageux, euse; vaillant, e (valiente).

denominación *f* dénomination ‖ appelation (de los vinos, etc.); denominación de origen appellation d'origine o contrôlée ‖ nom *m*; denominación social raison sociale.

denominado, da *adj* MAT número denominado nombre complexe.

denominador, ra *adj* qui dénomme.

denominador *m* MAT dénominateur; denominador común dénominateur commun.

denominar *v tr* dénommer.

denominativo, va *adj* dénominatif, ive.

denostador, ra *adj* injuriant, e; insultant, e.

denostar [23] *v tr* insulter, injurier.

denotar *v tr* dénoter; denotar franqueza dénoter de la franchise ‖ signifier; este refrán denota que ce proverbe signifie que ‖ indiquer, dénoncer, montrer; su ropa denotaba su miseria ses vêtements montraient sa misère; su nerviosismo denotaba su ira sa nervosité dénonçait sa colère.

denotativo, va *adj* révélateur, trice.

densamente *adv* d'une façon dense.

densidad *f* densité; densidad de población densité de population ‖ épaisseur (de la noche).

densificar [10] *v tr* rendre plus dense.

densificarse *v pr* devenir plus dense.

densimetría *f* FÍS densimétrie.

densimétrico, ca *adj* FÍS densimétrique.

densímetro m fís densimètre.

densitómetro m fot densitomètre.

denso, sa adj dense; humo denso fumée dense; multitud densa foule dense ‖ fig épais, aisse; dense; una noche densa une nuit épaisse|dense; pensamiento denso pensée dense ‖ lo denso de la noche l'épaisseur de la nuit.

dentada f (Amer) coup m de dent, morsure (dentellada).

dentado, da adj denté, e; en dents de scie; rueda dentada roue dentée ‖ dentu, e (con dientes) ‖ bot dentelé, e (hoja) ‖ blas denté, e (animal), dentelé, e (escudo).
◆ **dentado** m dents f pl; el dentado de un sello les dents d'un timbre.

dentadura f denture, dents pl; tiene una dentadura muy bonita il a de très jolies dents ‖ dentadura postiza dentier, fausses dents, râtelier fam.

dental adj dentaire; prótesis dental prothèse dentaire ‖ crema dental pâte dentifrice.
◇ adj & s f dental, e; consonante dental consonne dentale.
◇ m agric sep (del arado).

dentalización f gram dentalisation.

dentalizar [13] v tr gram dentaliser.

dentar [34] v tr denter; dentar una sierra denter une scie.
◇ v intr percer o faire ses dents (niño).

dentario, ria adj dentaire.

dentelaria f bot dentelaire (belesa).

dentellada f coup m de dent; dar dentelladas donner des coups de dent ‖ morder a dentelladas mordre à belles dents.

dentellado, da adj denté, e ‖ blas engrêlé, e.

dentellar v intr claquer des dents; dentella de miedo il claque des dents de peur.

dentellear v tr mordiller (mordiscar).

dentellón m arq denticule (dentículo) ‖ pierre f d'attente (adaraja) ‖ dent f de serrure.

dentera f agacement m (en los dientes) ‖ fig & fam envie f (envidia); dar dentera a uno faire crever d'envie quelqu'un ■ dar dentera agacer les dents; la acedera da dentera l'oseille agace les dents.

denticina f sirop de dentition pour enfants.

dentición f dentition ■ zool dentición completa denture complète ‖ dentición temporal o de leche dents temporaires o de lait.

denticulado, da adj denticulé, e.

dentículo m arq denticule.

dentífrico, ca adj & s m dentifrice ‖ pasta dentífrica pâte dentifrice.

dentimellado, da; dientimellado, da adj édenté, e.

dentina f dentine (esmalte).

dentirrostros m pl dentirostres (aves).

dentista m & f dentiste, chirurgien-dentiste; ir al dentista aller chez le dentiste.
‖ sin odontólogo odontologue; estomatólogo stomatologiste; fam sacamuelas arracheur de dents.

dentistería f odontologie.

dentivano, na adj qui a des dents de cheval.

dentolabial adj & s labiodental, e.

dentolingual adj & s dental, e.

dentón, ona adj & s fam qui a de grandes dents.
◆ **dentón** m denté (pez).

dentro adv dans (con un complemento); dentro de la casa dans la maison; dentro de dos días, de un año dans deux jours, un an ‖ dedans, à l'intérieur; busqué la carta en mi bolsillo y estaba dentro j'ai cherché la lettre dans ma poche et elle était dedans ■ dentro de poco d'ici peu, avant peu, sous peu, tout à l'heure ‖ fam ¿dentro o fuera? c'est oui ou c'est non? ■ a dentro dedans ‖ ahí dentro là-dedans (de una cosa), à l'intérieur (de la casa) ‖ de dentro du dedans ‖ por dentro, por de dentro en dedans, à l'intérieur, par-dedans, au-dedans ■ ¿dónde está? dentro où est-il? dans la maison, à l'intérieur ‖ ir hacia dentro o para dentro rentrer ‖ meter hacia dentro rentrer; meter hacia dentro el estómago rentrer l'estomac ‖ tener los pies hacia dentro avoir les pieds en dedans.

dentudo, da adj & s dentu, e (p us); qui a de grandes dents ‖ (Amer) nom donné à plusieurs requins (tiburón).

denudación f geol dénudation.

denudar v tr geol dénuder.

denuedo m courage, intrépidité f.

denuesto m insulte f, injure f.

denuncia f dénonciation (de un criminal, de un tratado) ‖ plainte; presentar una denuncia déposer une plainte ■ denuncia de multa procès-verbal ‖ dr denuncia de un tratado dénonciation d'un traité ‖ denuncia escrita procès-verbal (de un delito).

denunciación f dénonciation.

denunciante adj & s dénonciateur, trice.

denunciar [8] v tr dénoncer; denunciar un tratado dénoncer un traité; denunciar a un criminal dénoncer un criminel ‖ demander une concession minière (una mina).

denunciatorio, ria adj qui dénonce, dénonciateur, trice.

denuncio m demande f de concession minière ‖ (Amer) dénonciation f, plainte f.

deontología f déontologie.

deontológico, ca adj déontologique.

deparar v tr procurer, accorder (conceder) ‖ présenter, offrir, proposer; entré en el primer cine que me deparó la suerte je suis entré dans le premier cinéma qui s'est présenté à moi ■ deparar una oportunidad offrir une occasion ‖ ¡Dios te la depare buena! je te souhaite bien du plaisir!, bonne chance!

departamental adj départemental, e.

departamento m département (división territorial) ‖ service, département (división administrativa) ‖ compartiment; caja dividida en seis departamentos boîte divisée en six compartiments ‖ compartiment (de un vagón de ferrocarril) ‖ rayon (en una tienda); el departamento de corbatas le rayon des cravates ‖ (Amer) appartement (piso) ■ departamento de (no) fumadores compartiment (non-) fumeurs ‖ departamento marítimo préfecture

maritime ■ jefe de un departamento marítimo préfet maritime.
‖ observ 1. Francia está dividida en 95 départements.
2. L'Espagne n'est pas divisée en départements mais en provincias. Le departamento est la division administrative de certains pays d'Amérique latine (Bolivie, Colombie, Pérou, Uruguay, etc.).

departir v intr deviser, causer, s'entretenir, parler.

depauperación f appauvrissement m ‖ med affaiblissement m (debilitación).

depauperar v tr appauvrir (empobrecer) ‖ med affaiblir (debilitar).

dependencia f dépendance; estar bajo la dependencia de être sous la dépendance de ‖ succursale (oficina) ‖ affaire annexe (asunto).
◆ **dependencias** f pl dépendances, appartenances; las dependencias de un palacio les dépendances d'un château ‖ communs m (conjunto de edificios para la servidumbre) ‖ dependencia asistencial dispensaire.

depender v intr dépendre, relever; depender de alguien dépendre de quelqu'un; no depender de nadie ne relever de personne ‖ dépendre; de usted depende que il dépend de vous que; eso depende cela dépend ‖ tenir, dépendre; sólo depende de mí que il ne tient qu'à moi de.

dependienta f employée, vendeuse, commise.

dependiente adj dépendant, e.
◇ m employé, vendeur, commis (empleado) ‖ dependiente de una tienda de comestibles garçon épicier.

depilación f épilation, dépilation, épilage m.

depiladora f épilateur m.

depilar v tr épiler, dépiler.

depilatorio, ria adj & s m dépilatoire.

deplorable adj déplorable.

deplorar v tr déplorer (lamentar).

deponente adj déposant, e (que depone).
◇ adj & s m gram déponent, e (verbo).

deponer [65] v tr déposer, poser; deponer las armas déposer les armes ‖ déposer (destituir) ‖ déposer; deponer ante el juez déposer devant le juge ‖ fig bannir; deponer el temor, la ira bannir la peur, la colère.
◇ v intr déposer, témoigner en justice (prestar declaración) ‖ aller à la selle (defecar) ‖ (Amer) vomir (vomitar).

deportación f déportation.

deportado, da adj & s déporté, e.

deportar v tr déporter.

deporte m sport; deportes de invierno sports d'hiver; campo de deportes terrain de sport ■ deporte de remo aviron ‖ deporte de vela yachting, voile ‖ fig hacer algo por deporte faire quelque chose pour le sport.

deportismo m pratique f du sport, sport ‖ amour du sport (afición).

deportista adj & s sportif, ive.

deportividad f; **deportivismo** m esprit m sportif, sportivité f.

deportivo, va adj sportif, ive; periódico deportivo journal sportif ‖ de sport; coche deportivo voiture de sport ‖ sport inv (traje) ‖ campo deportivo terrain de sport.

deportivo *m* voiture *f* de sport.

deposición *f* déposition (de un rey o un obispo, de un testigo) ▌ élimination, selles *pl* (evacuación de vientre) ■ **deposición eclesiástica** déposition écclésiastique ▌ **la deposición de la cruz** la déposition de croix.

depositador, ra *adj & s* déposant, e.

depositante *adj & s* déposant, e.

depositar *v tr* déposer, mettre en dépôt; **depositar fondos en el banco** déposer des fonds à la banque ▌ déposer (los líquidos); **el vino deposita heces** le vin dépose de la lie ▌ entreposer, laisser en dépôt; **depositar las mercancías en un almacén** entreposer les marchandises dans un magasin ▌ DR faire sortir judiciairement (une personne) pour lui permettre d'exprimer librement sa volonté devant un juge ▌ (*Amer*) réserver [le saint sacrement].

➡ **depositarse** *v pr* se déposer ▌ se fonder; **en este muchacho se depositan justamente muchas esperanzas** on fonde avec raison beaucoup d'espérances sur ce garçon.

depositaría *f* dépôt *m* (lugar donde se deposita) ▌ caisse des dépôts, trésorerie (para depositar fondos) ▌ **depositaría general** sorte de Caisse des dépôts et consignations ▌ **depositaría pagaduría** recette-perception.

depositario, ria *adj* de dépôt ▌ FIG qui contient, qui renferme un dépôt.
◇ *m & f* dépositaire (de un depósito, de un secreto).

➡ **depositario** *m* caissier (cajero), trésorier (tesorero).

depósito *m* dépôt (de una suma) ▌ [▷ SIN] réservoir; **depósito de agua, de gasolina** réservoir d'eau, d'essence ▌ dépôt (de un líquido) ▌ entrepôt (almacén) ▌ MIL dépôt ▌ (*Amer*) réserve *f* eucharistique (del Santísimo) ■ ECON **depósito a plazo** dépôt à terme ▌ **depósito bancario** dépôt bancaire ▌ **depósito de aceite combustible** soute à mazout ▌ **depósito de cadáveres** morgue ▌ **depósito de decantación** bassin de décantation ▌ **depósito de equipajes** consigne (en una estación) ▌ **depósito de objetos perdidos** bureau des objets trouvés ▌ MIL **depósito de reserva territorial** réserve ▌ **depósito franco** entrepôt de douane ▌ DR **depósito judicial** consignation ▌ **depósito legal** dépôt légal ▌ DR **depósito miserable o necesario** dépôt nécessaire ■ **caja de depósitos y consignaciones** caisse des dépôts et consignations ▌ **casco en depósito** bouteille consignée ■ **en depósito** en dépôt.

▌ SIN almacén magasin; recipiente récipient; cisterna, aljibe citerne; arca de agua château d'eau.

depravación *f* dépravation.

depravadamente *adv* avec dépravation.

depravado, da *adj & s* dépravé, e.

depravar *v tr* dépraver (corromper).

deprecación *f* déprécation, prière.

deprecar [10] *v tr* supplier, prier.

depreciación *f* dépréciation.

depreciador, ra *adj & s* dépréciateur, trice.

depreciar [8] *v tr* déprécier.

depredación *f* déprédation.

depredador, ra *adj & s* déprédateur, trice.

depredar *v tr* commettre des déprédations.

depresión *f* dépression ▌ **depresión magnética** déclinaison magnétique.

depresivo, va *adj* déprimant, e; dépressif, ive.

depresor, ra *adj* déprimant, e.
➡ **depresor** *m* ANAT abaisseur (músculo) ▌ MÉD abaisse-langue (instrumento).

deprimente *adj* déprimant, e.

deprimido, da *adj* déprimé, e.

deprimir *v tr* déprimer ▌ FIG déprimer (quitar las fuerzas) ▌ **frente deprimida** front fuyant.
➡ **deprimirse** *v pr* être déprimé o aplati ▌ former une dépression (el terreno).

deprisa; de prisa *adv* vite.

de profundis *m* de profundis.

depuesto, ta *adj* déposé, e.

depuración *f* épuration, dépuration ▌ FIG épuration ▌ AGRIC **depuración de semillas** nettoyage des semences.

▌ SIN purificación purification; refinación, refino raffinage.

▌ **LA DEPURACIÓN** ───────
À la fin de la guerre civile d'Espagne, lorsque la dictature a été instaurée, le régime a pris un ensemble de mesures tendant à éliminer toute trace idéologique du camp des vaincus. L'épuration s'est appliquée aussi bien aux personnes, parmi lesquelles les plus touchées furent les intellectuels et les fonctionnaires, qu'aux livres dont certains, considérés comme séparatistes, marxistes, anti-catholiques, etc. furent l'objet d'autodafés à Madrid. L'épuration a même frappé les noms de rues et de cinémas.

depurador, ra *adj & s m* épuration, trice; dépurateur, trice.

depurar *v tr* [▷ SIN] épurer, dépurer ▌ réhabiliter, rétablir dans ses fonctions ▌ FIG épurer.

▌ SIN expurgar expurger; limpiar nettoyer.

depurativo, va *adj & s m* MED dépuratif, ive; **jarabe depurativo** sirop dépuratif.

deque *adv* FAM dès que, aussitôt que, quand.

dequeísmo *m* emploi erroné et abusif de la préposition; de suivie de la conjonction; que en espagnol.

derby *m* DEP Derby (competición hípica).

derecha *f* droite (mano) ■ **a la derecha** à droite, sur la droite ▌ **la derecha** la droite (política) ■ **no hacer nada a derechas** faire tout de travers ▌ **ser de derechas** être de droite.

derechamente *adv* tout droit; **fue derechamente hacia él** il est allé tout droit vers lui ▌ FIG prudemment (prudentemente) ▌ droitement, avec droiture; **obrar derechamente** agir avec droiture.

derechazo *m* TAUROM passe *f* de la main droite avec la muleta.

derechera *f* le plus court chemin *m*, raccourci *m* (atajo).

derechista *m & f* membre de la droite (política) ▌ droitier, ère (que no es zurdo).

derechito *adv* FAM directement, tout droit.

derecho *m* droit; **derecho canónico, civil, de gentes, consuetudinario, marítimo, mercantil, político** droit canon, civil, des gens, coutumier, maritime, commercial, constitutionnel ▌ droit; **primer año de Derecho** première année de droit ▌ endroit (de una tela) ■ **derecho administrativo** droit administratif ▌ FAM **derecho al pataleo** droit de rouspéter ▌ **derecho de asilo** droit d'asile ▌ **derecho del más fuerte** droit du plus fort ▌ **derecho de regalía** droit de régale ▌ **derecho financiero** droit financier ▌ **derecho fiscal** droit fiscal ▌ **derecho habiente** ayant droit ▌ **derecho internacional** droit international ▌ **derecho laboral** droit du travail ▌ **derecho natural** droits naturels ▌ **derecho penal** droit pénal ▌ **derecho procesal** droit de la procédure ■ **con derecho** à bon droit ▌ **con derecho o sin derecho** à tort ou à raison ▌ **con pleno derecho** de plein droit ▌ **¿con qué derecho?** de quel droit? ▌ **de derecho** de droit, à juste titre ▌ **de pleno derecho** de plein droit; **miembro de pleno derecho** membre de plein droit ▌ **facultad de Derecho** faculté de droit ▌ **por derecho propio** de son propre chef ▌ **reservado el derecho de admisión** droit d'admission réservé ▌ **reservados todos los derechos** tous droits réservés ▌ **según derecho** selon la justice ■ **estudiar Derecho** faire son droit ▌ **no hay derecho** ce n'est pas permis (no está permitido), ce n'est pas de jeu (fuera de las reglas) ▌ **tener derecho de o para** avoir le droit de ▌ **usar de su derecho** user de son droit.

➡ **derechos** *m pl* vacations (de juez) ■ **derechos arancelarios o de aduana** droits de douane ▌ **derechos de autor** droits d'auteur ▌ **derechos del hombre** droits de l'homme ▌ **los derechos de la amistad** les droits de l'amitié.

derecho *adv* droit; **ir derecho** marcher droit ■ **ir derecho al bulto** aller droit au but ▌ **siga o vaya derecho** allez tout droit.

derecho, cha *adj* droit, e; **el brazo derecho** le bras droit ▌ (*Amer*) heureux, euse; chanceux, euse ■ **derecho como una vela** droit comme un I o comme un cierge ▌ **es un hombre hecho y derecho** c'est un homme à cent pour cent, c'est un homme accompli.

derechura *f* rectitude, droiture (calidad de derecho) ▌ **en derechura** tout droit, en droite ligne.

deriva *f* dérive; **ir a la deriva** aller à la dérive ▌ **plano de deriva** dérive (de un avión).

derivación *f* dérivation.

derivado, da *adj & s m* dérivé, e.
➡ **derivada** *f* MAT dérivée.

derivar *v intr* dériver, découler (resultar).
◇ *v tr* acheminer (dirigir) ▌ GRAM faire dériver ▌ ELECTR & MAT dériver.
➡ **derivarse** *v pr* dériver, découler (provenir).

derivativo, va *adj* GRAM dérivatif, ive.
◇ *adj & s m* dérivatif, ive.

dermalgia *f* MED douleur de la peau.

dermatitis *f inv* MED dermatite, dermite.

dermatoesqueleto *m* ZOOL squelette externe.

dermatofito *m* dermatophyte (hongo).

dermatofitosis *f inv* MED dermatophytose.

dermatoglifo *m* dermatoglyphe.

dermatología *f* MED dermatologie.

dermatológico, ca *adj* dermatologique.

dermatólogo *m* MED dermatologue.

dermatomo; dermatotomo *m* dermatome.

dermatosis *f inv* MED dermatose.

dermatotomo ⯈ **dermatomo**.

dermesto *m* ZOOL dermeste (insecto).

dérmico, ca *adj* ANAT dermique.

dermis *f inv* ANAT derme *m*.

dermitis *f inv* MED dermite, dermatite.

dermoprotector, ra *adj & s m* dermoprotecteur [produit].

dermorreacción *f* cuti-réaction ‖ ser sensible a la dermorreacción, virar la dermorreacción virer sa cuti.

derogable *adj* qui peut être dérogé.

derogación *f* abrogation; la derogación de una ley l'abrogation d'une loi.

derogar [16] *v tr* abroger, abolir; derogar una ley abroger une loi.

derogatorio, ria *adj* DR dérogatoire.

derrama *f* assiette, répartition (de los impuestos) ‖ impôt *m* temporaire o extraordinaire (contribución).

derramadero *m* déversoir.

derramamiento *m* effusion *f*; una revolución sin derramamiento de sangre une révolution sans effusion de sang ‖ dispersion *f* (de una familia, de un pueblo) ‖ épanchement, écoulement (chorreo) ‖ propagation *f* (de una noticia).

derramar *v tr* [▷ SIN] répandre; derramar arena al o por el suelo répandre du sable sur le sol ‖ renverser; derramar un vaso de agua renverser un verre d'eau ‖ FIG répandre; derramar una noticia répandre une nouvelle ‖ verser, épancher (verter); derramar lágrimas verser des larmes o des pleurs ‖ verser, faire couler; derramar sangre faire couler le sang ‖ déborder de; derramar gracia, ternura déborder d'esprit, de tendresse ‖ répartir (los impuestos).

⯈ **derramarse** *v pr* se répandre (esparcirse) ‖ MED s'épancher (un humor) ‖ déboucher, se jeter (rio).

⎮ SIN correr, salirse fuir; chorrear couler, dégouliner; fluir fluer.

derrame *m* action de répandre, dispersion *f* (esparcimiento) ‖ épanchement, écoulement, dégorgeage, dégorgement (de un líquido) ‖ trop-plein (exceso) ‖ fuite *f* (de un recipiente roto o averiado) ‖ embranchement, bifurcation *f* (de un valle) ‖ ARQ ébrasement, ébrasure *f* (de puertas y ventanas) ‖ pente *f* (declive) ‖ MED épanchement; derrame sinovial épanchement synovial o de synovie ‖ hémorragie; derrame cerebral hémorragie cérébrale.

derramo *m* ARQ ébrasement, ébrasure *f* (derrame).

derrapaje; derrape *m* dérapage.

derrapar *v intr* déraper (patinar).
⎮ OBSERV Ce mot est un gallicisme.

derrape ⯈ **derrapaje**.

derredor *m* tour, contour (contorno) ‖ en o al derredor autour; sentarse en derredor de una mesa s'asseoir autour d'une table ‖ en derredor mío autour de moi.

derrelicción *f* déréliction (abandono).

derrelicto, ta *adj* abandonné, e.
⯈ **derrelicto** *m* MAR épave *f* (barco o restos abandonados).

derrelinquir [18] *v tr* abandonner.

derrengadura *f* éreintement *m* ‖ tour *m* de rein.

derrengar [16] *v tr* éreinter (p us), casser les reins (lastimar el espinazo) ‖ tordre (inclinar) ‖ FIG & FAM éreinter (cansar).

derretido, da *adj* fondu, e; plomo derretido plomb fondu ‖ FIG langoureux, euse; amoureux, euse; miradas derretidas des regards amoureux.

derretimiento *m* fonte *f*; el derretimiento de los carámbanos la fonte des glaçons ‖ fonte *f*, fusion *f*; el derretimiento de un metal la fusion d'un métal ‖ FIG amour ardent o passionné.

derretir [26] *v tr* fondre; derretir sebo fondre du suif ‖ FIG gaspiller, dissiper (derrochar).
⯈ **derretirse** *v pr* fondre; la nieve se derrite con el calor la neige fond à la chaleur ‖ FIG s'enflammer, brûler pour (enamorarse) ‖ se morfondre, bouillir (de impaciencia) ‖ se faire du mauvais sang (inquietarse).

derribador *m* abatteur (que derriba) ‖ bouvier qui renverse les taureaux ou les vaches (de reses).

derribar *v tr* [▷ SIN] abattre; derribar una muralla abattre une muraille ‖ abattre, raser (una construcción) ‖ faire tomber, renverser; derribar los bolos faire tomber les quilles ‖ renverser, jeter à terre (a personas o animales); derribó el toro il jeta le taureau à terre; derribar a un transeúnte renverser un piéton ‖ abattre; derribar un avión abattre un avion ‖ abattre, humilier (postrar) ‖ plaquer au sol (al boxeador) ‖ FIG renverser, déboulonner FAM; derribar la monarquía, a un privado renverser la monarchie, un favori ‖ dompter, réprimer (las pasiones) ‖ EQUIT acculer [un cheval].
⯈ **derribarse** *v pr* se jeter par terre (tirarse al suelo) ‖ tomber, s'abattre (caerse).
⎮ SIN demoler démolir; desmantelar démanteler; arrasar, destruir raser, détruire; abatir abattre; tumbar mettre à bas.

derribo *m* démolition *f* (acción) ‖ chantier de démolition (lugar) ‖ TAUROM acoso y derribo terrassement [du taureau].
⯈ **derribos** *m pl* matériaux de démolition (materiales); construir con derribos bâtir avec des matériaux de démolition.

derrocamiento *m* action *f* de jeter du haut d'un rocher ‖ FIG renversement; el derrocamiento de un rey le renversement d'un roi.

derrocar [10] *v tr* précipiter du haut d'un rocher (despeñar) ‖ FIG démolir, abattre (un edificio) ‖ renverser; derrocar al rey de su trono renverser le roi de son trône.

derrochador, ra *adj & s* gaspilleur, euse; dissipateur, trice.

derrochar *v tr* gaspiller, dilapider, dissiper; derrochar su fortuna dilapider sa fortune ‖ FIG & FAM être plein de, déborder de; derrochar salud être plein de santé.

derroche *m* gaspillage, dissipation *f* ‖ FIG profusion *f*; un derroche de luces une profusion de lumières ‖ débauche *f*; hacer un derroche de energía faire une débauche d'énergie.

derrochón, ona *adj* gaspilleur, euse.

derrota *f* échec *m*, défaite *f*; su derrota en las elecciones fue un golpe duro para el par-

tido son échec aux élections fut un coup dur pour le parti ‖ échec *m*, revers *m*; las derrotas en la vida les revers de l'existence ‖ MIL déroute, défaite; sufrir una derrota essuyer une défaite, subir une déroute ‖ défaite; la derrota de Aníbal en Zama la défaite d'Hannibal à Zama ‖ débâcle (en todos los frentes) ‖ FIG déroute, debâcle ‖ chemin *m*, sentier *m* (camino) ‖ MAR route, cap *m* (rumbo) ‖ MAR cuarto de derrota chambre de veille, cabine des cartes.

derrotado, da *adj* battu, e; malheureux, euse; el candidato derrotado le candidat malheureux ‖ MIL défait, e; mis, e en déroute; battu, e; vaincu, e (vencido) ‖ FIG en haillons, dépenaillé, e; déchiré, e (andrajoso).

derrotar *v tr* battre, vaincre; en las elecciones el candidato de la oposición derrotó al presidente en ejercicio aux élections, le candidat de l'opposition a battu le président en exercice; el equipo nacional derrotó al equipo contrario por 2 a 1 l'équipe nationale a battu l'équipe adverse par 2 à 1 ‖ MIL mettre en déroute, défaire ‖ MAR dériver, dérouter, détourner de sa route (un barco) ‖ TAUROM donner des coups de corne; toro que derrota por la izquierda taureau qui donne des coups de corne à gauche ‖ gaspiller, dissiper, dilapider (su fortuna) ‖ ruiner (la salud).

derrote *m* TAUROM coup de corne (cornada).

derrotero *m* MAR route *f* (rumbo) ‖ routier (libro) ‖ FIG chemin, voie *f*, marche *f* à suivre, ligne *f* de conduite (medio para llegar a un fin).

derrotismo *m* défaitisme.

derrotista *adj & s* défaitiste.

derrubiar *v tr* affouiller, éroder, ronger (las aguas corrientes); el agua derrubia las orillas l'eau affouille les berges.

derrubio; deslave (*Amer*) *m* affouillement, érosion *f* ‖ terrain affouillé, éboulis (tierra que se cae).

derruido, da *adj* en ruine (ruinoso).

derruir [51] *v tr* démolir, abattre (un edificio) ‖ miner (destruir poco a poco).

derrumbadero *m* précipice (despeñadero) ‖ FIG péril, danger ‖ guêpier (avispero).

derrumbamiento *m* écroulement (desplome) ‖ éboulement (desmoronamiento) ‖ FIG renversement (derrocamiento) ‖ effondrement; el derrumbamiento del Imperio Romano l'effondrement de l'Empire romain.

derrumbar *v tr* abattre; derrumbar una casa abattre une maison ‖ abattre, renverser (derribar) ‖ précipiter (despeñar).
⯈ **derrumbarse** *v pr* s'écrouler, crouler, s'effondrer (desplomarse) ‖ s'écrouler, s'ébouler; el muro se derrumbó le mur s'est écroulé.

derrumbe *m* éboulement (desmoronamiento) ‖ écroulement (desplome) ‖ précipice (despeñadero).

derrumbo *m* précipice.

derviche *m* derviche (religioso mahometano) ‖ derviche bailador derviche tourneur.

desabarrancar [10] *v tr* désembourber, dégager (desatascar) ‖ FIG désembourber, tirer d'embarras o d'un mauvais pas (sacar de apuros).

desabastecer [30] *v tr* désapprovisionner; cesser d'approvisionner.

desabastecimiento *m* désapprovisionnement.

desabollar *v tr* débosseler; desabollar una cafetera débosseler une cafetière ‖ redresser; desabollar el guardabarros de un coche redresser l'aile d'une voiture.

desabonar *v tr* désabonner.

➡ **desabonarse** *v pr* se désabonner.

desabono *m* désabonnement (supresión del abono) ‖ discrédit (descrédito).

desabor *m* fadeur *f*, insipidité *f*.

desaborido, da *adj* fade, insipide (insípido) ‖ FIG & FAM insipide, fade, quelconque, insignifiant, e; una chica desaborida une fille insignifiante.
<> *m* & *f* homme, femme quelconque, personne insignifiante o qui n'a aucun charme.
‖ OBSERV Ce mot est fréquemment prononcé esaborío.

desabotonar *v tr* déboutonner (desabrochar).
<> *v intr* FIG s'épanouir, éclore (las flores).

➡ **desabotonarse** *v pr* se déboutonner (desabrocharse).

desabridamente *adv* insipidement ‖ FIG vertement, durement, rudement; contestar desabridamente répondre durement.

desabrido, da *adj* fade, insipide (soso) ‖ dur, e; acerbe, hargneux, euse (tono, frase) ‖ heurté, e (estilo) ‖ maussade (el tiempo) ‖ FIG maussade (triste), acariâtre, hargneux, euse (huraño); tiene un carácter desabrido il a un caractère acariâtre ‖ dur à la détente (armas de fuego).

desabrigado, da *adj* désabrité, e; à découvert (sin amparo) ‖ découvert, e (sin abrigo) ‖ pas assez couvert, e; vas muy desabrigado con el frío que hace tu n'es pas assez couvert par le froid qu'il fait ‖ FIG abandonné, e; délaissé, e (abandonado).

desabrigar [16] *v tr* mettre o laisser à découvert (dejar al descubierto) ‖ découvrir (desarropar).

➡ **desabrigarse** *v pr* se découvrir; no debe uno desabrigarse cuando está sudando on ne doit pas se découvrir quand on transpire.

desabrigo *m* mise *f* à découvert (acción) ‖ position *f* à découvert (posición) ‖ FIG abandon, délaissement (abandono).

desabrimiento *m* fadeur *f*, insipidité *f* (insipidez) ‖ caractère maussade (del tiempo) ‖ FIG dureté *f*, rudesse *f*, aigreur *f*; contestar con desabrimiento répondre avec aigreur ‖ chagrin (pena); sentir desabrimiento avoir du chagrin.

desabrir *v tr* affadir (hacer desabrido) ‖ FIG mécontenter, fâcher (enfadar) ‖ chagriner (apenar).

➡ **desabrirse** *v pr* se fâcher (enfadarse).

desabrochar *v tr* déboutonner (botones) ‖ dégrafer, décrocher (broches y corchetes) ‖ FIG ouvrir (abrir).

➡ **desabrocharse** *v pr* se déboutonner, se dégrafer; los niños pequeños no saben desabrocharse les petits enfants ne savent pas se déboutonner ‖ FIG & FAM ouvrir son cœur, s'épancher ‖ desabrocharse la chaqueta déboutonner sa veste.

desacalorarse *v pr* se rafraîchir (refrescarse) ‖ FIG s'apaiser, se calmer, se rasséréner (calmarse).

desacatador, ra *adj* & *s* insolent, e; effronté, e (insolente) ‖ irrévérencieux, euse (irrespetuoso).

desacatamiento ➡ **desacato**.

desacatar *v tr* manquer de respect à; desacatar a sus padres manquer de respect à ses parents ‖ ne pas obéir à; desacatar las órdenes ne pas obéir aux ordres ‖ enfreindre, ne pas respecter (las leyes).

desacato; desacatamiento *m* désobéissance *f* (a las órdenes) ‖ infraction *f* (a las leyes) ‖ manque de respect, insolence *f* (falta de respeto) ‖ DR outrage [à un fonctionnaire]; desacato al tribunal outrage à magistrat.

desaceitado, da *adj* qui manque d'huile.

desaceitar *v tr* déshuiler; desaceitar semillas déshuiler des graines.

desaceleración *f* décélération.

desacelerar *v tr* décélérer.

desacerar *v tr* désaciérer.

desacerbar *v tr* adoucir (templar).

desacertadamente *adv* malencontreusement, mal à propos.

desacertado, da *adj* maladroit, e; malavisé, e; malheureux, euse; malencontreux, euse (dicho, acción).

desacertar [34] *v intr* se tromper (errar) ‖ manquer d'adresse o de tact (no tener tino).

desacierto *m* erreur *f* (error) ‖ sottise *f*, maladresse *f*, erreur *f*; ha sido un desacierto hacer esto ce fut une erreur de faire cela.

desaclimatar *v tr* désacclimater.

desacobardar *v tr* enhardir, encourager.

desacomodado, da *adj* qui n'est pas à l'aise, gêné, e (por falta de medios) ‖ en chômage, sans emploi (sin empleo) ‖ incommode, gênant, e (molesto) ‖ (Amer) désordonné, e.

desacomodamiento *m* incommodité *f*, inconfort, gêne *f* ‖ manque d'emploi, chômage (falta de trabajo).

desacomodar *v tr* incommoder, gêner (molestar) ‖ congédier, renvoyer, mettre à pied (dejar sin empleo).

➡ **desacomodarse** *v pr* quitter o perdre son emploi (quedarse sin empleo).

desacomodo *m* incommodité *f*, gêne *f* ‖ chômage (paro forzoso).

desacompañar *v tr* quitter, fausser compagnie à.

desaconsejado, da *adj* déconseillé, e.
<> *adj* & *s* imprudent, e.

desaconsejar *v tr* déconseiller.

desacoplamiento *m* MECÁN désaccouplement.

desacoplar *v tr* désaccoupler ‖ TECN découpler, désaccoupler.

desacordado, da *adj* MÚS désaccordé, e ‖ sans harmonie, qui manque d'unité (falto de unidad).

desacordar [23] *v tr* MÚS désaccorder.

➡ **desacordarse** *v pr* oublier (olvidarse).

desacorde *adj* discordant, e; instrumentos desacordes instruments discordants.

desacostumbradamente *adv* contre la coutume o l'usage, contrairement à toute habitude.

desacostumbrado, da *adj* inhabituel, elle; inaccoutumé, e; peu commun, e; un acontecimiento desacostumbrado un évènement peu commun.

desacostumbrar *v tr* désaccoutumer, déshabituer, faire perdre l'habitude; desacostumbrar a uno del tabaco désaccoutumer quelqu'un du tabac; desacostumbrar de mentir faire perdre l'habitude de mentir.

desacoto *m* annulation *f* o levée *f* d'une défense (autorización) ‖ FIG rejet (rechazo).

desacralizar [13] *v tr* désacraliser.

desacreditar *v tr* discréditer.
‖ SIN desprestigiar discréditer; denigrar dénigrer; difamar diffamer; desautorizar discréditer; deshonrar déshonorer.

desactivación *f* désamorçage *m* ‖ FÍS désactivation (de una substancia radiactiva).

desactivar *v tr* désamorcer ‖ FÍS désactiver.

desacuartelar *v tr* MIL déconsigner.

desacuerdo *m* désaccord; estar en desacuerdo être en désaccord.

desadeudar *v tr* libérer (quelqu'un) d'une dette.

➡ **desadeudarse** *v pr* se libérer o se dégager de ses dettes.

desadoquinar *v tr* dépaver.

desadormecer [30] *v tr* réveiller (despertar) ‖ FIG dégourdir (desentumecer).

desadornar *v tr* déparer.

desadorno *m* sécheresse *f*, nudité *f*.

desadvertir [27] *v tr* ne pas remarquer.

desafear *v tr* & *intr* désenlaidir.

desafección *f* désaffection.

desafecto, ta *adj* dépourvu d'affection (sin afecto) ‖ opposé, e; contraire (opuesto).

➡ **desafecto** *m* froideur *f*, désaffection *f* (p us); mostrar desafecto a uno montrer de la froideur à l'égard de quelqu'un ‖ malveillance *f*, animosité *f* (malquerencia).

desaferrado *m* MAR dérapage, dérapement.

desaferrar [19] *v tr* détacher (soltar) ‖ MAR lever [l'ancre].

desafiador, ra *adj* & *s* provocateur, trice.

desafiante *adj* provocant, e.

desafianzar [13] *v tr* retirer sa caution.

desafiar [9] *v tr* défier, lancer un défi à (provocar); desafiar un rival défier un rival ‖ FIG défier; le desafío a que lo entienda je vous défie de le comprendre ‖ braver, défier; desafiar los peligros braver les dangers.

➡ **desafiarse** *v pr* se défier.

desafición *f* désaffection (p us), froideur.

desaficionar *v tr* désaffectionner ‖ dégoûter; desaficionar a uno del tabaco dégoûter quelqu'un du tabac.

desafilar *v tr* émousser (el filo).

desafinación *f* MÚS désaccord *m*.

desafinadamente *adv* de façon discordante.

desafinar *v tr* MÚS désaccorder (un instrumento).
<> *v intr* MÚS chanter faux (la voz) ‖ jouer

faux (instrumento) ‖ FIG & FAM déraisonner, dé-railler (desvariar).

desafío m défi (reto) ‖ duel (combate) ‖ rivalité f, concurrence f (competencia).

desaforadamente adv en désordre (atropelladamente) ‖ avec excès; **comer desaforadamente** manger avec excès ‖ témérairement (con osadía) ‖ furieusement (con furia) ‖ **gritar desaforadamente** pousser des cris épouvantables, crier comme un putois.

desaforado, da adj démesuré, e; énorme; **ambición desaforada** ambition démesurée ‖ épouvantable, violent, e; furieux, euse; **dar voces desaforadas** pousser des cris épouvantables ‖ acharné, e; **partidario desaforado de una reforma** partisan acharné d'une réforme ‖ illégal, e; illégitime, arbitraire (contra fuero) ‖ **gritar como un desaforado** crier comme un putois.

desaforar [23] v tr léser (quelqu'un) dans ses droits o ses privilèges ‖ destituer o exclure (quelqu'un) de ses privilèges (abolir privilegios).

◆ **desaforarse** v pr outrepasser ses droits (exceder sus derechos) ‖ s'emporter (irritarse) ‖ dépasser les bornes, aller trop loin (descomedirse).

desafortunadamente adv malheureusement.

desafortunado, da adj malheureux, euse; infortuné, e.

desafuero m atteinte f o infraction f aux lois o aux usages (violación de las leyes o fueros) ‖ privation f d'un droit o d'un privilège ‖ FIG inconvenance f, incongruité f, écart (desacato) ‖ excès, abus (abuso) ‖ **cometer un desafuero** enfreindre les lois o les usages.

desagarrar v tr FAM lâcher (soltar).

desagraciado, da adj disgracieux, euse; sans grâce, sans charme.

desagraciar v tr enlaidir.

desagradable adj désagréable; **música desagradable** musique désagréable.

│ SIN enfadoso déplaisant; fastidioso fâcheux; enojoso ennuyeux; triste triste; insoportable insupportable; desapacible désagréable; irritante irritant; soso fade.

desagradar v intr déplaire; **este libro me desagrada** ce livre me déplaît ‖ déplaire, ennuyer (molestar); **me desagrada hacerlo** cela me déplaît de le faire ‖ déplaire, être désagréable, ne pas plaire beaucoup; **palabra que desagrada** mot qui ne plaît pas beaucoup.

desagradecer [30] v tr se montrer ingrat envers, payer d'ingratitude (a uno) ‖ payer d'ingratitude; **desagradece todo el bien que se le ha hecho** il paie d'ingratitude tout le bien qu'on lui a fait.

desagradecido, da adj & s ingrat, e; **desagradecido con o para su bienhechor** ingrat envers son bienfaiteur; **hijo desagradecido** fils ingrat.

desagradecimiento m ingratitude f [envers quelqu'un, pour un bienfait].

desagrado m mécontentement, contrariété f (disgusto) ■ **con desagrado** d'un ton bourru (ásperamente), à contrecœur, avec répugnance (a pesar suyo) ■ **causar desagrado** contrarier, ennuyer; **esta noticia me causó desagrado** cette nouvelle m'a contrarié ‖

mostrar desagrado faire preuve de mécontentement.

desagraviar [8] v tr dédommager, réparer; **desagraviar a uno el daño que se le causó** dédommager quelqu'un du mal qu'on lui a fait, réparer le mal qu'on a fait à quelqu'un ‖ **desagraviar a Dios** demander à Dieu le pardon d'une offense.

desagravio m satisfaction f, réparation f (de una ofensa); **exigir un desagravio** réclamer une satisfaction ‖ dédommagement (de un perjuicio); **en desagravio de** en dédommagement de; **a guisa de desagravio** en guise de dédommagement ‖ **acto de desagravio** cérémonie expiatoire.

desagregación f désagrégation ‖ FIG émiettement m, désagrègement m (de un partido).

desagregar [16] v tr désagréger ‖ FIG émietter, désagréger (un partido).

desaguadero m déversoir (vertedero) ‖ dégorgeoir (de un canal) ‖ FIG gouffre [source de dépenses] ‖ MAR dalot (imbornal) ‖ drain (en obras públicas).

desaguador m prise f d'eau (para irrigar) ‖ déversoir (desaguadero).

desaguar [45] v tr épuiser, tarir (quitar el agua) ‖ assécher (una mina).
◇ v intr déboucher (un río).

◆ **desaguarse** v pr FIG vomir (vomitar) ‖ aller à la selle (hacer de cuerpo) ‖ uriner (orinar).

desaguazar [13] v tr assécher, drainer (un terreno).

desagüe m écoulement, dégorgement (de un líquido) ‖ déversoir (desaguadero) ■ **conducto de desagüe** descente, tuyau d'écoulement (para vaciar), trop-plein (para el agua sobrante) ‖ **desagüe directo** tout-à-l'égout.

desaguisado, da adj contraire à la loi o à la raison.
◆ **desaguisado** m offense f (ofensa), injustice f (injusticia), sottise f, bêtise f, erreur f (desacierto).

desaherrojar v tr délivrer des fers.
◆ **desaherrojarse** v pr se libérer.

desahijar v tr AGRIC sevrer (las crías del ganado) ‖ essaimer (abejas).
◆ **desahijarse** v pr essaimer (las abejas).

desahogadamente adv librement, sans gêne, sans contrainte; **hablar desahogadamente** parler librement ‖ à l'aise; **vivir desahogadamente** vivre à l'aise ‖ FIG insolemment, avec insolence (con descaro); **contestar desahogadamente** répondre avec insolence.

desahogado, da adj effronté, e (descarado); **un muchacho muy desahogado** un garçon très effronté ‖ dégagé, e; peu encombré, e (sitio); **es una calle desahogada** c'est une rue dégagée ‖ à l'aise, aisé, e (adinerado); **una familia desahogada** une famille aisée ■ **estar desahogado** être à l'aise ‖ **existencia desahogada** existence facile ‖ **vida desahogada** vie aisée.

desahogar [16] v tr soulager, réconforter (aliviar) ‖ FIG donner libre cours à; **desahogar una pasión** donner libre cours à une passion ‖ déverser, décharger, passer, donner libre cours à; **desahogar su ira contra uno** déverser sa colère sur quelqu'un ‖ épancher, ouvrir; **desahogar su corazón** épancher son cœur ‖ soulager; **las lágrimas desahogan el**

corazón les larmes soulagent le cœur; **te voy a hacer este trabajo para desahogarte** je vais te faire ce travail pour te soulager ‖ MED dégager (el pecho).

◆ **desahogarse** v pr se mettre à l'aise; **cambiarse de ropa para desahogarse** se changer pour se mettre à l'aise ‖ se détendre, se reposer; **después de haber trabajado mucho hace falta desahogarse** après avoir beaucoup travaillé il faut se détendre (esparcirse) ‖ acquitter ses dettes, se libérer (desempeñarse) ‖ FIG s'épancher, épancher o ouvrir son cœur à, s'ouvrir à (confiarse); **desahogarse con o a un amigo** s'épancher auprès d'un ami ‖ FAM vider son sac (decir lo que se piensa).

desahogo m soulagement (alivio) ‖ bien-être inv, aisance f, aise f; **vivir con desahogo** vivre à l'aise o dans le bien-être ‖ épanchement (del corazón); **desahogo afectivo** épanchement affectueux ‖ sans-gêne, désinvolture f [de langage] ‖ dégagement, débarras; **esta habitación sirve de desahogo** cette pièce sert de débarras.

desahuciar [8] v tr ôter tout espoir (quitar toda esperanza) ‖ MED condamner (a un enfermo) ‖ expulser, donner congé à (a un inquilino); **enfermo desahuciado por los médicos** malade abandonné par les médecins, malade perdu.

desahucio m congé (a un inquilino) ‖ éviction f, expulsion f (a un campesino).

desahumado, da adj éventé, e (licores).

desahumar v tr désenfumer.

desainar v tr dégraisser (desengrasar).

desairadamente adv sans grâce, gauchement (sin garbo) ‖ rudement, avec mauvaise humeur (descortésmente); **contestar desairadamente** répondre rudement.

desairado, da adj repoussé, e; éconduit, e; **pretendiente desairado** soupirant éconduit ‖ gênant, e; **situación desairada** situation gênante ‖ sans grâce, gauche, lourd, e (sin garbo).

desairar v tr dédaigner (desdeñar) ‖ mépriser (despreciar) ‖ éconduire, repousser, renvoyer, envoyer promener (rechazar) ‖ vexer, outrager (ultrajar) ‖ **la visita del presidente resultó muy desairada** la visite du président s'est soldée par un échec.

desaire m affront, vexation f, camouflet (afrenta); **sufrir un desaire** subir un affront, recevoir un camouflet ‖ lourdeur f, inélégance f (falta de garbo) ‖ mépris, dédain (desprecio).

desajustar v tr désajuster; **desajustar una máquina** désajuster une machine ‖ dérégler (un tiro) ‖ FIG déranger; **esto desajusta mis planes** cela dérange mes plans.
◆ **desajustarse** v pr se dédire (romper un contrato).

desajuste m désajustement ‖ rupture f d'une convention (ruptura de un acuerdo) ‖ IMPR mauvais repère (de un color).

desalabear v tr TECN dégauchir, redresser (enderezar) ‖ aplanir (allanar).

desalabeo m dégauchissage, dégauchissement (enderezamiento) ‖ aplanissement (allanamiento).

desalado, da *adj* dessalé, e (sin sal) ‖ sans ailes (sin alas) ‖ **FIG** pressé, e; empressé, e (apresurado) ‖ anxieux, euse (ansioso).

desaladura *f* dessalage *m*, dessalement *m*, dessalaison *f*.

desalar *v tr* dessaler (quitar la sal) ‖ couper les ailes (quitar las alas).

➡ **desalarse** *v pr* se dépêcher, s'empresser, se hâter (apresurarse) ‖ **FIG** convoiter, désirer vivement, brûler [d'avoir]; **se desalaba por conseguir una buena colocación** il brûlait d'obtenir une bonne situation.

desalazón *f* dessalaison, dessalage *m*, dessalement *m*.

desalbardar *v tr* débâter.

desalbardillar *v tr* déchaperonner (un muro).

desalentadamente *adv* avec découragement.

desalentador, ra *adj* décourageant, e; **una noticia desalentadora** une nouvelle décourageante.

desalentar [19] *v tr* essouffler, mettre hors d'haleine ‖ **FIG** décourager, abattre (desanimarse); **la desgracia le ha desalentado** le malheur l'a abattu.

➡ **desalentarse** *v pr* se décourager, se laisser abattre (desanimarse); **no debemos desalentarnos ante las adversidades** nous ne devons pas nous laisser abattre par l'adversité.

desalfombrar *v tr* enlever les tapis; **desalfombrar una casa** enlever les tapis d'une maison.

desalforjar *v tr* sortir de sa besace.

➡ **desalforjarse** *v pr* **FAM** se mettre à l'aise.

desalhajar *v tr* démeubler, dégarnir (una habitación).

desaliento *m* découragement, abattement.

‖ **SIN** desánimo, descorazonamiento découragement; desmoralización démoralisation; abatimiento abattement; desesperación désespoir; postración prostration.

desalineación *f* désalignement *m*.

desalinear *v tr* désaligner.

➡ **desalinearse** *v pr* rompre l'alignement.

desaliñadamente *adv* d'une façon négligée.

desaliñado, da *adj* négligé, e; débraillé, e; **un aspecto desaliñado** un aspect négligé; **una persona desaliñada** une personne débraillée ‖ **FIG** négligé, e (estilo).

desaliñar *v tr* froisser, chiffonner; **desaliñar un vestido** froisser une robe.

desaliño *m* négligé, débraillé, laisser-aller [de la tenue] ‖ négligence *f*, manque de soin (descuido, negligencia) ‖ **ir vestido con desaliño** être négligé o débraillé.

➡ **desaliños** *m pl* longs pendants d'oreilles (pendientes).

desalmado, da *adj* scélérat, e; méchant, e (malo) ‖ cruel, elle; inhumain, e; sans cœur (cruel).

◇ *m & f* scélérat, e (malvado) ‖ sans-cœur *m & f inv* (cruel).

desalmamiento *m* scélératesse *f*, perversité *f*, méchanceté *f* (maldad) ‖ cruauté *f*, inhumanité *f* (crueldad).

desalmarse *v pr* **FIG** convoiter, désirer avidement o ardemment (anhelar).

desalmenado, da *adj* sans créneaux (muro).

desalmidonar *v tr* désempeser.

desalojado, da *m & f* sans-logis *inv*, sans-abri *inv* (sin vivienda).

desalojamiento *m* expulsion *f* (expulsión) ‖ déménagement (cambio de residencia).

desalojar *v tr* déloger (expulsar); **desalojar al enemigo del fortín** déloger l'ennemi du fortin ‖ évacuer, quitter (abandonar) ‖ **MAR** déplacer, jauger (desplazar); **el barco desaloja 100 toneladas** le bateau jauge 100 tonnes.

◇ *v intr* déménager (mudarse); **el vecino desaloja le voisin déménage** ‖ déloger, décamper, déménager (irse).

desalojo *m* expulsion *f* (expulsión) ‖ déménagement (mudanza).

desalquilar *v tr* donner congé (dejar su alojamiento) ‖ libérer un logement (dejar libre) ‖ **hay dos pisos desalquilados** il y a deux appartements libres.

➡ **desalquilarse** *v pr* être libre (un piso).

desalquitranar *v tr* dégoudronner.

desalterar *v tr* (p us) calmer (apaciguar).

‖ **OBSERV** El verbo francés **désaltérer** significa apagar la sed.

desamar *v tr* cesser d'aimer.

desamarrar *v tr* **MAR** larguer les amarres, démarrer (largar las amarras) ‖ **FIG** détacher, ôter les liens (desatar) ‖ écarter, éloigner (alejar).

desambientar *v tr* désorienter; **en un país extranjero uno se encuentra desambientado** dans un pays étranger on est désorienté ‖ manquer d'ambiance; **esta sala de baile está muy desambientada** cette boîte de nuit manque beaucoup d'ambiance.

desamelgar [16] *v tr* **AGRIC** assoler.

desamistarse *v pr* se brouiller, se fâcher (enemistarse).

desamoldar *v tr* déformer (deformar).

desamontonar *v tr* désentasser.

desamor *m* manque d'affection *f*, froideur *f*, indifférence *f*; **su desamor a los padres** sa froideur envers ses parents ‖ haine *f*, inimitié *f* (odio).

desamorado, da *adj* indifférent, e; peu affectueux, euse; froid, e (que no ama).

desamorar *v tr* détacher (hacer perder el afecto).

desamortizable *adj* susceptible d'être désamorti, aliénable; **bienes desamortizables** biens aliénables.

desamortización *f* désamortissement *m*, action de désamortir.

desamortizar [13] *v tr* désamortir.

desamparadamente *adv* à l'abandon, sans appui.

desamparado, da *adj* abandonné, e; délaissé, e.

‖ **OBSERV** El francés **désemparé** significa incapaz de moverse (un buque) o desconcertado, abatido (una persona).

desamparar *v tr* abandonner, délaisser; **desamparar a un anciano** abandonner un vieillard ‖ quitter, abandonner (un sitio) ‖ **DR** abandonner ses droits sur, renoncer à ‖ **MAR** désemparer (desmantelar).

desamparo *m* abandon; **un anciano en desamparo** un vieillard dans l'abandon ‖ détresse *f* (aflicción) ‖ **MIL** desamparo de apelación désertion d'appel.

desamueblar *v tr* démeubler, dégarnir ‖ **pisos desamueblados** appartements vides o non meublés.

desanclar; desancorar *v tr* **MAR** lever l'ancre.

desandar [52] *v tr* refaire en sens inverse; **desandar el camino** refaire le chemin en sens inverse ‖ **desandar lo andado** revenir o retourner sur ses pas, rebrousser chemin.

desangelado, da *adj* sans attrait, sans charme.

desangramiento *m* saignement (sangría) ‖ assèchement (desagüe).

desangrar *v tr* saigner (sangrar) ‖ **FIG** assécher (agotar, desaguar) ‖ saigner (empobrecer); **desangrar a los contribuyentes** saigner les contribuables.

➡ **desangrarse** *v pr* saigner ‖ perdre beaucoup de sang (perder mucha sangre) ‖ perdre tout son sang; **murió desangrado** il est mort après avoir perdu tout son sang.

desanidar *v intr* dénicher, quitter son nid (las aves).

◇ *v tr* **FIG** débusquer, déloger, dénicher (desalojar).

desanimación *f* démoralisation, découragement *m* (desánimo) ‖ manque *m* d'ambiance (falta de animación).

desanimadamente *adv* avec découragement, sans entrain.

desanimado, da *adj* démoralisé, e; découragé, e (persona) ‖ sans ambiance (fiesta, etc.).

desanimar *v tr* décourager, démoraliser, abattre; **este tiempo me desanima** ce temps me décourage; **la desgracia le ha desanimado** le malheur l'a abattu.

➡ **desanimarse** *v pr* se décourager, perdre courage, se laisser abattre; **¡no se desanime!** ne vous laissez pas abattre!, ne vous découragez pas!

desánimo *m* découragement.

desanublar *v tr* **FIG** éclaircir (aclarar).

➡ **desanublarse** *v pr* s'éclaircir, se dégager (el cielo).

desanudar *v tr* dénouer; **desanudar una corbata** dénouer une cravate ‖ **FIG** démêler (desembrollar).

desapacibilidad *f* rudesse, brusquerie (del genio) ‖ caractère *m* maussade (del tiempo).

desapacible *adj* rude, brusque, acerbe; **tono desapacible** ton acerbe ‖ désagréable; **ruido desapacible** bruit désagréable ■ **genio desapacible** mauvais caractère ‖ **tiempo desapacible** temps maussade.

desapaciblemente *adv* désagréablement, rudement.

desapadrinar *v tr* (p us) **FIG** désapprouver (desaprobar) ‖ retirer son parrainage o sa protection à (retirar el apoyo).

desaparear v tr déparier, désapparier, dépareiller (cosas) ‖ désaccoupler, déparier, désapparier (animales).

desaparecer [30] v intr disparaître ‖ FAM desaparecer del mapa s'évaporer, disparaître de la circulation.

‖ SIN eclipsarse s'éclipser; desvanecerse s'évanouir.

desaparecido, da m & f disparu, e.

desaparejar v tr déharnacher (quitar los arreos) ‖ MAR dégréer (un barco).

desapareo m désaccouplement (de los animales).

desaparición f disparition.

desapasionadamente adv sans passion (objetivamente).

desapasionado, da adj objectif, ive.

desapasionarse v pr oublier (a una persona) ‖ se désintéresser de, perdre son enthousiasme o son intérêt pour, devenir indifférent à (una cosa); desapasionarse del juego devenir indifférent au jeu.

desapegar [16] v tr décoller, détacher (despegar) ‖ FIG détacher, faire perdre l'affection; esto le ha desapegado de su familia cela l'a détaché de sa famille.

◄ **desapegarse** v pr se détacher, se décoller (despegarse) ‖ FIG se détacher de (desaficionarse).

desapego m FIG détachement, indifférence f; mostrar desapego a una persona montrer de l'indifférence à l'égard de quelqu'un ‖ répugnance f, manque d'intérêt; desapego a los estudios manque d'intérêt pour les études.

desapercibidamente adv sans être vu o aperçu (sin ser visto); aproximarse desapercibidamente s'approcher sans être vu ‖ au dépourvu, à l'improviste (sin prevención).

desapercibido, da adj non préparé, e; au dépourvu; coger desapercibido prendre au dépourvu ‖ inaperçu, e; pasar desapercibido passer inaperçu.

desapercibimiento m manque du nécessaire [par imprévoyance], insuffisance f des ressources (falta de lo necesario) ‖ imprévoyance f (desprevención).

desapestar v tr désinfecter.

desaplacible adj déplaisant, e.

desaplicación f inapplication, inattention, manque m d'attention (falta de aplicación).

desaplicadamente adv sans application, négligemment.

desaplicado, da adj inappliqué, e; qui ne s'applique pas.
◇ m & f paresseux, euse.

desaplomar v tr TECN faire perdre l'aplomb.

◄ **desaplomarse** v pr perdre son aplomb.

desapoderado, da adj hors de soi ‖ FIG effréné, e; déchaîné, e; furieux, euse (desenfrenado).

desapoderamiento m dépossession f, dessaisissement (privación de algo) ‖ FIG emportement, impétuosité f (desenfreno) ‖ déchaînement (de las pasiones).

desapoderar v tr déposséder (privar); desapoderar a uno de una herencia déposséder

quelqu'un d'un héritage ‖ révoquer (quitar la autoridad).

desapolillar v tr chasser les mites de; desapolillar la ropa chasser les mites des vêtements.

◄ **desapolillarse** v pr FIG & FAM sortir, prendre l'air (salir de casa).

desaporcar [10] v tr AGRIC déchausser.

desaposentar v tr déloger (de una habitación) ‖ FIG déloger, chasser.

desapoyar v tr ne plus soutenir, enlever son appui à; desapoyar una declaración ne plus soutenir une déclaration.

desapreciar [8] v tr mésestimer, déprécier.

desaprender v tr désapprendre (olvidar).

desaprensar v tr desserrer ‖ décatir (una tela).

desaprensión f sans-gêne m inv, indélicatesse.

desaprensivo, va adj & s sans-gêne.

desapretar [19] v tr desserrer (aflojar).

desaprobación f désapprobation (reprobación) ‖ désaveu m (de un mandatario).

desaprobador, ra adj désapprobateur, trice.

desaprobar [23] v tr [▷ SIN] désapprouver (censurar); lo que la moral desaprueba ce que la morale désapprouve ‖ désavouer (a un mandatario).

‖ SIN desautorizar désavouer; reprobar réprouver; censurar blâmer; vituperar vitupérer; criticar critiquer; reprender réprimander.

desapropiación f; **desapropiamiento** m abandon m, dessaisissement m.

desapropiar v tr déposséder, dessaisir.

◄ **desapropiarse** v pr se défaire de, se dessaisir de (abandonar).

desaprovechado, da adj inappliqué, e; négligent, e; indolent, e (indolente) ‖ gaspillé, e; mal employé, e; dinero, tiempo desaprovechado argent, temps mal employé ‖ perdu, e; oportunidad desaprovechada occasion perdue ‖ FIG infructueux, euse (infructuoso); alumno desaprovechado élève qui peut mieux faire.

desaprovechamiento m gaspillage, mauvais emploi [des possibilités, des dons].

desaprovechar v tr ne pas profiter de; desaprovechar el buen tiempo, sus dotes, una influencia ne pas profiter du beau temps, de ses dons, d'une influence ‖ mal employer, gaspiller; desaprovechar el dinero gaspiller l'argent ‖ desaprovechar una ocasión rater o laisser passer o perdre une occasion.

desapuntalar v tr enlever les étançons o les étais [d'un édifice].

desapuntar v tr découdre, dépointer (descoser) ‖ dépointer (un arma).

desarboladura f MAR démâtage m.

desarbolar v tr MAR démâter ‖ (Amer) détraquer.

◄ **desarbolarse** v pr MAR démâter.

desarenado m dessablement, dessablage.

desarenar v tr dessabler, désensabler; desarenar la entrada del puerto dessabler l'entrée du port.

desargentar v tr TECN désargenter.

desarmador m détente f (disparador).

desarmadura f; **desarmamiento** m désarmement m (de las armas) ‖ démontage m (desmontadura).

desarmar v tr désarmer ‖ démonter; desarmar un reloj démonter une montre ‖ MAR désarmer (un buque) ‖ FIG désarmer; desarmar la cólera désarmer la colère ‖ désarmer, désarçonner; su respuesta me desarmó sa réponse m'a désarmé ■ desarmar el arco débander l'arc ‖ MIL desarmar pabellones rompre les faisceaux ‖ un coche desarmado une voiture en pièces détachées.
◇ v intr désarmer.

desarme m désarmement (de las armas) ‖ désarmement (de un país); conferencia sobre o para el desarme conférence du o sur le désarmement ‖ démontage (desmontadura); desarme de una máquina démontage d'une machine.

desarmonía f désharmonie (p us).

desarmonizar [13] v tr désharmoniser (p us).

desarraigar [16] v tr [▷ SIN] déraciner; desarraigar un árbol déraciner un arbre ‖ FIG déraciner; desarraigar el vicio, un pueblo déraciner le vice, un peuple.

‖ SIN extirpar, arrancar extirper; descepar essoucher, dessoucher; descuajar déraciner.

desarraigo m déracinement.

desarrapado, da adj & s déguenillé, e.

desarrebozar [13] v tr enlever (à quelqu'un) son manteau (desenredar) ‖ défaire (abrir los vestidos) ‖ FIG tirer au clair, éclaircir, débrouiller (aclarar).

◄ **desarrebozarse** v pr défaire ses vêtements.

desarregladamente adv en désordre (sin orden), d'une façon désordonnée (sin concierto), de façon déréglée (sin regla, sin freno).

desarreglado, da adj déréglé, e (descompuesto) ‖ désordonné, e; un niño desarreglado un enfant désordonné ‖ en désordre; cuarto desarreglado pièce en désordre ‖ négligé, e; débraillé, e (deseaseado) ‖ FIG déréglé, e; una vida desarreglada une vie déréglée.

desarreglar v tr mettre en désordre, déranger (desordenar) ‖ dérégler, détraquer; desarreglar un reloj dérégler une horloge ‖ FIG déranger, bouleverser; esto ha desarreglado mis planes cela bouleverse mes plans ‖ déranger (no convenir).

desarreglo m désordre; en el más completo desarreglo dans le désordre le plus complet ‖ dérèglement (de un mecanismo) ‖ désordre (de los vestidos) ‖ FIG désordre, dérèglement (de la conducta).

◄ **desarreglos** m pl troubles; desarreglos intestinales des troubles intestinaux.

desarrendar [19] v tr débrider, ôter la bride à (a una caballería) ‖ annuler un bail o un fermage.

desarrimar v tr écarter (apartar), éloigner (alejar) ‖ FIG dissuader (disuadir).

desarrimo m manque de point d'appui.

desarrollable adj MAT développable ‖ susceptible d'être développé, e (industria, teoría).

desarrollado, da adj épanoui, e (persona) ‖ développé, e (país).

desarrollar v tr développer, dérouler; desarrollar un mapa développer une carte ‖ développer; **desarrollar el cuerpo, la industria, una teoría** développer le corps, l'industrie, une théorie ‖ **MAT** développer; **desarrollar una función** développer une fonction ‖ **desarrollar actividades subversivas** avoir des activités subversives.

◆ **desarrollarse** *v pr* se développer (plantas, industria) ‖ se produire, se dérouler, avoir lieu (suceder).

desarrollismo *m* politique de développement à outrance.

desarrollo *m* déroulement (de un papel) ‖ **FIG** déroulement; **el desarrollo de los acontecimientos** le déroulement des évènements ‖ développement, croissance *f*; **niño en pleno desarrollo** enfant en plein développement ‖ développement, essor, expansion *f* (incremento); **industria en pleno desarrollo** industrie en pleine expansion; **países en vías de desarrollo** pays en voie de développement ‖ développement (de una planta) ‖ **GEOM** développement ‖ **TECN** développement (de una bicicleta).

desarropar *v tr* dévêtir (quitar la ropa) ‖ découvrir (en la cama) ‖ découvrir; **no desarropes al niño que está sudando** ne découvre pas l'enfant car il est en nage.

◆ **desarroparse** *v pr* se dévêtir (quitarse la ropa) ‖ se découvrir (en la cama).

desarrugar [16] *v tr* défroisser, défriper (la ropa) ‖ dérider (el rostro) ‖ **desarrugar el entrecejo** défroncer les sourcils, se dérider.

◆ **desarrugarse** *v pr* se défroisser, se défriper (la ropa) ‖ se dérider (el rostro).

desarrumar *v tr* **MAR** désarrimer.

desarticulación *f* désarticulation ‖ **FIG** démembrement *m*; **desarticulación de un partido** démembrement d'un parti.

desarticular *v tr* désarticuler ‖ **FIG** démembrer (un partido).

desartillar *v tr* dégarnir o démunir de son artillerie [un navire, un fort, etc.].

desarzonar *v tr* désarçonner.

desasado, da *adj* sans anses, à l'anse cassée (una vasija).

desasar *v tr* casser les anses o l'anse [d'un récipient].

desaseadamente *adv* malproprement (suciamente) ‖ négligemment (descuidadamente).

desaseado, da *adj* malpropre, sale (sucio), négligé, e (descuidado).

◇ *m & f* personne *f* négligée.

▌ **SIN** descuidado, abandonado négligé; desastrado déguenillé; desaliñado débraillé; desidioso négligent; **FAM** marrano cochon.

desasear *v tr* salir.

desasentar [19] *v tr* déplacer; **desasentar un sillar** déplacer une pierre ‖ **FIG** déplaire; **eso me desasienta** cela me déplaît.

◆ **desasentarse** *v pr* se lever (levantarse).

desaseo *m* malpropreté *f*, manque de soin, mauvaise tenue *f* (falta de aseo) ‖ saleté *f*, malpropreté *f* (suciedad).

desasimiento *m* dessaisissement (acción de desasirse) ‖ **FIG** désintéressement, détachement (desinterés).

desasimilación *f* désassimilation.

desasimilar *v tr* désassimiler.

desasir [53] *v tr* lâcher (soltar) ‖ détacher (desprender).

◆ **desasirse** *v pr* se dessaisir, se défaire (desprenderse de una cosa).

desasistencia *f* abandon *m*.

desasistir *v tr* abandonner, délaisser (descuidar) ■ **estar desasistido** n'être guère aidé o assisté (en su trabajo) ‖ **estaba muy desasistido en el hospital** on ne s'occupait pas du tout de lui à l'hôpital.

desasnar *v tr* **FIG & FAM** dégourdir, déniaiser, décrotter, dégrossir.

desasociar [8] *v tr* rompre une association.

desasosegadamente *adv* avec agitation, avec inquiétude.

desasosegado, da *adj* agité, e; inquiet, ète; troublé, e (turbado).

desasosegar [35] *v tr* inquiéter, troubler, agiter.

◆ **desasosegarse** *v pr* s'inquiéter.

desasosiego *m* agitation *f*, inquiétude *f*, trouble (intranquilidad).

desastradamente *adv* désastreusement, de façon désastreuse (con desastre) ‖ misérablement; **ir vestido desastradamente** être misérablement vêtu.

desastrado, da *adj* malpropre (desaliñado) ‖ loqueteux, euse; déguenillé, e; dépenaillé, e (harapiento) ‖ malheureux, euse (desgraciado) ‖ déréglé, e; désordonné, e; **llevar una vida desastrada** mener une vie déréglée.

◇ *m & f* personne *f* négligée.

desastre *m* désastre ‖ nullité *f*, propre-à-rien (persona); **este niño es un verdadero desastre** cet enfant est une vraie nullité ‖ **¡qué desastre!** quelle tuile! (pega), quel désastre!, quel échec retentissant! (fracaso).

desastrosamente *adv* désastreusement (p us), de façon désastreuse.

desastroso, sa *adj* désastreux, euse.

desatacar [10] *v tr* défaire (desatar) ‖ déboutonner (los botones), dégrafer (los corchetes) ‖ débourrer (un fusil).

◆ **desatacarse** *v pr* se déboutonner (desabotonarse).

desatadura *f* détachement *m*, dénouement *m* (acción de desatar) ‖ éclaircissement *m* (aclaración) ‖ déchaînement *m* (desencadenamiento).

desatar *v tr* détacher, défaire; **desatar un nudo** défaire un nœud ‖ dénouer (una cinta) ‖ déficeler; **desatar un paquete** déficeler un paquet ‖ délacer (zapatos) ‖ déboutonner (desabotonar) ‖ détacher (soltar); **desatar al perro** détacher le chien ‖ **FIG** éclaircir, élucider, résoudre, dénouer; **desatar una intriga** dénouer une intrigue ‖ dénouer, délier (la lengua) ‖ **RELIG** atar y desatar faire et défaire, lier et délier.

◆ **desatarse** *v pr* se détacher, se défaire (lo atado) ‖ délacer; **desatarse los zapatos** délacer ses souliers ‖ **FIG** se mettre en colère (encolerizarse) ‖ s'emporter, perdre toute retenue (perder los estribos) ‖ trop parler (hablar con exceso) ‖ se déchaîner; **los elementos se desataron** les éléments se sont déchaînés ‖ éclater; **su cólera se desató** sa colère éclata ‖ **FIG** **desatarse en injurias** o **en improperios** se répandre en injures o en invectives (insultar).

desatascador *m* débouchoir (para tuberías) ‖ dégorgeoir.

desatascamiento *m* débouchage, dégorgement, dégorgeage (de una tubería).

desatascar [10] *v tr* désembourber, débourber (desatollar) ‖ déboucher, dégorger, désobstruer (una cañería, una tubería) ‖ **FIG & FAM** dépêtrer, tirer (sacar de un apuro).

desatasco *m* dégorgeage, dégorgement (de una cañería).

desataviar [9] *v tr* dépouiller de sa parure.

desatavío *m* tenue *f* négligée, négligence *f* vestimentaire.

desate *m* débordement ■ **desate de palabras** flot de paroles ‖ **desate de vientre** flux de ventre.

desatención *f* inattention (distracción) ‖ impolitesse, incorrection, manque *m* d'égards (descortesía).

desatender [20] *v tr* ne pas prêter attention à; **desatender lo que se dice** ne pas prêter attention à ce qu'on dit ‖ négliger, ne pas prendre soin de; **desatender a sus huéspedes** négliger ses invités ‖ négliger; **desatender sus deberes, órdenes** négliger ses devoirs, les ordres ‖ opposer un refus (a una demanda).

desatentamente *adv* étourdiment, distraitement (sin prestar atención) ‖ impoliment, sans égards (descortésmente).

desatento, ta *adj* distrait, e; inattentif, ive; **un alumno desatento** un élève inattentif ‖ impoli, e (grosero).

desaterrar [23] *v tr* (Amer) désencombrer.

desatierre *m* (Amer) déblaiement (acción) ‖ terril, décombres *pl* (vaciadero).

desatinadamente *adv* inconsidérément, maladroitement (con poco tacto) ‖ étourdiment, follement (sin tino) ‖ excessivement, follement (con exceso).

desatinado, da *adj* absurde; insensé, e (disparatado) ‖ fou, folle; insensé, e (sin juicio).

desatinar *v tr* troubler, faire perdre la tête [a quelqu'un].

◇ *v intr* [▷ **SIN**] déraisonner, dire des absurdités (decir desatinos) ‖ commettre une erreur, faire un faux pas (desacertar).

▌ **SIN** disparatar, desvariar, desbarrar déraisonner; divagar divaguer; chochear radoter; delirar délirer.

desatino *m* bêtise *f*, maladresse *f*; **ha cometido un desatino** il a fait une bêtise ‖ sottise *f*, ânerie *f*, bêtise *f*, ineptie *f*; **decir desatinos** dire des sottises ‖ erreur *f* (equivocación) ‖ déraison *f*.

desatollar *v tr* désembourber.

desatolondrarse *v pr* reprendre ses esprits, revenir à soi.

desatontarse *v pr* reprendre ses esprits, revenir à soi.

desatoramiento *m* dégorgeage, dégorgement (de una cañería).

desatorar *v tr* déboucher, dégorger (las tuberías) ‖ **MAR** désarrimer ‖ **MIN** déblayer (los escombros).

desatornillar *v tr* dévisser (destornillar).

desatracar [10] *v tr* **MAR** larguer les amarres.

◇ *v intr* **MAR** déborder, larguer les amarres.

desatraillamiento *m* découple, découpler (de los perros).

desatraillar *v tr* découpler (los perros).

desatrancador *m* débouchoir.

desatrancar [10] *v tr* ôter la barre (de una puerta) | déboucher, désobstruer (un pozo, una fuente, una cañería).

desatufarse *v pr* s'aérer, prendre l'air | FIG se calmer (desenojarse).

desaturdir *v tr* dissiper un étourdissement.
➤ **desaturdirse** *v pr* reprendre ses esprits, revenir à soi.

desautoridad *f* manque *m* d'autorité.

desautorización *f* désaveu *m*, désapprobation | interdiction | discrédit *m* (descrédito).

desautorizadamente *adv* sans l'autorité requise, sans autorisation.

desautorizar [13] *v tr* désavouer, désapprouver (desaprobar) | interdire (prohibir) | discréditer (desacreditar) | desautorizar a un embajador désavouer un ambassadeur.

desavenencia *f* [▷ SIN] désaccord *m* (desacuerdo) | brouille, mésentente; desavenencia conyugal brouille conjugale.
> SIN desunión désunion; cizaña zizanie; desacuerdo désaccord; disentimiento dissentiment; disensión dissension; discordia discorde; discrepancia, divergencia divergence; ruptura rupture; resentimiento froid; divorcio divorce; FAM pique pique.

desavenido, da *adj* brouillé, e; fâché, e; en désaccord; familias desavenidas familles brouillées | países desavenidos pays en désaccord.

desavenir [75] *v tr* brouiller, fâcher, désaccorder (p us); desavenir a dos amigos brouiller deux amis.
➤ **desavenirse** *v pr* se brouiller, se fâcher; desavenirse con alguien se brouiller avec quelqu'un.

desaventajado, da *adj* désavantagé, e | désavantageux, euse (poco ventajoso).

desaviar [9] *v tr* déranger (molestar) | (p us) dévoyer, égarer, fourvoyer (desviar) | démunir (desproveer).
> OBSERV El francés dévoyer se emplea sobre todo en el sentido figurado de corromper, pervertir.

desavío *m* dérangement, ennui (molestia) | (p us) dévoiement, égarement (desvío) | dénuement (carencia).

desavisado, da *adj* malavisé, e (imprudente) | qui n'a pas été prévenu, e (no avisado).

desayunado, da *adj* qui a pris son petit déjeuner; estoy desayunado j'ai pris mon petit déjeuner.

desayunar *v intr* & *tr* prendre son petit déjeuner, déjeuner; esta mañana he desayunado muy temprano ce matin j'ai déjeuné o j'ai pris mon petit déjeuner de très bonne heure; desayunar con té prendre du thé à son petit déjeuner; he desayunado café con leche j'ai déjeuné de café au lait.
➤ **desayunarse** *v pr* déjeuner; aún no me he desayunado je n'ai pas encore déjeuné | FIG recevoir la première nouvelle d'une chose, en entendre parler pour la première fois.
> OBSERV La forme pronominale desayunarse n'est presque plus employée de nos jours dans le sens propre.

desayuno *m* petit déjeuner.

desazogar [16] *v tr* ôter le mercure o le tain.

desazón *f* fadeur, insipidité (insipidez) | AGRIC trop grande sécheresse *f* de la terre | FIG peine, chagrin *m*, ennui *m* (pesar) | contrariété (disgusto) | malaise *m* (malestar); sentir una desazón en el estómago éprouver un malaise à l'estomac.

desazonado, da *adj* fade, insipide (soso) | AGRIC trop sec, trop sèche (la tierra) | FIG indisposé, e; mal à l'aise (indispuesto) | inquiet, ète; ennuyé, e (intranquilo).

desazonar *v tr* affadir (hacer insípido) | FIG indisposer, fâcher (disgustar) | agacer (molestar).
➤ **desazonarse** *v pr* s'irriter, se fâcher (enfadarse) | s'inquiéter (preocuparse) | FIG éprouver un malaise, se sentir mal à l'aise (sentirse mal de salud).

desbabar *v tr* faire dégorger [les escargots].
> *v intr* & *pr* baver.

desbagar [16] *v tr* égrener (lino, etc.).

desbancador *m* décavaillonneur, décavaillonneuse *f* (arado viñatero).

desbancar [10] *v tr* faire sauter la banque (juegos) | FIG supplanter, évincer (suplantar) | débanquer, ôter les bancs; desbancar una embarcación débanquer une embarcation.

desbandada *f* débandade | a la desbandada à la débandade, en désordre.

desbandarse *v pr* MIL se débander, s'enfuir en désordre; las tropas se desbandaron les troupes se débandèrent | rester à l'écart, faire bande à part (apartarse) | se disperser (dispersarse).

desbarajustar *v tr* déranger, mettre sens dessus dessous, chambarder FAM; está todo desbarajustado tout est sens dessus dessous.

desbarajuste *m* désordre, confusion *f*, pagaille *f*, pagaïe *f* FAM; ¡qué desbarajuste! quelle pagaille!

desbaratadamente *adv* confusément | sans ordre, pêle-mêle (en desorden) | à tort et à travers; hablar desbaratadamente parler à tort et à travers.

desbaratado, da *adj* désordonné, e | cassé, e (roto); défait, e (deshecho) | FIG & FAM débauché, e; dévergondé, e | déconfit, e; défait, e (un ejército).

desbaratamiento *m* désordre, confusion *f*, dérangement (acción de descomponer) | gaspillage (acción de malgastar) | écroulement (de proyectos, planes, etc.).

desbaratar *v tr* démantibuler (descomponer); desbaratar un reloj démantibuler une pendule | gaspiller, dissiper (malgastar); desbaratar una fortuna dissiper une fortune | déjouer (hacer fracasar); desbaratar una intriga déjouer une intrigue | bouleverser, défaire, détruire, flanquer par terre FAM; desbaratar los planes de uno bouleverser les plans de quelqu'un | MIL tailler en pièces, mettre en déroute, déconfire, défaire; desbaratar a los adversarios mettre les adversaires en déroute.
> *v intr* parler à tort et à travers, déraisonner (disparatar).
➤ **desbaratarse** *v pr* tomber en morceaux | FIG s'emporter (descomponerse).

desbarbador *m* AGRIC ébarboir (herramienta).

desbarbadora *f* AGRIC ébarbeuse (máquina).

desbarbadura *f* AGRIC ébarbage *m*.

desbarbar *v tr* ébarber; desbarbar maíz ébarber du maïs | couper les racines (cortar las raíces) | FAM raser (afeitar).

desbarbillar *v tr* AGRIC ébarber.

desbardar *v tr* enlever les broussailles qui couvrent un mur.

desbarrancadero *m* (Amer) précipice, gouffre.

desbarrar *v intr* (p us) lancer la perche [jeu] | glisser (escurrir) | FIG déraisonner, dire des sottises, divaguer (disparatar).

desbarro *m* absurdité *f*, folie *f*, divagations *f pl* (desatino) | glissade *f* (resbalón).

desbastador *m* TECN ébauchoir, dégrossisseur.

desbastadura *f* dégrossissement *m*, dégrossissage *m*.

desbastar *v tr* dégrossir; desbastar el mármol antes de esculpirlo dégrossir le marbre avant de le sculpter | dégrosser (los metales) | ébaucher (esbozar) | FIG dégrossir, civiliser, décrotter, décrasser FAM; desbastar a un palurdo dégrossir un rustre | pieza desbastada ébauche.

desbaste *m* dégrossissement, dégrossissage (acción de desbastar) | TECN bloom (de acero) | ébauchage | FIG décrottage, décrassage (de una persona) | en desbaste dégrossi.

desbautizar [13] *v tr* débaptiser; desbautizar una calle débaptiser une rue.

desbecerrar *v tr* sevrer (destetar).

desbenzolar *v tr* débenzoler.

desbloqueado *m* déverrouillage (de un arma).

desbloquear *v tr* COM & MECÁN MIL débloquer.

desbloqueo *m* COM & MIL déblocage | FOT dégagement de l'obturateur | dégagement; desbloqueo de un dedo cogido en un engranaje dégagement d'un doigt pris dans un engranage.

desbobinado *m* débobinage.

desbocadamente *adv* sans retenue, sans frein (desenfrenadamente) | effrontément, insolemment (descaradamente).

desbocado, da *adj* emballé, e; emporté, e (caballo) | FIG débridé, e; imaginación desbocada imagination débridée | intenable; hoy los niños están desbocados aujourd'hui les enfants sont intenables | égueulé, e (vasija de boca rota) | ébréché, e (de boca mellada).
> *adj* & *s* FIG & FAM effronté, e; insolent, e (descarado).

desbocamiento *m* emballement (de un caballo) | FIG insolence *f*, impertinence *f*, effronterie *f* (descaro).

desbocar [10] *v tr* égueuler (romper la abertura); desbocar un cántaro égueuler une cruche | ébrécher (mellar).
> *v intr* se jeter dans la mer (un río); el Tajo desboca en Lisboa le Tage se jette dans la mer à Lisbonne | déboucher sur o dans (calle, camino).
➤ **desbocarse** *v pr* s'emballer, s'empor-

ter (caballo) ▌ sortir de son lit (río) ▌ FIG s'emporter (irritarse) ▌ dépasser les bornes, aller trop loin (pasarse de la raya).

desbolado, da *adj* (*Amer*) MFAM bordélique.

desbole *m* (*Amer*) MFAM foutoir, bordel.

desboquillar *v tr* désancher, casser o ôter l'anche [d'un instrument].

desbordamiento *m* débordement; el desbordamiento de un río le débordement d'un fleuve ▌ FIG emportement (exaltación).

desbordante *adj* débordant, e; una alegría desbordante une joie débordante.

desbordar *v intr* déborder; el río desbordó por los campos le fleuve déborda dans les champs; su alegría desborda sa joie déborde.
➠ **desbordarse** *v pr* déborder ▌ s'emporter, se déchaîner (exaltarse).

desborde *m* (*Amer*) débordement (desbordamiento).

desborrar *v tr* épinceter (limpiar el paño).

desbotonar *v tr* déboutonner ▌ déboutonner, démoucheter (un florete) ▌ ébourgeonner (plantas).

desbragado, da *adj & s* débraillé, e (descamisado) ▌ FAM le derrière à l'air, sans culotte (un niño).

desbravar *v tr* dresser, dompter (el ganado).
◇ *v intr & pr* s'apprivoiser, devenir moins farouche (hacerse más sociable) ▌ s'apaiser, se calmer (calmarse); el mar se desbrava la mer se calme ▌ s'éventer (un licor).

desbravecer [30] *v intr & pr* s'apprivoiser (perder la braveza) ▌ s'apaiser, se calmer (calmarse).

desbridamiento *m* MED débridement.

desbridar *v tr* débrider (una caballería) ▌ MED débrider (los tejidos).

desbriznar *v tr* hacher, couper menu (la carne) ▌ réduire en miettes (un palo) ▌ recueillir les stigmates du safran (el azafrán).

desbroce ➠ **desbrozo**.

desbrozar; desembrozar [13] *v tr* débroussailler, défricher, essarter (la maleza) ▌ désherber (la hierba) ▌ ébrancher (los árboles) ▌ curer (acequia) ▌ FIG défricher, débrouiller (un borrador) ▌ défricher; desbrozar un tema défricher un sujet.

desbrozo; desbroce *m* débroussaillement, défrichage, défrichement (de la broza) ▌ désherbage (de la hierba) ▌ ébranchage (de los árboles) ▌ broussailles *f pl* (maleza) ▌ branchages *pl* (ramas) ▌ FIG défrichage, défrichement.

desbulla *f* écaille d'huître (concha) ▌ écaillage *m* (acción de abrir una ostra).

desbullador *m* fourchette *f* à huître.
◇ *m & f* écailler, ère (persona o utensilio para abrir las ostras).

desbullar *v tr* ouvrir, écailler [les huîtres].

descabal *adj* dépareillé, e; incomplet, ète.

descabalado, da *adj* dépareillé, e.

descabalamiento *m* désassortiment, action *f* de dépareiller.

descabalar *v tr* dépareiller, désassortir (desemparejar) ▌ entamer, écorner, rogner (un todo).

➠ **descabalarse** *v pr* être dépareillé, e ▌ être entamé, e.

descabalgadura *f* descente de cheval.

descabalgar [16] *v intr* descendre de cheval, mettre pied à terre.

descabelladamente *adv* FIG d'une façon irraisonnée o insensée ▌ confusément, pêle-mêle.

descabellado, da *adj* FIG saugrenu, e; sans queue ni tête; ideas, teorías descabelladas idées, théories saugrenues ▌ insensé, e; es descabellado hacer tal cosa il est insensé de faire une chose pareille.

descabellar *v tr* dépeigner, écheveler (despeinar); mujer descabellada femme échevelée ▌ TAUROM tuer le taureau par un "descabello".
➠ **descabellarse** *v pr* être dépeigné, e; être échevelé, e.

descabello *m* TAUROM "descabello" [coup porté entre les deux premières vertèbres cervicales du taureau après une estocade non décisive] ▌ épée *f* spéciale utilisée pour le "descabello".

descabezado, da *adj* décapité, e (decapitado) ▌ étêté, e; sans tête (cosa desprovista de cabeza) ▌ FIG irraisonné, e; insensé, e (desprovisto de sentido) ▌ déréglé, e; désordonné, e (desordenado).

descabezamiento *m* décapitation *f*; el descabezamiento del asesino la décapitation de l'assassin ▌ étêtement, étêtage (de los árboles) ▌ MIL conversion *f* (cambio de marcha).

descabezar [13] *v tr* décapiter (cortar la cabeza) ▌ étêter; descabezar un clavo, un árbol étêter un clou, un arbre ▌ FIG & FAM entamer, attaquer; descabezar un trabajo entamer un travail ▌ MIL opérer une conversion (cambiar de dirección) ▌ descabezar un sueño faire o piquer un somme.
➠ **descabezarse** *v pr* AGRIC s'égrener (desgranarse) ▌ FIG & FAM se casser la tête (romperse la cabeza).

descabritar *v tr* sevrer (los cabritos).

descachalandrado, da *adj* (*Amer*) négligé, e.

descachar *v tr* (*Amer*) écorner.

descacharrar *v tr* FAM casser (romper) ▌ FIG gâcher (estropear).
➠ **descacharrarse** *v pr* se casser (romperse) ▌ FIG échouer, tourner court (malograrse).

descachazar [13] *v tr* (*Amer*) déféquer, épurer (el guarapo).

descaderar *v tr* déhancher.
➠ **descaderarse** *v pr* se démettre la hanche.

descadillar *v tr* énouer (la lana).

descaecer [30] *v intr* décliner.

descaecimiento *m* déchéance *f*, décadence *f* ▌ affaiblissement, déclin (debilitamiento) ▌ lassitude *f*, abattement.

descafeinado, da *adj* décaféiné, e (país) ▌ FIG édulcoré, e (sin fuerza).
➠ **descafeinado** *m* décaféiné.

descafeinar *v tr* décaféiner.

descafilar *v tr* CONSTR décrotter [des briques, des tuiles].

descalabazarse [13] *v pr* FIG & FAM se casser la tête, se creuser la cervelle.

descalabrado, da *adj* blessé, e à la tête (herido en la cabeza) ▌ FIG malmené, e (en una pendencia) ▌ perdant, e (mal parado); salir descalabrado de un negocio sortir perdant d'une affaire.

descalabradura *f* blessure à la tête ▌ cicatrice (cicatriz).

descalabrar; escalabrar *v tr* blesser o casser la tête (herir en la cabeza); descalabrar a pedradas blesser la tête à coups de pierre ▌ FIG malmener, maltraiter (maltratar) ▌ nuire, causer préjudice à (perjudicar) ▌ battre (al enemigo).
➠ **descalabrarse** *v pr* se blesser à la tête ▌ (*Amer*) se payer la tête de, plaisanter (chasquear).

descalabro *m* échec; sufrir muchos descalabros en su vida essuyer de nombreux échecs dans sa vie ▌ désastre; esta derrota fue un descalabro cette défaite a été un désastre.

descalaminado *m* TECN décalaminage.

descalaminar *v tr* TECN décalaminer.

descalce *m* déchaussage, déchaussement (de un árbol) ▌ décalage (de calzos).

descalcificación *f* MED décalcification.

descalcificar [10] *v tr* MED décalcifier.

descalificación *f* disqualification.

descalificar [10] *v tr* disqualifier.

descalzador *m* AGRIC déchaussoir.

descalzar [13] *v tr* déchausser (quitar el calzado) ▌ décaler (quitar un calzo) ▌ AGRIC déchausser (socavar).
➠ **descalzarse** *v pr* se déchausser ▌ se déferrer (los caballos) ▌ FIG entrer chez les carmes déchaux (un fraile).

descalzo, za *adj* déchaussé, e; pieds nus, nu-pieds; ir descalzo aller pieds nus ▌ FIG dénué de tout, pauvre (pobre) ▌ déchaux, déchaussé (fraile).

descamación *f* MED desquamation.

descamar *v tr* MED desquamer.

descambiar [8] *v tr* annuler un échange.
▌ OBSERV C'est à tort qu'on emploie le verbe descambiar dans le sens de cambiar échanger.

descaminadamente *adv* hors de propos.

descaminar; desencaminar *v tr* égarer, fourvoyer (hacer perder el camino); se ha descaminado il s'est fourvoyé ▌ FIG fourvoyer, dévoyer, écarter du droit chemin; las malas compañías lo descaminaron les mauvaises fréquentations l'ont fourvoyé ▌ FIG ir o andar descaminado faire fausse route, se fourvoyer, avoir tort; no iba descaminado al escribir que il n'avait pas tort d'écrire que; andas muy descaminado tu fais complètement fausse route.

descamino *m* égarement (pérdida) ▌ FIG erreur *f*.

descamisado, da *adj* sans chemise (sin camisa) ▌ FIG déguenillé, e.
➠ **descamisado** *m* va-nu-pieds (desharrapado).
➠ **descamisados** *m pl* HIST descamisados [en Espagne, nom des libéraux de la révolution de 1820. En Argentine, nom des partisans du général Peron et de son épouse, en 1946] ▌ nom des partisans de Alfonso Guerra (politique).

▌ **LOS DESCAMISADOS**
Dans son sens premier, ce mot désigne la personne qui adopte le comportement et les attitudes du travailleur salarié aux revenus

modestes. Dans le langage journalistique, « descamisado » est devenu synonyme de « guerrista » et s'applique aux partisans de Alfonso Guerra, membre du PSOE, qui se comportait comme un « descamisado » lors des meetings électoraux.

descamisar *v tr* enlever la chemise ‖ FIG ruiner.

descampado, da *adj* déboisé, e; découvert, e (un terreno) ‖ **en descampado** en rase campagne (a campo raso), en plein air (al aire libre).

descampar *v intr* cesser de pleuvoir (escampar).

descansadamente *adv* tranquillement, sans fatigue.

descansadero *m* lieu de halte.

descansado, da *adj* reposé, e; **ya estoy descansado** je suis déjà reposé ‖ détendu, e; reposé, e; **cara descansada** visage détendu ‖ de tout repos (tranquilo); **un negocio descansado** une affaire de tout repos ‖ tranquille, reposant, e; **vida descansada** vie tranquille; **trabajo descansado** travail reposant ‖ sûr, e; assuré, e; **puede usted estar descansado que** soyez sûr que.

descansapié *m* repose-pied.

descansar *v intr* reposer; **descansar en la cama** reposer dans son lit ‖ se reposer (reparar las fuerzas); **está descansando de su viaje** il se repose de son voyage ‖ s'arrêter, se reposer (en el trabajo); **no descansaba ni un momento** il ne s'arrêtait pas un seul instant ‖ reposer, s'appuyer; **la viga descansa en la pared** la poutre repose sur le mur ‖ connaître un répit; **no descansa en sus penas** il ne connaît pas de répit dans ses chagrins ‖ laisser un répit, cesser; **no descansaban sus trabajos** ses travaux ne lui laissaient aucun répit ‖ se calmer (tempestad) ‖ reposer, rester en jachère (la tierra) ‖ se détendre (relajarse) ‖ se reposer sur (tener confianza); **puede usted descansar en mí** vous pouvez vous reposer sur moi ‖ **aquí descansa** ici repose ‖ **que en paz descanse** qu'il repose en paix.
◇ *v tr* reposer; **para descansar la vista** pour reposer les yeux ‖ appuyer (apoyar); **descansar la cabeza en** o **sobre la almohada** appuyer sa tête sur l'oreiller ‖ MIL reposer; **descansar las armas** reposer les armes ‖ MIL **¡descansen armas!** reposez armes!

descansillo *m* palier (de escalera).

descanso *m* repos; **tomar un rato de descanso** prendre un moment de repos ‖ halte *f*, pause *f* (en la marcha) ‖ pause *f*; **en la oficina tenemos un descanso a las diez au bureau,** nous avons une pause à 10 heures ‖ interclasse (entre dos clases) ‖ repos (posición); **¡descanso! repos!** ‖ congé; **descanso por enfermedad** congé de maladie ‖ palier (descansillo) ‖ support, appui (sostén) ‖ mi-temps *f* (en un partido de fútbol); **en el descanso a la mi-temps** ‖ entracte (en un cine o teatro) ‖ FIG soulagement, réconfort (alivio) ‖ (*Amer*) cabinets *pl* (retrete) ‖ **descanso eterno** repos o sommeil éternel ‖ **descanso de maternidad** congé de maternité ‖ **descanso semanal** repos hebdomadaire ‖ **sin descanso** sans repos, sans répit, sans relâche, sans arrêt ‖ FAM **¡buen descanso tenga él!** je lui souhaite bien du plaisir! ‖ **no dar el menor descanso** ne pas laisser le moindre repos, ne laisser aucun répit.

descantillar; descantonar *v tr* ébrécher (desportillar) ‖ FIG défalquer, déduire (rebajar).
➤ **descantillarse; descantonarse** *v pr* s'ébrécher (desportillarse).

descañonar *v tr* plumer (desplumar aves) ‖ raser à contre-poil (afeitar) ‖ FIG & FAM plumer (en el juego).

descapirotar *v tr* déchaperonner (las aves).

descapitalización *f* décapitalisation.

descapitalizar [13] *v tr* décapitaliser.

descapotable *adj* décapotable.
◇ *m* voiture *f* décapotable, décapotable *f*.

descapotar *v tr* décapoter (un coche).

descaradamente *adv* effrontément.

descarado, da *adj* effronté, e; éhonté, e; insolent, e; impudent, e; **mentira descarada** mensonge éhonté.
◇ *m & f* effronté, e; impudent, e; insolent, e.

descararse *v pr* parler o agir avec insolence o effronterie, être insolent; **descararse con un anciano** être insolent envers un vieillard.

descarbonatar *v tr* QUÍM décarbonater.

descarburación *f* TECN décarburation.

descarburar *v tr* TECN décarburer.

descarga *f* décharge (eléctrica) ‖ ARQ décharge ‖ MAR déchargement *m* (de un buque) ‖ décharge, feu *m* (de artillería) ‖ MIL **descarga cerrada** salve.

descargadero *m* débarcadère, quai des marchandises.

descargador *m* déchargeur ‖ débardeur, docker (el que descarga los barcos) ‖ tire-bourre (sacatrapos).

descargamiento *m* INFORM téléchargement.

descargar [16] *v tr* décharger; **descargar una barcaza** décharger une péniche ‖ décharger (disparar un arma, quitarle la carga) ‖ ELECTR décharger ‖ assener (golpes) ‖ FIG décharger (de una obligación) ‖ passer sur; **descargar uno la bilis sobre alguien** passer sa colère sur quelqu'un ‖ INFORM télécharger.
◇ *v intr* frapper, battre (dar golpes) ‖ aboutir, déboucher, finir (ríos) ‖ crever (las nubes) ‖ **batería descargada** batterie à plat o déchargée.
➤ **descargarse** *v pr* se décharger ‖ éclater (tempestad) ‖ s'abattre (granizada) ‖ démissionner (dejar un empleo) ‖ se décharger; **descargarse de sus obligaciones en** o **sobre un colega** se décharger de ses obligations sur un collègue ‖ DR réfuter une accusation (el reo).

descargo *m* déchargement (acción de descargar); **el descargo de una chalana** le déchargement d'un chaland ‖ COM décharge *f* (de una cuenta) ‖ DR décharge *f*; **testigo de descargo** témoin à décharge ‖ FIG décharge *f* ‖ **en descargo de conciencia** par acquit de conscience ‖ **en su descargo** à sa décharge ‖ DR **pliegos de descargo** mémoire en défense.

descargue *m* déchargement (descarga).

descarnada *f* FAM La Camarde, la Mort.

descarnadamente *adv* franchement, sans détour.

descarnado, da *adj* décharné, e; **cara descarnada** visage décharné ‖ dénudé, e (un

hueso) ‖ FIG dépouillé, e; **estilo descarnado** style dépouillé.

descarnador *m* déchaussoir (de dentista).

descarnadura *f* décharnement *m* ‖ déchaussement *m*, déchaussage *m*, dénudation (de los dientes).

descarnar *v tr* décharner (un hueso) ‖ FIG éroder; **el mar descarnó las rocas de la playa** la mer a érodé les roches de la plage.
➤ **descarnarse** *v pr* se décharner ‖ se déchausser (los dientes).

descaro *m* effronterie *f*, insolence *f*, impudence *f*; **su descaro me asombra** son insolence m'ahurit ‖ front; **tuvo el descaro de venir a mi casa** il a eu le front de venir chez moi.

descarozar [13] *v tr* (*Amer*) dénoyauter.

descarriamiento *m* égarement, fourvoiement (descarrío).

descarriar [9] *v tr* égarer, fourvoyer (descaminar) ‖ séparer (des bêtes) d'un troupeau ‖ écarter du devoir ‖ **oveja descarriada** brebis égarée.
➤ **descarriarse** *v pr* s'égarer (perderse) ‖ s'écarter (separarse) ‖ FIG s'égarer (apartarse de la razón).

descarriladura *f*; **descarrilamiento** *m* déraillement *m*; **no hubo heridos en el descarrilamiento del tren París-Roma** le déraillement du train Paris-Rome n'a pas fait de blessés ‖ FIG égarement *m*, écart *m* (descarrío); **las descarriladuras de la juventud** les égarements de la jeunesse.

descarrilar *v intr* dérailler (un tren).

descarrío *m* égarement, écart, fourvoiement.

descartar *v tr* écarter, éliminer, rejeter; **descartar todos los obstáculos** éliminer tous les obstacles; **descartar una posibilidad** écarter une possibilité ‖ **quedarse descartado** se tenir à l'écart.
➤ **descartarse** *v pr* écarter (en los naipes).

descarte *m* écart (naipes descartados) ‖ rejet, refus, élimination *f* (acción de descartar) ‖ FIG excuse *f*, échappatoire *f* (excusa).

descasar *v tr* démarier (anular un matrimonio) ‖ FIG déranger, déclasser; **descasar los sellos de una colección** déclasser les timbres d'une collection ‖ dépareiller, désapparier, déparier (dos cosas).
➤ **descasarse** *v pr* divorcer (divorciarse).

descascar [10]; **descascarar** *v tr* écorcer, décortiquer, peler (quitar la piel), écaler (quitar la cáscara).

descascarillado *m* décortication *f*, décorticage (de los granos).

descascarillar *v tr* décortiquer (quitar la cascarilla); **arroz descascarillado** riz décortiqué.
➤ **descascarillarse** *v pr* s'écailler (el esmalte de las uñas).

descaspar *v tr* enlever les pellicules (quitar la caspa).

descasque *m* démasclage (del alcornoque) ‖ écorcement, écorçage (de los demás árboles).

descastado, da *adj & s* peu affectueux, euse; **este niño es muy descastado** cet enfant est très peu affectueux.

descastar *v tr* exterminer [les animaux nuisibles].

descatolizar [13] *v tr* déchristianiser.

descebar *v tr* désamorcer (un arma).

descendencia *f* descendance.

descendente *adj* descendant, e.

descender [20] *v intr* descendre; descender de una cima descendre d'un sommet; todos descendemos de Adán y Eva nous descendons tous d'Adam et Ève.
◇ *v tr* descendre (bajar).

> **OBSERV** Le verbe espagnol descender est moins usité que le mot français descendre, auquel correspond normalement bajar.

descendiente *adj* descendant, e (que desciende) ▌issu, e; era descendiente de una familia linajuda elle était issue d'une noble lignée ▌creerse descendiente de la pata del Cid se croire sorti de la cuisse de Jupiter.
◇ *adj & s* descendant, e.

descendimiento *m* descente *f*; descendimiento de la Cruz descente de la Croix ▌MED descente *f* (de un órgano).

descenso *m* descente *f* (bajada) ▌descente *f* (esquí, paracaídas) ▌décrue *f* (de un río) ▌FIG déclin, décadence *f* (decadencia) ▌diminution *f*, réduction *f* (disminución) ▌baisse *f* (de precios, de temperatura) ▌descenso a segunda división descente en seconde division (fútbol).

descentrado, da *adj* décentré, e; désaxé, e ▌FIG désorienté, e; me encuentro descentrado en esta ciudad je me sens désorienté dans cette ville ▌désaxé, e (desequilibrado).
➡ **descentrado** *m* décentrage.

descentralización *f* décentralisation.

descentralizador, ra *adj & s* décentralisateur, trice.

descentralizar [13] *v tr* décentraliser.

descentramiento *m* décentrage, décentrement.

descentrar *v tr* décentrer, désaxer ▌FIG désaxer.

descepar *v tr* déraciner, essoucher (una planta) ▌FIG déraciner, extirper.

descercar [10] *v tr* abattre une clôture o une muraille, déclore (p us) ▌MIL libérer (una ciudad), faire lever le siège (levantar un sitio).

descerebración *f* MED décérébration.

descerebrar *v tr* MED décérébrer.

descerezado *m* décortication *f*, décorticage (del café).

descerezar [13] *v tr* dépulper, décortiquer (el café).

descerrajado, da *adj* forcé, e (cerradura) ▌FIG dévergondé, e.

descerrajadura *f* forcement *m* (de una cerradura) ▌FIG coup *m* de feu (tiro).

descerrajar *v tr* forcer une serrure (una cerradura) ▌FIG & FAM tirer; descerrajar un tiro tirer un coup de feu▌sortir, déclarer (decir).

deschavetado, da *adj & s* (*Amer*) FAM dingue.

deschavetarse *v pr* FAM perdre la boule.

descifrable *adj* déchiffrable.

descifrado *m* déchiffrage.

descifrador, ra *adj & s* déchiffreur, euse.

desciframiento *m* déchiffrement (de una escritura) ▌décryptement (sin clave) ▌décodage (con clave).

descifrar *v tr* déchiffrer ▌décrypter (sin conocer la clave) ▌décoder (conociendo la clave).

descifre *m* déchiffrement.

descimbrar *v tr* ARQ décintrer.

descinchar *v tr* dessangler (desatar la cincha).

desclasificar *v tr* déclasser.

desclavador *m* tire-clous *inv*.

desclavar *v tr* déclouer.

descoagulante *adj & s m* décoagulant, e.

descoagular *v tr* décoaguler.

descobajar *v tr* égrapper, égrener (los racimos de uvas).

descobijar *v tr* découvrir (descubrir) ▌mettre au jour, mettre à découvert (sacar a luz).

descocadamente *adv* effrontément.

descocado, da *adj* effronté, e; déluré, e ▌farfelu, e (extravagante).

descocador *m* AGRIC échenilloir.

descocamiento; descoco FAM *m* effronterie *f* (descaro) ▌AGRIC échenillage.

descocar [10] *v tr* écheniller.

descocarse [10] *v pr* FAM être effronté, avoir de l'aplomb o du toupet ▌perdre la tête (desear locamente).

descoco ➡ **descocamiento**.

descodificación ➡ **decodificación**.

descodificador, ra ➡ **decodificador**.

descodificar ➡ **decodificar**.

descogotar *v tr* assommer (acogotar) ▌couper les bois [d'un cerf] (al venado).

descohesión *f* DEP manque *m* de cohésion [dans une équipe].

descojonarse *v pr* VULG se poiler.

descolar *v tr* couper la queue, écouer.

descolchar *v tr* MAR décommettre, détordre (un cable).

descolgadura *f*; **descolgamiento** *m* décrochage *m*, décrochement *m*.

descolgar [39] *v tr* décrocher, dépendre; descolgar un cuadro décrocher un tableau ▌enlever les tentures, les tapisseries (quitar las colgaduras).
➡ **descolgarse** *v pr* se décrocher ▌se laisser glisser (bajar escurriéndose); descolgarse de o por la pared se laisser glisser le long du mur ▌dévaler (bajar rápidamente); las tropas se descuelgan de las montañas les troupes dévalent les montagnes ▌FIG & FAM tomber du ciel, débarquer; se descolgó con una noticia sensacional il est tombé du ciel avec une nouvelle sensationnelle; siempre se descuelga en casa a la hora de comer il débarque toujours chez nous à l'heure du repas.

descolladamente *adv* brillamment; siempre ha intervenido descolladamente en las sesiones del Parlamento il est toujours intervenu brillamment dans les séances du Parlement.

descollado, da *adj* surélevé, e (superficie) ▌élevé, e; haut, e (altura).

descollamiento *m* supériorité *f*.

descollante *adj* de premier ordre, qui se distingue; una persona descollante une personne de premier ordre ▌marquant, e; saillant, e; éstos son los hechos descollantes de su vida ce sont les faits marquants de sa vie.

descollar [23] *v intr* surpasser, dominer; este alumno descuella mucho entre los demás cet élève surpasse de beaucoup les autres ▌se distinguer; ha descollado en la pintura de frescos il s'est distingué dans la peinture à fresque ▌ressortir; no hay nada que descuelle en su vida il n'y a rien qui ressorte dans sa vie ▌se dresser (montaña).

descolmillar *v tr* arracher les canines o les défenses [à un animal].

descolocación *f* ECON débauchage (despido) ▌dépose (desmontaje).

descolocado, da *adj & s* sans emploi, sans situation ▌estar descolocado ne pas être à sa place.

descolocar [10] *v tr* DEP démarquer.

descolonización *f* décolonisation.

descolonizar [13] *v tr* décoloniser.

descoloración *f* décoloration (del cabello).

descolorar *v tr* décolorer, défraîchir, pâlir; el sol descolora todos los vestidos le soleil décolore tous les vêtements ▌décolorer (el cabello).
➡ **descolorarse** *v pr* se décolorer [les cheveux].

descolorido, da *adj* décoloré, e; passé, e (sin color) ▌sans couleur, blême, pâle (pálido) ▌FIG décoloré, e; terne, plat, e (estilo).

descolorimiento *m* décoloration *f*.

descolorir [78] *v tr* décolorer.

descombrar *v tr* dégager, désencombrer, débarrasser, déblayer (despejar un sitio) ▌FIG débarrasser, dégager (desembarazar).

descombro *m* désencombrement, dégagement, déblaiement.

descomedidamente *adv* grossièrement, avec insolence; hablar descomedidamente parler grossièrement ▌avec excès, sans mesure; beber descomedidamente boire avec excès.

descomedido, da *adj* excessif, ive ▌grossier, ère; insolent, e (insolente) ▌ser descomedido manquer de mesure.

descomedimiento *m* inconvenance *f*, grossièreté *f* ▌démesure *f*.

descomedirse [26] *v pr* dépasser les bornes, y aller fort (excederse) ▌être insolent, manquer de respect (faltar al respeto).

descompaginar *v tr* mettre en désordre, brouiller (descomponer) ▌bouleverser, déranger; la huelga descompagina todos mis proyectos la grève bouleverse tous mes projets ▌déranger; ¿te descompagina mucho si no te acompaño? est-ce que ça te dérange beaucoup si je ne t'accompagne pas?

descompás *m* excès, démesure *f*.
> **OBSERV** pl descompases.

descompasadamente *adv* sans cadence, par à-coups (sin ritmo) ▌démesurément (con exceso).

descompasado, da *adj* excessif, ive; disproportionné, e.

descompasarse *v pr* manquer de respect à, être insolent envers (faltar al respeto), y aller un peu fort avec (excederse).

descompensación *f* déséquilibre.

descompensar *v tr* déséquilibrer.

descomponer [65] *v tr* [▷ **SIN**] déranger, mettre en désordre (desordenar) ▌décomposer (separar los elementos de un todo); **descomponer un cuerpo** décomposer un corps ‖ détraquer, dérégler (un mecanismo); **descomponer un motor** détraquer un moteur ‖ FIG irriter, exaspérer (irritar) ‖ décomposer; **el miedo descompuso sus rasgos** la peur décomposa ses traits ‖ rendre malade; **me descompone ver tantas injusticias** ça me rend malade de voir tant d'injustices ‖ **descomponer el intestino** o **el vientre** déranger.

➡ **descomponerse** *v pr* se décomposer (corromperse) ‖ se détraquer, se dérégler (mecanismo) ‖ FIG s'emporter, se mettre en colère (irritarse) ‖ en être malade; **me descompongo cuando veo todo lo que me queda por hacer** j'en suis malade quand je vois tout ce qu'il me reste à faire ‖ **se me descompuso el estómago** o **el vientre** j'ai eu l'estomac détraqué, j'ai eu mal au ventre.

‖ SIN desordenar désordonner; desarreglar dérégler; desagregar désagréger; desbaratar démantibuler.

descomposición *f* décomposition ‖ FIG désagrégation; **la descomposición del Imperio Romano** la désagrégation de l'Empire romain ■ **descomposición del rostro** altération du visage ‖ **descomposición intestinal** o **del vientre** dérangement intestinal, mal au ventre.

descompostura *f* négligence, laisser-aller *m* (desaliño) ‖ décomposition (descomposición) ‖ effronterie, impudence (descaro).

descompresión *f* décompression.

descompresor *m* décompresseur (de un fluido) ‖ détendeur (de un gas).

descomprimir *v tr* décomprimer.

descompuesto, ta *adj* décomposé, e (corrompido) ‖ détraqué, e; **reloj descompuesto** montre détraquée ‖ effronté, e; impudent, e (descarado) ‖ défait, e; **rostro descompuesto** visage défait ■ **tener el cuerpo descompuesto** ne pas se sentir très bien o en forme ‖ **tener el estómago** o **el vientre descompuesto** avoir l'estomac détraqué, avoir mal au ventre.

descomulgado, da *adj* excommunié, e.
◇ *adj & s* FAM méchant, e; pervers, e.

descomulgar [16] *v tr* excommunier.

descomunal *adj* énorme (desmedido); **una mentira descomunal** un énorme mensonge ‖ démesuré, e; **estatura descomunal** taille démesurée ‖ FIG démesuré, e; immodéré, e (desmedido) ‖ extraordinaire; **una película descomunal** un film extraordinaire.

descomunalmente *adv* extraordinairement ‖ démesurément, immodérément; **beber descomunalmente** boire immodérément ‖ FAM merveilleusement bien; **lo pasé descomunalmente en su casa** je me suis merveilleusement bien amusé chez lui.

desconceptuar [6] *v tr* discréditer.

desconcertante *adj* déconcertant, e.

desconcertar [19] *v tr* [▷ SIN] FIG déconcerter; **lo hago para desconcertar al adversario** je le fais pour déconcerter l'adversaire; **mi pregunta lo ha desconcertado** ma question l'a déconcerté.

➡ **desconcertarse** *v pr* se démettre (dislocarse) ‖ FIG s'oublier, s'emporter (descomedirse) ‖ se démonter (turbarse); **yo no me desconcierto por cualquier cosa** je ne me démonte pas pour n'importe quoi.

‖ SIN confundir confondre; desorientar désorienter; FAM enredar emberlificoter.

desconchado *m*; **desconchadura** *f* écaillement *m*, écaillage *m*, ébrèchement *m* (de la loza) ‖ écaillure (parte desconchada) ‖ décrépissage, écaillage (de un muro) ‖ partie *f* décrépie o écaillée (parte sin enlucido).

desconchar *v tr* décrépir; **pared desconchada** mur décrépi ‖ écailler, ébrécher (loza).

➡ **desconcharse** *v pr* se décrépir, perdre son crépi (un muro).

desconchón *m* écaille *f*; **la pintura de la pared tiene desconchones** la peinture du mur fait des écailles.

desconcierto *m* désordre, confusion *f*; **hay grandes desconciertos en el país** il y a de grands désordres dans le pays ‖ désarroi (desasosiego).

desconcordia *f* discorde, désaccord *m*.

desconectar *v tr* TECN débrayer (dos piezas) ‖ ELECTR débrancher, déconnecter ‖ FIG **estar desconectado de** être détaché de, ne plus avoir de contact avec.

desconexión *f* déconnexion.

‖ LA DESCONEXIÓN

Dans certaines communautés autonomes qui, par ailleurs, possèdent leurs propres chaînes de télévision, il existe une plage horaire pendant laquelle les chaînes de télévision nationales (TV1, TV2) et certaines chaînes privées, dont la programmation est identique sur tout le territoire espagnol, diffusent des émissions régionales (le journal, en général) en langue vernaculaire. Celles-ci procèdent alors à la déconnexion du programme national.

desconfiadamente *adv* avec défiance.

desconfiado, da *adj* méfiant, e; défiant, e; douteur, euse (p us); **una persona desconfiada** une personne méfiante.
◇ *m & f* méfiant, e.

‖ SIN receloso défiant; suspicaz, sospechoso soupçonneux; incrédulo incrédule; escéptico sceptique.

desconfianza *f* méfiance, défiance.

desconfiar [9] *v intr* se défier, se méfier (de una persona) ‖ se méfier (de una cosa); **desconfíe de las imitaciones** méfiez-vous des imitations ■ **¡desconfíe!** attention!, gare! ‖ **desconfío de que las ostras estén frescas** je crains fort que les huîtres ne soient pas fraîches.

desconformar *v intr* ne pas être d'accord.

desconforme *adj* en désaccord.

desconformidad *f* discordance, désaccord *m*.

descongelación *f* décongélation, dégivrage *m*.

descongelador *m* dégivreur (en una nevera).

descongelar *v tr* dégeler; **descongelar créditos** dégeler des crédits ‖ dégivrer (nevera).

descongestión *f* cessation de la congestion ‖ FIG décentralisation (urbana).

descongestionar *v tr* décongestionner ‖ FIG décongestionner; **hay que descongestionar el centro de la ciudad** il faut décongestionner le centre de la ville.

desconocer [31] *v tr* ne pas connaître; **desconozco esta persona** je ne connais pas cette personne ‖ ne pas connaître, ignorer; **desconozco su punto de vista** je ne connais pas son point de vue ‖ ne pas savoir, ignorer; **desconozco lo que ocurre** je ne sais pas ce qui arrive ‖ FIG ne pas reconnaître; **tanto ha cambiado que lo desconocí** il a tant changé que je ne l'ai pas reconnu ‖ renier, désavouer; **desconozco esas afirmaciones** je renie ces affirmations ‖ méconnaître; **desconocer los méritos de alguien** méconnaître les mérites de quelqu'un ‖ enfreindre (las órdenes) ‖ **desconocido de** o **para todos** ignoré de tous.

desconocido, da *adj & s* inconnu, e (a quien no se conoce); **un pintor, un país desconocido** un peintre, un pays inconnu ‖ **un ilustre desconocido** un illustre inconnu.
◇ *adj* méconnaissable (que ha cambiado); **desde su enfermedad está desconocido** depuis sa maladie il est méconnaissable ‖ méconnu, e; **méritos desconocidos** des mérites méconnus ‖ **lo desconocido** l'inconnu ‖ **vivir desconocido** vivre ignoré.

desconocimiento *m* ignorance *f* (ignorancia) ‖ méconnaissance *f* (de los deberes o derechos) ‖ ingratitude *f*.

desconsideración *f* déconsidération, inconsidération ‖ inconsidération, manque *m* d'égards.

desconsideradamente *adv* inconsidérément, sans réfléchir ‖ sans considération.

desconsiderado, da *adj* déconsidéré, e (sin crédito) ‖ inconsidéré, e; **palabra desconsiderada** parole inconsidérée ‖ qui manque d'égards; **persona desconsiderada** personne qui manque d'égards.

desconsiderar *v tr* déconsidérer.

desconsoladamente *adv* tristement, avec accablement.

desconsolado, da *adj* inconsolé, e; inconsolable (que no recibe consuelo) ‖ éploré, e (afligido); **una viuda desconsolada** une veuve éplorée ‖ triste, chagrin, e; morose (melancólico).

desconsolador, ra *adj* désolant, e; navrant, e; affligeant, e.

desconsolar [23] *v tr* affliger, navrer, désoler.

desconsuelo *m* chagrin, peine *f*, affliction *f* (pena).

descontaminación *f* décontamination, dépollution.

descontaminar *v tr* décontaminer, dépolluer.

descontar [23] *v tr* déduire, rabattre, retenir; **descontar el diez por ciento** rabattre de 10 pour cent; **descontar parte del salario** retenir une partie du salaire ‖ déduire, enlever; **descontando las vacaciones y los domingos quedan unos trescientos días de trabajo** en enlevant les vacances et les dimanches, il reste environ trois cents jours de travail ‖ FIG rabattre (quitar mérito); **hay mucho que descontar en las alabanzas que le tributan** il y a beaucoup à rabattre des éloges qu'on lui fait ‖ COM escompter (un efecto a pagar) ‖ démarquer (en el juego) ■ **dar por descontado** tenir pour sûr, être sûr de; **doy por descontado su éxito** je suis sûr de son succès ‖ **descontarse años** se rajeunir.

descontentadizo, za *adj & s* difficile [à contenter].

descontentar *v tr* mécontenter, fâcher.

descontento, ta *adj* & *s* mécontent, e; descontento con su suerte mécontent de son sort; descontento de sí mismo mécontent de soi-même.

➤ **descontento** *m* mécontentement.

descontextualizar [13] *v tr* sortir de son contexte, prendre hors contexte.

descontrol *m* FAM pagaille *f*.

descontrolado, da *adj* incontrôlé, e; elementos descontrolados éléments incontrôlés.

descontrolarse *v pr* perdre la maîtrise de soi.

desconvenir [75] *v intr* & *pr* diverger (en las opiniones) ‖ne pas aller ensemble (las cosas).

▌ OBSERV El francés disconvenir es poco usado y se emplea más bien en frases negativas: je n'en disconviens pas no lo niego.

desconvocar [10] *v tr* annuler.

descoque *m* FAM culot, aplomb, effronterie *f*.

descorazonador, ra *adj* décourageant, e.

descorazonamiento *m* FIG découragement.

descorazonar *v tr* (p us) arracher le cœur (arrancar el corazón) ‖ FIG décourager (desanimar); este tiempo me descorazona ce temps me décourage.

➤ **descorazonarse** *v pr* se décourager.

descorchador *m* tire-bouchon.

descorchar *v tr* démascler, écorcer, décortiquer (los alcornoques) ‖ déboucler (una botella) ‖ forcer (abrir por la fuerza).

descorche *m* démasclage, décortication *f*, décorticage (de los alcornoques) ‖ débouchage (de una botella).

descordar [23] *v tr* ôter les cordes [d'un instrument] ‖ TAUROM paralyser le taureau par un coup d'épée à la nuque.

descornar [23] *v tr* décorner (arrancar los cuernos).

➤ **descornarse** *v pr* FIG & FAM se casser la tête, se creuser la cervelle (pensar) ‖ se fatiguer, s'éreinter (trabajar).

descoronar *v tr* découronner.

descorrer *v tr* tirer, ouvrir; descorrer el pestillo tirer le verrou; descorrer las cortinas ouvrir les rideaux ‖ enlever; descorrer un velo enlever un voile.

descorrimiento *m* écoulement (líquidos).

descortés *adj* & *s* impoli, e; grossier, ère ‖ discourtois, e (falto de delicadeza y miramiento).

▌ OBSERV pl descorteses.

descortesía *f* impolitesse, incivilité (grosería) ‖manque *m* de courtoisie, désobligeance (falta de delicadeza).

descortésmente *adv* discourtoisement, impoliment.

descortezadura *f* écorce.

descortezamiento *m* écorçage, écorcement, décorticage, décortication *f* ‖ épluchage (de la fruta).

descortezar [13] *v tr* écorcer (quitar la cáscara) ‖ enlever la croûte (del pan) ‖ démascler, décortiquer (alcornoque) ‖ FIG & FAM dégrossir (desbastar).

descosedura *f* couture défaite (descosido).

descoser *v tr* découdre (las costuras).

➤ **descoserse** *v pr* se découdre.

descosido, da *adj* décousu, e (costura) ‖indiscret, ète; trop bavard, e (que habla demasiado) ‖ FIG décousu, e; sans suite; un discurso descosido un discours décousu ‖ négligé, e (desastrado).

➤ **descosido** *m* couture *f* défaite ▪ FAM comer como un descosido manger comme quatre ‖ correr como un descosido courir comme un dératé o un perdu‖ reír como un descosido rire à gorge déployée o comme un fou o comme un bossu.

descostillarse *v pr* tomber sur le dos (caerse).

descostrar *v tr* désencroûter.

descotar *v tr* échancrer, décolleter.

descote *m* décolleté (escote).

descoyuntamiento *m* dislocation *f* ‖ MED luxation *f* ‖ FIG lassitude *f*, faiblesse *f* (malestar).

descoyuntar *v tr* disloquer ‖ MED démettre, luxer, déboîter (un os) ‖ FIG & FAM descoyuntarse de risa se tordre de rire ‖ estar descoyuntado être désarticulé (un artista de circo).

➤ **descoyuntarse** *v pr* se démettre, se luxer, se déboîter; descoyuntarse la cadera se démettre la hanche.

descrédito *m* discrédit; caer en descrédito tomber dans le discrédit.

descreer [50] *v tr* perdre la foi ‖ne pas se fier à quelqu'un.

descreídamente *adv* sans foi.

descreído, da *adj* & *s* incroyant, e; mécréant, e.

descreimiento *m* manque de foi, incrédulité *f*.

descremado, da *adj* écrémé, e.

descremadora *f* écrémeuse.

descremar *v tr* écrémer.

descrestar *v tr* couper la crête.

describible *adj* descriptible.

describir *v tr* décrire; describir un paisaje décrire un paysage; describir una órbita décrire une orbite ‖dépeindre (relatar).

descripción *f* description.

descriptivo, va *adj* descriptif, ive; geometría descriptiva géométrie descriptive.

descriptor, ra *m* & *f* descripteur, trice.

descrismar *v tr* FAM assommer, casser la figure.

➤ **descrismarse** *v pr* FAM s'assommer, se casser la figure ‖ FIG & FAM se fâcher tout rouge (enfadarse) ‖ se casser la tête, se creuser la cervelle (devanarse los sesos).

descristianizar [13] *v tr* déchristianiser.

descrito, ta *adj* décrit, e.

descruzar [13] *v tr* décroiser; descruzar los brazos décroiser les bras.

descuadernar *v tr* dérelier (un libro) ‖ FIG troubler (turbar), déranger (desarreglar).

descuadrillado, da *adj* VETER épointé, e.

➤ **descuadrillado** *m* VETER maladie *f* de la hanche.

descuadrillarse *v pr* VETER s'épointer, se démettre la hanche.

descuajar *v tr* décoaguler, liquéfier, défiger (poner líquido) ‖ FIG & FAM décourager (desalentar) ‖ désespérer ‖ AGRIC déraciner, arracher (desarraigar).

➤ **descuajarse** *v pr* FIG se liquéfier.

descuajaringar; descuajeringar [16] *v tr* FAM démantibuler, déglinguer (descomponer) ‖ FAM estar descuajeringado être éreinté, moulu, fourbu (de cansancio).

descuaje; descuajo *m* AGRIC déracinement.

descuajeringar ➤ descuajaringar.

descuajo ➤ descuaje.

descuartizamiento *m* écartèlement (suplicio) ‖ dépècement, dépeçage, équarrissage (despedazamiento); el descuartizamiento de un ternero le dépeçage d'un veau.

descuartizar [13] *v tr* écarteler (en un suplicio) ‖ dépecer, équarrir (despedazar) ‖ FAM mettre en pièces.

descubierta *f* MIL reconnaissance, découverte; ir a la descubierta aller en reconnaissance, aller à la découverte ‖ MAR inspection du bateau (inspección).

descubiertamente *adv* ouvertement.

descubierto, ta *adj* découvert, e ‖ tête nue (sin sombrero); andaban descubiertos ils allaient tête nue.

➤ **descubierto** *m* COM découvert (déficit) ‖ exposition *f* du saint sacrement ▪ a la descubierta, al descubierto ouvertement, au vu et au su, sans détour (sin rodeos), à découvert (sin protección) ‖ al descubierto à découvert (en deuda) ‖ en descubierto à découvert; estar en descubierto être à découvert (en deuda), interdit, penaud, sans réponse (cortado) ‖ en todo lo descubierto dans le monde entier ▪ poner algo al descubierto dévoiler quelque chose.

descubridor, ra *adj* & *s* découvreur, euse (explorador) ‖ inventeur, trice (que descubre o inventa).

◇ *adj* MAR de reconnaissance (embarcación).

➤ **descubridor** *m* MIL éclaireur (batidor).

descubrimiento *m* découverte *f*; el descubrimiento de América la découverte de l'Amérique ‖ inauguration *f* (de una estatua, lápida) ‖ la época de los descubrimientos l'époque des grandes découvertes.

descubrir *v tr* [▷ SIN] découvrir; descubrir un tesoro découvrir un trésor ‖ dévoiler, inaugurer; descubrir una estatua dévoiler une statue ‖ FIG dévoiler, révéler, découvrir (revelar) ‖ découvrir (ajedrez) ▪ FIG descubrir América o el Mediterráneo enfoncer une porte ouverte ‖ FAM descubrir el pastel découvrir le pot aux roses ‖ descubrir su juego découvrir son jeu.

➤ **descubrirse** *v pr* se découvrir, enlever son chapeau ‖ FIG dévoiler sa pensée, s'ouvrir (abrirse) ‖ tirer son chapeau, mettre chapeau bas (de admiración) ▪ FAM ¡hay que descubrirse! chapeau! ‖ no se descubra restez couvert.

▌ SIN detectar détecter; penetrar percer; rastrear dépister.

descuento *m* escompte; tasa de descuento taux d'escompte; regla de descuento règle d'escompte ‖ retenue *f*; descuento del salario retenue sur le salaire ‖ remise *f*, rabais, abattement, ristourne *f*, boni (rebaja); conceder un descuento a un cliente accorder une remise à un client ∎ **descuento comercial** escompte en dehors ▌**descuento por no declaración de siniestro** bonification pour non-déclaration de sinistre ▌ **COM descuento por pronto pago** escompte au comptant o de caisse ▌ **descuento racional** o **matemático** escompte en dedans.

descuerar *v tr* écorcer, enlever la peau (reses) ▌(*Amer*) éreinter, critiquer (desollar).

descuernacabras *m inv* vent du nord.

descuernar *v tr* décorner.

descuidadamente *adv* négligemment (con descuido) ▌ étourdiment, distraitement (sin pensarlo) ▌ avec insouciance (sin preocupación).

descuidado, da *adj & s* négligent, e (negligente) ▌ nonchalant, e (desidioso) ▌ distrait, e; inattentif, ive (distraído) ▌ insouciant, e; **es un descuidado, no se preocupa por nada** c'est un insouciant, il ne s'inquiète de rien ▌négligé, e; peu soigné, e; **un libro descuidado** un livre peu soigné; **una casa descuidada** une maison négligée ▌ négligé, e (dejado de lado); **negocios descuidados** des affaires négligées ▌ **coger descuidado** prendre au dépourvu.

descuidar *v tr* négliger; **descuidar sus obligaciones** négliger ses devoirs ▌décharger (de una obligación) ▌ distraire (la atención) ▌ **descuide usted** ne vous inquiétez pas, soyez tranquille.

◆ **descuidarse** *v pr* négliger; **descuidarse de su trabajo** négliger son travail ▌négliger, oublier; **descuidarse de sus obligaciones** négliger ses obligations ▌ se négliger (en el atavío) ▌ **FIG** avoir un moment d'inattention, se distraire; **me descuidé un momento y tropecé con un árbol** j'ai eu un moment d'inattention et je suis rentré dans un arbre ▌ **en cuanto se descuida usted** si vous ne faites pas attention, au premier moment d'inattention.

descuido *m* négligence *f* (negligencia) ▌ inattention *f*, distraction *f*, inadvertance *f*; **un momento de descuido** un moment d'inattention ▌ incorrection *f*, pas de clerc (falta) ▌ faute *f* d'inattention, négligence *f*; **hay muchos descuidos en este libro** il y a beaucoup de négligences dans ce livre ▌ faux pas, faute *f* (desliz) ▌ **al descuido** négligemment ▌ **al menor descuido** au premier moment d'inattention ▌ **con** o **por descuido** par inadvertance, par mégarde ▌ **en un descuido** au moment le plus inattendu.

descular *v tr* défoncer (romper el fondo).

desculatar *v tr* déculasser.

desde *adv* depuis (tiempo, lugar); **desde la creación** depuis la création; **desde el primero hasta el último** depuis le premier jusqu'au dernier ▌ depuis, de; **desde París hasta Madrid** depuis Paris jusqu'à Madrid, de Paris à Madrid ▌depuis, dès; **desde el amanecer** depuis l'aube (expresa la duración a partir del momento de que se habla), dès l'aube (refiérese al momento de que se habla); **desde ayer acá** depuis hier; **desde niño ya** dès l'enfance ∎ **desde ahora** dès maintenant, dès à présent ▌ **desde cierto punto** à certains égards ▌**¿desde cuándo?** depuis quand? ▌ **desde entonces** depuis lors, depuis; **no le volví a ver desde entonces** je ne l'ai pas revu depuis ▌ **desde... hasta** depuis... jusqu'à, de o du...

à; **desde la mañana hasta la tarde** du matin au soir ▌ **desde lo alto de** du haut de ▌ **desde luego** bien sûr, évidemment ▌ **desde mi punto de vista** à mon point de vue ▌ **desde que** depuis que ▌ **desde siempre** depuis toujours ▌ (*Amer*) **desde ya** dès maintenant ▌ **desde hace poco** depuis peu ▌ **desde hace tiempo** o **mucho tiempo** depuis longtemps ▌ **desde hace un año, un mes** depuis un an, un mois; **no le he visto desde hace un mes** je ne l'ai pas vu depuis un mois.

desdecir [57] *v intr* être indigne de; **desdecir de su familia, de su pasado** être indigne de sa famille, de son passé ▌ne pas être en accord avec, aller mal avec; **esta adición desdice de lo principal** cette addition n'est pas d'accord avec le reste ▌ contredire (contradecir) ▌ détonner; **dos colores que desdicen uno de otro** deux couleurs qui détonnent.

◆ **desdecirse** *v pr* se dédire (retractarse) ▌revenir sur; **desdecirse de su promesa** revenir sur sa promesse ▌ se raviser; **había dicho que lo haría pero al final se desdijo** il avait dit qu'il le ferait mais finalement il s'est ravisé ▌ renier; **desdecirse de sus opiniones** renier ses opinions.

Desdémona *n pr* Desdémone.

desdén *m* dédain, mépris (desprecio) ∎ **al desdén** négligemment ▌**El desdén con el desdén** Dédain pour dédain (obra de Moreto).

desdentado, da *adj* édenté, e.

◆ **desdentados** *m pl* ZOOL édentés.

desdentar [19] *v tr* édenter.

desdeñable *adj* méprisable, dédaignable.

desdeñar *v tr* dédaigner, mépriser.

◆ **desdeñarse** *v pr* dédaigner de, ne pas daigner; **desdeñarse de hablar** ne pas daigner parler.

desdeñoso, sa *adj & s* dédaigneux, euse.

desdevanar *v tr* désembobiner.

desdibujado, da *adj* effacé, e; estompé, e; **contornos desdibujados** des contours estompés.

desdibujarse *v pr* FIG s'effacer, s'estomper (borrarse).

desdicha *f* malheur *m* (desgracia); **sufrir continuas desdichas** n'avoir que des malheurs ▌infortune (infelicidad) ∎ **para colmo de desdichas** pour comble de malheur ▌ **por desdicha** par malheur, malheureusement ▌ **ser el rigor de las desdichas** être malheureux comme les pierres.

desdichado, da *adj & s* malheureux, euse (desgraciado) ▌¡**desdichado de mí, de ti!** malheureux!

desdoblamiento *m* dédoublement; **desdoblamiento de la personalidad** dédoublement de personnalité ▌ dépliage, dépliement (desenrollamiento).

desdoblar *v tr* déplier (extender) ▌dédoubler (separar).

desdorar *v tr* dédorer ▌FIG déshonorer, ternir (la reputación de una persona).

desdoro *m* déshonneur ▌ **sin desdoro de** sans ternir, sans nuire à, sans porter préjudice à; **puedes hacer esto sin desdoro de tu fama** tu peux faire cela sans ternir ta réputation.

desdramatizar [13] *v tr* dédramatiser.

deseable *adj* désirable, souhaitable.

Deseada *n pr* Désirée.

Deseado *n pr* Désiré ▌ **el Deseado** nom donné à Ferdinand VIII, roi d'Espagne.

EL DESEADO _____

Nom donné au roi d'Espagne Ferdinand VII, fils de Charles IV qui abdiqua en sa faveur en 1808. Ferdinand bénéficiait de l'appui du peuple, las des abus de pouvoir du premier ministre Godoy. Au début de son règne, les troupes françaises envahirent l'Espagne. Il se rendit donc à Bayonne pour s'entretenir avec Napoléon. Au terme de ces conversations, il rendit la couronne à son père. Celui-ci la remit à Napoléon qui voulait imposer son frère Joseph comme roi d'Espagne. Mais la guerre d'Espagne mit un terme aux projets de Napoléon et en 1814, Ferdinand VII retourna en Espagne, ovationné par la foule. Pourtant, il abolit les « Cortes » de Cadix, instaurés pendant son absence, et restaura l'absolutisme.

---

deseado, da *adj* désiré, e; souhaité, e.

desear *v tr* désirer (tener gana) ▌ **desear hacer algo** désirer faire quelque chose ▌souhaiter; **le deseo mucho éxito** je vous souhaite bonne chance ∎ **desear con ansia** désirer vivement o ardemment ∎ **cuanto más se tiene, más se desea** plus on en a, plus on en veut ▌ **es de desear** il est souhaitable ▌ **hacerse desear** se faire désirer ▌ **no dejar nada que desear** ne rien laisser à désirer ▌ **vérselas y deseárselas** se donner un mal de chien.

desecación *f* ▌ **desecamiento** assèchement *m*; **la desecación de una marisma** l'assèchement d'un marais ▌ dessiccation *f* (química).

desecador, ra *adj* desséchant, e.

◆ **desecador** *m* dessiccateur.

desecamiento *m*; **desecación** *f* dessèchement (natural).

desecante *adj* desséchant, e.

desecar [10] *v tr* dessécher; **el calor deseca la tierra** la chaleur dessèche la terre ▌ assécher; **desecar un estanque** assécher un étang ▌ FIG dessécher.

desecativo, va *adj & s m* siccatif, ive; dessicatif, ive; **barniz desecativo** vernis dessiccatif.

desechable *adj* jetable ▌ **envases desechables** emballages non consignés.

desechar *v tr* rejeter, chasser; **desechar los malos pensamientos** chasser les mauvaises pensées ▌rejeter; **desechar un consejo** rejeter un conseil ▌dédaigner, mépriser (despreciar) ▌ refuser (un empleo o una dignidad) ▌bannir, écarter (un temor) ▌ne plus mettre (ropa), ne plus se servir de (utensilio) ▌mettre au rebut (arrumbar).

desecho *m* rebut ▌résidu ▌déchet; **desechos animales, radiactivos** déchets animaux, radioactifs ▌ FIG mépris (desprecio) ∎ **desecho de la sociedad** laissé-pour-compte ▌ TAUROM **desecho de tienta** bétail n'ayant pas manifesté les aptitudes requises lors de l'épreuve de la "tienta" et ne pouvant pas figurer dans une corrida régulière. Il est soit abattu, si ses défauts sont trop accusés, soit utilisé dans une "becerrada" ou une "novillada" ▌ **productos de desecho** déchets de fabrication ∎ **ser un desecho** être un bon à rien o une nullité (un incapaz).

deselectrizar [13] *v tr* ELECTR décharger.

desellar *v tr* décacheter (una carta, un paquete), desceller (un precinto).

desembalaje *m* déballage.

desembalar *v tr* déballer; desembalar una vajilla déballer un service.

desembaldosar *v tr* décarreler.

desembalsamar *v tr* désembaumer.

desembanastar *v tr* tirer d'une corbeille ‖ FIG bavarder, jacasser (hablar) ‖ tirer, dégainer (un arma).

desembarazado, da *adj* débarrassé, e; dégagé, e (libre) ‖ désinvolte, très à l'aise, plein, e d'aisance (desenvuelto) ‖ alerte (vivo).

desembarazar [13] *v tr* débarrasser, dégager ‖ [▷ SIN] débarrasser, évacuer (desocupar) ‖ FIG tirer d'embarras (sacar de apuro).

➤ **desembarazarse** *v pr* se débarrasser; desembarazarse de un enemigo se débarrasser d'un ennemi.

▌ SIN limpiar nettoyer; despejar déblayer; librar dégager; desenredar démêler.

desembarazo *m* débarras ‖ aisance *f*, désinvolture *f* (desenfado) ‖ (Amer) accouchement (parto).

desembarcadero *m* débarcadère.

desembarcar [10] *v tr* débarquer; desembarcar mercancías débarquer des marchandises.
◇ *v intr* débarquer; los pasajeros desembarcaron en el puerto por la mañana les passagers débarquèrent au port le matin ‖ FIG & FAM aboutir (una escalera) ‖ débarquer (llegar).

desembarco *m* débarquement; el desembarco de Normandía le débarquement de Normandie.

desembargar [16] *v tr* débarrasser (quitar estorbos) ‖ DR lever l'embargo, lever le séquestre (suprimir el embargo).

desembargo *m* DR mainlevée *f* (de un embargo).

desembarque *m* débarquement.

desembarrancar [10] *v tr* déséchouer, remettre à flot, renflouer.

desembarrar *v tr* décrotter (quitar el barro).

desembaular *v tr* sortir (sacar) ‖ déballer (de una caja, de un talego) ‖ FIG & FAM déballer.

desembebecerse [30] *v pr* déchanter.

desembelesarse *v pr* se reprendre, reprendre ses esprits (recobrar el juicio).

desembocadero *m* issue *f*, sortie *f* (de una calle, etc.) ‖ embouchure *f* (de un río).

desembocadura *f* [▷ SIN] embouchure *f* (de un río) ‖ issue *f*, sortie *f*, débouché (de una calle, etc.).

▌ SIN boca bouche; estuario estuaire; delta delta; barra barre.

desembocar [10] *v intr* déboucher, se jeter (un río) ‖ déboucher (calles) ‖ MAR débouquer ‖ FIG aboutir; disturbios que pueden desembocar en la guerra désordres qui peuvent aboutir à la guerre; razonamientos que no desembocan en nada raisonnements qui n'aboutissent à rien.

desembojar *v tr* décoconner.

desembolsado, da *adj* libéré, e; acciones desembolsadas actions libérées (en la Bolsa) ‖ el capital desembolsado le capital versé.

desembolsar *v tr* débourser, verser ‖ FIG débourser, dépenser.

desembolso *m* déboursement ‖ versement; desembolso a cuenta versement provisionnel; desembolso inicial premier versement.

➤ **desembolsos** *m pl* dépenses *f*, frais, débours (gastos).

desemboque *m* issue *f*, sortie *f*.

desemborrachar *v tr* dessoûler.

desemboscarse *v pr* sortir d'un bois, d'un fourré.

desembotar *v tr* FIG dégourdir.

desembozar [13] *v tr* découvrir [son visage] ‖ FIG mettre au grand jour.

desembragar [16] *v tr* MECÁN débrayer.

desembrague *m* MECÁN débrayage.

desembravecer [30] *v tr* apprivoiser, domestiquer.

➤ **desembravecerse** *v pr* s'apprivoiser (animales) ‖ FIG s'apaiser (calmarse).

desembrear *v tr* dégoudronner.

desembriagar [16] *v tr* dégriser, désenivrer.

desembridar *v tr* débrider (acémila).

desembrollar *v tr* FAM débrouiller, éclaircir (aclarar).

desembrozar ➤ desbrozar.

desembrujar *v tr* désensorceler, délivrer d'un sortilège.

desembuchar *v tr* dégorger (los pájaros).
◇ *v intr* FIG & FAM se mettre à table, vider son sac, manger le morceau, avouer (confesar).

desemejante *adj* différent, e; dissemblable.

desemejanza *f* dissemblance, différence.

desemejar *v intr* différer de, ne pas ressembler à, être dissemblable de.
◇ *v tr* défigurer.

desempacar [10] *v tr* déballer.

➤ **desempacarse** *v pr* s'apaiser, se calmer.

desempachar *v tr* soulager, dégager l'estomac, remettre d'une indigestion.

➤ **desempacharse** *v pr* se soulager (el estómago) ‖ FIG s'enhardir (perder la timidez).

desempacho *m* soulagement [de l'estomac].

desempalagar [16] *v tr* donner bonne bouche.

➤ **desempalagarse** *v pr* FIG se remettre (quitar el empalagamiento).

desempalmar *v tr* déconnecter.

desempañar *v tr* démailloter (a un niño) ‖ enlever la buée de (un cristal).

desempapelar *v tr* enlever le papier.

desempaque; desempaquetado *m* dépaquetage, déballage.

desempaquetar *v tr* dépaqueter, déballer.

desemparejar *v tr* dépareiller.

desemparvar *v tr* AGRIC entasser le grain (en la era).

desempastar *v tr* déplomber (un diente).

desempaste *m* déplombage (de un diente).

desempatar *v tr* départager (votos) ‖ prendre l'avantage (deshacer el empate en deportes) ‖ jouer un match d'appui (jugar un partido de desempate en fútbol).

desempate *m* match d'appui (en fútbol); jugar un partido de desempate jouer un match d'appui ■ gol de desempate but donnant l'avantage à l'une des équipes ‖ jugar el desempate jouer la belle (en los naipes).

desempedrado *m* dépavage.

desempedrar [19] *v tr* dépaver ‖ FIG ir desempedrando calles brûler le pavé.

desempeñar *v tr* dégager (lo empeñado); desempeñar sus alhajas dégager ses bijoux ‖ dégager (de la palabra dada) ‖ remplir, exercer; desempeñar un cargo remplir des fonctions ‖ remplir, accomplir; desempeñar una misión peligrosa accomplir une mission périlleuse ‖ jouer; desempeñar el papel de Tartufo jouer le rôle de Tartuffe; desempeñar un papel importante jouer un rôle important ‖ acquitter les dettes (de una persona) ‖ aider (quelqu'un) à se tirer d'affaire.

➤ **desempeñarse** *v pr* se libérer de ses dettes ‖ se tirer d'affaire (salir de apuro) ‖ TAUROM mettre pied à terre pour tuer le taureau (rejoneadores).

desempeño *m* dégagement (de una prenda empeñada) ‖ exercice (de un cargo) ‖ acquittement (de una deuda) ‖ accomplissement (de un deber) ‖ exécution *f* (de un papel).

desemperezar [13] *v tr* dégourdir, secouer.
◇ *v intr & pr* se secouer, lutter contre la paresse.

desempernar *v tr* déboulonner.

desempleado, da *adj & s* chômeur, euse.

desempleo *m* chômage (paro) ‖ sous-emploi ‖ tasa de desempleo taux de chômage.

desemplumar *v tr* plumer, déplumer.

desempolvadura *f* époussetage *m*.

desempolvar *v tr* épousseter (quitar el polvo) ‖ dépoudrer (polvo de arroz) ‖ FIG tirer de l'oubli, rafraîchir; desempolvar viejos recuerdos rafraîchir les vieux souvenirs.

desemponzoñar *v tr* désempoisonner.

desempotramiento *m* descellement.

desempotrar *v tr* desceller.

desempuñar *v tr* lâcher.

desenamorar *v tr* rendre indifférent, détacher de.

➤ **desenamorarse** *v pr* devenir indifférent, se détacher de.

desenastar *v tr* démancher.

desencabalgar [16] *v tr* démonter [une pièce d'artillerie].

desencabestrar *v tr* dépêtrer (los caballos).

desencadenamiento *m* déchaînement ‖ déclenchement; desencadenamiento de un ataque déclenchement d'une attaque ‖ FIG déferlement, déchaînement; el desencadenamiento de las pasiones le déchaînement des passions.

desencadenar *v tr* déchaîner, désenchaîner; desencadenar un perro désenchaîner un chien ‖ déclencher; desencadenar una guerra déclencher une guerre ‖ FIG déchaîner, donner libre cours à; desencadenar la hilaridad déchaîner l'hilarité.

➤ **desencadenarse** *v pr* FIG se déchaîner, déferler; los aplausos se desencadenaron les applaudissements déferlèrent ‖ se déchaîner; se desencadenó la tempestad la tempête se déchaîna.

desencajamiento m déboîtement (de los huesos) ‖ décrochage, décrochement (de la mandíbula) ‖ altération f des traits (del rostro).

desencajar v tr déboîter, démettre (los huesos) ‖ décrocher (la mandíbula) ‖ décoincer (una pieza) ‖ désunir (separar) ‖ altérer [les traits, le visage] ‖ ojos desencajados yeux exorbités.

➧ **desencajarse** v pr s'altérer (el rostro).

desencaje m déboîtement ‖ TECN décoincement.

desencajonamiento m TAUROM sortie f des taureaux hors des cages de transport.

desencajonar v tr décaisser (p us), sortir d'une caisse ‖ TAUROM faire sortir les taureaux des cages de transport ‖ TECN décoffrer.

desencalladura f; **desencallamiento** m renflouage, renflouement, déséchouage.

desencallar v tr renflouer, remettre à flot, déséchouer.

desencaminar ➧ descaminar.

desencanallar v tr désencanailler, remettre dans le droit chemin.

desencantamiento m désenchantement.

desencantar v tr désenchanter ‖ désillusionner, désenchanter (desengañar).

➧ **desencantarse** v pr être désenchanté o déçu.

desencanto m désenchantement ‖ déception f; sufrir un desencanto avoir une déception.

desencapar v tr AGRIC défricher.

desencapillar v tr MAR décapeler.

desencapotar v tr (p us) ôter le manteau o la capote ‖ FIG découvrir, mettre au grand jour (descubrir) ‖ ÉQUIT faire relever la tête [à un cheval].

➧ **desencapotarse** v pr ôter son manteau ‖ s'éclaircir, se découvrir (el cielo) ‖ se dérider (el rostro).

desencaprichar v tr faire passer un caprice [à quelqu'un].

desencarcelar v tr désemprisonner, relâcher.

desencargar [16] v tr annuler, décommander.

desencarnación f désincarnation.

desencarnar v tr désincarner ‖ détacher d'une inclination ‖ défendre la curée (quitar el cebo a los perros).

desencarpetar v tr sortir un document [d'un dossier].

desencasquillar v tr désenrayer (un arma).

desencenagar [16] v tr désenvaser.

desencerrar [19] v tr relâcher, mettre en liberté.

desenchufar v tr débrancher.

desenchufe m débranchement.

desencintar v tr déficeler.

desenclavar v tr déclouer, désenclouer (p us) ‖ débloquer (ferrocarriles) ‖ FIG arracher (sacar).

desenclavijar v tr décheviller (quitar las clavijas) ‖ FIG séparer, désassembler.

desencobrado m décuivrage.

desencobrar v tr décuivrer.

desencofrado m décoffrage.

desencofrar v tr TECN décoffrer.

desencoger [14] v tr tendre (un tejido).

➧ **desencogerse** v pr FIG s'enhardir, se dégourdir.

desencogimiento m déroulement, allongement (desarrollo) ‖ FIG aisance f, désinvolture f (desparpajo).

desencoladura f décollage m, décollement m.

desencolar v tr décoller.

desencolerizar [13] v tr apaiser, calmer.

➧ **desencolerizarse** v pr décolérer.

desenconar v tr calmer l'inflammation ‖ FIG calmer, apaiser (la cólera).

➧ **desenconarse** v pr se calmer ‖ s'adoucir (una cosa).

desencono m apaisement.

desencontrarse [23] v pr (Amer) se manquer (no hallarse) ‖ s'opposer (no concordar).

desencordelar v tr déficeler.

desencorvar v tr redresser.

desencrespar v tr défriser.

desencuadernado m FIG jeu de cartes.

desencuadernar v tr enlever la reliure.

desencuentro m (Amer) désaccord.

desendemoniar; desendiablar v tr exorciser.

desendiosar v tr FIG humilier, mortifier, rabattre le caquet FAM ‖ démystifier; desendiosar a un gran personaje démystifier un grand personnage.

desenfadadamente adv franchement, avec désinvolture, sans se gêner.

desenfadaderas f pl ressources; este hombre tiene desenfadaderas c'est un homme de ressources.

desenfadado, da adj plein, e d'aisance; désinvolte (desembarazado) ‖ gai, e; joyeux, euse; insouciant, e (despreocupado).

desenfadar v tr calmer, apaiser, rasséréner.

desenfado m franchise f (franqueza) ‖ désinvolture f, aplomb (desenvoltura) ‖ aisance f (facilidad) ‖ insouciance f; vivir con desenfado vivre dans l'insouciance.

desenfilada f MIL défilement m.

desenfilar v tr MIL défiler, mettre à couvert (poner a cubierto).

desenfocado, da adj flou, e (imagen) ‖ trouble (visión).

desenfocar [10] v tr FOT faire perdre la mise au point ‖ FIG mal envisager (un problema, etc.).

desenfoque m CINEM & FOT mauvaise mise f au point.

desenfrenadamente adv sans frein, sans retenue.

desenfrenado, da adj effréné, e; échevelé, e; baile desenfrenado danse effrénée ‖ débridé, e; apetitos desenfrenados appétits débridés.

desenfrenar; desfrenar v tr débrider, ôter la bride o le mors [à un cheval].

➧ **desenfrenarse** v pr FIG s'emporter, se déchaîner (desencadenarse) ‖ s'abandonner o se laisser aller au vice, perdre toute retenue ‖ se déchaîner (la tempestad, los elementos).

desenfreno m [▷ SIN] dérèglement, dévergondage (vicio) ‖ déchaînement (de las pasiones).

‖ SIN libertinaje libertinage; desvergüenza dévergondage; disolución, liviandad dissolution; relajamiento relâchement.

desenfundar v tr tirer de la housse (un mueble) ‖ tirer du fourreau, dégainer (un arma).

desenfurecer [30] v tr apaiser, calmer.

desenfurruñar v tr calmer, apaiser.

desengalgar [16] v tr désenrayer (un carro).

desenganchar v tr décrocher ‖ dételer (los caballos, dos vagones) ‖ détacher, désassocier, désolidariser (desolidarizar).

desenganche m dételage.

desengañado, da adj désabusé, e; sans illusions; está muy desengañado il est bien désabusé ‖ déçu, e (decepcionado); desengañado con déçu par ‖ (Amer) hideux, euse.

desengañador, ra adj qui désabuse, qui détrompe.

desengañar v tr [▷ SIN] détromper, désabuser ‖ décevoir (decepcionar).

➧ **desengañarse** v pr se désabuser, se détromper; desengáñese usted détrompez-vous ‖ desengañarse de sus ilusiones revenir de ses illusions.

‖ SIN desilusionar désillusionner; desencantar désenchanter; abrir los ojos dessiller les yeux.

desengaño m désillusion f ‖ sufrir un desengaño amoroso avoir un chagrin d'amour.

➧ **desengaños** m pl désillusions f, déceptions f, désenchantements; haberse llevado muchos desengaños en la vida avoir éprouvé o eu bien des désillusions dans la vie.

desengarzar [13] v tr désenfiler.

desengastar v tr dessertir, désenchâsser (una piedra preciosa).

desengaste m dessertissage.

desengomado m; **desengomadura** f dégommage m.

desengomar v tr dégommer (los tejidos).

desengoznar v tr arracher les gonds.

desengranar v tr désengrener.

desengrasado m dégraissage ‖ dessuintage (de la lana).

desengrasador m dégraisseur.

desengrasadora f dessuinteuse (de la lana).

desengrasante adj & s dégraissant, e.

desengrasar v tr dégraisser (limpiar) ‖ dessuinter (lana). ◇ v intr FAM maigrir (adelgazar).

desengrase m dégraissage ‖ dessuintage (de la lana).

desengrosar [23] v tr faire maigrir (enflaquecer) ‖ amincir (adelgazar). ◇ v intr maigrir ‖ diminuer de grosseur (adelgazar).

desenguantarse v pr se déganter.

desenhebrar v tr désenfiler (una aguja).

desenhornamiento m défournage.

desenhornar v tr défourner, désenfourner (sacar del horno).

desenjaezar [13] v tr déharnacher (quitar los jaeces).

desenjalmar *v tr* débâter.

desenjaular *v tr* faire sortir d'une cage, mettre en liberté.

desenlace *m* dénouement; el desenlace de un drama le dénouement d'un drame.

desenladrillar *v tr* décarreler.

desenlazar [13] *v tr* dénouer (desatar) ▮ FIG dénouer (un asunto) ▮ résoudre (un problema) ▮ conclure, donner une fin à (una obra literaria).
➡ **desenlazarse** *v pr* arriver au dénouement, avoir un dénouement, se terminer; esta comedia se desenlaza ridículamente cette comédie a un dénouement ridicule.

desenlodar *v tr* débourber, enlever la boue de.

desenlosar *v tr* dédaller (quitar las losas) ▮ décarreler (ladrillos) ▮ dépaver (adoquines).

desenlutar *v tr* faire quitter le deuil.
➡ **desenlutarse** *v pr* quitter le deuil.

desenmarañar *v tr* démêler ▮ FIG débrouiller (desenredar), éclaircir (aclarar).

desenmascarar *v tr* démasquer; desenmascarar la hipocresía démasquer l'hypocrisie.

desenmohecer [30] *v tr* dérouiller.

desenmudecer [30] *v tr* délier la langue.
◇ *v intr* recouvrer la parole ▮ FIG rompre le silence.

desenojar *v tr* calmer, apaiser, rasséréner (desenfadar).
➡ **desenojarse** *v pr* se calmer ▮ FIG se distraire.

desenredar *v tr* démêler, débrouiller (desenmarañar) ▮ FIG dénouer, démêler (una intriga, etc.) ▮ mettre en ordre (arreglar).
➡ **desenredarse** *v pr* se débrouiller, s'en sortir (salir de apuro).

desenredo *m* débrouillement (de una madeja, de un problema) ▮ issue *f*, solution *f* (de un apuro) ▮ dénouement, issue *f* (desenlace).

desenrolladora *f* dérouleuse.

desenrollar *v tr* dérouler.

desenroscar [10] *v tr* dévisser.

desensambladura *f* désassemblage *m*, désassemblement *m*.

desensamblar *v tr* désassembler.

desensañar *v tr* calmer, apaiser [la fureur].

desensartar *v tr* défiler, désenfiler; desensartar un collar défiler un collier ▮ désenfiler; desensartar una aguja désenfiler une aiguille.

desensibilización *f* désensibilisation.

desensibilizar [13] *v tr* désensibiliser.

desensillar *v tr* desseller (un caballo).

desensoberbecer [30] *v tr* rabattre l'orgueil, humilier.

desensortijado, da *adj* défrisé, e (pelo).

desentablar *v tr* arracher [des planches] ▮ démolir [un ouvrage en planches] ▮ FIG défaire un marché (negocio) ▮ mettre fin à (una amistad), rompre (trato).

desentalingar [16] *v tr* MAR détacher le câble de l'ancre.

desentarimar *v tr* défaire un plancher.

desentenderse [20] *v pr* se désintéresser de; me desentiendo por completo de ese ne-

gocio je me désintéresse complètement de cette affaire.

desentendido, da *adj* (ant) ignorant, e ▮ hacerse el desentendido faire l'innocent (hacerse el inocente), faire la sourde oreille (hacer oídos de mercader).

desenterrado, da *adj* déterré, e; exhumé, e.

desenterramiento *m* déterrement, exhumation, *f*.

desenterrar [19] *v tr* déterrer, exhumer ▮ FIG exhumer, tirer de l'oubli.

desentierramuertos *m* & *f* FIG & FAM mauvaise langue *f*, langue *f* de vipère.

desentoldar *v tr* débâcher ▮ ôter le velum (en una calle).

desentonación ➡ desentono.

desentonadamente *adv* faux, en faisant des fausses notes; cantar desentonadamente chanter faux.

desentonar *v intr* détonner, chanter faux (cantar falso) ▮ détonner (instrumento) ▮ FIG détonner; modales que desentonan des manières qui détonnent.
➡ **desentonarse** *v pr* FIG élever la voix (alzar la voz) ▮ s'emporter.
▮ OBSERV No confundir **détonner** desentonar, con **détoner** detonar.

desentono *m*; **desentonación** *f* action *f* de détonner ▮ FIG impudence *f*, ton violent (desenvoltura).

desentornillar ➡ destornillar.

desentorpecer [30] *v tr* dégourdir, se dégourdir; desentorpecer las piernas se dégourdir les jambes ▮ FIG dégourdir (a un necio).

desentorpecimiento *m* dégourdissement.

desentrampar *v tr* FAM libérer d'une dette.
➡ **desentramparse** *v pr* payer ses dettes.

desentrañamiento *m* connaissance *f* (de un misterio, etc.).

desentrañar *v tr* (p us) éventrer ▮ FIG percer, pénétrer (un misterio, etc.).
➡ **desentrañarse** *v pr* se dépouiller, se saigner aux quatre veines.

desentrenamiento *m* manque d'entraînement.

desentrenar *v intr* estar desentrenado manquer d'entraînement.
➡ **desentrenarse** *v pr* manquer d'entraînement.

desentronizar [13] *v tr* détrôner ▮ FIG faire baisser dans l'estime de quelqu'un.

desentubar *v tr* FAM débrancher [un malade].

desentumecer [30] *v tr* dégourdir, se dégourdir; desentumecer las piernas se dégourdir les jambes.

desentumecimiento *m* dégourdissement.

desentumir *v tr* dégourdir.

desenvainar *v tr* dégainer; desenvainar el sable dégainer le sabre ▮ FIG sortir [les griffes].

desenvergar [16] *v tr* MAR déverguer, désenverguer.

desenvoltura *f* désinvolture ▮ effronterie, hardiesse (descaro) ▮ dissipation (desvergüenza)

▮ lucidité d'esprit (juicio) ▮ facilité d'élocution, aisance (en el decir).

desenvolver [24] *v tr* défaire, développer (un paquete, etc.) ▮ dérouler (desenrollar) ▮ FIG développer (una idea, una teoría) ▮ éclaircir, débrouiller (aclarar).
➡ **desenvolverse** *v pr* se développer ▮ se dérouler (un negocio) ▮ FIG se tirer d'affaire, se débrouiller, s'en tirer (arreglárselas); con dos mil francos al mes, me desenvuelvo muy bien avec deux mille francs par mois, je m'en tire parfaitement.

desenvolvimiento *m* déroulement (de un negocio) ▮ développement (del comercio, etc.).

desenvueltamente *adv* avec désinvolture ▮ FIG clairement.

desenvuelto, ta *adj* FIG désinvolte, dégagé, e; sans gêne; tener un aire desenvuelto avoir un air dégagé ▮ débrouillard, e; muchacho muy desenvuelto garçon très débrouillard.

desenzarzar [13] *v tr* dégager des ronces.

deseo *m* désir; satisfacer los deseos satisfaire les désirs ▮ souhait, désir (aspiración); según sus deseos selon vos souhaits ▮ souhait, vœu (voto); deseos de felicidad souhaits de bonheur; formular un deseo former un vœu ▮ [▷ SIN] envie *f* (ganas, ansia) ▮ a medida del deseo à souhait ▮ arder en deseos de brûler o griller o mourir d'envie de ▮ es nuestro mayor deseo c'est notre vœu le plus cher, c'est notre plus cher désir ▮ satisfacer un deseo combler un désir ▮ venir uno en deseo de una cosa avoir très envie de quelque chose.
▮ SIN anhelo désir; ansia, avidez avidité; codicia convoitise; gana envie; tentación tentation; comezón démangeaison; apetito appétit; sed soif.

deseoso, sa *adj* désireux, euse ▮ empressé, e (obsequioso).

desequilibrado, da *adj* & *s* déséquilibré, e.

desequilibrar *v tr* déséquilibrer ▮ FIG déséquilibrer, désaxer; la guerra ha desequilibrado a muchos hombres la guerre a désaxé bien des hommes.

desequilibrio *m* déséquilibre (económico, psicológico, etc.).

deserción *f* désertion ▮ DR désertion d'appel.

desertar *v intr* déserter ▮ FIG déserter; desertar de un círculo déserter un cercle ▮ desertar al campo contrario passer à l'ennemi ▮ desertar de sus banderas abandonner son drapeau.

desértico, ca *adj* désertique.

desertícola *adj* déserticole.

desertización; desertificación *f* désertisation, désertification.

desertizar [13] *v tr* & *pr* désertifier.

desertor *m* déserteur.

desescolarización *f* déscolarisation.

desescombrar *v tr* enlever les décombres, déblayer.

deseslabonar *v tr* démailler (cadena).

desespaldar *v tr* blesser dans le dos.

desespañolizar [13] *v tr* faire perdre le caractère espagnol.

desesperación *f* désespoir *m*; con la mayor desesperación au plus grand désespoir; **estar loco de desesperación** être fou de désespoir ‖ énervement *m*, rage (rabia) ∎ **me da** o **causa desesperación** il me désespère, il fait mon désespoir ‖ **ser la desesperación de** être o faire le désespoir de ‖ **ser una desesperación** être désespérant.

desesperadamente *adv* désespérément.

desesperado, da *adj* & *s* désespéré, e ∎ **a la desesperada** par des moyens désespérés, en risquant le tout pour le tout ‖ **correr como un desesperado** courir comme un dératé ‖ **estar desesperado** être au désespoir, être désespéré.

desesperante *adj* désespérant, e.

desesperanza *f* (p us) désespérance.

desesperanzar [13] *v tr* désespérer, enlever tout espoir à.

➤ **desesperanzarse** *v pr* se désespérer.

desesperar *v tr* désespérer, mettre au désespoir ‖ exaspérer (irritar); **este niño me desespera** cet enfant m'exaspère.

◇ *v intr* désespérer; **desespero de que venga** je désespère qu'il vienne ∎ **estar desesperado** être au désespoir ‖ **me tiene desesperado** il me désespère, il fait mon désespoir.

➤ **desesperarse** *v pr* se désespérer, être désespéré, être au désespoir; **me desespero por no recibir noticias suyas** je suis désespéré de ne pas recevoir de ses nouvelles ‖ s'exaspérer (irritarse).

desespero *m* désespoir.

desestabilidad *f* instabilité.

desestabilización *f* déstabilisation.

desestabilizar [13] *v tr* déstabiliser.

desesterar *v tr* enlever les nattes [du sol].

desestero *m* enlèvement des nattes [du sol].

desestima *f* mésestime, mépris *m*.

desestimación *f* mésestime, mépris *m* (desprecio) ‖ DR déboutement *m* ‖ **desestimación de una demanda** fin de non-recevoir, rejet d'une demande.

desestimar *v tr* mésestimer (menospreciar) ‖ mépriser (despreciar) ‖ repousser, rejeter (rechazar) ‖ DR débouter; **han desestimado mi demanda** je suis débouté, ma demande a été déboutée.

desfacedor, ra *adj* qui défait ‖ FAM **desfacedor de entuertos** redresseur de torts.

desfachatado, da *adj* FAM sans gêne, impudent, e; effronté, e.

desfachatez *f* FAM sans-gêne *m inv*, culot *m*; **tiene una desfachatez inmensa** il est d'un sans-gêne terrible, il a un culot terrible.

‖ OBSERV pl **desfachateces**.

desfalcar [10] *v tr* détourner, escroquer (sustraer fraudulentamente) ‖ déduire.

desfalco *m* détournement, escroquerie *f* (malversación).

desfallecer [30] *v intr* défaillir (perder las fuerzas) ‖ s'évanouir (desmayarse).

◇ *v tr* affaiblir (debilitar).

desfallecido, da *adj* tombé, e en défaillance; évanoui, e (desmayado).

desfallecimiento *m* défaillance *f* (debilidad) ‖ évanouissement (desmayo).

desfasado, da *adj* FÍS déphasé, e ‖ FIG & FAM déphasé, e; **estar desfasado** être déphasé.

desfasamiento *m* FÍS déphasage.

desfasar *v tr* ELECTR déphaser.

desfase *m* FÍS déphasage ‖ FIG déséquilibre, décalage.

desfavorable *adj* défavorable.

‖ SIN **contrario** contraire; **adverso** adverse; **hostil** hostile.

desfavorecedor, ra *adj* défavorable, désavantageux, euse.

desfavorecer [30] *v tr* défavoriser, désavantager.

desfibrado *m*; **desfibración** *f* TECN défibrage *m*.

desfibradora *f* TECN défibreur *m* (máquina).

desfibrar *v tr* TECN défibrer.

desfibrilación *f* MED défibrillation.

desfibrilador *m* défibrillateur.

desfibrinación *f* MED défibrination.

desfiguración *f* défiguration.

desfigurado, da *adj* défiguré, e.

desfiguramiento *m* défiguration *f*.

desfigurar *v tr* défigurer; **una cicatriz ancha le desfigura** une large cicatrice le défigure ‖ altérer, déformer; **desfigurar la verdad, los hechos** déformer la vérité, les faits ‖ estomper, effacer (las formas) ‖ FIG contrefaire, déguiser (la voz).

➤ **desfigurarse** *v pr* FIG se troubler, avoir les traits altérés (turbarse).

desfilachar *v tr* effilocher.

desfiladero *m* défilé (paso estrecho).

‖ SIN **puerto** col, port; **quebrada, tajo** brèche; **paso, portillo** pas; **garganta, angostura** gorge; **cañón** canyon.

desfilar *v intr* défiler.

desfile *m* défilé (de tropas) ‖ **desfile de modelos** défilé de mannequins.

‖ SIN **procesión** procession; **parada** parade; **cabalgata** cavalcade; **mascarada** mascarade.

desflecadura *f* effrangement *m*.

desflecar [10] *v tr* effranger.

desflemar *v tr* MED expulser les flegmes ‖ QUÍM séparer les flegmes, rectifier un alcool.

desfloración *f*; **desfloramiento** *m* défloration *f* ‖ flétrissement *m* (ajamiento).

desflorar *v tr* déflorer (desvirgar) ‖ défleurir (hacer caer la flor) ‖ faner, flétrir (marchitar) ‖ FIG effleurer (no profundizar) ‖ déflorer; **desflorar una noticia, un asunto** déflorer une nouvelle, un sujet.

desflorecer [30] *v intr* défleurir.

➤ **desflorecerse** *v pr* défleurir.

desflorecimiento *m* défloraison *f*.

desfogar [16] *v tr* donner libre cours à; **desfogar la cólera** donner libre cours à sa colère ‖ éteindre (la cal).

◇ *v intr* MAR faiblir, se calmer (una tempestad).

➤ **desfogarse** *v pr* donner libre cours à [une passion, etc.] ‖ se défouler, se soulager, passer sa mauvaise humeur sur; **después de la bronca que le habían echado se desfogó con nosotros** après la réprimande qu'on lui avait adressée, il se défoula sur nous ‖ se détendre; **los niños necesitan desfogarse** les enfants ont besoin de se détendre ‖ se défouler (desquitarse).

desfogue *m* issue *f* donnée au feu ‖ FIG assouvissement (de una pasión) ‖ (*Amer*) orifice d'une conduite d'eau.

desfoliación *f* défoliation.

desfollonar *v tr* épamprer (la vid).

desfondamiento *m* effondrement.

desfondar *v tr* défoncer (romper el fondo) ‖ effondrer (hundir) ‖ AGRIC défoncer (el suelo).

➤ **desfondarse** *v pr* se défoncer, être défoncé; **el sillón se ha desfondado** le fauteuil est défoncé ‖ FIG être épuisé, avoir une défaillance, s'effondrer.

desfonde *m* défonçage, défoncement (hundimiento); **el desfonde de un tonel** le défoncement d'un tonneau ‖ MAR sabordage ‖ FIG défaillance *f*, effondrement (cansancio).

desformar *v tr* déformer.

desfortalecer [30] *v tr* démanteler [une forteresse].

desfosforación *f* TECN déphosphoration.

desfosforar *v tr* TECN déphosphorer.

desfrenar ➤ **desenfrenar**.

desfruncir [12] *v tr* défroncer.

desgaire *m* nonchalance *f*; **andar con desgaire** marcher avec nonchalance ‖ geste de mépris o de dédain ∎ **al desgaire** nonchalamment (con descuido afectado), négligemment, par-dessous la jambe (con descuido); **hacer un trabajo al desgaire** faire un travail négligemment.

desgajar *v tr* arracher ‖ casser, disloquer (romper).

➤ **desgajarse** *v pr* s'arracher; **desgajarse de** s'arracher à ‖ FIG s'écarter, se séparer (apartarse) ‖ se détacher.

desgalichado, da *adj* FAM dégingandé, e.

desgana *f* dégoût *m*, répugnance ‖ dégoût *m*, inappétence (falta de apetito) ‖ **hacer una cosa a desgana** o **con desgana** faire quelque chose à contrecœur o sans entrain.

desganado, da *adj* sans appétit (sin apetito) ‖ sans enthousiasme; **el equipo jugó desganado** l'équipe joua sans enthousiasme.

desganar *v tr* couper l'appétit à (cortar el apetito).

➤ **desganarse** *v pr* perdre l'appétit (el apetito) ‖ se dégoûter de (cansarse).

desgañitarse *v pr* s'égosiller, s'époumoner ‖ **gritaba a desgañitarse** il criait à tue-tête o à en perdre le souffle.

desgarbado, da *adj* dégingandé, e.

desgarbo *m* manque de grâce, dégingandement.

desgargantarse *v pr* FAM s'égosiller, s'époumoner.

desgargolar *v tr* AGRIC égrener le lin o le chanvre.

desgaritarse *v pr* s'égarer (perderse) ‖ **oveja desgaritada** brebis égarée.

desgarrador, ra *adj* déchirant, e; **oíanse gritos desgarradores** on entendait des cris déchirants ‖ FIG navrant, e (lastimoso).

desgarradura *f* accroc *m*, déchirure.

desgarramiento *m* déchirement, craquement, rupture *f* (de una tela) ‖ déchirure *f* (de un músculo).

desgarrante *adj* déchirant, e.

desgarrar *v tr* [▷ SIN] déchirer; **desgarrar un vestido** déchirer un vêtement ▌FIG déchirer, fendre (afligir); **sus desgracias me desgarran el corazón** ses malheurs me déchirent le cœur ▌déchirer; **la tos le desgarraba el pecho** la toux lui déchirait la poitrine.

➤ **desgarrarse** *v pr* se déchirer ▌**desgarrarse uno a otro** s'entre-déchirer.

▌ SIN desmenuzar émietter; lacerar lacérer; dilacerar dilacérer; despedazar, destrozar mettre en pièces; hacer trizas déchiqueter.

desgarro *m* déchirure *f* (rotura muscular) ▌déchirement (aflicción) ▌FIG impudence *f*, effronterie *f* (descaro) ▌fanfaronnade *f*, vantardise *f* (Amer) crachat (escupidura).

desgarrón *m* accroc, large déchirure *f* ▌lambeau (colgajo) ▌déchirure *f* (muscular).

desgasificador *m* TECN dégazeur.

desgastamiento *m* usure *f* ▌détérioration *f* (deterioro) ▌prodigalité *f*, gaspillage (desperdicio).

desgastar *v tr* user (deteriorar) ▌FIG gâter (viciar).

➤ **desgastarse** *v pr* FIG s'user (debilitarse).

desgaste *m* usure *f* ▌FIG affaiblissement (debilitación) ▌**guerra de desgaste** guerre d'usure.

desgaznatarse *v pr* (p us) s'égosiller.

desgerminar *v tr* TECN dégermer.

desglasar *v tr* déglacer (papel).

desglaseado *m* déglaçage, déglacement (del papel).

desglosar *v tr* (p us) supprimer les annotations ▌détacher (un escrito de otro) ▌CINEM faire le découpage de, découper (una película) ▌ventiler, faire le détail de (gastos) ▌DR disjoindre ▌FIG permanecer desglosado de rester séparé de.

desglose *m* CINEM découpage ▌ventilation *f*, détail; **desglose de los gastos generales** ventilation des frais généraux ▌DR disjonction *f* ▌**hacer el desglose** faire le détail, ventiler.

desgobernar [19] *v tr* perturber, mettre le désordre (desordenar) ▌mal gouverner ▌démettre, déboîter (huesos) ▌MAR mal gouverner (un barco).

➤ **desgobernarse** *v pr* se démettre, se déboîter (huesos).

desgobierno *m* mauvaise tenue *f*, manque d'ordre, désordre (de la casa) ▌désordre dans la conduite, dérèglement, inconduite *f* ▌mauvaise administration *f* ▌mauvais gouvernement.

desgolletar *v tr* égueuler, casser le goulot (romper el gollete) ▌(p us) FIG échancrer (escotar).

desgomado *m* dégommage.

desgomar *v tr* dégommer.

desgonzar [13]; **desgoznar** *v tr* enlever les gonds de, dégonder.

desgracia *f* [▷ SIN] malheur *m*; **ser o verse perseguido por la desgracia** jouer de malheur; **labrarse la propia desgracia** faire son propre malheur ▌disgrâce (pérdida de favor); **caer en desgracia** tomber en disgrâce ▌lourdeur, maladresse (torpeza) ■ **las desgracias nunca vienen solas** un malheur ne vient jamais seul ▌**no ha habido que lamentar desgracias personales** on n'a pas eu à déplorer de victimes (accidente) ▌**para mayor desgracia** pour comble de malheur ▌**por desgracia** malheureusement, par malheur.

▌ SIN prueba épreuve; tribulación, pena tribulation; infortunio infortune; adversidad adversité; calamidad calamité; desventura mésaventure; miseria misère; peligro danger.

desgraciadamente *adv* malheureusement.

desgraciado, da *adj* malheureux, euse; **desgraciado en el juego** malheureux au jeu; **un suceso desgraciado** un évènement malheureux ▌disgracieux, euse (sin gracia) ▌désagréable (desagradable) ▌malheureux, euse; pauvre ▌**ser desgraciado** n'avoir pas de chance.

◇ *m & f* malheureux, euse ▌**pobre desgraciado** pauvre malheureux, pauvre hère ▌**ser un desgraciado** être un pauvre type o un pauvre diable.

desgraciar [8] *v tr* abîmer, esquinter (estropear) ▌blesser (herir) ▌estropier, amocher (lisiar).

➤ **desgraciarse** *v pr* tourner mal, rater (malograrse); **desgracióse su negocio** son affaire a mal tourné ▌se brouiller (desavenirse).

desgramar *v tr* arracher le chiendent.

desgranador, ra *adj* qui égrène.

➤ **desgranador** *m* égreneur.

➤ **desgranadora** *f* égreneuse (máquina); **desgranadora de maíz** égreneuse à maïs.

desgranamiento *m* égrenage.

desgranar *v tr* AGRIC égrener (sacar el grano) ▌égrapper (las uvas) ▌dépiquer (el trigo) ▌égrener (un rosario).

➤ **desgranarse** *v pr* s'égrener ▌(Amer) se disperser, se débander (desbandarse).

desgrane *m* égrenage (de granos) ▌égrappage (de uvas).

desgranzar [13] *v tr* AGRIC cribler (cribar) ▌vanner (cerner) ▌broyer (colores).

desgrasar *v tr* dégraisser ▌dégorger (lana).

desgrase *m* dégraissage.

desgravable *adj* déductible des impôts.

desgravación *f* dégrèvement *m* (impuesto).

desgravar *v tr* dégrever (rebajar).

desgreñado, da *adj* échevelé, e; hirsute ▌**tener el pelo desgreñado** avoir le cheveux en bataille, être échevelé.

desgreñar *v tr* écheveler, ébouriffer (despeinar).

➤ **desgreñarse** *v pr* être échevelé ▌se crêper le chignon (reñir).

desguace *m* MAR démolition *f*, dépeçage (barco) ▌dégrossissage (madera) ▌casse *f* (de coches).

desguanzarse [13] *v pr* (Amer) se fatiguer.

desguanzo *m* (Amer) épuisement.

desguarnecer [30] *v tr* dégarnir (quitar un adorno); **desguarnecer un sombrero** dégarnir un chapeau ▌MIL dégarnir (una plaza, un fuerte) ▌déharnacher (quitar los arreos a un animal) ▌démanteler, mettre en pièces (romper).

desguazar [13] *v tr* dégrossir (madera) ▌MAR démolir, livrer à la démolition, dépecer (un barco).

desguince *m* foulure *f*, entorse *f* (torcedura) ▌TECN dérompoir (cuchillo).

desguindar *v tr* MAR amener (vela).

➤ **desguindarse** *v pr* se laisser glisser, dégringoler; **desguindarse de un mastelero** se laisser glisser le long d'un mât.

desguinzado *m* défilage (papel).

desguinzadora *f* TECN défileuse.

desguinzar [13] *v tr* dérompre, défiler (papel).

deshabillé *m* déshabillé (vestido).

deshabitado, da *adj* inhabité, e.

deshabitar *v tr* dépeupler; **la guerra deshabitó la provincia** la guerre a dépeuplé la province ▌quitter, abandonner (dejar un sitio).

deshabituación *f* désaccoutumance.

deshabituar [6] *v tr* déshabituer.

deshacedor, ra *adj & s* (p us) qui défait ▌**deshacedor de agravios o de entuertos** redresseur de torts.

deshacer [60] *v tr* défaire (destruir) ▌défaire, battre (vencer) ▌faire fondre, dissoudre (disolver); **deshacer un terrón de azúcar** faire fondre un morceau de sucre ▌délayer (desleír) ▌FIG détruire, démolir; **esto deshace todos mis planes** cela détruit tous mes plans ▌déjouer; **deshacer una intriga** déjouer une intrigue ▌annuler (contrato) ▌**deshacer entuertos o agravios** redresser les torts ▌FIG **deshacer un trato** rompre un marché ▌**es él quien hace y deshace** c'est lui qui fait la loi.

➤ **deshacerse** *v pr* se défaire; **deshacerse de una cosa** se défaire de quelque chose ▌se briser, se casser; **el vaso se deshizo al caer** le verre se brisa en tombant ▌s'éreinter, se démener, s'échiner, se mettre en quatre FAM; **se deshace por terminar pronto** il se démène pour en finir au plus vite ▌se mettre en quatre; **deshacerse por uno** se mettre en quatre pour quelqu'un ■ **deshacerse como el humo** s'en aller en fumée ▌**deshacerse de** se défaire de, se débarrasser de (librarse de), se défaire de, abandonner (abandonar) ▌**deshacerse en fondre en**; **el hielo se deshace en agua** la glace fond en eau ▌**deshacerse en alabanzas, en cumplidos** se répandre en éloges, en compliments ▌**deshacerse en atenciones con alguien** être plein d'attentions o avoir mille égards pour quelqu'un ▌**deshacerse en celos, en pavores** être rongé de jalousie, d'inquiétude ▌**deshacerse en esfuerzos baldíos** se dépenser en vains efforts ▌**deshacerse en excusas** se confondre en excuses ▌**deshacerse en impaciencia** se morfondre d'impatience ▌**deshacerse en imprecaciones, en llanto** éclater en imprécations, en sanglots ▌**deshacerse en lágrimas** fondre en larmes ▌**deshacerse en suspiros** pousser de profonds soupirs ▌**deshacerse por algo** avoir une envie folle de quelque chose ■ **con los nervios deshechos** les nerfs à bout ▌**estar deshecho** être à moitié mort d'inquiétude, être dans tous ses états (de inquietud), être effondré o bouleversé o anéanti (consternado), être fourbu o éreinté o rompu (de cansancio).

desharrapado, da *adj & s* déguenillé, e.

deshebillar *v tr* déboucler.

deshebrar *v tr* effilocher (sacar hilos) ▌désenfiler (la aguja) ▌enlever les fils (de las judías verdes) ▌FIG mettre en charpie.

deshecha *f* dissimulation, feinte (fingimiento) ▌prétexte *m* (excusa, evasiva) ▌congé *m* (despedida) ▌dernière strophe, envoi *m* (de un poema).

deshechizar [13] *v tr* désensorceler.

deshecho, cha *adj* défait, e ▎ violent, e (tormenta, lluvia).

deshelador *m* dégivreur.

deshelar [19] *v tr* dégeler, déglacer; deshelar una cañería dégeler un tuyau ▎ dégivrer (una nevera, etc.).

➤ **deshelarse** *v pr* se dégeler, dégeler ▎ dégeler, débâcler (río).

desherbar [34] *v tr* désherber.

desheredado, da *adj* & *s* déshérité, e.

desheredamiento *m* déshéritement.

desheredar *v tr* déshériter; desheredar a un hijo déshériter un enfant.

desherencia *f* DR déshérence (sin herederos); caer en desherencia tomber en déshérence.

deshermanar *v tr* désassortir, dépareiller.

➤ **deshermanarse** *v pr* se conduire en frère indigne.

desherradura *f* VETER sole battue.

desherrar [19] *v tr* déferrer, enlever les fers (a un caballo) ▎ ôter les fers [à un prisonnier].

➤ **desherrarse** *v pr* se déferrer.

desherrumbrar *v tr* dérouiller.

deshidratación *f* déshydratation.

deshidratante *adj* déshydratant, e. ◇ *m* déshydratant.

deshidratar *v tr* déshydrater.

deshidrogenación *f* déshydrogénation.

deshidrogenar *v tr* déshydrogéner.

deshidrogenasa *f* déshydrogénase.

deshielo *m* dégel ▎ dégivrage (de una nevera, un coche, un avión) ▎ dégel, débâcle *f* (de un río) ▎ FIG dégel; el deshielo de las relaciones internacionales le dégel des relations internationales.

deshijar *v tr* (*Amer*) couper les rejetons d'une plante ▎ sevrer (animales).

deshilachadura *f* effilochement *m*.

deshilachar *v tr* effiler, effilocher ▎ effranger (desflecar).

deshilado, da *adj* à la file (uno tras otro).

➤ **deshilado** *m* broderie *f* à jour ▎ défilage (costura).

deshiladura *f* effilage *m*, effilochage *m*, défilage *m*.

deshilar *v tr* effiler, effilocher; deshilar una tela effiler une toile ▎ provoquer l'essaimage artificiel (abejas) ▎ FIG couper menu.

deshilvanado, da *adj* défaufilé, e; débâti, e (costura) ▎ FIG décousu, e; estilo, discurso deshilvanado style, discours décousu.

deshilvanar *v tr* défaufiler, débâtir.

deshincar [10] *v tr* enlever, arracher.

deshinchadura *f*; **deshinchamiento** *m*; **deshinchazón** *f* désenflure *f*.

deshinchar *v tr* désenfler ▎ dégonfler (un balón) ▎ FIG exhaler (la cólera).

➤ **deshincharse** *v pr* désenfler; se te ha deshinchado la pierna ta jambe a désenflé ▎ se dégonfler (un neumático) ▎ FIG & FAM en rabattre, mettre de l'eau dans son vin ▎ se dégonfler (rajarse).

deshinchazón ➧ deshinchadura.

deshipnotizar [13] *v tr* réveiller.

deshipoteca *f* mainlevée d'une hypothèque.

deshipotecar [10] *v tr* déshypothéquer.

deshojadura *f*; **deshojamiento** *m* effeuillement *m*.

deshojar *v tr* effeuiller ▎ FIG deshojar la margarita effeuiller la marguerite.

deshoje *m* effeuillement ▎ effeuillaison *f*.

deshollejar *v tr* peler (mondar) ▎ écosser (desvainar).

deshollinadera *f* tête-de-loup (escobón).

deshollinador, ra *adj* qui ramone (que deshollina).
◇ *adj* & *s* FIG & FAM fouinard, e (escudriñador).

➤ **deshollinador** *m* tête de loup *f* (escobón) ▎ hérisson (para deshollinar chimeneas) ▎ ramoneur (el que limpia chimeneas).

deshollinar *v tr* ramoner (chimeneas) ▎ FIG & FAM observer, épier (observar).

deshonestidad *f* indécence, déshonnêteté.

deshonesto, ta *adj* impudique, indécent, e; déshonnête (persona) ▎ malséant, e (cosas).

deshonor *m* déshonneur (pérdida del honor) ▎ honte *f*, déshonneur; el deshonor de la familia la honte de la famille ▎ affront (afrenta).

deshonorar *v tr* déshonorer.

deshonra *f* déshonneur *m* ▎ honte ▎ tener a deshonra juger déshonorant.

deshonrabuenos *m* & *f inv* FAM débineur, euse ▎ honte *f* de la famille.

deshonrar *v tr* déshonorer; deshonrar la familia, la patria déshonorer la famille, la patrie ▎ déshonorer (a una mujer) ▎ insulter.

➤ **deshonrarse** *v pr* se déshonorer; se deshonró con sus vilezas il s'est déshonoré par ses infamies.

deshonrosamente *adv* honteusement.

deshonroso, sa *adj* déshonorant, e; honteux, euse; indigne (vergonzoso); acto deshonroso acte déshonorant.

deshora *f* moment *m* inopportun ▎ a deshora o deshoras à une heure indue (fuera de tiempo), mal à propos, à contretemps, intempestivement (fuera de ocasión).

deshornadora *f* TECN défourneuse.

deshornar *v tr* défourner.

deshuesado, da *adj* désossé, e.

deshuesadora *f* dénoyauteur *m*.

deshuesamiento *m* désossement.

deshuesar *v tr* désosser; deshuesar un pollo désosser un poulet ▎ dénoyauter (frutas).

deshumanización *f* déshumanisation.

deshumanizar [13] *v tr* déshumaniser.

deshumano, na *adj* inhumain, e.

deshumedecer [30] *v tr* déshumidifier.

deshumidificador *m* déshumidificateur.

deshumidificar [10] *v tr* déshumidifier.

desiderable *adj* désirable.

desiderata *f* liste d'objets, en particulier de livres, que l'on souhaite acquérir.

desiderativo, va *adj* désidératif, ive (verbo).

desiderátum *m* desiderata *pl*.

Desiderio *n pr* Désiré, Didier.

desidia *f* négligence (negligencia) ▎ nonchalance, mollesse (despreocupación).

desidioso, sa *adj* négligent, e (negligente) ▎ nonchalant, e; mou, molle (despreocupado).

desierto, ta *adj* désert, e (deshabitado) ▎ désertique; llanura desierta plaine désertique ▎ vacant, e; el premio Nobel ha sido declarado desierto le prix Nobel a été déclaré vacant ▎ FIG désert, e; calle desierta rue déserte.

➤ **desierto** *m* désert ▎ FIG clamar o predicar en el desierto prêcher dans le désert.

> **LOS DESIERTOS**
> el desierto de Atacama le désert d'Atacama;
> el desierto de Gobi le désert de Gobi;
> el desierto del Kalahari le désert du Kalahari;
> el desierto de Libia le désert de Libye;
> el desierto de Namibia le désert du Namib;
> el desierto de Nubia le désert de Nubie;
> el desierto del Sahara le désert du Sahara.

designación *f* désignation ▎ designación de procurador constitution d'avoué.

designar *v tr* désigner; designar a un sucesor désigner un successeur ▎ indiquer; designar la hora de una cita indiquer l'heure d'un rendez-vous ▎ projeter de (querer).

designativo, va *adj* désignatif, ive.

designio *m* dessein, projet ▎ con el designio de dans le dessein de.

> SIN proyecto projet; empresa entreprise; plan plan; programa programme.

desigual *adj* inégal, e ▎ inégal, e; accidenté, e; raboteux, euse (terreno) ▎ FIG changeant, e (cambiadizo); persona desigual personne changeante ▎ inégal, e; un alumno desigual un élève inégal ▎ inégal, e; variable; tiempo desigual temps variable ▎ FIG & FAM salir desigual n'être pas égal, ne pas coïncider; las dos figuras me salieron totalmente desiguales les deux figures ne coïncidaient pas du tout.

desigualar *v tr* rendre inégal o différent (dos cosas) ▎ traiter différemment (dos personas).

➤ **desigualarse** *v pr* prendre l'avantage, se distinguer (aventajarse).

desigualdad *f* [▷ SIN] inégalité ▎ MAT inégalité ▎ disparité, inégalité; desigualdad entre los salarios agrícolas e industriales disparité entre les salaires agricoles et industriels.

> SIN disparidad disparité; desproporción disproportion; desemejanza dissemblance.

desigualmente *adv* inégalement.

desilusión *f* désillusion, déception; sufrir una desilusión avoir une grosse déception.

desilusionado, da *adj* désillusionné, e; déçu, e (desengañado) ▎ désabusé, e (sin ilusiones).

desilusionar *v tr* désillusionner, décevoir.

desimanación *f* désaimantation.

desimanar *v tr* désaimanter.

desimantación *f* désaimantation.

desimantar *v tr* désaimanter.

desimponer [65] *v tr* IMPR dégarnir.

desimpresionar *v tr* détromper, désabuser (desengañar).

➤ **desimpresionarse** *v pr* se détromper.

desincorporar *v tr* isoler, séparer.

desincrustación *f* désincrustation ▎ détartrage *m* (de las calderas).

desincrustante *adj m* & *s m* détartrant (caldera) ▎ désincrustant.

desincrustar *v tr* désencroûter, détartrer (una caldera, tubería, etc.) ▌désincruster.

desinencia *f* GRAM désinence.

desinencial *adj* désinentiel, elle.

desinfartar *v tr* MED résoudre un infarctus.

desinfección *f* désinfection.

desinfectante *adj & s m* désinfectant, e.

desinfectar *v tr* désinfecter.

desinfectorio *m* (*Amer*) établissement de désinfection.

desinflado; desinflamiento *m* dégonflement, dégonflage.

desinflamación *f* disparition de l'inflammation.

desinflamar *v tr* MED désenflammer.
▶ **desinflamarse** *v pr* MED se désenflammer.

desinflamiento ▬ **desinflado**.

desinflar *v tr* dégonfler.
▶ **desinflarse** *v pr* se dégonfler; el balón se desinfló le ballon se dégonfla ▌FAM se dégonfler (rajarse).

desinformación *f* désinformation.

desinformar *v intr* désinformer.

desinsectación *f* désinsectisation.

desinsectar *v tr* désinsectiser.

desintegración *f* désintégration ▌desintegración nuclear fission nucléaire.

desintegrar *v tr* désintégrer.

desinterés *m* désintéressement ▌indifférence *f*.
▌ OBSERV pl desintereses.

desinteresadamente *adv* d'une manière désintéressée.

desinteresado, da *adj* désintéressé, e.

desinteresarse *v pr* se désintéresser.

desintoxicación *f* désintoxication.

desintoxicar [10] *v tr* désintoxiquer.

desistimiento *m* désistement.

desistir *v intr* renoncer à, se désister de (p us); desistió de su empresa il a renoncé à son entreprise ▌se désister (un candidato).

desjarretadera *f* lame pour couper les jarrets des taureaux.

desjarretar *v tr* couper les jarrets ▌FIG & FAM couper bras et jambes, affaiblir, épuiser (debilitar).

desjarrete *m* sectionnement des jarrets.

desjugar [16] *v tr* presser, extraire le jus de.

desjuiciado, da *adj* écervelé, e; sot, sotte; irréfléchi, e (sin juicio).

desjuntar *v tr* séparer (personas o cosas) ▌disjoindre (cosas).

deslabonamiento *m* démaillage (de una cadena).

deslabonar *v tr* démailler [une chaîne].

desladrillar *v tr* décarreler.

deslastrar *v tr* délester.

deslavado *m*; **deslavadura** *f* lavage *m* superficiel ▌délavage *m* (acción de desteñir).

deslavar *v tr* laver superficiellement ▌délaver, déteindre (desteñir); tela deslavada toile délavée.

deslavazado, da *adj* délavé, e (desteñido) ▌noyé, e; insipide [mets] ▌FIG décousu, e [style].

deslavazar [13] *v tr* délaver (desteñir) ▌rendre insipide [un mets].

deslave ▬ **derrubio**.

deslazar [13] *v tr* dénouer (desenlazar).

desleal *adj* déloyal, e; desleal con su hermano déloyal envers son frère.
▌ SIN infiel infidèle; pérfido perfide; malvado scélérat; traidor traître; felón félon; judas judas.

deslealmente *adv* déloyalement.

deslealtad *f* déloyauté.

deslechar *v tr* déliter (gusanos de seda).

deslecho *m* délitage, délitement (de los gusanos de seda).

deslechugar [16]; **deslechuguillar** *v tr* (p us) ébourgeonner, épamprer (despampanar) ▌sarcler (desherbar).

desleidora *f* TECN délayeur *m*.

desleidura *f*; **desleimiento** *m* délayage *m*, délayement *m*, délaiement *m*.

desleír [28] *v tr* [▷ SIN] délayer ▌détremper (colores) ▌FIG délayer.
▶ **desleírse** *v pr* se délayer.
▌ SIN aguar étendre; diluir diluer; disolver dissoudre; deshacer faire fondre.

deslendrar [19] *v tr* enlever les lentes.

deslenguado, da *adj* FIG insolent, e (insolente) ▌fort, e en gueule (grosero); una pescadera deslenguada une harengère forte en gueule.

deslenguamiento *m* FIG & FAM grossièreté *f* [langage].

deslenguar [45] *v tr* couper la langue.
▶ **deslenguarse** *v pr* FIG & FAM parler insolemment o sans retenue (con insolencia), se laisser aller à des écarts de langage (groseramente).

desliar [9] *v tr* délier, détacher (desatar) ▌défaire; desliar un paquete défaire un paquet ▌clarifier, coller [le vin].
▶ **desliarse** *v pr* se délier.

desligadura *f* déliement *m*.

desligar [16] *v tr* délier, dénouer, détacher (desatar) ▌FIG délier, dégager (de una obligación) ▌débrouiller (desenredar) ▌MÚS détacher, piquer (destacar).
▶ **desligarse** *v pr* se détacher, perdre contact; desligarse de su familia se détacher de sa famille; desligarse de sus amigos perdre contact avec ses amis ▌se dégager, se libérer; desligarse de un compromiso se dégager d'une obligation ▌s'éloigner; deslígate de ese amigo que te perjudica éloigne-toi de cet ami qui te fait du tort.

deslindador *m* arpenteur.

deslindamiento *m* bornage, délimitation *f*.

deslindar *v tr* borner, délimiter (poner lindes); deslindar una heredad délimiter une propriété ▌FIG préciser, délimiter, poser en termes précis; deslindar un problema poser un problème en termes précis ▌distinguer (distinguir) ▌mettre au clair, éclaircir (aclarar).

deslinde *m* bornage, délimitation *f*.

desliñar *v tr* épinceter (los paños).

desliz *m* glissade *f* (de personas) ▌glissement (de cosas) ▌FIG faux pas, moment de faiblesse, faute *f*, glissade *f* (falta); tener un desliz faire un faux pas, avoir un moment de faiblesse ▌esta mujer ha cometido un desliz en su juventud cette femme a fauté dans sa jeunesse.
▌ OBSERV pl deslices.

deslizable *adj* qui peut se glisser; error deslizable erreur qui a pu se glisser.

deslizadero *m* glissoire *f*.

deslizamiento *m* glissement (de las cosas) ▌glissade *f* (de personas).

deslizante *adj* glissant, e.

deslizar [13] *v tr* glisser; deslizar una palabra, una carta debajo de la puerta glisser un mot, une lettre sous la porte.
◇ *v intr* glisser.
▶ **deslizarse** *v pr* se glisser, se faufiler (escurrirse) ▌coulisser (una cinta) ▌FIG faire un faux pas, avoir un moment de faiblesse (cometer una falta) ▌être sur la pente; deslizarse al o en el vicio être sur la pente de la débauche ▌filer, s'enfuir (escaparse) ▌deslizarse entre las manos glisser des mains.

deslomado, da *adj* éreinté, e; qui a les reins brisés.

deslomadura *f* éreintement *m*.

deslomar *v tr* casser les reins, rompre l'échine (derrengar).
▶ **deslomarse** *v pr* FAM s'éreinter, s'échiner (trabajar demasiado).

deslucidamente *adv* sans agrément, sans grâce (sin gracia), sans éclat (sin brillo).

deslucido, da *adj* FIG terne, sans éclat, peu brillant, e; una acción deslucida une action sans éclat.

deslucimiento *m* manque d'éclat o de grâce.

deslucir [32] *v tr* abîmer, gâcher (estropear) ▌déparer (afear) ▌discréditer, faire du tort à (desacreditar).

deslumbrador, ra; deslumbrante *adj* éblouissant, e.

deslumbramiento *m* éblouissement ▌FIG aveuglement (ceguera).

deslumbrante ▬ **deslumbrador**.

deslumbrar *v tr* éblouir, aveugler; la luz de los faros nos deslumbraba la lumière des phares nous éblouissait ▌FIG éblouir, fasciner; lo deslumbró con promesas engañosas il l'a ébloui par des promesses trompeuses ▌jeter de la poudre aux yeux, éblouir (confundir).

deslustrado *m* TECN décatissage (del paño).

deslustrador, ra *adj* qui ternit, qui délustre.
▶ **deslustrador** *m* décatisseur (de paños).

deslustrar *v tr* délustrer, ternir (quitar el lustre) ▌décatir (los paños) ▌déglacer (el papel) ▌dépolir (el cristal) ▌amatir (el oro, la plata) ▌FIG discréditer, faire du tort à (desacreditar) ▌déshonorer (deshonrar).

deslustre *m* ternissure *f*, manque d'éclat ▌décatissage, délustrage (del paño) ▌déglaçage (del papel) ▌dépolissage (del cristal) ▌FIG tache *f*, discrédit (descrédito) ▌déshonneur.

deslustroso, sa *adj* terne, laid, e ▌FIG inconvenant, e.

desmadejado, da *adj* FIG mou, molle; faible (sin energía) | dégingandé, e (desgarbado) | dejar desmadejado couper bras et jambes.

desmadejamiento *m* FIG faiblesse *f*, mollesse *f* (falta de energía) | dégingandement (desgarbo).

desmadejar *v tr* FIG affaiblir, couper bras et jambes, laisser sans ressort (debilitar).
➤ **desmadejarse** *v pr* se dégingander (desgarbarse).

desmadrar *v tr* sevrer (los animales).
➤ **desmadrarse** *v pr* FAM dépasser les bornes (descomedirse).

desmadre *m* FAM pagaille *f* (desbarajuste) | foire *f* (jolgorio).

desmagnetización *f* TECN démagnétisation.

desmagnetizar [13] *v tr* démagnétiser.

desmajolar [23] *v tr* arracher les jeunes ceps de vigne | délacer [les chaussures].

desmalezar [13] *v tr* (Amer) désherber, sarcler.

desmalladura *f* démaillage *m*.

desmallar *v tr* démailler.

desmamar *v tr* sevrer (destetar).

desmamonar *v tr* AGRIC émonder (podar).

desmán *m* excès; cometer toda clase de desmanes commettre o faire toute sorte d'excès | abus; no tolerar desmanes de nadie ne tolérer d'abus de la part de personne | malheur (desdicha) | desman (mamífero).

desmanarse *v pr* s'écarter du troupeau.

desmanchar *v tr* (Amer) nettoyer, ôter les taches.
➤ **desmancharse** *v pr* (Amer) faire bande à part.

desmandado, da *adj* désobéissant, e (desobediente) | rebelle (indómito) | à l'écart (desbandado).

desmandamiento *m* contrordre (revocación de una orden) | révocation *f* d'un legs | désobéissance *f* (desobediencia) | manque de politesse *f*, impolitesse *f* (falta de educación).

desmandar *v tr* donner un contrordre (a uno) | contremander, annuler (una orden).
➤ **desmandarse** *v pr* dépasser les bornes, s'oublier, y aller un peu fort (descomedirse) | désobéir, n'en faire qu'à sa tête (desobedecer); como te desmandes te metemos en un internado si tu continues à n'en faire qu'à ta tête nous te mettons dans un internat | échapper; el profesor debe cuidar que sus alumnos no se desmanden le professeur doit veiller à ce que ses élèves ne lui échappent pas | faire bande à part (separarse) | se défendre, regimber, ne plus répondre aux aides (un caballo) | s'écarter du troupeau (un toro) | muchedumbre desmandada foule en débandade.

desmanear *v tr* désentraver (un animal).

desmangado, da *adj* démanché, e (sin mango).

desmangar [16] *v tr* démancher.

desmangue *m* MÚS démanché, démanchement | démanchement.

desmano
➤ **a desmano** *loc adv* hors de portée [de la main] | me coge a desmano ce n'est pas sur mon chemin.

desmanotado, da *adj* maladroit, e; gauche.

desmantecar [10] *v tr* dégraisser (quitar la grasa) | écrémer (quitar la manteca).

desmantelado, da *adj* démantelé, e | dégarni, e (sin muebles) | MAR démâté, e | FIG à l'abandon (desamparado).

desmantelamiento *m* démantèlement; el desmantelamiento de una plaza fuerte le démantèlement d'une place forte | MAR démâtage | FIG abandon (desamparo).

desmantelar *v tr* [▷ SIN] démanteler (una fortaleza) | MAR démâter (desarbolar) | FIG abandonner (abandonar) | démanteler; desmantelar una organización démanteler une organisation.

| SIN derribar, demoler démolir; arrasar raser; abatir abattre.

desmaña *f* maladresse.

desmañado, da *adj & s* maladroit, e.

desmaño *m* négligence *f*.

desmaquillador *m* démaquillant.

desmaquillar *v tr* démaquiller.

desmarcaje *m* DEP démarcage.

desmarcar [10] *v tr* COM & DEP démarquer.
➤ **desmarcarse** *v pr* DEP se démarquer.

desmarojar *v tr* enlever le gui.

desmarque *m* DEP démarcage.

desmarrido, da *adj* triste, morne, abattu, e (alicaído).

desmatar *v tr* AGRIC défricher, débroussailler.

desmayadamente *adv* faiblement, mollement.

desmayado, da *adj* évanoui, e (sin sentido) | découragé, e (desanimado) | épuisé, e (sin fuerzas) | faible, affamé, e (hambriento) | indolent, e (dejado) | pâle, éteint, e (color).

desmayar *v tr* causer un évanouissement, faire défaillir; aquella noticia le desmayó cette nouvelle le fit défaillir | adoucir, estomper, éteindre (un color).
◇ *v intr* FIG se décourager, se laisser décourager.
➤ **desmayarse** *v pr* s'évanouir, tomber en défaillance, défaillir.

desmayo *m* évanouissement (pérdida del conocimiento), défaillance *f* (primer grado de la privación de sentido) | BOT saule pleureur.

desmazalado, da *adj* abattu, e; faible (flojo).

desmedido, da *adj* démesuré, e; ambición desmedida ambition démesurée.

desmedirse [26] *v pr* dépasser les bornes o la mesure (excederse).

desmedrado, da *adj* chétif, ive (enclenque).

desmedrar *v tr* détériorer (deteriorar).
◇ *v intr* déchoir, décliner, baisser, dépérir; este negocio ha desmedrado mucho cette affaire a beaucoup baissé.
➤ **desmedrarse** *v pr* se détériorer, déchoir.

desmedro *m* détérioration *f* | déclin, déchéance *f* (decaimiento) | dépérissement (de una persona).

desmejora ➤ **desmejoramiento**.

desmejorado, da *adj* changé, e; qui a mauvaise mine, en mauvaise santé; he encontrado a Pedro desmejorado j'ai trouvé Pierre en mauvaise santé.

desmejoramiento *m*; **desmejora** *f* détérioration *f* | affaiblissement, dépérissement (de salud).

desmejorar *v tr* détériorer, abîmer (menoscabar).
◇ *v intr & pr* perdre sa santé, s'affaiblir, baisser (una persona) | se dégrader, se détériorer; la situación se ha desmejorado rápidamente la situation s'est rapidement dégradée.

desmelenado, da *adj* échevelé, e.

desmelenar *v tr* écheveler.
➤ **desmelenarse** *v pr* FIG & FAM s'emballer.

desmembración *f*; **desmembramiento** *m* démembrement *m*.

desmembrar [19] *v tr* démembrer | FIG démembrer, disloquer; desmembrar un imperio démembrer un empire.

desmemoriado, da *adj* qui a mauvaise mémoire; soy tan desmemoriado que olvidé la fecha de tu cumpleaños j'ai une si mauvaise mémoire que j'ai oublié la date de ton anniversaire.

desmemoriarse [8] *v pr* perdre la mémoire.

desmentida *f* démenti *m* (mentís).

desmentido, da *adj* démenti, e.
➤ **desmentido** *m* (Amer) démenti (mentís).

desmentidor, ra *adj* qui donne un démenti.

desmentir [27] *v tr & intr* démentir, donner un démenti à.

desmenuzable *adj* friable.

desmenuzador, ra *adj* FIG pénétrant, e.
➤ **desmenuzador** *f* moulin *m* à sucre (máquina).

desmenuzamiento *m* émiettement.

desmenuzar [13] *v tr* émietter, réduire en miettes (pan, etc.) | hacher menu (picar) | FIG examiner de près o dans le détail, passer au crible.

desmeollamiento *m* extraction *f* de la moelle.

desmeollar *v tr* enlever la moelle.

desmerecedor, ra *adj* qui démérite.

desmerecer [30] *v tr* démériter de.
◇ *v intr* être inférieur à (en una comparación) | perdre de sa valeur, baisser (perder parte de su valor).

desmerecimiento *m* démérite (demérito).

desmesura *f* excès *m*, démesure, manque *m* de mesure.

desmesuradamente *adv* démesurément, excessivement, avec excès.

desmesurado, da *adj* démesuré, e; excessif, ive (excesivo); ambición desmesurada ambition démesurée.
◇ *adj & s* insolent, e; effronté, e (descarado).

desmesurar *v tr* dérégler, déranger.
➤ **desmesurarse** *v pr* dépasser les bornes o la mesure, parler o agir sans retenue (descomedirse).

desmigajar [1]; **desmigar** [16] *v tr* émietter, réduire en miettes.
➤ **desmigajarse**; **desmigarse** *v pr* s'émietter.

desmilitarización *f* démilitarisation.

desmilitarizar [13] *v tr* démilitariser.

desmineralización *f* déminéralisation.

desmirriado, da *adj* FAM rabougri, e; chétif, ive; malingre (flaco, enclenque).

desmitificar [10] *v tr* démythifier.

desmochar *v tr* étêter, écimer (los árboles) ‖ couper les cornes, écorner (las reses) ‖ décolleter (remolacha) ‖ FIG mutiler (una obra).

desmoche *m* étêtement, étêtage, écimage (de árboles) ‖ écornement (de reses) ‖ décolletage (de remolacha).

desmocho *m* émondes *f pl*, branches *f pl* coupées.

desmogar [16] *v intr* muer [les cornes].

desmogue *m* mue *f* (del ciervo).

desmoldar *v tr* (p us) démouler.

desmonetizar [13] *v tr* démonétiser.

desmontable *adj* démontable; un armario desmontable une armoire démontable ‖ amovible (que se quita).
◇ *m* desmontable para neumáticos démonte-pneu.

desmontaje *m* démontage.

desmontar *v tr* démonter (deshacer); desmontar un neumático démonter un pneu ‖ désarmer (arma de fuego) ‖ démonter (a un jinete) ‖ déboiser (cortar árboles) ‖ défricher (un campo) ‖ déblayer (quitar tierra) ‖ niveler (rebajar).
◇ *v intr* mettre pied à terre (apearse).

desmonte *m* déboisement (tala de árboles) ‖ coupe *f* de bois (parte desmontada) ‖ déblaiement, terrassement (nivelación de un terreno) ‖ déblai (escombros) ‖ défrichement (de una tierra).

desmoñar *v tr* FAM se crêper le chignon.

desmoralización *f* démoralisation.

desmoralizador, ra *adj* démoralisant, e.

desmoralizante *adj* démoralisant, e.

desmoralizar [13] *v tr* démoraliser.

desmorecerse [30] *v pr* éprouver une violente passion ‖ perdre la respiration o le souffle (con el llanto o la risa).

desmoronadizo, za *adj* friable, qui s'éboule; arena desmoronadiza sable friable.

desmoronamiento *m* éboulement (derrumbamiento) ‖ éboulis (escombros) ‖ effritement; el desmoronamiento de una roca l'effritement d'une roche ‖ FIG effritement, décomposition *f*, dégradation *f*; el desmoronamiento de un régimen l'effritement d'un régime.

desmoronar *v tr* ébouler, faire s'écrouler, abattre (derrumbar) ‖ effriter (reducir a polvo) ‖ FIG miner, saper, ruiner (arruinar lentamente).
◆ **desmoronarse** *v pr* s'ébouler, s'écrouler (derrumbarse) ‖ se déliter, s'effriter (rocas) ‖ tomber en ruine; esta casa se desmorona cette maison tombe en ruine ‖ FIG s'écrouler (imperios, proyectos) ‖ tomber (el crédito, etc.) ‖ s'effriter; la mayoría se desmorona la majorité s'effrite.

desmotadera *f* AGRIC égreneuse [à coton].

desmotador, ra *m & f* épinceteur, euse.
◆ **desmotadora** *f* égreneuse [à coton].

desmotar *v tr* épinceter, énouer (un tejido) ‖ égrener (el algodón).

desmovilización *f* démobilisation.

desmovilizar [13] *v tr* démobiliser.

desmultiplicador *m* TECN démultiplicateur.

desmultiplicar [10] *v tr* MECÁN démultiplier.

desnacionalización *f* dénationalisation.

desnacionalizar [13] *v tr* dénationaliser.

desnarigado, da *adj* camus, e; canard, e (chato) ‖ qui n'a pas de nez, sans nez (sin narices).

desnarigar [16] *v tr* arracher o écraser le nez [à quelqu'un].

desnatado, da *adj* écrémé, e.

desnatadora *f* écrémeuse.

desnatar *v tr* écrémer (la leche) ‖ FIG écrémer (sacar lo mejor de algo).

desnaturalización *f* dénaturalisation ‖ dénaturation (alteración).

desnaturalizado, da *adj* dénaturé, e; padre desnaturalizado père dénaturé ‖ dénaturé, e; alcohol desnaturalizado alcool dénaturé ‖ dénaturalisé, e (sin nacionalidad).

desnaturalizante *adj* QUÍM dénaturant, e.

desnaturalizar [13] *v tr* dénaturaliser (quitar la naturalización) ‖ dénaturer (alterar).

desnazificación *f* dénazification.

desnazificar [10] *v tr* dénazifier.

desnebulización *f* TECN dénébulation, dénébulisation.

desnervar *v intr* énerver (quitar los nervios).
‖ OBSERV La palabra francesa énerver significa a menudo molestar, fastidiar.

desnevar [34] *v intr* fondre (la nieve).

desnicotinizar [13] *v tr* dénicotiniser (tabaco).

desnieve *m* fonte *f* (de la nieve).

desnitrificación *f* dénitrification.

desnitrificar [10] *v tr* dénitrifier.

desnivel *m* dénivellement, dénivellation *f* ‖ FIG déséquilibre; desnivel de las regiones déséquilibre entre les régions.

desnivelado, da *adj* inégal, e (desigual) ‖ déséquilibré, e.

desnivelar *v tr* déniveler.

desnucar [10] *v tr* rompre la nuque o le cou.
◆ **desnucarse** *v pr* se rompre le cou.

desnuclearización *f* dénucléarisation.

desnuclearizar [13] *v tr* dénucléariser.

desnudamiento *m* déshabillage, action de déshabiller.

desnudar *v tr* déshabiller, dévêtir (quitar la ropa) ‖ FIG dépouiller, dénuder (despojar) ‖ dépouiller; el viento desnuda los árboles de sus hojas le vent dépouille les arbres de leurs feuilles.
◆ **desnudarse** *v pr* se déshabiller ‖ FIG se dépouiller, se défaire; desnudarse de sus defectos se défaire de ses défauts.
‖ OBSERV Dénuder se dice de las cosas, déshabiller es el término corriente, hablando de personas, y dévêtir es más culto y elegante.

desnudez *f* nudité.
‖ OBSERV pl desnudeces.

desnudismo *m* nudisme.

desnudista *adj & s* nudiste.

desnudo, da *adj* nu, e; con las piernas desnudas les jambes nues ‖ nu, e; tout nu, toute nue (desvestido) ‖ déshabillé, e (ya sin vestido) ‖ FIG nu, e (una pared, una espada) dénué (falto de); desnudo de méritos dénué de mérites ‖ clair, e; évident, e (patente) ■ FIG al desnudo à nu ‖ la verdad desnuda la vérité toute nue.
◆ **desnudo** *m* ARTES nu.
‖ OBSERV El giro tout nu, toute nue se emplea más que nu solo y es más familiar. Compárese: las Venus a menudo se representan desnudas les Vénus sont souvent représentées nues, y la frase los niños estaban desnudos les petits étaient tout nus.

desnutrición *f* MED dénutrition, sousalimentation, malnutrition.

desnutrido, da *adj* sous-alimenté, e.

desnutrirse *v pr* être atteint de dénutrition.

desobedecer [30] *v tr* désobéir à; desobedecer las órdenes, la ley désobéir aux ordres, à la loi; desobedecer a sus padres désobéir à ses parents.
‖ SIN contravenir contrevenir; infringir enfreindre; transgredir transgresser; quebrantar, violar violer.

desobediencia *f* désobéissance ‖ DR desobediencia civil désobéissance civile o passive.
‖ SIN insubordinación insubordination; infracción infraction; transgresión transgression; contravención contravention; indisciplina indiscipline; rebelión rébellion; resistencia résistance.

desobediente *adj & s* désobéissant, e.

desobligar [16] *v tr* dégager, libérer [d'une obligation] ‖ désobliger (causar disgusto).

desobstrucción *f* désobstruction.

desobstructivo, va *adj* désobstructif, ive; désobstruant, e.

desobstruir [51] *v tr* désobstruer.

desocupación *f* désœuvrement *m*, oisiveté (ocio) ‖ chômage *m* (desempleo).

desocupado, da *adj & s* désœuvré, e; inoccupé, e; oisif, ive (ocioso) ‖ libre; alquilar un piso desocupado louer un appartement libre ‖ inhabité, e; a menudo hay ratones en las casas desocupadas il y a souvent des souris dans les maisons inhabitées ‖ (*Amer*) chômeur, euse ‖ estar desocupado ne rien faire, n'avoir rien à faire (no hacer nada), chômer, être en chômage (sin empleo).

desocupar *v tr* débarrasser (dejar libre) ‖ vider (vaciar) ‖ abandonner, quitter, évacuer; desocupar una casa quitter une maison; desocupar el campo de batalla évacuer le champ de bataille.
◆ **desocuparse** *v pr* se libérer, se débarrasser (de una ocupación).

desodorante *adj & s m* désodorisant, e.

desodorar [1]; **desodorizar** [13] *v tr* désodoriser.

desoír [62] *v tr* faire la sourde oreille à, ne pas écouter; desoí los consejos de mi padre je n'ai pas écouté les conseils de mon père ‖ faire fi de, ne pas tenir compte de; desoyó la prescripción médica il ne tint pas compte du diagnostic.

desojar *v tr* casser le chas o l'œil (de una aguja, instrumento, etc.).

desojarse v pr s'user o se fatiguer les yeux.

desolación f désolation.

desolador, ra adj désolant, e (que aflige) ▌dévastateur, trice; una epidemia desoladora une épidémie dévastatrice.

desolar [80] v tr désoler ▌ravager (asolar).

desolarse v pr se désoler.

desoldadura f dessoudure.

desoldar [23] v tr dessouder.

desolidarizarse [13] v pr se désolidariser; desolidarizarse de sus compañeros se désolidariser de ses camarades.

desolladero m abattoir (matadero).

desollado, da adj & s FAM insolent, e; impudent, e (descarado).

desollador adj m & s m écorcheur.
◇ m ZOOL écorcheur, pie-grièche f (alcaudón).

desolladura f [▷ SIN] écorchure (arañazo) ▌écorchement m (de las reses muertas).
▌ SIN rasguño égratignure; excoriación excoriation.

desollar [23] v tr écorcher, dépouiller (los animales); desollar un conejo dépouiller un lapin ▌FIG & FAM endommager (causar daño) ▌écorcher, matraquer, faire payer trop cher (vender muy caro); desollarle a uno vivo faire payer trop cher à quelqu'un ▌ruiner, plumer (en el juego) ▌éreinter, esquinter, dire pis que pendre de (criticar) ▌FIG queda el rabo por desollar le plus dur reste à faire.

desollón m FAM écorchure f (arañazo).

desopilación f MED désopilation.

desopilante adj MED désopilant, e.

desopilar v tr MED désopiler.
▌ OBSERV L'emploi de ce verbe dans le sens de faire rire est un gallicisme.

desoprimir v tr libérer [de l'oppression], affranchir (librar).

desorbitado, da adj exorbitant, e; precios desorbitados des prix exorbitants ▌tener los ojos desorbitados écarquiller les yeux (de asombro), avoir les yeux hagards o exorbités (de espanto).

desorbitar v tr monter en épingle, grossir, exagérer; este periódico desorbita siempre los hechos ce journal grossit toujours les faits ▌(Amer) affoler (enloquecer).

desorbitarse v pr quitter son orbite, sortir de son orbite.

desorden m [▷ SIN] désordre; estar, poner en desorden être, mettre en désordre; reinaba gran desorden en la administración un grand désordre régnait dans l'administration ▌désordre, trouble; hay muchos desórdenes en el país il y a beaucoup de troubles dans le pays ▌excès (demasía) ▌FIG désordre (de la conducta) ▌désordre, dérèglement; el alcohol ocasiona desórdenes en el organismo l'alcool provoque des désordres dans l'organisme.
▌ SIN enredo, embrollo embrouillement; fárrago fatras; revoltijo pêle-mêle; FAM leonera capharnaüm; baturrillo, batiburrillo brouillamini.

desordenadamente adv en désordre, sans ordre; huyeron desordenadamente ils s'enfuirent en désordre ▌d'une façon décousue; hablar desordenadamente parler d'une façon décousue ▌précipitamment, avec agitation (apresuradamente).

desordenado, da adj désordonné, e ▌FIG déréglé, e; vida desordenada vie déréglée.

desordenar v tr mettre en désordre, déranger, désordonner (p us); desordenar un armario déranger une armoire.

desordenarse v pr se dérégler.

desorejado, da adj & s FAM dévergondé, e; dépravé, e (infame) ▌(Amer) qui n'a pas d'oreille [musicale]; qui chante faux.
◇ adj sans anses (una vasija) ▌TAUROM les oreilles coupées [après la course].

desorejar v tr couper les oreilles.

desorganización f désorganisation.

desorganizadamente adv sans organisation.

desorganizar [13] v tr désorganiser; desorganizar una fábrica désorganiser une usine ▌désagréger, décomposer, dissoudre (desagregar).

desorientación f désorientation ▌FIG perplexité, embarras m (perplejidad).

desorientado, da adj désorienté, e.

desorientar v tr désorienter ▌FIG désorienter, troubler, déconcerter; mi pregunta le desorientó ma question l'a déconcerté ▌égarer; el dolor nos desorienta la douleur nous égare.

desorillar v tr couper la lisière [d'une étoffe].

desornamentado, da adj sans ornement; nu, e; dégarni, e.

desortijar v tr sarcler (un campo).

desosada f FAM menteuse, langue (lengua).

desosar [48] v tr désosser (deshuesar).

desovadero m frai, époque f de la ponte (época del desove) ▌lieu de la ponte (lugar).

desovar v intr frayer (las hembras de los peces) ▌pondre (los anfibios).

desove m frai (acción o tiempo de desovar los peces) ▌ponte f (los anfibios) ▌época del desove frai (en general), montaison (de los salmones).

desovillar v tr dépelotonner (deshacer los ovillos) ▌FIG débrouiller, démêler, éclaircir (desenredar) ▌encourager (animar).

desoxidación f désoxydation ▌TECN décapage m, décapement m (de un metal).

desoxidante adj & s m désoxydant, e ▌TECN décapant, e (para un metal).

desoxidar v tr désoxyder ▌TECN décaper (limpiar un metal).

desoxidarse v pr se désoxyder.

desoxigenación f désoxydation.

desoxigenar v tr QUÍM désoxyder ▌désoxygéner; desoxigenar el aire désoxygéner l'air.

desoxirribonucleico, ca adj désoxyribonucléique; ácido desoxirribonucleico acide désoxyribonucléique.

despabiladeras f pl mouchettes.

despabilado, da adj éveillé, e; réveillé, e (despierto) ▌FIG vif, vive; éveillé, e (despejado); un niño despabilado un enfant éveillé ▌débrouillard, e; dégourdi, e (apañado); en la vida hay que ser despabilado dans la vie il faut être dégourdi ▌intelligent, e (listo).

despabilador, ra adj qui mouche les chandelles.

despabilador m moucheur (en los teatros).

despabiladoras f pl mouchettes (despabiladeras).

despabiladura f mouchure.

despabilar; espabilar v tr moucher (una vela) ▌FIG dégourdir (avivar el ingenio); despabilar a uno dégourdir quelqu'un ▌expédier; despabilar la comida expédier le repas ▌dilapider, dévorer (la hacienda) ▌subtiliser, voler, faucher (robar) ▌FIG & FAM expédier, occire (matar).

despabilarse v pr FIG se réveiller, s'éveiller ▌se secouer, se remuer; ¡despabílate que nos tenemos que ir! remue-toi, il faut que nous partions ▌(Amer) filer, s'en aller (marcharse).

despachaderas f pl brusquerie sing, dureté sing [dans la façon de répondre à une question] ▌savoir-faire m sing ▌tener buenas despachaderas avoir de la répartie, savoir renvoyer la balle.

despachadero, ra m & f (Amer) marchand, e (vendedor).

despachador, ra adj qui abat de la besogne, expéditif, ive.

despachador m (Amer) mineur (minero).

despachante m (Amer) agent de douane (de aduana) ▌vendeur (dependiente).

despachar v tr envoyer, dépêcher (p us); despachar un recadero envoyer un garçon de courses ▌expédier (paquetes), envoyer (cartas) ▌régler (un negocio) ▌conclure (un convenio) ▌vendre (mercancías) ▌servir; despachar a los clientes servir les clients ▌débiter (vender al por menor); el carnicero despacha carne le boucher débite de la viande ▌renvoyer, congédier, envoyer promener FAM; despachar a los importunos renvoyer les importuns ▌FAM expédier; el orador despachó su conferencia en media hora l'orateur expédia sa conférence en une demi-heure ▌envoyer ad patres, expédier (dans l'autre monde) ▌despachar el correo faire son courrier.
◇ v intr se dépêcher (darse prisa) ▌avoir un entretien (sobre un asunto) ▌FAM accoucher (una historia, etc.).

despacharse v pr se débarrasser, se défaire (desembarazarse) ▌se dépêcher (darse prisa) ▌FIG & FAM despacharse a su gusto dire tout ce que l'on a sur le cœur.

despacho m expédition f, envoi (envío) ▌expédition f, acheminement (del correo) ▌débit, vente f (venta) ▌bureau (oficina); el despacho del director le bureau du directeur ▌guichet (taquilla) ▌débit (tienda); despacho de vinos débit de vins ▌dépêche f; despacho diplomático dépêche diplomatique ▌communiqué (comunicado) ▌titre (título) ▌conclusion f, réalisation f (de un negocio) ▌expédition f d'une affaire (resolución) ▌MIL brevet (título de oficial) ▌(Amer) épicerie f (tienda) ▌bureau (puesto); despacho de lotería bureau de loterie ■ correr los despachos expédier les affaires ▌despacho de carne de caballo boucherie chevaline o hippophagique ▌tener buen despacho être expéditif, savoir s'y prendre.

despachurramiento; despachurro m écrasement, écrabouillement (aplastamiento) ▌bafouillage (en el hablar) ▌embarras, trouble (confusión).

despachurrar *v tr* FAM écraser, écrabouiller (aplastar); **despachurrar un tomate** écraser une tomate ‖ éventrer (reventar) ‖ embrouiller (embrollar) ‖ décontenancer, couper le sifflet à (confundir).

despachurro ➤ despachurramiento.

despacio *adv* lentement; **hable más despacio** parlez plus lentement ‖ doucement, lentement; **iba despacio** il allait lentement ‖ (*Amer*) doucement, à voix basse (hablar) ‖ **vísteme despacio que tengo prisa** qui va lentement va sûrement, qui veut voyager loin ménage sa monture.

➥ **¡despacio!** *interj* doucement!

despacito *adv* FAM tout doucement, lentement; **anda despacito** il marche tout doucement.

➥ **¡despacito!** *interj* FAM doucement!

despajadura *f* dépaillage *m* ‖ AGRIC vannage *m* (del grano) ‖ MIN criblage *m* (de la tierra).

despajar *v tr* dépailler ‖ AGRIC vanner ‖ MIN cribler la terre (para obtener el mineral).

despaldar *v tr* casser o démettre l'épaule (despaldillar).

despaldilladura *f* dislocation o foulure de l'épaule.

despaldillar; despaletillar *v tr* fouler o démettre l'épaule (de un animal) ‖ FIG & FAM rompre l'échine, rosser (golpear).

despalillar *v tr* écôter (el tabaco) ‖ égrapper (las uvas) ‖ (*Amer*) tuer (matar).

despalmador *m* MAR bassin de radoub ‖ VETER paroir [de maréchal-ferrant].

despalmadura *f* VETER dessolure (caballos).

despalmar *v tr* MAR espalmer (p us), caréner ‖ TECN biseauter (carpintería) ‖ VETER dessoler.

despalme *m* dessolure *f* (de los animales) ‖ entaille *f* (en un árbol).

despampanadura *f*; **despampano** *m* épamprage *m* (de la vid) ‖ ébourgeonnement *m* (de las plantas).

despampanante *adj* FAM sensationnel, elle; épatant, e; extraordinaire, ébouriffant, e (sorprendente) ‖ tordant, e (de risa).

despampanar *v tr* AGRIC épamprer, essarmenter (la vid) ‖ ébourgeonner (quitar los brotes) ‖ FIG & FAM épater, ébahir, laisser pantois (sorprender, dejar atónito).

➥ **despampanarse** *v pr* FIG & FAM se faire mal en tombant, se casser le cou ‖ se tordre (de reír).

despampanillar *v tr* épamprer (la vid).

despampano ➤ despampanadura.

despanchurrar; despanzurrar *v tr* FAM étriper, crever la panse (romper la panza) ‖ écraser, écrabouiller (aplastar) ‖ éventrer; **casa despanzurrada por los obuses** maison éventrée par les obus.

despapar *v intr* porter le nez au vent (un caballo).

desparafinación *f*; **desparafinado** *m* QUÍM déparaffinage *m*.

desparedar *v tr* abattre, démolir les murs de.

desparejar *v tr* dépareiller, désassortir.

desparejo, ja *adj* inégal, dissemblable (no semejante) ‖ dépareillé, e (descabalado).

desparpajado, da *adj* plein, e d'aplomb, désinvolte, culotté, e (desenvuelto).

desparpajar *v tr* déranger (desbaratar) ‖ disperser, éparpiller (desparramar).
◇ *v intr* FAM parler à tort et à travers.

desparpajo *m* FAM désinvolture *f*, sans-gêne *inv*, aplomb, culot (desembarazo) ‖ bagou (al hablar) ‖ FAM (*Amer*) désordre, fouillis (desorden).

desparramado, da *adj* large (amplio), ouvert, e (abierto) ‖ éparpillé, e (esparcido) ‖ répandu, e (derramado).

desparramamiento *m* éparpillement.

desparramar *v tr* répandre; **desparramar flores por el suelo** répandre des fleurs sur le sol; **desparramar una noticia** répandre une nouvelle ‖ éparpiller, disperser; **la familia está desparramada por el mundo entero** la famille est dispersée dans le monde entier ‖ FIG gaspiller, dissiper; **desparramar su fortuna** gaspiller sa fortune.

➥ **desparramarse** *v pr* se répandre ‖ FIG se distraire, s'amuser (divertirse).

desparramo *m* (*Amer*) éparpillement ‖ diffusion *f* (de una noticia) ‖ FIG désordre, fouillis.

desparvar *v tr* AGRIC défaire et retourner les gerbes.

despatarrada *f* FAM grand écart *m* (en algunas danzas).

despatarrar *v tr* FAM écarter largement les jambes ‖ FIG épater (asombrar) ‖ **dejar a uno despatarrado** laisser quelqu'un ébahi o pantois.

➥ **despatarrarse** *v pr* écarter o ouvrir les jambes (separar las piernas) ‖ FIG tomber les quatre fers en l'air (caerse) ‖ **quedarse despatarrado** rester pantois.

despatillado *m* mortaise *f* (carpintería).

despatillar *v tr* entailler (en carpintería) ‖ tailler les pattes (las patillas).

despavesaderas *f pl* (*Amer*) mouchettes.

despavesar *v tr* moucher (una vela) ‖ souffler les cendres qui couvrent les braises.

despavonar *v tr* TECN décaper [un métal].

despavoridamente *adv* avec effroi, avec épouvante.

despavorido, da *adj* épouvanté, e; affolé, e; effrayé, e.

despavorir [78] *v tr* épouvanter.

➥ **despavorirse** *v pr* s'effrayer, s'épouvanter, s'affoler, être affolé, e.

despeado, da *adj* éclopé, e (cojo) ‖ VETER fourbu, e.

despeadura *f*; **despeamiento** *m* mal *m* aux pieds ‖ VETER fourbure *f* (del caballo) ‖ piétin *m* (corderos).

despearse *v pr* avoir mal aux pieds, avoir les pieds douloureux (del mucho andar) ‖ VETER être fourbu (caballo) ‖ avoir le piétin (corderos).

despechar *v tr* dépiter (causar despecho) ‖ désespérer ‖ FAM sevrer (destetar).

despecho *m* dépit (descontento) ‖ FAM sevrage (destete) ■ **a despecho de** en dépit de, malgré; **a despecho suyo** malgré lui; **a despecho de los rumores** en dépit des bruits ‖ **a despecho de todos** envers et contre tous ‖ **por despecho** par dépit.

despechugado, da *adj* FAM débraillé, e; dépoitraillé, e.

despechugadura *f* débraillement *m*.

despechugar [16] *v tr* enlever le blanc [d'une volaille].

➥ **despechugarse** *v pr* FIG & FAM se débrailler.

despectivamente *adv* avec dédain, avec mépris, d'une manière péjorative.

despectivo, va *adj* méprisant, e; **hablar con tono despectivo** parler sur un ton méprisant ‖ GRAM péjoratif, ive; **una palabra despectiva** un terme péjoratif.

despedazador, ra *m & f* dépeceur, euse.

despedazamiento *m* dépeçage, dépècement.

despedazar [13] *v tr* dépecer, mettre en pièces, déchiqueter; **el león despedaza su presa** le lion dépèce sa proie ‖ mettre en pièces (hacer pedazos) ‖ FIG déchirer; **despedazar el corazón** déchirer le cœur.

despedida *f* adieux *m pl*; **una despedida conmovedora** des adieux touchants ‖ renvoi *m*, licenciement *m*, congé *m* (de un obrero, de un empleado) ‖ strophe finale (de un canto) ‖ dégorgeoir *m*, drain *m* (desaguadero) ■ **cena de despedida** dîner d'adieux ‖ **plazo de despedida** délai de congé o de préavis ■ **hacer la despedida de soltero** enterrer sa vie de garçon.

despedir [26] *v tr* jeter, lancer; **el Sol despide rayos de luz** le Soleil lance des rayons de lumière ‖ projeter; **salir despedido fuera de su asiento** être projeté hors de son siège ‖ renvoyer (un funcionario) ‖ [▷ SIN] congédier, donner congé à, renvoyer (el personal doméstico), licencier, renvoyer (un empleado, un obrero) ‖ mettre dehors, mettre à la porte (echar); **despedir a las personas molestas** mettre les gêneurs à la porte ‖ expulser; **despedir a un inquilino** expulser un locataire ‖ éconduire (desairar) ‖ dégager, répandre (olor) ‖ reconduire; **despedir a alguien a la puerta** reconduire quelqu'un à la porte ‖ accompagner; **fui a despedirlo al aeropuerto** je suis allé l'accompagner à l'aéroport.

➥ **despedirse** *v pr* prendre congé, faire ses adieux à; **despedirse de su familia** faire ses adieux à sa famille ‖ dire au revoir; **se fue sin despedirse** il est parti sans dire au revoir ‖ se quitter, faire ses adieux à; **nos despedimos en el aeropuerto** nous nous sommes quittés à l'aéroport ‖ donner son congé (un empleado) ‖ faire son deuil de, renoncer à; **te puedes despedir del libro que le has prestado** tu peux faire ton deuil du livre que tu lui as prêté ■ **despedirse a la francesa** filer à l'anglaise ‖ **despedirse de la vida de soltero** enterrer sa vie de garçon ‖ **me despido de usted con un saludo afectuoso** je vous prie de croire à mes sentiments les meilleurs (fórmula de correspondencia) ‖ **se despide de usted su seguro servidor q.e.s.m.** veuillez agréer mes salutations distinguées (en una carta).

| SIN despachar congédier; desahuciar donner congé (a un inquilino); echar chasser, renvoyer; licenciar licencier.

despedrar [34]; **despedregar** [16] *v tr* épierrer.

despedregadora *f* TECN épierreur *m*, épierreuse.

despedregar ➤ despedrar.

despegable *adj* qui peut se décoller.

despegado, da *adj* décollé, e ‖ FIG détaché, e; indifférent, e; aire despegado air détaché ‖ revêche (áspero).

despegadura *f* décollage *m* ‖ détachement *m* (indiferencia).

despegamiento *m* détachement, indifférence *f* (desapego).

despegar [16] *v tr* décoller; despegar un sobre décoller une enveloppe ‖ détacher (separar) ‖ no despegar los labios ne pas desserrer les dents.
◇ *v intr* décoller (un avión); el avión para Acapulco despega en seguida l'avion pour Acapulco décolle immédiatement.
➤ **despegarse** *v pr* FIG se détacher; despegarse de sus amigos se détacher de ses amis.

despego *m* détachement, indifférence *f*.

despegue *m* décollage, envol; el despegue del avión tendrá lugar dentro de un minuto le décollage de l'avion aura lieu dans une minute; pista de despegue piste d'envol ‖ FIG décollage ‖ AVIAC despegue vertical décollage vertical.

despeinar *v tr* décoiffer, dépeigner.

despejado, da *adj* sûr, sûre de soi, désinvolte (que tiene soltura) ‖ éveillé, e; déluré, e (listo) ‖ ouvert, e (franco); espíritu despejado esprit ouvert ‖ vaste, spacieux, euse; dégagé, e; frente, plaza despejada front dégagé, place spacieuse ‖ dégagé, e (cielo, camino).

despejar *v tr* débarrasser; despejar un cuarto débarrasser une pièce ‖ dégager, déblayer; despejar la calle de escombros dégager la rue des décombres, déblayer les combres de la rue ‖ FIG balayer; despejar las dificultades balayer les difficultés‖se débarrasser de; despejar a los importunos se débarrasser des importuns ‖ éclaircir (aclarar) ‖ dégager (fútbol) ‖ MAT dégager (una incógnita) ‖ FIG despejar el terreno déblayer le terrain.
➤ **despejarse** *v pr* prendre de l'assurance, s'éveiller (adquirir soltura) ‖ s'éclaircir, se découvrir (el cielo), se dégager (el tiempo) ‖ se distraire, se divertir (esparcirse) ‖ n'avoir plus de fièvre (un enfermo) ‖ salir a despejarse aller prendre l'air.

despeje *m* dégagement (en el fútbol).

despejo *m* débarras (acción de despejar) ‖ déblaiement (de cosas pesadas); el despejo del terreno le déblaiement du terrain ‖ dégagement (de una carretera) ‖ TAUROM évacuation *f* de l'arène avant de lâcher le taureau ‖ aisance *f*, désinvolture *f* (soltura) ‖ intelligence *f*, vivacité *f* d'esprit (talento) ‖ dégagement (esgrima).

despellejadura *f* écorchure (desolladura).

despellejar *v tr* écorcher, dépouiller; despellejar un conejo écorcher un lapin ‖ FIG dire du mal de, dire pis que pendre de, casser du sucre sur le dos de (murmurar).

despelotado, da *adj* rondelet, ette; dodu, e ‖ (*Amer*) MFAM bordélique (desorganizado).

despelotarse *v pr* FAM s'arrondir (engordar) ‖ se mettre à poil (desnudarse) ‖ se marrer (desternillarse de risa) ‖ se débrouiller (arreglárselas).

despelote *m* FAM strip (acción de desnudarse) ‖ grosse rigolade *f* (risa) ‖ MFAM (*Amer*) bordel (desorden).

despeluzar [13]; **despeluznar** *v tr* ébouriffer ‖ hérisser (erizar) ‖ (*Amer*) nettoyer, dépouiller (ganar todo el dinero).
➤ **despeluzarse; despeluznarse** *v pr* se hérisser (el pelo).

despenalización *f* dépénalisation.

despenalizar [13] *v tr* dépénaliser.

despenar *v tr* consoler ‖ FIG & FAM tuer, envoyer ad patres (matar).

despensa *f* garde-manger *m inv* (para guardar las provisiones) ‖ provisions *pl* (géneros de una comunidad); una abundante despensa des provisions abondantes ‖ dépense (oficio de despensero y provisiones).

> OBSERV El francés dépense, poco usado en el sentido de despensa, significa sobre todo gasto.

despensería *f* dépense (cargo del despensero).

despensero, ra *m & f* dépensier, ère (de una comunidad).

despeñadero, ra *adj* escarpé, e; à pic (abrupto).
➤ **despeñadero** *m* précipice ‖ FIG catastrophe *f*.

despeñadizo, za *adj* escarpé, e; à pic (abrupto).

despeñamiento; despeño *m* chute *f* (caída) ‖ MED diarrhée *f* (del vientre) ‖ FIG chute *f*, effondrement.

despeñar *v tr* précipiter, jeter, pousser; despeñar a un hombre por un precipicio pousser un homme dans un précipice.
➤ **despeñarse** *v pr* se précipiter, se jeter (precipitarse, arrojarse) ‖ FIG se précipiter, se jeter (en los vicios, etc.).

despeño ➤ despeñamiento.

despeo *m* mal aux pieds ‖ VETER fourbure *f* (de los caballos) ‖ piétin (de los corderos).

despepitar *v tr* enlever les grains o les pépins; despepitar una naranja enlever les pépins d'une orange.
➤ **despepitarse** *v pr* s'égosiller (gritar) ‖ parler étourdiment, ne pas se surveiller (hablar sin concierto) ‖ despepitarse por una cosa brûler d'envie d'avoir quelque chose, désirer ardemment quelque chose.

desperdiciado, da *adj* gaspillé, e.

desperdiciador, ra *adj & s* gaspilleur, euse ‖ (*Amer*) FIG dévergondé, e.

desperdiciar [8] *v tr* gaspiller (despilfarrar); desperdiciar el dinero, las fuerzas gaspiller l'argent, les forces ‖ gâcher (emplear mal) ‖ perdre; desperdiciar el tiempo, una ocasión perdre son temps, une occasion ‖ ne pas profiter de; ha desperdiciado todos los consejos que le di il n'a pas profité de tous les conseils que je lui ai donnés.

desperdicio *m* gaspillage (despilfarro) ‖ [▷ SIN] déchet, reste (residuo) ■ este trozo de carne no tiene desperdicio il n'y a pas de perte avec o de déchet dans ce morceau de viande ‖ FIG no tiene desperdicio tout est bon.

> SIN retal coupon, chute (tejido); escoria scorie; residuo résidu; ripio gravat; detrito détritus.

desperdigamiento *m* dispersion *f*, éparpillement, émiettement.

desperdigar [16] *v tr* disperser; todos mis hermanos andan desperdigados por el mundo entero tous mes frères sont dispersés dans le monde entier.

desperecer [30] *v intr* mourir (perecer).
➤ **desperecerse** *v pr* désirer ardemment, mourir d'envie de; desperecerse por algo, por hacer algo désirer ardemment quelque chose, mourir d'envie de faire quelque chose.

desperezarse [13] *v pr* s'étirer (estirarse).

desperezo *m* action *f* de s'étirer.

desperfecto *m* détérioration *f*, dommage, dégât (deterioro) ‖ imperfection *f*, défaut (defecto) ‖ sufrir desperfectos être endommagé.

desperfilar *v tr* ARTES adoucir, arrondir, estomper [les contours] ‖ MIL dissimuler, noyer les contours [des retranchements].

despernada *f* grand écart *m* (baile).

despernado, da *adj* estropié, e (sin piernas) ‖ FIG sur les genoux, fourbu, e; harassé, e (cansado).

despernancarse *v pr* écarter les jambes.

despernar [34] *v tr* estropier, rompre o couper les jambes.

despersonalización *f* dépersonnalisation.

despersonalizar [13] *v tr* dépersonnaliser.

despertador, ra *adj* qui réveille.
◇ *m & f* réveilleur, euse; el despertador de un seminario le réveilleur d'un séminaire.
➤ **despertador** *m* réveille-matin *m inv*, réveil (reloj con timbre) ‖ FIG aiguillon, stimulant (estímulo).

despertar [19] *v tr* réveiller, éveiller; despertar a un enfermo réveiller un malade ‖ FIG éveiller (suscitar); despertar la atención éveiller l'attention ‖ réveiller (recordar); despertar recuerdos, una pasión réveiller des souvenirs, une passion ‖ FIG despertar el apetito ouvrir l'appétit.
◇ *v intr & pr* s'éveiller, se réveiller; quería despertarse a las seis de la mañana il voulait se réveiller à 6 heures du matin ‖ FIG se réveiller, se dégourdir (avisparse).

despertar *m* éveil, réveil; el despertar de un pueblo le réveil d'un peuple.

despestañar *v tr* arracher les cils.

despezonar *v tr* ôter la queue, équeuter (una fruta) ‖ arracher (arrancar).
➤ **despezonarse** *v pr* se casser (un eje, etc.).

despezuñarse *v pr* s'abîmer les sabots (un animal) ‖ (*Amer*) se hâter (darse prisa) ‖ désirer vivement (desvivirse).

despiadadamente *adv* impitoyablement.

despiadado, da *adj* impitoyable; crítica despiadada critique impitoyable ‖ inhumain, e; persona despiadada personne inhumaine.

despicar [10] *v tr* rasséréner, apaiser.
➤ **despicarse** *v pr* prendre sa revanche.

despichar *v tr* dessécher (secar) ‖ presser; despichar una naranja presser une orange ‖ écraser (aplastar) ‖ (*Amer*) égrapper (descobajar).
➤ **despicharse** *v pr* FAM casser sa pipe, claquer (morir).

despido *m* licenciement (en una empresa)
❙ renvoi, congé, congédiement (p us) ❙ despido improcedente licenciement abusif, renvoi injustifié.

despiece *m* dépeçage.

despiertamente *adv* ingénieusement,
adroitement.

despierto, ta *adj* éveillé, e; réveillé, e ❙ FIG
éveillé, e; vif, vive; dégourdi, e; una muchacha muy despierta une enfant très vive.

despigmentación *f* dépigmentation.

despilarar *v tr* (*Amer*) dépiler [une mine],
abattre les étais.

despilfarrado, da *adj* prodigue, gaspilleur, euse ❙ déguenillé, e (harapiento).

despilfarrador, ra *adj & s* gaspilleur,
euse; panier percé *m* (manirroto); esta muchacha es una despilfarradora cette fille est un
panier percé.

despilfarrar *v tr* gaspiller, jeter par les fenêtres; despilfarrar el dinero jeter l'argent
par les fenêtres.

➤ **despilfarrarse** *v pr* faire des folies (hacer gastos excesivos).

despilfarro *m* gaspillage (derroche); el despilfarro es la ruina de la economía de un país
le gaspillage est la ruine de l'économie
d'un pays ❙ dépense *f* inconsidérée, folie *f*
(gasto); hacer un despilfarro faire une folie
❙ profusion *f* (abundancia).

despimpollar *v tr* AGRIC ébourgeonner❙es-
sarmenter (la vid).

despinochar *v tr* effeuiller [le maïs].

despintar *v tr* effacer une peinture ❙ délaver; la lluvia ha despintado esta pared la
pluie a délavé ce mur ❙ FIG défigurer, changer.
◇ *v intr* déparer; Miguel no despinta de su
familia Michel ne dépare pas sa famille.

➤ **despintarse** *v pr* s'effacer (la pintura),
passer (lo teñido) ❙ cuando veo a una persona
nunca se me despinta lorsque je vois une
personne je me souviens toujours de son
visage.

despinte *m* (*Amer*) minerai pauvre o à faible teneur (mineral poco rico).

despinzar [13] *v tr* TECN épinceter (el paño).

despiojar *v tr* épouiller, enlever les poux
(quitar los piojos) ❙ FIG & FAM renflouer, tirer de
la misère.

despique *m* revanche *f* (desquite).

despistado, da *adj & s* distrait, e; dans les
nuages, ahuri, e; una persona despistada une
personne distraite ■ estoy despistado je suis
complètement perdu, je n'y suis plus ❙ hacerse el despistado faire l'étonné ❙ tiene cara
de despistado il a une tête d'ahuri.

despistar *v tr* dépister, dérouter, semer; la
liebre despista a los perros le lièvre dépiste
les chiens; despistar a la policía dérouter la
police ❙ mettre sur une fausse piste (orientar
mal) ❙ FIG faire perdre la tête❙égarer; le conté
todo esto para despistarle je lui ai raconté
tout ça pour l'égarer❙désorienter; lo que me
dijiste me ha despistado ce que tu m'as dit
m'a désorienté ❙ dérouter; este problema es
tan fácil que despista ce problème est si facile qu'il déroute.

➤ **despistarse** *v pr* s'égarer (extraviarse)
❙ déraper, faire une embardée, quitter la

route (coche) ❙ dérouter, semer; los bandidos
se han despistado de la policía les bandits
ont semé la police ❙ FIG s'affoler, perdre la
tête; no hay que despistarse en momentos
tan graves il ne faut pas perdre la tête à des
moments aussi graves.

despiste *m* dérapage, embardée *f*; sufrir un
despiste faire un dérapage o une embardée
(coche) ❙ FIG distraction *f*, étourderie *f*; tiene
un despiste increíble il est d'une incroyable
étourderie❙distracción *f*; los científicos suelen
tener un despiste enorme les savants sont
généralement d'une distraction incroyable
❙ perplexité, confusion *f*; después de oír las
tres versiones del asunto, menudo despiste tenía après avoir entendu les trois versions
de l'affaire, j'étais plongé dans la confusion
la plus complète ❙ esta persona tiene tanto
despiste que nunca sabe qué camino tomar
cette personne a si peu le sens de l'orientation qu'elle ne sait jamais quel chemin
prendre.

desplacer *m* déplaisir (disgusto).

desplacer [29] *v tr* déplaire à (disgustar)
❙ peiner, faire de la peine à, chagriner (afligir).

desplantación *f* AGRIC déplantage *m*, dé-
plantation, déracinement *m*.

desplantador *m* déplantoir.

desplantar *v tr* AGRIC dépiquer, déplanter;
desplantar tomates dépiquer des tomates
❙ dévier de la verticale.

➤ **desplantarse** *v pr* perdre l'équilibre.

desplante *m* mauvaise attitude *f* (danza)
❙ fausse posture *f* (esgrima) ❙ effronterie *f*, impudence *f* (acto descarado) ❙ sortie *f*, incartade
f (salida de tono) ❙ TAUROM passe *f* de cape ou
de muleta fantaisiste et d'une exécution
dangereuse ■ dar un desplante a alguien
donner un coup de massue à quelqu'un.

desplatar *v tr* TECN désargenter, séparer
l'argent d'un autre métal.

desplate *m* TECN désargentage.

desplatear *v tr* (*Amer*) désargenter (lo plateado) ❙ soutirer de l'argent à, taper (a una
persona).

desplazado, da *adj* FIG encontrarse desplazado, da ne pas se sentir à sa place.

desplazamiento *m* MAR déplacement
❙ déplacement (traslado).

desplazar [13] *v tr* MAR déplacer ❙ déplacer
(trasladar).

➤ **desplazarse** *v pr* se déplacer.

desplegable *m* dépliant [touristique].

desplegadura *f* déploiement *m*.

desplegar [35] *v tr* déplier; desplegar un
papel déplier un papier ❙ déployer (las banderas, las velas) ❙ FIG éclaircir (aclarar) ❙ déployer,
faire preuve de, montrer; desplegar energía
déployer de l'énergie; desplegar inteligencia
faire preuve d'intelligence; desplegar celo
montrer du zèle ❙ MIL déployer (las tropas).

despleguetear *v tr* AGRIC couper les vril-
les [de la vigne].

despliegue *m* MIL déploiement; un gran
despliegue de fuerzas navales un grand déploiement de forces navales; despliegue de
misiles déploiement de missiles.

desplomar *v tr* faire perdre l'aplomb, faire
pencher, incliner ❙ (*Amer*) réprimander,
gronder (regañar).

➤ **desplomarse** *v pr* s'incliner, pencher
❙ [▷ SIN] s'écrouler, s'effondrer (derrumbarse);
se desplomó esa vieja casa cette vieille maison s'est écroulée ❙ tomber de tout son
poids, s'abattre (una cosa pesada) ❙ s'écrouler,
s'effondrer (una persona); su madre se desplomó al saber la noticia sa mère s'effondra
en apprenant la nouvelle.

❙ SIN venirse abajo s'écrouler; hundirse s'effondrer; derrumbarse s'ébouler.

desplome *m* écroulement (caída) ❙ ARQ saillie *f* (salidizo).

desplomo *m* surplomb (de una pared)
❙ (*Amer*) réprimande *f* (reprensión).

desplumadura *f* action de déplumer, arrachage *m* des plumes.

desplumar *v tr* déplumer, plumer (más
usual); desplumar un pato plumer un canard
❙ FIG plumer (sacar dinero).

➤ **desplumarse** *v pr* perdre ses plumes,
se déplumer.

despoblación *f*; **despoblamiento** *m* dépeuplement *m*, dépopulation ■ despoblación del campo exode rural, dépeuplement
des campagnes ❙ despoblación forestal déboisement.

❙ OBSERV La palabra dépeuplement se usa más
que la palabra dépopulation.

despoblado, da *adj* dépeuplé, e (país, región) ❙inhabité, e; désert, e (ciudad, sitio) ❙dé-
boisé, e (sin árboles) ❙ dégarni, e; frente despoblada front dégarni.

➤ **despoblado** *m* endroit inhabité o désert ❙ en despoblado en rase campagne.

despoblamiento ➤ despoblación.

despoblar [23] *v tr* dépeupler; la peste ha
despoblado este país la peste a dépeuplé ce
pays ❙débarrasser de (despojar); despoblar un
campo de hierbas débarrasser un champ des
mauvaises herbes ❙ despoblar de árboles déboiser.

➤ **despoblarse** *v pr* se vider, être déserté, se dépeupler (un lugar) ❙ se dégarnir
(clarear el pelo).

despoetizar [13] *v tr* dépoétiser, ôter
toute poésie à; despoetizar la vida dépoétiser la vie.

despojador, ra *adj & s* spoliateur, trice;
una medida despojadora une mesure spolia-
trice.

despojar *v tr* dépouiller; le despojaron de
todo lo que llevaba on l'a dépouillé de tout
ce qu'il portait ❙ spolier (espoliar) ❙ enlever,
ôter; despojar un árbol de su corteza enlever
l'écorce d'un arbre.

➤ **despojarse** *v pr* FIG se dépouiller ❙ se
débarrasser de, se dépouiller de, enlever
(quitarse); despojarse de su abrigo se dépouiller de son manteau.

despojo *m* dépouille *f* (resto) ❙ dépouillement (acción) ❙butin (presa, botín).

➤ **despojos** *m pl* abats, abattis (de animales) ❙ restes (de una comida) ❙ matériaux de
démolition (escombros) ❙restes (cadáver).

despolarización *f* dépolarisation.

despolarizador *adj & s m* FÍS dépolarisant,
e.

despolarizar [13] *v tr* dépolariser.

despolitización *f* dépolitisation.

despolitizar [13] *v tr* dépolitiser.

despolvar *v tr* épousseter, ôter la poussière de.

despolvorear *v tr* épousseter ‖ (*Amer*) saupoudrer (espolvorear); **despolvorear azúcar en una crema** saupoudrer de sucre une crème.

despopularización *f* perte de la popularité.

despopularizar [13] *v tr* faire perdre sa popularité à.

desportilladura *f*; **desportillamiento** *m* ébrèchement *m* (acción de desportillar) ‖ éclat *m*, fragment *m* (astilla) ‖ brèche *f* (mella).

desportillar *v tr* ébrécher (una vasija).

desposado, da *adj* nouvellement marié, e; jeune marié, e ‖ emmenotté, e (p us); qui a les menottes (preso).
◇ *m & f* nouveau marié, nouvelle mariée, jeune marié, e (recién casados).

desposar *v tr* marier (casar).
➤ **desposarse** *v pr* se fiancer (contraer esponsales) ‖ se marier, épouser (casarse); **se desposó con Juana** il s'est marié avec Jeanne, il a épousé Jeanne.

desposeer [50] *v tr* déposséder; **desposeer a un propietario** déposséder un propriétaire.
‖ SIN despojar dépouiller; expoliar spolier; privar priver; FAM desplumar plumer; pelar tondre.

desposeimiento *m* dépossession *f*, dépouillement.

desposorios *m pl* fiançailles *f* (esponsales) ‖ mariage *sing*, noces *f* (matrimonio).

despostar *v tr* (*Amer*) découper, dépecer (descuartizar).

déspota *m* despote; **Nerón fue un déspota cruel** Néron fut un despote cruel; **este niño es un verdadero déspota** cet enfant est un vrai despote.

despótico, ca *adj* despotique; **un gobierno despótico** un gouvernement despotique ‖ FIG despote; **un marido despótico** un mari despote.
‖ SIN arbitrario arbitraire; tiránico tyrannique; absoluto absolu; dictatorial dictatorial.

despotismo *m* despotisme; **el despotismo ilustrado** le despotisme éclairé.

despotizar [13] *v tr* (*Amer*) traiter en despote, tyranniser (tiranizar).

despotricar [10] *v intr* FAM parler à tort et à travers (hablar sin reparo) ‖ déblatérer; **despotricar contra uno** déblatérer contre quelqu'un.

despotrique *m* FAM bavardage, caquetage (charla).

despreciable *adj* méprisable; **una persona despreciable** une personne méprisable ‖ minime, insignifiant, e; négligeable; **consumo despreciable** consommation insignifiante; **un error despreciable** une erreur négligeable ‖ de peu de valeur (de poca monta).

despreciador, ra *adj* méprisant, e; dédaigneux, euse; **despreciador de los honores** dédaigneux des honneurs, méprisant les honneurs.

despreciar [8] *v tr* mépriser, dédaigner, faire bon marché de (tener en poco).

despreciativo, va *adj* méprisant, e; dédaigneux, euse; **un gesto despreciativo** une moue méprisante.

OBSERV El francés *dépréciatif* corresponde al español *despectivo*.

desprecio *m* mépris; **con desprecio de las convenciones** au mépris des conventions ‖ dédain (desdén) ‖ affront; **me han hecho un desprecio al no aceptar mi invitación** il m'a fait un affront en n'acceptant pas mon invitation.

desprejuiciarse *v pr* (*Amer*) s'affranchir o se défaire de ses préjugés o d'une idée préconçue.

desprender *v tr* détacher (separar, desatar) ‖ dégager; **esta flor desprende un olor muy agradable** cette fleur dégage une odeur très agréable ‖ projeter (chispas) ‖ QUÍM dégager.
➤ **desprenderse** *v pr* se détacher; **se desprendió un clavo de la pared** un clou s'est détaché du mur ‖ se dégager; **se desprende de ella tanto encanto** il se dégage d'elle un tel charme ‖ se dégager (olor, calor) ‖ être projeté, jaillir (chispas, etc.) ‖ se décoller (la retina) ‖ FIG se dessaisir, se défaire, se séparer; **tuvo que desprenderse de sus joyas** elle a dû se défaire de ses bijoux ‖ se dégager, découler (deducirse); **de todo ello se desprenden dos consecuencias** de tout cela deux conclusions se dégagent ‖ de aquí se desprende que d'où l'on peu conclure que, d'où il découle que ‖ por lo que se desprende de d'après ce que l'on peut déduire de.

desprendido, da *adj* généreux, euse (generoso); désintéressé, e.

desprendimiento *m* générosité *f*, désintéressement ‖ détachement (desapego) ‖ éboulement (de tierra) ‖ éboulis (de rocas) ‖ dégagement (de calor, olor, gases, etc.) ‖ descente *f* de Croix (pintura) ‖ MED desprendimiento de la retina décollement de la rétine.

despreocupación *f* insouciance (falta de preocupación) ‖ négligence (descuido) ‖ absence de préjugés.

despreocupadamente *adv* avec insouciance, indifféremment (sin cuidado) ‖ négligemment (en el vestir).

despreocupado, da *adj & s* insouciant, e (sin preocupación) ‖ sans préjugés.

despreocuparse *v pr* s'affranchir o se défaire d'un préjugé ‖ négliger, laisser de côté, ne pas se soucier de (descuidarse) ‖ se distraire, se détendre (salir de su preocupación).

desprestigiar [8] *v tr* affaiblir le prestige, faire perdre de son prestige, discréditer; **su última obra le ha desprestigiado mucho** son dernier ouvrage l'a beaucoup discrédité o lui a fait perdre beaucoup de son prestige ‖ décrier (criticar); **desprestigiar a sus colegas** décrier ses collègues; **marca injustamente desprestigiada** marque injustement décriée.
➤ **desprestigiarse** *v pr* perdre son prestige; **el rey se desprestigió completamente** le roi a perdu tout son prestige.

desprestigio *m* perte *f* de prestige, discrédit.

despresurización *f* dépressurisation.

desprevenidamente *adv* au dépourvu (sin previo aviso), à l'improviste (de improviso).

desprevenido, da *adj* dépourvu, e ‖ imprévoyant, e (poco precavido) ‖ au dépourvu, à l'improviste; **coger a una persona desprevenida** prendre quelqu'un au dépourvu o à l'improviste.

desproporción *f* disproportion.

desproporcionado, da *adj* disproportionné, e.

desproporcionar *v tr* disproportionner.

despropósito *m* sottise *f*, ânerie *f*, absurdité *f*; **decir muchos despropósitos** dire beaucoup d'âneries ‖ coq-à-l'âne (patochada) ‖ gaffe *f*, impair (metedura de pata) ‖ con despropósito à contretemps, hors de propos.

desprotegido, da *adj* INFORM déprotégé, e.

desproveer [50] *v tr* démunir.

desprovisto, ta *adj* dépourvu, e; dénué, e; **relato desprovisto de interés** récit dépourvu d'intérêt ‖ démuni, e; dénué, e; dépourvu, e (privado); **desprovisto de todo** dépourvu de tout.

despueble; despueblo *m* dépopulation *f*, dépeuplement.

después *adv* après; **después de la guerra** après la guerre; **después de cenar** après le dîner ‖ ensuite, puis (a continuación); **después fuimos a bañarnos** ensuite, nous sommes allés nous baigner ‖ plus tard, après; **no puedo hablarte ahora, te veré después** je ne peux pas te parler maintenant, je te verrai plus tard ■ después de (con participio pasado) une fois; **después de hecho** une fois fait; **después de cerrada la ventana** une fois la fenêtre fermée ‖ después de hacerlo après l'avoir fait ‖ después de todo après tout ‖ después que après; **llegó después que yo** il est arrivé après moi; après que, quand; **después que saliste, lo hicimos** nous l'avons fait après que o quand tu fus parti; **después que llegue hablaremos de ello** nous en parlerons après qu'il sera arrivé o quand il sera arrivé ‖ (ant) después que depuis que (desde que) ‖ el año después, el día después l'année d'après, le jour suivant.

despulmonarse *v pr* FAM s'époumoner (desgañitarse).

despulpar *v tr* dépulper ‖ máquina de despulpar dépulpeur.

despumar *v tr* écumer (espumar).

despuntador *m* (*Amer*) pic [de mineur].

despuntadura *f* émoussement *m* (embotadura) ‖ épointage *m*, épointement *m* (despunte).

despuntar *v tr* épointer, casser la pointe (quitar la punta) ‖ émousser (embotar) ‖ MAR doubler (pasar una punta, un cabo) ‖ enlever les rayons vides (de una colmena).
◇ *v intr* bourgeonner (las plantas) ‖ FIG poindre (la luz del día); **el alba despunta** l'aube point ‖ briller, montrer de l'esprit (manifestar agudeza) ‖ se distinguer; **este niño despunta entre los demás** cet enfant se distingue parmi les autres; **despuntó por sus cualidades de orador** il s'est distingué par ses qualités d'orateur.

despunte *m* épointage (despuntadura) ‖ émoussement (embotadura) ‖ (*Amer*) brindille *f* (leña delgada).

desquebrajar *v tr* fendiller (resquebrajar).
➤ **desquebrajarse** *v pr* se fendiller.

desquejar *v tr* AGRIC bouturer.

desqueje *m* AGRIC bouturage.

desquerer [67] *v tr* cesser d'aimer, ne plus aimer (desamar).

desquiciado, da *adj* FIG déséquilibré, e; désaxé, e; una persona desquiciada une personne désaxée | bouleversé, e; déséquilibré, e; vivimos en un mundo desquiciado nous vivons dans un monde bouleversé | chancelant, e; una sociedad desquiciada une société chancelante.

desquiciador, ra *adj* bouleversant, e.

desquiciamiento; desquicio (*Amer*) *m* bouleversement (trastorno) | déséquilibre (desequilibrio) | disgrâce *f*, défaveur *f* (pérdida del favor).

desquiciar [8] *v tr* dégonder (una puerta) | FIG ébranler, faire chanceler; las instituciones estaban desquiciadas les institutions étaient ébranlées | bouleverser, déséquilibrer (trastornar) | désaxer, déséquilibrer; la guerra ha desquiciado a muchos hombres la guerre a désaxé bien des hommes | FAM faire tomber en disgrâce, déboulonner; desquiciar al gerente de una sociedad déboulonner le gérant d'une société.

desquicio ► **desquiciamiento**.

desquijarar *v tr* démantibuler (dislocar).

desquijeramiento *m* ARQ arasement.

desquijerar *v tr* ARQ araser.

desquilatar *v tr* baisser le titre [de l'or] | FIG dévaloriser.

desquitar *v tr* rattraper, reprendre, regagner (la cosa perdida) | dédommager; desquitar a uno por los estropicios producidos dédommager quelqu'un des dégâts produits.

► **desquitarse** *v pr* se dédommager; desquitarse de una pérdida se dédommager d'une perte | se rattraper; hoy no he dormido mucho pero me desquitaré mañana aujourd'hui je n'ai pas beaucoup dormi mais je me rattraperai demain | prendre sa revanche; en breve el equipo se desquitó l'équipe prit bientôt sa revanche | se défouler; durante las vacaciones se desquita pendant les vacances il se défoule.

desquite *m* revanche *f*; tomar un desquite prendre une revanche | en desquite à charge de revanche, en revanche (como contrapartida).

desrabar; desrabotar *v tr* couper la queue à (las ovejas).

desramar *v tr* ébrancher, émonder (podar).

desrame *m* émondage, émondement, ébranchage, ébranchement (poda).

desratización *f* dératisation; campaña de desratización opération de dératisation.

desratizar [13] *v tr* dératiser.

desrazonable *adj* FAM déraisonnable.

desregular *v tr* déréguler.

desrielar *v intr* (*Amer*) dérailler (descarrilar).

desriñonar *v tr* éreinter, casser les reins (derrengar).

desriscarse [10] *v pr* (*Amer*) tomber dans un ravin (despeñarse).

desrizamiento *m* défrisement.

desrizar [13] *v tr* défriser; desrizar el pelo défriser les cheveux | MAR larguer les ris.

► **desrizarse** *v pr* se défriser.

desroblar *v tr* TECN dériveter (un clavo).

desrodrigar [16] *v tr* AGRIC démailloner (la vid).

destacado, da *adj* remarquable (notable); un trabajo destacado un travail remarquable | saillant, e; los hechos más destacados les faits les plus saillants | de choix; ocupar un lugar destacado en la jerarquía eclesiástica occuper une place de choix dans la hiérarchie ecclésiastique | persona destacada personnalité.

destacamento *m* MIL détachement.

destacar [10] *v tr* MIL détacher (tropas); destacar unos soldados para una expedición peligrosa détacher quelques soldats pour une expédition dangereuse | FIG faire ressortir, souligner, mettre en relief o en évidence, mettre l'accent sur; conviene destacar la importancia de esta decisión il convient de souligner l'importance de cette décision | détacher; el pintor quiso destacar a sus personajes le peintre a voulu détacher ses personnages | distinguer; destacar a una persona distinguer une personne.

◇ *v intr & pr* briller, se faire remarquer, se distinguer; destaca por su inteligencia il brille par son intelligence.

► **destacarse** *v pr* se détacher, ressortir (cosas, colores); la silueta de la torre se destacaba en el cielo la silhouette de la tour se détachait sur le ciel | se détacher (corredor).

destajador *m* TECN chasse *f*, gros marteau de forgeron.

destajar *v tr* traiter à forfait | couper (naipes) | (*Amer*) tailler (cortar).

destajero, ra; destajista *m & f* personne travaillant à forfait.

destajo *m* forfait (contrato por un trabajo determinado) | entreprise *f* o travail à forfait (trabajo) ■ a destajo à forfait, à la pièce, aux pièces, à la tâche, à façon (trabajo), forfaitaire (precio) | FAM hablar a destajo trop parler.

destallar *v tr* émonder, élaguer (podar).

destalonar *v tr* éculer; destalonar el calzado éculer ses chaussures | détacher [d'un registre à souches] | VETER rogner les sabots [d'un cheval].

destantearse *v pr* (*Amer*) être désorienté, e; se perdre.

destapadura *f* débouchage *m* (tapón), enlèvement *m* du couvercle (una tapadera), enlèvement *m* de la couverture (manta).

destapar *v tr* déboucher (descorchar, desatorar) | découvrir; destapar un recipiente, la cama découvrir un récipient, le lit.

► **destaparse** *v pr* se découvrir; destaparse en la cama se découvrir dans son lit | FIG s'ouvrir à, s'épancher auprès de; se destapó con su amigo il s'ouvrit à son ami | se révéler (revelarse) | dévoiler son jeu.

destape *m* débouchage (descorche) | FAM strip-tease [cinéma, spectacles] | FIG ouverture, libéralisation.

destapiar *v tr* abattre les murs o la clôture; destapiar una finca abattre les murs d'une ferme.

destaponar *v tr* déboucher.

destarar *v tr* tarer, déduire la tare (de un peso).

destartalado, da *adj* disproportionné, e; mal conçu, e; una casa destartalada une maison mal conçue | disloqué, e; déman-

bulé, e; un mueble destartalado un meuble démantibulé.

destazador *m* équarrisseur (de las reses).

destazar [13] *v tr* équarrir (las reses).

destechar *v tr* enlever le toit o la toiture [d'une maison].

destejar *v tr* enlever les tuiles; destejar una casa enlever les tuiles d'une maison | FIG exposer, laisser à découvert o sans abri (descubrir).

destejer *v tr* détisser, défaire; Penélope destejía por la noche la tela que tejía durante el día Pénélope défaisait la nuit la toile qu'elle tissait le jour | FIG détruire, défaire.

destellar *v intr* briller, étinceler (brillar) | scintiller (estrellas).

◇ *v tr* émettre; destellar rayos de luz émettre des rayons de lumière | destellar chispas pétiller.

| SIN centellear, cintilar scintiller; chispear, chisporrotear pétiller; rielar brasiller.

destello *m* scintillement (de las estrellas) | éclair (luz repentina) | feu, éclat (de un diamante) | FIG éclair, lueur *f*; destello de genio éclair de génie.

destemplado, da *adj* emporté, e; irrité, e (irritado); con voz destemplada d'une voix irritée | dérangé, e (desconcertado) | MÚS désaccordé, e; un arpa destemplada une harpe désaccordée | MED qui a un peu de fièvre, légèrement fiévreux, euse | peu harmonieux, euse; criard, e (cuadro) | TECN détrempé, e (acero) | FIG & FAM despedir con cajas destempladas renvoyer avec pertes et fracas.

destemplanza *f* intempérie (en el tiempo) | intempérance (abuso) | FIG emportement *m* (impaciencia) | excès *m*, manque *m* de retenue (falta de moderación) | MED fièvre légère.

destemplar *v tr* déranger | MÚS désaccorder | faire infuser (poner en infusión).

► **destemplarse** *v pr* se déranger, se dérégler | MED avoir un peu de fièvre | FIG s'emporter (irritarse) | TECN se détremper (acero) | (*Amer*) avoir mal aux dents (sentir dentera).

destemple *m* MÚS désaccord, dissonance *f* | MED légère fièvre *f* | FIG altération *f* | désordre | TECN détrempe *f* (del acero u otros metales).

desteñir [26] *v tr* déteindre.

► **destemplarse** *v pr* déteindre; desteñirse con el uso déteindre à l'usage.

desternerar *v tr* (*Amer*) sevrer [le bétail].

desternillarse *v pr* desternillarse de risa rire à gorge déployée, se tordre de rire, se tenir les côtes | es cosa de desternillarse de risa c'est désopilant o tordant, c'est à mourir de rire.

desterrar [19] *v tr* [► SIN] exiler, bannir (término político y jurídico) | enlever la terre (quitar la tierra) | FIG bannir, chasser; desterrar la tristeza bannir la tristesse; desterrar la enfermedad chasser la maladie.

► **desterrarse** *v pr* s'expatrier, s'exiler.

| SIN confinar confiner; extrañar, exilar exiler; deportar déporter; relegar reléguer; alejar éloigner; proscribir proscrire; internar interner.

desterronadora *f* AGRIC défonceuse, émotteuse (arado).

desterronamiento *m* AGRIC émottement, émottage.

desterronar *v tr* AGRIC émotter.

destetar *v tr* sevrer.

➥ **destetarse** *v pr* être sevré, e ‖ FIG destetarse uno con être élevé dans.

destete *m* sevrage.

destiempo *a destiempo loc adv* a contretemps, mal à propos; lo hace todo a destiempo il fait tout à contretemps.

destierro *m* exil; vivir en el destierro vivre dans l'exil o en exil ‖ bannissement (término político) ‖ exil, lieu d'exil (lugar).

destilable *adj* distillable.

destilación *f* distillation ‖ distillat *m* (producto) ‖ écoulement *m*, flux *m* (de humores) ‖ destilación fraccionada distillation fractionnée.

destiladera *f* alambic *m* (alambique) ‖ (*Amer*) filtre (filtro) ‖ armoire, placard *m* (armario).

destilado *m* distillat (producto de la destilación).

destilador, ra *adj* qui distille.

➥ **destilador** *m* distillateur ‖ filtre (filtro) ‖ alambic (alambique).

destilar *v tr* distiller; destilar vino distiller du vin; destilar veneno distiller du poison ‖ filtrer (filtrar) ‖ exsuder, laisser suinter; la llaga destila pus la plaie exsude du pus ‖ este libro destila una profunda amargura une profonde amertume se dégage de ce livre. ◇ *v intr* couler goutte à goutte, dégoutter (gotear) ‖ suinter (rezumar).

➥ **destilarse** *v pr* être extrait de o obtenu par distillation de; la gasolina se destila del petróleo l'essence est obtenue par distillation du pétrole.

destilatorio, ria *adj* distillatoire.

➥ **destilatorio** *m* distillerie *f* (lugar) ‖ alambic (alambique).

destilería *f* distillerie.

destinación *f* destination.

destinar *v tr* destiner à; destinar un buque al transporte del carbón destiner un navire au transport du charbon; destinar a su hijo al foro destiner son fils au barreau ‖ envoyer; fue destinado a Madrid para cónsul il a été envoyé comme consul à Madrid ‖ affecter, envoyer; militar destinado a Burgos militaire affecté à Burgos ‖ COM affecter, destiner; destinar una cantidad affecter une somme.

➥ **destinarse** *v pr* se destiner (pensar dedicarse).

destinatario, ria *m & f* destinataire; el destinatario de un paquete le destinataire d'un paquet.

destino *m* [▷ SIN] destinée *f*, destin (hado); un destino desgraciado un destin malheureux ‖ destination *f*, affectation *f*; este edificio ha cambiado de destino ce bâtiment a changé de destination; el destino de un barco la destination d'un navire ‖ affectation *f* (de un militar) ‖ place *f*, emploi, situation *f* (colocación, empleo) ■ con destino a à destination de ‖ estación o lugar de destino destination ‖ llegar a destino arriver à destination.

‖ SIN suerte, hado, sino sort; estrella étoile; fatalidad fatalité.

destitución *f* destitution; destitución de un funcionario destitution d'un fonctionnaire.

destituible *adj* destituable.

destituidor, ra *adj* qui destitue.

destituir [51] *v tr* destituer; destituir a un jefe de Estado destituer un chef d'État.

‖ SIN revocar révoquer; suspender relever; echar, despedir congédier, renvoyer; deponer déposer.

destocar [10] *v tr* (p us) décoiffer.

➥ **destocarse** *v pr* se découvrir (del sombrero).

destorcedura *f* détorsion ‖ redressement *m* (enderezamiento) ‖ MAR dérive.

destorcer [41] *v tr* détordre (deshacer lo torcido); destorcer un cable détordre un câble ‖ redresser (enderezar); destorcer una varilla redresser une baguette.

➥ **destorcerse** *v pr* se détordre ‖ se redresser ‖ MAR dériver (salirse un barco de su ruta).

destorlongo *m* (*Amer*) gaspillage.

destornillado, da *adj & s* FIG étourdi, e (atolondrado) ‖ cinglé, e; toqué, e (loco).

destornillador *m* tournevis ‖ FAM vodka-orange *f* (bebida).

destornillamiento *m* dévissage.

destornillar; desentornillar *v tr* dévisser; destornillar una bisagra dévisser une charnière.

➥ **destornillarse; desentornillarse** *v pr* se dévisser ‖ FIG perdre la tête, divaguer (perder el juicio).

destrabar *v tr* désentraver (los animales) ‖ dégager (desprender).

➥ **destrabarse** *v pr* se dégager (animales o cosas).

destral *m* hache *f*, hachette *f*.

destramar *v tr* défaire la trame [d'un tissu].

destrenzado, da *adj* dénatté, e; détressé, e (p us); pelo destrenzado cheveux dénattés.

destrenzar [13] *v tr* détresser (p us) ‖ dénatter, détresser (el pelo).

destreza *f* [▷ SIN] adresse, habileté; obrar con destreza agir avec habileté ‖ dextérité, adresse, habileté; este prestidigitador tiene mucha destreza ce prestidigitateur a beaucoup de dextérité ‖ (ant) escrime (esgrima).

‖ SIN habilidad, pericia habileté; arte art; ingenio ingéniosité; industria industrie; maña ruse; tacto, tiento savoir-faire; tino doigté; experiencia expérience; facilidad facilité; FAM mano patte.

destripacuentos *m & f inv* FAM personne *f* qui interrompt systématiquement une conversation.

destripador, ra *adj & s* éventreur, euse.

destripamiento *m* étripage (del pescado).

destripar *v tr* étriper (quitar las tripas) ‖ éventrer (herir en el vientre o abrir una cosa); destripar un sillón éventrer un fauteuil ‖ écrabouiller (despachurrar) ‖ FIG couper son effet à quelqu'un ‖ AGRIC destripar los terrones émotter.

destripaterrones *m inv* FIG & FAM paysan, croquant, cul-terreux.

destrísimo, ma *adj* très adroit, e; très habile.

destriunfar *v tr* obliger (ses adversaires) à jouer tous leurs atouts, faire tomber les atouts (naipes).

destrizar [13] *v tr* mettre en pièces, réduire en miettes.

destrocar [23] *v tr* annuler un échange.

destrón *m* guide d'aveugle.

destronamiento *m* détrônement.

destronar *v tr* détrôner.

destroncamiento; destronque *m* abattage (de un árbol) ‖ dislocation *f*, déboîtement (de un miembro).

destroncar [10] *v tr* couper, abattre (un árbol) ‖ FIG disloquer, démettre (un miembro) ‖ couper les ailes (embarazar a uno) ‖ éreinter, épuiser (cansar) ‖ interrompre, couper (un discurso) ‖ tronquer (cortar) ‖ (*Amer*) déraciner (descuajar).

destronque ➥ destroncamiento.

destroyer *m* MAR destroyer (destructor).

destrozar [13] *v tr* mettre en pièces, déchirer; destrozar un libro déchirer un livre ‖ mettre en pièces, briser, casser, démolir (romper) ‖ abîmer (estropear) ‖ défaire; en un minuto ha destrozado todo lo que yo había hecho en une minute il a défait tout ce que j'avais fait ‖ MIL défaire, mettre en déroute, tailler en pièces (derrotar) ‖ FIG briser, déchirer; destrozar el corazón de alguien briser le cœur de quelqu'un ‖ briser; destrozar la carrera de alguien briser la carrière de quelqu'un ‖ démolir (la salud) ‖ bouleverser, détruire; su llegada ha destrozado mis planes son arrivée a bouleversé mes plans ‖ détruire, anéantir; este niño ha destrozado la fortuna de sus padres cet enfant a anéanti la fortune de ses parents ‖ épuiser, éreinter; la realización de tal obra destroza a cualquiera la réalisation d'un tel ouvrage épuise n'importe qui ‖ estar destrozado être éreinté o épuisé o fourbu o rompu (cansado), être accablé o à plat (abatido).

➥ **destrozarse** *v pr* se briser ‖ destrozarse trabajando se tuer au travail.

destrozo *m* destruction *f* (acción) ‖ désastre (resultado) ‖ déroute *f* (derrota).

➥ **destrozos** *m pl* débris (pedazos) ‖ dégâts (daño).

destrozón, ona *adj & s* FIG brise-tout *inv*.

destrucción *f* destruction.

‖ SIN devastación, asolamiento dévastation; estrago ravage; ruina ruine; aniquilamiento anéantissement.

destructible *adj* destructible.

destructividad *f* destructivité.

destructivo, va *adj* destructif, ive.

destructor, ra *adj & s* destructeur, trice.

➥ **destructor** *m* MAR destroyer.

destrueco; destrueque *m* annulation *f* d'un échange.

destruible *adj* destructible.

destruir [51] *v tr* détruire; destruir una casa détruire une maison ‖ [▷ SIN] détruire, anéantir; destruir un país anéantir un pays ‖ FIG détruire, anéantir, ruiner (esperanza, proyecto) ‖ réduire à néant, démolir (argumento).

➥ **destruirse** *v pr* MAT s'annuler.

‖ SIN aniquilar annihiler, anéantir; exterminar exterminer; arruinar ruiner; devastar, asolar dévaster; **pulverizar** pulvériser; **arrasar** raser; **deshacer** défaire; **consumir** consumer.

destusar v tr (*Amer*) enlever les feuilles [du maïs].

desubstanciar ▬ **desustanciar**.

desucación f extraction du suc.

desuello m écorchement (acción) ‖ écorchure f (herida) ‖ FIG toupet, effronterie f, impudence f (descaro).

desueradora f délaiteuse.

desuerar v tr délaiter (quitar el suero).

desuero m délaitage, délaitement.

desulfuración f désulfuration.

desulfurar v tr désulfurer.

desuncir [12] v tr dételer [les bœufs].

desunidamente adv sans cohérence.

desunión f désunion ‖ division; **la desunión de los países** la division des pays.

desunir v tr désunir ‖ diviser; **la cuestión de la esclavitud desunió a los norteamericanos** la question de l'esclavage divisa les Américains.

desuñar v tr arracher les ongles ‖ AGRIC arracher les racines.

▬ **desuñarse** v pr FIG & FAM travailler d'arrache-pied (empeñarse).

desurdir v tr défaire la trame; **desurdir una tela** défaire la trame d'un tissu ‖ FIG déjouer (una intriga).

desusadamente adv d'une manière désuète.

desusado, da adj désuet, ète (anticuado); **modos desusados** mœurs désuètes ‖ désuet, ète; vieilli, e (caído en desuso); **palabra desusada** mot désuet ‖ inusité, e (poco usado) ‖ inhabituel, elle (poco corriente); **hablar en tono desusado** parler sur un ton inhabituel.

desusar v tr ne plus avoir l'habitude.

desuso m désuétude f; **caer en desuso** tomber en désuétude.

desustanciar; desubstanciar v tr affaiblir (debilitar) ‖ annihiler, neutraliser (desvirtuar) ‖ AGRIC dégraisser (un terreno).

desvahar v tr AGRIC enlever les parties mortes o fanées [d'une plante] ‖ **desvahar un rosal** enlever d'un rosier les fleurs fanées.

desvaído, da adj pâle, terne, éteint, e; passé, e (descolorido) ‖ FIG terne (sin personalidad).

desvainadura f écossage m.

desvainar v tr écosser (legumbres).

desvalido, da adj & s déshérité, e; **socorrer a los desvalidos** secourir les déshérités.

desvalijador, ra m & f dévaliseur, euse.

desvalijamiento; desvalijo m dévalisement.

desvalijar v tr dévaliser (robar).

desvalijo ▬ **desvalijamiento**.

desvalimiento m abandon, délaissement.

desvalorar v tr dévaluer (la moneda) ‖ dévaloriser, dévaluer (una cosa).

desvalorización f dévalorisation (de una cosa) ‖ dévaluation (de la moneda).

desvalorizar [13] v tr dévaloriser, dévaluer, déprécier (una cosa) ‖ dévaluer (la moneda).

desván m grenier ‖ **desván gatero** grenier non aménagé.

desvanecedor, ra adj qui dissipe.

▬ **desvanecedor** m dégradateur (fotografía).

desvanecer [30] v tr dissiper; **el viento desvanece el humo** le vent dissipe la fumée ‖ pâlir, effacer (colores) ‖ FIG dissiper (errores, dudas, sospechas) ‖ TECN dégrader.

▬ **desvanecerse** v pr s'évanouir, se dissiper (el humo, etc.) ‖ s'évanouir, s'évaporer (una persona) ‖ pâlir, s'effacer (colores) ‖ s'éventer (el vino) ‖ avoir un malaise, s'évanouir (desmayarse) ‖ FIG s'effacer (recuerdos) ‖ s'admirer, se pavaner; **se desvanece mucho** il s'admire beaucoup ‖ tirer vanité de, s'enorgueillir de; **se desvanece con sus éxitos** il tire vanité de ses succès.

desvanecido, da adj content, contente de soi, vaniteux, euse (presumido) ‖ charmé, e; flatté, e (halagado).

▬ **desvanecido** m CINEM dégradé.

desvanecimiento m évanouissement, disparition f (del humo) ‖ effacement (de los colores) ‖ dissipation f, éclaircissement (de dudas, errores, sospechas) ‖ [▷ SIN] évanouissement (síncope) ‖ FIG vanité f, prétention f (presunción) ‖ arrogance f (altanería) ‖ RAD évanouissement [des signaux], fading.

> SIN **síncope** syncope; **desfallecimiento, desmayo** défaillance; **mareo** mal de cœur; **desmayo** faiblesse; **soponcio, patatús** pamoison.

desvarar v tr glisser ‖ MAR déséchouer, remettre à flot, renflouer.

▬ **desvararse** v pr glisser.

desvariar [9] v intr délirer (enfermo o loco), déraisonner, divaguer (desatinar).

desvarío m délire (de enfermo o loco) ‖ FIG absurdité f, extravagance f (desatino) ‖ égarement, divagation f; **los desvaríos de una imaginación enfermiza** les égarements d'une imagination maladive ‖ folie f; **la compra de esta casa ha sido un desvarío** l'achat de cette maison a été une folie ‖ monstruosité f (monstruosidad) ‖ vicissitude f, caprice; **los desvaríos de la fortuna** les caprices de la fortune.

desvastigar [16] v tr AGRIC émonder (escamondar).

desvedar v tr lever un interdit ‖ ouvrir (caza, pesca).

desvelado, da adj éveillé, e; **se quedó desvelado toda la noche** il est resté éveillé toute la nuit.

desvelar v tr empêcher de dormir, tenir éveillé, e; **el café desvela** le café empêche de dormir ‖ FIG donner des insomnies, empêcher de dormir; **las preocupaciones desvelan a todo el mundo** les soucis donnent des insomnies à tout le monde.

▬ **desvelarse** v pr se réveiller (despertarse) ‖ FIG se donner du mal, se mettre en quatre FAM; **una madre que se desvela por sus hijos** une mère qui se donne du mal pour ses enfants.

desvelo m insomnie f ‖ mal, peine f; **sus desvelos le resultaron inútiles** toutes les peines qu'il a prises n'ont servi à rien ‖ souci, inquiétude f (preocupación) ‖ dévouement; **el desvelo por la causa común** le dévouement à la cause commune.

desvenar v tr enlever les veines (de la carne) ‖ MIN épuiser [un filon] ‖ écôter (quitar las venas a las hojas de tabaco) ‖ courber le mors (de los caballos).

desvencijado, da adj branlant, e; déglingué, e FAM; **una puerta desvencijada** une porte déglinguée ‖ détraqué, e; déglingué, e FAM; **un reloj desvencijado** une horloge détraquée ‖ délabré, e; **casa desvencijada** maison délabrée.

desvencijar v tr détraquer, déglinguer (un mecanismo) ‖ délabrer (una casa).

desvendar [23] v tr débander (quitar una venda).

desveno m liberté f de langue (parte del bocado del caballo).

desventaja f désavantage m; **en su desventaja** à son désavantage ‖ désavantage m, inconvénient m; **las desventajas de una política** les inconvénients d'une politique.

desventajoso, sa adj désavantageux, euse.

desventar [34] v tr aérer.

desventura f malheur m, mésaventure, infortune (desgracia).

desventuradamente adv malheureusement, par malheur.

desventurado, da adj & s malheureux, euse; infortuné, e (desgraciado) ‖ avare, ladre (avariento) ‖ innocent, e (de corto entendimiento).

desvergonzadamente adv insolemment, impudemment.

desvergonzado, da adj & s effronté, e (descarado) ‖ dévergondé, e (sinvergüenza).

desvergonzarse [38] v pr manquer de respect à, être insolent o grossier avec; **desvergonzarse con uno** manquer de respect à quelqu'un ‖ se dévergonder (descomedirse).

desvergüenza f effronterie (descaro) ‖ insolence, grossièreté (grosería) ‖ dévergondage m (mala conducta).

desvestir [26] v tr dévêtir, déshabiller (desnudar) ‖ **desvestir un santo para vestir otro** déshabiller saint Pierre pour habiller saint Paul.

▬ **desvestirse** v pr se déshabiller, se dévêtir.

desviación f déviation; **desviación de la luz** déviation de la lumière; **desviación de un hueso** déviation d'un os; **hay una nueva desviación en la carretera** il y a une nouvelle déviation sur la route.

desviacionismo m déviationnisme.

desviacionista adj & s déviationniste.

desviador, ra adj déviateur, trice.

desviar [9] v tr dévier; **desviar una línea, un golpe** dévier une ligne, un coup ‖ détourner, écarter, dévier; **desviar a uno de su camino** détourner quelqu'un de son chemin ‖ FIG détourner, éloigner; **desviar de un proyecto, de las malas compañías** détourner d'un projet, des mauvaises compagnies ‖ détourner (barco, avión) ‖ détourner; **desviar un río** détourner une rivière; **desviar la conversación** détourner la conversation.

▬ **desviarse** v pr dévier ‖ tourner; **desviarse a la derecha** tourner à droite ‖ s'éloigner, s'écarter (alejarse) ‖ se perdre, s'égarer (descaminarse) ‖ MAR dériver (un barco).

desvinculación *f* libération (de un compromiso) ▮détachement *m*.

desvincular *v tr* délier; desvincular a uno de un compromiso délier quelqu'un d'un engagement ▮détacher; desvinculado de su familia détaché de sa famille.

desvío *m* déviation *f* (desviación) ▮ FIG détachement, désaffection *f*; el desvío de este hijo respecto a su madre le détachement de ce fils pour sa mère ▮(Amer) voie de dégagement (ferrocarril).

desvirar *v tr* rogner (la suela del zapato, un libro).

desvirgar [16] *v tr* déflorer.

desvirtuar [6] *v tr* affaiblir (quitar la fuerza) ▮fausser (alterar) ▮ FIG dénaturer; desvirtuar su pensamiento dénaturer sa pensée.

desvitalizar [13] *v tr* dévitaliser (las muelas).

desvitrificación *f* dévitrification.

desvitrificar [10] *v tr* dévitrifier.

desvivirse *v pr* désirer vivement o ardemment, mourir d'envie de; desvivirse por ir al teatro mourir d'envie d'aller au théâtre ▮être fou de; desvivirse por una chica être fou d'une jeune fille ▮se dépenser, se mettre en quatre FAM; desvivirse por sus amigos se mettre en quatre pour ses amis.

desvolcanarse *v pr* (Amer) s'écrouler, s'effondrer (derrumbarse).

desvolvedor *m* TECN clef *f* anglaise.

desyemadura *f* AGRIC ébourgeonnage *m*, ébourgeonnement *m*.

desyemar *v tr* AGRIC ébourgeonner.

desyerba *f* sarclage *m*.

desyerbador *m* sarcloir.

desyerbar *v tr* désherber, sarcler.

desyugar [16] *v tr* dételer (los bueyes).

deszulacamiento *m* TECN délutage.

deszulacar [10] *v tr* TECN déluter.

deszumar *v tr* presser, exprimer le suc o le jus de.

detall
◆ **al detall** *loc adv* au détail ▮vender al detall faire le détail, détailler.

detalladamente *adv* en détail.

detallado, da *adj* détaillé, e.

detallar *v tr* détailler.

detalle *m* détail ▮FIG attention *f*, gentillesse *f*; tener miles de detalles con una persona avoir mille attentions pour quelqu'un ▮(Amer) commerce au détail ■ al detalle au détail ▮con detalles, con todo detalle en détail, avec des détails, par le menu ▮con todo lujo de detalles avec un luxe de détails ■ ahí está el detalle c'est ça l'astuce ▮no meterse en detalles ne pas entrer dans les détails ▮no perder detalle ne pas perdre une miette ▮sin entrar en detalles sans entrer dans les détails ▮FIG tener un buen detalle avoir un beau geste.

detallista *m & f* détaillant, e (comerciante).

detasa *f* (p us) détaxe.

detección *f* détection ▮MED dépistage *m*.

detectar *v tr* détecter; detectar aviones enemigos détecter des avions ennemis.

detective *m & f* détective; detective privado détective privé.

detectivesco, ca *adj* de détective.

detector, ra *adj & s* FÍS & ELECTR détecteur, trice ■ detector de mentiras détecteur de mensonges ▮ detector de metales détecteur de métaux ▮detector de minas détecteur de mines.

detención *f* arrêt *m*; la detención de los negocios l'arrêt des affaires; detención en ruta arrêt en cours de route ▮attention; examinar con detención examiner avec attention ▮retard *m*, délai *m* (dilación); le llamé y vino sin detención je l'appelai et il vint sans retard ▮ arrestation (apresamiento) ▮ DR détention (prisión).

detenedor, ra *adj* qui arrête o retarde, retardateur, trice.

detener [72] *v tr* arrêter (parar) ▮DR arrêter (arrestar); detener a un ladrón arrêter un voleur ▮détenir (mantener preso) ▮retarder, retenir (retrasar) ▮ détenir, garder, conserver (guardar); detener un objeto garder un objet ▮ detener la mirada en arrêter ses regards sur.

◆ **detenerse** *v pr* s'arrêter; detenerse mucho tiempo en un paraje, en una idea s'arrêter longtemps dans un endroit, sur une idée ▮s'attarder (estar mucho tiempo); detenerse en casa de amigos s'attarder chez des amis.

detenidamente *adv* longuement, attentivement; mirar detenidamente algo regarder longuement quelque chose ▮avec attention, attentivement; estudiar detenidamente un problema étudier attentivement un problème.

detenido, da *adj & s* détenu, e (preso).
◇ *adj* long, longue; minutieux, euse; approfondi, e (minucioso); un estudio detenido une étude approfondie ▮indécis, e; irrésolu, e (irresoluto).

detenimiento *m* arrêt (arresto) ▮retard (tardanza) ▮soin, minutie *f*, attention *f* (cuidado).

detentación *f* DR détention (posesión ilegal).

detentador, ra *adj & s* DR détenteur, trice.

detentar *v tr* DR détenir (poseer).

detente *m* HIST insigne représentant le Sacré Cœur de Jésus accompagné de la devise detente, bala arrête-toi, balle, que portaient les soldats carlistes.

detentor, ra *m & f* DR détenteur, trice.

detergente *adj & s m* détergent, e; détersif, ive.
◇ *f* lessive *f*.

deterger [14] *v tr* déterger (limpiar); deterger una herida déterger une plaie.

deterioración *f* détérioration.

deteriorar *v tr* [▷ SIN] abîmer, détériorer (estropear) ▮FIG détériorer.

◆ **deteriorarse** *v pr* se détériorer ▮FIG se détériorer, se dégrader, empirer.

▮ SIN estropear abîmer; menoscabar endommager; estragar gâter; descomponer détraquer; mellar, desportillar ébrécher; desvencijar déglinguer FAM.

deterioro *m* détérioration *f*.

determinable *adj* déterminable.

determinación *f* détermination; la determinación de una fecha la détermination d'une date ▮décision, détermination; mostrar determinación faire preuve de décision ▮tener poca determinación être indécis.

determinado, da *adj* déterminé, e; résolu, e; décidé, e (carácter) ▮précis, e; fixé, e; déterminé, e; un día determinado un jour fixé ▮GRAM défini, e ▮réglé, e; fixé, e; disposiciones determinadas de antemano dispositions réglées d'avance.

determinante *adj & s m* déterminant, e.

determinar *v tr* déterminer; determinar las causas de un accidente déterminer les causes d'un accident ▮fixer, déterminer; determinar la fecha fixer la date ▮ déterminer, décider; esto me determinó a hacerlo cela m'a décidé à le faire; determinaron firmar la paz ils décidèrent de signer la paix ▮DR statuer sur, se prononcer sur (sentencia).

◆ **determinarse** *v pr* se déterminer, se décider (decidir).

determinativo, va *adj & s m* GRAM déterminatif, ive; adjetivo determinativo adjectif déterminatif.

determinismo *m* déterminisme.

determinista *adj & s* déterministe.

detersión *f* détersion; la detersión de una herida la détersion d'une blessure.

detersivo, va; detersorio, ria *adj & s m* détersif, ive; détergent, e.

detestable *adj* détestable.

detestar *v tr* détester, avoir horreur de, avoir en horreur; detestar los viajes détester les voyages.

▮ SIN aborrecer détester, abhorrer; execrar exécrer; abominar abominer; maldecir maudire.

detienebuey *m* BOT arrête-bœuf *inv*, bugrane.

detonación *f* détonation.

detonador *m* détonateur (fulminante).

detonante *adj & s m* détonant, e; mezcla detonante mélange détonant.

detonar *v intr* détoner (hacer explosión).

▮ OBSERV No se confunda con el francés détonner (con nn), que significa desentonar.

detorsión *f* distorsion.

▮ OBSERV No se confunda distorsion con détorsion destorcedura.

detracción *f* médisance, dénigrement *m* (murmuración) ▮déviation (desvío).

detractar *v tr* détracter, dénigrer.

detractor, ra *adj & s* détracteur, trice.

detraer [73] *v tr* détracter, dénigrer (desacreditar) ▮soustraire (sustraer) ▮dévier (desviar).

detrás *adv* derrière; herir por detrás blesser par derrière ■ detrás de derrière; detrás de la casa derrière la maison.

detrimento *m* détriment; en detrimento de au détriment de; en detrimento suyo à son détriment.

detrítico, ca *adj* GEOL détritique; formación detrítica formation détritique.

detrito; detritus *m* détritus.

deuda *f* dette; tener una deuda con uno avoir une dette envers quelqu'un; pagar una deuda payer une dette ▮RELIG péché *m*, offense; perdónanos nuestras deudas pardonne-nous nos offenses ▮deuda a largo plazo dette à long terme ▮deuda amortizable dette amortissable ▮deuda consolidada dette consolidée ▮deuda exterior dette extérieure ▮ deuda flotante dette flottante ▮deuda perpetua dette perpétuelle ▮deuda pública dette publique ■ contraer deudas faire des dettes ‖ **estar en deuda con uno** être en reste avec quelqu'un, avoir une dette envers quelqu'un ‖ **lo prometido es deuda** chose promise, chose due; ce qui est promis est promis.

deudo, da *m & f* parent, e.
➤ **deudo** *m* parenté *f* (parentesco) ‖ **mis deudos** mes proches.

> OBSERV Deudos au pluriel a le sens, non pas de père et mère qu'a souvent parents en français, mais de famille, parenté (ensemble de parents).

deudor, ra *adj & s* débiteur, trice ■ **saldo deudor** solde dû ‖ FIG **ser deudor de una persona** avoir des dettes envers quelqu'un.

deuterio *m* QUÍM deutérium.

deuterocanónico, ca *adj* RELIG deutérocanonique.

Deuteronomio *n pr m* Deutéronome.

deutón *m* QUÍM deuton, deutéron.

deutóxido *m* QUÍM deutoxyde.

devalar *v intr* MAR dériver.

devaluación *f* dévaluation (moneda).

devaluar [6] *v tr* dévaluer.

devanadera *f* dévidoir *m* (para devanar) ‖ TEATR décor *m* tournant.

devanado *m* ELECTR bobinage, enroulement.

devanador, ra *adj & s* dévideur, euse; bobineur, euse.
➤ **devanador** *m* bobine *f* (carrete) ‖ dévidoir (de máquina de coser) ‖ (*Amer*) dévidoir (devanadera).

devanagari *m* devanâgari, écriture *f* sanscrite.

devanamiento *m* bobinage.

devanar *v tr* dévider (hacer un ovillo) ‖ bobiner, enrouler (hacer un carrete) ‖ FAM **devanarse los sesos** se creuser la cervelle o les méninges o la tête.

devanear *v intr* divaguer, délirer.

devaneo *m* amourette *f*, caprice (amorío) ‖ divagation *f*, élucubration *f* (delirio) ‖ frivolité *f*, bagatelle *f* (fruslería).

devastación *f* dévastation.

devastador, ra *adj & s* dévastateur, trice.

devastar *v tr* dévaster (destruir); **casa devastada** maison dévastée ‖ ravager (asolar) ‖ **regiones devastadas** régions sinistrées (después de la guerra).

devengado, da *adj* COM échu, e (los créditos); **intereses devengados** intérêts échus.

devengar [16] *v tr* gagner, toucher (salario) ‖ rapporter (intereses).

devenir [75] *v tr* (p us) survenir (suceder) ‖ FILOS devenir (cambiarse en).
◇ *m* FILOS devenir.

deviación *f* déviation.

devoción *f* dévotion; **cumplir con sus devociones** faire ses dévotions; **La devoción de la Cruz** "La Dévotion à la Croix" (obra de Calderón) ‖ FIG dévotion, sympathie (afición) ‖ coutume, habitude (costumbre); **tengo por devoción pasear todos los días** j'ai pour habitude de me promener tous les jours ■ FIG **estar a la devoción de uno** être à la dévotion de quelqu'un ‖ **no es santo de mi devoción**, no le tengo mucha devoción je ne le porte

pas dans mon cœur, je n'ai aucune sympathie pour lui.

devocionario *m* paroissien, missel.

devolución *f* dévolution (p us), restitution, renvoi *m* ‖ remboursement *m*; **devolución del importe de una entrada** remboursement d'une place ‖ COM rendu *m*; **no se admiten devoluciones** on n'accepte pas les rendus ‖ retour *m* (correo); **devolución al remitente** retour à l'expéditeur o à l'envoyeur ‖ HIST **guerra de Devolución** guerre de Dévolution.

devolutivo, va; devolutorio, ria *adj* DR dévolutif, ive.

devolver [24] *v tr* rendre, restituer; **devolver un libro prestado** rendre un livre emprunté ‖ FIG rendre; **devolver la vista** rendre la vue ‖ rendre, dégager de; **devolverle la palabra a uno** rendre sa parole à quelqu'un, dégager quelqu'un de sa parole ‖ rendre (un favor, una visita) ‖ retourner, renvoyer, réexpédier (correo); **devolver una carta** retourner une lettre ‖ [▷ SIN] rembourser; **devolver el importe de las entradas** rembourser le prix des billets; **devolver el dinero** rembourser l'argent ‖ retourner; **devolver el cumplido a alguien** retourner son compliment à quelqu'un ‖ FAM rendre (vomitar) ■ **devolver (el) bien por (el) mal** rendre le bien pour le mal ‖ **devolver la palabra** rendre la parole (a un orador) ‖ **devolver la pelota** renvoyer la balle ‖ **devuélvase al remitente** retour à l'envoyeur (en el correo).
➤ **devolverse** *v pr* (*Amer*) revenir (volver).

> SIN reintegrar, restituir restituer; reembolsar rembourser; compensar compenser; pagar payer.

devoniano, na; devónico, ca *adj & s m* GEOL dévonien, enne.

devorador, ra *adj* dévorant, e; **hambre devoradora** faim dévorante.
◇ *m & f* dévoreur, euse; dévorateur, trice.
➤ **devoradora** *adj f & s f* FAM (mujer) **devoradora de hombres** mangeuse d'hommes.

devorante *adj* dévorant, e.

devorar *v tr* dévorer; **el fuego lo devora todo** le feu dévore tout ‖ FIG dévorer (destruir) ‖ dissiper (arruinar) ‖ dévorer; **devorar una novela** dévorer un roman; **devorar con los ojos** dévorer des yeux ‖ **devorar sus lágrimas** avaler ses larmes.

devotamente *adv* dévotement.

devotería *f* FAM bigoterie.

devoto, ta *adj & s* dévot, e (piadoso); **devoto de la Virgen** dévot à la Vierge ‖ pieux, euse; **imagen devota** image pieuse ‖ dévoué, e; **su muy devoto** votre tout dévoué; **devoto de su amo** dévoué à son maître ‖ **ser devoto de la Virgen del puño** être avare comme Harpagon.
➤ **devoto** *m* patron (santo).

> OBSERV Le mot espagnol devoto n'a pas le sens péjoratif que prend souvent le terme français dévot.

dexiocardia *f* MED dextrocardie.

dexteridad *f* dextérité.

dextrina *f* QUÍM dextrine.

dextrocardia *f* MED dextrocardie.

dextrógiro, ra *adj* FÍS dextrogyre.

dextrorso, sa *adj* qui se meut de gauche à droite, dextrorsum.

dextrórsum *adv lat* dextrorsum.

dextrosa *f* QUÍM dextrose.

dey *m* dey (príncipe musulmán).

deyección *f* déjection ‖ GEOL **cono de deyección** cône de déjections.

deyector *m* déjecteur.

dezmable *adj* sujet à la dîme.

dezmar ➤ **diezmar**.

dg (abrev escrita de decigramo) *m* dg.

DGS (abrev de Dirección General de Sanidad) *f* direction générale de la santé, en Espagne.

DGT (abrev de Dirección General de Tráfico) *f* direction générale de la circulation, en Espagne.

día *m* jour; **día y noche** jour et nuit; **el día que llegues** le jour où tu arriveras ‖ journée *f*; **un día hermoso, soleado** une belle journée, une journée ensoleillée; **durante el día** pendant la journée; **pasar el día trabajando** passer la journée à travailler ‖ le [quantième]; **el día 15 de mayo** le 15 mai ‖ fête *f* (onomástica); **hoy es mi día** c'est aujourd'hui ma fête ‖ temps; **hace buen día** il fait beau temps ■ **día artificial** jour artificiel ‖ **día civil** jour civil ‖ **día D** jour J ‖ **día de año nuevo** jour de l'an ‖ **día de asueto** jour de congé ‖ **día de carne** jour gras ‖ **día de Ceniza** jour des Cendres ‖ **día de descanso** jour de repos (trabajo), relâche (teatro) ‖ **día de fiesta** o **festivo** jour de fête ‖ **día de huelga** jour de grève ‖ **día de la Madre** fête des mères ‖ **día del Corpus** fête-Dieu ‖ **día del juicio final** jour du jugement dernier ‖ **día de (los) difuntos** jour des morts ‖ **día de paga** o **de cobro** jour de paie ‖ **día de precepto** o **de guardar** jour liturgique ‖ **día de recibo** jour de réception ‖ **día de Reyes** jour des Rois ‖ **día de trabajo** jour ouvrable ‖ **día de vigilia** o **de viernes** o **de pescado** jour d'abstinence o maigre ‖ **día feriado** o **festivo** jour férié ‖ **día hábil** jour ouvré ‖ **día inhábil** jour chômé ‖ **día laborable** jour ouvrable ‖ **día lectivo** jour de classe ‖ **día libre** jour de repos ■ **a días** certains jours ‖ **a la luz del día** en plein jour ‖ **al día** à jour (al corriente); **poner al día** mettre à jour; **au jour le jour; **vivir al día** vivre au jour le jour (con estrechez); **la vida madrileña al día** la vie madrilène au jour le jour (cotidiana); **por jour**; **dos litros al día** deux litres par jour; à la journée; **alquilar una habitación al día** louer une chambre à la journée ‖ **al otro día, al día siguiente** le lendemain ‖ **a tantos días vista** o **fecha** à tant de jours de vue o de date ‖ **¡buenos días!** bonjour! ‖ **cada día más**, cada día menos de plus en plus, de moins en moins; **es cada día más feliz** il est de plus en plus heureux ‖ **cada dos, tres días** tous les deux, trois jours ‖ **cierto día** un beau jour ‖ **como del día a la noche** comme le jour et la nuit [se ressembler] ‖ **cualquier día** un de ces jours ‖ **de cada día** de chaque jour ‖ **de día en día** de jour en jour ‖ **del día** du jour (fresco, reciente), à la mode, dernier cri (de moda) ‖ **de un día a** o **para otro** d'un jour à l'autre ‖ **día por día** jour pour jour; **se llevan un año de diferencia día por día** ils ont un an de différence jour pour jour ‖ **día tras día** jour après jour, pendant des jours et des jours ‖ **el día de hoy** au jour d'aujourd'hui ‖ **el día de mañana** demain (mañana), un jour prochain, plus tard (en tiempo venidero) ‖ **el día de San...** la Saint-...; **el día de San Juan** la Saint-Jean ‖ **el mejor día, el día menos pensado** quand on s'y attend le moins, un beau jour ‖ el pan nuestro de cada día notre pain quotidien ‖ en su día en son temps, en temps voulu ‖ en sus mejores días dans ses beaux jours ‖ ¡hasta otro día! à la prochaine! ‖ hoy día, hoy en día, en nuestros días de nos jours, à notre époque, à l'heure actuelle, aujourd'hui ‖ hoy, día 22 de enero aujourd'hui, 22 janvier ‖ (Amer) los otros días l'autre jour ‖ si algún día si jamais; si algún día lo encuentras si jamais tu le rencontres ‖ FAM todo el santo día à longueur de journée, toute la sainte journée ‖ un buen día un beau jour, un beau matin ‖ un día de éstos un de ces jours, un de ces quatre matins ‖ FAM ‖ un día señalado un grand jour ‖ un día sí y otro no tous les deux jours, un jour sur deux ■ al romper o al despuntar o al rayar el día au petit jour ‖ cada día trae su afán à chaque jour suffit sa peine ‖ dar los buenos días dire bonjour, souhaiter le bonjour ‖ dar los días a uno souhaiter la fête à quelqu'un ‖ dejar para el día del juicio final renvoyer aux calendes grecques ‖ estar al día être à jour (sin retraso), être à la page (de moda) ‖ hacerse de día paraître [le jour]; se está haciendo de día le jour paraît ‖ FAM hay más días que longanizas il y a plus de jours que de semaines, rien ne presse ‖ mañana será otro día demain il fera jour ‖ no todos los días son iguales les jours se suivent et ne se ressemblent pas ‖ romper el día se lever [le jour] ‖ ser de día faire jour ‖ ser muy de día faire grand jour ‖ tener días avoir ses bons et ses mauvais jours.

➤ **días** m pl jours (vida); hasta el fin de sus días jusqu'à la fin de ses jours ‖ en los días de du vivant de, au temps de ‖ en mis días de mon temps ‖ tiene contados los días ses jours sont comptés.

> **OBSERV** 1. Journée tiene un valor más relativo que jour y se refiere sobre todo al empleo del tiempo durante el curso del día: un día de trabajo une journée de travail.
> 2. Día s'emploie souvent explétivement en Amérique: el día sábado le samedi.
>
> **EL DÍA DE LOS INOCENTES**
> Le 28 décembre, on commémore en Espagne le jour des Saints-Innocents, jour où Hérode aurait fait tuer tous les enfants hébreux afin d'éviter la venue du Messie. La tradition veut que, ce jour-là, on fasse des blagues (les « inocentadas »), notamment en accrochant des pantins de papier dans le dos des passants. La presse participe elle aussi à la tradition en publiant de fausses nouvelles.

diabasa f MED diabase.

diabático, ca adj FÍS conductible [thermique].

diabetes f MED diabète m; diabetes insípida, sacarina diabète insipide, sucré.

diabético, ca adj & s MED diabétique.

diabla f FAM diablesse ‖ cabriolet m (coche) ‖ FAM a la diabla à la diable (de cualquier modo).

diablear v intr FAM faire le diable (un niño).

diablejo m diablotin.

diablesa f FAM petite diablesse.

diablillo m diable (disfraz) ‖ FIG & FAM diable, diablotin (persona traviesa).

diablo m diable ‖ FIG diable; este niño es un diablo cet enfant est un diable ‖ (Amer) fardier (carromato) ■ ZOOL diablo de Tasmania diable de Tasmanie ■ al diablo au diable ‖

¡cómo diablos!, ¡qué diablos! que diable! ‖ FIG como un o el diablo en diable, énormément ‖ del diablo, de todos los diablos de tous les diables ‖ (Amer) diablos azules delirium tremens ‖ el diablo cojuelo le diable boiteux ‖ el diablo encarnado o hecho carne le diable incarné ‖ un pobre diablo un pauvre diable ■ anda el diablo en Cantillana le diable s'en mêle ‖ andar o estar como el diablo être dans un état déplorable ‖ FIG darse uno al diablo devenir fou furieux (irritarse), s'abandonner au désespoir (desesperarse) ‖ (Amer) donde el diablo perdió el poncho au diable vauvert ‖ el diablo que lo entienda du diable si je comprends ‖ ése es el diablo c'est là o voilà le diable ‖ FIG eso pesa como un diablo cela pèse très lourd ‖ harto de carne el diablo se metió a fraile quand le diable fut vieux, il se fit ermite ‖ más sabe el diablo por viejo que por diablo ce n'est pas aux vieux singes qu'on apprend à faire la grimace ‖ no es tan feo el diablo como lo pintan le diable n'est pas si noir qu'il en a l'air ‖ no temer ni a Dios ni al diablo ne craindre ni Dieu ni diable, n'avoir ni foi ni loi ‖ tener el diablo en el cuerpo, ser la piel del diablo avoir le diable au corps ‖ ¡váyase al diablo! allez au diable!

diablura f diablerie; las diabluras de los niños les diableries des enfants ‖ niche (travesura) ‖ merveille, prouesse; este malabarista hace diabluras con sus aros ce jongleur fait des merveilles avec ses cerceaux ‖ hacer diabluras faire le diable.

diabólico, ca adj diabolique.

diábolo; diávolo m diabolo (juguete).

diaclasa f MED diaclase.

diacodión m diacode (jarabe).

diaconado m diaconat.

diaconal adj diaconal, e.

diaconato m diaconat.

diaconía f diaconie.

diaconisa f diaconesse.

diácono m diacre; ordenar diácono ordonner diacre.

diacrítico, ca adj GRAM & MED diacritique.

diacronía f diachronie.

diacrónico, ca adj diachronique.

diacústica f FÍS diacoustique.

díada f dyade (pareja).

diadema f diadème m (corona) ‖ serre-tête m.

diadoco m diadoque (príncipe y general griego).

diafanidad f diaphanéité.

diáfano, na adj diaphane.

> SIN translúcido translucide; transparente transparent; cristalino cristallin; límpido limpide.

diafanoscopia f diaphanoscopie.

diáfisis f inv ANAT diaphyse.

diafonía f diaphonie.

diaforesis f inv MED diaphorèse (sudor).

diaforético, ca adj MED diaphorétique.

diafragma m ANAT & BOT diaphragme ‖ TECN diaphragme (foto, fonógrafo); diafragma iris diaphragme à iris ‖ diaphragme (anticonceptivo).

diagénesis f inv GEOL diagenèse.

diagnosis f inv MED diagnose.

diagnosticar [10] v tr diagnostiquer.

diagnóstico, ca adj MED diagnostique.

➤ **diagnóstico** m MED diagnostic.

diagometría f FÍS conductimétrie.

diagonal adj diagonal, e.

◇ f diagonale ‖ en diagonal en diagonale.

diagonalmente adv diagonalement.

diágrafo m diagraphe.

diagrama m diagramme; diagrama de barras diagramme en bâtons.

dial m cadran (de radio).

dialectal adj dialectal, e.

dialectalismo m dialectalisme.

dialéctica f dialectique.

dialéctico, ca adj dialectique.

◇ m & f dialecticien, enne.

dialecto m dialecte (variante regional) ‖ langue f (idioma derivado).

dialectología f dialectologie.

dialelo m diallèle (círculo vicioso).

dialipétalo, la adj & s BOT dialypétale.

dialisépalo, la adj BOT dialysépale.

diálisis f inv QUÍM & MED dialyse.

dializador m QUÍM dialyseur.

dializar [13] v tr QUÍM dialyser.

dialogante adj persona dialogante interlocuteur, trice.

dialogar [16] v intr dialoguer ‖ INFORM dialogar con sistema dialoguer avec un système.

dialogístico, ca adj dialogique (escrito en forma de diálogo).

diálogo m dialogue.

dialoguista m & f dialoguiste.

dialtiro adv (Amer) complètement, entièrement.

diamagnético, ca adj ELECTR diamagnétique.

diamagnetismo m ELECTR diamagnétisme.

diamantado, da adj diamanté, e.

diamantar v tr diamanter.

diamante m diamant; diamante en bruto diamant brut ■ FIG bodas de diamante noces de diamant ‖ edición diamante édition diamant ■ FIG ser un diamante en bruto être mal dégrossi.

diamantífero, ra adj diamantifère.

diamantino, na adj diamantin, e ‖ FIG & POÉT adamantin, e.

diamantista m & f diamantaire.

diametral adj diamétral, e.

diametralmente adv diamétralement; diametralmente opuesto a diamétralement opposé à.

diámetro m GEOM diamètre ‖ alésage (de cilindro de motor).

diamidofenol m diamidophénol (revelador).

diana f MIL diane; tocar diana sonner la diane ‖ mouche (blanco); hacer diana faire mouche.

Diana n pr MITOL Diane.

¡dianche!; ¡diantre! interj FAM ¡qué diantre quiere! que diable veut-il ?; ¡diantre o dianche de chico! fichu gamin!

diapasón *m* MÚS diapason ‖ touche *f* (del mástil de un instrumento de cuerda) ‖ bajar o subir el diapasón changer de diapason.

diapédesis *f inv* MED diapédèse.

diapente *m* MÚS diapente [intervalle de quinte].

diapositiva *f* FOT diapositive.

diaprea *f* diaprée, prune diaprée.

diapreado, da *adj* BLAS diapré, e.

diaquilón *m* MED diachylon, diachylum.

diariamente *adv* journellement, quotidiennement, chaque jour.

diariero, ra *m & f* (*Amer*) marchand, e de journaux.

diario, ria *adj* journalier, ère; de chaque jour, quotidien, enne.

➤ **diario** *m* journal, quotidien (periódico); los diarios de la mañana les journaux du matin ‖ journal (relación histórica) ‖ COM journal, livre-journal ‖ dépense *f* quotidienne (gasto diario) ■ a o de diario journellement, tous les jours ■ MAR diario de a bordo livre o journal de bord ‖ INFORM diario de servicio journal de bord ‖ diario de sesiones journal des débats, registre des procès-verbaux ‖ diario dominical journal du dimanche ‖ diario hablado journal parlé ■ traje de diario habit de tous les jours.

Diario *m* Diario de Barcelona le plus vieux journal espagnol, disparu en 1993.

diarismo *m* (*Amer*) journalisme (periodismo).

diarista *m & f* (*Amer*) journaliste.

diarrea *f* MED diarrhée; tener diarrea avoir la diarrhée ‖ FAM diarrea mental salade (confusión).

diarreico, ca *adj* MED diarrhéique.

diartrosis *f inv* ANAT diarthrose.

diascopio *m* diascope (en los tanques).

diascordio *m* diascordium.

diáspora *f* diaspora.

diastasa *f* BIOL diastase (fermento).

diastático, ca *adj* BIOL diastasique.

diástole *f* ANAT diastole (dilatación del corazón) ‖ GRAM diastole (cambio de una sílaba).

diastólico, ca *adj* diastolique.

diastrofia *f* MED dislocation articulaire.

diatérmano, na *adj* FÍS diathermane.

diatermia *f* MED diathermie.

diatesarón *m* MÚS intervalle de quarte.

diátesis *f inv* MED diathèse.

diatomeas *f pl* BOT diatomées.

diatómico, ca *adj* QUÍM diatomique.

diatónico, ca *adj* MÚS diatonique; escala diatónica gamme diatonique.

diatriba *f* diatribe; lanzar o dirigir una diatriba lancer une diatribe.

diaula *f* diaule (flauta).

diávolo ➤ **diábolo**.

diazoico, ca *adj* QUÍM diazoïque.

dibujante *adj & s* dessinateur, trice.

dibujar *v tr* [▷ SIN] dessiner; dibujar con o a pluma, con o a lápiz, a pulso, del natural, a la aguada dessiner à la plume, au crayon, à main levée, d'après nature, au lavis ‖ FIG peindre (describir), dessiner (un carácter).

➤ **dibujarse** *v pr* FIG se dessiner, se préciser.

SIN apuntar croquer; diseñar, abocetar, esbozar esquisser; delinear tracer.

dibujo *m* dessin; dibujo al carbón, a lápiz, a pluma dessin au fusain, au crayon, à la plume ■ dibujo a pulso, del natural dessin à main levée, d'après nature ‖ CINEM dibujos animados dessins animés ■ academia de dibujo école de dessin ‖ FAM meterse en dibujos entrer dans les détails.

dic.; dicbre. (abrev escrita de diciembre) déc.

dicacidad *f* acuité, mordant *m*.

dicaz *adj* incisif, ive; mordant, e.

dicción *f* diction (modo de pronunciar) ‖ mot *m* (palabra).

diccionario *m* dictionnaire; diccionario bilingüe, de bolsillo, electrónico dictionnaire bilingue, de poche, électronique.

SIN glosario glossaire; vocabulario vocabulaire; léxico lexique; enciclopedia encyclopédie.

diccionarista *m & f* lexicographe.

dicente *adj* qui dit.
◇ *m & f* diseur, euse.

díceres *m pl* (*Amer*) cancans, commérages.

dicha *f* [▷ SIN] bonheur *m* (felicidad) ‖ chance (buena suerte); ser un hombre de dicha avoir de la chance ■ nunca es tarde si la dicha es buena mieux vaut tard que jamais ‖ por dicha heureusement, par bonheur.

SIN felicidad bonheur, félicité; beatitud béatitude; prosperidad prospérité; fortuna, ventura, suerte chance.

dicharachero, ra *adj & s* FAM rigolo, ote; petit rigolo, petite rigolote.

dicharacho *m* grossièreté *f* (palabra inconveniente) ‖ blague *f*, gaudriole *f* (broma).

dicho, cha *p p de* decir *& adj* dit, e; es cosa dicha c'est chose dite ■ dicho de otro modo autrement dit ‖ dicho sea de paso soit dit en passant ‖ dicho y hecho aussitôt dit, aussitôt fait ‖ mejor dicho plutôt; alto, o mejor dicho gigantesco grand, ou plutôt gigantesque ‖ téngalo por dicho tenez-vous-le pour dit.
◇ *adj dem* ce, cette; dicha ciudad cette ville.

➤ **dicho** *m* pensée *f*, sentence *f*, mot *m*; un dicho de Cicerón une pensée de Cicéron ‖ phrase *f*, parole *f*, propos *pl*; un dicho desacertado une phrase malheureuse ‖ dicton (refrán) ‖ FAM injure *f*, insulte *f* (insulto) ‖ DR déposition *f*, déclaration *f* ■ dicho de las gentes rumeur publique ‖ dicho gracioso bon mot, mot pour rire ■ del dicho al hecho hay mucho o un gran trecho faire et dire sont deux, promettre et tenir c'est deux ‖ lo dicho ce qui a été dit o convenu; lo dicho ayer vale todavía ce qui a été dit hier tient toujours ‖ lo dicho ce qui est dit est dit.

➤ **dichos** *m pl* consentement *sing* (des époux); tomarse los dichos échanger leur consentement ‖ fiançailles *f* (esponsales).

OBSERV El plural del adjetivo demostrativo es ces.

dichosamente *adv* heureusement.

dichoso, sa *adj* heureux, euse; dichoso con su suerte heureux de son sort ‖ FIG & FAM ennuyeux, euse; assommant, e (molesto); ¡dichoso niño! quel enfant assommant!; ¡dichosa visita! quelle visite ennuyeuse! ‖ de malheur, sacré, e; maudit, e; ese dichoso individuo ce sacré individu, cet individu de malheur ‖ maudit, e; sacré, e; ese dichoso

trabajo me impide salir ce maudit travail m'empêche de sortir.

diciembre *m* décembre; el 25 de diciembre le 25 décembre.

diciente *adj* qui dit.

diclino, na *adj* BOT dicline.

dicotiledón *adj & s* BOT dicotylédoné, e; dicotylédone.

dicotiledóneo, a *adj & s* BOT dicotylédoné, e; dicotylédone.

➤ **dicotiledóneas** *f pl* dicotylédones.

dicotomía *f* dichotomie.

dicotómico, ca *adj* dichotomique.

dicótomo, ma *adj* BOT dichotome.

dicroico, ca *adj* FÍS dichroïque.

dicroísmo *m* FÍS dichroïsme (coloración doble).

dicromático, ca *adj* dichromatique.

dicromo, ma *adj* FÍS dichrome.

dicroto *adj m* MED dicrote.

dictado, da *adj* dicté, e.

➤ **dictado** *m* titre (dignidad) ‖ dictée *f*; hacer un dictado, dictado musical faire une dictée, dictée musicale; escribir al dictado écrire sous la dictée.

➤ **dictados** *m pl* FIG préceptes, commandements; los dictados de la conciencia les préceptes de la conscience.

dictador *m* dictateur.

dictadura *f* dictature; dictadura del proletariado dictature du prolétariat.

SIN autocracia autocratie; tiranía tyrannie; despotismo despotisme; absolutismo absolutisme; cesarismo césarisme; omnipotencia omnipotence, toute-puissance; totalitarismo totalitarisme.

dictáfono *m* dictaphone.

dictamen *m* opinion *f*; abundo en su dictamen je me range à votre opinion ‖ avis; dar un dictamen desfavorable donner un avis défavorable ‖ rapport; dictamen de los peritos, de las comisiones rapport des experts, des commissions ■ dictamen médico diagnostic ‖ dictamen pericial expertise ‖ tomar dictamen de un amigo prendre conseil d'un ami.

dictaminar *v tr* opiner, estimer; el grafólogo dictamina que la letra es la de un tímido le graphologue estime que c'est l'écriture d'un timide ‖ conseiller (dar consejo) ‖ se prononcer; han dictaminado sobre el proyecto de ley ils se sont prononcés sur le projet de loi ‖ prescrire (un médico) ‖ DR rapporter (en un juicio).

díctamo *m* BOT dictame ‖ díctamo de Creta dictame de Crète.

dictar *v tr* dicter; dictar una carta dicter une lettre ‖ édicter (leyes), passer (decreto), donner (órdenes) ■ dictar disposiciones prendre des mesures ‖ dictar la ley faire la loi ‖ (*Amer*) dictar una conferencia donner une conférence.

dictatorial *adj* dictatorial, e; poderes dictatoriales pouvoirs dictatoriaux.

dicterio *m* insulte *f*.

didáctico, ca *adj & s f* didactique.

didáctilo, la *adj* ZOOL didactyle.

didactismo *m* didactisme.

didelfos *m pl* ZOOL didelphes (marsupiales).

didimio *m* didyme (metal).

dídimo, ma *adj* BOT didyme.

Dido *n pr* Didon.

diecinueve *adj & s m* dix-neuf; somos diecinueve personas nous sommes dix-neuf personnes; hoy estamos a 19 de enero aujourd'hui nous sommes le 19 janvier; el 19 de mayo le 19 mai ‖ el siglo XIX (diecinueve) le XIXe [dix-neuvième] siècle.

diecinueveavo, va *adj & s* dix-neuvième.

dieciochavo, va; **dieciochoavo, va** *adj & s* dix-huitième ‖ en dieciochavo (en 18°) in-dix-huit (in-18).

dieciocheno, na *adj* dix-huitième.

dieciochesco, ca; **dieciochista** *adj* du XVIIIe siècle.

dieciochismo *m* caractère, style propre au XVIIIe siècle.

dieciochista ➤ **dieciochesco**.

dieciocho *adj & s m* dix-huit; llegaron el 18 de enero ils sont arrivés le 18 janvier ‖ el siglo XVIII (dieciocho) le XVIIIe [dix-huitième] siècle.

dieciochoavo, va ➤ **dieciochavo**.

dieciséis *adj & s m* seize; el 16 de julio le 16 juillet ‖ el siglo XVI (dieciséis) le XVIe [seizième] siècle.

dieciseisavo, va *adj & s* seizième [fraction] ‖ en dieciseisavo (en 16°) in-seize (in-16).

dieciseiseno, na *adj* seizième [rang].

diecisiete *adj & s m* dix-sept; me voy el 17 je pars le 17 ‖ el siglo XVII (diecisiete) le XVIIe [dix-septième] siècle.

diecisieteavo, va *adj & s* dix-septième.

diedro *adj m & s m* GEOM dièdre.

diego *m* BOT belle-de-nuit *f*.

Diego *n pr* Jacques.

dieléctrico, ca *adj & s m* diélectrique.

dielectrólisis *f inv* diélectrolyse.

diente *m* dent *f*; diente de leche dent de lait; diente picado dent gâtée ‖ dent *f* (de una sierra, engranaje) ‖ ARQ pierre *f* d'attente (adaraja) ■ diente canino o columelar croc (de animal) ‖ diente de ajo gousse d'ail ‖ diente de león dent-de-lion, pissenlit ‖ TECN diente de lobo dent à brunir ‖ diente incisivo incisive ‖ diente molar molaire ‖ dientes postizos fausses dents ■ con todos sus dientes à belles dents (morder, desgarrar) ■ FIG & FAM aguzarse los dientes se faire la main ‖ alargársele a uno los dientes en avoir l'eau à la bouche (desear) ‖ armado hasta los dientes armé jusqu'aux dents ‖ crujirle o rechinarle a uno los dientes grincer des dents ‖ dar diente con diente, castañetearle a uno los dientes claquer des dents ‖ decir de dientes para fuera dire du bout des lèvres ‖ echar los dientes, salirle a uno los dientes faire o percer ses dents (un niño) ‖ enseñar o mostrar los dientes montrer les dents ‖ hablar entre dientes parler entre ses dents, marmotter (mascullar) ‖ FIG & FAM hincar el diente en s'attaquer à (acometer), donner un coup de dent à (maldecir), prendre sa part du gâteau (aprovecharse) ‖ (Amer) pelar el diente sourire avec complaisance ‖ FIG & FAM reír de dientes afuera rire du bout des dents, rire jaune ‖ tener a uno entre dientes avoir une dent contre quelqu'un ‖ tener buen diente avoir un bon coup de fourchette.

dientimellado, da ➤ **dentimellado**.

dientudo, da *adj* à grandes dents.

diéresis *f* GRAM diérèse ‖ tréma *m*, diérèse (signo ortográfico) ‖ MED diérèse.

diesel *adj & s m* diesel (motor).

diesi *f* MÚS dièse *m* (sostenido).

diestra *f* droite, main droite ‖ BLAS dextre.

diestramente *adv* adroitement.

diestro, tra *adj* droit, e; la mano diestra la main droite ‖ [▷ SIN] adroit, e; habile; diestro en hablar habile à parler; diestro en su oficio habile dans son métier ‖ BLAS dextre ■ a diestro y siniestro à tort et à travers ‖ golpear a diestro y siniestro frapper à droite et à gauche.

➤ **diestro** *m* TAUROM matador, torero ‖ licou, longe *f* (cabestro) ‖ (ant) bretteur.

SIN hábil habile; capaz capable; experimentado expérimenté; experto, ducho, perito expert; ingenioso ingénieux; inteligente intelligent; listo malin; industrioso, mañoso industrieux; entendido calé.

dieta *f* diète (congreso) ‖ MED diète; poner a dieta mettre à la diète ‖ régime *m*; dieta láctea alta en calorías régime lacté riche en calories.

➤ **dietas** *f pl* honoraires *m*, vacation *sing* (de juez) ‖ indemnité *sing* de déplacement (de un empleado) ‖ indemnité *sing* parlementaire (de diputados) ‖ per diem *m sing*, indemnité *sing* de séjour.

dietario *m* agenda.

dietético, ca *adj & s f* diététique ‖ médico dietético diététicien.

dietista *m & f* (Amer) nutritionniste.

diez *adj* dix; diez pesetas dix pesetas.

➤ *m* dix ‖ dizaine *f* (del rosario) ‖ pater (cuenta gruesa del rosario) ‖ dix (naipes) ■ el (día) 10 de mayo le 10 mai ‖ el siglo X (diez) le Xe [dixième] siècle ‖ FIG estar en las diez de últimas être à l'article de la mort, être à la dernière extrémité ‖ son las diez il est 10 heures ‖ unos diez libros une dizaine de livres.

OBSERV Les nombres cardinaux de 16 à 19 peuvent s'écrire de deux façons: diez y seis ou dieciséis, diez y siete ou diecisiete, etc.

diezmal *adj* de la dîme.

diezmar [1]; **dezmar** [23] *v tr* décimer (matar) ‖ payer la dîme (el diezmo).

diezmero, ra *m & f* personne *f* payant la dîme.

➤ **diezmero** *m* dîmeur (cobrador).

diezmesino, na *adj* de dix mois.

diezmilésimo, ma *adj & s* dix-millième.

diezmilímetro *m* dixième de millimètre.

diezmillonésimo, ma *adj & s* dix-millionième.

diezmo *m* dîme *f*.

difamación *f* diffamation; proceso por difamación procès en diffamation.

difamador, ra *adj & s* diffamateur, trice.

difamar *v tr* diffamer.

difamatorio, ria *adj & s* diffamatoire, diffamant, e.

difásico, ca *adj* FÍS diphasé, e.

diferencia *f* [▷ SIN] différence ‖ différend *m* (controversia); arreglar una diferencia régler un différend ‖ décalage *m*; entre París y Washington hay una diferencia de cinco horas entre Paris et Washington, il y a un décalage de cinq heures ■ ELECTR diferencia de fase différence de phase ■ a diferencia de contrairement à, à la différence de ‖ con la sola diferencia de que à cette différence près que ■ notar la diferencia sentir o voir la différence ‖ partir la diferencia partager la différence, couper la poire en deux FAM.

OBSERV No se confunda différend, con una d (disputa), con différent, con una t (diferente).

SIN matiz nuance; desemejanza dissemblance; diversidad diversité; variedad variété.

diferenciación *f* différenciation ‖ MAT différentiation.

OBSERV Hay que tener en cuenta que en su sentido general la palabra francesa se escribe con una c mientras que tratándose de matemáticas se escribe con una t.

diferencial *adj* différentiel, elle; cálculo diferencial calcul différentiel.

◇ *f* MAT différentielle.

◇ *m* MECÁN différentiel (de coche).

diferenciar [8] *v tr* différencier ‖ MAT différencier, différentier (calcular la diferencial).

◇ *v intr* différer, n'être pas du même avis, diverger (de opinión); en este punto diferenciamos usted y yo nous différons sur ce point vous et moi.

➤ **diferenciarse** *v pr* différer (no estar de acuerdo); en esta cuestión, nos diferenciamos mucho nous différons beaucoup sur cette question ‖ différer, être différent (ser diferente) ‖ se distinguer (hacerse notable); esta chica se diferencia de sus compañeras cette fille se distingue de ses camarades ‖ différer (ser diferente); diferenciarse en la conducta différer par sa conduite.

diferendo *m* (Amer) différend (discrepancia).

diferente *adj* différent, e; diferente a o de différent de ‖ diferentes veces de nombreuses fois, plusieurs fois.

diferentemente *adv* différemment.

diferido, da *adj* différé, e ‖ emisión diferida émission en différé ‖ INFORM tratamiento diferido traitement différé.

diferir [27] *v tr* différer (aplazar); diferir la respuesta différer sa réponse.

◇ *v intr* différer (ser diferente).

difícil *adj* [▷ SIN] difficile; difícil de decir difficile à dire; cada vez más difícil de plus en plus difficile; hacer difícil rendre difficile ‖ difficile (persona); difícil de contentar difficile à contenter ‖ ingrat, e (cara) ■ difícil de llevar difficile; este niño es difícil de llevar cet enfant est difficile à mener; difficile à mener; negocio difícil de llevar affaire difficile à mener; difficile à tenir; cuenta difícil de llevar compte difficile à tenir; difficile à porter; traje difícil de llevar toilette difficile à porter; difficile à suivre; compás difícil de llevar rythme difficile à suivre ‖ no es muy difícil que digamos on ne peut pas dire que ce soit très difficile.

SIN dificultoso difficultueux; delicado délicat; complicado compliqué; escabroso scabreux; espinoso épineux; arduo, peliagudo ardu; penoso, trabajoso pénible; duro dur; laborioso laborieux; rudo rude.

difícilmente *adv* difficilement; difícilmente se puede creer on le croira difficilement.

dificultad *f* [▷ SIN] difficulté; vencer dificultades surmonter des difficultés ‖ ennui *m*,

difficulté (problemas) ‖ inconvénient m (inconveniente) ‖ tener dificultad para andar avoir de la peine o du mal à marcher.

◆ **dificultades** f pl difficultés, embarras m; poner dificultades faire des difficultés, susciter des embarras ‖ ennuis m; dificultades mecánicas ennuis mécaniques.

> SIN molestia gêne; complicación complication; embarazo, apuro embarras; trabajo mal, peine.

dificultador, ra adj à l'esprit compliqué, compliqué, e.

dificultar v tr rendre difficile, compliquer (complicar) ‖ gêner (estorbar).

dificultosamente adv difficilement.

dificultoso, sa adj difficultueux, euse; difficile; trabajo dificultoso travail difficile ‖ FIG & FAM disgracieux, euse; ingrat, e (rostro) ‖ compliqué, e; qui a l'esprit compliqué.

difluencia f GEOGR diffluence.

difluente adj MED diffluent, e.

difluir [51] v intr diffluer (p us), se répandre.

difracción f FÍS diffraction.

difractar v tr FÍS diffracter.

difrangente adj FÍS diffringent, e.

difteria f MED diphtérie.

diftérico, ca adj MED diphtérique.

difteritis f inv MED inflammation de nature diphtérique.

difumar; difuminar v tr estomper.

difuminación f estompage m, estompement m (acción) ‖ fondu m (resultado).

difuminar ▸ difumar.

difumino m estompage (acción) ‖ estompe f (lápiz) ‖ dibujo al difumino estompe.

difundir v tr répandre; difundir el agua por los campos répandre l'eau dans les champs ‖ propager; las ratas difunden las epidemias les rats propagent les épidémies ‖ diffuser; difundir la luz, una emisión radiofónica diffuser la lumière, une émission radiophonique ‖ propager, ébruiter, diffuser, répandre; difundir una noticia répandre une nouvelle.

> OBSERV Le verbe difundir a deux participes passés: l'un régulier, difundido, qui sert à former les temps composés, l'autre irrégulier, difuso, employé comme adjectif.

difunto, ta adj & s défunt, e ‖ FIG & FAM difunto de taberna ivre-mort.

◇ adj feu, e; mi difunto padre feu mon père.

◆ **difunto** m défunt, disparu (muerto) ■ día de (los) difuntos jour des morts ‖ oler a difunto sentir le cadavre (una habitación), sentir le sapin (antes de morir uno) ‖ FAM parece que es del difunto on dirait qu'il a pleuré pour o qu'il a mis le costume de son petit frère (traje estrecho).

> OBSERV El adjetivo francés feu es invariable cuando precede al posesivo o al artículo definido: feu ma mère, y variable en el caso contrario: ma feue mère.

difusamente adv de façon diffuse.

difusible adj diffusible.

difusión f diffusion.

difuso, sa adj diffus, e.

difusor m diffuseur; difusor de noticias diffuseur de nouvelles ‖ TECN diffuseur.

digerible adj digestible, digérable, digeste FAM.

digerir [27] v tr digérer ‖ FIG digérer, avaler (una ofensa) ‖ assimiler; no ha digerido la lección il n'a pas assimilé la leçon ‖ FAM no poder digerir a uno ne pas pouvoir avaler o voir quelqu'un.

digestibilidad f digestibilité.

digestible adj digestible.

digestión f digestion.

digestivo, va adj & s m digestif, ive.

digesto m DR digeste.

digestónico, ca adj & s m digestif, ive.

digestor m digesteur.

digitación f doigté m.

digitado, da adj BOT digité, e ‖ ZOOL à doigts libres (cuadrúpedos).

digital adj digital, e; huellas digitales empreintes digitales ‖ INFORM digital, e; numérique; ordenador digital calculateur numérique.

◇ f BOT digitale.

digitalina f digitaline (medicina).

digitalización f INFORM numérisation.

digitalizar [13] v tr INFORM numériser.

digitiforme adj digitiforme.

digitígrado, da adj & s m ZOOL digitigrade.

dígito m MAT nombre simple [nombre d'un seul chiffre] ‖ INFORM digit (de un ordenador); dígito binario chiffre binaire [bit].

diglosia f diglossie (bilingüismo).

dignarse v pr daigner; no se dignó contestarme il n'a pas daigné me répondre ‖ dígnese usted hacer lo que le pido veuillez avoir l'obligeance de faire ce que je vous demande.

dignatario m dignitaire.

dignidad f dignité ‖ hablar con dignidad parler avec gravité.

dignificación f investiture, promotion.

dignificante adj sanctifiant, e (gracia).

dignificar [10] v tr rendre o déclarer digne.

digno, na adj digne; digno de fe digne de foi ■ digno de elogio digne de compliments ‖ ejemplo digno de imitación exemple à imiter ■ no ser digno de compasión n'être pas à plaindre ‖ ser digno de mención mériter d'être mentionné ‖ ser digno de verse valoir le déplacement o le détour.

digrafía f digraphie (contabilidad por partida doble).

digresión f digression.

dije m pendeloque f, breloque f; esta pulsera tiene muchos dijes ce bracelet a beaucoup de breloques ‖ FIG & FAM perle f; esta criada es un dije cette bonne est une perle ‖ bijou (una preciosidad).

◆ **dijes** m pl FAM fanfaronnades f.

dilaceración f dilacération ‖ MED déchirement m (músculo).

dilacerar v tr dilacérer ‖ FIG lacérer (dañar).

dilación f retard m (retraso) ‖ délai m (demora) ‖ sin dilación sans délai, immédiatement.

dilapidación f dilapidation.

dilapidador, ra adj & s dilapidateur, trice.

dilapidar v tr dilapider.

dilatabilidad f dilatabilité.

dilatación f dilatation ‖ FIG soulagement m.

dilatadamente adv largement (anchamente) ‖ longuement (detalladamente); hablar dilatadamente de un asunto parler longuement d'un sujet.

dilatado, da adj dilaté, e ‖ vaste (ancho) ‖ long, longue (largo) ‖ FIG élargi, e; large; horizontes dilatados des perspectives élargies.

dilatador, ra adj & s m dilatateur, trice.

dilatar v tr dilater; el calor dilata los cuerpos la chaleur dilate les corps ‖ FIG retarder, différer (retrasar); dilatar su regreso por un año retarder son retour d'une année ‖ répandre; dilatar la fama de un héroe répandre la renommée d'un héros ‖ dilatar un asunto faire traîner une affaire en longueur.

◆ **dilatarse** v pr se dilater; el agua se dilata al congelarse l'eau se dilate en se congelant ‖ FIG s'étendre (en un relato) ‖ s'étendre; la llanura se dilataba hasta el horizonte la plaine s'étendait jusqu'à l'horizon ‖ (Amer) tarder; no te dilates para salir ne tarde pas à partir.

dilatómetro m FÍS dilatomètre.

dilatorio, ria adj DR dilatoire.

◆ **dilatorias** f pl retard m sing, atermoiements m ‖ andar con dilatorias faire toujours attendre, faire traîner (les choses) en longueur.

dilección f dilection.

dilecto, ta adj aimé avec dilection, très cher; mi dilecta amiga ma très chère amie.

dilema m dilemme.

diletante m dilettante (aficionado).

diletantismo m dilettantisme.

diligencia f diligence (actividad) ‖ démarche; hacer diligencias para faire des démarches pour ‖ diligence (coche) ‖ DR diligence, poursuite ■ diligencias previas enquête ‖ DR nuevas diligencias en el sumario supplément d'enquête ■ DR instruir diligencias engager des poursuites.

diligenciar v tr faire les démarches nécessaires pour obtenir; diligenciar un pasaporte faire les démarches nécessaires pour obtenir un passeport.

diligente adj diligent, e.

diligentemente adv diligemment.

dilogía f amphibolie.

dilucidación f élucidation.

dilucidador, ra adj & s qui élucide.

dilucidar v tr élucider.

dilución f dilution.

diluente adj qui dilue.

diluir [51] v tr diluer, délayer (desleír) ‖ QUÍM diluer, étendre.

diluvial adj GEOL diluvial, e; sedimentos diluviales sédiments diluviaux.

◇ m diluvium (terreno).

diluviano, na adj diluvien, enne; lluvia diluviana pluie diluvienne.

diluviar [8] v tr pleuvoir à verse o à torrents.

diluvio *m* déluge ‖ FIG déluge, torrent; un diluvio de injurias un déluge d'injures ‖ tras de mí, el diluvio après moi le déluge.

diluyente *m* diluant.

dimanación *f* enchaînement *m*, succession.

dimanar *v intr* couler (el agua) ‖ FIG provenir, émaner; el poder dimana del pueblo le pouvoir émane du peuple ‖ découler; una medida que dimana de otra une mesure qui découle d'une autre.

dimensión *f* dimension ‖ dimensiones totales o exteriores encombrement o dimensions hors tout.
| SIN medida mesure; tamaño format, grandeur; extensión étendue, extension; volumen volume; proporción proportion.

dimensional *adj* dimensionnel, elle.

dímero *adj* QUÍM dimère.

dimes y diretes *loc* FAM chamailleries *f* ‖ andar en dimes y diretes con uno être en discussion avec quelqu'un.

diminución *f* diminution (disminución).

diminuir [51] *v tr* (p us) diminuer (disminuir).

diminutamente *adv* petitement.

diminutivo, va *adj & s m* diminutif, ive.
| OBSERV Les diminutifs sont beaucoup plus employés en espagnol qu'en français. En dehors de l'idée de petitesse, ils impliquent souvent une nuance d'affectivité. Ils se forment de la façon suivante: 1° avec le suffixe -ito, pour les polysyllabes terminés par a, o ou une consonne autre que n et r (mesita, librito, españolito); 2° avec le suffixe -cito, pour les polysyllabes terminés par e, n ou r (pajecito, silloncito, lunarcito); 3° avec le suffixe -ecito, pour les monosyllabes et les dissyllabes qui renferment une diphtongue sous l'accent ou même à la finale (panecito, cuerpecito, indiecito); 4° les mêmes règles s'appliquent aux suffixes -illo, -uelo, -ico (mesilla, libruelo, panecico).

diminuto, ta *adj* très petit, très petite; tout petit, toute petite; minuscule.

dimisión *f* démission ‖ dar su dimisión donner sa démission; presentar la dimisión présenter sa démission ‖ hacer dimisión de un cargo démissionner d'un poste.

dimisionario, ria *adj & s* démissionnaire.

dimisorias *f pl* dimissoires *m*.

dimitente *adj & s* démissionnaire.

dimitir *v intr* se démettre, démissionner, donner sa démission; dimitir de un empleo se démettre d'un emploi.

dimorfismo *m* dimorphisme.

dimorfo, fa *adj* dimorphe.

din *m* (p us) argent ‖ el don y el din la noblesse (el título) et l'argent.

dina *m* FÍS dyne (unidad de fuerza).

Dinamarca *n pr f* GEOGR Danemark *m*.

dinamarqués, esa *adj & s* danois, e.

dinámico, ca *adj & s f* dynamique.

dinamismo *m* dynamisme.

dinamista *adj & s* dynamiste.

dinamita *f* dynamite (explosivo) ■ fábrica de dinamita dynamiterie ‖ voladura con dinamita dynamitage ‖ volar con dinamita dynamiter.

dinamitar *v tr* dynamiter.

dinamitazo *m* dynamitage.

dinamitero, ra *m & f* dynamiteur, euse.

dinamizar [13] *v tr* dynamiser.

dinamo; dínamo *m* dynamo.

dinamoeléctrico, ca *adj* dynamoélectrique; generador o motor dinamoeléctrico dynamoélectrique.

dinamógeno, na *adj* dynamogène, dynamogénique.

dinamógrafo *m* dynamographe.

dinamometamorfismo *m* GEOL dynamométamorphisme.

dinamometría *f* dynamométrie.

dinamométrico, ca *adj* dynamométrique.

dinamómetro *m* dynamomètre.

dinar *m* dinar (moneda).

dinasta; dinastes *m* dynaste (soberano).

dinastía *f* dynastie.

dinástico, ca *adj* dynastique.

dinerada *f*; **dineral** *m*; **dineralada** *f* grosse somme *f*, fortune *f*, somme *f* folle; me costó un dineral cela m'a coûté une fortune.

dinerillo *m* FAM argent de poche.

dinero *m* [▷ SIN] argent; dinero para gastos menudos argent de poche; andar escaso de dinero être à court d'argent ‖ denier (moneda antigua); Judas vendió a Jesucristo por treinta dineros Judas livra le Christ pour trente deniers ‖ (*Amer*) pièce *f* d'une demi-peseta ‖ argent, richesse *f* (riqueza) ■ dinero acuñado argent monnayé ‖ dinero al contado, dinero contante o en tabla argent comptant ‖ dinero contante y sonante espèces sonnantes et trébuchantes ‖ dinero de curso legal monnaie légale ‖ dinero de San Pedro denier de saint Pierre ‖ dinero efectivo o en metálico espèces ‖ dinero falso fausse monnaie ‖ dinero líquido argent liquide ‖ dinero negro o sucio argent sale ‖ dinero suelto petite monnaie (calderilla), monnaie (moneda suelta); no tengo dinero suelto je n'ai pas de monnaie ■ de dinero riche, qui a de l'argent; familia, hombre de dinero famille, homme riche ‖ de dinero y calidad la mitad de la mitad il faut en prendre et en laisser ‖ dineros son calidad argent vaut noblesse ‖ el dinero llama al dinero l'argent appelle l'argent, l'argent va à l'argent ‖ el dinero no tiene olor l'argent n'a pas d'odeur ‖ ganar dinero a espuertas gagner des mille et des cents, gagner de l'argent à la pelle ‖ hacer dinero faire fortune, s'enrichir ‖ invertir dinero placer de l'argent ‖ poderoso caballero es don Dinero avec l'argent on peut tout, l'argent ouvre toutes les portes ‖ por dinero baila el perro point d'argent, point de suisse ‖ FIG querer sacarle jugo al dinero en vouloir pour son argent ‖ sacar dinero de las piedras tondre un œuf, faire argent de tout ‖ FIG sacarle jugo al dinero utiliser son argent au mieux ‖ tirar el dinero por la ventana jeter l'argent par les fenêtres.
| SIN moneda monnaie; numerario numéraire; fondos fonds; FAM perras, cuartos sous; moní, monises pépettes; parné pognon, fric, grisbi; pasta galette.

dingo *m* dingo (perro de Australia).

dingolondango *m* FAM câlinerie *f*, cajolerie *f*.

dinornis *m* dinornis (pájaro antediluviano).

dinosaurio *m* dinosaure, dinosaurien.

dinoterio *m* dinothérium (fósil).

dintel *m* ARQ linteau‖dessus-de-porte (decoración).

dintorno *m* ARTES contour.

diñar *v tr* FAM diñarla casser sa pipe.
➡ **diñarse** *v pr* FAM se barrer, se tirer (irse).

diocesano, na *adj & s* diocésain, e.

diócesis *f inv*; **diócesi** *f* diocèse *m*.

Diocleciano *n pr* Dioclétien.

diodo *m* ELECTR diode *f*.

Diodoro *n pr* Diodore.

Diógenes *n pr* Diogène.

dioico, ca *adj* BOT dioïque.

Diomedes *n pr* Diomède.

Diomiciano *n pr* Domitien.

dionea *f* BOT dionée.

Dionisia *n pr* Denise.

dionisiaco, ca; dionisíaco, ca *adj* dionysiaque.
➡ **dionisiacas; dionisíacas** *f pl* dyonysiaques.

Dionisio *n pr* Denis.

Dioniso; Dionisos *n pr* MITOL Dionysos.

dioptra *f* FÍS dioptre *m*.

dioptría *f* FÍS & MED dioptrie.

dióptrico, ca *adj & s f* FÍS dioptrique.

dioptrio *m* dioptre.

diorama *m* diorama.

diorita *f* MIN diorite.

dios *m* [▷ SIN] dieu ‖ le Bon Dieu FAM; rogar a Dios prier le Bon Dieu ■ Dios Padre, Dios Hijo, Dios Hombre dieu le Père, Dieu le Fils, Dieu fait homme ‖ ¡Dios!, ¡Dios mío!, ¡Dios santo! mon Dieu! ‖ Dios mediante Dieu aidant, si Dieu le veut ‖ Dios todopoderoso Dieu tout-puissant ‖ ¡a Dios! adieu [▶ adieu] ‖ a Dios gracias, gracias a Dios Dieu merci, grâce à Dieu ‖ a la buena de Dios au petit bonheur ‖ ¡ay Dios! mon Dieu! ‖ FAM ¡con Dios! adieu!, que Dieu vous garde! ‖ ¡ira de Dios! tonnerre de Dieu! ‖ por amor de Dios pour l'amour de Dieu ‖ ¡por Dios! je t'en prie!, je vous en prie! (por favor); ¡siéntese por Dios! asseyez-vous, je vous en prie; mon Dieu! (¡Dios mío!) ‖ FAM todo Dios! tout le monde ■ Dios aprieta pero no ahoga Dieu ne veut pas la mort du pécheur ‖ Dios da ciento por uno Dieu vous rendra au centuple ‖ Dios dará Dieu y pourvoira ‖ ¡Dios dirá! à la grâce de Dieu!, on verra bien! ‖ Dios es testigo que Dieu m'est témoin que o nous est témoin que ‖ Dios le bendiga o le asista o le ayude o le ampare Dieu vous bénisse o vous assiste o vous aide o vous garde ‖ Dios lo ha dejado de su mano Dieu l'a abandonné ‖ ¡Dios lo quiera! plaise à Dieu!, plût à Dieu! ‖ Dios los cría y ellos se juntan qui se ressemble s'assemble ‖ ¡Dios me confunda! Dieu me damne! ‖ ¡Dios me libre! Dieu m'en préserve! ‖ Dios no le ha llamado por el camino de il n'a aucune aptitude pour ‖ Dios sabe, sabe Dios Dieu sait (con un complemento), Dieu seul le sait (al final de una frase) ‖ ¡Dios se lo pague! Dieu vous le rende! ■ a Dios rogando y con el mazo dando aide-toi, le ciel t'aidera ‖ alabado sea Dios dieu soit loué ▌ anda o vete con Dios adieu!, va en paix ▌ ¡bendito sea Dios! Dieu soit loué! ▌ como Dios le da a entender selon l'inspiration du moment ▌ como Dios manda comme il faut; vestido como Dios manda habillé comme il faut; en règle; batalla como Dios manda bataille en règle ▌ costar (algo) Dios y ayuda donner un mal de chien ▌ dar gracias a Dios rendre grâce au ciel, remercier Dieu ▌ dejarlo a Dios s'en remettre à Dieu ▌ digan, que de Dios dijeron vous pouvez toujours parler ▌ estaba de Dios c'était à prévoir, c'était écrit ▌ hay que dar a Dios lo que es de Dios y al César lo que es del César il faut rendre à César ce qui est à César et à Dieu ce qui est à Dieu ▌ jurar por todos los dioses jurer ses grands dieux ▌ FAM no haber ni Dios ne pas y avoir un chat ▌ no (lo) quiera Dios à Dieu ne plaise ▌ no temer ni a Dios ni al diablo n'avoir ni foi ni loi, ne craindre ni Dieu ni diable ▌ pasar la de Dios es Cristo en voir de toutes les couleurs ▌ poner a Dios por testigo prendre le ciel à témoin ▌ ¡que Dios le guarde! Dieu vous garde! ▌ que Dios lo tenga en su santa gloria que Dieu ait son âme ▌ que Dios me perdone, pero que Dieu me pardonne, mais ▌ que Dios nos asista o nos coja confesados Dieu nous soit en aide ▌ quiera Dios plaise à Dieu ▌ recibir uno a Dios recevoir le corps du Christ ▌ se armó la de Dios es Cristo une bagarre de tous les diables a éclaté, il y a eu du grabuge ▌ si Dios quiere s'il plaît à Dieu ▌ ¡válgame Dios! grand Dieu!, que Dieu me vienne en aide! ▌ ¡vaya con Dios! adieu!, allez en paix! ▌ ¡vaya por Dios! mon Dieu!, eh bien! ▌ ¡venga Dios y véalo!, que venga Dios y lo vea Dieu m'est témoin ▌ ¡vive Dios! ma foi! ▌ ¡voto a Dios! morbleu!, par Dieu! ▪ **dioses** m pl dieux; los dioses del Olimpo les dieux de l'Olympe.

▌ SIN divinidad divinité; deidad déité; providencia providence; creador créateur; todopoderoso le tout-puissant.

diosa f déesse ▌ FAM la diosa botella la dive bouteille.

dioscoreáceas f pl BOT dioscoréacées.

diostedé m toucan (tucán).

dipétalo, la adj dipétale.

diplejía f MED diplégie.

diplococo m diplocoque.

diplodoco m diplodocus (fósil).

diploide adj BIOL diploïde.

diploma m diplôme ▌ dar un diploma diplômer.

▌ SIN pergamino parchemin; título titre.

DIPLOMAS Y LICENCIAS

Il existe en Espagne trois types de cursus universitaires: la « diplomatura », la « licenciatura » et le cursus technique. La « diplomatura » est en général de trois ans et débouche sur l'obtention d'un diplôme; elle a cours notamment dans le domaine des études d'infirmière, d'éducateur spécialisé, etc. La « licenciatura », qui dure quatre ou cinq ans, est la modalité dominante en sciences et sciences humaines et débouche sur l'obtention d'un titre de « licenciado ». Il est possible, si on le désire, d'écrire une thèse; pour obtenir le titre de « doctor » il faut suivre des cours spécifiques et présenter une thèse de doctorat. Quant aux études techniques, qui durent cinq ou six ans, elles débouchent sur l'obtention du titre de « licenciado » après présentation d'un projet de fin

d'études. Là encore, le cursus de doctorat est optionnel, mais, de même que dans les deux cas précédents, il est obligatoire si l'on veut se présenter au concours d'entrée dans le corps enseignant des universités.

diplomacia f diplomatie.

diplomado, da adj & s diplômé, e ▌ diplomada en belleza esthéticienne diplômée.

diplomar v tr (Amer) diplômer.

diplomática f diplomatique.

diplomático, ca adj diplomatique; cuerpo diplomático corps diplomatique; valija diplomática valise diplomatique ▌ FIG & FAM diplomate (sagaz). ▪ **diplomático** m diplomate.

diplomatura f cursus universitaire de trois ans.

▌ OBSERV [▷ OBSERV diploma].

diplopía f MED diplopie.

dipneos; dipnoos m pl dipneustes (peces).

dipolo m FÍS dipôle.

dipsacáceas; dipsáceas f pl BOT dipsacacées, dipsacées.

dipsomanía f dipsomanie (sed violenta); la dipsomanía es un síntoma de la diabetes la dipsomanie est un symptôme du diabète.

dipsómano, na adj & s dipsomane.

díptero, ra adj & s ARQ diptère; un templo díptero un temple diptère. ▪ **dípteros** m pl ZOOL diptères.

díptico m diptyque.

diptongación f GRAM diphtongaison.

diptongar [16] v tr GRAM diphtonguer.

diptongo m GRAM diphtongue f.

diputación f députation (conjunto de diputados y cargo) ▌ (Amer) hôtel m de ville ▌ Diputación general nom officiel du gouvernement de la communauté autonome d'Aragon ▌ Diputación regional nom officiel du gouvernement de la communauté autonome de Cantabrique ▌ diputación provincial ≃ conseil m général.

LA DIPUTACIÓN

Institution espagnole chargée du gouvernement et de l'administration de chaque département d'une communauté autonome appelé « provincia ». Le président et les représentants de ce conseil sont élus par les membres des parlements autonomes.

diputado m député; diputado en Cortes député aux Cortes [à la Chambre] ▪ codiciar ser diputado briguer la députation ▌ diputado provincial conseiller général.

diputador, ra adj & s qui députe.

diputar v tr députer, déléguer, mandater.

dique m [▷ SIN] MAR digue f (muro) ▌ bassin de radoub, dock (en la dársena) ▌ FIG frein; poner un dique a las pasiones mettre un frein aux passions ▌ GEOL dyke (filón volcánico vertical) ▪ dique de carena bassin de radoub ▌ dique de marea bassin à marée ▌ dique flotante dock flottant ▌ dique seco cale sèche ▌ poner un dique a endiguer (contener).

▌ SIN malecón, muelle jetée; estacada estacade; rompeolas, escollera, espolón briselames.

diquelar v tr FAM reluquer, zyeuter (mirar) ▌comprendre.

dirección f direction; llevar la dirección avoir la direction; vamos en la misma dirección nous allons dans la même direction ▌ adresse (señas); mi dirección es Alcalá 27 mon adresse est 27, rue Alcalá ▌ SIN m; di-

rección única, obligatoria sens unique, obligatoire ▌ directorat m (función de director) ▌ MECÁN direction; dirección asistida direction assistée ▌ TEATR & CINEM mise en scène ▌ INFORM adresse; dirección virtual adresse virtuelle; dirección URL adresse URL ■ dirección a distancia téléguidage ▌ dirección comercial adresse d'une société ▌ dirección escénica mise en scène ▌ dirección general direction générale ▌ dirección general de producción régie (cine) ▌ dirección por radio radioguidage ▌ dirección prohibida sens interdit ▌ en dirección a en direction de.

direccional adj directionnel, elle.

direccionamiento m INFORM adressage.

direccionar v tr INFORM adresser.

directamente adv directement.

directivo, va adj directif, ive ▌ directeur, trice; principio directivo principe directeur ▌ comité directivo comité directeur. ▪ **directiva** f comité m directeur, direction ▌ directive; no me ha dado ninguna directiva il ne m'a donné aucune directive.

directo, ta adj direct, e ■ GRAM complemento directo complément (d'objet) direct ▌ estilo directo style direct ▌ emisión en directo émission en direct. ▪ **directo** m direct (boxeo). ▪ **directa** f prise directe (coche); poner la directa se mettre en prise directe.

director, ra adj & s directeur, trice ■ director de emisión metteur en ondes ▌ director de escena, de cine metteur en scène ▌ director de orquesta chef d'orchestre ▌ director de personal directeur du personnel ▌ director de producción directeur de production (cine) ▌ director de tesis directeur de thèse ▌ director espiritual directeur de conscience o spirituel ▌ director general directeur général ▌ director gerente directeur général, directeur intérimaire.

directoral; directorial adj directorial, e.

directorio, ria adj directif, ive (que dirige). ▪ **directorio** m répertoire (de direcciones) ▌ guide; directorio médico guide médical ▌ directoire (asamblea directiva) ▌ INFORM répertoire ▌ (Amer) directorio de teléfonos annuaire téléphonique.

directriz adj f & s f GEOM directrice. ▪ **directrices** f pl directives (instrucciones); les he dado directrices perfectamente claras je leur ai donné des directives parfaitement claires.

dirigente adj & s dirigeant, e.

dirigible adj & s m dirigeable.

dirigir [15] v tr [▷ SIN] diriger; dirigir una empresa, una orquesta diriger une entreprise, un orchestre ▌ adresser (enviar, presentar); dirigir la palabra, una carta adresser la parole, une lettre ▌ dédier (dedicar) ▌ CINEM réaliser, mettre en scène ▌ TEATR mettre en scène ▌ INFORM adresser ■ FIG dirigir el baile mener la danse ▌ dirigir la mirada diriger son regard ▌ dirigir por radio radioguider ▌ proyectil dirigido engin téléguidé (astronáutica). ▪ **dirigirse** v pr se diriger vers, gagner; dirigirse a su residencia gagner sa résidence ▌ s'adresser; me dirijo a usted je m'adresse à vous.

SIN conducir conduire; mandar commander; regentar régenter; administrar gérer, administrer; gobernar gouverner; regir régir.

dirigismo *m* dirigisme (intervencionismo).

dirimente *adj* DR dirimant, e (que anula).

dirimir *v tr* dirimer (p us), faire cesser, régler (una controversia); **dirimir una diferencia** régler un différend ‖ annuler; **dirimir el matrimonio, un contrato** annuler le mariage, un contrat.

disacárido *m* QUÍM disacharide.

discante *m* MÚS petite guitare *f* (tiple) ‖ concert d'instruments à cordes (concierto) ‖ FAM (*Amer*) extravagance *f*.

discar [10] *v tr* (*Amer*) composer [un numéro de téléphone].

discernible *adj* discernable.

discernimiento *m* discernement; **actuar sin discernimiento** agir sans discernement ‖ DR nomination *f* à une tutelle o à une charge.

discernir [21] *v tr* discerner; **discernir el bien del mal** discerner le bien du mal ‖ conférer une charge (encargar) ‖ DR nommer à une tutelle o à une charge.

> OBSERV On emploie abusivement ce verbe dans le sens de décerner, qui se dit normalement conceder.

disciplina *f* discipline.

disciplinadamente *adv* avec discipline.

disciplinado, da *adj* discipliné, e ‖ FIG bigarré, e; panaché, e (jaspeado); **rosa disciplinada** rose panachée.

disciplinal *adj* disciplinaire.

disciplinante *adj & s* pénitent, e (en Semana Santa).

disciplinar *v tr* discipliner (un ejército, sus instintos) ‖ appliquer la discipline, flageller (azotar).

⬤ **disciplinarse** *v pr* se discipliner.

disciplinario, ria *adj & s m* disciplinaire; **castigo, batallón disciplinario** sanction, bataillon disciplinaire.

discipular *adj* scolaire, des élèves.

discípulo, la *m & f* disciple (el que sigue a un maestro) ‖ élève (escolar, alumno); **un discípulo aplicado** un élève appliqué.

> SIN alumno élève; escolar écolier; colegial collégien, lycéen; estudiante étudiant.

disc-jockey *m* disc-jockey.

> OBSERV pl disc-jokeys.

disco *m* disque; **lanzamiento del disco** lancement du disque; **disco de Newton** disque de Newton ‖ disque (de fonógrafo); **tocar un disco microsurco** passer un disque microsillon ‖ feu; **disco rojo, verde** feu rouge, vert (en las calles) ‖ MECÁN disque (de un freno) ‖ TECN galette *f* (de un magnetófono, etc.) ‖ FAM barbe *f* (cosa pesada); **¡qué disco ir allí!** quelle barbe d'y aller ‖ chanson *f*; **siempre estás con el mismo disco** c'est toujours la même chanson ‖ INFORM disque; **disco del sistema operacional** disque système; **disco duro o rígido** disque dur; **disco magnético** disque magnétique ▪ **disco compacto** disque compact ‖ **disco de control** disque de stationnement ‖ **disco de larga duración** 33-tours ‖ INFORM **disco de memoria virtual** disque virtuel ‖ **disco de señales** disque (ferrocarril) ‖ **disco flexible** disque souple ‖ ANAT **disco intervertebral** disque intervertébral ‖ INFORM **disco óptico** disque optique ‖ **disco removible** disque amovible ‖ **disco selector** cadran (teléfono) ▪ INFORM **unidad de disco** unité de disque ‖ FIG & FAM **cambiar de disco** changer de disque ‖ **pasar con el disco cerrado, abierto** passer au rouge, au vert ‖ **soltar un disco** toujours répéter la même rengaine.

discóbolo *m* discobole.

discófilo, la *m & f* discophile.

discografía *f* discographie.

discográfico, ca *adj* discographique ‖ **casa discográfica** maison de disques.

discoidal; discoideo, a *adj* discoïdal, e; discoïde.

díscolo, la *adj* indocile, turbulent, e (indócil).

discomicetos *m pl* BOT discomycètes.

disconforme *adj* pas d'accord; **estoy disconforme contigo** je ne suis pas d'accord avec toi.

disconformidad *f* désaccord *m* ‖ divergence; **disconformidad de opiniones** divergence d'opinions.

discontinuación *f* discontinuation.

discontinuar [6] *v tr & intr* discontinuer.

discontinuidad *f* discontinuité.

discontinuo, nua *adj* discontinu, e.

> SIN intermitente intermittent; irregular irrégulier; interrumpido interrompu.

disconveniencia *f* discordance.

disconvenir [75] *v intr* ne pas être d'accord, disconvenir (p us) ‖ ne pas aller ensemble (cosas).

discordancia *f* discordance, désaccord; **discordancia entre los dichos y los hechos** désaccord entre les actes et les paroles ‖ divergence; **discordancia de opiniones** divergence d'opinions.

discordante *adj* discordant, e; **nota discordante** fausse note.

discordar [23] *v intr* être en désaccord; **discordar del original** être en désaccord avec l'original ‖ diverger; **discordamos en pareceres** nos avis divergent ‖ discorder (colores) ‖ MÚS discorder.

discorde *adj* d'un avis différent, pas d'accord; **hallarse discordes** n'être pas d'accord ‖ MÚS discordant, e; dissonant, e; discord (p us).

discordia *f* discorde; **sembrar la discordia** semer la discorde ▪ **manzana de la discordia** pomme de discorde ‖ **ser el tercero en discordia** être le troisième larron ‖ DR **tercero en discordia** tiers arbitre.

discoteca *f* discothèque.

discotequero, ra *adj* pour danser (música, canción).

⬤ *m & f* **es un discotequero** il adore sortir en boîte.

discrasia *f* MED dyscrasie.

discreción *f* discrétion ‖ discrétion, réserve, retenue (reserva, secreto) ‖ intelligence, bon sens *m*, sagesse (cordura) ‖ vivacité d'esprit, esprit *m*, finesse (ingenio) ▪ **a discreción** à discrétion (al antojo) ‖ **a discreción de** à la disposition de.

discrecional *adj* facultatif, ive; **parada discrecional** arrêt facultatif ‖ discrétionnaire (arbitrario); **poder discrecional** pouvoir discrétionnaire ‖ **servicio discrecional** service spécial (autobuses).

discrecionalmente *adv* discrétionnairement ‖ facultativement.

discrepancia *f* divergence, discordance; **discrepancia de ideas** divergence d'idées.

discrepante *adj* discordant, e; divergent, e.

discrepar *v intr* diverger, être en désaccord; **nuestras opiniones discrepan** nos opinions divergent ‖ être différent, différer; **mi opinión discrepa de la tuya** mon opinion diffère de la tienne ‖ différer d'opinion, avoir des avis partagés (dos o más personas).

discretamente *adv* discrètement (con reserva) ‖ avec esprit, avec finesse (con agudeza) ‖ sagement (cuerdamente).

discretear *v intr* faire le bel esprit.

discreteo *m* FAM beaux discours *pl* ‖ marivaudage (en amor) ‖ affectation *f* d'esprit (ostentación).

discreto, ta *adj* discret, ète (reservado) ‖ intelligent, e; sage, sensé, e (cuerdo) ‖ fin, e; spirituel, elle (agudo).

⬤ *m & f* personne *f* sage o sensée ‖ personne *f* d'esprit ‖ **père discret, mère discrète** (en una comunidad religiosa).

discretorio *m* ECLES discrétoire.

discriminación *f* discrimination; **discriminación racial** discrimination raciale.

discriminador *m* discriminateur.

discriminante *adj* discriminant, e.

⬤ *m* MAT discriminant.

discriminar *v tr* discriminer.

discriminatorio, ria *adj* discriminatoire.

discromía *f* MED dyschromie.

disculpa *f* excuse; **tener por disculpa** avoir pour excuse ▪ **¡buena disculpa!** bonne o belle excuse! ‖ **dar disculpas** fournir des excuses ‖ **pedir disculpas a** présenter des excuses à.

disculpable *adj* excusable, pardonnable.

disculpar *v tr* disculper ‖ FIG excuser (perdonar); **discúlpeme** excusez-moi ‖ **tenga a bien disculparme** veuillez m'excuser, je vous prie de m'excuser.

⬤ **disculparse** *v pr* se disculper ‖ s'excuser; **se disculpó de su retraso con su padre** il s'est excusé de son retard à son père.

> OBSERV Es preferible emplear las expresiones je vous prie de m'excuser o veuillez m'excuser en lugar de je m'excuse.

discurrir *v intr* penser, réfléchir (reflexionar); **discurrir en** réfléchir à ‖ parcourir, aller (andar) ‖ couler (líquidos) ‖ passer (tiempo).

⬤ *v tr* imaginer, inventer.

> OBSERV El francés discourir significa extenderse (hablando).

discursar *v intr* discourir, parler.

discursear *v intr* FAM faire des discours, pérorer.

discursista *m & f* discoureur, euse.

discursivo, va *adj* réfléchi, e; méditatif, ive ‖ discursif, ive; **método discursivo** méthode discursive.

discurso *m* [▷ SIN] discours (expresión verbal) ‖ discours (escrito); **Discurso del Método** Discours de la méthode ‖ raisonnement (razonamiento) ‖ cours (del tiempo).

SIN arenga harangue; conferencia conférence; charla causerie; disertación dissertation; mensaje message; oración oraison; alocución allocution; perorata laïus; brindis toast; palabrería boniment.

discusión f discussion ▌ sin discusión sans discuter ▌**MAT** discusión de una ecuación discussion d'une équation.

SIN debate débat; controversia controverse; polémica polémique; logomaquia logomachie.

discutible adj discutable, sujet, ette à discussion.

discutir v tr & intr discuter; discutir de o sobre discuter de o sur ▌ débattre (un precio) ▌ contester; eso no te lo discuto cela je ne te le conteste pas; un libro muy discutido un livre très contesté.

disecación f dissection ▌ empaillement m, empaillage m (de un animal muerto).

disecador, ra m & f dissecteur, euse ▌ empailleur, euse (el que conserva).

disecar [10] v tr disséquer (un cadáver o una planta) ▌ empailler (conservar un animal muerto) ▌ **FIG** disséquer (analizar).

disección f dissection ▌ empaillage m, empaillement m (de un animal muerto) ▌ dessiccation (conservación de una planta).

disector m dissecteur ▌ empailleur, taxidermiste (de animales) ▌ préparateur (de plantas).

diseminación f dissémination.

diseminar v tr disséminer.

disensión f dissension.

disenso m dissentiment.

disentería f **MED** dysenterie.

disentérico, ca adj & s **MED** dysentérique.

disentimiento m dissentiment (desacuerdo).

disentir [27] v intr dissentir (p us), n'être pas du même avis o du même bord o d'accord; disentimos en esto nous ne sommes pas d'accord là-dessus ▌ différer; nuestras opiniones políticas disienten nos opinions politiques diffèrent.

diseñador m dessinateur.

diseñar v tr dessiner.

diseño m dessin ▌ description f (por palabras) ▌ **INFORM** diseño asistido por ordenador conception assistée par ordinateur.

disertación f dissertation ▌ exposé m, conférence (conferencia); el conferenciante inició su disertación le conférencier commença son exposé.

disertador, ra; disertante adj & s disserteur, euse ▌ conférencier, ère (conferenciante).

disertar v intr disserter.

diserto, ta adj disert, e.

disestesia f **MED** dysesthésie.

disfagia f dysphagie (dificultad en tragar).

disfasia f dysphasie (dificultad en el habla).

disfavor m (p us) défaveur f.

disfonía f **MED** dysphonie.

disformar v tr déformer.

disforme adj difforme ▌ énorme (desproporcionado).

disformidad f difformité.

disfraz m déguisement, travestissement ▌ travesti, déguisement (traje) ▌ **FIG** déguisement, fard (disimulación); sin disfraz sans fard

masque (apariencia); bajo el disfraz de sous le masque de ▌ baile de disfraces bal costumé o travesti.

OBSERV pl disfraces.

disfrazadamente adv de façon déguisée.

disfrazar [13] v tr [▷ **SIN**] déguiser ▌ **FIG** déguiser; disfrazar la voz déguiser la voix ▌ farder (la verdad) ▌ masquer (con malos designios) ▌ travestir, maquiller, camoufler **FAM**; crimen disfrazado en suicidio crime maquillé en suicide.

➡ **disfrazarse** v pr se déguiser, se travestir; disfrazarse de chino se déguiser en Chinois.

SIN enmascarar masquer; disimular dissimuler, cacher; maquillar maquiller, farder.

disfrutar v tr posséder (una finca) ▌ profiter de; ¡disfrútelo! profitez-en!; disfrutar sus vacaciones profiter de ses vacances.

◇ v intr jouir; disfrutar de o con algo jouir de quelque chose ▌ jouir (de salud, favor, herencia) ▌ s'amuser; he disfrutado mucho en esta ciudad je me suis beaucoup amusé dans cette ville ■ disfrutar con la música éprouver un vif plaisir à entendre de la musique, être heureux d'entendre de la musique ▌ madre que disfruta de sus hijos mère qui profite de ses enfants ▌ mi hermano disfruta mucho en el cine mon frère est ravi quand il va au cinéma o passe de très bons moments au cinéma.

disfrute m jouissance f.

disfumar; disfuminar v tr estomper.

disfumino m estompe f (esfumino).

disfunción f **MED** dysfonctionnement m, trouble m du fonctionnement.

disgregación f désagrégation.

disgregante adj **TECN** désagrégeant, e.

disgregar [16] v tr désagréger.

➡ **disgregarse** v pr se désagréger.

disgregativo, va adj désintégrateur, trice.

disgustado, da adj fâché, e; disgustado con o de uno, una cosa fâché contre quelqu'un, quelque chose ▌ déçu, e (decepcionado); disgustado con la actitud del ministro déçu par l'attitude du ministre ▌ contrarié, e; désolé, e; ennuyé, e (pesaroso) ▌ **FAM** estoy disgustado con este coche je ne suis pas content de cette voiture.

disgustar v tr déplaire; tu carta me ha disgustado ta lettre m'a déplu ▌ contrarier, désoler (contrariar) ▌ fâcher, mettre en colère (enfadar).

➡ **disgustarse** v pr se fâcher; disgustarse con uno por una tontería se fâcher avec quelqu'un pour une bêtise ▌ en avoir assez de (hartarse de); disgustarse de hacer siempre el mismo trabajo en avoir assez de faire toujours le même travail.

disgusto m contrariété f; llevarse un gran disgusto éprouver une grosse contrariété ▌ ennui, contrariété f, désagrément, déboire (desagrado) ▌ ennui, malheur (revés); tuvo muchos disgustos il a eu beaucoup d'ennuis ▌ chagrin, peine f (pesadumbre); esta muerte le dio un gran disgusto cette mort lui a causé une grande peine ▌ dégoût (tedio, repulsión) ▌ brouille f (desavenencia) ■ a disgusto à contrecœur, sans plaisir, à regret ▌ estar o hallarse a disgusto en ne pas être bien, ne pas se plaire à ▌ matar a uno a disgustos mener la vie dure à quelqu'un ▌ tener disgustos

con uno avoir des ennuis o des difficultés avec quelqu'un.

OBSERV Disgusto ne signifie presque jamais dégoût, qui se dit plutôt asco.

disidencia f dissidence.

SIN desacuerdo, discrepancia désaccord, divergence; escisión scission; cisma schisme; secesión sécession.

disidente adj & s dissident, e.

disidir v intr faire dissidence.

disilábico, ca; disílabo, ba adj dissyllabique, dissyllabe.

➡ **disilábico; disílabo** m dissyllabe.

disimetría f dissymétrie.

disimétrico, ca adj dissymétrique.

disímil adj dissemblable, dissimilaire (p us).

disimilación f dissimilation.

disimilar v tr dissimiler.

disimilitud f dissimilitude (desemejanza).

disimulable adj dissimulable ▌ excusable (perdonable).

disimulación f dissimulation.

SIN disimulo dissimulation; simulación simulation; fingimiento feinte; comedia comédie; ficción fiction.

disimuladamente adv avec dissimulation.

disimulado, da adj dissimulé, e (hipócrita) ■ a lo disimulado, a la disimulada avec dissimulation ▌ hacerse el disimulado faire l'innocent.

disimulador, ra adj & s dissimulateur, trice.

disimular v tr dissimuler ▌ excuser, pardonner (disculpar) ▌ cacher, dissimuler; disimular su alegría cacher sa joie ▌ sin disimular sans dissimuler.

◇ v intr feindre le contraire de ce que l'on pense.

disimulo m dissimulation f ▌ indulgence f, tolérance f ▌ déguisement, dissimulation f, détours pl; hablar sin disimulo parler sans détours ▌ con disimulo en cachette.

disipable adj qui peut être dissipé.

disipación f dissipation.

disipado, da adj & s dissipé, e.

disipador, ra adj & s dissipateur, trice (que malgasta).

disipar v tr dissiper; disipar el humo, su fortuna, las ilusiones dissiper la fumée, sa fortune, ses illusions.

➡ **disiparse** v pr se dissiper, s'évaporer (desaparecer) ▌ se ruiner; disiparse en prodigalidades se ruiner en prodigalités.

OBSERV El verbo francés se dissiper aplicado a personas significa indisciplinarse (un alumno).

diskette ➡ **disquete**.

dislalia f **MED** dyslalie.

dislate m sottise f, bourde f, absurdité f.

dislexia f **MED** dyslexie.

disléxico, ca adj & s dyslexique.

dislocación f dislocation ▌ déboîtement m (de los huesos) ▌ déplacement m (de las vértebras) ▌ **MIL** dislocation.

dislocadura f dislocation.

dislocar [10] v tr disloquer ▌ déboîter, démettre (los huesos) ▌ déplacer (las vértebras) ▌ **FIG** & **FAM** estar dislocado être fou de joie.

dislocarse *v pr* se disloquer ‖ se déboîter, se démettre, se déplacer (los huesos).
‖ SIN descoyuntar désarticuler; desencajar déboîter, désemboîter; desarticular désarticuler.

disloque *m* dislocation *f* (dislocación) ‖ FAM merveille *f* [chose excellente]; folie *f* [chose fâcheuse] ‖ es el disloque c'est le comble, il y a de quoi perdre la raison.

dismembración *f* démembrement *m*.

dismenorrea *f* MED dysménorrhée.

disminución *f* [▷ SIN] diminution ‖ abaissement *m* (de la temperatura) ‖ ir en disminución aller en diminuant.
‖ SIN reducción réduction; baja, merma baisse; descuento remise; bonificación bonification, ristourne.

disminuido, da *adj & s* handicapé, e; disminuido físico, psíquico handicapé physique, mental.

disminuir [51] *v tr* [▷ SIN] diminuer.
◇ *v intr & pr* diminuer; disminuir en la altura diminuer de hauteur.
‖ SIN acortar raccourcir, écourter; menguar diminuer; achicar diminuer; estrechar rétrécir; empequeñecer rapetisser, amoindrir.

dismnesia *f* MED dysmnésie.

disnea *f* MED dyspnée.

disneico, ca *adj & s* MED dyspnéique.

disociabilidad *f* dissociabilité.

disociable *adj* dissociable.

disociación *f* dissociation.

disociar [8] *v tr* dissocier.

disolubilidad *f* QUÍM dissolubilité.

disoluble *adj* soluble.

disolución *f* dissolution ‖ QUÍM solution.

disolutamente *adv* d'une façon dissolue.

disolutivo, va *adj* dissolvant, e; dissolutif, ive (p us).

disoluto, ta *adj & s* dissolu, e.

disolvente *adj & s m* dissolvant, e.
◇ *m* solvant (para pinturas).

disolver [24] *v tr* dissoudre (un cuerpo, un matrimonio, una sociedad) ‖ FIG disperser; disolver un grupo en la calle disperser un attroupement dans la rue.

disonancia *f* dissonance.

disonante *adj* dissonant, e; discordant, e.

disonar [23] *v intr* dissoner ‖ FIG manquer d'harmonie, ne pas correspondre.

dísono, na *adj* dissonant, e.

disorexia *f* MED dysorexie.

disosmia *f* MED dysosmie.

dispar *adj* différent, e; dissemblable.

disparada *f* (Amer) fuite (fuga) ■ FAM a la disparada en toute hâte, à fond de train (a todo correr) ‖ de disparada sur-le-champ (inmediatamente) ‖ tomar la disparada prendre ses jambes à son cou.

disparadamente *adv* précipitamment ‖ sottement (disparatadamente).

disparadero *m* détente *f*, gâchette *f* (de un arma).

disparador *m* tireur (el que dispara) ‖ détente *f* (en las armas) ‖ déclencheur (de cámara fotográfica) ‖ échappement (de reloj) ‖ FIG & FAM poner a uno en el disparador pousser quelqu'un à bout.

disparar *v tr* tirer un coup de, décharger; disparar un cañón tirer un coup de canon; disparó el fusil contra el enemigo il déchargea son fusil sur l'ennemi ‖ tirer; disparar a alguien tirer sur quelqu'un ‖ jeter, lancer (arrojar) ‖ décocher (flecha) ‖ DEP tirer au but (el balón).
◇ *v intr* tirer, faire feu; empuñó la escopeta y disparó il empoigna son fusil et tira ‖ FIG déraisonner (decir o hacer tonterías) ‖ (Amer) s'enfuir (echar a correr) ‖ dilapider son argent (derrochar) ■ FAM estar disparado ne pas tenir en place ‖ FIG salir disparado partir comme un trait o comme une flèche (salir corriendo), être projeté; salir disparado fuera de su asiento être projeté hors de son siège.
dispararse *v pr* se décharger, partir (un arma de fuego) ‖ se précipiter (arrojarse) ‖ partir au galop, s'emballer (un caballo) ‖ se débander (un muelle) ‖ être hors de soi (obrar con violencia) ‖ s'emballer (un motor).

disparatadamente *adv* absurdement ‖ sottement.

disparatado, da *adj* absurde, extravagant, e ‖ disparate (inconexo).

disparatar *v intr* déraisonner, dire o faire des absurdités.

disparate *m* sottise *f*, idiotie *f*, absurdité *f*; es un disparate salir sin abrigo con el frío que hace c'est une absurdité de sortir sans pardessus par le froid qu'il fait ‖ bêtise *f*, énormité *f*; soltar un disparate lâcher une énormité ‖ costar un disparate coûter une fortune ‖ ¡qué disparate! quelle idiotie!, quelle bêtise! (¡qué tontería!), c'est incroyable!, mon Dieu! (¡qué barbaridad!)

disparatorio *m* sottisier (colección de disparates).

disparejo, ja *adj* inégal, e; dissemblable.

disparidad *f* disparité ‖ disparidad de cultos différence de cultes.

disparo *m* décharge *f* (acción de disparar un arma) ‖ coup de feu (tiro) ‖ décochement (de una flecha) ‖ tir, shoot (en el fútbol) ‖ FIG sottise *f* (disparate) ‖ attaque *f*; los disparos de los periodistas se centraron en él les attaques des journalistes se sont axées sur lui ‖ MAR disparo de aviso o de advertencia coup de canon de semonce.

dispendio *m* gaspillage.

dispendioso, sa *adj* dispendieux, euse.

dispensa *f* dispense ‖ dispensa de edad dispense d'âge ‖ dispensa matrimonial dispense de mariage.
‖ SIN exención exemption; inmunidad immunité; descargo acquit; gracia grâce.

dispensable *adj* dispensable.

dispensación *f* (p us) dispensation (acción).

dispensador, ra *adj & s* dispensateur, trice.

dispensar *v tr* dispenser (distribuir), accorder (conceder) ‖ dispenser (de una obligación) ‖ excuser, pardonner; dispénseme por llegar tan tarde veuillez m'excuser d'arriver si tard; dispénseme que le interrumpa excusez-moi de vous interrompre ‖ dispensar medicamentos administrer des médicaments ‖ dispense usted excusez-moi, pardon.

dispensaría *f* (Amer) dispensaire *m*.

dispensario *m* dispensaire (consultorio).

dispepsia *f* MED dyspepsie.

dispéptico, ca *adj & s* dyspeptique, dispepsique.

dispersar *v tr* [▷ SIN] disperser ‖ FIG disperser (esfuerzos, una manifestación).
dispersarse *v pr* se disperser.
‖ SIN desperdigar disperser; diseminar disséminer; esparcir, derramar, desparramar répandre, éparpiller; desbandarse se débander.

dispersión *f* dispersion.

dispersivo, va *adj* dispersif, ive.

disperso, sa *adj* dispersé, e; en orden disperso en ordre dispersé.

dispersor, ra *adj* qui disperse.

displacer [29] *v tr* déplaire.

displasia *f* MED dysplasie.

display *m* INFORM écran (terminal) ‖ voyant d'affichage (indicador).
‖ OBSERV pl displays.

displicencia *f* froideur, sécheresse (en el trato) ‖ nonchalance (descuido) ‖ découragement *m* (desaliento) ‖ trabajar con displicencia travailler sans enthousiasme.

displicente *adj* déplaisant, e; tono displicente ton déplaisant ‖ acrimonieux, euse; acerbe (desabrido) ‖ nonchalant, e (descuidado).

disponente *m & f* DR disposant, e.

disponer [65] *v tr* disposer, ordonner ‖ disponer la mesa mettre o dresser la table.
◇ *v intr* disposer; disponer de un amigo disposer d'un ami.
disponerse *v pr* se disposer; disponerse a o para marcharse se disposer à partir.

disponibilidad *f* disponibilité.

disponible *adj* disponible ‖ en disponibilité, en non-activité; empleado disponible employé en disponibilité.

disposición *f* disposition (arreglo) ‖ disposition, agencement *m* (de una casa) ‖ ordonance (ordenación) ‖ FIG disposition; manifestar disposiciones para la música avoir o montrer des dispositions pour la musique ■ disposición de ánimo état d'esprit ‖ disposición escénica mise en scène ■ a la disposición de à la disposition de ‖ a su disposición à votre service, à votre disposition ‖ a su libre disposición à votre entière disposition ‖ DR tercio de libre disposición quotité disponible ‖ última disposición dernières volontés ■ estoy a la disposición de usted o a su disposición je suis à votre disposition o à votre service ‖ estar o hallarse en disposición de être o se trouver en état de ‖ tomar sus disposiciones prendre ses dispositions.

dispositivo *m* dispositif ■ INFORM dispositivo de alimentación unité d'alimentation ‖ dispositivo de almacenamiento unité de stockage ‖ dispositivo periférico unité périphérique ‖ dispositivo de seguridad dispositif de sécurité ‖ dispositivo intrauterino dispositif intra-utérin, stérilet.

dispuesto, ta *adj* disposé, e ‖ disposé, e; prêt, e; estoy muy dispuesto a ayudarle je suis tout prêt à vous aider ‖ prêt, e; dispuesto para la marcha prêt à partir ‖ qui est toujours prêt à rendre service, serviable; una mujer muy dispuesta une femme toujours prête à rendre service (servicial) ■ bien o mal dispuesto con uno bien o mal disposé envers quelqu'un ‖ lo dispuesto les dispositions, ce qui est prévu o stipulé; **en cumplimiento de lo dispuesto en el artículo** conformément à ce qui est stipulé dans l'article.

disputa *f* dispute ‖ **sin disputa** sans conteste, sans contredit, sans discussion; **inform** engorgement *m*.

> **sin** altercado, contienda altercation; escaramuza escarmouche; querella, riña, pendencia querelle; **fam** agarrada prise de bec; pelotera, bronca chamaillerie; gresca, cisco, hollín grabuge; camorra noise.

disputar *v tr & intr* disputer, discuter (discutir) ‖ disputer; **disputar el primer puesto** a disputer la première place à.

➡ **disputarse** *v pr* se disputer.

disquete; diskette *m* **inform** disquette *f*.

disquetera *f* **inform** unité de disquette(s), lecteur *m* de disquette(s).

disquinesia *f* **med** dyskinésie, dyscinésie.

disquisición *f* exposé *m*, étude ‖ digression.

disrupción *f* **electr** disruption.

disruptor *m* **electr** disrupteur.

distancia *f* distance ■ **distancia de seguridad** distance de sécurité ‖ **mecán** distancia entre ejes empattement ‖ distancia focal distance focale ■ **a distancia, a la distancia** à distance ‖ **a respetable o respetuosa distancia** à distance respectueuse ‖ **avión de larga distancia** avion long-courrier ‖ **acortar las distancias** rapprocher les distances ‖ **guardar las distancias** garder ses distances ‖ **mantener o tener a distancia** tenir à distance ‖ **marcar distancias** prendre ses distances ‖ **salvando las distancias** toutes proportions gardées.

> **sin** equidistancia équidistance; separación séparation; alejamiento, lejanía éloignement.

distanciamiento *m* **teatr** recul, éloignement (alejamiento) ‖ distanciation *f*.

distanciar [8] *v tr* éloigner, écarter; **acompañarte a tu casa me distancia mucho de mi camino** ça m'éloigne beaucoup de t'accompagner chez toi ‖ distancer (dejar atrás) ‖ **un corredor que distancia a su rival** un coureur qui distance son rival ‖ **estar distanciado de su familia** ne plus voir sa famille.

➡ **distanciarse** *v pr* se séparer ‖ ne plus voir; **distanciarse de sus amigos** ne plus voir ses amis.

distante *adj* distant, e (espacio) ‖ éloigné, e (espacio y tiempo); **en época distante** à une époque éloignée.

distar *v intr* être éloigné de; **distar dos leguas** être éloigné de deux lieues ‖ **fig** être loin; **dista mucho de ser bueno** il est bien loin d'être bon.

distasia *f* **med** dystasie.

distender [20] *v tr* distendre.

distendido, da *adj* décontracté, e (informal).

dístico *m* **poét** distique.

distinción *f* distinction; **hacer distinción entre** faire une distinction entre; **no hacer distinción entre** ne pas faire de distinction entre ‖ distinction (honor) ‖ distinction (elegancia) ‖ considération (miramiento); **tratar a un superior con distinción** traiter un supérieur avec considération ‖ **distinción honorí-** fica distinction honorifique ‖ **a distinción de** à la différence de.

distingo *m* distinguo *inv*.

distinguido, da *adj* distingué, e; **un escritor distinguido** un écrivain distingué ‖ distingué, e (elegante).

> **sin** brillante brillant; ilustre, esclarecido illustre; notable remarquable; superior supérieur; eminente éminent.

distinguir [17] *v tr* [▷ **sin**] distinguer; **distinguir una cosa de otra** distinguer une chose d'avec une autre ‖ rendre hommage; **el general le distinguió, ascendiéndole a coronel** le général a rendu hommage à ses mérites en l'élevant au grade de colonel.

➡ **distinguirse** *v pr* se distinguer; **distinguirse por su valor** se distinguer par son courage.

> **sin** discernir discerner; discriminar discriminer; seleccionar sélectionner; diferenciar différencier.

distintivamente *adv* distinctement.

distintivo, va *adj* distinctif, ive.

➡ **distintivo** *m* signe distinctif; **el caduceo es el distintivo de los médicos** le caducée est le signe distinctif des médecins ‖ insigne (señal) ‖ qualité *f* distinctive (cualidad).

distinto, ta *adj* distinct, e (claro) ‖ différent, e; **distinto a o de** différent de; **quiero uno distinto** j'en veux un différent ‖ **ver de distinta manera** voir d'une façon différente, ne pas voir de la même façon.

distocia *f* **med** dystocie.

distomatosis *f inv* **med** distomatose.

distorcionador *m* **inform** distorsionador (de frecuencias) brouilleur.

distorsión *f* distorsion.

distorsionar *v tr* dénaturer.

distracción *f* distraction ‖ dissipation, dérèglement *m* (en las costumbres).

> **sin** inadvertencia inadvertence; descuido mégarde; olvido absence.

distraer [73] *v tr* distraire. ‖ distraire, amuser, délasser (divertir) ‖ distraire, détourner (fondos) ‖ détourner; **distraer a uno de un proyecto** détourner quelqu'un de son projet ‖ **mil** distraer al enemigo distraire l'ennemi, opérer une diversion.

➡ **distraerse** *v pr* se distraire; **distraerse con la lectura** se distraire en lisant.

distraídamente *adv* distraitement.

distraído, da *adj* distrayant, e; **una película distraída** un film distrayant.

◇ *adj & s* distrait, e ‖ (*Amer*) négligé, e; débraillé, e (desaliñado).

distraimiento *m* distraction *f*.

distribución *f* distribution ‖ répartition; **distribución geográfica de la población** répartition géographique de la population ‖ **autom, cinem & impr** distribution.

distribuidor, ra *adj & s* distributeur, trice ■ **distribuidor automático** distributeur automatique ‖ **pipa del distribuidor** doigt du distributeur.

distribuir [51] *v tr* distribuer (repartir).

> **sin** dispensar dispenser; dividir diviser; partir, repartir, compartir partager; repartir répartir.

distributivo, va *adj* distributif, ive.

distrito *m* district (p us), secteur, territoire ‖ arrondissement (en una ciudad) ■ **distrito electoral** circonscription électorale ‖ distrito marítimo secteur maritime ‖ distrito postal bureau distributeur ‖ distrito universitario académie.

distrofia *f* **med** dystrophie; **distrofia muscular** dystrophie musculaire.

disturbar *v tr* perturber, troubler.

disturbio *m* trouble (desorden).

disuadir *v tr* dissuader.

disuasión *f* dissuasion ‖ **fuerza o poder de disuasión** force de dissuasion o de frappe.

disuasivo, va *adj* dissuasif, ive ‖ **fuerza disuasiva, poder disuasivo** force de frappe o de dissuasion.

disuasorio, ria *adj* dissuasif, ive ‖ **fuerza disuasoria** force de frappe o de dissuasion.

disuelto, ta *adj* dissous, oute.

disuria *f* **med** dysurie.

disúrico, ca *adj* dysurique.

disyunción *f* disjonction, séparation.

disyunta *f* **mús** degré *m* disjoint (mutación de voz).

disyuntiva *f* alternative; **no tengo otra disyuntiva** je n'ai que cette alternative.

disyuntivamente *adv* séparément.

disyuntivo, va *adj & s f* disjonctif, ive ‖ **gram** oración, conjunción disyuntiva proposition, conjonction disjonctive.

disyuntor *m* **electr** disjoncteur.

dita *f* caution (garantía) ‖ (*Amer*) dette (deuda) ‖ **vender a dita** vendre à crédit.

ditaína *f* ditaïne (alcaloide).

diteísmo *m* **relig** dithéisme.

ditero, ra *m & f* personne qui vend à crédit.

dítico *m* **zool** dytique (insecto).

ditirámbico, ca *adj* dithyrambique.

ditirambo *m* dithyrambe.

dítono *m* **mús** tierce *f* (intervalo).

DIU (abrev de **dispositivo intrauterino**) *m* stérilet.

diuca *f*; **diucón** *m* (*Amer*) espèce de chardonneret *m* (pájaro).

diuresis *f inv* **med** diurèse.

diurético, ca *adj & s m* **med** diurétique.

diurno, na *adj* diurne.

➡ **diurno** *m* **relig** diurnal (libro).

diuturnidad *f* long espace *m* de temps.

diuturno, na *adj* durable, qui dure longtemps.

diva *f* **poét** déesse ‖ **fig** diva (cantante).

divagación *f* divagation.

divagador, ra *adj* divagateur, trice.

divagar [16] *v intr* divaguer.

diván *m* divan (canapé) ‖ divan (consejo y gobierno turco) ‖ divan (poesía oriental).

divergencia *f* divergence.

divergente *adj* divergent, e.

divergir [15] *v intr* diverger.

diversidad *f* diversité.

diversificación *f* différenciation, diversité (diversidad) ‖ diversification.

diversificar [10] *v tr* diversifier.

diversiforme *adj* diversiforme.

diversión *f* divertissement *m*, distraction; **la caza es su diversión favorita** la chasse est son divertissement favori ▌distraction; **hay pocas diversiones en este pueblo** il y a peu de distractions dans ce village ▌MIL diversion ▌**servir de diversión** servir de spectacle.

diversivo, va *adj & s m* MED révulsif, ive.

diverso, sa *adj* divers, e; **el orador habló sobre los temas más diversos** l'orateur parla sur les sujets les plus divers ▌divers, e; différent, e; **artículos de diversas categorías** articles de différentes catégories; **en diversas oportunidades** en diverses occasions, à différentes reprises ▌plusieurs; **diversos escritores han relatado el mismo suceso** plusieurs écrivains ont rapporté le même fait.

divertículo *m* ANAT diverticule.

divertido, da *adj* amusant, e; drôle; divertissant, e; **una película divertida** un film amusant; **una persona muy divertida** une personne très drôle ▌drôle; **no es nada divertido** ce n'est pas drôle du tout.

▌ SIN agradable plaisant; entretenido amusant; salado gracieux; ingenioso, fino spirituel.

divertimento *m* MÚS divertissement.

divertimiento *m* amusement, divertissement.

divertir [27] *v tr* divertir, amuser; **este chiste me ha divertido mucho** cette plaisanterie m'a beaucoup amusé ▌détourner, éloigner (apartar) ▌MIL opérer une diversion.

➡ **divertirse** *v pr* se distraire, s'amuser; **divertirse en pintar** s'amuser à peindre ▌se divertir; **divertirse a costa de uno** se divertir aux dépens de quelqu'un ■ **divertirse en grande** s'amuser follement ▌FAM **¡se va usted a divertir!** je vous en souhaite!, je vous en promets!, je vous souhaite bien du plaisir!

dividendo *m* MAT & COM dividende; **dividendo activo** dividende distribué.

dividir *v tr* diviser; **dividir en dos** diviser en deux; **dividir por cuatro** diviser par quatre; **dividir por partes** diviser en parties ▌partager (repartir); **dividir entre cuatro** partager en quatre o entre cuatro personnes ▌**divide y vencerás** divise pour régner.

dividivi *m* BOT dividivi.

dividuo, dua *adj* DR divisible.

divieso *m* furoncle (furúnculo).

divinamente *adv* LIT & FIG divinement.

divinatorio, ria *adj* divinatoire.

divinidad *f* divinité ▌FIG dieu *m*, divinité (persona).

divinización *f* divinisation.

divinizar [13] *v tr* diviniser ▌FIG déifier, faire son dieu de, se faire un dieu de.

divino, na *adj* divin, e (de Dios) ▌mystique, religieux, euse; **poeta divino** poète mystique ▌FIG divin, e (encantador) ▌**lo divino** le divin.

divisa *f* devise (pensamiento) ▌insigne *m* (señal) ▌devise (moneda) ▌BLAS devise (lema) ▌DR divis *m* (partición) ▌TAUROM cocarde [pour distinguer les taureaux].

divisar *v tr* distinguer, apercevoir (discernir).

divisibilidad *f* MAT divisibilité.

divisible *adj* divisible; **una cantidad divisible** une quantité divisible.

división *f* MAT & MIL division ▌GRAM trait *m* d'union (guión) ▌FIG partage *m*, divergence; **división de opiniones** partage d'opinions ▌division, discorde; **sembrar la división en una familia** semer la discorde dans une famille

■ MIL **división acorazada** o **blindada** division blindée ▌HIST **división azul** division franquiste de l'armée nazie ▌DEP **división de honor** division d'honneur ▌**primera, segunda división** première, deuxième division.

─── **LA DIVISIÓN AZUL** ───
En 1941, pendant la campagne d'Hitler en Russie, le gouvernement franquiste créa une unité militaire, intégrée dans l'armée allemande, comme la division 250. Cette unité était constituée de volontaires. On estime que jusqu'en 1944, près de 60 000 hommes combattirent sur le front de Russie. Il en mourut plus de 4 000. Toute cette opération fut accompagnée d'une grande campagne de propagande, autre instrument de l'idéologie totalitaire et anti-communiste de la dictature.

divisional; divisionario, ria *adj* divisionnaire.

divisionismo *m* divisionnisme.

divismo *m* vedettariat (condición de divo) ▌vedettisation *f*.

diviso, sa *adj* divisé, e ▌DR divis, e.

divisor, ra *adj* MAT sous-multiple.

➡ **divisor** *m* diviseur ■ **común divisor** commun diviseur ▌**máximo común divisor** plus grand commun diviseur.

divisorio, ria *adj* qui divise, divisoire, diviseur ▌**línea divisoria de aguas** ligne de partage des eaux.

divo, va *adj* POÉT divin, e.
◇ *m & f* chanteur, diva [d'opéra] ▌FIG vedette *f* (figura principal).

➡ **divo** *m* dieu (divinidad pagana).

divorciado, da *adj & s* divorcé, e.

divorciar [8] *v tr* séparer, prononcer le divorce de.

➡ **divorciarse** *v pr* divorcer; **se han divorciado** ils ont divorcé.

divorcio *m* [▷ SIN] divorce ▌(*Amer*) prison *f* pour femmes.

▌ SIN separación séparation; repudiación, repudio répudiation.

divulgación *f* divulgation; **la divulgación de un secreto** la divulgation d'un secret ▌vulgarisation; **divulgación agrícola** vulgarisation agricole.

divulgador, ra *adj & s* divulgateur, trice.

divulgar [16] *v tr* divulguer; **divulgar una noticia** divulguer une nouvelle.

▌ SIN difundir divulguer; publicar publier; revelar révéler; descubrir, anunciar dévoiler; pregonar crier.

divulsión *f* divulsion (avulsión).

dizque *adv* (*Amer*) soi-disant.

Djibouti; Jibuti [ji'buti]; **Yibuti** *n pr* GEOGR Djibouti.

dl (abrev escrita de **decilitro**) *m* dl.

dm (abrev escrita de **decímetro**) *m* dm.

Dm. (abrev escrita de **Dios mediante**) si Dieu le veut.

DNEF (abrev de **Delegación Nacional de Educación Física y Deportes**) *f* direction générale de l'éducation physique et sportive, en Espagne.

DNI (abrev de **documento nacional de identidad**) *m* carte d'identité espagnole.

─── **EL DNI** ───
Le « documento nacional de identidad » est la carte d'identité que tout espagnol peut posséder dès la naissance et dont il doit se munir obligatoirement à partir de 14 ans.

Sur cette carte, délivrée par le commissariat de police du domicile, figurent les renseignements personnels (prénom, noms, adresse, date et lieu de naissance) ainsi qu'une photographie, la signature du titulaire et un numéro d'identification de huit chiffres suivis d'une lettre. Cette carte peut être exigée par tout agent des autorités, et permet de prouver son identité dans les magasins, les banques, lorsqu'on paye avec une carte de crédit, etc. Elle remplace le passeport lorsqu'on voyage dans un des pays de la communauté européenne. Le numéro du « DNI » est le même que celui du passeport et du « NIF » (numéro d'identification fiscale).

do *m* MÚS do, ut (nota) ■ FIG & FAM **dar el do de pecho** se surpasser ▌**do de pecho** ut de poitrine.
◇ *adv* (ant) où (donde) ▌d'où (de donde).

▌ OBSERV Do, en tant qu'adverbe, est l'apocope de donde. Il est devenu inusité dans le langage courant et n'est en fait employé maintenant qu'en poésie.

doberman *m* doberman.

▌ OBSERV pl dobermans.

dobla *f* pistole (moneda antigua de dos pesos) ▌FAM **jugar a la dobla** doubler la mise (en el juego).

dobladamente *adv* doublement ▌FIG avec duplicité, avec fausseté, avec fourberie (con doblez).

dobladas *f pl* (*Amer*) glas *m sing*.

dobladillar *v tr* ourler (costura).

dobladillo *m* ourlet (costura); **dobladillo de vainica** ourlet à jour.

doblado, da *adj* doublé, e (duplicado) ▌plié, e (plegado) ▌FIG trapu, e (pequeño y recio) ▌dissimulateur, trice; faux, fausse; fourbe (hipócrita).

dobladura *f* pli *m*; **es muy difícil borrar las dobladuras de una tela** c'est très difficile d'effacer les plis d'un tissu.

doblaje *m* CINEM doublage, postsynchronisation *f*.

doblamiento *m* pliage, pliement.

doblar *v tr* [▷ SIN] plier; **doblar en dos** plier en deux ▌plier, courber, recourber (curvar) ▌tordre (torcer); **doblar una vara de hierro** tordre une tige en fer ▌plier, fléchir, courber; **doblar la rodilla** plier le genou ▌tourner; **dobla la página** tourne la page ▌tourner; **doblar la calle** o **la esquina** tourner au coin de la rue ▌doubler (aumentar); **doblar el sueldo** doubler les appointements ▌rabattre (un dobladillo) ▌contrer (en los naipes) ▌FIG plier, soumettre, réduire; **he doblado Juan a mi voluntad** j'ai réduit Jean à ma volonté ▌CINEM doubler (un actor) ▌fausser; **doblar una llave** fausser une clef ▌MAR doubler; **doblar un cabo** doubler un cap ▌(*Amer*) descendre (matar) ■ **doblar la cerviz** courber le front ▌doblar las esquinas o los picos de las páginas de un libro faire des cornes à un livre, écorner (p us) un livre.
◇ *v intr* doubler; **sus fuerzas doblaron en dos meses** ses forces ont doublé en deux mois ▌tourner (en una calle); **doblar a la derecha** tourner à droite ▌FIG plier (ceder) ▌sonner [le glas] ▌TAUROM s'écrouler [le taureau, au moment de sa mort] ▌**antes doblar que quebrar** il vaut mieux plier que rompre.

➡ **doblarse** *v pr* se plier ▌se courber (encorvarse) ▌se courber, ployer (un árbol) ▌FIG plier, se plier à (ceder una persona) ‖ **FAM** doblarse por la cintura être plié en deux (reírse).

▌ **SIN** plegar plier, ployer; encorvar, curvar courber; arquear, combar arquer; cimbrar fléchir.

doble *adj* double ‖ trapu, e (rechoncho) ‖ **FIG** faux, fausse; fourbe, double (disimulado) ■ **INFORM** doble cara double face‖doble densidad double densité ‖ doble espacio double interligne ■ con o de doble sentido à double sens ‖ **COM** contabilidad por partida doble comptabilité en partie double ‖ esta calle es doble de la otra cette rue fait le double de l'autre; es doble de ancha que la otra elle est deux fois plus large que l'autre ‖ tela de doble ancho tissu en grande longueur.
◇ *m* double (cantidad); has pagado el doble de lo que vale tu as payé le double de ce que ça vaut ‖ double; el doble de un acta le double d'un acte ‖ pli (pliegue) ‖ glas (toque de campana) ‖ double (tenis); doble caballeros o masculino double messieurs ‖ chope *f* (de cerveza) ‖ contre (en los naipes) ‖ double (sosia) ‖ **CINEM** doublure *f* ‖ doble contra sencillo deux contre un (apuesta) ‖ **CINEM** doble especial cascadeur ‖ doble o nada quitte ou double (juego) ‖ el doble que deux fois plus que; come el doble que tú il mange deux fois plus que toi.
◇ *adv* double; ver doble voir double ‖ al doble au double.

doblegable; doblegadizo, za *adj* pliable ‖ **FIG** souple; este niño tiene un carácter muy doblegable cet enfant a un caractère très souple.

doblegadura *f* pli *m*, pliure.

doblegar [16] *v tr* plier ‖ **FIG** plier, assouplir, faire fléchir, soumettre (carácter).
▬ **doblegarse** *v pr* se plier ‖ **FIG** se plier à; doblegarse a la voluntad ajena se plier à la volonté d'autrui ‖ fléchir (someterse, ceder).

doblemente *adv* doublement; magnánimo doblemente doublement magnanime ‖ **FIG** hypocritement, avec fausseté (con falsedad).

doblete *adj* d'épaisseur moyenne.
◇ *m* **GRAM** doublet ‖ doublet (piedra falsa) ‖doublé (en caza) ‖**QUÍM** doublet.

doblez *m* pli (pliegue).
◇ *f* fausseté, dissimulation, duplicité (falsedad).

▌ **OBSERV** pl dobleces.

doblilla *f* ancienne monnaie d'or (que valía veinte reales).

doblón *m* doublon (moneda antigua de cuatro duros) ‖doblón de a ocho once.

doc. (abrev escrita de documento) doc.

doce *adj & s m* douze; los doce apóstoles les douze apôtres; el doce de agosto le 12 août ■ las doce de la noche minuit ‖ son las doce (del día) il est midi ‖ unos doce libros une douzaine de livres.

doceañista *adj & s* **HIST** partisan de la Constitution espagnole de 1812.

doceavo, va *adj & s* douzième.

docemesino *adj* de douze mois.

docena *f* douzaine; una docena de ostras une douzaine d'huîtres ■ a docenas à la douzaine (venta), par douzaines; llegaban a docenas ils arrivaient par douzaines ‖**FAM** la docena del fraile treize à la douzaine ‖ por docenas par douzaines.

docencia *f* enseignement *m*.

doceno, na *adj* douzième (duodécimo).
▬ **doceno** *m* **TECN** drap dont la chaîne comporte douze cents fils.

docente *adj* enseignant, e; el cuerpo docente le corps enseignant ‖ centro docente centre d'enseignement.

dócil *adj* docile; dócil de condición d'un caractère docile ‖ obéissant, e; me gustan los niños dóciles j'aime les enfants obéissants.

docilidad *f* docilité.

dócilmente *adv* docilement.

docimasia; docimástica *f* **MED** & **QUÍM** docimasie.

dock *m* dock.

docker *m* docker (descargador).

doctamente *adv* savamment ‖ doctement (con erudición).

docto, ta *adj & s* savant, e; docte (p us) ‖ docto en savant o versé en; muy docto en historia très versé en histoire.

doctor, ra *m & f* docteur *m*; la señora Jarro es doctor en Letras Mme Jarro est docteur ès lettres; doctor en Ciencias, en Medicina, honoris causa docteur ès sciences, en médecine, honoris causa ‖ **MED** docteur, doctoresse; la mujer del farmacéutico es doctora la femme du pharmacien est doctoresse ■ **ECLES** doctor de la Iglesia docteur de l'Église ‖ el doctor angélico saint Thomas d'Aquin ■ investir a alguien doctor honoris causa nommer quelqu'un docteur honoris causa.

▌ **OBSERV 1.** El título de docteur se aplica en Francia solamente a los doctores en Medicina, tanto al hombre como a la mujer: la doctora López le docteur López. El femenino doctoresse no se usa como título.
2. En España, y en los países d'Amérique latine surtout, le titre de doctor s'applique non seulement au docteur en médecine mais à toute personne qui a obtenu un doctorat (en droit, en philosophie, en pharmacie, etc.).

doctorado *m* doctorat.

doctoral *adj* doctoral, e; un tono doctoral un ton doctoral.

doctoramiento *m* accession *f* au grade doctoral.

doctorando *m* candidat au doctorat.

doctorar *v tr* conférer le titre de docteur.
▬ **doctorarse** *v pr* être reçu docteur.

doctorear *v intr* **FAM** pontifier, faire l'important.

doctrina *f* doctrine (ciencia u opinión) ‖ enseignement *m* (enseñanza) ‖ catéchisme *m* (enseñanza de la doctrina cristiana a los niños) ‖mission (predicación religiosa) ‖ fidèles *m pl* qui se rendent à la mission ‖ (Amer) paroisse d'Indiens (pueblo de indios).

doctrinal *adj* doctrinal, e; avisos doctrinales avis doctrinaux.

doctrinar *v tr* instruire ‖ **FIG** endoctriner (convencer).

doctrinario, ria *adj & s* doctrinaire.

doctrinarismo *m* doctrinarisme.

doctrinero *m* catéchisme ‖ (Amer) curé d'une paroisse d'Indiens.

doctrino *m* orphelin élevé dans un collège ‖ parecer un doctrino avoir l'air d'un enfant de chœur, être gauche o timide.

docudrama *m* docudrame (radio, televisión).

documentación *f* documentation; necesita mucha documentación para preparar sus conferencias il a besoin de beaucoup de documentation pour préparer ses conférences ‖ papiers *m pl* (de identidad) ■ documentación del coche carte grise ‖documentación laboral dossier.

documentado, da *adj* documenté, e.

documental *adj* documentaire.
◇ *m* **CINEM** documentaire.

documentalista *m & f* **CINEM** documentariste ‖ documentaliste.

documentar *v tr* documenter.
▬ **documentarse** *v pr* se documenter.

documento *m* document ■ documento justificativo pièce justificative ‖ Documento Nacional de Identidad carte d'identité.
▬ **documentos** *m pl* papiers (de identidad).

dodecaedro *m* **GEOM** dodécaèdre; dodecaedro regular dodécaèdre régulier.

dodecafónico, ca *adj* dodécaphonique; música dodecafónica musique dodécaphonique.

dodecafonismo *m* dodécaphonisme.

dodecagonal *adj* dodécagonal, e.

dodecágono *m* **GEOM** dodécagone.

dodecasílabo, ba *adj* dodécasyllabe, de douze syllabes.
▬ **dodecasílabo** *m* alexandrin, vers de douze syllabes, dodécasyllabe.

dogal *m* licou (para atar un animal) ‖ corde *f* de potence ‖ **FIG** estar con el dogal al cuello avoir la corde au cou.

dogaresa *f* dogaresse.

dogma *m* dogme.

dogmático, ca *adj & s* dogmatique.

dogmatismo *m* dogmatisme.

dogmatista *m* dogmatiste.

dogmatizador; dogmatizante *m* dogmatiseur.

dogmatizar [13] *v intr* dogmatiser.

dogo *m* dogue (perro).

doguillo *m* doguin (dogo joven).

doladera *f* doloire (de tonelero).

doladura *f* dolage *m* (desbastadura) ‖copeau *m* (viruta).

dolaje *m* vin absorbé par le bois du fût.

dolamas *f pl*; **dolames** *m pl* vices *m* cachés (de un caballo) ‖ **FAM** (Amer) bobos *m*, malaises *m* (achaques).

dolar [23] *v tr* doler (trabajar con la doladera).

dólar *m* dollar.

Dolby® *m* Dolby®.

dolencia *f* indisposition, maladie, infirmité (achaque).

doler [24] *v intr* avoir mal à, faire mal; me duele mucho la cabeza j'ai très mal à la tête, la tête me fait très mal ‖ souffrir; me duele ver tanta injusticia je souffre de voir tant d'injustice ‖ennuyer; me duele tener que escribir cela m'ennuie de devoir écrire ‖ regretter; me duele decírtelo je regrette de te le dire ■ **FIG** ahí le duele c'est là que le bât le blesse ‖estar dolido être peiné o chagriné.
▬ **dolerse** *v pr* regretter; dolerse de sus pecados regretter ses péchés ‖ plaindre,

avoir pitié de (alguien), combatir à (los males) ‖ se plaindre (gemir, quejarse); **dolerse de lo difícil que es la vida** se plaindre des difficultés de la vie ‖ s'affliger; **dolerse de las desgracias que ocurren** s'affliger des malheurs qui arrivent.

dolicocefalia *f* dolichocéphalie.

dolicocéfalo, la *adj & s* ANAT dolichocéphale.

dolido, da *adj* blessé, e [dans son amour-propre].

doliente *adj* qui fait mal, douloureux, euse (dolorido) ‖ malade, dolent, e; souffrant, e (enfermo).
◇ *adj & s* malade.

dolmán *m* (*Amer*) dolman.

dolmen *m* dolmen.

dolo *m* DR dol (fraude, engaño).

dolomía; dolomita *f* GEOL dolomite, dolomie.

Dolomitas *n pr m pl* GEOGR los Dolomitas les Dolomites.

dolor *m* douleur *f* ‖ mal; **tener dolor de muelas, de vientre** avoir mal aux dents, au ventre; **el dolor de muelas es muy desagradable** le mal de dents est très désagréable ‖ FIG peine *f*, chagrin *m* ■ **dolor de cabeza** mal de tête o à la tête ‖ **dolor de corazón** contrition ‖ **dolor de costado** point de côté ‖ **dolor de estómago** mal à l'estomac, crampe d'estomac ‖ FIG **dolor de viudo** o **de viuda** chagrin [douleur intense et passagère] ‖ **dolor latente** o **sordo** douleur sourde ■ **con harto dolor de mi parte** avec une profonde douleur ‖ **estar con los dolores** être dans les douleurs (una mujer).

dolora *f* petite composition poétique [inventée par Campoamor].

Dolores *n pr* Dolorès.
│ OBSERV Ce prénom féminin, dérivé de Virgen de los Dolores Vierge des Sept Douleurs, n'a pas d'équivalent en français.

dolorido, da *adj* endolori, e; **tener el brazo dolorido** avoir le bras endolori ‖ FIG affligé, e; désolé, e; brisé de douleur.

dolorosamente *adv* douloureusement.

doloroso, sa *adj* douloureux, euse; **una herida dolorosa** une blessure douloureuse ‖ désolant, e; lamentable, déplorable (de lamentar).
➡ **dolorosa** *f* Vierge des Sept Douleurs ‖ FAM la douloureuse (la cuenta).

dolosamente *adv* frauduleusement.

doloso, sa *adj* dolosif, ive.

dom *m* dom (título).

doma *f* domptage *m* (de potros, fieras) ‖ dressage *m* (adiestramiento) ‖ FIG domestication, domptage *m* (de las pasiones).

domador, ra *m & f* dompteur, euse (de fieras) ‖ dresseur, euse (de potros y otros animales).

domadura *f* domptage *m* (amansamiento) ‖ dressage *m* (adiestramiento).

domar *v tr* dompter; **domar fieras** dompter des fauves ‖ dresser (adiestrar) ‖ briser; **domar zapatos nuevos** briser des chaussures neuves ‖ FIG dompter (las pasiones, a uno) ‖ **La fierecilla domada** La Mégère apprivoisée (de Shakespeare).

dombo *m* ARQ dôme (domo).

domeñable *adj* domptable.

domeñar *v tr* assouplir, dompter, soumettre; **domeñar a uno** assouplir quelqu'un ‖ maîtriser, dompter; **domeñar sus pasiones** maîtriser ses passions ‖ **domeñar la resistencia de uno** rompre o briser o vaincre la résistance de quelqu'un.

domesticable *adj* apprivoisable, qui peut être apprivoisé o domestiqué o dressé.

domesticación *f* domestication, apprivoisement *m* (amansamiento).

domesticar [10] *v tr* apprivoiser (amansar); **domesticar un ratón** apprivoiser une souris ‖ domestiquer (reducir a domesticidad); **domesticar una nutria** domestiquer une loutre ‖ FIG apprivoiser.

domesticidad *f* domesticité.

doméstico, ca *adj* domestique ■ **artes domésticas** arts ménagers ‖ **faenas domésticas** travaux ménagers.
◇ *m & f* (p us) domestique, employé, e de maison.

Domiciano *n pr* Domitien.

domiciliación *f* domiciliation ‖ COM **domiciliación bancaria** domiciliation bancaire.

domiciliado, da *adj* domicilié, e ‖ COM **letra domiciliada** effet domicilié.
◇ *m & f* personne *f* domiciliée.

domiciliar [8] *v tr* domicilier ■ **domiciliar una cuenta** demander un virement automatique ‖ **estar domiciliado en Madrid** être domicilié à Madrid.
➡ **domiciliarse** *v pr* se domicilier.

domiciliario, ria *adj* domiciliaire ‖ **arresto domiciliario** assignation à résidence.
◇ *m & f* habitant, e.

domicilio *m* domicile; **elegir domicilio** élire domicile ■ ECON **domicilio fiscal** domicile fiscal ‖ **domicilio social** siège social ‖ **servicio a domicilio** livraison à domicile.

dominación *f* domination ‖ MIL hauteur qui domine une place ‖ rétablissement *m* (gimnasia).
➡ **dominaciones** *f pl* ECLES dominations (ángeles).

dominador, ra *adj & s* dominateur, trice.

dominanta *adj f* dominatrice; **mujer dominanta** femme dominatrice.
◇ *f* FAM forte femme.

dominante *adj* dominant, e (que sobresale) ‖ dominateur, trice; **espíritu dominante** esprit dominateur ■ BIOL **carácter dominante** caractère dominant.
◇ *f* dominante (rasgo característico) ‖ MÚS dominante.

dominar *v tr* dominer; **Napoléon quiso dominar Europa** Napoléon voulut dominer l'Europe ‖ contrôler (la pelota) ‖ dominer, contrôler, maîtriser (los nervios, las pasiones) ‖ dominer, posséder (un idioma) ‖ dominer, surplomber; **las rocas dominan el barranco** les rochers surplombent le ravin ‖ maîtriser, se rendre maître de; **dominar la rebelión** maîtriser la rébellion ■ **dominar la situación** dominer la situation, être maître de la situation ‖ **dominar un incendio** maîtriser un incendie.
◇ *v intr* dominer, surplomber.
➡ **dominarse** *v pr* se dominer, se maîtriser (controlarse).

dominatriz *adj f & s f* dominatrice.

dómine *m* FAM professeur de latin, magister (ant) ‖ FIG magister (pedante) ■ **poner a uno como chupa de dómine** dire pis que pendre de quelqu'un, traîner quelqu'un dans la boue.

Dominga *n pr* Dominique [femme].

domingas *f pl* FAM nichons *m pl*, lolos *m pl*.

domingo *m* dimanche; **vendré el domingo** je viendrai dimanche ■ **domingo de Adviento** dimanche de l'Avent ‖ **domingo de Carnaval** dimanche gras ‖ **domingo de Cuasimodo** dimanche de Quasimodo ‖ **domingo de Lázaro** o **de Pasión** dimanche de la Passion ‖ **domingo de Piñata** dimanche quadragésime ‖ **domingo de Ramos** dimanche des Rameaux ‖ **domingo de Resurrección** dimanche de Pâques ■ **hacer domingo** ne pas travailler, faire la fête ‖ **traje de los domingos** habits du dimanche.

Domingo *n pr* Dominique [homme].

dominguejo *m* poussah, ramponneau (juguete de niño) ‖ (*Amer*) fantoche (persona insignificante).

dominguero, ra *adj* FAM du dimanche; **ropa dominguera** vêtements o habits du dimanche.
➡ **dominguero** *m* conducteur du dimanche (conductor).

dominguillo *m* poussah (juguete) ‖ FIG & FAM **traer como un dominguillo** faire tourner en bourrique.

Dominica *n pr* Dominique [femme].
◇ *n pr f* GEOGR la Dominica la Dominique.

dominica *f* dimanche *m* (en lenguaje eclesiástico) ‖ office *m* du dimanche.

dominical *adj* dominical, e ‖ (p us) domanial, e (del Estado).

dominicano, na *adj & s* dominicain, e (religioso) ‖ dominicain, e (de la República Dominicana).

dominico, ca *adj & s* dominicain, e (religioso).

dominio *m* domaine (tierras) ‖ autorité *f*, pouvoir (autoridad); **tener bajo su dominio** avoir sous son autorité (un jefe); **un maestro que tiene dominio sobre sus discípulos** un maître qui a de l'autorité sur ses élèves ‖ domination *f* (señorío); **el dominio del genio** la domination du génie ‖ dominion (de la Commonwealth) ‖ FIG maîtrise *f*, parfaite connaissance *f* (de una lengua) ‖ maîtrise *f* (de las pasiones) ‖ empire sur, maîtrise *f* de; **tiene un gran dominio de sí mismo** il a une grande maîtrise de soi ■ **dominio del aire** maîtrise de l'air ■ **con pleno dominio de sus facultades** en pleine possession de ses moyens ‖ **perder el dominio de sí mismo** perdre le contrôle de soi-même ‖ **recobrar el dominio de sí mismo** reprendre ses esprits ‖ **ser del dominio público** être tombé dans le domaine public.

dominó *m* domino (juego y traje).
│ OBSERV pl dominós.

domo *m* ARQ dôme (cúpula).

domótica *f* INFORM domotique.

dompedro *m* BOT belle-de-nuit *f* (dondiego).

DOMUND (abrev de **Domingo Mundial de Propagación de la Fe**) *m* association caritative et de missionnaires catholiques, en Espagne.

don *m* [▷ SIN] don (presente) ‖ don (talento); el don de la palabra le don de la parole ■ don de acierto habileté, savoir-faire ‖ don de errar maladresse ‖ don de gentes don de plaire ‖ don de lenguas don des langues ‖ don de mando sens du commandement.

⎸ SIN dádiva, donativo don; aguinaldo étrennes; homenaje hommage; regalo cadeau; ofrenda offrande; oblación oblation.

don *m* monsieur; don Fulano de Tal monsieur Untel ‖ don Diego, don Pedro belle-de-nuit (planta) ‖ don Juan don Juan (tenorio) ‖ señor don Fulano de Tal monsieur Untel ‖ un don nadie un moins-que-rien.

⎸ OBSERV On n'emploie don que devant un prénom; il ne se traduit pas lorsqu'il est précédé de señor.

dona *f* (Amer) donation.
➤ **donas** *f pl* corbeille *sing* (de boda).

donación *f* donation, don *m*; donación entre vivos donation entre vifs.

donadío *m* (ant) biens *pl* qui proviennent d'une donation royale.

donado, da *m & f* convers, e.

donador, ra *adj & s* donneur, euse ‖ donador de sangre donneur de sang.
◇ *m & f* donateur, trice.

donaire *m* grâce *f*, élégance *f*, allure *f*; andar con mucho donaire marcher avec beaucoup d'allure ‖ esprit, finesse *f*, sel (en el hablar) ‖ mot d'esprit, trait spirituel (chiste).

donairoso, sa *adj* élégant, e; gracieux, euse ‖ spirituel, elle (chistoso).

donante *adj & s* donneur, euse.
◇ *m & f* donateur, trice; cuadro que representa a la Virgen con un donante tableau qui représente la Vierge avec un donateur ‖ donante de sangre donneur de sang ‖ donante de un órgano donneur (d'organe).

donar *v tr* faire don de, offrir.

donatario, ria *m & f* donataire.

donatista *adj & s* donatiste.

donativo *m* don, présent (regalo).

Donato *n pr* Donat.

doncel *m* (ant) damoiseau (joven noble) ‖ page du roi (paje) ‖ sorte de mousquetaire (en la milicia del rey).

doncella *f* jeune fille (joven) ‖ demoiselle (término de consideración) ‖ femme de chambre, suivante (ant) ‖ pucelle; la Doncella de Orleans la Pucelle d'Orléans (Juana de Arco) ‖ labre *m* (budión) ‖ (Amer) panaris *m* ‖ sensitive (sensitiva).

doncellez; doncellería *f* virginité.

⎸ OBSERV pl doncelleces.

donde *adv* où; ¿dónde estás ? où es-tu ?; ¿dónde iba ? où allait-il ?; es un sitio donde abundan los peces c'est un endroit où les poissons abondent ‖ là où; lo compré donde tú me dijiste je l'ai acheté là où tu me l'as dit ‖ (ant) d'où (de donde) ‖ chez; voy donde Juan je vais chez Jean ■ a donde où (con movimiento); ¿a dónde vas ? où vas-tu ? ‖ de donde d'où ‖ en donde où; la casa en donde nací la maison où je suis né ‖ donde no sinon, dans le cas contraire ‖ hacia donde où, vers où ‖ por donde d'où; por donde se infiere que d'où il découle que ‖ ¿por

dónde ? pourquoi ? (por qué), par où (por qué sitio) ■ donde sea n'importe où ‖ estés donde estés où que tu sois ‖ ¡mira por dónde! tu as vu ?

⎸ OBSERV Dónde interrogatif est toujours accentué.

dondequiera *adv* n'importe où ‖ partout où; dondequiera que vayas partout où tu iras, où que tu ailles.

dondiego *m* BOT belle-de-nuit *f* ■ dondiego de día belle-de-jour ‖ dondiego de noche belle-de-nuit.

donjuán *m* BOT belle-de-nuit *f*.

donjuanesco, ca *adj* donjuanesque.

donjuanismo *m* donjuanisme.

donosamente *adv* gracieusement, élégamment ‖ spirituellement.

donosidad *f* bon mot *m*, plaisanterie (chiste), esprit *m* (gracia, humor) ‖ grâce, enjouement *m*.

donosilla *f* belette (comadreja).

donoso, sa *adj* spirituel, elle; enjoué, e; un chico muy donoso un garçon très spirituel ‖ enlevé, e (estilo) ‖ beau, belle; drôle, fameux, euse (con ironía); ¡donosa pregunta! drôle de question; ¡donosa ocurrencia! fameuse idée ‖ donosa cosa es que il est un peu fort que.

donostiarra *adj & s* de Saint-Sébastien.

donosura *f* esprit *m*, finesse; contestar con donosura répondre avec esprit; la donosura de su estilo la finesse de son style ‖ grâce.

doña *f* madame; doña Ana Bravo madame Anne Bravo.

⎸ OBSERV Après señora, doña ne se traduit pas.

Doñana *n pr* coto de Doñana parc national espagnol situé dans la province de Huelva.

▐ EL COTO DE DOÑANA

Le « coto de Doñana » ou « parque nacional de Doñana » est une vaste étendue de 700 mètres carrés, composée de dunes et de marais, et située dans le sud de l'Espagne, dans la province de Huelva. Cet ancien terrain de chasse royal, sous les règnes de Philippe II à Alphonse XIII, a été transformé en réserve naturelle et se distingue par la variété de sa flore et de sa faune et par ses conditions géographiques propices. En automne et en hiver, il est habité par des oiseaux aquatiques qui migrent vers les zones marécageuses. Il a été déclaré zone protégée en 1969 et son accès est limité.

doñegal; doñigal *adj & s m* higo doñegal figue à chair rouge.

dopaje ➤ **doping**.

dopar *v tr* doper (drogar).

doping; dopaje *m* doping, dopage.

doquier; doquiera *adv* n'importe où.

⎸ OBSERV C'est un adverbe employé uniquement dans le langage littéraire.

dorada *f* dorade, daurade (pez).

doradilla *f* BOT doradille ‖ dorade, daurade (pez).

doradillo, lla *adj* mordoré, e.
➤ **doradillo** *m* fil de laiton (latón) ‖ peau *f* de chevreau à reflets métalliques (piel) ‖ bergeronnette *f* (ave) ‖ (Amer) alezan doré (caballo melado).

dorado, da *adj* doré, e ‖ CULIN rissolé, e ‖ d'or; edad dorada, siglo dorado âge d'or, siècle d'or ‖ (Amer) bai, e (caballo) ‖ libros de cantos dorados livres dorés sur tranche.

➤ **dorado** *m* dorure *f*, dorage ‖ poisson de la Méditerranée, coryphène (pez).

Dorado *n pr* El Dorado l'Eldorado.

▐ EL DORADO

Nom donné par les conquistadors espagnols à une région légendaire, située entre l'Orénoque et l'Amazone, qu'ils croyaient très riche en métaux précieux. Ainsi, pendant presque tout le XVIe siècle, les espagnols, et en particulier Jiménez de Quesada et Lope de Aguirre, ont organisé des expéditions à la recherche de cette région fantastique. On emploie encore l'expression « ir en busca del Dorado » pour qualifier une aventure plus fondée sur le rêve que sur la réalité.

doradura *f* dorure, dorage *m*.

dorar *v tr* dorer ■ FIG & FAM dorar la píldora dorer la pilule ‖ CULIN hacer dorar rissoler.

dórico, ca *adj* dorique (de los dorios) ‖ ARQ dorique; orden dórico ordre dorique.
➤ **dórico** *m* dorien (dialecto griego).

Dórida; Dóride *n pr* FIG HIST Doride.

dorífera; dorífora *f* ZOOL doryphore *m*.

dorio, ria *adj & s* dorien, enne (de Dóride).

dormán *m* dolman.

dormición *f* dormition (de la Virgen).

dormida *f* somme *m* (acción de dormir); echar una dormida faire un somme ■ engourdissement *m* [du ver à soie] ‖ gîte *m* (cama de los animales) ‖ nuit, halte de nuit (en un viaje).

dormidera *f* BOT pavot *m* (adormidera) ‖ FAM tener buenas dormideras s'endormir facilement.

dormidero, ra *adj* soporifique.
➤ **dormidero** *m* (Amer) sommeil profond ‖ endroit où dort le bétail (para el ganado).

dormido, da *adj* endormi, e; estar medio dormido être à moitié endormi ‖ FIG engourdi, e; endormi, e; tener la pierna dormida avoir la jambe engourdie.

dormilón, ona *adj & s* FAM grand dormeur, grande dormeuse.
➤ **dormilón** *m* engoulevent (pájaro).
➤ **dormilona** *f* boucle d'oreille, dormeuse (arete) ‖ chaise longue (tumbona) ‖ (Amer) sensitive (planta).

dormir [25] *v intr* [▷ SIN] dormir; hartarse de dormir dormir tout son soûl ‖ coucher, passer la nuit; tuvimos que dormir en Madrid antes de salir para Andalucía nous avons dû passer la nuit à Madrid avant de partir pour l'Andalousie ■ dormir al raso coucher à la belle étoile ‖ dormir boca arriba dormir sur le dos ‖ dormir como un lirón o un tronco o a pierna suelta o como una marmota dormir comme un loir o comme une souche o à poings fermés o comme une marmotte ‖ dormir con toda tranquilidad o en paz dormir sur ses deux oreilles ‖ dormir con un ojo abierto ne dormir que d'un œil ‖ dormir de un tirón dormir d'un trait ‖ quien duerme cena qui dort dîne ■ ¡a dormir! au lit! ‖ gorro de dormir bonnet de nuit ‖ saco de dormir sac de couchage ‖ FIG ser de mal dormir être mauvais coucheur.

◇ *v tr* endormir, faire dormir; dormir a un niño endormir un enfant; esta música me duerme cette musique me fait dormir ■ dormir el sueño de los justos dormir du sommeil du juste ‖ dormir el último sueño dormir de son dernier sommeil ‖ **FAM** dormir la mona cuver son vin ‖ dormir la siesta faire la sieste ‖ **FIG** dejar dormir un asunto laisser dormir une affaire.

◆ **dormirse** *v pr* s'endormir ‖ **FIG** s'engourdir, s'endormir; se me ha dormido la pierna ma jambe s'est engourdie ‖ s'endormir, dormir; dormirse sobre los laureles s'endormir sur ses lauriers.

┃ **SIN** descansar reposer; dormitar sommeiller; echar un sueño faire un somme; adormecerse somnoler; amodorrarse s'assoupir.

dormitar *v intr* sommeiller, somnoler.

dormitivo, va *adj & s m* **MED** dormitif, ive ‖ **FIG** soporifique.

dormitorio *m* chambre *f* à coucher (alcoba) ‖ dormitorio común dortoir (para varias personas).

dornaje; dornillo *m* écuelle *f*, auge *f* (artesa).

Dorotea *n pr* Dorothée.

dorsal *adj* dorsal, e; músculos dorsales muscles dorsaux ‖ **GRAM** dorsal, e (consonante).

◇ *m* dossard; los atletas llevan un dorsal en la camiseta les athlètes portent un dossard sur leur maillot.

dorso *m* dos; el dorso de una carta le dos d'une lettre ‖ véase al dorso voir au dos, tournez s'il vous plaît.

dos *adj & s m* deux; el dos de mayo le deux mai; son las dos il est 2 heures; dos y dos son cuatro deux et deux font quatre ■ dos a dos deux à deux, deux par deux ‖ dos por dos deux fois deux (multiplicación), deux par deux (de dos en dos) ■ a dos pasos de aquí à deux pas d'ici ‖ cada dos días tous les deux jours, un jour sur deux ‖ **MÚS** compás de dos por cuatro mesure à deux temps ‖ con las dos manos à deux mains ‖ de dos en dos de deux en deux, deux par deux ‖ ellos dos, entre los dos à eux deux ‖ **FAM** en un dos por tres en moins de deux, en deux temps trois mouvements ‖ la 2 appellation familière de la deuxième chaîne de télévision publique espagnole ‖ los dos tous deux, tous les deux; vinieron los dos ils sont venus tous les deux ‖ una de dos de deux choses l'une ■ hacer un trabajo entre dos faire un travail à deux ‖ no hay dos sin tres jamais deux sans trois.

┃ **LA 2** ────────────
« la 2 » est le nom attribué familièrement à la deuxième chaîne de télévision publique espagnole. Elle diffère de la première par une programmation plus culturelle et pédagogique. Elle émet sur tout le territoire national et diffuse, dans certaines communautés autonomes comme la Catalogne, quelques émissions régionales en langue vernaculaire.

DOS (abrev de **disk operating system**) *m* DOS.

dosalbo, ba *adj* qui a deux pieds blancs (caballos).

dosañal *adj* de deux ans; una ternera dosañal une génisse de deux ans.

doscientos, tas *adj & s m* deux cents; dos mil doscientos deux mille deux cents ‖ deux cent; doscientos veinte deux cent vingt (seguido de otra cifra); el año doscientos l'an deux cent (cuando equivale a un ordinal) ‖ mil doscientos mille deux cents, douze cents.

dosel *m* [▷ **SIN**] dais (de altar, trono) ‖ ciel de lit (de cama) ‖ portière *f* (antepuerta).

┃ **SIN** baldaquín, baldaquino baldaquin; palio dais; pabellón ciel, ciel de lit.

doselera *f* pente, frange (del dosel).

doselete *m* dais (de estatua).

dosificable *adj* dosable.

dosificación *f* dosage *m* ‖ **QUÍM** dosage *m* (operación) ‖ titre *m* (contenido).

dosificador *m* doseur (aparato).

dosificar [10] *v tr* doser ‖ **QUÍM** doser, titrer.

dosimetría *f* dosimétrie (método terapéutico).

dosímetro *m* dosimètre.

dosis *f inv* dose; a o en pequeña dosis à petite dose ‖ **MED** dosis de recuerdo rappel [d'un vaccin].

dos piezas *m* deux-pièces *inv* (traje, bañador).

dossier *m* dossier (expediente, informe).

dotación *f* dotation (de una fundación) ‖ équipage *m* (tripulación) ‖ personnel *m* (de oficina) ‖ dot (de una mujer).

dotal *adj* dotal, e.

dotar *v tr* doter (una institución, a una mujer); dotar un hospital con un millón de pesetas doter un hôpital d'un million de pesetas ‖ doter, pourvoir (proveer) ‖ doter, douer; dotado de mil cualidades doué de mille qualités ‖ affecter (una renta, una dignidad) ‖ pourvoir (de personal una oficina) ‖ équiper (tripular un buque) ‖ comarcas dotadas régions favorisées ‖ dotado para doué pour (persona).

dote *m & f* dot *m*; cazador de dotes coureur de dots.

◇ *m* jetons *pl* (en el juego).

◆ **dotes** *f pl* don *m sing*, aptitude *sing*, qualité *sing*; este niño manifiesta buenas dotes cet enfant a de grandes qualités ‖ dotes de mando qualités de chef, sens du commandement.

dovela *f* **ARQ** voussoir *m*, vousseau *m* (cuña de piedra) ‖ douelle (su parte interior o exterior).

dovelar *v tr* **ARQ** tailler les voussoirs.

Dover *n pr* **GEOGR** Douvres.

Dow Jones *n pr* índice Dow Jones indice Dow Jones.

doxología *f* **RELIG** doxologie.

dozavado, da *adj* à douze côtés.

dozavo, va *adj & s* douzième (duodécimo) ‖ en dozavo in-douze.

DP (abrev de **distrito postal**) *m* bureau distributeur.

Dr. (abrev escrita de **doctor**) Dr.

Dra. (abrev escrita de **doctora**) Dr.

drac *m* (*Amer*) draque.

dracma *f* drachme (moneda).

draconiano, na *adj* draconien, enne; medidas draconianas des mesures draconiennes.

DRAE (abrev de **Diccionario de la Real Academia Española**) *m* dictionnaire de l'Académie royale espagnole.

drag *m* drag (coche inglés).

draga *f* drague ‖ dragueur *m*, dragueuse (barco).

dragado *m* dragage; el dragado de un canal le dragage d'un canal.

dragador, ra *adj & s* dragueur, euse.

dragaje *m* dragage.

▣ **OBSERV** Ce mot est un gallicisme.

dragalina *f* dragline (excavadora mecánica).

dragaminas *m inv* dragueur de mines.

dragar [16] *v tr* draguer.

dragea *f* dragée (píldora).

drago *m* **BOT** dragonnier.

dragomán *m* drogman (intérprete).

dragón *m* dragon (monstruo) ‖ **MIL** dragon (soldado) ‖ **BOT** muflier, gueule-de-loup *f* ‖ **ZOOL** dragon (reptil) ‖ **VETER** dragon ‖ gueulard (en los hornos).

dragona *f* **MIL** dragonne (del sable).

dragonadas *f pl* **HIST** dragonnades.

dragoncillo *m* **BOT** estragon.

dragonear de *v intr* (*Amer*) faire le, jouer au; dragonea de médico il joue au médecin o les médecins.

dragontino, na *adj* dragon, onne.

draisina *f* draisienne (antigua bicicleta).

dralón *m* Dralon.

drama *m* drame; drama lírico drame lyrique.

┃ **SIN** melodrama mélodrame; tragedia tragédie; tragicomedia tragicomédie.

dramática *f* art *m* dramatique.

dramáticamente *adv* dramatiquement.

dramático, ca *adj* dramatique.

dramatismo *m* dramatique; es de un dramatismo excesivo c'est d'un dramatique excessif.

dramatización *f* dramatisation.

dramatizar [13] *v tr* dramatiser.

dramaturgia *f* dramaturgie.

dramaturgo *m* dramaturge, auteur dramatique.

dramón *m* **FAM** sombre drame, mélodrame, mélo.

drapeado *m* drapé.

drapear *v tr* draper.

drásticamente *adv* radicalement.

drástico, ca *adj & s m* **MED** drastique.

◇ *adj* **FIG** draconien, enne; medida drástica mesure draconienne.

drávida *m & f* dravidien, enne.

drawback *m* **COM** drawback.

▣ **OBSERV** pl drawbacks.

drenaje *m* drainage ‖ **MED** drainage ■ colector de drenage gros drain ‖ tubo de drenaje drain.

drenar *v tr* drainer (avenar) ‖ **MED** drainer.

drepanocitosis *f inv* **MED** drépanocytose.

Dresde *n pr* **GEOGR** Dresde.

dríada; dríade *f* dryade.

driblar *v intr* dribbler (regatear en fútbol).

dribling *m* **DEP** dribble (regate).

▣ **OBSERV** pl driblings.

dril *m* coutil (tela) ‖ **ZOOL** drill (mono).

drive *m* drive (tenis).

driza *f* **MAR** drisse.

drizar [13] *v tr* **MAR** hisser.

droga *f* drogue ‖ **FIG** blague, mensonge *m* (mentira) ‖ attrape, piège *m* (pega) ‖ **FAM** barbe, scie (lata) ‖ (*Amer*) dette (deuda) ‖ médicament *m* (aduana) ■ droga blanda, dura drogue douce, dure ▮ **droga milagrosa** remède miracle, panacée.

drogadicción f toxicomanie.

drogadicto, ta m & f toxicomane.

drogar [16] v tr droguer ▮ doper; **un atleta drogado** un athlète dopé.

drogata m & f FAM camé, e.

drogmán m drogman (intérprete).

drogodependencia f assuétude.

droguería f droguerie, marchand m de couleurs; **voy a la droguería** je vais chez le marchand de couleurs ▮ (Amer) pharmacie.

droguero, ra m & f droguiste ▮ (Amer) mauvais payeur.

droguete m droguet (tejido).

droguista m & f droguiste (droguero) ▮ (Amer) coquin, e; menteur, euse; filou (sin femenino) ▮ pharmacien, enne.

dromedario m dromadaire.

drosera f BOT drosera m, drosère.

droseráceas f pl BOT droséracées.

drosófila f drosophile (mosca).

drugstore [droȝestor] m drugstore.
▮ **OBSERV** pl drugstores.

druida m druide.

druidesa f druidesse.

druídico, ca adj druidique.

druidismo m druidisme.

drupa m & f BOT drupe m y f.
▮ **OBSERV** Esta palabra se emplea en francés sobre todo en femenino.

drupáceo, a adj & s BOT drupacé, e.

drusa f MIN druse.

druso, sa adj & s m druse.

DSE (abrev de Dirección de la Seguridad del Estado) f direction de la sûreté de l'État, en Espagne.

dual m GRAM duel.

dualidad f dualité ▮ QUÍM dimorphisme m ▮ (Amer) ballottage m (empate).

dualismo m dualisme, dualité.

dualista adj & s dualiste.

dubitación f dubitation ▮ doute m (duda).

dubitativo, va adj dubitatif, ive.

dublé m doublé (plata sobredorada).

Dublín n pr GEOGR Dublin.

ducado m duché (territorio) ▮ titre o dignité f de duc o de duchesse (título) ▮ ducat (moneda).

ducal adj ducal, e; **palacios ducales** palais ducaux.

duce m duce (jefe).

ducentésimo, ma adj deux centième.
➤ **ducentésimo** m deux-centième.

ducha f douche; **tomar una ducha** prendre une douche ▮ FIG & FAM **ducha de agua fría** douche froide.

duchar v tr doucher.
➤ **ducharse** v pr se doucher, prendre une douche.

ducho, cha adj expert, e; fort, e; ferré, e; **ducho en latín** fort en latin; **estar ducho en** être expert en ▮ **estar ducho en la materia** être expert o orfèvre o ferré en la matière.

dúctil adj ductile (metal) ▮ souple (maleable) ▮ FIG accommodant, e (acomodadizo).

ductilidad f ductilité (de los metales) ▮ FIG souplesse.

duda f doute m; **sin duda** sans doute; **fuera de duda** hors de doute; **sin duda alguna** sans aucun doute ▮ **duda filosófica** doute philosophique o méthodique ▮ **aclarar las dudas de uno** éclaircir les doutes de quelqu'un ▮ **en la duda abstente** dans le doute abstiens-toi ▮ **no cabe duda, no hay duda, sin lugar a dudas** il n'y a pas de doute ▮ **no te quepa (la menor) duda** n'aie pas l'ombre d'un doute ▮ **sacar de dudas a uno** dissiper les doutes de quelqu'un ▮ **salir de duda** savoir à quoi s'en tenir.
▮ **OBSERV** Hoy, **sans doute** significa más bien quizás, probablemente.

dudar v intr douter; **dudo de o sobre o acerca de su honradez** je doute de son honnêteté; **dudo mucho que venga** je doute fort qu'il vienne ▮ se demander; **dudo si venderé mi casa** je me demande si je vendrai ma maison; **dudaba qué iba a pasar** il se demandait ce qui allait se passer ▮ hésiter à (vacilar); **dudo en salir** j'hésite à sortir ▮ **no dudo de ello** je n'en doute pas ▮ **¿qué dudas?** qu'est-ce qui t'arrête ?, qu'est-ce qui te fait hésiter ?
◇ v tr douter de; **dudo lo que dice** je doute de ce qu'il dit; **lo dudo** j'en doute.

dudosamente adv en hésitant (vacilando) ▮ douteusement (sin certeza).

dudoso, sa adj hésitant, e (vacilante) ▮ [▷ SIN] douteux, euse (poco acierto).
▮ **SIN** incierto incertain; aleatorio aléatoire; problemático problématique.

duela f douve (de tonel) ▮ ZOOL douve du foie.

duelista m duelliste.

duelo m [▷ SIN] duel (combate); **batirse en duelo** se battre en duel ▮ douleur f profonde, chagrin (dolor) ▮ deuil; **presidir el duelo** conduire o mener le deuil; **su muerte fue un duelo nacional** sa mort fut un deuil national ▮ cortège funèbre (cortejo).
➤ **duelos** m pl fatigues f, peines f (trabajos) ▮ **duelos y quebrantos** œufs frits avec du lard ou de la cervelle.
▮ **SIN** desafío, encuentro rencontre; reto défi; lance de honor affaire d'honneur.

duende m [▷ SIN] lutin, esprit follet ▮ charme, envoûtement (encanto); **los duendes del flamenco** l'envoûtement du flamenco; **el duende de una persona** le charme d'une personne ▮ **andar como un duende, parecer un duende** être un vrai feu follet ▮ **tener duende** avoir un souci en tête, se tracasser.
▮ **SIN** elfo elfe; gnomo gnome; trasgo farfadet; genio génie.

dueña f maîtresse (propietaria) ▮ dame (señora) ▮ duègne (dama de compañía) ▮ propriétaire (de una casa) ▮ **dueña de honor** dame d'honneur ▮ **ponerle a uno cual digan dueñas** dire pis que pendre de quelqu'un.

dueño m maître; **dueño de la casa** maître de maison; **ser dueño de sus pasiones** être maître de ses passions ▮ propriétaire; **el dueño de una tienda** le propriétaire d'un magasin ▮ **dueño y señor** seigneur et maître; **como dueño y señor** en seigneur et maître ▮ **hacerse dueño de** se rendre maître de ▮ **ser dueño de sí mismo** être son maître (ser libre), être maître de soi (dominarse) ▮ **ser dueño y señor de** être le maître de ▮ **ser muy dueño de** être parfaitement libre de; **es usted muy dueño de aceptar o rehusar** vous êtes parfaitement libre d'accepter ou de refuser.

duermevela m FAM demi-sommeil ▮ sommeil agité.

Duero n pr m GEOGR el Duero le Douro.

duetista m & f duettiste.

dueto m MÚS duetto.

dugong m dugong (vaca marina).

dula f troupeau m communal (ganado) ▮ pâturage m communal.

dulcamara f BOT douce-amère.

dulce adj [▷ SIN] doux, douce; **dulce como la miel** doux comme le miel ▮ FIG doux, douce; **mirada dulce** regard doux ▮ sucré, e; **el café está muy dulce** le café est très sucré ▮ **agua dulce** eau douce ▮ TECN **hierro dulce** fer doux.
◇ m confiture f; **dulce de membrillo** confiture de coings ▮ entremets (manjar) ▮ **dulce de almíbar** fruits au sirop ▮ **dulce de fruta** pâte de fruits ▮ (Amer) **dulce de leche** crème à base de lait sucré cuit.
➤ **dulces** m pl sucreries f, friandises f; **a mí me gustan mucho los dulces** j'aime beaucoup les sucreries.
▮ **SIN** dulzón, dulzarrón douceâtre; azucarado sucré.

dulcedumbre f douceur.

dulcemente adv doucement.

dulcera f compotier m.

dulcería f confiserie.

dulcero, ra adj gourmand, e (goloso).
◇ m & f confiseur, euse.

dulcificación f adoucissement m.

dulcificante adj adoucissant, e.

dulcificar [10] v tr adoucir, dulcifier (p us).

Dulcinea del Yoboso n pr Dulcinée.

dulcísono, na adj POÉT aux doux accords.

dulero m berger (pastor).

dulía f dulie (culto de los ángeles y los santos).

dulzaina f MÚS sorte de pipeau ▮ FAM sucreries pl.

dulzaino, na adj FAM trop sucré, e; douceâtre ▮ FIG fade, douceâtre (persona).

dulzarrón, ona; dulzón, ona adj douceâtre, écœurant, e; **sabor dulzón** saveur douceâtre ▮ FIG doucereux, euse (persona).

dulzor m douceur f; **el dulzor del azúcar** la douceur du sucre.

dulzura f douceur (dulzor) ▮ FIG douceur (carácter, clima).

dulzurar v tr QUÍM dessaler.

duma f HIST douma (asamblea legislativa en la Rusia zarista).

dumdum f dum-dum (bala explosiva).

dumping *m* dumping.
OBSERV pl dumpings.

duna *f* dune.

dundera *f* (*Amer*) sottise.

dundo, da *adj* & *s* (*Amer*) sot, sotte.

Dunkerque *n pr* GEOGR Dunkerque.

dúo *m* MÚS duo.

duodecimal *adj* duodécimal, e.

duodécimo, ma *adj* & *s* douzième ‖ en duodécimo lugar douzièmement, en douzième lieu.

duodenal *adj* ANAT duodénal, e.

duodenario, ria *adj* de douze jours.

duodenitis *f inv* MED duodénite.

duodeno, na *adj* (p us) douzième.
◆ **duodeno** *m* ANAT duodénum.

duodenotomía *f* MED duodénotomie.

duomesino, na *adj* de deux mois.

dúplex *m inv* TECN duplex (metalurgia y telecomunicaciones) ‖ duplex (piso) ■ dispositivo para el enlace dúplex duplicateur ‖ enlace dúplex duplexage ‖ establecer un enlace dúplex duplexer.

dúplica *f* DR duplique.

duplicación *f* reproduction, duplication (p us) ‖ doublement *m* (de una letra).

duplicado *m* duplicata *inv*, double (copia); el duplicado de un acta le duplicata d'un acte.
◇ *adj* doublé, e (doblado) ‖ en o par duplicata ‖ bis; calle Luchana número 5 duplicado 5 bis, rue Luchana ■ por duplicado en double exemplaire; hecho por duplicado en Madrid fait en double exemplaire à Madrid.

duplicador *m* duplicateur.

duplicar [10] *v tr* doubler, multiplier par deux (hacer doble); duplicar la producción doubler la production ‖ reproduire (reproducir) ‖ plier en deux (plegar).
◆ **duplicarse** *v pr* doubler; la población se ha duplicado la population a doublé.

duplicata *m* duplicata *inv*.

dúplice *adj* double (doble) ‖ mixte (convento).

duplicidad *f* duplicité (doblez).

duplo, pla *adj* & *s m* double; ocho es el duplo de cuatro huit est le double de quatre.

duque *m* duc (título); el señor duque monsieur le duc.

duquesa *f* duchesse; la señora duquesa madame la duchesse.

durabilidad *f* durabilité.

durable *adj* durable.

duración *f* durée; tener larga o mucha duración avoir une longue durée ‖ durée, longeur; la duración de los días la longueur des jours.

duraderamente *adv* durablement.

duradero, ra *adj* durable.

> SIN durable durable; permanente permanent; persistente persistant; fijo fixe; constante constant; estable stable.

duralex® *m inv* Duralex® *m*.

duraluminio *m* duralumin.

duramadre; duramáter *f* ANAT duremère.

duramen *m* BOT duramen.

duramente *adv* durement ‖ trabajar duramente travailler dur.

durante *adv* & *prep* pendant; durante un día pendant une journée ‖ durant, pendant; durante todo el año durant o pendant toute l'année, toute l'année durant.

durar *v tr* [▷ SIN] durer; durar (por) mucho tiempo durer longtemps ‖ rester, demeurer, être encore (quedar); durar en pie être encore debout ‖ mientras dura, vida y dulzura après moi le déluge.

> SIN continuar continuer; permanecer demeurer; quedar rester; perpetuarse se perpétuer; subsistir subsister; tardar tarder.

duraznero *m* pêcher (melocotonero).

duraznillo *m* BOT persicaire *f*.

durazno *m* variété de pêche (fruta) ‖ pêcher (arbre) ‖ (*Amer*) pêche (fruta).

Durero *n pr* Dürer.

dureza *f* dureté (hierro, madera, agua, etc.) ‖ FIG dureté (oído, voz, etc.) ‖ MED durillon *m* (callosidad).

durham *adj* & *s m* durham (raza bovina).

durillo *m* BOT laurier-tin.

Durindana *n pr* Durendal, Durandal.

durita *f* (nombre registrado & MÉCAN] durit (tubo flexible).

durmiente *adj* dormant, e; la Bella Durmiente del Bosque la Belle au bois dormant.
◇ *m* TECN traverse *f* (traviesa de ferrocarril) ‖ CONSTR dormant.

duro, ra *adj* [▷ SIN] dur, e; metal duro métal dur ‖ FIG dur, e (resistente, cruel, penoso) ‖ heurté, e (estilo) ‖ angeleux, euse (perfil) ‖ tranché, e (color) ■ FIG duro como la pata de Perico o como la piedra dur comme du bois ‖ FAM duro de cocer o de pelar dur à cuire ‖ duro de roer o de tragar dur à avaler ■ agua dura eau dure ‖ MED chancro duro chancre induré ‖ huevo duro œuf dur ■ hacer algo a duras penas faire quelque chose à grand-peine ‖ hay que estar a las duras y a las maduras quand on épouse la veuve, on épouse ses dettes ‖ ser duro de casco avoir la tête dure, être têtu ‖ ser duro de mollera avoir la tête dure, être bouché à l'émeri ‖ ser duro de oído être dur d'oreille ‖ sufrir dura prueba en voir de dures ‖ tener el gatillo duro être dur à la détente (pistola).
◆ **duro** *adv* fort, fortement; pegar duro frapper fort ‖ dur; trabajar duro travailler dur ‖ darle duro al trabajo abattre de la besogne, travailler dur.
◆ **duro** *m* douro [monnaie de cinq pesetas] ‖ FAM un duro un dur ■ FAM estar sin un duro être sans un rond ‖ ¡que te den dos duros! tu peux aller te faire voir!

> SIN coriáceo coriace; fuerte fort; consistente consistant; sólido solide; firme ferme.

duunvir; duunviro *m* duumvir.

duunviral *adj* duumviral, e.

duunvirato *m* duumvirat.

duunviro ▸ **duunvir**.

dux *m* doge (en Venecia).

duz *adj* doux, douce ■ caña duz canne à sucre ‖ palo duz bâton de réglisse.

d/v (abrev de días vista) 15 d/v à 15 jours.

e; E *f* e *m.*

> **OBSERV** E en espagnol n'est jamais muet et se prononce comme le é français.

e *conj* et.

> **OBSERV** La conjonction e remplace y devant les mots commençant par i ou hi (i vocalique): Federico e Isabel Frédéric et Isabelle; madre e hija mère et fille. Cependant, au commencement d'une phrase interrogative ou exclamative, ou devant un mot commençant par y ou hi suivi d'une voyelle (i consonantique), on garde l'y: ¿y Ignacio ? et Ignace ?; vid y hiedra vigne et lierre; tú y yo toi et moi.

¡ea! *interj* allons!

EA (abrev de Eusko Alkartasuna) *f* parti politique nationaliste basque né d'une scission du PNV.

easonense *adj & s* de Saint-Sébastien.

EAU (abrev de Emiratos Árabes Unidos) *m pl* EAU.

ebanista *m & f* ébéniste.

ebanistería *f* ébénisterie.

ébano *m* ébène *f* (madera) ǁ ébénier (árbol) ǁ ébano vivo bois d'ébène (los negros).

ebenáceas *f pl* BOT ébénacées.

ebonita *f* ébonite (caucho endurecido).

ebriedad *f* ébriété; en estado de ebriedad en état d'ébriété.

ebrio, a *adj & s* [▷ SIN] ivre (embriagado) ǁ FIG ivre; ebrio de ira ivre de colère.

> **SIN** borracho, mamado (amer) soûl; borracho perdido ivre mort; achispado, chispo FAM, éméché; negro noir, rond; calamocano pompette.

Ebro *n pr m* GEOGR el Ebro l'Èbre ǁ batalla del Ebro bataille décisive de la guerre civile espagnole.

> **LA BATALLA DEL EBRO**
> Cette bataille qui se déroula pendant la guerre civile d'Espagne, et engagea l'armée républicaine contre les forces de Franco, fut une des plus longues et des plus décisives. Elle dura du 25 juillet au 15 novembre 1938, soit 114 jours. L'armée républicaine y fit preuve d'une grande audace militaire en traversant l'Èbre, fleuve très large et considéré comme infranchissable. Cependant, la victoire finale revint aux troupes franquistes en raison de leur supériorité matérielle et de la guerre d'usure qu'elles imposèrent aux républicains.

ebulioscopio ⟿ **ebullómetro**.

ebullición *f* ébullition ǁ FIG effervescence.

ebullómetro; ebulioscopio *m* FÍS ebullioscope, ébulliomètre.

ebúrneo, a *adj* éburnéen, enne; éburné, e (de marfil).

ecarté *m* écarté (juego de cartas).

ecbalio *m* BOT ecballium.

eccehomo; ecce homo *m* ecce homo *inv* ǁ FIG estar hecho un eccehomo être dans un piteux état.

eccema ⟿ **eczema**.

ECG (abrev de electrocardiograma) *m* ECG.

echacantos *m inv* FAM pauvre hère (pobre diablo).

echada *f* jet *m* (acción) ǁ longueur (en una carrera); ganar por tres echadas gagner de trois longueurs ǁ (Amer) blague (mentira).

echadizo, za *adj* envoyé secrètement (enviado) ǁ répandu en sous-main (noticia) ǁ de rebut (inútil) ǁ jectisse (tierra).
◇ *m & f* FAM enfant trouvé, enfant trouvée (inclusero).

echado, da *adj* FAM un hombre echado para adelante un homme intrépide o hardi.
➤ **echado** *m* pente *f* du filon (buzamiento).

echador, ra *adj & s* jeteur, euse (que echa o tira) ǁ verseur, euse (que vierte) ǁ (Amer) vantard, e (fanfarrón) ■ **echadora de buenaventura** diseuse de bonne aventure ǁ **echadora de cartas** tireuse de cartes.
➤ **echador** *m* garçon de café (mozo).

echadura *f* action de couver [une poule] ǁ couvée (pollada).
➤ **echaduras** *f pl* criblures (ahechaduras).

echar *v tr*

1. TIRAR, ARROJAR
2. DESPEDIR, EXPULSAR
3. BROTAR, SALIR
4. PONER, APLICAR
5. DECIR
6. OTROS SENTIDOS
7. CON PREPOSICIÓN
8. LOCUCIONES DIVERSAS
9. VERBO PRONOMINAL

1. TIRAR, ARROJAR jeter; echar un hueso a un perro jeter un os à un chien; echar por la borda jeter par-dessus bord; echar chispas jeter des étincelles ǁ envoyer, lancer; échame la pelota envoie-moi la balle ǁ verser; echar agua en un vaso verser de l'eau dans un verre; echar lágrimas verser des larmes ǁ mettre; echar una carta al correo mettre une lettre à la poste; echar sal mettre du sel ǁ répandre, dégager (olor) ǁ jeter, tendre (redes)

2. DESPEDIR, EXPULSAR jeter o mettre dehors; le echaron a puntapiés on l'a jeté dehors à coups de pieds ǁ expulser, faire sortir; le echaron de la sala on l'expulsa de la salle ǁ expulser, chasser; le han echado de su piso on l'a expulsé de son appartement ǁ congédier, renvoyer, mettre à la porte; le han echado por holgazán on l'a congédié à cause de sa paresse ǁ faire sortir; ¡que echen el toro! qu'on fasse sortir le taureau! ǁ renvoyer; echar el toro al corral renvoyer le taureau au corral ǁ rejeter (una culpa, una responsabilidad)

3. BROTAR, SALIR pousser; echar raíces pousser des racines ǁ percer, faire; el niño ha echado dos dientes l'enfant a percé deux dents; echa los dientes il fait ses dents ǁ commencer à pousser (hojas, pelo); echa bigotes sa moustache commence à pousser

4. PONER, APLICAR mettre; echar un remiendo mettre une pièce ǁ mettre; echar una multa mettre une amende ǁ mettre, tirer, pousser; echar el cerrojo tirer le verrou ǁ poser; echar ventosas poser des ventouses ǁ parier (apostar) ǁ accoupler (animales)

5. DECIR dire; echar la buenaventura dire la bonne aventure; FAM echar patrañas dire des bourdes ǁ réciter; echar versos réciter des vers ǁ faire; echar un sermón faire un sermon; echar una perorata faire un laïus ǁ chanter (una canción)

6. OTROS SENTIDOS faire; echar cálculos, sus cuentas, una partida de cartas faire des calculs, ses comptes, une partie de cartes ǁ donner; ¿qué edad le echas ? quel âge lui donnes-tu ? ǁ passer, donner, jouer; echar una película passer un film; ¿qué echan ? qu'est-ce qu'on joue ?, que joue-t-on ? ǁ mettre; echar una hora en ir de París a Melun mettre une heure pour aller de Paris à Melun ǁ coucher, mettre au lit; voy a echar al niño je vais coucher le petit ǁ jeter, lancer; echar una mirada a alguien jeter un regard à quelqu'un

7. CON PREPOSICIÓN echar a (con infinitivo) se mettre à, commencer à; echar a llorar, a correr se mettre à pleurer, à courir ■ echar a volar prendre son vol, s'envoler ǁ echar de (con infinitivo) donner à; echar de comer, de beber donner à manger, à boire ǁ echar por prendre; echar por la derecha prendre à droite; echar por la primera calle prendre la première rue; entrar dans (carrera); echar por la Iglesia entrer dans les ordres

8. LOCUCIONES DIVERSAS echar abajo renverser, abattre, jeter bas, démolir (derribar), détruire, démolir (destruir); echar abajo una reputación détruire une réputation; enfoncer (una puerta) ǁ echar a broma le prendre à la blague, tourner en plaisanterie; lo echa todo a broma il tourne tout en plaisanterie echar a buena, mala parte prendre en bonne, mauvaise part ‖ echar a cara y cruz jouer à pile ou face ‖ FIG echar agua en el mar donner des coups d'épée dans l'eau, porter de l'eau à la mer ‖ echar a la calle jeter à la rue, mettre à la porte o dehors ‖ echar a la lotería jouer à la loterie ‖ echar a perder abîmer, endommager; echar a perder un vestido abîmer une robe; manquer, rater; echar a perder un guiso manquer un plat ‖ echar a pique envoyer par le fond, couler (barco), couler (negocio) ‖ echar atrás pencher ‖ echar barriga o carnes o vientre prendre du ventre o de l'embonpoint ‖ echar bravatas fanfaronner ‖ echar brotes bourgeonner (plantas) ‖ echar cartas donner les cartes ‖ echar de menos s'ennuyer de, regretter, manquer; echo de menos a mi pueblo je m'ennuie de mon village; echo de menos a mis hijos mes enfants me manquent ‖ echar de ver remarquer ‖ MAR echar el ancla jeter l'ancre ‖ echar el freno serrer le frein, mettre le frein ‖ FIG & FAM echar el guante a épingler, mettre la main sur ‖ echar el resto en mettre un coup (trabajar mucho), jouer son va-tout (naipes) ‖ echar en cara jeter à la figure o à la tête o à la face o au nez, reprocher ‖ echar fuego por los ojos jeter feu et flammes, foudroyer du regard ‖ echar humo fumer ‖ echar juramentos jurer ‖ echar la bendición bénir, donner sa bénédiction ‖ FIG echar la casa por la ventana mettre les petits plats dans les grands ‖ echarla de faire le, jouer les; echarla de valiente faire le courageux ‖ echar la llave tourner la clef, fermer à clef ‖ echar las bases de jeter les bases de ‖ echar las bendiciones marier ‖ echar las cartas tirer les cartes ‖ FIG & FAM echarlas gordas, echar bolas en conter de belles, en dire de bonnes (mentir) ‖ echarle gracia a una cosa donner du piquant à quelque chose ‖ FIG echar leña al fuego jeter de l'huile sur le feu ‖ echarle sal y pimienta y mettre du piment ‖ echar los brazos al cuello sauter au cou ‖ FIG echarlo todo a rodar envoyer tout bouler o promener ‖ echar maldiciones maudire ‖ echar mano a se servir de, faire appel à, taper dans; echar mano a las reservas taper dans les réserves ‖ echar mano de recourir à, faire appel à, se servir de ‖ FIG echar pajas tirer à la courte paille ‖ echar pestes pester ‖ echar por largo calculer largement ‖ echar por tierra jeter à terre, démolir ‖ echar raíces s'enraciner, prendre racine ‖ FIG echar rayos jeter feu et flammes, lancer des éclairs ‖ echar sangre saigner; echar sangre por la nariz saigner du nez ‖ echar suertes tirer au sort ‖ FIG echar tierra a un asunto enterrer une affaire ‖ echar una cana al aire faire une incartade ‖ echar una mano a alguien donner un coup de main à quelqu'un ‖ FAM echar un capote a uno tendre la perche à quelqu'un ‖ echar una ojeada, un vistazo jeter un coup d'œil ‖ FAM echar un bocado, un trago manger un morceau, boire un coup ‖ echar un cigarro o un cigarrillo griller une cigarette ‖ FAM echar una parrafada o un párrafo tailler une bavette ‖ no lo eche usted en saco roto inscrivez cela sur vos tablettes ‖ echar un sueño faire un somme

9. VERBO PRONOMINAL se jeter (arrojarse); echarse en brazos de alguien se jeter dans les bras de quelqu'un ‖ se verser; echarse a beber se verser à boire ‖ s'étendre, se cou-

cher, s'allonger; échate en la cama étends-toi sur le lit ‖ couver (aves) ‖ tomber (el viento) ‖ ramener; echarse los pelos adelante ramener ses cheveux en avant ‖ FIG s'adonner à; echarse a la bebida s'adonner à la boisson ‖ s'offrir; se ha echado un abrigo de visón elle s'est offert un manteau de vison ‖ MAR se coucher ‖ (Amer) porter; echarse zapatos porter des chaussures ■ echarse a dormir se coucher (acostarse), laisser tomber, abandonner (abandonar un esfuerzo) ‖ FAM echarse al cuerpo s'appuyer, s'envoyer; echarse al cuerpo una buena comida s'envoyer un bon dîner ‖ echarse al monte prendre le maquis ‖ echarse a morir o a temblar être pris de peur, se mettre à trembler ‖ echarse a perder se gâter, s'abîmer (una cosa), mal tourner (una persona) ‖ FIG echarse atrás faire machine arrière, se raviser, reculer ‖ echarse a un lado se pousser ‖ echarse de ver être évident ‖ echarse encima tomber dessus (caer), gagner (llegar); la noche se nos echa encima la nuit nous gagne ‖ FAM echarse entre pecho y espalda s'envoyer ‖ echárselas de listo faire le malin ‖ echárselas de vencedor se poser en vainqueur ‖ echarse la siesta faire la sieste ‖ echarse novia avoir une fiancée ‖ echarse un amigo se faire un ami ‖ echarse una siestecita o una petite sieste o un petit somme ‖ echarse un cigarro griller une cigarette ‖ echarse un trago boire un coup ‖ FIG & FAM echarse un vaso al coleto siffler un verre, s'en jeter un derrière la cravate.

echarpe *m* écharpe *f* (chal, mantón).

echón, ona *adj* (Amer) fanfaron, onne; bravache.

echona; echuna *f* (Amer) faux (hoz).

ecijano, na *adj* & *s* d'Ecija.

eclampsia *f* MED éclampsie.

eclecticismo *m* éclectisme.

ecléctico, ca *adj* & *s* éclectique.

Eclesiastés *n pr m* Ecclésiaste.

eclesiástico, ca *adj* ecclésiastique.
➤ **eclesiástico** *m* ecclésiastique (clérigo) ecclésiastique (libro de la Biblia).

eclímetro *m* éclimètre.

eclipsar *v tr* éclipser ‖ FIG éclipser (deslucir).
➤ **eclipsarse** *v pr* s'éclipser (desaparecer).

eclipse *m* ASTRON éclipse *f*; eclipse lunar, solar éclipse de Lune, de Soleil ‖ FAM éclipse *f*, absence *f*.

eclipsis *f inv* GRAM ellipse (elipsis).

eclíptico, ca *adj* ASTRON écliptique.
➤ **eclíptica** *f* écliptique.

eclisa *f* TECN éclisse.

eclosión *f* éclosion.

> OBSERV Ce mot est un gallicisme employé pour nacimiento.

eco *m* écho (acústica) ‖ écho (composición poética, gacetilla) ‖ FIG écho; hacerse eco de una declaración se faire l'écho d'une déclaration; petición que no tuvo ningún eco demande qui n'a trouvé aucun écho ■ ecos de sociedad mondanités, carnet du jour o mondain (en los periódicos).

ecoespecie ▶ **ecospecie**.

ecografía *f* MED échographie.

ecoico, ca *adj* échoïque (poesía).

ecolalia *f* MED écholalie.

ecolocación *f* écholocation.

ecología *f* BIOL écologie.

ecológicamente *adv* écologiquement.

ecológico, ca *adj* BIOL écologique.

ecologismo *m* écologisme.

ecologista *m* & *f* écologiste.
◇ *adj* écologique.

ecólogo, ga *m* & *f* écologiste.

ecómetro *m* échosondeur.

economato *m* économat.

econometría *f* économétrie ‖ especialista en econometría économétricien, enne.

economía *f* économie; economía política économie politique; economía planificada économie dirigée ■ economía de mercado o de libre mercado économie de marché ‖ economía doméstica économie domestique.
➤ **economías** *f pl* économies ■ economías de chicha y nabo o del chocolate del loro économies de bouts de chandelle ‖ economías de escala économies d'échelle.

económicamente *adv* économiquement, à bas prix (con ahorro).

económico, ca *adj* économique (relativo a la economía, barato) ‖ économe (persona) ‖ financier, ère; situación económica de la familia situation financière de la famille ‖ parcimonieux, euse; ladre (avaro) ■ año o ejercicio económico exercice financier ‖ cocina económica cuisinière.

economista *m* économiste.

economizar [13] *v tr* économiser ‖ no economizar esfuerzos ne pas ménager ses efforts.

ecónomo, ma *m* & *f* économe (administrador).

ecosistema *m* écosystème.

ecosonda *m* échosondeur.

ecospecie; ecoespecie *f* écobiocénose.

ectasia *f* MED ectasie.

ectima *m* MED echtyma.

ectodermo *m* BIOL ectoderme.

ectoparásito, ta *adj* & *s m* BIOL ectoparasite.

ectopia *f* MED ectopie.

ectoplasma *m* ectoplasme.

ectropión *m* MED ectropion.

ECU; ecu (abrev de European Currency Unit) *m* ECU, ecu.

ecuación *f* MAT équation; ecuación con dos incógnitas, de segundo grado équation à deux inconnues, du second degré o quadratique; ecuación diferencial équation différentielle ‖ raíz de una ecuación racine d'une équation ‖ ecuación personal équation personnelle.

ecuador *m* équateur ‖ FAM el paso del ecuador le passage o le baptême de la ligne (línea ecuatorial), le milieu de la durée des études, le passage de la ligne (mitad de la carrera).

Ecuador *n pr m* GEOGR Équateur.

ecualizador *m* égaliseur.

ecuánime *adj* d'humeur égale ‖ impartial, e.

ecuanimidad *f* égalité d'humeur (igualdad de espíritu) ‖ impartialité.

ecuatoguineano, na *adj* & *s* équato-guinéen, enne.

ecuatorial *adj* équatorial, e.
◇ *m* ASTRON équatorial.

ecuatorianismo *m* mot o tournure propre à la langue de la république de l'Équateur.

ecuatoriano, na *adj* & *s* équatorien, enne.

ecuestre *adj* équestre; ejercicio, estatua ecuestre exercice, statue équestre.

ecumene *m* œkoumène (tierra habitada).

ecuménico, ca *adj* œcuménique (concilio).

ecumenismo *m* œcuménisme.

ecuóreo, a *adj* POÉT marin, e.

eczema; eccema *m* MED eczéma.
┃ OBSERV Ce mot, féminin d'après l'Académie espagnole, est généralement employé comme masculin.

ed. (abrev escrita de **editor**) édit. ┃ (abrev escrita de **edición**) éd. ┃ (abrev escrita de **editorial**) éd. *f pl*.

edad *f* âge *m*; ¿qué edad tienes? quel âge as-tu?; no aparentar su edad ne pas faire son âge ┃ âge *m* (época); la Edad del Hierro l'âge du fer; la Edad de (la) Piedra l'âge de la pierre; la Edad de Oro l'âge d'or; la Edad Media le Moyen Âge ┃ époque; la Edad Contemporánea l'époque contemporaine ┃ temps *m*; por aquella edad en ce temps-là ■ **edad adulta** âge adulte, âge d'homme ┃ **Edad Antigua** Antiquité ┃ **edad avanzada** âge avancé, grand âge ┃ **edad crítica** âge critique, retour d'âge ┃ **Edad del Bronce** âge du bronze (prehistoria), âge d'airain (historia antigua) ┃ **edad de la razón** o **del juicio** âge de raison ┃ **edad del pavo** o **del chivateo** (americanismo) âge ingrat ┃ **edad de menester** âge nubile ┃ **edad escolar** âge scolaire ┃ **edad madura** o **provecta** âge mûr ┃ **Edad Moderna** temps modernes ┃ **edad temprana** bel âge ┃ **edad tierna** âge tendre ┃ **edad viril** âge viril ■ **alta, baja Edad Media** haut, bas Moyen Âge ■ a mi edad à mon âge ┃ de cierta edad d'un certain âge ┃ de corta o poca edad en bas âge ┃ de edad âgé, e; una persona de edad une personne âgée; un chico de diez años de edad un garçon âgé de dix ans ┃ de edad provecta d'âge mûr ┃ de edad temprana en pleine jeunesse ┃ de más edad plus âgé ┃ de mediana edad entre deux âges ┃ de menor edad moins âgé ┃ en edad de en âge de ┃ en edad escolar d'âge scolaire ┃ en su edad temprana dans son jeune âge ┃ entrado en edad âgé ┃ la flor de la edad la fleur de l'âge ┃ mayor edad majorité ┃ menor edad minorité ┃ primera edad premier âge ┃ tercera edad troisième âge ┃ un mayor de edad, un menor de edad un majeur, un mineur ┃ representar la edad que se tiene bien porter son âge ┃ ser mayor de edad, menor de edad être majeur, mineur ┃ tener edad para être d'âge à o en âge de.

edafología *f* pédologie.

edecán *m* aide de camp.

edelweiss *m inv* BOT edelweiss.

edema *f* MED œdème *m*.

edén *m* éden.

edénico, ca *adj* édénique, édénien, enne.

edición *f* édition; edición príncipe o prínceps édition princeps; edición en rústica, diamante édition brochée, compacte ■ edición anotada édition variorum ┃ edición crítica édition critique ┃ edición de bolsillo édition de poche ┃ edición extraordinaria édition spéciale ┃ edición facsímil édition en facsimilé ┃ edición pirata édition pirate ┃ INFORM edición de texto édition de texte.
┃ SIN tirada tirage; impresión, estampación impression; publicación publication.

edicto *m* édit.

edículo *m* édicule.

edificación *f* construction, édification; la edificación de un templo la construction d'un temple ┃ FIG édification (ejemplo).

edificante; edificativo, va *adj* édifiant, e; un ejemplo edificante un exemple édifiant.

edificar [10] *v tr* [▷ SIN] édifier, bâtir, construire; edificar en la arena bâtir sur le sable ┃ FIG édifier; edificar con su ejemplo édifier par son exemple.
◆ **edificarse** *v pr* s'édifier, s'établir, se construire, s'élever; las grandes fortunas se edifican en los beneficios les grandes fortunes s'élèvent sur les bénéfices.
┃ OBSERV En sentido propio bâtir se usa más en el lenguaje corriente que édifier.
┃ SIN construir construire; erigir, levantar ériger.

edificativo, va ◆ **edificante**.

edificio *m* [▷ SIN] édifice; el Prado es un edificio hermoso le Prado est un bel édifice ┃ bâtiment (construcción cualquiera); ¿qué edificio es éste? quel est ce bâtiment? ┃ immeuble (casa) ┃ FIG édifice; el edificio social l'édifice social.
┃ SIN construcción, edificación construction; obra bâtisse; (p us) fábrica bâtiment; inmueble immeuble.

edil *m* édile (magistrado romano) ┃ édile, conseiller municipal.

edilicio, cia *adj* édilitaire ┃ (*Amer*) municipal, e; de la municipalité.

edilidad *f* édilité (cargo de edil).

Edimburgo *n pr* GEOGR Édimbourg.

Edipo *n pr m* Œdipe.

Edita; Edit *n pr* Édith, Edithe.

editar *v tr* éditer; editar por su cuenta éditer à ses frais.

editor, ra *adj* d'édition; casa editora maison d'édition.
◇ *m* & *f* éditeur, trice (persona) ┃ editor responsable directeur de la publication (de un periódico).
◆ **editor** *m* éditeur (persona o casa) ┃ INFORM editor de fichero éditeur de fichier.
◆ **editora** *f* éditeur *m*, maison d'édition, éditions *pl* (casa).

editorial *adj* de l'édition, de l'éditeur.
◇ *m* éditorial, article de fond.
◇ *f* maison d'édition, éditions *pl*; la editorial Larousse les éditions Larousse.

editorialista *m* éditorialiste.

Edmundo *n pr* Edmond.

edredón *m* édredon.

Eduardo *n pr* Édouard.

educable *adj* éducable.

educación *f* éducation ■ educación especial éducation spécialisée ┃ educación física éducation physique ┃ educación sexual éducation sexuelle ■ falta de educación manque d'éducation ┃ mala educación mauvaise éducation.

educacionista *m* & *f* éducateur, trice.

educadamente *adv* poliment.

educado, da *adj* élevé, e; éduqué, e; niño mal educado enfant mal élevé ┃ poli, e (correcto).

educador, ra *adj* & *s* éducateur, trice.

educando, da *adj* & *s* élève.
◆ **educando** *m* enfant de troupe (en el ejército) ┃ educando de tambor élève tambour.

educar [10] *v tr* élever (criar) ┃ [▷ SIN] éduquer, élever (formar); educar en o con buenos principios éduquer o élever dans de bons principes; educar el gusto éduquer le goût.
◆ **educarse** *v pr* être élevé.
┃ SIN instruir instruire; enseñar enseigner; iniciar initier; documentar documenter; perfeccionar perfectionner; formarse se former.

educativo, va *adj* éducatif, ive.

edulcorante *m* édulcorant.

edulcorar *v tr* édulcorer.

Eduvigis *n pr* Edwige.

EE (abrev de *Euskadiko Ezkerra*) *m* parti politique basque de gauche.

EEE (abrev de *espacio económico europeo*) *m* EEE.

EEG (abrev escrita de *electroencefalograma*) EEG.

EE UU (abrev de *Estados Unidos*) *m pl* E-U.

EFA (abrev de *Eurofighter Aircraft*) *m* ACE.

efe *f* f *m* [la lettre "f"] ┃ ouïe (de violín).

efebía *f* éphébie.

efebo *m* éphèbe.

efectismo *m* effet, tape-à-l'œil FAM.

efectista *adj* amateur de l'effet [en art] ┃ pintura efectista peinture en trompe-l'œil.

efectivamente *adv* effectivement (en respuestas).

efectividad *f* caractère *m* effectif.

efectivo, va *adj* effectif, ive ■ dinero efectivo argent comptant ┃ TECN potencia efectiva puissance au frein ■ hacer algo efectivo mettre quelque chose à effet, réaliser quelque chose ┃ hacer efectivo un cheque encaisser un chèque ┃ hacerse efectivo prendre effet.
◆ **efectivo** *m* effectif ┃ espèces *f pl*, argent liquide (dinero disponible) ■ efectivo en caja o en existencia valeur en caisse, encaisse ┃ en efectivo en espèces (en numerario); pagar en efectivo payer en espèces.
◆ **efectivos** *m pl* MIL effectifs.

efecto *m* effet; pequeñas causas, grandes efectos petites causes, grands effets (picado); dar un efecto a la pelota donner de l'effet à la balle ┃ FIG effet (impresión); causar buen efecto faire un bel effet ┃ ARTES trompe-l'œil ■ efecto retroactivo effet rétroactif ■ a dicho efecto, a ese efecto, a tal efecto a cet effet, dans ce but ┃ de efecto retardado à retardement ┃ en efecto en effet ■ causar gran efecto faire de l'effet ┃ FAM hacer un efecto bárbaro faire un effet bœuf ┃ llevar a efecto mettre à exécution ┃ surtir efecto faire de l'effet (medicamento), prendre effet (entrar en vigor); surtir efecto a partir del 15 de marzo prendre effet le 15 mars.

efectos *m pl* effets (bienes); **efectos personales** effets personnels ▪ **efectos de comercio, mobiliarios, públicos** effets de commerce, mobiliers, publics ‖ CINEM **efectos especiales** effets spéciaux ‖ **efectos secundarios** effets secondaires ‖ **efectos sonoros** bruitage (cine, teatro, radio) ▪ **a efectos de** à l'effet de, en vue de.

efectuar [6] *v tr* effectuer, faire; **efectuar una resta** faire une soustraction ‖ opérer; **efectuar una detención** opérer une arrestation.

efedrina *f* éphédrine.

efélide *f* MED éphélide (peca).

eferméride *f* date anniversaire (suceso notable).

efemérides *f pl* éphéméride *sing* (notas, libro de sucesos).

efémero *m* lis fétide (lirio hediondo).

eferente *adj* ANAT efférent, e.

efervescencia *f* effervescence ‖ FIG effervescence (agitación); **estar en efervescencia** être en pleine effervescence ‖ **entrar en efervescencia** entrer en effervescence (sustancia).

efervescente *adj* effervescent, e.

efesino, na; efesio, sia *adj & s* éphésien, enne (de Éfeso).

Éfeso *n pr* GEOGR Éphèse.

eficacia *f* efficacité.

eficaz *adj* efficace.

▏ SIN **eficiente** efficient; **efectivo** effectif; **activo** actif; **operante** agissant, opérant.
▏ OBSERV *pl* eficaces.

eficazmente *adv* efficacement.

eficiencia *f* efficience.

eficiente *adj* efficient, e.

eficientemente *adv* avec compétence, efficience, efficacement.

efigie *f* effigie; **moneda con la efigie del emperador** monnaie à l'effigie de l'empereur.

efímera *f* ZOOL éphémère (cachipolla).

efímero, ra *adj* éphémère (breve).

eflorecerse [30] *v pr* QUÍM tomber en efflorescence.

eflorescencia *f* MED, MIN & QUÍM efflorescence.

eflorescente *adj* QUÍM efflorescent, e.

efluvio *m* effluve.

efod *m* éphod (túnica hebrea).

éforo *m* éphore (magistrado griego).

EFP (abrev de **escuela de formación profesional**) *f* école de formation professionnelle.

efracción *f* effraction.

EFTA (abrev de **European Free Trade Association**) *f* AELE.

efugio *f* échappatoire *f* (evasión).

efusión *f* effusion ‖ FIG effusion (del ánimo); **efusiones amorosas** effusions sentimentales ‖ MED épanchement *m*.

efusivamente *adv* avec effusion.

efusividad *f* chaleur; **nos recibió con gran efusividad** il nous a réservé un accueil très chaleureux.

efusivo, va *adj* expansif, ive ‖ GEOL effusif, ive.

efuso, sa *adj* répandu, e.

e.g. (abrev escrita de **exempli gratia**) e.g.

egabrense *adj & s* de Cabra (Córdoba).

EGB (abrev de **educación general básica**) *f* cycle d'enseignement pour les élèves de 6 à 14 ans, en Espagne.

Egeo *n pr* MITOL Égée ‖ **el mar Egeo** la mer Égée.

Egeria *n pr* MITOL Égérie.

égida; egida *f* égide ‖ **bajo la égida de** sous l'égide de.

egipán *m* MIT égipan; ægipan.

egipciaco, ca; egipciano, na *adj & s* (p us) égyptien, enne (egipcio) ‖ **María Egipciaca** Marie l'Égyptienne.

egipcio, cia *adj & s* égyptien, enne.

▸ **egipcio** *m* LING égyptien.

Egipto *n pr m* Égypte *f.*

egiptología *f* égyptologie.

egiptólogo, ga *m & f* égyptologue.

Egisto *n pr* Égisthe.

égloga *f* églogue.

ego *m* ego *m inv.*

egocéntrico, ca *adj* égocentrique.

egocentrismo *m* égocentrisme.

egofonía *f* MED égophonie.

egoísmo *m* égoïsme.

egoísta *adj & s* égoïste.

egoísticamente *adv* égoïstement.

ególatra *f* (p us) égotiste.

egolatría *f* (p us) égotisme, égoïsme *m* démesuré.

egotismo *m* égotisme.

egotista *adj & s* égotiste.

egregio, gia *adj* illustre.

egresado, da *adj & s* (*Amer*) diplômé, e.

egresar *v intr* (*Amer*) sortir (salir).

▏ OBSERV Ce verbe signifie sortir dans le sens d'avoir terminé ses études.

egresión *f* DR cession d'un bien de la Couronne.

egreso *m* COM dépense *f* (gasto) ‖ sortie *f* (salida).

¡eh! *interj* eh!; **¡eh!, ¡oiga!** eh!, là-bas!

eider *m* eider (pato).

eidético, ca *adj* FILOS éidétique.

einstenio *m* QUÍM einsteinium.

eirá *m* eyra (pluma).

eje *m* axe; **el eje de una calle** l'axe d'une rue; **girar sobre su eje** tourner sur son axe ‖ essieu (de una rueda); **eje delantero** essieu avant; **eje trasero** essieu arrière ‖ TECN arbre *m*; **eje de levas** arbre à cames; **eje motor** arbre moteur ▪ ANAT **eje cerebroespinal** axe cérébro-spinal ‖ GEOM **eje de abscisas** axe des abscisses ‖ **eje de coordenadas** axe des coordonnées ‖ ASTRON **eje del mundo** axe du monde ‖ MAT **eje de revolución, de rotación** axe de révolution, de rotation ‖ GEOM **eje de simetría** axe de symétrie ▪ **el eje Berlín-Roma** l'axe Berlín-Rome ‖ **idea eje** idée force ▪ FIG **partir a uno por el eje** empoisonner, enquiquiner (fastidiar).

ejecución *f* exécution; **la ejecución de un proyecto** l'exécution d'un projet ‖ exécution (de un condenado); **pelotón de ejecución** peloton d'exécution ‖ jeu *m* (de un actor) ‖ MÚS exécution ‖ DR exécution (de un deudor) ‖ sai-

sie (embargo) ▪ DR **ejecución de un embargo** saisie-exécution ‖ **poner en ejecución** mettre à exécution, mettre en œuvre ‖ DR **trabar ejecución** opérer une saisie ‖ INFORM **ejecución del programa** exécution d'un programme.

ejecutante *m & f* exécutant, e.
▸ *m* saisissant.

ejecutar *v tr* exécuter; **ejecutar una obra de arte, a un condenado** exécuter une œuvre d'art, un condamné ‖ jouer (en el teatro) ‖ DR exécuter (reclamar un pago) ‖ saisir (embargar) ‖ MÚS exécuter.
▸ *v intr* exécuter; **usted manda y yo ejecuto** vous commandez et j'exécute.

ejecutivamente *adv* expéditivement, rapidement.

ejecutivo, va *adj* exécutif, ive (que ejecuta) ‖ expéditif, ive (rápido).

▸ **ejecutivo** *m* exécutif (poder) ‖ cadre supérieur.

▏ EJECUTIVO
▏ Cette appellation générique désigne l'ensemble des personnes qui occupent une fonction au sein du gouvernement espagnol, c'est-à-dire le chef du gouvernement et les ministres. On peut dire, de façon schématique, que l'administration centrale de l'État est assurée par un président, un ou plusieurs vice-présidents (chacun détenant également un portefeuille ministériel) et plusieurs ministres. Même si le titre d'un portefeuille donné peut varier selon le gouvernement, les fonctions ministérielles restent toujours les mêmes: défense, affaires étrangères, justice, économie et finances, travaux publics, transports, travail, santé, éducation et science, commerce et tourisme, agriculture, administration, culture et affaires sociales. Chaque ministère se compose de plusieurs secrétariats généraux et sous-secrétariats, avec à leur tête, respectivement, des secrétaires généraux et des sous-secrétaires.

ejecutor, ra *m & f* exécuteur, trice ▪ **ejecutor de la justicia** exécuteur des hautes œuvres (verdugo) ‖ **ejecutor testamentario** exécuteur testamentaire.

ejecutoria *f* lettres *pl* de noblesse ‖ DR exécutoire *m* (acto que confirma un juicio).

ejecutoría *f* charge de l'exécuteur.

ejecutoriar *v tr* DR confirmer un jugement ‖ FIG contrôler (comprobar).

ejecutorio, ria *adj* DR exécutoire.

¡ejem! *interj* hum!

ejemplar *adj* exemplaire; **conducta ejemplar** conduite exemplaire ‖ **Novelas Ejemplares** Nouvelles exemplaires (de Cervantes).
▸ *m* exemplaire (unidad); **una tirada de diez mil ejemplares** un tirage de dix mille exemplaires ‖ numéro (de una revista) ‖ spécimen (de colección científica); **un ejemplar magnífico de escarabajo** un spécimen magnifique de scarabée ‖ FAM **¡menudo ejemplar!** drôle de numéro!

ejemplaridad *f* caractère *m* exemplaire.

ejemplarizar [13] *v tr* servir d'exemple.

ejemplificar [10] *v tr* démontrer o illustrer par des exemples.

ejemplo *m* exemple; **un diccionario sin ejemplos es un esqueleto** un dictionnaire sans exemples est un squelette ▪ **a ejemplo de** à l'exemple de, à l'instar de ‖ **por ejemplo** par exemple ▪ **dar ejemplo** donner l'exemple ▌ **predicar con el ejemplo** prêcher par l'exemple o d'exemple ▌ **servir de ejemplo** servir d'exemple ▌ **tomar ejemplo de alguien** prendre l'exemple sur quelqu'un ▌ **tomar por ejemplo** o **como ejemplo** prendre comme exemple o pour modèle.

    ■ SIN modelo modèle; patrón patron; regla règle; paradigma paradigme.

ejercer [11] *v tr & intr* exercer; **ejercer la medicina** exercer la médecine ▌ faire usage de, exercer; **ejercer el derecho de voto** faire usage du droit de vote ▌ exercer (la autoridad).

    ■ OBSERV S'exercer se dit non pas ejercerse, mais ejercitarse.

ejercicio *m* exercice ▌ devoir, exercice (de un alumno); **ejercicio de latín** exercice de latin ■ AVIAC **ejercicio acrobático** acrobatie aérienne ▌ **ejercicio antiaéreo** exercice antiaérien ▌ ECON **ejercicio económico** exercice financier ▌ **ejercicio fiscal** année fiscale ▌ RELIG **ejercicios espirituales** exercices spirituels ▌ **ejercicios gimnásticos** exercices de gymnastique ■ **en ejercicio** en exercice (en activo) ▌ **hacer ejercicio** faire o prendre de l'exercice ▌ MIL **hacer el ejercicio** faire l'exercice ▌ MED **médico en ejercicio** médecin en exercice o exerçant.

ejercitación *f* entraînement *m*, exercice *m*.

ejercitado, da *adj* exercé, e; **ejercitado en el manejo de las armas** exercé au maniement des armes.

ejercitante *adj* qui s'exerce.

    ◇ *m & f* exercitant, e (que hace los ejercicios espirituales).

ejercitar *v tr* exercer ▌ entraîner (las tropas), former (en un oficio).

    ➡ **ejercitarse** *v pr* s'exercer (adiestrarse) ▌ s'exercer, s'essayer; **ejercitarse en hablar** s'exercer à parler.

ejército *m* armée *f*; **ejército del Aire** armée de l'air; **ejército de Tierra** armée de terre ▌ FIG armée *f* (multitud) ■ **Ejército de Salvación** Armée du Salut ▌ **ejército permanente** armée de métier.

ejido *m* terrain communal [d'un village].

ejote *m* (*Amer*) haricot vert (habichuela verde).

el *art m sing* le; **el pozo** le puits ▌ celui; **el que habla** celui qui parle; **el de las gafas** celui aux lunettes; **no es mi libro sino el de tu padre** ce n'est pas mon livre mais celui de ton père ▌ **el cual** lequel ▌ **¡el... que...!** quel, quelle; **¡el susto que me dio!** quelle peur il m'a faite ▌ **en el año 1965** en 1965 ▌ **es... el que c'est... qui; **es mi primo el que acaba de llegar** c'est mon cousin qui vient d'arriver; **soy yo el que ha de decidir** c'est moi qui dois décider.

    ■ OBSERV **1.** El debe traducirse a menudo por el adjetivo posesivo en francés: llevaba el sombrero puesto il avait son chapeau sur la tête; arreglé el negocio j'ai arrangé mon affaire. Pero se dice extender el brazo étendre le bras, porque se trata de una parte del cuerpo. El no se traduce cuando precede un día de la semana pasada o de la semana siguiente al momento en que se habla: vino el lunes, saldré el viernes il est venu lundi, je partirai vendredi. En los nombres propios como El Greco, El Salvador, el francés hace la contracción de la preposición con el artículo; los lienzos de El Greco les toiles du Greco; voy a El Salvador je vais au Salvador.

    2. El remplace l'article féminin devant un mot commençant par a ou ha accentué (el ala, el hacha).
    3. pl los.

él *pron pers m sing* il; **él viene** il vient ▌ lui (enfático); **es él** c'est lui; **él ha de decírselo** lui (il) va vous le dire; **él lo hizo, lo hizo él** c'est lui qui l'a fait ▌ lui (con preposición); **hablo de él** je parle de lui; **me voy con él** je pars avec lui ▌ **él mismo** lui-même.

    ■ OBSERV Él, sujet, est le plus souvent sous-entendu devant le verbe: (él) se marchó il est parti; on ne l'exprime en général que pour insister davantage: él se fue, yo me quedé lui est parti, moi je suis resté.

elaboración *f* élaboration ▌ établissement *m*, élaboration; **elaboración del presupuesto** établissement du budget.

elaborar *v tr* élaborer.

elan *m* FILOS élan; **elan vital** élan vital.

elástica *f* tricot *m*, gilet *m* de corps (camiseta) ▌ maillot *m* (en deportes).

elasticidad *f* élasticité ▌ ECON elasticidad de la demanda, de la oferta élasticité de la demande, de l'offre.

elasticimetría *f* élasticimétrie.

elasticímetro *m* élasticimètre.

elástico, ca *adj* élastique.

    ➡ **elástico** *m* élastique (tejido o cinta).

    ➡ **elásticos** *m pl* bretelles *f*.

elastómero *m* élastomère.

elatéridos *m pl* élatéridés (coleópteros).

elayómetro *m* elaïomètre, oléomètre (para aceites).

Elba *n pr* GEOGR **el Elba** l'Elbe (río) ▌ **la isla de Elba** l'île d'Elbe.

ele *f* l *m* [nom de la lettre "l"].

Elea *n pr* HIST Élée.

eleático, ca *adj & s* éléate, éléatique [d'Élée].

eleatismo *m* éléatisme.

eléboro *m* ellébore, hellébore.

elección *f* [▷ SIN] élection; **elecciones por sufragio universal** élections au suffrage universel ▌ choix *m*; **la elección de un oficio** le choix d'un métier ■ **elecciones autonómicas** élections au Parlement des communautés autonomes ▌ **elecciones generales** élections législatives ▌ **elecciones municipales** élections municipales ▌ **elecciones provinciales** élections régionales ■ **a elección de** au choix de ▌ **tierra de elección** terre d'élection.

    ■ SIN nombramiento nomination; selección sélection; opción option.

    ——— LAS ELECCIONES ———
    Depuis l'avènement de la démocratie, les Espagnols votent dans plusieurs types d'élections. Les élections générales ou législatives déterminent la physionomie de la chambre des députés et du sénat. Les électeurs choisissent une liste parmi toutes celles présentées par les divers partis. Chaque parti ou coalition soumet une liste de députés et une liste de sénateurs pour chacune des circonscriptions électorales; celles-ci correspondent aux provinces espagnoles, auxquelles viennent s'ajouter Ceuta et Melilla. Le nombre de députés et de sénateurs est proportionnel à la population de la circonscription. Le chef du gouvernement est choisi par la chambre des députés; il s'agit en général de la tête de liste, pour la circonscription de Madrid, du parti ayant reçu le plus grand nombre de votes sur l'ensemble du pays. Pour les élec-

tions municipales, chaque parti soumet une liste de conseillers. Le maire est ensuite choisi par le conseil municipal élu; il s'agit en général de la tête de liste du parti ayant remporté le plus de votes. Les élections qui se tiennent dans les communautés autonomes sont destinées à choisir les députés de l'assemblée autonome, qui à leur tour élisent le chef du gouvernement autonome, généralement tête de liste du parti ayant recueilli le plus de votes. Le dernier type d'élections qui se tiennent en Espagne sont les élections européennes, communes à tous les pays de l'Union européenne. Toutes ces élections se tiennent tous les quatre ans, de façon échelonnée et à des dates différentes en ce qui concerne les élections législatives, municipales et européennes. Les élections dans les communautés autonomes, quant à elles, coïncident le plus souvent avec les législatives, à l'exception de certaines communautés comme la Catalogne, le Pays basque, la Galice et l'Andalousie.

eleccionario, ria *adj* (*Amer*) électoral, e.

electivo, va *adj* électif, ive; **monarquía electiva** monarchie élective.

electo, ta *adj & s* élu, e.

    ■ OBSERV Ce mot est le participe passé irrégulier du verbe elegir. Il ne s'applique qu'au candidat élu qui n'a pas encore occupé son poste: el presidente electo tomará posesión de su cargo el día 30 le président élu sera investi le 30. Les temps composés du verbe elegir se conjuguent uniquement avec le participe passé régulier elegido.

elector, ra *adj & s* électeur, trice.

    ➡ **elector** *m* HIST électeur, prince électeur.

electorado *m* électorat, corps électoral (censo electoral) ▌ électorat; **el Electorado de Maguncia** l'électorat de Mayence.

electoral *adj* électoral, e; **censos electorales** corps électoraux ■ **campaña electoral** campagne électorale ▌ **colegio, mesa electoral** collège électoral.

electoralismo *m* électoralisme.

electoralista *adj* électoraliste.

Electra *n pr* Électre.

electricidad *f* électricité; **electricidad estática** électricité statique ■ **electricidad negativa** o **resinosa** électricité négative o résineuse ▌ **electricidad positiva** o **vítrea** électricité positive o vitreuse.

electricista *adj & s* électricien, enne.

eléctrico, ca *adj* électrique.

    ➡ **eléctrico** *m* FAM électricien.

electrificación *f* électrification.

electrificar [10] *v tr* électrifier.

electriz *f* HIST femme d'un prince électeur.
    ■ OBSERV pl electrices.

electrizable *adj* électrisable.

electrización *f* électrisation.

electrizante *adj* électrisant, e.

electrizar [13] *v tr* électriser ▌ FIG électriser; **electrizar una asamblea** électriser une assemblée.

electro *m* électrum (aleación metálica) ▌ ambre (ámbar).

electroacústica *f* FÍS électroacoustique.

electroafinidad *f* électroaffinité.

electrobiología *f* électrobiologie.

electrobiológico, ca *adj* électrobiologique.

electrobomba *f* électropompe.

electrocapilaridad *f* électrocapillarité.

electrocardiografía *f* électrocardiographie.

electrocardiógrafo *m* électrocardiographe.

electrocardiograma *m* MED électrocardiogramme.

electrocauterio *m* MED électrocautère.

electrochoque; electroshock *m* MED électrochoc.

◼ OBSERV pl electroshocks.

electrocinética *f* électrocinétique.

electrocoagulación *f* électrocoagulation.

electrocución *f* électrocution.

electrocutar *v tr* électrocuter.

electrodeposición *f* électrodéposition.

electrodiálisis *f inv* électrodialyse.

electrodinámico, ca *adj & s f* FÍS électrodynamique.

electrodinamómetro *m* électrodynamomètre.

electrodo *m* FÍS électrode, *f*; electrodo cubierto électrode enrobée.

electrodoméstico *adj m* électroménager.

◆ **electrodomésticos** *m pl* appareils électroménagers.

electroencefalografía *f* électroencéphalographie.

electroencefalográfico, ca *adj* MED électroencéphalographique.

electroencefalograma *m* électroencéphalogramme.

electroerosión *f* électroérosion.

electroestático, ca *adj* FÍS électrostatique.

electrofisiología *f* électrophysiologie.

electrófono *m* électrophone.

electroforesis *f inv* électrophorèse.

electróforo *m* FÍS électrophore.

electrogalvánico, ca *adj* FÍS électrogalvanique.

electrógeno, na *adj* électrogène; grupo electrógeno groupe électrogène.

◆ **electrógeno** *m* électrogénérateur.

electroimán *m* FÍS électro-aimant.

electrólisis *f inv* QUÍM électrolyse.

electrolítico, ca *adj* QUÍM électrolytique.

electrólito *m* QUÍM électrolyte.

electrolización *f* QUÍM électrolyse.

electrolizador *m* électrolyseur.

electrolizar [13] *v tr* électrolyser.

electroluminiscencia; electroluminescencia *f* électroluminescence.

electromagnético, ca *adj* électromagnétique.

electromagnetismo *m* FÍS électromagnétisme.

electromecánico, ca *adj* électromécanique.

◆ **electromecánico** *m* électromécanicien.

◆ **electromecánica** *f* électromécanique (ciencia).

electrometalurgia *f* électrométallurgie.

electrometría *f* FÍS électrométrie.

electrómetro *m* FÍS électromètre.

electromiografía *f* MED électromyographie.

electromotor, ra *adj* FÍS électromoteur, trice.

electromotriz *adj f* électromotrice.

◼ OBSERV pl electromotrices.

electrón *m* FÍS électron.

electronarcosis *f inv* MED électronarcose.

electronegativo, va *adj* FÍS électronégatif, ive.

electrónico, ca *adj & s f* électronique

◼ especialista en electrónica électronicien ‖ INFORM proceso electrónico de datos traitement électronique des données o de l'information ‖ tubo electrónico tube électronique.

electrón-voltio *m* électron-volt.

electroósmosis *f inv* électro-osmose.

electropatía; electropatología *f* MED électropathologie.

electropositivo, va *adj* FÍS électropositif, ive.

electropuntura *f* MED électroponcture, électropuncture.

electroquímico, ca *adj* QUÍM électrochimique.

◆ **electroquímica** *f* électrochimie.

electrorradiología *f* électroradiologie.

electrorradiólogo *m* FÍS électroradiologiste.

electroscopio *m* FÍS électroscope.

electroshock ➤ **electrochoque**.

electrosincrotrón *m* FÍS synchrotron.

electrostático, ca *adj & s f* FÍS électrostatique.

electrostricción *f* FÍS électrostriction.

electrotecnia *f* FÍS électrotechnique (técnica).

electrotécnico, ca *adj* électrotechnique.

electroterapia *f* MED électrothérapie.

electrotermia *f* électrothermie.

electrotérmico, ca *adj* FÍS électrothermique.

◆ **electrotérmica** *f* électrothermie.

electroválvula *f* TECN électrovalve.

electuario *m* électuaire.

elefancía *f*; **elefantiasis** *f inv* MED éléphantiasis *m*.

elefancíaco, ca; elefantiásico, ca *adj & s* MED éléphantiasique.

elefanta *f* éléphant *m* femelle, éléphante.

◼ OBSERV En espagnol comme en français, le féminin d'éléphant ne s'emploie guère. Il vaut mieux dire en espagnol un elefante hembra, et un éléphant femelle en français.

elefante *m* éléphant ‖ elefante marino éléphant de mer (morsa).

elefantiásico, ca ➤ **elefancíaco**.

elefantiasis ➤ **elefancía**.

elefantillo *m* éléphanteau.

elefantino, na *adj* éléphantin, e.

elegancia *f* élégance.

elegante *adj & s* élégant, e.

◼ SIN airoso gracieux; distinguido distingué; petimetre petit-maître; gomoso gommeux; lechuguino, dandy dandy.

elegantemente *adv* élégamment ‖ terminar elegantemente finir en beauté.

elegantón, ona *adj* FAM chic, smart ‖ très élégant, e.

elegantoso, sa *adj* (Amer) chic.

elegía *f* élégie.

elegíaco, ca *adj* élégiaque.

elegibilidad *f* éligibilité, électivité.

elegible *adj* éligible (que puede ser elegido).

elegido, da *adj & s* élu, e; elegido por la mayoría élu à la majorité.

◆ **elegido** *m* élu (predestinado).

elegir [42] *v tr* choisir (escoger) ‖ élire (por voto); elegir por votación élire aux voix ‖ dos platos a elegir deux plats au choix (en una minuta).

elemental *adj* élémentaire ‖ fondamental, e (primordial).

elementarse *v tr* (Amer) être absorbé, être distrait o dans la lune.

elemento *m* élément ‖ FÍS élément (de una batería) ‖ INFORM elemento binario élément binaire ‖ FAM individu, type, zèbre, numéro (individuo); ¡menudo elemento! quel drôle de numéro! ‖ (Amer) benêt, sot (tonto) ◼ el líquido elemento l'élément liquide ‖ FIG estar en su elemento être dans son élément ‖ los cuatro elementos les quatre éléments.

Elena *n pr f* Hélène [sainte].

elenco *m* catalogue, liste *f* ‖ CINEM & TEATR distribution *f* (reparto), troupe *f* (compañía de teatro).

eleómetro *m* oléomètre.

Eleonor *n pr* Éléonore.

elepé *m* trente-trois-tours (disco de larga duración).

◼ OBSERV Elepé est formé à partir des initiales du mot anglais long play.

eléquema *f*; **elequeme** *m* (Amer) érythrine *f* (árbol).

Eleuterio *n pr* Éleuthère.

elevación *f* [▷ SIN] élévation ‖ noblesse (del estilo) ‖ ECLES élévation ‖ FIG élévation (del alma) ‖ MIL tirar por elevación faire un tir vertical.

◼ SIN altura hauteur; altitud altitude; ascensión, subida montée.

elevadamente *adv* de façon élevée.

elevado, da *adj* élevé, e (alto); precio elevado prix élevé ‖ [▷ SIN] élevé, e (alto, sublime) ‖ soutenu, e (estilo) ‖ MAT elevado a puissance; tres elevado a cuatro trois puissance quatre.

◼ SIN grande grand; noble noble; sublime sublime; trascendental transcendant; épico épique; eminente, excelso éminent.

elevador, ra *adj* élévateur, trice; carretilla elevadora chariot élévateur.

◆ **elevador** *m* élévateur (montacargas) ‖ ANAT élévateur (músculo) ‖ TECN transformateur à élévateur (televisión) ‖ vérin; elevador de rosca o de tornillo vérin à vis ‖ (Amer) ascenseur ‖ ELECTR elevador-reductor survolteur-dévolteur ‖ TECN torno elevador appareil de levage.

elevadorista *m & f* (Amer) liftier, ère.

elevalunas *m* AUTOM lève-vitre, lève-glace; elevalunas eléctrico lève-vitre électrique.

elevamiento *m* FIG élévation *f*.

elevar *v tr* [▷ SIN] élever (un peso) ‖ élever (un monumento, un edificio) ‖ FIG élever; elevar protestas, elevar a alguien a una dignidad élever des protestations, élever quelqu'un à une dignité ‖ MAT élever; **elevar al cuadrado** élever au carré o à la puissance deux.

➡ **elevarse** *v pr* s'élever; **elevarse por los aires** s'élever dans les airs ‖ FIG s'élever, monter; **los gastos se elevaban a tres millones** les frais montaient à trois millions ‖ s'élever; **elevarse sobre el vulgo** s'élever au-dessus du vulgaire ‖ être transporté (enajenarse) ‖ s'enorgueillir (engreírse) ▪ **elevarse de la tierra** s'élever au-dessus du sol ‖ **elevarse en la jerarquía** gravir les échelons de la hiérarchie, s'élever dans la hiérarchie.
| SIN **erigir** ériger; **levantar** élever; **plantar** planter; **enarbolar** arborer; **izar** hisser.

elevón *m* AVIAC élevon.

elfo *m* elfe.

Elías *n pr* Élie.

elidir *v tr* GRAM élider.

eliminación *f* élimination.

eliminador, ra *adj & s* éliminateur, trice.

eliminar *v tr* éliminer ‖ MED éliminer (cálculos) ‖ MAT éliminer; **eliminar una incógnita** éliminer une inconnue.

eliminatorio, ria *adj & s f* éliminatoire.

elinvar *m* élinvar (aleación).

elipse *f* GEOM ellipse.

elipsis *f inv* GRAM ellipse.

elipsógrafo *m* ellipsographe (instrumento).

elipsoidal *adj* GEOM ellipsoïdal, e.

elipsoide *m* GEOM ellipsoïde.

elipticidad *f* ellipticité.

elíptico, ca *adj* elliptique.

Elisa *n pr* Élise.

elisabetiano, na *adj* élisabéthain, e; **teatro elisabetiano** théâtre élisabéthain.

elíseo, a *adj* élyséen, enne ‖ **Campos Elíseos** Champs-Élysées.

Eliseo *n pr* Élysée.
➡ **elíseo** *m* MITOL Élysée.

elisio, sia *adj & s m* élyséen, enne; élysée.

elisión *f* GRAM élision.

élite *f* élite; **la élite de la nación** l'élite de la nation.
| OBSERV Ce mot est un gallicisme couramment employé.

elitismo *m* élitisme.

elitista *adj & s* élitiste.

élitro *m* ZOOL élytre (ala).

elixir *m* élixir.

ella *pron pers f sing* elle; **ella viene** elle vient; **es ella** c'est elle; **lo hice por ella** je l'ai fait pour elle ‖ c'est elle qui (enfático); **ella lo dijo, lo dijo ella** c'est elle qui l'a dit ▪ FAM **aquí fue ella** il y a eu du grabuge ‖ **mañana será ella** c'est demain le grand jour.
| OBSERV L'espagnol n'exprime le pronom sujet devant le verbe que lorsqu'il veut insister: **es simpática** elle est sympathique; **ella es simpática** elle, elle est sympathique.

elle *f* ll *m* [nom de la lettre "ll"].

ello *pron pers neutro* cela; **ello no me gusta** cela ne me plaît pas ▪ **¡a ello!** allons-y! (para animar a hacer algo) ‖ **de ello** en; **no hablemos más de ello** n'en parlons plus ‖ **ello es** c'est; **ello es lo que te quería decir** c'est ce que je voulais te dire ‖ **en ello** y; **no pienso en ello** je n'y pense pas ‖ **no se inmutó por ello** il ne se troubla pas pour autant.

ellos, ellas *pron pers pl* eux, elles ‖ **¡a ellos!, ¡a por ellos!** allons-y!, en avant! (para atacar).

elocución *f* élocution; **facilidad de elocución** facilité d'élocution ‖ élocution, débit *m*; **elocución fácil** débit facile.
| SIN **dicción** diction; **palabra** parole; **estilo** style; **expresión** expression.

elocuencia *f* éloquence ‖ **elocuencia del foro** éloquence du barreau.
| SIN **brío** brio; **vehemencia** véhémence; **verbosidad** verbiage; **facundia** faconde; **prolijidad** prolixité; **locuacidad** loquacité; FAM **labia, pico** bagou.

elocuente *adj* éloquent, e.
| SIN **diserto** disert; **facundo** loquace; **grandilocuente** grandiloquent; **persuasivo** persuasif; **pico de oro** beau parleur.

elocuentemente *adv* éloquemment.

elodea *f* BOT élodée, hélodée.

elogiable *adj* digne d'éloges.

elogiador, ra *adj & s* louangeur, euse.

elogiar [8] *v tr* louer, faire l'éloge de (alabar, ponderar) ‖ **discurso muy elogiado** discours très applaudi.

elogio *m* éloge (alabanza); **hacer elogios de** faire des éloges de ▪ **deshacerse en elogios** ne pas tarir d'éloges, se répandre en éloges, couvrir d'éloges ‖ **Elogio de la locura** Éloge de la folie (de Erasmo) ‖ **palabras de elogio** mots élogieux.
| SIN **alabanza, encomio** louange; **panegírico** panégyrique; **ditirambo** dithyrambe; **loor** louange; **cumplido** compliment.

elogioso, sa *adj* élogieux, euse; **en términos elogiosos** en termes élogieux.
| SIN **laudatorio** laudatif; **encomiástico** élogieux; **lisonjero** flatteur.

Eloísa *n pr* Éloïse.

elongación *f* ASTRON & MED élongation.

elote *m* (Amer) épi de maïs vert (mazorca de maíz).

Eloy *n pr* Éloi.

El Salvador *n pr m* GEOGR Salvador.

Elsinor *n pr* GEOGR Elseneur.

elucidación *f* élucidation.

elucidar *v tr* élucider (aclarar).

elucubración *f* élucubration.
| OBSERV Elucubración est un gallicisme pour lucubración.

elucubrar *v tr* élucubrer.
| OBSERV elucubrar est un gallicisme pour lucubrar.

eludible *adj* évitable.

eludir *v tr* éluder; **eludir una pregunta** éluder une question.

eluvial *adj* GEOL éluvial, e.

eluvión *f* éluvion.

Elvira *n pr* Elvire.

elzevir; elzevirio *m* elzévir (libro).

elzeviriano, na *adj* elzévirien, enne.

elzevirio ➡ **elzevir**.

e.m. (abrev de en mano) en mains propres.

EM (abrev de Estado Mayor) *m* EM.

emaciación *f* émaciation.

emaciado, da *adj* émacié, e.

emanación *f* émanation.

emanar *v tr* émaner.

emancipación *f* émancipation.

emancipado, da *adj & s* DR émancipé, e.

emancipador, ra *m & f* émancipateur, trice.

emancipar *v tr* émanciper ‖ affranchir; **esclavos emancipados** esclaves affranchis.
➡ **emanciparse** *v pr* s'émanciper.

emarginado, da *adj* BOT émarginé, e.

emasculación *f* émasculation.

émascular *v tr* émasculer.

Emaús *n pr* GEOGR Emmaüs.

embabiamiento *m* FAM ahurissement, ébahissement (embobamiento).

embabucar [10] *v tr* leurrer, duper, tromper (embaucar).

embadurnar *v tr* barbouiller; **embadurnar de tinta** barbouiller d'encre ‖ enduire (dar una mano).
➡ **embadurnarse** *v pr* s'enduire; **embadurnarse de grasa** s'enduire de graisse.

embaidor, ra *adj & s* trompeur, euse.

embaimiento *m* duperie *f* (embaucamiento).

embaír [51] *v tr* duper (embaucar).
| OBSERV Ce verbe est défectif et se conjugue seulement aux personnes dont la désinence commence par i.

embajada *f* ambassade ‖ FIG commission (mensaje) ▪ FAM **¡brava o linda embajada!** belle proposition! ‖ **¡con buena embajada me viene usted!** vous avez de drôles de propositions à me faire!

embajador, ra *m & f* ambassadeur, drice.

embalador, ra *m & f* emballeur, euse (empaquetador).

embalaje; embalamiento *m* emballage; **papel de embalaje** papier d'emballage ‖ conditionnement (envasado).

embalar *v tr* emballer ‖ conditionner (envasar).

embaldosado, da *adj* dallé, e; carrelé, e.
➡ **embaldosado** *m* dallage; carrelage.

embaldosar *v tr* daller; carreler.

emballenado, da *adj* baleiné, e.
➡ **emballenado** *m* baleinage.

emballenar *v tr* baleiner.

emballestado, da *adj* bouleté, e (caballo).
➡ **emballestado** *m* bouletage.

embalsadero *m* fondrière *f*.

embalsamador, ra *adj* qui embaume.
➡ **embalsamador** *m* embaumeur.

embalsamamiento *m* embaumement.

embalsamar *v tr* embaumer.

embalsar *v tr* retenir [l'eau] ‖ **agua embalsada** réserves d'eau (de una cuenca hidrográfica).
➡ **embalsarse** *v pr* former une mare.

embalse *m* réservoir, bassin (balsa artificial) ‖ barrage, retenue *f* d'eau; **el embalse de Asuán** le barrage d'Assouan.

embanastar *v tr* mettre dans une corbeille ‖ FIG entasser (a la gente).

embancarse [10] *v pr* MAR s'échouer (encallarse) ‖ (Amer) s'embourber (cegarse un río).

embanderar *v tr* pavoiser.

embanquetado *m* (Amer) trottoir (acera).

embarazada *adj f* enceinte (mujer); **estar embarazada de seis meses** être enceinte de six mois ‖ FAM **dejar embarazada a una** mettre une fille enceinte.

◇ *f* femme enceinte.

embarazadamente; embarazozamente *adv* avec embarras.

embarazador, ra *adj* embarrassant, e.

embarazar [13] *v tr* embarrasser (a uno) ‖ gêner (una cosa); embarazar el paso gêner le passage ‖ rendre enceinte (a una mujer).

➡ **embarazarse** *v pr* être embarrassé, e; embarazarse con o por algo être embarrassé par quelque chose.

embarazo *m* embarras (obstáculo) ‖ gaucherie *f* (falta de soltura) ‖ grossesse *f* (de la mujer) ■ embarazo ectópico o extrauterino grossesse ectopique o extra-utérine ‖ embarazo fantasma o falso o espurio grossesse nerveuse ‖ embarazo múltiple grossesse multiple ‖ embarazo uterino grossesse utérine.

embarazoso, sa *adj* embarrassant, e; una pregunta embarazosa une question embarrassante ‖ encombrant, e; embarrassant, e (voluminoso).

embarazozamente ➡ **embarazadamente**.

embarbascarse [10] *v pr* AGRIC s'empêtrer [le soc de la charrue dans les racines] ‖ FIG s'embrouiller (embrollarse).

embarbecer [30] *v intr* commencer à avoir de la barbe.

embarbillado *m* TECN embrèvement.

embarbillar *v tr* TECN embrever.

embarcación *f* [▷ SIN] embarcation (barco); embarcación menor petite embarcation ‖ embarquement *m* (embarco) ‖ voyage *m* en bateau (duración) ■ embarcación auxiliar prame ‖ embarcación pesquera bateau de pêche.

> SIN bote, canoa canot; barca barque; barcaza bac; pontón ponton; chalana chaland, péniche; chalupa chaloupe; falúa felouque; gabarra gabare; carraca vieux rafiot; nave nef; piragua pirogue; lancha motora vedette.

embarcadero *m* embarcadère.

embarcador *m* chargeur [d'un bateau].

embarcar [10] *v tr* embarquer; aviación embarcada aviation embarquée.

➡ **embarcarse** *v pr* s'embarquer; embarcarse de pasajero s'embarquer comme passager; embarcarse en un vapor s'embarquer sur un vapeur ‖ FIG s'embarquer (en un pleito, un negocio, etc.).

embarco *m* embarquement (de personas).

> OBSERV Pour les marchandises on dit embarque.

embardar *v tr* garnir de ronces [la crête d'un mur].

embargar [16] *v tr* gêner, embarrasser (estorbar) ‖ FIG saisir (sorprender) ‖ accabler, briser (el dolor); voz embriagada por el dolor voix brisée par la douleur ‖ DR séquestrer, mettre sous séquestre, saisir ‖ MAR mettre l'embargo sur ‖ FIG embargarle a uno la felicidad nager dans le bonheur.

embargo *m* indigestion *f* (empacho) ‖ FIG saisissement (de los sentidos) ‖ DR saisie *f*, séquestre ‖ MAR embargo, saisie *f* ‖ DR ejecución de embargo saisie-exécution ‖ embargo de bienes litigiosos saisie-revendication ‖ embargo de la cosecha en pie saisie-brandon ‖ embargo de retención saisie-arrêt ‖ embargo preventivo saisie conservatoire

‖ embargo provisional saisie-gagerie ‖ sin embargo cependant, néanmoins.

embarnizamiento *m* vernissage.

embarnizar [13] *v tr* vernir.

embarque *m* embarquement (de mercancías).

embarrado, da *adj* crotté, e; plein, pleine de boue.

embarrancar [10] *v intr* MAR s'échouer, échouer (encallarse).

➡ **embarrancarse** *v pr* s'embourber (atascarse) ‖ MAR s'échouer.

embarrar *v tr* crotter (manchar de barro) ‖ badigeonner (embadurnar) ‖ FIG (*Amer*) couvrir de boue (envilecer), compromettre (comprometer), impliquer (en un negocio, etc.) ‖ FAM embarrarla mettre par terre (proyecto).

➡ **embarrarse** *v pr* se crotter (mancharse) ‖ se brancher (la perdiz).

embarrialarse *v pr* (*Amer*) se crotter.

embarrilado; embarrilamiento *m* encaquement (de arenques) ‖ enfûtage (en un barril), entonnage, entonnement, entonnaison *f* (en un tonel).

embarrilar *v tr* encaquer (arenques) ‖ entonner (en un tonel), enfûtailler (en un barril).

embarullador, ra *adj & s* brouillon, onne.

embarullar *v tr* FAM embrouiller ‖ bâcler (chapucear).

➡ **embarullarse** *v pr* FAM s'embrouiller (hacerse un lío).

embasamiento *m* ARQ embasement, base *f*.

embase *m* ARQ embase *f*.

embastar *v tr* bâtir, faufiler (hilvanar) ‖ piquer (en un colchón) ‖ bâtir (en un bastidor) ‖ bâter (las caballerías).

embaste *m* bâti (costura).

embastecer [30] *v intr* engraisser (engrosar).

➡ **embastecerse** *v pr* devenir grossier, s'abrutir.

embate *m* MAR coup de mer ‖ assaut (asalto) ‖ FIG combat (de los elementos).

embaucador, ra *adj & s* trompeur, euse (que engaña), enjôleur, euse (engatusador).

embaucamiento *m* duperie *f*, tromperie *f*, leurre (engaño) ‖ séduction *f*, enjôlement (seducción).

embaucar [10] *v tr* leurrer, tromper, duper (engañar); embaucar a uno con promesas tromper quelqu'un par des promesses ‖ séduire, enjôler (seducir).

embaulado, da *adj* FIG serré, e; coincé, e (apretado).

embaular *v tr* mettre dans une malle ‖ FIG & FAM empiler (personas o cosas) ‖ engloutir, s'empiffrer de (atiborrarse).

embausamiento *m* distraction *f*.

embazar [13] *v tr* brunir (teñir de moreno) ‖ embarrasser, gêner, empêcher (estorbar) ‖ FIG frapper, stupéfier (pasmar).

➡ **embazarse** *v pr* se lasser (hartarse) ‖ se charger l'estomac (empacharse) ‖ faire des levées (en el juego).

embebecer [30] *v tr* ravir, fasciner (encantar) ‖ distraire (distraer).

➡ **embebecerse** *v pr* être fasciné par, s'extasier sur ‖ être ébahi (quedarse pasmado) ‖ s'absorber dans (quedar absorto).

embebecimiento *m* ravissement (embeleso).

embebedor, ra *adj* qui imbibe (que empapa) ‖ FIG absorbant, e.

embeber *v tr* absorber, boire; la esponja embebe el agua l'éponge absorbe l'eau ‖ imbiber; embeber en agua imbiber d'eau ‖ renfermer (encerrar) ‖ rétrécir (reducir).

◇ *v intr* rétrécir, se rétrécir (encogerse) ‖ boire (el lienzo pintado al óleo).

➡ **embeberse** *v pr* FIG s'absorber; embeberse en la lectura s'absorber dans la lecture ‖ se plonger; embeberse en un negocio se plonger dans une affaire ‖ s'imbiber (en alcohol, etc.).

embebimiento *m* rétrécissement.

embelecador, ra *adj & s* trompeur, euse (engañador); enjôleur, euse; séducteur, trice (embaucador).

embelecamiento *m* leurre (engaño).

embelecar [10] *v tr* tromper, leurrer (engañar) ‖ séduire, enjôler (seducir).

embeleco *m* leurre, attrape-nigaud FAM.

embelequero, ra *adj* (*Amer*) farceur, euse.

embelesador, ra *adj* ravissant, e; charmant, e (encantador) ‖ ensorcelant, e (hechicero).

◇ *m & f* ensorceleur, euse.

embelesamiento ➡ **embeleso**.

embelesar *v tr* ravir, charmer (encantar) ‖ éblouir, émerveiller (maravillar) ‖ FIG ensorceler (embrujar).

➡ **embelesarse** *v pr* être transporté par; embelesarse con un espectáculo être transporté par un spectacle.

embeleso; embelesamiento *m* ravissement, enchantement, extase *f* ‖ FIG ensorcellement (embrujo) ‖ dentelaire *f* (belesa).

embellaquecerse [30] *v pr* mal tourner.

embellecedor *m* AUTOM enjoliveur.

embellecer [30] *v tr* embellir.

◇ *v intr* embellir (naturalmente).

➡ **embellecerse** *v pr* s'embellir (adornándose).

embellecimiento *m* embellissement.

embermejar [3]; **embermejecer** [30] *v tr & intr* rougir.

emberrenchinarse; emberrincharse *v pr* FAM piquer o faire une colère (encolerizarse).

embestida *f* charge, attaque, assaut *m*; la embestida del toro l'attaque du taureau.

embestidor, ra *adj* assaillant, e.

embestidura *f* assaut *m* (embestida).

embestir [26] *v tr* assaillir, attaquer (asaltar) ‖ charger, s'élancer o foncer o se ruer sur o vers; el toro embistió al matador le taureau chargea le matador ‖ FIG & FAM emboutir (un coche) ‖ FAM embestir a alguien foncer sur quelqu'un.

◇ *v intr* attaquer, charger.

embetunar *v tr* cirer (los zapatos) ‖ goudronner, bitumer (asfaltar).

embicar [10] *v tr* MAR apiquer (vergas) ‖ (*Amer*) mettre dans un trou.

◇ *v intr* (*Amer*) se jeter à la côte (un barco).

embijado, da *adj* (*Amer*) disparate (dispar).

embijar *v tr* colorer o peindre en rouge ‖ (*Amer*) salir (manchar).

➤ **embijarse** *v pr* se peindre en rouge.

embije *m* teinture *f* en rouge.

embiópteros *m pl* ZOOL embioptères.

embizcar [10] *v intr* loucher.

emblandecer [30] *v tr* ramollir, amollir.

➤ **emblandecerse** *v pr* se ramollir ‖ FIG se radoucir (enternecerse).

emblanquecer [30] *v tr & pr* blanchir.

emblanquecimiento *m* blanchiment, blanchissage.

emblema *m o f* emblème *m* ‖ MIL écusson *m*.

emblemático, ca *adj* emblématique.

embobado, da *adj* ébahi, e (atontado) ‖ hébété, e (sin reacción).

embobamiento *m* ébahissement (admiración) ‖ hébétude *f*, hébétement (alelamiento).

embobar *v tr* ébahir (atontar) ‖ enjôler (embaucar) ‖ quedarse embobado rester ébahi o bouche bée.

embobecer [30] *v tr* rendre stupide, abêtir (atontar).

embobecimiento *m* hébétement, stupidité *f*.

embocado, da *adj* qui a du fumet o du bouquet (vino).

embocadura *f* embouchure (de un río, de un instrumento de viento, del bocado de un caballo) ‖ TEATR devant *m* de la scène ‖ fumet *m*, bouquet *m* (del vino) ‖ MAR embouquement *m* ‖ EQUIT tener buena embocadura avoir la bouche sensible.

embocar [10] *v tr* mettre dans la bouche ‖ fourrer (en un espacio estrecho) ‖ MÚS emboucher (un instrumento) ‖ FIG & FAM faire avaler (hacer creer) ‖ avaler, engloutir (tragar) ‖ MAR embouquer.

➤ **embocarse** *v pr* se fourrer (meterse) ‖ s'engager; embocarse por un corredor s'engager dans un couloir.

embocinado, da *adj* évasé, e.

embocinarse; embochinarse *v pr* (*Amer*) s'empêtrer (enredarse).

embodegamiento *m* encavement (p us).

embodegar [16] *v tr* encaver (p us), mettre en cave.

embojar *v tr* cabaner, encabaner (los gusanos de seda).

embojo *m* cabane *f* [pour fixer les vers à soie] ‖ encabanage (acción).

embolada *f* MECÁN coup *m* o battement *m* de piston.

embolado *m* TEATR rôle sacrifié ‖ TAUROM taureau aux cornes boulées ‖ FIG & FAM supercherie *f* (engaño) ■ FAM meter a uno en un embolado mettre quelqu'un dans de beaux draps ¡pues vaya un embolado! quelle tuile!

embolador *m* (*Amer*) cireur de chaussures.

embolar *v tr* cirer (zapatos) ‖ TAUROM bouler les cornes [d'un taureau] ‖ (*Amer*) soûler (emborrachar) ‖ MFAM emmerder (aburrir).

➤ **embolarse** *v pr* (*Amer*) s'enivrer, se soûler (emborracharse) ‖ MFAM s'emmerder (aburrirse).

embolectomía *f* MED embolectomie.

embolia *f* MED embolie.

embolismador, ra *adj & s* cancanier, ère.

embolismar *v tr* FIG cancaner, potiner.

embolismático, ca *adj* confus, e; ininteligible (lenguaje).

embolismo *m* embolisme (intercalación) ‖ FIG confusion *f*, désordre ‖ cancan, potin (chismorreo).

émbolo *m* MECÁN piston.

embolsar *v tr* mettre dans un sac (guardar) ‖ empocher, toucher (cobrar); embolsar dinero empocher o toucher de l'argent.

embolso *m* fait de toucher de l'argent (cobro).

∎ SIN cobro encaissement, recaudación perception, recouvrement.

embonar *v tr* (p us) bonifier (hacer bueno) ‖ (*Amer*) ajuster, assembler (juntar) ‖ aller (venir bien) ‖ fertiliser (abonar).

embono *m* MAR soufflage.

emboñigar [16] *v tr* crotter (cubrir de boñiga).

emboque *m* passage par une petite ouverture ‖ FIG & FAM tromperie *f* (engaño).

emboquillado, da *adj* à bout filtre ‖ cigarrillo emboquillado cigarette filtre o à bout filtre.

emboquillar *v tr* garnir d'un bout filtre (un cigarrillo) ‖ MIN ouvrir une galerie.

embornal *m* MAR dalot (imbornal).

emborrachamiento *m* ivresse *f*.

emborrachar *v tr* [▷ SIN] enivrer (embriagar) ‖ soûler (adormecer).

➤ **emborracharse** *v pr* s'enivrer, se soûler; emborracharse con o de aguardiente s'enivrer d'eau-de-vie, se soûler à l'eau-de-vie.

∎ SIN embriagar enivrer; alcoholizar alcooliser; achisparse, MFAM ajumarse se griser, se cuiter.

emborrar *v tr* rembourrer, embourrer (llenar con borra) ‖ FIG & FAM engloutir, avaler (tragar).

emborrascarse [10] *v pr* se gâter (el tiempo, un negocio) ‖ se fâcher (irritarse) ‖ (*Amer*) s'épuiser (agotarse una mina).

emborrazar [13] *v tr* barder [une volaille].

emborricarse [10] *v pr* FAM être troublé, e; s'embrouiller (embarullarse) ‖ s'enticher de, s'amouracher de (enamorarse).

emborrizar [13] *v tr* paner (carne) ‖ rouler, passer; emborrizar un pescado en harina passer un poisson dans la farine.

emborronador, ra *m & f* emborronador, ra de cuartillas griffonneur, euse ‖ emborronador de papel barbouilleur.

emborronar *v tr* griffonner (escribir mal) ‖ emborronar papel noircir du papier.

emboscada *f* embuscade; tener una emboscada tendre une embuscade ‖ [▷ SIN] guetapens *m* (para asesinar o robar) ‖ FIG embûche.

∎ SIN trampa piège, trappe; armadijo traquenard; asechanza embûche; celada guet-apens; avispero guêpier.

emboscado *m* MIL embusqué (soldado).

emboscar [10] *v tr* MIL embusquer.

➤ **emboscarse** *v pr* MIL s'embusquer, se tenir en embuscade ‖ FIG s'embusquer.

embosquecer [30] *v intr* se couvrir d'arbres.

embostar *v tr* AGRIC fumer (abonar) ‖ (*Amer*) crépir avec de la boue.

embotado, da *adj* émoussé, e.

embotadura *f*; **embotamiento** *m* émoussement *m* ‖ FIG & FAM encroûtement *m* (intelectual).

embotar *v tr* émousser ‖ FIG émousser, engourdir (adormecer); embotar los sentidos engourdir les sens ‖ émousser; el ocio embota el ánimo l'oisiveté émousse le courage ‖ mettre en pot (el tabaco).

➤ **embotarse** *v pr* s'émousser ‖ FIG s'émousser (debilitarse) ‖ FIG & FAM s'encroûter ‖ (p us) se botter (calzarse).

embotellado, da *adj* embouteillé, e; en bouteille (líquido) ‖ FIG préparé longtemps à l'avance (discurso, etc.).

➤ **embotellado** *m* embouteillage, mise *f* en bouteilles.

embotelladora *f* machine à embouteiller.

embotellamiento *m* embouteillage, mise *f* en bouteilles (líquidos) ‖ embouteillage, encombrement (en la vía pública); un embotellamiento de coches un embouteillage de voitures.

embotellar *v tr* embouteiller ‖ embouteiller, encombrer (la calle).

➤ **embotellarse** *v pr* FIG apprendre par cœur.

embotijar *v tr* mettre dans des cruches.

➤ **embotijarse** *v pr* FIG & FAM prendre du ventre (criar carne) ‖ se fâcher, s'emporter (encolerizarse).

embovedado *m* ARQ voûte *f*.

embovedar *v tr* ARQ voûter.

embozalar *v tr* museler.

embozar [13] *v tr* cacher le bas du visage ‖ FIG déguiser, cacher (disfrazar) ‖ museler (poner un bozal).

➤ **embozarse** *v pr* cacher le bas de son visage, se draper; embozarse en la capa se draper dans sa cape.

∎ OBSERV Pour embozarse, on ramène un pan de la cape sur le visage de façon que seuls les yeux restent visibles.

embozo *m* pan [d'une cape] ‖ rabat, retour (de la sábana) ‖ action *f* de se couvrir le bas du visage avec un pan de son manteau ‖ FIG déguisement (disfraz), dissimulation *f* (disimulo) ‖ FIG & FAM hablar con embozo parler à mots couverts ‖ quitarse el embozo jeter o mettre bas le masque.

embragar [16] *v tr & intr* TECN embrayer.

embrague *m* TECN embrayage; embrague automático, de disco, de fricción, magnético, hidráulico embrayage automatique, à disque, à friction, électromagnétique, hydraulique.

embravecer [30] *v tr* irriter, rendre furieux.

➤ **embravecerse** *v pr* s'irriter ‖ se déchaîner, être démontée (el mar) ‖ prospérer (plantas).

embravecido, da *adj* irrité, e; furieux, euse ‖ mar embravecido mer démontée o déchaînée.

embravecimiento *m* irritation *f*, fureur *f* ‖ déchaînement, courroux [poétique] (del mar).

embrazadura *f* anse (del escudo).

embrazar [13] *v tr* passer (un bouclier) à son bras.

embreado *m*; **embreadura** *f* goudronnage *m*.

embrear *v tr* goudronner.

embreñarse *v pr* se fourrer dans les buissons.

embretar *v tr* (*Amer*) parquer [animaux].

embriagado, da *adj* ivre.

embriagador, ra; **embriagante** *adj* enivrant, e; grisant, e.

embriagamiento *m* enivrement.

embriagante ▬ **embriagador**.

embriagar [16] *v tr* enivrer, soûler (emborrachar) ‖ FIG soûler, engourdir (adormecer) ‖[▷ SIN] enivrer, griser (enajenar); **embriagado por la gloria** enivré de gloire ‖ **embriagado por la alegría** ivre de joie.

◆ **embriagarse** *v pr* s'enivrer; **embriagarse con alcohol** s'enivrer d'alcool ‖ FIG se griser, s'enivrer.

‖ SIN enajenar transporter, enivrer; encantar, arrebatar ravir; extasiar extasier.

embriaguez *f* ivresse, ébriété, enivrement *m* (borrachera) ‖ [▷ SIN] FIG ivresse, griserie (enajenamiento).

‖ SIN exaltación exaltation; éxtasis extase; arrebato transport.
‖ OBSERV pl embriagueces.

embridar *v tr* EQUIT brider (poner la brida) ‖faire relever la tête.

embriogénesis *f inv*; **embriogenia** *f* BIOL embryogenèse, embryogénie.

embriogénico, ca *adj* BIOL embryogénique.

embriología *f* BIOL embryologie.

embriólogo *m* embryologiste.

embrioma *m* MED embryome.

embrión *m* [▷ SIN] BIOL embryon ‖ FIG embryon (principio) ‖ **estar en embrión** être à l'état d'embryon (niño), être à l'état embryonnaire (cosa).

‖ SIN feto fœtus; huevo œuf; óvulo ovule; germen germe.

embrionario, ria *adj* embryonnaire.

embriopatía *f* embryopathie.

embriotomía *f* MED embryotomie.

embrocación *f* MED embrocation (linimento).

embrocar [10] *v tr* transvaser (un líquido) ‖ renverser, mettre à l'envers (poner boca abajo) ‖TECN brocher (un bordado)‖fixer la semelle avec des clous (un zapato) ‖TAUROM attraper entre les cornes.

◆ **embrocarse** *v pr* (*Amer*) passer (el sarape).

embrochalado *m* ARQ enchevêtrure *f* (armazón de vigas).

embrochalar *v tr* ARQ enchevêtrer (vigas).

embrolladamente *adv* d'une manière embrouillée o confuse; **hablar embrolladamente** parler d'une manière confuse ‖ en désordre.

embrollador, ra *adj & s* brouillon, onne.

embrollar *v tr* embrouiller (enmarañar) ‖brouiller (desordenar, malquistar personas).

◆ **embrollarse** *v pr* s'embrouiller.

embrollista *m & f* brouillon, onne.

embrollo *m* embrouillement (enredo) ‖ imbroglio, confusion *f* (confusión) ‖ mensonge (embuste) ‖FIG guêpier (atolladero).

embrollón, ona *adj & s* brouillon, onne.

embromado, da *adj* (*Amer*) FAM ennuyé, e ‖ **estar embromado** avoir de gros ennuis.

embromar *v tr* mystifier, berner (engañar) ‖ se moquer de (burlarse) ‖ (*Amer*) ennuyer (fastidiar) ‖ faire du tort à, nuire à (dañar) ‖ faire perdre son temps à ‖ **¡déjate de embromar!** fiche-nous la paix!

embroquelarse ▬ **abroquelarse**.

embroquetar *v tr* mettre à la broche.

embrujar *v tr* ensorceler, envoûter (hechizar).

embrujo; **embrujamiento** *m* maléfice, ensorcellement, envoûtement (hechizo) ‖ sortilège, envoûtement (encanto).

embrutecedor, ra *adj* abrutissant, e; **es un trabajo embrutecedor** c'est un travail abrutissant.

embrutecer [30] *v tr* abrutir.

◆ **embrutecerse** *v pr* s'abrutir.

‖ SIN entorpecer engourdir; atontar, entontecer abêtir; atolondrar étourdir.

embrutecimiento *m* abrutissement.

embuchado *m* charcuterie *f* en boyau (embutido) ‖ FIG remplissage (añadidura de texto) ‖ fraude *f* électorale (fraude).

embuchar *v tr* gaver (las aves) ‖farcir (las tripas) ‖FAM avaler, engloutir (tragar).

embudar *v tr* placer un entonnoir ‖ rabattre [le gibier] ‖FIG tromper (engañar).

embudo *m* entonnoir (para trasegar líquidos) ‖ FIG tromperie *f* (engaño) ■ **embudo de colada** entonnoir de coulée ‖ **embudo de granada** trou d'obus ‖ FAM **se aplica la ley del embudo** il y a deux poids et deux mesures.

embullar *v tr* (*Amer*) animer, exciter.
◇ *v intr* (*Amer*) chahuter, semer le trouble (meter bulla).

embullo *m* (*Amer*) tumulte, chahut.

emburujar *v tr* FAM entasser.

◆ **emburujarse** *v pr* (*Amer*) s'emmitoufler (arrebujarse).

embuste *m* mensonge (mentira); **es una trama** o **una sarta de embustes** c'est un tissu de mensonges.

◆ **embustes** *m pl* colifichets (baratijas).

‖ OBSERV À la différence de mentira, le mot embuste implique une idée de fourberie.

embustear *v intr* mentir souvent.

embustería *f* mensonge *m* (mentira).

embustero, ra *adj & s* menteur, euse.

‖ SIN mentiroso menteur; engañador trompeur; embaucador trompeur; farsante cabotin; insidioso insidieux.

embutidera *f* emboutissoir *m* (máquina de embutir).

embutido *m* charcuterie *f* comprenant les saucisses, saucissons, boudins, etc. (embuchado) ‖marqueterie *f* (taracea) ‖ (*Amer*) entredeux (bordado) ‖ TECN emboutissage (de las chapas) ‖ **fábrica de embutidos** charcuterie (usine).

embutir *v tr* marqueter (taracear) ‖faire des saucisses, saucissons, boudins, etc. (embuchar) ‖ bourrer (rellenar) ‖FIG fourrer, introduire (meter) ‖intercaler (intercalar) ‖TECN emboutir (forjar un metal) ■ FIG & FAM **embutir la**

cabeza con bourrer le crâne de, farcir la tête de ‖ (*Amer*) encaje de embutir entredeux ‖ FAM persona embutida en un abrigo personne engoncée dans un manteau.
◇ *v tr & pr* FAM avaler, engloutir (tragar).

eme *f m* [nom de la lettre "m"].

emenagogo, ga *adj & s* MED emménagogue.

emergencia *f* émergence; **punto de emergencia** point d'émergence ‖ FIG urgence; **en caso de emergencia** en cas d'urgence ‖ circonstance, cas *m*; **salvo emergencias graves** sauf dans des circonstances graves ■ **estado de emergencia** état d'exception o d'urgence ‖ **salida de emergencia** sortie de secours ‖**solución de emergencia** solution de rechange.

emergente *adj* émergent, e (que emerge) ‖FIG résultant, e (que resulta).

emerger [14] *v intr* émerger, surgir (brotar) ‖ sortir (salir) ‖FIG résulter.

emeritense *adj & s* de Mérida [Espagne].

emérito, ta *adj* émérite [retraité].

emersión *f* ASTRON émersion.

emético, ca *adj & s m* MED émétique (vomitivo).

emétrope *adj & s* emmétrope (de vista normal).

emetropía *f* MED emmétropie.

emigración *f* émigration ‖ **emigración de capitales** exode des capitaux.

‖ SIN migración migration; éxodo exode; destierro exil; expatriación expatriation.

emigrado, da *adj & s* émigré, e.

emigrante *adj & s* émigrant, e.

emigrar *v intr* émigrer; **emigrar a** o **hacia la Argentina** émigrer en Argentine.

emigratorio, ria *adj* migratoire, d'émigration.

Emilia *n pr* Émilie.

Emiliana *n pr* Émilienne.

Emiliano *n pr* Émilien.

Emilio *n pr* Émile.

eminencia *f* éminence (elevación de terreno) ■ FIG **eminencia gris** éminence grise ‖ **su Eminencia** Son Éminence (tratamiento eclesiástico).

eminente *adj* éminent, e.

eminentemente *adv* éminemment.

eminentísimo, ma *adj* éminentissime.

emir *m* émir (jefe árabe).

emirato *m* émirat.

Emiratos Árabes (Unidos) *n pr m pl* GEOGR **los Emiratos Árabes (Unidos)** les Émirats arabes unis.

emisario *m* émissaire (enviado) ‖émissaire, canal de vidange (desaguadero).

emisión *f* émission ‖ RAD émission ‖ tirage *m* (de una letra) ‖ RAD **director de emisión** metteur en ondes ‖ ECON **emisión de valores** émission de valeurs.

emisivo, va *adj* émissif, ive.

emisor, ra *adj* émetteur, trice ‖ RAD **centro emisor, estación emisora** poste émetteur o station émettrice.

◆ **emisor** *m* émetteur (aparato).

◆ **emisora** *f* poste *m* émetteur, station émettrice ‖emisora pirata station pirate.

emitir *v tr* émettre; emitir radiaciones émettre des radiations ‖ émettre (poner en circulación) ‖ FIG porter, émettre; emitir un juicio porter un jugement ‖ ELECTR émettre; emitir en onda corta émettre sur ondes courtes.
◇ *v intr* RAD émettre.

emoción *f* émotion.
SIN turbación trouble; desconcierto, desasosiego désarroi; agitación agitation; inquietud inquiétude; trastorno bouleversement.

emocionado, da *adj* ému, e; emocionado con sus lágrimas ému par ses larmes.

emocional *adj* émotif, ive; choque emocional choc émotif ‖ émotionnel, elle; proceso emocional processus émotionnel.

emocionalmente *adv* avec émotion.

emocionante *adj* émouvant, e (conmovedor) ‖ impressionnant, e (impresionante) ‖ palpitant, e (muy interesante); un libro emocionante un livre palpitant.
SIN conmovedor touchant; patético pathétique; dramático dramatique; trágico tragique; impresionante impressionnant.

emocionar *v tr* émouvoir, émotionner FAM ‖ impressionner; le emociona ver sangre la vue du sang l'impressionne.
◆ **emocionarse** *v pr* s'émouvoir, être ému.
OBSERV 1. Le verbe émotionner existe mais son usage est déconseillé.
2. El verbo émouvoir se emplea muy poco en el imperfecto y en el futuro.

emoliente *adj & s m* MED émollient, e.

emolumentos *m pl* émoluments.

emoticón *m* INFORM grimace *f*.

emotivamente *adv* avec émotivité.

emotividad *f* émotivité.

emotivo, va *adj & s* émotif, ive; niña emotiva fillette émotive.
◇ *adj* émouvant, e (que produce emoción).

empacador, ra *adj* emballeur, euse ‖ planta empacadora de pescado usine de conditionnement du poisson.

empacamiento *m* (Amer) emballage.

empacar [10] *v tr* emballer (empaquetar).
◇ *v intr* (Amer) faire les valises.
◆ **empacarse** *v pr* s'entêter, se buter (emperrarse) ‖ se troubler (turbarse) ‖ (Amer) s'arrêter net [un animal].

empachado, da *adj* qui a une indigestion ‖ maladroit, e (torpe).

empachar *v tr* charger l'estomac (indigestar) ‖ FIG cacher, couvrir (ocultar) ‖ embarrasser, gêner (estorbar).
◆ **empacharse** *v pr* avoir une indigestion ‖ être embarrassé, perdre contenance, se troubler (turbarse).

empacho *m* embarras gastrique (indigestión) ‖ (p us) obstacle (estorbo) ‖ embarras, gêne *f* (confusión) ‖ FAM ¡qué empacho de niño! que cet enfant est donc collant! ‖ sin empacho sans faire de manières.

empachoso, sa *adj* lourd, e (alimento) ‖ gênant, e; embarrassant, e (que estorba) ‖ honteux, euse (vergonzoso).

empacón, ona *adj* (Amer) têtu, e; rétif, ive.

empadrarse *v pr* ne pas pouvoir se passer de ses parents (un niño).

empadronador *m* fonctionnaire qui dresse les rôles o les recensements.

empadronamiento *m* [▷ SIN] recensement, dénombrement (censo) ‖ enregistrement (inscripción) ‖ rôle (impuestos).
SIN censo, padrón recensement; inscripción inscription; estadística statistique; inventario inventaire; enumeración, recuento énumération.

empadronar *v tr* recenser, enregistrer (hacer el empadronamiento) ‖ établir les rôles (impuestos) ‖ cataloguer (catalogar).
◆ **empadronarse** *v pr* se faire enregistrer.

empajada *f* ration de paille [pour les animaux].

empajar *v tr* empailler, pailler (semilleros, etc.) ‖ (Amer) couvrir de chaumes (techar de paja) ‖ mêler de la paille [à l'argile].
◆ **empajarse** *v pr* (Amer) avoir trop de paille (los cereales).

empalagamiento *m* écœurement, dégoût (empalago).

empalagar [16] *v tr* écœurer (los alimentos) ‖ FIG ennuyer, assommer (fastidiar).

empalago *m* écœurement, dégoût (asco por un alimento) ‖ FIG ennui.

empalagoso, sa *adj* écœurant, e (alimento) ‖ FIG ennuyeux, euse; collant, e (cargante) ‖ assommant, e; ennuyeux, euse (fastidioso) ‖ doucereux, euse; mielleux, euse (palabras, voz) ‖ mijaurée, snobinette (una mujer) ‖ à l'eau de rose (película, novela).

empalamiento *m* empalement (suplicio).

empalar *v tr* empaler ‖ DEP taper dans la balle.
◆ **empalarse** *v pr* (Amer) s'entêter (obstinarse) ‖ s'engourdir (envararse).

empaliar *v tr* garnir de tentures (para una procesión).

empalizada *f* palissade (estacada).

empalizar [13] *v tr* palissader.

empalletado *m* MAR bastingage.

empalmadura ▶ **empalme**.

empalmar *v tr* embrancher, raccorder (vías, ferrocarril) ‖ FIG enchaîner (ideas) ‖ TECN assembler (ensamblar) ‖ enter, abouter (carpintería) ‖ aboucher, raccorder, relier (tubos) ‖ épisser, relier (cables, hilos eléctricos) ‖ coller (trozos de película cinematográfica).
◇ *v intr* s'embrancher; carretera que empalma con otra route qui s'embranche sur une autre ‖ correspondre (tren, autocar, etc.) ‖ s'enchaîner (sucederse) ‖ FIG & FAM faire la soudure avec.

empalme *m*; **empalmadura** *f* embranchement, raccordement (de ferrocarriles) ‖ correspondance *f* (de comunicaciones) ‖ bretelle *f*, raccordement (carretera) ‖ liaison *f* (conexión) ‖ TECN assemblage (ensambladura) ‖ enture *f*, aboutement (carpintería) ‖ abouchement, raccord (de tubos) ‖ épissure *f* (de cables, hilos eléctricos) ‖ torsade *f* (de varios hilos) ‖ reprise *f* (fútbol).

empampanarse; **empamparse** *v pr* (Amer) s'égarer dans la pampa.

empampirolado, da *adj* FAM vaniteux, euse; suffisant, e; prétentieux, euse.

empanada *f* pâté *m* en croûte, friand *m* (manjar) ‖ FIG manigances *pl* (maniobra secreta) ‖ FIG tener una empanada mental perdre les pédales.

empanadilla *f* CULIN chausson *m* (con dulce), friand *m* (con carne picada).

empanado, da *adj* CULIN pané, e; chuleta empanada côtelette panée ‖ AGRIC emblavé, e.

empanar *v tr* paner (con pan rallado) ‖ enrober de pâte (con masa) ‖ AGRIC emblaver.
◆ **empanarse** *v pr* AGRIC étouffer (el trigo).

empanelado *m* revêtement ‖ panneau; empanelados de caoba panneaux en acajou.

empantanar *v tr* inonder (inundar) ‖ embourber (meter en un barrizal) ‖ FIG laisser croupir o en plan, paralyser (un asunto).
◆ **empantanarse** *v pr* être inondé, e; la carretera se empantanó la route a été inondée ‖ s'embourber; la carreta se empantanó la charrette s'est embourbée ‖ FIG croupir, rester en plan; se empantanó el pleito le procès est resté en plan ‖ piétiner; asunto que se empantana affaire qui piétine.

empanzarse [13] *v pr* (Amer) avoir une indigestion.

empañar *v tr* embuer (un cristal) ‖ ternir (quitar el brillo) ‖ FIG ternir; empañar la reputación ternir la réputation ‖ emmailloter (en pañales) ‖ voz empañada voix voilée o couverte.

empañetado *m* (Amer) crépi (enlucido).

empañetar *v tr* crépir (enlucir).

empapamiento *m* absorption *f* (de un líquido en una cosa) ‖ imbibition *f* (de una cosa en un líquido).

empapar *v tr* tremper; la lluvia empapa los vestidos la pluie trempe les vêtements; empapar pan en la sopa tremper du pain dans la soupe ‖ détremper; suelo empapado sol détrempé ‖ boire, absorber; la tierra empapa la lluvia la terre boit la pluie ‖ imbiber; empapar una esponja en agua imbiber une éponge d'eau ‖ éponger; empapar el agua con un trapo éponger l'eau avec un chiffon ■ estar empapado être trempé ‖ estar empapado en sudor être trempé o en nage o en eau ‖ voz empapada en lágrimas voix noyée de larmes.
◆ **empaparse** *v pr* s'imbiber de; el pan se empapa en el vino le pain s'imbibe de vin ‖ être bu; la tinta se empapa en el papel secante l'encre est bue par le papier buvard ‖ pénétrer; la lluvia se empapa en el suelo la pluie pénètre dans le sol ‖ être trempé; llovía tanto que se ha empapado mi gabardina il pleuvait tellement que ma gabardine était trempée ‖ FIG se pénétrer de, s'imprégner de; empaparse en una doctrina se pénétrer d'une doctrine ‖ se mettre dans la tête; empápate bien esta regla mets-toi bien cette règle dans la tête.

empapelado *m* tapisserie *f* (de las paredes) ‖ papier peint (papel).

empapelador *m* tapissier (de paredes).

empapelar *v tr* empaqueter, envelopper (envolver en papel) ‖ tapisser (las paredes) ‖ FIG & FAM traîner devant les tribunaux.

empapirotarse *v pr* FAM se mettre sur son trente et un.

empaque *m* empaquetage ‖ container (del paracaídas) ‖ FAM allure *f*; caballo, traje de mucho empaque cheval, costume qui a beaucoup d'allure ‖ (Amer) effronterie *f* (descaro).

empaquetado; **empaquetamiento** *m* empaquetage.

empaquetador, ra *m* & *f* emballeur, euse.

empaquetamiento ➠ **empaquetado**.

empaquetar *v tr* empaqueter (embalar) ▌ entasser (colocar) ▌ FIG entasser (a la gente) ▌ expédier (enviar).

emparamarse *v pr* (*Amer*) mourir de froid (morirse de frío).

emparchar *v tr* appliquer un emplâtre.

empardar *v tr* (*Amer*) être à égalité, égaler (empatar, igualar).

emparedado, da *adj* & *s* emmuré, e ▌ reclus, e (recluso).

➥ **emparedado** *m* sandwich (con pan de molde).

emparedamiento *m* emmurement ▌ maison *f* de réclusion (casa).

emparedar *v tr* emmurer ▌ FIG claquemurer, enfermer (encerrar).

emparejador *m* appareilleur.

emparejadura *f* appareillement *m*.

emparejamiento *m* assemblage par paires (de cosas) ▌ disponer los emparejamientos placer les gens deux par deux (de personas).

emparejar *v tr* assortir (combinar) ▌ emparejar una cosa con otra assortir une chose à une autre ▌ accoupler, appareiller (reunir) ▌ égaliser, uniformiser (igualar) ▌ mettre au même niveau (poner al mismo nivel) ▌ niveler, affleurer (la tierra).

◇ *v intr* rattraper (alcanzar a uno).

◇ *v intr* & *pr* faire la paire, être assorti (hacer pareja).

➥ **emparejarse** *v pr* (*Amer*) se débrouiller (arreglarse) ▌ chaparder (sisar).

emparentar [19] *v intr* s'apparenter, s'allier à ▌ estar bien o muy bien emparentado être allié o apparenté à de grandes familles. ◇ *v tr* apparenter.

emparrado *m* treille *f* (parra) ▌ treillage *m* (armazón) ▌ berceau *m* (armazón en forma de bóveda) ▌ viña en emparrado vigne en espalier.

emparrandarse *v pr* FAM (*Amer*) faire la noce (parrandear).

emparrar *v tr* treillager.

emparrillado *m* ARQ armature *f* d'une semelle (cimientos) ▌ grillade *f* (asado).

emparrillar *v tr* griller (asar en la parrilla) ▌ ARQ construire une armature [dans les fondations].

emparvar *v tr* AGRIC faire l'airée.

empastador *m* pinceau à empâter (pincel) ▌ (*Amer*) relieur (encuadernador).

empastar *v tr* empâter (llenar de pasta) ▌ cartonner (encuadernar) ▌ plomber (un diente) ▌ ARTES empâter ▌ (*Amer*) météoriser (el ganado) ▌ mettre en pâturage (un terreno).

➥ **empastarse** *v pr* (*Amer*) être converti en pâturage ▌ être envahi par les mauvaises herbes (llenarse de maleza un terreno) ▌ souffrir de la météorisation (el ganado).

empaste *m* plombage (de un diente) ▌ ARTES empâtement ▌ IMPR empattement ▌ (*Amer*) météorisation *f* (del ganado).

empastelamiento *m* IMPR mastic.

empastelar *v tr* FIG & FAM transiger, composer ▌ IMPR faire un mastic [mêler los mots].

empatar *v intr* DEP égaliser; López empató en el minuto dieciesiete López égalisa à la

dix-septième minute ▌ faire match nul; Madrid y Reims empataron Madrid et Reims ont fait match nul ▌ tenir en échec (un equipo); Madrid empata con Reims Madrid tient Reims en échec ▌ être ex æquo avec quelqu'un (en una carrera) ▌ (*Amer*) s'emboîter (empalmar) ■ **empatados a dos** deux partout (fútbol) ▌ **estar empatados** être à égalité ▌ **salir empatados** partager les voix (votación).

➥ **empatarse** *v pr* être en ballottage (en una elección).

empate *m* ballottage (en una elección) ▌ partage (de opiniones) ▌ résultat nul (en un concurso) ▌ match nul (en deportes) ▌ partie *f* nulle (en el ajedrez) ■ **el gol del empate** le but d'égalisation o égalisateur ▌ **empate a dos** deux partout (fútbol).

empavesada *f* MAR pavois *m*.

empavesado, da *adj* pavoisé, e ▌ voilé, e (monumento no inaugurado).

➥ **empavesado** *m* pavoisement (del buque).

empavesar *v tr* pavoiser ▌ voiler (ocultar un monumento).

empavón, ona *adj* (*Amer*) qui rougit facilement, timide.

empavonado; empavonamiento *m* TECN bleuissage (metales).

empavonar *v tr* bleuir (los metales) ▌ (*Amer*) enduire (untar).

empecatado, da *adj* incorrigible ▌ insupportable (muy travieso) ▌ méchant, e (malo) ▌ malchanceux, euse (desgraciado).

empecer [30] *v intr* (ant) empêcher; lo que no empece ce qui n'empêche pas.

empecinado, da *adj* têtu, e; obstiné, e (terco).

➥ **empecinado** *m* marchand de poix ▌ El Empecinado surnom de Martín Díaz, héros de la guerre d'Indépendance en Espagne.

empecinamiento *m* obstination *f*.

empecinar *v tr* poisser (untar con pez) ▌ crotter (ensuciar).

➥ **empecinarse** *v pr* s'obstiner, s'entêter.

empedarse *v pr* FAM se soûler.

empedernido, da *adj* endurci, e; invétéré, e; impénitent, e; enragé, e; bebedor, fumador, jugador empedernido buveur, fumeur, joueur invétéré o enragé; solterón empedernido célibataire endurci ▌ insensible, dur; corazón empedernido cœur insensible.

empedernir [78] *v tr* endurcir.

➥ **empedernirse** *v pr* s'endurcir, devenir insensible.

┃ OBSERV Ce verbe ne s'emploie qu'aux personnes dont la désinence commence par i: empederní, empedernía, empederniera, etc.

empedrado, da *adj* pavé, e (con adoquines) ▌ empierré, e (con piedras) ▌ pommelé, e (caballería, cielo) ▌ grêlé, e (cara).

➥ **empedrado** *m* pavage (adoquinado) ▌ empierrement (con piedras) ▌ ragoût (guiso).

empedramiento *m* pavage (con adoquines) ▌ empierrement (con piedras).

empedrar [19] *v tr* paver (con adoquines) ▌ empierrer (con piedras) ▌ FIG semer, truffer, couvrir (llenar, plagar); empedrar con citas un libro semer un livre de citations.

empega *f* poix (pez) ▌ marque faite aux moutons avec de la poix (señal).

empegadura *f* couche de poix.

empegar [16] *v tr* poisser, empoisser, enduire avec de la poix ▌ marquer avec de la poix (el ganado).

empeine *m* bas-ventre (parte inferior del vientre) ▌ cou-de-pied (parte superior del pie) ▌ empeigne *f* (del zapato) ▌ MED dartre *f* (herpes) ▌ BOT hépatique ▌ fleur *f* du cotonnier (del algodón).

empelechar *v tr* recouvrir de marbre ▌ joindre, unir [des plaques de marbre].

empella *m* empeigne (del zapato) ▌ (*Amer*) motte (de mantequilla).

empellada *f* poussée.

empellar *v tr* pousser.

empellejar *v tr* couvrir de peau.

empeller *v tr* pousser.

empellón *m* poussée *f* ▌ FAM a empellones brutalement, rudement.

empelotarse *v pr* être en désordre, être pêle-mêle (enredarse) ▌ se chamailler, se disputer (reñir) ▌ FAM (*Amer*) se déshabiller (desnudarse) ▌ s'enticher de, en pincer pour.

empeltre *m* AGRIC greffe *f* en écusson.

empenachar *v tr* empanacher.

empenaje *m* AVIAC empennage.

empenta *f* étai *m*, pieu *m* (puntal).

empentar *v tr* pousser (empujar) ▌ MIN étayer.

empeñado, da *adj* acharné, e (riña) ▌ engagé, e (palabra).

empeñar *v tr* engager, mettre en gage; empeñar sus joyas engager ses bijoux ▌ engager (su palabra, el honor, la fe) ▌ FIG engager, embarquer; empeñar el país en una guerra sangrienta embarquer le pays dans une guerre meurtrière ▌ FAM empeñar hasta la camisa y laisser jusqu'à sa chemise.

➥ **empeñarse** *v pr* s'obstiner, s'entêter; empeñarse en escribir s'entêter à écrire; empeñarse en trabajar s'obstiner à travailler ▌ insister; puesto que te empeñas, te lo diré puisque tu insistes, je te le dirai ▌ s'engager (una batalla) ▌ s'efforcer de, s'appliquer; me empeñaba en hacerlo lo mejor posible je m'appliquais à le faire le mieux possible ▌ s'endetter (endeudarse) ■ FAM por más que te empeñes tu auras beau faire.

empeñero, ra *m* & *f* (*Amer*) prêteur, euse [sur gage].

empeño *m* engagement; empeño de joyas engagement de bijoux ▌ acharnement, opiniâtreté *f*; trabajar con empeño travailler avec acharnement ▌ constance *f*, persévérance *f* (constancia) ▌ effort (esfuerzo); empeño constante para mejorarse effort constant pour s'améliorer ▌ (*Amer*) maison *f* de prêt (sur gage) ■ casa de empeño mont-de-piété, maison de prêt (sur gage) ▌ con empeño avec acharnement ▌ en empeño en gage ▌ papeleta de empeño reconnaissance du mont-de-piété ■ poner o tomar empeño en s'efforcer de, s'acharner à ▌ tener empeño en tenir à; tengo empeño en que este trabajo esté acabado hoy je tiens à ce que ce travail soit terminé aujourd'hui.

empeñoso, sa *adj* (*Amer*) opiniâtre.

empeoramiento *m* aggravation *f* || détérioration *f*, dégradation *f* (de una situación).

empeorar *v tr* aggraver, empirer.
◇ *v intr & pr* empirer, s'aggraver, se détériorer, se dégrader; **la situación se ha empeorado rápidamente** la situation s'est rapidement dégradée ||aller plus mal (un enfermo).

empequeñecer [30] *v tr* rapetisser, amoindrir.

empequeñecimiento *m* rapetissement, amoindrissement.

emperador *m* empereur || poisson-épée, espadon (pez espada).

emperatriz *f* impératrice.
|| OBSERV **1.** On disait aussi jadis emperadora.
2. pl emperatrices.

emperchar *v tr* accrocher à un portemanteau.

emperdigar [16] *v tr* griller légèrement (soasar).

emperejilarse *v pr* FAM se mettre sur son trente-et-un.

emperezarse [13] *v pr* se laisser aller à la paresse, fainéanter.

empergaminar *v tr* relier en parchemin (los libros).

emperifollarse *v pr* FAM se mettre sur son trente et un.

empernar *v tr* TECN boulonner.

empero *conj* (p us) mais (pero) || cependant, néanmoins (sin embargo).
|| OBSERV L'usage de cette conjonction est réservé à la langue littéraire.

emperramiento *m* FAM entêtement, obstination *f*|rage *f*, colère *f*(rabia).

emperrarse *v pr* FAM s'entêter, se buter (obstinarse) || se mettre en rage o en colère (irritarse).

empestillarse *v pr* s'obstiner (emperrarse).

empezar [34] *v tr* commencer; **empezó el discurso hablando de la guerra** il a commencé son discours en parlant de la guerre ■ **empezar de nuevo, volver a empezar** recommencer || **empezar la casa por el tejado** mettre la charrue avant o devant les bœufs.
◇ *v intr* commencer; **empezar a trabajar** commencer à travailler ■ **haber empezado con nada** être parti de rien ||**todo es empezar** il n'y a que le premier pas qui coûte, le tout c'est de commencer.

empicarse [10] *v pr* se passionner pour (aficionarse) ||**empicarse en el juego** se piquer au jeu.

empicotar *v tr* mettre au pilori.

empiece *m* FAM commencement (comienzo).

empiema *m* MED empyème.

empiezo *m* (Amer) commencement (comienzo).

empilar *v tr* empiler (apilar).

empilcharse *v pr* (Amer) bien s'habiller (vestirse bien).

empiltrarse *v pr* FAM se pieuter (acostarse).

empinado, da *adj* dressé, e (levantado) || raide, en pente; **camino empinado** chemin en pente ||très haut, e; élevé, e (alto) || cabré, e (animal) || sur la pointe des pieds (persona) || FIG suffisant, e; hautain, e (orgulloso).

empinadura *f*; **empinamiento** *m* action de dresser o de se dresser.

empinar *v tr* dresser, mettre debout (levantar) || incliner, renverser [une bouteille pour boire] || FAM **empinar el codo** lever le coude.
◆ **empinarse** *v pr* se cabrer (caballo) || se dresser sur la pointe des pieds (ponerse de puntillas) || s'élever, se dresser (ser muy alto) ||monter (ascender).

empingorotado, da *adj* FIG huppé, e.

empingorotar *v tr* **empingorotar a alguien a estratos sociales** introduire quelqu'un dans le monde.
◆ **empingorotarse** *v pr* grimper, monter (subirse) || FIG monter sur ses ergots (engreírse).

empino *m* ARQ sommet d'une voûte d'arête.

empiñonado *m* CULIN sorte de nougat aux pignons (piñonate).

empiparse *v pr* FAM s'empiffrer, se gaver (atracarse).

empíreo *m* empyrée (el cielo).

empireuma *f* QUÍM empyreume *m*.

empireumático, ca *adj* empyreumatique.

empírico, ca *adj* empirique.

empirismo *m* empirisme.

empitonar *v tr* encorner (cornear).

empizarrado, da *adj* ardoisé, e.
◆ **empizarrado** *m* toit d'ardoises (tejado).

empizarrar *v tr* ardoiser (cubrir de pizarras).

emplastadura *f*; **emplastamiento** *m* application d'un emplâtre.

emplastar *v tr* appliquer un emplâtre (cubrir con un emplasto) || FIG farder, plâtrer (poner afeites).
◆ **emplastarse** *v pr* se barbouiller (embadurnarse).

emplastecer [30] *v tr* égaliser une surface.

emplástico, ca *adj* visqueux, euse; gluant, e (pegajoso) || MED suppuratif, ive.

emplasto *m* emplâtre || FIG emplâtre (componenda).

emplazado, da *adj* HIST **Fernando IV el Emplazado** Ferdinand IV l'Ajourné.

emplazamiento *m* DR assignation *f*, mise *f* en demeure || emplacement (situación) ||emplazamiento arqueológico site archéologique || INFORM **emplazamiento de memoria** emplacement de mémoire.

emplazar [13] *v tr* DR assigner ||convoquer (citar) ||placer (colocar).

empleado, da *adj & s* employé, e ■ **empleado bancario o de banco** employé de banque || **empleado de correos** postier || **empleado de hogar** employé de maison || **empleado de ventanilla** guichetier ■ **empleado público** fonctionnaire.
|| SIN agente agent; dependiente commis; oficinista employé de bureau; funcionario fonctionnaire; encargado préposé; burócrata bureaucrate; escribiente, amanuense employé aux écritures; pendolista, FAM plumífero plumitif; DESPEC chupatintas, FAM & DESPEC cagatintas rond-de-cuir, gratte-papier, scribouillard.

empleador, ra *adj* qui emploie.
◇ *m & f* employeur, euse.

emplear *v tr* employer; **emplear en** employer à || employer, dire; **no emplee esta palabra** n'employez pas ce mot ■ **bien empleado le está, lo tiene bien empleado** c'est bien fait pour lui || **dar por bien empleado** ne pas regretter.
◆ **emplearse** *v pr* s'employer, être employé, e; **esta palabra ya no se emplea** ce mot ne s'emploie plus.

emplebeyecer [30] *v tr* donner un caractère plébéien.

empleita *f* natte (de esparto).

empleitero *m* nattier.

empleo *m* emploi; **pleno empleo** plein emploi; **petición de empleo** demande d'emploi ||[▷ SIN] situation *f*; **tiene un buen empleo** il a une belle situation ||emploi (uso) || grade (militar) ■ **empleo juvenil** emploi des jeunes || **oficina de empleo** agence pour l'emploi ■ **estar sin empleo** être sans emploi || **solicitar empleo** être demandeur d'emploi || **suspender a uno del empleo** suspendre quelqu'un de ses fonctions.
|| SIN función fonction; plaza, colocación place; destino, cargo, puesto poste; cargo charge; oficio office; ministerio ministère; sinecura, canonjía sinécure.

empleomanía *f* FAM manie de courir les charges publiques o de cumuler les emplois.

emplomado *m* plombage.

emplomadura *f* (Amer) plombage *m* (empaste de diente).

emplomar *v tr* plomber (marchamar) ||(Amer) plomber (dientes).

emplumar *v tr* emplumer || empenner (flechas) || (Amer) tromper, rouler, faire marcher (engañar) || renvoyer (despedir) || rosser (zurrar) || FAM (Amer) **emplumarlas** prendre la poudre d'escampette (huir) ||**¡que me emplumen si...!** je veux bien être pendu si...! ||**serpiente emplumada** serpent à plumes.
◇ *v intr* se couvrir de plumes (emplumecerse).

emplumecer [30] *v intr* se couvrir de plumes.

empobrecer [30] *v tr* appauvrir.
◇ *v intr & pr* s'appauvrir (una cosa) || perdre de l'argent, s'appauvrir (una persona).

empobrecimiento *m* appauvrissement.

empodrecer [30] *v intr* pourrir (pudrir).

empollado, da *adj* FAM calé, e; ferré, e; fort, e; **estar empollado en una materia** être ferré sur une matière; **empollado en matemáticas** fort en mathématiques.
◇ *m & f* FAM grosse tête *f*.

empolladura *f* couvain *m* (carrocha).

empollar *v tr* couver (las aves) || FIG & FAM ruminer (meditar) || potasser, bûcher, piocher (estudiar mucho); **empollar química** bûcher la chimie.
◇ *v intr* pondre le couvain (las abejas) ||couver (las aves).
◆ **empollarse** *v pr* FIG & FAM potasser, bûcher (una lección) || (Amer) avoir des ampoules (criar ampollas).

empollón, ona *adj* bûcheur, euse (un alumno).

empolvado, da *adj* poussiéreux, euse (cubierto de polvo) ||poudré, e (cubierto de polvos).
◆ **empolvado** *m* poudrage.

empolvamiento *m* poudroiement.

empolvar *v tr* couvrir de poussière (ensuciar) ‖ couvrir; el viento empolva las ropas con arena le vent couvre les vêtements de sable ‖ poudrer (la cara, el pelo).

◆ **empolvarse** *v pr* se poudrer (el rostro) ‖ se couvrir de poussière, prendre la poussière (los muebles) ‖ (*Amer*) FIG se rouiller (perder la práctica).

empolvoramiento *m* poudroiement ‖ couche *f* de poussière.

empolvorar [3]; **empolvorizar** [13] *v tr* couvrir de poussière (cubrir de polvo).

emponchado, da *adj* (*Amer*) enveloppé dans un poncho ‖ FIG méfiant, e (sospechoso).

emponcharse *v pr* (*Amer*) s'envelopper dans un poncho.

emponzoñador, ra *adj & s* empoisonneur, euse (que emponzoña) ‖ FIG corrupteur, trice (que corrompre).

emponzoñamiento *m* empoisonnement ‖ FIG corruption *f*.

emponzoñar *v tr* empoisonner (envenenar) ‖ FIG envenimer (una riña) ‖ empoisonner, corrompre; país emponzoñado por el vicio pays empoisonné par le vice.

empopar *v intr* MAR naviguer vent arrière.

emporcar [36] *v tr* cochonner FAM, salir (ensuciar).

emporio *m* grand centre commercial, grand marché (centro comercial) ‖ FIG haut lieu (de las ciencias, artes, etc.) ‖ HIST emporium ‖ (*Amer*) grand magasin (almacén).

‖ OBSERV La palabra francesa emporium sólo se aplica a las ciudades de la Antigüedad.

emporrado, da *adj* FAM camé, e; qui plane (bajo los efectos del porro).

emporrarse *v pr* FAM fumer (des joints) (drogarse con porros).

empotramiento *m* scellement, scellage (con cemento) ‖ encastrement (en un hueco).

empotrar *v tr* sceller (fijar con cemento) ‖ encastrer ‖ armario empotrado placard, armoire encastrée.

empotrerar *v tr* (*Amer*) mettre (le bétail) dans un pâturage.

empozar [13] *v tr* jeter dans un puits ‖ rouir (el cáñamo).

◇ *v intr* (*Amer*) stagner (estancarse).

◆ **empozarse** *v pr* tomber dans l'oubli (un asunto).

empradizar [13] *v tr* convertir en pré.

emprendedor, ra *adj* entreprenant, e.

emprender *v tr* entreprendre; emprender un viaje entreprendre un voyage; emprender un trabajo entreprendre un travail ■ FAM emprenderla con uno s'en prendre à quelqu'un, prendre quelqu'un à partie.

empreñar *v tr* féconder [une femelle].

◆ **empreñarse** *v pr* être fécondée.

empresa *f* entreprise; la conquista de América fue una empresa considerable la conquête de l'Amérique a été une entreprise considérable ‖ entreprise; empresa privada entreprise privée ‖ société, compagnie (sociedad) ‖ devise (emblema) ■ empresa de seguridad société de gardiennage ‖ empresa de venta por correo entreprise de vente par correspondance ‖ empresa filial filiale ‖ empresa libre, libre empresa libre entreprise ‖ empresa multinacional entreprise multinationale

‖ empresa municipal entreprise municipale ‖ empresa pública entreprise publique ■ jurado de empresa comité d'entreprise.

empresariado *m* patronat.

empresarial *adj* patronal, e; problemas empresariales problèmes patronaux ■ estudios empresariales études de gestion des entreprises, études de commerce ‖ la clase empresarial le patronat.

empresario, ria *m & f* entrepreneur, euse ‖ employeur, euse (empleador); patron, onne (patrono); pequeño empresario patron d'une petite entreprise ‖ exploitant, e (de un cine).

◆ **empresario** *m* TEATR impresario ‖ DEP manager ‖ chef d'entreprise (director).

◆ **empresarios** *m pl* patronat *sing*.

emprestar *v tr* (p us) prêter (prestar) ‖ (*Amer*) emprunter (pedir prestado).

empréstito *m* emprunt; contraer, hacer un empréstito contracter, lancer un emprunt.

emprimar *v tr* FIG & FAM rouler, empiler (engañar) ‖ ARTES apprêter, imprimer (imprimar).

empringar [16] *v tr* graisser (pringar).

empujada *f* poussée (empujón).

empujar *v tr* pousser (mover) ‖ bousculer (atropellar) ‖ [▷ SIN] FIG chasser (expulsar) ‖ pousser (incitar).

◇ *v intr* pousser.

◆ **empujarse** *v pr* se pousser.

‖ SIN rechazar, repeler repousser; despedir rejeter; expulsar chasser; FAM botar ficher dehors.

empuje *m* poussée *f* (empujón) ‖ ARQ & AVIAC FÍS poussée ‖ FIG énergie *f*, allant, nerf, ressort; esta persona tiene mucho empuje cette personne a beaucoup d'allant ■ hombre de empuje homme d'action ‖ tomar al primer empuje emporter d'emblée.

empujón *m* coup, poussée *f* rude ‖ bourrade *f* (a una persona) ■ a empujones rudement (bruscamente), de force (a la fuerza), sans égard (sin cuidado) ‖ dar empujones pousser, bousculer ‖ FAM dar un empujón donner un coup de pouce ‖ tratar a empujones rudoyer.

empulgadura *f* encoche, encochement *m* (de una flecha).

empulgar [16] *v tr* encocher (la ballesta).

empulguera *f* encoche, coche (de ballesta).

◆ **empulgueras** *f pl* poucettes (suplicio).

empuñadura *f* poignée (de espada, etc.) ‖ pied-de-biche *m* (de campanilla) ‖ hasta la empuñadura jusqu'à la garde (espada).

empuñar *v tr* empoigner ‖ saisir (asir) ‖ FIG décrocher (un empleo) ‖ FIG empuñar las armas s'élever contre, partir en guerre contre.

empuñidura *f* MAR empointure.

emulación *f* émulation.

emulador, ra *adj & s* émule.

◆ **emulador** *m* INFORM émulateur.

‖ OBSERV Emulador est plutôt pris en mauvaise part avec le sens de rival envieux, sens que n'a pas émulo.

emular *v tr & pr* rivaliser avec.

émulo, la *adj & s* émule, rival, e.

emulsificador *m* émulsificateur, émulsifieur.

emulsina *f* QUÍM émulsine.

emulsión *f* émulsion; emulsión fotográfica émulsion photographique.

emulsionar *v tr* émulsionner.

emulsivo, va *adj & s m* émulsif, ive.

emuntorio *m* ANAT émonctoire.

en *prep*

1. LUGAR
2. TIEMPO
3. MODO
4. LOCUCIONES DIVERSAS

1. LUGAR en (nombres no determinados), dans (nombres determinados); en Francia en France; en la Francia de hoy dans la France d'aujourd'hui; en jaula en cage; en la jaula dans la cage ‖ à, au [▷ OBSERV 1]; vivir en Madrid, en Chile habiter à Madrid, au Chili; sentarse en la mesa s'asseoir à table; estar en la cama être au lit; en la página tal à la page tant ‖ dans, sur; leer en un periódico lire dans un journal ‖ sur (superficie); el libro está en la mesa le livre est sur la table; sentarse en una silla, en la cama s'asseoir sur une chaise, sur le lit; en la carretera sur la route; hay un buen programa en el primer canal il y a un bon programme sur la première chaîne; grabar en madera graver sur bois ■ en casa de chez; en mi casa chez moi ‖ en donde, en que où; ¿en dónde lo pusiste ? où l'as-tu mis ? ‖ en el suelo sur le sol, à terre, par terre ‖ la boda se celebrará en la iglesia de le mariage aura lieu en l'église de

2. TIEMPO en; en 1965 en 1965; en el 45 en 45, en 1945; en el año 1492 en 1492; en septiembre en septembre; terminó su novela en dos semanas il a terminé son roman en deux semaines ‖ dans; en mi juventud dans ma jeunesse ‖ à, au; en esa época à cette époque; ¿en qué momento ? à quelle époque ?; en el mes de septiembre au mois de septembre; en el siglo XX au XXᵉ siècle [▷ OBSERV 2] ‖ de; en nuestros días de nos jours; en mi tiempo, en mis tiempos de mon temps ‖ par; en una tarde calurosa par un chaud après-midi ‖ de; no he dormido en toda la noche je n'ai pas dormi de la nuit; no vi tal cosa en mi vida de ma vie je n'ai rien vu de pareil; en mi vida lo haré de ma vie je ne le ferai ‖ dès que, aussitôt que (con gerundio); en llegando Juan me avisarás dès que Jean arrivera, tu me préviendras [▷ OBSERV 3] ■ en cuanto aussitôt que, dès que ‖ en esto sur ce, sur ces entrefaites, là-dessus ‖ en invierno en hiver, l'hiver (en que où; el año en que te conocí l'année où je t'ai connu ‖ en tanto que tandis que ‖ en tiempos de du temps de ‖ en vísperas de à la veille de ■ de hoy en ocho días aujourd'hui en huit

3. MODO à; lento en obrar lent à agir; hábil en manejar las armas habile à manier les armes; en voz alta à voix haute; le conocí en el andar je l'ai reconnu à sa façon de marcher ‖ en; en camisa en chemise; en reparación en réparation; estar en guerra être en guerre; ponerse en círculo se mettre en cercle; escribir en verso écrire en vers ‖ à; ir en bicicleta aller à bicyclette ‖ en, par; viajar en tren voyager par le train ‖ si, du moment que (con gerundio); en haciendo lo que te digo triunfarás si tu fais ce que je te dis, tu réussiras [▷ OBSERV 3] ■ doctor en letras, en ciencias docteur ès lettres, ès sciences ‖ doctor

en medicina docteur en médecine ▌ vender en veinte pesetas vendre vingt pesetas
4. LOCUCIONES DIVERSAS en broma pour rire ▌ en cambio par contre ▌ en cuanto a quant à ▌ en serio au sérieux; tomar en serio prendre au sérieux; sérieusement; hablar en serio parler sérieusement; vraiment, sérieusement; ¿en serio? vraiment? ■ cifrarse en se chiffrer à ▌ ¿en qué quedamos? que décidons-nous?, alors? ▌ estar en hacer algo avoir l'intention de faire quelque chose ▌ pensar en penser à ▌ tener en mucho a apprécier, avoir de l'estime pour.

> OBSERV **1.** Se emplea a o au con los nombres de ciudades o con los nombres masculinos de países (en París à Paris; en El Cairo au Caire; en el Perú au Pérou) y en con los nombres femeninos de países (en Argentina en Argentine).
> **2.** Cuando la preposición en indica una fecha, no se traduce: en el día 18 le 18; sucedió en domingo c'est arrivé un dimanche.
> **3.** En précédant le gérondif marque toujours l'antériorité immédiate de l'action (en diciendo estas palabras, se marchó ayant dit ces mots, il s'en alla) ou une condition préalable (en tomando tú el coche, te acompañaré du moment que tu prends la voiture, je t'accompagnerai).

enaceitar v tr huiler.
◆ **enaceitarse** v pr rancir (ponerse rancio).
Enagas (abrev de Empresa Nacional del Gas) f compagnie nationale espagnole de gaz, ≃ GDF.
enaguachar v tr détremper (empapar); terreno enaguachado terrain détrempé ▌ gonfler (el estómago).
◆ **enaguacharse** v pr avoir l'estomac gonflé.
enaguar [45] v tr détremper.
enaguas f pl jupon m sing.
enaguazar [13] v tr détremper (enaguachar).
enagüillas f pl petit jupon m sing ▌ fustanelle sing (del traje nacional griego).
enajenable adj aliénable.
enajenación f; **enajenamiento** m aliénation (cesión) ▌ aliénation; enajenación mental aliénation mentale ▌ affolement m (turbación) ▌ ravissement m (encanto).
enajenar v tr aliéner (ceder) ▌ FIG rendre fou, folle; faire perdre tout contrôle, mettre hors de soi; la cólera le enajenó la colère le mit hors de lui ▌ enivrer (embriagar); enajenado por la gloria enivré de gloire ▌ transporter (embelesar); enajenado de alegría fou de joie.
◆ **enajenarse** v pr perdre tout contrôle; se enajenó por el miedo la peur lui fit perdre tout contrôle ▌ être ravi o transporté (extasiarse) ▌ perdre, s'aliéner; enajenarse la amistad de uno perdre l'amitié de quelqu'un.
enalbar v tr chauffer à blanc.
enalbardar v tr bâter (poner la albarda) ▌ CULIN enrober [de pâte à frire] ▌ paner (con pan rallado) ▌ barder (un ave).
enalfombrar v tr (Amer) tapisser.
enaltecedor, ra adj exaltant, e; élogieux, euse.
enaltecer [30] v tr exalter, louer.
enaltecimiento m exaltation f, louange f.
enamoradamente adv amoureusement.
enamoradizo, za adj qui tombe souvent o facilement amoureux.

enamorado, da adj & s amoureux, euse; enamorado perdido amoureux fou.
◇ adj épris, e.
enamoramiento m amour, passion f.
enamorar v tr rendre amoureux ▌ faire la cour (cortejar).
◆ **enamorarse** v pr [▷ SIN] tomber amoureux, s'éprendre, s'énamourer (p us).
> SIN prendarse s'éprendre; enamoriscarse, encariñarse, encapricharse, colarse s'amouracher; FAM flecharse avoir le coup de foudre; chiflarse, chalarse s'enticher; amartelarse s'éprendre passionnément.

enamoriscarse; enamoricarse [10] v pr FAM s'amouracher.
enancarse [10] v pr (Amer) monter en croupe.
enanchar v tr FAM élargir (ensanchar).
enanismo m nanisme.
enano, na adj & s nain, naine ▌ FAM trabajar como un enano travailler comme un nègre.
> SIN pequeño, diminuto petit; chisgarabís, mequetrefe freluquet; retaco nabot; gnomo gnome; pigmeo pygmée; mirmidón myrmidon; liliputiense lilliputien.

enante f BOT œnanthe.
enantema m MED énanthème.
enantes adv (ant) avant, auparavant.
enántico, ca adj QUÍM œnanthique.
enantiomorfo, fa adj QUÍM énantiomorphe.
enantiotropo, pa adj QUÍM énantiotrope.
enarbolar v tr arborer (levantar) ▌ MAR battre; enarbolar bandera argentina battre pavillon argentin ▌ brandir (esgrimir un arma).
◆ **enarbolarse** v pr se cabrer (encabritarse) ▌ se fâcher, devenir furieux (enfurecerse).
enarcar [10] v tr arquer, courber (arquear) ▌ cercler (un tonel) ▌ enarcar las cejas ouvrir de grands yeux.
enardecedor, ra adj excitant, e; encourageant, e.
enardecer [30] v tr FIG échauffer, exciter, encourager; enardecer las pasiones exciter les passions.
◆ **enardecerse** v pr FIG s'échauffer, s'exciter, s'enflammer.
enardecimiento m échauffement.
enarenamiento m ensablement.
enarenar v tr sabler, ensabler (cubrir de arena) ▌ engraver (cubrir de gravas).
◆ **enarenarse** v pr s'ensabler (encallar un barco).
enarmonía f MÚS enharmonie.
enarmónico, ca adj MÚS enharmonique.
enastar v tr emmancher (un arma).
encabalgadura f TECN enchevauchure.
encabalgamiento m (p us) affût (de cañón) ▌ POÉT enjambement.
encabalgar [16] v intr chevaucher, être à cheval sur.
◇ v tr pourvoir de chevaux ▌ monter ▌ TECN enchevaucher.
encaballado m IMPR mastic.
encaballadura f TECN enchevauchure.
encaballar v tr embroncher, imbriquer, emboîter (las tejas, etc.) ▌ IMPR faire un mastic (desarreglar) ▌ TECN enchevaucher.
encabar v tr (Amer) emmancher.

encabestradura f enchevêtrure (de un caballo).
encabestramiento m enchevêtrement (de un caballo).
encabestrar v tr enchevêtrer (al caballo) ▌ habituer (le troupeau) à suivre le sonnailler.
◆ **encabestrarse** v pr s'enchevêtrer (la bestia).
encabezamiento m recensement (padrón) ▌ en-tête (de una carta, etc.) ▌ manchette f (en un periódico) ▌ abonnement (impuestos).
encabezar [13] v tr recenser (empadronar) ▌ mener, prendre la tête de; encabezar el pelotón mener le peloton ▌ être à la tête de; ¿quién encabezaba la rebelión? qui était en tête de la rébellion? ▌ ouvrir, commencer, être le premier (suscripción, lista); encabezar una lista, una suscripción être le premier sur une liste, à souscrire ▌ placer en tête, commencer; encabezó su libro con la frase siguiente il plaça la phrase suivante en tête de son livre ▌ alcooliser (un vino) ▌ TECN coiffer.
encabritarse v pr se cabrer (los caballos, un vehículo) ▌ monter en chandelle (avión) ▌ FIG se cabrer, se fâcher (enojarse).
encabronarse v pr FAM se mettre en boule.
encabuyar v tr (Amer) attacher, lier.
encachado m TECN radier (de un puente).
encachar v tr établir un radier.
encachilarse v pr (Amer) se fâcher tout rouge.
encachorrarse v pr se fâcher (enfadarse), s'entêter (emperrarse).
encadenado m ARQ chaînage ▌ CINEM enchaîné.
encadenamiento m enchaînement ▌ FIG engrenage, enchaînement.
encadenar v tr enchaîner ▌ FIG enchaîner (enlazar) ▌ CINEM enchaîner.
encajador m encaisseur (boxeo) ▌ outil pour enfoncer o emboîter (instrumento).
encajadura f emboîtement m (de un hueso).
encajamiento m MED engagement [de la tête du fœtus].
encajar; encajetar v tr emboîter, encastrer (ajustar); encajar una pieza en otra emboîter une pièce dans une autre ▌ remboîter, remettre; encajar un hueso remboîter un os ▌ faire joindre (juntar) ▌ FIG essuyer; encajar críticas essuyer des reproches ▌ supporter, encaisser FAM; encajar un golpe encaisser un coup ▌ FIG & FAM refiler; le encajaron un billete falso on lui a refilé un faux billet ▌ sortir, placer, caser; consiguió encajarles su discurso il a réussi à leur placer son discours ▌ assener, flanquer; le encajé un puñetazo je lui ai flanqué un coup de poing ▌ TECN enchâsser ▌ enclaver.
encajar v intr joindre; la puerta no encaja bien con la humedad avec l'humidité, la porte ne joint pas bien ▌ s'emboîter, s'encastrer; dos piezas que encajan perfectamente deux pièces qui s'emboîtent parfaitement ▌ FIG convenir, aller; esta vestimenta no encaja con la solemnidad del acto ce costume ne va pas avec o ne convient pas à la solennité de la cérémonie ▌ aller; Pedro no

encaja con el grupo de amigos que tengo Pierre ne va pas avec mon groupe d'amis ▮ encaisser (boxeador) ▮ entrer; esto encaja en mis proyectos cela entre dans mes projets ▮ cadrer; sistema anticuado que no encaja en la realidad système archaïque qui ne cadre pas avec la réalité ▪ estar encajado en s'être fait à, s'être adapté o habitué à; Jaime está ya encajado en su nuevo destino Jacques s'est maintenant fait à son nouveau poste ▮ la puerta no está bien encajada la porte n'est pas bien fermée ▮ FIG encajar muy bien en un papel avoir le physique de l'emploi.

➤ **encajarse** v pr se glisser, se fourrer (introducirse) ▮ se coincer; la rueda se encajó entre dos piedras la roue s'est coincée entre deux pierres ▮ enfiler; encajarse un gabán enfiler son manteau ▮ enfoncer (un sombrero) ▮ FAM se déplacer, s'appuyer o faire le voyage; todos los años se encaja a París para ver las colecciones de moda tous les ans, il fait le voyage jusqu'à Paris pour voir les collections de mode ▮ se ranger (llevar una vida ordenada).

encaje m dentelle f; encaje de bolillos dentelle aux fuseaux ▮ emboîtement, encastrement, enclavement (de una pieza) ▮ remboîtage, remboîtement (de un hueso) ▮ (Amer) encaisse f; encaje metálico encaisse métallique ▪ encaje de la cara traits du visage ▮ industria del encaje industrie dentellière.

encajetar ➤ **encajar**.

encajonado, da adj encaissé, e; río encajonado entre rocas rivière encaissée entre des rochers ▮ creux, euse; encaissé, e (camino).

➤ **encajonado** m ARQ encaissement ▮ coffrage (de un muro) ▮ batardeau (en un río).

encajonamiento m encaissement (de un río, de un camino) ▮ encaissage (de una planta) ▮ TAUROM mise f des taureaux dans des cages [pour le transport].

encajonar v tr encaisser, mettre dans des caisses ▮ acculer, coincer (arrinconar) ▮ ARQ coffrer, faire le coffrage (para construir una pared) ▮ renforcer [un mur] ▮ TAUROM mettre dans une cage [le taureau].

➤ **encajonarse** v pr s'encaisser (un río).

encalabozar [13] v tr FAM mettre au cachot, coffrer.

encalabrinar v tr étourdir, entêter, tourner la tête (aturdir) ▮ exciter.

➤ **encalabrinarse** v pr s'entêter (obstinarse).

encalada f lait m de chaux.

encalado m badigeonnage.

encalador m badigeonneur.

encaladora f TECN chauleuse.

encaladura f badigeon m.

encalamocar [10] v tr (Amer) étourdir (aturdir).

encalar v tr blanchir à la chaux, chauler, badigeonner.

encalladero m MAR échouage.

encalladura f; **encallamiento** m échouement m, ensablement m (de un barco).

encallar v intr échouer, s'échouer; encallar en la arena échouer sur le sable ▮ FIG être dans une impasse.

encallecer [30] v intr & pr devenir calleux, euse (las manos) ▮ durcir (endurecer) ▮ FIG s'endurcir (endurecerse).

encallecido, da adj endurci, e.

encalmadura f VETER épuisement m.

encalmarse v pr se calmer (viento) ▮ se rasséréner (tiempo, personas) ▮ VETER être épuisé par la chaleur ▮ mercado encalmado marché calme (en la Bolsa).

encalvecer [30] v intr devenir chauve.

encamarse v pr s'aliter (un enfermo); el médico ordenó que se encamase le médecin lui ordonna de s'aliter ▮ gîter (la caza) ▮ AGRIC se coucher (los trigos).

encambijar v tr canaliser les eaux.

encaminador m INFORM chemin d'accès.

encaminamiento m acheminement ▮ routage (del correo).

encaminar v tr acheminer (una cosa) ▮ diriger, montrer le chemin (a uno) ▮ FIG diriger, orienter, tendre (los esfuerzos) ▪ medidas encaminadas a suprimir mesures tendant à o visant à o destinées à supprimer ▮ negocio bien encaminado affaire en bonne voie.

➤ **encaminarse** v pr se diriger vers; encaminarse a la puerta se diriger vers la porte ▮ se mettre en route; encaminarse hacia o a se mettre en route vers o pour (marcharse) ▮ FIG tendre à (los esfuerzos).

encamisar v tr enfiler une chemise à ▮ envelopper (envolver) ▮ mettre une housse (enfundar) ▮ TECN revêtir d'une chemise.

encamotarse v pr FAM (Amer) s'amouracher.

encampanado, da adj en forme de cloche ▮ dejar a uno encampanado laisser quelqu'un en plan.

encampanar v tr (Amer) laisser quelqu'un en plan (dejar en la estacada).

➤ **encampanarse** v pr s'évaser, s'élargir ▮ (Amer) plastronner, parader (engreírse) ▮ se mettre dans de beaux draps (meterse en un berenjenal).

encanalar [3]; **encanalizar** [13] v tr acheminer par une canalisation.

encanallamiento m encanaillement.

encanallar v tr encanailler.

➤ **encanallarse** v pr s'encanailler.

encanar v tr (Amer) coffrer, mettre à l'ombre (encarcelar).

encanastar v tr mettre dans une corbeille.

encancerarse v pr devenir cancéreux, euse.

encandecer [30] v tr chauffer à blanc.

encandelar v intr fleurir.

encandilado, da adj FAM brillant, e (ojo).

encandilamiento m lueur f (de los ojos).

encandilar v tr éblouir (deslumbrar).

➤ **encandilarse** v pr pétiller, briller, s'allumer (los ojos).

encanecer [30] v intr blanchir, grisonner (el cabello) ▮ FIG vieillir, blanchir (envejecer) ▮ encanecer en el oficio blanchir sous le harnois.

encanijamiento m maigreur f.

encanijarse v pr se rabougrir ▮ estar encanijado être tout maigrichon.

encanillar v tr embobiner.

encantación ➤ **encantamiento**.

encantado, da adj enchanté, e ▮ FIG & FAM distrait, e; dans la lune (distraído) ▮ hanté, e; casa encantada maison hantée ▮ encantado de conocerle enchanté de faire votre connaissance.

encantador, ra adj [▷ SIN] enchanteur, eresse; ravissant, e; una voz encantadora une voix ravissante ▮ charmant, e; adorable (simpático); una niña encantadora une enfant adorable.

◇ m & f charmeur, euse; encantador de serpientes charmeur de serpents ▮ el Encantador Merlín Merlin l'enchanteur.

▮ SIN seductor séduisant; arrebatador ravissant; hechicero enchanteur; embelesador ensorcelant; cautivador captivant; fascinador fascinant.

encantadoramente adv par enchantement.

encantamiento m; **encantación** f [▷ SIN] enchantement ▮ incantation f (invocación mágica) ▮ como por encantamiento comme par enchantement.

▮ SIN arrobamiento ravissement; hechizo, aojo ensorcellement; sortilegio, maleficio maléfice.

encantar v tr enchanter, ravir; estoy encantado con mi viaje je suis enchanté de mon voyage; encantado de conocerle enchanté de faire votre connaissance; su manera de cantar me encanta sa façon de chanter me ravit ▮ me encanta esta persona, hacer tal cosa j'adore cette personne, faire telle chose.

encantarar v tr mettre dans une cruche o une boîte o un sac, etc. [des bulletins de vote].

encante m encan, enchères f pl (subasta); vender muebles al encante vendre des meubles à l'encan ▮ salle f des ventes (sala donde se hacen estas ventas).

encanto m enchantement (encantamiento); esto es un encanto c'est un enchantement; como por encanto comme par enchantement ▮ [▷ SIN] charme; ¡qué encanto tiene esta mujer! quel charme a cette femme! este niño es un encanto c'est un amour d'enfant, cet enfant est adorable.

➤ **encantos** m pl charmes (de la mujer).

▮ SIN gracia grâce, chic FAM; elegancia élégance; seducción séduction; atractivo attrait.

encanutar v tr rouler (liar); encanutar un cigarrillo rouler une cigarette.

encañada m gorge (de un monte).

encañado m conduite f (canalización) ▮ AGRIC treillis de roseaux, paillasson, treillage (de jardín) ▮ drain (tubo de desagüe) ▮ drainage (acción) ▮ TECN lattis.

encañar v tr conduire, canaliser (las aguas) ▮ AGRIC drainer (un terreno húmedo) ▮ ramer (los tallos de algunas plantas) ▮ embobiner (hilo, seda, etc.).

encañizada f bordigue (para la pesca) ▮ AGRIC paillasson m.

encañonado m tuyautage (planchado).

encañonar v tr introduire dans un tuyau ▮ canaliser (el agua) ▮ embobiner (enrollar) ▮ braquer, pointer (un arma) ▮ tuyauter (una pechera).

◇ v intr s'emplumer (los pájaros).

encapachar v tr mettre dans des cabas.

encaparazonar v tr caparaçonner.

encaperuzado, da *adj* encapuchonné, e.

encapilladura *f* MAR capelage *m*.

encapillar *v tr* MAR capeler ‖ MIN élargir [une galerie] ‖ encapuchonner (un ave) ‖ envoyer à la chapelle de la prison [un condamné à mort].

⬥ **encapillarse** *v pr* FIG & FAM passer (un vestido).

encapirotar *v tr* encapuchonner (halcón).

encapotado, da *adj* couvert, e; bouché, e; cielo encapotado ciel o temps couvert.

encapotadura *f*; **encapotamiento** *m* froncement *m* de sourcils ‖ obscurcissement *m* (del cielo).

encapotar *v tr* couvrir d'un manteau.

⬥ **encapotarse** *v pr* se couvrir (el cielo) ‖ FIG froncer les sourcils (mostrar descontento) ‖ EQUIT s'encapuchonner (el caballo).

encaprichamiento *m* entichement, toquade *f* ‖ caprice (capricho).

encapricharse *v pr* s'entêter (emperrarse) ‖ se mettre dans la tête; el niño se ha encaprichado con ir al circo l'enfant s'est mis dans la tête d'aller au cirque ‖ FAM s'amouracher de, avoir le béguin pour, s'enticher de, s'éprendre de (persona); encapricharse por o con alguien avoir le béguin pour quelqu'un ‖ se prendre d'affection.

encapsulado *m* INFORM encapsulage.

encapuchado, da *m & f* homme *m* encapuchonné, femme *f* encapuchonnée.

encapuchar [3]; **encapuzar** [13] *v tr* encapuchonner.

⬥ **encapucharse; encapuzarse** *v pr* s'encapuchonner.

encarado, da *adj* bien, mal encarado à la mine aimable, à la mine renfrognée; au visage sympathique, au visage antipathique.

encaramar *v tr* jucher, hisser ‖ FIG faire monter, élever (elevar) ‖ (*Amer*) faire rougir (abochornar).

⬥ **encaramarse** *v pr* grimper, se jucher (subir); encaramarse a o en un árbol grimper a o sur un arbre ‖ FIG grimper, s'élever (alcanzar un puesto elevado) ‖ (*Amer*) rougir (avergonzarse).

encaramiento *m* confrontation *f* (de personas) ‖ affrontement (de una dificultad).

encarapitarse *v pr* (*Amer*) grimper.

encarar *v tr* affronter ‖ pointer, braquer (un arma) ‖ (*Amer*) envisager (considerar).

⬥ **encararse** *v pr* affronter; encararse con un peligro affronter un danger ‖ épauler (un fusil) ‖ encararse con uno faire front o tenir tête à quelqu'un.

encarcelación *f*; **encarcelamiento** *m* emprisonnement *m* ‖ DR incarcération *f*, écrou *m*; registro o asiento de encarcelamiento registre d'écrou.

encarcelar *v tr* emprisonner ‖ DR incarcérer, écrouer ‖ TECN sceller (fijar con yeso) ‖ serrer, presser (con la prensa) ‖ estar encarcelado être en prison.

encarecer [30] *v tr* élever le prix de, faire monter le prix de (hacer más caro) ‖ FIG louer, vanter (elogiar) ‖ faire valoir, mettre l'accent sur; encarecer los servicios prestados mettre l'accent sur les services rendus ‖ recommander; le encareció mucho que trabajase il lui

recommanda vivement de travailler ‖ se lo encarezco je vous en prie.

◇ *v intr* augmenter, enchérir, renchérir; la vida ha encarecido la vie a augmenté ‖ augmenter; el pan ha encarecido le pain a augmenté.

encarecidamente *adv* instamment; se lo ruego encarecidamente je vous en prie instamment ‖ vivement, chaleureusement (elogiando).

encarecido, da *adj* chaudement recommandé o loué (persona) ‖ chaleureux, euse (elogio).

encarecimiento *m* enchérissement, hausse *f* du prix, augmentation *f*; el encarecimiento del pan l'augmentation du pain ‖ hausse *f* du coût; el encarecimiento de la vida la hausse du coût de la vie ‖ recommandation *f* (recomendación) ‖ con encarecimiento instamment.

encargado, da *m & f* préposé, e; employé, e (empleado) ‖ responsable (de un cargo) ■ encargado del vestuario costumier ‖ encargado de negocios chargé d'affaires ‖ encargado de un surtidor de gasolina pompiste ‖ Pilar fue la encargada de la comida Pilar fut chargée de préparer le repas.

encargar [16] *v tr* charger; encargar un negocio a uno charger quelqu'un d'une affaire; encargar a uno que despache el asunto charger quelqu'un de régler l'affaire ‖ préposer; encargar a alguien del teléfono préposer quelqu'un au téléphone ‖ charger, demander; le encargué a usted que escribiera je vous ai demandé d'écrire ‖ commander; encargó un almuerzo para diez personas il a commandé un déjeuner pour dix personnes ‖ faire faire, commander; encargar un vestido faire faire une robe ‖ recommander (aconsejar); me encargó mucho que tratase de conseguirlo il me recommanda vivement d'essayer de l'obtenir.

⬥ **encargarse** *v pr* se charger; encargarse de vender o de la venta se charger de vendre o de la vente ‖ s'occuper de; me encargo de la biblioteca je m'occupe de la bibliothèque ‖ FAM s'occuper, se charger; ¡ya me encargaré yo de él! je vais m'occuper de lui!, je vais m'en charger! ‖ encargarse un traje se faire faire un costume.

encargo *m* commission *f*, course *f*; hacer encargos faire les commissions, des courses ‖ commission *f*; cumplir un encargo s'acquitter d'une commission ‖ COM commande *f*; hacer un encargo passer une commande ■ como hecho de encargo comme sur mesure ‖ de encargo sur mesure (a la medida), sur commande (a petición) ■ (*Amer*) FAM estar de encargo être grosse (estar embarazada).

encargue *m* (*Amer*) commande *f*, comisión *f*.

encariñar *v tr* éveiller l'affection.

⬥ **encariñarse** *v pr* prendre goût à (una cosa) ‖ s'attacher, prendre en affection; me he encariñado mucho con él je me suis beaucoup attaché à lui.

encarna *f* curée (caza).

encarnación *f* incarnation ‖ carnation (color) ‖ FIG es la encarnación de la bondad c'est la bonté en personne, c'est la bonté même.

Encarnación *n pr* Encarnación.

OBSERV Ce prénom féminin, dérivé de María de la Encarnación n'a pas d'équivalent en Français.

encarnado, da *adj* incarné, e; el diablo encarnado le diable incarné ‖ incarnat, e (p us); rouge (color) ‖ uña encarnada ongle incarné (uñero).

⬥ **encarnado** *m* incarnat (p us), rouge.

encarnadura *f* (p us) blessure (herida) ‖ acharnement *m* (del perro de caza) ‖ buena, mala encarnadura chair qui se cicatrise vite, mal.

encarnamiento *m* MED cicatrisation *f*.

encarnar *v intr* s'incarner (el verbo divino) ‖ MED s'incarner (uña, etc.) ‖ se cicatriser (cicatrizarse).

◇ *v tr* incarner, personnifier; magistrado que encarna la justicia magistrat qui incarne la justice ‖ mettre en curée (los perros) ‖ appâter (colocar el cebo en el anzuelo) ‖ ARTES colorer les chairs.

⬥ **encarnarse** *v pr* faire curée (los perros) ‖ FIG s'acharner (encarnizarse) ‖ se joindre (mezclarse).

encarne *m* curée *f* (caza) ‖ carnation *f* (en pintura).

encarnecer [30] *v intr* engraisser (engordar).

encarnizadamente *adv* avec acharnement.

encarnizado, da *adj* acharné, e (riña, batalla) ‖ injecté de sang.

encarnizamiento *m* acharnement; encarnizamiento en la lucha acharnement dans la lutte.

encarnizar [13] *v tr* acharner (al perro) ‖ déchaîner, rendre féroce (enfurecer); la guerra encarniza a los hombres la guerre rend les hommes féroces.

⬥ **encarnizarse** *v pr* s'acharner; encarnizarse con su presa, en la lucha s'acharner sur la proie, à la lutte.

encaro *m* braquement (de un arma) ‖ visée *f* (puntería) ‖ carabine *f* courte (trabuco) ‖ crosse *f* (culata del arma).

encarpetar *v tr* ranger o classer dans un dossier ‖ FIG laisser dormir, faire traîner en longueur (detener un expediente) ‖ classer (dar por terminado).

encarrilamiento *m* voie *f*.

encarrilar *v tr* diriger, engager (dirigir) ‖ aiguiller (el tren) ‖ remettre sur ses rails (colocar en los rieles) ‖ FIG remettre en bonne voie (un expediente) ‖ mettre sur la voie, aiguiller, orienter (poner en buen camino) ‖ donner une orientation; encarrilar su vida donner une orientation à sa vie ‖ engager, emmancher (empezar); asunto mal encarrilado affaire mal emmanchée.

⬥ **encarrilarse** *v pr* MAR se coincer [un cordaje].

encarroñar *v tr* corrompre.

encarrujarse *v pr* se tortiller (rizarse).

encartación *f*; **encartamiento** *m* paiement *m* des droits féodaux ‖ fief *m* (territorio feudal).

encartar *v tr* condamner par contumace (condenar) ‖ inscrire o coucher sur les rôles (para los tributos) ‖ encarter, insérer; encartar un prospecto encarter un prospectus ‖ impliquer (implicar); las personas encartadas en este asunto les personnes impliquées dans cette affaire ‖ obliger (son adversaire) à se défausser (juegos).

◇ *v intr* FIG & FAM coller, marcher, aller (ser conveniente); **esto no encarta** ça ne colle pas ‖ cadrer; **esto no encarta con mis proyectos** ça ne cadre pas avec mes projets.

➡ **encartarse** *v pr* FIG & FAM si se encarta si l'occasion se présente.

encarte *m* obligation *f* de fournir à la carte (juegos) ‖ ordre des cartes (orden de los naipes) ‖ IMPR encart.

encartonado *m* encartage, encartonnage.

encartonadora *f* encarteuse (máquina).

encartonar *v tr* cartonner.

encascabelar *v tr* garnir de grelots.

encascotar *v tr* remplir (un trou) de gravats.

encasillado *m* quadrillage ‖ grille *f* (crucigrama).

encasillamiento *m* **no me gusta el encasillamiento de la gente** je n'aime pas cataloguer les gens.

encasillar *v tr* inscrire dans les cases d'un quadrillage ‖ répartir (distribuir) ‖ classer (a una persona) ‖ FIG enfermer; **encasillado en un egoísmo monstruoso** enfermé dans un égoïsme monstrueux.

➡ **encasillarse** *v pr* FIG se limiter.

encasquetar *v tr* enfoncer sur la tête, renfoncer (un sombrero) ‖ FIG fourrer dans la tête (idea, opinión) ‖ faire avaler o subir; **nos encasquetó un discurso interminable** il nous a fait avaler un discours interminable.

➡ **encasquetarse** *v pr* se mettre o se fourrer dans la tête; **se le encasquetó estudiar ruso** il s'est mis dans la tête d'apprendre le russe ‖ enfoncer (el sombrero).

encasquillador *m* (*Amer*) maréchal-ferrant.

encasquillamiento *m* enrayage (de un arma).

encasquillar *v tr* (*Amer*) ferrer (el caballo).

➡ **encasquillarse** *v pr* s'enrayer (arma de fuego).

encastillado, da *adj* FIG enfermé, e ‖ altier, ère; hautain, e (soberbio).

encastillamiento *m* (p us) fortification *f*, retranchement ‖ FIG isolement, retraite *f* (aislamiento) ‖ entêtement, obstination *f*.

encastillar *v tr* (p us) fortifier ‖ entasser (apilar).

➡ **encastillarse** *v pr* se réfugier dans un château fort ‖ se réfugier, se retrancher [dans les montagnes, etc.] ‖ FIG s'enfermer, se retrancher; **encastillarse en su opinión** s'enfermer dans son opinion ‖ se cantonner (abstraerse) ‖ se draper (en su dignidad, en su virtud).

encastrar *v tr* encastrer ‖ MECÁN engrener (endentar).

encatrado *m* (*Amer*) échafaudage.

encauchar *v tr* caoutchouter.

encausar *v tr* mettre en accusation.

encausticar [10] *v tr* encaustiquer (encerar).

encáustico, ca *adj* encaustique.

➡ **encáustico** *m* encaustique *f* (cera).

encausto *m* encaustique *f*; **pintura al encausto** peinture à l'encaustique.

encauzamiento *m* canalisation *f* ‖ endiguement, endigage (de aguas).

encauzar [13] *v tr* diriger, endiguer, canaliser, acheminer (el agua, una discusión, un asunto, etc.) ‖ FIG mettre sur la voie, aiguiller, orienter; **encauzar investigaciones** aiguiller des recherches ‖ canaliser; **encauzar el descontento** canaliser le mécontentement.

encebadar *v tr* gaver [le bétail].

➡ **encebadarse** *v pr* avoir le ventre gonflé [un cheval qui a trop bu].

encebollado *m* CULIN oignonade *f*.

encebollar *v tr* garnir d'oignons.

encefalalgia *f* MED encéphalalgie (cefalalgia).

encefálico, ca *adj* ANAT encéphalique.

encefalitis *f inv* MED encéphalite.

encéfalo *m* ANAT encéphale.

encefalografía *f* encéphalographie.

encefalograma *m* MED encéphalogramme.

encefalomielitis *f inv* MED encéphalomyélite.

encefalopatía *f* MED encéphalopathie.

enceguecer [30] *v tr* aveugler (cegar).

encelamiento *m* jalousie *f* (celos).

encelar *v tr* rendre jaloux.

➡ **encelarse** *v pr* devenir jaloux ‖ être en rut (animales).

encella *f* cagerotte, égouttoir *m*, clayon *m*, clisse, fromager *m*, faisselle [à fromage].

encellar *v tr* mettre en forme, mettre à égoutter [le fromage].

encenagado, da *adj* plein, pleine de boue (cubierto de barro) ‖ embourbé, e; enlisé, e (atascado) ‖ FIG corrompu, e.

encenagamiento *m* embourbement, enlisement (en barro) ‖ envasement, enlisement (en cieno) ‖ FIG croupissement (dans le vice).

➡ **encenagarse** [16] *v pr* s'embourber, s'enliser (atascarse) ‖ se rouler dans la boue (revolcarse) ‖ se salir de boue (ensuciarse) ‖ FIG se vautrer, croupir (en el vicio) ‖ croupir (en la ignorancia).

encendajas *f pl* brindilles, margotin *m sing* (ramas secas).

encendedor *m* briquet (mechero); **encendedor de gas** briquet à gaz ‖ allumeur (el que enciende) ‖ allumoir (aparato) ■ **encendedor de yesca** briquet à amadou ‖ **encendedor para el gas** allume-gaz.

encender [20] *v tr* allumer; **encender una vela** allumer une bougie ‖ FIG allumer; **encender una discordia, una guerra** allumer une discorde, une guerre ‖ enflammer; **la fiebre encendía sus mejillas** la fièvre enflammait ses joues ‖ consumer; **le encienden los celos** la jalousie le consume ‖ **encender la luz** allumer.

➡ **encenderse** *v pr* s'allumer ‖ s'enflammer; **mirada que se enciende** regard qui s'enflamme ‖ rougir (ruborizarse) ‖ **encenderse o en ira** devenir rouge de colère, devenir furieux.

encendidamente *adv* ardemment.

encendido, da *adj* allumé, e ‖ rouge vif (color) ‖ ardent, e; enflammé, e (mirada) ‖ en feu; **tener la cara encendida** avoir le visage en feu ‖ empourpré, e; **con la cara encendida por la ira** visage empourpré de colère ■ FIG **encendido como la grana** o **como un pavo**

rouge comme un coq ‖ **estar encendido en** o **por la ira** être rouge de colère.

➡ **encendido** *m* allumage; **el encendido de los faroles** l'allumage des réverbères ‖ AUTOM allumage; **avance en el encendido** avance à l'allumage ‖ mise *f* à feu (de un cohete) ■ **encendido de alta tensión** allumage à haute tension ‖ **sistema de encendido** dispositif d'allumage.

encendimiento *m* embrasement ‖ FIG ardeur *f* ‖ échauffement (de la sangre, de las pasiones).

encenizar [13] *v tr* couvrir de cendres.

encentar [19] *v tr* entamer (empezar).

encepar *v intr* s'enraciner (una planta).

◇ *v tr* mettre le carcan à un prisonnier (a un prisionero) ‖ monter (el cañón de un arma) ‖ AGRIC planter [une vigne] ‖ MAR engager (el ancla) ‖ TECN assembler.

encepe *m* AGRIC enracinement ‖ encépagement (de la viña).

encerado, da *adj* ciré, e (dado de cera) ‖ cireux, euse (color) ‖ épais, aisse; consistant, e (la argamasa).

➡ **encerado** *m* cirage, encaustiquage (del parquet) ‖ couche *f* de cire (capa de cera) ‖ tableau noir (pizarra para escribir) ‖ toile *f* cirée (tela) ‖ MAR prélart.

encerador, ra *adj* & *s* cireur, euse.

➡ **enceradora** *f* cireuse (máquina).

enceramiento *m* cirage, encaustiquage.

encerar *v tr* cirer (aplicar cera) ‖ tacher de cire (las bujías) ‖ épaissir (la argamasa).

◇ *v intr* & *pr* blondir, dorer (las mieses).

encerotar *v tr* poisser (untar un hilo con pez).

encerradero *m* parc (aprisco, redil) ‖ TAUROM toril.

encerrar [19] *v tr* [▷ SIN] enfermer; **encerrar con siete llaves** enfermer à double tour ‖ FIG renfermer (incluir) ‖ contenir, renfermer, receler; **este museo encierra magníficas obras de arte** ce musée renferme de splendides œuvres d'art ‖ enfermer, bloquer (en el ajedrez) ‖ **encerrar en la cárcel** mettre en prison.

➡ **encerrarse** *v pr* FIG se retirer du monde ‖ FIG **encerrarse en una idea** s'entêter.

SIN recluir reclure; enclaustrar cloîtrer, claustrer; internar interner.

encerrona *f* FAM retraite, réclusion volontaire (retiro) ‖ TAUROM corrida privée ■ FAM **hacer una encerrona** préparer ses batteries ‖ **preparar una encerrona** préparer un piège o un guet-apens.

encespedar *v tr* gazonner, engazonner (sembrar césped).

encestar *v intr* faire un panier [au basket].

enceste *m* panier (baloncesto); **marcar un enceste** marquer un panier.

enchalecar [10] *v tr* FAM empocher, mettre dans sa poche (robar) ‖ (*Amer*) mettre une camisole de force.

enchancletar *v tr* & *pr* enfiler [les babouches].

enchapado *m* placage, plaqué.

enchapar *v tr* plaquer.

encharcamiento *m* inondation *f* ‖ MED hémorragie *f* interne (de los pulmones).

encharcar [10] *v tr* inonder, détremper (el suelo).

➡ **encharcarse** *v pr* être inondé ‖ encharcarse los pulmones avoir une hémorragie interne aux poumons.

enchicharse *v pr* (*Amer*) s'enivrer à la chicha.

enchilada *f* (*Amer*) galette de maïs au piment.

enchilado, da *adj* (*Amer*) rouge (rojo) | FIG rageur, euse.

➤ **enchilado** *m* (*Amer*) CULIN ragoût de fruits de mer accompagné d'une sauce au piment.

enchilar *v tr* (*Amer*) CULIN accomoder au piment | FIG irriter [quelqu'un].

➤ **enchilarse** *v pr* (*Amer*) FIG se fâcher (enfadarse).

enchiloso, sa *adj* (*Amer*) piquant, e.

enchinar *v tr* caillouter | (*Amer*) friser (rizar).

enchinchar *v tr* (*Amer*) enquiquiner (chinchar) | faire perdre son temps [à quelqu'un] (hacer perder el tiempo).

➤ **enchincharse** *v pr* (*Amer*) se mettre de mauvaise humeur (ponerse de mal humor).

enchiqueramiento *m* TAUROM mise *f* au toril | FIG & FAM mise *f* au bloc o à l'ombre (encarcelamiento).

enchiquerar *v tr* TAUROM mettre au toril | FIG & FAM coffrer, mettre à l'ombre (encarcelar).

enchironar *v tr* FAM coffrer (encarcelar).

enchuecar [10] *v tr* (*Amer*) tordre (torcer).

enchufado, da *adj* FAM pistonné, e (recomendado) | planqué, e (en un puesto) | FAM estar enchufado avoir du piston, être pistonné.

◇ *m & f* FAM type pistonné, personne qui a du piston | embusqué, e (soldado).

enchufar *v tr* brancher; enchufar una lámpara brancher une lampe | raccorder (dos tubos) | FIG & FAM pistonner (favorecer).

➤ **enchufarse** *v pr* se faire pistonner.

enchufe *m* ELECTR prise *f* de courant | embranchement | raccord (de dos tubos) | FIG & FAM piston (influencia) | sinécure *f*, planque *f* (puesto) ■ enchufe flexible raccord | enchufe luz relámpago prise de flash | FIG & FAM tener enchufe avoir du piston, être pistonné.

enchufismo *m* FAM copinage.

encía *f* gencive.

encíclico, ca *adj & s f* encyclique.

enciclopedia *f* encyclopédie | FIG dictionnaire vivant; esta muchacha es una enciclopedia cette jeune fille est un dictionnaire vivant | FIG enciclopedia en persona encyclopédie vivante, dictionnaire vivant.

enciclopédico, ca *adj* encyclopédique.

enciclopedista *adj & s* encyclopédiste.

encierro *m* réclusion *f*, retraite (de una persona) | parcage (del ganado) | parc (dehesa) | cachot (calabozo) | TAUROM mise *f* au toril [tradition selon laquelle les taureaux sont conduits à travers la ville jusqu'au toril] | toril (toril).

encima *adv* dessus; se sentó encima il s'est assis dessus | en plus (además); le dio diez pesos y otros dos encima il lui donna dix pesos et deux autres en plus | FAM en plus, par-dessus le marché; gana mucho dinero y encima está descontento il gagne beaucoup d'argent et en plus il n'est pas content ■ encima de sur (sobre); encima de la mesa

sur la table; au-dessus (más arriba); la nariz está encima de la boca le nez est au-dessus de la bouche | encima de que en plus du fait que, en dehors du fait que | encima mío o de mí sur moi | ahí encima là-dessus | de encima de dessus | por encima par-dessus (sobre), en plus, avec cela (además); es tonto y por encima charlatán il est sot et avec cela bavard; superficiellement, rapidement (de pasada); leer algo por encima lire quelque chose superficiellement | por encima de par-dessus (sobre); por encima de todo par-dessus tout; malgré, en dépit de (a pesar de) ■ echarse encima arriver sur; se nos echó encima un camión un camion est arrivé sur nous; tomber sur; se le echó encima una gran desgracia un grand malheur est tombé sur lui; se charger de; echarse encima un trabajo se charger d'un travail; endosser (responsabilidad), se mettre à dos (enemistarse); se echó encima a todos los críticos il s'est mis à dos tous les critiques | estar por encima de être au-dessus de, surpasser; estar por encima de todos los alumnos il surpasse tous les élèves; être au-dessus de; está por encima de todas las cuestiones económicas il est au-dessus de toutes les questions financières | llevar encima porter sur soi | FIG pasar por encima parcourir, jeter un coup d'œil sur (un escrito), passer par-dessus, fermer les yeux sur (hacer la vista gorda) | pasar por encima de enjamber; pasar por encima de un arroyo enjamber un ruisseau | quitarse de encima éluder (problema, dificultades), ne pas s'embarrasser de (escrúpulos), se débarrasser de (una persona); creía que no podría nunca quitármelo de encima je croyais que je ne pourrais jamais m'en débarrasser.

> OBSERV Encima se substitue à sobre pour marquer la superposition d'un objet sur un autre lorsque cet objet est placé à une certaine hauteur.

encimar *v tr* mettre au-dessus, surélever | ajouter à la mise (juegos) | (*Amer*) ajouter (añadir).

➤ **encimarse** *v pr* s'élever.

encimero, ra *adj* de dessus, qui est au-dessus.

➤ **encimera** *f* (*Amer*) pièce de cuir que recouvre la selle.

encina *f*; **encino** *m* BOT chêne *m* vert, yeuse.

> OBSERV Il ne faut pas confondre le chêne vert (encina), espèce méridionale à feuilles persistantes, avec le chêne rouvre (roble), espèce à feuilles caduques, la plus commune en Europe.

encinal; encinar *m* chênaie *f*.

encinchar *v tr* (*Amer*) sangler (cinchar).

encino ➧ encina.

encinta *adj f* enceinte (mujer); dejar a una encinta mettre une femme enceinte.

encintado *m* bord o bordure *f* de trottoir.

encintar *v tr* enrubanner (con cintas) | faire la bordure (de una acera) | MAR préceinter.

encismar *v tr* provoquer un schisme.

encizañar *v tr* semer la discorde.

enclaustramiento *m* claustration *f*.

enclaustrar *v tr* cloîtrer.

enclavado *m* enclave *f* (enclave) | BLAS émanche *f*.

enclavadura *f* mortaise (muesca) | VETER enclouure, enclouage *m*.

enclavamiento *m* enclavement.

enclavar *v tr* clouer (clavar) | transpercer (traspasar) | VETER enclouer (al caballo) | enclaver; territorio enclavado territoire enclavé | hueso enclavado en otro os emboîté dans o articulé sur un autre.

enclave *m* enclave *f*.

enclavijar *v tr* cheviller.

enclenque *adj & s* chétif, ive; malingre, souffreteux, euse.

enclítico, ca *adj* GRAM enclitique.

➤ **enclítica** *f* mot *m* enclitique.

enclocar [36]; **encloquecer** [30] *v intr* glousser pour demander à couver (la gallina).

encobar *v intr* couver (empollar).

encobrado, da *adj* cuivré, e.

encobrar *v tr* cuivrer.

encocorar *v tr* FAM embêter (fastidiar).

encofrado *m* TECN coffrage (para el hormigón).

encofrar *v tr* TECN coffrer (hormigón).

encoger [14] *v tr* rétrécir, faire rétrécir (estrechar); el lavado encoge ciertos tejidos le lavage rétrécit certains tissus | contracter (contraer) | FIG démonter, troubler (apocar).

◇ *v intr* rétrécir (tela).

➤ **encogerse** *v pr* se rétrécir | FIG se serrer; se le encogía el corazón son cœur se serrait | se démonter, manquer de nerf, se dégonfler (apocarse) | encogerse de hombros hausser les épaules.

encogido, da *adj* FIG timide, réservé, e (poco expansivo) | noué, e; serré, e; tener el estómago encogido avoir l'estomac noué | serré, e; tener el corazón encogido avoir le cœur serré.

encogimiento *m* rétrécissement (de una tela) | pincement (de los labios) | FIG timidité *f* (timidez) | attitude *f* recroquevillée (del cuerpo) | encogimiento de hombros haussement d'épaules.

encolado, da *adj* FIG (*Amer*) gommeux, euse.

➤ **encolado** *m* collage (del vino) | encollage (con cola).

encolador, ra *adj & s* encolleur, euse.

➤ **encoladora** *f* TECN colleuse, encolleuse (cine, etc.).

encolar *v tr* encoller (engomar) | coller (pegar) | coller (el vino).

encolerizar [13] *v tr* irriter, mettre en colère.

➤ **encolerizarse** *v pr* s'irriter, s'emporter, se mettre en colère.

encomendado *m* HIST Indien soumis au régime de l'encomienda.

encomendar [19] *v tr* recommander (idea de protección); le encomiendo a usted mi hijo je vous recommande mon fils | charger (encargar) | confier (confiar).

➤ **encomendarse** *v pr* s'en remettre à, se confier à, se recommander à; encomendarse a Dios se recommander à Dieu; en vuestras manos me encomiendo je m'en remets à vous | se vouer; no saber a qué santo encomendarse ne pas savoir à quel saint se vouer.

encomendero *m* commissionaire (el que hace los encargos) ‖ HIST propriétaire d'un Indien sous le régime de l'"encomienda".
‖ OBSERV [▶ encomienda].

encomiar [8] *v tr* louer, vanter, louanger.

encomiasta *m* louangeur, panégyriste.

encomiástico, ca *adj* élogieux, euse; louangeur, euse.

encomienda *f* commission, affaire confiée à quelqu'un (encargo) ‖ commanderie (antigua dignidad) ‖ croix que portaient les chevaliers des ordres militaires (cruz) ‖ rente viagère sur les revenus d'une ville o d'une terre (renta) ‖ recommandation, éloge *m* (recomendación) ‖ HIST "encomienda" [dans l'Amérique espagnole, territoire soumis à l'autorité d'un conquistador] ‖ (*Amer*) colis *m*; encomienda postal colis postal.

> **LA ENCOMIENDA**
> Pendant la conquête de l'Amérique, le roi d'Espagne pouvait céder à un sujet le tribut que les indigènes devaient lui payer. Le territoire était alors soumis à un conquistador, appelé « encomendero ». Celui-ci était responsable des Indiens qui y habitaient, appelés « encomendados » et devait les évangéliser. L'établissement des « encomiendas » donna lieu à de nombreux abus de la part des espagnols et soumit les indigènes à une situation proche de l'esclavage. Un des principaux détracteurs des « encomiendas » fut le père Bartolomé de Las Casas.

encomio *m* louange *f*, éloge.

encompadrar *v intr* FAM devenir copains, fraterniser.

enconado, da *adj* passionné, e; acharné, e; bibliófilo enconado bibliophile passionné; partidario enconado partisan acharné.

enconadura *f*; **enconamiento** *m* inflammation *f*, envenimement *m*; la enconadura de esta herida puede resultar peligrosa l'envenimement de cette plaie peut se révéler dangereux ‖ FIG rancune *f* (rencor) ‖ hostilité *f*, animosité *f* (odio).

enconar *v tr* enflammer, envenimer (una llaga, herida) ‖ FIG envenimer (una discusión) ‖ irriter, exaspérer (personas).
◆ **enconarse** *v pr* s'enflammer, s'envenimer (una llaga, una herida) ‖ FIG s'envenimer ‖ se fâcher, être exaspéré.

encono *m* rancune *f* (rencor) ‖ animosité *f*, hostilité *f* (odio).

encontradizo, za *adj* hacerse el encontradizo feindre une rencontre fortuite, faire semblant de rencontrer quelqu'un par hasard, s'arranger pour rencontrer quelqu'un.

encontrado, da *adj* opposé, e; contraire; intereses encontrados intérêts opposés.

encontrar [23] *v tr* trouver; encontrar una solución trouver une solution; lo encontré anegado en lágrimas je l'ai trouvé en larmes ‖ rencontrer; encontrar a un amigo en la calle rencontrer un ami dans la rue ‖ retrouver (lo perdido) ‖ trouver; no encuentro palabras para expresarle mi agradecimiento je ne trouve pas de mots pour vous exprimer ma reconnaissance ‖ FIG trouver; ¿cómo encuentras esta película ? comment trouves-tu ce film ? ‖ encontrar con quien hablar, encontrar la horma de su zapato trouver à qui parler.
◇ *v intr* heurter (tropezar).
◆ **encontrarse** *v pr* se rencontrer (dos personas); se encontraron en París ils se sont

rencontrés à Paris ‖ se trouver (estar); se encuentra en París il se trouve à Paris ‖ se retrouver (reunirse) ‖ rencontrer, se heurter (tropezar) ‖ FIG se trouver; me encuentro muy a gusto je me trouve très bien ‖ se sentir, se trouver; me encuentro mucho mejor je me sens beaucoup mieux ‖ se heurter, s'opposer (ser contrarias las opiniones, etc.) ‖ s'accorder (coincidir) ■ encontrarse con rencontrer, tomber sur (hallar), heurter (tropezar), se heurter à, devoir affronter (con problemas) ‖ encontrarse con valor avoir du courage ‖ no encontrarse en las opiniones différer d'opinion.

encontrón; encontronazo *m* choc, collision *f*; tuve un encontronazo con otro coche je suis rentré dans une voiture.

encopetado, da *adj* huppé, e; collet monté.

encopetar *v tr* élever, mettre en haut.
◆ **encopetarse** *v pr* FIG prendre de grands airs (engreírse).

encorajarse, encorajinarse *v pr* se fâcher, voir rouge, se mettre en rage (encolerizarse) ‖ être stimulé (animarse).

encorar [23] *v tr* couvrir de cuir ‖ MED cicatriser (una llaga).
◇ *v intr & pr* se cicatriser.

encorchar *v tr* AGRIC recueillir un essaim d'abeilles ‖ boucher (poner tapones).

encorchetar *v tr* poser des agrafes ‖ agrafer (fijar con corchetes).

encordadura *f*; **encordado** (*Amer*) *m* MÚS ensemble *m* des cordes d'un instrument.

encordar [23] *v tr* corder, mettre des cordes.
◆ **encordarse** *v pr* s'encorder (alpinismo).

encordelar *v tr* cordeler, ficeler.

encordonar *v tr* garnir de cordons.

encornado, da *adj* encorné, e (animales).

encornadura *f* encornure (disposición de los cuernos) ‖ cornes *pl* (cornamenta).

encorozar [13] *v tr* mettre la cagoule [à un condamné].

encorralar *v tr* parquer (los rebaños).

encorsetar *v tr* corseter.

encorvada *f* flexion (del cuerpo) ‖ danse contorsionnée (danza).

encorvadura *f*; **encorvamiento** *m* courbure *f*, courbement *m* ‖ action de se voûter (persona).

encorvar *v tr* courber ‖ recourber (en forma de gancho) ‖ voûter (una persona); tener la espalda encorvada por la edad avoir le dos voûté par l'âge.
◆ **encorvarse** *v pr* se courber ‖ se recourber (en forma de gancho) ‖ se voûter (una persona) ‖ ployer (bajo una carga) ‖ TECN s'envoiler (doblarse).

encostalar *v tr* ensacher (ensacar).

encostrar [23] *v tr* encroûter.
◆ **encostrarse** *v pr* s'encroûter.

encovar [23] *v tr* enfermer, cacher.

encrasar *v tr* épaissir (espesar) ‖ AGRIC fumer (la tierra).
‖ OBSERV La palabra francesa encrasser significa ensuciar o atascar.

encrespamiento *m* frisage (del pelo) ‖ hérissement (erizamiento) ‖ moutonnement (del mar) ‖ FIG bouillonnement (de las pasiones)

‖ échauffement (discusión) ‖ irritation *f*, excitation *f* ‖ embrouillement (enredo).

encrespar *v tr* friser; cabello encrespado cheveux frisés ‖ hérisser (erizar) ‖ FIG irriter (irritar).
◆ **encresparse** *v pr* être agité, moutonner (el mar) ‖ FIG s'agiter, bouillonner (las pasiones) ‖ s'aigrir, s'échauffer, s'envenimer (una discusión) ‖ s'embrouiller (enredarse los negocios) ‖ MAR mar encrespado mer agitée o houleuse.

encrina *f* ZOOL encrine.

encriptación; encriptamiento *m* INFORM chiffrement, cryptage.

encristalar *v tr* vitrer.

encrucijada *f* carrefour *m*.

encrudecer [30] *v tr* FIG irriter (irritar).
◇ *v intr* refroidir, devenir plus rigoureux (el tiempo).

encruelecer [30] *v tr* endurcir le cœur, inciter à la cruauté.
◆ **encruelecerse** *v pr* s'endurcir.

encuadernación *f* reliure; encuadernación en rústica reliure brochée ■ encuadernación en pasta cartonnage ‖ encuadernación en piel reliure en cuir ‖ encuadernación en tela entoilage.

encuadernador, ra *m & f* relieur, euse.

encuadernar *v tr* relier; libro encuadernado livre relié ‖ encuadernar en rústica brocher.

encuadramiento; encuadre *m* FOT cadrage ‖ FIG cadre (límite) ‖ MIL encadrement (de tropas).

encuadrar *v tr* encadrer ‖ FOT cadrer ‖ MIL encadrer ‖ FIG faire rentrer ‖ être intégré, faire partie (formar parte) ‖ embrigader, enrégimenter (incorporar) ‖ reclasser (readaptar).

encuadre ▶ encuadramiento.

encuarte *m* cheval de renfort.

encuartelar *v tr* (*Amer*) caserner ‖ consigner (acuartelar).

encubamiento *m* encuvage, encuvement.

encubar *v tr* encuver (meter en una cuba).

encubierta *f* fraude (fraude).

encubiertamente *adv* en secret.

encubierto, ta *adj* caché, e ‖ FIG couvert, e; palabras encubiertas mots couverts.

encubridor, ra *adj & s* receleur, euse (de lo robado) ‖ complice; madre encubridora de las malas acciones de su hijo mère complice des mauvaises actions de son fils.

encubrimiento *m* dissimulation *f* (ocultación) ‖ recel, recelé, recèlement (cosa, persona).

encubrir *v tr* cacher, dissimuler (ocultar) ‖ receler (una cosa robada).

encuentro *m* rencontre *f* (de personas) ‖ choc, collision *f* (de cosas) ‖ rencontre *f* (coincidencia) ‖ rencontre *f*, engagement (deportes, duelo) ‖ FIG trouvaille *f* (hallazgo) ‖ choc, opposition *f* (contradicción) ‖ rendez-vous; el encuentro de los cosmonautas en el espacio le rendez-vous spatial des cosmonautes ‖ ANAT aisselle *f* (axila) ‖ ARQ encoignure *f* (ángulo) ‖ MIL accrochage (de tropas) ■ ir al encuentro de aller à la rencontre de, aller au-devant de ‖ salir al encuentro de aller à la rencontre o audevant de (ir en busca de), contredire, trouver à redire (oponerse), devancer (prevenir), faire face (afrontar una dificultad).

encuerado, da *adj* (*Amer*) nu, e (en cueros).

encuerar *v tr* (*Amer*) déshabiller (desnudar) ‖ FIG dépouiller (en el juego).

encuesta *f* enquête (en un periódico); encuesta por correo enquête par correspondance ‖ encuesta judicial enquête judiciaire ‖ hacer una encuesta faire une enquete, enquêter.

encuestado, da *m & f* personne *f* interrogée; sondé, e.

encuestador, ra *m & f* enquêteur, euse.

encuestar *v tr* encuestar a alguien interroger quelqu'un.

encuitarse *v pr* s'affliger.

encumbrado, da *adj* élevé, e; haut placé, e.

encumbramiento *m* élévation *f* ‖ FIG exaltation *f* (exaltación) ‖ ascension *f*, montée *f* en flèche (progreso).

encumbrar *v tr* élever ‖ FIG faire l'éloge de, exalter, vanter (ensalzar) ‖ FIG encumbrar hasta las nubes porter aux nues.
➥ **encumbrarse** *v pr* s'élever ‖ FIG progresser, monter en flèche (desarrollarse) ‖ prendre des grands airs, faire l'important (envanecerse).

encunar *v tr* mettre au berceau ‖ TAUROM encorner (coger).

encureñar *v tr* mettre sur son affût, affûter.

encurtidos *m pl* conserves *f* au vinaigre [cornichons, oignons, etc.].

encurtir *v tr* confire dans le vinaigre ‖ (*Amer*) tanner (curtir).

endarteritis *f inv* MED endartérite.

ende *adv* (ant) là ‖ por ende par là, par suite, par conséquent.

endeble *adj* faible (débil) ‖ chétif, ive (enclenque).

endeblez *f* faiblesse, débilité.
▉ OBSERV pl endebleces.

endécada *f* période de onze ans.

endecágono, na *adj & s m* GEOM hendécagone.

endecasílabo, ba *adj & s m* hendécasyllabe ▪ endecasílabo anapéstico o de gaita gallega hendécasyllabe anapestique ‖ endecasílabo sáfico hendécasyllabe saphique.

endecha *f* complainte (melodía) ‖ quatrain *m* (composición métrica) ‖ endecha real strophe de trois heptasyllabes suivis d'un hendécasyllabe.

endeja *f* ARQ harpe (adaraja).

endemia *f* MED endémie.

endémico, ca *adj* MED endémique.

endemoniado, da *adj* diabolique (perverso) ‖ diabolique, démoniaque; un invento endemoniado une invention démoniaque ‖ satané, e; hace un tiempo endemoniado il fait un satané temps ‖ endiablé, e; ritmo endemoniado rythme endiablé ‖ FIG este niño es endemoniado cet enfant a le diable au corps.
◇ *adj & s* démoniaque, possédé, e (poseído del demonio); gritar como un endemoniado crier comme un possédé.

endemoniar *v tr* ensorceler (embrujar) ‖ rendre furieux o fou (enfurecer).

endenantes *adv* FAM (*Amer*) avant (antes).

endentar [19] *v tr* MECÁN endenter ‖ MAR entailler.

endentecer [30] *v intr* faire ses dents (los niños).

enderezado, da *adj* favorable (propicio).

enderezador, ra *adj & s* redresseur, euse ‖ bon administrateur, bonne administratrice (de una casa).

enderezamiento *m* redressement; el enderezamiento de un clavo le redressement d'un clou.

enderezar [13] *v tr* [▷ SIN] redresser (poner derecho); enderezar una viga redresser une poutre ‖ adresser, dédier (dirigir, dedicar) ‖ corriger (corregir) ‖ FIG redresser; enderezar una situación redresser une situation; enderezar entuertos redresser des torts ‖ TECN dresser.
◇ *v intr* se diriger (dirigirse hacia).
➥ **enderezarse** *v pr* se redresser ‖ se disposer à (prepararse, disponerse) ‖ sus menores acciones estaban enderezadas a la realización de su proyecto ses moindres actions visaient à la réalisation de son projet.
▉ SIN alinear aligner; enfilar mettre en file; destorcer détordre; rectificar rectifier.

ENDESA (abrev de Empresa Nacional de Electricidad, Sociedad Anónima) *f* compagnie nationale espagnole d'électricité, ≃ EDF.

endeudamiento *m* endettement.

endeudarse *v pr* s'endetter (entramparse) ‖ se reconnaître débiteur o obligé.

endiablada *f* mascarade de personnes déguisées en diables.

endiabladamente *adv* diaboliquement.

endiablado, da *adj* endiablé, e (fogoso, colérico) ‖ horrible (feo) ‖ diabolique (perverso).

endiablar *v tr* FIG ensorceler (endemoniar).

endibia *f* BOT endive.

endilgar; indilgar [16] *v tr* FAM acheminer, expédier (dirigir) ‖ refiler, coller; me ha endilgado este trabajo molesto il m'a refilé ce travail ennuyeux ‖ faire avaler; le endilgué todo mi poema je lui ai fait avaler tout mon poème.

endino, na *adj* FAM méchant, e; mauvais, e; indigne.

endiñar *v tr* FAM flanquer, administrer, coller; le endiñé una torta je lui ai flanqué une gifle.

endiosamiento *m* FIG orgueil (orgullo).

endiosar *v tr* diviniser.
➥ **endiosarse** *v pr* s'enorgueillir (enorgullecerse) ‖ FIG s'absorber, se plonger; endiosarse en la lectura s'absorber dans la lecture.

enditarse *v pr* (*Amer*) s'endetter (endeudarse).

endoaneurismorafía *f* endoanévrismoraphie.

endoblasto *m* endoblaste.

endocardíaco, ca *adj & s* endocardiaque.

endocardio *m* ANAT endocarde.

endocarditis *f inv* MED endocardite.

endocarpio *m* BOT endocarpe.

endocervitis *f inv* MED endocervicite.

endocráneo *m* ANAT endocrâne.

endocrino, na *adj* BIOL endocrinien, enne.
➥ **endocrina** *adj f* endocrine (glándula).

endocrinología *f* MED endocrinologie.

endocrinológico, ca *adj* MED endocrinologique.

endocrinólogo, ga *m & f* MED endocrinologue, endocrinologiste.

endodermo *m*; **endodermis** *f inv* BIOL endoderme *m*.

endoesqueleto *m* ZOOL squelette interne.

endofito, ta *adj & s m* endophyte.

endoflebitis *f inv* MED endophlébite.

endogamia *f* endogamie.

endogámico, ca *adj* endogamique.

endogénesis *f inv* BIOL endogenèse.

endógeno, na *adj* BIOL endogène.

endolinfa *f* ANAT endolymphe.

endolinfático, ca *adj* ANAT endolymphatique.

endometrio *m* ANAT endomètre.

endometriosis *f inv* MED endométriose.

endometritis *f inv* MED endométrite.

endomingado, da *adj* endimanché, e ‖ estar endomingado être endimanché.

endomingar [16] *v tr* endimancher.
➥ **endomingarse** *v pr* s'endimancher, mettre ses plus beaux atours.

endomorfismo *m* endomorphisme.

endoparásito *adj & s m* endoparasite.

endoplasma *m* endoplasme.

endorreico, ca *adj* endoréique.

endorreísmo *m* GEOGR endoréisme.

endosador ➥ **endosatario**.

endosante *adj m & s m* COM endosseur.

endosar *v tr* COM endosser (transmitir) ‖ FIG endosser (tomar a su cargo) ‖ FAM refiler (un trabajo).

endosatario; endosador *m* endossataire.

endoscopia *f* MED endoscopie.

endoscópico, ca *adj* endoscopique.

endoscopio *m* MED endoscope.

endoselar *v tr* couvrir d'un dais.

endosmómetro *m* MED endosmomètre.

endósmosis; endosmosis *f inv* FÍS endosmose.

endoso *m* COM endossement, endos.

endosperma *m* BOT endosperme.

endosporo *m* BOT endospore.

endotelio *m* ANAT endothélium ‖ del endotelio endothélial, e.

endotelioma *m* MED endothéliome.

endotérmico, ca *adj* QUÍM endothermique.

endotoxina *f* endotoxine.

endovenoso, sa *adj* intraveineux, euse.

endriago *m* endriague, andriague (monstruo fabuloso).

endrina *f* BOT prunelle (fruto).

endrino, na *adj* noir, e.
➥ **endrino** *m* prunellier (árbol).
➥ **endrina** *f* prunelle (ciruela).

endrogarse [16] *v pr* (*Amer*) s'endetter.

endulzar [13] *v tr* [▷ SIN] sucrer (agregar azúcar); endulzar con miel sucrer avec du miel ‖ FIG adoucir (suavizar).

   ‖ SIN azucarar sucrer; edulcorar édulcorer; dulcificar dulcifier.

endurar *v tr* endurcir (endurecer) ‖ ménager, économiser (economizar) ‖ endurer (soportar) ‖ ajourner (diferir).

endurecer [30] *v tr* durcir (poner duro) ‖ FIG endurcir; endurecer al cansancio endurcir à la fatigue.

   → **endurecerse** *v pr* FIG s'endurcir (volverse insensible) ‖ durcir, se durcir; endurecerse con o en el juego durcir au feu.

endurecimiento *m* durcissement ‖ FIG endurcissement ‖ obstination *f*, entêtement.

ene *f* n *m* [nom de la lettre "n"] x; hace ene años il y a x années.

ene. (abrev escrita de enero) janv.

enea *f* BOT massette (anea) ‖ silla de enea chaise de paille.

Enéadas *n pr f pl* Ennéades.

eneagonal *adj* ennéagonal, e.

eneágono, na *adj & s m* GEOM ennéagone.

Eneas *n pr* MITOL Énée.

enebral *m* genévrière *f*.

enebrina *f* baie du genévrier.

enebro *m* BOT genévrier.

Eneida *n pr f* Énéide.

eneldo *m* BOT aneth.

enema *m* (ant) MED onguent (emplasto) ‖ lavement (ayuda).

   ‖ OBSERV Dans son second sens, le mot enema est également employé au masculin bien que l'Académie espagnole préfère le féminin.

enemiga *f* inimitié, antipathie (enemistad); tenerle enemiga a una persona avoir de l'antipathie pour quelqu'un.

enemigo, ga *adj & s* [▷ SIN] ennemi, e.

   → **enemigo** *m* le Malin (el demonio) ■ al enemigo que huye el puente de plata à l'ennemi qui fuit, faites un pont d'or ‖ hacerse enemigos se faire des ennemis ‖ no hay enemigo pequeño il n'est si petit chat qui n'égratigne, il n'est si petit buisson qui ne porte son ombre ‖ pasarse al enemigo passer à l'ennemi.

   ‖ SIN adversario adversaire; antagonista antagoniste; opositor opposant.

enemistad *f* inimitié.

enemistar *v tr* brouiller, fâcher; enemistar a una persona con otra brouiller une personne avec une autre.

   → **enemistarse** *v pr* se brouiller.

éneo, a *adj* POÉT d'airain (de bronce).

energético, ca *adj & s f* énergétique.

energía *f* énergie; energía atómica o nuclear énergie atomique o nucléaire ‖ FIG énergie (vigor) ‖ FÍS energía cinética énergie cinétique ‖ energía hidráulica énergie hydraulique ‖ energía química énergie chimique ‖ energía radiante énergie rayonnante ‖ energía solar énergie solaire.

   ‖ SIN entereza cœur; firmeza fermeté; fuerza, fortaleza force; resolución résolution; voluntad volonté; vigor vigueur; nervio nerf.

enérgicamente *adv* énergiquement.

enérgico, ca *adj* énergique.

energúmeno, na *m & f* énergumène.

enero *m* janvier; el 5 de enero le 5 janvier.

enervación *f*; **enervamiento** *m* énervation *f*, abattement *m* ‖ effémination *f*.

   ‖ OBSERV La palabra francesa énervement significa nerviosismo.

enervante *adj* énervant, e.

   ‖ OBSERV La palabra francesa énervant significa irritante, molesto.

enervar *v tr* énerver ‖ affaiblir.

   ‖ OBSERV La palabra francesa énerver se emplea sobre todo en el sentido de irritar, exasperar.

enésimo, ma *adj* MAT n; potencia enésima puissance n ‖ te lo digo por enésima vez je te le dis pour la énième fois.

enfadar *v tr* [▷ SIN] agacer, contrarier (disgustar) ‖ fâcher, mettre en colère (enojar).

   → **enfadarse** *v pr* être agacé o contrarié, agacer; se enfada con tus necedades il est agacé par tes idioties, tes idioties l'agacent ‖ se fâcher, se mettre en colère; enfadarse por poca cosa se fâcher o se mettre en colère pour peu de chose; enfadarse por todo se fâcher de tout ‖ enfadarse con uno se fâcher contre quelqu'un (disputarse), se fâcher avec quelqu'un (enemistarse).

   ‖ SIN disgustar, enojar fâcher; contrariar contrarier; descontentar mécontenter.

enfado *f* irritation *f*, mécontentement (descontento) ‖ fâcherie *f*, brouille *f* (disgusto) ‖ colère *f* (enojo) ‖ causar enfado agacer (fastidiar), mettre en colère, fâcher (enojar).

enfadosamente *adv* de mauvais gré, à contrecœur (a regañadientes) ‖ d'une façon désagréable.

enfadoso, sa *adj* ennuyeux, euse; fâcheux, euse (molesto) ‖ déplaisant, e (desagradable) ‖ agaçant, e (crispante).

enfaldado, da *adj* qui est toujours dans les jupes des femmes (niños).

enfaldador *m* (ant) relève-jupe *inv*, portejupe (alfiler para recoger la falda).

enfaldar *v tr* relever, retrousser la jupe ‖ AGRIC tailler les basses branches [d'un arbre]; étronçonner.

enfaldo *m* retroussis (de la ropa).

enfangarse [16] *v pr* se couvrir de fange (ensuciarse) ‖ FIG & FAM tremper dans (negocios vergonzosos) ‖ se vautrer dans (los placeres) ‖ MAR s'embourber.

enfardar *v tr* emballer, empaqueter.

enfardelar *v tr* emballer, empaqueter.

énfasis *m inv* emphase *f* (afectación).

enfáticamente *adv* emphatiquement.

enfático, ca *adj* emphatique; responder con tono enfático répondre sur un ton emphatique.

enfatizar [13] *v tr* souligner, mettre l'accent sur.

enfatuarse *v pr* s'infatuer (p us), se croire.

enfebrecido, da *adj* (Amer) fébrile.

enfermar *v intr* tomber malade ‖ enfermar del pecho attraper une maladie de poitrine.

   ◇ *v tr* rendre malade ‖ FIG rendre malade; las injusticias me enferman les injustices me rendent malade ‖ affaiblir, énerver (debilitar).

enfermedad *f* maladie; enfermedad contagiosa, azul, del sueño maladie contagieuse, bleue, du sommeil ■ enfermedad adquirida maladie acquise ‖ enfermedad carencial maladie de carence ‖ enfermedad congénita maladie congénitale ‖ enfermedad hereditaria maladie héréditaire ‖ enfermedad profesional maladie professionnelle ‖ enfermedad venérea maladie vénérienne ■ es peor el remedio que la enfermedad le remède est pire que le mal ‖ salir de una enfermedad relever d'une maladie.

   ‖ SIN afección affection; mal mal; padecimiento souffrance; dolencia maladie; indisposición, achaque indisposition.

enfermería *f* infirmerie.

enfermero, ra *m & f* infirmier, ère (en el hospital) ‖ garde (en casa del enfermo).

enfermizo, za *adj* [▷ SIN] maladif, ive; persona, pasión enfermiza personne, passion maladive ‖ insalubre (comarca) ‖ malsain, e (alimento).

   ‖ SIN delicado faible; achacoso souffreteux; lisiado infirme; FAM malucho mal fichu.

enfermo, ma *adj & s* malade; ponerse enfermo tomber malade; enfermo de aprensión malade imaginaire; enfermo de gravedad gravement malade ■ fingirse enfermo faire le malade ‖ FIG poner enfermo rendre malade ‖ ponerse enfermo en être malade.

   ‖ OBSERV Enfermo no tiene el sentido de lisiado que tiene el francés infirme.

enfermoso, sa *adj* (Amer) maladif, ive.

enfermucho, cha *adj* souffreteux, euse.

enfervorizar [13] *v tr* encourager, stimuler, fortifier; el éxito le enverforizó le succès l'a stimulé.

enfeudación *f*; **enfeudamiento** *m* HIST inféodation *f*, ensaisinement *m*.

enfeudar *v tr* inféoder, ensaisiner.

enfiebrecido, da *adj* (Amer) fébrile.

enfiestarse *v pr* (Amer) s'amuser, être en fête.

enfilada *f* enfilade ■ MIL batir en enfilada battre en enfilade ‖ tiro de enfilada tir d'enfilade.

enfilado *m* enfilage (de perlas).

enfilar *v tr* enfiler (ensartar); enfilar perlas enfiler des perles ‖ aligner, ranger (colocar en fila) ‖ surfiler (hilvanar) ‖ enfiler (una calle) ‖ MIL enfiler (batir por el flanco) ‖ braquer (apuntar).

enfisema *m* MED emphysème.

enfisematoso, sa *adj & s m* MED emphysémateux, euse.

enfistolarse *v pr* MED dégénérer en fistule.

enfiteusis *f inv* DR emphytéose.

enfiteuta *m & f* DR emphytéote.

enfitéutico, ca *adj* DR emphytéotique.

enflaquecer [30] *v tr* amaigrir (adelgazar) ‖ FIG affaiblir (debilitar).

   ◇ *v intr* maigrir (adelgazar) ‖ FIG faiblir (desanimarse).

enflaquecimiento *m* amaigrissement (adelgazamiento) ‖ affaiblissement (debilitación).

enflatarse *v pr* (Amer) s'affliger, s'attrister.

enflautada *f* (Amer) incongruité, excentricité.

enflautado, da *adj* FIG ampoulé, e; enflé, e.

enflautar *v tr* FAM tromper, berner (engañar) ‖ gonfler (hinchar) ‖ FAM (Amer) placer, faire avaler [une histoire, etc.].

enfocador *m* FOT viseur.

enfocar [10] *v tr* FOT mettre au point ▌ centrer (la imagen) ▌ pointer (gemelos) ▌ FIG envisager (una cuestión); enfocar un asunto desde el punto de vista religioso envisager un sujet du point de vue religieux ▌ FIG enfocar algo de distinta manera avoir une autre optique de quelque chose, voir o envisager quelque chose différemment.

enfoque *m* FOT mise *f* au point ▌ centrage, cadrage (de la imagen) ▌ façon *f* d'envisager o d'aborder [un problème], optique *f*.

enfosado *m* VETER météorisme.

enfoscar [10] *v tr* crépir (una pared).
◆ **enfoscarse** *v pr* se rembrunir (ponerse ceñudo) ▌ s'absorber dans (aplicarse) ▌ s'obscurcir, se couvrir (el cielo).

enfrailar *v tr* faire moine.
◇ *v intr & pr* se faire moine.

enfrascamiento *m* FIG abstraction, *f*.

enfrascar [10] *v tr* mettre en flacon.
◆ **enfrascarse** *v pr* s'engager dans un fourré ▌ FIG s'absorber dans, se plonger dans (en una ocupación).

enfrenar *v tr* brider (poner la brida) ▌ dresser (domar un caballo) ▌ arrêter (detener un caballo) ▌ FIG réfréner, contenir (reprimir) ▌ enfrenar bien al caballo faire relever la tête au cheval.

enfrentamiento *m* affrontement.

enfrentar *v tr* affronter, faire face à (un peligro, adversidades, etc.) ▌ mettre face à face, mettre en présence (poner frente a frente) ▌ opposer, dresser (oponer); enfrentar una persona con otra dresser une personne contre une autre.
◇ *v intr* être en face de.
◆ **enfrentarse** *v pr* affronter, faire front o face à; nuestro ejército se enfrentó a o con el ejército enemigo notre armée affronta l'armée ennemie ▌ rencontrer (equipos); el equipo del Real Madrid se enfrentó con el equipo uruguayo l'équipe du Real Madrid a rencontré l'équipe uruguayenne ▌ se rencontrer; los dos equipos se enfrentaron en París les deux équipes se sont rencontrées à Paris ▌ s'affronter; los dos ejércitos se enfrentaron aquí les deux armées se sont affrontées ici ▌ faire face; enfrentarse con las necesidades de faire face aux besoins de ▌ faire front, tenir tête; se enfrentó conmigo il me fit front, il me tint tête.

enfrentares *m pl* articulation *f sing* de l'aile (en las aves) ▌ encolure *f sing* (en los cuadrúpedos) ▌ IMPR réserves *f* destinées à l'impression de lettres en couleur.

enfrente *adv* en face; enfrente de mi casa en face de chez moi; enfrente mía en face de moi ▌ contre; su propia madre se le puso enfrente même sa mère s'est dressée contre lui ▌ en la página de enfrente à la page ci-contre.

enfriadera *f* rafraîchissoir *m*, rafraîchisseur *m* [pour les boissons].

enfriadero *m* chambre *f* froide.

enfriador, ra *adj* refroidissant, e.
◆ **enfriador** *m* refroidisseur (aparato) ▌ chambre *f* froide (fresquera).

enfriamiento *m* refroidissement.

enfriar [9] *v tr* [▷ SIN] refroidir; enfriar un líquido, el entusiasmo refroidir un liquide, l'enthousiasme.
◇ *v intr* refroidir.
◆ **enfriarse** *v pr* se refroidir ▌ FIG prendre froid, attraper froid (acatarrarse).

▌ SIN refrescar rafraîchir; refrigerar réfrigérer; helar glacer; congelar congeler; templar tiédir; entibiar attiédir.

enfrijolarse *v pr* (Amer) s'embrouiller (un asunto).

enfrontar *v tr* affronter.

enfullinarse *v pr* (Amer) s'emporter, se fâcher.

enfundadura *f* action de mettre dans une housse.

enfundar *v tr* mettre dans une housse (vestido, etc.), mettre dans sa taie (almohada) ▌ engainer, gainer (meter en una funda) ▌ rengainer (una pistola) ▌ TECN enchemiser (forrar).

enfurecer [30] *v tr* rendre furieux, euse; mettre en fureur ▌ mar enfurecido mer démontée o en furie.
◆ **enfurecerse** *v pr* entrer en fureur, s'emporter; enfurecerse con s'emporter contre ▌ se déchaîner; el mar se enfurece la mer se déchaîne.

enfurecimiento *m* fureur *f*.

enfurruñamiento *m* mauvaise humeur *f*.

enfurruñarse *v pr* FAM se fâcher, bougonner (enfadarse) ▌ se couvrir (el cielo).

enfurtido *m* foulage (del paño) ▌ feutrage (del fieltro).

enfurtir *v tr* fouler (el paño) ▌ feutrer (el fieltro).

engace *m* enchaînement.

engafar *v tr* MAR gaffer.

engaitar *v tr* FAM rouler, tromper, embobiner.

engalanar *v tr* parer (adornar); engalanar con parer de ▌ décorer (decorar) ▌ habiller avec élégance, pomponner; estar muy engalanada être très pomponnée ▌ MAR pavoiser.
◆ **engalanarse** *v pr* se parer ▌ s'habiller avec élégance, se pomponner ▌ FIG engalanarse con plumas ajenas se parer des plumes du paon.

engalgar [16] *v tr* freiner (un coche), caler (una rueda) ▌ mettre sur la piste (un perro).

engallado, da *adj* FIG arrogant, e ▌ remonté, e (envalentonado) ▌ FIG muy engallado fier comme un coq.

engalladura *f* cicatricule [de l'œuf].

engallamiento *m* ramener (doma del caballo) ▌ FIG arrogance *f*.

engallarse *v pr* FIG prendre des grands airs, se dresser sur ses ergots FAM ▌ lever la tête, encenser (el caballo).

enganchamiento *m* accrochage ▌ MIL enrôlement, recrutement.

enganchar *v tr* accrocher (coger con un gancho); enganchar la gabardina en la percha accrocher la gabardine au portemanteau ▌ accrocher (dos vagones) ▌ atteler (un caballo) ▌ enclencher (engranar) ▌ MIL enrôler, recruter (reclutar) ▌ FIG & FAM entortiller, embobiner (atraer a una persona) ▌ racoler, rabattre (clientes) ▌ attraper; enganchó una borrachera il a attrapé une cuite ▌ décrocher (una colocación) ▌ dégoter, mettre la main sur (un marido) ▌ at-

traper, mettre la main sur; la policía enganchó al ladrón la police a mis la main sur le voleur ▌ MAR engager (el ancla) ▌ TAUROM encorner, accrocher (coger).
◆ **engancharse** *v pr* s'accrocher ▌ MIL s'engager.

enganche *m* crochet (pieza) ▌ accrochage (de vagones) ▌ attelage (de caballos) ▌ enclenche *f*, enclenchement (trinquete) ▌ MIL enrôlement, racolage ▌ recrutement (reclutamiento); banderín de enganche bureau de recrutement.

enganchón *m* accrochage ▌ accroc (desgarrón).

engañabobos *m inv* attrape-nigaud.

engañapastores *m inv* engoulevent (chotacabras).

engañapichanga *f* (Amer) FAM attrape-couillon *m*.

engañar *v tr* [▷ SIN] tromper; engañar a un cliente tromper un client ▌ tromper (adulterio) ▌ duper (causando un daño) ▌ FIG tromper; engañar el hambre, el tiempo tromper la faim, le temps ▌ FAM ¡a mí no me engañan! on ne me la fait pas! ▌ la vista engaña les apparences sont trompeuses, il ne faut pas se fier aux apparences.
◆ **engañarse** *v pr* se tromper (equivocarse); engañarse en la cuenta se tromper dans son compte; engañarse con uno se tromper sur quelqu'un ▌ s'abuser, s'aveugler soi-même (no querer admitir la verdad) ▌ si no me engaño si je ne m'abuse, si je ne me trompe.

▌ OBSERV Se tromper (commettre une erreur) se dit plutôt equivocarse.
▌ SIN mentir mentir; embaucar leurrer, duper; engatusar, camelar enjôler; desengañar décevoir; frustrar fruster; defraudar frauder; traicionar trahir; trampear, hacer trampas tricher; FAM dar el pego rouler.

engañifa *f* FAM tromperie, mystification ▌ marché *m* de dupe (estafa).

engaño *m* erreur *f*; salir del engaño revenir de son erreur ▌ leurre (lo que engaña) ▌ tromperie *f*, mystification *f*, duperie *f* (acción de engañar) ▌ TAUROM cape *f*, muleta *f* ▌ leurre, appât (para pescar) ▌ deshacer un engaño rétablir la vérité ▌ llamarse a engaño se laisser abuser, s'y tromper.

engañosamente *adv* trompeusement.

engañoso, sa *adj* trompeur, euse.

engarabatar *v tr* accrocher (con un garabato).

engarabitarse *v pr* grimper.

engaratusar ► **engatusar**.

engarbarse *v pr* se percher, se jucher (aves).

engarce *m*; **engarzadura** *f* enfilage (acción) ▌ fil (de un collar, etc.) ▌ enchâssure *f*, enchatonnement, enchâssement, sertissage, sertissure *f* (de un anillo) ▌ FIG enchaînement (trabazón).

engargantadura *f* engrenage *m* (engranaje).

engargantar *v tr* gaver (las aves).
◇ *v intr* engrener (engranar).

engargolado *m* rainure *f*.

engargolar *v tr* TECN assembler à rainure et languette.

engarrafar *v tr* accrocher, agripper (agarrar).

engarrotar *v tr* garrotter (agarrotar).

engarzador, ra *adj & s* enfileur, euse.

engarzadura ► **engarce**.

engarzar [13] *v tr* enfiler (perlas, etc.) ▌ enchâsser, sertir, enchatonner (engastar) ▌ friser (rizar) ▌ FIG enchaîner (enlazar) ▌ amener (una idea, una jugada).

engastador, ra *adj* qui sertit.
► **engastador** *m* sertisseur.

engastadura *f* sertissage *m*, sertissure, enchâssement *m*, enchâssure, enchatonnement *m* (acción) ▌monture (guarnición).

engastar *v tr* enchâsser, sertir, enchatonner (piedras preciosas); engastar un diamante en el oro enchâsser o sertir un diamant dans l'or ▌ monter (en una sortija); engastar una piedra monter une pierre.

engaste *m* sertissage, sertissure *f*, enchâssement, enchâssure *f*, enchatonnement ▌ chaton (cerco que abraza lo que se engasta), monture *f* (guarnición) ▌sorte de perle *f* baroque (perla).

engatillado, da *adj* à forte encolure.
► **engastillado** *m* ARQ charpente *f* cramponnée.

engatillar *v tr* TECN cramponner.

engatusador, ra *adj & s* enjôleur, euse; cajoleur, euse (halagador).

engatusamiento *m* enjôlement.

engatusar; engaratusar (*Amer*) *v tr* FAM entortiller, embobiner, enjôler; engatusar a los acreedores embobiner les créanciers.

engavillar *v tr* botteler, gerber.

engazar [13] *v tr* MAR estroper (una polea).

engendrador, ra *adj* générateur, trice.

engendramiento *m* engendrement.

engendrar *v tr* engendrer.

engendro *m* engendrement ▌ avorton (monstruo) ▌ FIG élucubration *f* (lucubración), produit, idée *f* ▌ FIG & FAM ¡mal engendro! quelle engeance!, sale gosse! (un niño).

engerido, da *adj* (*Amer*) abattu, e (triste).

engeridor *m* greffoir (abridor).

engerirse [27] *v pr* (*Amer*) être triste o abattu.

engibar *v tr* rendre bossu.
► **engibarse** *v pr* devenir bossu.

englobar *v tr* englober (reunir).

engolado, da *adj* collet monté, guindé, e ▌prétentieux, euse.

engolamiento *m* prétention *f*.

engolfar *v tr* absorber.
◇ *v intr & pr* MAR gagner le large.
► **engolfarse** *v pr* FIG s'absorber, se perdre, se plonger; engolfarse en una meditación se plonger dans une méditation.

engolillado, da *adj* FIG & FAM vieux jeu *inv*, collet monté *inv*; unas señoras muy engolilladas des dames très vieux jeu.

engolosinador, ra *adj* alléchant, e.

engolosinar *v tr* allécher.
► **engolosinarse** *v pr* prendre goût; engolosinarse con algo prendre goût à quelque chose.

engomado *m*; **engomadura** *f* engommage *m*, gommage *m* (con pegamento), en-

collage *m* (con cola) ▌apprêtage *m*, gommage *m* (de tejidos).

engomar *v tr* gommer, engommer (con pegamento), encoller (con cola) ▌ apprêter, gommer (los tejidos) ▌papel engomado papier collant o gommé.
▌ OBSERV Gommer avec une gomme se dit borrar.

engorda *f* (*Amer*) engraissement *m*, engraissage *m*▌bétail *m* que l'on engraisse (ganado).

engordadero *m* AGRIC embouche *f* (pastizal) ▌ période *f* d'engraissement (tiempo).

engordador, ra *adj* engraissant, e.
► **engordador** *m* engraisseur (el que engorda los animales).

engordar *v tr* engraisser (los animales), gaver (las aves de corral) ▌ grossir de, prendre (hablando de peso) ▌el ojo del amo engorda el ganado il n'est pour voir que l'œil du maître, l'œil du maître engraisse le cheval (p us).
◇ *v intr* grossir; has engordado mucho tu as beaucoup grossi.

engorde *m* engraissement, engraissage ▌AGRIC embouche *f* (pastizal).

engorrar *v tr* (*Amer*) déranger, fatiguer (fastidiar).

engorro *m* ennui, embarras, empoisonnement (molestia) ▌FAM ennui, pépin, anicroche *f*, difficulté *f* (dificultad).

engorroso, sa *adj* ennuyeux, euse (molesto) ▌ délicat, e; un asunto engorroso une affaire délicate.

engoznar *v tr* mettre des gonds.

engrampar *v tr* (*Amer*) agrafer.

engranador *m* engreneur.

engranaje *m* MECÁN engrenage; engranaje de transmisión o de arrastre engrenage d'entraînement; engranaje de linterna engrenage à lanterne ▌ engrènement (acción de engranar) ▌ FIG engrenage; estar preso en el engranaje être pris dans l'engrenage.

engranar *v intr* MECÁN engrener ▌ FIG enchaîner (enlazar).
► **engranarse** *v pr* (*Amer*) se fâcher, monter sur ses grands chevaux (sulfurarse).

engrandecer [30] *v tr* agrandir (hacer mayor) ▌ FIG louer, vanter (celebrar) ▌ élever (exaltar) ▌agrandir, grandir; la lectura engrandece el espíritu la lecture grandit l'esprit.
► **engrandecerse** *v pr* FIG s'élever.

engrandecimiento *m* agrandissement ▌ FIG éloge, panégyrique (ponderación) ▌élévation *f* (honores, etc.).

engranerar *v tr* engranger (entrojar).

engranujarse *v pr* se couvrir de boutons (llenarse de granos) ▌ s'encanailler (hacerse granuja).

engrapado *m* ARQ agrafage.

engrapar *v tr* ARQ cramponner, agrafer (fijar con grapas).

engrasado *m* graissage.

engrasador, ra *adj & s* graisseur, euse.

engrasamiento *m* MECÁN graissage (engrase) ▌encrassement (de una bujía).

engrasar *v tr* graisser; engrasar una máquina graisser une machine ▌ lubrifier (lubricar).

► **engrasarse** *v pr* MECÁN s'encrasser (una bujía de motor).

engrase *m* graissage; estación de engrase station de graissage ▌lubrifiant (materia).

engreído, da *adj* bouffi d'orgueil, suffisant, e ▌infatué, e; engreído de sí mismo infatué de sa personne.

engreimiento *m* suffisance *f*.

engreír [28] *v tr* remplir d'orgueil o de vanité ▌ (*Amer*) gâter (mimar) ▌dejarse engreír por su éxito se laisser griser par son succès.
► **engreírse** *v pr* s'enorgueillir (envanecerse) ▌(*Amer*) s'attacher à (encariñarse).

engrescar [10] *v tr* pousser à la discorde ▌échauffer, monter (a uno contra otro).
► **engrescarse** *v pr* se chamailler (disputarse).

engrifarse *v pr* FAM se camer, se défoncer (drogarse con grifa).

engrillar *v tr* arrêter, emprisonner.
► **engrillarse** *v pr* (*Amer*) s'encapuchonner (el caballo).

engringarse [16] *v pr* (*Amer*) prendre les allures d'un étranger.

engrosamiento *m* grossissement ▌ élargissement, augmentation *f*.

engrosar [23] *v tr & intr* grossir.
► **engrosarse** *v pr* grossir.

engrudamiento *m* empesage (de la ropa) ▌collage (de papeles).

engrudar *v tr* empeser (la ropa) ▌ coller (los papeles).
► **engrudarse** *v pr* épaissir.

engrudo *m* empois (de ropa) ▌ colle *f* de pâte (para papeles).

engruesar *v intr* grossir (engrosar).

engrumecerse [30] *v pr* se grumeler.

engrupido, da *adj* (*Amer*) FAM crâneur, euse (engreído).

engrupir *v tr* (*Amer*) FAM raconter des bobards (grupear).

enguachinar *v tr* tremper (enaguachar).

engualdrapar *v tr* housser (un caballo).

enguantarse *v pr* mettre ses gants, se ganter ▌ iban todos enguantados ils étaient tous gantés.

enguatar *v tr* ouater (un vestido), molletonner (tejido), rembourrer (un sillón), capitonner (un camión).

enguedejado, da *adj* qui a les cheveux longs (persona) ▌long, longue (pelo).

enguijarrado *m* cailloutis.

enguijarrar *v tr* caillouter.

enguirnaldar *v tr* enguirlander.

engullimiento *m* engloutissement.

engullir *v tr* engloutir.
▌ OBSERV Engullir perd le « i » atone de la désinence quand celui-ci est situé entre la consonne « ll » et une voyelle (comme dans engullendo, engulló, engullera).

engurruñar *v tr* chiffonner, froisser (arrugar).
► **engurruñarse** *v pr* se replier, se contracter (encogerse).

enhacinar *v tr* entasser.

enharinar *v tr* enfariner.

enhastiar [9] *v tr* dégoûter (hastiar).
► **enhastiarse** *v pr* se dégoûter de.

enhebrado; enhebramiento *m* enfilage.

enhebrar *v tr* enfiler | FIG débiter | *una cosa es enhebrar, otra es dar puntadas* la critique est aisée, mais l'art est difficile.

enhenar *v tr* envelopper dans du foin.

ENHER (abrev de *Empresa Nacional Hidroeléctrica del Ribagorzana*) *f* compagnie nationale espagnole d'hydroélectricité.

enherbolar *v tr* empoisonner (envenenar).

enhiesto, ta *adj* dressé, e; droit, e (alzado).

enhilar *v tr* enfiler (enhebrar) | mettre en rang (enfilar) | FIG lier, enchaîner (las ideas). ◇ *v intr* s'acheminer, se diriger.

enhorabuena *f* félicitations *pl*, compliments *m pl* ■ *dar a uno la enhorabuena* présenter à quelqu'un ses félicitations, féliciter quelqu'un, présenter o faire ses compliments à quelqu'un | *estar de enhorabuena* rayonner de joie | *mi más cordial enhorabuena* tous mes vœux. ◇ *adv* heureusement que; *enhorabuena lo hiciste* heureusement que tu l'as fait | très bien, à la bonne heure (de acuerdo) | *venga usted enhorabuena* venez donc.

enhoramala *adv* mal à propos, malencontreusement; *enhoramala habló* il parla mal à propos | *haber nacido enhoramala* être né sous une mauvaise étoile.

enhornado *m* enfournage, enfournement.

enhornar *v tr* enfourner.

enhuecar [10] *v tr* creuser, rendre creux.

enigma *m* énigme *f*; *la clave del enigma* le mot de l'énigme.

> SIN problema problème; misterio mystère; secreto secret; charada charade; logogrifo logogriphe.

enigmático, ca *adj* énigmatique.

enilismo *m* œnilisme (alcoholismo producido por el vino).

enjabelgador *m* badigeonneur, ouvrier qui chaule.

enjabelgadura *f* badigeonnage *m*, chaulage *m*.

enjabonado *m*; **enjabonadura** *f* savonnage *m*.

enjabonar *v tr* savonner | FIG & FAM passer un savon à (reprender) | passer la main dans le dos o de la pommade (adular).

enjaezamiento *m* harnachement.

enjaezar [13] *v tr* harnacher, enharnacher.

enjalbegar [16] *v tr* badigeonner, chauler (blanquear un muro) | FIG se plâtrer (el rostro).

enjalma *f* bât *m* (albarda).

enjalmar *v tr* bâter (albardar).

enjambrar *v tr* recueillir un essaim | essaimer (abejas). ◇ *v intr* FIG essaimer.

enjambrazón *f* essaimage *m*.

enjambre *m* essaim (de abejas) | ASTRON amas.

enjaquimar *v tr* mettre un licou.

enjarciar *v tr* MAR gréer (un barco).

enjaretado *m* MAR caillebotis (tablero, enrejado).

enjaretar *v tr* coulisser | FIG & FAM débiter (hablar sin parar) | expédier (un trabajo).

enjaulamiento *m* encagement.

enjaular *v tr* mettre en cage, encager (meter en jaula) | FAM coffrer (aprisionar).

enjebar *v tr* dégraisser (un tejido) | chauler (una pared).

enjebe *s m* alun (alumbre) | lessive *f* pour dégraisser le drap | chaulage (blanqueo) | TECN alunage (impregnación de alumbre).

enjertar *v tr* greffer (injertar).

enjerto *m* greffon, greffe *f* (injerto).

enjimelgar *v tr* MAR jumeler.

enjoyar *v tr* parer de bijoux | FIG orner, parer (embellecer) | TECN enchâsser, sertir (engastar).

enjuagadientes *m inv* rince-bouche *inv*.

enjuagadura *f* rinçage *m* (lavado) | rinçure (líquido).

enjuagar [16] *v tr* rincer (aclarar). ➤ **enjuagarse** *v pr* se rincer [la bouche].

enjuagatorio; enjuague *m* rinçage (enjuagadura) | rince-doigts *inv* (lavafrutas) | rince-bouche *inv* (enjuagadientes) | FIG intrigue *f*, tripotage, manigance *f* (artificio).

enjugador *m* séchoir à linge | TECN séchoir.

enjugamanos *m* (*Amer*) serviette *f* de toilette (toalla).

enjugamiento *m* essuyage.

enjugar [16] *v tr* sécher | éponger (un líquido) | essuyer; *enjugar los platos* essuyer les assiettes; *enjugar el llanto de alguien* essuyer les pleurs de quelqu'un | FIG éponger, résorber; *enjugar un déficit* résorber un déficit | neutraliser (una diferencia). ➤ **enjugarse** *v pr* se sécher | s'éponger (la frente).

enjuiciamiento *m* DR poursuites *f pl*, procédure *f* de jugement | règlement judiciaire (instrucción) | FIG examen, jugement | *ley de enjuiciamiento civil* code de procédure civile.

enjuiciar [8] *v tr* DR mettre en accusation (a uno) | instruire un procès (instruir) | FIG juger (juzgar).

enjulio; enjullo *m* TECN ensouple *f* (de un telar).

enjundia *f* graisse | FIG force, vigueur (vigor) | substance; *libro de mucha enjundia* livre plein de substance | poids *m*; *argumento de enjundia* argument de poids | étoffe, envergure; *ser de mucha enjundia* avoir beaucoup d'envergure.

enjundioso, sa *adj* gras, grasse | FIG riche, dense (sustancioso).

enjuta *f* ARQ écoinçon *m*, écoison *m*, triangle *m* limité par un cavet | pendentif *m* d'une voûte (de una cúpula).

enjutar *v tr* sécher (enjugar) | ARQ édifier les pendentifs d'une voûte (rellenar las enjutas).

enjuto, ta *adj* sec, sèche | desséché, e (desecado) | FIG sec, sèche, maigre (flaco). ➤ **enjutos** *m pl* fagots, bourrées *f* (encendajas).

enlabiar [8] *v tr* emboibiner, entortiller, emboobeliner (seducir) | embrasser (besar).

enlace *m* [▷ SIN] enchaînement (encadenamiento) | FIG rapport, liaison *f* (relación) | union *f* (casamiento) | liaison *f* (en la pronunciación) | correspondance (trenes, autobuses) | MIL & QUÍM liaison ■ QUÍM enlace covalente liaison covalente | INFORM enlace (para transmisión) de datos liaison (de transmission) de données | enlace de hipertexto lien hypertexte | QUÍM enlace iónico liaison ionique | enlace matrimonial mariage | QUÍM enlace metálico liaison métallique | enlace sindical délégué o responsable syndical | enlace telefónico liaison téléphonique ■ MIL agente de enlace agent de liaison | carretera de enlace bretelle de raccordement.

> SIN lazo, vínculo lien; relación relation; conexidad connexité; coherencia cohérence; conexión connexion.

enladrillado *m* carrelage (suelo).

enladrillar *v tr* carreler.

enlagunar *v tr* inonder [un terrain].

enlamar *v tr* couvrir de limon (enlodar).

enlardar *v tr* graisser avec du lard.

> OBSERV La palabra francesa larder significa mechar.

enlatado *m* mise *f* en boîte.

enlatar *v tr* latter (con madera) | mettre (des conserves) en boîte (en botes de lata).

enlazar [13] *v tr* lier, attacher (atar) | FIG rattacher, relier, lier; *enlazar una idea con otra* relier deux idées entre elles | prendre au lasso (un animal) | assurer la liaison (avión, tren, etc.). ➤ **enlazarse** *v pr* s'unir, se marier (novios) | s'unir (familias) | être lié, e (ideas, etc.).

> OBSERV El verbo francés enlacer significa abrazar, s'enlacer significa abrazarse.

enlegajar *v tr* réunir en liasse.

enlegamar *v tr* AGRIC procéder au limonage (abonar).

enligar [16] *v tr* engluer (pegar con liga). ➤ **enligarse** *v pr* s'engluer (un pájaro).

enlistonado *m* TECN couvre-joint (de tejado).

enllantado *m* TECN ceinturage (de una rueda).

enllantar *v tr* garnir de jantes (poner llantas).

enlobreguecer [30] *v tr* assombrir (oscurecer).

enlodadura *f*; **enlodamiento** *m* tache *f* de boue.

enlodar [3]; **enlodazar** [13] *v tr* crotter (manchar de lodo) | FIG déshonorer (manchar la fama).

enlomado *m* endossure *f* (de un libro).

enlomar *v tr* endosser (un libro). ➤ **enlomarse** *v pr* courber o bomber l'échine (el caballo).

enloquecedor, ra *adj* affolant, e; grisant, e.

enloquecer [30] *v tr* affoler (turbar) | rendre fou, rendre folle (volver loco). ◇ *v intr* devenir fou, devenir folle | AGRIC devenir improductif (árbol).

enloquecidamente *adv* follement.

enloquecimiento *m* perte *f* de la raison, folie *f*.

enlosado *m* carrelage | dallage.

enlosador, ra *m* & *f* carreleur *m*.

enlosar *v tr* carreler | daller.

> OBSERV Carreler se dice hablando de las losas o losetas que se usan en las casas, y daller hablando de baldosas mayores, como en las iglesias, los jardines, etc.

enlucido, da *adj* badigeonné, e ‖ blanc, blanche; éclatant, e (blanqueado) ‖ fourbi, e (armas).

➤ **enlucido** *m* enduit, crépi (de una pared).

enlucimiento *m* badigeon de plâtre, crépissage ‖ fourbissage (de las armas).

enlucir [32] *v tr* badigeonner de plâtre, crépir (enjalbegar) ‖ enduire (poner un revestimiento) ‖ fourbir (bruñir).

enlustrecer [30] *v tr* lustrer.

enlutado, da *adj* en deuil.

enlutar *v tr* endeuiller; la catástrofe ha enlutado numerosas familias la catastrophe a endeuillé de nombreuses familles.

➤ **enlutarse** *v pr* porter le deuil ‖ FIG s'assombrir.

enmaderación *f* MIN boisage *m* (entibación).

enmaderado; enmaderamiento *m* boiserie *f* (revestimiento de madera).

enmaderar *v tr* poser les boiseries (revestir de madera) ‖ édifier la charpente (construir el maderamen).

enmadrarse *v pr* s'attacher excessivement à sa mère (un niño).

enmalezarse [13] *v pr* (*Amer*) se couvrir de mauvaises herbes.

enmallarse *v pr* s'emmailler.

enmalle *m* filet de pêche planté verticalement.

enmangar [16] *v tr* emmancher.

enmantar *v tr* mettre une couverture.

enmarañamiento *m* enchevêtrement (de cosas) ‖ embrouillement (de un asunto).

enmarañar *v tr* emmêler (enredar) ‖ FIG embrouiller (un asunto).

➤ **enmarañarse** *v pr* s'emmêler ‖ FIG s'embrouiller ‖ se couvrir (el cielo).

enmararse *v pr* MAR gagner le large.

enmarcar [10] *v tr* encadrer; unos cabellos negros enmarcaban su cara des cheveux noirs encadraient son visage.

enmaridar *v intr* & *pr* se marier [une femme].

enmarillecerse [30] *v pr* jaunir.

enmaronar *v tr* attacher, lier (un animal).

enmascarado, da *m* & *f* masque *m*.

enmascaramiento *m* MIL camouflage ‖ INFORM masquage.

enmascarar *v tr* masquer ‖ MIL camoufler.

enmasillar *v tr* mastiquer, mettre du mastic (poner masilla).

enmelar [19] *v tr* emmieller (untar con miel) ‖ FIG adoucir, mitiger (endulzar) ‖ fabriquer du miel (las abejas).

enmendadura *f* amendement *m*.

enmendar [19] *v tr* corriger (corregir) ‖ réparer (un daño) ‖ amender (corregir un juicio, un texto) ‖ AGRIC amender (abonar) ‖ MAR affaler un palan ‖ changer de mouillage.

➤ **enmendarse** *v pr* se corriger de; revenir de; enmendarse de una equivocación revenir d'une erreur ‖ TAUROM bouger; dio cinco pases sin enmendarse il fit cinq passes sans bouger.

enmicado *m* (*Amer*) film plastique.

enmicar [10] *v tr* (*Amer*) plastifier (carnet, etc.).

enmienda *f* correction; poner muchas enmiendas en un texto apporter beaucoup de corrections à un texte ‖ amendement *m* (en textos oficiales) ‖ amendement *m*; enmienda de la vida amendement dans la conduite ‖ AGRIC amendement *m*, amélioration; enmienda del terreno amendement du sol ■ no tener enmienda être incorrigible ‖ poner enmienda corriger, amender ‖ propósito de enmienda bonne résolution.

enmohecer [30] *v tr* rouiller (el metal) ‖ moisir (materia orgánica).

➤ **enmohecerse** *v pr* rouiller, se rouiller (el metal) ‖ moisir (materia orgánica) ‖ FIG se rouiller (un músculo, etc.).

enmohecimiento *m* moisissure *f* (de materias orgánicas) ‖ rouille *f* (de metal).

enmollecer [30] *v tr* ramollir.

enmondar *v tr* épinceter (desmotar).

enmoquetado *m* pose *f* [de la moquette].

enmoquetar *v tr* moquetter; enmoquetar una habitación poser de la moquette dans une pièce.

enmudecer [30] *v tr* faire taire ‖ FIG rendre muet (el temor, etc.).

◇ *v intr* devenir muet (perder el habla) ‖ FIG se taire, rester muet (callar).

enmudecimiento *m* mutisme ‖ FIG silence.

enmugrecer [30] *v tr* encrasser.

➤ **enmugrecerse** *v pr* s'encrasser.

enmugrecimiento *m* encrassement.

ennegrecer [30] *v tr* & *intr* noircir ‖ FIG culotter (una pipa).

➤ **ennegrecerse** *v pr* se noircir.

ennegrecimiento *m* noircissement.

ennoblecer [30] *v tr* anoblir (dar título de nobleza) ‖ FIG ennoblir (dar brillo).

ennoblecimiento *m* anoblissement (con título) ‖ FIG ennoblissement (con brillo).

enófilo, la *adj* œnophile.

enoftalmia *f* MED énophtalmie.

enojadizo, za *adj* irritable.

enojado, da *adj* en colère; estar enojado con uno être en colère contre quelqu'un.

enojar *v tr* irriter, courroucer (irritar) ‖ fâcher (enfadar) ‖ ennuyer (molestar) ‖ offenser (ofender).

➤ **enojarse** *v pr* se mettre en colère, s'irriter, se fâcher; enojarse con sus criados se mettre en colère contre ses domestiques ‖ être irrité; se enoja al ver la ingratitud de sus hijos il est irrité de voir l'ingratitude de ses enfants ‖ se fâcher, se brouiller; enojarse con sus hijos se fâcher avec ses enfants ‖ se déchaîner (el mar, el viento).

enojo *m* colère *f* (ira) ‖ fâcherie *f*, bouderie *f* (enfado) ‖ causar enojo irriter, mettre en colère.

enojosamente *adv* avec colère.

enojoso, sa *adj* ennuyeux, euse; fâcheux, euse; es muy enojoso c'est très fâcheux ‖ irritant, e; déplaisant, e (desagradable) ‖ contrariant, e (que contraría).

enólico, ca *adj* œnolique.

enología *f* œnologie (ciencia de los vinos).

enólogo *m* œnologiste.

enometría *f* œnométrie (determinación de la graduación alcohólica de un vino).

enómetro *m* œnomètre, alcoomètre.

enorgullecedor, ra *adj* flatteur, euse.

enorgullecer [30] *v tr* enorgueillir.

➤ **enorgullecerse** *v pr* s'enorgueillir; enorgullecerse de o con sus éxitos s'enorgueillir de ses succès.

enorgullecimiento *m* orgueil.

enorme *adj* énorme.

enormemente *adv* énormément.

enormidad *f* énormité ‖ FIG énormité (disparate).

ENPETROL (abrev de Empresa Nacional de Petróleos) *f* compagnie nationale espagnole pétrolière.

enquiciar [8] *v tr* fixer sur ses gonds (una puerta).

enquillotrarse *v pr* (p us) s'enorgueillir ‖ FAM s'amouracher, tomber amoureux, euse (enamorarse).

enquistado, da *adj* MED enkysté, e.

➤ **enquistado** *m* enkystement.

enquistamiento *m* MED enkystement.

enquistarse *v pr* MED s'enkyster ‖ FIG estar enquistado en se greffer sur (una cosa), s'incruster (una persona).

enrabiar [8] *v tr* mettre en colère, enrager (p us).

➤ **enrabiarse** *v pr* enrager.

enraizar [13] *v intr* s'enraciner.

enramada *f* ramure, branchage *m* (conjunto de ramas) ‖ ramée, berceau *m* de verdure, tonnelle formée de branchages (cobertizo) ‖ guirlande de feuillage (adorno).

enramado *m* MAR couples *pl* d'un navire.

enramar *v tr* garnir de branchages ‖ MAR fixer les couples d'un navire.

◇ *v intr* se développer (un árbol).

enranciar [8] *v tr* faire rancir.

➤ **enranciarse** *v pr* rancir.

enrarecer [30] *v tr* raréfier.

◇ *v intr* & *pr* se raréfier (el aire) ‖ devenir rare, se raréfier (escasear).

➤ **enrarecerse** *v pr* s'espacer (relaciones).

enrarecimiento *m* raréfaction *f*.

enrasar *v tr* araser (allanar) ‖ mettre de niveau (poner de nivel).

◇ *v intr* se trouver au même niveau.

enrase *m* arasement (de una superficie) ‖ nivellement (de alturas).

enrayado *m* ARQ faîtage, enrayure *f*.

enrayamiento *m* enraiement, enrayement (de una rueda).

enrayar *v tr* enrayer (una rueda).

enredadera *adj f* grimpante; planta enredadera plante grimpante.

◇ *f* BOT liseron *m* ‖ BOT enredadera de campanillas volubilis.

enredador, ra *adj* embrouilleur, euse; brouillon, onne (que enreda) ‖ FIG intrigant, e.

enredar *v tr* prendre dans un filet (con una red) ‖ FIG embrouiller, emmêler (enmarañar) ‖ brouiller, semer la discorde (meter cizaña) ‖ impliquer, mêler à (complicar) ‖ engager, embarquer, emberlificoter (en un mal negocio) ‖ MAR engager (el ancla).

◇ *v intr* être turbulent, e (un niño) ‖ este niño está enredando todo el día cet enfant passe sa journée à faire des bêtises.

enredarse *v pr* s'embrouiller, s'emmêler ❚ FIG s'embrouiller, se compliquer (un asunto) ❚ s'empêtrer, s'embourber (uno en un mal negocio) ❚ FAM avoir une liaison (amancebarse).

enredijo *m* FAM enchevêtrement (enredo).

enredista *adj* (*Amer*) brouillon, onne; intrigant, e (enredador).

enredo *m* enchevêtrement (maraña) ❚ FIG embrouillement, confusion *f* (confusión) ❚ confusion *f*, imbroglio (situación inextricable); ¡qué enredo! quel imbroglio! ❚ mensonge, intrigue *f*, manigances *f pl* (engaño) ❚ intrigue *f* (de un libro); **comedia de enredo** comédie d'intrigue ❚ espièglerie *f*, coquinerie *f* (travesura) ❚ liaison *f* (amancebamiento).

enredos *m pl* attirail *sing* (trastos).

enredoso, sa *adj* embrouillé, e (complicado) ❚ FIG turbulent, e; espiègle (niño) ❚ intrigant, e (enredista).

enrejado *m* grillage (alambrada) ❚ grilles *f pl* (rejas) ❚ treillis (celosía) ❚ filet (encaje) ❚ caillebotis (para la aeración).

enrejar *v tr* grillager (poner una verja) ❚ fixer le soc [à la charrue] ❚ (*Amer*) repriser (zurcir) ❚ attacher.

enrevesado, da *adj* embrouillé, e; compliqué, e (enredado).

enriamiento; enriado *m* rouissage.

enriar [9] *v tr* rouir (el cáñamo).

enrielar *v tr* laminer (le fer) en barres ❚ poser des rails (poner rieles) ❚ (*Amer*) mettre sur ses rails (encarrilar) ❚ FIG mettre en bonne voie (un negocio).

enriendar *v tr* (*Amer*) brider.

enripiar [8] *v tr* remplir de gravats.

Enrique *n pr* Henri.

enriquecedor, ra *adj* enrichissant, e.

enriquecer [30] *v tr* enrichir; **enriquecer con** o **de dádivas** enrichir de ses dons. ◇ *v intr* & *pr* s'enrichir.

enriquecimiento *m* enrichissement.

Enriqueta *n pr* Henriette.

enriscar [10] *v tr* FIG élever, hausser.

enriscarse *v pr* se réfugier dans un lieu escarpé o peu accessible.

enristrar *v tr* mettre en chapelet, enfiler (ensartar) ❚ mettre en arrêt (la lanza).

enristre *m* mise *f* en arrêt (la lanza).

enrocar *v tr* roquer (en el ajedrez) ❚ TECN coiffer (la rueca).

enrocarse *v pr* se coincer (trabarse).
| OBSERV Enrocar est irrégulier dans le sens de coiffer, il se conjugue alors comme trocar, et régulier dans le sens de roquer.

enrodar [23] *v tr* rouer (suplicio).

enrodrigar [16]; **enrodrigonar** *v tr* AGRIC échalasser (las vides), ramer, mettre des tuteurs (otras plantas).

enrojecer [30] *v tr* rougir ❚ empourprer; **la cólera enrojecía su rostro** la colère empourprait son visage.

enrojecerse *v pr* rougir.

enrojecimiento *m* rougeoiement (del metal) ❚ rougeur *f* (del rostro).

enrolamiento *m* enrôlement.

enrolar *v tr* MAR enrôler.

enrollado, da *adj* enroulé, e ❚ FIG & FAM occupé, e; pris, e (liado).

enrollador, ra *adj* enrouleur, euse.

enrollamiento *m* enroulement ❚ bobinage; **botón de enrollamiento** bouton de bobinage.

enrollar *v tr* enrouler (arrollar) ❚ empierrer (empedrar).

enrollarse *v pr* s'enrouler ❚ FAM enrollarse como una persiana être un moulin à paroles, tenir la jambe (à quelqu'un) ❚ FAM enrollarse bien, mal avoir le contact facile, difficile ❚ enrollarse con uno sortir avec quelqu'un (salir con alguien), avoir une aventure (ligar).

enromar *v tr* émousser (hacer romo).

enronquecer [30] *v tr* enrouer; **el frío le enronqueció** le froid l'a enroué.

enronquecerse *v pr* s'enrouer; **se ha enronquecido con tanto hablar** il s'est enroué à force de parler.

enronquecido, da *adj* enroué, e.

enronquecimiento *m* enrouement.

enroque *m* roque (ajedrez); **enroque corto, largo** petit, grand roque.

enroscadura *f*; **enroscamiento** *m* enroulement *m*.

enroscar [10] *v tr* enrouler (curvar en espiral).

enrostrar *v tr* (*Amer*) reprocher (echar en cara).

enrubiar *v tr* rendre blond, éclaircir [les cheveux].

enrubiarse *v pr* blondir.

enrular *v tr* (*Amer*) coiffer en rouleaux.

enrutador *m* INFORM routeur.

ensabanado, da *adj* blanc avec les extrémités noires (toro).

ensabanado *m* première couche *f* de plâtre (capa de yeso).

ensabanar *v tr* envelopper o recouvrir d'un drap ❚ passer une première couche de plâtre (dar yeso).

ensabanarse *v pr* (*Amer*) pendre le maquis.

ensacado *m* ensachement, ensachage.

ensacador, ra *m & f* ensacheur, euse.

ensacadora *f* ensacheuse (máquina).

ensacar [10] *v tr* ensacher (meter en sacos).

ensaimada *f* gâteau *m* en forme de spirale.

ensalada *f* salade ❚ FIG salade (de ideas) ❚ pagaille, micmac *m* (lío); **armar una ensalada** semer la pagaille ❚ MÚS pot-pourri *m* ❚ ensalada rusa salade russe.

ensaladera *f* saladier *m*.

ensaladilla *f* macédoine (ensalada) ❚ bonbons *m pl* (dulce) ❚ FIG pagaille, micmac *m* (lío) ❚ ensaladilla rusa salade russe.

ensalivar *v tr* insaliver, humecter de salive.

ensalmador, ra *m & f* rebouteux, euse (de los huesos) ❚ guérisseur, euse (curandero).

ensalmar *v tr* remettre (componer huesos) ❚ guérir [en parlant d'un guérisseur].

ensalmo *m* remède empirique, remède de bonne femme ❚ **como por ensalmo** comme par enchantement (rápidamente).

ensalzamiento *m* exaltation *f* (engrandecimiento) ❚ louange *f*, éloge (elogio).

ensalzar [13] *v tr* louer, exalter, chanter o célébrer les louanges de (alabar).

ensalzarse *v pr* se vanter.

ensambenitar *v tr* mettre un san-benito [aux condamnés par l'Inquisition].

ensamblado *m* assemblage.

ensamblador *m* assembleur. ◇ *adj m* INFORM **programa ensamblador** programme assembleur.

ensambladura *f*; **ensamblaje** *m* [▷ SIN] assemblage *m* ❚ ARQ enfourchement *m* ❚ TECN enlaçure *f*, enlassure *f* (de una mortaja).
| SIN montaje montage; ajuste, ajustado ajustage; ajustamiento, acoplamiento ajustement; juntura, unión joint.

ensamblar *v tr* assembler ❚ empatter, assembler (pieza de madera) ❚ INFORM ensamblar un programa fuente assembler un programme source.

ensamble *m* assemblage.

ensancha *f* élargissement *m* ❚ FIG dar ensanchas donner de la marge.

ensanchador, ra *adj* qui élargit.

ensanchador *m* demoiselle *f* [de gantier].

ensanchamiento *m* élargissement ❚ évasement (de un jarro).

ensanchar *v tr* élargir (dar anchura) ❚ agrandir; **ensanchar la ciudad** agrandir la ville ❚ évaser; **ensanchar un tubo** évaser un tuyau ❚ gonfler, dilater; **la alegría ensancha el corazón** la joie gonfle le cœur.

ensancharse *v pr* FIG se gonfler, se rengorger (engreírse).

ensanche *m* élargissement; **ensanche del firme** élargissement de la chaussée ❚ agrandissement; **ensanche de una ciudad** agrandissement d'une ville ❚ expansion *f*; **zona de ensanche** zone d'expansion ❚ nouveau quartier (barrio nuevo) ❚ évasement (de un orificio) ❚ ourlet (costura).

ensandecer [30] *v intr* devenir stupide o sot o niais, s'abêtir.

ensangrentar [19] *v tr* ensanglanter.

ensangrentarse *v pr* baigner dans le sang ❚ FIG s'échauffer, s'irriter; **ensangrentarse con** o **contra uno** s'irriter contre quelqu'un.

ensañamiento *m* acharnement, rage *f*.

ensañar *v tr* rendre furieux, échauffer.

ensañarse *v pr* s'acharner; **ensañarse en un enemigo, con su víctima** s'acharner contre o sur un ennemi, contre sa victime.

ensarmentar [34] *v tr* AGRIC provigner.

ensartar *v tr* enfiler; **ensartar perlas, una aguja** enfiler des perles, une aiguille ❚ embrocher, enfiler (atravesar) ❚ FIG débiter; **ensartar disparates** débiter des idioties ❚ (*Amer*) FIG faire tomber dans un piège, piéger.

ensartarse *v pr* (*Amer*) FIG se fourrer dans un guêpier (meterse en un lío).

ensarte *m* enfilage (de perlas).

ensayador *m* essayeur (de metales).

ensayar *v tr* essayer; **ensayar un prototipo** essayer un prototype ❚ répéter (un espectáculo) ❚ dresser (un animal) ❚ essayer (un metal). ◇ *v intr* TEATR répéter.

ensayarse *v pr* s'exercer, s'essayer; **ensayarse a cantar, para hablar en público** s'exercer à chanter, à parler en public ❚ FIG

ensayarse con alguien se faire la main o s'essayer sur quelqu'un.

ensaye *m* essai (de metales).

ensayista *m* essayiste, auteur d'essais (autor de ensayos).

ensayo *m* essai; **el ensayo de un método, de una máquina** l'essai d'une méthode, d'une machine ▌ essai (obra literaria) ▌ essai (rugby) ▌ QUÍM essai ▌ TEATR répétition *f* ■ **centro de ensayos** centre d'essais ▌ **el ensayo general** la répétition générale, la générale (teatro) ▌ **globo, tubo de ensayo** ballon d'essai, tube à essai.

ensebar *v tr* suiffer (untar con sebo).

enseguida; en seguida *adv* tout de suite, immédiatement, sur-le-champ.

enselvar *v tr* boiser.

ensenada *f* GEOGR anse, crique ▌ (*Amer*) enclos *m* (cerco).

ensenar *v tr* ancrer (un bateau) dans une crique.

enseña *f* enseigne (estandarte).

▌ OBSERV Une enseigne lumineuse se dit en espagnol un rótulo luminoso.

enseñado, da *adj* **bien, mal enseñado** bien, mal élevé.

enseñante *adj* enseignant, e.

enseñanza *f* enseignement *m* ■ **enseñanza estatal** enseignement public ▌ **enseñanza laboral** o **técnica** enseignement technique ▌ **enseñanza privada** enseignement privé ▌ **enseñanza superior** enseignement supérieur ▌ **enseñanza universitaria** enseignement universitaire ■ **escuela de primera enseñanza** école primaire ▌ **instituto de segunda enseñanza** lycée ▌ **primera enseñanza, enseñanza primaria** enseignement primaire ▌ **segunda enseñanza, enseñanza media** enseignement secondaire ▌ INFORM **enseñanza asistada por ordenador** enseignement assisté par ordinateur.

▌ SIN doctrina doctrine; educación éducation; instrucción instruction; sistema système; método méthode; disciplina discipline; pedagogía pédagogie; magisterio magistère; vulgarización, divulgación vulgarisation.

enseñar *v tr* apprendre; **enseñar a hablar** apprendre à parler ▌ enseigner (dar clases); **enseñar latín en la universidad** enseigner le latin à l'université ▌ montrer (indicar); **enseñar el camino** montrer le chemin; **enseñar con el dedo** montrer du doigt ■ FIG **enseñar la oreja** montrer le bout de l'oreille ▌ **enseñar las cartas** étaler son jeu ▌ **enseñar los colmillos** montrer les dents.

enseñoramiento *m* prise *f* de possession.

enseñorearse *v pr* se rendre maître, s'emparer de (apoderarse); **enseñorearse de una fortaleza** s'emparer d'une forteresse.

enserar *v tr* clisser (una botella, etc.).

enseres *m pl* effets (ropa) ▌ outils (herramientas) ▌ ustensiles (utensilios).

enseriarse [8] *v pr* (*Amer*) se rembrunir, prendre une mine sérieuse.

ensiforme *adj* ensiforme (en forma de espada).

ensilado; ensilaje; ensilamiento *m* AGRIC ensilage, silotage.

ensilar *v tr* AGRIC ensiler, mettre en silo.

ensillado, da *adj* sellé, e ▌ ensellé, e (caballo de lomo hundido).

ensilladura *f* dos *m* du cheval (lomo) ▌ pose de la selle (acción) ▌ cambrure (de la columna vertebral) ▌ ensellure (defecto del caballo).

ensillar *v tr* seller (el caballo).

ensilvecerse [30] *v pr* se transformer en forêt.

ensimaje *m* ensimage.

ensimismado, da *adj* absorbé, e; **ensimismado por la lectura** absorbé par la lecture ▌ plongé, e; **ensimismado en un libro** plongé dans un livre ▌ concentré, e (reconcentrado) ▌ songeur, euse; pensif, ive (pensativo) ■ **estar ensimismado en** être plongé dans, être absorbé par; **estar ensimismado en meditaciones** être plongé dans des méditations.

ensimismamiento *m* réflexion *f* profonde, méditation *f* ▌ (*Amer*) orgueil, prétention *f*.

ensimismarse *v pr* s'absorber, réfléchir profondément (en algo), rentrer en soi-même, se concentrer (quedarse abstraído) ▌ (*Amer*) faire l'important, prendre de grands airs (envanecerse).

ensoberbecer [30] *v tr* enorgueillir.

➡ **ensoberbecerse** *v pr* s'enorgueillir ▌ FIG s'agiter (el mar).

ensogar [16] *v tr* ficeler (atar) ▌ clisser (una botella).

ensombrecer [30] *v tr* assombrir ▌ FIG noircir; **ensombrecer la situación** noircir la situation.

➡ **ensombrecerse** *v pr* FIG s'assombrir.

ensoñación *f* rêve *m*, rêverie.

ensopar *v tr* tremper (empapar).

ensordecedor, ra *adj* assourdissant, e.

ensordecer [30] *v tr* assourdir; **nos ensordecía con sus gritos** il nous assourdissait de ses cris ▌ rendre sourd (provocar sordera) ▌ assourdir; **ensordecer un sonido** assourdir un son.

◇ *v intr* devenir sourd (quedarse sordo).

ensordecimiento *m* assourdissement (acción) ▌ surdité *f* (sordera).

ensortijamiento *m* boucles *f pl* (de los cabellos) ▌ entortillement (de hilos).

ensortijar *v tr* boucler (los cabellos) ▌ enrouler autour de (enrollar).

ensuciamiento *m* encrassement; **ensuciamiento de una máquina** encrassement d'une machine ▌ salissure *f* (acción) ▌ saleté *f* (suciedad).

ensuciar [8] *v tr* [▷ SIN] salir; **ensuciar algo con lodo** salir quelque chose de boue ▌ encrasser, salir; **el humo de la fábrica ensucia los cristales** la fumée de l'usine encrasse les vitres ▌ FIG souiller (la virtud), salir, flétrir (la reputación).

◇ *v intr* FAM faire ses besoins.

➡ **ensuciarse** *v pr* se salir ▌ FIG se salir ▌ se vendre, se laisser acheter o corrompre (con dádivas).

▌ SIN manchar tacher; engrasar, pringar graisser; macular maculer; embadurnar barbouiller; tiznar noircir.

ensueño *m* rêve (durante el sueño) ▌ rêve; **un país de ensueño** un pays de rêve ▌ rêve, rêverie *f* (fantasía) ▌ rêve, songe (ilusión).

ensullo *m* TECN ensouple *f* (de un telar).

entabicar [10] *v tr* (*Amer*) cloisonner (tabicar).

entablación *f* CONSTR planchéiage *m*, parquetage *m*.

entablado *m* plancher (suelo) ▌ armature *f* en planches.

entabladura *f* CONSTR parquetage *m*, planchéiage.

entablamento *m* ARQ entablement.

entablar *v tr* commencer, entamer ▌ amorcer, entamer; **intentó entablar conversación** il tenta d'amorcer la conversation ▌ engager (un combate) ▌ DR entamer; **entablar un pleito** entamer un procès ▌ disposer les pions (en juegos) ▌ parqueter, planchéier (cubrir con tablas) ▌ consolider avec des planches (asegurar) ▌ MED éclisser (entablillar) ▌ (*Amer*) habituer le bétail à marcher en troupeau ■ **entablar amistad con** nouer amitié avec, se lier d'amitié avec ▌ **entablar conversaciones** entrer en pourparlers ▌ **entablar lucha con alguien** entrer en lutte avec quelqu'un ▌ **entablar negociaciones** entamer des négociations.

◇ *v intr* (*Amer*) faire partie nulle (empatar) ▌ fanfaronner (fanfarronear).

➡ **entablarse** *v pr* être entamé, e ▌ (*Amer*) commencer (tener principio) ▌ tourner (el viento) ▌ résister au mors (el caballo).

entablerarse *v pr* TAUROM se réfugier contre les barrières (el toro).

entablillar *v tr* MED éclisser; **entablillar un brazo** éclisser un bras.

entado, da *adj* BLAS enté, e.

entalamar *v tr* bâcher, couvrir d'une bâche.

entalegar [16] *v tr* ensacher (meter en un saco) ▌ économiser, mettre de côté (ahorrar dinero).

➡ **entalegarse** *v pr* FAM empocher (embolsarse).

entalingadura *f* MAR étalingure.

entalingar [16] *v tr* MAR étalinguer.

entalla *f* CONSTR entaille.

entalladura *f*; **entallamiento** *m* entaille *f* (en un árbol), gemmage *m* (en un pino) ▌ entaille *f* (en un madero) ▌ encoche *f* (muesca pequeña) ▌ TECN mortaisage *m* ▌ sculpture *f* (escultura) ▌ ciselure *f* (cinceladura) ▌ gravure *f* (grabado).

entallamiento *m* ajustement.

entallamiento ➡ **entalladura**.

entallar *v tr* entailler (un árbol o la madera en carpintería) ▌ sculpter (esculpir) ▌ ciseler (cincelar) ▌ graver (grabar) ▌ cintrer, ajuster (vestido) ▌ TECN mortaiser.

◇ *v intr* être ajusté; **este vestido entalla bien, mal** cette robe est bien, mal ajustée.

entallecer [30] *v intr* germer (las plantas).

entapizar [13] *v tr* tapisser [de tapisserie].

entapujar *v tr* cacher, dissimuler.

entarimado *m* plancher, parquet (suelo); **entarimado a la inglesa, de punto de Hungría, en espinapez** parquet à l'anglaise, à point de Hongrie, à bâtons rompus ▌ parquetage, planchéiage (acción).

entarimar *v tr* parqueter, planchéier.

entarquinar *v tr* AGRIC colmater ‖ salir de boue (manchar).

entarugado *m* pavage de bois.

entarugar [16] *v tr* paver en bois.

éntasis *f inv* ARQ entasis, renflement *m* (de la columna) ‖ ARQ columna con éntasis colonne renflée.

ente *m* réalité *f* [chose qui existe] ‖ être, créature *f* (ser vivo) ‖ firme *f*, société *f* (comercial), organisme (organismo) ‖ FAM phénomène (persona notable o ridícula) ‖ FILOS ente de razón être de raison.

entecado, da; enteco, ca *adj* chétif, ive; maladif, ive.

entechar *v tr* (*Amer*) couvrir [une maison].

entejar *v tr* (*Amer*) couvrir de tuiles (tejar).

Entel (abrev de Empresa Nacional de Telecomunicaciones) *f* entreprise nationale espagnole de télécommunications.

entelequia *f* FILOS entéléchie.

entena *f* MAR antenne.

entenado, da *m* & *f* (p us) beau-fils, belle-fille.

entendederas *f pl* FAM jugeotte *sing*, comprenette *sing* ‖ FAM ser duro de entendederas ne pas avoir la comprenette facile, ne pas être rapide.

entendedor, ra *adj* & *s* connaisseur, euse; es muy entendedor de estas cosas c'est un grand connaisseur de ces choses-là ‖ intelligent, e (listo).

◆ **entendedor** *m* entendeur ‖ al buen entendedor pocas palabras bastan, al buen entendedor con pocas palabras basta à bon entendeur, salut.

entender [20] *v tr* comprendre, entendre [▷ OBSERV]; entender un problema, inglés comprendre un problème, l'anglais; no entiendo nada je n'y comprends rien; no entender nada de matemáticas ne rien entendre aux mathématiques ‖ comprendre; tengo que confesar que ya no te entiendo je dois avouer que je ne te comprends plus ‖ croire, penser; entiendo que sería mejor callarse je crois qu'il vaudrait mieux se taire ‖ entendre (exigir); entiendo que se me obedezca j'entends qu'on m'obéisse ‖ voir (imaginar); yo no entiendo las cosas así moi, je ne vois pas les choses comme ça ‖ entendre (significar); ¿qué entiende usted por esta palabra? qu'entendez-vous par ce mot? ■ a mi, tu, su entender à mon, ton, son avis ‖ ¿cómo se entiende esto?, ¿qué se entiende por eso? qu'est-ce que cela veut dire? ‖ dar a entender laisser entendre, donner à entendre, faire comprendre ‖ entender a medias palabras comprendre à demi-mot ‖ hacer como quien lo entiende todo prendre un air entendu ‖ no entender ni jota o ni pizca o ni media o ni palabra ne pas comprendre quoi que ce soit o un traître mot ‖ ya entiendo je vois.

◇ *v intr* s'y entendre, s'y connaître; entender de música s'y entendre en musique; usted entiende de esto vous vous y connaissez ‖ s'occuper de (ocuparse) ‖ DR connaître; entender en un asunto connaître d'une affaire.

◆ **entenderse** *v pr* se comprendre; entenderse por señas se comprendre par gestes ‖ s'entendre, se mettre d'accord, se concerter; entenderse con sus socios s'entendre avec ses associés ‖ se mettre en rapport, entrer en contact; te entenderás con él para este trabajo tu te mettras en rapport avec lui pour ce travail ‖ avoir une liaison (relación amorosa) ■ cada uno se entiende, yo me entiendo je me comprends ‖ ¡él o allá se las entienda! qu'il se débrouille!

▌ OBSERV **1.** El verbo entender con el sentido de comprender pertenece al lenguaje elevado. **2.** Entender n'a pas le sens d'ouïr.

entendido, da *adj* entendu, e; compris, e; las cosas entendidas se aprenden más fácilmente les choses comprises sont plus faciles à apprendre ‖ entendu, e; compétent, e (inteligente, hábil) ‖ FAM calé, e; muy entendido en matemáticas très calé en mathématiques ‖ au courant; es muy entendido en estas cosas il est très au courant de ces choses ■ darse por entendido dire o montrer qu'on est au courant, qu'on a compris, faire celui, celle qui a compris ‖ no darse por entendido faire la sourde oreille ‖ ser entendido en s'y entendre en, s'y connaître en.

◇ *m & f* connaisseur, euse (enterado).

◆ **¡entendido!** *interj* entendu!, d'accord! (de acuerdo), compris! (comprendido).

entendidura *f* FAM jugeotte, comprenette.

entendimiento *m* entendement, intelligence *f* (facultad) ‖ entente *f* (comprensión) ‖ jugement, bon sens (juicio) ■ corto entendimiento, entendimiento limitado esprit borné ‖ de entendimiento d'une grande intelligence.

entenebrecerse [30] *v pr* s'obscurcir.

entente *f* entente; entente cordial entente cordiale.

enteque *m* (*Amer*) diarrhée *f* (del ganado).

enterado, da *adj* au courant; ¿está usted enterado de la noticia? êtes-vous au courant de la nouvelle? ‖ FAM calé, e (entendido) ‖ (*Amer*) poseur, euse; vaniteux, euse (orgulloso) ■ darse por enterado se le tenir pour dit ‖ dárselas de enterado faire l'entendu ‖ estar enterado être au courant ‖ no darse por enterado faire la sourde oreille.

◇ *m & f* connaisseur, euse.

enteralgia *f* MED entéralgie.

enteramente *adv* entièrement, tout à fait.

enterar *v tr* informer, instruire ‖ (*Amer*) verser (dinero) ‖ compléter (completar).

◆ **enterarse** *v pr* s'informer; enterarse de lo que pasa s'informer de ce qui se passe ‖ apprendre; me he enterado de la muerte de tu tío j'ai appris la mort de ton oncle ‖ se rendre compte; cuando me enteré de su maldad reñí con él quand je me suis rendu compte de sa méchanceté, je me suis fâché avec lui ‖ se renseigner; entérate de la hora de salida del tren renseigne-toi sur l'heure de départ du train ‖ para que te enteres pour ta gouverne ‖ FAM ¿te enteras? tu as compris?, tu me suis?

entercarse [10] *v pr* s'obstiner, s'entêter.

enterectomía *f* MED entérectomie.

entereza *f* intégrité (integridad) ‖ FIG fermeté, force; entereza de carácter fermeté de caractère ‖ énergie (energía) ‖ discipline (observancia perfecta).

entérico, ca *adj* MED entérique (intestinal).

enteritis *f inv* MED entérite.

enterizo, za *adj* entier, ère (entero) ‖ d'une seule pièce (de una pieza).

enternecedor, ra *adj* attendrissant, e.

enternecer [30] *v tr* attendrir, amollir, ramollir (ablandar) ‖ FIG attendrir (conmover).

◆ **enternecerse** *v pr* s'attendrir.

enternecidamente *adv* avec attendrissement.

enternecimiento *m* attendrissement.

entero, ra *adj* [▷ SIN] entier, ère (completo) ‖ FIG robuste, vigoureux, euse (fuerte) ‖ entier, ère; carácter entero caractère entier ‖ intègre, droit, e (recto) ‖ fort, e; résistant, e (telas) ‖ entier, ère (no castrado) ‖ MAT entier (número) ‖ FAM (*Amer*) tout pareil, toute pareille (parecido).

◆ **entero** *m* entier ‖ point (Bolsa); estas acciones han perdido muchos enteros ces actions ont perdu beaucoup de points ‖ (*Amer*) versement (remesa de dinero) ‖ solde (saldo) ■ darse por entero a se donner o se consacrer entièrement à ‖ por entero entièrement, en entier.

▌ SIN intacto intact; completo complet; total total; integral, íntegro intégral; plenario plénier.

enterocele *m* MED entérocèle.

enterococo *m* entérocoque.

enterocolitis *f inv* MED entérocolite.

enterolito *m* MED entérolithe.

enterotomía *f* MED entérotomie.

enterovacuna *f* MED entérovaccin *m*.

enterozoario *m* ZOOL entérozoaire.

enterrador *m* fossoyeur ‖ ZOOL nécrophore, enfouisseur (insecto).

enterradora *f* TECN enfouisseur (del estiércol).

enterramiento *m* enterrement (entierro) ‖ tombeau, sépulture *f* (tumba) ‖ enfouissement (de una cosa).

enterrar [19] *v tr* [▷ SIN] enterrer, ensevelir, mettre o porter en terre (una persona) ‖ enfouir, enterrer (una cosa); enterrar un tesoro enfouir un trésor ‖ FIG enterrer (olvidar); enterrar sus ilusiones enterrer ses illusions ‖ enterrer (sobrevivir a); enterrar a todos sus herederos enterrer tous ses héritiers ‖ enfoncer, planter (clavar).

◆ **enterrarse** *v pr* FIG s'enterrer; enterrarse en un convento s'enterrer dans un couvent.

▌ SIN inhumar inhumer; sepultar ensevelir.

entesar [19] *v tr* raidir (poner tieso) ‖ renforcer (dar fuerza o vigor).

entibación *f*; **entibado** *m* MIN boisage *m*, coffrage *m* (de galerías), cuvelage *m* (de pozos).

entibador *m* MIN boiseur.

entibar *v tr* MIN boiser, coffrer (galerías), cuveler (pozos).

◇ *v intr* s'appuyer (estribar).

entibiar [8] *v tr* attiédir, tiédir ‖ FIG modérer, tempérer, refroidir (las pasiones).

◆ **entibiarse** *v pr* tiédir, s'attiédir.

entibo *m* ARQ & MIN étai ‖ FIG appui, soutien.

entidad *f* société, organisme *m*, entreprise; entidad privada société privée ‖ compagnie; entidad de seguros compagnie d'assurances ‖ FILOS entité ■ de entidad important, d'importance ‖ de poca o corta entidad peu important (limitado), sans envergure (persona).

entierro *m* [▷ SIN] enterrement, ensevelissement (acción) ∥ enterrement (ceremonia) ∥ tombeau, sépulture *f* (sepulcro) ∥ FAM trésor caché ■ entierro de la sardina cérémonie burlesque du mercredi des Cendres ∥ más triste que un entierro de tercera triste comme un lendemain de fête ∥ FAM ¿quién te dio vela en este entierro ? mêle-toi de ce qui te regarde, mêle-toi de tes affaires, on ne t'a pas demandé l'heure qu'il est.

> SIN comitiva, cortejo convoi; enterramiento ensevelissement; inhumación, sepelio inhumation.

EL ENTIERRO DE LA SARDINA

L'« enterrement de la sardine » est une fête burlesque qui a lieu le mercredi des Cendres dans certaines régions d'Espagne. Elle symbolise la mise en sommeil des instincts physiques pour laisser place au jeûne et à l'abstinence du carême. Cette tradition, quelque peu tombée en désuétude par le passé, connaît actuellement un regain de popularité, en partie grâce aux millions des écoles primaires, pour lesquels on organise une petite fête ; à cette occasion ils habillent de véritables sardines, ou bien en confectionnent de fausses avec du tissu ou du papier, les attachent à une canne à pêche et se livrent à un simulacre d'enterrement.

entiesar *v tr* (*Amer*) raidir (atiesar).

entinar *v tr* encuver, mettre en cuve (en una tina).

entintado *m* IMPR encrage.

entintador, ra *adj* IMPR encreur; rodillo entintador rouleau encreur.

entintar *v tr* IMPR encrer (aplicar tinta) ∥ tacher d'encre (manchar) ∥ FIG teindre (teñir).

entizar [13] *v tr* (*Amer*) mettre de la craie [à une queue de billard].

entiznar *v tr* tacher, noircir ∥ FIG tacher, souiller (la reputación).

entoldado *m* vélum, bâche *f*.

entoldamiento *m* action *f* de bâcher.

entoldar *v tr* tendre un vélum o une bâche sur o au-dessus de, couvrir, bâcher [des toiles, etc., pour donner de l'ombre]; entoldar una calle tendre un vélum au-dessus d'une rue ∥ tendre [de tapisseries]; entoldar una iglesia tendre de tapisseries une église.

◆ **entoldarse** *v pr* se couvrir (el cielo) ∥ FIG parader (engreírse).

entomizar [13] *v tr* lier avec des cordelettes.

entomófago, ga *adj & s m* ZOOL entomophage.

entomofilia *f* entomophilie.

entomófilo, la *adj* entomophile.

entomología *f* entomologie.

entomológico, ca *adj* entomologique.

entomólogo *m* entomologiste.

entomostráceos *m pl* entomostracés.

entompeatar *v tr* FAM (*Amer*) tromper.

entonación *f* MÚS intonation ∥ début *m*, attaque [d'un chant] ∥ FIG arrogance, présomption (entono) ∥ redressement *m*; entonación de las cotizaciones de la Bolsa redressement des cours de la Bourse.

entonadera *f* pédale d'un soufflet d'orgue.

entonado, da *adj* arrogant, e; présomptueux, euse ∥ juste; voz entonada voix juste ∥ FIG remonté, e (en forma) ∥ animé, e (Bolsa) ∥ cantar entonado chanter juste.

entonador, ra *adj* MÚS qui entonne.

◆ **entonador** *m* souffleur (de un fuelle del órgano).

entonar *v tr* MÚS entonner; entonar un salmo entonner un psaume ∥ actionner les soufflets (del órgano) ∥ ragaillardir, remonter; este ponche me ha entonado ce punch m'a ragaillardi ∥ harmoniser (colores) ∥ entonar el yo pecador faire son mea-culpa.

◇ *v intr* chanter juste.

◆ **entonarse** *v pr* parader, poser (engreírse) ∥ se remonter, se retaper FAM.

entonatorio *m* RELIG antiphonaire.

entonces *adv* alors ■ desde entonces depuis lors, dès lors ∥ en o por aquel entonces à cette époque(-là) ∥ entonces fue cuando entró c'est alors qu'il entra ∥ hasta entonces jusqu'alors.

entonelado; entonelamiento *m* enfûtage (en un barril), entonnage, entonnement, entonnaison *f* (en un tonel).

entonelar *v tr* enfûtailler (en barriles), entonner (en toneles).

entongar [16] *v tr* disposer en couches.

entono *m* prétention *f*, arrogance *f* (engreimiento) ∥ MÚS intonation.

entontecer [30]; **entontar** (*Amer*) *v tr* abrutir; entontecer con el trabajo abrutir de travail ∥ abêtir, rendre stupide; la pasión le entontece la passion le rend stupide.

◆ **entontecerse; entontarse** *v intr & pr* s'abêtir.

entontecimiento *m* abrutissement.

entorchado *m* MÚS corde *f* filée (en los pianos) ∥ filé (para bordar) ∥ MIL galon ∥ FIG titre (título); consiguió el entorchado de internacional a los 25 años il a obtenu le titre d'international à vingt-cinq ans ∥ columna entorchada colonne torse.

entorchar *v tr* TECN filer (una cuerda de instrumento músico) ∥ torsader (retorcer).

entorilar *v tr* mettre au toril [le taureau].

entornar *v tr* entrebâiller, entrouvrir; pousser (una puerta, una ventana) ∥ fermer à demi, ouvrir à moitié (los ojos).

◆ **entornarse** *v pr* s'entrouvrir.

entorno *m* environnement ∥ INFORM environnement.

entorpecedor, ra *adj* engourdissant, e (que embota) ∥ FIG embarrassant, e; gênant, e (que molesta) ∥ engourdissant, e; alourdissant, e (que adormece).

entorpecer [30] *v tr* engourdir (los sentidos) ∥ FIG gêner, paralyser (estorbar) ∥ retarder (retardar) ∥ engourdir (la imaginación, etc.) ∥ alourdir (adormecer).

◆ **entorpecerse** *v pr* s'engourdir ∥ FIG être gêné o embarrassé.

entorpecimiento *m* engourdissement, torpeur *f* ∥ FIG engourdissement, torpeur *f* (del entendimiento) ∥ arrêt, retard, stagnation *f* (en los asuntos) ∥ obstacle, embarras, gêne *f* ∥ MECÁN enrayement, enraiement (de un mecanismo).

entortar [23] *v tr* tordre (torcer) ∥ éborgner (quitar un ojo).

entosigar [16] *v tr* empoisonner, intoxiquer.

entozoario *m* ZOOL entozoaire.

entrabar *v tr* (*Amer*) entraver, gêner.

entrada *f* entrée; puerta de entrada porte d'entrée; entrada triunfal entrée triomphale; entrada prohibida entrée interdite ∥ entrée, vestibule *m* (antesala) ∥ accès *m* (paso); se prohíbe la entrada al almacén l'accès du magasin est interdit ∥ entrée, début *m*; la entrada del invierno l'entrée de l'hiver ∥ entrée (en una comida) ∥ début *m* (en una carrera) ∥ réplique (teatro) ∥ monde *m*, affluence (público); anoche hubo gran entrada en el teatro hier soir, il y a eu beaucoup de monde o une grosse affluence au théâtre ∥ recette (lo recaudado) ∥ entrée; ¿cuánto cuesta la entrada en este museo ? combien coûte l'entrée dans ce musée ?; derecho de entrada droit d'entrée ∥ ticket *m*, billet *m*, place; fui a sacar las entradas del cine je suis allé prendre les billets de cinéma ∥ COM recette, entrée; las entradas y las salidas les recettes et les dépenses ∥ INFORM entrada de datos entrée o saisie des données; entrada vocal entrée vocale; sistema de entrada-salida système d'entrée-sortie ∥ arrivée (de teléfono) ∥ premier versement *m*; al comprar este piso tuve que pagar una entrada de 10 000 francos lorsque j'ai acheté cet appartement, j'ai dû faire un premier versement de 10 000 francs ■ entrada de aire bouche o arrivée d'air ∥ entrada en materia entrée en matière ■ de entrada d'emblée, dès le début, du premier coup ∥ de primera entrada de prime abord ∥ media entrada demi-place (espectáculo) ∥ ECON sin entrada sans acompte ■ dar entrada a donner accès à (conducir), faire entrer, admettre (admitir) ∥ FIG & FAM hacer una entrada a uno rentrer dans quelqu'un ∥ se prohíbe la entrada défense d'entrer ∥ tener entradas (en la frente) avoir le front dégarni.

entrado, da *adj* entrado el otoño après le début de l'automne; entrado en años âgé, e; entrado en carnes bien en chair ∥ INFORM entré, e.

entrador, ra *adj* (*Amer*) hardi, e (atrevido) ∥ intrigant, e (entrometido).

entramado *m* lattis, treillis (de un tabique) ∥ treillis, caillebotis (del suelo).

entramar *v tr* CONSTR latter.

entrambos, bas *adj indef pl* les deux; lo hicieron entrambos hermanos les deux frères l'ont fait ∥ por entrambos lados de deux côtés.

◇ *pron indef pl* tous (les) deux, toutes (les) deux; entrambos vinieron ils sont venus tous les deux ■ entrambos lo acabaron ils l'ont fini à eux deux ∥ entrambos lo haremos à nous deux nous le ferons ∥ lo mío, mío, y lo tuyo de entrambos ce qui est à moi est à moi, ce qui est à toi est à nous deux.

entrampar *v tr* prendre au piège (un animal) ∥ FIG prendre au piège (engañar) ∥ embrouiller (un negocio) ∥ estar entrampado être criblé de dettes.

◆ **entramparse** *v pr* tomber dans un piège ∥ s'endetter, faire des dettes (contraer deudas).

entrante *adj* entrant, e (que entra) ∥ qui commence; el año entrante l'année qui commence ■ GEOM ángulo entrante angle rentrant ▮ guardia entrante garde montante. <> *m & f* entrant, e; los entrantes y los salientes les entrants et les sortants. <> *m* enfoncement (de una fachada).

entraña *f* ANAT viscère *m*.
➤ **entrañas** *f pl* entrailles ▮ FIG entrailles; las entrañas de la Tierra les entrailles de la Terre ▮ entrailles, cœur *m sing* (ternura); no tener entrañas être sans cœur; de buenas entrañas qui a bon cœur, bienveillant; de malas entrañas malveillant ■ FAM ¡entrañas mías!, ¡hijo de mis entrañas! mon enfant chéri ■ FIG & FAM arrancársele a uno las entrañas déchirer le cœur ▮ dar hasta las entrañas donner jusqu'à sa chemise ▮ sacar las entrañas éventrer ▮ echar las entrañas vomir, rendre tripes et boyaux.

entrañable *adj* intime; amigo entrañable ami intime ▮ cher, chère; la muerte de nuestro entrañable colega la mort de notre cher collègue ▮ qui est cher; Soria, lugar entrañable de Castilla Soria, endroit de Castille qui nous est cher ▮ profond, e; cher, chère (profundo); los más entrañables deseos les désirs les plus profonds.

entrañablemente *adv* affectueusement, tendrement.

entrañar *v tr* enfouir, introduire (introducir) ▮ renfermer (contener) ▮ entraîner, impliquer (llevar consigo).
➤ **entrañarse** *v pr* s'introduire, pénétrer ▮ FIG se lier intimement (unirse) ▮ entrañarse la simpatía de uno gagner la sympathie de quelqu'un.

entrañudo, da *adj* (*Amer*) dur, e; cruel, elle (desalmado) ▮ courageux, euse (valeroso).

entrapada *f* satinette rouge [d'ameublement].

entrar *v intr* [▷ SIN] entrer; entrar por la puerta entrer par la porte; entra en mi casa entre chez moi ▮ entrer, rentrer (caber, encajar); esta carpeta no entra en el cajón cette chemise n'entre pas dans le tiroir; esta pieza no entra en la otra cette pièce ne rentre pas dans l'autre ▮ commencer; ya ha entrado el verano l'été a déjà commencé; la carta entra diciendo la lettre commence par ces mots; este libro entra tratando de ce livre traite pour commencer de ▮ FIG entrer; entrar en las costumbres entrer dans les mœurs ▮ rentrer; esto no entra en mis atribuciones ceci ne rentre pas dans mes attributions ▮ entrer (ingresar); entrar en religión entrer en religion ▮ être pris, e; le entró la calentura, el sueño, las ganas de hablar il a été pris de fièvre, de sommeil, de l'envie de parler ▮ se mettre; entrar en cólera se mettre en colère ▮ être composé de; en la paella entran arroz y carne la paella est composée de riz et de viande ▮ y avoir (pour); en este traje entran tres metros de paño il y a pour trois mètres de tissu dans ce costume ▮ INFORM entrar en el sistema entrer dans le système ▮ se jeter (ríos) ▮ passer (en contrabando) ▮ MECÁN passer; no entra la tercera la troisième ne passe pas ▮ MÚS faire son entrée ▮ TAUROM attaquer; el toro no entra le taureau refuse d'attaquer ■ entrado en años âgé; una mujer entrada en años une femme âgée ▮ entrar a escena sortir de scène ▮ entrar a matar s'apprêter à donner l'estocade (el torero) ▮ entrar a servir se placer [comme domestique] ▮ entrar a servir con uno entrer au service de quelqu'un ▮ entrar bien bien tomber, venir à point (ser oportuno) ▮ entrar como un torbellino entrer en coup de vent ▮ entrar con buen pie partir du bon pied ▮ MAR entrar de guardia prendre le quart ▮ entrar dentro de sí o en sí mismo rentrer en soi-même ▮ entrar en años prendre de l'âge ▮ entrar en calor se réchauffer ▮ entrar en campaña se mettre en campagne ▮ entrar en contacto prendre contact, se mettre en rapport ▮ entrar en conversaciones entamer des pourparlers ▮ entrar en detalles rentrer dans les détails ▮ entrar en el marco de rentrer o s'inscrire dans le cadre de ▮ entrar en el número de los vencedores être du nombre des vainqueurs ▮ entrar en las miras de alguien entrer dans les vues de quelqu'un, être dans l'intention de quelqu'un ▮ entrar en liza entrer en lice ▮ entrar en materia entrer en matière ▮ entrar en posición être mis en batterie (cañones) ▮ entrar en razón entendre raison ▮ FAM entrar por los ojos taper dans l'œil ▮ hacer entrar en razón mettre à la raison, faire entendre raison ▮ FAM le entra la prisa il ne tient plus en place (es muy agitado), il met les bouchées doubles (se apresura) ▮ no entro ni salgo je ne veux pas me mêler de cette affaire, ce n'est pas mon rayon ▮ no me entra la geometría je n'arrive pas à me faire entrer la géométrie dans la tête, je n'arrive pas à assimiler la géométrie ▮ por un oído me entra y por otro me sale ce qui entre par une oreille sort par l'autre ▮ una vez bien entrado el mes de mayo une fois le mois de mai bien avancé ▮ volver a entrar rentrer.
<> *v tr* entrer, rentrer; entrar el coche en el garaje entrer la voiture au garage ▮ introduire, faire entrer (introducir) ▮ FIG attaquer ▮ MAR rejoindre (alcanzar).
OBSERV On rencontre quelquefois le verbe entrar à la forme pronominale; cette forme sert à imprimer une nuance d'effort à l'action du sujet: se entró en la bodega il entra (avec difficulté) dans la cave.
SIN penetrar pénétrer; introducirse, meterse s'introduire; irrumpir faire irruption; pasar passer.

entrazado, da *adj* (*Amer*) bien, mal entrazado bien, mal fait (persona de buena o mala traza).

entre *prep* entre; vacilar entre dos partidos hésiter entre deux partis; estar entre la vida y la muerte être entre la vie et la mort; llegaron entre las dos y las tres ils sont arrivés entre 2 et 3 heures ▮ parmi (en el número de); entre mis amigos parmi mes amis ▮ chez (colectividad); entre (los) sastres chez les tailleurs; entre romanos chez les Romains ▮ dans, entre; lo cogió entre sus manos il l'a pris dans ses mains ▮ dans; tuvo que conducir entre la niebla a dû conduire dans le brouillard ▮ mi... mi; sabor entre dulce y amargo goût mi-aigre, mi-doux; mirada entre cariñosa y hostil regard mi-tendre, mi-fâché ▮ en soi-même, à part soi, dans son for intérieur; así pensaba entre mí je pensais ainsi à part moi o en moi-même à (con varias personas); entre los cuatro hicieron el trabajo à eux quatre ils firent le travail; construir una casa entre dos bâtir une maison à deux ■ entre los viejos y los jóvenes serán unos veinte en comptant les vieux et les jeunes, ils doivent être une vingtaine ▮ entre nosotros, dicho sea entre nosotros entre nous soit dit, entre nous ▮ entre otras cosas autres, notamment ▮ entre que pendant que ▮ entre tanto entre-temps, cependant ▮ la asamblea tomó esta decisión entre sus doce miembros l'assemblée a pris cette décision sur l'avis de ses douze membres ▮ por entre parmi.
OBSERV Cuando entre expresa una idea de colaboración entre varias personas, el francés utiliza la preposición à delante del numeral: hacer algo entre dos faire quelque chose à deux.

entreabierto, ta *adj* entrouvert, e.

entreabrir *v tr* entrouvrir; entreabrir los ojos entrouvrir les yeux ▮ entrouvrir, entrebâiller (puerta, ventana).
➤ **entreabrirse** *v pr* s'entrouvrir.

entreacto *m* entracte (intermedio).

entreancho, cha *adj* d'une largeur moyenne.

entreayudarse *v pr* s'entraider.

entrebarrera *f* TAUROM couloir *m*.

entrecalle *f* ARQ gorge (entre dos molduras).

entrecanal *m* ARQ côte *f* (de columna).

entrecano, na *adj* gris, e; poivre et sel FAM; tener el pelo entrecano avoir les cheveux gris.

entrecava *f* AGRIC bêchage *m* léger.

entrecavar *v tr* AGRIC bêcher légèrement.

entrecejo *m* espace entre les sourcils, glabelle *f* (p us) ■ fruncir o arrugar el entrecejo froncer les sourcils ▮ mirar con entrecejo regarder en fronçant les sourcils.

entrecerrar [19] *v tr* (*Amer*) entrebâiller (entornar).

entrechocar [10] *v tr* entrechoquer; entrechocar las espadas croiser le fer.

entrecinta *f* ARQ petit entrait *m*.

entreclaro, ra *adj* légèrement foncé, e.

entrecomar *v tr* mettre des virgules ▮ (p us) mettre entre guillemets (entrecomillar).

entrecomillado *m* citation *f*.

entrecomillar *v tr* mettre entre guillemets.

entrecoro *m* chœur [d'église].

entrecortado, da *adj* entrecoupé, e.

entrecortar *v tr* entrecouper ▮ FIG entrecouper; voz entrecortada voix entrecoupée ▮ entrecouper, entremêler; discurso entrecortado de o por sollozos discours entrecoupé de sanglots ▮ hacher; este orador tiene una elocución entrecortada cet orateur a un débit haché.

entrecote; entrecot *m* entrecôte *f* (lomo). ■ OBSERV pl entrecotes; entrecots.

entrecruzamiento *m* entrecroisement.

entrecruzar [13] *v tr* entrecroiser.

entrecubierta *f* MAR entrepont *m*.

entredecir [66] *v tr* ECLES interdire (poner en entredicho).

entredicho, cha *adj* interdit, e.
➤ **entredicho** *m* défense *f* (prohibición) ▮ ECLES interdit (censura eclesiástica); poner en entredicho a alguien jeter l'interdit sur quelqu'un ▮ (*Amer*) rupture (de relaciones) ▮ estar en entredicho être en question.

entredós *m* entre-deux *inv*, entretoile *f* (encaje o bordado) ▮ entre-deux (mueble).

OBSERV pl entredoses.

entrefilete *m* entrefilet (de periódico).

entrefino, na *adj* demi-fin, e ∥ demi-sec (vino).

entrega *f* remise; entrega de las llaves, de los premios remise des clés, des prix ∥ livraison (de géneros o compras) ∥ livraison (de un periódico) ∥ dévouement *m*; entrega a una causa dévouement à une cause ∥ reddition (rendición) ∥ passe (en fútbol) ∥ **ARQ** extrémité d'une poutre qui entre dans un mur ■ entrega a domicilio livraison à domicile ∥ entrega contra reembolso livraison contre remboursement ■ novela por entregas roman-feuilleton ■ hacer entrega de offrir, remettre (solenellement).

entregado, da *adj* ensorcelé, e; fasciné, e.

entregar [16] *v tr* [▷ **SIN**] remettre (dar); me entregó esta carta il m'a remis cette lettre; entregar los poderes remettre les pouvoirs; entregar en manos propias remettre en mains propres ∥ livrer (por traición, etc.); entregar una ciudad livrer une ville ∥ livrer; entregar un pedido livrer une commande ■ entregar el alma rendre l'âme ∥ para entregar aux bons soins (carta); señor Martín para entregar a la señora de Dupuy Madame Dupuy, aux bons soins de Monsieur Martin.

◆ **entregarse** *v pr* se livrer, se donner (darse) ∥ se livrer, se rendre (una ciudad, etc.) ∥ rendre les armes (declararse vencido) ∥ **FIG** se livrer, s'abandonner (confiarse) ∥ se livrer, s'adonner (dedicarse); entregarse al estudio, a la bebida se livrer à l'étude, s'adonner à la boisson ■ entregarse a la justicia se livrer à la justice, se constituer prisonnier ∥ entregarse al lujo donner dans le luxe ∥ entregarse al sueño s'abandonner au sommeil.

SIN dar; donner; suministrar, facilitar fournir; abandonar abandonner; ceder céder; dejar laisser; alargar passer; ofrecer offrir; proporcionar, procurar procurer.

entreguerras

◆ **de entreguerras** *loc adj* de l'entre-deux-guerres.

entrehierro *m* entrefer.

entrejuntar *v tr* assembler (ensamblar).

entrelargo, ga *adj* moyennement long, longue; d'une longueur moyenne.

entrelazamiento *m* entrelacement ∥ **FIG** imbrication *f*; sutiles entrelazamientos de interés de subtiles imbrications d'intérêt.

entrelazar [13] *v tr* entrelacer.

entrelínea *f* **IMPR** interligne *m*, entreligne *m* (añadido).

entrelinear *v tr* interligner.

entreliño *m* **AGRIC** espace [entre deux rangées].

entrelistado, da *adj* rayé, e (telas).

entrelucir [32] *v intr* transparaître.

entremedias *adv* au milieu (en medio) ∥ pendant ce temps (mientras tanto).

entremedio *adv* au milieu (en medio).

◇ *m* pause (intermedio).

entremés *m* **TEATR** intermède ∥ **CULIN** hors-d'œuvre (antes del plato principal) ∥ **MÚS** entremets.

OBSERV 1. pl entremeses.
2. En francés, los entremets son dulces, cremas, etc. que se sirven antes de los postres.

entremesero *m* plat à hors-d'œuvre.

entremesista *m & f* auteur *m* d'intermèdes ∥ acteur, actrice qui joue dans un intermède (actor).

entremeter; entrometer *v tr* mêler, entremêler (mezclar).

entremeterse *v pr* se mêler de; no te entremetas en esto ne te mêle pas de ça ∥ se mêler à; se entremetió en la conversación il se mêla à la conversation.

entremetido, da *adj & s* indiscret, ète; un hombre entremetido un homme indiscret.
◇ *m & f* touche-à-tout (metomentodo).

entremetimiento *m* ingérence *f*, immixtion *f*.

entremezclar *v tr* entremêler.

entrenador *m* **DEP** entraîneur ∥ **AVIAC** entrenador de pilotaje simulateur de vol.

entrenamiento *m* **DEP** entraînement.

entrenar *v tr & intr* **DEP** entraîner.

◆ **entrenarse** *v pr* s'entraîner.

entrenudo *m* **BOT** entre-nœud.

entreoír [62] *v tr* entendre vaguement.

entrepañado, da *adj* formé de plusieurs panneaux.

entrepaño *m* **ARQ** panneau, trumeau ∥ tablette *f* (anaquel).

entrepaso *m* **EQUIT** entrepas (del caballo).

entrepechuga *f* filet *m* de la poitrine des oiseaux (porción de carne).

entrepelar *v intr* être mêlé [la robe, le poil d'un cheval].

entrepierna *f* entrejambe *m*.

◆ **entrepiernas** *f pl* entrejambe *m sing*.

entrepiso *m* **MIN** étage [entre deux galeries].

entrepuente *m* **MAR** entrepont.

entrerrenglonadura *f* interlignage *m* (interlineado).

entrerrenglonar *v tr* interligner (escribir entre dos renglones).

entrerriano, na *adj* (Amer) d'Entre Ríos [province d'Argentine].

entrerrieles *m pl* entre-rail *sing*, écartement *sing* de la voie.

entresaca; entresacadura *f* triage *m*, choix *m* (selección) ∥ coupe, éclaircie (bosques).

entresacar [10] *v tr* trier, choisir (sacar) ∥ tirer (una conclusión) ∥ rafraîchir, éclaircir [les cheveux] ∥ **AGRIC** éclaircir.

entresijo *m* **ANAT** mésentère (mesenterio) ∥ **FIG** secret, mystère ■ tener muchos entresijos présenter beaucoup de difficultés (una cosa), cacher son jeu (una persona) ∥ conocer todos los entresijos connaître les tenants et les aboutissants.

entresuelo *m* entresol ∥ **TEATR** premier balcon.

entresurco *m* **AGRIC** crête *f* (entre dos surcos).

entretalla; entretalladura *f* bas-relief *m*.

entretallar *v tr* sculpter en bas relief ∥ découper (recortar una tela), ajourer, faire des jours (hacer calados) ∥ **FIG** barrer le chemin (impedir el paso).

entretanto *adv* entre-temps, pendant ce temps, cependant (mientras tanto) ∥ sur ces entrefaites (en esto) ■ en el entretanto entre-temps, dans l'intervalle ∥ entretanto que jusqu'à ce que; voy a leer entretanto que se come je vais lire jusqu'à ce qu'on déjeune.

entretecho *m* (Amer) grenier (desván).

entretejedura *f* brochure (en una tela) ∥ entrelacement *m* (enlace).

entretejer *v tr* brocher, entretisser (tejer con hilos de colores diferentes) ∥ **FIG** mêler, truffer, entrelarder (un escrito) ∥ entrelacer, croiser (cruzar).

entretejido *m* entrelacement.

entretela *f* triplure (para reforzar) ∥ bougran *m* (tela gruesa) ∥ **IMPR** satinage *m*.

◆ **entretelas** *f pl* **FAM** entrailles.

entretención *f* (Amer) amusement *m*.

entretener [72] *v tr* [▷ **SIN**] distraire, amuser (recrear) ∥ **FIG** distraire (un dolor) ∥ amuser (al enemigo) ∥ tromper; entretener la muerte, el hambre tromper la mort, la faim ∥ faire traîner en longueur (dar largas) ∥ entretenir (cuidar) ∥ entretenir; entretener a alguien con esperanzas entretenir quelqu'un d'espérances ∥ bercer; entretener con promesas, con buenas palabras bercer par des promesses, de belles paroles ∥ occuper, prendre; estas gestiones me han entretenido toda la mañana ces démarches m'ont occupé toute la matinée.

◆ **entretenerse** *v pr* s'amuser, se distraire; entretenerse en leer o leyendo se distraire en lisant o par la lecture ∥ **FIG** perdre son temps (perder el tiempo) ∥ se mettre en retard (retrasarse) ∥ s'attarder; entretenerse en casa de alguien s'attarder chez quelqu'un.

SIN distraer distraire; recrear, solazar récréer; alegrar, animar égayer; divertir amuser, divertir; regocijar, alborozar réjouir.

entretenida *f* amusement *m* ∥ femme entretenue ∥ dar a uno la entretenida amuser quelqu'un, distraire quelqu'un, détourner l'esprit de quelqu'un.

entretenido, da *adj* amusant, e; distrayant, e (divertido) ∥ délassant, e; distrayant, e; una lectura entretenida une lecture délassante ∥ occupé, e (ocupado).

entretenimiento *m* amusement (recreo) ∥ occupation *f* ∥ passe-temps (pasatiempo) ∥ entretien (conversación) ∥ entretien (cuidado) ∥ **MIL** diversion *f*.

entretiempo *m* demi-saison *f*; traje de entretiempo costume de demi-saison.

entreventana *f* **ARQ** trumeau *m*.

entrever [76] *v tr* entrevoir.

entreverado *m* tripes *f pl* de mouton assaisonnées et grillées ∥ tocino entreverado petit lard, lard maigre.

entreverar *v tr* entremêler.

◆ **entreverarse** *v pr* (Amer) se mêler, s'entremêler.

entrevero *m* (Amer) foule *f* (gentío) ∥ confusion *f* (mezcla) ∥ por los entreveros y recovecos dans tous les coins et recoins.

entrevía *f* entre-rail *m*, entrevoie.

entrevista *f* entrevue, entretien *m*; tuve una entrevista con el director j'ai eu une entrevue avec le directeur ∥ interview (de periodista) ∥ hacer una entrevista a interviewer.

entrevistador, ra *m & f* journaliste qui fait des interviews, interviewer *m* ∥ enquêteur, euse (encuestador).

entrevistarse *v pr* avoir une entrevue o un entretien avec, rencontrer; el presidente se entrevistó con su primer ministro le président a eu une entrevue avec o a rencontré son Premier ministre ‖ interviewer; el periodista se entrevistó con el Rey le journaliste a interviewé le roi.

entripado, da *adj* intestinal, e.

➤ **entripado** *m* rembourrage (relleno de un asiento) ‖ FIG dépit, rancune *f* (encono).

entriparse *v pr* (*Amer*) se fâcher (enfadarse).

entristecedor, ra *adj* attristant, e.

entristecer [30] *v tr* attrister.

➤ **entristecerse** *v pr* s'attrister; entristecerse con o de o por s'attrister de.

⬛ SIN atribular attrister; abatir abattre; afligir, apenar affliger; afectar affecter; acongojar, angustiar angoisser; apesadumbrar, doler endolorir; desolar, desconsolar désoler; consternar consterner.

entristecimiento *m* tristesse *f*.

entrojamiento *m* engrangement.

entrojar *v tr* engranger.

entrometer ➤ **entremeter**.

entrometidamente *adv* indiscrètement.

entrometido, da *adj* & *s* indiscret, ète.

entrometimiento *m* ingérence *f*, immixtion *f*.

entromparse *v pr* FAM se cuiter, se soûler (emborracharse) ‖ (*Amer*) se fâcher, faire la tête (enfadarse).

entrona *f* (*Amer*) coquette.

entronar *v tr* introniser.

➤ **entronarse** *v pr* FIG faire l'important, pontifier (engreírse).

entroncamiento *m* lien, parenté *f* (parentesco) ‖ rattachement (acción de entroncar) ‖ alliance *f* (parentesco que se contrae).

entroncar [10] *v tr* rattacher ‖ (*Amer*) apparier (aparear).

◇ *v intr* être apparenté o lié à; mi familia entronca con la tuya ma famille est apparentée à la tienne ‖ s'allier à (contraer parentesco); sus familias entroncaron en el siglo XVII leurs familles s'allièrent au XVIIᵉ siècle.

◇ *v intr* & *pr* (*Amer*) s'embrancher [chemins de fer].

entronización *f*; **entronizamiento** *m* intronisation *f*.

entronizar [13] *v tr* introniser (colocar en el trono) ‖ FIG exalter.

➤ **entronizarse** *v pr* pontifier, faire l'important.

entronque *m* parenté *f* (parentesco) ‖ FIG parenté *f* (relación) ‖ (*Amer*) embranchement (ferrocarril).

entropía *f* FÍS entropie.

entruchada *f*; **entruchado** *m* FAM machination *f*, complot *m*; armar una entruchada monter un complot.

entruchar *v tr* FAM embobiner, jouer (engañar).

➤ **entrucharse** *v pr* (*Amer*) se mêler de (entremeterse).

entrujar *v tr* mettre (les olives) au grenier ‖ engranger (entrojar).

entubación *f* pose d'un tube.

entubado *m* TECN tubage.

entubar *v tr* tuber.

entuerto *m* dommage (agravio) ‖ tort; deshacer o enderezar entuertos redresser des torts.

➤ **entuertos** *m pl* MED tranchées *f* utérines.

entullecer [30] *v tr* FIG paralyser (un asunto).

◇ *v intr* devenir perclus (tullirse).

entumecer [30] *v tr* engourdir, endormir (entorpecer); tener los miembros entumecidos avoir les membres endormis ‖ tuméfier (hinchar); labios entumecidos lèvres tuméfiées ‖ dedos entumecidos doigts gourds (por el frío).

➤ **entumecerse** *v pr* FIG s'agiter (el mar).

entumecimiento *m* engourdissement (adormecimiento) ‖ tuméfaction *f* (hinchazón).

entumirse *v pr* s'engourdir (entumecerse).

entunicar [10] *v tr* enduire (preparar para pintar al fresco).

entupir *v tr* obstruer (obstruir, tapar) ‖ presser, comprimer (apretar).

enturbiar [8] *v tr* troubler; enturbiar el agua troubler l'eau ‖ FIG embrouiller (enredar).

entusiasmar *v tr* enthousiasmer ‖ enthousiasmer, enlever; entusiasmar al auditorio enthousiasmer son auditoire.

➤ **entusiasmarse** *v pr* s'enthousiasmer; entusiasmarse con el teatro s'enthousiasmer pour le théâtre.

entusiasmo *m* enthousiasme.

⬛ SIN admiración admiration; emoción émotion; pasión passion; furor fureur; arrebato emportement; fervor ferveur; exaltación exaltation; delirio, frenesí délire, frénésie.

entusiasta *adj* & *s* enthousiaste; un hombre entusiasta un homme enthousiaste.

⬛ SIN ferviente, fervoroso fervent; apasionado passionné; admirador admirateur; partidario partisan; incondicional inconditionnel; FAM hincha fan.

entusiástico, ca *adj* enthousiaste; un recibimiento entusiástico un accueil enthousiaste.

enucleación *f* MED énucléation; la enucleación de un ojo, de un tumor l'énucléation d'un œil, d'une tumeur.

enuclear *v tr* MED énucléer.

énula *f* BOT inule (beleño).

enumeración *f* énumération ‖ récapitulation (resumen) ‖ DR dénombrement *m*; la enumeración de la población de un país le dénombrement de la population d'un pays.

enumerar *v tr* énumérer.

enumerativo, va *adj* énumératif, ive.

enunciación *f*; **enunciado** *m* énoncé *m*, énonciation *f*.

⬛ SIN explicación explication; manifestación manifestation; mención mention; discurso discours; declaración déclaration; exposición exposition; expresión expression.

enunciar [8] *v tr* énoncer.

⬛ SIN decir dire; declarar déclarer; exponer exposer; emitir émettre; formular formuler; mencionar mentionner; expresar exprimer.

enunciativo, va *adj* énonciatif, ive ‖ GRAM oración enunciativa proposition énonciative.

envainador, ra *adj* BOT engainant, e.

envainar *v tr* engainer (meter en la vaina) ‖ rengainer, remettre au fourreau (la espada).

envalentonamiento *m* hardiesse *f*.

envalentonar *v tr* enhardir (dar valor) ‖ encourager, stimuler (estimular).

➤ **envalentonarse** *v pr* s'enhardir ‖ être encouragé o stimulé; se envalentonó con aquellas palabras elogiosas il a été encouragé par ces paroles élogieuses ‖ s'enorgueillir; envalentonarse con un pequeño éxito s'enorgueillir d'un maigre succès ‖ prendre de l'assurance.

envanecedor, ra *adj* qui enorgueillit.

envanecer [30] *v tr* enorgueillir.

➤ **envanecerse** *v pr* s'enorgueillir, tirer vanité; envanecerse con o de o por o en sus éxitos s'enorgueillir de ses succès.

envanecimiento *m* vanité *f*, orgueil.

envarado, da *adj* guindé, e.

◇ *m* & *f* es un envarado il est imbu de lui-même.

envaramiento *m* engourdissement (entumecimiento) ‖ raideur *f* (tiesura).

envarar *v tr* engourdir (entumecer) ‖ engoncer; esta chaqueta le envara cette veste l'engonce ‖ andar envarado marcher raide.

➤ **envararse** *v pr* s'engourdir, se raidir.

envasado, da *adj* en boîte, en conserve (pescado, etc.) ‖ en bouteille (líquidos, gas butano).

➤ **envasado** *m* mise *f* en conserve o en bouteille.

envasador *m* grand entonnoir ‖ emballeur (obrero).

envasar *v tr* mettre dans un récipient (en una vasija) ‖ empaqueter, emballer (mercancías); envasar al vacío emballer sous vide ‖ ensacher (poner en un saco) ‖ FAM boire.

envase *m* ensachement (en un saco) ‖ récipient (recipiente), boîte *f* (caja), bouteille *f* (botella) ‖ emballage (embalaje); envase de materia plástica emballage en matière plastique ‖ paquet (fardo) ‖ récipient, bouteille *f* (gas butano) ‖ leche en envase de cartón berlingot de lait.

envedijarse *v pr* s'emmêler (enmarañarse).

envejecer [30] *v tr* vieillir; los sufrimientos la han envejecido les souffrances l'ont vieillie ‖ FIG vieillir; este vestido negro le envejece cette robe noire la vieillit ‖ FIG ¡esto nos envejece! cela ne nous rajeunit pas.

◇ *v intr* vieillir; ha envejecido mucho il a beaucoup vieilli ‖ envejecer en el oficio blanchir sous le harnois.

➤ **envejecerse** *v pr* vieillir.

envejecido, da *adj* vieilli, e ‖ FIG expérimenté, e; exercé, e (acostumbrado).

envejecimiento *m* vieillissement.

envenenador, ra *adj* & *s* empoisonneur, euse.

envenenamiento *m* empoisonnement, envenimement (p us) ‖ FIG envenimement ‖ pollution *f*; el envenenamiento del aire la pollution de l'air.

envenenar *v tr* [▷ SIN] empoisonner ‖ FIG empoisonner; la envidia envenena la existencia l'envie empoisonne la vie ‖ envenimer (una discusión).

⬛ SIN intoxicar intoxiquer; enconar, emponzoñar envenimer; infectar, inficionar infecter.

enverar *v intr* dorer, mûrir (las frutas).

enverdecer [30] *v intr* verdir (las plantas).

envergadura *f* MAR envergure | FIG envergure (potencia, importancia) | AVIAC & ZOOL envergure.

envergar [16] *v tr* MAR enverguer.

envergue *m* MAR drisse *f* (driza).

enverjado *m* grille *f* (enrejado).

envero *m* véraison *f* [des fruits].

envés *m* verso (de una página) | BOT envers (revés) | FAM dos (espalda).

  ■ OBSERV pl enveses.

enviada *f* envoi *m* (envío).

enviado, da *adj* & *s* envoyé, e; enviado especial envoyé spécial; enviado extraordinario envoyé extraordinaire.

  SIN delegado délégué; emisario émissaire; representante représentant; diputado député; embajador ambassadeur; legado légat; nuncio nonce; plenipotenciario plénipotentiaire.

enviajado, da *adj* ARQ biais, e (oblicuo).

enviar [9] *v tr* envoyer | FAM enviar al diablo, a todos los diablos envoyer au diable, à tous les diables | enviar a paseo envoyer promener | enviar de envoyer comme, en tant que; enviar de jefe de batallón envoyer comme chef de bataillon | enviar noramala envoyer au diable | enviar por envoyer chercher; enviar a uno por unos libros envoyer quelqu'un chercher des livres; enviar prendre (noticias, informes).

  SIN dirigir adresser; expedir, mandar, remitir expédier; despachar dépêcher; llevar porter; exportar exporter.

enviciar [8] *v tr* dépraver, corrompre, débaucher; enviciar a un adolescente dépraver un adolescent; enviciar a una muchacha débaucher une fille | vicier (viciar) | exciter à la débauche (a los menores de edad).

  ◇ *v intr* ne plus pouvoir se passer de; es un desgraciado enviciado en el juego c'est un pauvre type qui ne peut plus se passer du jeu | produire trop de feuillage (un árbol) ■ estar enviciado être prisonnier d'un vice o d'une mauvaise habitude | no fume tanto porque se va a enviciar ne fumez pas tant, car vous ne pourrez plus vous arrêter o vous débarrasser de cette mauvaise habitude o vous en passer.

  ➡ **enviciarse** *v pr* se dépraver, se corrompre, se débaucher; enviciarse con el contacto de las malas compañías se dépraver au contact des mauvaises compagnies | prendre la mauvaise habitude de; enviciarse en el tabaco, la bebida prendre la mauvaise habitude de fumer, de boire | se jeter dans la débauche, se livrer à la débauche; al salir de la cárcel se envició en sortant de prison, il se jeta dans la débauche.

envidada *f* renvi *m* [aux cartes].

envidar *v tr* renvier [aux cartes] | envidar en falso bluffer, renvier sans avoir de jeu.

envidia *f* envie; la envidia es un pecado l'envie est un péché | envie, jalousie; la envidia le carcome la jalousie le ronge | émulation (emulación) ■ dar envidia faire envie | quedarse mudo de envidia, comérsele a uno la envidia mourir o crever d'envie o de jalousie | dar envidia a la gente faire des envieux | tener envidia a uno envier quelqu'un; te tengo envidia de haber hecho este viaje je t'envie d'avoir fait ce voyage.

envidiable *adj* enviable.

envidiar [8] *v tr* envier, jalouser; envidiar a uno envier quelqu'un; envidiar el cargo a uno envier le poste de quelqu'un ■ más vale ser envidiado que envidioso il vaut mieux faire envie que pitié | no tener que envidiar a n'avoir rien à envier à.

envidiosamente *adv* jalousement.

envidioso, sa *adj* & *s* envieux, euse (de una cosa); envidioso de la felicidad ajena envieux du bonheur d'autrui | jaloux, ouse (de una persona o cosa).

envido *m* renvi [aux cartes].

envigado *m* CONSTR solivage, charpente *f*, ferme *f* (armadura de un tejado).

envigar [16] *v tr* mettre les solives o la charpente.

envilecer [30] *v tr* avilir (hacer vil y despreciable) | déshonorer (quitar la honra y estimación).

  ➡ **envilecerse** *v pr* s'avilir.

envilecimiento *m* avilissement (bajeza) | déshonneur, déchéance *f* (deshonra).

envinado, da *adj* (Amer) vineux, euse (color).

envinagrar *v tr* vinaigrer.

envinar *v tr* rougir (añadir vino al agua).

envío *m* envoi ■ envío contra reembolso envoi contre remboursement | gastos de envío frais d'envoi.

envión *m* poussée *f*, bourrade *f* (empujón).

enviscamiento *m* engluement, engluage.

enviscar [10] *v tr* engluer, enduire de glu (untar con liga) | exciter [les chiens] | FIG exciter, irriter.

  ➡ **enviscarse** *v pr* s'engluer, être pris à la glu.

envite *m* renvi [aux cartes] | FIG coup, poussée *f* (empujón) | offre *f* (ofrecimiento) ■ aceptar el envite tenir (en los naipes) | al primer envite du premier coup.

enviudar *v intr* devenir veuf, veuve.

envoltorio *m* paquet.

envoltura *f* [▷ SIN] enveloppe, couverture (lo que envuelve) | emballage *m* (envase) | maillot *m* (pañales) | TECN enchemisage *m* (forro).

  SIN cubierta, cobertura couverture; embalaje, envase emballage; funda housse.

envolvente *adj* enveloppant, e; línea envolvente ligne enveloppante | MIL enveloppant, e; tournant, e; movimiento envolvente mouvement tournant.

  ◇ *f* MAT enveloppante.

envolver [24] *v tr* [▷ SIN] envelopper; envolver en un papel envelopper dans un papier | enrouler; envolver hilo en un carrete enrouler du fil sur une bobine | enrober (medicamentos) | emmailloter (a un niño) | FIG envelopper; envolver el pensamiento con hábiles perífrasis envelopper sa pensée dans d'habiles périphrases | mêler, impliquer [dans une affaire] | MIL envelopper, tourner | papel de envolver papier d'emballage.

  ➡ **envolverse** *v pr* s'envelopper; envolverse en o con una manta s'envelopper dans une couverture | être enveloppé; el chocolate suele envolverse en papel de estaño le chocolat est généralement enveloppé dans du papier d'étain | s'enrouler o autour de (enrollarse) | FIG se mêler (mezclarse) | se draper; envolverse con o en su dignidad se draper dans sa dignité | FAM avoir une liaison (amancebarse).

  SIN cubrir couvrir; enrollar enrouler; embalar emballer; liar rouler; empaquetar empaqueter.

envolvimiento *m* enveloppement | enroulement (arrollamiento) | emmaillotement (de un niño) | MIL enveloppement.

envuelto, ta *adj* enveloppé, e | enroulé, e; roulé, e; enveloppé, e; envuelto en una manta enroulé dans une couverture | FIG enveloppé, e; envuelto en tal misterio enveloppé dans un tel mystère | mêlé, e; envuelto en una serie de líos mêlé à toute une série d'histoires.

  ➡ **envuelto** *m* (Amer) galette *f* (tortilla).

enyerbar *v tr* enherber (sembrar de hierba) | (Amer) ensorceler (hechizar).

  ➡ **enyerbarse** *v pr* (Amer) se couvrir d'herbe | s'empoisonner (envenenarse).

enyesado *m*; **enyesadura** *f* plâtrage *m* | MED plâtre *m* (escayolado).

enyesar *v tr* plâtrer; enyesar una pared, un miembro roto plâtrer un mur, un membre brisé.

enyetar *v tr* (Amer) FAM porter la poisse.

enyodar *v tr* ioder.

enyugar [16]; **enyuntar** *v tr* atteler [les bœufs].

enzainarse *v pr* regarder de travers.

enzamarrado, da *adj* couvert d'une peau de mouton (un pastor).

enzarzar [13] *v tr* couvrir de ronces (una tapia) | TECN encabaner [les vers à soie] | FIG brouiller (malquistar).

  ➡ **enzarzarse** *v pr* se prendre dans les ronces | FIG s'embrouiller, s'empêtrer (enredarse) | se fourrer, s'empêtrer, s'embarquer [dans une mauvaise affaire] | s'embarquer (en una discusión) | se disputer (reñirse), se crêper le chignon (las mujeres).

enzima *f* BIOL enzyme (fermento soluble).

enzolvarse *v pr* (Amer) s'obstruer (atascarse).

enzootia *f* VETER enzootie.

enzorrar *v tr* (Amer) ennuyer (fastidiar).

enzunchar *v tr* TECN fretter (poner zunchos).

enzurdecer [30] *v intr* devenir gaucher.

enzurizar [52] *v tr* brouiller (azuzar).

enzurronar *v tr* mettre dans une besace | FIG & FAM fourrer (meter).

eñe *f* nom du "n" mouillé en espagnol (ñ), qui se prononce comme gn dans agneau.

eoceno *adj* & *s m* GEOL éocène.

EOI (abrev de Escuela Oficial de Idiomas) *f* école de langues, en Espagne.

Eolia; Eólida *n pr f* HIST Éolie, Éolide.

eólico, ca *adj* éolien, enne.

  ➡ **eólico** *m* dialecte éolien.

Eólida ➡ **Eolia**.

eolio, lia *adj* & *s* éolien, enne [d'Éolide].

eolípilo *m* FÍS éolipile, éolipyle.

eolito *m* éolithe.

Eolo *n pr* MITOL Éole.

eón *m* FILOS éon (inteligencia eterna entre los gnósticos).

eosina *f* QUÍM éosine.

¡epa! *interj* (*Amer*) hep!, hé! (¡hola!) ‖ allons (¡ea!) ‖ attention! (¡cuidado!).

EPA (abrev de **encuesta de población activa**) *f* enquête sur la population active mettant en évidence le taux de chômage du pays.

epacta *f* épacte (calendario) ‖ ordo *m* (añalejo).

eparca *m* éparque.

eparquía *f* éparchie.

epatar *v tr* épater.

epazote *m* (*Amer*) chénopode (planta).

e.p.d. (abrev escrita de **en paz descanse**) RIP.

epeira *f* épeire (araña).

epéndimo *m* épendyme (membrana del cerebro).

epéntesis *f inv* GRAM épenthèse.

epentético, ca *adj* épenthétique.

eperlano *m* ZOOL éperlan (pez).

épica *f* poésie épique.

épicamente *adv* d'une manière épique.

epicardio *m* ANAT épicarde.

epicarpio *m* BOT épicarpe.

epicea *f* BOT épicea *m*.

epicedio; epiceyo *m* funèbre.

epiceno *m* GEOL épicène.

epicentro *m* GEOL épicentre.

epiceyo ► **epicedio**.

epiciclo *m* ASTRON (antiguo) épicycle.

epicicloidal *adj* épicycloïdal, e.

epicicloide *f* GEOM épicycloïde.

épico, ca *adj* épique; poema épico poème épique.
➤ **épico** *m* poète épique.

epicráneo, a *adj* épicrânien, enne.
➤ **epicráneo** *m* épicrâne.

Epicteto *n pr* Épictète.

epicureísmo *m* FILOS épicurisme, epicuréisme.

epicúreo, a *adj & s* épicurien, enne.

Epicuro *n pr* Épicure.

Epidauro *n pr* GEOGR Épidaure.

epidemia *f* épidémie ‖ FIG épidémie (oleada).

epidémico, ca *adj* épidémique.
‖ SIN endémico endémique; epizoótico épizootique; pandémico pandémique.

epidemiología *f* MED épidémiologie.

epidemiológico, ca *adj* MED épidémiologique.

epidemiólogo, ga *m & f* MED épidémiologiste.

epidérmico, ca *adj* épidermique.

epidermis *f inv* ANAT épiderme *m* ‖ FIG & FAM tener la epidermis fina avoir l'épiderme sensible.

epidermización *f* MED épidermisation.

epidiáscopo; epidiascopio *m* FÍS épidiascope.

epidídimo *m* ANAT épididyme.

epifanía *f* RELIG épiphanie.

Epifanio *n pr* Épiphane.

epifenómeno *m* épiphénomène.

epifilo *m* BOT épiphylle.

epifisis *f inv* ANAT épiphyse.

epifitia *f* BOT épiphytie.

epifito, ta *adj & s m* BOT épiphyte.

epifonema *f* épiphonème *m*.

epigástrico, ca *adj* épigastrique.

epigastrio *m* ANAT épigastre.

epigénesis *f inv* BIOL épigenèse.

epigeo, a *adj* épigé, e.

epigina *f* BOT épigyne.

epiglotis *f inv* ANAT épiglotte.

epigonismo *m* épigonisme.

epígono *m* épigone.

epígrafe *m* épigraphe *f* (inscripción, cita) ‖ alínea (de un párrafo) ‖ titre (encabezamiento).

epigrafía *f* épigraphie.

epigráfico, ca *adj* épigraphique.

epigrafista *m & f* épigraphiste.

epigrama *m* épigramme *f* (pieza satírica).

epigramatario, ria *adj* épigrammatique.
➤ **epigramatario** *m* épigrammatiste (autor de epigramas).

epigramático, ca *adj* épigrammatique.

epigramatista; epigramista *m* épigrammatiste.

epilepsia *f* MED épilepsie.

epiléptico, ca *adj & s* MED épileptique.

epileptiforme *adj* épileptiforme.

epilobio *m* BOT épilobe.

epilogación *f* épilogue (epílogo).

epilogal *adj* résumé, e.

epilogar [16] *v tr* résumer (resumir), conclure (concluir).
‖ OBSERV Epilogar n'a pas le sens du français épiloguer, qui se traduit par criticar, censurar ou comentar.

epilogismo *m* épilogisme (razonamiento, cálculo).

epílogo *m* épilogue (de una novela o poema) ‖ récapitulation *f* (recapitulación) ‖ résumé, abrégé (compendio).

Epiménides *n pr* Épiménide.

epímero *m* BIOL épimère.

epinicio *m* épinicie *f* (canto de victoria).

epiplón *m* ANAT épiploon (redaño).

epiquerema *m* épichérème (silogismo).

epiqueya *f* DR équité.

Epiro *n pr m* GEOGR Épire *f*.

epirogénesis *f inv* GEOL épirogenèse.

epirota *adj & s* épirote (de Epiro).

episcopado *m* ECLES épiscopat.

episcopal *adj* épiscopal, e; palacios episcopales palais épiscopaux.

episcopalismo *m* épiscopalisme.

episcopio *m* épiscope.

episiotomía *f* MED épisiotomie.

episódico, ca *adj* épisodique.

episodio *m* épisode.

epistaxis *f inv* MED épistaxis.

epistemología *f* épistémologie.

epistemológico, ca *adj* épistémologique.

epistilo *m* ARQ épistyle.

epístola *f* épître; las epístolas de Horacio les épîtres d'Horace ‖ ECLES épître ‖ FAM épître (carta).

epistolar *adj* épistolaire.

epistolario *m* recueil de lettres ‖ livre des Épîtres (libro litúrgico).

epistolio *m* (p us) recueil de lettres.

epistológrafo, fa *m & f* épistolier, ère.

epístrofe *f* épistrophe (retórica).

epitafio *m* épitaphe *f*.

epitalámico, ca *adj* relatif à l'épithalame.

epitalamio *m* épithalame.

epítasis *f inv* épitase (parte del poema dramático antiguo).

epitaxia *f* GEOL épitaxie.

epitelial *adj* épithélial, e; tejidos epiteliales tissus épithéliaux.

epitelio *m* ANAT épithélium.

epitelioma *m* MED épithélioma (cáncer).

epitelitis *f inv* MED épithéliite.

epítema; epítima *f* MED épithème *m* (tópico).

epítesis *f inv* épithèse (retórica).

epíteto *m* épithète *f*.

epítima ► **epítema**.

epítoga *f* épitoge (muceta).

epitomar *v tr* abréger.

epítome *m* épitomé, abrégé (compendio).

epizona *f* GEOL épizone.

epizootia *f* VETER épizootie ‖ (*Amer*) fièvre aphteuse.

epizoótico, ca *adj* VETER épizootique.

época *f* [▷ SIN] époque ‖ temps (tiempo); época de la siembra temps des semailles ■ en esta época à cette époque ‖ en la época de Felipe II à l'époque de Philippe II ‖ en mi época de mon temps ‖ hacer época faire date ‖ ser de su época être de son temps.
‖ SIN momento moment; tiempo temps; estación, temporada, sazón saison; período période; ciclo cycle; era ère.

epodo *m*; **epoda** *f* épode *f*.

epónimo, ma *adj & s m* éponyme.

epopeya *f* épopée.

épsilon *f* epsilon *m* ("e" breve en griego).

epsomita *f* QUÍM epsomite (sal de la higuera).

eptágono, na *adj & s m* GEOM heptagone.

épulis *f inv* MED épulis *m*, épulide, épulie (tumor de las encías).

epulón *m* gourmand (comilón) ‖ HIST épulon.

equiángulo, la *adj* GEOM équiangle.

equidad *f* équité (justicia).

equidistancia *f* équidistance.

equidistante *adj* équidistant, e.

equidistar *v intr* GEOM être équidistant, e.

equidna *m* ZOOL échidné.

équidos *m pl* ZOOL équidés.

equilátero, ra *adj* GEOM équilatéral, e; triángulos equiláteros triangles équilatéraux.

equilibrado, da *adj* équilibré, e; en équilibre ‖ FIG équilibré, e (sensato).

equilibrar *v tr* équilibrer.
‖ SIN contrabalancear contrebalancer; nivelar niveler; compensar compenser; contrarrestar contrecarrer.

equilibre *adj* équilibré, e; en équilibre.

equilibrio *m* [▷ SIN] équilibre; mantener el equilibrio garder son équilibre; perder el equilibrio perdre l'équilibre ‖ FIG équilibre (político, mental, etc.) ■ **equilibrio de fuerzas** équilibre des forces ▌ **equilibrio de poderes** équilibre des pouvoirs ▌ **equilibrio ecológico** équilibre écologique ■ FIG **hacer equilibrios** faire des acrobaties.

▌ SIN **aplomo** aplomb; **igualdad** égalité; **armonía** harmonie; **proporción** proportion; **contrapeso** contrepoids; **estabilidad** stabilité.

equilibrista *m & f* équilibriste.

equimolecular *adj* QUÍM équimoléculaire.

equimosis *f inv* ecchymose.

equimúltiplo, pla *adj & s m* MAT équimultiple.

equino *m* oursin (erizo de mar) ▌ ARQ échine *f* (moldura).

➤ **equinos** *m pl* ZOOL équidés.

equino, na *adj* chevalin, e; équin, e (relativo al caballo).

equinocacto *m* BOT échinocactus.

equinoccial *adj* équinoxial, e; **puntos equinocciales** points équinoxiaux.

◇ *f* ligne équinoxiale.

equinoccio *m* ASTRON équinoxe.

equinococo *m* échinocoque (larva).

equinodermo *m* ZOOL échinoderme.

equipaje *m* [▷ SIN] bagages *pl*; **viajar con poco equipaje** voyager avec peu de bagages ▌ MAR équipage (tripulación) ▌ **equipaje de mano** bagage à main.

▌ SIN **bagaje** bagage; **equipo, pertrechos** équipage, équipement; **impedimenta** paquetage; **bulto** colis.

equipamiento *m* équipement.

equipar *v tr* équiper.

equiparable *adj* comparable.

equiparación *f* comparaison.

equiparar *v tr* comparer; **equiparar Alejandro a o con César** comparer Alexandre à César.

equipo *m* équipe *f*; **equipo de colaboradores, de fútbol** équipe de collaborateurs, de football ▌ équipement (del soldado) ▌ équipement; **equipo eléctrico** équipement électrique ▌ matériel; **equipo de oficina** matériel de bureau ▌ trousseau (de novia, de colegial) ▌ chaîne (estereofónico) ▌ **bienes de equipo** biens d'équipement ▌ **compañero, ra de equipo** équipier, ère (jugador); coéquipier, ère (en relación uno con otro) ■ **equipo de rescate** équipe de secours ▌ **equipo de sonido** matériel hi-fi, équipe du son ▌ **equipo quirúrgico** instruments de chirurgie.

equipolado *adj m* BLAS équipolé, équipollé.

equipolencia *f* équipollence (equivalencia).

equipolente *adj* équipollent, e.

equiponderar *v intr* être du même poids.

equipotencial *adj* équipotentiel, elle.

equis *f* x *m* [nom de la lettre "x"] ▌ MAT X *m* [nombre quelconque].

equisetáceas *f pl* BOT équisétacées.

equitación *f* équitation.

equitativamente *adv* équitablement.

equitativo, va *adj* équitable (justo).

▌ SIN **justo, recto** juste; **razonable** raisonnable; **legítimo** légitime; **imparcial** impartial.

équite *m* chevalier romain.

equivalencia *f* équivalence.

equivalente *adj & s m* équivalent, e.

equivaler [74] *v intr* équivaloir à, valoir; **una blanca en música equivale a dos negras** une blanche en musique vaut deux noires ▌ GEOM être égal à ▌ **eso equivale a decir que** cela revient à dire que.

equivoca *f* équivoque.

equivocación *f* erreur, méprise; **tener una equivocación** commetre un erreur ▌ mécompte *m*, erreur (en una cuenta) ▌ **por equivocación** par erreur.

equivocadamente *adv* de façon erronée, par erreur.

equivocado, da *adj* erroné, e (razonamiento, cálculo, etc.) ▌ **estar equivocado** se tromper (persona).

equívocamente *adv* d'une manière équivoque.

equivocar [10] *v tr* tromper (engañar) ▌ **estar equivocado** se tromper, faire erreur.

➤ **equivocarse** *v pr* [▷ SIN] se tromper; **equivocarse de puerta** se tromper de porte; **equivocarse en un cálculo** se tromper dans un calcul ▌ se tromper, faire erreur; **reconozco que me he equivocado** je reconnais que je me suis trompé ▌ prendre pour (confundir); **me he equivocado con otra persona** je vous ai pris pour une autre personne ▌ se tromper (juzgar mal); **equivocarse con uno** se tromper sur o sur le compte de quelqu'un ▌ **si no me equivoco** si je ne me trompe pas, si je ne m'abuse.

▌ SIN **errar** errer; **fallar** faillir; **juzgar mal** méjuger; **engañarse** s'abuser; **confundirse** se méprendre; **colarse** se ficher dedans.

equivocidad *f* équivoque.

equívoco, ca *adj* équivoque ▌ douteux, euse.

➤ **equívoco** *m* équivoque *f*, mot équivoque (palabra ambigua) ▌ équivoque *f*, malentendu (confusión) ▌ POÉT équivoque *f* ▌ (Amer) erreur *f*, méprise *f* ▌ **andar con equívocos** jouer sur les mots.

era *f* ère; **la era cristiana** l'ère chrétienne ▌ FIG ère, époque; **era atómica** ère atomique ▌ aire; **trillar en la era** battre le blé sur l'aire ▌ carré *m*, carreau *m* [de légumes] ▌ MIN carreau *m*.

eral *m* jeune taureau [entre un et deux ans].

erario *m* trésor; **erario público** trésor public.

Erasmo *n pr* Érasme.

ERASMUS (abrev escrita de European Action Scheme for the Mobility of University Students) *m* ERASMUS.

Eratóstenes *n pr* Ératosthène.

erbio *m* erbium (metal).

ERC (abrev de Esquerra Republicana de Catalunya) *f* parti nationaliste catalan de gauche.

ere *f* r *m* [nom du "r" doux espagnol].

Erebo; Érebo *n pr* MITOL Érèbe.

erección *f* érection (de un monumento, de un tejido orgánico) ▌ FIG érection, établissement *m* (de un tribunal).

eréctil *adj* érectile.

erectilidad *f* érectilité.

erecto, ta *adj* dressé, e.

eremita *m* ermite (ermitaño).

eremítico, ca *adj* érémitique (del ermitaño).

erepsina *f* érepsine (diastasa).

eretismo *m* MED éréthisme.

erg; ergio *m* FÍS erg.

▌ OBSERV pl ergs.

ergástula *f*; **ergástulo** *m* ergastule *m* (prisión en Roma).

ergio ➥ **erg**.

ergonomía *f* ergonomie.

ergonómico, ca *adj* ergonomique.

ergosterol *m* MED ergostérol.

ergotina *f* QUÍM ergotine.

ergotismo *m* MED ergotisme ▌ ergotage, ergotisme (manía de ergotizar).

ergotista *adj & s* ergoteur, euse (que ergotiza).

ergotizar [13] *v intr* FAM ergoter (discutir).

erguidamente *adv* d'une manière droite, redressée.

erguimiento *m* redressement.

erguir [58] *v tr* lever (levantar); **erguir la cabeza** lever la tête ▌ dresser, redresser (poner derecho).

➤ **erguirse** *v pr* se dresser; **la montaña se yergue a lo lejos** la montagne se dresse au loin ▌ FIG se rengorger (envanecerse).

erial; eriazo, za *adj* en friche, inculte (tierra).

➤ **erial; eriazo** *m* friche *f*, terrain en friche.

ericáceas *f pl* BOT éricacées.

Erídano *m* ASTRON Éridan.

Erie *n pr* GEOGR **el lago Erie** le lac Érié.

erigir [15] *v tr* ériger (instituir, levantar).

➤ **erigirse** *v pr* s'ériger, se poser (constituirse); **erigirse en juez** s'ériger en juge.

Erik *n pr* **Erik el Rojo** Erik le Rouge.

erina *f* MED érine, érigne (instrumento).

Erinias *n pr f* MITOL Érinyes, Érinnyes.

erisipela *f* MED érysipèle *m*, érésipèle *m*.

erístico, ca *adj* éristique (de la escuela de Megara).

➤ **erístico** *m* FILOS éristique.

➤ **erística** *f* éristique (controversia).

eritema *m* MED érythème (inflamación).

Eritrea *n pr f* GEOGR Érythrée.

Eritreo *n pr* HIST **el mar Eritreo** la mer Érythrée.

eritreo, a *adj* érythréen, enne (relativo a Eritrea).

eritrina *f* QUÍM érythrine.

eritroblasto *m* érythroblaste (célula).

eritroblastosis *m inv* BIOL érythroblastose.

eritrocito *m* BIOL érythrocyte (glóbulo rojo).

eritrosina *f* QUÍM érythrosine.

erizado, da *adj* hérissé, e; **erizado de espinas, de dificultades** hérissé d'épines, de difficultés.

erizamiento *m* hérissement.

erizar [13] *v tr* hérisser ▌ FIG **erizar el pelo** faire dresser les cheveux sur la tête.

➤ **erizarse** *v pr* se hérisser, se dresser; **se me erizó el pelo** mes cheveux se hérissèrent.

erizo *m* hérisson (mamífero) ▌ bogue *f* (envoltura de la castaña) ▌ FIG & FAM hérisson (persona arisca) ▌ hérisson (defensor de púas en un muro) ▌ MIL hérisson (mecánico) ■ BOT touffe *f* épineuse (mata) ■ **erizo de mar** oursin (equino-dermo) ‖ **erizo hembra** hérissonne ‖ **ser suave como un erizo** être comme un fagot d'épines.

ermita *f* ermitage *m*.

ermitaño *m* [▷ SIN] ermite ‖ ZOOL bernard-l'ermite (crustáceo).

▮ SIN solitario solitaire; anacoreta anachorète; cenobita cénobite; eremita ermite; penitente pénitent.

Ermua *n pr* espíritu de Ermua état d'esprit qui régna en Espagne après l'assassinat par l'ETA d'un conseiller municipal de Ermua.

EL ESPÍRITU DE ERMUA

Lorsque l'ETA a mis à exécution sa menace d'assassiner un conseiller municipal du « Partido Popular » de Ermua (au Pays basque), si ses membres détenus n'étaient pas transférés dans des prisons basques, une série de manifestations de rue au cours desquelles le peuple a exprimé son indignation et son rejet absolu de cet acte s'est déclenchée. Les habitants de Ermua en particulier, ont fait preuve d'une grande solidarité et se sont convertis en porte-parole de tout un pays condamnant les actes du groupe terroriste. L'état d'esprit qui régna durant ces journées a été qualifié par la presse de « espíritu de Ermua ».

Ernestina *n pr* Ernestine.

Ernesto *n pr* Ernest.

erogación *f* distribution ‖ (*Amer*) dépense, paiement *m* (desembolso).

erogar [16] *v tr* distribuer (distribuir) ‖ (*Amer*) payer (pagar).

erógeno, na *adj* érogène.

Eros *n pr* Éros.

erosión *f* [▷ SIN] érosion; erosión eólica, glacial, pluvial érosion éolienne, glaciaire, pluviale ‖ MED érosion, écorchure.

▮ SIN corrosión corrosion; depresión dépression; desgaste, usura usure; abrasión abrasion.

erosionar *v tr* éroder (la roca).

erosivo, va *adj* érosif, ive [qui érode].

Eróstrato *n pr* Érostrate.

erótico, ca *adj* érotique.

▮ SIN voluptuoso voluptueux; libidinoso libidineux; sensual sensuel.

erotismo *m* érotisme.

erotomanía *f* MED érotomanie.

erotómano, na *adj & s* MED érotomane, érotomaniaque.

erpetología *f* erpétologie, herpétologie (estudio de los reptiles).

erpetólogo *m* erpétologiste.

errabundo, da *adj* errant, e; vagabond, e ‖ FIG vagabond, e; imaginación errabunda imagination vagabonde.

erradamente *adv* faussement.

erradicación *f* éradication.

erradicar [10] *v tr* déraciner, extirper ‖ supprimer.

errado, da *adj* faux, fausse; erroné, e ‖ manqué, e; raté, e; tiro errado coup manqué ‖ estar errado être dans l'erreur.

erraj *m* charbon fait de noyaux d'olives.

errante *adj* errant, e ‖ estrella errante étoile errante, planète.

errar [47] *v intr* [▷ SIN] errer (vagar) ‖ se tromper (equivocarse) ‖ errar es humano l'erreur est humaine.

◇ *v tr* manquer, rater; errar el golpe manquer son coup ■ errar el camino se tromper de chemin (en un viaje), faire fausse route (en la vida) ‖ errar el tiro manquer le but, rater son coup ‖ errar la respuesta faire une mauvaise réponse ‖ quien mucho habla mucho yerra trop parler nuit.

▮ SIN vagar vaguer; divagar divaguer; vagabundear vagabonder; rondar rôder; deambular déambuler.

errata *f* erratum *m* ‖ faute (error) ‖ fe de erratas errata.

errático, ca *adj* errant, e ‖ GEOL & MED erratique.

erre *f* rr *m* [nom du "r" double] ■ FAM erre que erre coûte que coûte ‖ FAM sostener erre con erre o erre que erre soutenir mordicus ‖ tropezar en las erres ne pas marcher droit, zigzaguer (estar borracho).

erróneamente *adv* erronément.

erróneo, a *adj* erroné, e (falso).

error *m* erreur *f* (engaño, equivocación); cometer un error, incurrir en un error faire une erreur ‖ MAT erreur *f* ■ INFORM erreur *f*, bogue; error de escritura, de lectura erreur d'écriture, de lecture; error de programación erreur de programmation; error de clasificación erreur de classement ‖ error de pareo erreur d'assortiment ‖ error de imprenta coquille, faute d'impression ‖ error de máquina o de copia faute de frappe ‖ DR error judicial erreur judiciaire ‖ error tipográfico faute typographique ■ por error par erreur ‖ salvo error u omisión sauf erreur ou omission ■ estar en un error être dans l'erreur.

▮ SIN equivocación erreur, bévue; errata, gazapo coquille; lapsus lapsus; falta, descuido, yerro faute; inexactitud inexactitude; aberración aberration; pifia boulette.

ertzaina [er'tʃaina] *m & f* membre de la police autonome basque.

ertzaintza [er'tʃaintʃa] *f* police autonome basque.

erubescencia *f* érubescence (enrojecimiento) ‖ rougeur (vergüenza).

erubescente *adj* érubescent, e.

eructar *v intr* éructer.

eructo *m* éructation *f*.

erudición *f* érudition.

eruditamente *adv* savamment.

erudito, ta *adj & s* érudit, e ‖ FAM erudito a la violeta personne d'une érudition superficielle.

eruginoso, sa *adj* érugineux, euse (herrumbroso).

erupción *f* éruption (volcánica, cutánea) ‖ MED erupción de los dientes éruption dentaire.

eruptivo, va *adj* éruptif, ive.

ESADE (abrev de Escuela Superior de Administración y Dirección de Empresas) *f* école supérieure de commerce et de gestion, ≈ HEC.

Esaú *n pr* Esaü.

esbeltez *f* sveltesse.

▮ OBSERV pl esbelteces.

esbelto, ta *adj* svelte.

esbirro *m* sbire, policier.

esbozar [13] *v tr* ébaucher, esquisser (bosquejar) ‖ FIG ébaucher, esquisser; esbozó una

sonrisa il ébaucha un sourire ‖ esbozar al lápiz esquisser au crayon, crayonner.

esbozo *m* ébauche *f*, esquisse *f* (bosquejo).

esca *f* aiche, esche (cebo).

escabechado, da *adj* mariné, e (pescado) ‖ FIG & FAM descendu, e (matado) ‖ recalé, e; collé, e (en un examen).

➤ **escabechado** *m* marinage (del pescado).

escabechar *v tr* mariner (conservar) ‖ FIG & FAM descendre (matar) ‖ recaler, coller (en un examen).

escabeche *m* marinade *f*; atún en escabeche marinade de thon ‖ poisson mariné (pescado) ‖ estar en escabeche mariner.

escabechina *f* FAM ravage *m* ‖ hécatombe (en un examen).

escabel *m* escabeau, tabouret (asiento) ‖ petit banc, petit tabouret (para los pies).

escabiosa *f* BOT scabieuse.

escabioso, sa *adj* scabieux, euse (sarnoso).

escabro *m* gale *f*.

escabrosamente *adv* rudement, âprement.

escabrosidad *f* rudesse, inégalité ‖ caractère scabreux.

escabroso, sa *adj* accidenté, e (terreno) ‖ FIG scabreux, euse; historia escabrosa histoire scabreuse ‖ rude, intraitable (carácter).

escabullirse *v pr* glisser des mains, échapper (escurrirse) ‖ s'éclipser, s'esquiver (marcharse).

▮ OBSERV Escabullir perd le « i » atone de la désinence quand celui-ci est situé entre la consonne « ll » et une voyelle (comme dans escabulléndose, se escabulló, se escabullera).

escacharrar *v tr* casser (romper) ‖ FIG abîmer, esquinter (estropear).

escacharse *v pr* écraser, écrabouiller.

escafandra *f*; **escafandro** *m* scaphandre *m*; escafandra autónoma scaphandre autonome.

escafandrista *m & f* scaphandrier *m*.

escafites *m* scaphites.

escafoides *adj & s m* ANAT scaphoïde.

escagüite *m* (*Amer*) dragonnier (árbol).

escala *f* échelle (graduación, proporción); la escala de un mapa l'échelle d'une carte ‖ échelle (escalera, escalerilla) ‖ escale; hacer escala en Montevideo faire escale à Montevideo ‖ dégradé *m* (en prendas de punto) ‖ MIL tableau *m* d'avancement ‖ MÚS gamme, échelle; escala mayor, menor, cromática, diatónica gamme majeure, mineure, chromatique, diatonique ‖ barème *m* (de tarifas) ■ escala de cuerda échelle de corde ‖ MIN escala de Mohs o de dureza échelle de Mohs ‖ MIL escala de reserva cadre de réserve ‖ escala móvil échelle mobile; escala móvil salarial échelle mobile des salaires ‖ MAR escala real échelle de coupée ■ a escala à l'échelle ‖ a escala internacional à l'échelle internationale ‖ en gran, pequeña escala sur une grande, petite échelle.

escalabrar ➤ **descalabrar**.

escalada *f* escalade ‖ escalada de chimeneas ramonage (en alpinismo).

escalador, ra *adj* qui fait de l'alpinisme. ◇ *m & f* grimpeur, euse (que escala) ‖ alpiniste (alpinista) ‖ **FAM** jeune loup *m* (de puestos), carriériste (de puestos).

escalafón *m* tableau d'avancement (del personal) ‖ échelon (grado) ‖ **MIL** cadre ‖ seguir el escalafón gravir les échelons.

escalamiento *m* escalade *f*.

escálamo *m* **MAR** tolet.

escalar *v tr* escalader (una pared, una montaña, etc.) ‖ ouvrir une vanne (en la acequia) ‖ **FIG** monter (alcanzar dignidades) ‖ escalar de chimenea ramoner (en alpinismo) ‖ **FIG** escalar puestos monter en grade.

escalar *adj* scalaire.

Escalda *n pr m* **GEOGR** el Escalada l'Escaut.

escaldadera *f* **TECN** échaudoir *m* (recipiente para escaldar).

escaldado, da *adj* échaudé, e ‖ gato escaldado del agua fría huye chat échaudé craint l'eau froide.

➡ **escaldado** *m* échaudage.

escaldadura *f* échaudage *m* ‖ brûlure (quemadura) ‖ **FIG** expérience *f* cuisante.

escaldar *v tr* échauder, ébouillanter (con agua caliente) ‖ chauffer à blanc (caldear) ‖ **FIG** échauder.

escaldo *m* scalde (poeta escandinavo).

escaleno *adj m* **GEOM** scalène.

escalera *f* escalier *m*; escalera de caracol escalier en colimaçon; escalera excusada o falsa escalier dérobé ‖ suite, séquence (naipes), quinte (póker); escalera al rey, de color, máxima quinte au roi, quinte flush o floche, majeure ▪ escalera de gancho échelle à crochets ‖ escalera de mano échelle ‖ escalera de servicio escalier de service ‖ escalera de tijera échelle double ‖ escalera mecánica o automática escalier mécanique o roulant, escalator ▪ de escalera abajo de bas étage; gente de escalera abajo gens de bas étage ‖ paso de escalera montée en escalier ▪ subir la escalera monter l'escalier.

escalerilla *f* tierce (tres naipes seguidos) ‖ petit escalier *m* (escalera) ‖ échelette (p us), petite échelle (escala) ‖ passerelle (de avión) ‖ **VETER** instrument *m* de fer pour maintenir ouverte la bouche du cheval.

escalerón *m* échelier.

escalfado, da *adj* poché (huevo) ‖ boursouflé, e; cloqué, e (pared, yeso).

escalfador *m* coquemar (hervidor) ‖ chaufferette *f* (para calentar) ‖ pocheuse *f* (para los huevos).

escalfar *v tr* pocher (los huevos).

escalfeta *f* chaufferette.

escalinata *f* **ARQ** perron *m*.

escalmo *m* **MAR** tolet (escálamo).

escalo *m* escalade *f* ‖ tranchée *f*, galerie *f* souterraine, boyau (boquete) ‖ robo con escalo vol avec escalade.

escalofriante *adj* terrifiant, e.

escalofrío *m* frisson.

escalón *m* échelon (de escala) ‖ marche *f*, degré (de escalera) ‖ **FIG** échelon (de dignidad, empleo) ‖ **MIL** échelon, unité *f* ‖ cortar el pelo en escalones faire des échelles dans les cheveux.

escalona ➡ **escalonia**.

escalonado, da *adj* échelonné, e ‖ huelga escalonada grève tournante.

escalonamiento *m* échelonnement ‖ étalement; escalonamiento de las vacaciones étalement des vacances ‖ étagement (a diferentes niveles).

escalonar *v tr* échelonner ‖ étaler; escalonar los pagos étaler les paiements ‖ étager.

escalonia; escalona *f* **BOT** échalote (chalote).

escalope *m* escalope *f*.

escalpar *v tr* scalper.

escalpe; escalpo *m* scalp, scalpe.

escalpelo *m* **MED** scalpel.

escalpo ➡ **escalpe**.

escama *f* écaille (de pez, de serpiente) ‖ **MED** squame (de la piel) ‖ **BOT** écaille ‖ écaille (de coraza) ‖ **FIG** méfiance, soupçon *m* (desconfianza) ▪ jabón en escamas savon en paillettes ‖ quitar las escamas écailler.

escamado, da *adj* **FAM** méfiant, e; soupçonneux, euse (desconfiado).

➡ **escamada** *f* broderie pailletée (recamado).

escamar *v tr* écailler (quitar las escamas) ‖ **FIG** & **FAM** rendre méfiant; la experiencia le ha escamado l'expérience l'a rendu méfiant ▪ **FIG** & **FAM** estar escamado être sur ses gardes ‖ esto me ha escamado siempre cela m'a toujours paru suspect.

➡ **escamarse** *v pr* **FIG** & **FAM** se méfier.

escamilla *f* squamule.

escamón, ona *adj* méfiant, e.

escamonda *f* émondage *m*, émondement *m*, ébranchage *m*, ébranchement *m*, élagage *m*.

escamondadura *f* émondes *pl* (ramas cortadas).

escamondar *v tr* **AGRIC** émonder, ébrancher, élaguer (podar) ‖ **FIG** élaguer (lo superfluo) ‖ nettoyer à fond (limpiar) ‖ laver, débarbouiller (la cara) ▪ escamondar un bosque jardiner un bois ‖ estar muy escamondado être très propre.

escamoso, sa *adj* écailleux, euse (que tiene escamas) ‖ squameux, euse (piel).

escamoteador, ra *m* & *f* escamoteur, euse.

escamotear *v tr* escamoter.

escamoteo *m* escamotage.

escampado, da *adj* désert, e; inhabité, e.

➡ **escampada** *f* éclaircie.

escampar *v impers* cesser de pleuvoir, ne plus pleuvoir; espera que escampe attends qu'il ne pleuve plus.

escampavía *f* **MAR** vedette (barco pequeño) ‖ garde-côte *m* (para vigilar las costas).

escamujar *v tr* **AGRIC** élaguer.

escamujo *m* branche *f* d'olivier.

escanciador *m* échanson.

escanciar [8] *v tr* verser à boire.
⬦ *v intr* boire du vin.

escanda *f* **BOT** escanda menor engrain, épeautre (trigo).

escandalera *f* **FAM** scandale *m*, esclandre *m*.

escandalizar [13] *v tr* scandaliser (causar escándalo); su conducta me escandaliza sa conduite me scandalise.

➡ **escandalizarse** *v pr* se scandaliser, être scandalisé; se escandalizó por tu conducta il a été scandalisé par ta conduite ‖ se fâcher (encolerizarse) ‖ crier au scandale (protestando).

escandallar *v tr* **MAR** sonder (sondear) ‖ **COM** contrôler, visiter (mercancías).

escandallo *m* **MAR** sonde *f*, plomb ‖ **COM** contrôle (de mercancías) ‖ **FIG** essai (prueba).

escándalo *m* scandale ‖ esclandre, éclat (alboroto) ‖ tapage (ruido); escándalo nocturno tapage nocturne ▪ piedra de escándalo pierre de scandale ‖ con gran o el consiguiente escándalo de au grand scandale de ▪ armar un escándalo faire du scandale o un scandale, faire de l'esclandre o un esclandre ‖ armar o formar un escándalo a uno faire une scène à quelqu'un ‖ causar escándalo faire scandale.

escandalosa *f* **MAR** flèche d'artimon (vela) ‖ **FIG** & **FAM** echar la escandalosa engueuler.

escandalosamente *adv* scandaleusement.

escandaloso, sa *adj* scandaleux, euse (que causa escándalo) ‖ **FIG** tapageur, euse; bruyant, e (que mete jaleo) ‖ criant, e; injusticia escandalosa injustice criante ‖ ser una escandalosa faire des histoires.

Escandinavia *n pr f* **GEOGR** Scandinavie.

escandinavo, va *adj* & *s* scandinave.

escandio *m* **QUÍM** scandium.

escandir *v tr* scander (versos).

escanear *v tr* scanner.

escáner; explorador óptico *m* scanner ‖ **INFORM** leer con un escáner lire avec un scanner o scanneur.
‖ **OBSERV** pl escáners.

escansión *f* **POÉT** scansion (de los versos).

escantillar *v tr* **ARQ** prendre une mesure.

escantillón *m* **TECN** modèle, gabarit ‖ échasse *f* (de albañil) ‖ **MAR** échantillon, échantillonnage.

escaño *m* banc [à dossier] ‖ siège (en el Parlamento).

escapada *f* escapade (escapatoria) ‖ échappée (de un ciclista) ‖ **FAM** en una escapada en moins de deux.

escapamiento *m* escapade *f*, fugue *f*.

escapar *v intr* échapper; escapar de un peligro échapper à un danger ‖ réchapper (con suerte); escapar de una enfermedad réchapper d'une maladie ‖ s'échapper (irse); escapar a la calle s'échapper dans la rue ▪ escapar bien en être quitte à bon compte, bien s'en tirer ‖ escapar con vida de un accidente réchapper d'un accident, sortir sain et sauf d'un accident ‖ de buena hemos escapado nous l'avons échappé belle.
⬦ *v tr* faire courir ventre à terre, crever (un caballo).

➡ **escaparse** *v pr* s'échapper, se sauver; el canario se ha escapado le canari s'est échappé ‖ s'échapper (el gas, etc.) ‖ s'évader, s'enfuir (evadirse) ‖ s'échapper (deportes).

▪ escapársele de las manos glisser des mains; el plato se le escapó de las manos l'assiette lui a glissé des mains ‖ **FIG** escapársele a uno la mano avoir la main leste｜esta palabra se me ha escapado ce mot m'a échappé.

escaparate *m* vitrine *f* (armario de cristales) ｜vitrine *f*, étalage, devanture *f* (de tienda); **en el escaparate** en vitrine, à l'étalage, à la o en devanture ｜(*Amer*) armoire *f* (armario) ｜decorador, ra de escaparates étalagiste ｜**ir de escaparates** faire du lèche-vitrines.

escaparatista *m & f* étalagiste.

escapatoria *f* échappatoire (evasiva) ｜issue (salida) ｜escapade ｜échappée (de un ciclista).

escape *m* fuite *f* (de gas) ｜issue *f* (salida) ｜échappement (de un motor, reloj) ■ **a escape** à toute allure, à toute vitesse ｜FIG puerta de escape porte de sortie ｜tubo de escape tuyau d'échappement ｜velocidad de escape vitesse de libération ■ **correr a escape** courir à perdre haleine o comme un lièvre o comme un dératé.

escapismo *m* évasion *f* (de la réalité).

escapista *adj* d'évasion (literatura) ｜d'aventure (película).

escápula *f* ANAT omoplate.

escapular *adj* scapulaire (del hombro).

escapulario *m* RELIG scapulaire.

escapulohumeral *adj* scapulo-huméral, e.

escaque *m* case *f* (del tablero de ajedrez) ｜BLAS échiquier.

➤ **escaques** *m pl* échecs (ajedrez).

escaqueado, da *adj* en échiquier, en damier ｜BLAS échiqueté, e.

escaquearse *v pr* FAM se débiner.

escara *f* MED escarre, eschare ｜MED producir una escara en escarrifier.

escarabajear *v intr* griffonner, gribouiller (garabatear) ｜se démener, se remuer (agitarse) ｜FIG & FAM chiffonner, tracasser (preocupar); **este problema me escarabajea** ce problème me tracasse.

escarabajeo *m* gribouillage, griffonnage (garabateo) ｜gesticulation ｜FAM ennui, préoccupation *f*, tracas, souci.

escarabajo *m* ZOOL scarabée, escarbot (coleóptero); **escarabajo dorado** scarabée doré ｜FIG & FAM avorton, nabot (persona de mal aspecto) ｜TECN défaut (en un tejido) ｜défaut de l'âme (en un cañón) ■ **escarabajo bolero** o **pelotero** bousier ｜ZOOL escarabajo de la patata doryphore.

➤ **escarabajos** *m pl* FIG griffonnages, gribouillages, gribouillis (garrapatos).

escarabeidos *m pl* scarabéidés (coleópteros con antenas).

escaramucear *v intr* escarmoucher.

escaramujo *m* BOT églantier, rosier sauvage (rosal silvestre) ｜ZOOL anatife (crustáceo).

escaramuza *f* escarmouche, échauffourée, accrochage *m*.

escaramuzar [13] *v intr* escarmoucher.

escarapela *f* cocarde (insignia) ｜FIG & FAM chamaillerie (disputa), crêpage *m* de chignon (de mujeres) ｜(*Amer*) rose trémière (malvarrosa).

escarapelar *v intr & pr* (*Amer*) donner la chair de poule.

escarbadero *m* endroit creusé ou piétiné par un animal ｜boutis (hozadura del jabalí).

escarbadientes *m inv* cure-dent (mondadientes).

escarbaorejas *m inv* cure-oreille.

escarbar *v tr* gratter; **la gallina escarba la tierra** la poule gratte la terre ｜fouiller (hozar) ｜curer (dientes, oídos) ｜tisonner (la lumbre) ｜FIG fouiller (registrar) ｜faire des recherches (averiguar).

escarbo *m* creusement, grattage.

escarcear *v intr* (*Amer*) caracoler (el caballo).

escarcela *f* escarcelle (bolsa) ｜carnassière (de cazador) ｜résille (cofia) ｜tassette (de armadura).

escarceo *m* MAR clapotement, clapotis.

➤ **escarceos** *m pl* EQUIT courbettes *f*, caracoles *f*, virevoltes *f* ｜FIG tergiversations *f* (rodeos) ｜premières armes *f* (primeros pasos) ■ FIG **los primeros escarceos amorosos** les premières aventures amoureuses ｜EQUIT hacer escarceos virevolter.

escarcha *f* gelée blanche (rocío congelado) ｜givre *m* (niebla condensada).

escarchado, da *adj* givré, e; couvert de gelée blanche ｜candi (sin femenino); **fruta escarchada** fruit candi ｜glacé, e (dulces).

➤ **escarchado** *m* lamé d'or ou d'argent (telas) ｜candisation *f* (de las frutas).

escarchar *v impers* geler blanc (cubrirse de escarcha).

◇ *v tr* givrer ｜givrer (cubrir la fruta de azúcar) ｜glacer (los dulces) ｜mettre du sucre cristallisé dans l'eau-de-vie.

escarchilla *f* (*Amer*) grésil *m* (granizo menudo).

escarda *f* AGRIC échardonnoir *m*, échardonnet *m*, sarcloir *m* (instrumento)｜échardonnage *m*, sarclage *m* (acción) ｜essanvage *m* (de la mostaza silvestre).

escardadera; escardilla *f* sarcloir *m*.

escardador, ra *m & f* sarcleur, euse.

escardadura *f* AGRIC échardonnage *m*, sarclage *m*.

escardar *v tr* AGRIC échardonner, sarcler ｜FIG trier (escoger) ｜FIG & FAM **mandar a uno a escardar** envoyer quelqu'un promener.

escardilla ➤ **escardadera**.

escardillar *v tr* sarcler (escardar).

escardillo *m* sarcloir (herramienta) ｜tête *f* de chardon (flor del cardo) ｜reflet (brillo).

escariado *m* TECN alésage (de un agujero).

escariador *m* TECN alésoir (taladro).

escariar [7] *v tr* TECN aléser (un agujero).

escarificación *f* scarification.

escarificador *m* AGRIC scarificateur.

escarificar [10] *v tr* AGRIC & MED scarifier.

escarioso, sa *adj* BOT scarieux, euse.

escarizar [13] *v tr* MED enlever les croûtes [d'une plaie].

escarlata *f* écarlate (color) ｜écarlate (tela) ｜MED scarlatine.

◇ *adj* écarlate.

escarlatina *f* MED scarlatine.

escarlatiniforme *adj* scarlatiniforme.

escarmenar *v tr* démêler (el pelo) ｜MIN trier (separar el mineral).

escarmentado, da *adj* instruit par l'expérience, échaudé, e; **estar escarmentado** avoir

été échaudé ｜**de los escarmentados salen los avisados** chat échaudé craint l'eau froide.

escarmentar [19] *v tr* corriger, donner une leçon à; **escarmentar a un niño** corriger un enfant ｜**hacer escarmentar** échauder.

◇ *v intr* apprendre à ses dépens, profiter d'une leçon ｜se corriger (enmendarse) ■ **escarmentar en cabeza ajena** profiter de l'expérience d'autrui ｜**nadie escarmienta en cabeza ajena** on apprend toujours à ses dépens ｜**no escarmienta nunca** il est incorrigible ｜**te lo digo para que escarmientes en cabeza ajena** je te le dis pour que cela te serve de leçon.

escarmiento *m* leçon *f*, exemple (lección) ｜punition *f* (castigo) ｜**servir de escarmiento** servir de leçon.

escarnecer [30] *v tr* bafouer, railler.

escarnecimiento; escarnio *m* moquerie *f*, dérision *f* (burla) ｜outrage (ultraje).

escaro, ra *adj & s* cagneux, euse.

➤ **escaro** *m* ZOOL scare.

escarola *f* scarole, escarole, chicorée frisée (verdura) ｜(ant) fraise (cuello alechugado).

escarolar *v tr* fraiser, plisser (alechugar).

escarótico, ca *adj & s m* MED escarotique.

escarpa *f* escarpement *m* (cuesta empinada) ｜escarpe (fortificación) ｜**en escarpa** en dos d'âne (carretera).

escarpado, da *adj* escarpé, e; **orillas escarpadas** des rives escarpées.

｜SIN abrupto abrupt; inclinado penché; accidentado, arriscado accidenté; pino raide.

escarpadura *f* escarpement *m*.

escarpar *v tr* couper en pente raide (cortar a pico) ｜gratter (raspar).

escarpelo *m* grattoir (de carpintero, de escultor) ｜scalpel (de cirujano).

escarpia *f* piton *m* (alcayata).

escarpidor *m* démêloir (peine).

escarpín *m* escarpin (calzado); **escarpines de charol** escarpins vernis ｜chausson (calzado interior) ｜(*Amer*) chausson de laine (patín).

escarrancharse *v tr* écarter les jambes.

escarza *f* VETER enclouure (herida).

escarzano *adj m* ARQ bombé (arco).

escarzar [13] *v tr* AGRIC châtrer (las colmenas).

escarzo *m* AGRIC rayon de cire vide (panal) ｜châtrage (de las colmenas) ｜BOT amadouvier (hongo yesquero).

escasamente *adv* petitement, chichement; **vive escasamente** il vit chichement ｜tout au plus, à peine; **trabajó escasamente una hora** il a travaillé à peine une heure ｜faiblement, légèrement; **tiempo escasamente nublado** temps légèrement nuageux ｜de justesse; **los liberales ganaron escasamente** les libéraux gagnèrent de justesse.

escasear *v tr* lésiner sur (escatimar) ｜épargner, économiser (ahorrar) ｜TECN couper en biais.

◇ *v intr* manquer, se faire rare (faltar); **escasea el arroz** le riz manque, on manque de riz.

escasez *f* manque *m*; **escasez de agua, de mano de obra** manque d'eau, de main-d'œuvre ｜pénurie (penuria); **escasez de alimentos** pénurie de produits alimentaires

║ disette; **año de escasez** année de disette ║ exigüité, petitesse; **la escasez de mis recursos** l'exigüité de mes ressources ║ ladrerie (tacañería) ║ **con escasez** à peine (apenas), chichement (con mezquindad), pauvrement (con pobreza).
▌ OBSERV pl escaseces.

escaso, sa adj peu abondant, e; court, e; **la comida va a resultar escasa** le repas va être court ║ très peu de; **escaso tiempo** très peu de temps ║ maigre, mince; **escasa recompensa** maigre récompense; **escaso salario** mince salaire ║ à peine, tout juste; **dos días escasos** deux jours à peine ║ petit, e; **una hora escasa** une petite heure ║ rare; **los víveres son escasos** les vivres sont rares ║ faible, maigre, rare; **escasas lluvias** de faibles pluies; **escasa vegetación** maigre végétation ║ limité, e; faible; **tener escasos recursos** avoir des ressources limitées ║ malheureux, euse; **me dio cinco pesetas escasas** il m'a donné cinq malheureuses pesetas ║ quelque; **desplazamiento de escasos milímetros** déplacement de quelques millimètres ║ avare, chiche, mesquin, e (tacaño) ║ **andar escaso de** être à court de; **ando escaso de dinero** je suis à court d'argent.

escatimar v tr lésiner sur (ser poco generoso) ║ réduire, diminuer (reducir) ║ FIG ménager, épargner; **escatimar sus energías** épargner ses forces; **no escatimar sus esfuerzos** ne pas ménager ses efforts ║ marchander; **escatimar los elogios** marchander les éloges ║ **no escatimar los gastos** ne pas lésiner sur les frais, ne pas regarder à la dépense.

escatófilo, la adj ZOOL scatophile.

escatología f scatologie ║ FILOS eschatologie (tratado).

escatológico, ca adj scatologique (sucio, excrementicio) ║ FILOS eschatologique.

escaupil m ancienne tunique f matelassée des Mexicains (coraza).

escay [eskai]; **skay** m Skaï®.

escayola f plâtre m (yeso) ║ stuc m (estuco).

escayolado, da adj plâtré, e ║ dans le plâtre, plâtré, e (cirugía).
➤ **escayolado** m plâtrage.

escayolar v tr MED plâtrer, mettre dans le plâtre; **brazo escayolado** bras dans le plâtre, plâtré.

escayolista m & f plâtrier m.

escena f TEATR scène; **poner** o **llevar a la escena** mettre en scène, porter à la scène ║ scène (subdivisión de un acto) ║ FIG scène; **una escena conmovedora** une scène attendrissante ▪ **director de escena** metteur en scène ▪ FIG **hacer una escena** faire une scène ║ **salir a escena** entrer en scène ║ **volver a la escena** faire sa rentrée.

escenario m TEATR scène f; **estar en el escenario** être sur scène ║ CINEM plateau (plató) ║ FIG cadre, décor ║ cadre; **España es el escenario de esta película** l'Espagne sert de cadre à ce film ║ théâtre; **esta ciudad fue escenario de un gran suceso** cette ville fut le théâtre d'un grand événement ▪ **el escenario del crimen** le lieu du crime ▪ **pisar el escenario** monter sur scène.

escénico, ca adj scénique.

escenificación f mise en scène.

escenificar [10] v tr mettre en scène.

escenografía f mise en scène.

escenográfico, ca adj de la mise en scène, scénographique.

escenógrafo m metteur en scène.

escepticismo m scepticisme.

escéptico, ca adj & s sceptique.

esciena f ZOOL sciène.

escila f scille (cebolla albarrana).

Escila n pr GEOGR Scylla.

escincidos m pl ZOOL scincidés.

escinco m scinque (lagarto) ║ serpent aquatique (saurio).

escindir v tr scinder.

Escipión n pr Scipion; **Escipión el Africano** Scipion l'Africain.

escirro m MED squirre.

escisión f scission, scindement m (separación) ║ FÍS fission (del átomo).

escisionista adj & s scissionniste.
◇ adj scissionnaire.

escisiparidad f scissiparité.

escisíparo, ra adj scissipare.

escita adj & s scythe.

Escitia n pr f HIST Scythie.

escítico, ca adj scythique.

esciuridos m pl ZOOL sciuridés (ardilla).

esclarecedor, ra adj éclairant, e [données, explication].

esclarecer [30] v tr éclairer (iluminar) ║ FIG éclaircir, tirer au clair (una cosa dudosa) ║ éclairer (el entendimiento) ║ rendre illustre, illustrer.
◇ v intr se lever, paraître [le jour]; **ya esclarece** le jour se lève.

esclarecidamente adv brillamment.

esclarecido, da adj illustre.

esclarecimiento m éclaircissement, mise f en lumière (acción de esclarecer) ║ FIG illustration f (celebridad).

esclavina f pèlerine (vestido) ║ collet m (de capa).

esclavismo m esclavagisme.

esclavista adj & s esclavagiste.

esclavitud f esclavage m; **caer, vivir en la esclavitud** tomber, vivre en esclavage.

esclavizar [13] v tr réduire en esclavage ║ FIG réduire en esclavage, tyranniser (oprimir).

esclavo, va adj & s esclave ║ FIG **ser esclavo de su deber** être esclave de son devoir.
➤ **esclava** f chaînette, gourmette (pulsera).

esclavón, ona; esclavonio, nia adj & s esclavon, onne (de Esclavonia).

Esclavonia n pr f HIST Esclavonie (antiguo nombre de Eslavonia).

esclavonio, nia ➧ **esclavón**.

escleranto m BOT scléranthe.

esclerénquima f BOT sclérenchyme m.

esclerófilo, la adj BOT sclérophylle.

esclerosis f inv MED sclérose (endurecimiento) ║ FIG sclérose (de una industria, etc.) ║ **padecer esclerosis** se scléroser.

escleroso, sa adj MED scléreux, euse.

esclerótica f ANAT sclérotique.

escloroproteína f scléroprotéine.

esclusa f écluse (de un canal); **esclusa de limpia** écluse de nettoyage ▪ **cierre de esclusa** éclusage ║ **esclusa de aire** sas.

esclusada f éclusée.

esclusero, ra m & f éclusier, ère.

escoba f balai m ║ BOT genêt m à balais (retama) ║ **coche escoba** voiture-balai.

escobajo m vieux balai ║ AGRIC rafle f (del racimo de uvas).

escobazo m coup de balai ║ FIG & FAM **echar a uno a escobazos** flanquer quelqu'un à la porte.

escobén m MAR écubier.

escobera f genêt m (retama común).

escobilla f brosse (cepillo) ║ balayette (escoba pequeña) ║ balai m (de dinamo) ║ BOT bruyère (brezo).

escobillar; escobillear v tr brosser.
◇ v intr (Amer) exécuter sur place un mouvement de va-et-vient rapide avec les pieds [en dansant].

escobilleo m (Amer) va-et-vient rapide des pieds [en dansant].

escobillón m MIL écouvillon ║ **limpiar con escobillón** écouvillonner.

escobina f sciure (serrín) ║ limaille (de metal).

escobón m grand balai ║ tête-de-loup f (deshollinador) ║ petit balai, balayette f (de mango corto).

escocedura f MED inflammation, rougeur (inflamación) ║ brûlure, cuisson (quemadura) ║ FIG douleur cuisante.

escocer [41] v intr brûler, cuire (causar una sensación de quemadura) ║ FIG chagriner, affliger, faire mal; **me escuece su modo de proceder** sa façon d'agir me fait mal ║ blesser, faire mal (herir); **la reflexión que le he hecho le ha escocido** la réflexion que je lui ai faite l'a blessé ║ **tener la piel escocida** avoir la peau enflammée.
➤ **escocerse** v pr s'enflammer (la piel) ║ FIG se froisser, se vexer (picarse).

escocés, esa adj & s écossais, e ║ **tela escocesa** tissu écossais.
➤ **escocés** m LING écossais.
▌ OBSERV pl escoceses, escocesas.

escocia f ARQ scotie (moldura).

Escocia n pr f GEOGR Écosse.

escocimiento m douleur f cuisante.

escoda f TECN smille, laie (martillo con dos puntas).

escodadura f TECN smillage m.

escodar v tr TECN smiller (picar con la escoda) ║ frayer (el ciervo).

escofia; escofieta f coiffe (cofia).

escofina f TECN râpe; **escofina de mediacaña, plana, redonda** râpe demi-ronde, plate, ronde.

escofinar v tr TECN râper.

escoger [14] v tr [▷ SIN] choisir; **escoger una fruta de** o **en una cesta** choisir un fruit dans un panier ║ trier (seleccionar) ▪ **a escoger** au choix ║ FAM **escoger a bulto** o **al buen tuntún** taper dans le tas, prendre au hasard ║ **escoger como** o **por** o **para mujer** choisir pour femme, prendre pour femme ║ **muchos son llamados y pocos escogidos** il y a beaucoup d'appelés mais peu d'élus ║ **tener de sobra**

donde escoger n'avoir que l'embarras du choix ‖ tener donde escoger avoir le choix.

‖ SIN elegir élire, choisir; tomar prendre; preferir préférer; decidir décider; seleccionar sélectionner; optar opter; adoptar adopter; designar désigner; echar el ojo a jeter son dévolu sur.

escogidamente *adv* bien, avec discernement (con acierto) ‖ parfaitement (perfectamente).

escogido, da *adj* choisi, e; obras escogidas œuvres choisies ‖ choisi, e (selecto) ‖ de choix; un artículo escogido un article de choix ‖ MIL tropa escogida troupe d'élite.

escogimiento *m* choix.

escolanía *f* manécanterie.

escolano *m* élève.

escolapio *m* frère des écoles pies (religioso) ‖ élève des écoles pies (alumno).

escolar *adj* scolaire; edad escolar âge scolaire ‖ libro escolar livre o ouvrage scolaire, livre de classe (para estudiar), livret scolaire (para las certificaciones).

escolaridad *f* scolarité; escolaridad obligatoria scolarité obligatoire.

escolarización *f* scolarisation.

escolarizar [13] *v tr* scolariser.

escolástica *f* scolastique (filosofía).

escolasticado *m* scolasticat (seminario de teología).

escolasticismo *m* scolastique *f* (filosofía) ‖ parti pris, esprit de chapelle (en ciencias, etc.).

escolástico, ca *adj* scolastique; doctrina escolástica doctrine scolastique.
◇ *m & f* scolastique (escritor).

escólex *m* ZOOL scolex.

escoliador; escoliasta *m* scoliaste (autor de escolios).

escoliar [7] *v tr* annoter (escribir escolios).

escoliasta ► escoliador.

escolio *m* scolie *f* (nota) ‖ MAT scolie.

escoliosis *f inv* MED scoliose.

escólito *m* ZOOL scolyte.

escollar *v intr* (Amer) échouer (encallarse) ‖ FIG échouer (malograrse).

escollera *f* brise-lames *m inv*.

escollo *m* [► SIN] écueil (arrecife) ‖ FIG écueil; tropezar en un escollo tomber o buter sur un écueil ‖ MAR échouage.

‖ SIN arrecife récif; roca roche; rompiente brisant; encalladero écueil; banco banc.

escolopendra *f* ZOOL scolopendre (ciempiés) ‖ BOT scolopendre (lengua de ciervo).

escolta *f* escorte ‖ MAR escorteur *m* (barco).

escoltar *v tr* escorter ‖ convoyer (convoyar) ‖ encadrer; dos policías escoltaban al ladrón deux policiers encadraient le voleur.

escombra *f* déblaiement *m*, déblayement *m*.

escombrar *v tr* déblayer (quitar los escombros) ‖ FIG déblayer, débarrasser (despejar).

escombrera *f* dépotoir *m* ‖ terril *m* (de mina).

escómbridos *m pl* ZOOL scombridés.

escombro *m* ZOOL maquereau.

escombros *m pl* décombres (residuos) ‖ déblais (de mina) ‖ éboulis (de rocas).

esconce *m* angle, coin.

escondedero *m* cachette *f* (escondrijo).

esconder *m* cache-cache *inv* (escondite).

esconder *v tr* [► SIN] cacher ‖ FIG esconder las uñas rentrer ses griffes, faire patte de velours.
➤ **esconderse** *v pr* se cacher; esconderse de uno se cacher de quelqu'un ‖ se dérober; esconderse de las miradas se dérober aux regards.

‖ SIN celar celer; encubrir receler; ocultar occulter; velar voiler; cubrir couvrir; disfrazar déguiser; disimular dissimuler.

escondidamente *adv* en cachette.

escondidas *f pl* (Amer) cache-cache *m inv*.
➤ **a escondidas** *loc adv* en cachette ‖ hacer algo a escondidas de alguien faire quelque chose à l'insu de quelqu'un.

escondido *m* (Amer) danse *f* populaire d'Argentine et d'Uruguay (baile).

escondite *m* cachette *f*, cache *f* (escondrijo) ‖ cache-cache *inv*; jugar al escondite jouer à cache-cache.

escondrijo *m* cachette *f*, cache *f*.

escoñado, da *adj* MFAM amoché, e; bousillé, e; pété, e ‖ escoñado de risa plié en deux.

escoñar *v tr* MFAM amocher, bousiller.
➤ **escoñarse** *v pr* MFAM s'esquinter, péter.

escopeta *f* fusil *m* de chasse ‖ escopette (arma antigua de fuego) ‖ escopeta de aire comprimido fusil à air comprimé ‖ escopeta de dos cañones fusil à deux coups o à deux canons ‖ escopeta de cañones recortados fusil à canon court ‖ escopeta de caza fusil de chasse ‖ escopeta de chispa fusil à pierre ‖ escopeta de pistón fusil à pompe ■ FIG & FAM aquí te quiero ver, escopeta montrenous ce que tu sais faire.

‖ OBSERV Escopeta désigne un fusil de chasse, fusil, un fusil de guerre.

escopetazo *m* coup de fusil ‖ FIG sale coup, surprise *f* désagréable.

escopetear *v intr* tirailler, tirer des coups de fusil (tirotear).
➤ **escopetearse** *v pr* FIG se renvoyer la balle.

escopeteo *m* fusillade *f* ‖ FIG & FAM escarmouche *f* (disputa) ‖ un escopeteo de cortesías un assaut de politesse.

escopetería *f* MIL troupe de ligne ‖ fusillade (tiroteo).

escopetero *m* fusilier (soldado) ‖ armurier (armero) ‖ ZOOL bombardier (insecto).

escopladura; escopleadura *f* TECN mortaisage *m* (acción) ‖ mortaise (muesca).

escoplear *v tr* mortaiser (hacer muesca).

escoplo *m* TECN bédane, ciseau à bois ‖ escoplo de cantería ciseau à pierre.

escopolamina *f* scopolamine.

escora *f* MAR accore (puntal) ‖ gîte *f* (inclinación del barco).

escorar *v tr* MAR accorer (apuntalar).
◇ *v intr* MAR gîter, s'incliner (el barco).

escorbútico, ca *adj & s* scorbutique.

escorbuto *m* MED scorbut.

escoria *f* scorie (residuos) ‖ laitier *m* (de alto horno) ‖ FIG déchet *m*, lie (cosa vil) ‖ racaille (de la sociedad).

escoriación *f* excoriation (en la piel).

escorial *m* tas de scories.

Escorial *n pr m* el Escorial l'Escurial.

escoriar *v tr* excorier (la piel).

escorificación *f* scorification.

escorificar [10] *v tr* scorifier.

escorpena; escorpina *f* scorpène (pez).

Escorpio; Escorpión *m* ASTRON & ASTROL Scorpion.

escorpión *m* scorpion ‖ scorpène *f* (pez) ‖ MIL scorpion (ballesta) ‖ FIG boca o lengua de escorpión langue de vipère.

escorrentía *f* écoulement *m*.

escorzado *m* raccourci (escorzo).

escorzar [13] *v tr* ARTES tracer en raccourci.

escorzo *m* raccourci (en perspectiva).

escorzonera *f* BOT scorsonère.

escoscarse [10] *v pr* remuer les épaules.

escota *f* MAR écoute (cable).

escotado, da *adj* échancré, e (vestido, hoja) ‖ décolleté, e (persona).
➤ **escotado** *m* décolleté (escotadura).

escotadura *f* décolletage *m*, échancrure (corte) ‖ décolleté *m*, échancrure (del cuello) ‖ entournure (de una manga) ‖ TEATR trappe ‖ MÚS échancrure (de un instrumento).

escotar *v tr* échancrer, décolleter (un vestido) ‖ pratiquer une saignée [à un cours d'eau].
◇ *v intr* payer son écot, se cotiser (pagar la cuota).

escote *m* décolleté (parte escotada) ‖ échancrure *f*, décolletage (corte) ‖ volant de dentelle (adorno) ‖ écot (gasto); pagar el escote payer son écot ‖ pagar a escote payer son écot, partager les frais.

escotera *f* MAR trou *m* d'écoute.

escotilla *f* MAR écoutille.

escotillón *m* MAR trappe *f* (trampa) ‖ TEATR trappe *f*, trapillon.

escotismo *m* scotisme (doctrina de Escoto).

escozor *m* cuisson *f*, brûlure *f* (dolor) ‖ FIG douleur *f* cuisante ‖ pincement (de celos) ‖ remords cuisant (remordimiento).

escriba *m* scribe.

escribanía *f* greffe *m* (profesión de escribano) ‖ greffe *m* (despacho) ‖ bureau *m*, secrétaire *m* (mueble) ‖ garniture de bureau, écritoire (recado de escribir) ‖ (Amer) étude, cabinet *m* de notaire.

escribanillo *m* FAM tabellion.

escribano *m* greffier ‖ secrétaire (escribiente); escribano del Ayuntamiento secrétaire de mairie ‖ (Amer) notaire.

escribido, da *adj* FAM ser muy leído y escribido être extrêmement pédant (presumir de sabio).

escribidor *m* FAM écrivaillon.

escribiente *m & f* employé, e de bureau; employé, e aux écritures.

escribir *v tr* écrire; máquina de escribir machine à écrire; escribir de su puño y letra écrire de sa main ■ escribir a máquina taper o écrire à la machine ‖ FIG & FAM escribir como una cocinera écrire comme un chat ▌ **estaba escrito** c'était écrit ▌ **lo escrito** escrito está ce qui est écrit est écrit.

▌ SIN redactar rédiger; anotar, apuntar noter; señalar marquer.

escriño *m* panier de paille tressée (cesta) ▌ coffret (cofrecito).

escritillas *f pl* testicules *m* de mouton.

escrito, ta *adj* écrit, e; **examen escrito** examen écrit; **la ignominia escrita en su cara** l'ignominie écrite sur son visage ■ **escrito a máquina** tapé à la machine ▌ **está escrito en el agua** autant en emporte le vent.

◆ **escrito** *m* écrit; **los escritos de Ortega** les écrits d'Ortega ▌ DR pourvoi, requête *f* ▌ **poner por escrito** mettre par écrit.

escritor, ra *m & f* [▷ SIN] écrivain (sin femenino); **Santa Teresa fue una gran escritora** sainte Thérèse fut un grand écrivain.

◆ **escritora** *f* femme de lettres (profesión); **es escritora** elle est femme de lettres.

▌ OBSERV A veces, se puede decir en femenino femme écrivain.

▌ SIN autor auteur; prosista prosateur; hombre de letras homme de lettres; literato littérateur; FAM gente de letras gens de lettres.

escritorio *m* bureau (mesa) ▌ bureau (despacho) ▌ secrétaire (armario de papeles) ▌ **gastos de escritorio** frais de bureau.

escritorzuelo, la *m & f* écrivain (sin femenino) de troisième ordre, écrivaillon *m*.

escritura *f* [▷ SIN] écriture; **la escritura de una carta** l'écriture d'une lettre; **la escritura griega** l'écriture grecque ▌ écrit *m* (obra escrita) ▌ DR acte *m*; **escritura pública** acte authentique; **escritura privada** acte sousseing privé; **escritura notarial** acte notarié; **escritura de venta** acte de vente ■ **escritura de propiedad** titre de propriété ▌ **escritura iconográfica** écriture pictographique ▌ **escritura ideográfica** écriture idéographique ■ **la Sagrada Escritura** l'Écriture sainte.

▌ SIN grafía graphie, graphisme; letra écriture; caligrafía calligraphie.

escriturar *v tr* passer un contrat pardevant notaire ▌ engager (un artiste).

escriturario, ria *adj* authentique (acte).
◆ **escriturario** *m* exégète (de la Biblia).

escrófula *f* MED scrofule.

escrofularia *f* BOT scrofulaire.

escrofulariáceas *f pl* BOT scrofulariacées.

escrofulismo *m* MED scrofulisme.

escrofuloso, sa *adj & s* MED scrofuleux, euse; strumeux, euse.

escroto *m* ANAT scrotum.

escrúpulo *m* scrupule; **tener escrúpulos** avoir des scrupules ▌ minutie *f*, soin scrupuleux (escrupulosidad); **hacer algo con escrúpulo** faire quelque chose avec un soin scrupuleux ▌ petit caillou dans la chaussure (china) ▌ FIG **tener muchos escrúpulos** être très délicat.

escrupulosamente *adv* scrupuleusement.

escrupulosidad *f* minutie, soin *m* scrupuleux.

escrupuloso, sa *adj* scrupuleux, euse; pointilleux, euse (concienzudo) ▌ FIG scrupuleux, euse (sucio); **cuentas escrupulosas** comptes scrupuleux ▌ délicat, e; **no me gusta invitar a esta gente porque es demasiado escrupulosa**

je n'aime pas inviter ces gens-là parce qu'ils sont trop délicats.

escrutador, ra *adj & s m* scrutateur, trice.

escrutar *v tr* scruter ▌ dépouiller un scrutin (votos).

escrutinio *m* scrutin; **efectuar** o **hacer el escrutinio** dépouiller le scrutin ▌ examen (averiguación); **hacer el escrutinio de una cosa** soumettre quelque chose à l'examen.

escuadra *f* équerre; **escuadra de agrimensor** équerre d'arpenteur; **escuadra de corredura** équerre à coulisse ▌ équerre (pieza para sujetar) ▌ MIL escouade ▌ **caporal** *m* (jefe de escuadra) ▌ FIG escouade, équipe (de obreros) ▌ MAR escadre ▌ DEP lucarne (fútbol) ▌ BLAS escarre, esquarre ■ **a escuadra** d'équerre, à angle droit ▌ **corte a escuadra** équarrissage, équarrissement ▌ **falsa escuadra, escuadra móvil** fausse équerre ▌ **fuera de escuadra** à fausse équerre, en biais, obliquement ■ **labrar a escuadra** équarrir.

escuadrar *v tr* équarrir (labrar a escuadra) ▌ équerrer.

escuadreo *m* arpentage ▌ **escuadreo por áreas** aréage.

escuadría *f* section d'un madrier, équerrage *m*.

escuadrilla *f* escadrille (de aviones).

escuadrón *m* MIL escadron ▌ MIL **evolucionar en escuadrón** escadronner, faire des évolutions par escadron.

escuadronar *v tr* MIL former en escadrons (a los soldados).

escualidez *f* maigreur (delgadez) ▌ saleté, malpropreté (suciedad).

▌ OBSERV pl escualideces.

escuálido, da *adj* maigre, émacié, e (delgado) ▌ sale, malpropre (sucio).

escualo *m* ZOOL squale.

escucha *f* écoute; **ponerse a la escucha** se mettre à l'écoute ▌ sœur écoute (monja) ▌ MIL écoute (sistema) ▌ sentinelle avancée (centinela) ■ **estación de escucha** table d'écoute ▌ **estar a la escucha** être aux écoutes.

escuchar *v tr* écouter; **escuchar música** écouter de la musique; **escuchar tras la puerta** écouter aux portes ▌ **estar escuchando** être à l'écoute (radio, teléfono, etc.).

◆ **escucharse** *v pr* s'écouter; **escucharse hablando** s'écouter parler.

escuchimizado, da *adj* chétif, ive.

escudar *v tr* couvrir d'un bouclier ▌ FIG protéger (resguardar).

◆ **escudarse** *v pr* se couvrir d'un bouclier ▌ FIG s'abriter o se retrancher derrière; **escudarse con el ejemplo de sus antepasados** s'abriter derrière l'exemple de ses ancêtres ▌ se draper; **escudarse en la dignidad, la virtud** se draper dans sa dignité, sa vertu.

escuderear *v intr* être l'écuyer de.

escudería *f* fonction de l'écuyer ▌ écurie (de automóviles de carrera).

escudero *m* écuyer (paje) ▌ noble (hidalgo) ▌ laquais (lacayo).

escudete *m* écusson (escudo pequeño) ▌ écusson (de una cerradura) ▌ AGRIC écusson; **injerto de escudete** greffe en écusson ▌ BOT nénuphar ▌ AGRIC **injertar de escudete** écussonner, greffer en écusson.

escudilla *f* écuette (recipiente) ▌ écuellée (contenido) ▌ (Amer) bol *m* (tazón).

escudillar *v tr* verser dans une écuelle (echar) ▌ tremper la soupe (de pan).

escudo *m* bouclier, écu (arma defensiva) ▌ écu (moneda) ▌ BLAS écu, écusson ▌ armes *f pl*, armoiries *f pl*, blason (de una ciudad, de un país) ▌ écusson (de la cerradura) ▌ bouclier (del cañón) ▌ MAR écusson, tableau (espejo de popa) ▌ AGRIC écusson ▌ FIG bouclier (defensa, protección) ▌ épaule *f* de sanglier (del jabalí) ▌ escudo (moneda portuguesa) ■ **escudo de armas** armes, armoiries, blason ▌ FIG **redorar su escudo** redorer son blason.

escudriñamiento *m* examen minutieux (investigación) ▌ furetage (indiscreción).

escudriñar *v tr* fouiller du regard, observer (mirar de lejos) ▌ examiner en détail, passer au crible, éplucher FAM scruter; **escudriñar el horizonte** scruter l'horizon.

escuela *f* [▷ SIN] école; **escuela profesional de agricultura, de Bellas Artes** école professionnelle agricole, des beaux-arts ▌ enseignement (instrucción) ▌ FIG école; **la escuela racionalista, holandesa, etc.** l'école rationaliste, hollandaise, etc.; **la escuela de la desgracia** l'école du malheur ■ **escuela de artes y oficios** école d'arts et métiers ▌ **escuela de baile** école de danse ▌ **escuela de enfermería** école d'infirmières ▌ **escuela de formación profesional** école de formation professionnelle ▌ **escuela de ingenieros agrónomos** école nationale d'agriculture ▌ **escuela de párvulos** école maternelle ▌ **escuela de primera enseñanza** école primaire ▌ **escuela laica** école laïque ▌ **escuela municipal** école communale ▌ **escuela normal** école normale ▌ **escuela particular** o **privada** école privée ▌ **escuelas Pías** écoles pies ▌ **escuela universitaria** école rattachée à une université ■ EQUIT **alta escuela** haute école ■ **formar escuela** faire école; **Picasso ha formado escuela** Picasso a fait école ▌ **ser de la vieja escuela** être de la vieille école ▌ **tener buena escuela** être à bonne école.

▌ SIN colegio collège; academia académie, école; instituto lycée; conservatorio conservatoire; gimnasio gymnase.

escuerzo *m* crapaud (sapo) ▌ FAM échalas (delgado).

escueto, ta *adj* concis, e; succinct, e; sommaire (conciso); **un informe muy escueto** un rapport très succinct ▌ sobre, dépouillé, e (sobrio); **estilo escueto** style dépouillé ▌ **la verdad escueta** la vérité toute nue.

escueznar *v tr* cerner (las nueces).

escuimpacle *m* BOT (Amer) espèce de séneçon.

escuincle, cla *m & f* (Amer) gamin, e (muchacho).

Esculapio *n pr* Esculape.

esculcar [10] *v tr* (Amer) fouiller (registrar).

esculina *f* QUÍM esculine.

esculpir *v tr* sculpter; **artista que esculpe en piedra** artiste qui sculpte la pierre o sur pierre; **efigie esculpida en mármol** effigie sculptée sur marbre.

escultismo ► **escutismo**.

escultor, ra *m & f* sculpteur (sin femenino); **escultor en madera** sculpteur sur bois ▌ **es escultora** elle est sculpteur.

SIN estatuario statuaire; modelador modeleur; imaginero imagier; **tallista** ciseleur, sculpteur.

escultórico, ca *adj* sculptural, e; una obra escultórica une sculpture.

escultura *f* sculpture; escultura en mármol sculpture sur marbre (acción); escultura de madera sculpture en bois (obra).

escultural *adj* sculptural, e.

escuna *f* MAR schooner *m* (goleta).

escupida *f* (*Amer*) crachat *m* (salivazo).

escupidera *f* crachoir *m* (para escupir) ‖ vase *m* de nuit (orinal).

escupido, da *adj* FIG tout craché, e (parecido) ‖ es su padre escupido c'est son père tout craché, il est tout le portrait de son père.

escupidura *f* crachat *m* (esputo) ‖ gerçure (en los labios).

escupir *v intr* cracher; se prohíbe escupir al o en el suelo il est interdit de cracher par terre.
◇ *v tr* [▷ **SIN**] cracher; escupir sangre cracher du sang ‖ FIG cracher (los cañones) ‖ rejeter, cracher (despedir); escupir metralla cracher de la mitraille ‖ escupir a uno cracher au visage de quelqu'un ‖ FAM si escupes al cielo, en la cara te caerá si tu craches en l'air, ça te retombera sur le nez.
‖ **SIN** expectorar, esputar expectorer; espurrear asperger.

escupitajo *m*; **escupitina** *f*; **escupitinajo** *m*; **escupo** *m* crachat *m*.

escurana *f* (*Amer*) obscurité.

escurialense *adj* du monastère o de la ville de l'Escurial.

escurrebotellas *m inv* if (de botellas).

escurreplatos *m inv* égouttoir [à vaisselle].

escurribanda *f* FAM échappatoire ‖ diarrhée (diarrea) ‖ volée (paliza).

escurridero *m* égouttoir.

escurridizo, za *adj* glissant, e (resbaladizo) ‖ fuyant, e (que elude) ‖ qui se faufile facilement, leste (en colarse) ‖ FAM hacerse el escurridizo s'éclipser, se défiler.

escurrido, da *adj* serrée dans sa jupe (una mujer) ‖ aux hanches effacées, mince (de caderas) ‖ FAM déluré, e (desvergonzado) ‖ (*Amer*) penaud, e; confus, e (confuso).

escurridor *m* égouttoir ‖ essoreuse *f* (de una lavadora).

escurriduras *f pl* égouttures, fond *m sing* (de un vaso o botella) ‖ coulures, coulées; escurriduras de pintura coulures de peinture.

escurrimiento *m* égouttage, égouttement ‖ écoulement; escurrimiento libre écoulement libre ‖ FIG faux pas (desliz).

escurrir *v tr* égoutter ‖ FIG & FAM escurrir el bulto se défiler, tirer au flanc, se dérober.
◇ *v intr* s'égoutter (líquidos) ‖ glisser, être glissant, e; este suelo escurre ce sol est glissant.
➤ **escurrirse** *v pr* glisser (deslizar); escurrirse en el hielo glisser sur la glace; escurrirse de o entre las manos glisser des mains ‖ se faufiler, s'échapper, s'éclipser (escaparse) ‖ FAM se couper (en la conversación) ‖ se gourer (equivocarse) ‖ se tromper (en la cuenta).

escutelaria *f* BOT scutellaire.

escúter [eskuter]; **scooter** *m* scooter.
‖ **OBSERV** pl escúteres, scooters.

escutiforme *adj* scutiforme (de forma de escudo).

escutismo; **escultismo** *m* scoutisme.

esdrujulizar [13] *v tr* accentuer (un mot) sur l'antépénultième syllabe.

esdrújulo, la *adj & s* accentué sur l'antépénultième syllabe.

ese *s f* [nom de la lettre "s"] ‖ zigzag *m*; carretera con eses route en zigzag ‖ esse (gancho) ‖ ouïe (de violín, etc.) ‖ andar haciendo eses zigzaguer, tituber ‖ hundir el puñal hasta la ese enfoncer le poignard jusqu'à la garde.

ese, esa, esos, esas *adj dem* ce, cette, ces, ce... -là, cette... -là, ces... -là; esa mujer cette femme-là; esos libros son tuyos ces livres sont à toi.
▸ **OBSERV 1.** Ese comporte une nuance d'éloignement et désigne ce qui est rapproché de la personne à qui l'on s'adresse [➤ aquel, este]. Ese a souvent un sens péjoratif; dans ce cas il se trouve généralement placé après le nom: ese niño ce gamin; esa gente ces gens-là; ¡qué pesado es el niño ese! qu'il est ennuyeux ce gosse!
2. Ce se cambia en cet delante de una vocal o de una h muda: ese pájaro cet oiseau; ese hombre cet homme. Por otra parte se puede añadir en francés la partícula invariable là para designar algo de un modo más concreto: esos hombres ces hommes-là.

ése, ésa, ésos, ésas *pron dem* celui-là, celle-là, ceux-là, celles-là; me gusta más esta casa que ésa cette maison me plaît davantage que celle-là ‖ lui, elle, eux, elles; ése lo sabe lui le sait; ésa se quedó elle, elle est restée ‖ ése del que o de quien celui dont ‖ ése que celui qui, celui que; ése que vino y que viste celui qui est venu et que tu as vu ‖ en una de ésas un de ces quatre matins ‖ ni por ésas à aucun prix, jamais de la vie FAM ‖ choque usted ésa topez là ‖ llegaré a ésa mañana j'arriverai demain dans votre ville ‖ ¡no me vengas con ésas! ne me raconte pas d'histoires!
▸ **OBSERV** Les pronoms ése, ésa, ésos, ésas portent un accent écrit pour les distinguer des adjectifs correspondants. [▷ **OBSERV** ese].

esecilla *f* TECN esse (alacrán).

esencia *f* [▷ **SIN**] essence; esencia divina essence divine; esencia de rosas essence de roses ‖ parfum *m*; un frasco de esencia un flacon de parfum ‖ FIG en o por esencia par essence ‖ quinta esencia quintessence.
▸ **OBSERV** Esencia n'a pas le sens de carburant, qui se dit gasolina.
‖ **SIN** ser être; naturaleza nature; propiedad propriété; carácter caractère; particularidad particularité; sustancia substance.

esencial *adj* essentiel, elle ‖ aceite esencial huile essentielle ‖ en lo esencial pour l'essentiel ‖ lo esencial l'essentiel; lo esencial es ser honrado l'essentiel est d'être honnête.

esencialmente *adv* essentiellement.

esenciero *m* flacon à parfum.

eserina *f* éserine (alcaloide).

esfacelarse *v pr* MED se gangrener.

esfacelo *m* MED sphacèle.

esfagno *m* BOT sphaigne *f*.

esfenoidal *adj* ANAT sphénoïdal, e.

esfenoides *adj & s m* ANAT sphénoïde.

esfera *f* sphère; esfera armilar sphère armillaire ‖ cadran *m* (de un reloj) ‖ sphère, milieu

m (ambiente); salirse de su esfera sortir de sa sphère ‖ esfera de acción o de actividad champ d'action, sphère d'activité ‖ esfera de influencias sphère d'influence ‖ ASTRON esfera celeste, terrestre sphère céleste, terrestre ‖ las altas esferas les hautes sphères, haut lieu; dicen en las altas esferas que... on dit en haut lieu o dans les hautes sphères que.

esfericidad *f* sphéricité.

esférico, ca *adj* GEOM sphérique.
➤ **esférico** *m* FAM balle *f*, ballon.

esferográfica *f* (*Amer*) stylo *m* à bille (bolígrafo).

esferoidal *adj* sphéroïdal, e.

esferoide *m* GEOM sphéroïde.

esferómetro *m* sphéromètre.

esfexa *f* sphex *m* (insecto).

esfigmografía *f* MED sphygmographie.

esfigmógrafo *m* MED sphygmographe.

esfigmograma *m* MED sphygmogramme.

esfigmomanómetro *m* sphygmomanomètre, sphygmotensiomètre.

esfigmómetro *m* MED sphygmomètre.

esfinge *m & f* sphinx *m*, sphinge ‖ FIG ser o parecer una esfinge être un sphinx [être énigmatique].

esfínter *m* ANAT sphincter.

esfirena *f* sphyrène (pez).

esforzadamente *adv* vaillamment.

esforzado, da *adj* vaillant, e; courageux, euse; ardent, e.

esforzar [37] *v tr* (p us) encourager.
➤ **esforzarse** *v pr* s'efforcer de, faire un effort pour; esforzarse en o por salir s'efforcer de sortir ‖ s'employer à, s'efforcer de; me esforzaré en darle satisfacción je m'emploierai à vous donner satisfaction.

esfuerzo *m* effort; redoblar los esfuerzos redoubler d'efforts ‖ hacer esfuerzos para faire des efforts pour ‖ la ley del mínimo esfuerzo la loi du moindre effort.

esfumación *f* estompage *m*, estompement *m* (difuminación).

esfumar *v tr* estomper.
➤ **esfumarse** *v pr* disparaître, se volatiliser.

esfuminar *v tr* estomper.

esfumino *m* estompe *f*.

esgrafiado; **esgrafito** *m* sgraffite (fresco).

esgrafiar [9] *v tr* égratigner (pintura).

esgrafito ➤ esgrafiado.

esgrima *f* escrime; practicar la esgrima faire de l'escrime ‖ maestro de esgrima maître d'armes.

esgrimir *v tr* escrimer (p us) ‖ FIG manier, se servir de (un arma) ‖ présenter, faire valoir; esgrimir un argumento présenter un argument ‖ brandir; esgrimía un palo il brandissait un bâton ‖ agiter; esgrimir el peligro de una revolución agiter le danger d'une révolution.
▸ **OBSERV** Esgrimir ne s'emploie pas à la forme pronominale.

esgrimista *m* (*Amer*) escrimeur.

esguazar [13] *v tr* guéer, passer à gué (vadear).

esguince *m* MED foulure *f*, entorse *f* (torcedura) ▌ écart (del cuerpo) ▌ (p us) grimace *f* (gesto) ▌ producir un esguince en el tobillo se fouler la cheville.

eslabón *m* chaînon, maillon (de cadena) ▌ briquet (para sacar chispas) ▌ fusil (para afilar) ▌ scorpion (alacrán) ▌ FIG chaînon, maillon ▌ TECN patin ▌ VETER suros (tumor) ▌ MAR eslabón giratorio émerillon.

eslabonamiento *m* enchaînement.

eslabonar *v tr* enchaîner.

eslálom [eslalom]; **slalom** *m* slalom.
▌ OBSERV pl eslálomos; slaloms.

eslavismo *m* slavisme.

eslavizar [13] *v tr* slaviser.

eslavo, va *adj & s* slave.
➤ **eslavo** *m* LING slavon.

eslavófilo, la *adj & s* slavophile.

eslavón, ona *adj & s* slavon, onne.

Eslavonia *n pr f* GEOGR Slavonie.

eslinga *f* MAR élingue (cabo).

eslingar [16] *v tr* MAR élinguer.

eslip [eslip]; **slip** *m* slip.
▌ OBSERV pl eslips; slips.

eslizón *m* ZOOL seps [sorte de lézard].

eslogan [esloyan]; **slogan** *m* slogan.
▌ OBSERV pl eslóganes; slogans.

eslora *f* MAR longueur (de un barco); eslora total, entre perpendiculares longueur hors tout, entre perpendiculaires.
➤ **esloras** *f pl* MAR hiloires (brazolas).

eslovaco, ca *adj & s* slovaque.
➤ **eslovaco** *m* LING slovaque.

Eslovaquia *n pr f* GEOGR Slovaquie.

Eslovenia *n pr f* GEOGR Slovénie.

esloveno, na *adj & s* slovène.
➤ **esloveno** *m* LING slovène.

esmaltado *m* émaillage (acción) ▌ émaillerie *f* (carte del esmaltador) ▌ émaillure *f* (acción y resultado).

esmaltador, ra *m & f* émailleur, euse.

esmaltar *v tr* émailler ▌ FIG émailler; esmaltar una conversación con o de citas latinas émailler une conversation de citations latines.

esmalte *m* émail; esmalte alveolado o tabicado, campeado émail cloisonné, champlevé ▌ émail (de los dientes) ▌ smalt (color) ▌ BLAS émail ▌ FIG lustre, parure *f* (lustre) ▌ TECN émaillure *f* (acción y resultado del esmaltado) ▌ esmalte para uñas vernis à ongles.

esmaltín *m* smalt (esmalte).

esmaltina *f* MIN smaltine.

esméctico, ca *adj* MED smectique.

esmeradamente *adv* soigneusement.

esmerado, da *adj* soigné, e (bien hecho) ▌ soigneux, euse (que se esmera) ▌ soigné, e; élégant, e (aseado).
▌ SIN aseado propre; pulcro propre; primoroso délicat, exquis.

esmeralda *f* émeraude.

esmeraldino, na *adj* émeraude, smaragdin, e (verde).

esmerarse *v pr* s'appliquer, mettre du soin, faire de son mieux; esmerarse en su trabajo s'appliquer au travail; ¡esmérate! fais de ton mieux! ▌ soigner; esmerarse al hablar soigner sa façon de parler.

esmerejón *m* émérillon (ave y cañón).

esmeril *m* émeri (piedra) ▌ papel de esmeril papier émeri o d'émeri.

esmerilado *m* TECN émerissage, durcissage ▌ rodage (de las válvulas).

esmerilar *v tr* durcir, polir à l'émeri, émeriser (pulir con esmeril) ▌ TECN roder (las válvulas) ▌ papel esmerilado papier émeri o d'émeri.

esmero *m* soin; trabajar, escribir con esmero travailler, écrire avec soin ▌ élégance *f*, netteté *f* (aseo) ■ estar vestido con esmero avoir une tenue soignée ▌ poner esmero en mettre o apporter du soin à, s'appliquer à; puso mucho esmero en esta carta il s'est beaucoup appliqué à écrire cette lettre.

Esmirna *n pr* GEOGR Smyrne.

esmirriado, da *adj* chétif, ive; malingre (escuchimizado) ▌ FIG maigre (reducido).

esmoquin *m* smoking.
▌ OBSERV pl esmóquines.

esmorecerse [30] *v pr* défaillir (desfallecer), s'évanouir (desvanecerse) ▌ esmorecido de frío transi de froid.

esnac; snack; snack-bar *m* snack, snack-bar.
▌ OBSERV pl esnacs, snacks, snack-bars.

esnifada *f* FAM snif *m*, sniffe *f* (droga).

esnifar *v tr* FAM sniffer (droga).

esnob *adj & s* snob.
▌ OBSERV pl esnobs.

esnobismo *m* snobisme.

eso *pron dem neutro* cela, ça FAM; eso no me gusta cela ne me plaît pas; ¿vienes? ¡eso no! viens-tu? ça non! ■ a eso de vers; a eso de las ocho, de las doce de la mañana vers 8 heures, vers midi ▌ en eso sur ce ▌ eso mismo tout juste, c'est cela même ▌ eso que ce que; eso que ves ce que tu vois ▌ ¡eso sí! ça oui! ▌ ¡eso sí que no! ah ça non! ▌ nada de eso pas question, pas du tout ▌ no es eso ce n'est pas cela ▌ por eso c'est pourquoi, c'est pour cela que; por eso lo hice c'est pour cela que je l'ai fait ▌ y eso que et pourtant; habla mal el francés, y eso que ha vivido en París il parle mal le français et pourtant il a vécu à Paris ▌ ¡eso!, ¡eso es! c'est ça!, tout juste! ▌ eso es lo que quiero c'est o voilà ce que je veux ▌ ¡eso sí que es...! voilà, ça c'est...; ¡eso sí que es una buena acción! voilà une bonne action!, ça c'est une bonne action! ▌ ¿qué es eso? qu'est-ce que c'est que ça?

esofágico, ca *adj* ANAT œsophagique.

esofagismo *m* œsophagisme.

esofagitis *f inv* MED œsophagite.

esófago *m* ANAT œsophage.

esofagoscopia *f* MED œsophagoscopie.

esofagostomía *f* MED œsophagostomie.

Esopo *n pr* Ésope.

esos, esas ➤ ese.

ésos, ésas ➤ ése.

esotérico, ca *adj* ésotérique (secreto).

esoterismo *m* ésotérisme.

esotro, tra, esotros, tras *adj dem* [compuesto de "ese" et de "otro"] cet autre, cette autre, ces autres; esotro sombrero no me gusta tanto como éste cet autre chapeau ne me plaît pas autant que celui-ci.
◇ *pron* celui-là, celle-là, ceux-là, celles-là.

▌ OBSERV Esotro, comme ese, comporte souvent une nuance péjorative.

espabiladeras *f pl* mouchettes (despabiladeras).

espabilado, da; despabilado, da *adj* vif, vive.

espabilar ➤ despabilar.

espachurrar *v tr* FAM écrabouiller.

espaciador *m* barre *f* o touche *f* d'espacement (en una máquina de escribir).

espacial *adj* spatial, e ■ encuentro espacial rendez-vous spatial ▌ nave espacial vaisseau spatial ▌ programa espacial programme spatial ▌ vehículos espaciales engins spatiaux.

espaciamiento *m* échelonnement (escalonamiento) ▌ espacement.

espaciar [8] *v tr* espacer (poner espacio entre) ▌ répandre (divulgar) ▌ échelonner; espaciar los pagos échelonner les paiements ▌ IMPR espacer, blanchir.
➤ **espaciarse** *v pr* se répandre, se divulguer (divulgarse) ▌ FIG s'étendre (dilatarse); espaciarse en una carta s'étendre dans une lettre ▌ se distraire (esparcirse).

espacio *m* [▷ SIN] espace; espacio vital espace vital ▌ place *f*; ocupar mucho espacio prendre o occuper beaucoup de place; no hay espacio il n'y a pas de place ▌ laps (de tiempo) ▌ interligne (dactilografía); a un espacio à simple interligne; a dos espacios à double interligne ▌ MÚS interligne, espace ▌ IMPR espace ▌ espacement (hueco) ▌ INFORM espacio de dirección espace-adresse ▌ FIG lenteur *f* (tardanza) ▌ émission *f*, programme (en televisión) ■ espacio aéreo espace aérien ▌ espacio extraterrestre espace extra-atmosphérique ▌ TECN espacio de dilatación joint de dilatation (entre rieles) ▌ espacio publicitario espace publicitaire ▌ espacios verdes espaces verts ▌ espacio tiempo espace-temps ■ barra de espacios o espaciadora barre d'espacement ▌ exploración del espacio exploration spatiale ■ por espacio de pendant.
▌ SIN intervalo intervalle; intersticio interstice; hueco creux; distancia distance; extensión extension.

espaciosamente *adv* spacieusement ▌ lentement.

espacioso, sa *adj* spacieux, euse; vaste (ancho); un local espacioso un local spacieux ▌ lent, e; posé, e (flegmático).

espada *f* [▷ SIN] épée ▌ FIG lame, épée (persona); ser buena espada être une fine lame ▌ figure, autorité; es una de las primeras espadas en su profesión c'est une des plus grandes autorités dans sa profession ▌ GEOM flèche (sagita) ■ de capa y espada de cape et d'épée ▌ espada de dos filos épée à deux tranchants ▌ espada negra épée mouchetée ▌ pez espada espadon, poisson épée ■ cruzar la espada con alguien croiser le fer avec quelqu'un ▌ desenvainar o desnudar la espada tirer l'épée, dégainer ▌ echar su cuarto a espadas intervenir dans une conversation, mettre son grain de sel ▌ envainar la espada remettre l'épée au fourreau ▌ estar entre la espada y la pared être entre l'enclume et le marteau, avoir le couteau sur la gorge, être au pied du mur, être pris entre deux feux ▌ meter la espada hasta la guarnición enfoncer l'épée jusqu'à la garde ▌ quienes matan con la espada por la espada morirán quiconque se sert de l'épée périra par l'épée ‖ **traer la espada al cinto** avoir l'épée au côté.

◆ **espadas** *f pl* l'une des quatre couleurs du jeu de cartes espagnol (naipes).

> **SIN** sable sabre; machete coutelas; florete fleuret; estoque estoc; espadón rapière, espadon; cimitarra, alfanje cimeterre.

espada *m* **TAUROM** matador.

espadachín *m* spadassin, ferrailleur, bretteur ‖ fine lame *f* (buen esgrimidor).

espadaña *f* **BOT** massette, masse, quenouille ‖ **ARQ** campanile *m*, clocher à jour.

espadero *m* armurier (el que hace espadas).

espádice *m* **BOT** spadice.

espadilla *f* décoration des chevaliers de l'ordre de Saint-Jacques ‖ **MAR** godille (remo) ‖ as *m* de "espadas", spadille *m* (as de espadas) ‖ épingle à chignon (horquilla) ‖ **remar con espadilla** godiller.

espadín *m* épée *f* de cérémonie.

espadón *m* rapière *f*, espadon (p us).

espagírica *f* (ant) spagirie (alquimia).

espaguetis *m pl* spaghetti.

espahí *m* spahi (soldado).

espalación *f* spallation (fisión del núcleo de un átomo).

espalda *f* dos *m* (del cuerpo, de un vestido) ‖ derrière *m* (parte de atrás) ‖ **DEP** dos crawlé *m* ■ **a espalda suya** dans son dos ‖ **en la espalda** dans le dos ‖ **por la espalda** par derrière, en traître ■ **dar** o **volver la espalda a uno** tourner le dos à quelqu'un ‖ **FAM echarse entre pecho y espalda** s'envoyer (comida), se taper (un trabajo) ‖ **herir por la espalda** tirer dans le dos ‖ **tener algo entre pecho y espalda** avoir quelque chose sur le cœur ‖ **tener muchos años a la espalda** avoir de nombreuses années derrière soi ‖ **FIG volver la espalda** tourner le dos o les talons.

◆ **espaldas** *f pl* dos *m sing* (personas o cosas) ‖ **MIL** arrière-garde *sing* ■ (*Amer*) **espaldas vueltas, memorias vueltas** loin des yeux, loin du cœur ■ **a espaldas de** par-derrière, à l'insu de, dans le dos ‖ **de espaldas** de dos ‖ **anchura de espaldas** carrure ■ **caer** o **caerse** o **dar de espaldas** tomber sur le dos o à la renverse ‖ **cargado de espaldas** voûté, le dos voûté (persona); **este joven es cargado de espaldas** ce jeune homme est voûté o a le dos voûté ‖ **echarse una cosa sobre las espaldas** se charger d'une chose ‖ **FAM esta noticia me tira de espaldas** cette nouvelle est renversante o me renverse ‖ **estar tendido de espaldas** être sur le dos ‖ **guardar las espaldas** garder ses arrières ‖ **hablar por las espaldas** dire du mal de quelqu'un dans son dos ‖ **medirle a uno las espaldas** caresser les côtes à quelqu'un, rosser quelqu'un ‖ **nadar de espaldas** nager sur le dos ‖ **poner de espaldas** faire toucher les épaules (lucha) ‖ **ser ancho de espaldas** avoir les épaules carrées, être large d'épaules ‖ **tener el santo** o **el ángel de espaldas** avoir les dieux contre soi ‖ **tener espaldas de molinero** être bâti comme une armoire à glace ‖ **tener buenas espaldas, tener anchas las espaldas** avoir bon dos o le dos large ‖ **FIG tener guardadas** o **cubiertas las espaldas** être couvert, être bien protégé.

espaldar *m* dos (de coraza) ‖ dossier (respaldo de un asiento) ‖ **AGRIC** treillage, espalier ‖ **ZOOL** carapace *f* (de tortuga).

espaldarazo *m* accolade *f*, coup donné avec le plat de l'épée [lors de l'adoubement]; **dar el espaldarazo** donner l'accolade ‖ consécration *f* (consagración).

espaldarcete *m* épaulière *f* (de armadura).

espaldarse *v pr* s'adosser (respaldarse).

espaldear *v tr* **MAR** battre la poupe (las olas) ‖ (*Amer*) couvrir, protéger (guardar las espaldas) ‖ être derrière (estar detrás).

espaldera *f* **AGRIC** espalier *m*; **en espaldera** en espalier.

◆ **espalderas** *f pl* **DEP** espalier *m* (de gimnasia).

espaldilla *f* omoplate (omóplato) ‖ épaule (de caballo) ‖ palette, épaule, épaulée (del cerdo, carnero) ‖ macreuse (de la vaca).

espaldón *m* épaulement (fortificación, barco, madero) ‖ **MIL** espaldón de tiro butte de tir.

espaldonarse *v pr* **MIL** se protéger.

espalera *f* treillage *m* (espaldar).

espalto *m* spalt (color).

espamento *m* (*Amer*) simagrées *f pl*.

espamentoso, sa *adj* (*Amer*) comédien, enne; personne démonstrative.

espantada *f* fuite (huida) ‖ écart, dérobade (del caballo) ‖ **dar una espantada** détaler, prendre ses jambes à son cou (huir), tout lâcher (desistirse), se dérober (el caballo).

espantadizo, za *adj* craintif, ive.

espantajo *m* épouvantail ‖ **FIG** épouvantail (espantapájaros).

espantalobos *m inv* **BOT** baguenaudier (planta).

espantamoscas *m inv* chasse-mouches (de los caballos).

espantapájaros *m* épouvantail.

espantar *v tr* effrayer, épouvanter, faire peur (asustar) ‖ chasser; **espantar las moscas** chasser les mouches ‖ mettre en fuite (un adversario).

◆ **espantarse** *v pr* s'effrayer, être épouvanté, avoir peur (tener miedo); **espantarse con el temporal** s'effrayer de o être épouvanté par la tempête; **espantarse de** o **por algo** s'effrayer de o être épouvanté par quelque chose ‖ s'étonner (admirarse).

espanto *m* [▷ **SIN**] frayeur *f*, épouvante *f*; **causar espanto** inspirer l'épouvante; **llenar de espanto** jeter dans l'épouvante, remplir d'épouvante ‖ fantôme (fantasma) ‖ **FAM estar curado de espanto** en avoir vu bien d'autres.

> **SIN** temor crainte; susto, miedo peur; pavor frayeur; terror terreur; pánico panique; horror horreur.

espantosamente *adv* épouvantablement (con espanto) ‖ avec effroi (con asombro).

espantoso, sa *adj* effrayant, e; épouvantable.

> **SIN** aterrador effroyable; horrendo affreux; horrible, horroroso horrible; tremendo épouvantable; dantesco dantesque; monstruoso monstrueux; atroz atroce; terrible terrible; pavoroso effrayant.

España *n pr f* **GEOGR** Espagne ‖ **la España de pandereta** l'Espagne d'opérette.

español, la *adj & s* espagnol, e ‖ **a la española** à l'espagnole, à la mode espagnole.

◆ **español** *m* **LING** espagnol.

Española *n pr f* **HIST** La Española Hispaniola.

españolado, da *adj* espagnolisé, e.

◆ **españolada** *f* espagnolade.

españolar *v tr* espagnoliser.

españolear *v intr* parler de l'Espagne.

españolismo *m* hispanisme ‖ caractère espagnol (carácter español).

españolito *m* **FIG** españolito de a pie espagnol moyen.

españolizar [13] *v tr* espagnoliser.

◆ **españolizarse** *v pr* prendre le caractère espagnol.

esparadrapo *m* **MED** sparadrap.

esparaván *m* **ZOOL** épervier ‖ **VETER** éparvin, épervin.

esparavel *m* épervier (red) ‖ **TECN** taloche *f* (de albañil).

esparceta *f* **BOT** esparcette, sainfoin *m* (pipirigallo).

esparciata *adj & s* spartiate (de Sparte).

esparcido, da *adj* répandu, e; parsemé, e (diseminado) ‖ semé, e; éparpillé, e (sembrado) ‖ **FIG** détendu, e; gai, e (alegre).

esparcidora *f* **AGRIC** épandeur *m* (abonadora).

esparcimiento *m* épanchement (de líquido) ‖ éparpillement, dissémination *f* (dispersión) ‖ **AGRIC** épandage (de abonos) ‖ **FIG** distraction *f* (recreo) ‖ détente *f*, délassement; **tomarse unas horas de esparcimiento** prendre quelques heures de détente.

esparcir [12] *v tr* répandre (derramar) ‖ éparpiller (desparramar) ‖ joncher, parsemer (sembrar); **esparcir flores por el camino** joncher le chemin de fleurs ‖ **FIG** répandre (una noticia).

◆ **esparcirse** *v pr* se répandre ‖ **FIG** se délasser, se détendre (descansar) ‖ se distraire (recrearse) ‖ **FIG** esparcirse como una llama se répandre comme une traînée de poudre.

espárrago *m* **BOT** asperge *f*; **puntas de espárragos** pointes d'asperges ‖ perche *f*, piquet (palo) ‖ rancher, échelier (escalera) ‖ **TECN** goujon ‖ **FAM** asperge *f*, grande perche *f* (flacucho) ‖ **espárrago triguero** asperge sauvage [qui pousse dans les blés] ■ **FAM mandar a freír espárragos** envoyer promener o bouler o sur les roses.

esparraguera *f* asperge (espárrago) ‖ aspergerie, carré *f* d'asperges (plantación) ‖ plat *m* à asperges (plato).

esparraguina *f* **MIN** apatite.

esparrancado, da *adj* qui marche les jambes écartées (persona) ‖ trop écarté, e (una cosa).

esparrancarse [10] *v pr* **FAM** écarter les jambes.

Esparta *n pr* **HIST** Sparte.

Espartaco *n pr* Spartacus.

espartal *m* champ d'alfa.

espartanamente *adv* à la spartiate.

espartano, na *adj & s* spartiate (de Esparta).

esparteína *f* **MED** spartéine.

esparteña *f* espadrille.

espartería *f* sparterie.

espartero, ra *m & f* alfatier, ère.

espartizal *m* champ d'alfa.

esparto *m* **BOT** alfa, spart, sparte (planta).

espasmo *m* spasme.

espasmódico, ca *adj* spasmodique; tos espasmódica toux spasmodique.

espata *f* BOT spathe.

espatarrarse *v pr* écarter les jambes.

espático, ca *adj* MIN spathique.

espato *m* MIN spath ■ espato calizo spath calcaire ▮ espato de Islandia spath d'Islande ▮ espato flúor spath fluor ▮ espato pesado spath pesant o lourd.

espátula *f* spatule (paleta) ▮ ZOOL spatule (ave) ▮ espátula de modelar spatule à modeler, ébauchoir.

espatulado, da *adj* spatulé, e (dedo).

especería ➤ especiería.

especia *f* épice ▮ sazonar o condimentar con especias épicer.

especial *adj* spécial, e; programas especiales programmes spéciaux ■ caso especial cas d'espèce ▮ en especial spécialement.

especialidad *f* spécialité; especialidad de la casa spécialité de la maison ▮ especialidad farmacéutica spécialité pharmaceutique.

especialista *adj & s* spécialiste; un especialista en neurología un spécialiste en neurologie ▮ expert (perito) ▮ médico especialista spécialiste.

especialización *f* spécialisation.

especializado, da *adj* spécialisé, e ▮ qualifié, e; spécialisé, e; mano de obra especializada main-d'œuvre spécialisée; obrero especializado ouvrier qualifié.

especializar [13] *v tr* spécialiser.
➡ **especializarse** *v pr* se spécialiser; especializarse en historia romana se spécialiser dans l'histoire romaine.

especialmente *adv* spécialement.

especie *f* espèce; especie humana espèce humaine ▮ espèce, essence (árboles) ▮ [▷ SIN] sorte, espèce (género, clase) ▮ affaire (asunto) ▮ bruit *m*, nouvelle (noticia); una especie inverosímil une nouvelle invraisemblable ■ en especies en nature; pagar en especie payer en nature ▮ especie sacramentales espèces sacramentelles, saintes espèces.
OBSERV El francés payer en espèces corresponde en español a pagar en metálico.
SIN suerte, clase sorte; género, índole genre; orden ordre; familia famille; variedad variété; tipo type; manera, modo manière; naturaleza nature.

especiería; especería *f* boutique où l'on vend des épices ▮ épicerie (conjunto de especias).
OBSERV La palabra francesa épicerie corresponde generalmente hoy día a tienda de comestibles.

especificación *f* spécification.

específicamente *adv* spécifiquement.

especificar [10] *v tr* spécifier, préciser.

especificativo, va *adj* GRAM déterminatif, ive; oración especificativa proposition déterminative.

especificidad *f* spécificité (carácter específico).

específico, ca *adj* spécifique; peso específico poids spécifique.
➡ **específico** *m* MED spécifique (medicamento para tratar una enfermedad determinada) ▮ spécialité *f*.

espécimen *m* spécimen.
OBSERV *pl* especímenes.

especioso, sa *adj* (p us) parfait, e ▮ FIG spécieux, euse (engañoso).

espectacular *adj* spectaculaire (aparatoso).

espectacularidad *f* aspect *m* spectaculaire.

espectacularmente *adv* spectaculairement (en sentido positivo) ▮ dramatiquement (en sentido negativo).

espectáculo *m* spectacle ■ espectáculo de variedades spectacle de variétés ■ dar el espectáculo en la calle faire scandale o se donner en spectacle dans la rue ▮ ser el espectáculo se donner en spectacle, servir de spectacle.
SIN fiesta fête; representación représentation; escena scène; función séance.

espectador, ra *m & f* spectateur, trice; miraba como espectador il regardait en spectateur.

espectral *adj* spectral, e ▮ FÍS spectral, e; análisis espectral analyse spectrale.

espectro *m* spectre ▮ FÍS spectre ▮ MED spectre ▮ spectre (lingüística) ■ espectro de absorción spectre d'absorption ▮ espectro de emisión spectre d'émission ▮ espectro de masas spectre de masse ▮ espectro infrarrojo spectre infrarouge ▮ espectro luminoso o visible spectre lumineux ▮ espectro solar spectre solaire ▮ espectro ultravioleta spectre ultraviolet.

espectrofotometría *f* spectrophotométrie.

espectrofotómetro *m* spectrophotomètre.

espectrografía *f* FÍS spectrographie.

espectrógrafo *m* FÍS spectrographe.

espectrograma *m* spectrogramme.

espectroheliógrafo *m* spectrohéliographe.

espectrometría *f* FÍS spectrométrie.

espectrómetro *m* FÍS spectromètre.

espectroscopia *f* FÍS spectroscopie.

espectroscópico, ca *adj* spectroscopique.

espectroscopio *m* FÍS spectroscope.

especulación *f* spéculation; especulación bursátil spéculation boursière.

especulador, ra *adj & s* spéculateur, trice.

especular *v tr & intr* spéculer; especular con o en la metafísica spéculer sur la métaphysique; especular en Bolsa spéculer à la Bourse ▮ FIG miser; especular en algo miser sur quelque chose.

especularia *f* BOT spéculaire (espejo de Venus).

especulativo, va *adj* spéculatif, ive.
➡ **especulativa** *f* intellect *m* (facultad de espíritu).

espéculo *m* MED spéculum.

espejado, da *adj* miroitant, e ▮ clair, e; brillant, e (claro).

espejear *v intr* miroiter ▮ reluire.

espejeo *m* mirage (espejismo) ▮ miroitement (brillo intermitente) ▮ reflet (reflejo).

espejería *f* miroiterie.

espejismo *m* mirage (fenómeno de óptica) ▮ FIG mirage (ilusión engañosa).

espejo *m* miroir, glace *f*; mirarse en el espejo se regarder dans la glace ▮ miroir; el espejo de las aguas le miroir des eaux ▮ FIG miroir, reflet; el teatro es el espejo de la vida le théâtre est le miroir de la vie ▮ modèle, exemple ▮ ARQ miroir ■ MAR espejo de popa tableau arrière ▮ espejo de cuerpo entero grand miroir ▮ espejo retrovisor miroir rétroviseur ▮ FÍS espejo ustorio miroir ardent ■ como un espejo brillant comme un miroir ▮ los ojos son el espejo del alma les yeux sont le miroir de l'âme ▮ mirarse en uno como en un espejo prendre quelqu'un comme modèle ▮ mírate en este espejo que cela te serve d'exemple.

espejuelo *m* MIN gypse (yeso) ▮ lamelle *f* de talc (hoja de talco) ▮ miroir à alouette (para cazar) ▮ FIG miroitement (atractivo) ▮ reflet (en la madera) ▮ cédrat glacé (confitura) ▮ VETER châtaigne *f* (de los caballos).
➡ **espejuelos** *m pl* verres de lunettes (cristales) ▮ lunettes (anteojos) ▮ MIN espejuelo de asno miroir d'âne.

espeleología *f* spéléologie.

espeleológico, ca *adj* spéléologique.

espeleólogo *m* spéléologue, spéléologiste.

espelta *f* BOT épeautre *m* (especie de trigo).

espelucar [10] *v tr* (*Amer*) ébouriffer (erizar).

espelunca *f* caverne, grotte.

espeluzar [13] *v tr* surprendre, ébouriffer (p us).

espeluznante *adj* FAM effrayant, e; à faire dresser les cheveux sur la tête.

espeluznar *v tr* effrayer, faire dresser les cheveux sur la tête (de miedo).

espeluzno *m* frisson [d'horreur].

espeque *m* MAR anspect (palanca).

espera *f* attente; en espera de un acontecimiento dans l'attente d'un événement; sala de espera salle d'attente ▮ DR délai *m* (plazo) ▮ calme *m* (flema) ▮ affût *m*; cazar a espera chasser à l'affût ▮ compás de espera temps o mesure d'arrêt (música), période d'attente (pausa) ■ en espera de dans l'espoir de ▮ en espera de su respuesta dans l'attente de votre réponse ▮ en la espera de que en attendant que ■ estar en espera o a la espera de attendre, être dans l'attente de ▮ quedarse en espera rester à attendre.

esperantista *adj & s* espérantiste.

esperanto *m* LING espéranto.

esperanza *f* espérance (sentimiento, virtud); la esperanza consuela a los infelices l'espérance console les malheureux; esperanza matemática, de vida espérance mathématique, de vie ▮ espoir *m* (de una cosa precisa); la esperanza en el éxito l'espoir du succès ▮ espoir *m* (confianza); esperanza en Dios, en uno espoir en Dieu, en quelqu'un ■ como última esperanza en désespoir de cause, en dernier recours ▮ con la esperanza de o que dans l'espoir de o que ■ alimentarse de esperanzas se bercer d'illusions, se nourrir d'espoir ▮ dar esperanzas laisser espérer quelque chose, donner des espérances ▮ de esperanza vive el hombre l'espoir fait vivre ▮ la esperanza es lo último que se pierde et quand on désespère, on espère toujours ▮ llenar la esperanza combler les vœux ▮ mientras hay vida hay esperanza tant qu'il y a de la vie, il y a de l'espoir ‖ **tener esperanza de** espérer, avoir l'espoir que ‖ **tener muchas esperanzas** avoir bon espoir.

‖ SIN confianza espoir; promesa promesse; perspectiva perspective.

esperanzadamente *adv* avec encouragement.

esperanzador, ra *adj* encourageant, e; resultados esperanzadores résultats encourageants.

esperanzar [13] *v tr* donner de l'espoir, faire espérer ‖ **estar esperanzado** être plein d'espoir o confiant.

esperar *v tr* [▷ SIN] attendre (aguardar); te esperaré a las ocho je t'attendrai à 8 heures; espero a que escampe para salir j'attends qu'il cesse de pleuvoir pour sortir; mal día nos espera une mauvaise journée nous attend; se hace siempre esperar il se fait toujours attendre ‖ espérer (desear); espero que vendrás j'espère que tu viendras; espero sacar un premio en la lotería j'espère gagner un lot à la loterie ‖ FIG & FAM attendre; ¡te espero en la esquina! je t'attends au tournant! ■ ahí lo espero c'est là que je l'attends ‖ cuando menos se lo esperaban quand ils s'y attendaient le moins ‖ esperar a alguien como el agua de mayo attendre quelqu'un comme le Messie ‖ esperar en Dios, en uno espérer en Dieu, en quelqu'un ‖ estar esperando familia être dans un état intéressant ‖ nada se pierde con esperar il n'y a pas péril en la demeure ‖ quien espera desespera il n'y a rien de pire que l'attente.

➡ **esperarse** *v pr* s'attendre à; no (me) esperaba esta gratificación je ne m'attendais pas à cette gratification ■ FAM ¡ésa, no (me) la esperaba! celle-là, je ne m'y attendais pas! ‖ ¡espéreme sentado! attendez-moi sous l'orme! ‖ ¡espérate sentado! tu peux toujours attendre!, tu peux toujours courir!

‖ OBSERV [➡ espérer].

‖ SIN aguardar attendre; acechar guetter.

espérgula *f* BOT spergule.

esperma *m & f* sperme *m* ‖ (*Amer*) bougie ‖ **esperma de ballena** blanc de baleine, spermacéti.

espermaceti *m* spermacéti, blanc de baleine.

espermaticida *adj & s m*; **espermicida** *m* spermicide.

espermático, ca *adj* spermatique.

espermatofitas *f pl* BOT spermatophytes, spermaphytes.

espermatozoide; **espermatozoo** *m* spermatozoaire, spermatozoïde.

espermicida ➡ **espermaticida**.

espernancarse [10] *v pr* (*Amer*) écarter les jambes.

esperpéntico, ca *adj* grotesque.

esperpento *m* FAM épouvantail, horreur *f* ‖ ânerie *f* (desatino).

espesar *m* fourré (espesura).

espesar *v tr* épaissir; faire épaissir, lier; espesar una salsa épaissir une sauce ‖ donner du corps (un tejido) ‖ presser, rendre dense (apretar).

➡ **espesarse** *v pr* s'épaissir, épaissir (líquido, bosque, hierba) ‖ devenir touffu, e (un árbol) ‖ prendre, épaissir (el chocolate).

espeso, sa *adj* épais, aisse; caldo espeso bouillon épais ‖ dense, épais, aisse; bosque espeso forêt dense ‖ touffu, e; árboles espesos arbres touffus ‖ dru, e (trigo) ‖ FAM estar espeso être craspec (una persona).

espesor *m* épaisseur *f*; de mucho espesor d'une grande épaisseur.

espesura *f* épaisseur; la espesura de un bosque l'épaisseur d'un bois ‖ fourré *m* (matorral); entrar en la espesura s'enfoncer dans un fourré.

espetar *v tr* embrocher (poner en el asador) ‖ FIG embrocher (traspasar) ‖ FIG & FAM sortir, débiter; me espetó un sermón il m'a sorti un de ces sermons ‖ décocher; espetar una pregunta décocher une question.

espetera *f* planche de cuisine où l'on accroche les casseroles ‖ batterie de cuisine (utensilios de cocina).

espeto *m* broche *f*.

espetón *m* broche *f* (asador) ‖ longue épingle *f* (alfiler) ‖ tisonnier (hurgón) ‖ aiguille *f* (pez).

espía *m & f* [▷ SIN] espion, onne ‖ **espía doble** agent double.

◇ *f* MAR touée ‖ remorque (cuerda).

‖ SIN confidente indicateur; agente secreto agent secret; FAM soplón, chivato mouchard.

espiantar *v intr* (*Amer*) se débiner.

espiante *m* (*Amer*) FAM fuite *f*.

espiar [9] *v tr* épier (observar, acechar); espiar las acciones de los demás épier les actions des autres ‖ espionner; espiar a una persona para saber si es culpable espionner quelqu'un pour savoir s'il est coupable ‖ MAR touer (remolcar).

espibia *f*; **espibio** *m*; **espibión** *m* VETER torticolis *m*.

espicanardo *m* BOT vétiver.

espichar *v tr* piquer.

◇ *v intr* FAM claquer, casser sa pipe (morir).

➡ **espicharse** *v pr* (*Amer*) avoir honte (avergonzarse) ‖ maigrir (enflaquecer).

espiche *m* cheville *f* (estaquilla) ‖ MAR épite *f* (clavija) ‖ nable (tapón) ‖ pique *f* (arma puntiaguda).

espiciforme *adj* BOT spiciforme (en forma de espiga).

espicilegio *m* spicilège (compilación).

espícula *f* spicule *m*.

espiga *f* BOT épi *m* ‖ chevron *m* (tela) ‖ TECN soie, fusée (de la espada) ‖ tenon *m* (de una herramienta) ‖ cheville (clavija) ‖ MAR flèche ‖ BOT echar espigas épier.

espigación *f* BOT épiage *m*, épiaison, épiation (formación de la espiga).

espigadera *f* glaneuse.

espigadilla *f* orge sauvage (cebadilla).

espigado, da *adj* monté en graine (plantas) ‖ FIG grand, e; élancé, e (personas); muchacha muy espigada fillette très élancée.

espigadora *f* glaneuse (espigadera).

espigar [16] *v tr* AGRIC glaner ‖ FIG glaner (en libros) ‖ TECN faire un tenon [à une pièce de bois].

◇ *v intr* épier, monter en épi (plantas) ‖ FIG glaner.

➡ **espigarse** *v pr* grandir beaucoup, pousser, allonger (personas); esta muchacha

se ha espigado mucho este año cette fille a beaucoup grandi o poussé cette année ‖ monter en graine (las hortalizas).

espigón *m* jetée *f*, brise-lame (malecón) ‖ CONSTR épi (dique) ‖ aiguillon (aguijón) ‖ pointe *f* (punta) ‖ épi de maïs (mazorca) ‖ pic (de montaña).

espigueo *m* glanage.

espiguilla *f* chevron *m*; tela de espiguillas tissu à chevrons ‖ galon *m* (cinta) ‖ BOT épillet.

espín *m* porc-épic (puerco espín) ‖ FÍS spin (momento cinético del electrón).

espina *f* épine (de vegetal); clavarse una espina s'enfoncer une épine ‖ écharde (astilla) ‖ arête (de los peces) ‖ ANAT colonne vertébrale, épine dorsale (espinazo) ‖ FIG épine (dificultad) ■ BOT espina blanca chardon ‖ ANAT espina dorsal épine dorsale (espinazo) ‖ espina Santa épine du Christ (arbusto) ■ FIG & FAM eso me da mala espina cela ne me dit rien qui vaille (parece raro), cela me tracasse (me preocupa) ‖ no hay rosa sin espina il n'y a pas de rose sans épines ‖ sacarse la espina se tirer d'un mauvais pas (salir de apuro), prendre sa revanche (desquitarse).

espinaca *f* BOT épinard *m*; tortilla de espinacas omelette aux épinards.

espinal *adj* ANAT spinal, e ‖ **médula espinal** moelle épinière.

espinapez *m* TECN parquet à bâtons rompus (entarimado).

‖ OBSERV pl espinapeces.

espinar *m* buisson, ronces *f pl* ‖ épinaie *f*, épinier ‖ FIG guêpier (enredo).

espinar *v tr* piquer (herir) ‖ AGRIC armer, épiner (los árboles) ‖ FIG piquer, blesser (herir, zaherir).

espinazo *m* ANAT épine *f* dorsale, échine *f* ‖ échine *f* (carne) ‖ ARQ clef *f* de voûte (clave) ■ FIG doblar el espinazo courber l'échine ‖ romperse el espinazo se casser les reins ‖ tener el estómago pegado al espinazo avoir l'estomac dans les talons.

espinel *m* cordeau (para pescar) ‖ ligne *f* de fond (cordée).

espinela *f* espinela [strophe de dix vers de huit syllabes mise à la mode par le poète espagnol Espinel] ‖ dizain *m* (décima).

espineta *f* MÚS épinette (clavicordio).

espingarda *f* fusil *m* arabe (fusil de los moros) ‖ FAM grande perche, grande bringue, cheval *m* (mujer desgarbada).

espinilla *f* ANAT tibia *m* (tibia) ‖ bouton *m* (en la piel).

espinillera *f* jambière (de la armadura) ‖ DEP protège-jambe *m*.

espino *m* BOT aubépine *f*, épine *f* ■ espino albar o blanco aubépine, épine blanche ‖ espino artificial fil de fer barbelé ‖ espino cerval nerprun (arbusto) ‖ espino majoleto aubépine ‖ espino negro épine noire, prunellier (arbusto).

Espinosa *n pr* Spinoza.

espinosismo *m* spinozisme, spinosisme (doctrina de Espinosa).

espinoso, sa *adj* épineux, euse ‖ FIG épineux, euse (difícil).

espinterómetro *m* ELECTR éclateur de mesure.

espionaje *m* espionnage.

espira *f* ARQ & GEOM spire.

Espira *n pr* GEOGR Spire.

espiración *f* expiration (del aire).

espirador *adj m* ANAT expirateur; músculo espirador muscle expirateur.

espiral *adj* spiral, e (p us); en spirale; escalera espiral escalier en spirale ▪ de forma espiral en colimaçon ▌ en espiral en tirebouchon ▌ muelle en espiral ressort à boudin. ◇ *f* spiral *m* (de reloj) ▌ GEOM spirale ▌ torsade (adorno) ▌ volute *f* (de humo) ▌ la espiral inflacionista la spirale inflationniste.

espirar *v tr* exhaler (un olor) ▌ expirer (el aire). ◇ *v intr* expirer ▌ souffler, reprendre haleine (alentar) ▌ POÉT souffler doucement (el viento).

▌ OBSERV Expirer dans le sens de mourir se dit en espagnol expirar et non pas espirar.

espirea *f* BOT spirée.

espirilo *m* ZOOL spirille (bacteria).

espirilosis *f inv* spirillose.

espiritado, da *adj* possédé, e (del demonio) ▌ FIG & FAM maigre (muy flaco).

espiritismo *m* spiritisme.

espiritista *adj & s* spirite.

espiritoso, sa *adj* vif, vive; spirituel, elle (vivo) ▌ spiritueux, euse (licores) ▌ capiteux, euse (vino).

espíritu *m* esprit (alma o ser); los ángeles son espíritus les anges sont des esprits ▌ esprit (aparecido); creer en los espíritus croire aux esprits ▌ esprit (vivacidad del ingenio) ▌ esprit (genio); espíritu de contradicción esprit de contradiction ▌ esprit (sentido); espíritu de una ley, de un siglo esprit d'une loi, d'un siècle ▌ âme *f*; firmeza, grandeza de espíritu force, grandeur d'âme.
➤ **espíritus** *m pl* démons (demonios) ▪ GRAM espíritu áspero o rudo, suave esprit rude, doux (en griego) ▌ espíritu de equipo esprit d'équipe ▌ espíritu de lucha esprit combatif ▌ QUÍM espíritu de sal esprit-de-sel ▌ espíritu de vino esprit-de-vin ▌ espíritu maligno esprit malin (el diablo) ▌ RELIG Espíritu Santo Saint-Esprit, Esprit saint ▪ pobre de espíritu pauvre d'esprit ▪ dar o exhalar o rendir el espíritu rendre l'esprit o l'âme ▌ levantar el espíritu donner du courage.

espiritual *adj* spirituel, elle; pasto, vida espiritual nourriture, vie spirituelle ▌ spirituel, elle; drôle (ingenioso) ▌ director espiritual directeur de conscience. ◇ *m* lo espiritual le spirituel.

espiritualidad *f* spiritualité.

espiritualismo *m* spiritualisme.

espiritualizar [13] *v tr* spiritualiser.

espiritualmente *adv* spirituellement.

espirituoso, sa *adj* spirituel, elle (ingenioso) ▌ spiritueux, euse (licor).

espiroidal; espiroideo, a *adj* spiroïdal, e.

espirómetro *m* MED spiromètre.

espiroqueta *f* ZOOL spirochète *m*.

espiroquetosis *f inv* MED spirochétose.

espita *f* cannette, cannelle (de tonel) ▌ FIG & FAM pochard *m* (borracho).

espitar *v tr* mettre une cannette [à un tonneau].

esplácnico, ca *adj* ANAT splanchnique.

esplacnología *f* ANAT splanchnologie.

esplender *v intr* resplendir.

espléndidamente *adv* splendidement (con ostentación) ▌ abondamment (con abundancia).

esplendidez *f* splendeur, beauté (belleza) ▌ largesse, libéralité (generosidad).
▌ OBSERV pl esplendideces.

espléndido, da *adj* splendide ▌ magnifique (muy bien) ▌ libéral, e; large, généreux, euse (generoso) ▌ resplendissant, e (resplandeciente).

esplendor *m* splendeur *f* éclat (resplandor).

esplendorosamente *adv* splendidement.

esplendoroso, sa *adj* resplendissant, e; splendide.

esplenio *m* ANAT splénius (músculo).

esplenitis *f inv* MED splénite.

espliego *m* BOT lavande *f*.

esplín *m* spleen (tedio).

espolada *f*; **espolazo** *m* coup *m* d'éperon.

espoleadura *f* blessure causée par l'éperon.

espolear *v tr* éperonner (al caballo) ▌ FIG aiguillonner, stimuler (una cosa a uno) ▌ pousser à, inciter (una persona a otra); me espolea para que salga il m'incite à sortir.

espoleo *m* éperonnement.

espoleta *f* fusée (de proyectil); espoleta de percusión fusée percutante ▌ fourchette (clavícula del ave) ▌ quitar la espoleta désamorcer (una bomba).

espoliar *v tr* spolier, dépouiller (despojar).

espolio *m* défroque *f*, biens *pl* que laisse un ecclésiastique à sa mort ▌ (ant) enterrement (entierro).

espolique *m* domestique qui accompagne à pied un cavalier, valet de pied.

espolón *m* ergot (de ave) ▌ éperon (de barco) ▌ éperon (de montaña) ▌ môle, jetée *f* (malecón) ▌ terrasse *f*, rempart (de ciudad) ▌ BOT & ARQ éperon ▌ FAM engelure *f* au talon (sabañón) ▪ MAR embestir con el espolón éperonner ▌ FIG & FAM tener muchos espolones avoir beaucoup d'expérience.

espolonada *f* charge de cavalerie.

espolonazo *m* coup d'ergot (un gallo) ▌ coup d'éperon (una nave).

espolonero *m* éperonnier (ave).

espolvoreadora *f* AGRIC poudreuse, saupoudreur *m*.

espolvorear *v tr* épousseter (quitar el polvo) ▌ saupoudrer (esparcir polvo) ▌ AGRIC poudrer, saupoudrer.

espondaico, ca *adj* POÉT spondaïque.

espondeo *m* POÉT spondée.

espóndil; espóndilo *m* spondyle (vértebra).

espongiarios *m pl* ZOOL spongiaires.

espongicultura *f* spongiculture.

esponja *f* éponge ▌ FIG sangsue, profiteur, euse ▪ esponja de baño éponge de toilette ▌ QUÍM esponja de platino mousse de platine ▪ FAM beber como una esponja boire comme

un trou ▌ FIG pasar la esponja por passer l'éponge sur ▌ pasar una esponja éponger ▌ FAM ser una esponja tenir le vin (aguantar).

esponjado *m* sirop de sucre (azucarillo).

esponjadura *f* spongiosité.

esponjar *v tr* rendre spongieux, euse ▌ gongler, enfler (hinchar) ▌ pelo esponjado cheveux bouffants.
➤ **esponjarse** *v pr* FIG se rengorger (enorgullecerse) ▌ FIG & FAM prendre des couleurs (ponerse buena cara).

▌ OBSERV La palabra francesa éponger significa recoger o limpiar un líquido derramado con una esponja.

esponjera *f* porte-éponge *m*.

esponjosidad *f* spongiosité.

esponjoso, sa *adj* spongieux, euse.

esponsales *m pl* fiançailles *f*, accordailles *f* (ant) ▌ contraer esponsales se fiancer.

esponsalicio, cia *adj* des fiançailles.

espontáneamente *adv* spontanément.

espontanearse *v tr* s'ouvrir, parler à cœur ouvert; espontanearse con alguno s'ouvrir à quelqu'un.

espontaneidad *f* spontanéité.

espontáneo, a *adj* [▷ SIN] spontané, e; generación espontánea génération spontanée.
➤ **espontáneo** *m* TAUROM amateur qui saute dans l'arène au cours d'une corrida.

▌ SIN natural naturel; franco franc; libre libre; voluntario volontaire.

espontón *m* esponton (media pica).

espora *f* BOT spore.

Espóradas; Espórades *n pr f pl* GEOGR las islas Espóradas o Espórades les îles Sporades.

esporadicidad *f* MED sporacité.

esporádico, ca *adj* sporadique.

esporangio *m* BOT sporange.

esporidio *m* BOT sporidie *f*.

esporozoarios; esporozoos *m pl* ZOOL sporozoaires.

esport; sport *adj inv* sport; un traje esport un costume sport.

esportada *f* panerée (contenido de una espuerta) ▌ FIG & FAM a esportadas à la pelle, à profusion.

esportear *v tr* transporter dans des paniers.

esportilla *f* couffe, couffin *m*.

esportillero *m* porteur, commissionnaire.

esportillo *m* cabas (espuerta de esparto).

espórtula *f* sportule.

esporulación *f* BOT sporulation.

esposa *f* épouse ▌ (Amer) anneau *m* épiscopal.
➤ **esposas** *f pl* menottes (de los presos).

esposado, da *adj & s* jeune marié, e (desposado).

esposar *v tr* mettre les menottes (a un preso) ▌ me llevaron esposado a la comisaría on m'a emmené menottes aux mains au commissariat.

esposo, sa *m & f* époux, ouse.

▌ SIN marido mari; cónyuge, consorte conjoint; mujer femme; FAM compañera compagne; costilla, media naranja moitié.

espot; spot *m* spot.
▌ OBSERV pl espots, spots.

espray; spray *m* spray, aérosol.
▌ OBSERV pl esprays, sprays.

esprint *m* sprint.
▌ OBSERV pl esprints.

esprintar *v intr* sprinter.

esprínter *m & f* sprinter *m.*
▌ OBSERV pl esprínters.

ESPRIT (abrev de European Strategic Programme for Research and Development for Information Technology) *m* ESPRIT.

espuela *f* éperon *m* (del jinete) ▌ FIG aiguillon *m,* stimulant *m;* la espuela del deseo l'aiguillon du désir ▌ FAM coup *m* de l'étrier (última copa) ▌ (*Amer*) ergot *m* (del gallo) ■ BOT espuela de caballero pied-d'alouette ■ echar o tomar la espuela boire le coup de l'étrier ▌ el miedo pone espuelas la peur donne des ailes ▌ picar con las dos espuelas piquer des deux ▌ picar o dar espuelas donner de l'éperon ▌ poner espuelas aiguillonner, stimuler.

espuerta *f* couffe, cabas *m* (cesta de esparto o junco) ▌ FIG & FAM a espuertas à profusion, à la pelle.

espulgabuey *m* ZOOL pique-bœuf.

espulgar [16] *v tr* épouiller (quitar las pulgas o piojos) ▌ FIG éplucher (examinar).

espulgo *m* épouillage ▌ FIG épluchage (examen).

espuma *f* écume (del agua) ▌ mousse (de jabón, del champán, etc.) ▌ mousse (de Nylon, etc.); goma espuma caoutchouc mousse ▌ FIG & FAM crème, fleur (lo mejor) ■ espuma de foie gras mousse de foie gras ▌ espuma de mar écume de mer ■ crecer como la espuma pousser comme des champignons ▌ hacer espuma mousser (el jabón, la cerveza, etc.), écumer, faire de l'écume (las olas).

espumadera *f* écumoire.

espumado *m* écumage.

espumadura *f* écumage *m.*

espumajear; espumajar *v intr* écumer; espumajear de ira écumer de colère.

espumajo *m* écume *f* (saliva).

espumaollas *m inv* FAM gâte-sauce, marmiton.

espumar *v tr* écumer (quitar la espuma) ▌ dégraisser, écumer (olla).
◇ *v intr* écumer (el mar), mousser (el jabón, etc.).

espumarajo *m* écume *f* (de salive) ▌ FIG & FAM echar espumarajos por la boca o de cólera écumer de rage o de colère.

espumilla *f* crêpe *m* mince (tela) ▌ (*Amer*) meringue (merengue).

espumillón *m* crêpe de soie.

espumosidad *f* spumosité.

espumoso, sa *adj* écumeux, euse; ola espumosa vague écumeuse ▌ mousseux, euse; spumeux, euse (vino, jabón) ▌ ser espumoso pétiller.

espúreo, a; espurio, ria *adj* bâtard, e (bastardo); hijo espurio enfant bâtard ▌ FIG bâtard, e.
▌ OBSERV L'adjectif espúreo est un barbarisme très employé. La forme correcte est espurio.

espurrear [3]; **espurriar** [9] *v tr* arroser avec la bouche, asperger ▌ mouiller (humedecer).

esputar *v tr* cracher, expectorer (escupir).

esputo *m* crachat; esputo de sangre crachat de sang.

esquech; esquetch; sketch *m* sketch (en cine y teatro).
▌ OBSERV pl esquechs, esquetchs, sketches.

esqueje *m* AGRIC bouture *f;* esqueje terminal bouture de tête.

esquela *f* billet *m;* esquela amorosa billet doux ▌ carte (para invitar) ▌ lettre de faire part (carta para avisar) ▌ faire-part *m inv;* esquela de defunción o mortuoria faire-part de décès.

esquelético, ca *adj* squelettique.

esqueleto *m* squelette ▌ (*Amer*) formulaire (papel impreso) ▌ canevas, squelette (plan) ▌ estar hecho un esqueleto n'avoir que les os et la peau.

esquema *m* schéma (dibujo, plano, plan) ▌ FILOS schème.

esquemáticamente *adv* schématiquement.

esquemático, ca *adj* schématique.

esquematismo *m* schématisme.

esquematizar [13] *v tr* schématiser.

esquetch ► **esquech.**

esquí *m* ski; los esquíes metálicos son mejores que los esquíes de madera les skis métalliques sont meilleurs que les skis de bois ■ esquí alpino ski alpin ▌ esquí náutico o acuático ski nautique ▌ esquí nórdico, de fondo ski nordique, de fond.
▌ OBSERV pl esquíes o esquís.

esquiador, ra *m & f* skieur, euse.

esquiar [9] *v intr* skier, faire du ski.

esquifada *adj* ARQ en berceau (bóveda).

esquife *m* skiff (barco de remos) ▌ ARQ berceau.

esquila *f* sonnaille (cencerro) ▌ clochette (campanilla) ▌ tonte, tondaison (esquileo) ▌ BOT scille (cebolla albarrana) ▌ ZOOL crevette, squille (camarón) ▌ gyrin *m* (insecto acuático).

esquilador, ra *m & f* tondeur, euse.

esquilar *v tr* tondre.

esquileo *m* tonte *f,* tondaison; esquileo mecánico tonte mécanique.

esquilmar *v tr* récolter (cosechar) ▌ AGRIC épuiser (el suelo) ▌ FIG appauvrir (empobrecer) ▌ FAM tondre ▌ FAM esquilmarle a uno saigner quelqu'un à blanc (despojar).

esquilmo *m* récolte *f* (cosecha).

Esquilo *n pr* Eschyle.

esquilón *m* grande clarine *f.*

esquimal *adj & s* esquimau, aude ▌ una esquimal une femme esquimaude, une Esquimaude.
◇ *m* LING esquimau.

esquina *f* coin *m;* doblar la esquina tourner au coin ▌ angle *m,* coin *m;* calle Velázquez, esquina Goya au coin o à l'angle de la rue Vélazquez et de la rue Goya ■ a la vuelta de la esquina au coin de la rue, tout près (muy cerca) ▌ a todos los coins de rues (por todos los lados) ▌ a las cuatro esquinas les quatre coins (juego) ■ (*Amer*) doblar la esquina passer l'arme à gauche (morir) ▌ encontrarse a la vuelta de la esquina courir les rues ▌ FAM ¡te espero en la esquina! je t'attends au tournant!

▌ OBSERV La palabra francesa coin significa a la vez esquina (saliente) y rincón (entrante).

esquinado, da *adj* anguleux, euse ▌ en angle ▌ anguleux, euse (rostro) ▌ FIG rébarbatif, ive; acariâtre (carácter).

esquinar *v tr & intr* former un coin (formar una esquina) ▌ placer en coin (poner en la esquina) ▌ FIG fâcher, indisposer (enfadar).

esquinazo *m* FAM coin ■ FAM dar el esquinazo a alguien fausser compagnie à quelqu'un ▌ dar esquinazo semer (una persona).

esquinencia *f* MED esquinancie (anginas).

Esquines *n pr* Eschine.

esquinzar [13] *v tr* TECN défiler (los trapos).

esquirla *f* esquille, éclat *m* (fragmento de hueso).

esquirol *m* FAM jaune, briseur de grèves.

esquisto *m* MIN schiste.

esquistoideo, a *adj* schistoïde.

esquistoso, sa *adj* MIN schisteux, euse.

esquite *m* (*Amer*) pop-corn (rosetas).

esquivar *v tr* esquiver (evitar).
➥ **esquivarse** *v pr* se dérober, s'esquiver.

esquivo, va *adj* revêche.

esquizofrenia *f* MED schizophrénie.

esquizofrénico, ca *m & f* schizophrène.

esquizoide *adj & s* schizoïde.

esquizomanía *f* MED schizomanie.

esquizomicófitos *m pl* BIOL schizomycètes.

esquizotimia *f* MED schizothymie.

estabilidad *f* stabilité ▌ équilibre *m* (equilibrio); recuperó la estabilidad il reprit son équilibre.

estabilización *f* stabilisation ■ ECON estabilización económica stabilisation de l'économie ▌ AVIAC planos de estabilización empennage.

estabilizador, ra *adj* stabilisateur, trice; stabilisant, e.
➥ **estabilizador** *m* AVIAC stabilisateur, empennage ▌ estabilizador giroscópico gyrostabilisateur.

estabilizante *m* stabilisant.

estabilizar [13] *v tr* stabiliser.

estable *adj* stable (permanente).

establecer [30] *v tr* [▷ SIN] établir ▌ dresser (planos) ▌ MAR établir (izar una vela).
➥ **establecerse** *v pr* s'établir; establecerse en Auxerre, en Bélgica s'établir à Auxerre, en Belgique.
▌ SIN erigir ériger; fundar fonder; instaurar instaurer; instituir instituer; basar baser; implantar implanter; sentar, asentar asseoir; poner mettre; instalar installer.

establecido, da *adj* établi, e ▌ conforme con lo establecido en el artículo vu les dispositions de l'article, conformément à ce qui est stipulé à l'article.

establecimiento *m* établissement ▌ establecimiento comercial o mercantil établissement commercial.
▌ SIN casa maison; factoría comptoir; almacén magasin; comercio commerce; empresa entreprise; firma firme.

establo *m* étable *f* ▌ FIG establos de Augias écuries d'Augias.

SIN cuadra, caballeriza écurie; aprisco bergerie; redil bercail; pocilga, porqueriza porcherie; boyera, boyeriza bouverie; vaquería vacherie.

estabulación f stabulation.

estabular v tr établer.

estaca f [▷ **SIN**] pieu m (palo) **AGRIC** bouture ‖ cheville (clavo) ‖ (Amer) concession minière (mina) ‖ ergot m (espolón).

SIN poste poteau; jalón piquet; tranca trique; garrote, palo bâton.

estacada f palissade (cercado) ‖ estacade (dique) ‖ champ m clos (de un desafío) ■ **FIG & FAM** dejar a uno en la estacada laisser quelqu'un en plan o en rade ‖ quedarse en la estacada rester sur le carreau (morir), rester le bec dans l'eau (fracasar).

estacado m champ clos (de un desafío) ‖ **CONSTR** pilotage.

estacar [10] v tr attacher à un pieu (amarrar) ‖ palissader (cerrar) ‖ (Amer) clouer au sol (pieles).

➡ **estacarse** v pr **FIG** demeurer immobile, se figer ‖ (Amer) se piquer (pincharse) ‖ résister, se montrer rétif (el caballo).

estacazo m coup de bâton ‖ **FIG** échec (fracaso).

estación f saison (del año); las cuatro estaciones les quatre saisons ‖ saison; la estación de las lluvias la saison des pluies ‖ époque (temporada); en la estación presente à l'époque actuelle ‖ gare (de ferrocarril); estación de apartado o de clasificación gare de triage ‖ station (de metro) ‖ station (agronómica, meteorológica, geodésica) ‖ station (estado); estación vertical station verticale o debout ‖ **ASTRON** station ‖ **RELIG** station; rezar las estaciones faire ses stations ‖ reposoir m (del santo sacramento) ■ estación balnearia ville d'eau ‖ estación clarificadora établissement filtrant ‖ estación climática, termal station climatique, thermale ‖ estación de esquí station de ski ‖ estación de seguimiento station de poursuite (de cohetes) ‖ estación de servicio station-service ‖ **RAD** estación emisora station émettrice, poste émetteur ‖ estación espacial station spatiale ‖ estación terminal terminus (autobuses), aérogare (aviones) ‖ **ELECTR** estación transformadora poste de transformation ‖ **INFORM** estación de trabajo station de travail.

estacional adj saisonnier, ère ‖ **ASTRON** stationnaire.

estacionamiento m stationnement (aparcamiento) ‖ parc, parcage, parking (lugar) ■ estacionamiento en la vía pública stationnement sur la voie publique ‖ estacionamiento en línea stationnement en file ‖ prohibido el estacionamiento, estacionamiento indebido stationnement interdit.

estacionar v tr garer, parquer; estacionar un coche garer une voiture ‖ estar estacionado en être stationné à.

➡ **estacionarse** v pr ne pas avancer, être stationnaire.

estacionario, ria adj stationnaire ‖ saisonnier, ère; paro estacionario chômage saisonnier ‖ étale; mar estacionaria mer étale.

➡ **estacionario** m (ant) libraire (librero) ‖ bibliothécaire (bibliotecario).

estada f séjour m (estancia).

estadía f séjour m (estancia) ‖ pose (ante el pintor) ‖ stadia m (topografía) ‖ **MAR** estarie, starie.

estadio m stade; estadio olímpico stade olympique ‖ stade (medida antigua y período).

estadista m homme d'État ‖ statisticien (estadístico) ‖ **FAM** los estadistas de café les stratèges en chambre.

estadística f statistique; red de estadísticas grille de statistiques.

estadístico, ca adj statistique.

➡ **estadístico** m statisticien.

➡ **estadística** f statistique; red de estadísticas grille de statistiques.

estado m état (modo de ser, condición); estado de salud état de santé; en buen, mal estado en bon, mauvais état; en estado de funcionamiento en état de marche ‖ état (condición social); estado eclesiástico, militar état ecclésiastique, militaire ‖ État (gobierno, nación); el Estado francés l'État français; asunto, golpe, razón de Estado affaire, coup, raison d'État; el Estado soy yo l'État c'est moi ‖ état (documento); estado de los gastos état des dépenses; estado del personal état du personnel ‖ administration f; viaje pagado por el Estado voyage aux frais de l'administration ■ **QUÍM** estado alotrópico état allotropique ‖ estado civil situation de famille (en un documento, etc.), état civil ‖ estado de alarma o de sitio état d'alerte o de siège ‖ estado de alma o de ánimo état d'âme ‖ estado de caja bordereau de caisse ‖ estado de cosas état de choses ‖ estado de emergencia état d'urgence ‖ estado de excepción régime d'exception ‖ **RELIG** estado de gracia état de grâce ‖ estado de guerra état de guerre ‖ estado de la nieve bulletin d'enneigement ‖ estado de soltero, de viudo célibat, veuvage ‖ estado en fideicomiso état placé sous tutelle ‖ estado gaseoso état gazeux ‖ estado interesante état intéressant (mujer embarazada) ‖ estado líquido état liquide ‖ estado llano o común tiers état ‖ **MIL** estado mayor état-major ‖ estado salvaje état de nature ‖ estado sólido état solide ‖ Estado tapón État tampon ■ en estado de buena esperanza, en estado enceinte ‖ jefe de Estado chef d'État ‖ (ant) Ministerio de Estado ministère des Affaires étrangères ‖ papel del estado titre d'état ‖ Patrimonio del Estado domaine de l'État ■ estar en buen estado être en bon état ‖ estar en estado de être en état de ‖ estar en estado de merecer être bonne à marier ‖ estar en mal estado être mal en point ‖ tomar estado se marier (casarse), entrer en religion (profesar).

Estados Unidos n pr m pl **GEOGR** États-Unis, Amérique; (los) Estados Unidos (de América) les États-Unis; Estados Unidos salió vencedor les États-Unis ont gagné.

estadounidense adj & s américain, e; des États-Unis d'Amérique du Nord.

estaf m **CONSTR** staff.

OBSERV pl estafs.

estafa f escroquerie (timo).

estafador, ra m & f escroc.

OBSERV La palabra escroc no tiene forma femenina: esta mujer es una estafadora cette femme es un escroc.

SIN timador filou; tramposo tricheur; caballero de industria chevalier d'industrie.

estafar v tr escroquer.

estafermo m quintaine f (muñeco) ‖ **FAM** moule f, gourde f (necio).

estafeta f estafette (correo) ‖ bureau m de poste (oficina) ‖ valise diplomatique (correo diplomático) ‖ estafeta móvil bureau ambulant (de correos).

estafilino adj & s m **ANAT** staphylin, e (de la úvula).

⬦ m staphylin (insecto).

estafilococia f **MED** staphylococcie.

estafilococo m **MED** staphylocoque.

estafiloma m **MED** staphylome (tumor).

estafisagria f **BOT** staphisaigre.

estagnación ➡ **estancación**.

estalactita f stalactite.

estalagmita f stalagmite.

estalagmometría f stalagmométrie.

estalagmómetro m stalagmomètre.

estalinismo m stalinisme.

estalinista adj & s stalinien, ienne.

estallar v intr [▷ **SIN**] éclater, exploser; la bomba estalló la bombe explosa ‖ sauter; el polvorín ha estallado la poudrière a sauté ‖ éclater; estalló un neumático un pneu a éclaté ‖ **FIG** éclater; un motín va a estallar une émeute va éclater; estalló un incendio un incendie a éclaté ‖ éclater; ha estallado un escándalo un scandale a éclaté ‖ éclater, bondir; aquellas palabras le hicieron estallar ces mots l'ont fait éclater ‖ bondir, sauter (de alegría) ‖ éclater; estallar de risa éclater de rire; estallar en sollozos éclater en sanglots ‖ éclater (en aplausos) ‖ craquer (vestido) ‖ **FIG** estallar como una bomba faire l'effet d'une bombe.

SIN explotar exploser; reventar crever; deflagrar déflagrer; volar faire sauter.

estallido m éclatement (de una bomba, de un neumático, etc.) ‖ explosion f (de un polvorín, etc.) ‖ éclat (de ira, de risa, etc.) ‖ éclat (del trueno) ‖ claquement (de látigo) ‖ craquement, déchirement (de un vestido) ‖ dar un estallido éclater.

estambrar v tr tordre [la laine].

estambre m brin de laine (hebra) ‖ laine f de qualité inférieure (lana) ‖ chaîne f d'une étoffe (urdimbre) ‖ **BOT** étamine f (de una flor).

Estambul; Estanbul n pr **GEOGR** Istanbul, Stamboul.

estamento m chacun des quatre états [clergé, noblesse, bourgeoisie et université] des Cortès d'Aragon ‖ classe f (clase) ‖ phase f, stade (grado).

estameña f étamine, escot m (tela).

estameñete m **TECN** estamet, estamette f.

estamíneo, a adj **BOT** staminal, e.

estaminífero, ra adj **BOT** staminifère, staminé, e.

estampa f image (imagen cualquiera) ‖ estampe, enluminure (imagen de cierto valor artístico) ‖ impression (imprenta); dar a la estampa donner à l'impression ‖ **FIG** marque (huella); la estampa del genio la marque du génie ‖ image (símbolo) ‖ apparence, allure, aspect m (figura); tener buena, mala estampa avoir belle, vilaine apparence ■ ¡maldita sea su estampa! maudite soit sa personne!, maudit soit-il, soit-elle! ‖ sección de estampas cabinet des estampes ‖ ser la propia estampa de uno être tout le portrait de quelqu'un ‖ FAM tener mala estampa avoir l'air antipathique (ser antipático), ne pas avoir de chance (tener mala suerte).

estampación *f* estampage *m* (acción de estampar) ‖ impression (acción de imprimir) ‖ impression (textil) ‖ gaufrage *m* (papel).

estampado, da *adj* estampé, e ‖ imprimé, e (telas) ‖ gaufré, e (papel).
→ **estampado** *m* imprimé (tela) ‖ gaufrage (papel) ‖ estampage (estampación) ‖ étampage (de los metales).

estampador *m* estampeur ‖ TECN étampeur ‖ gaufreur (del papel).

estampar *v tr* estamper (sacar relieve) ‖ imprimer (imprimir) ‖ imprimer (las telas) ‖ gaufrer (el papel) ‖ FIG imprimer; estampar el pie en la arena imprimer son pied dans le sable ‖ projeter, lancer (arrojar); estampó una botella contra la pared il lança une bouteille contre le mur ‖ FAM flanquer, coller; le estampó una bofetada il lui a flanqué une gifle ‖ TECN étamper (los metales) ‖ apposer o mettre le cachet (un sello).

estampería *f* imagerie.

estampero *m* marchand de gravures (comerciante) ‖ imagier (artista) ‖ graveur (grabador).

estampía
→ **de estampía** *loc adv* salir de estampía partir en quatrième vitesse, filer.

estampida *f* détonation ‖ explosion ‖ éclatement *m* ‖ (*Amer*) fuite précipitée, cavalcade ■ (*Amer*) de estampida comme une flèche.

estampido *m* détonation *f* ‖ explosion *f* ‖ éclatement *m*; dar un estampido éclater.

estampilla *f* estampille (sello, letrero) ‖ griffe (sello con firma) ‖ vignette (impuesto) ‖ (*Amer*) timbre *m* (sello de correos o fiscal).

estampillado *m* estampillage ‖ cachet de la poste.

estampillar *v tr* estampiller.

Estambul → Estambul.

estancación *f*; **estancamiento** *m*; **estagnación** (*Amer*) *f* étanchement *m* (de la sangre) ‖ retenue *f* (embalse) ‖ stagnation *f* (agua) ‖ FIG impasse *f*; el estancamiento de la conferencia l'impasse dans laquelle se trouve la conférence ‖ enlisement *m*, piétinement *m*; estancamiento de las negociaciones enlisement des négociations ‖ stagnation (de un negocio) ‖ monopolisation *f* (de mercancías) ‖ ECON estancamiento económico stagnation économique.

estancado, da *adj* dormant, e; stagnant, e; agua estancada eau dormante ‖ FIG stagnant, e (negocio).

estancamiento → estancación.

estancar [10] *v tr* étancher (detener); estancar la sangre étancher le sang ‖ retenir (embalsar); estancar las aguas retenir les eaux ‖ monopoliser, mettre en régie (monopolizar) ‖ FIG laisser en suspens (un negocio).
→ **estancarse** *v pr* stagner (líquidos) ‖ FIG rester en suspens, stagner (un asunto) ‖ s'enliser, piétiner (negociaciones) ‖ être dans une impasse (conferencias) ‖ se scléroser (instituciones).

estancia *f* séjour *m* (permanencia); después de diez días de estancia en Madrid, se marchó après un séjour de dix jours à Madrid, il s'en alla; la estancia le costó mil pesetas le séjour lui a coûté mille pesetas ‖ demeure (morada) ‖ pièce (habitación) ‖ journée (en un hospital) ‖ nuit, nuitée (noche pasada en un hotel) ‖ stance (estrofa) ‖ (*Amer*) ferme (hacienda rural).

estanciero *m* (*Amer*) fermier.

estanco, ca *adj* étanche; compartimientos estancos compartiments étanches.
→ **estanco** *m* bureau de tabac (tienda donde se vende tabaco) ‖ monopole, régie *f*; el estanco del tabaco la Régie des tabacs ‖ bistrot (taberna) ‖ FIG dépôt, archives *f pl*.

> ▌ **EL ESTANCO** ——————————
> Dans les établissements appelés « estancos », on peut acheter du tabac, des timbres-poste, des timbres fiscaux, des formulaires et autres types d'imprimés officiels. Les « estancos » détiennent officiellement le monopole de la vente du tabac, cédé en location par l'État. Mais dans la pratique, on peut trouver du tabac dans d'autres établissements comme les bars, les restaurants, ou en utilisant une machine distributrice de tabac, moyennant un supplément de 5% par rapport au prix officiel. Les « estancos » vendent parfois d'autres produits, tels que des fournitures de bureau, des articles pour fumeurs, des cadeaux, etc.

estand; stand *m* stand.
▌ OBSERV *pl* estands, stands.

estándar; estandard *adj & s m* standard.
▌ OBSERV *pl* estándares; standards.

estandardización → estandarización.

estandardizar; estandarizar [13] *v tr* standardiser.

estandarización; estandardización *f* standardisation.

estandarizar → estandarizar.

estandarte *m* étendard.

estanding; standing *m* standing.
▌ OBSERV *pl* estandings; standings.

estanflación *f* ECON stagflation.

Estanislao *n pr* Stanislas.

estannato *m* QUÍM stannate.

estánnico, ca *adj* stannique (de estaño).

estannífero, ra *adj* stannifère.

estanque *m* [▷ SIN] étang ‖ bassin (en un jardín); el estanque del Retiro le bassin du Retiro ‖ NUCL estanque de sedimentación bassin de sédimentation.
▌ SIN lago lac; laguna lagune; pantano marais; charca mare; alberca bassin; albufera étang naturel.

estanquero, ra *m & f* buraliste (comerciante).

estanquidad *f* étanchéité.

estanquillo *m* bureau de tabac (estanco) ‖ (*Amer*) mercerie *f*, bazar (tenducho).

estantal *m* étai, étançon.

estante *adj* (p us) fixe.
◇ *m* bibliothèque *f* (mueble) ‖ rayon, étagère *f* (anaquel) ‖ bâti (de máquina de coser) ‖ (*Amer*) étai (puntal).

estantería *f* rayonnage *m*, étagères *pl*.

estantigua *f* fantôme *m* (fantasma) ‖ FIG & FAM grand escogriffe *m* (persona alta y flaca) ‖ épouvantail *m* (persona fea).

estañado *m* étamage (de metales) ‖ étamure *f* (aleación para estañar).

estañador *m* étameur.

estañadura *f* étamage *m*, rétamage *m* (acción de estañar) ‖ étamure *f* (aleación para estañar).

estañar *v tr* étamer, rétamer.

estañero *m* étameur, rétameur.

estaño *m* étain (metal).

estaqueada *f* (*Amer*) volée de coups.

estaquear *v tr* (*Amer*) clouer au sol [des peaux].

estáquide *f* BOT épiaire *m*.

estaquilla *f* chevillette (clavillo).

estaquillar *v tr* cheviller.

estar [59] *v intr*

---

1. ÊTRE
2. ALLER
3. SEGUIDO DE UNA PREPOSICIÓN
4. FORMA REFLEXIVA
5. CON GERUNDIO
6. LOCUCIONES DIVERSAS

---

1. ÊTRE indique une position dans l'espace ou dans le temps; está en Sevilla il est à Séville; estoy en casa je suis chez moi o à la maison; no estoy para nadie je n'y suis pour personne; el señor no está monsieur n'est pas là (sin indicación de lugar hay que añadir un adverbio); estamos en verano nous sommes en été ‖ rester, séjourner; estuve seis días en Córdoba je suis resté six jours à Cordoue ‖ indique un état ou une qualité momentanée; el suelo está húmedo le sol est humide; mi tío está enfermo mon oncle est malade; estoy solo y satisfecho je suis seul et satisfait ‖ au passif, marque l'état résultant d'une action passée; la puerta está cerrada la porte est fermée

2. ALLER ¿cómo estás? comment vas-tu?; estar bien, malo, mejor aller bien, mal, mieux (de salud); este vestido te está muy bien cette robe te va très bien

3. SEGUIDO DE UNA PREPOSICIÓN estar a être le (fecha); ¿a cuánto estamos? le combien sommes-nous?; estamos a 3 (tres) de mayo nous sommes le 3 [trois] mai ‖ être à (precio); las patatas están a cinco pesetas les pommes de terre sont à cinq pesetas ■ estar de être en; estar de viaje, de paseo, de mudanza être en voyage, en promenade, en déménagement; estar de vacaciones être en vacances ‖ être comme, être en qualité de; está aquí de embajador il est ici comme ambassadeur ‖ être (habillé) en; estar de paisano, de militar être en civil, en uniforme ‖ estar de rodillas être à genoux ■ estar en être à; estar en Madrid être à Madrid; estar en ayunas être à jeun ‖ être en; estar en España être en Espagne ‖ être; lo malo está en que no viene l'ennui, c'est qu'il ne vient pas; en esto está la dificultad voila où est la difficulté ‖ être au courant (saber); estoy en lo que me dices je suis au courant de ce que tu me dis ‖ y être (entender); ¿estás en ello? tu y es? ■ estar para être sur le point de, aller; estaba para salir j'allais sortir ‖ avoir envie de, être disposé à, être d'humeur à; no estoy para bromas je n'ai pas envie de plaisanter ‖ être en état de; no estoy para emprender un nuevo viaje je ne suis pas en état d'entreprendre un nouveau voyage ■ **estar por** être à, rester à; **todo esto está por hacer** tout ceci est à faire; **este cuarto está por barrer** il reste cette pièce à balayer ‖ être pour (partidario) être tenté de; **estoy por decir que esto es falso** je suis tenté de dire que cela est faux ■ **estar sin** ne pas être; **la casa está sin vender** la maison n'est pas vendue

4. FORMA REFLEXIVA rester; **estarse quieto** rester tranquille; **se estuvo en la cama tres días** il est resté trois jours au lit

5. CON GERUNDIO suivis d'un gérondif, **estar** o **estarse** expriment la durée de l'action; ils se traduisent, soit par être en train de o rester à (et l'infinitif), soit par le verbe principal conjugué au temps de l'auxiliaire: **estaba durmiendo** il était en train de dormir, il dormait; **le estuve esperando dos horas** je suis resté deux heures à vous attendre, je vous ai attendu deux heures ‖ **¡ya te estás yendo!** tu peux te préparer à partir

6. LOCUCIONES DIVERSAS **aquí estoy y aquí me quedo** j'y suis, j'y reste ‖ **así estamos** nous en sommes là ‖ **¿dónde estamos?** où en sommesnous ? ■ **está bien** c'est bien (perfectamente), c'est bon, c'est d'accord (de acuerdo) ‖ FAM **está hasta en la sopa** on ne voit que lui ‖ **¿estamos?** nous y sommes ? ‖ **estamos todavía a tiempo de** il est encore temps de ‖ FIG & FAM **está que bota** il est furieux o à cran o en rogne ■ FIG & FAM **estar a dos velas** être sans le sou, tirer le diable par la queue ‖ **estar a la mira** avoir l'œil sur ‖ **estar a la que salta** être à l'affût de toutes les occasions, ne rien laisser passer ‖ **estar al caer** sonner (las horas), s'annoncer, être imminent (suceso); **la guerra está al caer** la guerre est imminente ‖ **estar al tanto** être au courant ‖ **estar a matar** être à couteaux tirés, s'en vouloir à mort ‖ **estar a oscuras** être dans le noir o dans l'obscurité (sin luz), être obscur (poco claro), ne pas être au courant (desconocer) ‖ **estar a pan y agua** être au pain et à l'eau, être au pain sec ‖ **estar a punto de** o **a pique de** être sur le point de ‖ **estar bien, mal con uno** être bien, ne pas être bien o être mal avec quelqu'un ‖ **estar bueno** être bon (calidad), être en bonne santé, aller bien (de salud) ‖ **estar con uno** être avec quelqu'un (encontrarse), être d'accord avec quelqu'un (coincidir) ‖ **estar de guardia** être de garde, monter la garde ‖ **estar de juerga** faire la bringue ‖ **estar de más** o **de sobra** être de trop o en trop ‖ **estar en ánimo** o **con ánimo de hacer una cosa** être d'humeur à o avoir envie de faire quelque chose ‖ FIG & FAM **estar en ascuas** être sur des charbons ardents ‖ **estar en lo cierto** être dans le vrai ‖ **estar en sí** savoir ce que l'on fait ‖ **estar en todo** se multiplier, avoir l'œil à tout (ocuparse), penser à tout ‖ **estar fuera** être sorti ‖ **estar hecho** être (devenu); **estás hecho un sabio** tu es devenu un vrai savant ‖ **estar para todo** s'occuper de tout ‖ **estar sobre uno** être toujours derrière quelqu'un ‖ **estar una cosa por ver** être à voir o à vérifier [une chose] ■ **estoy que ni puedo moverme** je suis dans un tel état que je ne peux même plus bouger ‖ **estoy en que va a llover** je crois o je pense qu'il va pleuvoir ‖ **si estuviese en su lugar** si j'étais à votre place, si j'étais vous ‖ **ya está** ça y est ‖ **¡ya está bien!** ça suffit!,

assez! ‖ **ya que estamos** puisque nous y sommes, tant qu'à faire.

‖ OBSERV [➤ **être**, parte francesa].

estarcido m poncif (dibujo).

estarcir v tr poncer (un dibujo).

estárter ➤ **starter**.

‖ OBSERV pl estárters.

éstasis f inv MED stase.

estatal adj de l'État, étatique.

estatalizar [13] v tr étatiser.

estático, ca adj statique ‖ FIG figé, e (parado).

➥ **estática** f MECÁN statique.

estatificar [10] v tr étatiser (nacionalizar).

estatismo m étatisme (político) ‖ immobilité f.

estator m MECÁN stator.

estatorreactor m AVIAC statoréacteur.

estatoscopio m AVIAC statoscope.

estatua f statue; **levantar una estatua** élever une statue ‖ **quedarse hecho una estatua** rester figé comme une statue, être pétrifié o médusé.

estatuario, ria adj statuaire ‖ TAUROM **pase estatuario** passe par le haut, effectuée sans bouger le corps.

➥ **estatuario** m statuaire (escultor).

➥ **estatuaria** f statuaire (arte).

estatúder m stathouder (magistrado de los Países Bajos).

estatuir [51] v tr & intr statuer.

estatura f taille, stature (de una persona) ‖ **por orden de estatura** par rang de taille.

estatus; status m inv statut m social.

estatutario, ria adj statutaire.

estatuto m statut ■ **estatuto de autonomía** statut de communauté autonome ‖ DR **estatuto formal** protocole ■ **según los estatutos** statutairement, d'après les statuts.

EL ESTATUTO DE AUTONOMÍA ───

C'est le nom que portent les lois régissant le fonctionnement des diverses communautés autonomes espagnoles. Tous les statuts en vigueur aujourd'hui ont été introduits entre 1979 et 1982, même si certaines régions telles que la Catalogne, le Pays basque ou la Navarre (loi sur les « fueros » de Navarre) disposaient déjà d'autres statuts d'autonomie, disparus à la fin de la guerre civile.

---

estay m MAR étai.

‖ OBSERV pl estayes.

este m est, orient ‖ **viento del Este** vent d'est.

este, esta, estos, estas adj dem ce, cette, ces, ce... -ci, cette... -ci, ces... -ci; **no conozco a esta mujer** je ne connais pas cette femme; **estas casas** ces maisons-ci.

‖ OBSERV **1.** L'adjectif démonstratif **este, esta** s'emploie en espagnol pour désigner une personne ou un objet plus proche de la personne qui parle que de celle à qui l'on parle, s'opposant ainsi à **ese** et **aquel**: **este sombrero me gusta más que aquél** ce chapeau-ci me plaît davantage que celui-là.

2. Se cambia **ce** en **cet** delante de una vocal o h muda: **este hombre**, cet homme. Por otra parte, se puede añadir en francés la partícula invariable **ci** para designar algo más concretamente: **esta casa es más bonita que aquélla** cette maison-ci est plus jolie que celle-là.

éste, ésta, éstos, éstas pron dem celui-ci, celle-ci, ceux-ci, celles-ci; **me gusta más esa casa que ésta** j'aime mieux cette maison que celle-ci ‖ lui, elle, eux, elles; **nadie me lo dijo, aunque ésta lo supiera** personne ne me l'a dit, et pourtant, elle, elle le savait ‖ **ésta** la ville de celui qui parle ou écrit; **hecho en ésta (Madrid), a 10 de octubre** fait à Madrid le 10 octobre ‖ FAM **ésta y nunca** o **no más** on ne m'y reprendra plus, c'est bien la dernière fois.

‖ OBSERV À la différence des adjectifs, les pronoms **éste, ésta, éstos, éstas** sont toujours accentués.

estearato m QUÍM stéarate.

esteárico, ca adj stéarique.

estearina f QUÍM stéarine ‖ **fábrica de estearina** stéarinerie.

esteatita f MIN stéatite.

esteatoma m MED stéatome.

esteatosis f inv stéatose.

esteaurótida f MIN staurotide.

esteba f MAR perche (pértiga para apretar la carga) ‖ stipe m (planta graminéa).

Esteban n pr Étienne, Stéphane.

estegomia f ZOOL stégomye.

estela f sillage m (de un barco) ‖ stèle (monumento) ‖ FIG trace, vestige m ‖ BOT stellaire ‖ **estela de humo** panache de fumée.

estelar adj ASTRON stellaire (de las estrellas) ‖ FIG vedette; **combate estelar** combat vedette (boxeo) ■ FIG **figura estelar** figure de proue, étoile [vedette] ‖ **papel estelar** premier rôle.

estelaria f BOT stellaire (pie de león).

estelífero, ra adj POÉT étoilé, e.

estelión m ZOOL gecko (salamanquesa) ‖ crapaudine (piedra fabulosa).

estelionato m DR stellionat ‖ **culpable de estelionato** stellionataire.

estema m ZOOL stemmate.

estenio m sthène (unidad de fuerza).

estenocardia f MED sténocardie, angine de poitrine.

estenografía f sténographie.

estenografiar [9] v tr sténographier.

estenográfico, ca adj sténographique.

estenógrafo, fa m & f sténographe.

‖ OBSERV On dit plus couramment taquígrafo, taquígrafa.

estenograma m sténogramme.

estenope m FÍS sténopé.

estenordeste m est-nord-est.

estenosis f inv MED sténose.

estenotipia f sténotypie.

estenotipista m & f sténotypiste.

estenotipo m sténotype f.

esténtor m stentor.

estentóreo, a adj de stentor; **voz estentórea** voix de stentor.

estepa f steppe (llanura) ‖ BOT ciste m (jara).

estepario, ria adj steppique, de steppe.

éster m QUÍM ester.

Ester n pr Esther.

estera f natte [de jonc, etc.] ‖ passage m (alfombra estrecha) ‖ tapis-brosse m (felpudo).

esterar v tr recouvrir de tapis (alfombrar).

estercoladura *f*; **estercolamiento** *m* AGRIC fumure *f*, fumage *m*.

estercolar *v tr* fumer (la tierra).
◇ *v intr* fienter (los animales).

estercolero *m* tas de fumier, fumier ‖ FIG porcherie *f* (sitio muy sucio).

estercóreo, a *adj* stercoral, e (del estiércol).

esterculiáceas *f pl* BOT sterculiacées.

estéreo *m* stère (medida para madera) ■ medición por estéreos stérage ‖ medir por estéreos stérer.

estereóbato *m* ARQ stéréobate.

estereocromía *f* TECN stéréochromie.

estereofonía *f* stéréophonie.

estereofónico, ca *adj* stéréophonique.

estereofotografía *f* stéréophotographie.

estereognosia *f* stéréognosie.

estereografía *f* stéréographie.

estereográfico, ca *adj* stéréographique.

estereógrafo *m* stéréographe.

estereograma *m* stéréogramme.

estereometría *f* stéréométrie.

estereométrico, ca *adj* stéréométrique.

estereómetro *m* stéréomètre.

estereoquímica *f* stéréochimie.

estereorradián *m* stéradian (unidad de ángulo).

estereoscopia *f* FÍS stéréoscopie.

estereoscópico, ca *f* FÍS stéréoscopique.

estereoscopio *m* stéréoscope.

estereostática *f* FÍS stéréostatique.

estereotipado *m* stéréotypage.

estereotipador *m* IMPR clicheur.

estereotipar *v tr* stéréotyper ■ FIG una expresión estereotipada une expression toute faite ‖ una sonrisa estereotipada un sourire stéréotypé.

estereotipia *f* stéréotypie (arte), stéréotype *m* (máquina) ‖ MED (repetición).

estereotipo *m* stéréotype (cliché).

estereotomía *f* stéréotomie.

estereotómico, ca *adj* stéréotomique.

estereovisión *f* stéréovision.

esterería *f* atelier *m* o boutique du nattier.

esterero *m* nattier.

estérico, ca *adj* QUÍM stérique.

esterificación *f* QUÍM estérification.

esterificar [10] *v tr* QUÍM estérifier.

estéril *adj* stérile.

esterilete *m* stérilet.

esterilidad *f* stérilité.

esterilización *f* stérilisation.

esterilizador, ra *adj* stérilisant, e; producto esterilizador produit stérilisant ‖ stérilisateur, trice; aparato esterilizador appareil stérilisateur.
➤ **esterilizador** *m* stérilisateur.

esterilizar [13] *v tr* stériliser.

esterilla *f* petite natte [de jonc] ‖ galon *m* de fil d'or ou d'argent (trencilla) ‖ esterilla de baño tapis de bain.

estérilmente *adv* stérilement.

esterlina *adj inv* sterling; libra esterlina livre sterling.

esternocleidomastoideo *adj m & s m* ANAT sterno-cléido-mastoïdien.

esternón *m* ANAT sternum ‖ del esternón sternal, e.

estero *m* pose *f* de tapis ‖ estuaire (de un río) ‖ (Amer) marais (pantano).

esteroide *m* stéroïde; esteroide anabolizante stéroïde anabolisant.

esterol *m* QUÍM stérol.

estertor *m* râle, râlement (respiración angustiosa) ‖ estar en los últimos estertores être à l'article de la mort.

estesiómetro *m* esthésiomètre.

estesudeste *m* est-sud-est.

esteta *m & f* esthète.

esteticista *m & f*; esthéticienne *f* esthéticien, enne.
> OBSERV Le mot esticista désigne à la fois la personne qui travaille dans un institut de beauté et l'écrivain spécialiste de l'esthétique.

estético, ca *adj & s f* esthétique; estética trascendental esthétique transcendantale.
➤ **estético** *m* esthéticien.

estetismo *m* esthétisme.

estetista *m & f* esthéticien, enne.
> OBSERV Le mot estetista, peu usité en espagnol, ne s'emploie que pour désigner la personne dont le métier consiste à donner des soins de beauté.

estetómetro *m* stéthomètre.

estetoscopia *f* MED stéthoscopie.

estetoscopio *m* MED stéthoscope.

esteva *f* mancheron *m* (del arado).

estevado, da *adj* aux jambes arquées.
◇ *m & f* personne aux jambes arquées.

estezado *m* cuir souple.

estezar [13] *v tr* tanner à sec.

esthéticienne ➤ esteticista.

estiaje *m* étiage (de las aguas).

estiba *f* MAR chargement *m*, estive (lastre), arrimage *m* (colocación de la carga) ‖ AGRIC empilage *m* (apilado); altura de estiba hauteur d'empilage ‖ (Amer) tas *m* (rimero).

estibador *m* arrimeur.

estibar *v tr* tasser (lo embalado) ‖ MAR arrimer, estiver (la carga).

estibina *f* MIN stibine.

estiércol *m* fumier ‖ jugo de estiércol purin.
> SIN abono engrais; enmienda amendement; humus humus; guano guano.

estigio, gia *adj* MIT stygien, enne (infernal) ‖ la laguna Estigia le Styx.

estigma *m* BOT & MED stigmate ‖ FIG stigmate; los estigmas del vicio les stigmates du vice.
➤ **estigmas** *m pl* stigmates (de Jesús, de algunos santos).

estigmatismo *m* stigmatisme (óptica).

estigmatización *f* stigmatisation.

estigmatizar [13] *v tr* stigmatiser.

estilar *v tr* (p us) DR dresser (un acte) en bonne et due forme.
◇ *v intr & pr* s'employer, être en usage; esta palabra no se estila aquí ce mot ne s'emploie pas ici ‖ se porter, être à la mode; los jubones ya no se estilan les pourpoints ne se porten plus ‖ se pratiquer (practicarse) ‖ avoir l'habitude de, se faire; no se estila llevar sombrero de paja en invierno on n'a pas l'habitude de porter un chapeau de paille en hiver ‖ es lo que se estila c'est ce qui se fait.

estilbeno *m* QUÍM stilbène.

estilete *m* stylet ‖ TECN style (de aparato grabador).

estilicidio *m* (p us) stillation *f* (goteo).

estilismo *m* stylisme.

estilista *m & f* styliste (escritor).

estilístico, ca *adj* stylistique.
➤ **estilística** *f* stylistique ‖ especialista en estilística stylisticien, enne.

estilización *m* stylisation.

estilizado, da *adj* stylisé, e ‖ profilé, e (avión, coche).

estilizar [13] *v tr* styliser.

estilo *m* style (punzón y varilla del reloj) ‖ style; estilo sobrio style sobre; estilo románico style roman ‖ style (moda) ‖ langage; es un estilo muy suyo c'est un langage bien à lui ‖ style, classe (categoría); tener mucho estilo avoir beaucoup de style ‖ BOT style ‖ DEP nage *f*; estilo mariposa nage papillon; estilo libre nage libre; 400 metros estilos 400 mètres quatre nages ‖ façon *f*; vino espumoso estilo champán vin mousseux façon champagne ‖ (Amer) danse *f* folklorique uruguayenne ■ GRAM estilo directo, indirecto style direct, indirect ■ a estilo de dans le goût de ‖ al estilo de a la manière, à la mode, à la; a estilo de Francia à la manière française, à la française ‖ de buen, mal estilo de bon, de mauvais ton ‖ por el estilo du même genre (parecido), à peu près la même chose (casi lo mismo) ■ todo está por el estilo tout est à l'avenant ‖ una criada que tiene mucho estilo une bonne très stylée.

estilóbato *m* ARQ stylobate.

estilográfico, ca *adj* stylographique ‖ pluma estilográfica stylographe.
➤ **estilográfica** *f* stylographe *m* (ant), stylo *m*.

estima *f* estime; le tengo poca estima j'ai pour lui peu d'estime; le tengo gran estima je l'ai en grande estime ‖ MAR estime ‖ MAR navegación de estima navigation estimée o observée.

estimabilidad *f* appréciabilité.

estimabilísimo, ma *adj* très estimable.

estimable *adj* estimable.

estimación *f* estimation (evaluación comercial) ‖ évaluation; estimación presupuestaria évaluation budgétaire ‖ appréciation (aprecio) ‖ estime (estima) ■ DR estimación de una demanda prise en considération d'une demande ‖ estimación propia amour-propre ‖ según estimación común de l'avis général.

estimado, da *adj* estimé, e ‖ cher, chère; estimado señor cher monsieur (carta).

estimar *v tr* estimer, apprécier, avoir de l'estime pour, priser (apreciar); estimar mucho o en mucho a uno estimer beaucoup quelqu'un ‖ [▷ SIN] estimer (valorar); estimar una sortija en su justo valor estimer une bague à sa juste valeur ‖ estimer, penser, considérer (juzgar); estimo que no merecía este castigo j'estime qu'il ne méritait pas cette punition ‖ DR estimar una demanda faire droit à une requête.

estimarse v pr s'estimer ‖ évaluer; se estima que la temperatura es hoy de cinco grados on évalue à 5 degrés la température aujourd'hui ‖ ninguna persona que se estime nulle personne qui se respecte.

‖ SIN valorar, valuar, tasar évaluer; apreciar apprécier; considerar considérer; juzgar juger.

estimativa f jugement m (facultad intelectual) ‖ instinct m (instinto).

estimativo, va adj de référence.

estimulación f stimulation.

estimulador, ra adj stimulant, e.

estimulante adj & s m stimulant, e; remontant, e FAM.
◇ m FIG stimulant.

estimular v tr stimuler (aguijonear) ‖ FIG inciter, pousser; le estimuló a que se presentara il l'incita à se présenter ‖ encourager (animar).

estímulo m stimulation f (incitación) ‖ encouragement; sus palabras fueron un estímulo para mí ses paroles ont été un encouragement pour moi ‖ stimulant (estimulante) ‖ encouragement (fiscal) ‖ ZOOL stimulus.

estinco m scinque (reptil).

estío m été (verano).
‖ OBSERV Estío est un mot plus recherché que verano.

estipe m BOT stipe (estípite).

estipendiar [7] v tr rémunérer (asalariar).
‖ OBSERV La palabra francesa stipendier sólo se emplea con un sentido despectivo: stipendier des assassins asalariar asesinos.

estipendiario m salarié (asalariado) ‖ taillable (pechero).

estipendio m rémunération f, rétribution f (salario) ‖ honoraires pl de messe (para una misa encomendada).

estípite m ARQ colonne f diminuée ‖ BOT stipe.

estíptico, ca adj & s m MED styptique, astringent, e.
◇ adj constipé, e (estreñido).

estípula f BOT stipule.

estipulación f stipulation.

estipular v tr stipuler.

estique m ciseau dentelé (de escultor).

estiradamente adv à peine, tout juste; tener estiradamente para vivir avoir à peine o tout juste de quoi vivre.

estirado, da adj FIG tiré, tirée à quatre épingles (esmerado) ‖ poseur, euse; guindé, e; prétentieux, euse (presumido) ‖ compassé, e; raide (tieso) ‖ FAM radin, e; pingre (avaro) ‖ andar estirado avoir une démarche compassée.

estirada f plongeon m (en fútbol); hacer una estirada faire un plongeon.

estirado m défrisement (del pelo) ‖ TECN étirage.

estirador, ra m & f TECN étireur, euse ‖ máquina estiradora étireuse.

estiraje m TECN étirage.

estiramiento m étirage.

estirar v tr étirer ‖ tirer (medias, falda) ‖ FIG allonger (alargar), étendre (extender) ‖ faire durer (el dinero) ‖ MAR élonger ‖ FAM (Amer) descendre (matar) ■ FIG & FAM estirar la pata

casser sa pipe, claquer (morir) ‖ estirar las piernas se dégourdir o se dérouiller les jambes ‖ TECN hilera de estirar banc d'étirage.

estirarse v pr s'étirer.

estireno; estiroleno m QUÍM styrène, styrolène.

Estiria n pr f GEOGR Styrie.

estiroleno ► estireno.

estirón m secousse f, saccade f (tirón) ‖ poussée f [de croissance] FIG & FAM dar un estirón grandir tout d'un coup, pousser comme une asperge (crecer rápidamente).

estirpe f souche (origen de una familia); de buena estirpe de bonne souche ‖ lignée, lignage m famille (descendencia) ■ de real estirpe de sang royal ‖ FIG no niega su estirpe il a de qui tenir.

estival adj estival, e; calor, moda estival chaleur, mode estivale ‖ d'été; solsticio estival solstice d'été.

esto pron dem neutro ceci, cela, ça FAM, c' (con algunos tiempos de los verbos "être" y "avoir"); yo quiero esto je veux cela; esto no me gusta ça ne me plaît pas; esto es verdad c'est vrai ■ esto... heu..., voyons... (cuando se duda) ‖ esto es c'est-à-dire (es decir), c'est ça (de acuerdo) ‖ ¡esto tenemos! nous en sommes là! ‖ con esto avec ça, malgré cela ‖ en esto sur ce, sur ces entrefaites, là-dessus ‖ no por esto cela n'empêche pas que, ce n'est pas pour cela que ■ esto es lo que quiero decir c'est ce que je veux dire, voilà ce que je veux dire ‖ no hay como esto para darle ánimo il n'y a rien de tel pour vous redonner du courage.

‖ OBSERV 1. Esto désigne ce qui est proche de la personne qui parle, et se différencie donc de eso et aquello.
2. Aunque el francés ceci corresponda exactamente al español esto, se emplea mucho más cela o ça FAM, salvo en los casos en que esto se contrapone a eso o aquello: ¿esto o aquello? ceci ou cela ?

estoc; stock m stock.
‖ OBSERV pl estocs, stocks.

estocada f estocade ‖ botte (esgrima) ■ dar estocadas porter des estocades ‖ TAUROM estocada en lo alto estocade bien portée ‖ tirar tajos y estocadas frapper d'estoc et de taille.

estocafís m inv stockfisch (pez).

Estocolmo n pr GEOGR Stockholm.

estofa f étoffe brochée ‖ qualité, aloi m; de baja estofa de mauvais aloi ‖ pícaro de baja estofa voyou de la pire espèce.

‖ OBSERV La palabra francesa étoffe es un término general que corresponde a tela.

estofado, da adj (p us) arrangé, e; orné, e (adornado) ‖ CULIN à l'étuvée, à l'étouffée ‖ en estofado à l'étuvée, à l'étouffée.

estofado m CULIN plat cuit à l'étouffée (guisado) ‖ daube f (adobado) ‖ estofado de vaca bœuf mode.

estofar v tr broder en application (bordar) ‖ CULIN étuver, faire cuire à l'étuvée o à l'étouffée.

estoicamente adv stoïquement.

estoicismo m stoïcisme ‖ FIG stoïcisme.

estoico, ca adj & s stoïcien, enne; stoïque; la escuela estoica l'école stoïcienne; la doctrina estoica la doctrine stoïque; Séneca fue un estoico Sénèque fut un stoïcien.

◇ adj FIG stoïque; un hombre estoico un homme stoïque.

estola f étole.

estolidez f stupidité (estupidez).
■ OBSERV pl estolideces.

estolón m BOT stolon ‖ grande étole f (de sacerdote).

estolonífero, ra adj BOT stolonifère.

estoma m BOT stomate.

estomacal adj & s m stomachique.
◇ adj stomacal, e.

estomagante adj dégoûtant, e; écœurant, e.

estomagar [16] v tr dégoûter, écœurer (asco) ‖ rester sur l'estomac (empachar).
■ OBSERV Existe en francés la palabra familiar estomaquer, pero significa dejar pasmado.

estómago m estomac ‖ boca del estómago creux de l'estomac ‖ dolor de estómago mal à l'estomac ■ FIG hacerse el estómago a se faire à ‖ revolver el estómago soulever le cœur ‖ se me revuelve el estómago j'ai mal au cœur ‖ tener a uno sentado en el estómago o en la boca del estómago ne pas pouvoir digérer quelqu'un ‖ tener el estómago en los pies, ladrarle a uno el estómago, tener el estómago pegado al espinazo avoir l'estomac dans les talons ‖ tener estómago o buen o mucho estómago ne pas être dégoûté (no hacer el remilgado), encaisser sans broncher (aguantar) ‖ tener los ojos más grandes que el estómago avoir les yeux plus grands que le ventre ‖ tener un estómago de piedra avoir un estomac d'autruche ‖ tener un vacío en el estómago avoir un creux dans l'estomac, avoir le ventre creux.

estomaguero m ceinture f de flanelle des bébés.

estomático, ca adj MED stomatique (de la boca).

estomaticón f MED emplâtre stomachique.

estomatitis f inv MED stomatite.

estomatología f MED stomatologie.

estomatólogo, ga m & f MED stomatologiste.

estomatoscopio m stomatoscope.

Estonia n pr f GEOGR Estonie.

estonio, nia adj & s estonien, enne; este.

estonio m LING estonien, este.

estop ► stop.

estopa f étoupe ‖ llenar con estopas étouper.

estopeño, ña adj d'étoupe.

estopilla f cotonnade (tela).

estopín m MIL étoupille f.

estopón m étoupe f grossière.

estopor m MAR stoppeur, étrangloir (del ancla).

estoque m estoc (espada estrecha) ‖ TAUROM épée f, estoc ‖ BOT glaïeul ‖ bastón de estoque canne-épée.

estoqueador m matador (torero).

estoquear v tr porter une estocade, estocader.

estoqueo m série f d'estocades.

estor m store [vénitien].

estoraque m styrax (árbol) ‖ storax (resina).

estorbar *v tr* gêner, embarrasser; este paquete me estorba ce paquet m'embarrasse ‖ [▷ SIN] gêner, encombrer; estorbar el paso gêner le passage ‖ gêner; estorbar el tráfico, a un rival gêner la circulation, un concurrent ‖ FIG entraver, mettre obstacle à; estorbar las negociaciones entraver les négociations.

‖ SIN dificultar, entorpecer rendre difficile, gêner; embarazar embarrasser; impedir empêcher; obstaculizar, poner trabas entraver.

estorbo *m* gêne *f*, embarras (molestia) ‖ obstacle, entrave *f* (obstáculo).

estornija *f* frette, rondelle (de una rueda).

estornino *m* étourneau, sansonnet (ave).

estornudar *v intr* éternuer.

estornudo *m* éternuement, sternutation *f* (p us) ‖ ébrouement (de los animales).

estos, estas ces ▶ este.

éstos, éstas ceux-ci, celles-ci ▶ éste.

estovaína *f* QUÍM stovaïne.

estovar *v tr* étuver (rehogar).

estrábico, ca *adj & s* strabique.

estrabismo *m* MED strabisme.

Estrabón *n pr* Strabon.

estradivario *m* stradivarius (violín).

estrado *m* estrade *f* (tarima) ‖ (ant) salon, boudoir (sala) ‖ mobilier du salon [siège et tapis].

▶ **estrados** *m pl* DR salle *f sing* d'audience, tribunal *sing*, parquet *sing*.

estrafalariamente *adv* bizarrement, ridiculement, d'une façon ridicule o extravagante.

estrafalario, ria *adj* bizarre, extravagant, e (persona) ‖ biscornu, e; saugrenu, e (idea, razonamiento).

◁ *m & f* extravagant, e.

estragar [16] *v tr* gâter, corrompre (corromper) ‖ abîmer, gâter (deteriorar) ‖ ravager (causar estrago) ‖ FAM tener el gusto estragado n'avoir absolument aucun goût.

estrago *m* ruine *f*, destruction *f* (destrucción) ‖ ravage, dégât; el terremoto ha causado muchos estragos le tremblement de terre a causé de grands ravages ‖ FIG ravage; los estragos de los años les ravages des ans; los estragos del miedo les ravages de la peur ■ causar estragos ravager, faire des ravages o des dégâts; el terremoto ha causado estragos en todo el país le tremblement de terre a ravagé tout le pays ‖ hacer estragos sévir, faire des ravages (calamidad, epidemia).

estragón *m* BOT estragon.

estrambote *m* groupe de vers ajoutés à un sonnet.

estrambóticamente *adv* avec extravagance, d'une façon extravagante.

estrambótico, ca *adj* extravagant, e.

estramonio *m* BOT stramoine.

estrangul *m* MÚS anche *f*.

estrangulación *f* étranglement *m*, strangulation.

estrangulado, da *adj* MED étranglé, e (hernia).

estrangulador, ra *adj & s* étrangleur, euse.

▶ **estrangulador** *m* AUTOM starter, étrangleur (ant).

estrangulamiento *m* étranglement ‖ FIG goulot d'étranglement.

estrangular *v tr* [▷ SIN] étrangler ‖ comprimer (una vena, etc.).

▶ **estrangularse** *v pr* s'étrangler.

‖ OBSERV S'étrangler au sens figuré se dit ahogarse (de rage, etc.) ou atragantarse (en mangeant).

‖ SIN colgar, ahorcar pendre; agarrotar, dar garrote garroter; ahogar étrangler.

estrapada *f* estrapade (suplicio).

estraperlear *v intr* FAM faire du marché noir.

estraperlista *m & f* trafiquant, e au marché noir.

estraperlo *m* marché noir; vender de estraperlo vendre au marché noir.

ESTRAPERLO

Cet acronyme de Strauss, Pérez y López désigne le marché noir qui a battu son plein après la guerre civile d'Espagne. Le trafic illégal de marchandises portait essentiellement sur les produits alimentaires et a évité à de nombreuses familles de mourir de faim. En effet, la carte de rationnement ne garantissait pas une quantité de nourriture suffisante pour subsister. Parallèlement, le marché noir a facilité l'enrichissement de certains « estraperlistas » et le développement de l'esprit de débrouillardise nécessaire pour déjouer les contrôles douaniers. Les produits acquis au marché noir étaient appelés « productos de estraperlo ».

estrás *m* strass (cristal).

Estrasburgo *n pr* GEOGR Strasbourg.

estratagema *f* stratagème *m*; emplear estratagemas user de stratagèmes.

estratega *m* MIL stratège, stratégiste ‖ FAM los estrategas de café les stratèges en chambre.

estrategia *f* stratégie.

‖ SIN táctica tactique; maniobra manœuvre.

estratégicamente *adv* stratégiquement.

estratégico, ca *adj* stratégique.

▶ **estratégico** *m* stratège, stratégiste (p us).

estratego *m* stratège, stratégiste (p us).

estratificación *f* stratification.

estratificar [10] *v tr* stratifier.

estratigrafía *f* GEOL stratigraphie.

estratigráfico, ca *adj* stratigraphique.

estrato *m* GEOL strate *f* ‖ stratus (nube) ‖ FIG couche *f* (social).

estratocúmulo *m* strato-cumulus (nube).

estratopausa *f* stratopause.

estratosfera *f* stratosphère.

estratosférico, ca *adj* stratosphérique; globo estratosférico ballon stratosphérique.

estrave *m* MAR étrave *f* (proa).

estraza *f* chiffon *m* de grosse toile ‖ papel de estraza papier gris.

estrechamente *adv* étroitement ‖ FIG strictement, exactement (puntualmente) ‖ petitement (con poco dinero) ‖ à l'étroit (en poco espacio); vivir estrechamente vivre à l'étroit.

estrechamiento *m* rétrécissement (de una calle) ‖ rétrécissement (de un vestido) ‖ FIG resserrement; estrechamiento de los lazos económicos entre ambos países resserrement des liens économiques entre les deux pays ‖ serrement; estrechamiento de manos serre-ment de mains ‖ estrechamiento de carretera chaussée rétrécie.

estrechar *v tr* rétrécir (un vestido) ‖ FIG resserrer; estrechar los lazos de amistad resserrer les liens d'amitié ‖ serrer; estrechar la mano serrer la main ‖ serrer, presser, étreindre; estrechar a uno entre los brazos serrer quelqu'un dans ses bras ‖ réduire (reducir) ‖ talonner, acculer (arrinconar) ‖ MIL estrechar las filas serrer les rangs.

▶ **estrecharse** *v pr* se serrer (apretarse) ‖ s'étrangler, se resserrer; un valle que se estrecha une vallée qui s'étrangle ‖ se rétrécir; aquí la carretera se estrecha ici la route se rétrécit ‖ FIG se restreindre (reducir los gastos) ‖ se rapprocher, devenir intime (trabar amistad).

estrechez *f* étroitesse (angostura) ‖ FIG étroitesse; estrechez de miras étroitesse de vues ‖ situation critique (apuro); hallarse en gran estrechez se trouver dans une situation extrêmement critique ‖ intimité ‖ MED rétrécissement *m* ■ FIG pasar estrecheces avoir des ennuis d'argent, être dans la gêne o dans l'embarras ‖ vivir con estrechez vivre petitement (modestamente), vivre à l'étroit (en poco sitio).

‖ OBSERV pl estrecheces.

estrecho, cha *adj* étroit, e; calle estrecha rue étroite; zapato estrecho soulier étroit ‖ juste, serré, e (demasiado pequeño) ‖ FIG étroit, e; espíritu estrecho esprit étroit; amistad estrecha amitié étroite ‖ radin, e (avaro) ‖ strict, e; étroit, e; moral estrecha morale stricte ‖ este vestido me está o me viene estrecho cette robe me serre o est trop étroite pour moi.

▶ **estrecho** *m* période *f* critique (apuro); pasar un grave estrecho traverser une période très critique ‖ GEOGR détroit; el estrecho de Gibraltar le détroit de Gibraltar.

LOS ESTRECHOS

el estrecho de Bering o Behring Le détroit de Béring;
el estrecho de Cook le détroit de Cook;
el estrecho de los Dardanelos le détroit des Dardanelles;
el estrecho de Gibraltar le détroit de Gibraltar;
el estrecho de Ormuz le détroit d'Hormuz o d'Ormuz;
el estrecho de Magallanes le détroit de Magellan;
el estrecho de Malaca le détroit de Malacca.

estregadera *f* brosse dure (cepillo) ‖ décrottoir *m* (para los zapatos).

estregadero *m* endroit où les animaux viennent se frotter.

estregar [35] *v tr* frotter.

▶ **estregarse** *v pr* se frotter.

estregón *m* frottement (refregón).

estrella *f* [▷ SIN] ASTRON étoile ‖ étoile (en la frente de los caballos) ‖ IMPR étoile ‖ FIG étoile (destino) ‖ étoile, vedette, star (artista) ■ estrella de mar étoile de mer (estrellamar) ‖ estrella errante étoile errante, planète ‖ estrella fija étoile fixe ‖ estrella fugaz étoile filante ‖ estrella matutina o del alba étoile du matin o du berger ‖ estrella polar étoile polaire ‖ estrella vespertina étoile du soir ■ con estrellas sous les étoiles, la nuit ■ FAM estar de mala estrella avoir la guigne ‖ haber nacido con buena estrella, tener estrella être né sous une bonne étoile ‖ ver las estrellas voir trente-six chandelles.

SIN astro astre; lucero étoile brillante; planeta planète; cometa comète.

estrelladera *f* écumoire (espumadera).

estrellado, da *adj* étoilé, e (cielo) ‖ sur le plat (huevos) ‖ qui a une étoile (caballo).

estrellamar *f* étoile de mer ‖ **BOT** plantain *m*.

estrellar *adj* stellaire.

estrellar *v tr* briser, mettre en pièces (romper) ‖ écraser (aplastar) ‖ cuire sur le plat (huevos) ‖ étoiler (constelar).

⬤ **estrellarse** *v pr* se briser (romperse) ‖ se briser (olas) ‖ s'écraser; estrellarse contra o en la pared s'écraser contre le mur ‖ **FIG** échouer (fracasar) ■ **FIG** estrellarse con uno se heurter à quelqu'un ‖ estrellarse en se casser les dents sur.

estrellato *m* rang de vedette; lanzar al estrellato promouvoir au rang de vedette.

estrellón *m* étoile *f* (pirotecnia) ‖ étoile *f* (ornamento).

estremecedor, ra *adj* violent, e; brutal, e (choque, conmoción).

estremecer [30] *v tr* ébranler (sacudir) ‖ [▷ **SIN**] **FIG** faire tressaillir o frémir o trembler (sobresaltar) ‖ donner un choc, bouleverser (impresionar).

⬤ **estremecerse** *v pr* sursauter; se estremeció al oír ese ruido il sursauta en entendant ce bruit ‖ tressaillir, frémir, trembler (temblar) ‖ tressaillir (de alegría) ‖ frémir, frissonner, trembler (de miedo).

‖ **SIN** sobresaltar sursauter, tressauter; conmover émouvoir; turbar troubler.

estremecimiento *m* ébranlement (sacudida) ‖ sursaut (sobresalto) ‖ **FIG** tressaillement, frémissement (conmoción) ‖ [▷ **SIN**] émotion *m*, bouleversement (emoción).

‖ **SIN** alteración altération; conmoción commotion; choque choc; sobresalto sursaut; temblor tremblement.

estrena *f* (p us) cadeau *m*, étrenne.

estrenar *v tr* étrenner; he estrenado un traje j'ai étrenné un costume ‖ **TEATR** donner la première [d'une pièce], représenter pour la première fois; créer; este actor estrenó muchas comedias cet acteur a créé beaucoup de pièces ‖ **CINEM** passer en exclusivité (una película) ‖ estrenar una casa essuyer les plâtres.

⬤ **estrenarse** *v pr* débuter (en un empleo) ‖ faire sa sortie, sortir (película) ‖ être représenté pour la première fois (comedia) ‖ todavía no me he estrenado jusqu'à présent je n'ai rien fait, ça n'a encore rien donné [un vendeur].

estreno *m* étrenne *f* (primer uso) ‖ débuts *pl* (en un empleo) ‖ **TEATR** première *f* (primera representación) ‖ nouveauté *f*; este año hay muchas reposiciones y pocos estrenos cette année il y beaucoup de reprises et peu de nouveautés ‖ cine de estreno cinéma o salle d'exclusivité ‖ estreno mundial première mondiale.

estreñido, da *adj* **MED** constipé, e.

estreñimiento *m* **MED** constipation *f*.

estreñir [26] *v tr* **MED** constiper.

estrepada *f* **MAR** traction (para tirar de un cabo).

estrépito *m* fracas (estruendo, fragor) ‖ **FIG** pompe *f*, éclat (ostentación).

estrepitosamente *adv* avec fracas, bruyamment.

estrepitoso, sa *adj* bruyant, e ‖ **FIG** retentissant, e; fracaso estrepitoso échec retentissant ‖ fracassant, e; derrota estrepitosa défaite fracassante.

estreptococia *f* **MED** streptococcie.

estreptococo *m* **MED** streptocoque.

estreptomicina *f* streptomicine (antibiótico).

estrés; stress *m inv* stress.

estresado, da *adj* stressé, e.

estresante *adj* stressant, e.

estresar *v tr* stresser.

estría *f* strie ‖ **ARQ** cannelure ‖ rayure (de arma de fuego).

⬤ **estrías** *f pl* vergetures (en la piel).

estriación *f* striation.

estriado *m* rayage, rayement (de un cañón) ‖ striure *f*.

estriar [9] *v tr* strier, canneler ‖ rayer (un cañón).

estribación *f* **GEOGR** contrefort *m*, chaînon *m*.

estribadero *m* support, point d'appui.

estribar *v intr* s'appuyer; estribar en el suelo, en buenas razones s'appuyer sur le sol, sur de bonnes raisons ‖ **FIG** résider.

estribera *f* étrier *m* ‖ (*Amer*) étrivière (ación).

estribillo *m* refrain (de canción) ‖ **FIG** refrain, ritournelle *f* (repetición) ‖ rengaine *f*; el eterno estribillo la même rengaine.

estribo *m* étrier (de jinete) ‖ marchepied (de coche) ‖ **FIG** base *f*, appui, fondement (fundamento) ‖ **ANAT** étrier (del oído) ‖ **ARQ** culée *f*, butée *f* (de un puente) ‖ **GEOGR** contrefort (ramal de montañas) ‖ chaînon (ramal corto de montañas) ■ estar con el pie en el estribo avoir le pied à l'étrier ‖ hacer estribo con las manos faire la courte échelle ‖ perder los estribos vider o perdre les étriers (el jinete), perdre les pédales o la tête (desbarrar).

estribor *m* **MAR** tribord; a estribor à tribord.

estribote *m* petite composition *f* poétique [strophes de trois vers plus un refrain].

estricción *f* **MED** striction, constriction.

estricnina *f* strychnine.

estricno *m* **BOT** strychnos.

estrictamente *adv* strictement.

estricto, ta *adj* strict, e.

estridencia *f* bruit *m* strident, stridence (p us) ‖ **FIG** singularité, bizarrerie, extravagance (extravagancia).

estridente *adj* strident, e (chillón).

estridor *m* bruit strident ‖ stridulation *f* (de insectos).

estridular *v tr* striduler (chirriar).

estriga *f* strige, stryge (vampiro fabuloso).

estrige *f* chouette (lechuza).

estrígidos *m pl* strigidés.

estro *m* souffle, inspiration *f*; estro poético souffle poétique ‖ **VETER** rut (celo) ‖ **ZOOL** œstre (insecto).

estróbilo *m* **BOT** strobile.

estrobo *m* **MAR** estrope *f*, erse *f* ‖ **MAR** estrobo pequeño erseau.

estroboscopia *f* stroboscopie.

estroboscopio *m* stroboscope.

estrofa *f* strophe.

estrofantina *f* **MED** strophantine.

estrofanto *m* **BOT** strophantus, strophante.

estrógeno, na *adj* & *s m* œstrogène.

estrombo *m* strombe (molusco).

Estrómboli *n pr m* **GEOGR** el Estrómboli le Stromboli.

estromboliano, na *adj* strombolien, enne.

estronciana *f* **MIN** strontiane.

estroncio *m* **QUÍM** strontium (metal).

estróngilo *m* **ZOOL** strongyle, strongle.

estrongilosis *f inv* **VETER** strongylose.

estropajo *m* lavette *f* (de esparto) ‖ **FIG** rebut (desecho) ‖ (*Amer*) luffa (planta cucurbitácea) ‖ luffa, éponge *f* végétale (esponja vegetal) ‖ estropajo metálico éponge métallique.

estropajoso, sa *adj* qui bafouille (que pronuncia mal) ‖ pâteux, euse (acorchado); tener la lengua estropajosa avoir la langue o la bouche pâteuse ‖ déguenillé, e (andrajoso) ‖ filandreux, euse (carne).

estropear *v tr* abîmer; he estropeado mi traje j'ai abîmé mon costume ‖ **FIG** gâcher, gâter; has estropeado el negocio tu as gâché cette affaire ‖ estropier (un miembro) ‖ gâcher du plâtre (el albañil) ■ estar estropeado ne pas fonctionner, ne pas marcher (no funcionar), être abîmé (deteriorado) ‖ tener el hígado estropeado avoir le foie détraqué.

estropeo *m* estropiement (de un miembro) ‖ détérioration *f*, endommagement (estrago).

estropicio *m* **FAM** bruit de casse (rotura estrepitosa); se armó un estropicio en la cocina il y eut un grand bruit de casse dans la cuisine ‖ fracas (ruido) ‖ **FIG** éclat (trastorno ruidoso) ‖ dégât; este niño ha hecho muchos estropicios cet enfant a fait beaucoup de dégâts.

estructura *f* structure; estructura atómica, celular structure atomique, cellulaire ‖ **INFORM** estructura de los datos structure des données ‖ estructura social structure sociale.

estructuración *f* structuration.

estructural *adj* structural, e.

estructuralismo *m* structuralisme.

estructuralmente *adv* structurellement.

estructurar *v tr* structurer.

estruendo *m* fracas, grand bruit (estrépito) ‖ (p us) **FIG** tumulte (alboroto) ‖ grondement (tormenta) ‖ éclat, pompe *f* (fausto) ‖ despertar con gran estruendo réveiller en fanfare.

estruendosamente *adv* bruyamment, avec fracas.

estruendoso, sa *adj* bruyant, e; fracassant, e; aplausos estruendosos applaudissements fracassants ‖ tonitruant, e (voz).

estrujadora *f* presse-citron *m inv* (de limones), presse-fruits *m inv*.

estrujadura *f*; **estrujamiento** *m* pressage *m* ‖ foulage *m* (uva).

estrujar *v tr* presser; estrujar un limón presser un citron ‖ fouler (uva) ‖ tordre (la ropa).

| FIG serrer; **le estrujó el cuello** il lui serra le cou | presser comme un citron (explotar a una persona) | accabler, pressurer; **estrujar a un pueblo** accabler un pays (con los impuestos) | épuiser (agotar).

➡ **estrujarse** *v pr* FIG se presser; **la multitud se estrujaba para entrar** la foule se pressait pour entrer | FAM **estrujarse los sesos** se creuser la cervelle.

estrujón *m* action *f* de presser | **dar un estrujón** presser.

Estuardo *n pr* Stuart.

estuario *m* estuaire (del mar).

estucado *m* stucage.

estucador *m* stucateur (estuquista) | staffeur (con adornos).

estucar [10] *v tr* stuquer (cubrir de estuco).

estuche *m* étui; **estuche de** o **para gafas** étui à lunettes | coffret, écrin (para joyas) | trousse *f* (de médico) | pochette *f* (de compás) ▪ **estuche de pronto uso** sac toujours prêt (de máquina fotográfica) | **estuche de tocador** nécessaire de toilette | **estuche de violín** boîte à violon ▪ FIG & FAM **ser un estuche** savoir tout faire.

estuchista *m* gainier.

estuco *m* stuc | staff (para adornar).

estucurú *m* (Amer) hibou (búho).

estudiado, da *adj* étudié, e; **vehículo bien estudiado** véhicule bien étudié; **precio estudiado** prix étudié.

estudiantado *m* (Amer) étudiants *pl*.

estudiante *m* & *f* étudiant, e; **estudiante de Derecho** étudiant en droit.

| OBSERV Bien que la forme féminine correcte soit estudiante, on emploie, surtout dans la langue parlée, le mot estudianta.

estudiantil *adj* d'étudiant, estudiantin, e.

estudiantina *f* orchestre *m* d'étudiants.

estudiantón *m* FAM bûcheur, euse; piocheur, euse.

estudiar [8] *v tr* [▷ SIN] étudier; **estudiar francés, un problema** étudier le français, un problème | faire des études; **estudiar medicina** faire des études de médecine | travailler; **no estudia en el colegio** il ne travaille pas à l'école | se pencher sur, étudier (problema) ▪ **estudiar de memoria** apprendre par cœur | **estudiar Derecho** faire son droit | **estudiar para cura, maestro, etc.** étudier pour être prêtre, maître d'école, etc. | **estudiar para médico** o **Medicina** faire sa médecine o ses études de médecine.

➡ **estudiarse** *v pr* s'étudier (observarse).

| SIN aprender apprendre; meditar méditer; examinar examiner; aplicarse s'appliquer; instruirse s'instruire; investigar rechercher; FAM empollar potasser, bûcher, piocher.

estudio *m* étude *f*; **aplicarse al estudio** s'appliquer à l'étude; **estudio del mercado** étude du marché | étude *f* [salle de travail] | studio; **estudio cinematográfico, radiofónico** studio cinématographique, radiophonique | atelier; **un estudio de escultor** un atelier de sculpteur | étude *f* (proyecto); **en estudio** à l'étude.

➡ **estudios** *m pl* études; **cursar estudios, hacer estudios** faire des études ▪ **dar estudios a** payer les études à, faire faire des études à | **tener estudios** avoir fait des études | **estudios mayores** hautes études.

estudioso, sa *adj* studieux, euse; appliqué, e.

➡ **estudioso** *m* spécialiste; **los estudiosos de Cervantes** les spécialistes de Cervantès | chercheur (investigador).

estufa *f* poêle *m* (para la calefacción) | serre (invernadero de plantas) | étuve (para baños de vapor, para secar) | FIG étuve; **esta habitación es una estufa** cette chambre est une étuve | chaufferette (estufilla) | étuveur *m*, étuveuse (para determinados productos) | cuisinière (fogón) | radiateur *m* (calentador) | FIG & FAM **criar en estufa** élever dans du coton.

estufilla *f* manchon *m* (manguito de pieles) | chaufferette (para los pies).

estufista *m* fumiste.

estulticia *f* niaiserie, sottise (necedad).

estulto, ta *adj* (p us) niais, e; sot, sotte.

estupa *m* FAM agent de la brigade des stups.

estupefacción *f* stupéfaction | stupeur, ébahissement *m* | **causar estupefacción** stupéfier.

estupefaciente *adj* stupéfiant, e.
◇ *m* MED stupéfiant.

estupefacto, ta *adj* stupéfait, e; **estupefacto con la noticia** stupéfait de o par la nouvelle ▪ **dejar estupefacto** stupéfier | **quedarse estupefacto** demeurer o être stupéfait, être frappé de stupéfaction.

estupendamente *adv* très bien, merveilleusement; **el coche funciona estupendamente** la voiture marche très bien.

estupendo, da *adj* excellent, e; épatant, e FAM; extraordinaire, formidable (maravilloso) | FAM **un tío estupendo** un chic type (bueno), un type formidable (magnífico).

estúpidamente *adv* stupidement.

estupidez *f* stupidité.
| OBSERV pl estupideces.

estúpido, da *adj* stupide.
◇ *m* & *f* [▷ SIN] imbécile (idiota).
| SIN bruto abruti; idiota idiot; inepto, tonto inepte; incapaz incapable; cretino crétin; FAM tarugo, leño souche; badulaque imbécile; zoquete gourde.

estupor *m* stupeur *f*.

estuprar *v tr* commettre le stupre.

estupro *m* stupre (violación).

estuque *m* stuc (estuco).

estuquista *m* stucateur (el que estuca).

esturión *m* esturgeon (pez).

esvástica *f* svastika *m*, croix gammée.

esviaje *m* ARQ biais (oblicuidad).

eta *f* êta *m* (letra griega).

ETA (abrev de Euskadi ta Askatasuna) *f* ETA.

etalaje *m* étalage (de alto horno).

etano *m* QUÍM éthane.

etapa *f* étape (lugar y distancia) | **por etapas** par étapes | **quemar etapas** brûler les étapes.
| SIN alto halte; escala escale; parada arrêt.

ETB (abrev de Euskal Telebista) *f* télévision autonome basque.

etc. (abrev escrita de etcétera) etc.

etcétera *loc adv* et caetera, etc. | FAM **y un largo etcétera** et j'en passe.

éter *m* FÍS & QUÍM POÉT éther | **éter etílico** éther sulfurique.

etéreo, a *adj* éthéré, e | POÉT **la bóveda etérea** la voûte éthérée.

eterificación *f* QUÍM éthérification, estérification.

eterificar [10] *v tr* QUÍM éthérifier, estérifier.

eterismo *m* MED éthérisme.

eterización *f* MED éthérisation.

eterizar [13] *v tr* MED éthériser.

eternamente *adv* eternellement.

eternidad *f* éternité; **por** o **para toda la eternidad** pour l'éternité.

eternizar [13] *v tr* éterniser.

➡ **eternizarse** *v pr* s'éterniser; **mis amigos se han eternizado** mes amis se sont éternisés.

eterno, na *adj* éternel, elle ▪ **lo eterno** l'éternel | **Padre Eterno** Père éternel.
| SIN sempiterno sempiternel; inmortal immortel; perpetuo perpétuel; imperecedero impérissable; perenne pérenne; perdurable durable; interminable interminable.

eteromanía *f* éthéromanie.

eterómano, na *adj* & *s* éthéromane.

etesio *adj m* étésien (viento).

Ethernet *m* INFORM Ethernet.

ético, ca *adj* éthique (moral) | FIG étique (muy flaco).
➡ **ético** *m* moraliste.
➡ **ética** *f* éthique (moral); **ética profesional** déontologie.

etilénico, ca *adj* éthylénique.

etileno *m* QUÍM éthylène.

etílico, ca *adj* éthylique.

etilismo *m* MED éthylisme.

etilo *m* QUÍM éthyle.

etimología *f* étymologie; **etimología popular** étymologie populaire.

etimológico, ca *adj* étymologique.

etimologista *m* étymologiste.

etimologizar [13] *v intr* faire de l'étymologie.

etimólogo *m* étymologiste.

etiología *f* étiologie.

etíope; etiope *adj* & *s* éthiopien, enne.

Etiopía *n pr f* GEOGR Éthiopie.

etiqueta *f* étiquette (ceremonia) | étiquette (de botella, de fardo, etc.) | étiquette, griffe (en un traje) | INFORM étiquette, nétiquette; **etiqueta de cabeza** étiquette de tête; **etiqueta de fichero** étiquette de fichier; **etiqueta de fin** étiquette de fin; **sin etiqueta** sans étiquette | cérémonie; **recibir a uno con mucha etiqueta** recevoir quelqu'un en grande cérémonie ▪ **cena de etiqueta** dîner d'apparat | **fiesta de etiqueta** soirée de gala | **traje de etiqueta** tenue de soirée ▪ **ir, vestir de etiqueta** être en tenue de soirée | **recibir sin etiqueta** recevoir sans façon | **se ruega** o **se suplica etiqueta** tenue de soirée de rigueur.

etiquetado *m* étiquetage.

etiquetadora *f* étiqueteuse (máquina).

etiquetar *v tr* étiqueter.

etiquetero, ra *adj* cérémonieux, euse.

etites *f inv* aétite, pierre d'aigle.

etmoidal *adj* ethmoïdal, e.

etmoides *adj inv & s m inv* ANAT ethmoïde (hueso del cráneo).

etnarca *m* ethnarque.

etnarquía *f* ethnarchie.

etnia *f* ethnie (raza).

étnico, ca *adj* ethnique.

etnocentrismo *m* ethnocentrisme.

etnocidio *m* ethnocide.

etnografía *f* ethnographie.

etnográfico, ca *adj* ethnographique.

etnógrafo *m* ethnographe.

etnolingüística *f* ethnolinguistique.

etnología *f* ethnologie.

etnólogo *m* ethnologue, ethnologiste.

etnomusicología *f* ethnomusicologie.

etnónimo *m* ethnonyme.

etnos *m* ethnos.

Etolia *n pr f* GEOGR Étolie.

etolio, lia *adj & s* étolien, enne (de Etolia).

etología *f* éthologie.

etológico, ca *adj & s* éthologique.

Etruria *n pr f* HIST Étrurie.

etrusco, ca *adj & s* étrusque.
➡ **etrusco** *m* LING étrusque.

etusa *f* BOT æthuse, éthuse, petite ciguë.

EUA (abrev de Estados Unidos de América) *m pl* E-U A.

Eubea *n pr* GEOGR Eubée.

eubolia *f* circonspection.

eucalipto *m* eucalyptus (árbol).

eucaliptol *m* eucalyptol.

eucariota *adj & s* BIOL eucaryote.

eucaristía *f* eucharistie.

eucarístico, ca *adj* eucharistique; congreso eucarístico congrès eucharistique.

Euclides *n pr* Euclide; postulado de Euclides postulat d'Euclide.

euclidiano, na *adj* euclidien, enne (de Euclides).

eucologio *m* eucologe.

eucrasia *f* MED eucrasie.

eucrático, ca *adj* MED eucrasique.

eudiometría *f* FÍS eudiométrie.

eudiométrico, ca *adj* eudiométrique.

eudiómetro *m* FÍS eudiomètre.

Eudoxia *n pr* Eudoxie.

Eufemia *n pr* Euphémie.

eufemismo *m* euphémisme.

eufemístico, ca *adj* euphémique.

eufonía *f* euphonie.

eufónico, ca *adj* euphonique.

euforbiáceas *f pl* BOT euphorbiacées.

euforbio *m* BOT euphorbe *f*.

euforia *f* euphorie.

eufóricamente *adv* avec euphorie.

eufórico, ca *adj* euphorique.

eufrasia *f* euphraise (planta).

Eufrasia *n pr* Euphrasie.

Éufrates; Eufrates *n pr m* GEOGR el Éufrates o Eufrates l'Euphrate.

eufuismo *m* euphuisme.

eugenesia *f* BIOL eugénisme *m*, eugénique *f*.

eugenésico, ca *adj* eugénique.

Eugenia *n pr* Eugénie.

Eugenio *n pr* Eugène.

Eulalia *n pr* Eulalie.

Eulogio *n pr* Euloge.

eunecte *m* eunecte (anaconda).

eunuco *m* eunuque.

eupatorio *m* BOT eupatoire *f*.

eupepsia *f* MED eupepsie.

eupéptico, ca *adj* eupeptique.

Eurasia *n pr f* GEOGR Eurasie.

eurasiático, ca *adj & s* eurasien, enne.

EURATOM (abrev de Comunidad Europea de la Energía Atómica) *f* Euratom.

¡eureka! *interj* eurêka!

Eurídice *n pr* MITOL Eurydice.

Eurípides *n pr* Euripide.

euritmia *f* eurythmie.

eurítmico, ca *adj* eurythmique.

euro *m* POÉT vent du Levant.

euroafricano, na *adj* eurafricain, e.

euroasiático, ca *adj* eurasiatique.

eurobono *m* euro-obligation *f*.

eurocentrismo *m* européocentrisme.

eurocheque *m* eurochèque.

eurocomunismo *m* eurocommunisme.

eurocomunista *adj & s* eurocommuniste.

euroconector *m* prise *f* Péritel®.

eurócrata *m & f* FAM eurocrate.

euroderecha *f* eurodroite.

eurodiputado, da *m & f* député européen.

eurodivisa *f* eurodevise.

eurodólar *m* eurodollar.

euroizquierda *f* eurogauche.

euromercado *m* euromarché.

euromisil *m* euromissile.

Europa *n pr f* GEOGR Europe | Europa central Europe centrale | Europa del Este Europe de l'Est.

europarlamentario, ria *adj* du Parlement européen.
◇ *m & f* parlementaire *m* européen, parlementaire *f* européenne.

europarlamento *m* Parlement européen.

europeidad *f* caractère *m* européen.

europeísmo *m* européisme.

europeísta *adj* européisant, e.
◇ *adj & s* européen, enne; política europeísta politique européenne.
◇ *m & f* partisan de l'Europe unie.

europeización *f* européisation.

europeizar [13] *v tr* européaniser.

europeo, a *adj & s* européen, enne.

europio *m* QUÍM europium.

euroterrorismo *m* euroterrorisme.

eurovisión *f* Eurovision®.

euscalduna *adj & s* euscara, eskuara, basque [langue].

éuscaro, ra *adj & s* euskarien, enne.
➡ **éuscaro** *m* LING basque.

Eusebia *n pr* Eusébie.

Eusebio *n pr* Eusèbe.

euskera; eusquera *m* basque.

eusquera *adj* euskarien, enne.
◇ *m* ➡ **euskera**.

Eustaquio *n pr* Eustache.

eutanasia *f* euthanasie.

eutéctico, ca *adj* eutectique.

EUTI (abrev de Escuela Universitaria de Traductores e Intérpretes) *f* école supérieure de traducteurs et d'interprètes, en Espagne.

Eutimio *n pr* Euthyme.

eutrapelia *f* (p us) enjouement *m*.

Eutropio *n pr* Euthrope.

Eva *n pr* Ève.

evacuación *f* évacuation.

evacuador, ra *adj* d'évacuation; un tubo evacuador un tuyau d'évacuation.

evacuar [7] *v tr* évacuer ‖ exécuter, effectuer; evacuar un traslado effectuer un transfert ‖ evacuar el vientre aller à la selle.

evadido, da *adj & s* évadé, e.

evadir *v tr* fuir; evadir el peligro fuir le danger ‖ éviter, éluder (una dificultad).
➡ **evadirse** *v pr* s'évader; el preso se evadió le prisonnier s'est évadé.

evaginación *f* évagination.

evaluable *adj* évaluable.

evaluación *f* évaluation.

evaluador, ra *adj* d'évaluation.

evaluar [6] *v tr* évaluer; evaluar en cien pesetas évaluer à cent pesetas.

evanescencia *f* évanescence.

evanescente *adj* évanescent, e.

evangeliario *m* évangéliaire (libro).

evangélicamente *adv* évangéliquement.

evangélico, ca *adj* évangélique.

Evangelio *m* évangile ‖ FIG évangile; sus palabras son el Evangelio ce qu'il dit est parole d'évangile ‖ esto es el Evangelio c'est la loi et les prophètes.

evangelismo *m* évangélisme.

evangelista *m* évangéliste ‖ (*Amer*) écrivain public (memorialista).

evangelistero *m* diacre chargé de chanter l'évangile.

evangelización *f* évangélisation.

evangelizador, ra *adj & s* évangélisateur, trice.

evangelizar [13] *v tr* évangéliser.

evaporación *f* évaporation.

evaporar *v tr* évaporer.
➡ **evaporarse** *v pr* s'évaporer.

evaporatorio, ria *adj* MED évaporatoire.

evaporizar [13] *v tr & intr* vaporiser.

Evaristo *n pr* Évariste.

evasión *f* évasion (huida) ‖ échappatoire (para eludir) ▪ evasión de capitales évasion des capitaux, fuite des capitaux ‖ evasión fiscal o tributaria évasion fiscale, fuite devant l'impôt.

evasiva *f* faux-fuyant *m*, échappatoire; andarse con evasivas employer des faux-fuyants.

evasivamente *adv* évasivement.

evasivo, va *adj* évasif, ive.

evasor, ra *adj* una actitud evasora des faux-fuyants.
◇ *m & f* évadé, e (de la cárcel); es un evasor

de fondos il a détourné des fonds.

evección f ASTRON évection.

evento m évènement (acontecimiento) ‖ a todo evento à tout hasard.

eventración f MED éventratrion.

eventual adj éventuel, elle ‖ trabajador eventual travailleur temporaire.

eventualidad f éventualité.

eventualmente adv par hasard (por casualidad) ‖ éventuellement (posiblemente).

evicción f DR éviction.

evidencia f évidence; con toda evidencia de toute évidence ‖ ponerse en evidencia se mettre en évidence, se faire remarquer (personas), se dégager; dos hechos se ponen en evidencia deux faits se dégagent.

> SIN certitud, certidumbre, certeza certitude; convicción, convencimiento conviction; seguridad assurance.

evidenciar [8] v tr mettre en évidence, rendre évident, faire ressortir.

→ **evidenciarse** v pr être manifeste o évident, sauter aux yeux; se evidencia la necesidad de ensanchar esta calle il est manifeste que cette rue a besoin d'être élargie ‖ s'affirmer; su talento se evidencia en sus obras son talent s'affirme dans ses œuvres.

evidente adj évident, e ‖ es completamente evidente c'est l'évidence même ‖ ser evidente être évident, tomber sous le sens.

> SIN claro clair; manifiesto manifeste; notorio notoire; patente patent; positivo positif; formal formel; flagrante flagrant; público public; indiscutible indiscutable.

evidentemente adj évidemment.

> OBSERV Evidentemente s'emploie moins en espagnol qu'évidemment en français, au sens de c'est évident, qu'on rend plutôt par está claro.

evitable adj évitable.

evitar v tr éviter; evitar un peligro, una discusión, a un amigo éviter un danger, une discussion, un ami.

> SIN huir fuir; esquivar, sortear esquiver; eludir éluder; prevenir prévenir; soslayar éviter.

evocable adj évocable.

evocación f évocation.

evocador, ra adj évocateur, trice.

evocar [10] v tr évoquer.

evocativo, va adj évocateur, trice.

evocatorio, ria adj évocatoire.

¡evohé! interj évohé!, évoé! (grito de las bacantes).

evolución f évolution ■ evolución del pensamiento déroulement de la pensée ‖ evolución demográfica mouvement de la population.

evolucionar v intr évoluer ‖ FIG évoluer; enfermedad que evoluciona maladie qui évolue ‖ évoluer; un pueblo evolucionado un peuple évolué ‖ MAR évoluer (una escuadra).

evolucionismo m évolutionnisme.

evolucionista adj & s évolutionniste.

evoluta f développée (curva).

evolutivo, va adj évolutif, ive.

evolvente f GEOM développante.

evónimo m BOT fusain (bonetero).

evzono m evzone (soldado en Grecia).

ex pref ex, ancien, enne; ex ministro ancien ministre, ex-ministre ■ el Congo ex-belga l'ex-Congo belge, l'ancien Congo belge ‖ los ex-combatientes les anciens combattants.

> OBSERV Para designar en francés lo que ha sido una persona se emplea más el adjetivo ancien que el prefijo ex. Obsérvese por otra parte el guión entre ex y el nombre.

ex abrupto loc adv ex abrupto.

exabrupto m FAM sortie f intempestive.

exacción f exaction (abuso) ‖ taxe (tasa); exacción de exportación taxe à l'exportation.

exacerbación f; **exacerbamiento** m exacerbation f.

exacerbar v tr exacerber.

exactamente adv exactement.

exactitud f exactitude, précision.

> SIN puntualidad ponctualité; precisión précision; regularidad régularité; escrupulosidad, minuciosidad minutie; rigor rigueur.

exacto, ta adj exact, e (justo, puntual).

→ **exacto** adv exactement.

ex aequo loc adv & s m ex aequo.

exageración f exagération.

exageradamente adv exagérément.

exagerado, da adj exagéré, e; relato exagerado récit exagéré ‖ excessif, ive; severidad exagerada sévérité excessive ‖ eres muy exagerado tu exagères tout.

exagerar v tr & intr exagérer.

> SIN abultar grossir; aumentar augmenter; amplificar amplifier; encarecer renchérir; hinchar, inflar gonfler.

exaltación f; **exaltamiento** m exaltation; la exaltación de la virtud l'exaltation de la vertu ‖ élévation; la exaltación de la Jefatura del Estado l'élévation à la plus haute magistrature ‖ exaltación de la Santa Cruz exaltation de la Sainte Croix.

exaltado, da adj & s exalté, e.

exaltador, ra; exaltante adj exaltant, e.

exaltamiento ⟶ **exaltación**.

exaltante ⟶ **exaltador**.

exaltar v tr exalter.

→ **exaltarse** v pr s'exalter (enaltecerse, elevarse al más alto grado) ‖ FIG s'exciter.

examen m examen; pasar un examen passer un examen ■ examen de conciencia examen de conscience ‖ examen de conducir examen de conduite ‖ examen de Estado baccalauréat ‖ examen de fin de curso examen de fin d'année ‖ examen de ingreso examen d'entrée ‖ DR examen de testigos interrogatoire des témoins ‖ examen eliminatorio épreuve éliminatoire ‖ examen final examen final ‖ examen médico visite médicale ‖ examen oral épreuve orale, oral ‖ examen parcial examen partiel, partiel ‖ libre examen libre examen ‖ presentarse a un examen se présenter à un examen ‖ someter a examen soumettre à examen ‖ sufrir un examen passer un examen.

> SIN concurso, oposición concours; prueba épreuve; ejercicio exercice.

examinador, ra m & f examinateur, trice.

examinando, da m & f candidat, candidate à un examen.

examinante adj examinateur, trice.

examinar v tr [▷ SIN] examiner (observar atentamente) ‖ faire passer un examen (a un candidato) ‖ envisager; examinar el porvenir envisager l'avenir ‖ MED examiner (a un enfermo).

→ **examinarse** v pr passer un examen; se ha examinado de Historia en Salamanca il a passé son examen d'histoire à Salamanque.

> SIN inspeccionar inspecter; escrutar scruter; sondear sonder; analizar analyser; escudriñar examiner; visitar perquisitionner.

exangüe adj exangue ‖ FIG épuisé, e (sin fuerzas) ‖ sans vie (muerto).

exánime adj inanimé, e (inanimado) ‖ épuisé, e (agotado).

exantema m MED exanthème (erupción).

exarca m exarque.

exarcado m exarchat (dignidad de exarca).

exasperación f exaspération.

exasperador, ra; exasperante adj exaspérant, e (irritante).

exasperar v tr exaspérer ‖ énerver, exaspérer (poner nervioso) ‖ irriter (irritar).

→ **exasperarse** v pr s'exaspérer ‖ s'énerver ‖ s'irriter.

excarcelación f élargissement m (liberación de un prisionero).

excarcelar v tr élargir, relâcher (un prisionero).

→ **excarcelarse** v pr sortir de prison.

excava f déchaussement m, déchaussage m.

excavación f excavation, creusement m; excavación de zanjas creusement de fossés ‖ fouille; hacer excavaciones en Egipto faire des fouilles en Égypte.

excavador, ra adj & s excavateur, trice.

→ **excavadora** f excavateur m, excavatrice (para cavar) ‖ pelleteuse (para evacuar materiales) ■ excavadora de mandíbulas benne preneuse ‖ excavadora mecánica pelle mécanique.

excavar v tr excaver (p us), creuser (cavar) ‖ faire des fouilles (en arqueología) ‖ AGRIC déchausser (las plantas).

excedencia f congé m pour convenance personnelle; pedir la excedencia por un año demander un congé d'un an pour convenance personnelle ‖ disponibilité (de un funcionario) ■ excedencia por maternidad congé de maternité ‖ excedencia voluntaria mise en disponibilité pour convenance personnelle ‖ situación de excedencia congé sans solde, mise en disponibilité.

excedente adj excédant, e; excédentaire; sumas excedentes sommes excédentaires ‖ en non-activité (funcionario) ‖ estar declarado excedente être mis en disponibilité ‖ ser excedente de cupo être exempté du service militaire par tirage au sort; el excedente de cupo les exemptés du service militaire par tirage au sort; salir de excedente de cupo être exempté du service militaire par tirage au sort.

◇ m excédent; excedentes agrícolas excédents agricoles.

> **EL EXCEDENTE DE CUPO**
> Bien que le service militaire soit obligatoire en Espagne, le service du ministère de la Défense chargé du recrutement doit parfois tirer au sort les appelés car le nombre de jeunes de 18 ans est supérieur au nombre de places disponibles. Le terme « excedente de cupo » désigne l'ensemble des personnes

exemptées et s'applique également à ces mêmes personnes, sous forme adjectivale: « los jóvenes excedentes de cupo que deseen igualmente hacer el servicio militar... »

exceder *v tr & intr* excéder, dépasser; **los ingresos exceden a los gastos en cien pesetas** les revenus excèdent les dépenses de cent pesetas ‖surpasser (personas).
◇ *v intr & pr* dépasser les bornes (propasarse) ■ **excederse a sí mismo** se surpasser ‖ **excederse en sus funciones** outrepasser ses pouvoirs.

excelencia *f* excellence ‖ **por excelencia** par excellence.

excelente *adj* excellent, e.

excelentemente *adv* excellemment.

excelentísimo, ma *adj* excellentissime.

excelsamente *adv* éminemment.

excelsitud *f* grandeur; **la excelsitud de este rey** la grandeur de ce roi ‖éminence, excellence (de cualidades).

excelso, sa *adj* éminent, e.

Excelso *m* el Excelso le Très-Haut.

excentración *f* MECÁN excentration.

excéntricamente *adv* excentriquement.

excentricidad *f* excentricité; **la excentricidad de una elipse** l'excentricité d'une ellipse ‖FIG excentricité (extravagancia).

excéntrico, ca *adj* excentrique.
◇ *m & f* excentrique (extravagante).
➤ **excéntrica** *f* MECÁN excentrique *m*.

excepción *f* exception; **ser una excepción a la regla** faire exception à la règle ‖ **a o con excepción de** à l'exception de ‖ **de excepción** d'exception, exceptionnel ■ **estado de excepción** état d'exception o de siège o d'alerte ‖ **la excepción confirma la regla, no hay regla sin excepción** l'exception confirme la règle.

excepcional *adj* exceptionnel, elle ‖ **un ser excepcional** un être exceptionnel o d'exception.

‖ SIN único unique; raro rare; extraordinario extraordinaire; singular singulier; insólito insolite; inaudito inouï.

excepcionalmente *adv* exceptionnellement.

excepto *adv* excepté, à part, sauf, hormis; **excepto eso, todo va bien** à part cela, tout va bien ‖ **excepto los niños** excepté les enfants, les enfants exceptés o à l'exception des enfants.

exceptuar [6] *v tr* excepter, faire exception ‖ faire une exception (hacer salvedad) ‖ **exceptuando a los niños** les enfants exceptés.
➤ **exceptuarse** *v pr* être excepté, e ‖ **se vacunarán a todos los niños, pero se exceptúan a los de menos de un año** tous les enfants seront vaccinés à l'exception de o sauf ceux de moins d'un an.

excesivamente *adv* excessivement.

excesivo, va *adj* excessif, ive.

‖ SIN demasiado trop; desmesurado, desmedido démesuré; exagerado exagéré; exorbitante exorbitant; inmoderado, descomunal immoderé; abusivo abusif; extremo extrême; increíble incroyable.

exceso *m* excès; **exceso de velocidad** excès de vitesse (abuso) ‖excédent; **exceso de equipaje** excédent de bagages; **exceso de natalidad sobre la mortalidad** excédent des nais-

sances sur les décès ‖abus; **exceso de poder** abus de pouvoir ■ **exceso de peso** excès de poids ■ **con exceso** trop; **fuma con exceso** il fume trop ‖ **en exceso** à l'excès ‖ **por exceso** par excès.

excipiente *m* excipient.

excisión *f* excision.

excitabilidad *f* excitabilité.

excitable *adj* excitable.

excitación *f* excitation.

excitado, da *adj* excité, e.

excitador, ra *adj & s* excitateur, trice.
➤ **excitador** *m* FÍS excitateur.
➤ **excitadora** *f* ELECTR excitatrice.

excitante *adj & s m* excitant, e.

excitar *v tr* exciter.

exclamación *f* exclamation ‖ **point** *m* d'exclamation (signo de admiración).

exclamar *v intr* s'exclamer, s'écrier.

‖ SIN clamar clamer; prorrumpir éclater; gritar crier.

exclamativo, va; exclamatorio, ria *adj* exclamatif, ive.

exclaustración *f* sécularisation.

exclaustrado, da *m & f* sécularisé, e.

exclaustrar *v tr* séculariser (un religioso).

excluible *adj* qui peut être exclu, e.

excluir [51] *v tr* exclure.

exclusión *f* exclusion ‖ **con exclusión de** à l'exclusion de.

exclusiva *f* exclusion (repulsa) ‖exclusivité, exclusive (privilegio); **dar la exclusiva a un editor** donner l'exclusivité à un éditeur ■ **en exclusiva** exclusivement ‖ **venta en exclusiva** vente en exclusivité ■ **tener la exclusiva** avoir l'exclusivité.

exclusivamente *adv* exclusivement.

exclusive *adv* exclusivement (únicamente) ‖non compris; **hasta el 2 (dos) de abril exclusive** jusqu'au 2 [deux] avril non compris.

exclusividad *f* exclusivité (privilegio).

exclusivismo *m* exclusivisme.

exclusivista *adj & s* exclusiviste.

exclusivo, va *adj* exclusif, ive.

excluyente *adj* exclusif, ive (derechos, ventajas).

excombatiente *adj & s* ancien combattant.

excomulgado, da *m & f* excommunié, e.

excomulgar [16] *v tr* excommunier; **excomulgar a un hereje** excommunier un hérétique.

excomunión *f* excommunication; **fulminar una excomunión** fulminer une excommunication.

excoriación *f* excoriation, écorchure.

excoriar [7] *v tr* excorier, écorcher.

excrecencia *f* excroissance (tumor).

excreción *f* excrétion.

excrementar *v intr* déféquer.

excremento *m* excrément.

excrescencia *f* excroissance.

excretar *v tr* excréter.

excretor, ra; excretorio, ria *adj* ANAT excrétoire, excréteur, trice; **alteraciones excre-**

torias troubles excrétoires; **conductos excretorios** conduits excréteurs.

exculpación *f* disculpation.

exculpar *v tr* disculper.

excursión *f* excursion ‖ **ir de excursión, hacer una excursión** aller en excursion, faire une excursion, excursionner (p us).

excursionismo *m* excursionnisme.

excursionista *m & f* excursionniste.

excusa *f* excuse; **¡nada de excusas!** pas d'excuse! ■ **buscar excusa** chercher une excuse ‖ **dar excusas** fournir o donner des excuses ‖**deshacerse en excusas** se confondre en excuses ‖ **presentar sus excusas** présenter ses excuses.

excusable *adj* excusable.

excusado, da *adj* excusé, e (perdonado) ‖inutile, superflu, e (innecesario); **excusado es decirlo** inutile de le dire ‖ **exempt, e; exempté, e (exento)** ‖ dérobé, e; **puerta excusada** porte dérobée.
➤ **excusado** *m* cabinets *pl*, water-closet (retrete).

excusar *v tr* excuser (disculpar) ‖éviter (impedir); **excusar disturbios** éviter des désordres ‖ ne pas avoir besoin de; **excusas venir tu** n'as pas besoin de venir ‖ exempter (eximir) ‖ esquiver, refuser; **excusar responsabilidades** esquiver des responsabilités.
➤ **excusarse** *v pr* s'excuser, faire o présenter des excuses; **excusarse con uno** s'excuser auprès de quelqu'un, faire o présenter ses excuses à quelqu'un ‖ **el que se excusa, se acusa** qui s'excuse s'accuse.

‖ OBSERV Las expresiones faire o présenter ses excuses son más correctas que s'excuser.

excusión *f* DR discussion.

exeat *m inv* exeat (permiso de salida).

execrable *adj* exécrable (abominable).

execración *f* exécration (maldición).

execrar *v tr* exécrer.

execrativo, va *adj* qui exècre.

exedra *f* ARQ exèdre.

exégesis *f inv* exégèse.

exegeta *m* exégète.

exegético, ca *adj* exégétique.

exención *f* exemption (acción de eximir) ‖ exonération; **exención fiscal** exonération fiscale.

exentar *v tr* (p us) exempter.

exento, ta *adj* exempt, e ‖libre; **exento de toda obligación** libre de toute obligation ‖ net, nette; exempt, e; exonéré, e; **exento de impuestos** exempt o exonéré d'impôts ‖ **exento de aduanas** en franchise douanière; **producto que entra exento de aduanas** produit qui entre en franchise douanière.

exequátur *m inv* exequatur (autorización).

exequias *f pl* funérailles.

exéresis *f inv* MED exérèse (cirugía).

exergo *m* exergue (medalla).

exfoliación *f* exfoliation.

exfoliante *adj* exfoliant, e.

exfoliar [7] *v tr* exfolier.

exhalación *f* exhalation (acción de exhalar) ‖ exhalaison (emanación) ‖ étoile filante (estrella fugaz) ‖ étincelle (centella) ‖ foudre (rayo)

|pasar, irse como una exhalación passer, partir comme un éclair.

exhalar *v tr* exhaler; exhalar un olor exhaler une odeur **|exhalar el último suspiro** rendre o exhaler le dernier soupir.

exhaustivamente *adv* exhaustivement.

exhaustivo, va *adj* exhaustif, ive (complet) **|tratar un tema de modo exhaustivo** épuiser un sujet.

exhausto, ta *adj* épuisé, e.

exheredación *f* exhérédation.

exheredar *v tr* exhéréder (desheredar).

exhibición *f* exhibition **|** exposition (de cuadros, etc.) **|** présentation (de modelos de alta costura) **|** projection (en un cine) **■** exhibición de fieras ménagerie.

exhibicionismo *m* exhibitionnisme.

exhibicionista *m & f* exhibitionniste.

exhibidor *m* CINEM exploitant (de una sala).

exhibir *v tr* exhiber (mostrar) **|** exposer (cuadros, etc.) **|** présenter (modelos de alta costura) **|** projeter (en un cine) **|**(*Amer*) payer (pagar).
◆ **exhibirse** *v pr* s'exhiber (mostrarse en público).

exhortación *f* exhortation.

exhortador, ra *adj* qui exhorte.

exhortar *v tr* exhorter (aconsejar).

exhortativo, va *adj* exhortatif, ive **|** GRAM oración exhortativa proposition impérative.

exhorto *m* DR commission *f* rogatoire.

exhumación *f* exhumation.

exhumar *v tr* exhumer **|** FIG exhumer; exhumar el pasado exhumer le passé.

exigencia *f* exigence **|** según las exigencias selon les exigences o les besoins **|** tener muchas exigencias être très exigeant.

exigente *adj* exigeant, e.
| SIN puntilloso, escrupuloso pointilleux; rígido rigide; severo sévère.

exigibilidad *f* exigibilité.

exigible *adj* exigible.

exigir [15] *v tr* exiger **|** crier; crimen que exige venganza crime qui crie vengeance.

exigüidad *f* exiguïté.

exiguo, gua *adj* exigu, ë.

exilado, da ► **exiliado**.

exilar ► **exiliar**.

exiliado, da; exilado, da *adj & s* exilé, e.

exiliar [8]; **exilar** *v tr* exiler.

exilio *m* exil (destierro); enviar al exilio envoyer en exil.

eximente *adj* DR absolutoire, atténuant, e.

eximio, mia *adj* insigne, illustre; el eximio poeta l'illustre poète.

eximir *v tr* exempter, libérer [d'une charge, etc.].
◆ **eximirse** *v pr* se libérer; eximirse de una obligación se libérer d'une obligation.
| SIN exentar exempter; dispensar dispenser; liberar libérer; franquear affranchir; exonerar exonérer; perdonar pardonner; condonar remettre; descargar décharger.

exinscrito, ta *adj* GEOM exinscrit, e.

existencia *f* existence.
◆ **existencias** *f pl* COM stock *m sing*, stocks *m*; liquidación de existencias liquida-

tion du stock; unas existencias enormes des stocks énormes.

existencial *adj* existentiel, elle; filosofía existencial philosophie existentielle.

existencialismo *m* FILOS existentialisme.

existencialista *adj & s* existentialiste.

existente *adj* existant, e.

existimativo, va *adj* putatif, ive.

existir *v intr* exister (ser).

exit *m* TEATR exit, il sort (indicación escénica).

éxito *m* [▷ SIN] succès; tener éxito con uno avoir du succès auprès de quelqu'un; ser coronado por el éxito être couronné de succès **|** réusite *f*; el éxito de una empresa la réussite d'une entreprise **|** résultat (resultado) **■** éxito de prestigio succès d'estime **|** mal éxito échec **|** no tener éxito ne pas réussir (uno), échouer, rater (fallar) **|** salió con mal éxito il s'en est mal tiré **|** tener éxito réussir; tener éxito en la vida réussir dans la vie; avoir du succès; este actor tien mucho éxito cet acteur a beaucoup de succès; marcher (una empresa).
| SIN acierto réussite; ventaja avantage; victoria victoire; triunfo triomphe.

exitoso, sa *adj* (*Amer*) qui a du succès.

ex libris *m inv* ex-libris.

exobiología *f* exobiologie.

exocardia *f* MED exocardie.

exocéntrico, ca *adj* exocentrique.

exoceto *m* exocet (pez).

exocrina *adj f* ANAT exocrine (glándula).

exodermis *f inv* ectoblaste *m*, exoderme *m*.

éxodo *m* exode (emigración); éxodo rural exode rural.

exoftalmía *f* MED exophtalmie.

exoftálmico, ca *adj* MED exophtalmique.

exogamia *f* exogamie.

exogámico, ca *adj* exogamique.

exógamo, ma *adj* exogame.

exógeno, na *adj* exogène.

exoneración *f* exonération **|** exoneración de base abattement à la base.

exonerar *v tr* exonérer (carga u obligación) **|** exonerar el vientre aller à la selle.

exónfalo *m* MED exomphale *f*.

exorable *adj* complaisant, e; docile, qui cède facilement.

exorar *v tr* prier, demander instamment.

exorbitancia *f* excès *m*, énormité.

exorbitante *adj* exorbitant, e.

exorbitantemente *adv* excessivement.

exorbitar *v tr* exagérer.

exorcismo *m* exorcisme.

exorcista *m* exorciste.

exorcizar [13] *v tr* exorciser.

exordio *m* exorde (preámbulo).

exornación *f* ornement *m*, embellisement *m*.

exornar *v tr* orner, embellir (adornar).

exorreico, ca *adj* GEOGR exoréique.

exorreísmo *m* GEOGR exoréisme.

exosfera *f* ASTRON exosphère.

exósmosis; exosmosis *f inv* FÍS exosmose.

exóstosis *f inv* MED exostose (tumor).

exotérico, ca *adj* exotérique (común, vulgar).

exotérmico, ca *adj* FÍS exothermique.

exótico, ca *adj* exotique.

exotismo *m* exotisme.

exotoxina *f* BIOL & MED exotoxine.

expandirse *v pr* s'étendre, se dilater.

expansibilidad *f* FÍS expansibilité.

expansible *adj* expansible.

expansión *f* expansion (dilatación) **|** FIG expansion, épanchement *m*, effusion (de afecto) **|** délassement *m* (recreo) **|** épanouissement *m* (del espíritu) **|** développement *m*, expansion; expansión de la producción développement de la production **|** expansion; expansión colonial, industrial expansion coloniale, industrielle **|** la expansión económica l'expansion économique.

expansionarse *v pr* s'épancher, s'ouvrir, ouvrir son cœur **|** se délasser (recrearse).

expansionismo *m* expansionnisme.

expansionista *adj & s* expansionniste.

expansivo, va *adj* expansif, ive.

expatriación *f* expatriation.

expatriado, da *adj & s* expatrié, e.

expatriarse *v pr* s'expatrier.

expectación *f* expectation (p us), attente (espera) **|** MED expectation **■** comenzó la corrida en medio de una gran expectación la corrida commença dans une atmosphère fiévreuse o au milieu de l'impatience générale **|** había gran expectación en la ciudad ante la llegada de la reina toute la ville brûlait d'impatience dans l'attente de la reine.

expectante *adj* expectant, e (que espera); actitud, medicina expectante attitude, médecine expectante.

expectativa *f* expectative; estar o mantenerse a la expectativa de un suceso être o se tenir dans l'expectative d'un évènement **|** perspective **■** expectativa de vida espérance de vie **|** contra toda expectativa contre toute attente.

expectoración *f* expectoration.

expectorante *adj & s m* MED expectorant, e.

expectorar *v tr* expectorer (escupir).

expedición *f* expédition (excursión) **|** expédition, envoi *m* (envío) **|** expédition, exécution rapide (de un asunto) **■** expedición de salvamento expédition de sauvetage **|** expedición de testimonio de sentencia levée de jugement **|** expedición militar expédition militaire **■** gastos de expedición frais d'expédition.

expedicionario, ria *adj & s* expéditionnaire.
◇ *adj* MIL expéditionnaire; cuerpo expedicionario corps expéditionnaire.

expedicionero *m* expéditionnaire (de la curia romana).

expedidor, ra *adj & s* expéditeur, trice.

expedientado, da *adj* qui est l'objet d'une instruction judiciaire.

expedientar *v tr* instruire (un proceso).

expediente *adj* expédient, e (conveniente).
◇ *m* expédient (medio); un hábil expediente

un habile expédient ∥ DR affaire f (negocio) ∥ dossier; **tiene un expediente cargado en la policía** il a un dossier chargé à la police ∥ dossier (académico) ∥ enquête f; **expediente administrativo** enquête administrative ■ ECON **expediente de regulación de empleo** plan pour la restructuration de l'emploi ■ FIG **cubrir el expediente** sauver les apparences ∥ **dar expediente** expédier une affaire ∥ **instruir un expediente** instruire une affaire ∥ **instruir un expediente a un funcionario** faire un procès à un fonctionnaire.
➥ **expedientes** m pl démarches f (trámites).

expedienteo m lenteur f de la procédure.

expedir [26] v tr expédier (enviar) ∥ DR expédier; **expedir un contrato** expédier un contrat ∥ délivrer; **pasaporte expedido en París** passeport délivré à Paris ∥ FIG expédier (hacer rápidamente).

expeditamente adv facilement, aisément ∥ promptement, d'une façon expéditive (rápidamente).

expeditar v tr (Amer) régler (un asunto).

expeditivo, va adj expéditif, ive.

expedito, ta adj dégagé, e; libre; **la vía quedó expedita** la voie fut dégagée ∥ prompt, e; à l'aise; **expedito para obrar** prompt à agir ∥ FIG **el camino está expedito** la voie est tracée o ouverte.

Expedito n pr Expédit.

expelente adj qui chasse, qui repousse ∥ **bomba expelente** pompe refoulante.

expeler v tr expulser (a uno) ∥ rejeter; **el volcán expele rocas** le volcan rejette des roches ∥ MED expulser (mucosidades) ∥ éliminer (cálculo).

expendedor, ra adj & s dépensier, ère.
◇ m & f débitant, e (vendedor al detalle) ∥ caissier, ère (en un teatro, etc.) ∥ buraliste (de tabaco) ∥ personne qui écoule de la fausse monnaie (de moneda falsa).

expendeduría f débit m ∥ guichet m (taquilla) ∥ **expendeduría de tabaco** bureau de tabac.

expender v tr dépenser (gastar) ∥ débiter (vender al por menor) ∥ écouler [de la fausse monnaie].

expendio m (Amer) débit (venta de efectos estancados) ∥ débit (expendeduría).

expensar v tr (Amer) payer les dépens.

expensas f pl dépens m pl (gastos) ■ **a expensas de** aux dépens de ∥ **vivir a expensas de uno** être à la charge de quelqu'un.

experiencia f expérience; **tener experiencia** avoir de l'expérience ■ **por experiencia** par expérience ∥ **saber por propia experiencia** savoir par expérience, apprendre à ses dépens.
‖ SIN práctica pratique; conocimiento connaissance; pericia expérience.

experimentación f expérimentation; **la experimentación de un nuevo procedimiento de televisión** l'expérimentation d'un nouveau procédé de télévision.

experimentado, da adj expérimenté, e.

experimentador, ra adj & s expérimentateur, trice.

experimental adj expérimental, e; **procedimientos experimentales** procédés expérimentaux.

experimentalmente adv expérimentalement.

experimentar v tr expérimenter (científicamente) ∥ faire l'expérience de (probar) ∥ éprouver, ressentir (sentir); **experimentar una sensación desagradable** éprouver une sensation désagréable; **experimentar amistad** ressentir de l'amitié ∥ souffrir (sufrir) ∥ essuyer, subir; **experimentar una derrota** essuyer une défaite ∥ subir; **experimentar una renovación completa** subir une rénovation complète ∥ roder; **método muy experimentado** méthode bien rodée.

experimento m expérience f (ensayo); **un experimento de química** une expérience de chimie ∥ expérimentation f (acción de experimentar).

expertamente adv expertement, avec habileté.

experto, ta adj & s m expert, e; **experto en la materia** expert en la matière.

expiable adj expiable.

expiación f expiation.

expiar [9] v tr expier ∥ purger; **expiar una pena** purger une peine.

expiativo, va adj expiateur, trice.

expiatorio, ria adj expiatoire.

expiración f expiration; **la expiración de una pena** l'expiration d'une peine.

expirante adj expirant, e.

expirar v intr expirer (morir) ∥ FIG expirer; **expiró el plazo** le délai a expiré.

explanación f nivellement m, aplanissement m (allanamiento) ∥ terrassement m (de un terreno) ∥ FIG explication, éclaircissement m (aclaración).

explanada f esplanade ∥ glacis m (fortificación) ∥ terre-plein m (terreno allanado).

explanar v tr aplanir (allanar) ∥ niveler (un terreno) ∥ FIG expliquer, éclaircir (aclarar).

explayada adj f & s f BLAS éployée (águila).

explayar v tr étendre, déployer.
➥ **explayarse** v pr s'étendre; **explayarse en un discurso** s'étendre dans un discours ∥ se confier, s'ouvrir à, s'épancher auprès de (confiarse); **se explayaba en sus cartas a sus amigos** il se confiait à ses amis dans ses lettres.

expletivo, va adj explétif, ive.

explicable adj explicable.

explicación f explication; **tener una explicación con alguien** avoir une explication avec quelqu'un.
‖ SIN explanación exposé; esclarecimiento, aclaración éclaircissement; exposición exposition; exégesis exégèse; interpretación interprétation.

explicaderas f pl FAM facilité sing d'élocution ∥ **tener muy buenas explicaderas** avoir la parole facile.

explicador, ra adj & s explicateur, trice.

explicar [10] v tr expliquer ∥ **explicar con pelos y señales** expliquer avec force détails.
➥ **explicarse** v pr s'expliquer.
‖ SIN interpretar interpréter; traducir traduire; exponer exposer; desarrollar développer; co-

mentar commenter; contar, referir raconter; narrar, relatar narrer; aclarar éclairer.

explicativo, va adj explicatif, ive ∥ IMPR **folio explicativo** titre courant.

explícitamente adv explicitement.

explicitar v tr expliciter.

explícito, ta adj explicite ∥ **hacer explícito** expliciter, rendre explicite.

explicitud f explicité [qualité de ce qui est explicite].

explicotear v intr FAM s'expliquer.

explorable adj explorable.

exploración f exploration ∥ prospection (de minas) ∥ balayage m (televisión); **línea de exploración** ligne de balayage ∥ reconnaissance; **hacer una exploración en África** faire une reconnaissance en Afrique.

explorador, ra adj & s explorateur, trice ∥ MAR **barco explorador** éclaireur.
➥ **explorador** m MIL éclaireur ∥ boy-scout, scout, éclaireur.

explorador óptico ➥ escáner.

explorar v tr explorer ∥ prospecter (minas) ∥ balayer (con un haz eléctrico) ∥ **explorar con la vista** explorer du regard.

exploratorio, ria adj exploratoire; **conversaciones exploratorias** conversations exploratoires ∥ MED explorateur, trice (instrumento).

explosión f explosion; **motor de explosión** moteur à explosion ■ **cráter de explosión** cratère d'explosion o éguelé ∥ **explosión de grisú** coup de grisou ∥ **explosión demográfica** explosion démographique ■ **hacer explosión** exploser.

explosionar v tr faire éclater (hacer estallar).
◇ v intr exploser (explotar).

explosivo, va adj & s m explosif, ive.

explosor m exploseur.

explotable adj exploitable.

explotación f exploitation; **explotación agrícola, forestal, minera** exploitation agricole, forestière, minière.

explotador, ra adj & s exploitant, e (el que explota) ∥ exploiteur, euse (en mala parte).

explotar v tr exploiter; **explotar una mina, a uno** exploiter une mine, quelqu'un.
◇ v intr exploser (una bomba, etc.).

expoliación f; **expolio** m spoliation f.

expoliador, ra adj & s spoliateur, trice.

expoliar [8] v tr spolier (despojar).

expolición f commoration (retórica).

expolio ➥ expoliación.

exponencial adj MAT exponentiel, elle.

exponente adj exposant, e.
◇ m MAT exposant ∥ représentant (representante); **Cervantes es el máximo exponente de la literatura española** Cervantes est le plus grand représentant de la littérature espagnole ∥ exemple, preuve f (prueba); **nuestras exportaciones son un magnífico exponente de la vitalidad de la industria nacional** nos exportations sont un magnifique exemple de la vitalité de l'industrie nationale.

exponer [65] v tr exposer; **exponer un cuadro, una teoría** exposer un tableau, une théorie ∥ avancer; **exponer una proposición** avancer une proposition ∥ expliquer, exposer; **exponer su pensamiento** expliquer sa pensée ∎ FOT exposer ∎ **exponer mucho** prendre beaucoup de risques.

➤ **exponerse** *v pr* s'exposer; **exponerse a una desgracia** s'exposer à un malheur.

exportable *adj* exportable.

exportación *f* exportation; **géneros de exportación** articles d'exportation.

exportador, ra *adj* & *s* exportateur, trice.

exportar *v tr* exporter; **exportar a Alemania** exporter en Allemagne.

exposición *f* exposition (de cuadros, etc.) ∎ salon *m*; **exposición del automóvil** salon de l'automobile ∎ exposé *m* (narración) ∎ pétition, requête (instancia) ∎ FOT exposition ∎ DR **exposición de motivos** exposé des motifs ∎ FOT **tiempo de exposición** temps de pose.

expositivo, va *adj* expositif, ive.

expósito, ta *adj* trouvé, e (niño abandonado).

◇ *m* & *f* enfant *m* trouvé ∎ **casa de expósitos** hospice d'enfants trouvés.

expositor, ra *adj* & *s* qui est chargé de faire un exposé.

◇ *m* & *f* exposant, e (en una exposición).

expremijo *m* égouttoir à fromages.

exprés *m* express (tren, café) ∎ *(Amer)* messageries *f pl*.

expresable *adj* exprimable.

expresado, da *adj* exprimé, e (expreso) ∎ mentionné, e; déjà cité, e (mencionado).

expresamente *adv* expressément, exprès.

expresar *v tr* exprimer; **expresar una idea** exprimer une idée.

➤ **expresarse** *v pr* s'exprimer.

┃ OBSERV Expresar a deux participes passés: l'un, régulier (**expresado**), s'emploie avec haber et tener; l'autre, irrégulier (**expreso**), s'emploie comme adjectif.
┃ SIN manifestar manifester; exteriorizar extérioriser; decir dire; enunciar énoncer; formular formuler.

expresión *f* expression ∎ **expresión familiar** expression familière ∎ MAT **expresión impropia** expression fractionnaire ∎ **perdone la expresión** passez-moi l'expression ∎ **reducir a la más mínima expresión** réduire à sa plus simple expression.

➤ **expresiones** *f pl* salutations, amitiés (recuerdos); **dale expresiones de mi parte** fais-lui mes amitiés.

expresionismo *m* expressionnisme.

expresionista *m* expressionniste.

expresivamente *adv* expressivement (con viveza) ∎ affectueusement (afectuosamente).

expresividad *f* expressivité.

expresivo, va *adj* expressif, ive (que expresa) ∎ chaleureux, euse; sincère; **expresivos agradecimientos de sinceres remerciements** ∎ affectueux, euse (cariñoso).

expreso, sa *adj* exprimé, e ∎ exprès, esse (especificado); **por orden expresa** sur ordre exprès.

◇ *adj* & *s m* express ∎ **tren expreso** train express.

➤ **expreso** *m* exprès (mensajero).

┃ OBSERV La correspondance exprès o par exprès se traduit en espagnol par correo urgente.

exprimelimones *m* presse-citron *inv.*

exprimidor *m*; **exprimidera** *f*; **exprimidero** *m* presse-citron *m inv* (para limones), presse-fruits *m inv.*

exprimir *v tr* exprimer, presser (extraer el jugo) ∎ FIG pressurer (estrujar).

┃ OBSERV Exprimer une idée, etc. se dit expresar una idea, etc.

ex profeso *loc adv* ex professo.

expromisión *f* expromission.

expropiación *f* expropriation; **expropiación forzosa** expropriation forcée.

expropiador, ra *adj* expropriateur, trice.

expropiar [8] *v tr* exproprier.

expuesto, ta *adj* exposé, e ∎ ouvert, e; **casa expuesta a todos los vientos** maison ouverte à tous les vents ∎ **lo expuesto** ce qui a été exposé (en un escrito).

expugnable *adj* expugnable.

expugnación *f* prise d'assaut.

expugnar *v tr* prendre d'assaut.

expulsar *v tr* [▷ SIN] expulser ∎ MED expulser (mucosidades).

┃ SIN echar chasser; desalojar déloger; despedir renvoyer.

expulsión *f* expulsion.

expulsivo, va *adj* expulsif, ive.

expulsor *m* éjecteur (armas).

expurgación *f* expurgation.

expurgar [16] *v tr* expurger.

expurgatorio, ria *adj* qui expurge, expurgatoire (que expurga) ∎ **índice expurgatorio** index expurgatoire.

expurgo *m* expurgation *f.*

exquisitamente *adv* d'une manière exquise, exquisément (p us).

exquisitez *f* exquisité (p us), délicatesse.

┃ OBSERV pl exquisiteces.

exquisito, ta *adj* exquis, e.

exsudar *v tr* & *intr* exsuder.

extasiarse [9] *v pr* s'extasier; **extasiarse con algo** s'extasier sur quelque chose.

éxtasis *f inv* extase; **sumido en éxtasis** plongé dans l'extase.

extático, ca *adj* extatique.

extemporal; extemporáneo, a *adj* hors de propos, inconvenant, intempestif, ive (comentario, respuesta) ∎ inhabituel, elle pour la saison (clima).

extemporaneidad *f* inopportunité.

extender [20] *v tr* [▷ SIN] étendre; **extender las alas** étendre ses ailes ∎ dérouler, développer; **extender un mapa** dérouler une carte ∎ dresser, rédiger (un acta) ∎ délivrer (un certificado) ∎ étendre; **extender su influencia** étendre son influence ∎ COM libeller; **cheque mal extendido** chèque mal libellé ∎ INFORM **memoria extendida** mémoire étendue.

➤ **extenderse** *v pr* s'étendre; **la ola de frío se extiende por todo el país** la vague de froid s'étend sur tout le pays ∎ gagner, se propager; **el fuego se extiende al tejado** le feu gagne le toit.

┃ SIN tender tendre; estirar allonger, étirer; desplegar, desdoblar déployer, étaler; desarrollar développer.

extendidamente; extensamente *adv* longuement; **trató el tema extensamente** il a longuement traité le sujet ∎ largement, amplement (ampliamente).

extensibilidad *f* extensibilité.

extensible *adj* extensible ∎ **mesa extensible** table à rallonges.

extensión *f* étendue; **la extensión de un país, de un discurso** l'étendue d'un pays, d'un discours ∎ extension (acción) ∎ longueur; **la extensión de una carta** la longueur d'une lettre ∎ GRAM extension; **por extensión** par extension ∎ acception; **en toda la extensión de la palabra** dans toute l'acception du terme ∎ poste *m* (teléfono).

extensivamente *adv* par extension.

extensivo, va *adj* extensif, ive ∎ AGRIC **cultivo extensivo** culture extensive.

extenso, sa *adj* étendu, e; **con el brazo extenso** le bras étendu ∎ long, longue (largo); **viaje, discurso extenso** long voyage, long discours ∎ étendu, e; vaste (amplio); **un extenso país** un pays étendu ∎ **por extenso** in extenso, en détail.

extensómetro *m* TECN extensomètre.

extensor *adj m* & *s m* extenseur; **músculo extensor** muscle extenseur.

◇ *m* DEP extenseur, sandow, exerciseur (p us).

extenuación *f* exténuation, épuisement *m* (debilitación) ∎ maigreur (flaqueza).

extenuado, da *adj* exténué, e (agotado).

extenuante *adj* exténuant, e.

extenuar [6] *v tr* exténuer (agotar).

exterior *adj* & *s m* extérieur, e; **ventana exterior** fenêtre extérieure; **comercio exterior** commerce extérieur ∎ **dimensiones exteriores** dimensions hors tout ∎ **ministerio de Asuntos Exteriores** ministère des Affaires étrangères.

➤ **exteriores** *m pl* CINEM extérieurs.

exterioridad *f* extériorité.

➤ **exterioridades** *f pl* dehors *m*, apparences.

exteriorización *f* extériorisation.

exteriorizar [13] *v tr* extérioriser.

exteriormente *adv* extérieurement, externally.

exterminación *f* extermination.

exterminador, ra *adj* & *s* exterminateur, trice.

exterminar *v tr* exterminer.

exterminio *m* extermination *f.*

externado *m* externat.

externamente *adv* extérieurement.

externo, na *adj* externe; **medicamento de uso externo** médicament à usage externe ∎ [▷ SIN] extérieur; **signos externos de riqueza** signes extérieurs de richesse ∎ **ángulo externo** angle extérieur.

◇ *adj* & *s* externe (alumno).

┃ SIN exterior extérieur; superficial superficiel.

extinción *f* extinction.

extinguir [17] *v tr* éteindre (apagar) ∎ FIG éteindre (acabar).

➤ **extinguirse** *v pr* s'éteindre (morirse).

extinto, ta *adj* éteint, e ∥ défunt, e; mort, e (difunto).

extintor, ra *adj & s m* extincteur, trice ∥ extintor de espuma extincteur à mousse ∥ extintor de incendios extincteur d'incendie.

extirpable *adj* extirpable.

extirpación *f* extirpation.

extirpador, ra *adj & s m* extirpateur, trice.

extirpar *v tr* extirper ∥ MED abaisser (catarata).

extorno *m* ristourne *f* de prime (seguros) ∥ extourne (contabilidad).

extorsión *f* extorsion (despojo) ∥ FIG dommage *m*, préjudice *m*; causar mucha extorsión porter un grand préjudice.

extorsionar *v tr* extorquer (usurpar) ∥ porter préjudice (causar daño).

extorsionista *m & f* extorqueur, euse; usurpateur, trice.

extra *adj* FAM extra *inv* ∥ las horas extras les heures supplémentaires.
◇ *m* FAM gratification *f*, à-côté (beneficio accesorio) ∥ extra (gasto o comida extraordinaria) ∥ CINEM & TEATR figurant (comparsa).
➤ **extras** *f pl* figuration *f sing* (teatro).

extracción *f* extraction; la extracción de una muela l'extraction d'une dent; la extracción de una raíz cuadrada l'extraction d'une racine carrée ∥ FIG extraction (origen); de humilde extracción d'humble extraction ∥ fonçage *m* (de la pizarra) ∥ TECN extracción de los perfumes enfleurage.

extracelular *adj* extracellulaire.

extracorpóreo, a *adj* extracorporel, elle.

extracorriente *f* ELECTR extra-courant *m*.

extractar *v tr* résumer (compendiar).

extractivo, va *adj* extractif, ive.

extracto *m* extrait (de una obra) ∥ extrait (de una sustancia) ∥ extracto de cuentas relevé de comptes.

extractor *m* extracteur.

extracurricular *adj* hors programme [d'enseignement].

extradición *f* extradition ∥ aplicar la extradición extrader ∥ sujeto a extradición passible d'extradition.

extradir; extraditar *v tr* extrader.

extradós *m inv* ARQ extrados.

extraeconómico, ca *adj* extra-économique.

extraembrionario, ria *adj* extraembryonnaire.

extraente *adj* extractif, ive.
◇ *m* extracteur.

extraer [73] *v tr* extraire (sacar); extraer una muela extraire une dent ∥ MAT extraire (una raíz) ∥ TECN extraer perfumes enfleurer.

extraescolar *adj* extrascolaire; actividad extraescolar activité extrascolaire.

extrafino, na *adj* extra-fin, e.

extrahumano, na *adj* extra-humain.

extraíble *adj* extractible.

extrajudicial *adj* extrajudiciaire.

extralegal *adj* extra-légal, e; procedimientos extralegales procédés extra-légaux.

extralimitación *f* abus *m* [de pouvoir, d'autorité].

extralimitarse *v pr* dépasser les bornes, outrepasser ses droits.

extramuros *loc adv* extra-muros.

extranjería *f* extranéité (calidad de extranjero).

extranjerismo *m* manie *f* d'imiter ce qui est étranger ∥ GRAM mot étranger (voz), tournure *f* étrangère (giro).

extranjerizar [13] *v tr* donner un caractère étranger.

extranjero, ra *adj & s* étranger, ère (de otro país); viajar por el extranjero voyager à l'étranger.

> OBSERV Extranjero se dit de l'étranger au pays. Étranger à une région, à une ville, se dit forastero.
>
> SIN extraño, forastero étranger; meteco métèque; exótico exotique.

extranjis
➤ **de extranjis** *loc adv* FAM en cachette (de tapadillo) ∥ en douce (callandito).

extrañación *f* bannissement *m*.

extrañamente *adv* étrangement.

extrañamiento *m* bannissement (destierro) ∥ étonnement (asombro).

extrañar *v tr* étonner; eso me extraña mucho cela m'étonne beaucoup ∥ être étonné, e; me extraña verte aquí je suis étonné de te voir ici ∥ n'être pas habitué (sentir la novedad de algo); extraño este traje nuevo je ne suis pas habitué à ce costume neuf ∥ être sauvage (con los desconocidos); este niño extraña mucho cet enfant est très sauvage ∥ bannir, exiler (desterrar) ∥ (*Amer*) regretter (echar de menos), avoir la nostalgie de (tener nostalgia) ∎ extraña oírle cantar il est étonnant o on est étonné de o cela fait drôle de l'entendre chanter ∥ me extraña verte con este peinado ça me fait drôle de te voir avec cette coiffure ∥ no es de extrañar cela n'a rien d'étonnant ∥ no es de extrañar que rien d'étonnant à ce que.
➤ **extrañarse** *v pr* s'étonner (maravillarse); extrañarse de algo s'étonner de quelque chose ∥ s'exiler, s'expatrier (exilarse) ∥ se refuser (negarse).

extrañeza *f* étrangeté (cualidad de extraño) ∥ étonnement *m* (asombro) ∥ désaccord *m*, brouille (desavenencia).

extraño, ña *adj* étranger, ère; persona extraña personne étrangère ∥ étrange, bizarre (raro) ∥ étranger, ère; cuerpo extraño corps étranger ∎ extraño a étranger à ∎ hace extraño oírle cantar il est étonnant o cela fait drôle de l'entendre chanter ∥ no es extraño que il n'est pas étonnant que, rien d'étonnant à ce que ∥ serle a uno extraña una cosa ne pas être habitué à une chose.
➤ **extraño** *m* écart (del caballo) ∥ hacer un extraño s'affoler (el caballo).
◇ *m & f* étranger, ère; es un extraño en su familia c'est un étranger dans sa famille.

extraoficial *adj* officieux, euse (oficioso).

extraoficialmente *adv* officieusement.

extraordinariamente *adv* extraordinairement.

extraordinario, ria *adj* extraordinaire ∥ horas extraordinarias heures supplémentaires ∥ no tiene nada de extraordinario cela n'a rien d'extraordinaire.
➤ **extraordinario** *m* courrier extraordinaire (correo especial) ∥ extra (plato suplementario) ∥ numéro spécial (de periódico).

extraparlamentario, ria *adj* extraparlementaire.

extraplano, na *adj* extra-plat, e; extraplat, e.

extrapolación *f* MAT extrapolation.

extrapolar *v tr* extrapoler.

extrarradio *m* zone *f* suburbaine, petite banlieue *f*, banlieue *f* proche.

extrasensible *adj* extrasensible.

extrasensorial *adj* extrasensoriel, elle.

extrasístole *f* MED extrasystole.

extraterrenal; extraterreno, na *adj* RELIG relatif, ive à la vie future ou éternelle.

extraterrestre *adj* extraterrestre.

extraterritorial *adj* extraterritorial, e.

extraterritorialidad *f* extraterritorialité.

extrauterino, na *adj* extra-utérin, e.

extravagancia *f* extravagance ∥ decir extravagancias dire des choses extravagantes.

extravagante *adj & s* extravagant, e; excentrique.

extravasación *f* extravasation.

extravasarse *v pr* s'extravaser (líquidos).

extravenarse *v pr* s'extravaser (la sangre).

extraversión *f* extraversion.

extravertido, da *adj* extraverti, e; extroverti, e.

extraviado, da *adj* perdu, e; égaré, e (perdido) ∥ FIG débauché, e (de mala vida) ∥ isolé, e; perdu, e (lugar) ∥ hagard, e; égaré, e; ojos extraviados yeux hagards.

extraviar [9] *v tr* [▷ SIN] égarer (desorientar) ∥ égarer, perdre; he extraviado las tijeras j'ai perdu les ciseaux.
➤ **extraviarse** *v pr* s'égarer, se perdre; me extravié en el camino je me suis égaré en chemin ∥ FIG se perdre (la mirada) ∥ sortir du droit chemin (llevar mala vida) ∥ se fourvoyer (equivocarse) ∥ s'égarer (la razón) ∥ se me han extraviado dos libros j'ai égaré o perdu deux livres.

> SIN desviar dévier; descaminar égarer; descarriar fourvoyer; desorientar, despistar désorienter.

extravío *m* égarement ∥ FIG égarement, fourvoiement (error) ∥ écart (de conducta); los extravíos de la juventud les écarts de la jeunesse ∥ dérèglement (de las costumbres).

extremadamente *adv* extrêmement.

extremado, da *adj* extrêmement bon, bonne; mauvais, e (sumamente bueno o malo) ∥ excessif, ive; extrême (exagerado).

Extremadura *n pr f* GEOGR Estrémadure.

> **EXTREMADURA**
> La communauté autonome d'Estrémadure se compose des provinces de Cáceres et Badajoz. Elle a obtenu l'autonomie le 25 février 1983 et a pour capitale Mérida; son gouver-

nement est connu sous le nom de « Junta de Extremadura ».

extremar *v tr* pousser à l'extrême; extremar la severidad, las precauciones pousser la sévérité, les précautions à l'extrême ‖ renforcer; extremar la vigilancia renforcer la vigilance.

➤ **extremarse** *v pr* se surpasser, faire tout son possible.

extremaunción *f* RELIG extrême-onction.

extremeño, ña *adj & s* d'Estrémadure ‖ El celoso extremeño Le Jaloux d'Estrémadure (de Cervantes).

extremidad *f* extrémité, bout *m*.

extremismo *m* extrémisme.

extremista *m* extrémiste.

extremo, ma *adj* extrême; frío extremo froid extrême; el punto extremo le point extrême.

➤ **extremo** *m* extrémité *f*, bout; el extremo de un palo l'extrémité d'un bâton ‖ extrême; los extremos se tocan les extrêmes se touchent ‖ extrémité *f* (situación extremada); llegó al extremo que quiso matarse il fut réduit à une telle extrémité qu'il voulut se tuer ‖ MAT extrême ‖ point, sujet, matière *f*; se han tocado varios extremos on a traité différents points ‖ aile *f* (de un equipo de fút-

bol) ∎ DEP extremo derecha, izquierda ailier o extrème droit, gauche ‖ Extremo Oriente Extrême-Orient ∎ al extremo à l'extrême ‖ de extremo a extremo d'un bout à l'autre ‖ en o por extremo à l'extrême ‖ en último extremo en désespoir de cause, en dernier recours ∎ pasar de un extremo a otro passer d'un extrême à l'autre, tomber d'un extrême dans l'autre.

extremosidad *f* la extremosidad de su cortesía sa politesse excessive.

extremoso, sa *adj* excessif, ive [dans ses actions].

extrínseco, ca *adj* extrinsèque.

extrofia *f* MED exstrophie.

extrorso, sa *adj* BOT extrorse.

extroversión *f* MED extroversion.

extrovertido, da *adj* extraverti, e.

extrudir *v tr* TECN extruder.

extrusión *f* TECN & GEOL extrusion.

extrusor, ra *adj* GEOL extrusif, ive.

➤ **extrusora** *f* TECN extrudeuse.

exuberancia *f* exubérance.

exuberante *adj* exubérant, e.

exudación *f* exsudation.

exudado *m* exsudat.

exudar *v tr & intr* exsuder (transpirar).

exulceración *f* MED exulcération.

exulcerar *v tr* MED exulcérer.

exultación *f* exultation.

exultante *adj* débordant, e.

exultar *v intr* exulter (alegrarse).

exutorio *m* MED exutoire.

exvoto *m* RELIG ex-voto *inv*.

eyaculación *f* éjaculation; eyaculación precoz éjaculation précoce; eyaculación retardada éjaculation retardée.

eyaculador, ra; eyaculatorio, ria *adj* éjaculatoire.

eyacular *v tr* éjaculer.

eyaculatorio, ria ➤ **eyeculador**.

eyección *f* éjection.

eyectable *adj* éjectable; asiento eyectable siège éjectable ‖ largable (avión).

eyectar *v tr* éjecter.

eyector *m* éjecteur.

eyrá *m* ZOOL eyra (puma).

Ezequías *n pr* Ézéchias.

Ezequiel *n pr* Ézéchiel.

f; F *f* f *m.*

f. (abrev escrita de **factura**) fact. ‖ (abrev escrita de **folio**) f.

fa *m* MÚS fa.

fabada *f* haricots *m pl* au lard, sorte de cassoulet [plat régional asturien].

Fabián *n pr* Fabien.

Fabiana *n pr* Fabienne.

Fabio *n pr* Fabius.

Fabiola *n pr* Fabiola.

fabla *f* imitation de la prononciation ancienne de l'espagnol.

fabordón *m* MÚS faux-bourdon.

fábrica *f* fabrication (acción de fabricar) ‖ fabrique; marca, precio de fábrica marque, prix de fabrique ‖ [▷ SIN] usine; fábrica siderúrgica usine sidérurgique ‖ fabrique; fábrica de muebles fabrique de meubles ‖ manufacture; fábrica de tabacos manufacture de tabacs ‖ bâtiment *m* (edificio) ‖ fabrique (bienes de una iglesia) ■ fábrica de aceite huilerie ‖ fábrica de azúcar sucrerie ‖ fábrica de cerveza brasserie ‖ fábrica de harina minoterie ‖ fábrica de hilados filature ‖ fábrica de jabón savonnerie ‖ fábrica de papel papeterie ■ de fábrica en maçonnerie, en dur; construcción de fábrica construction en dur.

> **OBSERV** La palabra *usine* designa cualquier establecimiento industrial importante. *Fabrique* se refiere al establecimiento donde se transforman materias primas ya elaboradas en productos inmediatamente aprovechables.
> **SIN** manufactura, factoría *manufacture*; industria *industrie*.

fabricación *f* fabrication; fabricación defectuosa fabrication défectueuse.

fabricado *m* produit fini (producto final).

fabricante *m* fabricant.
◇ *adj* qui fabrique.

fabricar [10] *v tr* fabriquer; fabricar automóviles fabriquer des automobiles ‖ construire, bâtir (edificar) ‖ FIG forger, inventer; fabricar una mentira inventer un mensonge

faire (hacer); fabricar uno su fortuna faire sa fortune ‖ fabricar cerveza brasser.

Fabricio *n pr* Fabrice (nombre) ‖ Fabricius (político romano).

fabril *adj* manufacturier, ère; industria fabril industrie manufacturière.

fabriquero *m* fabricien (de una iglesia).

fabuco *m* (p us) faîne *f* (hayuco).

fábula *f* [▷ SIN] fable; las fábulas de La Fontaine les fables de La Fontaine ‖ fable, mensonge *m* (mentira); esta historia es una fábula cette histoire est une fable ‖ colección de fábulas fablier.

> **SIN** apólogo *apologue*; parábola *parabole*; cuento *conte*; invención *invention*; quimera *chimère*; leyenda *légende*; mito *mythe*.

fabulación *f* fabulation.

fabulador ➡ **fabulista**.

fabular *v intr* raconter des fables (contar fábulas) ‖ fabuler (imaginar).

fabulario *m* fablier.

fabulista; fabulador *m* fabuliste.

fabuloso, sa *adj* fabuleux, euse; una fortuna fabulosa une fortune fabuleuse.

faca *f* couteau *m* recourbé ‖ coutelas *m* (cuchillo grande).

facción *f* faction; una facción autonomista une faction autonomiste ‖ MIL estar de facción être en, de faction.
➡ **facciones** *f pl* traits *m* (rasgos del rostro); tenía facciones cansadas il avait les traits tirés o fatigués.

faccionario, ria *adj & s* (p us) partisan, e (miembro de una facción).

> **OBSERV** La palabra francesa *factionnaire* corresponde en español a *centinela*.

faccioso, sa *adj & s* factieux, euse; séditieux, euse (rebelde).

faceta *f* facette; diamante con facetas diamant à facettes ‖ FIG facette, aspect *m*; una faceta desconocida de España un aspect inconnu de l'Espagne ‖ tallar o labrar en facetas tailler à facettes, facetter.

faceto, ta *adj* (*Amer*) facétieux, euse.

facha *f* FAM allure (aspecto); tener mala facha avoir une drôle d'allure ■ MAR en facha en panne ■ FAM estar hecho una facha être fichu comme l'as de pique ‖ tener buena facha avoir de l'allure, être bien.
◇ *m* FAM polichinelle (adefesio).
◇ *adj & s* facho (fascista).

fachada *f* façade ‖ façade; la prosperidad del país era pura fachada la prospérité du

pays n'était que façade ‖ frontispice *m* (de un libro) ‖ hacer fachada faire face.

fachear *v intr* MAR se mettre en panne.

fachenda *f* FAM jactance, épate.
◇ *m* FAM crâneur, poseur (fachendoso).

fachendear *v intr* FAM faire de l'épate, crâner.

fachendista; fachendón, ona; fachendoso, sa *adj & s* FAM poseur, euse; crâneur, euse (presumido) ‖ vantard, e (jactancioso).

fachinal *m* (*Amer*) bourbier.

fachoso, sa; fachudo, da *adj* (*Amer*) poseur, euse (presumido) ‖ vantard, e (vanidoso) ‖ FAM qui a une drôle d'allure.

facial *adj* facial, e; nervio, ángulo facial nerf, angle facial ■ cirugía facial chirurgie de la face ■ técnica facial visagisme ‖ técnico facial visagiste.

facies *f* MED faciès *m* ‖ facies hipocrática masque de la mort.

> **OBSERV** pl *facies*.

fácil *adj* facile, aisé, e; problema fácil problème facile; la crítica es fácil la critique est aisée ‖ facile, aisé, e (estilo) ‖ facile; este niño tiene un carácter muy fácil cet enfant a un caractère très facile ‖ facile (liviano); una mujer fácil une femme facile ‖ probable; es fácil que venga hoy il est probable qu'il viendra aujourd'hui ‖ de puro fácil tellement facile; de puro fácil que es, no hace falta explicarlo c'est tellement facile qu'il n'y a pas à l'expliquer ‖ fácil de creer facile à croire ‖ fácil de digerir facile à digérer ■ ser fácil de hacer reír, de hacer llorar avoir le rire facile, les larmes faciles.
◇ *adv* facilement.

facilidad *f* facilité; tener facilidad para el estudio avoir de la facilité pour les études; no dar muchas facilidades ne pas accorder beaucoup de facilités ■ facilidades de pago facilités de paiement ‖ facilidad para hablar facilité à parler, aisance ‖ facilidad para olvidar puissance d'oubli.

facilillo, lla *adj* FAM simple comme bonjour, archi-simple.

facilísimo, ma *adj* très facile.

facilitación *f* facilitation (p us) ‖ fourniture.

facilitar *v tr* faciliter ‖ fournir, procurer (proporcionar); facilitar datos fournir des renseignements ‖ ménager; facilitar una entrevista ménager une entrevue.

fácilmente *adv* facilement (sin trabajo) ‖ adroitement (diestramente).

facilón, ona *adj* FAM tout ce qu'il y a de plus facile, archisimple, simple comme bonjour; un problema facilón un problème archisimple.

facineroso, sa *adj & s* bandit; una banda de facinerosos une bande de bandits.

facistol *m* lutrin (atril).

facómetro *m* phacomètre (óptica).

facón *m* (*Amer*) grand couteau, poignard (del gaucho) ‖ (*Amer*) pelar el facón dégainer le couteau.

facoquero *m* ZOOL phacochère.

facsímil; facsímile *m* fac-similé.

factible *adj* faisable.

factitivo, va *adj* GRAM factitif, ive; causatif, ive.

factor *m* facteur (de comercio, de ferrocarriles) ‖ facteur (elemento); el factor humano le facteur humain ‖ BIOL facteur; factor Rhesus facteur Rhésus ‖ MAT facteur.

‖ OBSERV Le facteur des postes, chargé de la distribution des lettres, s'appelle cartero.

factoría *f* factorerie (de una compañía), comptoir *m* (de una nación) ‖ factorat *m* (cargo de factor) ‖ usine (fábrica).

factorial *f* MAT factorielle.

factótum *m* factotum.
‖ OBSERV pl factotums.

factual *adj* factuel, elle.

factura *f* facture (hechura) ‖ COM facture; factura pro forma facture pro forma ‖ (*Amer*) biscuit *m*, brioche ■ extender una factura facturer ‖ libro de facturas facturier.

facturación *f* facturation; una facturación por cien mil pesetas une facturation de cent mille pesetas ‖ chiffre *m* d'affaires (volumen de negocios) ‖ enregistrement *m* (en ferrocarril).

facturar *v tr* facturer (extender una factura) ‖ enregistrer (en ferrocarril).

fácula *f* ASTRON facule (del sol).

facultad *f* [▷ SIN] faculté (poder) ‖ faculté (en las universidades) ‖ MED force, résistance ‖ FIG faculté (derecho); tener facultad para avoir la faculté de ‖ moyen *m*, faculté (aptitud); esto me resta facultades cela m'enlève mes moyens; con pleno dominio de sus facultades en pleine possession de ses moyens.

→ **facultades** *f pl* facultés, aptitudes, dispositions (aptitudes).

‖ SIN potencia, capacidad puissance; poder pouvoir; virtud vertu.

facultar *v tr* autoriser, habiliter; facultar a una persona para que autoriser quelqu'un à.

facultativo, va *adj* facultatif, ive (no obligatorio) ‖ facultatif, ive; à option (asignatura) ‖ médical, e; cuadro facultativo personnel médical ‖ scientifique, technique (relativo a una facultad o ciencia) ■ MED el cuerpo facultativo la Faculté ‖ parte facultativo bulletin de santé.

→ **facultativo** *m* médecin (médico) ‖ chirurgien (cirujano).

facundia *f* faconde, verve, bagou *m* (verbosidad); tener facundia avoir du bagou, être en verve.

facundo, da *adj* éloquent, e ‖ loquace.

FAD (abrev de Fondo de Ayuda al Desarrollo) *m* fonds espagnol d'aide au développement.

fading *m* RAD fading (de las ondas).
■ OBSERV pl fadings.

fado *m* fado [chant populaire portugais].

faena *f* travail *m*; las faenas del campo, del ingenio les travaux des champs, de l'esprit ‖ occupation, besogne, tâche (quehacer); las faenas diarias les occupations quotidiennes ‖ TAUROM travail *m*, "faena"; una faena lucida un beau travail ‖ MAR pêche ■ FAM hacer una faena jouer un mauvais tour, faire une crasse ‖ las faenas de la casa le travail de maison, le ménage ‖ MIL uniforme de faena tenue de corvée ‖ FAM ¡vaya qué faena! quelle sale blague!, quel sale tour!

faenar *v intr* MAR pêcher.

faenero *m* (*Amer*) travailleur agricole.

faetón *m* phaéton (coche) ‖ phaéton (ave).

fafarachero, ra *adj & f* (*Amer*) vantard, e (vanidoso) ‖ poseur, euse (presumido).

fagedénico, ca *adj* MED phagédénique.

fagocito *m inv* ANAT phagocyte.

fagocitosis *f inv* MED phagocytose.

fagot *m* MÚS basson.

fagotista *m* basson, bassoniste, joueur de basson.

FAH (abrev de factor antihemofílico) *m* FAH.

FAI (abrev de Federación Anarquista Ibérica) *f* Fédération anarchiste ibérique.

fair play [ferplei] *m* fair-play *m inv*.

faisán *m* ZOOL faisan (ave) ‖ pollo de faisán faisandeau.

faisana *f* ZOOL faisane, poule faisane, faisande.

faja *f* bande; faja de terreno bande de terrain ‖ bande (de periódico) ‖ poner faja mettre sous bande ‖ ceinture; faja abdominal, de embarazo ceinture abdominale, de grossesse ‖ gaine (de mujer); faja-braga gaine-culotte ‖ ceinture de flanelle (de franela) ‖ bande (para los niños) ‖ écharpe (insignia) ‖ bague (de puro) ‖ ARQ bandeau *m* (moldura) ‖ BLAS fasce ■ faja intermedia bande médiane (en la carretera).

fajada *f* (*Amer*) attaque.

fajado, da *adj* bandé, e (con venda) ‖ emmaillotté, e (un niño) ‖ ZOOL fascié, e ‖ BLAS fascé, e ‖ TAUROM qui a une bande claire sur le dos et sous le ventre [taureau].

→ **fajado** *m* MIN boisage, étai (madero).

fajadura *f*; **fajamiento** *m* emmaillotement *m* (de un niño) ‖ MAR gaine *f* de toile goudronnée.

fajar *v tr* mettre une ceinture (ceñir con una faja) ‖ bander (poner una venda) ‖ emmailloter (un niño) ‖ mettre sous bande (un periódico) ‖ (*Amer*) donner, flanquer; fajar una bofetada, un latigazo donner une gifle, un coup de fouet ‖ frapper, battre (golpear) ‖ FAM (*Amer*) fajar con uno attaquer quelqu'un, voler dans les plumes de quelqu'un.

→ **fajarse** *v pr* mettre sa ceinture (ceñirse el abdomen).

fajardo *m* timbale *f*, vol-au-vent (pastel).

fajazo *m* (*Amer*) attaque *f* (fajada).

fajeado, da *adj* ARQ garni de bandeaux.

fajero *m* bande *f* tricotée pour emmailloter les enfants.

fajilla *f* (*Amer*) bande [de journal].

fajín *m* ceinture *f* (de militar).

fajina *f* AGRIC tas *m* de gerbes ‖ petit bois *m*, fagotin *m* (hacecillo) ‖ MIL fascine (haz de ramas) ‖ la soupe (toque) ‖ (*Amer*) travail *m*, corvée ■ MIL cubrir con fajinas fasciner ‖ FAM meter fajina jacasser, parler à tort et à travers.

fajinada *f* MIL fascinage *m*.

fajo *m* liasse *f*; fajo de billetes de banco liasse de billets de banque ‖ (*Amer*) coup (trago).

→ **fajos** *m pl* maillot *sing* (mantillas).

fakir → **faquir**.

falacia *f* tromperie (engaño).

falange *f* ANAT phalange ‖ MIL las falanges del enemigo les troupes ennemies.

Falange *f* la Falange Española la Phalange espagnole.

falangero *m* ZOOL phalanger.

falangeta *f* ANAT phalangette (de los dedos).

falangiano, na *adj* ANAT phalangien, enne.

falangina *f* ANAT phalangine (de los dedos).

falangio *m* ZOOL faucheur, faucheux.

falangismo *m* idéologie *f* phalangiste.

falangista *m & f* phalangiste.

falangita *m* phalangite (antiguo soldado griego).

falansterio *m* phalanstère, familistère.

falaz *adj* fallacieux, euse (engañoso).

falazmente *adv* faussement (con engaño) ‖ fallacieusement (equivocadamente).

falbalá *m* falbala (adorno).

falca *f* MAR fargue ‖ (*Amer*) petit alambic *m*.

falconete *m* MIL fauconneau (cañón ligero).

falcónidos *m pl* ZOOL falconidés.

falda *f* jupe; falda acampanada, tubo jupe cloche, fourreau ‖ flanc *m* (de una montaña) ‖ tassette; épaulière (de armadura) ‖ bord *m* (de un sombrero) ‖ flanchet (de una res) ‖ giron *m*, genoux *m* (regazo); tener a un niño en la falda tenir un enfant sur ses genoux ‖ plat *m* de côtes (carne) ■ falda pantalón jupe-culotte.

→ **faldas** *f pl* basques (faldillas) ■ aficionado a o amigo de las faldas coureur de jupons ■ andar entre faldas être toujours avec les femmes ‖ FIG & FAM es un asunto de faldas cherchez la femme ‖ gustarle a uno las faldas être un coureur de jupons.

faldear *v tr* contourner [une montagne] ‖ longer, suivre (ir a lo largo de).

faldellín *m* jupon (falda corta) ‖ (*Amer*) robe *f* de baptême.

faldeo *m* (*Amer*) flanc d'une montagne.

faldero, ra *adj* de la jupe ■ FIG hombre faldero coureur de jupons (mujeriego) ‖ niño faldero enfant qui est toujours dans les jupes de sa mère ‖ perro faldero chien de manchon.

faldicorto, ta *adj* à jupe courte.

faldillas *f pl* basques [d'un habit].

faldón *m* basque *f*; los faldones de un frac les basques d'un habit ‖ pan, queue *f* (de una chaqueta o camisa) ▌ **ARQ** pente *f* (de un tejado) ▌chambranle (de chimenea) ▌ **TECN** jupe *f* (pistón) ▌ ■ estar colgado de o agarrado a los faldones de uno être pendu aux basques de quelqu'un ▌faldón de cristianar robe de baptême.

falena *f* **ZOOL** phalène.

falencia *f* erreur (error) ▌ (*Amer*) faillite.

falera *f* phalère (insecto).

falerno *m* falerne (vino).

falibilidad *f* faillibilité.

falible *adj* faillible.

fálico, ca *adj* phallique.

falina *f* **QUÍM** phalline.

Falkland ➤ **Malvinas**.

falla *f* faille (tela), **GEOL** faille (grieta) ▌ (*Amer*) faute (falta)▌béguin *m* (gorrito).
- ➡ **fallas** *f pl* "fallas" [fêtes de la Saint-Joseph à Valence].

fallada *f* action de jouer atout.

fallar *v tr* couper (naipes) ▌ **DR** prononcer; fallar una sentencia prononcer un jugement ▌rater, manquer (un golpe) ▌fallar un premio literario décerner un prix littéraire.
- ◇ *v intr* manquer, faillir; le ha fallado el corazón le cœur lui a manqué ▌manquer; fallar a sus amigos manquer à ses amis ▌échouer, rater; ha fallado su proyecto son projet a échoué ▌lâcher, céder; falló el muro le mur a cédé ▌rater (un golpe, la puntería) ▌avoir des ratés (un motor) ▌lâcher, céder (frenos) ▌si la memoria no me falla si j'ai bonne mémoire.

falleba *f* espagnolette (varilla para cerrar ventanas y puertas) ▌crémone (con puño).

fallecer [30] *v intr* décéder, mourir; ha fallecido a los 80 años il est décédé à quatre-vingts ans.

fallecido, da *adj* décédé, e; mort, e.

fallecimiento *m* décès, mort *f*.
> **SIN** defunción décès; tránsito, óbito trépas; muerte mort; pérdida perte.

fallero, ra *adj* qui concerne les "fallas" de Valence.
- ➡ **fallera** *f* fallera mayor reine des "fallas".
- ➡ **fallero** *m* fallero mayor roi des "fallas".

fallido, da *adj* manqué, e; échoué, e; resultó fallido su proyecto son projet a échoué ▌déçu, e; frustré, e; esperanza fallida espoir déçu ▌failli, e (que ha quebrado) ▌irrécouvrable (incobrable).
- ➡ **fallido** *m* failli (comerciante).

fallo, lla *adj* qui renonce à une couleur (naipes); estar fallo en corazón avoir renoncé à cœur ▌qui coupe (con triunfos).
- ➡ **fallo** *m* renonce *f* (renuncio en los naipes) ▌coupe *f* (con un triunfo) ▌ **DR** arrêt, sentence *f*, jugement; emitir un fallo prononcer une sentence; fallo en primera instancia jugement en première instance ▌ **FIG** décision *f* (decisión) ▌faute *f*, erreur *f* (falta); es un fallo de la naturaleza c'est une erreur de la nature▌faille *f*; los fallos de un sistema les failles d'un système ▌ **MECÁN** raté (en un motor) ▌tener fallos de memoria avoir des absences, avoir des trous de mémoire.

falluto, ta *adj & s* (*Amer*) **FAM** raté, e (fracasado)▌dégonflé, e (cobarde).

falo *m* phallus.

falocracia *f* phallocratie.

falócrata *adj & s* phallocrate.

faloide *adj* phalloïde.

Falopio *f* **ANAT** trompa de Falopio trompe de Fallope.

falsa *f* **MÚS** dissonance ▌transparent *m*, guide-âne *m* (falsilla).

falsabraga *f* fausse braie (fortificación).

falsamente *adv* faussement.

falsario, ria *adj & s* faussaire (falsificador) ▌menteur, euse (embustero).

falsarregla *f* fausse équerre (falsa escuadra) ▌guide-âne *m*, transparent *m* (para escribir).

falseador, ra *adj* falsificateur, trice.

falseamiento *m* contrefaçon *f*, falsification *f*.

falsear *v tr* [▷ **SIN**] fausser; falsear la verdad fausser la vérité ▌dénaturer, fausser; falsear el pensamiento de Montaigne dénaturer la pensée de Montaigne ▌ **ARQ** faire perdre l'aplomb ▌falsear una declaración falsifier une déclaration, faire une fausse déclaration.
- ◇ *v intr* perdre l'aplomb (desviar) ▌fléchir, flancher (flaquear) ▌faucher (cojear el caballo) ▌ **MÚS** sonner faux, dissoner.
> **SIN** falsificar falsifier; corromper corrompre; mentir mentir; adulterar adultérer, frelater; sofisticar sophistiquer; desnaturalizar dénaturer.

falsedad *f* [▷ **SIN**] fausseté (hipocresía) ▌fausseté (carácter de falso) ▌fausseté, mensonge *m* (mentira) ▌faux *m* ▌atacar de falsedad s'inscrire en faux.
> **SIN** duplicidad, doblez duplicité; hipocresía hypocrisie; bellaquería friponnerie; santurronería tartuferie; fariseísmo pharisaïsme.

falseo *m* **ARQ** déviation *f*.

falseta *f* fioriture (floreo).

falsete *m* bonde *f* (de tonel) ▌petite porte *f* de communication (puerta) ▌fausset; voz de falsete voix de fausset.

falsía *f* **FAM** fausseté (falsedad).

falsificación *f* [▷ **SIN**] falsification, contrefaçon ▌ **DR** faux *m*; falsificación de escritura pública faux en écriture publique.
> **SIN** alteración altération; corrupción corruption; adulteración adultération; imitación imitation, contrefaçon.

falsificador, ra *adj & s* falsificateur, trice (de un documento).

falsificar [10] *v tr* falsifier (moneda, documento) ▌contrefaire (una firma) ▌frelater (un líquido) ▌truquer, contrefaire (objetos antiguos).

falsilla *f* guide-âne *m*, transparent *m* (para escribir).

falso, sa *adj* [▷ **SIN**] faux, fausse; noticia falsa fausse nouvelle ▌vicieux, euse (caballo) ▌ ■ falsa puerta porte dérobée ▌más falso que Judas faux comme un jeton ▌monedero falso faux-monnayeur ▌salida falsa fauxfuyant.
- ➡ **falso** *m* le faux, ce qui est faux; distinguir lo falso de lo verdadero distinguer le faux du vrai ▌renfort (de tela) ▌doublure *f* (de un vestido) ▌ ■ en falso à faux ▌dar un paso en falso faire un faux pas ▌envidar en falso renvier sans avoir du jeu, bluffer ▌estar en falso porter à faux ▌jurar en falso faire un faux serment, porter un faux témoignage ▌tachar de falso inscrire en faux.
> **OBSERV** Se puede decir un faux de una obra de arte falsa: este Renoir es falso ce Renoir est un faux.
> **SIN** seudo pseudo; apócrifo apocryphe; incierto incertain; inexacto inexact; supuesto supposé; erróneo erroné.

falta *f* [▷ **SIN**] manque *m* (privación); falta de dinero manque d'argent ▌faute; falta grave faute grave; falta de ortografía faute d'orthographe ▌défaut *m* (defecto) ▌absence (ausencia) ▌faiblage *m* (de la moneda) ▌ ■ falta de pago nonpaiement ▌falta de sentido nonsens ▌ **DEP** falta máxima pénalty ▌ ■ a falta de, por falta de faute de, à défaut de ▌a falta de otra cosa faute de mieux ▌sin falta sans faute ▌ ■ a falta de pan, buenas son tortas faute de grives on mange des merles ▌ ■ caer en falta commettre une faute, être en défaut, manquer à son devoir (no cumplir) ▌coger en falta prendre en faute ▌cometer una falta commettre o faire une faute ▌echar en falta remarquer l'absence de (notar la ausencia), manquer, regretter l'absence de, regretter, s'ennuyer de (echar de menos); echo en falta a mis hijos mes enfants me manquent ▌hacer caer en falta a alguien mettre quelqu'un dans son tort o en défaut ▌hacer falta falloir; hace falta tener mucha paciencia il faut avoir beaucoup de patience; avoir besoin de, falloir; me hacen falta diez pesetas inmediatamente j'ai besoin de o il me faut dix pesetas tout de suite; faire défaut, manquer; me hace falta tu presencia ta présence me manque ▌incurrir en falta commettre une faute, faillir ▌ **DEP** sacar una falta tirer un coup de pied de pénalité ▌si hace falta s'il le faut, au besoin ▌toda falta merece perdón à tout péché miséricorde.
> **SIN** ausencia absence; omisión omission; defecto défaut, faute; carencia carence; deficiencia déficience; insuficiencia insuffisance; penuria, carestía, escasez pénurie.

faltar *v intr* manquer; faltan dos libros en la biblioteca il manque deux livres dans la bibliothèque ▌manquer (carecer); me falta tiempo je manque de temps, le temps me manque; nos falta dinero nous manquons d'argent ▌faire défaut, manquer; esta cualidad le faltaba del todo cette qualité lui faisait complètement défaut ▌rater (un arma) ▌céder (una cuerda) ▌manquer, être absent, e; faltar de la oficina être absent du bureau; faltar a una cita manquer à un rendez-vous ▌rester (quedar); faltan tres días para la fiesta il reste trois jours avant la fête; falta por hacer la cena il reste à faire le dîner ▌manquer, faillir (no cumplir); faltar a un deber faillir à un devoir ▌manquer, manquer de respect (desmandarse); le faltó a su padre il a manqué à son père ▌forfaire; faltar al honor forfaire à l'honneur ▌ **FAM** fauter (una mujer) ▌falloir; me faltan diez pesetas más il me faut encore dix pesetas ▌falloir, faillir; poco faltó para que le matase peu s'en fallut qu'il ne le tuât, il a failli le tuer ▌ ■ faltar a su palabra manquer à sa parole ▌faltar a sus compromisos forfaire à ses engagements ▌faltar el respeto a manquer de respect à ▌ **FAM** faltarle a uno un tornillo travailler du chapeau, avoir la tête fêlée ▌ ■ falta mucho para ello il s'en faut de beaucoup ▌falta que lo pruebes encore faut-il que tu le prouves ▌falta y

pasa manque et passe ‖ **mucho falta** il s'en faut de beaucoup ‖ **nada faltó para que il** s'en est fallu de peu pour que ‖**¡no faltaba más!, ¡lo que faltaba!, ¡sólo faltaba eso!** il ne manquait plus que ça!, c'est complet!

falte *m* (*Amer*) colporteur.

falto, ta *adj* dépourvu, e; falto de dinero dépourvu d'argent ‖ privé, e; vide; un espíritu falto de ideas un esprit vide d'idées ‖ (p us) juste (escaso); una libra falta une livre juste ‖ estar falto de être à court de, manquer de.

faltón, ona *adj* (*Amer*) irrespectueux, euse (irrespetuoso) ‖ FAM peu sûr, e.

faltoso, sa *adj* incomplet, ète ‖ querelleur, euse (pendenciero).

faltriquera *f* poche (bolsillo) ‖ gousset *m* (bolsillo pequeño del chaleco) ‖ loge *f* (palco) ‖ FAM rascarse la faltriquera mettre la main à la poche, payer.

falúa *f* MAR vedette [d'escorte], felouque (embarcación).

falucho *m* felouque *f* (embarcación) ‖ (*Amer*) bicorne (bicornio).

fama *f* renommée, réputation ■ de fama renommé, e (afamado) ‖ de mala fama de mauvaise réputation (una persona), de mauvaise réputation, mal famé, e (lugar) ■ cobra buena fama y échate a dormir acquiers bonne renommée et fais la grasse matinée, repose-toi sur tes lauriers ‖ conquistar fama se rendre célèbre ‖ dar fama faire connaître, rendre célèbre ‖ echar fama ébruiter, divulguer ‖ es fama on dit ‖ tener fama de avoir la réputation de ‖ tener mucha fama être très renommé o très célèbre.

famélico, ca *adj* famélique (hambriento).

familia *f* [▷ SIN] famille; en familia en famille; de buena familia de bonne famille ‖ BOT & ZOOL famille ‖ domesticité (servidumbre) ■ GRAM familia de palabras famille de mots ‖ familia numerosa famille nombreuse ■ la familia política la belle famille ‖ RELIG la Sagrada Familia la Sainte Famille ‖ parecido de familia air de famille ■ acordarse uno de la familia (de alguien) traiter quelqu'un de tous les noms (insultar).

⧘ SIN matrimonio ménage; hogar foyer; casa maison; tribu tribu.

familiar *adj* familial, e (relativo a la familia); lazos familiares liens familiaux ‖ familier, ère (natural, sencillo); estilo familiar style familier ‖ familier, ère; sus respuestas son a veces demasiado familiares ses réponses sont parfois trop familières ■ furgoneta familiar familiale (coche) ‖ vida familiar vie de famille ■ este giro me es familiar cette tournure m'est familière.

◇ *m* familier (intimo) ‖ parent, membre de la famille; visitar a unos familiares rendre visite à des parents ‖ (p us) domestique (criado) ‖ ECLES religieux du tiers ordre ‖ familiar del Santo Oficio familier du Saint-Office.

⧘ **familiares** *m pl* entourage *sing*; los familiares del rey l'entourage du roi.

familiaridad *f* familiarité.

familiarizar [13] *v tr* familiariser.

⧘ **familiarizarse** *v pr* se familiariser.

familiarmente *adv* familièrement.

familión *m* FAM grande famille *f*.

familisterio *m* familistère, phalanstère.

famoso, sa *adj* fameux, euse; renommé, e; célèbre; un artista famoso un artiste célèbre ‖ FAM fameux, euse.

fámula *f* FAM soubrette, servante.

fámulo *m* FAM domestique, serviteur.

fan *m* & *f* fan.

⧘ OBSERV **1.** Ce mot est un anglicisme. Il est préférable d'employer les termes espagnols admirador, seguidor, aficionado ou, pour le sport, hincha. **2.** pl fans.

fanal *m* MAR fanal (farol) ‖ globe, cloche *f* de verre (para proteger del polvo) ‖ aquarium (pecera).

⧘ **fanales** *m pl* yeux immenses, grands yeux (ojos).

fanáticamente *adv* fanatiquement.

fanático, ca *adj* & *s* fanatique.

⧘ SIN acalorado, ardiente ardent; apasionado passionné; entusiasta enthousiaste; exaltado exalté; intolerante intolérant; intransigente intransigeant; sectario sectaire.

fanatismo *m* fanatisme.

fanatizar [13] *v tr* fanatiser.

fandango *m* fandango (baile) ‖ FAM micmac, imbroglio, fatras (lio)‖chambard (jaleo).

fandanguero, ra *adj* & *s* noceur, euse (juerguista).

fandanguillo *m* danse *f* populaire andalouse.

fané *adj* (*Amer*) défraîchi, e.

fanega; hanega *f* fanègue (medida de capacidad de 55, 5 litros) ‖ fanega de tierra fanègue (medida agraria de 64, 6 áreas).

fanegada *f* fanègue (fanega).

fánero *m* phanère.

fanerogamia *f* BOT phanérogamie.

fanerógamo, ma *adj* & *s* f BOT phanérogame.

fanfarrear *v intr* fanfaronner.

fanfarria *f* jactance, fanfaronnade (baladronada, bravata) ‖ fanfare (charanga).

fanfarrón, ona *adj* & *s* fanfaron, onne; crâneur, euse.

fanfarronada *f* fanfaronnade.

⧘ SIN bravuconería, fanfarria fanfaronnade; bravata rodomontade; baladronada bravade.

fanfarronear *v intr* fanfaronner, faire le fanfaron, crâner, se vanter.

fanfarronería *f* fanfaronnerie.

fangal; fangar *m* bourbier (lodazal).

fango *m* boue *f*, fange *f* (lodo) ‖ vase *f* (en un río).

fangosidad *f* état *m* de ce qui est fangeux.

fangoso, sa *adj* boueux, euse; fangeux, euse; el terreno está fangoso le terrain est boueux ‖ vaseux, euse (río).

fantasear *v intr* rêvasser.

fantaseo *m* rêverie *f*, rêvasserie *f*.

fantasía *f* imagination, fantaisie; la fantasía de un relato l'imagination d'un récit ‖ fiction (ficción) ‖ fantaisie (capricho) ‖ FAM prétention (presunción) ‖ MÚS fantaisie ‖ de fantasía de fantaisie; traje, artículo de fantasía costume, article de fantaisie.

fantasioso, sa *adj* & *s* présomptueux, euse; prétentieux, euse (presuntuoso) ‖ qui a beaucoup d'imagination.

fantasista *m* fantaisiste (artista de variedades).

fantasma *m* [▷ SIN] fantôme (espectro) ‖ fantasme (alucinación) ‖ chimère *f* (quimera) ‖ FIG & FAM bêcheur, crâneur (vanidoso).

◇ *f* épouvantail *m* (cosa que espanta).

◇ *adj* fantôme; el buque fantasma le vaisseau fantôme.

⧘ SIN espectro spectre; aparecido revenant; espíritu esprit; sombra ombre; visión vision.

fantasmada *f* FAM frime (fanfarronada) ‖ folie (locura).

fantasmagórico, ca *adj* fantasmagorique.

fantasmal *adj* fantomatique.

fantasmón, ona *adj* & *s* FAM bêcheur, euse; crâneur, euse.

fantástico, ca *adj* fantastique (quimérico); un relato fantástico un récit fantastique ‖ sensationnel, elle; fantastique; un futbolista fantástico un footballeur sensationnel ‖ fantomatique (fantasmal) ‖ lo fantástico le fantastique.

fantochada *f* FIG loufoquerie, invention; esto es otra fantochada del alcalde ça, c'est une autre loufoquerie du maire.

fantoche *m* fantoche (títere) ‖ bêcheur (presumido) ‖ fantaisiste (cuentista) ‖ FIG pantin (persona manejable).

fañoso, sa *adj* (*Amer*) nasillard, e.

FAO (abrev de Food and Agriculture Organization of the United Nations) *f* FAO.

FAQ (abrev de frequently asked questions) INFORM FAQ.

faquir; fakir *m* fakir.

faquirismo *m* fakirisme.

farad; faradio *m* ELECTR farad.

Faraday *n pr* escala (de) Faraday échelle de Faraday.

faradización *f* FÍS faradisation.

faralá *m* falbala, volant (de un vestido) ‖ FAM falbalas *pl* (adorno de mal gusto).

⧘ OBSERV pl faralaes.

farallón; farellón *m* rocher escarpé.

faramalla *f* FAM boniment *m*, baratin *m* (charla) ‖ camelote, vétille (hojarasca) ‖ (*Amer*) bluff *m*, fanfaronnade.

◇ *adj* & *s* bonimenteur, euse; baratineur, euse.

faramallear *v intr* (*Amer*) se vanter, bluffer.

faramallero, ra; faramallón, ona *adj* & *s* FAM bonimenteur, euse; baratineur, euse ‖ (*Amer*) vantard, e (vanidoso).

farándula *f* profession de bateleur, les planches *pl* ‖ troupe (compañía) ‖ farandole (baile) ‖ FIG & FAM boniment *m*, baratin *m* (faramalla).

farandulero, ra *m* & *f* comédien, enne; cabotin, e; bateleur *m* (farsante) ‖ FAM bonimenteur, euse; baratineur, euse (faramallero).

faraón *m* pharaon.

faraónico, ca *adj* pharaonique, pharaonien, enne.

faraute *m* messager, héraut (heraldo) ‖ prologue (actor) ‖ FIG touche-à-tout *inv* (entremetido).

farda *f* balluchon, baluchon *m* (lío), paquet *m* (bulto) ‖ TECN mortaise.

fardada *f* FAM frime.

fardar *v tr* équiper, habiller.
◇ *v intr* FAM poser, classer, faire bien; tener un coche deportivo farda mucho ça pose terriblement d'avoir une voiture de sport ‖ frimer (presumir).

fardela *f* ZOOL puffin *m*.

fardería *f* tas *m* de paquets o de ballots.

fardo *m* ballot ‖ FAM un fardo de vanidad une bonne dose de vanité.

fardón *m* FAM petit bêcheur, poseur, crâneur.

farellón ▬ **farallón**.

Farenheit *n pr* grado Farenheit degré Farenheit.

farero, ra *m & f* gardien, enne de phare.

farfalá *m* falbala (faralá).

farfallón, ona; farfalloso, sa *adj* bègue.

fárfara *f* BOT tussilage *m*, pas-d'âne *m* ‖ pellicule interne de l'œuf (binza) ‖ en fárfara sans coquille (huevos), à l'état d'ébauche (incompleto).

farfolla *f* spathe (del maíz) ‖ FIG clinquant *m*, tape-à-l'œil *m inv* (bambolla).

farfulla *f* FAM bredouillage *m*, bafouillage *m*.
◇ *adj & s* bredouilleur, euse; bafouilleur, euse; baragouineur, euse (persona).

farfullar *v tr* FAM bredouiller, bafouiller, baragouiner (hablar mal) ‖ FIG & FAM bâcler (un trabajo).

farfullero, ra *adj & s* FAM bredouilleur, euse; bafouilleur, euse; baragouineur, euse (que habla de prisa) ‖ bâcleur, euse (de un trabajo).

fargallón, ona *adj & s* FAM bâcleur, euse (que trabaja aprisa y mal) ‖ négligé, e (desaseado).

farináceo, a *adj* farinacé, e; farineux, euse.
▬ **farinácea** *f* farineuse (legumbre).

faringe *f* ANAT pharynx *m*.

faríngeo, a *adj* ANAT pharyngien, enne.

faringitis *f inv* MED pharyngite.

faringolaringitis *f inv* MED pharyngolaryngite.

faringoscopio *m* MED pharyngoscope.

faringotomía *f* MED pharyngotomie.

fariña *f* gâteau *m* de maïs ‖ (*Amer*) farine de manioc, cassave *m*.

fario *m* FAM tener mal fario avoir la poisse o la guigne ‖ traer mal fario porter la poisse.

farisaico, ca *adj* pharisaïque ‖ FIG pharisaïque.

farisaísmo; fariseísmo *m* pharisaïsme.

fariseo *m* pharisien ‖ FIG pharisien (hipócrita).

farmacéutico, ca *adj* pharmaceutique.
◇ *m & f* pharmacien, enne (boticario).

farmacia *f* pharmacie (botica) ‖ farmacia de guardia pharmacie de garde ‖ capitán de farmacia pharmacien capitaine.

LA FARMACIA DE GUARDIA

En Espagne, le nombre de pharmacies dans une commune donnée est proportionnel à la population. Les heures d'ouverture correspondent à celles des autres magasins, mais dans chaque commune et dans chaque quartier des grandes villes il doit y avoir au moins une pharmacie de garde, ouverte au public vingt-quatre heures sur vingt-quatre. Dans certaines régions d'Espagne, si l'on a besoin de médicaments en dehors des heures d'ouverture normales des magasins, il faut se présenter au poste de police muni de l'ordonnance de son médecin, avant de pouvoir avoir accès à la pharmacie de garde.

fármaco *m* médicament.

farmacodinamia *f* pharmacodynamie.

farmacología *f* pharmacologie.

farmacológico, ca *adj* pharmacologique.

farmacólogo, ga *m & f* pharmacologiste, pharmacologue.

farmacopea *f* pharmacopée.

farmacoterapia *f* pharmacothérapie.

Farnaces *n pr m* Pharnace.

Farnesio *n pr* Farnèse.

faro *m* phare.

farol *m* lanterne *f* (luz) ‖ falot (luz grande) ‖ fanal (de locomotora) ‖ FIG & FAM bluff, esbroufe *f*, chiqué (exageración) ‖ bluff (en el póker) ‖ bluffeur, esbroufeur (fachendoso) ‖ TAUROM passe *f* de cape [qui vole au-dessus de la tête du torero] ‖ (*Amer*) véranda *f* ▬ farol a la veneciana lanterne vénitienne, lampion ‖ MAR farol de popa, de proa feu de route avant, arrière ‖ FAM ¡adelante con los faroles! allons-y!, en avant la musique! ‖ es un farol c'est du bluff o du chiqué ‖ tirarse o echarse un farol o faroles bluffer, faire de l'esbroufe, esbroufer.

farola *f* réverbère *m*, lampadaire *m* (del alumbrado público) ‖ bec *m* de gaz (cuando es de gas) ‖ fanal *m* (fanal) ‖ FAM phare *m* (de la costa).

farolear *v intr* FAM bluffer, faire de l'esbroufe o de l'épate, esbroufer, se donner des airs ‖ bluffer (en el juego).

faroleo *m* FAM épate *f*, esbroufe *f*.

farolero, ra *adj & s* FIG & FAM fanfaron, onne; bluffeur, euse; esbroufeur, euse ‖ bluffeur, euse (en el juego).
▬ **farolero** *m* lanternier (el que hace faroles) ‖ allumeur de réverbères (el que enciende los faroles).

farolillo; farolito *m* lampion, lanterne *f* vénitienne (de papel) ‖ BOT campanule *f* ‖ FIG el farolillo rojo la lanterne rouge (carreras).

farra *f* corégone *m* (pez) ‖ FAM (*Amer*) bombe, noce, bringue, ribouldingue (juerga) ‖ FAM ir de farra faire la bombe o la noce o la bringue.

fárrago *m* fatras.

farragoso, sa *adj* confus, e; décousu, e; touffu, e (discurso).

farrear *v intr* (*Amer*) faire la bombe o la bringue, s'amuser.

farrista *m & f* (*Amer*) noceur, euse.

farro *m* orge mondé, gruau (cebada) ‖ faro (cerveza belga).

farruco, ca *adj & s* FAM galicien, enne; asturien, enne.
◇ *adj* FAM culotté, e (valiente) ‖ ponerse farruco se buter (testarudo), se rebiffer (rebelarse), faire le flambard (engreírse).

farruto, ta *adj* (*Amer*) chétif, ive; malingre.

farsa *f* farce (teatro) ‖ troupe de comiques ‖ FIG tromperie (engaño) ‖ comédie, plaisanterie; este sistema parlamentario es una farsa ce système parlementaire est une comédie.

Farsalia *n pr* GEOGR Pharsale.

farsálico, ca *adj* pharsalique (de Farsalia).

farsante *m* acteur qui joue des farces, farceur (ant).
◇ *adj m & s m* FIG & FAM comédien (tramposo).
‖ OBSERV La palabra francesa farceur significa hoy solamente bromista, guasón.

farseto *m* pourpoint (jubón).

farsista *m & f* (p us) auteur de farces.

FAS (abrev de Fondo de Asistencia Social) *m* fonds espagnol d'assistance sociale.

fascal *m* tas de gerbes.

fasces *f pl* faisceaux *m* (de líctor romano).

fasciculado, da *adj* BOT fasciculé, e.

fascículo *m* fascicule ‖ IMPR conjunto de fascículos fascinage.

fascinación *f* fascination.

fascinador, ra *adj & s* fascinateur, trice.

fascinante *adj* fascinant, e.

fascinar *v tr* fasciner, charmer; fascinar con la mirada fasciner du regard.

fascismo *m* fascisme.

fascista *adj & s* fasciste.

fase *f* [▷ SIN] phase (cambio, evolución); las fases de una enfermedad les phases d'une maladie ‖ ASTRON phase; las fases de la luna les phases de la lune ‖ tranche (de una obra); entrega de la primera fase en 1970 livraison de la première tranche en 1970.
‖ SIN período période; grado degré; escalón échelon; etapa étape; estadio stade.

fasiánidos *m pl* phasianidés (aves).

fasmo *m* phasme (insecto).

fas o por nefas
▬ **por fas o por nefas** *loc adv* FAM à tort ou à raison.

fastidiado, da *adj* estar fastidiado (de salud) FAM être mal fichu; estar fastidiado del estómago avoir l'estomac barbouillé.

fastidiar [8] *v tr* dégoûter (causar asco o hastío) ‖ ennuyer (enfadar, aburrir) ‖ fatiguer (molestar); me fastidia este niño con sus gritos cet enfant me fatigue avec ses cris ‖ FAM embêter, enquiquiner, assommer, barber; me fastidias, hombre tu m'assommes, mon vieux ‖ me fastidia el esperarle j'en ai assez de l'attendre.
▬ **fastidiarse** *v pr* se lasser; fastidiarse con la charla de uno se lasser du bavardage de quelqu'un ‖ FAM ¡fastídiate! bien fait!, tant pis pour toi!

fastidio *m* dégoût (asco), nausée *f* (náusea) ‖ FIG ennui, corvée *f* (enfado); es un fastidio leer este libro c'est une corvée de lire ce livre ▬ este olor me causa fastidio cette odeur m'incommode o me donne la nausée ‖ es un fastidio que llueva ahora c'est ennuyeux qu'il pleuve maintenant ‖ ¡qué fastidio! quel ennui!, quelle barbe! FAM.

fastidioso, sa *adj* fastidieux, euse; trabajo fastidioso travail fastidieux ‖ fâcheur, euse; acontecimiento fastidioso évènement fâcheux ‖ **FAM** ennuyeux, euse; assommant, e; enquiquinant, e; barbant, e ‖ hombre fastidioso a más no poder homme ennuyeux comme la pluie.

fastigiado, da *adj* fastigié, e (árbol de copa muy alta).

fastigio *m* **ARQ** fastigium ‖ (p us) **FIG** sommet (cima).

fasto, ta *adj* faste, heureux, euse; día fasto jour faste.
◆ **fasto** *m* faste, pompe *f* (fausto).
◆ **fastos** *m pl* fastes (cronología).

fastosamente ▬ **fastuosamente**.

fastoso, sa *adj* fastueux, euse (fastuoso).

fastuosamente; fastosamente *adv* fastueusement.

fastuosidad *f* faste *m*, somptuosité.

fastuoso, sa *adj* fastueux, euse; splendide, somptueux, euse.

fatal *adj* [▷ **SIN**] fatal, e ‖ **FIG** très mauvais, e; lamentable (pésimo); una película fatal un film lamentable ■ **FAM** estoy fatal ça ne va pas du tout ‖ mujer fatal femme fatale ‖ tener una suerte fatal ne pas avoir de chance du tout.
◇ *adv* très mal, affreusement mal; esquía fatal il skie affreusement mal.
‖ **SIN** funesto, aciago funeste; nefasto, infausto néfaste; fatídico fatidique; siniestro sinistre; desdichado malheureux.

fatalidad *f* fatalité; un accidente debido a la fatalidad un accident dû à la fatalité.

fatalismo *m* fatalisme.

fatalista *adj & s* fataliste.

fatalmente *adv* fatalement; había de suceder aquello fatalmente cela devait arriver fatalement ‖ affreusement mal, horriblement mal; este libro está escrito fatalmente ce livre est affreusement mal écrit.

fatídico, ca *adj* fatidique.

fatiga *f* fatigue (cansancio) ‖ essoufflement *m*, suffocation (en la respiración) ‖ **MECÁN** fatigue ‖ **FAM** dar fatiga ennuyer (molestar), gêner; me da fatiga pedirle dinero prestado ça me gêne de lui emprunter de l'argent.
◆ **fatigas** *f pl* ennuis *m*, tracas *m* (molestias) ‖ peines, chagrins *m* (penas) ‖ nausées (náuseas).

fatigado, da *adj* fatigué, e.

fatigante *adj* fatigant, e.

fatigar [16] *v tr* fatiguer; este trabajo le fatiga mucho ce travail le fatigue beaucoup; fatigar a uno con sus gritos fatiguer quelqu'un avec ses cris ‖ fatigar un caballo forcer o fouler un cheval.
◆ **fatigarse** *v pr* se fatiguer; fatigarse en correr se fatiguer à courir.

fatigosamente *adv* péniblement (con fatiga).

fatigoso, sa *adj* fatigué, e (cansado) ‖ fatigant, e; pénible (que cansa, que es cargante) ‖ respiración fatigosa respiration oppressée.

Fátima *n pr* Fátima, Fatima.

fatimita *adj & s* fatimite.

fatuidad *f* fatuité.

fatuo, tua *adj & s* fat, e (femenino poco usado); présomptueux, euse ‖ fuego fatuo feu follet.

fauces *f pl* gosier *m sing* (gaznate) ‖ gueule *sing* (de un animal).

fauna *f* faune; la fauna canadiense la faune canadienne.

fáunico, ca *adj* faunique (de la fauna).

fauno *m* **MIT** faune.

Faustina *n pr* Faustine.

Faustino *n pr* Faustin.

fausto, ta *adj* heureux, euse (venturoso).
◆ **fausto** *m* faste (pompa, magnificencia).

Fausto *n pr* Faust.

fautor, ra *m & f* fauteur, trice; fautor de desorden fauteur de troubles.

fauvismo *m* **ARTES** fauvisme (pintura).

favo *m* gâteau de miel (panal) ‖ **MED** favus.

favor *m* [▷ **SIN**] faveur *f*; buscar el favor de los grandes rechercher la faveur des grands ‖ faveur *f*, grâce *f*; solicitar un favor demander une faveur, une grâce ‖ service; prestar o hacer un favor rendre service ‖ passe-droit (favor especial) ‖ faveur *f* (cinta) ■ a favor de à la faveur de (gracias a), à l'actif de; hay un saldo de diez mil pesetas a su favor il y a un solde de dix mille pesetas à son actif ‖ de favor de faveur (billete) ‖ en favor de en faveur de, à l'actif de (en beneficio de) ‖ por favor s'il te o vous plaît, je te o vous prie; ¿qué hora es?, por favor quelle heure est-il, s'il vous plaît? ■ estar en favor con alguno, gozar del favor de alguien être en faveur auprès de quelqu'un, jouir de la faveur de quelqu'un ‖ hacer el favor de faire le plaisir de o la faveur de o l'amitié de; haga el favor de venir a casa faites-moi le plaisir de venir chez moi; faire le plaisir de, avoir l'obligeance de (tener a bien) ‖ hágame el favor de decirme dónde está la calle Murillo pourriez-vous me dire où se trouve la rue Murillo, s'il vous plaît; ayez l'obligeance de me dire où se trouve la rue Murillo ‖ pedir algo por favor demander quelque chose poliment (cortésmente), demander quelque chose en grâce (suplicando) ‖ tome asiento por favor asseyez-vous, je vous prie; veuillez vous asseoir.
‖ **SIN** protección, amparo protection; honra honneur; crédito crédit; gracia grâce.

favorable *adj* favorable; favorable para favorable à.
‖ **SIN** próspero prospère; propicio propice.

favorablemente *adv* favorablement.

favorecedor, ra *adj* qui favorise ‖ flatteur, euse (un retrato, etc.).
◇ *m & f* protecteur, trice.

favorecer [30] *v tr* favoriser ‖ servir, favoriser, jouer en la faveur de; las circunstancias me han favorecido les circonstances ont joué en ma faveur ‖ avantager, flatter; esta foto te favorece cette photo t'avantage ‖ être seyant, avantager (peinado, etc.) ‖ (Amer) protéger, abriter ■ **DR** ha sido favorecido por circunstancias atenuantes il a bénéficié des circonstances atténuantes ‖ ser favorecido con gagner, remporter; ha sido favorecido con el premio gordo il a gagné le gros lot.
◆ **favorecerse** *v pr* favorecerse de recou-

rir à (valerse de).

favorecido, da *adj & s* favorisé, e; cláusula del país más favorecido clause de la nation la plus favorisée ‖ comarcas favorecidas régions favorisées.
◆ **favorecida** *f* (Amer) honorée (carta).

favoritismo *m* favoritisme.

favorito, ta *adj* favori, ite; mi deporte favorito mon sport favori.
◆ **favorito** *m* favori (privado) ‖ favori, crack (carrera de caballos).
◆ **favorita** *f* favorite (del rey).
◇ *m & f* favori, ite; préféré, e (preferido) ‖ **DEP** favori, ite.

fax *m* fax (telefax).

faya *f* faille (tejido).

fayado *m* galetas.

fayuquero, ra *m & f* (Amer) contrebandier, ère.

faz *f* face ■ a la faz de à la face de ‖ faz a faz face à face ‖ la Sacra o Santa Faz la Sainte Face.
‖ **OBSERV** pl faces.

FBI (abrev de Federal Bureau of Investigation) *m* FBI.

FCI (abrev de Fondo de Compensación Interterritorial) *m* fonds espagnol d'aide économique aux régions les plus défavorisées.

fe *f* foi; la fe cristiana la foi chrétienne ‖ foi, confiance (confianza); tener fe en el porvenir avoir foi en l'avenir ‖ acte *m*, certificat *m*, extrait *m* (documento); fe de matrimonio acte de mariage ‖ fe de bautismo acte o extrait de baptême ‖ foi, fidélité; fe conyugal foi conjugale ■ fe de erratas errata ‖ fe de vida certificat de vie; fiche d'état civil ■ **FIG** artículo de fe parole d'Évangile ‖ buena, mala fe bonne, mauvaise foi ‖ profesión de fe profession de foi ■ a fe de foi de; a fe de caballero foi d'honnête homme ‖ a fe mía, por mi fe par ma foi, ma foi, sur ma foi ‖ de o a la buena fe de bonne foi, de toute bonne foi ■ dar fe de rendre compte de, faire foi de ‖ hacer fe faire foi ‖ prestar fe ajouter foi ‖ tener una fe ciega en avoir une confiance aveugle en ■ la fe mueve montañas la foi soulève des montagnes.

FEA (abrev de Falange Española Auténtica) *f* Phalange.

feacios *m pl* phéaciens.

fealdad *f* laideur ‖ **FIG** indignité; la fealdad de su conducta l'indignité de sa conduite.

feamente *adv* laidement ‖ **FIG** honteusement, indignement ‖ mató al toro feamente il tua très mal le taureau.

feb.; febr. (abrev escrita de febrero) fév.

Febo *n pr* Phébus.

febrero *m* février; el 15 de febrero le 15 février.

febrífugo, ga *adj & s m* fébrifuge; la quinina es un febrífugo la quinine est un fébrifuge.

febril *adj* fébrile, fiévreux, euse.

febrilidad *f* fébrilité.

febrilmente *adv* fiévreusement.

fecal *adj* **MED** fécal, e; materia fecal matière fécale.

fecha *f* date; ¿cuál es la fecha de hoy? quelle est la date d'aujourd'hui? ▌jour *m*; mi carta ha tardado tres fechas ma lettre a mis trois jours ▪ DR fecha cierta date certaine ▌fecha de caducidad date limite de consommation o de vente (alimentos) ▌fecha tope date limite ▌una carta de fecha 2 de junio une lettre datée du 2 juin ▪ a fecha fija à date fixe ▌con fecha de en date de ▌de fecha reciente de fraîche date ▌de larga fecha de longue date ▌en fecha próxima un jour prochain, prochainement ▌hasta la fecha jusqu'à présent, jusqu'à maintenant ▪ a estas fechas ya habrá llegado il doit être arrivé à présent ▌poner la fecha mettre la date, dater ▌señalar la fecha prendre date.

fechador *m* timbre dateur (matasellos) ▌composteur (para los billetes).

fechar *v tr* dater ▌composter (billetes).

fecho, cha *adj* (ant) fait, e (hecho).

fechoría *f* forfait *m*, mauvaise action, mauvais tour *m*.

FECOM (abrev de Fondo Europeo de Cooperación Monetaria) *m* FECOM.

Fecsa (abrev de Fuerzas Eléctricas de Cataluña, SA) *f* compagnie d'électricité catalane.

fécula *f* fécule ▪ fábrica de fécula féculerie ▌fabricante de fécula féculier.

feculencia *f* féculence.

fecundación *f* fécondation; fecundación artificial fécondation artificielle; fecundación in vitro fécondation in vitro.

▌ SIN generación génération; reproducción reproduction; multiplicación multiplication; polinización pollinisation.

fecundador, ra *adj & s* fécondateur, trice.

fecundamente *adv* fertilement.

fecundar *v tr* féconder.

fecundidad *f* fécondité.

fecundizar [13] *v tr* féconder.

fecundo, da *adj* fécond, e ▌FIG fécond, e; fertile; imaginación fecunda imagination fertile.

FED (abrev de Fondo Europeo de Desarrollo) *m* FED.

FEDEFAM (abrev de Federación Latinoamericana de Asociaciones de Familiares de Detenidos Desaparecidos) *f* fédération latinoaméricaine des associations des familles de détenus disparus.

FEDER (abrev de Fondo Europeo de Desarrollo Regional) *m* FEDER.

federación *f* fédération.

federado, da *adj & s* fédéré, e.

federal *adj & s m* fédéral, e; los federales les fédéraux.

federalismo *m* fédéralisme.

federalista *adj & s* fédéraliste.

federalizar [13] *v tr* fédéraliser.

federar *v tr* fédérer.

➤ **federarse** *v pr* se fédérer.

federativo, va *adj* fédératif, ive.

Federica *n pr* Frédérique.

Federico *n pr* Frédéric.

Fedra *n pr* MITOL Phèdre.

Fedro *n pr* Phèdre (fabulista latino) ▌Le Phèdre (diálogo platónico).

feedback [fidbak] *m* feed-back.
▌ OBSERV pl feedbacks.

féferes *m pl* (Amer) affaires *f* (trastos).

fehaciente *adj* qui fait foi, digne de foi ▌aveuglant, e; una prueba fehaciente une preuve aveuglante.

feísmo *m* tendance *f* artistique ou littéraire valorisant le laid.

felá; fellah *m* fellah (campesino egipcio).

felación; felatio *f* fellation.

feldespato *m* MIN feldspath.

feldmariscal *m* feld-maréchal (mariscal de campo).

felibre *m* félibre (poeta provenzal).

felibrigio *m* félibrige (escuela literaria provenzal).

felice *adj* POÉT heureux, euse; fortuné, e.

Feliciano *n pr* Félicien.

felicidad *f* bonheur *m*, félicité ▪ FAM deseos de felicidad vœux de bonheur ▌la curva de la felicidad la brioche (tripa) ▌felicidades, muchas felicidades mes félicitations, mes compliments, tous mes compliments (acontecimiento feliz), mes meilleurs vœux (año nuevo, cumpleaños), bonne fête (santo) ▌FIG salir con felicidad de se tirer heureusement de.

➤ **felicitaciones** *f pl* souhaits *m*, vœux *m*; felicitaciones por Año Nuevo vœux de nouvel an.

felicitación *f* félicitation; recibir felicitaciones recevoir des félicitations ▌mis mejores felicitaciones por toutes mes félicitations pour.

felicitar *v tr* [▷ SIN] féliciter; le felicito por su éxito je vous félicite de o pour votre succès ▌souhaiter; felicitarle el santo o los días a uno souhaiter sa fête à quelqu'un; felicitar el día de Año Nuevo souhaiter la bonne année ▪ felicitar a uno présenter o offrir ses vœux de nouvel an à quelqu'un (año nuevo) ▌felicitar las Navidades o las Pascuas, el Año Nuevo souhaiter un joyeux Noël, la bonne année.

➤ **felicitarse** *v pr* se féliciter.

▌ SIN cumplimentar complimenter; congratular congratuler.

félidos *m pl* ZOOL félidés.

feligrés, esa *m & f* paroissien, enne.
▌ OBSERV pl feligreses, feligresas.

feligresía *f* paroisse.

felino, na *adj & s m* ZOOL félin, e.

Felipe *n pr m* Philippe (prénom); Felipe II [segundo] Philippe II [deux] ▌se lo ponen como a Felipe II il a la partie belle, tout lui sourit.

Felisa *n pr* Félicie.

Félix *n pr* Félix.

feliz *adj* heureux, euse; feliz con su suerte heureux de son sort; existencia feliz existence heureuse ▌FIG heureux, euse; ocurrencia feliz plaisanterie heureuse ▪ ¡feliz Año Nuevo!, ¡felices Pascuas! bonne année!, joyeux Noël! ¡feliz viaje! bon voyage! ▌más feliz que nadie heureux comme un roi ▪ desearle a uno un feliz Año Nuevo souhaiter à quelqu'un une bonne et heureuse année ▌feliz con saber algo heureux d'apprendre quelque chose ▌hacer a alguien feliz rendre quelqu'un heureux.

▌ SIN bienaventurado, dichoso bienheureux; afortunado fortuné.
▌ OBSERV pl felices.

felizmente *adv* heureusement (por fortuna); la tempestad felizmente fue de poca duración heureusement, la tempête fut de courte durée ▌heureux, euse (con toda felicidad); vivieron muchos años felizmente ils vécurent heureux pendant de longues années.

fellah ➡ felá.

felodermo *m* BOT phelloderme.

felógeno, na *adj* BOT phellogène.

felón, ona *adj & s* félon, onne (traidor).

felonía *f* félonie (traición).

felpa *f* peluche; oso de felpa ours en peluche ▌tissu-éponge *m* (para toallas, manoplas, etc.) ▌FIG & FAM volée de coups, raclée (paliza) ▌savon *m* (reprensión severa); dar o echar una felpa passer un savon.

felpado, da *adj* pelucheux, euse (afelpado).

felpar *v tr* couvrir de peluche.

➤ **felparse** *v pr* FIG & FAM se couvrir d'un tapis.

felpeada *f* (Amer) FAM raclée (paliza) ▌savon (reprensión).

felpear *v tr* (Amer) FAM donner une raclée ▌passer un savon.

felpilla *f* chenille (cordón felpudo).

felpo *m* paillasson (felpudo).

felpudo, da *adj* pelucheux, euse.

➤ **felpudo** *m* paillasson (esterilla).

FEM (abrev de Federación Española de Municipios) *f* fédération de municipalités espagnoles qui négocie les prérogatives de celles-ci avec le gouvernement central.

femenil *adj* féminin, e; ademán femenil geste féminin.

femenino, na *adj & s m* féminin, e; gracia femenina grâce féminine; terminación femenina terminaison féminine.

fementido, da *adj* déloyal, e; félon, onne; fementido traidor traitre félon.

fémina *f* femme [personne du sexe féminin].

femíneo, a *adj* (p us) féminin.

feminidad *f* féminité.

feminismo *m* féminisme.

feminista *adj & s* féministe.

feminización *f* féminisation.

feminizar [13] *v tr* féminiser.

feminoide *adj* féminoïde.

FEMISE (abrev de Federación Mundial de Instituciones de Desarrollo) *f* FEMIDE.

femoral *adj & s f* fémoral, e.

fémur *m* ANAT fémur.

FEN (abrev de formación del espíritu nacional) *f* matière obligatoire instaurée au programme scolaire sous Franco, pour inculquer les valeurs politiques, religieuses et sociales de la Phalange.

fenakistiscopio *m* FÍS phénakistiscope.

fenantreno *m* QUÍM phénanthrène.

fenato *m* QUÍM phénate.

fenecer [30] *v intr* mourir (morir) ▌périr; el barco feneció en la tempestad le bateau a péri dans la tempête ▌finir (terminarse).

fenecimiento *m* trépas, mort *f* (muerte).

fenestración _f_ MED fenestration.

feniano _m_ HIST fénian (rebelde irlandés).

fenicado, da _adj_ phéniqué, e.

Fenicia _n pr f_ GEOGR Phénicie.

fenicio, cia _adj & s_ phénicien, enne.
➡ **fenicio** _m_ LING phénicien.

fénico, ca _adj_ QUÍM phénique.

fenilamina _f_ QUÍM phénylamine.

fenilo _m_ QUÍM phényle.

fénix _m_ phénix (ave fabulosa) ▌ FIG phénix
▌ BOT phénix, phœnix (palmera).
▌ OBSERV pl fénix.

fenogreco _m_ BOT fenugrec.

fenol _m_ QUÍM phénol.

fenólico, ca _adj_ QUÍM phénolique.

fenomenal _adj_ phénoménal, e; seres fenomenales êtres phénoménaux ▌ FIG monumental, e; es de una estupidez fenomenal il
est d'une bêtise monumentale ▌ sensationnel, elle; formidable (magnífico).

fenomenismo _m_ phénoménisme.

fenomenista _adj & s_ phénoméniste.

fenómeno _m_ [▷ SIN] phénomène.
◇ _adj inv_ FAM sensationnel, elle; formidable; este chico es fenómeno ce garçon est
formidable.
➡ **¡fenómeno!** _interj_ FAM formidable!, du
tonnerre!, sensationnel!
▌ SIN portento, prodigio prodige; coloso colosse;
monstruo monstre.

fenomenología _f_ phénoménologie.

fenomenológico, ca _adj_ phénoménologique.

fenomenólogo _m_ phénoménologue.

fenoplasta _m_ phénoplaste.

Fenosa (abrev de Fuerzas Eléctricas del Noroeste, Sociedad Anónima) _f_ compagnie d'électricité du nord-est de l'Espagne.

fenotipo _m_ phénotype.

feo, a _adj_ [▷ SIN] laid, e; vilain, e; es feo
mentir il est laid de mentir ▌ FIG vilain, e;
acción fea vilaine action ▌ ¡feo asunto es
ese! sale affaire! ▌ feo como un susto, más feo
que Picio o que un coco, de un feo que asusta
laid comme les sept péchés capitaux, laid
comme un pou, laid à faire peur, d'une laideur effroyable ▌ la cosa se está poniendo
fea ça tourne mal, ça sent le brûlé, ça
prend mauvaise tournure ▌ mi dibujo ha
quedado feo mon dessin est raté o n'est pas
beau.
➡ **feo** _m_ affront; hacer un feo faire un
affront ▌ grossièreté _f_ (grosería) ▌ camouflet;
aguantar feos essuyer des camouflets ▌ refus, rebuffade _f_ (negativa) ▌ laideur _f_ (fealdad).
➡ **feo** _adv_ (Amer) mauvais, e; oler feo sentir mauvais; saber feo avoir mauvais goût.
▌ SIN horroroso affreux; horrible horrible; desagradable désagréable; charro rococo; antiestético antiesthétique; monstruoso monstrueux.

feofíceas _f pl_ BOT phéophycées.

feracidad _f_ fertilité.

feral _adj_ (p us) cruel, elle.
➡ **ferales** _f pl_ feralia (fiestas en honor de los
muertos).

feraz _adj_ fertile, fécond, e (fértil) ▌ pastos feraces gras pâturages.

féretro _m_ cercueil, bière _f_ (ataúd).
▌ SIN ataúd cercueil; caja (de muerto) bière; sarcófago sarcophage.

feria _f_ foire; feria del campo, de ganado
foire agricole, aux bestiaux ▌ fête foraine
(verbena) ▌ férie (día de la semana) ▌ (Amer) gratification, pourboire _m_ (propina) ■ feria de
abril célèbre foire annuelle de Séville ▌ feria de
muestras foire-exposition ▌ real de la feria
champ de foire ■ cada uno habla de la feria
como le va en ella chacun voit midi à sa
porte.
➡ **ferias** _f pl_ étrennes (agasajos o regalos).

▌ **LA FERIA DE ABRIL**
La « feria de abril » a lieu tous les ans à Séville, deux semaines après le dimanche de
Pâques. Les stands, tenus par des associations de quartier ou des corporations d'arti-
sans et commerçants, invitent les familles et
les amis à boire un verre, manger des « tapas » et danser des « sevillanas » tout au long
de la nuit. Pendant cette foire qui dure une
semaine, les hommes et les femmes, vêtus
du costume traditionnel, se promènent à
cheval à travers la ville. C'est à cette époque
qu'on inaugure aussi la saison taurine, par
diverses corridas organisées sur la place de
la Maestranza.

feriado, da _adj_ férié, e; el 1° de mayo es
día feriado le 1er mai est un jour férié.

ferial _adj_ de (la) foire; el recinto ferial l'emplacement de la foire, le champ de foire
▌ ECLES férial, e.
◇ _m_ champ de foire, foirail (p us), foiral
(p us).

feriante _adj & s_ forain, e ▌ exposant, e; participant, e (en una feria de muestras).

feriar [7] _v tr_ acheter à la foire (comprar)
▌ commercer (comprar o vender).
◇ _v intr_ chômer (no trabajar).

ferino, na _adj_ féroce (animal) ▌ MED tos ferina coqueluche.

fermata _f_ MÚS point _m_ d'orgue (calderón).

fermentación _f_ fermentation.

fermentar _v intr_ fermenter.
◇ _v tr_ faire fermenter.

fermento _m_ ferment.

fermi _m_ fermi (unidad de longitud).

Fermín _n pr_ Firmin.

fermio _m_ QUÍM fermium.

Fernán _n pr_ Fernand.

Fernanda _n pr_ Fernande.

Fernando _n pr_ Ferdinand, Fernand.

feroce _adj_ POÉT féroce (feroz).

ferocidad _f_ férocité.

feromona _f_ BIOL phéromone, phéror-
mone.

feróstico, ca _adj_ FAM irritable (irritable) ▌ affreux, euse; hideux, euse (muy feo).

feroz _adj_ féroce; resistencia feroz résistance
féroce ▌ farouche (salvaje) ■ el lobo feroz le
grand méchant loup ▌ hambre feroz faim de
loup.
▌ OBSERV pl feroces.

ferozmente _adv_ férocement.

ferrada _f_ massue ferrée.

ferrado, da _adj_ ferré, e.
➡ **ferrado** _m_ mesure _f_ agraire galicienne
[4, 28 ares o 6, 40 ares] ▌ mesure _f_ de capacité
[13, 13 litres à 16, 15 litres].

ferrallista _m_ métallier.

Ferrara _n pr_ GEOGR Ferrare.

ferrato _m_ QUÍM ferrate.

ferreña _adj f_ très dure (nuez).
➡ **ferreñas** _f pl_ castagnettes [en Galice].

férreo, a _adj_ de fer; voluntad férrea volonté de fer ▌ vía férrea voie ferrée.

ferrería _f_ forge.

ferreruelo _m_ courte pèlerine _f_ sans capuche.

ferrete _m_ sulfate de cuivre ▌ fer à marquer,
poinçon (punzón).

ferretería _f_ quincaillerie (quincallería)
▌ forge (ferrería) ▌ ferronnerie (taller).

ferretero, ra _adj & s_ quincailler, ère (quincallero) ▌ ferronier, ère (fabricante).

ferricianuro _m_ QUÍM ferricyanure.

férrico, ca _adj_ QUÍM ferrique.

ferrífero, ra _adj_ ferrifère.

ferrobús _m_ autorail, micheline _f_.
▌ OBSERV pl ferrobuses.

ferrocarril _m_ chemin de fer; ferrocarril de
cremallera chemin de fer à crémaillère.

ferrocerio _m_ ferrocérium.

ferrocianuro _m_ QUÍM ferrocyanure.

ferrolano, na _adj_ de El Ferrol [ville
d'Espagne].

ferromagnetismo _m_ ferromagnétisme.

ferromanganeso _m_ ferromanganèse.

ferroníquel _m_ ferronickel.

ferroprusiato _m_ ferroprussiate.

ferrosilicio _m_ ferrosilicium.

ferroso, sa _adj_ QUÍM ferreux, euse.

ferrotipia _m_ ferrotypie.

ferroviario, ria _adj_ ferroviaire.
➡ **ferroviario** _m_ cheminot (empleado de
ferrocarriles).

ferry _m_ ferry-boat.
▌ OBSERV 1. Ce mot est un anglicisme pour
transbordador.
2. pl ferrys o ferries.

fértil _adj_ fertile ▌ FIG fertile; año fértil en o
de acontecimientos année fertile en évènements.
▌ SIN fecundo, feraz fécond; inagotable inépuisable; rico riche.

fertilidad _f_ fertilité.

fertilización _f_ fertilisation.

fertilizante _adj_ fertilisant, e.
◇ _m_ engrais (abono); los fertilizantes nitrogenados les engrais azotés.

fertilizar [13] _v tr_ fertiliser.

férula _f_ BOT férule ▌ férule (del maestro)
▌ estar bajo la férula de uno être sous la férule o sous la coupe de quelqu'un.

férvido, da _adj_ bouillant, e ▌ fervent, e; un
férvido defensor un fervent défenseur.

ferviente _adj_ fervent, e (fervoroso).

fervientemente _adv_ fervemment.

fervor _m_ ferveur _f_.

fervorín _m_ prière _f_ jaculatoire ▌ brève allocution (plática breve).

fervorizar [13] _v tr_ encourager (enfervorizar).

fervorosamente _adv_ avec ferveur.

fervoroso, sa *adj* fervent, e.

festejada *f* FAM (*Amer*) raclée, volée.

festejar *v tr* fêter, faire fête à (obsequiar); festejar a un huésped faire fête à un hôte ▌courtiser (galantear) ▌(*Amer*) fouetter (azotar).
➡ **festejarse** *v pr* faire la fête, s'amuser (divertirse) ▌festoyer.
▌ OBSERV El verbo festoyer ya no se emplea hoy sino como intransitivo y con el sentido de estar de comilona.

festejo *m* bon accueil (acción de festejar) ▌galanterie *f* (galanteo) ▌festoiement (fiesta).
➡ **festejos** *m pl* fêtes *f*, réjouissances *f*, festivités *f* (regocijo, fiesta).

festín *m* festin.
▌ SIN banquete banquet; regalo régal; FAM comilona gueuleton; cuchipanda ripaille.

festival *adj* de fête (festivo).
◇ *m* festival; festivales de cine des festivals de cinéma.

festivamente *adv* joyeusement, gaiement.

festividad *f* fête, festivité ▌FIG joie (alegría) ▌esprit *m* (agudeza).

festivo, va *adj* de fête; traje, aspecto festivo costume, air de fête ▌FIG spirituel, elle; enjoué, e (chistoso) ▌joyeux, euse; gai, e (alegre) ▌día festivo jour de fête, jour férié o chômé.

festón *m* feston (adorno, bordado) ▌ARQ feston.

festoneado, da *adj* festonné, e.

festonear *v tr* festonner.

festuca *f* BOT fétuque (cañuela).

FET (abrev de Falange Española Tradicionalista) *f* parti fasciste nationaliste espagnol fondé en 1932 par José Antonio Primo de Rivera.

fetal *adj* fœtal, e; vida fetal vie fœtale.

FETE (abrev de Federación Española de Trabajadores de la Enseñanza) *f* fédération espagnole des salariés de l'enseignement.

fetén *adj* au poil, comme ça, formidable (formidable) ▌vrai, e; cent pour cent; un madrileño fetén un Madrilène cent pour cent.

fetiche *m* fétiche.
▌ SIN mascota mascotte; talismán talisman; amuleto amulette; ídolo idole.

fetichismo *m* fétichisme.

fetichista *adj & s* fétichiste.

feticidio *m* fœticide.

fetidez *f* fétidité (hedor).
▌ OBSERV pl fetideces.

fétido, da *adj* fétide ▌bomba fétida boule puante.

feto *m* fœtus ▌FIG & FAM avorton.

feúco, ca; feúcho, cha *adj* FAM pas très joli, e; pas très beau, belle; esta chica es más bien feúcha cette fille n'est vraiment pas très jolie.

feudal *adj* féodal, e; derechos feudales droits féodaux.

feudalidad *f* féodalité.

feudalismo *m* féodalisme.

feudatario, ria *m & f* feudataire.

feudista *m* DR feudiste.

feudo *m* fief (dominio noble); feudo alodial, ligio franc-fief, fief lige ▌hommage, vasse-lage (homenaje) ▌dar en feudo fieffer, donner en fief.

FEVE (abrev de Ferrocarriles Españoles de Vía Estrecha) *m* chemins de fer espagnols à voie étroite.

fez *m* fez.
▌ OBSERV pl feces.

FEZ (abrev de Federación Europea de Zootecnia) *f* FEZ.

FF AA (abrev de Fuerzas Armadas) *f pl* forces armées espagnoles.

FFNN (abrev de Fuerzas Navales) *f pl* Marine espagnole.

fi *f* phi *m* (letra griega).

fiabilidad *f* fiabilité.

fiable *adj* de confiance (seguro) ▌solvable (solvente) ▌fiable (máquina, dispositivo).

fiado, da *adj* confié, e ▌à crédit; comprar fiado acheter à crédit ▌al fiado à crédit.

fiador, ra *m & f* répondant, e; garant, e; caution *f* (garantía); salir o ser fiador de se porter o être garant o caution de.
➡ **fiador** *m* caution *f* (fianza) ▌agrafe *f* (presilla de capa) ▌dragonne *f* (del sable) ▌TECN cliquet d'arrêt (de un arma) ▌verrou de sûreté (cerrojo) ▌crochet (garfio) ▌(*Amer*) mentonnière *f*, jugulaire *f* (barboquejo).

fiambre *adj* froid, e (alimentos) ▌IRÓN passé, e; évenet, e; réchauffé, e; una noticia fiambre une nouvelle évenetée, réchauffée.
◇ *m* plat froid (alimento frío) ▌FAM macchabée (cadáver) ▌(*Amer*) enterrement, réunion *f* ennuyeuse (reunión desanimada) ■ fiambres variados assiette anglaise ■ FAM dejar fiambre refroidir (matar) ▌está hecho fiambre il a cassé sa pipe (ha muerto).

fiambrera *f* gamelle (para llevar alimentos) ▌(*Amer*) garde-manger *m*.

fiambrería *f* charcuterie.

fianza *f* caution, garantie (garantía); dejar como fianza laisser en garantie ▌caution, cautionnement *m* (prenda); dar o prestar fianza déposer une caution ▌caution, garant *m* (fiador) ■ DR contrato de fianza fidéjussion, contrat de garantie ▌fianza de arraigo hypothèque, engagement ▌libertad bajo fianza liberté sous caution.

fiar [9] *v tr* se porter caution, cautionner (salir garante de otro) ▌vendre à crédit (vender).
◇ *v intr* avoir confiance (confiar); fiar en sí avoir confiance en soi ▌no es persona de fiar on ne peut pas lui faire confiance, on ne peut pas se fier à lui, ce n'est pas une personne sûre.
➡ **fiarse** *v pr* se fier, avoir confiance; fiarse de o en uno se fier à quelqu'un, avoir confiance en quelqu'un ■ fiarse de las apariencias se fier aux apparences ▌no se fía la maison ne fait pas de crédit (en una tienda).

fiasco *m* fiasco; hacer fiasco faire fiasco.

fíat *m* consentement, bénédiction *f*; dar el fíat donner sa bénédiction.

FIBA (abrev de Federación Internacional de Baloncesto Amateur) *f* FIBA.

fibra *f* fibre ▌FIG nerf *m* (vigor) ■ fibra dura filandre (de la carne) ▌fibra óptica fibre optique.

fibrana *f* fibranne (textile).

fibrilación *f* MED fibrillation.

fibrilar *adj* fibrillaire.

fibrilla *f* ANAT fibrille.

fibrina *f* QUÍM fibrine.

fibrinógeno *m* fibrinogène.

fibrinoso, sa *adj* QUÍM fibrineux, euse.

fibrocartílago *m* fibrocartilage.

fibrocemento *m* CONSTR Fibrociment.

fibroma *m* MED fibrome.

fibromatoide *adj* MED fibromateux, euse.

fibrosis *f inv* MED fibrose.

fibroso, sa *adj* fibreux, euse.

fíbula *f* fibule (broche).

ficaria *f* BOT ficaire.

ficción *f* fiction.

ficha *f* fiche (cédula) ▌fiche (en los juegos) ▌domino *m* (pieza de este juego) ▌jeton *m* (de teléfono) ▌FAM (*Amer*) coquin *m* (pillo) ■ ficha antropométrica fiche anthropométrique ▌ficha de asistencia jeton de présence ▌INFORM ficha perforada carte perforée ▌CINEM ficha técnica générique ■ sacar fichas faire des fiches.

fichaje *m* inscription *f* [d'un joueur dans une équipe].

fichar *v tr* mettre sur fiche (apuntar en una ficha) ▌dresser la fiche anthropométrique de (ficha antropométrica) ▌engager (un jugador de fútbol) ▌FIG classer (juzgar mal).
◇ *v intr* signer un contrat; fichar por un club deportivo signer un contrat avec un club sportif ▌pointer (controlar las horas de entrada y salida) ▌estar fichado por la policía figurer sur les registres de la police.

fichero *m* fichier ▌INFORM fichier; fichero activo o en uso fichier actif o en cours d'utilisation; fichero de archivos fichier d'archives; fichero principal fichier principal.

fichú *m* fichu (pañoleta).

ficoideas *f pl* BOT phycoïdées.

ficomicetos *m pl* BOT phycomycètes.

ficticio, cia *adj* [▷ SIN] fictif, ive ▌d'emprunt; nombre ficticio nom d'emprunt.
▌ SIN artificial artificiel; postizo postiche; inventado, imaginado inventé.

ficus *m inv* ficus *m*.

fidedigno, na *adj* digne de foi (verídico); de fuentes fidedignas de sources dignes de foi.

fideicomisario, ria *adj* de fidéicommis.
◇ *m & f* fidéicommissaire *m*.

fideicomiso *m* DR fidéicommis ▌estado en o bajo fideicomiso territoire sous mandat o sous tutelle.

fideísmo *m* fidéisme.

fidelidad *f* fidélité ▌RAD alta fidelidad haute fidélité.
▌ SIN constancia constance; devoción dévouement; lealtad loyauté; apego attachement.

fideo *m* vermicelle ▌FAM échalas (persona delgada) ▌estar como un fideo être maigre comme un clou.

Fidias *n pr* Phidias.

fidjiano, na; fidji; fijiano, na *adj & s* fidjien, enne.

fiducia *f* DR fiducie.

fiduciario, ria *adj* fiduciaire.

fiebre _f_ MED fièvre; fiebre amarilla, intermitente, tifoidea fièvre jaune, intermittente, typhoïde ▪ FIG fièvre; fiebre electoral fièvre électorale ▪ VETER fiebre aftosa fièvre aphteuse ▪ MED fiebre álgida fièvre algide ▪ fiebre de Malta o mediterránea fièvre de Malte o méditerránéenne ▪ fiebre láctea fièvre de lait ▪ fiebre recurrente fièvre récurrente ▪ fiebre tifoidea fièvre typhoïde ▪ tener fiebre avoir de la fièvre ▪ tener mucha fiebre avoir beaucoup de fièvre, avoir une fièvre de cheval FAM.

fiel _adj_ fidèle; fiel a su juramento fidèle à ses promesses ▪ fidèle (constante); fiel a su creencia fidèle à sa croyance; fiel a o para o con sus amigos fidèle à ses amis ▪ juste, exact, e (exacto); reloj fiel horloge juste ▪ memoria fiel mémoire fidèle.
◇ _m_ fidèle (cristiano practicante) ▪ contrôleur (verificador) ▪ fléau, aiguille _f_ (de la balanza) ▪ vis _f_ (de las tijeras) ▪ inclinar el fiel de la balanza faire pencher la balance.
▪ **OBSERV** La palabra francesa fiel significa hiel.

fielato _m_ octroi.

fielmente _adv_ fidèlement.

fieltro _m_ feutre (tejido y sombrero) ▪ obrero que trabaja en fieltros feutrier ▪ poner o cubrir con fieltro feutrer ▪ ponerse como el fieltro feutrer (una prenda de lana).

fiemo _m_ fumier (estiércol).

fiera _f_ fauve _m_, bête féroce ▪ FIG brute ▪ casa de fieras ménagerie ▪ FIG & FAM estar hecho una fiera être en rage ▪ sección de fieras fauverie (en un zoo) ▪ luchar como una fiera se battre comme un forcené o comme un lion.

fierabrás _m_ fier-à-bras, matamore (matasiete).

fierecilla _f_ La fierecilla domada La Mégère apprivoisée (obra de Shakespeare).

fiereza _f_ cruauté ▪ férocité.

fiero, ra _adj_ cruel, elle ▪ féroce ▪ FIG affreux, euse; épouvantable, horrible (espantoso) ▪ dur, e (duro) ▪ no es tan fiero el león como lo pintan il n'est pas si méchant que ça (persona), ce n'est pas si difficile que ça (una cosa).
▪ **fieros** _m pl_ bravades _f_, menaces _f_ ▪ echar fieros faire le bravache.
▪ **OBSERV** La palabra francesa fier significa orgulloso.

fierro _m_ fer (hierro) ▪ (Amer) sou (dinero).

fiesta _f_ [▷ SIN] fête; fiesta nacional fête nationale; fiesta de guardar o de precepto fête d'obligation ▪ ECLES férie ▪ fête (feria) ▪ FAM plaisanterie (broma, chanza) ▪ fiesta mayor fête du saint patron dans une localité ▪ fiesta solemne fête carillonnée ▪ la fiesta brava o nacional la course de taureaux ▪ aguar la fiesta troubler la fête ▪ estar de fiesta faire la fête ▪ guardar las fiestas sanctifier les jours de fête ▪ no estar para fiestas n'être pas d'humeur à rire, ne pas avoir envie de rire o de plaisanter ▪ FAM tengamos la fiesta en paz tâchez de vous tenir tranquille ▪ y como fin de fiesta et pour clôturer (espectáculo).
▪ **fiestas** _f pl_ caresses, cajoleries (carantoñas) ▪ hacerle fiestas a uno faire fête à quelqu'un.
▪ SIN festival festival; festejo fête; kermesse, verbena kermesse; feria fête foraine.

fiestear _v intr_ (Amer) festoyer.

fiestero, ra _adj_ FAM noceur, euse; bambocheur, euse.

FIFA (abrev de Federación Internacional de Fútbol Asociación) _f_ FIFA.

fifí; fifiriche _m_ (Amer) gommeux, gringalet.
▪ **OBSERV** le pluriel de fifí est fifíes.

fig (abrev escrita de figura) fig.

fígaro _m_ figaro (barbero) ▪ boléro (prenda de vestir).

figle _m_ MÚS ophicléide (instrumento).

figón _m_ gargote _f_ (tasca).

figonero, ra _m & f_ gargotier, ère.

figulino, na _adj_ en terre cuite (de arcilla) ▪ arcilla figulina terre à potier ▪ estatua o vasija figulina figuline.

figura _f_ forme; ¿qué figura tiene? quelle forme a-t-il? ▪ figure (naipe) ▪ santon _m_ (de un nacimiento) ▪ figure (en una danza) ▪ MAT figure ▪ (ant) visage _m_, figure (rostro) ▪ GRAM figure; figura de construcción figure de construction ▪ FIG aspect _m_, figure; tener mala figura avoir mauvaise figure ▪ silhouette, allure (silueta) ▪ vedette; la gran figura será él c'est lui qui sera la grande vedette ▪ figure, personnage _m_ ▪ figura de bulto figure en relief ▪ GRAM figuras de dicción figures de diction ▪ figuras retóricas o de pensamiento figures de rhétorique o de pensées ▪ el Caballero de la Triste Figura le Chevalier à la triste figure ▪ genio y figura hasta la sepultura on est comme on est, le loup mourra dans sa peau; chassez le naturel, il revient au galop ▪ hacer figuras faire des grimaces.

figuración _f_ figuration ▪ idée; lo que tú te imaginas son figuraciones tu te fais des idées.

figuradamente _adv_ au sens figuré, figurément (p us).

figurado, da _adj_ figuré, e ▪ en sentido figurado au sens figuré, au figuré.

figurante _m & f_ TEATR figurant, e ▪ los figurantes les figurants, la figuration.

figurar _v tr_ figurer ▪ représenter; esta esfera figura la Tierra cette sphère représente la Terre ▪ feindre, simuler (fingir).
◇ _v intr_ figurer.
▪ **figurarse** _v pr_ se figurer, s'imaginer; se figuraba que era el único en su caso il s'imaginait qu'il était le seul dans son cas ▪ s'imaginer, croire; ¿qué te has figurado? qu'est-ce que tu crois?, qu'est-ce que tu t'imagines? ▪ se douter; ya me lo figuraba je m'en doutais bien.

figurativo, va _adj_ figuratif, ive; arte figurativo art figuratif.

figurería _f_ grimace.

figurero, ra _adj & s_ FAM grimacier, ère.
▪ **figurero** _m_ figuriste (vaciador de figuras de escayola).

figurilla; figurita _m & f_ santon _m_ (del nacimiento) ▪ figurine _f_ (estatuita) ▪ FAM nabot, e (chisgarabís).

figurín _m_ dessin o figurine _f_ de mode ▪ journal de mode (revista) ▪ costume (cine, teatro) ▪ FAM gommeux (currutaco).

figurismo _m_ ECLES figurisme.

figurista _m_ ECLES figuriste.

figurita ▶ figurilla.

figurón _m_ grande figure _f_ ▪ FIG & FAM olibrius, excentrique ▪ poseur (presumido) ▪ MAR figurón de proa figure de proue ▪ comedia de figurón comédie de caractère ▪ FAM hacer de figurón être figurant.

fija _f_ gond _m_ (gozne) ▪ TECN fiche (de albañil) ▪ (Amer) a la fija sûrement ▪ ¡es (una) fija! c'est sûr!

fijación _f_ fixation; la fijación del impuesto la fixation de l'impôt ▪ BIOL & QUÍM fixation ▪ FOT fixage _m_ ▪ fijación de salarios máximos blocage des salaires.

fijado _m_ FOT fixage.

fijador, ra _adj_ fixateur, trice.
▪ **fijador** _m_ fixateur (cosmético) ▪ ARTES fixatif (para fijar dibujos) ▪ FOT fixateur ▪ DR fidéjusseur.

fijamente _adv_ fixement.

fijante _adj_ MIL fichant, e; plongeant, e (tiro).

fijapelo _m_ fixateur.

fijar _v tr_ fixer (sujetar) ▪ FIG fixer, arrêter; fijar un precio, un sueldo, una fecha fixer un prix, un salaire, une date; fijar un plan arrêter un plan ▪ fixer; fijar los ojos o la mirada en fixer les yeux sur ▪ FOT fixer ▪ fijar carteles afficher, coller des affiches ▪ fijar domicilio en élire domicile à ▪ prohibido fijar carteles o anuncios défense d'afficher.
▪ **fijarse** _v pr_ se fixer ▪ être affiché (carteles, etc.) ▪ FIG regarder, voir, remarquer, observer; ¿te has fijado en el aspecto que tiene? as-tu remarqué l'air qu'il a? ▪ regarder; fíjate cómo ha crecido el niño regarde comme cet enfant a grandi ▪ regarder, observer; fíjate en todo lo que vas a ver para contármelo luego observe tout ce que tu vas voir pour me le raconter après ▪ faire attention; no me fijé en ese párrafo de su carta je n'ai pas fait attention à ce paragraphe de sa lettre ▪ faire attention, prendre garde; fíjate en lo que dices fais attention à ce que tu dis ▪ ¡fíjate! tu te rends compte!

fijasellos _m inv_ charnière _f_ (filatelia).

fijativo, va _adj_ fixatif, ive.
▪ **fijativo** _m_ ARTES fixatif ▪ FOT fixateur.

fijeza _f_ fixité ▪ mirar con fijeza regarder fixement.

fijo, ja _adj_ fixe ▪ TECN bastidor, puente fijo châssis, pont dormant ▪ de fijo sûrement, sans faute ▪ un sueldo fijo un fixe.
▪ **fijo** _adv_ fixement; mirar fijo regarder fixement.
▪ **fijo** _m_ fixe (sueldo).

fil _m_ aiguille _f_ (fiel de la balanza).

fila _f_ file; jefe de fila chef de file ▪ [▷ SIN] rang _m_ (teatro, cine, etc.); en primera fila au premier rang ▪ haie; había una fila de espectadores para ver al rey il y avait une haie de spectateurs pour voir le roi ▪ MIL rang _m_, ligne; en fila en ligne, en rang, sur un rang ▪ en fila india en o à la file indienne, à la queue leu leu FAM ▪ MIL en filas sous les drapeaux (servicio activo) ▪ alistarse en las filas de se ranger sous la bannière de ▪ MIL cerrar o estrechar las filas serrer les rangs ▪ llamar a filas rappeler sous les drapeaux ▪ ¡rompan filas! rompez (les rangs)! ▪ FAM tenerle fila a uno avoir quelqu'un dans le nez, avoir pris quelqu'un en grippe.

SIN hilera, ringlera rang; cola queue; columna colonne; cadena chaîne.

filacteria *f* phylactère *m* (amuleto judío).

Filadelfia *n pr* GEOGR Philadelphie.

filadiz *m* filoselle *f*, fleuret (seda).

filado *m* MIN phyllade.

filamento *m* filament, fil ‖ BOT filet (parte del estambre).

filamentoso, sa *adj* filamenteux, euse.

filandria *f* VETER filandre (lombriz).

filantropía *f* philanthropie.

filantrópico, ca *adj* philanthropique.

filantropismo *m* philanthropisme.

filántropo, pa *adj & s* philanthrope.

filarca *m* phylarque (jefe de tribu).

filaria *f* MED filaire (parásito).

filariosis *f inv* MED filariose.

filarmonía *f* philharmonie.

filarmónico, ca *adj* MÚS philharmonique.

filástica *f* MAR fil *m* de caret.

filatelia *f* philatélie.

filatélico, ca *adj* de philatélie.

filatelista *m & f* philatéliste.

Filemón *n pr* MITOL Philémon.

filera *f* rangée de filets de pêche.

Filesa *n pr* caso Filesa affaire de financement illégal des partis en Espagne.

> **EL CASO FILESA**
> L'affaire Filesa, jugée à la fin 1997, est un des exemples les plus représentatifs des pratiques de financement illégal des partis politiques. Le parlement espagnol étudie actuellement une modification de la loi en vigueur dont le contenu n'est pas assez clair, ce qui explique que la plupart des partis politiques espagnols aient pu commettre des irrégularités en matière de financement. Le parti compromis dans l'affaire Filesa est le PSOE.

filete *m* filet (solomillo) ‖ bifteck (de vaca) ‖ escalope *f* (de ternera) ‖ filet (de pescado) ‖ filet (moldura) ‖ cordonnet (ribete de la ropa) ‖ ANAT filet (de nervio) ‖ TECN filet (de una tuerca) ‖ EQUIT filet (del bocado) ‖ IMPR filet (adorno).
‖ OBSERV Filet (de pêche, etc.) se dit red.

fileteado, da *adj* fileté, e.
➡ **fileteado** *m* filetage (de un tornillo).

filetear *v tr* orner de filets (adornar) ‖ TECN fileter (un tornillo, etc.).

filético, ca *adj* phylétique.

filfa *f* FAM blague (mentira) ‖ FAM ¡eso es pura filfa! ça c'est de la blague!

filhelénico, ca *adj* philhellénique.

filhelenismo *m* philhellénisme.

filheleno, na *adj & s* philhellène (amigo de los griegos).

filia *f* phyllie (insecto).

filiación *f* filiation ‖ signalement *m* (señas personales) ‖ FIG filiation ‖ MIL enrôlement *m*.

filial *adj & s f* filial, e; amor filial amour filial; establecer una filial en Madrid installer une filiale à Madrid.

filiar [7] *v tr* prendre le signalement.
➡ **filiarse** *v pr* MIL s'enrôler (engancharse) ‖ s'affilier (afiliarse).

Filiberto *n pr* Philibert.

filibote *m* hourque *f* (barco).

filibusterismo *m* flibusterie *f*, flibuste *f*.

filibustero *m* flibustier (pirata).

filicíneas *f pl* BOT filicinées.

filiforme *adj* filiforme.

filigrana *f* filigrane *m* ‖ hacer filigranas filigraner.

filipéndula *f* BOT filipendule.

filipense *adj* de l'Oratoire (orden religiosa). ◇ *m* oratorien (religioso).

filípica *f* philippique (discurso) ‖ FAM semonce (represión); echar una filípica faire une semonce.

Filipinas *n pr f pl* GEOGR (las) Filipinas les Philippines.

filipino, na *adj & s* philippin, e ‖ FAM es un punto filipino c'est un drôle de lascar.

Filipo *n pr* Philippe [roi de Macédoine].

filisteo *m* philistin (pueblo) ‖ FIG & FAM colosse (hombrón) ‖ philistin (inculto).

fillos *m pl*; **filloas** *f pl* sorte de crêpe (en Galicia).

film; filme *m* film (película, cinta).
‖ OBSERV pl films; filmes.

filmación *f* filmage *m* (rodaje).

filmador, ra *adj* qui filme o tourne.
➡ **filmadora** *f* caméra.

filmar *v tr* filmer (rodar).

filme ➡ **film**.

fílmico, ca *adj* filmique.

filmina *f* diapositive.

filmografía *f* filmographie.

filmología *f* filmologie.

filmoteca *f* cinémathèque.

filo *m* fil, tranchant (corte); el filo de la navaja le fil du rasoir ‖ BIOL phylum *m* (*Amer*) bord ■ MAR filo del viento ligne du vent ■ al filo del mediodía sur le coup de midi, peu avant midi, en fin de matinée ‖ FIG arma de dos filos o de doble filo arme à double tranchant ‖ dar filo aiguiser, repasser, affiler, affûter ‖ dormir hasta en el filo de una navaja dormir n'importe où o dans n'importe quelle position.

filoamericano, na *adj* proaméricain, aine.

filocomunista *adj* procommuniste, sympathisant, e communiste.

Filoctetes *n pr* MITOL Philoctète.

filodendro *m* BOT philodendron.

filodio *m* BOT phylode.

filófago, ga *adj* ZOOL phyllophage.

filofascista *adj* profasciste, sympathisant, e fasciste.

filogenético, ca; **filogénico, ca** *adj* BIOL phylogénétique, phylogénique.

filogenia *f* BIOL phylogénie.

filogénico, ca ➡ **filogenético**.

filología *f* philologie.

filológico, ca *adj* philologique.

filólogo *m* philologue.

filomela; filomena *f* POÉT philomène (ruiseñor).

Filomena *n pr* Philomène.

filón *m* MIN [▷ SIN] filon ‖ FAM filon (ganga).
■ SIN mina mine; vena, veta veine.

filópodos *m pl* phyllopodes (crustáceos).

filoseda *f* tissu *m* de laine et soie.

filoso, sa *adj* (*Amer*) affilé, e; aiguisé, e.

filosofador, ra *adj & s* raisonneur, euse.

filosofal *adj* philosophal, e; piedra filosofal pierre philosophale.

filosofar *v intr* philosopher.

filosofastro *m* philosophe de bas étage.

filosofía *f* philosophie.

filosóficamente *adv* philosophiquement.

filosófico, ca *adj* philosophique.

filosofismo *m* philosophisme.

filósofo, fa *adj & s* philosophe; vivir como un filósofo vivre en philosophe.

filosoviético, ca *adj* prosoviétique.

Filostrato; Filóstrato *n pr* Philostrate.

filotecnia *f* philotechnie (amor a las artes).

filotécnico, ca *adj* philotechnique.

filoxera *f* phylloxéra *m*, phylloxera *m*.

filoxerado, da *adj* phylloxéré, e.

filoxérico, ca *adj* phylloxérique, phylloxérien, enne.

filtración *f* filtration, filtrage *m* ‖ FAM détournement *m* (malversación) ‖ FIG fuite; las conversaciones diplomáticas se conocieron a consecuencia de una filtración on a connu les conversations diplomatiques par suite d'une fuite.

filtrado, da *adj* filtré, e ‖ líquido filtrado filtrat.

filtrante *adj* filtrant, e.

filtrar *v tr & intr* filtrer.
➡ **filtrarse** *v pr* s'infiltrer, filtrer; el agua se filtra a través de la tierra l'eau filtre à travers la terre ‖ FIG s'évanouir (el dinero) ‖ estas noticias se han filtrado il y a eu des fuites.

filtro *m* filtre (aparato) ‖ philtre (bebida mágica) ‖ FOT filtre ■ cigarrillo con filtro cigarette filtre o à bout filtre o à bout filtrant ‖ filtro prensa filtre-presse (aparato).

filustre *m* FAM chic (elegancia).

filván *m* morfil (de un cuchillo).

FIM (abrev de Federación Internacional Motociclista) *f* FIM.

fimbria *f* frange (de falda).

fimo *m* fumier (estiércol).

fimosis *f inv* MED phimosis.

fin *m* fin *f*; el fin del mundo la fin du monde ‖ fin *f*, but (objeto); acercarse o tocar a su fin toucher à sa fin ‖ finition *f* (acabado) ■ fin de semana week-end ■ a fin de afin de ‖ a fin de que afin que ■ a fines de à la fin de; a fines del mes à la fin du mois; fin; a fines de mayo fin mai; a fines del corriente fin courant ‖ al fin à la fin, enfin ‖ al fin del mundo au bout du monde (muy lejos) ‖ al fin y al cabo, al fin y a la postre, en fin de cuentas en fin de compte, en définitive, après tout, finalement ‖ cadena sin fin chaîne sans fin ‖ con buen fin avec les meilleures intentions ‖ con el solo o el único fin de à seule fin de ‖ con este fin, para este fin à cette fin, à cet effet ‖ en fin enfin, bref ‖ noche de fin de año nuit de la Saint-Sylvestre ‖ por fin enfin, en conclusion ■ **conseguir sus fines** arriver à ses fins ‖ **dar** o **poner fin a** mettre fin à, terminer, finir ‖ **el fin justifica los medios** la fin justifie les moyens ‖ **llegar a su fin** arriver à son terme ‖ **tener fin** se terminer.

finado, da *m* & *f* défunt, e.

final *adj* final, e ‖ **el Juicio Final** le Jugement dernier.
◇ *m* fin *f*; **hasta el final** jusqu'à la fin ‖ **fin** *f* (muerte) ‖ bout; **al final de la calle** au bout de la rue ‖ issue *f*; **el final del combate** l'issue du combat ‖ MÚS final ■ **a finales de** à la fin de ‖ **final de línea** terminus (transporte).
◇ *f* finale; **la final de copa** la finale de la coupe.

finalidad *f* FIG but *m* (propósito) ‖ FILOS finalité.

finalista *adj* & *s* finaliste; **el equipo finalista** l'équipe finaliste.

finalización *f* fin, terme *m*.

finalizar [13] *v tr* finir, mettre fin à.
◇ *v intr* prendre fin, cesser, finir, se terminer.

finalmente *adv* finalement.

finamente *adv* finement, fin; **escribir finamente** écrire fin.

finamiento *m* décès (fallecimiento).

financiación *f*; **financiamiento** *m* financement *m*.

financiar [8] *v tr* financer (costear) ‖ (Amer) acheter à crédit (comprar a plazos).

financiero, ra *adj* & *s* financier, ère ‖ CULIN **a la financiera** financière [garniture, sauce].

financista *m* & *f* (Amer) financier.

finanzas *f pl* finances (hacienda).

finar *v intr* décéder.
➥ **finarse** *v pr* désirer ardemment, brûler d'envie de.

finca *f* propriété; **finca de campo** propriété à la campagne ‖ ferme (granja) ■ **finca rústica** propriété rurale ‖ **finca urbana** immeuble; **administrador de fincas urbanas** gérant d'immeubles.

fincar [10] *v intr* acheter des propriétés ‖ (Amer) reposer, s'appuyer (estribar).

finés, esa *adj* & *s* finnois, e.
➥ **finés** *m* LING finnois.
▮ OBSERV pl fineses, finesas.

fineza *f* finesse (calidad de lo fino) ‖ délicatesse, amabilité, gentillesse, attention délicate (amabilidad) ‖ cadeau *m*, présent *m* (regalo).
▮ SIN delicadeza délicatesse; refinamiento raffinement; sutileza subtilité.

fingidamente *adv* avec feinte.

fingido, da *adj* feint, e ‖ FIG trompeur, euse (engañoso); **paz fingida** paix trompeuse d'emprunt; **nombre fingido** nom d'emprunt.

fingidor, ra *adj* & *s* trompeur, euse; fourbe.

fingimiento *m* feinte *f*.

fingir [15] *v tr* & *intr* [▷ SIN] feindre, simuler; **fingir una enfermedad** feindre une maladie ‖ feindre de, faire semblant de (aparentar); **finge que duerme** il feint de dormir, il fait semblant de dormir; **fingir creer una cosa** feindre de croire une chose ‖ jouer, simuler;

fingir perfectamente el asombro simuler l'étonnement à la perfection.
➥ **fingirse** *v pr* feindre d'être, faire semblant d'être; **fingirse amigos** faire semblant d'être amis ‖ faire, se faire passer pour; **fingirse enfermo, muerto** faire le malade, le mort.
▮ SIN simular, aparentar, afectar simuler; encubrir recéler; pretextar prétexter; hacer como que faire semblant.

finiquitar *v tr* solder, liquider (una cuenta) ‖ FIG liquider (acabar, matar).

finiquito *m* COM solde (de una cuenta) ‖ quitus; **dar finiquito** donner quitus.

finisecular *adj* de la fin du siècle.

Finisterre *n pr m* GEOGR **el cabo Finisterre** le Cap Finisterre.

finito, ta *adj* fini, e; **magnitud finita** grandeur finie ‖ **lo finito y lo infinito** le fini et l'infini.

finitud *f* FILOS finitude.

finlandés, esa *adj* & *s* finlandais, e.
➥ **finlandés** *m* LING finlandais.
▮ OBSERV pl finlandeses, finlandesas.

Finlandia *n pr f* GEOGR Finlande.

finlandización *f* finlandisation.

fino, na *adj* fin, e; **vino fino, piedra fina** vin fin, pierre fine ‖ FIG poli, e (bien educado) ■ **bailar por lo fino** danser [des danses de salon] ‖ **hierbas finas** fines herbes ‖ **por lo fino** élégamment.

finolis *adj inv* & *s inv* snobinard, e.

finta *f* feinte (esgrima) ‖ dribble *m*, dribbling *m* (en fútbol).

fintar *v tr* & *intr* feinter, faire des feintes.

fintear *v tr* (Amer) feinter.

finura *f* finesse (calidad de lo fino) ‖ politesse (cortesía) ‖ délicatesse (delicadeza).

Fionia *n pr f* GEOGR Fionie.

fiord; fiordo *m* fjord, fiord.

fique *m* (Amer) fibre *f* d'agave (pita).

firma *f* [▷ SIN] signature ‖ firme (razón social) ‖ DR seing *m* ■ **firma en blanco** blanc-seing ‖ **media firma** paraphe ■ **estampar su firma en** apposer sa signature sur.
▮ SIN nombre nom; rúbrica paraphe, parafe; estampilla estampille; seña seing; contraseña contreseing; marca marque.

firmamento *m* firmament.

firmán *m* firman (decreto soberano en Turquía).

firmante *adj* & *s* signataire (el que firma) ‖ **el abajo firmante** le soussigné.

firmar *v tr* signer; **firmar con un seudónimo** signer d'un pseudonyme ‖ **firmar en blanco** donner un blanc-seing.

firme *adj* ferme ‖ solide (sólido) ‖ sûr, e; **tener el pie firme** avoir le pied sûr; **el tiempo no parece firme** le temps ne semble pas sûr ‖ ferme (valor en Bolsa) ‖ FIG ferme, constant, e; **firme en sus ideas** ferme dans ses idées arrêté, e; **tener ideas firmes** avoir des idées arrêtées ‖ ferme, décidé, e; **con paso firme** d'un pas décidé ■ **a pie firme** de pied ferme ‖ DR **sentencia firme** jugement sans appel ‖ **tierra firme** terre ferme ■ MIL **ponerse firmes** se mettre au garde-à-vous.
◇ *m* terrain ferme; **edificar en firme** bâtir sur un terrain ferme ‖ chaussée *f* (de la carre-

tera); **firme deslizante** chaussée glissante ‖ empierrement (macadam).
◇ *adv* fermement (con firmeza) ■ **de firme** ferme (mucho), dur (reciamente); **trabajar de firme** travailler ferme, dur ‖ COM **en firme** ferme; **vender en firme** vendre ferme ■ **beber de firme** boire sec ‖ **llueve de firme** il pleut pour de bon.
➥ **¡firmes!** *interj* MIL garde-à-vous! (para que los soldados se cuadren), fixe! (para que se inmovilicen).

firmemente *adv* fermement.

firmeza *f* fermeté; **hablar con firmeza** parler avec fermeté; **firmeza de carácter** fermeté de caractère ‖ solidité; **la firmeza de un muro** la solidité d'un mur ‖ (Amer) ancienne danse populaire d'Argentine (baile).

firuletes *m pl* (Amer) ornements.

FISA (abrev de **Federación Internacional del Deporte del Automóvil**) *f* FISA.

fisalia *f* ZOOL physalie.

fiscal *adj* fiscal, e ‖ **ministerio fiscal** ministère public.
◇ *m* procureur [de la République]; accusateur public (ministerio público) ‖ employé du fisc (agente del fisco) ‖ FIG & FAM fouineur (curioso) ‖ (Amer) sorte de bedeau [dans les églises rurales] ‖ **fiscal del Tribunal supremo** avocat général.
➥ **fiscales** *m pl* magistrature *f sing* debout.

fiscalía *f* ministère *m* public ‖ **fiscalía de tasas** service de rationnement.

fiscalidad *f* fiscalité.

fiscalización *f* contrôle *m*, surveillance (examen) ‖ critique.

fiscalizador, ra *adj* & *s* contrôleur, euse ‖ FIG critiqueur, euse.

fiscalizar [13] *v tr* contrôler (examinar) ‖ surveiller (vigilar).

fisco *m* fisc.

fisga *f* foëne, fouëne, foène (arpón para pescar) ‖ banderille ‖ FIG raillerie, moquerie (burla).

fisgar [16] *v tr* épier, guetter (atisbar); **esa mujer se pasa la vida fisgando detrás de su ventana** cette femme passe sa vie à épier derrière sa fenêtre ‖ fouiner, fureter (curiosear) ‖ flairer (husmear) ‖ pêcher à la foëne (pescar).
◇ *v intr* railler, se moquer.

fisgón, ona *adj* & *s* moqueur, euse (burlón) ‖ curieux, euse; fouinard, e FAM, fouineur, euse FAM.

fisgonear *v tr* FAM épier (atisbar) ‖ fouiner, fureter (curiosear).

fisgoneo *m* indiscrétion *f*.

fisiatra *m* & *f* naturopathe.

fisiatría *f* naturopathie, naturothérapie.

fisible *adj* fissile.

física *f* physique; **física experimental, nuclear, recreativa** physique expérimentale, nucléaire, amusante.

físicamente *adv* physiquement; **físicamente no me gusta** physiquement il ne me plaît pas.

físico, ca *adj* physique ‖ physique, matériel, elle; **imposibilidad física** impossibilité physique, matérielle ‖ (*Amer*) maniéré, e; minaudier, ère.

➡ **físico** *m* physique (aspecto); un físico agradable un physique agréable ‖ (ant) médecin (médico).

◇ *m & f* physicien, enne (el que estudia la física).

fisicomatemático, ca *adj* physicomathématique.

fisicoquímico, ca *adj* physico-chimique.
➡ **fisicoquímica** *f* physico-chimie.

físil *adj* fissile.

fisiocracia *f* physiocratie.

fisiócrata *adj & s* physiocrate.

fisiognomonía; fisiognómica *f* physiognomonie.

fisiognomónico, ca *adj* physiognomonique.

fisiognomonista *m & f* physiognomoniste.

fisiografía *f* physiographie.

fisiográfico, ca *adj* physiographique.

fisiógrafo *m* physiographe.

fisiología *f* physiologie.

fisiológico, ca *adj* physiologique.

fisiologismo *m* physiologisme.

fisiólogo, ga *m & f* physiologiste.

fisión *f* FÍS fission (escisión).

fisionar *v tr & pr* NUCL fissionner.

fisionomía *f* physionomie.

fisiopatología *f* physiopathologie.

fisioterapeuta *m & f* physiothérapeute.

fisioterapéutico, ca; fisioterápico, ca *adj* physiothérapique.

fisioterapia *f* physiothérapie.

fisioterápico, ca ➡ **fisioterapéutico**.

fisípedos *m pl* ZOOL fissipèdes.

fisoideo, a *adj* physoïde (en forma de vejiga).

fisonomía *f* physionomie; fisonomía poco agraciada physionomie ingrate.

fisonómico, ca *adj* physionomique.

fisonomista; fisónomo, ma *adj & s* physionomiste.

fisostigma *m* physostigma.

fisostigmina *f* physostigmine (eserina).

fisóstomos *m pl* ZOOL physostomes.

fistol *m* (p us) fin matois, rusé compère.

fístula *f* MED fistule; fístula lacrimal fistule lacrymale.

fistular *adj* fistulaire.

fistulina *f* BOT fistuline (hongo).

fistulografía *f* fistulographie.

fisura *f* MED & MIN fissure ‖ fêlure (grieta).

FIT (abrev de Federación Internacional de Traductores) *f* FIT.

fitelefas *m* phytéléphas (árbol).

fitina *f* phytine.

fitobiología *f* phytobiologie.

fitófago, ga *adj* phytophage.

fitofarmacia *f* phytopharmacie.

fitógeno, na *adj* phytogène.

fitografía *f* BOT phytographie.

fitolaca *f* phytolaque *m* (planta).

fitología *f* BOT phytologie.

fitopatología *f* phytopathologie.

fitopatólogo *m* phytopathologiste.

fitotomía *f* phytotomie (anatomía vegetal).

fitozoario *m* phytozoaire.

FITUR (abrev de Feria Internacional del Turismo) *f* salon international des industries du tourisme, en Espagne.

fixture *m* (*Amer*) calendrier sportif.
▍ OBSERV Ce mot est un anglicisme. Il peut être remplacé par calendario deportivo.

flacidez; flaccidez *f* flaccidité.
▍ OBSERV pl flacideces; flaccideces.

flácido, da *adj* faible (débil) ‖ [▷ SIN] flasque, mou, molle (flojo).
▍ SIN blando mou; flojo, fofo flasque; esponjoso spongieux; algodonoso cotonneux.

flaco, ca *adj* [▷ SIN] maigre (muy delgado); flaco que da lástima maigre à faire peur ‖ faible (débil) ‖ FIG faible; la carne es flaca la chair est faible ‖ faible, peu résolu, e ■ argumento flaco argument faible o sans poids ‖ memoria flaca mauvaise mémoire ‖ punto flaco point faible, faiblesse; la ortografía es su punto flaco l'orthographe est son point faible; conclusión que ofrece puntos flacos conclusion qui présente des faiblesses ‖ ser flaco de memoria avoir mauvaise mémoire.
➡ **flaco** *m* point faible (punto flaco); conozco su flaco je connais son point faible ‖ faible; tiene un flaco por su hija menor il a un faible pour sa cadette.
▍ SIN delgado mince; consumido décharné; magro, escuálido maigre; delgaducho maigrelet; seco sec.

flacucho, cha *adj* FAM maigrelet, ette; maigrichon, onne.

flacura *f* maigreur (calidad de flaco) ‖ FIG faiblesse (debilidad).

flagelación *f* flagellation.

flagelado, da *adj* flagellé, e.
➡ **flagelados** *m pl* ZOOL flagellés.

flagelador, ra *m & f* flagellateur, trice (el que flagela).

flagelar *v tr* flageller ‖ FIG fustiger (censurar).

flagelo *m* fouet (azote) ‖ flagelle, flagellum (filamento móvil) ‖ FIG fléau (calamidad).

flagrancia *f* flagrance.

flagrante *adj* flagrant, e ‖ en flagrante delito en flagrant délit (in fraganti).

flamante *adj* (ant) flambant, e (que arde) ‖ FIG brillant, e; resplendissant, e; flamboyant, e (brillante) ‖ flambant *inv* neuf; coche flamante voiture flambant neuve ‖ BLAS flambant, e ‖ una comedia flamante une pièce toute récente.

flambear *v tr* CULIN flamber.

flameado *m* flambage.

flamear *v intr* flamber (llamear); plátanos flameados bananes flambées ‖ battre, ondoyer, flotter; la bandera flameaba al viento le drapeau flottait au vent ‖ MAR faseyer, faseiller, fasier.
◇ *v tr* flamber (para esterilizar).

flamen *m* HIST flamine (sacerdote romano).
▍ OBSERV pl flámines.

flamenco, ca *adj & s* flamand, e (de Flandes) ‖ flamingant, e (de los dialectos flamencos) ‖ flamenco *inv*; cante flamenco chant flamenco; guitarra flamenca guitare flamenco ‖ (*Amer*) maigre ■ nacionalista flamenco flamingant ‖ FIG & FAM ponerse flamenco faire le flambard.
➡ **flamenco** *m* ZOOL flamant (ave) ‖ (*Amer*) couteau, poignard (facón) ‖ LING flamand.

flamencología *f* ensemble *m* des connaissances et des techniques propres au flamenco.

flamencólogo, ga *adj & s* expert, e en flamenco.

flamenquería *f* crânerie.

flamenquismo *m* goût pour les coutumes gitanes.

flamígero, ra *adj* POÉT flammigère ‖ flamboyant, e; gótico flamígero gothique flamboyant.

Flaminio *n pr* Flaminius.

flámula *f* flamme (gallardete).

flan *m* CULIN crème *f* caramel (dulce) ‖ flan (pastel) ‖ flan de arena pâte de sable (en la playa).

flanco *m* BLAS & MIL flanc ‖ MIL guardia de los flancos flanc-garde ‖ DEP ligne *f* de touche.

Flandes *n pr m* GEOGR Flandre *n pr f*, Flandres *n pr f pl* ■ FAM es de mantequilla de Flandes c'est une petite nature ‖ no ha puesto una pica en Flandes il n'a rien fait d'extraordinaire.

flanero *m*; **flanera** *f* moule *m* à flan.

flanqueado, da *adj* flanqué, e.

flanquear *v tr* flanquer.

flanqueo *m* MIL flanquement.

flanquís *m* BLAS flanchis.

flap *m* AVIAC volet.

flaquear *v intr* faiblir (vacilar); memoria que flaquea mémoire qui faiblit ‖ menacer ruine (edificio, columna); être sur le point de céder (una viga) ‖ FIG faiblir (decaer) ‖ fléchir, mollir, flancher [familier] (ceder) ‖ flaquearle a uno las piernas avoir les jambes en coton, avoir les jambes qui flageolent.

flaqueza *f* maigreur (delgadez) ‖ FIG faiblesse (debilidad) ‖ sacar fuerzas de flaqueza faire un ultime effort, prendre son courage à deux mains.

flash *m* FOT & CINEM flash ‖ flash (información).
▍ OBSERV pl flashes.

flato *m* flatuosité *f* (gases intestinales), point de côté (dolor de costado) ‖ (*Amer*) mélancolie *f*, tristesse *f* ‖ echar flatos faire des rots, roter (un bebé).

flatulencia *f* flatulence.

flatulento, ta *adj* flatulent, e.

flatuosidad *f* flatuosité.

flauta *f* MÚS flûte; flauta recta o dulce flûte à bec o douce ■ flauta de Pan flûte de Pan ‖ flauta travesera flûte traversière ‖ FAM cuando pitos, flautas, cuando flautas, pitos lorsqu'on veut blanc c'est noir, lorsqu'on veut noir c'est blanc ‖ entre pitos y flautas l'un dans l'autre, pour une raison ou pour une autre ‖ (*Amer*) ¡la gran flauta! flûte!, sapristi! ■ tocar la flauta jouer de la flûte, flûter ‖FAM y sonó la flauta por casualidad et ce fût un coup de chance o de pot FAM.

  ‖ SIN chirimía, flautín flageolet; pífano fifre; caramillo chalumeau; zampoña flûte de pan.

flautado, da *adj* flûté, e.
  ➤ **flautado** *m* jeu de flûtes (del órgano).

flautero *m* fabricant de flûtes.

flautillo *m* chalumeau (caramillo).

flautín *m* MÚS piccolo, flageolet.

flautista *m & f* flûtiste, flûte *f*.

flavescente *adj* flavescent, e (amarillento).

Flaviano *n pr* Flavien.

Flavio *n pr* Flavius.

flébil *adj* POÉT lamentable, triste.

flebitis *f inv* MÉD phlébite.

flebografía *f* MÉD phlébographie.

flebología *f* MÉD phlébologie.

fleborragia *f* MÉD phléborragie.

flebotomía *f* phlébotomie (sangría).

flebotomiano; flebotomista *m* phlébotomiste.

flebótomo *m* lancette *f*, phlébotome.

flebotrombosis *f inv* MÉD phlébothrombose.

flecha *f* flèche ‖ correr, salir como una flecha courir, filer comme une flèche.
  ‖ SIN jabalina, venablo javelot, javeline; dardo dard; saeta trait, sagette (ant).

flechador *m* archer (arquero).

flechar *v tr* bander [l'arc] ‖ percer de flèches (asaetear) ‖ FIG & FAM séduire ‖ (*Amer*) brûler (el sol) ■ FAM ir flechado aller en courant, faire un saut; voy flechado a por tabaco je vais en courant chercher des cigarettes.
  ➤ **flecharse** *v pr* s'enticher.

flechaste *m* MAR enfléchure *f* (de una escala).

flechazo *m* coup de flèche ‖ FIG & FAM coup de foudre (amor repentino); le he dado el flechazo il a eu le coup de foudre pour moi.

flechilla *f* fléchette.

fleco *m* frange *f* (tela y pelo).

flegmasía *f* MÉD phlegmasie.

flegmático, ca *adj* (ant) flegmatique.

flegmón *m* MÉD phlegmon.

fleje *m* TECN feuillard (tira de chapa de hierro) ‖ cercle métallique (para toneles) ‖ lame *f* d'acier (de sommier).

flema *f* MÉD & QUÍM flegme *m* ‖ FIG flegme *m* (impasibilidad) ‖ tener flema être flegmatique.
  ‖ OBSERV No confundir con flemme FAM galbana.

flemático, ca *adj* flegmatique.

fleme *m* VETER flamme *f* (lanceta).

flemón *m* MÉD phlegmon, flegmon.

fleo *m* BOT fléole *f*, phléole *f*.

flequillo *m* petite frange *f* ‖ frange *f* (de cabellos).

fleso *m* flet (pez).

fleta *f* (*Amer*) friction‖volée (paliza).

fletador *m* MAR affréteur (el que alquila un navío) ‖ fréteur (el que da en alquiler un barco).

fletamento; fletamiento *m* MAR affrètement.

fletante *m* (*Amer*) fréteur.

fletar *v tr* MAR fréter (alquilar a otro un barco) ‖ affréter (tomar alquilado un barco) ‖ (*Amer*) louer (alquilar).
  ➤ **fletarse** *v pr* FAM (*Amer*) s'en aller, se barrer (largarse).

flete *m* MAR fret (alquiler de un navío) ‖ (*Amer*) charge [qu'on transporte] ‖ cheval de selle (caballo) ‖ contrato de flete charte-partie.

fletero *m* (*Amer*) transporteur.

flexibilidad *f* flexibilité ‖ assouplissement *m*; ejercicio de flexibilidad exercice d'assouplissement ‖ FIG souplesse; flexibilidad de carácter souplesse de caractère.

flexibilización *f* assouplissement *m*.

flexibilizar [13] *v tr* assouplir.

flexible *adj* [▷ SIN] flexible ‖ FIG souple; carácter flexible caractère souple.
  ◇ *m* fil électrique ‖ chapeau mou (sombrero).
  ‖ SIN cimbreante souple; manejable maniable; elástico élastique; plegable pliable; extensible extensible.

flexión *f* flexion ‖ fléchissement *m*.

flexional *adj* GRAM flexionnel, elle (palabra, idioma).

flexionar *v tr* fléchir.

flexivo, va *adj* GRAM flexionnel, elle.

flexo *m* lampe *f* d'architecte.

flexor, ra *adj & s m* ANAT fléchisseur [muscle] (sin femenino).

flexuosidad *f* flexuosité.

flexuoso, sa *adj* BOT flexueux, euse.

flictena *f* MÉD phlyctène (ampolla).

flint-glass; flintglas *m* flint-glass.
  ‖ OBSERV pl flint-glasses; flintglases.

flipado, da *adj* FAM estar flipado planer (drogado).

flipar *v tr* FAM botter, brancher (gustar).
  ◇ *v intr* FAM flipper (por efecto de una droga).
  ➤ **fliparse** *v pr* FAM se défoncer (drogarse).

flip-flop *m* INFORM interrupteur à bascule.
  ‖ OBSERV pl flip-flops.

flipper *m* flipper.

flirt; flirteo *m* flirt.

flirtear *v intr* flirter.

flirteo ➤ **flirt**.

flit *m* FAM liquide insecticide.

FLN (abrev de Frente de Liberación Nacional) *m* FLN.

floculación *f* QUÍM floculation.

flocular *v intr* QUÍM floculer.

flogisto *m* QUÍM phlogiste.

flogosis *f inv* MÉD phlogose.

flojear *v intr* se relâcher ‖ faiblir, fléchir (flaquear).

flojedad *f* faiblesse, débilité ‖ FIG mollesse, nonchalance, paresse.

flojel *m* duvet (de las aves) ‖ duvet (del paño) ‖ pato de flojel eider.

flojera *f* FAM flemme (pereza).

flojo, ja *adj* lâche; nudo flojo nœud lâche ‖ mou, molle, flasque (no firme); carne floja chair molle ‖ faible (sin fuerza); vino flojo vin faible [en alcool] ‖ FIG mou, molle (sin vigor); estilo flojo style mou ‖ faible; excusa floja faible excuse; flojo en matemáticas faible en mathématiques ‖ mou, molle, négligent, e (perezoso), nonchalant, e (desidioso) ‖ CULIN doux (horno) ‖ (*Amer*) lâche (cobarde) ■ cuerda floja corde raide ‖ seda floja soie floche.

flor *f* BOT fleur; flor de azahar fleur d'oranger ‖ fleur (de harina, del vino, azufre) ‖ FIG fleur; la flor de la juventud, de la edad la fleur de la jeunesse, de l'âge ‖ FAM compliment *m*; decirle o echarle flores a una joven faire des compliments à une jeune fille ‖ (*Amer*) lunule (mentira de las uñas) ■ flor artificial o de mano fleur artificielle ‖ BOT flor de la maravilla tigridie ‖ flor de la Pasión passiflore ‖ flor de la Trinidad fleur de la Trinité, pensée ‖ flor del Espíritu Santo orchidée d'Amérique centrale ‖ flor de lis fleur de lis (emblema heráldico), amaryllis (planta) ‖ flores cordiales les quatre fleurs (pectorales) ‖ harina de flor fleur de farine ‖ la flor, la flor y nata la fleur, la fine fleur, le dessus du panier, le gratin ‖ pan de flor pain anglais, pain de gruau ■ a flor de à fleur de; a flor de agua, de piel à fleur d'eau, de peau ‖ TECN ajustado a flor affleuré (a nivel) ‖ FAM como mil flores à merveille ‖ en flor en fleurs, en fleur ‖ en la flor de la edad à la fleur de l'âge ■ adornarse con flores se fleurir ‖ no se admiten flores ni coronas ni fleurs ni couronnes.

flora *f* flore; flora bacteriana flore bactérienne.

Flora *n pr* Flore.

floración *f* fleuraison.

floral *adj* floral, e; juegos florales jeux floraux.

floralias *f pl* floralies.

florar *v intr* fleurir (florecer).

florcita *f* (*Amer*) fleurette ‖ (*Amer*) andar de florcita muser, musarder.

flordelisar *v tr* BLAS fleurdeliser.

floreado, da *adj* fleuri, e (cubierto de flores) ‖ de gruau, de fleur de farine (pan) ‖ FIG fleuri, e; discurso muy floreado discours très fleuri.

floreal *m* HIST floréal.

florear *v tr* fleurir (ornar con flores) ‖ tamiser (la farine) pour en retirer la fleur (con el cedazo).
  ◇ *v intr* vibrer (vibrar) ‖ MÚS exécuter des arpèges sur la guitare ‖ FAM faire des compliments (decir cumplidos) ‖ FIG broder; florear sobre un tema broder sur un thème.

florecer [30] *v intr* fleurir (una planta) ‖ FIG fleurir, être florissant (prosperar); florece el comercio le commerce fleurit o est florissant.
  ➤ **florecerse** *v pr* moisir (cubrirse de moho).

florecido, da *adj* fleuri, e (con flores) ‖ moisi, e (mohoso).

floreciente *adj* fleurissant, e (que florece) ‖ FIG florissant, e (próspero).

florecimiento *m* floraison *f*, fleuraison *f* (acción de florecer) ‖ FIG floraison *f* (acción de prosperar) ‖ moisissure *f* (moho).

florencia *f* florence (tafetán).

Florencia *n pr* Florence.

Florencio *n pr* Florent.

Florentina *n pr* Florentine.

florentino, na *adj* & *s* florentin, e.

Florentino *n pr* Florentin.

floreo *m* marivaudage (conversación) ▮ baliverne *f*, faribole *f* (dicho vano) ▮ fioriture *f* (adorno) ▮ sorte d'entrechat (danza) ▮ MÚS arpège [sur la guitare], fioriture *f* ▮ andarse con floreos marivauder.

florería ▬ floristería.

florero, ra *m* & *f* fleuriste (vendedor de flores).
➤ **florero** *m* vase [à fleurs].

florescencia *f* floraison ▮ QUÍM efflorescence.

floresta *f* bocage *m*, bosquet *m* ▮ FIG site *m* champêtre ▮ anthologie (florilegio).

florete *adj* raffiné (azúcar).
◇ *m* fleuret (arma); florete sin botón fleuret démoucheté.

floretear *v tr* fleurir (adornar con flores).
◇ *v intr* manier le fleuret ▮ (Amer) flirter.

floreteo *m* maniement du fleuret.

floretista *m* fleuret, tireur de fleuret.

florícola *adj* floricole.

floricultor, ra *m* & *f* fleuriste, horticulteur, trice.

floricultura *f* floriculture.

Florida *n pr f* GEOGR Floride.

florídeas *f pl* BOT floridées (algas).

floridez *f* richesse (del lenguaje o estilo).
▮ OBSERV *pl* florideces.

florido, da *adj* fleuri, e (en flor) ▮ FIG fleuri, e (conversación, estilo) ▮ ARQ gótico florido gothique flamboyant ▮ lo más florido la fine fleur, l'élite ▮ Pascua Florida pâques fleuries.

florífero, ra *adj* florifère.

florígero, ra *adj* POÉT florifère.

florilegio *m* florilège (antología).

florín *m* florin (moneda).

floripondio *m* BOT datura *f* ▮ falbalas *pl*, accessoire tape-à-l'œil (adorno).

florista *m* & *f* fleuriste (que tiene una tienda de flores) ▮ florista callejera marchande de fleurs.

floristería; florería *f* magasin *m* de fleurs.

floritura *f* fioriture.

florón *m* fleuron (adorno) ▮ FIG fleuron ▮ adornar con florones fleuronner.

flósculo *m* BOT fleuron.

flota *f* flotte; flota mercante, aérea flotte marchande, aérienne.
▮ OBSERV Pour désigner la flotte de guerre on emploie de préférence armada.

flotabilidad *f* flottabilité.

flotación *f* flottement (acción de flotar) ▮ MAR flottaison; línea de flotación ligne de flottaison ▮ MIN flottation.

flotador, ra *adj* flottant, e.
➤ **flotador** *m* flotteur ▮ bouée *f* (para nadar) ▮ AVIAC flotteur, nageoire *f* (de un hidroavión) ▮ flotador de alarma flotteur d'alarme.

flotadura *f*; **flotamiento** *m* (p us) flottement *m*.

flotante *adj* flottant, e ▮ INFORM coma flotante virgule flottante ▮ deuda, moneda, población flotante dette, monnaie, population flottante.

flotar *v intr* flotter (en el agua o en el aire, fluctuar); el corcho flota bien le liège flotte bien.
▮ SIN ondear, flamear ondoyer; revolotear voltiger, voleter.

flote *m* flottage (flotación) ■ a flote à flot; poner a flote mettre à flot ▮ FIG poner o sacar a flote un negocio remettre une affaire à flot, renflouer une affaire ▮ ponerse a flote se remettre à flot ▮ salir a flote se tirer d'affaire, s'en tirer, s'en sortir.

flotilla *f* flottille.

flox *m* phlox (planta).

fluato *m* (ant) fluate (fluoruro).

fluctuación *f* fluctuation (de la renta, de los precios) ▮ FIG flottement *m*, hésitation.

fluctuante *adj* fluctuant, e (que fluctúa).

fluctuar [6] *v intr* fluctuer, flotter, se balancer (flotar) ▮ FIG fluctuer, hésiter (vacilar); fluctuar entre dos partidos hésiter entre deux partis ▮ varier, changer (oscilar).
▮ SIN oscilar osciller; vacilar vaciller; balancear balancer.

fluencia *f* écoulement *m*, jaillissement *m* ▮ FÍS fluence.

fluente *adj* fluent, e (fluido) ▮ filant, e (líquido que sale lentamente).

fluidez *f* fluidité ▮ dar fluidez a rendre fluide.
▮ OBSERV *pl* fluideces.

fluídico, ca *adj* fluidifique.

fluidificar [10] *v tr* fluidifier ▮ FIG rendre plus fluide (el tráfico).

fluidización *f* TECN fluidisation.

fluido, da *adj* [▷ SIN] fluide ▮ FIG fluide, coulant (un estilo).
➤ **fluido** *m* fluide; fluido eléctrico, magnético fluide électrique, magnétique.
▮ SIN líquido liquide; gaseoso gazeux; vaporoso vaporeux.

fluir [51] *v intr* couler, s'écouler ▮ filer (líquido); el vino fluye le vin file.

flujo *m* flux; flujo de sangre, de palabras flux de sang, de paroles ▮ flux, flot (ascenso de la marea) ▮ INFORM débit ■ MED flujo blanco fleurs o pertes blanches ▮ ECON flujo de caja flux de liquidités o de l'encaisse, cash-flow ▮ flujo de vientre diarrhée ▮ flujo magnético flux magnétique.

fluminense *adj* & *s* de Río de Janeiro.

flúor *m* QUÍM fluor ▮ espato flúor spath fluor.

fluoresceína *f* QUÍM fluorescéine.

fluorescencia *f* fluorescence.

fluorescente *adj* fluroescent, e.

fluorhidrato *m* QUÍM fluorhydrate.

fluorhídrico *adj* QUÍM fluorhydrique.

fluorina *f* MIN fluorine, spath fluor.

fluorita *f* MIN fluorite.

fluoroscopio *m* fluoroscope.

fluoruro *m* QUÍM fluorure.

fluvial *adj* fluvial, e; navegación fluvial navigation fluviale ▮ fluviatile; residuos fluviales dépôts fluviatiles.

fluvioglacial *adj* GEOL fluvio-glaciaire.

fluviómetro *m* fluviomètre.

flux *m inv* flush (en el juego) ▮ (Amer) complet (traje) ▮ hacer flux manger toute sa fortune.

fluxión *f* fluxion.

fluyente *adj* fluent, e (fluido).

FM (abrev de frecuencia modulada) *f* FM.

FMCU (abrev de Federación Mundial de Ciudades Unidas) *f* FMVU.

FMI (abrev de Fondo Monetario Internacional) *m* FMI.

FMLN (abrev de Movimiento Farabundo Martí de Liberación Nacional) *m* FMLN [au Salvador].

FN (abrev de Fuerza Nueva) *f* ancien parti espagnol d'extrême droite.

FNLA (abrev de Frente Nacional para la Liberación de Angola) *m* FNLA.

FNLC (abrev de Frente Nacional de Liberación Corso) *m* FLNC.

FNMT (abrev de Fábrica Nacional de Moneda y Timbre) *f* hôtel de la Monnaie espagnol.

FOB (abrev de free on board) FOB.

fobia *f* phobie.

foca *f* ZOOL phoque *m* (anfibio).

focal *adj* FÍS & GEOM focal, e; distancia focal distance focale.

focalización *f* FÍS focalisation.

focalizar [13] *v tr* FÍS focaliser ▮ FIG focaliser.

Focea *n pr f* HIST Phocée.

focense *adj* & *s* phocidien, enne (de Fócida).

Fócida *n pr f* GEOGR Phocide.

foco *m* FÍS & GEOM foyer ▮ projecteur (reflector) ▮ FIG centre, foyer; el foco de la rebelión le foyer de la rébellion ▮ foyer; foco de infección foyer d'infection ▮ MED siège (de una enfermedad) ▮ (Amer) lampe *f* (bombilla) ■ FOT fuera de foco hors du champ ▮ profundidad de foco profondeur de champ.

focomelia *f* MED phocomélie.

fofadal *m* (Amer) bourbier.

fofo, fa *adj* flasque, mou, molle.

fogaje *m* fouage (tributo antiguo) ▮ (Amer) canicule *f* (bochorno) ▮ éruption *f*.

fogarada *f* flambée (llamarada).

fogata *f* flambée, feu *m* (hoguera) ▮ feu de joie ▮ TECN fougasse (barreno, mina) ▮ MAR fougue (ráfaga) ▮ fogata de San Juan feu de la Saint-Jean.

fogón *m* fourneau (de cocina) ▮ foyer (hogar); apagar un fogón éteindre un foyer ▮ lumière *f* (de un arma de fuego) ▮ (Amer) feu, flambée *f* (fogata).

fogonadura *f* MAR étambrai *m* ▮ (Amer) foyer *m* (hogar).

fogonazo *m* éclair (de un disparo) ▮ FOT flash (relámpago) ▮ (Amer) café arrosé (café con aguardiente) ▮ tord-boyau (bebida con licor fuerte) ▮ FIG flash; los fogonazos de la actualidad les flashes de l'actualité.

fogonero *m* chauffeur (de máquina de vapor).

fogosidad *f* fougue; atacar con fogosidad attaquer avec fougue.

SIN ímpetu, impetuosidad impétuosité; viveza, vivacidad vivacité; vehemencia, ahínco véhémence; arrebato emportement; ardor ardeur fougue.

fogoso, sa adj fougueux, euse; temperamento, caballo fogoso tempérament, cheval fougueux.

SIN ardiente, ardoroso ardent; caluroso chaleureux; entusiasta enthousiaste; impulsivo impulsif; impetuoso impétueux; vehemente véhément; arrebatado emporté.

foguear v tr nettoyer [une arme à feu] ‖ FIG aguerrir, habituer au feu (un ejército) ‖ former; foguear a un principiante former un débutant ‖ TAUROM mettre des banderilles de feu [au taureau] ‖ VETER cautériser.
◆ **foguearse** v pr FIG se faire, se roder FAM.

fogueo m nettoyage au feu ■ cartucho de fogueo cartouche à blanc ‖ municiones de fogueo munitions à blanc ‖ tiro de fogueo tir à blanc ■ disparar con munición de fogueo tirer à blanc.

foie-gras [fwaɣras] m inv pâté m (de foie) ‖ foie gras m (en Francia).

foja f foulque (ave) ‖ DR folio m (hoja) ‖ (Amer) feuille [de papier].

fol. (abrev escrita de folio) f.

fólade f ZOOL pholade (molusco).

folclor ► folklor.

folclore ► folklor.

folclórico, ca ► folklórico.

folclorismo ► folklorismo.

folgo m chancelière f (bolsa de pieles).

folía f (ant) folie ‖ "folía" [chant des îles Canaries].

foliáceo, a adj BOT foliacé, e; foliaire.

foliación f foliotage m (acción de foliar) ‖ BOT feuillaison (acción de echar hojas).

foliado, da adj folioté, e ‖ BOT folié, e.

foliar adj foliaire.

foliar [8] v tr folioter (paginar).

foliatura f foliotage m (foliación).

folicular adj des follicules.

foliculario m folliculaire.

foliculitis m inv MED folliculite.

folículo m BOT & ZOOL follicule.

folijones m pl folies f [danse de la Vieille Castille].

folio m feuillet (de un libro) ‖ folio (de un registro numerado) ■ folio atlántico format atlantique o in-plano ‖ folio explicativo titre courant ‖ folio vuelto folio verso ■ de a folio énorme, gigantesque ‖ en folio in-folio ‖ en folio mayor grand in-folio ‖ en folio menor petit in-folio.

folíolo m foliole f.

folklor; folclore; folclor m folklore.

folklórico, ca; folclórico, ca adj folklorique; baile folklórico danse folklorique.
◆ m & f artiste de flamenco.

folklorismo; folclorismo m folklore.

folklorista m folkloriste.

folla f TEATR pièce à tiroirs.

follada f feuilleté m (hojaldre).

follaje m [► SIN] feuillage; el follaje de un árbol le feuillage d'un arbre ‖ ARQ rinceau ‖ FIG falbala (adorno) ‖ digression f, verbiage (palabrería).

SIN hojas feuilles; hojarasca feuilles mortes, ramage; fronda, frondosidad frondaison.

follar [23] v tr souffler (con un fuelle).
◇ v intr & tr VULG baiser.
◆ **foliarse** v pr FAM vesser (ant).

folletín m feuilleton.

folletinesco, ca adj de feuilleton.

folletinista m feuilletoniste.

folletista m auteur de brochures.

folleto m brochure f, notice f; folleto turístico brochure touristique; folleto explicativo notice explicative.

SIN opúsculo opuscule; librillo livret; cuaderno cahier.

follón, ona adj & s (p us) fainéant, e (vago) ‖ bravache (arrogante) ‖ poltron, onne (cobarde).
◆ **follón** m fusée f qui fait long feu (cohete) ‖ FAM micmac, salade f (lío); ¡menudo follón! quelle salade! ‖ pagaille f, pagaïe f, micmac (desorden) ‖ histoire f; estar metido en un follón être mêlé à une histoire; se ha formado un follón ça a fait toute une histoire ‖ chahut, remue-ménage, potin (alboroto); armar un follón faire du chahut ‖ vesse f (ventosidad) ‖ FAM ser un follón être barbant o rasoir (pesado).

fomentación f MED fomentation.

fomentar v tr chauffer doucement (calentar suavemente) ‖ FIG fomenter (excitar); fomentar rebeliones fomenter des séditions ‖ encourager, favoriser; fomentar el comercio encourager le commerce ‖ MED fomenter.

fomento m chaleur f (calor) ‖ FIG aide f, encouragement; sociedades de fomento sociétés d'encouragement; fomento de la producción encouragement à la production ‖ promotion f; el fomento de las ventas la promotion des ventes ‖ développement (desarrollo) ‖ MED enveloppement, fomentation f ■ banco de Fomento banque de développement ‖ Ministerio de Fomento (ant) ministère des Travaux publics ■ el Gobierno lucha para el fomento de las exportaciones le gouvernement lutte pour encourager o favoriser les exportations.

fon m phone (unidad de potencia sonora).

fonación f phonation.

fonda f pension, hôtel m modeste ‖ buffet m (en las estaciones) ‖ (Amer) gargote (tasca).

fondeadero m MAR mouillage.

fondeado, da adj (Amer) riche (rico).

fondear v tr sonder (el fondo del agua) ‖ visiter, fouiller (registrar una embarcación) ‖ FIG examiner, sonder (personas) ‖ examiner, approfondir (cosas).
◇ v intr MAR mouiller, mouiller l'ancre, donner fond (p us).
◆ **fondearse** v pr (Amer) s'enrichir.

fondeo m MAR visite f (del cargamento de un barco) ‖ mouillage (acción de fondear).

fondero m (Amer) restaurateur (fondista).

fondillo m DR caisse f noire (dinero).
◆ **fondillos** m pl fond sing de culotte.

fondista m restaurateur (dueño de fonda) ‖ hôtelier (de hotel) ‖ nageur o coureur de fond.

fondo m fond; el fondo del mar, de un vaso, de una habitación, de un cuadro le fond de la mer, d'un verre, d'une pièce, d'un tableau ‖ fonds (catálogo de una biblioteca o editorial) ‖ profondeur f (hondura) ‖ fonds; Fondo Monetario Internacional Fonds monétaire international ‖ FIG fonds (de erudición, virtud, etc.) ‖ fond (lo principal, lo último); la forma y el fondo la forme et le fond; el fondo de un problema le fond d'un problème ‖ résistance f, endurance f; este niño no tiene fondo alguno cet enfant n'a aucune résistance ‖ fente f (en esgrima) ‖ fonçailles f pl (de un tonel) ■ fondo de comercio fonds de commerce ‖ fondo de operaciones o de rotación fonds de roulement ‖ fondo de pensiones caisse de retraite ‖ fondo de previsión caisse o fonds de prévoyance ‖ fondo perdido fonds perdus ‖ fondos mutuos o de inversión fonds de placement [F.C.P., SICAV] ■ artículo de fondo article de fond, éditorial ‖ bajos fondos bas-fonds ‖ corredor de fondo coureur de fond ‖ cheque sin fondos chèque sans provision ‖ MAR doble fondo ballast ‖ el fondo le fin fond (de un asunto) ‖ limpieza a fondo nettoyage en grand o à fond ‖ maquillaje de fondo fond de teint ‖ mar de fondo lame de fond ■ a fondo à fond ‖ de cuatro en fondo en colonne par quatre ‖ en el fondo au fond, dans le fond ■ MAR dar fondo donner fond (p us), mouiller ‖ echar a fondo couler ‖ estar en fondos être en fonds ‖ irse a fondo couler, sombrer (barco) ‖ tener buen fondo avoir un bon fonds ‖ tirarse a fondo se fendre (esgrimidor) ‖ tocar fondo toucher le fond.
◆ **fondos** m pl COM fonds; fondos públicos fonds publics ‖ fondos disponibles disponibilités ‖ cheque sin fondos chèque sans provision.

OBSERV Fond no lleva s cuando significa lo más profundo y, en sentido figurado, lo principal y esencial; fonds con s designa el conjunto de bienes físicos o intelectuales y morales de una persona.

fondón, ona adj FAM bien assis, e.

fonducho m gargote f.

fonema m phonème.

fonemático, ca adj phonématique.

fonendoscopio m phonendoscope.

fonético, ca adj & s f phonétique.

fonetista m & f phonéticien, enne.

fonía f phonie.

foniatra m phoniatre.

foniatría f phoniatrie.

fónico, ca adj phonique.

fonio; fono m phone (unidad de sonoridad).

fono m (Amer) téléphone (teléfono) ‖ écouteur (auricular).

fonocaptor m TECN phonocapteur.

fonocardiografía f MED phonocardiographie.

fonocontrol m phonocontrôle (aparato).

fonogenia f phonogénie.

fonogénico, ca adj phonogénique.

fonografía f phonographie.

fonográfico, ca *adj* phonographique.

fonógrafo *m* phonographe.

fonograma *m* phonogramme.

fonolita *f* MIN phonolite, phonolithe (roca).

fonolítico, ca *adj* GEOL phonolitique.

fonolocalización *f* repérage *m* par le son.

fonología *f* phonologie.

fonológico, ca *adj* phonologique.

fonólogo, ga *m & f* phonologue.

fonometría *f* phonométrie.

fonómetro *m* phonomètre.

fonoteca *f* phonotèque.

fonsadera *f*; **fonsado** *m* ancien tribut *m*.

fontana *f* POÉT source, fontaine.

fontanal *adj* relatif aux fontaines.

fontanal; fontanar *m* source *f* (manantial).

fontanela *f* ANAT fontanelle.

fontanería *f* plomberie.

fontanero *m* plombier (obrero) ‖ fontainier (empleado municipal).

fontículo *m* MED exutoire.

football ► **fútbol**.

footing ► **fúting**.

FOP (abrev de Fuerzas de Orden Público) *f pl* police nationale espagnole.

foque *m* MAR foc.

forajido, da *adj & s* hors-la-loi *inv*.

foral *adj* relatif aux "fueros" [privilèges].

foralmente *adv* conformément aux "fueros" [privilèges].

foramen *m* (ant) trou.

foraminado, da *adj* ZOOL foraminé, e.

foraminíferos *m pl* ZOOL foraminifères.

foráneo, a *adj* (ant) forain, e (forastero).

forasta *adj & s* FAM métèque (extranjero).

forastero, ra *adj & s* étranger, ère.
‖ OBSERV Forastero s'applique à la personne étrangère à la ville ou à la région dont il est question. Étranger à un pays se dit extranjero.

FORATOM (abrev de Foro Atómico Europeo) *m* FORATOM.

forcejar; forcejear *v intr* faire de grands efforts (esforzarse), se démener (afanarse) ‖ résister ‖ lutter.

forcejeo *m* effort (esfuerzo) ‖ lutte *f*.

fórceps *m inv* MED forceps.

forcipresión *f* MED forcipressure.

forense *adj* relatif au tribunal ‖ légiste; médico forense médecin légiste.
◇ *m* médecin légiste.

forero, ra *adj* relatif à un privilège.
► **forero** *m* bailleur (el que da a foro) ‖ emphytéote (el que paga foro).

forestación *f* (*Amer*) reboisement *m*.

forestal *adj* forestier, ère; guarda forestal garde forestier ‖ patrimonio forestal del Estado fôret domaniale ‖ repoblación forestal reboisement.

forestar *v tr* reboiser.

forfait [forfe] *m* forfait; a forfait forfaitaire.
‖ OBSERV pl forfaits.

forfícula *f* ZOOL forficule (tijereta).

forillo *m* TEATR fond de décor.

---

forja *f* forge [d'orfèvre] ‖ forgeage (acción de forjar) ‖ mortier *m* (argamasa).

forjador *m* forgeur.

forjadura *f*; **forjamiento** *m* forgeage *m*.

forjar *v tr* forger.
► **forjarse** *v pr* se forger, se faire; se ha forjado una buena reputación il s'est forgé une bonne réputation ‖ forjarse ilusiones se forger o se faire des illusions.

forma *f* [▷ SIN] forme ‖ forme (modo de proceder); obrar con buenas formas agir dans les formes ‖ moyen *m*; no hay forma de hacerle entrar en razón il n'y a pas moyen de lui faire entendre raison ‖ DR forme; vicio de forma vice de forme ‖ IMPR forme (molde) ‖ format (formato) ‖ RELIG forme ‖ hostie (hostia) ■ de forma que de telle sorte que, de sorte que ‖ de ninguna forma en aucune façon ‖ de todas formas de toute façon ‖ de una forma u otra d'une façon ou d'une autre ‖ en debida forma en bonne forme, en bonne et due forme, en règle ‖ en forma en forme ‖ en forma de sous forme de ■ dar forma donner une forme, façonner ‖ estar en gran forma être en pleine forme ‖ guardar las formas y mettre les formes, garder les formes.
‖ SIN figura figure; aspecto aspect; configuración configuration; estructura structure; conformación conformation; apariencia apparence; modelo modèle.

formación *f* formation; formación profesional formation professionnelle ‖ MIL formation; en formación de a tres en formation par trois ‖ rassemblement *m* ‖ TECN formage *m* ‖ MIL formación abierta ordre dispersé.

formador, ra *adj & s* formateur, trice.

formal *adj* formel, elle; lógica formal logique formelle; orden formal ordre formel ‖ FIG sérieux, euse; bien, comme il faut; persona formal, chica formal personne sérieuse, fille bien ‖ dans les règles (con todos los requisitos).

formaldehído *m* QUÍM formaldéhyde.

formalidad *f* formalité (requisito) ‖ FIG sérieux *m* (seriedad); chica de mucha formalidad fille très sérieuse.

formalina *f* QUÍM formaline.

formalismo *m* formalisme.

formalista *adj & s* formaliste.

formalización *f* achèvement ‖ officialisation ‖ régularisation (de situación).

formalizar [13] *v tr* achever, terminer (acabar) ‖ légaliser; formalizar un expediente légaliser un dossier ‖ régulariser; formalizar una situación régulariser une situation ‖ concrétiser (concretar) ‖ signer (firmar).
► **formalizarse** *v pr* (p us) se formaliser (incomodarse).

formalmente *adv* formellement ‖ d'une manière cérémonieuse.

formalote *adj* tout à fait sérieux, euse; très comme il faut.

formar *v tr* former ‖ FIG former, façonner (educar); formar a los jóvenes former les jeunes ‖ [▷ SIN] composer, constituer; las ocho provincias que forman Andalucía les huit provinces qui constituent l'Andalousie ‖ faire; el río forma un recodo la rivière fait un coude; formar un escándalo faire un

---

scandale ‖ MIL rassembler ■ ■ formar filas former les rangs (los militares), se mettre en rang (personas) ‖ formar parte de faire partie de.
◇ *v intr* MIL se ranger, former les rangs; el escuadrón formó en el patio del cuartel l'escadron forma les rangs dans la cour de la caserne ■ MIL ¡a formar! rassemblement! ‖ una mujer bien formada une femme bien faite.
► **formarse** *v pr* se former, se faire; su estilo se está formando son style se forme ‖ se faire; formarse una idea se faire une idée ‖ ¡menudo lío se formó! ça a été la pagaille!
‖ SIN constituir constituer; componer composer; modelar modeler; integrar intégrer; formar parte faire partie.

formateado *m* formatage.

formatear *v tr* INFORM formater.

formativo, va *adj* formatif, ive.

formato *m* format (tamaño); formato apaisado, vertical format en largeur, en hauteur ‖ INFORM format.
‖ OBSERV Formato n'est plus considéré par l'académie comme un gallicisme.

formatriz *adj f* formatrice.
◇ OBSERV pl formatrices.

formero *m* ARQ formeret (arco).

formiato *m* QUÍM formiate.

fórmica® *f* Formica® *m*.

formicación *f* formication (hormigueo).

formicante *adj* MED formicant, e (pulso).

fórmico *adj m* QUÍM formique; aldehído fórmico aldéhyde formique.

formidable *adj* formidable.

formol *m* QUÍM formol.

formón *m* TECN ciseau à bois (herramienta).

Formosa *n pr f* HIST Formose (antiguo nombre de Taiwan).

fórmula *f* formule; fórmula de cortesía formule de politesse ‖ ordonnance, formule (receta) ‖ MAT & QUÍM formule ■ fórmula dentaria formule dentaire ‖ por fórmula pour la forme.

formulación *f* formulation.

formular *v tr* formuler; las críticas formuladas contra él les critiques formulées contre lui ‖ former; formular votos por former des vœux pour.
◇ *v intr* QUÍM mettre un corps en formule.

formulario *m* formulaire.

formulismo *m* formalisme.

formulista *adj & s* formaliste.

fornicación *f* fornication.

fornicador, ra *adj & f* fornicateur, trice.

fornicar [10] *v intr* forniquer.

fornido, da *adj* robuste, costaud FAM.

fornitura *f* IMPR fourniture ‖ MIL fourniment *m* (correaje del soldado).

foro *m* forum ‖ barreau (abogacía); elocuencia del foro éloquence du barreau ‖ tribunal ‖ TEATR fond; telón de fondo toile de fond ‖ hablar al foro parler à la cantonnade.

forofo, fa *m & f* FAM supporter *m*, fan.

FORPA (abrev de Fondo de Ordenación y Regulación de Precios y Productos Agrarios) *m* fonds public espagnol de régulation des prix des produits agricoles.

forraje *m* fourrage; forraje verde, mixto fourrage vert, mixte ‖ FIG & FAM fatras (fárrago) ▪ campo de forraje fourragère (prado) ‖ carro de forraje fourragère (para transportar).

forrajeador *m* MIL fourrageur.

forrajear *v tr* fourrager ‖ MIL aller au fourrage.

forrajera *adj f* fourragère (planta). ◇ *f* MIL fourragère.

forrar *v tr* doubler (poner un forro); forrar de o con seda doubler de soie ‖ TECN gainer (un cable) ‖ fourrer (con pieles) ‖ recouvrir (un sillón, etc.) ‖ couvrir (un libro) ‖ border, doubler (un barco) ‖ FIG & FAM estar forrado de oro, estar bien forrado être cousu d'or, rouler sur l'or, être plein aux as.
‒ **forrarse** *v pr* FAM (Amer) s'empiffrer, se gaver (comer mucho) ‖ FAM mettre du foin dans ses bottes (enriquecerse).

forro *m* doublure *f* (de un vestido) ‖ garniture *f*; forros de freno garnitures de frein ‖ housse *f*; el forro de una butaca la housse d'un fauteuil ‖ couverture *f* (de un libro) ‖ MAR bordé; forro de cubierta, exterior bordé de pont, de carène ‖ (Amer) FAM capote *f* (condón) ▪ MAR forro de bodega vaigrage ‖ forro de cuaderno protège-cahier ‖ FIG & FAM ni por el forro pas le moins du monde ▪ FAM no conocer latín ni por el forro ne pas connaître un traître mot de latin.

fortachón, ona *adj* FAM costaud, fortiche.

fortalecedor, ra *adj* fortifiant, e.

fortalecer [30] *v tr* fortifier (robustecer).

fortalecimiento *m* fortification *f* (refuerzo) ‖ FIG affermissement, renforcement, raffermissement; el fortalecimiento de la economía le renforcement de l'économie.

fortaleza *f* force (vigor, energía) ‖ [▷ SIN] forteresse (plaza fuerte) ‖ AVIAC fortaleza volante forteresse volante.
| SIN castillo château fort; ciudadela citadelle; fortín fortin; fuerte fort; plaza fuerte place forte.

forte *adv* MÚS forte ‖ MAR stop.

fortificación *f* fortification.
| SIN blocao blockhaus; reducto redoute; trinchera tranchée; casamata casemate; baluarte, bastión bastion; muralla rempart.

fortificante *adj & s m* fortifiant, e.

fortificar [10] *v tr* fortifier (ciudad, salud) ‖ plaza fortificada place forte.
‒ **fortificarse** *v pr* se fortifier.

fortín *m* MIL fortin.

fortiori
‒ a fortiori *loc adv* a fortiori.

fortísimo, ma *adj* très fort, e; très robuste.
‒ **fortísimo** *adv & s m* MÚS fortissimo.

FORTRAN; fortran *m* INFORM FORTRAN.

fortuitamente *adv* fortuitement.

fortuito, ta *adj* fortuit, e.

fortuna *f* fortune ‖ chance (buena suerte); tener fortuna en una empresa avoir de la chance dans une entreprise ▪ la rueda de la fortuna la roue de la fortune ‖ por fortuna heureusement (por suerte) ▪ MAR correr fortuna essuyer une bourrasque ‖ hacer fortuna

faire fortune ‖ probar fortuna tenter fortune, tenter sa chance.

Fortunato *n pr* Fortunat.

fortunón *m* FAM grosse fortune *f*.

fortunoso, sa *adj* (ant) orageux, euse (borrascoso) ‖ (Amer) fortuné, e ‖ heureux, euse.

forúnculo *m* MED furoncle.

forzadamente *adv* forcément.

forzado, da *adj* forcé, e; contraint, e; sonrisa forzada sourire forcé ‖ tiré par les cheveux; un chiste forzado une plaisanterie tirée par les cheveux ▪ a marcha forzada à marche forcée ‖ trabajos forzados travaux forcés.
‒ **forzado** *m* forçat (galeote).
| OBSERV Ne pas confondre avec forzoso inévitable.

forzal *m* dos (canto de un peine).

forzamiento *m* forcement (acción de forzar) ‖ crochetage (de una cerradura).

forzar [37] *v tr* forcer; forzar una puerta, un castillo, una caja de caudales forcer une porte, un château, un coffre-fort ‖ crocheter (una cerradura) ‖ forcer, obliger; le forzó a que saliera il le força à sortir ‖ violer (a una mujer) ▪ forzar el paso forcer le pas ‖ forzar la mano forcer la main.
‒ **forzarse** *v pr* se forcer.

forzosa *f* coup *m* au jeu de dames.

forzosamente *adv* forcément.

forzoso, sa *adj* forcé, e, inévitable; consecuencia forzosa conséquence inévitable ▪ heredero forzoso héritier réservataire ‖ trabajos forzosos travaux forcés ▪ forzoso es reconocer force est de reconnaître, il faut bien reconnaître.
| OBSERV Ne pas confondre avec forzado.

forzudamente *adv* fortement.

forzudo, da *adj* FAM fort, e; vigoureux, euse; costaud, e.
‒ **forzudo** *m* costaud.

fosa *f* fosse; fosa común fosse commune ‖ ANAT fosse; fosas nasales fosses nasales ▪ GEOL fosa abisal fosse océanique ‖ fosa séptica fosse septique ‖ fosa submarina fosse ‖ EQUIT fosas supraorbitarias salières (del caballo).

fosar *v tr* creuser un fossé.

fosca *f* brouillard *m* (calina).

fosco, ca *adj* rébarbatif, ive (hosco).

fosfatado, da *adj* QUÍM phosphaté, e.
‒ **fosfatado** *m* phosphatage.

fosfatar *v tr* QUÍM phosphater.

fosfático, ca *adj* QUÍM phosphatique.

fosfato *m* QUÍM phosphate.

fosfaturia *f* MED phosphaturie.

fosfeno *m* phosphène.

fosfinas *f pl* QUÍM phosphines.

fosfito *m* QUÍM phosphite.

fosforado, da *adj* phosphoré, e.

fosforecer; fosforescer [30] *v intr* être phosphorescent, e.

fosforera *f* boîte d'allumettes ‖ fabrique d'allumettes ‖ poche pour les allumettes (cerillera).

fosforero, ra *adj & s* allumettier, ère; industria fosforera industrie allumettière.

fosforescencia *f* phosphorescence.

fosforescente *adj* phosphorescent, e.

fosfórico, ca *adj* QUÍM phosphorique.

fosforismo *m* phosphorisme (enfermedad).

fosforita *f* MIN phosphorite.

fosforización *f* phosphorisation.

fósforo *m* QUÍM phosphore; proyectil de fósforo projectile au phosphore ‖ allumette *f* (cerilla) ‖ (Amer) amorce *f* (pistón).

fosforoscopio *m* phosphoroscope.

fosforoso, sa *adj* phosphoreux, euse.

fosfuro *m* QUÍM phosphure.

fosgeno *m* QUÍM phosgène.

fósil *adj & s m* fossile ‖ FIG & FAM es un viejo fósil c'est un vieux fossile.

fosilización *f* fossilisation.

fosilizarse [13] *v pr* se fossiliser.

foso *m* fosse *f* (hoyo) ‖ fossé (de fortaleza) ‖ fosse *f* (en los garajes, en los depósitos de locomotoras) ‖ DEP fosse *f* (salto) ‖ TEATR dessous (del escenario) ‖ AGRIC fossé, tranchée *f* (zanja) ‖ TECN foso de colada fosse de coulée.

foto *f* photo; sacar fotos faire o prendre des photos ‖ FÍS phot *m* (unidad de luminancia) ‖ foto robot photo-robot.

fotoactivo, va *adj* FÍS photosensible.

fotobiología *f* photobiologie, photologie.

fotocalco *m* photocalque.

fotocatálisis *f inv* QUÍM photocatalyse.

fotocátodo *m* photocathode *f*.

fotocélula *f* cellule photoélectrique.

fotocomponedora *f* IMPR photocomposeuse.

fotocomponer [65] *v tr* IMPR photocomposer.

fotocomposición *f* IMPR photocomposition.

fotoconductividad *f* ELECTR photoconductivité.

fotoconductor, ra *adj* photoconducteur, trice.

fotocopia *f* photocopie.

fotocopiadora *f* photocopieur *m*, photocopieuse.

fotocopiar [8] *v tr* photocopier.

fotocorriente *f* courant *m* photoélectrique.

fotocromía *f* photochromie.

fotodermatosis *f inv* MED photodermatose.

fotodinámico, ca *adj* photodynamique.

fotodiodo *m* ELECTR photodiode *f*.

fotoelasticidad *f* photoélasticité.

fotoelasticimetría *f* photoélasticimétrie.

fotoelectricidad *f* photoélectricité.

fotoeléctrico, ca *adj* photoélectrique; célula fotoeléctrica cellule photoélectrique.

fotoelectrón *m* photoélectron.

fotoemisión *f* FÍS photoémission.

fotoescultura *f* photosculpture.

fotofiltro *m* FOT filtre photographique.

fotofobia *f* MED photophobie.

fotófobo, ba *adj & s* MED photophobe.

fotófono *m* FÍS photophone.

fotoforesis *f inv* FÍS photophorèse.

fotóforo *m* photophore.

fotogénesis *f inv* BIOL photogenèse.

fotogenia *f* photogénie.

fotogénico, ca *adj* photogénique.

fotógeno, na *adj* photogène.

fotogeología *f* photogéologie.

fotograbado *m* photogravure *f.*

fotograbador *m* photograveur.

fotograbar *v tr* photograver.

fotografía *f* photographie ■ sacar una fotografía prendre o faire une photographie ‖ sacarse una fotografía se faire photographier.

fotografiar [9] *v tr* photographier ‖ máquina de fotografiar appareil photographique.

fotográfico, ca *adj* photographique; máquina fotográfica appareil photographique.

fotógrafo, fa *m & f* photographe.

fotograma *m* photogramme.

fotogrametría *f* photogrammétrie.

fotoionización *f* FÍS photo-ionisation.

fotólisis *f inv* QUÍM photolyse.

fotolito *m* typon.

fotolitografía *f* photolithographie.

fotolitografiar [9] *v tr* photolithographier.

fotolitográfico, ca *adj* photolithographique.

fotoluminiscencia *f* photoluminescence.

fotomagnético, ca *adj* FÍS photomagnétique.

fotomatón *m* Photomaton®.

fotomecánico, ca *adj* photomécanique.

fotometría *f* photométrie.

fotométrico, ca *adj* photométrique.

fotómetro *m* photomètre.

fotomicrografía *f* photomicrographie.

fotomodelo *m* mannequin [photos].

fotomontaje *m* photomontage.

fotomultiplicador *adj & s* ELECTR photomultiplicateur, trice.

fotón *m* FÍS photon.

fotoneutrón *m* photo-neutron.

fotonovela *f* roman-photo *m*, photoroman *m.*

fotonuclear *adj* FÍS photonucléaire.

fotoperiodismo *m* BOT photopériodisme.

fotoperiodo *m* photopériode *f.*

fotopila *f* photopile.

fotoplano *m* GEOGR orthophotocarte *f.*

fotoquímica *f* photochimie.

fotoquímico, ca *adj* photochimique.

fotorresistencia *f* photorésistance.

fotorrobot *f* photo-robot *m.*
　　■ OBSERV *pl* fotorrobots.

fotosensible *adj* photosensible.

fotoseriador *m* MED appareil radiophotographique.

fotosfera *f* ASTRON photosphère.

fotosíntesis *f inv* photosynthèse.

fotosintético, ca *adj* photosynthétique.

fotostato *m* photostat.

fototactismo *m* BIOL phototactisme.

fototaxismo *m* phototaxie *f.*

fototeca *f* photothèque.

fototelégrafo *m* phototélégraphe.

fototerapia *f* MED photothérapie.

fototipia *f* IMPR phototypie.

fototipo *m* phototype.

fototipografía *f* IMPR phototypographie.

fototopografía *f* GEOGR phototopographie.

fototransistor *m* ELECTR phototransistor.

fototropismo *m* BOT phototropisme.

fotovoltaico, ca *adj* photovoltaïque.

fotuto *m* (*Amer*) klaxon.

foulard ► **fular.**

foxterrier; fox-terrier *m* fox-terrier (perro raposero).
　　■ OBSERV *pl* foxterriers; fox-terriers.

foxtrot; fox-trot *m* fox-trot (danza).
　　■ OBSERV *pl* foxtrots; fox-trots.

foyer *m* TEATR foyer (vestíbulo).

FP (abrev de **formación profesional**) *f* enseignement technique en Espagne, dispensé aux élèves de 14 à 17 ans.

FPLP (abrev de Frente Popular para la Liberación de Palestina) *m* FPLP.

fra. (abrev escrita de **factura**) fact.

frac *m* frac, habit (prenda de vestir) ‖ ponerse de frac se mettre en habit.
　　■ OBSERV *pl* fraques O fracs.

fracasado, da *m & f* raté, e ‖ candidato fracasado candidat malheureux (en unas elecciones).

fracasar *v intr* [▷ SIN] échouer (no conseguir lo intentado) ‖ manquer, rater; un asunto fracasado une affaire manquée.
　　SIN abortar avorter; fallar rater; malograrse ne pas réussir; frustrarse échouer; estrellarse se buter.

fracaso *m* [▷ SIN] échec; sufrir un fracaso essuyer un échec ‖ FIG & FAM four (fiasco) ‖ ir a un fracaso courir à un échec.
　　SIN desgracia malheur; revés revers; malogro insucès; fiasco fiasco; decepción déception.

fracción *f* fraction; la fracción del pan la fraction du pain ‖ fraction, partie (parte) ‖ MAT fraction; fracción decimal fraction décimale.

fraccionamiento *m* fractionnement.

fraccionar *v tr* fractionner.

fraccionario, ria *adj* MAT fractionnaire ‖ se ruega moneda fraccionaria on est prié de faire l'appoint.

fractura *f* fracture (rotura) ■ MED fractura abierta, en tallo verde fracture ouverte, en bois vert ‖ robo con fractura vol avec effraction.

fracturar *v tr* fracturer; fracturar el cráneo fracturer le crâne.
　　➡ **fracturarse** *v pr* se fracturer.

fraga *f* terrain *m* rocailleux et embroussaillé, hallier *m* (breñal) ‖ BOT framboisier *m* (frambueso).

fragancia *f* parfum *m*, bonne odeur, fragrance (p us) ‖ el aire está lleno de fragancias l'air embaume.

fragante *adj* parfumé, e (que huele bien) ‖ en fragante en flagrant délit (en flagrante).

fraganti
　　➡ **in fraganti** *loc adv* en flagrant délit.

fragaria *f* BOT fraisier.

fragata *f* MAR frégate (buque); capitán de fragata capitaine de frégate ‖ frégate (ave) ‖ fragata ligera corvette.

frágil *adj* fragile ‖ FIG fragile, faible (débil); el hombre es frágil ante la tentación l'homme est faible devant la tentation.

fragilidad *f* fragilité.

fragmentación *f* fragmentation ‖ morcellement; la fragmentación de la propiedad le morcellement de la propriété.

fragmentar *v tr* fragmenter ‖ morceler (la propiedad).

fragmentario, ria *adj* fragmentaire.

fragmento *m* fragment (trozo) ‖ fragment, passage; fragmento de un discurso passage d'un discours.
　　➡ **fragmentos** *m pl* FIG bribes *f* (de una conversación).

fragón *m* BOT fragon, petit houx.

fragor *m* fracas, grondement, roulement (ruido); el fragor del trueno le fracas du tonnerre.

fragoroso, sa *adj* bruyant, e (ruidoso).

fragosidad *f* épaisseur; la fragosidad de una selva l'épaisseur d'une fôret ‖ hallier *m*, fourré *m* (bosque espeso).

fragoso, sa *adj* accidenté, e (quebrado) ‖ bruyant, e (ruidoso).

fragua *f* forge.

fraguado *m* prise *f* (del cemento).

fraguador, ra *adj & s* FIG faiseur, euse; un fraguador de enredos un faiseur d'intrigues.

fraguar [45] *v tr* forger (el hierro) ‖ FIG forger, fabriquer; fraguar mentiras fabriquer des mensonges ‖ se forger; fraguar quimeras se forger des chimères.
　　◇ *v intr* prendre (el cemento).

fraile *m* moine, religieux, frère ‖ IMPR moine, feinte *f* (parte mal impresa) ■ FAM fraile de misa y olla moine ignorant ‖ meterse a fraile prendre le froc.

frailear *v tr* étêter (podar la copa del árbol).

frailecico; frailecillo *m* macareux (ave) ‖ FAM moinillon (fraile).

frailengo, ga; fraileño, ña *adj* FAM monacal, e (fbrailesco).

frailería *f* FAM moinerie.

frailero, ra; frailesco, ca *adj* FAM monacal, e.

frailezuelo *m* FAM moinillon.

frailía *f* état *m* monacal.

fraillillos *m pl* BOT gouet *sing* (aro).

frailuno, na *adj* FAM monacal, e.

framboyán *m* BOT flamboyant [arbre].

frambuesa *f* BOT framboise.

frambueso *m* BOT framboisier.

frámea *f* framée (arma de los francos).

francachela *f* FAM noce, bombance, bringue ‖ estar de francachela faire bombance, faire la noce, se taper la cloche, faire ripaille.

francamente *adv* franchement (con sinceridad).

francés, esa *adj & s* français, e ■ a la francesa à la française ‖ de habla francesa francophone ‖ FAM despedirse a la francesa filer à l'anglaise ‖ tortilla a la francesa omelette nature.

➤ **francés** *m* LING français; hablar francés parler français.

▦ OBSERV pl franceses, francesas.

francesada *f* HIST l'invasion napoléonienne en Espagne ‖ FAM chose propre aux Français.

francesilla *f* BOT renoncule, bouton d'or *m* (planta) ‖ damas *m* de Tours (variedad de ciruela) ‖ baguette (de pan).

franchipán *f* frangipane (perfume).

franchute *m* FAM français, e (despectivo).

Francia *n pr f* GEOGR France.

francio *m* francium (metal).

francisca *f* francisque (segur).

Francisca *n pr* Françoise.

franciscano, na; francisco, ca *adj & s* franciscain, e.

Francisco *n pr* François.

francmasón *m* franc-maçon (masón).

francmasonería *f* franc-maçonnerie (masonería).

francmasónico, ca *adj* franc-maçonnique (masónico).

franco, ca *adj* [▷ SIN] franc, franche; mirada franca regard franc; franco con o para todos franc avec tout le monde ‖ ouvert, e; franc, che; cara franca visage ouvert ‖ franc, che (puerto) ‖ exempt, e (exento); franco de todo gasto exempt de tout frais ■ franco de servicio libre de service ‖ tener mesa franca tenir table ouverte ‖ juez franco franc-juge (en Alemania).

◇ *adj & s* HIST franc, franque ‖ franco (prefijo que significa "francés"); franco-belga franco-belge.

➤ **franco** *m* franc (unidad monetaria) ‖ LING francien (lengua romance de la Isla de Francia).

➤ **franco** *adv* franco (sin gastos) ■ franco a bordo franco de bord ‖ franco de porte y embalaje franco de port et d'emballage.

▌ SIN sincero sincère; cordial cordial; abierto ouvert, familiar familier; campechano sansfaçons; llano, sencillo simple.

Franco Condado *n pr m* GEOGR el Franco Condado la Franche-Comté ‖ del Franco Condado franc-comtois, e.

francoespañol, la *adj & s* franco-espagnol, e.

francófilo, la *adj & s* francophile.

francófobo, ba *adj & s* francophobe.

francofonía *f* francophonie.

francófono, na *adj & s* francophone.

francolín *m* francolin (ave).

Franconia *n pr f* GEOGR Franconie.

francote, ta *adj* FAM très franc, très franche; qui va droit au fait.

francotirador *m* franc-tireur.

franela *f* flanelle.

frangollar *v tr* FIG & FAM bâcler (hacer de prisa); frangollar su trabajo bâcler son travail.

frangollo *m* blé cuit (trigo cocido) ‖ FIG & FAM bâclage ‖ (Amer) ratatouille *f* (guiso mal hecho) ‖ maïs concassé (maíz).

frangollón, ona *adj & s* bâcleur, euse.

franja *f* frange ‖ franja de cadeneta torsade (para un tapiz).

franjar; franjear *v tr* franger.

Frankfurt del Main; Francfort del Main; Francfort del Meno *n pr* GEOGR Francfort-sur-le-Main.

franqueable *adj* franchissable.

franqueado, da *adj* affranchi, e; una carta franqueada une lettre affranchie.

franqueadora *adj f* máquina franqueadora machine à affranchir.

franqueamiento *m* affranchissement (franqueo) ‖ franchissement (paso).

franquear *v tr* affranchir, exempter (eximir) ‖ accorder (conceder) ‖ dégager (desembarazar); franquear el paso dégager le passage ‖ ouvrir; franquearle la puerta a uno ouvrir la porte à quelqu'un ‖ franchir (salvar); franquear un obstáculo franchir un obstacle ‖ affranchir (una carta) ‖ affranchir (un esclavo) ‖ máquina de franquear machine à affranchir.

➤ **franquearse** *v pr* s'ouvrir, parler à cœur ouvert, parler franchement; franquearse con alguien s'ouvrir à quelqu'un, parler à cœur ouvert avec quelqu'un.

franqueo *m* affranchissement ‖ franqueo concertado dispensé du timbrage.

franqueza *f* [▷ SIN] franchise, sincérité; dispense mi franqueza pardonnez ma franchise ‖ franc-parler *m* (al hablar) ‖ con toda franqueza en toute franchise.

▌ SIN veracidad véracité; sinceridad sincérité; campechanía bonhomie.

franquía

➤ **en franquía** *loc adv* MAR en partance.

franquicia *f* franchise (exención); franquicia postal, aduanera franchise postale, douanière ‖ franquicia de derechos arancelarios exemption de droits de douane.

franquismo *m* franquisme.

▌ EL FRANQUISMO ──────
Régime politique dictatorial et corporatiste instauré en Espagne par le général Franco dès la fin de la guerre civile, en 1939, et qui se maintint jusqu'à sa mort, en 1975.

franquista *adj & s* franquiste.

FRAP (abrev de Frente Revolucionario Antifascista y Patriótico) *m* ancien groupe terroriste espagnol d'inspiration communiste.

fraque *m* frac.

frasca *f* (Amer) fête, noce, foire (jarana).

frasco *m* flacon (botellita); frasco de perfume flacon de parfum ‖ poire *f* à poudre (para la pólvora) ‖ FAM ¡toma del frasco! ça c'est envoyé!

Frasco; Frascuelo *n pr* François.

▌ OBSERV Ce prénom est un diminutif de Francisco.

frase *f* phrase ■ frase hecha o acuñada o estereotipada phrase o expression toute faite o consacrée ‖ frase lapidaria formule lapidaire ‖ frase musical phrase musicale ‖ frase proverbial locution proverbiale ‖ frase sacramental formule sacramentelle ■ FAM gastar frases faire des phrases.

frasear *v tr* phraser.

fraseología *f* phraséologie.

fraseológico, ca *adj* phraséologique.

frasquera *f* coffret *m* à flacons (para transportar frascos) ‖ cave à liqueurs (licorera).

Frasquita *n pr* Fanchon.

fratás *m* truelle *f* brettée (palustre).

fraterna *f* savon *m*, semonce, réprimande.

fraternal *adj* fraternel, elle.

fraternalmente *adv* fraternellement.

fraternidad *f* fraternité (hermandad).

fraternización *f* fraternisation.

fraternizar [13] *v intr* fraterniser.

fraterno, na *adj* fraternel, elle.

fratría *f* HIST phratrie.

fratricida *adj & s* fratricide (persona).

fratricidio *m* fratricide (acto).

fraude *m*; **fraudulencia** *f* fraude *f*; ha habido un fraude en los exámenes il y a eu fraude aux examens ‖ DR fraude fiscal fraude fiscale ■ en fraude de acreedores en fraude des créanciers ■ cometer fraude frauder, commettre des fraudes.

fraudulentamente *adv* frauduleusement, en fraude.

fraudulento, ta *adj* frauduleux, euse; quiebra fraudulenta faillite frauduleuse.

fraustina *f* marotte (cabeza de madera).

fraxinela *f* BOT fraxinelle (fresnillo).

fray *m* frère.

▌ OBSERV S'emploie seulement devant le nom des religieux: fray Luis frère Louis.

frazada *f* couverture de lit.

freático, ca *adj* phréatique; capa freática nappe phréatique.

frecuencia *f* fréquence; frecuencia de pulsación, transmisora fréquence du pouls, porteuse ■ alta, baja frecuencia haute, basse fréquence ‖ con frecuencia fréquemment ‖ RAD frecuencia modulada modulation de fréquence.

frecuencímetro ➤ frecuentímetro.

frecuentación *f* fréquentation.

frecuentado, da *adj* fréquenté, e.

frecuentar *v tr* fréquenter.

frecuentativo, va *adj* GRAM fréquentatif, ive.

frecuente *adj* fréquent, e.

frecuentemente *adv* fréquemment.

frecuentímetro; frecuencímetro *m* ELECTR fréquencemètre.

Fredegunda *n pr* Frédégonde.

freelance [frilens] *adj* free-lance.

fregadero *m* évier.

fregado *m* récurage (de las cacerolas) ‖ lavage (de los platos, del pavimento) ‖ plonge *f* (en un restaurante) ‖ FAM grabuge (pelea) ‖ FIG & FAM histoire *f*, affaire *f* embrouillée; meterse en un fregado se fourrer dans une histoire ‖ histoire *f* (lío); se ha armado un fregado ça a fait toute une histoire ‖ lo mismo sirve para un fregado que para un barrido il est bon à tout, on le met à toutes les sauces.

➡ **fregado, da** *adj* (*Amer*) obstiné, e; têtu, e (terco) | canaille, voyou (bellaco).

fregador *m* évier (fregadero) | lavette *f* (estropajo).

fregajo *m* MAR faubert (lampazo).

fregamiento *m* (*Amer*) frottement.

fregar [35] *v tr* frotter (frotar, restregar) | récurer, écurer (lavar las cacerolas) | laver (los platos) | (*Amer*) ennuyer, embêter (fastidiar) ■ agua de fregar eau de vaisselle | fregar la loza o los platos faire o laver la vaisselle (en casa), faire la plonge (en un restaurante).

fregona *f* laveuse de vaisselle | plongeuse (en un restaurante) | balai-serpillière *m* (utensilio) | FIG & FAM souillon.

fregotear *v tr* FAM frotter, laver, passer à l'eau vite et mal.

fregoteo *m* FAM lavage sommaire.

freidor, ra *m & f* personne qui fait des fritures.

➡ **freidora** *f* friteuse.

freidura *f*; **freimiento** *m* friture *f*.

freiduría *f* friterie.

freile *m* chevalier d'un ordre militaire.

freimiento ➡ **freidura**.

freír [28] *v tr* frire, faire frire; he frito patatas j'ai fait frire des pommes de terre ■ al freír será el reír rira bien qui rira le dernier | FAM freír a preguntas bombarder o accabler de questions | mandar a freír espárragos envoyer bouler o paître o planter ses choux.

   OBSERV 1. Le verbe espagnol freír a deux participes passés, l'un régulier, freído, l'autre irrégulier, d'un emploi plus courant, frito [➡ frito].
   2. [▷ OBSERV frire, parte francesa].

fréjol *m* haricot (judía).

frenado; frenaje *m* freinage.

frenar *v tr* freiner | FIG freiner.

frenazo *m* coup de frein.

frenesí *m* frénésie *f*.
   OBSERV pl frenesíes.

frenéticamente *adv* frénétiquement.

frenético, ca *adj* frénétique ■ FAM esta historia me pone frenético cette histoire m'exaspère | si le hablas de esto se pone frenética si tu lui en parles elle se met en boule o elle devient folle.

frenetismo *m* frénésie *f*.

frénico, ca *adj* ANAT phrénique.

frenillo *m* ANAT filet, frein | no tener frenillo en la lengua parler à tort et à travers.

freno *m* frein, mors (bocado) | MECÁN frein; freno de mano, de tambor, asistido, de disco, delantero, trasero frein à main, à tambour, assisté, à disque, avant, arrière | FIG frein; poner freno a sus ambiciones mettre un frein à ses ambitions; sin freno sans frein | (*Amer*) faim *f* (hambre) ■ potencia al freno puissance au frein | FAM tascar el freno ronger son frein.

➡ **frenos** *m pl* freinage *sing* (sistema de frenos).

frenogástrico, ca *adj* MED gastrophrénique.

frenógrafo *m* MED phrénographe.

frenología *f* phrénologie.

frenológico, ca *adj* phrénologique.

frenólogo *m* phrénologue.

frenópata *m* phrénopathe.

frenopatía *f* phrénopathie.

frente *f* front *m*; frente deprimida front fuyant | FIG front *m* (cabeza); alzar, bajar la frente relever, baisser le front ■ MIL front; frente de batalla front de bataille | face *f* (de un objeto) | front (agrupación política) ■ de frente de front, avec fougue (con entusiasmo), de plein fouet (en un choque); los coches chocaron de frente les voitures se sont heurtées de plein fouet | MIL ¡de frente!, ¡ar! en avant, marche! | de frente en columna de a tres en avant par trois | en frente en face, devant | frente a, frente de en face de (enfrente de), face à, par rapport à (con relación a) | frente a frente face à face, en tête à tête | frente de corte front de taille (minas) | frente frío front froid (meteorología) | frente por frente en face, juste en face ■ FIG arrugar uno la frente froncer les sourcils | estar al frente de être à la tête de | hacer frente tenir tête, faire face o front | mirar frente a frente regarder en face | FIG no tener dos dedos de frente ne pas avoir deux sous de jugeotte | poner frente a frente opposer (adversarios) | ponerse al frente de se mettre à la tête de.

   OBSERV Le mot frente désignant la partie supérieure du visage ou le visage lui même est au féminin. Dans les autres acceptions, il est au masculin.

Frente *m* Frente popular Front populaire.

EL FRENTE POPULAR

En février 1936, le front populaire, coalition de tous les partis de gauche, remporta les élections et forma un nouveau gouvernement dont le président fut le républicain Manuel Azaña. Il remplaçait ainsi le gouvernement de droite, présidé par Gil Robles. Le front populaire décréta l'amnistie de tous les prisonniers politiques et entreprit la répression de la « falange ». Mais en juillet de la même année, éclata la guerre civile, et bien qu'il restât en place avec la collaboration des anarchistes, le front populaire fut dissous après la défaite militaire de 1939.

frentero *m* bourrelet (chichonera).

freón *m* fréon.

fresa *f* fraisier *m* (planta) | fraise (fruto); fresa silvestre fraise des bois | TECN fraise (avellanador) | roulette, fraise (del dentista) | TECN berbiquí de fresa fraisoir.

fresado *m* TECN fraisage (avellanado).

fresador, ra *m & f* fraiseur, euse.
➡ **fresadora** *f* TECN fraiseuse (avellanador).

fresal *m* fraisière *f*.

fresar *v tr* TECN fraiser.

fresca *f* frais *m* (aire fresco) | fraîche; pasear con la fresca se promener à la fraîche | drôlesse, fille o femme légère (mujer liviana) | FAM impertinence; soltar frescas dire des impertinences | FIG contarle cuatro frescas a uno dire ses quatre vérités à quelqu'un.

frescachón, ona *adj* FAM frais, fraîche; vigoureux, euse (robusto) | culotté, e (descarado) | MAR viento frescachón grand frais.

frescal *adj* se dit du poisson conservé avec peu de sel.

frescales *m & f* FAM dévergondé, e (desvergonzado) | personne sans-gêne o qui a du toupet o qui a du culot (descarado).

frescamente *adv* fraîchement, récemment (recientemente) | FIG avec sans-gêne, avec impertinence (con frescura).

fresco, ca *adj* frais, fraîche; viento fresco vent frais; huevos frescos œufs frais | FIG frais, fraîche; reposé, e; tez fresca teint frais | frais, fraîche (reciente); noticias frescas nouvelles fraîches | potelé, e; rondelet, ette (rollizo) | FIG & FAM calme, impassible (sereno); se quedó tan fresco con la noticia il resta impassible en apprenant la nouvelle | FAM culotté, e; qui a du toupet, sans-gêne (persona descarada) | léger, ère (telas) ■ FIG & FAM ¡está fresco si cree que se lo voy a hacer! il se fait des illusions s'il croit que je vais le lui faire! | ¡estamos frescos! nous voilà frais!, nous voilà bien!, nous voilà dans de beaux draps! | estar o quedar fresco faire chou blanc (fracasar) | ponerse fresco s'habiller légèrement.

➡ **fresco** *m* frais; tomar el fresco prendre le frais | fraîcheur *f*; el fresco de la tarde la fraîcheur du soir | fresque *f*; pintura al fresco peinture à la fresque | FIG fresque *f*; un vasto fresco histórico une vaste fresque historique | (*Amer*) rafraîchissement (refresco) ■ al fresco au frais; poner las bebidas al fresco mettre les boissons au frais; à la belle étoile (al sereno) | FIG & FAM mandar a tomar el fresco envoyer paître o ballader o promener.

◇ *m & f* FIG & FAM dévergondé, e.
➡ **fresca** *f* garce (mujer ligera).
➡ **fresco** *adv* frais; hace fresco il fait frais.

frescor *m* fraîcheur *f*.

frescote, ta *adj* très frais, très fraîche | teint frais | FIG & FAM potelé, e; bien en chair, grassouillet, ette (gordito) | sans gêne, culotté, e (caradura).

frescura *f* fraîcheur; la frescura del agua la fraîcheur de l'eau; la frescura del rostro la fraîcheur du visage | FAM toupet *m*, sans-gêne *m*, culot *m* (descaro); con mucha frescura me pedía dinero il me réclamait de l'argent avec un sacré toupet; ¡vaya una frescura que tiene usted! vous avez un sacré culot! | impertinence, insolence (impertinencia) | laisser-aller *m*, négligence (descuido) | calme *m*, impassibilité (calma) ■ FAM tomar las cosas con frescura ne pas se faire de bile, prendre les choses comme elles viennent.

fresera *f* fraisier *m* (planta).

fresnal *adj* du frêne.

fresneda *f* frênaie (plantío de fresnos).

fresnillo *m* BOT fraxinelle *f* (díctamo blanco).

fresno *m* BOT frêne.

fresón *m* fraise *f*.

fresquera *f* garde-manger *m inv*.

fresquería *f* (*Amer*) débit *m* de boissons fraîches (botillería).

fresquero, ra *m & f* marchand, e de marée o de poisson frais.

fresquete; fresquito *adj* frisquet (viento).
◇ *m* vent frais, vent frisquet.

freudiano, na *adj* freudien, enne.

frez *f* fiente (excremento) | fumier *m*.

freza *f* fiente (excremento) ▌ fumier *m* (estiércol) ▌ frai *m* (huevos y cría de los peces) ▌ frai *m* (desove de los peces) ▌ frèze (del gusano de seda) ▌ boutis *m* (hozadero del jabalí).

frezada *f* couverture de lit (frazada).

frezar [13] *v intr* fienter (evacuar excrementos los animales) ▌ frayer (los peces) ▌ fouiller (hozar).

friabilidad *f* friabilité; la friabilidad de una roca la friabilité d'une roche.

frialdad *f* froideur (cualidad de lo frío) ▌ froidure (de la atmósfera) ▌ frigidité; la frialdad del mármol la frigidité du marbre ▌ MED frigidité ▌ FIG niaiserie (necedad) ▌ froideur, indifférence; el presidente fue acogido con frialdad le président fut accueilli avec froideur (indiferencia) ▌ froideur (del estilo) ▌ recibir a uno con frialdad recevoir quelqu'un froidement.

fríamente *adv* froidement, avec froideur; ser recibido fríamente être reçu froidement.

Friburgo *n pr* GEOGR Fribourg.

fricación *f* frottement *m*, friction ▌ GRAM spirantisation.

fricandó *m* CULIN fricandeau (carne mechada).
▌ OBSERV pl fricandós.

fricar [10] *v tr* frotter (estregar).

fricasé *m* CULIN fricassée *f* (carne salteada).

fricativo, va *adj & s f* GRAM fricatif, ive.

fricción *f* friction (friega) ▌ TECN friction (roce) ▌ FIG friction (pequeña disputa) ■ dar fricciones en la rodilla frictionner le genou ▌ dar una fricción faire une friction.

friccionar *v tr* frictionner, frotter.
▌ SIN dar masajes, amasar masser; fregar, frotar frotter FAM; ungir oindre.

friega *f* friction (de una parte del cuerpo) ▌ volée, fouettée, raclée (zurra) ▌ dar friegas frictionner.

friegaplatos *m inv* lave-vaisselle (lavaplatos).

frígano *m* ZOOL phrygane *f* (insecto).

Frigia *n pr f* HIST Phrygie.

frigidario *m* frigidarium (en la antigüedad romana).

frigidez *f* frigidité; la frigidez del mármol la frigidité du marbre ▌ MED frigidité (de la mujer).
▌ OBSERV pl frigideces.

frígido, da *adj* froid, e ▌ MED frigide (mujer).

frigio, gia *adj & s* phrygien, enne; gorro frigio bonnet phrygien.

frigoría *f* FÍS frigorie.

frigorífico, ca *adj & s m* frigorifique; vagón, depósito frigorífico wagon, entrepôt frigorifique ■ armario frigorífico réfrigérateur, frigo FAM ▌ cámara frigorífica chambre froide.

frigorista *adj & s m* frigoriste.

frigorizar [13] *v tr* frigorifier (congelar).

fríjol; frijol *m* haricot (fréjol).

frijolar *m* champ de haricots.

frijón *m* haricot.

frimario *m* frimaire (tercer mes del calendario republicano francés).

fringílago *m* ZOOL mésange *f* charbonnière.

fringílidos *m pl* ZOOL fringillidés.

frío, a *adj* [▷ SIN] froid, e; una comida fría un repas froid ▌ FIG froid, e ■ bala fría balle morte (tenis) ▌ FIG dejar frío ahurir (sorprender), ne faire ni froid ni chaud, ne faire aucune impression (dejar indiferente) ▌ echar un jarro de agua fría faire l'effet d'une douche froide (decepcionar) ▌ quedarse frío como el mármol rester de marbre.
◆ **frío** *m* froid; un frío de perros un froid de loup ▌ boisson *f* glacée (bebida) ■ en frío à froid; operar en frío opérer à froid ▌ coger frío prendre froid ▌ eso no le da frío ni calor cela ne lui fait ni chaud ni froid ▌ hace mucho frío il fait très froid ▌ hace un frío que pela il fait un froid de canard.
▌ SIN fresco frais; helado glacé; glacial glacial.

friolera *f* bagatelle (nadería) ▌ FIG bagatelle; tiene la friolera de diez millones de pesos il a la bagatelle de dix millions de pesos.

friolero, ra *adj & s* frileux, euse.

frisa *f* frise (tela) ▌ MAR frise ▌ MIL caballo de frisa cheval de frise.

frisado *m* ratinage (de las telas).

frisadora *f* friseuse, ratineuse (máquina).

frisar *v tr* friser, ratiner (los tejidos).
◇ *v intr* friser (acercarse); frisar en los cuarenta años friser la quarantaine.

Frisia *n pr f* GEOGR Frise.

frisio, sia *adj & s* frison, onne (de Frisia).

friso *m* ARQ frise *f*; friso de follajes frise de rinceaux.

frisol; frísol *m* haricot (judía).

frita *f* TECN fritte.

fritada; fritanga *f* friture.

fritaje *m* TECN frittage (sinterización).

fritanga ➥ **fritada**.

fritilaria *f* BOT fritillaire.

frito, ta *adj* frit, e ■ patatas fritas pommes de terre frites, frites ▌ un par de huevos fritos deux œufs frits ▌ FAM estar frito être grillé, être frit, être fichu (perdido), être endormi (estar dormido), en avoir assez (estar harto) ▌ estar frito de calor crever de chaleur ▌ estar frito por hacer algo brûler o mourir d'envie de faire quelque chose ▌ tener o traer frito enquiquiner, casser les pieds, ennuyer (fastidiar).
◆ **frito** *m* hacer un frito con ajos, cebollas, etc. faire revenir de l'ail, des oignons, etc.
▌ OBSERV [➥ **freír**].

fritura *f* friture ▌ RAD friture.

friturero, ra *m & f* friturier, ère.

frívolamente *adv* frivolement.

frivolidad *f* frivolité.

frívolo, la *adj* frivole.
▌ SIN fútil futile; pueril frivole; superficial superficiel; anodino anodin.

fronda *f* BOT fronde ▌ MED fronde.
◆ **frondas** *f pl* frondaison *sing*, feuillage *m sing* (espesura).

Fronda *n pr f* HIST la Fronda la Fronde.

fronde *m* BOT fronde *f*.

frondosidad *f* frondaison.

frondoso, sa *adj* touffu, e (un bosque), luxuriant, e (la vegetación), feuillu, e (un árbol).

frontal *adj* frontal, e; hueso frontal os frontal.
◇ *m* parement d'autel (del altar) ▌ fronteau (de las monjas) ▌ frontal (hueso) ▌ (*Amer*) frontail (frontalera).

frontalera *f* frontail *m*, frontal *m* (arreo del caballo).

frontalero, ra *adj* frontalier, ère (fronterizo).

frontera *f* [▷ SIN] frontière (de un Estado) ▌ (p us) façade (fachada) ▌ limite; esta acción está en la frontera de lo ridículo cette action est à la limite du ridicule.
▌ SIN límite, linde limite; confín confin; marca marche; raya ligne.

fronterizo, za *adj* frontalier, ère (que vive cerca de la frontera) ▌ en face (colocado enfrente); casa fronteriza de otra maison en face d'une autre ▌ frontière; país fronterizo pays frontière; ciudad fronteriza ville frontière.

frontero, ra *adj* placé en face, placé vis-à-vis; casa frontera a la mía maison placée vis-à-vis de la mienne.
◆ **frontero** *m* bourrelet d'enfants (frentero).
◆ **frontero** *adv* en face, vis-à-vis; frontero a la iglesia se levantaba un estrado en face de l'église se dressait une tribune.

frontil *m* frontail [coussinet que l'on place sous le joug des bœufs].

frontis *m inv* fronton (frontón) ▌ frontispice (fachada principal).

frontispicio *m* frontispice (de un libro) ▌ ARQ frontispice (fachada principal) ▌ fronton (frontón) ▌ (p us) figure *f*, portrait (rostro, cara).

frontón *m* ARQ fronton; frontón quebrado fronton brisé ▌ fronton (juego de pelota y sitio) ▌ MAR fronteau.

frotación *f*; **frotamiento** *m* frottement *m*.

frotar *v tr* frotter, frictionner ▌ frotter, craquer (una cerilla).
◆ **frotarse** *v pr* se frotter.

frote *m* frottement ▌ darse un frote se frictionner, se faire une friction; darse un frote con linimento se frictionner avec du liniment.

fructidor *m* fructidor (duodécimo mes del calendario republicano francés).

fructífero, ra *adj* fructifère (p us), fructueux, euse.

fructificación *f* fructification.

fructificar [10] *v intr* fructifier.

fructosa *f* QUÍM fructose (azúcar de fruta).

fructuoso, sa *adj* fructueux, euse.

frufrú *m* frou-frou, froufrou.

frugal *adj* frugal, e; comidas frugales repas frugaux.

frugalidad *f* frugalité.

frugalmente *adv* frugalement.

frugífero, ra *adj* POÉT frugifère (que lleva fruto).

frugívoro, ra *adj & s* frugivore; animales frugívoros animaux frugivores.

fruición *f* délectation, plaisir *m* intense ▌ hacer algo con fruición se délecter en faisant quelque chose.

frumentario, ria; frumenticio, cia *adj* frumentaire, fromental, e; frumentacé, e.

frunce *m* fronce *f* (pliegue en la tela).

fruncido, da *adj* froncé, e; una falda fruncida une jupe froncée.

◆ **fruncido** *m* fronce *f* (de una tela), froncement (de la frente).

fruncimiento *m* froncement.

fruncir [12] *v tr* froncer; fruncir una tela, el ceño o el entrecejo, las cejas froncer un tissu, les sourcils.

fruslería *f* bagatelle, vétille, futilité, brouille.

SIN baratija colifichet; brujería, chuchería babiole; dije, colgante breloque.

fruslero, ra *adj* futile, frivole.

◆ **fruslero** *m* rouleau à pâtisserie (de pastelería).

frustración *f* frustration.

frustrado, da *adj* frustré, e; frustradas sus esperanzas, frustrado en sus esperanzas frustré dans o de ses espérances ‖ manqué, e; una conspiración frustrada un complot manqué ‖ raté, e; escritor, actor frustrado écrivain, acteur raté.

frustrante *adj* frustrant, e.

frustrar *v tr* frustrer ‖ décevoir (defraudar); quedar frustrado être déçu ‖ manquer; atentado frustrado attentat manqué.

◆ **frustrarse** *v pr* échouer; su intento se ha frustrado sa tentative a échoué.

fruta *f* fruit *m*; la pera es una fruta agradable la poire est un fruit agréable ‖ FIG fruit *m* (producto o consecuencia) ‖ (*Amer*) abricot *m* (albaricoque) ■ fruta bomba papaye ‖ fruta de la pasión fruit de la passion ‖ fruta del tiempo fruits de saison ‖ fruta de sartén beignets [ou tout autre mets en pâte à frire] (buñuelos) ‖ fruta escarchada fruits confits ‖ fruta seca fruits secs ‖ fruta temprana primeurs.

OBSERV Le mot fruta désigne les fruits comestibles d'une saveur agréable tels que la poire, la cerise, la fraise, etc. Il peut être employé au singulier dans le sens général de fruits (au pluriel): a mí me gusta la fruta j'aime les fruits.

frutaje *m* ARTES nature *f* morte [représentant des fruits ou des fleurs].

frutal *adj* fruitier, ère; árboles frutales arbres fruitiers.

frutería *f* fruiterie.

frutero, ra *adj* fruitier, ère; industria frutera industrie fruitière ‖ plato frutero coupe à fruits.

◇ *m & f* fruitier, ère (vendedor de frutas).

◆ **frutero** *m* coupe *f* à fruits, compotier (vasija para colocar frutas en la mesa).

frutescente *adj* BOT frutescent, e.

fruticultura *f* culture d'arbres fruitiers.

frutilla *f* (*Amer*) fraise (fresa).

frutillar *m* (*Amer*) fraisière *f* (fresal).

fruto *m* fruit; frutos carnosos, secos, de hueso fruits charnus, secs, à noyau ‖ FIG fruit (producto); los frutos de la tierra, del trabajo, de una mala educación les fruits de la terre, du travail, d'une mauvaise éducation ‖ fruit (el hijo con relación a su madre); "el fruto de tu vientre" "le fruit de vos entrailles" ■ fruto prohibido fruit défendu ‖ FIG fruto seco fruit sec ■ dar fruto fructifier, donner des fruits ‖ por el fruto se conoce el árbol on connaît l'arbre à son fruit ‖ FIG sacar fruto tirer profit ‖ trabajar con fruto travailler avec fruit.

◆ **frutos** *m pl* DR fruits (ingresos); frutos civiles, industriales fruits civils, industriels.

OBSERV Fruto désigne tout produit du sol; fruta désigne les fruits comestibles d'une saveur agréable.

FSLN (abrev de Frente Sandinista de Liberación Nacional) *m* F.S.L.N., Front Sandiniste.

FSM (abrev de Federación Sindical Mundial) *f* FSM.

ftaleína *f* QUÍM phtaléine.

ftálico, ca *adj* QUÍM phtalique.

ftiriasis *f inv* MED phtiriasis, phtiriase.

FTP (abrev de File Transfer Protocol) *m* INFORM FTP [protocolo de transferencia de archivos, ficheros].

fu *m* grondement du chat en colère ■ ¡fu! pfut! [dédain, indifférence] ‖ ni fu ni fa couci-couça, comme ci comme ça.

fúcar *m* FIG richard, crésus (hombre rico).

¡fucha! *interj* pouah!

fucilar *v intr* POÉT brillar, fulgurer (fulgurar), scintiller (centellear).

fucilazo *m* fulguration *f* (relámpago sordo) ‖ éclair de chaleur (en verano).

fuco *m* BOT fucus.

fucsia *adj* fuchsia *inv*.
◇ *f* BOT fuchsia *m* (arbusto).

fucsina *f* QUÍM fuchsine.

fudre *m* foudre (cuba).

fuego *m* [▷ SIN] feu; fuego de campamento feu de camp ‖ feu (incendio); hay fuego en el pueblo il y a le feu au village ‖ feu, foyer (hogar); una aldea de diez fuegos un hameau de dix feux ‖ feu (lumbre); ¿tiene usted fuego? avez-vous du feu? ‖ FIG feu (ardor); en el fuego de la disputa dans le feu de la discussion ■ MIL fuego a discreción feu o tir à volonté ‖ fuego de San Telmo feu Saint-Elme ‖ fuego fatuo feu follet ‖ fuego griego feu grégois ‖ MIL fuego graneado feu roulant ‖ fuego lento o moderado feu doux ‖ MIL fuego por descarga feu de salve ‖ fuegos artificiales feu d'artifice; quemar una colección de fuegos artificiales tirer un feu d'artifice ■ a fuego lento à petit feu, à feu doux; cocer a fuego lento cuire à petit feu ‖ a fuego vivo a feu vif, à grand feu ‖ a fuego y a sangre à feu et à sang ‖ alto el fuego cessez-le-feu ‖ arma de fuego arme à feu ‖ atizar el fuego de la discordia allumer le brandon de la discorde ‖ echaba fuego por los ojos ses yeux lançaient des éclairs, il jetait feu et flammes ‖ echar leña al fuego jeter de l'huile sur le feu ‖ estar entre dos fuegos être (pris) entre deux feux ‖ hacer fuego faire feu ‖ jugar con fuego jouer avec le feu ‖ marcar a fuego marquer au fer rouge (reses) ‖ matar a fuego lento faire mourir à petit feu ‖ FIG meter fuego animer, stimuler ‖ pegar o meter fuego mettre le feu (incendiar) ‖ poner las manos en el fuego en mettre sa main au feu ‖ prender fuego allumer (incendiar) ‖ MIL romper el fuego ouvrir le feu ‖ si el fuego está cerca de la estopa, llega el diablo y sopla il ne faut pas tenter le diable ‖ tocar a fuego sonner le tocsin [pour un incendie].

◆ **¡fuego!** *interj* MIL feu! ‖ ¡fuego! au feu! (incendio).

SIN llama flamme; llamarada flambée; brasa braise; fogata feu.

fueguero *m* (*Amer*) artificier (de fuegos artificiales).

fueguino, na *adj & s* fuégien, enne (de la Tierra del Fuego).

fuel; fuel-oil *m* mazout, fuel-oil; calefacción por fuel-oil chauffage au mazout; caldera de fuel-oil chaudière à mazout ‖ fuel-oil, fuel (para motores).

OBSERV pl fuels; fuel-oils.

fuelle *m* soufflet (para soplar) ‖ pli (arruga en la ropa) ‖ soufflet (para ampliar un vestido) ‖ capote *f*, soufflet (de un coche) ‖ soufflet (de un acordeón) ‖ soufflet (de cartera, de máquina de retratar, de bolsillo, de tren) ‖ outre *f* (de la gaita) ‖ FIG & FAM cafard, mouchard ‖ FAM tener mucho fuelle avoir du coffre o du souffle.

fuel-oil ▬▶ fuel.

fuente *f* fontaine; una fuente monumental une fontaine monumentale ‖ source (manantial); una fuente cristalina une source cristalline ‖ plat *m* (plato grande y su contenido); una fuente de verduras un plat de légumes ‖ INFORM source ‖ FIG source; fuente de suministro, de infección source d'approvisionnement, d'infection; fuente de divisas source de devises ‖ origine ‖ MED fontaine (exutorio) ■ fuente bautismal fonts baptismaux ‖ fuente de horno plat allant au four ■ de fuentes fidedignas de sources dignes de foi ‖ en fuentes bien informadas dans les milieux bien informés, de bonne source ■ beber en buenas fuentes tenir ses renseignements de bonne source.

Fuenterrabía *n pr* GEOGR Fontarabie.

fuer abrev de fuero.

◆ **a fuer de** *loc adv* a fuer de en qualité de, à titre de ‖ a fuer de hombre honrado foi d'honnête homme.

fuera *adv* dehors; echar fuera a alguien mettre quelqu'un dehors ‖ au-dehors; la calma reina en el país, pero no fuera le calme règne dans le pays mais pas au-dehors ■ FAM fuera aparte à part; esto fuera aparte ça, c'est à part ‖ fuera de en dehors de, hors de; vivo fuera de la ciudad j'habite en dehors o hors de la ville; quedar fuera del asunto rester en dehors du sujet; hors de; ¡fuera de aquí! hors d'ici!; hors, hormis, à part (exceptuando); fuera de ti no conozco a nadie aquí à part toi je ne connais personne ici; en plus de, en dehors de (además de) ‖ fuera de alcance hors de portée ‖ fuera de casa absent; está fuera de casa desde hace un mes il est absent de chez lui depuis un mois ‖ DR fuera de causa hors de cause ‖ fuera de combate hors de combat ‖ fuera de concurso hors-concours ‖ fuera de duda hors de doute ‖ fuera de esto en dehors de cela, cela mis à part ‖ DEP fuera de juego hors-jeu ‖ fuera de lo normal pas courant ‖ fuera de lugar hors de propos, déplacé; su observación está fuera de lugar votre observation est hors de propos; déplacé; se encontraba fuera de lugar en la reunión elle se trouvait déplacée dans la réunion ‖ fuera de peligro hors de danger ‖ fuera de plazo hors délai ‖ fuera de propósito hors de propos ‖ fuera de que outre le fait que, en de-

hors du fait que **fuera de serie** hors série **fuera de texto** hors-texte ■ **de fuera de temporada** hors saison (precios, tarifas) **desde fuera** du dehors, de l'extérieur **hacia fuera** en dehors; **tener los pies hacia fuera** avoir les pieds en dehors **lámina fuera de texto** hors-texte **persona fuera de la ley** hors-la-loi **por fuera** du dehors, en apparence (en apariencia), à l'extérieur (exteriormente) ■ **cenar fuera** dîner en ville **estar fuera** être dehors o sorti (fuera de casa), ne pas être là, être en voyage (en otra ciudad) **estar fuera de sí** être hors de soi **esto es fuera de lo común** o **de lo corriente** ça sort de l'ordinaire **esto está fuera de la cuestión** là n'est pas la question **esto está fuera de su competencia** cela dépasse sa compétence **poner fuera de sí** mettre hors de soi (irritar), transporter; la música de Bach le ponía fuera de sí la musique de Bach le transportait.
➤ **¡fuera!** *interj* dehors!, hors d'ici!, ouste!

fuera borda *m* MAR hors-bord *inv*.

fuereño, ña *adj* (*Amer*) sot, sotte; nigaud, e (tonto) **étranger, ère (forastero)**.

fuero *m* coutume *f* [loi particulière à une province, à une ville] **DR** "fuero" (compilation de leyes) **privilège (privilegio)** juridiction *f*, for (p us) ■ **fuero eclesiástico** for ecclésiastique **fueros municipales** libertés municipales ■ **a fuero** selon la coutume **de fuero** de droit **en mi, tu, su fuero interno** o **interior** dans mon, ton, son for intérieur **no es tanto por el huevo como por el fuero** c'est une question de principe, c'est pour le principe.
➤ **fueros** *m pl* FAM arrogance *f sing* **no tenga usted tantos fueros** ne soyez donc pas si arrogant.

fuerte *adj* [▷ SIN] fort, e; **un hombre fuerte** un homme fort (robusto) **fort, e (olor, bebida)** solide, résistant, e; **una tela muy fuerte** un tissu très solide **dur, e (duro)** FIG fort, e; **una fuerte cantidad de dinero** une forte somme **fort, e (moneda)** fort, e; **estar fuerte en latín** être fort en latin **accidenté, e (terreno)** ■ **fuerte como un roble** o **como un toro** fort comme un chêne o comme un Turc o comme un bœuf (fuerte), solide comme un roc (resistente) **plato fuerte** plat o pièce de résistance **plaza fuerte** place forte **precio fuerte** prix fort.
◇ *m* fort; **proteger al débil contra el fuerte** protéger le faible contre le fort **MAR & MIL** fort **FIG** fort, partie *f*; **la música es su fuerte** la musique est son fort o sa partie.
◇ *adv* fort; **hablar, pegar fuerte** parler, taper fort; **apretar fuerte** serrer fort **beaucoup; comer fuerte** manger beaucoup ■ **jugar fuerte** jouer gros **trabajar fuerte** travailler ferme.

▌ **OBSERV** Le mot espagnol fuerte n'a pas le sens de gros, que le mot fort a parfois en français. Una mujer fuerte est une femme robuste, athlétique.
SIN poderoso, potente puissant; vigoroso vigoureux; viril viril; robusto robuste; sólido solide; resistente, recio résistant; FAM forzudo costaud.

fuertemente *adv* fortement, avec force o fort; **hablar fuertemente** parler fort.

fuerza *f* [▷ SIN] force; **la fuerza de un atleta** la force d'un athlète **FIG** force; **fuerza de ánimo** force de caractère **solidité (solidez)**

FÍS force; **fuerza centrífuga, centrípeta, de inercia** force centrifuge, centripète, d'inertie ■ **fuerza de disuasión** o **disuasoria** force de frappe **fuerza electromotriz (f.e.m.)** force électromotrice (f.é.m.) ■ **DR fuerza mayor** force majeure **fuerza pública** force publique **fuerzas vivas** forces vives **la fuerza de la edad** la force de l'âge **la fuerza de la sangre** la force du sang ■ **a fuerza de** à force de; **ha llegado a fuerza de trabajo** il est arrivé à force de travail; **a coups de; hace sus traducciones a fuerza de diccionarios** il fait ses traductions à coups de dictionnaire **a fuerza de manos** de haute lutte **FIG & FAM a fuerza de puño** à base d'huile de coude **a la fuerza de** force (por fuerza), forcément; **tiene que pasar por aquí a la fuerza** il doit forcément passer par ici **a viva fuerza de** vive force **con más fuerza** de plus belle (cada vez más) **con todas sus fuerzas** de toutes ses forces **de fuerza** par force **por fuerza** par force (forzosamente), de force; **por grado** o **por fuerza** de gré ou de force; à toute force (a todo trance) **FIG & FAM a éste se le va la fuerza por la boca** il est surtout fort en paroles **a la fuerza ahorcan** on ne fait pas toujours ce qu'on veut **cobrar fuerzas** se remettre, reprendre des forces **es fuerza confesarlo** il faut le reconnaître, il faut l'avouer **hacer fuerza** faire pression ■ **más vale maña que fuerza** plus fait douceur que violence **quitar las fuerzas** ôter toute force, couper bras et jambes **sacar fuerzas de flaqueza** prendre son courage à deux mains, faire un ultime effort **sacar fuerzas para** trouver le force de **ser fuerza** être néccesaire.
➤ **fuerzas** *f pl* MIL forces; **las fuerzas españolas** les forces espagnoles; **las fuerzas aéreas** les forces aériennes.

▌ **SIN** energía, fortaleza force; resistencia résistance; vigor vigueur; potencia, poderío puissance; potencial potentiel; firmeza, solidez solidité; robustez robustesse; aguante endurance.

fuete *m* (*Amer*) fouet (látigo).

fufú *m* (*Amer*) purée *f* de bananes cuites.

fuga *f* fuite; **poner en fuga** mettre en fuite; **delito de fuga** délit de fuite (escapatoria) **fuite (de gas, etc.)** **MÚS** fugue **FIG** évasion; **fuga de capitales** évasion de capitaux **fougue (ardor); la fuga de la juventud** la fougue de la jeunesse.

fugacidad *f* fugacité.

fugada *f* rafale (ráfaga).

fugarse [16] *v pr* s'enfuir; **fugarse de la cárcel** s'enfuir de prison.

fugaz *adj* fugace **estrella fugaz** étoile filante.

▌ **OBSERV** pl fugaces.

fugitivo, va *adj & s* fugitif, ive.

fuguillas *m & f inv* FAM personne qui ne tient pas en place o qui a la bougeotte.

fuina *f* ZOOL fouine (garduña).

ful *adj* FAM faux, fausse; en toc (falso) **raté, e (fallido)** mauvais, e (malo).

fulano, na *m & f* Untel, Unetelle; **vinieron Fulano, Mengano y Zutano** Untel, Untel et Untel sont venus **Untel, Unetelle; Machin, Machine; he visto a Fulano** j'ai vu Machin ■ **don Fulano de Tal** monsieur Untel **ese**

fulano ce type-là **una fulana** une grue (prostituta) **un fulano** un individu.

fular; foulard *m* foulard (tela y pañuelo para la cabeza).

▐ **OBSERV** le pluriel de foulard est foulards.

fulastre; fulastrón, ona *adj* FAM pourrie, e (malo) bâclé, e (mal hecho) à la gomme (de poco valor).
◇ *m & f* fumiste.

Fulberto *n pr* Fulbert.

fulcro *m* TECN point d'appui (de la palanca).

fuldense *m & f* feuillant, feuillantine (monje).

fulero, ra *adj & s* fumiste (farsante).
◇ *adj* FAM dégueulasse, dégueu (feo, malo).

Fulgencio *n pr* Fulgence.

fulgente; fúlgido, da *adj* brillant, e.

fulgir [15] *v intr* briller, étinceler.

fulgor *m* éclat, lueur *f*, fulguration *f* (luz viva).

fulguración *f* fulguration.

fulgural *adj* fulgural, e.

fulgurante *adj* fulgurant, e.

fulgurar *v intr* fulgurer (brillar).

fúlica *f* foulque (ave).

full *m* full (en el póker).

fullear *v intr* tricher.

fullerear *v intr* (*Amer*) bafouiller (farfullar).

fullería *f* tricherie (trampa) **astuce (maña)** **hacer fullerías** tricher.

fullero, ra *adj & s* tricheur, euse.

full-time *adj inv* à temps plein.

fulmicotón *m* fulmicoton (algodón pólvora).

fulminación *f* fulmination **foudroiement** *m* (por el rayo).

fulminante *adj* foudroyant, e; **apoplejía fulminante** apoplexie foudroyante; **un disparo fulminante** un tir foudroyant **FIG** fulminant, e; **mirada fulminante** regard fulminant.
◇ *m* amorce *f* (de la bala) **détonateur** (detonador).

fulminar *v tr* foudroyer (matar con el rayo) **FIG** foudroyer, fusiller; **fulminar con la mirada** foudroyer du regard **lancer (bombas)** fulminer, lancer (excomuniones, amenazas) **terrasser, foudroyer; fulminado por la enfermedad** terrassé par la maladie.
◇ *v intr* fulminer.

fulminato *m* QUÍM fulminate.

fulmínico, ca *adj* QUÍM fulminique.

fulo, la *adj* (*Amer*) fou, folle [de colère].

fumable *adj* fumable **FIG** potable (aceptable).

fumada *f* bouffée (de humo).

fumadero *m* fumoir **fumerie** *f* (de opio, etc.).

fumador, ra *adj & s* fumeur, euse.

fumagina *f* fumagine.

fumante *adj* QUÍM fumant, e (ácido).

fumar *v tr & intr* fumer; **fumar en pipa** fumer la pipe ■ **fumar como una chimenea** fumer comme un sapeur o comme une cheminée o comme un pompier **papel de fumar** papier à cigarettes.

◇ *v tr* fumer; **fumar tabaco rubio** fumer du tabac blond.

➥ **fumarse** *v pr* fumer; **fumarse un pitillo** fumer une cigarette ‖ FAM manger, griller (gastar); **fumarse la paga del mes** manger le salaire du mois ‖ sécher; **fumarse la clase** sécher le cours.

fumarada *f* bouffée de fumée ‖ charge d'une pipe (de tabaco).

fumaria *f* BOT fumeterre (planta).

fumariáceas *f pl* BOT fumariacées.

fumarola *f* fumerolle (de volcán).

fumata *f* RELIG **la fumata blanca** la fumée blanche.

fumeta *m & f* FAM fumeur, euse de hasch.

fumífero, ra *adj* POÉT fumigène.

fumigación *f* fumigation.

fumigador *m* fumigateur.

fumigar [16] *v tr* désinfecter [par fumigation].

fumigatorio, ria *adj* fumigatoire.

➥ **fumigatorio** *m* brûle-parfum *m inv*.

fumígeno, na *adj* fumigène.

fumista *m* fumiste (reparador de chimeneas y estufas).

⎸ OBSERV Fumista n'a pas le sens familier du mot français fumiste camelista [mystificateur].

fumistería *f* fumisterie [métier du fumiste].

fumívoro, ra *adj & s m* fumivore.

FUN (abrev de Frente de Unidad Nacional) *m* front d'unité nationale guatémaltèque.

funambulesco, ca *adj* funambulesque.

funámbulo, la *m & f* funambule, danseur, danseuse de corde (volatinero).

Funchal *n pr* GEOGR Funchal.

funche *m* (Amer) maïs moulu et préparé avec du beurre et du sel.

función *f* fonction; **entrar en funciones** entrer en fonctions; **desempeñar las funciones de secretario** remplir les fonctions de secrétaire ‖ ANAT fonction; **funciones de nutrición** fonctions de nutrition ‖ TEATR représentation (espectáculo) ‖ fête, solennité religieuse ‖ réunion (fiesta privada) ‖ MAT & QUÍM fonction; **ser función de** être fonction de ‖ FAM scène; **armar una función** faire une scène ■ **función benéfica** gala de bienfaisance, spectacle au profit d'une œuvre humanitaire ‖ **función de gala** o **de etiqueta** soirée de gala ‖ **función de tarde** matinée ‖ **función de noche** soirée ■ **en función de** en fonction de ‖ **en funciones** en fonction ■ TEATR **no hay función** relâche; **en este teatro no hay función hoy** ce théâtre fait relâche aujourd'hui.

funcional *adj* fonctionnel, elle; **arquitectura funcional** architecture fonctionnelle.

funcionalidad *f* INFORM funcionalidad, funcionalidades fonctionnalités *pl*.

funcionalista *adj & s* fonctionnaliste.

funcionamiento *m* fonctionnement; **mal funcionamiento** mauvais fonctionnement ‖ marche *f* (de un motor); **poner en funcionamiento** mettre en marche.

funcionar *v intr* fonctionner, marcher; **esta máquina funciona bien** cette machine fonctionne bien ‖ **no funciona** en dérangement (teléfono, ascensor).

funcionariado *m* el funcionariado les fonctionnaires.

funcionario, ria *m & f* fonctionnaire.

funcionarismo *m* fonctionnarisme.

funda *f* housse (de tela, de plástico) ‖ taie (de almohada) ‖ étui *m* (de violín, gafas, fusil) ‖ gaine (vaina de puñal, de pistola) ‖ fourreau *m* (de espada, de un paraguas) ‖ pochette (de disco) ■ **funda de arzón** fonte (pistolera) ‖ **poner una funda** fourrer, gainer (un cable).

fundación *f* fondation.

fundacional *adj* constitutif, ive; **acta fundacional** acte constitutif (de una organización).

fundadamente *adv* avec fondement.

fundador, ra *adj & s* fondateur, trice.

fundamentación *f* fondements *m pl*.

fundamental *adj* fondamental, e; **problemas fundamentales** problèmes fondamentaux.

fundamentalismo *m* fondamentalisme.

fundamentalista *adj & s* fondamentaliste.

fundamentalmente *adv* fondamentalement ‖ foncièrement; **es fundamentalmente bueno** il est foncièrement bon.

fundamentar *v tr* jeter les fondements o les fondations de (cimientos) ‖ FIG fonder (tomar como base) ‖ jeter les fondements de (sentar las bases).

➥ **fundamentarse** *v pr* reposer; **esto se fundamenta en principios sólidos** cela repose sur des principes solides.

fundamento *m* fondement, fondation *f* (de un edificio) ‖ FIG fondement; **sin fundamento** sans fondement ■ **no tener fundamento** ne pas tenir debout ‖ **tener fundamentos para** avoir de bonnes raisons pour o de.

fundar *v tr* fonder (edificar o crear) ‖ FIG fonder; **fundar sus sospechas en** fonder ses soupçons sur ‖ **lo bien fundado** le bien-fondé; **lo bien fundado de una reclamación** le bienfondé d'une réclamation.

➥ **fundarse** *v pr* s'appuyer, reposer (estribar); **el arco se funda en el pilar** l'arc repose sur le pilier ‖ FIG s'appuyer; **¿en qué te fundas para decir esto?** sur quoi t'appuies-tu pour dire cela? ‖ se fonder; **fundarse en una opinión** se fonder sur une opinion.

fundición *f* fonte (acción de fundir) ‖ fonte (hierro colado); **fundición refinada** fonte d'affinage ‖ fonderie (lugar donde se funde) ‖ IMPR fonte (de letras) ■ TECN **fundición de acero** aciérie ‖ **fundición de sebo** fondoir (grasería).

fundido *m* CINEM fondu; **fundido encadenado** fondu enchaîné.

fundidor *m* fondeur (obrero).

fundidora *f* fondeuse (máquina).

fundillo *m* (Amer) fond de culotte (fondillos) ‖ derrière (trasero).

fundir *v tr* [▷ SIN] fondre; **fundir el hierro** fondre le fer ‖ couler (vaciar una estatua).

➥ **fundirse** *v pr* fondre (volverse líquido) ‖ FIG se fondre (unirse) ‖ couler (una biela) ‖ griller (una bombilla) ‖ FAM (Amer) faire la culbute, faire faillite (arruinarse).

⎸ SIN derretir fondre; licuar, liquidar liquéfier.

fundo *m* DR fonds, propriété *f* foncière (finca rústica).

fúnebre *adj* funèbre; **canto fúnebre** chant funèbre ■ **coche fúnebre** corbillard ‖ **pompas fúnebres** pompes funèbres (funeraria).

⎸ SIN funerario funéraire; mortuorio mortuaire; necrológico nécrologique.

funeral *adj* funéraire.

◇ *m* obsèques *f pl* (después de muerto), messe *f* d'anniversaire (en el aniversario) ‖ funérailles *f pl*, enterrement (entierro).

➥ **funerales** *m pl* funérailles *f*, obsèques *f* (exequias a un personaje).

funerala

➥ **a la funerala** *loc adv* renversés (fusiles), traînantes (picas) [en signe de deuil] ‖ FAM **ojo a la funerala** œil au beurre noir.

funerario, ria *adj* funéraire.

➥ **funeraria** *f* entreprise de pompes funèbres (empresa), pompes *pl* funèbres (tienda).

➥ **funerario** *m* employé des pompes funèbres.

funesto, ta *adj* funeste.

fungible *adj* DR fongible.

fungicida *adj & s m* fongicide.

fungiforme *adj* fongiforme (en forma de hongo).

fungir [15] *v intr* (Amer) avoir une charge de.

fungo *m* MED fongus (tumor).

fungosidad *f* fongosité.

fungoso, sa *adj* fongueux, euse (esponjoso).

funicular *adj & s m* funiculaire.

funículo *m* BOT funicule.

furcia *f* FAM grue, garce (ramera).

furfuráceo, a *adj* furfuracé, e.

furgón *m* fourgon.

furgoneta *f* fourgonnette commerciale ‖ **furgoneta familiar** familiale.

furia *f* furie; **hablar con furia** parler avec furie ‖ hâte, impétuosité, fougue (velocidad) ‖ FIG furie (persona mala) ■ (Amer) **a toda furia** en toute hâte, impétueusement ■ **estar hecho una furia** être furieux, être hors de soi, être fou de colère ‖ **poner hecho una furia** mettre en rage ‖ **ponerse hecho una furia** entrer dans une colère noire, se mettre dans tous ses états, entrer en furie.

Furias *n pr f pl* MITOL Furies.

furibundo, da *adj* furibond, e; furibard, e FAM; **miradas furibundas** regards furibonds ‖ **batalla furibunda** bataille furieuse.

⎸ SIN furioso furieux; colérico coléreux; poseso possédé; rabioso enragé.

furierismo *m* fouriérisme (sistema de Fourier).

furiosamente *adv* furieusement.

furioso *adv* MÚS furioso.

furioso, sa *adj* furieux, euse ‖ FIG très grand, e; énorme, furieux, euse (p us); **un gasto furioso** une dépense énorme ‖ furieux, euse; **viento furioso** vent furieux ■ **estaba furioso con** o **por esta noticia** il était furieux d'apprendre cette nouvelle, cette nouvelle l'avait rendu furieux ‖ **ponerse furioso** se fâcher tout rouge, se mettre en colère, entrer en fureur.

furor *m* [▷ SIN] fureur *f*; gritar con furor crier avec fureur ‖ FIG fougue *f*; el furor de la juventud la fougue de la jeunesse ‖ fureur *f*; el furor del juego la fureur du jeu; el furor de los elementos la fureur des éléments ■ con furor à la folie ‖ hacer furor faire fureur o rage.

> SIN furia furie; arrebato emportement; ira ire; cólera colère; rabia rage; pasión passion; frenesí frénésie.

furriel *m* fourrier.

furtivamente *adv* furtivement.

furtivo, va *adj* furtif, ive ■ caza o pesca furtiva braconnage ‖ cazador o pescador furtivo braconnier.

furúnculo *m* MED furoncle.

> SIN divieso, grano clou FAM; ántrax anthrax.

furunculosis *f inv* MED furonculose.

fusa *f* MÚS triple croche.

fuseaux *m inv* fuseau *m*, pantalon *m* fuseau.

fuselado, da *adj* BLAS fuselé, e.

fuselaje *m* AVIAC fuselage.

fusente *adj f* descendante (marea).

fusibilidad *f* fusibilité.

fusible *adj & s m* fusible.

fusiforme *adj* fusiforme.

fusil *m* fusil (arma) ■ fusil ametrallador fusil mitrailleur ‖ fusil con alza automática fusil à lunette ‖ fusil de aguja, de chispa fusil à aiguille, à pierre ‖ fusil de repetición, semiautomático fusil à répétition, semi-automatique ■ echarse el fusil a la cara, encararse el fusil épauler son fusil.

> OBSERV Le mot espagnol fusil désigne essentiellement le fusil de guerre. Le fusil de chasse se dit escopeta.

> SIN carabina carabine; mosquetón mousque-

ton; rifle rifle; metralleta mitraillette; arcabuz arquebuse; mosquete mousquet; FAM chopo flingot, flingue.

fusilamiento *m* exécution *f*; fusilamientos en masa exécutions en masse ‖ FIG plagiat (plagio).

fusilar *v tr* fusiller ‖ FAM plagier, piller (plagiar).

fusilazo *m* coup de fusil.

fusilería *f* ensemble *m* de fusils ‖ troupe armée de fusils ‖ descarga o fuego de fusilería fusillade.

fusilero *m* fusilier (soldado).

fusión *f* [▷ SIN] fusion (de los metales) ‖ fonte (de la nieve) ‖ fusion, fusionnement *m* (de sociedades) ■ fusión nuclear fusion nucléaire ‖ ECON fusión por absorción fusion par absorption.

> SIN fundición fonte; licuefacción, licuación liquéfaction; mezcla mélange.

fusionar *v tr* fusionner.

↝ **fusionarse** *v pr* fusionner; los dos bancos se han fusionado les deux banques ont fusionné.

fusta *f* tige, rameau *m* (vara) ‖ cravache (látigo) ‖ MAR fuste (embarcación).

fustán *m* futaine *f* (tela) ‖ (*Amer*) jupon (enaguas blancas).

fuste *m* fût, hampe *f* (de lanza) ‖ arçon (de la silla de montar) ‖ POÉT selle *f* (silla de montar) ‖ ARQ fût (caña de columna) ‖ (p us) bois (madera) ‖ bâton (vara) ‖ FIG poids, importance *f*, envergure *f*; negocio de poco fuste affaire de peu d'importance ‖ fond (fundamento) ■ gente de fuste gens bien ‖ hombre de fuste homme de poids ‖ hombre de poco fuste homme sans envergure ‖ ARQ único de fuste, de fuste único monostyle.

fustete *m* BOT fustet.

fustigación *f* fustigation.

fustigador, ra *adj* critique [négatif].
<> *m & f* détracteur, trice.

fustigar [16] *v tr* fustiger.

fútbol; football *m* football ‖ fútbol americano football américain.

futbolero, ra *adj & s* amateur, trice de football.

futbolín *m* baby-foot, football de table.

futbolista *m* footballeur, joueur de football.

futbolístico, ca *adj* de football; un torneo futbolístico un tournoi de football.

futesa *f* bagatelle, foutaise.

fútil *adj* futile.

futileza; futilidad *f* futilité.

fúting; footing *m* footing.

> OBSERV L'anglicisme hacer fúting peut être remplacé en espagnol par correr ou hacer ejercicio.

futón *m* futon.

futraque *m* FAM frac, queue-de-pie *f* (frac) ‖ (*Amer*) gommeux (lechuguino).

futre *m* (*Amer*) gommeux, élégant.

futura *f* survivance (derecho a la sucesión de un cargo) ‖ FAM future (novia).

futurible *adj* potentiel, elle; jouable ‖ présidentiable, ministrable (política).
<> *adj & s m* futurible (p us).

futurismo *m* futurisme.

futurista *adj & s* futuriste.

futuro, ra *adj & s m* futur ■ GRAM futuro imperfecto futur simple ‖ futuro perfecto o anterior futur antérieur.

↝ **futuro** *m* lo futuro l'avenir ‖ ECON futuros opérations à terme.

futurología *f* futurologie.

futurólogo, ga *m & f* futurologue.

g; G *f g m*; una "g" minúscula un "g" minuscule.

┃ OBSERV Suivi des lettres e ou i, le g a le son du j espagnol. Suivi des lettres a, o, u, il a le même son qu'en français.

gabacho, cha *adj & s* gavache (montañés de los Pirineos franceses) ┃ FAM français, e.
◇ *adj* pattu, e (paloma).
➤ **gabacho** *m* LING & FAM espagnol francisé.

gabán *m* pardessus (abrigo).

gabardina *f* gabardine (impermeable).

gabarra *f* gabare (p us), péniche (embarcación).

gabarrero *m* gabarier.

gabarro *m* pépie *f* (pepita de las gallinas) ┃ forlançure *f* (defecto en un tejido) ┃ rognon (nódulo) ┃ sorte de mortier, coulis (albañilería) ┃ VETER javart (tumor).

gabazo *m* bagasse *f*.

gabela *f* gabelle (tributo) ┃ FIG charge, obligation ┃ (*Amer*) avantage *m*.

gabinete *m* cabinet (de ministros, de física, de lectura) ┃ boudoir (de una señora) ■ gabinete de consulta cabinet de consultation ┃ estrategias de gabinete stratèges en chambre.

gablete *m* ARQ gable, gâble.

Gabón *n pr m* GEOGR Gabon.

Gaborone *n pr* GEOGR Gaborone.

Gabriel *n pr* Gabriel.

Gabriela *n pr* Gabrielle.

gabrieles *m pl* FAM pois chiches (garbanzos).

gacela *f* ZOOL gazelle.

gaceta *f* gazette (periódico) ┃ (ant) journal *m* officiel [en Espagne] ┃ FIG gazette (correveidile) ┃ TECN casette ┃ mentir más que la gaceta mentir comme un arracheur de dents.

gacetero *m* journaliste, échotier, gazetier (periodista).

gacetilla *f* nouvelles *pl* brèves, échos *m pl* (de un periódico) ┃ FIG gazette (correveidile).

gacetillero *m* journaliste (periodista) ┃ échotier.

gacetista *m* FAM lecteur assidu de journaux.

gacha *f* bouillie ┃ (*Amer*) écuelle.
➤ **gachas** *f pl* bouillie *sing* (alimento) ┃ FAM cajoleries ┃ FIG & FAM hacerse unas gachas se faire tout miel.

gaché; gachó *m* nom que les Gitans donnent aux Andalous ┃ FAM type; un gachó poco recomendable un type peu recommandable.

gacheta *f* bouillie (gachas) ┃ empois *m*, colle de pâte (engrudo) ┃ TECN gâchette (de cerradura).

gachí *f* FAM gonzesse, fille.
┃ OBSERV pl gachís.

gacho, cha *adj* courbé, e (doblado) ┃ penché, e (inclinado) ┃ bas, basse (orejas) ┃ tombant, e (orejas de un animal); el cócker tiene las orejas gachas le cocker a les oreilles tombantes ┃ bas encorné, e (buey o vaca) ┃ qui s'enterre (caballo) ■ a gachas à quatre pattes ┃ FIG & FAM volver con las orejas gachas revenir l'oreille basse o bredouille.

gachó ➤ **gaché**.
┃ OBSERV pl gachós.

gachón, ona *adj* FAM charmant, e (atractivo) ┃ gâté, e (mimado, consentido).
➤ **gachona** *f* FAM gonzesse.
➤ **gachones** *m pl* FAM types (gachós).

gachonada; gachonería *f* FAM grâce, charme *m* (atractivo).

gachuela *f* bouillie (gacheta).

gachumbo *m* (*Amer*) coir (cáscara del coco).

gachupín *m* (*Amer*) émigré espagnol ayant fait fortune en Amérique ┃ espagnol.

gádidos *m pl* gadidés (peces).

gaditano, na *adj & s* gaditain, e (de Cádiz).

gado *m* gade (pez).

gadolinio *m* gadolinium (metal).

gaélico, ca *adj & s* gaélique (céltico).

Gaeta *n pr* GEOGR Gaète.

gafa *f* pied-de-biche (de ballesta) ┃ MAR gaffe (garfio).
➤ **gafas** *f pl* lunettes (anteojos) ■ gafas bifocales lunettes à double foyer ┃ gafas submarinas masque de plongée ┃ gafas de sol lunettes de soleil ┃ calarse las gafas mettre ses lunettes ■ llevar gafas de oro porter des lunettes en or.

gafar *v tr* accrocher (con un gancho), agripper (con las uñas) ┃ MAR gaffer ┃ FAM porter la poisse à (traer mala suerte).
➤ **gafarse** *v pr* FIG tomber à l'eau.

gafe *m* oiseau de malheur ┃ ser gafe avoir le mauvais œil, porter malheur o la guigne o la poisse.

gafedad *f* contraction des doigts ┃ lèpre (lepra).

gafete *m* crochet.

gafo, fa *adj* qui a les doigts recroquevillés ┃ lépreux, euse (leproso) ┃ (*Amer*) fourbu, e (caballerías).

gag *m* gag (episodio cómico).

gaguear *v intr* (*Amer*) bégayer (tartamudear).

gaita *f* MÚS cornemuse (gallega), musette (con fuelle), biniou *m* (en Bretaña) ┃ vielle (zanfonía); gaita zamorana vielle à roue, chifonie ┃ FIG & FAM cou *m* (pescuezo); estirar la gaita allonger le cou ┃ corvée; es una gaita escribir la carta esa quelle corvée d'écrire cette lettre ┃ comédie, histoire, travail *m*; aparcar allí es una gaita c'est toute une histoire de se garer à cet endroit-là ┃ (*Amer*) FAM espagnol, e ■ alegre como una gaita gai comme un pinson ┃ FAM no me vengas con gaitas ne m'ennuie pas ┃ templar gaitas arrondir les angles.

gaitero, ra *adj & s* FAM extravagant, e; excentrique (vestido) ┃ guilleret, ette; fringant, e (alegre).
➤ **gaitero** *m* joueur de cornemuse, cornemuseur.

gaje *m* (ant) gage (cosa entregada en prenda).
➤ **gajes** *m pl* gages (salario) ┃ FAM los gajes del oficio les inconvénients o les aléas du métier.

gajo *m* branche *f* d'arbre (rama) ┃ grappillon (de uvas) ┃ bouquet (de cerezas, etc.) ┃ quartier (de naranja, limón) ┃ dent *f* (de horca) ┃ chaînon (de montañas) ┃ BOT lobule (lóbulo) ┃ (*Amer*) bouture *f* (esqueje).

gal *m* FÍS gal (unidad de aceleración).

GAL (abrev de **Grupos Antiterroristas de Liberación**) *m pl* anciens groupes terroristes espagnols d'extrême droite dirigés contre l'ETA.

> **LA TRAMA DE LOS GAL**
> Au milieu des années 90, le bruit a couru que les « GAL », forces paramilitaires ayant pour cible le groupe terroriste ETA, avaient été créés par le gouvernement lui-même. Il s'ensuivit un certain nombre d'arrestations et de jugements de personnes présumées responsables, accompagné de déclarations toutes plus contradictoires les unes que les autres. Bien que les GAL n'existent plus, leur origine n'a jamais été clairement élucidée. On peut considérer que tous les événements qui ont entouré ce scandale de « la trama de los GAL » ont été à l'origine de la chute des socialistes qui gouvernaient depuis 1982, et une des raisons pour lesquelles ceux-ci ont perdu les élections de 1996.

gala *f* habit *m* de fête (vestido) ┃ grâce, élégance; hablar con gala parler avec grâce

fine fleur, le plus beau fleuron (lo más selecto) ‖ **gala** *m* (espectáculo) ■ MIL con traje o uniforme de gala en grande tenue, en grand uniforme, en costume de cérémonie, en tenue de parade ‖ de gala de gala ‖ de media gala de petit gala (uniforme) ‖ función o baile de gala gala, soirée de gala ‖ estar en traje de gala être en tenue de gala o en tenue de soirée ‖ hacer gala de se vanter de, être fier de (presumir), faire montre de (demostrar) ‖ hacer gala de sus riquezas faire étalage de ses richesses, étaler o afficher ses richesses ‖ tener a gala mettre un point d'honneur à; tiene a gala hacerlo todo por sí mismo il met un point d'honneur à faire tout lui-même.
➡ **galas** *f pl* atours *m* (vestido), bijoux *m* (joyas).

galabardera *f* églantier *m* (escaramujo).

Galacia *n pr f* HIST Galatie.

galáctico, ca *adj* ASTRON galactique.

galactógeno, na *adj & s* galactogène, galactagogue.

galactómetro *m* galactomètre.

galactosa *f* galactose.

galaico, ca *adj* galicien, enne; de Galice (gallego).

galaicoportugués, esa ➡ **gallegoportugués**.

galalita *f* galalithe.

galán *m* galant (ant), chevalier servant (galante, enamorado) ‖ bel homme, beau garçon (apuesto, bien parecido) ■ BOT galán de día, de noche arbustes tropicaux ‖ galán de noche valet de nuit (mueble) ‖ TEATR galán joven jeune premier ‖ segundo galán second rôle.

galanamente *adv* élégamment, galamment.

galancete *m* jeune homme élégant ‖ TEATR jeune premier.

galanía *f* élégance (galanura).

galano, na *adj* élégant, e (bien vestido) ‖ FIG élégant, e; brillant, e (estilo, frase) ‖ (*Amer*) tacheté, e (res) ■ FIG cuentas galanas châteaux en Espagne (ilusiones), comptes d'apothicaire (cuentas del Gran Capitán) ‖ FIG guerra galana guerre en dentelles.
│ OBSERV 1. Les mots galán, galano, galante ont des sens quelque peu différents de ceux du français galant. Galán indique surtout une beauté physique, galano suggère l'idée d'élégance, galante s'applique surtout aux rapports de courtoisie avec les dames.
│ 2. En francés galant evoca sobre todo la cortesía, la caballerosidad. Un galant homme es un caballero.

galante *adj* galant, e [qui aime à courtiser les dames] ‖ mujer galante femme galante.

galanteador *adj & s m* galant.

galantear *v tr* courtiser, faire sa cour à (requebrar), conter fleurette à ‖ faire le joli cœur.

galantemente *adv* galamment.

galanteo *m* cour *f* (requiebro) ‖ es demasiado viejo para galanteos il est trop vieux pour faire le joli cœur.

galantería *f* galanterie (caballerosidad).
■ OBSERV [➡ **galano**].

galantina *f* galantine.

galanura *f* élégance; vestir con galanura s'habiller avec élégance ‖ grâce; andar con galanura marcher avec grâce.

galapagar *m* lieu où les tortues abondent.

galápago *m* tortue *f* (tortuga) ‖ sep (del arado) ‖ TECN saumon (lingote) ‖ moule à briques (para ladrillos) ‖ ARQ cintre ■ MED fronde *f* (vendaje) ‖ EQUIT selle *f* anglaise ■ MIL tortue *f* (testudo) ‖ VETER crapaud (úlcera del caballo) ‖ MAR taquet.

galapo *m* toupin (de cordelero).

galardón *m* récompense *f*, prix.

galardonado, da *adj & s* lauréat, e.

galardonar *v tr* récompenser (recompensar) ‖ couronner; los propios académicos han galardonado su obra les académiciens eux-mêmes ont couronné son œuvre ‖ galardonar con una medalla donner une médaille à, médailler.

gálata *adj & s* galate (de Galacia).

Galatea *n pr* MITOL Galatée.

galaxia *f* ASTRON galaxie.

galbana *f* FAM flemme, paresse.

gálbano *m* galbanum (resina).

galbanoso, sa *adj* FAM flemmard, e; cossard, e.

galdosiano, na *adj* de l'écrivain Pérez Galdós.

galeato *adj* se dit du prologue justificatif servant de défense.

galeaza *f* MAR galéasse, galéace.

galena *f* MIN galène.

galénico, ca *adj* MED galénique.

galenismo *m* MED galénisme.

galenista *m* MED galéniste.

galeno, na *adj* MAR doux, douce (viento).
➡ **galeno** *m* FAM toubib, médecin (médico).

Galeno *n pr* Galien.

galeón *m* MAR galion (barco).

galeopiteco *m* ZOOL galéopithèque.

galeota *f* galiote (barco).

galeote *m* galérien (forzado).

galeoto *m* entremetteur (alcahuete).
│ OBSERV Ce nom, tiré d'un drame d'Echegaray, « El gran Galeoto », n'a aucun rapport avec galeote.

galera *f* MAR galère ‖ chariot *m* à quatre roues (carro) ‖ rangée de lits [dans une salle d'hôpital] ‖ prison pour femmes (cárcel) ‖ galère, varlope (garlopa) ‖ MAT ligne de séparation entre les facteurs d'une division ‖ IMPR galée ‖ placard *m* (prueba) ‖ MIN galère (horno) ‖ ZOOL squille, sorte de crevette ‖ (*Amer*) haut-de-forme *m* (sombrero) ‖ hangar *m* (cobertizo).
➡ **galeras** *f pl* galères (condena); condenar a galeras condamner aux galères.

galerada *f* charge d'une galère (carga) ‖ IMPR galée (composición) ‖ placard *m* (prueba).

galerero *m* charretier.

galería *f* galerie (en una casa, de pinturas, de mina) ‖ MAR galerie ‖ TEATR galerie, poulailler *m* ‖ cantonnière *f* (de cortinas) ‖ FIG galerie; para la galería pour la galerie ‖ galería comercial galerie marchande.

galerín *m* petite galère *f* ‖ IMPR galée *f*.

Galerio *n pr* Galère.

galerna *f* MAR galerne (viento).

galerón *m* (*Amer*) romance *f* populaire ‖ hangar (cobertizo) ‖ air et danse *f* populaires du Venezuela.

Gales *n pr* GEOGR el País de Gales le pays de Galles.

galés, esa *adj & s* gallois, e.
➡ **galés** *m* LING gallois.
■ OBSERV pl galeses, galesas.

galga *f* pierre, rocher *m* (piedra) ‖ meule courante (del molino) ‖ bride (cinta del zapato) ‖ MED gale (sarna) ‖ TECN frein *m* [sur l'essieu d'une voiture] ‖ jauge (calibrador).

galgo, ga *m & f* lévrier, levrette (perro) ■ correr como un galgo courir comme un lapin ‖ de casta le viene al galgo el ser rabilargo bon chien chasse de race ‖ FAM ¡échele un galgo! vous pouvez toujours courir!
◇ *adj* (*Amer*) goulu, e.

galgueño, ña *adj* qui ressemble au lévrier ‖ levretté, e (caballo).

galguita *f* levrette.

gálgulo *m* ZOOL rollier (pájaro).

Galia *n pr f* HIST la Galia la Gaule.

galianos *m pl* galette *f sing* de berger.

galibar *v tr* gabarier.

gálibo *m* TECN gabarit.

galicado, da *adj* plein de gallicismes.

galicanismo *m* gallicanisme.

galicano, na *adj* gallican, e.

Galicia *n pr f* GEOGR Galice (en España) ‖ ➡ **Galitzia** (en Europa central).
┌─── GALICIA ───
│ La communauté autonome de Galice se compose des provinces de Lugo, Orense, Pontevedra et La Corogne. Elle a obtenu l'autonomie le 6 avril 1981 et a pour capitale Saint-Jacques-de-Compostelle; son gouvernement est connu sous le nom de « Xunta de Galicia ».

galiciano, na *adj & s* galicien, enne (gallego).

galicismo *m* gallicisme.

galicista *adj & s* qui emploie beaucoup de gallicismes.

gálico, ca *adj* gallique (de los galos) ‖ QUÍM gallique; ácido gálico acide gallique.
➡ **gálico** *m* syphilis *f*.

galicoso, sa *adj & s* syphilitique.

galicursi *adj* FAM truffé de gallicismes (lenguaje).
◇ *m & f* personne qui abuse des gallicismes.

Galieno *n pr* Gallien.

Galilea *n pr f* GEOGR Galilée.

Galileo *n pr* Galilée.

galileo, a *adj & s* galiléen, enne (de Galilea).

galillo *m* luette *f* (úvula).

galimatías *m* FAM galimatias, charabia.
│ SIN guirigay, algarabía charabia; jerga, jeringoza jargon.

galio *m* BOT gaillet, caille-lait.

galio *m* gallium (metal).

galiparla *f* langue francisée.

galiparlista *m* personne qui emploie beaucoup de gallicismes.

galipote *m* MAR galipot.

Galitzia; Galicia *n pr f* GEOGR Galicie (en Europa central).

galladura *f* cicatricule (germen del huevo).

gallarda *f* gaillarde (danza) ▌IMPR gaillarde (carácter de letra).

gallardamente *adv* avec prestance (airosamente) ▌hardiment, gaillardement (con valentía).

gallardear *v intr* se vanter, en étaler (vanagloriarse).

gallardete *m* flamme *f* (banderola), drapeau (bandera).

gallardía *f* allure, élégance, prestance (bizarría) ▌hardiesse, cran *m* (valor).

gallardo, da *adj* qui a de l'allure o de la prestance o une belle tournure (airoso) ▌hardi, e; vaillant, e; gaillard, e (valeroso) ▌FIG excellent, e (excelente).

gallareta *f* ZOOL foulque (foja).

gallarón *m* ZOOL canepetière *f* (sisón).

gallaruza *f* caban *m* à capuchon.

gallear *v tr* cocher (el gallo).
◇ *v intr* FIG & FAM se dresser sur ses ergots, monter sur ses grands chevaux (alzar la voz) ▌se distinguer, briller (sobresalir) ▌en étaler, crâner (pavonearse) ▌TECN rocher (la plata en fusión).
➡ **gallearse** *v pr* élever la voix, hausser le ton.

gallegada *f* mot *m* o action propre aux Galiciens ▌danse populaire galicienne (baile).

gallego, ga *adj & s* galicien, enne (de Galicia).
➡ **gallego** *m* LING galicien ▌(*Amer*) espagnol, e [péjoratif].

gallegoportugués, esa; galaicoportugués, esa *adj* gallego-portugais, e; galicien-portugais, e.
➡ **gallegoportugués; galaicoportugués** *m* LING gallego-portugais, galicien-portugais.

galleguismo *m* tournure *f* propre à l'espagnol de Galice.

galleo *m* TECN rochage (de la plata fundida) ▌TAUROM écart [effacement du corps pour éviter d'être atteint par le taureau] ▌FIG crânerie.

gallera; gallería *f* (*Amer*) enceinte où se déroulent les combats de coqs.

gallero, ra *m & f* coqueleux, euse (que cría gallos de pelea) ▌amateur de combats de coqs (aficionado).

galleta *f* CULIN gâteau *m* sec, petit gâteau *m*, biscuit *m* sec (bizcocho) ▌petit-beurre *m* (de forma rectangular y borde lobulado), galette (de marinero) ▌FAM tarte (bofetada) ▌gailleterie, gailletin *m* (carbón) ▌(*Amer*) récipient *m* pour boire le maté ▌pain *m* bis (pan) ▌(*Amer*) FAM colgar la galleta mettre à la porte.
▌ OBSERV Galette, sous sa forme la plus courante, se traduit par torta.

galletear *v tr* FAM (*Amer*) mettre à la porte, congédier.

gallina *f* poule (ave) ▪ **gallina ciega** colin-maillard (juego) ▌**gallina de agua** poule d'eau ▌**gallina de Guinea** pintade, poule de Barbarie ▌**gallina de río** foulque ▌**gallina ponedora** poule pondeuse, pondeuse ▌**gallina sorda** bécasse ▌**gallina vieja da buen caldo** c'est dans les vieilles marmites qu'on fait la bonne soupe ▪ FIG **acostarse con las gallinas** se coucher avec les poules ▌**dar con la gallina que pone los huevos de oro** trouver la poule aux œufs d'or ▌**en casa de Gonzalo más puede la gallina que el gallo** dans cette maison, c'est elle qui porte la culotte ▌**estar como gallina en corral ajeno** être dans ses petits souliers ▌**matar la gallina de los huevos de oro** tuer la poule aux œufs d'or ▌**tener carne de gallina** avoir la chair de poule.
◇ *m* FIG & FAM poule *f* mouillée, mauviette *f*; es un gallina c'est une poule mouillée.

gallináceo, a *adj & s* ZOOL gallinacé, e.

gallinaza *f* urubu *m* (gallinazo) ▌fumier *m* de poule (estiércol) ▌fiente (excremento de gallina).

gallinazo *m* urubu (buitre de América).

gallinería *f* volaille (conjunto de gallinas) ▌magasin *m* de volailles (tienda) ▌FIG pusillanimité (cobardía).

gallinero *m* volailler (vendedor de aves de corral) ▌poulailler (refugio para las aves de corral) ▌cage *f* à poules (cesto para transportar) ▌TEATR poulailler, paradis ▌volière *f* ▪ FIG & FAM **dejar a uno como palo de gallinero** dire pis que pendre de quelqu'un ▌**es más sucio que palo de gallinero** il est sale comme un peigne.

gallineta *f* foulque (fúlica) ▌bécasse (chocha) ▌(*Amer*) pintade (pintada).

gallipato *m* ZOOL sorte de triton.

gallipava *f* poule andalouse de grande taille.

gallito *m* cochet, jeune coq ▌(*Amer*) coq de roche (gallito de roca) ▌fléchette (flechilla) ▪ FIG **gallito del pueblo** coq du village ▌**gallito del rey** labre, vieille de mer (budión).

gallo *m* coq (ave) ▌limande *f* (pez) ▌FIG & FAM couac, canard (nota falsa) ▌**soltar un gallo** faire un canard ▌despote (el que manda) ▌crachat (esputo) ▪ **gallo de monte, gallo silvestre** coq de bruyère (urogallo) ▌FIG **gallo de pueblo** coq de clocher ▌**gallo de riña** o **de pelea** coq de combat ▌**gallo de roca** rupicole, coq de roche ▪ **entre gallos y media noche** à une heure indue ▌**misa del gallo** messe de minuit ▌DEP **peso gallo** poids coq (boxeo) ▪ FIG & FAM **alzar el gallo** monter sur ses ergots ▌**en menos que canta un gallo** en un clin d'œil, en moins de deux, en moins de rien ▌**ser engreído como gallo de cortijo** se croire le premier moutardier du pape, se croire sorti de la cuisse de Jupiter ▌FIG (*Amer*) **ser muy gallo** être très courageux ▌FIG & FAM **tener arroz y gallo muerto** mettre les petits plats dans les grands ▌(*Amer*) **vestirse de gallo** s'habiller avec des fripes.

gallocresta *f* BOT sauge (salvia) ▌crête-de-coq (rinanto).

gallofa *f* (ant) repas *m* que l'on offrait aux pèlerins français qui se rendaient à Saint-Jacques-de-Compostelle ▌légume *m* (verdura).

gallofear *v intr* mendier (pordiosear).

gallofero, ra; gallofo, fa *adj & s* mendiant, e (pordiosero) ▌vagabond, e (vagabundo).

gallón *m* pelouse *f* (tepe), gazon (césped) ▌ARQ ove, godron (ornamento).

galludo *m* sorte de requin.

gallup *m* gallup (sondeo de la opinión pública).

galo, la *adj & s* HIST gaulois, e.
➡ **galo** *m* LING gallo, gallot, gallec, gaulois.

galocha *f* galoche (calzado).

galofobia *f* gallophobie.

galófobo, ba *adj & s* gallophobe.

galomanía *f* gallomanie (afrancesamiento).

galón *m* galon (cinta) ▌MIL galon ▌gallon (medida inglesa y norteamericana).

galoneador *m* galonnier (pasamanero).

galoneadura *f* ouvrage *m* galonné.

galonear *v tr* galonner.

galonista *m* élève gradé d'une école militaire.

galop *m* galop (baile).

galopada *f* galopade.

galopante *adj* galopant, e ▌tisis galopante phtisie galopante.

galopar *v intr* galoper.

galope *m* galop; ir a o al galope aller au galop ▪ FIG a o de galope à toute vitesse ▌a galope tendido au triple o au grand galop ▌galope sostenido o medio galop de manège, galopade.

galopear *v intr* galoper (galopar).

galopillo; galopín *m* galopin, marmiton (pinche) ▌MAR mousse ▌FAM galopin (niño).

galorrománico, ca *adj & s m* gallo-roman, e.

galorromano, na *adj & s* gallo-romain, e.

galpón *m* (*Amer*) hangar (cobertizo) ▌(ant) pièce réservée aux esclaves dans les "estancias".

galucha *f* (*Amer*) galop *m*.

galuchar *v intr* (*Amer*) galoper.

galvánico, ca *adj* FÍS galvanique.

galvanismo *m* FÍS galvanisme.

galvanización *f* galvanisation.

galvanizar [13] *v tr* galvaniser ▌FIG galvaniser (inflamar).

galvano *m* IMPR galvanotype.

galvanocauterio *m* MED galvanocautère.

galvanómetro *m* FÍS galvanomètre.

galvanoplastia *f* galvanoplastie.

galvanoplástico, ca *adj* galvanoplastique.

galvanotipia *f* galvanotypie.

gama *f* ZOOL daine (hembra del gamo) ▌MÚS gamme (escala); hacer gamas en el piano faire des gammes au piano ▌gamme (serie); gama de artículos gamme de produits.

gamado, da *adj* gammé, e; cruz gamada croix gammée.

gamarra *f* EQUIT martingale (correa) ▌media gamarra fausse martingale.

gamba *f* crevette rose, bouquet *m* ‖ FAM guibolle (pierna).

gambado, da *adj* (*Amer*) cagneux, euse.

gámbaro *m* crevette *f*, gammare (camarón).

gamberrada *f* FAM tour *m* pendable, acte *m* de vandalisme.

gamberrismo *m* dévergondage ‖ vandalisme; ola de gamberrismo recrudescence du vandalisme.

gamberro, rra *adj* & *s* dévoyé, e.
➡ **gamberro** *m* voyou, blouson-noir (golfo).
➡ **gamberra** *f* grue (ramera).

gambeta *f* entrechat *m* (danza) ‖ EQUIT courbette ‖ (*Amer*) écart *m* (esguince) ‖ échappatoire ‖ DEP feinte, dribble.

gambetear *v intr* faire des entrechats (danza) ‖ faire des courbettes (caballo) ‖ DEP dribbler, faire des feintes (regatear).

gambeteo *m* DEP feinte *f*, dribbling.

Gambia *n pr f* GEOGR Gambie.

gambiano, na *adj* & *s* gambien, enne.

gambito *m* gambit (en el ajedrez).

gamboa *m* variété de coing.

gamella *f* écuelle (del jugo) ‖ auge, baquet *m* (artesa).

gameto *m* BIOL gamète.

gamezno *m* faon (cría del gamo).

gamma *m* gamma (letra griega) ‖ FÍS rayos gamma rayons gamma.

gammaglobulina *f* gammaglobuline.

gamo *m* daim ‖ correr como un gamo courir comme un zèbre.

gamón *m* BOT asphodèle.

gamonal *m* endroit où abondent les asphodèles ‖ (*Amer*) cacique.

gamonalismo *m* (*Amer*) caciquisme.

gamonito *m* drageon (retoño pequeño).

gamopétalo, la *adj* BOT gamopétale.

gamosépalo, la *adj* BOT gamosépale.

gamuza *f* chamois *m*, isard *m* (animal) ‖ peau de chamois (piel).

gana *f* envie; tener gana(s) de, darle ganas a uno de avoir envie de ■ de buena gana de bon gré, de bon cœur, avec plaisir ‖ de buena o mala gana bon gré mal gré ‖ de mala gana de mauvais gré, à contrecœur ■ (*Amer*) es gana c'est impossible, inutile d'insister ‖ FAM hace lo que le da la gana il fait ce qui lui chante, il n'en fait qu'à sa tête ‖ hacer algo con poca gana faire quelque chose de mauvaise grâce ‖ le dieron unas ganas de correr il a été pris d'une de ces envies de courir ‖ FAM lo haré cuando me dé la real gana je le ferai quand ça me chantera ‖ me dejaron o me quedé con las ganas je suis resté sur ma faim ‖ morirse de ganas mourir d'envie, brûler d'envie ‖ no me da la gana je n'en ai pas envie, je ne veux pas ‖ quitar las ganas ne plus avoir envie de, faire passer l'envie de; este accidente me ha quitado las ganas de comprar un coche après cet accident, je n'ai plus envie d'acheter une voiture, cet accident m'a fait passer l'envie d'acheter une voiture ‖ recuperar las ganas de reprendre goût à ‖ tenerle ganas a uno avoir une dent

contre quelqu'un ‖ tener muchas ganas o unas ganas locas de avoir très envie de o grande envie de o une envie folle de ‖ venir en gana avoir envie de.
➡ **ganas** *f pl* appétit *m sing*; abrir las ganas ouvrir l'appétit ■ comer sin ganas manger sans appétit, manger du bout des dents.

ganadería *f* troupeau *m* (reunión de reses) ‖ élevage *m* (cría de ganado); una ganadería de toros de lidia un élevage de taureaux de combat ‖ bétail *m* (ganado).

ganadero, ra *adj* du bétail, d'élevage; provincia ganadera province d'élevage.
◇ *m* & *f* éleveur, euse (de ganado).

ganado *m* bétail; ganado en pie bétail sur pied; cabeza de ganado tête de bétail ‖ ruchée *f* (de abejas) ‖ FIG & FAM gens *m pl* (gente) ■ ganado caballar espèce chevaline ‖ ganado cabrío chèvres ‖ ganado de cerda o moreno o porcino porcins, porcs, espèce porcine ‖ ganado de engorde animaux à l'engrais, bétail d'embouche ‖ FIG ganado humano bétail humain (esclavos) ‖ ganado lanar bêtes à laine, ovins ‖ ganado mayor gros bétail ‖ ganado menor petit bétail ‖ ganado ovino ovins, moutons ‖ ganado vacuno bovins, bêtes à cornes.

ganador, ra *adj* & *s* gagnant, e; jugar a ganador jouer gagnant.

ganancia *f* [▷ SIN] gain *m* (acción de ganar) ‖ bénéfice *m*, profit *m*, revenu *m* (lo que se gana) ‖ (*Amer*) gratification (adehala) ■ FAM no le arriendo la ganancia je ne voudrais pas être à sa place ‖ COM pérdidas y ganancias profits et pertes.

> SIN lucro lucre; beneficio bénéfice; provecho profit; retribución rétribution; superávit excédent; ingreso recette; renta revenu; producto produit; rendimiento rendement.

ganancial *adj* bénéficiaire ‖ DR bienes gananciales acquêts; comunidad de bienes gananciales communauté réduite aux acquêts.

ganapán *m* portefaix ‖ gagne-denier (buscavidas) ‖ FIG & FAM malotru (grosero).

ganapierde *m* qui-perd-gagne (juego de damas).

ganar *v tr* gagner; ganar dinero, una batalla, un pleito gagner de l'argent, une bataille, un procès; ganar con que vivir gagner de quoi vivre ‖ gagner (alcanzar) ‖ FIG surpasser, dépasser (superar) ■ ganar el premio gordo gagner le gros lot ‖ ganar la partida a uno, ganarle a uno por la mano damer le pion à quelqu'un, prendre le pas sur quelqu'un ‖ ganar terreno gagner du terrain ‖ ganar tiempo gagner du temps ■ FIG & FAM ¡a idiota no hay quien te gane! comme idiot, tu te poses un peu là! ‖ no hay quien le gane a Pedro al ajedrez Pierre n'a pas son pareil aux échecs ‖ no hay quien le gane en idiotez il n'y a pas plus crétin que lui ‖ no se ganó Zamora en una hora Paris ne s'est pas fait en un jour.
◇ *v intr* gagner; ganar con el trato gagner à être connu ‖ gagner (vencer) ■ DEP ir ganando mener; ir ganando por tres tantos a uno mener pas trois buts à un ■ llevar las de ganar avoir la partie belle, avoir tous les atouts dans son jeu ‖ salir ganando trouver son compte.
➡ **ganarse** *v pr* gagner; ganarse la vida, el pan gagner sa vie, son pain; ganarse la vida

cantando gagner sa vie à chanter ‖ gagner, mériter; se lo ha ganado il l'a bien mérité ■ ganarse el desprecio general encourir le mépris général ‖ ganarse la enemistad de alguien s'attirer la haine de quelqu'un ‖ FIG & FAM ganarse una bofetada o una torta récolter o recevoir une gifle ‖ ganarse un castigo récolter une punition ■ con paciencia se gana el cielo la patience vient à bout de tout, patience et longueur de temps font plus que force ni que rage ‖ FAM hay que ganarse el puchero il faut gagner sa croûte ‖ ¡la que se va a ganar! qu'est-ce qu'il va prendre! ‖ ¡se lo ha ganado a pulso! il l'a bien gagné o mérité!

ganchero *m* flotteur de bois (el que guía los maderos por los ríos) ‖ (*Amer*) aide (ayuda) ‖ cheval de selle pour femme (caballo).

ganchete *m* (*Amer*) a medio ganchete à moitié ‖ de ganchete bras dessus, bras dessous ‖ de medio ganchete bâclé, mal fait (mal hecho), sur le point de tomber (a punto de caer).

ganchillo *m* crochet (aguja de gancho) ‖ épingle *f* à cheveux (horquilla) ‖ TECN guipoir ‖ labor de ganchillo crochet.

gancho *m* crochet (para colgar) ‖ crochet; aguja de gancho aiguille à crochet ‖ houlette *f* (cayado) ‖ tronçon de branche (de rama) ‖ crochet (boxeo) ‖ FIG & FAM intrigant (el que solicita) ‖ rufian, souteneur (rufián) ‖ rabatteur, racoleur (que atrae a los clientes) ‖ chic, chien; mujer que tiene gancho femme qui a du chien ‖ (*Amer*) épingle *f* à cheveux (horquilla) ‖ aide *f*, appui (auxilio) ‖ selle *f* d'amazone (silla de montar) ■ FIG & FAM echar el gancho racoler ‖ mujer de gancho entraîneuse ‖ tener gancho être sexy, avoir du chien (las mujeres).

ganchoso, sa; ganchudo, da *adj* crochu, e.

gándara *f* terre inculte, friche.

gandaya *f* FAM bonne vie, bohème.

gandición *f* (*Amer*) gloutonnerie.

gandido, da *adj* (*Amer*) glouton, onne; goinfre.

gandinga *f* MIN minerai bocardé et lavé.

gandul, la *adj* & *s* FAM fainéant, e; feignant, e; cossard, e.

gandulear *v intr* paresser, fainéanter, flâner.

gandulería *f* paresse, fainéantise.

gandumbas *m* FAM feignant, cossard.

gandura *f* gandoura.

gang *m* gang (banda).

ganga *f* ZOOL gélinotte, poule des bois ‖ FIG & FAM aubaine, occasion, bonne affaire (cosa buena y barata) ‖ filon *m* (buena situación) ‖ MIN gangue (del mineral) ■ andar a caza de gangas chercher les bonnes occasions ‖ aprovechar una ganga profiter d'une aubaine ‖ ¡menuda ganga!, ¡vaya una ganga! bonne aubaine!, quel filon! ‖ precio de ganga prix défiant toute concurrence.

Ganges *n pr m* GEOGR el Ganges le Gange.

gangético, ca *adj* gangétique.

gangliforme *adj* ANAT gangliforme.

ganglio *m* ANAT ganglion.

ganglionar *adj* ANAT ganglionnaire.

gangoche; gangocho *m* (*Amer*) toile *f* à sac, serpillière *f*.

gangolina *f* (*Amer*) foule (multitud) | vacarme *m* (jaleo).

gangosear *v intr* nasiller (ganguear).

gangoso, sa *adj & s* nasillard, e; qui parle du nez, qui nasille | hablar gangoso parler du nez.

gangrena *f* MED gangrène.

gangrenarse *v pr* se gangrener.

gangrenoso, sa *adj* gangreneux, euse.

gángster *m* gangster (atracador). █ OBSERV pl gángsters.

gangsterismo *m* gangstérisme.

ganguear *v intr* nasiller, parler du nez.

gangueo *m* nasillement.

gánguil *m* marie-salope *f* (barco).

Ganímedes *n pr* Ganymède.

ganoideo, a *adj & s* ganoïde (peces).

gansada *f* FAM bêtise, sottise.

gansarón *m* oison (ansarón).

gansear *v intr* FAM faire o dire des sottises, bêtiser.

gansería *f* sottise, bêtise.

ganso, sa *m & f* oie (hembra), jars (macho) | FIG & FAM oie *f* (persona poco inteligente) ■ a pata de ganso en patte d'oie | MIL paso de ganso pas de l'oie | los gansos del Capitolio les oies du Capitole ■ hablar por boca de ganso répéter comme un perroquet | hacer el ganso faire l'imbécile o l'âne | ser muy ganso être bête comme une oie o comme ses pieds.

Gante *n pr* GEOGR Gand.

gantés, esa *adj & s* de Gand, gantois, e. █ OBSERV pl ganteses, gantesas.

ganzúa *f* rossignol *m*, crochet *m*, pince-monseigneur (garfio) | FIG & FAM filou *m* (ladrón) | fin renard *m* (persona hábil) ■ abrir con ganzúa crocheter | ladrón de ganzúa crocheteur de portes o de serrures.

gañán *m* valet de ferme | FIG & FAM rustre (hombre grosero).

gañanía *f* valetaille [d'une ferme] | locaux *m pl* d'habitation des valets d'une ferme (local).

gañido *m* glapissement (aullido).

gañir *v intr* glapir (aullar) | croasser (las aves) | FIG & FAM crier (chillar) | parler o crier d'une voix rauque (con voz ronca). █ OBSERV Gañir perd le « i » atone de la désinence quand celui-ci est situé entre la consonne « ñ » et une voyelle (comme dans gañendo, gaño, gañera).

gañote *m* FAM avaloir, gosier (garganta) | FIG & FAM de gañote à l'œil.

gaón *m* pagaie *f* (remo).

garabatada *f* coup *m* de crochet.

garabatear *v tr & intr* saisir avec un croc o un crochet | griffonner (garrapatear) | FIG & FAM tourner autour du pot, tergiverser.

garabateo *m* griffonnage, gribouillage (escritura) | FIG détours *pl*.

garabato *m* croc (garfio), crochet (gancho) | allonge *f* (de carnicero) | griffonnage, gribouillage (mala escritura) | FIG & FAM charme, chien (en la mujer).

➥ **garabatos** *m pl* gestes exagérés (gesticulaciones) | pattes *f* de mouche (mala letra).

garabito *m* stand de marché | (*Amer*) vagabond, clochard (atorrante).

garaje *m* garage.

garajista *m* garagiste.

garambaina *f* franfreluche (adorno).

➥ **garambainas** *f pl* FAM grimaces, mines, simagrées (muecas) | pattes de mouche, gribouillis *m*, griffonnages *m* (garabateo).

garandumba *f* FAM (*Amer*) grande bringue (mujer muy alta) | sorte de péniche (embarcación).

garante *adj & s* garant, e; ser garante de se porter garant de.

garantía *f* garantie; con garantía sous garantie; dejar como garantía laisser en garantie ■ ECON garantía bancaria garantie bancaire | garantías constitucionales garanties constitutionnelles ■ sin garantía del Gobierno sans garantie du gouvernement.

█ SIN seguridad assurance, sûreté; salvaguardia sauvegarde; caución caution; fianza cautionnement; aval aval.

garantir [78] *v tr* garantir (garantizar).

garantizado, da *adj* garanti, e; aparato garantizado por un año appareil garanti un an | sous garantie (con garantía).

garantizar [13] *v tr* garantir; se lo garantizo je vous le garantis.

garañón *m* baudet (asno) | (*Amer*) étalon (semental).

garapiña *f* liquide *m* congelé | sorte de galon *m* (galón) | (*Amer*) boisson d'écorce d'ananas (bebida).

garapiñado, da *adj* praliné, e | almendra garapiñada praline, amande pralinée.

garapiñar *v tr* congeler (helar) | ➥ garapiñar.

garapiñera *f* bassine dans laquelle on fait des pralines (para las almendras) | sorbetière (heladera).

garapito *m* punaise *f* d'eau, notonecte.

garapullo *m* fléchette *f* (rehilete) | TAUROM banderille *f*.

garatusa *f* opéra *m*, nain *m* jaune (juegos) | FAM cajolerie (carantoña).

garbanceo *m* FAM pot-au-feu, pitance *f*, croûte *f* (comida).

garbancero, ra *adj* du pois chiche (relativo al garbanzo).

➥ **garbancero** *m* mangeur de pois chiches (aficionado a los garbanzos) | FIG rustre (grosero).

◇ *m & f* (*Amer*) FAM boniche *f*, larbin *m* (sirviente).

garbanzal *m* champ de pois chiches.

garbanzo *m* pois chiche | VETER éparvin sec | FIG garbanzo negro brebis galeuse.

➥ **garbanzos** *m pl* FAM croûte *f sing*, pitance *f sing*, potau-feu *sing* ■ FIG & FAM contar los garbanzos faire des économies de bouts de chandelle | en toda tierra de garbanzos partout | ganarse los garbanzos gagner sa croûte.

garbanzuelo *m* VETER éparvin (esparaván).

garbear *v intr* se rengorger (fanfarronear).

➥ **garbearse** *v pr* FAM faire un tour o une virée | se débrouiller (componérselas).

garbeo *m* FAM tour, ballade *f* (vuelta); darse un garbeo faire un tour | virée *f*; me voy a dar un garbeo por España je vais faire une virée en Espagne.

garbera *f* gerbier *m*, meule (hacina).

garbías *m pl* sorte de ragoût.

garbillar *v tr* cribler.

garbillo *m* crible (criba).

garbo *m* prestance *f*, allure *f*; tener garbo avoir de l'allure | élégance *f*; vestirse con garbo s'habiller avec élégance | grâce *f*; andar con garbo marcher avec grâce | FIG générosité *f*.

garbón *m* mâle de la perdrix.

garbosamente *adv* élégamment, avec grâce | généreusement (con generosidad).

garboso, sa *adj* élégant, e; qui a de l'allure (elegante) | gracieux, euse | FIG généreux, euse.

garceta *f* garzette (ave) | garcette (peinado) | dague (mogote del venado).

gardenal *m* gardénal.

gardenia *f* BOT gardénia.

garden-party *f* garden-party.

garduña *f* ZOOL fouine.

garduño *m* FAM filou (ratero).

garete

➥ **irse al garete** *loc* MAR aller à la dérive | FIG & FAM aller au diable.

garfa *f* (p us) griffe (garra) | ELECTR support *m*.

garfada *f* coup *m* de griffe.

garfear *v intr* crocher (con un garfio).

garfio *m* croc, crochet (gancho).

gargajeada *f* crachement *m* (gargajeo).

gargajear *v intr* FAM cracher, graillonner.

gargajeo *m* crachement.

gargajo *m* FAM crachat, graillon.

garganta *f* [▷ SIN] ANAT gorge; dolerle a uno la garganta avoir mal à la gorge | FIG cou-de-pied *m* (del pie) | ARQ & GEOGR gorge | gorge (de polea) ■ agarrar por la garganta saisir à la gorge | FIG & FAM lo tengo atravesado en la garganta je l'ai en travers du gosier | tener o atravesársele a uno un nudo en la garganta avoir la gorge serrée, avoir un nœud dans la gorge.

█ SIN garguero arrière-gorge; faringe pharynx; fauces, gaznate gosier; FAM tragadero, tragaderas avaloir.

gargantada *f* gorgée.

gargantear *v intr* faire des roulades [en chantant]. ◇ *v tr* MAR estroper.

garganteo *m* roulade *f*.

gargantilla *f* collier *m* (collar).

Gargantúa *n pr* Gargantua; comer como un Gargantúa manger comme un ogre.

gárgara *f* gargarisme *m*; hacer gárgaras faire des gargarismes | FIG & FAM mandar a uno a hacer gárgaras envoyer paître quelqu'un.

gargarismo *m* gargarisme.

gargarizar [13] *v intr* se gargariser.

gárgol *m* rainure *f*.

gárgola _f_ ARQ gargouille ▌ capsule du lin (baga).

garguero; gargüero _m_ arrière-gorge _f._

garibaldino, na _adj & s_ garibaldien, enne. ➤ **garibaldina** _f_ chemise rouge (blusa).

garifo, fa _adj_ pimpant, e ▌ (_Amer_) vif, vive; animé, e (vivo).

gariofilea _f_ BOT œillet _m_ sauvage.

garita _f_ guérite.

garitear _v intr_ courir les tripots.

garitero _m_ tenancier de tripot (amo) ▌ (_Amer_) employé de l'octroi.

garito _m_ tripot (casa de juego) ▌ gain (ganancia sacada del juego).

garitón _m_ (_Amer_) porte _f_ d'octroi.

garla _f_ FAM bavardage _m_, papotage _m._

garlar _v intr_ FAM papoter, bavarder.

garlito _m_ nasse _f_ (red de pescar) ▌ FIG & FAM piège (trampa) ▌ caer en el garlito tomber dans le piège, donner dans le panneau.

garlopa _f_ TECN varlope.

garlopín _m_ TECN riflard.

garnacha _f_ hermine (de magistrado) ▌ grenache _m_ (uva y vino) ▌ (_Amer_) omelette à la viande et au piment (torta) ▌ gente de garnacha gens de robe.

garniel _m_ ceinture _f_ garnie de poches.

Garona _n pr m_ GEOGR el Garona la Garonne.

garoso, sa _adj_ (_Amer_) affamé, e (hambriento) ▌ glouton, onne (comilón).

garra _f_ griffe (de gato, león, tigre, etc.) ▌ serre (de las aves de rapiña) ▌ FIG & FAM main ▌ nerf _m_, ressort _m_ (vigor) ▌ MAR crochet _m_, grappin _m_ ▌ (_Amer_) morceau _m_ de cuir racorni (pedazo de cuero) ▌ FIG & FAM caer en las garras de uno tomber entre les griffes de quelqu'un ▌ echar la garra a uno mettre la main o le grappin sur quelqu'un ▌ garras de astracán pattes d'astrakan. ➤ **garras** _f pl_ haillons _m_ (harapos).

garrafa _f_ carafe ▌ dame-jeanne (damajuana).

garrafal _adj_ à gros fruits (dicho de ciertos cerezos) ▌ FIG & FAM monumental, e; énorme; grossier, ère; mentira, error garrafal énorme mensonge, erreur monumentale ▌ cereza garrafal bigarreau.

garrafiñar _v tr_ FAM arracher.

garrafón _m_ grande carafe _f_ ▌ dame-jeanne _f_ (damajuana).

garrancha _f_ FAM épée, rapière (espada) ▌ BOT spathe.

garrancho _m_ branche _f_ brisée (rama) ▌ picot (de madera).

garrapata _f_ tique (insecto) ▌ FAM rosse (mal caballo).

garrapateador, ra _m & f_ gribouilleur, euse; griffonneur, euse (que escribe mal).

garrapatear _v intr_ griffonner, gribouiller (escribir mal).

garrapato _m_ griffonnage, gribouillage. ➤ **garrapatos** _m pl_ pattes _f_ de mouche, gribouillis (escarabajos).

garrapiñada; garapiñada _f_ praline.

garrapiñar; garapiñar _v tr_ praliner (las almendras).

garrar _v intr_ MAR chasser sur son ancre.

garrear _v intr_ MAR chasser sur son ancre ▌ (_Amer_) vivre aux dépens d'autrui. ◇ _v tr_ (_Amer_) voler (robar).

garrete _m_ (_Amer_) jarret (jarrete).

garrido, da _adj_ élégant, e; qui a belle allure (apuesto).

garroba _f_ caroube, carouge (algarroba).

garrobilla _f_ bois _m_ de caroubier ▌ (_Amer_) dividivi (árbol).

garrobo _m_ gros lézard d'Amérique centrale.

garrocha _f_ croc _m_ (palo con gancho) ▌ aiguillon _m_ (aguijada) ▌ TAUROM "garrocha", lance, pique (en las tientas) ▌ (_Amer_) perche (pértiga).

garrochador _m_ TAUROM picador.

garrochazo _m_ coup de pique.

garrochear _v tr_ TAUROM piquer (le taureau) avec la "garrocha".

garrochista _m_ gardien de troupeau armé d'une "garrocha".

garrochón _m_ pique _f_ (rejón).

garrofa _f_ caroube (algarroba).

garrón _m_ ergot (espolón de ave) ▌ extrémité _f_ de la patte de certains animaux (de ciertos animales) ▌ talon (calcañar) ▌ tronçon de branche (gancho de rama) ▌ picot (de madera) ▌ (_Amer_) FAM vivir de garrón vivre aux crochets de quelqu'un (vivir de gorra).

garrotal _m_ plantation _f_ d'oliviers.

garrotazo _m_ coup de bâton.

garrote _m_ gourdin, bâton (palo) ▌ MED garrot ▌ garrote _f_ (suplicio) ▌ AGRIC bouture _f_, plant (estaca) ▌ bombement (pandeo de una pared) ▌ (_Amer_) frein (freno) ▌ dar garrote garrotter (a un condenado).

garrotear _v tr_ (_Amer_) bâtonner (apalear).

garrotero _m_ (_Amer_) serre-freins _inv_ (de ferrocarril).

garrotillo _m_ MED croup.

garrotín _m_ danse _f_ espagnole populaire.

garrucha _f_ poulie (polea).

garrucho _m_ MAR bague _f._

garrulería _f_ bavardage _m_, papotage _m._

gárrulo, la _adj_ gazouillant, e (aves) ▌ FIG bavard, e (charlatán) ▌ POÉT gazouillant, e; murmurant, e (agua), murmurant, e (viento); un arroyo gárrulo un ruisseau gazouillant.

garúa; garuja _f_ (_Amer_) bruine (llovizna).

OBSERV Le phénomène de la garúa est particulier aux côtes du Pérou et de l'Équateur.

garuar _v impers_ (_Amer_) bruiner (lloviznar).

garufa _f_ FAM (_Amer_) bombe, noce (parranda).

garuja ➤ **garúa**.

garujo _m_ mortier (hormigón).

garulla _f_ raisin _f_ égrené (granuja) ▌ FIG & FAM cohue, foule (muchedumbre).

garza _f_ héron _m_ (ave) ▌ garza real héron cendré.

garzo, za _adj_ pers, e; ojos garzos yeux pers. ➤ **garzo** _m_ agaric (hongo).

garzón _m_ (ant) jeune garçon ▌ (_Amer_) sorte de héron (ave).

garzota _f_ aigrette (ave y adorno).

gas _m_ FÍS & QUÍM gaz; gas ciudad gaz de ville; gas hilarante, lacrimógeno gaz hilarant, lacrymogène ■ gas de combate o asfixiante gaz de combat o asphyxiant ▌ gas de los pantanos, raro gaz des marais, rare ▌ gas pobre o de agua, gaz pauvre o à l'eau ■ mechero de gas briquet à gaz (encendedor), bec de gaz (farola) ▌ FIG pérdida de gas perte de vitesse ■ a todo gas à plein gaz, à toute allure; andar a todo gas marcher à plein gaz.

OBSERV pl gases.

gasa _f_ gaze ▌ crêpe _m_ (de luto).

gascón, ona _adj & s_ gascon, onne. ➤ **gascón** _m_ LING gascon.

Gascuña _n pr f_ GEOGR Gascogne; el golfo de Gascuña le golfe de Gascogne.

gaseado, da _adj & s_ gazé, e.

gasear _v tr_ gazéifier (líquido) ▌ gazer (persona).

gaseiforme _adj_ FÍS gazéiforme.

gaseoso, sa _adj_ gazeux, euse; agua gaseosa eau gazeuse. ➤ **gaseosa** _f_ limonade (bebida).

gasfitería _f_ (_Amer_) plomberie.

gasfitero _m_ (_Amer_) gazier (gasista).

gasificable _adj_ gazéifiable.

gasificación _f_ gazéification.

gasificar [10] _v tr_ gazéifier.

gasista _m_ gazier (empleado de gas).

gasoducto _m_ gazoduc.

gasógeno _m_ TECN gazogène.

gas-oil; gasóleo _m_ gas-oil.

OBSERV le pluriel de gas-oil est gas-oils.

gasolina _f_ essence (para automóviles) ▌ QUÍM gazoline ■ gasolina-plomo supercarburant ▌ surtidor de gasolina poste d'essence, pompe à essence.

gasolinera _f_ canot _m_ o vedette à moteur (lancha) ▌ poste _m_ d'essence, pompe à essence (surtidor).

gasometría _f_ gazométrie.

gasómetro _m_ TECN gazomètre.

Gaspar _n pr_ Gaspar, Gaspard.

gastado, da _adj_ usé, e; medalla gastada médaille usée; hombre gastado homme usé ▌ dépensé, e; dinero gastado argent dépensé ▌ FIG usé, e; ruiné, e; gastado por los placeres usé par les plaisirs.

gastador, ra _adj & s_ dépensier, ère (que gasta mucho). ➤ **gastador** _m_ forçat (en los presidios) ▌ MIL sapeur (zapador).

gastadura _f_; **gastamiento** _m_ usure _f._

gastar _v tr_ [▷ SIN] dépenser (dinero) ▌ user, consommer; gastar gasolina consommer de l'essence ▌ dépenser; gastar el tiempo, las fuerzas dépenser son temps, ses forces ▌ abîmer, détériorer, user (echar a perder) ▌ ruiner (arruinar) ▌ mettre; gastar un millón en un automóvil mettre un million dans une voiture ▌ porter; gastar bigote, gafas, sombrero porter une moustache, des lunettes, un chapeau ▌ avoir; ¿has visto el coche que gasta? tu as vu la voiture qu'il a? ■ gastar bromas plaisanter ▌ FAM gastarlas agir, se conduire; así las gastas tú c'est comme ça que tu agis ▌ gastar mal humor être de mauvaise humeur ‖ gastar saliva dépenser sa salive ‖ gastar una broma faire une farce ■ esto hizo gastar mucha tinta cela a fait couler beaucoup d'encre ‖ no gastar ni medio ne pas dépenser un sou ‖ FIG & FAM ya sé cómo las gasta usted je sais bien comment vous vous y prenez ‖ ya verá cómo las gasto vous verrez de quel bois je me chauffe.

◆ **gastarse** *v pr* s'user (deteriorarse) ‖ FAM se porter, se faire; esta clase de peinado ya no se gasta ce genre de coiffure ne se porte plus.

| SIN prodigar prodiguer; dilapidar dilapider; disipar dissiper; malgastar, despilfarrar, derrochar gaspiller; desembolsar débourser.

gasteromicetos *m pl* BOT gastéromycètes.

gasterópodos *m pl* ZOOL gastéropodes.

gasto *m* [▷ SIN] dépense *f*; el gasto diario la dépense journalière ‖ FIG dépense *f*; gasto de energía dépense d'énergie ‖ FÍS débit (de agua, electricidad, gas, etc.) ■ gasto público dépenses publiques o de l'État ■ con poco gasto à peu de frais ■ hacer el gasto de faire les frais de; hacer el gasto de la conversación faire les frais de la conversation.

◆ **gastos** *m pl* frais; gastos de escritorio, de representación, de mantenimiento frais de bureau, de représentation, d'entretien ■ gastos accesorios faux frais ‖ gastos deducibles frais déductibles ‖ gastos e ingresos entrées et sorties ‖ gastos fijos frais fixes ‖ gastos generales frais généraux ‖ dinero para gastos menudos argent de poche ■ cubrir gastos rentrer dans ses frais ‖ meterse en gastos se mettre en frais.

| SIN dispendio dépense; desembolso débours; costas frais.

Gastón *n pr* Gaston.

gastoso, sa *adj* dépensier, ère.

gastralgia *f* MED gastralgie.

gastrálgico, ca *adj* MED gastralgique.

gastrectomía *f* MED gastrectomie.

gástrico, ca *adj* MED gastrique; jugo gástrico suc gastrique.

gastrina *f* MED gastrine.

gastritis *f inv* MED gastrite.

gastrocele *m* gastrocèle *f*.

gastrocolitis *f inv* MED gastro-colite.

gastroenteritis *f inv* MED gastro-entérite.

gastroenterología *f* MED gastro-entérologie.

gastroenterólogo *m* gastro-entérologue.

gastrointestinal *adj* gastro-intestinal, e.

gastrología *f* gastrologie.

gastronomía *f* gastronomie.

gastronómico, ca *adj* gastronomique.

gastrónomo *m* gastronome, gourmet.

gastropatía *f* MED gastropathie.

gastroscopia *f* MED gastroscopie.

gastroscopio *m* gastroscope.

gastrotomía *f* MED gastrotomie.

gástrula *f* BIOL gastrula.

gata *f* chatte (animal) ‖ BOT bugrane, arrête-bœuf *m* (gatuña) ‖ FIG nuage *m* qui s'accroche à une montagne (nubecilla) ‖ FAM Madrilène (madrileña) ‖ manivelle (manubrio) ‖ MAR gatte ‖ (*Amer*) domestique, servante (sirvienta).

gatada *f* action propre d'un chat (acción del gato) ‖ FIG ruse, astuce, feinte (astucia) ‖ FIG & FAM vilain tour *m*; armar una gatada jouer un vilain tour.

gatas
◆ **a gatas** *loc adv* à quatre pattes; andar a gatas marcher à quatre pattes ‖ (*Amer*) à peine (apenas) ■ FAM salir a gatas de un apuro se tirer péniblement d'un mauvais pas ‖ ser más viejo que andar a gatas être vieux comme Hérode o comme le monde ‖ ¡y lo que anduvo a gatas! et les mois de nourrice! [à une personne qui se dit plus jeune qu'elle n'est].

gatazo *m* matou, gros chat (gato) ‖ FAM escroquerie *f* (engaño) ‖ FAM dar gatazo escroquer.

gateado, da *adj* qui ressemble au chat, de chat; ojos gateados yeux de chat ‖ à la robe claire rayée de noir (caballo).

gatear *v intr* grimper (trepar) ‖ FAM marcher à quatre pattes (andar a gatas) ‖ (*Amer*) faire la cour (requebrar).
◇ *v tr* griffer (arañar) ‖ FAM voler, chaparder, chiper (robar).

gatera *f* chatière (en una puerta) ‖ MAR écubier *m* (escobén) ‖ voyou *m* (bribón) ‖ (*Amer*) marchande des quatre-saisons (verdulera).

gatería *f* bande de chats (de gatos) ‖ FAM bande de galopins (de muchachos) ‖ chatterie (carantoña).

gatero, ra *adj* fréquenté par les chats ‖ desván gatero galetas.

gatillazo *m* bruit de la détente d'une arme à feu.

gatillo *m* détente *f* (de un arma de fuego); con el dedo en el gatillo le doigt sur la détente ‖ davier (de dentista) ‖ collier (parte del cuello de ciertos animales).

gatito *m* petit chat, chaton, minet.

gato *m* [▷ SIN] ZOOL chat; gato callejero chat de gouttière ‖ FIG magot (dinero guardado) ‖ TECN cric [manuel], vérin [hydraulique] (para levantar cargas) ‖ FAM Madrilène (natural de Madrid) ‖ filou (ratero) ‖ matois (hombre astuto) ‖ (*Amer*) partie *f* la plus charnue du bras (del brazo) ‖ domestique (sirviente) ‖ danse *f* populaire (baile) ‖ pourboire (propina) ■ ZOOL gato cerval chat-cervier ‖ gato de algalia chat musqué, civette ‖ gato de angora chat angora ‖ gato montés chat sauvage ‖ gato romano chat tigré ■ El gato con botas le Chat botté ‖ hasta el gato et toute la clique ‖ lengua de gato langue-de-chat (pastel) ■ FIG & FAM buscarle tres pies al gato chercher midi à quatorze heures ‖ caer de pie como los gatos retomber sur ses pieds ‖ cuando el gato no está los ratones bailan quand le chat n'est pas là les souris dansent ‖ dar gato por liebre rouler (engañar) ‖ defenderse como gato panza arriba se défendre comme un lion ‖ de noche todos los gatos son pardos la nuit tous les chats sont gris ‖ ¿el gato te comió la lengua? tu as avalé ta langue? ‖ esto lo sabe hasta el gato tout le monde le sait ‖ gato escaldado del agua fría huye chat échaudé craint l'eau froide ‖ había cuatro gatos il y avait quatre pelés et un tondu ‖ hay gato encerrado il y a anguille sous roche ‖ llevarse el gato al agua emporter le morceau ‖ no hay ni un gato il n'y a pas un chat ‖ no hay perro ni gato que no lo sepa cela court les rues ‖ poner el cascabel al gato attacher le grelot ‖ tener siete vidas como los gatos avoir l'âme chevillée au corps ‖ vivir como perros y gatos vivre comme chien et chat.

| SIN micho mimi; morrongo matou; minino minet.

GATT (abrev de General Agreement on Tariffs and Trade) *m* GATT.

gatuna ▶ gatuña.

gatunero *m* celui qui vend de la viande en contrebande.

gatuno, na *adj* du chat, félin, e.

gatuña; gatuna *f* BOT arrête-bœuf *m*, bugrane.

gatuperio *m* mélange incohérent, méli-mélo, salmigondis ‖ imbroglio (embrollo), intrigue *f* (intriga), tromperie *f* (engaño).

gauchada *f* action propre aux gauchos ‖ (*Amer*) service *m*; hacer una gauchada rendre un service.

gauchaje *m* troupe *f* de gauchos.

gauchear *v intr* agir à la façon des gauchos.

gauchesco, ca *adj* du gaucho ‖ poema gauchesco poème qui traite de la pampa et des gauchos.

gauchismo *m* mouvement littéraire argentin de la seconde moitié du XIXe siècle dont les principaux représentants sont H. Ascasubi, Estanislao del Campo, J. Hernández; tous ces auteurs se sont attachés à dépeindre la pampa et la vie des gauchos.

gaucho, cha *adj* gaucho; un payador gaucho un poète gaucho (relativo al gaucho) ‖ (*Amer*) sympathique, agréable (simpático) ‖ rustre (grosero) ‖ rusé, e (astuto) ‖ bon cavalier, bonne cavalière (buen jinete).
◆ **gaucho** *m* gaucho ‖ (*Amer*) chapeau à larges bords (sombrero).

gaudeamus *m* FAM gaudeamus (p us), festin (festín).

gauderio *m* (ant) (*Amer*) gaucho ‖ paresseux (holgazán).

gauleiter *m* gauleiter.

gaullismo [gojismo] *m* gaullisme.

gauss *m* FÍS gauss.

gavanza *f* BOT églantine.

gavanzo *m* BOT églantier.

gaveta *f* tiroir *m* (cajón).

gavia *f* fossé *m* (zanja) ‖ (p us) cabanon *m* (para locos furiosos) ‖ MAR hunier *m* (vela) ‖ hune, gabie (cofa) ‖ ZOOL mouette (ave).

gavial *m* ZOOL gavial (cocodrilo).

gaviero *m* MAR gabier.

gavieta *f* MAR hune de misaine o de beaupré.

gavilán *m* épervier (ave) ‖ crochet tracé à la fin d'une lettre ‖ bec (de una pluma de escribir) ‖ branche *f* quillon (de la espada) ‖ BOT fleur *f* du chardon (vilano) ‖ MAR crochet (garfio de abordaje) ‖ (*Amer*) ongle incarné (uñero) ‖ fourchette *f* (del casco).

gavilancillo *m* piquant de l'artichaut.

gavilla *f* gerbe (de cereales) ‖ fagot *m* (de sarmientos, etc.) ‖ FIG bande (ladrones); gavilla de

ladrones bande de voleurs ∥ **gente de gavilla** pègre.

gavillero *m* gerbier ∥ gerbeur (peón).

gavión *m* MIL gabion ∥ FAM grand chapeau, galurin (sombrero).

gaviota *f* ZOOL mouette.

gavota *f* gavotte (baile).

gay *m* **el gay saber** le gai savoir.
⬛ OBSERV pl gays.

gaya *f* raie, bande (lista) ∥ insigne *m* (insignia) ∥ (p us) pie (urraca).

gayadura *f* rayure (adorno).

gayar *v tr* orner de rayures (adornar).

gayo, ya *adj* gai, e ∥ **gaya ciencia** gai savoir.

gayola *f* cage (jaula) ∥ FIG & FAM taule, violon *m* (cárcel).

gayomba *f* BOT genêt *m* d'Espagne.

gayuba *f* BOT raisin *m* d'ours, busserole.

gayumbos *m pl* MFAM calcif *m*, calecif *m*.

gaza *f* MAR ganse.

Gaza *n pr* GEOGR **la franja de Gaza** la bande de Gaza.

gazapa *f* FAM mensonge *m*.

gazapatón *m* FAM sottise *f*, bourde *f* (disparate) ∥ lapsus (lapso), pataquès (gazapo).

gazapera *f* terrier *m* (conejera) ∥ bande de gens peu recommandables (junta de mala gente) ∥ FIG & FAM dispute, chamaillerie (riña).

gazapina *f* FAM pègre (banda de truhanes) ∥ dispute, chamaillerie (gazapera).

gazapo *m* lapereau (conejillo) ∥ FIG & FAM renard, fin matois (hombre astuto) ∥ lapsus (lapso), pataquès (enlace vicioso en la pronunciación de dos letras) ∥ sottise *f*, bourde *f* (disparate) ∥ IMPR coquille *f* (error en un impreso).

gazmoñada; gazmoñería *f* pruderie (modestia afectada) ∥ tartuferie (devoción fingida) ∥ bigoterie (beatería).

gazmoño, ña *adj & s* tartufe, faux dévot, fausse dévote (devoto fingido) ∥ [▷ SIN] prude (de fingida virtud) ∥ bigot, e (santurrón).
▪ SIN púdico, pudoroso pudique; puritano puritain; pudibundo pudibond; beato, beatón bigot, cagot; mojigato bigot; hipócrita hypocrite; santurrón, tragasantos bondieusard.

gaznápiro, ra *adj & s* balourd, e; naïf, ïve; niais, e (palurdo).

gaznatada *f*; **gaznatazo** *m* coup *m* sur la gorge.

gaznate *m* gorge *f*, gosier (garguero) ∥ (*Amer*) confiserie *f* à la noix de coco et à l'ananas.

gazpacho *m* CULIN soupe *f* froide faite avec du pain, de la tomate, du vinaigre, du sel et de l'ail.

gazpachuelo *m* CULIN soupe *f* faite avec des œufs, de l'huile et du vinaigre.

gazuza *f* FAM fringale, faim de loup (hambre); **tener gazuza** avoir la fringale.

GB (abrev de Gran Bretaña) *f* GB.

ge *f* g *m*, nom de la lettre "g".

gea *f* géologie et minéralogie d'une contrée.

Gedeón *n pr* Gédéon.

gehena *f* géhenne (tormento).

géiser *m* geyser.
⬛ OBSERV pl géiseres.

geisha *f* geisha [hôtesse japonaise].

gel *m* QUÍM gel.

gelatina *f* QUÍM gélatine ∥ gelée (de carne).

gelatinobromuro *m* FOT gélatino-bromure.

gelatinoso, sa *adj* gélatineux, euse.

gélido, da *adj* POÉT glacé, e; gelé, e.

gelificación *f* QUÍM gélification.

gelificar [10] *v tr* QUÍM gélifier.

gelosa *f* QUÍM gélose.

gema *f* MIN & BOT gemme ∥ **sal gema** sel gemme.

gemación *f* BOT gemmation.

gemela *f* BOT jasmin *m* d'Arabie.

gemelífloro, ra *adj* gémelliflore.

gemelípara *adj* gémellipare.

gemelo, la *adj & s* jumeau, elle ▪ **alma gemela** âme sœur ∥ **apuesta triple gemela** tiercé ∥ ANAT **músculos gemelos** muscles jumeaux.
➡ **gemelos** *m pl* jumelles *f* (anteojos); **gemelos de teatro** jumelles de théâtre ∥ boutons de manchettes (de camisa) ∥ ASTRON & ASTROL Gémeaux (Géminis).

gemido *m* gémissement.

gemífero, ra *adj* BOT gemmifère.

geminado, da *adj* géminé, e.

Géminis *n pr m inv* ASTRON & ASTROL les Gémeaux *m pl*; **ser Géminis** être Gémeaux.
◇ *n pr inv* gémeaux *m inv* (persona).

gémino, na *adj* géminé, e.

gemiquear *v tr* (*Amer*) pleurnicher.

gemir [26] *v intr* gémir, geindre.

gemología *f* gemmologie.

gemonías *f pl* gémonies.

gémula *f* BOT gemmule.

gen; gene *m* BIOL gène.

genal *adj* ANAT génal, e (de las mejillas).

genciana *f* BOT gentiane.

gendarme *m* gendarme (en Francia).

gendarmería *f* gendarmerie.

gene ➡ **gen**.

genealogía *f* généalogie.

genealógico, ca *adj* généalogique; **árbol genealógico** arbre généalogique.

genealogista *m* généalogiste.

generación *f* génération ∥ **generación espontánea** génération spontanée ∥ INFORM **generación de máquinas** génération de machines ∥ **generación del 27** groupe d'écrivains espagnols nés vers le début du XXᵉ siècle ∥ **generación del 98** groupe d'écrivains hispanophones nés dans la deuxième moitié du XIXᵉ siècle.

LA GENERACIÓN DEL 27
Nom attribué à un groupe d'écrivains, composé essentiellement de poètes, tous nés vers le début du XXᵉ siècle et qui publièrent leurs œuvres dans la « Revista de Occidente », dirigée par Ortega y Gasset. Les plus célèbres d'entre eux se nommaient Federico García Lorca, Pedro Salinas, Vicente Alexandre, Gerardo Diego, Rafael Alberti. Presque tous avaient en commun le fait d'avoir une formation universitaire, d'être

de grands connaisseurs de la poésie espagnole et les héritiers des derniers mouvements littéraires européens. Ils reçurent le nom d'écrivains de la « génération 27 » car 1927 est l'année du tricentenaire de la mort de Góngora.

LA GENERACIÓN DEL 98
Ce nom fait allusion à l'année 1898, au cours de laquelle l'Espagne perdit ses dernières colonies, et désigne un groupe d'écrivains parmi lesquels Miguel de Unamuno, Pío Baroja, Ramiro de Maeztu, Antonio Machado, Azorín, se sont distingués par leur position nihiliste, sceptique et européaniste, et par leurs activités intellectuelles non-universitaires, excepté pour Unamuno. Le genre littéraire préféré des écrivains de cette génération est l'essai et leur style se caractérise par la sobriété et l'observation directe et antirhétorique.

generacional *adj* de génération.

generador, ra *adj* générateur, trice.
➡ **generador** *m* TECN générateur.

general *adj* général, e ∥ **en general, por lo general** en général.
◇ *m* MIL général; **general en jefe** général en chef ∥ MIL **general de división** général de division, divisionnaire.

generala *f* générale (mujer del general) ∥ MIL générale; **tocar generala** battre la générale.

generalato *m* généralat.

generalidad *f* généralité; **limitarse a generalidades** s'en tenir à des généralités ∥ généralité, "Generalitat" [gouvernement autonome de Catalogne] ∥ **con generalidad** dans les grandes lignes; **tratar una cosa con generalidad** traiter quelque chose dans les grandes lignes.

generalísimo *m* généralissime.

generalista *adj* généraliste.

Generalitat *n pr f* nom officiel du gouvernement des communautés autonomes de Catalogne et de Valence.

generalizable *adj* généralisable.

generalización *f* généralisation.

generalizado, da *adj* généralisé, e ∥ répandu, e; **la opinión más generalizada** l'opinion la plus répandue.

generalizador, ra *adj* généralisateur, trice.

generalizar [13] *v tr* généraliser.
➡ **generalizarse** *v pr* se généraliser.

generalmente *adv* en général, généralement.

generalote *m* FAM général.

generar *v tr* (ant) engendrer ∥ FIG entraîner, engendrer (tener como resultado).

generativo, va *adj* génératif, ive.

generatriz *f* GEOM génératrice.
⬛ OBSERV pl generatrices.

genéricamente *adv* génériquement.

genérico, ca *adj* générique.

género *m* genre; **el género humano** la genre humain ∥ genre (manera) ∥ sorte *f* (clase) ∥ marchandise *f*, article (mercancía) ∥ tissu; **géneros de algodón, de seda** tissus de coton, de soie ∥ genre; **pintor de género** peintre de genre ∥ GRAM genre (masculino, femenino, neutro) ▪ **género de punto** tricot ∥ **género chico** comédies de mœurs [de la fin du XIXᵉ siècle] ∥ **tienda de géneros de punto** bonneterie

❚ vendedor o fabricante de géneros de punto bonnetier.

generosamente *adv* généreusement.

generosidad *f* générosité ❚ no peca de generosidad ce n'est pas la générosité qui l'étouffe.

❚ SIN desprendimiento libéralité; magnanimidad magnanimité.

generoso, sa *adj* généreux, euse (liberal, noble, fértil) ❚ vino generoso vin généreux.

genesiaco, ca *adj* génésiaque (de la génesis).

genésico, ca *adj* génésique (de la generación).

génesis *f inv* genèse (origen).

Génesis *m* Genèse *f* (libro de la Biblia).

genética *f* génétique.

geneticista ► **genetista**.

genético, ca *adj* BIOL génétique.

genetista; geneticista *m & f* généticien, enne.

genetliaco, ca *adj* généthliaque.

Gengis *n pr* Gengis Kan Genghis Khan.

genial *adj* génial, e (propio del genio) ❚ FAM agréable, plaisant, e (agradable)❚génial, e (sobresaliente).

genialidad *f* originalité, excentricité (rareza) ❚ génie *m* (genio) ❚ coup *m* de génie, idée géniale; esto fue una genialidad ce fut un coup de génie ❚ œuvre géniale (obra).

genialmente *adv* génialement.

geniazo *m* FAM sale caractère ❚ tener un geniazo horrible avoir un caractère épouvantable o impossible.

genio *m* caractère; tiene mal genio il a mauvais caractère ❚ humeur *f*; estar de mal genio être de mauvaise humeur ❚ génie (facultad creadora) ❚ génie (persona dotada de dicha facultad); Calderón fue un genio Calderón fut un génie ❚ génie (ser sobrenatural) ■ genio y figura hasta la sepultura chassez le naturel il revient au galop, le loup mourra dans sa peau, on est comme on est ❚ tener el genio atravesado avoir un sale caractère ❚ tener un genio vivo être irritable o soupe-au-lait FAM.

genioso, sa *adj* (*Amer*) qui a mauvais caractère.

genista *f* BOT genêt *m* (retama).

genital *adj* génital, e.

genitivo *m* GRAM génitif.

genitor *adj m & s* géniteur.

genitourinario, ria *adj* génito-urinaire.

genízaro *m* janissaire (soldado turco).

genocidio *m* génocide.

genol *m* MAR genou.

genoma *m* BIOL génome.

genómico, ca *adj* BIOL génomique.

genopatía *f* MED génopathie.

genotípico, ca *adj* BIOL génotypique.

genotipo *m* BIOL génotype.

Génova *n pr* GEOGR Gênes.

genovés, esa *adj & s* génois, e (de Génova).
❚ OBSERV pl genoveses, genovesas.

Genoveva *n pr* Geneviève.

gente *f* monde *m*; hay mucha gente en la calle il y a beaucoup de monde dans la rue; ¡había una de gente! il y avait un monde o un monde fou o un de ces mondes! ❚ gens *m o f pl*; buena, mala gente de braves, de mauvaises gens; la gente del pueblo les gens du peuple; la gente rica les gens riches; aquí mucha gente lo cree ici beaucoup de gens le croient ❚ FAM monde *m*; ¿cómo está su gente? comment va votre monde?; burlarse de la gente se moquer du monde ❚ gent; la gente alada la gent ailée ❚ gens (familia romana) ❚ (*Amer*) personne convenable o comme il faut; Fulano no es gente Untel n'est pas une personne comme il faut ■ gente bien les gens bien, les gens comme il faut ❚ gente copetuda les gens huppés, le haut du pavé ❚ gente de armas gens d'armes ❚ gente de baja estofa gens de bas étage ❚ gente de Iglesia gens d'Église ❚ gente del campo population rurale, classe paysanne, paysans ❚ gente de mar gens de mer ❚ gente de medio pelo la petite bourgeoisie ❚ gente de negocios gens d'affaires ❚ gente humilde o modesta petites gens, gens humbles ❚ gente maleante mauvais sujets, filous ❚ gente menuda les enfants, les petits, le petit monde (niños), les petites gens, les gens de peu (la plebe) ❚ DR derecho de gentes droit des gens ❚ don de gentes don de plaire ❚ hacer gente faire nombre ❚ ¡qué gente! quelles drôles de gens!

➤ **gentes** *f pl* gentils; el apóstol de las gentes l'apôtre des gentils.

❚ OBSERV La palabra francesa gens, siempre en plural, es masculina cuando el adjetivo que la acompaña está colocado después de ella y femenina en el caso contrario: des gens vertueux gente virtuosa; de petites gens gente humilde.

gentecilla; gentezuela *f* petites gens *pl*.

gentil *adj* gentil, ille; gracieux, euse (agradable); una gentil doncella une gracieuse jeune fille ❚ FAM gentil, ille; joli, e ❚ énorme; gentil disparate bêtise énorme ❚ (*Amer*) gentil, ille (simpático) ❚ en cuerpo gentil en taille (sin abrigo).

◇ *m* gentil (pagano); predicar el Evangelio a los gentiles prêcher l'Évangile aux gentils.

❚ OBSERV El adjetivo gentil en francés significa sobre todo simpático, amable, sentido que tiene también en América.

gentileza *f* grâce, élégance, gentillesse (garbo) ❚ gentillesse (amabilidad) ❚ politesse (cortesía).

gentilhombre *m* gentilhomme; gentilhombre de boca, de manga gentilhomme de bouche, de manche ❚ (*p us*) beau garçon (buen mozo) ❚ gentilhombre de cámara gentilhomme de la chambre du roi.

❚ OBSERV pl gentileshombres.

gentilicio, cia *adj* d'une famille o lignée (perteneciente al linaje) ❚ d'une nation (a una nación).

➤ **gentilicio** *m* nom des habitants d'une ville.

gentilidad *f*; **gentilismo** *m* gentilité *f* (conjunto de gentiles) ❚ gentilisme *m* (religión de los gentiles).

gentilmente *adv* avec grâce (con gracia); bailar gentilmente danser avec grâce ❚ (*Amer*) gentiment.

gentío *m* foule *f*, monde (multitud); ¡qué gentío! que de monde!

gentleman *m* gentleman.
❚ OBSERV pl gentlemen.

gentualla; gentuza *f* racaille, populace (populacho).

genuflexión *f* génuflexion.

genuino, na *adj* authentique, vrai, e (legítimo); un genuino representante del pueblo un représentant authentique du peuple.

GEO (abrev de Grupo Especial de Operaciones) *m* brigade d'intervention spéciale de la police nationale espagnole, ≃ GIPN.

geoanticlinal *m* GEOL géanticlinal.

geobio *m* BIOL géobios.

geobiología *f* géobiologie.

geobiótico, ca *adj* géobiotique.

geobotánica *f* géobotanique.

geocéntrico, ca *adj* ASTRON géocentrique.

geocentrismo *m* géocentrisme.

geoda *f* GEOL géode.

geodesia *f* géodésie.

geodésico, ca *adj & s f* géodésique.

geodímetro *m* géodimètre.

geodinámica *f* géodynamique.

geoestacionario, ria *adj* ASTRON géostationnaire; satélite geostacionario satellite géostationnaire.

geofagia *f* géophagie.

geófago, ga *adj* géophage (que come tierra).

geofísica *f* géophysique.

geofísico *m* géophysicien.

geografía *f* géographie.

geográfico, ca *adj* géographique.

geógrafo *m* géographe.

geoide *m* géoïde.

geología *f* géologie.

geológico, ca *adj* géologique.

geólogo *m* géologue.

geomagnético, ca *adj* géomagnétique.

geomagnetismo *m* géomagnétisme.

geomancía *f* géomancie.

geomántico, ca *adj* géomancien.

geomática *f* INFORM géomatique.

geómetra *m* géomètre.

❚ OBSERV La palabra francesa géomètre tiene también el sentido de agrimensor, perito topógrafo.

geometral *adj* géométral, e.

geometría *f* géométrie; geometría del espacio, descriptiva, plana, por planos acotados géométrie dans l'espace, descriptive, plane, cotée.

geométrico, ca *adj* géométrique.

geomorfía; geomorfología *f* géomorphie, géomorphologie.

geomorfogénesis *f inv* géomorphogénèse.

geomorfología ► **geomorfía**.

geonomía *f* GEOGR géonomie.

geonómico, ca *adj* géonomique.

geopolítico, ca *adj & s f* géopolitique.

geopotencial *m* FÍS cote *f* géopotentielle d'un point.

geoquímica *f* géochimie.

geoquímico, ca *adj* géochimique.

georama *m* géorama (especie de panorama).

Georgetown ['ʒɔrdʒtaun] *n pr* GEOGR Georgetown.

Georgia *n pr f* GEOGR Géorgie.

georgiano, na *adj & s* géorgien, enne.
➥ **georgiano** *m* LING géorgien.

geórgico, ca *adj* géorgique (agrícola).
➥ **geórgicas** *f pl* Géorgiques (poema).

geosinclinal *m* GEOGR géosynclinal.

geotaxis *f inv* BIOL géotaxie.

geotecnia *f* géotechnique.

geotécnico, ca *adj* géotechnique.

geotectónico, ca *adj & s f* géotectonique.

geotermal *m* GEOL géothermal, e.

geotermia *f* FÍS géothermie.

geotérmico, ca *adj* géothermique.

geotermómetro *m* GEOL géothermomètre.

geotropismo *m* BOT géotropisme.

geraniáceas *f pl* BOT géraniacées.

geranio *m* BOT géranium ■ geranio de hierro pélargonium, géranium-lierre ▌ geranio de rosa géranium rosat.

Gerardo *n pr* Gérard.

gerbo *m* ZOOL gerboise *f* (roedor).

gerencia *f* gérance.

gerente *m* gérant ▌ director gerente président-directeur général.

geriatra *m & f* gériatre.

geriatría *f* MED gériatrie.

gerifalte *m* gerfaut (ave de rapiña) ▌ FIG & FAM huile *f* (pez gordo).

Germán *n pr* Germain.

Germana *n pr* Germaine.

germandria *f* BOT germandrée.

germanesco, ca *adj* argotique (relativo a la jerga) ▌ HIST relatif aux "Germanías".

germanía *f* argot *m*, jar *m* (jerga de ladrones) ▌ (p us) concubinage *m* (amancebamiento) ▌ HIST "Germanía" [mouvement social né à Valence et aux Baléares vers 1520].

Germania *n pr f* HIST Germanie.

germánico, ca *adj* germanique.
➥ **germánico** *m* LING germanique.

germanio *m* germanium (metal).

germanismo *m* germanisme.

germanista *adj & s* germanisant, e.
◇ *m & f* germaniste.

germanización *f* germanisation.

germanizar [13] *v tr* germaniser.

germano, na *adj & s* germain, e.

germanófilo, la *adj* germanophile.

germanófobo, ba *adj & s* germanophobe.

germen *m* BIOL & BOT [▷ SIN] germe; en germen en germe ▌ FIG germe.
▌ SIN simiente semence; grano grain; semilla graine; embrión embryon.

germicida *adj & s m* germicide.

germinación *f* germination.

germinadero *m* TECN germoir (cervecería).

germinal *adj* BOT germinal, e.
◇ *m* germinal (séptimo mes del calendario republicano francés).

germinar *v intr* germer.

Gerona; Girona *n pr* GEOGR Gérone.

Gerónimo ➡ **Jerónimo**.

gerontocracia *f* gérontocratie.

gerontología *f* MED gérontologie.

gerontólogo, ga *m & f* gérontologue.

Gertrudis *n pr* Gertrude.

gerundense *adj & s* de Gérone.

gerundiada *f* FAM pédanterie.

gerundiano, na *adj* FAM pédantesque, ampoulé, e (estilo).

gerundio *m* GRAM participe présent, gérondif (tiempo de verbo).

gerundio *m* FIG & FAM pédant, cuistre.

Gervasia *n pr* Gervaise.

Gervasio *n pr* Gervais.

gesta *f* geste [ne s'emploie que dans la locution: cantar de gesta chanson de geste].

gestación *f* BIOL gestation.

gestar *v tr* concevoir.

gestatorio, ria *adj* gestatoire (p us), à porteurs (que se lleva a mano); silla gestatoria chaise gestatoire (del Papa).

gestear *v intr* grimacer, faire des grimaces.

gesticulación *f* grimace (gesto) ▌ gesticulation (ademán).

gesticulador, ra *adj* grimacier, ère; grimaçant, e.

gesticular *v intr* grimacer, faire des grimaces (hacer gestos) ▌ gesticuler (hacer ademanes).
▌ OBSERV Ce verbe est un néologisme dans sa seconde acception.

gestión *f* gestion (administración) ▌ démarche (diligencia); hacer una gestión cerca del ministro faire une démarche auprès du ministre ▌ INFORM gestión de ficheros gestión de fichiers; gestión de discos gestion disques.

gestionar *v tr & intr* faire des démarches (hacer gestiones) ▌ traiter, négocier; gestionar un negocio traiter une affaire ▌ essayer de procurer o d'obtenir, essayer de se procurer; le estoy gestionando los documentos en cuestión je suis en train d'essayer de vous procurer les documents en question.

gesto *m* [▷ SIN] grimace (mueca); hacer gestos faire des grimaces; torcer el gesto de dolor faire une grimace de douleur ▌ visage, mine *f*, air (semblante); un gesto desagradable une mine refrognée ▌ geste (ademán) ■ estar de buen gesto être de bonne humeur ▌ fruncir el gesto froncer les sourcils ▌ poner mal gesto faire la grimace, faire grise mine ▌ poner un gesto de enfado prendre un air furieux.
▌ SIN mímica mimique; pantomima pantomime; ademán manière; mueca grimace.

gestor, ra *m & f* gérant, e (administrador) ▌ gestor administrativo démarcheur.
◇ *adj & s m* gestionnaire ▌ INFORM gestor WWW gestionnaire WWW.

gestoría *f* agence (administrativa) ▌ cabinet *m* (de negocio).

gestual *adj* gestuel, elle.

Getas *n pr m pl* Gètes.

Getsemaní *n pr* GEOGR Gethsémani.

getulos *m pl* HIST Gétules.

géyser *m* geyser.
▌ OBSERV pl géyseres.

Ghana *n pr f* GEOGR Ghana *m*.

ghanés, esa *adj & s* ghanéen, enne.
▌ OBSERV pl ghaneses, ghanesas.

ghetto *m* ghetto.

giba *f* bosse ▌ FIG & FAM ennui *m*, embêtement *m*, empoisonnement *m* (lata).

gibado, da *adj* bossu, e (corcovado).

gibar *v tr* rendre bossu (jorobar) ▌ FIG & FAM assommer, ennuyer, empoisonner (fastidiar).

gíbaro, ra ➡ **jíbaro**.

gibelino, na *adj & s* HIST gibelin, e.

gibón *m* ZOOL gibbon (mono).

gibosidad *f* gibbosité, bosse.

giboso, sa *adj* bossu, e (corcovado).

Gibraltar *n pr* GEOGR Gibraltar; peñón, estrecho de Gibraltar rocher, détroit de Gibraltar.

gibraltareño, ña *adj & s* de Gibraltar.

giennense *adj & s* de Jaén (jaenés).

giga *f* gigue (danza).

gigabyte [xiɣaˈβait] *m* INFORM gigaoctet.

giganta *f* géante ▌ BOT tournesol *m* (girasol).

gigante *m* géant.

gigantea *f* (p us) tournesol *m* (girasol).

gigantesco, ca *adj* gigantesque.

gigantez *f* gigantisme *m*.
▌ OBSERV pl giganteces.

gigantismo *m* gigantisme.

gigantomaquia *f* gigantomachie.

gigantón, ona *m & f* géant, e [dans une mascarade].
➥ **gigantón** *m* (Amer) tournesol (girasol).

gigoló *m* gigolo.
▌ OBSERV pl gigolós.

gigote *m* hachis (carne picada).

gijonense; gijonés, esa *adj & s* de Gijón [Espagne].
▌ OBSERV pl gijonenses; gijoneses, gijonesas.

gil *adj* (Amer) FAM godiche; empoté, e (papanatas, incauto).

Gil *n pr* Gilles.

Gilberta *n pr* Gilberte.

Gilberto *n pr* Gilbert.

gilí ➡ **jilí**.
▌ OBSERV pl gilís.

gilipolla ➡ **jilipolla**.

gilipollada ➡ **jilipollada**.

gilipollez ➡ **jilipollez**.

gilvo, va *adj* miel [couleur de].

gimnasia *f* gymnastique ■ gimnasia correctiva, médica o terapéutica gymnastique corrective, médicale ▌ gimnasia deportiva gymnastique sportive ▌ gimnasia rítmica gymnastique rythmique ▌ gimnasia sueca gymnastique suédoise ■ FAM confundir la gimnasia con la magnesia prendre des vessies pour des lanternes.

gimnasiarca *m* gymnasiarque.

gimnasio *m* gymnase (para los deportes) ‖ gymnase (colegio en Alemania).

gimnasta *m & f* gymnaste.

gimnástico, ca *adj & s f* gymnastique ‖ paso gimnástico pas gymnastique, pas de gymnastique.

gímnico, ca *adj & s f* gymnique.

gimnosofista *m* gymnosophiste (brahamán).

gimnosperma *f* BOT gymnosperme.

gimnoto *m* ZOOL gymnote (pez).

gimoteador, ra *adj & s* pleurnicheur, euse.

gimotear *v intr* FAM pleurnicher, geindre.

gimoteo *m* pleurnichement.

gin ► ginebra.

gincana ► gymkhana.

gindama *f* FAM frousse (miedo).

ginebra; gin *f* gin *m*, genièvre *m* (licor) ‖ MÚS échelettes *pl* (xilófono) ‖ FIG confusión, désordre *m*, tohu-bohu (confusión) ‖ brouhaha *m* (ruido de voces).

Ginebra *n pr* GEOGR Genève.

ginebrada *f* galette feuilletée (torta).

ginebrés, esa; ginebrino, na *adj & s* genevois, e (de Ginebra).

gineceo *m* gynécée ‖ BOT gynécée, pistil.

ginecocracia *f* gynécocratie.

ginecofobia *f* MED gynécophobie, gynophobie.

ginecología *f* MED gynécologie.

ginecológico, ca *adj* MED gynécologique.

ginecólogo, ga *m & f* gynécologue.

ginecopatía *f* gynécopathie.

ginesta *f* genêt *m* (retama).

gineta *f* ZOOL genette (jineta).

ginger ale [ʒinʒereil] *m inv* boisson gazeuse au gingembre.

gingival *adj* ANAT gingival, e.

gingivitis *f inv* MED gingivite.

giobertita *f* giobertite [magnésite].

Gioconda *n pr* la Gioconda la Joconde.

giorno
  ► **a giorno** *loc adv ital* a giorno.

gipsómetro *m* gypsomètre.

gira *f* excursion (excursión) ‖ tournée (de un artista) ‖ gira campestre partie de campagne.

girado *m* COM tiré.

girador *m* COM tireur (de una letra de cambio).

giralda *f* girouette (veleta).

giraldete *m* rochet sans manches.

giraldilla *f* girouette (veleta) ‖ danse populaire asturienne (baile) ‖ TAUROM passe de muleta.

girándula *f* soleil *m* (fuegos artificiales) ‖ girandole (de un surtidor de agua) ‖ girandole (candelabro).

girante *adj* tournant, e (que gira).

girar *v intr* [▷ SIN] tourner; la Tierra gira alrededor del Sol la Terre tourne autour du Soleil; el camino gira a la izquierda le chemin tourne à gauche ‖ FIG tourner, être axé,

rouler; la conversación giraba en torno a la política la conversation tournait autour de la politique, la conversation était axée o roulait sur la politique ‖ COM tirer (letra de cambio) ‖ virer (una suma) ‖ AUTOM braquer; automóvil que gira bien automobile qui braque bien ▪ girar alrededor de tourner autour, être d'environ; el número de las víctimas gira alrededor de cien mil le nombre des victimes tourne autour de cent mille ‖ MECÁN girar loco tourner à vide ‖ girar sobre su eje tourner sur son axe, pivoter.
  ◇ *v tr* tourner ‖ girar una visita oficial faire o rendre une visite officielle.
  ▎ SIN voltear tournailler; remolinar tourbillonner; virar virer; rodar rouler.

girasol *m* BOT tournesol, soleil ‖ MIN girasol ‖ FIG courtisan (cortesano).

giratorio, ria *adj* tournant, e (que gira) ‖ pivotant, e (alrededor de un eje) ‖ giratoire (movimiento de rotación).

giravión *m* giravion.

girifalte *m* ZOOL gerfaut.

girino *m* gyrin (insecto) ‖ têtard (renacuajo).

giro *m* tour (movimiento circular) ‖ FIG tournure *f*, tour (de un negocio); tomar mal giro prendre une mauvaise tournure ‖ tournure *f* (de una frase); un giro arcaico une tournure archaïque ‖ COM virement ‖ FÍS giration *f* ▪ AUTOM ángulo de giro angle de braquage ‖ COM derechos especiales de giro droits spéciaux de tirage ‖ giro negociable effet de commerce ‖ giro postal virement o mandat postal, mandat-poste ‖ giro telegráfico mandat télégraphique ‖ AUTOM radio de giro rayon de braquage.

giro, ra *adj* (Amer) se dit des coqs o des poules roux rayé de noir.

girola *f* ARQ carole, nef contournant l'abside.

Girona ► **Gerona**.

Gironda *n pr m* GEOGR el Gironda la Gironde.

girondino, na *adj & s* HIST girondin, e (partido de la Revolución Francesa).

giropiloto *m* AVIAC gyropilote.

giroscópico, ca *adj* gyroscopique ‖ estabilizador giroscópico gyrostabilisateur.

giroscopio *m* gyroscope.

giróstato *m* gyrostat.

gis *m* (Amer) craie *f*.

Gisela *n pr* Gisèle.

giste *m* mousse *f* (de cerveza).

gitanada *f* action propre d'un Gitan ‖ FIG flagornerie, flatterie (halago).

gitanear *v intr* FIG fricoter, se livrer à de menus trafics.

gitanería *f* flagornerie, flatterie (halago) ‖ menus trafics *m pl* ‖ troupe de Gitans (tropa de gitanos) ‖ action propre d'un Gitan (hecho).

gitanilla *f* pendant *m* d'oreille de forme triangulaire.

gitanismo *m* mœurs *f pl* des Gitans (costumbres de los gitanos) ‖ mot o tournure *f* propre aux Gitans.

gitano, na *adj & s* gitan, e.
  ◇ *adj* FIG enjôleur, euse (zalamero).

  ► **gitano** *m* LING romani, tsigane, tzigane.

glabro, bra *adj* glabre (lampiño).

glaciación *f* glaciation.

glacial *adj* glacial.

glacialmente *adv* FIG glacialement, de glace.

glaciar *m* GEOL glacier.
  ◇ *adj* glaciaire; período glaciar période glaciaire.

glaciología *f*; **glaciarismo** *m* glaciologie *f*.

glaciólogo *m* glaciologue.

glacis *m inv* glacis (fortificación).

gladiador *m* gladiateur.

gladio; gladiolo; gladíolo *m* BOT glaïeul.

glande *m* ANAT gland.

glandífero; glandígero, ra *adj* BOT glandifère.

glándula *f* ANAT glande; glándula lacrimal glande lacrymale ▪ glándula de secreción interna glande à sécrétion interne ‖ glándula endocrina glande endocrine ‖ glándula pituitaria glande pituitaire ‖ glándula prostática prostate ‖ glándula sebácea glande sébacée ‖ glándula tiroides glande thyroïde.

glandular *adj* glandulaire.

glareola *f* ZOOL glaréole.

glasé *m* taffetas glacé ‖ (Amer) vernis (charol).

glaseado, da *adj* glacé, e.
  ► **glaseado** *m* glaçage (papel, repostería).

glasear *v tr* TECN glacer.

glasto *m* BOT pastel, guède *f*.

glaucio *m* BOT sorte de pavot.

glauco, ca *adj* glauque.

glaucoma *m* MED glaucome.

gleba *f* glèbe; siervo de la gleba serf de la glèbe.

glena *f* ANAT glène.

glenoideo, a *adj* glénoïde, glénoïdal, e.

glera *f* graviers *m pl* (cascajal).

glicemia ► **glucemia**.

glicerato *m* QUÍM glycéré.

gliceria *f* BOT glycérie.

glicérido *m* QUÍM glycéride *f*.

glicerina *f* QUÍM glycérine, glycérol *m*.

glicerofosfato *m* glycérophosphate.

glicerolato *m* QUÍM glycérolé.

glicina *f* BOT glycine.

glicocola *f* QUÍM glycocolle.

glicógeno ► **glucógeno**.

glicol *m* QUÍM glycol.

gliconio *adj & m* glyconien, glyconique (verso griego).

glifo *m* glyphe.

glioma *m* gliome (tumor).

glíptica *f* glyptique.

gliptodonte *m* ZOOL glyptodon, glyptodonte.

gliptogénesis *f inv* GEOL glyptogenèse.

gliptografía *f* glyptographie.

gliptoteca *f* glyptothèque.

global *adj* global, e.

globalidad *f* globalité.

globalización *f* globalisation.

globalizante *adj* globalisant, e.

globalizar [13] *v intr & tr* globaliser.

globalmente *adv* globalement.

globigerina *f* globigérine.

globo *m* globe (esfera) ∥ globe (de lámpara) ∥ [▷ SIN] ballon (aeróstato) ∥ ballon (juguete) ∥ chandelle *f* (fútbol) ∥ FAM canard, fausse nouvelle *f* ■ globo aerostático aérostat ∥ globo de ensayo ballon d'essai ∥ globo dirigible ballon dirigeable ∥ ANAT globo ocular o del ojo globe oculaire o de l'œil ∥ globo sonda ballon d'essai, ballon-sonde ∥ globo terráqueo o terrestre globe terrestre ■ deshincharse como un globo se dégonfler comme une baudruche ∥ (Amer) echar globos réfléchir ∥ en globo en bloc; se fueron en globo ils sont partis en bloc.
  ∥ SIN aeróstato aérostat; aeronave aéronef; mongolfiera montgolfière; dirigible dirigeable.

globular *adj* globulaire.

globularia *f* BOT globulaire.

globulina *f* globuline.

glóbulo *m* globule ∥ glóbulo blanco, rojo globule blanc, rouge.

glogló; glu glu *m* glouglou (de una botella) ∥ hacer glogló glouglouter.

glomérulo *m* glomérule.

gloria *f* [▷ SIN] gloire (honor, fama) ∥ ciel *m*, paradis *m* (cielo); ganar la gloria gagner le ciel ∥ gloire (esplendor) ∥ joie, bonheur *m*; es su gloria la lectura la lecture fait son bonheur ∥ dariole (pastelería) ∥ ARTES gloire (representación pictórica del cielo) ■ FAM dar gloria faire plaisir ∥ Dios le tenga en su gloria Dieu ait son âme ∥ estar en la gloria être aux anges o au septième ciel ∥ hacer gloria de una cosa se glorifier de quelque chose ∥ oler a gloria sentir merveilleusement bon ∥ ¡que Santa Gloria goce! Dieu ait son âme! ∥ saber a gloria être délicieux o exquis ∥ vivir sin pena ni gloria suivre o aller son petit bonhomme de chemin.
  ◇ *m* gloria (cántico o rezo).
  ∥ SIN honor honneur; fama renommée; celebridad célébrité.

gloriado *m* (Amer) grog.

gloria patri *m* gloria patri (plegaria).

gloriarse *v pr* se glorifier.

glorieta *f* tonnelle, cabinet *m* de verdure ∥ gloriette (cenador) ∥ rond-point *m* (encrucijada).

glorificación *f* glorification.

glorificador, ra *adj* glorificateur, trice.

glorificar [10] *v tr* [▷ SIN] glorifier.
  ➤ **glorificarse** *v pr* se vanter, se glorifier (gloriarse).
  ∥ SIN magnificar magnifier; exaltar, ensalzar exalter; divinizar diviniser; deificar déifier; alabar, loar, celebrar louer; honrar honorer.

gloriosamente *adv* glorieusement.

glorioso, sa *adj* glorieux, euse.
  ➤ **gloriosa** *f* la bienheureuse Vierge Marie.

glosa *f* glose (comentario) ∥ FIG note, remarque (observación) ∥ glose (composición poética) ∥ MÚS variation ∥ FIG hacer una glosa de faire le panégyrique de ∥ glosas emilianenses recueil de gloses relatives aux documents ecclésiastiques latins du Xe siècle.

▌ **GLOSAS EMILIANENSES**
Ce nom s'applique au recueil de gloses relatives aux documents ecclésiastiques latins du Xe siècle, écrites en langue vulgaire, c'est-à-dire en dialecte navarro-aragonais, et composées dans le monastère de san Millán de la Cogolla. Il s'agit en outre, du premier document écrit en langue espagnole, bien qu'il contienne également deux gloses en langue basque.

glosador, ra *m & f* critiquer, euse (que critica).
  ➤ **glosador** *m* glosateur, commentateur (que hace comentarios de textos).

glosar *v tr* gloser, annoter (comentar) ∥ FIG trouver à redire, critiquer, gloser (p us) ∥ commenter.

glosario *m* GRAM glossaire.

glose *m* glose *f*, annotation *f*.

glosina *f* glosine (mosca).

glositis *f inv* MED glossite.

glosofaríngeo, a *adj* glosso-pharyngien, enne.

glosopeda *f* VETER fièvre aphteuse.

glosotomía *f* MED glossotomie.

glótico, ca *adj* ANAT glottique.

glotis *f inv* ANAT glotte ∥ de la glotis de la glotte, glottal, e.

glotón, ona *adj* [▷ SIN] glouton, onne.
  ➤ **glotón** *m* ZOOL glouton.
  ∥ SIN voraz vorace; comilón gros mangeur; tragón, tragaldabas goinfre FAM; hambrón goulu.

glotonamente *adv* gloutonnement.

glotonear *v intr* manger gloutonnement, s'empiffrer.

glotonería *f* gloutonnerie.

glucemia; glicemia *f* MED glycémie.

glúcido *m* QUÍM glucide.

glucina *f* QUÍM glucine.

glucinio *m* MIN glucinium.

glucogénesis *f inv*; **glucogenia** *f* BIOL glycogenèse, glycogénie.

glucogénico *adj* MED glycogénique.

glucógeno; glicógeno *m* glycogène.

glucómetro *m* glucomètre.

gluconato *m* gluconate.

glucosa *f* QUÍM glucose *m* o *f*.

glucosado, da *adj* glucosé, e.

glucósido *m* QUÍM glucoside.

glucosuria *f* MED glycosurie.

glucosúrico, ca *adj* glycosurique.

glu glu ➥ **glogló**.

gluglutear *v intr* glouglouter (cloquear el pavo).

gluma *f* BOT glume.

glumilla; glumela *f* BOT glumelle.

gluten *m* QUÍM gluten.

glúteo, a *adj & s m* ANAT fessier, ère.

glutinoso, sa *adj* glutineux, euse.

gneis *m inv* GEOL gneiss.

gnéisico, ca *adj* gneisseux, euse; gneissique.

gneta *m* BOT gnète.

gnómico, ca *adj* gnomique.

gnomo *m* gnome (duende).

gnomón *m* gnomon (reloj de sol).

gnosis *f inv* FILOS gnose.

gnosticismo *m* FILOS gnosticisme.

gnóstico, ca *adj & s m* gnostique.

goajiro, ra ➥ **guajiro**.

goal *m* goal (fútbol).

gobernabilidad *f* la gobernabilidad de ese país es cada vez más difícil ce pays est de plus en plus difficile à gouverner.

gobernable *adj* gouvernable.

gobernación *f* gouvernement *m* (gobierno) ∥ Ministerio de la Gobernación ministère de l'Intérieur (en España).

gobernador, ra *adj* gouvernant, e (que gobierna).
  ➤ **gobernador** *m* gouverneur; gobernador militar, del Banco de España gouverneur militaire, de la Banque d'Espagne ∥ gobernador civil préfet.
  ➤ **gobernadora** *f* femme du gouverneur.

gobernalle *m* MAR gouvernail (timón).

gobernanta *f* gouvernante.

gobernante *adj & s* gouvernant, e.
  ◇ *m* FAM personne qui se mêle de commander.
  ➤ **gobernantes** *m pl* gouvernants, dirigeants (de un Estado).

gobernar [19] *v tr* gouverner (dirigir); gobernar un barco, un Estado gouverner en bateau, un État ∥ conduire (ir delante); gobernar una procesión conduire une procession.
  ◇ *v intr* MAR gouverner.
  ➤ **gobernarse** *v pr* se gouverner.

Gobi *n pr* GEOGR el desierto de Gobi le désert de Gobi.

gobiernista *adj* (Amer) gouvernemental, e.

gobierno *m* [▷ SIN] gouvernement ∥ gouverne *f*; se lo digo a usted para su gobierno je vous le dis pour votre gouverne ∥ information *f*; para su buen gobierno à titre d'information ∥ MAR gouvernail (timón) ■ gobierno absoluto gouvernement absolu ∥ gobierno autónomo gouvernement autonome ∥ Gobierno balear nom du gouvernement des îles Baléares ∥ Gobierno canario nom du gouvernement des îles Canaries ∥ gobierno central gouvernement central ∥ gobierno civil préfecture ∥ Gobierno de la comunidad nom du gouvernement de Madrid ∥ Gobierno de Navarra nom du gouvernement de Navarre ∥ gobierno de transición gouvernement de transition ∥ gobierno militar gouvernement militaire ∥ gobierno parlamentario gouvernement parlementaire ∥ gobierno presidencialista régime présidentiel.
  ∥ SIN dirección direction; administración administration; régimen régime; mando commandement; autoridad autorité.

gobio *m* gobie (pez de mar) ∥ goujon (pez de agua dulce).

goce *m* [▷ SIN] jouissance *f* (disfrute) ∥ plaisir; los goces del alma les plaisirs de l'âme.

SIN disfrute jouissance; **posesión** possession; **propiedad** propriété; **usufructo** usufruit; **uso** usage.

gocete m camail (armadura) ┃**BLAS** gousset.

godo, da adj gothique.

→ **godo** m **HIST** goth ┃ (ant) **FIG** noble, puissant; **hacerse de los godos** vouloir passer pour noble ┃(Amer) espagnol.

Godofredo n pr Godefroi, Geoffroi, Geoffroy.

GOE (abrev de Grupo de Operaciones Especiales) m unité d'intervention spéciale de l'armée espagnole, ≃ GIGN.

gofio m (Amer) farine f de maïs grillé (harina) ┃ sorte de pain d'épice.

gofo, fa adj grossier, ère (torpe).

gofrado m **TECN** gaufrage (estampado).

gofradora f gaufrier m ┃**TECN** gaufreuse.

gofrar v tr **TECN** gaufrer (estampar) ┃máquina de gofrar gaufreuse.

gofre m gaufre f.

gol m but, goal (tanto) ■ **DEP** área de gol terrain d'en-but (rugby) ┃ gol averaje goal-average (cociente) ┃ gol cantado occasion de but manquée┃gol fantasma but contesté┃lateral de gol touche de but (rugby)┃tiro a gol tir au but.

gola f gosier m, gorge (garganta) ┃gorgerin m (de armadura) ┃hausse-col m (insignia militar) ┃ gorge (fortificación) ┃**ARQ** cimaise (moldura); gola inversa cimaise renversée ┃**MAR** goulet m (paso o canal estrecho).

goleada f **DEP** & **FAM** carton m.

goleador m **DEP** buteur.

golear v tr **FAM** faire un carton.

goleta f **MAR** goélette (embarcación).

golf m golf (juego) ┃palo de golf club.

golfa f **FAM** dévergondée (sinvergüenza), dévoyée (perdida).

golfante m & f voyou m.

golfear v intr faire le polisson, se conduire en galopin.

golfería f **FAM** bande de gamins o de voyous (conjunto de pilluelos) ┃friponnerie (acción de un golfo).

golfillo m petit voyou, petit vaurien.

golfista m & f joueur, euse de golf.

golfo m [▷ SIN] golfe; el golfo de Vizcaya le golfe de Gascogne ┃ **FAM** voyou ┃ dévergondé, effronté (sinvergüenza) ┃ dévoyé (perdido).

> **SIN** bahía baie; ensenada anse; rada rade; abra havre; concha conche; cala, caleta, angra anse; crique; fiordo, ría fiord; estuario estuaire.

LOS GOLFOS
el golfo de Adén le golfe d'Aden;
el golfo de Bengala le golfe du Bengale;
el golfo de Botnia le golfe de Botnie;
el golfo de Cádiz le golfe de Cadix;
el golfo de California le golfe de Californie;
el golfo de Campeche le golfe de Campeche;
el golfo de Vizcaya le golfe de Gascogne;
el golfo de León le golfe du Lion;
el golfo de México le golfe du Mexique;
el golfo de Panamá le golfe de Panama;
el golfo Pérsico le golfe Persique;
el golfo de Siam le golfe de Thaïlande;
el golfo de Valencia le golfe de Valence.

Gólgota n pr m **GEOGR** el Gólgota le Golgotha.

goliardesco, ca adj débauché, e.

goliardo, da adj débauché, e.

→ **goliardo** m clerc o étudiant bambocheur [au Moyen Âge].

Goliat n pr Goliath.

golilla f golille (cuello) ┃rabat m (de magistrados) ┃plumes pl du cou des volailles (plumas) ┃**TECN** manchon m (tubo de empalme) ┃(Amer) foulard m [du paysan].

<> m **FIG** & **FAM** basochien, magistrat.

→ **golillas** f pl basoche f sing, gens de robe.

gollería f friandise (golosina) ┃**FIG** chose superflue, superflu m ┃**FAM** pedir gollerías en demander trop, demander la Lune.

golletazo m coup frappé sur le goulot d'une bouteille qu'on ne peut déboucher ┃**FIG** brusque point final (a un negocio) ┃**TAUROM** estocade f portée dans le cou du taureau de telle sorte qu'elle traverse les poumons.

gollete m cou (cuello) ┃goulot (de botella) ┃estar hasta el gollete en avoir par-dessus la tête (estar harto), être repu (haber comido mucho).

golondrina f **ZOOL** hirondelle (ave) ┃**MAR** vedette, hirondelle (barco de paseo), mouche, bateau-mouche (en París) ■ golondrina de mar hirondelle de mer (ave y pez) ┃una golondrina no hace verano une hirondelle ne fait pas le printemps ┃**FIG** & **FAM** voló la golondrina l'oiseau s'est envolé.

golondrino m petit de l'hirondelle, hirondeau (pollo de la golondrina) ┃hirondelle f de mer (pez) ┃(p us) **FIG** soldat déserteur (desertor)┃vagabond ┃**MED** abcès à l'aisselle.

golondro m **FAM** vif désir.

golosamente adv avec gourmandise.

golosear v intr manger des friandises.

golosina f [▷ SIN] friandise, gourmandise (manjar delicado) ┃sucrerie (dulce) ┃gourmandise (gula) ┃désir m, envie (deseo) ┃**FIG** & **FAM** amargar la golosina gâcher un plaisir.

> **SIN** dulce sucrerie; chuchería, gollería friandise.

golosinar; golosinear v intr manger des friandises.

goloso, sa adj & s gourmand, e.

<> adj appétissant, e (apetitoso) ┃tener muchos golosos faire beaucoup d'envieux.

golpazo m grand coup ┃cerrar la puerta de un golpazo claquer la porte.

golpe m [▷ SIN] coup; recibir un golpe recevoir un coup ┃heurt (encontronazo) ┃foule f, affluence f (gran cantidad de gente) ┃abondance f (abundancia) ┃coup dur, choc (desgracia) ┃ battement (del corazón) ┃**AGRIC** auget, pochet (hoyo para sembrar) ┃**TECN** pène dormant (de cerradura) ┃patte f d'une poche (cartera) ┃coup d'État, putsch (alzamiento militar) ┃**FIG** admiration f, étonnement ┃trait d'esprit (agudeza)┃saillie f, boutade f (salida)┃coup (en el juego) ┃ (Amer) revers (solapa) ┃masse f (mazo) ■ golpe bajo coup bas (en boxeo) ┃golpe de efecto coup de théâtre ┃golpe de Estado coup d'État ┃golpe de fortuna coup de chance o de fortune ┃ golpe de gracia coup de grâce ┃**ARTES** golpe de luz échappée de lumière ┃golpe de mano coup de main

┃golpe de mar coup o paquet de mer ┃golpe de pecho mea-culpa ┃golpe de tos quinte de toux ┃ golpe de vista coup d'œil ┃ golpe doble coup fourré (esgrima) ┃ **DEP** golpe franco coup franc ┃ golpe maestro coup de maître ┃ golpe preparado coup monté ■ a golpe de à coups de, à force de; a golpe de diccionario à coups de dictionnaire ┃a golpes à force de frapper (a porrazos), par à-coups (con intermitencia) ┃ a golpe seguro à coup sûr ┃ ¡buen golpe! bien parlé! ┃de golpe soudain, tout à coup, tout d'un coup ┃ de golpe y porrazo sans crier gare, tout à coup, à l'improviste (sin haber avisado), de but en blanc; decir algo de golpe y porrazo dire quelque chose de but en blanc ┃ de un golpe d'un seul coup (en una sola vez), net ┃romper de un golpe casser net ┃un golpe magistral un coup de maître ■ acusar el golpe accuser o marquer le coup ┃ **FAM** dar el golpe épater, étonner (asombrar), faire sensation (causar sensación) ┃ dar golpes frapper ┃dar un golpe faire un coup ┃ darse golpes de pecho se frapper la poitrine ┃ errar o fallar el golpe manquer son coup, taper à côté ┃más fue el susto que el golpe il y a eu plus de peur que de mal ┃ **FAM** no dar golpe se la couler douce, ne rien faire de ses dix doigts ┃ tener buenos golpes avoir de l'esprit, avoir de bonnes reparties ┃ tiene cada golpe il vous en sort de belles.

> **SIN** coscorrón coup; capirotazo chiquenaude; cogotazo calotte; trompazo, mamporro beigne; puñetazo horion; torniscón, manotazo torgniole; mojicón, porrazo gnon; piña, castaña, cate marron; torta, galleta claque; tarte; palo, trancazo coup de trique.

golpeador, ra adj & s frappeur, euse; qui frappe.

→ **golpeador** m (Amer) marteau [de porte] (aldaba).

golpear v tr & intr frapper.

> **SIN** percutir percuter; asestar asséner; batir battre; dar golpes frapper; golpetear tapoter.

golpetazo m grand coup ■ cerrar la puerta de un golpetazo claquer la porte ┃darse un golpetazo en la frente se cogner le front.

golpete m arrêt (de puerta o ventana).

golpetear v tr frapper à coups répétés o redoublés ┃ tapoter (dar pequeños golpes) ┃tambouriner (la lluvia).

golpeteo m coups pl répétés ┃cognement (de un motor).

golpetillo m cran d'arrêt (navaja).

golpismo m putschisme.

golpista adj & s putschiste.

golpiza f (Amer) volée de coups, raclée (paliza).

goma f gomme ┃ caoutchouc m (caucho); suelas de goma semelles en caoutchouc ┃ élastique m (cinta) ┃ **MED** gomme (tumor) ┃ goma adragante, arábiga gomme adragante, arabique ┃goma de borrar gomme [à effacer]┃goma de pegar colle ┃goma elástica gomme élastique, caoutchouc ┃goma guta, laca gomme-gutte, gomme-laque ■ borrar con goma gommer ┃ **FAM** (Amer) estar de goma avoir mal aux cheveux (el que ha bebido).

gomaespuma f Caoutchouc Mousse® m.

gomal *m* (*Amer*) plantation *f* de caoutchouc.

Gomera *n pr f* GEOGR Gomera.

gomero *m* gommier (árbol) ‖ (*Amer*) récolteur de caoutchouc.
◇ *adj* gommeux, euse; caoutchoutier, ère.

gomífero, ra *adj* BOT gommifère.

gomina *f* gomina.

Gomorra *n pr* GEOGR Gomorrhe.

gomorresina *f* gomme-résine.

gomosidad *f* viscosité.

gomoso, sa *adj* & *s* gommeux, euse ‖ malade de la gomme (que padece goma) ‖ FAM (*Amer*) ivre (borracho).
➤ **gomoso** *m* FAM gommeux (pisaverde).

gónada *f* gonade (glándula).

góndola *f* gondole (embarcación) ‖ (ant) omnibus *m* (ómnibus).

gondolero *m* gondolier.

gonfalón *m* gonfalon, gonfanon (bandera).

gonfalonero *m* gonfalonier, gonfanonier.

gonfosis *f inv* ANAT gomphose.

gong *m* gong.

gongorismo *m* gongorisme, préciosité *f* (culteranismo).

gongorizar [13] *v intr* parler, écrire avec recherche.

goniógrafo *m* MIL goniographe.

goniometría *f* goniométrie.

goniómetro *m* goniomètre.

gonococia *f* MED gonococcie.

gonocócico, ca *adj* MED gonococcique.

gonococo *m* MED gonocoque.

gonopodio *m* ZOOL gonopode.

gonorrea *f* MED gonorrhée, blennorragie.

Gonzalo *n pr* Gonzalve.

gordal *adj* (p us) gros, osse.

gordana *f* oing *m* (unto), graisse (grasa).

gordetillo *m* grasset (del caballo).

gordiano *adj m* gordien; cortar el nudo gordiano trancher le nœud gordien.

gordiflón, ona; gordinflón, ona *adj* FAM rondelet, ette; grassouillet, ette.
➤ **gordiflón; gordinflón** *m* FAM gros père, patafouf.
➤ **gordiflona; gordinflona** *f* FAM grosse mémère.

gordo, da *adj* gros, osse; un hombre gordo un homme gros; hilo gordo du gros fil ‖ gras, grasse; tocino gordo lard gras ‖ FIG & FAM important, e; de poids; hemos tratado con gente gorda nous avons fréquenté des gens importants ‖ énorme, considérable ■ agua gorda eau dure ‖ lengua gorda langue pâteuse ‖ FIG & FAM peces gordos grosses légumes, huiles ‖ premio gordo gros lot (lotería) ‖ vacas gordas vaches grasses ■ FAM algo gordo ha ocurrido il s'est passé quelque chose de sérieux ‖ de los gordos, de las gordas beau, belle; fameux, euse; de taille; es una tontería de las gordas c'est une belle idiotie ■ FAM caer gordo taper sur le système, casser les pieds ‖ FIG hacer la vista gorda faire semblant de ne pas voir, fermer les yeux ‖ FAM reventar de gordo crever dans sa peau.
➤ **gordo** *m* gras (manteca); no me gusta la carne con gordo je n'aime pas la viande qui a du gras ‖ gros lot (lotería); tocarle a alguien el gordo FIG & FAM toucher le gros lot ‖ esta carne tiene mucho gordo cette viande a beaucoup de gras o est très grasse.
➤ **gorda** *f* FIG & FAM pièce de 10 centimes ■ FAM armar la gorda faire les quatre cents coups ‖ FIG & FAM estar sin una gorda être sans le sou, ne pas avoir le sou ‖ FAM se va a armar la gorda ça va barder, ça va chauffer, il va y avoir du grabuge.

┌─ GORDO ────────────────
│ Un gros lot est attribué à chaque tirage de la
│ Loterie nationale en Espagne, en particulier
│ à Noël.
└────────────────────────

gordolobo *m* BOT bouillon-blanc, molène *f* (verbasco).

gordura *f* graisse (grasa) ‖ dureté (agua) ‖ embonpoint *m* (corpulencia) ‖ (*Amer*) crème (nata).

gorgojarse; gorgojearse *v pr* AGRIC se charançonner (semillas).

gorgojo *m* charançon (insecto) ‖ FIG & FAM nabot, bout d'homme (chisgarabís).

Gorgonas *n pr f pl* MITOL Gorgones.

gorgonzola *m* gorgonzola (queso italiano).

gorgorita *f* bulle (burbuja).
➤ **gorgoritas** *pl* MÚS roulades (gorgoritos).

gorgoritear *v intr* MÚS faire des roulades.

gorgoritos *m pl* MÚS roulades *f* FAM.

gorgorota *f* gorgée, lampée FAM.

gorgotear *v intr* gargouiller.

gorgoteo *v intr* gargouillement, gargouillis.

gorguera *f* gorgerette, collerette (cuello) ‖ gorgerin *m* (de armadura) ‖ BOT involucre *m*.

gorguz *m* (*Amer*) pointe *f* de la pique des vachers.
■ OBSERV *pl* gorguces.

gori *m* FAM raffut; armar gori faire du raffut.

gorigori *m* FAM chant funèbre.

gorila *m* ZOOL gorille.

gorja *f* gorge (garganta).

gorjal *f* collet *m* (de la ropa sacerdotal) ‖ gorgerin *m* (de la armadura).

gorjear *v intr* gazouiller (los pájaros) ‖ MÚS faire des roulades (hacer gorgoritos) ‖ (*Amer*) se moquer.
➤ **gorjearse** *v pr* gazouiller, babiller (los niños).

gorjeo *m* gazouillement (de los pájaros) ‖ roulade *f* (canto) ‖ gazouillement, babil, gazouillis (balbuceo del niño).

gorobeto *m* (*Amer*) bossu.

gorra *f* casquette (con visera) ‖ béguin *m*, bonnet *m* (de niño) ‖ toque (de jockey) ‖ MIL bonnet *m* à poil (de granaderos) ■ gorra de cuartel bonnet de police ‖ gorra de plato casquette.
◇ *m* FIG & FAM pique-assiette *m inv* (gorrón) ■ FAM de gorra à l'œil, gratis; comer de gorra manger à l'œil ‖ pasar la gorra tendre la main ‖ vivir de gorra vivre en parasite.

gorrear *v intr* (*Amer*) vivre en parasite.

gorrero, ra *m* & *f* casquettier, ère.
➤ **gorrero** *m* FAM parasite, pique-assiette (gorrista).

gorrín *m* goret (gorrino).

gorrinada; gorrinería *f* cochonnerie.

gorrino, na *m* & *f* goret *m*, cochonnet *m* (cerdo pequeño) ‖ cochon (cerdo) ‖ FAM cochon *m*, goret *m* (sucio).

gorrión *m* ZOOL moineau (pájaro) ‖ FAM moineau, loustic (zorrastrón); ¡menudo gorrión! drôle de moineau o de loustic! ‖ gosse (chiquillo) ‖ (*Amer*) colibri (colibrí).

gorriona *f* moineau *m* femelle ‖ FAM gosse (chiquilla).

gorrista *adj* & *s* FAM parasite (gorrón).

gorro *m* bonnet; gorro catalán, de dormir, de goma, frigio bonnet catalan, de nuit, de bain, phrygien ‖ bonnet, toque *f* (de cocinero) ‖ calot (de militar) ■ FAM (*Amer*) apretarse el gorro prendre ses cliques et ses claques ‖ FIG & FAM estar hasta el gorro en avoir ras la casquette (estar harto) ‖ poner el gorro assommer, ennuyer.

gorrón *m* galet (guijarro) ‖ capelan (gusano de seda) ‖ (p us) rillons *pl* (chicharrón) ‖ MECÁN pivot, fusée *f* d'essieu, tourillon.

gorrón, ona *adj* de parasite ‖ pasa gorrona gros raisin sec.
◇ *adj* & *s* (*Amer*) égoïste.
◇ *m* & *f* parasite *m*, pique-assiette *m*.

gorronear *v intr* FAM vivre en parasite.

gorronería *f* FAM parasitisme *m*.

gota *f* goutte (de líquido) ‖ ARQ & MED goutte ‖ goutte, soupçon *m*; una gota de vino une goutte de vin ■ cuatro gotas trois gouttes, quelques gouttes ‖ gota a gota goutte à goutte ‖ MED gota coral épilepsie ‖ gota militar goutte militaire, blennorragie ‖ la última gota hace rebasar la copa c'est la goutte d'eau qui fait déborder le vase ‖ no ver ni gota n'y voir goutte ‖ parecerse como dos gotas de agua se ressembler comme deux gouttes d'eau ‖ sudar la gota gorda suer à grosses gouttes, suer sang et eau ‖ MED transfusión gota a gota goutte-à-goutte.

goteante *adj* dégouttant, e; qui tombe goutte à goutte.
■ OBSERV Nótese las dos t de dégouttant.

gotear *v intr* dégoutter, tomber goutte à goutte, goutter (caer gota a gota); el agua gotea del tejado l'eau tombe du toit goutte à goutte ‖ couler (un grifo) ‖ pleuviner (llover) ‖ FIG & FAM recevoir (recibir) o donner (dar) au compte-gouttes.

goteo *m* dégouttement ‖ goteo de pintura coulure de peinture.

gotera *f* gouttière (canalón) ‖ fuite d'eau (en un techo) ‖ pente (cenefa) ‖ gouttière (enfermedad de los árboles).
➤ **goteras** *f pl* FIG infirmités (achaques) ‖ (*Amer*) faubourgs *m* (arrabales), environs *m* (afueras).

goterear *v intr* (*Amer*) dégoutter, tomber goutte à goutte.

gotero *m* (*Amer*) compte-gouttes *inv*.

goterón *m* ARQ larmier (canalón) ‖ grosse goutte *f*.

gótico, ca *adj* gothique; lengua, letra gótica langue, lettre gothique ‖ FAM niño gótico bêcheur, petit gommeux.
➤ **gótico** *m* gothique; gótico flamígero gothique flamboyant.

gotoso, sa *adj* & *s* MED goutteux, euse.

gourmet — **gurmet**.

goyesco, ca *adj* caractéristique de Goya.

gozada *f* FAM ¡es una gozada! c'est le pied!

gozar [13] *v intr* jouir ‖ se réjouir; gozo con su visita je me réjouis de sa visite ‖ gozar del beneficio de duda bénéficer d'un doute.
◇ *v tr* jouir de; gozar buena salud jouir d'une bonne santé.
◆ **gozarse** *v pr* se plaire, se complaire; gozarse en hacer daño se plaire à faire le mal ‖ FAM gozarla passer du bon temps, s'en payer (divertirse), se régaler; la voy a gozar je vais me régaler.

gozne *m* gond.

gozo *m* joie *f* (alegría); saltar de gozo sauter de joie ‖ FIG flambée *f* (llamarada) ■ mi gozo en un pozo c'est bien ma veine, tout est tombé à l'eau ‖ no caber en sí de gozo ne pas se sentir o se tenir de joie.
◆ **gozos** *m pl* cantique *sing* en l'honneur de la Vierge.

gozoso, sa *adj* joyeux, euse (alegre).

gozque *m* roquet (perro).

gozquejo *m* petit roquet.

g/p; g.p. (abrev escrita de giro postal) mandat-poste.

GP (abrev de gran premio) *m* GP.

Graal; Grial *n pr m* Graal; el Santo Graal o Grial le Saint Graal.

grabación *f* enregistrement *m* (discos, cinta magnetofónica) ‖ INFORM grabación de datos enregistrement de données.

grabado *m* gravure *f*; grabado al agua fuerte, punteado, en hueco, a media tinta, en dulce, en cobre, en madera gravure à l'eauforte, au pointillé, en creux, en demi-teinte, en tailledouce, sur cuivre, sur bois ‖ gravure *f*, image *f* (estampa) ‖ enregistrement (discos, cinta magnetofónica, etc.).

grabador, ra *adj* d'enregistrement (de discos, etc.) ‖ grabador de cinta magnétophone.
◆ **grabador** *m* graveur.

grabar *v tr* graver; grabar al buril, en madera graver au burin, sur bois ‖ enregistrer (discos, cintas magnetofónicas) ‖ FIG graver, enregistrer; grabar en su memoria graver dans sa mémoire.

gracejada *f* (*Amer*) plaisanterie, clownerie.

gracejar *v intr* plaisanter (bromear).

gracejo *m* badinage (modo de decir festivo y elegante) ‖ esprit (chiste).

gracia *f* grâce (divina) ‖ grâce, faveur (favor); conceder una gracia accorder une grâce ‖ grâce (indulto) ‖ grâce (atractivo, donaire); bailar con gracia danser avec grâce ‖ charme *m* (atractivo); no es guapa pero tiene cierta gracia elle n'est pas belle, mais elle a un certain charme ‖ plaisanterie (broma), bon mot *m* (chiste); siempre está diciendo gracias il fait toujours des plaisanteries ‖ FAM drôle de tour *m* (mala pasada); me hizo una gracia que me ha costado la broma de un millón de francos il m'a joué un drôle de tour qui m'a coûté la bagatelle d'un million de francs ‖ a la gracia de Dios à la grâce de Dieu ‖ de gracia gratis ‖ RELIG en estado de gracia en état de grâce ‖ falta de gracia fadeur (de una cara) ‖ por obra y gracia del Espíritu Santo par l'opération du Saint-Esprit ‖ sin gracia fade; facciones sin gracia traits fades ■ ahí está la gracia tout est là ‖ caer en gracia plaire ‖ estar en gracia cerca de alguien être en grâce auprès de quelqu'un, jouir des bonnes grâces de quelqu'un ‖ hacer gracia être sympathique, revenir (agradar); este hombre no me hace gracia cet homme ne me revient pas; amuser (un chiste, una broma) ‖ hacer gracia de faire grâce de ‖ hacer gracia de s'amuser à, se mettre à ‖ hacerle a uno poca gracia ne pas plaire beaucoup, ne pas dire grand-chose ‖ FAM más vale caer en gracia que ser gracioso le savoir-faire vaut mieux que le savoir ‖ no tener ni pizca de gracia n'avoir rien de drôle ‖ tener gracia être amusant; tiene mucha gracia il est très amusant ‖ tener toda la gracia avoir de l'esprit à revendre, être drôle comme tout.
◆ **gracias** *f pl* remerciements *m*, mercis *m* (agradecimiento); miles de gracias mille mercis ‖ MITOL Grâces; las Tres Gracias les trois Grâces ■ RELIG acción de gracias action de grâces ‖ gracias a grâce à (por intervención, por causa de) ‖ gracias por merci de; gracias por haber venido merci d'être venu ‖ y gracias si on peut s'estimer heureux si ‖ dándole las gracias en vous remerciant ‖ dar gracias al cielo rendre grâce au ciel ‖ dar las gracias remercier, dire merci ‖ no estar para gracias ne pas avoir envie de plaisanter.
◆ **¡gracias!** *interj* merci! ■ ¡gracias a Dios!, ¡a Dios gracias! grâce à Dieu ‖ ¡muchas gracias! merci bien!, merci beaucoup!, je vous remercie! ‖ FAM ¡qué gracia tiene! comme c'est drôle! ‖ ¡tiene muy poca gracia!, ¡maldita la gracia que tiene esto!, ¡menuda gracia tiene! ce n'est pas drôle du tout!

Graciano *n pr* Gratien.

grácil *adj* gracile.

gracilidad *f* gracilité.

graciola *f* BOT gratiole.

graciosamente *adv* avec grâce (con gracia) ‖ gracieusement, à titre gracieux (de balde) ‖ galamment (galantemente).

gracioso, sa *adj* spirituel, elle; amusant, e; drôle (divertido) ‖ drôle, comique (cómico) ‖ gracieux, euse; charmant, e (encantador) ‖ gentil, ille (simpático) ‖ gracieux, euse; gratuit, e (gratuito) ‖ MÚS gracioso.
◆ **gracioso** *m* TEATR gracioso [bouffon de la comédie espagnole], pitre ■ FAM hacerse el gracioso faire l'imbécile, faire le pitre ‖ lo gracioso de la cosa ce qu'il y a de drôle dans cette histoire.
◆ **graciosa** *f* TEATR soubrette.

grada *f* degré *m*, marche (peldaño) ‖ gradin *m* (de anfiteatro); dispuesto en gradas en gradins ‖ degré *m* (al pie del altar) ‖ grille (celosía, verja de locutorio) ‖ AGRIC herse ‖ MAR chantier *m*, cale; grada de construcción cale de construction ‖ buque en grada navire sur chantier; grúa de grada grue de cale.

gradación *f* gradation.

gradar *v tr* AGRIC herser.

gradería *f*; **graderío** *m* degrés *m pl* ‖ gradins *m pl* (del estadio) ‖ gradería cubierta tribune.

gradiente *m* pente *f* (declive) ‖ FÍS gradient.

gradilla *f* petite échelle ‖ TECN calibre *m* (molde para ladrillos).

grado *m* degré; diez grados bajo cero dix degrés au-dessous de zéro; este vino tiene once grados ce vin a onze degrés ‖ degré (de parentesco, de jerarquía); primo en tercer grado cousin au troisième degré ‖ degré (peldaño) ‖ teneur *f*, titre (alcohol) ‖ grade (del aceite) ‖ taux; grado de invalidez taux d'invalidité ‖ stade (fase); los diferentes grados de una evolución les différents stades d'une évolution ‖ grade (título universitario, militar) ‖ année *f*; alumno del segundo grado élève de deuxième année ‖ GEOM grade ■ MAT de segundo grado du second degré, quadratique (ecuación) ‖ en mayor o menor grado sur une plus ou moins grande échelle ‖ en sumo o último o alto grado, en grado superlativo au dernier degré, au plus haut point.

grado *m* gré (voluntad) ‖ grâce *f*; hacer algo de mal grado faire quelque chose de mauvaise grâce ■ de buen grado de bon gré; de mal grado de mauvais gré ‖ de buen o mal grado bon gré mal gré ‖ de grado o por fuerza de gré ou de force ‖ mal de mi, de tu, de su grado malgré moi, toi, lui, elle; contre mon, ton, son gré.

graduable *adj* réglable; tirantes graduables bretelles réglables.

graduación *f* graduation ‖ degré *m*, titre *m* (en alcohol) ‖ FÍS titrage *m* ‖ MIL grade *m* ‖ determinar la graduación titrer.

graduado, da *adj* gradué, e; escala graduada échelle graduée ‖ diplômé, e; graduado en la Universidad diplômé de l'Université.

graduador *m* graduateur ‖ vis *f* de réglage (tornillo).

gradual *adj* & *s m* graduel, elle.

gradualmente *adv* graduellement.

graduando *m* personne *f* sur le point de recevoir un grade universitaire.

graduar [6] *v tr* graduer (un termómetro) ‖ échelonner (escalonar) ‖ MIL conférer un grade, élever au grade de, nommer; graduar de capitán nommer capitaine ‖ titrer (vino, alcohol, etc.).
◆ **graduarse** *v pr* MIL être élevé au grade de ‖ être reçu, e; recevoir le titre de; graduarse de bachiller être reçu au baccalauréat; se graduó de lincenciado en letras il a été reçu à la licence ès lettres.

gradus *m* gradus (diccionario poético).

grafema *m* GRAM graphème.

graffiti *m pl* graffiti.
▮ OBSERV pl graffiti o graffitis.

grafía *f* graphie.

gráficamente *adv* graphiquement.

gráfico, ca *adj* graphique ‖ FIG imagé, e; me hizo una descripción muy gráfica il m'a fait une description très imagée ‖ photographique; reportaje gráfico reportage photographique ‖ las artes gráficas les arts graphiques.
◆ **gráfico** *m* graphique (dibujo) ‖ gráfico de tartas camembert (estadísticas).
◆ **gráfica** *f* graphique (técnica).

gráfila *f* grènetis *m* (de moneda).

grafilar *v tr* moleter; aro grafilado bague moletée.

grafismo *m* graphisme.

grafista *m & f* graphiste.

grafitero, ra *m & f* FAM graffiteur, euse.

grafítico, ca *adj* graphitique.

grafito *m* MIN graphite.

grafología *f* graphologie.

grafológico, ca *adj* graphologique.

grafólogo *m* graphologue.

grafomanía *f* graphomanie.

grafometría *f* graphométrie.

grafómetro *m* TECN graphomètre.

grafoscopio *m* graphoscope.

gragea *f* dragée (medicamento).

graja *f* corneille (ave).

grajear *v intr* croasser (graznar).

grajera *f* nid *m* de corbeaux.

grajiento, ta *adj* (*Amer*) qui sent mauvais.

grajo *m* crave (ave) ▌ (*Amer*) gousset (ant), odeur *f* nauséabonde (mal olor).

grama *f* BOT chiendent *m* ▌ grama de olor flouve.

gramal *m* terrain couvert de chiendent.

gramalote *m* (*Amer*) panic (hierba).

gramática *f* grammaire; gramática comparada, descriptiva, estructural, generativa, histórica, normativa, transformacional grammaire comparée, descriptive, structurale, générative, historique, normative, transformationnelle ▌ FAM gramática parda débrouillardise, système D.

gramatical *adj* grammatical, e.

gramático, ca *adj* grammatical, e.
◇ *m & f* grammairien, enne.

gramen *m* BOT gramen (grama).

gramil *m* trusquin, troussequin (herramienta).

gramilla *f* broie (agramadera) ▌ BOT gramilla blanca grand chiendent.

gramíneas *f pl* BOT graminées, graminacées.

gramo *m* gramme.

gramófono *m* gramophone.

gramola *f* phonographe *m*.

gramómetro *m* IMPR fondeur de caractères.

grampa *f* (*Amer*) agrafe.

grampillón *m* crampillon (horquilla).

gran *adj* grand, e.
▌ OBSERV Apocope de grande, gran s'emploie devant un substantif singulier.

grana *f* grenaison (acción de granar) ▌ graine (semilla) ▌ ZOOL cochenille (cochinilla) ▌ kermès *m* (quermes) ▌ écarlate (color o tela) ▪ capa de grana manteau écarlate ▌ dar grana monter en graine (las plantas) ▌ enrojecer como la grana devenir rouge comme une écrevisse.
◇ *adj* écarlate (color).

granada *f* BOT grenade ▌ MIL grenade; granada de mano, de profundidad grenade à main, sous-marine ▌ obus *m* (de cañón).

Granada *n pr* GEOGR Grenade (en España).
◇ *n pr f* Grenade (en las Antillas).

granadera *f* MIL grenadière.

granadero *m* MIL grenadier (soldado).

granadilla *f*; **granadillo** *m* BOT grenadille *f*.

granadino, na *adj & s* grenadin, e (de Granada).
➥ **granadina** *f* grenadine (jarabe) ▌ chant *m* andalou (canto andaluz) ▌ grenadine (tejido).

granado *m* BOT grenadier (arbusto).

granado, da *adj* grenu, e (espiga) ▌ FIG remarquable, illustre (notable) ▌ mûr, e; expert, e (maduro) ▌ épanoui, e; jóvenes granados jeunes gens épanouis ▪ de lo más granado trié sur le volet ▌ lo más granado la crème ▌ trigo granado blé nourri.

granalla *f* grenaille (de metal, carbón).

granar *v tr & intr* BOT grener, monter en graine ▌ FIG s'épanouir (los jóvenes) ▌ sin granar en herbe.

granate *m* MIN grenat ▌ granate almandino almandin.
◇ *adj* grenat (color).

granazón *f* grenaison ▌ FIG épanouissement *m* (de las personas).

Gran Barrera *n pr f* GEOGR la Gran Barrera la Grande Barrière.

Gran Bretaña *n pr f* GEOGR Grande-Bretagne.

Gran Canaria *n pr f* GEOGR Grande Canarie.

grancilla *f* charbon *m* calibré.

grande *adj* [▷ SIN] grand, e ▌ (*Amer*) d'un certain âge (de cierta edad) ▪ a lo grande en grand ▌ en grande en gros, en bloc (en conjunto) ▌ le queda grande este vestido ce vêtement est trop grand pour vous ▌ FIG & FAM ¡mira que esto es grande! c'est un peu fort!, c'est un comble! ▌ pasarlo en grande s'amuser comme un fou, s'en donner à cœur-joie ▌ ver en grande voir grand ▌ ver las cosas en grande voir les choses en grand ▌ vivir a lo grande vivre sur un grand pied, mener grand train.
◇ *m* grand; grande de España grand d'Espagne ▌ grand (niño mayor).
◇ *f* (*Amer*) le gros lot.
▌ OBSERV [▻ grand].
▌ SIN importante important; considerable considérable.

grandemente *adv* grandement.

grandeza *f* grandeur; grandeza de carácter grandeur de caractère ▌ grandesse (dignidad de grande de España).

grandilocuencia *f* grandiloquence.

grandilocuente; grandílocuo, cua *adj* grandiloquent, e; pompeux, euse.

grandiosidad *f* magnificence, grandeur; la grandiosidad del espectáculo la magnificence du spectacle.

grandioso, sa *adj* grandiose.

grandísono, na *adj* POÉT pompeux, euse.

grandor *m* grandeur *f* (tamaño).

grandote, ta *adj* FAM trop grand, e ▌ FAM una chica grandota une perche.

grandullón, ona *adj* FAM trop grand ▌ un chico grandullón un échalas.

graneado, da *adj* grené, e (granulado) ▌ MIL fuego graneado feu roulant.
➥ **graneado** *m* MIL grenage (de la pólvora) ▌ grenure *f* (del cuero, tejido, metal).

granear *v tr* semer (sembrar el grano) ▌ TECN grener (para el grabado al humo).

granel
➥ **a granel** *loc adv* en vrac; trigo a granel blé en vrac ▌ au détail; colonia a granel eau de Cologne au détail ▌ FIG à foison (en abundancia).

granelero *m* MAR céréalier (barco).

granero *m* grange *f*, grenier ▌ FIG un grano no hace granero pero ayuda al compañero les petits ruisseaux font les grandes rivières.

granillo *m* petit grain ▌ VETER bouton.

granítico, ca *adj* granitique, graniteux, euse.

granito *m* MIN granit, granite (roca) ▌ MED petit bouton (en la piel) ▌ petit grain (grano pequeño) ▌ FIG echar su granito de sal mettre son grain de sel.

granitoideo, a *adj* granitoïde.

granívoro, ra *adj* granivore.

granizada *f* grêle, chute de grêle (de granizo) ▌ FIG grêle; una granizada de golpes une grêle de coups ▌ boisson glacée, granité *m* (bebida).

granizado *m* boisson *f* glacée, granité.

granizar [13] *v impers* grêler.

granizo *m* grêle *f* ▌ grêlon (grano de la granizada).

granja *f* ferme; granja colectiva ferme collective; granja modelo ferme modèle ▌ exploitation [rurale]; granja avícola exploitation avicole.

granjear *v intr* (p us) commercer, trafiquer ▌ MAR gagner (avanzar).
◇ *v tr* (*Amer*) voler (robar).
➥ **granjearse** *v pr* gagner (conquistar); granjearse la confianza de gagner la confiance de ▌ se granjeó su afecto il gagna son affection ▌ acquérir; granjearse una buena reputación acquérir une bonne réputation ▌ granjearse el desprecio general encourir le mépris général.

granjero, ra *m & f* fermier, ère.
▌ SIN cortijero fermier; aparcero, colono métayer.

grano *m* grain (de los cereales, de uva) ▌ graine *f* (semilla) ▌ grain (partícula); grano de arena grain de sable ▌ MED bouton (tumorcillo) ▌ grain (medida de peso) ▌ grain (aspereza de la piedra, cueros, etc.) ▌ grumelure *f* (metal) ▌ FOT grain ▪ apartar el grano de la paja séparer le bon grain de l'ivraie ▌ ir al grano aller au fait, aller droit au but, ne pas y aller par quatre chemins ▌ no es grano de anís ce n'est pas une petite affaire, ce n'est pas de la petite bière FAM, ce n'est pas du gâteau FAM ▌ seis mil dólares no son ningún grano de anís six mille dollars ne sont pas une bagatelle.

granoso, sa *adj* grenu, e; cuero granoso cuir grenu.

granuja *f* raisin *m* égrappé (uva) ▌ FAM marmaille (banda de granujas).
◇ *m* [▷ SIN] FAM galopin, garnement (pilluelo), voyou, fripouille *f* (canalla).
▌ SIN golfo voyou; pícaro garnement; canalla canaille; tuno sacripant; perdido dévoyé; chulo mauvais garçon.

granujada; granujería *f* friponnerie.

granujiento, ta *adj* boutonneux, euse.

granujilla *m* FAM petit coquin.

granulado, da *adj & s m* granulé, e.

granular *adj* granulaire.

granular *v tr* granuler.

➡ **granularse** *v pr* se couvrir de boutons.

granulia *f* MED granulie (tuberculosis miliar).

granulita *f* MIN granulite.

gránulo *m* granule.

granuloma *m* MED granulome.

granuloso, sa *adj* granuleux, euse.

granza *f* BOT garance (rubia) ▌charbon *m* calibré (carbón).

➡ **granzas** *f pl* criblures (de las semillas) ▌MIN crasses, scories▐résidus *m* de tamisage du gypse ▌(*Amer*) marc *m sing*, dépôt *m* (de una bebida).

granzón *m* MIN rognon (de mineral).

granzoso, sa *adj* mal criblé, e.

grao *m* plage *f* ▌el Grao le port de Valence (España).

grapa *f* crampon *m* (laña) ▌agrafe (para el papel) ▌ARQ & MED agrafe ▌VETER malandre, grappe (en los pies del caballo) ▌(*Amer*) boisson alcoolique ■ coser con grapas agrafer ▌sujeción con grapas agrafage.

grapadora *f* agrafeuse.

grapar *v tr* agrafer.

grapo (abrev de Grupos de Resistencia Antifascista Primero de Octubre) *m* membre des GRAPO.

GRAPO (abrev de Grupos de Resistencia Antifascista Primero de Octubre) *m pl* GRAPO.

grasa *f* graisse (cuerpo graso); grasa vegetal graisse végétale ▌crasse (mugre, suciedad) ▌gomme de genévrier (del enebro) ▌sandaraque (grasilla).

➡ **grasas** *f pl* MIN scories, crasses ■ FAM criar grasa grossir ▌echar grasa en el abdomen prendre du ventre.

grasera *f* pot *m* à graisse (vasija) ▌lèchefrite (de cocina).

grasero *m* MIN crassier.

grasiento, ta *adj* graisseux, euse.

grasilla *f* sandaraque (resina).

graso, sa *adj* gras, grasse; cuerpo graso corps gras.

▌ SIN grasiento graisseux; aceitoso huileux; untuoso onctueux.

grasones *m pl* bouillie *f sing* de blé et de lait sucré.

grasoso, sa *adj* graisseux, euse; gras, grasse.

grasura *f* graisse.

grata *f* TECN brunissoir *m* (de platero).

gratamente *adv* agréablement (agradablemente) ▌plaisamment, avec plaisir (con agrado).

gratar *v tr* TECN brunir (bruñir la plata o el oro).

gratén; gratín *m* CULIN gratin; lenguado al gratén sole au gratin ▌CULIN guisar al gratén gratiner.

gratificación *f* gratification.

gratificante *adj* gratifiant, e.

gratificar [10] *v tr* gratifier.

grátil; gratil *m* MAR têtière *f* (de la vela) ▌envergure *f* (anchura de una verga).

gratín ➡ **gratén**.

gratinado, da *adj* gratiné, e.

➡ **gratinado** *m* gratin; hacer el gratinado mettre à gratiner.

gratinar *v tr* gratiner.

gratis *adv* gratis (de balde).

▌ SIN gratuitamente gratuitement; graciosamente gracieusement; de balde gratis, à l'œil FAM; regalado donné.

gratitud *f* gratitude.

grato, ta *adj* agréable; grato al paladar agréable au palais; grato de oír agréable à entendre ▌plaisant, e (placentero) ▌cher, ère; fórmula grata a formule chère à ■ en espera de sus gratas noticias dans l'attente de vos bonnes nouvelles ▌me es muy grato decirle je suis très heureux de vous dire ▌recuerdo grato doux souvenir, souvenir agréable.

gratuidad *f* gratuité.

gratuitamente *adv* gratuitement.

gratuito, ta *adj* gratuit, e.

grava *f* gravier *m*.

gravamen *m* charge *f*; libre de gravamen franc de charges.

gravar *v tr* grever (imponer gravamen); gravar un país con impuestos grever un pays d'impôts ▌peser (cargar).

grave *adj* grave; enfermedad, hombre, voz grave maladie, homme, voix grave ▌FIG grave (serio) ▌MÚS grave ▌FÍS grave, pesant, e (atraído por la tierra) ■ accidente de consecuencias graves accident lourd de conséquences ▌GRAM acento grave accent grave ▌de lo grave a lo frívolo du grave au frivole.

◇ *m* FÍS grave (ant), corps pesant ▌MÚS grave.

gravedad *f* gravité (de una enfermedad) ▌FIG gravité; la gravedad de una falta la gravité d'une faute ▌[▷ SIN] gravité (de un personaje) ▌pesanteur; leyes de la gravedad lois de la pesanteur ■ FÍS centro de gravedad centre de gravité ▌enfermo de gravedad gravement malade ▌herido de gravedad gravement blessé, grièvement blessé ▌un enfermo, un herido de gravedad un malade, un blessé grave.

▌ SIN seriedad sérieux; compunción componction; dignidad dignité; compostura circonspection.

gravedoso, sa *adj* guindé, e (muy serio).

gravemente *adv* gravement, sérieusement; él está gravement enfermo il est gravement malade.

gravidez *f* gestation (de una hembra), grossesse (de una mujer).

▌ OBSERV pl gravideces.

grávido, da *adj* gravide ▌enceinte (preñada).

gravilla *f* gravillon *m* ▌cubrir una carretera con gravilla gravillonner une route.

gravilladora *f* TECN gravillonneur *m*.

gravimetría *f* FÍS gravimétrie.

gravitación *f* FÍS gravitation.

gravitar *v intr* FÍS graviter ▌FIG reposer sur, s'appuyer sur (apoyarse) ▌graviter; gravita entre los allegados al ministro il gravite dans l'entourage du ministre ▌peser sur.

gravitón *m* FÍS graviton.

gravoso, sa *adj* lourd, e; pesant, e (pesado) ▌onéreux, euse; coûteux, euse (costoso).

gray *m* FÍS gray ▌INFORM código (de) Gray code de Gray.

graznador, ra *adj* croassant, e.

graznar *v intr* croasser (cuervo) ▌criailler (aves) ▌huer (el búho) ▌cacarder, jargonner (el ganso).

graznido *m* croassement (del cuervo) ▌cacardement (del ganso).

greba *f* jambière (de la armadura).

greca *f* ARQ grecque (adorno).

Grecia *n pr f* GEOGR Grèce.

greco, ca *adj & s* (ant) grec, grecque (griego).

Greco *n pr* el Greco le Greco; un cuadro del Greco un tableau du Greco.

grecolatino, na *adj* gréco-latin, e.

grecorromano, na *adj* gréco-romain, e.

greda *f* glaise, terre glaise (arcilla).

gredal *m* glaisière *f*.

gredoso, sa *adj* glaiseux, euse.

gregal *adj* grégaire (que forma rebaño).

gregario, ria *adj* grégaire; instinto gregario instinct grégaire.

➡ **gregario** *m* FAM domestique (en ciclismo).

gregoriano, na *adj* grégorien, enne; canto gregoriano chant grégorien.

Gregorio *n pr* Grégoire.

gregorito *m* (*Amer*) farce *f*, moquerie *f* ▌(*Amer*) dar un gregorito a faire rager, se moquer de.

greguería *f* brouhaha *m* (algarabía) ▌sorte d'aphorisme *m* dont l'écrivain Ramón Gómez de la Serna est le créateur.

gregüescos *m pl* grègues *f* (calzones).

grelo *m* feuille *f* tendre de navet.

gremial *adj* corporatif, ive; de la corporation.

◇ *m* membre d'une corporation ▌ECLES grémial (ornamento).

gremialismo *m* corporatisme.

gremialista *m & f* (*Amer*) syndicaliste.

gremio *m* corporation *f* (individuos de igual oficio) ▌corps de métier (de artesanos) ▌gremio de obreros compagnonnage.

greña *f* tignasse (cabellera descuidada) ▌enchevêtrement *m* (maraña) ▌FAM andar a la greña se crêper le chignon (reñir).

greñudo, da *adj* ébouriffé, e (mal peinado).

gres *m* grès [cérame]; vasija de gres pot de grès; gres cerámico, flameado grès cérame, flammé.

▌ OBSERV pl greses.

gresca *f* vacarme *m* (ruido); meter gresca faire du vacarme ▌bagarre, querelle, dispute (riña); andar a la gresca chercher querelle, chercher la bagarre ▌armar gresca con uno se bagarrer avec quelqu'un.

grey *f* troupeau *m* (rebaño) ▌FIG famille (individuos de igual raza o nación) ▌ouailles *pl* (fieles).

▌ OBSERV pl greyes.

grial *m* graal (vaso místico).

Grial ▬ Graal.

griego, ga *adj* & *s* grec, grecque (de Grecia) ▌fuego griego feu grégeois.

◆ **griego** *m* LING grec; griego antiguo grec ancien ▪ FAM eso es griego para mí c'est de l'hébreu pour moi ▌hablar en griego parler hébreu.

grieta *f* crevasse (en el suelo, en el hielo de un glaciar) ▌lézarde, crevasse (en una pared) ▌MED crevasse, gerçure (manos, pies), gerçure (labios).

grieteado, da *adj* crevassé, e ▌craquelé, e (cerámica).

◆ **grieteado** *m* TECN craquelage (cerámica).

grietearse *v pr* se crevasser ▌se craqueler (cerámica).

grifa *f* (*Amer*) griffe (garra) ▌marihuana (estupefaciente).

grifería *f* robinetterie.

grifero, ra *m* & *f* (*Amer*) pompiste.

grifo, fa *adj* ébouriffé, e (desgreñado); crépu, e (crespo) ▌IMPR letra grifa bâtarde ▌(*Amer*) de couleur (una persona) ▌drogué, e (intoxicado) ▌ivrogne, poivrot, e (borracho).

◆ **grifo** *m* griffon (animal fabuloso) ▌robinet (llave o caño) ▌(*Amer*) poste à essence (surtidor de gasolina) ▌fabricante de grifos robinetier.

grifón *m* robinet (grifo) ▌griffon (perro).

grill [gril] *m* gril.
▫ OBSERV pl grills.

grilla *f* ZOOL grillon *m* femelle ▌(*Amer*) bagarre.

grillado, da *adj* FIG & FAM dingue, cinglé, e; givré, e (alelado).

grillaje *m* (*Amer*) grillage.

grillarse *v pr* BOT germer, faire des pousses.

grillera *f* trou *m* de grillon (agujero) ▌cage (jaula) ▌FIG & FAM pétaudière.

grillete *m* MAR manille *f*.

◆ **grilletes** *m pl* fers (cadena de los presos).

grillo *m* ZOOL grillon ▌BOT tige *f* (tallo).

◆ **grillos** *m pl* fers (grilletes) ▌FIG entraves *f*, obstacles ▌ZOOL grillo cebollero o real courtilière, taupe-grillon.

grillotalpa *m* courtilière *f*, taupe-grillon.

grima *f* déplaisir *m*, dégoût *m*, horreur ▌dar grima avoir horreur; me da grima verlo j'ai horreur de le voir.

grímpola *f* MAR flamme, banderole.

gringada *f* action propre d'un étranger.

gringo, ga *adj* & *s* étranger, ère ▌hablar en gringo parler hébreu.

◆ **gringo** *m* (*Amer*) Américain du Nord, Yankee.
▫ OBSERV Le mot gringo a toujours un sens péjoratif et s'applique principalement aux Anglo-Saxons.

griñolera *f* arbuste *m* rosacé.

griñón *m* béguin, guimpe *f* (de monjas) ▌brugnon (fruto).

gripa *f* (*Amer*) MED grippe.

gripal *adj* MED grippal, e.

gripe *f* MED grippe ▌estar con gripe être grippé, avoir la grippe.

griposo, sa *adj* grippé, e.

gris *adj* & *s m* gris, e (color); gris perla gris perle.

◇ *m* petit-gris (ardilla) ▌FAM vent, bise *f* (cierzo).

grisáceo, a *adj* grisâtre.

grisalla *f* grisaille (pintura) ▌pintar grisallas peindre en grisaille, grisailler.

grisear *v intr* grisonner.

griseta *f* grisette (tela) ▌grisette (enfermedad de los árboles).

grisgrís *m* gri-gri, grigri (amuleto).

grisma *f* (*Amer*) miette, brin *m* (chispa).

grisón, ona *adj* & *s* grison, onne.

grisú *m* grisou; explosión de grisú coup de grisou.
▫ OBSERV pl grisúes.

grisúmetro *m* grisoumètre.

grita *f* criaillerie (gritería) ▌huée, tollé *m* (reprobación general).

gritar *v intr* & *tr* [▷ SIN] crier; gritar desaforadamente crier à tue-tête o comme un sourd o comme un putois; gritar a alguien crier après quelqu'un ▌siffler (silbar), huer; gritar a un actor siffler un acteur ▪ gritar a los cuatro vientos crier sur tous les toits ▌gritar a voz en cuello crier à tue-tête.
▌SIN chillar crier, pousser des cris; gañir glapir; mugir beugler; vociferar, vocear vociférer; berrear brailler; aullar hurler; bramar bramer; rugir rugir; dar voces vociférer; desgañitarse s'égosiller.

gritería *f*; **griterío** *m* cris *m pl*, criaillerie *f*.

grito *m* [▷ SIN] cri; dar gritos pousser des cris ▌appel; grito de socorro appel au secours ▌HIST (*Amer*) appel à l'émancipation du pays; grito de Dolores appel à l'émancipation du Mexique; grito de Yara appel à l'émancipation de Cuba; grito de Baire appel à l'émancipation de Cuba ▪ a grito herido o pelado o limpio, a voz en grito à tue-tête, à grands cris (en muy alta voz), à cor et à cri (porfiadamente) ▌alzar el grito hausser le ton (gritar) ▌asparse a gritos s'égosiller, pousser de grands cris (desgañitarse) ▌cantar a voz en grito chanter à tue-tête ▌FIG el último grito le dernier cri ▌estar en un grito n'en plus pouvoir (de douleur) ▌pedir a gritos réclamer à cor et à cri ▌FAM pegarle a uno cuatro gritos passer un savon à quelqu'un ▌poner el grito en el cielo pousser les hauts cris, crier au scandale ▌pregonar a voz en grito crier sur (tous) les toits.
▌SIN voz voix; alarido hurlement; chillido cri perçant; exclamación exclamation; tole tollé *m*; clamor clameur; vociferaciones vociférations.

GRITO DE —
Au XIXe siècle, en Amérique espagnole, on donnait le nom de « grito » à l'événement qui marquait le début d'un mouvement d'émancipation qui conduisait à l'indépendance et à l'établissement des grandes lignes politiques du nouvel état. Les plus connus sont le « grito de Dolores », prononcé par le père Hidalgo, pour proclamer l'indépendance du Mexique, dans la ville qui porte maintenant le nom de Dolores Hidalgo; le « grito de Yara », qui eut lieu dans la ville de Yara, à Cuba, et le « grito de Baire », également à Cuba, et qui signala le véritable début de l'indépendance.

gritón, ona *adj* FAM criard, e; braillard, e.

gro *m* gros (tela de seda).

groenlandés, esa *adj* & *s* groenlandais, e.
▫ OBSERV pl groenlandeses, groenlandesas.

Groenlandia *n pr f* GEOGR Groenland *m*.

grog *m* grog (ponche).

groggy *adj* groggy (boxeo).

groom *m* groom (botones).

gros *m* gros (moneda antigua).

groschen *m* groschen (moneda austríaca).

grosella *f* groseille (fruto) ▌grosella espinosa groseille à maquereau o épineuse.

grosellero *m* BOT groseillier ▌grosellero silvestre groseillier sauvage.

groseramente *adv* grossièrement.

grosería *f* grossièreté.

grosero, ra *adj* grossier, ère; ¡qué tipo más grosero! quel grossier personnage!
▌SIN ordinario ordinaire; burdo grossier; montaraz rustaud; garbancero rustre; mogrollo paltoquet FAM; ganapán malotru.

gros-grain *m* gros-grain (costura).
▫ OBSERV pl gros-grains.

grosor *m* grosseur *f*.

grosso modo *loc adv* grosso modo.

grosura *f* graisse (sustancia grasa) ▌comer grosura faire gras.

grotesco, ca *adj* grotesque ▌lo grotesco le grotesque.

grúa *f* grue; grúa de caballete, de grada, de pórtico grue à béquilles, de cale, à portique ▌dépanneuse, camion de la fourrière (vehículo remolque) ▌grue (máquina de guerra) ▌CINEM grue (de prise de vues) ▪ grúa abatible grue repliable ▌grúa de aguilón potence, treuil ▌grúa de cubierta grue de bord ▌grúa de pescante grue à potence ▌grúa (de) puente pont roulant ▌grúa de torre grue à pylône, à tour ▌grúa flotante grue flottante, ponton-grue ▪ conductor o operador de grúas grutier.

grueso, sa *adj* gros, osse (gordo, abultado); un pedazo grueso un gros morceau; hilo grueso du gros fil ▌épais, aisse; tela gruesa toile épaisse; cristales gruesos verres épais ▌[▷ SIN] fort, e; una mujer gruesa une femme forte ▌gras, asse (dibujo, tipografía) ▌MAR gros, osse; mar gruesa mer grosse ▌FIG épais, aisse (obtuso).

◆ **grueso** *m* grosseur *f* (volumen) ▌gros; el grueso del ejército le gros de l'armée ▌plein (de una letra) ▌épaisseur *f* (grosor); el grueso del papel l'épaisseur du papier ▌GEOM épaisseur *f* (dimensión) ▌en grueso en gros.

◆ **gruesa** *f* grosse (doce docenas) ▌MAR préstamo a la gruesa prêt à la grosse aventure.

◆ **grueso** *adv* gros; escribir grueso écrire gros.
▌SIN gordo gros, gras; corpulento corpulent; obeso obèse; voluminoso volumineux; recio fort; FAM panzudo pansu; barrigón ventripotent; barrigudo ventru; gordiflón grassouillet; regordete potelé; rollizo rondelet, rondouillard; relleno, lleno, repleto replet.

gruir [51] *v intr* craqueter (las grullas).

gruísta *m* grutier.

grujidor *m* TECN grugeoir, grésoir (de vidriero).

grujir *v tr* gruger (el vidrio).

grulla *f* grue (ave).

grullo, lla *adj* (*Amer*) à robe grise (caballo).
➧ **grullo** *m* FAM rustre (palurdo).

grumete *m* mousse (marinero).

grumo *m* grumeau (líquido coagulado) ‖ caillot (de sangre) ‖ grappe *f* (de cosas apiñadas).

grumoso, sa *adj* grumeleux, euse.

gruñido *m* grognement.

gruñidor, ra *adj* grogneur, euse (que gruñe) ‖ grondant, e (perro).

gruñimiento *m* grognement ‖ grondement (del perro, etc.).

gruñir *v intr* grogner (dar gruñidos) ‖ grogner, ronchonner (refunfuñar) ‖ grincer; **la puerta gruñe** la porte grince ‖ gronder (el perro, el gato).

‖ OBSERV Gruñir perd le « i » atone de la désinence quand celui-ci est situé entre la consonne « ñ » et une voyelle (comme dans gruñendo, gruñó, gruñera).

gruñón, ona *adj* FAM grognon, onne; ronchon, onne; ronchonneur, euse; grincheux, euse; râleur, euse.

grupa *f* croupe (anca); **llevar la grupa** o a **grupas** porter en croupe ‖ FIG **volver grupas** tourner bride (volverse atrás).

grupada *f* averse, ondée (aguacero) ‖ croupade (corcovo del caballo).

grupera *f* coussin *m* (de la silla de montar) ‖ croupière (baticola).

grupeto *m* MÚS gruppetto.

grupo *m* groupe ‖ FAM (*Amer*) blague *f*, bourde *f* (bola) ‖ ECON **Grupo de los Siete** Groupe des 7 [G7] (Estados Unidos, Japón, Canadá, el Reino Unido, Francia, Alemania e Italia) ‖ **grupo de presión** groupe de pression ‖ **grupo electrógeno** groupe électrogène ‖ **grupo rockero** groupe de rock ‖ **grupo sanguíneo** groupe sanguin ‖ INFORM **grupo de discusión** groupe de discussion.

grupúsculo *m* groupuscule.

gruta *f* grotte (cueva).

grutesco, ca *adj & s m* grotesque (arabesco).

gruyere *m* gruyère (queso).

¡gua! *interj* (*Amer*) oh!, ah!

guaba *f* (*Amer*) fruit *m* de l'inga.

guabina *f* (*Amer*) poisson *m* d'eau douce comestible ‖ air *m* populaire colombien.

guabirá *m* grand arbre de la famille des myrtacées.

guabiyú *m* arbre voisin du myrte.

guaca *f* (*Amer*) huaca, sépulture indigène (sepultura) ‖ trésor *m* caché (tesoro) ‖ tirelire (hucha) ‖ trou *m* où l'on dépose des fruits verts pour hâter leur maturation.

guacal; huacal *m* (*Amer*) cageot, caisse *f* ‖ calebassier (árbol) ‖ calebasse *f* (fruto y vasija).

guacamaya *f*; **guacamayo** *m* ara *m* (ave) ‖ nom de diverses plantes américaines.

guacamol; guacamole *m* (*Amer*) salade *f* d'avocats hachés.

guacamote *m* (*Amer*) yucca (yuca).

guacarnaco, ca *adj* (*Amer*) bêta, asse (sandio, tonto).

guachacai *m* (*Amer*) eau-de-vie *f* ordinaire, tord-boyaux *inv*.

guachada *f* (*Amer*) FAM vacherie, crasse (putada).

guachafita *f* (*Amer*) FAM chahut *m* (barullo) ‖ blague (broma).

guachalomo *m* (*Amer*) filet (solomillo).

guachapear *v tr* clapoter o barboter dans (el agua) ‖ FIG & FAM bâcler (chapucear) ‖ (*Amer*) chiper.
◇ *v intr* locher, branler (una herradura).

guachapelí *m* (*Amer*) sorte d'acacia (árbol).

guacharaca *f* (*Amer*) ortalide (chachalaca).

guache *m* gouache *f* (técnica pictórica) ‖ (*Amer*) rustre (villano) ‖ canaille ‖ MÚS sorte *f* de maracas (alfandoque).

guachimán *m* (*Amer*) gardien.

guachinango; huachinango *m* (*Amer*) daurade *f*.

guacho, cha *adj* (*Amer*) orphelin, e (huérfano) ‖ dépareillé, e (objeto).
➧ **guacho** *m* oisillon (pollo) ‖ (*Amer*) sillon (surco).

guacia *f* BOT acacia *m*.

guácima *f*; **guácimo** *m* (*Amer*) guazuma *m* (árbol).

guaco *m* BOT guaco ‖ ZOOL hocco ‖ (*Amer*) poterie *f* précolombienne.
◇ *adj* (*Amer*) qui a un bec-de-lièvre (labihendido) ‖ jumeau, elle.

guadal *m* (*Amer*) marécage.

guadalajarense *adj & s* de Guadalajara (México).

guadalajareño *adj & s* de Guadalajara (España).

guadaloso, sa *adj* (*Amer*) marécageux, euse.

Guadalupe *n pr f* GEOGR Guadeloupe (en las Pequeñas Antillas).

guadamací; guadamacil *m* maroquin (guadamecí).

guadamacilería *f* maroquinerie.

guadamecí; guadamecil *m* maroquin.
‖ OBSERV le pluriel de guadamecí est guadamecíes.

guadaña *f* faux.

guadañador, ra *m & f* faucheur, euse.
➧ **guadañadora** *f* faucheuse (máquina).

guadañar *v tr* faucher.

guadañero; guadañil *m* faucheur.

guadapero *m* BOT poirier sauvage ‖ garçon de ferme qui porte à manger aux faucheurs.

guadarnés *m* sellerie *f* (lugar) ‖ gardien de la sellerie (guardia) ‖ musée d'armes (armería).
‖ OBSERV pl guadarneses.

guadua; guáduba *f* bambou *m* d'Amérique.

guagua *f*; **huahua** (*Amer*) *m & f* bagatelle (cosa baladí) ‖ (*Amer*) bébé *m* ‖ autobus *m* (autobús) ■ FAM **de guagua** à l'œil, pour rien, gratis ‖ **¡qué guagua!** quelle aubaine!, quelle affaire!

guagualón, ona *adj* (*Amer*) niais, e (bobo).

guaica *f* (*Amer*) perle de verre, verroterie (abalorio) ‖ grain *m* de chapelet.

guaico *m* (*Amer*) cuvette *f*, dépression *f* (hondonada) ‖ décharge *f* (basurero).

guaira *f* creuset *m* pour fondre les métaux (crisol) ‖ MAR voile à houari ‖ (*Amer*) flûte de Pan.

guajá *f* (*Amer*) héron *m*.

guajaca *f* (*Amer*) plante grimpante, tillandsia *m*.

guajalote; guajolote *m* (*Amer*) dindon ‖ FAM âne, sot (bobo).

guaje *adj* (*Amer*) niais, e; sot, sotte.
◇ *m* (*Amer*) calebasse *f* (calabaza) ‖ machin, truc (trasto) ‖ babiole *f* (baratija).

guajiro, ra; goajiro, ra *m & f* (*Amer*) paysan, anne de Cuba.
➧ **guajira; goajira** *f* air *m* populaire cubain.

guajolote ➧ **guajalote**.

guajurú *m* (*Amer*) icaquier (árbol).

gualda *f* BOT gaude.

gualdado, da *adj* jaune.

gualdera *f* flasque *m* (del cañón).

gualdo, da *adj* jaune (amarillo); **la bandera roja y gualda** le drapeau rouge et jaune.

gualdrapa *f* housse (manta para el caballo) ‖ FAM loque, haillon *m* (harapo).

gualdrapazo *m* claquement des voiles contre les mâts.

gualdrapear *v intr* fouetter, claquer (las velas).

gualicho; gualichú *m* (*Amer*) diable [chez les gauchos] ‖ talisman ‖ (*Amer*) **tener gualicho** être ensorcelé.
‖ OBSERV le pluriel de gualichú est gualichú o gualichúes.

Gualterio *n pr* Gautier.

guama *f* BOT inga *m* (árbol) ‖ (*Amer*) mensonge *m* (mentira).

guamazo *m* (*Amer*) gifle *f*.

guamo *m* BOT inga (árbol).

guampa *f* (*Amer*) corne.

guampudo, da *adj* (*Amer*) à cornes.

guanabá *m* échassier de Cuba, nycticorax.

guanábana *m* corossol *m*, anone (fruto).

guanábano *m* BOT corossolier (corosol) ‖ (*Amer*) cruche *f*, sot, nigaud.

guanacaste *m* arbre gigantesque d'Amérique, entérolobium.

guanaco, ca *m & f* (*Amer*) FIG balourd, e (tonto, torpe).
➧ **guanaco** *m* ZOOL guanaco.

guanajo *adj & s* FIG niais, e (tonto).
◇ *m* (*Amer*) dindon (pavo).

guanche *adj* guanche (primeros pobladores de las islas Canarias).
◇ *m & f* Guanche.

‖ LOS GUANCHES
Nom attribué aux habitants préhispaniques des îles Canaries. La population guanche était constituée d'un ensemble d'ethnies formées par des émigrants de différentes origines. Leur apparition sur l'île remonte à 2500 avant Jésus-Christ. Ils vivaient en villages dans des cabanes ou grottes naturelles et ils se consacraient essentiellement à l'élevage et à l'agriculture. Ils rendaient un culte aux morts qu'ils momifiaient. Leur langue, d'origine libyco-berbère fut parlée jusqu'au XVIe siècle.

guandú *m* (*Amer*) arbuste de l'ordre des légumineuses, cajanus.

guanear *v intr* (*Amer*) fienter, déféquer.
◇ *v tr* (*Amer*) fienter (estercolar).

guanera f gisement m de guano.

guanero, ra adj guanier, ère; du guano.

guango m (Amer) natte f, tresse f [des Indiens de l'Équateur].

guanidina f QUÍM guanidine.

guano m guano (abono) ‖ FAM (Amer) fric, argent (dinero) ‖ FAM ¡vete al guano! va-t'en au diable!

guantada f; **guantazo** m FAM claque f, gifle f.

guante m [▷ SIN] gant; guante de boxeo gant de boxe ‖ FIG & FAM pot-de-vin, dessous-de-table (gratificación) ■ FAM de guante blanco parfaitement correct ‖ mano de hierro en guante de seda main de fer dans un gant de velours ■ FAM dar un guante graisser la patte (untar la mano); dar un guante a una persona influyente graisser la patte à une personne influente ‖ echar el guante, arrojar el guante jeter le gant (desafiar) ‖ FAM echar el guante a alguien mettre le grappin sur quelqu'un, harponner quelqu'un ‖ echar el guante a una cosa mettre la main o le grappin sur une chose ‖ ponerse más suave que un guante filer doux ‖ recoger el guante relever le gant o le défi ‖ ser más suave que un guante être souple comme un gant ‖ tratar con guante blanco o con guante de seda a prendre des gants avec.
■ SIN mitón mitaine; manopla moufle.

guantear v tr gifler.

guantelete m gantelet (manopla).

guantería f ganterie.

guantero, ra m & f gantier, ère.
➡ **guantera** f boîte à gants (en el coche).

guantón m (Amer) gifle f (guantazo).

guañusco, ca adj (Amer) brûlé, e; grillé, e (quemado) ‖ fané, e (marchito).

guapamente adv courageusement ‖ très bien, parfaitement (muy bien).

guapear v intr FAM avoir du cran (ostentar ánimo) ‖ faire le beau (hacer alarde de gusto) ‖ (Amer) prendre de grands airs, faire l'important.

guaperas adj & s m FAM bellâtre, beau gosse.

guapería f FAM bravade.

guapetón, ona adj FAM beau, belle; bien fait, bien faite.
➡ **guapetón** m FAM joli cœur.

guapeza f FAM bravoure, crânerie (ánimo) ‖ recherche, affectation dans la mise (en el vestir).

guapinol m (Amer) courbaril.

guapo, pa adj FAM beau, belle; una mujer guapa une belle femme ‖ bien mis, bien mise (elegante) ‖ brave, vaillant, e (valiente).
➡ **guapo** m bagarreur (pendenciero) ‖ FAM galant, godelureau (galán) ‖ joli garçon ■ echárselas de guapo crâner (fanfarronear), jouer les jolis cœurs.
➡ **¡guapo!** interj mon petit! (a un niño), mon cher!

guapote, ta adj FAM beau, belle; bien fait, bien faite ‖ bonasse, d'humeur facile (de buen carácter).

guapura f FAM beauté.

guará m (Amer) loup des pampas.

guaraca f (Amer) fronde.

guaracha f (Amer) chant et danse des Antilles.

guarache m (Amer) sandale f.

guaragua f (Amer) dandinement m (contoneo) ‖ circonlocution, détour m (al hablar) ‖ blague (broma).
➡ **guaraguas** f pl colifichets m (perifollos).

guaraní adj & s guarani.
◇ m LING guaraní.
▨ OBSERV pl guaraníes.

guarapo m vesou (zumo de la caña de azúcar) ‖ boisson f fermentée à base de vesou (bebida).

guarda m & f garde ‖ gardien, enne (de un jardín, museo, etc.) ‖ surveillant, e (vigilante) ‖ (Amer) receveur, euse (cobrador) ■ guarda de caza o de coto, de pesca gardechasse, garde-pêche ‖ guarda de noche o nocturno veilleur de nuit ‖ guarda de ribera garde-rivière ‖ guarda jurado vigile ‖ guarda rural garde champêtre.
◇ f garde (custodia) ‖ observance (de una ley) ‖ garde (guarnición de la espada) ‖ page de garde (de libro) ‖ Ángel de la Guarda ange gardien.
➡ **guardas** f pl gardes (de cerradura) ‖ maîtres brins m (de abanico).

guardabanderas m inv MAR matelot qui a la garde de l'habitacle.

guardabarrera m & f garde-barrière.

guardabarros m inv garde-boue.

guardabosque m garde forestier.

guardabrisa f fanal m, globe m (fanal) ‖ pare-brise m inv (parabrisas) ‖ (Amer) paravent m.

guardacabo m MAR cosse f.

guardacabras m & f inv chevrier, ère.

guardacadena m garde-chaîne.

guardacantón m borne f, bouteroue f.

guardacartuchos m inv MAR gargoussier.

guardacoches m inv gardien de voitures.

guardacostas m inv MAR garde-côte.

guardador, ra adj & s gardeur, euse (que guarda) ‖ observateur, trice (que observa una ley, una orden) ‖ avare (tacaño).

guardaespaldas m inv garde du corps, gorille FAM.

guardafrenos m inv garde-frein.

guardafuego m MAR garde-feu.

guardaguas m inv MAR sommier de sabord.

guardagujas m inv aiguilleur m (de ferrocarril).

guardainfante m vertugadin (verdugado).

guardajoyas m & f inv gardien, enne des joyaux de la couronne.
◇ m lieu où étaient gardés les joyaux de la couronne.

guardalmacén m magasinier.

guardalodos m inv garde-boue.

guardamalleta f cantonnière (para ventana).

guardamancebo m MAR garde-corps inv.

guardamano m garde f (de espada).

guardameta m DEP gardien de but, goal.

guardamonte m pontet (de arma de fuego) ‖ garde-chasse (guarda de caza) ‖ (Amer) sorte de protège-jambe en cuir du cavalier.

guardamuebles m inv garde-meuble.

guardapelo m médaillon (medallón).

guardapesca m garde-pêche (barco).

guardapiés m inv (ant) jupe f (falda), jupon (refajo).

guardapolvo m cache-poussière (ant) ‖ tablier, blouse f (de los niños) ‖ blouse f (bata) ‖ housse f (funda contra el polvo) ‖ auvent (tejadillo de ventana) ‖ TECN calotte f (de un reloj).

guardapuerta f portière (antepuerta).

guardar v tr garder; guardar con o bajo llave garder sous clef; guardar un secreto garder un secret; guardar carneros garder des moutons ‖ ranger, mettre à sa place (poner en su sitio) ‖ observer (una ley, etc.) ■ fiesta de guardar fête d'obligation ■ ¡guarda! gare! ‖ guardar cama garder le lit ‖ guardar como oro en paño garder comme une relique ‖ guardar con siete llaves enfermer à double tour ‖ guardar las distancias garder les distances ‖ guardar reserva se tenir sur la réserve ‖ guardar silencio garder le silence ‖ guardar su palabra tenir sa parole ‖ si Dios le guarda si Dieu lui prête vie ‖ si se guardan o guardando las proporciones toutes proportions gardées.
➡ **guardarse** v pr se garder (preservarse) ‖ se garder, éviter; guárdate de hacer tal cosa garde-toi de faire telle chose ‖ garder; guardarse un libro prestado garder un livre prêté ‖ FAM guardársela a uno garder à quelqu'un un chien de sa chienne.

guardarropa m garde-robe f (armario y conjunto de efectos de vestir) ‖ vestiaire (en los establecimientos públicos) ‖ TEATR costumier, accessoiriste.

guardarropía f TEATR magasin m d'accessoires ‖ FIG de guardarropía d'opérette.

guardarruedas m inv borne f, bouteroue (guardacantón).

guardasellos m inv (ant) garde des Sceaux.

guardasilla f antébois m.

guardasitio m garde-place (en los trenes).

guardatimón m MAR canon de retraite.

guardavallas m inv (Amer) DEP gardien de but.

guardavecinos m inv grillage de séparation [entre deux propriétés].

guardavela m MAR raban de ferlage.

guardavía m garde-voie (ferrocarriles).

guardería f garde, surveillance ‖ guardería infantil crèche, garderie d'enfants, pouponnière.

guardesa f gardienne.

guardia f garde (cuerpo de tropa) ‖ garde (custodia) ‖ MAR quart m; estar de guardia être de quart; entrar de guardia prendre le quart ‖ garde (boxeo, esgrima) ■ guardia baja garde basse (boxeo) ‖ guardia cívica, móvil garde civique, mobile ‖ guardia de asalto garde d'assaut ‖ guardia de honor garde d'honneur ‖ guardia entrante, saliente garde montante, descendante ‖ guardia pretoriana garde prétorienne ‖ guardia real garde royale ■ cuerpo de guardia corps de garde ■ DEP aflojar o bajar la guardia baisser la garde

estar de guardia être de garde ▌ **estar en guardia** être sur la défensive ▌ MIL **hacer guardia, montar la guardia** monter la garde ▌ **poner en guardia** donner l'éveil ▌ **ponerse en guardia** se mettre en garde ▌ **relevar la guardia** relever la garde.

◇ m garde; **guardia de corps** garde du corps ▌ agent [de police] (del tráfico) ▌ sergent de ville (ant), gardien de la paix (de orden público) ▌ **guardia civil** gendarme (espagnol), gendarme (mujer autoritaria) ▌ **guardia del orden público o de seguridad** gardien de la paix ▌ **guardia marina** midship ▌ **guardia urbano** sergent de ville ■ **jugar a guardias y ladrones** jouer aux gendarmes et aux voleurs ▌ FAM **ser más vago que la chaqueta de un guardia** avoir un poil dans la main.

➥ **guardias** m pl gardes (cerradura).

Guardia f **Guardia Civil** Garde civile, ≈ gendarmerie.

> **GUARDIA CIVIL**
> Corps militaire, qui dépend du ministère de l'Intérieur espagnol, chargé d'assurer le maintien de l'ordre public dans les zones rurales et la sécurité sur le réseau routier. Il est responsable des douanes.

guardiamarina m midship.

guardián, ana m & f gardien, enne.

➥ **guardián** m MAR câble.

guardilla f mansarde (buhardilla) ▌ point m (costura) ▌ oreille (de un peine).

guardín m MAR drosse f (del timón).

guarecer [30] v tr protéger (proteger) ▌ abriter, mettre à l'abri (abrigar).

➥ **guarecerse** v pr se réfugier, s'abriter ▌ se protéger; **guarecerse de la lluvia** se protéger de la pluie.

guarén m rat pêcheur du Chili.

guargüero m FAM (Amer) gosier (gaznate).

guaribá m (Amer) singe hurleur.

guaricha f (Amer) bonne femme (despectivo) ▌ petite femme (mujerzuela) ▌ vieille sorcière (vieja mala).

guarida f repaire m (de los animales) ▌ FIG retraite (refugio).

guarín m petit goret, cochonnet, cochon de lait.

guarismo m chiffre (cifra), nombre (número).

guarnecedor, ra adj & s garnisseur, euse.

guarnecer [30] v tr garnir ▌ crépir (revocar) ▌ CULIN garnir ▌ MIL **el regimiento de Covadonga guarnece Alcalá** le régiment de Covadonga est en garnison à Alcalá ▌ établir une garnison.

guarnecido m crépi (revoque).

guarnés m sellerie f (guadarnés).

guarnición f garniture (que guarnece) ▌ chaton m, sertissure (para piedras preciosas) ▌ garde (de espada) ▌ CULIN garniture ▌ MIL garnison; **estar de guarnición** être en garnison ▌ TECN garniture (de una bomba) ▌ bague (de émbolo) ▌ harnais m (arreos) ▌ **carne con guarnición** viande garnie.

guarnicionar v tr MIL établir une garnison.

guarnicionería f bourrellerie (para arreos), sellerie (para sillas, monturas, etc.).

guarnicionero m bourrelier (para arreos), sellier (de sillas, monturas, etc.).

guarnimiento m MAR garniture f.

guarnir [78] v tr MAR garnir (un cable).

guaro m guarouba (lorito de América) ▌ (Amer) tafia (aguardiente de caña).

guarrada f FAM cochonnerie (marranada) ▌ tour m de cochon (mala pasada).

guarrazo m FAM pelle f, chute f; **darse un guarrazo** ramasser une pelle.

guarrería f FAM cochonnerie (porquería) ▌ tour m de cochon (mala pasada).

guarro, rra m & f cochon m, truie f (animal) ▌ FAM cochon, onne (sucio, indecente).

¡guarte! interj gare!, attention!

guasa f balourdise, sottise (pesadez) ▌ FAM blague (burla) ▌ plaisanterie (chanza) ▌ persiflage m (mofa) ▌ gouaille; **la guasa andaluza** la gouaille andalouse ■ **en o de guasa** pour rire ▌ **sin guasa** sans plaisanter, blague à part ▌ **un tío guasa, un guasa** un empêcheur de tourner en rond, un empoisonneur ■ **estar siempre de guasa** être toujours en train de plaisanter ▌ **hablar en guasa** plaisanter ▌ **¡qué guasa hacer esto!** c'est amusant de faire cela (divertido), c'est empoisonnant, ce n'est pas drôle du tout (pesado) ▌ **tener mucha guasa** ne pas être drôle du tout, être ennuyeux o embêtant o empoisonnant ▌ **tomar a guasa** prendre à la rigolade.

guasada f (Amer) grossièreté.

guasanga f (Amer) rixe (riña), chahut m (jaleo).

guasca f (Amer) courroie (correa) ▌ fouet m (látigo) ▌ (Amer) **dar guasca** fouetter.

guascazo m (Amer) coup de fouet.

guasearse v pr FAM blaguer (bromear) ▌ se moquer; **se guasea de todo** il se moque de tout.

guaseo m FAM chahut (jaleo) ▌ moquerie f (mofa) ▌ FAM **traerse un guaseo con** se payer la tête de.

guasería f (Amer) grossièreté (grosería) ▌ maladresse (torpeza).

guásima f (Amer) guazuma m (árbol).

guasipongo ➥ **huasipungo**.

guaso, sa m & f "huaso", paysan, anne du Chili.

guasón, ona adj & s blagueur, euse; plaisantin, e; farceur, euse (bromista) ▌ moqueur, euse (burlón).

guasquear v tr (Amer) fouetter.

guata; huata (Amer) f ouate (algodón en rama) ▌ (Amer) bedaine, panse (vientre) ▌ gauchissement m (pandeo).

guate m (Amer) maïs fourrager (maíz) ▌ luxe (lujo).

guatear v tr ouater.

guatearse v pr (Amer) prendre du ventre.

Guatemala n pr m GEOGR Guatemala (estado) ▌ **salir de Guatemala y entrar en Guatepeor** tomber de Charybde en Scylla.
◇ n pr GEOGR Guatemala (ciudad).

guatemalteco, ca adj & s guatémaltèque, guatémalien, enne.

guateque m surprise-partie f (fiesta).

guatón, ona adj (Amer) ventru, e; pansu, e.

guatusa f (Amer) agouti m.

guau m ouah [aboiement du chien].

guay adj FAM super, sympa, classe (estupendo).

➥ **¡guay!** interj hélas! ▌ **¡guay de los vencidos!** malheur aux vaincus!

guaya f plainte, lamentation.

guayaba f BOT goyave (fruto) ▌ (Amer) mensonge m, blague FAM.

guayabal m plantation f de goyaviers.

guayabate m confiture f de goyave.

guayabero, ra adj (Amer) menteur, euse.

➥ **guayabera** f veste en toile légère.

guayabo m BOT goyavier ▌ FAM belle gosse f, jolie poupée f (jovencita).

guayaca f (Amer) blague [à tabac] ▌ amulette.

guayacán; guayaco m BOT gaïac.

guayacol m gaïacol.

Guayana n pr f GEOGR (la) Guayana la Guyane.

guayaquileño, ña adj de Guayaquil (Ecuador).

guayule m (Amer) plante f à caoutchouc.

guazú m ZOOL cerf des pampas.

guazubirá m (Amer) ZOOL grand cerf argentin.

gubernamental adj & s gouvernemental, e.

gubernativo, va adj gouvernemental, e; du gouvernement ▌ préfectoral, e; **cerrado por orden gubernativa** fermé par arrêté préfectoral.

gubernista adj & s (Amer) gouvernemental, e.

gubia f TECN gouge (escoplo).

gudari m jeune soldat [en basque].

guebro, bra adj & s guèbre.

guedeja f longue chevelure ▌ crinière (del león).

guedejón, ona; guedejoso, sa; guedejudo, da adj chevelu, e.

güegüecho, cha adj & s (Amer) goitreux, euse; sot, sotte (tonto).

➥ **güegüecho** m (Amer) goitre (bocio).

güeldo m appât (cebo).

Güeldres n pr f GEOGR Gueldre.

güelfo, fa adj & s HIST guelfe.

güemul m (Amer) cerf des Andes.

güeña f sorte de saucisson m.

guepardo m guépard (onza).

güero, ra adj (Amer) blond, e (rubio).

guerra f [▷ SIN] guerre; **guerra civil** guerre civile; **guerra fría, de nervios** guerre froide, des nerfs; **hacer la guerra** faire la guerre; **consejo de guerra** conseil de guerre ▌ poule, guerre (en el billar) ■ **guerra a muerte** guerre à outrance ▌ **guerra atómica, nuclear** guerre atomique, nucléaire ▌ **guerra bacteriológica, química** guerre bactériologique, chimique ▌ **guerra comercial, de precios** guerre commerciale, des prix ▌ **guerra de agotamiento o de desgaste** guerre d'usure ▌ **guerra de guerrillas** guerre de guérillas o de partisans, guérilla ▌ **guerra de la independencia** guerre d'Espagne ▌ **guerra de las galaxias (SDI)** guerre des étoiles (IDS) ▌ **guerra de ondas** guerre des ondes ▌ **guerra de trincheras**

guerre de tranchées ▌ **guerra galana** guerre en dentelles ▌ **guerra mundial** guerre mondiale ▌ **guerra relámpago** guerre(-)éclair ▌ **guerra santa** guerre sainte ▌ **guerra sin cuartel** combat sans merci ▌ **guerra sucia** guerre sale ▌ **la guerra boba** la drôle de guerre ■ FAM **dar mucha guerra** donner beaucoup de mal, donner du fil à retordre ▌ **declarar la guerra a** déclarer la guerre à ▌ FAM **esta paella está pidiendo guerra** cette paella ne demande qu'à être mangée ▌ **estar en guerra** être en guerre.

▌ SIN **hostilidad** hostilité; **conflicto** conflit; **batalla** bataille; **campaña** campagne; **guerrilla** guérilla; **combate** combat.

LA GUERRA DE LA INDEPENDENCIA
Ce nom s'applique à la résistance armée du peuple espagnol à Napoléon qui imposa son frère Joseph comme roi, à la place des Bourbons. La révolte du 2 mai 1808 déclencha une guerre qui dura six ans. L'Espagne obtint son indépendance grâce à l'aide des britanniques et au fait que Napoléon perdit la campagne de Russie, qui l'avait obligé à retirer une grande partie de ses troupes de la péninsule ibérique. De cette époque vient le terme « afrancesado », appliqué aux espagnols qui prirent parti pour Napoléon.

guerrear v intr guerroyer, faire la guerre.

guerrero, ra adj & s [▷ SIN] guerrier, ère.

➤ **guerrera** f tunique (militar), vareuse (marina).

▌ SIN **militar** militaire; **militante** militant; **combativo** combatif; **belicoso** belliqueux; **marcial** martial; **combatiente** combattant; **belicista** belliciste; **soldado** soldat.

guerrilla f MIL ligne de tirailleurs ▌ guérilla (tipo de guerra) ▌ corps m franc, bande de partisans (partida) ▌ bataille (juego de naipes) ▌ **marchar en guerrilla** marcher en tirailleurs.

guerrillear v intr mener une action de guérilla, se livrer à la guérilla.

guerrillero m guérillero, franc-tireur, partisan.

guerrista m partisan de Alfonso Guerra.

gueto m ghetto.

guía m & f [▷ SIN] guide (persona).
◇ f guide m (libro); **guía turística** guide touristique ▌ indicateur m (de ferrocarriles) ▌ annuaire m (de teléfono) ▌ BOT branche mère ▌ EQUIT cheval m de tête [dans un attelage] ▌ COM acquit-à-caution (documento fiscal) ▌ MAR chaumard ▌ MECÁN glissière ▌ TECN guide m ▌ monture chemin de fer (para cortinas).
◇ m guidon (de bicicleta).

➤ **guías** f pl guides (riendas) ▌ pointes (del bigote) ▌ FAM **estar o quedarse en las guías** ne plus avoir que la peau et les os.

▌ SIN **director** directeur; **conductor** meneur; **piloto** pilote; **cicerone** cicerone; **mentor** mentor; **dirigente** dirigeant; **pauta** modèle; **indicador** indicateur.

guiadera f TECN guide m.

guiahílos m inv guide-fil ▌ garde-fil (máquina de coser).

guiar [9] v tr [▷ SIN] guider ▌ conduire (conducir) ▌ FIG mener (dirigir); **le guía el interés** l'intérêt le mène.

➤ **guiarse** v pr se laisser guider o conduire; **se guiaba por su instinto** il se laissait conduire par son instinct ▌ **me guiaré por sus consejos** je suivrai vos conseils.

▌ SIN **conducir** conduire; dirigir, llevar mener; pilotar piloter; encauzar, encaminar acheminer; orientar orienter.

Guido n pr Gui, Guy.

guiguí m ZOOL écureuil volant.
▣ OBSERV pl guiguíes.

guija f caillou m (china) ▌ BOT gesse.

guijarral m terrain caillouteux.

guijarreño, ña; guijeño, ña adj caillouteux, euse (terreno) ▌ FIG résistant, e; fort, e (persona).

guijarro m caillou (piedra) ▌ galet (canto rodado).

guijarroso, sa adj caillouteux, euse.

guijeño, ña ➥ **guijarreño**.

guijo m cailloutis, gravier ▌ (Amer) axe (eje).

guijoso, sa adj caillouteux, euse.

güila f (Amer) prostituée.

guilda f guilde, gilde.

guillado, da adj FAM toqué, e; cinglé, e.

guilladura f FAM toquade.

guillame m guillaume (cepillo de carpintero).

guillarse v pr FAM décamper, filer (largarse) ▌ se toquer de (chiflarse por).

Guillermo n pr Guillaume.

guillotina f guillotine (instrumento) ▌ massicot m (de encuadernador) ▌ **ventana de guillotina** fenêtre à guillotine.

guillotinar v tr guillotiner ▌ couper au massicot (papel).

guimbalete m TECN bringuebale f (de la bomba).

guimbarda f TECN guimbarde (herramienta).

güin m (Amer) pousse f de la canne à sucre.

guinchar v tr percer, piquer.

güinche m (Amer) grue f (grúa).

guincho m bâton pointu (pincho) ▌ (Amer) balbuzard (ave).

guinda f guigne, griotte (cereza) ▌ MAR guindant m ▌ (Amer) pente d'un toit ▌ FIG & FAM **poner la guinda** mettre la touche finale.

guindado, da adj à base de griottes.

guindaje m guindage.

guindaleta f MAR balancine, bosse.

guindaleza f MAR guinderesse (virador).

guindamaina f MAR salut m qu'échangent deux navires avec leurs pavillons.

guindar v tr guinder, hisser (elevar) ▌ FAM souffler; **guindar un empleo** souffler un emploi ▌ pendre (ahorcar).

guindaste m MAR guindeau (molinete).

guindilla f piment m rouge.
◇ m FAM & DESPEC flic (guardia).

guindillo de Indias m BOT poivre indien.

guindo m BOT guignier, griottier ▌ **guindo garrafal** bigarreau.

guindola f MAR triangle m (andamio para limpiar el casco) ▌ bouée de sauvetage (boya) ▌ bateau m du loch (de la corredera).

guinea f guinée (moneda inglesa) ▌ guinée (tejido).

Guinea n pr f GEOGR Guinea ▌ **Guinea Ecuatorial** Guinée Équatoriale.

Guinea-Bissau n pr f GEOGR Guinée-Bissau.

guineo, a adj & s guinéen, enne.

guiñada f clignement m d'œil (de ojos) ▌ MAR embardée.

guiñapo m haillon, loque f, guenille f (harapo) ▌ FIG guenille f ▌ **poner o dejar a uno como un guiñapo** traiter quelqu'un de tous les noms.

guiñaposo, sa adj déguenillé, e; guenilleux, euse (harapeo).

guiñar v tr & intr cligner de l'œil ▌ MAR faire des embardées ▌ FAM **guiñar el ojo** faire un clin d'œil.

➤ **guiñarse** v pr se faire des clins d'œil.

guiño m clin d'œil (guiñada); **hacer guiños** faire des clins d'œil.

guiñol m guignol.

guión m guidon (pendón) ▌ croix f de procession (cruz) ▌ conducteur d'un quadrille (danza) ▌ FIG guide (conducteur) ▌ CINEM scénario (de una película) ▌ GRAM trait d'union (en las palabras compuestas) ▌ tiret (raya al principio de una frase).

guionista m CINEM scénariste.

guipar v tr MFAM reluquer (ver).

güipil ➥ **huipil**.

guipure m guipure f (encaje).

guipuzcoano, na adj & s de Guipúzcoa [province basque].

güiquilite m (Amer) indigo.

güira f BOT calebassier m ▌ calebasse (fruto) ▌ FAM (Amer) caillou m, coloquinte (cabeza).

guiri m libéral [pendant les guerres carlistes] ▌ MFAM flic, pandore (guardia civil).
◇ m & f FAM & DESPEC étranger, ère; touriste.

guirigay m FAM baragouin, charabia (lenguaje ininteligible) ▌ brouhaha (gritería).
▣ OBSERV pl guirigays.

guirlache m sorte de nougat.

guirlanda; guirnalda f guirlande ▌ BOT immortelle.

güiro m (Amer) tige f du maïs vert (maíz) ▌ calebassier (árbol), calebasse f (fruto) ▌ instrument de musique constitué par une calebasse évidée que l'on gratte avec une baguette, idiophone (instrumento de música).

guisa f guise; **obrar a su guisa** agir à sa guise, n'en faire qu'à sa guise ▌ **a guise de** en guise de; **a guisa de desagravio** en guise de dédommagement ▌ **de tal guisa**, en tal guisa de telle manière.

guisado m ragoût; **guisado de carne** ragoût de mouton ▌ FAM histoire f, affaire f (asunto).

guisador, ra; guisandero, ra adj & s cuisinier, ère.

guisante m BOT pois (planta) ▌ petit pois (legumbre) ■ **guisante de olor** pois de senteur ▌ **guisante mollar** pois mange-tout.

guisar v intr cuisiner, faire la cuisine; **mi mujer guisa muy bien** ma femme fait très bien la cuisine.
◇ v tr cuisiner, préparer, accommoder (un guiso) ▌ FIG préparer, disposer (una cosa cualquiera) ■ **ellos se lo guisan y ellos se lo comen** comme on fait son lit on se couche ▌ **la comida está guisada** le repas est prêt.

guiso *m* [▷ SIN] ragoût; **un guiso de patatas** un ragoût de pommes de terre ∥ plat; **echar a perder un guiso** manquer un plat.
➥ **guisos** *m pl* cuisine *f sing*; **me gustan los guisos españoles** j'aime la cuisine espagnole. ∥ SIN plato mets; guisado, estofado ragoût; FAM guisote fricot; rancho rata.

guisote *m* FAM fricot.

guisotear *v intr* faire la cuisine.
◇ *v tr* préparer.

güisqui *m* whisky.

guita *f* ficelle (cuerda delgada) ∥ FAM galette (dinero).

guitar *v tr* ficeler.

guitarra *f* MÚS guitare; **guitarra eléctrica** guitare électrique ∥ TECN batte (del yesero) ■ FIG & FAM **chafar la guitarra a alguien** casser la baraque à quelqu'un ∥ **tener bien, mal templada la guitarra** être de bonne, de mauvaise humeur.

guitarrear *v intr* jouer de la guitare.

guitarreo *m* jeu monotone [à la guitare].

guitarrero *m* luthier, fabricant de guitares ∥ (p us) guitariste (guitarrista).

guitarresco, ca *adj* relatif à la guitare.

guitarrillo *m* petite guitare *f*.

guitarrista *m & f* guitariste.

guitarrón *m* grande guitare *f* ∥ FAM rusé compère, fin matois (tunante).

güito *m* FAM galurin (sombrero).

guitón, ona *adj & s* (ant) coquin, e; vagabond, e (pícaro).

guitonear *v intr* vagabonder.

guizacillo *m* BOT graminée *f* tropicale.

guizque *m* croc (palo con gancho).

guja *m* vouge, guisarne (arma antigua).

gula *f* gourmandise; **pecado de gula** péché de gourmandise.

gulag *m* goulag (campo de concentración soviético).
▮ OBSERV pl gulags.

gules *m pl* BLAS gueules *sing*.

gulusmear *v intr* renifler tous les plats, soulever les couvercles ∥ fouiner (curiosear).

gulusmero, ra *adj* gourmand, e.

gumía *f* poignard *m*, dague mauresque.

gumífero, ra *adj* BOT gummifère.

gura *f* goura (pájaro).

gurbia *f* (*Amer*) gouge (gubia).

gurí, isa *m & f* (*Amer*) gamin, e.

guripa *m* FAM gamin, vaurien (golfo) ∥ troufion (soldado).

gurmet; gourmet [gurmet] *m & f* gourmet *m*.
▮ OBSERV pl gurmets; gourmets.

gurriato; gurripato *m* petit moineau ∥ FAM gosse, bambin (niño).

gurrumino, na *adj* FAM mesquin, e (ruin) ∥ chétif, ive (enclenque).
➥ **gurrumino** *m* FAM ange [homme qui est en adoration devant sa femme].
◇ *m & f* FAM gosse.
➥ **gurrumina** *f* adoration [du mari vis-à-vis de sa femme] ∥ (*Amer*) tracas *m*, ennui *m*.

gurú; guru *m* gourou, guru.
▮ OBSERV pl gurús.

gusanear *v intr* fourmiller, grouiller.

gusanera *f* plaie envenimée ∥ vers *m pl* (conjunto de gusanos) ∥ FIG faible *m*, passion dominante (debilidad).

gusanillo *m* petit ver ∥ FIG & FAM virus (afición) ■ FIG & FAM **gusanillo de la conciencia** ver rongeur ∥ **matar el gusanillo** tuer le ver (beber aguardiente por la mañana).

gusano *m* ver; **gusano de luz** ver luisant (luciérnaga) ∥ ver de terre (lombriz) ∥ asticot (larva de mosca doméstica) ∥ chenille (*f*) (oruga) ∥ FIG ver; **gusano de la conciencia** ver rongeur ∥ moins que rien ■ **gusano blanco** ver blanc (larva del abejorro) ∥ **gusano de seda** ver à soie ■ FIG & FAM **criar gusanos** manger les pissenlits par la racine.

gusarapo *m* vermisseau (gusanillo).

gusgo, ga; guzgo, ga *adj* (*Amer*) gourmand, e.

gustación *f* gustation.

gustar *v tr* goûter (probar).
◇ *v intr* aimer, goûter (p us), plaire; **me gusta mucho este escritor** j'aime beaucoup cet écrivain, cet écrivain me plaît beaucoup; **a Juan no le gustan las novelas policíacas** Jean n'aime pas les romans policiers ∥ plaire; **ahora gusta mucho la música clásica** la musique actuelle plaît beaucoup à l'heure actuelle ∥ **¡así me gusta!** à la bonne heure! ∥ **como le guste** comme vous voudrez, comme il vous plaira ∥ **cuando le guste** quand vous voudrez, quand il vous plaira ∥ **gustar de** aimer; **gusto de leer** j'aime lire; goûter (apreciar); **no gusto de su compañía** je ne goûte pas sa compagnie.
➥ **gustarse** *v pr* se plaire.
▮ OBSERV Le verbe intransitif *gustar* se construit comme le français *plaire* dont il a le sens, mais il est beaucoup plus courant de le traduire par *aimer* en prenant pour sujet le complément: *a María no le gustan los caramelos* les bonbons ne plaisent pas à Marie, Marie n'aime pas les bonbons.

gustativo, va *adj* gustatif, ive.

Gustavo *n pr* Gustave.

gustazo *m* FAM grand plaisir, plaisir immense; **me ha dado un gustazo ver lo que le ocurría** ça m'a fait un immense plaisir de voir ce qui lui arrivait ■ FAM **darse el gustazo de** s'offrir le luxe de; s'offrir la satisfaction de ∥ **un gustazo por un trancazo** le jeu en vaut bien la chandelle.

gustillo *m* arrière-goût; **un gustillo a metal** un arrière-goût de métal ∥ petit goût; **esta sopa tiene un gustillo extraño** cette soupe a un petit goût étrange.

gusto *m* goût (sentido, sabor); **tener gusto a** avoir le goût de ∥ goût; **hombre de gusto** homme de goût; **tener buen gusto** avoir bon goût ∥ plaisir; **tengo el gusto de** j'ai le plaisir de; **dar gusto** faire plaisir ∥ bon plaisir (voluntad) ■ **a gusto** à l'aise, bien; **estoy muy a gusto en este sillón** je suis très bien dans ce fauteuil; facilement; **pesa muy a gusto sus cien kilos** il pèse très facilement ses cent kilos ∥ **a gusto de** au gré de, au goût de ∥ **al gusto del consumidor** au goût du client, à chacun selon son goût ∥ **a su gusto** à son goût, selon son goût ∥ **con gusto** avec plaisir, volontiers; **con mucho gusto** très volontiers, avec beaucoup de plaisir; **con sumo gusto** avec le plus grand plaisir ∥ **mal a gusto** mal à l'aise ∥ **por gusto** par plaisir ∥ **por tu gusto** pour ton plaisir ■ **darse el gusto de** s'offrir la satisfaction de ∥ **despacharse a su gusto** en faire à sa guise, en prendre à son aise ∥ **el gusto es mío** tout le plaisir est pour moi ∥ **en la variedad está el gusto** il faut varier les plaisirs ∥ **estar o encontrarse a gusto** se plaire, se trouver bien ∥ **estar poco a gusto** ne pas être bien ∥ **hay gustos que merecen palos** il y a des gens qui n'ont vraiment pas de goût o qui ont des goûts bizarres ∥ **hay para todos los gustos** il y en a pour tous les goûts ∥ **lo haría con gusto, pero...** je le ferais bien o avec plaisir, mais... ∥ **mucho gusto** o **tanto gusto en conocerle** enchanté de faire votre connaissance ∥ **no hay gusto sin disgusto** il n'y a pas de bonheur sans mélange ∥ **no tener gusto para nada** n'avoir envie de rien ∥ **que da gusto** à merveille; **canta que da gusto** il chante à merveille ∥ **relamerse de gusto** se lécher o se pourlécher les babines ∥ **se está más a gusto aquí** on est mieux ici ∥ **sobre gustos no hay nada escrito** des goûts et des couleurs il ne faut pas discuter, tous les goûts sont dans la nature ∥ **tener mucho gusto en** avoir beaucoup de plaisir à, se faire un plaisir de ∥ **tomar gusto a** prendre goût à ∥ **tonto que da gusto** bête à manger du foin.

gustosamente *adv* avec plaisir ∥ bien, avec plaisir; **lo harían gustosamente si...** ils le feraient bien si...

gustoso, sa *adj* savoureux, euse (sabroso); **fruta gustosa** fruit savoureux ∥ plaisant, e (agradable) ■ **gustoso le escribo a usted** j'ai le plaisir de vous écrire ∥ **hacer una cosa muy gustoso** faire une chose avec grand plaisir ∥ **lo haré gustoso** je le ferai avec plaisir.

gutapercha *f* gutta-percha.

gutiámbar *f* gomme-gutte.

gutural *adj & s f* guttural, e.

guzgo, ga ➥ **gusgo**.

guzla *f* MÚS guzla.

guzmán *m* (ant) noble qui servait dans l'armée comme simple soldat.

gymkhana; gincana *f* gymkhana *m*.

H

h; H *f* h *m* ■ la hora H l'heure H ‖ por H o por B pour une raison ou pour une autre.
‖ **OBSERV** Cette lettre est toujours muette. Dans le parler populaire andalou, on lui prête parfois le son du j espagnol.

ha (abrev escrita de **hectárea**) ha.

¡ha! *interj* ah!

haba *f* **BOT** fève ‖ graine (de cacao) ‖ grain *m* (de café) ‖ boule (para votar) ‖ **MED** cloque (roncha) ‖ **MIN** rognon *m* (nódulo) ‖ **VETER** fève, lampas *m* (tumor) ■ **haba de las Indias** pois de senteur (guisante de olor) ‖ **haba panosa** o **menor** féverole (planta) ‖ **haba toncá** fève de Tonka ■ **echar las habas** jeter un sort ‖ **en todas partes cuecen habas** c'est partout pareil, nous sommes tous logés à la même enseigne ‖ **esas son habas contadas** c'est une chose certaine, ça ne fait pas l'ombre d'un doute ‖ **ser más tonto que una mata de habas** être bête à pleurer o à manger du foin o comme ses pieds o comme une oie.

habado, da *adj* **VETER** atteint de la fève o du lampas ‖ tacheté, e (piel de un animal).

Habana *n pr f* **GEOGR** La Habana La Havane.

habanera *f* habanera [danse populaire de souche afro-cubaine].

habanero, ra *adj & s* havanais, e (de La Habana).

habano, na *adj* havanais, e (de La Habana) ‖ havane *inv* (color).
➥ **habano** *m* havane (cigarro puro).

habar *m* champ de fèves.

hábeas corpus *m* habeas corpus.

haber *m* **COM** avoir; debe y haber doit et avoir ‖ crédit; tengo miles de pesetas en mi haber j'ai des milliers de pesetas à mon crédit ‖ **FIG** tener en su haber avoir à son actif.
➥ **haberes** *m pl* avoir *sing* (bienes) ‖ émoluments (retribución).

haber [4] *v tr* avoir, posséder (tener) [▷ **OBSERV**] ‖ avoir (conseguir) ‖ arrêter (detener); hubieron al ladrón ils arrêtèrent le voleur.
◇ *v auxil* avoir; he dicho j'ai dit ‖ être (con verbo intransitivo de movimiento o de estación); he salido je suis sorti ‖ ha vuelto il est revenu; nos hemos quedado nous sommes restés (con verbo pronominal como levantarse, sentarse, pasearse, etc.); me he levantado je me suis levé; usted se ha sentado vous vous êtes assis.
◇ *v impers* y avoir (suceder); ayer hubo fiesta en el pueblo hier il y a eu fête au village; las había muy hermosas antes il y en

avait de très belles auparavant ‖ y avoir (estar); hay poca gente aquí il y a peu de gens ici ‖ y avoir, être (ser); los hay que il y en a o il en est qui; esto es lo que hay voilà ce qu'il en est o ce qu'il y a; no lo hay mejor il n'y a pas o il n'en est pas de meilleur ‖ y avoir (hacer); poco tiempo ha il y a peu de temps; habrá quince días il doit y avoir quinze jours ■ haber de devoir; han de salir mañana ils doivent partir demain; no sabía que habías de salir je ne savais pas que tu devais sortir; hubo de pensar que il a dû penser que; falloir; se han de pronunciar bien todas las letras il faut bien prononcer toutes les lettres ‖ haber que falloir; hay que comer para vivir il faut manger pour vivre ‖ habérselas con uno avoir affaire à quelqu'un, avoir maille à partir avec quelqu'un ‖ ¡habráse visto! a-t-on déjà vu ça!, vous vous rendez compte! ■ ¡allá se las haya! qu'il s'arrange!, qu'il se débrouille! ‖ ¡allá te las hayas! débrouille-toi! ‖ ¡bien haya quien...! heureux celui qui...! ‖ era el más valiente si los hay il était le plus courageux s'il en fut ‖ no haber más que pedir n'y avoir rien à redire ‖ no haber más que ver n'y avoir rien d'autre à voir ‖ no hay de qué il n'y a pas de quoi, de rien ‖ no hay más que decir il n'y a plus rien à dire ‖ no hay para morirse de risa il n'y a pas de quoi mourir de rire ‖ no hay tal cosa ce n'est pas vrai ‖ ¿qué hay? ça va?, comment ça va? ‖ ¿qué hay de nuevo? quoi de neuf? ‖ ¿qué le he de hacer? que voulez-vous que j'y fasse? ‖ ya no hay más il n'y en a plus.

OBSERV 1. Haber ne garde son ancien sens transitif que dans des expressions comme: los hijos habidos de ese matrimonio les enfants nés de ce mariage; ¡mal haya quien...! malheur à qui...!; haber menester de avoir besoin de.
2. La forme haber de peut se traduire par devoir, mais la nuance d'obligation n'est jamais impérative. Cette forme équivaut souvent à un simple futur (notamment à la première personne du présent de l'indicatif) ou à un conditionnel (à l'imparfait): ¡quién había de decirme que iba a ser millonario! qui m'aurait dit que j'allais être millionnaire! Dans les phrases interrogatives, toute nuance d'obligation disparaît: ¿ha de venir mañana? viendra-t-il demain?, doit-il venir demain?

háber *m* docteur de la loi juive.

habichuela *f* haricot *m* (judía) ‖ habichuelas verdes haricots verts.

habiente *adj* ayant ‖ habiente o habientes derecho, derecho habiente o habientes ayant droit.

hábil *adj* habile, adroit, e (diestro); hábil para negociar habile à négocier ‖ **DR** habile, apte (apto); hábil para testar habile à tester ■ días hábiles jours ouvrables ‖ en tiempo hábil en temps utile ‖ hábil para un empleo apte à un emploi ‖ **FAM** ser hábil en s'y connaître en.

habilidad *f* habileté, adresse; tener mucha habilidad avoir une grande habileté ‖ **DR** habilité; habilidad para suceder habilité à succéder ‖ talent *m* (capacidad, disposición) ■ **FAM** hacer sus habilidades faire tout son possible ‖ prueba de habilidad slalom (esquí).

habilidoso, sa *adj* habile, adroit, e; un hombre habilidoso un homme habile, adroit.

habilitación *f* **DR** habilitation (acción de habilitar) ‖ comptabilité (cargo del habilitado).

habilitado *m* officier comptable, payeur.

habilitar *v tr* **DR** habiliter; habilitar para suceder habiliter à succéder ‖ pourvoir; habilitar con fondos pourvoir de fonds ‖ **COM** commanditer ‖ habilitar una casa mettre une maison en état [d'être habitée], aménager une maison.

hábilmente *adv* habilement.

habiloso, sa *adj* (Amer) astucieux, euse.

habitabilidad *f* habitabilité.

habitable *adj* habitable.

habitación *f* habitation; cambiar de habitación changer d'habitation ‖ pièce; piso con cinco habitaciones appartement de cinq pièces ‖ chambre (cuarto de dormir) ‖ habitat *m* ■ habitación de invitados chambre d'amis ‖ habitación de matrimonio chambre conjugale ‖ habitación doble chambre double ‖ habitación simple chambre individuelle.

habitáculo *m* **POÉT** habitacle.

habitante *adj & s* habitant, e; ciudad de un millón de habitantes ville d'un million d'habitants.

habitar *v tr* habiter.

hábitat *m* habitat.
‖ **OBSERV** pl hábitats.

hábito *m* habit (vestido) ‖ [▷ **SIN**] habitude *f* (costumbre); tener malos hábitos avoir de mauvaises habitudes ‖ habit (eclesiástico); hábitos corales habits de chœur ‖ robe *f* (de los monjes) ‖ **MED** accoutumance *f* ■ **FIG & FAM** ahorcar o colgar los hábitos jeter le froc aux orties ‖ el hábito hace al monje la belle plume fait le bel oiseau ‖ el hábito no hace al monje l'habit ne fait pas le moine ‖ tomar el hábito prendre l'habit, entrer en religion.

OBSERV Hábito désigne un costume propre à une fonction, un uniforme, et notamment l'habit religieux. Le mot habit dans son sens général se traduit par traje, vestido et frac. Au pluriel, il se traduit par ropa. **SIN** costumbre coutume; uso, usanza usage; regla règle; práctica pratique; rutina routine.

habituación f accoutumance (acción de habituarse) ‖ habitude (costumbre).

habituado, da m & f (p us) habitué, e. **OBSERV** Ce mot est un gallicisme employé pour aficionado ou pour parroquiano.

habitual adj habituel, elle.

habitualmente adv d'habitude, habituellement.

habituar [6] v tr habituer.
➤ **habituarse** v pr s'habituer.

habitud f rapport m, liaison [entre deux choses] ‖ habitude (costumbre). **OBSERV** Ce mot est un gallicisme dans sa seconde acception.

habla f parole; perder el habla perdre la parole ‖ langue (lengua, idioma); el habla española la langue espagnole ‖ parler; la gente de esta región tiene un habla especial les gens de cette région ont un parler spécial ‖ langage; el habla de los niños le langage des enfants ‖ expression; prensa de habla francesa presse d'expression française ‖ discours m (discurso) ■ **MAR** al habla à portée de la voix ‖ ¡al habla Miguel! Michel à l'appareil (al teléfono) ■ estar al habla con être en pourparlers o en relation o en rapport avec ‖ negarle el habla a uno ne pas adresser la parole à quelqu'un ‖ ponerse al habla telefónica con alguien engager une conversation téléphonique avec quelqu'un. **OBSERV** Le mot habla, bien que féminin, est précédé de l'article el afin d'éviter un hiatus.

habladas f pl (Amer) fanfaronnades.

hablado, da adj parlé, e; una lengua mal hablada une langue mal parlée ‖ parlant, e; cine hablado cinéma parlant ■ bien hablado poli ‖ mal hablado grossier.

hablador, ra adj & s bavard, e; ser poco hablador être peu bavard.

habladuría f cancan m, potin m, commérage m, racontar m (chisme) **FAM**.

hablanchín, ina adj & s **FAM** bavard, e.

hablante adj parlant, e (que habla).

hablar v intr [▷ **SIN**] parler; hablar con el vecino, al vecino parler avec le voisin, au voisin; hablaré de este asunto con tu padre je parlerai de cette affaire avec ton père ‖ **FIG** fréquenter; habló dos años con Carmen il fréquenta Carmen pendant deux ans ■ hablar al alma parler au cœur ‖ hablar alguien consigo mismo o entre sí o para sí penser à part soi o en son for intérieur ‖ hablar alto, bajo parler fort, bas ‖ hablar a medias palabras parler à mots couverts ‖ hablar a solas parler tout seul ‖ hablar a tontas y a locas parler à tort et à travers ‖ hablar bien, mal de uno dire du bien, du mal de quelqu'un ‖ hablar clara y llanamente parler clair et net ‖ hablar claro o a las claras parler net, ne pas mâcher ses mots ‖ **FAM** hablar como los indios parler petit-nègre ‖ hablar como si lo hiciese a la pared parler à un mur ‖ **FIG & FAM** hablar como una cotorra o más que siete o más que un papagayo jaser o être bavard comme une pie, être un véritable moulin à paroles ‖ hablar con el corazón en los labios parler à cœur

ouvert ‖ hablar con la nariz parler du nez ‖ hablar con soltura parler avec aisance ‖ hablar de negocios parler affaires ‖ hablar de perlas parler d'or, parler merveilleusement bien ‖ hablar de política parler politique ‖ hablar de todo un poco parler de choses et d'autres, parler de tout et de rien ‖ hablar de trapos parler chiffons ‖ hablar de tú, de usted a alguien dire tu à o tutoyer quelqu'un, dire vous à o vouvoyer quelqu'un ‖ hablar en broma plaisanter, parler pour rire ‖ hablar en crudo avoir son franc-parler ‖ **FAM** hablar en plata parler clairement ‖ hablar entre dientes parler entre ses dents, marmotter ‖ hablar en voz alta parler à voix haute ‖ hablar en voz baja o queda parler à voix basse ‖ hablar gangoso parler du nez ‖ hablar largo y tendido parler longuement ‖ **FIG & FAM** hablar para su coleto o para el cuello de su camisa o para sí parler à son bonnet ‖ hablar peor que una verdulera parler comme une harengère ‖ hablar peor que un carretero jurer comme un charretier ‖ hablar por boca de ganso répéter comme un perroquet (repetir tontamente) ‖ hablar por hablar o porque sí parler pour parler, parler pour ne rien dire ‖ **FAM** hablar por los codos avoir la langue bien pendue, jaser comme une pie ‖ hablar sin rodeos parler sans détour, ne pas mâcher ses mots ‖ hablar sin ton ni son o sin orden ni concierto parler à bâtons rompus ■ hablando del rey de Roma por la puerta asoma quand on parle du loup on en voit la queue ‖ hablemos poco y bien parlons peu mais parlons bien ‖ habló el buey y dijo mu que pouvait-on attendre d'autre? ■ dar mucho que hablar parler de soi, faire du bruit (cosa o persona), faire couler beaucoup d'encre (asunto) ‖ dejar hablar a uno laisser parler o dire quelqu'un ‖ el hablar bien no cuesta dinero jamais beau parler n'écorche la langue ‖ estar hablando être parlant (una pintura, una estatua) ‖ miente más que habla il ment comme il respire, il ment comme un arracheur de dents ‖ **FAM** ¡ni hablar! pas question!, rien à faire! ‖ no hay más que hablar c'est tout dit, il n'y a pas à y revenir ‖ quien mucho habla, mucho yerra trop parler nuit ‖ retrato que está hablando portrait auquel il ne manque que la parole, portrait vivant o parlant ‖ sin hablar de... sans parler de... ‖ sin hablar palabra sans dire un mot, sans mot dire ‖ sólo le falta hablar il ne lui manque que la parole.
◇ v tr parler; hablar (el) francés parler (le) français ‖ dire; hablar disparates dire des bêtises.
➤ **hablarse** v pr se parler ‖ **FIG** se fréquenter, se parler; ya no se hablan ils ne se parlent plus ‖ parler; Pedro ya no se habla con Juan Pierre ne parle plus à Jean. **SIN** conversar converser, s'entretenir; platicar deviser; decir dire; departir s'entretenir; conferenciar, conferir conférer; charlar bavarder, causer; **FAM** chamullar jaspiner.

hablilla f cancan m, potin m, ragot m, racontar m **FAM**.

hablista m & f puriste.

habón m cloque f, ampoule f (roncha en la piel).

Habsburgo n pr Habsbourg.

hacamari m (Amer) ours des Andes.

hacanea f haquenée (jaca).

hacecillo m **BOT** faisceau.

hacedero, ra adj faisable. **SIN** posible possible; factible, dable faisable; realizable réalisable.

hacedor, ra adj & s auteur m, créateur, trice ‖ el Sumo o el Supremo Hacedor le Créateur, le Divin Artisan.
➤ **hacedor** m administrateur, régisseur d'une ferme.

hacendado, da adj & s fortuné, e; un hombre hacendado un homme fortuné.
◇ m & f propriétaire foncier ‖ (Amer) éleveur, euse (ganadero).

hacendar [19] v tr conférer la propriété d'une terre.
➤ **hacendarse** v pr s'établir; hacendarse en Argentina s'établir en Argentine.

hacendera f corvée, ouvrage m d'intérêt public auquel doivent contribuer tous les habitants d'une commune.

hacendero, ra adj actif, ive; travailleur, euse; laborieux, euse (hacendoso).
➤ **hacendero** m ouvrier des mines d'Almaden.

hacendista m financier ‖ (Amer) gros propriétaire.

hacendoso, sa adj actif, ive; travailleur, euse; laborieux, euse ‖ hacendoso como una hormiga laborieux comme une abeille o une fourmi.

hacer [60]

1. FABRICAR, EJECUTAR, COMPONER
2. CAUSAR
3. ACOSTUMBRAR
4. FINGIR
5. OTROS SENTIDOS
6. LOCUCIONES DIVERSAS
7. CONVENIR, CONCORDAR
8. HACER DE
9. HACER PARA, POR, COMO
10. HACER, CON EL INFINITIVO
11. IMPERSONAL
12. VOLVERSE
13. ACOSTUMBRARSE
14. LOCUCIONES DIVERSAS

1. FABRICAR, EJECUTAR, COMPONER v tr faire; hacer un mueble, un pastel faire un meuble, un gâteau; hacer un poema, un milagro faire un poème, un miracle ‖ dresser; hacer una lista, un contrato dresser une liste, un contrat
2. CAUSAR v tr faire; hacer humo, sombra faire de la fumée, de l'ombre; hacer daño faire mal
3. ACOSTUMBRAR v tr faire, accoutumer; hacer su cuerpo a la fatiga accoutumer son corps à la fatigue
4. FINGIR v tr faire; hacer el bobo faire l'idiot
5. OTROS SENTIDOS v tr faire, contenir; esta botella hace un litro cette bouteille fait un litre ‖ croire (pensar); yo te hacía en Montevideo je te croyais à Montevideo; le hacía estudiando je le croyais en train d'étudier ‖ faire (cortar la barba, las uñas) ‖ faire (obligar); hizo que la señora se sentara il fit asseoir la dame ‖ **TEATR** faire, jouer le rôle de (representar un papel)
6. LOCUCIONES DIVERSAS v tr **FAM** ¿hace? d'acc. ‖ hacer agua faire eau (un buque) ‖ hacer aguas uriner ‖ hacer alarde de se vanter de

‖hacer bien en faire bien de ‖ AUTOM & AVIAC hacer cien (kilómetros) por hora faire du cent (kilomètres) à l'heure ‖ FOT hacer copia tirer une épreuve ‖ hacer de su hijo un médico faire de son fils un médecin ‖ hacer el amor faire l'amour ‖ hacer el papel de jouer le rôle de ‖ hacer las veces de faire office de, servir à (servir para), faire office de, jouer le rôle de (reemplazar) ‖ FAM hacerle la pascua o un pie agua a uno empoisonner quelqu'un ‖ hacerle la vida imposible a uno rendre la vie impossible à quelqu'un ‖ hacer otro tanto faire de même, en faire autant ‖ hacer pedazos, trizas, polvo mettre en morceaux, réduire en miettes, en poussière ‖ hacer presente faire connaître, informer (dar a conocer), signaler, faire remarquer (advertir) ‖ (eufem) hacer sus necesidades faire ses besoins ‖ hacer tiempo passer le temps ‖ hacer todo lo posible para faire tout son possible o de son mieux pour ‖ hacer una cosa arrastrando faire une chose de mauvais gré ‖ hacer una cosa con los pies faire quelque chose comme un pied ‖ hacer una o de las suyas faire des siennes ‖ hacer una pregunta poser une question ‖ COM hacer una rebaja consentir un rabais, faire un prix ‖ hacer uso de la palabra prendre la parole ‖ hacer vida ascética mener une vie ascétique ■ a lo hecho pecho ce qui est fait est fait, quand le vin est tiré il faut le boire ‖ IRÓN ¡buena la has hecho! tu en as fait de belles!, c'est du propre! ‖ dar que hacer donner du fil à retordre o du mal ‖ el que la hace la paga qui casse les verres la paye ‖ haz bien y no mires a quién que ta main gauche ignore le bien que fait la main droite ‖ FAM ¡la hizo! c'est du joli! (una tontería) ‖ mandar hacer faire faire ‖ más hace el que quiere que no el que puede il faut vouloir pour pouvoir ‖ me hace falta j'ai besoin de ‖ no tener nada que hacer n'avoir rien à faire ‖ por más que haga o haga lo que haga quoi qu'il fasse, il a beau faire ‖ ¿qué hemos de hacer? que fautil faire?, que faire? ‖ ¿qué quiere que le haga? que voulez-vous que j'y fasse? ‖ ¿qué le vamos a hacer? on n'y peut rien ‖ ser el que hace y deshace en avoir la haute main sur o dans, faire la pluie et le beau temps o être le grand manitou dans FAM

7. CONVENIR, CONCORDAR v intr faire; eso no le hace ça ne fait rien (importar) ‖ convenir, aller (convenir) ‖ aller (ir); esto hace con aquello ceci va avec cela ‖ mil francos más o menos no le hace il n'est pas à mille francs près ‖ no hace al caso ça n'a rien à voir

8. HACER DE faire fonction de; hace de portero il fait fonction de concierge ‖ servir; hacer de madre para alguien servir de mère à quelqu'un ‖ faire le, la; hace de tonto il fait l'idiot (fingir), faire le, la; jouer le, la; hace de valiente il joue les courageux (blasonar) ‖ TEATR faire, jouer le rôle de; hace de Fedra en esta obra elle joue le rôle de Phèdre dans cette pièce

9. HACER PARA, POR, COMO faire tout son possible pour; hizo para venir il fit tout son possible pour venir ■ hacer como faire celui, celle qui; hace como que no sabe nada il fait celui qui ne sait rien ‖ hacer como si faire semblant de ‖ hacer por la vida manger

10. HACER, CON EL INFINITIVO faire; hacer reír, llorar faire rire, pleurer; hacer saber faire savoir ‖ faire (obligar); la hizo venir il l'a fait venir ■ hacer comparecer faire comparaître, amener ‖ hacer pasar las moradas en faire voir de toutes les couleurs ‖ hacer saltar las lágrimas tirer les larmes des yeux, faire couler les larmes ‖ FAM hacer sudar a donner du fil à retordre à (dificultad) ‖ no hacer más que o sino ne faire que

11. IMPERSONAL faire; hace calor, frío, mucho calor, mucho frío il fait chaud, froid, très chaud, très froid ‖ y avoir (tiempo); hace tres días il y a trois jours; hace mucho tiempo il y a longtemps ‖ desde hace dos años depuis deux ans

12. VOLVERSE v pr se faire; hacerse sacerdote se faire prêtre; el Verbo se hizo carne le Verbe s'est fait chair ‖ se changer, se transformer; el vino se hizo vinagre le vin s'est changé en vinaigre ‖ devenir; hacerse un atleta devenir athlète ‖ se faire; hacerse tarde se faire tard; hacerse viejo se faire vieux; el ruido se hacía demasiado fuerte le bruit se faisait trop fort ‖ se faire; el queso se hace le fromage se fait

13. ACOSTUMBRARSE v pr se faire, s'habituer; hacerse al calor se faire à la chaleur; no me hago a vivir solo je ne m'habitue pas à vivre seul

14. LOCUCIONES DIVERSAS hacerse a la mar prendre la mer ‖ hacerse a la vela mettre à la voile ‖ hacerse atrás reculer ‖ hacerse a un lado s'écarter, se mettre de côté ‖ hacerse de o con se procurer (procurarse), se pourvoir (proveerse), s'approprier (apropiarse); hacerse de dinero se procurer de l'argent; hacerse con un libro s'approprier un livre, s'emparer de, contrôler (en deporte); hacerse con el balón contrôler le ballon ‖ hacerse de nuevo con reprendre; hacerse de nuevo con el poder reprendre le pouvoir ‖ hacerse de rogar se faire prier ‖ hacerse de una fortuna faire fortune ‖ hacerse el, la, faire le, la; jouer le, la (fingir o blasonar) ‖ MFAM hacerse el remolón tirer au flanc ‖ hacerse fuerte se retrancher (fortificarse), se buter (en una idea) ‖ hacerse indispensable se rendre indispensable ‖ hacerse memorable se rendre célèbre ‖ hacerse el olvidadizo faire celui qui a tout oublié ‖ hacerse pasar por se faire passer pour ‖ hacerse presente se mettre en vue, chercher à se faire voir ‖ hacerse rico s'enrichir ‖ hacerse solo être fils de ses œuvres ‖ hacerse tres mil francos al día se faire trois mille francs par jour ‖ se me hace que va a llover il me semble qu'il va pleuvoir.

hacha f; **hachón** m torche f (antorcha) ‖ flambeau m (de cera).

hacha f hache (instrumento cortante); un hacha de abordaje une hache d'abordage ‖ FIG & FAM as m, crack m; ser un hacha en matemáticas être un crack en mathématiques; es un hacha del volante c'est un as du volant.

hachador m (Amer) bûcheron.

hachar v tr dégrossir à coups de hache.

hachazo m coup de hache ‖ coup de corne (de un toro).

hache f h m (nombre de la letra "h") ■ FIG & FAM llámele usted hache appelez ça comme vous voudrez, c'est la même chose.

hachear v tr dégrossir à coups de hache. ⬦ v intr donner des coups de hache.

hachero m torchère f (candelero) ‖ bûcheron (leñador).

hachís; haschich; hasch m hachisch, haschich.

hacho m torche f (antorcha) ‖ GEOGR promontoire.

hachón ➤ hacha.

hachuela f hachette, petite hache.

hacia prep vers; hacia la derecha vers la droite; hacia las dos vers 2 heures ■ ir hacia atrás aller en arrière ‖ mirar hacia arriba regarder en l'air.

hacienda f ferme, propriété rurale (finca rural) ‖ hacienda (en América del Sur) ‖ fortune, biens m pl (fortuna); disipar la hacienda dissiper sa fortune ■ hacienda pública finances publiques, Trésor public ‖ Ministerio de Hacienda ministère des Finances.

hacina f meule, gerbier m (conjunto de haces) ‖ FIG tas m, monceau m (montón).

hacinamiento m entassement.

hacinar v tr entasser (colocar en hacinas) ‖ FIG accumuler (amontonar); hacinar las pruebas contra un culpable accumuler les preuves contre un coupable.

➤ **hacinarse** v pr s'entasser, se presser; la muchedumbre se hacina en la acera la foule se presse sur le trottoir.

hada f fée ■ hada madrina bonne fée ‖ cuento de hadas conte de fées.

Hades n pr MITOL Hadès.

hado m destin, destinée f, sort.

hafiz m garde, gardien.

hafnio m QUÍM hafnium.

hagiografía m hagiographie (vida de los santos).

hagiográfico, ca adj hagiographique.

hagiógrafo, fa m & f hagiographe (escritor sagrado).

hagiología f hagiologie.

haiga m FAM grosse bagnole f, voiture f américaine.

> **HAIGA**
> C'est ainsi qu'on appelait une grosse voiture dans les années 50. Le parc automobile espagnol était alors assez réduit et constitué essentiellement de vieilles voitures. Or, le marché noir permit à des personnes de catégorie socioculturelle modeste de faire fortune et d'étaler leur richesse. Cela explique qu'un riche parvenu ait pu commander à un vendeur d'automobiles: « el más grande que haiga » (déformation de haya).

Haití n pr m GEOGR Haïti f.

haitiano, na adj & s haïtien, enne (de Haití).

¡hala! interj allons!, allez!

halacabuyas m MAR mousse.

halaco ➤ alaco.

halagador, ra adj flatteur, euse.

halagar [16] v tr flatter; me halaga tu propuesta ta proposition me flatte ‖ [▷ SIN] flatter, aduler (adular) ‖ plaire, agréer (agradar).

‖ SIN lisonjear, incensar encenser; adular aduler; alabar, ensalzar louer, vanter; FAM dar la coba faire du plat, lécher les bottes.

halago m flatterie f (lisonja) ‖ cajolerie f (mimo).

halagüeño, ña adj flatteur, euse (lisonjero) ‖ FIG prometteur, euse; encourageant, e (alentador).

halar v tr MAR haler.

halcón *m* faucon (ave) ■ **halcón campestre, garcero, grullero, montano, niego, soro** faucon domestique, héronnier, gruyer, hagard, niais, sors o sor ‖ **halcón letrado** faucon à plumage tacheté de noir ‖ **halcón roqués** milan noir.

halconado, da *adj* qui ressemble au faucon.

halconería *f* fauconnerie (caza con halcón).

halconero *m* fauconnier ‖ **halconero mayor** grand fauconnier.

halda *f* serpillière (harpillera).

¡hale! *interj* allez!

haleche *m* anchois (boquerón).

haliéutico, ca *adj & s f* halieutique (de la pesca).

haliótide *f* ZOOL haliotide.

hálito *m* haleine *f* (aliento) ‖ POÉT souffle, haleine *f*; **el hálito del céfiro** le souffle du zéphyr.

hall *m* entrée *f*, hall.
‖ OBSERV pl halls.

hallado, da *adj* trouvé, e ■ **bien hallado** à l'aise, dans son élément ‖ **mal hallado** mal à l'aise.

hallar *v tr* trouver; **quien busca halla** qui cherche trouve ‖ rencontrer (una persona).
➤ **hallarse** *v pr* se trouver (encontrarse); **hallarse en París** se trouver à Paris ‖ être; **hallarse muy enfermo** être très malade ■ **hallarse con una cosa** trouver une chose ‖ **hallarse en todo** se mêler de tout ‖ **no hallarse** ne pas être à son aise, ne pas être dans son élément, se sentir perdu, se sentir o se trouver déplacé.

hallazgo *m* découverte *f* (descubrimiento) ‖ trouvaille *f*; **esta expresión es un hallazgo** cette expression est une trouvaille.

hallulla *f*; **hallulo** *m* fouace *f*, tourte *f* (torta cocida en el rescoldo).

halo *m* halo.

halófilo, la *adj* BOT halophile.

halógeno, na *adj & s m* QUÍM halogène.
➤ **halógeno** *m* halogène (lámpara).

haloideo, a *adj & s m* QUÍM haloïde.

haloque *m* (ant) felouque *f* (falúa).

haltera *f* haltère *m* (pesa).

halterofilia *f* haltérophilie.

halterófilo, la *adj & s* haltérophile.

hamaca *f* hamac *m* (cama) ‖ chaise longue (tumbona) ‖ sorte de palanquin (vehículo) ‖ (*Amer*) balançoire (columpio).

hamadría; hamadríada *f* MIT hamadryade (ninfa).

hámago *m* propolis *f* (de las abejas).

hamamelis *m* BOT hamamélis.

hamaquear *v tr* (*Amer*) bercer (mecer).

hamaqueo *m* bercement.

hamaquero *m* fabricant de hamacs (fabricante) ‖ porteur de palanquin (portador) ‖ crochet de hamac (gancho).

hambre *f* [▷ SIN] faim; **tener hambre** avoir faim; **aplacar el hambre** assouvir sa faim ‖ famine (escasez); **salario de hambre** salaire de famine ‖ FIG & FAM soif, faim (deseo) ■ **hambre calagurritana** grande famine ‖ **hambre canina** boulimie (enfermedad), faim de loup, faim dévorante ■ **engañar el ham**bre tromper sa faim ‖ **matar de hambre** affamer ‖ **matar el hambre** tuer la faim ‖ **morirse de hambre** mourir de faim ■ **a buen hambre no hay pan duro** la faim n'a pas de goût ‖ **el hambre es mala consejera** ventre affamé n'a pas d'oreilles ‖ **el hambre aguza el ingenio** nécessité est mère d'industrie.
‖ OBSERV Le mot hambre, bien que féminin, est précédé de l'article el afin d'éviter un hiatus.
‖ SIN ganas envie; bulimia boulimie; polifagia polyphagie; FAM gazuza, carpanta fringale.

hambreado, da *adj* (*Amer*) affamé, e.

hambrear *v tr* (p us) affamer (causar hambre).
➤ *v intr* avoir faim.

hambriento, ta *adj & s* affamé, e.
‖ SIN famélico famélique; hambrón crève-la-faim; bulímico boulimique.

hambrina; hambruna *f* (*Amer*) grande faim, fringale FAM.

hambrón, ona *adj* FAM très affamé, e; mort, e de faim.
➤ *m & f* crève-la-faim *inv*.

hambruna ➤ **hambrina**.

hambrusia *f* (*Amer*) famine.

Hamburgo *n pr* GEOGR Hambourg.

hamburgués, esa *adj & s* hambourgeois, e.
➤ **hamburguesa** *f* hamburger *m* [bifteck haché].

hamburguesería *f* fast-food *m*.

hampa *f* pègre, milieu *m*; **el hampa de Chicago** la pègre de Chicago.
‖ SIN hez lie; pillería, golfería friponnerie; gentuza, chusma racaille.

hampesco, ca *adj* de la pègre, du milieu.

hampón *adj & s* bravache.

hámster *m* ZOOL hamster (roedor).
‖ OBSERV pl hámsters.

handball ['xanbol] *m* handball.

hándicap *m* DEP handicap; **sufrir un hándicap** avoir un handicap.
‖ OBSERV pl hándicaps.

hanega ➤ **fanega**.

hangar *m* hangar (cobertizo).

Hannóver; Hannover *n pr* GEOGR Hanovre.

hannoveriano, na *adj & s* hanovrien, enne (de Hannóver).

hansa *f* hanse.

hanseático, ca *adj* hanséatique.

haragán, ana *adj & s* fainéant, e.

haraganear *v intr* fainéanter, tirer sa flemme FAM.

haraganería *f* fainéantise.

harakiri; haraquiri *m* hara-kiri.

harapiento, ta *adj* en haillons, en guenilles, déguenillé, e; loqueteux, euse (andrajoso).

harapo *m* haillon, guenille *f* (andrajo) ‖ eau-de-vie *f* de queue (aguardiente) ‖ **andar hecho un harapo** être en guenilles o en haillons, être dépenaillé o déguenillé.

haraposo, sa *adj* en haillons, en loques, déguenillé, e; dépenaillé, e (harapiento).

haraquiri ➤ **harakiri**.

Harare *n pr* GEOGR Harare.

harca *f* expédition d'insurgés marocains ‖ FIG bande (grupo).
‖ OBSERV Le h initial est aspiré.

hardware *m* (palabra inglesa) INFORM hardware, matériel (soporte físico, equipo).

harem; harén *m* harem.

harina *f* farine ‖ poudre fine, poussière (polvo menudo) ■ **harina de avena** farine d'avoine ‖ **harina de flor** fleur de farine ‖ **harina de maíz** farine de maïs ‖ **harina de pescado** farine de poisson ‖ **harina integral** farine complète ‖ **harina lacteada** farine lactée ■ **almacén, fábrica o comercio de harinas** minoterie ■ **donde no hay harina, todo es mohína** quand le foin manque au râtelier, les chevaux se battent ‖ FAM **eso es harina de otro costal** c'est une autre histoire, c'est une autre paire de manches ‖ **metido en harina** mal cuit, compact (pan), absorbé (en una empresa), plongé jusqu'au cou (en un asunto), bien en chair (gordo).

harinado *m* pâte *f* de farine.

harinero, ra *adj* relatif à la farine ‖ **molino harinero** moulin à farine.
➤ **harinero** *m* farinier (molinero) ‖ minotier (fabricante y comerciante) ‖ farinière *f* (arcón para harina).

harinoso, sa *adj* farineux, euse; **pan harinoso** pain farineux ‖ farinacé, e (farináceo).

harmonía ➤ **armonía**.

harmoniosamente ➤ **armoniosamente**.

harnero *m* crible (criba).

harón, ona *adj* paresseux, euse.

haronear *v intr* paresser, fainéanter.

haronía *f* paresse (pereza).

harpa *f* MÚS harpe.

harpía *f* harpie (arpía).

harpillera *f* serpillière (tela).

hartada *f* indigestion, rassasiement *m* (hartazgo).

hartar *v tr* rassasier (calmar el hambre) ‖ FIG satisfaire (un deseo) ‖ fatiguer, lasser (cansar) ‖ ennuyer, assommer, fatiguer (fastidiar); **este discurso nos hartó** ce discours nous a assommés ‖ **hartar de palos** rouer de coups.
➤ **hartarse** *v pr* se rassasier ‖ se gaver (comer demasiado); **hartarse de frutas** se gaver de fruits ‖ FIG se lasser, en avoir assez o soupé FAM; **hartarse de esperar** en avoir assez d'attendre ■ FAM **hartarse de dormir** dormir tout son soûl ‖ **hasta hartarse** jusqu'à plus soif, jusqu'à satiété.

hartazgo *m* indigestion *f*, rassasiement (acción de hartar) ■ **darse un hartazgo** se rassasier (saciarse), avoir une indigestion (estar harto) ‖ FIG & FAM **nos dimos un hartazgo de música anoche** hier nous avons passé toute la soirée à écouter de la musique.

harto, ta *adj* [▷ SIN] rassasié, e; repu, e (de comer) ‖ FIG fatigué, e; las, lasse (cansado) ■ **estar harto de** en avoir assez; **estoy harto de oír tus quejas** j'en ai assez de t'entendre te plaindre; être dégoûté o en avoir assez; **está harto de la vida** il est dégoûté de la vie; être gavé, e; **estar harto de lecturas** être gavé de lectures ‖ **harto de lidiar** de guerre lasse.
➤ **harto** *adv* assez (bastante), trop (demasiado); **harto ha dicho** il a assez dit.

SIN ahíto repu; saciado rassasié; saturado saturé; satisfecho satisfait.

hartón *m* **FAM** indigestion *f* (hartazgo) ▌(*Amer*) glouton (glotón).

hartura *f* rassasiement *m* ▌abondance ▌**FIG** satisfaction (de un deseo) ▌indigestion; tengo una hartura de cine j'ai une indigestion de cinéma.

haschich ► **hachís**.

hash ► **hachís**.

hasta *prep* jusque; hasta allí jusque-là; hasta aquí jusqu'ici ▌jusqu'à, à; desde París hasta Madrid de Paris à Madrid, depuis Paris jusqu'à Madrid ▌avant; no habrá acabado hasta mañana il n'aura pas fini avant demain; no se levantó hasta terminar su lectura il ne se leva pas avant d'avoir terminé sa lecture ■ hasta ahora, hasta la fecha jusqu'à maintenant, jusqu'à présent ▌¡hasta ahora! à tout de suite!, à tout à l'heure! ▌¿hasta cuándo? jusqu'à quand?, jusques à quand? (literario) ▌¿hasta dónde? jusqu'où? ▌hasta el punto que à un tel point que ▌hasta entonces jusqu'alors ▌hasta la vista, hasta otra au revoir ▌hasta luego, hasta después, hasta pronto à tout à l'heure, à tout de suite, à bientôt ▌hasta mañana à demain ▌hasta más no poder on ne peut plus; es malo hasta más no poder il est on ne peut plus méchant; jusqu'à n'en plus pouvoir; ha trabajado hasta más no poder il a travaillé jusqu'à n'en plus pouvoir ▌hasta que jusqu'à ce que ▌hasta tal punto que à tel point que ▌hasta tanto que tant que ▌hasta más ver au revoir.
◇ *conj* même (incluso); los mayores y hasta los niños saben esto les adultes et même les enfants savent cela ▌jusqu'à, même; hasta dice que il va jusqu'à dire que; hasta se burla de nosotros il va jusqu'à se moquer de nous.

hastiado, da *adj* dégoûté, e; écœuré, e.

hastial *m* pignon ▌**FIG** rustre (grosero) ▌**MIN** paroi *f* latérale d'une mine.

▌**OBSERV** Le h initial de hastial, dans sa deuxième acception, est aspiré.

hastiar [9] *v tr* dégoûter, écœurer (asquear) ▌ennuyer, excéder (fastidiar).

hastío *m* dégoût (asco) ▌ennui, lassitude *f* (tedio) ▌causar hastío dégoûter ▌sentir hastío de un trabajo en avoir assez o être dégoûté d'un travail.

hatajar *v tr* diviser en troupeaux.

hatajo *m* petit troupeau ▌**FIG & FAM** tas; un hatajo de disparates un tas de bêtises.

hatear *v intr* faire son balluchon ▌donner leurs provisions aux bergers (dar la hatería).

hatería *f* provisions *pl* des bergers (víveres) ▌équipement *m* des bergers (ropa).

hatero, ra *adj* se dit de l'homme, de l'âne o du cheval qui porte les provisions des bergers.

hatijo *m* chapeau d'une ruche.

hatillo *m* petit troupeau (rebaño) ▌balluchon, baluchon (paquetito) ▌**FAM** tomar o coger su hatillo faire son balluchon, plier bagage.

hato *m* troupeau (rebaño) ▌provisions *f pl* des bergers (hatería) ▌**FIG** bande *f*, tas, ramassis; hato de pícaros bande de voyous ▌(*Amer*) ferme *f* d'élevage (hacienda) ▌balluchon, baluchon (ropa y efectos de una persona) ■ **FAM** andar con el hato a cuestas rouler sa bosse ▌liar uno el hato faire son balluchon, plier bagage.

haute *m* **BLAS** écu armorié.

hawaiano, na *adj & s* hawaiien, enne; hawaïen, enne.

Hawaii; Hawai *n pr* **GEOGR** Hawaii.

haxix *m* hachisch, haschich.

haya *f* **BOT** hêtre *m*.

hayaca *f* (*Amer*) gâteau *m* de maïs, espèce de vol-au-vent *m*.

hayal; hayedo *m* hêtraie *f*.

hayo *m* **BOT** coca *f*, chique *f* de coca que mâchent les Indiens de Colombie.

hayucal *m* hêtraie *f*.

hayuco *m* faine *f* (fruto del haya).

haz *m* faisceau (de cosas) ▌**FÍS** faisceau (de rayos luminosos) ▌**MAT** faisceau; haz de rectas faisceau de droites ▌gerbe *f* (de cereales, de flores) ▌fagot (de leña) ▌botte *f* (gavilla) ▌liasse *f* (fajo) ■ haz de electrones faisceau d'électrons o électronique ▌haz de luz faisceau de lumière o lumineux ▌haz polarizado faisceau polarisé.
◆ **haces** *m pl* faisceaux (de los lictores).
◇ *f* face, visage *m*, figure (rostro) ▌face (lado opuesto al envés) ▌surface, face; la o el haz de la Tierra la surface de la Terre ▌surface; el haz del agua la surface de l'eau ▌**FIG** ser de dos haces ne pas être franc.

haza *f* champ *m*, pièce o lopin *m* de terre de labour.

hazaña *f* exploit *m*, prouesse, haut fait *m* ▌las hazañas de Hércules les travaux d'Hercule.

▌**SIN** proeza prouesse; heroicidad héroïcité; gesta geste; récord, marca, plusmarca record.

hazañería *f* simagrée; hacer hazañerías faire des simagrées.

hazañero, ra *adj* comédien, enne; qui fait des simagrées.

hazañosamente *adv* héroïquement.

hazmerreír *m* risée *f*; ser el hazmerreír del pueblo être la risée du village.

HB (abrev de Herri Batasuna) *f* parti indépendantiste radical basque.

he *adv dem* s'emploie avec les adverbes aquí o allí et avec les pronoms me, te, le, la, lo, etc.; he aquí voici; he allí voilà; heme aquí me voici; hete aquí te voici; hele aquí le voici.

¡he! *interj* hé!

heavy metal *m* hard rock.

hebdómada *f* semaine ▌sept années (siete años).

hebdomadario, ria *adj* hebdomadaire.
◇ *m & f* hebdomadier, ère (sacerdote).

▌**OBSERV** Un hebdomadaire, publication qui paraît chaque semaine, se dit semanario.

Hebe *n pr f* **MITOL** Hébé.

hebefrenia *f* **MED** hébéphrénie.

hebén *adj* se dit d'une sorte de gros raisin blanc (uva).

hebijón *m* ardillon (de una hebilla).

hebilla *f* boucle; hebilla de cinturón boucle de ceinture.

hebillero, ra *m & f* fabricant, e o marchand, e de boucles.

hebra *f* brin *m* (de hilo) ▌fil *m* (de verduras) ▌fibre, filandre (de carne) ▌filament *m* (filamento) ▌**FIG** fil *m* (del discurso) ▌**MIN** veine, filon *m* ■ (*Amer*) de una hebra d'une haleine, d'une traite ▌tabaco de hebra tabac à rouler ▌**FIG** cortar la hebra de la vida couper le fil de la vie ▌**FAM** pegar la hebra discuter le coup, tailler une bavette.
◆ **hebras** *f pl* **POÉT** cheveux *m*.

hebraico, ca *adj* hébraïque.

hebraísmo *m* hébraïsme.

hebraísta *adj & s* hébraïste, hébraïsant, e (que cultiva el hebreo).

hebraizante *adj & s* hébraïsant, e.

hebraizar [6] *v intr* hébraïser.

hebreo, a *adj & s m* **LING** hébreu ▌**FAM** (racista) juif, juive (mercado) ▌jurar en hebreo piquer une crise (enojarse).

▌**OBSERV** Hébreu como adjetivo tiene por femenino hébraïque y como sustantivo femenino Juive o Israélite.

Hébridas *n pr f pl* **GEOGR** les (islas) Hébridas les îles Hébrides.

hebroso, sa; hebrudo, da *adj* fibreux, euse.

Hécate *n pr* **MITOL** Hécate.

hecatombe *f* hécatombe ▌**FIG** hécatombe.

heces *f pl* fèces (excrementos).

hecha *f* (ant) fait *m*, action (hecho) ▌date (fecha) ▌de esta hecha dès lors, cette fois-ci.

hechicería *f* sorcellerie ▌**FIG** ensorcellement *m*, envoûtement *m*, charme *m* (seducción).

hechicero, ra *adj & s* sorcier, ère (brujo) ▌**FIG** ensorceleur, euse; ensorcelant, e; envoûtant, e; mujer, mirada hechicera femme ensorceleuse, regard envoûtant.

hechizar [13] *v tr* ensorceler, jeter un sort o un charme sur ▌**FIG** ensorceler, envoûter, charmer.

hechizo, za *adj* artificiel, elle; feint, e (fingido).
◆ **hechizo** *m* sortilège (sortilegio) ▌ensorcellement, envoûtement, charme (encanto) ▌**FIG** ensorceleur (persona que hechiza).

hecho, cha *p p de hacer* fait, e; hemos hecho nous avons fait ■ dicho y hecho sitôt dit sitôt fait ■ **FIG** está hecho un demonio, un tigre, etc. c'est un vrai démon, un vrai tigre, etc. ▌estar hecho être devenu (haberse vuelto).
◇ *adj* fait, e; hombre, vino hecho homme, vin fait ▌bien hecho, mal hecho bien fait, mal fait; un cuerpo bien hecho un corps bien fait ▌frase hecha phrase toute faite ▌hecho a la medida fait sur mesure ▌hecho y derecho accompli, parfait; un hombre hecho y derecho un homme accompli ▌ropa hecha vêtement de confection.
◆ **hecho** *m* fait; hecho de armas fait d'armes ▌évènement (suceso) ■ hecho consumado fait accompli ▌**DR** hecho jurídico fait juridique ▌**RELIG** Hechos de los Apóstoles Actes des Apôtres ▌hechos y milagros faits et gestes ▌vías de hecho voies de fait ■ a hecho sans arrêt ▌de hecho en fait ▌por el hecho de que par le fait que, du fait que ■ del dicho al hecho hay mucho o un gran trecho faire et dire sont deux, promettre et tenir sont deux ▌es un hecho que le fait est que ▌no hay que tomar las palabras por hechos il

ne faut pas prendre ce qu'on dit pour de l'argent comptant.

hechor, ra *m* & *f* (*Amer*) malfaiteur, trice (malhechor).

➤ **hechor** *m* âne étalon (garañón).

hechura *f* façon (acción, forma, etc.); pagar al sastre por la hechura de un traje payer au tailleur la façon d'un costume ‖ créature (criatura); somos hechuras de Dios nous sommes les créatures de Dieu ‖ FIG œuvre, ouvrage *m* (obra) ‖ créature (el que todo lo debe a otro) ‖ FIG entre sastres no se pagan hechuras entre collègues on peut se rendre de petits services.

hectárea *f* hectare *m* (medida).

héctico, ca *adj* MED hectique.

hectogramo *m* hectogramme.

hectolitro *m* hectolitre.

hectométrico, ca *adj* hectométrique.

hectómetro *m* hectomètre.

Héctor *n pr* MITOL Hector.

hectóreo, a *adj* POÉT d'Hector [personnage homérique].

hectovatio *m* ELECTR hectowatt.

hedentina *f* puanteur, fétidité (hedor) ‖ endroit *m* fétide (sitio).

heder [20] *v intr* [▷ SIN] puer (oler mal) ‖ FIG empoisonner (fastidiar).

▪ SIN apestar empester; oler mal sentir mauvais.

hediente; hediento, ta *adj* puant, e; fétide.

hediondez *f* puanteur (hedor).

▪ SIN fetidez fétidité; pestilencia pestilence; infección infection; hedor puanteur.
OBSERV *pl* hediondeces.

hediondo, da *adj* puant, e; infect, e; fétide (pestilente) ‖ FIG répugnant, e (repugnante) ‖ empoisonnant, e (molesto).

➤ **hediondo** *m* BOT bois puant (árbol).

hedonismo *m* hédonisme (epicureísmo).

hedonista *adj* & *s* FILOS hédoniste.

hedonístico, ca *adj* hédonistique, hédoniste.

hedor *m* puanteur *f*, fétidité *f*.

Hefesto; Hefaistos; Hefestos *n pr* MITOL Héphaïstos.

hegelianismo *m* FILOS hégélianisme (doctrina de Hegel).

hegeliano, na *adj* hégélien, enne.

hegemonía *f* hégémonie.

hegemónico, ca *adj* hégémonique.

hégira; héjira *f* hégire (era mahometana).

helada *f* gelée ‖ helada blanca gelée blanche, givre.

heladera *f* sorbetière (para hacer helados) ‖ (*Amer*) réfrigérateur *m*.

heladería *f* glacier *m* (fábrica y establecimiento).

heladero *m* glacier (vendedor de helados).

helado, da *adj* glacé, e; gelé, e (por el frío) ‖ FIG quedarse helado être abasourdi (ante una noticia).

➤ **helado** *m* glace *f*; un helado de vainilla une glace à la vanille.

heladora *f* sorbetière (para hacer helados) ‖ glacière (nevera).

heladura *f* gélivure (de los árboles).

helamiento *m* congélation *f*.

helar [19] *v tr* geler, glacer; el frío hiela el agua de los ríos le froid gèle l'eau des rivières ‖ figer (aceite, grasa) ‖ frapper (champaña) ‖ FIG glacer, transir; su aspecto me hiela son aspect me glace; helar de espanto glacer de peur ‖ FIG hace un frío que hiela las piedras il gèle à pierre fendre.

➤ **helarse** *v pr* geler, se glacer, se congeler (líquidos) ‖ figer (aceite, grasa) ‖ geler (plantas) ‖ FIG geler, mourir de froid; en invierno se hiela uno en hiver on gèle ‖ se me heló la sangre mon sang se glaça dans mes veines.
◇ *v impers* geler; ayer heló hier il a gelé.

helechal *m* fougeraie *f*.

helecho *m* BOT fougère *f* (planta).

Helena *n pr* Hélène [princesse grecque].

helénico, ca *adj* hellénique (griego).

helenio *m* BOT aulnée *f*, aunée *f*, inule *f* (énula).

helenismo *m* hellénisme.

helenista *adj* & *s* hellénisant, e.
◇ *m* & *f* helléniste.

helenístico, ca *adj* hellénistique.

helenización *f* hellénisation.

helenizar [13] *v tr* helléniser.

heleno, na *adj* & *s* hellène (griego).

helera *f* (*Amer*) réfrigérateur *m*.

helero *m* glacier (ventisquero).

helgado, da *adj* qui a les dents écartées.

helgadura *f* écartement *m* entre les dents.

heliaco, ca *adj* ASTRON héliaque.

heliantemo *m* BOT hélianthème.

heliantina *f* QUÍM hélianthine.

helianto *m* BOT hélianthe, tournesol (girasol).

hélice *f* hélice ‖ ANAT hélix *m* (de la oreja) ‖ ZOOL hélice, hélix *m* (caracol).

helicicultura *f* héliciculture (cría de los caracoles).

helicoidal *adj* hélicoïdal, e; engranajes helicoidales engrenages hélicoïdaux.

helicoide *m* GEOM hélicoïde *f* (superficie).

helicón *m* MÚS hélicon.

Helicón *n pr m* GEOGR el Helicón l'Hélicon.

helicóptero *m* AVIAC hélicoptère ▪ estación terminal de helicópteros héligare ‖ transportado por helicóptero héliporté.

helio *m* hélium (gas).

heliocéntrico, ca *adj* ASTRON héliocentrique.

Heliogábalo *n pr* Élagabal, Héliogabale.

heliograbado *m* IMPR héliogravure *f*.

heliograbador *m* IMPR héliograveur.

heliografía *m* héliographie.

heliógrafo *m* héliographe.

helión *m* FÍS hélion.

Helios *n pr* MITOL Hélios, Hêlios.

helioscopio *m* hélioscope.

heliosfera *f* héliosphère.

helioterapia *f* MED héliothérapie.

heliotropina *f* QUÍM héliotropine.

heliotropo *m* BOT héliotrope.

helipuerto *m* héliport.

helix *m inv* ANAT & ZOOL hélix.

helmintiasis *f inv* MED helminthiase.

helminto *m* ZOOL helminthe.

Helsinki *n pr* GEOGR Helsinki.

Helvecia *n pr f* HIST Helvétie.

helvecio, cia *adj* & *s* helvétien, enne.
➤ **helvecios** *m pl* helvètes.

helvético, ca *adj* & *s* helvétique.

hemartrosis *f inv* MED hémarthrose.

hematemesis *f inv* MED hématémèse.

hematíe *m* ANAT hématie *f* (glóbulo rojo).

hematina *f* hématine.

hematites *f* MIN hématite.

hematófago, ga *adj* & *s m* ZOOL hématophage.

hematología *f* MED hématologie.

hematológico, ca *adj* MED hématologique.

hematólogo *m* MED hématologiste, hématologue.

hematoma *m* MED hématome.

hematopoyesis *f inv* MED hématopoïèse.

hematosis *f inv* ANAT hématose.

hematozoario *m* ZOOL hématozoaire.

hematuria *f* MED hématurie.

hembra *f* femelle; la hembra del caballo la femelle du cheval ‖ FAM fille; tiene tres hijos, dos hembras y un varón il a trois enfants, deux filles et un garçon ‖ fille, femme; una buena hembra une belle fille ‖ TECN femelle (de broches, corchetes, enchufes, etc.).

hembraje *m* (*Amer*) ensemble des femelles d'un troupeau.

hembrilla *f* femelle (de ciertas piezas) ‖ piton *m* (armella).

hembruno, na *adj* relatif aux femelles.

hemeralopía *f* MED héméralopie.

hemerocala *f* BOT hémérocalle.

hemeroteca *f* département *m* des périodiques, hémérothèque (p us).

hemiciclo *m* hémicycle.

hemicránea *f* MED hémicrânie (jaqueca).

hemiedro, dra *adj* hémièdre.

hemina *f* hémine (medida griega).

hemíono *m* ZOOL hémione (mamífero).

hemiplejía; hemiplejia *f* MED hémiplégie.

hemipléjico, ca *adj* & *s* hémiplégique.

hemíptero, ra *adj* & *s m* ZOOL hémiptère.

hemisférico, ca *adj* hémisphérique.

hemisferio *m* hémisphère.

hemistiquio *m* hémistiche (en poesía).

hemitropía *f* FÍS hémitropie.

hemocultivo *m* hémoculture *f*.

hemoderivado, da *adj* dérivé du sang ou du plasma.

hemodiálisis *f inv* hémodialyse *f*.

hemofilia *f* MED hémophilie.

hemofílico, ca *adj* & *s* hémophile.

hemoglobina *f* BIOL hémoglobine.

hemograma *m* MED hémogramme.

hemolisis *f inv* MED hémolyse.

hemolítico, ca *adj* hémolytique.

hemopatía *f* hémopathie.

hemoptísico, ca *adj* & *s* hémoptysique.

hemoptisis *f inv* MED hémoptysie.

hemorragia *f* MED hémorragie ǀ saignement *m*; hemorragia nasal saignement de nez.

hemorrágico, ca *adj* hémorragique.

hemorrea *f* MED hémorrhée.

hemorroidal *adj* MED hémorroïdal, e.

hemorroides *f pl* MED hémorroïdes (almorranas).

hemostasis *f inv* MED hémostase.

hemostático, ca *adj & s m* MED hémostatique; pinza hemostática pince hémostatique.

hemoterapia *f* thérapie intraveineuse.

henaje *m* AGRIC fenaison *f*, foins *pl*.

henal *m* AGRIC fenil, grenier à foin.

Henao *n pr m* GEOGR Hainaut.

henar *m* pré à foin (prado) ǀ fenil, grenier à foin (henal).

henchidura *f* emplissage *m* (llenado) ǀ gonflage *m* (inflado).

henchimiento *m* gonflement (hinchazón) ǀ remplissage (relleno) ǀ TECN platine *f* (en las pilas de papel).

henchir [26] *v tr* emplir, remplir (llenar) ǀ gonfler (inflar) ǀ henchido de orgullo bouffi o gonflé d'orgueil.
➡ **henchirse** *v pr* se bourrer (de comida).

hendedura ➡ **hendidura**.

hender [20] *v tr* fendre ǀ FIG fendre (el aire, el agua).

hendible *adj* qui peut être fendu, e.

hendido, da *adj* fourchu, e; pie hendido pied fourchu.

hendidura; hendedura *f* [▷ SIN] fente, crevasse (grieta) ǀ fêlure (en una vasija).
ǀ SIN fisura fissure; raja fente; grieta crevasse; cuarteo lézarde; falla faille; ranura rainure.

hendiente *m* fendant (golpe con la espada).

hendija *f* (*Amer*) fente, crevasse (rendija).

hendimiento *m* fendage (acción de hender).

hendir [27] *v tr* (p us) fendre (hender).

henequén *m* (*Amer*) henequen, agave (pita).

henificación *f* AGRIC fenaison (henaje).

henificar [10] *v tr* faner (hacer heno).

henil *m* AGRIC fenil (henal).

heno *m* foin (hierba cortada y seca) ▪ segar el heno faire les foins ǀ siega del heno fenaison.

henrio *m* FÍS henry (unidad).

heñir [26] *v tr* pétrir (amasar).

heparina *f* héparine.

hepático, ca *adj & s m* MED hépatique; cólico hepático colique hépatique.
➡ **hepático** *f* BOT hépatique (flor).

hepatismo *m* MED hépatisme.

hepatitis *f inv* MED hépatite.

hepatización *f* MED hépatisation.

hepatocito *m* BIOL hépatocyte.

hepatología *f* MED hépatologie.

hepatólogo, ga *m & f* MED hépatologue.

heptaédrico, ca *adj* GEOM heptaédrique.

heptaedro *m* GEOM heptaèdre.

heptagonal *adj* GEOM heptagonal, e.

heptágono, na *adj & s m* GEOM heptagone.

heptámetro *m* POÉT heptamètre (verso).

heptarquía *f* heptarchie (forma de gobierno).

heptasílabo, ba *adj & s m* heptasyllabe.

Hera *n pr* MITOL Héra.

Heracles *n pr* Héraclès.

heraclida *adj & s* héraclide (descendiente de Hércules).

Heraclio *n pr* Héraclius.

Heráclito *n pr* Héraclite.

heráldico, ca *adj* héraldique (relativo al blasón).
➡ **heráldico** *m* héraldiste (heraldista).
➡ **heráldica** *f* héraldique (ciencia del blasón).

heraldista *m* héraldiste.

heraldo *m* héraut.

herbáceo, a *adj* BOT herbacé, e.

herbajar *v tr* mettre à l'herbage, herbager, pacager (el ganado).
◇ *v intr* être à l'herbage, paître.

herbaje *m* herbage (conjunto de hierbas) ǀ droit de pâture (derecho de pasto) ǀ toile *f* imperméable (tela).

herbajero, ra *m & f* herbager, ère.

herbar [34] *v tr* apprêter, tanner, préparer (les cuirs) avec des herbes (las pieles).

herbario, ria *adj* relatif aux herbes.
➡ **herbario** *m* herbier (colección de plantas) ǀ botaniste (botánico) ǀ ZOOL panse *f* des ruminants.

herbazal *m* herbage, pâturage.

herbecer [30] *v intr* pousser (la hierba).

herbero *m* panse *f* des ruminants.

Herberto; Heriberto *n pr* Herbert.

herbicida *adj & s m* herbicide.

herbívoro, ra *adj & s m* herbivore.

herbolario *m* herboriste ǀ herboristerie *f* (tienda).

herboristería *f* herboristerie.

herborización *f* herborisation.

herborizar [13] *v intr* herboriser.

herboso, sa *adj* herbeux, euse; herbu, e.

herciniano, na *adj* GEOL hercynien, enne.

hercio *m* hertz.

hercúleo, a *adj* herculéen, enne.

hércules *m* FAM hercule (hombre fuerte).

Hércules *n pr* Hercule.

heredad *f* propriété, domaine *m*, héritage *m*.

heredado, da *adj* fortuné, e (hacendado).

heredar *v intr* hériter, faire un héritage; heredar a o de un tío hériter d'un oncle.
◇ *v tr* hériter; heredar una fortuna hériter d'une fortune; heredar una casa de su padre hériter une maison de son père ǀ FIG heredar las virtudes de sus padres hériter les vertus de ses parents.
ǀ OBSERV Hériter con un solo complemento suele emplearse con la preposición de. Si tiene dos complementos, uno es directo (cosa heredada), otro indirecto (persona).

heredero, ra *adj & s* héritier, ère ▪ heredero forzoso héritier réservataire ǀ heredero presunto héritier présomptif ǀ heredero único héritier unique ǀ heredero universal légataire universel ▪ príncipe heredero prince

héritier ▪ instituir heredero o por heredero a uno instituer quelqu'un son héritier.

heredípeta *m & f* captateur, trice d'héritage o de legs.

hereditario, ria *adj* héréditaire; enfermedad hereditaria maladie héréditaire.

hereje *m & f* hérétique.

herejía *f* hérésie ǀ FIG hérésie; herejía científica hérésie scientifique ǀ injure, insulte (injuria) ǀ FAM oler a herejía sentir le fagot.

herén *f* BOT ers *m*, vesce noire (yero).

herencia *f* hérédité (derecho de heredero) ǀ héritage *m* (bienes heredados) ǀ BIOL hérédité ▪ DR adición a la herencia addition d'hérédité ǀ herencia yacente hérédité jacente, hoirie vacante ▪ FAM lo trae o lo tiene de herencia c'est de famille.

heresiarca *m* hérésiarque.

herético, ca *adj* hérétique.

Heriberto ➡ **Herberto**.

herida *f* [▷ SIN] blessure ǀ plaie (llaga) ǀ FIG offense, injure (ofensa) ǀ blessure (del alma, etc.) ▪ herida contusa contusion ▪ abrir de nuevo una herida rouvrir une blessure ǀ acribillado de heridas percé de coups ǀ FIG hurgar en la herida retourner le couteau dans la plaie ǀ renovar la herida rouvrir la blessure o la plaie ǀ tocar en la herida mettre le doigt sur la plaie, toucher au vif (herir en lo vivo).
ǀ SIN llaga plaie; lesión lésion; traumatismo traumatisme; contusión contusion; corte coupure.

herido, da *adj & s* blessé, e ▪ herido de gravedad, mal herido grièvement blessé ǀ herido de muerte blessé à mort, mortellement blessé.

herimiento *m* (p us) blessure *f* (acción de herir) ǀ GRAM diphtongue *f*.

herir [27] *v tr* [▷ SIN] blesser; herir a un contrario en el brazo blesser un adversaire au bras ǀ frapper (los rayos de sol) ǀ MÚS jouer, pincer (pulsar, tocar) ǀ FIG blesser; este sonido hiere el oído ce son blesse l'oreille ǀ choquer; esta palabra hiere mi oído ce mot choque mon oreille ǀ blesser, offenser, froisser, heurter (ofender); herir a alguien en su amor propio blesser quelqu'un dans son amour-propre, heurter l'amour-propre de quelqu'un ǀ trouver (acertar); herir la dificultad trouver la difficulté ▪ herir de muerte blesser à mort ǀ herir el aire con sus gritos déchirer l'air de ses cris ǀ FIG herir en carne viva retourner le couteau dans la plaie (volver a herir), piquer au vif (ofender) ǀ herir en lo vivo piquer au vif ǀ herir por la espalda tirer dans le dos.
➡ **herirse** *v pr* se blesser.
ǀ SIN lesionar léser; lisiar, baldar, desgraciar estropier; dañar faire du mal; descalabrar blesser la tête.

herma *m* hermès (busto sin brazos).

hermafrodita *adj & s* hermaphrodite.

hermafroditismo *m* hermaphrodisme.

hermana *f* sœur; hermana mayor sœur aînée ǀ RELIG sœur ǀ FAM liquette (camisa) ▪ RELIG hermana de la Caridad sœur de Saint-Vincent-de-Paul, fille de la Charité ǀ hermana política belle-sœur.

hermanado, da *adj* FIG assorti, e (aparejado) ǀ conforme, identique ǀ jumelé, e (ciudad).

hermanal *adj* fraternel, elle.

hermanamiento *m* fraternisation *f* ‖ conformité *f* (conformidad) ‖ assortiment (reunión de cosas que van bien juntas) ‖ jumelage (de ciudades).

hermanar *v tr* assortir (reunir dos cosas parecidas) ‖ réunir (unir) ‖ unir par les liens de la fraternité, rendre frères (personas) ‖ jumeler; han hermanado a Manila con Burdeos on a jumelé Manille et Bordeaux ‖ accorder (ideas).

hermanarse *v pr* s'assortir (dos o varias cosas) ‖ fraterniser (dos o varias personas).

hermanastro, tra *m & f* demi-frère, demi-sœur.

hermandad *f* fraternité ‖ confrérie (cofradía) ‖ amicale, association (asociación) ‖ FIG assortiment *m*, ressemblance (semejanza) ■ convenio de hermandad jumelage (de ciudades) ‖ hermandad de ganaderos association d'éleveurs ‖ santa Hermandad Sainte-Hermandad [milice formée en Espagne vers le XVIe siècle pour veiller à la sécurité publique].

hermano *m* frère; hermano mayor frère aîné; hermano segundo frère cadet ‖ RELIG frère; hermano lego frère lai ■ hermano bastardo frère bâtard ‖ hermano carnal frère germain, frère de père et de mère ‖ RELIG hermano coadjutor frère coadjuteur ‖ hermano consanguíneo frère consanguin ‖ hermano de leche frère de lait ‖ hermano del trabajo portefaix (ganapán) ‖ hermano de madre o uterino frère utérin ‖ hermano de padre frère consanguin ‖ RELIG hermano mayor frère majeur ‖ hermano político beau-frère (cuñado) ‖ hermanos siameses frères siamois ‖ medio hermano demi-frère.

hermanuco *m* frère lai.

Hermenegildo *n pr* Herménégilde.

hermenéutico, ca *adj & s f* herméneutique (de textos).

Hermes *n pr* MITOL Hermès.

herméticamente *adv* hermétiquement.

hermeticidad *f* herméticité ‖ étanchéité (estanquidad).

hermético, ca *adj* [▷ SIN] hermétique, étanche ‖ FIG hermétique (impenetrable) ‖ TECN segmento de cierre hermético segment d'étanchéité.

| SIN cerrado fermé, clos; impenetrable impénétrable.

hermetismo *m* hermétisme.

Herminia *n pr* Herminie.

Hermógenes *n pr* Hermogène.

hermosamente *adv* avec beauté ‖ FIG admirablement, parfaitement.

hermosear *v tr* embellir.

hermoso, sa *adj* beau, belle; una mujer hermosa une belle femme ■ ¡hermoso día! belle journée! ‖ más hermoso que el Sol beau comme le jour.

| OBSERV El adjetivo masculino beau hace bel delante de una vocal (un niño hermoso un bel enfant) o delante de una h no aspirada (un hombre hermoso un bel homme).

hermosura *f* beauté; la hermosura del paisaje la beauté du paysage ■ este coche es una hermosura cette voiture est une merveille o est de toute beauté ‖ ¡qué hermosura! que c'est beau!

hernia *f* MED hernie; hernia estrangulada hernie étranglée.

herniado, da *adj & s* MED hernieux, euse (persona).

▷ *adj* hernié, e; intestino herniado intestin hernié ‖ FAM no se ha herniado il ne s'est pas foulé.

herniario, ria *adj* MED herniaire.

herniarse [8] *v pr* MED développer une hernie ‖ FIG & FAM herniarse trabajando se tuer au travail.

hernista *m* chirurgien herniaire.

Hero *n pr* MITOL Héro.

Herodes *n pr* Hérode ‖ andar o ir de Herodes a Pilato tomber de Charybde en Scylla.

Heródoto; Herodoto *n pr* Hérodote.

héroe *m* héros.

heroicamente *adv* héroïquement.

heroicidad *f* héroïcité.

heroico, ca *adj* héroïque ‖ MED medicamento heroico remède héroïque.

heroicocómico, ca *adj* héroï-comique.

heroida *f* POÉT héroïde (epígrafe en verso).

heroificar [10] *v tr* héroïser.

heroína *f* héroïne; Juana de Arco es una heroína Jeanne d'Arc est une héroïne ‖ MED héroïne (alcaloide).

heroinomanía *f* héroïnomanie.

heroinómano, na *adj & s* héroïnomane.

heroísmo *m* héroïsme.

herpe *m & f* MED herpès *m*.

| OBSERV S'emploie surtout au pluriel.

herpético, ca *adj* MED herpétique.

herpetismo *m* MED herpétisme.

herpetología *f* herpétologie.

herpil *m* sorte de filet [sac].

herrada *f* baquet *m* (cubo).

herradero *m* ferrade *f* (acción de marcar el ganado).

herrador *m* maréchal-ferrant, ferreur ‖ martillo de herrador ferretier.

herradura *f* fer *m* à cheval ■ ARQ arco de herradura arc en fer à cheval ‖ camino de herradura chemin muletier ‖ mostrar las herraduras ruer (dar coces), détaler, prendre ses jambes à son cou (huir).

herraj *m* charbon de noyaux d'olives (erraj).

herraje *m* ferrure *f* ‖ (*Amer*) fer à cheval (herradura).

herramental *m* outillage, les outils *pl* (herramientas) ‖ ferrière *f* (p us), trousse *f* à outils (bolsa) ‖ râtelier (de un carpintero).

herramienta *f* outil *m*; bolsa de herramientas trousse à outils ‖ outillage *m* (conjunto de herramientas) ‖ FIG & FAM cornes *pl* (de un toro) ‖ arme (arma).

herrar [19] *v tr* ferrer (una caballería) ‖ marquer au fer (los prisioneros, el ganado) ‖ ferrer (un bastón) ‖ agua herrada eau ferrée.

herreño, ña *adj & s* relatif, ive à o originaire de l'île de Fer [Canaries].

herrería *f* forge (taller) ‖ FIG tapage *m*, vacarme *m* (ruido).

herrerillo *m* ZOOL sittelle *f*.

herrero *m* forgeron ‖ (*Amer*) maréchal-ferrant ‖ FAM en casa del herrero cuchillo de palo les cordonniers sont toujours les plus mal chaussés.

herreruelo *m* ZOOL mésange *f* noir et blanc ‖ cape *f* courte sans capuche (abrigo antiguo) ‖ soldat d'un ancien corps de cavalerie allemand (soldado).

herrete *m* ferret (cordones, cintas, etc.).

herretear *v tr* ferrer, garnir de ferrets (poner herretes) ‖ (ant) marquer au feu.

herrín *m* rouille *f* (herrumbre).

herrón *m* sorte de palet (antiguo juego) ‖ frette *f* (arandela) ‖ AGRIC sorte de plantoir o de barre à mine [pour creuser les trous de plantation].

herronada *f* coup *m* de plantoir.

herrumbrar *v tr* rouiller (aherrumbrar).

herrumbre *f* rouille (orín) ‖ goût *m* de fer (sabor a hierro) ‖ BOT rouille (roya).

herrumbroso, sa *adj* rouillé, e.

hertz; hertzio *m* FÍS hertz.

hertziano, na *adj* FÍS hertzien, enne; onda hertziana onde hertzienne.

hertzio ▬ hertz.

hervezón *f* (*Amer*) bouillonnement *m* (hervidero).

hervidero *m* bouillonnement (líquido) ‖ FIG source *f* bouillonnante (manantial) ‖ grouillement, fourmilière *f* (de gente) ‖ foyer; un hervidero de odios un foyer de haines.

hervido *m* (*Amer*) pot-au-feu, bouilli.

hervidor *m* bouilloire *f* (para hervir líquidos) ‖ TECN bouilleur (de caldera).

herviente *adj* bouillant, e (hirviente).

hervir [27] *v tr & intr* bouillir; el agua hierve a 100° l'eau bout à 100° ‖ bouillonner (borbotear) ‖ bouillonner (el mar) ‖ FIG bouillonner, bouillir; la sangre le hervía en las venas son sang bouillait dans ses veines ‖ grouiller, fourmiller; la plaza hierve de gente la place grouille de monde ‖ FIG hervir en abonder en, foisonner en, être rempli de ‖ hervir en cólera bouillir de colère ‖ hervir en deseos mourir d'envie.

hervor *m* ébullition *f* (acción de hervir) ‖ bouillonnement (burbujeo) ‖ FIG ardeur *f*, vivacité *f*, fougue *f* (fogosidad) ■ alzar o levantar el hervor commencer à bouillir ‖ dar un hervor al agua porter l'eau à ébullition ‖ MED hervor de la sangre éruption cutanée passagère.

hervoroso, sa *adj* bouillant, e; fougueux, euse.

hesitación *f* (p us) hésitation (duda).

hesitar *v intr* (p us) hésiter (dudar).

Hesperia *n pr* HIST Hespérie.

Hespérides *n pr f pl* MITOL Hespérides.

Hesse *n pr f* GEOGR Hesse.

Hestia *n pr* MITOL Hestia.

hetaira; hetera *f* hétaïre (cortesana).

heteróclito, ta *adj* hétéroclite (irregular).

heterodino, na *adj & s m* ELECTR hétérodyne.

heterodoxia *f* hétérodoxie.

heterodoxo, xa *adj & s* hétérodoxe (herético).

heterogamia *f* BIOL hétérogamie.

heterogeneidad *f* hétérogénéité.

heterogéneo, a *adj* hétérogène.

heterogenia *f* hétérogénie.

heteromorfo, fa *adj* hétéromorphe.

heterónimo *m* un heterónimo un terme hétéronyme.

heteronomía *f* hétéronomie.

heterónomo, ma *adj* hétéronome.

heterosexual *adj & s* hétérosexuel, elle.

heterosexualidad *f* hétérosexualité.

heterosfera *f* hétérosphère.

hético, ca *adj* MED phtisique (tísico) ‖ FIG étique, maigre (muy delgado).

hetiquez *f* MED phtisie.
▪ OBSERV pl hetiqueces.

hetmán *m* hetman.

heurístico, ca *adj* heuristique.

hevea *m* BOT hévéa.

hexacordo *m* MÚS hexacorde.

hexadecimal *adj* hexadécimal, e.

hexaédrico, ca *adj* GEOM hexaédrique.

hexaedro *m* GEOM hexaèdre.

hexagonal *adj* GEOM hexagonal, e.

hexágono *m* GEOM hexagone.

hexámetro *adj m & s m* hexamètre (verso).

hexápodo *adj & s m* ZOOL hexapode.

hez *f* lie.
▸ **heces** *f pl* selles (excrementos) ▪ apurar el cáliz hasta las heces boire le calice jusqu'à la lie ‖ heces fecales matières fécales, fèces.

hg (abrev escrita de **hectogramo**) hg.

HH MM (abrev escrita de **Hermanos Maristas**) frères maristes.

hi *m & f* fils (hijo).
▪ OBSERV Ne s'emploie que dans la composition du mot hidalgo et de ses dérivés et dans certaines expressions injurieuses telles que hi de perro fils de chien.

híades *f pl* ASTRON hyades (constelación).

hialino, na *adj* MIN hyalin, e (transparente).

hialoideo, a *adj* hyaloïde.

hiante *adj* qui contient un hiatus (verso).

hiato *m* GRAM hiatus.

hibernación *f* hibernation.

hibernal *adj* hivernal, e (relativo al invierno) ‖ sueño hibernal sommeil hibernal.

hibernar *v intr* hiberner.

hibernizo, za *adj* hivernal, e (hibernal).

hibridación *f* hybridation ‖ proceder a una hibridación hybrider.

hibridar *v tr* hybrider.

hibridismo *m*; **hibridez** *f* hybridité *f*, hybridisme *m*.

híbrido, da *adj & s m* hybride ‖ FIG hybride.

hibuero *m* BOT bignone *f*, calebassier (güira).

hicadura *f* (Amer) araignée [d'un hamac].

hico *m* (Amer) corde *f* de l'araignée d'un hamac.

hicotea *f* (Amer) tortue d'eau douce.

hidalgamente *adv* noblement, généreusement.

hidalgo *m* hidalgo, gentilhomme [noble español] ▪ hidalgo de aldea hobereau ‖ hidalgo de bragueta gentilhomme titré pour avoir eu consécutivement sept garçons ‖ hidalgo de cuatro costados noble de quatre lignes ‖ hidalgo de ejecutoria noble qui pos-

sède des parchemins authentiques ‖ hidalgo de gotera petit gentilhomme, nobliau, noblaillon ‖ hidalgo de privilegio personne anoblie par l'achat de lettres de noblesse, noble de finance.
◇ *adj* noble ‖ FIG noble, généreux, euse.
▪ OBSERV Au pluriel, le substantif hidalgo fait hijosdalgo, et l'adjectif fait hidalgos.

hidalgote *m* FAM hidalgo.

hidalguejo; hidalgüejo; hidalguete *m* hobereau, nobliau, noblaillon (noble pobre).

hidalguez; hidalguía *f* noblesse, qualité d'hidalgo ‖ FIG générosité, grandeur d'âme.
▪ OBSERV le pluriel de hidalguez est hidalgueces.

hidartrosis *f inv* MED hydarthrose.

hidátide *f* MED hydatide.

hidatídico, ca *adj* hydatique.

hidno *m* hydne (hongo).

hidra *f* MITOL & ZOOL hydre ‖ FIG hydre.

Hidra *n pr f* GEOGR Hydra.

hidrácido *m* QUÍM hydracide.

hidracina *f* QUÍM hydrazine.

hidrargírico, ca *adj* hydrargyrique.

hidrargirismo *m* MED hydrargyrisme.

hidrargiro *m* QUÍM hydrargyre (mercurio).

hidratación *f* QUÍM hydratation.

hidratante *adj* hydratant, e.

hidratar *v tr* QUÍM hydrater.

hidrato *m* QUÍM hydrate; hidrato de carbono hydrate de carbone.

hidráulico, ca *adj* hydraulique; prensa hidráulica presse hydraulique.
▸ **hidráulica** *f* hydraulique (ciencia).

hidremia *f* MED hydrémie.

hídrico, ca *adj* hydrique.

hidroavión *m* hydravion ‖ base para hidroaviones hydrobase.

hidrocarbonado, da *adj* QUÍM hydrocarboné, e.

hidrocarbonato *m* QUÍM hydrocarbonate.

hidrocarburo *m* QUÍM hydrocarbure.

hidrocefalia *f* MED hydrocéphalie.

hidrocéfalo, la *adj & s* MED hydrocéphale.

hidrocele *f* MED hydrocèle.

hidrodinámico, ca *adj & s f* FÍS hydrodynamique.

hidroelectricidad *f* hydroélectricité.

hidroeléctrico, ca *adj* ELECTR hydroélectrique.

hidrófilo, la *adj & s m* hydrophile; algodón hidrófilo coton hydrophile.

hidrofobia *f* MED hydrophobie.

hidrófobo, ba *adj & s* MED hydrophobe.

hidrófugo, ga *adj* hydrofuge.

hidrogel *m* QUÍM hydrogel.

hidrogenación *f* hydrogénation.

hidrogenado, da *adj* hydrogéné, e.

hidrogenar *v tr* hydrogéner.

hidrógeno *m* hydrogène; hidrógeno pesado hydrogène lourd.

hidrografía *f* hydrographie.

hidrográfico, ca *adj* hydrographique.

hidrógrafo *adj m & s m* hydrographe.

hidrolato *m* hydrolat.

hidrólisis *f inv* QUÍM hydrolyse.

hidrolizable *adj* QUÍM hydrolysable.

hidrolizar [13] *v tr* QUÍM hydrolyser.

hidrología *f* hydrologie.

hidrológico, ca *adj* hydrologique.

hidrólogo *adj & s m* hydrologue, hydrologiste.

hidromasaje *m* massage par l'eau.

hidromecánico, ca *adj* hydromécanique.

hidromel *m* hydromel (aguamiel).

hidrometría *f* hydrométrie.

hidrométrico, ca *adj* hydrométrique.

hidrómetro *m* hydromètre *f*.

hidroneumático, ca *adj* hydropneumatique.

hidronimia *f* hydronymie.

hidropedal *m* pédalo.

hidropesía *f* MED hydropisie.

hidrópico, ca *adj & s* MED hydropique.

hidroplano *m* MAR hydroglisseur.

hidroquinona *f* QUÍM hydroquinone.

hidrosfera *f* GEOL hydrosphère.

hidrosilicato *m* QUÍM hydrosilicate.

hidrosoluble *adj* hydrosoluble.

hidrostático, ca *adj & s f* FÍS hydrostatique.

hidroterapia *f* MED hydrothérapie.

hidroterápico, ca *adj* hydrothérapique.

hidrotimetría *f* hydrotimétrie.

hidrotórax *m inv* MED hydrothorax.

hidróxido *m* QUÍM hydroxyde.

hidroxilo *m* QUÍM hydroxyle, oxhydryle.

hidrozoario *m* hydrozoaire.

hidrozoo *m* ZOOL hydraire.

hidruro *m* QUÍM hydrure.

hiedra *f* BOT lierre *m*.

hiel *f* fiel ‖ FIG fiel *m*, amertume (amargura) ▪ FIG & FAM echar o sudar uno la hiel se tuer au travail, suer sang et eau ‖ no hay miel sin hiel il n'y a pas de roses sans épines.
▸ **hieles** *f pl* peines, chagrins *m*, afflictions.

hielera *f* (Amer) glacière.

hielo *m* glace *f* ‖ verglas (en las carreteras) ‖ FIG froideur *f* (frialdad) ▪ hielo en barras pains de glace ▪ estar cubierto de hielo être verglacé (el camino) ‖ FIG & FAM estar hecho un hielo être glacé o frigorifié ‖ romper el hielo rompre la glace ‖ ser más frío que el hielo o como un pedazo de hielo être comme un glaçon o froid comme marbre.

hiemal *adj* hiémal, e (del invierno).

hiena *f* ZOOL hyène ‖ FIG hyène (persona feroz).

hienda *f* fumier *m* (estiércol).

hierático, ca *adj* hiératique.

hieratismo *m* hiératisme.

hierba *f* herbe ‖ paille (defecto en la esmeralda) ▪ BOT hierba buena menthe (hierbabuena) ‖ hierba callera herbe aux cors, joubarbe ‖ hierba cana séneçon ‖ hierba carmín herbe de la laque, raisin d'Amérique ‖ hierba de cuajo caille-lait ‖ hierba del ala aunée, inule ‖ hierba de las golondrinas chélidoine ‖ hierba del maná herbe à la manne ‖ hierba de los lazarosos herbe aux ladres ‖ hierba de los pordioseros herbe aux gueux ‖ hierba del

Paraguay herbe du Paraguay, maté | **hierba de San Juan** herbe de la Saint-Jean | **hierba de Santa Catalina** noli-me-tangere, balsamine | **hierba de Santa María** herbe de Sainte-Marie | **hierba doncella** pervenche | **hierba estrella** herbe de l'étoile | **hierba fina** agrostide | **hierba jabonera** herbe à foulon | **hierba lombriguera** herbe aux vers | **hierba luisa** citronnelle, verveine odorante | **hierba marina** herbe marine | **hierba mate** maté, thé des jésuites | **hierba medicinal** herbe médicinale | **hierba mora** morelle | **hierba piojera** herbe aux poux, staphisaigre | **hierba pulguera** herbe aux puces | **hierba sagrada** verveine | **hierba sarracena** herbe sarrasine | **hierba tora** orobanche | **pañuelo de hierba** mouchoir à carreaux ■ **en hierba** en herbe (en cierne); **comer su trigo en hierba** manger son blé en herbe | CULIN **finas hierbas** fines herbes | FIG & FAM **la mala hierba crece mucho** mauvaise herbe croît toujours | **mala hierba** mauvaise graine | **y otras hierbas** et j'en passe.

→ **hierbas** *f pl* poison *m sing* [d'herbes vénéneuses] | ans *m* (de los animales); **este toro tiene tres hierbas** ce taureau a trois ans.

hierbabuena *f* BOT menthe.

hierbajo *m* mauvaise herbe *f*.

hierbal *m* (*Amer*) herbage.

hierbatero *m* (*Amer*) marchand de fourrage.

hierbecilla *f* FAM herbette.

hierofanta; hierofante *m* hiérophante.

hieroglífico, ca *adj* hiéroglyphique.
→ **hieroglífico** *m* hiéroglyphe.

hierra *f* (*Amer*) ferrade (herradero).

hierro *m* fer (metal); **hierro forjado, candente** fer forgé, rouge | marque *f* (marca) | fer (de una lanza, etc.) | FIG & POÉT fer (arma) ■ **hierro albo** fer rouge | **hierro arquero** o **cellar** o **cuchillero** fer plat | **hierro batido** fer battu | **hierro bruto** fer brut | **hierro carretil** o **de llantas** fer méplat | **hierro colado** o **fundido** fonte | **hierro comercial** fer marchand | **hierro cuadradillo** o **cuadrado** fer carré de petite forge | **hierro de doble T** fer à double T | **hierro dulce** fer doux | **hierro medio tocho** o **tochuelo** fer carré moyen | **hierro palanquilla** petit fer carré | **hierro redondo** fer rond | **hierro tocho** fer carré ■ **a hierro y fuego** à feu et à sang | **de hierro** de fer; **voluntad de hierro** volonté de fer ■ FIG & FAM **al hierro candente batir de repente** il faut battre le fer pendant qu'il est chaud | **quand il est chaud** | **comer** o **mascar hierro** faire la cour à une jeune fille andalouse devant la grille de sa fenêtre | **machacar en hierro frío** donner des coups d'épée dans l'eau, aboyer à la lune | **quien a hierro mata a hierro muere** qui tue par l'épée périra par l'épée.

→ **hierros** *m pl* fers (grillos, esposas, etc.).

Hierro *n pr* GEOGR Hierro.

HI-FI; hi-fi (abrev de high fidelity) *f* hi-fi.

higa *f* amulette [en forme de poing] | FIG moquerie, raillerie (burla) | mépris *m* (desprecio) ■ (ant) FIG **dar una higa, dar higas, hacer la higa** faire la figue | **no dar dos higas por una cosa** ne vouloir pour rien au monde d'une chose, ne pas donner deux sous d'une chose | **no me importa una higa** je m'en moque comme de l'an quarante.

higadilla *f*; **higadillo** *m* foie *m* [des petits animaux, des oiseaux] ■ FIG & FAM **comerse los higadillos** se manger le nez (reñir) | **echar los higadillos** se tuer au travail | **sacar hasta los higadillos** sucer jusqu'à la moelle.

hígado *m* ANAT foie.
→ **hígados** *m pl* FIG courage *sing* (valentía); **¡qué hígados tiene!** quel courage il a! ■ FIG & FAM **echar los hígados** se tuer au travail | **hay que tener muchos hígados para trabajar con él** il faut être courageux o avoir du cran o de l'estomac pour travailler avec lui.

Higia *n pr* MITOL Hygie.

higiene *f* hygiène.

▌ SIN aseo, limpieza propreté; salubridad salubrité.

higiénico, ca *adj* hygiénique.

higienista *m* hygiéniste.

higienización *f* soumission aux règles d'hygiène.

higienizar [13] *v tr* soumettre aux règles d'hygiène.
→ **higienizarse** *v pr* (*Amer*) se laver.

Higinio *n pr* Hygin.

higo *m* BOT figue *f*; **un higo paso** une figue sèche ■ BOT **higo boñigar** figue blanche | **higo chumbo** o **de tuna** o **de pala** figue de Barbarie, figue d'Inde | **higo doñegal** figue à chair très rouge ■ FIG & FAM **de higos a brevas** tous les trente-six du mois | **más seco que un higo** sec comme un coup de trique | **no dársele a uno un higo de algo** se moquer de quelque chose comme de l'an quarante | **no valer una cosa un higo** ne pas valoir tripette.

higrófilo, la *adj* BIOL hygrophile.

higrófobo, ba *adj* BIOL hygrophobe.

higróforo *m* hygrophore (seta).

higroma *m* MED hygroma.

higrometría *f* hygrométrie.

higrométrico, ca *adj* hygrométrique.

higrómetro *m* hygromètre.

higroscopia *f* hygroscopie.

higroscópico, ca *adj* hygroscopique.

higroscopio *m* hygroscope.

higuana *f* iguane (iguana).

higuera *f* BOT figuier *m* ■ BOT **higuera chumba** o **de Indias** o **de pala** o **de tuna** figuier de Barbarie o d'Inde o nopal | **higuera de Egipto** caprifiguier (cabrahigo) | **higuera del infierno** o **infernal** figuier infernal, ricin | **higuera religiosa** figuier religieux des pagodes | FAM **estar en la higuera** être dans la lune.

higueral *m* figuerie *f*.

higuereta; higuerilla *f* ricin *m*, figuier *m* infernal.

higüero *m* (*Amer*) bignone *f*, calebassier (güira).

higuerón; higuerote *m* BOT figuier d'Amérique.

hija *f* fille; **¡hija mía!** ma fille! ■ BOT cerisier *m* du Portugal ■ **hija política** belle-fille, bru | RELIG **hija predilecta de la Iglesia** fille aînée de l'Église (Francia).

hijadalgo *f* femme noble.

hijastro, tra *m & f* beau-fils, belle-fille [d'un premier mariage].

hijear *v intr* (*Amer*) BOT taller, rejeter, pousser des rejetons, bourgeonner (retoñar).

hijo *m* fils; **hijo mayor** fils aîné; **hijo menor** fils cadet | enfant *m*; **tiene tres hijos** il a trois enfants; **hijos crecidos** grands enfants | fils (nativo); **los hijos de España** les fils d'Espagne ■ **hijo adoptivo** fils adoptif | **hijo adulterino** enfant adultérin | **hijo bastardo** o **espurio** bâtard | **hijo de algo** hidalgo, gentilhomme, noble | **hijo de bendición** o **legítimo** enfant légitime | **hijo de familia** fils de famille | **hijo de ganancia** o **natural** fils naturel | **hijo de la cuna** o **de la tierra** enfant trouvé | **hijo de la piedra** enfant abandonné | **hijo del diablo** fils de Satan | **hijo de leche** nourrisson | FAM **hijo de papá** fils à papa | VULG (insult) **hijo de puta** salaud | **hijo ilegítimo** enfant illégitime | **hijo incestuoso** enfant incestueux | **hijo legitimado** enfant légitimé | **hijo mío** mon fils, mon enfant, mon petit | **hijo político** beau-fils, gendre | **hijo predilecto** enfant préféré o chéri (de una familia), enfant chéri (de una comunidad) | **hijo pródigo** fils prodigue | **hijo reconocido** enfant reconnu ■ FAM **cualquier** o **cada hijo de vecino** n'importe qui, tout un chacun (cualquiera) | **el Hijo del Hombre** o **de Dios** le Fils de l'Homme o de Dieu | **es hijo de su padre** il est bien le fils de son père.

→ **hijos** *m pl* fils, descendants (descendientes) | **hijos de San Ignacio** Compagnie de Jésus.

hijodalgo *m* hidalgo.

▌ OBSERV pl hijosdalgo.

¡híjole! *interj* FAM mince alors!

hijuela *f* bande d'étoffe pour agrandir un vêtement, pièce (añadido) | annexe (cosa aneja) | petit matelas *m* (colchón) | rigole, canal *m* secondaire d'irrigation (acequia) | chemin *m* de traverse (camino) | DR biens *m pl* formant une part d'héritage (bienes) | acte *m* o extrait de partage (documento) | BOT graine de palmier (semilla) | ECLES pale | (*Amer*) propriété rurale [résultant d'un partage à la suite d'une succession].

hijuelero *m* facteur rural.

hijuelo *m* rejeton (retoño).

hila *f* file (hilera) | boyau *m* (tripa delgada) | filage *m* (acción de hilar) ■ **a la hila** l'un derrière l'autre, à la queue leu leu FAM | **hila de agua** mesure pour les eaux d'irrigation.
→ **hilas** *f pl* charpie *sing* (para curar heridas).

hilacha *f*; **hilacho** *m* effilure *f*, effilochure *f*, effiloche *f* | (*Amer*) **mostrar (uno) la hilacha** montrer le bout de l'oreille.

hilachas *f pl* (*Amer*) haillons *m* (andrajos).

hilachento, ta *adj* (*Amer*) en haillons, déguenillé, e (andrajoso).

hilacho → hilacha.

hilachoso, sa; hilachudo, da *adj* effiloché, e.

hilada *f* file, rang *m*, rangée (hilera) | ARQ assise (hilera horizontal de piedras) | CONSTR tas *m* de charge.

hiladillo *m* fleuret (hilo de seda) | fleuret (cinta).

hilado *m* filage (acción de hilar) | filé (materia textil hilada) | **fábrica de hilados** filature.

hilador, ra *m & f* fileur, euse (que hila).
→ **hilador** *m* filateur.

hilandería *f* filature.

hilandero, ra *m & f* fileur, euse (persona que hila).

➧ **hilandero** *m* filateur (que tiene hilandería) ‖ filature *f* (fábrica donde se hila).

➧ **hilandera** *f* filandière (poético).

hilar *v tr* filer (hilo) ‖ FIG réfléchir, raisonner (discurrir) ‖ ourdir, tramer; hilar una intriga ourdir une intrigue ■ FIG & FAM hilar delgado o muy fino couper o fendre les cheveux en quatre, chercher la petite bête ‖ máquina de hilar métier à filer ‖ poco o poquito a poco hila la vieja el copo les petits ruisseaux font les grandes rivières, petit à petit l'oiseau fait son nid.

hilaracha *f* effilure, effilochure (hilacha).

hilarante *adj* hilarant, e; gaz hilarante gaz hilarant.

hilaridad *f* hilarité; excitar la hilaridad déchaîner l'hilarité.

Hilario *n pr* Hilaire.

hilatura *f* filature.

hilaza *f* filé *m* (hilado) ‖ fil *m* grossier (hilo grueso) ‖ corde (de una tela) ■ FIG & FAM descubrir la hilaza montrer le bout de l'oreille ‖ se ve la hilaza il montre le bout de l'oreille.

hilera *f* file, rangée, rang *m*, haie; una hilera de árboles, de espectadores une rangée d'arbres, une haie de spectateurs ‖ fil *m* fin ‖ TECN filière, banc *m* d'étirage ‖ ARQ faîtage *m* ‖ MIL file ‖ en hilera en file, en rang d'oignons.

hilete *m* filet (hilo).

hilo *m* fil; hilo de coser fil à coudre; hilo de hilvanar fil à bâtir ‖ fil (tejido); sábanas de hilo draps de fil ‖ fil; telegrafía sin hilos télégraphie sans fil ‖ filet; hilo de voz, de luz, de sangre un filet de voix, de lumière, de sang ‖ FIG fil; el hilo de la vida le fil de la vie; el hilo de la narración le fil du récit; cortar el hilo del discurso rompre le fil du discours ■ hilo bramante ficelle ‖ hilo de la muerte dernière heure, seuil de la mort ‖ hilo de medianoche minuit pile ‖ hilo de mediodía midi pile ‖ hilo de perlas rang de perles ‖ hilo de uvas grappes de raisin suspendues à un fil pour les conserver ‖ hilo de zurcir coton à repriser ‖ hilo musical fond musical, musique d'ambiance ■ al hilo en suivant le fil, selon le fil (madera, etc.) ‖ coser al hilo coudre en droit fil ‖ FIG el hilo siempre se rompe por lo más delgado on tombe toujours du côté où l'on penche ‖ estar con el alma en un hilo être mort d'inquiétude (inquieto), être plus mort que vif (de miedo) ‖ estar cosido con hilo gordo être cousu de fil blanc ‖ estar pendiente de un hilo ne tenir qu'à un fil ‖ írsele a uno el hilo perdre le fil ‖ mover los hilos tirer o tenir les ficelles ‖ perder, seguir el hilo perdre, suivre le fil ‖ por el hilo se saca el ovillo de fil en aiguille on arrive à tout savoir.

hilván *m* bâti, faufilure *f*, surfilage ‖ (Amer) ourlet (dobladillo).

hilvanado, da *adj* faufilé, e.

➧ **hilvanado** *m* surfilage ‖ bâti (en costura).

hilvanar *v tr* bâtir, faufiler ‖ FIG tramer, bâtir (una historia) ‖ FIG & FAM bâcler, faire à la hâte, expédier (hacer muy de prisa).

Himalaya *n pr m* GEOGR el Himalaya l'Himalaya.

himen *m* ANAT hymen.

himeneo *m* hyménée, hymen ‖ épithalame (epitalamio).

himenio *m* BOT hyménium (de las setas).

himenomicetos *m pl* hyménomycètes (hongos).

himenóptero, ra *adj & s m* ZOOL hyménoptère.

himnario *m* recueil d'hymnes.

himno *m* hymne; el himno nacional l'hymne national ‖ hymne *f* (cántico).

himplar *v intr* rugir (la pantera o la onza).

hin *m* hennissement (del caballo).

hincada *f* (Amer) fixation (hincadura) ‖ génuflexion (genuflexión).

hincadura *f* fixation.

hincapié *m* effort que l'on fait en appuyant sur les pieds ‖ hacer hincapié tenir bon (mantenerse firme), souligner, mettre l'accent sur (insistir); hacer hincapié en la necesidad de souligner la nécessité de.

hincar [10] *v tr* ficher, fixer (fijar), planter (clavar) ‖ enfoncer (una estaca) ■ FIG & FAM hincar el diente en s'attaquer à (acometer), donner un coup de dent à (maldecir), prendre sa part du gâteau (aprovecharse) ‖ FAM hincar el pico casser sa pipe, passer l'arme à gauche (morir) ‖ FIG & FAM hincar la uña rouler, filouter ‖ no hay quien le hinque el diente personne n'en voudrait.

➧ **hincarse** *v pr* se fixer ‖ hincarse de rodillas se mettre à genoux, s'agenouiller.

hincha *f* FAM haine, antipathie (odio) ‖ FAM tener hincha a alguien avoir pris quelqu'un en grippe.

◇ *m* FAM supporter, fanatique, mordu, fana, fan (de un club deportivo); los hinchas del fútbol les fanas du football.

hinchada *f* FAM ensemble *m* des supporters.

hinchado, da *adj* [▷ SIN 1] gonflé, e; globo hinchado de gas ballon gonflé de gaz ‖ [▷ SIN 2] boursouflé, e (la piel); ballonné, e (el vientre); bouffi, e; boursouflé, e (la cara) ‖ FIG arrogant, e; orgueilleux, euse (orgulloso) ‖ ampoulé, e; boursouflé, e; enflé, e (estilo) ‖ hinchado de orgullo bouffi d'orgueil.

| SIN 1. inflado gonflé; hueco, ahuecado creux, bouffant.
| 2. tumefacto tuméfié; turgente turgescent; abotagado bouffi; vultuoso vultueux.

hinchamiento *m* enflure *f*, boursouflure *f*.

hinchar *v tr* gonfler; hinchar una pelota, un neumático gonfler un ballon, un pneu ‖ enfler, gonfler (un río) ‖ ballonner (el vientre) ‖ boursoufler (la piel) ‖ bouffir, gonfler, enfler; la hidropesía hincha el cuerpo l'hydropisie bouffit o gonfle le corps ‖ FIG enfler, gonfler, exagérer (exagerar); hinchar una narración enfler un récit ‖ enfler, rendre ampoulé (el estilo) ‖ FAM hinchar la cabeza bourrer le crâne, monter la tête.

➧ **hincharse** *v pr* s'enfler, se gonfler (el cuerpo), se boursoufler, se bouffir (la cara) ‖ MED enfler; se hinchó su rodilla son genou enfla ‖ se ballonner (el vientre) ‖ FIG se gonfler, s'enorgueillir; hincharse con unos éxitos s'enorgueillir de quelques succès ‖ ne pas arrêter; hincharse de correr, de reír ne pas arrêter de courir, de rire ‖ se soûler, se rassasier (hartarse) ■ FIG & FAM hincharse, hincharse de comer s'empiffrer, se bourrer o se

gaver de nourriture ‖ hincharse como un pavo prendre de grands airs, faire la roue (enorgullecerse) ‖ se le hinchan las narices la moutarde lui monte au nez.

hinchazón *f* enflure, boursouflure, gonflement *m*; hinchazón de la cara boursouflure du visage ‖ grosseur (protuberancia) ‖ ballonnement *m* (del vientre) ‖ bouffissure (de las carnes, de carácter morboso) ‖ FIG arrogance, orgueil *m*, vanité (vanidad) ‖ affectation, enflure, boursouflure (del estilo).

hindi *m* hindoustani, hindi (idioma).

hindú *adj & s* indien, enne (indio).
| OBSERV 1. [➧ hindou].
| 2. pl hindúes.

hinduismo *m* RELIG hindouisme, indouisme.

hinduista *adj & s* hindou, e.

hiniesta *f* BOT genêt *m* (retama).

hinojal *m* lieu planté de fenouil.

hinojo *m* BOT fenouil ■ hinojo marino fenouil marin ‖ FAM ¡hinojos! bigre!

➧ **hinojos** *m pl* genoux (rodillas); de hinojos à genoux.

hinterland *m* hinterland, arrière-pays.

hintero *m* pétrin (para amasar el pan).

hioideo, a *adj* hyoïdien, enne.

hioides *adj & s m* ANAT hyoïde.

¡hip! *interj* ¡hip! ¡hip! ¡hurra! hip, hip, hip, hourra!

hipálage *f* POÉT hypallage.

hipar *v intr* hoqueter, avoir le hoquet (tener hipo) ‖ haleter (los perros que corren) ‖ pleurnicher, geindre (gimotear) ‖ FIG hipar por brûler de, désirer vivement; está hipando por ir al teatro il brûle d'aller au théâtre.
| OBSERV Le h initial de hipar est aspiré lorsque le verbe a le sens de pleurnicher, geindre.

Hiparco *n pr* Hipparque.

hiparión *m* hipparion (fósil).

hiper *m* FAM hypermarché.

hiperactividad *f* hyperactivité.

hiperactivo, va *adj* hyperactif, ive.

hiperbático, ca *adj* hyperbatique.

hipérbaton *m* GRAM hyperbate *f*.
| OBSERV pl hiperbatones o hipérbatos.

hipérbola *f* GEOM hyperbole.

hipérbole *f* hyperbole (exageración).

hiperbólico, ca *adj* hyperbolique.

hiperboloide *m* GEOM hyperboloïde.

hiperbóreo, a; hiperboreal *adj* hyperboréen, enne (nórdico).

hipercalórico, ca *adj* hypercalorique.

hiperclorhidria *f* MED hyperclorhydrie.

hipercolesterinemia; hipercolesterolemia *f* MED hypercholestérolémie.

hipercrisis *f inv* MED crise violente.

hiperdulía *f* RELIG hyperdulie.

hiperenlace *m* INFORM hiperenlace de texto lien hypertexte.

hiperespacio *m* MAT hyperespace.

hiperestesia *f* MED hyperesthésie.

hiperfocal *adj* hyperfocal, e.

hiperfunción *f* hyperfonctionnement *m*.

hiperglucemia *f* MED hyperglycémie.

hiperico *m* BOT mille-pertuis, millepertuis.

hiperinflación *f* hyperinflation.

hipermedia *adj* INFORM hypermédia.

hipermercado *m* hypermarché, grande surface *f*.

hipermétrope *adj & s* MED hypermétrope.

hipermetropía *f* MED hypermétropie.

hipermnesia *f* MED hypermnésie.

hipernervioso, sa *adj & s* hypernerveux, euse.

hiperónimo *m* GRAM hyperonyme.

hiperrealismo *m* ARTES hyperréalisme.

hiperrealista *adj* hyperréaliste.

hipersecreción *f* MED hypersécrétion.

hipersensibilidad *f* hypersensibilité.

hipersensibilización *f* MED & FOT hypersensibilisation.

hipersensible *adj & s* hypersensible.

hipersónico, ca *adj* AVIAC hypersonique.

hipersonido *m* hyperson.

hipertensión *f* MED hypertension.

hipertenso, sa *adj* hypertendu, e.

hipertermia *f* MED hyperthermie.

hipertérmico, ca *adj* MED hyperthermique.

hipertexto *m* INFORM hypertexte.

hipertonía *f* MED hypertonie.

hipertónico, ca *adj* hypertonique.

hipertono *m* FÍS harmonique, son harmonique.

hipertrofia *f* MED hypertrophie.

hipertrofiar [8] *v tr* MED hypertrophier.

hipertrófico, ca *adj* MED hypertrophique.

hipervitaminosis *f inv* hypervitaminose.

hip-hop *m* hip-hop.

hipiátrico, ca *adj & s* hippiatrique (veterinaria).

hípico, ca *adj* hippique; concurso hípico concours hippique.

hípido *m* pleurnichement (gimoteo).
▪ OBSERV Le h initial de hípido est aspiré.

hipismo *m* hippisme, sport hippique.

hipno *m* BOT hypne *f*.

hipnología *f* hypnologie.

hipnosis *f inv* MED hypnose [état].

hipnoterapia *f* MED hypnothérapie.

hipnótico, ca *adj & s m* MED hypnotique.

hipnotismo *m* MED hypnotisme.

hipnotización *f* hypnotisation, hypnose [technique].

hipnotizador *m* hypnotiseur, qui hypnotise.

hipnotizar [13] *v tr* hypnotiser.

hipo *m* hoquet; tener hipo avoir le hoquet ▪ FIG envie *f* (deseo muy vivo) ▪ FAM que quita el hipo à vous couper le souffle ▪ quitar el hipo laisser baba, suffoquer, couper le souffle.

hipoalergénico, ca *adj* hypoallergénique.

hipoalimentación *f* sous-alimentation.

hipocalórico, ca *adj* hypocalorique.

hipocampo *m* hippocampe (caballo marino).

hipocastáneas *f pl* BOT hippocastanacées.

hipocausto *m* hypocauste.

hipocentro *m* hypocentre.

hipoclorhidria *f* MED hypochlorhydrie.

hipoclorito *m* QUÍM hypochlorite.

hipocloroso, sa *adj* hypochloreux, euse.

hipocolesterinemia; hipocolesterolemia *f* MED hypocholestérolémie.

hipocondría *f* MED hypocondrie.

hipocondríaco, ca; hipocondriaco, ca *adj & s* MED hypocondriaque.

hipocóndrico, ca *adj* hypocondre.

hipocondrio *m* ANAT hypocondre.

hipocorístico, ca *adj & s m* GRAM hypocoristique.

hipocrás *m* hypocras (bebida).

Hipócrates *n pr* Hippocrate.

hipocrático, ca *adj* hippocratique.

hipocratismo *m* hippocratisme.

Hipocrene *n pr* MITOL Hippocrène.

hipocresía *f* hypocrisie.

hipócrita *adj & s* hypocrite.

hipodérmico, ca *adj* hypodermique; inyección hipodérmica injection hypodermique.

hipodermis *f inv* hypoderme *m*.

hipodermosis *f inv* VETER hypodermose.

hipofagia *f* hippophagie.

hipofágico, ca *adj* hippophagique ▪ carnicería hipofágica boucherie hippophagique o chevaline.

hipófago, ga *adj & s* hippophage.

hipófisis *f inv* ANAT hypophyse.

hipofosfito *m* QUÍM hypophosphite.

hipofunción *f* MED hypofonctionnement *m*.

hipogástrico, ca *adj* hypogastrique.

hipogastrio *m* ANAT hypogastre.

hipogénico, ca *adj* BOT hypogé, e.

hipogeo *m* hypogée (subterráneo).

hipogloso, sa *adj & s m* ANAT hypoglosse.

hipoglucemia *f* MED hypoglycémie.

hipoglucémico, ca *adj & s* hypoglycémique.

hipogrifo *m* hippogriffe (animal fabuloso).

Hipólito *n pr* Hippolyte.

hipología *f* hippologie.

hipológico, ca *adj* hippologique.

Hipómenes *n pr* Hippomène.

hipomóvil *adj* hippomobile.

hipónimo *m* GRAM hyponyme.

hipopótamo *m* ZOOL hippopotame.

hiposo, sa *adj* qui a le hoquet, qui hoquette.

hipóstasis *f inv* ECLES hypostase.

hipostático, ca *adj* hypostatique.

hipóstilo, la *adj* ARQ hypostyle.

hiposulfito *m* QUÍM hyposulfite.

hipotálamo *m* ANAT hypothalamus.

hipotaxis *f inv* GRAM hypotaxe.

hipoteca *f* hypothèque ▪ FIG levantar una hipoteca lever une hypothèque.

hipotecable *adj* hypothécable.

hipotecar [10] *v tr* hypothéquer.

hipotecario, ria *adj* hypothécaire.

hipotecnia *f* hippotechnie.

hipotensión *f* hypotension.

hipotenso, sa *adj* MED hypotendu, e.

hipotensor *m* MED hypotenseur (medicamento).

hipotenusa *f* GEOM hypoténuse.

hipotermia *f* hypothermie.

hipotérmico, ca *adj* hypothermique.

hipótesis *f inv* hypothèse; hipótesis de trabajo hypothèse de travail.

hipotético, ca *adj* hypothétique.

hipotiposis *f inv* hypotypose (retórica).

hipotonía *f* MED hypotonie.

hipotónico, ca *adj* hypotonique.

hipovitaminosis *f inv* MED hypovitaminose.

hippie; hippy *adj & s* (palabra inglesa) hippie, hippy.
▪ OBSERV pl hippies.

hipsometría *f* hypsométrie.

hipsométrico, ca *adj* hypsométrique.

hipsómetro *m* hypsomètre.

hipúrico, ca *adj* hippurique (ácido).

Hircania *n pr f* GEOGR Hyrcanie.

hirco *m* chèvre *f* sauvage.

hiriente *adj* blessant, e.

Hiroshima *n pr* GEOGR Hiroshima.

hirsutismo *m* MED hirsutisme.

hirsuto, ta *adj* hirsute (erizado).

hirudíneas *f pl* hirudinées (anélidos).

hirundinaria *f* BOT chélidoine (celidonia).

hirviente *adj* bouillant, e.

hisopada; hisopadura *f* aspersion [avec un goupillon].

hisopar; hisopear *v tr* asperger [avec un goupillon].

hisopazo *m* aspersion *f* ▪ coup avec le goupillon (golpe).

hisopear ▬ **hisopar**.

hisopillo *m* badigeon (para la garganta) ▪ BOT sorte d'hysope.

hisopo *m* BOT hysope *f* ▪ goupillon, aspersoir (para el agua bendita) ▪ (Amer) blaireau (brocha de afeitar) ▪ brosse *f*, pinceau (pincel).

hispalense *adj & s* sévillan, e.

Hispalis *n pr* HIST Hispalis (antiguo nombre de Sevilla).

Hispania *n pr f* HIST Hispanie (antiguo nombre de la península ibérica).

hispánico, ca *adj* hispanique.

hispanidad *f* caractère *m* espagnol ▪ monde *m* hispanique (conjunto de los pueblos hispánicos).

hispanismo *m* hispanisme.

hispanista *m & f* hispanisant, e; hispaniste.

hispanización *f* hispanisation.

hispanizar [13] *v tr* hispaniser.

hispano, na *adj & s* espagnol, e.

Hispanoamérica *n pr f* GEOGR Amérique espagnole.
▪ OBSERV Hispanoamérica est le terme le plus employé en Espagne pour désigner l'ensemble des pays d'Amérique de langue espagnole. On peut traduire ce mot par Amérique latine, bien que le Brésil ne soit pas inclus dans le terme Hispanoamérica.

hispanoamericanismo *m* hispano-américanisme.

hispanoamericanista *adj* & *s* hispano-américaniste.

hispanoamericano, na *adj* & *s* hispano-américain, e.
■ OBSERV [▶ latino-américain].

hispanoárabe *adj* & *s* hispano-arabe, hispano-moresque.

hispanofilia *f* hispanophilie.

hispanófilo, la *adj* & *s* hispanophile.

hispanofobia *f* hispanophobie.

hispanófobo, ba *adj* & *s* hispanophobe.

hispanófono, na *adj* & *s* hispanophone (hispanohablante).

hispanohablante *adj* & *s* qui parle espagnol, hispanophone, de langue espagnole.

hispanojudío, a *adj* & *s* hispano-juif, hispano-juive.

hispanomorisco, ca *adj* & *s* hispano-moresque.

hispanomusulmán, ana *adj* & *s* hispano-musulman, hispano-musulmane.

híspido, da *adj* BOT hispide (erizado).

histamina *f* BIOL histamine.

histerectomía *f* MED hystérectomie.

histéresis *f inv* FÍS hystérésis.

histeria *f* MED hystérie (histerismo).

histérico, ca *adj* & *s* MED hystérique.

histerismo *m* MED hystérie *f*.

histerotomía *f* hystérotomie.

histograma *m* histogramme.

histólisis *f inv* histolyse.

histología *f* histologie.

histológico, ca *adj* histologique.

histólogo, ga *m* & *f* histologiste.

historia *f* histoire; las lecciones de la historia les leçons de l'histoire ▯ histoire (relato); contar una historia raconter une histoire ▯ historique *m* (relación por orden cronológico) ▯ FIG histoire; no me vengas con historias ne me raconte pas d'histoires ■ historia antigua histoire ancienne ▯ historia clínica dossier médical ▯ historia del arte histoire de l'art ▯ historia natural, Sacra o Sagrada histoire naturelle, sainte ▯ historia universal histoire universelle ▯ FAM historias de cuartel histoires de corps de garde ▯ la pequeña historia la petite histoire ■ ¡así se escribe la historia! et voilà comment on écrit l'histoire! ▯ FIG & FAM dejarse de historias aller au fait ▯ eso pica en historia cela devient intéressant ▯ pasar a la historia passer à l'histoire (futuro), être du domaine de l'histoire, appartenir au passé (pasado).

historiable *adj* dont on peut retracer l'histoire ▯ dont on peut faire l'historique.

historiado, da *adj* historié, e; letra historiada, capitel historiado lettre historiée, chapiteau historié ▯ surchargé, e (recargado de adornos).

historiador, ra *m* & *f* historien, enne.
▯ SIN historiógrafo historiographe; analista annaliste; cronista chroniqueur; biógrafo biographe.

historial *m* historique (reseña) ▯ curriculum vitae (profesional) ▯ dossier (médico) ▯ palmarès (deporte).

historiar [7] *v tr* écrire l'histoire de, raconter l'histoire de, historier (ant) ▯ faire l'historique de (hacer una reseña), faire l'historique.

históricamente *adv* historiquement, en historien.

historicidad *f* historicité (autenticidad).

historicismo; historismo *m* historicisme.

historicista *adj* historiciste.

histórico, ca *adj* historique ■ GRAM presente histórico présent historique o de narration ▯ reseña histórica historique (historial).

historieta *f* historiette (cuentecillo) ▯ bande dessinée.

historiografía *f* historiographie.

historiográfico, ca *adj* historiographique.

historiógrafo *m* historiographe.

historismo ▶ **historicismo**.

histrión *m* histrion (cómico, farsante).

histriónico, ca *adj* cabotin, e.

histrionismo *m* comédie *f*, art dramatique (oficio) ▯ gens *m pl* de théâtre, monde du théâtre (actores) ▯ histrionisme, cabotinage (aparatosidad).

hit [ˈxit] *m* tube.
▯ OBSERV pl hits.

hita *f* cheville, broche (clavo sin cabeza) ▯ borne (hito, mojón).

hitamente *adv* attentivement, fixement.

hitar *v tr* borner (amojonar).

hitleriano, na *adj* & *s* hitlérien, enne.

hitlerismo *m* hitlérisme.

hito, ta *adj* noir, e (caballos) ▯ voisin, e; contiguo, ë; attenant, e; casa, calle hita maison, rue voisine ▯ fixe, ferme (fijo).
➡ **hito** *m* borne *f* (mojón) ▯ sorte de jeu de palet (juego) ▯ FIG but (blanco de tiro); jalon; hito final dernier jalon ■ a hito fixement ▯ FIG dar en el hito deviner, donner dans le mille, toucher au but (acertar) ▯ mirar de hito en hito regarder fixement (una cosa, una persona), dévisager, regarder dans le blanc des yeux, regarder droit dans les yeux (a una persona) ▯ ser un hito marquer, faire date; hecho que será un hito en la historia fait qui marquera dans l'histoire.

hitón *m* MIN fiche *f*, gros clou sans tête.

hl (abrev escrita de **hectolitro**) hl.

hm (abrev escrita de **hectómetro**) hm.

hnos. (abrev escrita de **hermanos**) Frs.

hoazín *m* ZOOL hoazin [faisan du Mexique].

hobby *m* hobby (entretenimiento).
▯ OBSERV pl hobbies.

hobo *m* BOT spondias (jobo).

hocicada *f* coup *m* de museau.

hocicar [10]; **hociquear** *v tr* fouiller, vermiller (el jabalí, el puerco), vermillonner (el tejón).
◇ *v intr* tomber, piquer du nez (caerse) ▯ cogner du nez (dar con la nariz); hocicar con o en la pared cogner du nez contre le mur ▯ FIG & FAM capituler, s'avouer vaincu, s'incliner, céder (ceder) ▯ buter, se heurter, trébucher; hocicar con una dificultad buter contre o se heurter à o trébucher sur une difficulté ▯ se donner des baisers, se bécoter (besar) ▯ MAR piquer du nez.

hocicazo *m* FAM chute *f* (caída) ▯ dar un hocicazo ramasser une pelle, se casser la figure (caer).

hocico *m* museau (de los animales) ▯ groin (de puerco, de jabalí) ▯ boutoir (de jabalí) ▯ mufle (extremidad del hocico) ▯ lippe *f* (labios abultados) ▯ DESPEC gueule *f*, museau, margoulette *f* (cara de una persona) ▯ moue *f*, lippe *f* (mueca de disgusto) ■ DESPEC caer o dar de hocicos se casser la figure ▯ dar con la puerta en los hocicos fermer la porte au nez ▯ estar de o hacer o poner hocico bouder, faire la moue ▯ meter el hocico en todo fourrer son nez partout (meterse en todo) ▯ romper a uno los hocicos casser la figure o la margoulette à quelqu'un (pegar).

hocicón, ona; hocicudo, da *adj* qui a un gros museau (un animal), lippu, e (una persona).

hocino *m* gouet, serpe *f* (para cortar la leña) ▯ déplantoir (de jardinero) ▯ pertuis (angostura de un río), vallée *f* encaissée (en un quebrado).

hociquear ▶ **hocicar**.

hociquera *f* (*Amer*) muselière (bozal).

hociquito *m* FAM poner hociquito faire la bouche-en-cœur.

hockey *m* hockey; hockey sobre hielo, sobre hierba, sobre ruedas o patines hockey sur glace, sur gazon, sur patins ▯ jugador de hockey joueur de hockey, hockeyeur.

hodierno, na *adj* moderne, actuel, elle.

hogaño *adv* FAM cette année ▯ de nos jours, à cette époque-ci, à l'heure actuelle (hoy en día).

hogar *m* [▷ SIN] foyer (de chimenea, de cocina, de horno) ▯ âtre (de chimenea) ▯ FIG foyer (casa) ■ hogar del soldado foyer du soldat ▯ sin casa ni hogar sans feu ni lieu ▯ sin hogar sans abri.
➡ **hogares** *m pl* foyers; volver a sus hogares rentrer dans ses foyers.
▯ SIN horno four; fuego feu; chimenea cheminée; calorífero calorifère; estufa poêle.

hogareño, ña *adj* familial, e; tradición hogareña tradition familiale ▯ casanier, ère; pot-au-feu *inv* FAM, pantouflard, e (amante del hogar).

hogaza *f* miche, pain *m* de ménage.

Hoggar ▶ **Ahaggar**.

hoguera *f* bûcher *m*, grand feu *m*; encender una hoguera allumer un bûcher ▯ bûcher *m* (suplicio), morir en la hoguera mourir sur le bûcher ▯ feu *m* de joie (en una fiesta) ▯ brasier *m*; la casa era una verdadera hoguera la maison était un véritable brasier ▯ hogueras de San Juan feux de la Saint-Jean.

hoja *f* BOT feuille; hoja caduca feuille caduque ▯ feuille, pétale *m* (pétalo) ▯ feuille (de papel, cartón, metal, oro, etc.) ▯ feuillet *m*, folio *m* (folio) ▯ page (página) ▯ volet *m* (de un tríptico) ▯ lame (de espada, cuchillo, etc.); hoja de afeitar lame de rasoir ▯ battant *m*, vantail *m*; puerta de dos hojas porte à deux battants ▯ feuille (biombo) ▯ flèche (del tocino) ▯ feuille (del vino) ▯ moitié *f* (de un vestido) ▯ FIG épée, lame (espada) ▯ feuille (diario) ▯ AGRIC sole ▯ TECN paille (de las monedas) ■ BOT hoja acicular feuille aciculaire o linéaire ▯ hoja aovada feuille ovée o ovale ▯ hoja aserrada feuille sciée ▯ hoja cambiable feuille amovible ▯ BOT hoja compuesta feuille composée ▯ INFORM hoja de cálculo o electrónica tableur, feuille de calcul électronique ▌ hoja de lata fer-blanc ▌ MIL hoja de movilización fascicule de mobilisation ▌ hoja de paga bulletin o feuille de paye ▌ hoja de ruta feuille de route o de déplacement ▌ hoja de servicios état de services, dossier (militar), palmarès (deportista) ▌ hoja de vid feuille de vigne ▌ hoja seca feuille morte ▌ hoja suelta o volante feuille mobile o volante ■ del color de hoja seca feuille-morte ▌ sin vuelta de hoja sans aucun doute ▌ FIG desdoblar la hoja revenir à ses moutons, reprendre le fil du discours ▌ doblar la hoja tourner la page ▌ no tener vuelta de hoja ne pas faire de doute ▌ tener hoja sonner faux ▌ volver la hoja changer d'avis (mudar de parecer), changer de conversation (de conversación).

hojalata f fer-blanc m.

hojalatería f ferblanterie.

hojalatero m ferblantier.

hojalda ▬ hojaldre.

hojaldra ▬ hojaldre.

hojaldrado, da adj feuilleté, e.
➥ **hojaldrado** m feuilletage.

hojaldrar v tr feuilleter.

hojaldre m; **hojalda**; **hojaldra** f CULIN pâte f feuilletée, feuilleté ▌ pastel de hojaldre gâteau feuilleté.

hojarasca f feuilles pl mortes, fanes pl (hojas secas) ▌ feuillage m trop touffu, branches pl inutiles ▌ FIG verbiage m, paroles pl en l'air; tus promesas son hojarasca tes promesses sont des paroles en l'air.

hojear v tr feuilleter (pasar las hojas de un libro), parcourir (leer superficialmente).
◇ v intr être écaché (un metal).

hojuela f petite feuille (hoja pequeña) ▌ crêpe (tortita) ▌ tourteau m d'olive (de las aceitunas) ▌ TECN lamelle (de metal) ▌ fil m de métal écaché [pour passementerie] ▌ BOT foliole ▌ FAM miel sobre hojuelas encore mieux, tant mieux.

Hokkaido n pr GEOGR Hokkaido.

¡hola! interj hola! ▌ FAM bonjour, salut (saludo) ▌ (Amer) allô! (teléfono).

holanda f hollande (tela) ▌ papel de Holanda hollande (papel).

Holanda n pr f GEOGR Hollande, Pays-Bas.
▌ OBSERV [▬ Países Bajos].

holandés, esa adj & s hollandais, e ▌ a la holandesa à la hollandaise, en demi-chagrin (encuadernación).
➥ **holandesa** f papier commercial.
▌ OBSERV pl holandeses, holandesas.

holding m holding (concierto de sociedades).
▌ OBSERV pl holdings.

holgadamente adv à l'aise, largement; caben cuatro personas holgadamente quatre personnes tiennent largement.

holgado, da adj large, ample (ancho); un vestido holgado un vêtement ample ▌ FIG à l'aise, aisé, e (con medios de fortuna); una vida holgada une vie aisée ▌ oisif, ive; désœuvré, e (desocupado) ▌ zapatos holgados chaussures trop grandes.

holganza f oisiveté, désœuvrement m (ociosidad) ▌ plaisir m, contentement m, amusement m (diversión) ▌ repos m (descanso).

holgar [39] v intr se reposer (descansar) ▌ souffler (tomar aliento) ▌ être de trop, être inutile (ser inútil); tu visita huelga ta visite est inutile; huelgan esas personas ces personnes sont de trop ▌ ne pas travailler, ne rien faire (no trabajar) ▌ s'amuser, se divertir (divertirse); Don Quijote juró no holgar con mujer alguna Don Quichotte fit serment de ne point se divertir avec aucune femme ■ huelga añadir que inutile d'ajouter que ▌ ¡huelgan los comentarios! sans commentaire!.
➥ **holgarse** v pr se réjouir, être content, e (alegrarse); se holgó mucho con mi visita il s'est beaucoup réjoui de ma visite, il a été très content de ma visite ▌ s'amuser, se divertir (divertirse).

holgazán, ana adj & s paresseux, euse; fainéant, e.

holgazanear v intr fainéanter, paresser.

holgazanería f fainéantise, paresse.

holgorio m FAM noce f, foire f, fête f.
▌ OBSERV Le h initial est généralement aspiré.

holgura f largeur, ampleur (anchura) ▌ aisance, bien-être m (comodidad) ▌ réjouissance (regocijo) ▌ MECÁN jeu m ▌ vivir con holgura vivre largement o avec aisance.

holladura f foulage m (acción de hollar) ▌ (ant) droit m payé pour le passage des troupeaux.

hollar [23] v tr fouler, marcher sur; hollar una alfombra marcher sur un tapis ▌ FIG fouler aux pieds, piétiner, marcher sur (tener en poco); hollar a un bienhechor, los derechos de uno, la memoria de uno fouler aux pieds un bienfaiteur, les droits de quelqu'un, la mémoire d'un disparu ▌ mépriser (despreciar).

hollejo; hollejuelo m peau f [du raisin, de la fève, etc.]

hollín m suie f (del humo) ▌ FAM bagarre f (jollín, disputa).

holmio m QUÍM holmium.

holocausto m holocauste.

holoceno, na adj & s m GEOL holocène.

holocenosis f inv écosystème m.

holografía f holographie.

holografiar [9] v tr holographier.

holográfico, ca adj holographique.

holograma m hologramme.

holoturia f holothurie (cohombro de mar).

hombrada f action généreuse, action virile.

hombradía f virilité, courage m (valor).

hombre m homme; el hombre y la mujer l'homme et la femme ▌ monsieur (señor); ahí hay un hombre il y a là un monsieur ▌ MIL homme (soldado) ▌ FAM homme (marido) ■ FAM hombre anuncio homme-sandwich ▌ hombre blanco Blanc ▌ hombre bueno membre du tiers état ▌ hombre de agallas homme qui a du cran o du courage ▌ hombre de armas homme d'armes ▌ hombre de armas tomar homme qui n'a pas froid aux yeux ▌ hombre de bien homme de bien ▌ hombre de edad o entrado en años homme âgé o d'un âge avancé ▌ hombre de Estado homme d'État ▌ hombre de las cavernas homme des cavernes ▌ réactionnaire (política) ▌ hombre de letras homme de lettres ▌ FAM hombre del saco croque-mitaine ▌ hombre de mar homme de mer ▌ hombre de mundo

homme du monde ▌ hombre de negocios homme d'affaires ▌ hombre de paja homme de paille (testaferro) ▌ hombre de palabra homme de parole ▌ FIG & FAM hombre de pelo en pecho dur à cuire, brave à trois poils ▌ hombre de peso homme de poids ▌ hombre de pro o de provecho homme de bien ▌ hombre de puños homme à poigne ▌ hombre honrado honnête homme ▌ hombre máquina hommerobot ▌ hombre masa homme du peuple ▌ hombre mujeriego homme à femmes, coureur de jupons ▌ hombre orquesta homme-orchestre ▌ hombre público homme public, politicien ▌ hombre rana hommegrenouille ▌ hombre serpiente o de goma homme-serpent (contorsionista) ■ buen hombre brave homme ▌ FAM como un solo hombre comme un seul homme ▌ de hombre a hombre d'homme à homme ▌ el hombre de la calle o del montón l'homme de la rue, monsieur Tout-le-Monde ▌ el hombre del día l'homme du jour ▌ el hombre fuerte l'homme fort ▌ gran hombre grand homme ▌ nuestro hombre notre homme ▌ todo un hombre un homme cent pour cent, un homme avec un grand H ■ el hombre propone y Dios dispone l'homme propose et Dieu dispose ▌ es el hombre para el caso c'est l'homme qu'il nous faut, c'est notre homme ▌ Gabriel está ya hecho un hombre Gabriel n'est plus un enfant ▌ hombre prevenido vale por dos un homme averti en vaut deux ▌ portarse como un hombre agir en homme ▌ ser hombre capaz de, ser uno hombre para être homme à ▌ ser hombre de recursos être un homme de ressources ▌ ser muy hombre être un homme cent pour cent.
➥ **¡hombre!** interj mon vieux! (cariño), quoi! (asombro), tiens! (sorpresa), allons donc! (incredulidad), eh bien! (admiración), vraiment! (ironía), bah! (duda), sans blague! (no me digas) ▌ ¡hombre al agua o a la mar! un homme à la mer!
▌ OBSERV L'exclamation ¡hombre! est très employée dans le langage courant et sert à exprimer les nuances les plus diverses. On peut même l'employer pour s'adresser à une femme, concurremment avec ¡mujer!

hombrear v intr se donner des airs d'homme (dárselas de hombre) ▌ (Amer) porter sur ses épaules (cargar a hombros) ▌ se comporter comme un homme (una mujer).
◇ v tr (Amer) protéger (proteger).

hombrecillo m BOT houblon (lúpulo) ▌ petit homme, bout d'homme (hombre pequeño).

hombrera f épaulette (de un vestido) ▌ épaulière (de la armadura) ▌ rembourrage m (de una chaqueta).

hombretón m gaillard, costaud.

hombrezuelo m petit homme, bout d'homme (hombrecillo).

hombría f qualité d'homme ▌ hombría de bien honnêteté.

hombro m épaule f; hombros caídos épaules tombantes ▌ a o en hombros sur les épaules ▌ MIL arma al hombro arme sur l'épaule ■ FIG arrimar o meter el hombro travailler dur, donner un coup de collier (trabajar fuerte), donner un coup d'épaule o de main (ayudar) ▌ echarse al hombro una cosa prendre quelque chose sur son dos ▌ encogerse de hombros hausser les épaules ▌ FAM estar hombro a hombro être coude à coude o la main dans la main ‖ FIG hurtar el hombro éviter le travail, se défiler ‖llevar a hombros porter sur les épaules (transportar), porter en triomphe ‖ FAM mirar por encima del hombro regarder par-dessus l'épaule o de haut ‖ sacar a hombros a uno porter en triomphe (un torero, etc.) ‖ salir a hombros être porté en triomphe.

hombrón; hombrote m gros homme.

hombruno, na adj FAM hommasse; mujer hombruna femme hommasse ‖ viril, e; d'homme; voz hombruna voix d'homme.

homenaje m hommage; rendir homenaje a rendre hommage à ‖ banquete en homenaje al presidente banquet en l'honneur du président ‖torre del homenaje donjon.

‖ SIN respeto respect; cortesía civilité; veneración vénération; sumisión, acatamiento soumission.

homenajeado, da m & f personne à laquelle il est rendu hommage; invité, e d'honneur.

homenajear v tr rendre hommage à.

homeópata adj & s homéopathe.

homeopatía f MED homéopathie.

homeopáticamente adv par l'homéopathie, à doses homéopathiques.

homeopático, ca adj homéopathique; dosis homeopática dose homéopathique.

homeóstasis; homeostasis f inv homéostasie.

homeostático, ca adj homéostatique.

homérico, ca adj homérique.

Homero n pr Homère.

homicida adj & s homicide (asesino) ‖ arma homicida arme du crime.

homicidio m homicide (asesinato) ‖ homicidio frustrado tentative d'homicide.

homilía f homélie (sermón).

homiliario m livre d'homélies.

homínido m hominidé.

homocéntrico, ca adj homocentrique.

homocentro m GEOM homocentre.

homocerca adj ZOOL homocerque.

homocigótico, ca adj BIOL homozygote.

homocigoto m BIOL homozygote.

homocromía f BIOL homochromie.

homofonía f homophonie.

homófono, na adj & s homophone.

homogéneamente adv de façon homogène.

homogeneidad f homogénéité.

homogeneización f homogénéisation.

homogeneizar [13] v tr homogénéiser.

homogéneo, a adj homogène.

homografía f homographie.

homógrafo, fa adj GRAM homographe.

homologable adj homologable.

homologación f homologation.

homologar [16] v tr DR homologuer.

homología f homologie.

homólogo, ga adj QUÍM & GEOM homologue, semblable.

homonimia f homonymie.

homónimo, ma adj & s homonyme.

homosexual adj & s homosexuel, elle.

homosexualidad f homosexualité.

homosfera f homosphère.

homotecia f GEOM homothétie.

homotético, ca adj GEOM homothétique.

homúnculo m homuncule, homoncule.

honcejo m serpe f (hocino).

honda f fronde (arma).

hondamente adv profondément.

hondear v tr sonder (fondear) ‖ décharger (descargar una embarcación).

‖ OBSERV Ne pas confondre avec ondear qui signifie ondoyer.

hondero, ra adj & s frondeur, euse.

hondo, da adj profond, e; en lo más hondo de mi alma au plus profond de mon âme ‖ bas, basse; encaissé, e (terreno) ‖ flamenco, gitan (cante).

➥ **hondo** m fond.

hondón m fond (parte inferior de lo cóncavo) ‖ œil, chas (de la aguja) ‖ grille f, planche f, sole f (del estribo).

hondonada f creux m, dépression, basfond m (terreno bajo) ‖ cuvette (depresión del terreno) ‖ enfoncement m (parte más atrás) ‖ ravin m (valle encajonado).

hondura f profondeur ‖ FIG meterse en honduras approfondir la question.

Honduras n pr f GEOGR Honduras m ‖ Honduras británica Honduras britannique (antiguo nombre de Belice).

hondureñismo m locution f o idiotisme propre aux Honduriens.

hondureño, ña adj & s hondurien, enne.

honestamente adv honnêtement (decentemente) ‖ modestement (con modestia) ‖ pudiquement (con pudor).

honestar v tr honorer (honrar).

honestidad f honnêteté (p us), décence (decencia) ‖ modestie, pudeur (pudor) ‖ bienséance, savoir-vivre m (urbanidad) ‖ vertu (castidad).

‖ OBSERV La palabra honnêteté es anticuada en el sentido de honestidad. Hoy sólo significa honradez.

honesto, ta adj décent, e; honnête (decente) ‖ pudique, modeste (púdico) ‖ raisonnable (razonable) ‖ el estado honesto le célibat (para una mujer).

‖ OBSERV El adjetivo honnête es anticuado en los sentidos de decente y púdico.

Hongkong; Hong Kong n pr GEOGR Hongkong; Hong Kong.

hongo m BOT champignon ‖ melon (sombrero) ‖ FIG crecer como hongos pousser comme des champignons ‖ criadero de hongos champignonnière ‖ hongo atómico champignon atomique ‖ hongo yesero amadouvier.

Honolulu; Honolulú n pr GEOGR Honolulu.

honor m honneur; hombre de honor homme d'honneur ‖ honneur (de una mujer) ‖ campo del honor champ d'honneur ‖ lance de honor affaire d'honneur ‖legión de honor légion d'honneur ‖ palabra de honor parole d'honneur ‖ en honor a la verdad pour dire les choses comme elles sont ‖ en honor de en l'honneur de ‖ por mi honor sur mon honneur, sur l'honneur ‖ hacer honor a

faire honneur à, honorer ‖ hacer honor a la firma honorer sa signature ‖ mi honor está en juego il y va de mon honneur ‖todo está perdido menos el honor tout est perdu fors l'honneur.

➥ **honores** m pl honneurs; aspirar a los honores aspirer aux honneurs; honores de guerra, militares honneurs de la guerre, militaires ‖ hacer los honores de la casa faire les honneurs de la maison ‖ rendir honores rendre les honneurs ‖ salir con todos los honores obtenir les honneurs de la guerre ‖ tener honores de bibliotecario être bibliothécaire honoraire.

honorabilidad f honorabilité.

honorable adj honorable.

honorar v tr honorer (honrar).

honorario, ria adj & s honoraire; miembro honorario membre honoraire ‖ cargo honorario poste honorifique, honorariat.

➥ **honorarios** m pl honoraires (emolumentos).

Honorato n pr Honorat, Honoré.

honoríficamente adv honorifiquement, à titre honorifique.

honorífico, ca adj honorifique.

Honorina n pr Honorine.

Honorio n pr Honorius.

honoris causa loc lat honoris causa.

honra f honneur m; ser la honra del país être l'honneur de son pays ‖ vertu, probité (probidad) ‖ bonne réputation, considération (fama, aprecio) ‖ honneur m (pudor) ‖ tener a mucha honra una cosa être très fier d'une chose, se faire un point d'honneur d'une chose ‖¡y a mucha honra! et j'en suis fier!

➥ **honras** f pl obsèques, honneurs m funèbres.

honradamente adv honnêtement ‖ honorablement (con honra).

honradez f honnêteté (probidad).

‖ OBSERV pl honradeces.

honrado, da adj [▷ SIN] honnête; un hombre honrado un homme honnête ‖ honorable; una conducta honrada une conduite honorable, e; muy honrado con o por très honoré de ‖ honrado a carta cabal parfaitement o foncièrement honnête.

‖ SIN íntegro intègre; probo probe; recto droit; virtuoso vertueux; honorable honorable; leal loyal.

honrar v tr honorer; honrar con su amistad honorer de son amitié, de sa présence ‖ [▷ SIN] faire honneur, honorer; honrar a su país faire honneur à o honorer son pays ‖ esto le honra c'est tout à son honneur ‖ honrar padre y madre honorer son père et sa mère ‖ muy honrado con o por su visita très honoré de votre visite.

‖ SIN respetar respecter; venerar vénérer; reverenciar révérer; adorar adorer.

honrilla f question d'honneur ‖ por la negra honrilla pour une question d'honneur.

honroso, sa adj honorable.

hontanar m endroit où les sources sont abondantes.

hooligan ['xuliɣan] m & f hooligan m.

hopa f sorte de tunique (túnica) ‖ tunique des suppliciés (de los ajusticiados).

hopalanda f houppelande.

hopear *v intr* remuer la queue (menear la cola) ▌**FIG** courir, courailler (corretear).

hopeo *m* mouvement de la queue.

hoplita *m* **MIL** hoplite (soldado griego).

hopo *m* queue *f* touffue (rabo) ▌huppe *f*, toupet (mechón) ▌¡hopo! hors d'ici!, ouste!

▌ **OBSERV** Dans le premier sens, le h initial de hopo est aspiré.

hora *f* heure; la hora de la cena l'heure du dîner ▌**RELIG** las horas les heures; horas canónicas heures canoniales; libro de horas livre d'heures ▌hora de la verdad minute de vérité ▌hora de mayor afluencia o de mayor aglomeración (transporte) o de mayor consumo (electricidad, gas), hora punta heure de pointe ▌hora de menor consumo heure creuse (electricidad, gas) ▌hora de poca actividad heure creuse (autobús, fábrica) ▌hora de verano heure d'été ▌hora H heure H ▌hora insular heure des îles Canaries ▌hora legal heure légale ▌hora libre heure creuse (en un horario) ▌hora oficial heure légale ▌hora peninsular heure péninsulaire o de la Péninsule ▌hora de insolación heures d'ensoleillement ▌horas de oficina heures de bureau ▌horas de vuelo heures de vol ▌horas extraordinarias heures supplémentaires ▌horas menores petites heures (liturgia) ▌horas muertas moments perdus ▌hora suprema heure suprême ▪ consulta previa petición de hora consultation sur rendez-vous ▌media hora demi-heure; dentro de media hora dans une demi-heure ▌una hora escasa une petite heure ▌una hora larga une bonne heure, une heure d'horloge ▪ ¡a buena hora! ce n'est pas trop tôt!, à la bonne heure! ▌**FAM** ¡a buena hora mangas verdes! trop tard! ▌a cualquier hora à n'importe quelle heure ▌a la hora à l'heure; comer a la hora manger à l'heure ▌a la hora de ahora à l'heure qu'il est, à cette heure ▌a la hora en punto à l'heure juste ▌a sus horas à ses heures ▌a todas horas à toute heure ▌a última hora en dernière heure, au dernier moment ▌de hora en hora d'heure en heure (cada vez más) ▌de última hora de dernière heure ▌en buen o buena hora à la bonne heure (enhorabuena) ▌en mala hora au mauvais moment ▌por hora à l'heure; cien kilómetros por hora cent kilomètres à l'heure; horaire; salario por hora salaire horaire; de l'heure; quinientos francos por hora cinq cents francs de l'heure ▌por horas à l'heure; trabajar por horas travailler à l'heure; par moments (por instantes) ▪ dar hora fixer une heure o un rendez-vous ▌dar la hora sonner o donner l'heure (un reloj) ▌haber nacido en buena, mala hora être né sous une bonne, mauvaise étoile ▌ganar horas, ganar las horas gagner du temps ▌**FAM** le llegó la hora son heure est venue o a sonné ▌no da ni la hora il donne tout à regret, il couperait un liard en quatre ▌no tener una hora libre ne pas avoir une heure à soi ▌no ver uno la hora de ne pas voir le moment où ▌pasar las horas en blanco passer une nuit blanche (no dormir), passer son temps à ne rien faire (no hacer nada) ▌pedir hora demander un rendez-vous, prendre rendez-vous ▌pidiendo hora sur rendez-vous ▌poner en hora mettre à l'heure, régler (un reloj) ▌¿qué hora es? (Amer) ¿qué horas son? quelle heure est-il? ▌¿qué horas son éstas para llegar? est-ce que

c'est une heure pour arriver? ▌**FIG** tener muchas horas de vuelo avoir de la pratique o du métier ▌¡vaya unas horas para salir! vous avez de drôles d'heures pour sortir! ▌ya es hora de il est (grand) temps de ▌ya es hora de que il est grand temps que.

◇ *adv* maintenant, à présent (ahora).

Horacio *n pr* Horace.

horadación *f* percement *m*, perforation ▌**TECN** forage *m*.

horadador, ra *adj & s* perceur, euse ▌**TECN** foreur, euse.

horadar *v tr* [▷ **SIN**] percer; horadar una pared percer un mur ▌**TECN** forer.

▌ **SIN** abrir ouvrir; traspasar, atravesar, calar transpercer; barrenar, taladrar forer; perforar perforer; punzar, picar piquer; agujerear trouer.

horario, ria *adj* horaire; círculos, husos horarios cercles, fuseaux horaires.

➤ **horario** *m* horaire (de los trenes) ▌horaire (horas de trabajo) ▌emploi du temps (escolar) ▌aiguille *f* des heures, grande aiguille *f* (reloj) ▪ horario comercial heures *f pl* d'ouverture [magasin], heures de réception [entreprise] ▌horario de verano horaire d'été ▌horario guía de ferrocarriles indicateur de chemins de fer ▌horario laboral horaire de travail.

HORARIO COMERCIAL ─────────

Les horaires d'ouverture des magasins en Espagne sont assez différents de ceux des autres pays européens. Les petits magasins ferment à l'heure du déjeuner et sont ouverts de 9 ou 10 heures du matin jusqu'à 13 heures 30 ou 14 heures, puis de 16 ou 17 heures jusqu'à 20 heures ou 20 heures 30. Les grands magasins, en revanche, ouvrent en continu de 10 heures à 20 heures 30. Tous les commerces sont en règle générale fermés les jours fériés, quoiqu'on trouve de plus en plus fréquemment des magasins, notamment les plus grands, ouverts les jours fériés à certaines époques de l'année (Noël, époque des soldes, etc). Les établissements bancaires ont des heures d'ouverture spécifiques, le matin seulement, de 8 h à 14 h; ils sont ouverts le samedi d'octobre à mai, mais fermés de juin à septembre. [➤ **farmacia de guardia**].

HORARIO DE COMIDAS ─────────

En Espagne on mange à des horaires assez différents de ceux des autres pays européens. On fait trois repas: petit déjeuner, déjeuner et dîner. Le petit déjeuner est généralement pris chez soi, avant de partir pour le travail ou l'école. Le déjeuner est encore, de nos jours, le repas le plus important de la journée, et beaucoup de gens rentrent encore chez eux pour déjeuner, entre 14 et 15 heures, même si les horaires de travail font que, de plus en plus, on déjeune au restaurant, souvent sur le pouce. Le dîner, enfin, est tardif - entre 21 heures et 22 heures - et, pour bien des familles, le seul repas pris en commun.

horca *f* fourche (instrumento) ▌potence, gibet *m* (instrumento de suplicio) ▌carcan *m* (para los condenados) ▌tribart *m* (para perros y cerdos) ▌chapelet *m*; horca de ajos chapelet d'ails (ristra) ▌(Amer) cadeau *m* (regalo) ▪ **FIG** carne de horca gibier de potence ▌horcas caudinas fourches caudines; pasar por las horcas caudinas passer sous les fourches caudines ▌merecer la horca mériter la corde ▌señor de horca y cuchillo seigneur haut justicier.

horcadura *f* fourche, enfourchure.

horcajadas

➤ a horcajadas *loc adv* à califourchon.

horcajadura *f* entrecuisse (de las piernas).

horcajo *m* collier [d'attelage pour mulets] ▌confluent [de deux rivières ou ruisseaux] ▌nœud, point d'union [de deux montagnes].

horcar [10] *v tr* (Amer) pendre (ahorcar).

horcate *m* attelle *f* (arreo).

horchata *f* orgeat *m* (bebida) ▌**FIG & FAM** tener sangre de horchata être flegmatique o impassible (tranquilo), avoir du sang de navet (sin energía).

horchatería *f* boutique du limonadier, buvette où l'on vend de l'orgeat.

horchatero, ra *m & f* limonadier, ère; marchand, e d'orgeat.

horco *m* chapelet (ristra).

horcón *m* fourche *f* (bieldo) ▌(Amer) poteau (poste).

horconada *f* coup *m* de fourche (golpe) ▌fourchée (lo que se recoge).

horda *f* horde.

hordáceo, a *adj* hordacé, e (relativo a la cebada).

hordiate *m* orge mondé ▌tisane *f* d'orge.

horero *m* (Amer) aiguille *f* des heures.

horizontal *adj & s f* horizontal, e.

horizontalidad *f* horizontalité.

horizontalmente *adv* horizontalement, à l'horizontale.

horizonte *m* horizon; en el horizonte à l'horizon ▌**FIG** horizon ▌**AVIAC** horizonte artificial horizon artificiel.

horma *f* forme (zapatos, sombreros) ▌forme, embauchoir *m*, embouchoir *m* (para que no se deformen los zapatos) ▌mur *m* en pierres sèches (pared) ▪ dar con o hallar la horma de su zapato trouver chaussure à son pied (encontrar lo deseado), trouver à qui parler, trouver son maître (encontrar resistencia).

hormaza *f* mur *m* en pierres sèches.

hormiga *f* **ZOOL** fourmi ▌**MED** démangeaison, fourmillement *m* (enfermedad cutánea) ▪ hormiga blanca fourmi blanche, termite (comején) ▌hormiga cortahojas fourmi parasol ▌hormiga legionaria fourmi légionnaire ▌hormiga león fourmi-lion, fourmilion ▌hormiga roja fourmi rousse ▌**FAM** por el pelo de una hormiga à un poil près ▌ser una hormiga être économe, diligent, laborieux comme une fourmi (ser muy industrioso y trabajador).

hormigo *m* cendre *f* employée dans la distillation du mercure (ceniza).

➤ **hormigos** *m pl* gâteaux aux amandes et au miel (pastel) ▌criblures *f*, gros grains de semoule qui restent dans le crible.

hormigón *m* béton; hormigón armado, entibado, pretensado o precomprimido béton armé, banché, précontraint ▌**VETER** maladie *f* des bovins ▌chlorose *f* (enfermedad de los árboles) ▌hormigón hidráulico liant o mortier hydraulique.

hormigonado *m* bétonnage.

hormigonar *v tr* bétonner.

hormigonera *f* bétonnière.

hormiguear *v intr* fourmiller, grouiller (bullir) ▌me hormiguean las piernas j'ai des fourmis dans les jambes.

hormigueo *m* fourmillement, grouillement; el hormigueo de la muchedumbre le
grouillement de la foule ∥ FAM sentir hormigueo en las piernas avoir des fourmis dans
les jambes.

hormiguero *m* fourmilière *f* ∥ ZOOL torcol,
torcou, torcol fourmilier (torcecuello) ∥ FIG
fourmilière *f* (sitio muy poblado) ∥ oso hormiguero tamanoir, fourmilier.

hormiguilla *f* fourmillement *m*, démangeaison (cosquilleo) ∥ FIG remords *m pl* (reconcomio).

hormiguillo *m* VETER fourmilière *f* [maladie
des sabots des chevaux] ∥ chaîne *f* (de obreros)
∥ démangeaison *f*, fourmillement (hormiguilla)
∥ (Amer) effervescence *f* produite lors de
l'amalgamation du minerai d'argent ∥ FIG &
FAM parece que tiene hormiguillo il a la bougeotte, il ne tient pas en place.

hormiguita *f* FIG & FAM fourmi, abeille (persona trabajadora y ahorrativa).

hormona *f* BIOL hormone.

hormonal *adj* hormonal, e; des hormones.

hormonoterapia *f* hormonothérapie.

hornabeque *m* ouvrage à cornes (fortificación).

hornablenda *f* MIN hornblende.

hornacero *m* ouvrier qui surveille le creuset.

hornacho *m* excavation *f* (excavación).

hornachuela *f* petite cave.

hornacina *f* ARQ niche (en un muro).

hornada *f* fournée ∥ FIG & FAM fournée; hornada de senadores fournée de sénateurs; de
la última hornada de la dernière fournée.

hornaguear *v tr* extraire du charbon de
terre.

hornaguera *f* charbon *m* de terre, houille.

hornaguero, ra *adj* ample, large, spacieux, euse (ancho) ∥ carbonifère (terreno).

hornaza *f* TECN four *m* à creuset, fourneau
m d'affinage (horno) ∥ vernis *m* jaune pour
les poteries (barniz).

hornazo *m* CULIN tourte *f* aux œufs durs
(rosca) ∥ cadeau que l'on fait dans les villages au prêtre qui a prêché le carême (agasajo).

hornear *v intr* exercer la profession de
fournier.

hornería *f* profession du fournier.

hornero, ra *m & f* fournier, ère.
➤ **hornera** *f* sole, aire (suelo del horno).
➤ **hornero** *m* (Amer) fournier (pájaro).

hornija *f* petit bois *m* (leña).

hornilla *f*; **hornillo** *m* fourneau *m*; hornillo
de gas fourneau à gaz ∥ réchaud *m*; hornillo
eléctrico réchaud électrique ∥ MIL fourneau *m*
(de mina) ∥ hornillo de atanor athanor (horno
de alquimista).

horno *m* four; horno de panadero four à
pain o de boulanger ∥ trou [d'abeille] ∥ FIG
fournaise *f*, étuve *f*; esto es un horno c'est
une fournaise ■ horno de arco four à arc
∥ horno castellano four à cuve prismatique
∥ horno crematorio four crématoire ∥ horno
de copela four à coupelle ∥ horno de cuba
à cuve ∥ horno de microondas four à
micro-ondes ∥ horno de reverbero o de tostadillo four à réverbère ∥ horno eléctrico four

électrique ■ alto horno haut fourneau
∥ fuente de horno plat allant au four ∥ FIG &
FAM no está el horno para bollos o tortas ce
n'est vraiment pas le moment, le moment
est bien mal choisi.

Hornos *n pr m* GEOGR el cabo de Hornos le
Cap Horn.

horokilométrico, ca *adj* horokilométrique.

horometría *f* horométrie.

horón *m* cabas (serón).

horóscopo *m* horoscope (predicción) ∥ devin, voyant (adivino).

horqueta *f* fourche (bieldo) ∥ fourche, enfourchure (de los árboles) ∥ (Amer) coude *m* (de
los ríos) ∥ bifurcation (de caminos).

horquilla *f* fourche ∥ épingle *m* à cheveux
(de los cabellos) ∥ fourche (de la bicicleta) ∥ fourchette (de la pechuga de las aves) ∥ MED maladie des cheveux, cheveux *m pl* fourchus,
trichoptilose ∥ FIG fourchette, grille (magnitu-
des); horquilla de salarios grille des salaires
∥ MECÁN horquilla de desembrague fourchette
de débrayage (auto).

horrar *v tr* (Amer) épargner, économiser.
➤ **horrarse** *v pr* (Amer) devenir stérile.

horrendo, da *adj* horrible, affreux, euse;
un crimen horrendo un crime horrible.

hórreo *m* grenier (granero).
∥ OBSERV Dans les Asturies et en Galice, l'hórreo est un édifice rectangulaire sur pilotis
de pierre.

horrible *adj* horrible.

horriblemente *adv* horriblement.

horridez *f* horreur.
∥ OBSERV pl horrideces.

hórrido, da *adj* horrible (horrendo).

horrificar [10] *v tr* horrifier.

horrífico, ca *adj* horrifique, horrible.

horripilación *f* horripilation ∥ FAM chair de
poule, horripilation (repelo) ∥ MED hérissement *m*.

horripilante *adj* horripilant, e.

horripilar *v tr* horripiler, donner la chair
de poule, faire frissonner; el frío nos horripila le froid nous donne la chair de poule
∥ faire dresser les cheveux sur la tête; ese
cuento horripila ce récit fait dresser les cheveux sur la tête ∥ déplaire, répugner (repugnar).
∥ OBSERV Le verbe horripilar n'a pas l'idée de
mettre hors de soi, agacer (irritar) qu'a le mot
français horripiler qui est très employé dans
le sens de faire frissonner.

horrísono, na *adj* effroyable, horrible
(ruido).

horro, rra *adj* affranchi, e (esclavos) ∥ libre,
débarrassé, e ∥ bréhaigne, stérile (animal estéril) ∥ qui ne brûle pas bien (tabaco).

horror *m* horreur *f* ∥ FIG & FAM horreur *f*
(fealdad) ■ da horror verle tan flaco c'est
horrible de le voir si maigre ∥ ¡qué horror!
quelle horreur! ∥ tener horror a la mentira
avoir horreur du mensonge, avoir le mensonge en horreur.
➤ **horrores** *m pl* horreurs *f*; los horrores
de la guerra les horreurs de la guerre ∥ FAM
choses *f* incroyables ∥ decir horrores dire des
horreurs ∥ FAM horrores terriblement, énor-

mément; Goya me gusta horrores j'aime terriblement Goya.

horrorizado, da *adj* épouvanté, e; horrifié, e ∥ estar horrorizado être horrifié.

horrorizar [13] *v tr* épouvanter, horrifier,
faire horreur.
➤ **horrorizarse** *v pr* s'effrayer (tener
miedo); se horroriza por cualquier cosa il s'effraie de n'importe quoi ∥ avoir horreur de,
avoir en horreur (tener asco).

horrorosamente *adv* affreusement, horriblement.

horroroso, sa *adj* horrible, épouvantable
∥ FIG affreux, euse; horrible ∥ lo horroroso
l'horrible, l'horreur, ce qu'il y a d'horrible;
lo horroroso de mi situación l'horrible de ma
situation.

hortaliza *f* légume *m*, légume *m* vert,
plante potagère ■ cultivos de hortalizas
cultures maraîchères ∥ hortalizas tempranas
primeurs.

hortelana *f* jardinière (mujer del hortelano).

hortelano, na *adj* potager, ère (horticultor)
∥ maraîcher, ère (que cultiva hortalizas).
➤ **hortelano** *m* ZOOL ortolan.

hortense *adj* potager, ère; jardinier, ère (de
la huerta); cultivo hortense culture potagère.

hortensia *f* BOT hortensia *m*.

Hortensia *n pr* Hortense.

hortera *adj inv* plouc, ringard, e (chabacano,
vulgar, de mal gusto).
◇ *f* écuelle (escudilla o plato).
◇ *m* FAM calicot (dependiente de comercio)
∥ FIG & FAM plouc (palurdo).

horterada *f* FAM personne ou chose qui
fait plouc, ringard, e (chabacanería) ∥ ¡qué
horterada! c'est d'un ringard!

hortícola *adj* horticole.

horticultor, ora *m & f* horticulteur, trice.

horticultura *f* horticulture.

hortofruticultura *f* culture fruitière et
maraîchère.

hosanna *m* hosanna (himno).

hosco, ca *adj* renfrogné, e; rébarbatif, ive
(ceñudo) ∥ très brun, brune (tez morena).

hospedaje; hospedamiento *m* logement, pension *f* (alojamiento) ∥ pension *f*; pagar poco hospedaje payer une pension peu
élevée o une petite pension ∥ tomar hospedaje en un hotel prendre pension o loger
dans un hôtel.

hospedar *v tr* [▷ SIN] loger, héberger (albergar).
➤ **hospedarse** *v pr* se loger, prendre
pension, loger.
∥ SIN alojar, albergar héberger; acoger accueillir.

hospedería *f* hôtellerie (establecimiento hotelero) ∥ logement *m* pension (hospedaje).

hospiciano, na *adj & s*; **hospicante**
(Amer) *m & f* qui vit dans un hospice.

hospicio *m* hospice ∥ asile (asilo).

hospital *m* [▷ SIN] hôpital ∥ (ant) asile, hospice (hospicio) ∥ MIL hospital de sangre hôpital
de campagne.
∥ SIN enfermería infirmerie; clínica, sanatorio clinique; dispensario dispensaire; sanatorio (antituberculoso) sanatorium, sana FAM.

hospitalario, ria *adj* hospitalier, ère.
◇ *m & f* RELIG hospitalier, ère.

hospitalidad *f* hospitalité; **dar hospitalidad a** donner l'hospitalité à ‖ (p us) hospitalisation.

hospitalización *f* hospitalisation.

hospitalizar [13] *v tr* hospitaliser.

hospodar *m* hospodar (príncipe de Moldavia).

hosquedad *f* rudesse, âpreté, attitude rébarbative ‖ hargne (mal humor).

hostal *m* hôtellerie *f*, auberge *f*, petit hôtel ‖ **hostal residencia** petit hôtel sans service de restauration.

hostelería *f* hôtellerie (conjunto de hoteles) ‖ hôtellerie, auberge (hostal) ‖ **escuela de hostelería** école hôtelière.

hostelero, ra *m & f* hôtelier, ère; aubergiste.

hostería *f* auberge.

hostia *f* hostie ‖ VULG beigne, torgnole (golpe, tortazo) ‖ gadin (choque) ■ VULG ¡hostia!, ¡hostias! putain! (sorpresa, admiración, asombro) ‖ ... ni hostia... que dalle! ¡ni... ni qué hostias!... mon cul! ■ VULG **estar de mala hostia** être de mauvais poil ‖ **pegarse una hostia** se planter, ramasser un gadin ‖ **ser la hostia** être super o le top, être incroyable o dingue ‖ **tener mala hostia** avoir un caractère de cochon.

hostiar [9] *v tr* VULG **hostiar a alguien** péter la gueule à qqn.

hostiario *m* boîte *f* pour les hosties non consacrées ‖ fer à hosties (molde).

hostigador, ra *adj & s* harceleur, euse; qui harcèle (que hostiga).
◇ *adj* harcelant, e.

hostigamiento *m* harcèlement (acción de hostigar); **tiro de hostigamiento** tir de harcèlement.

hostigar [16] *v tr* fustiger, fouetter (azotar) ‖ FIG harceler (perseguir, atacar).

hostigoso, sa *adj* (*Amer*) ennuyeux, euse.

hostil *adj* hostile (enemigo).

hostilidad *f* hostilité.
➡ **hostilidades** *f pl* hostilités; **reanudar, romper las hostilidades** reprendre les hostilités, commencer o ouvrir les hostilités.

hostilizar [13] *v tr* harceler (hostigar), attaquer ‖ (*Amer*) s'opposer.

hostilmente *adv* d'une manière hostile, avec hostilité, hostilement (p us).

hot dog *m* (palabra inglesa) hot dog (perrito caliente).
‖ OBSERV pl hot dogs.

hotel *m* [▷ SIN] hôtel; **alojarse en un hotel** descendre dans un hôtel ‖ pavillon, villa *f* (hotelito) ‖ **hotel residencia** hôtel sans service de restauration.
‖ SIN pensión, casa de huéspedes, pensión de familia pension de famille; hostelería hôtellerie; posada, venta auberge; ventorro cambuse; fonda pension, hôtel modeste.

hotelería *f* hôtellerie.

hotelero, ra *adj & s* hôtelier, ère ‖ **industria hotelera** hôtellerie, industrie hôtelière.

hotelito *m* pavillon, villa *f* (casa particular).

hotentote, ta *adj & s* hottentot, e.

hovercraft *m* (palabra inglesa) hovercraft (aerodeslizador).
‖ OBSERV pl hovercrafts.

hovero, ra *adj* aubère (overo).

hoy *adv* aujourd'hui; **hoy estamos a miércoles** aujourd'hui nous sommes mercredi ■ **hoy día, hoy en día** de nos jours, à l'heure actuelle, aujourd'hui ‖ **hoy por hoy** actuellement, à présent, de nos jours ‖ **hoy por ti, mañana por mí** à charge de revanche ■ **de hoy a mañana** d'un moment à l'autre ‖ **de hoy en adelante** dorénavant, désormais ‖ **en el día de hoy** aujourd'hui même ‖ **no dejes para mañana lo que puedes hacer hoy** il ne faut pas remettre au lendemain ce que l'on peut faire le jour même.

hoya *f* fosse ‖ tombe, fosse (sepultura); **tener un pie en la hoya** avoir un pied dans la tombe ‖ creux *m*, cuvette (hondonada) ‖ (*Amer*) vallée (cuenca) ‖ AGRIC **plantar a hoya** planter en auget.

hoyada *f* dépression (hondonada).

hoyanca *f* fosse commune (en los cementerios).

hoyar *v tr* (*Amer*) faire des trous.

hoyita *f*; **hoyito** *m* fossette *f*.

hoyo *m* trou ‖ fosse *f* (fosa) ‖ marque *f* de la petite vérole, trou (de la viruela) ‖ fossette *f* (en las mejillas) ‖ FAM **el muerto al hoyo y el vivo al bollo** laissez les morts ensevelir les morts; le roi est mort, vive le roi.

hoyoso, sa *adj* troué, e; plein de trous (lleno de agujeros) ‖ grêlé, e (picado de viruela).

hoyuela *f* fossette au-dessous de la gorge.

hoyuelo *m* fossette *f* (en la barba o en la mejilla) ‖ fossette *f*, bloquette *f* (juego de niños).

hoz *f* AGRIC faucille ‖ gorge (valle profundo y estrecho) ■ FIG **de hoz y de coz** par tous les moyens ‖ **meter la hoz en mies ajena** chasser sur les terres d'autrui.
‖ OBSERV pl hoces.

hozada *f* coup *m* de faucille.

hozadero *m* travail, boutis (del jabalí).

hozadura *f* fouillure (huella de haber hozado).

hozar [13] *v tr* fouiller, vermiller (el jabalí).

HTML (abrev de Hypertext Markup Language) *m* INFORM HTML.

HTTP (abrev de Hypertext Transfer Protocol) *m* INFORM HTTP; **lenguaje HTTP** langage HTTP.

huaca *f* "huaca", sépulture indigène.

huacal ➡ **guacal**.

huacalón, ona *adj* (*Amer*) gros, grosse; obèse (grueso, obeso) ‖ criard, e; braillard, e (gritón).

huachafería *f* (*Amer*) FAM snobisme *m*.

huachafo, fa *adj* (*Amer*) FAM snob.

huachapear *v tr* (*Amer*) chiper (hurtar).

huachinango ➡ **guachinango**.

huaco *m* poterie *f* précolombienne (guaco).

huahua ➡ **guagua**.

huaico *m* (*Amer*) cuvette *f*, dépression *f* (hondonada) ‖ décharge *f* (basurero).

huango *m* natte *f*, tresse *f* [des Indiens de l'Équateur].

huarache *m* (*Amer*) sandale *f* indienne.

huarapón *m* (*Amer*) chapeau à larges bords.

huaro *m* (*Amer*) tafia.

huasca *f* (*Amer*) courroie (correa) ‖ fouet *m* (látigo) ‖ (*Amer*) **dar huasca** fouetter.

huascazo *m* (*Amer*) coup de fouet.

huasipungo; guasipongo *m* lopin de terre attribué aux Indiens de l'Équateur en plus de leur salaire.

huaso, sa *m & f* "huaso", "huasa"; paysan, anne du Chili.

huasquear *v tr* (*Amer*) fouetter.

huata ➡ **guata**.

huatearse *v pr* (*Amer*) prendre du ventre.

huatón, ona *adj* (*Amer*) ventru, e; pansu, e.

hucha *f* tirelire (alcancía) ‖ huche (arca) ‖ FIG économies *pl*, magot *m*, bas *m* de laine FAM (ahorro).

huchear *v intr* hucher, appeler (caza).

huebra *f* AGRIC ouvrée (tierra labrada en un día) ‖ jachère (barbecho) ‖ attelage *m* et son conducteur loués à la journée.

hueca *f* rainure à l'extrémité du fuseau.

hueco, ca *adj* creux, euse (cóncavo) ‖ vide, creux, euse (vacío); **cabeza hueca** tête vide ‖ creux, euse; **estilo hueco** style creux ‖ libre; **había un sitio hueco** il y avait une place libre ‖ creux, euse (retumbante); **voz hueca** voix creuse; **sonido hueco** son creux ‖ FIG vaniteux, euse; suffisant, e (orgulloso) ‖ spongieux, euse (esponjoso); moelleux, euse (mullido) ‖ meuble; **tierra hueca** terre meuble.
➡ **hueco** *m* creux (cavidad); **el hueco de la mano** le creux de la main ‖ vide (intervalo) ‖ espace vide (sitio libre) ‖ ARQ ouverture *f*, vide (abertura en un muro) ‖ enfoncement (parte entrante); **el hueco de una puerta** l'enfoncement d'une porte ‖ embrasure *f*, baie *f* (vano) ‖ FIG & FAM vide, place *f* libre (empleo vacante) ‖ cage *f*; **el hueco de la escalera, del ascensor** la cage d'escalier, d'ascenseur ■ **grabado en hueco** héliogravure *f*, gravure en creux ‖ FIG **hacer su hueco, hacerse un hueco** faire son trou ‖ **sonar a hueco** sonner creux.

huecograbado *m* héliogravure *f*, gravure *f* en creux, tirage en creux o en hélio.

huecú *m* (*Amer*) marais (sitio cenagoso).
‖ OBSERV pl huecúes.

huélfago *m* VETER pousse *f* (de los caballos).

huelga *f* grève (cese del trabajo); **declararse en huelga, declarar la huelga** se mettre en grève, faire la grève; **estar en huelga** être en grève, faire grève ‖ partie de plaisir (recreación, juerga) ■ **huelga a la japonesa** grève à la japonaise ‖ **huelga de brazos caídos** o **de brazos cruzados** grève des bras croisés o sur le tas ‖ **huelga de celo** grève du zèle ‖ **huelga del hambre** o **de hambre** grève de la faim ‖ **huelga escalonada** o **alternativa** o **por turno** grève tournante ‖ **huelga general** grève générale ‖ **huelga indefinida** grève illimitée ‖ **huelga intermitente** grève perlée.
‖ OBSERV Ne pas confondre ce substantif avec la 3e personne du singulier du présent de l'indicatif du verbe holgar [➡ **holgar**].

huelgo *m* haleine *f* (aliento) ‖ MECÁN jeu (de dos piezas).

huelguista *m* gréviste.

huelguístico, ca *adj* de grève; **movimiento huelguístico** mouvement de grève.

huella *f* [▷ SIN] trace, empreinte, marque (del pie de una persona); **se ven huellas en la**

nieve on voit des traces dans la neige ▌ empreinte; **huella digital** o **dactilar** empreinte digitale ▌trace (señal) ▌trace, marque (de una herida) ▌foulée (del pie de un animal) ▌giron *m* (de un escalón) ▌**IMPR** empreinte (de una lámina de imprenta) ■ **dejar huellas** marquer, laisser des traces; **hecho que dejará sus huellas en la historia** fait qui marquera dans l'histoire ▌ **no encontrar huellas de** ne pas trouver trace de ▌ **FIG seguir las huellas de** suivre les traces de, marcher sur les traces de.

  SIN vestigio vestige; estigma stigmate; rastro traînée; pista piste; surco, carril ornière; pisada trace.

huello *m* sol (superficie que se pisa) ▌pas (de un caballo) ▌sole *f* (del casco del caballo).

huelveño, ña *adj & s* de Huelva [Espagne].

huemul *m* (*Amer*) cerf des Andes.

huerfanato *m* orphelinat.

huérfano, na *adj & s* orphelin, e ▌ FIG abandonné, e ■ **asilo de huérfanos** orphelinat ▌**huérfano de guerra** orphelin de guerre.

huero, ra *adj* FIG vide, sans substance, creux, euse ▌(*Amer*) pourri, e (podrido) ▌FIG & FAM **salir huero** tomber à l'eau (fracasar).

huerta *f* grand jardin *m* potager (cultivo de hortalizas) ▌ "huerta", plaine irriguée et cultivée (tierra de regadío, especialmente en Valencia y Murcia) ▌ verger *m* (de árboles frutales) ▌ **productos de la huerta** production maraîchère.

  OBSERV La huerta est généralement plus étendue que le huerto. On y fait davantage de cultures maraîchères que de cultures fruitières.

huertano, na *adj & s* cultivateur, trice des "huertas" de Valence et de Murcie.
  ◇ *adj* maraîcher, ère (de la huerta).

huertero, ra *m & f* (*Amer*) jardinier, ère; maraîcher, ère.

huerto *m* verger (de árboles frutales) ▌jardin potager, potager (de hortalizas).

huesa *f* fosse, sépulture, tombe; **tener un pie en la huesa** avoir un pied dans la tombe.

huesillo *m* (*Amer*) pêche *f* séchée au soleil.

hueso *m* ANAT os; **hueso con tuétano** os à moelle ▌corne *f* (peine, botón, etc.) ▌noyau de (una fruta) ▌FIG & FAM bête *f* noire; **el latín es para mí un hueso** le latin est ma bête noire ▌personne pas commode (persona difícil de tratar) ▌vache *f*, rosse (persona mala); **este profesor es un hueso** o **un rato hueso** o **muy hueso** ce professeur est une rosse o est terriblement rosse ▌travail difficile ▌(*Amer*) FIG emploi dans l'administration ■ **hueso de la alegría** le petit juif (del codo) ▌CULIN **hueso de santo** massepain fourré à la crème pâtissière ou aux cheveux d'ange ▌ANAT **hueso innominado** ligne innominée ▌**hueso palomo** coccyx ▌**hueso sacro** sacrum ■ **a otro perro con ese hueso** à d'autres!, cela ne prend pas avec moi! ▌**en carne y hueso** en chair et en os ▌FAM **la sin hueso** la menteuse, la langue ■ **calado hasta los huesos** trempé jusqu'aux os ▌FAM **¡choca esos huesos!** tope là! ▌**dar con los huesos en el suelo** se flanquer par terre, prendre un billet de parterre ▌**dar con sus huesos** échouer; **dio con sus huesos en Madrid** il a échoué à Madrid ▌**dar en (un) hueso**, tropezar con un hueso tomber sur un os ▌**dar un hueso que roer a uno** donner un

os à ronger à quelqu'un ▌**estar** o **quedarse en los huesos** n'avoir que la peau et les os o sur les os, être maigre comme un clou ▌**estoy por sus huesos** j'en suis amoureux fou (enamorado) ▌**no dejar a uno hueso sano** rompre, casser o briser les os à quelqu'un, battre quelqu'un comme plâtre ▌**no llegar a hacer huesos viejos** ne pas faire de vieux os ▌**no poder uno con sus huesos** être éreinté, n'en plus pouvoir ▌**¡róete ese hueso!** attrape! ▌**romperle a uno los huesos** o **un hueso** casser o rompre o briser les os à quelqu'un, battre comme plâtre ▌**ser un hueso duro de roer** être un dur à cuire ▌**soltar la sin hueso** laisser aller sa langue (hablar mucho), vomir des injures (prorrumpir en dicterios) ▌**tener los huesos duros** avoir passé l'âge [de faire certains travaux] ▌FIG **tener los huesos molidos** avoir les reins moulus, être moulu.
  ➤ **huesos** *m pl* ossements (huesos descarnados).

huésped, da *m & f* hôte, esse (el que invita) ▌hôte, esse; invité, e (invitado) ▌aubergiste, hôtelier, ière (mesonero) ■ **casa de huéspedes** pension de famille ▌**cuarto de huéspedes** chambre d'amis ▌**huésped de una pensión** pensionnaire ■ **estar de huésped en casa de** être l'hôte o l'invité de ▌FIG & FAM **no contar con la huéspeda** compter sans son hôte ▌**hacérsele** o **figurársele a uno huéspedes los dedos** prendre ses désirs pour des réalités.

hueste *f* armée, troupe, ost *m* (ant) ▌FIG partisans *m pl* (partidarios).

huesudo, da *adj* osseux, euse.

hueva *f* frai *m*, œufs *m pl* de poisson (de los peces).

huevada *f* (*Amer*) VULG connerie.

huevar *v intr* commencer à pondre (las aves).

huevear *v intr* (*Amer*) MFAM faire le con.

huevera *f* marchande d'œufs ▌coquetier *m* (para comer los huevos) ▌œufrier *m* (para servir los huevos) ▌ANAT oviducte *m* (de las aves).

huevería *f* boutique de marchand d'œufs.

huevero *m* coquetier ▌œufrier ▌marchand d'œufs.

huevo *m* œuf (de ave, etc.) ▌œuf à repriser (para zurcir) ▌VULG couille *f* (testículo) ■ **huevo de Colón** œuf de Colomb ▌**huevo de Pascuas** œuf de Pâques ▌**huevo duro** œuf dur ▌**huevo en cáscara** o **pasado por agua** œuf à la coque ▌**huevo escalfado** œuf poché ▌**huevo estrellado** o **al plato** œuf sur le plat ▌**huevo huero** œuf clair, non fécondé ▌(*Amer*) **huevo tibio** œuf à la coque ▌**huevos batidos a punto de nieve** œufs en neige ▌**huevos moles** jaunes d'œuf battus avec du sucre ▌**huevos revueltos** œufs brouillés ■ FIG & FAM **andar** o **ir pisando huevos** marcher sur des œufs ▌**buscarle pelos al huevo** chercher la petite bête ▌**no es tanto por el huevo, sino por el fuero** c'est une question de principe ▌**parecerse como un huevo a otro huevo** se ressembler comme deux gouttes d'eau ▌**parecerse como un huevo a una castaña** être la jour et la nuit, ne pas se ressembler du tout ▌MFAM **se lo puse a huevo** je le lui ai donné tout mâché.

huevón, ona *adj* (*Amer*) VULG (insult) connard, connasse.

¡huf! *interj* ouf!

Hugo *n pr* Hugues, Hugo.

hugonote, ta *adj & s* huguenot, e.

huida *f* [▷ SIN] fuite (acción de huir); **la huida a Egipto** la fuite en Égypte ▌FIG échappatoire ▌EQUIT dérobade (de un caballo) ▌ECON **huida de capitales** fuite des capitaux.

  SIN fuga fuite; desbandada débandade; deserción désertion; evasión évasion; escapada escapade; éxodo exode.

huidero, ra *adj* fuyant, e (huidizo).
  ➤ **huidero** *m* MIN ouvrier qui perce les trous où l'on fixe les étançons ▌gîte (de los animales).

huidizo, za *adj* fuyant, e.

huila *f* (*Amer*) cul-de-jatte *m*.

huilón, ona *adj & s* (*Amer*) fuyard, e (que huye) ▌froussard, e (cobarde).

huincha *f* (*Amer*) ruban *m* (cinta).

huinche *m* (*Amer*) treuil.

huipil; güipil *m* (*Amer*) chemise *f* de femme.

huir [51] *v intr* [▷ SIN] fuir; **huir de alguno** fuir quelqu'un; **huir del vicio** fuir le vice ▌s'enfuir, prendre la fuite; **ha huido** il s'est enfui, il a pris la fuite ▌**huir de** (con el infinitivo) éviter de; **huir de ir a hacer visitas** éviter d'aller faire des visites.

  SIN escapar échapper; desertar déserter; fugarse s'enfuir; evadirse s'évader; marcharse, largarse se sauver; pirárselas se carapater.

huiro *m* (*Amer*) algue *f*.

huisachear *v intr* (*Amer*) plaider (litigar sin poseer título de abogado).

hujier *m* (p us) huissier (ujier).

hule *m* toile *f* cirée ▌alaise *f* (para los nenes) ▌FAM billard (mesa de operaciones) ▌(*Amer*) caoutchouc, gomme *f* des Indes (caucho) ▌FIG **hubo hule** le sang a coulé [dans une course de taureaux].

hulería *f* (*Amer*) plantation d'hévéas.

hulero *m* (*Amer*) récolteur de caoutchouc.

hulla *f* houille ■ **hulla blanca** houille blanche ▌**mina de hulla** houillère.

hullero, ra *adj* houiller, ère.

humanar *v tr* humaniser (humanizar).
  ➤ **humanarse** *v pr* s'humaniser ▌se faire homme (hablando de dios) ▌(*Amer*) condescendre (condescender).

humanidad *f* humanité ▌FAM corpulence, embonpoint *m* ▌FIG & FAM **este cuarto huele a humanidad** cette pièce sent le fauve.
  ➤ **humanidades** *f pl* humanités; **estudiar humanidades** faire ses humanités.

humanismo *m* humanisme.

humanista *adj & s* humaniste.

humanístico, ca *adj* relatif à l'humanisme.

humanitario, ria *adj* humanitaire.

humanitarismo *m* humanitarisme.

humanización *f* humanisation.

humanizar [13] *v tr* humaniser.

humano, na *adj & s* humain, e ■ **el género humano** le genre humain, les humains ▌**todo cabe en lo humano** les hommes sont capables de tout, tout est possible.

humanoide *m* humanoïde.

humarada; humareda *f* nuage *m* de fumée.

humarasca *f* (*Amer*) grande fumée.

humarazo *m* fumée *f* épaisse.

humareda ➤ **humarada**.

humazga *f* fouage *m* (tributo).

humazo *m* fumée *f* épaisse.

Humberto *n pr* Humbert.

humeada *f* (*Amer*) fumée.

humeante *adj* fumant, e.

humear *v intr* fumer; carbón, chimenea que humea charbon, cheminée qui fume ‖ FIG ne pas être encore éteint, être encore chaud (una riña) ‖ être présomptueux, euse; se vanter (vanagloriarse).
◇ *v tr* (*Amer*) fumiger (fumigar).
‖ OBSERV Ne pas confondre avec fumar (une cigarette, etc.).

humectación *f* humectage, humidification.

humectador *m* humidificateur (aparato).

humectante *adj* humectant, e; humidifiant, e.

humectar *v tr* humecter, humidifier.

humedad *f* humidité; humedad absoluta humidité absolue.

humedecedor *m* humecteur.

humedecer [30] *v tr* humidifier, humecter.
➡ **humedecerse** *v pr* s'humecter ‖ se le humedecieron los ojos les larmes lui montèrent aux yeux.

humedecimiento *m* humectation *f*, humidification *f*.

húmedo, da *adj* humide; ropa húmeda linge humide ‖ moite (de sudor).

humera *f* FAM cuite, ivresse (borrachera).
‖ OBSERV Le h initial est aspiré.

humeral *adj* ANAT huméral, e.
◇ *m* RELIG voile huméral.

humero *m* tuyau de cheminée.

húmero *m* ANAT humérus (hueso).

humidificación *f* humidification.

humidificador, ra *adj* & *s m* humidificateur, trice.

humidificar [10] *v tr* & *pr* (anglicismo) humidifier, humecter (humedecer).

húmido, da *adj* POÉT humide.

humildad *f* humilité; con toda humildad en toute humilité.

humilde *adj* & *f* humble; la gente humilde les gens humbles; favorecer a los humildes favoriser les humbles ‖ FIG humble; de humilde cuna d'humble extraction ‖ a mi humilde parecer à mon humble avis.

humildemente *adv* humblement.

humillación *f* humiliation.

humilladero *m* calvaire (cruz a la entrada de un pueblo).

humillado, da *adj* humilié, e.

humillante *adj* humiliant, e; qui humilie.

humillar *v tr* [▷ SIN] humilier; humillar a un hombre humilier un homme ‖ abaisser, rabattre (bajar); humillar el orgullo rabattre l'orgueil ‖ TAUROM humillar la cabeza baisser la tête (el toro).
➡ **humillarse** *v pr* s'humilier.
‖ SIN abatir abattre; mortificar mortifier; degradar dégrader; achicar, rebajar rabaisser; confundir confondre; envilecer avilir.

humillo *m* FIG vanité *f*, fierté *f*, orgueil (vanidad) ‖ VETER maladie *f* des cochonnets.

humita *f* "humita", mets *m* américain à base de farine de maïs.

humitero, ra *m* & *f* (*Amer*) marchand, e d'"humitas".

humo *m* fumée *f* ‖ vapeur *f* (vapor) ■ cura al humo saurissage ‖ FIG & FAM a humo de pajas à la diable, à la légère ‖ echar algo a humo de pajas prendre quelque chose à la légère ‖ echar humo fumer; la chimenea echa humo la cheminée fume ‖ FIG hacer humo a uno faire la tête à quelqu'un ‖ hacerse humo s'éclipser (*Amer*) ‖ irse todo en humo s'en aller en fumée ‖ le sube el humo a la chimenea le vin lui monte à la tête (el vino) ‖ le sube el humo a las narices la moutarde lui monte au nez (ira) ‖ pesar el humo couper o fendre les cheveux en quatre.
➡ **humos** *m pl* feux, foyers (casas) ‖ FIG vanité *f sing*, prétention *f sing*, suffisance *f sing* ‖ FIG & FAM bajarle a uno los humos rabattre le caquet à quelqu'un, remettre quelqu'un à sa place ‖ ¡cuántos humos tiene! quelle prétention!, pour qui se prend-il? ‖ le suben los humos a la cabeza la tête lui tourne ‖ se le bajaron los humos il a mis de l'eau dans son vin ‖ se le subieron los humos a la cabeza il est devenu prétentieux ‖ tener muchos humos être orgueilleux, prendre de grands airs ‖ vender humos faire l'important, jouer les grands seigneurs.

humor *m* [▷ SIN] humeur *f*; buen, mal humor bonne, mauvaise humeur ‖ caractère, naturel (índole) ‖ MED humeur *f*; humores fríos humeurs froides ‖ FIG esprit (agudeza); hombre de humor homme d'esprit ‖ humour (gracia) ■ ANAT humor ácueo, vítreo humeur aqueuse, vitrée ‖ FAM humor de todos los diablos humeur massacrante o de chien ‖ humor negro humour noir ‖ no estoy de o no tengo humor para bromas je ne suis pas d'humeur à plaisanter, je ne suis pas en humeur de plaisanter ‖ remover los humores agiter les esprits ‖ seguirle el humor a uno ne pas contrarier quelqu'un ‖ si estás de humor si le cœur t'en dit.
‖ SIN carácter, genio caractère; talante humeur; índole naturel.

humorada *f* caprice *m*, fantaisie (capricho) ‖ bon mot *m* (chiste).

humorado, da *adj* bien, mal humorado de bonne, de mauvaise humeur.

humoral *adj* MED humoral, e.

humorismo *m* humour (gracia).

humorista *adj* & *s* humoriste.
◇ *m* chansonnier.

humorísticamente *adv* humoristiquement, spirituellement, avec humour o esprit.

humorístico, ca *adj* humoristique, spirituel, elle.

humoso, sa *adj* fumeux, euse.

humus *m* AGRIC humus (mantillo).

hundido, da *adj* enfoncé, e ‖ creux, euse; cave (las mejillas) ‖ cave, enfoncé, e; ojos hundidos yeux caves.

hundimiento *m* enfoncement (acción de hundir) ‖ affaissement, effondrement (del terreno) ‖ éboulement (de tierra) ‖ écroulement (de una casa) ‖ effondrement (de una casa, de la moral, de un imperio, de la Bolsa) ‖ naufrage (de un barco) ‖ fondis, fontis (socavón) ‖ engloutissement (de la fortuna).

hundir *v tr* enfoncer; hundir una estaca enfoncer un pieu ‖ affaisser; la lluvia hunde el suelo la pluie affaisse le sol ‖ plonger (un puñal) ‖ MAR couler (un barco) ‖ FIG confondre (confundir) ‖ accabler (abrumar) ‖ ruiner (arruinar) ‖ engloutir (una fortuna) ‖ couler (una persona, un negocio) ‖ creuser (enflaquecer).
➡ **hundirse** *v pr* s'écrouler, s'effondrer (un edificio) ‖ s'enfoncer (caer al fondo) ‖ s'affaisser, s'effondrer (el suelo) ‖ s'effondrer (un imperio, la moral, la Bolsa) ‖ s'ébouler (desprenderse la tierra) ‖ se creuser (las mejillas) ‖ rentrer, s'enfoncer (los ojos) ‖ MAR couler, sombrer, s'abîmer, être englouti (un barco) ‖ s'abîmer, s'enfoncer; el avión se hundió en el mar l'avion s'abîma dans la mer.

húngaro, ra *adj* & *s* hongrois, e.
➡ **húngaro** *m* LING hongrois.

Hungría *n pr f* GEOGR Hongrie.

Hunos *n pr m pl* Huns.

Hunosa Hulleras del Norte, Sociedad Anónima *f* société espagnole de charbonnage.

¡hupa! *interj* allons!

huracán *m* ouragan.

huracanado *adj* impétueux, euse; violent, e (violento); viento huracanado vent violent.

huracanarse *v pr* redoubler de violence (el viento).

huraño, ña *adj* sauvage, insociable, bourru, e.
‖ SIN adusto aduste; arisco hargneux; hosco bourru; esquivo revêche; feroz farouche; insociable insociable; misántropo misanthrope.

hurdano, na *adj* & *s* relatif, ive à o originaire des Hurdes [région située au nord de Cáceres].

hurgador *m* tisonnier (hurgón).

hurgar [16] *v tr* remuer (mover) ‖ toucher (tocar) ‖ tisonner, fourgonner (el fuego) ‖ FIG exciter, taquiner (incitar) ■ FIG hurgar en la herida retourner le couteau dans la plaie ‖ FAM peor es hurgallo il ne faut pas réveiller le chat qui dort, il vaut mieux ne pas revenir là-dessus.

hurgón *m* tisonnier (para atizar) ‖ TECN ringard, fourgon.

hurgonada *f* action de fourgonner.

hurgonazo *m* coup de tisonnier.

hurgonear *v tr* tisonner, fourgonner.

hurgonero *m* tisonnier, fourgon.

hurguetear *v tr* (*Amer*) fureter, fouiller (escudriñar).

hurguillas *m* & *f inv* tracassier, ère; touche-à-tout (bullebulle).

hurí *f* houri.
‖ OBSERV pl huríes.

hurón *m* ZOOL furet (animal) ‖ FIG & FAM furet, fureteur (hombre muy sagaz) ‖ ours mal léché (persona huraña).

hurón, ona *adj* & *s* huron, onne (Indio de América del Norte).

Hurón; Huron *n pr* GEOGR el lago Hurón o Huron le lac Huron.

hurona *f* femelle du furet.

huronear *v intr* fureter (cazar) ▌FIG & FAM fureter (escudriñar).

huronera *f* terrier *m*, trou *m* du furet ▌FIG & FAM tanière, gîte *m* (de una persona).

huronero *m* fureteur.

huroniano, na *adj* GEOL huronien, enne.

¡hurra! *interj* hourrah!

hurraca *f* pie (urraca).

hurtadillas
 ➤ **a hurtadillas** *loc adv* en tapinois, à la dérobée, en catimini, en cachette.

hurtar *v tr* [▷ SIN] dérober, voler (robar) ▌tricher [sur le poids] (engañar en el peso) ▌FIG emporter (tierras) ▌ plagier (plagiar) ▌ hurtar el cuerpo faire un écart (hacerse a un lado), s'esquiver, se dérober (escurrir el bulto).
 ➤ **hurtarse** *v pr* FIG se dérober; hurtarse a los ojos se dérober aux regards ▌se cacher (esconderse) ▌s'esquiver (zafarse).

> ▌ SIN sustraer soustraire; escamotear escamoter; quitar dérober; FAM rapiñar chaparder; limpiar, birlar subtiliser, barboter; afanar piquer; FIG soplar faucher.

hurto *m* larcin, vol (robo y cosa robada) ▌MIN galerie *f* secondaire.

husada *f* fusée, quenouille, quenouillée (de hilo).

húsar *m* MIL hussard.

husillo *m* vis *f* de pression (de molino) ▌ égout (alcantarilla), déversoir, conduit (conducto) ▌fuseau (huso) ▌MECÁN broche *f*.

husita *adj & s* HIST hussite.

husma *f* flair *m* (husmeo) ▌FIG & FAM andar a la husma fureter, fouiner (buscar).

husmeador, ra *adj & s* FAM fureteur, euse; fouinard, e (que husmea).

husmear *v tr* flairer ▌FIG & FAM fouiner, fureter (indagar) ▌ flairer (presentir); husmear el peligro flairer le danger.
 ◇ *v intr* sentir, être faisandé, e (las carnes).

husmeo *m* flair (acción de husmear).

husmo *m* fumet (olor), faisandage (de la carne).

huso *m* fuseau (para hilar) ▌dévidoir [pour la soie] ▌fuselage (de los aviones) ▌BLAS fuseau ▌MIN arbre (cilindro de un torno); huso guía contre-arbre ▪ GEOM huso esférico fuseau sphérique ▌huso horario fuseau horaire ▌FIG & FAM más derecho que un huso, tieso como un huso droit comme un i ▌ser más tieso que un huso être raide comme un piquet o comme un manche à balai.

¡huy! *interj* aïe!, oh!

huyón, ona *adj* FAM (*Amer*) trouillard, e (cobarde).

i; I *f* i *m*; una I mayúscula un I majuscule ‖ poner los puntos sobre las íes mettre les points sur les i.

IAE (abrev de Impuesto sobre Actividades Económicas) *m* impôt des travailleurs indépendants en Espagne.

iatrogenia *f* MED maladie iatrogène.

IB (abrev escrita de Iberia) IB, Iberia.

ibaró *m* (*Amer*) savonnier (jaboncillo).

Iberia *n pr f* HIST Ibérie.

ibérico, ca; iberio, ria *adj* ibérique, ibère, ibérien, enne (p us) ‖ la península ibérica la péninsule Ibérique.

ibero, ra *adj* ibère, ibérique, ibérien, enne (p us)
➤ **ibero** *m* LING ibère.

Iberoamérica *n pr f* GEOGR Amérique latine.

iberoamericano, na *adj & s* latinoaméricain, e.
‖ OBSERV [➤ Latino-américain].

íbice *m* ZOOL ibex, bouquetin (cabra montés).

ibicenco, ca *adj & s* d'Ibiza (Baleares).

ibíd.; ibid. (abrev escrita de Ibídem) ibid.

ibídem *adv lat* ibidem (en el mismo lugar).

ibis *m* ibis (ave).

ibón *m* lac de montagne (en Aragón).

ibseniano, na *adj* ibsénien, enne (de Ibsen).

IC (abrev de Iniciativa per Catalunya) *f* parti politique nationaliste catalan de gauche.

icaco *m* BOT icaquier (árbol)‖icaque (fruta).

icáreo, a; icario, ria *adj* icarien, enne; juegos icarios jeux icariens.

Ícaro *n pr* MITOL Icare.

ICE (abrev de Instituto de Ciencias de la Educación) *m* institut national espagnol des sciences de l'éducation.

iceberg *m* iceberg.
‖ OBSERV pl icebergs.

icefield *m* icefield.

icho; ichu *m* graminée *f* des Andes.

ICI (abrev de Instituto de Cooperación Iberoamericana) *m* institut espagnol pour la coopération avec l'Amérique latine.

icnografía *f* ARQ ichnographie.

icnología *f* ichnologie.

ICO (abrev de Instituto de Crédito Oficial) *m* institut espagnol de crédit public.

ICONA (abrev de Instituto Nacional para la Conservación de la Naturaleza) *m* organisme espagnol de protection de la nature, ≃ SNPN.

icono *m* icône *f*.

iconoclasia *f* iconoclasme *m*.

iconoclasta *adj & s* iconoclaste.

iconógeno *m* QUÍM iconogène.

iconografía *f* iconographie.

iconográfico, ca *adj* iconographique.

iconólatra *adj & s* iconolâtre.

iconolatría *f* iconolâtrie.

iconología *f* iconologie.

iconólogo, ga *m & f* iconologiste, iconologue.

iconoscopio *m* RAD iconoscope.

iconostasio *m* iconostase *f*.

icor *m* MED ichor.

icosaedro *m* GEOM icosaèdre; icosaedro regular icosaèdre régulier.

icosígono, na *adj & m* GEOM icosigone, icosagone.

ictericia *f* MED ictère *m*, jaunisse.

ictérico, ca *adj & s* ictérique.

ictéridos *m pl* ZOOL ictéridés.

icterógeno, na *adj* MED ictérigène.

icterohepatitis *f inv* MED ictère par hépatite.

icteroides *adj* MED ictéroïde; tifus icteroides typhus ictéroïde o ictérode o amaril [fièvre jaune].

ictiocola *f* ichtyocolle, colle de poisson.

ictiofagia *f* ichtyophagie.

ictiófago, ga *adj & s* ichtyophage.

ictiografía *f* ichtyographie.

ictiol *m* QUÍM ichtyol.

ictiología *f* ichtyologie.

ictiológico, ca *adj* ichtyologique.

ictiólogo *m* ichtyologiste.

ictiosauro *m* ichtyosaure.

ictiosis *f inv* MED ichtyose (enfermedad de la piel).

ictoideo, a *adj & s* ichtyoïde.

ictus *m* MED ictus ‖ictus (verso).

ida *f* aller *m* (acción de ir); billete de ida y vuelta billet d'aller et retour ‖FIG impulsion, élan *m*, explosion (ímpetu) ‖ attaque (esgrima) ‖ piste (caza) ■ (*Amer*) billete de ida y llamada billet d'aller et retour ‖ idas y venidas allées et venues.

IDE (abrev de Iniciativa de Defensa Estratégica) *f* IDS.

idea *f* [▷ SIN] idée; idea preconcebida idée préconçue ‖ image, souvenir *m*; tengo su idea grabada en la mente j'ai son image gravée dans mon esprit ‖ intention, idée (intención); llevar o tener idea de avoir l'intention de ■ idea eje idée-force ‖ idea fija idée fixe ‖ idea general o de conjunto aperçu, idée générale ‖ idea luminosa idée lumineuse o de génie ‖ idea vacía idée creuse ‖ ¡ni idea! aucune idée! ‖ un hombre de idea un homme à idées ■ formarse una idea se faire une idée ‖ tener buena idea de uno avoir une bonne opinion de quelqu'un ‖ tener idea avoir de l'idée ‖FAM tener ideas de bombero avoir de drôles d'idées ‖ tener mala idea avoir de mauvaises intentions ‖ tener una idea en la cabeza avoir une idée derrière la tête.
‖ SIN noción notion; concepción conception; concepto concept; imagen image; representación représentation.

ideación *f* idéation.

ideal *adj & s m* idéal, e.
◇ *m* lo ideal l'idéal.
‖ OBSERV El plural de idéal es idéaux o idéals.

idealismo *m* idéalisme ■ idealismo lógico o objetivo idéalisme objectif ‖ idealismo platónico idéalisme platonicien ‖ idealismo psicológico o subjetivo idéalisme subjectif.

idealista *adj & s* idéaliste.

idealización *f* idéalisation.

idealizar [13] *v tr* idéaliser.

idealmente *adv* idéalement, d'une manière idéale.

idear *v tr* imaginer (imaginar) ‖ inventer, concevoir; un aparato ideado por un ingeniero un appareil conçu par un ingénieur ‖ projeter, envisager (planear).

ideario *m* idéologie *f*, ensemble des idées principales.

ideático, ca *adj* (*Amer*) déséquilibré, e.

ídem *adv* idem.

IDEM (abrev de Instituto de los Derechos de la Mujer) *m* institut espagnol pour la défense des droits de la femme.

idéntico, ca *adj* identique.

identidad *f* identité; tarjeta o documento o carnet de identidad carte o pièce d'identité ‖FIG identité (semejanza); identidad de pareceres identité de vues.

identificable *adj* identifiable, qui peut être identifié, e.

identificación *f* identification.

identificar [10] *v tr* identifier.

➠ **identificarse** *v pr* s'identifier; identificarse con s'identifier à ‖ identificarse con su papel se mettre o entrer dans la peau de son personnage.

ideografía *f* idéographie.

ideográfico, ca *adj* idéographique.

ideograma *m* idéogramme.

ideología *f* idéologie.

ideológico, ca *adj* idéologique.

ideólogo *m* idéologue ‖théoricien.

ideoso, sa *adj* (*Amer*) déséquilibré, e.

idiazábal *m* idiazabal [fromage du Pays basque].

idílico, ca *adj* idyllique.

idilio *m* idylle *f*.

idioblasto *m* BIOL idioblaste.

idiocia *f* MED idiotie (trastorno mental).

idiolecto *m* idiolecte.

idioma *m* langue *f*, idiome (p us); el idioma español la langue espagnole ‖ langage; en idioma de la Corte en langage de Cour.

idiomático, ca *adj* idiomatique.

idiopatía *f* idiopathie.

idiopático, ca *adj* idiopathique.

idiosincrasia *f* idiosyncrasie.

idiosincrásico, ca *adj* caractéristique ‖idiosyncrasique.

idiota *adj & s* idiot, e.

idiotez *f* idiotie, imbécillité.

◼ OBSERV pl idioteces.

idiotismo *m* GRAM idiotisme.

idiotizar [13] *v tr* rendre idiot, idiotiser (p us).

ido, da *adj* FAM dans la lune (distraído) ‖ toqué, e (chiflado) ‖(*Amer*) FAM parti, e (ebrio).

IDO (abrev de Instituto de Denominaciones de Origen) *m* institut national espagnol des appellations d'origine contrôlée.

idólatra *adj & s* idolâtre.

idolatrar *v tr* idolâtrer; idolatrar a sus padres idolâtrer ses parents.

idolatría *f* idolâtrie.

idolátrico, ca *adj* idolâtre, idolâtrique (p us); culto idolátrico culte idolâtre.

ídolo *m* idole *f* ‖ FIG idole *f* ‖ hacerse un ídolo de faire son dieu de, se faire un dieu de, faire son idole de.

idolopeya *f* prosopopée (retórica).

idoneidad *f* aptitude, idonéité (ant).

idóneo, a *adj* idoine (p us), propre, convenable (conveniente) ‖ apte (capaz) ‖idóneo para algo propre à quelque chose.

idos *m pl* ides *f* (idus).

Idumea *n pr* HIST Idumée.

idus *m pl* ides *f*.

i.e. (abrev escrita de id est) i.e.

IEE (abrev de Instituto Español de Emigración) *m* direction chargée de l'émigration, en Espagne.

IEM (abrev de instituto de enseñanza media) *m* institut d'enseignement secondaire espagnol qui regroupe l'équivalent des classes de 3e, 2e et 1re.

íes ➟ **i**.

IFEMA (abrev de Instituto Ferial de Madrid) *m* parc des expositions de Madrid.

Ifigenia *n pr* MITOL Iphigénie.

iglesia *f* [▷ SIN] église (edificio) ‖ église; iglesia militante, purgante église militante, souffrante ‖ (ant) immunité dont jouissait celui qui se réfugiait dans l'église (inmunidad) ‖ iglesia colegial église collégiale, collégiale (colegiata) ◼ el seno de la Iglesia le giron de l'Église ◼ acogerse a la Iglesia, entrar en la Iglesia entrer dans les ordres o en religion ‖ FIG & FAM casarse detrás de la iglesia se marier de la main gauche ‖ casarse por la Iglesia se marier à l'église ‖ FAM ¡con la iglesia hemos topado! nous nous heurtons à un mur! ‖ cumplir con la Iglesia faire ses Pâques ‖ llevar a la Iglesia a una mujer conduire une femme à l'autel.

▌ SIN templo temple; capilla chapelle; parroquia paroisse; oratorio oratoire; basílica basilique; catedral cathédrale; mezquita mosquée; sinagoga synagogue; santuario sanctuaire.

iglú *m* igloo.

▌ OBSERV pl iglúes.

Ignacio *n pr* Ignace.

ignaro, ra *adj & s* ignare.

ígneo, a *adj* igné, e.

ignición *f* ignition.

ignifugación *f* ignifugation, ignifugeage *m*.

ignífugo, ga *adj & s m* ignifuge.

ignipuntura *f* ignipuncture.

ignito, ta *adj* (p us) allumé, e; en feu.

ignívomo, ma *adj* POÉT ignivome.

ignominia *f* ignominie (afrenta).

ignominioso, sa *adj* ignominieux, euse; un suplicio ignominioso un supplice ignominieux.

ignorancia *f* ignorance; ignorancia crasa o supina ignorance crasse ◼ ignorancia de hecho ignorance de fait ‖ la ignorancia de la ley no excusa su cumplimiento nul n'est censé ignorer la loi.

ignorante *adj & s* ignorant, e.

▌ SIN iletrado illettré; inculto ignorant; analfabeto analphabète; ignaro ignare; profano profane; FAM asno, burro animal, âne.

ignorantismo *m* ignorantisme.

ignorantista *m & f* ignorantiste.

ignorantón, ona *adj & s* FAM ignare.

ignorar *v tr* ignorer ‖ ignorer, négliger (no tener en cuenta); no se puede ignorar la fuerza material de ese país on ne peut pas ignorer la puissance matérielle de ce pays.

➠ **ignorarse** *v pr* s'ignorer.

ignoto, ta *adj* inconnu, e; ignoré, e.

igual *adj* égal, e; dos cantidades iguales deux quantités égales ‖ égal, e; temperatura igual température égale; camino igual chemin égal ‖ semblable, pareil, eille; nunca he visto cosa igual je n'ai jamais vu chose semblable o pareille chose ‖ égal, e (indiferente); todo le es igual tout lui est égal.

◇ *m* égal; es mi igual il est mon égal ‖MAT signe égal ◼ al igual que à l'égal de ‖ de igual a igual d'égal à égal ‖ el sin igual cantante X l'incomparable chanteur X ‖ igual que comme; igual que antes comme avant;

igual que yo comme moi ‖ por igual de la même façon, autant ‖ sin igual sans égal, sans pareil ◼ ¿cómo está el enfermo? igual comment va le malade? toujours pareil ‖ es igual ça ne fait rien, ça n'a pas d'importance ‖ igual ocurre con il en est de même avec ‖ me da o me es igual, igual me da ça m'est égal, je m'en fiche FAM ‖ no tiene otro igual il n'a pas son pareil, il n'y en a pas deux comme lui ‖ quince iguales, iguales a quince quinze quinze partout, égalité à quinze (tenis).

iguala *f* égalisation (igualación) ‖ convention, arrangement *m* (ajuste) ‖ prime (prima) ‖ FAM mutuelle (igualatorio) ‖ règle (albañilería) ‖ TECN émorfilage *m* (del cuero, del metal).

igualación *f* égalisation (acción de igualar) ‖ FIG arrangement *m*, convention (convenio).

igualado, da *adj* bien emplumé, e (ave) ‖ tondu, e (un prado) ‖ (*Amer*) qui veut traiter d'égal à égal avec une personne de condition supérieure ‖astucieux, euse; rusé, e ‖impertinent, e; grossier, ière.

igualador, ra *adj* égalisateur, trice (que iguala).

igualamiento *m* égalisation *f* (igualación) ‖arrangement, convention *f* (convenio).

igualar *v tr* [▷ SIN] égaler (convertir en igual); nada iguala la belleza de este paisaje rien n'égale la beauté de ce paysage ‖ FIG considérer comme égal, e; mettre sur le même pied (a dos o más personas) ‖ égaliser (las cosas) ‖aplanir, niveler (el terreno) ‖ conclure (por un contrato); igualar una venta conclure une vente ‖ tondre (el césped) ‖ raccorder (la pintura) TECN émorfiler (cuero, metal).

◇ *v intr* égaler (ser igual) ‖ DEP égaliser.

➠ **igualarse** *v pr* être égal, e; se valoir; se igualan en saber leurs connaissances se valent ‖ s'égaliser (las cosas) ‖ igualarse con égaler quelqu'un.

▌ SIN contrabalancear contrebalancer; equivaler équivaloir.

igualatorio *m* mutuelle *f* (asociación) ‖ centre médical (centro médico).

igualdad *f* [▷ SIN] égalité; en igualdad de à égalité de ‖ MAT égalité ‖ uniformité (del terreno) ‖ similitude (semejanza) ◼ en igualdad de condiciones dans les mêmes conditions ‖ en un pie de igualdad sur un pied d'égalité ‖ igualdad de opiniones identité de vues ‖ igualdad de oportunidades égalité des chances.

▌ SIN paridad parité; identidad identité; uniformidad uniformité; equivalencia équivalence.

igualitario, ria *adj & s* égalitaire.

igualitarismo *m* égalitarisme.

igualmente *adv* également ‖ de la même manière que, comme; se viste igualmente que yo il s'habille de la même manière que moi ‖de même, et moi de même, moi aussi (como contestación); ¡le felicito por su éxito! igualmente je vous félicite de votre succès! et moi de même ‖¡que te diviertas mucho! igualmente amuse-toi bien! toi aussi.

iguana *f* ZOOL iguane *m*.

iguánidos *m pl* ZOOL iguanidés.

iguanodonte *m* ZOOL iguanodon.

Iguazú *n pr* GEOGR las cataratas del Iguazú les chutes d'Iguaçu.

igüedo *m* bouc (macho cabrío).

ijada *f* flanc *m* ‖ ventre *m* (de los peces) ‖ point *m* de côté (dolor de costado).

ijadear *v intr* se dandiner.

ijar *m* flanc.

ikastola *f* école basque où l'enseignement est donné en langue basque.

ikebana *m* ARTES ikebana (palabra japonesa).

ikurriña *f* drapeau *m* officiel du Pays basque.

ilación *f* enchaînement *m*, cohésion (de un discurso) ‖ liaison, filiation (enlace) ‖ enchaînement *m* (de las ideas) ‖ RELIG illation.

ilamo *m* variété d'anona *f* du Mexique.

ilang ilang ➤ ylang-ylang.

ilapso *m* extase *f* mystique.

ilativo, va *adj* conséquent, e; qui se déduit ‖ GRAM copulative (conjunción).

Ildefonso *n pr* Ildefonse.

Ile. (abrev escrita de Ilustre) el Ile. Sr. alcalde M. le maire.

ilegal *adj* illégal, e.

ilegalidad *f* illégalité.

ilegalmente *adv* illégalement.

ilegibilidad *f* illisibilité.

ilegible *adj* illisible; firma ilegible signature illisible.

‖ SIN indescifrable indéchiffrable; ininteligible inintelligible; incomprensible incompréhensible.

ilegislable *adj* sur quoi il est impossible de légiférer.

ilegitimar *v tr* rendre, déclarer illégitime.

ilegitimidad *f* illégitimité.

ilegítimo, ma *adj* illégitime.

íleo *m* MED iléus (cólico).

ileocecal *adj* ANAT iléo-cæcal, e.

íleon *m* ANAT iléon, iléum (intestino).

ileostomía *f* MED iléostomie.

ilerdense *adj* & *s* de Lérida [autrefois "Ilerda"].

ilergete *adj* & *s* ilergète.

ileso, sa *adj* sauf, ve; sain et sauf, saine et sauve; indemne; resultar o salir ileso être indemne, être sain et sauf.

iletrado, da *adj* & *s* illettré, e (analfabeto).

iliaco, ca; ilíaco, ca *adj* ANAT iliaque; hueso iliaco os iliaque.

Ilíada *n pr f* Iliade.

iliberitano, na *adj* & *s* de Grenade [autrefois "Iliberis"].

ilicíneas *f pl* BOT ilicacées, ilicinées.

ilicitano, na *adj* & *s* de Elche [autrefois "Ilici"].

ilícito, ta *adj* illicite (ilegal).

ilicitud *f* illégalité.

ilimitado, da *adj* illimité, e; sans limites.

iliocostal *adj* ANAT iliocostal (músculo).

ilion *m* os iliaque (hueso).

Iliria *n pr f* GEOGR Illyrie.

ilírico, ca; ilirio, ria *adj* & *s* illyrien, enne.

iliterato, ta *adj* illettré, e.

ilógico, ca *adj* illogique.

ilogismo *m* illogisme.

ilota *m* ilote (esclavo en Esparta).

ilotismo *m* ilotisme.

iluminación *f* illumination ‖ éclairage *m* (alumbrado); iluminación artificial, indirecta éclairage artificiel, indirect ‖ enluminure (pintura).

iluminado, da *adj* & *s* illuminé, e (visionario).

iluminador, ra *m* & *f* enlumineur, euse; coloriste (de estampas).

iluminancia *f* FÍS éclairement *m*.

iluminar *v tr* illuminer (alumbrar); iluminar un monumento illuminer un monument ‖ éclairer; iluminar un cuarto éclairer une pièce ‖ enluminer (estampas) ‖ FIG éclairer; iluminar la conciencia de un juez éclairer la conscience d'un juge.

➤ **iluminarse** *v pr* FIG s'éclairer; su cara se iluminó son visage s'éclaira.

iluminaria *f* luminaire *m*.

iluminismo *m* illuminisme.

ilusamente *adv* d'une façon fausse o trompeuse (engañosamente) ‖ à tort; creía ilusamente que lo iba a conseguir il croyait à tort qu'il allait l'obtenir.

ilusión *f* [▷ SIN] illusion; ilusión óptica illusion d'optique ‖ FIG joie, plaisir *m*, bonheur *m*; ¡qué ilusión ir esta noche al teatro! quelle joie d'aller ce soir au théâtre! ‖ espoir *m* (esperanza); esperar un resultado con cierta ilusión attendre un résultat avec un certain espoir ■ forjarse o hacerse ilusiones se faire des illusions, s'illusionner, se bercer d'illusions ‖ hacer ilusión faire illusion ‖ le hace mucha ilusión ir a Acapulco il rêve d'aller à Acapulco ‖ vivir de ilusiones se nourrir d'illusions.

‖ SIN quimera chimère; sueño songe, rêve; ensueño rêverie; utopía utopie; imaginación imagination.

ilusionar *v tr* illusionner ‖ FIG remplir de joie; me ilusiona este viaje ce voyage me remplit de joie ‖ estar ilusionado con être fou de.

➤ **ilusionarse** *v pr* s'illusionner, se faire des illusions; sus padres se ilusionan con él ses parents se font des illusions sur lui ‖ se réjouir, être enthousiaste; se ilusionó mucho cuando le hablé de este viaje il a été très enthousiaste quand je lui ai parlé de ce voyage.

ilusionismo *m* illusionnisme.

ilusionista *m* & *f* illusionniste, prestidigitateur, trice (prestidigitador).

iluso, sa *adj* & *s* utopiste, rêveur, euse (soñador) ‖ dupe (engañado).

ilusorio, ria *adj* illusoire.

ilustración *f* illustration (nombradía) ‖ instruction, connaissance (saber) ‖ illustration (grabado) ‖ magazine *m* illustré (publicación) ‖ la Ilustración (en el siglo XVIII) l'esprit philosophique [du Siècle des lumières].

ilustrado, da *adj* cultivé, e; instruit, e (docto) ‖ éclairé, e; el despotismo ilustrado le despotisme éclairé ‖ illustré, e; ilustrado con grabados illustré de gravures.

ilustrador *m* illustrateur (dibujante).

ilustrar *v tr* illustrer; ilustrar con dibujos illustrer de dessins; ilustrar con citas illustrer de citations ‖ rendre célèbre (dar fama) ‖ éclairer (el entendimiento) ‖ instruire; te digo esto para ilustrarte je te dis cela pour t'instruire.

➤ **ilustrarse** *v pr* s'illustrer.

ilustrativo, va *adj* qui illustre, illustrant.

ilustre *adj* illustre (célèbre, famoso); un ilustre desconocido un illustre inconnu.

‖ SIN célebre célèbre; eminente éminent; famoso, afamado, acreditado fameux; reputado réputé; notable notable; renombrado renommé; conocido connu.

ilustrísimo, ma *adj* illustrissime ‖ su Ilustrísima sa Grandeur (obispos).

imada *f* MAR partie d'un berceau de lancement, coulisse.

imagen *f* image; imagen religiosa image religieuse ‖ statue, image (ant); una imagen de yeso une statue en plâtre ‖ FIG image (símbolo, metáfora) ‖ FIG & FAM quedarse para vestir imágenes coiffer sainte Catherine, rester vieille fille.

imaginable *adj* imaginable.

imaginación *f* imagination ‖ idée; esto no es verdad, son imaginaciones tuyas ce n'est pas vrai, ce sont des idées que tu te fais ■ dejarse llevar por la imaginación s'abandonner à son imagination ‖ pasar por la imaginación venir à l'idée o à l'esprit.

imaginar *v tr* imaginer ‖ imagínate que figure-toi que.

➤ **imaginarse** *v pr* s'imaginer.

‖ SIN concebir concevoir; suponer supposer; figurarse figurer (se); inventar inventer.

imaginaria *f* MIL garde de renfort [destinée à remplacer en cas de besoin la garde montante]. ◇ *m* sentinelle *f* qui monte la garde dans le dortoir d'une caserne.

imaginario, ria *adj* [▷ SIN] imaginaire.

➤ **imaginario** *m* lo imaginario l'imaginaire.

‖ SIN quimérico chimérique; utópico utopique; fantástico fantastique; fabuloso fabuleux; irreal irréel; ficticio fictif.

imaginativo, va *adj* imaginatif, ive; potencia imaginativa puissance imaginative.

➤ **imaginativa** *f* imaginative (p us), imagination [facultad de imaginar] ‖ sens *m* commun.

imaginería *f* broderie de fleurs et feuillages o d'oiseaux (bordado) ‖ imagerie (arte).

imaginero *m* sculpteur, imagier (ant).

imago *m* ZOOL imago (del insecto).

imán *m* imam, iman (sacerdote mahometano).

imán *m* aimant (hierro imantado); imán artificial aimant artificiel ‖ FIG aimant, attrait (atractivo).

imanación *f* aimantation.

imanar *v tr* aimanter.

imanato *m* imamat, imanat (dignidad del imán).

imantación *f* aimantation.

imantar *v tr* aimanter.

imbancable *adj* (*Amer*) insupportable.

imbatible *adj* imbattable.

imbatido, da *adj* qui n'a pas été battu, e ❚ DEP qui ne s'est encore jamais fait battre (un equipo), qui n'a encore encaissé aucun but (un portero).

imbebible *adj* imbuvable.

imbécil *adj & s* imbécile (idiota).

imbecilidad *f* imbécillité.

imberbe *adj* imberbe (lampiño).

imbibición *f* imbibition (empapamiento).

imbíbito *adj* (*Amer*) compris, e; inclus, e.

imbornal *m* MAR dalot ❚ trou d'écoulement des eaux de pluie sur une terrasse (en una terraza).

imborrable *adj* ineffaçable, indélébile.

imbricación *f* imbrication.

imbricado, da *adj* imbriqué, e.

imbricar [10] *v tr* imbriquer.

imbuido, da *adj* imbu, e; imbuido de su importancia imbu de son importance.

imbuir [51] *v tr* inculquer, inspirer (infundir); imbuir a uno ideas falsas inculquer à quelqu'un des idées fausses.

imbunche *m* (*Amer*) sorcier (brujo) ❚ FIG sorcellerie *f*, maléfice (hechicería).

imitable *adj* imitable.

imitación *f* imitation ❚ pastiche *m* (en literatura) ■ a imitación de à l'imitation de, sur le modèle de ❚ bolso imitación cocodrilo sac façon o imitation crocodile ❚ imitación fraudulenta contrefaçon ❚ joyas de imitación bijoux en imitation o en toc o de fantaisie.

imitador, ra *adj & s* imitateur, trice. ◇ *m & f* pasticheur, euse (plagiario).

imitamonos *m inv* FIG singe, imitateur.

imitar *v tr* [▷ SIN] imiter (copiar) ❚ pasticher (remedar burlándose).

❚ SIN copiar copier; remedar pasticher; parodiar parodier; plagiar plagier; calcar calquer; FAM fusilar piller.

imitativo, va *adj* imitatif, ive; armonía imitativa harmonie imitative ❚ artes imitativas arts d'imitation.

imoscapo *m* ARQ congé.

impacción *f* MED impaction.

impaciencia *f* impatience; consumirse de impaciencia brûler d'impatience.

impacientar *v tr* impatienter.
◆ **impacientarse** *v pr* s'impatienter; impacientarse con o por no recibir noticias s'impatienter de ne pas recevoir de nouvelles; impacientarse con alguien s'impatienter contre quelqu'un.

impaciente *adj* impatient, e; impaciente por salir impatient de sortir ❚ impaciente con o por la tardanza impatient du retard, impatienté par le retard.

impacientemente *adv* impatiemment, avec impatience.

impactar *v tr* heurter, percuter (chocar contra algo) ❚ choquer, déconcerter (impresionar) ❚ influer, influencer, avoir de l'impact (sur) (influir en alguien o algo).

impacto *m* impact, point d'impact ❚ FIG coup; un impacto espectacular un coup spectaculaire ❚ répercussion *f*; causar un impacto avoir une répercussion ❚ impact; producir impacto avoir de l'impact.

impagable *adj* impayable (inapreciable).
❚ OBSERV El francés impayable, en sentido familiar, significa graciosísimo (divertido).

impagado, da *adj & s m* impayé, e.

impago, ga *adj* (*Amer*) impayé, e.

impalpabilidad *f* impalpabilité.

impalpable *adj* impalpable.

impanación *f* RELIG impanation.

impar *adj* impair, e.

imparable *adj* imparable.

imparcial *adj* impartial, e; jueces imparciales juges impartiaux.

imparcialidad *f* impartialité.

imparcialmente *adv* impartialement.

impardígito, ta *adj* ZOOL imparidigité, e.

impartir *v tr* impartir, accorder (otorgar) ❚ DR demander, réclamer, solliciter (pedir); impartir auxilio demander secours ❚ impartir su bendición donner sa bénédiction.

impás; impase *m* impasse *f* (bridge).

impasibilidad *f* impassibilité.

impasible *adj* impassible (insensible).
❚ SIN flemático flegmatique; imperturbable imperturbable; frío froid; tranquilo calme; impávido impavide.

impasiblemente *adv* impassiblement.

impávidamente *adv* intrépidement, sans peur, sans crainte.

impavidez *f* intrépidité, courage *m* (arrojo, intrepidez) ❚ (*Amer*) insolence, effronterie (descaro).

❚ OBSERV pl impavideces.

impávido, da *adj* impavide, intrépide (atrevido) ❚ (*Amer*) insolent, e; effronté, e (descarado) ❚ quedar impávido garder son sang-froid.

impecabilidad *f* impeccabilité.

impecable *adj* impeccable.

impecablemente *adv* impeccablement.

impedancia *f* ELECTR impédance.

impedido, da *adj* impotent, e; perclus, e; infirme (tullido).
◇ *m & f* impotent, e.

impedimenta *f* MIL impedimenta *m pl*, bagages *m pl*.

impedimento *m* empêchement; en caso de impedimento en cas d'empêchement ❚ [▷ SIN] obstacle (traba) ❚ DR impedimento dirimente, impediente empêchement dirimant, prohibitif.

❚ SIN traba entrave; obstáculo obstacle; escollo écueil; dificultad difficulté.

impedir [26] *v tr* empêcher; la lluvia le impidió que saliera la pluie l'empêcha de sortir ❚ esto no impide que n'empêche que, il n'empêche que.

impelente *adj* qui pousse ❚ bomba impelente pompe foulante.

impeler *v tr* pousser (impulsar) ❚ FIG exciter, pousser ❚ los Cruzados, impelidos por su fe les croisés, poussés par leur foi.

impender *v tr* dépenser (el dinero).

impenetrabilidad *f* impénétrabilité.

impenetrable *adj* impénétrable.

impenitencia *f* impénitence ❚ impenitencia final impénitence finale.

impenitente *adj* impénitent, e.

impensa *f* DR impense.

impensable *adj* impensable (increíble, inimaginable) ❚ irréalisable, infaisable (irrealizable).

impensadamente *adv* inopinément, à l'improviste (llegar) ❚ sans y penser (decir una cosa).

impensado, da *adj* inopiné, e; inattendu, e; imprévu, e (casual).

impepinable *adj* FAM sûr, e ❚ FAM esto es impepinable c'est sûr, ça ne fait pas l'ombre d'un doute.

imperante *adj* régnant, e.

imperar *v intr* régner, être empereur, impératrice (un emperador) ❚ FIG régner; aquí impera una atmósfera de pesimismo une atmosphère pessimiste règne ici ❚ dominer (tendencia).

imperativamente *adv* impérativement.

imperativo, va *adj* impératif, ive.
◆ **imperativo** *m* GRAM impératif ❚ por imperativo legal en vertu de la loi.

imperceptibilidad *f* imperceptibilité.

imperceptible *adj* [▷ SIN] imperceptible ❚ FIG imperceptible, insaisissable; diferencia imperceptible différence imperceptible, insaisissable.

❚ SIN invisible invisible; insensible insensible.

imperceptiblemente *adv* imperceptiblement.

imperdible *adj* imperdable.
◇ *m* épingle *f* de nourrice o de sûreté o anglaise.

imperdonable *adj* impardonnable.

imperecedero, ra *adj* impérissable.

imperfección *f* imperfection.

imperfectamente *adv* imparfaitement.

imperfectivo, va *adj* GRAM imperfectif, ive; non accompli, e.

imperfecto, ta *adj* imparfait, e ❚ GRAM pretérito imperfecto imparfait.

imperforación *f* MED imperforation.

imperforado, da *adj* MED imperforé, e.

imperial *adj* impérial, e; corona imperial couronne impériale.
◇ *f* impériale (de un carruaje).

imperialismo *m* impérialisme; imperialismo económico impérialisme économique.

imperialista *adj & s* impérialiste.

impericia *f* impéritie (torpeza).

imperio *m* empire; el Sacro Imperio le Saint Empire ❚ DR pouvoir juridictionnel ❚ FIG domination *f*, pouvoir (poder) ❚ orgueil, hauteur *f*, fierté *f* (orgullo) ❚ MIL mess, popote *f* FAM ■ el imperio de la ley l'autorité de loi ❚ el imperio del derecho la primauté du droit, la règle du droit, la légalité.
◇ *adj* empire; estilo Imperio style Empire.

imperiosamente *adv* impérieusement.

imperioso, sa *adj* impérieux, euse; necesidad imperiosa besoin impérieux.

❚ SIN absoluto absolu; categórico catégorique; imperativo impératif.

impermeabilidad *f* imperméabilité ❚ TECN étanchéité.

impermeabilización _f_ imperméabilisation.

impermeabilizar [13] _v tr_ imperméabiliser.

impermeable _adj & s m_ imperméable.

impermutable _adj_ impermutable.

impersonal _adj_ impersonnel, elle ‖ verbo impersonal verbe impersonnel.

impersonalidad _f_ impersonnalité.

impersonalizar [13] _v tr_ GRAM employer (un verbe) impersonnellement.

impertérrito, ta _adj_ imperturbable, impassible.

impertinencia _f_ impertinence.

impertinente _adj & s_ impertinent, e ‖ El curioso impertinente le Curieux mal avisé (novela corta incluida en el Quijote).
  ➥ **impertinentes** _m pl_ face-à-main _sing_.

impertinentemente _adv_ impertinemment.

imperturbabilidad _f_ imperturbabilité.

imperturbable _adj_ imperturbable.

impétigo _m_ MED impétigo.

impetración _f_ impétration.

impetrar _v tr_ impétrer (p us), obtenir [de l'autorité compétente] ‖ impetrar una gracia obtenir une grâce ‖ solliciter (solicitar).

ímpetu _m_ élan, impétuosité _f_.

impetuosamente _adv_ impétueusement.

impetuosidad _f_ impétuosité; la impetuosidad de un ataque l'impétuosité d'une attaque.

impetuoso, sa _adj_ impétueux, euse.

impíamente _adv_ avec impiété (con impiedad) ‖ impitoyablement, sans pitié, cruellement (sin compasión).

impiedad _f_ impiété.

impiedoso, sa _adj_ impie (impío).

impío, a _adj & s_ impie.

impla _f_ coiffe (toca).

implacabilidad _f_ implacabilité.

implacable _adj_ implacable.

implantación _f_ implantation ‖ MED implant _m_ dentaire [prothèse] ‖ implant _m_ [substance] ‖ implantation [radiologie].

implantar _v tr_ implanter ‖ introduire; implantar mejoras introduire des améliorations.
  ➥ **implantarse** _v pr_ s'implanter.

implante _m_ MED implant.

implementar _v tr_ mettre en œuvre ‖ mettre en application (ideas, decisiones).

implemento _m_ ustensile, instrument.

implicación _f_ implication.

implicancia _f_ (_Amer_) incompétence (incompetencia) ‖ incompatibilité (incompatibilidad) ‖ conséquence, séquelle (consecuencia).

implicar [10] _v tr_ impliquer (envolver) ‖ empêcher (impedir); esto no implica que cela n'empêche pas que ‖ estar implicado en un asunto être impliqué dans une affaire.

implicatorio, ria _adj_ qui implique.

implícitamente _adv_ implicitement.

implícito, ta _adj_ implicite.

imploración _f_ imploration.

implorante _adj_ implorant, e.

implorar _v tr_ implorer.

implosión _f_ FÍS & GRAM implosion.

implosivo, va _adj & s f_ GRAM implosif, ive.

implume _adj_ déplumé, e; sans plume.

impluvio _m_ impluvium.

impolítico, ca _adj_ impoli, e (descortés) ‖ impolitique (contrario a una buena política).

impoluto, ta _adj_ impollu, e (ant); non souillé, e.

imponderabilidad _f_ impondérabilité.

imponderable _adj & s m_ impondérable.

imponente _adj_ [▷ SIN] imposant, e ‖ FAM sensationnel, elle; formidable, du tonnerre; una mujer imponente une femme sensationnelle.
  ◇ _m & f_ déposant, e (el que impone dinero).
  SIN augusto auguste; majestuoso majestueux; grandioso grandiose; solemne solennel; soberbio superbe; único unique.

imponer [65] _v tr_ imposer; imponer las manos, su voluntad imposer les mains, sa volonté ‖ mettre au courant, renseigner (enseñar); imponer en mettre au courant de, renseigner sur ‖ placer, déposer; imponer dinero en el Banco placer de l'argent à la banque ‖ FIG imposer (el respeto, el temor) imputer (atribuir falsamente) ‖ remettre, conférer; imponer una condecoración a un militar remettre une décoration à un militaire ‖ IMPR mettre en pages, imposer ‖ imponer una multa mettre une amende.
  ◇ _v intr_ FIG en imposer; un hombre que impone un homme qui en impose.
  ➥ **imponerse** _v pr_ s'imposer ‖ se mettre au courant (instruirse); imponerse en un negocio se mettre au courant d'une affaire ‖ imponerse a las circunstancias dominer les circonstances.

imponible _adj_ imposable; líquido imponible revenu imposable; no imponible non imposable ‖ base imponible assiette de l'impôt.

impopular _adj_ impopulaire.

impopularidad _f_ impopularité.

importable _adj_ importable.

importación _f_ importation; artículo de importación article d'importation.

importador, ra _adj & s_ importateur, trice.

importamadrismo _m_ (_Amer_) FAM je-m'enfichisme _m inv_, je-m'en-foutisme _m inv_.

importancia _f_ importance; conceder o dar importancia a attacher de l'importance à ■ de gran o mucha importancia de la plus haute importance, d'importance ‖ de importancia important, e ‖ herido de importancia gravement blessé ‖ sin importancia sans importance ■ dar importancia attacher o donner de l'importance ‖ darse uno importancia faire l'important.
  SIN valor valeur; trascendencia transcendance; calidad qualité; consideración considération; gravedad gravité; categoría catégorie; peso, fuste poids.

importante _adj_ important, e; modificaciones importantes d'importantes modifications ■ dárselas de importante se donner des airs importants, faire l'important ‖ es

importante que il importe que ‖ lo importante l'important.

importar _v tr_ importer (de un país extranjero); importar trigo importer du blé ‖ valoir, coûter (valer); este libro importa cien pesetas ce livre vaut cent pesetas ‖ monter à, s'élever à; importa cien pesos la cuenta la facture monte à cent pesos ‖ FIG entraîner (acarrear), comporter (llevar consigo), impliquer (implicar).
  ◇ _v intr & impers_ importer; importa hacerlo il importe de le faire; poco me importa lo que dirás peu m'importe ce que tu diras ‖ avoir de l'importance; no importa lo que dices ce que tu dis n'a pas d'importance ‖ intéresser; lo que más me importaba de él era su cultura ce qui m'intéressait le plus en lui, c'était sa culture ■ a Fulano nada le importa Untel se moque de tout ‖ ¿le importaría llevarme este libro? ça ne vous ennuierait pas de m'apporter ce livre? ‖ FIG & FAM me importa un comino o tres pepinos o un bledo o un pito o un adarme ça m'est égal, je m'en fiche, je m'en moque comme de l'an quarante ‖ no importa ça ne fait rien, peu importe ‖ ¿y a ti qué te importa? qu'est-ce que ça peut te faire!, ça te regarde?

importe _m_ montant, somme _f_ (total) ‖ prix, valeur _f_, coût (valor) ‖ importe total coût o montant total ‖ por importe de pour un montant de, pour la somme de.

importunación _f_ importunité.

importunamente _adv_ importunément (de manera importuna) ‖ inopportunément (de manera inoportuna).

importunar _v tr_ importuner.

importunidad _f_ importunité.

importuno, na _adj_ inopportun, e (que no es oportuno) ‖ [▷ SIN] importun, e (molesto).
  SIN pesado ennuyeux; latoso enquiquineur; intempestivo intempestif; indiscreto indiscret; cargante rasoir; pelma crampon; chinche, chinchoso empoisonneur.

imposibilidad _f_ impossibilité; imposibilidad física, material, moral impossibilité physique, matérielle, morale.

imposibilitado, da _adj & s_ impotent, e (inválido) ‖ perclus, e (tullido) ‖ empêché, e (impedido); estar imposibilitado de salir être empêché de sortir.

imposibilitar _v tr_ rendre impossible; la lluvia imposibilitó la defensa la pluie rendit la défense impossible ‖ empêcher, mettre dans l'impossibilité; la lluvia me imposibilitó el salir la pluie m'empêcha de sortir.
  ➥ **imposibilitarse** _v pr_ devenir impotent, e.

imposible _adj_ impossible; un acuerdo imposible un accord impossible ‖ impossible (intratable); ponerse imposible devenir impossible ‖ FIG dégoûtant, e; répugnant, e (sucio).
  ◇ _m_ impossible; pedir un imposible demander l'impossible ■ dios no pide imposibles à l'impossible nul n'est tenu ‖ hacer lo imposible faire l'impossible.

imposición _f_ imposition; imposición de manos imposition des mains ‖ dépôt _m_ (cantidad en depósito); imposición a plazo dépôt à terme [sur livret] ‖ impôt _m_, contribution, imposition (impuesto); imposición en el origen imposition à la source ‖ IMPR imposition

imposición de condecoraciones remise de décorations.

impositivo, va *adj* des impôts, fiscal, e ▌sistema impositivo système d'imposition.

impositor *m* IMPR imposeur.

imposta *f* ARQ imposte.

impostergable *adj* qu'on ne peut pas ajourner o remettre à plus tard.

impostor, ra *m & f* [▷ SIN] imposteur; esta mujer es una impostora cette femme est un imposteur. ◇ *adj* trompeur, euse.
▌ SIN charlatán charlatan; embaucador dupeur; mentiroso menteur.

impostura *f* imposture.

impotencia *f* impuissance; estar reducido a la impotencia être réduit à l'impuissance.
▌ SIN esterilidad stérilité; infecundidad infécondité; incapacidad incapacité; imposibilidad impossibilité; inutilidad inutilité.

impotente *adj & s* impuissant, e; gobierno impotente contra la rebelión gouvernement impuissant contre la rébellion ▌impotent, e (sin fuerza).

impracticabilidad *f* impraticabilité.

impracticable *adj* irréalisable (proyecto, etc.) ▌impraticable (camino).

imprecación *f* imprécation.

imprecar [10] *v tr* proférer des imprécations.

imprecatorio, ria *adj* imprécatoire.

imprecisión *f* imprécision.

impreciso, sa *adj* imprécis, e.

impredecible *adj* qui ne peut être prédit.

impregnación *f* imprégnation.

impregnar *v tr* imprégner; impregnar en o de imprégner de ▌FIG empreindre; cara impregnada de tristeza visage empreint de tristesse.
⬥ **impregnarse** *v pr* s'imprégner.

impremeditación *f* absence de préméditation.

impremeditadamente *adv* sans préméditation.

impremeditado, da *adj* non prémédité, e; irréfléchi, e.

imprenta *f* imprimerie ▌FIG la presse (lo impreso); leyes de imprenta lois sur la presse; libertad de imprenta liberté de presse ▌dar a la imprenta faire imprimer.

imprescindible *adj* indispensable.

imprescriptibilidad *f* imprescriptibilité.

impresentable *adj* qui n'est pas présentable.

impresión *f* impression (de un libro) ▌impression; buena, mala impresión bonne, mauvaise impression ▌enregistrement *m* (en disco o en cintas magnetofónicas) ■ cambio de impresiones échange de vues ▌impresión dactilar o digital empreinte digitale ■ cambiar impresiones con échanger des impressions avec ▌causar impresión en faire impression sur ▌la primera impresión es la que vale la première impression est la bonne, c'est la première impression qui compte ▌tener la impresión de que avoir l'impression que.

impresionabilidad *f* impressionnabilité.

impresionable *adj* impressionnable.

impresionante *adj* impressionnant, e.

impresionar *v tr* impressionner ▌enregistrer (los sonidos) ▌frapper, faire impression (no dejar indiferente) ▌toucher (conmover); su desgracia me impresiona son malheur me touche ▌quedarse bien, mal impresionado avoir une bonne, mauvaise impression.
⬥ **impresionarse** *v pr* être impressionné, e.

impresionismo *m* impressionnisme.

impresionista *adj & s* impressionniste.

impreso, sa *adj & s m* imprimé, e.

impresor *m* imprimeur.

impresora *f* INFORM imprimante ■ impresora de línea imprimante par ligne o ligne à ligne ▌impresora de margarita imprimante à marguerite ▌impresora láser imprimante (à) laser ▌impresora matricial imprimante matricielle ▌impresora por chorros de tinta imprimante à jet d'encre ▌impresora térmica imprimante thermique.

imprevisible *adj* imprévisible.

imprevisión *f* imprévision (de algo) ▌imprévoyance (en una persona).

imprevisor, ra *adj & s* imprévoyant, e.

imprevisto, ta *adj* [▷ SIN] imprévu, e (que no se ha previsto); gastos imprevistos frais imprévus ■ lance imprevisto coup de théâtre ▌lo imprevisto l'imprévu ▌si ocurre algo imprevisto en cas d'imprévu.
⬥ **imprevistos** *m pl* dépenses *f* imprévues.
▌ SIN inesperado inattendu, inespéré; inopinado inopiné; súbito, repentino subit.

imprimación *f* impression, enduit *m* (de un lienzo).
■ OBSERV Ne pas confondre avec impresión.

imprimador *m* apprêteur (de lienzos).

imprimar *v tr* imprimer, enduire (lienzos).

imprimátur *m* imprimatur.

imprimir *v tr* [▷ SIN] imprimer ▌IMPR tirer (una estampa, un libro) ▌FIG imprimer (comunicar) ▌écrire; la virtud estaba impresa en su rostro la vertu était écrite sur son visage.
■ OBSERV Le participe passé de imprimir est irrégulier et fait impreso. Imprimido est archaïque.
▌ SIN editar éditer; publicar publier; estampar empreindre, imprimer; grabar graver.

improbabilidad *f* improbabilité.

improbable *adj* improbable.

improbar [23] *v tr* désapprouver.

improbidad *f* improbité.

ímprobo, ba *adj* malhonnête, sans probité, improbe (p us) ▌ingrat, e; pénible (penoso); labor ímproba travail ingrat.

improcedencia *f* manque *m* de fondement, manque *m* d'opportunité.

improcedente *adj* indu, e; inconvenant, e (inconveniente) ▌non fondé, e; inadéquat, e (inadecuado) ▌irrecevable; propuesta improcedente proposition irrecevable ▌abusif, ive; despido improcedente licenciement abusif.

improductividad *f* improductivité.

improductivo, va *adj* improductif, ive.

impromptu *m* impromptu.

impronta *f* empreinte (reproducción) ▌FIG marque, empreinte (huella).

impronunciable *adj* imprononçable.

improperio *m* injure *f*, insulte *f*; llenar a uno de improperios couvrir quelqu'un d'injures.
⬥ **improperios** *m pl* RELIG impropères.

impropiedad *f* impropriété.

impropio, pia *adj* impropre; impropio para el comercio impropre au commerce ▌peu conforme; impropio de su edad peu conforme à son âge ▌MAT expresión impropia expression fractionnaire.
■ OBSERV No omitir la segunda r en imprope.

improrrogable *adj* qui ne peut être prorogé.

impróvido, da *adj* imprévoyant, e; sans prévision.

improvisación *f* improvisation.

improvisadamente *adv* à l'improviste.

improvisado, da *adj* improvisé, e; discurso improvisado discours improvisé ▌de fortune; una reparación improvisada une réparation de fortune.

improvisador, ra *adj & s* improvisateur, trice.

improvisar *v tr* improviser.

improviso, sa *adj* imprévu, e ■ al o de improviso à l'improviste ▌reemplazar de improviso remplacer à l'improviste, remplacer au pied levé.

improvisto, ta *adj* imprévu, e ■ a la improvista à l'improviste ▌de improvista à l'impromptu, tout d'un coup, d'un seul coup.

imprudencia *f* imprudence ▌DR imprudencia temeraria imprudence.

imprudente *adj & s* imprudent, e.

imprudentemente *adv* imprudemment.

impúber; impúbero, ra *adj & s* impubère.

impublicable *adj* impubliable.

impudencia *f* impudence.

impudente *adj* impudent, e.

impudentemente *adv* impudemment.

impudicia; impudicicia *f* impudicité.
▌ SIN desvergüenza dévergondage; deshonestidad déshonnêteté; indecencia indécence; liviandad légèreté.

impúdico, ca *adj & s* impudique.
▌ SIN descarado effronté; desvergonzado dévergondé; deshonesto déshonnête; cínico cynique; inmoral immoral; impuro impur; indecente indécent.

impudor *m* impudeur *f*.

impuesto, ta *adj* imposé, e ■ FAM está muy impuesto il s'y connaît ▌impuesto de o en au courant de.
⬥ **impuesto** *m* [▷ SIN] impôt (tributo); impuesto sobre la renta impôt sur le revenu; gravar con un impuesto frapper d'un impôt ■ impuesto concertado forfait ▌impuesto de lujo taxe de luxe ▌impuesto directo, indirecto impôt direct, indirect ▌impuesto sobre el valor añadido (IVA) taxe à la valeur ajoutée (T.V.A.) ▌impuesto sobre sucesiones droits de succession ▌impuestos municipales impôts locaux.
▌ SIN imposición imposition; tasa taxe; tributo tribut; contribución contribution; arbitrio droit d'octroi.

impugnable *adj* attaquable, contestable, réfutable.

impugnación *f* attaque, contestation, réfutation.

impugnador, ra *adj* qui conteste o réfute o attaque.
◇ *m & f* adversaire (refutador).

impugnar *v tr* attaquer, combattre; impugnar un argumento combattre un argument ‖ contester, réfuter (refutar) ‖ contester; impugnar una sucesión, un jurado contester une succession, un juré.

impugnativo, va *adj* qui conteste, qui réfute.

impulsar *v tr* pousser (empujar) ‖ FIG pousser, inciter (incitar).

impulsión *f* impulsion.

impulsividad *f* impulsivité, caractère *m* impulsif.

impulsivo, va *adj & s* impulsif, ive.

impulso *m* impulsion *f* ‖ élan; tomar impulso para dar un salto prendre son élan pour sauter ‖ FIG élan; impulsos del corazón élans du cœur ■ hacer una cosa llevado por un impulso faire quelque chose dans l'impulsion du moment ‖ por propio impulso de son propre mouvement ‖ tomar impulso con el pie derecho prendre son appel du pied droit (deportes).

impulsor *adj* impulsif, ive ‖ stimulateur, trice.
◇ *m* promoteur.

impune *adj* impuni, e.

impunemente *adv* impunément.

impunidad *f* impunité.

impuntualidad *f* manque *m* de ponctualité.

impureza *f* impureté ‖ FIG impureté, souillure (mancha).

impurificar [10] *v tr* souiller, rendre impur, e (convertir en impuro) ‖ HIST destituer [les libéraux espagnols après l'abolition de la Constitution de 1823].

impuro, ra *adj* impur, e.

imputabilidad *f* imputabilité.

imputable *adj* imputable.

imputación *f* imputation.

imputar *v tr* imputer.
‖ SIN atribuir, achacar attribuer; reprochar, acusar reprocher; cargar imputer.

imputrescibilidad *f* imputrescibilité.

inabarcable *adj* trop vaste; un programa inabarcable un programme trop vaste.

inabordable *adj* inabordable.

inabrogable *adj* inabrogeable.

inacabable *adj* interminable.

inacabado, da *adj* inachevé, e.

inaccesibilidad *f* inaccessibilité.

inaccesible *adj* inaccessible ‖ FIG inabordable; precio inaccesible prix inabordable.

inaccesiblemente *adv* d'une manière inaccessible.

inacción *f* inaction.
‖ SIN inactividad inactivité; inercia inertie; holganza, desocupación désœuvrement; ociosidad oisiveté; farniente farniente; ocio loisir.

inacentuado, da *adj* inaccentué, e.

inaceptable *adj* inacceptable.

inacostumbrado, da *adj* inaccoutumé, e.

inactínico, ca *adj* FÍS inactinique.

inactividad *f* inactivité.

inactivo, va *adj* inactif, ive.

inactual *adj* inactuel, elle.

inadaptable *adj* inadaptable.

inadaptación *f* inadaptation.

inadaptado, da *adj & s* inadapté, e.

inadecuación *f* inadéquation.

inadecuado, da *adj* inadéquat, e.

inadmisibilidad *f* inadmissibilité.

inadmisible *adj* inadmissible.

inadoptable *adj* qu'on ne peut pas adopter.

inadvertencia *f* inadvertance; por inadvertencia par inadvertance.

inadvertidamente *adv* par inadvertance.

inadvertido, da *adj* inattentif, ive; distrait, e (distraído) ‖ inaperçu, e (no advertido).

inagotable *adj* [▷ SIN] inépuisable (tesoro, bondad, etc.) ‖ intarissable (fuente, conversación, etc.) ‖ infatigable; un atleta inagotable un athlète infatigable.
‖ SIN inextinguible intarissable; interminable, inacabable interminable.

inaguantable *adj* insupportable, intolérable.

inalámbrico, ca *adj* sans fil (telégrafo).

in albis *loc adv* estar o quedarse in albis être dans le noir o dans le brouillard (absolu o le plus complet) (quedarse sin entender nada).

inalcanzable *adj* inaccessible, qui ne peut être atteint.

inalienabilidad *f* inaliénabilité.

inalienable *adj* inaliénable.

inalienación *f* inaliénation.

inalterabilidad *f* inaltérabilité.

inalterable *adj* inaltérable.

inalterablemente *adv* invariablement.

inalterado, da *adj* inaltéré, e.

inamistoso, sa *adj* inamical, e.

inamovibilidad *f* inamovibilité.

inamovible *adj* inamovible.

inane *adj* vain, e; futile.

inanición *f* MED inanition (desfallecimiento).

inanidad *f* inanité.

inanimado, da *adj* inanimé, e.

inánime *adj* inanimé, e.

inapagable *adj* inextinguible.

inapeable *adj* FIG opiniâtre, entêté, e (tenaz) ‖ incompréhensible, inintelligible (incomprensible).

inapelable *adj* sans appel.

inapercibido, da *adj* inaperçu, e.
‖ OBSERV Ce mot est un gallicisme employé pour inadvertido.

inapetencia *f* inappétence.

inapetente *adj* qui manque d'appétit, sans appétit.

inaplazable *adj* qu'on ne peut pas ajourner, inajournable ‖ urgent, e; necesidad inaplazable besoin urgent.

inaplicable *adj* inapplicable.

inaplicación *f* inapplication.

inaplicado, da *adj* inappliqué, e.

inapolillable *adj* antimite, antimites; tejido inapolillable tissu antimite.

inapreciable *adj* inappréciable; una ayuda inapreciable une aide inappréciable.

inaprensible *adj* insaisissable.

inaprensivo, va *adj* qui n'a pas peur.

inapropiado, da *adj* inadéquat, e.

inaprovechado, da *adj* inutilisé, e.

inaptitud *f* inaptitude.

inapto, ta *adj* inapte.

inarmonía *f* inharmonie.

inarmónico, ca *adj* inharmonieux, euse.

inarrugable *adj* infroissable.

inarticulado, da *adj* inarticulé, e.

in artículo mortis *adv* in articulo mortis.

inasequible *adj* inaccessible ‖ FIG inabordable; precio inasequible prix inabordable.

inasimilable *adj* inassimilable.

inasistencia *f* manque *m* d'assistance.

inastillable *adj* de sécurité (cristal).

inatacable *adj* inattaquable (invulnerable) ‖ FIG irréfutable (irrebatible).

inatención *f* inattention.

inaudible *adj* inaudible; vibraciones inaudibles vibrations inaudibles.

inaudito, ta *adj* inouï, e (increíble).

inauguración *f* inauguration ■ inauguración de una casa particular pendaison de crémaillère (fiesta) ‖ inauguración de una exposición de arte vernissage.

inaugural *adj* inaugural, e; discursos inaugurales discours inauguraux.

inaugurar *v tr* inaugurer (dar principio) ‖ augurer (conjeturar) ‖ inaugurar un piso pendre la crémaillère.

inca *adj & s* inca.
◇ *m* (ant) inca (moneda de oro del Perú).

incachable *adj* (Amer) inutile.

incaico, ca; incásico, ca *adj* inca, incasique.

incalculable *adj* incalculable.

incalificable *adj* inqualifiable, sans nom; un crimen incalificable un crime sans nom.

incandescencia *f* incandescence ▮ lámpara de incandescencia lampe à incandescence.

incandescente *adj* incandescent, e.

incansable *adj* infatigable; persona incansable personne infatigable ▮ inlassable.

incansablemente *adv* inlassablement; trabajar incansablemente travailler inlassablement.

incapacidad *f* incapacité, inaptitude; incapacidad laboral incapacité de travail ▮ FIG stupidité, bêtise, inintelligence (p us) ▮ DR incapacidad legal inhabilité.

incapacitado, da *adj* DR incapable, que la loi prive de certains droits ▮ interdit, e (sujeto a interdicción).

incapacitar *v tr* inhabiliter, déclarer incapable ▮ rendre inapte à, interdire; su pasado le incapacita para ocupar tal cargo son passé le rend inapte à occuper un tel poste ▮ DR interdire.

incapaz *adj* incapable; incapaz para desempeñar un cargo incapable de remplir une fonction ▮ FIG incapable (inepto) ▮ (Amer) insupportable, intenable (fastidioso).
◇ *m & f* FIG incapable.
▮ OBSERV pl incapaces.

incasable *adj* impossible à marier ▮ hostile o réfractaire au mariage (enemigo del matrimonio).

incásico, ca ► incaico.

incasto, ta *adj* impudique.

incautación *f* saisie, confiscation ▮ DR incautación preventiva saisie conservatoire.

incautamente *adv* imprudemment.

incautarse *v pr* saisir, s'emparer de, confisquer; la policía se incautó de diez pistolas la police a saisi dix pistolets ▮ periódico incautado por la policía journal saisi par la police.

incauto, ta *adj* imprudent, e (imprudente) ▮ naïf, ïve; crédule (inocente).

incendaja *f* petit bois *m* (para prender fuego).

incendiado, da *adj* incendié, e.

incendiar [8] *v tr* incendier.
➤ **incendiarse** *v pr* prendre feu, brûler.

incendiario, ria *adj & s* incendiaire (bomba, escrito).

incendio *m* [▷ SIN] incendie ▮ FIG feu (de las pasiones) ▮ damnificado por un incendio incendié ▮ FAM echar o hablar incendios de uno casser du sucre sur le dos de quelqu'un.
▮ SIN fuego feu; siniestro sinistre; quema incendie.

incensación *f* encensement *m*.

incensar [66] *v tr* encenser.

incensario *m* encensoir ▮ FAM romperle a uno el incensario en las narices casser l'encensoir sur le nez de quelqu'un, encenser quelqu'un.

incentivación *f* motivation, stimulation.

incentivar *v tr* stimuler.

incentivo *m* aiguillon, stimulant (estímulo); el interés es un incentivo potente l'intérêt est un puissant stimulant ▮ attrait (atractivo); el

incentivo de los placeres l'attrait des plaisirs ▮ el incentivo de la ganancia l'appât du gain.

incertidumbre *f* incertitude.

incesable; incesante *adj* incessant, e.

incesantemente *adv* sans cesse, incessamment (p us).
▮ OBSERV Incessamment significa sobre todo en seguida, sin tardar.

incesto *m* inceste.

incestuoso, sa *adj & s* incestueux, euse.

incidencia *f* incident *m* (hecho inesperado) ▮ FÍS incidence; ángulo, punto de incidencia angle, point d'incidence ▮ FIG incidence, conséquence ▮ por incidencia accidentellement.

incidental *adj* incident, e; observación incidental remarque incidente.
◇ *adj & s f* GRAM incident, e.

incidentalmente *adv* incidemment.

incidente *adj & s m* incident, e.

incidentemente *adv* incidemment.

incidir *v intr* tomber [dans une faute, dans une erreur] ▮ MED faire une incision, inciser (cortar) ▮ GEOM tomber.

incienso *m* encens ▮ FIG flatterie *f*, encens (lisonja) ▮ FIG dar incienso a encenser.

inciertamente *adv* avec incertitude, d'une manière incertaine.

incierto, ta *adj* incertain, e.

incineración *f* incinération.

incinerador *m* incinérateur.

incinerar *v tr* incinérer.

incipiente *adj* qui commence, naissant, e; el día incipiente le jour naissant ▮ débutant, e ▮ en herbe; un poeta incipiente un poète en herbe.

incircunciso, sa *adj & s m* incirconcis, e.

incircunscripto, ta *adj* qui n'est pas circonscrit, e.

incisión *f* incision ▮ césure (en un verso).

incisivo, va *adj* incisif, ive.
➤ **incisivo** *m* incisive *f* (diente).

inciso, sa *adj* hâché, e (estilo).
➤ **inciso** *m* GRAM incise *f* (frase corta); a modo de inciso en incise ▮ virgule *f* (coma) ▮ sous-alínea.

incisorio, ria *adj* coupant, e; tranchant, e (un instrumento).

incisura *f* MED incision.

incitación *f* incitation, encouragement *m*; incitación al crimen encouragement au crime.

incitador, ra *adj & s* incitateur, trice.

incitamento; incitamiento *m* incitation *f*, encouragement.

incitante *adj* incitant, e.

incitar *v tr* inciter, pousser (estimular) ▮ FIG pousser, inciter; incitar al gasto pousser à la dépense ▮ encourager (animar).

incitativa *f* DR ordre *m* émanant du tribunal supérieur.

incitativo, va *adj* stimulant, e; incitant, e; incitatif, ive.

incívico, ca *adj* incivique.

incivil *adj* incivil, e.

incivilidad *f* incivilité.

inclasificable *adj* inclassable.

inclaustración *f* entrée en religion.

inclemencia *f* inclémence ▬ a la inclemencia à découvert (al descubierto), en plein air (al aire libre) ▮ las inclemencias del tiempo les intempéries.

inclemente *adj* inclément, e.

inclinación *f* inclination; hacer una ligera inclinación con la cabeza faire une légère inclination de la tête ▮ inclinaison (posición oblicua) ▮ [▷ SIN] FIG inclination, penchant *m* (propensión); tener inclinación hacia la música avoir un penchant pour la musique ▮ tendance, inclination; inclinación al bien tendance au bien ▮ ASTRON inclinaison.
▮ SIN tendencia, propensión tendance, propension; debilidad, predilección faible; disposición disposition; aptitud aptitude; afición goût; vocación vocation.

inclinar *v tr* incliner, pencher; inclinar la cabeza pencher la tête ▮ FIG incliner; inclinar a la clemencia incliner à la clémence ▮ FIG inclinar el fiel de la balanza faire pencher la balance.
◇ *v intr* incliner, s'incliner; inclinar a o hacia la derecha incliner à droite ▮ ressembler (parecerse).
➤ **inclinarse** *v pr* s'incliner, incliner, se pencher; inclinarse hacia adelante se pencher en avant ▬ inclinarse a tendre à, être porté o enclin à; me inclino a creerle je tends à le croire; se inclina a la virtud il est porté à la vertu.

ínclito, ta *adj* illustre.

incluido, da *adj* inclus, e ▮ ci-inclus (en una carta) ▮ precio todo incluido prix forfaitaire ▮ todo incluido tout compris.

incluir [51] *v tr* inclure (en cartas, en precios) ▮ insérer (introducir) ▮ renfermer (contener) ▮ comprendre, faire entrer; incluir las islas Baleares entre las provincias españolas comprendre les îles Baléares dans les provinces espagnoles ▮ inscrire; incluir un tema en el programa inscrire une question au programme ▮ sin incluir non compris.
▮ OBSERV El verbo francés inclure, de poco uso, se emplea sobre todo en el lenguaje comercial.

inclusa *f* hospice *m* des enfants trouvés ▮ la Inclusa les Enfants trouvés.

inclusero, ra *m & f* FAM enfant trouvé ▮ un niño inclusero un enfant trouvé.

inclusión *f* inclusion.

inclusivamente; inclusive *adv* inclusivement, inclus, y compris; hasta el sábado inclusive jusqu'à samedi inclus; los niños inclusive y compris les enfants.

inclusivo, va *adj* inclusif, ive.

incluso, sa *adj* inclus, e; la carta inclusa la lettre incluse.
➤ **incluso** *prep* même, y compris; todos vinieron, incluso los niños tous vinrent, même les enfants o les enfants y compris.
➤ **incluso** *adv* même (hasta) ▮ ci-inclus (en una carta).

incoación *f* commencement *m* (principio).

incoagulable *adj* incoagulable.

incoar [78] *v tr* entamer, commencer (empezar) ▮ intenter (un pleito).

incoativo, va *adj* initial, e (que empieza) ‖ GRAM inchoatif, ive.

incobrable *adj* irrécouvrable.

incoercibilidad *f* incoercibilité.

incoercible *adj* incoercible.

incógnita *f* MAT inconnue; despejar la incógnita dégager l'inconnue; ecuación con dos incógnitas équation à deux inconnues ‖ FIG inconnue.

incógnito, ta *adj* inconnu, e; regiones incógnitas régions inconnues.
◆ **incógnito** *m* incognito; guardar el incógnito garder l'incognito ‖ de incógnito incognito; viajar de incógnito voyager incognito.

incognoscible *adj* inconnaissable.

incoherencia *f* incohérence.

incoherente *adj* incohérent, e.

incoherentemente *adv* de façon incohérente.

íncola *m* habitant.

incoloro, ra *adj* incolore.

incólume *adj* sain et sauf, indemne; salir incólume de un peligro sortir indemne d'un danger.

incombustibilidad *f* incombustibilité.

incombustible *adj* non combustible, incombustible (que no puede quemarse); el amianto es incombustible l'amiante est incombustible ‖ FIG blasé, e (desapasionado) ‖ inamovible, irréductible.

incomestible *adj* incomestible.

incomible *adj* immangeable.

incómodamente *adv* inconfortablement, incommodément ‖ mal à l'aise (a disgusto).

incomodar *v tr* incommoder, gêner (causar incomodidad) ‖ fâcher (disgustar) ‖ vexer (vejar) ‖ ennuyer, agacer (fastidiar) ‖ déranger; su visita me incomoda sa visite me dérange.
◆ **incomodarse** *v pr* se fâcher, se vexer (enfadarse).

incomodidad *f* incommodité ‖ gêne, dérangement *m* (molestia) ‖ mécontentement *m* (disgusto) ‖ malaise *m* (malestar) ‖ manque *m* de confort.

incomodo *m* incommodité *f*, gêne *f*.

incómodo, da *adj* incommode; postura incómoda position incommode ‖ incommodant, e (molesto); un calor incómodo une chaleur incommodante ‖ incommodé, e (que sufre incomodidad) ‖ mal à l'aise *inv*; encontrarse incómodo en una silla, en una reunión se trouver mal à l'aise sur une chaise, dans une réunion ‖ inconfortable; cama incómoda lit inconfortable.

incomparable *adj* incomparable.

incomparablemente *adv* incomparablement.

incomparecencia *f* DR non-comparution, carence (ausencia) ‖ DEP walk over *m*.

incompartible *adj* impartageable.

incompasivo, va *adj* impitoyable.

incompatibilidad *f* incompatibilité; incompatibilidad de carácter o de humor incompatibilité d'humeur ‖ MAT incompatibilité ‖ DR ley de incompatibilidades loi sur le cumul de fonctions.

incompatible *adj* incompatible ‖ INFORM equipos incompatibles matériels incompatibles ‖ programas incompatibles programmes incompatibles.

incompetencia *f* incompétence.

incompetente *adj* incompétent, e ‖ DR declarar incompetente dessaisir (un tribunal).

incompletamente *adv* incomplètement.

incompleto, ta *adj* incomplet, ète ‖ inachevé, e; la Sinfonía incompleta de Schubert la Symphonie inachevée de Schubert.

incomprehensible *adj* incompréhensible.

incomprendido, da *adj & s* incompris, e.

incomprensibilidad *f* incompréhensibilité.

incomprensible *adj* incompréhensible, insaisissable; ideas incomprensibles idées insaisissables.

> SIN inconcebible inconcevable; inexplicable inexplicable; impenetrable impénétrable; indescifrable indéchiffrable; ininteligible inintelligible.

incomprensiblemente *adv* incompréhensiblement, de façon incompréhensible.

incomprensión *f* incompréhension.

incomprensivo, va *adj* incompréhensif, ive.

incompresibilidad *f* incompressibilité.

incompresible; incomprimible *adj* incompressible.

incomprobable *adj* incontrôlable, invérifiable.

incomunicación *f* DR mise au secret ‖ manque *m* de communication ‖ isolement *m* (aislamiento).

incomunicado, da *adj* mis, e au secret (preso) ‖ privé, e de communications; isolé, e (aislado); varios pueblos quedaron incomunicados después del terremoto de nombreux villages restèrent isolés o privés de communications après le tremblement de terre.

incomunicar [10] *v tr* mettre au secret (a un prisionero) ‖ priver de communications, isoler (aislar).
◆ **incomunicarse** *v pr* s'isoler.

inconcebible *adj* inconcevable.

inconcebiblemente *adv* inconcevablement.

inconciliable *adj* inconciliable.

inconcluso, sa *adj* inachevé, e.

inconcuso, sa *adj* indubitable (indubitable) ‖ incontesté, e; sûr, e (seguro); verdad inconcusa vérité incontestée.

incondicional *adj & s* inconditionnel, elle.

incondicionalmente *adv* inconditionnellement.

inconexión *f* manque *m* de connexion o de rapport.

inconexo, xa *adj* sans connexion, sans rapport; asuntos inconexos entre sí des affaires sans rapport entre elles.

inconfesable *adj* inavouable.

inconfeso, sa *adj* qui n'a pas avoué (un reo).

inconformidad *f* non-conformité.

inconformismo *m* non-conformisme.

inconformista *adj & s* non-conformiste.

inconfortable *adj* inconfortable.

inconfundible *adj* qui ne peut pas être confondu, caractéristique, particulier, ère; personnel, elle; el estilo de este escritor es completamente inconfundible le style de cet écrivain est tout à fait personnel ‖ unique (único).

incongelable *adj* incongelable.

incongruencia *f* incongruité (inconveniencia) ‖ MED incongruence.

incongruente *adj* incongru, e.

incongruentemente *adv* incongrûment.

incongruo, grua *adj* incongru, e (incongruente) ‖ RELIG se dit d'une portion congrue insuffisante, du prêtre qui n'en bénéficie pas.

inconmensurabilidad *f* incommensurabilité.

inconmensurable *adj* incommensurable ‖ FAM ¡es inconmensurable! il est impayable!

inconmovible *adj* inébranlable, inaltérable.

inconmutabilidad *f* incommutabilité.

inconmutable *adj* incommutable.

inconquistable *adj* imprenable (plaza, pueblo, etc.) ‖ incorruptible, inflexible (persona).

inconsciencia *f* inconscience.

inconsciente *adj & s* inconscient, e.

inconscientemente *adv* inconsciemment.

inconsecuencia *f* inconséquence.

inconsecuente *adj & s* inconséquent, e.

inconsideración *f* inconsidération.

inconsideradamente *adv* inconsidérément.

inconsiderado, da *adj & s* inconsidéré, e.

inconsistencia *f* inconsistance.

inconsistente *adj* inconsistant, e.

inconsolable *adj* inconsolable.

inconsolablemente *adv* désespérément.

inconstancia *f* inconstance.

inconstante *adj* incertain (el tiempo).
◇ *adj & s* inconstant, e.

inconstantemente *adv* avec inconstance.

inconstitucional *adj* inconstitutionnel, elle.

inconstitucionalidad *f* inconstitutionnalité.

inconsulto, ta *adj* (Amer) inconsidéré, e.

inconsútil *adj* sans couture.

incontable *adj* inracontable (que no puede ser narrado) ‖ incalculable, innombrable (difícil de contar).

incontaminado, da *adj* non contaminé, e.

incontenible *adj* irrépressible (irreprimible).

incontestabilidad *f* incontestabilité.

incontestable *adj* incontestable.

incontestado, da *adj* incontesté, e.

incontinencia *f* incontinence ‖ MED incontinencia de orina incontinence d'urine.

incontinente *adj* incontinent, e.
◇ *adv* incontinent.

incontinenti *adv* incontinent, sur-le-champ, à l'instant.

incontrastable *adj* invincible (que no puede ser vencido) ‖ irréfutable, incontestable (irrefutable).

incontrito, ta *adj* incontrit, e.

incontrolable *adj* incontrôlable (incomprobable).

incontrolado, da *adj* incontrôlé, e; iba a una velocidad incontrolada il allait à une vitesse folle.
◇ *m* & *f* élément *m* incontrôlé.

incontrovertible *adj* irréfutable, indiscutable, incontestable.

inconveniencia *f* inconvenance, malséance ‖ inconvénient *m*; estas son las inconveniencias de tener tantos hijos ce sont les inconvénients d'avoir tant d'enfants ‖ invraisemblance (inverosimilitud) ‖ grossièreté (groseria), impertinence, incongruité (insolencia).

inconveniente *adj* inconvenant, e; malséant, e; inconvenable (p us) ‖ impoli, e (desatento).
◇ *m* inconvénient; no tengo inconveniente en que usted salga je ne vois pas d'inconvénient à ce que vous sortiez ‖ raison *f* (motivo); poner inconvenientes para trouver des raisons pour; encontrar inconvenientes a trouver des raisons contre.

inconvertible *adv* inconvertible.

incoordinación *f* incoordination.

incordiar [8] *v tr* FAM empoisonner, enquiquiner, assommer ‖ ¡no incordies! ne sois pas si crampon! [à un enfant].

incordio *m* MED bubon ‖ FIG & FAM corvée *f*, enquiquinement, empoisonnement (molestia)‖ enquiquineur, euse; casse-pieds *inv* (persona molesta).

incorporable *adj* incorporable.

incorporación *f* incorporation (acción de incorporar) ‖ redressement *m*, action de se mettre sur son séant après avoir été couché ‖ rattachement *m* (de un territorio) ‖ MIL incorporación a filas incorporation.

incorporado, da *adj* incorporé, e ‖ assis, e (en la cama).

incorporal *adj* incorporel, elle ‖ impalpable (insensible al tacto).

incorporar *v tr* incorporer; incorporar una materia a o con otra incorporer une matière à o avec une autre ‖ MIL incorporer ‖ rattacher; incorporar Saboya a Francia rattacher la Savoie à la France.
➤ **incorporarse** *v pr* s'incorporer ‖ se redresser, s'asseoir dans son lit, se mettre sur son séant (cuando se está acostado) ■ MIL incorporarse a filas entrer sous les drapeaux ‖ incorporarse a su cargo rallier son poste.
‖ OBSERV El verbo francés s'incorporer nunca tiene el sentido de sentarse.

incorporeidad *f* incorporéité.

incorpóreo, a *adj* incorporel, elle.

incorrección *f* incorrection.
‖ SIN inconveniencia inconvenance; incongruencia incongruité; desatención, descortesía impolitesse; groseria grossièreté.

incorrectamente *adv* incorrectement.

incorrecto, ta *adj* incorrect, e.

incorregibilidad *f* incorrigibilité.

incorregible *adj* incorrigible, indécrottable FAM; perezoso incorregible paresseux indécrottable.

incorruptamente *adv* incorruptiblement.

incorruptibilidad *f* incorruptibilité.

incorruptible *adj* incorruptible.

incorrupto, ta *adj* incorrompu, e; non corrompu, e ‖ FIG incorrompu, e; intact, e; entier, ère ‖ pur, e (mujer).

incrasar *v tr* engraisser.

increado, da *adj* incréé, e ‖ la sabiduría increada la sagesse incréée (el Verbo divino).

incredibilidad *f* incrédibilité.

incredulidad *f* incrédulité.

incrédulo, la *adj* & *s* incrédule ‖ incroyant, e (en materia de religión).

increíble *adj* incroyable.

increíblemente *adv* FIG incroyablement.

incrementar *v tr* augmenter, accroître, développer; incrementar una renta, las exportaciones augmenter un revenu, développer les exportations.
➤ **incrementarse** *v pr* augmenter, se développer.

incremento *m* développement, accroissement; el incremento de los intercambios comerciales le développement des échanges commerciaux ‖ développement; el incremento de un negocio le développement d'un commerce ‖ accroissement, augmentation *f*; el incremento de la renta l'accroissement du revenu ‖ GRAM crément ‖ MAT accroissement ‖ incremento térmico élévation de la température ‖ INFORM incrément.

increpador, ra *adj* qui réprimande.

increpar *v tr* réprimander sévèrement (reñir) ‖ apostropher (insultar).

incriminable *adj* incriminable.

incriminación *f* incrimination, accusation.

incriminar *v tr* incriminer, accuser.

incruento, ta *adj* non sanglant, e.

incrustación *f* incrustation.

incrustante *adj* incrustant, e.

incrustar *v tr* incruster; incrustado con marfil, oro incrusté d'ivoire, d'or.
➤ **incrustarse** *v pr* s'incruster.

incubación *f* incubation.

incubador, ra *adj* incubateur, trice.
➤ **incubadora** *f* couveuse, incubateur *m*.

incubar *v intr* couver.
◇ *v tr* couver, incuber (empollar) ‖ MED couver; incubar una enfermedad couver une maladie.

íncubo *adj* & *s m* incube (demonio).

incuestionable *adj* indubitable, incontestable.

inculcación *f* inculcation.

inculcador *adj* & *s* qui inculque.

inculcar [10] *v tr* inculquer ‖ IMPR composer trop serré.

inculpabilidad *f* inculpabilité, absence de culpabilité ‖ DR veredicto de inculpabilidad verdict d'acquittement.

inculpación *f* inculpation.

inculpado, da *adj* & *s* inculpé, e.
‖ SIN acusado, reo accusé; delincuente délinquant; culpable coupable.

inculpar *v tr* inculper, accuser.

incultivable *adj* incultivable.

inculto, ta *adj* inculte; persona inculta personne inculte ‖ incultivé, e; non cultivé, e (terreno).
◇ *m* & *f* ignorant, e.

incultura *f* manque *m* de culture, ignorance.

incumbencia *f* ressort *m*; eso no es de mi incumbencia cela n'est pas de mon ressort ‖ DR juridiction.

incumbir *v intr* incomber, être du ressort de; eso te incumbe a ti cela t'incombe.

incumplido, da *adj* inaccompli, e.

incumplimiento *m* inaccomplissement, non accomplissement ‖ manquement; incumplimiento de la palabra dada manquement à la parole donnée ‖ non-exécution *f*; incumplimiento de una orden non-exécution d'un ordre.

incumplir *v tr* ne pas accomplir, faillir à, manquer à; incumplir una promesa faillir à une promesse ‖ ne pas respecter, manquer à; incumplir una regla ne pas respecter une règle.

incunable *adj* & *s m* incunable (libro).

incurabilidad *f* incurabilité.

incurable *adj* & *s* incurable ‖ hospital de incurables les Incurables.

incuria *f* incurie.

incurioso, sa *adj* & *s* négligent, e (negligente).
‖ OBSERV La palabra francesa incurieux significa indiferente, falto de curiosidad.

incurrir *v intr* encourir, attirer sur soi; Fouquet incurrió en la desgracia de Luis XIV Fouquet encourut la disgrâce de Louis XIV; incurrir en castigo, en odio encourir le châtiment, la haine ‖ tomber; incurrir en un error tomber dans l'erreur ‖ commettre; incurrir en falta commettre une erreur ■ incurrir en delito se rendre coupable d'un délit ‖ incurrir en olvido oublier.
‖ OBSERV Le verbe incurrir a un participe passé de forme irrégulière: incurso.

incursión *f* incursion ‖ incursiones aéreas raids aériens.
‖ SIN correría raid; razzia razzia; irrupción irruption; invasión invasion, envahissement.

incursionar *v intr* faire des incursions.

incurso, sa *adj* coupable; incurso en falta coupable d'une faute.

incuso, sa *adj* & *s* incuse (moneda, medalla).

indagación *f* investigation, recherche ‖ DR enquête.

indagador, ra *adj* & *s* investigateur, trice; enquêteur, euse.

indagar [16] *v tr* rechercher, faire des recherches sur, enquêter sur, s'enquérir de (investigar); comisión para indagar las causas de la explosión commission pour rechercher les causes de l'explosion.

indagatorio, ria *adj* & *s* DR relatif à l'enquête, d'enquête ‖ comisión indagatoria commission d'enquête.

indagatoria *f* première déclaration de l'inculpé.

indayé *m* (*Amer*) épervier.

indebidamente *adv* indûment.

indebido, da *adj* indu, e (contra la razón o el uso) ‖ illicite (ilícito) ‖ lo indebido l'indu.

indecencia *f* indécence ‖ obscénité.

indecente *adj* indécent, e ‖ malhonnête (deshonesto) ‖ grossier, ère; palabras indecentes paroles grossières ‖ infâme; comida indecente repas infâme ‖ incorrect, e; actitud indecente attitude incorrecte.

indecentemente *adv* indécemment ‖ de façon incorrecte.

indecible *adj* indicible, inexprimable, ineffable ‖ lo indecible au-delà de toute expression; he sufrido lo indecible j'ai souffert au-delà de toute expression.

indecisión *f* indécision.

> SIN indeterminación indétermination; irresolución irrésolution; incertidumbre incertitude; duda doute; vacilación hésitation; escrúpulo scrupule; perplejidad perplexité.

indeciso, sa *adj* indécis, e.

indeclinable *adj* GRAM indéclinable ‖ qu'on ne peut refuser (invitación).

indecoro *m* indécence *f* (indecencia) ‖ irrévérence *f* (irreverencia).

indecoroso, sa *adj* irrévérencieux, euse ‖ indécent, e.

indefectibilidad *f* indéfectibilité.

indefectible *adj* indéfectible.

indefectiblemente *adv* indéfectiblement.

indefendible; indefensable; indefensible *adj* indéfendable.

indefensión *f* manque *m* de défense.

indefenso, sa *adj* sans défense.

indefinible *adj* indéfinissable.

indefinidamente *adv* indéfiniment.

indefinido, da *adj & s m* indéfini, e ‖ GRAM artículo, pronombre indefinido article, pronom indéfini ‖ pretérito indefinido passé simple.

indeformable *adj* indéformable.

indehiscencia *f* BOT indéhiscence.

indehiscente *adj* BOT indéhiscent, e.

indeleble *adj* indélébile.

indeleblemente *adv* indélébilement, de façon indélébile.

indeliberación *f* manque *m* de délibération.

indeliberado, da *adj* irréfléchi, e; indélibéré, e.

indelicadeza *f* indélicatesse (falta de delicadeza).

indelicado, da *adj & s* indélicat, e.

indemne *adj* indemne (ileso).

indemnidad *f* immunité (inmunidad) ‖ indemnité (indemnización).

indemnizable *adj* indemnisable.

indemnización *f* indemnisation, dédommagement *m* (acción de indemnizar) ‖ indemnité (compensación); indemnización por despido indemnité de licenciement.

indemnizado, da *adj* dédommagé, e; indemnisé, e.

indemnizar [13] *v tr* indemniser, dédommager.

indemorable *adj* qu'on ne peut pas ajourner.

indemostrable *adj* indémontrable, improuvable.

independencia *f* indépendance ‖ con independencia de indépendamment de, en marge de, en dehors de.

independentismo *m* indépendantisme.

independentista *adj & s* indépendantiste.

independiente *adj & s* indépendant, e.

independientemente *adv* indépendamment.

independista *adj & s* indépendant, e.

independizar [13] *v tr* rendre indépendant, émanciper.

independizarse *v pr* s'émanciper.

indescifrable *adj* indéchiffrable.

indescriptible *adj* indescriptible.

> SIN inexpresable inexprimable; indecible indicible; inenarrable inénarrable; inefable ineffable; indefinible indéfinissable.

indescriptiblemente *adv* extraordinairement.

indeseable *adj & s* indésirable.

indestructibilidad *f* indestructibilité.

indestructible *adj* indestructible.

indeterminable *adj* indéterminable.

indeterminación *f* indétermination.

indeterminadamente *adv* sans détermination.

indeterminado, da *adj* indéterminé, e ‖ GRAM indéfini, e (artículo, pronombre).

indeterminismo *m* indéterminisme.

indeterminista *adj & s* indéterministe.

índex *m* index (dedo índice).

indexación; indización *f* indexation, indexage *m* ‖ INFORM indexation.

indexar [1]; **indizar** [13] *v tr* indexer.

India *n pr f* GEOGR (la) India l'Inde.

indiada *f* (*Amer*) foule d'Indiens.

indiana *f* indienne (tela).

indianismo *m* indianisme.

indianista *m & f* indianiste.

indiano, na *adj & s* indien, enne (de América).

indiano *m* se dit de celui qui revient d'Amérique après avoir fait fortune, oncle d'Amérique FAM.

> OBSERV L'adjectif et le substantif indien (de l'Inde ou d'Amérique) se traduisent de préférence par indio, a.

Indias *n pr f pl* GEOGR Amérique *n pr f* ‖ tener un tío en Indias avoir un oncle d'Amérique.

> OBSERV À l'époque de la colonisation, las Indias était le terme courant pour désigner l'Amérique. On retrouve cette dénomination dans des institutions telles que los Archivos de Indias, el Consejo de Indias, etc.

indicación *f* indication ‖ repère *m* (señal).

indicado, da *adj* indiqué, e.

indicador; puntero *m* INFORM pointeur.

indicador, ra *adj* indicateur, trice ‖ lámpara indicadora lampe témoin.

indicador *m* indicateur ■ indicador de carretera panneau de signalisation ‖ indicador de dirección clignotant (auto) ‖ indicador de encendido voyant d'allumage ‖ indicador de escape de gas indique-fuites ‖ indicador de fichero cavalier (para clasificar) ‖ indicador de horarios tableau horaire (de trenes) ‖ indicador de nivel indicateur de niveau, jauge ‖ AUTOM indicador de velocidad compteur de vitesse ‖ indicador económico indicateur économique.

indicadora *f* panneau *m* indicateur (señal).

indicán *m* MED indican.

indicar [10] *v tr* indiquer; indicar con el dedo indiquer du doigt.

> SIN mostrar montrer; señalar signaler; designar désigner; marcar marquer; denotar dénoter.

indicativo, va *adj & s m* indicatif, ive ‖ GRAM modo indicativo mode indicatif.

indicción *f* indiction (convocación).

índice *m* indice, signe (indicio) ‖ index, table *f* des matières (tabla) ‖ catalogue (de una biblioteca) ‖ index (dedo de la mano) ‖ aiguille *f*, index (aguja de un cuadrante) ‖ MAT indice (de una raíz) ‖ taux; índice de alcohol taux d'alcool (en la sangre) ‖ taux, indice (coeficiente); índice de incremento taux d'accroissement; índice de mortalidad taux de mortalité; índice de natalidad taux de natalité; índice de siniestrabilidad taux de fréquence des sinistres ‖ indice; índice bursátil indice boursier; índice del coste de la vida indice du coût de la vie; índice de precios indice des prix; índice de precios al consumo (IPC) indice des prix à la consommation (I.P.C.) ‖ RELIG index; meter o poner en el índice mettre à l'index.

indiciar *v tr* indiquer, laisser entrevoir (indicar) ‖ soupçonner (sospechar).

indiciario, ria *adj* DR indiciaire.

indicio *m* indice ‖ trace *f*; descubrir indicios de albúmina déceler des traces d'albumine.

indicioso, sa *adj* soupçonné, e.

índico, ca *adj* indien, enne; océano Índico océan Indien.

indiferencia *f* indifférence.

indiferenciado, da *adj* indifférencié, e.

indiferente *adj & s* indifférent, e; dejar indiferente laisser indifférent.

> SIN saciado blasé; desprendido détaché; impasible impassible.

indiferentemente *adv* indifféremment.

indígena *adj & s* indigène.

> SIN natural; nativo naturel; aborigen aborigène; autóctono autochtone.

indigencia *f* indigence, dénuement *m*; estar en la indigencia más completa être dans le plus complet dénuement.

indigenismo *m* indigénisme.

> OBSERV L'indigénisme est un mouvement politique et littéraire d'Amérique latine en faveur des indigènes.

indigenista *adj & s* indigéniste.

indigente *adj & s* indigent, e.

indigestarse *v pr* ne pas bien digérer; se le indigestó la comida il n'a pas bien digéré le repas ‖ FIG & FAM ne pas pouvoir digérer o sentir [une personne].

indigestión *f* indigestion; padecer una indigestión avoir une indigestion.

indigesto, ta *adj* indigeste ‖ FIG indigeste, confus, e (confuso).

indigete *adj & s* indigète.

indignación *f* indignation.

indignado, da *adj* indigné, e.

indignamente *adv* indignement.

indignante *adj* révoltant, e (que indigna).

indignar *v tr* indigner.

   ➤ **indignarse** *v pr* s'indigner; indignarse de o por algo s'indigner de quelque chose; indignarse con o contra alguno s'indigner de o contre quelqu'un ‖ ¡es para indignarse! c'est révoltant, c'est rageant! FAM.

indignidad *f* indignité.

indigno, na *adj* indigne.

índigo *m* indigo (color) ‖ indigotier (planta).

indigotina *f* QUÍM indigotine.

indilgar ➤ **endilgar**.

indino, na *adj* FAM polisson, onne; diable (travieso) ‖ méchant, e (malo).

indio, dia *adj & s* indien, enne (de la India); hindou, e ‖ indien, enne (de América) ■ FIG en fila india en file indienne ‖ un trabajo de indio un travail de Romain ■ FAM hablar como los indios parler petit-nègre ‖ hacer el indio faire le zouave.

   ➤ **indio** *m* indium (metal) ‖ (*Amer*) CULIN indio viejo ragoût au maïs et aux herbes ‖ (*Amer*) salirle a uno el indio de adentro, subírsele a uno el indio avoir la moutarde qui monte au nez.

   ‖ OBSERV Hindou se dice hoy del individuo cuya religión es el hinduismo.

indiófilo, la *adj & s* ami, e des Indiens.

indirecta *f* allusion, insinuation; echar indirectas faire des allusions ‖ FAM pique, coup *m* de patte; tirar indirectas lancer o envoyer des piques ‖ FAM indirecta del padre Cobos allusion sans détours.

indirectamente *adv* indirectement.

indirecto, ta *adj* indirect, e ‖ GRAM complemento indirecto complément indirect ‖ estilo indirecto style indirect.

   ‖ SIN desviado détourné; oblicuo oblique.

indiscernible *adj* indiscernable.

indisciplina *f* indiscipline.

indisciplinado, da *adj* indiscipliné, e.

indisciplinarse *v pr* manquer à la discipline.

indiscreción *f* indiscrétion.

indiscretamente *adv* indiscrètement.

indiscreto, ta *adj & s* indiscret, ète.

   ‖ SIN curioso curieux; parlanchín bavard; entrometido indiscret; fisgador, fisgón fureteur; escudriñador, hurón fouineur FAM.

indiscriminadamente *adv* sans discrimination.

indiscriminado, da *adj* indistinct, e.

indisculpable *adj* inexcusable.

indiscutible *adj* indiscutable ‖ incontestable; prueba indiscutible preuve incontestable ‖ incontesté, e; verdad indiscutible vérité incontestée.

indiscutiblemente *adv* indiscutablement ‖ incontestablement, sans conteste.

indisociable *adj* indissociable.

indisolubilidad *f* indissolubilité.

indisoluble *adj* indissoluble.

indispensable *adj* indispensable.

indisponer [65] *v tr* indisposer, incommoder (hacer enfermar) ‖ FIG indisposer; indisponer con indisposer contre.

   ➤ **indisponerse** *v pr* être indisposé, e ‖ FIG se fâcher; indisponerse con uno se fâcher avec quelqu'un ‖ se ha indispuesto il a été indisposé.

indisponibilidad *f* indisponibilité.

indisposición *f* indisposition.

indispuesto, ta *adj* indisposé, e ‖ sentirse indispuesto être pris de malaise, éprouver un malaise.

indisputable *adj* indiscutable (indiscutible).

indistinguible *adj* qu'on ne peut distinguer.

indistintamente *adv* indistinctement.

indistinto, ta *adj* indistinct, e.

individuación *f* individuation.

individual *adj* individuel, elle.
   ◇ *m* simple (tenis); individual caballeros simple messieurs.

individualidad *f* individualité, individuation.

individualismo *m* individualisme.

individualista *adj & s* individualiste.

individualización *f* individualisation.

individualmente *adv* individuellement.

individuar [6]; **individualizar** [13] *v tr* individualiser; no quiero individualizar je ne veux nommer personne.

individuo, dua *adj* individuel, elle.
   ➤ **individuo** *m* individu ‖ membre (de una corporación, de una academia) ‖ FAM individu (hombre indeterminado o la persona propia) ‖ personne *f*; cuidar bien de su individuo bien soigner sa personne.

indivisamente *adv* entièrement.

indivisibilidad *f* indivisibilité.

indivisible *adj* indivisible.

indivisión *f* indivision.

indiviso, sa *adj* indivis, e ‖ DR pro indiviso par indivis, indivisement.

indización ➤ **indexación**.

indizar ➤ **indexar**.

Indo; Indos *n pr m* GEOGR el Indo l'Indus.

indo, da *adj & s* hindou, e (cuya religión es el hinduismo) ‖ indien, enne (indio).

Indochina *n pr f* GEOGR Indochine; la guerra de Indochina la guerre d'Indochine.

indochino, na *adj & s* indochinois, e.

indócil *adj* indocile.
   ‖ SIN indisciplinado indiscipliné; indómito, indomable indomptable; reacio rétif; rebelde rebelle; refractario réfractaire.

indocilidad *f* indocilité.

indocto, ta *adj* ignorant, e.

indocumentado, da *adj* sans papiers o pièces d'identité, dépourvu de pièces d'identité, qui n'a pas de pièces d'identité.

   ◇ *m & f* personne dépourvue de pièces d'identité ‖ FAM es un indocumentado c'est un ignare, il ne sait rien du tout, il ne connaît rien à rien.

indoeuropeo, a *adj & s* indo-européen, enne.

indofenol *m* QUÍM indophénol.

indogermánico, ca *adj & s* indogermanique.

indol *m* QUÍM indole.

índole *f* caractère *m*, naturel *m* (idiosincrasia); ser de mala índole avoir mauvais caractère, être d'un naturel méchant ‖ genre *m*, sorte; regalos de toda índole cadeaux de toutes sortes o en tous genres ‖ caractère *m*, nature; dada la índole de nuestra revista étant donné le caractère de notre revue ‖ personas de la misma índole personnes du même acabit o de la même espèce.

indolencia *f* indolence.

indolente *adj & s* indolent, e.

indolentemente *adv* indolemment, avec indolence.

indoloro, ra *adj* indolore.

indomable; indomeñable *adj* indomptable.

indomado, da *adj* indompté, e; inapprivoisé, e (no domesticado).

indomeñable ➤ **indomable**.

indomesticable *adj* inapprivoisable.

indómito, ta *adj* indompté, e (no domado) ‖ indomptable (indomable).

Indonesia *n pr f* GEOGR Indonésie.

indonesio, sia *adj & s* indonésien, enne.
   ➤ **indonesio** *m* LING indonésien.

Indos ➤ **Indo**.

Indostán *n pr m* Hindoustan.
   ‖ OBSERV Le terme géographique Indostán, de moins en moins utilisé, est synonyme de Indias dans le langage courant.

indostanés, esa; indostano, na *adj & s* (p us) de l'Hindoustan; indien, enne.

indostánico, ca *adj* (p us) de l'Hindoustan; indien, enne.

indostano, na ➤ **indostanés**.

indri *m* ZOOL indri (lemúrido).

indubitable *adj* indubitable.

inducción *f* induction ■ FÍS inducción electrodinámica induction dynamo-électrique ‖ inducción electromagnética induction électromagnétique.

inducido, da *adj & s m* ELECTR induit, e.

inducimiento *m* induction *f*.

inducir [33] *v tr* induire; inducir en error induire en erreur ‖ pousser, conduire, amener (mover a); indúzcalo a que lo haga amenez-le à le faire ‖ induire (p us), déduire, conclure (deducir) ‖ ELECTR induire.

inductancia *f* ELECTR inductance.

inductividad *f* FÍS inductivité.

inductivo, va *adj* inductif, ive.

inductor, ra *adj & s m* inducteur, trice.

indudable *adj* indubitable.

indudablemente *adv* undubitablement.

indulgencia *f* indulgence; conceder indulgencia plenaria accorder une indulgence plénière.

indulgente *adj* indulgent, e; indulgente con o hacia indulgent pour o envers o à.
 | SIN clemente clément; tolerante tolérant; benigno bénin.

indulgentemente *adv* d'une manière indulgente.

indulina *f* QUÍM induline.

indultar *v tr* gracier.

indulto *m* grâce *f*, remise *f* de peine; petición de indulto recours en grâce | indult (del Papa).

indumentaria *f* vêtement *m*, costume *m*, habillement *m* (vestido) | histoire du costume (estudio).

indumento *m* vêtement, habillement.

induración *f* MED induration (endurecimiento).

indurar *v tr* indurer.

industria *f* industrie | habileté, industrie (maña) ■ industria clave industrie clef | industria conservera conserverie | industria molinera minoterie, meunerie | industria pesada industrie lourde | industria siderúrgica industrie sidérurgique ■ caballero de industria chevalier d'industrie | de industria exprès, à dessein.

industrial *adj & s m* industriel, elle.

industrialismo *m* industrialisme.

industrialización *f* industrialisation.

industrializar [13] *v tr* industrialiser.
 ➤ **industrializarse** *v pr* s'industrialiser.

industriarse *v pr* s'ingénier, se débrouiller.

industrioso, sa *adj* industrieux, euse.

induvia *f* BOT induvie.

INE (abrev de Instituto Nacional de Estadística) *m* institut national espagnol de statistiques, ≃ INSEE.

inecuación *f* MAT inéquation.

inedia *f* diète (dieta).

inédito, ta *adj & s m* inédit, e; algo inédito de l'inédit.

ineducación *f* impolitesse, manque *m* d'éducation (falta de educación).

ineducado, da *adj* mal élevé; malappris, e; impoli, e.

INEF (abrev de Instituto Nacional de Educación Física) *m* institut national espagnol de formation des professeurs d'éducation physique.

inefabilidad *f* ineffabilité.

inefable *adj* ineffable.

inefablemente *adv* ineffablement.

ineficacia *f* inefficacité.

ineficaz *adj* inefficace.
 ▨ OBSERV pl ineficaces.

ineficiencia *f* inefficacité (ineficacia).

ineficiente *adj* inefficace.

inejecución *f* inexécution.

inelegancia *f* inélégance.

inelegante *adj* inélégant, e.

inelegible *adj* inéligible.

ineluctable *adj* inéluctable.

ineludible *adj* inéluctable, inévitable.

ineludiblemente *adv* inéluctablement.

Inem (abrev de Instituto Nacional de Empleo) *m* institut national espagnol pour l'emploi, ≃ ANPE.

INEM

L'INEM a pour mission principale de réglementer les contrats de travail et de gérer les prestations de chômage. Bien qu'en ce moment la législation du travail soit en voie de réforme, on peut dire, de manière schématique, que toute personne susceptible d'être embauchée par une entreprise ou une société doit être inscrite à l'INEM. C'est toutefois pour la gestion des prestations de chômage que l'INEM est le plus connu; il s'occupe également (hélas plus en théorie qu'en pratique) d'aider les chômeurs à retrouver un emploi et d'organiser des formations pour ceux qui désirent se recycler.

---

inembargabilidad *f* DR insaisissabilité.

inembargable *adj* DR insaisissable.

inenarrable *adj* inénarrable.

inepcia *f* ineptie.

ineptitud *f* ineptie (necedad) | [▷ SIN] inaptitude (falta de aptitud).
 | SIN incapacidad incapacité; insuficiencia insuffisance; inexperiencia inexpérience; impericia impéritie; torpeza maladresse.

inepto, ta *adj* inepte.
 ➤ **inepto** *m* FAM incapable, nullité *f*.

inequívoco, ca *adj* indubitable, évident, e; non équivoque; inequívocas señales de ebriedad des signes évidents d'ébriété.

inercia *f* inertie | MÉCAN fuerza de inercia force d'inertie.

inercial *adj* FÍS inertiel, elle.

inerme *adj* BOT & ZOOL inerme | désarmé, e; sans armes (sin armas).

inerte *adj* inerte.

inervación *f* innervation.

inervar *v tr* innerver.

Inés *n pr* Agnès.

inescrupuloso *adj* sans scrupule.

inescrutable; inescrudriñable *adj* insondable, impénétrable (insondable); los caminos del Señor son inescrutables les voies du Seigneur sont insondables.

inesperadamente *adv* de façon inespérée | subitement; murió inesperadamente il mourut subitement.

inesperado, da *adj* inespéré, e; inattendu, e.

inestabilidad *f* instabilité.

inestable *adj & s* instable.

inestimable *adj* inestimable.

inestimado, da *adj* inestimé, e.

inevitable *adj* inévitable.
 | SIN forzoso forcé; obligatorio obligatoire; ineludible, ineluctable inéluctable.

inevitablemente *adv* inévitablement.

inexactamente *adv* inexactement.

inexactitud *f* inexactitude.

inexacto, ta *adj* inexact, e.

inexcusable *adj* inexcusable.

inexhausto, ta *adj* inépuisable (inagotable).

inexigibilidad *f* inexigibilité.

inexigible *adj* inexigible.

ineludible *adj* inéluctable, inévitable.

inexistencia *f* inexistence.

inexistente *adj* inexistant, e.

inexorabilidad *f* inexorabilité.

inexorable *adj* inexorable.

inexorablemente *adv* inexorablement.

inexperiencia *f* inexpérience.

inexperto, ta; inexperimentado, da *adj* inexpérimenté, e.

inexpiado, da *adj* inexpié, e.

inexplicable *adj* inexplicable.

inexplicablemente *adv* inexplicablement.

inexplicado, da *adj* inexpliqué, e.

inexplorable *adj* inexplorable.

inexplorado, da *adj* inexploré, e.

inexplotable *adj* inexploitable.

inexplotado, da *adj* inexploité, e.

inexpresable *adj* inexprimable.

inexpresivamente *adv* froidement, sans expression.

inexpresivo, va *adj* inexpressif, ive.

inexpugnable *adj* inexpugnable, imprenable.

in extenso *loc adv* in extenso.

inextinguible *adj* inextinguible, inapaisable; sed inextinguible soif inextinguible.

inextirpable *adj* inextirpable.

in extremis *loc adv* in extremis.

inextricable *adj* inextricable.

infalibilidad *f* infaillibilité; infalibilidad pontificia infaillibilité pontificale.

infalible *adj* infaillible.

infaliblemente *adv* infailliblement, immanquablement.

infalsificable *adj* infalsifiable.

infamación *f* diffamation.

infamador, ra *adj & s* diffamateur, trice.

infamante *adj* infamant, e.

infamar *v tr* rendre infâme.
 ➤ **infamarse** *v pr* se rendre infâme.

infamatorio, ria *adj* infamant, e.

infame *adj & s* infâme.

infamemente *adv* avec infamie.

infamia *f* infamie.

infancia *f* enfance; ha vuelto a la infancia il est retombé en enfance | FIG enfance (principio); la infancia del mundo l'enfance du monde ■ en la primera infancia en bas âge | FIG; no estás en la primera infancia tu n'es plus un gamin, tu n'es plus une gamine.

infando, da *adj* innommable, exécrable, ignoble (nefando).

infanta *f* infante (hija del rey o esposa de un infante) | fillette (niña).

infantado *m* apanage o fief d'un infant.

infante *m* enfant (niño) | infant (hijo de rey) | fantassin (soldado de infantería).

infantería *f* MIL infanterie ■ infantería de marina infanterie de marine | infantería ligera infanterie légère | infantería motorizada infanterie portée.

infanticida *adj & s* infanticide.

infanticidio *m* infanticide (asesinato).

infantil *adj* infantile; enfermedad infantil maladie infantile ‖enfantin, e; puéril, e (inocente); comportamiento infantil conduite enfantine ■ literatura infantil littérature pour enfants ‖ DEP prueba para infantiles épreuve catégorie enfants o minimes.

infantilidad *f* enfantillage *m* (niñería).

infantilismo *m* infantilisme.

infantiloide *adj* atteint, e d'infantilisme.

infanzón, ona *m* & *f* infançon, onne (noble español).

infanzonazgo *m* patrimoine de l'infançon.

infartar *v tr* MED engorger.

infarto *m* MED engorgement (aumento) ‖ infarctus; infarto del miocardio, mesentérico, pulmonar infarctus du myocardio, mésentérique, pulmonaire.

infatigable *adj* infatigable; infatigable en el trabajo infatigable au travail.

infatigablemente *adv* indefatigablement.

infatuación *f* infatuation (engreimiento).

infatuar [6] *v tr* rendre fat o arrogant, e; infatuer (p us).
➡ **infatuarse** *v pr* s'infatuer, s'engouer ‖ s'enorgueillir, se griser; infatuarse con un éxito s'enorgueillir d'un succès ‖ infatuarse con los aplausos être grisé par les applaudissements.

infausto, ta *adj* malheureux, euse.

infección *f* infection.

infeccionar *v tr* infecter (inficionar).

infeccioso, sa *adj* infectueux, euse; enfermedad infecciosa maladie infectieuse.

infectar *v tr* infecter; llaga infectada plaie infectée.

infecto, ta *adj* infect, e (pestilente) ‖ infecté, e (inficionado).

infecundidad *f* infécondité (esterilidad).

infecundo, da *adj* infécond, e.

infelice *adj* POÉT infortuné, e (infeliz).

infelicidad *f* malheur *m*, infortune.

infeliz *adj* & *s* malheureux, euse (desgraciado) ‖ FAM brave (bondadoso) ‖ es un infeliz c'est un pauvre type.

infelizote *m* brave type.

inferencia *f* conséquence (ilación) ‖ FILOS inférence (razonamiento).

inferior *adj* & *s* inférieur, e.
‖ SIN subordinado subordonné; subalterno subalterne; dependiente dépendant.

inferioridad *f* infériorité ‖ complejo de inferioridad complexe d'infériorité.

inferiormente *adv* inférieurement.

inferir [27] *v tr* inférer (p us), déduire, induire (sacar una consecuencia); de ello infiero que j'en déduis que, de cela j'induis que ‖ causer, occasionner (llevar consigo) ‖ causer, faire (hacer); inferir una herida, un agravio faire une blessure, causer un tort.

infernáculo *m* marelle *f* (juego).

infernal *adj* infernal, e ‖ FIG infernal, e; d'enfer; ruido infernal bruit infernal o d'enfer ‖ fuego infernal feu d'enfer.

infernillo ➡ **infiernillo**.

ínfero, ra *adj* BOT infère.

infestación *f* MED infestation.

infestar *v tr* infester (causar estragos) ‖ infecter (corromper).
➡ **infestarse** *v pr* être infesté, e.

infesto, ta *adj* nuisible.

infeudar *v tr* inféoder (enfeudar).

inficionar *v tr* infecter (infectar) ‖ FIG corrompre (con malos ejemplos, etc.).

infidelidad *f* infidélité ‖ manque *m* de loyauté ‖ les infidèles *m pl* (no católicos).

infiel *adj* & *s* infidèle ‖ infiel con o a o para o para con sus promesas infidèle à ses promesses.

infiernillo; infernillo *m* réchaud; infiernillo de alcohol réchaud à alcool.

infierno *m* enfer; ir al infierno aller en enfer ‖ FIG & FAM enfer ‖ TECN enfer (en la extracción del aceite de oliva) ■ FAM anda o vete al infierno va-t'en au diable ‖ el camino del infierno está empedrado de buenas intenciones l'enfer est pavé de bonnes intentions ‖ FAM en el quinto infierno, en los quintos infiernos aux cinq diables, au diable vauvert, au diable, à tous les diables.
➡ **infiernos** *m pl* enfers (mitología).

infiltración *f* infiltration ‖ FIG noyautage *m* (entre los adversarios).

infiltrado *m* MED infiltrat.

infiltrar *v tr* faire s'infiltrer ‖ FIG insinuer, suggérer (infundir).
➡ **infiltrarse** *v pr* s'infiltrer.
‖ OBSERV El verbo francés infiltrer no puede ser más que pronominal.

ínfimo, ma *adj* infime.

infinidad *f* infinité ‖ FIG & FAM foule, infinité; una infinidad de cosas une foule de choses.

infinitamente *adv* infiniment.

infinitesimal; infinitésimo, ma *adj* infinitésimal, e.

infinitivo, va *adj* & *s m* infinitif, ive.

infinito, ta *adj* & *s m* [▷ SIN] infini, e.
➡ **infinito** *adv* infiniment, beaucoup; lo celebro infinito je m'en réjouis infiniment ‖ a lo infinito à l'infini, infiniment.
‖ SIN absoluto absolu; ilimitado illimité; inmenso immense.

infinitud *f* infinitude, infinité.

infirmación *f* infirmation, annulation.

infirmar *v tr* DR infirmer, déclarer nul, annuler (invalidar).

inflación *f* inflation (monetaria) ‖ (p us) gonflement *m* (hinchamiento) ‖ FIG vanité, orgueil *m* (vanidad).

inflacionario, ria *adj* inflationniste.

inflacionismo *m* inflationnisme.

inflacionista *adj* & *s* inflationniste.

inflado *m* gonflage (de un neumático), gonflement (globo, etc.).

inflagaitas *m* & *f inv* imbécile, ballot.

inflamabilidad *f* inflammabilité.

inflamable *adj* inflammable.

inflamación *f* inflammation.

inflamar *v tr* enflammer.
➡ **inflamarse** *v pr* s'enflammer.

‖ SIN electrizar électriser; enardecer échauffer; encender embraser.

inflamatorio, ria *adj* MED inflammatoire.

inflamiento *m* gonflement, gonflage ‖ enflure *f* (hinchazón).

inflar *v tr* enfler, gonfler; el viento infla las velas le vent gonfle les voiles; inflar un neumático, un globo gonfler un pneu, un ballon ‖ FIG enfler, grossir, exagérer (exagerar) ‖ remplir o gonfler d'orgueil (envanecer).
➡ **inflarse** *v pr* se gonfler, s'enfler (hincharse) ‖ FIG se rengorger, se gonfler, être bouffi d'orgueil; inflarse con un éxito se rengorger à la suite d'un succès.

inflexibilidad *f* inflexibilité (firmeza).

inflexible *adj* inflexible.

inflexiblemente *adv* LIT & FIG inflexiblement.

inflexión *f* inflexion.

inflexivo, va; inflexo, xa *adj* infléchi, e.

infligir [15] *v tr* infliger; infligir una multa de... infliger une amende de...

inflorescencia *f* BOT inflorescence.

influencia *f* influence ‖ ejercer influencia en influencer, avoir une influence sur.
‖ SIN ascendiente, influjo ascendant; prestigio prestige; crédito crédit; dominio autorité.

influenciar [8] *v tr* influencer (influir).

influente *adj* influent, e.

influenza *f* MED influenza, grippe.

influir [51] *v intr* influer, avoir une influence; el clima influye en o sobre la vegetación le climat a une influence sur la végétation ‖ FIG influencer.

influjo *m* influence *f* (influencia) ‖ flux (flujo de la marea) ‖ influx, influxion *f*; influjo nervioso, físico influx nerveux, physique.

influyente *adj* influent, e.

infografía *f* INFORM Infographie®.

infolio *m inv* in-folio (libro).

información *f* information (noticia) ‖ renseignement *m* (teléfono, etc.) ‖ DR enquête (judicial) ‖ information, informé *m* (penal) ■ DR información de derecho o en derecho información authentique ‖ información sumaria información sommaire, procès-verbal ‖ información deportiva rubrique sportive ■ a título de información à titre de renseignement o d'information ‖ de información pour mémoire ‖ servicio de información service de presse (prensa), service de renseignements (que informa).
➡ **informaciones** *f pl* informations (radio, televisión) ‖ références (de un criado) ‖ renseignements *m* (teléfono).

informado, da *adj* informé, e; fuentes bien informadas sources bien informées ‖ renseigné, e ‖ avec des références; se necesita criada bien informada on demande domestique avec de sérieuses références o ayant de bonnes références.

informador, ra *adj* & *s* informateur, trice ‖ informador de la policía indicateur de police ‖ informador gráfico reporter, journaliste.
➡ **informador** *m* (Amer) rapporteur (ponente).

informal *adj* peu sérieux, euse ‖ qui manque d'exactitude (no puntual).

◇ *m & f* fumiste (poco formal).

informalidad *f* manque *m* de sérieux, de tenue, de ponctualité; légèreté.

informalmente *adv* peu sérieusement.

informante *adj* informant, e (que informa). ◇ *m* informateur (que da informaciones), rapporteur (de una comisión).

informar *v tr* [▷ SIN] informer, instruire ▌ faire savoir; los cosmonautas informaron que todo se hallaba bien les cosmonautes firent savoir que tout allait bien ▌ renseigner; informar a un transeúnte renseigner un passant ▌ informer (filosofía) ▌ informar a la dirección en référer à la direction.
◇ *v intr* DR informer de o sur (un crimen, etc.) ▌ instruire (instruir) ▌ plaider (un abogado) ▌ rapporter; informar de las decisiones de una comisión rapporter les décisions d'une commission.
◆ **informarse** *v pr* s'informer, se renseigner; infórmense en nuestras oficinas renseignez-vous dans nos bureaux ▌ aller aux renseignements (buscar informaciones) ▌ prendre des renseignements; informarse sobre una criada prendre des renseignements sur une domestique.

> SIN iniciar initier; enterar renseigner; anunciar annoncer; avisar avertir, aviser; comunicar communiquer; advertir, prevenir avertir, prévenir; enseñar apprendre; participar faire savoir; dar a conocer connaître, faire savoir.

informático, ca *adj* informatique. ◇ *m & f* informaticien, enne (persona). ◆ **informática** *f* informatique (ciencia).

informativo, va *adj* qui informe o renseigne, d'information, de renseignements; servicios informativos de la televisión services d'information de la télévision.

informatización *f* informatisation.

informatizar [13] *v tr & pr* informatiser.

informe *adj* informe.
◇ *m* information *f*, renseignement; pedir informes de o sobre demander des renseignements sur; tomar informes prendre des renseignements ▌ rapport (de policía, etc.); el informe de la Comisión le rapport de la Commission ▌ MIL rapport ▌ mémoire; informe sobre la ley agraria mémoire sur la loi agraire ▌ DR plaidoyer, plaidoirie *f* (exposición); informe forense, jurídico plaidoirie, rapport judiciaire ▌ dossier (expediente) ▌ réquisition *f*, réquisitoire, acte d'accusation (del fiscal) ■ informe de peritos rapport des experts, expertise ▌ hacer un informe rapporter, faire un rapport.
◆ **informes** *m pl* références *f* (de un empleado).

informulable *adj* informulable, indicible [littéraire].

infortuna *f* influence néfaste (de los astros).

infortunadamente *adv* malheureusement.

infortunado, da *adj & s* infortuné, e; malheureux, euse (desgraciado); el infortunado dejó de existir en el hospital le malheureux cessa de vivre à l'hôpital.

infortunio *m* infortune *f*.

infosura *f* VETER fourbure (aguadura).

infracción *f* infraction.

infractor *m* infracteur, transgresseur.

infracturable *adj* incrochetable (puerta, etc.).

infraespinoso, sa *adj & s m* MED infraspinal, e.

infraestructura *f* infrastructure.

in fraganti *loc adv* en flagrant délit, sur le fait; coger o pillar a uno in fraganti prendre quelqu'un en flagrant délit.

infrahumano, na *adj* infrahumain, e; inhumain, e ▌ condiciones infrahumanas de vida conditions de vie inhumaines.

infrangible *adj* infrangible.

infranqueable *adj* infranchissable.

infraoctava *f* RELIG octave.

infraoctavo, va *adj* se dit des jours de l'octave.

infraorbitario, ria *adj* MED sous-orbitaire.

infrarrojo, ja *adj & s m* FÍS infrarouge.

infrascripto, ta; infrascrito, ta *adj & s* soussigné, e; el infrascrito je soussigné. ◇ *adj* qui est écrit au-dessous, ci-dessous.

infrasonido *m* FÍS infra-son.

infrasonoro, ra *adj* FÍS infrasonore.

infrautilizar [13] *v tr* sous-utiliser.

infravalorar *v tr* sous-estimer, sous-évaluer, mésestimer.

infrecuencia *f* rareté.

infrecuente *adj* rare, inhabituel, elle; peu fréquent, e.

infringir [15] *v tr* enfreindre, transgresser.

infructífero, ra *adj* infructueux, euse; campo infructífero champ infructueux.

infructuosamente *adv* vainement, inutilement, stérilement.

infructuosidad *f* inefficacité.

infructuoso, sa *adj* infructueux, euse; esfuerzo infructuoso effort infructueux.

ínfulas *f pl* infules (antiguo ornamento sacerdotal) ▌ fanons *m* (de mitra episcopal) ▌ FIG prétention *sing*, vanité *sing* ■ FAM darse ínfulas de gran señor jouer les grands seigneurs ▌ se da o tiene muchas ínfulas il ne se prend pas pour n'importe qui.

infumable *adj* infumable ▌ FAM imbuvable (insoportable).

infundado, da *adj* sans fondement, non fondé, e.

infundibuliforme *adj* BOT infundibuliforme.

infundíbulo *m* ANAT infundibulum.

infundio *m* fausse nouvelle *f*, bobard FAM.

infundioso, sa *adj* mensonger, ère.

infundir *v tr* inspirer, communiquer, infuser (p us); infundir terror, unas dudas, respeto inspirer la terreur, des doutes, le respect ▌ donner; infundir ánimo donner du courage ▌ inculquer; consiguió infundirme sus ideas il a réussi à m'inculquer ses idées ▌ infundir sospechas éveiller des soupçons.

infurción *f* ancien tribut *m* foncier.

infusibilidad *f* infusibilité.

infusible *adj* infusible.

infusión *f* infusion.

infuso, sa *adj* infus, e; ciencia infusa science infuse.

infusorios *m pl* ZOOL infusoires (ciliados).

inga *m* inca (inca) ▌ (ant) piedra inga pyrite.

ingá *m* BOT inga.

ingeniar [8] *v tr* inventer (imaginar).

ingeniarse; inteligenciarse *v pr* s'ingénier; ingeniarse para vivir decentemente s'ingénier à vivre décemment ▌ ingeniárselas s'arranger; siempre se las ingenia para no trabajar il s'arrange toujours pour ne pas travailler.

ingeniería *f* génie *m* civil ▌ ingeniería genética ingénierie o génie génétique ▌ obra de ingeniería réalisation technique.

ingeniero *m* ingénieur ■ ingeniero agrónomo ingénieur agronome ▌ ingeniero civil ingénieur civil ▌ ingeniero consultor ingénieur-conseil ▌ ingeniero de caminos, canales y puertos ingénieur des ponts et chaussées ▌ ingeniero de minas ingénieur des mines ▌ ingeniero de montes ingénieur des eaux et forêts ▌ ingeniero de sonido ingénieur du son ▌ ingeniero de telecomunicaciones ingénieur des télécommunications ▌ INFORM ingeniero de sistemas ingénieur système ▌ ingeniero industrial ingénieur industriel o de fabrication ▌ ingeniero naval o de la armada ingénieur du Génie maritime ▌ ingeniero químico ingénieur chimiste ▌ ingeniero técnico technicien supérieur ■ cuerpo de ingenieros militares, navales génie militaire, maritime.

ingenio *m* génie (habilidad, talento) ▌ génie, personne *f* de génie (persona) ▌ esprit (agudeza); tener ingenio avoir de l'esprit ▌ ingéniosité *f*, habileté *f*, adresse *f* (habilidad); el ingenio de un inventor l'ingéniosité d'un inventeur ▌ engin; ingenio espacial engin spatial ▌ TECN presse *f* à rogner (máquina de encuadernación) ■ ingenio de azúcar sucrerie, raffinerie de sucre ▌ FIG afilar o aguzar el ingenio se creuser la tête o la cervelle.

ingeniosamente *adv* ingénieusement.

ingeniosidad *f* ingéniosité; la ingeniosidad de un mecanismo l'ingéniosité d'un mécanisme ▌ FIG subtilité (sutileza).

ingenioso, sa *adj* ingénieux, euse (hábil) ▌ spirituel, elle (divertido) ■ echárselas de ingenioso, mostrarse ingenioso faire de l'esprit ▌ salida ingeniosa mot o trait d'esprit ▌ ser ingenioso avoir de l'esprit o de l'idée.

ingénito, ta *adj* inné, e.

ingente *adj* très grand, e; énorme; ingentes recursos mineros d'énormes ressources minières.

ingenuamente *adv* ingénument.

ingenuidad *f* ingénuité, naïveté.

ingenuo, nua *adj & s* ingénu, e; naïf, ïve. ◆ **ingenuo** *f* TEATR ingénue (dama joven).

ingerencia *f* ingérence.

ingeridura *f* enture (injerto de un árbol).

ingerir [27] *v tr* ingérer, avaler.

ingestión *f* ingestion.

Inglaterra *n pr f* GEOGR Angleterre.

ingle *f* ANAT aine.

inglés, esa *adj & s* anglais, e ▌ patatas fritas a la inglesa chips.
◆ **inglés** *m* LING anglais; hablar inglés parler anglais.

inglesa *f* anglaise (letra).
▊ OBSERV pl ingleses, inglesas.

inglesismo *m* anglicisme.

inglete *m* onglet (en la escuadra) ▍TECN caja de ingletes boîte à onglets.

ingobernable *adj* ingouvernable.

ingratamente *adv* ingratement.

ingratitud *f* ingratitude; mostrar ingratitud payer d'ingratitude, faire preuve d'ingratitude.

ingrato, ta *adj & s* ingrat, e; ingrato con o para con ingrat envers ▪ de ingratos está lleno el mundo le monde est plein d'ingrats ▍hijo ingrato fils ingrat.

ingravidez *f* impondérabilité (que no se puede pesar) ▍apesanteur, absence de pesanteur, non-pesanteur (sin gravedad).
▊ OBSERV pl ingravideces.

ingrávido, da *adj* sans poids, léger, ère ▍sans pesanteur (hacia la Tierra).

ingrediente *m* ingrédient.
➥ **ingredientes** *m pl* (*Amer*) amuse-gueule.

ingresado, da *adj* encaissé, e (dinero) ▍reçu, e; admis, e (a un examen) ▍candidato no ingresado candidat non admis o malheureux.

ingresar *v intr* rentrer (dinero, fondos) ▍entrer, être admis, e (en una academia, escuela, hospital); falleció a poco de ingresar en el hospital il mourut peu après avoir été admis à l'hôpital; ingresar en la Universidad entrer à l'université ▍este mes han ingresado en caja mil pesetas ce mois-ci la recette a été de mille pesetas.
◇ *v tr* déposer, mettre, porter, verser; ingresar dinero en el banco déposer de l'argent à la banque; ingresar una cantidad en cuenta porter une somme en compte ▍ingresar en caja encaisser.
➥ **ingresarse** *v pr* (*Amer*) s'engager (alistarse).

ingresivo, va *adj* GRAM ingressif, ive.

ingreso *m* entrée *f* (entrada) ▍[▷ SIN] admission *f* (en una academia, escuela, hospital) ▍COM recette *f*, encaissement, rentrée *f* (de dinero) ▍encaisse *f* (caudal) ▍dépôt (depósito) ▍versement (en una cuenta corriente) ▪ examen de ingreso examen d'entrée ▍examen de ingreso en el bachillerato examen d'entrée en sixième ▪ estar en ingreso être en septième (colegio).
➥ **ingresos** *m pl* recettes *f*, revenus *m*; ingresos brutos revenus bruts ▍COM gastos e ingresos entrées et sorties.
▍SIN entrada, alta entrée; admisión admission.

íngrimo, ma *adj* (*Amer*) isolé, e; seul, e.

inguinal; inguinario, ria *adj* inguinal, e.

ingurgitación *f* MED ingurgitation.

ingurgitar *v tr* ingurgiter (engullir).

inhábil *adj* inhabile; inhábil en inhabile à ▍DR incapable, inhabile ▪ día inhábil jour férié o chômé ▍hora inhábil heure de fermeture.

inhabilidad *f* inhabilité ▍DR incapacité, inhabilité.

inhabilitación *f* DR déclaration d'incapacité o d'inhabilité, déchéance.

inhabilitar *v tr* DR déclarer incapable; inhabilitar a uno para ejercer una función déclarer quelqu'un incapable d'exercer une fonction ▍interdire (prohibir); inhabilitar a uno de ejercer un oficio interdire à quelqu'un l'exercice d'un métier.
➥ **inhabilitarse** *v pr* devenir inhabile.

inhabitable *adj* inhabitable.

inhabitado, da *adj* inhabité, e (deshabitado).
▍SIN deshabitado inhabité; desierto, despoblado, yermo désert.

inhabitual *adj* inhabituel, elle.

inhacedero, ra *adj* infaisable.

inhalación *f* inhalation.

inhalador, ra *adj & s m* inhalateur, trice.

inhalar *v tr* inhaler.

inherencia *f* inhérence.

inherente *adj* inhérent, e; inherente al cargo que ocupa inhérent au poste qu'il occupe.

inhibición *f* inhibition (fisiológica o psíquica) ▍refoulement *m* (de las tendencias condenables).

inhibidor, ra *adj* inhibiteur, trice.
➥ **inhibidor** *m* QUÍM inhibiteur.

inhibir *v tr* DR mettre opposition à ▍MED inhiber (un proceso fisiológico o psicológico) ▍refouler (las tendencias condenables).
➥ **inhibirse** *v pr* s'abstenir de, se soustraire à.

inhibitorio, ria *adj* DR inhibitoire ▍inhibitoire, inhibitif, ive; inhibiteur, trice.

inhospitalario, ria *adj* inhospitalier, ère.

inhospitalidad *f* inhospitalité.

inhóspito, ta *adj* inhospitalier, ère.

inhumación *f* inhumation.

inhumanamente *adv* inhumainement.

inhumanidad *f* inhumanité.

inhumano, na *adj* inhumain, e.
▍SIN despiadado impitoyable; implacable implacable; inflexible inflexible; inexorable inexorable; duro dur; brutal brutal.

inhumar *v tr* inhumer.

INI (abrev de Instituto Nacional de Industria) *m* organisme gouvernemental espagnol pour la promotion de l'industrie.

iniciación *f* initiation; iniciación a la filosofía, religiosa initiation à la philosophie, religieuse ▍commencement *m*, début *m* (principio) ▍mise en train, mise en route (puesta en marcha); negociaciones con vistas a la iniciación de intercambios comerciales négociations en vue de la mise en route d'échanges commerciaux ▍déclenchement *m* (brusco); iniciación de un ataque déclenchement d'une attaque.

iniciado, da *adj & s* initié, e; los iniciados les initiés.

iniciador, ra *adj & s* initiateur, trice.

inicial *adj* initial, e; palabras iniciales mots initiaux ▍desembolso inicial premier versement.
◇ *f* initiale (letra).

inicialización *f* INFORM initialisation.

inicializar [13] *v tr* INFORM initialiser.

inicialmente *adv* initialement.

iniciar [8] *v tr* initier; iniciar a uno en initier quelqu'un à ▍commencer, entamer, amorcer; iniciar conversaciones entamer des conversations ▍déclencher (bruscamente).
➥ **iniciarse** *v pr* s'initier; iniciarse en grafología s'initier à la graphologie ▍commencer, être entamé o amorcé; se inició el debate le débat commença o fut entamé.

iniciático, ca *adj* initiatique.

iniciativa *f* initiative; iniciativa privada initiative privée ▍obrar por propia iniciativa agir de son propre chef o de son propre mouvement o de sa propre initiative.

iniciativo, va *adj* initial, e; premier, ère.

inicio *m* commencement, début.

inicuamente *adv* iniquement.

inicuo, cua *adj* inique.

inigualable *adj* inégalable.

inigualado, da *adj* inégalé, e.

inimaginable *adj* inimaginable.

inimitable *adj* inimitable.

ininflamabilidad *f* ininflammabilité.

ininflamable *adj* ininflammable.

ininteligencia *f* inintelligence.

ininteligente *adj* inintelligent, e.

ininteligentemente *adv* inintelligemment.

ininteligibilidad *f* inintelligibilité.

ininteligible *adj* inintelligible.

ininterrumpidamente *adv* sans arrêt, continuellement.

ininterrumpido, da *adj* ininterrompu, e.

ininterrupción *f* ininterruption.

iniquidad *f* iniquité.

INIT (abrev de Instituto Nacional de Ingenieros Técnicos) *m* institut national espagnol des ingénieurs.

injerencia *f* ingérence.

injeridura *f* enture (injerto de un árbol).

injerir [27] *v tr* insérer, introduire (injertar).
➥ **injerirse** *v pr* s'ingérer.

injertable *adj* qui peut être greffé, e.

injertado, da *adj* greffé, e.

injertador *m* greffeur.

injertar *v tr* greffer.

injertera *f* plantation [d'arbres provenant d'une pépinière].

injerto *m* AGRIC greffe *f*; injerto de corona, de escudete, de púa, de aproximación, por empalme greffe en couronne, en écusson, en fente, par approche, en placage ▍greffon (yema implantada) ▍greffage (acción) ▍MED greffe *f*; injerto de la córnea greffe de la cornée ▍greffon.

injuria *f* injure; llenar de injurias accabler d'injures ▪ delito de injurias al jefe de Estado délit d'outrage au chef de l'État ▍injurias y actos de violencia injures et voies de fait.
▍SIN invectiva invective; insulto, denuesto, dicterio insulte; escarnio raillerie; ofensa offense; afrenta, agravio affront; ultraje outrage.

injuriador, ra *adj & s* qui injurie, insolent, e.

injuriante *adj* qui injurie.

injuriar [8] *v tr* injurier ▌ endommager (dañar).

injurioso, sa *adj* injurieux, euse.

injustamente *adv* injustement.

injusticia *f* injustice.

injustificable *adj* injustifiable.

injustificadamente *adv* sans justification.

injustificado, da *adj* injustifié, e.

injusto, ta *adj & s* injuste.
▌ SIN parcial partial; inicuo inique.

inllevable *adj* insupportable, intolérable (sufrimiento) ▌ immettable (vestido).

INM (abrev de Instituto Nacional de Meteorología) *m* institut national espagnol de la météorologie.

inmaculadamente *adv* sans tache.

inmaculado, da *adj* immaculé, e.
➥ **inmaculada** *f* la Inmaculada l'Immaculée Conception.

inmadurez *f* immaturité.
▌ OBSERV pl inmadureces.

inmaduro, ra *adj & s* immature (sin madurez) ▌ inexpérimenté, e (inexperto).

inmanejable *adj* immaniable ▌ intraitable ▌ (*Amer*) inconduisible (automóvil).

inmanencia *f* immanence.

inmanente *adj* immanent, e.

inmanentismo *m* immanentisme.

inmarcesible *adj* immarcescible (inmarchitable).

inmarchitable *adj* inflétrissable, immarcescible.

inmaterial *adj* immatériel, elle.

inmaterialidad *f* immatérialité.

inmaterialismo *m* immatérialisme.

inmaterialista *adj & s* immatérialiste.

inmaterializar [13] *v tr* immatérialiser.

inmaturo, ra *adj* vert, e (que no está maduro).

INME (abrev de Instituto Nacional de Moneda Extranjera) *m* institut national espagnol des devises.

inmediación *f* contiguïté (carácter de lo inmediato) ▌ FILOS immédiateté.
➥ **immediaciones** *f pl* environs *m*, alentours *m*, abords *m* (los alrededores); las inmediaciones de una población les abords d'une ville.

inmediatamente *adv* immédiatement, aussitôt, illico FAM ▌ inmediatamente después que o inmediatamente que cenemos immédiatement après avoir dîné, dès que nous aurons dîné.
▌ SIN al punto, en el acto sur-le-champ; en seguida tout de suite; al instante à l'instant; incontinenti incontinent.

inmediatez *f* proximité (en el espacio) ▌ rapidité (en el tiempo).
▌ OBSERV pl inmediateces.

inmediato, ta *adj* immédiat, e ▌ contigu, ë (vecino) ▌ (*Amer*) de inmediato immédiatement.
➥ **inmediato** *m* lo inmediato l'immédiat.

inmejorable *adj* parfait, e; excellent, e; incomparable.

inmemorial *adj* immémorial, e; usos inmemoriales usages immémoriaux ▌ desde tiempo inmemorial de toute éternité, depuis des temps immémoriaux.

inmensamente *adv* immensément.

inmensidad *f* immensité.

inmenso, sa *adj* immense ▌ FIG & FAM formidable, extraordinaire (magnífico) ▌ FIG & FAM pasarlo inmenso s'amuser comme un fou.

inmensurable *adj* immensurable, impossible à mesurer.

inmerecidamente *adv* d'une manière imméritée.

inmerecido, da *adj* immérité, e.

inmergir [15] *v tr* immerger (sumergir).

inmersión *f* immersion ▌ plongée (de un submarino).

inmerso, sa *adj* immergé, e (sumergido).

inmigración *f* immigration.

inmigrado, da *adj & s* immigré, e.

inmigrante *adj & s* immigrant, e.

inmigrar *v intr* immigrer.

inmigratorio, ria *adj* relatif, relative à l'immigration.

inminencia *f* imminence.

inminente *adj* imminent, e.

inmiscuir [51] *v tr* (p us) mélanger, mêler.
➥ **inmiscuirse** *v pr* FIG s'immiscer; inmiscuirse en un asunto s'immiscer dans une affaire.
▌ SIN ingerirse s'ingérer; meterse, entremeterse se mêler.

inmobiliario, ria *adj* immobilier, ère.
➥ **inmobiliaria** *f* société, agence immobilière.

inmodestia *f* immodestie.

inmodesto, ta *adj* immodeste.

inmolación *f* immolation.

inmolador *m* immolateur.

inmolar *v tr* immoler; inmolar corderos immoler des agneaux.
➥ **inmolarse** *v pr* FIG s'immoler.

inmoral *adj* immoral, e.

inmoralidad *f* immoralité.

inmoralismo *m* immoralisme.

inmoralista *adj & s* immoraliste.

inmortal *adj* immortel, elle.

inmortalidad *f* immortalité.

inmortalizar [13] *v tr* immortaliser.

inmotivado, da *adj* immotivé, e.

inmoto, ta *adj* immobile (inmóvil).

inmóvil *adj* immobile.

inmovilidad *f* immobilité.

inmovilismo *m* immobilisme.

inmovilista *adj & s* immobiliste.

inmovilización *f* immobilisation.

inmovilizado, da *adj* immobilisé, e.
➥ **inmovilizado** *m* ECON immobilisations *f pl*.

inmovilizar [13] *v tr* immobiliser.

inmudable *adj* immuable (inmutable).

inmueble *adj & s* immeuble ▌ DR bienes inmuebles biens immeubles, immobilier.

inmundicia *f* immondice.

inmundo, da *adj* immonde ▌ el espíritu inmundo l'esprit immonde (el demonio).

inmune *adj* exempt, e (exento) ▌ immunisé, e (contra ciertas enfermedades).

inmunidad *f* immunité; inmunidad diplomática, parlamentaria immunité diplomatique, parlementaire.

inmunitario, ria *adj* MED immunitaire.

inmunización *f* immunisation.

inmunizador, ra *adj* immunisant, e.

inmunizar [13] *v tr* immuniser.

inmunodeficiencia *f* MED immunodéficience.

inmunodepresor *m* MED immunodépresseur, immunosuppresseur.

inmunodiagnosis *f inv* MED serodiagnostic.

inmunogenética *f* MED immunogénétique.

inmunoglobulina *f* MED immunoglobuline.

inmunología *f* MED immunologie.

inmunológico, ca *adj* MED immunologique.

inmunólogo, ga *m & f* MED immunologiste.

inmunoterapia *f* MED immunothérapie.

inmunotoxina *f* MED immunotoxine.

inmutabilidad *f* immutabilité, immuabilité.

inmutable *adj* immuable.

inmutación *f* altération, changement *m*.

inmutar *v tr* altérer, changer.
➥ **inmutarse** *v pr* s'altérer (el semblante) ▌ se troubler, perdre contenance, broncher FAM; no se inmutó il n'a pas perdu contenance.

innatismo *m* FILOS innéisme.

innato, ta *adj* inné, e.
▌ SIN natural naturel; congénito congénital; propio, peculiar propre.

innavegable *adj* innavigable.

innecesariamente *adv* inutilement.

innecesario, ria *adj* superflu, e; qui n'est pas nécessaire.

innegable *adj* indéniable, incontestable.

innegociable *adj* non négociable, innégociable [rare] (no negociable).

innervación *f* innervation (inervación).

innoble *adj* ignoble ▌ de modo innoble ignoblement.

innocuidad *f* innocuité.

innocuo, cua *adj* inoffensif, ive.

innombrable *adj* innommable; es un tema innombrable c'est un sujet tabou.

innominable *adj* innommable.

innominado, da *adj* innominé, e; innomé, e ▌ hueso innominado os innominé, os iliaque.

innovación *f* innovation.

innovador, ra *adj & s* innovateur, trice.

innovamiento *m* innovation *f*.

innovar *v tr & intr* innover.

innumerabilidad *f* foule, infinité.

innumerable *adj* innombrable.

inobediencia *f* désobéissance.

inobediente *adj* désobéissant, e.

inobjetable *adj* sans objection possible.

inobservable *adj* inobservable.

inobservado, da *adj* inobservé, e; non observé, e.

inobservancia *f* inobservance, inobservation.

inobservante *adj* non observateur, trice (de las leyes).

inocencia *f* innocence.

Inocencio *n pr* Innocent.

inocentada *f* FAM niaiserie, bêtise (bobada) ‖ plaisanterie, attrape (broma ridícula) ‖ plaisanterie du jour des Saints-Innocents, ≃ poisson *m* d'avril (el día de los inocentes) ‖ **dar una inocentada** faire une farce (el día de los inocentes). ‖ OBSERV [▷ OBSERV día].

inocente *adj* & *s* innocent, e; inocente como una paloma innocent comme l'agneau qui vient de naître ‖ simple d'esprit, naïf, ïve (débil mental) ■ declarar inocente innocenter ‖ hacerse el inocente faire l'innocent.

Inocentes *m pl* los Santos Inocentes les Saints-Innocents; día de los Inocentes ≃ 1er avril.

inocentemente *adv* innocemment (de modo inocente) ‖ candidement, niaisement (cándidamente).

inocentón, ona *adj* & *s* niais, e; bébête. ◇ *m* & *f* grand dadais *m*, bécasse *f*, bêta, bêtasse.

inocuidad *f* innocuité.

inoculabilidad *f* inoculabilité.

inoculable *adj* inoculable.

inoculación *f* inoculation.

inoculador, ra *adj* & *s* inoculateur, trice.

inocular *v tr* inoculer.
➥ **inocularse** *v pr* s'inoculer.
‖ SIN vacunar vacciner; transmitir, comunicar transmettre; contagiar, contaminar contaminer.

inocultable *adj* qu'on ne peut pas cacher.

inocuo, cua *adj* inoffensif, ive; non nuisible.

inodoro, ra *adj* inodore.
➥ **inodoro** *m* water-closet (retrete).

inofensivo, va *adj* inoffensif, ive.
‖ SIN anodino anodin; benigno bénin; inocuo inoffensif.

inoficioso, sa *adj* DR inofficieux, euse.

inolvidable *adj* inoubliable.

inope *adj* indigent, e.

inoperable *adj* inopérable.

inoperancia *f* inefficacité.

inoperante *adj* inopérant, e (sin efecto).

inopia *f* indigence, dénuement *m* ‖ FIG estar en la inopia être dans les nuages.

inopinadamente *adv* inopinément.

inopinado, da *adj* inopiné, e.

inoportunamente *adv* inopportunément.

inoportunidad *f* inopportunité.

inoportuno, na *adj* inopportun, e.

inordenado, da *adj* désordonné, e.

inorgánico, ca *adj* inorganique.

inoxidable *adj* inoxydable.

in pace *m inv* in-pace (calabozo).

in pártibus *loc adv* in partibus.

in péctore *loc adv lat* in petto.

in péribus *loc adv lat* FAM nu, e.

in promptu *loc adv* impromptu.

input *m* ECON input, intrant (insumo, factor de producción) ‖ INFORM entrée (entrada de datos).
‖ OBSERV pl inputs.

inquebrantable *adj* que l'on ne peut briser, incassable (irrompible) ‖ FIG inébranlable.

inquietamente *adv* avec inquiétude.

inquietante *adj* inquiétant, e.
‖ SIN amenazador menaçant; alarmante alarmant; sombrío sombre; grave grave.

inquietar *v tr* inquiéter.
➥ **inquietarse** *v pr* s'inquiéter; inquietarse por algo s'inquiéter de quelque chose.

inquieto, ta *adj* inquiet, ète; inquieto por o con inquiet de o sur ‖ FIG agité, e; mar, niño inquieto mer agitée, enfant agité ‖ en éveil (curiosidad) ‖ (Amer) enclin, e (propenso).

inquietud *f* inquiétude (temor) ‖ FIG agitation (desasosiego).

inquilinaje *m* ensemble des locataires.

inquilinato *m* location *f* (acción de alquilar) ‖ loyer (alquiler) ‖ droit de jouissance (del inquilino) ‖ (Amer) système de location des terres ‖ maison *f* de quartier ‖ DR impuesto de inquilinato impôt sur les loyers o locatif.

inquilino, na *m* & *f* locataire (el que toma en alquiler).
➥ **inquilino** *m* (Amer) locataire rural, sorte de métayer.

inquina *f* aversion, haine ‖ tener, tomar inquina a uno avoir, prendre quelqu'un en grippe.

inquiridor, ra *adj* & *s* enquêteur, euse.

inquirir [22] *v tr* s'enquérir de, enquêter sur, s'informer de.
‖ SIN indagar, buscar rechercher; investigar rechercher; preguntar demander; averiguar se renseigner; informarse s'informer.

inquisición *f* enquêter, recherche (averiguación) ‖ FIG hacer inquisición brûler des papiers inutiles.

Inquisición *f* l'Inquisition inquisidor.

LA INQUISICIÓN

L'Inquisition fut instituée au XIIIᵉ siècle, dans le but d'enquêter sur les délits commis contre la foi et de les punir. Mais il faudrait rechercher les véritables raisons de sa création dans le rejet des judaïsants et des juifs convertis, qui représentaient une force sociale riche et influente. Ce tribunal religieux dépendait officiellement du Saint-Siège, mais il demeurait en réalité sous l'influence des Rois Catholiques. L'Inquisition s'est prolongée, en perdant peu à peu de sa force, jusqu'au début du XVIIIᵉ siècle. De là vient l'expression « colgarle el sambenito a alguien », qui signifie: diffamer quelqu'un. En effet, durant l'Inquisition, les personnes soupçonnées d'avoir agi contre la foi devaient porter une tunique jaune, marquée d'une croix rouge et appelée « sambenito ».

inquisidor, ra *adj* inquisiteur, trice; mirada inquisidora regard inquisiteur.

➥ **inquisidor** *m* inquisiteur (juez de la inquisición) ‖ inquisidor apostólico de Estado, general, ordinario inquisiteur apostolique, d'État, général, ordinaire.

inquisitivo, va *adj* inquisitif, ive.

inquisitorial; inquisitorio, ria *adj* inquisitorial, e.

inri *m* inri (en la cruz) ‖ FIG affront (afrenta); poner el inri faire un affront ■ FIG para más inri pour comble de ridicule ‖ hacer el inri tourner quelqu'un en ridicule, se rendre ridicule.

insabible *adj* impossible à savoir.

insaciabilidad *f* insatiabilité (de una persona) ‖ inassouvissement *m* (de un deseo).

insaciable *adj* insatiable.

insaciablemente *adv* insatiablement.

insacular *v tr* mettre dans l'urne les billets pour un tirage.

insalivación *f* insalivation.

insalivar *v tr* imprégner de salive.

insalubre *adj* insalubre.

insalubridad *f* insalubrité.

Insalud (abrev de Instituto Nacional de la Salud) *m* organisme gouvernemental espagnol de santé.

insalvable *adj* insurmontable.

insanable *adj* incurable, inguérissable.

insania *f* insanité (locura).

insano, na *adj* insane, dément, e (loco).

insatisfacción *f* insatisfaction.

insatisfactorio, ria *adj* insatisfaisant, e.

insatisfecho, cha *adj* insatisfait, e ‖ inexaucé, e; una súplica insatisfecha une prière inexaucée ‖ inassouvi, e; venganza insatisfecha vengeance inassouvie.

insaturable *adj* insaturable.

inscribir *v tr* inscrire ‖ GEOM inscrire.
➥ **inscribirse** *v pr* s'inscrire ‖ s'engager; inscribirse en un campeonato s'engager dans un championnat.

inscripción *f* inscription ‖ engagement *m* (de un competidor).

inscrito, ta *adj* GEOM inscrit, e; polígono inscrito polygone inscrit ‖ inscrit, e; inscrito en un registro inscrit sur un registre.

insecable *adj* qui ne peut sécher, qui sèche difficilement (que no se puede secar).

insectario *m* insectarium.

insecticida *adj* & *s m* insecticide.

insectil *adj* propre aux insectes.

insectívoro, ra *adj* & *s m pl* insectivore.

insecto *m* insecte.

inseguramente *adv* sans sécurité.

inseguridad *f* insécurité; inseguridad ciudadana insécurité urbaine o qui règne dans les grandes villes.

inseguro, ra *adj* incertain, e; qui n'est pas sûr ‖ chancelant, e; una salud insegura une santé chancelante.

inseminación *f* insémination; inseminación artificial insémination artificielle.

inseminar *v tr* inséminer.

insensatez *f* manque *m* de bon sens ‖ FIG bêtise (tontería).

▌ **OBSERV** pl insensateces.

insensato, ta *adj* & *s* insensé, e.

insensibilidad *f* insensibilité.

insensibilización *f* insensibilisation.

insensibilizador, ra *adj* & *s m* insensibilisateur, trice.

insensibilizar [13] *v tr* insensibiliser.

insensible *adj* insensible ▌ inaccessible; insensible a la piedad inaccessible à la pitié.

insensiblemente *adv* insensiblement.

inseparable *adj* & *s* inséparable.

inseparablemente *adv* inséparablement.

insepulto, ta *adj* privé de sépulture, non enseveli, e.

inserción *f* insertion ▌ ruego de inserción prière d'insérer (en la prensa).

insertable *adj* insérable.

insertar *v tr* insérer; insertar una cláusula en un tratado insérer une clause dans un traité.
➡ **insertarse** *v pr* BOT & ZOOL s'insérer.

inserto, ta *adj* inséré, e.

inservible *adj* inutilisable, inemployable.

insidia *f* embûche, piège *m* (asechanza).

insidiador, ra *adj* insidieux, euse.

insidiar *v tr* dresser o tendre des embûches o des pièges.

insidiosamente *adv* insidieusement.

insidioso, sa *adj* insidieux, euse.

insigne *adj* insigne.

insignemente *adv* remarquablement, d'une façon insigne.

insignia *f* insigne *m* ▌ enseigne (estandarte) ▌ bannière (pendón) ▌ décoration (condecoración) ▌ MAR buque insignia navire amiral.

insignificancia *f* insignifiance.

insignificante *adj* insignifiant, e.
▌ SIN insubstancial insubstantiel; fútil futile; anodino anodin.

insinceridad *f* insincérité.

insincero, ra *adj* insincère.

insinuación *f* insinuation (indirecta) ▌ observation (advertencia) ▌ suggestion.

insinuante *adj* insinuant, e ▌ provocant, e.

insinuar [6] *v tr* insinuer; ¿qué es lo que insinúas? qu'est-ce que tu insinues? ▌ suggérer; insinué que nos fuéramos al campo j'ai suggéré que nous allions à la campagne ▌ laisser entendre; insinuó que era él el autor de los robos il a laissé entendre que c'était lui l'auteur des vols.
➡ **insinuarse** *v pr* s'insinuer ▌ faire des avances; insinuarse a una mujer faire des avances à une femme.

insinuativo, va *adj* insinuatif, ive.

insípidamente *adv* d'une manière insipide.

insipidez *f* insipidité.
▌ OBSERV pl insipideces.

insípido, da *adj* insipide (soso).

insipiencia *f* ignorance.

insipiente *adj* & *s* ignorant, e.

insistencia *f* insistance ▌ de insistencia de relance (carta).

▌ SIN instancia instance; obstinación, porfía, terquedad obstination; testarudez entêtement.

insistente *adj* insistant, e; qui insiste.

insistentemente *adv* instamment, avec insistance.

insistir *v intr* insister; insistir en o sobre un punto insister sur un point; insistir en hablar insister pour parler; insistir a o con uno insister auprès de quelqu'un ▪ insiste en que los inquilinos abandonen la casa il insiste pour que les locataires abandonnent la maison ▌ insisto en que tienes la culpa j'insiste sur le fait que tu as tort.
▌ SIN instar presser; porfiar, hacer hincapié insister; reclamar réclamer.

insobornable *adj* incorruptible.

insociabilidad *f* insociabilité.

insociable *adj* insociable.

insocial *adj* peu sociable.

insolación *f* insolation, coup *m* de soleil.

insolar *v tr* insoler, exposer au soleil.
➡ **insolarse** *v pr* attraper une insolation o un coup de soleil.

insoldable *adj* qu'on ne peut pas souder.

insolencia *f* insolence.

insolentar *v tr* rendre insolent, e.
➡ **insolentarse** *v pr* devenir o être insolent, e.

insolente *adj* & *s* insolent, e.

insolentemente *adv* insolemment.

insolidaridad *f* absence de solidarité.

insolidario, ria *adj* non solidaire.

insólito, ta *adj* insolite.

insolubilidad *f* insolubilité.

insolubilizar [13] *v tr* insolubiliser.

insoluble *adj* insoluble.

insoluto, ta *adj* qui n'a pas été acquitté, e (no pagado).

insolvencia *f* insolvabilité ▌ DR certificación de insolvencia procès-verbal de carence.

insolvente *adj* & *s* insolvable.

insomne *adj* insomnieux, euse; insomniaque.

insomnio *m* insomnie *f*.

insondable *adj* insondable.

insonoridad *f* insonorité.

insonorización *f* insonorisation.

insonorizar [13] *v tr* insonoriser.

insonoro, ra *adj* insonore.

insoportable *adj* insupportable; carácter insoportable caractère insupportable ▌ humor insoportable humeur massacrante.

insoslayable *adj* incontournable.

insospechable *adj* insoupçonnable.

insospechado, da *adj* insoupçonné, e.

insostenible *adj* insoutenable ▌ intenable.

inspección *f* inspection ▌ contrôle *m*; inspección de la leche contrôle du lait ▪ DR inspección ocular transport sur les lieux ▌ inspección sanitaria contrôle sanitaire.

inspeccionar *v tr* inspecter.

inspector, ra *adj* & *s* inspecteur, trice; Inspector de Hacienda inspecteur des Finances ▌ surveillant, e (de estudios).

inspectoría *f* (*Amer*) commissariat *m* de police.

inspiración *f* inspiration.

inspirado, da *adj* & *s* inspiré, e.

inspirador, ra *adj* & *s* inspirateur, trice.

inspirante *adj* inspirant, e.

inspirar *v tr* [▷ SIN] inspirer.
➡ **inspirarse** *v pr* s'inspirer; inspirarse en la obra de Cervantes s'inspirer de l'œuvre de Cervantes.
▌ SIN sugerir suggérer; insinuar insinuer; persuadir persuader; instigar inciter; dictar dicter; imbuir, inculcar inculquer.

inspirativo, va *adj* inspirant, e.

inspiratorio, ria *adj* MED inspiratoire.

inspirómetro *m* MED inspiromètre.

instabilidad *f* instabilité.

instable *adj* instable.

instalación *f* installation; instalación frigorífica installation frigorifique ▌ pose; instalación de la primera piedra pose de la première pierre ▌ équipement *m*; instalaciones deportivas équipements sportifs.

instalador *m* installateur ▌ poseur (de carriles, etc.).

instalar *v tr* installer; instalar a uno en su casa installer quelqu'un chez soi ▌ poser (la electricidad, el gas).
➡ **instalarse** *v pr* s'installer.

instancia *f* instance (solicitud); presentar una instancia introduire une instance; ceder a las instancias de uno céder aux instances de quelqu'un ▌ pétition (petición) ▌ exigence (exigencia); conciliar dos instancias concilier deux exigences ▌ DR instance; tribunal de primera instancia tribunal de première instance ▪ DR a instancia de à la demande, à la requête de, à la diligence de ▌ de primera instancia tout d'abord (en primer lugar) ▌ en última instancia en dernier ressort ▌ fallo en primera instancia jugement en premier ressort.

instantáneamente *adv* instantanément.

instantaneidad *f* instantanéité.

instantáneo, a *adj* instantané, e.
➡ **instantánea** *f* FOT instantané *m* ▌ sacar instantáneas faire de l'instantané.

instante *adj* instant, e.
◇ *m* instant, moment; en el mismo instante au même moment ▪ a cada instante à chaque instant, à tout instant ▌ al instante à l'instant, sur l'heure ▌ desde el instante en que dès l'instant que ▌ en o dentro de un instante dans un instant ▌ por instantes à tout instant (sin cesar), d'un instant à l'autre.

instar *v tr* insister; instar a uno insister auprès de quelqu'un; le insté a que entrara j'insistai pour qu'il entre ▌ prier instamment o avec instance; le instamos para que pague la multa vous êtes instamment prié de payer votre amende.
◇ *v intr* presser, être urgent (urgir); insta que vengas il est urgent que tu viennes.

instauración *f* instauration.

instaurador, ra *adj* & *s* instaurateur, trice.

instaurar *v tr* instaurer.

instaurativo, va *adj* & *s m* instaurateur, trice.

instigación f instigation ‖ a instigación de sur o à l'instigation de.

instigador, ra adj & s instigateur, trice.

> SIN incitador incitateur; inspirador inspirateur; promotor promoteur; agitador meneur; provocador provocateur.

instigar [16] v tr inciter.

instilación f instillation.

instilar v tr instiller.

instintivamente adv instinctivement, d'instinct.

instintivo, va adj instinctif, ive.

instinto m instinct; malos instintos mauvais instincts ‖ instito sexual instinct sexuel ‖ por instinto d'instinct.

institución f institution ■ institución benéfica société de bienfaisance ‖ DR institución de heredero institution d'héritier ‖ institución libre de enseñanza système pédagogique inspiré par K. Krause ‖ institución pública établissement public.

INSTITUCIÓN LIBRE DE ENSEÑANZA

Créée en 1876, « la institución libre de enseñanza » préconisait un système pédagogique inspiré de F. Krause et indépendant de l'éducation nationale. Son objectif était de dispenser un enseignement complet et dépourvu de préjugés. Comptant parmi ses fondateurs des personnalités intellectuelles de l'époque, comme Francisco Giner de los Ríos, elle devint rapidement le fer de lance de la bourgeoisie libérale. Elle disparut pendant la guerre civile d'Espagne et est restée synonyme de progrès, de démocratie et d'un enseignement scientifique et moral de haut niveau.

institucional adj institutionnel, elle ‖ ECON inversor institucional investisseur institutionnel.

institucionalidad f caractère de ce qui est institutionnel.

institucionalismo m institutionnalisme.

institucionalización f institutionnalisation.

institucionalizar [13] v tr institutionnaliser.

instituido, da adj institué, e.

instituidor, ra adj & s qui institue.

instituir [51] v tr instituer.

instituta f DR institutes pl.

instituto m institut; instituto geográfico, de belleza institut géographique, de beauté ‖ lycée (de segunda enseñanza) ■ instituto armado corps d'armée ‖ Instituto de Bachillerato o de Enseñanza Media établissement d'enseignement secondaire ‖ instituto de la Vivienda office du logement ‖ instituto de Moneda Extranjera office des changes ‖ instituto laboral collège technique.

> OBSERV Le mot instituto, dans le sens de lycée, est d'un usage plus courant que liceo.

institutor, ra adj & s qui institue ‖ (Amer) instituteur, trice (maestro).

> OBSERV Instituteur (maître d'école) se traduit par maestro.

institutriz f préceptrice, institutrice.

> OBSERV pl institutrices.

instituyente adj qui institue.

instrucción f instruction; instrucción primaria, pública instruction primaire, publique ‖ MIL instruction; instrucción de las tro-

pas instruction des troupes ‖ INFORM instrucción alfanumérica instruction alphanumérique ■ juez de instrucción juge d'instruction o instructeur ‖ tener instrucción avoir de l'instruction.

➡ **instrucciones** f pl [▷ SIN] instructions.

> SIN consigna consigne; orden ordre; precepto précepte.

instructivamente adv d'une manière instructive.

instructivo, va adj instructif, ive.

instructor, ra adj & s instructeur, trice ‖ DR juez instructor juge instructeur.

◇ m & f moniteur, trice (en un cuartel, de gimnasia).

instruido, da adj instruit, e; instruido con el ejemplo instruit par l'exemple.

> SIN ilustrado éclairé; culto cultivé; enterado calé FAM.

instruir [51] v tr instruire ‖ former, dresser (a un niño, un criado) ‖ DR instruire.

➡ **instruirse** v pr s'instruire.

instrumentación f MÚS instrumentation.

instrumental adj instrumental, e; música instrumental musique instrumentale ‖ DR instrumentaire; prueba instrumental preuve instrumentaire.

◇ m instruments pl [d'un orchestre, d'un médecin].

instrumentalismo m FILOS instrumentalisme.

instrumentalizar [13] v tr instrumenter.

instrumentar v tr MÚS instrumenter, orchestrer ‖ MED passer les instruments (au chirurgien).

instrumentista m & f MÚS & MED instrumentiste ‖ TECN technicien de contrôle et de maintenance des instruments.

instrumento m instrument; instrumento músico instrument de musique ‖ [▷ SIN] instrument (herramienta, documento) ‖ acte (acta) ‖ FIG instrument; servir de instrumento a la venganza de uno servir d'instrument à la vengeance de quelqu'un ‖ MÚS instrumento de cuerda, de percusión, de viento instrument à cordes, à percussion, à vent ‖ instrumentos de madera les bois ‖ instrumentos de metal les cuivres ‖ ECON instrumento negociable effet négociable ■ FIG ser el instrumento ciego de uno être l'âme damnée de quelqu'un ‖ tocar un instrumento jouer d'un instrument ‖ AVIAC volar por instrumentos naviguer aux instruments.

> SIN herramienta, apero, útil outil; utensilio ustensile.

insubordinación f insubordination.

insubordinado, da adj & s insubordonné, e.

insubordinar v tr soulever, révolter.

➡ **insubordinarse** v pr se soulever, se révolter.

insubsanable adj irrécupérable, irrattrapable.

insubsistente adj sans subsistance (no subsistente) ‖ sans fondement (infundado).

insubstancial adj insubstantiel, elle.

insubstancialidad f inconsistance.

insubstancialmente ➡ insustancialmente.

insubstituible adj irremplaçable.

insuficiencia f insuffisance ‖ MED insuficiencia cardiaca, renal insuffisance cardiaque, rénale.

insuficiente adj insuffisant, e.

insuficientemente adv insuffisamment.

insuflación f MED insufflation.

insuflador m insufflateur.

insuflar v tr insuffler.

insufrible adj insupportable.

ínsula f île (isla).

insular adj & s insulaire.

insularidad f insularité.

insulina f MED insuline.

Insulindia n pr f GEOGR Insulinde.

insulinoterapia f MED insulinothérapie.

insulsamente adv fadement, sans grâce.

insulsez f fadeur, insipidité ‖ fadaise (dicho insulso).

> OBSERV pl insulseces.

insulso, sa adj fade, insipide, fadasse FAM ‖ FIG plat, e; sans attrait.

insultador, ra adj & s insulteur, euse.

insultante adj insultant, e.

insultar v tr insulter.

insulto m insulte f.

insumergible adj insubmersible.

insumisión f insoumission.

insumiso, sa adj & s insoumis, e.

LOS INSUMISOS

Après l'instauration de la deuxième république, l'Espagne a dû faire face à de nombreux cas d'insoumission. Les « insumisos » sont les jeunes qui refusent de faire le service militaire ou tout autre service d'utilité publique, en alléguant l'exercice de leur liberté face à ce qu'ils considèrent comme une injustice. Contrairement aux cas d'objection de conscience, les actes d'insoumission sont réprimés par la loi et les jeunes insoumis sont condamnés à une peine de prison.

insumo m facteur de production.

insuperable adj insurpassable, imbattable; precios insuperables prix imbattables ‖ insurmontable; dificultad insuperable difficulté insurmontable ‖ extrême, suprême; un grado de perfección insuperable un degré de perfection suprême.

insupurable adj qui ne peut pas suppurer.

insurgente adj & s insurgé, e.

insurrección f insurrection.

insurreccional adj insurrectionnel, elle.

insurreccionar v tr soulever.

➡ **insurreccionarse** v pr s'insurger.

insurrecto, ta adj & s insurgé, e.

insustancial adj insubstantiel, elle.

insustancialidad f inconsistance.

insustancialmente; insubstancialmente adv sans fondement, facilement.

insustituible adj irremplaçable.

INTA (abrev de Instituto Nacional de Técnicas Aeroespaciales) m institut national espagnol aérospatial.

intachable adj irréprochable.

intacto, ta adj intact, e.

intangibilidad *f* intangibilité.

intangible *adj* intangible.

integérrimo, ma *adj* très intègre.

integrable *adj* MAT intégrable.

integración *f* intégration ‖rattachement *m* (de un territorio) ‖ integraciones bancarias fusions bancaires.

integracionista *adj & s* intégrationniste.

integrador *adj m & s m* intégrateur.

integral *adj* intégral, e ‖ intégrant, e (parte) ■ cálculo integral calcul intégral ‖FAM idiota integral idiot fini ‖ pan integral pain complet.
◇ *f* MAT intégrale.

íntegramente *adv* complètement.

integrante *adj* intégrant, e.

integrar *v tr* composer, constituer, former (formar un todo); asamblea integrada por assemblée formée de o constituée par; los edificios que integran este hotel les bâtiments qui forment cet hôtel ‖ faire partie de (formar parte) ‖ compléter ‖ intégrer; integrar en un conjunto intégrer dans un ensemble ‖ réintégrer (reintegrar) ‖ MAT intégrer ‖(Amer) payer (pagar) ‖ remettre (entregar).

integridad *f* intégrité ‖virginité (virginidad).

integrismo *m* intégrisme (doctrina política).

integrista *adj & s* intégriste.

íntegro, gra *adj* intégral, e; total, e (completo) ‖FIG intègre (honrado).

intelección *f* intellection (entendimiento).

intelectiva *f* intellect *m*.

intelecto *m* intellect, entendement.

intelectual *adj & s* intellectuel, elle.

intelectualidad *f* intellectualité, les intellectuels *m pl*.

intelectualismo *m* intellectualisme.

intelectualista *adj & s* intellectualiste.

intelectualizar [13] *v tr* intellectualiser.

intelectualmente *adv* intellectuellement.

inteligencia *f* intelligence; dar pruebas de inteligencia faire preuve d'intelligence ■ inteligencia artificial intelligence artificielle ■ en o en la inteligencia de que en supposant que, supposé que, attendu que ■ estar en inteligencia con alguien être d'intelligence avec quelqu'un ‖ tener inteligencia para los negocios avoir l'intelligence des affaires ‖vivir en buena inteligencia vivre en bonne intelligence.

inteligenciado, da *adj* au courant; informé, e.

inteligenciarse ▬ **ingeniarse**.

inteligente *adj* intelligent, e.
◇ *m & f* personne *f* intelligente.

inteligentemente *adv* intelligemment.

inteligibilidad *f* intelligibilité.

inteligible *adj* intelligible.

inteligiblemente *adv* intelligiblement.

INTELSAT (abrev de International Telecomunications Satellite Organization) *m* INTELSAT.

intemerata *f* FAM hardiesse (atrevimiento) ■ FAM formar la intemerata faire un scandale ‖saber la intemerata en savoir un bout.

intemperancia *f* intempérance.

intemperante *adj* intempérant, e.

intemperie *f* intempérie ■ a la intemperie en plein air ‖dormir a la intemperie dormir à la belle étoile.

intemperización *f* GEOL désagrégation, effritement (de minerales y rocas).

intempestivamente *adv* mal à propos, intempestivement.

intempestivo, va *adj* intempestif, ive.

intemporal *adj* intemporel, elle.

intemporalidad *f* intemporalité.

intención *f* intention; con la intención basta l'intention suffit, c'est l'intention qui compte; tener intención de salir avoir l'intention de sortir ‖ volonté, intention (voluntad); las últimas intenciones de un moribundo les dernières volontés d'un moribond; las intenciones de un testador les intentions d'un testateur ‖ MED intention; unión de primera intención réunion par première intention (cicatrización) ■ buena intención bienveillance ‖ con intención à dessein, exprès ‖con la intención de dans l'intention de ‖ con la mejor buena intención avec la meilleure volonté du monde ■ de intención vicieux, euse (animal) ‖ de primera intención tout d'abord ■ mala intención malveillance, perversité ‖ primera intención franchise; obrar de primera intención agir avec franchise ‖segunda intención arrière-pensée; sin segunda intención sans arrière-pensée ■ MED curar de primera intención donner les premiers soins o les soins d'urgence ‖ tener mala intención être mal intentionné, être méchant ‖ tener una segunda intención avoir une idée derrière la tête.

intencionadamente *adv* intentionnellement.

intencionado, da *adj* intentionné, e; bien, mal intencionado bien, mal intentionné.

intencional *adj* intentionnel, elle.

intencionalidad *f* intentionnalité.

intencionalmente *adv* intentionellement.

intendencia *f* intendance ‖ MIL cuerpo de intendencia intendance.

intendenta *f* intendante.

intendente *m* intendant.

intensamente *adv* intensément, avec intensité.

intensidad *f* intensité.

intensificación *f* intensification.

intensificar [10] *v tr* intensifier.
➡ **intensificarse** *v pr* s'intensifier, se renforcer; las relaciones se intensificaron les relations se renforceront.

intensión *f* intensité.
▮ OBSERV Ne pas confondre avec intención intention.

intensivo, va *adj* intensif, ive ■ cursillo intensivo cours intensif, formation accélérée ‖ AGRIC cultivo intensivo culture intensive ‖unidad de vigilancia intensiva unité de soins intensifs (en un hospital).

intenso, sa *adj* intense.

intentar *v tr* [▷ SIN] tenter, essayer; intentar salir de un mal paso essayer de sortir d'un mauvais pas ‖ DR intenter ‖con inten-

tarlo no se pierde nada on peut toujours essayer.
▮ SIN procurar chercher à; hacer por tâcher de; tratar essayer.

intento *m* tentative *f*, essai (tentativa) ‖ intention *f*, dessein, projet (intención); tener intento de salir avoir l'intention de sortir ■ al primer intento du premier coup ‖como de intento comme par un fait exprès ‖de intento exprès, à dessein, de propos délibéré ■ no pasar del intento s'arrêter là, ne pas aller plus loin.

intentona *f* FAM tentative téméraire.

ínter *adv* pendant que, en attendant que, tandis que.
◇ *m* intérim; en el ínter en intérim.

interacción *f* interaction.

interaccionar *v intr* interagir.

interactividad *f* INFORM interactivité.

interactivo, va *adj* INFORM interactif, ive; conversationnel, elle.

interaliado, da *adj* interallié, e.

interamericano, na *adj* interaméricain, e.

interandino, na *adj* interandin, e; transandin, e.

interanual *adj* interannuel, elle [índice].

interastral *adj* interastral, e.

interatómico, ca *adj* interatomique.

interbancario *adj* ECON interbancaire.

intercadencia *f* intercadence (del pulso) ‖inégalité (en la conducta, en los afectos).

intercadente *adj* intercadent, e (el pulso) ‖ inégal, e; inconstant, e; changeant, e (inconstancia).

intercadentemente *adv* avec irrégularité ‖d'une manière inégale, irrégulièrement.

intercalación *f* intercalation.

intercalar *adj* intercalaire.

intercalar *v tr* intercaler.
▮ SIN interponer interposer; interpolar interpoler.

intercambiable *adj* interchangeable.

intercambiador *m* échangeur (de calor).

intercambiar [8] *v tr* échanger.

intercambio *m* échange; intercambio de opiniones échange de vues ‖COM échange.

interceder *v intr* intercéder; interceder con o cerca de alguno por otro intercéder auprès de quelqu'un en faveur d'une autre personne.

intercelular *adj* intercellulaire.

interceptación *f* interception.

interceptador *m* intercepteur (avión).

interceptar *v tr* intercepter ‖ barrer, couper (un camino); calle interceptada rue barrée ‖ interrompre (la circulación); continúa interceptada la circulación la circulation continue à être interrompue.

intercesión *f* intercession.

intercesor, ra *adj & s* qui intercède, intercesseur (sin femenino); médiateur, trice.

intercesoriamente *adv* par intercession.

intercolumnio; intercolunio *m* ARQ entrecolonnement.

intercomunicación *f* intercommunication.

intercomunicador *m* interphone (en las casas).

interconectar *v tr* interconnecter ‖ INFORM interconectar equipos interconnecter des matériels.

interconexión *f* interconnexion.

intercontinental *adj* intercontinental, e.

intercostal *adj* ANAT intercostal, e; músculos intercostales muscles intercostaux.

intercultural *adj* interculturel, elle.

intercurrente *adj* MED intercurrent, e.

intercutáneo, a *adj* intercutané, e (subcutáneo).

interdental *adj* interdental, e.

interdepartamental *adj* interdépartemental, e.

interdependencia *f* interdépendance.

interdependiente *adj* interdépendant, e.

interdicción *f* interdiction ▪ interdicción civil interdiction civile o judiciaire (por locura o imbecilidad), interdiction légale, destitution des droits civiques (pena accesoria) ‖ interdicción de residencia o de lugar interdiction de séjour.

interdicto *m* interdit (entredicho).

interdigital *adj* interdigital, e.

interdisciplinar; interdisciplinario, ria *adj* interdisciplinaire.

interés *m* intérêt; dejarse guiar por el interés se laisser conduire par l'intérêt ‖ FIG intérêt (inclinación); provocar el interés de suscitar l'intérêt de ‖ intérêt (rédito); interés compuesto, simple intérêt composé, simple; colocar dinero a interés placer de l'argent à l'intérêt; un interés del 10 % o de un 10 % un intérêt à 10 % ▪ de interés digne d'intérêt, intéressant, e ‖ intereses adquiridos, creados droits acquis, intérêts communs ‖ matrimonio de interés mariage d'intérêt o de raison ‖ tipo de interés fijo intérêt fixe ▪ merecer interés être digne d'intérêt ‖ prestar especial interés attacher un intérêt tout particulier à ‖ tener interés en o por tenir à ‖ tomarse interés por algo, por uno prendre intérêt o s'intéresser à quelque chose, s'intéresser à quelqu'un.
→ **intereses** *m pl* biens (bienes de fortuna).

interesado, da *adj & s* intéressé, e; interesado en el negocio intéressé à l'affaire ‖ de manera interesada de manière intéressée.

interesante *adj* intéressant, e ▪ FAM en estado interesante dans un état intéressant (madre) ‖ hacerse el interesante faire l'intéressant.

interesar *v tr & intr* intéresser; interesar a uno en una empresa intéresser quelqu'un à une entreprise; este libro me interesa mucho ce livre m'intéresse beaucoup ‖ être intéressant, e; interesa saber si il est intéressant de savoir si ‖ avoir intérêt à; me interesa hacer esto y no otra cosa j'ai intérêt à faire cela et pas autre chose.
→ **interesarse** *v pr* s'intéresser; interesarse por s'intéresser à.

interestatal *adj* entre États.

interestelar *adj* interstellaire, interastral, e.

interfase *f* BIOL interphase.

interfaz *f* INFORM interface ‖ ELECTR interface, connexion.
▫ OBSERV pl interfaces.

interfecto, ta *adj* DR victime, se dit de la personne morte de mort violente.
→ *m & f* DR victime ‖ FAM individu o personne en question.

interferencia *f* FÍS interférence; franjas de interferencia franges d'interférence ‖ FIG ingérence, intervention.

interferencial *adj* FÍS interférentiel, elle.

interferir [27] *v intr* interférer.
→ *v tr* RAD brouiller; interferir una emisión brouiller une émission.

interferómetro *m* interféromètre.

interferoscopio *m* interféroscope.

interfoliar *v tr* interfolier.

interfono *m* interphone (telefonillo).

intergaláctico, ca *adj* ASTRON intergalactique.

interglaciar *adj* interglaciaire.

intergubernamental *adj* intergouvernemental, e.

ínterin *m* intérim.
→ *adv* pendant que, en attendant que, tandis que (mientras) ‖ por ínterin par intérim.
▫ OBSERV pl intérines.

interinamente *adv* par intérim, provisoirement, intérimairement.

interinato *m* intérim.

interinidad *f* intérim *m*, intérimat *m* (p us).

interino, na *adj & s* intérimaire.
→ *adj* par intérim; presidente interino président par intérim ‖ intérimaire, provisoire; una solución interina une solution provisoire.

interior *adj* intérieur, e; patio interior cour intérieure ‖ intérieur, e; política interior politique intérieure ‖ ropa interior sous-vêtements, dessous (de la mujer).
→ *m* intérieur ‖ intérieur, inter (football); interior derecha, izquierda intérieur o inter droit, gauche ‖ en ville (en una carta) ‖ Ministerio del Interior ministère de l'Intérieur.
→ **interiores** *m pl* entrailles *f* (entrañas).

interioridad *f* intériorité.
→ **interioridades** *f pl* vie *sing* privée, affaires personnelles; meterse en las interioridades de los demás se mêler de la vie privée d'autrui ‖ FIG dessous *m*; las interioridades de un asunto les dessous d'une affaire.

interiorismo *m* architecture *f* d'intérieur.

interiorista *m & f* architecte d'intérieur.

interiorización *f* intériorisation.

interiorizar [13] *v tr* intérioriser.

interiormente *adv* intérieurement.

interjección *f* GRAM interjection.

interjectivo, va *adj* interjectif, ive.

interlínea *f* interligne *m* (espacio) ‖ IMPR interligne (regleta).

interlineación *f*; **interlineado** *m* interlinéation *f*, interlignage *m*.

interlineal *adj* interlinéaire.

interlinear *v tr* interligner.

interlocutor, ra *m & f* interlocuteur, trice ‖ interlocutores sociales partenaires sociaux.

interlocutorio, ria *adj & s m* DR interlocutoire ‖ DR formar auto interlocutorio interloquer.

intérlope *adj* interlope (fraudulento).

interludio *m* MÚS interlude (intermedio).

intermaxilar *adj & s* ANAT intermaxillaire.

intermediar [8] *v intr* intervenir.

intermediario, ria *adj & s* intermédiaire ‖ por un intermediario par personne interposée.
▎ SIN mediador médiateur; comisionista commissionnaire; corredor courtier; viajante voyageur; mandatario mandataire.

intermedio, dia *adj* intermédiaire ‖ precio intermedio prix modique.
→ **intermedio** *m* intermède, intervalle (tiempo intermediario) ‖ TEATR intermède ‖ entracte (entreacto) ‖ intercession *f* (en el parlamento) ▪ en el intermedio llegó su amigo dans l'intervalle o entre-temps son ami arriva ‖ por intermedio de par l'intermédiaire de, par le truchement de.

interminable *adj* interminable.

interminablemente *adv* interminablement.

interministerial *adj* interministériel, elle.

intermisión *f* intermission, interruption.

intermitencia *f* intermittence; con o por intermitencia par intermittence.

intermitente *adj* intermittent, e ‖ huelga intermitente grève perlée.
→ *m* AUTOM clignotant, clignoteur.

intermitir *v tr* interrompre, suspendre.

intermolecular *adj* intermoléculaire.

intermuscular *adj* intermusculaire.

internación *f* pénétration ‖ internement *m*, internation (encierro).

internacional *adj & s* international, e; organismos internacionales organismes internationaux.
→ *m & f* DEP international, e.

Internacional *n pr f* HIST Internacional; Primera, Segunda, Tercera, Cuarta Internacional Première, Deuxième, Troisième, Quatrième Internationale.

internacionalidad *f* internationalité.

internacionalismo *m* internationalisme.

internacionalista *adj & s* internationaliste.

internacionalización *f* internationalisation.

internacionalizar [13] *v tr* internationaliser.

internacionalmente *adv* internationalement.

internado, da *adj & s* interné, e (encerrado).
→ **internado** *m* internat (colegio) ‖ poner en un internado mettre dans un internat.

internamente *adv* intérieurement.

internamiento *m* internement.

internar *v tr* interner (un loco, un adversario).
→ **internarse** *v pr* pénétrer; los moros se

internaron en España les Maures pénétrèrent en Espagne ‖ s'enfoncer; **internarse en la selva** s'enfoncer dans la forêt ‖ FIG approfondir (profundizar) ‖ s'insinuer (en la intimidad de uno) ‖ DEP s'infiltrer; **el extremo se internó por la izquierda** l'ailier s'infiltra par la gauche.

internauta *m & f* INFORM internaute.

internista *adj & s* généraliste (médico).

interno, na *adj* interne ‖ intérieur, e; **fuero interno** for intérieur ‖ général, e (medicina). ◇ *m & f* interne (de un hospital) ‖ pensionnaire, interne (en un colegio) ■ **colegio de internos** internat, pension, pensionnat ‖ **poner a un niño interno** mettre un enfant en pension.

internodio *m* entre-nœud.

inter nos *loc adv lat* FAM inter nos, entre nous.

internuncio *m* intermédiaire (el que habla por otro) ‖ interlocuteur (interlocutor) ‖ internonce (dignatario pontifical).

interoceánico, ca *adj* interocéanique.

interoceptivo, va *adj* MED intéroceptif, ive.

interocular *adj* interoculaire.

interóseo, a *adj* interosseux, euse.

interpaginar *v tr* interfolier (interfoliar).

interparietal *adj* ANAT interpariétal, e.

interparlamentario, ria *adj* interparlementaire.

interpelación *f* interpellation.

interpelador, ra; interpelante *adj & s* interpellateur, trice.

interpelar *v tr* interpeller.
  SIN llamar appeler; interrogar, preguntar interroger.

interpenetración *f* interpénétration.

interplanetario, ria *adj* interplanétaire.

Interpol (abrev de International Criminal Police Organization) *f* Interpol *m*.

interpolación *f* interpolation.

interpolador, ra *adj & s* interpolateur, trice.

interpolar *adj* ELECTR interpolaire. ◇ *v tr* interpoler, interposer (intercalar).

interponer [65] *v tr* interposer ‖ DR interjeter [appel].
  ➤ **interponerse** *v pr* s'interposer.

interposición *f* interposition ‖ DR interjection (recurso).

interpósita persona
  ➤ **por interpósita persona** *loc* DR par personne interposée ‖ DR **intervención de interpósita persona** interposition de personnes.

interpretable *adj* interprétable.

interpretación *f* interprétation.

interpretador, ra *adj & s* interprétateur, trice.

interpretar *v tr* interpréter.

interpretariado *m* interprétariat.

interpretativo, va *adj* interprétatif, ive.

intérprete *m & f* interprète; **intérprete jurado** interprète juré.

interprofesional *adj* interprofessionnel, elle.

interpuesto, ta *adj* interposé, e ‖ intercalaire; **cuartilla interpuesta** feuillet intercalaire.

interregno *m* interrègne.

interrelación *f* relation.

interrelacionar *v tr* mettre en relation (personas) ‖ faire des rapprochements entre (cosas, fenómenos).

interrex *m* interroi (en Roma).

interrogación *f* interrogation ‖ **signo de interrogación** point d'interrogation.
  OBSERV 1. En espagnol, on place un point d'interrogation renversé (¿) au début des phrases interrogatives et le point d'interrogation normal (?) à la fin de ces phrases. 2. En francés se pone el signo ortográfico (?) sólo al final de la frase interrogativa.

interrogador, ra *adj & s* interrogateur, trice.

interrogante *adj* interrogateur, trice ‖ **punto interrogante** point d'interrogation. ◇ *m* question *f* (pregunta).

interrogar [16] *v tr* interroger, questionner; **interrogar acerca de** interroger sur.

interrogativamente *adv* interrogativement.

interrogativo, va *adj* interrogatif, ive; **entonación interrogativa** ton interrogatif ‖ GRAM **oración interrogativa** proposition interrogative.

interrogatorio *m* interrogatoire.

interrumpidamente *adv* d'une manière discontinue.

interrumpir *v tr* interrompre; **interrumpir a uno con una pregunta** interrompre quelqu'un par une question.
  SIN cesar cesser; parar, detener arrêter; cortar couper; interceptar intercepter; diferir différer; discontinuar discontinuer; suspender suspendre.

interrupción *f* interruption, arrêt *m*; **sin interrupción** sans interruption.

interruptor, ra *adj* interrupteur, trice.
  ➤ **interruptor** *m* ELECTR interrupteur ‖ **interruptor eléctrico automático** minuterie.

intersecarse [10] *v pr* GEOM se couper.

intersección *f* intersection.

intersideral *adj* ASTRON intersidéral, e.

intersindical *adj* intersyndical, e.

intersticial *adj* interstitiel, elle; **tejido intersticial** tissu interstitiel.

intersticio *m* interstice (espacio) ‖ intervalle.

intertrigo *m* MED intertrigo.

intertropical *adj* intertropical, e.

interurbano, na *adj* interurbain, e; **conferencia interurbana** appel interurbain ■ **central interurbana, teléfono interurbano** interurbain ‖ **pedir una conferencia interurbana** demander l'inter.

interusurio *m* DR indemnités *f pl* de retard, intérêts *m pl* de retard.

intervalo *m* intervalle ‖ **a intervalos** par intervalles.

intervención *f* intervention ‖ contrôle *m* (oficio de interventor) ‖ MED intervention; **inter-**

vención quirúrgica intervention chirurgicale ■ DR **intervención de interpósita persona** intervention de personne ‖ **política de no intervención** politique non-interventionniste.

intervencionismo *m* interventionnisme.

intervencionista *adj & s* interventionniste.

intervenir [75] *v intr* intervenir ‖ arriver, survenir (acontecer) ‖ participer (tomar parte); **¿en cuántas películas has intervenido?** à combien de films as-tu participé? ◇ *v tr* contrôler, vérifier (una cuenta) ‖ MED opérer, faire une intervention (cirugía) ‖ mettre l'embargo sur, saisir (embargar) ‖ **ser intervenido por un cirujano** être opéré par un chirurgien.

interventor, ra *adj & s* intervenant, e.
  ➤ **interventor** *m* contrôleur, vérificateur (verificador) ‖ assesseur (en las elecciones) ‖ **interventor de cuentas** commissaire aux comptes.

interversión *f* interversion.

intervertebral *adj* MED intervertébral, e.

interviú *f* interview ‖ **hacer una interviú** interviewer, soumettre à une interview.
  OBSERV pl interviús.

interviuvar *v tr* interviewer (entrevistar).

intervocálico, ca *adj* intervocalique.

intestado, da *adj & s* DR intestat.

intestinal *adj* intestinal, e; **lombrices intestinales** vers intestinaux.

intestino, na *adj* intestin, e.
  ➤ **intestino** *m* ANAT intestin ■ **intestino ciego** cæcum ‖ **intestino delgado** intestin grêle ‖ **intestino grueso** gros intestin.

intifada *f* Intifada.

intimación *f* intimation, sommation (mandato) ‖ mise en demeure (emplazamiento) ‖ DR **intimación judicial** sommation par huissier.

íntimamente *adv* intimement.

intimar *v tr* intimer; **intimar una orden** intimer un ordre ‖ sommer; **le intimamos a que pague la multa** nous vous sommons de payer votre amende. ◇ *v intr* nouer une amitié, se lier d'amitié, lier amitié; **intimar con uno** nouer une amitié avec quelqu'un.

intimatorio, ria *adj* DR d'intimation.

intimidación *f* intimidation.

intimidad *f* intimité ■ **en la intimidad** dans l'intimité ‖ **gente de su intimidad** les personnes de son entourage proche.
  SIN amistad amitié; confianza confiance; familiaridad familiarité; unión union.

intimidar *v tr* intimider; **intimidar con amenazas** intimider par des menaces.

intimismo *m* intimisme.

intimista *adj* intimiste (poesía).

íntimo, ma *adj* intime.
  ➤ **íntimo** *m* intime, familier; **un íntimo de la casa** un familier de la maison.

intitular *v tr* intituler.

intocable *adj & s* intouchable.

intolerable *adj* intolérable.
  SIN insoportable, inaguantable, insufrible insupportable; excesivo excessif; doloroso douloureux.

intolerancia *f* intolérance.

intolerante *adj* & *s* intolérant, e.

intonso, sa *adj* aux cheveux non coupés ‖ FIG ignorant, e (inculto) ‖ rustre (rústico) ‖ qui n'a pas été rogné, e (libro).

intoxicación *f* intoxication.

intoxicado, da *adj* & *s* intoxiqué, e.

intoxicar [10] *v tr* intoxiquer ‖ FIG faire de l'intox (difundir informaciones falsas).
➡ **intoxicarse** *v pr* s'intoxiquer.

intraatómico, ca *adj* intra-atomique.

intracardiaco, ca *adj* intracardiaque.

intracelular *adj* intracellulaire.

intradérmico, ca *adj* intradermique.

intradermorreacción *f* MED intradermoréaction.

intradós *m* ARQ & AVIAC intrados.

intraducible *adj* intraduisible.

intramedular *adj* ANAT intramédullaire.

intramuros *adv* intra-muros.

intramuscular *adj* intramusculaire.

intranquilidad *f* inquiétude.

intranquilizador, ra *adj* inquiétant, e; alarmant, e.

intranquilizar [13] *v tr* faire perdre la tranquillité, inquiéter, alarmer.

intranquilo, la *adj* qui n'est pas tranquille, inquiet, ète.

intranscendencia; intrascendencia *f* peu d'importance.

intranscendental; intrascendente; intrascendente *adj* peu important, e.

intransferible *adj* intransférable.

intransigencia *f* intransigeance.

intransigente *adj* & *s* intransigeant, e; intraitable.

intransitable *adj* impraticable (camino).

intransitivo, va *adj* & *s m* GRAM intransitif, ive.

intransmisible; intrasmisible *adj* intransmissible.

intransportable *adj* intransportable.

intranuclear *adj* intranucléaire.

intraocular *adj* ANAT intraoculaire.

intrascendencia ➡ **intranscendencia**.

intrascendente ➡ **intranscendental**.

intrasmisible ➡ **intransmisible**.

intratable *adj* intraitable.
‖ SIN inaguantable insupportable; insociable insociable; arisco sauvage.

intrauterino, na *adj* intra-utérin, e.

intravenoso, sa *adj* intraveineux, euse ‖ inyección intravenosa piqûre intraveineuse, intraveineuse FAM.

intrepidez *f* intrépidité ‖ hardiesse, témérité (osadía).
‖ OBSERV pl intrepideces.

intrépido, da *adj* intrépide ‖ FIG irréfléchi, e (sin reflexión).

intriga *f* intrigue; intrigas palaciegas intrigues de palais; tramar intrigas nouer des intrigues.
‖ SIN enredo intrigue; artimaña menées; maquinación machination; maniobra manœuvre; manejo manège; trapicheo, tejemaneje manigances.

intrigado, da *adj* intrigué, e; estoy intrigado por saberlo je suis curieux de le savoir.

intrigante *adj* & *s* intrigant, e.
‖ SIN trapisondista, enredador brouillon; entremetido entremetteur; aventurero aventurier.

intrigar [16] *v intr* intriguer.
◇ *v tr* intriguer; su conducta me intriga sa conduite m'intrigue.

intrincadamente *adv* d'une manière embrouillée, confusément.

intrincado, da *adj* embrouillé, e; confus, e (problema, asunto) ‖ touffu, e; inextricable (bosque).

intrincamiento *m* embrouillement, complexité *f*.

intrincar [10] *v tr* embrouiller, emmêler.

intríngulis *m inv* arrière-pensée *f*, intention *f* cachée, idée *f* derrière la tête ‖ difficulté *f*, hic, nœud (dificultad); ahí está el intríngulis voilà le hic ‖ dessous *pl* (lado secreto); el intríngulis de un asunto les dessous d'une affaire.

intrínsecamente *adv* intrinsèquement.

intrínseco, ca *adj* intrinsèque.

introducción *f* introduction.

introducir [33] *v tr* [▷ SIN] introduire ‖ amener, occasionner (provocar); introducir el desorden, la discordia amener le désordre, la discorde.
➡ **introducirse** *v pr* s'introduire.
‖ SIN insertar insérer; incluir inclure; encartar encarter; meter mettre.

introductivo, va *adj* introductif, ive.

introductor, ra *adj* & *s* introducteur, trice; introductor de embajadores introducteur des ambassadeurs.

introductorio, ria *adj* d'introduction, introductif, ive (nota, palabra).

introito *m* introït (oración) ‖ début, introduction *f* (principio) ‖ TEATR prologue (prólogo).

intromisión *f* intromission, immixtion.

introspección *f* introspection.

introspectivo, va *adj* introspectif, ive.

introversión *f* introversion.

introvertido, da *adj* & *s* introverti, e.

intrusamente *adv* en intrus.

intrusión *f* intrusion.

intrusismo *m* intrusion *f*; intrusismo laboral intrusion professionnelle.

intruso, sa *adj* & *s* intrus, e.

intubación *f* MED intubation, tubage *m*.

intubar *v tr* MED intuber.

intuición *f* intuition.

intuicionismo *m* intuitionnisme.

intuir [51] *v tr* deviner, pressentir; avanza hacia el pueblo que intuye cercano il avance vers le village dont il devine la présence; se intuye la palpitación del campo en su poesía on devine la palpitation de la campagne dans sa poésie ‖ avoir l'instinct de, avoir le sens de, sentir; este niño intuye la música cet enfant a le sens de la musique ‖ avoir l'intuition de; intuir el porvenir avoir l'intuition de l'avenir.

intuitivamente *adv* intuitivement.

intuitivo, va *adj* & *s* intuitif, ive.

intuito *m* coup d'œil (ojeada) ‖ por intuito de eu égard à, en raison de.

intumescencia *f* intumescence.

intumescente *adj* intumescent, e.

intususcepción *f* BIOL intussusception.

ínula *f* BOT inule.

inulina *f* QUÍM inuline.

inulto, ta *adj* POÉT impuni, e.

inundación *f* inondation ‖ FIG inondation, flot *m*.
‖ SIN desbordamiento débordement; diluvio déluge; crecida, riada crue.

inundar *v tr* inonder ‖ FIG inonder.
‖ SIN anegar noyer; sumergir submerger; desbordar déborder.

inurbanidad *f* manque d'urbanité.

inurbano, na *adj* impoli, e; discourtois, e.

inusitadamente *adv* contre l'usage, de façon inusitée.

inusitado, da *adj* inusité, e.
‖ SIN desusado inusité; insólito insolite; raro rare; desacostumbrado, inhabitual inhabituel.

inusual *adj* inhabituel, elle.

inútil *adj* & *s* inutile ‖ FAM un inútil un propre à rien ou un bon à rien.
‖ SIN vano vain; superfluo superflu; ocioso oiseux; improductivo improductif.

inutilidad *f* inutilité.

inutilizar [13] *v tr* inutiliser, rendre inutile ‖ mettre hors d'état; los aviones inutilizaron uno de los barcos les avions mirent hors d'état un des bateaux.

inútilmente *adv* inutilement.

invadeable *adj* qui n'est pas guéable (rivière).

invadir *v tr* envahir.

invaginación *f* MED invagination.

invaginar *v tr* MED invaginer.

invalidable *adj* invalidable ‖ DR infirmable (un testimonio).

invalidación *f* invalidation ‖ DR infirmation.

invalidar *v tr* invalider ‖ DR infirmer (anular).

invalidez *f* invalidité.
‖ OBSERV pl invalideces.

inválido, da *adj* & *s* invalide.

invar *m* invar (metal).

invariabilidad *f* invariabilité.

invariable *adj* invariable.

invariablemente *adv* invariablement.

invariación *f* invariabilité.

invariadamente *adv* invariablement.

invariado, da *adj* qui n'a pas varié, inchangé, e.

invariante *m* FÍS invariant.

invasión *f* invasion.

invasor, ra *adj* envahissant, e.
◇ *adj* & *s* envahisseur, euse.

invectiva *f* invective ‖ lanzar invectivas contra uno invectiver quelqu'un, proférer des invectives contre quelqu'un.

invencibilidad *f* invincibilité.

invencible *adj* invincible ‖ insurmontable ‖ la Armada Invencible l'Invincible Armada.

invención *f* invention; patente de invención brevet d'invention ■ de su propia invención de son cru, de son invention ‖ la Invención de la Santa Cruz l'invention de la sainte Croix.

‖ SIN invento invention; descubrimiento découverte; hallazgo trouvaille; creación création.

invendible *adj* invendable.

invendido, da *adj* invendu, e.

inventar *v tr* inventer ‖ FIG & FAM no haber inventado la pólvora ne pas avoir inventé la poudre o le fil à couper le beurre.

‖ SIN imaginar, idear imaginer; descubrir découvrir; hallar, encontrar trouver; forjar forger.

inventariar [9] *v tr* inventorier, faire l'inventaire de.

inventario *m* inventaire; hacer el inventario dresser o faire l'inventaire ‖ a beneficio de inventario sous bénéfice d'inventaire.

inventiva *f* faculté inventive, esprit *m* inventif, imagination.

inventivo, va *adj* inventif, ive.

invento *m* invention *f*.

inventor, ra *m* & *f* inventeur, trice.

inverecundia *f* effronterie (desfachatez).

inverna *f* (*Amer*) hivernage *m*.

invernación *f* hibernation.

‖ OBSERV Ce mot est un barbarisme employé pour hibernación.

invernáculo *m* serre *f* (para las plantas).

invernada *f* saison d'hiver, hiver *m*.

invernadero *m* serre *f* (para las plantas) ‖ hivernage (refugio de invierno) ‖ pâturage d'hiver (pasto) ‖ efecto de invernadero effet de serre.

invernal *adj* hivernal, e.
◇ *m* étable *f* d'hiver.

invernante *adj* & *s* hivernant, e.

invernar [19] *v intr* hiverner (pasar el invierno) ‖ être en hiver, faire un temps d'hiver.

inverosímil *adj* invraisemblable; un relato, una noticia inverosímil un récit, un nouvelle invraisemblable.

‖ SIN inimaginable inimaginable; increíble incroyable; inaudito inouï.

inverosimilitud *f* invraisemblance.

inversamente *adv* inversement.

inversión *f* inversion ‖ placement *m*, investissement *m* (de capitales) ‖ inversión de las alianzas renversement des alliances.

inversionista *m* investisseur, bailleur de fonds.

inverso, sa *adj* inversé, e; renversé, e; la imagen inversa de un objeto l'image renversée d'un objet ‖ inverse; en el orden inverso dans l'ordre inverse ‖ inverse, contraire, opposé, e; venía en sentido inverso il venait en sens inverse ■ a o por la inversa à l'inverse ‖ a la inversa de à l'inverse de, contrairement à, inversement à.

inversor *m* ELECTR inverseur.

invertebrado, da *adj* & *s m* ZOOL invertébré, e.

invertido *m* inverti (homosexual).

invertina *f* QUÍM invertine.

invertir [27] *v tr* intervertir (cambiar); invertir los papeles intervertir les rôles ‖ invertir (simétricamente) ‖ inverser; invertir el sentido de una corriente inverser le sens d'un courant ‖ renverser; invertir la imagen de un objeto renverser l'image d'un objet ‖ mettre, passer (temps); invirtieron 30 minutos en el recorrido ils mirent 30 minutes à faire le parcours ‖ investir (capitales) ‖ MAT inverser ‖ contrarier (haciendo tejido de punto).

investidura *f* investiture (toma de posesión).

investigación *f* investigation, enquête (policíaca, fiscal) ‖ [▷ SIN] recherche; investigación científica recherche scientifique ‖ recherche; investigación de la paternidad recherche de paternité ‖ Consejo Superior de Investigaciones Científicas Centre national de la recherche scientifique ‖ investigación del mercado étude de o du marché.

‖ SIN estudio étude; exploración exploration; tanteo, sondeo sondage.

investigador, ra *adj* investigateur, trice; mirada investigadora regard investigateur.
◇ *m* & *f* enquêteur, euse (que hace una encuesta) ‖ chercheur, euse (científico).

investigar [16] *v intr* faire des recherches (científicas).
◇ *v tr* enquêter sur; investigar los móviles de un crimen enquêter sur les mobiles d'un crime.

investir [26] *v tr* investir (conferir una dignidad).

‖ OBSERV Le mot espagnol investir n'a pas le sens de faire des investissements, qui se dit investir, ni celui d'assiéger, qui se traduit par sitiar.

inveteradamente *adv* d'une manière invétérée.

inveterado, da *adj* invétéré, e.

inveterarse *v pr* s'invétérer.

inviabilidad *f* la inviabilidad de su proyecto es evidente il est évident que son projet n'est pas faisable.

inviable *adj* infaisable.

invictamente *adv* invinciblement.

invicto, ta *adj* invaincu, e.

invidente *adj* aveugle.
◇ *m* & *f* non-voyant, e.

invierno *m* hiver; en lo más crudo del invierno au cœur de l'hiver.

inviolabilidad *f* inviolabilité.

inviolable *adj* inviolable.

inviolado, da *adj* inviolé, e.

invisibilidad *f* invisibilité.

invisible *adj* invisible.

invitación *f* invitation.

invitado, da *adj* & *s* invité, e ‖ estrella invitada invité vedette.
◇ *m* & *f* hôte, hôtesse; este ministro es el invitado de Francia ce ministre est l'hôte de la France.

invitar *v tr* inviter; invitar a una cena inviter à un dîner ‖ engager (impulsar); el tiempo invita a no hacer nada le temps engage à ne rien faire ‖ invitar a una copa inviter à prendre un verre.

invitatorio *m* ECLES invitatoire.

in vitro *loc adv* in vitro.

invocación *f* invocation.

invocador, ra *adj* & *s* invocateur, trice.

invocar [10] *v tr* invoquer.

‖ SIN evocar évoquer; llamar appeler; apelar faire appel; pedir demander; implorar implorer.

invocatorio, ria *adj* invocatoire.

involución *f* MED involution.

involucionista *adj* & *s* réactionnaire.

involucrado, da *adj* involucré, e.

involucrar *v tr* insérer (introducir) ‖ mélanger (mezclar).

involucro *m* BOT involucre ‖ involucro pequeño involucelle.

involuntario, ria *adj* involontaire.

involuta *f* MAT enveloppée.

invulnerabilidad *f* invulnérabilité.

invulnerable *adj* invulnérable.

inyección *f* piqûre, injection; poner una inyección faire une piqûre ‖ injection; motor de inyección moteur à injection.

‖ OBSERV En el lenguaje corriente se emplea la palabra piqûre con preferencia a injection, al referirse al tratamiento terapéutico.

inyectable *adj* injectable.
◇ *m* substance *f* injectable.

inyectado, da *adj* injecté, e; ojos inyectados en sangre yeux injectés de sang.

inyectar *v tr* injecter; inyectar agua injecter de l'eau.

inyector, ra *adj* & *s* injecteur, trice.
➤ **inyector** *m* MED & TECN injecteur ‖ TECN inyector de aire soufflante (de alto horno).

iñiguista *adj* & *s* jésuite.

Ío *n pr* MITOL Io.

iodo ➤ yodo.

ion *m* FÍS ion.

iónico, ca *adj* ionique.

ionización *f* QUÍM ionisation; ionización atmosférica ionisation atmosphérique.

ionizador *m* ioniseur.

ionizar [13] *v tr* ioniser.

ionómetro *m* ionomètre.

ionona *f* QUÍM ionone.

ionosfera *f* ionosphère.

IORTV (abrev de **Instituto Oficial de Radiodifusión y Televisión**) *m* office national espagnol de radiotélévision.

iota *f* iota *m* (letra griega).

iotacismo *m* GRAM iotacisme.

IPC (abrev de **índice de precios al consumo**) *m* IPC.

ipecacuana *f* BOT ipécacuana *m*, ipéca *m*.

iperita *f* ypérite (gas).

ípsilon *f* upsilon *m* (letra griega).

Ipso *n pr m* GEOGR Ipsos.

ipso facto *loc lat* ipso facto (por el mismo hecho) ‖ aussitôt, illico (en el acto).

ir [61]

---

1. SENTIDOS GENERALES
2. IR, CON EL GERUNDIO
3. IR, CON EL PARTICIPIO PASADO
4. IR, SEGUIDO DE PREPOSICIONES

5. LOCUCIONES
6. VERBO PRONOMINAL

1. SENTIDOS GENERALES [▷ SIN] aller (moverse); ir al campo aller à la campagne ‖ aller, marcher (personas), aller, rouler, marcher (vehículos); ir despacio aller doucement ‖ aller, s'étendre; esta calle va del bulevar a la avenida cette rue va du boulevard à l'avenue ‖ aller, seoir (p us); no te va bien este sombrero ce chapeau ne te va pas bien o ne te sied pas ‖ aller, faire; esta corbata va muy bien con tu nuevo traje ce cravate fait très bien avec ton nouveau costume ‖ être; vas muy bien peinada tu es très bien coiffée ‖ en être; no sabe por dónde va il ne sait pas où il en est ‖ y avoir une différence; ¡lo que va del padre al hijo! quelle différence il y a entre le père et le fils! ‖ parier, y aller de (apostar); ¿cuánto vas que yo llego primero? combien paries-tu que j'arrive le premier? **2.** IR, CON EL GERUNDIO indique que l'action est en train de se réaliser ou en est à son commencement; vamos andando nous marchons; su salud iba empeorando sa santé allait en empirant; va haciendo calor il fait de plus en plus chaud; iba anocheciendo il commençait à faire nuit **3.** IR, CON EL PARTICIPIO PASADO indique le résultat de l'action; van escritas seis cartas il y a six lettres d'écrites; ya van vendidos diez cuadros il y a déjà dix tableaux de vendus **4.** IR, SEGUIDO DE PREPOSICIONES ir a aller à o au; voy a Madrid, a Chile je vais à Madrid, au Chili; aller en; ir a España aller en Espagne; aller chez; voy al médico je vais chez le médecin; aller; voy a salir je vais sortir ‖ ir a dar aboutir à; camino que va a dar a la carretera chemin qui aboutit à la route ‖ ir a la ruina courir à sa perte ‖ ir a parar en venir; ¿a dónde quiere usted ir a parar? où voulez-vous en venir? [se trouver]; ¿a dónde ha ido a parar este libro? où se trouve ce livre? FAM [échouer]; su reloj fue a parar al Monte de Piedad sa montre a échoué au mont-de-piété; finir par être (acabar como) ■ ir con aller avec; ir con su madre al cine aller au cinéma avec sa mère; el azul va bien con el blanco le bleu va bien avec le blanc; agir; ir con cuidado agir prudemment; être; ir con tiento être prudent; avoir; ir con miedo avoir peur ■ ir contra aller contre; esto va contra su dignidad cela va contre sa dignité ■ ir de aller en; ir de paseo, de viaje aller en promenade, en voyage; aller à; ir de caza, de pesca aller à la chasse, à la pêche; aller faire; ir de compras, de juerga aller faire des courses, faire la foire; être en; ir de uniforme être en uniforme ‖ FIG ir de boca en boca passer de bouche en bouche ‖ ir del brazo aller bras dessus, bras dessous, se donner le bras ■ ir en aller en; ir en coche, en avión aller en voiture, en avion; aller à; ir en bicicleta aller à bicyclette; aller par; ir en tren aller par le train; y aller de; en eso le va la salud il y va de sa santé; te va en ello el honor il y va de ton honneur ‖ ir para aller sur, avoir près de, courir sur; va para doce años il va sur ses douze ans ‖ ir para largo traîner en longueur ‖ ir para viejo vieillir ■ ir por aller chercher; ir por vino a la bodega aller chercher du vin à la cave; avoir environ; María iba por los quince años Marie avait environ quinze ans ■ ir tras courir après (correr),

poursuivre (perseguir), aller derrière (estar detrás), suivre (seguir) **5.** LOCUCIONES ir delante aller de l'avant ‖ ir bien aller bien, bien marcher; sus negocios van bien ses affaires marchent bien ‖ ir contra corriente aller à contre-courant ‖ ir de mal en peor aller de mal en pis ‖ ir de por sí, ir por sí solo aller de soi ‖ ir descalzo aller pieds nus ‖ ir descaminado faire fausse route, se fourvoyer, avoir tort ‖ ir lejos aller loin ‖ ir sin sombrero aller nu-tête ‖ FIG & FAM ir sobre ruedas aller comme sur des roulettes ‖ ir tirando aller comme ci, comme ça; se maintenir ‖ ir viviendo vivoter ‖ ir zumbando aller à toute vitesse ■ FAM a eso voy, vamos c'est justement ce que je voulais, ce que nous voulions dire; c'est là que je veux, nous voulons en venir ‖ ahí van cien francos voilà cent francs ‖ ¡allá va! attention!, gare! ‖ ¿cómo le va?, ¿cómo va eso? comment ça va?, ça va? ¿cuánto va? combien pariezvous? ‖ FAM estar ido être toqué o cinglé (chiflado), être dans les nuages (en las nubes) esto no me va ni me viene ça ne me concerne pas, ça ne me regarde pas (no importarle a uno), ça ne me fait ni chaud ni froid, ça m'est égal (dar igual) ‖ esto no va contigo tu n'as rien à voir avec cela ‖ ¡lo que va de ayer a hoy! les temps ont bien changé!, il s'en est passé des choses! ‖ FAM ¡qué va! allons donc!, tu parles!, vous parlez!, penses-tu!, pensez-vous! ‖ ¿quién va?, ¿quién va allá? qui va là? ‖ ser el no va más être le summum ‖ sin ir más lejos sans aller plus loin ‖ FAM vamos a ver voyons ‖ ¡vamos despacio! du calme! ‖ ¡vaya!, ¡vamos! allons! (impaciencia), allons donc! (incredulidad), quand même! (indignación, sorpresa), quoi!, eh quoi! (al final de la frase); es buen chico, ¡vaya! c'est un bon garçon, quoi! ‖ ¡vamos, anda! allons donc! ‖ ¡vaya calor! quelle chaleur! ‖ ¡vaya susto que me has dado! tu m'as fait une de ces peurs! ‖ ¡vaya por Dios! mon Dieu!, eh bien! ‖ voy y vengo je ne fais qu'aller et venir, je ne fais qu'un saut, je reviens tout de suite ‖ ¡ya voy! voilà, je viens!, j'arrive! **6.** VERBO PRONOMINAL s'en aller, partir; se fue ayer il est parti hier ‖ ¡vámonos! allons-nousen!; ¡idos! allez-vous-en!; ¡vete! va-t'en! FIG s'en aller, passer (morirse) ‖ glisser; se le fueron los pies ses pieds ont glissé ‖ fuir (un recipiente) ‖ fuir, s'échapper (un líquido) ‖ filer (gastarse el dinero) ‖ s'épuiser (consumirse) ‖ s'échapper (un punto) ‖ passer, se faner (un color) ‖ se déchirer (desgarrarse) ‖ lâcher de partout (destrozarse) ‖ FAM s'oublier (ventosear) ■ FIG irse abajo s'écrouler, s'effondrer ‖ irse al otro mundo partir pour l'autre monde, faire le grand voyage ‖ MAR irse a pique couler, aller au fond ‖ irse como se había venido s'en retourner o s'en aller comme on était venu ‖ irse de s'en aller de, se défaire de (en el juego de naipes) ‖ irse de la lengua, írsele a uno la lengua parler trop, avoir la langue trop bien pendue, ne pas savoir tenir sa langue ‖ irse de la memoria sortir de la tête o de la mémoire, échapper; este nombre se me ha ido de la memoria ce nom m'est sorti de la mémoire o m'échappe ‖ irse de las manos glisser des mains, échapper; el plato se le fue de las manos l'assiette lui a glissé des mains; échapper; su autoridad se le va de las manos son autorité lui échappe ‖ írsele a uno de la mano échapper, filer entre les mains;

este negocio se le ha ido de la mano cette affaire lui a échappé ‖ írsele a uno la mano avoir la main leste (pegar), avoir la main lourde (echar más de la cuenta), forcer la note, ne pas y aller de main morte (exagerar) ‖ irse por alto compter largement (tirar por alto) ‖ FAM irse uno que se las pela filer ■ FAM ¡allá se van los dos! les deux font la paire!, l'un vaut l'autre! ‖ ¡anda y vete por ahí! va te faire fiche! ‖ no irle a uno a la zaga n'avoir rien à envier à quelqu'un ‖ ¡váyase lo uno por lo otro! l'un compense l'autre ‖ ¡vete!, ¡iros a paseo! va, allez au diable! ‖ vete a saber! allez savoir!, sait-on jamais!

> OBSERV La construction ir y suivie d'un verbe est très courante dans le langage parlé pour exprimer une nuance de détermination. Elle peut se rendre par eh bien! ou ne pas se traduire: si continúas así, voy y me marcho si tu continues comme ça, eh bien! je m'en vais; cuando me insultó, fui y le di una torta quand il m'a insulté, je lui ai flanqué une gifle.

> SIN acudir se rendre; llegar arriver; dirigirse se diriger; encaminarse s'acheminer; marchar marcher; seguir suivre; visitar visiter.

ira f colère; la ira es mala consejera la colère est mauvaise conseillère ‖ FIG colère, fureur (de los elementos) ■ descargar la ira en uno décharger sa colère sur quelqu'un ‖ ¡ira de Dios! tonnerre de Dieu! ‖ llenarse de ira se mettre en colère.

> OBSERV En francés existe la palabra ire pero pertenece a la lengua poética.

IRA (abrev de Irish Republican Army) m IRA f.

iracundia f irascibilité ‖ colère (ira).

iracundo, da adj & s irascible, coléreux, euse; colérique ‖ FIG & POÉT irrité, e (los elementos).

iradáceas f pl BOT iridacées.

Irak ➤ Iraq.

Irán n pr m GEOGR Iran.

iraní adj & s iranien, enne.
◇ m LING iranien.
■ OBSERV pl iraníes.

Iraq; Irak n pr m GEOGR Iraq, Irak.

iraqués, esa; iraquí adj & s de l'Irak, irakien, enne; iraquien, enne.
■ OBSERV pl iraqueses, iraquesas; iraquíes.

irascibilidad f irascibilité.

irascible adj irascible (iracundo).

Irene n pr Irène.

Ireneo n pr Irénée.

iribú m (Amer) urubu (aura).

íride f BOT iris m fétide.

iridectomía f MED iridectomie.

iridescente adj iridescent, e.

iridiado, da adj iridié, e.

iridio m iridium (metal).

iridiscente adj iridescent, e.

iridodiagnosis f inv MED iridologie, iridodiagnostic m.

iris m arc-en-ciel (meteoro) ‖ ANAT iris (del ojo) ‖ opale f (ópalo) ‖ FOT diafragma de iris diaphragme iris.

irisación f irisation.

irisado, da adj irisé, e.

irisar v tr & intr iriser.

iritis f inv MED iritis.

Irlanda n pr f GEOGR Irlande | Irlanda del Norte Irlande du Nord | el mar de Irlanda la mer d'Irlande.

irlandés, esa adj & s irlandais, e.
➡ **irlandés** m LING irlandais.
▪ OBSERV pl irlandeses, irlandesas.

irona f QUÍM irone.

ironía f ironie.

irónicamente adv ironiquement.

irónico, ca adj ironique.

ironista m & f ironiste (persona irónica).

ironizar [13] v tr ironiser.

iroqués, esa adj & s iroquois, e.
▪ OBSERV pl iroqueses, iroquesas.

IRPF (abrev de Impuesto sobre la Renta de las Personas Físicas) m IRPP.

irracional adj irraisonnable (carente de razón) | irrationnel, elle (contrario a la razón) | MAT irrationnel, elle.
◇ m animal.

irracionalidad f irrationalité.

irracionalismo m irrationalisme.

irracionalista adj & s irrationaliste.

irradiación f irradiation | FIG rayonnement; la irradiación de la cultura le rayonnement de la culture.

irradiar [8] v intr & tr irradier | FIS rayonner | FIG rayonner (cultura).

irrazonable adj déraisonnable, irraisonnable; niño irrazonable enfant irraisonnable.

irreal adj irréel, elle.

irrealidad f irréalité.

irrealismo m irréalisme.

irrealizable adj irréalisable.

irrebatible adj irréfutable.

irreconciliable adj irréconciliable.

irreconocible adj méconnaissable.

irrecuperable adj irrécupérable | irrécouvrable (crédito, etc.).

irrecusable adj irrécusable.

irredentismo m irrédentisme.

irredentista adj & s irrédentiste.

irredento, ta adj irrédimé, e.

irredimible adj irrachetable.

irreducible adj irréductible; fractura irreducible fracture irréductible.

irreductibilidad f irréductibilité.

irreductible adj irréductible; fracción irreductible fraction irréductible.

irreemplazable adj irremplaçable.

irreflexión f irréflexion.

irreflexivamente adv sans réfléchir.

irreflexivo, va adj irréfléchi, e.

irreformable adj irréformable.

irrefractable adj irréfrangible.

irrefragable adj irréfragable.

irrefrenable adj irrépressible.

irrefutable adj irréfutable; argumento irrefutable argument irréfutable.

irrefutablemente adv irréfutablement.

irregular adj irrégulier, ère.

irregularidad f irrégularité.

irregularmente adv irrégulièrement.

irrelevancia f insignifiance | manque m d'à-propos (observación, etc.).

irrelevante adj insignifiant, e (sin importancia) | qui n'est pas pertinent, e (sin significado).

irreligión f irréligion.

irreligioso, sa adj & s irréligieux, euse.
| SIN ateo athée; librepensador libre penseur; descreído, impío mécréant; antirreligioso antireligieux; incrédulo incroyant; infiel infidèle.

irremediable adj irrémédiable.

irremediablemente adv irrémédiablement.

irremisible adj irrémissible.

irremplazable adj irremplaçable.

irreparable adj irréparable.

irrepetible adj unique.

irreprensible adj irrépréhensible.

irrepresentable adj injouable.

irreprimible adj irréprimable, irrépressible.

irreprochable adj irréprochable.
| SIN intachable irréprochable; irreprensible irrépréhensible; justo juste.

irresistible adj irrésistible.

irresistiblemente adv irrésistiblement.

irresoluble adj insoluble (que no se puede resolver).

irresolución f irrésolution.

irresoluto, ta adj & s irrésolu, e.

irrespetuoso, sa adj irrespectueux, euse | irrévérencieux, euse.

irrespirable adj irrespirable.

irresponsabilidad f irresponsabilité.

irresponsable adj irresponsable.

irresuelto, ta adj irrésolu, e (problema).

irretroactividad f non-rétroactivité; la irretroactividad de las leyes la non-rétroactivité des lois.

irreverencia f irrévérence.

irreverenciar [7] v tr traiter avec irrévérence.

irreverente adj irrévérent, e; irrévérencieux, euse.
◇ m & f personne irrévérencieuse.

irreversible adj irréversible.

irrevocabilidad f irrévocabilité.

irrevocable adj irrévocable.

irrevocablemente adv irrévocablement.

irrigable adj irrigable.

irrigación f irrigation.

irrigador m irrigateur.

irrigar [16] v tr irriguer.

irrisible adj risible, dérisoire.

irrisión f dérision (mofa); hacer irrisión de tourner en dérision | FAM risée (objeto de burla); ser la irrisión del pueblo être la risée du village.

irrisorio, ria adj dérisoire; oferta irrisoria offre dérisoire.

irritabilidad f irritabilité.

irritable adj irritable (persona) | DR annulable, invalidable.

irritación f irritation | [▷ SIN] FIG irritation, emportement m, colère | DR annulation, invalidation | FIG coger una irritación se mettre en colère.
| SIN exacerbación exacerbation; paroxismo paroxysme; agitación agitation; cólera, ira colère.

irritado, da adj irrité, e | POÉT el mar irritado la mer démontée o irritée.

irritador, ra adj irritant, e | MED irritatif, ive.

írritamente adv sans validité.

irritante adj irritant, e.

irritar v tr irriter | [▷ SIN] FIG exciter, exacerber, irriter (pasiones) | DR annuler.
➡ **irritarse** v pr s'irriter, se mettre en colère ■ irritarse con o por algo s'irriter de quelque chose, se mettre en colère pour quelque chose | irritarse con o contra uno s'irriter o se mettre en colère contre quelqu'un.
| SIN exacerbar exacerber; exasperar exaspérer; impacientar impatienter; crispar crisper; agriar aigrir.

írrito, ta adj DR nul, nulle (sin valor).

irrogación f action de causer un dommage.

irrogar [16] v tr causer, occasionner [un dommage, un tort].

irrompible adj incassable.

irrumpir v intr faire irruption, entrer brusquement.

irrupción f irruption.

irunés, esa adj & s d'Irun.

irupé m (Amer) victoria regia (nenúfar).

IRYDA (abrev de Instituto National de Reforma y Desarrollo Agrario) m organisme public espagnol d'aide aux agriculteurs.

Isaac n pr Isaac.

Isabel n pr Isabelle, Élisabeth, Isabeau (ant).

isabelino, na adj elisabéthain, e (relativo a Isabel I de Inglaterra) | se dit de la monnaie à l'effigie d'Isabelle II (moneda).
◇ adj & s partisan d'Isabelle II contre don Carlos | isabelle (color).

Isaías n pr Isaïe, Esaïe.

isalobara f isallobare.

isangas f pl (Amer) nasses pour pêcher les crevettes | paniers m.

isatis m inv isatis (zorro).

Isaura n pr Isaure.

isba f isba (casa rusa de madera).

ISBN (abrev de International Standard Book Number) m ISBN.

Iscariote n pr Iscariote.

iscatón m (Amer) espèce de coton | FAM cabeza de iscatón tête chenue.

Iseo ➡ **Isolda**.

isiaco, ca; isíaco, ca adj isiaque.

isidoriano, na adj relatif à saint Isidore.
➡ **isidoriano** m religieux de saint Isidore.

Isidoro de Sevilla n pr Isidore de Séville.

Isidro n pr Isidore (nombre) | san Isidro Labrador Saint Isidore.

isidro, dra m & f croquant, e; péquenot m.

OBSERV Ce mot est employé exclusivement à Madrid pour désigner un provincial.

Isis *n pr* Isis.

isla *f* île ▌îlot *m*, pâté *m* de maisons (de casas) ▌(*Amer*) boqueteau *m* (bosquecillo)▌terrain *m* inondable [près d'un cours d'eau].

> **LAS ISLAS** ───────────────
> las islas Aleutianas les îles Aléoutiennes;
> las islas Anglonormandas les îles Anglo-Normandes;
> las islas Tubuai o Australes les îles Australes;
> las islas Bahrein les îles Bahrein o Bahrayn;
> las islas Baleares les îles Baléares;
> las islas Británicas les îles Britanniques;
> las islas Canarias les îles Canaries;
> las islas de Cabo Verde les îles du Cap Vert;
> las islas Carolinas les îles Carolines;
> la isla Christmas l'île Christmas;
> las islas Comores les îles Comores;
> la isla de Elba l'île d'Elbe;
> las islas Eolias o Lípari les îles Éoliennes;
> las islas Falkland o Malvinas les îles Malouines o Falkland;
> las islas Feroe o Faeroe o Faroe les îles Féróé;
> las islas Fidji les îles Fidji;
> las islas Galápagos les îles Galápagos;
> las islas Hébridas les îles Hébrides;
> las islas Jónicas les îles Ioniennes;
> las islas Kuriles les îles Kouriles;
> la isla de Man l'île de Man;
> las islas Marianas les îles Mariannes;
> las islas Marquesas les îles Marquises;
> las islas Marshall les îles Marshall;
> la isla Mauricio l'île Maurice;
> las islas Molucas les îles Moluques;
> la isla del Norte l'île du Nord;
> la isla Ouessant l'île d'Ouessant;
> la isla de Pascua l'île de Pâques;
> la isla Príncipe Eduardo l'île du Prince-Édouard;
> las islas Salomón les îles Salomon;
> la isla Sein l'île de Sein;
> las islas Shetland les îles Shetland;
> las islas Scilly o Sorlingas les îles Sorlingues;
> las islas de Sotavento les îles Sous-le-Vent;
> la isla del Sur l'île du Sud;
> las islas Turks y Caicos les îles Turks et Caicos;
> la isla Vancouver l'île Vancouver;
> las islas de Barlovento les îles du Vent;
> las islas Vírgenes les îles Vierges;
> la isla de Wight l'île de Wight.

Islam *m* islam.

islámico, ca *adj* islamique.

islamismo *m* islamisme.

islamita *adj & s* islamite.

islamización *f* islamisation.

islamizar [13] *v tr* islamiser.

islandés, esa *adj & s* islandais, e.
➡ **islandés** *m* LING islandais.
▌ **OBSERV** pl islandeses, islandesas.

Islandia *n pr f* GEOGR Islande.

islándico, ca *adj & s* (p us) islandais, e.

islario *m* description *f* o carte *f* des îles.

isleño, ña *adj & s* insulaire.

isleta *f* îlot *m* ▌refuge *m* (acera).

islote *m* îlot.

Ismael *n pr* Ismaël.

ismaelita *adj & s* ismaélite.

ISO (abrev de International Organization for Standardization) *f* ISO.

isobara *f* isobare (línea isobárica).

isobárico, ca *adj* isobare, isobarique ▌líneas isobáricas lignes isobares, isobares.

isobático, ca *adj* GEOL isobathe.

isobato, ta *adj & s f* GEOL isobathe.

isocarenado, da *adj* isocarène.

isoclino, na *adj* isoclinal, e; isocline.

isocora *f* FÍS courbe isochore.

Isócrates *n pr* Isocrate.

isocromático, ca *adj* isochromatique.

isocrónico, ca *adj* isochronique.

isocronismo *m* isochronisme.

isócrono, na *adj* isochrone.

isodinamia *f* isodynamie.

isodinámico, ca *adj* isodynamique.

isoédrico, ca *adj* isoédrique.

isoeléctrico, ca *adj* QUÍM isoélectrique.

isogamia *f* isogamie.

isógamo, ma *adj* BOT isogame.

isoglosa *adj & s f* isoglosse.

isógono *adj* isogone, isogonique.

isohieta *adj* isohyète.

Isolda; Iseo *n pr* Iseut, Iseult.

isomería *f* QUÍM isomérie.

isomerización *f* isomérisation.

isómero, ra *adj & s m* isomère.

isométrico, ca *adj* isométrique.

isomorfismo *m* isomorphisme.

isomorfo, fa *adj* QUÍM isomorphe.

isonomía *f* QUÍM isonomie.

isoperimétrico, ca *adj* GEOM isopérimétrique.

isópodo *adj & s m* ZOOL isopode.

isoquímeno, na *adj* isochimène.

isósceles *adj inv* GEOM isocèle; triángulo isósceles triangle isocèle.

isosilábico, ca *adj* isosyllabique.

isosista *adj & s f* isoséiste, isosiste.

isospín *m* FÍS spin isotopique o isobarique.

isostasia *f* isostasie.

isostático, ca *adj* isostatique.

isotérmico, ca *adj* isotherme; vagón isotérmico wagon isotherme.

isotermo, ma *adj & s f* isotherme.

isotonía *f* QUÍM isotonie.

isotónico, ca *adj* isotonique.

isotopía *f* isotopie.

isótopo *m* QUÍM isotope; isótopo radiactivo isotope radioactif, radio-isotope.

isotrón *m* FÍS isotron.

isotropía *f* BOT & FÍS isotropie.

isótropo, pa *adj & s m* isotrope.

isquemia *f* MED ischémie.

isquiático, ca *adj* ischiatique.

isquion *m* ANAT ischion (hueso).

Israel *n pr m* GEOGR Israël.

israelí *adj & s* israélien, enne (del Estado de Israel).
▌ **OBSERV** pl israelíes.

israelita *adj & s* israélite.
▌ **SIN** hebreo hébreu; semita sémite; judío juif.

ISSN (abrev de International Standard Serial Number) *m* ISSN.

istle *m* ixtle, chanvre de Tampico.

istmeño, ña *adj* de l'isthme.

ístmico, ca *adj* isthmique; juegos ístmicos jeux isthmiques.

istmo *m* isthme.

Istria *n pr f* GEOGR Istrie.

Itaca *n pr f* GEOGR Ithaque.

itacate *m* (*Amer*) provisions *f pl* de bouche, vivres *f pl*, viatique.

Italia *n pr f* GEOGR Italie.

italianismo *m* italianisme.

italianista *m & f* italianisant, e.

italianización *f* italianisation.

italianizar [13] *v tr* italianiser.

italiano, na *adj & s* italien, enne; a la italiana à l'italienne.
➡ **italiano** *m* LING italien.

itálico, ca *adj & s* italique.
➡ **itálica** *f* italique (letra).

ítalo, la *adj & s* POÉT italien, enne.

itapá *f* (*Amer*) radeau *m* (balsa).

ítem; item *adv lat* item (además).
◇ *m* objet (cosa); chapitre, article (artículo) ▌DR article ▌INFORM article [élément d'information].
▌ **OBSERV** pl ítems; items.

iteración *f* (p us) réitération ▌INFORM iteración de operaciones itération d'opérations.

iterar *v tr* réitérer.

iterativo, va *adj* itératif, ive.

iterbio *m* ytterbium (metal).

itinerante *adj* itinérant, e; embajador itinerante ambassadeur itinérant ▌volant, e; campamento itinerante camp volant.

itinerario, ria *adj & s* itinéraire.

itria *f* MIN yttria.

itrialita *f* MIN yttrialite.

itrio *m* MIN yttrium.

ITV (abrev de inspección técnica de vehículos) *f* contrôle technique des véhicules en Espagne.

IU (abrev de Izquierda Unida) *f* coalition de partis politiques espagnols de gauche.

IVA (abrev de impuesto sobre el valor añadido) *m* TVA *f*.

Iván *n pr* Iván el Grande Ivan le Grand; Iván el Terrible Ivan le Terrible.

ixoda; ixodes *m* ixode (garrapata).

ixtle *m* (*Amer*) agave (pita).

izar [13] *v tr* hisser.

izda (abrev escrita de izquierda) gche.

izote *m* BOT yucca glorieux.

izquierda *f* main gauche (mano) ▌gauche (lado, dirección) ▌gauche (política) ▪ a la izquierda à gauche, sur la gauche ▌MIL ¡izquierda, mar! à gauche, gauche! ▌FIG & FAM ser un cero a la izquierda être une nullité, être un zéro ▌un hombre de izquierdas un homme de gauche.

izquierdear *v intr* déraisonner (desbarrar).

izquierdismo *m* gauche *f* (partidos) ▌tendance *f* gauchisante, gauchisme *m* (tendencia).

izquierdista *adj* de gauche, gauchiste, gauchisant, e ▌un izquierdista un homme de gauche, un gauchiste, un gauchisant.

izquierdo, da *adj* gauche; mano izquierda main gauche ▌EQUIT panard, e (caballo).
◇ *m & f* gaucher, ère (zurdo) ➡ izquierda.

izquierdoso, sa *adj & s* FAM gaucho [gauchiste].

J

j; J f j m.
> **OBSERV** Le son de la jota n'existe pas en français, il est analogue à celui du ch dur allemand [x].

¡ja, ja, ja! *interj* ha, ha, ha!

jabado, da *adj* (*Amer*) bariolé, e; de plusieurs couleurs (gallo).

jabalcón m ARQ jambe f de force, contrefiche.

jabalconar v tr ARQ placer des jambes de force, étançonner.

jabalí m ZOOL sanglier; jabalí alunado sanglier miré.
> **OBSERV** pl jabalíes.

jabalina f laie (hembra del jabalí) ‖ javelot m (en deportes) ‖ javelina (arma).

jabardear v intr essaimer.

jabardillo; jabardo m essaim (de insectos) ‖ volée f (de pajarillos) ‖ FIG essaim, multitude f.

jabato m marcassin ‖ FIG & FAM ¡es un jabato! c'est un lion! (valiente).

jábega f seine, senne, sorte de boulier (red) ‖ embarcation de pêche.

jabegote m pêcheur à la seine.

jabeguero, ra *adj* relatif, ive à la "jábega".
> **jabeguero** m pêcheur à la seine (jabegote).

jabeque m chebec (embarcación) ‖ FIG & FAM balafre f, estafilade f (herida) ‖ FIG & FAM pintar un jabeque balafrer, faire une estafilade.

jabera f air m populaire andalou.

jabí m (*Amer*) bois de fer, copayer (árbol).
> **OBSERV** pl jabíes.

jabirú m ZOOL jabiru (pájaro).

jabladera f TECN jabloir m, jabloire (doladera).

jable m TECN jable (de los toneles) ‖ TECN hacer jables jabler.

jabón m savon; pompa de jabón bulle de savon; jabón de afeitar, de tocador o de olor, en escamas savon à barbe, de toilette, en paillettes ‖ FIG & FAM savon (represión); dar o echar un jabón a alguien passer un savon à quelqu'un ‖ (*Amer*) FAM frousse f (miedo); agarrarse un jabón avoir la frousse ■ jabón blando savon noir o mou ‖ jabón de Marsella savon de Marseille ‖ jabón de piedra savon dur ‖ jabón de sastre craie de tailleur ‖ jabón duro savon dur ‖ jabón en polvo savon en poudre ‖ jabón líquido savon liquide ‖ pastilla de jabón savonnette ■ FAM dar jabón a

uno passer la main dans le dos o faire du plat à quelqu'un.

jabonado m savonnage (jabonadura) ‖ linge savonné (ropa que se lava) ‖ FAM savon (represión).

jabonadura f savonnage m ‖ FIG & FAM dar una jabonadura passer un savon.
> **jabonaduras** f pl eau sing savonneuse ‖ mousse sing de savon (espuma).

jabonar v tr savonner (la ropa, la barba, etc.) ‖ FIG & FAM savonner la tête à, passer un savon à.

jaboncillo m craie f; jaboncillo de sastre craie de tailleur ‖ savonnette f, savon de toilette (pastilla de jabón) ‖ BOT savonnier (árbol) ‖ (*Amer*) savon à barbe.

jabonera f savonnière ‖ boîte à savon (caja) ‖ BOT saponaire, savonnière.

jabonero, ra *adj* savonnier, ère ‖ blanc sale, blanc jaunâtre (los toros).
> **jabonero** m fabricant de savon, savonnier.

jaboneta f; **jabonete** m savonnette f.

jabonoso, sa *adj* savonneux, euse.

jaborandi m BOT jaborandi, bois d'anisette.

jabotí m (*Amer*) sorte de tortue f noire.

jaca f bidet m, petit cheval m ‖ cheval m (en general); ¡qué jaca más hermosa! quel beau cheval! ‖ (*Amer*) coq m de combat.

jacal m (*Amer*) hutte f, chaumière f.

jacalear v intr (*Amer*) cancaner (cotillear).

jacalón m (*Amer*) hangar (cobertizo).

jacamar m; **jacamara** f (*Amer*) jacamar m (ave).

jacapa f oiseau m d'Amérique.

jácara f romance m [de nature picaresque] (romance) ‖ musique et danse espagnoles ‖ bande de joyeux noctambules [donnant des sérénades] ‖ FIG & FAM histoire (patraña); contar jácaras raconter des histoires ‖ no estar para jácaras ne pas avoir envie de rire.

jacarandá f BOT jacaranda m.
> **OBSERV** pl jacarandás.

jacarandoso, sa *adj* FAM guilleret, ette; joyeux, euse.

jacaré m (*Amer*) caïman.

jacarear v intr chanter des "jácaras" ‖ FIG & FAM aller en bande en chantant dans les rues ‖ faire du charivari, du tapage (alborotar) ‖ donner des sérénades (rondar) ‖ ennuyer, assommer (molestar).

jacarero; jacarista m celui qui se promène en chantant dans les rues ‖ FIG & FAM joyeux drille, gai luron.

jácena f ARQ poutre maîtresse (viga).

jacerina f cotte de mailles.

jachalí m anone f (árbol).

jacinto m BOT jacinthe f, hyacinthe f (ant) ‖ hyacinthe, jacinthe (piedra preciosa).

Jacinto n pr Hyacinthe.

jaco m rosse f, haridelle f, bidet (caballo malo) ‖ jaque f à armer (cota de malla) ‖ jaque f (vestido).

Jacob n pr Jacob.

jacobeo, a *adj* de saint Jacques [le majeur] ■ devoción jacobea dévotion à saint Jacques ‖ peregrinación jacobea pèlerinage à Saint-Jacques-de-Compostelle.

jacobinismo m jacobinisme.

jacobino, na *adj* & s jacobin, e.

jacobita *adj* & s jacobite.

Jacobo n pr Jacques [roi d'Écosse].

jacquard m inv jacquard m.

jactación f MED jactation.

jactancia f vantardise, jactance (p us).

jactanciosamente *adv* avec vantardise, avec jactance.

jactancioso, sa *adj* & s vantard, e; fanfaron, onne; hâbleur, euse.

jactarse v pr se vanter, se targuer (vanagloriarse); jactarse de noble se vanter d'être noble.

jaculatorio, ria *adj* jaculatoire.
> **jaculatoria** f oraison jaculatoire (oración breve).

jacuzzi® m Jacuzzi®.
> **OBSERV** pl jacuzzis.

jade m jade (piedra).

jadeante *adj* haletant, e; essoufflé, e; pantelant, e.

jadear v intr haleter ‖ llegar jadeando arriver hors d'haleine.

jadeo m halètement, essoufflement; las carreras producen jadeo les courses produisent l'essoufflement.

jaecero, ra m & f sellier, bourrelier.
> **OBSERV** Las palabras sellier y bourrelier no tienen forma femenina.

jaén m sorte de raisin (uva).

Jaén n pr GEOGR Jaén, Jaen.

jaenés, esa *adj* & s de Jaen.

■ OBSERV pl jaeneses, jaenesas.

jaez *m* harnais ▮ FIG caractère, nature *f* (carácter) ▮ sorte *f*, genre (género) ▮ espèce *f*, engeance *f*, acabit (despectivo); **gente de este jaez** des gens de cette espèce.

➤ **jaeces** *pl* harnais.

jaezar [13] *v tr* harnacher.

Jafet *n pr* Japhet.

jafético, ca *adj* japhétique.

Jaffa; Yafo *n pr* GEOGR Jaffa, Yafo.

jagua *f* BOT génipa *m* [plante de l'Amérique tropicale] ▮ génipape *m* (fruta) ▮ (*Amer*) anone (jachalí).

jaguar *m* ZOOL jaguar.
■ OBSERV pl jaguars.

jaguareté *m* (*Amer*) ZOOL jaguar.

jaguarzo *m* BOT variété de ciste.

jagüel; jagüey *m* (*Amer*) mare *f*.

jagüilla *f* (*Amer*) espèce de sanglier *m*.

jaharrar *v tr* crépir (una pared).

jaharro *m* crépi.

jai alai *m* jeu de paume, jai alai.

jaiba *f* (*Amer*) crabe *m* (cangrejo).

Jaime *n pr* jacques [en Aragon, Catalogne et Baléares].

jaique *m* haïk (almalafa).

jalado, da *adj* (*Amer*) émacié, e (demacrado) ▮ ivre (ebrio) ▮ obséquieux, euse (obsequioso en demasía).

jalapa *f* BOT jalap *m*.

jalapeño, ña *adj & s* de Jalapa [Guatemala et Mexique].

jalar *v tr* FAM tirer, haler (tirar) ▮ MFAM bouffer (comer) ▮ VULG (*Amer*) tirer (hacer el amor con).

➤ **jalarse** *v pr* FAM (*Amer*) se soûler (embriagarse) ▮ se tirer (irse).

jalbegar [16] *v tr* badigeonner, chauler, passer à la chaux (enjalbegar) ▮ farder (el rostro).

jalbegue *m* crépi, badigeonnage (enlucido), lait de chaux (cal) ▮ FIG fard (afeite).

jalde; jaldo, da *adj* jaune vif.

jalea *f* gelée ■ **jalea de cidra** cédrat confit ▮ **jalea real** gelée royale ■ FIG & FAM **hacerse o volverse uno jalea** être tout sucre et tout miel.

jaleador, ra *adj & s* tapageur, euse (que hace ruido) ▮ animateur, trice (animador).

jalear *v tr* exciter (les chiens) de la voix (caza) ▮ acclamer, faire une ovation; **el público jaleó al bailarín** le public acclama le danseur ▮ encourager, stimuler (animar) ▮ (*Amer*) ennuyer, agacer (fastidiar).

jaleco *m* sorte de gilet, yélek.

jaleo *m* cris *pl* pour exciter les chiens (caza) ▮ cris *pl*, applaudissements *pl* ▮ danse *f* populaire andalouse ▮ FAM tapage, charivari, chahut, chambard, boucan (ruido); **armar jaleo** faire du chahut ▮ foire *f*; **estar de jaleo** faire la foire ▮ histoire *f*; **hay que ver el jaleo que se ha formado** il faut voir l'histoire que cela a fait ■ **armarse uno un jaleo** s'embrouiller, s'emmêler les pinceaux ▮ **armar un jaleo** faire du tapage ▮ **hubo un jaleo enorme** il y a eu un chahut monstre (ruido), ça a fait toute une histoire (escándalo).

jaleoso, sa *adj & s* chahuteur, euse.
◇ *adj* bruyant, e.

jalifa *m* ancienne autorité *f* suprême représentant du sultan dans le protectorat espagnol au Maroc.

jalifato *m* dignité *f* et souveraineté *f* du "jalifa".

jalifiano, na *adj* du "jalifa".

jalisco *adj m* (*Amer*) ivre.

jalma *f* bât *m* (enjalma).

jalón *m* jalon (estaca) ▮ FIG jalon, moment qui fait date (hito) ▮ (*Amer*) traction *f* (tirón) ▮ traite *f* (distancia) ▮ FAM coup (trago) ▮ **jalón de mira** jalon-mire.

jalona *adj* (*Amer*) coquette.

jalonamiento *m* jalonnement.

jalonar *v tr* jalonner.

jalonear *v tr* (*Amer*) haler (dar tirones) ▮ marchander (regatear).

Jamaica *n pr f* GEOGR Jamaïque.

jamaicano, na *adj & s* jamaïcain, e.

jamancia *f* FAM becquetance, mangeaille.

jamar *v tr* FAM bouffer, becqueter, boulotter (comer).

jamás *adv* jamais; **jamás lo he visto, no lo he visto jamás** je ne l'ai jamais vu ■ **jamás de los jamases** au grand jamais ▮ **nunca jamás** au grand jamais, jamais de la vie; **nunca jamás lo haré de nuevo** au grand jamais je ne le referai ▮ **para siempre o por siempre jamás** à tout jamais, à jamais.

jamba *f* ARQ jambe, jambage *m* (de chimenea) ▮ TECN jambage *m*, pied-droit *m* (montante).

jambado, da *adj & s* (*Amer*) glouton, onne; goinfre.

jambaje *m* ARQ jambage, jambe *f* ▮ chambranle (marco de puerta, ventana).

jambar *v tr* (*Amer*) FAM bouffer.

jámbico, ca *adj* ïambique (verso).

jamboree *m* jamboree (reunión de exploradores).

jamelgo *m* rosse *f*, haridelle *f*, bidet, canasson (caballo malo).

jamo *m* (*Amer*) filet de pêche, épervier.

jamón *m* jambon; **jamón ahumado** jambon fumé; **huevos con jamón** œufs au jambon ■ **codillo de jamón** jambonneau ▮ **jamón en dulce** jambon cuit au vin blanc ▮ **jamón serrano** jambon de montagne ▮ **manga de jamón** manche à gigot ▮ FAM **¡y un jamón!, ¡y un jamón con chorreras!** rien à faire!, tu peux toujours courir!, et puis quoi encore!

jamona *adj f* FAM replète, bien en chair (rechoncha).
◇ *f* FAM dondon, grosse dondon.

jam-session [ʒamsesjon] *f* MÚS jam-session, bœuf *m*.
■ OBSERV pl jam-sessions.

jamúas *f*; **jamuga** *f*; **jamugas** *f pl* cacolet *m sing* (montura).

jangada *f* MAR radeau *m* (balsa) ▮ (*Amer*) jangada [bateau brésilien] ▮ train *m* de bois (armadía) ▮ FAM bêtise, sottise (tontería) ▮ vilain tour *m*, mauvais coup *f* (trastada).

jangua *f* jonque de guerre chinoise.

Jano *n pr* MITOL Janus.

jansenismo *m* jansénisme.

jansenista *adj & s* janséniste.

Japón *n pr m* GEOGR (el) Japón le Japon.

japonés, esa *adj & s* japonais, e.
➤ **japonés** *m* LING japonais.
■ OBSERV pl japoneses, japonesas.

japuta *f* chabot *m* (pez).

jaque *m* échec (ajedrez) ▮ FAM matamore, fanfaron, vantard (valentón) ■ **jaque al rey** échec au roi ▮ **jaque mate** échec et mat ▮ **jaque perpetuo** échec perpétuel ■ **dar jaque** mettre en échec ▮ **dar jaque y mate** faire échec et mat ▮ **estar en jaque** être (en) échec ▮ FIG **tener en jaque** tenir en échec ▮ **traer en jaque** faire tourner en bourrique FAM.

➤ **¡jaque!** *interj* ouste!

jaqué *m* jaquette *f*.

jaquear *v tr* mettre en échec ▮ FIG harceler.

jaqueca *f* migraine (dolor de cabeza) ▮ FIG & FAM barbe; **¡qué jaqueca hacer esto!** quelle barbe de faire ça ■ FIG & FAM **dar jaqueca** assommer, casser la tête ▮ **¡qué tío jaqueca!** quel type barbant!

jaquecoso, sa *adj* migraineux, euse (con jaqueca) ▮ FIG assommant, e; ennuyeux, euse (fastidioso).

jaquelado, da *adj* BLAS échiqueté, e ▮ TECN taillé à facettes (una piedra preciosa).

jaqués, esa *adj & s* de Jaca [Espagne].
■ OBSERV pl jaqueses, jaquesas.

jaquetón *m* FAM matamore, fanfaron ▮ ZOOL requin blanc (tiburón).

jáquima *f* licou *m*, licol *m* (cabestro) ▮ FAM (*Amer*) cuite (borrachera).

jaquimazo *m* coup de licol.

jaquimón *m* (*Amer*) licou (ronzal).

jara *f* BOT ciste *m* ▮ dard *m*, javelot *m* (arma).

jarabe *m* sirop ▮ danse *f* populaire mexicaine (baile) ■ **jarabe de arce** sirop d'érable ▮ FIG & FAM **jarabe de pico** eau bénite de cour, promesses en l'air; **esto es todo jarabe de pico** ce ne sont que des promesses en l'air; bagou (labia); **tener mucho jarabe de pico** avoir beaucoup de bagou ▮ FIG & FAM **dar jarabe a uno** passer la main dans le dos à quelqu'un ▮ **dar a uno jarabe de palo** administrer une volée de bois vert o caresser les côtes à quelqu'un.

jarabear *v tr* ordonner des sirops (el médico).

➤ **jarabearse** *v pr* prendre des sirops.

jaraíz *m* pressoir (lagar).
■ OBSERV pl jaraíces.

jaral *m* lieu planté de ciste ▮ FIG fouillis, fatras.

jaramago *m* BOT sisymbre (sisimbrio).

jarameño, ña *adj* se dit des taureaux élevés sur les rives du Jarama.

jaramugo *m* petit poisson, fretin, alevin.

jarana *f* FAM noce, foire, ribouldingue; **andar de jarana** faire la noce ▮ tapage *m*, chahut *m* (alboroto); **armar jarana** faire du chahut ▮ blague, tour *m* (engaño), tricherie (trampa) ▮ (*Amer*) plaisanterie (chanza) ▮ dette (deuda) ▮ petite guitare (guitarra).

jaranear *v intr* FAM faire la noce o la foire ‖ (*Amer*) plaisanter.

jaranero, ra; jaranista (*Amer*) *adj* chahuteur, euse (ruidoso) ‖ (*Amer*) tricheur, euse (tramposo).

jarano *m* chapeau à larges bords.

jarca ➡ **harca**.

jarcha *f* POÉT kharja [vers final dans les muwashshahs arabes et hébreux].

jarcia *f* MAR cordage *m*, agrès *m pl* ‖ attirail *m* de pêche (para pescar) ‖ FIG attirail *m* ‖ MAR jarcia muerta manœuvre dormante.
➡ **jarcias** *f pl* MAR gréement *m sing*.

jarciar [8] *v tr* MAR gréer [un bateau].

jardín *m* [▷ SIN] jardin; jardín colgante jardin suspendu ‖ MAR bouteille *f* (retrete de un navío) ‖ TECN jardinage, paillette *f* (mancha en una esmeralda) ■ jardín botánico jardin botanique o des plantes ‖ jardín de la o de infancia jardin d'enfants.
> OBSERV **1.** Le mot jardín désigne seulement un jardin d'agrément; jardin potager se dit huerto.
> **2.** La palabra francesa jardin se aplica tanto al jardín como al huerto (jardin potager).
> SIN parque parc; parterre parterre; rosaleda roseraie; vergel verger.

jardinera *f* jardinière ‖ jardinière (mueble para poner tiestos) ‖ baladeuse (coche descubierto que llevan detrás los tranvías en verano).

jardinería *f* jardinage *m*.
> SIN horticultura horticulture; floricultura floriculture.

jardinero, ra *m & f* jardinier, ère.

jarearse *v pr* (*Amer*) mourir de faim ‖ fuir, s'évader (huir).

jareta *f* coulisse (dobladillo) ‖ MAR bastingage *m* (empalletado) ‖ trélingage *m* (cordaje) ‖ FAM bavardage, *m* ‖ FAM dar jareta tailler une bavette.

jaretón *m* ourlet très large.

jarillo *m* BOT arum (aro).

jaro, ra *adj* roux, rousse (pelo).
<> *m & f* porc *m* sauvage, truie *f* sauvage, sanglier *m*, laie *f*.
➡ **jaro** *m* broussailles *f pl*, buissons *pl* (en un bosque).

jarocho, cha *adj & s* grossier, ère ‖ paysan, paysanne de la côte de Veracruz [Mexique].

jarope *m* sirop (jarabe) ‖ FIG & FAM breuvage désagréable.

jaropear *v tr* FAM droguer, gaver de médicaments.

jarra *f* jarre (con cuello y boca ancha) ‖ pot *m*; jarra de agua pot à eau ‖ chope (de cerveza) ‖ ordre *m* de la Jarre (orden antigua en Aragón) ‖ de jarras, en jarra, en jarras les poings sur les hanches.

jarrero *m* potier (el que hace o vende jarros).

jarreta *f* petit pot *m*.

jarrete *m* jarret (corvejón).

jarretera *f* jarretière (liga) ‖ ordre *m* de la Jarretière (orden).

jarro *m* pot ‖ pichet (para bebidas), chope *f* (para cerveza) ‖ broc (de metal) ■ FIG & FAM a jarros à seaux, à verse, à torrents ‖ esto fue echarle un jarro de agua fría cela lui fit l'effet d'une douche froide.

jarrón *m* ARQ vase [d'ornement] ‖ potiche *f* (de porcelana).

jartar *v tr & intr* FAM ➡ **hartar**.

Jartūm; Jartum *n pr* GEOGR Khartoum.

Jasón *n pr* MITOL Jason.

jaspe *m* jaspe (piedra) ‖ jaspe sanguíneo jaspe sanguin.

jaspeado, da *adj* jaspé, e; veiné, e; marbré, e.
➡ **jaspeado** *m* jaspure *f*, jaspe ‖ jaspe (libro).

jaspear *v tr* jasper, veiner, marbrer.

jativés, esa *adj & s* de Jativa [Espagne].
> OBSERV pl jativeses, jativesas.

jato, ta *m & f* veau, génisse.

Jauja *n pr f* (tierra de) Jauja pays de cocagne ‖ FIG ¡esto es Jauja! c'est le Pérou!
> OBSERV Jauja est employé par allusion à la ville et à la province de Jauja, au Pérou, célèbres pour leur richesse et la douceur de leur climat.

jaula *f* [▷ SIN] cage (para animales) ‖ cabanon *m* (para locos) ‖ cageot *m* (embalaje) ‖ box *m* (en un garaje) ‖ parc *m* (para niños) ‖ MIN cage d'extraction ‖ cabine (de ascensor) ■ ELECTR jaula de ardilla cage d'écureuil ‖ FIG jaula de grillos panier de crabes.
> SIN pajarera volière; gallinero poulailler; pollera, caponera mue.

jauría *f* meute; una jauría de perros, de acreedores une meute de chiens, de créanciers.

java *f* java (danza).

Java *n pr* GEOGR Java ‖ hombre de Java homme de Java.

javanés, esa *adj & s* javanais, e.
> OBSERV pl javaneses, javanesas.

Javier *n pr* Xavier.

jayán, ana *m & f* géant, e; colosse *m*, armoire à glace *f* FAM.

jazmín *m* BOT jasmin; jazmín de España o real jasmin d'Espagne ‖ BOT jazmín de la India o del Cabo gardénia.

jazz; jazz-band *m* jazz, jazz-band.

jazzman *m* jazzman.
> OBSERV pl jazzmen.

JC (abrev escrita de Jesucristo) J-C.

¡je! *interj* ¡je! ha!

¡je, je, je! *interj* ah, ah, ah!; hi, hi, hi!

jean; jeans *m* jean, jeans.
> OBSERV Les termes espagnols vaqueros ou tejanos sont davantage employés.

jebe *m* alun (alumbre) o (*Amer*) caoutchouc (caucho).

jedive *m* khédive.

jeep *m* Jeep *f*, voiture *f* tout terrain (coche todo terreno).
> OBSERV pl jeeps.

jefa *f* chef *m* supérieure (superiora), présidente (presidenta) ‖ cheftaine (de exploradores).

jefatura *f* dignité et fonctions de chef ‖ direction (dirección) ‖ Jefatura de Policía préfecture de police.

jefazo *m* FAM grand chef.

jefe *m* [▷ SIN] chef ‖ patron (de una empresa industrial o comercial) ‖ BLAS chef ‖ MIL officier supérieur ‖ FAM paternel (padre) ■ jefe de cocina chef de cuisine, chef ‖ jefe de comedor maître d'hôtel ‖ jefe de cordada premier de cordée (alpinismo) ‖ jefe de escuadra chef d'escadre ‖ jefe de estación chef de gare ‖ jefe de estudios conseiller d'éducation ‖ jefe de familia chef de famille ‖ jefe de fila chef de file ‖ Jefe de Gobierno chef de gouvernement ‖ Jefe de Estado chef d'État ‖ jefe de negociado chef de bureau ‖ jefe de ventas directeur commercial ■ en jefe en chef; mandar en jefe commander o avoir le commandement en chef ‖ redactor jefe rédacteur en chef.
> SIN adalid, caudillo, capitán, cabecilla chef; comandante commandant; líder leader; director directeur; patrono patron; superior supérieur; FAM mandamás manitou.

jegüite *m* (*Amer*) mauvaise herbe *f*.

Jehová *m* Jéhovah (Dios).

jeito *m* filet [pour la pêche des anchois et des sardines].

jeja *f* froment *m* (trigo candeal).

jején *m* (*Amer*) sorte de petit moustique (insecto) ‖ taret (molusco) ‖ abondance *f* (abundancia).

jeme *m* espace entre les extrémités du pouce et de l'index écartés (15 cm) ‖ FIG & FAM minois, frimousse *f* (de una mujer).

JEME (abrev de Jefe del Estado Mayor del Ejército) *m* chef de l'état-major de l'armée espagnole.

jemiquear *v intr* (*Amer*) geindre.

JEN (abrev de Junta de Energía Nuclear) *f* commission nationale espagnole de l'énergie nucléaire.

Jena *n pr* GEOGR Iéna.

Jenaro *n pr* Janvier [saint].

jengibre *m* BOT gingembre.

jeniquén *m* agave (pita).

jenízaro, ra *adj* FIG mêlé, e; mélangé, e (mezclado) ‖ (*Amer*) métis, isse.
➡ **jenízaro** *m* janissaire (soldado).

jenneriano, na *adj* jennérien, enne.

Jenofonte *n pr* Xénophon.

jeque *m* cheikh (jefe árabe).

jerarca *m* pontife, supérieur ‖ haut dignitaire.

jerarquía *f* hiérarchie ‖ dignitaire *m*, personnalité; el arzobispo y otras jerarquías eclesiásticas l'archevêque et d'autres dignitaires ecclésiastiques ‖ FIG échelle; jerarquía social, de valores échelle sociale, des valeurs ‖ elevarse en la jerarquía gravir les échelons de la hiérarchie.

jerárquico, ca *adj* hiérarchique; superior jerárquico supérieur hiérarchique.

jerarquización *f* hiérarchisation.

jerarquizar [13] *v tr* hiérarchiser.

jerbo *m* ZOOL gerboise *f*.

jeremiada *f* jérémiade, lamentation.

jeremías *m & f inv* geignard, e.

Jeremías *n pr* Jérémie.

jeremiquear *v intr* geindre.

jeremiqueo *m* geignement, gémissement.

jerez *m inv* xérès (vin).

Jerez *n pr* GEOGR Xérès ‖ vino de Jerez xérès.

jerezano, na *adj & s* de Xérès.

jerga f grosse toile (tela) ▌paillasse (colchón) ▌[▷ SIN] jargon m, argot m (lenguaje); la jerga estudiantil le jargon des étudiants ▌charabia m, baragouin m (galimatías) ▌MIN jargon m (diamante amarillo) ▌hablar en jerga parler charabia, baragouiner.

▌ SIN jeringoza jargon; caló argot gitan; germanía jars, jar.

jergafasia f MED jargonaphasie.

jergal adj argotique.

jergón m paillasse f (colchón de paja) ▌FIG & FAM gros patapouf (persona gruesa) ▌jargon (piedra fina).

jergueta f grosse toile (tela).

jerguilla f sergette (tela).

jeribeque m grimace f (mueca) ▌clignement d'œil (guiño).

Jericó n pr GEOGR Jéricho.

jerifato; jerifazgo m chérifat.

jerife m chérif (jefe árabe).

jerifiano, na adj chérifien, enne.

jerigonza f jargon m, argot m (jerga) ▌charabia m, baragouin m (galimatías) ▌FIG & FAM excentricité.

jeringa f seringue ▌FIG & FAM ennui m, embêtement m, empoisonnement m.

jeringar [16] v tr injecter avec une seringue ▌FIG & FAM raser, empoisonner, faire suer (fastidiar).

jeringazo m jet d'une seringue ▌contenu d'une seringue (contenido).

jeringón, ona adj (Amer) ennuyeux, euse.

jeringuear v tr FAM (Amer) ➡ jeringar.

jeringuilla f BOT seringat m, seringa m ▌seringue (para inyecciones); jeringuilla hipodérmica seringue hypodermique.

Jerjes n pr Xerxès.

jeroglífico, ca adj hiéroglyphique.

➡ **jeroglífico** m hiéroglyphe ▌rébus (juego).

jerónimo, ma adj & s hiéronymite.

Jerónimo; Gerónimo n pr Jérôme.

jerpa f BOT sarment stérile de la vigne.

jerrycan m jerrican, jerrycan.

jersey; jersei m pull-over.
▌ OBSERV pl jerseys; jerseis.

Jersey n pr GEOGR Jersey.

Jerusalén n pr GEOGR Jérusalem.

Jesucristo m Jésus-Christ.

jesuita adj & s jésuite.

jesuítico, ca adj jésuitique.

jesuitismo m jésuitisme.

Jesús m jésus; el Niño Jesús l'Enfant Jésus, le petit Jésus ■ Jesús Nazareno Jésus de Nazareth ■ FIG & FAM en un decir Jesús, en un Jesús en un clin d'œil ▌FIG sin decir Jesús subitement (morir).

➡ **¡Jesús!** interj Jésus!, doux Jésus! ▌¡Jesús!; ¡Jesús, María y José! à vos souhaits! (después de estornudar).

▌ OBSERV 1. Le petit Jésus es la forma cariñosa e infantil de designar al niño Jesús.
2. Jesús est également un prénom masculin sans équivalent en français.

jesusear v intr FAM répéter souvent le nom de Jésus.

jet [ʒet] m jet.
◇ f ➡ **jet-set**.
▌ OBSERV pl jets.

jeta f museau m ▌MFAM tête, gueule, bouille (cara) ▌groin (hocico del cerdo) ■ MFAM poner jeta faire la tête ▌tener jeta être gonflé, avoir du culot.

jet lag [ʒetlak] m inv fatigue due au décalage horaire.

jetón, ona adj lippu, e (jetudo) ▌(Amer) sot, sotte; idiot, e (tonto).
◇ m & f FAM (Amer) huile f.

jet-set f jet-set (sociedad del reactor).

jetudo, da adj lippu, e; au museau proéminent.

Jezabel n pr Jézabel.

¡ji, ji, ji! interj hi, hi, hi! (expresión de risa).

jíbaro, ra adj & s (Amer) campagnard, e; paysan, anne (campesino) ▌jivaro (jívaro).

jibia f ZOOL seiche (molusco) ▌os m de seiche (jibión).

jibión m os de seiche.

jícara f tasse; una jícara de chocolate une tasse de chocolat ▌(Amer) calebasse.

jicarón m grande tasse f, bol.

jicote m (Amer) bourdon (abejorro).

jicotera f (Amer) guêpier m.

jiennense adj & s de Jaén.

jifa f issues pl (despojos de matadero).

jiferada f coup m de couperet, coup m de couteau.

jifero, ra adj de l'abattoir ▌FIG & FAM sale, dégoûtant, e (sucio).
➡ **jifero** m couperet, couteau de boucher (cuchillo de carnicero) ▌tueur, boucher (el que mata las reses).

jifia f espadon m (pez espada).

jigote ➡ gigote.

jijona m touron [fait à Jijona].

jilguero m chardonneret (ave).

jilí; gilí m & s MFAM crétin, e; idiot, e; imbécile.

jilipolla; gilipolla m VULG (insult) couillon, con.

jilipollada; gilipollada f VULG couillonnade, connerie.

jilipollez; gilipollez f MFAM connerie.

jilmaestre m MIL aide conducteur d'une batterie.

jilote m (Amer) épi de maïs (mazorca).

jilotear v intr (Amer) grener, commencer à mûrir (el maíz).

jimagua adj (Amer) jumeau, elle.

jimelga f MAR jumelle (refuerzo de madera).

Jimena n pr Chimène.

jimenzar [34] v tr espader (el cáñamo).

jimia f guenon (mona).

jimio m singe (simio).

jinda; jindama f FAM trouille, frousse (miedo).

jineta f genette (lanza corta) ▌écuyère (mujer que monta a caballo) ▌épaulette de sergent (hombrera) ▌ZOOL genette (animal) ■ a la jineta à la genette.

jinete m cavalier, écuyer (caballista) ▌cheval de selle (caballo) ▌jinete en un caballo negro monté sur un cheval noir.

jinetear v intr se promener à cheval.
◇ v tr (Amer) dompter [des chevaux].

jingoísmo m chauvinisme.

jingoísta adj & s chauvin, e.

jínjol m jujube (azufaifa).

jinjolero m jujubier (azufaifo).

jiote m (Amer) urticaire f.

jipa m FAM (Amer) panama (sombrero).

jipar v intr hoqueter (hipar) ▌haleter (jadear).

jipato, ta adj (Amer) très pâle, blême, livide.

jipi m FAM panama (sombrero).

jipido m FAM hoquet (hipo) ▌gémissement (hipido).

jipijapa m panama (sombrero).

▌ OBSERV Jipijapa est le nom d'une ville de l'Équateur, célèbre pour ses chapeaux auxquels on a donné à tort le nom de panamas.

jiquilete m indigo (añil).

jira f morceau m o pièce d'étoffe ▌lambeau m (jirón) ▌partie de champagne, pique-nique m, déjeuner m sur l'herbe.

▌ OBSERV Ne pas confondre avec gira tour, tournée.

jirafa f girafe ▌girafe (cine).

jirimiquear v intr (Amer) pleurnicher.

jirón m lambeau (pedazo); hacer jirones mettre en lambeaux ▌FIG brin (porción pequeña) ▌bordure f (de una falda) ▌BLAS giron ■ hecho jirones en loques, en lambeaux ▌un jirón de vida une tranche de vie.

jironado, da adj déchiré, e; en lambeaux ▌BLAS gironné, e.

jitomate m (Amer) tomate f.

jiu-jitsu; yiu-yitsu m inv jiu-jitsu.

jívaro, ra adj & s jivaro (indio).

JJ OO (abrev de juegos olímpicos) m pl JO.

JME (abrev de Juventudes Musicales Españolas) f pl organisation nationale espagnole des jeunes musiciens.

¡jo! interj oh!, ho!

Joaquín n pr Joachim.

Job n pr m Job ■ más pobre que Job pauvre comme Job ▌tener más paciencia que el santo Job avoir une patience d'ange.

jobo m BOT spondias.

jockey; yoquey m jockey.
▌ OBSERV pl jockeys; yoqueys.

jocó m jocko (orangután).

jocoque m (Amer) lait aigre.

jocosamente adv drôlement (chistosamente).

jocosidad f drôlerie (gracia) ▌plaisanterie, blague (chiste).

jocoso, sa adj amusant, e; drôle, comique.

jocundidad f gaieté, joie.

jocundo, da adj joyeux, euse; jovial, e; gai, e.

joda f VULG (Amer) emmerdement m, emmerde (fastidio) ▌nouba, foire, noce (parranda).

joder *v tr & intr* VULG baiser (copular)|emmerder (fastidiar)|foutre en l'air (estropear).

¡joder! *interj* VULG merde!, putain!

jodido, da *adj* VULG dégueulasse (despreciable)|chiant, e; emmerdant, e (fastidioso)|coton (difícil)|foutu, e (estropeado)|mal foutu, e (enfermo).
◇ *adj & s* VULG (*Amer*) salaud, salope; vache ∥ **ser (un) jodido** être (un) salaud, être vache.

jodón, ona *adj & s* VULG (*Amer*) blagueur, euse; plaisantin *m*.

Joel *n pr* Joël.

jofaina *f* cuvette.

joggin; jogging *m* DEP jogging.
∥ OBSERV le pluriel de jogging est joggings.

jojoto *m* (*Amer*) maïs au lait.

jóker [ʒoker] *m* joker.
∥ OBSERV pl jokers.

jola *f* FAM (*Amer*) pèze *m*, pognon *m*.

jolgorio *m* FAM foire *f*, noce *f* (fiesta) ∥ allégresse *f* (alegría).

¡jolín!; ¡jolines! *interj* FAM ¡jolín! la vache! (asombro)|¡jolín! zut!, mince! (fastidio).

jollín *m* FAM bagarre *f*, grabuge (disputa).

joma *f* (*Amer*) bosse (joroba).

jomado, da *adj* (*Amer*) bossu, e.

jomeinista *adj & s* partisan, e de Khomeyni.

Jonás *n pr* Jonas.

Jonatás; Jonatán *n pr* Jonathan.

jondo, da *adj* cante jondo chant populaire andalou.

Jonia *n pr f* HIST Ionie.

Jónicas *n pr f pl* GEOGR las islas Jónicas les îles Ioniennes.

jónico, ca *adj* ionique; orden jónico ordre ionique.
◇ *adj & s* ionien, enne.

Jónico *n pr* el mar Jónico la mer Ionienne.

jonio, nia *adj & s* ionien, enne.
➡ **jonio** *m* LING ionien.

jonjabar *v tr* FAM embobiner (engatusar).

jonote *m* (*Amer*) sorte de tilleul.

JONS (abrev de Juntas de Ofensiva Nacional Sindicalista) *f pl* mouvement politique espagnol d'extrême droite fondé en 1931.

jonuco *m* (*Amer*) grenier, soupente *f* (desván).

jopo *m* queue *f* (rabo) ∥ (*Amer*) toupet (mechón).

¡jopo! *interj* FAM hors d'ici!, ouste!

jora *f* (*Amer*) maïs *m* préparé pour faire la "chicha".

jordán *m* FIG fontaine *f* de Jouvence ∥ FIG & FAM ir al Jordán rajeunir (remozarse), relever de maladie (convalecer).

Jordán *n pr m* GEOGR el Jordán le Jourdain.

Jordania *n pr f* GEOGR Jordanie.

jordano, na *adj & s* jordanien, enne.

jorfe *m* mur de soutènement (muro) ∥ rocher taillé à pic (peñasco).

Jorge *n pr* Georges.

jornada *f* journée (de viaje, de trabajo) ∥ étape; viajar por pequeñas jornadas voyager par petites étapes ∥ FIG vie, durée de la vie

humaine ∥ MIL journée (batalla) ∥ expédition militaire (expedición) ∥ TEATR journée [division usitée dans les pièces du théâtre classique espagnol]|épisode *m*; película en varias jornadas film à épisodes ∥ (*Amer*) salaire journalier (jornal) ■ **jornada de ocho horas** journée de huit heures ∥ **jornada de puertas abiertas** journée portes ouvertes ∥ **jornada de reflexión** jour(s) de trêve précédant les élections ∥ **jornada legal** journée légale ■ **trabajo de media jornada, de jornada entera** travail à mi-temps, à plein temps.
∥ OBSERV Le mot journée (temps depuis le lever jusqu'au coucher du soleil) se traduit par día: una belle journée d'été un hermoso día de verano.

jornal *m* journée *f*, salaire [journalier]; gana un buen jornal il a un bon salaire ∥ journée *f* de terre (medida agraria) ∥ **a jornal** à la journée, à tant par jour; trabajar a jornal travailler à la journée ∥ **jornal mínimo** salaire journalier minimum.

jornalero, ra *m & f* journalier, ère.

joroba *f* bosse (giba) ∥ FIG & FAM corvée, embêtement *m* (molestia).

jorobado, da *adj & s* bossu, e.
◇ *adj* FIG & FAM embêté, e; empoisonné, e.
➡ **jorobado** *m* ZOOL poisson des Antilles.

jorobadura *f* FAM embêtement *m*, ennui *m*.

jorobar *v tr* FIG & FAM casser les pieds, faire suer, raser, empoisonner, embêter.

jorobeta *m* FAM bossu.

jorongo *m* poncho mexicain.

joropo *m* (*Amer*) danse *f* populaire de Colombie et du Venezuela.

jorrar *v tr* traîner.

jorro *m* traîne *f*, drague *f* (red).

Josafat *n pr* GEOGR Josaphat.

José *n pr* Joseph.

Josefa; Josefina *n pr* Joséphine.

josefino, na *adj & s* HIST partisan, partisane de Joseph Bonaparte ∥ membre du parti clérical au Chili.

Josué *n pr* Josué.

jota *f* j *m* (nombre de la letra "j") ∥ jota, danse et musique populaires aragonaises ∥ valet *m* (en la baraja francesa) ∥ FIG iota *m*, brin *m*, rien *m* (cosa mínima) ∥ sandale (ojota) ■ FIG & FAM no decir ni jota ne pas dire un mot|no entiendo ni jota je n'y comprends rien du tout ∥ no falta ni jota il n'y manque pas un iota|no sabe una jota de su lección il ne sait pas un traître mot de sa leçon ∥ no se ve una jota on n'y voit goutte o rien du tout|sin faltar una jota sans oublier une virgule.

jote *m* (*Amer*) vautour (ave).

jotero, ra *m & f* danseur, euse de jota.

joto *m* (*Amer*) VULG pédé.

joule *m* FÍS joule (julio).

Jove *n pr* MITOL Jupiter.

joven *adj* jeune; de muy joven se fue a Madrid très jeune encore elle partit à Madrid ∥ galán joven jeune premier.
◇ *m & f* jeune homme *m*, jeune fille *f*, jeune *m* ∥ FAM ∥ los jóvenes les jeunes gens, la jeunesse.

jovencito, ta *adj & s* jeunet, ette.
➡ **jovencito** *m* jeunot.
◇ *m & f* jouvenceau, celle.

jovenzuelo, la *adj* jeunet, ette.
◇ *m & f* petit jeune homme *m*, petite jeune fille *f*.

jovial *adj* jovial (alegre) ∥ jovien, enne (relativo a Júpiter).

jovialidad *f* jovialité, enjouement *m*.

jovialmente *adv* jovialement.

joviano, na *adj* jovien, enne (relativo a Júpiter).

joya *f* bijou *m* (alhaja) ∥ joyau *m* [▷ OBSERV] ∥ cadeau *m* (regalo) ∥ agrafe (brocamantón) ∥ FIG bijou *m* (cosa o persona); esta niña es una joya cette fillette est un bijou ∥ perle (persona valiosa); este empleado es una joya cet employé est une perle ∥ ARQ astragale *m*.
➡ **joyas** *f pl* corbeille *sing* de mariage, trousseau *m sing* (equipo de novia).
∥ OBSERV 1. La palabra bijou es mucho más empleada que joyau, que designa objetos de más valor. Se dice por ejemplo: les joyaux de la couronne las joyas de la corona.
2. Le mot joya est d'un usage plus fréquent que le français joyau, qui ne s'applique qu'à des ornements précieux portés par des personnages de haut rang.

joyante *adj* seda joyante soie fine et lustrée.

joyel *m* petit bijou.

joyería *f* bijouterie, joaillerie.

joyero *m* [▷ SIN] bijoutier, joaillier (fabricante o comerciante) ∥ écrin o coffret à bijoux (caja).
∥ SIN orfebre, platero orfèvre; diamantista diamantaire; lapidario lapidaire.

joyo *m* BOT ivraie *f* (cizaña).

JPI (abrev de juzgado de primera instancia) *m* tribunal espagnol de première instance.

JPT (abrev de Jefatura Provincial de Tráfico) *f* corps de la gendarmerie chargé de la circulation au niveau régional.

Jr. (abrev escrita de junior) jr.

JSP (abrev de Junta Superior de Precios) *f* organisme gouvernemental espagnol de contrôle des prix.

Juan *n pr* Jean ∥ Juan Bautista Jean-Baptiste.
◇ *m* FAM (*Amer*) troufion ■ Juan Español Espagnol type ∥ Juan pirulero jeu avec gages ∥ Juan Soldado soldat espagnol type ■ Buen Juan jean-jean ■ FIG ser (algo) Juan y Manuela ne servir à rien ∥ FAM yo soy Juan Palomo, yo me lo guiso y yo me lo como tout pour moi, rien pour les autres.

Juana *n pr* Jeanne; Juana de Arco Jeanne d'Arc.

juanas *f pl* baguettes, quilles, ouvre-gants *m sing*.

juanear *v tr* (*Amer*) se payer la tête de.

juanete *m* pommette *f* saillante (pómulo abultado) ∥ os du gros orteil (del pie) ∥ oignon (callo) ∥ MAR perroquet; juanete mayor grand perroquet; juanete de proa petit perroquet ∥ VETER oignon (del caballo).

juanetero *m* MAR matelot chargé de la manœuvre des perroquets.

juanetudo, da *adj* qui a les pommettes saillantes (pómulos) ∥ qui a les os des orteils très saillants (pie) ‖ qui souffre d'oignons (que tiene juanetes).

Juan Lanas *n pr* Gros-Jean, jean-foutre (incapaz) ‖ bonne pâte (buen hombre).

Juan Pablo *n pr* Juan Pablo II Jean-Paul II.

juanramoniano, na *adj* relatif, ive à Juan Ramón Jiménez [écrivain espagnol].

juarda *f* suint *m*, graisse.

juarista *adj & s* partisan de Juárez au Mexique.

jubete *m* cotte *f* de mailles.

jubetero *m* pourpointier (sastre de jubetes).

jubilación *f* retraite (retiro, renta); jubilación anticipada retraite anticipée ‖ jubilation (alegría).

jubilado, da *adj* retraité, e; en retraite. ◇ *m & f* retraité, e.

jubilar *adj* jubilaire (relativo al jubileo).

jubilar *v tr* mettre à la retraite ‖ FIG & FAM mettre au rancart (desechar por inútil). ◇ *v intr* jubiler (alegrarse).

➡ **jubilarse** *v pr* prendre sa retraite ‖ se réjouir (regocijarse) ‖ (*Amer*) s'instruire (instruirse) ‖ se laisser aller (abandonarse) ‖ faire l'école buissonnière (hacer novillos) ‖ FIG & FAM ya se puede jubilar il a fait son temps.

jubileo *m* jubilé ‖ FIG va-et-vient, remueménage ■ ganar el jubileo gagner le jubilé ‖ FAM por jubileo tous les trente-six du mois.

júbilo *m* allégresse *f*, jubilation *f* (p us) ‖ joie *f*; no caber en sí de júbilo ne pas se sentir de joie ‖ mostrar júbilo jubiler.

jubilosamente *adv* avec joie, joyeusement.

jubiloso, sa *adj* joyeux, euse; allègre.

jubo *m* (*Amer*) petite couleuvre *f*.

jubón *m* pourpoint, justaucorps (vestidura) ‖ brassière *f* (de niño).

Judá *n pr* Juda; tribu de Judá tribu de Juda.

judaico, ca *adj* judaïque.

judaísmo *m* judaïsme.

judaizante *adj & s* judaïsant, e.

judaizar [13] *v intr* judaïser.

judas *m* FIG judas (traidor) ‖ mannequin de paille que l'on brûle publiquement lors de la semaine sainte dans certaines régions et particulièrement au Mexique (muñeco).
　■ OBSERV Un judas de porte se dit mirilla.

Judas *n pr* Judas ■ FIG & FAM estar hecho o parecer uno un Judas être dépenaillé ‖ ser más falso que Judas être faux comme un jeton.

Judea *n pr f* HIST Judée.

judeoalemán *m* yiddish (lengua).

judeocristianismo *m* judéo-christianisme.

judeocristiano, na *adj & s* judéo-chrétien, enne.

judeoespañol, a *adj & s* judéo-espagnol, e.

➡ **judeoespañol** *m* LING judéo-espagnol.

judería *f* juiverie, quartier *m* juif, ghetto *m* (barrio judío) ‖ tribut *m* que payaient les juifs.

judía *f* BOT haricot *m* ■ judía blanca haricot blanc ‖ judía colorada o escarlata o de España o negra haricot noir ‖ judía tierna haricot mange-tout, mange-tout ‖ judía verde haricot vert.

judiada *f* juiverie.

judiar *m* champ de haricots.

judicatura *f* judicature ‖ magistrature (cuerpo constituido).

judicial *adj* judiciaire ■ mandato judicial exploit ‖ partido judicial arrondissement (de una provincia).

judicialmente *adv* judiciairement.

judiciario, ria *adj* judiciaire.

➡ **judiciario** *m* astrologue, mage (astrólogo).

judío, a *adj & s* juif, ive.

➡ **judío** *m* sorte de haricot (judión) ‖ (*Amer*) ani (ave).

Judit *n pr* Judith.

judo *m* judo (lucha).

judoka *m* judoka (luchador).

juego *m* jeu (recreo) ‖ jeu, assortiment; juego de cepillos, de útiles jeu de brosses, assortiment d'outils ‖ service; juego de café, de té service à café, à thé ‖ garniture *f* (de botones, de chimenea) ‖ parure *f*; juego de cuna, de cama, de diamantes parure de berceau, de lit, de diamants ‖ DEP jeu ‖ train (de neumáticos) ‖ jeu (holgura, movimiento); tener juego avoir du jeu ‖ train; juego trasero train arrière ‖ taille *f* (en el bacarrá) ■ juego de azar jeu de hasard ‖ juego de Bolsa jeu de Bourse ‖ juego de cartas o de naipes jeu de cartes ‖ juego de cubiletes tour de passe-passe ‖ juego de damas jeu de dames ‖ juego de desayuno déjeuner ‖ juego de ingenio o de imaginación jeu d'esprit ‖ juego de la oca jeu de l'oie ‖ juego de luces jeu de lumières ‖ juego de mangas y cuello parure ‖ juego de manos jeu de mains, tour de passe-passe ‖ juego de manos, juego de villanos jeu de mains, jeu de vilains ‖ FIG juego de niños jeu d'enfant ‖ juego de palabras o de vocablos jeu de mots ‖ juego de pelota jeu de pelote o de paume ‖ juego de prendas gages ‖ AUTOM juego delantero train avant ■ a juego assorti, assortie; corbata y pañuelo a juego cravate et pochette assortie ‖ fuera de juego hors-jeu ■ abrir el juego ouvrir le jeu ‖ cegarse en el juego se piquer au jeu ‖ conocer a uno el juego connaître o voir le jeu de quelqu'un ‖ desgraciado en el juego, afortunado en amores malheureux au jeu, heureux en amour ‖ entre bobos anda el juego ils s'entendent comme larrons en foire ‖ hacer el juego de alguien jouer le jeu de quelqu'un ‖ hacer juego aller ensemble; estos dos candelabros hacen juego ces deux candélabres vont ensemble; faire pendant; este candelabro hace juego con ése ce candélabre fait pendant à celui-ci ‖ (*Amer*) hacer juego avoir du jeu ‖ hacer juego limpio jouer franc jeu, être fair-play ‖ hacer juegos de ojos rouler les yeux ‖ hacer juegos malabares faire des tours de passe-passe, jongler ‖ hacerle el juego a uno faire le jeu de quelqu'un ‖ ¡hagan juego! faites vos jeux! ‖ poner en juego jouer; poner en juego su situación jouer sa situation; faire jouer (influencias, relaciones) ‖ queda poco tiempo de juego il reste peu de temps à jouer ‖ tener buen juego avoir beau jeu (naipes).

➡ **juegos** *m pl* jeux ■ juegos florales jeux floraux ‖ juegos malabares jongleries, tours d'adresse ‖ juegos olímpicos jeux Olympiques.

juerga *f* FAM noce, bombe, foire, bringue; estar de juerga, correrse una juerga faire la noce; irse de juerga aller faire la foire ‖ vida de juerga vie de patachon.

juerguearse *v pr* FAM faire la noce ‖ prendre à la rigolade (no tomar en serio) ‖ se moquer (burlarse).

juerguista *adj & s* FAM noceur, euse; fêtard, e.

jueves *m* jeudi; el jueves que viene, el jueves pasado jeudi prochain, jeudi dernier ■ jueves santo jeudi saint ‖ FAM no es cosa o nada del otro jueves ce n'est pas la mer à boire, il n'y a pas de quoi fouetter un chat (no ser difícil), ça ne casse rien, ça ne casse pas des briques (ser ordinario).

juez *m & f* juge; juez municipal o de paz, de instrucción juge de paix, d'instruction ■ DEP juez árbitro juge-arbitre ‖ juez de línea o de banda juge de touche ‖ juez de menores juge pour enfants ‖ FAM juez de palo o lego juge botté, ignorant ‖ juez de primera instancia juge de première instance ‖ (*Amer*) juez de raya juge à l'arrivée (en las carreras de caballos) ‖ juez de salida starter (carreras) ‖ juez de silla juge de ligne (tenis) ‖ el Juez Supremo le Souverain Juge ■ nadie puede ser juez en causa propia on ne peut être juge et partie ‖ ser juez y parte être juge et partie.

➡ **jueces** *m pl* magistrature *f* assise.

jugada *f* coup *m* (lance de juego); buena jugada beau coup, coup heureux ‖ FIG mauvais tour *m*; me hizo una jugada il m'a joué un mauvais tour ■ jugada de Bolsa coup de Bourse ‖ FIG mala jugada mauvais tour, sale tour; hacer una mala jugada jouer un mauvais tour.

jugado, da *adj* (*Amer*) expérimenté, e; expert, e.

jugador, ra *adj & s* joueur, euse ■ jugador de fútbol joueur de football ‖ jugador de manos prestidigitateur ‖ jugador de ventaja tricheur (fullero).

jugar [40] *v intr* jouer, s'amuser (divertirse) ‖ DEP jouer ‖ jouer (en la Bolsa); jugar al alza, a la baja jouer à la hausse, à la baisse ‖ MECÁN jouer, avoir du jeu (moverse) ■ jugar a cara o cruz jouer à pile ou face ‖ jugar a cartas vistas jouer cartes sur table ‖ jugar al caballo perdedor miser sur le mauvais cheval ‖ jugar a pares o nones jouer à pair ou impair ‖ FIG jugar con dos barajas o a dos paños jouer double jeu, miser sur deux tableaux ‖ jugar con los números jongler avec les chiffres ‖ jugar con su salud jouer avec sa santé ‖ jugar con uno jouer avec quelqu'un, se jouer de quelqu'un ‖ jugar del vocablo jouer sur les mots ‖ jugar fuerte o grueso jouer gros jeu ‖ jugar limpio jouer franc jeu ‖ jugar sucio ne pas jouer franc jeu ■ eso no es jugar limpio ce n'est pas de jeu. ◇ *v tr* jouer ‖ jouer de (se dice de las armas); jugar la espada jouer de l'épée ■ jugar doble contra sencillo jouer à deux contre un ‖ jugar una mala pasada o partida jouer un mauvais tour ■ el que juega con fuego se quema il ne faut pas jouer avec le feu, qui s'y frotte s'y pique.

➡ **jugarse** *v pr* jouer; jugarse la cabeza, la vida, el honor jouer sa tête, sa vie, son honneur ‖ être en jeu o en cause, se jouer; lo que se juega es el porvenir del país ce qui est en jeu, c'est l'avenir du pays ■ FIG jugarse el pellejo risquer sa peau ‖ jugarse hasta la camisa, el alma jouer jusqu'à sa dernière chemise, vendre son âme ‖ jugársela a alguien jouer un mauvais tour à quelqu'un ‖ jugárselo todo a una carta, jugarse el todo por el todo jouer o risquer le tout pour le tout, jouer son va-tout ‖ me juego la cabeza que je donnerais ma tête à couper que, je mettrais ma main au feu que ‖ se juega su felicidad en eso il y va de son bonheur.

jugarreta f FAM coup m mal joué ‖ FIG & FAM mauvais tour m, sale tour m, tour m pendable; le hizo una jugarreta il lui a joué un tour pendable.

juglar m jongleur (trovador).

juglaresco, ca adj des jongleurs; poesía juglaresca poésie des jongleurs [poésie épique dont les jongleurs se font les interprètes].

juglaría; juglería f art m des jongleurs, jonglerie f.

jugo m jus; jugo de limón jus de citron; jugo de carne jus de viande ‖ suc; jugo gástrico, pancreático suc gastrique, pancréatique ‖ FIG suc, moelle f, substance f; sacar el jugo de un libro extraire la moelle d'un livre ■ FIG & FAM sacarle el jugo a alguien presser quelqu'un comme un citron ‖ sacarle jugo al dinero tirer profit de son argent.

jugosidad f jus m, suc m abondant, qualité de ce qui est juteux ‖ substance (sustancia).

jugoso, sa adj juteux, euse ‖ FIG lucratif, ive (provechoso) ‖ substantiel, elle (sustancioso) ‖ savoureux, euse; prosa jugosa prose savoureuse ‖ riche (colores).

juguete m jouet ‖ TEATR divertissement ‖ FIG ser el juguete de être le jouet de.

juguetear v intr jouer, s'amuser (divertirse) ‖ folâtrer, s'ébattre (retozar).

jugueteo m amusement (diversión) ‖ ébat (retozo).

juguetería f magasin m de jouets (tienda).

juguetón, ona adj joueur, euse; niño juguetón enfant joueur ‖ folâtre (retozón).

juicio m jugement (discernimiento); tener el juicio recto avoir le jugement sain, avoir un jugement droit ‖ raison f, esprit; perder el juicio perdre la raison ‖ bon sens (sentido común) ‖ sagesse f (sensatez) ‖ jugement; emitir un juicio sobre alguien porter un jugement sur quelqu'un; juicio de valor jugement de valeur ‖ [▷ SIN] DR jugement; juicio en rebeldía jugement par défaut o par contumace; juicio definitivo o sin apelación jugement sans appel ‖ procédure de jugement; juicio escrito, oral procédure écrite, orale; juicio de mayor cuantía procédure ordinaire de droit común ■ FILOS juicio apodíctico, asertorio, problemático jugement apodictique, assertorique, problématique ‖ RELIG juicio de Dios jugement de Dieu ‖ juicio final jugement dernier ‖ DR juicio político mise en accusation ■ a juicio de de l'avis de ‖ a juicio de peritos au dire des experts ‖ a mi juicio à mon avis, à mon sens ‖ falto de juicio fou, dément ‖ la edad del juicio l'âge de raison ‖ muela del juicio dent de sagesse ■ asentar el juicio devenir raisonnable, se poser ‖ emitir un juicio so-

bre porter o émettre un jugement sûr ‖ estar en su juicio o en su cabal juicio avoir tous ses esprits o tout son bon sens ‖ estar fuera o falto de juicio avoir perdu l'esprit, être fou ‖ estar puesto en tela de juicio ne pas avoir toute sa tête o tout son bon sens, avoir l'esprit dérangé ‖ poner en tela de juicio mettre en question ‖ quitar el juicio faire perdre la tête ‖ sacar de juicio mettre hors de soi ‖ someter al juicio pericial expertiser ‖ volver en su juicio retrouver o reprendre ses esprits.

SIN fallo arrêt; arbitraje, laudo arbitrage; veredicto verdict; ordenanza ordonnance; sentencia sentence.

juiciosamente adv judicieusement.

juicioso, sa adj judicieux, euse; sensé, e; sage (sensato) ‖ FIG judicieux, euse (atinado) ■ hacer juicioso assagir ‖ volverse más juicioso s'assagir.

SIN reflexivo réfléchi; sensato sensé; prudente prudent.

JUJEM (abrev de Junta de Jefes de Estado Mayor) f assemblée des chefs d'état-major de l'armée espagnole.

jujeño, ña adj & s de Jujuy [Argentine].

jul. (abrev escrita de julio) juil.

julepe m MED julep (poción) ‖ jeu de cartes (juego de naipes) ‖ FIG & FAM savon, réprimande f (reprimenda) ‖ travail, peine f (ajetreo) ‖ (Amer) peur f (miedo); dar un julepe faire peur ‖ dar julepe a laisser sans levée (juego de naipes).

julepear v tr (Amer) faire peur (asustar) ‖ fatiguer (cansar).

Julia n pr Julie.

Julián n pr Julien.

juliana f BOT julienne ‖ CULIN sopa juliana julienne.

Juliana n pr Julienne.

juliano, na adj julien, enne; era juliana ère julienne.

Julieta n pr Juliette.

julio m juillet (mes); el 29 de julio le 29 juillet ‖ FÍS joule (unidad de trabajo eléctrico).

Julio n pr Jules.

juma f FAM cuite (borrachera).

jumarse v pr FAM prendre une cuite, se cuiter.

jumbo m jumbo-jet.

jumento, ta m & f âne, ânesse ‖ FIG imbécile.

OBSERV Le mot français jument se dit yegua.

jumera f FAM cuite (borrachera).

jumo, ma adj FAM (Amer) ivre.

jun. (abrev escrita de junio) juin.

juncáceas f pl BOT joncacées.

juncal adj svelte, élancé, e (esbelto) ‖ cambré, e (talle).

juncal; juncar m jonchaie f, jonchère f, joncheraie f.

juncia f BOT souchet m.

juncial m lieu couvert de souchets.

junciera f vase m en terre au couvercle percé de petits trous pour plantes aromatiques.

junción f (Amer) confluent m.

junco m BOT jonc ‖ baguette f (de un marco) ‖ MAR jonque f (embarcación china) ■ BOT junco de Indias jonc d'Inde, rotin ‖ junco florido jonc fleuri, flûteau ‖ junco oloroso jonc odorant.

jungla f jungle.

juniense adj & s de Junín [Pérou].

junino, na adj & s de Junín [Argentine].

junio m juin (mes); el 6 de junio le 6 juin.

júnior m RELIG jeune profès, novice ‖ junior (el más joven, deportista).

OBSERV pl juniors.

junípero m BOT genévrier (enebro).

Juno n pr MITOL Junon.

junquera f BOT jonc m (junco) ‖ jonchaie (juncal).

junqueral m jonchaie f, jonchère f, joncheraie f.

junquillo m BOT jonquille f ‖ rotin (junco de Indias) ‖ jonc (bastón) ‖ baguette f (varilla) ‖ baguette f (de un marco) ‖ ARQ baguette f (moldura).

junta f assemblée; junta general assemblée générale ‖ réunion, séance (sesión) ‖ conseil m; junta administrativa, municipal conseil d'administration, municipal ‖ comité m; junta de empresa comité d'entreprise ‖ bureau m; junta de asistencia técnica bureau d'assistance technique; junta de beneficencia bureau de charité ‖ junte (en los países ibéricos); junta militar junte militaire ‖ ARQ joint m, jointure ‖ MAR couture (entre tablones) ‖ TECN joint m; junta estanca joint étanche; junta de culata joint de culasse ‖ nom donné au gouvernement de certaines communautés autonomes (gobierno autonómico) ■ ECON junta de accionistas assemblée des actionnaires ‖ junta directiva comité directeur ‖ TECN junta universal joint de cardan ■ TECN retundir juntas jointoyer.

➡ **juntas** f pl (Amer) confluent m sing (de dos ríos).

juntamente adv ensemble, conjointement (conjuntamente) ‖ à la fois, ensemble (al mismo tiempo).

juntar v tr [▷ SIN] joindre, unir; juntar dos tablas joindre deux planches ‖ assembler (varias piezas) ‖ unir; la amistad les junta l'amitié les unit ‖ réunir, rassembler; juntar amigos en su casa réunir des amis chez soi ‖ amasser (acopiar); juntar dinero amasser de l'argent ‖ pousser (puerta, ventana).

➡ **juntarse** v pr se joindre ‖ se réunir, se rassembler (congregarse) ‖ se rapprocher, s'approcher (arrimarse) ‖ avoir une liaison (con una mujer) ‖ Dios los cría y ellos se juntan qui se ressemble s'assemble.

SIN agregar joindre; acoplar accoupler; enlazar raccorder; relacionar rattacher; anexar anexer.

juntera f feuilleret m (cepillo de carpintero).

juntillas ➡ pie.

junto, ta adj joint, e; dos tablas juntas deux planches jointes; con las manos juntas à mains jointes ‖ côte à côte ‖ ensemble; vivían juntos ils vivaient ensemble; las niñas jugaban juntas les petites filles jouaient ensemble; todo junto tout ensemble ‖ uni, e (unido) ‖ réuni, e; un territorio tan extenso como seis provincias juntas un territoire aussi vaste que six provinces réunies.

junto *adv* aquí junto tout près | en junto, por junto en tout, au total | junto a près de, auprès de (cerca de), contre (contra).

juntura *f* jointure, joint *m* | articulation | ANAT juntura serrátil engrenure (articulación fija).

Júpiter *n pr* ASTRON & MITOL Jupiter.

jura *f* serment *m*, prestation de serment | jura de (la) bandera serment au drapeau.

jurado, da *adj* juré, e | assermenté, e; juré, e; traductor jurado traducteur assermenté | enemigo jurado ennemi juré.
◇ *adj & s* juré, e.

jurado *m* jury (tribunal); jurado mixto jury mixte | membre du jury (miembro de este tribunal) | jurado de cuentas expert comptable | jurado de empresa comité d'entreprise.

juramentado, da *adj & s* assermenté, e; traductor juramentado traducteur assermenté.

juramentar *v tr* recevoir le serment [d'une personne] | assermenter (hacer prestar juramento).

juramentarse *v pr* prêter serment | se jurer, se faire le serment de.

juramento *m* serment; prestar juramento faire o prêter serment | jurement; juramento asertorio, promisorio jurement assertoire, promissoire | juron (blasfemia); soltar juramentos lâcher des jurons | juramento decisorio o deferido serment décisoire o déféré | juramento falso faux serment | juramento judicial serment judiciaire | juramento supletorio serment supplétoire ■ bajo juramento sous la foi du serment ■ quebrantar un juramento violer un serment | tomar juramento a recevoir le serment de.

jurar *v tr* jurer, prêter serment; jurar sobre el Evangelio jurer sur l'Évangile ■ jurar el cargo prêter serment avant de prendre possession de son poste | jurar en falso faire o prêter un faux serment | jurar (la) bandera prêter serment au drapeau | jurar por Dios que jurer ses grands dieux que | jurar por la salud de uno jurer sur la tête de quelqu'un | jurar por lo más sagrado o por todos los dioses jurer ses grands dieux | FAM jurársela a alguien promettre de se venger de quelqu'un | lo juraría j'en jurerais | no jurar el santo nombre de Dios en vano Dieu en vain tu ne jureras (mandamiento) | te lo juro je te le jure, je te le promets.
◇ *v intr* jurer (blasfemar).

jurásico, ca *adj & s m* GEOL jurassique | jurassien, enne (del Jura).

juratorio, ria *adj* DR juratoire (fianza).

juratoria *f* feuille d'argent o de parchemin portant le début des Évangiles sur laquelle prêtaient serment les magistrats d'Aragon.

jurel *m* ZOOL saurel (pez).

jurero, ra *m & f* (*Amer*) faux témoin *m*.

jurídicamente *adv* juridiquement.

jurídico, ca *adj* juridique.

jurisconsulto *m* jurisconsulte.

jurisdicción *f* juridiction ■ jurisdicción civil juridiction civile | jurisdicción contenciosa juridiction administrative | jurisdicción ordinaria juridiction de droit commun | jurisdicción voluntaria juridiction gracieuse ■ FIG caer bajo la jurisdicción de uno relever de la compétence de quelqu'un, incomber à quelqu'un, être de la juridiction de quelqu'un | DR declinar la jurisdicción décliner la compétence d'un juge.

jurisdiccional *adj* juridictionnel, elle | aguas jurisdiccionales eaux territoriales.

jurispericia *f* jurisprudence.

jurisperito *m* légiste, jurisconsulte.

jurisprudencia *f* jurisprudence; sentar jurisprudencia faire jurisprudence.

jurista *m* juriste.

juro *m* droit perpétuel de propriété | pension *f* (renta).

jusbarba *f* BOT fragon *m* épineux, joubarbe.

justa *f* joute (combate) | FIG joute (certamen) ■ justa acuática joute sur l'eau, joute lyonnaise, joute aquatique | justa poética joute poétique.

justador *m* jouteur.

justamente *adv* justement; es justamente lo que quería c'est justement ce que je voulais | juste; tiene justamente para vivir il a juste de quoi vivre.

justar *v intr* jouter.

justedad *f* justesse.

justicia *f* [▷ SIN] justice; justicia cumplida justice est faite | exécution (de un condenado a muerte) ■ justicia de paz justice de paix | justicia distributiva justice distributive | justicia social justice sociale ■ de justicia en bonne justice, à bon droit | ejecutor de la justicia exécuteur des hautes œuvres | en justicia en justice, de droit | Ministerio de Justicia ministère de la Justice ■ administrar (la) justicia rendre o administrer la justice | es de justicia que il est juste que | hacer justicia faire o rendre justice | ir por justicia aller en justice | oír en justicia faire justice | pedir en justicia demander justice | tomarse la justicia por su mano se faire justice.
◇ *m* justicia mayor grand justicier, magistrat suprême [en Aragón].

| SIN derecho droiture; derechura droiture; rectitud rectitude; imparcialidad, ecuanimidad impartialité.

justicialismo *m* justicialisme.

justicialista *adj & s* justicialiste.

justiciar [8] *v tr* (*Amer*) exécuter (ajusticiar) | condamner (condenar).

justiciero, ra *adj & s* justicier, ère | espíritu justiciero sens de la justice.

justificable *adj* justifiable.

justificación *f* justification | IMPR justification | INFORM justificación automática justification automatique.

justificadamente *adv* justement, d'une façon juste.

justificado, da *adj* justifié, e.

justificante *adj* justifiant, e.
◇ *m* pièce *f* justificative, justificatif.

justificar [10] *v tr* [▷ SIN] justifier | IMPR justifier ■ el fin justifica los medios la fin justifie les moyens | sin razón que lo justifique sans raison valable.

justificarse *v pr* se justifier; justificarse con alguien se justifier auprès de quelqu'un.

| SIN disculpar disculper; descargar décharger; absolver innocenter; excusar excuser.

justificativo, va *adj* justificatif, ive.

justillo *m* gilet (camiseta).

Justiniano *n pr* Justinien.

justipreciar [8] *v tr* estimer à son juste prix, évaluer (apreciar exactamente).

justiprecio *m* évaluation *f* (evaluación).

justo, ta *adj* juste | juste, étroit, e (apretado) ■ justo es que il est juste que ■ en justa compensación par un juste retour des choses | más de lo justo plus que de raison | mil francos justos mille francs juste.
◇ *m* juste | pagan justos por pecadores les innocents paient pour les coupables.

justo *adv* juste, justement (justamente) | exactement (cabalmente) ■ llegar justo arriver de justesse (a tiempo), arriver juste (en el momento oportuno) | tener justo para vivir avoir juste de quoi vivre | vivir justo vivre à l'étroit.

jutía *f* (*Amer*) agouti *m* (mamífero).

Jutlandia *n pr* GEOGR Jylland *m*.

Juvencio *n pr* Jouvence [prénom].

juvenil *adj* juvénile; aspecto juvenil aspect juvénile | jeune; un traje juvenil un costume jeune.
◇ *m & f* DEP junior.

Juventa *n pr* MITOL Jouvence (diosa de la juventud).

juventud *f* jeunesse.

| SIN adolescencia adolescence; nubilidad nubilité; pubertad puberté; mocedad jeunesse.

juzgado, da *adj* jugé, e.

juzgado *m* tribunal | judicature *m* (judicatura).

juzgar [16] *v tr* [▷ SIN] juger; juzgar a un reo juger un accusé; juzgar sin apelación juger sans appel, juger en dernier ressort | juger, estimer; yo no juzgo oportuno hacer esto je ne juge pas opportun de faire cela ■ a juzgar por à en juger d'après | juzgar mal méjuger, juger mal | juzgar por las apariencias o a la vista juger sur les apparences.

| SIN decidir décider; deliberar délibérer; pronunciar prononcer; estatuir, fallar statuer; arbitrar arbitrer; resolver résoudre; sentenciar juger.

juzgón, ona *adj* (*Amer*) mauvaise langue.

K

k; K *f* k *m*.
┃ OBSERV Même prononciation en espagnol
qu'en français.

ka *f* k *m* (nom de la lettre "k").

Kaaba; Caaba *n pr* Ka'ba, Kaaba.

kabila *adj* & *s* kabyle (cabila).

kabuki *m* kabuki (drama japonés).

kafkiano, na *adj* kafkaïen, enne.

kaftén *m* (*Amer*) entremetteur (alcahuete).

kainita *f* QUÍM kaïnite (sal).

káiser *m* kaiser.
┃ OBSERV pl káisers.

kakatoes *m* kakatoès, cacatoès (cacatúa).

kaki; kaqui *adj* & *s m* kaki.

kala-azar *m* MED kala-azar.

Kalahari *n pr* GEOGR el (desierto de) Kalahari le (désert du) Kalahari.

kaleidoscopio *m* kaléidoscope (calidoscopio).

kali *m* BOT kali (sosa).

kamala *f* BOT kamala *m*.

kamichí *m* kamichi (pájaro).

kamikase; kamikaze *m* kamikaze (avión
suicida) ┃FIG kamikaze (persona temeraria).

kan; khan *m* khan (príncipe) ┃ kan (caravasar
y mercado público).
┃ OBSERV pl kans; khans.

kanamicina *f* MED kanamycine.

kanato *m* khanat.

kantiano, na *adj* & *s* kantien, enne.

kantismo *m* kantisme.

kappa *f* kappa *m* (letra griega).

kaqui ➤ kaki.

karakul *m* ZOOL karakul (caracul).

karaoke *m* MÚS karaoké.

kárate; cárate *m* DEP karaté.

karateka *m* & *f* DEP karatéka.

karma *m* RELIG karma, karman.

kart *m* kart (vehículo).
┃ OBSERV pl karts.

karting *m* karting (carrera de karts).
┃ OBSERV pl kartings.

KAS (abrev de Koordinadora Abertzale Sozia-
lista) *f* parti autonomiste basque de gauche, intégrant l'organisation terroriste ETA.

Katar ➤ Qatar.

katiusca; katiuska *f* botte en caoutchouc.

kayac *m* kayac (embarcación).
┃ OBSERV pl kayacs.

kéfir *m* kéfir (bebida).

kelvin *m* kelvin (unidad de temperatura).
┃ OBSERV pl kelvins.

Kenia *n pr m* GEOGR Kenya, Kenia.

keniano, na *adj* & *s* kenyan, e.

kenotrón *m* kénotron (tubo).

Keops *n pr* la pirámide de Keops la pyramide de Kheops.

kepí; kepis *m* képi (quepis).

kermes *m* ZOOL kermès (quermes).

kermesse *f* kermesse.

keroseno ➤ **queroseno**.

ketchup *m* ketchup.
┃ OBSERV Se pronuncia cadchup en español.

keynesianismo *m* keynésianisme.

keynesiano, na *adj* keynésien, enne.

kg (abrev escrita de **kilogramo**) kg.

KGB *m* KGB (Comité de Seguridad del Estado,
URSS).

khan ➤ **kan**.

kibutz *m* kibboutz.
┃ OBSERV pl kibutzim [kibutim].

kieselgur *m* kieselguhr (silíceo).

kieserita *f* MIN kiesérite.

kif *m* kif (polvo de cáñamo).

Kilimanjaro; Kilimandjaro *n pr* GEOGR el
Kilimanjaro o Kilimandjaro le Kilimandjaro.

kilo; quilo *m* kilo (kilogramo).

kilocaloría; quilocaloría *f* kilocalorie (caloría grande).

kilociclo; quilociclo *m* kilocycle.

kilogramo; quilogramo *m* kilogramme.

kilojulio *m* kilojoule.

kilolitro; quilolitro *m* mètre cube.

kilometraje; quilometraje *m* kilométrage.
┃ OBSERV pl kilometrajes; quilometrajes.

kilometrar; quilometrar *v tr* kilométrer.

kilométrico, ca; quilométrico, ca *adj* kilométrique; mojón kilométrico borne kilométrique ┃FIG & FAM qui fait des kilomètres,
interminable; un pasillo kilométrico un couloir interminable.
┃ OBSERV Pour les longs trajets en chemin de
fer, on peut, en Espagne, acquérir un **billete
kilométrico** qui se présente sous forme de
coupons. Chaque coupon correspond à un
certain nombre de kilomètres. Une réduction est consentie proportionnellement au
nombre de kilomètres parcourus.

kilómetro; quilómetro *m* kilomètre; kilómetro cuadrado kilomètre carré.

kilopondio; quilopondio *m* FÍS
kilogramme-poids, kilogramme-force.

kilotón *m*; **kilotonelada** *f* kilotonne *f*.

kilovatio; quilovatio *m* kilowatt.

kilovatio-hora; quilovatio-hora *m* kilowattheure.

kilovoltio; quilovoltio *m* kilovolt.

kilt *m* kilt (falda escocesa).
┃ OBSERV pl kilts.

kimono *m* kimono.

kindergarten *m* jardin d'enfants.

kinesiterapeuta *m* kinésithérapeute (masajista).

kinesiterapia *f* kinésithérapie.

king charles *m* king-charles (perro).

KIO (abrev de Kuwait Investment Office) *f*
banque koweïtienne qui a été l'un des plus gros
investisseurs étrangers en Espagne et dont le nom
est associé à des scandales financiers.

kiosco *m* kiosque; kiosco de periódicos
kiosque à journaux.
┃ OBSERV L'orthographe quiosco est préférable.

kirial *m* livre de chants de messe.

kirie *m* kyrie ┃FIG & FAM llorar los kiries verser toutes les larmes de son corps.

kirieleisón *m* kyrie eleison ┃FAM chant funèbre ┃FIG & FAM cantar el kirieleisón demander grâce.

kirsch *m* kirsch (aguardiente de cerezas).

Kishiniov; Kishinev *n pr* HIST Kichinev
(antiguo nombre de Chisinau).

kit *m* kit (piezas sueltas).

kitsch *adj inv* & *s inv* kitsch, kitch (cursi, de
mal gusto).

kiwi *m* ZOOL kiwi ┃kiwi (fruta).
┃ OBSERV pl kiwis.

KKK (abrev de Ku Klux Klan) *m* KKK.

klaxon *m* klaxon (bocina) ┃ tocar el klaxon
klaxonner.

km (abrev escrita de **kilómetro**) km.

km² (abrev escrita de **kilómetro cuadrado**)
km².

km/h (abrev escrita de **kilómetro por hora**)
km/h.

knock-out *m inv* knock-out.

knut *m* knout (látigo).

KO (abrev de knock-out) *m* K.-O.

koala *m* ZOOL koala.

kola *f* kola, cola (planta).

koljosiano, na *adj* & *s* kolkhozien, enne.

koljoz *m* kolkhose (en Rusia).
  ▪ OBSERV pl koljozes [kol'xoses].

kopeck *m* kopeck (moneda rusa).
  ▪ OBSERV pl kopecks.

koré *f* ARTES korê, coré.

kraft *m* kraft (papel).
  ▪ OBSERV pl krafts.

krameria *f* BOT kramérie.

krausismo *m* système philosophique de Krause.

  ▎ OBSERV Le krausismo, qui se fonde sur les doctrines panthéistes, a eu un grand retentissement en Espagne au XIXe siècle.

krausista *adj* relatif au système de Krause.
  ◇ *m* & *f* partisan de la doctrine de Krause.

kremlin *m* kremlin.

kriptón *m* krypton (gas).

kronprinz *m* kronprinz.

kulak *m* koulak (campesino).

kumis *m* koumis, koumiss (bebida).

kummel *m* kummel (licor).

Kurdistán *n pr m* GEOGR (el) Kurdistán le Kurdistan.

kurdo, da *adj* & *s* kurde (curdo).
  ➤ **kurdo** *m* LING kurde.

kurós *m* ARTES kouros, couros.

L

l; L _f_ l _m_.
▪ **OBSERV** Se prononce comme le l français.

la _m_ MÚS la (nota); **la** sostenido "la" dièse ▌dar el la donner le "la".

la _art f sing_ la; **la** cabeza la tête.
▌ **OBSERV 1.** Lorsque les substantifs féminins commencent par a tonique, on remplace, pour des raisons d'euphonie, la par el (el agua, el alma, el hambre). **2.** El artículo la debe traducirse muy a menudo por el adjetivo posesivo en francés (tenía la falda recogida elle avait sa jupe relevée). Pero se dice: **alzar la** mano lever la main (parte del cuerpo). El uso popular de la delante del nombre existe en español y en francés (la María me lo dijo la Marie me l'a dit). **3.** pl las.

la _pron_ la; **la** saludo je la salue ▌celle; **la** del tercer piso celle du troisième [étage] ▪ FAM la de la quantité de; **si** vieras la de bollos que comimos si tu voyais la quantité de brioches que nous avons mangées ▌la que celle qui o que; **la** que quiero celle que je veux ▪ **es...** la que c'est... qui; **fue** María la que vino c'est Marie qui est venue.
▌ **OBSERV 1.** On ne doit pas employer la comme datif au lieu de le: la hablé dos palabras, la di la mano, au lieu de le hablé dos palabras, le di la mano. Cet emploi défectueux de la reçoit le nom de laísmo [▶ laísmo]. **2.** pl las.

lábaro _m_ labarum.

label _m_ label (etiqueta de garantía).

labelo _m_ BOT labelle.

laberíntico, ca _adj_ labyrinthique.

laberinto _m_ labyrinthe.

laberintodonte _m_ labyrinthodonte (anfibio fósil).

labia _f_ FAM bagout _m_; tiene mucha labia il a beaucoup de bagout ▌hombre de labia beau parleur, homme qui a du bagout.

labiadas _f pl_ BOT labiacées.

labiado, da _adj & s f_ BOT labié, e.

labial _adj & s f_ labial, e; músculos labiales muscles labiaux.

labialización _f_ labialisation.

labializar [13] _v tr_ labialiser.

labiérnago _m_ alaterne (arbusto).

labihendido, da _adj_ qui a un bec-de-lièvre.

lábil _adj_ QUÍM labile.

labio _m_ lèvre _f_; de labios abultados à grosses lèvres ▌FIG bouche _f_; su labio enmudeció sa bouche s'est tue ▌BOT lèvre _f_ (lóbulo) ▪ labio belfo lippe ▌labio inferior lèvre infé-

rieure ▌MED labio leporino bec-de-lièvre ▌labio superior lèvre supérieure.

◆ **labios** _m pl_ FIG paroles _f_; le ofendieron mis labios mes paroles l'ont offensé ▌lèvres _f_ (de llaga) ▪ FIG cerrar o sellar los labios se taire ▌en cuanto mueve los labios dès qu'il lève le petit doigt, dès qu'il ouvre la bouche ▌estar pendiente o colgado de los labios de être suspendu aux lèvres de, boire les paroles de ▌hablar con el corazón en los labios parler à cœur ouvert ▌morderse los labios se mordre les lèvres ▌no morderse los labios ne pas se gêner pour dire ce que l'on pense ▌no despegar o no descoser los labios ne pas desserrer les dents.

labiodental _adj_ labiodental, e.
◇ _f_ labiodentale.

labiosear _v tr_ (Amer) flatter.

labioso, sa _adj_ (Amer) loquace, bavard, e.

labor _f_ travail _m_, labeur _m_ (p us); las labores de la casa les travaux de la maison ▌AGRIC labour _m_, labourage _m_ (labranza); dar dos labores faire deux labours; meter en labor mettre en labour ▌ouvrage _m_ (de costura); labores femeninas ouvrages de dame école de couture pour petites filles (escuela) ▌travail _m_; labores de aguja travaux d'aiguille ▌millier _m_ de tuiles o de briques (tejas o ladrillos) ▌tabac _m_ manufacturé ▌MIN excavation _f_ ▌(Amer) petite propriété rurale (finca) ▪ caballo de labor cheval de labour ▌cesta de labores panier à ouvrage ▌labor de benedictino travail de bénédictin ▌labor de equipo travail d'équipe ▌profesión: sus labores profession: femme au foyer ▌se dedica a sus labores IRÓN il travaille en pensée.

◆ **labores** _m pl_ travaux _m_ de la terre.

▌ **SUS LABORES** _____
Dans le passé, les femmes au foyer inscrivaient sur les formulaires, dans l'espace réservé à la profession, l'expression « sus labores » pour faire référence aux travaux domestiques. De nos jours, ce terme a presque totalement disparu du langage administratif, mais on l'utilise encore dans un sens ironique voire péjoratif, pour parler d'une personne qui ne travaille pas: « se dedica a sus labores ».

laborable _adj_ ouvrable; día laborable jour ouvrable ▌AGRIC labourable.

laboral _adj_ du travail; accidente, medicina laboral accident, médecine du travail; agregado laboral attaché du travail ▪ enseñanza laboral enseignement technique ▌universidad laboral école d'enseignement technique.

laboralista _m & f_ spécialiste du droit du travail (abogado).

laborar _v intr_ travailler; labora por el bien de su país il travaille pour le bien de son pays.

laboratorio _m_ laboratoire; laboratorio de idiomas laboratoire de langues ▌ayudante de laboratorio laborantin, e; préparateur, préparatrice de laboratoire.

laborear _v tr_ travailler ▌MIN creuser [une mine], faire des excavations.
◇ _v intr_ MAR faire passer une corde dans une poulie.

laboreo _m_ AGRIC labourage (de la tierra) ▌travail, exploitation _f_ (de las minas).

laboriosamente _adv_ laborieusement.

laboriosidad _f_ application au travail, goût _m_ pour le travail.

laborioso, sa _adj_ laborieux, euse; alumno laborioso élève laborieux ▌difficile, laborieux, euse; digestión laboriosa digestion difficile.

laborismo _m_ travaillisme (partido inglés).

laborista _adj & s_ travailliste ▌partido laborista parti travailliste, labour party.

labra _f_ taille [des pierres, du bois] ▌raboteuse (cepilladora).

labrada _f_ labour _m_, champ _m_ labouré.

labrado _m_ taille _f_ des pierres (labra).

◆ **labrados** _m pl_ labours, champs labourés.

labrador, ra _adj & s_ paysan, anne.
◇ _m & f_ cultivateur, trice.

◆ **labrador** _m_ laboureur (que ara) ▌agriculteur; sindicato de labradores syndicat des agriculteurs ▌propriétaire terrien (propietario).

▌ **OBSERV** Paysan, palabra más frecuentemente empleada, se refiere a la clase social, cultivateur al oficio [textos administrativos u oficiales] y labourer al que concretamente labra la tierra.

Labrador _n pr m_ GEOGR el Labrador le Labrador.

labradorita _f_ MIN labradorite.

labrantío, a _adj_ cultivable.
◆ **labrantío** _m_ champ, terrain cultivable ▌tierra de labrantío terre cultivable o labourable.

labranza _f_ culture, labourage _m_, labour _m_ (de la tierra) ▌champs _m pl_ cultivés, terres _pl_ cultivées (campo) ▌ouvrage _m_, travail _m_ (trabajo) ▌aperos o instrumentos de labranza instruments de labour.

labrar *v tr* travailler; labrar la madera, la piedra travailler le bois, la pierre ‖ façonner; labrar un bloque de mármol façonner un bloc de marbre ‖ ouvrager, ouvrer (con minucia); labrar la plata ouvrager l'argent ‖ labourer (arar) ‖ cultiver (cultivar) ‖ bâtir (edificar) ‖ tailler (piedras preciosas) ‖ (ant) faire des travaux d'aiguille (las mujeres) ‖ FIG travailler à; labrar la felicidad de uno travailler au bonheur de quelqu'un ‖ bâtir, forger (construir); labraremos la grandeza del país nous forgerons la grandeur du pays ‖ faire, causer (provocar) ■ labrar chocolate fabriquer du chocolat ‖ labrar moneda battre monnaie ‖ FIG labrar su propia ruina être l'artisan de sa propre ruine.
◇ *v intr* travailler; labrar en madera, en mármol travailler le bois, le marbre.

labriego, ga *m & f* paysan, anne (campesino) ‖ laboureur *m* (que labra la tierra) ‖ cultivateur, trice (que cultiva por su cuenta).

labro *m* labre (en los insectos) ‖ labre (pez).

labrusca *f* lambruche, lambrusque (vid silvestre).

laca *f* laque (resina) ‖ laque *m* (mueble, barniz) ‖ laque (para el pelo) ‖ barnizar con laca laquer (un mueble) ‖ dar laca laquer ‖ goma laca gomme-laque ‖ laca para uñas vernis à ongles ‖ poner laca en laquer (el pelo).

lacado *m* laquage.

lacar [10] *v tr* laquer.

lacasa *f* QUÍM laccase.

lacayo *m* laquais, valet de pied; servir a uno como lacayo être laquais chez quelqu'un ‖ FIG laquais (persona servil).

laceador *m* (Amer) personne qui attrape au lasso.

lacear *v tr* enrubanner (adornar con cintas) ‖ attraper au lasso (coger con lazo) ‖ amener (le gibier) à portée de fusil ‖ prendre au collet (la caza menor).

lacedemón, ona *adj & s* lacédémonien, enne.

Lacedemonia *n pr* GEOGR Lacédémone.

lacedemonio, nia *adj & s* lacédémonien, enne.

laceración *f* lacération.

lacerado, da *adj* malheureux, euse (infeliz) ‖ lacéré, e (desgarrado) ‖ FIG atteint, e (honra).
◇ *adj & s* lépreux, euse (leproso) ‖ (ant) avare.

lacerante *adj* blessant, e (palabras) ‖ aigu, ë (dolor físico) ‖ poignant, e (dolor moral) ‖ déchirant, e (grito).

lacerar *v tr* lacérer, déchirer (desgarrar) ‖ FIG blesser (herir) ‖ porter atteinte à; lacerar la reputación porter atteinte à la réputation ‖ meurtrir (el corazón).

laceria *f* misère, pauvreté (miseria) ‖ ennui *m* (molestia) ‖ peine, mal *m* (trabajo penoso).

lacería *f* rubans *m pl* (bordados) ‖ ARQ entrelacs *m*.

lacerioso, sa *adj* misérable, indigent, e.

lacero *m* chasseur au lasso (para toros, etc.) ‖ chasseur au collet, braconnier (para la caza menor) ‖ employé à la fourrière (empleado municipal).

lacértidos *m pl* lacertiens, lacertiliens (reptiles).

lacertoso, sa *adj* musclé, e; musculeux, euse (p us).

Lacetania *n pr f* HIST (antiguo nombre de Cataluña) Lacétanie.

lacetano, na *adj & s* lacétan, e.

lacha *f* anchois *m* (boquerón) ‖ FAM honte; me da lacha ça me fait honte ‖ FAM ¡qué mala lacha tiene este tío! il n'est pas drôle ce gars-là!

lacho, cha *m & f* FAM (Amer) amoureux, euse.

Lacio *n pr m* GEOGR Latium.

lacio, cia *adj* fané, e; flétri, e (marchito) ‖ raide; con los cabellos lacios les cheveux raides ‖ FIG faible, abattu, e (flojo).

lacolito *m* GEOL laccolite *f*, laccolithe *f*.

lacón *m* épaule *f* de porc, jambonneau.

Laconia *n pr f* HIST Laconie.

lacónicamente *adv* laconiquement.

lacónico, ca *adj* laconique (conciso).

laconismo *m* laconisme (concisión).

lacra *f* marque o trace laissée par une maladie ‖ FIG tare; las lacras de la sociedad les tares de la société ‖ défaut *m*, vice *m* (defecto) ‖ cancer *m*, gangrène, fléau *m*; la miseria es una lacra que traspasa las fronteras la misère est un cancer qui dépasse les frontières ‖ (Amer) ulcère *m*, plaie (llaga) ‖ croûte (postilla).

lacrado *m* cachetage (de una carta).

lacrar *v tr* cacheter à la cire (cerrar con lacre) ‖ rendre malade, ébranler la santé de (poner enfermo) ‖ contaminer (contagiar) ‖ FIG nuire, faire du tort à (dañar).
➤ **lacrarse** *v pr* FIG ruiner sa santé.

lacre *m* cire *f* à cacheter ■ barra de lacre pain à cacheter ‖ cerrar con lacre cacheter à la cire.
◇ *adj* rouge (rojo).

lácrima christi *m* lacrima-christi (vino).

lacrimal *adj* lacrymal, e; conductos lacrimales conduits lacrymaux.

lacrimatorio, ria *adj & s m* lacrymatoire (vaso).

lacrimógeno, na *adj* lacrymogène; gases lacrimógenos gaz lacrymogènes.

lacrimonasal *adj* MED lacrymo-nasal, e.

lacrimosamente *adv* en larmoyant, en pleurnichant.

lacrimoso, sa *adj* larmoyant, e ‖ pleurnichard, e; una voz lacrimosa une voix pleurnicharde.

lacrimotomía *f* MED lacrymotomie.

LACSA (abrev de Líneas Aéreas Costarricenses, SA) *f* compagnie aérienne nationale costaricaine.

lactación *f* (p us) allaitement *m*, lactation.

lactancia *f* allaitement *m*, lactation (p us); lactancia materna allaitement maternel.

Lactancio *n pr* Lactance.

lactante *adj* nourri, e au sein (niño) ‖ qui allaite (madre).
◇ *m* nourrisson (niño).

lactar *v tr* allaiter (amamantar) ‖ nourrir avec du lait ‖ téter (mamar).
◇ *v intr* se nourrir de lait.

lactasa *f* QUÍM lactase.

lactato *m* QUÍM lactate.

lacteado, da *adj* lacté, e; harina lacteada farine lactée.

lácteo, a *adj* lacté, e; dieta láctea régime lacté ■ ANAT venas lácteas veines lactées ‖ ASTRON Vía Láctea Voie lactée.

lactescencia *f* lactescence.

lactescente *adj* lactescent, e.

lacticinio *m* laitage (producto lácteo).

láctico, ca *adj* QUÍM lactique; ácido láctico acide lactique.

lactífero, ra *adj* ANAT lactifère.

lactina *f* QUÍM lactine, lactose *m*.

lactodensímetro *m* lacto-densimètre (pesaleche).

lactoflavina *f* lactoflavine (vitamina B₂).

lactómetro *m* lactomètre.

lactona *f* QUÍM lactone.

lactoplasma *m* lactoplasma.

lactosa *f* QUÍM lactose *m*.

lactumen *m* MED croûtes *f pl* de lait, maladie *f* laiteuse.

lacunario *m* ARQ lambris (artesonado).

lacustre *adj* lacustre; vivienda lacustre habitation lacustre; población lacustre cité lacustre.

lada *f* BOT ciste *m* (jara).

ládano *m* BOT ladanum (goma).

ladeado, da *adj* el sombrero ladeado le chapeau de côté.

ladear *v tr* pencher, incliner (inclinar) ‖ tordre (doblar); ladear un clavo tordre un clou ‖ FIG éviter (evitar) ‖ éluder (una dificultad) ‖ ladear una montaña contourner une montagne.
◇ *v intr* s'incliner, pencher ‖ FIG s'écarter o dévier du droit chemin (salirse del camino recto).
➤ **ladearse** *v pr* se pencher (inclinarse) ‖ se tordre (doblarse).

ladeo *m* inclinaison *f* (acción de inclinar) ‖ écartement, déviation *f* (desviación) ‖ gauchissement (torcimiento).

ladera *f* versant *m*, pente, flanc *m* (de una montaña) ‖ coteau *m* (de una colina).

ladi *f* lady.

ladierno *m* BOT alaterne (arbusto).

ladilla *f* morpion *m* (insecto) ‖ paumelle (especie de cebada) ‖ FIG & FAM pegarse como una ladilla se cramponner, s'accrocher (a una situación), être collant comme une sangsue, être crampon (a una persona).

ladillo *m* panneau (de coche) ‖ IMPR manchette *f*, titre marginal.

ladino, na *adj* malin, e; rusé, e (astuto) ‖ qui parle une ou plusieurs langues étrangères ‖ rhétoroman, e (rético) ‖ (Amer) indien parlant espagnol ‖ métis, isse ‖ lengua ladina l'espagnol [par opposition à l'arabe].
➤ **ladino** *m* LING ladin (retorromano) ‖ judéo-espagnol.

Ladislao *n pr* Ladislas.

lado *m* [▷ SIN] côté; el lado izquierdo le côté gauche ‖ côté; es pariente mío por el lado paterno c'est un parent du côté paternel ‖ place *f* (sitio); déjame un lado laisse-moi une place ‖ GEOM côté ‖ FIG côté; por un lado me parece un negocio provechoso d'un côté l'affaire me semble avantageuse ■ el lado bueno le bon côté ‖ **lado flaco** point faible ■ **al lado** à côté; **al lado de la casa** à côté de la maison ‖ **al lado de** à côté de (comparación) ‖ **a mi lado, al lado mío** à côté de moi ‖ **¡a un lado!** place!, rangez-vous! (orden) ‖ **de lado** de côté; **volverse de lado** se tourner de côté ‖ **del lado de** du côté de (hacia) ‖ **de un lado para otro** de long en large; **andar de un lado para otro de una habitación** marcher de long en large dans une pièce; un peu partout (por todas partes) ‖ **de uno y otro lado** de tous côtés ‖ **por el lado** du côté ‖ **por el lado de** du côté de ‖ **por mi lado** de mon côté ‖ **por otro lado** d'un autre côté ‖ **por todos los lados** de tous côtés (de todas partes) ‖ **por un lado** d'un côté ■ **cada uno tira por su lado** chacun tire de son côté ‖ **dar** o **dejar de lado, dejar a un lado, hacer a un lado** laisser de côté ‖ **dejar** o **echar a un lado** laisser o mettre de côté o à l'écart ‖ **hacer lado** faire o laisser de la place ‖ **hacerse** o **echarse a un lado** se pousser, s'écarter (una persona), se ranger (un vehículo) ‖ **ir lado a lado** aller côte à côte (juntos), aller de pair (ser semejantes) ‖ **irse** o **echar por otro lado** partir de son côté (ir por otro camino), essayer autre chose (utilizar otro medio) ‖ FIG **mirar de lado** o **de medio lado** regarder de haut (con desprecio), regarder de côté o du coin de l'œil (con disimulo) ‖ FIG **poner a un lado** mettre de côté ‖ **ponerse de lado de** se ranger du côté de ‖ **ver el lado bueno** o **lo bueno de las cosas** voir le bon côté des choses.

➤ **lados** *m pl* FIG appuis (protectores), conseillers, entourage *sing* (íntimos).

▌ SIN costado, flanco flanc; orilla rive; borde bord; ala aile.

ladón *m* BOT ciste (jara).

ladra *f* aboiement *m* (ladrido) ‖ clabaudage *m* (caza).

ladrador, ra *adj* aboyeur, euse.

ladrales *m pl* ridelles *f* (adral).

ladrar *v intr* aboyer; **ladrar a uno** aboyer après quelqu'un ‖ japper (los perros pequeños) ‖ FIG & FAM menacer, montrer les dents ‖ hurler (colores) ■ FIG & FAM **hoy está que ladra** aujourd'hui il est d'une humeur de chien ‖ **ladrar a la luna** aboyer à la lune ‖ **ladrarle a uno el estómago** avoir l'estomac qui crie famine.

ladrería *f* ladrerie.

▌ OBSERV Esta palabra es una galicismo por lepra.

ladrido *m* aboiement (del perro) ‖ jappement (de los perros pequeños) ‖ FIG & FAM médisance *f* (murmuración) ‖ braillement (grito, respuesta áspera, etc.) ‖ **dar ladridos** aboyer, japper (un perro), brailler (una persona).

ladrillado *m* carrelage.

ladrillal; ladrillar *m* briqueterie *f*.

ladrillar *v tr* carreler (enladrillar).

ladrillazo *m* coup de brique ‖ FAM **caer como un ladrillazo** tomber sur l'estomac (un alimento).

ladrillera *f* moule *m* à brique (molde) ‖ briqueterie (fábrica).

ladrillero *m* briquetier.

ladrillo *m* brique *f*; **ladrillo hueco, macizo** brique creuse, pleine ‖ carreau (del suelo) ‖ FIG carreau (en las telas) ‖ FIG & FAM chose *f* barbante o ennuyeuse, truc rasoir ■ **ladrillo azulejo** carreau de faïence, "azulejo" ‖ **ladri-**

llo de chocolate plaque de chocolat ‖ **ladrillo visto** brique apparente ■ **color ladrillo** rouge brique ‖ **fábrica de ladrillos** briqueterie ‖ FAM **un tío ladrillo** un casse-pieds ■ FAM **caer como un ladrillo** tomber sur l'estomac (la comida) ‖ **este libro es un ladrillo** ce livre est barbant o rasoir.

ladrilloso, sa *adj* briqueté, e.

ladrón, ona *adj & s* voleur, euse.

➤ **ladrón** *m* larron d'eau (portillo para el agua) ‖ ELECTR douille *f* voleuse ‖ larron (de una pavesa) ‖ larron; **el buen** y **el mal ladrón** le bon et le mauvais larron (del Evangelio) ■ **¡ladrón!, ¡ladrones!** au voleur! ‖ **ladrón de capas** tireline ‖ **ladrón de corazones** bourreau des cœurs ■ **la ocasión hace al ladrón** l'occasion fait le larron ‖ **piensa el ladrón que todos son de su condición** chacun mesure les autres à son aune.

ladroncillo *m* petit voleur.

ladronear *v intr* voler (robar).

ladronera *f* repaire *m* de voleurs (guarida de ladrones) ‖ vol *m* (robo) ‖ tirelire (alcancía) ‖ larron *m* d'eau (portillo para el agua) ‖ machicoulis *m* (matacán).

ladronería *f* vol *m* (latrocinio).

ladronerío *m* (*Amer*) bande *f* de voleurs.

ladronesco, ca *adj* FAM des voleurs.

➤ **ladronesca** *f* FAM bande de voleurs.

ladronzuelo, la *m & f* petit voleur, petite voleuse; chapardeur, euse (ratero).

lady *f* lady.

▌ OBSERV *pl* ladies.

Laertes *n pr* MITOL Laërte.

lagaña *f* chassie (legaña).

lagar *m* pressoir.

lagarejo *m* petit pressoir ‖ **hacerse lagarejo** s'écraser (la uva).

lagarero *m* pressureur, ouvrier d'un pressoir.

lagarta *f* femelle du lézard ‖ FIG & FAM vipère (mujer mala), femme rusée (astuta).

lagartear *v intr* FIG louvoyer (andar con rodeos) ‖ (*Amer*) immobiliser [en saisissant par les bras].

lagarterano, na *adj & s* de Lagartera (pueblo de Toledo) ‖ **manteles lagarteranos** nappes brodées de Lagartera.

lagartero, ra *adj* qui chasse des lézards (ave).

➤ **lagartera** *f* trou *m* de lézard.

lagartija *f* petit lézard *m* ‖ FIG **moverse más que el rabo de una lagartija** avoir la bougeotte o le tracassin.

lagartijero, ra *adj* qui chasse les lézards ‖ TAUROM **media lagartijera** coup d'épée où celle-ci ne pénètre qu'à moitié mais a un effet fulgurant.

lagartijo *m* lézard des murailles ‖ (*Amer*) gommeux.

lagarto *m* lézard (reptil) ‖ ANAT biceps (músculo) ‖ FIG & FAM renard, malin, fin matois, fine mouche *f* (persona astuta) ‖ épée *f* rouge de l'ordre de Saint-Jacques ‖ (*Amer*) caïman ‖ **lagarto de Indias** caïman.

■ **¡lagarto!** *interj* touchons du bois! [exclamation superstitieuse].

lagartón, ona *adj & s* FIG & FAM malin, igne; matois, e.

lago *m* lac; **lago de agua salada** lac salé ‖ loch (en Escocia) ‖ FIG mare *f*; **un lago de sangre** une mare de sang.

LOS LAGOS	
el lago Baikal	le lac Baïkal;
el lago Balatón	le lac Balaton;
el lago Como	le lac de Côme;
el lago Constanza	le lac de Constance;
el lago Erie	le lac Érié;
el lago de Garda	le lac de Garde;
el lago de Ginebra	le lac de Genève;
el lago Hurón	le lac Huron;
el lago Ladoga	le lac Ladoga;
el lago Lemán	le lac Léman;
el lago Mayor	le lac Majeur;
el lago Malawi	le lac Malawi;
el lago Michigan	le lac Michigan;
el lago Mobutu	le lac Mobutu;
el lago Nasser	le lac Nasser;
el lago Ontario	le lac Ontario;
el lago Superior	le lac Supérieur;
el lago Tanganyika	le lac Tanganyika;
el lago Chad	le lac Tchad;
el lago Tiberíades	le lac de Tibériade;
el lago Titicaca	le lac Titicaca;
el lago Victoria	le lac Victoria;
el lago Winnipeg	le lac Winnipeg;
el lago Zug	le lac de Zoug;
el lago de Zurich	le lac de Zurich.

lagópedo *m* lagopède (perdiz blanca).

Lagos *n pr m pl* GEOGR **los Grandes Lagos** les Grands Lacs.

lagotear *v intr* FAM faire des cajoleries.

lagotería *f* FAM cajolerie (zalamería).

lagotero, ra *adj & s* FAM cajoleur, euse.

lágrima *f* larme; **con las lágrimas en los ojos** les larmes aux yeux ‖ BOT larme (de la vid) ‖ FAM larme (pequeña cantidad) ■ **lágrima de Batavia** larme batavique o de verre ‖ FIG **lágrimas de cocodrilo** larmes de crocodile ‖ **vino de lágrima** vin de goutte ‖ **bañado en lágrimas** baigné de larmes, en larmes ‖ **con la voz empapada en lágrimas** avec des larmes dans la voix ■ **derramar lágrimas** verser des larmes, répandre des pleurs ‖ **deshacerse en lágrimas** fondre en larmes ‖ **enjugarse las lágrimas** essuyer o sécher ses larmes ‖ **estar hecho un mar de lágrimas** être tout en larmes, pleurer toutes les larmes de son corps ‖ **hacer saltar las lágrimas** faire venir les larmes aux yeux ‖ **le corrían las lágrimas** ses larmes coulaient ‖ FIG **lo que no va en lágrimas va en suspiros** il passe sa vie à se plaindre ‖ **llorar a lágrima viva** pleurer à chaudes larmes ‖ FIG **llorar lágrimas de sangre** pleurer des larmes de sang ‖ **se me saltaron las lágrimas a los ojos** les larmes me vinrent o me montèrent aux yeux ‖ FIG **ser el paño de lágrimas de alguien** consoler quelqu'un, essuyer les pleurs o les larmes de quelqu'un, être le confident de quelqu'un.

lagrimal *adj* lacrymal, e; **conductos lagrimales** conduits lacrymaux ‖ **carúncula lagrimal** larmier (del ciervo).

◇ *m* larmier (ángulo del ojo) ‖ BOT ulcère o chancre à l'aisselle d'une branche.

lagrimar *v intr* pleurer (llorar).

lagrimear *v intr* larmoyer.

lagrimeo *m* larmoiement.

lagrimilla; lagrimita *f* petite larme ‖ (*Amer*) moût *m* (mosto) ‖ **saltar una lagrimita** y aller de sa larme.

lagrimón, ona *adj* larmoyant, e.

➤ **lagrimón** *m* grosse larme *f*.

lagrimoso, sa *adj* larmoyant, e.

laguna *f* GEOGR lagune∥lagon *m* (de un atolón)∥FIG lacune; llenar una laguna combler une lacune; las lagunas de una educación les lacunes d'une éducation∥laguna legal vide juridique.

lagunajo *m* mare *f*, flaque *f* d'eau (charco).

lagunar *m* ARQ caisson (de techo artesonado).

lagunato *m* (*Amer*) mare *f*, flaque *f* (charco)∥lagune (laguna).

lagunero, ra *adj* & *s* de La Laguna (Canarias).

lagunoso, sa *adj* marécageux, euse (abundante en lagunas)∥lacuneux, euse (escrito).

laicado *m* laïcat.

laical *adj* laïque (laico).

laicalizar [13] *v tr* (*Amer*) séculariser.

laicidad *f* laïcité.

laicismo *m* laïcisme.

laicización *f* laïcisation.

laicizar [13] *v tr* laïciser.

laico, ca *adj* & *s* laïque; escuela laica école laïque.

lairén *adj* se dit d'une sorte de raisin à la peau dure.

laísmo *m* emploi abusif des pronoms "la" et "las" comme complément indirect; la dijeron ils lui dirent [au lieu de *le dijeron*]; las sucedió il leur arriva [au lieu de *les sucedió*].

> **EL LAÍSMO**
> Ce phénomène linguistique consiste à utiliser les pronoms personnels « la » et « las » au lieu de « le » et « les » comme complément indirect lorsqu'on parle d'une ou de plusieurs personnes. Par exemple, on dira « hablé con mi madre y la dije que no iría » au lieu de « hablé con mi madre y le dije que no iría ». Le « laísmo » est présent essentiellement en Castille et aux alentours; bien qu'il se soit répandu grâce au prestige du parler castillan, il est toujours considéré comme une incorrection grave et un signe de méconnaissance de la grammaire.

laísta *adj* & *s* qui emploie la ou las au lieu de le ou les [➥ **laísmo**].

laja *f* pierre plate∥MAR bas-fond *m*.

lakismo *m* lakisme (escuela poética inglesa).

lakista *adj* & *s* lakiste (poeta inglés).

lalación *f* MED lallation.

lama *f* vase, boue (cieno)∥BOT ulve (alga)∥lamé *m* (tejido)∥sable fin (arena)∥MIN boue qui se dépose au lavage des minerais∥(*Amer*) vert-de-gris *m*∥tissu *m* de laine frangée∥mousse lacustre.
◇ *m* lama (sacerdote)∥dalai-lama dalaï-lama, grand lama.

lamaísmo *m* RELIG lamaïsme.

lamaísta *adj* & *s* lamaïste.

La Mancha *n pr f* GÉOGR Manche [région d'Espagne].

lamasería *f* lamaserie (convento de lamas).

lambada *f* lambada (baile).

lambda *f* lambda *m* (letra griega).

lambdacismo *m* lambdacisme.

lambel *m* BLAS lambel.

lamber *v tr* (*Amer*) lécher (lamer).

Lamberto *n pr* Lambert.

lambeta *adj* (*Amer*) flatteur, euse.

lambetada *f*; **lambetazo** *m* (*Amer*) coup *m* de langue.

lambido, da *adj* (*Amer*) effronté, e.

lambiscón, ona *adj* & *s* (*Amer*) FAM goinfre (lameplatos)∥lèche-bottes (adulador).

lambrequín *m* BLAS lambrequins *pl*.

lamé *m* lamé (tejido).

lameculos *m* VULG lèche-cul *inv*, lèche-bottes *inv* (cobista).

lamedal *m* bourbier (cenagal).

lamedor, ra *adj* & *s* lécheur, euse; qui lèche.
◆ **lamedor** *m* sirop (jarabe)∥FIG cajolerie *f*, flatterie *f* (halago).

lamedura *f* lèchement *m*.

lamelibranquios *m pl* ZOOL lamellibranches.

lamelicornios *m pl* ZOOL lamellicornes.

lameliforme *adj* lamelliforme.

lamelirrostros *adj* & *s m pl* ZOOL lamellirostres.

lamentable *adj* lamentable∥regrettable; pérdida lamentable perte regrettable.

> **OBSERV** El adjetivo francés lamentable tiene un sentido mucho más fuerte que su equivalente español. Por eso, en la mayoría de los casos, el adjetivo español lamentable debe traducirse por regrettable.

lamentablemente *adv* lamentablement.

lamentación *f* lamentation.

lamentar *v tr* & *intr* [▷ SIN] regretter, être désolé de (sentir); lamento este accidente je suis désolé de cet accident; lamento que no hayas podido venir je regrette o je suis désolé que tu n'aies pas pu venir∥déplorer; tuvimos que lamentar muchas pérdidas nous avons eu à déplorer de nombreuses pertes∥es de lamentar que il est à regretter que, il faut déplorer que.
◆ **lamentarse** *v pr* se lamenter, se désoler; lamentarse de o por las desgracias de su familia se lamenter sur les malheurs de sa famille∥se plaindre; siempre te estás lamentando tu es toujours en train de te plaindre.

> **SIN** deplorar déplorer; gemir geindre; quejarse se plaindre; llorar pleurer.

lamento *m* lamentation *f*; prorrumpir en lamentos se répandre en lamentations.

lamentoso, sa *adj* gémissant, e; plaintif, ive; una voz lamentosa une voix plaintive∥lamentable; situación lamentosa situation lamentable.

lameplatos *m* & *f inv* gourmand, e (goloso)∥FIG & FAM avale-tout *inv*, lécheur, euse (p us); personne qui se nourrit de restes.

lamer *v tr* lécher.
◆ **lamerse** *v pr* se lécher.

lamerón, ona *adj* & *s* FAM gourmand, e (goloso).

lametada *f*; **lametazo** *m*; **lametón** *m* lèchement *m*, coup *m* de langue.

lameteo *m* FAM léchage (acción de lamer).

lametón ➥ **lametada**.

lamia *f* lamie (pez y monstruo fabuloso).

lamido, da *adj* léché, e∥FIG émacié (flaco)∥très soigné, e (cuidado), tiré à quatre épingles (aseado), recherché, e (estilo)∥léché, e (muy esmerado)∥(p us) usé, e (gastado).
◆ **lamido** *m* léchage (acción de lamer).

lámina *f* lame; lámina de plomo lame de plomb (de metal)∥plaque; lámina de mármol plaque de marbre∥planche (plancha grabada)∥planche (grabado)∥image, gravure, estampe (estampa)∥ANAT & BOT lame∥FIG aspect *m*, allure; buena, mala lámina bon, mauvais aspect (dicho de animales).

laminación *f* laminage *m*∥tren de laminación laminoir.

laminado, da *adj* lamé, e (guarnecido de láminas)∥laminé, e (en láminas).
◆ **laminado** *m* laminage; laminado en frío laminage à froid∥produit laminé (producto).

laminador *m* laminoir (máquina); pasar por el laminador passer au laminoir∥lamineur (obrero).
◇ *adj m* lamineur; cilindro laminador cylindre lamineur.

laminadora *f* laminoir *m* (máquina).

laminar *adj* laminaire.

laminar *v tr* laminer; laminar el hierro laminer le fer∥lamer (cubrir con láminas).

laminaria *f* laminaire (alga).

laminectomía *f* MED laminectomie.

laminero *adj* & *s m* lamineur (que lamina).

laminilla *f* lamelle∥paillette (de mica).

laminoso, sa *adj* ANAT lamineux, euse; tejido laminoso tissu lamineux∥lamelleux, euse; lamellé, e.

lamiscar [10] *v tr* FAM lécher avidement.

lamoso, sa *adj* vaseux, euse; fangeux, euse; el cauce lamoso de un río le lit vaseux d'une rivière.

lampa *f* (*Amer*) bêche (azada).

lampacear *v tr* MAR passer le faubert, fauberter.

lampalagua *f* anaconda *m* (reptil).

lampante *adj* lampant, e; petróleo lampante pétrole lampant.

lampar *v intr* & *pr* brûler d'envie de; lampo por beber je brûle d'envie de boire.

lámpara *f* lampe; lámpara de aceite, eléctrica lampe à huile, électrique∥lampe (de radio o de televisión)∥FAM tache d'huile (mancha)∥lámpara de arco lampe à arc∥lámpara de incandescencia lampe à incandescence∥lámpara de minero o de seguridad lampe de mineur o de sûreté∥lámpara de pie lampadaire∥lámpara de rayos infrarrojos, ultravioleta lampe à infrarouges, à ultraviolets∥lámpara de techo plafonnier (automóvil)∥lámpara indicadora lampe témoin∥lámpara relámpago flash, lampe-éclair (foto).

lamparería; **lampistería** *f* lampisterie.

lamparero *m* lampiste.

lamparilla *f* petite lampe∥veilleuse (mariposa)∥tremble *m* (árbol)∥FAM petit verre *m* (copita).

lamparín *m* cercle métallique qui soutient une lampe d'église.

lamparón *m* grande lampe *f*∥tache *f* d'huile (mancha)∥MED écrouelles *f pl* (escrófula)∥VETER lampas.

lampazo *m* bardane *f* (planta)∥MAR faubert∥FAM (*Amer*) coup (golpe), coup de fouet (latigazo).

lampiño, ña *adj* imberbe, glabre (sin barba)∥BOT glabre, sans poil (tallo)∥trigo lampiño touselle.

lampión _m_ (p us) lanterne _f_, lampion (farol).

lampiro _m_; **lampíride** _f_ lampyre _m_ (luciérnaga).

lampista _m_ & _f_ électricien, enne (electricista) ‖ FAM plombier _m_ (fontanero).

lampistería ► **lamparería**.

lampo _m_ POÉT éclair, lueur _f_ fugace (relámpago).

lampote _m_ lampas (tela).

lamprea _f_ lamproie (pez).

lamprear _v tr_ assaisonner (un mets) avec du vin et des épices.

lampreazo _m_ FAM coup de fouet.

lamprehuela; **lampreílla** _f_ petite lamproie, lamprillon _m_.

Lámpsaco _n pr_ HIST Lampsaque.

lampuga _f_ lampris _m_ (pez).

lana _f_ laine ‖ toison, laine (del carnero vivo) ‖ lainage _m_ (tejido de lana) ‖ (_Amer_) argent (dinero) ▪ lana de esquileo tonture ‖ lana de vidrio laine de verre ▪ batir la lana tondre les moutons ‖ FIG & FAM cardarle a uno la lana passer un savon à quelqu'un (reñir) ‖ fue por lana y volvió trasquilado tel est pris qui croyait prendre.

lanada _f_ écouvillon _m_ (para los cañones).

lanado, da _adj_ BOT lanugineux, euse.

lanar _adj_ à laine; ganado lanar bêtes à laine.

lanaria _f_ BOT saponaire (jabonera).

lancán _m_ bac des Philippines.

Lancaster _n pr_ GEOGR Lancastre.

lance _m_ lancement, lancer, jet (lanzamiento) ‖ situation _f_, circonstance _f_, conjoncture _f_ (situación) ‖ circonstance _f_ critique (ocasión crítica) ‖ évènement, péripétie _f_ (en un drama, etc.) ‖ incident (incidente) ‖ affaire _f_; un lance de honor une affaire d'honneur ‖ rencontre _f_, dispute _f_ (riña) ‖ coup (en el juego) ‖ arme _f_ de jet (arma) ‖ TAUROM passe _f_ de cape ‖ (_Amer_) suite _f_ (serie) ▪ lance apretado situation difficile o critique ‖ lance de amor aventure galante ‖ lance de fortuna hasard, coup de hasard ▪ de lance d'occasion; libros de lance livres d'occasion ▪ (_Amer_) tirarse un lance tenter sa chance ‖ ¡vaya un lance! quelle histoire!

lancear _v tr_ blesser de coups de lance ‖ TAUROM faire des passes de cape.

Lancelote _n pr_ Lancelot.

lancéola _f_ BOT plantain _m_ (llantén menor).

lanceolado, da _adj_ BOT lancéolé, e.

lancera _f_ râtelier _m_ (para las lanzas).

lancero _m_ lancier.

◆ **lanceros** _m pl_ lanciers, quadrille _sing_ des lanciers (baile).

lanceta _f_ MED lancette ‖ (_Amer_) aiguillon _m_ (aguijón).

lancetada _f_; **lancetazo** _m_ coup _m_ de lancette.

lancetero _m_ étui à lancettes.

lancha _f_ pierre plate (piedra) ‖ MAR barque, canot _m_ (barca) ‖ chaloupe (embarcación mayor) ‖ trébuchet _m_ (trampa) ▪ MAR lancha bombardera o cañonera o obusera canonnière ‖ lancha de desembarco péniche de débarquement ‖ lancha neumática canot pneumatique ‖ lancha patrullera patrouilleur ‖ lancha rápida o motora vedette ‖ lancha salvavidas vedette de sauvetage ‖ lancha torpedera vedette lance-torpilles.

lanchada _f_ charge d'une barque o d'une chaloupe.

lanchaje _m_ transport en chaloupe ‖ prix du transport (flete).

lanchar _m_ carrière _f_.

lanchero _m_ patron d'une barque o d'une chaloupe.

lanchón _m_ barcasse _f_, grande barque _f_ ‖ grande chaloupe _f_.

lanciforme _adj_ lanciforme.

lancinante _adj_ lancinant, e; dolor lancinante douleur lancinante.

lancinar _v intr_ lanciner, être lancinant, e.

landa _f_ lande.

Landas _n pr f pl_ GEOGR Landes.

landés, esa _adj & s_ landais, e (de las Landas).

landgrave _m_ landgrave.

landgraviato _m_ landgraviat.

landó _m_ landau (coche).

☐ OBSERV pl landós.

landre _f_ MED abcès _m_, bubon _m_ (tumor).

landrecilla _f_ noix; landrecilla de ternera noix de veau.

landrilla _f_ petit ver _m_, larve (parásito).

landsturm _m_ landsturm.

lanería _f_ lainerie, boutique où l'on vend de la laine.

lanero, ra _adj_ lainier, ère; de la laine; industria lanera industrie lainière.

◆ **lanero** _m_ lainier (comerciante) ‖ entrepôt de laine (almacén).

langarote; **langaruto, ta** _adj_ FAM dégingandé, e.

langor _m_ langueur _f_.

☐ OBSERV La palabra langor es un galicismo por languidez.

langosta _f_ sauterelle, locuste (insecto) ‖ langouste (crustáceo) ‖ FIG & FAM plaie, fléau _m_ (plaga).

☐ OBSERV No se confunda la langosta (langouste) con el bogavante (homard).

langostero _m_ langoustier (barco).

langostino; **langostín** _m_ gros bouquet, grosse crevette _f_ (crustáceo).

☐ OBSERV Ne pas confondre avec la langoustine qui se dit cigala.

langostón _m_ sauterelle _f_ verte (insecto).

langucia _f_ (_Amer_) voracité, faim (hambre).

Languedoc _n pr m_ GEOGR Languedoc.

languedociano, na _adj & s_ languedocien, enne.

◆ **languedociano** _m_ LING languedocien.

lánguidamente _adv_ languissamment, langoureusement.

languidecer [30] _v intr_ languir.

languideciente _adj_ languissant, e.

languidez _f_ langueur ‖ indolence, apathie; obrar con languidez agir avec indolence.

☐ OBSERV pl languideces.

lánguido, da _adj_ languissant, e; un enfermo lánguido un malade languissant ‖ langoureux, euse; miradas lánguidas des regards langoureux.

lanicio, cia _adj_ lanice.

lanífero, ra _adj_ POÉT lanifère, lanigère.

lanificación _f_; **lanificio** _m_ travail _m_ de la laine ‖ lainage _m_ (tela de lana).

lanilla _f_ duvet _m_, poil _m_ [d'un lainage] (pelillo) ‖ traje de lanilla costume en lainage fin.

lanista _m_ HIST laniste (en Roma).

lanolina _f_ lanoline.

lanosidad _f_ duvet _m_ (pelusa).

lanoso, sa _adj_ laineux, euse (lanudo).

lansquenete _m_ lansquenet (soldado).

lantana _f_ lantanier _m_ (planta).

lantánidos _m pl_ QUÍM lanthanides.

lantano _m_ lanthane (metal).

lanudo, da _adj_ laineux, euse; un cordero lanudo un mouton laineux ‖ FAM (_Amer_) grossier, ère (tosco).

lanuginoso, sa _adj_ BOT lanugineux, euse.

lanugo _m_ ANAT lanugo.

lanza _f_ lance ‖ timon _m_ (del coche) ‖ lancier _m_ (soldado) ‖ lance (de una manga de riego) ▪ correr lanzas courir une lance ‖ FIG & FAM echar lanzas en la mar porter de l'eau à la mer, donner des coups d'épée dans l'eau ‖ estar con la lanza en ristre mettre sa lance en arrêt (en un combate), attendre de pied ferme (esperar) ‖ FIG medir lanzas con alguien se mesurer avec quelqu'un ‖ no romper lanzas con nadie ne se disputer avec personne ‖ romper una lanza en defensa de rompre une lance en faveur de.

lanzable _adj_ éjectable; asiento lanzable siège éjectable.

lanzabombas _m inv_ lance-bombes.

lanzacabos _adj inv_ porte-amarre (cañón).

lanzacohetes _m inv_ lance-fusées.

lanzada _f_ coup _m_ de lance (golpe o herida).

lanzadera _f_ navette (para coser) ‖ marquise (anillo) ‖ lanzadera (espacial) navette (spatiale).

lanzado _m_ lancer; pesca al lanzado pêche au lancer.

lanzador, ra _adj & s_ lanceur, euse ‖ lanzador de jabalina lanceur de javelot.

◆ **lanzador** _m_ lanceur (aeroespacial).

lanzafuego _m_ boutefeu.

lanzagranadas _m inv_ lance-grenades.

lanzallamas _m inv_ lance-flammes.

lanzamiento _m_ lancement, jet; el lanzamiento de una piedra le jet d'une pierre ‖ DEP lancer, lancement; lanzamiento del disco lancement du disque ‖ jet; un lanzamiento de 55 metros un jet de 55 mètres ‖ coup; lanzamiento libre directo coup franc (fútbol) ‖ lâchage, largage (de un paracaidista) ‖ DR dépossession _f_, dépouillement (acción de despojar) ‖ MAR lancement (botadura) ‖ élancement (inclinación de la roda) ‖ FIG lancement (periódico, producto).

lanzaminas _m inv_ lance-mines.

lanzamisil; **lanzamisiles** _adj & s m_ lance-missiles.

lanzaplatos _m inv_ ball-trap (del tiro al plato).

lanzar [13] _v tr_ lancer; lanzar una pelota lancer une balle ‖ lancer, jeter (arrojar) ‖ lâcher (soltar en cetrería) ‖ lancer (deportes); lanzar el disco lancer le disque ‖ larguer, lâcher (paracaidista) ‖ DR dépouiller, déposséder ‖ FIG lancer; lanzar una moda lancer une mode

| lancer (miradas) | pousser (gritos, suspiros) | rendre, vomir (vomitar).

➤ **lanzarse** *v pr* se lancer, s'élancer; lanzarse en persecución de una persona se lancer à la poursuite d'une personne | se jeter; lanzarse al agua se jeter à l'eau | FIG se lancer; lanzarse en el gran mundo, en los negocios se lancer dans le monde, dans les affaires.

| OBSERV Le verbe lanzar au sens figuré est un gallicisme très employé en espagnol.

Lanzarote *n pr* Lancelot (nombre) | GEOGR Lanzarote.

lanzatorpedos *adj & s m inv* lance-torpilles.

lanzazo *m* coup de lance.

laña *f* agrafe, crampon *m*, bride (grapa) | (*Amer*) noix de coco verte (coco verde).

lañador *m* raccommodeur de vaisselle.

lañar *v tr* cramponner, agrafer (sujetar con lañas) | raccommoder (la loza) | ouvrir (el pescado).

Laocoonte *n pr* MITOL Laocoon.

Laodicea *n pr* GEOGR Laodicée.

Laomedonte *n pr* Laomédon.

Laos *n pr m* GEOGR Laos.

laosiano, na *adj & s* laotien, enne.
➤ **laosiano** *m* LING laotien.

LAP (abrev de Líneas Aéreas Paraguayas) *f* compagnie aérienne nationale paraguayenne.

lapa *f* patelle, bernique (molusco) | fleurs *pl*, moisissure (en algunos líquidos) | BOT bardane (lampazo) | FAM crampon *m*, pot-de-colle *m* | FIG & FAM pegarse uno como una lapa être collant, se coller comme une sangsue.

lapacho *m* lapacho [arbre d'Amérique du Sud].

laparotomía *f* MED laparotomie.

lapicera *f* (*Amer*) porte-crayon *m inv* (portalápiz), porte-plume *m* (palillero).

lapicero *m* porte-crayon *m inv* (para poner el lápiz) | crayon (lápiz) | (*Amer*) porte-plume *m* (palillero).

lápida *f* pierre qui porte une inscription | plaque; lápida conmemorativa plaque commémorative | lápida sepulcral o mortuoria pierre tombale, dalle funéraire.

lapidación *f* lapidation.

lapidar *v tr* lapider | (*Amer*) tailler (piedras preciosas) | FIG lapidar a alguien con la mirada foudroyer quelqu'un du regard.

lapidario, ria *adj* lapidaire; estilo lapidario style lapidaire.
➤ **lapidario** *m* lapidaire (de piedras preciosas) | marbrier (de lápidas) | lapidaire (piedra de afilar).

lapídeo, a *adj* pierreux, euse; de pierre.

lapidificación *f* lapidification.

lapidificar [10] *v tr* lapidifier.

lapilli *m pl* GEOGR lapilli (piedra volcánica).

lapislázuli *m* lapis-lazuli, lapis *m*, lazulite *f* (mineral).

lápiz *m* crayon; lápiz de color crayon de couleur; escribir a o con lápiz écrire au crayon ■ lápiz de labios crayon o bâton o tube de rouge à lèvres | lápiz de ojos crayon pour les yeux | lápiz de plomo, lápiz plomo graphite, plombagine | INFORM lápiz electró-

nico crayon électronique o lumineux | lápiz óptico crayon optique, photostyle.
| OBSERV pl lápices.

lapizar *m* mine *f* de graphite.

lapo *m* FAM coup (con un palo, con la mano, etc.) | crachat (escupitajo) | (*Amer*) gifle *f* (bofetada) | poire *f* (tonto).

lapón, ona *adj & s* lapon, onne.
➤ **lapón** *m* LING lapon.

Laponia *n pr f* GEOGR Laponie.

lapso *m* laps (de tiempo) | lapsus (error).

lapso, sa *adj* RELIG laps, e.

lapsus *m inv* lapsus (error).

laque *m* (*Amer*) lasso à boules (boleadoras).

laquear *v tr* laquer | (*Amer*) lancer le lasso à boules sur (un animal).

Láquesis *n pr* MITOL Lachésis.

lar ➤ lares.

larario *m* laraire.

larca *f* (*Amer*) canal *m* d'irrigation, rigole (acequia).

lardar; lardear *v tr* graisser, beurrer (untar) | larder (mechar).

lardero *adj m* jueves lardero jeudi gras.

lardo *m* lard (tocino) | graisse *f* (grasa).

lardón *m* IMPR larron (blanco en la hoja) | addition *f* en marge.

larense *adj & s* de Lara (ciudad de Venezuela).

lares *adj & s m pl* lares (dioses); los lares paternos les lares paternels; los dioses lares les dieux lares | foyer *sing* (hogar).
| OBSERV Ce mot s'emploie quelquefois au singulier (lar) dans le sens de foyer.

larga *f* morceau *m* de cuir ajouté à la forme d'une chaussure pour l'allonger | la plus longue queue au billard (billar) | TAUROM passe de cape ■ a la larga en long (en extensión), à la longue (después de mucho tiempo).
➤ **largas** *f pl* retard *m sing* (dilación) | dar largas a un asunto faire traîner les choses en longueur.

largada *f* (*Amer*) lâcher *m*.

largamente *adv* longuement (por mucho tiempo); hablar largamente de un asunto parler longuement sur un sujet | largement (generosamente); dar largamente donner largement.

largar [16] *v tr* lâcher (soltar) | chasser; largar los demonios chasser les démons | FAM lâcher, dire; largar una palabrota lâcher un gros mot | flanquer, administrer, allonger; largar una bofetada flanquer une gifle | coller; largar una multa coller une amende | faire avaler (una conferencia, un discurso, etc.) | se débarrasser de (deshacerse); largar un coche se débarrasser d'une voiture | jeter, lancer (arrojar) | refiler, donner; largar una buena propina donner un bon pourboire | MAR déployer (desplegar) | larguer (un cable) ■ largar lastre jeter du lest | ¡largue no más! allez-y!
➤ **largarse** *v pr* FAM prendre le large, filer (irse) | MAR prendre le large | (*Amer*) se mettre à (comenzar a) ■ FAM largarse con viento fresco filer, prendre le large | ¡lárgate con viento fresco! va te faire voir ailleurs!

largavistas *m inv* (*Amer*) jumelles *f pl*.

larghetto *adv & s m* MÚS larghetto.

largo, ga *adj* long, longue; una carretera muy larga une route très longue; un viaje

largo un long voyage; el tiempo se me hace largo je trouve le temps long | grand, e (persona alta) | FIG large (liberal) | long, longue (extenso); discurso largo long discours | astucieux, euse; rusé, e (astuto) | long, longue; nombreux, euse; largos años de longues années | bon, bonne; dos leguas largas deux bonnes lieues; una hora larga une bonne heure | bien compté, au bas mot; catorce millones largos de turistas quatorze millions bien comptés de touristes | GRAM long, longue; vocal larga voyelle longue | MAR largue (suelto, arriado), largue (viento) | (*Amer*) en longueur; salto largo saut en longueur ■ largo rato, largo tiempo longtemps ■ a largo plazo à long terme | avión de larga distancia long-courrier (avion) | largo de decir long à dire | más largo que un día sin pan long comme un jour sans pain ■ caer cuan largo es uno tomber de tout son long | FIG & FAM está con una cara muy larga il fait la tête, il fait une tête longue comme ça, il fait une tête de six pieds de long | hacerse largo traîner en longueur | poner cara larga faire la tête (a uno), faire grise mine (a una cosa) | ser largo de manos, tener las manos largas avoir la main leste o légère o prompte (para pegar), être entreprenant (con las mujeres).
➤ **largo** *m* longueur *f*; el largo de un vestido la longueur d'une robe | long; dos metros de largo deux mètres de long | longueur *f* (deportes) | MÚS largo | MAR largue.
➤ **largo** *adv* largement (abundantemente) ■ a lo largo en long (longitudinalmente), au large, au loin (a gran distancia) | a lo largo de le long de, tout au long de (espacio); a lo largo del día tout au long de la journée | a lo largo y a lo ancho de long en large, en long et en large | a lo largo y a lo ancho de sur toute l'étendue de; a lo largo y a lo ancho del territorio sur toute l'étendue du territoire | a lo más largo tout au plus | de largo long; vestir de largo habiller long | de largo a largo d'un bout à l'autre | ¡largo!, ¡largo de ahí o de aquí! hors d'ici!, allez-vous-en!, au large!, du vent! | FAM largo y tendido abondamment, longuement; hablar largo y tendido parler longuement ■ ir a lo largo de longer, aller le long de | ir para largo traîner en longueur | pasar de largo passer sans s'arrêter (delante de algo), passer rapidement sur (un detalle) | ponerse de largo faire son entrée dans le monde [jeune fille].
| OBSERV La palabra francesa large significa ancho.

largometraje *m* CINEM long-métrage, long métrage.

larguero *m* TECN montant | longrine *f* (viga) | traversin (almohada) | rallonge *f*; mesa con largueros table à rallonges | AUTOM longeron | barre *f* transversale (deportes).

largueza *f* largesse, libéralité (generosidad) | longueur (longitud).

larguirucho, cha *adj* FAM dégingandé, e (desgarbado); efflanqué, e (delgaducho).

largura *f* longueur (largo).

lárice *m* BOT mélèze (alerce).

laricino, na *adj* du mélèze.

larije *adj* uva larije variété de raisin de couleur rouge.

laringe *f* ANAT larynx *m*.

laringectomía *f* MED laryngectomie.

laríngeo, a *adj* laryngé, e; laryngien, enne.

laringitis *f inv* MED laryngite.

laringoestenosis *f inv* MED laryngosténose.

laringofaringitis *f inv* MED pharyngolaryngite.

laringófono *m* laryngophone.

laringología *f* MED laryngologie.

laringólogo *m* laryngologiste, laryngologue.

laringopatía *f* MED laryngopathie.

laringoscopia *f* MED laryngoscopie.

laringoscopio *m* MED laryngoscope.

laringotomía *f* MED laryngotomie.

La Rioja *n pr* La Rioja.

> **LA RIOJA**
> La communauté autonome de La Rioja se compose de la seule province de Logroño. Elle a obtenu l'autonomie le 9 juin 1982 et a pour capitale la ville de Logroño; son gouvernement est connu sous le nom de « Consejo de gobierno ».

Lárnaca *n pr* GEOGR Lárnaka.

larva *f* MIT & ZOOL larve.

larvado, da *adj* MED larvé, e.

larval *adj* larvaire.

larvícola *adj* larvicole.

larvíparo, ra *adj* larvipare.

las *art def f pl* les; las manos les mains ‖ ses; tiene las hijas muy cuidadas elle s'occupe beaucoup de ses filles ‖ a las aux; ir a las Antillas aller aux Antilles.

◇ *pron pers f pl* les; las vi je les vis ‖ celles; las de Madrid son las mejores celles de Madrid sont les meilleures; las que veo celles que je vois ■ FAM las de López, las López les Lopez ‖ las hay il y en a; ¿hay cartas? las hay y at-il des lettres? il y en a ‖ las hay que il y en a qui o que, il en est qui o que; las hay que siempre hablan il y en a qui parlent tout le temps ‖ son... las que se sont... qui, c'est... qui; son mis hermanas las que vienen ce sont mes sœurs qui arrivent; son ellas las que lo dijeron ce sont o c'est elles qui l'ont dit.

> **OBSERV** Il ne faut pas employer las comme datif à la place de les (les dije je leur ai dit, et non las dije).

lasaña *f* CULIN lasagne.

lasca *f* éclat *m* de pierre ‖ tranche (de jamón).

lascar [10] *v tr* MAR mollir, lâcher progressivement ‖ (*Amer*) blesser, meurtrir (lastimar).

lascivia *f* lascivité (liviandad).

lascivo, va *adj* lascif, ive (libidinoso) ‖ FIG remuant, e (agitado) ‖ gai, e (juguetón).

láser *m* TECN laser.

laserterapia *f* laserthérapie.

lasitud *f* (p us) lassitude (cansancio).

laso, sa *adj* las, lasse (fatigado) ‖ faible, mou, molle (flojo) ‖ TECN floche (seda).

lástex *m* lastex.

lástima *m* pitié (compasión); tengo lástima de él j'ai pitié de lui ‖ plainte, lamentation (queja); déjeme usted de lástimas cessez vos lamentations ‖ dommage *m*; es lástima que no vengas c'est dommage que tu ne viennes pas ‖ de lástima à faire pitié, lamentable, navrant, e; désolant, e ■ da lástima

verle il fait peine à voir ‖ dar o hacer lástima faire pitié, faire de la peine; me da lástima il me fait pitié ‖ estar hecho una lástima être dans un état lamentable ‖ FAM llorar lástimas se répandre en jérémiades ‖ ¡qué lástima! quel dommage!, c'est malheureux! ‖ ser digno de lástima être à plaindre ‖ ser una lástima, ser lástima être dommage; es una lástima que tantas frutas se pierdan c'est dommage que tant de fruits se perdent; être navrant, e; era una lástima ver tantos heridos c'était navrant de voir tant de blessés ‖ tener lástima de avoir pitié de, plaindre, prendre en pitié ‖ tonto que da lástima bête à pleurer.

lastimado, da *adj* blessé, e.

lastimadura *f* blessure légère.

lastimar *v tr* faire mal, blesser; le lastimaron en el brazo ils lui ont fait mal au bras; estos zapatos me lastiman ces souliers me font mal ‖ plaindre, avoir pitié (compadecer) ‖ FIG blesser, faire du mal, offenser (ofender) ■ FIG estar lastimado être blessé, se sentir blessé ‖ lastimar los oídos écorcher o déchirer les oreilles ‖ un color que lastima una couleur qui fait mal aux yeux.

◆ **lastimarse** *v pr* se faire mal; me he lastimado el pie je me suis fait mal au pied.

lastimeramente *adv* plaintivement.

lastimero, ra *adj* plaintif, ive; un tono lastimero un ton plaintif.

lastimosamente *adv* pitoyablement, piteusement.

lastimoso, sa *adj* pitoyable (persona) ‖ navrant, e; déplorable (cosa, suceso) ‖ lamentable; estar en un estado lastimoso être dans un état lamentable.

> **SIN** deplorable déplorable, regrettable; lamentable lamentable.

lasto *m* endossement (endoso) ‖ reçu (recibo).

lastra *f* pierre plate.

lastrado *m* lestage.

lastrar *v tr* lester.

lastre *m* MAR lest; en lastre sur lest; largar o echar o soltar lastre jeter du lest ‖ ballast ‖ FIG bons sens, jugement (juicio).

lata *f* fer-blanc *m* (hoja de lata) ‖ boîte [de conserve], boîte en fer-blanc (envase); una lata de sardinas une boîte de sardines ‖ bidon *m*; una lata de aceite un bidon d'huile ‖ latte (de madera) ‖ FIG & FAM embêtement *m*, ennui *m*, barbe (molestia) ‖ raseur, euse; casse-pieds *inv* (pelmazo) ■ barrio de las latas bidonville ‖ (*Amer*) ¡qué lata! quelle barbe! ‖ FIG & FAM dar la lata casser les pieds, assommer, faire suer, raser, embêter (fastidiar) ‖ (*Amer*) estar en la lata être ruiné ‖ FIG & FAM no tener ni una lata être sans le sou ‖ ser una lata être à la barbe, être barbant o embêtant o ennuyeux o rasoir.

latacungueño, ña *adj & s* de Latacunga (Ecuador).

latania *f* latanier *m* (palmera).

lataz *m* loutre *f* marine (nutria).

latazo *m* coup donné avec une boîte en fer-blanc ‖ FIG & FAM ennui, barbe, *f* (molestia).

latente *adj* latent, e; calor latente chaleur latente ‖ estado latente état latent, latence.

lateral *adj* latéral, e; pasillos laterales couloirs latéraux.

◇ *adj & f* GRAM latérale [phonétique].

◇ *m* flanc (costado) ‖ TEATR côté; lateral izquierdo, derecho côté cour, côté jardin ‖ contre-allée *f* (de una avenida) ‖ lateral de gol touche de but (rugby).

lateralmente *adv* latéralement.

lateranense *adj* de Latran.

laterita *f* latérite (arcilla).

latero, ra *adj* FAM ennuyeux, euse; raseur, euse (molesto).

◆ **latero** *m* ferblantier (hojalatero).

lateroabdominal *adj* MED latéroabdominal, e.

laterotorsión *f* MED latérotorsion.

látex *m* BOT latex.

laticífero *adj & s m* laticifère.

laticlavia *f* laticlave *m*.

latido *m* battement (del corazón) ‖ élancement (dolor agudo) ‖ glapissement, jappement (ladrido).

latiense *adj* qui bat, palpitant, e (pulso) ‖ glapissant, e (que ladra).

latiente *adj* con el corazón latiente le cœur battant.

latifoliado, da *adj* BOT latifolié, e.

latifundio *m* grande propriété *f* rurale, latifundium.

> **OBSERV 1.** Latifundio peut avoir le pluriel latin latifundia, peu employé actuellement, ou le pluriel latifundios.
> **2.** El plural francés es latifundia o latifundi.

latifundismo *m* système de répartition des terres où prédominent les grandes propriétés.

latifundista *m* grand propriétaire foncier.

latigazo *m* coup de fouet ‖ claquement de fouet (chasquido) ‖ FIG sermon, semonce *f* (reprimenda) ‖ FAM coup (trago); darse un latigazo boire un coup ‖ dar latigazos fouetter.

látigo *m* fouet; hacer restallar un látigo faire claquer son fouet ‖ cravache *f* (fusta) ‖ (*Amer*) coup de fouet (latigazo).

latiguear *v intr* faire claquer son fouet ‖ (*Amer*) fouetter (azotar).

latigueo *m* claquement de fouet.

latiguera *f* courroie (correa).

latiguillo *m* petit fouet ‖ refrain (estribillo) ‖ FIG & FAM ficelle *f*, ruse *f* de métier ‖ chiqué (de un actor) ‖ BOT stolon, coulant.

latín *m* latin; aprender latín apprendre le latin ‖ mot latin, citation *f* latine (voz latina) ■ latín clásico latin classique ‖ FAM latín de cocina o macarrónico latin de cuisine ‖ latín medieval latin médiéval ‖ latín moderno latin moderne ‖ latín rústico o vulgar latin vulgaire ■ bajo latín bas latin ■ FIG & FAM echar latines latiniser, faire des citations latines à tout bout de champ ‖ eso es latín c'est de l'hébreu o du chinois ‖ saber latín o mucho latín être malin comme un singe.

latinajo *m* FAM latin de cuisine ‖ mot latin, citation *f* latine; echar siempre latinajos faire des citations latines à tout bout de champ ‖ FAM saber algunos latinajos savoir quelques bribes de latin.

latinar *v intr* parler latin, écrire en latin.

latinear *v intr* parler latin (hablar) ‖ écrire en latin (escribir) ‖ FAM fourrer du latin partout, latiniser.

latinidad *f* latinité ‖ baja latinidad basse latinité.

latiniparla f abus m de latinismes ‖ FAM una culta latiniparla un bas-bleu.

latinismo m latinisme.

latinista m & f latiniste, latinisant, e.

latinización f latinisation.

latinizar [13] v tr latiniser.
◇ v intr FAM latiniser, fourrer du latin partout.

latino, na adj & s latin, e.
◇ adj qui sait le latin (que sabe latín) ‖ latin, e; iglesia latina église latine ‖ MAR latin, e; vela latina voile latine ‖ (Amer) latino-américain, e (latinoamericano).
➤ **latino** m LING latin.

Latinoamérica n pr f GEOGR Amérique latine.

latinoamericano, na adj & s latinoaméricain, e.
‖ OBSERV [➤ **Latino-américain**, parte francesa].

latir v intr battre (el corazón, el pulso) ‖ élancer (herida, tumor) ‖ aboyer (ladrar) ‖ glapir, japper (los perros pequeños) ‖ a Antonio le latía el corazón cuando entró en la cueva Antoine avait le cœur qui battait lorsqu'il entra dans la grotte.

latirismo m MED lathyrisme.

latitud f largeur (anchura) ‖ étendue (extensión) ‖ ASTRON & GEOGR latitude; en la latitud de 40° à o sous la latitude de 40° ‖ FIG latitude; dejar a uno latitud para obrar laisser à quelqu'un toute latitude pour agir.
‖ OBSERV Latitud au sens figuré est un gallicisme utilisé à la place de libertad.

latitudinario adj & s latitudinaire.

lato, ta adj large (ancho) ‖ étendu, e (extendido) ‖ grand, e; vaste (grande) ‖ FIG en sentido lato au sens large.

latomia f latomie (cantera) ‖ las latomias de Siracusa les latomies de Syracuse (cárcel).

latón m laiton.

Latona n pr MITOL Latone.

latonería f boutique d'objets en cuivre, ferblanterie (tienda).

latonero m dinandier (comerciante) ‖ ferblantier (hojalatero) ‖ (Amer) micocoulier (árbol).

latoso, sa adj FAM ennuyeux, euse; assommant, e (fastidioso).

latría f latrie; el culto de latría le culte de latrie.

latrocinar v intr dérober, voler.

latrocinio m larcin, vol, chapardage (hurto).

LAU f (abrev de **Ley de Autonomía Universitaria**) loi conférant l'autonomie aux universités espagnoles ‖ (abrev de **Ley de Arrendamientos Urbanos**) loi espagnole sur les baux urbains.

lauca f (Amer) pelade.

laucar [10] v tr (Amer) tondre.

laucha f (Amer) souris (ratón) ‖ fil m d'acier (alambre) ‖ FIG mauviette (persona despreciable).

laúd m luth (instrumento de música) ‖ sorte de felouque f (embarcación) ‖ ZOOL luth (especie de tortuga) ‖ tañedor de laúd luthiste, joueur de luth.

laudable adj louable.

láudano m laudanum (medicamento).

laudar v intr DR se prononcer (un árbitro).

laudatoria f panégyrique m.

laudatorio, ria adj laudatif, ive; élogieux, euse.

laude f pierre tombale.
➤ **laudes** m pl RELIG laudes (oficio).

laudemio m DR laudisme, lods pl (tributo antiguo).

laudo m DR arbitrage, jugement arbitral, décision f de l'arbitre, sentence f arbitrale.

laura f laure (monasterio griego).

Laura n pr Laure.

lauráceas f pl BOT lauracées.

laureado, da adj couronné, e (recompensado) ‖ lauré, e (adornado con laureles).
◇ m & f lauréat, e (de un premio) ‖ décoré, décorée de la "Laureada" (condecorado).
➤ **laureada** f croix de l'ordre de Saint-Ferdinand [la plus haute décoration en Espagne].

Laureano n pr laurien.

laurear v tr couronner de lauriers ‖ FIG récompenser, couronner, honorer (premiar) ‖ décorer de la "Laureada".

laurel m BOT laurier ‖ laurel cerezo o real laurier-cerise ‖ laurel común laurier-sauce ‖ laurel rosa laurier-rose.
➤ **laureles** m pl FIG lauriers (recompensa) ‖ FIG cargarse de laureles être chargé o se couvrir de lauriers ‖ cosechar o conquistar laureles cueillir des lauriers ‖ dormirse en los laureles s'endormir sur ses lauriers ‖ mancillar sus laureles flétrir ses lauriers.

laurencio m QUÍM lawrencium.

láureo, a adj de laurier.

lauréola; laureola f lauréole (planta) ‖ couronne de laurier ‖ auréole, nimbe m (aureola).

laurífero, ra adj POÉT chargé de lauriers.

lauro m (p us) laurier (laurel) ‖ FIG gloire f.

lauroceraso m laurier-cerise (arbusto).

Lausana n pr GEOGR Lausane.

laus deo loc gloire à Dieu.

lauto, ta adj (p us) riche (opulento).

LAV (abrev de **Línea Aeropostal Venezolana**) f compagnie aérienne nationale vénézuélienne.

lava f lave (del volcán) ‖ MIN lavage m (de los metales).

lavable adj lavable.

lavabo m lavabo (lavamanos) ‖ cabinet de toilette (cuarto de aseo) ‖ toilettes f pl (servicios) ‖ RELIG lavabo (lavatorio).

lavacaras m & f inv FIG & FAM lécheur, euse.

lavacoches m inv laveur de voitures.

lavacristales m inv laveur de vitres.

lavada f lavage m (lavado).

lavadero m lavoir (público) ‖ buanderie f (en una casa) ‖ MIN lavoir, laverie f.

lavadientes m (p us) rince-bouche m inv.

lavado m lavage (de ropa, de un coche) ‖ toilette f (una persona) ‖ lavage (de los minerales) ‖ lavage (del estómago) ‖ lavis (dibujo) ‖ FIG & FAM savon, réprimande f; dar un buen lavado a uno passer un savon à quelqu'un ‖ FAM lavado de cerebro lavage de cerveau ‖ lavado en seco nettoyage à sec ‖ lavado y marcado (un) shampooing et (une) mise en plis.

lavador, ra adj & s laveur, euse ‖ lavador de oro orpailleur ‖ oso lavador raton laveur.

➤ **lavador** m (Amer) tamanoir (oso hormiguero).

➤ **lavadora** f machine à laver.

lavadura f lavage m ‖ lavure, eau sale (lavazas).

lavafrutas m inv rince-doigts.

lavaje m lavage (de la lana) ‖ MED désinfection des plaies (cirugía).

lavajo m mare (charca).

lavamanos m inv lavabo, lave-mains (p us).

lavamiento m lavement (lavativa) ‖ lavage (lavado).

lavanco m canard sauvage.

lavanda f BOT lavande (espliego).

lavandería f blanchisserie ‖ laverie automatique.

lavandero, ra m & f blanchisseur, euse.
➤ **lavandera** f lavandière.

lavandina f (Amer) eau de Javel (lejía).

lavándula f lavande (espliego).

lavaojos m inv œillère f.

lavaparabrisas m inv AUTOM lave-glace.

lavaplatos m & f inv plongeur, euse ‖ máquina lavaplatos, lavaplatos machine à laver la vaisselle, lave-vaisselle.
◇ m (Amer) évier (fregadero).

lavar v tr (▷ SIN) laver; lavar a fondo laver à grande eau ‖ faire un lavis (dibujo) ■ lavar en seco nettoyer à sec ‖ FIG lavar la ofensa con sangre laver l'offense dans le sang.
➤ **lavarse** v pr se laver; lavarse la cabeza se laver les cheveux ‖ FIG ¡de eso me lavo las manos! je m'en lave les mains.
‖ SIN enjuagar, aclarar rincer; limpiar nettoyer.

lavativa f MED lavement (ayuda) ‖ seringue, bac m à lavement ‖ FIG & FAM embêtement m, ennui m (molestia).

lavatorio m lavage (lavado) ‖ ECLES lavement des pieds (ceremonia religiosa) ‖ lavabo (de la misa) ‖ (Amer) lavabo (lavamanos).

lavavajillas m inv machine f à laver la vaisselle, lave-vaisselle.

lavazas f pl lavures.

Lavinia n pr MITOL Lavinie.

lavotear v tr laver vite et mal.
➤ **lavotearse** v pr se débarbouiller.

lavoteo m lavage mal fait ‖ débarbouillage (de cara).

Lawrence n pr Lawrence de Arabia Lawrence d'Arabie.

laxación f; **laxamiento** m relâchement m (aflojamiento) ‖ laxité f (laxitud).

laxante adj laxatif, ive; relâchant, e.
◇ m laxatif (medicina).

laxar v tr relâcher, détendre ‖ prendre un laxatif, purger (vientre).

laxativo, va adj & s m laxatif, ive.

laxismo m laxisme.

laxitud f laxité.

laxo, xa adj lâche (no tenso) ‖ FIG relâché, e (la moral).

lay m lai (poema).

laya f nature, genre m, acabit m; ser de la misma laya être du même genre, du même acabit ‖ bêche, louchet (instrumento agrícola) ‖ laya de dientes fourche à bêcher.

layador, ra m & f bêcheur, euse.

layar *v tr* bêcher.

Layo *n pr* MITOL Laïus.

lazada *f* nœud *m*, laçage *m*.

lazar [13] *v tr* lacer ‖ prendre au lasso (sujetar).

lazareto *m* lazaret ‖ léproserie, *f*.

lazarillo *m* guide d'aveugle.

> OBSERV Ce mot vient du nom du héros d'un roman picaresque publié anonymement au XVIᵉ siècle sous le titre de Lazarillo de Tormes.

lazarino, na *adj & s* lépreux, euse.

lazarista *m* lazariste.

lázaro *m* va-nu-pieds ‖ (Amer) lépreux.

Lázaro *n pr* Lazare ‖ estar hecho un lázaro être couvert de plaies.

lazo *m* nœud (nudo); atar un lazo faire un nœud ‖ collet, lacet, lacs (para cazar); coger con lazo prendre au collet ‖ lasso (para sujetar caballos, etc.) ‖ lacet (de un camino) ‖ boucle *f* (en patinaje) ‖ corde *f* (cordel) ‖ FIG lien (vínculo); los lazos de la amistad les liens de l'amitié ‖ trait d'union; España sirve de lazo entre Europa y América del Sur l'Espagne sert de trait d'union entre l'Europe et l'Amérique du Sud ‖ piège, lacs *pl* (trampa) ‖ ARQ entrelacs (ornamento) ‖ figure *f* de danse (en el baile) ■ lazo cerrado boucle (en el ferrocarril) ‖ lazo corredizo nœud coulant ‖ INFORM boucle; lazo de programa boucle de programme; lazo iterativo o de iteración boucle itérative ■ FIG & FAM armar un lazo tendre un lazo ‖ tender un lazo dresser une embûche ‖ caer en el lazo tomber dans le piège, être pris au piège.

lazulita *f* MIN lazulite, lapis-lazuli *m*.

l. c. ▶ loc. cit.

LCD (abrev de liquid crystal display) *f* affichage *m* à cristaux liquides.

LCR (abrev de Liga Comunista Revolucionaria) *f* ligue communiste révolutionnaire espagnole.

le datif du pronom personnel de la 3ᵉ personne du singulier des 2 genres lui; le dije, le doy je lui dis, je lui donne ‖ accusatif du pronom personnel de la 3ᵉ personne du masculin singulier le; le veo je le vois ‖ accusatif du pronom personnel de la 2ᵉ personne du singulier traduite par usted vous; le vi ayer pero no le pude hablar je vous ai vu hier mais je n'ai pas pu vous parler ‖ emploi explétif; le pregunté a mi hermano si j'ai demandé à mon frère si (le pronom personnel ne se traduit pas).

> OBSERV Il est incorrect de dire la di el libro a mi hermana au lieu de dire le di. Il vaut mieux employer le vi que lo vi acercarse, en parlant d'une personne, car lo devrait être réservé aux choses.

leader ▶ líder.

leal *adj* loyal, e; un corazón leal un cœur loyal; sentimientos leales des sentiments loyaux ‖ fidèle (partidario del gobierno) ‖ fidèle (animal doméstico) ‖ fidèle, sûr, e (criado) ‖ franc, franche d'allures (caballo).
> *adj & s* loyaliste.

leala *f* MFAM (desusado) peseta.

lealmente *adv* loyalement.

lealtad *f* loyauté ‖ fidélité (de un criado) ‖ fidélité (de los animales).

leandra *f* MFAM (desusado) peseta.

Leandro *n pr* Léandre.

leasing *m* ECON leasing.

> OBSERV 1. Cet anglicisme peut être remplacé par arrendamiento con opción de compra.
> 2. Anglicisme que puede sustituirse en francés por crédit-bail.
> 3. *pl* leasings.

lebeche *m* vent du sud-ouest.

lebel *m* lebel (fusil).

lebrada *f* ragoût *m* de lièvre.

lebrato *m* levraut.

lebrel *m* lévrier ‖ perro lebrel lévrier.

lebrero, ra *adj & s* chasseur de lièvres.
▶ **lebrero** *m* lévrier (lebrel).

lebrijano, na *adj & s* de Lebrija [ville d'Andalousie].

lebrillo *m* bassine *f*, cuvette *f* (gran recipiente) ‖ terrine *f* (pequeño recipiente).

lebrón, ona *adj* (Amer) insolent, e (insolente) ‖ chevronné, e (experimentado).
▶ **lebrón** *m* grand lièvre ‖ FIG & FAM poltron (cobarde) ‖ (Amer) rusé.

lebroncillo *m* levraut (lebrato).

lebruno, na *adj* de lièvre, du lièvre.

lebuense *adj & s* de Lebú [ville du Chili].

lección *f* leçon ‖ lecture (lectura) ‖ leçon (interpretación de un texto) ■ lección magistral cours magistral ■ FIG dar a uno una lección donner une leçon à quelqu'un ‖ dar la lección recitar la leçon (discípulo) ‖ dar lección faire une leçon (el profesor) ‖ dar lecciones donner des leçons ‖ echar lección donner une leçon à apprendre ‖ servir de lección servir de leçon ‖ servir de lección por apprendre à; esto le servirá de lección por haberse fiado de la gente cela vous apprendra à faire confiance aux gens ‖ tomar la lección faire réciter la leçon.

leccionario *m* RELIG lectionnaire.

LECE (abrev de Liga Europea de Cooperación Económica) *f* LECE.

lecha *f* laitance, laite (de los peces).

lechada *f* lait *m* de chaux (albañilería) ‖ TECN pâte, bouillie de papier ‖ liquide *m* laiteux, lait (líquido blanco).

lechal *adj & s* jeune, qui tète, de lait (animal); cordero lechal agneau de lait ‖ BOT laiteux, euse (planta).
> *m* suc laiteux.

lechar *adj* jeune, qui tète (que mama) ‖ laiteux, euse (plantas) ‖ au lait abondant, laitier, ère (hembra); vaca lechar vache laitière.

lechar *v tr* (Amer) traire (ordeñar) ‖ badigeonner (blanquear).

lechaza *f* laitance, laite (de los peces).

lechazo *m* agneau de lait.

leche *f* lait *m*; leche cuajada, entera, en polvo, concentrada, condensada, homogeneizada lait caillé, entier, en poudre, concentré non sucré, concentré sucré, homogénéisé; la leche se ha cortado le lait a tourné ‖ BOT latex, suc laiteux (látex) ‖ MFAM marron *m* (puñetazo), beigne, gnon *m* (golpe) ‖ pot *m*, coup *m* de bol (suerte) ‖ leche de almendras lait d'amandes ‖ leche de apoyo lait maternisé ‖ leche desmaquilladora lait démaquillant ‖ leche desnatada lait écrémé ‖ CULIN leche frita dessert à base de flan ‖ leche merengada boisson à base de lait, de blanc d'œuf et de sucre ‖ leche pasteurizada lait pasteurisé ‖ leche semidesnatada lait demi-écrémé ‖ leche uperizada o UHT lait UHT ■ ama de

leche nourrice ‖ MFAM a toda leche à toute berzingue ‖ café con leche café crème o au lait ‖ cochinillo de leche cochon de lait ‖ FIG como una leche très tendre ‖ de leche à lait, laitière; vaca de leche vache à lait, vache laitière; qui tète encore, de lait, jeune (cría); ternera de leche jeune veau ‖ dientes de leche dents de lait ‖ (Amer) dulce de leche lait au caramel ‖ gota de leche lactarium ‖ hermano, hermana de leche frère, sœur de lait ‖ MFAM ¡una leche!, ¡y una leche! que dalle!, mon cul! ■ MFAM estar de mala leche être de mauvais poil ‖ pegarse una leche se planter (en un accidente), ramasser o prendre un gadin (caerse) ‖ ser la leche être super, être dingue (ser el no va más); être chié, e o gonflé, e (ser un cara); être casse-pieds (ser cargante) ‖ tener mala leche être une (vraie) teigne (tener mala intención), avoir un caractère de cochon (tener mal genio) ■ FIG & FAM está o trae o tiene la leche en los labios si on lui tordait le nez il en sortirait du lait, il est encore dans les langes ‖ mamar una cosa en la leche sucer quelque chose avec le lait.

lechecillas *f pl* ris *m sing* de veau (de ternera) o d'agneau (de cordero) ‖ fressure *sing* (asadura).

lechera *f* laitière (ant), crémière (vendedora) ‖ bidon *m* de lait (recipiente grande) ‖ laitière (recipiente pequeño de metal) ‖ pot *m* à lait (jarro) ‖ (Amer) vache laitière (vaca de leche) ■ el cuento de la lechera la fable de Perrette et du pot au lait ‖ FIG eso es el cuento de la lechera c'est l'histoire de Perrette et du pot au lait ‖ hacer las cuentas de la lechera faire comme Perrette et le pot au lait, vendre la peau de l'ours avant de l'avoir tué.

lechería *f* débit *m* de lait, laiterie (tienda).

lechero, ra *adj* laitier, ère; industria lechera industrie laitière ‖ laitier, ère; à lait; vaca lechera vache laitière ‖ central lechera laiterie (cooperativa).
> *m & f* laitier, ère.

lechetrezna *f* herbe aux verrues (planta).

lechigada *f* portée (de animales) ‖ FIG & FAM bande de voyous (de pícaros).

lechiguana *f* (Amer) sorte de guêpe (avispa).

lechín *m* olivier riche en huile (olivo) ‖ olive *f* (aceituna).

lechino *m* MED mèche *f* (para las heridas) ‖ VETER petite tumeur *f*.

lecho *m* lit, couche *f*; estar en un lecho de rosas être sur un lit de roses ‖ lit (de un río) ‖ fondo (fond) ‖ ARQ lit (de una piedra) ‖ GEOL lit, strate *f* (estrato) ■ abandonar el lecho quitter le lit ‖ en el lecho de muerte sur son lit de mort ‖ TECN lecho de colada lit de coulée.

> OBSERV Cama est le terme courant pour lit; lecho, plus recherché, a un emploi voisin de celui de couche en français.

lechón *m* cochon de lait (cochinillo) ‖ porc, cochon (puerco).

lechona *f* truie.
> *adj & s* FIG & FAM cochonne (mujer sucia).

lechosa *f* BOT papaye (papaya).

lechoso, sa *adj* laiteux, euse.
▶ **lechoso** *m* papayer (árbol).

lechuga *f* laitue (planta); ensalada de lechuga salade de laitue ‖ fraise, collerette (cuello) ‖ godron *m* (pliegue de una tela) ‖ **le-chuga repolluda** laitue pommée ‖ **lechuga romana** romaine, laitue romaine ▪ FIG & FAM **como una lechuga** frais comme une rose o comme un gardon ‖ **ser más fresco que una lechuga** avoir du toupet o du culot.

lechuguilla *f* fraise, collerette (cuello) ‖ laitue sauvage (lechuga silvestre).

lechuguina *f* FIG & FAM coquette, jeune femme élégante.

lechuguino *m* petite laitue *f* (lechuga) ‖ plant de laitues (plantío) ‖ FIG & FAM jeune gommeux, dandy (elegante) ‖ petit-maître (petimetre).

lechuza *f* chouette (ave) ‖ FIG & FAM sorcière, vieille chouette (mujer fea y perversa) ‖ oiseau *m* de nuit (trasnochador).

lechuzo *m* FIG & FAM rat de cave (recaudador de contribuciones).
◇ *adj m* & *s m* FIG & FAM hibou (hombre desagradable); **es muy lechuzo** c'est un vrai hibou.

lechuzo, za *adj* de moins d'un an.
◇ *m* & *f* mulet *m* de moins d'un an.

lecitina *f* QUÍM lécithine.

lectivo, va *adj* scolaire; **año lectivo** année scolaire ‖ de classe; **día lectivo** jour de classe.

lector, ra *m* & *f* lecteur, trice; liseur, euse (que lee) ‖ lecteur, trice (profesor).
➤ **lector** *m* ECLES & TECN lecteur ‖ INFORM lector de cintas lecteur de bandes; **lector de noticias** lecteur de nouvelles.

lectorado *m* RELIG ordre de lecteur ‖ poste de lecteur dans une université.

lectoral *adj* théologal, e (canónigo).

lectoría *f* emploi *m* de lecteur dans une communauté ‖ poste *m* de lecteur dans une université.

lectura *f* lecture ‖ culture, connaissances *pl* (conocimientos) ‖ IMPR cícéro *m* (carácter); **lectura chica** cícéro petit œil; **lectura gorda** cícéro gros œil ‖ INFORM lecture.

ledo, da *adj* POÉT joyeux, euse.

leer [50] *v tr* lire; **leer en voz alta** lire à haute voix o tout haut; **leer en voz baja** lire tout bas o à voix basse ‖ enseigner (un profesor) ‖ INFORM lire; **leer en memoria** envoyer en mémoire; **leer ópticamente** lire optiquement ▪ MÚS **leer a primera vista** déchiffrer ‖ **leer con la vista** lire des yeux ‖ **leer de corrido** lire couramment ‖ **leer de un tirón** lire d'un trait ‖ FIG **leer el pensamiento** lire dans les pensées (de quelqu'un) ‖ **leer en los ojos** o **en la mirada de alguien** lire dans les yeux de quelqu'un ‖ **leer entre líneas** lire entre les lignes ‖ FAM **leer la cartilla a uno** faire la leçon o donner une bonne leçon à quelqu'un ‖ **leer música** lire la musique ‖ **leer por encima** parcourir.

lega *f* RELIG sœur converse.

legacía *f* légation (dignidad de legado).

legación *f* légation.

legado *m* legs (manda testamentaria) ‖ FIG héritage ‖ légat (entre los romanos) ‖ **legado a latere** légat a latere ‖ **legado pontificio** légat du pape.

legajar *v tr* (*Amer*) attacher o mettre en liasse.

legajo *m* liasse *f* de papiers ‖ dossier (carpeta).

legal *adj* légal, e (establecido por la ley); **procedimientos legales** procédés légaux ‖ loyal, e (en el ejercicio de sus poderes).

legalidad *f* légalité (conforme con la ley); **no salirse de la legalidad** rester dans la légalité.

legalismo *m* légalisme.

legalista *adj* & *s* légaliste.

legalizable *adj* légalisable.

legalización *f* légalisation.

legalizar [13] *v tr* légaliser ‖ **copia legalizada** copie certifiée conforme.

legalmente *adv* légalement (conforme con la ley) ‖ loyalement (lealmente).

légamo *m* limon, vase *f* (cieno) ‖ partie *f* argileuse de la terre des labours, terre *f* glaise.

legamoso, sa *adj* boueux, euse; fangeux, euse; glaiseux, euse; limoneux, euse; vaseux, euse.

leganal *m* bourbier (cenagal).

Leganés *n pr* GEOGR Leganés [village près de Madrid où il y a un hôpital psychiatrique] ‖ FAM **bueno para ir a Leganés** bon pour Charenton.

legaña *f* chassie.

legañoso, sa *adj* & *s* chassieux, euse ‖ FIG & FAM minable.

legar [16] *v tr* léguer (hacer donación por testamento) ‖ déléguer (enviar en legación) ‖ FIG léguer, laisser en héritage (lengua, cultura).

legatario, ria *m* & *f* DR légataire; **legatario universal** légataire universel.

legendario, ria *adj* légendaire.
➤ **legendario** *m* recueil de légendes (de cualquier clase).

leggins *m pl* caleçon *m* (de femme).

leghorn *f* leghorn (raza de gallinas).

legibilidad *f* lisibilité.

legible *adj* lisible.

legión *f* légion ‖ FIG légion (número indeterminado) ▪ **Legión de Honor** Légion d'honneur ‖ **Legión Extranjera** Légion étrangère.

legionario, ria *adj* de la Légion; **las fuerzas legionarias** les forces de la Légion.
➤ **legionario** *m* légionnaire.

legislación *f* législation.

legislador, ra *adj* & *s* législateur, trice.

legislar *v intr* légiférer.

legislativo, va *adj* législatif, ive; **Asamblea Legislativa** Assemblée législative.

legislatura *f* législature.

legisperito *m* jurisconsulte.

legista *m* légiste.

legítima *f* DR réserve légale.

legitimación *f* légitimation.

legitimador, ra *adj* qui légitime.

legítimamente *adv* légitimement.

legitimar *v tr* légitimer.

legitimario, ria *adj* légitimaire.

legitimidad *f* légitimité.

legitimismo *m* légitimisme.

legitimista *adj* & *s* légitimiste ‖ loyaliste (en Inglaterra).

legítimo, ma *adj* légitime; **legítima defensa** défense légitime ‖ authentique, d'origine; **champán legítimo** champagne authen-

tique ‖ véritable; **cuero legítimo** cuir véritable ‖ pur, e; **oro legítimo** or pur.

lego, ga *adj* laïque (seglar) ‖ lai, e; **hermano lego** frère lai ‖ FIG ignorant, e (sin instrucción) ‖ profane, non initié, e ‖ FIG & FAM **ser lego en la materia** être profane en la matière, n'y rien connaître.
➤ **lego** *m* frère convers.

legra *f* MED rugine (instrumento) ‖ curette (de ginecólogo) ‖ rénette (de veterinario).

legración *f*; **legrado** *m*; **legradura** *f* MED rugination *f* ‖ curetage *m* (raspado en el útero).

legrar *v tr* MED ruginer (raer los huesos) ‖ cureter, faire un curetage (en el útero).

legrón *m* VETER rogne-pied.

legua *f* lieue (medida itineraria de 5 572 m) ▪ **legua cuadrada** lieue carrée [3 105, 5 hectares] ‖ **legua de posta** lieue kilométrique o de poste (4 km) ‖ **legua marítima** lieue marine (5 555 m) ▪ FIG **a la legua** à une lieue ‖ **cómico de la legua** comédien ambulant ‖ FIG **se ve a la legua** ça se voit de loin o d'une lieue.

legui *m* legging *f* (polaina).

leguleyo *m* avocaillon.

legumbre *f* légume *m*; **legumbres secas, verdes** légumes secs, verts ‖ **fuente para legumbres** légumier.

legumina *f* QUÍM légumine.

leguminoso, sa *adj* & *s f* BOT légumineux, euse.

lehendakari; **lendakari** [lenda'kari] *m* président de la région autonome basque.

lei *m pl* lei (moneda rumana).

leíble *adj* lisible (legible).

leída *f* lecture.

leído, da *adj* très cultivé, e; qui a beaucoup lu (persona) ‖ lu, e (obra) ▪ **leído y conforme** lu et approuvé ▪ FAM **leído y escribido** qui croit tout savoir, pédant.

leishmaniosis *f inv* MED leishmaniose.

leísmo *m* emploi abusif des pronoms personnels « le » et « les » comme complément direct **este lápiz no te le doy** au lieu de **no te lo doy.**

EL LEÍSMO

Ce phénomène linguistique consiste à utiliser les pronoms personnels « le » et « les » au lieu de « lo » et « los » comme complément direct lorsqu'on parle d'une ou de plusieurs personnes. En effet, la règle stipule que l'on doit utiliser « le »/« les » en fonction de complément indirect uniquement, en parlant de choses comme de personnes, et « lo »/« los » en fonction de complément direct, là encore tant pour les choses que pour les personnes. Toutefois, le « leísmo » s'étant largement répandu, et l'Académie adoptant une attitude assez peu sévère dans ce cas, une phrase comme « era mi hijo y no le reconocí » au lieu de « era mi hijo y no lo reconocí » n'est plus désormais considérée comme incorrecte; précisons toutefois que cette tolérance ne s'étend pas à la confusion entre « les » et « los ».

leísta *adj* & *s* qui emploie le au lieu de lo [➤ leísmo].

leitmotiv *m* leitmotiv (tema).
‖ OBSERV 1. C'est un germanisme qui peut être remplacé par **tema.**
‖ 2. *pl* leitmotivs.

lejanía *f* éloignement *m* (distancia); **sonido debilitado por la lejanía** son affaibli par l'éloignement ‖ lointain *m* (paraje lejano) ▪ **en**

la lejanía, en las lejanías au loin, dans le lointain.

lejano, na *adj* lointain, e; el Japón es un país lejano le Japon est un pays lointain ‖ éloigné, e; un pariente lejano un parent éloigné; un lugar lejano de mi casa un endroit éloigné de chez moi ‖ Lejano Oriente Extrême-Orient.

lejía *f* eau de Javel ‖ FIG & FAM savon *m* (reprimenda); dar a uno una buena lejía passer un bon savon à quelqu'un.

lejío *m* lessive *f* des teinturiers.

lejísimos *adv* très loin.

‖ OBSERV Il faut éviter d'utiliser la forme incorrecte lejísimo.

lejos *adv* loin ■ a lo lejos au loin; mirar a lo lejos regarder au loin ‖ de lejos de loin; es de lejos el mejor il est de loin le meilleur ‖ desde lejos de loin ‖ lejos de loin de; lejos de París loin de Paris; estoy lejos de pensar en loin de moi l'idée de ‖ ni de lejos loin de là ‖ por más lejos que d'aussi loin que, du plus loin que; por más lejos que pueda ver du plus loin que je puisse voir ■ ir o llegar lejos aller loin ‖ llevar lejos mener loin ‖ ver muy lejos voir loin.

◇ *m* lointain ‖ apparence *f*, aspect (aspecto); tener buen lejos avoir bon aspect ‖ arrière-plan (pintura).

lele *adj* (*Amer*) sot, sotte; niais, e (lelo).

lelilí *m* cri de guerre des Maures.

lelo, la *adj* & *s* sot, sotte; niais, e (tonto) ‖ FAM dejar, quedarse lelo laisser, rester bouche bée.

lema *m* devise *f* (en un escudo, en un monumento) ‖ épigraphe *f* (en un libro) ‖ sommaire (argumento sucinto) ‖ thème, sujet (tema) ‖ nom d'emprunt (concurso) ‖ MAT lemme.

Lemán; Léman *n pr* GEOGR el lago Lemán o Léman le lac Léman.

lemanita *f* jade *m*.

lemming *m* ZOOL lemming (ratón campestre).

lemnáceas *f pl* BOT lemnacées.

lemnio, nia *adj* & *s* lemnien, enne.

lemniscata *f* GEOM lemniscate.

Lemosín *n pr m* GEOGR Limousin.

lemosín, ina *adj* & *s* limousin, e.

➧ **lemosín** *m* LING langue *f* d'oc; limousin.

lempira *m* lempira (unidad monetaria de Honduras).

lémures *m pl* MIT lémures (almas de los muertos) ‖ FIG fantômes.

lemúridos *m pl* ZOOL lémuriens.

len *adj* boudiné, e (hilo laso).

Lena *n pr m* GEOGR el Lena le Lena.

lencería *f* lingerie (ropa blanca) ‖ blanc *m* (géneros de lienzo) ‖ lingerie (tienda de ropa blanca) ‖ magasin *m* de blanc (tienda de manteles, etc.) ‖ lingerie (en un hospital).

lendakari ➧ **lehendakari**.

lendel *m* piste *f* circulaire (de noria).

lendrera *f* peigne *m* fin.

lendroso, sa *adj* plein, e de lentes.

lengón, ona *adj* (*Amer*) qui a la langue bien pendue.

lengua *f* langue (órgano) ‖ [▷ SIN] langue (idioma); lengua de oc, de oil langue d'oc,

d'oïl; tener don de lenguas avoir le don des langues ‖ nouvelle, renseignement *m* (noticia) ‖ battant *m* de cloche (badajo) ‖ langue [de balance] (lengüeta) ‖ langue (de tierra) ‖ CULIN langue ■ lengua aglutinante langue agglutinante ‖ BOT lengua de buey langue-de-bœuf ‖ FIG lengua de escorpión o de hacha o de sierpe o de víbora o serpentina o viperina langue de vipère, mauvaise langue ‖ lengua de estropajo o de trapo bafouillage, bredouillement (mala pronunciación), babil, gazouillement (de los niños), bafouilleur, euse (persona) ‖ lengua de fuego langue de feu ‖ lengua de gato langue-de-chat (bizcocho) ‖ lengua de glaciar langue de glacier ‖ lengua de tierra langue de terre ‖ lengua madre o matriz langue mère ‖ lengua materna o nativa langue maternelle ‖ lengua muerta, sabia langue morte, savante ‖ lengua oficial langue officielle ‖ lengua pastosa o gorda langue pâteuse ‖ lengua viva langue vivante ‖ lenguas hermanas langues sœurs ■ con la lengua fuera o de un palmo hors d'haleine, la langue pendante ‖ FIG de lengua en lengua de bouche en bouche ‖ largo de lengua mauvaise langue (malo), qui a la langue trop longue (imprudente) ‖ ligero de lengua imprudent, irréfléchi ‖ mala lengua mauvaise langue ‖ FIG & FAM media lengua babil, gazouillement (de los niños), bredouillement, bafouillage (mala pronunciación) ‖ segunda lengua deuxième langue ■ FIG & FAM andar en lenguas voler de bouche en bouche, être sur toutes les lèvres ‖ atar la lengua lier la langue ‖ buscar la lengua provoquer, chercher noise (buscar pelea), délier la langue (incitar a hablar) ‖ calentársele a uno la lengua s'échauffer ‖ darle a la lengua avoir la langue bien pendue, être un moulin à paroles ‖ destrabar la lengua délier la langue ‖ dominar una lengua bien posséder une langue ‖ FIG hablar con lengua de plata donner des pots-de-vin ‖ hacerse lenguas de faire de grands éloges sur, ne pas tarir d'éloges sur, ne parler que de ‖ hay que darle siete vueltas a la lengua antes de hablar il faut tourner sept fois sa langue dans sa bouche avant de parler ‖ írsele a uno la lengua, irse uno de la lengua parler trop, ne pas savoir tenir sa langue, avoir la langue trop bien pendue ‖ morderse uno la lengua se mordre la langue (callar) ‖ no tener pelos o pelillos en la lengua avoir la langue bien pendue, ne pas avoir la langue dans sa poche ‖ pegársele a uno la lengua al paladar ne pas pouvoir parler, être muet ‖ sacar la lengua tirer la langue (hacer burla) ‖ tener la lengua fuera tirer la langue ‖ tener la lengua gorda être rond, être ivre (borracho), avoir la langue pâteuse (tener mal sabor de boca) ‖ tener una cosa en la punta de la lengua avoir quelque chose sur le bout de la langue ‖ tener uno mala lengua être mauvaise langue ‖ tener uno mucha lengua, tener la lengua suelta avoir la langue bien pendue ‖ tirarle a uno de la lengua tirer les vers du nez à quelqu'un, faire parler quelqu'un ‖ tomar lengua o lenguas se renseigner ‖ trabarse la lengua fourcher [la langue]; se me ha trabado la lengua la langue m'a fourché ‖ traer en lenguas a uno critiquer quelqu'un ‖ tragarse la lengua avaler sa langue ‖ venírsele a uno a la lengua una cosa avoir l'idée de quelque chose.

‖ SIN lenguaje langage; idioma langue; habla parler; dialecto dialecte.

lenguado *m* sole *f* (pez); lenguado a la parrilla sole grillée.

lenguaje *m* langage; lenguaje coloquial, culto, grosero, cifrado langage familier o courant, cultivé, grossier, chiffré ‖ FIG langage; lenguaje de las flores langage des fleurs ‖ langue *f*; lenguaje literario, técnico, vulgar langue littéraire, technique, usuelle ■ INFORM lenguaje BASIC, COBOL, FORTRAN BASIC, COBOL, FORTRAN ‖ lenguaje de alto nivel langage évolué ‖ lenguaje (de) máquina o de ordenador langage machine ‖ lenguaje de programación langage de programmation ‖ lenguaje ensamblador langage d'assemblage ‖ lenguaje orientado al procedimiento langage procédural.

lenguaraz *adj* & *s* polyglotte, qui parle plusieurs langues ‖ FIG médisant, e; mauvaise langue (deslenguado) ‖ bavard, e (hablador).

‖ OBSERV pl languaraces.

lengüeta *f* languette ‖ langue, languette (de una balanza) ‖ épiglotte (epiglotis) ‖ languette (de zapato) ‖ languette, tenon *m* (espiga de una tabla) ‖ fer *m* d'une flèche (de saeta) ‖ crochet *m* (de anzuelo, banderilla, etc.) ‖ fraise à bois (herramienta) ‖ MÚS languette ‖ poner lengüetas langueyer (órgano).

lengüetada *f*; **lengüetazo** *m* coup *m* de langue.

lengüetear *v intr* lécher (lamer) ‖ (*Amer*) bavarder (hablar).

lengüetería *f* registres *m pl* à languette [d'un orgue].

lengüicorto, ta *adj* FAM timide, réservé, e.

lengüilargo, ga *adj* FAM bavard, e; qui a la langue bien pendue.

lenguón, ona *adj* & *s* (*Amer*) bavard, e.

lenidad *f* indulgence.

lenificación *f* adoucissement *m*.

lenificar [10] *v tr* lénifier.

lenificativo, va *adj* lénitif, ive.

Leningrado *n pr* GEOGR & HIST Leningrad (antiguo nombre de San Petersburgo).

leninismo *m* léninisme.

leninista *adj & s* léniniste.

lenitivo, va *adj & s m* lénitif, ive.

lenocinio *m* entremise *f* ‖ casa de lenocinio maison close.

lentamente *adv* lentement.

lente *m & f* lentille *f* (óptica); lente de aumento lentille grossissante ‖ loupe *f* (lupa); mirar con lente regarder à la loupe ‖ verre *m* (de gafas) ‖ monocle *m* (monóculo) ■ lente convergente lentille convergente ‖ lente de contacto lentille cornéenne, lentille o verre de contact ‖ lente de enfoque lentille de mise au point ‖ lente divergente lentille divergente.

➤ **lentes** *m pl* lunettes *f* (gafas) ‖ lorgnon *m sing* (quevedos).

| OBSERV Le caractère ambigu du genre de ce mot crée parfois des difficultés, mais habituellement il est masculin lorsqu'il a le sens de lunettes (los lentes) et féminin lorsqu'il s'applique à des verres réfringents.

lenteja *m* lentille (planta) ‖ lentille du balancier (de reloj) ‖ BOT lenteja acuática o de agua lentille d'eau.

lentejar *m* champ de lentilles.

lentejuela *f* paillette.

lenticular *adj* lenticulaire, lentiforme ‖ hueso lenticular os lenticulaire.

lentificar [10] *v tr* ralentir.

lentigo *m* MED lentigo, tache *f* de rousseur (peca) ‖ grain de beauté (lunar).

lentilla *f* lentille cornéenne, lentille o verre *m* de contact.

lentiscal *m* lieu planté de lentisques.

lentisco *m* lentisque (arbusto).

lentitud *f* lenteur.

lento *adv* MÚS lento.

lento, ta *adj* [▷ SIN] lent, e; lento en o para trabajar lent à travailler ‖ MED visqueux, euse ■ a cámara lenta au ralenti (cine) ‖ a fuego lento à petit feu, à feu doux ‖ cámara lenta ralenti.

| SIN tardío tardif; pausado posé; calmoso, tranquilo calme.

Léntulo *n pr* Lentulus.

leña *f* bois *m* de chauffage o à brûler ‖ FIG & FAM volée, raclée (paliza), correction (castigo) ■ leña menuda menu bois, petit bois ‖ leña muerta o seca bois mort ■ FIG & FAM añadir o echar o poner leña al fuego jeter de l'huile sur le feu ‖ dar leña jouer dur (deportes) ‖ dar o repartir leña administrer une volée ‖ FIG del árbol caído todos hacen leña quand l'arbre est tombé chacun court aux branches ‖ FIG & FAM hubo leña il y a eu de la bagarre o du grabuge ‖ ir por leña aller chercher o ramasser du bois ‖ FIG llevar leña al monte porter de l'eau à la rivière.

leñador, ra *m & f* bûcheron, onne (que corta leña) ‖ marchand, e de bois (vendedor de leña).

leñatero *m* bûcheron (leñador) ‖ (*Amer*) charpentier (ave).

leñazo *m* FAM coup de bâton (garrotazo) ‖ coup (golpe).

¡leñe! *interj* FAM ¡iros ya, leñe! allez-vous-en, bon sang!

leñera *f* bûcher *m* (lugar para guardar leña).

leñero *m* marchand de bois ‖ bûcher (leñera).
◇ *adj m* dur (un equipo).

leño *m* bûche *f* (trozo de árbol) ‖ bois (madera) ‖ FIG & POÉT esquif (embarcación) ‖ FIG & FAM bûche *f*, souche *f*, cruche *f* (persona torpe) ‖ FAM dormir como un leño dormir à poings fermés o comme une souche.

leñoso, sa *adj* ligneux, euse.

Leo *n pr m inv* ASTRON & ASTROL Lion *m*; ser Leo être lion.
◇ *m & f inv* Lion *m inv* (persona).

león *m* lion ‖ fourmi-lion (hormiga león) ‖ FIG lion; valiente como un león brave comme un lion ‖ ASTRON & BLAS Lion ‖ (*Amer*) puma ■ BLAS león heráldico léopard ‖ león marino lion de mer o marin (foca) ‖ ASTRON león menor Petit Lion ‖ (*Amer*) león miquero eyra (puma) ‖ cachorro de león lionceau ‖ lago de leones fosse aux lions ■ FIG desquijarar leones faire le fanfaron ‖ no es tan fiero o bravo el león como lo pintan il n'est pas si méchant que cela (una persona), ce n'est pas si difficile que ça (una cosa).

León *n pr* Léon (nombre) ‖ GÉOGR León (ciudad) ‖ el golfo de León le golfe du Lion.

leona *f* lionne ‖ FIG lionne (mujer).

leonado, da *adj* fauve (color).

Leonardo *n pr m* Léonard; Leonardo da Vinci Léonard de Vinci.

leonera *f* cage (jaula) o fosse aux lions ‖ FIG & FAM maison de jeu, tripot *m* (casa de juego) ‖ chantier *m*, bazar *m*, capharnaüm *m* (cuarto desarreglado) ‖ (*Amer*) prison (cárcel).

leonero *m* gardien de la fosse o de la cage aux lions ‖ FIG & FAM tenancier d'un tripot.

leonés, esa *adj & s* de Léon (España).

leonino, na *adj* léonin, e; facies leonina faciès léonin; contrato leonino contrat léonin.

Leonor *n pr f* Éléonore.

leontina *f* léontine (cadena de reloj).

leopardo *m* ZOOL léopard.

leopoldina *f* sorte de képi *m* espagnol (gorra) ‖ gourmette (cadena de reloj).

Leopoldina *n pr f* Léopoldine.

Leopoldo *n pr m* Léopold.

leotardo *m* collant (medias).

Leovigildo *n pr* Léovigild, Linvild.

Lepanto *n pr* GEOGR Lépante.

Lepe *n pr* saber más que Lepe; saber más que Lepe, Lepijo y su hijo en savoir long.

leperada *f* (*Amer*) canaillerie.

leperaje *m* (*Amer*) populace *f* (chusma).

lépero, ra *adj & s* (*Amer*) miséreux, euse; gueux, euse.

leperuza *f* (*Amer*) prostituée.

lepidio *m* BOT lepidium, cresson alénois.

Lépido *n pr* Lépide.

lepidodendro *m* lépidodendron (árbol fósil).

lepidolita *f* MIN lépidolite *m*.

lepidópteros *m pl* ZOOL lépidoptères.

lepidosirena *f* ZOOL lépidosirène *m*.

lepidosteido *m* lépidostée (pez).

lepiota *f* lépiote (hongo).

lepisma *f* lépisme *m* (insecto).

lepórido *m* léporide.

leporino, na *adj* de lièvre ‖ labio leporino bec-de-lièvre.

lepra *f* MED lèpre.

leprosería *f* léproserie.

leproso, sa *adj & s* lépreux, euse.

leptocéfalo *m* leptocéphale.

leptofonía *f* MED leptophonie.

leptospira *m* leptospire (protozoario).

leptospirosis *f inv* MED leptospirose.

lera *f* petit bouton *m* de la peau.

lerda *f* VETER jardon (tumor).

lerdamente *adv* gauchement.

lerdera *f* (*Amer*) paresse.

lerdo, da *adj & s* gauche, lourd, e; maladroit, e (torpe).

lerdón *m* VETER jardon (tumor).

Lérida; Lleida *n pr* GEOGR Lérida.

leridano, na *adj & s* de Lérida.

Lerna *n pr* GEOGR Lerne; Hidra de Lerna Hydre de Lerne.

lerneo, a *adj & s* de Lerne.

les *pron pers pl* leur; les presto (a ellos) mis joyas je leur prête mes bijoux (no se confunda con leur y leurs, adjetivo posesivo) ‖ vous; les digo je vous dis (a ustedes).

lesbianismo *m* lesbianisme.

lesbiano, na; lesbio, bia *adj & s* lesbien, enne.

➤ **lesbiana; lesbia** *f* lesbienne (mujer homosexual).

Lesbos *n pr* GEOGR Lesbos.

leseras *f pl* (*Amer*) bêtises.

lesión *f* lésion; lesión interna lésion interne ‖ blessure (herida); lesión en la pierna blessure à la jambe ‖ dommage *m* (daño) ‖ DR lésion (perjuicio); lesión grave lésion grave; lesión leve simple lésion.

➤ **lesiones** *f pl* DR coups *m* et blessures.

lesionado, da *adj & s* blessé, e.

lesionar *v tr* léser, faire tort (causar un perjuicio) ‖ blesser, causer une lésion (herir) ‖ endommager (dañar).

lesivo, va *adj* nuisible, préjudiciable ‖ DR lésionnaire (perjudicial).

lesna *f* alène (lezna).

leso, sa *adj* lésé *adj m*, lèse *adj f*; leso derecho natural droit naturel lésé; lesa humanidad lèse-humanité; lesa majestad lèse-majesté ‖ FIG troublé, e (trastornado) ‖ (*Amer*) bête, niais, e (tonto).

Lesotho *n pr m* GEOGR Lesotho.

leste *m* MAR est (viento).

letal *adj* (p us) létal, e (mortífero).

letanía *f* litanie ‖ procession (procesión) ‖ FIG & FAM litanie (sarta) ■ letanías mayores litanies majeures ‖ letanías menores litanies mineures.

letárgico, ca *adj* MED léthargique.

letargo *m* MED léthargie *f* ‖ FIG léthargie *f*, torpeur *f* (modorra) ‖ caer en estado de letargo tomber en léthargie.

Leteo; Leto *n pr m* MITOL el Leteo o Leto le Léthé.

leteo, a *adj* MIT relatif, ive au Léthé.

Leticia *n pr f* Lætitia.

leticiano, na *adj & s* de Létice [ville de Colombie].

letífero, ra *adj* mortel, elle (letal).

letificar [10] *v tr* réjouir (regocijar) ▌animer (animar).

letífico, ca *adj* réjouissant, e.

Leto ▬ **Leteo**.

letón, ona *adj & s* letton, onne.
▬ **letón** *m* LING lette, letton.

Letonia *n pr f* GEOGR Lettonie.

letra *f* lettre; la letra "a" la lettre "a" ▌caractère *m* (en imprenta) ▌écriture; tener buena letra avoir une belle écriture ▌paroles *pl* (de una canción) ▌devise (lema) ▌sorte de romance (poesía) ▌traite, lettre de change (letra de cambio); letra aceptada traite acceptée; letra bancaria traite bancaire ▌FIG & FAM astuce, ruse (astucia) ▪ letra abierta lettre ouverte ▌letra aldina o agrifada o grifa caractère aldin ▌letra bastardilla italique, lettre bâtarde ▌letra blasonada lettre armoriée ▌letra corrida écriture courante ▌letra cursiva o itálica lettre italique ▌letra de caja baja caractère de bas de casse ▌letra de imprenta o de molde caractère d'imprimerie, lettre moulée ▌letra de llamada lettrine (para indicar una remisión) ▌letra de mano écriture manuscrite ▌letra de tortis gothique arrondie, lettre de somme ▌letra doble digramme ▌letra dominical lettre dominicale ▌letra florida lettre ornée, lettrine (mayúscula decorativa) ▌letra gótica lettre gothique ▌letra inglesa écriture anglaise ▌letra inicial o titular lettrine ▌letra mayúscula lettre majuscule ▌letra metida écriture serrée ▌letra minúscula lettre minuscule ▌FIG letra muerta lettre morte ▌letra negrilla o negrita o egipcia caractère gras ▌letra numeral écriture en chiffres romains ▌letra redonda o redondilla lettre ronde ▌letra remisoria lettre rémissoriale o de renvoi ▌letra romanilla lettre romaine ▌letras a la vista engagement à vue ▌letra versal o capital o de caja alta grande capitale, caractère de haut de casse ▌letra versalita petite capitale ▌letra volada lettrine (en la parte superior de una línea) ▌primeras letras instruction primaire ▪ a la letra à la lettre ▌al pie de la letra au pied de la lettre ▌con todas sus letras en toutes lettres ▌de su puño y letra de sa propre main ▌letra por letra mot pour mot ▪ atarse a la letra, atenerse a la letra s'en tenir o s'attacher à la lettre, coller au texte ▌FIG & FAM la letra con sangre entra on n'apprend rien sans mal, c'est en forgeant qu'on devient forgeron ▌la letra mata, mientras que el espíritu vivifica la lettre tue mais l'esprit vivifie ▌COM protestar una letra protester une lettre de change ▌FIG tener letra menuda avoir de l'astuce, être astucieux, en savoir long.
▬ **letras** *f pl* mots *m*, mot *m sing*; te escribiré dos o cuatro letras je t'écrirai deux mots; poner unas letras écrire un mot ▌lettres; licenciado en Letras licencié ès lettres; facultad de Letras faculté des lettres; letras humanas, bellas o buenas letras belles-lettres; hombre, mujer de letras homme, femme de lettres ▪ letras divinas o sagradas écriture sainte ▌FIG & FAM letras gordas instruction sommaire.
▌ OBSERV Lettre, missive, se dit carta.

letrado, da *adj* lettré, e; instruit, e (instruido) ▌FAM poseur, euse; pédant, e (presumido).
◇ *m & f* avocat, e; homme de loi (abogado) ▌ letrado del Consejo de Estado avocat au Conseil d'État.

Letrán *n pr m* Latran.

letrero *m* écriteau, panonceau, enseigne *f* (cartel) ▌étiquette *f* (etiqueta) ▌letrero luminoso enseigne lumineuse.

letrilla *f* rondeau *m* (composición poética).

letrina *f* latrines *pl* ▌FAM saleté (cosa sucia).

letrista *m & f* parolier, ère.

leu *m* leu (unidad monetaria rumana).
▌ OBSERV pl lei.

Leucade ▬ **Leucas**.

Léucade ▬ **Leucas**.

leucania *f* leucanie (mariposa).

Leucas; Leucade; Léucade *n pr* GEOGR Leucade.

leucemia *f* MED leucémie.

leucémico, ca *adj & s* leucémique.

leucina *f* QUÍM leucine.

leucito *m* BOT leucite.

leucoblasto *m* leucoblaste.

leucocitario, ria *adj* MED leucocytaire.

leucocitemia ▬ **leucocitosis**.

leucocito *m* BIOL leucocyte.

leucocitolisis *f inv* MED leucocytolyse.

leucocitoma *m* MED leucocytome.

leucocitosis *f inv*; **leucocitemia** *f* MED leucocytose, leucocythémie.

leucoderma *f* leucodermie.

leucodermo, ma *adj* leucoderme.

leucoma *m* MED leucome.

leuconiquia *f* MED leuconychie.

leucopenia *f* MED leucopénie.

leucoplaquia; leucoplasia *f* MED leucoplasie.

leucoplasto *m* BOT leucite.

leucopoyesis *f inv* MED leucopoïèse.

leucorrea *f* MED leucorrhée.

leucosis *f inv* leucose.

Leuctras *n pr* GEOGR Leuctres.

leudar *v tr* mêler le levain à la pâte.
▬ **leudarse** *v pr* lever (la masa del pan).

leude *f* HIST leude.

leudo, da *adj* levé, e (el pan).

lev *m* lev (moneda búlgara).
▌ OBSERV pl leva.

leva *f* départ *m*, partance (de un barco) ▌levée de soldats (reclutamiento) ▌MECÁN came; árbol de levas arbre à cames ▌aube (álabe) ▌levier *m*, lève (palanca) ▌(*Amer*) ruse (engaño) ▌redingote (levita).

levada *f* tas *m* de vers à soie ▌moulinet *m* (esgrima) ▌MAR levier *m* (palanca).

levadizo *adj m* puente levadizo pont-levis.

levador *m* TECN leveur ▌aube *f* (álabe).

levadura *f* levain *m* (para el pan) ▌levure (de la cerveza, etc.) ▌FIG levain *m*, germe *m* (germen).

levantada *f* lever *m* ▌développé *m*, épaulé *m* (halterofilia).

levantado, da *adj* levé, e ▌FIG élevé, e (sublime) ▌soutenu, e (estilo) ▌votar por "levantados" y "sentados" voter par assis et levés.

levantador, ra *adj & s* DEP haltérophile (levantador de pesos).

levantamiento *m* levée *f* (acción de levantar) ▌érection *f* (de una estatua) ▌construction *f* (de un edificio) ▌haussement; levantamiento de las cejas haussement des sourcils ▌levé, lever (de un mapa) ▌élévation *f* ▌soulèvement, rébellion *f* (sedición) ▌TECN levage ▪ levantamiento de acta verbalisation ▌levantamiento de la veda ouverture de la chasse o de la pêche ▌levantamiento del cadáver levée du corps ▌DEP levantamiento de pesos haltérophilie.

levantar *v tr* lever; levantar el brazo lever le bras ▌dresser; levantar una escala dresser une échelle ▌soulever (mover hacia arriba); levantar un poco la mesa soulever légèrement la table; levantar una polvareda soulever un nuage de poussière ▌élever, hisser (en el aire) ▌lever (alzar); levantar los ojos lever les yeux ▌élever, ériger, construire; levantar un templo élever un temple; levantar una fábrica construire une usine ▌monter (en los naipes) ▌enlever (quitar); levantar el mantel enlever la nappe ▌ faire (un chichón, una ampolla) ▌dresser (un plano), lever (un dibujo) ▌dresser; levantar obstáculos dresser des obstacles ▌DR dresser (un acta); levantar un atestado dresser un constat ▌lever (el ancla) ▌lever (el telón) ▌FIG soulever (trastornar); levantar el estómago soulever l'estomac ▌soulever (sublevar un pueblo), dresser (a uno); levantar al hijo contra el padre dresser le fils contre son père ▌élever (el pensamiento, el corazón) ▌relever; levantar al país, la economía nacional relever le pays, l'économie nationale ▌relever (un error) ▌soulever, susciter, provoquer; las dificultades que levantan los problemas políticos les difficultés que suscitent les problèmes politiques ▌fonder, instituer, ériger (establecer) ▌porter, faire; levantar falso testimonio porter un faux témoignage ▌lever (una interdicción) ▌lever (una sesión) ▌lever (suprimir); levantar la excomunión lever l'excommunication ▌lever, hausser (la voz) ▌MIL lever, recruter (tropas) ▌lever (un sitio) ▌EQUIT enlever (hacer galopar el caballo) ▌cabrer (empinar al caballo) ▌lever (en la caza) ▌IMPR lever; levantar letra lever la lettre ▪ FIG levantar cabeza se remettre (estar mejor), relever la tête (salir de apuro) ▌levantar del suelo soulever ▌levantar el ánimo remonter [le moral], redonner du courage ▌levantar el cadáver procéder à la levée du corps ▌levantar el campo, el sitio lever le camp, le siège ▌levantar en alto soulever ▌levantar la baza faire une levée (en los naipes) ▌levantar la casa déménager ▌levantar la mano a alguien lever o porter la main sur quelqu'un ▌levantar la veda ouvrir la chasse o la pêche ▌FAM levantarle a uno la tapa de los sesos brûler la cervelle à quelqu'un ▌levantar polvo faire de la poussière ▌levantar un proceso intenter un procès ▌no levantar cabeza ne pas lever les yeux ▌sin levantar la vista sans lever les yeux.
▬ **levantarse** *v pr* se lever; levantarse temprano se lever de bonne heure ▌s'élever (en el aire) ▌s'élever, se dresser (sobresalir) ▌FIG éclater (escándalo, riña) ▌ se soulever (un pueblo) ▌se dresser contre (una persona) ▪ al le-

vantarse el telón au lever du rideau ∥ al levantarse la sesión à la levée de la séance ∥ FAM levantarse con el pie izquierdo se lever du pied gauche o du mauvais pied ∥ levantarse con una cosa s'emparer d'une chose, s'approprier quelque chose ∥ levantarse de la cama se lever ∥ levantarse de la mesa se lever de table ∥ levantarse de la silla, del suelo, etc. se lever ∥ levantarse en armas se soulever, prendre les armes ∥ levantarse la tapa de los sesos se faire sauter la cervelle, se brûler la cervelle ∥ levantarse pronto se lever de bonne heure o de bon matin ∥ FIG levantársele a uno el estómago avoir mal au cœur.

levante m levant, orient ∥ vent de l'est (viento) ∥ Levant, région de Valence et de Murcie ∥ (Amer) calomnie f.

levantino, na adj & s levantin, e; du Levant.

levantisco, ca adj turbulent, e (turbulento).

levar v tr MAR lever (el ancla).

➤ **levarse** v pr MAR mettre à la voile.

leve adj léger, ère ∥ FIG léger, ère; peu grave, de peu d'importance; una herida leve une blessure légère.

levedad f légèreté.

levemente adv légèrement ∥ sans gravité.

Leví n pr Lévi.

Leviatán n pr m Léviathan.

levigación f lévigation.

levigar [16] v tr léviger.

levirato m lévirat.

levita m lévite (de la tribu de Leví) ∥ diacre (diácono).
⬦ f redingote (vestidura).

levitación f lévitation.

levitar v intr léviter.

levítico, ca adj lévitique ∥ FIG clérical, e; ambiente levítico atmosphère cléricale.
➤ **levítico** m lévitique (libro de Moisés) ∥ FIG & FAM protocole, cérémonial.

levitón m sorte de longue redingote f, lévite f.

levógiro, ra adj QUÍM lévogyre.

levulosa f QUÍM lévulose.

lexema m GRAM lexème.

lexía f GRAM lexie.

lexicalización f lexicalisation.

lexicalizar [13] v tr & pr lexicaliser.

léxico, ca adj lexical, e; problemas léxicos problèmes lexicaux.
➤ **léxico** m lexique ∥ dictionnaire grec.

lexicografía f lexicographie.

lexicográfico, ca adj lexicographique.

lexicógrafo m lexicographe.

lexicología f lexicologie.

lexicólogo m lexicologue.

lexicón m lexique, lexicon.

ley f DR loi; someterse a una ley se soumettre à une loi; ley vigente loi en vigueur; dictar la ley faire la loi ∥ loi; la ley de la oferta y la demanda la loi de l'offre et de la demande; leyes de la física lois de la physique; ley de los grandes números la loi des grands nombres ∥ affection [avec les verbes "cobrar", "tener" et "tomar"] (cariño); tomar ley prendre en affection; tener ley avoir en affection

∥ règle; las leyes del juego les règles du jeu ∥ religion; la ley de los mahometanos la religion des mahométans ∥ qualité (calidad), poids m (peso), dimension réglementaire (medida) ∥ titre m, aloi m (de un metal) ∥ statut m (de una asamblea) ∥ règlement m (de un concurso) ■ **ley agraria** loi agraire ∥ **ley antigua, de Moisés** loi ancienne, loi mosaïque ∥ **ley de bases** loi-cadre ∥ **ley de despido** loi de renvoi ∥ DR **ley de extranjería** loi s'appliquant aux ressortissants étrangers ∥ DEP **ley de la ventaja** règle de l'avantage ∥ FIG & FAM **ley del embudo** deux poids et deux mesures; aplicar la ley del embudo avoir deux poids et deux mesures ∥ **ley del encaje** loi du bon plaisir ∥ **ley de normalización lingüística** loi réglementant l'usage de la langue officielle autochtone en Catalogne, en Galice et au Pays Basque ∥ **ley de préstamos y arriendos** loi prêt-bail ∥ **ley digital** loi espagnole sur les médias ∥ **ley escrita** loi écrite ∥ **ley floral de Navarra** ancienne loi régissant le statut particulier de la Navarre ∥ **ley de reintegración y mejoramiento del régimen floral de Navarra** loi régissant le statut de communauté autonome de Navarre ∥ **ley marcial** loi martiale ∥ **ley natural** loi naturelle ∥ **ley nueva** loi nouvelle (de Cristo) ∥ **ley sálica** loi salique ∥ **ley seca** loi sèche, prohibition [aux États-Unis] ∥ FAM **a la ley propre**, soigneusement ∥ **al margen de la ley** hors-la-loi, en dehors o en marge de la loi ∥ **a toda ley** selon les règles, comme il faut ∥ **bajo de ley** de bas aloi ∥ **con todas las de la ley** dans les règles, dans les règles de l'art (cabalmente), selon les règles, en bonne forme, légalement (reglamentariamente) ∥ **de buena ley** de bon aloi, frappé au bon coin ∥ **de ley** véritable, pur (metal) ∥ **en buena ley** à juste titre ■ **bajar de ley** baisser le titre (de un metal) ∥ **dictar la ley** faire la loi ∥ **hecha la ley, hecha la trampa** les lois sont faites pour être violées ∥ **la costumbre hace ley** o **tiene fuerza de ley** la coutume fait loi ∥ **la ignorancia de la ley no excusa su cumplimiento** nul n'est censé ignorer la loi ∥ **la ley acabó por triunfar** force est restée à la loi ∥ **no ser ley** ne pas être orthodoxe o réglementaire ∥ **subir de ley** augmenter le titre (metal) ∥ **tener fuerza de ley** avoir force de loi, faire loi ∥ **venir contra la ley** enfreindre la loi.

➤ **leyes** f pl le droit m sing; estudiar leyes faire son droit ∥ hombre de leyes homme de loi ■ **allá van leyes do** o **donde quieren reyes** la raison du plus fort est toujours la meilleure.

LEY DIGITAL

Face aux progrès de la technique en matière de médias, le gouvernement espagnol a dû élaborer une loi pour réglementer la propriété, l'utilisation et la diffusion de ces moyens. La « ley digital » ainsi surnommée dans la presse, a soulevé de nombreuses polémiques. L'opposition considère qu'elle n'est pas impartiale, qu'elle favorise les organes d'information non critiques vis-à-vis du gouvernement et qu'elle porte atteinte à la liberté d'expression et à la liberté d'entreprise. De fait, la Commission Européenne est intervenue dans cette affaire et a ordonné la modification de la loi.

Leyden n pr GEOGR Leyde.

leyenda f légende (vida de santos) ∥ légende (cuento) ∥ légende (de una moneda) ■ **leyenda áurea** légende dorée ∥ **leyenda negra** légende noire.

LA LEYENDA NEGRA

Nom donné à l'interprétation déformée et péjorative de l'histoire de l'Espagne, qui commença à se propager au XVIe siècle, en raison de la colonisation de l'Amérique et des tendances hégémoniques de l'Espagne en Europe. Le fait initiateur de cette légende fut la condamnation prononcée par Bartolomé de Las Casas, à laquelle s'est ajoutée celle des historiens britanniques. Le missionnaire espagnol dénonça en effet l'exploitation des indigènes précolombiens et l'énorme massacre perpétré par les conquistadores espagnols. La légende s'est ensuite largement étendue aux XVIIIe et XIXe siècles.

lezna f alêne (de zapatero).

lía f marc m (orujo) ∥ courroie, corde (soga de esparto).
➤ **lías** f pl lie sing (heces del vino).

liana f BOT liane (bejuco).

liar [9] v tr lier, attacher (atar) ∥ envelopper, rouler (enrollar); liar en una manta rouler dans une couverture ∥ rouler; liar un cigarrillo rouler une cigarette ∥ FIG & FAM embobiner (engatusar) ∥ rouler (engañar); mêler; no me líes en este asunto ne me mêle pas à cette histoire ■ FIG & FAM **liar el petate** o **el hato** faire son baluchon, plier bagage (largarse), claquer (morir) ∥ **liar los bártulos** plier bagage, faire ses malles, prendre ses cliques et ses claques (para una mudanza o un viaje).

➤ **liarse** v pr s'envelopper, se rouler; liarse en una manta s'envelopper dans une couverture ∥ FIG & FAM s'embrouiller (trabucarse) ∥ se mêler (intervenir) ∥ avoir une liaison (amancebarse) ■ FAM **liarse a palos** en venir aux coups ∥ FIG **liarse la manta a la cabeza** foncer, se jeter à l'eau ∥ FAM **liárselas, liarlas** plier bagage (escaparse o morir).

lías; liásico m GEOL lias (terreno).

liásico, ca adj GEOL liasique.

libación f libation.

libamen m offrande f (en el sacrificio).

libamiento m libation f.

libanés, esa adj & s libanais, e.
☐ OBSERV pl libaneses, libanesas.

Líbano n pr m GEOGR (el) Líbano le Liban.

libar v tr sucer (chupar) ∥ butiner; la abeja liba las flores l'abeille butine les fleurs ∥ déguster, goûter (probar) ∥ faire des libations (para el sacrificio) ∥ sacrifier (sacrificar).

libatorio m vase à libations.

libelar v tr DR libeller ∥ présenter une requête (petición).

libelista m libelliste, pamphlétaire.

libelo m libelle, pamphlet; libelo infamatorio libelle infamant.

libélula f libellule (insecto).

líber m BOT liber.

libera m RELIG libera.

liberación f délivrance, libération (de la servidumbre) ∥ libération (de un país) ∥ mise en liberté (de presos) ∥ quittance (recibo) ∥ (Amer) délivrance, accouchement m (parto) ∥ acto de liberación levée d'écrou.

liberado, da adj libéré, e; país liberado pays libéré; acción liberada action libérée.

liberador, ra adj & s libérateur, trice.

liberal adj & s libéral, e; liberal con uno libéral envers quelqu'un; profesión liberal profession libérale ■ **artes liberales** arts libéraux ‖ **partido liberal** parti libéral.

liberalidad *f* libéralité.

> SIN larguela, esplendidez largesse; generosidad, dadivosidad générosité; prodigalidad prodigalité.

liberalismo *m* libéralisme.

liberalización *f* libéralisation ‖ COM libération (de cupos); **la liberalización del comercio** la libération des échanges.

liberalizar [13] *v tr* libéraliser ‖ COM libérer (cupos).

◆ **liberalizarse** *v pr* devenir libéral, e.

liberalmente *adv* libéralement (con desprendimiento) ‖ (*Amer*) rapidement, avec promptitude (rápidamente).

liberar *v tr* libérer ‖ dégager; **liberar un dedo cogido en un engranaje** dégager un doigt pris dans un engrenage ‖ FIG dégager; **liberar a uno de su promesa** dégager quelqu'un de sa promesse.

Liberata; Librada *n pr f* Livrade.

liberatorio, ria *adj* libératoire.

Liberia *n pr f* GEOGR Liberia *m*.

liberiano, na *adj & s* libérien, enne (de Liberia).

Liberio *n pr* Libère.

líbero *m* DEP libero.

liberoleñoso, sa *adj* BOT libéro-ligneux, euse.

libérrimo, ma *adj* entièrement o parfaitement libre, très libre.

libertad *f* liberté; **hipotecar su libertad** engager sa liberté ‖ liberté, hardiesse (en el trato) ‖ aisance (desembarazo) ■ **libertad condicional** liberté sous conditions ‖ ECON **libertad de circulación de capitales** libre circulation des capitaux ‖ **libertad de circulación de trabajadores** libre circulation des travailleurs ‖ **libertad de comercio** liberté du commerce ‖ **libertad de conciencia** liberté de conscience ‖ **libertad de cultos** liberté du culte ‖ **libertad de expresión** liberté d'expression ‖ **libertad de imprenta** o **de prensa** liberté de la presse ‖ **libertad de opinión** o **de pensamiento** liberté d'opinion ‖ **libertad de reunión y asociación** liberté de réunion et d'association ‖ **libertad individual** liberté individuelle ‖ **libertad provisional** liberté provisoire o sous caution ‖ **libertad vigilada** liberté surveillée ■ **con entera** o **con toda libertad** en toute liberté ■ **poner (a uno) en libertad** mettre (quelqu'un) en liberté ‖ **tener plena libertad de** o **para** avoir toute liberté de ‖ **tomarse la libertad de** prendre la liberté de.

◆ **libertades** *f pl* libertés; **tomarse libertades** prendre des libertés ‖ libertés, privilèges *m* (prerrogativas).

libertador, ra *adj & s* libérateur, trice.

libertar *v tr* délivrer ‖ libérer (de una deuda, de una obligación) ‖ affranchir (de la esclavitud) ‖ sauver (preservar).

libertario, ria *adj & s* libertaire.

libertense *adj & s* de La Libertad (El Salvador).

liberticida *adj* liberticide.

libertinaje *m* libertinage.

libertino, na *adj & s* libertin, e.

◇ *m & f* fils, fille d'affranchi (hijo de liberto).

liberto, ta *m & f* affranchi, e (esclavo).

Libia *n pr f* GEOGR Libye.

líbico, ca *adj* de la Libye, libyque.

libídine *f* luxure, libido.

libidinosamente *adv* luxurieusement.

libidinosidad *f* lascivité.

libidinoso, sa *adj & s* libidineux, euse.

libido *f* libido (deseo sexual).

libio, bia *adj & s* libyen, enne.

libra *f* livre (peso, medida o moneda) ‖ (*Amer*) feuille de tabac de première qualité ■ **libra carnicera** kilogramme ‖ **libra esterlina** livre sterling ‖ **libra medicinal** livre de pharmacien (12 onzas) ‖ FIG & FAM **entrar pocas** o **pocos en libra** être rare, ne pas courir les rues.

Libra *n pr m inv* ASTRON & ASTROL Balance *f* (constelación y signo del zodíaco); **ser Balance** être Balance.

◇ *m & f inv* ASTROL balance *f inv* (persona).

libración *f* ASTRON libration (de la Luna).

libraco *m* FAM bouquin (libro).

Librada ► **Liberata**.

librado *m* COM tiré (persona contra la que se gira una letra).

librador, ra *adj & s* libérateur, trice (que libra).

◆ **librador** *m* main *f*, cornet [des commerçants] (cogedor).

◇ *m & f* tireur, euse (de una letra de cambio).

libramiento *m* délivrance *f* (acción de libertar) ‖ exemption *f*, exonération *f* (de un cargo) ‖ exemption *f*, dispense *f* (de un trabajo) ‖ ordre de paiement (orden de pago).

libranza *f* ordre *m* de paiement (orden de pago) ‖ tirage *m* (emisión de una letra de cambio).

librar *v tr* sauver (de un peligro) ‖ affranchir, libérer; **librar de la tiranía** affranchir de la tyrannie ‖ délivrer; **librar de un cuidado** délivrer d'un souci ‖ dispenser (de un cargo o trabajo) ‖ libérer, dégager (de una obligación) ‖ placer (la confianza) ‖ livrer (una batalla); **librar combate por** livrer bataille pour ‖ tirer (letras de cambio); **librar un cheque contra X** tirer un chèque sur X ‖ prononcer (una sentencia) ‖ promulguer (un decreto) ■ **¡Dios me libre!, ¡líbreme Dios!** Dieu m'en garde!, Dieu m'en préserve! ‖ **librar su esperanza en Dios** mettre son espérance en Dieu ‖ **salir bien librado** bien s'en tirer, en être quitte à bon marché.

◇ *v intr* se rendre au parloir (una monja) ‖ accoucher (parir) ‖ FAM avoir un jour de congé (los obreros) ‖ **librar bien** bien s'en sortir o s'en tirer ‖ **librar mal** mal s'en sortir, y laisser des plumes.

◆ **librarse** *v pr* échapper à, éviter; **librarse de un golpe** éviter un coup ‖ éviter, s'éviter, se dispenser (una cosa molesta) ‖ se libérer, se dégager (de una obligación) ‖ se défaire; **librarse de un prejuicio** se défaire d'un préjugé ‖ FAM **librarse de una buena** l'échapper belle ‖ **librarse por los pelos** échapper d'un cheveu o de justesse.

libre *adj* libre; **es usted muy libre de ir** libre à vous d'y aller ‖ libre (que no está preso) ‖ FIG dégagé, e; peu encombré, e (sitio desembarazado) ‖ libre, insolent, e (atrevido) ‖ libre, osé, e (licencioso) ‖ indépendant, e (independiente)

‖ affranchi, e; libre; **libre de toda obligación** affranchi de toute obligation ‖ dégagé, e; **libre de toda responsabilidad** dégagé de toute responsabilité ‖ exempt, e; **libre de impuestos** exempt d'impôts ‖ quitte; **libre de una deuda** quitte d'une dette ‖ célibataire, libre (soltero) ‖ perdu, e; **en mis ratos libres** à mes moments perdus ■ **libre albedrío** o **arbitrio** libre arbitre ‖ **libre bajo palabra** libre sur parole ‖ **libre de sans; libre de penas** sans soucis ‖ **libre de cuidado** hors de danger ‖ ECON **libre empresa** libre entreprise ‖ **libre en su lenguaje** qui tient des propos libres ■ **aire libre** grand air ‖ **estilo libre** nage libre ‖ **oyente libre** auditeur libre (en un curso) ‖ **traducción libre** traduction libre ‖ **verso libre** vers libre ‖ **zona de libre cambio** o **de libre comercio** zone de libre-échange ■ **al aire libre** en plein air ‖ **con el espíritu libre** l'esprit libre, en toute liberté d'esprit ‖ **más libre que un pájaro** libre comme l'air ■ **estudiar por libre** étudier tout seul [en vue d'un examen] ‖ **tener entrada libre en casa de alguien** avoir ses entrées libres chez quelqu'un.

◇ *m* DEP **libre directo** coup franc direct (fútbol); **libre indirecto** coup franc indirect (fútbol).

librea *f* livrée ‖ livrée, pelage *m* (de los venados).

librecambio *m* libre-échange.

librecambismo *m* libre-échangisme, doctrine *f* du libre-échange.

librecambista *adj & s* libre-échangiste; **política librecambista** politique libre-échangiste.

libremente *adv* librement.

librepensador *m* libre penseur.

librepensamiento *m* libre pensée *f*.

librería *f* librairie (tienda) ‖ bibliothèque (colección de libros y mueble) ‖ librairie (oficio) ‖ **librería de ocasión** o **de viejo** bouquinerie, librairie de livres d'occasion.

libreril *adj* de librairie.

librero, ra *m & f* libraire ‖ **librero de viejo** bouquiniste.

◆ **librero** *m* (*Amer*) bibliothèque *f*.

libresco, ca *adj* livresque.

libreta *f* livret *m*, cahier *m* (cuaderno) ‖ carnet *m*, agenda *m* (agenda) ‖ pain *m* d'une livre ‖ **libreta** o **cartilla de ahorros** livret de caisse d'épargne.

libretista *m* MÚS librettiste, parolier.

libreto *m* MÚS livret, libretto.

librillo *m* terrine *f* (lebrillo) ‖ petit livre (libro) ‖ pain (de cera) ‖ ZOOL feuillet (de los rumiantes) ‖ **librillo de papel de fumar** cahier de papier à cigarette.

libro *m* livre (para leer) ‖ registre (para recoger) ‖ cahier (cuaderno) ‖ carnet; **libro de apuntes** carnet de notes ‖ livret (teatro) ‖ ZOOL feuillet (de los rumiantes) ■ **libro amarillo, azul, blanco, rojo, etc.** livre jaune, bleu, blanc, rouge, etc. (en diplomacia) ‖ **libro antifonario** antiphonaire ‖ **libro borrador** brouillon ‖ COM **libro copiador** copie de lettres, livre de copie de lettres ‖ MAR **libro de a bordo** livre de bord ‖ **libro de actas** registre des procès-verbaux ‖ **libro de asiento** cahier de notes, registre ‖ **libro de caballerías** roman de chevalerie ‖ **libro de cabecera** livre de chevet ‖ COM **libro de caja** livre de caisse ‖ libro de consulta ouvrage de référence, ouvrage à consulter sur place ‖ **libro o manual de estilo** mémento typographique ‖ **libro de familia** livret de famille ‖ **libro de horas** livre d'heures ‖ COM **libro de inventario** livre d'inventaire ‖ **libro de mano** manuscrit ‖ **libro de memoria** carnet de notes, aide-mémoire ‖ **libro de música** livre de musique ‖ **libro de oro** livre d'or ‖ **libro de reclamaciones** cahier de doléances ‖ **libro de texto** livre au programme, manuel [scolaire] ‖ COM **libro diario** journal ‖ **libro empastado o encuadernado, en rústica** livre relié, broché ‖ **libro escolar** livret scolaire ‖ **libro mayor** grand livre ■ **libros de cuentas o de contabilidad** livres de comptes ‖ **libros sagrados** livres saints ‖ **libro talonario** carnet à souches ■ FIG **a libro abierto** à livre ouvert ‖ **gran libro** grand-livre de la Dette publique ‖ **teneduría de libros** tenue des livres ■ FIG & FAM **ahorcar uno los libros** jeter ses livres au feu (abandonar los estudios) ‖ **hablar como un libro** parler comme un livre ‖ **llevar los libros** tenir les livres (comercio) ‖ FIG **meterse en libros de caballerías** se mêler de ce qui ne nous regarde pas.

librote *m* FAM bouquin, pavé.

licantropía *f* MED lycanthropie.

licántropo *m* MED lycanthrope.

licaón *m* lycaon (lobo de África).

Licaón *n pr* MITOL Lycaon.

liceísta *m & f* membre *m* d'une société littéraire.

licencia *f* permission, licence; **con licencia de sus jefes** avec la permission de ses chefs ‖ licence; **licencia en Derecho, en Ciencias, en Filosofía y Letras** licence en droit, ès sciences, ès lettres ‖ ECON licence; **licencia de exportación, de importación** licence d'exportation, d'importation ‖ licence (libertad abusiva) ‖ permis *m*; **licencia de caza, de pesca** permis de chasse, de pêche ‖ licence (en poesía) ‖ (ant) MIL congé *m*; **licencia absoluta** congé définitif ‖ libération, quille FAM; **licencia de la quinta** libération du contingent ‖ congé *m*; **licencia por enfermedad** congé de maladie, de longue durée ■ **licencia de armas** permis de port d'arme ‖ **licencia de obras** permis de construire ■ MIL **dar la licencia a la quinta** libérer le contingent ‖ **dar licencia de o para** donner la permission de, autoriser à ‖ **tomarse la licencia** se permettre, prendre la liberté.

licenciado, da *adj* titulaire d'une "licenciatura" (estudiante) ‖ licencié, e; congédié, e (despedido) ‖ MIL libéré, e ‖ pédant, e (presumido).

➡ **licenciado** *m* avocat (abogado) ‖ soldat libéré (soldado).

◇ *m & f* titulaire d'une "licenciatura"; **licenciado en Derecho, en Ciencias, en Filosofía y Letras** titulaire d'une "licenciatura" en droit, ès sciences, ès lettres ■ **El Licenciado Vidriera** Le Licencié de verre (de Cervantes) ‖ FAM **licenciado Vidriera** petit délicat, mauviette.

licenciamiento *m* licenciement (de empleados) ‖ examen de licence (de estudiantes) ‖ MIL libération *f*.

licenciar [8] *v tr* licencier, congédier (echar) ‖ accorder la "licenciatura" (a un estudiante) ‖ autoriser (dar permiso) ‖ libérer, licencier (un

soldado); **licenciar la quinta** libérer le contingent.

➡ **licenciarse** *v pr* passer sa licence, obtenir le grade o le diplôme de licencié; **licenciarse en Derecho, en Ciencias, en Filosofía y Letras** passer sa licence en droit, ès sciences, ès lettres ‖ devenir licencieux, euse (licencioso).

licenciatura *f* cursus universitaire de quatre ou cinq ans.

licenciosamente *adv* licencieusement (raro), d'une manière licencieuse.

licencioso, sa *adj* licencieux, euse.

liceo *m* société *f* littéraire ‖ lycée (escuela) ‖ lycée (en Atenas) ‖ **el Liceo** théâtre de l'Opéra à Barcelone.

> OBSERV Lycée (établissement scolaire) se dit plutôt en espagnol **instituto** (de segunda enseñanza). Néanmoins, en Amérique on emploie aussi **liceo**.

licitación *f* DR licitation, vente aux enchères (subasta) ‖ COM appel *m* d'offres.

licitador *m* enchérisseur.

lícitamente *adv* licitement.

licitar *v tr* enchérir, acheter aux enchères (pujar).

lícito, ta *adj* licite, permis, e.

licitud *f* légalité, qualité de ce qui est licite.

licnis *f* BOT lychnis.

Licomedes *n pr* MITOL Lycomède.

licoperdo; licoperdón *m* BOT lycoperdon.

licopodíneas *f pl* BOT lycopodinées.

licopodio *m* BOT lycopode, lycope (planta).

licor *m* liqueur *f* ‖ digestif, alcool FAM; **beber un licor después de cenar** boire un digestif après le dîner.

licorera *f* coffret *m* o bouteille à liqueurs.

licorería *f* distillerie (fábrica) ‖ magasin *m* de vins et spiritueux (tienda).

licorista *m & f* liquoriste *m*.

licosa *f* lycose (araña).

lictor *m* licteur.

licuación *f* liquéfaction ‖ TECN liquation.

licuado *m* (Amer) milk-shake (batido).

licuador *m*; **licuadora** *f* mixeur *m*.

licuante *adj* liquéfiant, e ‖ TECN qui liquate.

licuar [6] *v tr* liquéfier (volver líquido) ‖ TECN liquater.

licuefacción *f* liquéfaction.

licuefacer [60] *v tr* liquéfier (licuar).

licuefactivo, va *adj* liquéfiant, e.

licuefactor *m* TECN liquéfacteur.

licurgo *m* FIG législateur.

Licurgo *n pr* Lycurgue.

lid *f* lutte, combat *m*, lice (pelea) ‖ FIG joute, discussion (disputa); **hombre avezado a estas lides** homme accoutumé à ces discussions ‖ **en buena lid** loyalement, de bonne guerre.

Lidia *n pr f* HIST Lydie.

lidia *f* combat; **toros de lidia** taureaux de combat.

lidiadero, ra *adj* qui peut être combattu.

lidiador, ra *m & f* combattant, e ‖ FIG lutteur, euse.

➡ **lidiador** *m* TAUROM toréador, torero.

lidiante *adj* combattant, e.

lidiar [8] *v tr* TAUROM combattre [un taureau] ‖ FIG & FAM **harto de lidiar** de guerre lasse.

◇ *v intr* combattre, lutter ‖ FIG batailler; **he tenido que lidiar con o contra él** il a fallu que je bataille avec lui ‖ avoir affaire à.

lidio, dia *adj & s* lydien, enne (de Lidia).

lidita *f* lyddite (explosivo).

liebre *f* lièvre *m* (animal) ‖ FIG & FAM lièvre *m*; **cobarde como una liebre** poltron comme un lièvre ‖ ASTRON Lièvre *m* ‖ DEP lièvre *m* (atleta) ■ (Amer) **liebre corrida** femme libre ‖ **liebre de mar o marina** lièvre de mer (molusco) ■ FIG & FAM **agarrar o coger una liebre** ramasser une pelle o une bûche ‖ **correr como una liebre** courir comme un lapin o comme un lièvre ‖ **donde menos se piensa, salta la liebre** ça arrive toujours au moment où l'on s'y attend le moins ‖ **levantar la liebre** lever le lièvre.

liebrecilla *f* BOT bleuet *m* (aciano).

lied *m* lied.

‖ OBSERV pl lieder.

Lieja *n pr* GEOGR Liège.

liejés, esa *adj & s* liégeois, e.

liendre *f* lente (huevo de piojo) ■ FIG & FAM **cascarle o machacarle a uno las liendres** flanquer une volée o quelqu'un (aporrear), secouer les puces à quelqu'un (reprender) ‖ **sacar hasta las liendres** presser comme un citron.

lientera; lientería *f* MED diarrhée.

lienzo *m* tissu, étoffe *f* (tela en general) ‖ toile *f* (por oposición a la lana, etc.) ‖ morceau de tissu (porción de tela) ‖ mouchoir (pañuelo) ‖ toile *f* (cuadro) ‖ ARQ pan [de mur] ‖ courtine *f* (fortificación) ‖ (Amer) morceau de clôture (cerca).

lifting [liftin] *m* lifting.

liga *f* jarretelle, jarretière (de mujeres), fixe-chaussettes *m inv*, jarretelle (de hombres) ‖ bande, bandage *m* (venda) ‖ ligue (confederación) ‖ DEP championnat *m* (campeonato), poule (grupo) ‖ alliage *m* (aleación) ‖ mélange *m*, union (mezcla) ‖ BOT gui *m* (muérdago) ‖ glu (materia pegajosa) ‖ **hacer buena, mala liga con uno** s'entendre, ne pas s'entendre avec quelqu'un; faire, ne pas faire bon ménage avec quelqu'un.

ligación *f* ligature (ligadura) ‖ mélange *m* (mezcla) ‖ liaison, union (enlace).

ligada *f* MAR ligature.

ligado *m* liaison *f* (enlace de dos letras) ‖ MÚS liaison *f*.

ligadura *f* ligature ‖ mélange *m* (mezcla, liga) ‖ FIG lien *m*, attache (sujeción) ‖ MED ligature (de un vaso); **ligadura de trompas** ligature des trompes ‖ MED tenon *m* (para sujetar un diente) ‖ MÚS liaison *f* ‖ **hacer una ligadura** ligaturer.

ligamaza *f* viscosité *f* (de las semillas).

ligamen *m* lien antérieur empêchant un nouveau mariage.

ligamento *m* ANAT ligament ‖ liaison *f*, lien (ligación) ‖ tissage (textiles).

ligamentoso, sa *adj* ligamenteux, euse.

ligamiento *m* ligature *f*, attache *f* (acción de ligar o atar) ‖ FIG union *f*, accord.

ligar [16] *v tr* lier, attacher (atar) ‖ relier, rattacher; ligar una cosa con otra relier une chose à une autre ‖ allier (los metales) ‖ FIG lier, contracter; ligar amistad lier amitié ‖ unir, lier; el interés nos liga l'intérêt nous lie ‖ lier; estoy ligado por esta promesa je suis lié par cette promesse ‖ liguer (unir) ‖ MED ligaturer (una arteria) ‖ MÚS lourer (p us), lier (notas) ‖ CULIN lier (una salsa) ‖ (*Amer*) chaparder (sisar).
◇ *v intr* réunir deux o plusieurs cartes de même couleur ‖ correspondre (tocar) ‖ FAM draguer (galantear) ‖ s'entendre (entenderse) ‖ ligar con una chica faire la conquête d'une fille.
➤ **ligarse** *v pr* être lié, se lier; ligarse con o una promesa être lié par une promesse ‖ s'allier, s'unir, se lier (unirse).
ligazón *f* liaison, union (enlace) ‖ MAR liaison.
ligeramente *adv* légèrement.
ligereza *f* légèreté (de peso) ‖ FIG légèreté (de carácter).
ligero, ra *adj* léger, ère; paso, sueño ligero pas, sommeil léger; comida ligera repas léger; metal ligero métal léger ‖ leste (ágil) ‖ FIG léger, ère (de carácter); mujer ligera femme légère ‖ léger, ère (sin importancia) ■ ligero de manos qui a la main leste ‖ ligero de pies au pied léger ‖ ligero de ropa légèrement vêtu ‖ ligero de tono léger (palabra) ‖ ligero en su conducta de vie légère ‖ peso ligero poids léger (boxeo) ■ FIG & FAM ser ligero de cascos ne pas avoir de plomb dans la cervelle, être écervelé o sans cervelle, avoir une cervelle d'oiseau.
➤ **ligero** *adv* vite, rapidement (de prisa); hazlo ligero fais-le rapidement ■ a la ligera à la légère ‖ de ligero à la légère (sin reflexión).
light *adj inv* allégé, e (comida) ‖ light (refresco, tabaco).
ligio *adj m* lige (feudo).
lignario, ria *adj* ligneux, euse.
lignícola *adj* lignicole.
lignificación *f* BOT lignification.
lignificarse [10] *v pr* se lignifier (convertirse en madera).
lignina *f* QUÍM lignine.
lignito *m* lignite (carbón).
lignocelulosa *f* BOT lignocellulose.
lignoso, sa *adj* ligneux, euse.
lígnum crucis *m* bois de la croix.
ligón *m*; **ligona** *f* bêche *f* (azada).
ligón, ona *adj & s* verni, e; chanceux, euse [aux cartes] ‖ liant, e; qui se lie facilement, personne liante (sociable); es una mujer muy ligona c'est une femme très liante.
➤ **ligón** *m* FAM dragueur (con las mujeres).
ligroína *f* QUÍM ligroïne.
ligua *f* casse-tête *m inv* (arma filipina).
ligue *m* FAM liaison *f*, aventure *f*, flirt (relación amorosa) ‖ petit copain, petite copine; flirt (persona con quien se liga).
liguero *m* porte-jarretelles.
◇ *adj* campeonato liguero championnat (fútbol).
liguilla *f* bande étroite ‖ championnat *m* avec peu de concurrents, poule (deportes).
lígula *f* BOT ligule ‖ ANAT épiglotte (epiglotis).

ligulado, da *adj* BOT ligulé, e.
ligulifloro, ra *adj & s* BOT liguliflore.
ligur *adj & s* ligurien, enne.
ligures *m pl* Ligures.
Liguria *n pr f* GEOGR Ligurie.
ligustre *m* fleur *f* du troène.
ligustro *m* BOT troène (alheña).
lija *f* roussette (pez) ‖ papier *m* de verre (papel esmerilado) ■ lija esmeril papier (d')émeri ‖ papel de lija papier de verre.
lijadora *f* polissoir *m* (pulidor).
lijar *v tr* polir au papier de verre (pulir).
lila *f* lilas *m* (arbusto y flor) ‖ lainage *m* (tela).
◇ *m* lilas (color).
◇ *adj & s* FAM gourde, sot, sotte; niais, e; jobard.
Lila *n pr* GEOGR Lille ‖ de Lila lillois, e.
lilaila *f* étoffe de laine ‖ FAM tour *m*, astuce (astucia).
liliáceo, a *adj & s f* BOT liliacé, e.
Liliput *n pr m* Lilliput.
liliputiense *adj & s* lilliputien, enne.
lima *f* BOT lime, limette (limón) ‖ limettier *m* (limero) ‖ lime (herramienta) ‖ ARQ arêtier *m* (madero), arête (ángulo saliente) ‖ FIG polissage *m* (enmienda) ‖ ver *m*, chose qui ronge ■ lima de uñas lime à ongles ‖ ARQ lima hoya noue, cornière de toit de comble ‖ lima tesa croupe, arête ‖ lima sorda lime sourde ■ FIG comer como una lima manger comme quatre o comme un ogre.
Lima *n pr* GEOGR Lima.
limado, da *adj* limé, e.
➤ **limado** *m* limage (acción de limar).
limador, ra *adj, s* & limeur, euse.
➤ **limadora** *f* limeuse (máquina).
limadura *f* limage *m* (acción de limar).
➤ **limaduras** *f pl* limaille *sing* (trocitos de metal).
limalla *f* limaille.
limaníaco, ca *adj & s* MED lypémane, lypémaniaque.
limar *v tr* limer, passer la lime sur ‖ FIG limer, polir (retocar) ‖ réduire (debilitar) ‖ FIG limar las asperezas arrondir les angles.
limatón *m* queue-de-rat *f*, lime *f* ronde ‖ (*Amer*) arêtier (madero).
limaza *f* limace (babosa).
limbario, ria *adj* BOT limbaire (del limbo).
limbo *m* limbe (de hoja, de astro) ‖ MAT limbe ‖ bord (de vestidura) ‖ limbes *pl* (de las almas) ‖ FIG & FAM estar uno en el limbo être dans les limbes, être dans les nuages (distraído).
Limburgo *n pr m* GEOGR Limbourg.
limen *m* POÉT seuil (umbral).
limeño, ña *adj & s* de Lima.
limera *f* MAR jaumière.
limero, ra *m & f* marchand, e de limes.
➤ **limero** *m* limettier (árbol).
limeta *f* fiasque, bouteille.
liminal *adj* liminal, e.
liminar *adj* liminaire; advertencia liminar avertissement liminaire.
limiste *m* limestre (tela).
limitación *f* limitation; limitación de velocidad limitation de vitesse ‖ limite (término).

limitado, da *adj* limité, e ‖ borné, e (poco inteligente).
limitador *m* ELECTR limiteur.
limitáneo, a *adj* limitrophe.
limitar *v tr* limiter, borner ‖ FIG limiter; hay que limitar sus prerrogativas il faut limiter ses prérogatives.
◇ *v intr* limiter, confiner (lindar).
➤ **limitarse** *v pr* se limiter, se borner; limitarse a copiar se borner à copier.
limitativo, va *adj* limitatif, ive.
límite *m* limite *f* ‖ plafond (tope); el límite presupuestario le plafond budgétaire ■ situación límite état limite ‖ todo tiene sus límites il y a une limite à tout ‖ velocidad límite vitesse limite.
limítrofe *adj* limitrophe; limítrofe con Francia limitrophe de la France.
limnea *f* limnée (molusco).
limnobiología *f* limnobiologie.
limnología *f* limnologie (estudio de los lagos).
limo *m* limon, boue *f* (légamo) ‖ (*Amer*) limettier (limero).
limón *m* citron (fruto) ‖ citronnier (árbol) ‖ limon (de un coche) ‖ ARQ limon (de una escalera) ‖ FIG estrujar a uno como un limón presser quelqu'un comme un citron ‖ limón natural citron pressé ‖ refresco de limón citronnade.
◇ *adj inv* amarillo limón jaune citron.
limonada *f* citronnade (bebida) ‖ FAM ni chicha ni limonada ni chair ni poisson.
▮ OBSERV La limonade en francés corresponde a la gaseosa en español.
limonado, da *adj* jaune citron.
limonar *m* endroit planté de citronniers ‖ (*Amer*) citronnier (limonero).
limoncillo *m* (*Amer*) nom de diverses plantes.
limoneno *m* QUÍM limonène.
limonera *f* limon *m*, limonière (de un coche).
limonero, ra *adj & s* limonier, ère (caballo).
◇ *m & f* marchand, e de citrons.
➤ **limonero** *m* citronnier (árbol).
➤ **limonera** *f* limonière (de un coche).
limonita *f* limonite (mineral).
limosidad *f* caractère *m* fangeux ‖ tartre *m* des dents (sarro).
limosna *f* aumône; pedir limosna demander l'aumône ‖ dar una limosna faire l'aumône, faire la charité.
▮ SIN óbolo obole; socorro secours; auxilio aide.
limosnear *v intr* mendier, demander l'aumône.
limosneo *m* mendicité *f*.
limosnera *f* aumônière.
limosnero, ra *adj* charitable, aumônier, ère (p us) ‖ (*Amer*) mendiant, e (pordiosero).
➤ **limosnero** *m* aumônier (recolector de limosna) ‖ (*Amer*) mendiant (mendigo).
➤ **limosnera** *f* aumônière (bolso).
limoso, sa *adj* limoneux, euse; boueux, euse.
limousine ➤ **limusina**.
limpia *f* nettoyage *m* (limpieza).
◇ *m* FAM cireur (limpiabotas).
limpiabarros *m inv* décrottoir.

limpiabotas *m inv* cireur [de chaussures].

limpiachimeneas *m inv* ramoneur (deshollinador).

limpiacristales *m inv* produit *m* pour les vitres.

limpiada *f*; **limpiado** *m* nettoyage *m* (limpieza).

limpiadera *f* rabot *m* (cepillo de carpintero) ‖ AGRIC curette (de un arado).

limpiadientes *m inv* cure-dents (mondadientes).

limpiado ▶ **limpiada**.

limpiador, ra *adj & s* nettoyeur, euse ‖ limpiador de cristales laveur de vitres.

limpiamanos *m inv* essuie-mains (toalla).

limpiamente *adv* proprement ‖ FIG adroitement, en beauté (con destreza)‖sincèrement (con sinceridad)‖honnêtement (honestamente).

limpiamiento *m* nettoyage, nettoiement.

limpiaparabrisas *m inv* AUTOM essuie-glace, essuie-glaces.

limpiapeines *m inv* curette *f*, brosse *f* à peigne.

limpiapipas *m inv* cure-pipe.

limpiaplumas *m inv* essuie-plume.

limpiar [8] *v tr* [▷ SIN] nettoyer; limpiar una habitación nettoyer une chambre; limpiar un vestido nettoyer un vêtement ‖ essuyer; limpiar el sudor, el polvo essuyer la sueur, la poussière ‖ ramoner (la chimenea) ‖ trier; limpiar las lentejas trier les lentilles ‖ FIG débarrasser (desembarazar) ‖ élaguer (podar) ‖ laver, blanchir; limpiado de culpas lavé de ses fautes ‖ FIG & FAM chiper, subtiliser, faucher (robar); me limpiaron el reloj on m'a chipé ma montre ‖ lessiver, ratiboiser (quitar todo el dinero)‖ gagner (en el juego) ‖ panser (un caballo) ‖ (*Amer*) punir, châtier (castigar) ‖ tuer (matar) ‖ battre (azotar) ■ FIG & FAM limpiar el polvo secouer les puces.
  ‖ SIN lavar laver; frotar frotter; desengrasar dégraisser; barrer balayer; fregar laver.

limpiaúñas *m inv* cure-ongles.

limpidez *f* limpidité.
  ‖ OBSERV pl limpideces.

límpido, da *adj* limpide.

limpieza *f* propreté, netteté; la limpieza de un cuarto la propreté d'une pièce ‖ nettoyage *m*; limpieza en seco nettoyage à sec ‖ nettoiement *m* (de la vía pública) ‖ ménage *m*; la limpieza del comedor le ménage de la salle à manger; hacer la limpieza faire le ménage ‖ FIG pureté (pureza) ‖ désintéressement *m*, intégrité (honradez)‖habileté, adresse (destreza) ■ FIG limpieza de corazón droiture, loyauté ‖ limpieza de manos probité, intégrité ‖ limpieza de sangre pureté du sang ■ artículos de limpieza produits d'entretien ‖ MIL operación de limpieza ratissage ■ ejecutar un trabajo con toda limpieza exécuter un travail très proprement o très habilement o de main de maître ‖ FIG & FAM hacer una limpieza general donner un coup de balai ‖ MIL hacer una operación de limpieza ratisser.

limpio, pia *adj* propre; platos limpios des assiettes propres; un niño muy limpio un enfant très propre ‖ propre, net, nette (aseado) ‖ pur, e (puro); limpio de cualquier delito pur de tout crime ‖ net, nette (sin cargas); beneficio limpio bénéfice net ‖ libre, exempt de; limpio de toda sospecha exempt de tout

soupçon ‖ net, nette (foto) ‖ FIG & FAM lessivé, e; sans un sou; dejar limpio laisser sans un sou; quedarse limpio être lessivé; rester sans un sou ‖ net, nette; clair, e; motivos poco limpios des motifs peu clairs ■ FIG limpio como una patena o como los chorros del oro o del agua propre comme un sou neuf ‖ limpio de polvo y paja net.

  ▶ **limpio** *adv* franc jeu; jugar limpio jouer franc jeu ■ en limpio en substance (en resumen), net; ganar un millón en limpio gagner un millón net ‖ poner en limpio mettre au propre o au clair (un escrito) ‖ sacar en limpio tirer au clair.

limpión *m* coup de brosse (con el cepillo), coup de balai (con la escoba), coup de chiffon (con el trapo), léger nettoyage ‖ FAM nettoyeur (el que limpia) ‖ (*Amer*) torchon (trapo de limpiar) ■ FIG & FAM date un limpión tu peux te fouiller.

limusina; **limousine** [limusin] *f* limousine.

lináceo, a *adj & s f* BOT linacé, e.

linaje *m* lignée *f*, souche *f*, lignage (alcurnia) ‖ FIG genre, espèce *f*; este libro y los de su linaje ce livre et tous ceux de son genre; el linaje humano le genre humain.
  ▶ **linajes** *m pl* noblesse *f sing*.

linajista *m* généalogiste.

linajudo, da *adj & s* de haute noblesse, de haute lignée, de haut rang, huppé, e FAM.

lináloe *m* BOT aloès.

linar *m* linière *f*.

linaria *f* BOT linaire (planta).

linaza *f* linette (simiente) ‖ aceite de linaza huile de lin.

lince *m* ZOOL lynx, loup-cervier (animal) ‖ FIG & FAM lynx (persona muy perspicaz) ‖ ojos de lince, ojos linces yeux de lynx.

lincear *v tr* FIG & FAM surprendre, découvrir.

Linceo *n pr* MITOL Lyncée.

linchamiento *m* lynchage.

linchar *v tr* lyncher.

lindamente *adv* joliment.

lindante *adj* contigu, ë; attenant, e; lindante con la casa contigu à la maison ‖ limitrophe (propiedad, país).

lindar *v intr* toucher à, être contigu à, être attenant à, être limitrophe de (estar contiguo); tu jardín linda con el mío ton jardin touche au mien.

linde *f* limite, bornes *pl* ‖ lisière, orée (de un bosque, etc.); la linde del bosque l'orée du bois.
  ‖ OBSERV Bien que l'Académie espagnole considère que le genre de ce mot soit masculin soit féminin, linde est aujourd'hui seulement employé au féminin.
  ‖ SIN margen marge; límite limite; lindero lisière, orée; confines confins.

lindel *m* (*Amer*) linteau (dintel).

lindera; **linderia** *f* limites *pl*, lisière.

lindero, ra *adj* contigu, ë; attenant, e; limitrophe (lindante); lindero con attenant à, contigu à, limitrophe de.
  ▶ **lindero** *m* limite *f*, lisière *f*, orée *f* (de un bosque) ‖ bord, lisière *f* (de un campo o huerto).

lindeza *f* beauté (belleza) ‖ gentillesse (amabilidad).

  ▶ **lindezas** *f pl* FIG & FAM gentillesses, amabilités (irónico).

lindo, da *adj* joli, e; beau, belle (hermoso); linda casa jolie maison ‖mignon, onne; gentil, ille (bonito) ‖ parfait, e (primoroso) ‖ FIG beau, belle; charmant, e (irónico); ¡lindo amigo! bel ami! ■ FAM ¡estamos lindos! nous voilà bien!‖hacer algo por su linda cara faire quelque chose pour ses beaux yeux‖juzgar a uno por su linda cara juger quelqu'un sur sa mine ‖¡lindas cosas me dicen de ti! j'en apprends de belles sur ton compte! ‖¡sería demasiado lindo! ce serait trop beau!
  ▶ **lindo** *m* FIG & FAM gommeux, dandy ‖ lindo Don Diego bellâtre.
  ▶ **lindo** *adv* (*Amer*) joliment ‖ de lo lindo terriblement, beaucoup, joliment; nos aburrimos de lo lindo nous nous sommes beaucoup ennuyés.
    ‖ OBSERV L'adjectif lindo est beaucoup plus employé en Amérique qu'en Espagne, où il est remplacé par bonito, mono, precioso, hermoso.

lindón *m* AGRIC billon, ados.

línea *f* ligne; línea curva, recta, quebrada ligne courbe, droite, brisée ‖ ligne (renglón) ‖ genre *m*, sorte (clase) ‖ ligne, lignée (parentesco) ‖ ligne (comunicaciones); línea telegráfica, telefónica ligne télégraphique, téléphonique ‖ MIL ligne (tropas) ‖ ligne (en esgrima) ‖ FIG ligne (esbeltez) ■ MAR línea de agua ligne d'eau ‖ línea de autobús ligne d'autobus ‖ línea de banda ligne de touche (fútbol) ‖ línea de conducta ligne de conduite ‖ INFORM línea de estado ligne d'état ‖ línea de comunicación ligne de communication; línea especializada ligne privée; línea privada ligne privée; en línea en ligne ‖ TECN línea de exploración ligne de balayage ‖ línea de flotación ligne de flottaison ‖ línea de gol, de puerta ligne de but (fútbol) ‖ línea delantera o de ataque ligne d'avants (fútbol) ‖ MAR línea del fuerte ligne du fort ‖ línea de la vida ligne de vie ‖ ASTRON línea de los nodos ligne des nœuds ‖ MAR línea del viento direction du vent ‖ DEP línea de marca ligne de but (rugby) ‖ línea de máxima carga ligne de charge ‖ DEP línea de medio campo o de centro ligne de milieu‖línea de meta ligne de but (fútbol) ‖ línea de mira ligne de mire ‖ línea de puntos pointillé ‖ línea derivada ligne directe, ligne intérieure (teléfono) ‖ DEP línea de saque ligne d'envoi ‖ línea de tiro ligne de tir ‖ ELECTR línea de transporte ligne électrique ‖ GEOM línea discreta ligne discontinue ‖ línea divisoria de las aguas o de cresta ligne de partage des eaux o de faîte ‖ línea equinoccial ligne équinoxiale ‖ línea férrea voie ferrée, ligne de chemin de fer ‖ ASTRON línea meridiana méridien ‖ GEOM línea mixta ligne mixte ‖ líneas aéreas lignes aériennes ‖ línea saliente arête ‖ DEP línea trasera défense ■ en líneas generales en gros, dans les grandes lignes ‖ en toda la línea sur toute la ligne ‖ final de línea terminus ‖ DEP juez de línea juge de touche ■ cruzar la línea passer la ligne, traverser l'équateur ‖ escribir unas líneas a uno écrire o envoyer un petit mot à quelqu'un ‖ FIG leer entre líneas lire entre les lignes.

lineal *adj* linéaire, linéal, e; dibujo lineal dessin linéaire.

lineamento; **lineamiento** *m* linéament ‖(*Amer*) ligne (política).

linear *adj* BOT linéaire.

linear *v tr* tracer des lignes, ligner ∥ esquisser (bosquejar).

líneo, a *adj & s f* BOT linacé, e.

linero, ra *adj* linier, ère (del lino).

linfa *f* BIOL lymphe ∥POÉT onde, eau (agua).

linfangioma *m* MED lymphangiome.

linfangitis *f inv* MED lymphangite.

linfático, ca *adj & s* lymphatique.

linfatismo *m* MED lymphatisme.

linfocitario, ria *adj* MED lymphocytaire.

linfocito *m* MED lymphocyte (leucocito).

linfocitosis *f inv* MED lymphocitose.

linfógeno, na *adj* MED lymphogène.

linfogranuloma *m* MED lymphogranulomatose *f*.

linfoide *adj* lymphoïde.

linfología *f* MED lymphologie.

linfopatía *f* MED lymphopathie.

lingotazo *m* FAM lampée (de alcohol).

lingote *m* lingot (barra de metal) ∥ gueuse *f* (fundición) ∥IMPR lingot, ligne-bloc *f* ▪ hierro en lingote fonte ∥ lingote de primera fusión o de arrabio gueuse de fonte.

lingotera *f* lingotière (molde).

lingual *adj & s f* lingual, e.

linguátula *f* linguatule (arácnido).

linguete *m* cliquet (trinquete).

lingüista *m & f* linguiste.

lingüístico, ca *adj & s f* linguistique ▪ lingüística aplicada linguistique appliquée ∥ lingüística estructural, funcional linguistique structurale, fonctionnelle ∥ lingüística evolutiva o histórica linguistique historique.

linier *m* DEP juge de touche (juez de línea).
　　OBSERV pl liniers.

linimento *m* liniment.
　　SIN ungüento onguent; bálsamo baume.

linina *f* linine.

Linneo *n pr* Linné.

lino *m* lin (planta y textil) ∥ toile *f* de lin (tela) ∥FIG voile *f* (de barco) ∥ (*Amer*) linette *f* (linaza) ▪ BOT lino silvestre linaigrette.

linóleo; linóleum *m* linoléum.
　　OBSERV pl linóleums.

linón *m* linon (batista fina).

linotipia *f* IMPR Linotype (máquina), linotypie (trabajo).

linotipista *m & f* linotypiste, lino FAM.

linotipo *m & f* IMPR Linotype (máquina).
◇ *m* linotypie *f*.

lintel *m* ARQ linteau (dintel).

linterna *f* lanterne; linterna mágica, sorda lanterne magique, sourde ∥ARQ lanterne (torrecilla) ∥TECN lanterne (piñón) ∥ lampe de poche (aparato manual con pila).

linternilla *f* ARQ lanterneau *m*, lanternon *m*.

linternón *m* grosse lanterne *f* ∥ MAR fanal de poupe.

linyera *m* (*Amer*) vagabond, clochard (atorrante).

liño *m* rangée *f* [d'arbres ou d'arbustes].

liñudo, da *adj* (*Amer*) laineux, euse.

lío *m* paquet, ballot (paquete) ∥ FIG & FAM confusion *f*, embrouillement, imbroglio (embrollo) ∥ histoire *f*; Pedro tiene líos con su familia Pierre a des histoires avec sa famille; andar metido en líos avoir des histoires ∥ pagaille *f* (desorden) ∥ casse-tête; el cálculo infinitesimal es un lío le calcul infinitesimal est un casse-tête ∥ salade, *f* (mezcla) ∥ liaison *f* (amancebamiento) ▪ FIG & FAM armar un lío embrouiller (embrollar), faire toute une histoire ∥ estar hecho un lío s'y perdre ∥ hacer o formar un lío faire toute une histoire, faire un scandale ∥ hacerse un lío s'embrouiller.

liofilización *f* lyophilisation.

liofilizar [13] *v tr* lyophiliser.

lionés, esa *adj & s* lyonnais, e.

liorna *f* FIG & FAM pagaille, chahut *m*, désordre *m* (confusión).

Liorna *n pr* GEOGR Livourne.

lioso, sa *adj* FAM qui aime faire des histoires (persona) ∥ embrouillé, e (cosa); explicación muy liosa explication très embrouillée.
◇ *m & f* personne qui aime faire des histoires ∥ lo lioso ce qui est ennuyeux, ce qui complique les choses.

liosorción *f* QUÍM lyosorption.

lipasa *f* lipase (fermento).

lipegüe *m* (*Amer*) pourboire (gratificación).

lipemanía *f* MED lypémanie (melancolía).

lipemia *f* lipémie (grasa).

lipes; lipis *f* vitriol *m* bleu.

lipidia *m & f* (*Amer*) raseur, euse (pelma).
◇ *f* (*Amer*) impertinence (impertinencia) ∥ misère (miseria).

lipidiar *v tr* (*Amer*) importuner, raser.

lípido *m* QUÍM lipide (graso).

lipiria *f* MED fièvre intermittente.

lipis ➡ lipes.

lipocromo *m* BIOL lipochrome.

lipodistrofia *f* MED lipodystrophie.

lipograma *m* lipogramme.

lipoide *m* lipoïde.

lipoideo, a *adj* lipoïde.

lipoma *m* MED lipome.

lipomatosis *f inv* MED lipomatose.

liposoluble *adj* liposoluble.

liposoma *m* BIOL liposome.

liposucción *f* liposuccion.

lipotimia *f* lipothymie (síncope).

lipovacuna *f* MED lipovaccin *m*.

liquefacción *f* liquéfaction.
　　OBSERV Es barbarismo por licuefacción.

liquelique; liquilique *m* (*Amer*) blouse *f*.

liquen *m* BOT & MED lichen.
　　OBSERV Lichen se pronuncia en francés como en español.

liquidable *adj* liquéfiable (que se puede licuar) ∥ liquidable (que puede ser liquidado).

liquidación *f* COM liquidation ∥ liquéfaction (acción de licuefacer) ∥ liquidación judicial liquidation judiciaire.

liquidado, da *adj* COM liquidé, e ∥ liquéfié, e (licuado).

liquidador, ra *adj & s* COM liquidateur, trice.

liquidámbar *m* BOT liquidambar (bálsamo).

liquidar *v tr* liquéfier (convertir en líquido) ∥COM liquider, solder; hay que liquidar todas las mercancías il faut solder toutes les marchandises ∥ régler, payer, liquider (pagar) ∥ liquider, résoudre (poner fin); liquidar una situación difícil résoudre une situation difficile ∥FAM liquider (quitarse de encima, matar).

liquidez *f* liquidité.
　　OBSERV pl liquideces.

líquido, da *adj & s m* liquide; dinero líquido argent liquide; el líquido elemento l'élément liquide ∥ líquido imponible quantité o somme imposable.

liquilique ➡ liquelique.

lira *f* MÚS lyre ∥ lire (moneda italiana) ∥ strophe de cinq ou six vers (en poesía) ∥ oiseau-lyre *m*, lyre, ménure *m* (ave) ▪ ASTRON Lyre ∥ FIG lyre (genio poético) ∥FAM (*Amer*) rosse (rocín).

lirado, da *adj* BOT lyré, e.

liria *f* glu (liga).

lírica *f* poésie lyrique.

lírico, ca *adj & s m* lyrique.
◇ *adj* (*Amer*) utopique, utopiste.

lirio *m* iris (planta) ▪ BOT lirio blanco lis (azucena) ∥ lirio cárdeno iris ∥ lirio de los valles muguet ∥ lirio hediondo iris fétide o puant o sauvage.

lirismo *m* lyrisme.

lirón *m* ZOOL loir ∥ alisma, plantain d'eau (planta) ∥FIG & FAM loir, marmotte *f* (dormilón); dormir como un lirón dormir comme un loir ∥ lirón gris lérot.

lirondo, da *adj* FIG & FAM mondo y lirondo clair et net, pur et simple, tout simplement; es la verdad monda y lironda c'est la vérité pure et simple.

lis *f* lis *m*, lys *m* (ant) ∥BLAS fleur de lis.
　　OBSERV pl lises.

lisa *f* sorte de loche (pez) ∥ muge *m*, cabot *m* (mújol).

Lisa *n pr* *f* Lise, Lisette.

lisamente *adv* franchement, nettement ∥ lisa y llanamente purement et simplement, tout bonnement.

Lisandro *n pr* Lysandre.

Lisboa *n pr* GEOGR Lisbonne.

lisboeta *adj* lisbonnin, e; de Lisbonne.

lisbonense; lisbonés, esa *adj & s* lisbonnin, e; de Lisbonne.

lisérgico, ca *adj* QUÍM lysergique; ácido lisérgico acide lysergique.

lisiado, da *adj & s* estropié, e; impotent, e (tullido) ∥FAM moulu, e; rompu, e (cansado).

lisiadura *f* blessure, lésion.

lisiar [8] *v tr* blesser, estropier.

Lisias *n pr* Lysias.

Lisímaco *n pr* Lysimaque.

lisimaquia *f* BOT lysimaque (planta).

lisímetro *m* lysimètre.

lisina *f* MED lysine.

lisis *f inv* MED baisse de la fièvre.

Lisístrata *n pr* Lysistrate.

liso, sa *adj* plat, e (llano); cien metros lisos cent mètres plat ∥ plat, e (senos) ∥ uni, e; lisse (sin aspereza) ∥ uni, e (tela); camisa lisa chemise unie ∥ (*Amer*) effronté.
➡ liso *m* MIN face *f* d'une roche.

lisonja *f* flatterie (alabanza).

lisonjeador, ra *adj & s* flatteur, euse.

lisonjear *v tr* flatter (adular) ∥ FIG charmer (deleitar).

lisonjero, ra *adj* & *s* flatteur, euse; un resultado lisonjero un résultat flatteur ‖ agréable, charmant, e (agradable).

lisosoma *m* BIOL lysosome.

LISP *m* INFORM LISP.

lista *f* rayure (raya); una camisa con listas une chemise à rayures ‖ carte (restaurante) ‖ [▷ SIN] liste (enumeración); borrar de la lista rayer de la liste ‖ catalogue *m* (catálogo) ‖ appel *m* (recuento); pasar lista a los alumnos faire l'appel des élèves ‖ feuille d'appel, liste (de los alumnos) ■ lista de correos poste restante; escribir a la lista de correos écrire poste restante ‖ lista de espera liste d'attente ‖ lista de precios tarif, liste de prix ‖ lista de premios palmarès (en el colegio) ‖ lista electoral liste électorale ‖ lista negra liste noire ‖ segunda lista contre-appel ‖ INFORM lista de difusión liste de diffusion; lista privilegiada liste privilégiée.

> SIN catálogo catalogue; relación liste; repertorio répertoire; índice index; inventario inventaire.

listadillo *m* (*Amer*) cotonnade *f* rayée.

listado, da *adj* rayé, e.
 ➡ **listado** *m* INFORM listing, listage.

listar *v tr* enrôler, enregistrer (alistar) ‖ rayer (una tela).

listear *v tr* rayer.

listel *m* ARQ listel, listeau, liston (moldura).

listero *m* pointeur, pointeau, personne qui fait l'appel.

listeza *f* intelligence ‖ promptitude, vivacité ‖ sagacité.

listín *m* petite liste *f* ‖ répertoire téléphonique ‖ (*Amer*) journal.

listo, ta *adj* [▷ SIN] vif, vive; listo como una ardilla vif comme un écureuil ‖ intelligent, e (inteligente) ‖ malin, igne (astuto); es más listo que Cardona il est malin comme un singe ‖ avisé, e; dégourdi, e (sagaz) ‖ prêt, e (preparado); estoy lista je suis prête; ¿listo? prêt? ■ FIG & FAM andar listo faire attention, prendre garde, faire gaffe FAM ‖ echárselas o dárselas de listo faire le malin ‖ ¡estamos listos! nous voilà bien!, nous voilà frais! ‖ pasarse de listo vouloir être trop malin o faire le malin ‖ ser más listo que el hambre avoir plus d'un tour dans son sac, être malin comme un singe ‖ ¿todo listo? tout est prêt?

> SIN desenvuelto débrouillard; despierto, despabilado, avispado éveillé; despejado déluré.

listón *m* baguette *f*, latte *f*, liteau (carpintería) ‖ DEP latte *f* ‖ ruban de soie étroit (cinta) ‖ listel, listeau, liston (moldura).
<> *adj m* TAUROM qui a une longue rayure blanche sur le dos (toro).

listonado *m* ouvrage fait de baguettes o de liteaux.

listonar *v tr* poser des baguettes o des liteaux.

lisura *f* égalité (del terreno) ‖ surface plane (superficie plana) ‖ poli *m* (tersura) ‖ FIG franchise, sincérité (sinceridad) ‖ (*Amer*) effronterie (desvergüenza).

lita *f* petit ver *m*, larve (parásito).

litación *f* sacrifice *m*.

litar *v intr* offrir un sacrifice.

litargirio *m* litharge *f* (protóxido de plomo).

lite *f* DR procès *m* (pleito).

litera *f* litière (vehículo) ‖ couchette (en barco, en tren) ‖ lit *m* superposé (en un cuarto).

literal *adj* littéral, e; traducción literal traduction littérale ‖ actas literales procès-verbal in extenso (de una conferencia).
<> *m* (*Amer*) alinéa (de un párrafo).

literalidad *f* littéralité.

literalmente *adv* littéralement, à la lettre ‖ traducir literalmente traduire littéralement o mot à mot.

literariamente *adv* litérairement.

literario, ria *adj* littéraire ‖ la república literaria la république des lettres.

literato, ta *adj* cultivé, e.
 ➡ **literato** *m* littérateur, homme de lettres, écrivain.
 ➡ **literata** *f* femme de lettres, écrivaine.

literatura *f* littérature; la literatura española la littérature espagnole ‖ FIG culture (instrucción general) ‖ bla-bla *m* (charloteo).

literero *m* marchand o loueur o conducteur d'une litière.

litiasis *f inv* MED lithiase.

lítico, ca *adj* lithique.

litigación *f* litige *m*, procès *m* (pleito) ‖ plaidoirie (alegato).

litigante *adj* plaidant; las partes litigantes les parties plaidantes.
<> *m* & *f* plaideur, euse.

litigar [16]; **litigiar** *v tr* plaider, être en procès.
<> *v intr* être en litige ‖ se disputer, se battre (contender) ‖ litigar por pobre demander l'assistance judiciaire.

litigio *m* litige, procès (pleito) ‖ FIG litige, contestation *f*, différend (contienda).

litigioso, sa *adj* litigieux, euse.

litina *f* QUÍM lithine.

litinado, da *adj* & *s m* lithiné, e.

litio *m* lithium (metal).

litis *f inv* DR procès *m*, litige *m*.

litisconsorte *m* & *f* DR coïntéressé, e (cointeresado).

litisexpensas *f pl* DR frais *m*, dépens *m*.

litispendencia *f* DR litispendance.

litocálamo *m* calamite *f* (caña fósil).

litoclasa *f* GEOL lithoclase (grieta en una roca).

litocola *f* lithocolle (cola).

litódomo *m* lithodome (molusco).

litófago, ga *adj* ZOOL lithophage (que roe la piedra).

litofanía *f* lithophanie.

litofotografía *f* photolithographie.

litofotografiar [9] *v tr* photolithographier.

litogenesia *f* lithogenèse.

litografía *f* lithographie.

litografiar [9] *v tr* lithographier.

litográfico, ca *adj* lithographique.

litógrafo *m* lithographe.

litología *f* lithologie.

litológico, ca *adj* lithologique.

litopón *m* QUÍM lithopone.

litoral *adj* & *s m* littoral, e; cordones litorales cordons littoraux.

SIN ribera, orilla rive; costa côte; playa plage; borde bord.

litosfera *f* GEOL lithosphère.

lítote *f* litote (atenuación).

litotipografía *f* MED lithotypographie.

litotricia *f* MED lithotritie.

litráceo, a; litrarieo, a *adj* & *s f* BOT lythracé, e.

litre *m* BOT (*Amer*) espèce de térébinthe.

litri *adj* FAM gommeux, euse; poseur, euse.

litro *m* litre (medida).

litrona *f* FAM litre *m* de bière.

Lituania *n pr f* GEOGR Lituanie.

lituano, na *adj* & *s* lituanien, enne.
 ➡ **lituano** *m* LING lituanien.

liturgia *f* liturgie.

litúrgico, ca *adj* liturgique.

liudar *v intr* mettre du levain (leudar).

liudez *f* (*Amer*) faiblesse, mollesse (debilidad).
 OBSERV *pl* liudeces.

liudo, da *adj* levé, e (el pan) ‖ (*Amer*) mou, molle; faible (flojo).

livianamente *adv* légèrement (sin fundamento) ‖ FIG superficiellement ‖ d'une façon frivole (lascivamente).

liviandad *f* légèreté ‖ irréflexion, frivolité.

liviano, na *adj* léger, ère (ligero) ‖ FIG léger, ère (superficial, inconstante) ‖ frivole, débauché, e (lascivo).
 ➡ **liviano** *m* mou (bofe, pulmón) ‖ âne qui guide le troupeau.
 ➡ **liviana** *f* chanson populaire andalouse.

lividecer [30] *v intr* devenir livide.

lividez *f* lividité.
 OBSERV *pl* livideces.

lívido, da *adj* livide.
 OBSERV Ce mot n'a que le sens de « bleuâtre » aussi bien en espagnol qu'en français, mais il est couramment employé dans les deux langues comme synonyme de pâle.

living *m* living-room, salle *f* de séjour.
 OBSERV *pl* livings.

Livonia *n pr f* GEOGR Livonie.

livonio, nia *adj* & *s* livonien, enne.

lixiviación *f* QUÍM lixiviation.

lixiviar [8] *v tr* QUÍM lixivier.

liza *f* lice (campo para la lid); entrar en liza entrer en lice ‖ combat *m*, lutte (lid) ‖ muge *m* (pez).

lizo *m* lisse *f*, lice *f* (de un telar); bajo lizo basse lice ‖ gros fil (de un tejido).

ll *f* l *m* mouillé.
 OBSERV **1.** Le son du ll espagnol correspond au l mouillé français dans les mots caille, alliance. Mais il est de plus en plus fréquent de prononcer le ll comme le y espagnol: pollo (poyo), llega (yega). Ce phénomène s'appelle yeísmo, il est très répandu dans plusieurs régions d'Espagne et dans certains pays d'Amérique latine. Les grammairiens condamnent le yeísmo.
 2. La lettre double ll est indivisible.

llaca *f* (*Amer*) espèce de sarigue (zarigüeya).

llaga *f* plaie; poner el dedo en la llaga mettre le doigt sur la plaie ‖ joint *m* (entre dos ladrillos) ■ renovar la llaga rouvrir la plaie ‖ sanan llagas y no malas palabras la calomnie tue plus sûrement qu'une blessure.

llagar [16] *v tr* causer o faire une plaie à.

llama f flamme ‖ FIG flamme (pasión vehemente) ‖ marécage m (pantano) ‖ ZOOL lama m (mamífero) ◾ arder en llamas être en flammes, flamber ‖ llama auxiliar veilleuse ‖ llamas eternas flammes de l'enfer.

llamada f appel m; dar una llamada telefónica faire un appel téléphonique ‖ rappel m; llamada al orden rappel à l'ordre ‖ renvoi m (remisión en un libro) ‖ appel m (toque); tocar o batir llamada sonner o battre l'appel ‖ FIG appel m; la llamada de la selva l'appel de la forêt ‖ llamada a escena rappel (teatro) ‖ llamada al timbre coup de sonnette ‖ INFORM llamada de un programa appel de programme ◾ (Amer) billete de ida y llamada billet aller et retour ‖ carta de llamada lettres de rappel (embajador) ‖ señal de llamada tonalité (teléfono) ‖ toque de llamada rappel.

llamadera f aiguillon m.

llamado, da adj appelé, e ‖ dénommé, e; el llamado Pedro le dénommé Pierre ‖ dit; Enrique I llamado el Pajarero Henri Ier dit l'Oiseleur ‖ soi-disant inv (supuesto); los llamados jefes de la nación les soi-disant chefs de la nation ‖ prétendu, e; los llamados juegos de suerte les prétendus jeux de hasard ‖ qu'on appelle (que se nombra); las llamadas rías de Galicia ce qu'on appelle les rias de Galice.
➥ **llamado** m (Amer) appel ‖ muchos son los llamados, pocos los elegidos il y a beaucoup d'appelés mais peu d'élus.

llamador, ra m & f personne f qui appelle.
➥ **llamador** m heurtoir m, marteau m de porte (aldaba) ‖ bouton de sonnette (timbre).

llamamiento m [▷ SIN] appel; un llamamiento angustioso un appel angoissé; llamamiento a la sublevación appel à la révolte ‖ appel (de Dios) ‖ convocation f (convocatoria) ‖ MIL appel ‖ DR nomination f d'héritiers ‖ llamamiento al orden rappel à l'ordre.
⎸ SIN apelación, llamada appel; manifiesto manifeste.

llamar v tr appeler; llamar a voces appeler à grands cris; llamar con la mano appeler de la main ‖ [▷ SIN] appeler; ¿cómo le llamaremos? comment l'appellerons-nous? ‖ convoquer (convocar) ‖ appeler, faire venir; llamar al embajador faire venir l'ambassadeur ‖ avertir (avisar) ‖ attirer (atraer) ‖ appeler (con la voz), sonner (con el timbre); llamar a la criada sonner la bonne ‖ FIG appeler; estar llamado a desempeñar un papel être appelé à jouer un rôle ‖ llamar al pan pan y al vino vino appeler un chat un chat ‖ llamar de nuevo appeler de nouveau, rappeler ‖ llamar la atención attirer l'attention ‖ volver a llamar appeler de nouveau, rappeler ‖ INFORM llamar un programa appeler un programme.
◇ v intr sonner (con el timbre), frapper à la porte (con el aldabón o la mano) ◾ llamar a escena rappeler (teatro) ‖ llamar a filas appeler sous les drapeaux ‖ llamar a justicia appeler en justice, faire appel ‖ llamar al orden rappeler à l'ordre ‖ llamar por señas faire des signes ‖ llamar por teléfono téléphoner ‖ no meterse donde no le llaman ne pas se mêler de ce qui ne vous regarde pas ‖ ¿quién llama? qui est-là?
➥ **llamarse** v pr s'appeler; ¿cómo te llamas? comment t'appelles-tu?; me llamo Pablo je m'appelle Paul ‖ MAR tourner (el viento) ◾ llamarse a engaño se faire des illusions

‖ llamarse de tú, de usted se tutoyer, se vouvoyer.
⎸ SIN nombrar nommer; denominar dénommer; apodar surnommer; bautizar baptiser; calificar qualifier de.

llamarada f flambée (llama intensa y breve) ‖ FIG flambée; llamarada de pasión flambée de passion ‖ rougeur vive, bouffée de sang (del rostro) ‖ feu m de paille (pasión pasajera) ‖ emportement m (del ánimo).

llamativo, va adj criard, e; voyant, e; colores llamativos des couleurs criardes ‖ voyant, e; esta mujer lleva trajes llamativos cette femme porte des toilettes voyantes ‖ qui attire l'attention (persona) ‖ frappant, e; un título llamativo un titre frappant.

llamazar m marécage (pantano).

llameante adj flambant, e (que arde) ‖ FIG flamboyant, e (resplandeciente).

llamear v intr flamber (arder con llama) ‖ flamboyer (echar llamas muy vivas).

llamingo m (Amer) lama (animal).

llamón, ona adj (Amer) lâche (cobarde).

llampo m poussier (parte menuda del mineral).

llana f truelle (palustre) ‖ taloche, bouclier m (para llevar mezcla) ‖ page [d'écriture] (plana) ‖ plaine (llanura).

llanamente adv FIG simplement (sin ostentación) ‖ franchement (con ingenuidad) ‖ lisa y llanamente tout simplement.

llanca f (Amer) minerai m de cuivre ‖ petit caillou m de minerai de cuivre (piedrezuela).

llanero, ra m & f (Amer) habitant de la plaine ‖ Indien, Indienne de la région de Vaupés (Colombia).

llaneza f FIG simplicité, franchise (sinceridad) ‖ simplicité, laisser-aller m (del estilo) ◾ FIG & FAM alabo la llaneza ne vous gênez pas ‖ con toda llaneza en toute simplicité (simplemente), en toute franchise (francamente).

llanista m rouleur (ciclista).

llanito, ta m & f FAM habitant, e de Gibraltar (gibraltareño).

llano, na adj plat, e; superficie llana surface plate; tierra llana, pays plat ‖ FIG simple (sencillo, claro); vestido, negocio llano robe, affaire simple ‖ simple, affable (persona, trato) ‖ contribuable (pechero) ‖ GRAM paroxyton (palabra, verso) ◾ FIG a la llana tout simplement (sencillamente), simplement, sans embarras (sin cumplidos) ‖ a la pata la llana à la bonne franquette, sans façons ‖ canto llano plainchant ‖ FIG de llano en toutes lettres, clairement ‖ estado llano tiers état ‖ lenguaje llano franc-parler ‖ número llano chiffre romain ‖ pueblo llano peuple, homme de la rue.
➥ **llano** m plaine f (llanura).
➥ **llanos** m pl partie f sing droite d'un tricot sans augmentation ni diminution.

llanote, ta adj FIG très simple.

llanque m (Amer) espèce de sandale f.

llanta f sorte de chou m (col) ‖ jante (de coche) ‖ feuillard m (pieza de hierro) ‖ (Amer) bâche, banne (toldo) ‖ llanta de goma pneu.

llantén m BOT plantain ‖ llantén de agua plantain d'eau.

llantera f FAM crise de larmes.

llantería f; **llanterío** m (Amer) pleurs m pl.

llantina f FAM crise de larmes.

llanto m [▷ SIN] pleurs pl (acción) ‖ larmes f pl; enjugar el llanto de alguien essuyer les larmes de quelqu'un; crisis de llanto crise de larmes ‖ (Amer) complainte f (canto) ◾ anegarse en llanto pleurer à chaudes larmes ‖ deshacerse en llanto fondre en larmes ‖ estar deshecho en llanto être tout en larmes ‖ prorrumpir o romper en llanto éclater en sanglots ‖ tener la voz ahogada en llanto avoir des larmes o des sanglots dans la voix.
⎸ SIN lloro pleurs; lloriqueo, llorera pleurnicherie; plañido, gemido, gimoteo gémissement.

llantón m TECN brame f brute.

llanura f plaine; la llanura de Flandes la plaine de Flandre.

llapa; ñapa f (Amer) supplément m, surplus m, prime (adehala) ‖ mercure m que l'on ajoute au minerai argentifère (azogue).

llapango, ga adj & s (Amer) qui va nupieds inv (descalzo).

llapar v intr MIN ajouter du mercure au minerai argentifère.

llapingacho m (Amer) omelette f au fromage.

llar m fourneau (fogón).
➥ **llares** f pl crémaillère sing (cadena de una chimenea).

llareta f (Amer) plante médicinale.

llaullau m (Amer) champignon comestible.

llave f clef, clé; cerrar con llave fermer à clef; guardar bajo llave mettre sous clef ‖ clef (para las tuercas); llave inglesa clef anglaise o à molette ‖ robinet m (grifo) ‖ remontoir m (de un reloj) ‖ MÚS clef; corneta de llaves trompette à clefs ‖ piston m; trombón de llaves trombonne à pistons ‖ clef (clave); llave de fa, de sol clef de fa, de sol ‖ FIG clef (de un secreto) ‖ platine (de arma de fuego) ‖ coin m (cuña) ‖ clef (de dentista) ‖ interrupteur m (electricidad) ‖ IMPR accolade (corchete) ‖ clef m, prise (en lucha) ‖ pas-de-porte m (traspaso) ◾ llave de bola o flotador robinet à flotteur ‖ llave de contacto clef de contact ‖ llave de paso robinet d'arrêt ‖ llave de tubo clé en tube ‖ llave doble clef à double tour ‖ "llave en mano" "clé(s) en main" ‖ llave falsa fausse clef ‖ llave maestra passe-partout ‖ llave universal clef universelle ◾ ama de llaves gouvernante ‖ FIG bajo llave, debajo de llave sous clef ‖ debajo de siete llaves enfermé à double tour ‖ cerrar con siete llaves fermer à double tour ‖ doblar o torcer la llave fausser la clef ‖ echar la llave fermer à clef ‖ FIG guardar con siete llaves enfermer à double tour.

llavero, ra m & f personne ayant la garde des clefs ‖ geôlier, ère (de cárcel).
➥ **llavero** m porte-clefs m inv, anneau pour les clefs.

llavín m petite clef f, clef f [de verrou de sûreté, etc.].

lleco, ca adj en friche (tierra).

llegada f arrivée; a mi llegada à mon arrivée.
⎸ SIN arribada, arribo arrivage; venida venue; advenimiento avènement; acceso, accesión accession.

llegado, da adj qui est arrivé, e; venu, e ‖ recién llegado nouveau venu.
◇ m & f personne qui est arrivée o venue ‖ los recién llegados les nouveaux venus.

llegar [16] *v intr* arriver; llegar a la meta arriver au but ‖ en arriver; llegó a tanta exasperación que le pegó il en arriva à un tel point d'exaspération qu'il le frappa; no ha llegado a ese extremo il n'en est pas arrivé là ‖ arriver (ocurrir) ‖ parvenir, atteindre (después de mucho tiempo, esfuerzos, etc.); llegar a la vejez atteindre la vieillesse; llegó por fin a la ciudad il parvint enfin à la ville ‖ arriver (tocar); llega su vez son tour arrive ‖ monter, atteindre (una cantidad); el precio del viaje no llega a mil francos le prix du voyage n'atteint pas mille francs ‖ arriver; el abrigo le llega a las rodillas le manteau lui arrive aux genoux ■ llegar a peut signifier: 1) l'action pure et simple; llegó a oír il entendit; 2) une action progressive; llegar a ser devenir; llegar a tener acquérir, arriver à avoir; 3) finir par; llegué a dudar si vendrías j'ai fini par me demander si tu viendrais; llegó a conocer todas las capitales del mundo il finit par connaître les capitales du monde entier; 4) parvenir à, réussir à; llegó a alcanzar este empleo il est parvenu à obtenir ce poste ‖ llegar a conocer a uno faire la connaissance de quelqu'un ‖ llegar a conocimiento de uno arriver à la connaissance de quelqu'un ‖ llegar a las manos parvenir (algo), en venir aux mains (reñir) ‖ llegar al corazón aller droit au cœur, toucher profondément ‖ llegar al extremo de aller jusqu'à, en arriver à, en venir à ‖ llegar tarde être en retard (con retraso), arriver trop tard (fuera de tiempo) ■ FIG ¿a dónde quiere llegar? où veut-il en venir? ‖ esto fue llegar y besar el santo cela a marché comme sur des roulettes ‖ no llegarle a uno a la suela del zapato o a la punta de la bota ne pas arriver à la cheville de quelqu'un ‖ no llegarle a uno el dinero ne pas joindre les deux bouts ‖ no llegarle a uno la camisa al cuerpo ne pas en mener large ‖ si llego a saberlo si (jamais) je l'avais su.
◇ *v tr* réunir (juntar) ‖ rapprocher (arrimar).
➤ **llegarse** *v pr* aller, se rendre; llégate a casa de tu hermano va chez ton frère ‖ s'approcher (acercarse) ‖ s'unir, se réunir (unirse).

Lleida ➤ **Lérida**.

llena *f* crue (de un río).

llenado *m* remplissage; el llenado de una zanja le remplissage d'un fossé ‖ embouteillage (en botellas).

llenar *v tr* remplir; llenar de vino un tonel remplir de vin un tonneau ‖ FIG satisfaire; la razón de Pedro me llena le raisonnement de Pierre me satisfait ‖ satisfaire entièrement; esta persona no me llena cette personne ne me satisfait pas ‖ combler (de favores) ‖ occuper; leía para llenar sus horas de espera il lisait pour occuper ses heures d'attente ‖ remplir (de enojo, de amor) ‖ couvrir (de injurias) ‖ féconder (el macho a la hembra) ■ FIG & FAM llenar el ojo antes que la barriga o tripa avoir les yeux plus grands que le ventre ‖ llenar un claro combler une lacune ‖ llenar un cometido remplir une tâche ‖ llenar un hoyo de tierra combler un fossé ‖ vuelva a llenar (las copas), la même chose, remettez-nous ça FAM.
◇ *v intr* être pleine (la luna).
➤ **llenarse** *v pr* se remplir ‖ se couvrir; llenarse los dedos de tinta se couvrir les doigts d'encre ‖ FAM se rassasier (de comer) ‖ éclater (de cólera) ‖ llenarse completamente être com-

ble; el teatro se llena completamente en cada función le théâtre est comble à chaque représentation.

llenazo *m* salle *f* comble.

lleno, na *adj* plein, e; rempli, e; vaso lleno verre plein; lleno de enojo rempli de colère ‖ [▷ SIN] plein, e; comble; sala llena salle comble ‖ rempli, e; pétri, e; lleno de orgullo pétri d'orgueil BLAS rempli, e ■ a manos llenas à pleines mains ‖ dar de lleno en la cara frapper en plein dans la figure ‖ dar el sol de lleno inonder, donner en plein dans; el sol daba de lleno en el cuarto le soleil inondait la pièce ‖ de lleno, de lleno en lleno pleinement, tout à fait ‖ formas llenas formes pleines ‖ luna llena pleine lune ‖ lleno a reventar plein à craquer ‖ voz llena voix chaude.
➤ **lleno** *m* pleine lune *m* (plenilunio) ‖ FAM abondance *f* (abundancia) ‖ FIG achèvement (perfección) ■ había un lleno en el estadio, en la plaza de toros le stade était comble, les arènes étaient combles ‖ hay un lleno en el teatro le théâtre fait salle comble.
➤ **llenos** *m pl* MAR coque *f sing* arrondie du navire.

| SIN pleno plein; relleno rempli; completo complet; colmado comblé; atiborrado, atestado, abarrotado bourré.

lleudar *v tr* mettre du levain dans la pâte.

llevadero, ra *adj* supportable, tolérable; un dolor llevadero une douleur supportable ‖ portable (un traje).

llevar *v tr* [▷ SIN] porter; llevar al hijo en brazos porter son fils dans ses bras; llevar en la cabeza porter sur la tête; llevar la cabeza alta porter la tête haute; el agua lleva los barcos l'eau porte les bateaux ‖ emporter (una·cosa a lo lejos); el viento lo llevó todo le vent a tout emporté ‖ emmener; llévame a mi casa emmène-moi chez moi ‖ transporter; el tren lleva carbón le train transporte du charbon; el coche llevaba cuatro personas la voiture transportait quatre personnes ‖ amener; le llevé a mi opinión je l'ai amené à mon opinion ‖ porter, être plein o couvert de (la tierra); el campo lleva muchos árboles la campagne est pleine d'arbres ‖ porter (plantas); este árbol lleva pocas flores cet arbre ne porte pas beaucoup de fleurs ‖ supporter; llevar una enfermedad con paciencia supporter patiemment une maladie ‖ aller, conduire, mener; esta carretera lleva a la ciudad cette route va à la ville; todos los caminos llevan a Roma tous les chemins mènent à Rome ‖ porter; lleva un vestido precioso elle porte une robe ravissante; ya no lleva luto il ne porte plus le deuil ‖ avoir [sur soi] (dinero); llevo treinta pesetas j'ai sur moi trente pesetas ‖ avoir, remporter; este número lleva premio ce numéro remporte un prix ‖ avoir; llevar mala conducta avoir une mauvaise conduite ‖ avoir; este vestido no lleva cinturón cette robe n'a pas de ceinture ‖ demander, prendre (durar); me llevó un día este artículo cet article m'a demandé une journée ‖ être depuis; lleva un mes en la cama il est au lit depuis un mois; llevamos aquí diez años nous sommes ici depuis dix ans; lleva cinco años de coronel il est colonel depuis cinq ans; el restaurante llevaba abierto diez años le restaurant était ouvert depuis dix ans ‖ contenir (contener); este vino

lleva muchas heces ce vin contient beaucoup de lie ‖ demander, faire payer, prendre; no me ha llevado caro el sastre le tailleur ne m'a pas pris cher ‖ amener, présenter (una persona a otra) ‖ être chargé de, s'occuper de (encargarse) ‖ conduire, diriger, mener; lleva bien su negocio il mène bien ses affaires ‖ tenir; llevar las cuentas, los libros tenir les comptes, les livres ‖ présenter, renfermer; este negocio lleva muchas dificultades cette affaire présente de nombreuses difficultés ‖ amener, causer (ocasionar); eso te llevará muchos sinsabores cela va t'amener bien des désagréments ‖ conduire, mener, entraîner; ¿adónde nos lleva la guerra? où la guerre nous mène-t-elle?; dejarse llevar se laisser entraîner ‖ louer, prendre à bail (una finca) ‖ mener, guider (un caballo) ‖ MAT retenir (un número); veintitrés, pongo tres y me llevo dos vingt-trois, je pose trois et je retiens deux ‖ avoir; llevar estudiado avoir étudié; llevo el trabajo hecho j'ai fait tout mon travail ‖ avoir de plus (exceder en años, altura, puntos, etc.); su hijo me lleva dos años son fils a deux ans de plus que moi ‖ avoir une avance de, devancer de; su coche me lleva diez kilómetros sa voiture a dix kilomètres d'avance sur la mienne ■ llevar a cabo mener à bien o à bonne fin (eje cutar), réaliser (realizar), effectuer (efectuar), venir à bout de (concluir) ‖ llevar a cuestas porter sur le dos (un bulto), porter sur les épaules (una responsabilidad) ‖ llevar adelante pousser, mener, faire vivre; llevar la familia adelante faire vivre la famille; faire marcher; llevar la casa adelante faire marcher la maison; poursuivre, mener à bien (una tarea) ‖ llevar a los tribunales mener devant les tribunaux, appeler en justice ‖ llevar a mal être mécontent de ‖ llevar bien su barca bien mener sa barque ‖ llevar consigo emporter (una cosa), emmener (una persona), entraîner (acarrear) ‖ llevar de la mano a donner la main à, tenir par la main ‖ llevar demasiado lejos mener trop loin ‖ llevar el compás battre la mesure (con la mano), suivre le rythme (bailando) ‖ llevar en peso porter à bout de bras ‖ llevar haciendo algo una hora faire quelque chose depuis une heure ‖ llevar idea de avoir l'intention de ‖ llevar la batuta diriger l'orchestre (una orquesta), avoir la haute main sur, faire la pluie et le beau temps, mener la danse (dirigir un asunto) ‖ llevar la contraria a uno contrarier quelqu'un, faire obstacle à quelqu'un (poner obstáculo), contredire (contradecir) ‖ llevar la mejor parte avoir le dessus ‖ llevar las de ganar avoir tous les atouts dans son jeu, avoir la partie belle ‖ llevar las de perder n'avoir aucune chance ‖ FIG llevar la voz cantante tenir les rênes (gobernando), mener la danse (hablando) ‖ llevar lo mejor l'emporter, avoir le dessus ‖ llevar lo peor avoir le dessous ‖ llevar por delante s'occuper de (ocuparse de) ‖ llevar siempre la contraria avoir l'esprit de contradiction ‖ llevar su cruz porter sa croix ‖ llevar su mal con paciencia prendre son mal en patience ‖ llevar su merecido avoir ce qu'on mérite o son dû ‖ llevar ventaja a l'emporter sur ‖ FAM llevar y traer cancaner, faire des commérages ‖ no llevarlas todas consigo ne pas en mener large ‖ ser difícil de llevar être difficile; este niño es difícil de llevar cet enfant est difficile; difficile à mener; difficile à tenir; difficile à porter; **traje difícil de llevar** toilette difficile à porter; difficile à suivre; **compás difícil de llevar** rythme difficile à suivre.

➤ **llevarse** *v pr* emporter; **se llevó mis libros** il a emporté mes livres; **una fiebre se lo llevó** une fièvre l'emporta ▌ remporter; **llevarse un premio** remporter un prix ▌obtenir, gagner; **en esta operación se ha llevado un millón de pesetas** dans cette opération il a gagné un million de pesetas ▌se porter (estilarse); **esos sombreros ya no se llevan** ces chapeaux ne se portent plus ▌retenir (en aritmética) ▌FAM avoir; **llevarse un susto** avoir peur; **llevarse un disgusto** avoir une contrariété ▌ recevoir; **llevarse un bastonazo** recevoir un coup de bâton ▌**llevarse bien, mal** s'entendre bien, mal ▌**llevarse como perro y gato** s'entendre comme chien et chat ▌**llevarse el gato al agua** emporter le morceau ▌**llevarse la mejor parte** prendre la meilleure part ▌**llevarse la palma** remporter la palme ▌**llevarse un chasco** avoir une déception, être profondément déçu ▌FAM **no tener qué llevarse a la boca** ne rien avoir à se mettre sous la dent ▌**¡que se lo lleve el diablo!** que le diable vous emporte o l'emporte! ▌**se lleva todo por delante** rien ne l'arrête.

│ SIN acarrear, transportar transporter; cargar charger; portear porter; trasladar, transférer transférer.

lliclla *f* (*Amer*) châle *m* [des Indiennes des Andes].

lloica *f* (*Amer*) linotte (pardillo).

lloque *m* (*Amer*) bois noueux.

llorado, da *adj* regretté, e; **el llorado García Lorca** le regretté García Lorca.

lloraduelos *m & f inv* FIG & FAM pleurnicheur, euse; pleure-misère *inv* (persona quejumbrosa).

llorar *v intr* pleurer; **no lloréis por mí** ne pleurez pas sur moi ▌ **tonto de llorar** bête à pleurer ▌ **allí será el llorar y el crujir de dientes** il y aura des pleurs et des grincements de dents ▌ **llora no llora no mama** qui ne demande rien n'a rien ▌**llorar a lágrima viva** o a mares o a moco tendido pleurer à chaudes larmes ▌ **llorar de risa** rire aux larmes ▌**romper a llorar** éclater en sanglots, fondre en larmes.

◇ *v tr* pleurer; **llorar la muerte de un amigo** pleurer la mort d'un ami ▌pleurer sur; **llorar sus desgracias** pleurer sur ses malheurs.

│ SIN sollozar sangloter; lagrimear larmoyer; lloriquear pleurnicher; gemir, gimotear geindre.

llorera *f* FAM pleurnichement *m*, pleurnicherie.

llorica; lloricón, ona *adj & s* pleurnicheur, euse.

lloriquear *v intr* pleurnicher.

lloriqueo *m* pleurnichement, pleurnicherie *f*.

lloro *m* pleurs *pl*, larmes *f pl*.

llorón, ona *adj & s* pleurnicheur, euse; pleureur, euse ▌**sauce llorón** saule pleureur (árbol).

➤ **llorón** *m* plumet (penacho).

➤ **llorona** *f* pleureuse (plañidera) ▌(*Amer*) éperon *m* (espuela).

llorosamente *adv* en pleurant, en pleurs, en larmes.

lloroso, sa *adj* éploré, e; en pleurs (llorando) ▌larmoyant, e (ojos, voz) ▌rouge (ojos encendidos) ▌triste, affligeant, e (triste).

llovedero *m* (*Amer*) pluie *f* persistante.

llover [24] *v impers* pleuvoir ▌**llover a cántaros** o a chorros o a chuzos o a mares pleuvoir à verse o à seaux o à torrents, tomber des cordes o des hallebardes ▌FIG **llueve sobre mojado** ce n'est pas la première fois ▌ FIG **como quien oye llover** comme si je chantais ▌**como llovido** o **llovido del cielo** tombé du ciel ▌**mucho ha llovido desde entonces** il a coulé de l'eau sous les ponts ▌**nunca llueve a gusto de todos** il est difficile de contenter tout le monde.

◇ *v intr* FIG pleuvoir (desgracias, etc.).

➤ **lloverse** *v pr* laisser passer l'eau (un techo).

llovizna *f* bruine, crachin *m*, pluie fine.

lloviznar *v impers* bruiner.

llueca *adj f* couveuse (gallina).

Llull *n pr* Ramón Llull Raymond Lulle.

lluvia *f* [▷ SIN] pluie; **el barómetro indica lluvia** le baromètre est à la pluie; **agua de lluvia** eau de pluie ▌FIG pluie, grêle; **lluvia de pedradas** une grêle de pierres ▌ **lluvia ácida** pluies acides ▌**lluvia artificial** pluie artificielle ▌**lluvia de estrellas** pluie d'étoiles ▌**lluvia de oro** cytise (árbol) ▌**lluvia de palos** volée de coups de bâton ▌**lluvia meona** bruine ▌**lluvia monzónica** pluie de mousson ▌**lluvia radiactiva** retombées radioactives.

│ SIN llovizna, cernidillo bruine; orvallo, calabobos, sirimiri crachin; chaparrón, aguacero, chubasco averse; diluvio déluge.

lluvioso, sa *adj* pluvieux, euse.

lo *pron pers neutro* le; **yo lo creo** je le crois; **no lo es tampoco** il ne l'est pas non plus.

◇ *pron pers m* le; **lo miro** je le regarde [la forme "le" est préférable lorsqu'il s'agit de personnes; le miro].

◇ *art def neutro* (suivi d'un adjectif qualificatif) ce qui est, ce qu'il y a de; **lo bonito** ce qui est joli; **lo triste del caso** ce qui est o ce qu'il y a de triste dans cette affaire ▌**le, la, l'** [suivi d'un substantif en français]; **lo contrario** le contraire; **lo útil y lo agradable** l'utile et l'agréable ▌ (suivi d'un pronom possessif); ce qui est à (lo que pertenece); **esto es lo tuyo** voici ce qui est à toi ▌ce qui concerne, les affaires de (lo que se refiere); **sólo me ocupo de lo mío** je ne m'occupe que de mes affaires o de ce qui me concerne ▌ **lo cual** ce qui (sujeto), ce que (complemento) ▌**lo de** (con sustantivo), les affaires de (lo que pertenece), ce qui concerne, l'affaire qui concerne, les affaires qui concernent; **lo de mi padre** les affaires de mon père, l'affaire qui concerne mon père; **a menudo no se traduce**; **¿y lo de tu viaje a Francia?** et ton voyage en France? ▌**lo de** (con infinitivo), idée, projet, affaire, question; **lo de vender la casa resulta difícil** le projet de vendre la maison se révèle difficile; **lo de irse de viaje no le gusta nada** l'idée de partir en voyage ne lui plaît pas du tout ▌(*Amer*) **lo de** (en casa de) ▌**lo mucho que** combien ▌**lo propio** la même chose ▌**lo que** ce qui (sujeto), ce que (complemento); **lo que ha de pasar** ce qui va arriver; **lo que pienso** ce que je pense; **si tuviera lo que usted** si j'avais ce que vous avez; combien (cuanto); **sabes lo que te aprecio** tu sais combien je t'estime; comme (lo mismo); **hago lo que to-**

dos je fais comme tout le monde ▌**lo... como**, comme, ce que; **no sabes lo cansada que estoy** tu ne sais pas comme je suis fatiguée ▌**lo sumo** le summum ▌ **a lo** comme, à la manière de; à la façon de, en, à la; **a lo torero** comme les toréadors; **vivir a lo artista** vivre en artiste; **vestirse a lo español** s'habiller à l'espagnole ▌**a lo sumo** tout au plus ▌**de lo más** des plus; **traje de lo más fino que hay** costume des plus élégant ▌**de lo mejor que hay** ce qu'il y a de mieux ▌**de lo que** ce dont; **de lo que se trata aquí es** ce dont il s'agit c'est ▌**en lo, por lo** (suivi d'un adjectif qui s'accorde) tant, à cause de; **por lo arrugada parecía muy vieja** on la croyait très vieille, tant elle était ridée; **por lo cerrado de su acento parecióme andaluz** à cause de son accent marqué, je l'ai pris pour un Andalou ▌**en lo alto** là-haut ▌**en lo alto de la casa, de la montaña** en haut de la maison, au sommet de la montagne ▌**más... de lo que** plus... que; **es más inteligente de lo que pensaba** il est plus intelligent que je ne pensais ▌**todo lo... que** aussi... que; **no ha sido todo lo agradable que hubiera creído** cela n'a pas été aussi agréable que je l'aurais cru ▌ **hacer todo lo posible** faire tout son possible ▌**lo que sea** n'importe quoi.

▌ OBSERV pl los.

loa *f* louange; **cantar loa a, hacer loa de** chanter les louanges de ▌TEATR prologue *m* (prólogo) ▌pièce courte jouée au début d'une représentation ▌éloge *m*, poème *m* en l'honneur de quelqu'un (poema).

loable *adj* louable.

loán *m* mesure *f* agraire des îles Philippines (2 ares 79).

LOAPA (abrev de Ley Orgánica para la Armonización del Proceso Autonómico) *f* loi espagnole harmonisant les statuts des régions autonomes.

loar *v tr* louer, faire l'éloge de (alabar).

lob *m* lob (en tenis).

loba *f* louve (hembra del lobo) ▌AGRIC ados *m* (entre surco y surco) ▌soutane (sotana).

lobado, da *adj* BOT & ZOOL lobulé, e; lobulaire.

lobagante *m* homard (bogavante).

lobanillo *m* loupe *f* (tumor) ▌BOT loupe *f* (excrecencia).

lobato *m* louveteau (cachorro de lobo).

lobby *m* lobby.

▌ OBSERV 1. Anglicisme qui peut être remplacé par grupo de presión groupe de pression. 2. pl lobbies.

lobectomía *f* MED lobectomie.

lobelia *f* BOT lobélie (quibey).

lobera *f* liteau *m* (guarida del lobo).

lobero, ra *adj* de loup.

➤ **lobero** *m* louvetier, chasseur de loups ▌jefe de loberos lieutenant de louveterie, louvetier.

lobezno *m* louveteau (cachorro de lobo).

lobina *f* ZOOL bar *m*, loup *m* (robalo).

lobizón *m* (*Amer*) loup garou.

lobo *m* loup (animal) ▌loche *f*, loche *f* épineuse (pez) ▌lobe (lóbulo) ▌corbeau (garfio para la guerra) ▌FAM cuite *f* (borrachera) ▌ASTRON Loup ▌POP voleur ▌(*Amer*) renard (zorro), coyote ▌(*Amer*) **lobo acuático** loutre

BLAS lobo cebado loup ravissant **‖** lobo cerval o cervario loup-cervier **‖ FIG** lobo de mar loup de mer **‖ BLAS** lobo escorchado loup écorché **‖** lobo marino loup de mer, phoque (foca), loup de mer (marino experimentado) **■** a paso de lobo à pas de loup **‖** caza de lobos louveterie **‖** cazador de lobos louvetier **‖** del lobo un pelo c'est toujours cela de pris **‖** el lobo feroz le grand méchant loup **■ FIG** coger al lobo por las orejas tenir le loup par les oreilles **‖** el hombre es un lobo para el hombre l'homme est un loup pour l'homme **‖** está como boca de lobo il y fait noir comme dans un four o comme dans un tunnel **‖** meter el lobo en el redil enfermer le loup dans la bergerie **‖** meterse en la boca del lobo se jeter dans la gueule du loup **FAM ‖** muda el lobo los dientes, y no las mientes le loup mourra dans sa peau **‖** quien con lobos anda a aullar se enseña on apprend à hurler avec les loups **‖** ser un lobo con piel de oveja cacher sa méchanceté sous des dehors patelins **‖** son lobos de una misma camada ils sont du même acabit, ils sont tous à mettre dans le même sac **‖** un lobo a otro no se muerden les loups ne se mangent pas entre eux.

lobo, ba *adj & s* (*Amer*) métis, isse (mestizo).

lobotomía *f* lobotomie.

lóbrego, ga *adj* obscur, e; ténébreux, euse; lugubre **‖ FIG** triste, lugubre.

lobreguecer [30] *v tr* obscurcir, assombrir. ◇ *v intr* faire nuit (anochecer).

lobreguez *f* obscurité, ténèbres *pl*. **■ OBSERV** pl lobregueces.

lobulado, da; lobular *adj* **BOT & ZOOL** lobulé, e; lobulaire, lobaire.

lóbulo *m* lobe.

lobuloso, sa *adj* lobuleux, euse.

lobuno, na *adj* du loup **‖** louvet, ette (caballo).

locación *f* **DR** location **‖** locación y conducción location-bail (contrato de arrendamiento).

locador, ra *m & f* (*Amer*) locataire (de una casa), fermier, ère (de una finca).

local *adj* local, e; color local couleur locale; privilegios locales privilèges locaux. ◇ *m* local **‖** siège (domicilio); el local de la Cámara de Comercio le siège de la chambre de commerce.

localidad *f* localité (pueblo) **‖** lieu *m* (lugar) **‖** place (en un espectáculo) **‖** local (local) **■** no hay más localidades il n'y a plus de places, c'est complet (teatro) **‖** reserva de localidades location **‖** venta de localidades location (acción de vender billetes), guichet (taquilla).

localismo *m* régionalisme, localisme.

localista *adj* régional, e; d'intérêt local; problemas localistas problèmes d'intérêt local **‖** qui a l'esprit de clocher (una persona) **‖** de clocher; asuntos localistas affaires de clocher **‖** limité, e; borné, e (visión).

localizable *adj* localisable.

localización *f* localisation **‖** repérage *m*, localisation (encuentro) **‖ INFORM** localización Web site Web.

localizar [13] *v tr* trouver, savoir où se trouve; localizar un libro savoir où se trouve un livre **‖** situer (un lugar) **‖** joindre; no pude localizarte en todo el día je n'ai pas pu te joindre de la journée **‖** repérer, localiser

(encontrar) **‖** localiser; localizar una epidemia localiser une épidémie **‖** circonscrire (un incendio).

localmente *adv* localement.

locamente *adv* follement.

locatario, ria *m & f* (p us) locataire. **■ OBSERV** On dit plutôt inquilino, vecino ou arrendatario.

locatis *m & f* **FAM** piqué, e; cinglé, e; fou, folle.

locativo, va *adj* locatif, ive. ◆ **locativo** *m* **GRAM** locatif.

loc. cit.; l.c. (abrev escrita de loco citato) loc. cit.

locería *f* poterie (cacharrería).

locero *m* potier.

locha *f* loche (pez).

loción *f* lotion; loción capilar lotion capillaire **‖** dar una loción lotionner.

lock-out *m* lock-out (cierre patronal). **■ OBSERV** pl lock-outs.

loco, ca *adj & s* [▷ SIN] fou, folle; aliéné, e (alienado). ◇ *adj* fou, fol ("fol" delante de una palabra en masculino singular que empieza por una vocal o h muda), folle; amor loco amour fou, fol amour; avena loca folle avoine **‖** fou, folle (excesivo, extraordinario); precio loco prix fou **‖ TECN** fou, folle (brújula, polea, etc.) **■** loco de atar o de remate o rematado o como una cabra fou à lier **‖** loco perdido fou furieux **‖** risa loca fou rire **‖** suerte loca veine de pendu, veine insensée **■ FIG** a locas, a tontas y a locas à tort et à travers, sans rime ni raison **‖** a lo loco comme un fou; se tiró al agua a lo loco il se jeta à l'eau comme un fou; à la légère, sans réfléchir; decisión tomada a lo loco décision prise à la légère; à la va-comme-je-te-pousse; hacer un trabajo a lo loco faire un travail à la va-comme-je-te-pousse **‖** cada loco con su tema à chaque fou o à chacun sa marotte **‖** casa de locos maison de fous **‖ FIG** cuanto más locos, más regocijo plus on est de fous, plus on rit **‖ FIG & FAM** la loca de la casa la folle du logis **■ FIG & FAM** andar o estar como loco être affolé o fou **‖** es para volverse loco c'est à devenir fou **‖** estar loco de o por o con être fou de, raffoler de **‖** estar loco de contento o de alegría être fou de joie **‖** hacer el loco faire l'idiot (hacer tonterías) **‖** hacerse el loco faire l'innocent **‖** traer o volver loco rendre fou **‖** volverse loco, estar loco être fou, devenir fou.

■ SIN demente dément; alienado aliéné; desequilibrado déséquilibré; **FAM** tocado, chaveta, chiflado, guillado toqué, cinglé, piqué.

locomoción *f* locomotion.

locomotiva *f* (*Amer*) locomotive. **■ OBSERV** Es galicismo por locomotora.

locomotor, ra *adj* locomoteur, trice. ◆ **locomotora** *f* locomotive (de un tren).

locomotriz *adj f* locomotrice; ataxia locomotriz ataxie locomotrice.

locomovible; locomóvil *adj & s f* locomobile.

locotractor *m* locotracteur (de minas).

locrense *adj & s* locrien, enne.

Lócrida *n pr f* **GEOGR** locride.

locro *m* (*Amer*) ragoût au maïs.

locuacidad *f* loquacité.

locuaz *adj* loquace. **■ OBSERV** pl locuaces.

locución *f* locution.

locuelo, la *adj & s* **FAM** foufou, fofolle.

locular *adj* **BOT** loculaire.

lóculo *m* loculus (arqueología) **‖ BOT** locule, loge.

locumba *f* (*Amer*) eau-de-vie de Locumba [Perú].

locura *f* folie; hacer o cometer locuras faire des folies **■** acceso o ataque de locura coup de folie **‖** con locura à la folie **‖ FIG** gastar una locura dépenser un argent fou.

locus *m inv* **BIOL** locus.

Locusta *n pr* Locuste.

locutor, ra *m & f* speaker, speakerine; présentateur, trice; annonceur, euse.

locutorio *m* parloir (de un convento, etc.) **‖** cabine *f* téléphonique.

lodachar; lodazal; lodazar *m* bourbier.

LODE (abrev de Ley Orgánica del Derecho a la Educación) *f* loi espagnole sur le droit à l'enseignement.

loden *m* loden (tejido).

lodo *m* boue *f* (fango) **‖** poner de lodo a uno couvrir quelqu'un de boue. **■ SIN** barro boue; cieno vase; limo, légamo limon; fango fange.

lodoñero *m* **BOT** gaïac (guayaco).

lodoso, sa *adj* boueux, euse (cenagoso).

loess *m* **GEOL** lœss.

lofobranquios *m pl* **ZOOL** lophobranches.

lofóforo *m* **ZOOL** lophophore.

logaritmación *f* **MAT** calcul *m* logarithmique.

logarítmico, ca *adj* logarithmique.

logaritmo *m* **MAT** logarithme; logaritmo neperiano logarithme népérien o naturel; logaritmo vulgar logarithme décimal.

loggia *f* loge (del Vaticano) **‖ ARQ** loggia (galería sin columnas).

logia *f* loge (reunión de francmasones).

lógica *f* logique **‖ FILOS** lógica matemática logique mathématique.

lógicamente *adv* logiquement.

logicial *m* (raro) logiciel (de computadora).

logicismo *m* logicisme (doctrina).

lógico, ca *adj* logique **■** como es lógico comme de raison, comme de juste **‖** es lógico il est normal, c'est normal, c'est logique; es muy lógico que se haya ido il est parfaitement normal qu'il soit parti. ◇ *m & f* logicien, enne.

logis *m* maréchal des logis (mariscal).

logístico, ca *adj & s f* logistique.

logógrafo *m* logographe.

logograma *m* logogramme.

logogrifo *m* logogriphe (enigma).

logomaquia *f* logomachie.

logopeda *m & f* orthophoniste.

logopedia *f* logopédie.

logos *m* **FILOS** logos.

logotipo *m* logotype, logo.

logrado, da *adj* réussi, e.

lograr *v tr* obtenir, remporter (alcanzar); el mejor de los dos luchadores logró la victoria le meilleur des deux lutteurs a obtenu la victoire ‖ réussir à, parvenir à (con infinitivo); logró escaparse il réussit à s'enfuir; ha logrado hacer lo que quería il a réussi à faire ce qu'il voulait ‖ réaliser (aspiración), combler, satisfaire (deseos) ■ dar por logrado escompter ‖ lograr a la primera réussir du premier coup.

➤ **lograrse** *v pr* réussir; el plan de desarrollo se ha logrado le plan de développement a réussi.

logrear *v intr* prêter avec usure.

logrería *f* métier *m* d'usurier.

logrero, ra *m & f* usurier, ère ‖ FAM profiteur, euse (aprovechón).

logro *m* obtention *f* (acción de lograr) ‖ réussite *f*, succès; los logros técnicos conseguidos les réussites techniques obtenues ‖ satisfaction *f* (de una aspiración) ‖ usure *f* (usura) ‖ lucre (lucro) ‖ prestar o dar a logro prêter avec usure.

logroñés, esa *adj & s* de Logroño [Espagne].

LOGSE (abrev de Ley Orgánica de Ordenación General del Sistema Educativo) *f* loi espagnole de réforme de l'enseignement secondaire.

loica *f* (*Amer*) oiseau *m* chanteur, étourneau *m*.

Loir *n pr m* GEOGR el Loir le Loir.

Loira *n pr m* GEOGR el Loira la Loire.

loísmo *m* défaut qui consiste à employer "lo" au lieu de "le" au datif du pronom personnel "él"; lo doy au lieu de; le doy je lui donne ‖ tendance à employer "lo" au lieu de "le" à l'accusatif; lo miro au lieu de; le miro je le regarde.

loísta *adj & s* GRAM qui emploie "lo" comme accusatif et datif masculins du pronom "él".

lojano, na *adj & s* de Loja [Équateur].

lojeño, ña *adj & s* de Loja [Espagne].

loma *f* coteau *m*, colline.

lomada *f* (*Amer*) coteau *m*, colline.

lombarda *f* chou *m* rouge (berza) ‖ bombarde (arma antigua).

Lombardía *n pr f* GEOGR Lombardie.

lombardo, da *adj* brun au dos clair (toro).

lombardo, da *adj & s* lombard, e (de Lombardía).

➤ **lombardo** *m* banque *f* pour le commerce.

lombricoide *adj* lombricoïde.

lombrigón *m* long ver, gros lombric.

lombriguera *f* trou *m* creusé par le ver de terre.

lombriz *f* ver *m* de terre, lombric *m* ‖ ver *m*; lombriz intestinal, solitaria ver intestinal, solitaire.

▮ OBSERV pl lombrices.

lomear *v intr* remuer la croupe (el caballo).

lomera *f* croupière (de la guarnición del caballo) ‖ dos *m* (de un libro) ‖ faîte *m* (caballete de un tejado).

lometa *f* monticule (altozano).

lomienhiesto, ta; lominhiesto, ta *adj* haut des reins (animal) ‖ FIG & FAM hautain, e; fier, ère.

lomillería *f* (*Amer*) bourrellerie (talabartería).

lomillo *m* point de croix (costura) ‖ fût (de la albarda) ‖ (*Amer*) coussins *pl* matelassés placés sous la selle (almohada).

➤ **lomillos** *m pl* bât *sing* (aparejo).

lominhiesto, ta ➤ **lomienhiesto**.

lomo *m* échine *f*, dos (espalda de un animal) ‖ filet (carne de cerdo) ‖ entrecôte *f* (carne de vaca) ‖ dos (de libro, de cuchillo) ‖ AGRIC ados, billon (caballón) ■ a lomo de à dos de [mulet, âne, etc.] ‖ de tomo y lomo de taille, extraordinaire (importante), de la pire espèce (muy malo) ■ arquear el lomo faire le gros dos (el gato) ‖ FIG & FAM hinchar el lomo se mettre en boule, être sur la défensive ‖ pasar la mano por el lomo, sobar el lomo passer la main dans le dos ‖ sacudir el lomo a alguien secouer les puces à quelqu'un, passer un savon à quelqu'un.

➤ **lomos** *m pl* côtes *f* (costillas) ‖ ANAT lombes *f* (espalda).

lona *f* MAR toile à voile (tela) ‖ voile (vela) ‖ toile; zapatos de lona chaussures de toile ‖ bâche (para cubrir) ‖ chapiteau *m* (de circo) ■ ciudad de lona village de toile ‖ hacer besar la lona envoyer au tapis (boxeo).

loncha *f* tranche (lonja); una loncha de jamón une tranche de jambon ‖ pierre plate (lancha).

lonche *m* (*Amer*) en-cas *m inv*.

loncotear *v tr* (*Amer*) tirer les cheveux.

londinense *adj & s* londonien, enne.

Londres *n pr* GEOGR Londres.

longanimidad *f* longanimité (p us), magnanimité, grandeur d'âme.

longánimo, ma *adj* longanime (p us), magnanime.

longaniza *f* saucisse ■ FIG & FAM allí no atan los perros con longanizas ce n'est pas un pays de cocagne, il ne faut pas croire que c'est le Pérou, on ne roule pas sur l'or ‖ hay más días que longanizas rien ne presse, il y a plus de jours que de semaines.

longevidad *f* longévité.

longevo, va *adj* très âgé, e; très vieux, vieille.

longicornio, nia *adj & s m* ZOOL longicorne.

longilíneo, a *adj* longiligne.

longimetría *f* longimétrie.

longincuo, cua *adj* éloigné, e; lointain, e.

Longino *n pr* Longin.

longitud *f* longueur; su longitud es de seis metros sa longueur est de six mètres; salto de longitud saut en longueur ‖ long *m*; tiene seis metro de longitud il a six mètres de long ‖ ASTRON & GEOGR longitude; 35° longitud Oeste 35° de longitude ouest ‖ longitud de onda longueur d'onde.

longitudinal *adj* longitudinal, e; planos longitudinales plans longitudinaux.

longitudinalmente *adv* longitudinalement.

Longo *n pr* Longus.

longobardo, da *adj & s* lombard, e.

long play [lomplai] *m* 33-tours.
▮ OBSERV pl long plays.

longuera *f* langue de terre.

longuetas *f pl* MED bandes de toile, sangles.

longui *adj & s* FAM hacerse el longui faire la sourde oreille.

lonja *f* tranche; una lonja de jamón une tranche de jambon ‖ bourse de commerce (bolsa de comercio) ‖ entrepôt *m* de laine (almacén) ‖ épicerie (tienda) ‖ ARQ parvis *m* d'une église ‖ esplanade (de edificios públicos) ‖ halle des marées (de pescado).

lonjear *v tr* (*Amer*) racler [les peaux].

lonjeta *f* petite tranche (tira) ‖ tonnelle (cenador).

lontananza *f* lointain *m* ‖ en lontananza au loin, dans le lointain.

looping *m* looping (rizo).

loor *m* louange *f* (alabanza); en loor de à la louange de ‖ decir loores de faire l'éloge de.

López *n pr* FIG & FAM esos son otros López ça, c'est une autre histoire.

loquear *v intr* divaguer, dire o faire des folies ‖ FIG folâtrer (retozar).

loquera *f* cabanon *m* (jaula de locos).

loquería *f* (*Amer*) maison de fous, asile *m* d'aliénés.

loquero *m* gardien d'une maison de fous (persona que cuida locos) ‖ tapage, vacarme (alboroto).

loquincho, cha *adj* FAM (*Amer*) toqué, e.

lora *f* perruche, femelle du perroquet ‖ (*Amer*) perroquet *m* (loro).

loran *m* MAR & AVIAC loran (ayuda a la navegación a gran distancia).

lorcha *f* jonque (embarcación china).

lord *m* lord; primer lord del Almirantazgo premier lord de l'amirauté ■ Cámara de los Lores Chambre des lords ‖ lord mayor lord-maire (de Londres).
▮ OBSERV pl lores.

lordosis *f inv* MED lordose.

Lorena *n pr f* GEOGR Lorraine.

lorenés, esa *adj & s* lorrain, e.

➤ **lorenés** *m* LING lorrain.
▮ OBSERV pl loreneses, lorenesas.

Lorenza *n pr* Laurence.

lorenzana *f* grosse toile de Lorenzana.

Lorenzo *n pr* Laurent.

Loreto *n pr* GEOGR Lorette.

lorí *m* ZOOL lori (papagayo).

loricaria *f* ZOOL loricaire *m* (pez).

loriga *f* cotte de mailles (de hombre) ‖ caparaçon *m*, armure du cheval (de caballo) ‖ TECN frette (de una rueda).

lorigado, da *adj* couvert d'une cotte de mailles (soldado) ‖ couvert d'une armure (caballo).

lorigón *m* haubergeon, cotte *f* de mailles.

loriguero, ra *adj* de la cotte de mailles.

loris *m* ZOOL loris.

loro, ra *adj* brun foncé *inv* (color).

➤ **loro** *m* perroquet (papagayo) ‖ laurier-cerise (lauroceraso) ‖ FAM guenon *f* (mujer fea) ■ FAM estar al loro être au parfum (estar al tanto), être sur ses gardes (estar alerta) ‖ más viejo que un loro vieux comme Hérode ‖ son economías del chocolate del loro ce sont des économies de bouts de chandelle.

lorquiano, na *adj* de García Lorca.

lorquino, na *adj & s* de Lorca [ville de la province de Murcie].

los *art def m pl* les; **los hombres** les hommes. ◇ *pron pers* les; **los he visto** je les ai vus ‖en (con "haber", impersonal); **¿hay libros? los hay y a-t-il des livres?** il y en a ‖ceux, celles; **los que he comprado** ceux que j'ai achetés; **los de mi padre** ceux de mon père; **los de la primera dentición** celles de la première dentition (dientes) ■ **los hay que** il y en a qui, il y en a que; **los hay que no saben nada** il y en a qui ne savent rien ‖**los que** ceux de nous, de vous, d'entre eux qui; **los que sois** ceux d'entre vous qui sont; **los que trabajamos** ceux de nous qui travaillent ‖**son... los que** ce sont... qui, ce sont... que; **son mis libros los que has cogido** ce sont mes livres que tu as pris.

> **OBSERV 1.** Ne pas employer **los** au datif, il faut dire **les hablo** je leur parle, et non **los hablo** (loísmo).
> **2. Los** debe traducirse a menudo por el adjetivo posesivo: **tengo los libros rotos** mes livres sont déchirés. Pero se dice **tienes las manos sucias** tu as les mains sales (parte del cuerpo).

losa *f* dalle (grande), carreau *m* (pequeña) ‖ piège *m*, assommoir *m* (trampa) ■ **losa sepulcral** pierre tombale ■ FIG **echar o poner una losa encima** mettre une pierre dessus ‖ **yo soy una losa** je serai muet comme la tombe, je suis un tombeau.

losado *m* dallage, pavage, carrelage (enlosado).

losange *m* BLAS losange.

Los Ángeles *n pr* GEOGR Los Angeles.

losar *v tr* daller, paver, carreler (enlosar).

loseta *f* petite dalle, carreau *m* ‖ piège *m*, assommoir *m* (trampa).

lota *f* lotte, lote (pez).

Lotario *n pr* Lothaire.

lote *m* lot ■ **lote de Navidad** cadeau de Noël offert par les entreprises à leurs employés ‖ FIG & FAM **darse un lote** s'en mettre jusque-là (comer mucho) ‖ **todo el lote** et tout et tout ‖ INFORM **tratamiento por lotes** traitement par lots ‖ **lote de trabajo** lot de travail ‖ **lote de transmisión** ot de transmisión.

> **EL LOTE DE NAVIDAD**
> Il est assez commun en Espagne que, pour les fêtes de Noël, les employés d'une entreprise ou d'une société reçoivent de leur employeur un cadeau qui consiste généralement en un assortiment de produits typiques de Noël: touron, gaufrettes, « polvorones », mousseux, etc.

lotear *v tr & intr* (*Amer*) parceller, faire plusieurs lots.

lotería *f* loterie; **el sorteo de la lotería** le tirage de la loterie; **administración de loterías** bureau de loterie ‖ **loto** *m* (juego) ■ **lotería primitiva** ≃ loto ■ **caerle o tocarle a uno la lotería** gagner à la loterie.

lotero, ra *m & f* vendeur, euse de billets de loterie.

loto *m* lotus, lotos (planta acuática) ‖jujubier, lotus (arbusto) ‖ **fleur** *f* de lotus ‖ **lotier**; **loto de los pantanos** lotier des marais. ◇ *f* FAM loterie.

Lovaina *n pr* GEOGR Louvain.

loxodromia *f* MAR loxodromie.

loxodrómico, ca *adj* loxodromique.

loza *f* faïence ‖vaisselle (del ajuar doméstico); **fregar la loza** faire la vaisselle.

lozanía *f* vigueur (vigor) ‖jeunesse (juventud) ‖ fraîcheur; **la lozanía del rostro** la fraîcheur du visage ‖ exubérance, luxuriance (de las plantas) ‖FIG fierté, orgueil *m* (altivez).

lozano, na *adj* luxuriant, e; exubérant, e (vegetación) ‖ frais, fraîche (tez); **lozana como una rosa fraîche** comme une rose ‖FIG robuste, vigoureux, euse; plein, e de vie (persona).

LPA (abrev de **Ley del Proceso Autonómico**) *f* loi espagnole sur les statuts des régions autonomes.

LRU (abrev de **Ley de Reforma Universitaria**) *f* loi espagnole de réforme universitaire.

LSD (abrev de **lysergic diethylamide**) *m* LSD.

Ltd.; ltda. (abrev escrita de **limitada**) SARL *f*.

lúa *f* gant *m* de sparte pour nettoyer les chevaux.

lubigante *m* homard (bogavante).

lubina *f* loubine, bar *m*, loup *m* de mer (róbalo).

lubricación *f* lubrification.

lubricante *adj & m* lubrifiant, e.

lubricar [10] *v tr* lubrifier.

lubricativo, va *adj* lubrifiant, e.

lubricidad *f* lubricité (lujuria).

lúbrico, ca *adj* lubrique (lujurioso).

lubrificación *f* lubrification.

lubrificante *adj & m* lubrifiant, e.

lubrificar [10] *v tr* lubrifier.

> **OBSERV** Ce mot a été longtemps considéré comme un gallicisme.

Luca *n pr* GEOGR Lucques.

Lucania *n pr f* GEOGR Lucanie.

lucano *m* ZOOL lucane (insecto).

Lucano *n pr* Lucain.

lucano, na *adj & s* lucanien, enne.

Lucas *n pr* Luc.

Lucayas *n pr f pl* HIST **las islas Lucayas** les Lucayes (antiguo nombre de las Bahamas).

lucense *adj & s* de Lugo [ville d'Espagne].

lucera *f* lucarne.

lucerna *f* lustre *m* (araña) ‖lucarne (lumbrera) ‖ver *m* luisant (luciérnaga).

Lucerna *n pr* GEOGR Lucerne.

lucero *m* étoile *f* brillante ‖ étoile *f* du berger, Vénus *f* (planeta) ‖ guichet (postigo) ‖ étoile *f* (lunar en la frente del caballo) ‖FIG lustre, éclat, splendeur *f* (esplendor) ■ **el lucero del alba o de la mañana o de la tarde** l'étoile du matin o du soir, l'étoile du berger (Vénus). ➤ **luceros** *m pl* FIG yeux, feu *sing* du regard (los ojos).

lucha *f* lutte; **entablar lucha con alguien** entrer en lutte avec quelqu'un ■ **en reñida lucha** de haute lutte ‖ **lucha de clases** lutte de classes ‖DEP **lucha libre** lutte libre.

> **SIN** pugilato pugilat; torneo tournoi; disputa dispute; batalla bataille; combate combat; altercado altercation; pelea lutte.

luchador, ra *m & f* lutteur, euse.

luchana *f* barbe en pointe (barba).

luchar *v intr* lutter; **luchar cuerpo a cuerpo** lutter corps à corps ‖se battre (pelear) ■ **cansado de luchar** de guerre lasse ‖ **luchar a brazo partido o como fieras** se battre comme des lions.

luchón, ona *adj* (*Amer*) batailleur, euse (luchador) ‖ battant, e (que quiere mejorar económicamente).

Lucía *n pr* Lucie, Luce [femme].

Luciana *n pr* Lucienne.

Luciano *n pr* Lucien, Lucienne.

lúcidamente *adv* avec lucidité, lucidement.

lucidamente *adv* brillamment, d'une manière éclatante.

lucidez *f* lucidité (clarividencia) ‖ clarté (del estilo).

> ■ **OBSERV** *pl* lucideces.

lucido, da *adj* brillant, e; **un hombre lucido** un homme brillant ‖ élégant, e (elegante) ‖ gracieux, euse (con gracia) ‖ généreux, euse (liberal) ‖FIG brillant, e; reluisant, e; **una situación lucida** une situation brillante ‖ FAM **¡estamos lucidos!** nous voilà propres!, nous voilà bien!, nous voilà frais!

lúcido, da *adj* lucide (clarividente) ‖ clair, e (estilo) ‖POÉT brillant, e (luciente).

luciérnaga *f* ver *m* luisant, luciole (insecto).

lucifer *m* Vénus *f*, Lucifer (lucero) ‖FIG démon.

Lucifer *n pr* Lucifer.

luciferino, na *adj* de Lucifer, luciférien, enne.

lucífero, ra *adj* POÉT brillant, e; resplendissant, e. ➤ **lucífero** *m* Vénus, Lucifer (lucero del alba).

lucífugo, ga *adj* POÉT lucifuge (que huye de la luz).

Lucila *n pr* Lucile.

Lucilio *n pr* Lucilius.

lucilo; lucillo *m* urne *f* funéraire.

lucímetro *m* TECN lucimètre.

lucimiento *m* éclat, lustre ■ FIG **hacer algo con lucimiento** faire quelque chose brillamment ‖ **quedar con lucimiento** se tirer brillamment [d'une entreprise], réussir.

lucio *m* brochet (pez).

lucio, cia *adj* luisant, e; brillant, e; **el pelaje lucio del caballo** la robe brillante du cheval.

lución *m* orvet, serpent de verre (reptil).

lucir [32] *v intr* briller, luire; **el sol luce con resplandor** le soleil brille avec éclat ‖FIG briller (sobresalir) ‖profiter (ser de provecho); **le luce lo que come** ce qu'il mange lui profite ‖faire de l'effet (causar gran efecto). ◇ *v tr* éclairer, illuminer (iluminar) ‖ FIG montrer, faire briller, faire valoir; **lucir su valor** montrer son courage ‖ faire des effets de, exhiber; **lucir las piernas** faire des effets de jambes ‖ arborer, porter; **luce una hermosa corbata** il arbore une belle cravate ‖ crépir (enlucir). ➤ **lucirse** *v pr* se parer, se faire beau (engalanarse) ‖ FIG se tirer avec honneur, réussir (quedar bien) ‖ briller, se distinguer, se faire valoir (sobresalir); **Juan se ha lucido en una empresa tan difícil** Jean s'est distingué dans une entreprise aussi difficile ■ **lucirse en una prueba** passer une épreuve brillamment ‖ FAM **¡nos hemos lucido!** tu parles d'une réussite!, nous voilà frais!, on a gagné!

lucrar *v tr* gagner, obtenir (obtener). ➤ **lucrarse** *v pr* profiter (aprovecharse) s'enrichir; **lucrarse a costa ajena** s'enrichir aux dépens d'autrui.

lucrativo, va *adj* lucratif, ive.

Lucrecia *n pr* Lucrèce [femme].

Lucrecio *n pr* Lucrèce [homme].

lucro *m* lucre, gain (ganancia) ‖ intérêt, profit (provecho) ▪ DR **lucro cesante** lucrum cessans, manque à gagner ‖ **lucros y daños** profits et pertes.

lucroniense *adj & s* de Logroño [ville d'Espagne, autrefois "Lucronium"].

luctuosa *f* ancien droit *m* sur les successions.

luctuoso, sa *adj* triste, affligeant, e.

lucubración *f* lucubration, élucubration.

lucubrar *v tr* élucubrer.

Lúculo *n pr* Lucullus.

lúcuma *f* (*Amer*) lucuma *m* (fruto).

lúcumo *m* (*Amer*) lucuma (árbol).

lucumón *m* lucumon.

lucumonía *f* lucumonie.

ludibrio *m* honte *f* (vergüenza), mépris (desprecio) ‖ risée *f* (irrisión); **ser el ludibrio del pueblo** être la risée du village ‖ **y para mayor ludibrio suyo** et à sa plus grande honte.

lúdico, ca *adj* ludique, du jeu.

ludimiento *m* frottement (rozamiento).

ludión *m* ludion (instrumento de física).

ludir *v tr* frotter.

ludópata *m & f* joueur *m* invétéré, joueuse *f* invétérée.

ludopatía *f* dépendance aux jeux.

ludoteca *f* ludothèque.

Ludovico *n pr* Ludovic.

ludria *f* ZOOL loutre.

lué; lués *f* infection (sifilítica).

luego *adv* tout de suite (sin dilación); **vuelvo luego** je reviens tout de suite ‖ ensuite, après (después); **iré luego al cine** j'irai ensuite au cinéma ‖ plus tard (más tarde). ◇ *conj* donc; **pienso, luego existo** je pense, donc je suis ‖ (*Amer*) quelquefois (algunas veces) ‖ près de, tout près (cerca) ▪ **desde luego** évidemment, bien entendu, naturellement, bien sûr ‖ **hasta luego** à tout à l'heure, au revoir ‖ **luego como** o **que** dès que, aussitôt que; **luego que llegues, avísame** dès que tu arriveras préviens-moi ‖ **luego de** (avec l'infinitif) après; **luego de comer se fue** après avoir mangé, il est parti ‖ **luego después** tout de suite après ‖ (*Amer*) **tan luego** en plus, en outre ‖ **tan luego como** aussitôt que, dès que.

luengo, ga *adj* long, longue (largo).

lueñe *adj* (p us) lointain, e.

lués ▸ **lué.**

luético, ca *adj & s* syphilitique.

lugano *m* chardonneret (pájaro).

lugar *m* lieu, endroit (paraje); **el lugar donde voy de vacaciones** l'endroit où je vais en vacances ‖ [▷ SIN] place *f* (sitio de una persona o cosa); **no está en su lugar habitual** il n'est pas à sa place habituelle ‖ place *f* (espacio); **hacer lugar** faire de la place ‖ village, bourg, bourgade *f* (pueblo); **en un lugar de la Mancha de cuyo nombre no quiero acordarme** dans une bourgade de la Manche dont je ne veux pas me rappeler le nom ‖ localité *f*, lieu-dit

(localidad) ‖ passage (de un libro); **lo encontrarás en un lugar de tu libro de texto** tu le trouveras dans un passage de ton manuel ‖ position *f*, rang, place *f*, poste; **ocupa un buen lugar en la empresa** il occupe une bonne position dans l'entreprise ‖ place *f*; **este libro no está en su lugar** ce livre n'est pas à sa place ‖ moment (tiempo, oportunidad); **no es el lugar de decirlo** ce n'est pas le moment de le dire ‖ temps; **no hay lugar para hacer tantas cosas** le temps manque pour faire tant de choses ‖ GEOM lieu ▪ **lugar arqueológico** site archéologique ‖ **lugar común** lieu commun (tópico) ‖ **lugar de perdición** lieu de perdition, mauvais lieu ‖ **lugar de recreo** lieu de plaisance ‖ **lugar de señorío** o **señorío** fief seigneurial ‖ **lugar destacado** haut lieu; **es un lugar destacado de la historia** c'est un haut lieu de l'histoire ‖ **lugar preferente** place de choix ‖ **lugar religioso** tombe ‖ **los Santos Lugares** les Lieux saints ‖ **unidad de lugar** unité de lieu ▪ **en cualquier lugar** n'importe où (en cualquier sitio), en tous lieux (en todos los sitios) ‖ **en el lugar llamado...** au lieu dit... ‖ **en el mismo lugar** sur place ‖ **en lugar de** au lieu de ‖ **en lugar seguro** en lieu sûr ‖ **en primer lugar** en premier lieu ‖ MIL **en su lugar, ¡descanso!** repos! ‖ **en tiempo y lugar oportunos** en temps et lieu ‖ **en último lugar** en dernier lieu ‖ **fuera de lugar** hors de propos (palabras) ‖ **sin lugar a dudas** sans aucun doute ‖ **yo en su lugar...** moi, à sa, votre place... ▪ **consérvese en lugar fresco** tenir au frais (conservas) ‖ **dar lugar a** donner lieu à; **dio lugar a que le criticasen** il a donné lieu à des critiques ‖ **dejar a uno en mal lugar** mettre quelqu'un en mauvaise posture ‖ DR **ir al lugar del suceso** se rendre sur les lieux ‖ **no ha lugar** il n'y a pas lieu ‖ FIG **poner a alguien en su lugar** remettre quelqu'un à sa place ‖ **ponerse uno en lugar de otro** se mettre à la place de quelqu'un ‖ **tener lugar** avoir lieu (suceder), avoir de la place, tenir (tener cabida), avoir le temps (tener tiempo), servir de, tenir lieu de (reemplazar).

‖ SIN sitio endroit, place; **espacio** espace; **punto** point; **emplazamiento** emplacement.

lugarejo *m* petit village, trou (poblacho).

lugareño, ña *adj & s* villageois, e ‖ campagnard, e; paysan, anne (campesino).

lugartenencia *f* lieutenance.

lugarteniente *m* lieutenant.

lugre *m* MAR lougre (embarcación).

lúgubre *adj* lugubre; **quejas lúgubres** plaintes lugubres.

lúgubremente *adv* lugubrement.

lugués, esa *adj & s* de Lugo.

luis *m* louis (moneda).

Luis *n pr* Louis.

luisa *f* BOT citronnelle.

Luisa *n pr* Louise.

Luisiana *n pr f* GEOGR Louisiane.

Luisita *n pr* Louisette.

lujación *f* luxation.

lujo *m* luxe ▪ **de lujo** de luxe ‖ **lujo asiático** luxe oriental ‖ **permitirse el lujo de** s'offrir le luxe de.

‖ SIN **fasto** faste; **suntuosidad** somptuosité; **esplendor** splendeur; **riqueza** richesse; **pompa** pompe; **boato, ostentación** ostentation; **aparato** apparat.

lujoso, sa *adj* luxueux, euse.

lujuria *f* luxure ‖ FIG excès *m*, profusion (demasía).

lujuriante *adj* luxuriant, e (vegetación) ‖ luxurieux, euse (lascivo).

lujuriar [8] *v intr* se livrer à la luxure ‖ s'accoupler (los animales).

lujurioso, sa *adj* luxurieux, euse.

‖ SIN **lascivo** lascif; **sensual** sensuel; **lúbrico** lubrique; **libidinoso** libidineux; **libertino** libertin; **liviano** frivole.

lukum *m* loukoum, rahat-loukoum (dulce).

luliano, na *adj* de Raymond Lulle.

lulismo *m* lullisme (sistema filosófico).

lulista *adj & s* lulliste (partidario del lulismo).

lulú *m* loulou (perro).

lumaquela *f* GEOL lumachelle (mármol).

lumbago *m* MED lumbago, lombago.

lumbar *adj* ANAT lombaire; **región lumbar** région lombaire.

lumbrada; lumbrarada *f* grand feu *m*, brasier *m*.

lumbre *f* feu *m* (de la chimenea, etc.) ‖ lumière, clarté (luz) ‖ jour *m* (en una ventana) ‖ flamme (luz del fuego) ‖ platine (de un arma de fuego) ‖ pinces *pl* (de la herradura) ▪ **al amor de la lumbre** au coin du feu ‖ **dar lumbre** donner du feu (dar fuego) ‖ **encender la lumbre** allumer le feu ‖ **pedir lumbre** demander du feu.

➥ **lumbres** *f pl* briquet *m sing* à amadou.

lumbrera *f* lucarne (abertura en un techo) ‖ claire-voie (en un buque) ‖ lumière (cuerpo luminoso) ‖ lumière [d'un rabot] (de cepillo) ‖ lumière (de una locomotora) ‖ FIG lumière (persona muy sabia); **no es ninguna lumbrera** ce n'est pas une lumière ‖ (*Amer*) loge (en la plaza de toros).

➥ **lumbreras** *f pl* FIG yeux *m* (ojos).

lumbroso, sa *adj* lumineux, euse.

lumen *m* FÍS lumen (unidad de flujo luminoso).

‖ OBSERV Le pluriel doit être **lúmenes** bien que **lumen** soit également très employé.

lumia *f* (p us) prostituée.

luminar *m* luminaire, astre lumineux ‖ FIG lumière *f* (sabio).

luminaria *f* lumière, lanterne [pour des illuminations] ‖ luminaire *m* (en las iglesias).

➥ **luminarias** *f pl* illuminations.

luminescencia; luminiscencia *f* luminescence.

luminescente; luminiscente *adj* luminescent, e.

luminiscencia ▸ **luminescencia.**

luminiscente ▸ **luminescente.**

luminosamente *adv* d'une manière lumineuse.

luminosidad *f* luminosité.

luminoso, sa *adj* lumineux, euse; **fuente luminosa** fontaine lumineuse ‖ éclairant, e; **potencia luminosa** pouvoir éclairant ‖ FIG lumineux, euse; **idea luminosa** idée lumineuse.

luminotecnia *f* technique de l'éclairage.

luminotécnico *m* éclairagiste.

lumitipia *f* IMPR lumitype.

luna *f* lune (astro) ‖ lune (tiempo); **dos lunas de lluvia** deux lunes de pluie ‖ miroir *m*, glace (espejo) ‖ vitre, glace (de un escaparate)

‖ verre *m* de lunette (cristal de gafas) ‖ FIG égarement *m* des lunatiques ‖ caprice *m*, extravagance (capricho) ■ **luna creciente** premier quartier, lune croissante ‖ **luna de abril** lune rousse ‖ **luna llena** pleine lune ‖ **luna menguante** dernier quartier, lune décroissante ‖ **luna nueva** nouvelle lune ‖ FIG **luna de miel** lune de miel ■ **armario de luna** armoire à glace ‖ **claro de luna** clair de lune ‖ **media luna** demi-lune (la mitad), croissant (del astro), le Croissant (el Imperio turco), demi-lune (fortificación) ‖ **pez luna** poisson-lune ■ FIG & FAM (*Amer*) **a la luna de Paita** o **Payta** le bec dans l'eau, déçu dans son attente ‖ **estar de buena, mala luna** être de bonne, mauvaise humeur ‖ FIG **estar en la luna** être dans la lune ‖ **ladrar a la luna** aboyer à la lune ‖ **pedir la luna** demander la lune ‖ **quedarse a la luna de Valencia** rester le bec dans l'eau, être déçu dans son attente ‖ **tener lunas** être lunatique.

lunación *f* lunaison.

lunado, da *adj* luné, e; en forme de croissant.

lunar *adj* lunaire; **año lunar** année lunaire.
◇ *m* grain de beauté (en la piel) ‖ pois; **tejido de lunares** tissu à pois ‖ FIG tache *f*, souillure *f* (mancha) ‖ ombre *f*, léger défaut (defecto pequeño) ‖ **lunar postizo** mouche.

lunarejo, ja *adj* (*Amer*) tacheté, e (con lunares).

lunario, ria *adj* lunaire.
◆ **lunario** *m* calendrier (calendario).
◆ **lunaria** *f* BOT lunaire.

lunático, ca *adj* & *s* lunatique.

lunch *m* lunch.
▨ OBSERV pl lunches.

lunecilla *f* croissant *m* (joya).

lunero, ra *adj* lunatique.

lunes *m* lundi; **vendré el lunes por la mañana** je viendrai lundi matin; **viene los lunes** o **cada lunes** il vient le lundi o tous les lundis ■ FIG **cada lunes y cada martes** tous les jours ‖ **el lunes pasado** lundi dernier; **el lunes que viene** lundi prochain ■ (*Amer*) **hacer lunes** o **lunes porteño** chômer le lundi.

luneta *f* lentille ‖ verre *m* de lunettes (de gafas) ‖ croissant *m* (adorno) ‖ TEATR fauteuil *m* d'orchestre (butaca) ‖ lunette (de un torno) ‖ lunette (fortificación) ‖ ARQ première tuile (boca-teja) ‖ lunette.

luneto *m* ARQ lunette *f* (bovedilla).

lunfardismo *m* mot o expression argotique en Argentine.

lunfardo *m* argot, langue *f* verte de Buenos Aires.
◇ *adj* argotique (en Argentine).

lunisolar *adj* ASTRON luni-solaire.

lúnula *f* GEOM lunule ‖ lunule (de la uña).

lupa *f* loupe; **mirar con lupa** regarder à la loupe.

lupanar *m* lupanar.

lupercales *f pl* lupercales (fiestas romanas).

lupia *f* MED loupe (lobanillo).

lupino, na *adj* du loup.
◆ **lupino** *m* BOT lupin (altramuz).

lupulina *f* BOT lupuline (planta).

lupulino *m* lupulin (polvo del lúpulo).

lúpulo *m* BOT houblon.

lupus *m inv* MED lupus.

luqués, esa *adj* lucquois, e; de Lucques [Italie].
▨ OBSERV pl luqueses, luquesas.

luquete *m* rondelle *f* de citron (de limón), d'orange (de naranja) ‖ ARQ calotte *f* sphérique [de la voûte].

lurio, ria *adj* (*Amer*) fou amoureux, folle amoureuse (enamorado) ‖ toqué, e; timbré, e (chiflado).

Lusiadas *n pr m pl* los Lusiadas Les Lusiades.

Lusitania *n pr f* HIST Lusitanie.

lusitanismo *m* mot portugais, tournure *f* portugaise.

lusitano, na; luso, sa *adj* & *s* lusitanien, enne; lusitain, e (portugués).

lustrabotas *m inv* (*Amer*) cireur (limpiabotas).

lustración *f* lustrage *m*, lustration.

lustrado *m* lustrage.

lustral *adj* lustral, e ‖ **agua lustral** eau lustrale (de bautizo).

lustrar *v tr* lustrer, astiquer (dar lustre) ‖ cirer (los zapatos) ‖ purifier par la lustration ‖ voyager (viajar).

lustre *m* lustre, brillant (brillo) ‖ luisant; **el lustre de una tela** le luisant d'une étoffe ‖ cirage (betún) ‖ FIG lustre, éclat (esplendor) ■ **dar** o **sacar lustre a** faire briller ‖ **para mi mayor lustre** pour ma plus grande gloire.

lustrín *m* (*Amer*) boîte *f* à cirage.

lustrina *f* lustrine (tela) ‖ lamé *m* (tela de oro y plata) ‖ (*Amer*) cirage *m* (betún).

lustro *m* lustre (espacio de cinco años).

lustrosamente *adv* brillamment.

lustroso, sa *adj* brillant, e; lustré, e; luisant, e.

Lutecia *n pr* HIST Lutèce (antiguo nombre de París).

lutecio *m* QUÍM lutécium (metal).

luteína *f* BIOL lutéine.

lúteo, a *adj* de boue ‖ jaune clair.

luteranismo *m* luthéranisme.

luterano, na *adj* & *s* luthérien, enne.

Lutero *n pr* Luther.

luto *m* deuil; **vestirse** o **ponerse de luto** prendre le deuil; **vestir de luto** être en deuil ■ **de luto** en deuil ‖ **luto riguroso** grand deuil ‖ **medio luto, alivio de luto** demi-deuil ■ **aliviar el luto** prendre le demi-deuil ‖ **llevar luto por** porter le deuil de.
◆ **lutos** *m pl* tentures *f* de deuil.

lutria *f* loutre (nutria).

lux *m* FÍS lux (unidad de luz).

luxación *f* MED luxation.

Luxemburgo *n pr m* GEOGR Luxembourg.

luxemburgués, esa *adj* & *s* luxembourgeois, e.
◆ **luxemburgués** *m* LING luxembourgeois.
▨ OBSERV pl luxemburgueses, luxemburguesas.

Luxor; luqsor *n pr* Louqsor, Louxor.

luz *f* lumière ‖ lumière, jour *m* (que se recibe en una casa) ‖ lampe; **tráeme una luz** apporte-moi une lampe ‖ éclairage *m* (iluminación) ‖ électricité; **pagar la luz** payer l'électricité; **en esta casa no hay luz** dans cette maison il n'y a pas l'électricité ‖ courant *m*; **corte de luz** coupure de courant ‖ ARQ jour *m* (ventana) ‖ FIG lumière (sabio) ‖ nouvelle, avis *m* (noticia) ‖ feu *m* (destello de un diamante) ‖ portée (de un puente) ■ **luz cenicienta** lumière cendrée ‖ **luz cenital** jour du haut (en una habitación), plafonnier (en un coche) ‖ AUTOM **luz corta** codes ‖ **luz de Bengala** feu de Bengale ‖ **luz de carretera, de cruce** feu de route, phare, feu de croisement, code (coche) ‖ **luz de freno** feux "stop" ‖ **luz de medianería** jour de souffrance ‖ FIG **luz de mis ojos** mon ange ‖ AUTOM **luz de población** lanterne, veilleuse; **poner luces de población** mettre les phares en veilleuse ‖ **luz de posición** feu de position ‖ MAR **luz de situación** feu de position ‖ **luz eléctrica** électricité ‖ **luz intermitente** clignotant, clignoteur ‖ (*Amer*) **luz mala** feu follet (fuego fatuo) ‖ **luz negra** lumière noire ‖ **luz oblicua** jour frisant ‖ **luz posterior** feu arrière (coche) ‖ **luz primaria** jour direct ‖ **luz refleja** o **secundaria** reflet ‖ **luz roja** feu rouge ‖ **luz y sonido** son et lumière ■ **año luz** année-lumière, année de lumière ‖ **gusano de luz** ver luisant ‖ **la luz de sus ojos** la prunelle de ses yeux ‖ **media luz** demi-jour ‖ **pintor de la luz** luministe ■ FIG **a buena luz** en connaissance de cause ‖ **a la luz de** à la lumière de ‖ **a la luz de las candilejas** sous la lumière de la rampe ‖ **a la luz del día** en plein jour ‖ FIG **a primera luz** au point du jour ‖ **en plena luz** au grand jour ■ FIG **arrojar luz sobre** faire la lumière sur ‖ **dar a luz** donner le jour, donner naissance à (parir), publier, donner le jour à (publicar) ‖ **dar (a) la luz** allumer ‖ **dar luz** éclairer ‖ FIG **dar luz verde** donner le feu vert ‖ **hacer la luz** faire la lumière ‖ **¡hágase la luz!** que la lumière soit! ‖ **sacar a la luz** publier, faire paraître (libro), mettre au grand jour (descubrir) ‖ **salir a la luz** paraître, voir le jour (un libro), se faire connaître (manifestarse) ‖ **ver la luz del día** voir le jour (nacer).
◆ **luces** *f pl* lumières, culture *sing* (cultura); **el Siglo de las Luces** le Siècle des lumières ‖ intelligence *sing* (inteligencia) ‖ éclairage *m sing* (de un coche) ‖ **luces de tráfico** feux de signalisation ‖ **luces largas** feux de route ■ FIG **hombre de luces** homme éclairé o cultivé ‖ **hombre de pocas luces** homme d'une intelligence limitée ‖ CINEM **ingeniero de luces** éclairagiste (luminotécnico) ‖ **traje de luces** habit de lumière (torero) ■ FIG **a dos luces** avec ambiguïté ‖ **a todas luces** évident, de toute évidence, clair; **tu proyecto es a todas luces irrealizable** il est évident que ton projet est irréalisable, ton projet est de toute évidence irréalisable ‖ **entre dos luces** au point du jour (al amanecer), entre chien et loup, à la brune (en el crepúsculo), éméché, à moitié ivre (medio borracho) ‖ **sin servidumbre de luces** vue imprenable ■ **tener pocas luces** ne pas être très malin.

Luzón *n pr f* GEOGR Luçon, Luzon.

luzula *f* BOT luzule.

lycra *f* (nombre registrado) Lycra *m*.

m; M f m *m.*

mabinga f (*Amer*) fumier m (estiércol) ▌ FAM mauvais tabac *m.*

mable m (*Amer*) bille f (canica).

maca f tache sur un fruit, tavelure (en una fruta) ▌ mâchure (de prendas de lana) ▌ FIG défaut m (defecto).

macá m (*Amer*) sorte de plongeon (ave).

Macabeos n pr m pl Maccabées, Macabées, Macchabées.

macabro, bra adj macabre; danza macabra danse macabre.

macaco, ca adj (*Amer*) laid, e; difforme (feo) ▌ bête, niais, e; idiot, e (necio).
➤ **macaco** m ZOOL macaque (mono) ▌ FIG & FAM macaque, singe (hombre feo) ▌ (*Amer*) croque-mitaine (coco).
➤ **macaca** f ZOOL macaque m femelle ▌ FAM (*Amer*) cuite (borrachera).

macadam; macadán m (p us) macadam; revestir de macadán revêtir de macadam.
▌ OBSERV pl macadans; macadanes.

macagua f rapace m diurne d'Amérique du Sud (ave) ▌ serpent m venimeux de Venezuela.

macana f massue des Indiens d'Amérique (arma) ▌ FIG & FAM vieux machin m, truc m (cosa deteriorada) ▌ vieillerie, clou m (antigualla) ▌ rossignol m (cosa invendible) ▌ (*Amer*) gourdin m (garrote) ▌ matraque, massue (porra) ▌ bourde, blague (despropósito) ▌ mensonge m (mentira).
➤ **¡macana!** interj FAM (*Amer*) ce sont des histoires! ▌ (*Amer*) FAM ¡qué macana! quel dommage! ▌ ¡que se deje de macanas! pas d'histoires!, pas de blagues!

macanada f (*Amer*) bêtise.

macanazo m coup de "macana" ▌ (*Amer*) FAM bêtise f (disparate) ▌ bobard (embuste).

macaneador, ra adj (*Amer*) farceur, euse; blagueur, euse.

macanear v intr (*Amer*) blaguer ▌ travailler ferme.

macanudo, da adj FAM formidable, épatant, e; extraordinaire; du tonnerre (extraordinario) ▌ (*Amer*) ¡macanudo! d'accord, parfait!

Macao n pr GEOGR Macao.

macaón m machaon (mariposa).

macaquear v intr (*Amer*) faire le singe.
◇ v tr (*Amer*) voler (robar).

macareno, na adj & s du quartier de la Macarena [à Séville].

macareo m mascaret, barre f (en la desembocadura de un río).

Macario n pr Macaire.

macarra adj FAM craignos, vulgaire.
◇ m FAM maquereau (chulo) ▌ loubard (pendenciero).

macarrón m macaron (pastel) ▌ MAR macaron.
➤ **macarrones** m pl macaroni m inv.

macarronea f macaronée.

macarrónico, ca adj FAM macaronique ▌ latín macarrónico latin de cuisine.

macarse [10] v pr commencer à se gâter, blettir (las frutas).

macasar m appui-tête o appuie-tête (cubierta).

Macasar n pr HIST Macassar (antiguo nombre de Ujung Pandang) ■ aceite de Macasar macassar, huile de Macassar ▌ ébano de Macasar macassar, bois de Macassar.

macear v tr battre, frapper.

macedonia f CULIN macédoine (de verduras, de frutas).

Macedonia n pr f GEOGR Macédoine.

macedónico, ca; macedonio, nia adj & s macédonien, enne.
➤ **macedónico** m LING macédonien.

macegual m (*Amer*) paysan indien.

maceo m battage (acción de macear).

maceración f macération ▌ FIG macération (mortificación).

macerador m macérateur.

maceramiento m macération f.

macerar v tr macérer, faire macérer; macerar frutas faire macérer des fruits.
➤ **macerarse** v pr FIG se mortifier.

macero m massier.

maceta f pot m à fleurs (tiesto) ▌ pot m de fleurs (llena de flores) ▌ petit maillet m (mazo pequeño) ▌ manche m (mango) ▌ masse (martillo de escultor) ▌ BOT corymbe m.
◇ adj (*Amer*) aux pattes noueuses (caballo).

macetero m jardinière f, meuble portant des pots de fleurs ▌ (*Amer*) pot à fleurs (tiesto).

macetón m grand pot à fleurs (tiesto) ▌ caisse f à fleurs (caja).

macfarlán; macferlán m macfarlane (abrigo sin mangas).

mach m FÍS mach.

macha f (*Amer*) mollusque m comestible du Chili ▌ cuite (borrachera) ▌ virago (marimacho).

machaca f pilon m (para machacar) ▌ broyeur m (para moler).
◇ m & f FIG & FAM raseur, euse (persona pesada).

machacadera f pilon m (para machacar) ▌ broyeur m (para moler).

machacado m pilonnage, broyage, concassage.

machacador, ra adj & s pileur, euse (que machaca) ▌ broyeur, euse (que muele) ▌ batteur, euse (que bate).
➤ **machacadora** f broyeur m, concasseur m.

machacante m FAM pièce f de cinq pesetas (moneda) ▌ MIL ordonnance f (soldado).

machacar [10]; **machaquear** v tr piler (en un mortero) ▌ broyer, écraser (moler) ▌ MIL pilonner (bombardear) ▌ FIG & FAM répéter, rabâcher, ressasser (repetir) ■ FIG hay que machacar el hierro mientras está caliente il faut battre le fer pendant qu'il est chaud ▌ machacando se aprende el oficio c'est en forgeant qu'on devient forgeron ▌ machacar en hierro frío donner des coups d'épée dans l'eau ▌ machacar los oídos rebattre les oreilles.

machacar v intr FIG & FAM être assommant, e (aburrir) ▌ rabâcher (repetir) ▌ potasser, bûcher (estudiar con ahínco).

machacón, ona adj & s FAM rabâcheur, euse; ressasseur, euse (que repite) ▌ raseur, euse (pesado) ▌ bûcheur, euse (muy estudioso) ▌ con machacona frecuencia avec une fréquence obsédante.

machaconería; machaquería f FAM rabâchage m, ressassage m (insistencia).

machada f troupeau m de boucs ▌ FIG & FAM sottise, crétinerie (necedad) ▌ action virile (hombrada).

machado m hache f, cognée f (hacha).

machaje m (*Amer*) ensemble des animaux mâles d'un troupeau.

machamartillo
➤ **a machamartillo** loc adv solidement (con solidez) ▌ FIG obstinément ■ creer a machamartillo croire dur comme fer ▌ cristianos a machamartillo chrétiens convaincus ▌ repetir a machamartillo répéter sur tous les tons.

machango m (*Amer*) sorte de singe sajou (mono).

machaquear ➤ machacar.

machaqueo *m* pilage (trituración) ▌broyage (molido) ▌FIG pilonnage (bombardeo intenso) ▌FIG & FAM rabâchage (insistencia).

machaquería ➤ **machaconería**.

machar *v tr* (p us) piler (machacar).
➤ **macharse** *v pr* (*Amer*) s'enivrer.

machear *v intr* engendrer plus de mâles que de femelles ▌FAM jouer les durs.

machetazo *m* coup de coutelas.

machete *m* machette *f*, sabre d'abattis (espada corta) ▌coutelas (cuchillo).

machetear *v tr* donner des coups de machette (sable) o de coutelas (cuchillo de monte).
◇ *v intr* planter des pieux (clavar estacas) ▌(*Amer*) insister (porfiar) ▌travailler (trabajar) ▌bûcher (empollar).

machetero *m* défricheur armé d'une machette (que desmonta) ▌coupeur de canne à sucre (que corta la caña) ▌(*Amer*) manœuvre (peón) ▌bûcheur (empollón).

machi; machí *m* (*Amer*) guérisseur (curandero).

máchica *f* (*Amer*) farine de maïs grillé.

machicuepa *f* (*Amer*) cabriole, culbute (voltereta) ▌FIG volte-face (en política).

machiega *adj f* abeja machiega reine des abeilles.

machihembrado *m* assemblage, emboîtement (carpintería).

machihembrar *v tr* assembler, emboîter (carpintería).

machina *f* TECN grue géante (grúa) ▌martinet *m* (martinete).

machismo *m* machisme.

machista *adj & s* machiste.

macho *adj m* mâle; flor macho fleur mâle ▌FIG fort (fuerte); vino macho vin fort ▌viril ▌TECN mâle.
◇ *m* mâle ▌mulet (mulo) ▌crochet (de un corchete) ▌gland (borla) ▌FIG sot, âne (necio) ▌macho (hombre autoritario) ▌ARQ pied-droit, piédroit, pilier (pilar) ▌TECN pièce *f* mâle (pieza que penetra en otra) ▌tenon (espiga) ▌martinet (maza) ▌banc d'enclume (banco del yunque) ▌enclume *f* (yunque) ▪ macho cabrío bouc ▌TECN macho de aterrajar o de roscar taraud.

machón *m* ARQ pied-droit, piédroit, pilier (macho).

machona *f* (*Amer*) FAM garçon manqué.

machonear *v intr* (*Amer*) FAM être un garçon manqué.

machorra *f* femelle stérile o bréhaigne ▌FAM virago, femme hommasse (marimacho).

machota *f* mailloche, maillet *m* (mazo) ▌garçonne, femme o fille qui n'a pas froid aux yeux (valiente) ▌FAM virago (marimacho).

machote *m* mailloche *f*, maillet (mazo) ▌(*Amer*) brouillon (borrador) ▌borne *f* (mojón) ▌dárselas de machote jouer les durs.
◇ *adj m* viril ▌courageux (valiente).

machucadura *f*; **machucamiento**; **machucón** (*Amer*) *m* meurtrissure *f* (de una fruta) ▌bosse *f* (de un objeto) ▌contusion *f* (herida).

machucar [10] *v tr* écraser (aplastar) ▌meurtrir, taler (una fruta) ▌bosseler (un objeto).

machucón ➤ **machucadura**.

macilento, ta *adj* émacié, e; hâve; rostro macilento visage émacié.

macillo *m* marteau (del piano).

macis *f* macis *m* (de la nuez moscada).

macizar [13] *v tr* combler, remplir (rellenar).

macizo, za *adj* massif, ive; de oro macizo en or massif ▌FIG solide (sólido); argumentos macizos arguments solides.
➤ **macizo** *m* massif (de montañas) ▌bloc (de edificios) ▌massif (de plantas) ▌ARQ trumeau.

macla *f* BLAS & MIN macle.

macolla *f* touffe (de una planta).

macollar *v intr & pr* former une touffe.

macollo *m* AGRIC (*Amer*) touffe *f* ▌rejet (retoño).

Macom (abrev de Mando Aéreo de Combate) *m* commandement des forces aériennes de combat de l'armée espagnole.

macón *m* rayon de cire sans miel.

macona *f* grande corbeille sans anse.

macramé *m* macramé.

macro *f* INFORM macro.

macrobio, bia *adj* macrobien, enne.

macrobiótico, ca *adj & s f* macrobiotique.

macrobiotismo *m* régime macrobiotique.

macrocardia *f* MED cardiomégalie.

macrocefalia *f* MED macrocéphalie.

macrocéfalo, la *adj & s* MED macrocéphale.

macrocosmo *m* macrocosme (universo).

macrodactilia *f* MED macrodactylie.

macrodáctilo, la *adj* ZOOL macrodactyle.

macroeconomía *f* ECON macroéconomie.

macroeconómico, ca *adj* ECON macroéconomique.

macrófago, ga *adj & s m* macrophage (destructor de células).

macrofotografía *f* macrophotographie.

macroftalmía *f* MED mégalophtalmie.

macrogameto *m* BIOL macrogamète.

macroinstrucción *f* INFORM macroinstruction, macro-instruction.

macromolécula *f* macromolécule.

macromolecular *adj* macromoléculaire.

macroplancton *m* macroplancton.

macrópodo *adj & s m* macropode.

macropsia *f* MED macropsie.

macrorrinia *f* MED hypertrophie du nez.

macroscelia *f* ANAT macroskélie.

macroscélido *m* ZOOL macroscélide.

macroscópico, ca *adj* macroscopique.

macrosegmento *m* élément suprasegmental (fonética).

macrospora *f* macrospore.

macrosporangio *m* BOT macrosporange.

macrostomía *f* MED macrostomie.

macrozoom *m* FOT Macro-zoom.

macruro, ra *adj & s m* ZOOL macroure.

macuachi *m* (*Amer*) indien misérable et sans instruction.

macuba *f* macouba *m* (tabaco) ▌ZOOL aromie (insecto).

macuca *f* BOT bunium *m*▌espèce de sorbier (arbusto).

macuco, ca *adj* (*Amer*) extraordinaire, formidable (notable) ▌malin, igne; rusé, e (taimado).

mácula *f* macule, tache (mancha) ▌macula (del ojo) ▌IMPR macule ▌FIG tache, souillure.

macular *v tr* maculer, souiller.

maculatura *v tr* maculature.

macuquero *m* exploitant clandestin d'une mine abandonnée.

macuquino, na *adj* rogné, e; sans bordure (moneda).

macurca *f* (*Amer*) courbature.

macuto *m* sac à dos (mochila) ▌MIL havresac.

madama *f* madame ▌(*Amer*) balsamine (flor) ▌FAM mère maquerelle.
▌OBSERV Cette forme espagnolisée du français madame s'emploie rarement pour señora mía.

madamisela *f* mademoiselle.

Madeira *n pr f* Madère.

madeja *f* écheveau *m* ▌FIG touffe (de pelo) ▌FIG & FAM lavette, chiffe molle (hombre sin vigor) ▌enredarse la madeja se compliquer, s'embrouiller [une affaire].

madera *f* bois *m*; madera blanca, en rollo, seca bois blanc, en grume, mort ▌corne (del casco de las caballerías) ▌FIG & FAM étoffe, aptitudes *pl*, dispositions *pl*; tener madera avoir de l'étoffe ▪ a media madera à mi-bois ▪ madera alburente aubier ▌madera anegadiza bois canard ▌madera aserradiza bois de sciage ▌madera de construcción bois de charpente o de construction o d'œuvre ▌madera contrachapeada contre-plaqué ▌madera de trepa bois veiné ▌madera fósil lignite ▪ FIG no ser de madera de palo ne pas être de bois▌tener buena madera para pintor avoir tout ce qu'il faut o de l'étoffe pour être un bon peintre o des aptitudes pour la peinture ▌tocar madera toucher du bois.
◇ *m* madère (vino).

maderable *adj* de charpente, de construction.

maderada *f* train *m* de bois [flottant].

maderaje; maderamen *m* charpente *f* (armazón) ▌boisage (enmaderamiento).

maderería *f* chantier *m* de bois.

maderero *m* marchand de bois ▌flotteur (conductor de la maderada) ▌charpentier (carpintero).

maderero, ra *adj* du bois.

madero *m* madrier, pièce *f* de bois ▌FIG navire, embarcation *f* (buque) ▌FIG bûche *f*, souche *f*, soliveau (necio) ▌MFAM flic (policía).

madianitas *m pl* madianites (antiguo pueblo de Arabia).

madona *f* madone (virgen).

mador *m* MED moiteur *f*.

madrás *m* madras (tejido).

madrastra *f* belle-mère, marâtre ▌FIG marâtre (madre mala).
▌OBSERV Madrastra désigne la seconde femme du père: belle-mère au sens de mère du conjoint se dit suegra.

madraza *f* FAM maman gâteau.

madre *f* mère; madre de familia mère de famille ‖mère (de los animales); una leona madre une mère lionne ‖directrice (de un hospital) ‖ RELIG mère; madre abadesa mère abbesse ‖ FAM mère (mujer vieja); la madre Juana la mère Jeanne ‖ FIG mère (origen); Grecia, madre de las artes Grèce, mère des arts ‖mère; la ociosidad es madre de todos los vicios l'oisiveté est la mère de tous les vices ‖ matrice (matriz) ‖égout *m* collecteur (cloaca maestra) ‖canal *m* d'irrigation principal (acequia) ‖ lie (del vino) ‖ mère (del vinagre) ‖marc *m* (del café) ‖TECN mèche (árbol del timón, del cabrestante) ■ FAM ciento y la madre une flopée de ‖día de la Madre fête des mères ‖lengua madre langue mère ‖ madre adoptiva mère adoptive ‖madre de alquiler mère porteuse ‖ madre de leche nourrice ‖ ¡madre mía! mon Dieu! ‖ madre Patria mère patrie ‖ madre política belle-mère ‖ madre soltera fille-mère ‖ la madre naturaleza la nature ‖ reina madre reine mère ‖ FAM ahí está la madre del cordero voilà le nœud de l'affaire o la clef de l'énigme o le fin mot de l'histoire, tout est là ‖como su madre le echó al mundo o le parió nu comme un ver, en costume d'Adam ‖ FIG sacar de madre a uno impatienter quelqu'un, faire sortir quelqu'un de ses gonds ‖salir de madre sortir de son lit, déborder (río).

madrecilla *f* oviducte *m* (huevera).

madreclavo *m* mère *f* de girofle.

madreña *f* sabot *m* (almadreña).

madreperla *f* huître perlière.

madrépora *f* madrépore *m*.

madreporarios *m pl* madréporaires.

madrepórico, ca *adj* madréporique, madréporien, enne.

madreporita *f* madréporite (fósil).

madrero, ra *adj* FAM ser muy o demasiado madrero être toujours pendu aux jupes de sa mère.

madreselva *f* BOT chèvrefeuille *m*.

Madrid *n pr* GEOGR Madrid.

┌ LA COMUNIDAD DE MADRID ─────
│ La communauté autonome de Madrid comprend une seule province, du même nom. Son chef-lieu est Madrid. Son gouvernement est appelé « Gobierno de la comunidad ». Le statut de communauté autonome lui a été accordé le 25 février 1983.

madrigado, da *adj* FIG & FAM expérimenté, e; habile.
  ➡ **madrigada** *adj f* remariée (mujer).
  ➡ **madrigado** *adj m* bon étalon (animal).

madrigal *m* POÉT madrigal.

madrigalesco, ca *adj* madrigalesque ‖ FIG délicat, e; fin, e.

madriguera *f* [▷ SIN] terrier *m*, tanière ‖ FIG repaire *m* (guarida).

│ SIN cubil tanière, gîte; guarida repaire; escondrijo cachette.

madrileño, ña *adj & s* madrilène.

Madriles *n pr m pl* FAM los Madriles Madrid.

madrina *f* marraine; madrina de guerra marraine de guerre ‖ témoin *m* (de boda) [▷ OBSERV] ‖ FIG protectrice (protectora) ‖poteau *m*, pieu *m* (poste) ‖lanière qui unit le mors de deux chevaux (correa) ‖jument de tête [dans un troupeau] ‖ MAR renfort *m* ‖ (Amer) animaux *m pl* domestiques dressés pour conduire un troupeau sauvage.

madrinazgo *m* parrainage.

madrino *m* (Amer) bête *f* servant de guide à un troupeau sauvage.

madrona *f* égoût *m* collecteur (alcantarilla).

madroncillo *m* fraise *f* (fruta).

madroñal *m*; **madroñera** *f* lieu *m* planté d'arbousiers.

madroñera *f* sorte de mantille.

madroño *m* BOT arbousier (árbol) ‖arbouse *f* (fruto del madroño) ‖ pompon, gland (borlita) ‖la villa del oso y del madroño Madrid.

madrota *f* (Amer) mère maquerelle.

madrugada *f* aube, petit matin *m*, petit jour *m* (alba) ‖matin *m*; a las dos de la madrugada à deux heures du matin ‖lever *m* matinal (acción de madrugar) ‖de madrugada à l'aube, de bon o de grand matin, au petit jour, au petit matin.

madrugador, ra *adj* matinal, e; ser madrugador être matinal.
  ◇ *m & f* personne *f* matinale.

madrugar [16] *v intr* se lever de bonne heure ■ a quien madruga Dios le ayuda aide-toi, le ciel t'aidera ‖ no por mucho madrugar amanece más temprano chaque chose en son temps, rien ne sert de courir il faut partir à point o à temps.

madrugón, ona *adj* matinal, e.
  ➡ **madrugón** *m* lever matinal ‖darse un madrugón se lever de très bonne heure o à l'aube o de bon matin.

maduración *f* maturation, mûrissage *m*, mûrissement *m*.

maduradero *m* fruitier (para conservar la fruta).

madurador, ra *adj* qui fait mûrir ‖ MED qui hâte la formation du pus.

maduramiento *m* maturation *f*.

madurar *v tr* mûrir ‖ FIG mûrir; madurar un proyecto mûrir un projet.
  ◇ *v intr* mûrir.

madurativo, va *adj* qui fait mûrir ‖ MED qui hâte la formation du pus.
  ➡ **madurativo** *m* FIG & FAM moyen énergique (medio).

madurez *f* maturité ‖FIG maturité (juicio).
  ▮ OBSERV pl madureces.

maduro, ra *adj* mûr, e; juicio maduro esprit mûr; edad madura âge mûr ‖maduro en años d'âge mûr.

maelstrom *m* maelström, malstrom.

maese *m* (ant) maître (maestro); maese Pedro maître Pierre ‖ FAM maese Zorro maître Renart.

maestoso *adv* MÚS maestoso.

maestra *f* maîtresse d'école, institutrice ‖ femme de l'instituteur (esposa del maestro) ‖ professeur *m*, maîtresse; maestra de piano professeur de piano ‖école [de filles]; ir a la maestra aller à l'école ‖ reine des abeilles (abeja maestra) ‖ FIG apprentissage *m*; la desgracia es la mejor maestra del hombre le malheur est le meilleur apprentissage de l'homme ‖ TECN maîtresse ligne (la que sirve de guía) ‖maestra de escuela o de primeras letras maîtresse d'école, institutrice.

maestral *adj* magistral, e (digno de un maestro) ‖ de maître (perteneciente al maestre o al maestro).
  ◇ *m* mistral (viento) ‖cellule *f* de la future reine dans une ruche (maestril).

maestralizar [13] *v intr* MAR dévier du côté du vent (la brújula).

maestrante *m* membre d'une société d'équitation.

maestranza *f* société d'équitation (sociedad de equitación) ‖ MAR maistrance ‖ MIL ateliers *m pl* militaires (talleres) ‖ corps *m* des ouvriers d'une armée (operarios).

maestrazgo *m* maîtrise *f*, dignité *f* de grand-maître ‖ magistère (en la Orden de Malta).

maestre *m* maître [d'un ordre militaire]; el maestre de Santiago le maître de Santiago; gran maestre grand maître ■ (ant) maestre de campo mestre de camp ‖ MAR maestre de jarcia maître chargé.

maestrear *v tr* décider o trancher en maître ‖émonder la vigne (podar).
  ◇ *v intr* FAM jouer les chefs, agir en maître.

maestresala *m* maître d'hôtel.

maestrescuela *f* écolâtre (dignidad religiosa) ‖chancelier (en las universidades).

maestría *f* maîtrise ‖ maestria; pintar con maestría peindre avec maestria.

maestril *m* cellule *f* de la future reine dans une ruche.

maestrillo *m* maître d'école ■ FIG cada maestrillo tiene su librillo à chaque fou sa marotte.

maestro, tra *adj* maître, esse ‖ dressé, e (adiestrado); perro maestro chien dressé ■ clavija maestra cheville ouvrière ‖ cuaderna maestra maître couple ■ con o de mano maestra de main de maître ‖ golpe maestro coup de maître ‖ llave maestra passe-partout ‖ obra maestra chef-d'œuvre ‖ MAR palo maestro grand mât ‖ pared maestra mur porteur ‖ viga maestra poutre maîtresse.
  ➡ **maestro** *m* maître (de un arte); maestro de armas o de esgrima maître d'armes; maestro armero maître armurier ‖[▷ SIN] instituteur, maître d'école (profesor de primera enseñanza) ‖ professeur (de una disciplina); maestro de inglés professeur d'anglais ‖maître (práctico); maestro sastre maître tailleur ‖maître; inspirarse en los maestros s'inspirer des maîtres ‖ MAR maître ‖ MÚS maestro ‖ TAUROM matador ■ maestro de baile maître à danser (ant) maître de ballet (en un teatro) ‖ maestro de capilla maître de chapelle ‖ maestro de ceremonias maître de cérémonies ‖ maestro de cocina chef, maître queux (cocinero) ‖maestro de escuela maître d'école, instituteur ‖ maestro de obras entrepreneur, chef de chantier, maître d'œuvre (ant) ■ gran maestro grand maître (de ceremonias) ‖ hablar como maestro parler en maître ‖ser maestro o maestro consumado en el arte de être passé maître en o dans l'art de.

│ SIN profesor professeur; ayo, preceptor précepteur; pedagogo pédagogue; dómine magister.

mafia *f* maffia.

mafioso, sa *adj* mafieux, euse.
◇ *m* & *f* mafioso *m*.

Magallanes *n pr* Magellan ‖ GEOGR el estrecho de Magallanes le détroit de Magellan.

magallánico, ca *adj* magellanique.

magancear *v intr* (*Amer*) fainéanter, flemmasser.

maganel *m* MIL mangonneau.

maganza *f* FAM (*Amer*) fainéantise, flemmardise.

maganzón, ona *adj* & *s* FAM (*Amer*) fainéant, e; flemmard, e.

magaña *f* ruse, astuce (ardid) ‖ piège *m* (trampa) ‖ défaut *m* dans l'âme d'un canon (cañón).

magaya *m* (*Amer*) mégot.

magazín; magazine *m* magazine (revista ilustrada) ‖ magazine (programa de radio o televisión).

magdalena *f* madeleine (pastel) ‖ FIG fille repentie (mujer arrepentida).

Magdalena *n pr f* Madeleine, Madelon ‖ FIG & FAM llorar como o estar hecho una Magdalena pleurer comme une Madeleine.

Magdeburgo *n pr* GEOGR Magdebourg.

magenta *adj inv* & *s m* magenta.

magia *f* magie; magia blanca, negra magie blanche, noire ‖ FIG magie, envoûtement *m*, charme *m* (encanto) ‖ por arte de magia comme par enchantement, par l'opération du Saint-Esprit.

magiar *adj* & *s* magyar, e.

mágico, ca *adj* magique; poder mágico pouvoir magique ‖ FIG magique, merveilleux, euse ‖ varita mágica baguette magique.
◇ *m* & *f* magicien, enne (mago).
➡ **mágica** *f* magie (magia).

magín *m* FAM jugeote *f* (buen sentido) ‖ imagination *f* (imaginación) ■ FAM duro de magín qui a la comprenette difficile ‖ idea de su magín idée de son cru ‖ se lo ha sacado de su magín c'est de son cru.

magíster *m* FAM magister.

magisterial *adj* du magistère, de l'enseignement.

magisterio *m* magistère, enseignement (enseñanza) ‖ corps enseignant, enseignants *pl*, instituteurs *pl* (conjunto de maestros) ‖ profession *f* d'instituteur (empleo) ‖ FIG gravité *f* affectée.

magistrado *m* magistrat ‖ los jueces y magistrados la magistrature assise o au siège.

magistral *adj* magistral, e; en tono magistral d'un ton magistral.
◇ *m* médicament magistral (medicamento).

magistralmente *adv* magistralement.

magistratura *f* magistrature ■ jueces de la Magistratura del Trabajo juges prud'homaux ‖ Magistratura del Trabajo conseil des prud'hommes.

magma *m* magma.

magmático, ca *adj* magmatique.

magnánimamente *adv* magnanimement.

magnanimidad *f* magnanimité.

magnánimo, ma *adj* magnanime.

magnate *m* magnat.

magnesia *f* QUÍM magnésie.

magnesiano, na *adj* QUÍM magnésien, enne.

magnésico, ca *adj* QUÍM magnésique.

magnesífero, ra *adj* magnésifère.

magnesio *m* magnésium (metal).

magnesita *f* magnésite, écume de mer.

magnético, ca *adj* magnétique.

magnetismo *m* magnétisme ■ magnetismo animal magnétisme animal (hipnotismo) ‖ magnetismo terrestre magnétisme terrestre.

magnetita *f* MIN magnétite.

magnetización *f* magnétisation.

magnetizador *m* magnétiseur.

magnetizar [13] *v tr* magnétiser.

magneto *m* magnéto.

magnetodinámico, ca *adj* ELECTR magnétodynamique.

magnetoeléctrico, ca *adj* magnétoélectrique.

magnetofonía *f* enregistrement *m* magnétique.

magnetófono *m* magnétophone.

magnetohidrodinámica *f* FÍS magnétohydrodynamique.

magnetometría *f* magnétométrie.

magnetómetro *m* magnétomètre.

magnetón *m* FÍS magnéton.

magnetoóptica *f* magnéto-optique.

magnetopausa *f* ASTRON magnétopause.

magnetoquímica *f* QUÍM magnétochimie.

magnetoscopio *m* magnétoscope.

magnetosfera *f* magnétosphère.

magnetostático, ca *adj* & *s f* magnétostatique.

magnetoterapia *f* MED magnétothérapie.

magnetrón *m* ELECTR magnétron.

magnicida *m* magnicide (criminal).

magnicidio *m* magnicide (crimen).

magníficamente *adv* magnifiquement.

magnificar [10] *v tr* magnifier.

magníficat *m* magnificat (himno).

magnificencia *f* magnificence.

magnificente *adj* magnifique.

magnífico, ca *adj* magnifique ‖ el Rector Magnífico monsieur le recteur.

magnitud *f* grandeur (tamaño) ‖ FIG importance, grandeur; potencia nuclear de primera magnitud puissance nucléaire de première grandeur ‖ envergure; proyecto de gran magnitud projet de grande envergure ‖ ASTRON magnitude.

magno, na *adj* grand, e; Alejandro Magno Alexandre le Grand; Carta Magna Grande Charte; Magna Grecia Grande-Grèce ‖ aula magna grand amphithéâtre.

magnolia *f* BOT magnolia *m* (flor) ‖ magnolier *m* (árbol).

magnoliáceas *f pl* BOT magnoliacées.

magnolio *m* magnolier (árbol).

mago, ga *adj* & *s m* mage; los Reyes Magos les Rois Mages ‖ magicien, enne (que ejerce la magia); Simón el Mago Simon le Magicien ‖ FIG no ser un mago ne pas être grand sorcier.

magostar *v tr* griller [des marrons].

magosto *m* feu pour griller des marrons (hoguera) ‖ marrons *pl* grillés (castañas).

magra *f* tranche de jambon.

magrear *v tr* VULG peloter.

Magreb ➡ **Mogreb**.

magrebí ➡ **mogrebí**.

magro, gra *adj* maigre.
➡ **magro** *m* maigre (carne).

magrura *f* maigreur.

maguer; magüer *conj* quoique (aunque).
■ OBSERV Magüer est un barbarisme.

maguey; magüey *m* agave (pita) ‖ (*Amer*) FIG ébriété *f*.
■ OBSERV Magüey est un barbarisme.

magulladura *f*; **magullamiento** *m* meurtrissure *f*.

magullar *v tr* meurtrir, contusionner (una persona) ‖ meurtrir, abîmer (una fruta).

magullón *m* (*Amer*) meurtrissure *f*.

Maguncia *n pr* GEOGR Mayence.

maguntino, na *adj* & *s* mayençais, e (de Maguncia).

magyar *adj* & *s* magyar, e.

mahaleb *m* mahaleb (cerezo).

maharajá; marajá *m* maharajah, maharadjah.
■ OBSERV 1. En francés y en español el femenino hace maharani.
2. Le pluriel de maharajá est maharajás.

mahatma *m* mahatma.

mahdí; mehedí *m* mahdi.

mahdismo; mehedismo *m* mahdisme.

mah-jong *m* mah-jong (juego chino).

Mahmud *n pr* Mahmud, Mahmoud.

Mahoma *n pr* Mahomet.

mahometano, na *adj* & *s* mahométan, e.

mahometismo *m* mahométisme.

mahón *m* nankin, tissu de coton (tela).

mahona *f* mahonne (galera turca).

mahonés, esa *adj* & *s* mahonnais, e.
➡ **mahonesa** *f* BOT giroflée de Mahon ‖ mayonnaise (salsa).
■ OBSERV pl mahoneses, mahonesas.

mahonia *f* BOT mahonia *m*.

maicena *f* CULIN maïzena.

maicero *m* (*Amer*) marchand de maïs.

maicillo *m* (*Amer*) millet (planta).

mail-coach *m* mail-coach (berlina inglesa).

mailing [meilin] *m* mailing, publipostage.
■ OBSERV pl mailings.

maillechort *m* maillechort (metal).

maillot *m* DEP maillot; maillot amarillo maillot jaune (ciclismo).
■ OBSERV pl maillots.

maimón *m* singe (mico).
➡ **maimones** *m pl* potage *sing* andalou à l'huile avec des morceaux de pain.

maimonismo *m* doctrine *f* de Maïmonide.

Main; Meno *n pr m* GEOGR el Main o Meno le Main o Mein.

mainel *m* ARQ meneau.

maitinada *f* aubade.

maitines *m pl* matines *f*; cantar maitines chanter matines; llamar o tocar a maitines sonner les matines.

maître [metre] *m* maître d'hôtel.

maíz *m* maïs; maíz tostado maïs grillé ■ maíz de Guinea sorgho (zahína) ‖ roseta de maíz pop-corn, maïs éclaté.
▮ OBSERV pl maíces.

maizal *m* champ de maïs.

maja *f* jeune élégante (mujer) ‖ pilon *m* (del mortero).

majá *m* (*Amer*) serpent de Cuba (serpiente) ‖ flemmard (perezoso).
▮ OBSERV pl majáes.

majada *f* bergerie, parc *m* (aprisco) ‖ fumier *m* (estiércol) ‖ (*Amer*) troupeau *m* de moutons.

majadal *m* pâturage, prairie *f* (pastizal) ‖ bergerie *f* (majada).

majadear *v intr* passer la nuit dans une bergerie (el ganado).
◇ *v tr* fumer (abonar).

majadería *f* bourde, sotisse, bêtise (necedad).

majaderillo; majaderito *m* fuseau [à dentelle].

majadero, ra *adj & s* sot, sotte, imbécile (necio).
➤ **majadero** *m* pilon (maza) ‖ fuseau (majaderillo).

majado *m* purée *f*; un majado de almendras une purée d'amandes ‖ (*Amer*) blé o maïs pilé.

majadura *f* pilage *m*, broiement *m* (machacadura).

majagranzas *m* FAM raseur, casse-pieds *inv* (pesado) ‖ lourdaud (torpe).

majagua *f* BOT hibiscus *m*.

majagual *m* terrain planté d'hibiscus.

majal *m* banc de poissons.

majamiento *m* pilage, broiement.

majar *v tr* piler, broyer; majar algo en el mortero broyer quelque chose dans le mortier ‖ FIG & FAM embêter, assommer, casser les pieds (aburrir) ‖ battre (pegar) ‖ écraser; majar un ejército écraser une armée ‖ FIG majar a palos rouer de coups.

majareta *adj & s* FAM cinglé, e; maboule; toqué, e (loco).

majarete *m* (*Amer*) crème *f* au maïs ou au riz.

Majencio *n pr* Maixent, Maxence.

majería *f* groupe *m* de jeunes élégants.

majestad *f* majesté ■ su Divina Majestad Dieu (Dios) ‖ su Graciosa Majestad Sa Très Gracieuse Majesté ‖ su Majestad Católica Sa Majesté catholique ‖ su Majestad Cristianísima Sa Majesté très chrétienne.

majestuosamente *adv* majestueusement.

majestuosidad *f* majesté; la majestuosidad de su cara la majesté de son visage.

majestuoso, sa *adj* majestueux, euse.

majo, ja *adj & s* élégant, e (dicho de gentes del pueblo) [▷ OBSERV].
◇ *adj* FAM bien mis, e; chic *inv* (compuesto); ir muy majo être très chic ‖ mignon, onne

(mono) ‖ joli, e; beau, belle (hermoso) ‖ sympathique.
➤ **¡majo!** *interj m* FAM mon vieux!
➤ **¡maja!** *interj f* ma belle!
▮ OBSERV Majo s'est appliqué surtout, au XVIIIe siècle, aux jeunes gens du peuple qui adoptaient l'élégance et la liberté d'allures de la noblesse, tels que les a représentés Goya.

majolar *m* lieu planté d'aubépines.

majoleta *f* baie de l'aubépine.

majoleto *m* BOT aubépine *f* (majuelo).

majorette [majoret] *f* majorette.

majuela *f* baie de l'aubépine (fruto) ‖ lacet *m* (correa).

majuelo *m* BOT aubépine *f* ‖ jeune plant de vigne (viña nueva).

majzén *m* maghzen (gobierno marroquí).

maki *m* ZOOL maki.

mal *adj* mauvais, e; mal humor mauvaise humeur ‖ mal color mauvaise mine (mala cara).
◇ *m* mal ‖ malheur, mal (desgracia); los males de la guerra les malheurs o les maux de la guerre ■ mal caduco, mal de corazón mal caduc, haut mal ‖ mal de la rosa pellagre ‖ mal de la tierra mal du pays ‖ mal de madre hystérie ‖ mal de montaña mal des montagnes ‖ mal de ojo mauvais œil ‖ mal de orina incontinence d'urine ‖ mal de piedra maladie de la pierre, gravelle ‖ mal de San Lázaro éléphantiasis ‖ mal de San Vito danse de Saint-Gui ‖ mal francés mal napolitain, syphilis ‖ mal menor pisaller ■ a grandes males grandes remedios aux grands maux, les grands remèdes ‖ de mal en peor de mal en pis ‖ del mal el menos de deux maux il faut choisir le moindre ‖ mal de muchos, consuelo de tontos on se console comme on peut ‖ por mal que venga au pis aller ■ acogerse al mal menor choisir le moindre mal ‖ hacer mucho mal faire beaucoup de mal (hacer daño) ‖ llevar a mal una cosa mal supporter quelque chose ‖ ¡mal haya! maudit soit! ‖ no hay mal que dure cien años tout finit par s'arranger ‖ no hay mal que por bien no venga à quelque chose malheur est bon ‖ ser un mal a medias n'être qu'un demi-mal ‖ tomar a mal prendre en mal, mal prendre, prendre en mauvaise part; ha tomado a mal mi broma il a mal pris ma plaisanterie.
◇ *adv* mal; escribir mal écrire mal ‖ mauvais; oler mal sentir mauvais ‖ difficilement; mal puede ayudarme il peut difficilement m'aider ■ mal de mi grado malgré moi, contre mon gré ‖ mal que bien tant bien que mal, vaille que vaille ‖ mal que le pese ne vous en déplaise ‖ menos mal que heureusement que, encore heureux que FAM; menos mal que has venido heureusement que tu es venu, encore heureux que tu sois venu ‖ ¡menos mal! heureusement! ■ caer o venir mal tomber mal ‖ decir o hablar mal de uno dire du mal de quelqu'un ‖ estar a mal con alguien être mal avec quelqu'un ‖ hacer mal faire mal, mal faire; hacer mal su trabajo mal faire son travail; avoir tort; mal faire; hiciste mal obrando así tu as mal fait o tu as eu tort d'agir ainsi; hace mal en reír il a tort de rire ‖ no está mal ce n'est pas mal ‖ por mal que le vaya au pis aller ‖ salir mal échouer ‖ ser un mal pensado avoir l'esprit

mal tourné ‖ si mal no recuerdo si j'ai bonne mémoire ‖ sin pensar mal sans penser à mal ‖ va de mal en peor ça va de mal en pis, ça va de plus en plus mal, ça ne fait que croître et embellir.
▮ OBSERV Mal, adjectif, est l'apocope de malo lorsque celui-ci est placé devant un substantif masculin.

mala *f* malle (maleta) ‖ malle-poste (correo).

malabar *adj & s* malabare, malabre (p us) ■ hacer juegos malabares jongler, faire des tours d'adresse (en el circo), jongler; hacer juegos malabares con las palabras jongler avec les mots ‖ juegos malabares jongleries, tours d'adresse.

malabárico, ca *adj & s* malabare.

malabarismo *m* jongleries *f pl*, tours *pl* d'adresse ‖ FIG haute voltige *f* ‖ hacer malabarismos con jongler avec; hacer malabarismos con los números jongler avec les chiffres.

malabarista *m & f* jongleur, euse ‖ (*Amer*) voleur adroit.

Malaca *n pr* GEOGR Melaka, Malacca.

malacara *adj* (*Amer*) alezan avec une marque blanche sur le front (caballo).

malacate *m* manège (cabrestante) ‖ (*Amer*) fuseau (huso).

malacia *f* MED malacie, malacia.

malacitano, na *adj & s* (ant) de Malaga.

malacodermos *m pl* ZOOL malacodermes.

malacología *f* malacologie (estudio de los moluscos).

malaconsejado, da *adj* mal conseillé, e.

malacopterigio, gia *adj & s m* ZOOL malacoptérygien, enne (peces).

malacostumbrado, da *adj* qui a de mauvaises habitudes ‖ mal élevé, e (mal criado) ‖ gâté, e (mimado).

malacostumbrar *v tr* donner de mauvaises habitudes (viciar) ‖ gâter (mimar).

malacrianza *f* mauvaise éducation.

malacuenda *f* serpillère (harpillera).

málaga *m* malaga (vino).

Málaga *n pr* GEOGR Málaga, Malaga ‖ salir de Málaga y entrar en Malagón tomber de Charybde en Scylla.

malagana *f* FAM faiblesse, évanouissement *m*.

malage *m* fadeur *f*, manque de sel o de charme ■ cantó con malage il a chanté sans grâce ‖ es un malage c'est un empoisonneur.
▮ OBSERV Ce mot est une déformation andalouse de mal ángel, qui signifie fadeur, manque de charme.

malagradecido, da *adj* (*Amer*) ingrat, e.

malagueña *f* chanson populaire de la province de Malaga.

malagueño, ña *adj & s* malaguène, habitant, e de Malaga.

malagueta *f* malaguette, maniguette, poivre *m* de Guinée.

malaleche *f* MFAM caractère *m* de cochon.

malambo *m* (*Amer*) danse *f* folklorique argentine.

malamente *adv* mal ‖ quedar malamente ne pas bien s'en sortir.

malandante *adj* malheureux, euse; malchanceux, euse.

malandanza *f* malheur *m*, mésaventure.

malandrín, ina *adj* coquin, e.
◆ **malandrín** *m* malandrin, coquin, mandrin.

malapata *m* & *f* FAM personne qui a la guigne o la poisse (gafe).
◇ *f* déveine, poisse, guigne (mala suerte).

Malaquías *n pr* Malachie.

malaquita *f* MIN malachite | **malaquita azul** azurite.

malar *adj* ANAT malaire.
◇ *m* pommette *f*.

malaria *f* MED malaria, fièvre paludéenne, paludisme *m*.

malasangre *adj* & *s* malintentionné, e | FIG & FAM **hacerse (uno) malasangre** se faire du mauvais sang.

Malasia *n pr f* GEOGR Malaisie.

malasio, sia *adj* & *s* malais, e.

malasombra *m* & *f* FAM empoisonneur, euse (guasa).
◇ *f* FAM poisse, guigne (mala suerte) | manque *m* de charme, fadeur (falta de gracia).

malatería *f* maladrerie, ladrerie (leprosería).

malatía *f* ladrerie, lèpre (lepra).

malato, ta *adj* & *s* ladre, lépreux, euse.

malaúva *f* malveillance.

malavenido, da *adj* en désaccord o en mauvais termes, qui s'entend mal.

malaventura; malaventuranza *f* malchance, malheur *m* (desventura).

malaventurado, da *adj* & *s* malchanceux, euse; malheureux, euse (desafortunado).

malaventuranza ► **malaventura**.

Malawi *n pr m* GEOGR **el lago Malawi** le lac Malawi.

malaxación *f* malaxage *m*, malaxation.

malaxar *v tr* malaxer (amasar).

malayo, ya *adj* & *s* malais, e.
◆ **malayo** *m* LING malais.

Malaysia *n pr f* GEOGR Malaisie.

malbaratador, ra *adj* & *s* gaspilleur, euse; dissipateur, trice.

malbaratar *v tr* gaspiller, dissiper (malgastar) | vendre à vil prix, bazarder FAM (vender).

malbarato *m* gaspillage (despilfarro).

malcarado, da *adj* peu avenant, e; rébarbatif, ive.

malcasado, da *adj* mauvais époux, mauvaise épouse | mésallié, e (casado con una persona de clase o condición inferior) | **estar malcasado** être mal marié.

malcasar *v tr* faire faire un mauvais mariage (con persona mal escogida) | mésallier (con persona de condición inferior).
◆ **malcasarse** *v pr* faire un mauvais mariage | se mésallier.

malcocinado *m* abats *m pl*.

malcomer *v intr* mal manger.

malcomido, da *adj* mal nourri, e (mal alimentado), sous-alimenté, e (poco alimentado).

malconsiderado, da *adj* méprisé, e; déconsidéré, e.

malcontento, ta *adj* & *s* mécontent, e; **malcontento con su suerte** mécontent de son sort.
◆ **malcontento** *m* sorte de jeu de l'écarté (naipes).

malcriadez *f* (*Amer*) mauvaise éducation | grossièreté.
| OBSERV pl malcriadeces.

malcriado, da *adj* & *s* mal élevé, e; malappris, e.

malcriar [9] *v tr* mal élever (educar mal) | gâter (mimar).

maldad *f* méchanceté; **cometer maldades** faire des méchancetés.

maldecido, da *adj* & *s* méchant, e (malo) | maudit, e (maldito).

maldecir [66] *v tr* maudire (echar maldiciones); **maldijo a su hijo** il maudit son fils.
◇ *v intr* médire, dire du mal (calumniar); **maldecir de alguien** médire de quelqu'un.

maldiciente *adj* & *s* médisant, e.

maldición *f* malédiction; **proferir una maldición** lancer une malédiction | imprécation (imprecación) ■ **echar maldiciones contra uno** jeter sa malédiction sur quelqu'un, poursuivre quelqu'un de ses malédictions.
◆ **¡maldición!** *interj* malédiction!, malheur!
| SIN **imprecación** imprécation; **anatema** anathème; **reprobación** réprobation; **condenación** condamnation.

maldispuesto, ta *adj* indisposé, e (de salud) | mal disposé, e (sin ganas).

maldita *f* FAM la langue, la bavarde.

maldito, ta *adj* & *s* maudit, e; damné, e (condenado); **¡id, malditos, al fuego eterno!** allez, maudits, au feu éternel!
◇ *adj* maudit, e; satané, e; sacré, e; **¡maldito tiempo!** maudit temps!; **¡maldito embustero!** sacré menteur! | de malheur; **¡ese maldito individuo!** cet individu de malheur! | malheureux, euse; **no tengo ni una maldita peseta** je n'ai même pas une malheureuse peseta ■ **maldita la gana que tengo** je n'en ai pas la moindre envie | FAM **¡maldita sea!** merde alors! | **no saber maldita la cosa** ne rien savoir du tout.

Maldivas *n pr f pl* GEOGR **las (islas) Maldivas** les (îles) Maldives.

maldivo, va *adj* & *s* maldivien, enne.

maleabilización *f* TECN malléabilisation.

maleabilizar [13] *v tr* malléabiliser.

maleable *adj* malléable.

maleado, da *adj* corrompu, e; perverti, e.

maleamiento *m* corruption *f*.

maleante *adj* corrupteur, trice (que corrompe) | pervers, e (perverso) | malin, igne (maligno) | **gente maleante** mauvais sujets.
◇ *m* mauvais sujet, malfaiteur (malhechor).

malear *v tr* corrompre | FIG corrompre, pervertir.
◆ **malearse** *v pr* se corrompre, se débaucher, se dévergonder.

malecón *m* jetée *f*, môle, digue *f* (dique).

maledicencia *f* médisance.

maldiciente *adj* & *s* médisant, e.

maleducado, da *adj* & *s* mal élevé, e.

maleficencia *f* malfaisance.

maleficiado, da *adj* maléficié, e.

maleficiar [7] *v tr* faire du mal (a uno) | endommager (una cosa) | ensorceler, jeter un sort.

maleficiente *adj* malfaisant, e.

maleficio *m* maléfice.

maléfico, ca *adj* malfaisant, e (dañino) | maléfique (en astrología).
◇ *m* & *f* sorcier, ère (que hace maleficios).

malejo, ja *adj* assez méchant, e | assez mauvais, e.

malencarado, da *adj* mal élevé, e.

malentender [20] *v tr* mal interpréter, comprendre de travers.

malentendido, da *m* malentendu.

maleolar *adj* ANAT malléolaire.

maléolo *m* ANAT malléole *f* (tobillo).

malespín *m* (*Amer*) sorte de javanais, parler des voyoux.

malestar *m* malaise; **sentir un malestar** éprouver un malaise | FIG malaise (inquietud).

maleta *f* valise (ropa) | coffre *m* à bagages (coche) ■ **hacer la maleta** faire ses valises (para un viaje), faire sa malle o ses malles o son paquet (irse).
◇ *m* empoté, mazette *f* (se dit surtout des mauvais toreros) | (*Amer*) balluchon, baluchon (lío de ropa) | pauvre type (hombre despreciable).

maletera *f* (*Amer*) mallette, petite valise.

maletero *m* malletier (que hace maletas) | coffre à bagages (coche) | porteur (estaciones).

maletilla *m* FAM apprenti torero.

maletín *m* mallette *f*, petite valise *f* | trousse *f* (de médico, veterinario) ■ MIL **maletín de grupa** portemanteau | **maletín de muestras** boîte à échantillons, marmotte (muestrario).

maletón *m* grande valise *f* (maleta grande).

malevaje *m* (*Amer*) canaille *f* (bandidaje).

malevo, va *adj* méchant, e; malveillant, e (malévolo).

malévolamente *adv* avec malveillance, malveillamment.

malevolencia *f* malveillance.

malévolo, la *adj* malveillant, e; malévole (p us).

maleza *f* mauvaises herbes *pl* (hierbas) | broussailles *pl* (zarzas) | fourré *m*, maquis *m* (arbustos) | (*Amer*) pus *m*.

malezal *m* (*Amer*) maquis.

malformación *f* MED malformation.

malgache *adj* & *s* malgache (de Madagascar).
◇ *m* LING malgache.

malgastador, ra *adj* & *s* gaspilleur, euse.

malgastar *v tr* gaspiller, dissiper (sus bienes) | user (la salud).

malgeniado, da *adj* (*Amer*) irritable.

malhablado, da *adj* grossier, ère; mal embouché, e FAM.
◇ *m* & *f* grossier personnage, personne grossière.

malhadado, da *adj* infortuné, e.

malhaya *adj* FAM maudit, e ■ **malhaya el que mal piense** honni soit qui mal y pense ‖ **malhaya sea** maudit soit.

malhecho, cha *adj* contrefait, e; difforme. ➩ **malhecho** *m* méfait.

malhechor, ra *adj* malfaisant, e. ◇ *m & f* [▷ SIN] malfaiteur, trice.
‖ SIN **delincuente** délinquant; **criminel** criminel; **bandolero, bandido** brigand.

malherir [27] *v tr* blesser grièvement.

malhojo *m* épluchures *f pl* (de legumbres) ‖ feuilles *f pl* mortes (hojarasca).

malhumor *m* mauvaise humeur *f*.

malhumorado, da *adj* de mauvaise humeur ‖ **responder con tono malhumorado** répondre avec mauvaise humeur o sur un ton desagréable o chagrin.

malhumorar *v tr* mettre de mauvaise humeur.

Malí; Mali *n pr m* GEOGR Mali.

malicia *f* malignité, malice (perversidad) ‖ méchanceté (maldad) ‖ malice (astucia, sutileza) ‖ FIG & FAM **tener la malicia de que** avoir idée que, soupçonner que (tener recelo); **tengo la malicia de que eso no es así** j'ai idée qu'il pourrait bien ne pas en être ainsi.

maliciable *adj* soupçonnable (sospechoso) ‖ corruptible, qui peut se corrompre.

maliciarse *v pr* se débaucher, se dévergonder (malearse) ‖ soupçonner (sospechar); **maliciarse de algo** soupçonner quelque chose.

maliciosamente *adv* malicieusement.

malicioso, sa *adj* malicieux, euse ‖ malicieux, euse; malin, igne (astuto).

málico *adj m* QUÍM malique (ácido).

malignamente *adv* malignement.

malignidad *f* malignité.

maligno, na *adj* malin, igne (pernicioso); **fiebre maligna** fièvre maligne ‖ pervers, e; **intención maligna** intention perverse ‖ méchant, e (malo).
‖ OBSERV **Malin**, dans le sens de rusé, se dit en espagnol **astuto**.

malilla *f* manille (juego) ‖ **jugador de malilla** manilleur, joueur de manille.

malinas *f* malines (encaje).

Malinas *n pr* GEOGR Malines.

Malinche *n pr* Malinche.

malinchismo *m* (*Amer*) inclination *f* pour ce qui vient de l'étranger.

malintencionado, da *adj* malintentionné, e; malveillant, e.

malla *f* maille (de una red) ‖ filet *m* (red) ‖ (*Amer*) maillot *m* de bain (bañador) ‖ maillot *m* (de un deportista) ‖ sorte de capucine (capuchina) ‖ INFORM **Malla Mundial** Web ■ **cota de malla** cote de mailles ‖ **malla pequeña** maillon.

mallar *v intr* mailler.

mallero *m* fabricant de filets.

malleto *m* maillet (de papelería).

mallo *m* maillet (mazo) ‖ mail (juego y terreno).

Mallorca *n pr f* GEOGR Majorque.

mallorquín, ina *adj & s* majorquin, e.

malmandado, da *adj & s* désobéissant, e.

malmaridada *adj f & s f* qui manque à ses devoirs [une épouse] ‖ (ant) mal mariée.

malmeter *v tr* gaspiller, gâcher (malgastar).

malmirado, da *adj* mal vu, e ‖ impoli, e; grossier, ère (descortés).

malnacido, da *adj & s* vil, e; mauvais, e.

malnutrición *f* malnutrition.

malnutrido, da *adj* sous-alimenté, e.

malo, la *adj* mauvais, e (que no es bueno); **este vino está malo** ce vin est mauvais; **una acción mala** une mauvaise action; **las malas lecturas** les mauvaises lectures ‖ méchant, e (inclinado al mal); **tu amigo es malo** ton ami est méchant; **malo con** o **para** o **para con sus hermanos** méchant envers o avec ses frères ‖ malade, souffrant, e (enfermo); **estar malo** être malade ‖ mauvais, e; désagréable; **vecinos muy malos** voisins très désagréables; **pasar un rato muy malo** passer un très mauvais moment ‖ difficile (dificultoso); **este verso es malo de entender** ce vers est difficile à comprendre ‖ FAM peu doué, e (sin habilidad); **soy malo para las matemáticas** je suis peu doué pour les mathématiques ‖ vilain, e, espiègle (muchacho travieso) ■ **mala cabeza** mauvaise tête ‖ **mala estación** morte-saison ‖ **mala jugada** sale tour ‖ **¡mala suerte!** dommage!, pas de chance! ■ **en mala hora** au mauvais moment (inoportunamente) ‖ **los ángeles malos** les mauvais anges ‖ **por las buenas** o **por las malas** de gré ou de force ‖ **por las malas** de force ■ FIG **andar a malas** être brouillé o à couteaux tirés ‖ **dar mala vida** rendre o faire la vie dure ‖ **eso es malo** c'est mal ‖ FIG **estar de malas** ne pas avoir de chance, ne pas être en veine (en el juego), être de mauvaise humeur o de mauvais poil FAM [de mal humor] ‖ **estar de malas con la justicia** avoir maille à partir avec la justice ‖ **más vale malo conocido que bueno por conocer** le mieux est l'ennemi du bien ‖ **no hay oficio malo** il n'est pas de sot métier ‖ FIG **poner mala cara** faire grise mine o une drôle de tête o de bouille FAM ‖ **ponerse de malas con alguien** se mettre mal avec quelqu'un ‖ **tener mala cara** avoir mauvaise mine ‖ **tener mala suerte** ne pas avoir de chance ‖ FIG **venir de malas** être de mauvaise humeur.
➩ **malo** *m* le Malin (el diablo) ‖ le méchant (en una narración, película) ‖ **lo malo es que** l'ennui c'est que.
➩ **¡malo!** *interj* mauvais signe!
‖ OBSERV Il ne faut pas confondre **ser malo** être méchant, avec **estar malo** être malade, avoir mauvais goût.

maloca *f* (*Amer*) incursion, raid *m*.

malogrado, da *adj* malheureux, euse; infortuné, e [disparu avant d'avoir donné toute sa mesure]; **el malogrado poeta García Lorca** le malheureux poète García Lorca.

malogramiento *m* échec (malogro).

malograr *v tr* perdre, ne pas savoir profiter de, laisser passer; **malograr una ocasión** laisser passer une occasion ‖ **malograr la vida** rater sa vie.
➩ **malograrse** *v pr* échouer, tourner court, tomber à l'eau (fracasar) ‖ ne pas répondre aux espérances (autor, etc.) ‖ être perdu, e (ocasión, tiempo) ‖ avoir une mort prématurée (morir prematuramente) ‖ AGRIC avorter.

malogro *m* échec, insuccès (fracaso) ‖ perte *f* (pérdida) ‖ AGRIC avortement.

maloliente *adj* malodorant, e; qui sent mauvais.
‖ SIN **apestoso, hediondo** puant; **fétido** fétide; **mefítico** méphitique.

malón *m* (*Amer*) incursion *f* o raid d'Indiens ‖ FIG mauvais tour.

maloquear *v intr* (*Amer*) faire des incursions [les Indiens].

malora *adj* (*Amer*) espiègle.

malorear *v intr* (*Amer*) jouer de mauvais tours.

malparar *v tr* maltraiter, mettre mal en point ■ **dejar malparado** mettre dans un piteux état; **Francisco dejó malparado a Juan** François a mis Jean dans un piteux état; éprouver sérieusement; **esta enfermedad le ha dejado malparado** cette maladie l'a sérieusement éprouvé ‖ **salir malparado de un negocio** mal se tirer d'une affaire.

malparida *f* femme qui fait une fausse couche.

malparir *v intr* faire une fausse couche (abortar).

malparto *m* fausse couche *f* (aborto).

malpasar *v intr* FAM avoir du mal à joindre les deux bouts.

malpensado, da *adj & s* qui a l'esprit mal tourné.

malpigia *f* BOT malpighie.

malpigiáceas *f pl* BOT malpighiacées.

malquerencia *f* malveillance (malevolencia) ‖ antipathie (antipatía).

malquerer [67] *v tr* ne pas aimer.

malquerido, da *adj* mal aimé, e.

malquistar *v tr* fâcher, brouiller.
➩ **malquistarse** *v pr* se fâcher, se brouiller; **me malquisté con el alcalde** je me suis fâché avec le maire.

malquisto, ta *adj* fâché, e; brouillé, e.

malsano, na *adj* malsain, e ‖ maladif, ive.

malsonante *adj* malsonnant, e.

malsufrido, da *adj* peu endurant, e; malendurant, e.

malta *f* malt *m* (cebada) ‖ (*Amer*) bière brune (cerveza) ‖ TECN **fábrica de malta** malterie.

Malta *n pr* GEOGR Malte; **caballero de Malta** chevalier de Malte.

maltaje *m* TECN maltage.

malteado *m* TECN maltage.

maltear *v tr* TECN malter.

maltería *f* malterie.

maltero *m* malteur.

maltés, esa *adj & s* maltais, e.
‖ OBSERV *pl* malteses, maltesas.

maltón, ona *adj* FAM (*Amer*) jeunot, jeunette.

maltosa *f* QUÍM maltose.

maltraer [73] *v tr* maltraiter, malmener ‖ FIG **llevar** o **traer a maltraer** en faire voir de toutes les couleurs.

maltraído, da *adj* (*Amer*) déguenillé, e.

maltratamiento; maltrato *m* mauvais traitement.

maltratar *v tr* maltraiter, malmener (tratar mal) ‖ molester (importunar) ‖ abîmer (echar a perder).

maltrato ► maltratamiento.

maltrecho, cha *adj* maltraité, e; en piteux état ‖ dejar maltrecho malmener, maltraiter; dejar maltrecho al enemigo malmener l'ennemi.

maltusianismo *m* malthusianisme.

maltusiano, na *adj* malthusien, enne.

malucho, cha *adj* FAM patraque, mal fichu, e; pas très bien, pas dans son assiette; hoy está malucho aujourd'hui il est patraque.

maluco, ca *adj & s* des îles Moluques.

malva *f* BOT mauve ■ BOT malva loca o real o rósea rose trémière ■ FIG & FAM criar malvas manger les pissenlits par la racine ‖ FIG ser como una malva être doux comme un agneau.
◇ *adj inv & s m* mauve (color).

malváceas *f pl* BOT malvacées.

malvadamente *adv* méchamment (con maldad).

malvado, da *adj & s* méchant, e; scélérat, e.

malvaloca *f* BOT rose trémière (malvarrosa).

malvar *m* endroit couvert de mauves.

malvarrosa *f* BOT rose trémière.

malvasía *f* malvoisie (uva y vino).

malvavisco *m* BOT guimauve *f*.

malveína *f* QUÍM mauvéine.

malvender *v tr* mévendre.

malversación *f* malversation ‖ malversación de fondos détournement de fonds.

malversador, ra *adj & s* concussionnaire (concusionario).

malversar *v tr* détourner des fonds, malverser (p us).

Malvinas; Falkland *n pr f pl* GEOGR las (islas) Malvinas o Falkland les (îles) Malouines o Falkland.

malvinero, ra *adj & s* des îles Malouines.

malvís *m* mauvis (ave).

malvivir *v intr* vivre mal.

malvón *m* (Amer) géranium.

mama *f* mamelle (teta) ‖ sein *m* (pecho) ‖ FAM maman (madre).

mamá *f* FAM maman (madre) ‖ (Amer) mamá grande grand-mère (señora).
▮ OBSERV *pl* mamás.

mamacallos *m inv* FIG & FAM nigaud.

mamacita *f* (Amer) petite maman.

mamacona *f* (Amer) prêtresse des Incas.

mamada *f* tétée ‖ FAM (Amer) aubaine (ganga) ‖ cuite (borrachera).

mamadera *f* tire-lait *m inv* ‖ (Amer) tétine (del biberón) ‖ biberon *m* (biberón).

mamado, da *adj* FAM rond, e; soûl, e (borracho) ‖ FIG & MFAM fastoche (fácil) ‖ (Amer) niais, e (tonto) ‖ FIG & MFAM está mamado c'est du gâteau, c'est du tout-cuit.

mamagrande *f* (Amer) grand-mère.

mamaíta; mamita *f* FAM (Amer) petite maman, petite mère (palabra cariñosa).

mamalogía *f* ZOOL mammalogie.

mamancona *f* (Amer) vieille femme obèse, grosse mère.

mamandurria *f* (Amer) sinécure, fromage *m*.

mamantear *v tr* (Amer) allaiter (amamantar) ‖ mal élever (malcriar).

mamantón, ona *adj* de lait (animales).

mamar *v tr* téter (el niño); dar de mamar donner à téter ‖ FIG & FAM sucer avec le lait; mamar la honradez sucer l'honnêteté avec le lait ‖ s'imprégner o acquérir dès l'enfance; haber mamado un idioma s'être imprégné d'une langue dès l'enfance ‖ décrocher, dénicher, dégoter; mamar un buen empleo décrocher une belle situation ‖ MFAM avaler, engloutir (engullir) ‖ FAM quien no llora no mama qui ne demande rien n'a rien.
◆ **mamarse** *v pr* MFAM se soûler (emborracharse) ‖ MFAM se taper; mamarse dos años de mili se taper deux ans de service militaire ■ MFAM (Amer) mamarse a uno rouler, avoir, posséder quelqu'un (engañar), tuer, zigouiller (matar) ‖ FIG & FAM no mamarse el dedo ne pas être né de la dernière pluie.

mamario, ria *adj* ANAT mammaire, mamellaire.

mamarrachada *f* FAM croûte (cuadro malo) ‖ navet *m* (libro, película) ‖ ânerie, bourde.

mamarrachista *m & f* FAM barbouilleur, euse (pintor malo).

mamarracho *m* FAM imbécile (imbécil) ‖ fantoche, polichinelle (fantoche) ‖ croûte *f* (cuadro malo) ‖ navet (libro, película).

mambí; mambís, isa *adj & s* rebelle, séparatiste [à Cuba, en 1868].

mambla *f* mamelon *m*, monticule *m*.

mambo *m* mambo (baile).

Mambrino *n pr* Mambrin.

Mambrú *n pr* Malbrough; Mambrú se fue a la guerra Marlbrough s'en va-t-en guerre.

mamela *f* FAM pot-de-vin *m* (comisión extra).

mamella *f* fanon *m* [de la chèvre, etc.].

mamellado, da *adj* qui a des fanons [chèvre, etc.].

mamelón *m* mamelon.

mameluco *m* mameluk, mamelouk ‖ FIG & FAM nigaud, sot (necio) ‖ (Amer) combinaison *f* de travail (prenda para obreros) ‖ esquimau (para niños).

Mamerto *n pr* Mamert.

mamey *m* BOT mammée *f*, abricotier de Saint-Domingue.

mamífero, ra *adj & s m* mammifère.

mamiforme *adj* mamelliforme.

mamila *f* mamelle (de la hembra) ‖ téton *m* (del hombre).

mamilar *adj* ANAT mamillaire.

mamilaria *f* BOT mamillaire.

mamita ► mamaíta.

mamitis *f inv* MED mammite.

mamografía *f* MED mammographie.

mamola *f* caresse sous le menton ‖ FIG & FAM hacer a uno la mamola se payer la tête de quelqu'un (burlarse).

mamón, ona *adj & s* qui tète encore, au sein (que mama todavía) ‖ goulu, e; qui tète beaucoup (que mama demasiado) ‖ diente mamón dent de lait.
◆ **mamón** *m* nourrisson (nene) ‖ BOT branche *f* gourmande, gourmand (chupón) ‖ melicocea, arbre de l'Amérique tropicale (árbol) ‖ (Amer) papayer (papayo), papaye *f* (papaya) ‖ anone *f* (chirimoya) ‖ gâteau spongieux (bizcocho).

mamotreto *m* carnet de notes ‖ FIG & FAM gros bouquin (libraco) ‖ paperasses *f pl* (papeluchos) ‖ chose *f* encombrante.

mampara *f* paravent *m* (biombo) ‖ porte capitonnée (puerta).

mamparo *m* MAR cloison *f*; mamparo estanco cloison étanche.

mamperlán *m* rebord en bois [d'une marche d'escalier en pierre].

mamporro *m* FAM coup, gnon (golpe).

mampostear *v tr* ARQ maçonner.

mampostería *f* maçonnerie ‖ revestir con mampostería maçonner, revêtir d'une maçonnerie.

mampostero *m* maçon (albañil) ‖ collecteur de dîmes, etc. (recaudador).

mampresar *v tr* dompter [un cheval sauvage].

mampuesta *f* assise, rangée de pierres.

mampuesto, ta *adj* de maçonnerie.
◆ **mampuesto** *m* pierre *f*, bloc (piedra) ‖ parapet, défense *f* (parapeto) ‖ (Amer) appui (de un arma) ‖ de mampuesto de réserve (de prevención), à couvert (a cubierto).

mamullar *v tr* FIG & FAM marmotter (mascullar) ‖ mâchonner (mascar).

mamut *m* ZOOL mammouth.
▮ OBSERV *pl* mamutes o mamuts.

Man *n pr* GEOGR la isla de Man l'île de Man.

mana *f* (Amer) manne ‖ source (manantial).

maná *m* manne *f* (del cielo, de los árboles) ‖ FIG manne *f* ‖ QUÍM azúcar de maná mannite.

manabita *adj & s* de Manabí (Ecuador).

manada *f* troupeau *m* (rebaño) ‖ bande, meute (bandada); manada de lobos bande de loups ‖ FIG & FAM bande (de personas) ‖ poignée (de hierbas) ■ FAM a manadas en bandes (en tropa), à poignées (a puñados) ‖ llegar a manadas affluer.
▮ OBSERV Existe la palabra manade en francés en el sentido de rebaño, pero se emplea únicamente en Provenza.

manadero *m* berger (pastor) ‖ source *f* (manantial).

manadero, ra *adj* jaillissant, e.

management *m* ECON management (anglicismo).

manager *m* manager (de un boxeador) ‖ ECON manager (gerente).
▮ OBSERV *pl* managers.

Managua *n pr* GEOGR Managua.

managuaco, ca *adj* (Amer) rustre (rústico) ‖ qui a des taches blanches aux pattes o au museau (animal).

managüense *adj* & *s* de Managua (Nicaragua).

manante *adj* jaillissant, e.

manantial *m* [▷ **SIN**] source *f* ‖ **FIG** source *f* (origen y principio).
◇ *adj* de source; **agua manantial** eau de source.
‖ **SIN** fuente fontaine; pozo puits; manadero, nacimiento source.

manantío, a *adj* jaillissant, e.

manar *v intr* jaillir (brotar); **mana sangre de la herida** du sang jaillit de la blessure ‖ **FIG** abonder (abundar).

Manasés *n pr* Manassé.

manatí; manato *m* lamantin (mamífero).
‖ **OBSERV** le pluriel de manatí est manatíes.

manaza *f* **FAM** grosse main, grosse patte, battoir *m*.

manazas *adj inv* & *s inv* empoté, e.

manca *f* (*Amer*) grand pot *m*.

mancamiento *m* estropiement.

mancar [10] *v tr* estropier.

mancarrón *m* (*Amer*) rosse *f*, haridelle *f* (caballo malo).
◇ *adj* & *s* **FAM** raseur, euse (latoso).

manceba *f* maîtresse, concubine.

mancebía *f* maison close o de tolérance.

mancebo *m* jeune homme (joven) ‖ célibataire, garçon **FAM** ‖ commis, garçon (dependiente) ‖ préparateur (de farmacia).
➧ **mancebos** *m pl* jeunes gens (mozos).

mancera *f* mancheron *m* (esteva del arado).

mancerina *f* soucoupe (platillo).

mancha *f* tache; **sacar una mancha** enlever une tache ‖ **FIG** souillure, tache (infamia) ‖ accroc *m*; **hacer una mancha en su honra** faire un accroc à son honneur ‖ **ANAT** tache; **mancha amarilla** tache jaune ‖ **ARTES** ébauche, esquisse (boceto) ‖ **ASTRON** tache; **mancha solar** tache solaire ‖ jardinage *m* (de los diamantes) ‖ (*Amer*) charbon *m* (tumor) ■ **FIG** & **FAM** **extenderse como una mancha de aceite** faire tache d'huile ‖ **la mancha ha salido** la tache est partie o a disparu (ha desaparecido), **la tache est ressortie** o a reparu (ha vuelto a aparecer).

Mancha *n pr f* **GEOGR** (el canal de) la Mancha la Manche [mer] ‖ ➧ **Manche**.

manchar *v tr* tacher (hacer una mancha); **manchar con** o **de tinta** tacher d'encre ‖ tacher, salir (ensuciar) ‖ **FIG** [▷ **SIN**] souiller, salir, noircir, tacher; **manchar la reputación de uno** salir la réputation de quelqu'un ‖ éclabousser, salir; **el escándalo ha manchado a su familia** le scandale a éclaboussé sa famille ‖ poser des taches de couleur (en una pintura).
➧ **mancharse** *v pr* se tacher (hacerse una mancha) ‖ se tacher, se salir (ensuciarse).
‖ **SIN** mancillar souiller; deshonrar déshonorer; profanar profaner; violar violer.

Manche; Mancha *n pr f* **GÉOGR** la Manche o Mancha la Manche [département français].

manchego, ga *adj* & *s* de la Manche [région d'Espagne].
➧ **manchego** *m* fromage de la Manche (queso).

manchón *m* grosse tache *f* ‖ endroit d'un champ où les plantes sont plus touffues.

manchú, a *adj* & *s* mandchou, e.

Manchukuo *n pr m* **HIST** (antiguo nombre de Manchuria) Mandchoukouo.

Manchuria *n pr f* **HIST** Mandchourie.

mancilla *f* **FIG** souillure, flétrissure.

mancillar *v tr* souiller, flétrir.

mancipación *f* **DR** mancipation (transmisión de una propiedad) ‖ vente et achat (venta y compra).

mancipar *v tr* asservir, réduire en esclavage.

manco, ca *adj* & *s* manchot, e; **manco de la izquierda** manchot du bras gauche ‖ **FIG** boiteux, euse; **verso manco** vers boiteux ‖ mal; **estas fiestas tampoco son mancas** ces fêtes ne sont pas mal non plus ■ **el manco de Lepanto** Cervantès [qui perdit un bras à cette bataille] ■ **FAM** **no ser cojo ni manco** avoir la main leste o lourde (pegar) ‖ **no ser manco** ne pas être manchot, ne pas être embarrassé de ses dix doigts (ser hábil).

mancomún
➧ **de mancomún** *loc adv* de concert, d'un commun accord.

mancomunar *v tr* réunir, associer (personas) ‖ réunir, mettre en commun (cosas) ‖ unir (intereses) ‖ **DR** rendre solidaires.
➧ **mancomunarse** *v pr* s'unir, s'associer; **mancomunarse con otro** s'associer à une autre personne.

mancomunidad *f* union, association ‖ fédération (de provincias, etc.) ‖ copropriété (de una casa) ‖ **la Mancomunidad británica** le Commonwealth.

mancornar [23] *v tr* terrasser un jeune taureau (derribar) ‖ entraver, lier (atar) ‖ attacher (deux bœufs) par les cornes ‖ **FIG** & **FAM** apparier (emparejar).

mancornas; mancuernas *f pl* (*Amer*) boutons *m* de manchettes.

mancuerda *f* tour *m* de corde [dans la torture].

mancuerna *f* paire, couple *m* (pareja) ‖ corde, courroie (correa).
➧ **mancuernas** *f pl* ➧ **mancornas**.

manda *f* offre, promesse (oferta) ‖ don *m*, legs *m* (legado testamentario).

mandadero, ra *adj* docile (sumiso).
◇ *m* & *f* commissionnaire.
➧ **mandadero** *m* chasseur, groom (botones).

mandado *m* commission *f*, course *f* **FAM**; **hacer los mandados** faire les commissions ‖ ordre (orden) ‖ mandat (encargo, delegación) ‖ (*Amer*) **a su mandado** à vos ordres.

mandador *m* (*Amer*) fouet (látigo).

mandamás *m* **FAM** grand manitou; **es el mandamás del pueblo** c'est le grand manitou du village ‖ ponte; **es uno de los mandamás de la Universidad** c'est un des pontes de l'université ‖ chef de file; **ser el mandamás de una rebelión** être le chef de file d'une rébellion.
‖ **OBSERV** pl mandamases.

mandamiento *m* commandement, ordre (orden) ‖ **RELIG** commandement; **los mandamientos de la ley de Dios** les commandements de Dieu ‖ **DR** mandement ‖ mandat; **mandamiento de arresto** o **de detención**

mandat d'arrêt; **mandamiento para comparecer** o **judicial** mandat d'amener.
➧ **mandamientos** *m pl* **FIG** & **FAM** les cinq doigts.

mandanga *f* **FAM** flegme *m*, calme *m* (pachorra) ‖ came, cocaïne.

mandar *v tr* [▷ **SIN**] ordonner, donner l'ordre de (ordenar); **me mandó que lo limpiase todo** il m'a ordonné de tout nettoyer ‖ commander; **mandar un ejército** commander une armée ‖ envoyer (enviar); **mandar una carta** envoyer une lettre; **mandar a uno a la farmacia, de emisario** envoyer quelqu'un à la pharmacie, en émissaire; **mandar buscar** envoyer chercher ‖ léguer (por testamento) ‖ vouloir; **como lo manda la historia** comme le veut l'histoire ‖ **EQUIT** gouverner [son cheval] ■ **FAM** **mandar al otro mundo** o **al otro barrio** envoyer dans l'autre monde ‖ **mandar a paseo** o **a tomar aire fresco** o **a hacer gárgaras** o **con viento fresco** envoyer promener o paître o sur les roses ‖ **mandar hacer** faire faire ‖ **FAM** **mandarlo todo a paseo** envoyer tout promener o tout en l'air ‖ **mandar por** envoyer chercher; **mandar por el periódico** envoyer chercher le journal ‖ (*Amer*) **mandar una bofetada** flanquer une gifle ‖ **bien, mal mandado** obéissant, désobéissant ‖ **lo que usted mande**, ¡mande! à vos ordres, à votre service (criados).
◇ *v intr* commander; **mandar en jefe** commander en chef; **aquí mando yo** c'est moi qui commande ici ‖ **TECN** commander (un mecanismo) ■ **como Dios manda** comme il faut, en règle ‖ (*Amer*) ¡mande! pardon!
➧ **mandarse** *v pr* se déplacer seul, ne plus avoir besoin d'aide (un enfermo) ‖ communiquer (dos habitaciones) ‖ (*Amer*) vouloir (servirse); **mándese pasar** veuillez entrer ‖ s'en aller (irse), s'esquiver (solapadamente) ‖ (*Amer*) **mandarse cambiar** o **mudar** s'en aller, ficher le camp **FAM**.
‖ **OBSERV** Existe en francés la palabra mander pero se utiliza sobre todo en el sentido de convocar; en el de mandar su empleo es anticuado.
‖ **SIN** ordenar ordonner; imponer imposer; decretar décréter; dictar dicter.

mandarín *m* mandarin.
‖ **OBSERV** pl mandarines.

mandarina *f* mandarine (fruta).

mandarinato *m* mandarinat.

mandarinero ➧ **mandarino**.

mandarinismo *m* mandarinisme.

mandarino; mandarinero *m* **BOT** mandarinier (árbol).

mandarino, na *adj* mandarin, e.

mandarria *f* **MAR** maillet *m* de calfat.

mandatario *m* mandataire ‖ (*Amer*) chef, président, dirigeant (gobernante).

mandato *m* ordre, commandement (orden) ‖ mandat (de un diputado) ‖ mandat (procuración, encargo, misión) ‖ mandat (soberanía) ‖ lavement des pieds le jeudi saint (ceremonia religiosa) ■ **DR** **mandato judicial** exploit ‖ **territorio bajo mandato** territoire sous mandat.

mandí *m* (*Amer*) sorte de bagre (pez).

mandíbula *f* **ANAT** mandibule ‖ mâchoire; **con la mandíbula desencajada** la mâchoire décrochée ‖ maxille *m* (de insectos y crustáceos).

| FAM reír a mandíbula batiente rire à gorge déployée o à s'en décrocher la mâchoire.

mandibular *adj* mandibulaire.

mandil *m* tablier (delantal) **|** filet de pêche à mailles serrées (red) **|** chiffon, époussette *f* (para limpiar el caballo).

mandilar *v tr* frotter (un cheval) avec une époussette, bouchonner.

mandilete *m* tape *f*, tapon (de un cañón) **|** gantelet *m* (de una armadura).

mandinga *adj* (*Amer*) noir, e; nègre, négresse (de raza negra).
◇ *adj & s* mandingue (raza africana).
◇ *m* (*Amer*) le diable (el diablo) **|** diablotin (duende) **|** petit diable (niño travieso) **|** enchantement, sorcellerie *f* (brujería) **|** LING mandingue.

mandioca *f* manioc *m* (planta) **|** tapioca *m* (fécula).

mando *m* commandement; el mando del ejército le commandement de l'armée **|** cadre; los mandos de un regimiento les cadres d'un régiment; los mandos de un país les cadres d'un pays **|** MECÁN commande *f* (órgano de transmisión) **|** INFORM mando numérico commande numérique ■ mando a distancia commande à distance, télécommande **|** mando selector bouton de commande, bouton de réglage **|** mandos intermedios maîtrise **|** mando supremo commandant en chef ■ alto mando haut commandement **|** palanca de mando levier de commande (de una máquina, coche), manche à balai (de un avión) ■ estar bajo el mando de un superior être sous les ordres d'un supérieur.
◆ **mandos** *m pl* timonerie *f sing* (de un barco) **|** gouvernes *f* (de un avión) **|** tablero de mandos tableau de bord **|** torre de mandos tour de contrôle (aeropuerto).

mandoble *m* coup d'épée porté à deux mains **|** FAM rapière *f* (espada grande) **|** FIG & FAM réprimande *f* sévère, savon (reprensión) **|** ramponneau, coup (golpe).

mandolina *f* MÚS mandoline.

mandón, ona *adj* qui aime à commander, autoritaire.
◇ *m & f* personne *f* autoritaire.
◆ **mandón** *m* grand manitou (mandamás) **|** (*Amer*) contremaître des mines **|** juge de départ (en las carreras de caballos).

mandora *f* MÚS mandore.

mandracho *m* tripot, maison *f* de jeu.

mandrágora *f* mandragore (planta).

mandria *adj & s* idiot, e; propre à rien (necio) **|** poltron, onne (cobarde).

mandril *m* mandrill (mono) **|** TECN mandrin (del torno); mandril de ranuras mandrin à coulisseau **|** TECN mandril del embrague arbre cannelé.

mandrilado *m* TECN alésage (calibrado).

mandriladora *f* TECN aléseuse (máquina de calibrar) **|** alésoir *m* (para regularizar un tubo, un cilindro).

mandrilar *v tr* TECN aléser.

mandubí *m* (*Amer*) cacahuète *f*.

manduca *f* FAM boustifaille, mangeaille (comida).

manducación *f* FAM bectance **|** manducation (comida).

manducar [10] *v tr & intr* FAM bouffer, becqueter, manger (comer).

manducatoria *f* FAM boustifaille (comida).

manea *f* entrave (maniota).

maneador *m* (*Amer*) entrave *f* (maniota).

manear *v tr* entraver (los animales) **|** (*Amer*) gêner (estorbar).
◆ **manearse** *v pr* (*Amer*) s'embrouiller (enredarse).

manecilla *f* aiguille (de un reloj) **|** fermoir *m* (de un libro) **|** manette, maneton *m* (palanca) **|** IMPR main (signo tipográfico) **|** BOT vrille.

manejabilidad *f* maniabilité.

manejable *adj* maniable.

manejar *v tr & intr* manier; manejar la espada manier l'épée **|** utiliser (utilizar) **|** manier, conduire (los caballos) **|** FIG diriger, mener, manœuvrer (dirigir) **|** gérer (administrar) **|** brasser (dinero, negocios) **|** (*Amer*) conduire (un automóvil) ■ FIG manejar a uno a su antojo mener quelqu'un par le bout du nez **|** manejar el tinglado tirer o tenir les ficelles **|** manejar la navaja jouer du couteau **|** manejar los cuartos tenir les cordons de la bourse.
◆ **manejarse** *v pr* se déplacer tout seul (un enfermo); ya se maneja un poco il commence à se déplacer un peu tout seul **|** se conduire (portarse) **|** savoir se conduire (portarse bien) **|** se débrouiller (arreglárselas).

manejo *m* maniement (de un arma, de un caballo, de fondos) **|** FIG conduite *f* (de un negocio) **|** manigances *f pl*, manège, menées *f pl*, manœuvres *f pl* (intriga); conozco su manejo je connais ses manigances **|** brassage (de muchos negocios) **|** (*Amer*) conduite *f* (de un automóvil) **|** instrucciones de manejo mode d'emploi **|** INFORM manejo de ficheros gestion *f* de fichiers.

maneota *f* entrave (maniota).

manera *f* manière, façon; no entiendo la manera como sucedió je ne comprends pas la façon dont c'est arrivé; manera de ser manière d'être **|** ARTES manière ■ a la manera como de la manière dont **|** a la manera de à la manière de **|** a manera de en guise de; a manera de prólogo en guise de prologue **|** a su manera à sa manière, à sa façon **|** a su manera de ver à son avis, d'après sa façon de voir, d'après lui **|** cada cual a su manera chacun à sa façon o à sa guise **|** de cualquier manera de n'importe quelle façon, n'importe comment **|** de mala manera très mal; conduce su coche de mala manera il conduit très mal sa voiture; de belle manière, de belle façon; me expulsó de mala manera il m'expulsa de belle manière; grossièrement, très mal; me contestó de mala manera il m'a très mal répondu **|** de (tal) manera que de (telle) manière o sorte o façon que (de suerte que) **|** de ninguna manera en aucune façon, pas du tout **|** de otra manera autrement **|** de todas maneras de toute façon o manière **|** de una manera o de otra d'une manière ou d'une autre, de manière ou d'autre **|** en gran manera beaucoup, au plus haut point, dans une large mesure, largement; contribuyó en gran manera al desarrollo il a largement contribué au développement **|** la manera como la manière dont **|** mal y de mala manera à tort et à travers **|** manera de espèce de; una manera de mulo

une espèce de mulet **|** no hay manera il n'y a pas moyen **|** sobre manera excessivement.
◆ **maneras** *f pl* manières (modales); maneras distinguidas manières distinguées.

manes *m pl* mânes (almas de los muertos).

Manes; Maniqueo *n pr* Máni, Manès.

manezuela *f* petite main, menotte FAM **|** poignée (manija) **|** manette (palanquilla) **|** fermoir *m* (broche).

manflora; manflorita *m* (*Amer*) homme efféminé (afeminado).

Manfredo *n pr* Manfred.

manga *f* manche (del vestido); manga de jamón o afarolada manche gigot **|** tuyau *m* (de una bomba); manga de riego tuyau d'arrosage (para regar), lance d'incendie (de bombero) **|** trombe (tromba) **|** fusée de l'essieu (de carruaje) **|** sac *m* de voyage (bolso de viaje) **|** bannière (estandarte) **|** épervier *m* (esparavel) **|** filet *m* (red); manga de mariposas filet à papillons **|** chausse, filtre *m* (para filtrar) **|** chinois *m* (colador) **|** MAR manche à air (de ventilación) **|** largeur (ancho del buque) **|** MIL. détachement *m* (destacamento) **|** rabatteurs *m pl* (caza) **|** BOT mangue (fruto) **|** manguier *m* (árbol) **|** (*Amer*) passage *m*, goulet *m*, couloir *m* (paso) **|** foule (multitud) **|** manteau *m* (abrigo) ■ manga acuchillada manche à crevés **|** manga corta manche courte **|** manga de agua trombe d'eau (turbión) **|** manga de aire, manga veleta manche à air **|** manga de ventilación bouche d'air (en un edificio), gaine d'aération (en una mina) **|** manga de viento tourbillon (torbellino) **|** manga montada manche montée **|** manga raglán manche raglan ■ FIG & FAM ¡a buena hora mangas verdes! trop tard! **|** andar manga por hombro être sens dessus dessous **|** esas son otras mangas ça c'est une autre paire de manches, ça c'est une autre histoire **|** estar en mangas de camisa être en manche o en bras de chemise **|** FIG & FAM hacer mangas y capirotes de faire bon marché de (no hacer caso) **|** sacarse algo de la manga présenter, apporter [une solution, etc.] **|** ser de manga ancha, tener manga ancha avoir les idées larges, avoir la conscience large, être coulant **|** traer algo en la manga avoir quelque chose en réserve.
◆ **mangas** *f pl* bénéfices *m*, profits *m* (utilidades).

manganato *m* QUÍM manganate.

manganear *v tr* prendre au lasso.

manganel *m* (ant) mangonneau (máquina de guerra).

manganesa; manganesia *f* bioxyde *m* de manganèse, pyrolusite.

manganésico, ca *adj* manganeux, euse; manganésien, enne.

manganeso *m* manganèse (metal).

manganeta *f* (*Amer*) ruse.

mangangá *m* (*Amer*) gros bourdon (abejón) **|** raseur (fastidioso).

mangánico *adj m* manganique (ácido).

manganilla *f* ruse, astuce, piège *m* (treta).

manganina *f* manganine (aleación).

manganita *f* manganite.

mangante *adj & s* FAM voleur, euse (ladrón).

mangar [16] *v tr* FAM chiper, chaparder (robar).

manglar *m* endroit couvert de mangliers, mangrove *f*.

mangle *m* BOT manglier, palétuvier (árbol) ‖ mangle *f* (fruto).

mango *m* manche (de un instrumento) ‖ queue *f* (de la sartén) ‖ manette *f*, poignée *f* (puño) ‖ BOT manguier (árbol) ‖ mangue *f* (fruto) ‖ (*Amer*) FAM peso, sou; no tener un mango être sans le sou ■ mango de cuchillo couteau (molusco) ‖ FIG & FAM tener la sartén por el mango tenir la queue de la poêle.

mangón *m* revendeur (revendedor) ‖ (*Amer*) parc à bétail.

mangoneador, ra *m* & *f* personne *f* qui aime commander.

mangonear *v intr* FAM s'occuper de tout (dirigir) ‖ commander (mandar) ‖ se mêler de tout (entremeterse) ‖ (*Amer*) tirer la couverture à soi.

mangoneo *m* FAM intervention *f* indiscrète, ingérence *f* ‖ direction *f*, commandement (mando).

mangorrero, ra *adj* qui n'a pas de manche (cuchillo) ‖ FIG & FAM d'usage courant, habituel, elle (que se usa mucho) ‖ quelconque (de poco valor).

mangosta *f* mangouste (animal).

mangostán *m* BOT mangoustanier (árbol) ‖ mangoustan (fruto).

mangote *m* FAM manche *f* longue et large ‖ manchette *f*, fausse manche *f* (para proteger las mangas).

mangrullo *m* (*Amer*) poste de guet sur un arbre.

mangual *m* fléau d'armes.

manguardia *f* culée (estribo de un puente).

manguear *v tr* (*Amer*) traquer, rabattre (la caza) ‖ parquer (el ganado) ‖ FIG & FAM amadouer.

◇ *v tr* & *intr* FIG & FAM (*Amer*) taper [de l'argent].

manguera *f* tuyau *m* d'arrosage (manga) ‖ MAR manche de pompe (de bombe) ‖ manche à air (ventilador) ‖ trombe (tromba) ‖ (*Amer*) enclos *m* pour le bétail (corral).

manguero, ra *adj* FIG & FAM (*Amer*) tapeur, euse (sablista).

➥ **manguero** *m* arroseur.

mangueta *f* MED injecteur *m*, bock *m* (para ayudas) ‖ ARQ montant *m* (de una ventana) ‖ jambe de force (jabalcón) ‖ TECN levier *m* (palanca) ‖ fusée [de l'essieu] ‖ siphon *m* (de los retretes).

mangui *m* MFAM filou, voleur.

manguita *f* housse (funda).

manguito *m* manchon (de piel) ‖ gant (manopla) ‖ manchette *f*, fausse manche *f* (para proteger las mangas) ‖ MECÁN manchon, fourreau, frette *f* (anillo de acero) ‖ douille *f*, manchon; manguito de acoplamiento douille d'accouplement ‖ manguito roscado raccord fileté.

maní *m* BOT arachide *f* (planta) ‖ cacahouète *f*, cacahuète *f* (fruto).
‖ OBSERV pl manises.

manía *f* manie; tener manías avoir des manies ‖ FIG maladie, manie; tener la manía de la velocidad avoir la maladie de la vitesse

■ manía persecutoria manie o folie o délire de la persécution ‖ FIG & FAM tenerle manía a uno avoir pris quelqu'un en grippe.

‖ SIN extravío égarement; extravagancia extravagance; obsesión obsession; prejuicio préjugé; FAM chifladura dada, toquade.

maníaco, ca; maniaco, ca *adj* & *s* maniaque ‖ maniaque, obsédé, e; maníaco sexual obsédé sexuel.

maníaco-depresivo, va *adj* & *s* maniaco-dépressif, ive.

‖ OBSERV pl maníaco-depresivos, maníaco-depresivas.

manialbo, ba *adj* balzan, e (caballo).

maniatar *v tr* emmenotter (p us), lier les mains.

maniático, ca *adj* & *s* maniaque.

manicomio *m* asile d'aliénés.

manicordio; monacordio *m* MÚS manichordion, manicorde.

manicorto, ta *adj* & *s* FIG & FAM radin, e; pingre (avaro).

manicuro, ra *m* & *f* manucure ■ hacer la manicura faire les ongles, soigner les mains (una manicura) ‖ hacerse la manicura se faire faire les ongles, se faire soigner les mains (por la manicura), se faire les ongles, se soigner les mains (uno mismo).

manido, da *adj* faisandé, e (carne) ‖ FIG rebattu, e; banal, e (trillado, sobado); un tema manido un sujet rebattu.

manierismo *m* maniérisme (arte).

manierista *adj* & *s* maniériste (arte).

manifestación *f* manifestation ‖ déclaration (declaración) ‖ démonstration; manifestaciones de amistad démonstrations d'amitié ■ asistir a o hacer una manifestación manifester ‖ manifestación naval démonstration navale.

manifestante *m* & *f* manifestant, e.

manifestar [19] *v tr* manifester; manifestar su parecer manifester son opinion ‖ montrer, témoigner (demostrar); manifestar interés por alguien montrer de l'intérêt pour quelqu'un ‖ faire savoir, déclarer; el ministro manifestó que le ministre a fait savoir que ‖ ECLES exposer (el santísimo sacramento).
◇ *v intr* manifester.

➥ **manifestarse** *v pr* se manifester, se montrer.

manifiestamente *adv* manifestement.

manifiesto, ta *adj* manifeste (patente).
➥ **manifiesto** *m* manifeste ‖ ECLES exposition *f* (del Santísimo Sacramento) ‖ MAR manifeste ‖ poner de manifiesto mettre en évidence, faire apparaître (subrayar); el balance pone de manifiesto un beneficio le bilan fait apparaître un bénéfice.

manigua *f*; **manigual** *m* (*Amer*) maquis *m* (breñal) ‖ forêt *f* (selva) ‖ (*Amer*) echarse a la manigua prendre le maquis.

manija *f* poignée (de un instrumento) ‖ entrave (maniota) ‖ manette (palanca) ‖ frette, bague (abrazadera de hierro) ‖ AGRIC gant *m* de protection, manique, manicle ‖ (*Amer*) courroie reliant le manche du fouet au poignet.

manila *m* manille, cigare (puro).

Manila *n pr* GEOGR Manille.

manilargo, ga *adj* qui a de grandes mains ‖ FIG généreux, euse; libéral, e ‖ qui a la main leste.

manilense; manileño, ña *adj* & *s* manillais, e.

manilla *f* bracelet *m* (pulsera) ‖ manille (de los presos) ‖ aiguille (de reloj) ‖ poignée (de puerta o ventana).

manillar *m* guidon (de bicicleta).

maniobra *f* manœuvre ‖ MIL manœuvre; campo de maniobras terrain de manœuvres.

maniobrabilidad *f* manœuvrabilité.

maniobrable *adj* manœuvrable.

maniobrar *v intr* manœuvrer.

maniobrero, ra *adj* MIL manœuvrier, ère.

maniobrista *adj* & *s* FAM manœuvrier, ère.

maniota *f* entrave (de un animal).

manipulación *f* manipulation ‖ manutention (de mercancías).

manipulado *m* manutention *f* (de mercancías).

manipulador, ra *adj* & *s* manipulateur, trice; manutentionnaire.

➥ **manipulador** *m* ELECTR manipulateur.

manipulante *adj* & *s* manipulateur, trice.

manipular *v tr* manipuler ‖ manutentionner (mercancías).

manípulo *m* manipule.

maniqueísmo *m* manichéisme.

maniqueo, a *adj* & *s* manichéen, enne.

Maniqueo ➥ **Manes**.

maniquete *m* mitaine *f* (mitón).

maniquí *m* mannequin ‖ FIG pantin (hombre sin carácter).
‖ OBSERV pl maniquíes.

manir [78] *v tr* faisander ‖ FIG tripoter (manosear).

manirroto, ta *adj* & *s* prodigue, gaspilleur, euse; panier percé FAM; es una manirrota c'est un panier percé.

manís *m* (*Amer*) frère (amigo).

manita *f* petite main, menotte (diminutivo de mano) ‖ QUÍM mannite ■ CULIN manitas de cerdo pieds de porc ‖ manitas de plata mains d'artiste ‖ FAM hacer manitas se faire des mamours.

➥ **manitas** *m pl* bricoleur *sing* ‖ ser un manitas avoir des doigts de fée.

manito *m* laxatif léger ‖ (*Amer*) frère (diminutivo de hermanito).
◇ *f* (*Amer*) petite main, menotte (diminutivo de mano); echar una manito donner un coup de main.

manitú *m* manitou.

Manitú *n pr* Manitou.

manivela *f* manivelle (manubrio).

manjar *m* mets, plat (comestible) ‖ FIG récréation *f*, délassement (deleite) ■ CULIN manjar blanco blanc-manger ‖ manjar lento crème renversée ‖ manjar de los dioses nourriture des dieux.

manjarete *m* (*Amer*) gâteau à la farine de maïs.

manlieva *f* ancien impôt *m* (tributo).

mano *f* main; la mano derecha la main droite ‖ patte [de devant]; las manos del caballo, del perro les pattes du cheval, du chien ▌pied *m* (de los animales de carnicería); **mano de cerdo** pied de cochon o de porc ▌trompe (del elefante) ▌FIG patte (destreza); **tener buena mano** avoir de la patte ▌bras *m* (persona que ejecuta una cosa) ▌couche (capa de color); **dar una segunda mano de pintura** passer une deuxième couche de peinture ▌pilon *m* (de mortero) ▌meule, rouleau *m* (rodillo de piedra) ▌main (de papel) ▌aiguille (de un reloj) ▌volée; **dar una mano de azotes** donner une volée de coups ▌partie (partida de juego); **una mano de cartas** une partie de cartes ▌manche (división de juego) ▌priorité (en la carretera) ▌(*Amer*) ensemble de quatre objets semblables ▌occasion (oportunidad) ■ **mano de hierro en guante de seda** main de fer dans un gant de velours ▌**mano de obra** main-d'œuvre ▌FAM **mano de santo** remède miraculeux ▌**mano fuerte** main forte ▌FIG **mano negra** pouvoir occulte ▌DR **manos muertas** mainmorte ▌FAM **manos puercas** pots-de-vin ▌**¡manos quietas!** bas les pattes ■ **a mano, a la mano** à portée de la main, sous la main; **tener a mano** avoir sous la main; sur le chemin; **esta tienda me coge a mano** cette boutique est sur mon chemin ▌**a mano alzada** à main levée (dibujo) ▌**a mano armada** à main armée ▌**a mano derecha, izquierda** à droite, à main droite; à gauche, à main gauche ▌FIG **a manos llenas, a mano abierta** à pleines mains, à poignée ▌**¡arriba las manos!** haut les mains! ▌FIG **bajo mano** en sous-main ▌**con el corazón en la mano** à cœur ouvert ▌**con las dos manos, con ambas manos** à deux mains, des deux mains ▌**con las manos en los bolsillos** les mains dans les poches ▌**con las manos juntas** les mains jointes ▌**con las manos vacías** les mains vides ▌**con mano dura** durement ▌**con o de mano maestra** de main de maître ▌**de mano a mano** de la main à la main ▌**de mano en mano** de main en main ▌FIG **de primera mano** de première main; **saber de primera mano** tenir de première main ▌**de segunda mano** d'occasion (ventas), de seconde main (informaciones) ▌**de su propia mano** de sa main ▌FIG **en buenas, malas manos** en bonnes, mauvaises mains ▌**en manos de entre las mains de, aux mains de; **caer en manos de** tomber aux mains de ▌**en propia mano** en mains propres ▌**equipaje de mano** bagage à main ▌MIL **golpe de mano** coup de main ▌**juego de manos** tour de passe-passe ▌**juegos de manos, juegos de villanos** jeux de mains, jeux de vilains ▌**mano a mano** compétition [entre deux rivaux], corrida à laquelle ne participent que deux matadors, tête-à-tête (entrevista) ▌**manos a la obra** au travail, à l'œuvre; **estar manos a la obra** être à l'œuvre ▌**por segunda o tercera mano** par l'entremise d'une tierce personne ▌**por su propia mano** de sa main ■ FIG **abrir la mano** se montrer plus coulant (conciliador), se montrer plus souple o tolérant (tolerante) ▌**alargar la mano** tendre la main ▌**alzar la mano a uno** lever la main sur quelqu'un ▌**apretar la mano** serrer la main (para saludar), serrer la vis (apretar las clavijas) ▌FIG **atar a uno de manos o las manos** lier les mains de quelqu'un ▌**caerse de las manos** tomber des mains, être assommant (ser pesado) ▌**calentársele a uno las manos** avoir la main qui lui démange (tener ganas de pegar) ▌**cambiar de manos** changer de main ▌**cargar la mano** in-

sister (insistir), y aller fort (abusar), ne pas y aller de main morte (tener rigor), saler la note (en los precios) ▌**coger con las manos en la masa** prendre la main dans le sac o sur le fait ▌**cogidos de la mano** la main dans la main ▌**cosido a mano** cousu main ▌FIG **dar de mano** laisser, abandonner (abandonar), s'arrêter (en un trabajo) ▌**dar la mano** donner la main, serrer la main (saludo), donner la main; **dar la mano a un niño** donner la main à un enfant ▌FIG **dar la última mano** mettre la dernière main ▌**darse buena mano en una cosa** faire une chose avec habileté ▌**darse las manos** se donner la main ▌**darse mano en o para** s'ingénier à, se donner du mal pour ▌**dar su mano** accorder sa main (la novia) ▌**dar una mano de jabón** faire tremper, faire subir un premier savonnage ▌**dejado de la mano de Dios** abandonné des dieux, malheureux ▌**dejar de la mano una cosa** laisser de côté quelque chose ▌FIG & FAM **de la mano a la boca se pierde la sopa** il y a loin de la coupe aux lèvres ▌**echar mano a la espada** mettre la main à l'épée ▌FIG **echar o meter mano a una cosa** mettre la main sur quelque chose ▌**echar mano de** se servir de (una cosa), avoir recours à, recourir à, faire appel à (uno) ▌**echar una mano** donner un coup de main ▌**ensangrentarse las manos** tremper ses mains dans le sang ▌(*Amer*) **estar a mano** être quitte ▌**estar con las manos atadas o atado de manos o de pies y manos** avoir les mains liées, être pieds et poings liés ▌FIG & FAM **estar con una mano atrás y otra adelante** être dans la mouise o sans le sou ▌FIG **estar de mano** avoir la main (en el juego) ▌**estar en la mano de todo el mundo** être à la portée de tout le monde (fácil) ▌**estar en mano de uno** dépendre de quelqu'un, ne tenir qu'à quelqu'un; **está en tu mano aceptarlo** il ne tient qu'à toi de l'accepter ▌**estar mano a mano** être de même force, se valoir (dos jugadores o luchadores) ▌**estar mano sobre mano** rester les bras croisés, se tourner les pouces ▌**estrechar la mano** serrer la main ▌FIG **forzar la mano** forcer la main ▌**ganar a uno por la mano** devancer o gagner de la main o prendre de vitesse quelqu'un, damer le pion à quelqu'un ▌**hablar con o por las manos** parler avec les mains ▌RELIG **imponer las manos** imposer les mains ▌**irse de las manos** glisser des mains, échapper; **el plato se le fue de la mano** l'assiette lui a glissé des mains; **su autoridad se le va de las manos** son autorité lui échappe ▌**írsele a uno de la mano** échapper, filer entre les mains; **este negocio se le ha ido de las manos** cette affaire lui a échappé ▌**írsele a uno la mano** avoir la main lourde (pegar), avoir la main lourde (echar más de la cuenta), forcer la note, ne pas y aller de main morte (exagerar) ▌**lavarse las manos como Pilato** s'en laver les mains ▌**llegar o venir a las manos** parvenir (una carta), en venir aux mains (reñir) ▌**llevar de la mano a uno** le tenir par la main, donner la main à ▌FIG & FAM **llevarse las manos a la cabeza** lever les bras au ciel ▌FIG **meter las manos en** mettre la main à, participer à ▌**meter o poner las manos en el fuego** en mettre sa main au feu ▌**meter mano a algo** faire main basse sur quelque chose ▌**morderse uno las manos** s'en mordre les doigts ▌**no dejar una cosa de la mano** ne pas oublier quelque chose ▌**no estar mano sobre mano o con las

manos cruzadas** faire œuvre de ses dix doigts ▌**no mover ni pie ni mano** ne remuer ni pied ni patte, être immobile ▌**no saber uno lo que se trae entre manos** ne pas savoir de quoi il retourne ▌**pedir la mano de** demander la main de ▌**poner en manos de** confier (personas), remettre, confier (cosas) ▌**poner o levantar las manos encima de uno** porter o lever la main sur quelqu'un ▌FIG **ponerse en manos de uno** s'en remettre à quelqu'un ▌**poniéndose la mano en el pecho** la main sur le cœur ▌**¡que Dios nos tenga en su Santa mano!** que Dieu nous protège! ▌FAM **quitarse una cosa de las manos** s'arracher quelque chose [plusieurs personnes] ▌**sentar la mano a uno** frapper quelqu'un, porter la main sur quelqu'un ▌**ser mano** avoir la main (en el juego) ▌**ser uno la mano derecha de otro** être le bras droit de quelqu'un ▌**si a mano viene** si l'occasion se présente, le cas échéant (acaso) ▌**sin levantar la mano** sans repos, sans répit ▌**tender la mano** tendre la main (un mendigo) ▌**tener buena, mala mano** avoir la main heureuse, malheureuse ▌**tener en sus manos** avoir entre les mains, tenir en main ▌**tener entre manos** s'occuper de (asunto) ▌**tener las manos largas, ser largo de manos** avoir la main leste o prompte o légère (para pegar), être entreprenant (con las mujeres) ▌**tener las manos limpias en un asunto** ne pas avoir trempé dans une affaire ▌**tener mano con uno** avoir de l'influence sur quelqu'un ▌**tener mano en un asunto** intervenir dans une affaire ▌**tener mano izquierda** savoir s'y prendre ▌**tener manos de trapo** avoir les mains en beurre ▌**tiene mi felicidad en sus manos** mon bonheur est entre ses mains ▌**tocar con la mano** être près de, être sur le point d'atteindre o d'obtenir ▌**tomar en manos** prendre en main ▌**traer a la mano** rapporter (caza) ▌**untar la mano a uno** graisser la patte à quelqu'un ▌**venir a las manos** en venir aux mains ▌**vivir de sus manos** vivre de son travail ▌**volver con las manos vacías** revenir les mains vides, revenir bredouille.

mano *m* FAM (*Amer*) copain, ami (amigo) ▌**¡eh, mano!** eh, mon vieux!

manodescompresor *m* TECN manodétendeur.

manojo *m* botte *f* (haz); **manojo de espárragos** botte d'asperges ▌faisceau; **un manojo de estacas** un faisceau de piquets ▌FIG poignée *f* (puñado), tas (atajo) ■ **a manojos** à foison, en abondance ▌FIG **estar hecho un manojo de nervios** avoir les nerfs à vif o en boule o en pelote ▌**manojo de nervios** paquet de nerfs.

manojuelo *m* petite botte *f*.

manolesco, ca *adj* des "manolos".

manoletina *f* TAUROM passe de "muleta", inventée par Manolete.

manolo, la *m* & *f* homme, femme du bas peuple de Madrid.

Manolo *n pr* Manuel.

manometría *f* manométrie.

manométrico, ca *adj* FÍS manométrique.

manómetro *m* FÍS manomètre.

manopla *f* gantelet *m* (de la armadura) ▌fouet *m* court de postillon ▌moufle (guante) ▌gant *m* de toilette (para lavarse) ▌manicle,

manique (guante de los obreros) ‖ (*Amer*) coup-de-poing *m* (arma).

manorreductor *m* réducteur de pression.

manoseador, ra *m* & *f* tripoteur, euse.

manosear *v tr* tripoter (tocar) ‖ FIG tema manoseado sujet rebattu.

manoseo *m* tripotage.

manóstato *m* manostat.

manota *f* grosse main, grosse patte.

manotada *f*; **manotazo** *m* tape *f* ‖ quitar un libro de un manotazo arracher un livre des mains.

manoteado *m* gesticulation *f*.

manotear *v tr* frapper de la main, taper sur (golpear) ‖ (*Amer*) voler.
◇ *v intr* gesticuler.

manoteo *m* gesticulation *f*.

manotón *m* FAM tape *f* (manotada).

manquear *v intr* FIG faire preuve de maladresse.

manquedad; manquera *f* absence d'un bras, d'une main ‖ paralysie d'un bras, d'une main (parálisis) ‖ FIG imperfection.

manresano, na *adj* & *s* de Manresa [ville de Catalogne].

mansalva
➡ **a mansalva** *loc adv* sans danger, sans risque, en toute tranquillité.

mansamente *adv* avec mansuétude, doucement (con mansedumbre) ‖ FIG doucement (lentamente) ‖ FIG doucement (suavemente).

mansarda *f* mansarde.
▮ OBSERV Es galicismo por buhardilla.

mansedumbre *f* douceur, mansuétude (de una persona) ‖ douceur, clémence (del clima).

mansejón, ona *adj* très doux, très douce; docile (animal).

mansión *f* demeure (morada) ‖ (ant) séjour *m* (estancia) ‖ (ant) mansion ▪ (ant) hacer mansión demeurer, séjourner ‖ mansión señorial manoir.

mansito *adv* tout doucement.

manso, sa *adj* doux, douce; manso como un cordero doux comme un agneau ‖ paisible (apacible) ‖ domestique, dressé, e (animal domesticado) ‖ calme, tranquille (cosas); **aguas mansas** eaux calmes.
➡ **manso** *m* sonnailler (de un rebaño) ‖ TAUROM bœuf conducteur ‖ métairie *f* (masada).

mansurrón, ona *adj* très doux, très douce; très calme en apparence.

manta *f* couverture (de cama, para las caballerías) ‖ couverture, plaid *m* (de viaje) ‖ cape, manteau *m* (abrigo) ‖ FIG & FAM volée de coups, correction (paliza) ‖ mantelet *m* (mantelete) ‖ ZOOL raie cornue (raya) ‖ (*Amer*) sac *m* pour transporter les minerais (costal) ‖ danse populaire (baile) ‖ cotonnade (tela de algodón) ▪ a manta, a manta de Dios tant et plus, énormément, en abondance; ha llovido a manta il a énormément plu ‖ manta sudadera tapis de selle ‖ manta termógena couverture chauffante ‖ FIG liarse uno la manta a la cabeza y aller carrément, faire fi de tout, passer par-dessus tout ‖ tirar de la manta éventer la mèche, découvrir le pot aux roses.

mantarraya *f* ZOOL manta, raie cornue.

manteamiento *m* berne *f* (p us) (acción de mantear).

mantear *v tr* berner, faire sauter dans une couverture.

manteca *f* graisse (grasa) ‖ saindoux *m* (del cerdo) ‖ beurre *m* (mantequilla) ‖ crème du lait (de la leche) ‖ beurre *m* (de cacao) ‖ FAM graisse (gordura) ▪ manteca de vaca beurre ‖ manteca requemada beurre noir ▪ FIG derretirse como manteca fondre comme du beurre ‖ esto no se le ocurre ni al que asó la manteca cela ne viendrait même pas à l'idée du dernier des imbéciles ‖ ser como manteca être doux comme un agneau ‖ tener buenas mantecas être gras (gordo) ‖ untar manteca beurrer.

mantecada *f* tartine de beurre, beurrée (p us) ‖ petit gâteau *m* au beurre (bollo).

mantecado *m* gâteau au saindoux (bollo) ‖ glace *f* à la vanille (helado).

mantecón *adj m* & *s m* FAM douillet, délicat.

mantecoso, sa *adj* gras, grasse; crémeux, euse (la leche) ‖ onctueux, euse (semejante a la manteca); **chocolate mantecoso** chocolat onctueux.

mantel *m* nappe *f* (de la mesa de comer o del altar) ▪ BLAS en mantel mantelé ‖ mantel individual napperon.

mantelado, da *adj* BLAS mantelé, e.

mantelería *f* service *m* de table, linge *m* de table, nappage *m* (p us).

manteleta *f* mantelet *m* (prenda de mujer).

mantelete *m* mantelet (fortification) ‖ BLAS mantelet.

mantelillo *m* napperon.

mantellina *f* mantille (mantilla).

mantenedor *m* tenant, champion (en un torneo) ‖ mainteneur [des jeux floraux] ‖ animateur (en una fiesta) ‖ soutien; mantenedor de familia soutien de famille.

mantener [72] *v tr* nourrir (alimentar); mantener a uno con pan y agua nourrir quelqu'un de pain et d'eau ‖ entretenir; mantener a su familia, a una mujer entretenir sa famille, une femme ‖ maintenir (sostener) ‖ FIG maintenir; mantengo mi opinión je maintiens mon opinion; mantener una ley, la paz, su candidatura maintenir une loi, la paix, sa candidature ‖ entretenir (conservar en buen estado) ‖ garder; mantener sus derechos, su rango garder ses droits, son rang ▪ mantener a distancia o a raya tenir à distance ‖ mantener caliente tenir au chaud ‖ mantener correspondencia con être en correspondance avec, entretenir une correspondance avec ‖ mantener despierto a uno tenir quelqu'un éveillé ‖ mantener la neutralidad rester dans la neutralité, rester neutre ‖ mantener los ojos cerrados tenir o garder les yeux fermés ‖ FIG mantener una conversación tenir une conversation; incapaz de mantener una conversación incapable de tenir une conversation; avoir un entretien (celebrar una entrevista) ‖ mantener un cambio de impresiones, una entrevista procéder à un échange de vues, avoir une entrevue.
➡ **mantenerse** *v pr* se nourrir (alimentarse) ‖ vivre; se mantiene con su trabajo il vit de

son travail ‖ se maintenir (en una posición, opinión, etc.) ‖ se tenir; mantenerse derecho se tenir droit ‖ se tenir, rester; mantenerse tranquilo se tenir tranquille ‖ tenir; nuestro trato se mantendrá notre marché tiendra ▪ mantenerse en su puesto rester à sa place, tenir son rang ‖ FIG & FAM mantenerse en sus trece ne pas en démordre ‖ mantenerse firme tenir bon ‖ FIG & FAM mantenérselas tiesas ne pas en démordre ‖ mantenerse serio garder o tenir son sérieux.

mantenido, da *adj* entretenu, e (una persona).

mantenimiento *m* subsistance *f* (subsistencia) ‖ subsistance *f*, nourriture *f* (alimento) ‖ entretien; el mantenimiento de una carretera, de una familia l'entretien d'une route, d'une famille ‖ maintenance (de las máquinas) ‖ maintien (conservación); el mantenimiento del orden le maintien de l'ordre; el mantenimiento de una opinión le maintien d'une opinion ‖ soutien (de los precios).

manteo *m* berne *f* (manteamiento) ‖ manteau (capa).

mantequera; mantequillera (*Amer*) *f* beurrière (la que hace manteca) ‖ marchande de beurre, crémière (vendedora) ‖ baratte (máquina) ‖ beurrier *m* (plato).

mantequería *f* crémerie (tienda) ‖ beurrerie (fabricación de la mantequilla).

mantequero, ra *adj* beurrier, ère.
➡ **mantequero** *m* marchand de beurre, crémier (vendedor) ‖ beurrier (el que hace la manteca) ‖ beurrier (plato) ‖ corozo (árbol).

mantequilla *f* beurre *m* (manteca de vaca); mantequilla fresca, salada beurre frais, salé ‖ mantequilla derretida, requemada beurre fondu, noir.

mantequillera ➡ **mantequera**.

mantequillero *m* (*Amer*) crémier (vendedor) ‖ beurrier (plato).

mantera *f* ouvrière faisant des couvertures.

mantero *m* fabricant, marchand de couvertures.

mantés, esa *adj* & *s* FAM coquin, e.
▮ OBSERV pl manteses, mantesas.

mantilla *f* mantille (de mujer) ‖ lange *m* (de un niño) ‖ housse (del caballo) ‖ IMPR blanchet *m*.
➡ **mantillas** *f pl* langes *m*, maillot *m sing* ‖ estar en mantillas être au berceau o dans les langes, être encore au maillot (un niño), ne faire que commencer, en être à son tout début (empezar) ‖ FIG & FAM haber salido uno de mantillas être capable de se débrouiller tout seul, ne pas être né d'hier.

mantillo *m* terreau, humus (capa del suelo) ‖ fumier fermenté (estiércol).

mantillón, ona *adj* & *s* (*Amer*) parasite, pique-assiette.
➡ **mantillón** *m* (*Amer*) housse *f* (gualdrapa).

Mantinea *n pr* GEOGR Mantinée.

mantis *f* ZOOL mante; mantis religiosa mante religieuse.

mantisa *f* MAT mantisse (de un logaritmo).

manto *m* mante *f*, cape *f* [de femme] ‖ châle (chal) ‖ manteau (capa de ceremonia) ‖ traîne *f* (cola) ▌ manteau (de chimenea) ▌ MIN filon de peu d'épaisseur (filón), couche f (capa) ▌ ZOOL manteau (de los moluscos) ▌ FIG manteau (lo que encubre); **el manto de la indiferencia** le manteau de l'indifférence ▪ **manto capitular** manteau de cérémonie [des chevaliers des ordres militaires] ▌ **tapar con un manto** mettre o jeter un voile sur.

▌ OBSERV La palabra francesa manteau significa la mayoría de las veces abrigo, gabán.

mantón m châle.

▌ OBSERV Les mantones de Manila, richement brodés, sont réputés. Ils sont originaires de Manille.

Mantua n pr GEOGR Mantoue.

mantuano, na adj & s mantouan, e.

mantudo, da adj (Amer) déguisé, e.

manual adj manuel, elle; **trabajo manual** travail manuel ▌ maniable (manejable) ▌ **habilidad manual** dextérité.

◇ m manuel (libro) ▌ COM brouillard (libro).

manualidad f travaux m pl manuels.

▌ OBSERV manualidad s'utilise généralement au pluriel.

manualmente adv manuellement.

manubrio m manivelle f (manivela) ▌ manche (mango) ▌ poignée f (abrazadera) ▌ (Amer) volant (volante de automóvil) ▌ **piano de manubrio** piano mécanique.

Manucio ► **Manuzio**.

Manuel n pr Emmanuel.

manuela f fiacre m.

Manuela n pr Emmanuelle.

manuelino adj m manuélin (estilo).

manufactura f manufacture (fábrica) ▌ fabrication ▌ produit m manufacturé (producto).

manufacturable adj manufacturable.

manufacturado, da adj manufacturé, e; **producto manufacturado** produit manufacturé.

manufacturar v tr manufacturer (fabricar).

manu militari loc adv manu militari.

manumisión f manumission (del esclavo).

manumiso, sa adj affranchi, e.

manumisor m DR affranchisseur.

manumitir v tr DR affranchir.

manuscribir v tr écrire à la main.

manuscrito, ta adj & s m manuscrit, e.

manutención f manutention (de mercancías) ▌ entretien m (mantenimiento); **la manutención de una familia** l'entretien d'une famille ▌ entretien m (conservación).

manutener [72] v tr DR maintenir, protéger.

Manuzio; Manucio n pr Manuce.

manzana f pomme (fruto) ▌ pâté m de maisons (grupo de casas) ▌ pommeau m (de la espada) ▌ pomme, boule (adorno) ▌ (Amer) pomme d'Adam (nuez) ▌ moyeu m (cubo) ▪ FIG **manzana de Adán** pomme d'Adam ▌ **manzana de la discordia** pomme de discorde ▌ **manzana podrida** brebis galeuse ▌ **manzana reineta** reinette, pomme de reinette ▌ FIG & FAM **estar sano como una manzana** o **más sano que una manzana** se porter comme un charme o comme le Pont-Neuf.

manzanar m pommeraie f.

manzanear v tr (Amer) parcelliser (un terreno).

manzanera f pommier m sauvage (maguillo).

manzanilla f manzanilla m (vino) ▌ BOT mancenille (fruto) ▌ camomille (planta e infusión) ▌ petite olive (aceituna) ▌ ergot m (del pie de algunos mamíferos) ▌ pomme (adorno) ▌ menton m (barba) ▪ BOT **manzanilla hedionda** camomille puante ▌ **manzanilla loca** camomille tinctoriale.

manzanillo m BOT mancenillier (árbol) ▌ sorte d'olivier à petits fruits (olivo).

manzano m BOT pommier (árbol).

maña f adresse, habileté, savoir-faire m inv (habilidad) ▌ astuce, ruse (astucia) ▌ habitude (costumbre) ▌ poignée, petite botte (manojo) ▪ **darse maña para** s'ingénier à, faire tout pour ▌ **más vale maña que fuerza** plus fait douceur que violence ▌ **tener maña para** o **en** savoir s'y prendre pour, avoir le chic pour FAM.

mañana f matin m; **esta mañana** ce matin; **a las tres de la mañana** à trois heures du matin; **estudio por la mañana** j'étudie le matin ▌ matinée; **hermosa mañana** belle matinée; **he trabajado toda la mañana** j'ai travaillé toute la matinée ▪ **ayer mañana, ayer por la mañana** hier matin ▌ **de la mañana a la noche** du matin au soir ▌ **de la noche a la mañana** du jour au lendemain; **de la noche a la mañana ha cambiado** il a changé du jour au lendemain; du soir au matin; **leer de la noche a la mañana** lire du soir au matin ▌ **mañana por la mañana, por la noche** demain matin, demain soir ▌ **tomar la mañana** tuer le ver (con aguardiente).

◇ m le lendemain, l'avenir (futuro); **no pensar en el mañana** ne pas penser au lendemain.

◇ adv demain; **mañana será domingo** demain ce sera dimanche; **saldrá esta mañana mismo** vous partirez dès demain ▪ **a partir de mañana** dès demain ▌ **de mañana** de bonne heure (temprano), le matin (por la mañana) ▌ **de mañana en ocho días** demain en huit ▌ **el mundo de mañana** le monde de demain ▌ **hasta mañana** à demain ▌ **mañana será otro día** demain il fera jour ▌ **mañana, tarde y noche** matin, midi et soir ▌ **muy de mañana** de bon o grand matin, de très bonne heure ▌ **no dejes para mañana lo que puedes hacer hoy** il ne faut pas remettre au lendemain ce que l'on peut faire le jour même ▌ **pasado mañana** après-demain.

➠ **¡mañana!** interj jamais (de la vie!), rien à faire!, pas question!

mañanear v intr se lever de bonne heure o de bon matin.

mañanero, ra adj matinal, e (madrugador).

mañanica; mañanita f FAM point m du jour, petit matin m ▌ **mañanica de San Juan** le matin de la Saint-Jean.

mañanita f liseuse (prenda de vestir).

➠ **mañanitas** f pl (Amer) chant mexicain dédié à une personne pour son anniversaire ou sa fête.

mañear v intr savoir s'y prendre, agir avec adresse.

mañerear v intr (Amer) savoir s'y prendre.

mañero, ra adj astucieux, euse; adroit, e (astuto) ▌ facile (fácil) ▌ (Amer) vicieux, euse (animal).

maño, ña m & f FAM aragonais, e ▌ (Amer) mon vieux, ma vieille (expresión de cariño) ▌ frère, sœur (hermano).

mañoco m tapioca ▌ (Amer) farine f de maïs.

▌ OBSERV Le manioc se dit en espagnol mandioca.

mañosamente adv adroitement, habilement.

mañoso, sa adj adroit, e; habile; **ser muy mañoso** être très adroit ▌ FAM bricoleur, euse (apañado) ▌ malin, igne; astucieux, euse; rusé, e (astuto) ▌ (Amer) faux, fausse; fourbe (falso) ▌ vicieux, euse (animal que tiene resabios).

mañuela f astuce, ruse.

maoísmo m maoïsme.

maoísta adj & s maoïste.

maorí adj & s maori, e.

mapa m carte f; **el mapa de España** la carte d'Espagne; **mapa mudo** carte muette; **levantar un mapa** dresser une carte ▪ **mapa del tiempo** carte du temps ▌ **mapa físico** carte physique ▌ **mapa geológico** carte géologique ▌ **mapa político** carte politique ▪ FIG & FAM **desaparecer del mapa** disparaître de la circulation ▌ **esto no está en el mapa** on n'a jamais vu ça.

◇ f FAM fine fleur, nec plus ultra m (lo mejor) ▌ **llevarse la mapa** remporter la palme.

mapache; mapachín m carcajou (mamífero).

mapamundi m mappemonde f ▌ FAM derrière (nalgas).

mapanare f fer-de-lance m, bothrops m [serpent du Venezuela].

mapear v tr GEOGR dresser une carte topographique ▌ BIOL établir une carte génique.

mapuche adj & s araucan, e.

mapuey m mapuey (planta).

mapurite m (Amer) sorte de mouffette f.

maque m laque f (laca) ▌ vernis (charol).

maquear v tr laquer ▌ vernir (barnizar) ▌ FIG & FAM **estar bien maqueado** être bien sapé.

➠ **maquearse** v pr FAM se saper.

maqueta f maquette (boceto) ▌ IMPR maquette.

maquetista m & f maquettiste.

maqui ► **maquis**.

maquiavélico, ca adj machiavélique.

maquiavelismo m machiavélisme.

Maquiavelo n pr Machiavel.

maquila f farinage m (tributo) ▌ mesure (para maquilar) ▌ makila m (bastón).

maquiladora f (Amer) usine de sous-traitance.

maquilar; maquilear v tr prélever le farinage.

maquilero m meunier qui prélève le farinage.

maquillador, ra m & f maquilleur, euse.

maquillaje m maquillage ▌ **maquillaje de fondo** fond de teint.

maquillar *v tr* maquiller ‖FIG maquiller (encubrir, falsificar).

➤ **maquillarse** *v pr* se maquiller (pintarse).

máquina *f* [▷ SIN] machine; **máquina de escribir** machine à écrire; **máquina de vapor** machine à vapeur ‖ appareil *m*; **máquina de fotografiar** o **de retratar** o **fotográfica** appareil photographique ‖ machinerie de théâtre (tramoya) ‖ machine, locomotive (locomotora) ‖ machine FAM, bicyclette (bicicleta) ‖ auto, voiture (coche) ‖FIG machine; **la máquina del Estado** la machine de l'État ‖ idée, projet *m* (proyecto) ‖ **máquina compound** machine compound ‖ **máquina contable** machine comptable ‖ **máquina de afeitar** rasoir ‖ **máquina de calcular, de coser** machine à calculer, à coudre ‖FIG **máquina del mundo** machine du monde o de l'univers ‖ **máquina eléctrica** machine électrique ‖ **máquina herramienta** machine-outil ‖ **máquina hidráulica** machine hydraulique ‖ **máquina infernal** machine infernale ‖ **máquina neumática** machine pneumatique ‖FÍS **máquina simple** machine simple ‖ **máquina síncrona** machine synchrone ‖ **máquina tragaperras** machine à sous ■ MAR **cuarto** o **sala de máquinas** chambre des machines, machinerie ■ **entrar en máquina** mettre sous presse [un journal]; **al entrar en máquina este número** au moment de mettre sous presse ce numéro ‖ **escrito a máquina** tapé à la machine ‖ **ir a máquina parada** faire du surplace (ciclismo).

│ SIN artefacto, artilugio, artificio engin; aparato appareil; mecanismo mécanisme.

maquinación *f* machination.

maquinador, ra *adj & s* machinateur, trice; qui ourdit des machinations.

maquinal *adj* machinal, e; **movimientos maquinales** des gestes machinaux.

maquinalmente *adv* machinalement.

maquinar *v tr* machiner, tramer.

maquinaria *f* machines *pl*, matériel *m*; **maquinaria agrícola** machines agricoles ‖ machinerie (conjunto de máquinas) ‖ mécanique; **conoce muy bien la maquinaria de este coche** il connaît très bien la mécanique de cette voiture ‖FIG appareil *m*; **la maquinaria burocrática, administrativa** l'appareil bureaucratique, administratif.

maquinilla *f* petite machine ‖ MAR winch *m* (chigre) ■ **café de maquinilla** café filtre ‖ **maquinilla de afeitar** rasoir ‖ **maquinilla eléctrica** rasoir électrique.

maquinismo *m* machinisme.

maquinista *m* machiniste ‖ mécanicien (del tren) ‖ TEATR machiniste (tramoyista).

maquinizar [13] *v tr* mécaniser.

maquis; maqui *m & f* maquisard, e.

mar *m & f* mer *f*; **mar interior** mer intérieure; **brazo de mar** bras de mer; **mar Mediterráneo** mer Méditerranée ■ **mar agitado** mer agitée ‖ **mar ancha** haute mer ‖ **mar de arena** mer de sable ‖ **mar de fondo** o **de leva** lame de fond (sentido propio), agitation latente o sourde, climat de tension (sentido figurado) ‖FIG **mar de sangre** mer o flot de sang ‖ **mar en bonanza** o **en calma** bonace ‖ **mar enfurecido** mer démontée ‖ **mar picado, rizado** mer houleuse, moutonneuse ■ **alta mar** haute mer, pleine mer, le large; **ganar alta mar** gagner o prendre le large ‖ **golpe de mar** coup de mer ■ FAM **a mares** abondamment, à flots; **correr a mares** couler à flots; à seaux, à verse, à torrents (llover) ‖ **la mar** une foule, un tas, énormément; **había la mar de niños** il y avait une foule d'enfants; tout ce qu'il y a de plus; **es la mar de tonto** il est tout ce qu'il y a de plus idiot; énormément, terriblement; **me gusta la mar** il me plaît terriblement ‖ **la mar de bien** drôlement o terriblement o tout à fait bien ‖ **la mar de personas** une foule de gens, un monde fou ‖ **la mar de trabajo** énormément de travail, un travail terrible o fou o monstre ■ FIG & FAM **arar en el mar** donner des coups d'épée dans l'eau, porter de l'eau à la rivière o de l'eau à la mer ‖ **echemos pelillos a la mar** n'en parlons plus, passons l'éponge ‖ **estar hecho un brazo de mar** être beau comme un astre, paré comme une châsse ‖ **estar hecho un mar de lágrimas** être tout en larmes, pleurer toutes les larmes de son corps ‖ **hablar de la mar** demander la lune ‖ MAR **hacerse a la mar** prendre la mer ‖ **irse** o **hacerse mar adentro** gagner o prendre le large ‖FIG **quien no se arriesga no pasa la mar** qui ne risque rien n'a rien.

│ LOS MARES ─────────────
el **mar Adriático** la mer Adriatique;
el **mar de las Antillas** la mer des Antilles;
el **mar de Aral** la mer d'Aral;
el **mar Báltico** la mer Baltique;
el **mar de Barents** la mer de Barents;
el **mar de Bering** o **Behring** la mer de Béring;
el **mar Blanco** la mer Blanche;
el **mar Cantábrico** le golfe de Gascogne;
el **mar Caribe** la mer Caraïbe o des Caraïbes;
el **mar Caspio** la mer Caspienne;
el **mar Célebes** la mer de Célèbes;
el **mar de la China** la mer de Chine;
el **mar del Coral** la mer de Corail;
el **mar de Creta** la mer de Crète;
el **mar Egeo** la mer Égée;
el **mar de Galilea** la mer de Galilée;
el **mar Interior** la mer Intérieure;
el **mar Jónico** la mer Ionienne;
el **mar de Irlanda** la mer d'Irlande;
el **mar del Japón** la mer du Japon;
el **mar Amarillo** la mer Jaune;
el **mar de Mármara** la mer de Marmara;
el **mar Mediterráneo** la mer Méditerranée;
el **mar Muerto** la mer Morte;
el **mar Negro** la mer Noire;
el **mar del Norte** la mer du Nord;
el **mar de Noruega** la mer de Norvège;
el **mar Arábigo** o **de Omán** la mer d'Oman;
el **mar Rojo** la mer Rouge;
el **mar de los Sargazos** la mer des Sargasses;
el **mar Tasman** la mer de Tasman;
el **mar Tirreno** la mer Tyrrhénienne;
el **mar Wadden** la mer des Wadden.

mar. (abrev escrita de **marzo**) mars.

marabú *m* marabout (ave, pluma).

marabunta *f* marabunta (plaga de hormigas) ‖FIG foule (muchedumbre).

marabuto *m* marabout (ermitaño).

maraca; maracá *f* MÚS maracas *m*.

Maracaibo *n pr* GEOGR **el lago Maracaibo** le lac Maracaibo.

maracayá *m* (Amer) sorte d'ocelot.

maracucho, cha *adj & s* de Maracaïbo.

maracure *m* liane *f* à curare (planta).

maragatería *f* troupe de muletiers.

maragato, ta *adj & s* originaire, habitant de la Maragatería.

➤ **maragato** *m* muletier (arriero).

│ LOS MARAGATOS ─────────────
Les « maragatos » sont les habitants de la Maragatería, région située dans la province de León et dont la ville principale est Astorga. Les « maragatos » ont conservé leurs traditions grâce à l'endogamie. Parmi leurs coutumes, signalons la « covada »: après l'accouchement, la femme reprend aussitôt ses activités, tandis que l'homme reste alité, simulant les douleurs de l'enfantement. C'est aussi la femme qui, chez les « maragatos », effectue les travaux agricoles les plus pénibles.

marajá ➤ **maharajá**.

maranta *f* BOT maranta (planta de América).

maraña *f* buisson *m*, broussaille (maleza) ‖ bourre [de soie] ‖ BOT yeuse (encina) ‖FIG emmêlement *m*, enchevêtrement *m* (confusión) ‖ affaire embrouillée (asunto intrincado) ■ **¡qué maraña!** quelle pagaille! ‖ **una maraña de mentiras** un tissu de mensonges ‖ **una maraña de pelo** des cheveux hirsutes, une tignasse.

marañón *m* (Amer) sorte de spondias (árbol).

marasca *f* marasque (cereza amarga).

marasmo *m* marasme.

marathi *m* LING mahratte.

maratón *m* marathon (carrera) ‖FIG marathon (negociación).

Maratón *n pr* GEOGR Marathon.

maratoniano, na *adj* de marathon; **una sesión maratoniana** FIG une séance-marathon.

maravedí *m* maravédis (moneda).

│ OBSERV Le mot maravedí a trois pluriels: maravedís, maravedises et maravedíes, ce dernier étant peu usité.

maravilla *f* merveille; **eso es una maravilla** c'est une merveille ‖ surprise, étonnement *m* (asombro); **causar maravilla** provoquer l'étonnement ‖ BOT souci *m* (flor anaranjada) ‖ sorte de volubilis (flor azul) ‖ belle-de-nuit, merveille du Pérou (dondiego) ■ **a las mil maravillas, de maravilla** à merveille; **hablar a las mil maravillas** parler à merveille; **ir de maravilla** aller à merveille; **venir de maravilla** tomber à merveille ‖ **contar** o **decir maravillas** dire des merveilles ‖FIG & FAM **hacer maravillas** faire des merveilles ‖ **las siete maravillas del mundo** les sept merveilles du monde.

maravillar *v tr* surprendre, étonner (sorprender); **me maravilla su fracaso** son échec me surprend ‖ [▷ SIN] émerveiller (una cosa admirable) ‖ **quedarse maravillado** être surpris o étonné o ébahi (sorprendido), être émerveillé (ante algo admirable).

➤ **maravillarse** *v pr* s'étonner (asombrarse); **no maravillarse de** o **por nada** ne s'étonner de rien ‖ s'émerveiller (ante algo magnífico).

│ SIN deslumbrar éblouir; fascinar fasciner; asombrar étonner.

maravillosamente *adv* merveilleusement.

maravilloso, sa *adj* merveilleux, euse (admirable) ‖ **lo maravilloso** le merveilleux.

marbete *m* étiquette *f* (etiqueta) ‖ bord, moulure *f* (orilla, filete).

Marburgo *n pr* GEOGR Marburg, Marbourg.

marca *f* marque, repère *m* (señal) ▌marque; marca de fábrica, registrada o patentada marque de fabrique, déposée ▌marque; marca con hierro candente marque au fer rouge ▌trace, marque (cicatriz) ▌marquage *m* (acción); la marca del ganado le marquage du bétail ▌toise (para medir) ▌DEP record *m*; batir o vencer una marca battre un record ▌performance (resultado) ▌marche (provincia fronteriza) ▌MAR amer *m* ▌INFORM signet ■ marca de agua filigrane ■ de marca de marque; género, personaje de marca produit, personnage de marque ▌FIG & FAM de marca mayor de premier ordre (excelente), respectable, de belles dimensions (muy grande o voluminoso), de première; un imbécil de marca mayor un imbécile de première; gratiné, e; énorme; una tontería de marca mayor une bêtise énorme; una tontería de marca mayor une bêtise énorme ▌papel de marca papier écolier o couronne.

Marca *n pr f* HIST Marche.

marcación *f* MAR marque, amer *m* ▌(*Amer*) marquage *m* [du bétail].

marcadamente *adv* nettement; acento marcadamente español accent nettement espagnol.

marcado *m* marquage ▌mise *f* en plis (del cabello).

marcador, ra *adj & s* marqueur, euse ▌IMPR margeur, euse.
➤ **marcador** *m* contrôleur (contraste de pesos y medidas) ▌DEP tableau d'affichage, marqueur; marcador simultáneo marqueur automatique ▌marquoir (para la ropa) ■ marcador de paso régulateur cardiaque ▌marcador de votos tableau des scrutins ■ DEP abrir o hacer funcionar el marcador ouvrir le score ▌ir por delante en el marcador mener à la marque.

marcaje *m* marquage (deportes).

marcapasos *m inv* régulateur cardiaque.

marcar [10] *v tr* marquer; marcar la ropa, los gastos marquer le linge, les dépenses; marcar con hierro marquer au fer ▌marquer (deportes); jugador que marca a otro joueur qui en marque un autre; marcar un gol, un tanto marquer un but (fútbol); marcar una cesta, un tanto marquer un panier, un point (baloncesto) ▌composer (un número de teléfono) ▌FIG marquer; marcar con el sello de su genio marquer du sceau de son génie ▌IMPR ajuster, marger ▌MAR prendre des amers ■ marcar el compás battre la mesure (con la mano o la batuta), suivre le rythme (bailando, cantando) ▌marcar el paso marquer le pas ▌marcar el pelo o las ondas faire une mise en plis ▌marcar las cartas biseauter les cartes.
◇ *v intr* marquer ▌marquer (deportes).
➤ **marcarse** *v pr* marquer; marcarse un tanto marquer un point ▌marcarse un detalle avoir une attention délicate.

marcasita *f* MIN marcassite, marcasite.

Marcela *n pr* Marcelle.

Marcelina *n pr* Marcelline.

Marcelino *n pr* Marcellin.

Marcelo *n pr* Marcel ▌Marcellus (général romano).

marceño, ña *adj* propre au mois de mars.

marcescencia *f* marcescence (marchitez).

marcescente *adj* BOT marcescent, e.

marcha *f* marche; abrir la marcha ouvrir la marche ▌MÚS marche; marcha fúnebre marche funèbre ▌départ *m*; ¿a qué hora es la marcha? à quelle heure est le départ? ▌marche (deportes) ▌fonctionnement *m* (de una máquina) ▌FIG marche; la buena marcha de un negocio la bonne marche d'une affaire ▌FIG & FAM capacité à faire la fête ▌ambiance, bonne o chaude ambiance ■ marcha atrás marche arrière; meter la marcha atrás passer en marche arrière ▌marcha forzada marche forcée ▌marcha lenta ralenti (de un motor), marche lente (música) ▌marcha militar marche militaire ▌marcha moderada ralentir (señal de tráfico) ▌marcha nupcial marche nuptiale ▌Marcha Real hymne national espagnol ■ a toda marcha à toute vitesse, à fond de train FAM ▌MAR & MECÁN la marcha de un motor l'allure d'un moteur ▌marcha en même temps ■ avanzar a buena marcha aller bon train ▌FIG dar marcha atrás faire marche arrière; a última hora ha dado marcha atrás au dernier moment il a fait marche arrière ▌poner en marcha mettre en marche (un motor), déclencher (un mecanismo), déclencher (provocar) ▌ponerse en marcha se mettre en marche ▌realizar algo a marchas forzadas mettre les bouchées doubles ▌FIG & FAM tener marcha avoir envie de sortir o de faire la fête (una persona), être animé (un lugar).

marchador, ra *adj* (*Amer*) marcheur, euse (andarín) ▌ambleur, euse (caballo).
➤ **marchador** *m* DEP marcheur.

marchamar *v tr* plomber, marquer (en las aduanas).

marchamero *m* plombeur.

marchamo *m* plomb (señal de las aduanas) ▌FIG marque *f*, cachet, empreinte *f* ▌(*Amer*) impôt perçu pour chaque bête sacrifiée dans un abattoir public.

marchanta
➤ **a la marchanta** *loc* (*Amer*) à qui mieux mieux.

marchante, ta *adj & s* marchand, e.
➤ **marchante** *m* client (parroquiano).

marchapié *m* MAR marchepied (cabo).
▌ OBSERV *pl* marchapiés.

marchar *v intr* marcher ▌FIG marcher; el reloj no marcha la pendule ne marche pas; un negocio que marcha une affaire qui marche ■ marchar a tropezones avancer par à-coups ▌FIG marchar sobre rieles aller comme sur des roulettes ▌MIL ¡marchen! marche!
➤ **marcharse** *v pr* s'en aller, partir (irse) ▌marcharse por las buenas s'éclipser.

marchitamiento *m* flétrissure *f*, étiolement, marcescence *f* (p us).

marchitar *v tr* faner, flétrir (las flores, la hermosura).
➤ **marchitarse** *v pr* se faner, se flétrir, s'étioler, passer; esta flor se marchitó cette fleur s'est fanée.

marchitez *f* flétrissure, étiolement *m*, marcescence (p us).
▌ OBSERV *pl* marchiteces.

marchito, ta *adj* fané, e; flétri, e.

marchoso, sa *adj* FAM plein, e d'entrain (música, ambiente).
◇ *m & f* fêtard, e (persona).

marcial *adj* FAM martial, e; ley marcial loi martiale ▌martial, e; porte marcial air martial ▌martial, e (con hierro); pirita marcial pyrite martiale ▌artes marciales arts martiaux.

Marcial *n pr* Martial.

marcialidad *f* air *m* martial, martialité.

marcianitos *m pl* jugar a los marcianitos faire une partie de jeu vidéo.

marciano, na *adj & s* martien, enne (de Marte).

marco *m* cadre (de un cuadro, etc.) ▌encadrement (de puerta o ventana) ▌FIG cadre; dentro del marco de dans le cadre de ▌étalon *m* (patrón) ▌mark (moneda alemana) ▌marc (moneda de oro) ▌dimensions *f pl* réglementaires (de un madero) ▌marc (medida antigua de peso) ▌DEP buts *pl* (portería).

Marco *n pr* Marc ▌Marco Antonio Marc Antoine ▌Marco Aurelio Marc Aurèle.

márcola *f* émondoir *m* (hocino grande).

Marcomanos *n pr m pl* Marcomans.

Marcos *n pr* san Marcos saint Marc.

Mardoqueo *n pr* Mardochée.

marea *f* marée ▌brise marine (viento) ▌rosée (rocío) ▌bruine (llovizna) ▌FIG marée, flot *m* (gran cantidad); marea humana marée humaine ■ marea alta, baja marée haute, basse ▌marea entrante, saliente o menguante marée montante, descendante ▌marea negra marée noire ▌marea viva grande marée ■ FIG contra viento y marea contre vent et marée ▌está alta, baja la marea la mer est haute, basse.

mareado, da *adj* estar mareado avoir mal au cœur (con náuseas); estar mareado avoir le mal de mer (en barco) ▌FIG assommé, e (fastidiado).

mareaje *m* navigation *f* ▌direction *f*, route *f* (rumbo del navío).

mareante *adj* navigant, e ▌FIG & FAM assommant, e (pesado).
◇ *m* navigateur.

marear *v tr* MAR diriger, gouverner [un navire] ▌écœurer, faire mal au cœur, soulever le cœur (un perfume) ▌donner mal au cœur; el movimiento de este barco me marea le mouvement de ce bateau me donne mal au cœur ▌FIG & FAM assommer, ennuyer, embêter (molestar, fastidiar) ▌étourdir; me mareas con todas tus preguntas tu m'étourdis avec toutes tes questions ▌(p us) vendre au détail (vender) ▌CULIN faire revenir (rehogar) ▌aguja de marear boussole (brújula).
➤ **marearse** *v pr* avoir mal au cœur o des nausées (tener náuseas) ▌avoir le mal de mer (en un barco) ▌être étourdi, e; me mareo con tanto ruido je suis étourdi par tout ce bruit ▌s'avarier (las mercancías).

marejada *f* houle, mer houleuse ▌FIG effervescence, agitation (agitación) ▌vague, remous *m pl* (oleada) ▌rumeur (rumor).

marejadilla *f* houle légère.

maremagno; mare mágnum *m* FIG & FAM nuée *f*, pullulement, foule *f* (de personas) ▌déluge, profusion *f* (de cosas).

maremoto *m* raz de marée.

marengo *adj* & *s m* marengo (color) ▌CULIN a la marengo à la marengo (en pepitoria).

mareo *m* mal au cœur (náusea) ▌mal de mer (en un barco) ▌étourdissement, vertige (vértigo) ▌FIG & FAM ennui (molestia).

mareógrafo; mareómetro *m* MAR marégraphe, maréomètre.

mareomotor, triz *adj* marémoteur, trice.

mareta *f* houle (de las olas).

marey *m* (Amer) anacarde (anacardo).

marfil *m* ivoire; marfil cansado vieil ivoire ▪ marfil vegetal ivoire végétal, corozo ▌negro de marfil noir d'ivoire ▌FIG torre de marfil tour d'ivoire.

marfileño, ña *adj* d'ivoire, ivoirin, e (poético).

marga *f* MIN marne ▌serge (tela).

margal *m* marnière *f*.

margar [16] *v tr* AGRIC marner.

margarina *f* margarine.

margarita *f* marguerite (flor); deshojar la margarita effeuiller la marguerite ▌perle (perla) ▌ZOOL porcelaine (molusco) ▌petit coquillage *m* (concha cualquiera) ▌MAR marguerite ▌FIG echar margaritas a puercos jeter des perles aux pourceaux.

Margarita *n pr* Marguerite, Margot.

margen *m* & *f* marge *f*; el margen de una página la marge d'une page ▌rive *f*, bord *m* (de un río) ▌apostille *f* (apostilla) ▌FIG marge *f*, facilité *f* (facilidad) ▌COM margen de ganancias marge bénéficiaire o de bénéfices ▪ margen de error marge d'erreur ▌margen de seguridad marge de sécurité ▪ al margen en marge, à l'écart; vivir al margen de la sociedad vivre en marge de la société ▌FIG dar margen donner l'occasion ▌dejar margen laisser de la marge ▌firmar al margen émarger, signer en marge ▌FIG por un escaso margen de justesse.

▌OBSERV Le genre du mot margen est ambigu; toutefois on peut dire que généralement il est masculin dans le sens d'espace et féminin dans celui de rive.

marginación *f* marginalisation; marginación social marginalisation sociale.

marginado, da *adj* & *s* marginal, e.

marginador, ra *adj* & *s m* IMPR margeur, euse.

marginal *adj* marginal, e; nota marginal note marginale ▌tecla marginal margeur (en una máquina de escribir).

marginalidad *f* marginalité.

marginalismo *m* marginalisme.

marginar *v tr* laisser une marge, marger ▌émarger, marginer (anotar al margen) ▌apostiller (apostillar).

margoso, sa *adj* marneux, euse.

margrave *m* margrave.

margraviato *m* margraviat.

marguay *m* margay (gato montés).

marguera *f* marnière.

marguero *m* marneur.

maría *f* ancienne monnaie d'argent espagnole (moneda) ▌FAM cierge *m* blanc.

María *n pr* Marie.

mariache; mariachi *m* mariachi (músico) ▌mariachis (música) ▌orchestre de mariachis (orquesta).

▌MARIACHI ▁▁▁▁▁▁▁▁▁▁
Les mariachis sont des groupes de chanteurs mexicains, vêtus du costume typique, et qui se produisent dans les fêtes populaires, dans la rue et dans certains restaurants. À Mexico, les mariachis se réunissent sur la place Garibaldi et aux alentours, attendant qu'on les engage pour jouer dans une fête privée. Il est assez courant d'offrir en cadeau d'anniversaire un spectacle de mariachis.

marial *adj* marial, e; contenant des cantiques à la Vierge Marie (libro).

Mariana *n pr* Marianne.

Marianas *n pr f pl* GEOGR las islas Marianas les îles Mariannes.

marianista *adj* & *s* marianiste (religioso).

mariano, na *adj* marial, e; culto mariano culte marial.

marica *f* pie (urraca).
◇ *m* FIG & FAM pédale *f*, tapette *f* (homosexual).

Maricastaña *n pr f* en tiempos de Maricastaña du temps que la reine Berthe filait, aux temps héroïques.

maricón *m* MFAM (insult) pédale *f*, pédé (sodomita).

mariconada *f* minauderie d'homosexuel ▌FIG & FAM vacherie (jugarreta) ▌connerie (tontería).

mariconear *v intr* FAM faire des bêtises; faire des gestes efféminés.

mariconera *f* sac pour homme.

mariconería *f* MFAM & DESPEC pédérastie.

maricultura *f* mariculture.

maridable *adj* conjugal, e.

maridaje *m* ménage ▌FIG union *f*, bonne entente *f* (entre personas) ▌harmonie *f*.

maridar *v intr* se marier, s'unir (casarse) ▌vivre maritalement (sin estar casados).
◇ *v tr* FIG assortir, marier (armonizar).

maridazo *m* FAM ange (marido excelente).

marido *m* mari.

mariega *f* (Amer) broussaille (maleza).

mariguana; marihuana; marijuana *f* marijuana, marihuana.

marimacho *m* FAM femme *f* hommasse, virago *f*.

marimandona *f* femme autoritaire, gendarme *m* FAM, madame o mademoiselle J'ordonne.

marimba *f* sorte de tam-tam *m* (tambor) ▌(Amer) sorte de xylophone *m* (tímpano) ▌raclée (paliza).

marimonda *m* (Amer) atèle (mono).

marimoña *f* BOT bouton-d'or *m* (francesilla).

marimoños *f* FAM coquette.

marimorena *f* FAM dispute, bagarre ▌FAM armar la marimorena faire un bruit de tous les diables.

marina *f* marine ▌marine (cuadro) ▪ marina de guerra marine de guerre ▌marina mercante marine marchande.

marinaje *m* équipage (marinería).

marinar *v tr* mariner (escabechar) ▌MAR amariner (un barco apresado) ▌former l'équipage.

marine *m* (palabra inglesa) marine (infante de marina del "Marine Corps" de Estados Unidos).

marinear *v intr* naviguer.

marinera *f* vareuse (de marinero) ▌marinière (blusa de mujer) ▌danse populaire du Pérou, du Chili et de l'Équateur (baile).

marinerazo *m* loup de mer.

marinería *f* équipage *m* (tripulación de un barco) ▌profession de marin.

marinero, ra *adj* marin, e; barco marinero navire marin ▌marinier, ère.

➤ **marinero** *m* marin, matelot ▌argonaute (molusco) ▌FIG marinero de agua dulce marin d'eau douce ▌traje de marinero costume marin.

➤ **marinera** *f* marinière (blusa de niño) ▌a la marinera à la marinière (salsa), à la matelote (plato de pescado).

marinesco, ca *adj* de marin.

marinismo *m* marinisme (preciosismo).

marinista *adj* & *s* peintre de marines.

marino, na *adj* marin, e; sal marina sel marin ▌azul marino bleu marine.

➤ **marino** *m* marin ▌marino mercante marin du commerce.

Mario *n pr* Marius.

marión *m* esturgeon (pez).

marioneta *f* marionnette (títere).

mariposa *f* papillon *m* (insecto) ▌pape *m* (ave) ▌MECÁN écrou *m* à oreilles (tuerca) ▌veilleuse (lamparilla de aceite) ▌(Amer) colin-maillard *m* (juego) ▌braza mariposa brasse papillon (natación).

mariposeador, ra *adj* & *s* inconstant, e (voluble).

mariposear *v intr* FIG papillonner.

mariposón *m* FAM papillon (hombre veleta) ▌(Amer) homosexuel (maricón).

mariquita *f* coccinelle (coleóptero) ▌punaise des bois (hemíptero) ▌perruche (perico) ▌(Amer) danse populaire.
◇ *m* FAM pédale *f* ▌mariquita azúcar pédale.

Mariquita *n pr* Marion, Mariette.

marisabidilla *f* FAM bas-bleu *m*, femme savante.

mariscada *f* plateau de fruits de mer servis chauds.

mariscador *m* pêcheur de coquillages.

mariscal *m* MIL maréchal ▌(ant) mariscal de campo maréchal de camp.

mariscala *f* maréchale.

mariscalato *m*; **mariscalía** *f* maréchalat *m*.

mariscar [10] *v tr* pêcher des coquillages.

marisco *m* coquillage.

➤ **mariscos** *m pl* fruits de mer (comestibles).

marisma *f* marais *m* au bord de la mer.

Marismas *f pl* las Marismas région marécageuse à l'embouchure del Guadalquivir.

marismeño, ña *adj* des marais.

marisqueo *m* ramassage, pêche *f* des coquillages.

marisquería *f* restaurant *m* de poissons (restaurante).

marisquero, ra *m* & *f* pêcheur, euse de coquillages ‖ marchand, e de coquillages; mareyeur, euse.

marista *adj* & *s* mariste (religioso).

marital *adj* marital, e; autorización marital autorisation maritale.

marítimo, ma *adj* maritime ■ arsenal marítimo arsenal maritime ‖ ruta marítima route maritime.

maritornes *f* FIG & FAM maritorne (moza).

marjal *m* marécage, mouillère *f* (almarjal).

marjoleta *f* cervelle, poire à bon Dieu [baie de l'aubépine].

marjoleto *m* aubépine *f*.

marketing *m* marketing.

marlo *m* (*Amer*) épi de maïs.

Mármara *n pr* GEOGR el mar de Mármara la mer de Marmara.

marmella *f* fanon *m* (de las cabras).

marmita *f* marmite (olla).

marmitón *m* marmiton (pinche de cocina).

mármol *m* marbre; esculpido en mármol sculpté sur marbre o dans le marbre ■ mármol brocatel marbre brocatelle ‖ mármol de Carrara marbre de Carrare ■ cantera de mármol marbrière ‖ FIG de mármol de marbre.

marmolado, da *adj* marbré, e.

marmolejo *m* colonnette *f* (columnita).

marmolería *f* marbrerie.

marmolillo *m* borne *f*, bouteroue *f* (guardacantón) ‖ FIG niais, idiot (idiota) ‖ TAUROM taureau indolent.

marmolista *m* marbrier.

marmóreo, a *adj* marmoréen, enne.

marmosete *m* IMPR vignette *f*.

marmota *f* marmotte (mamífero); dormir como una marmota dormir comme une marmotte ‖ toque de fourrure (de los niños) ‖ FIG & FAM bonniche, bonne (criada).

Marne *n pr m* GEOGR el Marne la Marne.

maro *m* BOT herbe *f* aux chats, marum.

marojo *m* sorte de gui (muérdago).

maroma *f* grosse corde, câble *m* ‖ MAR cordage *m* ‖ (*Amer*) voltige.

maromear *v intr* (*Amer*) voltiger, faire de l'équilibre ‖ FIG se mettre toujours du côté du plus fort.

maromero, ra *m* & *f* (*Amer*) équilibriste, acrobate (acróbata, volatinero) ‖ politicien opportuniste (político versátil).

maromo *m* FAM jules.

maronita *adj* & *s* maronite.

marota *f* (*Amer*) femme homasse, virago.

marplatense *adj* & *s* de Mar del Plata [République Argentine].

marqués *m* marquis; el señor marqués monsieur le marquis ‖ FIG los marqueses le marquis et la marquise.
■ OBSERV pl marqueses.

marquesa *f* marquise (título) ‖ marquise (sillón, cobertizo) ‖ FIG dárselas de marquesa faire la marquise.

marquesado *m* marquisat.

Marquesas *n pr f pl* GEOGR las (islas) Marquesas les (îles) Marquises.

marquesina *f* marquise (cubierta volada).

marquesita *f* MIN marcassite, marcasite (marcasita).

marquetería *f* marqueterie ‖ especialista en marquetería marqueteur.

marquilla *f* papier *m* raisin.

marquista *m* propriétaire d'un cru.

marra *f* manque *m* (falta de una cosa) ‖ marteau *m*, masse (almádena).

marrajo, ja *adj* rusé (toro) ‖ FIG malin, igne; roublard, e (malicioso) ‖ (*Amer*) avare (tacaño).
➡ **marrajo** *m* requin (tiburón).

Marrakech; Marraquech *n pr* GEOGR Marrakech.

marramao; marramáu *m* miaou (maullido).

marrana *f* truie (hembra del cerdo) ‖ FIG & FAM cochonne (sucia, indecente) ‖ TECN arbre *m* (de una noria).

marranada; marranería *f* FIG & FAM cochonnerie, saleté (cochinada).

marranillo *m* porcelet, goret.

marrano *m* cochon (cerdo) ‖ FIG & FAM cochon ‖ tambour de la roue (de una noria) ‖ sommier (de una prensa) ‖ HIST marrane, juif baptisé mais demeuré fidèle au judaïsme.

Marraquech ➡ **Marrakech**.

marrar *v tr & intr* manquer, rater (errar) ‖ FIG s'égarer (desviarse) ‖ marrar el tiro manquer; marrar el tiro a una liebre manquer un lièvre.

marras *adv* FAM de jadis, d'autrefois (de antes) ‖ en question; la aventura, el individuo de marras l'aventure, l'individu en question ‖ ¿volvemos a lo de marras? allons-nous recommencer?

marrasquino *m* marasquin (licor).

marro *m* palet (juego de la chita) ‖ barres *f pl* (juego de niños) ‖ écart (movimiento del cuerpo) ‖ (*Amer*) masse *f* (mazo).

marrón *m* palet (para jugar al marro).

marrón *adj* marron (color castaño) ‖ marron (deportista).
◇ *m* marron (color castaño).
■ OBSERV Marrón, adjectif ou substantif, est un gallicisme très employé en espagnol.

marronazo *m* TAUROM coup maladroit.

marron glacé [marronglasé] *m* marron glacé.
■ OBSERV pl marrons glacés.

marroquí *adj* & *s* marocain, e.
◇ *m* maroquin (tafilete).
■ OBSERV pl marroquíes.

marroquín *m* maroquin (tafilete).

marroquinería *f* maroquinerie (preparación, taller, tienda) ‖ maroquinage *m* (acción).
■ OBSERV Ce mot, quoiqu'étant un gallicisme, est courant pour tafiletería, de même que marroquín pour tafilete, et que marroquinero pour tafiletero.

marroquinero *m* maroquinier (tafiletero).

marrubial *m* terrain couvert de marrubes.

marrubio *m* BOT marrube.

Marruecos *n pr m* GEOGR Maroc.

marrulla; marrullería *f* roublardise, ruse.

marrullero, ra *adj* & *s* roublard, e; rusé, e.

Marsella *n pr* GEOGR Marseille.

marsellés, esa *adj* & *s* marseillais, e.
➡ **marsellés** *m* veste *f* brodée (chaquetón).
➡ **Marsellesa** *f* Marseillaise (himno nacional francés).
■ OBSERV pl marselleses, marsellesas.

marsiliense *adj* & *s* massaliote (marsellés).

marsopa; marsopla *f* marsouin *m* (cetáceo).

marsupial *adj* & *s m* ZOOL marsupial, e.

marta *f* marte, martre (mamífero) ‖ marta cebellina zibeline, marte zibeline.

Marta *n pr* Marthe.

martagón, ona *adj* & *s* FAM rusé, e; matois, e (persona astuta).
➡ **martagón** *m* BOT martagon (planta).

martajar *v tr* (*Amer*) broyer [le maïs].

Marte *n pr* ASTRON & MITOL Mars.

martelo *m* (p us) jalousie *f* (celos) ‖ amour, passion *f* (enamoramiento).

martensita *f* martensite (metal).

martes *m* mardi (día); vendrá el martes il viendra mardi; viene el martes, cada martes il vient le mardi, tous les mardis ■ el martes pasado, que viene mardi dernier, mardi prochain ‖ en martes, ni te cases ni te embarques il ne faut rien entreprendre un vendredi ‖ martes de Carnaval mardi gras.

martiano, na *adj* de José Martí.

martillada *f* coup *m* de marteau.

martillador *m* marteleur.

martillar *v tr* marteler ‖ FIG tourmenter ‖ FIG martillar en hierro frío donner des coups d'épée dans l'eau ‖ martillar los oídos casser les oreilles.

martillazo *m* coup de marteau.

martillear *v tr* marteler.

martilleo *m* martelage, martèlement ‖ pilonnage (bombardeo intenso) ‖ FIG martèlement (ruido).

martillero *m* (*Amer*) propriétaire d'une salle de ventes.

martillo *m* marteau (herramienta) ‖ marteau (templador) ‖ marteau (de reloj) ‖ ANAT marteau (del oído interno) ‖ DEP marteau ‖ ZOOL marteau (pez) ‖ marteau (de presidente de sesión) ‖ FIG croix *f* en tau (cruz) ‖ salle *f* de o des ventes (para subastas) ■ martillo de empedrador marteau d'assiette ‖ martillo de fragua marteau de forge ‖ martillo de herrador brochoir ‖ martillo de orejas marteau à dent ‖ martillo de picapedrero massette ‖ martillo de remachar matoir ‖ martillo neumático marteau piqueur, marteau pneumatique ‖ martillo pilón marteau-pilon ‖ a martillo à coups de marteau.

Martín *n pr* Martin ■ a cada puerco le llega su San Martín tel qui rit vendredi, dimanche pleurera ‖ veranillo de San Martín été de la Saint-Martin, été indien.

Martina *n pr* Martine.

martina *f* sorte de congre (pez).

martín cazador *m* ZOOL martin-chasseur.

martín del río *m* ZOOL héron bihoreau.

martineta *f* (*Amer*) tinamou *m* (ave).

martinete *m* héron bihoreau (ave) ‖ aigrette *f* (penacho) ‖ marteau (de piano) ‖ TECN martinet (martillo mecánico) ‖ mouton (para clavar estacas) ‖ chant andalou (cante).

‖ OBSERV El pájaro llamado martinet en francés corresponde al español **vencejo**.

martingala *f* martingale (juegos) ‖ truc *m*, artifice *m* (artimaña) ‖ martingale (trabilla).

martiniano, na *adj* de José Martí [héros et écrivain cubain].

Martinica *n pr f* GEOGR la Martinica la Martinique.

martiniqués, esa *adj & s* martiniquais, e.

‖ OBSERV pl martiniqueses, martiniquesas.

martín pescador *m* ZOOL martin-pêcheur.

‖ OBSERV pl martín pescadores.

mártir *m & f* martyr, e ‖ capilla de mártires martyrium.

‖ OBSERV No se confunda con martyre martirio.

martirial *adj* des martyrs.

martirio *m* martyre.

‖ OBSERV No se confunda con martyr mártir.

martirizador, ra *adj* qui martyrise.
➡ **martirizador** *m* bourreau, tourmenteur.

martirizar [13] *v tr* martyriser.

martirologio *m* martyrologe.

maruja *f* MFAM bobonne.

Maruja *n pr* Mariette.

marusiño, ña *adj & s* FAM galicien, enne.

marxismo *m* marxisme; marxismo-leninismo marxisme-léninisme.

marxista *adj & s* marxiste.

marzo *m* mars; el 17 de marzo de 1915 le 17 mars 1915.

marzoleta *f* kenelle (baie de l'aubépine).

marzoleto *m* BOT aubépine *f*.

mas *m* mas (masada).

mas *conj* mais (pero).

‖ OBSERV Mas, conjonction, ne porte pas d'accent.

más *adv* plus; trabajo más que tú je travaille plus que toi; mi casa es más bonita que la tuya ma maison est plus jolie que la tienne; dos más dos son cuatro deux plus deux font quatre ‖ plus, davantage; no te digo más je ne t'en dis pas plus ‖ plus de, davantage de (delante de un sustantivo); tengo más trabajo que usted j'ai plus de travail que vous ‖ de plus (después de un sustantivo); dos kilómetros más deux kilomètres de plus ‖ plus de; son más de las nueve il est plus de 9 heures ‖ encore; ¿quiere usted más sopa? voulez-vous encore de la soupe?; quédate un poco más reste encore un peu ‖ encore, autre; deme dos botellas más donnez-moi encore deux bouteilles ‖ FAM vraiment, tellement, terriblement (muy); ¡eres más tonto! tu es vraiment idiot!; ¡estaba más contento! il était tellement content! ■ más aún plus ‖ más bien plutôt ‖ más de la cuenta trop ‖ más de lo dicho plus qu'il avait été dit ‖ más de lo que plus que... ne; vendré más tarde de lo que había dicho je viendrai plus tard que je ne l'avais dit ‖ más de lo regular plus qu'il n'est habituel ‖ más de una vez plus d'une fois ‖ más o menos plus ou moins ‖ más que nunca plus que jamais ‖ más tarde

o más temprano tôt ou tard ‖ más y más de plus en plus ■ a cual más à qui mieux mieux ‖ a lo más tout au plus ‖ a más en plus, en outre ‖ a más y mejor à qui mieux mieux ‖ cada día más de plus en plus ‖ como el que más comme un, comme personne ‖ cual más cual menos tout un chacun ‖ cuando más (tout) au plus ‖ cuanto más... más plus... plus ‖ cuanto más... menos plus... moins ‖ de más en trop, de trop; estar de más être de trop ‖ de más en más de plus en plus ‖ el... más le plus; es el libro más interesante de este escritor c'est le livre le plus intéressant de cet écrivain ‖ el que más y el que menos tout un chacun ‖ en más de o que plus que [estimer, apprécier, etc.] ‖ la... más la plus; es la ciudad más triste que he visitado c'est la ville la plus triste que j'aie visitée ‖ las... más les plus ‖ las más de las veces la plupart du temps ‖ lo más tout au plus (a lo más) ‖ lo más mínimo le moins du monde ‖ lo más posible le plus possible ‖ lo más tarde au plus tard ‖ los... más les plus ‖ los más de, las más de la plupart de; las más de las mujeres son coquetas la plupart des femmes sont coquettes ‖ mientras más... más plus... plus ‖ mucho más beaucoup plus, bien plus ‖ nada más rien de plus, rien d'autre, simplement; bebió un poco de agua, nada más il but simplement un peu d'eau; à peine (construido con el infinitivo); nada más llegar à peine arrivé; nada más comer, se levantó à peine le repas terminé, il se leva; à peine avait-il mangé qu'il se leva ‖ nada más que eso rien que cela ‖ nada más y nada menos un point, c'est tout ‖ nada más y nada menos que ni plus ni moins que ‖ nadie más que personne d'autre ‖ ni más ni menos ni plus ni moins, tout simplement ‖ no más pas davantage, pas plus, c'est tout (es todo), plus de; ¡no más tonterías! plus d'idioties!; tout simplement, donc [explétif]; acércate no más approche-toi donc ‖ no... más ne... plus ‖ no... más que ne... que; no pudo hacer más que esto il n'a pu faire que cela ‖ no... ya más que ne (plus) que; no me quedan ya más que mil francos il ne me reste que mille francs ‖ poco más o menos plus ou moins, à peu près ‖ por más que avoir beau (con infinitivo), quelque... que, quoi que (con subjuntivo), malgré (con sustantivo); por más que hace, fracasa siempre il a beau faire, il échoue toujours; por más que trabajase il avait beau travailler; por más esfuerzos que hagas malgré tous tes efforts, tu auras beau faire des efforts; por más robusto que sea il a beau être robuste ‖ ¿qué más? quoi d'autre?, quoi encore? ‖ quien más quien menos tout un chacun ‖ sin más sans plus ‖ sin más ni más tout simplement, sans autre forme de procès ‖ tanto más d'autant plus ‖ tanto más cuanto que d'autant plus que ‖ tanto y más tant et plus ‖ todo lo más tout au plus ‖ una vez más une fois de plus, une fois encore ‖ y lo que es más et qui plus est ‖ y más et, et encore; flores y más flores des fleurs et (encore) des fleurs ‖ ¿y qué más? et après, et alors? ■ a más correr à toutes jambes, à toute vitesse, à toute allure ‖ a más no poder de toutes ses forces (esfuerzo físico), on ne peut plus, tout ce qu'il y a de plus, au possible; es tonto a más no poder il est on ne peut plus stupide ‖ a más tardar au plus tard ‖ FAM ¡más lo eres tú! et toi donc!

‖ poder más prendre le dessus, être plus fort; el amor pudo más que el odio l'amour prit le dessus sur la haine o fut plus fort que la haine ‖ querer más aimer mieux, préférer ‖ tiene más de brillante que de sólido il est plus brillant que solide ‖ valer más valoir mieux; más vale il vaut mieux.
◇ *m* plus ‖ MAT plus (signo) ‖ el más allá l'audelà ‖ lo más le plus; el que puede lo más, puede lo menos qui peut le plus peut le moins ‖ FIG tener sus más y sus menos avoir des hauts et des bas.

‖ OBSERV Debe observarse que el superlativo introduce una oración cuyo verbo se pone en indicativo en español y en subjuntivo en francés.

masa *f* masse (volumen) ‖ pâte (mezcla) ‖ pâte (del pan) ‖ FIG totalité, total *m* (conjunto); masa de bienes totalité des biens; masa de la quiebra total de la faillite ‖ masse; las masas populares les masses populaires ‖ masse (abundancia) ‖ MECÁN masse ‖ ELECTR masse ‖ (Amer) petit gâteau (pastelillo) ■ masa coral manécanterie ‖ masa crítica masse critique ‖ ANAT masa encefálica encéphale ‖ FÍS masa inercial o inerte masse inerte ■ coger con las manos en la masa prendre la main dans le sac o sur le fait ‖ en masa en masse.

masacrar *v tr* massacrer (aniquilar).

masacre *f* massacre *m*, tuerie (matanza, hécatombe).

masada *f* mas *m*, métairie.

‖ OBSERV Mas se dice sobre todo en Provenza, sur de Francia.

Masagetas *m pl* Massagètes (pueblo de Escitia).

masaje *m* massage ‖ dar masajes masser, faire des massages.

masajista *m & f* masseur, euse.

masato *m* (Amer) boisson *f* sucrée à base de maïs et de riz.

mascabado, da *adj* brut, e; azúcar mascabado sucre brut [cassonade].

mascada *f* (Amer) chique (de tabaco) ‖ bouchée (bocado) ‖ foulard *m* (pañuelo).

mascadura *f* mastication.

mascar [10] *v tr* [▷ SIN] mâcher (masticar) ‖ mâchonner (masticar mal) ‖ chiquer; tabaco de mascar tabac à chiquer ‖ FIG & FAM marmotter, mâchonner (mascullar) ■ FIG & FAM dárselo todo mascado a uno mâcher la besogne à quelqu'un ‖ estar mascando tierra manger les pissenlits par la racine.

‖ SIN masticar mâcher, mastiquer; triturar triturer; mascujar mâchonner; rumiar ruminer.

máscara *f* masque *m* (careta, accesorio de teatro) ‖ loup *m* (antifaz) ■ máscara antigás masque à gaz ‖ quitar o quitarse la máscara ôter o lever le masque ‖ traje de máscara travesti ‖ INFORM máscara de pantalla masque de saisie ‖ máscara de edición masque d'édition ‖ máscara de interrupción masque d'interruption ‖ máscara perforada masque perforé.
➡ **máscaras** *f pl* cavalcade *sing* de masques (mojiganga) ‖ mascarade (mascarada) ■ máscaras, baile de máscaras bal masqué.

mascarada *f* mascarade ‖ bal *m* masqué (baile).

mascarilla *f* masque *m* (de belleza, mortuoria) ‖ masque *m* opératoire (de cirujano).

mascarita *f* petit masque *m* ‖ te conozco mascarita aunque vengas disfrazada je vous connais, beau masque; je te vois venir avec tes gros sabots.

mascarón *m* grand masque ‖ mascaron (adorno) ‖MAR figure *f* de proue.

mascón, ona *adj* (*Amer*) profiteur, euse (logrero).

mascota *f* mascotte.

mascujada *f* mâchonnement *m*.

mascujar *v tr* mâchonner ‖FIG mâchonner, marmotter (hablar entre dientes) ‖ maugréer (refunfuñar).

masculillo *m* tape-cul (juego); dar masculillo faire du tape-cul ‖FIG & FAM volée *f*, peignée *f* (porrazo).

masculinidad *f* masculinité.

masculinizar [13] *v tr* masculiniser.

masculino, na *adj* & *s m* masculin, e ‖GRAM género masculino genre masculin.

mascullamiento *m* mâchonnement.

mascullar *v tr* FAM marmotter, mâchonner (hablar entre dientes).

masera *f* pétrin *m* (artesa) ‖tourteau *m* (crustáceo).

masería *f* mas *m*, ferme.

masetero *adj m* & *s m* masséter (músculo de la mandíbula inferior).

masi *f* (*Amer*) sorte d'écureuil (ardilla).

masía *f* ferme (en Cataluña).

másico *m* massique (vino).

masicote *m* QUÍM massicot (óxido de plomo). ‖ OBSERV Le massicot (appareil) se dit en espagnol guillotina.

masificación *f* massification.

masificar [10] *v tr* massifier.

masilla *f* mastic *m* ‖fijar con masilla, poner masilla mastiquer.

masita *f* MIL masse [caisse spéciale] ‖ (*Amer*) galette (pastelillo).

masivo, va *adj* massif, ive; dosis masiva dose massive; manifestación masiva manifestation massive ‖ producción masiva production en masse.

maslo *m* tige *f* (de una planta) ‖queue *f* (cola) ‖tronc de la queue d'un animal.

masoca *m* & *f* FAM maso.

masón *m* franc-maçon (francmasón).

masonería *f* franc-maçonnerie (francmasonería).

masónico, ca *adj* maçonnique; logia masónica loge maçonnique.

masoquismo *m* masochisme.

masoquista *adj* & *s* masochiste.

masoreta *m* massorète (doctor judío).

massé *m* massé (billar).

mass media *m pl* mass media.

mastaba *f* mastaba *m* (tumba).

mastalgia *f* MED mastodynie.

mastectomía *f* MED mastectomie, mammectomie.

mastelerillo *m* MAR cacatois ‖ mâtereau (mástil pequeño) ■ mastelerillo de juanete de popa o mayor mât de cacatois de hune

‖ mastelerillo de juanete de proa mât de cacatois de misaine.

mastelero *m* MAR perroquet ■ mastelero de gavia mât de perroquet de hune ‖mastelero de perico mât de perruche ‖mastelero de sobremesana mât de perroquet de fougue ‖mastelero mayor o de gavia grand mât de hune.

máster *m* mastère. ■ OBSERV pl másters.

masticación *f* mastication.

masticador *adj m* & *s m* masticateur. ◇ *m* mastigadour (del caballo).

masticar [10] *v tr* mâcher, mastiquer (los alimentos) ‖FIG ruminer, réfléchir (meditar).

masticatorio, ria *adj* & *s m* masticatoire.

mastigador *m* mastigadour (del caballo).

mástil *m* MAR mât (palo) ‖perroquet (mastelero) ‖MÚS manche (de una guitarra) ‖pied (sostén) ‖ tige *f* (de una planta) ‖tuyau (de una pluma).

mastín *m* mâtin (perro).

mastitis *f inv* MED mastite.

mastodonte *m* mastodonte.

mastodóntico, ca *adj* gigantesque.

mastografía *f* MED mastographie.

mastoideo, a *adj* ANAT mastoïdien, enne.

mastoides *adj* ANAT mastoïde. ◇ *m* apophyse *f* mastoïdienne.

mastoiditis *f inv* MED mastoïdite.

mastología *f* MED mastologie, sénologie.

mastólogo, ga *m* & *f* MED sénologue.

mastopatía *f* MED mastopathie, mastose.

mastozoología *f* ZOOL mammalogie.

mastuerzo *m* cresson alénois, nasitort, passerage (planta) ‖ mastuerzo de los prados cresson des prés, cressonnette. ◇ *adj m* & *s m* FIG & FAM imbécile, cornichon (necio).

masturbación *f* masturbation.

masturbar *v tr* masturber.

MAT (abrev de Ministerio de Administración Territorial) *m* ministère espagnol chargé des relations avec les communautés autonomes.

mata *f* pied *m* (de una planta) ‖ touffe [d'herbe] ‖plantation; una mata de olivos une plantation d'oliviers ‖ BOT lentisque *m* (lentisco) ‖MIN matte ■ mata de la seda gomphocarpe (arbusto) ‖ mata de pelo touffe de cheveux ■ FIG & FAM andar a salto de mata être sur le qui-vive ‖ ser más tonto que una mata de habas être bête à manger du foin o comme ses pieds o comme une oie ‖vivir a salto de mata vivre au jour le jour.

matabuey *m* BOT plante *f* ombellifère.

Matac (abrev de Mando Aéreo Táctico) *m* commandement militaire espagnol des forces tactiques aériennes.

matacabras *m inv* tramontane *f* (viento).

matacán *m* mâchicoulis (fortificación) ‖poison pour les chiens (veneno) ‖ noix *f* vomique (nuez vómica) ‖ lièvre (liebre) ‖ grosse pierre *f* (piedra).

matacandelas *m inv* éteignoir.

matachín *m* boucher (jifero) ‖FIG & FAM spadassin, matamore (matamoros) ‖ matassin (bufón antiguo).

mataco *m* (*Amer*) tatou (armadillo) ‖FIG mule *f* (persona terca).

matadero *m* abattoir ‖FIG & FAM corvée *f*, travail éreintant; esto es un matadero c'est un travail éreintant ‖FAM (*Amer*) garçonnière *f* (piso).

matador, ra *adj* & *s* tueur, euse (que mata) ‖meurtrier, ère (asesino) ‖FIG & FAM tuant, e; claquant, e (cansado) ‖ tuant, e; assommant, e (pesado). ➤ **matador** *m* TAUROM matador (torero) ‖ matador (juegos).

matadura *f* plaie produite par le bât.

matafuego *m* extincteur d'incendie ‖ pompier (bombero).

matagallegos *m inv* BOT caille-lait (planta).

matagigantes *m* & *f inv* matamore *m*, fier-à-bras *m*.

matahambre *m* (*Amer*) massepain au manioc.

matalahúga; matalahúva *f* anis *m*.

mátalas callando *m* & *f* FAM personne qui cache son jeu ‖roublard, e.

matalobos *m* BOT aconit.

matalón, ona *adj* efflanqué, e; étique (caballo). ➤ **matalón** *m* rosse *f*, haridelle *f*.

matalotaje *m* MAR provisions *f pl* de bouche, vivres *pl* ‖FIG & FAM fouillis, fatras (desorden).

matalote *adj* efflanqué, e; étique (caballo). ◇ *m* haridelle *f*, rosse *f* ‖ MAR matalote de proa, de popa matelot d'avant, d'arrière.

matamata *f* chélyde [tortue d'Amérique].

matambre *m* (*Amer*) couche *f* de graisse (del ganado).

matamoros *m* matamore.

matamoscas *adj inv* tue-mouches (papel). ◇ *m inv* chasse-mouches (con mango).

matancero, ra *adj* & *s* de Matanzas (Cuba). ➤ **matancero** *m* (*Amer*) tueur o boucher d'abattoir (jifero).

matanza *f* meurtre *m* (de una persona) ‖ massacre *m*, tuerie *f* (de muchas personas) ‖abattage *m* (de los animales) ‖ époque où se fait l'abattage de porcs (época de la matanza) ‖charcuterie (productos del cerdo) ‖ hacer una matanza massacrer; hacer una matanza de mil personas massacrer mille personnes.

mataperrada *f* FAM (*Amer*) gaminerie, polissonnerie.

mataperrear *v intr* (*Amer*) faire le diable o le polisson.

mataperros *m inv* FAM gamin, polisson.

matapolillas *m inv* antimites.

matapolvo *m* pluie *f* fine.

mataquintos *m* FAM mauvais tabac, tabac gris.

matar *v tr* [▷ SIN] tuer; matar a un hombre tuer un homme ‖éteindre (apagar); matar el fuego, la cal éteindre le feu, la chaux ‖ abattre (reses) ‖ monter (naipes) ‖ ternir (el brillo) ‖éteindre (un color) ‖ adoucir (una arista) ‖FIG tuer; esa vida me mata cette vie me tue

|faire mourir (de pesadumbre, de miedo); **le vas a matar a disgustos** tu vas le faire mourir de chagrin | tuer, assommer; **matar a preguntas** tuer à force de questions | couler, ruiner; **matar una empresa** couler une affaire ■ FIG **matar a fuego lento** faire mourir à petit feu | **matar dos pájaros de un tiro** faire d'une pierre deux coups, faire coup double | **matar el gusanillo** tuer le ver (beber) | **matar el hambre** tromper la faim | **matar el tiempo** tuer le temps | **matarlas callando** agir en douce, faire ses coups en dessous ■ TAUROM **entrar a matar** se préparer à donner l'estocade (el torero) | FIG **estar** o **llevarse a matar con** être à couteaux tirés avec, en vouloir à mort à | **¡que me maten si...! que je meure si...!** je veux bien être pendu si...!

➡ **matarse** *v pr* se tuer | FIG se tuer (trabajar mucho); **matarse trabajando** se tuer au travail; **matarse por una cosa** se tuer pour obtenir une chose.

| SIN abatir abattre; asesinar assassiner; eliminar, suprimir supprimer; exterminar exterminer; degollar égorger; rematar, acabar achever; ejecutar exécuter; inmolar immoler.

matarife *m* tueur o boucher d'abattoir (jifero).

matarrata *f* bataille [sorte de jeu de cartes].

matarratas *m inv* mort-aux-rats *f* (para las ratas) | FAM tord-boyaux (aguardiente).

matarrubia *f* BOT chêne *m* des garrigues (coscoja).

matasanos *m inv* FIG & FAM charlatan, mauvais médecin, médicastre.

matasellar *v tr* oblitérer.

matasellos *m inv* oblitérateur (instrumento de correos) | oblitération *f* (acción) | tampon (marca).

matasiete *m* FIG & FAM matamore, fanfaron, tranche-montagne.

matasuegras *m inv* langue *f* de belle-mère (juguete).

matate *m* (*Amer*) filet d'agave.

matatena *f* (*Amer*) caillou *m*.

matatías *m inv* FAM fesse-mathieu (usurero).

matazón *f* (*Amer*) massacre *m*.

match *m* match (encuentro deportivo).
| OBSERV pl matches.

mate *adj* mat, e; oro, sonido mate or, bruit mat | TECN poner mate matir, rendre mat, e.
◇ *m* mat, échec au roi (al ajedrez); **jaque y mate** échec et mat | smash (en el tenis) ■ **dar jaque mate** faire échec et mat | **dar mate** mater, faire mat.

mate *m* (*Amer*) calebasse *f* (calabaza) | maté (planta y bebida) | calebasse *f* où l'on boit le maté (vasija) | infusion *f* | FAM coloquinte *f* (cabeza) ■ (*Amer*) **cebar el mate** faire infuser le maté | **hierba mate** maté | **mate amargo** o **cimarrón** maté pur, maté sans sucre.

| MATE
| Nom donné à une plante, à son infusion et au récipient utilisé pour confectionner cette boisson. On procède de la manière suivante: on met les feuilles de « mate » et du sucre dans une petite calebasse évidée et séchée que l'on remplit ensuite d'eau bouillante. Cette opération s'appelle « cebar el mate ». On boit à petites gorgées, à l'aide d'une « bombilla » en argent, en général. La

consommation de « mate » est courante en Amérique du Sud, et plus précisément en Argentine.

matear *v intr* devenir épais (el trigo) | battre les buissons (caza) | (*Amer*) boire du maté, prendre le maté.

matemático, ca *adj & s f* mathématique; **las matemáticas puras, aplicadas** les mathématiques pures, appliquées.
◇ *m & f* mathématicien, enne.

Mateo *n pr* Mathieu (nombre) | Matthieu (san); **evangelio según san Mateo** évangile selon saint Matthieu | FIG & FAM **estar como Mateo con la guitarra** être fou de joie.

materia *f* matière | modèle *m* (de escritura) | MED pus *m*, humeur, matière purulente (pus) | FIG sujet *m*, matière (tema) | affaire; **eso es otra materia** c'est une autre affaire ■ **materia de Estado** affaire d'État | FÍS **materia escindible** o **fisible** matière fissile | **materia gris** matière grise | **materia orgánica** matière organique | **materia prima** matière première | **materia vegetal** matière végétale ■ **en materia de** en matière de | **entrar en materia** entrer en matière.

material *adj* matériel, elle | FIG matérialiste; **espíritu demasiado material** esprit trop matérialiste | FIG & FAM **el tiempo material para** le temps matériel de.
◇ *m* matériel (instrumentos); **material de una fábrica** matériel d'une usine | matériau (de construcción) | cuir (cuero) ■ **material de oficina, escolar** fournitures de bureau, scolaires | **material refractario** matière réfractaire.

➡ **materiales** *m pl* matériaux.

materialidad *f* matérialité.

materialismo *m* matérialisme; **materialismo histórico** matérialisme historique.

materialista *adj & s* matérialiste.

materialización *f* matérialisation.

materializar [13] *v tr* matérialiser.

materialmente *adv* matériellement.

maternal *adj* maternel, elle.

maternalmente *adv* maternellement.

maternidad *f* maternité | **casa de maternidad, maternidad** maternité [clinique].

materno, na *adj* maternel, elle; **amor materno** amour maternel; **lengua materna** langue maternelle.

matero, ra *adj & s* (*Amer*) amateur de maté.

matete *m* (*Amer*) bouillie *f* (mezcla) | dispute *f* (riña) | FAM salade *f* (confusión); **tener un matete en la cabeza** s'emmêler les pinceaux.

Matías *n pr* Mathias; **san Matías** saint Matthias o Mathias.

matidez *f* matité.
| OBSERV pl matideces.

Matilde *n pr* Mathilde.

matinal *adj* matinal, e.

matinée; matiné *f* matinée (de teatro).

matiz *m* nuance *f*; **varios matices de azul** plusieurs nuances de bleu | FIG nuance *f*; **texto rico en matices** texte riche en nuances.
| OBSERV pl matices.

matización *f* nuancement *m* | nuances *f pl*.

matizar [13] *v tr* nuancer; **matizar con o de amarillo** nuancer de jaune | harmoniser (armonizar) | moduler (sonidos).

matojo *m* buisson (zarzal).

matón *m* FAM dur; **el matón del pueblo** le dur du village.

matonear *v intr* FAM jouer les durs.

matonería *f*; **matonismo** *m* forfanterie *f*, crânerie *f*.

matorral *m* buisson (zarzal) | maquis, garrigue *f* (monte bajo).
| SIN breña, maleza, brozas broussaille; espesura fourré; monte bajo taillis.

matoso, sa *adj* buissonneux, euse; broussailleux, euse.

Matra (abrev de Mando Aéreo de Transporte) *m* commandement militaire espagnol du transport aérien.

matraca *f* crécelle (instrumento) ■ FIG & FAM **dar la matraca** assommer, casser les pieds (dar la lata) | **¡qué matraca!** quelle scie!

matraquear *v intr* faire du bruit avec la crécelle | FIG & FAM se moquer de (burlarse) | assommer (ser pesado).

matraqueo *m* bruit de crécelle (ruido) | FIG & FAM insistance *f* | ennui (molestia).

matraquista *m & f* FIG & FAM cassepieds *m inv*, raseur, euse (molesto) | moqueur, euse (zumbón).

matraz *m* QUÍM matras, ballon (recipiente).
| OBSERV pl matraces.

matrerear *v intr* (*Amer*) vagabonder.

matrería *f* astuce, roublardise.

matrero, ra *adj* rusé, e; astucieux, euse; roublard, e FAM | (*Amer*) vagabond, e.

matriarca *f* matrone, femme chef de famille.

matriarcado *m* matriarcat.

matriarcal *adj* matriarcal, e.

matricaria *f* BOT matricaire (planta).

matricida *adj & s* matricide (asesino).

matricidio *m* matricide (crimen).

matrícula *f* matricule (lista) | immatriculation (de un soldado, un coche, etc.) | inscription (en la universidad) | AUTOM plaque d'immatriculation (placa), numéro *m* minéralogique o d'immatriculation (número) | MAR équipage *m* (tripulación) ■ **con matrícula de honor** avec les félicitations du jury | **matrícula de mar** inscription maritime | MAR **puerto de matrícula** port d'attache.

| LA MATRÍCULA DE COCHE
| Le système espagnol d'immatriculation des véhicules en vigueur actuellement est relativement récent. Le numéro d'immatriculation comprend en fait des chiffres et des lettres: tous les véhicules d'une même province portent une ou deux lettres qui correspondent à l'abréviation du nom de la province (M pour Madrid, B pour Barcelone, MA pour Malaga, etc.); puis viennent quatre chiffres, qui tiennent compte du nombre de véhicules immatriculés dans la province (0001, 0002, etc. jusqu'à 9999), et enfin une ou deux lettres, de A à A et AA à ZZ. Ainsi, un véhicule immatriculé M - 4575 - CF est antérieur à un véhicule immatriculé M - 8943 - DC, un véhicule immatriculé M - 4575 - C est antérieur à un véhicule immatriculé M - 8943 - AD.

matriculación *f* inscription, immatriculation (matrícula).

matricular *v tr* immatriculer, matriculer ▌ inscrire (en la universidad).

➡ **matricularse** *v pr* s'inscrire, se faire immatriculer ▌ s'inscrire, prendre ses inscriptions (en la universidad).

matrimonial *adj* matrimonial, e ▌ capitulaciones matrimoniales contrat de mariage.
▌ **SIN** conyugal conjugal; nupcial nuptial; marital marital.

matrimoniar *v intr* se marier.

matrimonio *m* [▷ **SIN**] mariage (unión y sacramento) ▌ ménage (marido y mujer); un matrimonio joven un jeune ménage ■ matrimonio canónico mariage catholique ▌ matrimonio civil mariage civil ▌ matrimonio clandestino o a yuras mariage clandestin ▌ matrimonio de conveniencia o de interés mariage de raison ▌ matrimonio mixto mariage mixte ▌ matrimonio morganático o de la mano izquierda mariage morganatique o de la main gauche ▌ **FAM** matrimonio por detrás de la iglesia mariage de la main gauche o en détrempe ▌ matrimonio por poderes mariage par procuration ▌matrimonio rato o no consumado mariage blanc ▌ matrimonio secreto o de conciencia mariage secret ■ cama de matrimonio lit à deux places, grand lit ■ contraer matrimonio con se marier avec, épouser ▌dar palabra de matrimonio promettre le mariage.
▌ **SIN** casamiento mariage; unión, enlace union; alianza alliance; nupcias noces.

matritense *adj & s* madrilène (madrileño).

matriz *f* **ANAT** matrice ▌ matrice (molde) ▌ écrou *m* (tuerca) ▌ souche, talon *m* [d'un registre] ▌ roi *m* des cailles (ave) ▌ **MAT & IMPR** matrice ■ **MAT** matriz cuadrada matrice carrée ▌**MAT** matriz de terraja filière ▌**MAT** matriz horizontal matrice ligne▌matriz vertical matrice colonne ■ dar forma con una matriz matricer.
◇ *adj f* **FIG** mère; casa matriz maison mère.
▌ **OBSERV** pl matrices.

matrona *f* matrone (persona de edad) ▌sagefemme (partera) ▌fouilleuse (en la aduana).

matufia *f* **FAM** (*Amer*) blague, farce.

matungo, ga *adj* (*Amer*) efflanqué, e (caballo).

maturranga *f* ruse, artifice *m* (treta).

maturrango, ga *adj & s* (*Amer*) mauvais cavalier, mauvaise cavalière (mal jinete) ▌lourdaud, e (torpe).

➡ **maturrango** *m* (*Amer*) rosse *f*, haridelle *f* (matalón).

Matusalén *n pr* Mathusalem ▌**FIG** más viejo que Matusalén vieux comme Mathusalem.

matute *m* contrebande *f* (contrabando); entrar de matute entrer en contrebande.

matutear *v intr* faire de la contrebande.

matutero, ra *m & f* contrebandier, ère.

matutino, na *adj* matinal, e; du matin; estrella matutina étoile du matin.

maula *f* rebut *m*, chose inutile (cosa inútil) ▌ coupon *m*, chute d'étoffe (retal) ▌ ruse, tromperie (engaño).
◇ *m & f* **FAM** bon, bonne à rien (perezoso) ▌mauvais payeur *m* (mal pagador) ▌un buen maula un fin matois.

◇ *adj & s* **FAM** (*Amer*) froussard, e (cobarde).

maulería *f* friperie (tienda) ▌**FAM** ruse, fourberie (engaño).

maulero, ra *m & f* fripier, ère (tendero) ▌coquin, e (embustero).

maullar *v intr* miauler.

maullido *m* miaulement ▌ dar maullidos pousser des miaulements, miauler.

Mauricia *n pr* Mauricette.

Mauricio *n pr* Maurice ▌ **GÉOGR** la isla Mauricio l'île Maurice.

Mauritania *n pr f* **GÉOGR** Mauritanie, Maurétanie.

mauritano, na *adj & s* mauritanien, enne [de Mauritanie].

Mauro *n pr* Maur.

mauseolo *m* (p us) mausolée.

máuser *m* mauser (fusil).
▌ **OBSERV** pl máusers o máusers.

mausoleo *m* mausolée.

Mausolo *n pr* Mausole.

maxilar *adj & s m* **ANAT** maxillaire; maxilar inferior maxillaire inférieur; maxilar superior maxillaire supérieur.

maxilofacial *adj* **MED** maxillo-facial, e.

maxilolabial *adj* **MED** maxillo-labial, e.

maxilonasal *adj* **MED** maxillo-palatin, e.

máxima *f* maxime (sentencia) ▌ température maximale; las máximas del año les températures maximales de l'année.

maximalismo *m* maximalisme.

maximalista *adj & s* maximaliste (bolchevique).

máximamente *adv* pricipalement, en premier lieu.

máxime *adv* principalement, surtout, à plus forte raison.

Maximiano *n pr* Maximien.

Maximiliano *n pr* Maximilien.

Maximino *n pr* Maximin.

Máximo *n pr* Maxime, Max.

máximo, ma *adj* le plus grand, la plus grande; máximo común divisor le plus grand commun diviseur ▌massif, ive; dosis máxima dose massive ▌maximal, e ▌uno de sus pintores máximos un de ses plus grands peintres.

➡ **máximo** *m* maximum; ley de los máximos loi des maximums ■ como máximo au maximum, tout au plus ▌hacer el máximo faire le maximum.

máximum *m* maximum.

maxisingle; maxi single *m* **MÚS** maxisingle.
▌ **OBSERV 1.** Cet anglicisme peut être remplacé en espagnol par sencillo grande.
2. pl maxisingles; maxi singles.

maxvelio; maxwell *m* maxwell (unidad).

maya *f* pâquerette (planta).

maya *adj & s* maya (del Yucatán).
◇ *m* **LING** maya.

mayal *m* fléau (para desgranar) ▌ bras de pressoir auquel est attelé le cheval (del molino).

mayar *v intr* miauler (maullar).

mayestático, ca *adj* majestueux, euse ▌**GRAM** plural mayestático pluriel de majesté.

mayéutica *f* **FILOS** maïeutique.

mayo *m* mai (mes del año) ▌ **HIST** el dos de mayo soulèvement du peuple de Madrid contre les troupes d'occupation de Napoléon ▌ mai, arbre de mai (palo) ■ hasta el cuarenta de mayo no te quites el sayo en avril ne te découvre pas d'un fil ▌venir como el agua de mayo arriver comme mars o marée en carême, tomber à pic.

> **EL 2 DE MAYO**
>
> Les 2 et 3 mai 1808, le peuple de Madrid se souleva contre les troupes d'occupation françaises, et déclencha ainsi la guerre d'Espagne. Le 2, une foule d'environ 30 000 personnes se rassembla devant le palais royal et se rua sur les mamelouks (corps de la garde impériale de Napoléon); quelques membres de l'armée espagnole se joignirent à eux. Le 3, presque tous les insurgés étaient morts. Bien que les troupes de Napoléon entreprirent une énorme répression, les soulèvements se répétèrent dans d'autres provinces espagnoles. Les événements du 2 mai ont inspiré un des tableaux les plus célèbres de Goya: « La lucha del pueblo con los mamelucos ».

mayólica *f* majolique, maïolique (loza esmaltada).

mayonesa *f* mayonnaise (salsa).

mayor *adj* plus grand, e (comparativo); mi casa es mayor que la suya ma maison est plus grande que la sienne ▌ plus grand, e (superlativo seguido del subjuntivo en francés); la falta mayor que ha cometido la plus grande faute qu'il ait commise ▌majeur, e; caso de fuerza mayor cas de force majeure ▌âgé, e (de edad); una señora mayor une dame âgée ▌majeur, e (llegado a la mayoría de edad); hijo mayor fils majeur ▌aîné, e (de más edad); hermano mayor frère aîné; rama mayor branche aînée ▌majeur, e (grados, dignidades) ▌grand (dignidades); caballerizo mayor grand écuyer; oficial mayor grand officier ■ mayor de edad âgé (entrado en años), majeur (mayor de 18 años) ▌ mayor edad majorité (mayoría) ▌ **MAT** mayor que plus grand que ■ al por mayor en gros (comercio) ▌altar mayor maître-autel ▌calle mayor grand-rue ▌cazador mayor maître d'équipage ▌caza mayor gros gibier ▌en su mayor parte en majeure partie ▌estado mayor état-major ▌**GEOGR** lago Mayor lac Majeur ▌las personas mayores les grandes personnes ▌ misa mayor grand-messe ▌ **MAR** palo mayor grand mât ▌ser mayor que être l'aîné, être plus âgé que; es dos años mayor que yo il est mon aîné de deux ans, il est plus âgé que moi de deux ans.
◇ *m* grade militaire se situant entre le souslieutenant et le capitaine, ≈ lieutenant.
◇ *f* majeure (de un silogismo).
◇ *m & f* aîné, e.

➡ **mayores** *m pl* grands-parents (abuelos) ▌ancêtres (antepasados) ▌los mayores les grandes personnes.

mayoral *m* maître berger (pastor) ▌postillon (de un carruaje) ▌ contremaître (de obreros) ▌ (ant) collecteur des impôts (mampostero) ▌(*Amer*) receveur (de tranvías) ▌mayoral de labranza maître valet.

mayorazga *f* femme qui jouit d'un majorat ▌héritière d'un majorat (sucesora).

mayorazgo *m* majorat ▌ possesseur d'un majorat ▌ fils aîné, héritier d'un majorat (heredero) ▌ FAM fils aîné (primogénito) ▌ aînesse *f* (primogenitura).

mayordomía *f* AVIAC traiteur *m*.

mayordomo *m* majordome, maître d'hôtel (criado) ▌ marguillier (de parroquia) ▌ majordome (oficial); **mayordomo mayor** majordome major ▌ HIST mayordomo de palacio maire du palais (merovingio).

mayoreo *m* (*Amer*) gros; **al mayoreo** en gros (compra, venta) **al mayoreo de gros** (comercio, precios).

mayoría *f* majorité; **tres votos de mayoría** majorité de trois voix ▌ majorité (mayor edad) ▌ MIL bureau *m* du major ■ **la inmensa mayoría** la grande majorité ▌ **la mayoría de las veces** le plus souvent, la plupart du temps ▌ **mayoría absoluta, relativa** majorité absolue, relative; **elegir por mayoría absoluta** élire à la majorité absolue ▌ **mayoría silenciosa** majorité silencieuse ■ **cumplir la mayoría de edad** atteindre la majorité.

mayoridad *f* majorité (mayoría).

mayorista *m* marchand en gros, grossiste (comerciante).
◇ *adj* en gros (comercio).

mayoritariamente *adv* majoritairement.

mayoritario, ria *adj* majoritaire.

mayormente *adv* surtout.

mayúsculo, la *adj & s f* majuscule (letra) ▌ **amistad, camaradería con mayúscula** amitié avec un grand A, camaraderie avec un grand C.
◇ *adj* FAM monumental, e; énorme; **disparate mayúsculo** sottise monumentale.

maza *f* massue (arma) ▌ masse (insignia) ▌ fléau *m*, maillet *m* (para machacar el cáñamo) ▌ MÚS mailloche (del bombo) ▌ masse, talon *m* (del taco de billar) ▌ MECÁN mouton *m* (de un martinete) ▌ (*Amer*) moyeu *m* (de rueda) ▌ FIG & FAM personne assommante, raseur, euse FAM ■ **la maza y la mona** saint Roch et son chien ▌ DEP **maza de gimnasia** mil ▌ **maza de jifero** merlin (hacha).

mazacote *m* soude *f* (sosa) ▌ mortier (mortero) ▌ béton (hormigón) ▌ FIG & FAM chose *f* lourde, mastoc (obra artística); **es un mazacote** c'est du mastoc ▌ colle *f* de pâte (plato mal guisado) ▌ raseur, euse (persona molesta) ▌ (*Amer*) fouillis (mezcla).

mazagrán *m* mazagran (café frío).

Mazalquivir *n pr* GEOGR Mers-el-Kébir.

mazamorra *f* (*Amer*) bouillie de maïs (gacha) ▌ MAR machemoure (restos de galleta) ▌ FIG salmigondis *m* (mezcla de cosas dispares).

mazapán *m* massepain.

mazar [13] *v tr* baratter [le lait].

Mazarino *n pr* Mazarin.

mazarota *f* TECN masselotte.

mazazo *m* coup de massue o de maillet.

mazdeísmo *m* mazdéisme (religión).

mazmorra *f* cachot *m* (calabozo), oubliette (prisión subterránea).

maznar *v tr* pétrir (amasar) ▌ battre [le fer].

mazo *m* maillet, mail, mailloche *f* (martillo de madera) ▌ paquet (manojo) ▌ FIG & FAM raseur (pelma) ▌ MÚS mailloche *f* (del bombo) ▌ mazo de naipes jeu de cartes ■ **a Dios rogando y con el mazo dando** aide-toi, le ciel t'aidera.

mazonería *f* maçonnerie (fábrica).

mazorca *f* AGRIC épi *m* (de maíz) ▌ cabosse (panoja del cacao) ▌ fusée (de hilo) ▌ FIG (*Amer*) clan *m*, camarilla d'un dictateur.

mazorquero *m* (*Amer*) dictateur ▌ partisan d'un dictateur.

mazorral *adj* grossier, ère (tosco) ▌ IMPR compact, e (sin espacios).

mazurca *f* mazurka (baile, música).

mazut *m* mazout.

MC (abrev de Movimiento Comunista) *m* mouvement communiste espagnol fondé en 1972.

MCE (abrev de Mercado Común Europeo) MCE ▌ (abrev de Movimiento Comunista de España) mouvement communiste espagnol.

me *pron pers* me, m'; **me dice** il me dit; **me dijeron** on m'a dit; **me lo dará** il me le donnera; **no quiso dármelo** il n'a pas voulu me le donner; **¿me lo quieres traer?** veux-tu me l'apporter?; **me está usted fastidiando** vous m'ennuyez ▌ moi (con el imperativo); **dime** dis-moi; **démelo** donnez-le moi.
▌ OBSERV M' sustituye a me delante de una vocal.

mea culpa *m inv* mea-culpa; **decir su mea culpa** faire son mea-culpa.

meada *f* FAM pissée, pipi *m*.

meadero *m* FAM urinoir, pissotière *f*.

meados *m pl* VULG urines *f*, pisse *f sing*.

meajuela *f* mastigadour *m* (del caballo).

meandrina *f* ZOOL méandrine.

meandro *m* méandre (de río) ▌ ARQ méandre.

mear *v intr & pr* VULG uriner, pisser.

meato *m* ANAT & BOT méat.

meauca *f* goéland *m* argenté (gaviota).

MEC (abrev de Ministerio de Educación y Ciencia) *m* ministère espagnol de l'Éducation et des Sciences.

Meca *n pr f* GEOGR **La Meca** La Mecque.

¡mecachis! *interj* FAM mince!, mince alors!

mecada *f* (*Amer*) bêtise.

mecánica *f* mécanique; **mecánica cuántica** mécanique quantique; **mecánica ondulatoria** mécanique ondulatoire ▌ mécanisme *m*; **romper la mecánica de un aparato** casser le mécanisme d'un appareil ▌ MIL corvée de quartier.

mecánicamente *adv* mécaniquement.

mecanicismo *m* machinisme (mecanización).

mecánico, ca *adj* mécanique (de la mecánica).
◇ *m & f* mécanicien, enne; **mécano** FAM ▌ **mecánico dentista** mécanicien-dentiste (ant), prothésiste dentaire.
➤ **mecánico** *m* chauffeur, mécanicien (p us).

mecanismo *m* mécanisme ■ **mecanismo administrativo** appareil administratif ▌ **mecanismo de disparo, de expulsión** mécanisme de détente, éjecteur.

mecanización *f* mécanisation ▌ **mecanización contable** mécanographie.

mecanizado *m* TECN usinage; **mecanizado con abrasivos** usinage par abrasion.

mecanizado, da *adj* mécanographique; **servicios mecanizados** services mécanographiques ▌ MIL motorisé, e; mécanisé, e.

mecanizar [13] *v tr* mécaniser ▌ MIL motoriser, mécaniser ▌ TECN usiner.

mecano *m* (nombre registrado) Meccano.

mecanografía *f* dactylographie.

mecanografiar [9] *v tr* dactylographier, écrire o taper à la machine.

mecanográfico, ca *adj* dactylographique.

mecanógrafo, fa *m & f* dactylographe.
➤ **mecanógrafa** *f* dactylo FAM.

mecanoterapia *f* MED mécanothérapie.

mecapal *m* (*Amer*) sangle *f* de portefaix.

mecapalero *m* (*Amer*) portefaix.

mecatazo *m* (*Amer*) coup de fouet (latigazo) ▌ coup, lampée *f* (trago).

mecate *m* (*Amer*) corde *f*.
◇ *m & f* FIG (*Amer*) rustre (persona inculta y tosca).

mecateada *f* (*Amer*) volée, raclée (zurra, paliza).

mecatear *v tr* (*Amer*) fouetter (zurrar).

mecedero *m* TECN palette *f* (mecedor).

mecedor, ra *adj* berceur, euse.
➤ **mecedor** *m* escarpolette *f*, balançoire *f* (columpio) ▌ palette *f* [pour remuer le vin, le savon, etc., dans les cuves].
➤ **mecedora** *f* rocking-chair *m*, fauteuil *m* à bascule.

mecedura *f* bercement *m*.

mecenas *m* mécène.

mecenazgo *m* mécénat.

mecer [11] *v tr* bercer (un niño), balancer (la cuna) ▌ balancer (en un columpio) ▌ remuer (un líquido).
➤ **mecerse** *v pr* se bercer ▌ se balancer.

mecha *f* mèche (de lámpara, de mina, quirúrgica) ▌ mèche (de cabellos) ▌ lardon *m* (tocino) ▌ mèche, tenon *m* (espiga) ▌ (*Amer*) peur (miedo) ■ FIG & FAM **aguantar mecha** tenir bon, prendre son mal en patience ▌ **a toda mecha** à toute vitesse, à fond de train FAM ▌ **mecha de seguridad o lenta** mèche de sûreté o lente.

mechador *m* lardoire *f*.

mechar *v tr* larder (la carne).

mechazo *m* MIN raté (de la mina).

mechera *f* lardoire ▌ FAM voleuse à l'étalage (ladrona) ▌ **aguja mechera** lardoire.

mechero *m* briquet (encendedor) ▌ bec (de una lámpara) ▌ brûleur (de gas) ▌ bassinet (del candelero) ▌ FAM voleur à l'étalage (ladrón) ▌ **mechero Bunsen** bec Bunsen.

mechificar [10] *v intr* (*Amer*) se moquer, railler.

mechinal *m* ope, boulin (albañilería) ▌ FIG & FAM réduit, galetas (habitación pequeña).

mechón *m* grosse mèche *f* (mecha) ▌ [▷ SIN] mèche *f* (de cabellos) ▌ touffe *f* (de lana).
▌ SIN **mecha** mèche; **tupé** toupet; **hopa, copete, moño** houppe; **bucle, rizo** boucle.

mechonear *v tr* (*Amer*) arracher [les cheveux].

mechoso, sa *adj* fourni, e; touffu, e ‖ mécheux, euse (la lana) ‖ (*Amer*) guenilleux, euse (harapiento).

Mecklemburgo *n pr m* HIST Mecklembourg.

meco, ca *adj* (*Amer*) roux mêlé de noir (color) ‖ rustre (grosero).
◇ *m & f* (*Amer*) Indien, enne sauvage.

meconio *m* MED méconium (alhorre).

medalla *f* médaille; el reverso de la medalla le revers de la médaille; conceder o premiar con una medalla décerner une médaille.

medallero *m* DEP palmarès.

medallista *m* médailliste, médailleur.

medallón *m* médaillon ‖ ARQ médaille *f*, médaillon.

medano; médano *m* dune *f* (duna) ‖ banc de sable (banco de arena).

Medea *n pr* MITOL Médée.

medersa *f* médersa.

media *f* bas *m* (para las piernas); ponerse las medias mettre o enfiler ses bas ‖ moyenne; hacer 60 km de media faire 60 km de moyenne; media horaria moyenne horaire ‖ demie (media hora); tocar la media sonner la demie ■ media aritmética moyenne arithmétique ‖ media cuadrática moyenne quadratique ‖ media proporcional moyenne proportionnelle ■ hacer media tricoter.
➤ **medias** *m pl* media (medios de comunicación).

Media *n pr f* HIST Médie.

mediacaña *f* gorge (tipo de moldura) ‖ moulure (listón) ‖ membron *m* (de un tejado) ‖ TECN gouge (gubia) ‖ lime demi-ronde (lima) ‖ fer *m* à friser (tenacillas).

mediación *f* médiation ‖ por mediación de par l'intermédiaire de, par l'entremise de, par le truchement de.

mediado, da *adj* à moitié plein, e; à moitié vide; está el jarro mediado la cruche est à moitié pleine ‖ a mediados de vers le milieu de; a mediados de abril vers le milieu d'avril, à la mi-avril ‖ mediada la noche vers le milieu de la nuit.

mediador, ra *adj & s* médiateur, trice (que media) ‖ intermédiaire (intermediario).

mediagua *f* toit *m* à un seul versant.

medial *adj* médial, e.

medialuna *f* demi-lune, croissant *m* de lune.

mediana *f* GEOM médiane.

medianamente *adv* moyennement, médiocrement.

medianejo, ja *adj* très médiocre.

medianería *f* mur *m* mitoyen (pared) ‖ mitoyenneté (condición).

medianero, ra *adj* placé au milieu (en medio) ‖ mitoyen, enne (pared).
◇ *adj & s* médiateur, trice (mediador).
➤ **medianero** *m* voisin, propriétaire d'une maison ou d'un champ mitoyen (vecino) ‖ métayer (aparcero).

medianía *f* médiocrité ‖ vivir en la medianía vivre dans la médiocrité ‖ moyenne (término medio) ‖ FIG personne médiocre o quelconque.

medianil *m* mur mitoyen (medianería) ‖ IMPR marge *f* intérieure.

mediano, na *adj* [▷ SIN] moyen, enne (regular); inteligencia mediana intelligence moyenne; mediano de cuerpo de taille moyenne ‖ médiocre (ni bueno ni malo) ‖ médian, e; línea mediana ligne médiane.
‖ SIN ordinario ordinaire; mediocre médiocre; inferior inférieur; regular moyen.

medianoche *f* minuit *m*; a medianoche à minuit ‖ FIG petit sandwich *m* au jambon.
‖ OBSERV *pl* medianoches.

mediante *prep* MÚS médiante.

mediante *prep* moyennant; mediante dinero moyennant finances ‖ grâce à; mediante esta ayuda grâce à cette aide; mediante él grâce à lui ■ Dios mediante Dieu aidant, avec l'aide de Dieu ‖ mediante presentación de la tarjeta sur présentation de la carte.

mediar [8] *v intr* arriver à la moitié; être à moitié écoulé; mediaba el mes de junio cuando se marchó le mois de juin était à moitié écoulé lorsqu'il partit ‖ être o se trouver au milieu de o entre [deux choses]; entre las dos casas media un jardín entre les deux maisons se trouve un jardin ‖ passer, s'écouler (transcurrir); entre las dos guerras mediaron veinte años vingt ans s'écoulèrent entre les deux guerres ‖ s'interposer, intervenir; mediar entre dos enemigos s'interposer entre deux ennemis; mediar en un asunto intervenir dans une affaire ‖ intercéder (rogar); mediar por o en favor de uno intercéder auprès de quelqu'un ■ mediado el mes vers le milieu du mois ‖ ¿qué diferencia media entre tú y yo? quelle différence y a-t-il entre toi et moi?

mediastino *m* ANAT médiastin.

mediatinta *f* demi-teinte.

mediatizar [13] *v tr* médiatiser.

mediato, ta *adj* médiat, e.

mediatriz *f* GEOM médiatrice.
‖ OBSERV *pl* mediatrices.

médica *f* doctoresse (que ejerce la medicina) ‖ femme du médecin (mujer del médico).

medicación *f* médication.

medical *adj* médical, e.

medicamentar ➤ **medicinar**.

medicamento *m* médicament.
‖ SIN medicina médicament; remedio remède; específico spécifique; pócima potion; droga drogue.

medicar [10] *v tr* donner des médicaments à.

medicastro *m* médicastre ‖ rebouteur, rebouteux (curandero).

medicina *f* médecine (arte); estudiante de medicina étudiant en médecine; estudiar medicina faire sa médecine ‖ médicament *m* ■ medicina de equipo médecine de groupe ‖ medicina laboral médecine du travail ‖ medicina legal o forense médecine légale ‖ medicina preventiva médecine préventive.

medicinal *adj* médicinal, e ‖ DEP balón medicinal medicine-ball.

medicinar; medicamentar *v tr* administrer des remèdes [à un malade], médicamenter (p us).
➤ **medicinarse** *v pr* prendre des médica-

ments.

medición *f* mesure, mesurage *m* ‖ medición por metros métrage.

médico, ca *adj* médical, e; reconocimiento o examen médico visite médicale ‖ HIST médique (de los medos) ■ cuadro médico personnel médical ‖ receta médica ordonnance médicale.
➤ **médico** *m* médecin ■ médico consultor o de apelación o de consulta médecin consultant ‖ médico de cabecera, de familia médecin traitant, de famille ‖ médico dentista chirurgien-dentiste ‖ médico espiritual médecin des âmes, directeur de conscience o spirituel ‖ médico forense médecin légiste ‖ médico interno interne ‖ MIL médico militar o castrense médecin militaire, médecin-major ‖ médico puericultor o pediatra pédiatre ‖ médico rural médecin de campagne ■ consejero médico médecin conseil ‖ los Médicos la Faculté.
➤ **médica** *f* doctoresse (que ejerce la medicina) ‖ femme du médecin (mujer del médico).

medicolegal *adj* médico-légal, e.

medicucho *m* médicastre, charlatan.

medida *f* mesure; la medida del tiempo la mesure du temps; tres medidas de vino trois mesures de vin ‖ mesure (en costura) ‖ taille (de un traje) ‖ FIG mesure, retenue (prudencia) ‖ mesure; medidas enérgicas mesures énergiques ■ medida común commune mesure ‖ medida del cuello encolure ‖ medidas preventivas mesures préventives ‖ medidas represivas mesures de répression ‖ medida universal nombre d'or ■ a la medida sur mesure (traje); pantalón hecho a la medida pantalon sur mesure ‖ a medida de selon, conformément à; a medida de mis deseos selon mes désirs ‖ a medida que à mesure que, au fur et à mesure que ‖ en la medida de lo posible dans la mesure du possible ‖ en la medida en que dans la mesure où ‖ en menor medida à une moindre échelle ■ colmar o llenar la medida combler la mesure ‖ esto pasa de la medida cela passe toute mesure, cela dépasse les bornes.

medidor, ra *adj* qui mesure.
➤ **medidor** *m* métreur, mesureur (que mide) ‖ (*Amer*) compteur ‖ fiel medidor contrôleur des poids et mesures.

mediero, ra *m & f* tricoteur, euse (que hace medias) ‖ bonnetier, ère (que vende medias) ‖ métayer, ère (aparcero).

medieval *adj* médiéval, e.

medievalismo *m* médiévisme.

medievalista *m & f* médiéviste.

medievo *m* Moyen Âge.

medina *f* médina.

Medina *n pr* GEOGR Médine.

medio *m* milieu (centro) ‖ moyen (procedimiento); el fin justifica los medios la fin justifie les moyens ‖ moyen (posibilidad) ‖ demi (mitad) ‖ mesure *f* (medida); tomar los medios necesarios prendre les mesures nécessaires ‖ milieu (ambiente, círculo); en los medios bien informados dans les milieux bien informés ‖ médius (dedo) ‖ demi (deporte); medio derecha, izquierda, de apertura, de melée demi droit, gauche, d'ouverture, de mêlée ‖ médium (médium) ‖ BIOL milieu ■ medio am-

biente environnement ■ el justo medio le juste milieu ‖ de medio a medio complètement (enteramente) ‖ de por medio au milieu ‖ en los medios allegados a dans l'entourage de ‖ en medio de au milieu de; en medio de la calle au milieu de la rue; malgré (a pesar de); en medio de eso malgré cela ‖ justo en medio juste au milieu, au beau milieu, en plein milieu ‖ por medio de au milieu de; el río pasa por medio del pueblo la rivière passe au milieu du village; au moyen de, grâce à (gracias a), par l'intermédiaire de (mediante) ■ confundir el fin con el medio prendre le moyen pour la fin ‖ echar por la calle de en medio ne pas y aller par quatre chemins, y aller carrément ‖ estar de por medio servir d'intermédiaire ‖ meterse o ponerse de por medio s'interposer (pelea), s'entremettre (negocio) ‖ no hay medio il n'y a pas moyen ‖ poner tierra de por medio s'éloigner, prendre le large ‖ quitar de en medio a uno se débarrasser de quelqu'un ‖ quitarse de en medio s'écarter, se pousser, s'ôter de là (cambiar de sitio); quítate de en medio ôte-toi de là; disparaître (irse) ‖ vivir pared por medio être voisins.
◆ medios m pl moyens (fortuna); su padre es un hombre con pocos medios son père est un homme qui n'a pas beaucoup de moyens ‖ moyens; medios de producción, de transporte moyens de production, de transport ‖ MAT moyens (de una proporción) ‖ TAUROM centre sing de l'arène ■ los medios de comunicación (de masas) les (mass) médias ‖ estar corto de medios être à court d'argent, être désargenté.

medio, dia adj demi, e (después de un sustantivo); dos horas y media deux heures et demie ‖ demi inv (delante del sustantivo); saldré dentro de media hora je sortirai dans une demi-heure [▷ OBSERV] ‖ moyen, enne; temperatura media température moyenne; el español medio l'Espagnol moyen ■ media lengua langage enfantin ‖ media luna demi-lune ‖ media luz demi-jour ‖ media tinta demi-teinte ‖ FIG medias tintas demi-mesures (hechos), généralités (dichos) ‖ medio luto demi-deuil ‖ medio pariente cousin a la mode de Bretagne ■ clase media classe moyenne ‖ Edad Media Moyen Âge ‖ MAT término medio moyen terme ■ a media cuesta à mi-côte ‖ a media pierna à mi-jambe ‖ a media voz à mi-voix ‖ a medio camino à mi-chemin ‖ a medio cuerpo à mi-corps ‖ de medio cuerpo en buste (pintura) ‖ de medio pelo quelconque (gente), tape-à-l'œil (cosa) ‖ no hay término medio il n'y a pas de milieu.
◆ medio adv à demi, demi- inv; medio muerta de frío à demi morte o demi-morte de froid ‖ à moitié, à demi; medio tonto à moitié idiot; una botella medio llena une bouteille à moitié pleine.
◆ a medias loc adv a medias à moitié; dormido a medias à moitié endormi; satisfecho a medias à moitié satisfait; de moitié; ir a medias en un negocio être o se mettre de moitié dans une affaire; demi- inv; medidas a medias demi-mesures; verdad a medias demi-vérité ‖ a medio (con verbo al infinitivo) à moitié (con participio pasado); a medio terminar à moitié fini ‖ es un escritor a medias il est vaguement écrivain ‖ solución a medias solution partielle.

OBSERV El francés antepone siempre el artículo indefinido al adjetivo medio: esperó media hora il a attendu une demi-heure; compré medio kilo de garbanzos j'ai acheté un demi-kilo de pois chiches.

medioambiental adj environnemental, e.
mediocampista m DEP demi (fútbol).
mediocre f médiocre.
mediocridad f médiocrité.
mediodía m midi; llegó al mediodía il arriva à midi ‖ midi (sur); se va al mediodía de Francia il s'en va dans le midi de la France. ‖ OBSERV pl mediodías.
medioeval adj médiéval, e; moyenâgeux, euse.
medioevo m Moyen Âge (Edad Media).
mediofondista m & f DEP coureur, euse de demi-fond.
mediofondo m DEP demi-fond.
mediometraje m moyen(-)métrage.
mediopensionista m & f demi-pensionnaire.
medir [26] v tr mesurer; medir por litros, con metro mesurer au litre, au mètre ‖ scander (los versos) ‖ FIG mesurer; medir las fuerzas, las consecuencias mesurer ses forces, les conséquences ‖ medir con la vista mesurer du regard ‖ FIG medir de arriba abajo toiser (con la mirada) ‖ medir el suelo prendre un billet de parterre, ramasser une pelle (caerse) ‖ medir las costillas a uno caresser o chatouiller les côtes à quelqu'un ‖ medir sus palabras mesurer ses paroles, peser ses mots ‖ medir sus pasos y aller prudemment.
◆ medirse v pr FIG se mesurer; medirse con uno se mesurer avec quelqu'un ‖ se contenir (moderarse) ‖ FIG medirse consigo mismo mesurer ses propres forces.
meditabundo, da adj pensif, ive; méditatif, ive.
meditación f méditation.
meditar v tr & intr méditer; meditar en o sobre el pasado méditer sur le passé ‖ méditer (planear).
meditativo, va adj méditatif, ive.
mediterráneo, a adj méditerranéen, enne; el clima mediterráneo le climat méditerranéen ‖ el (mar) Mediterráneo la (mer) Méditerranée.
médium m médium.
medo, da adj & s mède (de Media).
medra f progrès m, développement m.
medrar v intr pousser (plantas) ‖ se développer, grandir (animales) ‖ FIG prospérer (fortuna, persona, etc.) ‖ faire fortune (enriquecerse) ‖ FAM ¡medrados estamos! nous voilà dans de beaux draps!, nous voilà bien!, nous voilà bien avancés!
medro m progrès, développement.
medrosamente adv craintivement, timidement.
medroso, sa adj & s peureux, euse; timide, craintif, ive (miedoso) ‖ effrayant, e (espantoso).
médula; medula f moelle; médula espinal moelle épinière ‖ FIG moelle ‖ BOT moelle (pulpa); médula de saúco moelle de sureau ■ médula oblonga, ósea moelle allongée,

osseuse ‖ FAM me sacarán hasta la médula ils me suceront jusqu'à la moelle, ils m'auront jusqu'au bout.
medular adj médullaire.
meduloso, sa adj médulleux, euse; qui est rempli de moelle.
medusa f ZOOL méduse.
Medusa n pr MITOL Méduse.
Mefistófeles n pr Méphistophélès.
mefistofélico, ca adj méphistophélique.
mefítico, ca adj méphitique.
mefitismo m méphitisme.
megabyte [mega'βait] m INFORM mégaoctet. ‖ OBSERV pl megabytes.
megaceros m mégacéros.
megaciclo m mégacycle (unidad de frecuencia).
megacolon m MED mégacôlon.
megafonía f sonorisation.
megáfono m mégaphone, porte-voix.
megahercio m FÍS mégahertz.
megajulio m ELECTR mégajoule (unidad de trabajo).
megalítico, ca adj mégalithique.
megalito m mégalithe.
megalocardia f MED cardiomégalie.
megalocefalia f MED mégalocéphalie, mégacéphalie.
megalocito m MED mégalocyte.
megalocitosis f inv MED mégalocytose.
megalomanía f mégalomanie, folie des grandeurs.
megalómano, na adj & s mégalomane.
megalópolis f mégalopole, mégalopolis, mégapole.
mégano m lais (tierra de aluvión).
megaocteo m INFORM méga-octet.
megáptero m ZOOL mégaptère.
Megara n pr GEOGR Mégare.
megaterio m mégathérium (mamífero fósil).
megatón m FÍS mégatonne f.
megatonelada f mégatonne.
megavatio m mégawatt.
megohmio m FÍS mégohm (unidad de resistencia).
meharista m méhariste.
mehedí ► mahdí.
mehedismo ► mahdismo.
meiosis f inv BIOL méiose.
mejana f îlot m dans un fleuve.
mejicanismo m mot (vocablo) o tournure f (giro) mexicains.
mejicano, na adj & s mexicain, e.
Méjico ► México.
mejilla f joue; en la mejilla sur la joue.
mejillón m moule f (molusco) ‖ criadero de mejillones moulière.
mejillonera f moulière.
mejor adj meilleur, e ■ a falta de otra cosa mejor faute de mieux ‖ en las mejores condiciones dans les meilleures conditions, au mieux ‖ lo mejor le mieux; lo mejor es ene-

migo de lo bueno le mieux est l'ennemi du bien ▌lo mejor del caso le plus beau de l'histoire ▌ lo mejor del mundo le mieux du monde ▌lo mejor de lo mejor le fin du fin ▌ lo mejor posible le mieux possible, au mieux, pour le mieux (de la mejor manera posible), de mon, ton, son mieux (todo lo que se puede); hice lo mejor posible j'ai fait de mon mieux ▌nada mejor rien de mieux ■ encontrar algo mejor trouver quelque chose de mieux, trouver mieux ▌es lo mejor que hay c'est ce qu'il y a de mieux ▌ hace mejor tiempo il fait meilleur ▌ nunca he visto cosa mejor je n'ai jamais rien vu de mieux ▌ obrar lo mejor posible faire pour le mieux o de son mieux.

◇ adv mieux ▌le mieux, la mieux (superlativo de bien); es el libro mejor escrito de este autor c'est le livre le mieux écrit de cet auteur ▌ plutôt; escogería mejor este abrigo je choisirais plutôt ce manteau ▌ tant mieux; nos vamos en seguida ¡mejor! nous partons immédiatement tant mieux! ■ mejor dicho ou plutôt, pour mieux dire ▌mejor que mejor tant mieux ■ a cual mejor à qui mieux mieux, à l'envi ▌a lo mejor peut-être, si cela se trouve; a lo mejor no vendrá peut-être ne viendra-t-il pas; a lo mejor lo tienes tú si cela se trouve, c'est toi qui l'as ▌cada vez mejor de mieux en mieux ▌mucho mejor bien mieux, beaucoup mieux ▌tanto mejor tant mieux ■ estar mejor aller o être mieux (de salud), être meilleur (el tiempo), être mieux (estar más a gusto) ▌querer mejor préférer, aimer mieux ▌ ser mejor être mieux, valoir mieux (ser de más valor), valoir mieux (ser preferible).

◇ m & f meilleur, e; es la mejor de las mujeres c'est la meilleure des femmes ▌en el mejor de los casos dans le meilleur des cas, en mettant les choses au mieux, tout au mieux.

mejora f amélioration; no hay mejora en su situación il n'y a pas d'amélioration dans sa situation ▌ amélioration, progrès m (adelanto); las mejoras derivadas de la civilización les améliorations apportées par la civilisation ▌ augmentation (del sueldo) ▌ enchère (puja) ▌DR préciput m, avantage m ▌AGRIC bonification (de las tierras).

mejorable adj améliorable.

mejoramiento m amélioration f ▌ adoucissement (de temperatura).

mejorana f BOT marjolaine.

mejorar v tr [▷ SIN] améliorer (volver mejor); mejorar su situación améliorer sa situation ▌ faire du bien à (un enfermo); la cura le ha mejorado mucho la cure lui a fait beaucoup de bien ▌augmenter; mejorar el sueldo augmenter le salaire ▌ réformer (las costumbres) ▌améliorer le sort de; la nueva ley mejora a los funcionarios la nouvelle loi améliore le sort des fonctionnaires ▌enchérir (pujar) ▌DR avantager (en un testamento); mejorar a su hijo en el testamento avantager son fils dans son testament ▌AGRIC bonifier (el terreno) ▌mejorando lo presente sauf votre respect.

◇ v intr aller mieux (estar mejor de salud) ▌s'améliorer, se remettre (el tiempo) ▌prospérer (prosperar) ▌s'améliorer; este niño que era tan malo ha mejorado mucho cet enfant qui était si méchant s'est beaucoup amélioré ▌ se remettre (prosperar de nuevo) ■ mejorar

de salud aller mieux ▌ mejorar de situación améliorer sa situation.

▌ SIN perfeccionar perfectionner; embellecer embellir; purificar purifier; reformar réformer; renovar renouveler.

mejorcito, ta adj (diminutif de "mejor") FAM un peu mieux; el niño se encuentra mejorcito l'enfant va un peu mieux ▌meilleur, e; esta alumna es la mejorcita de la clase cette élève est la meilleure de la classe ▌lo mejorcito ce qu'il y a de mieux.

mejoría f amélioration (mejora) ▌amélioration, mieux m (en una enfermedad); hay mejoría il y a du mieux ▌avantage m, supériorité (ventaja).

mejunje m mixture f ▌FIG mixture f, breuvage (bebida).

melada f tartine de miel (rebanada) ▌marmelade de coing sèche.

melado, da adj miellé, e.
➤ **melado** m sirop (de la caña de azúcar) ▌gâteau au miel (dulce).

meladora f (Amer) poêlon m.

meladura f sirop m.

melámpiro m BOT mélampyre.

melampo m TEATR lampe f du souffleur.

melancolía f mélancolie; caer en un estado de melancolía sombrer dans la mélancolie.

▌ SIN tristeza tristesse; añoranza, nostalgia nostalgie; esplín spleen; FAM murria, morriña cafard.

melancólico, ca adj & s mélancolique.

melancolizar [13] v tr attrister, chagriner.

Melanesia n pr f GEOGR Mélanésie.

melanesio, sia adj & s mélanésien, enne.
➤ **melanesio** m LING mélanésien.

Melania n pr Mélanie.

melanina f mélanine (bioquímica).

melanita f MIN mélanite (variedad de granate).

melanoderma adj mélanoderme.

melanosis f inv MED mélanose.

melar adj miellé, e (con sabor a miel).

melar [19] v tr donner la seconde cuisson [au sucre de canne].
◇ v intr faire le miel et remplir les gâteaux de cire (las abejas).

melastomáceas f pl BOT mélastomacées.

melaza f mélasse.

Melbourne n pr GEOGR Melbourne.

melca f sorgho m (planta).

Melchor n pr Melchior.

melcocha f pâte de guimauve.

melcochero m marchand de pâte de guimauve.

meleagrina f méléagrine (ostra).

Meleagro n pr MITOL Méléagre.

melée f mêlée (rugby); medio de melée demi de mêlée.

▌ OBSERV Mêlée es una palabra francesa.

melena f chevelure, cheveux m pl longs (cabellos) ▌FAM crinière, toison; largas melenas longue crinière ▌crinière (del león).

melena f MED méléna m.

melenudo, da adj chevelu, e.

melero m marchand de miel (vendedor) ▌réserve f de miel.

melgar m luzernière f, champ de luzerne.

melia f mélia m (árbol).

meliáceas f pl BOT méliacées.

mélico, ca adj mélique (poesía).

melífero, ra adj mellifère.

melificación f mellification.

melificar [10] v intr fabriquer le miel (las abejas).

melífico, ca adj mellifique (que produce miel).

melifluo, flua adj melliflue (p us); un lenguaje melifluo un langage melliflue.

melillense adj & s de Melilla.

meliloto m trèfle; mélilot (trébol).

melindre m beignet au miel (fruta de sartén) ▌gâteau, calisson (dulce) ▌FIG minauderies f pl, manières f pl ▌andarse con melindres, hacer melindres, gastar melindres faire des mines, minauder (por coquetería), faire des manières o des façons o des chichis (hacerse rogar).

melindrear v intr minauder, faire des manières.

melindrería f mièvrerie, affectation (melindre).

melindrosamente adv en minaudant.

melindroso, sa adj & s minaudier, ère; qui fait des chichis (mujer) ▌capricieux, euse (niño).

melinita f mélinite (explosivo).

melisa f BOT mélisse (toronjil) ■ agua de melisa eau de mélisse ▌BOT melisa silvestre mélitte.

melito m sirop, mellite.

melívoro, ra adj mellivore.

mella; melladura f brèche, ébréchure (rotura, hendedura) ▌brèche, vide m (hueco) ▌FIG dommage m, diminution (menoscabo) ■ FIG & FAM hacer mella faire impression o de l'effet (impresionar), entamer (menoscabar); hacer mella a la reputación entamer la réputation; faire une brèche; hacer mella en su fortuna faire une brèche à sa fortune; faire du tort à, porter atteinte à (perjudicar) ▌no hacer la menor mella glisser, ne pas faire le moindre effet; las críticas no hacen la menor mella en él les critiques glissent sur lui ▌tener dos mellas en la dentadura avoir deux dents en moins o qui manquent.

mellado, da adj ébréché, e.
◇ adj & s FIG brèche-dent, personne à qui il manque des dents (falto de algún diente).

melladura ➤ **mella**.

mellar v tr ébrécher ▌FIG entamer, ternir (la honra, el crédito).
➤ **mellarse** v pr perdre ses dents.

mellizo, za adj & s faux jumeau, fausse jumelle ▌BOT semblable (hermanado).
➤ **mellizos** m pl FIG & FAM hirondelles f (policías).

melocotón m BOT pêche f (fruto) ▌pêcher (árbol).

melocotonar m verger de pêchers.

melocotonero m BOT pêcher (árbol).

melodía f mélodie.

melódico, ca *adj* mélodique.

melodio *m* MÚS mélodium.

melodiosamente *adv* mélodieusement.

melodioso, sa *adj* mélodieux, euse.

melodista *m* mélodiste.

melodrama *m* mélodrame.

melodramático, ca *adj* mélodramatique ‖ ponerse melodramático tomber dans le mélodrame.

melodreña *adj f* piedra melodreña pierre à aiguiser (piedra de amolar).

meloe *m* méloé (insecto).

melófago *m* mélophage (insecto parásito).

meloja *f* eau miellée.

melojar *m* chênaie *f*.

melojo *m* sorte de chêne, chêne pubescent.

melolonta *m* ZOOL hanneton (abejorro).

melomanía *f* mélomanie.

melómano, na *adj & s* mélomane.

melón *m* melon (fruta) ‖ FIG & FAM cornichon (imbécil) ‖ ZOOL sorte de mangouste *f* d'Espagne, ichneumon ‖ melón de agua melon d'eau, pastèque.

melonada *f* FAM ânerie, niaiserie.

melonar *m* melonnière *f*.

meloncillo *m* petit melon (melón pequeño).

melonero, ra *m & f* maraîcher, ère qui cultive des melons (que siembra) ‖ marchand, e de melons (que vende).

melonzapote *m* (*Amer*) papaye *f*.

melopea *f* mélopée ‖ FAM cuite (borrachera); coger una melopea prendre une cuite.

melopeya *f* mélopée.

melosidad *f* douceur (suavidad).

meloso, sa *adj* mielleux, euse; doucereux, euse.

melote *m* mélasse *f*.

Melquisedec *n pr* Melchisédec.

melquita *m & f* melchite.

melusina *f* BLAS mélusine.

Melusina *n pr* Mélusine.

memada *f* FAM ânerie, niaiserie.

membrana *f* membrane; falsa membrana fausse membrane ■ membrana del tímpano tympan ‖ membrana fundamental membrane cytoplasmique ‖ membrana virginal hymen.

membraniforme *adj* membraniforme.

membranilla *f* membranule.

membranoso, sa *adj* membraneux, euse.

membrete *m* en-tête (de cartas o documentos).

membrillar *m* plantation *f* de cognassiers.

membrillero *m* BOT cognassier (membrillo).

membrillo *m* BOT cognassier (árbol) ‖ coing (fruto); carne o dulce de membrillo pâte de coing ‖ veranillo del membrillo été de la Saint-Michel.

membrudo, da *adj* robuste, vigoureux, euse; membru, e (p us) ‖ BLAS membré, e.

memento *m* mémento.

memez *f* niaiserie, bêtise (simpleza).

‖ OBSERV pl memeces.

memo, ma *adj & s* sot, sotte; idiot, e; niais, e (tonto).

memorable *adj* mémorable.

memorándum; memorando *m* mémorandum.

‖ OBSERV pl memorándums o memorandos.

memorar *v tr* (p us) rappeler, remémorer.

memoria *f* [▷ SIN] mémoire *f* (facultad) ‖ souvenir *m* (recuerdo); guardar memoria de garder le souvenir de ‖ mémoire *m* (documento) ‖ rapport *m* (informe) ‖ bordereau *m* (factura) ‖ INFORM mémoire ■ INFORM memoria auxiliar mémoire auxiliaire ‖ memoria de acceso aleatorio o RAM mémoire vive ‖ memoria explicativa exposé des motifs ‖ INFORM memoria intermedia o tampón mémoire tampon (buffer) ‖ memoria de masa o masiva mémoire de masse‖memoria muerta o de sóla lectura o ROM mémoire morte ‖ memoria programable mémoire programmable ‖ memoria virtual mémoire virtuelle ‖ memoria central o principal mémoire centrale‖memoria estática mémoire statique ‖ memoria magnética mémoire magnétique ‖ memoria no volátil mémoire rémanente‖memoria de regeneración o refrescamiento mémoire de régénération ■ de memoria par cœur; aprender, saberse de memoria apprendre, savoir par cœur ‖ en memoria de en mémoire, à la mémoire de ‖ flaco de memoria qui a mauvaise mémoire ■ FIG borrar de la memoria effacer de la mémoire‖borrarse de la memoria s'effacer de la mémoire, sortir de l'esprit (un recuerdo) ‖ hacer memoria de se souvenir de‖irse de la memoria échapper, sortir de la mémoire o de la tête; este nombre se me ha ido de la memoria ce nom m'échappe ‖ refrescar la memoria rafraîchir la mémoire ‖ si la memoria no me falla si j'ai bonne mémoire, pour autant que je me rappelle ‖ traer a la memoria rappeler ‖ venir a la memoria se souvenir de; me vino a la memoria que je me suis souvenu que.

➡ **memorias** *f pl* mémoires *m* (documento) ‖ compliments *m*, bon souvenir *m sing*; dele memorias présentez-lui mon bon souvenir.

‖ SIN recuerdo, recordación souvenir; remembranza remembrance; reminiscencia réminiscence.

memorial *m* mémorial (libro) ‖ requête *f*, placet (petición) ‖ bulletin (boletín).

memorialista *m* mémorialiste.

memorión *m* bonne mémoire *f* (memoria grande) ‖ personne *f* qui apprend tout par cœur o qui ne se fie qu'à sa mémoire.

memorístico, ca *adj* de mémoire.

memorización *f* mémorisation.

memorizar [13] *v tr* mémoriser ‖ INFORM memorizar en un registro mémoriser dans un registre.

mena *f* minerai *m* (mineral) ‖ MAR grosseur [d'un câble].

ménade *f* MIT ménade (bacante).

menaje *m* mobilier (de una casa) ‖ matériel (de escuela) ‖ ménage (ajuar) ‖ batterie *f* (de cocina).

menalgia *f* MED dysménorrhée.

Menandro *n pr* Ménandre.

menarquía *f* MED ménarche *m*.

menchevique *adj & s* menchevik.

mención *f* mention; mención honorífica mention honorable ‖ hacer mención de faire mention de, mentionner.

mencionado, da *adj* mentionné, e; nommé, e; cité, e (personas); las personas anteriormente mencionadas les personnes déjà nommées ‖ ce *m*, cette *f*, ces *pl*, en question (cosas); la mencionada batalla cette bataille, la bataille en question.

mencionar *v tr* mentionner, nommer ‖ signaler, faire remarquer (señalar) ‖ sin mencionar a sans parler de.

menda

➡ mi menda *loc* FAM ma pomme, bibi.

mendacidad *f* propension au mensonge.

mendaz *adj* menteur, euse (persona) ‖ mensonger, ère (cosa).

‖ OBSERV pl mendaces.

mendelevio *m* QUÍM mendélévium.

mendeliano, na *adj* mendélien, enne.

mendelismo *m* mendélisme (teoría de Mendel).

mendicación *f* mendicité (mendicidad).

mendicante *adj & s* mendiant, e; las órdenes mendicantes les ordres mendiants.

mendicidad *f* mendicité.

mendiganta *f* mendiante.

mendigante *adj & s* mendiant, e.

mendigar [16] *v tr & intr* mendier ‖ FIG mendier; mendigar aprobaciones mendier des approbations.

mendigo, ga *m & f* mendiant, e.

‖ SIN pordiosero gueux; indigente indigent; menesteroso nécessiteux; pobre pauvre; desvalido déshérité.

mendocino, na *adj & s* de Mendoza [Argentine].

mendrugo *m* croûton, morceau, quignon [de pain dur] ‖ FIG por un mendrugo de pan pour un morceau o une bouchée de pain.

menear *v tr* remuer; menear la mano, el café remuer la main, le café ‖ FIG diriger (un negocio) ■ FIG & FAM de no te menees pulguita gratiné ‖ mejor es no meneallo, peor es meneallo il vaut mieux ne pas revenir là-dessus o ne pas aborder ce sujet.

➡ **menearse** *v pr* s'agiter, bouger, remuer; este niño se menea mucho cet enfant s'agite beaucoup ‖ bouger; no te menees de aquí ne bouge pas d'ici ‖ FAM se remuer.

menegilda *f* FAM domestique, soubrette.

Menelao *n pr* MITOL Ménélas.

meneo *m* remuement, mouvement (movimiento) ‖ dandinement (contoneo) ‖ agitation *f* (agitación) ‖ FIG & FAM cahot; los meneos de la vida les cahots de la vie ‖ volée *f* (vapuleo) ■ FAM dar un meneo a uno secouer les puces o donner une volée à quelqu'un (vapulear), siffler, huer quelqu'un (en un teatro, etc.) ■ FIG & FAM darle un meneo a faire un sort à; le dio un meneo a la botella que casi se la bebió il a fait un sort à la bouteille, il a presque tout bu ‖ ser objeto de un meneo se faire siffler o huer.

menequear *v tr* (*Amer*) remuer.

menester *m* besoin, nécessité *f* (necesidad) ▌occupation *f* (ocupación) ■ **haber menester una cosa** o **de una cosa** avoir besoin d'une chose ▌**ser menester** falloir, être nécessaire; **es menester comer para vivir** il faut manger pour vivre; **no es menester que vayas ahí** il n'est pas nécessaire que tu y ailles.

◆ **menesteres** *m pl* besoins naturels, nécessités (necesidades corporales) ▌FAM outils, attirail *sing* (instrumentos de trabajo).

menesteroso, sa *adj* & *s* nécessiteux, euse.

menestra *f* sorte de ragoût (con carne) ▌macédoine de légumes, jardinière (de verduras).

◆ **menestras** *f pl* légumes *m* secs.

menestral *m* ouvrier, artisan.

menestralía *f* artisanat *m*.

Menfis *n pr* GEOGR Memphis.

menfita *adj* & *s* de Memphis, memphite.

mengano, na *m* & *f* Untel, Unetelle; Fulano y Mengano Untel et Untel.

▌ OBSERV Le substantif *mengano* ne s'emploie qu'après le mot *fulano* pour désigner une personne dont on ignore le nom.

mengua *f* diminution (disminución) ▌manque *m* (falta) ▌pauvreté (pobreza) ▌FIG discrédit *m* (descrédito) ▌**en mengua de** au détriment de; **lo hizo en mengua de su honra** il l'a fait au détriment de son honneur.

menguado, da *adj* & *s* lâche, pusillanime (cobarde) ▌sot, sotte (tonto) ▌avare, radin, e (avaro).

◇ *adj* limité, e (reducido); **obtuvo tan menguados éxitos** il a remporté des succès si limités ▌jersey menguado pull-over diminué.

◆ **menguado** *m* point de diminution (punto).

menguante *adj* décroissant, e (que mengua) ▌**cuarto menguante** dernier quartier (de la Luna).

◇ *f* baisse (de las aguas de un río) ▌marée descendante (del mar) ▌dernier quartier *m* (de la Luna) ▌FIG déclin *m*, décadence.

menguar [45] *v intr* diminuer, tomber, décroître (calor) ▌décroître (la Luna) ▌FIG baisser, décliner (una persona) ▌diminuer (en las labores de punto).

◇ *v tr* diminuer ▌FIG diminuer (rebajar); **esto no mengua en nada su fama** cela ne diminue absolument pas sa réputation.

mengue *m* FAM diable.

menhir *m* menhir.

menianto *m* ményanthes *pl* (planta).

menina *f* ménine, fille d'honneur.

meninge *f* ANAT méninge.

meníngeo, a *adj* méningé, e.

meningitis *f inv* MED méningite.

meningococo *m* MED méningocoque (microbio).

meningoencefalitis *f inv* MED méningoencéphalite.

menipeo, a *adj* & *s* ménippé, e; **sátira menipea** satire ménippée.

Menipo *n pr* Ménippe.

menisco *m* FÍS & ANAT ménisque; **menisco convergente, divergente** ménisque convergent, divergent ▌MED rotura del menisco déchirure du ménisque.

menjuí *m* BOT benjoin.

menjunje; menjurje *m* mixture *f*, mélange, breuvage.

Meno ➤ **Main**.

menologio *m* ménologe (catálogo de los mártires).

menonita *m* mennonite (anabaptista).

menopausia *f* MED ménopause, retour *m* d'âge.

menopáusico, ca *adj* MED ménopausique.

menor *adj* plus petit, e (más pequeño) ▌moindre (más mínimo); **el menor ruido le asusta** le moindre bruit l'effraie ▌MÚS mineur, e; **en la menor en "la" mineur** ■ **al por menor** au détail ▌MAT **menor que** plus petit que ▌**por menor** en détail (por extenso), au détail (venta) ■ **el menor, la menor** le plus petit, la plus petite (superlativo de pequeño); **deme la menor que hay** donnez-moi la plus petite qu'il y ait (con subjuntivo en francés) ▌**es un mal menor** c'est un moindre mal ▌GEOGR **las Antillas Menores** les Petites Antilles ▌**no tengo la menor idea** je n'en ai pas la moindre idée.

◇ *adj* & *s* mineur, e (menor de edad) ■ **menor de edad** mineur ▌**menor edad** minorité ■ **hermana menor** cadette, jeune sœur ▌**hermano menor** cadet, jeune frère ▌**juez de menores** juge pour enfants ▌**no apta para menores** interdit aux moins de seize ans (película) ▌RELIG **órdenes menores** ordres mineurs ▌**rama menor** branche cadette ▌**tribunal de menores** tribunal pour enfants.

◇ *m* frère mineur, franciscain.

◇ *f* mineure (segunda proposición del silogismo).

◆ **menores** *m pl* les petits (en el colegio) ▌**clase** *f sing* élémentaire (clase).

Menorca *n pr f* GEOGR Minorque.

menorista *m* élève des classes élémentaires de grammaire, débutant ▌(*Amer*) petit commerçant, détaillant (minorista).

menorquín, ina *adj* & *s* minorquin, e (de Menorca).

menorragia *f* MED ménorragie.

menorrea *f* MED ménorrhée.

menos *adv* moins (comparación); **menos generoso** moins généreux ▌**moins de** (delante de un sustantivo y con idea de cantidad); **menos soldados** moins de soldats; **menos viento** moins de vent ▌**de moins** (después de un sustantivo); **un litro menos** un litre de moins ▌**moins** (superlativo de poco); **es el alumno menos inteligente de la clase** c'est l'élève le moins intelligent de la classe; **es el hombre menos amable que conozco** c'est l'homme le moins aimable que je connaisse (subjuntivo en francés); **menos aun cuando** d'autant moins que ▌**menos... de lo que** moins que... ne; **es menos holgazán de lo que crees** il est moins paresseux que tu ne le crois ▌**menos mal que** heureusement que, encore heureux que FAM; **menos mal que has venido** heureusement que tu es venu, encore heureux que tu sois venu ▌**¡menos mal!** heureusement! ▌**menos que nada** moins que rien ▌**menos que nunca** moins que jamais ■ **a menos de** à moins de ▌**al** o **a lo menos, por lo menos** au moins, du moins, tout au moins ▌**a menos que** à moins que ▌**cada vez menos** de moins en moins ▌**cuando menos** (tout) au moins ▌**de menos** en moins ▌**dos de menos** deux de chute (bridge) ▌**en menos** moins; **lo estimo en menos que a ti** je l'estime moins que toi ▌**en menos de nada** en moins de rien ▌**lo de menos es el ruido** ce n'est pas tellement le bruit; le bruit, ce n'est rien ▌**lo menos** au moins; **lo menos había mil personas** il y avait au moins mille personnes ▌**mientras menos... menos** moins... moins ▌**nada menos que** rien (de) moins que ▌**ni mucho menos** loin de là, tant s'en faut ▌**no menos** non moins ▌**poco menos** un peu moins; **poco menos de un litro** un peu moins d'un litre; peu s'en faut; **es poco menos que tonto** il n'est pas idiot mais peu s'en faut ▌**por menos** à moins; **no trabajo por menos** je ne travaille pas à moins ▌**por menos de nada** pour un rien ▌**si al menos** o **por lo menos** si seulement, si encore ▌**tanto menos** d'autant moins ■ **echar de menos** s'ennuyer de, regretter, manquer; **echo de menos a mi país** je m'ennuie de mon pays; **echo de menos a mi madre** ma mère me manque ▌**es lo menos que puede hacerse** c'est bien le moins que l'on puisse faire ▌**no es la cosa para menos** il y a bien de quoi ▌**no puedo menos que saludarle** je ne peux pas faire moins que de le saluer ▌**ser lo de menos** être ce qui compte le moins (lo menos importante), ne pas avoir d'importance (no importar) ▌**ser menos** être en reste; **no quiero ser menos** je ne veux pas être en reste ▌**son menos de las diez** il est moins de 10 heures ▌**tener en menos** dédaigner, mépriser ▌**venir a menos** déchoir, tomber bien bas FAM; **una familia venida a menos** une famille déchue.

◇ *prep* sauf, excepté; **todo menos eso** tout sauf ça; **todos lo hicieron menos él** tous l'ont fait, sauf lui ▌**en menos, sauf**; **todo incluido menos el transporte** tout compris, sauf le transport o le transport en moins ▌**fors** (ant); **todo está perdido menos el honor** tout est perdu fors l'honneur ■ MAT moins; **cuatro menos uno son tres** quatre moins un font trois ▌**son las tres menos diez** il est 3 heures moins 10.

◇ *m* moins; **el más y el menos** le plus et le moins ▌MAT moins (signo -).

menoscabador, ra *adj* amoindrissant, e.

menoscabar *v tr* amoindrir, diminuer (disminuir) ▌entamer (mermar) ▌FIG porter atteinte o un coup à, discréditer (desacreditar).

menoscabo *m* amoindrissement, diminution *f* (mengua) ▌dommage, dégât (daño) ▌FIG discrédit (descrédito) ■ **con menoscabo de** au préjudice de, au détriment de ▌**sufrir menoscabo en su fortuna** subir de grosses pertes, voir sa fortune s'effriter.

menospreciar [8] *v tr* mépriser (despreciar) ▌dédaigner (desdeñar) ▌minimiser, mésestimer, sous-estimer; **sin menospreciar la importancia de** sans minimiser l'importance de.

menospreciativo, va *adj* méprisant, e.

menosprecio *m* mépris; **con menosprecio de** au mépris de ▌**hacer menosprecio de** faire peu de cas de.

menostasia *f* MED ménostase.

mensáfono *m* récepteur d'appel.

mensaje *m* message ▌mensaje de la Corona discours du trône ▌INFORM mensaje de error message d'erreur.

mensajería *f* messageries *pl* (empresa).

mensajero, ra *adj* & *s* messager, ère ▌paloma mensajera pigeon voyageur.
    SIN emisario émissaire; recadero, mandadero commissionnaire; delegado délégué; correo courrier.

menso, sa *adj* (*Amer*) FAM débile.

menstruación *f* menstruation ▌menstrues *pl* (menstruo).

menstrual *adj* menstruel, elle.

menstruar [6] *v intr* avoir ses règles.

menstruo *m* menstrues *f pl*.

mensual *adj* mensuel, elle.

mensualidad *f* mensualité, mois *m* (salario); cobrar su mensualidad toucher son mois ▌mensualité (renta); pagar en tres mensualidades payer en trois mensualités.

mensualización *f* mensualisation.

mensualizar [13] *v tr* mensualiser.

mensualmente *adv* mensuellement.

mensuario *m* mensuel (revista o periódico).

ménsula *f* ARQ console ▌support *m* (soporte).

mensura *f* (*Amer*) mesure.

mensurable *adj* mesurable, mensurable.

mensuración *f* mensuration.

mensurar *v tr* mesurer.

menta *f* BOT menthe (hierbabuena).

mentado, da *adj* fameux, euse; célèbre ▌mentionné, e; en question (mencionado).

mental *adj* mental, e; cálculo mental calcul mental ▌atrasado mental arriéré.

mentalidad *f* mentalité ▌esprit *m*; tener mentalidad abierta avoir l'esprit ouvert.

mentalización *f* sensibilisation, prise de conscience, préparation psychologique.

mentalizar [13] *v tr* sensibiliser, faire prendre conscience (concienciar).
    ➤ **mentalizarse** *v pr* prendre conscience (concienciarse) ▌se préparer psychologiquement, se faire à l'idée (hacerse a la idea).

mentalmente *adv* mentalement ▌hacer una multiplicación mentalmente faire une multiplication de tête o mentalement.

mentar [19] *v tr* mentionner, nommer.

mentas *f pl* (*Amer*) renom *m sing* ▌conocer a alguien de mentas connaître quelqu'un de réputation.

mente *f* esprit *m*; tener en la mente avoir dans l'esprit ▌propos *m*, intention (propósito); no estaba en mi mente hacer eso je n'avais pas l'intention de faire cela, il n'était pas dans mon propos de faire cela ■ tener en la mente avoir en tête (pensar en), envisager, avoir en vue (proyectar); tengo en la mente salir para los Estados Unidos j'envisage de partir pour les États-Unis ▌traer a la mente rappeler; esto me trae a la mente tristes recuerdos cela me rappelle de tristes souvenirs; appeler; esto trae a la mente otros pensamientos cela appelle d'autres réflexions ▌venir a la mente traverser l'esprit, passer par la tête; la sospecha no le vino a la

mente le soupçon ne lui a pas traversé l'esprit.

mentecatada; mentecatería; mentecatez *f* sottise, bêtise.
    OBSERV le pluriel de mentacatez est mentacateces.

mentecato, ta *adj* & *s* sot, sotte; niais, e; pauvre d'esprit (necio).

mentidero *m* FAM potinière *f*, endroit à cancans.

mentido, da *adj* mensonger, ère; fallacieux, euse.

mentir [27] *v intr* mentir; mentir como un sacamuelas mentir comme un arracheur de dents ▌induire en erreur, tromper (equivocar); las apariencias le mienten les apparences le trompent ▌contredire, démentir (las cosas) ■ mentir sin necesidad, por costumbre mentir pour mentir ▌miente más que habla o más que la gaceta il ment comme il respire, il est menteur comme un arracheur de dents ▌¡miento! que dis-je!, non! ▌no mentir tu ne mentiras point (mandamiento divino).

mentira *f* [▷ SIN] mensonge *m* (embuste); mentira piadosa pieux mensonge ▌mensonge *m*, histoire FAM; siempre está contando mentiras il raconte toujours des histoires ▌FIG & FAM albugo *m* (en las uñas) ■ FAM una mentira como una casa un mensonge gros comme une maison ■ decir mentira por o para sacar la verdad plaider o prêcher le faux pour savoir le vrai ▌de luengas tierras, luengas mentiras a beau mentir qui vient de loin ▌¡eso es mentira!, ¡mentira! c'est faux! ▌parece mentira c'est incroyable, c'est invraisemblable, ce n'est pas croyable.
    SIN embuste mensonge; engaño tromperie; falsedad fausseté; farsa farce; FAM bola, trola bobard.

mentirijillas; mentirillas
    ➤ **de mentirijillas; de mentirillas** *loc adv* FAM pour rire.

mentiroso, sa *adj* & *s* menteur, euse (que miente).
    ◇ *adj* FIG mensonger, ère; fallacieux, euse (engañoso); proposiciones mentirosas propositions fallacieuses.

mentís *m* démenti; dar un mentís donner un démenti.

mentol *m* menthol.

mentolado, da *adj* mentholé, e ▌cigarrillos mentolados cigarettes à la menthe.

mentón *m* menton; mentón salido menton en galoche.

mentor *m* mentor.

menú *m* menu (minuta) ▌INFORM menu; menú drop-down o desenvolvente menu déroulant.
    OBSERV pl menús.

menudamente *adv* minutieusement (de modo menudo); finement, en détail (en detalle); lo describió menudamente il l'a décrit finement, en détail.

menudear *v tr* répéter, recommencer ▌raconter par le menu o minutieusement (contar) ▌(*Amer*) vendre au détail.
    ◇ *v intr* abonder, arriver souvent (ocurrir frecuentemente) ▌se multiplier, pleuvoir FIG; menudean las averías les pannes se multiplient.

menudencia *f* minutie (esmero) ▌petitesse (pequeñez) ▌bagatelle, bricole (cosa baladí) ▌détail *m* (detalle).
    ➤ **menudencias** *f pl* abats *m* (de las reses), abattis *m* (de las aves).

menudeo *m* répétition *f* fréquente, fréquence *f* ▌venta al menudeo vente au détail.

menudillo *m* boulet (del pie de los cuadrúpedos).
    ➤ **menudillos** *m pl* abattis (de las aves).

menudo, da *adj* petit, e (pequeño) ▌menu, e (delgado) ▌minutieux, euse (exacto) ▌placé devant le substantif qu'il accompagne il se traduit de diverses façons; ¡menudo lío! fichue o sacrée o drôle d'affaire; ¡menudo cuento! la belle histoire!; ¡menudo porrazo! un de ces coups de massue; ¡menudo precio! ce n'est pas donné!; ¡menuda profesión! quel métier!; en menudo estado estaba il était dans un joli état ■ a menudo souvent ▌la gente menuda le petit monde (los niños) ▌por menudo par le menu, en détail (con detalles).
    ➤ **menudos** *m pl* abats (de las reses), abattis (de las aves) ▌menue monnaie *f sing* (monedas).

menuro *m* ménure (ave lira).

meñique *adj* petit; dedo meñique petit doigt.
    ◇ *m* petit doigt (dedo auricular).

meollada *f* cervelle (de una res).

meollar *m* MAR bitord.

meollo *m* cervelle *f* (seso) ▌moelle *f* (médula) ▌FIG moelle *f*, substance *f* (lo más principal) ▌cervelle *f*, jugement (juicio) ▌FIG entrar en el meollo del tema entrer dans le vif du sujet.

meón, ona *adj* & *s* pisseur, euse.
    ➤ **meona** *f* FAM mioche (niña).

mequetrefe *m* FAM freluquet, gringalet.

Mequínez *n pr* GEOGR Meknès.

mequiote *m* (*Amer*) tige *f* de l'agave.

meralgia *f* MED méralgie.

meramente *adv* simplement, purement.

merar *v tr* mélanger (dos licores).

merca *f* FAM achat *m*.

mercachifle *m* colporteur (buhonero) ▌FAM mercanti, margoulin (comerciante).

mercadear *v intr* commercer.

mercadeo *m* commercialisation *f*, marketing.

mercader *m* marchand; los mercaderes del templo les marchands du temple; el mercader de Venecia le marchand de Venise ▌mercanti (en Oriente) ▌FIG hacer oídos de mercader faire la sourde oreille.

mercadera *f* marchande.

mercadería *f* marchandise (mercancía).

mercaderil *adj* des marchands.

mercadillo *m* petit marché.

mercado *m* marché; mercado de pescado marché au poisson; lanzar un producto al mercado lancer un produit sur le marché; el domingo hay mercado le dimanche il y a marché ■ mercado a tanto alzado marché à forfait ▌mercado común marché commun ▌mercado de valores marché des valeurs ▌mercado interior o nacional marché intérieur o national ▌mercado libre, negro, paralelo marché libre, noir, parallèle ‖ **mercado sostenido, encalmado, en retroceso** marché soutenu, calme, en retrait (Bolsa) ■ ECON **estudio de mercado** étude de marché ■ **ir al mercado** aller au marché, faire son marché.

mercadología *f* mercatique.

mercadotecnia *f* marketing *m*, mercatique.

mercancía *f* marchandise ‖ **mercancías perecederas** denrées périssables.

▌ SIN mercadería marchandise; artículo, género article; producto produit.

mercante *adj & s* marchand, e ■ **barco mercante** vaisseau, navire marchand ‖ **marina mercante** marine marchande.

mercantil *adj* mercantile (codicioso); **espíritu mercantil** esprit mercantile ‖ commercial, e; **operaciones mercantiles** opérations commerciales ‖ **derecho mercantil** droit commercial.

mercantilismo *m* mercantilisme.

mercantilista *adj & s* mercantiliste.

mercantilización *f* commercialisation.

mercantilizar [13] *v tr* inculquer le mercantilisme ‖ commercialiser ‖ **mercantilizarlo todo** tout ramener à l'argent.

mercar [10] *v tr* acheter (comprar).

merced *f* grâce, faveur (gracia) ‖ grâce, seigneurie [ancien traitement de politesse]; **vuestra merced** votre grâce [▷ OBSERV] ‖ merci (orden religiosa y militar) ■ **merced a** grâce à ‖ **a (la) merced de** à la merci de.

▌ OBSERV Vuestra merced est aujourd'hui contracté en usted, qui s'écrit, en abrégé, Ud. ou Vd.

mercedario, ria *adj & s* de la Merci [religieux].

mercenario, ria *adj & s* mercenaire.

mercería *f* mercerie.

mercerizado *m*; **mercerización** *f* mercerisage *m* (de hilos y tejidos).

mercerizar [13] *v tr* merceriser ‖ **máquina para mercerizar** merceriseuse.

mercero, ra *m & f* mercier, ère.

mercromina® *f* Mercurochrome® *m*.

mercurial *adj* de Mercure (dios o planeta) ‖ mercuriel, elle (que contiene mercurio). ◇ *f* BOT mercuriale.

mercúrico, ca *adj* QUÍM mercurique.

mercurio *m* QUÍM mercure (metal).

Mercurio *n pr* ASTRON, ASTROL & MITOL Mercure.

mercurioso *adj m* QUÍM mercureux (óxido).

mercurizado *m* QUÍM électrodéposition *f* de mercure.

merdellón *m* FAM calicot (hortera).

merecedor, ra *adj & s* méritant, e ‖ **hacerse o ser merecedor de** être digne de, mériter.

merecer [30] *v tr & intr* mériter ‖ valoir, mériter; **el castillo merece una visita** le château vaut une visite ‖ mériter de (con infinitivo); **tu asunto merece ser contado** ton affaire mérite d'être racontée ■ **lo tiene bien merecido** il l'a bien mérité, il ne l'a pas volé ‖ **merecer la pena** valoir la peine; **merece la pena visitar este pueblo** cela vaut la peine de visiter ce village ‖ **no merece la pena** ça ne vaut pas la peine, ce n'est pas la peine.

merecidamente *adv* d'une manière méritée, à juste titre.

merecido *m* dû ■ **a cada uno su merecido** à chacun selon ses œuvres ‖ FIG **dar su merecido** régler son compte ‖ **llevar o tener su merecido** avoir ce qu'on mérite o son dû.

merecimiento *m* mérite.

merendar [19] *v intr* goûter, prendre son goûter.
◇ *v tr* manger à son goûter; **merendar una manzana** manger une pomme à son goûter.
▸ **merendarse** *v pr* FIG & FAM **merendarse una cosa** ne faire qu'une bouchée d'une chose.

merendero *m* guinguette *f* (donde se puede bailar) ‖ buvette *f*.

merendona; merendola *f* FIG goûter *m* abondant.

merengar [16] *v tr* meringuer.

merengue *m* meringue *f* (dulce) ‖ FIG mauviette *f*, personne *f* très délicate (enclenque) ‖ FIG & FAM **durar menos que un merengue en la puerta de una escuela** durer moins de temps qu'il ne faut pour le dire ‖ (Amer) FAM pagaille (desorden) ‖ mérengué, méringue *f* (baile).

meretriz *f* prostituée.
▌ OBSERV pl meretrices.

mergánsar; mergo *m* cormoran (cuervo marino).

mericismo *m* MED mérycisme (rumia).

merideño, ña *adj & s* de Mérida [ville d'Extrémadure (Espagne), du Mexique et du Venezuela].

meridiana *f* méridienne (cama o siesta).

meridiano, na *adj* méridien, enne; **de midi** ‖ éclatant, e (luz) ‖ FIG **con claridad meridiana** très clairement ‖ **ser de una claridad meridiana** être clair comme le jour ‖ **plano meridiano** plan méridien.
▸ **meridiano** *m* ASTRON méridien ‖ GEOGR **primer meridiano** premier méridien, méridien origine.
▸ **meridiana** *f* ASTRON & GEOM méridienne ‖ méridienne (cama o siesta).

meridional *adj & s* méridional, e.

merienda *f* goûter *m* (comida) ‖ repas *m* (en excursiones) ■ FIG & FAM **juntar meriendas** unir des intérêts ‖ **merienda de negros** foire, pagaille.

merindad *f* bailliage *m*.

merino, na *adj & s* mérinos (carnero, lana).
▸ **merino** *m* bailli (magistrado antiguo).

mérito *m* mérite ■ **de mérito** de mérite (persona), méritoire (cosa) ‖ FIG **hacer méritos** faire du zèle (esmerarse), faire ses preuves (dar prueba de sus aptitudes).

meritorio, ria *adj* méritoire (cosa) ‖ méritant, e; de mérite (persona).
▸ **meritorio** *m* stagiaire (empleado).

merleta *f* BLAS merlette.

merlín *m* MAR merlin (cuerda).

Merlín *n pr* **el mago Merlín** Merlin l'Enchanteur.

merlo *m* sorte de merlan (pez) ‖ merle (ave) ‖ (Amer) idiot, e.

merlón *m* merlon (fortificación).

merluzo, za *adj & s* FAM crétin, e; abruti, e (bobalicón).
▸ **merluza** *f* colin *m*, merluche, merlu *m* (pez) ‖ FIG & FAM cuite (borrachera).

merma *f* diminution (disminución) ‖ perte (pérdida).

mermar *v tr & intr* diminuer ‖ amenuiser (reducir) ‖ FIG entamer; **mermar la reputación** entamer la réputation ‖ **mermar un capital** écorner un capital.

mermelada *f* confiture (frutas cortadas y cocidas con azúcar) ‖ marmelade (de consistencia más blanda).
▌ SIN jalea gelée; compota compote; confitura confiture.

mero, ra *adj* simple, pur, e; seul, e; **por el mero hecho** par le simple fait; **una mera casualidad** un pur hasard ‖ (Amer) exact, e; pile; **llegó a la mera hora** il est arrivé à l'heure exacte o à l'heure pile ‖ même (mismo); **eso mero** c'est cela même.
▸ **mero** *m* mérou (pez).

merodeador, ra *adj & s* maraudeur, euse.

merodear *v intr* marauder.

merodeo *m* maraude *f*, maraudage.

merolico, ca *adj* (Amer) de charlatan.

Mérope *n pr* Mérope.

meróstomos *m pl* ZOOL mérostomes.

Meroveo *n pr* Mérovée.

merovingio, gia *adj & s* HIST mérovingien, enne.

mersa; merza *adj & s* (Amer) FAM tarte (cursi).

mes *m* mois; **en el mes de mayo** au mois de mai; **dentro de un mes** dans un mois; **el mes pasado, que viene** le mois dernier, le mois prochain ‖ mois, mensualité *f* (salario); **cobrar el mes** toucher son mois ‖ règles *f pl* (menstruo) ■ **mes lunar** mois lunaire ‖ **mes lunar periódico** mois lunaire périodique ‖ **mes sinódico** mois synodique ■ **alquilar una habitación al o por mes** louer une chambre au mois ‖ **pagar por meses** payer au mois.
▌ OBSERV pl meses.

mesa *f* table; **en la mesa** sur la table ‖ bureau *m* (escritorio de oficina) ‖ bureau *m* (de una asamblea) ‖ GEOGR table (terreno elevado) ‖ plateau *m* (meseta) ‖ palier *m* (de escalera) ‖ table (de una piedra preciosa) ‖ face (de hoja) ‖ mense (renta eclesiástica) ‖ FIG table (comida); **una mesa abundante** une table abondante ■ **mesa de alas abatibles** table à abattants ‖ **mesa de altar** table d'autel ‖ MÚS **mesa de armonía** table d'harmonie ‖ **mesa de batalla** table de distribution (correos) ‖ **mesa de billar** table de billard, billard ‖ **mesa con largueros** table à rallonges ‖ **mesa de juego** table de jeu ‖ **mesa de mezclas** table de mixage ‖ **mesas de nido** tables gigognes ‖ **mesa de noche** table de nuit ‖ **mesa de operaciones** table d'opération ‖ **mesa de tijera** table pliante ‖ INFORM **mesa digitalizadora** convertisseur numérique ‖ **mesa electoral** bureau de vote ‖ **mesa extensible** table à rallonges ‖ **mesa redonda** table d'hôte (en una pensión), table ronde (reunión) ‖ FIG **mesa revuelta** miscellanées ‖ MIN **mesa rotatoria** table de rotation ‖ RELIG **sagrada mesa** sainte table ‖ **vino de mesa** vin de table ■ **¡a la mesa!** à table! ‖ **alzar o quitar o levantar la mesa** desservir la table ‖ **estar a mesa y**

mantel de uno se faire nourrir par quelqu'un, vivre aux frais de quelqu'un ‖ levantarse de la mesa sortir de table, se lever de table, quitter la table ‖ poner la mesa mettre la table o le couvert, dresser la table ‖ sentarse en la mesa se mettre à table, s'attabler ‖ tener a uno a mesa y mantel nourrir quelqu'un ‖ tener mesa franca tenir table ouverte (invitar a cenar) ‖ tener mesa franca en casa de uno avoir son couvert mis chez quelqu'un.

mesada f mois m, mensualité.

mesadura f action d'arracher o de s'arracher les cheveux.

mesalina f FIG Messaline, femme dépravée.

Mesalina n pr Messaline.

mesana f MAR artimon m (mástil) ‖ voile d'artimon (vela).

mesar v tr arracher [les cheveux, la barbe].
➡ **mesarse** v pr s'arracher [les cheveux, la barbe].

mescolanza ➤ **mezcolanza**.

meseguero, ra adj des moissons.
➡ **meseguero** m surveillant des moissons (guarda de las mieses).

mesencéfalo m MED mésencéphale.

Mesenia n pr f HIST Messénie.

mesenio, nia adj & s messénien, enne.

mesenterio m ANAT mésentère.

mesenteritis f inv MED mésentérite.

mesero, ra m & f (Amer) garçon de café, serveur, euse (camarero).
➡ **mesero** m ouvrier payé au mois.

meseta f plateau m (llanura); la meseta de Castilla le plateau de Castille ‖ palier m (de una escalera).

meseteño, ña adj & s habitant, e d'un plateau.

mesiánico, ca adj messianique.

mesianismo m messianisme.

mesías m messie.

mesidor m messidor (décimo mes del calendario republicano francés).

mesilla f petite table (mesa pequeña) ‖ palier m (de escalera) ‖ appui m (de una ventana) ‖ tablette (de balaustrada) ‖ FIG réprimande (reprensión) ‖ mesilla de noche table de nuit.

Mesina n pr GEOGR Messine ‖ el estrecho de Mesina le détroit de Messine.

mesinés, esa adj & s de Messine.
▮ OBSERV pl mesineses, mesinesas.

mesmedad f FAM nature.

mesmeriano, na adj mesmérien, enne.

mesmerismo m mesmérisme (doctrina del médico alemán Mesmer).

mesmo, ma adj (ant) FAM même.

mesnada f compagnie de gens d'armes, suite ‖ FIG groupe m, troupe.

mesnadero m homme d'armes.

mesoamericano, na adj méso-américain, e.

mesocardia f MED mésocardie.

mesocarpio m BOT mésocarpe.

mesocefalia f MED mésocéphalie.

mesocéfalo, la adj MED mésocéphale.

mesocracia f régime m bourgeois ‖ FIG bourgeoisie.

mesocrático, ca adj relatif, ive à un régime bourgeois.

mesodérmico, ca adj ANAT mésodermique.

mesodermo m ANAT mésoderme.

mesolítico, ca adj & s m mésolithique.

mesolote m (Amer) agave double.

mesomería f QUÍM mésomérie.

mesómero, ra adj QUÍM mésomère.

mesón m auberge f, hôtellerie f (albergue) ‖ FÍS méson.

mesonero, ra m & f hôtelier, ère; aubergiste.
◇ adj d'auberge.

mesopausa f GEOGR mésopause.

Mesopotamia n pr f HIST Mésopotamie.

mesopotámico, ca adj mésopotamien, enne; mésopotamique (p us).

mesosfera f mésosphère.

mesoterapia f MED mésothérapie.

mesotórax m inv ZOOL mésothorax.

mesotorio m QUÍM mésothorium.

mesotrón m FÍS mésotron, méson.

mesozoico, ca adj GEOL mésozoïque.

mesta f "mesta" [association des éleveurs de troupeaux transhumants au Moyen Âge].

mesteño, ña adj de la "mesta".

mester m (ant) métier (oficio) ‖ poésie f; mester de clerecía poésie savante [cultivée par les clercs]; mester de juglaría poésie populaire [des troubadours, etc.].

mestizaje m métissage.

mestizar [13] v tr métisser, croiser (cruzar razas).

mestizo, za adj & s métis, isse.

mesura f mesure, retenue, modération, circonspection (moderación) ‖ respect m, politesse (respeto).

mesuradamente adv avec mesure, modérément.

mesurado, da adj mesuré, e; modéré, e; circonspect, e (moderado).

mesurar v tr modérer (moderar) ‖ mesurer; mesurar sus palabras mesurer ses mots ‖ mesurarse en sus palabras mesurer ses mots, parler avec retenue.

meta f but m, objectif m, fin (finalidad); conseguir su meta atteindre son but; fijarse una meta se fixer un but ‖ réalisation; llegar a la meta de sus deseos parvenir à la réalisation de ses désirs ‖ DEP buts m pl (portería) ‖ ligne d'arrivée, arrivée (en una carrera).
◇ m gardien de but (fútbol).

metabólico, ca adj BIOL métabolique.

metabolismo m BIOL métabolisme; metabolismo basal métabolisme de base.

metacarpiano, na adj ANAT métacarpien, enne.

metacarpo m ANAT métacarpe.

metacéntrico, ca adj FÍS métacentrique.

metacentro m FÍS métacentre.

metacrilato m méthacrylate.

metadona f méthadone.

metafase f BIOL métaphase.

metafísico, ca adj & s f métaphysique ‖ metafísica general o ontológica ontologie.
◇ m & f métaphisicien, enne.

metáfora f métaphore.

metafóricamente adv métaphoriquement.

metafórico, ca adj métaphorique.

metaforizar [13] v tr métaphoriser.

metafosfórico, ca adj QUÍM métaphosphorique.

metagoge f figure de réthorique, trope m.

metal m métal ‖ laiton (latón) ‖ FIG timbre (de la voz) ‖ genre (calidad) ‖ BLAS métal (oro o plata) ■ FAM el vil metal le vil métal ‖ MÚS instrumentos de metal les cuivres ‖ metal blanco métal blanc, maillechort ‖ metal precioso métal précieux.

metaldehído m QUÍM métaldéhyde.

metalenguaje m métalangage, métalangue f.

metalepsis f inv métalepse.

metalero, ra adj (Amer) métallifère.

metálico, ca adj métallique.
➡ **metálico** m espèces f pl (dinero); pagar en metálico payer en espèces.

metalífero, ra adj métallifère.

metalingüístico, ca adj métalinguistique.

metalización f métallisation.

metalizado, da adj métallisé, e.

metalizar [13] v tr métalliser.

metalla f feuille d'or.

metalocromía f métallochromie.

metalografía f métallographie.

metalográfico, ca adj métallographique.

metaloide m QUÍM métalloïde.

metalurgia f métallurgie.

metalúrgico, ca adj métallurgique.
➡ **metalúrgico** m métallurgiste, métallo FAM.

metalurgista m métallurgiste.

metámero, ra adj QUÍM métamère (isómero).

metamórfico, ca adj GEOL métamorphique.

metamorfismo m GEOL métamorphisme.

metamorfosear v tr métamorphoser.

metamorfosis; metamórfosis f inv métamorphose; sufrir una metamorfosis subir une métamorphose.

metanero m méthanier (barco).

metano m QUÍM méthane.

metanol m méthanol.

metaplasmo m GRAM métaplasme.

metapsíquico, ca adj & s métapsychique.

Metastasio n pr Métastase.

metástasis f inv ANAT métastase.

metatarsiano adj & s m métatarsien, enne.

metatarso m ANAT métatarse.

metate m pierre f [pour broyer].

metátesis *f inv* GRAM métathèse.

metatórax *m inv* ANAT métathorax (de los insectos).

metazoarios *m pl* ZOOL métazoaires.

metazoo *m* ZOOL métazoaire.

meteco *m* métèque.

metedor *m* lange, couche *f* (de los niños) ∥ contrebandier (contrabandista) ∥ IMPR table *f*, marbre.

metedura *f* FAM action de mettre, pose, mise ∥ FAM metedura de pata gaffe, impair.

metejón *m* (*Amer*) complication *f* ∥ perte *f* (en el juego) ∥ (*Amer*) FAM coup de foudre (flechazo).

Metelo *n pr* Métellus.

metempsicosis *f inv* métempsycose, métempsychose.

meteórico, ca *adj* météorique.

meteorismo *m* VETER météorisme, météorisation *f*.

meteorito *m* météorite *f*, aérolithe.

meteorización *f* VETER météorisation.

meteorizar [13] *v tr* VETER météoriser.

meteoro *m* météore.

meteorógrafo *m* météorographe.

meteorología *f* météorologie.

meteorológico, ca *adj* météorologique; parte meteorológico bulletin météorologique.

meteorologista *m & f* météorologiste, météorologue.

meteorólogo *m* météorologue, météorologiste.

meteoromancia *f* météoromancie.

metepatas *m & f inv* FAM gaffeur, euse.

meter *v tr*

---

1. INTRODUCIR
2. CAUSAR
3. OTROS SENTIDOS
4. LOCUCIONES
5. VERBO PRONOMINAL

---

1. INTRODUCIR mettre; meter la mano en el bolsillo mettre la main dans sa poche; meter en la cama mettre au lit; meter en la cárcel mettre en prison ∥ passer en contrebande, introduire en fraude (en fraude); meter tabaco passer du tabac en contrebande ∥ FIG enfoncer, faire entrer; meterle una idea en la cabeza lui enfoncer une idée dans la tête ∥ introduire, faire entrer; meter a uno en un negocio introduire quelqu'un dans une affaire ∥ FIG & FAM fourrer; ¡en menudo lío me has metido! tu m'as fourré dans un drôle de pétrin! ∥ plonger; estar metido en un problema être plongé dans un problème **2.** CAUSAR faire (causar); meter miedo, ruido, jaleo, enredos faire peur, du bruit, du chahut, des histoires **3.** OTROS SENTIDOS rentrer (una costura) ∥ serrer (apretar); meter los renglones serrer les lignes ∥ jouer, mettre (en el juego, en la lotería, etc.) ∥ mettre, engager; meter la llave en la cerradura mettre la clef dans la serrure; meter su capital en un negocio engager son capital

dans une affaire ∎ FAM flanquer, administrer (un golpe); meter una torta flanquer une gifle ∥ MAR carguer [les voiles] **4.** LOCUCIONES meter baza en fourrer son nez dans (un asunto), mettre son grain de sel, dire son mot, se mêler à (la conversación) ∥ no dejar meter baza ne pas laisser placer un mot (en la conversación) ∥ meter en cintura o en vereda mettre au pas ∥ meter en razón faire entendre raison ∥ FIG & FAM meter la nariz por todas partes fourrer son nez partout ∥ meter la pata faire une gaffe, mettre les pieds dans le plat, commettre un impair, commettre une bévue ∥ meter las velocidades passer les vitesses ∥ meter prisa presser, faire se dépêcher ∎ FAM anda siempre metido con los golfillos de la calle il est toujours fourré avec les petits voyous de la rue ∥ a todo meter à toute vitesse, à toute allure ∥ FIG estar muy metido en una sociedad être bien introduit dans une société ∥ tener metido en un puño avoir (bien) en main **5.** VERBO PRONOMINAL se mettre; meterse en la cama se mettre au lit ∥ FIG se fourrer; ¿dónde te has metido? où t'es-tu fourré? ∥ s'engager; se metió en o por una calle il s'est engagé dans une rue ∥ se faire, devenir; meterse soldado se faire soldat ∎ FIG meterse a se faire, devenir (con sustantivo); meterse a fraile se faire moine; se mettre à (con infinitivo); meterse a escribir se mettre à écrire ∥ meterse con embêter, taquiner; siempre se mete conmigo il m'embête tout le temps; meterse con alguien en plan de broma taquiner quelqu'un, histoire de rire; attaquer; todos los críticos se meten con él tous les critiques l'attaquent ∥ (*Amer*) FIG; meterse con flirter avec; estar metido con alguien sortir avec quelqu'un ∥ FIG meterse en se jeter dans, plonger dans; meterse en aventuras, en vicios se jeter dans les aventures, se plonger dans les vices; s'engager; meterse en camisas de once varas se mêler des affaires d'autrui, fourrer son nez partout; meterse en un negocio s'engager dans une affaire; se mêler; siempre se mete donde no le llaman il se mêle toujours de ce qui ne le regarde pas; meterse en todo se mêler de tout; entrer; meterse en una discusión entrer dans une discussion; meterse en unas explicaciones inútiles entrer dans des explications inutiles; se metió en una tienda il est entré dans une boutique; aller; se metió en un cine, en un restaurante il est allé au cinéma, au restaurant ∥ meterse en gastos se mettre en frais ∥ meterse en la cabeza se mettre dans la tête o en tête ∥ meterse en sí mismo se renfermer sur soi-même ∥ métete en lo tuyo o en tus cosas o en lo que te importa occupe-toi de ce qui te regarde o de tes affaires ∥ ¿por qué te metes? de quoi te mêles-tu?

meterete *adj* (*Amer*) indiscret, ète (entrometido).

metete; metiche *m* (*Amer*) indiscret.

meticulosamente *adv* méticuleusement.

meticulosidad *f* méticulosité.

meticuloso, sa *adj* méticuleux, euse.

metidito, ta *adj* FAM metidita en carnes bien en chair.

metido, da *adj* abondant, e ∥ plein, e ∥ (*Amer*) indiscret, ète ∎ metido en carnes

bien en chair ∥ pan metido en harina pain riche en farine.
➡ **metido** *m* coup (golpe); dar un metido donner un coup ∥ rentré (en costura) ∥ lange (metedor) ∥ FIG & FAM sortie *f* (reprensión); le dio un metido il lui a fait une sortie.
∥ OBSERV [➡ meter].

metileno *m* QUÍM méthylène ∥ azul de metileno bleu de méthylène.

metílico, ca *adj* QUÍM méthylique.

metilo *m* QUÍM méthyle.

metódicamente *adv* méthodiquement.

metódico, ca *adj* méthodique; Enciclopedia Metódica Encyclopédie méthodique.

metodismo *m* RELIG méthodisme.

metodista *adj & s* RELIG méthodiste.

metodizar [13] *v tr* ordonner, organiser, appliquer une méthode à.

método *m* méthode *f*.
∥ SIN procedimiento procédé; técnica technique; sistema système; marcha marche.

metodología *f* méthodologie.

metodológico, ca *adj* méthodologique.

metomentodo *m & f* FAM touche-à-tout, fureteur, euse.

metonimia *f* métonymie.

metonímico, ca *adj* métonymique.

metonomasia *f* métonomasie.

metopa *f* ARQ métope.

metoposcopia *f* métoposcopie, métoposmancie.

metraje *m* CINEM métrage; corto, largo metraje court, long métrage [film].

metralla *f* mitraille; granada de metralla grenade à mitraille.

metralleta *f* mitraillette (pistola ametralladora).

métrica *m* POÉT métrique.

métrico, ca *adj* métrique; sistema métrico système métrique ∥ cinta métrica mètre à ruban.

metrificación *f* versification.

metrificar [10] *v intr & tr* versifier (versificar).

metrista *m & f* versificateur, trice.

metritis *f inv* MED métrite.

metro *m* mètre (medida); metro cuadrado, cúbico mètre carré, cube ∥ mètre (verso).
➡ **metros** *m pl* métrage *sing* (de una tela); ¿cuántos metros le hacen falta? quel métrage vous faut-il? ∥ medir por metros, con metro mesurer en mètres, au mètre.

metro *m* métro (transporte).

metrología *f* métrologie.

metrológico, ca *adj* métrologique.

metromanía *f* métromanie (manía de hacer versos).

metrónomo *m* MÚS métronome.

metrópoli *f* métropole.

metropolita *m* RELIG métropolite.

metropolitano, na *adj & s m* métropolitain, e.

metrorragia *f* MED métrorragie.

mexicano, na *adj & s* mexicain, e.

México; Méjico *n pr m* GEOGR Mexique (país).

OBSERV L'orthographe México (avec un x) est la seule admise au Mexique bien que la pronončiation soit Méjico [mexiko].

mezcal *m* (*Amer*) agave (pita) | mescal, eau-de-vie *f* d'agave (aguardiente).

mezcalina *f* mescaline.

mezcla *f* [▷ SIN] mélange *m*; una mezcla de buenas cualidades un mélange de bonnes qualités; una mezcla de varios ingredientes un mélange de plusieurs ingrédients | mortier *m* (argamasa) | CINEM mixage *m* | RAD mélange *m*.

| SIN combinación combinaison; aleación alliage; mixtura mixture; amalgama amalgame; mezcolanza mélange.

mezclado *m* ancienne étoffe *f* bigarrée (tela).

mezclador, ra *m* & *f* mélangeur, euse | mezclador de imagen table de mixage (máquina), monteur-images (profesional) | mezclador de sonido table de mixage (máquina), monteur-son (profesional).

➡ **mezcladora** *f* CULIN mixer, mixeur *m* (máquina) | mezcladora de hormigón malaxeur à béton (hormigonera).

mezcladura *f*; **mezclamiento** *m* mélange *m*.

mezclar *v tr* mêler, mélanger; mezclar colores mélanger des couleurs; mezclar una cosa con otra mêler o mélanger une chose à o avec une autre; mezclar agua con vino mêler de l'eau à du vin o avec du vin | FIG mêler; mezclar la amabilidad con la brutalidad mêler l'amabilité à la brutalité.

➡ **mezclarse** *v pr* se mélanger, se mêler; mezclarse con la multitud se mêler à o avec la foule | FIG se mêler; se mezcló en mis asuntos il s'est mêlé de mes affaires.

mezclilla *f* mézeline (tela) | tela de mezclilla étoffe chinée o mélangée.

mezcolanza; mescolanza FAM *f* mélange *m* (mezcla) | FAM mélimélo *m*, bric-à-brac *m* (batiburrillo) | mixture (de líquidos).

mezote *m* (*Amer*) agave sec.

mezquinamente *adv* mesquinement.

mezquindad *f* mesquinerie.

mezquino, na *adj* mesquin, e.

mezquita *f* mosquée.

mezquite *m* sorte d'acacia (árbol).

mezzo-soprano *m* MÚS mezzo-soprano.

mg (abrev escrita de miligramo) mg.

mi *m* MÚS mi (nota).

mi, mis *adj pos* mon *m*, ma *f*, mes *pl*; mi libro mon livre; mi novia ma fiancée; mis zapatos mes chaussures ■ en mi casa chez moi | para mis adentros en moi-même, en mon for intérieur.

mí *pron pers* moi (employé avec une préposition); a mí à moi; para mí pour moi; nos ha acompañado a mi hermano y a mí il nous a accompagnés, mon frère et moi ■ ¡a mí! à moi (socorro) | a mí me toca o me corresponde hacerlo c'est à moi de le faire | en cuanto a mí quant à moi, pour ma part | por lo que a mí respecta quant à moi, en ce qui me concerne | por mí mismo par moi-même, de moi-même.

| **OBSERV** Mí ne se traduit pas dans les constructions: a mí no me importa ça m'est

égal; a mí me gusta el chocolate j'aime le chocolat, etc.

miaja *f* miette (migaja) | FAM una miaja de un tout petit peu de, une miette de.

mialgia *f* MED myalgie.

miasma *m* miasme.

| **OBSERV** L'emploi de miasma au féminin est incorrect.

miasmático, ca *adj* miasmatique.

miastenia *f* MED myasthénie.

miatonía *f* MED myatonie.

miau *m* miaou (maullido del gato).

mica *f* MIN mica *m*.

mica *f* guenon (mona) | (*Amer*) cuite (borrachera).

micáceo, a *adj* MIN micacé, e.

micacita *f* MIN micaschiste *m*.

micado *m* mikado (emperador del Japón).

Micaela *n pr* Michèle.

micción *f* miction.

micela *f* micelle (partícula).

micelial; miceliano, na *adj* BOT mycélien, enne.

miceliario, ria *adj* micellaire.

micelio *m* BOT mycélium.

Micenas *n pr* GEOGR Mycènes.

micénico, ca *adj* mycénien, enne.

micer *m* messire (título antiguo) | maître (dicho de los abogados).

michelines *m pl* FAM poignées *f* d'amour [bourrelets].

Michigan *n pr* GEOGR Michigan; el lago Michigan le lac Michigan.

michino, na *m* & *f* FAM minet, ette.

micho, a *m* & *f* FAM minet, ette (gato).

micifuz *m* FAM minet, raminagrobis (gato).

| **OBSERV** pl micifuces.

mico *m* singe, sagouin (mono) | FIG & FAM paillard, porc (lujurioso) | petit bonhomme (hombre pequeño) | petit jeunot (jovenzuelo) ■ FIG & FAM dar o hacer mico poser un lapin (faltar a una cita) | dejar a uno hecho un mico couvrir quelqu'un de honte | quedarse hecho un mico être tout penaud | ser el último mico être la cinquième roue du carrosse.

micodermo *m* mycoderme.

micología *f* mycologie.

micológico, ca *adj* mycologique.

micólogo, ga *m* & *f* mycologue.

micorriza *f* BOT mycorhize.

micosis *f inv* MED mycose.

micra *f* micron *m* (micrón).

micrero, ra *m* & *f* (*Amer*) conducteur, trice de minibus.

micro *m* FAM micro, microphone.

microanálisis *m inv* micro-analyse *f*.

microbalanza *f* microbalance.

microbiano, na *adj* microbien, enne.

microbicida *adj* & *s m* microbicide.

microbio *m* microbe.

| SIN bacteria bactérie; bacilo bacille; micrococo microcoque; microorganismo micro-organisme.

microbiología *f* microbiologie.

microbiológico, ca *adj* microbiologique.

microbiólogo *m* microbiologiste.

microbús *m* minibus (pequeño autobús).

| **OBSERV** pl microbuses.

microcefalia *f* microcéphalie.

microcéfalo, la *adj* & *s* microcéphale.

microchip *m* INFORM puce *f*.

microcircuito *m* microcircuit.

microcirugía *f* microchirurgie.

microclima *m* microclimat.

microclimatología *f* microclimatologie.

micrococo *m* BIOL microcoque, micrococcus.

microcomputador, ra *m* & *f* micro-ordinateur *m*.

microcopia *f* microfilm *m*, microcopie.

microcósmico, ca *adj* microcosmique.

microcosmo *m* microcosme.

microeconomía *f* microéconomie.

microedición *f* INFORM microédition.

microelectrónica *f* microélectronique.

microfaradio *m* FÍS microfarad.

microficha *f* INFORM microfiche.

microfilm; microfilme *m* microfilm.

| **OBSERV** pl microfilms; microfilmes.

microfilmar *v tr* microfilmer.

microfilme ➡ **microfilm**.

microfísica *f* microphysique.

microfónico, ca *adj* microphonique.

micrófono *m* microphone, micro FAM; hablar por el micrófono parler au micro.

microfotografía *f* microphotographie.

microfotográfico, ca *adj* microphotographique.

micrografía *f* micrographie.

micrógrafo *m* micrographe.

microhmio; microhm *m* ELECTR microhm (unidad eléctrica de resistencia).

microinformática *f* INFORM micro-informatique.

microlítico, ca *adj* microlithique, microlitique.

microlito *m* microlithe (roca).

micromanipulador *m* micromanipulateur.

micromelia *f* MED micromélie, brachymélie.

micrométrico, ca *adj* micrométrique.

micrómetro *m* micromètre.

micrón *m* micron (micra).

Micronesia *n pr f* GEOGR Micronésie.

microonda *f* micro-onde.

➡ **microondas** *m inv* micro-ondes; horno microondas o de microondas four (à) micro-ondes.

microordenador; micrordenador *m* micro-ordinateur.

microorganismo *m* micro-organisme.

micropétalo, la *adj* BOT micropétale.

micrópilo *m* BOT micropyle.

microplaqueta *f* INFORM microprocesseur *m*.

microprocesador *m* INFORM microprocesseur.

microprograma *m* INFORM microprogramme.

microprogramación *f* INFORM microprogrammation.

micrordenador ⇒ **microordenador**.

microscopia *f* microscopie.

microscópico, ca *adj* microscopique.

microscopio *m* microscope; microscopio electrónico microscope électronique.

microsegundo *m* microseconde *f*.

microsporangio *m* BOT microsporange.

microsurco *adj m & s m* microsillon (disco).

microteléfono *m* combiné (del teléfono).

micrótomo *m* microtome.

micuré *m* (*Amer*) sarigue *f*.

Midas *n pr* MITOL Midas.

midriasis *f inv* MED mydriase.

midriático, ca *adj* mydriatique.

MIE (abrev de Ministerio de Industria y Energía) *m* ministère espagnol de l'Industrie et de l'Énergie.

miedica *adj & s* FAM froussard, e.

mieditis *f inv* FAM frousse, pétoche, trouille (miedo).

miedo *m* peur *f*; tener miedo a los duendes avoir peur des fantômes; miedo cerval peur bleue ■ FAM de miedo du tonnerre, sensationnel, formidable ▮ película de miedo film d'épouvante ▮ por miedo a de peur de ▮ por miedo a o de que de peur que... ne ▮ sin miedo y sin tacha sans peur et sans reproche ■ dar o meter miedo faire peur ▮ fue mayor el miedo que el daño, tuvimos más miedo que otra cosa il y a eu plus de peur que de mal ▮ morirse de miedo mourir de peur ▮ pasar mucho miedo avoir une de ces peurs, avoir terriblement peur ▮ que da o mete miedo à faire peur; de un feo que mete miedo laid à faire peur ▮ temblar de miedo trembler de peur ▮ tener más miedo que vergüenza avoir une peur bleue (pasar miedo), être froussard (ser miedoso) ▮ tener miedo hasta de la sombra de sí mismo avoir peur de son ombre ▮ tener miedo de que avoir peur que... ne; tengo miedo que venga j'ai peur qu'il ne vienne ▮ tener mucho miedo avoir grand peur, avoir très peur o une peur bleue.

miedoso, sa *adj & s* peureux, euse.

miel *f* miel *m*; dulce como la miel doux comme le miel ■ miel de caña mélasse ▮ FAM miel sobre hojuelas encore mieux, tant mieux ■ luna de miel lune de miel ▮ panal de miel rayon de miel ■ FIG dejar a uno con la miel en los labios laisser quelqu'un sur sa faim o insatisfait ▮ no hay miel sin hiel il n'y a pas de roses sans épines ▮ ser todo miel être tout miel; être tout sucre et tout miel.

mielga *f* BOT luzerne (alfalfa) ▮ ZOOL petit requin *m* (escualo).

mielgo, ga *adj* jumeau, jumelle.

mielina *f* ANAT myéline.

mielitis *f inv* MED myélite.

miembro *m* membre ▮ ANAT membre (órgano sexual) ▮ membre (de una ecuación) ▮ FIG membre (de una comunidad); Estado miembro État membre ■ miembro por derecho propio membre de droit ▮ miembro vitalicio membre à vie.

➡ **miembros** *m pl* membres, membrure *f sing* (cuerpo).

miente *f* (*ant*) esprit *m*, pensée ■ caer en o en las mientes imaginer, avoir l'idée de ▮ parar o poner mientes en considérer, réfléchir à, faire attention à ▮ traer a las mientes rappeler (recordar) ▮ venirse a las mientes avoir l'idée de ▮ pasar por las mientes venir à l'esprit; no se lo pasó por las mientes llamarme ça ne lui est pas venu à l'esprit de m'appeler.

mientras *adv & conj* pendant que, tandis que; mientras yo trabajo, él juega pendant que je travaille, il joue ▮ tant que; mientras viva, pensaré en usted tant que je vivrai, je penserai à vous ▮ mientras más plus; mientras más tiene, más desea plus il en a, plus il en veut ▮ mientras que tandis que (oposición); él lo confesó, mientras que tú no dijiste nada il l'a avoué, tandis que toi tu n'as rien dit ▮ mientras no se pruebe lo contrario jusqu'à preuve du contraire ▮ mientras tanto pendant ce temps, entre-temps.

miera *f* huile de cade (aceite de enebro) ▮ galipot *m* (resina).

miércoles *m* mercredi; el miércoles pasado, que viene mercredi dernier, prochain; vendré el miércoles je viendrai mercredi; viene el miércoles, viene cada miércoles il vient le mercredi, il vient tous les mercredis ■ miércoles de ceniza mercredi des cendres ▮ miércoles santo mercredi saint.

mierda *f* VULG merde ▮ FIG merde (porquería) ▮ cuite (borrachera).

mierdecilla *m* FIG & FAM petite *f* nature.

mierdica *m* FAM poule *f* mouillée.

mierdoso, sa *adj* VULG dégueulasse.

mierra *f* fardier *m* (narria).

mies *f* moisson.
▮ OBSERV pl mieses.

miga *f* miette (migaja) ▮ mie [de pain] ▮ école maternelle (amiga) ▮ FIG & FAM substance, moelle ■ tierra de miga terre grasse o forte ■ FIG & FAM hacer buenas migas faire bon ménage ▮ hacer malas migas faire mauvais ménage, ne pas s'entendre ▮ hacer migas émietter (el pan), réduire en miettes (hacer trizas), lessiver (cansar), tout ficher par terre (fastidiar) ▮ FIG tener mucha miga être très riche o plein de moelle (tener sustancia), être plein d'intérêt (ser interesante), donner du fil à retordre, ne pas être commode (ser complicado).

➡ **migas** *f pl* CULIN pain *m sing* réduit en miettes imbibé de lait et frit ■ migas ilustradas miettes de pain frites avec des lardons.

migaja *f* miette; una migaja de pan une miette de pain.

migajón *m* mie *f* de pain ▮ FIG & FAM moelle *f*, substance *f*.

migala *f* mygale (araña).

migar [16] *v tr* mettre des morceaux o des miettes de pain [dans un liquide]; migar la leche mettre des morceaux de pain dans du lait.

migración *f* migration.

migraña *f* migraine.

migrar *v intr* migrer.

migratorio, ria *adj* migrateur, trice (las aves) ▮ migratoire; movimiento migratorio mouvement migratoire ▮ cultivo migratorio divagation des cultures.

Miguel *n pr* Michel.

miguelear *v tr* (*Amer*) courtiser.

miguero *adj m* lucero miguero étoile du Berger.

mihrab *m* mihrâb (de una mezquita).

mijar *m* champ de millet.

mije *m* (*Amer*) mauvais tabac.

mijo *m* BOT millet, mil.

mil *adj* mille; mil hombres, mil años mille hommes, mille ans; el año mil l'an mille ▮ mil (en las fechas); el año mil novecientos setenta y cinco l'an mil neuf cent soixante-quinze ■ las Mil y Una Noches les Mille et Une Nuits ▮ mil millones un milliard; cinco mil millones de francos cinq milliards de francs.
◇ *m* mille (signo).
➡ **miles** *m pl* milliers; muchos miles de pesos des milliers de pesos ■ FIG a las mil y quinientas à une heure indue, à une heure impossible ▮ miles de veces mille fois ▮ miles y miles, miles y millares des mille et des cents, des milliers et des milliers.

milagrería *f* récit *m* fabuleux.

milagrero, ra *adj* FAM qui voit partout des miracles (que imagina milagros) ▮ faiseur, euse de miracles (que los finge) ▮ miraculeux, euse (milagroso).

milagro *m* miracle ▮ TEATR miracle (en la Edad Media) ■ la vida y milagros de uno les faits et gestes de quelqu'un ▮ por milagro par miracle ■ FIG hacer milagros faire des miracles ▮ vivir de milagro vivre de l'air du temps (vivir mal), l'avoir échappé belle (escapar).

milagrosamente *adv* miraculeusement.

milagroso, sa *adj* miraculeux, euse; imagen milagrosa image miraculeuse ▮ ser milagroso être miraculeux, tenir du miracle.

milamores *f* BOT valériane sauvage, mâche.

Milán *n pr* GEOGR Milan.

milanés, esa *adj & s* milanais, e.
➡ **milanesa** *f* CULIN escalope milanaise.
▮ OBSERV pl milaneses, milanesas.

Milanesado *n pr m* GEOGR el Milaneso le Milanais.

milano *m* milan (ave) ▮ milan (pez) ▮ TECN cola de milano queue-d'aronde.

Milcíades *n pr* Miltiade.

mildeu; mildiu *m* AGRIC mildiou.

milenario, ria *adj & s m* millénaire.

milenarismo *m* millénarisme.

milenio *m* millénaire, période *f* de mille ans.

milenrama *f* BOT mille-feuille.

milésimo, ma *adj* millième.
➡ **milésimo** *m* millième *m*.
➡ **milésima** *f* millième *m* (milésima parte).

milesio, sia *adj & s* milésien, enne (de Mileto) ▮ fábulas milesias contes milésiens.

Mileto *n pr* GEOGR Milet.

milhojas *f* BOT mille-feuille.
◇ *m* mille-feuille (pastel).

milhombres *m inv* FAM petit coq.

mili *f* FAM service *m* militaire, régiment *m*; hacer la mili faire son service militaire.

mili- *pref* milli; milímetro millimètre.

miliamperímetro *m* milliampèremètre.

miliamperio *m* ELECTR milliampère.

miliar *adj* milliaire (columna).
◇ *adj & s f* MED miliaire; fiebre miliar fièvre miliaire.

miliario, ria *adj* milliaire (columna).

milibar *m* FÍS millibar.

milicia *f* milice (tropa) ∥ service *m* militaire ∥ carrière militaire (profesión) ∥ milicias concejiles milices bourgeoises o communales.

miliciano, na *adj* de la milice.
◇ *m & f* milicien, enne.

milico *m* (*Amer*) FAM troufion.

milicurie *m* FÍS millicurie.

miligramo *m* milligramme.

mililitro *m* millilitre.

milimetrado, da *adj* millimétré, e.

milimétrico, ca *adj* millimétrique.

milímetro *m* millimètre.

milimicra *f* millimicron *m*.

militancia *f* militantisme *m*.

militante *adj & s* militant, e.

militantismo *m* militantisme.

militar *adj & s m* militaire; academia militar école militaire ■ cartilla militar livret matricule o militaire ∥ militar de infantería fantassin ∥ tribunal militar cour martiale.

militar *v intr* servir dans l'armée ∥ militer.

militara *f* femme (mujer), veuve (viuda), fille (hija) d'un militaire.

militarismo *m* militarisme.

militarista *adj & s* militariste.

militarización *f* militarisation.

militarizar [13] *v tr* militariser ∥ réquisitionner (huelguistas).

militarmente *adv* militairement.

militarote *m* FAM militaire, culotte *f* de peau.

mílite *m* soldat.

milivoltio *m* FÍS millivolt.

milla *f* mille *m* (medida itineraria); milla marina o náutica mille marin o nautique ∥ mile (medida inglesa).

millar *m* millier; un millar de francos un millier de francs ∥ mille; un millar de alfileres un mille d'épingles.
◆ **millares** *m pl* milliers (gran cantidad); millares y millares des milliers et des milliers ∥ a millares par milliers.
∥ OBSERV Un milliard se dit en espagnol mil millones.

millarada *f* millier *m*.

millo *m* BOT millet (mijo).

millón *m* million; millones de muertos des millions de morts ■ a millones par millions ∥ mil millones un milliard ∥ se lo he dicho mi-

llones de veces je le lui ai dit maintes et maintes fois.

millonada *f* quantité d'environ un million ∥ FIG petite fortune, les yeux de la tête *m pl*; este traje cuesta una millonada ce costume coûte les yeux de la tête.

millonario, ria *adj & s* millionnaire.

millonésimo, ma *adj & s* millionième.

milmillonésimo, ma *adj & s* milliardième.

miloca *f* sorte de hibou (ave).

milocha *f* cerf-volant *m* (cometa).

milonga *f* (*Amer*) chanson et danse populaires ∥ bal populaire ∥ FAM embrouille (enredo).

milonguear *v intr* (*Amer*) danser.

milonguero, ra *m & f* (*Amer*) chanteur ou danseur de "milongas" ∥ noceur, euse.

milord *m* milord (título) ∥ milord (birlocho).
∥ OBSERV *pl* milores.

milpa *f* (*Amer*) champ *m* de maïs.

milpear *v intr* (*Amer*) labourer (arar).

milpero *m* (*Amer*) laboureur.

milpiés *m* cloporte (cochinilla).
∥ OBSERV Mille-pattes se dit en espagnol ciempiés.

milrayas *m inv* mille-raies (tejido).

milreis *m* milreis (moneda brasileña).

Milvio *n pr* Milvius.

mimado, da *adj* gâté, e (niño, etc.).

mimar *v tr* dorloter, cajoler (regalar) ∥ gâter (a los niños); niño mimado enfant gâté ∥ pourrir (mimar con exceso) ∥ mimer (teatro).

mimbral *m* oseraie *f*.

mimbre *m & f* osier *m* ∥ brin o baguette *f* d'osier (varita).

mimbrear *v intr* osciller (moverse).

mimbreño, ña *adj* d'osier.

mimbrera *f* osier *m* (arbusto) ∥ oseraie (mimbreral) ∥ saule *m* (sauce).

mimbreral *m* oseraie *f*.

mimeografía *f* reproduction de documents.

mimeografiar [9] *v tr* polycopier.

mimeógrafo *m* machine *f* à polycopier.

mimético, ca *adj* mimétique.

mimetismo *m* mimétisme.

mimetizar [13] *v tr* imiter.

mímico, ca *adj & s f* mimique.

mimo *m* mime (teatro, actor) ∥ câlinerie *f*, cajolerie *f*, caresse *f* (cariño) ∥ gâterie *f* (con los niños).

mimodrama *m* mimodrame.

mimógrafo *m* mimographe (autor de mimos).

mimología *f* mimologie.

mimosa *f* BOT mimosa *m* (flor) ∥ mimosa púdica o vergonzosa sensitive.

mimosáceas *f pl* mimosées (flores).

mimoso, sa *adj* minaudier, ère (melindroso) ∥ câlin, e; caressant, e (afectuoso) ∥ gâté, e (mimado) ∥ délicat, e (delicado).

min (abrev escrita de minuto) mn, min.

mina *f* mine; mina de carbón, de lápiz mine de charbon, de crayon ∥ MIL mine; mina

anticarro, de acción retardada, contra personal, flotante mine antichar, à retardement, antipersonnel, flottante ∥ FIG mine, filon *m*; encontrar una mina trouver un filon ∥ mine (moneda griega) ∥ MFAM (*Amer*) gonzesse (tía) ∥ pute (ramera) ■ cámara, hornillo de mina chambre, fourneau de mine ∥ campo de minas champ de mines ∥ Escuela de Ingenieros de Minas École des Mines ∥ hoyo de mina trou de mine ∥ FIG mina de oro mine d'or ∥ mina hullera houillère ■ rastrear minas draguer les mines.

minado *m* minage (colocación de minas).

minador, ra *adj* mineur, euse.
◆ **minador** *m* sapeur-mineur (soldado) ∥ ingénieur des Mines (ingeniero) ∥ MAR mouilleur o poseur de mines (buque).

minar *v tr* [▷ SIN] miner; minar una montaña, un puerto miner une montagne, un port ∥ FIG miner, ronger (consumir); la enfermedad le mina la maladie le ronge ∥ FIG minarle a uno el terreno couper à quelqu'un l'herbe sous le pied.
∥ SIN zapar saper; excavar, socavar creuser; horadar perforer.

minarete *m* minaret.
∥ OBSERV Minarete est un gallicisme pour alminar.

mineral *adj & s m* minéral, e; reino mineral règne minéral.
◇ *m* minerai; mineral de hierro minerai de fer.

mineralización *f* minéralisation.

mineralizador, ra *adj & s m* QUÍM minéralisateur, trice.

mineralizar [13] *v tr* minéraliser.

mineralogía *f* minéralogie.

mineralógico, ca *adj* minéralogique.

mineralogista *m & f* minéralogiste.

minería *f* travail *m* des mines (laboreo, trabajo) ∥ industrie minière (industria) ∥ mineurs *m pl*, main-d'œuvre minière (los mineros) ∥ Escuela de minería l'École des Mines.

minero, ra *adj* minier, ère; zona minera zone minière.
◆ **minero** *m* mineur (obrero) ∥ TECN lámpara de minero lampe de mineur o de sûreté.

minerva *f* procession de la Fête-Dieu (procesión) ∥ IMPR minerve, presse à platine (máquina de imprimir).

Minerva *n pr* Minerve.

minervista *adj & s* IMPR minerviste.

minestrone *m* CULIN minestrone.

mineta *f* minette (mineral).

mingitorio *m* urinoir.

mingo *m* bille *f* rouge (bola de billar) ∥ FAM poner el mingo briller, se distinguer (sobresalir), se faire remarquer (imponerse), faire scandale (ser escandaloso).

miniar *v tr* peindre en miniature.

miniatura *f* miniature ∥ pintar en miniatura miniaturer.

miniaturista *m & f* miniaturiste.

miniaturización *f* miniaturisation.

miniaturizar [13] *v tr* miniaturiser.

minibasket *m* minibasket.

minicadena *f* MÚS minichaîne.

minicomputador *m* mini-ordinateur.

minidisco *m* mini-disquette.

minifalda *f* mini-jupe (falda muy corta).

minifundio *m* petite propriété *f*.

minigolf *m* mini-golf.
■ OBSERV pl minigolfs.

mínima *f* MÚS blanche (nota) ‖ FIG détail *m*, très petite chose.

minimalismo *m* MÚS minimalisme.

minimalista *adj* MÚS minimaliste.

minimizar [13] *v tr* minimiser (quitar importancia a).

mínimo, ma *adj* minime, très petit, e ‖ minutieux, euse (minucioso) ‖ minimal, e; temperatura mínima température minimale ‖ reducir a la mínima expresión réduire à sa plus simple expression.
➡ **mínimo** *m* minime (religioso) ‖ minimum; mínimo vital minimum vital; gana un mínimo de il gagne un minimum de ■ al mínimo, a lo más mínimo au minimum ‖ el más mínimo le moindre ‖ lo más mínimo le moins du monde ‖ MAT mínimo común múltiplo le plus petit commun multiple ‖ ni lo más mínimo pas le moins du monde.

mínimum *m* minimum.
■ OBSERV pl mínimo o mínimos.

minino, na *m* & *f* FAM minet, ette (gato).
◇ *adj* & *s* FAM petit, e (pequeño).

minio *m* minium (óxido de plomo).

miniordenador *m* mini-ordinateur.

ministerial *adj* ministériel, elle.

ministerio *m* ministère ■ Ministerio de Comunicaciones ministère des PTT ‖ Ministerio de Educación Nacional ministère de l'Éducation nationale ‖ Ministerio de Estado (ant) o de Asuntos Exteriores o de Relaciones Exteriores ministère des Affaires étrangères ‖ (*Amer*) Ministerio de Finanzas ministère des Finances ‖ Ministerio del Interior ministère de l'Intérieur ‖ Ministerio de Hacienda ministère des Finances ‖ Ministerio de Información ministère de l'Information ‖ Ministerio de la Vivienda ministère de la Construction ‖ Ministerio de Obras Públicas ministère des Travaux publics ‖ Ministerio público o fiscal ministère public, parquet.

ministra *f* femme d'un ministre (esposa) ‖ ministre *m*; la Primera ministra le Premier ministre.

ministrable *adj* FAM ministrable.

ministro *m* ministre; ministro sin cartera ministre sans portefeuille ■ ministro de Dios ministre de Dieu ‖ ministro plenipotenciario ministre plénipotentiaire ‖ Primer ministro Premier ministre.

minnesinger *m* minnesänger, minnesinger, minnesaenger (juglar alemán).

mino *m* minet, minou (para llamar al gato).

minoano, na *adj* minoen, enne (de Minos).

minoico, ca *adj* minoen, enne.

minoración *f* diminution, amoindrissement *m*.

minorar *v tr* diminuer, amoindrir.

minoría *f* minorité ‖ minoría de edad minorité.

minoridad *f* (p us) minorité.

minorista *m* détaillant (comerciante al por menor) ‖ clerc qui a reçu les ordres mineurs (clérigo de menores).
◇ *adj* au détail (comercio).

minoritario, ria *adj* minoritaire.

Minotauro *n pr* MITOL Minotaure.

minucia *f* minutie.
➡ **minucias** *f pl* (ant) dîme *sing* sur les fruits ‖ petits détails *m*.

minuciosamente *adv* minutieusement.

minuciosidad *f* minutie.

minucioso, sa *adj* minutieux, euse ‖ minucioso por demás minutieux à l'excès.

minué *m* menuet (baile).

minuendo *m* MAT le plus grand des deux nombres, dans une soustraction.

minúsculo, la *adj* & *s f* minuscule.

minusvalía *f* moins-value.

minusvalidez *f* handicap *m*.
■ OBSERV pl minusvalideces.

minusválido, da *adj* & *s* handicapé, e.

minusvalorar *v tr* sous-estimer, déprécier.

minuta *f* menu *m* (comida) ‖ minute (borrador) ‖ bordereau *m* (factura) ‖ note (apunte) ‖ note des honoraires (cuenta de un abogado) ‖ liste, catalogue *m* (lista).

minutar *v tr* faire la minute [d'un acte] ‖ minuter (tiempo).

minutario *m* minutier (de un notario).

minutario, ria *adj* minutaire (en minuta).

minutería *f* minuterie (interruptor automático).

minutero *m* aiguille *f* des minutes, minuterie *f* (de un reloj).

minuto *m* minute *f* (tiempo); vuelvo dentro de un minuto je reviens dans une minute ‖ minute *f* (de círculo) ‖ minuto a minuto minute par minute.

miñangos *m pl* (*Amer*) petits morceaux.

Miño *n pr m* GEOGR el Miño le Minho.

miñón *m* soldat [employé autrefois comme douanier, garde-chasse, etc.] ‖ scorie *f* du fer (escoria).

miñona *f* IMPR mignonnette.

mío, mía *pron pos* mien, mienne (con artículo); este libro es el mío ce livre est le mien ‖ à moi (sin artículo); esto es mío ceci est à moi ‖ mon *m*, ma *f*, mes *pl* (después del sustantivo); la casa mía ma maison; amigo mío mon ami; este vestido mío ma robe; queridos hijos míos mes chers enfants ‖ FIG mon cher, ma chère; mon petit, ma petite (cariño); padre mío mon cher père; hermana mía ma petite sœur ■ ¡Dios mío! mon Dieu! ‖ en derredor mío autour de moi ‖ FIG & FAM ésta es la mía c'est à moi de jouer, c'est le moment que j'attendais ‖ FAM ¡hijo mío! mon vieux! ‖ lo mío mes affaires, ce qui m'appartient o me concerne; no se meta en lo mío ne vous mêlez pas de mes affaires ‖ lo mío, mío y lo tuyo de entrambos ce qui est à moi est à moi, ce qui est à toi est à nous deux ‖ los míos les miens (familia) ‖ ¡madre mía! mon Dieu! ‖ un amigo mío un de mes amis, un ami à moi.
‖ OBSERV La construction du type la casa mía est fréquente en espagnol et renforce l'idée de possession.

miocardio *m* ANAT myocarde; infarto del miocardio infarctus du myocarde.

miocarditis *f inv* MED myocardite.

mioceno *adj m* & *s m* GEOL miocène.

miodinia *f* MED myodynie, myalgie.

miografía *f* myographie.

miógrafo *m* myographe ‖ gráfico de miógrafo myogramme.

miograma *m* myogramme.

miolema *m* ZOOL myolemme, sarcolemme.

miología *f* BIOL myologie.

mioma *m* MED myome.

miopatía *f* MED myopathie.

miope *adj* & *s* myope.

miopía *f* MED myopie.

miosis *f inv* MED myosis.

miosota *f* BOT myosotis *m* (raspilla).

mir *m* mir (comunidad agrícola en la Rusia zarista).

MIR (abrev de médico interno y residente) *m* concours espagnol permettant d'obtenir le titre d'interne des hôpitaux.

mira *f* mire; punto de mira point de mire ‖ mire, viseur *m* (de escopeta); muesca de mira cran de mire ‖ beffroi *m* (torre) ‖ FIG intention, visée, dessein *m* (intención); con miras poco honradas avec des intentions peu honnêtes ‖ but *m* (objetivo); tener por mira avoir pour but; tener miras altas avoir des buts élevés ■ con miras a en vue de, ayant pour but de ‖ estrechez de miras étroitesse de vues ‖ línea de mira ligne de visée o de mire ■ FIG poner la mira o las miras en jeter les yeux sur (mirar), viser, avoir des vues sur (desear), jeter son dévolu sur (echar el ojo a); poner la mira en la popularidad viser la popularité ‖ tener sus miras en avoir pour but, prétendre à, viser (codiciar).
➡ **miras** *f pl* MAR canons *m* de proue.

mirabálano *m* BOT myrobalan, myrobolan.

mirabel *m* kochia [plante ornementale] ‖ tournesol (girasol) ■ ciruela mirabel mirabelle (fruto) ‖ ciruelo mirabel mirabellier (árbol).

mirada *f* regard *m*; fulminar con la mirada foudroyer du regard; apartar la mirada de détacher le regard de ‖ yeux *m pl*; leer en la mirada lire dans les yeux ‖ [▷ SIN] coup *m* d'œil (ojeada); echar una mirada jeter un coup d'œil; abarcar con una sola mirada embrasser d'un coup d'œil ‖ œillade (guiñada) ■ mirada aguda o penetrante regard perçant ‖ FIG miradas atrás retours en arrière ■ clavar o fijar la mirada en fixer son regard sur, regarder fixement ‖ detener la mirada en arrêter son regard sur ‖ huir de las miradas de fuir le regard de (no mirar en los ojos), se dérober aux regards de (evitar ser visto) ‖ seguir con la mirada suivre des yeux ‖ ser el blanco de las miradas être le point de mire ‖ tener la mirada perdida avoir les yeux dans le vague o le regard lointain ‖ volver la mirada tourner ses regards.
‖ SIN vista vue; ojeada, vistazo coup d'œil; atisbo guet.

miradero *m* point de mire ‖ observatoire, mirador (lugar de observación).

miradita *f* œillade (guiñada) ‖ petit coup *m* d'œil.

mirado, da *adj* circonspect, e; réservé, e (receloso) ‖ vu, e; **bien, mal mirado** bien, mal vu ‖ soigneux, euse (cuidadoso); **es muy mirado con sus cosas personales** il est très soigneux avec ses affaires personnelles ‖ **bien mirado, el asunto no tiene importancia** en y regardant de près, l'affaire n'a pas d'importance.

mirador *m* mirador.

miraguano *m* BOT petit palmier d'Amérique.

mirahuevos *m inv* mire-œufs.

miramiento *m* regard (acción de mirar) ‖ prudence *f*, circonspection *f*; **proceder con miramiento** agir avec prudence.

➤ **miramientos** *m pl* [▷ SIN] égards, ménagements; **tratar a uno sin miramientos** traiter quelqu'un sans ménagements; **tener miramientos con las personas de edad** avoir des égards pour les personnes âgées ■ **andar con miramientos** agir avec ménagement, prendre des gants FAM ‖ **sin más miramientos** sans aucun égard o ménagement, sans autre forme de procès.

| SIN consideración considération; deferencia, atención déférence; respeto respect; reparo ménagement.

mirar *v tr & intr* regarder; **mirar un espectáculo** regarder un spectacle ‖ FIG penser à, réfléchir à; **mira lo que haces** pense à ce que tu fais ‖ regarder, voir (informarse); **mire usted si ha llegado una carta** regardez o voyez si une lettre est arrivée ‖ voir, veiller; **mire a que no le falte nada** veillez à ce qu'il ne manque de rien ‖ **mirar a** regarder à, penser à; **sólo mira a su provecho** il ne pense qu'à son profit; regarder; **contentarse con mirar a la gente que pasa** se contenter de regarder les gens qui passent; **la casa mira al sur** la maison regarde le sud; donner sur; **la ventana mira a la calle** la fenêtre donne sur la rue ‖ **mirar a la cara** regarder en face ‖ **mirar a los ojos** regarder dans les yeux ‖ **mirar al trasluz** regarder par transparence (por transparencia), mirer (un huevo) ‖ FIG **mirar bien, mal a uno** apprécier, ne pas apprécier quelqu'un; avoir, ne pas avoir de sympathie pour quelqu'un ‖ **mirar con buenos, malos ojos** regarder d'un bon, d'un mauvais œil ‖ **mirar con los ojos abiertos como platos** regarder avec des yeux ronds, écarquiller les yeux ‖ **mirar con mala cara** regarder de travers ‖ **mirar de arriba abajo** regarder de haut en bas, toiser ‖ **mirar de hito en hito** regarder fixement (una cosa, una persona), regarder dans le blanc des yeux o droit dans les yeux, dévisager ‖ **mirar de reojo o de soslayo o con el rabillo del ojo** regarder à la dérobée o du coin de l'œil ‖ **mirar de través** regarder de travers ‖ **mirar frente a frente o cara a cara** regarder en face ‖ FIG **mirarlo bien** y regarder à deux fois ‖ **mirar por** prendre soin de, penser à, veiller sur, ménager; **mirar por su salud** prendre soin de sa santé; **mira por tu reputación** pense à ta réputation; s'occuper de, veiller sur, prendre soin de; **mira por los niños** occupe-toi des enfants ‖ **mirar por encima** jeter un coup d'œil, regarder superficiellement ‖ FIG & FAM **mirar por encima del hombro** regarder par-dessus l'épaule, regarder de haut ‖ **mirar por los cuatro costados** regarder sur toutes les coutures (una persona), examiner à fond (un problema) ■ **¡mira!** regarde!, tiens! (sorpresa), écoute! (¡oye!), attention! (cuidado) ‖ **mira que** remarque bien que ‖ **¡mira que no tiene suerte!** il n'a vraiment pas de chance! ‖ **¡mira quién habla!** il ferait mieux de se taire! ‖ **mire, mire a ver** essayez o regardez voir ‖ FIG **mire cómo habla o lo que habla** mesurez vos paroles, faites attention à ce que vous dites ‖ **mire con quién habla** faites attention à qui vous parlez ■ **bien mirado todo, mirándolo bien** tout bien pesé o considéré, réflexion faite, à la réflexion, tout bien réfléchi, tout compte fait ‖ FAM **de mírame y no me toques** très fragile, à ne toucher qu'avec les yeux (cosa frágil), à ne pas prendre avec des pincettes (de carácter áspero) ‖ **no dignarse a mirar** a ne pas avoir un regard pour, ne pas daigner regarder ‖ **por donde le miren** de quelque côté qu'on le considère ‖ **sin mirar en gastos** sans regarder à la dépense.

➤ **mirarse** *v pr* se regarder; **mirarse al o en el espejo** se regarder dans la glace ■ FIG **mirarse en alguno** être aux petits soins o avoir beaucoup d'égards pour quelqu'un (querer mucho), prendre pour exemple (servir de ejemplo) ‖ **mirarse unos a otros** se regarder les uns les autres.

mirasol *m* BOT tournesol (girasol).

miríada *f* myriade; **a miríadas** par myriades.

miriagramo *m* myriagramme.

miriámetro *m* myriamètre.

miriápodo *adj & s* ZOOL myriapode.

mirífico, ca *adj* mirifique, mirobolant, e.

mirilla *f* judas *m* (para observar) ‖ œilleton *m* (para dirigir visuales) ‖ MIL fente de visée (de carros de combate).

miriñaque *m* crinoline *f* (de falda) ‖ breloque *f*, babiole *f* (alhaja) ‖ chasse-pierres *inv* (de locomotora).

miriófilo *m* BOT myriophylle.

mirística *f* BOT muscadier *m* (árbol).

mirla *f* merlette (ave).

mirlo *m* merle (ave) ‖ FIG & FAM gravité *f* affectée, pose *f* ■ **buscar un mirlo blanco** chercher un mouton à cinq pattes o l'oiseau rare ‖ FIG **un mirlo blanco** un merle blanc, un oiseau rare.

mirmidón *m* myrmidon.

mirmillón *m* mirmillon (gladiador romano).

mirobálano *m* BOT myrobalan, myrobolan.

mirobrigense *adj & s* de Ciudad Rodrigo [ville d'Espagne, autrefois "Miróbriga"].

mirón, ona *adj & s* badaud, e; curieux, euse.

mirosina *f* myrosine.

mirra *f* BOT myrrhe.

mirtáceas *f pl* BOT myrtacées.

mirtiforme *adj* BOT myrtiforme.

mirtillo *m* BOT myrtille *f*.

mirto *m* BOT myrte (arrayán).

mirza *m* mirza (título persa).

misa *f* messe ■ **misa cantada** messe chantée ‖ **misa de campaña** messe en plein air ‖ **misa de cuerpo presente** messe des trépassés o de Requiem o de funérailles ‖ **misa de difuntos o de réquiem** messe des morts o de Requiem ‖ **misa del alba** première messe ‖ **misa del gallo** messe de minuit (la víspera de Navidad) ‖ **misa gregoriana** messe grégorienne ‖ **misa mayor** grand-messe ‖ **misa negra** messe noire ‖ **misa pontifical** messe pontificale ‖ **misa privada o rezada** messe basse ‖ **misa solemne** messe solennelle ‖ **misa votiva** messe votive ■ **ayudar a la misa** servir la messe ‖ **cantar misa** dire sa première messe [un prêtre nouvellement ordonné] ‖ **decir misa** dire la messe ‖ FIG **estar como en misa** garder un profond silence o un silence religieux ‖ **ir a misa** aller à la messe ‖ FAM **no saber de la misa la media** savoir trois fois rien, ne pas savoir le premier mot, parler sans savoir [d'une affaire] ‖ **oír misa** entendre la messe ‖ FAM **ser de misa y olla** être ignorant ‖ **tocar a misa** sonner la messe.

misacantano *m* prêtre qui dit sa première messe.

misal *m* missel (libro).

misantropía *f* misanthropie.

misantrópico, ca *adj* misanthropique.

misántropo *adj m & s m* misanthrope.

miscelánea *f* miscellanées *pl* (p us), mélanges *m pl*, morceaux *m pl* choisis.

misceláneo, a *adj* mélangé, e.

miscibilidad *f* miscibilité.

miserable; mísero, ra *adj & s* misérable ‖ avare, mesquin, e (tacaño) ‖ **un sueldo miserable** un salaire de misère.

miserablemente; míseramente *adv* misérablement (insuficientemente).

miserear *v intr* FAM vivre misérablement ‖ pleurer misère (quejarse).

miserere *m* miserere ‖ MED **cólico miserere** colique de miserere, ileus.

miseria *f* misère; **vivir o andar en la miseria** vivre o être dans la misère ‖ avarice, mesquinerie, lésinerie (avaricia) ‖ vermine (piojos) ‖ FIG & FAM misère; **trabajar por una miseria** travailler pour une misère (cantidad) ‖ **comérsele a uno la miseria** être dans une misère noire.

misericordia *f* miséricorde; **pedir misericordia** crier miséricorde ‖ miséricorde (en los coros de las iglesias).

misericordioso, sa *adj & s* miséricordieux, euse; **misericordioso con los desvalidos** miséricordieux envers les malheureux.

miseriuca *f* FAM misère noire.

misero, ra *adj* FAM qui va souvent à la messe ‖ FAM **ser muy misera** être une grenouille de bénitier.

mísero, ra ➤ **miserable**.

misérrimo, ma *adj* très misérable.

misia; misiá *f* FAM (*Amer*) madame.

misil; mísil *m* missile (proyectil); **misiles estratégicos, tácticos** missiles stratégiques, tactiques ■ **misil autodirigido** missile autoguidé ‖ **misil balístico** missile balistique ‖ **misil de crucero** missile de croisière ‖ **misil superficie-aire** missile sol-air ‖ **misil teledirigido** missile téléguidé.

■ OBSERV *pl* misiles.

misión *f* mission; cumplir una misión remplir une mission ‖ RELIG mission.

misionero, ra *adj & s* missionnaire.

misionero, ra *adj & s* de Misiones (en Argentina y Paraguay).

Misisipí ▬ Mississippi.

misiva *f* missive (carta).

mismamente *adv* FAM justement.

mismísimo, ma *adj* FAM même ■ en el mismísimo centro au beau milieu ‖ es el mismísimo demonio c'est le diable en personne.

mismo, ma *adj* même; del mismo color de la même couleur; en la misma época à la même époque ‖ même (después de pronombres personales); yo mismo moi-même; él mismo lui-même; ellos mismos eux-mêmes, etc. ‖ lui-même, elle-même, eux-mêmes (para corroborar la identidad de la persona); el mismo presidente o el presidente mismo se levantó le président lui-même se leva ‖ même (hasta); sus mismos hermanos le odiaban même ses frères le haïssaient ‖ même (después de adverbios de lugar o tiempo); aquí mismo ici même; hoy mismo aujourd'hui même ■ ahora mismo à l'instant, tout de suite ‖ al mismo tiempo, a un mismo tiempo au même moment, en même temps ‖ así mismo de la misma façon (de la misma manera), aussi (también) ‖ del mismo modo de la même façon (de la misma manera), également (también) ‖ en el mismo suelo à même le sol ‖ en la misma ocasión à la même occasion ‖ en sí mismo en soi-même ‖ lo mismo la même chose ‖ lo mismo con de même pour ‖ lo mismo que de même que ‖ mañana mismo dès demain; saldré mañana mismo je partirai dès demain ‖ por lo mismo pour la même raison, pour cela, pour cette raison ‖ por lo mismo que par le fait même que, du fait que ‖ por sí mismo de soi-même, de lui-même ■ es lo mismo c'est la même chose, c'est pareil, c'est tout un, c'est tout comme ‖ eso viene a ser lo mismo cela revient au même ‖ lo mismo da cela revient au même, c'est la même chose, c'est du pareil au même (es igual), ça m'est égal (igual me da) ‖ ver con los mismos ojos voir du même œil ‖ volver a las mismas retomber dans les mêmes erreurs.

misogamia *f* misogamie.

misoginia *f* misogynie.

misógino, na *adj & s* misogyne.

misoneísmo *m* misonéisme (odio a la novedad).

misoneísta *adj & s* misonéiste.

mispíquel *m* mispickel (metal).

miss *f* miss (señorita).
▪ OBSERV pl misses.

Mississippi; Misisipí *n pr m* GEOGR Mississippi (estado); el Mississippi o Misisipí le Mississippi (río).

Missouri; Misuri *n pr m* GEOGR Missouri (estado); el Missouri o Misuri le Missouri (río).

mistagogia *f* RELIG mystagogie.

mistagogo *m* RELIG mystagogue.

mistar *v tr* FAM no mistar ne pas souffler mot.

mistela *f* mistelle (bebida).

míster *m* DEP entraîneur.
▪ OBSERV pl místers.

misterio *m* mystère; hablar con misterio parler avec mystère o en grand mystère ‖ TEATR mystère (auto) ■ andar con misterios, hacer misterios faire des mystères ‖ hacer algo con misterio faire quelque chose secrètement ‖ FIG & FAM que tiembla el misterio à tout casser.

misteriosamente *adv* mystérieusement.

misterioso, sa *adj* mystérieux, euse.

misticismo *m* mysticisme.

místico *m* mistique (embarcación de cabotaje).

místico, ca *adj & s* mystique.
➡ **mística** *f* mystique (parte de la teología) ‖ littérature mystique (género literario).

mistificación *f* mystification (engaño).

mistificar [10] *v tr* mystifier (engañar).

mistol *m* (Amer) jujubier.

mistral *m* mistral (viento).

Misuri ▬ Missouri.

MIT (abrev de **Massachusetts Institute of Technology**) *m* MIT.

mita *f* (Amer) mesure par laquelle les Espagnols astreignirent les Indiens à différents travaux forcés ‖ ancien tribut *m* (tributo) ‖ bétail *m* transporté par le train‖récolte des feuilles de coca‖FAM tour *m* (turno).

> **MITA**
> Pendant la colonisation de l'Amérique, les Espagnols astreignirent les Indiens à différents travaux forcés: domesticité, commerce, et mines en particulier. Cette mesure, appelée la « mita » fit de grands ravages dans la population indigène; nombre d'Indiens moururent écrasés de travail, tandis que d'autres abandonnèrent leur terre pour ne pas tomber sous le joug de la « mita » qui ne s'appliquait pas sur tout le territoire conquis.

mitaca *f* (Amer) récolte (cosecha).

mitad *f* moitié; a mitad de precio à moitié prix ‖ milieu *m* (centro); en la mitad de la novela au milieu du roman ‖ FAM moitié (esposa); mi cara mitad ma chère moitié ■ en mitad de au milieu de ‖ en o a la mitad del camino à moitié chemin, à mi-chemin ‖ mitad y mitad moitié moitié ■ partir por la mitad couper o partager en deux o par la moitié (cortar), empoisonner, enquiquiner (molestar).
◁ *adv* moitié, mi-; mitad hombre, mitad animal mi-homme, mi-animal.

mitayo *m* Indien employé aux travaux publics forcés de la "mita".

mítico, ca *adj* mythique.

mitificación *f* mythification.

mitificar [10] *v tr* mythifier.

mitigación *f* mitigation.

mitigador, ra; mitigante *adj* qui mitige, adoucissant, e; calmant, e.

mitigar [16] *v tr* mitiger; mitigar una ley, una pena mitiger une loi, une peine ‖ calmer (un dolor) ‖ calmer, étancher (la sed) ‖ calmer, assouvir (el hambre) ‖ freiner, enrayer; mitigar el paro enrayer le chômage ‖ pallier (paliar).

Mitilene *n pr* GEOGR Mytilène.

mitilicultor *m* mytiliculteur (criador de mejillones).

mitilicultura *f* mytiliculture (cría de mejillones).

mitin *m* meeting ‖ FIG & FAM dar el mitin se faire remarquer.
▪ OBSERV pl mítines.

mitiquero, ra *adj* (Amer) minaudier, ère (melindroso).

mito *m* mythe.

mitocondria *f* mitochondrie.

mitografía *f* mythographie.

mitógrafo *m* mythographe.

mitología *f* mythologie.

mitológico, ca *adj* mythologique.

mitólogo *m* mithologue.

mitomanía *f* mythomanie.

mitómano, na *adj & s* mythomane.

mitón *m* mitaine *f* (guante).

mitosis *f inv* BIOL mitose.

mitote *m* danse *f* des Aztèques (baile) ‖ (Amer) fête de famille (fiesta)‖ minauderie *f* (melindre)‖ querelle *f* (pendencia).

mitotear *v intr* (Amer) minauder, faire des manières.

mitotero, ra *adj & s* (Amer) minaudier, ère (melindroso) ‖ remuant, e; chahuteur, euse (bullanguero).

mitótico, ca *adj* BIOL mitotique.

mitra *f* mitre; recibir la mitra recevoir la mitre.

Mitra *n pr* Mithra.

mitracismo *m* mithracisme, mithriacisme.

mitrado, da *adj* mitré, e; abad mitrado abbé mitré.
➡ **mitrado** *m* archevêque (arzobispo), évêque (obispo), prélat.

mitral *adj* ANAT mitral, e; válvula mitral valvule mitrale.

Mitrídates *n pr* Mithridate, Mithradate.

mitridatismo *m* mithridatisme, mithridatisation *f*.

mitridatizar [13] *v tr* mithridatiser.

mitridato *m* mithridate (contraveneno).

miura *m* taureau de l'élevage de Miura, en Andalousie (toro) ‖FIG & FAM más malo que un miura mauvais comme une teigne.

mixedema *f* myxœdème *m* (edema).

mixomatosis *f inv* VETER myxomatose.

mixomicetos *m pl* BOT myxomycètes.

mixtificación *f* mystification (embaucamiento).

mixtificar [10] *v tr* mystifier (embaucar).
▪ OBSERV Ce verbe et son substantif, bien que d'usage courant, ne sont pas admis par l'Académie.

mixtilíneo *adj* GEOM mixtiligne.

mixtión *f* mixtion.

mixto, ta *adj* mixte; escuela mixta école mixte; tren mixto train mixte ‖ métis, isse (mestizo) ■ número mixto nombre fractionnaire ‖tren mixto train mixte ‖tribunal mixto commission paritaire.
➡ **mixto** *m* allumette *f* (fósforo) ‖amorce *f* (sustancia inflamable).

mixtura *f* mixture, mélange *m* ▌ mixture (medicamento) ▌ (*Amer*) fleurs *pl* offertes en cadeau (flores).

▌ OBSERV La palabra mixture en francés es a menudo despectiva.

mixturar *v tr* mélanger ▌TECN mixtionner.

mízcalo *m* lactaire délicieux (hongo).

ml (abrev escrita de mililitro) ml.

mm (abrev escrita de milímetro) mm.

m/n (abrev escrita de moneda nacional) monnaie nationale.

mnemónico, ca; nemónico, ca *adj & s* mnémonique.

mnemotecnia; mnemotécnica *f* mnémotechnie.

mnemotécnico, ca *adj* mnémotechnique.

moabita *adj & s* moabite.

moaré *m* moire *f* (tela).

mobiliario, ria *adj* mobilier, ère.
➡ **mobiliario** *m* mobilier, meubles *pl*, ameublement ▌DR meubles *pl*, meublants.

moblaje *m* ameublement, mobilier, meubles *pl*.

moblar [23] *v tr* meubler (amueblar).

MOC (abrev de Movimiento de Objeción de Conciencia) *m* mouvement espagnol des objecteurs de conscience.

moca *m* moka (café).

mocar [10] *v tr* moucher.

mocarrera *f* FAM morve, chandelle.

mocarro *m* FAM morve *f*, chandelle *f*.

mocasín *m* mocassin (calzado).

mocear *v intr* FAM faire le jeune homme.

mocedad *f* jeunesse (juventud) ▌ frasque, fredaine (travesura).
➡ **mocedades** *f pl* jeunesse *sing*; en mis mocedades au temps de ma jeunesse ▌ las mocedades del Cid la Jeunesse du Cid.

mocerío *m* groupe o bande *f* de jeunes gens.

mocetón, ona *m & f* grand gaillard, belle fille.

mochada *f* coup *m* de tête (del toro, etc.).

mochales *adj* FAM estar mochales être toqué o dingue o siphonné (loco) ▌ estar mochales por raffoler de, être éperdument amoureux de (enamorado).

mochar *v tr* étêter (desmochar).

moche *m* a troche y moche à tort et à travers.

mocheta *f* dos *m*, marteau *m* (de un hacha) ▌ARQ mouchette.

mochete *m* ZOOL crécerelle *f* (cernícalo).

mochila *f* havresac *m* (del soldado) ▌ sac *m* à dos (de excursionista, etc.) ▌ vivres *m pl* (víveres).

mochilero *m* randonneur, routard.

mocho, cha *adj* émoussé, e (sin punta) ▌ écorné, e (sin cuernos) ▌ ébranché, e (mondado de ramas) ▌ étêté, e (mondado de copa) ▌FIG & FAM tondu, e (pelado) ▌(*Amer*) mutilé, e (mutilado) ▌ conservateur, trice (conservador) ▌ réactionnaire (reaccionario) ▌ escopeta mocha fusil hammerless.
➡ **mocho** *m* manche (de un instrumento) ▌ culasse *f* (culata).

mochuelo *m* ZOOL hibou (ave) ▌ FIG & FAM corvée *f* ▌IMPR bourdon (omisión) ■ FIG cada mochuelo a su olivo chacun à ses affaires o chez soi o à sa place ▌FAM cargar con el mochuelo avoir tout sur le dos, endosser toute la responsabilité.

moción *f* motion (proposición); moción de censura motion de censure ▌ mouvement *m* (movimiento).

mocito, ta *adj* tout jeune, très jeune.
◇ *m & f* tout jeune homme, toute jeune fille; petit jeune homme, petite jeune fille FAM.

moco *m* morve *f* ▌ mucus, mucosité *f* (término científico) ▌ champignon (del pabilo) ▌ écoulement (de una vela) ▌ caroncule *f* (del pavo) ▌ battiture *f* (del hierro) ▌MAR martingale *f* ▌FIG & FAM caérsele el moco être niais, être né de la dernière pluie ▌ limpiar los mocos moucher ▌FIG & FAM llorar a moco tendido pleurer à chaudes larmes ▌ no es moco de pavo ce n'est pas de la petite bière, ce n'est pas piqué des vers, ce n'est pas du gâteau, ce n'est pas rien; este trabajo no es moco de pavo ce travail n'est pas piqué des vers; ce n'est pas de la blague o de la rigolade o de la bagatelle; seis mil dólares no son moco de pavo six mille dollars, ce n'est pas de la bagatelle ▌ tirarse el moco rouler les mécaniques, frimer.

mocoso, sa *adj & s* morveux, euse ▌FIG insignifiant, e (de poco valor).

mocosuena *adv* FAM traducir "mocosuena, mocosuene" traduire "rosa, la rose", traduire mécaniquement.

Moctezuma *n pr* Moctezuma, Montezuma.

moda *f* mode; tienda de modas magasin de modes ■ de o a la moda à la mode ▌ está de moda il est de mode de ▌ estar o ser de moda être à la mode ▌ fuera o pasado de moda démodé, passé de mode ▌ revista de modas journal o revue o magazine de modes ▌ seguir la moda suivre la mode.

▌ SIN boga vogue; uso usage; novedad nouveauté.

modal *adj* modal, e.
➡ **modales** *m pl* manières *f*, formes *f*; modales distinguidos manières distinguées; modales finos belles manières ■ con buenos modales en y mettant les formes (hablar, decir) ▌ tener malos modales mal se conduire ▌FAM ¡vaya modales! en voilà des manières, en voilà des façons!

modalidad *f* modalité; modalidad de pago modalité de paiement ▌ catégorie (categoría) ▌INFORM modalidad de texto modo texte.

modelado *m* modelage; el modelado de una escultura le modelage d'une sculpture ▌ modelé; el modelado de un rostro le modelé d'un visage.

modelador, ra *adj & s* modeleur, euse.

modelar *v tr* modeler ▌FIG modeler; modelar su conducta a modeler sa conduite sur.

modélico, ca *adj* modèle (ideal).

modelismo *m* modélisme.

modelista *m & f* modeleur, euse (modelador) ▌ modéliste (de costura).

modelo *adj & s* [▷ SIN] modèle; tomar por modelo prendre pour modèle ▌ mannequin *m* (moda); desfile de modelos défilé de mannequins ■ modelo publicitario cover-girl ▌ modelo reducido modèle réduit ▌ un niño modelo un enfant modèle.

▌ SIN tipo type; ejemplo exemple; ejemplar exemplaire; muestra échantillon; espécimen spécimen; maqueta maquette; arquetipo archétype.

módem *m* INFORM modem.
▌ OBSERV pl módems.

Módena *n pr* GEOGR Modène.

modenés, esa *adj & s* modénais, e.
▌ OBSERV pl modeneses, modenesas.

moderación *f* modération ▌ retenue, modération, mesure; obrar con moderación agir avec retenue; hablar con moderación parler avec mesure ▌ moderación salarial modération des salaires.

moderadamente *adv* modérément.

moderado, da *adj & s* modéré, e.
➡ **moderado** *adv* MÚS mezzo forte.

moderador, ra *adj & s* modérateur, trice.
➡ **moderador** *m* TECN ralentisseur ▌ moderador de grafito modérateur de graphite.

moderantismo *m* modérantisme ▌ partidario del moderantismo modérantiste.

moderar *v tr* [▷ SIN] modérer; moderar sus deseos modérer ses désirs.
➡ **moderarse** *v pr* se modérer ▌ moderarse en las palabras mesurer o peser ses mots.

▌ SIN templar, temperar tempérer; suavizar adoucir; mitigar mitiger; atenuar atténuer; paliar pallier; amortiguar amortir; frenar freiner; calmar calmer; contener contenir.

moderato *adv* MÚS moderato.

modernamente *adv* récemment ▌ actuellement.

modernidad *f* modernité, modernisme *m*.

modernismo *m* modernisme.

modernista *adj & s* moderniste.

modernización *f* modernisation.

modernizar [13] *v tr* moderniser.
➡ **modernizarse** *v pr* se moderniser.

moderno, na *adj* moderne; la edad moderna l'époque moderne ▌ a la moderna d'une façon moderne.
➡ **moderno** *m* lo moderno le moderne.

modestamente *adv* modestement.

modestia *f* modestie ▌ vestido con modestia modestement vêtu.

modesto, ta *adj & s* modeste.
▌ SIN reservado, recatado réservé; humilde humble; simple, sencillo simple; moderado modéré.

Modesto *n pr* Modeste.

módicamente *adv* modiquement.

modicidad *f* modicité.

módico, ca *adj* modique; pagar una suma módica payer une somme modique.

modificación *f* modification.
▌ SIN reforma réforme; innovación innovation; variación variation; alteración altération; cambio changement; rectificación rectification; corrección correction; enmienda amendement.

modificar [10] *v tr* modifier (transformar).

modificativo, va *adj* modificateur, trice.

modificatorio, ria *adj* qui modifie, modificateur, trice.

modillón *m* ARQ modillon; modillón de lóbulos o de rollos modillon à coupeaux.

modismo *m* GRAM idiotisme.

modista *m* & *f* couturier, ère.

| OBSERV La palabra modiste corresponde en español a sombrerera.

modistería *f* (*Amer*) magasin *m* o boutique de modes.

modistilla *f* cousette, midinette (aprendiza).

modisto *m* couturier.

| OBSERV Ce mot est un barbarisme très fréquent employé pour modista.

modo *m* [▷ SIN] manière *f*, façon *f* (manera); a su modo à sa manière; modo de obrar façon d'agir | GRAM & MÚS mode ■ GRAM adverbio de modo adverbe de manière | modo adverbial locution adverbiale | modo de empleo mode d'emploi | modo de ser manière d'être | modo de ver façon de voir, point de vue | GRAM modo imperativo (mode) impératif | modo indicativo (mode) indicatif | modo infinitivo (mode) infinitif | MÚS modo mayor mode majeur | modo menor mode mineur | GRAM modo subjuntivo (mode) subjonctif ■ a modo de en guise de, en manière de | al o a modo de à la manière de | a mi modo à ma façon, à ma manière | de cualquier modo de toute façon | de modo que de manière que, en sorte que ¿de modo que tú te marchas? alors tu t'en vas?, c'est comme ça que tu nous quittes? | de ningún modo en aucune façon, nullement, pas du tout | de tal modo que de telle façon que | de todos modos de toute façon, de toute manière | en cierto modo d'une certaine manière | (*Amer*) ¡ni modo! pas question! | FAM ¡y de qué modo! et comment!

◆ **modos** *m pl* manières *f* (modales); buenos, malos modos bonnes, mauvaises manières | ¡vaya modos! quelles manières!

| SIN manera manière; forma forme; guisa guise; disposición disposition; son façon.

modorra *f* sommeil *m* profond o pesant (sueño pesado) | engourdissement *m*, assoupissement *m* (sopor) | VETER tournis *m* (del ganado lanar).

modorrar *v tr* causer le tournis (al ganado lanar) | assoupir (adormecer).

◆ **modorrarse** *v pr* devenir blet, blette (una fruta).

modorro, rra *adj* assoupi, e (adormecido) | atteint du tournis (cordero) | blet, blette (fruta).

◇ *adj* & *s* FIG ignorant, e (ignorante) | intoxiqué par le mercure (minero).

modosidad *f* sagesse.

modoso, sa *adj* sage.

modulación *f* modulation | porcentaje de modulación taux de modulation.

modulador, ra *adj* & *s m* modulateur, trice.

modular *v intr* & *tr* moduler | RAD frecuencia modulada modulation de fréquence.

módulo *m* module | mesure *f* anthropométrique | MÚS modulation *f* | module (lunar).

modus operandi *m* manière *f* de procéder.

modus vivendi *m* modus vivendi.

mofa *f* raillerie, moquerie | hacer mofa de railler, se moquer de.

mofadura *f* raillerie.

mofar *v intr* railler.

◆ **mofarse** *v pr* se moquer de.

mofeta *f* ZOOL mouffette, mofette (mamífero) | mofette (gas irrespirable).

moflete *m* FAM grosse joue *f*.

mofletudo, da *adj* joufflu, e.

mogate *m* vernis de poterie.

mogol, la *adj* & *s* mogol, e; moghol, e; el Gran Mogol le Grand Mogol.

mogolla *f* (*Amer*) aubaine, belle affaire (ganga).

mogollo *m* (*Amer*) raccroc (en el billar) | fleurage (moyuelo).

mogollón *m* ingérence *f*, intervention *f* (entremetimiento) | FAM pagaïe *f* (lío) | FAM de mogollón à l'œil, gratuitement | un mogollón de un tas de, un max de.

mogón, ona *adj* à la corne cassée (res).

mogote *m* butte *f*, tertre (montículo) | meule *f* (hacina) | dague *f* (del ciervo).

Mogreb; Magreb *n pr m* Maghreb.

mogrebí; magrebí *adj* & *s* maghrébin, e.

| OBSERV pl magrebíes.

mogrollo *m* pique-assiette (gorrista) | FAM rustre (tosco).

mohair *m* mohair.

moharra *f* fer *m* de lance.

mohatra *f* mohatra *m* (contrato fraudulento) | FIG fraude, tromperie.

mohatrar *v intr* frauder.

mohatrero, ra *m* & *f* fraudeur, euse (que engaña).

mohecer [30] *v tr* moisir (enmohecer).

moheña *f* BOT petite ortie.

mohicano, na *adj* & *s* mohican, e (indio).

mohín *m* grimace *f*, moue *f*.

mohíno, na *adj* boudeur, euse; triste (melancólico), fâché, e; marri, e (disgustado) | more, maure (caballo negro) | mulo mohíno bardot (burdégano) | noir (buey).

◆ **mohína** *f* bouderie (enojo).

moho *m* moisissure *f*, moisi (hongos) | rouille *f* (del hierro) | vert-de-gris (del cobre) | monilie *f* (en peras y manzanas) ■ criar moho moisir | oler a moho sentir le moisi | saber a moho avoir le goût de moisi.

mohosearse *v pr* (*Amer*) moisir.

mohoso, sa *adj* moisi, e (cosa orgánica) | rouillé, e (hierro) | ponerse mohoso moisir.

moisés *m* moïse (cuna).

Moisés *n pr* Moïse.

mojado, da *adj* mouillé, e | FIG papel mojado lettre morte; ser papel mojado rester lettre morte.

◆ **mojada** *f* mouillure.

mojama *f* thon *m* salé.

mojar *v tr* [▷ SIN] mouiller, tremper; mojar la ropa mouiller du linge; mojar la pluma en el tintero tremper la plume dans l'encrier

| humecter (rociar) | FIG poignarder (herir) | FIG & FAM arroser; mojar una victoria arroser une victoire | mojar el gaznate se rincer la dalle o le bec.

◇ *v intr* FIG avoir son mot à dire (en un negocio).

◆ **mojarse** *v pr* se mouiller.

| SIN empapar imbiber; humedecer humecter; regar, rociar arroser; bañar baigner; calar, remojar tremper; inundar inonder.

mojardón *m* mousseron (hongo).

mojarra *f* sorte de petit poisson *m* de mer (pez) | barque, chaloupe (lancha) | (*Amer*) couteau *m* large et court (cuchillo).

mojarrilla *m* & *f* FAM boute-en-train *inv*.

moje *m* bouillon (caldo), sauce *f*, jus (salsa).

mojí *m* torgniole *f*, gnon (porrazo).

mojicón *m* FAM torgniole *f*, gnon, marron (golpe); pegarle un mojicón a uno flanquer un marron à quelqu'un | sorte de biscuit (bizcocho) | petit pain (bollo).

mojiganga *f* mascarade (fiesta de máscaras) | farce (teatro) | FIG farce, moquerie.

mojigatería *f* hypocrisie, tartuferie (hipocresía) | bigoterie (beatería).

mojigato, ta *adj* & *s* hypocrite, tartufe (hipócrita) | bigot, e (beato).

mojinete *m* chaperon d'un mur (caballete) | crête *f* (del tejado) | (*Amer*) fronton (de fachada).

mojón *m* borne *f* (en un camino) | tas (montón) | crotte *f* (excremento).

mojona *f* bornage *m* (amojonamiento).

mojonar *v tr* borner (amojonar).

mojonera *f* limite, ligne de séparation.

moka *m* moka (café).

mol *m* mole *f* (molécula gramo).

mola *f* MED môle | mola (antigua ofrenda).

molar *adj* ANAT molaire | meulier, ère (moleño).

◇ *m* molar, diente molar molaire.

molar *v intr* MFAM botter, brancher (gustar) | crâner (chulear) ■ MFAM eso mola cantidad c'est vachement bien, c'est classe, c'est génial | ¿mola? OK?, ça marche?

◇ *v tr* MFAM brancher (encantar a uno); ¿te mola ir al cine? ça te branche d'aller au cinéma?

molaridad *f* QUÍM molarité.

molcajete *m* CONSTR mortier.

moldar *v tr* mouler (amoldar) | moulurer (moldurar).

Moldavia *n pr f* GEOGR Moldavie.

moldavo, va *adj* & *s* moldave.

◆ **moldavo** *m* LING moldave.

molde *m* moule | aiguille *f* (en costura) | CULIN moule | FIG modèle (modelo) | IMPR forme *f* ■ de molde à propos, à merveille, à pic (a propósito), bien, parfaitement (bien) | letras de molde caractères d'imprimerie, lettres moulées | pan de molde pain de mie.

moldeable *adj* qu'on peut mouler | FIG maniable (persona).

moldeado *m* moulage.

moldeador, ra *adj* & *s m* TECN mouleur, euse.

moldear *v tr* mouler (vaciar) ▌ prendre un moulage (en un molde) ▌ moulurer (moldurar) ▌ FIG modeler; **la vida moldea a los hombres** la vie modèle les hommes.

moldura *f* moulure ▪ **moldura cromada** baguette (embellecedor de coche) ▌ ARQ **moldura ovalada** godron ▌ **sacar una moldura** pousser une moulure.

moldurar *v tr* moulurer; **moldurar un techo** moulurer un plafond.

mole *adj* mou, molle (muelle) ▌ **huevos moles** entremets fait avec des jaunes d'œufs (dulce). ◇ *m* (*Amer*) plat de dinde relevé de piment (guisado). ◇ *f* masse (cosa voluminosa).

molécula *f* FÍS molécule ▌ **molécula gramo** molécule-gramme.

molecular *adj* FÍS moléculaire; **peso molecular** poids moléculaire.

moledor, ra *adj & s* broyeur, euse ▌ FIG & FAM raseur, euse (persona). ▬ **moledor** *m* broyeur (de caña de azúcar).

moledura *f* mouture (del trigo), broyage *m*, broiement *m* ▌ FIG fatigue, harassement *m* (cansancio).

molendero, ra *m & f* meunier, ère. ▬ **molendero** *m* ouvrier chocolatier ▌ (*Amer*) table *f* de cuisine [sur laquelle on peut broyer].

moleño, ña *adj & s f* meulier, ère.

moler [24] *v tr* [▷ SIN] moudre; **moler trigo** moudre du blé ▌ broyer (machacar) ▌ FIG éreinter, fatiguer [▬ **molido**] (cansar) ▌ (*Amer*) presser [la canne à sucre] ▪ FAM **moler a golpes, a palos** rouer de coups, battre comme plâtre ▌ **moler los hígados** casser les pieds.

> SIN machacar concasser; aplastar écraser; triturar triturer; pulverizar pulvériser.

molero *m* meulier (que hace muela).

moleskín; molesquín *m* moleskine *f*.

molestar *v tr* gêner, déranger (incomodar); **¿le molesta el humo?** la fumée vous dérange-t-elle? ▌ ennuyer (fastidiar); **me molestan estas visitas** ces visites m'ennuient; **¡no me molestes!** ne m'ennuie pas! ▌ offenser, blesser (herir) ▌ gêner, faire mal (hacer daño); **me molestan estos zapatos** ces souliers me font mal. ▬ **molestarse** *v pr* se déranger, se gêner; **molestarse por alguien** se déranger pour quelqu'un ▌ prendre la peine; **no se ha molestado en ayudarme** il n'a pas pris la peine de m'aider ▌ se vexer, se formaliser (picarse); **molestarse por** se formaliser de ▌ **no se moleste** ne vous dérangez pas.

molestia *f* ennui *m*, tracas *m*, embêtement *m* FAM; **esto le acarreó muchas molestias** cela lui a attiré o a causé beaucoup d'ennuis ▌ dérangement *m* (fastidio); **dar** o **causar molestia a uno** causer du dérangement à quelqu'un ▌ inconvénient *m* (inconveniente) ▌ [▷ SIN] gêne (incomodidad) ▌ FIG peine (trabajo); **tomarse la molestia de** prendre o se donner la peine de ▌ **¡qué molestia!** quel embêtement!, quelle barbe! FAM ▌ **ser una molestia** être ennuyeux; **es una molestia ir a este sitio ahora** c'est ennuyeux d'aller maintenant à cet endroit ▌ **si no es molestia, si no**

le sirve de molestia si ce n'est pas trop vous demander, si cela ne vous gêne pas. ▬ **molestias** *f pl* indispositions, troubles *m* légers (de la salud) ▪ **acusar** o **tener molestias en una pierna** avoir mal à la jambe, souffrir de la jambe.

> SIN contrariedad contrariété; disgusto chagrin; fastidio ennui; incomodidad gêne.

molesto, ta; molestoso (*Amer*) *adj* ennuyeux, euse (fastidioso); **¡qué molesto es hacer cada día la misma cosa!** qu'il est donc ennuyeux de refaire tous les jours la même chose! ▌ désagréable (incómodo); **viaje molesto** voyage désagréable ▌ embarrassant, e; gênant, e (que estorba); **un paquete molesto** un paquet embarrassant; **una pregunta molesta** une question embarrassante ▌ agaçant, e (irritante) ▌ FIG ennuyé, e; fâché, e (enfadado) ▌ gêné, e; mal à l'aise, embarrassé, e (incómodo); **estar molesto en un sillón** être mal à l'aise dans un fauteuil ▌ **lo molesto** l'ennui; **lo molesto es que no pueda venir** l'ennui c'est qu'il ne puisse pas venir.

moleta *f* molette [à couleurs ou à cristaux] ▪ TECN **adornado con la moleta** moletage, molettage ▌ **adornar** o **pulir con la moleta** moleter.

moletear *v tr* moleter.

molibdeno *m* molybdène (metal).

molicie *f* mollesse.

molido, da *adj* moulu, e; **trigo molido** blé moulu ▌ broyé, e (triturado) ▌ FIG & FAM moulu, e; rompu, e; vanné, e; mort, e de fatigue; éreinté, e; claqué, e FAM; **estar molido** être vanné ▌ en poudre; **azúcar molido** sucre en poudre. ▬ **molida** *f* (*Amer*) ▬ **molienda**.

molienda *f* broiement *m*, broyage *m* (trituración) ▌ mouture, moulage *m* (del trigo) ▌ pressage *m* (de las aceitunas) ▌ quantité moulue (cantidad) ▌ FIG & FAM harassement *m*, fatigue ▌ corvée, chose assommante.

moliente *adj* qui moud, qui broie ▌ **corriente y moliente** courant, ordinaire.

molificar [10] *v tr* amollir.

molimiento *m* broiement, broyage (trituración) ▌ mouture *f* (del trigo) ▌ pressage (de las aceitunas) ▌ FIG harassement, éreintement, fatigue *f* (cansancio).

molinar *m* endroit où sont réunis plusieurs moulins.

molinera *f* meunière.

molinería *f* meunerie, minoterie (industria).

molinero, ra *adj* meunier, ère; de la meunerie. ▬ **molinero** *m* meunier (que tiene un molino), minotier (que tiene una industria de harina).

molinete *m* moulinet ▌ ventilateur (de ventana) ▌ moulinet (movimiento) ▌ MAR guindeau ▌ tourniquet (puerta) ▌ (*Amer*) girandole *f*.

molinillo *m* moulin; **molinillo de café, de pimienta** moulin à café, à poivre ▌ moulinet, moussoir (de chocolatera) ▌ moulinet (antiguo adorno del vestido).

molinismo *m* molinisme (doctrina religiosa de Luis Molina).

molinista *adj & s* moliniste.

molino *m* moulin; **molino de agua, de viento** moulin à eau, à vent; **molino de sangre** moulin à bras ▌ FIG personne agitée (persona bulliciosa) ▌ mouche *f* du coche, personne *f* agaçante (persona molesta) ▪ **molino hidráulico** moulin hydraulique ▌ FIG **molinos de viento** moulins à vent, ennemis imaginaires.

molinosismo *m* molinosisme (doctrina religiosa de Miguel de Molinos).

molinosista *adj & s* molinosiste (quietista).

molla *f* maigre *m* (de la carne) ▌ mie (miga). ▬ **mollas** *f pl* FAM bourrelets *m* (rollos de carne).

mollar *adj* tendre ▌ FIG lucratif, ive ▪ **carne mollar** viande maigre et sans os ▌ **tierra mollar** terre meuble.

mollate *m* FAM rouge, gros rouge, pinard (vino).

molle *m* mollé, faux poivrier (árbol).

molledo *m* partie *f* charnue, chair *f*, gras.

molleja *f* gésier *m* (de las aves) ▌ ris *m* (de ternera, de cordero) ▌ mulette (de las aves de rapiña) ▌ ANAT thymus *m* (timo).

mollejón *m* meule *f* à aiguiser.

mollera *f* ANAT sommet *m* de la tête ▌ fontanelle (fontanela) ▌ FIG cervelle, jugeote (seso) ▪ FIG & FAM **cerrado de mollera** qui a la tête dure, bouché ▌ **ser duro de mollera** avoir la tête dure, être bouché à l'émeri ▌ **tener ya dura la mollera** être trop vieux pour apprendre.

molleta *f* sorte de pain *m* au lait (bollo) ▌ pain *m* mollet (panecillo) ▌ pain *m* bis (pan moreno).

mollete *m* gras, chair *f* (del brazo) ▌ joue *f* (moflete) ▌ pain mollet.

mollina; mollizna *f* bruine, pluie fine.

molliznar; molliznear *v impers* bruiner.

moloc *m* ZOOL moloch (reptil).

Moloc *n pr* Moloch.

molón, ona *adj* FAM classe (bonito, vistoso) ▌ bêcheur, euse (fardón) ▌ (*Amer*) rasoir, assommant, e.

molondro; molondrón *m* FAM lourdaud (torpe) ▌ fainéant (perezoso).

moloso *m* molosse (perro de guardia).

molote *m* (*Amer*) vacarme (alboroto) ▌ chignon (moño) ▌ pelote *f* (ovillo) ▌ omelette *f* garnie d'un hachis (empanada).

Molótov; Molotov *n pr* **cóctel Molótov** o **Molotov** cocktail Molotov.

molto *adv* MÚS molto (mucho).

molturación *f* mouture (del trigo) ▌ broyage *m* (trituración) ▌ pressage *m* (de las aceitunas).

molturado, da *adj* moulu, e; **trigo molturado** blé moulu ▌ broyé, e (triturado) ▌ pressé, e (las aceitunas).

molturar *v tr* moudre.

Molucas *n pr f pl* GEOGR **las (islas) Molucas** les (îles) Moluques.

molusco *m* ZOOL mollusque.

moma *f* (*Amer*) colin-maillard *m* (gallina ciega).

momear *v intr* faire des grimaces.

momentáneamente *adv* momentanément, pour le moment.

momentáneo, a *adj* momentané, e
(breve).

momento *m* moment (tiempo muy corto); lo
haré dentro de un momento je le ferai dans
un moment ‖ moment (ocasión); **escoger el
momento favorable** saisir le moment favorable; **momento oportuno** bon moment
‖ instant [▷ **OBSERV**] ‖ **FÍS** moment ▪ **a cada
momento** à tout moment, à chaque instant
‖ **a cualquier momento** à n'importe quel moment ‖ **al momento** à l'instant ‖ **a momentos,
por momentos** par moments, parfois ‖ **del
momento** actuel, elle; **la moda del momento**
la mode actuelle ‖ **de momento, por el momento** pour le moment, pour l'instant
‖ **dentro de un momento** dans un moment,
dans un instant ‖ **desde el momento en que**
du moment où ‖ **desde el momento que** du
moment que ‖ **de un momento a otro** d'un
moment à l'autre, incessamment ‖ **en aquel
momento** à ce moment-là ‖ **en el mejor momento** au bon moment, à point nommé
‖ **en el momento de** o **en que** au moment de
o où ‖ **en el momento que** dès lors que, dès
l'instant où, du moment que ‖ **en todo momento** à chaque instant ‖ **últimos momentos**
derniers moments o instants ‖ **¡un momento!** un instant!, un moment! ‖ **FAM ¡un
momento, rico!** minute, papillon! ▪ **no tener un momento libre** ne pas avoir un moment à soi ‖ **tener buenos momentos** avoir
de bons moments.

> **OBSERV** Existe en francés la misma diferencia
> de duración entre moment e instant que en
> español entre momento e instante. Pero el
> francés emplea más a menudo la palabra ins-
> tant que el español instante.

momería *f* bouffonnerie, singerie, pitrerie.

momero, ra *adj* & *s* bouffon, onne; pitre
m.

momia *f* momie ‖ **FIG estar hecho una momia** avoir l'air d'une momie, n'avoir que la
peau sur les os.

momificación *f* momification.

momificar [10] *v tr* momifier.
➡ **momificarse** *v pr* se momifier.

momio, mia *adj* maigre (carne).
▪ **momio** *m* aubaine *f*, occasion *f* (ganga)
‖ surplus, supplément, rabiot *FAM* ‖ *FAM* **de
momio** à l'œil, gratis (de balde).

momo *m* grimace *f*.

momórdiga *f* **BOT** momordique (balsamina).

mona *f* guenon (hembra del mono) ‖ macaque *m*, magot *m* (mono) ‖ **FIG & FAM** singe *m*
(persona que imita) ‖ cuite (borrachera) ‖ ivrogne
m, soulaud *m* (borracho) ‖ sorte de jeu de cartes (juego) ‖ **TAUROM** jambière métallique du
picador ‖ (*Amer*) mannequin *m* (maniquí)
▪ (*Amer*) **FIG & FAM andar** o **estar como la
mona** ne pas être dans son assiette ‖ **FIG &
FAM aunque la mona se vista de seda, mona
se queda** le singe est toujours singe, fûtil
vêtu de pourpre ‖ **corrido como una mona,
hecho una mona** honteux et penaud, honteux comme un renard qu'une poule aurait
pris ‖ **dormir la mona** cuver son vin ‖ **mandar a
freír monas** envoyer promener o paître ‖ **pillar una mona** prendre une cuite ‖ **pintar la
mona** poser, faire l'important.

monacal *adj* monacal, e.

monacato *m* monachisme, état monastique.

monacillo *m* enfant de chœur (monaguillo).

monacita *f* **MIN** monazite.

Mónaco *n pr* **GEOGR** (el principado de) Mónaco la principauté de Monaco.

monacordio ➡ **manicordio**.

monada; monería *f* gentillesse (amabilidad)
‖ jolie chose; **en esta tienda hay verdaderas
monadas** dans cette boutique il y a vraiment de jolies choses ‖ flatterie (halago) ‖ cajolerie (carantoña) ▪ **FIG & FAM ¡menuda monada me ha hecho dándome un plantón!** il
m'a joué un drôle de tour en me posant un
lapin! ‖ **¡qué monada!** comme c'est gentil!,
comme c'est joli! ‖ **¡qué monada de pulsera!**
quel joli bracelet! ‖ **ser una monada** être mignon, onne o joli, e; **esta niña es una verdadera monada** cette fillette est mignonne
comme tout.
➡ **monadas; monerías** *f pl* minauderies
(melindres) ‖ singeries, pitreries (gestos).

mónada *f* **FILOS** monade.

monadelfo, fa *adj* **BOT** monadelphe.

monadismo *m* **FILOS** monadisme.

monadista *adj* & *s* **FILOS** monadiste.

monadología *f* **FILOS** monadologie.

monago; monaguillo *m* enfant de
chœur.

Mona Lisa *n pr f* **la Mona Lisa** la Joconde.

monandro, dra *adj* **BOT** monandre.

monaquismo *m* monachisme.

monarca *m* monarque.
‖ **SIN** rey roi; soberano souverain; príncipe
prince; emperador empereur.

monarquía *f* monarchie; **monarquía absoluta** monarchie absolue.

monárquico, ca *adj* monarchique.
◇ *m* & *f* monarchiste.

monarquismo *m* monarchisme.

monasterio *m* monastère.

monástico, ca *adj* monastique.
‖ **SIN** monacal monacal; conventual conventuel;
claustral claustral; cenobítico cénobitique.

monazita *f* **MIN** monazite.

Moncloa *f* **la Moncloa** résidence du chef du
gouvernement espagnol.

> **LA MONCLOA**
> Le palais de la Moncloa, près de Madrid, est
> la résidence officielle du chef du gouverne-
> ment espagnol. C'est là que se tiennent les
> réceptions en l'honneur d'hommes d'État
> étrangers et les réunions au sommet. En
> 1977-78 y furent signés des accords écono-
> miques et sociaux entre le gouvernement,
> les représentants des syndicats et ceux du
> patronat, désormais connus sous le nom de
> « pactos de la Moncloa » (accords de la
> Moncloa). « La Moncloa » désigne aussi, par
> extension, le gouvernement espagnol.

monda; mondadura *f* taille, émondage *m*
(de los árboles) ‖ épluchage *m* (de frutas o legumbres) ‖ épluchure (desperdicios); **mondas de
patatas** épluchures de pommes de terre
‖ nettoyage *m* (limpia) ‖ curage *m* (de los pozos)
‖ exhumation (de restos humanos) ‖ **MFAM esto
es la monda** ça c'est le comble (es el colmo),
c'est tordant (muy divertido).

mondadientes *m* cure-dent.

mondador, ra *m* & *f* émondeur, euse (de
árboles) ‖ éplucheur, euse (de frutas o legumbres).

mondadura ➡ **monda**.

mondante *adj* **FAM** crevant, e; tordant, e; à
mourir de rire.

mondaoídos *m inv* cure-oreille, cure-
oreilles.

mondapozos *m inv* cureur de puits.

mondar *v tr* nettoyer, débarrasser de (quitar lo inútil) ‖ monder; **cebada mondada** orge
mondé ‖ tailler, émonder, élaguer (podar)
‖ éplucher, peler (las frutas o legumbres) ‖ curer
(un río) ‖ tondre (pelar) ‖ **FIG & FAM** plumer (en
el juego) ‖ **mondar a palos** rouer de coups.
➡ **mondarse** *v pr* **FAM mondarse de risa** se
tordre de rire.

mondarajas *f pl* **FAM** épluchures.

mondo, da *adj* pur, e; net, nette ‖ **FIG & FAM
mondo y lirondo** clair et net, pur et simple,
tout simplement; **es la verdad monda y lironda** c'est la vérité pure et simple.

mondón *m* tronc d'arbre écorcé.

mondonga *f* **FAM** souillon, maritorne.

mondongo *m* boyaux *pl*, tripes *f pl* (tripes)
‖ tripes *f pl* (guiso) ‖ **FAM** boyaux *pl* (intestinos)
‖ (*Amer*) **FIG** accoutrement (adefesio).

mondonguería *f* triperie ‖ charcuterie (de
embutidos).

mondonguero, ra *m* & *f* tripier, ère
‖ charcutier, ère (embutidos).

mondonguil *adj* **FAM** des boyaux, des tripes.

monear *v intr* **FAM** faire des grimaces o des
singeries (para divertir) ‖ minauder, faire des
minauderies (con afectación) ‖ (*Amer*) se donner des airs, poser (presumir).

moneda *f* monnaie ‖ pièce de monnaie
(pieza) ▪ **moneda contante y sonante** espèces
sonnantes et trébuchantes ‖ **moneda de papel** monnaie de papier ‖ **moneda extranjera**
monnaie étrangère ‖ **moneda falsa** fausse
monnaie ‖ **moneda fiduciaria** monnaie fiduciaire ‖ **moneda fuerte** monnaie forte ‖ **moneda imaginaria** monnaie de compte ‖ **moneda menuda** o **suelta** menue monnaie, petite monnaie ‖ **moneda suelta** o **fraccionaria**
appoint; **se ruega moneda fraccionaria** on est
prié de faire l'appoint ▪ **casa de la Moneda**
hôtel de la Monnaie o des Monnaies, la
Monnaie ‖ **papel moneda** papier-monnaie
▪ **acuñar** o **labrar** o **batir moneda** battre
monnaie ‖ **FIG pagar a uno en** o **con la misma
moneda** rendre o payer à quelqu'un la
monnaie de sa pièce, rendre la pareille à
quelqu'un ‖ **ser moneda común** o **corriente**
être monnaie courante.

monedar; monedear *v tr* monnayer (amonedar).

monedero *m* monnayeur ‖ porte-monnaie
inv (portamonedas) ‖ **monedero falso** faux-
monnayeur.

monegasco, ca *adj* & *s* monégasque (de
Mónaco).

monema *m* monème (lingüística).

mónera *f* **BIOL** monère.

monería ➡ **monada**.

monetario, ria *adj* monétaire.
◆ **monetario** *m* collection *f* de monnaies et de médailles.

monetarismo *m* ECON monétarisme.

monetarista *adj* & *s* ECON monétariste.

monetización *f* monétisation.

monetizar [13] *v tr* monétiser ‖ monnayer (convertir en moneda).

monfí *m* brigand maure d'Andalousie.

mongol *adj* & *s* mongol, e.
◇ *m* LING mongol.

Mongolia *n pr f* GEOGR Mongolie.

mongólico, ca *adj* mongolique.
◇ *adj* & *s* MED mongolien, enne ‖ mongol, e (de Mongolia).

mongolismo *m* MED mongolisme.

mongoloide *adj* MED mongoloïde.

moni *m* FAM fric, galette *f* (dinero).

Mónica *n pr* Monique.

monicaco *m* FAM gringalet (hombrecillo).

monición *f* DR admonition, monition.

monigote *m* frère lai, convers (de un convento) ‖ polichinelle, pantin (muñeco ridículo) ‖ bonhomme (dibujo mal hecho); **hacer monigotes** faire des bonshommes ‖ magot (de porcelana) ‖ FIG & FAM pantin (persona sin personalidad).

monín, ina; monino, na *adj* FAM mignon, onne; mignonnet, ette.

monipodio *m* complot (conciliábulo) ‖ **el patio de Monipodio** la cour des Miracles.

monís *f* babiole, bibelot *m*.

monises *m pl* FAM fric *sing*, galette *f sing*, ronds, pépettes *f* (dinero); **tener monises** avoir du fric.

monísimo, ma *adj* très joli, e; très mignon, onne.

monismo *m* FILOS monisme.

monista *m* FILOS moniste.

monitor, ra *m* & *f* moniteur, trice; **monitor de esquí** moniteur de ski.
◆ **monitor** *m* TECN moniteur ‖ INFORM moniteur; **monitor en color** moniteur couleur ‖ MAR monitor ‖ MED **monitor fisiológico** moniteur cardiaque.

monitorio, ria *adj* & *s m* monitoire.
◆ **monitoria** *f* monitoire *m*.

monja *f* religieuse, bonne sœur FAM, nonne ‖ **meterse a monja** entrer au couvent, se faire religieuse.

monje *m* moine (fraile); **el hábito no hace al monje** l'habit ne fait pas le moine ‖ mésange *f* charbonnière (ave) ‖ **el hábito hace al monje** la belle plume fait le bel oiseau.

monjil *adj* monacal, e.
◇ *m* habit [de religieuse] ‖ robe *f* de deuil (traje de luto).

monjío *m* état monastique, vie *f* religieuse (estado).

monjita *f* petite nonne, nonnette FAM ‖ (*Amer*) veuve (ave).

mono, na *adj* FAM joli, e; mignon, onne (bonito); **¡qué chica más mona!** quelle jolie fille! ‖ mignon, onne (gracioso); **un niño muy mono** un enfant très mignon.
◆ **mono** *m* singe (animal) ‖ jocker (en los naipes) ‖ FIG singe (burlón) ‖ silhouette *f* informe, gribouillage (de animal u hombre), bonhomme (monigote); **pintar monos en la pared** dessiner des bonshommes sur le mur ‖ petit gommeux, godelureau (joven) ‖ salopette *f*, bleu, combinaison *f* (traje) ‖ FIG & FAM manque (síndrome de abstinencia) ■ **mono aullador** singe hurleur ‖ **mono capuchino** singe capucin ‖ **mono sabio** singe savant (en el circo), "monosabio", valet d'arène (en la corrida) ■ FIG **el último mono** le dernier des derniers, la cinquième roue du carrosse ‖ FIG & FAM **¿tengo monos en la cara?** tu veux ma photo?

monoácido, da *adj* QUÍM monoacide.

monoatómico, ca *adj* FÍS monoatomique.

monobase *adj* & *s f* QUÍM monobase.

monobloque *adj* & *s m* monobloc.

monocamerismo *m* monocamérisme.

monocarril *adj* & *s* monorail.

monocasco *adj* monocoque (barco, avión).

monocelular *adj* TECN monocellulaire.

monocilíndrico, ca *adj* monocylindrique.

monocito *m* BIOL monocyte.

monoclamídeas *f pl* BOT monochlamydées.

monoclinal *adj* GEOL monoclinal, e.

monoclínico *adj m* monoclinique.

monocolor *adj* unicolore.

monocorde *adj* monocorde (monótono).

monocordio *m* MÚS monocorde.

monocotiledóneo, a *adj* & *s f* BOT monocotylédone.

monocromático, ca *adj* monochromatique.

monocromía *f* monochromie.

monocromo, ma *adj* & *s m* monochrome (de un solo color).

monocular *adj* monoculaire.

monóculo, la *adj* qui n'a qu'un œil.
◆ **monóculo** *m* monocle (lente) ‖ bandeau sur un œil (vendaje).

monocultivo *m* monoculture *f*.

monodia *f* MÚS monodie.

monoecia *f* BOT monœcie.

monoesquí *m* monoski.
■ OBSERV pl monoesquís o monesquíes.

monofásico, ca *adj* ELECTR monophasé, e.

monofilo, la *adj* BOT monophylle.

monofisismo *m* monophysisme (herejía).

monofisita *adj* & *s* monophysite (hereje).

monogamia *f* monogamie.

monógamo, ma *adj* & *s* monogame.
◇ *adj* monogamique.

monogenismo *m* monogénisme.

monografía *f* monographie.

monográfico, ca *adj* monographique.

monografista *m* & *f* auteur de monographies.

monograma *m* monogramme.

monoico, ca *adj* BOT monoïque.

monoideísmo *m* monoïdéisme.

monokini *m* monokini.

monolingüe *adj* & *s* monolingue.

monolítico, ca *adj* monolithique, monolithe.

monolito *m* monolithe.

monologar [16] *v intr* monologuer.

monólogo *m* monologue.

monomanía *f* monomanie (p us), idée fixe, marotte FAM.

monomaniaco, ca *adj* & *s* monomane, monomaniaque.

monomaniático, ca *adj* monomaniaque.

monómero *adj m* & *s m* QUÍM monomère.

monometalismo *m* monométallisme.

monometalista *adj* & *s* monométalliste.

monómetro *adj m* & *s m* POÉT monomètre.

monomio *m* MAT monôme.

monomotor *adj m* & *s m* AVIAC monomoteur.

mononuclear *adj* & *s* mononucléaire.

mononucleosis *f inv* MED mononucléose.

monopatín *m* skate (-board), planche *f* à roulettes.

monoplano *adj m* & *s m* monoplan.

monoplaza *adj* & *s m* monoplace.

monoplejía *f* MED monoplégie.

monopolio *m* monopole.

monopolización *f* monopolisation.

monopolizador, ra *adj* & *s* monopoleur, euse.

monopolizar [13] *v tr* monopoliser.

monopsonio *m* ECON monopsone.

monóptero, ra *adj* & *s m* ARQ monoptère.

monorraíl; monorriel *adj* & *s* monorail.

monorrefringente *adj* FÍS monoréfringent, e.

monorriel ◆ monorraíl.

monorrimo, ma *adj* & *s m* POÉT monorime.

monosabio *m* TAUROM monosabio, valet d'arène.

monosacáridos *m pl* QUÍM monosaccharides.

monosépalo, la *adj* BOT monosépale.

monosilábico, ca *adj* GRAM monosyllabique ‖ **lengua monosilábica** langue isolante.

monosilabismo *m* monosyllabisme.

monosílabo, ba *adj* & *s* GRAM monosyllabe.

monospermo, ma *adj* BOT monosperme.

monotarea *adj inv* INFORM monotâche.

monoteísmo *m* RELIG monothéisme.

monoteísta *adj* & *s* monothéiste.

monotelismo *m* monothélisme (herejía).

monotelita *adj* & *s* monothélite (hereje).

monotipia *f* IMPR monotype *m* (procedimiento).

monotipo *m* IMPR monotype *f* (máquina).

monótonamente *adv* d'une manière monotone.

monotonía *f* monotonie.

monótono, na *adj* monotone.

monotremas *m pl* ZOOL monotrèmes.

monovalente *adj* & *s m* QUÍM monovalent, e.

monóxido *m* monoxyde.

Monrovia *n pr* GEOGR Monrovia.

monseñor *m* monseigneur ‖ monsignore (prelado italiano).

monserga *f* FAM histoire, baliverne; todo eso no son más que monsergas ce ne sont là que des histoires ‖ barbe (tostón) ‖ sermon *m* (discurso pesado) ‖ FAM ¡esas son monsergas! chansons que tout cela!

monstruo *m* monstre.
◇ *adj inv* FAM monstre; una cena monstruo un dîner monstre.

monstruosidad *f* monstruosité.

monstruoso, sa *adj* monstrueux, euse.

monta *f* monte (acaballadero, madera de montar) ‖ somme, montant *m*, total *m* (suma) ‖ valeur, importance; negocio de poca monta affaire sans importance; libro de poca monta livre sans valeur ‖ MIL boute-selle *m* (toque de clarín) ‖ persona de poca monta personne sans envergure.

montacargas *m inv* monte-charge (ascensor).

montadero *m* montoir (montador).

montado, da *adj* monté, e (soldado, artillería) ‖ sellé, e (caballo) ■ montado en automóvil en automobile ‖ montado en bicicleta à bicyclette ‖ montado en un asno o en una mula monté sur un âne o sur une mule ‖ un hombre montado a caballo un homme à cheval.
➤ **montado** *m* soldat à cheval (soldado).

montador, ra *m* & *f* monteur, euse (el que monta) ‖ monteur, euse (operario) ‖ CINEM monteur, euse.
➤ **montador** *m* montoir (para montar a caballo) ‖ montador mecánico electricista monteur-électricien.

montaje *m* montage (de una máquina) ‖ montage (de cine) ‖ organisation *f*, mise *f* sur pied (organización) ‖ MIL affût d'artillerie ‖ montaje fotográfico montage photographique.

montanera *f* glandée (bellotera).

montanero *m* garde forestier.

montanismo *m* montanisme (herejía).

montanista *adj* & *s* montaniste (hereje).

montano, na *adj* (p us) de la montagne.

montante *adj* BLAS montant, e.
◇ *m* montant (de una máquina o armazón) ‖ montant (galicismo por "importe") ‖ ARQ meneau (de ventana) ‖ imposte *f* (carpintería) ‖ espadón (arma).
◇ *f* marée montante, flux *m*.

montaña *f* [▷ SIN] montagne; cadena de montañas chaîne de montagnes ‖ FIG montagne; una montaña de libros une montagne de livres ‖ (Amer) maquis *m* (monte bajo), bois *m* (monte) ‖ FIG hacerse una montaña de algo se faire un monde de o se faire une montagne de o faire tout un plat de quelque chose ‖ montaña rusa montagne russe (de un parque de atracciones).

SIN monte mont; pico, picacho pic; cerro coteau; colina tertre, colline; cima sommet; montículo monticule.

montañero, ra *m* & *f* alpiniste ‖ escuela de montañeros école de haute montagne.

montañés, esa *adj* & *s* montagnard, e ‖ de la región espagnole de Santander appelée "la Montaña".
■ OBSERV pl montañeses, montañesas.

montañismo *m* alpinisme ‖ escuela de montañismo école de haute montagne.

montañoso, sa *adj* montagneux, euse.

montaplatos *m inv* monte-plats.

montar *v intr* monter (subir) ‖ monter; montar a caballo, en un burro, en bicicleta, en coche, en avión monter à cheval, sur un âne, à bicyclette, en voiture, en avion ‖ avoir de l'importance; este negocio monta poco cette affaire n'a pas grande importance ■ EQUIT montar a pelo monter à poil o à cru ‖ montar en cólera se mettre en colère, s'emporter ‖ montar en la grupa monter en croupe ‖ silla de montar selle ‖ tanto monta c'est pareil, cela revient au même ‖ tanto monta, monta tanto Isabel como Fernando devise des Rois Catholiques qui indique l'égalité des pouvoirs d'Isabelle et de Ferdinand.
◇ *v tr* monter (una máquina, etc.) ‖ monter; montar un caballo monter un cheval ‖ monter à, s'élever à; la cuenta montó cien pesetas la note s'est élevée à cent pesetas ‖ FIG monter (un negocio, una organización, una casa) ‖ installer (una fábrica, etc.) ‖ monter (engastar) ‖ monter, saillir (a la hembra) ‖ armer (un arma) ‖ TEATR & CINEM monter ■ FAM montar el número faire tout un cinéma (armar un escándalo), faire son numéro (dar la nota) ‖ montar la guardia monter la garde.

montaraz *adj* sauvage.
■ OBSERV pl montaraces.

montazgo *m* droit payé pour le passage des troupeaux.

monte *m* montagne *f* (montaña); montes altos des montagnes élevées ‖ mont (aislado o con nombre propio); monte Blanco mont Blanc ‖ bois (bosque); monte espeso bois épais o touffu ‖ talon (naipes que quedan por robar) ‖ banque *f*, baccara (juego) ‖ (Amer) campagne *f* (campo) ‖ FIG & FAM tignasse *f* (cabellera) ‖ mont-de-piété, ma tante (montepío) ■ monte alto forêt, futaie ‖ monte bajo taillis, maquis, garrigue ‖ monte de piedad mont-de-piété ‖ ANAT monte de Venus mont de Vénus ‖ monte pío caisse de secours; mont-de-piété (en América) ■ administración de montes eaux et forêts ‖ conejo de monte lapin de garenne ‖ echarse o hacerse al monte prendre le maquis ‖ escuela de montes école forestière ■ creer que todo el monte es orégano croire que la vie est un long fleuve tranquille.

LOS MONTES

el monte Aneto le pic d'Aneto;
el monte Ararat le mont Ararat;
el monte Athos le mont Athos;
el monte Aventino le mont Aventin;
el Mont Blanc le mont Blanc;
el monte Capitolino le mont Capitolin;
Montecassino le mont Cassin;
el monte Cervino le mont Cervin;
el monte Everest le mont Everest;
el monte Mulhacén le Mulhacén;
el monte de los Olivos le mont des Oliviers;
el monte Olimpo le mont Olympe;
el monte Palatino le mont Palatin;
el monte Parnaso le mont Parnasse;
el monte Quirinal le mont Quirinal;
el monte Whitney le mont Whitney.

montea *f* battue (cacería) ‖ ARQ coupe, plan *m* (dibujo) ‖ stéréotomie (estereotomía) ‖ montée (de un arco o una bóveda).

montear *v intr* faire une battue, rabattre.
◇ *v tr* ARQ tracer un plan ‖ voûter (formar arcos).

Montecassino *n pr* GEOGR la colina de Montecassino le mont Cassin.

montenegrino, na *adj* & *s* monténégrin, e.

Montenegro *n pr m* GEOGR Monténégro.

montepío *m* caisse *f* de secours ‖ (Amer) mont-de-piété.

montera *f* bonnet *m* (para la cabeza) ‖ toque (de los toreros) ‖ verrière, toiture vitrée (cubierta de cristales) ‖ chapiteau *m* (de alambique) ‖ MAR triangle *m* (vela) ‖ FAM ponerse el mundo por montera se moquer de tout comme de l'an quarante, prendre tout par-dessous la jambe.

montería *f* vénerie (arte de cazar) ‖ chasse à courre (caza mayor).

monterilla *f* MAR voile triangulaire.
◇ *m* maire d'un village (alcalde).

montero *m* veneur (cacería) ‖ montero mayor grand veneur ‖ rabatteur (ojeador) ‖ montero de Espinosa o de cámara gentilhomme de la chambre du roi.

montés, esa *adj* sauvage; gato montés chat sauvage.
■ OBSERV pl monteses, montesas.

Montesco *n pr m pl* los Montesco les Montaigus.

montesino, na *adj* sauvage.

montevideano, na *adj* & *s* de Montevideo.

Montevideo *n pr* GEOGR Montevideo.

montgolfier *m*; **montgolfiera** *f* montgolfière *f*.

montícola *adj* monticole.

montículo *m* monticule.

montilla *m* vin de Montilla.

montillano, na *adj* & *s* de Montilla [ville d'Andalousie].

monto *m* montant, total (monta).

montón *m* tas ‖ FIG & FAM tas; un montón de cosas un tas de choses; un montón de años des tas d'années ‖ masse *f*; tener montones de dinero avoir des masses d'argent ‖ monceau, masse *f*, tas; un montón de documentos un monceau de documents ■ FIG a montones à foison, en masse, des tas de; pasteles a montones des tas de gâteaux, des gâteaux à foison ‖ de o a o en montón en tas, en bloc ‖ del montón quelconque, ordinaire; ser del montón être quelconque ‖ un montón de días, de gente un temps, un monde fou.

montonera *f* (Amer) troupe de rebelles à cheval (de rebeldes) ‖ meule (almiar).

montonero *m* bravache, poltron qui ne provoque qu'entouré de ses partisans ‖ (Amer) guérillero, franc-tireur, rebelle (guerrillero).

Montreal *n pr* GEOGR Montréal.

montubio, bia *m* & *f* (Amer) paysan, anne de la côte [Pérou et Équateur].

◇ *adj* (*Amer*) sauvage (montaraz).

montuno, na *adj* montagnard, e ‖ (*Amer*) campagnard, e (rústico) ‖ sauvage (montaraz).

montuoso, sa *adj* montueux, euse.

montura *f* monture (cabalgadura) ‖ harnais *m* (arreos) ‖ monture (montaje delicado) ‖ support *m* (de telescopio) ‖ FOT montura de enfoque couronne de mise au point.

monumental *adj* monumental, e.

monumento *m* monument ‖ reposoir (el Jueves Santo) ‖ FIG monument; un monumento de erudición un monument d'érudition ‖ FIG & FAM ser un monumento être magnifique o splendide.

monzón *m & f* mousson *f* (viento).

moña *f* ruban *m* (lazo) ‖ chignon *m* (moño) ‖ TAUROM flot *m* de rubans aux couleurs de l'élevage [qu'on fixe sur l'échine des taureaux pour les distinguer] ‖ nœud *m* de rubans que les toréadors se fixent sur la nuque ‖ poupée (juguete) ‖ FAM cuite (borrachera).

moño *m* chignon (de pelo) ‖ nœud de rubans (lazo de cintas) ‖ huppe *f* (de algunos pájaros) ■ FIG & FAM agarrarse del moño, tirarse de los moños se crêper le chignon ‖ estar hasta el moño en avoir ras le bol ‖ ponerse moños se vanter, se donner des airs (presumir), s'envoyer des fleurs (atribuirse méritos).

➤ **moños** *m pl* colifichets (adornos de mal gusto).

moñudo, da *adj* huppé, e (ave).

MOPU (abrev de Ministerio de Obras Públicas y Urbanismo) *m* ministère espagnol des Travaux publics et de l'Urbanisme, ≃ ministère de l'Équipement.

moquear *v intr* couler [le nez].

moqueo *m* FAM mucosité *f* nasale, roupie *f*.

moquero *m* mouchoir.

moqueta *f* moquette (alfombra).

moquete *m* FAM coup de poing sur la figure, mornifle *f*.

moquetear *v tr* FAM donner des coups de poing sur la figure.
◇ *v intr* FAM couler abondamment [le nez].

moquillo *m* rhume des chiens (catarro) ‖ pépie *f* (de las aves) ‖ FAM pasar el moquillo en voir de toutes les couleurs.

moquita *f* roupie, mucosité nasale.

mora *f* BOT mûre (fruto) ‖ DR retard *m* (demora).

morabito *m* marabout (ermitaño) ‖ ermitage d'un marabout (ermita).

moráceas *f pl* BOT moracées.

morada *f* maison, demeure (casa) ‖ séjour *m* (estancia).
 ‖ SIN vivienda logement; domicilio domicile; hogar foyer; residencia résidence.

morado, da *adj & s m* violet, ette ■ FIG & FAM estar morado être noir (borracho) ‖ pasarlas moradas en voir des vertes et des pas mûres, en voir de toutes les couleurs o de dures ‖ ponerse morado s'empiffrer, se gaver.

morador, ra *adj & s* habitant, e ‖ locataire (vecino de una casa).

moraga *f*; **morago** *m* gerbe *f* (manojo).

moral *adj* moral, e; autoridad moral autorité morale; principios morales principes moraux ‖ en lo moral au moral.
◇ *m* mûrier (árbol).
◇ *f* morale (ética) ‖ moral *m* (ánimo); la moral de las tropas le moral des troupes ■ dar una lección de moral faire la morale ‖ levantar la moral relever le moral ‖ tener la moral baja avoir mauvais moral.

moraleja *f* moralité, morale (de una fábula).

moralidad *f* moralité.
➤ **moralidades** *f pl* (ant) TEATR moralités.

moralina *f* FAM morale, prêchi-prêcha.

moralismo *m* moralisme.

moralista *adj & s* moraliste.

moralización *f* moralisation.

moralizador, ra *adj & s* moralisateur, trice; moraliseur, euse.

moralizar [13] *v tr & intr* moraliser.

moralmente *adv* moralement.

moranza *f* demeure.

morapio *m* FAM rouge, gros rouge, pinard, rouquin (vino).

morar *v intr* habiter, demeurer.

moratiniano, na *adj* de Moratín.

moratoria *f* DR moratoire *m*, délai *m* (plazo).

moratorio, ria *adj* moratoire.

Moravia *n pr f* GEOGR Moravie.

moravo, va *adj & s* morave.

morbidez *f* morbidesse.
 ‖ OBSERV pl morbideces.

morbididad ➤ morbilidad.

mórbido, da *adj* morbide.

morbífico, ca *adj* (ant) morbifique.

morbilidad; morbididad *f* MED morbidité (estadística).

morbo *m* maladie *f* (enfermedad) ■ morbo comicial haut mal, épilepsie (epilepsia) ■ morbo gálico syphilis ‖ morbo regio jaunisse (ictericia).

morbosidad *f* morbidité.

morboso, sa *adj* malade (enfermo) ‖ morbide (mórbido) ‖ morbifique (que causa enfermedad).

morcajo *m* méteil (comuña).

morcilla *f* boudin *m* (embutido) ‖ FIG & FAM tradition [mot ou phrase due à l'imagination d'un interprète] ‖ FAM ¡que te den morcilla! va te faire pendre ailleurs!

morcillero, ra *m & f* charcutier, ère ‖ TEATR acteur, actrice qui improvise, qui brode sur son texte.

morcillo, lla *adj* noir, e; truité, e; moreau, morelle (caballo).
➤ **morcillo** *m* biceps (músculo) ‖ macreuse *f* (espaldilla).

mordacidad *f* mordacité, mordant *m*.

mordaga *f* FAM cuite (borrachera).

mordaz *adj* mordant, e (corrosivo) ‖ piquant, e; aigre (al paladar) ‖ FIG mordant, e; vif, vive; cuisant, e (maligno); reproches mordaces des reproches mordants.
 ‖ OBSERV pl mordaces.

mordaza *f* bâillon *m* (en la boca) ‖ MAR étrangloir *m* (del ancla) ‖ VETER pince (para cas-

trar) ‖ TECN mâchoire, mordache (de torno) ‖ éclisse (de carriles).

mordazmente *adj* d'une façon mordante.

mor de
➤ **por mor de** *loc adv* à cause de (por culpa de).

mordedura *f* morsure.

mordentado *m* mordançage.

mordentar *v tr* mordancer.

mordente *m* mordant (tinte) ‖ MÚS mordant.

morder [24] *v tr* mordre ‖ piquer, mordre; una serpiente le ha mordido un serpent l'a piqué ‖ FIG déchirer à belles dents, médire de (murmurar) ‖ IMPR mordre (lima) ■ morder a dentelladas mordre à belles dents ‖ FIG & FAM morder el polvo mordre la poussière.
➤ **morderse** *v pr* se mordre; morderse los labios se mordre les lèvres ■ morderse la lengua se mordre la langue ‖ morderse las uñas se ronger les ongles ‖ FIG morderse los dedos, los puños s'en mordre les doigts ‖ no morderse la lengua ne pas mâcher ses mots.

mordicante *adj* mordicant, e ‖ FIG mordant, e (cáustico).

mordicar [10] *v tr* piquer, picoter.

mordido, da *adj* mordu, e.
➤ **mordida** *f* touche (en la pesca) ‖ (*Amer*) bakchich *m*, pot-de-vin *m* (soborno).

mordiente *adj* mordant, e (que muerde).
◇ *m* mordant.

mordiscar [10]; **mordisquear** *v tr* mordiller.

mordisco; mordiscón *m* morsure *f*, coup de dent (mordedura); dar un mordisco faire une morsure, donner un coup de dent ‖ morceau que l'on arrache d'un coup de dent.

mordisquear ➤ mordiscar.

mordisqueo *m* mordillage.

moreda *f* mûrier *m* (árbol) ‖ mûreraie (moreral).

morena *f* murène (pez) ‖ pain noir *m* (pan) ‖ javelle (de trigo) ‖ moraine (de un glaciar).

morenillo, lla ➤ morenucho.

moreno, na *adj & s* brun, e ‖ bronzé, e (por el sol) ‖ nègre, esse (de raza negra) ‖ (*Amer*) mulâtre, esse ■ pan moreno pain bis ‖ ponerse moreno brunir, bronzer.
➤ **morena** *f* jolie brune, belle brune (chica).

morenucho, cha; morenillo, lla *adj* FAM moricaud, e.

morera *f* BOT mûrier *m* blanc.

moreral *m* terrain planté de mûriers blancs.

morería *f* quartier *m* maure (barrio), médina ‖ pays *m* mauresque.

moretón *m* FAM bleu (equimosis).

morfema *m* morphème.

Morfeo *n pr* MITOL Morphée.

morfina *f* morphine.

morfinismo *m* morphinisme.

morfinomanía *f* morphinomanie.

morfinómano, na *adj* & *s* morphinomane.

morfogénesis *f inv* morphogenèse.

morfología *f* morphologie.

morfológico, ca *adj* morphologique.

morfosintaxis *f inv* morphosyntaxe.

morfosis *f inv* morphose.

morganático, ca *adj* morganatique.

morgue *f* morgue.
█ **OBSERV** Galicismo por depósito de cadáveres.

moribundo, da *adj* & *s* moribond, e.

morichal *m* terrain planté de "moriches".

moriche *m* palmier d'Amérique, mauritia (palma) █ oiseau d'Amérique (ave).

morigeración *f* décence, vie honnête.

morigerado, da *adj* honnête, rangé, e; sage, de bonnes mœurs █ modéré, e (moderado).

morigerar *v tr* modérer, régler (templar).

moriles *m inv* vin espagnol de la région de Moriles.

morilla *f* BOT morille (cagarria).

morillo *m* chenet.

morir [25] *v intr* [▷ SIN] mourir █ FIG mourir; morir de cansancio, de hambre mourir de fatigue, de faim ■ morir a fuego lento o de consunción mourir à petit feu █ morir al pie del cañón mourir à la tâche o à la peine █ morir con las botas puestas o vestido mourir debout █ morir de muerte natural mourir de mort naturelle o de sa belle mort █ morir de repente mourir subitement █ morir en el acto mourir sur le coup ¡muera! à mort! ■ haber muerto être mort █ ser muerto être tué (matado); ha sido muerto por il a été tué par.
➥ **morirse** *v pr* mourir; morirse de frío mourir de froid █ se mourir (p us); ¡me muero! je me meurs! █ FIG & FAM morirse de aburrimiento mourir o crever d'ennui █ morirse de envidia mourir de jalousie █ morirse de ganas de, de miedo, de risa mourir d'envie de, de peur, de rire █ morirse de viejo mourir de vieillesse █ morirse por aimer à la folie, être fou de █ que me muera si que je meure si, je veux mourir si.
│ **OBSERV** Se morir tiene el sentido de estar a punto de morir.
│ **SIN** fallecer, finar décéder; fenecer mourir; expirar expirer; perecer périr; sucumbir succomber.

morisco, ca *adj* mauresque (converso).
◇ & *f* maurisque █ morisque.
│ **OBSERV** Le terme de morisco s'est appliqué, spécialement au Moyen Âge, aux Maures d'Espagne qui pendant la Reconquête se convertissaient et acceptaient la domination chrétienne.

morisma *f* religion mahométane █ les Maures *m pl*, foule mauresque (multitud).

morisqueta *f* grimace (mueca).

morito *m* ZOOL falcinelle (falcinelo).

morlaco, ca *adj* & *s* finaud, e; malin, igne (taimado).
➥ **morlaco** *m* FAM taureau █ (Amer) peso (peso) █ argent (dinero).

mormón, ona *m* & *f* mormon, e.

mormonismo *m* mormonisme (secta religiosa).

moro, ra *adj* maure, more, mauresque █ mahométan, e (mahometano) █ HIST de Mindanao, malais, e █ balzan, e (caballo) █ FIG & FAM pur, e; non baptisé, e (vino).
◇ *m* & *f* HIST Maure, More █ indigène de Mindanao; Malais, e █ FIG hay moros y cristianos il y a de la bagarre █ hay moros en la costa c'est un terrain dangereux, ayons l'œil! █ prometer el oro y el moro promettre monts et merveilles.
➥ **mora** *f* Mauresque.
➥ **Moros y Cristianos** fête traditionnelle du Levant.

morocada *f* coup *m* de tête du bélier.

morocho, cha *adj* FIG & FAM (Amer) robuste, costaud (sin femenino), bien portant, e (fuerte) █ brun, e; moricaud, e (moreno).
➥ **morocho** *m* (Amer) sorte de maïs (maíz).

morón *m* monticule.

morondanga *f* FAM méli-mélo *m*, fatras *m*.

morondo, da *adj* nu, e (árbol) █ tondu, e; chauve (persona).

morosamente *adv* lentement, pesamment (con lentitud) █ avec du retard, en retard (con dilación).

morosidad *f* retard *m*, lenteur (dilación) █ lenteur, paresse, nonchalance (pereza) █ manque *m* de ponctualité, inexactitude █ DR morosité.

moroso, sa *adj* en retard, retardataire; deudor moroso débiteur en retard █ lent, e; traînant, e (lento) █ paresseux, euse; nonchalant, e (perezoso) █ morose (que se detiene) ■ delectación morosa délectation morose █ moroso en el pago peu empressé à payer, mauvais payeur.
│ **OBSERV** La palabra francesa morose significa sobre todo taciturno.

morra *f* sommet *m* de la tête █ mourre (juego).

morrada *f* coup *m* donné avec la tête (golpe) █ gifle (guantada).

morral *m* musette *f* (de la tela), gibecière *f* (de cuero) █ MIL havresac █ FIG volver con el morral vacío revenir bredouille.

morralla *f* fretin *m* (pescadillos) █ FIG menu fretin *m* (gente) █ fatras *m* (cosas).

morrena *f* GEOGR moraine (de glaciar).

morrillo *m* cou, collier (de animal) █ TAUROM protubérance *f* musculeuse du cou du taureau █ FAM cou gros et court, cou de taureau █ galet, caillou rond (canto rodado) █ moellon (mampostería).

morriña *f* mal *m* du pays, nostalgie (nostalgia) █ abattement *m*, tristesse (tristeza) █ VETER sorte d'hydropisie des moutons.

morrión *m* morion (casco antiguo) █ shako (gorro militar).

morro *m* tête *f*, pomme *f* (la parte redonda) █ crosse *f* (de pistola) █ colline *f*, morne (monte) █ caillou rond (guijarro) █ museau, mufle (hocico de animal) █ FAM lippe *f* (de personas) █ FIG & FAM culot (descaro) █ capot (de un coche) █ morro bajo capot plongeant █ nez (de un avión) █ nez, tête *f* (de un cohete) ■ morros de ternera museau de veau ■ FAM beber a morro boire au goulot o à (même) la bouteille █ FIG & FAM estar de morros bouder, faire la tête (estar enfadado) █ FAM poner morros faire la lippe █ romper los morros casser le nez o la figure █ FIG & FAM tener morro ne pas manquer de culot, être gonflé.

morrocotudo, da *adj* FAM formidable (imponente) █ terrible, énorme (grande) █ magnifique (magnífico) █ me llevé un susto morrocotudo j'ai eu une peur bleue, j'ai eu une de ces peurs █ un batacazo morrocotudo une de ces chutes.

morrón *m* FAM coup, gnon (golpe).

morrongo, ga *m* & *f* FAM chat, chatte; matou *m* (gato).

morrudo, da *adj* arrondi, e █ à gros museau (hocicudo) █ (Amer) corpulent, e; costaud (sin femenino).

morsa *f* ZOOL morse *m* (mamífero).

morsana *f* BOT fabagelle.

morse *m* morse (alfabeto).

mortadela *f* mortadelle.

mortaja *f* linceul *m* (sudario) █ TECN mortaise (muesca) █ (Amer) papier *m* à cigarettes.

mortal *adj* mortel, elle; herida mortal blessure mortelle █ FIG mortel, elle; pecado mortal péché mortel █ certain, e; concluant, e (cierto) █ FAM ennuyeux à mourir, mortel, elle (aburrido) ■ mortal de necesidad fatal, e █ restos mortales restes mortels, dépouille mortelle █ salto mortal saut périlleux.
◇ *m* & *f* mortel, elle; un mortal feliz un heureux mortel.

mortalidad *f* mortalité; tasa de mortalidad taux de mortalité.

mortalmente *adv* mortellement, à mort; mortalmente herido blessé à mort, mortellement blessé.

mortandad *f* mortalité.

mortecino, na *adj* mort de mort naturelle (animal) █ FIG mourant, e (que se apaga); luz mortecina lumière mourante █ blafard, e (débil) █ éteint, e; mirada mortecina regard éteint █ moribond, e (moribundo).

morterada *f* hachis *m* (carne picada) █ MIL charge d'un mortier.

morterete *m* petit mortier (artillería) █ lampion (de iluminación) █ brique *f* (ladrillo).

mortero *m* mortier (almirez, bonete) █ meule *f* fixe (de molino) █ mortier (argamasa) █ MIL mortier.

mortífero, ra *adj* meurtrier, ère; mortifère (p us); epidemia mortífera épidémie meurtrière.

mortificación *f* mortification.

mortificante *adj* mortifiant, e █ blessant, e (hiriente).

mortificar [10] *v tr* mortifier █ ennuyer, blesser (molestar).

mortinatalidad *f* mortinatalité.

mortinato *adj* & *s* mort-né, e.

mortuorio, ria *adj* mortuaire; casa mortuoria maison mortuaire ■ lecho mortuorio lit de parade o de mort █ paño mortuorio drap funéraire o mortuaire.

morucho, cha *adj* FAM brunet, ette.
➥ **morucho** *m* jeune taureau dont les cornes sont garnies de boules.

morueco *m* bélier (carnero).

moruno, na *adj* maure, more, mauresque, moresque (moro).

morusa *f* FAM fric *m*, galette (dinero).

Mosa *n pr m* GEOGR el Mosa la Meuse.

mosaico *m* mosaïque *f*.

mosaico, ca *adj* mosaïque (de Moisés).

mosaísmo *m* mosaïsme (de Moisés).

mosca *f* mouche (insecto) ‖ mouche, impériale (barba) ‖ mouche (para pescar); caña de mosca canne à mouche ‖ DEP poids mouche (peso mosca) ‖ FIG & FAM fric *m*, galette (dinero) ‖ poison *m*, mouche du coche (persona molesta) ‖ ennui *m*, empoisonnement *m* (desazón) ■ mosca de la carne mouche à viande ‖ FIG mosca muerta sainte nitouche ‖ mosca tse-tsé mouche tsé-tsé ‖ MED moscas volantes mouches volantes ■ patas de mosca pattes de mouche (garabato) ‖ por si las moscas au cas où, pour le cas où ■ FIG & FAM aflojar o soltar la mosca les lâcher, casquer, allonger le fric, lâcher de l'argent, abouler la galette (pagar) ‖ caer como moscas tomber comme des mouches ‖ cazar moscas gober les mouches ‖ estar mosca se méfier ‖ más moscas se cogen con miel que con hiel o se cazan con miel que con vinagre on prend plus de mouches avec du miel qu'avec du vinaigre ‖ no matar ni una mosca ne pas faire de mal à une mouche ‖ no se oye ni una mosca on entendrait une mouche voler ‖ papar moscas gober les mouches, regarder les mouches voler, bayer aux corneilles ‖ ¿qué mosca le picó? quelle mouche vous a piqué?, qu'est-ce qui vous prend? ‖ tener la mosca o estar con la mosca detrás de la oreja avoir la puce à l'oreille.
➥ **moscas** *f pl* étincelles (chispas).

moscada *adj f* muscade; nuez moscada noix muscade.

moscarda *f* mouche à viande ‖ couvain *m* (de las abejas).

moscardear *v intr* pondre (las abejas) ‖ moucheronner (los peces) ‖ FIG & FAM être curieux, fourrer son nez partout (ser curioso).

moscardón *m* ZOOL œstre du bœuf (parásito) ‖ mouche bleue *f* (moscón) ‖ frelon (abejón) ‖ FIG & FAM raseur, casse-pieds *inv* (persona pesada).

moscareta *f* motteux *m*, traquet *m* (pájaro).

moscarrón *m* FAM mouche *f* à bœufs (insecto).

moscatel *adj* muscat (uva).
◇ *m* muscat (vino).

moscón *m* mouche *f* à viande, mouche *f* bleue (insecto) ‖ FIG & FAM raseur, casse-pieds *inv* (persona pesada).

moscona *f* traînée.

mosconear *v tr* assommer, ennuyer (molestar).
◇ *v intr* FIG être obstiné, e; insister (porfiar) ‖ bourdonner (zumbar).

mosconeo *m* bourdonnement (zumbido) ‖ FIG insistance *f* (insistencia).

Moscova *n pr m* GEOGR el Moscova la Moskova.

Moscovia *n pr f* HIST Moscovie.

moscovita *adj & s* moscovite.

Moscú *n pr* GEOGR Moscou.

Mosela *n pr m* GEOGR el Mosela la Moselle.

moselano, na *adj & s* mosellan, e.

mosén *m* mestre (título).

> OBSERV 1. Ce titre est aujourd'hui réservé aux prêtres dans certaines régions d'Espagne (Cataluña, Aragon).
> 2. pl mosenes.

mosqueado, da *adj* FAM estar mosqueado faire la tête.

mosqueador *m* émouchoir (mosquero) ‖ FAM queue *f* (de animal).

mosqueadura *f* maille (caza) ‖ FAM contrariété.

mosquear *v tr* chasser les mouches, émoucher.
➥ **mosquearse** *v pr* chasser les mouches [autour de soi] ‖ mailler (perdices) ‖ FIG se piquer, prendre la mouche, se formaliser (enfadarse) ‖ soupçonner (sospechar).

mosqueo *m* émouchement (acción de mosquear) ‖ FIG irritation *f*, dépit (pique).

mosquero *m* chasse-mouches *inv*, émouchoir (para espantar las moscas) ‖ attrape-mouches (para cogerlas).

mosquetazo *m* coup de mousquet, mousquetade *f*.

mosquete *m* mousquet (arma).

mosquetería *f* mousqueterie ‖ TEATR parterre *m*.

mosqueteril *adj* FAM du parterre (teatro).

mosquetero *m* mousquetaire (soldado) ‖ TEATR spectateur du parterre, spectateur debout.

mosquetón *m* mousqueton (arma o anilla).

mosquita *f* fauvette (ave) ‖ FIG & FAM mosquita muerta sainte nitouche (mosca muerta).

mosquitera *f*; **mosquitero** *m* moustiquaire *f*.

mosquito *m* moustique (insecto) ‖ moucheron (mosca pequeña).

mosso d'Esquadra *m & f* membre de la police autonome catalane.

mostacero *m* moutardier *m*.

mostacho *m* moustache *f* (bigote) ‖ FIG & FAM tache *f* sur la figure (mancha) ‖ MAR hauban de beaupré.

mostachón *m* macaron (bollo).

mostacilla *f* cendrée, menuise, plomb *m* de chasse, menu plomb *m* ‖ verroterie (abalorio).

mostaza *f* moutarde ‖ cendrée, plomb *m* de chasse (perdigones) ■ el grano de mostaza le grain de sénevé (Biblia) ‖ FIG & FAM se le subió la mostaza a las narices la moutarde lui est monté au nez.

mostense *adj & s* FAM prémontré, e (religioso).

mostillo *m* moût cuit et aromatisé.

mosto *m* moût.

mostrador, ra *adj & s* montreur, euse.
➥ **mostrador** *m* comptoir (en un bar, en una tienda) ‖ cadran (de reloj).

mostrar [23] *v tr* [▷ SIN] montrer (enseñar) ‖ montrer, faire montre de (manifestar); mostrar interés montrer de l'intérêt; mostrar gran paciencia montrer une grande patience ‖ FIG mostrar las uñas sortir ses griffes.
➥ **mostrarse** *v pr* se montrer ‖ paraître; mostrarse en público paraître en public.

> SIN presentar présenter; exponer exposer; enseñar montrer; ostentar étaler; exhibir exhiber.

mostrenco, ca *adj* DR bienes mostrencos biens vacants (sin propietario aparente) ‖ épaves (res derelicta) ‖ FAM lourdaud, e.

mota *f* nœud *m* (en el paño) ‖ petite tache (mancha) ‖ FIG léger défaut *m* (defecto) ‖ motte, monticule *m* (eminencia de terreno) ‖ tener una mota en el ojo avoir une poussière dans l'œil.

motacila *f* ZOOL bergeronnette (aguzanieves).

mote *m* sobriquet, surnom (apodo); poner mote donner un sobriquet ‖ devise *f* (sentencia).

moteado *m* moucheture *f* (de un tejido).

motear *v tr* moucheter, tacheter, marqueter (pintar manchas).

motejar *v tr* traiter de, qualifier de, taxer de; le han motejado de avaro ils l'ont traité d'avare, ils l'ont taxé d'avarice.

motel *m* motel (hotel).

motete *m* MÚS motet ‖ (Amer) sorte de hotte (cuévano).

motilidad *f* motilité.

motilón, ona *adj & s* tondu, e (pelón).
➥ **motilón** *m* FAM frère convers (lego).

motín *m* [▷ SIN] émeute *f* (del pueblo) ‖ mutinerie *f*, insurrection *f* (de tropas).

> SIN sedición sédition; amotinamiento mutinerie, émeute; agitación agitation; tumulto, asonada tumulte; revuelta révolte; alzamiento, levantamiento, sublevación soulèvement; insurrección insurrection.

motivación *f* motivation.

motivar *v tr* donner lieu à, motiver.

motivo *m* motif; motivo de disputa motif de dispute ‖ raison *f*, cause *f*, motif (causa) ‖ motif (en música, en pintura, etc.) ■ con este motivo à cette occasion ‖ con mayor o con más motivo à plus forte raison ‖ con motivo de à l'occasion de (durante), à cause de (a causa de) ‖ de mi, tu, su motivo propio de mon, ton, son propre mouvement o propre chef ‖ exposición de motivos exposé des motifs ‖ sin motivo alguno sans aucune raison, sans motif ■ dar motivo a donner lieu à ‖ no es motivo para ce n'est pas une raison pour.

moto *f* moto (motocicleta).

motoarado *m* AGRIC mototracteur.

motobomba *f* motopompe.

motocarro *m* triporteur à moteur.

motocicleta *f* motocyclette; montar en motocicleta monter à motocyclette ‖ motocicleta con sidecar side-car.

motociclismo *m* motocyclisme.

motociclista *m & f* motocycliste.

motociclo *m* motocycle.

motocompresor *m* motocompresseur.

motocross *m inv* motocross.

motocultivadora *f*; **motocultor** *m* AGRIC motoculteur *m*.

motocultivo *m* motoculture *f*.

motocultor ➥ **motocultivadora**.

motoguadañadora f AGRIC motofaucheuse.

motolita f bergeronnette (ave).

motón m MAR poulie f; motón de rabiza poulie à fouet.

motonáutico, ca adj motonautique.
➡ **motonáutica** f motonautisme m.

motonave f bateau m à moteur, motorship m.

motonería f MAR ensemble m des poutres et cordages.

motoneta f (Amer) Scooter® m.

motoniveladora f niveleuse.

motopropulsor m motopropulseur.

motor, ra adj moteur, trice; músculos motores muscles moteurs ‖ mouvant, e (moviente) ‖ lancha motora canot à moteur, vedette.
➡ **motor** m moteur; motor de explosión, de reacción moteur à explosion, à réaction ■ motor de gasolina moteur à essence ‖ motor diesel moteur diesel ‖ motor eléctrico moteur électrique ‖ motor fuera (de) borda o (de) bordo moteur hors-bord ‖ motor térmico moteur thermique ‖ INFORM motor de búsqueda de información moteur de recherche.

motora f canot m o vedette à moteur.

motorismo m motocyclisme.

motorista m & f motocycliste.

motorización f motorisation.

motorizado, da adj motorisé, e; división motorizada division motorisée.

motorizar [13] v tr motoriser.

motorreactor m moteur à réaction, motoréacteur.

motosegadora f AGRIC motofaucheuse.

mototractor m AGRIC mototracteur.

motovelero m voilier à moteur.

motovolquete m TECN basculeur.

motricidad f motricité.

motrileño, ña adj & s de Motril [ville d'Andalousie].

motriz adj f motrice; fuerza motriz force motrice.

motu propio adv motu propio, de plein gré, spontanément; (de) motu propio de son plein gré.

mountain bike m mountain bike, VTT.
▯ OBSERV pl mountain bikes.

mousse m inv o f inv CULIN mousse f.

movedizo, za adj mouvant, e (no firme); arenas movedizas sables mouvants ‖ FIG inconstant, e; changeant, e (inconstante).

mover [24] v tr remuer, mouvoir ‖ remuer; mover el brazo, la ensalada remuer le bras, la salade ‖ FIG pousser (incitar); mover a la rebelión pousser à la révolte; movido por la curiosidad poussé par la curiosité ‖ provoquer, susciter (provocar); mover discordia susciter la discorde ‖ remuer (conmover) ‖ faire agir (las masas, el pueblo, etc.) ‖ déplacer (los peones en el ajedrez, etc.) ‖ FIG mover a excitar, inciter à; mover a compasión inciter à la compassion, exciter la compassion ‖ mover a risa, a piedad faire rire, pitié; provoquer le rire, la pitié ‖ mover la curiosidad piquer la

curiosité ‖ mover los hilos tenir o tirer les ficelles ‖ ser movido por être poussé o mû par; ser movido por el interés être mû par l'intérêt.
◇ v intr ARQ partir (un arco).
➡ **moverse** v pr bouger; ¡no se mueva! ne bougez pas! ‖ remuer, bouger; este niño no deja de moverse cet enfant n'arrête pas de remuer ‖ se mouvoir (p us), se déplacer; se mueve con dificultad il se meut avec difficulté ‖ FIG se remuer; para conseguir una buena colocación hay que moverse pour obtenir une bonne situation il faut se remuer ‖ FIG & FAM se remuer, se secouer; ¡muévete! secoue-toi! ‖ moverse más que el rabo de una lagartija avoir le tracassin, avoir la bougeotte.

movible adj mobile.

movido, da adj mû, e; poussé, e; movido de o por la piedad mû par la pitié ‖ flou, e (fotografía) ‖ (Amer) maigrichon, onne; rachitique.
➡ **movida** f FAM ambiance, bonne ambiance (marcha); aquí hay movida il y a de l'ambiance ici ‖ FIG & FAM la movida (madrileña) mouvement de renouveau culturel, endroits branchés (de Madrid).

móvil adj mobile; fiesta móvil fête mobile ‖ FIG mouvant, e (inestable) ■ TECN material móvil matériel roulant (ferrocarril) ‖ timbre móvil timbre-quittance (en una letra), timbre fiscal (en un documento).
◇ m mobile; el móvil de un crimen le mobile d'un crime ‖ FÍS mobile ‖ mobile (en arte).

movilidad f mobilité.

movilización f mobilisation.

movilizar [13] v tr mobiliser.

movimiento m mouvement; el movimiento del péndulo le mouvement du pendule ‖ soulèvement, mouvement (revuelta) ‖ FIG accès, crise f (de celos, risa, etc.) ‖ coup (en los juegos) ‖ ASTRON & COM mouvement ‖ MÚS mouvement ■ el Movimiento le mouvement phalangiste ‖ FÍS movimiento acelerado mouvement accéléré ‖ COM movimiento de existencias rotation des stocks ‖ movimiento de las piezas marche des pièces (juegos) ‖ TECN movimiento de tierras terrassement ‖ MIL movimiento envolvente mouvement enveloppant o tournant ‖ TEATR movimiento escénico jeu de scène ‖ FÍS movimiento ondulatorio mouvement ondulatoire ‖ movimiento perpetuo o continuo mouvement perpétuel ‖ movimiento retardado mouvement retardé ‖ movimiento sísmico mouvement sismique ‖ FÍS movimiento turbulento turbulence ‖ movimiento uniforme mouvement uniforme ‖ movimiento variado mouvement varié ■ dar movimiento a, poner en movimiento mettre en mouvement ‖ el movimiento se demuestra andando il faut prêcher l'exemple ‖ estar al corriente o al tanto del movimiento être dans le mouvement.

moviola f moviola (para montar películas).

moxa f MED moxa m (cauterio).

moyo m (ant) muid (medida de capacidad).

moyuelo m fleurage (salvado) ‖ remoulage (afrecho).

moza f jeune fille (muchacha joven) ‖ domestique, servante (criada) ‖ amie, maîtresse

(concubina) ‖ battoir m (de las lavanderas) ‖ crochet m de trépied (de las trébedes) ‖ belle (última mano en el juego) ■ buena moza belle femme (mujer), belle fille (muchacha) ‖ es una real moza c'est une belle fille, c'est un beau brin de fille ‖ moza de fortuna o del partido fille de joie.

mozalbete m jeune garçon.

Mozambique n pr m GEOGR Mozambique.

mozárabe adj & s mozarabe.
▯ OBSERV Se dit des chrétiens d'Espagne soumis à la domination musulmane, de la littérature et de l'art auxquels ils ont donné naissance. L'art mozarabe, surtout répandu dans le royaume de León au Xe et au début du XIe siècle, est caractérisé par l'emploi de l'arc outrepassé puis de la voûte nervée.

mozarabía f population mozarabe.

mozarrón, ona m & f grand gaillard m, belle fille f.

moznado, da adj BLAS morné, e.

mozo, za adj jeune (joven) ‖ en sus años mozos dans son jeune temps, dans sa jeunesse.
◇ m & f jeune homme m, jeune fille f ‖ célibataire, garçon m, jeune fille f (soltero).
➡ **mozo** m garçon (camarero) ‖ domestique (criado) ‖ porteur (de estación) ‖ conscrit (soldado) ‖ portemanteau (percha) ■ mozo de caballos o de cuadra garçon o valet d'écurie ‖ mozo de café garçon de café ‖ mozo de carnicero garçon boucher ‖ mozo de comedor serveur ‖ mozo de cordel o de cuerda portefaix, commissionaire ‖ mozo de espuelas valet de pied ‖ TAUROM mozo de estoques valet du matador ‖ mozo de habitación valet de chambre (en un hotel) ‖ ser un buen mozo être beau garçon.

mozuelo, la m & f garçonnet m, garçon m, fillette f, jeune fille f.

MPAIAC (abrev de Movimiento para la Autodeterminación y la Independencia del Archipiélago Canario) m mouvement indépendantiste canarien.

MPLA (abrev de Movimiento Popular de Liberación de Angola) m MPLA.

m.s. (abrev escrita de manuscrito) ms.

mu m mugissement, beuglement ‖ meuh (onomatopeya).

muaré m moire f (tela).

mucamo, ma m & f (Amer) domestique, bonne f.

mucerón m mousseron (hongo).

muceta f mozette (vestidura eclesiástica).

muchachada; muchachería f marmaille, bande d'enfants (chiquillería) ‖ bande de garçons (pandilla) ‖ gaminerie (acción).

muchachear v intr faire l'enfant (actuar como un niño), faire le jeune homme, la jeune fille (actuar como un joven).

muchachería ➡ muchachada.

muchachil adj enfantin, e (de niños) ‖ juvénil, e (de jóvenes).

muchacho, cha m & f enfant (niño), petit garçon m, petite fille f.
◇ m & f domestique, garçon (criado), bonne (criada), jeune fille ‖ jeune homme, garçon.

muchachuelo, la m & f gamin, e.

muchedumbre f foule.

mucho, cha *adj* beaucoup de; **mucha agua** beaucoup d'eau; **muchos niños** beaucoup d'enfants ‖ nombreux, euse (con **los, sus,** etc.); **sus muchas tareas** ses nombreuses occupations ■ **muchas gracias** merci beaucoup ‖ **muchas veces** très souvent, bien des fois, maintes fois ‖ **mucho ruido y pocas nueces** beaucoup de bruit pour rien ‖ **muchos meses sin noticias** de longs mois sans nouvelles ‖ **muchos, muchas** beaucoup; **muchos piensan que** beaucoup pensent que ‖ **mucho tiempo** longtemps ■ **con mucha frecuencia** très fréquemment ‖ **los muchos que** tous ceux qui o que ‖ **son muchos los, muchas las que** nombreux, nombreuses sont ceux, celles qui; il y en a beaucoup qui.

◆ **mucho** *adv* beaucoup; **trabaja mucho** il travaille beaucoup; **¿te has divertido? mucho!** tu t'es amusé? beaucoup ‖ beaucoup de choses, bien des choses, beaucoup; **me queda mucho por hacer** il me reste beaucoup de choses à faire; **¿te queda mucho todavía?** il t'en reste encore beaucoup? ‖ longtemps; **hace mucho que ya no le veo** il y a longtemps que je ne le vois plus ■ **mucho antes, después** bien avant, après o plus tard ‖ **mucho más, mucho menos** beaucoup o bien plus, beaucoup o bien moins ‖ **mucho mejor, mucho peor** bien meilleur, bien pire; **el pastel está mucho mejor así** le gâteau est bien meilleur comme ça; bien o beaucoup mieux, bien pis; **está mucho mejor** il va beaucoup mieux ■ **con mucho** de beaucoup, de loin; **es con mucho el más simpático** il est de beaucoup le plus sympathique; **han ganado, y con mucho** ils ont gagné, et de loin ‖ FAM **muy mucho** un peu beaucoup ‖ **ni con mucho** tant s'en faut, loin de là, il s'en faut de beaucoup ‖ **ni mucho menos** loin de là; **no es tonto, ni mucho menos** il n'est pas sot, loin de là ‖ **por mucho que** avoir beau, quelque... que (con sustantivo), quoique (con verbo); **por mucho que trabaje no logra nada** il a beau travailler, il n'arrive à aucun résultat; **por mucho que digas, no lo haré** quoi que tu dises, je ne le ferai pas; **por mucho esfuerzo que haga no consigue nada** quelque effort qu'il fasse il n'arrive à rien ■ **hace mucho calor, frío** il fait très chaud, froid ‖ **pesar mucho** peser lourd ‖ **tener en mucho** tenir en grande estime ‖ **tener mucho que contar** en avoir long à raconter.

◆ **¡mucho!** *interj* très bien!, bien joué! (muy bien).

mucilago; mucílago *m* BOT mucilage.

múcor *m* BOT mucor (moho).

mucoríneas *f pl* mucoracées (mohos).

mucosidad *f* mucosité.

mucoso, sa *adj & s f* muqueux, euse.

mucre *adj* (Amer) acide, astringent.

mucrón *m* BOT mucron.

mucronato, ta *adj* mucroné, e ‖ xiphoïde; **apéndice mucronato** appendice xiphoïde.

múcura; mucura *f* (Amer) jarre (vasija).

mucus *m* mucus.

muda *f* linge *m* propre o de rechange (ropa) ‖ mue (de los animales, de la voz) ‖ déménagement *m* (mudanza).

mudable *adj* changeant, e.

mudada *f* (Amer) linge *m* propre o de rechange.

mudanza *f* changement *m* (cambio) ‖ déménagement *m* (de domicilio); **carro de mudanza** voiture de déménagement ‖ emménagement (instalación de una casa) ‖ figure *f* (de baile) ‖ MÚS mutation *f* ‖ **estar de** o **hacer la mudanza** déménager.

mudar *v tr & intr* changer (cambiar); **mudar el agua en vino** changer l'eau en vin ‖ changer (a un niño) ‖ muer (un animal, la voz) ‖ muter (cambiar de destino) ‖ emménager (instalarse) ‖ FIG changer (variar); **mudar de idea, de parecer** changer d'idée, d'avis ‖ FAM **muda el lobo los dientes más no las mientes** le loup mourra dans sa peau ‖ **mudar de casa** déménager.

◆ **mudarse** *v pr* se changer, changer de linge (de ropa) ‖ déménager (de domicilio).

mudéjar *adj & s* mudéjar.

‖ OBSERV Se dit des musulmans restés en Castille après la Reconquête, et de l'art auquel ils ont donné naissance du XIIe au XVIe siècle, caractérisé par l'influence de l'art de l'islam (clochers-minarets, revêtements polychromes, etc.).

mudez *f* mutisme *m*.

‖ OBSERV pl mudeces.

mudo, da *adj & s* muet, ette; **mudo de nacimiento** muet de naissance ■ **cine mudo, película muda** cinéma muet, film muet ‖ GRAM **consonante muda** consonne muette ‖ **letra muda** lettre muette ‖ FIG & FAM **mudo como un muerto** o **como una tumba** muet comme une carpe o comme la tombe ‖ **quedarse mudo de asombro, de envidia** en crever d'envie, de jalousie.

mueble *m* meuble ‖ BLAS meuble ■ **mueble cama** meuble-lit ‖ **tienda de muebles** magasin d'ameublement o de meubles.

◇ *adj* meuble; **bienes muebles** biens meubles.

◆ **muebles** *m pl* mobilier *sing*.

mueblería *f* magasin *m* de meubles (tienda).

mueblista *m* marchand (que vende), fabricant (que fabrica) de meubles.

mueca *f* grimace; **hacer muecas** faire des grimaces.

muela *f* meule (piedra) ‖ molaire (diente molar) ‖ dent (diente); **el niño está echando las muelas** l'enfant est en train de faire ses dents; **empastar una muela** plomber une dent ‖ butte, morne *m* (cerro) ‖ BOT gesse (almorta) ■ **dolor de muelas** mal aux dents, rage de dents ‖ **muela cordal** o **del juicio** dent de sagesse ‖ **muela picada** dent gâtée ‖ **muela postiza** fausse dent ‖ FIG & FAM **no hay ni para una muela** il n'y en a pas pour la dent creuse.

muellaje *m* MAR droit de mouillage.

muelle *adj* doux, douce (suave) ‖ mou, molle (blando) ‖ moelleux, euse (cama, etc.) ‖ voluptueux, euse (voluptuoso).

◇ *m* MAR quai (andén, de un puerto); **atracar al muelle** se mettre à quai ‖ môle (malecón) ‖ ressort (de un mecanismo); **colchón de muelles** sommier à ressorts ‖ cran d'arrêt (de una navaja) ■ TECN **muelle antagonista** o **de retorno** ressort de rappel ‖ **muelle en espiral** ressort à boudin ‖ **muelle helicoidal** ressort hélicoïdal.

muera *f* sel *m* (sal).

muérdago *m* BOT gui.

muerdo *m* FAM morsure *f* (mordisco) ‖ bouchée *f* (bocado).

muermo *m* VETER morve *f* (del caballo) ‖ FIG casse-pieds *inv* (pelma) ‖ lassitude *f*, ennui (aburrimiento).

muerte *f* mort; **condenado a muerte** condamné à mort; **herido de muerte** blessé à mort ‖ meurtre *m*, homicide *m* (homicidio) ‖ FIG mort (desaparición) ‖ TAUROM mise à mort ■ **muerte cerebral** mort cérébrale ‖ DR **muerte civil** mort civile ‖ FIG & FAM **muerte chiquita** petite mort ‖ **muerte repentina** mort subite ‖ DEP **muerte súbita** tie-break, jeu décisif (juego decisivo) ■ **aleteo de la muerte** souffle de la mort ‖ **a muerte** à mort, à outrance; **guerra a muerte** guerre à mort; **combate a muerte** combat à outrance ‖ **a vida y a muerte** à la vie et à la mort ‖ **con la muerte en el alma** la mort dans l'âme ‖ FIG & FAM **de mala muerte** de rien du tout, minable ‖ **de muerte** à mort ‖ **en el artículo de la muerte** à l'article de la mort ‖ **entre la vida y la muerte** entre la vie et la mort ‖ **estar a dos pasos de la muerte** être à deux doigts de la mort ‖ **estar a la muerte** être à l'article de la mort ‖ **estar en su lecho de muerte** être à son lit de mort ‖ **morir de muerte natural** mourir de sa belle mort ‖ **pasar de vida a muerte** passer de vie à trépas ‖ FIG **sufrir mil muertes** souffrir mille morts.

muerto, ta *adj & s* [▷ SIN] mort, e; **muerto en acto de servicio** mort au service de la patrie ‖ FAM tué, e (matado); **muerto en la guerra** tué à la guerre ‖ FIG éteint, e; terne (colores) ■ **cal muerta** chaux éteinte ‖ **lengua muerta** langue morte ‖ **naturaleza muerta** nature morte (bodegón) ‖ MECÁN **punto muerto** point mort ‖ **tiempo muerto** temps mort ■ **más muerto que vivo** plus mort que vif ‖ **más pálido que un muerto** pâle comme un mort, plus pâle que la mort ‖ **vivo o muerto** mort ou vif ■ **caer como un muerto** tomber comme une masse o raide ‖ FIG & FAM **cargar con el muerto** avoir tout sur le dos, endosser toute responsabilité ‖ **echarle a uno el muerto** laisser o mettre tout sur le dos de quelqu'un ‖ **estar más que muerto** être mort et enterré ‖ **estar muerto de cansancio** être mort de fatigue, être claqué o crevé ‖ **estar muerto de miedo** être mort de peur ‖ FIG **hacer el muerto** faire la planche (natación) ‖ **hacerse el muerto** faire le mort ‖ **muerto el perro, se acabó la rabia** morte la bête, mort le venin ‖ **no tener donde caerse muerto** être sur le pavé, n'avoir ni feu ni lieu ‖ **ser letra muerta** rester lettre morte ‖ **ser un muerto de hambre** être un meurt-de-faim o un crève-la-faim ‖ **tocar** o **doblar a muerto** sonner le glas.

◆ **muerto** *m* mort (naipes).

◆ **Muertos** *m pl* **día de los Muertos** jour des Morts.

‖ OBSERV **Muerto** es participio pasado de morir.
SIN fallecido, finado décédé; difunto défunt; cadáver cadavre.

EL DÍA DE LOS MUERTOS

Au Mexique, après la Toussaint et le jour des Défunts (les 1er et 2 novembre, respectivement), on fête le jour des morts. Selon la tradition, les morts reviennent ce jour-là pour retrouver les êtres qui leur sont chers; c'est pourquoi, on dresse à la maison et dans les établissements publics, des « altares », autels décorés de fleurs, de tissus de couleurs, de têtes de morts, de bougies, etc. et où l'on dépose les objets et les plats préférés des défunts.

muesca f mortaise, encoche (entalladura) ▌mortaisage m (acción) ▌entaille, marque (en el ganado) ▌TECN hacer muesca en mortaiser.

muesli m muesli.

muestra f échantillon m (de una tela o mercancía); **muestra gratuita** échantillon gratuit ▌montre (acción) ▌prélèvement m; **sacar una muestra de la leche** faire un prélèvement sur le lait ▌spécimen m (de un libro) ▌enseigne (de una tienda) ▌modèle m (modelo) ▌cadran m (esfera de reloj) ▌échantillonnage m (estadística) ▌MIL revue; **pasar muestra** passer en revue ▌retourne (naipe) ▌IMPR marche ▌FIG échantillon m; **nos dio una muestra de su saber** il nous a donné un échantillon de son savoir ▌preuve; **eso es muestra de que no me quiere** c'est la preuve qu'il ne m'aime pas; **ser buena muestra de algo** en être la meilleure preuve ▌signe m; **muestra de cansancio** signe de fatigue ▌témoignage m; **muestra de simpatía** témoignage de sympathie ▌exposition ▌botón de muestra échantillon ▌como botón de muestra à titre d'exemple, en échantillon ▌feria de muestras foire-exposition ▌TECN muestra de perforación carotte (en un pozo de petróleo) ▌perro de muestra chien d'arrêt ▌vivienda o piso de muestra appartement témoin ■ dar muestras de faire preuve de, donner des preuves de ▌hacer muestra de faire montre de ▌FIG para muestra basta un botón un exemple suffit, un simple échantillon suffit ▌por la muestra se conoce el paño à l'œuvre on reconnaît l'artisan.

muestrario m échantillonnage.

muestreo m échantillonnage (estadística).

muezín m muezzin (almuédano).

Muface (abrev de Mutualidad General de Funcionarios Civiles del Estado) f mutuelle des fonctionnaires de l'administration publique en Espagne.

mufla f TECN moufle m (hornillo).

muftí m mufti, muphti.

muga f borne (mojón) ▌frai m (de los peces).

mugido m mugissement, beuglement.

mugir [15] v intr mugir, beugler ▌FIG beugler (con ira) ▌mugir (el viento).

mugre f crasse, saleté (suciedad).

mugriento, ta adj crasseux, euse; sale.

mugrón m AGRIC marcotte f ▌rejeton (vástago).

muguete m BOT muguet ▌MED muguet.

mujer f femme ■ FAM mujer de bandera, de tronío femme du tonnerre ▌mujer de gobierno gouvernante, femme de charge ▌mujer de la limpieza femme de ménage ▌mujer de la vida o airada o de mal vivir o mundana o perdida femme de mauvaise vie, femme perdue ▌mujer de su casa bonne ménagère, femme d'intérieur ▌mujer fatal femme fatale, vamp ▌mujer pública femme publique ▌CULIN pollo a la buena mujer poulet bonne femme ▌ser mujer être femme ▌tomar mujer prendre femme.

mujercilla f petite bonne femme (mujer chiquita) ▌créature, fille des rues (prostituta).

mujerengo adj m (Amer) efféminé.

mujerero adj m (Amer) coureur, don Juan.

mujeriego, ga adj féminin, e (mujeril) ■ a la mujeriega, a mujeriegas en amazone, à l'écuyère ▌ser mujeriego courir les filles.
→ **mujeriego** m coureur de filles o de jupons (dado a mujeres).

mujeril adj féminin, e ▌efféminé, e (afeminado).

mujerío m femmes f pl; **¡qué mujerío aquí!** que de femmes ici!

mujerona f matrone.

mujeruca f DESPEC bonne femme.

mujerzuela f petit bout de femme (mujer chiquita) ▌femme légère (mujercilla).

mujic m moujik (campesino ruso).

mújol m muge, mulet (pez).

mula f mule (animal) ▌mule (calzado) ▌FIG mule; **testarudo como una mula** têtu comme une mule ▌brute, animal m sauvage m (bruto)▌âne m, animal m (idiota) ▌(Amer) coussin m (de los cargadores) ▌(Amer) hacer mula tricher (en el juego).

mulada f FIG & FAM ânerie, bêtise (tontería) ▌folie; **¡qué mulada haber venido andando hasta aquí!** c'est de la folie d'être venu à pied jusqu'ici!

muladar m dépotoir (vertedero de basuras) ▌fumier (estiércol) ▌tas d'ordures (basura) ▌FIG dépotoir.

muladí adj & s enfant de père musulman et de mère chrétienne ▌renégat, e [en Espagne].
▌ OBSERV pl muladíes.

mular adj mulassier, ère ■ ganado mular espèce mulassière, les mules ▌producción mular production mulassière.

mulato, ta adj & s mulâtre, esse ▌FIG brun, e (moreno).
→ **mulato** m (Amer) minerai d'argent noirâtre o verdâtre.

mulé
→ **dar mulé** loc ARG zigouiller (matar).

mulero, ra adj muletier, ère (mular) ▌mulassier, ère (relativo a la producción).
◇ m & f (Amer) tricheur, euse (tramposo).
→ **mulero** m muletier (mozo).

muleta f béquille (para andar) ▌TAUROM muleta; **torear de muleta** faire des passes de muleta ▌FIG appui m, étai m (sostén).

muletada f troupeau m de mules.

muletear v tr TAUROM travailler le taureau avec la muleta.

muletero m muletier ▌TAUROM torero qui travaille avec la muleta.

muletero, ra adj muletier, ère (mular).

muletilla f TAUROM muleta ▌bouton m (botón) ▌canne qui sert de béquille (bastón) ▌FIG refrain m, rengaine (estribillo) ▌mot m o formule de remplissage, cheville (palabra inútil) ▌tic m (de lenguaje).

muleto, ta m & f jeune mulet, jeune mule.

muletón m molleton (tela) ▌molleton, sous-nappe f (mantel bajero) ▌forrar con muletón molletonner (enguatar).

Mulhacén n pr m GEOGR el Mulhacén le Mulhacén.

mulillas f pl TAUROM mules chargées de tirer le taureau mort hors de l'arène.

mulita m (Amer) tatou (tatú).

mullido, da adj moelleux, euse (blando) ▌douillet, ette (blando y cómodo); **cama mullida** lit douillet.
→ **mullido** m bourre f (para rellenar).

mullir v tr battre, ramollir (la lana) ▌AGRIC ameublir (la tierra).
▌ OBSERV Mullir perd le « i » atone de la désinence quand celui-ci est situé entre la consonne « ll » et une voyelle (comme dans mullendo, mulló, mullera).

mullo m (Amer) verroterie f, perle f de verre (abalorio).

mulo m mulet ▌FIG & FAM âne, animal (idiota) ▌mule f (testarudo) ▌brute f, animal, sauvage (bruto) ■ hacer el mulo se conduire comme une brute ▌trabajar como un mulo travailler comme un cheval.

multa f amende; **imponer o poner una multa** mettre une amende ▌contravention (para un coche); **echar una multa** dresser une contravention.

multar v tr condamner à une amende; **multar en mil pesetas** condamner à mille pesetas d'amende.

multicaule adj BOT multicaule.

multicelular adj multicellulaire.

multicolor adj multicolore.

multicopia f reproduction des documents.

multicopiar v tr polycopier.

multicopista f machine à polycopier ▌tirar o hacer a multicopista polycopier.

multidisciplinar; multidisciplinario, ria adj pluridisciplinaire, multidisciplinaire.

multifloro, ra adj BOT multiflore.

multiforme adj multiforme.

multigrado adj multigrade.

multilateral adj multilatéral, e.

multilingüe adj multilingue, plurilingue.

multilobulado, da adj multilobé, e.

multilocular adj BOT multiloculaire.

multimedia m pl multimédia adj.

multimillonario, ria adj & s multimillionnaire, milliardaire.

multinacional adj multinational, e.

multípara adj & s f multipare (mujer o animal).

multiparidad f multiparité.

múltiple adj multiple.

múltiplex adj & s m inv multiplex (telégrafo).

multiplexor m TECN multiplexeur.

multiplicable adj multipliable.

multiplicación f multiplication.

multiplicado, da adj multiplié, e ▌TECN directa multiplicada vitesse surmultipliée.

multiplicador, ra adj & s m multiplicateur, trice.

multiplicando m MAT multiplicande.

multiplicar [10] v tr multiplier ■ creced y multiplicaos croissez et multipliez ▌tabla de multiplicar table de multiplication.

multiplicarse *v pr* FIG se multiplier, se mettre en quatre.

multiplicidad *f* multiplicité.

múltiplo, pla *adj* MAT multiple.

◆ **múltiplo** *m* MAT multiple; el mínimo común múltiplo le plus petit commun multiple.

multipolar *adj* ELECTR multipolaire.

multiprocesador *m* INFORM multiprocesseur.

multiprogramación *f* INFORM multiprogrammation.

multipuesto *adj inv* INFORM multiposte.

multirracial *adj* multiracial, e.

multisala *adj* multisalle.

multisecular *adj* multiséculaire.

multitarea *adj inv* INFORM multitâche.

multitubular *adj* TECN multitubulaire ‖ multitube; cañón multitubular canon multitube.

multitud *f* multitude; una multitud de libros une multitude de livres ‖ [▷ SIN] multitude, foule (muchedumbre).

⸾ SIN afluencia affluence; masa masse; enjambre essaim; gentío, muchedumbre, tropel foule; barullo cohue; nube nuée; hormiguero fourmilière.

multitudinario, ria *adj* populaire, qui rassemble les foules.

multiuso *adj* multi-usage.

multiusuario *adj* INFORM multiposte.

multivalvo, va *adj* & *s m* multivalve.

muncho, cha *adj* & *adv* (ant) FAM ➤ mucho.

mundanal *adj* mondain, e ‖ huir del mundanal ruido fuir les rumeurs du monde.

mundanalidad *f* mondanité.

mundanear *v intr* être mondain.

mundanería *f* mondanité.

mundano, na *adj* mondain, e ■ la vida mundana la vie mondaine, les mondanités ‖ mujer mundana femme galante, demi-mondaine (prostituta).

mundial *adj* mondial, e.

◇ *m* championnat du monde.

mundialismo *m* mondialisme.

mundialista *adj* & *s* mondialiste ‖ DEP joueur sélectionné pour un championnat du monde.

mundialmente *adv* mondialement, dans le monde entier; es mundialmente conocido il est mondialment connu; es mundialmente famoso il est célèbre dans le monde entier.

mundillo *m* monde (sociedad); el mundillo financiero le monde des finances; el mundillo literario le monde des lettres ‖ séchoir (enjugador) ‖ coussin pour broder (para hacer encaje) ‖ moine (calentador para la cama) ‖ BOT boule *f* de neige.

mundo *m* monde; dar la vuelta al mundo faire le tour du monde ‖ FIG monde; el mundo de los negocios le monde des affaires‖monde; hay un mundo entre las dos versiones il y a un monde entre les deux versions ‖ grande malle *f* (baúl) ‖ BOT boule *f* de neige ■ el gran mundo le grand monde ‖ el mundo literario le monde des lettres ‖ el

Nuevo, el Antiguo o Viejo Mundo le Nouveau, l'Ancien o le Vieux Monde ‖ el Tercer Mundo le tiers monde, le Tiers-Monde ‖ FIG medio mundo beaucoup de monde, un mundo fou ‖ mujer de mundo femme du monde ■ FIG al fin del mundo au bout du monde (espacio), à la fin du monde (tiempo) ‖ desde que el mundo es mundo depuis que le monde est monde‖en este mundo de Dios, en este bajo mundo dans ce bas monde, ici-bas ‖ por nada del mundo, por todo el oro del mundo pour rien au monde, pour tout l'or du monde ■ FIG anda o está el mundo al revés c'est le monde renversé o à l'envers‖conocido por o en el mundo entero mondialement connu‖correr mundo courir le monde, rouler sa bosse FAM‖dar un mundo por donner tout pour ‖ echar al mundo mettre au monde ‖ echarse al mundo se débaucher, se prostituer (una mujer)‖el mundo es de los audaces la fortune sourit aux audacieux, à cœur vaillant rien d'impossible‖entrar en el mundo faire son entrée dans le monde‖hacerse un mundo de algo se faire un monde de quelque chose ‖ irse al otro mundo aller dans l'autre monde (morir)‖no es cosa o nada del otro mundo ce n'est pas la mer à boire, il n'y a pas de quoi fouetter un chat (no es difícil), çа ne casse rien, ça ne casse pas des briques (no es ninguna maravilla)‖no ser de este mundo ne pas être de ce monde‖ponerse el mundo por montera se moquer de tout comme de l'an quarante, prendre tout par-dessous la jambe ‖ prometer este mundo y el otro promettre monts et merveilles (prometer mucho)‖recorrer o rodar mundo courir le monde, rouler sa bosse FAM ‖ salir de este mundo passer dans l'autre monde (morir)‖se le hundió el mundo il lui est arrivé une catastrophe‖tener mundo avoir du monde, de l'aisance‖traer al mundo mettre au monde ‖ valer un mundo coûter les yeux de la tête ‖ venir al mundo venir au monde‖ver mundo voir du pays‖vivir en el otro mundo habiter au bout du monde.

Mundo *m* El Mundo journal espagnol de droite.

mundología *f* connaissance du monde, expérience ‖ savoir-vivre *m inv*, les bons usages *m pl* (reglas mundanas).

mundonuevo *m* cosmorama.

mundovisión *m* mondovision (televisión).

Munich *n pr* GEOGR Munich.

munición *f* MIL munition ‖ plomb *m* de chasse (perdigones); munición menuda petit plomb ‖ charge d'une arme à feu (carga) ■ disparar con munición de fogueo tirer à blanc ‖ municiones de boca vivres ‖ pan de munición pain de munition.

municionero, ra *m* & *f* munitionnaire.

municipal *adj* municipal, e.

◇ *m* sergent de ville, agent.

municipalidad *f* municipalité.

municipalizar [13] *v tr* municipaliser.

munícipe *m* habitant d'un municipe (en Roma) o d'une commune (hoy).

municipio *m* municipalité *f* (término municipal) ‖ commune *f* (conjunto de vecinos) ‖ conseil municipal, municipalité *f* (concejo) ‖ hôtel de ville, mairie *f* (alcaldía) ‖ municipe (en Roma).

munificencia *f* munificence.

munífico, ca *adj* munificent, e.

muniqués, esa *adj* & *s* munichois, e (de Munich).

⸾ OBSERV pl muniqueses, muniquesas.

munster *m* munster (queso).

muñeca *f* poignet *m* (del brazo) ‖ poupée (juguete); muñeca de trapo, de serrín poupée de chiffon, de son ‖ mannequin *m* (maniquí) ‖ tampon *m* (para barnizar o estarcir) ‖ nouet *m* (utilizado en farmacia) ‖ FIG & FAM poupée (muchacha hermosa) ‖ (Amer) maquette.

muñeco *m* baigneur, poupée *f* (juguete) ‖ [▷ SIN] marionnette *f*, pantin (títere) ‖ bonhomme (figura tosca, dibujo, etc.) ‖ FIG & FAM gommeux, petit, prétentieux (jovenzuelo presumido) ‖ muñeco de nieve bonhomme de neige.

⸾ SIN marioneta, títere marionnette; fantoche fantoche; polichinela polichinelle; guiñol guignol; monigote, pelele pantin.

muñeira *f* danse populaire de Galice.

muñequera *f* poignet *m* de force (de los gimnastas) ‖ (p us) bracelet *m* (de reloj).

muñequilla *f* tampon *m* (para barnizar) ‖ (Amer) jeune épi *m* de maïs ‖ dar con la muñequilla a tamponner (un mueble).

muñidor *m* bedeau (de una cofradía).

muñón *m* moignon (en una amputación) ‖ MIL tourillon (del cañón) ‖ muñón giratorio tourillon.

muñonera *f* MIL encastrement *m*.

murajes *m* BOT mouron des champs.

mural *adj* mural, e; mapa mural carte murale.

◇ *m* fresque *f*, peinture *f* murale (fresco).

muralla *f* muraille (muro muy fuerte).

◆ **murallas** *f pl* remparts *m*; las murallas de Ávila les remparts d'Ávila.

Muralla (la Gran) *n pr f* GEOGR la Gran Muralla la grande Muraille.

murallón *m* grosse muraille *f*.

murar *v tr* murer, entourer de murs.

Murcia *n pr* GEOGR Murcie.

murciano, na *adj* & *s* murcien, enne.

murciélago *m* ZOOL chauve-souris *f*.

murena *f* murène (pez).

murete *m* petit mur, muret, muretin, murette *f*.

múrex *m inv* ZOOL murex *inv*.

murga *f* amurgue (alpechín) ‖troupe de musiciens ambulants (compañía de músicos) ■ FIG & FAM dar la murga raser, barber, embêter, casser les pieds ‖ ¡qué murga! quelle barbe! ‖ ser una murga être barbant o rasoir o rasant.

◇ *m* FAM casse pieds *inv*, personne *f* barbante o rasoir o embêtante.

murguista *m* musicien ambulant.

muriacita *f* MIN anhydrite (anhidrita).

muriático, ca *adj* (ant) QUÍM muriatique (clorhídrico).

muriato *m* (ant) QUÍM muriate.

múrice *m* ZOOL murex ‖POÉT pourpre *f*.

múridos *m pl* ZOOL muridés (roedores).

murmullo *m* murmure (ruido sordo) ‖ bour-donnement (zumbido).

murmuración *f* médisance, critique.

murmurador, ra *adj & s* médisant, e (mal-diciente).

murmurar *v tr & intr* murmurer; el viento murmura le vent murmure ‖ FIG marmotter; ¿qué está usted murmurando? que marmottez-vous là? ‖ [▷ SIN] marmonner (con hostilidad) ‖ médire (criticar); murmurar de alguien médire de quelqu'un ‖ murmurer; murmurar un secreto murmurer un secret.
‖ SIN gruñir, refunfuñar, rezongar grogner; FAM rajar rouspéter.

muro *m* mur; muro de contención mur de soutènement ‖ muraille *f* (muralla) ‖ muro del sonido mur du son.
‖ OBSERV Le mot mur se traduit en espagnol beaucoup plus couramment par pared que par muro.

Muro de las lamentaciones *n pr m* GÉOGR el Muro de las lamentaciones le mur des lamentations.

murria *f* FAM cafard *m*; tener murria avoir le cafard.

múrrino, na *adj* murrhin, e (vaso).

murrio, rria *adj* sombre, cafardeux, euse.

murtilla; murtina *f* BOT myrte *m* du Chili ‖ liqueur fermentée tirée de cette plante (li-cor).

murucuyá *f* (*Amer*) grenadille (granadilla).

mus *m inv* jeu de cartes espagnol.

musa *f* muse.

musáceas *f pl* BOT musacées.

musageta *adj m* musagète.

musaraña *f* musaraigne (ratón de campo) ‖ FIG bestiole, petit animal *m* (animalejo) ■ FIG & FAM mirar a las musarañas, pensar en las musarañas bayer aux corneilles, regarder les mouches voler, être dans les nuages.

muscardina *f* muscardine (enfermedad del gusano de seda).

muscardino *m* muscardin (roedor).

muscari *m* BOT muscari (almizcleña).

muscarina *f* QUÍM muscarine (alcaloide).

múscidos *m pl* ZOOL muscidés.

musciforme ► **muscoideo**.

muscíneas *f pl* BOT muscinées.

musco *adj* gris foncé *inv* (pardo).

muscoideo, a; musciforme *adj* mus-coïde.

musculación *f* musculation.

muscular *adj* musculaire.

musculatura *f* musculature ‖ tener muscu-latura avoir du muscle.

músculo *m* muscle ‖ tener músculos avoir du muscle.

musculoso, sa *adj* musculeux, euse (que tiene músculos) ‖ musclé, e (robusto).

muselina *f* mousseline (tela).

museo *m* [▷ SIN] musée; museo de cera musée de cire ‖ muséum; museo de historia natural muséum d'histoire naturelle.
‖ SIN galería galerie; pinacoteca pinacothèque; gliptoteca glyptothèque; exposición exposi-tion; colección collection.

museografía *f* muséographie.

museología *f* muséologie.

muserola *f* muserolle (correa).

musgo *m* BOT mousse *f* ‖ cubierto de musgo moussu, couvert de mousse.

música *f* musique; música de cámara, instrumental, vocal musique de chambre, instrumentale, vocale; poner música a met-tre en musique ■ música ambiental musi-que d'ambiance ‖ FIG & FAM música celestial du vent, des paroles en l'air ‖ música de fondo musique de fond ‖ música en directo o en vivo musique "live" o retransmise en di-rect ‖ música ligera variétés ‖ música negra musique noire ‖ FIG & FAM música ratonera musique de chiens et de chats ‖ música y le-tra paroles et musique ■ caja de música boîte à musique ‖ escuela de música sacra maîtrise ‖ FIG & FAM irse con la música a otra parte plier bagage ‖ mandar con la música a otra parte envoyer au diable ‖ poner música a la letra mettre les paroles en musique ‖ FIG & FAM venir con músicas raconter des histoi-res.

musical *adj* musical, e.

musicalidad *f* musicalité.

musicalmente *adv* musicalement.

music-hall *m* music-hall.
‖ OBSERV pl music-halls.

músico, ca *adj* musical, e ‖ instrumento músico instrument de musique.
◇ *m & f* musicien, enne.

musicógrafo, fa *m & f* musicographe.

musicología *f* musicologie.

musicólogo, ga *m & f* musicologue.

musicomanía *f* musicomanie.

musicómano, na *m & f* mélomane.

musiquilla *f* FAM musiquette.

musitar *v tr & intr* marmotter, susurrer.

musivo, va *adj* QUÍM mussif, ive (oro).

muslo *m* ANAT cuisse *f*.

musmé *f* mousmé, mousmée (joven japo-nesa).

musmón *m* ZOOL mouton sauvage, mou-flon.

mustang; mustango *m* mustang (caballo).

mustela *f* ZOOL sorte de requin (tiburón) ‖ belette (comadreja).

mustélidos *m pl* ZOOL mustélidés.

musteriense *adj & s m* moustérien, enne; moustiérien, enne (prehistoria).

mustiarse *v pr* se faner, se flétrir.

mustio, tia *adj* triste, abattu, e, morne ‖ fané, e; flétri, e (plantas).

musulmán, ana *adj & s* musulman, e.

mutabilidad *f* mutabilité.

mutable *adj* mutable.

mutación *f* changement *m* (cambio) ‖ BIOL mutation ‖ TEATR changement *m* de décor.

mutacionista *adj & s* BIOL mutationniste.

mutante *adj* mutant, e.
◇ *m* BIOL mutant.

mutar *v tr* muter (funcionarios).

mutilación *f* mutilation.

mutilado, da *adj & s* mutilé, e.

mutilador, ra *adj* mutilant, e.
➤ **mutilador** *m* mutilateur.

mutilar *v tr* mutiler.
‖ SIN amputar amputer; cortar couper; truncar tronquer.

mutis *m inv* TEATR sortie *f* de la scène ‖ ha-cer mutis se taire (callarse), s'en aller (irse), sortir de scène (en teatro).

mutismo *m* mutisme, mutité *f*.

mutual *adj* mutuel, elle (mutuo).
◇ *f* mutuelle (mutualidad).

mutualidad *f* mutualité ‖ mutuelle; mutua-lidad agrícola mutuelle agricole.

mutualismo *m* mutualisme.

mutualista *adj & s* mutualiste.

mutuamente *adv* mutuellement.

mutuario, ria; mutuatario, ria *m & f* (p us) emprunteur, euse.

mútulo, a *m & f* ARQ mutule *f*.

mutuo, tua *adj & s* mutuel, elle; por mutuo consentimiento par consentement mutuel ‖ réciproque; odio mutuo haine réciproque ■ ayuda mutua entraide ‖ seguro mutuo se-cours mutuel.
➤ **mutua** *f* mutuelle (mutualidad); mutua de seguros mutuelle d'assurances.

muy *adv* très; muy inteligente très intelli-gent ‖ fort (más ponderativo que très); estoy muy satisfecha je suis fort satisfaite ‖ bien, très; muy lejos très loin ‖ tout (con adverbio de manera); iba muy despacio il allait tout dou-cement; se fueron muy contentos ils sont partis tout contents ■ la realidad es muy otra la réalité est tout autre ‖ muy de nuestro tiempo bien de notre époque ‖ FAM muy mu-cho un peu beaucoup ‖ Muy Señor mío Mon-sieur, Cher Monsieur [en tête de lettre] ‖ por muy... que avoir beau, tout... que, si... que; por muy idiota que sea tout idiot qu'il est; por muy de prisa que vayas si vite que tu ail-les, tu as beau aller vite; por muy valiente que sea il a beau être courageux ‖ ser muy de être bien de; eso es muy de él c'est bien de lui.
◇ *f* FAM gueule; achantar la muy fermer sa gueule.

muyos *m pl* (*Amer*) tripes *f*.

muz *m* MAR nez, éperon (del tajamar).
‖ OBSERV pl muces.

my *f* mu *m* (letra griega).

n; N *f* n *m* ‖ MAT n (potencia) ‖ x... (fulano).

➤ **20 N** *m* 20 novembre 1975, date de la mort du général Franco [date marquant la fin de la dictature et le retour des libertés].

NªSª (abrev escrita de **Nuestra Señora**) *N-D.*

n° (abrev de número) *m* n°.

naba *f* BOT chou-rave *m.*

nabab *m* nabab.

nabateo, a *adj & s* nabatéen, enne.

nabí *m* nabi, prophète maure.

nabicol *m* BOT chou-rave (naba).

nabiza *f* feuille tendre de navet (hoja) ‖ navet *m* très tendre (nabo).

nabo *m* BOT navet (planta) ‖ racine *f* (raíz cualquiera) ‖ FIG tronçon de queue (rabo) ‖ ARQ arbre, axe, noyau (parte central) ‖ cada cosa en su tiempo, y los nabos en adviento chaque chose en son temps.

naborí *m* (*Amer*) Indien libre qui servait comme domestique.
▨ OBSERV pl nabories.

naboría *f* (*Amer*) répartition des Indiens qui servaient comme domestiques.

Nabucodonosor *n pr* Nabuchodonosor.

nácar *m* nacre *f.*

nacarado, da *adj* nacré, e; tez nacarada teint nacré.
➤ **nacarado** *adj & s m* nacarat.

nacarar *v tr* nacrer.

nacarino, na *adj* de nacre, en nacre, nacré, e.

nacascolo; nacascolote *m* (*Amer*) dividivi (árbol).

nacatamal *m* (*Amer*) pâté de maïs farci de viande de porc.

nacela *f* ARQ nacelle (moldura).

nacencia *f* (ant) VULG naissance (nacimiento) ‖ MED excroissance, tumeur.

nacer [29] *v intr* naître (hombre o animal); le nació un hijo un fils lui est né ‖ naître, pousser (vegetal) ‖ se lever (los astros, el día) ‖ prendre naissance, prendre sa source (río) ‖ FIG naître, germer (originarse) ■ al nacer en naissant, à sa naissance ‖ nacer con buena estrella o con fortuna naître sous une bonne étoile ‖ (*Amer*) nacer parado naître sous une bonne étoile ‖ nació para militar il est né pour être militaire ■ FIG & FAM haber nacido de pie être né coiffé ‖ haber nacido tarde avoir un métro de retard (falto de noticias), avoir une case en moins (falto de inteligencia) ‖ he vuelto a nacer hoy je l'ai échappé belle,

pour un peu j'y restais ‖ no haber nacido ayer ne pas être tombé de la dernière pluie, ne pas être né d'hier.
▐ OBSERV Le verbe nacer a deux participes passés, l'un régulier nacido, l'autre irrégulier nato.

nacido, da *adj* né, e; haber nacido en Málaga être né à Málaga ■ bien, mal nacido bien, mal né (linaje); bien, mal élevé (educación) ‖ la señora de Boidin, nacida Leblanc Madame Boidin, née Leblanc (de soltera) ‖ recién nacido nouveau-né.
➤ **nacidos, das** *m pl & f pl* los nacidos les humains (seres humanos) ‖ los nacidos en España les personnes nées en Espagne.

naciente *adj* naissant, e; día naciente jour naissant ‖ FIG naissant, e ‖ BLAS naissant, e; issant, e.
◇ *m* Levant (Oriente).

nacimiento *m* naissance *f*; lugar de nacimiento lieu de naissance; regulación de nacimientos contrôle des naissances ‖ source *f* (manantial de un río) ‖ crèche *f* [de Noël] ‖ FIG naissance *f* (origen) ■ auto del Nacimiento Mystère *m* de nacimiento de naissance, né; ciego de nacimiento aveugle de naissance, aveugle-né ‖ partida de nacimiento acte de naissance.

nación *f* nation ‖ de nación natif de; nicaragüense de nación natif du Nicaragua.
▐ SIN Estado État; patria patrie; país, tierra pays; territorio territoire.

nacional *adj* national, e; carretera nacional route nationale ‖ domanial, e (del estado) ‖ AVIAC vuelos nacionales vols nationaux o intérieurs.
◇ *m* garde national (miliciano).
➤ **nacionales** *m pl* ressortissants, nationaux; los nacionales de un país les ressortissants d'un pays.

nacionalidad *f* nationalité; doble nacionalidad double nationalité.

nacionalismo *m* nationalisme.

nacionalista *adj & s* nationaliste.

nacionalización *f* nationalisation.

nacionalizar [13] *v tr* nationaliser.

nacionalsindicalismo *m* national-syndicalisme.

nacionalsindicalista *adj & s* national-syndicaliste.

nacionalsocialismo *m* national-socialisme.

nacionalsocialista *adj & s* national-socialiste.

naco *m* (*Amer*) carotte *f* (de tabaco) ‖ FIG lâche (cobarde), femmelette *f* (gallina).

nacrita *f* nacrite (talco).

nada *f* néant *m* (el no ser); sacar de la nada tirer du néant ‖ rien *m*; un nada le asusta un rien lui fait peur ‖ una persona salida de la nada une personne sortie de rien.
◇ *pron* rien; no dice nada, nada dice il ne dit rien; hablar para no decir nada parler pour ne rien dire; no tengo nada que ver con eso je n'y suis pour rien, je n'ai rien à voir là-dedans ‖ rien de (con adjetivo); no ha hecho nada nuevo il n'a rien fait de nouveau o de neuf ■ nada bon, passons; nada hay que proseguir bon, il faut continuer ‖ nada de rien de (con adjetivo); nada de extraordinario rien d'extraordinaire; du tout (con sustantivo); no tiene nada de paciencia il n'a pas de patience du tout; pas question de (con infinitivo o sustantivo); nada de ir a jugar o de juegos hoy pas question d'aller jouer aujourd'hui ‖ ¡nada de eso! pas question!, qu'il n'en soit pas question! (ni hablar), pas du tout!, ce n'est pas ça du tout (no se trata de eso) ‖ nada de nada rien de rien, rien du tout ‖ nada más rien de plus, rien d'autre, simplement; bebió un poco de agua, nada más il but simplement un peu d'eau; à peine (construido con el infinitivo); nada más llegar à peine arrivé; nada más comer, se levantó à peine le repas terminé, il se leva; à peine avait-il mangé qu'il se leva ‖ nada más que eso rien que cela ‖ nada más y nada menos un point, c'est tout ‖ nada más y nada menos que ni plus ni moins que ‖ nada menos rien de moins ‖ nada menos que rien (de) moins que, ni plus ni moins que ■ (*Amer*) a cada nada à chaque instant ‖ casi nada presque pas; no habla casi nada il ne parle presque pas ‖ como si nada comme si de rien n'était ‖ de nada de rien, il n'y a pas de quoi ‖ FAM ni nada même pas; no quiere estudiar ni nada il ne veut même pas étudier ‖ para nada pour rien, en pure perte ‖ por nada pour rien, pour un rien ‖ por nada del mundo o en el mundo pour rien au monde, pour tout l'or du monde, pour un empire; no lo haría por nada del mundo je ne le ferais pour rien au monde ‖ pues nada bon, bien, c'est bien ‖ y nada más un point c'est tout ■ ahí es nada vous croyez que ça n'est rien? ‖ como quien no dice nada sans en avoir l'air ‖ con intentarlo no se pierde nada on peut toujours essayer ‖ en nada estuvo que cayera, nada faltó para que cayera il s'en fallut de peu qu'il ne tombât, il a bien failli tomber ‖ estar para nada ne servir

à rien ∥ ¡no es nada! ce n'est rien! (no importa), rien que cela! (nada más), ce n'est pas sorcier! (no es difícil), ce n'est pas extraordinaire! (no es muy bueno) ∥ no hace nada il y a un instant; no hace nada que salió il y a un instant ∥ no hay nada de eso il n'en est rien, ce n'est pas ça du tout ∥ no me dice nada cela ne me dit rien ∥ no saber nada de nada ne rien savoir du tout, ne savoir rien de rien ∥ no se hace nada con nada on ne fait rien de rien ∥ no ser nada être une nullité o un zéro ∥ no servir para nada ne servir à rien ∥ no tocarle nada a uno n'être rien à quelqu'un (parentesco) ∥ peor es nada c'est mieux que rien ∥ reducir a nada réduire à néant ∥ tener en nada faire peu de cas de, ne faire aucun cas de.
◇ adv pas du tout; no es nada tonto il n'est pas sot du tout; no se detuvo nada il ne s'arrêta pas du tout.
➤ ¡nada! interj ce n'est rien!, je t'en o je vous en prie! (no es nada), no!, mais non! (¡no!) ∥ FAM ¡de eso nada! pas question! ¡de eso nada, monada! tu rêves, Herbert! ∥ ¡nada, nada! non, non et non! (negación reforzada).

nadador, ra m & f nageur, euse.
◇ adj nageur, euse (ave).

nadar v intr nager; nadar de espalda nager sur le dos ∥ FIG nager; nadar en la opulencia nager dans l'opulence ∥ nager (en un vestido demasiado amplio) ∥ FIG & FAM nadar en sudor être en sueur o en nage ∥ nadar entre dos aguas nager entre deux eaux ∥ saber nadar y guardar la ropa ménager la chèvre et le chou, savoir nager.
◇ v tr nager; nadar el crawl nager le crawl.

nadería f bagatelle, rien m, bricole.
∥ SIN bagatela, friolera, nimiedad bagatelle; minucia minutie; insignificancia insignifiance; futesa foutaise.

nadie pron indef personne; no había nadie il n'y avait personne; nadie lo sabe, no lo sabe nadie personne ne le sait ■ a nadie se le ocurre hacer tal cosa personne n'aurait l'idée de faire une chose pareille ∥ nadie es profeta en su tierra nul n'est prophète en son pays ∥ nadie más personne d'autre.
◇ m FIG personne f insignifiante, nullité f ■ no ser nadie n'être rien, être une personne insignifiante o quelconque (no ser importante), ne pas être n'importe qui, être quelqu'un (ser alguien) ∥ un don nadie une personne sans importance, un pas-grand-chose, un rien du tout.
∥ OBSERV Lorsque nadie précède le verbe, la particule négative no disparaît.

nadilla pron FAM rien du tout.

nadir m ASTRON nadir.

nado m nage f; salvarse a nado se sauver à la nage.

nafé m nafé (fruto).

nafta f naphte m ∥ (Amer) essence (gasolina).

naftalina f naphtaline, naphtalène m (p us).

nafteno m QUÍM naphtène.

naftol m QUÍM naphtol.

Nagasaki n pr GEOGR Nagasaki.

Nagorni Karabaj n pr GEOGR Nagorny-Karabakh.

nagual m (Amer) sorcier (brujo).
◇ f (Amer) mensonge m (mentira).

nagualear v intr (Amer) mentir (decir mentiras) ∥ voler (robar).

naïf [naif] adj inv ARTES naïf, ïve.

nailon m Nylon®.

naipe m carte f [à jouer]; barajar los naipes battre les cartes ■ FIG castillo de naipes château de cartes ∥ tener buen, mal naipe avoir, ne pas avoir de chance (en el juego).

Nairobi n pr GEOGR Nairobi.

naja f ZOOL naja m (serpiente) ∥ ARG salir de naja se tirer (irse).

najarse v pr ARG ficher le camp, se tirer, se tailler, se barrer (irse).

nalga f fesse.

nalgada f fessée (paliza).

nalgudo, da; nalgón, ona adj FAM fessu, e; qui a de grosses fesses.

nambí adj (Amer) qui a une oreille tombante.

Namibia n pr GEOGR Namibie.

nana f FAM mémé, grand-maman (abuela) ∥ berceuse (canción de cuna) ∥ (Amer) bobo m (pupa) ∥ nourrice, bonne d'enfants (niñera) ∥ FAM en el año de la nana au temps jadis, au temps où la reine Berthe filait.

¡nanay! interj FAM des clous!, des nèfles! (¡ni hablar!).

nanaya ➤ **nanita**.

nanismo m nanisme.

nanita; nanaya f (Amer) grand-mère (abuela) ∥ berceuse (canción de cuna).

nanocefalia f nanocéphalie.

nanómetro m nanomètre.

nanosegundo m nanoseconde f.

nanquín m nankin (tela).

nansú m nansouk (tela).

nantés, esa adj & s nantais, e (de Nantes).
∥ OBSERV pl nanteses, nantesas.

nao f nef (nave).

naonato, ta adj & s né, née en mer.

napa f agneau m tanné (piel).

napalm m napalm.

napea n pr f MITOL napée.

napelo m BOT napel (anapelo).

napias f pl FAM pif m sing, blair m sing, truffe sing [narices].

napoleón m napoléon (moneda).

Napoleón n pr Napoléon.

napoleónico, ca adj & s napoléonien, enne.

Nápoles n pr GEOGR Naples.

napolitano, na adj & s napolitain, e.

naranja f orange (fruto); un zumo de naranja un jus d'orange ■ naranja agria orange amère ∥ naranja dulce orange douce ∥ naranja mandarina o tangerina mandarine ∥ naranja sanguina orange sanguine ∥ FAM ¡naranjas!, ¡naranjas de la China! des nèfles!, des clous! (¡ni hablar!) ■ FIG media naranja coupole (cúpula), moitié (esposa).
◇ adj inv & s m orange; un vestido naranja une robe orange; un naranja claro un orange clair.

naranjada f orangeade.

naranjado, da adj orange inv (naranja), orangé, e (anaranjado).

naranjal m orangeraie f.

naranjazo m coup d'orange; a naranjazos à coups d'oranges.

naranjero, ra adj des oranges ∥ de moyen calibre (cañón, tubo).
◇ m & f marchand, e d'oranges (vendedor).
➤ **naranjero** m tromblon (trabuco).

naranjo m oranger (árbol).

Narbona n pr GEOGR Narbonne.

narbonense adj & s narbonnais, e.

narceína f QUÍM narcéine.

narcisismo m narcissisme.

narcisista adj & s narcissiste.

narciso m BOT narcisse (flor) ∥ FIG narcisse.

Narciso n pr MITOL Narcisse.

narcoanálisis m inv MED narco-analyse f.

narcolepsia f MED narcolepsie.

narcomanía f MED narcomanie.

narcosis f inv MED narcose.

narcótico, ca adj & s m MED narcotique.
∥ SIN soporífero soporifique; somnífero somnifère; hipnótico hypnotique; calmante tranquillisant, calmant; sedante sédatif.

narcotina f QUÍM narcotine (alcaloide del opio).

narcotismo m MED narcotisme.

narcotizante adj & s m narcotique.

narcotizar [13] v tr MED narcotiser.

narcotraficante m & f narcotrafiquant, e; trafiquant, e de drogue (traficante de narcóticos).

narcotráfico m trafic de stupéfiants o de drogue (tráfico de narcóticos).

nardo m BOT nard (planta y perfume) ∥ tubéreuse f (tuberosa).

narguile m narghilé, narguilé (pipa turca).

narigada f (Amer) prise (tabaco).

narigón, ona adj & s qui a un grand nez, à long nez.
➤ **narigón** m grand nez (nariz).

narigudo, da adj qui a un grand nez, à long nez (narigón).

nariguera f anneau m (para la nariz).

narigueta f petit nez m.
◇ adj (Amer) au long nez (narigudo).

nariz f nez m; nariz aguileña o aquilina, chata nez aquilin, camus ∥ narine (orificio nasal) ∥ naseau m (de los animales) ∥ FIG odorat m, nez m (olfato) ∥ flair m, nez m (perspicacia) ∥ bouquet m (del vino) ∥ TECN mentonnet m (del picaporte) ∥ bec m (de un alambique) ■ nariz aplastada nez écrasé ∥ nariz perfilada nez bien dessiné, nez droit ∥ nariz postiza faux nez ∥ nariz respingada o respingona o remangada nez retroussé o en trompette ∥ FAM palmo de nariz pied de nez ∥ ventana de la nariz narine ■ FIG darle a uno en la nariz sentir, pressentir, avoir dans l'idée.
➤ **narices** f pl nez m sing ■ narices remachadas nez écrasé ■ en las mismas narices de au nez de, au nez et à la barbe de ∥ ¡ni qué narices! allons donc!, tu parles!, vous parlez!, mon œil! FAM ∥ ¡qué poeta ni qué nari-

ces! vous parlez d'un poète!, il n'a rien d'un poète! ■ FIG & FAM **caerse de narices** piquer du nez (un avión), se casser la figure (una persona) ■ **comerse las narices** se manger le nez ‖ **dar con la puerta en las narices** fermer la porte au nez ‖ **dar en las narices** en mettre plein la vue, éclabousser; el nuevo rico quiere dar en las narices con su lujo a todo el mundo le nouveau riche veut éclabousser tout le monde de son luxe ‖ **estar hasta las narices** en avoir par-dessus la tête, en avoir plein le dos ‖ **hablar con las narices** parler du nez ‖ **hacer algo por narices** faire quelque chose parce qu'on en a envie o parce que ça nous chante ‖ **me está usted hinchando las narices** je sens la moutarde qui me monte au nez, vous commencez à me taper sur les nerfs ‖ **meter las narices en todo** mettre o fourrer son nez partout ‖ **no saber dónde tiene uno las narices** s'y entendre comme à ramer des choux ‖ **no ver más allá de sus narices** ne pas voir plus loin que le bout de son nez ‖ **pasar por debajo de las narices** passer sous le nez ‖ **quedarse con dos palmos de narices, romperse las narices** se casser le nez (fracasar al no encontrar a nadie), rester le bec dans l'eau (fracasar) ‖ **reírse en las narices de uno** rire au nez de quelqu'un ‖ **romper las narices** casser la figure ‖ **salirle a uno de las narices** chanter; sólo hace lo que le sale de las narices il ne fait que ce qui lui chante ‖ **sangrar o echar sangre por las narices** saigner du nez ‖ **sonarse o limpiarse las narices** se moucher ‖ **tener algo delante de sus narices** avoir quelque chose sous le nez ‖ FIG & FAM **¡tiene narices la cosa!** c'est un peu fort! ‖ **tocarse las narices** se la couler douce.
➤ **¡narices!** interj FIG des nèfles!, des figues!

narizón, ona adj FAM qui a un grand nez.

narizotas f pl FAM grand nez m, grand blair m.
➤ **narizota** m FAM homme qui a un grand nez.

narra m ptérocarpe pâle (árbol de Filipinas).

narración f narration, récit m (relato) ‖ narration (parte del discurso).

narrador, ra adj narratif, ive.
◇ m & f narrateur, trice.

narrar v tr raconter, narrer (p us).

narrativa f narration, récit m (relato) ‖ facilité o aisance pour raconter (facilidad).

narrativo, va adj narratif, ive.

narria f fardier m (vehículo).

nártex m inv ARQ narthex.

narval m narval (cetáceo).

nasa f nasse (para el pescado) ‖ casier m (para los crustáceos) ‖ corbeille à pain (cesto).

NASA (abrev de National Aeronautics and Space Administration) f NASA.

nasal adj & s f nasal, e; **huesos nasales** os nasaux ■ GRAM **consonante nasal** consonne nasale ‖ ANAT **fosas nasales** fosses nasales.

nasalidad f nasalité.

nasalización f nasalisation; **nasalización de un sonido** nasalisation d'un son ‖ nasillement m (gangueo).

nasalizar [13] v tr nasaliser.
◇ v intr parler du nez, nasiller (defecto).

nasalmente adv d'une manière nasale.

nasardo m MÚS nasard (del órgano).

násico m ZOOL nasique (mono).

nasofaríngeo, a adj MED rhinopharyngé, e.

nasofaringitis f inv MED rhinopharyngite.

nata f crème fraîche, crème (de la leche) ‖ FIG crème, fleur (lo mejor) ‖ MIN (Amer) crasse, scorie (escoria) ■ FIG **la flor y nata** la fine fleur, le gratin ‖ **nata batida** crème fouettée.
➤ **natas** f pl crème sing renversée (natillas).

natación f natation (deporte) ‖ nage (acción).

natal adj natal, e; **la ciudad natal de Cervantes** la ville natale de Cervantès.
◇ m naissance f (nacimiento) ‖ anniversaire (cumpleaños).

Natalia n pr Nathalie.

natalicio m naissance f, jour de la naissance (día de nacimiento) ‖ anniversaire (cumpleaños).

natalidad f natalité; **índice de natalidad** taux de natalité.

Natán n pr Nathan.

natatorio, ria adj natatoire.

natillas f pl crème sing renversée.

natividad f nativité.

Natividad n pr Noëlle [nombre].

nativismo m nativisme ‖ (Amer) indigénisme.

nativista adj & s nativiste ‖ (Amer) indigéniste.

nativo, va adj natif, ive (natural); **oro nativo** or natif; **virtud nativa** vertu native ‖ naturel, elle; **inné, e** (inato) ‖ maternel, elle; **lengua nativa** langue maternelle ‖ natal, e (natal); **suelo nativo** sol natal ‖ d'origine; **profesor nativo** professeur d'origine.
◇ m & f [▷ SIN] natif, ive.

‖ SIN originario, natural, oriundo originaire; indígena indigène; aborigen aborigène.

nato, ta adj né, e; **enemigo nato** ennemi né ‖ DR de droit.

natrón m QUÍM natron, natrum.

natura f nature (naturaleza) ‖ **a o de natura** naturellement.

natural adj naturel, elle; **gas natural** gaz naturel ‖ originaire, natif, ive; **natural de Sevilla** originaire de Séville ‖ nature, naturel, elle (sencillo); **persona muy natural** personne très naturelle ■ **es muy natural que** il est très naturel que ‖ **hijo natural** enfant naturel ‖ MAT **logaritmo natural** logarithme naturel ‖ **muerte natural** mort naturelle ‖ **tamaño natural** grandeur nature; **retrato de tamaño natural** portrait grandeur nature.
◇ adv naturellement, bien sûr (por supuesto).
◇ m naturel, nature f; **de un natural celoso** d'une nature jalouse ‖ ressortissant, natif, naturel; **los naturales de un país** les ressortissants d'un pays ‖ TAUROM naturelle f [passe de muleta effectuée avec la main gauche] ■ **al natural** au naturel; **atún al natural** thon au naturel ‖ **parecerle a uno muy natural** trouver tout naturel ‖ **pintar del natural** peindre d'après nature ‖ **reproducir del natural** prendre sur le vif ‖ **ser lo más natural del mundo** être tout ce qu'il y a de plus naturel.

naturaleza f nature; **la costumbre es una segunda naturaleza** l'habitude est une seconde nature ‖ naturel m, nature (natural) ‖ nature (clase); **objetos de naturaleza diferente** objets de différente nature ‖ nationalité (nacionalidad) ‖ naturalisation; **cartas de naturaleza** lettres de naturalisation ■ **naturaleza divina** nature divine ‖ **naturaleza humana** nature humaine ‖ **naturaleza muerta** nature morte (bodegón).

naturalidad f naturel m (sencillez); **habla falta de naturalidad** langage qui manque de naturel ‖ simplicité; **hablar con naturalidad** parler avec simplicité; **se lo dije con toda naturalidad** je le lui ai dit en toute simplicité ‖ vérité (de un retrato, de un personaje) ‖ nationalité (pertenencia a un pueblo) ■ **con toda** o **mucha naturalidad** avec beaucoup de naturel ‖ **no tener naturalidad** manquer de naturel.

naturalismo m naturalisme, naturisme (doctrina, literatura) ‖ naturisme (desnudismo).

naturalista adj & s naturaliste.

naturalización f naturalisation.

naturalizado, da adj & s naturalisé, e.

naturalizar [13] v tr naturaliser.
➤ **naturalizarse** v pr se faire naturaliser, se naturaliser.

naturalmente adv naturellement.

naturismo m naturisme.

naturista adj & s naturiste ‖ naturiste (nudista).

naturópata m & f naturopathe.

naturopatía f naturopathie, médecine douce.

nauclero m POÉT nocher (piloto).

naucóride f ZOOL naucore (insecto).

naufragar [16] v intr faire naufrage, naufrager ‖ FIG échouer (un negocio).

naufragio m naufrage ‖ FIG naufrage (pérdida).

náufrago, ga adj & s naufragé, e.
➤ **náufrago** m requin (tiburón) ‖ **sociedad de salvamento de náufragos** société de sauvetage.

naumaquia f naumachie (combate naval).

nauplio m ZOOL nauplius.

náusea f nausée ‖ **tener** o **sentir náuseas** avoir des nausées (ganas de vomitar), avoir la nausée (asco).

nauseabundo, da adj nauséabond, e.

nauta m POÉT nautonnier, marin (marinero).

náutica f science nautique, navigation ‖ **escuela de náutica** école de navigation.

náutico, ca adj nautique ‖ **rosa náutica** rose des vents.

nautilo m ZOOL nautile (molusco).

nava f GEOGR cuvette, dépression (llanura).

navaja f couteau m [à lame pliante]; **navaja** ‖ canif m (cortaplumas) ‖ ZOOL couteau m (molusco) ‖ défense [de sanglier] (colmillo) ‖ aiguillon m (de insecto) ■ **navaja barbera** o **de afeitar** rasoir [de barbier] ‖ **navaja de injertar** greffoir ‖ **navaja de muelle** couteau à cran d'arrêt.

navajada *f;* **navajazo** *m* coup *m* de couteau; a navajazos à coups de couteau ∎ andar a navajazos jouer du couteau.

navajero *m* étui à rasoirs (estuche) ∎ frottoir, linge où l'on essuie le rasoir (paño).

navajudo, da *adj* (*Amer*) rusé, e.

naval *adj* naval, e; combates navales combats navals.

navarca *m* MAR navarque.

Navarra *n pr f* GEOGR Navarre.

> NAVARRA
> La communauté autonome de Navarre comprend une seule province, du même nom. Son chef-lieu est Pamplona (Pampelune). Son gouvernement est appelé « Gobierno de Navarra ». Le statut de communauté autonome, régi par la « ley de reintegración y mejoramiento del régimen foral de Navarra », lui a été accordé le 10 août 1982.

navarro, rra *adj & s* navarrais, e (de Navarra) ∎ navarrin, e (caballo).

navazo *m* bas-fond, cuvette *f* (depresión) ∎ mare *f* (charco).

nave *f* vaisseau *m*, nef (barco) ∎ ARQ nef; nave principal nef centrale ∎ corps *m* de bâtiment (cuerpo de edificio) ∎ hall *m* (en una fábrica) ∎ hangar *m* (cobertizo) ∎ FIG nave de San Pedro l'Église catholique ∎ nave espacial vaisseau spatial ∎ nave lateral bas-côté, collatéral ∎ FIG quemar las naves brûler ses vaisseaux, couper les ponts.

navecilla *f* navette (para el incienso) ∎ nacelle (barquilla).

navegabilidad *f* navigabilité.

navegable *adj* navigable.

navegación *f* navigation; navegación submarina navigation sous-marine ∎ certificado de navegación certificat de navigabilité ∎ navegación aérea navigation aérienne ∎ navegación a vela o de recreo yachting ∎ navegación costera o de cabotaje navigation côtière o de cabotage ∎ navegación de altura navigation au long cours o hauturière ∎ navegación de estima navigation estimée o observée ∎ navegación fluvial navigation fluviale o intérieure.

navegador *m* INFORM navigateur; navegador en modo texto navigateur en mode texte.

navegante *adj* navigant, e (que navega).
◇ *m* navigateur.

navegar [16] *v intr* naviguer ∎ FIG trafiquer (comerciar) ∎ naviguer (trajinar) ∎ (*Amer*) tolérer, supporter (soportar) ∎ navegar en conserva naviguer de conserve (juntos) ∎ FIG saber navegar savoir naviguer, bien conduire sa barque.
◇ *v tr* MAR filer; el barco navega cinco millas le bateau file cinq milles.

naveta *f* petite nef (barco) ∎ navette (para el incienso) ∎ tiroir *m* (gaveta) ∎ ARQ sorte de dolmen des îles Baléares.

navicert *m* navicert (licencia de navegación en tiempo de guerra).

navícula *f* navicule (alga).

navicular *adj* naviculaire; hueso navicular os naviculaire.

navidad *f* nativité (natividad del señor) ∎ Noël *m*, fête de Noël (fiesta cristiana) ∎ árbol de Navidad arbre de Noël ∎ canción de Navidad

Noël, chant de Noël (villancico) ∎ pascua de Navidad Noël (fiesta cristiana) ∎ por Navidad à (la) Noël ∎ tarjeta de felicitación de Navidad carte de Noël.

◆ **Navidades** *f pl* Noël *m sing*; felices Navidades joyeux Noël; felicitar las Navidades présenter ses vœux à Noël ∎ Noël *m sing*, fêtes de Noël (fiestas); se acercan las Navidades les fêtes de Noël approchent.

> EL LOTE DE NAVIDAD
> Pendant les fêtes de Noël, en Espagne, les entreprises offrent en général à leurs employés un assortiment de produits alimentaires typiques de la saison: « turrón » (touron), « barquillos » (gaufrettes), « polvorones » (sablés), « cava » (vin champagnisé), etc.

navideño, ña *adj* de Noël; fiestas navideñas fêtes de Noël.

naviero, ra *adj* naval, e.
◆ **naviero** *m* armateur (dueño de barcos).
◆ **naviera** *f* compagnie de navigation.

navío *m* navire, vaisseau (barco) ∎ capitán de navío capitaine de vaisseau ∎ ASTRON Navío Argos le Navire (constelación) ∎ navío de línea bâtiment de ligne.

náyade *f* MIT naïade ∎ BOT naïade.

nazareno, na *adj & s* nazaréen, enne.
◆ **nazareno** *m* pénitent [dans les processions de la semaine sainte] ∎ BOT sorte de nerprun d'Amérique ∎ el Nazareno Jésus-Christ.
◆ **nazarenas** *f pl* éperons *m* de grande taille (espuelas).

Nazaret *n pr* GEOGR Nazareth.

nazi *adj & s* nazi.

nazismo *m* nazisme.

NB (abrev escrita de nota bene) NB.

NBA (abrev de National Basketball Association) *f* NBA.

N'Djamena; Yamena *n pr* GEOGR N'Djamena.

Neanderthal; Neandertal *n pr* Neandertal, Neanderthal.

nearca *m* MAR navarque.

nebladura *f* nielle (tizón del trigo) ∎ VETER tournis *m* (modorra).

neblí *m* faucon.
▪ OBSERV pl neblíes.

neblina *f* brouillard *m*.

nebrisense *adj & s* de Lebrija (lebrijano).

nebulosa *f* nébuleuse.

nebulosidad *f* nébulosité.

nebuloso, sa *adj* nébuleux, euse; nuageux, euse; un cielo nebuloso un ciel nébuleux ∎ FIG nébuleux, euse; nuageux, euse; un pensamiento nebuloso une pensée nébuleuse.

necear *v intr* dire o faire des niaiseries.

necedad *f* sottise, niaiserie, bêtise; soltar una necedad dire une niaiserie.

necesariamente *adv* nécessairement, de toute nécessité ∎ absolument; tengo que ir necesariamente il faut absolument que j'y aille.

necesario, ria *adj* nécessaire ∎ el Ser Necesario le grand Être (Dios) ∎ es necesario il faut, il est nécessaire; es necesario abonar este terreno il est nécessaire de o il faut fumer ce terrain; il le faut, c'est nécessaire; ¿tienes que irte ahora? es necesario dois-tu

partir maintenant? il le faut ∎ no es necesario ce n'est pas nécessaire, ce n'est pas la peine ∎ si es necesario si besoin est, s'il le faut, en cas de besoin; si es necesario me iré esta noche s'il le faut je partirai ce soir; au besoin (si no hay más remedio); si es necesario te declaras enfermo au besoin tu te fais porter malade.

◆ **necesario** *m* lo necesario le nécessaire; carecer de lo necesario manquer du nécessaire ∎ lo estrictamente necesario le strict nécessaire.

neceser *m* nécessaire (estuche); neceser de aseo nécessaire de toilette.

necesidad *f* nécessité ∎ besoin *m*; necesidades de mano de obra besoins en main-d'œuvre ∎ besoin *m*, dénuement *m* (falta de lo necesario); estar en la necesidad être dans le besoin ∎ faim, inanition (hambre); caerse de necesidad tomber d'inanition ▪ artículos de primera necesidad articles de première nécessité ∎ en caso de necesidad en cas de besoin, au besoin ∎ herida mortal de necesidad coup fatal ∎ por necesidad par nécessité ▪ hacer de la necesidad virtud faire de la nécessité une vertu ∎ la necesidad carece de ley nécessité fait loi ∎ tener necesidad de avoir besoin de ∎ verse en la necesidad de se voir dans l'obligation de.

◆ **necesidades** *f pl* nécessités, besoins *m*, besoins *m* naturels; hacer sus necesidades faire ses besoins ∎ FIG pasar necesidades manger de la vache enragée.

> OBSERV Nécessité indica una necesidad más grave y más apremiante que besoin.

necesitado, da *adj & s* nécessiteux, euse.
◇ *adj* dans le besoin, nécessitant, e (pobre); estar necesitado être dans le besoin ▪ andar necesitado de dinero être à court d'argent, avoir besoin d'argent ∎ verse necesitado a se voir obligé à, se voir dans l'obligation de ∎ verse necesitado de avoir besoin de.

necesitar *v tr* nécessiter, requérir (exigir) ∎ avoir besoin de; necesita dinero il a besoin d'argent; necesito tu ayuda j'ai besoin de ton aide ∎ demander; se necesitan dos mecanógrafas on demande deux dactylographes ∎ falloir (ser necesario); necesito hablarte mañana il faut que je te parle demain; necesito diez mil francos antes de mañana il me faut dix mille francs avant demain.
◇ *v intr* avoir besoin de; necesito de usted j'ai besoin de vous.

neciamente *adv* sottement.

necio, cia *adj & s* sot, sotte; niais, e; bête ∎ a pregunta necia, oídos sordos o de mercader à folle demande point de réponse.

nécora *f* ZOOL étrille (cangrejo).

necrobia *f* ZOOL nécrobie (insecto).

necrofagia *f* nécrophagie.

necrófago, ga *adj* nécrophage.

necrofilia *f* nécrophilie.

necrofobia *f* nécrophobie.

necróforo *m* ZOOL nécrophore (insecto).

necrología *f* nécrologie ∎ nécrologe *m* (lista).

necrológico, ca *adj* nécrologique; nota necrológica notice nécrologique.

necromancia *f* nécromancie (nigromancia).

necrópolis *f inv* nécropole.

necropsia *f* nécropsie, autopsie.

necrosis *f inv* MED nécrose.

néctar *m* nectar.

nectáreo, a *adj* nectarifère.

nectarina *f* nectarine, brugnon *m* (fruta).

nectario *m* BOT nectaire (de la flor).

neerlandés, esa *adj & s* néerlandais, e.
➥ **neerlandés** *m* LING néerlandais.
■ OBSERV *pl* neerlandeses, neerlandesas.

nefando, da *adj* abominable, infâme, odieux, euse; un crimen nefando un crime odieux.

nefas
➥ **por las nefas; por nefas** *loc* à tort ou à raison.

nefasto, ta *adj* néfaste.

nefelión *m* MED néphélion (en el ojo).

nefelometría *f* QUÍM néphélémétrie.

nefralgia *m* MED néphralgie.

nefrectomía *f* MED néphrectomie.

nefrítico, ca *adj* MED néphrétique ‖ cólico nefrítico coliques néphrétiques.

nefritis *f inv* MED néphrite.

nefrología *f* MED néphrologie.

nefrológico, ca *adj* MED néphrologique.

nefrólogo, ga *m & f* MED néphrologue.

nefrosis *f inv* MED néphrose.

negación *f* négation ‖ refus *m* (negativa) ‖ GRAM négation ‖ FIG opposé *m*, négation; es la negación de la belleza c'est l'opposé de la beauté.

negado, da *adj* FIG incapable (incapaz) ‖ bouché, e (estúpido).
➥ **negado** *m* FIG & FAM nullité *f*.

negar [35] *v tr* nier; negar un hecho nier un fait; no niego que eso sea cierto je ne nie pas que cela soit vrai ‖ démentir (desmentir) ‖ refuser (rehusar); negar un permiso refuser une permission ‖ renier (abandonar); San Pedro negó a Jesús saint Pierre renia Jésus ‖ FIG refuser, ne pas accorder; la naturaleza le ha negado la belleza la nature ne lui a pas accordé la beauté ■ ¿a qué negarlo? pourquoi le cacher?, pourquoi ne pas le dire? ‖ negar la entrada a refuser o interdire sa porte à ‖ no me negará que esto es verdad vous ne nierez pas que cela est vrai.
➥ **negarse** *v pr* refuser de, se refuser à; se niega a pagar il refuse de payer; se niega a salir il se refuse à sortir ‖ negarse a la razón o a la evidencia nier l'évidence ‖ negarse a sí mismo renoncer à soi-même, se renoncer.

negativa *f* [▷ SIN] refus *m*, négative (repulsa); recibir una negativa essuyer un refus ‖ négation (negación) ‖ DR negativa categórica fin de non-recevoir.
‖ SIN negación négation; denegación dénégation; rechazamiento rejet.

negativamente *adj* négativement ‖ responder negativamente répondre par la négative.

negativismo *m* FILOS négativisme.

negativo, va *adj* négatif, ive; crítica negativa critique défavorable.
➥ **negativo** *m* FOT négatif.

negatón *m* FÍS négaton (electrón).

negligé *m* négligé (bata).

negligencia *f* [▷ SIN] négligence (dejadez) ‖ laisser-aller *m* (conducta, indumentaria).
‖ SIN abandono abandon; descuido, dejadez laisser-aller; incuria incurie; imprevisión imprévision.

negligente *adj & s* négligent, e (descuidado) ‖ negligente en o para sus negocios négligent dans ses affaires.

negociable *adj* négociable ‖ commerciable; giro negociable effet commerciable.

negociación *f* négociation; entablar negociaciones engager des négociations.

negociado *m* bureau, service (despacho); jefe de negociado chef de bureau.

negociador, ra *adj* qui négocie.
◇ *m & f* négociateur, trice.

negociante *m & f* négociant, e; negociante al por mayor négociant en gros.
◇ *m* homme d'affaires (hombre de negocios).

negociar [8] *v tr & intr* négocier (tratar) ‖ négocier, commercer, faire du commerce; negociar con Italia négocier avec l'Italie ‖ faire le commerce de (comerciar); negociar en granos faire le commerce des grains ■ negociar al por mayor, al por menor faire le commerce en gros, au détail ‖ negociar un tratado négocier un traité.

negocio *m* affaire *f*; hombre de negocios homme d'affaires; dedicarse a los negocios être dans les affaires ‖ négoce (comercio); el negocio de los vinos al por mayor le négoce des vins en gros ‖ fonds de commerce, affaire *f* (casa comercial) ‖ (*Amer*) boutique *f*, commerce ■ encargado de negocios chargé d'affaires (diplomático) ‖ negocio redondo affaire en or ‖ negocio sucio affaire louche ‖ volumen de negocio chiffre d'affaires ■ evacuar un negocio expédier o régler une affaire ‖ hablar de negocios parler affaires ‖ hacer negocio faire affaire ‖ hacer un buen, mal negocio faire une bonne, mauvaise affaire ‖ FIG & FAM ¡menudo negocio has hecho! tu as fait une belle affaire! ‖ poner un negocio monter une affaire ‖ traspasar un negocio céder un fonds de commerce o un commerce.

negrada *f* (*Amer*) esclaves *m pl* noirs.

negrear *v intr* tirer sur le noir.

negrería *f*; **negrerío** *m* (*Amer*) négrerie *f* (mercado de negros) ‖ esclaves *m pl* noirs.

negrero, ra *adj* s négrier m.
◇ *m & f* FIG despote *m*, tyran *m* ‖ négrier *m* (que explota a otro).

negreta *f* ZOOL macreuse (ave).

negrilla *f* IMPR caractère *m* gras (letra) ‖ sorte de congre (pez) ‖ BOT parasite *m* de l'olivier (hongo).

negrillo *m* orme (olmo) ‖ (*Amer*) minerai d'argent (mineral).

negrita *f* IMPR caractère *m* gras (negrilla).

negrito, ta *m & f* négrillon, onne ‖ négrito, négritos (pigmeo).

negro, gra *adj* noir, e; cabellos negros cheveux noirs; manos negras mains noires (sucias) ‖ noir, e; raza negra race noire ‖ nègre, noir, e (de raza negra); tribu negra tribu nègre ‖ FIG triste, sombre (triste); ¡que porvenir más negro! quel sombre avenir!; la vida es negra la vie est triste ■ lista negra liste noire ‖ mercado negro marché noir ‖ ¡qué suerte más negra! quelle manque de chance!, quelle déveine! ‖ tan negro como el carbón o negro como un tizón noir comme le charbon o comme l'encre ■ FIG & FAM estar negro con être furieux après (con una persona) o à cause de (con una cosa) ‖ estar negro de envidia mourir d'envie ‖ pasarlas negras en voir des vertes et des pas mûres, en voir de toutes les couleurs, en voir de dures (pasarlo muy mal una persona) ‖ poner negro agacer, rendre fou (poner nervioso), agonir d'injures (insultar), couvrir de bleus (de golpes) ‖ ponerse negro brunir (broncearse), enrager, devenir fou (ponerse furioso) ‖ tener ideas negras avoir des idées noires, broyer du noir ‖ verlo todo negro voir tout en noir ‖ vérselas negras, verse negro en voir de toutes les couleurs.
◇ *m & f* noir, e; nègre, esse ■ negro cimarrón nègre marron ‖ FIG trabajar como un negro travailler comme un nègre.
➥ **negro** *m* noir (color) ‖ FIG nègre (colaborador) ‖ bronzage (bronceado) ■ QUÍM negro animal noir animal ‖ negro de humo, de marfil noir de fumée, d'ivoire ■ FIG pintar en o de negro peindre en noir.
➥ **negra** *f* MÚS noire; negra con puntillo noire pointée ‖ fleuret *m* moucheté (espada) ■ FIG & FAM hacer pasar las negras a alguien en faire voir de toutes les couleurs à quelqu'un ‖ tener o venir la negra avoir la guigne, la poisse.
‖ OBSERV Nègre (substantivo) tiene en francés un sentido despectivo, por lo cual es preferible emplear su sinónimo Noir.

negroafricano, na *adj & s* négro-africain, e.

negrófilo, la *adj & s* négrophile.

negroide *adj* négroïde.

negror *m*; **negrura** *f* noirceur *f*, couleur *f* noire ‖ obscurité *f*, épaisseur *f* (de la noche).

negruzco, ca *adj* noirâtre.

neguijón *m* carie *f* des dents.

neguilla *f* BOT nielle (planta abundante en los sembrados) ‖ nigelle (arañuela) ‖ fève, tache sur les dents du cheval (del caballo).

negundo *m* BOT negundo, negondo (arce).

negus *m* négus, négous (p us), négoush (p us).

neja *f* (*Amer*) galette de maïs (tortilla).

nelumbio *m* nélombo, nélumbo (planta).

nematelmintos *m pl* ZOOL némathelminthes.

nematocisto *m* nématocyste.

nematodos *m pl* ZOOL nématodes.

Nemea *n pr* MITOL Némée.

nemeos *adj m pl* néméens (juegos).

Némesis *n pr* MITOL Némésis.

nemónico, ca ➥ mnemónico.

nemoroso, sa *adj* POÉT némoral, e (relativo al bosque) ‖ boisé, e; couvert de forêts (cubierto de bosques).

nemotecnia *f* mnémotechnie.

nemotécnico, ca *adj* mnémotechnique.

Nemrod *n pr* Nemrod.

nene, na _m_ & _f_ bébé _m_ (niño pequeño) ▮ petit, e; mon petit (expresión cariñosa); **nena, ven aquí** viens ici, mon petit.

nenias _f pl_ nénies (cantos fúnebres).

nenúfar _m_ BOT nénuphar (flor).

neobarroco _m_ ARTES néo-baroque.

neocaledonio, nia _adj_ & _s_ néo-calédonien, enne.

neocapitalismo _m_ ECON néocapitalisme.

neocatolicismo _m_ néo-catholicisme.

neocatólico, ca _adj_ & _s_ néo-catholique.

neocelandés, esa; neozelandés, esa _adj_ & _s_ néo-zélandais, e.
▮ OBSERV pl neocelandeses, neocelandesas; neozelandeses, neozelandesas.

neoclasicismo _m_ néoclassicisme.

neoclásico, ca _adj_ & _s_ néoclassique.

neocolonialismo _m_ néocolonialisme.

neocolonialista _adj_ & _s_ néocolonialiste.

neocomiense _adj_ GEOL néocomien.

neocristianismo _m_ néo-christianisme.

neocristiano, na _adj_ & _s_ néo-chrétien, enne.

neocriticismo _m_ néocriticisme.

neocriticista _adj_ & _s_ néocriticiste.

neocultivo _m_ néo-culture _f_.

neodarwinismo _m_ néodarwinisme.

neodimio _m_ GEOL néodyme.

neoescolástica _adj f_ & _s f_ néo-scolastique.

neofascismo _m_ néofascisme.

neofascista _adj_ & _s_ néofasciste.

neófito, ta _m_ & _f_ néophyte.

neofobia _f_ misonéisme _m_.

neófobo, ba _adj_ & _s_ misonéiste.

neógeno _m_ GEOL néogène.

neogótico, ca _adj_ & _s_ néogothique.

neografía _f_ néographie.

neogranadino, na _adj_ & _s_ de la Nouvelle-Grenade (Colombia).

neogriego, ga _adj_ néogrec, néogrecque.

neohegelianismo _m_ FILOS néohégélianisme.

neoimpresionismo _m_ néo-impressionnisme.

neokantiano, na _adj_ & _s_ néokantien, enne.

neokantismo _m_ FILOS néokantisme.

neolatino, na _adj_ néolatin, e; **lengua neolatina** langue néolatine.

neoliberalismo _m_ néolibéralisme.

neolítico, ca _adj_ & _s m_ néolithique.

neologismo _m_ néologisme.

neólogo, ga _m_ & _f_ néologue, néologiste.

neomaltusianismo _m_ néo-malthusianisme.

neomenia _f_ néoménie, nouménie (de la Luna).

neomicina _f_ néomycine (antibiótico).

neón _m_ néon (gas); **alumbrado de néon** éclairage au néon.

neonatal _adj_ néonatal, e.

neonato, ta _adj_ nouveau-né _m_.

neonazi _adj_ & _s_ néonazi, e.

neopitagorismo _m_ néo-pythagorisme.

neoplasia _f_ MED néoplasie.

neoplasma _m_ MED néoplasme.

neoplatónico, ca _adj_ & _s_ néoplatonicien, enne.

neoplatonismo _m_ néoplatonisme.

neopositivismo _m_ néopositivisme.

neopreno _m_ néoprène (caucho).

neorrealismo _m_ néoréalisme.

neorrealista _adj_ & _s_ néoréaliste.

neorromanticismo _m_ néo-romantisme.

neorromántico, ca _adj_ & _s_ néo-romantique.

neotenia _f_ BIOL néoténie.

neotomismo _m_ néothomisme.

neovitalismo _m_ néo-vitalisme.

neoyorquino, na _adj_ & _s_ new-yorkais, e.

neozelandés, sa ➡ **neocelandés**.

neozoico, ca _adj_ GEOL néozoïque.

nepa _f_ nèpe (escorpión de agua).

Nepal _n pr m_ GEOGR **el Nepal** le Népal.

nepalés, sa _adj_ & _s_ népalais, e.
▮ OBSERV pl nepaleses, nepalesas.

nepente _m_ népenthès (bebida).

neperiano, na _adj_ MAT népérien, enne; naturel, elle (logarithme).

nepote _m_ parent du pape.

nepotismo _m_ népotisme.

neptúneo, a _adj_ POÉT de Neptune, de la mer.

neptúnico, ca _adj_ neptunien, enne.

neptunio _m_ QUÍM neptunium.

Neptuno _n pr_ ASTRON & MITOL Neptune.

nequáquam _adv_ FAM pas question (ni hablar).

nereida _f_ MITOL & ZOOL néréide.

nerita _f_ nérite (molusco).

nerítico, ca _adj_ GEOL néritique.

Nerón _n pr_ Néron.

neroniano, na _adj_ néronien, enne.

nervado, da _adj_ innervé, e ▮ ARQ nervé, e; **bóveda nervada** voûte nervée.

nervadura _f_ ARQ nervure, nerf _m_ ▮ BOT nervation.

nérveo, a _adj_ nerveux, euse.

nervifoliado, da _adj_ BOT nervifolié, e.

nervino _adj m_ MED nervin.

nervio _m_ ANAT nerf ▮ FIG nerf; **el dinero es el nervio de la guerra** l'argent est le nerf de la guerre ▮ nerf, ressort (energía) ▮ ARQ nerf, nervure _f_ ▮ BOT nervure ▮ MÚS corde _f_ [d'instrument] ▮ TECN nerf [d'une reliure] (de libro) ▮ MAR filière _f_ d'envergure ▪ ANAT **nervio acústico** nerf acoustique ▮ **nervio auditivo** nerf auditif ▮ **nervio óptico** nerf optique ▮ **nervio vestibular** nerf vestibulaire ▮ **nervio de buey** nerf de bœuf ▪ FIG & FAM **estar hecho un manojo de nervios** avoir les nerfs en boule o en pelote ▮ **poner los nervios de punta, atacar los nervios** taper o porter sur les nerfs, mettre les nerfs à vif ▮ **ser un manojo de nervios** être un paquet de nerfs ▮ **tener los nervios de punta** avoir les nerfs en boule o en pelote o à fleur de peau ▮ **tener los nervios bien templados** avoir les nerfs solides ▮ **tener nervio** avoir du nerf ▮ **tener nervios de acero** avoir des nerfs d'acier ▮ **tener un ataque de nervios** avoir une crise de nerfs.

nerviosamente _adj_ nerveusement.

nerviosidad _f_ nervosité ▮ énervement _m_ (irritación) ▮ souplesse (de un metal) ▮ FIG force, vigueur (fuerza).

nerviosismo _m_ nervosité _f_, nervosisme ▮ **quitar el nerviosismo** décontracter, détendre.

nervioso, sa _adj_ nerveux, euse; **sistema nervioso** système nerveux ▮ nerveux, euse (de nervios irritables) ▮ énervé, e (irritado) ▮ BOT nervé, e ▪ **poner nervioso** énerver, porter o taper sur les nerfs FAM ▮ **ponerse nervioso** s'énerver.

nervudo, da _adj_ nerveux, euse.

nervura _f_ nervure, nerf _m_ (de un libro).

nesga _f_ biais _m_, lé _m_ (dans un vêtement) ▮ pointe (pieza triangular).

nesgado, da _adj_ coupé en biais.

nesgar [16] _v tr_ couper en biais.

nestorianismo _m_ nestorianisme (herejía).

nestoriano, na _adj_ & _s_ nestorien, enne.

netamente _adv_ nettement.

nétiquette _f_ INFORM nétiquette.

neto, ta _adj_ net, nette; **peso neto** poids net; **precio neto** prix net ▮ **en neto** net (en limpio).
➡ **neto** _m_ ARQ piédestal.

neuma _m_ MÚS neume.

neumático, ca _adj_ & _s f_ FÍS pneumatique.
➡ **neumático** _m_ pneu, pneumatique (de rueda) ▮ **juego de neumáticos** train de pneus ▮ **neumático contra pinchazos** pneu increvable ▮ **neumático de clavos** pneu clouté.

neumococo _m_ MED pneumocoque.

neumogástrico, ca _adj_ ANAT pneumogastrique.

neumografía _f_ pneumographie.

neumología _f_ pneumologie.

neumonía _f_ MED pneumonie.

neumónico, ca _adj_ MED pneumonique.

neumotomía _f_ pneumonectomie, pneumectomie.

neumotórax _m inv_ MED pneumothorax.

neuralgia _f_ MED névralgie.

neurálgico, ca _adj_ MED névralgique.

neurastenia _f_ MED neurasthénie.

neurasténico, ca _adj_ & _s_ MED neurasthénique.

neurisma _m_ MED anévrisme (aneurisma).

neurita _f_ ANAT fibre nerveuse.

neurítico, ca _adj_ MED névritique.

neuritis _f inv_ MED névrite.

neurobiología _f_ neurobiologie.

neurobiólogo, ga _m_ & _f_ neurobiologiste.

neurocirugía _f_ MED neurochirurgie.

neurocirujano, na _m_ & _f_ MED neurochirurgien, enne.

neuroesqueleto _m_ ZOOL squelette interne.

neurofisiología *f* neurophysiologie.

neurología *f* MED neurologie.

neurológico, ca *adj* neurologique.

neurólogo *m & f* MED neurologue, neurologiste.

neuroma *m* MED névrome (tumor).

neurona *f* ANAT neurone *m*.

neurópata *adj & s* MED névropathe.

neuropatía *f* MED névropathie.

neuropatología *f* MED neuropathologie.

neuropsicología *f* neuropsychologie.

neuropsiquiatría *f* neuropsychiatrie.

neurópteros *m pl* ZOOL névroptères.

neurosis *f inv* MED névrose.

neurótico, ca *adj* MED névrosique.
<> *adj & s* MED névrosé, e (persona).

neurotomía *f* MED névrotomie.

neurotransmisión *f* neurotransmission.

neurotransmisor *m* neurotransmetteur.

neurotropismo *m* MED neurotropisme.

neurovegetativo, va *adj* neuro-végétatif, ive.

neutoniano, na ➡ **newtoniano**.

neutonio *m* FÍS newton.

neutral *adj* neutre (nación) ∥ permanecer neutral rester dans la neutralité, rester neutre.

neutralidad *f* neutralité; mantener la neutralidad rester dans la neutralité.

neutralismo *m* neutralisme.

neutralizable *adj* son efectos neutralizables ce sont des effets auxquels on peut remédier.

neutralización *f* neutralisation.

neutralizador, ra; neutralizante *adj & s m* neutralisant, e.

neutralizar [13] *v tr* neutraliser.

neutrino *m* FÍS neutrino.

neutro, tra *adj* neutre ∥ GRAM género neutro genre neutre.

neutrón *m* FÍS neutron; bomba de neutrones bombe à neutrons.

nevada *f* chute de neige.

nevadilla *f* BOT nivéole, renouée argentée (planta).

nevado, da *adj* enneigé, e; couvert de neige; la carretera está nevada la route est enneigée ∥ neigeux, euse; las pendientes nevadas les pentes neigeuses.
➡ **nevado** *m* (*Amer*) mont, montagne *f*∥el nevado de Sajama le mont Sajama.

nevar [19] *v impers* neiger.
<> *v tr* FIG couvrir de neige, blanchir (poner blanco).

nevasca *f* chute de neige (nevada) ∥ tempête de neige (ventisca).

nevatilla *f* bergeronnette (ave).

nevazón *m* (*Amer*) tempête *f* de neige.

nevera *f* glacière, réfrigérateur *m*, frigidaire *m* (refrigerador) ∥ FIG glacière (sitio muy frío); esta habitación es una nevera cette chambre est une glacière.

nevería *f* boutique de glacier-limonadier.

nevero *m* GEOL glacier (ventisquero) ∥ glacier (vendedor de hielo).

nevisca *f* légère chute de neige.

neviscar [10] *v impers* neiger légèrement.

nevo *m* nævus (mancha en la piel).

nevoso, sa *adj* neigeux, euse; tiempo nevoso temps neigeux.

new-deal *m* new-deal (nueva organización). ∥ OBSERV pl new-deals.

newton *m* FÍS newton.

newtoniano, na; neutoniano, na *adj* FÍS newtonien, enne.

nexo *m* lien, trait d'union (vínculo) ∥ rapport, liaison *f* (relación) ∥ palabras sin nexo mots sans suite, propos décousus.

ni *conj* ni; ni pobre ni rico ni pauvre ni riche; ni uno, ni otro ni l'un ni l'autre ∥ même pas, pas même, ne... pas même... (ni siquiera); ni lo dijo a sus amigos il ne l'a même pas dit à ses amis; no lo conseguirás ni obrando así tu n'y arriveras pas, même en agissant ainsi ∥ ni nada même pas; no saber leer ni nada il ne sait même pas lire; rien; no le gusta ni el arroz, ni la carne, ni el pescado, ni nada il n'aime rien, ni le riz, ni la viande, ni le poisson ∥ ni... ni, ni... ni... ne; ni unos ni otros quisieron decirlo ni les uns ni les autres ne voulurent le dire; ne... ni ne (con dos verbos consecutivos); ni come ni duerme il ne mange ni ne dort ∥ ni que même si, quand bien même (aun si); ¡ni que fuesen niños! même si c'étaient des enfants!, quand bien même ce serait des enfants!; comme si (como si); ¡ni que fuera tonto! comme si j'étais idiot! ∥ ni se sabe Dieu seul le sait ∥ ni siquiera ne... même pas; ni siquiera me lo dijo il ne me l'a même pas dit ∥ ni un..., ni una pas un, pas une; no me quedaré ni un minuto más aquí je ne resterai pas une minute de plus ici ∥ ni uno, ni una pas un, pas une; ni uno se quedó pas un n'est resté ∥ no... ni ne... (ni) ni...; no podré ir a Toledo ni a Ávila je ne pourrai pas aller à Tolède ni à Avila, je ne pourrai aller ni à Tolède ni à Avila; ne... et ne pas (para enlazar dos oraciones negativas con distintos sujetos); no vengas ni me escribas ne viens pas et ne m'écris pas; ne... ni ne; no come ni duerme il ne mange ni ne dort ∥ no... ni tampoco ne... pas plus que, ne... non plus que (ant).

Niágara *n pr m* Niagara; las cataratas del Niágara les chutes du Niagara.

niara *f* AGRIC meule (almiar).

nibelungos *m pl* MITOL nibelungen (enanos de la mitología germánica).

nica *adj & s* (*Amer*) FAM nicaraguayen, enne.

nicaragua *f* BOT balsamine.

Nicaragua *n pr f* GEOGR Nicaragua *m*.

nicaragüense *adj & s* nicaraguayen, enne.

Nicasio *n pr* Nicaise.

Nicea *n pr* HIST Nicée (antiguo nombre de Isuik).

niceno, na *adj & s* de Nicée.

nicho *m* niche *f* (hornacina).

nicky ➡ **niqui**.

nicociana *f* BOT nicotiane (tabaco).

Nicodemo *n pr* Nicodème.

nicol *m* nicol (prisma).

Nicolás *n pr* Nicolas.

Nicolasa *n pr* Nicole.

Nicomedes *n pr* Nicomède.

nicotina *f* QUÍM nicotine.

nicotínico, ca *adj* nicotinique.

nicotinismo; nicotismo *m* MED nicotinisme.

nicromo *m* nichrome (aleación).

nictación *f* nictation, nictitation (parpadeo).

nictagináceas *f pl* BOT nyctaginacées.

nictálope *adj & s* MED nyctalope.

nictalopía *f* MED nyctalopie.

nictitante *adj* ZOOL nictitant, e.

nidación *f* MED nidation.

nidada *f* nichée.

nidal *m* pondoir, nichoir (ponedero de las gallinas) ∥ nichet (huevo dejado en el ponedero).

nidificación *f* nidification.

nidificar [10] *v intr* nidifier.

nido *m* nid ∥ FIG nid; nido de bandidos nid de brigands ■ nido de abejas nid d'abeilles (en costura) ∥ nido de ametralladoras nid de mitrailleuses ∥ nido de urraca nid de pie (trinchera) ∥ FIG nido de víboras panier de crabes ■ camas, mesas de nido lits, tables gigognes ∥ FIG encontrar el pájaro en el nido trouver la pie au nid ∥ en los nidos de antaño, no hay pájaros hogaño mais où sont les neiges d'antan! ∥ haberse caído del nido être tombé de la dernière pluie (atontado).

niebla *f* brouillard *m* ∥ BOT nielle ∥ MED néphélion *m* (en el ojo) ∥ nuage *m* (en la orina) ∥ FIG brouillard *m* (confusión) ∥ FAM niebla meona brume, crachin.

niel *m* TECN nielle *f* (del metal).

nielado *m* TECN niellure *f*.

nielar *v tr* TECN nieller (un metal).

nietastro, tra *m & f* fils, fille du beau-fils ou de la belle-fille.

nieto, ta *m & f* petit-fils, petite-fille.
➡ **nietos** *m pl* petits-enfants.

nietzscheano, na *adj & s* nietzschéen, enne.

nieve *f* neige; blanco como la nieve blanc comme (la) neige ∥ (*Amer*) glace (helado) ∥ CULIN a punto de nieve en neige; batir los huevos a punto de nieve battre les œufs en neige ∥ copo de nieve flocon de neige ∥ (información sobre el) estado de la nieve bulletin d'enneigement.

NIF (abrev de número de identificación fiscal) numéro d'identification fiscale, attribué à toute personne physique en Espagne.

nife *m* GEOL nifé (metal).

Níger *n pr m* GEOGR Niger (estado) ∥ el (río) Níger le Niger (río).

Nigeria *n pr m* GEOGR Nigeria.

nigeriano, na *adj & s* nigérian, e (de Nigeria).

nigerio, ria; nigerino, na *adj & s* nigérien, enne (de Níger).

night-club [naitklub] *m* night-club.
∥ OBSERV pl night-clubs.

nigromancia *f* nécromancie.

nigromante; nigromántico, ca *m* & *f* nécromant, e; nécromancien, enne.

nigua *f* ZOOL chique, nigua (parásito) ■ (*Amer*) **comer como nigua** manger comme quatre ‖ **pegarse como nigua** être collant, se coller comme une sangsue.

nihilismo *m* nihilisme.

nihilista *adj* & *s* nihiliste.

níkel *m* nickel (metal).

nilgáu; nilgó *m* nilgaut (antílope).

Nilo *n pr m* GEOGR el Nilo le Nil; el Nilo Blanco, Azul le Nil Blanc, Bleu.

nilón *m* nylon (textil).

nimbar *v tr* nimber (aureolar).

nimbo *m* nimbe (aureola) ‖ nimbus (nube).

nimboestrato *m* nimbo-stratus (nube).

Nimega *n pr* GEOGR Nimègue.

Nimes *n pr* GEOGR Nîmes ‖ de Nimes nîmois, e.

nimiedad *f* petitesse, mesquinerie (pequeñez) ‖ bagatelle (fruslería) ‖ (ant) excès *m* (demasía) ‖ prolixité (prolijidad).

| OBSERV Ce mot et l'adjectif qui en dérive ont changé complètement de sens comme on peut le constater par les diverses traductions.

nimio, mia *adj* insignifiant, e; dérisoire, minime (pequeño); de nimia importancia d'une importance minime ‖ (ant) excessif, ive ‖ prolixe ‖ son cosas nimias ce sont des bagatelles.

ninfa *f* MITOL [▷ SIN] nymphe ‖ ANAT & ZOOL nymphe ‖ FIG Ninfa Egeria Nymphe Égérie.

| SIN náyade naïade; nereida néréide; ondina ondine; oreade oréade; sílfide sylphide.

ninfal *adj* nimphal, e.

ninfea *f* BOT nymphéa (nenúfar).

ninfeáceo, a *adj* & *s f* BOT nymphéacé, e.

ninfómana; ninfomaniaca *f* nymphomane.

ninfomanía *f* MED nymphomanie.

ninfomaniaca ➤ **ninfómana**.

ninfosis *f inv* nymphose.

ningún *adj indef* aucun; ningún hombre aucun homme ‖ de ningún modo pas du tout, en aucune façon, nullement.

| OBSERV Ningún est l'apocope de ninguno. Elle est obligatoire devant un substantif masculin singulier.

ningunear *v tr* (*Amer*) mépriser, dédaigner.

ninguno, na *adj indef* aucun, e (siempre con una negación en francés); ninguna casa me conviene aucune maison ne me convient; no voy a ninguna escuela je ne vais à aucune école; no tiene valor ninguno il n'a aucune valeur ‖ nul, nulle; aucun, e; ninguna esperanza nul espoir ■ de ninguna manera en aucune façon, pas du tout ‖ en ninguna parte nulle part ‖ no es ningún tonto il est loin d'être idiot, il n'a rien d'un idiot, il n'est pas idiot du tout.
◇ *pron indef* aucun, e; no tomo ninguno je n'en prends aucun; ninguno entre ellos aucun d'entre eux ‖ personne, nul (nadie); ninguno lo sabrá personne ne le saura ■ como ninguno comme personne ‖ señales particulares, ninguna signes particuliers, néant.

| OBSERV Lorsque ninguno précède le verbe, la particule no disparaît.

Nínive *n pr* HIST Ninive.

ninivita *adj* & *s* ninivite (de Nínive).

niña *f* petit fille, enfant (en la niñez); una niña encantadora une charmante enfant ‖ jeune fille (en la adolescencia) ‖ ANAT pupille (del ojo) ‖ FAM ma petite (término de cariño) ■ niña bonita numéro quinze à la loterie ‖ FIG querer a alguien como a la niña de sus ojos tenir à quelqu'un comme à la prunelle de ses yeux.

niñada *f* enfantillage *m*, gaminerie.

niñato, ta *adj* & *s* blanc-bec, jeune sans expérience.
◇ *m* & *f* insolent, e; effronté, e.

niñear *v intr* faire l'enfant.

niñería *f* enfantillage *m*, gaminerie.

niñero, ra *adj* qui aime les enfants (aficionado a los niños) ‖ enfant (que niñea).
➤ **niñera** *f* bonne d'enfant.

niñez *f* enfance; volver a la niñez retomber en enfance.
➤ **niñeces** *f pl* enfantillages *m* (niñerías).

niño, a *adj* jeune, petit, e; es aún muy niña para ir de compras elle est encore très jeune pour aller faire les courses ‖ DESPEC enfant (que hace niñerías).
➤ **niño** *m* [▷ SIN] petit garçon, enfant; un niño muy simpático un enfant très sympathique ‖ enfant; tengo dos niños j'ai deux enfants ‖ FAM mon petit (voz de cariño) ■ niño bitongo o zangolotino gros garçon ‖ niño bonito enfant gâté, chouchou FAM, enfant chéri ‖ Niño de la bola l'Enfant Jésus ‖ niño de pecho o de teta nourrisson ‖ niño expósito o de la piedra enfant trouvé ‖ niño gótico petit gommeux, bêcheur ‖ Niño Jesús Enfant Jésus, Petit Jésus ‖ niño mimado enfant gâté ‖ niño probeta bébé-éprouvette ‖ niño prodigio enfant prodige ■ desde niño dès l'enfance ■ FIG & FAM estar como niño con zapatos nuevos être heureux comme un roi ‖ ¡qué licenciado ni qué niño muerto! il n'y a pas de licencié qui tienne!
➤ **niña** *f* ➤ **niña**.

| SIN nene, bebé bébé; chico garçon; chiquillo; FAM chaval gamin, gosse; arrapiezo loupiot, mioche; galopín galopin; FAM & DESPEC mocoso morveux.

niobio *m* niobium (metal).

niobita *f* niobite.

nipa *f* BOT nipa *m* (palma).

nipis *m* sorte de mousseline des Philippines (tela).

nipón, ona *adj* & *s* nippon, onne.

níquel *m* nickel (metal).

niquelado *m*; **niqueladura** *f* nickelage *m*.

niquelar *v tr* nickeler.

niqui; nicky *m* tee-shirt, T-shirt (camiseta).

nirvana *m* RELIG nirvâna.

níscalo *m* girolle *f*.

níspero *m* BOT néflier (arbusto) ‖ nèfle *f* (fruto) ‖ (*Amer*) sapotier (árbol).

níspola *f* BOT nèfle.

nistagmo *m* MED nystagmus (parpadeo).

nitidez *f* éclat *m* (brillo) ‖ pureté; la nitidez del agua la pureté de l'eau ‖ netteté; una foto de gran nitidez une photo d'une grande netteté.

| OBSERV pl nitideces.

nítido, da *adj* net, nette; clair, e.

nitración *f* QUÍM nitration.

nitral *m* gisement de nitre, salpêtrière *f*.

nitratar *v tr* QUÍM nitrater.

nitrato *m* QUÍM nitrate; nitrato sódico nitrate de sodium o de soude ‖ nitrato de Chile salpêtre du Chili, nitrate de sodium naturel.

nitrería *f* nitrière.

nítrico, ca *adj* QUÍM nitrique.

nitrificación *f* QUÍM nitrification.

nitrificar [10] *v tr* nitrifier.

nitrilo *m* QUÍM nitrile.

nitrito *m* QUÍM nitrite.

nitro *m* QUÍM nitre, salpêtre.

nitrobacteria *f* nitrobactérie, nitrobacter *m*.

nitrobenceno *m* QUÍM nitrobenzène.

nitrobencina *f* QUÍM nitrobenzine.

nitrocelulosa *f* nitrocellulose.

nitrófilo, la *adj* BOT nitrophile.

nitrogenado, da *adj* azoté, e.

nitrógeno *m* azote, nitrogène (gas).

| OBSERV En francés se emplea más frecuentemente azote que nitrogène.

nitroglicerina *f* QUÍM nitroglycérine.

nitrosación *f* QUÍM nitrosation.

nitrosilo *m* QUÍM nitrosyle.

nitroso, sa *adj* QUÍM nitreux, euse; azoteux, euse.

nitrosomonas *m* QUÍM nitrosomonas.

nitrotolueno *m* QUÍM nitrotoluène.

nitruración *f* TECN nitruration.

nitruro *m* QUÍM nitrure.

nivel *m* niveau ‖ FIG échelon; al nivel nacional, ministerial à l'échelon national, ministériel ‖ TECN étage (de compresión) ■ nivel de agua niveau d'eau ‖ nivel de aire niveau à bulle d'air, nivelle ‖ nivel de albañil niveau de maçon ‖ nivel de una carretera, de una vía férrea palier d'une route, d'une voie ferrée ‖ nivel de vida niveau de vie ‖ FIG nivel mental niveau mental ■ al mismo nivel au même niveau ‖ ángulo de nivel angle à niveau ‖ conferencia de alto nivel conférence au sommet ‖ paso a nivel passage à niveau ‖ sobre el nivel del mar audessus du niveau de la mer.

nivelación *f* nivellement *m*.

nivelador, ra *adj* & *s* niveleur, euse; nivélateur, trice.
➤ **niveladora** *f* niveleuse (máquina).

nivelamiento *m* FIG nivellement.

nivelar *v tr* niveler ‖ niveler, terrasser, égaliser (el terreno) ‖ FIG mettre sur un même pied, niveler (igualar) ‖ corriger; nivelar el desequilibrio de la balanza comercial corriger le déséquilibre de la balance commerciale.
➤ **nivelarse** *v pr* FIG nivelarse con los humildes se mettre au même niveau que les humbles.

niveleta *f* TECN nivelette (tablilla de mira).

nivelostato *m* nivostat.

níveo, a *adj* POÉT nivéen, enne; neigeux, euse.

nivoso, sa *adj* neigeux, euse.

➡ **nivoso** *m* nivôse (cuarto mes del año republicano francés).

nix *f* nixe (ninfa de las aguas).

Niza *n pr* GEOGR Nice.

nizam *m* nizam (soberano indio).

nizardo, da *adj & s* niçois, e (de Niza).

no *m* nô (drama lírico japonés).

no *adv* non (en respuestas); no, señor non, monsieur ‖ ne... pas (delante de un verbo); no vinieron ils ne sont pas venus; no lo hagas ne le fais pas; no comer ne pas manger; no tiene dinero il n'a pas d'argent ‖ ne (con nada, nadie, nunca, etc.); no vino nadie il n'est venu personne; no habla nunca il ne parle jamais ‖ pas (en frases sin verbo); todavía no pas encore; ¿por qué no? pourquoi pas? ■ no agresión non-agression; firmaron un pacto de no agresión ils signèrent un pacte de non-agression ‖ no alineación non-alignement ‖ no alineado non-aligné ‖ no beligerancia non-belligérance ‖ no beligerante non-belligérant ‖ no bien à peine... que, à peine; no bien llegué, me llamaron à peine fus-je arrivé qu'on m'appela; à peine arrivé, on m'appela ‖ no... casi ne... guère, à peine, ne... presque pas; no habla casi il ne parle guère, il parle à peine ‖ no combatiente non-combattant ‖ DR no compareciente non-comparant ‖ no comprometido non-engagé ‖ no conformidad non-conformité ‖ no conformismo non-conformisme ‖ no conformista non-conformiste ‖ no más ne... que, seulement (solamente); me dio dos pesetas no más il ne m'a donné que deux pesetas, il m'a seulement donné deux pesetas; assez (basta de); no más gritos assez de cris; c'est tout; quiero esto, no más je veux ça, c'est tout; dès que (en seguida) ‖ no más de pas plus de ‖ no... más que ne... que; no quiero más que tu dinero je ne veux que ton argent ‖ no menos de pas moins de (no mucho pas beaucoup) ‖ no... nada ne... pas du tout; no te entiendo nada je ne te comprends pas du tout ‖ no obstante malgré, nonobstant (a pesar de), cependant (sin embargo) ‖ no por cierto non certes ‖ no porque non que ‖ no... sino ne pas... mais; no es militar sino abogado il n'est pas militaire mais avocat; ne... que; no hace sino tonterías il ne fait que des sottises ‖ no sólo... sino también o sino que non seulement... mais encore ‖ no violencia non-violence ‖ no ya non seulement ‖ FILOS no yo non-moi ‖ ¡a que no! chiche! ‖ ¡cómo no! bien sûr! ‖ pero no mais pas; acepto esto pero no otra cosa j'accepte cela mais pas autre chose ‖ ¡pues no! eh bien, non! ‖ ¡que no! bien sûr que non (claro que no) ‖ ya no ne plus; ya no leo je ne lis plus ■ contestar sí o no répondre par oui ou non ‖ cuidado no se escape attention qu'il ne s'échappe pas ‖ decir que no dire non ‖ FAM ¡eso sí que no! ça alors non! ‖ no digo que no je ne dis pas non ‖ no es que non pas que, ce n'est pas que ‖ no hay para qué o por qué il n'y a pas de raison pour, il n'y a pas de quoi. ◇ *m* non; contestar con un no répondre par un non.

‖ OBSERV 1. En Amérique latine, no más figure dans de nombreux idiotismes comme: aquí no más ici même; así no más comme ci,

comme ça; ayer no más pas plus tard qu'hier; diga no más dites-le; tome no más prenez donc. **2.** Placé au début de la phrase devant un adjectif ou un adverbe, no sert à souligner l'aspect négatif de cet adjectif ou de cet adverbe: no todos pueden hacer esto ce n'est pas tout le monde qui peut faire ça; no siempre es posible ce n'est pas toujours possible.

Nobel *n pr* premio Nobel prix Nobel.

nobelio *m* nobélium (metal).

nobiliario, ria *adj & s m* nobiliaire.

nobilísimo, ma *adj* très noble.

noble *adj & s* noble ‖ noble en su porte noble d'allure, distingué.

noblemente *adv* noblement.

nobleza *f* noblesse; hombre de una gran nobleza homme d'une grande noblesse ■ nobleza de toga noblesse de robe ‖ nobleza obliga noblesse oblige ‖ tener sus títulos de nobleza avoir ses quartiers de noblesse.

noblote *adj* FAM noble.

noceda *f*; **nocedal** *m* bois *m* de noyers, noiseraie *f*.

noche *f* nuit; es de noche il fait nuit; la noche anterior la nuit dernière ‖ soirée (primeras horas después del atardecer); por la noche vino mi amigo mon ami est venu dans la soirée ‖ FIG nuit; su origen se pierde en la noche de los tiempos son origine se perd dans la nuit des temps ■ Noche Buena nuit de Noël ‖ noche cerrada nuit noire ‖ noche de bodas nuit de noces ‖ noche de perros nuit terrible ‖ noche en claro o en blanco o en vela o toledana nuit blanche ‖ noche Vieja nuit de la Saint-Sylvestre ‖ noche y día nuit et jour ‖ a boca de noche à la tombée de la nuit, entre chien et loup ‖ ayer noche hier soir ‖ buenas noches bonsoir (durante la noche), bonne nuit (al irse a acostar); dar las buenas noches dire bonsoir o bonne nuit ‖ de la noche a la mañana du jour au lendemain; de la noche a la mañana ha cambiado il a changé du jour au lendemain; du soir au matin; leer de la noche a la mañana lire du soir au matin ‖ de noche la nuit, de nuit (por la noche), en soirée (un espectáculo) ‖ en las altas o a altas horas de la noche à une heure avancée de la nuit ‖ hasta la noche à ce soir ‖ media noche minuit ‖ traje de noche robe du soir ■ al caer la noche à la tombée de la nuit ‖ cerrada la noche, ya entrada la noche une fois la nuit tombée ‖ FIG de noche todos los gatos son pardos la nuit tous les chats sont gris ‖ es la noche y el día c'est le jour et la nuit ‖ hacer noche faire nuit ‖ hacer noche en Burgos passer la nuit à Burgos ‖ hacerse de noche faire nuit (anochecer) ‖ se está haciendo de noche il commence à faire nuit, la nuit tombe ‖ trabajar de noche o por la noche travailler la nuit.

nochebuena *f* nuit de Noël.

nochecita *f* (*Amer*) crépuscule *m*, tombée de la nuit, nuit tombante.

nochero, ra *m & f* (*Amer*) gardien, enne de nuit. ➡ **nochero** *m* (*Amer*) table *f* de nuit.

nochevieja *f* nuit de la Saint-Sylvestre ■ cena de nochevieja dîner de la Saint-

Sylvestre ‖ día de nochevieja la Saint-Sylvestre.

noción *f* notion; no tiene noción de francés il n'a aucune notion de français ‖ idée (idea) ‖ concept *m*.

nocividad *f* nocivité.

nocivo, va *adj* nocif, ive; gas nocivo gaz nocif ‖ nuisible; nocivo a o para la salud nuisible à la santé ‖ ser nocivo nuire (perjudicar).

noctambular *v intr* vivre la nuit.

noctambulismo *m* noctambulisme.

noctámbulo, la *adj & s* noctambule.

noctilio *m* noctule *f* (murciélago).

noctiluca *f* noctiluque (protozoario).

noctivago, ga *adj* POÉT noctambule.

noctua *f* ZOOL noctuelle (mariposa).

noctúidos *m pl* noctuidés (insectos).

nocturnidad *f* DR caractère *m* nocturne [d'un délit].

nocturno, na *adj* nocturne; aparición nocturna apparition nocturne ‖ de nuit; avión, tren, vuelo nocturno avion, train, vol de nuit ‖ BOT & ZOOL nocturne, de nuit; aves nocturnas oiseaux nocturnes o de nuit. ➡ **nocturno** *m* MÚS nocturne.

nodación *f* MED raideur due à des nodosités.

nodal *adj* nodal, e.

nodátil *adj* ANAT condylien, enne.

nodo *m* ANAT, ASTRON & FÍS nœud ‖ MED nodus, tophus (en la gota).

nodriza *f* nourrice, nounou FAM ‖ TECN nourrice ■ avión nodriza avion de ravitaillement ‖ nave nodriza cabine mère (astronáutica).

nodular *adj* nodulaire.

nódulo *m* nodule ‖ nœud (nodo).

noduloso, sa *adj* noduleux, euse.

Noé *n pr* Noé.

noema *f* FILOS noème *m*.

noesis *f inv* FILOS noèse.

nogada *f* CULIN sauce aux noix.

nogal *m* BOT noyer (árbol).

nogalina *f* brou *m* de noix (color).

noguera *f* BOT noyer *m* (nogal).

nogueral *m* noiseraie *f*, endroit planté de noyers.

noli me tángere *m* MED noli-me-tangere.

nómada *adj & s* nomade.

nomadismo *m* nomadisme.

nomarca *m* HIST nomarque.

nomarquía *f* nomarchie.

nomás *adv* (*Amer*) seulement.

nombradía *f* renom *m*, réputation, renommée (fama); de gran nombradía d'un grand renom.

nombrado, da *adj* nommé, e (llamado, mencionado) ‖ fameux, euse; renommé, e; connu, e (célebre).

nombramiento *m* nomination *f*.

nombrar *v tr* nommer; nombrar para un cargo nommer à un poste; nombrar alcalde nommer maire ‖ DR instituer, nommer (un heredero).

nombre *m* GRAM nom (sustantivo); **nombre común, propio** nom commun, propre | prénom, petit nom FAM (nombre de pila) | nom (fama); **hacerse un nombre** se faire un nom ■ **nombre artístico** nom de scène, nom d'artiste | **nombre de pila** prénom, nom de baptême | **nombre postizo** faux nom | INFORM nombre de dominio nom de domaine|nombre de usuario nom d'utilisateur ■ **de este nombre** du nom; **Felipe, cuarto de este nombre** Philippe, quatrième du nom | **de nombre** du nom; **rey de nombre** roi de nom; prénommé, e; **un chico, Pedro de nombre** un garçon prénommé Pierre | **en nombre de** au nom de ■ **en nombre del Rey** au nom du roi, de par le roi ■ **en nombre mío, tuyo,** etc. en mon nom, en ton nom, etc. | **mal nombre** surnom, sobriquet | **sin nombre** sans nom (incalificable) ■ **caer en el nombre de una persona** mettre un nom sur un visage | **dar un nombre a** donner un nom à, nommer | **decir el nombre de** nommer, dire le nom de | **decir el nombre de sus cómplices** nommer ses complices | **llamar las cosas por su nombre** appeler les choses par leur nom | FIG **no tener nombre** ne pas avoir de nom, être innommable | **poner de nombre** nommer; **mis padres me pusieron de nombre Úrsula** mes parents m'ont appelé Ursule.

■ OBSERV Nombre en francés significa número.

nomenclador; nomenclátor *m* nomenclateur, catalogue | **nomenclátor de calles** liste des rues.

nomenclatura *f* nomenclature.

nomeolvides *m inv* BOT ne-m'oubliez-pas *inv*, myosotis (planta).

nómina *f* liste (lista) | état *m* du personnel, feuille o état *m* d'émargement (lista del personal) | feuille de paie (hoja de paga) | paie, paye (sueldo); **cobrar la nómina** toucher la paie ■ **estar en nómina** faire partie du personnel | **nómina de salarios** bordereau des salaires.

nominación *f* nomination.

nominado, da *adj* nominé, e; **un cheque nominado a** un chèque à l'ordre de.

nominal *adj* nominal, e; **valor nominal** valeur nominale.

nominalismo *m* FILOS nominalisme.

nominalista *adj & s* FILOS nominaliste.

nominar *v tr* nommer [à un poste] | dénommer (nombrar).

nominativo, va *adj & s m* nominatif, ive.

nominilla *f* feuille de payement d'une pension.

nomo *m* nome (división administrativa griega).

nomografía *f* nomographie.

nomograma *m* nomogramme.

non *adj* (p us) impair, e.
→ **nones** *m pl* impair *sing*; **jugar a pares o nones** jouer à pair ou impair ■ FIG & FAM **andar de nones** être sans occupation (estar ocioso), être unique en son genre | **decir nones** refuser catégoriquement o formellement | **quedar o estar de non** être de trop.

nona *f* none (hora canónica).
→ **nonas** *f pl* nones (del calendario romano).

nonada *f* bagatelle, vétille (fruslería).

nonagenario, ria *adj & s* nonagénaire.

nonagésimo, ma *adj & s* quatre-vingt-dixième | **nonagésimo uno, segundo** etc., quatre-vingt-onzième, douzième, etc.

■ OBSERV En Bélgica, Suiza y Canadá se dice nonantième en vez de quatre-vingt-dixième.

nonato, ta *adj* né grâce à une opération césarienne [enfant] | FIG qui n'existe pas encore.

noneco, ca *adj* niais, e.

noningentésimo, ma *adj & s* neuf-centième.

nonio *m* TECN vernier, nonius.

nono, na *adj* neuvième | neuf; **Pío IX (nono)** Pie IX [neuf] | **décimo nono** dix-neuvième.

non plus ultra *loc lat* nec plus ultra.

nopal *m* BOT nopal, figuier de Barbarie.

nopalera *f* endroit *m* couvert de nopals.

noque *m* fosse *f* [de tanneur] | (*Amer*) sac de cuir (saco).

noquear *v tr* mettre K.-O., mettre knock-out, mettre hors de combat (boxeo).

norai → **noray**.

noramala; noratal *adv* malheureusement.

noray; norai *m* MAR bitte *f* d'amarrage, aurai.

Norberto *n pr* Norbert.

norcoreano, na *adj & s* nord-coréen, enne.

Nordeste *m* nord-est.

nórdico, ca *adj & s* nordique.

nordista *adj & s* nordiste (en la guerra de Secesión norteamericana).

Noreste *m* nord-est.

noria *f* noria (para sacar agua); **noria de cangilones** noria à godets | grande roue (en una feria).

norirlandés, esa *adj & s* irlandais, e du Nord.

■ OBSERV pl norirlandeses, norirlandesas.

norma *f* règle, norme; **normas de competencia** règles de la concurrence; **ejecutar una obra según las normas** exécuter une œuvre suivant les normes | règle; **norma de conducta** règle de conduite | principe *m*, règle; **norma esencial** principe essentiel; **tengo por norma levantarme temprano** j'ai pour principe de me lever de bonne heure.

normal *adj* normal, e; **es normal** c'est normal; **estado normal** état normal ■ **Escuela Normal** École normale | **la situación ha vuelto a lo normal** la situation est redevenue normale | **superior a lo normal** supérieur à la normale.
→ *f* MAT normale (perpendicular).

normalidad *f* normalité ■ **con normalidad** normalement | **con toda normalidad** très normalement | **vuelta a la normalidad en el país** retour à une situation normale dans le pays, la situation est redevenue normale dans le pays.

normalización *f* retour *m* à une situation normale | standardisation, normalisation (en la industria).

normalizar [13] *v tr* régulariser | rétablir [une situation] | normaliser, standardiser (en la industria).

normalmente *adv* normalement.

Normandía *n pr f* GEOGR Normandie.

normando, da *adj & s* normand, e.
→ **normando** *m* LING normand.

normánico *m* LING norois (lengua noruega antigua).

normativo, va *adj* normatif, ive.
→ **normativa** *f* réglementation.

Nornordeste *m* nord-nord-est.

Nornoroeste; Nornorueste *m* nord-nord-ouest.

Noroeste *m* nord-ouest | **viento noroeste** noroît, norois.

Norte *adj & s m* nord.
◇ *m* FIG guide | vent du nord (viento) ■ **del Norte** du Nord | MAR **norte de brújula** nord du compas o de la boussole ■ FIG **perder el norte** perdre le nord.

norteafricano, na *adj & s* nord-africain, e.

Norteamérica *n pr f* GEOGR Amérique du Nord.

norteamericano, na *adj & s* des États-Unis, américain, e; nord-américain, e (estadounidense).

nortear *v tr* MAR aller vers le nord (el buque).
◇ *v intr* tourner au nord, nordir (el viento).
◇ *v intr & pr* (*Amer*) être déboussolé, e (desorientarse).

norteño, ña *adj* du Nord.

nórtico, ca *adj* du Nord, nordique.

nortino, na *adj & s* (*Amer*) du Nord.

Noruega *n pr f* GEOGR Norvège.

noruego, ga *adj & s* norvégien, enne.
→ **noruego** *m* LING norvégien.

norvietnamita *adj & s* nord-vietnamien, enne.

nos *pron pers* nous (complemento directo o indirecto); **nos llama** il nous appelle; **nos dio caramelos** il nous a donné des bonbons; **sentémonos** asseyons-nous | nous (forma mayestática); **nos, arzobispo de Toledo** nous, archevêque de Tolède ■ **ruega por nos** priez pour nous | **venga a nos el tu reino** que votre règne arrive (en el Padrenuestro).

nosocomio *m* hôpital.

nosofobia *f* nosophobie.

nosogenia *f* MED nosogénie.

nosografía *f* MED nosographie.

nosología *f* MED nosologie.

nosotros, tras *pron pers* nous; **para, entre nosotros** pour, entre nous; **nosotros somos buenos** nous, nous sommes bons; **nosotras somos hermosas** nous, nous sommes belles | **nous autres** (para insistir) ■ **somos nosotros, nosotras** c'est nous | **somos nosotros, nosotras quienes** o **los que, las que** c'est nous qui.

■ OBSERV Le verbe en espagnol pouvant être employé sans sujet (iremos nous irons), l'emploi de nosotros au nominatif suppose une certaine insistance (nosotros iremos nous, nous irons).

nostalgia *f* nostalgie.

nostálgico

nostálgico, ca *adj* nostalgique.

nóstico, ca *adj* & *s m* gnostique.

nostoc *m* nostoc (alga).

nostras *adj* MED nostras.

nota *f* [▷ SIN] note, annotation (anotación) ▮ note; **tomar nota de un pedido** prendre note d'une commande ▮ note; **dar, sacar una mala nota** donner, avoir une mauvaise note (un alumno) ▮ mention (de aprobado, notable o sobresaliente) ▮ remarque (observación) ▮ notice (reseña); **nota necrológica** notice nécrologique ▮ MÚS note; **nota falsa** fausse note ▬ **nota de color** note de couleur ▮ **nota de gastos** note de frais ▮ **nota de prensa** communiqué de presse ▮ **nota diplomática** mémorandum, note diplomatique ▮ MÚS **nota sensible** note sensible ▮ **notas de sociedad** carnet mondain ▬ FIG **de nota** de marque (célebre) ▮ **de mala nota** mal famé, de mauvaise réputation ▬ FIG **caer en nota** faire un scandale ▮ FIG & FAM **dar la nota** se faire remarquer, se singulariser (singularizarse), donner le ton (dar el tono) ▮ **forzar la nota** forcer la note ▮ **poner una nota infamante** noter o marquer d'infamie.

▮ SIN anotación, apunte annotation; glosa glose; apostilla apostille; comentario commentaire; observación observation.

nota bene *f inv* nota *m*, nota bene *m inv*.

notabilidad *f* notabilité.

notabilísimo, ma *adj* très remarquable.

notable *adj* remarquable (admirable); **una obra notable** une œuvre remarquable ▮ notable (digno de atención); **causar un perjuicio notable** causer un préjudice notable. ◇ *m* notable; **asamblea de notables** assemblée de notables ▮ mention *f* assez bien o bien (en exámenes); **sacó un notable** il a eu une mention assez bien.

notablemente *adv* remarquablement.

notación *f* annotation (nota) ▮ MAT & MÚS notation (signos).

notar *v tr* remarquer (observar); **notar algo a primera vista** remarquer quelque chose au premier coup d'œil; **notar la diferencia** remarquer la différence ▮ relever (una falta) ▮ noter (un escrito); **notar al margen** noter en marge ▮ noter (p us); **¿cuándo notaste los primeros síntomas?** quand as-tu noté les premiers symptômes? ▮ trouver; **te noto muy cambiado** je te trouve bien changé ▮ sentir; **noto que hay algo que no funciona bien** je sens qu'il y a quelque chose qui ne marche pas bien ▮ critiquer. ◆ **notarse** *v pr* se voir; **no se nota** ça ne se voit pas ▮ se sentir; **me noto muy extraño** je me sens tout drôle.

notaría *f* notariat *m* (profesión) ▮ étude, cabinet *m* de notaire (oficina).

notariado, da *adj* notarié, e. ◆ **notariado** *m* notariat (corporación).

notarial *adj* notarial, e; **actas notariales** actes notariaux.

notario *m* notaire; **ante notario** par-devant notaire ▬ **notario de diligencias** huissier ▮ **pasante de notario** clerc de notaire.

noticia *f* nouvelle; **trae noticias** apporter des nouvelles ▬ FAM **noticia bomba** nouvelle sensationnelle, bombe ▮ **noticia remota** souvenir vague ▮ **últimas noticias** dernières nou-velles ▬ **circula la noticia de que** le bruit court que ▮ **enviar a alguien a buscar noticias** envoyer quelqu'un aux nouvelles ▮ **es la primera noticia que tengo** première nouvelle!, c'est la première fois que j'entends cela ▮ **estar atrasado de noticias** retarder, être en retard ▮ **¡esto es noticia!** en voilà une nouvelle!, quelle nouvelle! ▮ **las malas noticias llegan las primeras** pas de nouvelles, bonnes nouvelles ▮ FIG **no tener noticia de** ne jamais avoir entendu parler de, ne pas être au courant de ▮ **no tengo noticia** jamais entendu parler, aucune idée.

▮ SIN novedad nouveauté; comunicación communication; información information; anuncio annonce; nueva nouvelle.

noticiar *v tr* informer de, faire savoir.

noticiario *m* journal parlé, informations *f pl* (radio) ▮ actualités *f pl* (cine).

noticiero, ra *adj* d'information (periódico). ◇ *m* & *f* journaliste (reportero). ◆ **noticiero** *m* journal (periódico).

notición *m* FAM nouvelle *f* sensationnelle.

noticioso, sa *adj* informé, e; renseigné, e ▮ savant, e (erudito) ▮ **noticioso de ello, corrió a contárselo a su padre** ayant appris cela, il courut le raconter à son père.

notificación *f* notification ▬ **notificación de liquidación de impuestos** rappel d'impôt ▮ **notificación de multa** procès-verbal.

notificar [10] *v tr* notifier ▮ faire savoir, informer.

▮ SIN significar signifier; enterar informer; intimar intimer; comunicar communiquer; avisar, advertir avertir; informar informer; participar faire part.

notita *f* notule (apostilla).

noto, ta *adj* connu, e; notoire (sabido) ▮ naturel, elle; illégitime; **hijo noto** fils naturel. ◆ **noto** *m* autan, notus (viento del Sur).

notonecta *m* ZOOL notonecte (insecto).

notoriamente *adv* notoirement.

notoriedad *f* notoriété.

notorio, ria *adj* notoire, connu, e (conocido) ▬ **notorio a todos** connu de tout le monde ▮ **ser público y notorio** être de notoriété publique.

noúmeno *m* FILOS noumène.

nov.; novbre. (abrev escrita de noviembre) nov.

nova *f* ASTRON nova [étoile temporaire].

novación *f* DR novation.

novar *v tr* DR nover.

novatada *f* brimade (en los cuarteles) ▮ bizutage *m* (en los colegios) ▮ pas *m* de clerc (acción de un) ▬ **dar una novatada** faire subir une brimade, brimer, bizuter ▮ **pagar la novatada** essuyer les plâtres.

novato, ta *adj* & *s* nouveau, elle; novice; **novato en los negocios** nouveau dans les affaires. ◆ **novato** *m* FAM bleu (bisoño) ▮ bizut, bizuth, nouveau (en el colegio).

novatorio, ria *adj* DR novatoire.

novbre. ▬ **nov.**

novecentismo *m* ARQ style 1900, art nouveau.

novecientos, tas *adj* & *s* neuf cents; **tres mil novecientos** trois mille neuf cents ▮ **neuf cent; novecientos cuarenta** neuf cent quarante (seguido de otra cifra); **el año novecientos** l'an neuf cent (cuando equivale a un ordinal) ▮ **mil novecientos** mille neuf cents, dix-neuf cents.

novedad *f* nouveauté; **almacén de novedades** magasin de nouveautés ▮ nouveau *m*; **¿hay novedad?** quoi de nouveau? ▮ nouvelle (noticia); **trae novedades** il apporte des nouvelles ▮ changement *m* (alteración); **sigo sin novedad** il n'y a pas de changement [dans ma salud] ▬ **no es ninguna novedad** cela n'a rien de nouveau ▮ **sin novedad** rien de nouveau (siempre igual), sans encombre; **aterrizó sin novedad** il a atterri sans encombre; rien à signaler (militar); **sin novedad en el frente** rien à signaler sur le front ▮ **tener novedad** attendre un heureux évènement (una mujer) ▮ **tengo novedad** il y a du nouveau.

novedoso, sa *adj* (Amer) nouveau, elle.

novel *adj* & *s* nouveau, débutant, novice (nuevo) ▮ débutant (principiante).

novela *f* roman *m*; **novela por entregas** roman-feuilleton ▮ FIG roman *m*, histoire (mentira) ▮ DR novelle ▬ **novela corta** nouvelle ▮ **novela de capa y espada** roman de cape et d'épée ▮ **novela de tesis** roman à thèse ▮ **novela histórica** roman historique ▮ **novela policiaca** roman policier ▮ **novela río** roman-fleuve ▮ **novela rosa** roman à l'eau de rose ▮ **novelas ejemplares** nouvelles exemplaires (de Cervantes).

novelar *v tr* romancer. ◇ *v intr* écrire des romans ▮ FIG raconter des histoires o des mensonges.

novelear *v intr* FIG & FAM bâtir des romans.

novelería *f* goût *m* de la nouveauté (afición a novedades) ▮ goût *m* pour les romans (afición a las novelas) ▮ idées *pl* romanesques.

novelero, ra *adj* & *s* curieux, curieuse de tout (amigo de novedades) ▮ inconstant, e (inconstante) ▮ fantaisiste (cuentista).

novelesco, ca *adj* romanesque ▮ du roman, romanesque (referente a la novela) ▮ **lo novelesco** le romanesque.

novelista *m* & *f* romancier, ère.

novelística *f* art *m* du roman o du romancier ▮ les romans *m pl* (literatura novelesca) ▮ étude du roman.

novelístico, ca *adj* du roman.

novelizar [13] *v tr* romancer.

novelón *m* roman-fleuve.

novena *f* neuvaine.

novenario *m* les neuf premiers jours du deuil ▮ service funèbre célébré le neuvième jour après le décès (sufragios) ▮ neuvaine *f* (novena).

noveno, na *adj* & *s* neuvième ▮ **la novena parte** le neuvième.

noventa *adj* & *s m* quatre-vingt-dix; **a noventa días** à quatre-vingt-dix jours.

▮ OBSERV En Bélgica, Suiza y Canadá esta palabra se traduce por **nonante** en vez de **quatre-vingt-dix**.

noventavo, va *adj* quatre-vingt-dixième (nonagésimo).

noventayochista *adj* & *s m* relatif à la génération de 1898 (generación del 98).

noventón, ona *adj* & *s* nonagénaire (nonagenario).

novia ▸ **novio**.

noviar [8] *v intr* (*Amer*) noviar con faire la cour à (galantear), sortir avec (actuar como novio).

noviazgo *m* fiançailles *f pl*.

noviciado *m* noviciat.

novicio, cia *adj* & *s* novice ‖ FIG nouveau, elle; novicio en los negocios nouveau dans les affaires.

noviembre *m* novembre; el 11 de noviembre de 1918 le 11 novembre 1918.

noviero, ra *adj* (*Amer*) qui a un cœur d'artichaut (enamoradizo).

novilla *f* génisse.

novillada *f* TAUROM course de jeunes taureaux ‖ troupeau *m* de jeunes taureaux (rebaño).

novillero *m* bouvier qui a la garde des jeunes taureaux (vaquero) ‖ FAM enfant qui fait l'école buissonnière (muchacho) ‖ TAUROM toréro combattant de jeunes taureaux et n'ayant pas reçu l'"alternative".

novillo *m* jeune taureau ‖ FAM hacer novillos faire l'école buissonnière.

novilunio *m* nouvelle lune *f*.

novio, via *m* & *f* fiancé, e (prometido) ‖ petit ami, petite amie; novio petit copain, petite copine (amigo) ‖ jeune marié, jeune mariée (recién casado) ■ el traje de novia la robe de mariée ‖ los novios les mariés ‖ viaje de novios voyage de noce ■ FAM echarse una novia se trouver une petite copine ‖ pedir la novia faire sa demande [en mariage] ‖ FIG quedarse compuesta y sin novio rester le bec dans l'eau.

> OBSERV La palabra fiancé es solamente aplicable cuando existe un compromiso matrimonial.

novísimo, ma *adj* tout nouveau, toute nouvelle ‖ dernier, ère (último) ‖ Novísima Recopilación nouveau recueil de lois.
◆ **novísimos** *m pl* RELIG fins *f* dernières de l'homme.

novocaína *f* novocaïne.

NP (abrev escrita de **no presentado**) ne s'est pas présenté.

NS (abrev escrita de **Nuestro Señor**) N-S.

NSJC (abrev escrita de **Nuestro Señor Jesucristo**) N-S J-C.

NS/NC (abrev escrita de **no sabe, no contesta**) (en encuesta) s.o./n.s.p.p.

nuba *f* nouba (música de los regimientos de tiradores norteafricanos).

nubada; nubarrada *f* averse, ondée ‖ FIG foule, nuée (multitud).

nubarrado, da *adj* moiré, e (tela).

nubarrón *m* gros nuage, nuée *f* ‖ FIG nuage.

nube *f* nuage *m* ‖ nuage *m* (de polvo, de humo, etc.) ‖ FIG nuée; nube de langostas nuée de sauterelles; una nube de chiquillos une nuée d'enfants ‖ nuage *m*; no hay una nube en mi felicidad il n'y a pas un nuage dans mon bonheur ‖ nuée (una piedra preciosa) ‖ MED taie, albugo *m*, néphélion *m* (en la córnea de los ojos) ■ nube ardiente o peleana

nuée ardente ‖ nube de verano nuage d'orage (tiempo), nuage (disgusto) ■ FIG caer de las nubes tomber des nues|como caído de las nubes tombé du ciel ‖ descargar la nube pleuvoir, grêler (llover, granizar), décharger sa colère, éclater (desahogar la cólera) ‖ estar en las nubes être dans les nuages|estar por las nubes être hors de prix ‖ pasar como una nube de verano ne pas durer|poner en o por las nubes porter aux nues.

Nubia *n pr f* GEOGR Nubie; el desierto de Nubia le désert de Nubie.

nubiense *adj* & *s* nubien, enne.

núbil *adj* nubile (en edad de casarse).

nubilidad *f* nubilité.

nublado, da *adj* nuageux, euse; un cielo nublado un ciel nuageux ‖ FIG troublé, e.
◆ **nublado** *m* nuage, nuée *f* ‖ FIG menace *f*, nuage (riesgo) ‖ nuée *f* (multitud).

nublar *v tr* assombrir (oscurecer) ‖ cacher (ocultar).
◆ **nublarse** *v pr* s'assombrir, se couvrir de nuages, s'obscurcir (el cielo) ‖ se brouiller (la vista).

nublazón *m* (*Amer*) nuage noir (nublado).

nublo, bla *adj* nuageux, euse.
◆ **nublo** *m* AGRIC nielle *f* (tizón).

nubloso, sa *adj* nuageux, euse; un día nubloso une journée nuageuse ‖ FIG sombre (triste).

nubosidad *f* nébulosité.

nuboso, sa *adj* nuageux, euse; nébuleux, euse.

nuca *f* ANAT nuque.

nucela *f* BOT nucelle *m*.

nuclear *adj* nucléaire.

nuclearización *f* nucléarisation.

nuclearizar [13] *v tr* nucléariser.

nucleido *m* FÍS nucléide, nuclide.

núcleo *m* noyau (hueso de una fruta) ‖ FÍS noyau; núcleo atómico noyau atomique ‖ ASTRON, BIOL & QUÍM noyau ‖ ELECTR noyau (de una bobina) ‖ FIG noyau (de una asociación) ‖ centre ■ núcleo rural noyau de population rurale ‖ núcleo residencial grand ensemble.

nucléolo *m* BIOL nucléole.

nucleón *m* FÍS nucléon.

nucleónico, ca *adj* & *s f* FÍS nucléonique.

nucleoproteína *f* BIOL nucléoprotéine.

nudillo *m* nœud, jointure *f* (articulación de los dedos) ‖ maille *f* (du tricot) ‖ TECN cheville *f* de bois ‖ FIG comerse o morderse los nudillos se mordre les doigts.

nudismo *m* nudisme.

nudista *adj* & *s* nudiste.

nudo, da *adj* DR nuda propiedad nue-propriété ‖ nudo propietario nu-propriétaire.

nudo *m* nœud (de cuerda, de corbata, de árbol) ‖ nœud (de una novela, de una obra teatral) ‖ point noué (costura) ‖ nœud; nudo de carreteras nœud routier; nudo de comunicación, ferroviario nœud de communications, ferroviaire ‖ FIG nœud; el nudo de la cuestión le nœud de la question ‖ ANAT nœud ‖ GEOGR seuil ‖ MAR nœud (unidad de velocidad); navegar a quince nudos filer quinze nœuds ■ nudo corredizo nœud coulant ‖ nudo de

envergue o de mizo nœud plat ‖ nudo gordiano nœud gordien ‖ nudo marinero nœud marin ■ tener o atravesársele o hacérsele a uno un nudo en la garganta avoir la gorge serrée, avoir un nœud dans la gorge.

nudopropiedad *f* DR nue-propriété.

nudopropietario, ria *m* & *f* DR nu-propriétaire, nue-propriétaire.

nudosidad *f* MED nodosité.

nudoso, sa *adj* noueux, euse.

nuececilla *f* BOT nucelle *m* (nucela).

nuera *f* bru, belle-fille.

nuestro, tra *adj pos m* & *f* notre; nuestro país notre pays; nuestra casa notre maison; nuestros amigos nos amis ■ en nuestro país, en nuestra casa chez nous, dans notre pays, dans notre maison ‖ Nuestra Señora Notre-Dame ‖ Padre nuestro que estás en los cielos Notre Père qui êtes aux cieux (en el Padrenuestro) ‖ una prima nuestra une de nos cousines, une cousine à nous.
◇ *pron pos* nôtre, nôtres; vuestra casa es mayor que la nuestra votre maison est plus grande que la nôtre ‖ à nous; esta casa es nuestra cette maison est à nous.
◆ **nuestro** *m* lo nuestro ce qui est à nous ■ pondremos de lo nuestro nous y mettrons du nôtre ‖ ¡vayamos a lo nuestro! revenons à ce qui nous occupe o à nos moutons!
◆ **nuestros** *m pl* los nuestros les nôtres; ¿es usted de los nuestros? êtes-vous des nôtres?

> OBSERV El plural de notre es nos.

nueva *f* nouvelle ■ FIG hacerse de nuevas feindre la surprise ‖ la Buena Nueva la Bonne Nouvelle.

Nueva Caledonia *n pr f* GEOGR Nouvelle-Calédonie.

Nueva Guinea *n pr f* GEOGR Nouvelle-Guinée.

nuevamente *adv* nouvellement (recientemente) ‖ à nouveau, de nouveau (de nuevo).

Nueva York *n pr* GEOGR New York.

Nueva Zelanda *n pr f* GEOGR Nouvelle-Zélande.

nueve *adj* & *s m* neuf; el nueve de agosto le 9 août ‖ son las nueve de la noche il est 9 heures du soir.

nuevo, va *adj* nouveau, nouvelle (reciente); nada nuevo bajo el sol rien de nouveau sous le Soleil ‖ neuf, neuve (poco o nada usado); casa nueva maison neuve; completamente nuevo tout neuf ‖ FIG nouveau, nouvelle; novice (novicio) ■ año nuevo nouvel an, nouvelle année ‖ de nuevo à nouveau, de nouveau (otra vez), de neuf; estar vestido de nuevo être habillé de neuf; ¿qué hay de nuevo? quoi de neuf?
◆ **nuevo** *m* lo nuevo la nouveauté *f*, le nouveau; lo nuevo gusta siempre la nouveauté plaît toujours; le neuf; tirar lo viejo y quedarse con lo nuevo jeter le vieux et garder le neuf.

> OBSERV [▸ nouveau].

nuez *f* noix (fruto); cascar nueces casser des noix ‖ noix (en el cuello) ‖ pomme d'Adam (en el cuello) ‖ noix (de ballesta, de fusil) ‖ FAM apretar a uno la nuez tordre le cou à quelqu'un ‖ mucho ruido y pocas nueces beaucoup de bruit pour rien ▌nuez moscada, vómica noix muscade, vomique.

▌ OBSERV pl nueces.

nueza f BOT bryone ▌nueza negra tamier.

nulidad f nullité ▌FAM ser una nulidad être une nullité, être nul.

nulo, la adj nul, nulle; hombre nulo homme nul; combate nulo match nul (boxeo, lucha) ▌DR nulo y sin valor nul et non avenu.

núm. (abrev escrita de número) nº.

Numancia n pr GEOGR Numance.

numantino, na adj & s numantin, e.

numen m divinité f (dios) ▌inspiration f; numen poético inspiration poétique.

numeración f numération (cuenta); numeración decimal numération décimale ▌numérotage m, numérotation (acción de poner un número) ▌IMPR foliotage m ▌chiffres m pl (sistema); numeración arábiga chiffres arabes.

numerador m MAT numérateur ▌TECN numéroteur (aparato).

numeral adj numéral, e.

numerar v tr dénombrer, nombrer (contar) ▌numéroter (poner un número) ▌IMPR folioter.

numerario, ria adj & s m numéraire (dinero) ▌titulaire (profesor, etc.).

numéricamente adv numériquement.

numérico, ca adj numérique.

número m nombre (cantidad); un número crecido de asistentes un grand nombre d'assistants ▌[▷ SIN] chiffre (cifra); número romano chiffre romain ▌numéro (en una serie); número premiado numéro gagnant (lotería) ▌numéro (publicación, espectáculo) ▌pointure f (de zapatos, cuellos, guantes) ▌taille f (de un traje) ▌nombre; número singular, plural nombre singulier, pluriel ■ número abstracto, concreto nombre abstrait, concret ▌FÍS número atómico nombre atomique ▌número cardinal, ordinal nombre cardinal, ordinal ▌número complementario numéro complémentaire ▌número complejo nombre complexe ▌número cuántico nombre quantique ▌número decimal nombre décimal ▌número de matrícula numéro minéralogique (de un coche) ▌número de serie numéro de série ▌GRAM número dual duel ▌número entero nombre entier ▌número imaginario nombre imaginaire ▌número mixto nombre fractionnaire ▌número natural nombre naturel ▌nú-

mero primo nombre premier ▌número quebrado o fraccionario nombre fractionnaire ▌número racional, irracional nombre rationnel, irrationnel ▌número real nombre réel ▌número redondo chiffre rond ▌número suelto numéro (periódico) ▌número uno le premier (el mejor) ■ académico de número membre de l'Académie, académicien ▌áureo número nombre d'or ▌cuenta en números rojos compte en rouge ▌libro de los Números livre des Nombres (del Pentateuco) ■ de número en titre, titulaire ▌el mayor número de le plus grand nombre de ▌en gran número en grand nombre ▌ley de los grandes números loi des grands nombres ▌sin número sans nombre ■ hacer número faire nombre ▌FAM hacer números faire des comptes (calcular) ▌FIG & FAM montar el número faire tout un cinéma (armar un escándalo), faire son numéro (dar la nota) ▌ser el número uno être le premier; être un as; es el número uno del volante c'est un as du volant.

▌ SIN cifra, guarismo chiffre; signo signe.

numerología f numérologie.

numerosidad f multitude, le grand nombre m.

numeroso, sa adj nombreux, euse; familia numerosa famille nombreuse ▌nombreux, euse; beaucoup; numerosos son los que hablan así nombreux sont ceux qui parlent ainsi; hay numerosos pueblos por el estilo il y a beaucoup de villages o de nombreux villages dans ce genre ▌harmonieux, euse (armonioso).

numerus clausus [numerusklausus] m numerus clausus.

númida adj & s numide.

Numidia n pr f HIST Numidie.

numismático, ca adj & s f numismatique. ◇ m & f numismate (perito en numismática).

numulita f ZOOL nummulite (fósil).

numulítico, ca adj & s nummulitique.

nunca adv jamais; no volveré nunca, nunca volveré je ne reviendrai jamais, jamais je ne reviendrai ■ más que nunca plus que jamais ▌nunca jamás au grand jamais ▌nunca más jamais plus, plus jamais.

▌ OBSERV Jamais va siempre acompañado en francés de la negación ne en las frases negativas.

nunciatura f nonciature.

nuncio m nonce; nuncio apostólico nonce apostolique ▌FIG présage, signe précurseur, annonce f (presagio); un viento nuncio de lluvia un vent présage de pluie ▌messager, porteur; ha sido el nuncio de la buena nueva il a été le porteur de la bonne nouvelle ▌FAM ¡que te lo diga el nuncio! va demander au pape!

nuncupación f DR nuncupation.

nuncupativo, va adj DR nuncupatif, ive; testamento nuncupativo testament nuncupatif.

nupcial adj nuptial, e ■ banquete nupcial banquet de mariage ▌galas nupciales vêtements nuptiaux, robe de mariée.

nupcialidad f nuptialité.

nupcias f pl noces, mariage m sing; contraer segundas nupcias se marier en secondes noces, faire un second mariage ▌hijos de segundas nupcias enfants du second lit.

Nuremberg n pr GEOGR Nuremberg.

nurse f nurse (niñera).

nutación f ASTRON & BOT nutation.

nutria; nutra f ZOOL loutre (mamífero).

nutricio, cia adj nourricier, ère; nutricier, ère.

nutrición f nutrition.

nutrido, da adj nourri, e (alimentado) ▌FIG nourri, e; aplausos nutridos applaudissements nourris ▌dense, épais, aisse; una muchedumbre nutrida une foule dense ▌MIL fuego nutrido feu nourri (graneado).

nutriente m substance f nutritive.

nutrimento; nutrimiento m nourriture f.

nutrir v tr [▷ SIN] nourrir; la sangre nutre el cuerpo le sang nourrit le corps ▌FIG nourrir. ➤ **nutrirse** v pr se nourrir; nutrirse con se nourrir de.

▌ SIN alimentar, sustentar nourrir, alimenter; fortalecer fortifier; criar allaiter; cebar engraisser.

nutritivo, va adj nourrissant, e; nutritif, ive ▌valor nutritivo valeur nutritive (de un alimento).

ny f nu m (letra griega).

NY (abrev de Nueva York) f NY.

nylon® ➤ **nailon.**

Ñ

ñ; Ñ *f* ñ *m* (esta letra no existe en el alfabeto francés).

▮ **OBSERV** Le son de ñ est celui de gn dans agneau.

ña *f* FAM (*Amer*) m'dame, madame.

ñaco *m* (*Amer*) bouillie *f* (gachas).

ñacurutú *m* (*Amer*) chouette *f* (lechuza).

ñame *m* BOT igname *f* (planta).

ñandú *m* ZOOL nandou (ave).

▮ **OBSERV** pl ñandúes.

ñandubay *m* (*Amer*) arbre mimosacé d'Amérique.

ñandutí *m* (*Amer*) sorte de dentelle *f* [très répandue au Paraguay].

ñanga *f* (*Amer*) estuaire *m* marécageux (estero de fondo pantanoso) ▮ petit morceau *m* (pizca).

ñaña *f* (*Amer*) grande sœur, sœur aînée (hermana) ▮ bonne d'enfants (niñera).

ñapa ➤ **llapa**.

ñapango, ga *adj* & *s* (*Amer*) métis, isse.

ñapindá *m* sorte de mimosa (planta).

ñaque *m* fouillis, bric-à-brac *inv*.

ñato, ta *adj* (*Amer*) camus, e (chato) ▮ FIG (*Amer*) laid, e (feo).

➡ **ñato** *m* (*Amer*) efféminé (afeminado).

ñeque *adj* (*Amer*) vigoureux, euse ▮ courageux, euse (valiente).

◇ *m* (*Amer*) vigueur *f* ▮ coup (golpe), gifle (bofetada) ▮ **hombre de ñeque** brave à trois poils.

➡ **ñeques** *m pl* (*Amer*) poings (puños).

ñique *m* (*Amer*) coup de corne (cornada) ▮ coup de poing (puñetazo).

ñiquiñaque *m* FAM nullité *f* (persona) ▮ machin, truc (cosa).

ñisñil *m* (*Amer*) massette *f* (anea).

ño *m* FAM (*Amer*) m'sieur, monsieur.

ñoclo *m* petit gâteau.

ñoñería; ñoñez *f* niaiserie.

▮ **OBSERV** le pluriel de ñoñez est ñoñeces.

ñoño, ña *adj* & *s* FAM niais, e; imbécile, sot, sotte (tonto) ▮ douillet, ette; délicat, e (delicado).

ñoqui *m* CULIN gnocchi *inv*.

ñora *f* piment *m* fort de Murcie.

ñorbo *m* (*Amer*) passiflore *f* (flor).

ñu *m* ZOOL gnou (antílope).

ñudo *m* (ant) nœud (nudo).

o; O *f* o *m* (letra) ∥ nuestra Señora de la O la Sainte Vierge.

o *conj* ou.

> **OBSERV 1.** O porte un accent écrit entre deux nombres exprimés en chiffres, afin d'éviter la confusion possible avec un zéro (10 ó 12 dix ou douze).
> **2.** Au lieu de o on emploie la forme u devant tout mot commençant par o ou ho pour éviter l'hiatus (uno u otro l'un ou l'autre; siete u ocho sept ou huit; ayer u hoy hier ou aujourd'hui).

OACI (abrev de Organización de la Aviación Civil Internacional) *f* OACI.

oasis *m inv* oasis *f*.

obcecación *f* aveuglement *m*, éblouissement *m*.

obcecadamente *adv* aveuglément.

obcecado, da *adj* aveuglé, e; obnubilé, e; obcecado por la pasión aveuglé par la passion ∥ obstiné, e.

obcecar [10] *v tr* aveugler ∥ éblouir (ofuscar).
➡ **obcecarse** *v pr* être aveuglé, e ∥ être ébloui, e.

obducción *f* GEOL obduction.

obedecer [30] *v tr* obéir à; obedecer las órdenes obéir aux ordres; obedecer al superior obéir à son supérieur.
◇ *v intr* obéir.

obediencia *f* [▷ SIN] obéissance ∥ obédience [ordres religieux] ■ obediencia ciega obéissance o soumission aveugle ∥ DR obediencia debida obéissance due.

> **SIN** acatamiento, sumisión soumission; subordinación subordination; docilidad docilité; disciplina discipline; conformidad conformité.

obediencial *adj* obédientiel, elle ∥ letras obedienciales lettres d'obédience.

obedienciario *m* obédiencer (religioso).

obediente *adj* obéissant, e.

obedientemente *adv* d'une manière obéissante.

obelisco *m* ARQ obélisque.

obencadura *f* MAR haubans *m pl*.

obenque *m* MAR hauban.

obertura *f* MÚS ouverture.

obesidad *f* obésité.

obeso, sa *adj & s* obèse.

Obi *n pr m* GEOGR el Obi l'Ob.

óbice *m* obstacle, empêchement ∥ eso no fue óbice para que siguiese mi camino cela ne m'a pas empêché de poursuivre ma route.

obispado *m* évêché.

obispal *adj* épiscopal, e.

obispalía *f* évêché *m* (obispado) ∥ palais *m* épiscopal.

obispillo *m* gros boudin (morcilla) ∥ croupion [de volaille].

obispo *m* évêque ■ obispo in partibus évêque in partibus ∥ obispo sufragáneo suffragant ■ (Amer) FAM a cada muerte de obispo tous les trente-six du mois ∥ FAM trabajar para el obispo travailler pour le roi de Prusse.

óbito *m* décès.

obituario *m* obituaire (libro).

objeción *f* objection; levantar o poner objeciones soulever des objections ∥ objeción de conciencia objection de conscience.

> **SIN** impugnación contestation; reparo remarque; contradicción contradiction; oposición opposition; réplica réplique.

objetar *v tr* objecter.

objetivación *f* objectivation.

objetivamente *adv* objectivement.

objetivar *v tr* objectiver.

objetividad *f* objectivité; con toda objetividad en toute objectivité.

objetivismo *m* objectivisme.

objetivo, va *adj* objectif, ive.
➡ **objetivo** *m* FIG but, objectif (finalidad); perseguir un objetivo poursuivre un objectif ∥ FÍS, FOT & MIL objectif ∥ objetivo de inmersión objectif à immersion.

objeto *m* objet; un objeto voluminoso un objet encombrant ∥ [▷ SIN] but, fin *f*, objet (intención) ∥ carecer de objeto être sans objet ∥ con objeto de dans le but de, afin de, pour ∥ ¿con qué objeto? dans quel but?, à quelle fin? ∥ con tal objeto dans ce but ∥ depósito de objetos perdidos bureau des objets trouvés ∥ objeto de primera necesidad article de première nécessité ∥ GRAM objeto directo, indirecto objet direct, indirect ∥ objetos de escritorio fournitures de bureau ∥ ser objeto de être o faire l'objet de ∥ tener por objeto avoir pour objet ∥ INFORM objet, cible.

> **SIN** designio dessein; mira visée, vues; fin, finalidad fin; intención intention.

objetor *m* objecteur; objetor (de conciencia) objecteur de conscience.

EL OBJETOR DE CONCIENCIA

Les objecteurs de conscience sont nombreux en Espagne. Beaucoup de jeunes refusent de faire le service militaire, alléguant que leurs convictions les empêchent de porter les armes. Contrairement aux insoumis, ils sont prêts à rendre un autre service à la communauté, de type social, éducatif ou adminis-

tratif. Les premiers objecteurs de conscience alléguaient leurs croyances religieuses, mais la plupart invoquent maintenant des idéaux laïques.

oblación *f* oblation.

oblada *f* offrande faite à l'église pour un défunt.

oblar *v tr* (Amer) payer une dette en argent liquide.

oblativo, va *adj* de l'oblation.

oblato, ta *adj & s* oblat, e (religioso).
➡ **oblata** *f* offrande pour payer le vin, les hosties et la cire ∥ oblation (hostia).

oblea *f* pain *m* à cacheter ∥ cachet *m* (sello).

oblicuar *v intr* obliquer.
◇ *v tr* infléchir, mettre en position oblique.

oblicuidad *f* obliquité.

oblicuo, cua *adj* oblique.
➡ **oblicuo** *m* ANAT oblique (músculo).
➡ **oblicua** *f* MAT oblique (línea).

obligación *f* obligation (deber) ∥ devoir *m*; conocer sus obligaciones connaître ses devoirs; obligaciones matrimoniales devoirs conjugaux ∥ ECON obligation (valor comercial); obligación beneficiaria, con primas, de renta fija, pignorada obligation participante, à primes, à revenu fixe, gagée ∥ contrainte; obligaciones sociales contraintes sociales ■ cumplir con sus obligaciones remplir ses devoirs, faire honneur à ses obligations, s'acquitter de ses devoirs ∥ faltar a sus obligaciones manquer à ses devoirs ∥ tener obligación de être obligé de, devoir ∥ tenerle obligación a uno être redevable à quelqu'un.

obligacionista *m & f* obligataire (tenedor de obligaciones).

obligado, da *adj* obligé, e; estar o verse obligado a trabajar être obligé de travailler ∥ es obligado decir il faut dire.
➡ **obligado** *m* fournisseur (abastecedor) ∥ MÚS récitatif obligé.

obligar [16] *v tr* [▷ SIN] obliger; obligar a obliger à o de ∥ être tenu o obligé; el médico está obligado a guardar el secreto profesional le médecin est tenu de garder le secret professionnel.
➡ **obligarse** *v pr* s'obliger, s'engager.

> **OBSERV** En la forma transitiva se emplea preferentemente a con la forma activa y de con la pasiva.

> **SIN** exigir exiger; imponer imposer; compeler, constreñir contraindre; forzar forcer.

obligatoriedad *f* caractère *m* obligatoire.

obligatorio, ria *adj* obligatoire.

obliteración *f* MED oblitération.

obliterador, ra *adj* MED oblitérateur, trice.

obliterar *v tr* MED oblitérer (obstruir).

oblongo, ga *adj* oblong, gue.

obnubilación *f* obnubilation.

obnubilar *v tr* (p us) obnubiler (obsesionar).

oboe *m* MÚS hautbois (instrumento).

oboísta *m* MÚS hautboïste (músico).

óbolo *m* obole *f*; dar su óbolo verser son obole.

obra *f* œuvre, ouvrage *m*; poner manos a la obra se mettre à l'œuvre o à l'ouvrage ▌ œuvre, travail *m*; obra meritoria travail méritoire ▌ œuvre (poder); por obra de la Divina Providencia par l'œuvre de la Divine Providence ▌ œuvre (producción literaria o artística); las obras de Calderón les œuvres de Calderón; la obra musical de Wagner l'œuvre musicale de Wagner ▌ ouvrage *m* (libro); obra de consulta ouvrage de référence ▌ œuvre (buena acción); las obras de beneficencia les œuvres de bienfaisance; las obras de misericordia les œuvres de miséricorde ▌ travail *m*; obras públicas travaux publics; atención, obras attention, travaux; estar en obras y avoir des travaux; la calle Luchana está en obras il y a des travaux dans la rue Luchana ▌ construction (edificio) ▌ chantier *m*; trabajar en la obra travailler sur le chantier ▌ TECN ouvrages *m pl* [du haut fourneau] ▌ CONSTR œuvre *m* ▌ MÚS œuvre *m* ▌ obra accesoria ouvrage détaché (fortificación) ▌ obra de caridad œuvre de charité ▌ obra de construcción chantier ▌ obra de encargo travail sur commande ▌ obra de fábrica ouvrage d'art ▌ FIG obra del Escorial o de romanos travail de Romains ▌ obra de mampostería travail de maçonnerie ▌ obra de teatro pièce de théâtre ▌ obra exterior ouvrage avancé (fortificación) ▌ obra maestra chef-d'œuvre ▌ obras pías, buenas obras œuvres pies o de bienfaisance, bonnes œuvres ▌ MAR obras vivas, muertas œuvres vives, mortes ▌ a pie de obra à pied d'œuvre ▌ "cerrado por obras" "fermé pour cause de travaux" ▌ contratista de obras entrepreneur en bâtiment ▌ maestro de obras maître d'œuvre ▌ ¡manos a la obra! à l'œuvre!, au travail! ▌ por obra de par l'action de ▌ por obra y gracia del Espíritu Santo par l'opération du Saint-Esprit ▌ es obra de c'est l'affaire de; es obra de dos días c'est l'affaire de deux jours ▌ estar manos a la obra être à l'œuvre ▌ maltratar de palabra y de obra maltraiter en paroles et en actions ▌ obras son amores no buenas razones il n'y a que les faits qui comptent ▌ poner en obra mettre en chantier (empezar) ▌ ponerse manos a la obra se mettre à l'œuvre o à l'ouvrage.

obrada *f* AGRIC ouvrée (labor) ▌ (ant) journal *m*, ouvrée (medida agraria).

obrador, ra *adj* agissant, e (que obra).

◆ **obrador** *m* atelier (taller) ▌ ouvroir (para la ropa).

obraje *m* (*Amer*) établissement d'exploitation forestière ▌ boucherie-charcuterie.

obrar *v tr* faire (hacer); obrar el bien faire le bien ▌ bâtir, construire (construir).

◇ *v intr* agir; obrar libremente agir librement; obrar bien, mal bien, mal agir; obrar como una persona honrada agir en honnête homme ▌ opérer, agir; el remedio comienza a

obrar le remède commence à opérer ▌ œuvrer (p us), travailler (trabajar) ▌ aller à la selle (exonerar el vientre) ▌ se trouver, être; el papel obra entre sus manos le papier se trouve entre ses mains ▌ obra en mi poder su atenta carta del 19 j'ai en ma possession o entre les mains o j'ai bien reçu votre honorée du 19.

obrepción *f* DR obreption.

obrepticio, cia *adj* DR obreptice.

obrerada *f* FAM masse ouvrière, les ouvriers *m pl* (conjunto de obreros).

obrería *f* fabrique [d'une église].

obrerismo *m* ouvriérisme ▌ main-d'œuvre *f* (conjunto de los obreros).

obrerista *adj* ouvriériste.

obrero, ra *adj & s* ouvrier, ère; clase obrera classe ouvrière; movimiento obrero mouvement ouvrier ▌ obrero especializado ouvrier spécialisé ▌ obrero estacional o temporero ouvrier saisonnier.

◆ **obrero** *m* marguillier (de iglesia).

◆ **obrera** *f* ZOOL ouvrière (abeja, etc.).

obrizo *adj m* oro obrizo or très pur.

obscenidad *f* obscénité.

obsceno, na *adj* obscène.

▌ SIN indecente indécent; licencioso licencieux; pornográfico, sicalíptico pornographique; escabroso scabreux.

obscuramente ➡ oscuramente.

obscurantismo ➡ oscurantismo.

obscurantista ➡ oscurantista.

obscurecer ➡ oscurecer.

obscurecimiento ➡ oscurecimiento.

obscuridad ➡ oscuridad.

obscuro, ra ➡ oscuro.

obsecración *f* obsécration.

obseder *v tr* obséder.

obsequiado, da *adj & s* personne qui reçoit un cadeau o en l'honneur de qui on donne une réception, etc.

obsequiador, ra; obsequiante *adj* prévenant, e; obligeant, e; attentionné, e (obsequioso) ▌ qui offre (que regala).

obsequiar [8] *v tr* faire cadeau, offrir; obsequiar a un amigo con libros offrir des livres à un ami; faire cadeau de livres à un ami ▌ offrir; obsequiar con un vino de honor offrir un vin d'honneur; cada visitante fue obsequiado con un recuerdo on a offert un souvenir à chaque visiteur ▌ combler de prévenances, traiter avec empressement (agasajar) ▌ courtiser (galantear).

obsequio *m* cadeau (regalo) ▌ hommage; obsequio del autor hommage de l'auteur ▌ prévenance *f*, attention *f* (agasajo) ▌ deshacerse en obsequios se répandre en politesses.

obsequiosamente *adv* obligeamment ▌ obséquieusement (con exceso).

obsequiosidad *f* obligeance ▌ obséquiosité (cumplidos excesivos).

obsequioso, sa *adj* obligeant, e; empressé, e; obsequioso con las damas empressé auprès des dames ▌ obséquieux, euse (excesivamente atento).

observación *f* observation (de un fenómeno) ▌ observation, remarque ▌ enfermo en observación malade en observation.

observador, ra *adj & s* observateur, trice.

observancia *f* observance, observation (de las reglas) ▌ regular observancia stricte observance.

observante *adj & s* observant, e (que observa).

◇ *m* observantin (de la orden de San Francisco).

observar *v tr* observer ▌ observer (cumplir) ▌ remarquer; he observado que ha cambiado mucho últimamente j'ai remarqué qu'il a beaucoup changé dernièrement ▌ constater (comprobar).

◆ **observarse** *v pr* se surveiller.

observatorio *m* observatoire.

obsesión *f* obsession ▌ hantise; tener la obsesión de la muerte avoir la hantise de la mort.

obsesionar *v tr* obséder; obsesionado con recuerdos obsédé par des souvenirs.

obsesivo, va *adj* obsédant, e (que obsesiona) ▌ obsessionnel, elle; psicosis obsesiva psychose obsessionnelle.

obseso, sa *adj & s* obsédé, e.

obsidiana *f* MIN obsidienne.

obsidional *adj* obsidional, e (relativo al sitio de una plaza) ▌ HIST corona obsidional couronne obsidionale.

obsoleto, ta *adj* (p us) obsolète (anticuado).

obstaculizar [13] *v tr* mettre un obstacle à, entraver (poner trabas) ▌ faire obstacle à (oponerse).

obstáculo *m* obstacle; vencer un obstáculo surmonter un obstacle ▌ DEP carrera de obstáculos course d'obstacles ▌ carrera sin obstáculos course plate ▌ poner obstáculos a faire obstacle à, mettre un obstacle o des obstacles à.

▌ SIN dificultad difficulté; inconveniente inconvénient; impedimento empêchement; traba entrave; estorbo gêne.

obstante *adj* no obstante cependant, néanmoins, nonobstant (sin embargo), malgré (a pesar); no obstante mis consejos hace lo que le da la gana malgré mes conseils il fait ce qui lui chante.

obstar *v intr* empêcher (estorbar); eso no obsta para que continúe cela ne m'empêche pas de continuer.

◇ *v impers* s'opposer à (ser contrario).

obstetricia *f* MED obstétrique ▌ procedimiento de obstetricia procédé obstétrical.

obstétrico, ca *adj* MED obstétrique, obstétrical, e (relativo a la obstetricia).

obstinación *f* obstination (terquedad), opiniâtreté (empeño).

obstinadamente *adv* obstinément.

obstinado, da *adj* obstiné, e (terco), opiniâtre (empeñado).

obstinarse *v pr* s'obstiner, s'entêter; obstinarse en una decisión s'obstiner dans une décision; se obstina en negarlo il s'obstine à le nier.

obstrucción *f* obstruction.

obstruccionismo *m* obstructionnisme.

obstruccionista *adj & s* obstructionniste.

obstructor, ra *adj* MED obstructif, ive.

obstruir [51] *v tr* obstruer (cerrar) ▌ FIG entraver (estorbar).

◆ **obstruirse** *v pr* s'obstruer, se boucher;

se obstruyó el lavabo le lavabo s'est bouché.

obtemperar *v tr* (p us) obtempérer à; obtemperar una orden obtempérer à un ordre.

obtención *f* obtention.

obtener [72] *v tr* obtenir; obtener buenos resultados obtenir de bons résultats.
║ SIN lograr, alcanzar réussir; conseguir obtenir; ganar gagner; conquistar conquérir.

obturación *f* obturation.

obturador, ra *adj* obturateur, trice.
➨ **obturador** *m* FOT & TECN obturateur ║ obturador iris, de cortina obturateur à iris, à rideau.

obturar *v tr* obturer ║ MED obturer (empastar).

obtusángulo *adj m* GEOM obtusangle; triángulo obtusángulo triangle obtusangle.

obtuso, sa *adj* MAT obtus, e ║ FIG obtus, e; obtuso de entendimiento à l'esprit obtus.

obús *m* obus (proyectil) ║ obusier (cañón corto).
║ OBSERV pl obuses.

obusera *adj f* lancha obusera canonnière.

obviamente *adv* évidemment.

obviar [8] *v tr* obvier à, pallier; obviar un inconveniente pallier un inconvénient ║ empêcher, s'opposer à (impedir).

obviedad *f* évidence.

obvio, via *adj* FIG évident, e; clair, e (evidente) ║ obvio es decir inutile de dire.

oc *m* LING oc; lengua de oc langue d'oc.

oca *f* oie (ánsar) ║ BOT oxalide tubéreuse ║ juego de la oca jeu de l'oie.

ocarina *f* MÚS ocarina *m*.

ocasión *f* occasion; aprovechar la ocasión profiter de l'occasion ║ occasion (mercancía de lance) ║ (ant) situation périlleuse, péril *m* ■ de ocasión d'occasion (de segunda mano) ║ en cierta ocasión un jour, une fois ║ en la primera ocasión à la première occasion ║ en ocasiones parfois, à l'occasion ║ en varias ocasiones à plusieurs reprises, en diverses occasions ■ la ocasión la pintan calva il faut saisir l'occasion par les cheveux ║ asir o coger o agarrar la ocasión por los pelos saisir l'occasion par les cheveux ║ dar ocasión a occasionner, donner lieu à (dar lugar a), être la cause, provoquer (causar) ║ dar ocasión de donner l'occasion de ║ la ocasión hace al ladrón l'occasion fait le larron.

ocasional *adj* occasionnel, elle.

ocasionalismo *m* occasionnalisme, occasionalisme.

ocasionalista *adj & s* occasionnaliste.

ocasionalmente *adv* par hasard, accidentellement (casualmente) ║ occasionnellement (de vez en cuando).

ocasionar *v tr* occasionner, donner lieu à (dar lugar a) ║ causer, être la cause de, provoquer (causar) ║ exposer (poner en peligro).

ocaso *m* coucher (de un astro); el ocaso del Sol le coucher du Soleil ║ couchant (occidente) ║ FIG déclin (decadencia); el ocaso de Occidente le déclin de l'Occident ║ fin *f*; su ocaso se acerca sa fin approche ║ crépuscule *m*; el ocaso de los dioses le crépuscule des dieux ║ FIG en el ocaso de la vida au déclin de sa vie, sur ses vieux jours.

occidental *adj & s* occidental, e.

occidentalismo *m* occidentalisme.

occidentalista *adj & s* occidentaliste.

occidentalización *f* occidentalisation.

occidentalizar [13] *v tr* occidentaliser.

occidente *m* occident; al occidente à l'occident.

occidua *f* ASTRON occase (amplitud).

occipital *adj & s m* ANAT occipital, e.

occipitofrontal *adj* ANAT occipito-frontal, e; músculo occipitofrontal muscle occipito-frontal.

occipucio *m* ANAT occiput.

occisión *f* meurtre *m*.

occiso, sa *adj & s* tué, e; occis, e (p us).

OCDE (abrev de Organización para la Cooperación y el Desarrollo Económico) *f* OCDE.

Oceanía *n pr f* GEOGR Océanie.

oceánico, ca *adj* océanique (del océano) ║ océanien, enne (de Oceanía).

oceanicultura *f* aquaculture océanique.

oceánida *f* océanide (ninfa).

océano *m* océan; el océano Índico l'océan Indien ║ FIG océan; un océano de amargura un océan d'amertume.
◇ *adj m* (ant) el mar océano la mer océane.

oceanografía *f* océanographie.

oceanográfico, ca *adj* océanographique.

oceanógrafo, fa *m & f* océanographe.

ocelado, da *adj* ocellé, e.

ocelo *m* ocelle (mancha) ║ ocelle (ojo).

ocelote *m* ZOOL ocelot (mamífero).

ocena *f* MED ozène *m* (úlcera de la nariz).

ochava *f* huitième *m* ║ octave (en liturgia) ║ (Amer) pan *m* coupé (chaflán) ║ coin *m* (esquina).

ochavado, da *adj* octogonal, e.

ochavo *m* liard (moneda); no tener ni un ochavo ne pas avoir un liard.

ochavón, ona *adj & s* octavon, onne.

ochenta *adj & s* quatre-vingts.
║ OBSERV Quatre-vingts se escribe sin s delante de otro número (ochenta y dos quatre-vingt-deux) o cuando significa octogésimo. En Suiza se emplea huitante y a veces octante en lugar de quatre-vingts.

ochentavo, va *adj & s* quatre-vingtième.

ochentón, ona *adj & s* FAM octogénaire.

ocho *adj & s m* huit; ocho niños huit enfants; el año ocho l'an huit ║ huitième; en el año ocho de su reinado dans la huitième année de son règne ║ huitièmement (en octavo lugar) ■ aplazar para dentro de ocho días remettre à huitaine ║ las ocho huit heures ║ unos ocho une huitaine; unos ocho niños une huitaine d'enfants; dentro de unos ocho días dans une huitaine de jours.

ochocientos, tas *adj & s m* huit cents; quatro mil ochocientos quatre mille huit cents ║ huit cent; ochocientos diez huit cent dix (seguido de otra cifra); el año ochocientos l'an huit cent (cuando equivale a un ordinal) ║ mil ochocientos mille huit cents, dix-huit cents.

ocio *m* oisiveté *f*, repos (inacción) ║ loisir (tiempo libre) ║ ratos de ocio moments de loisir ║ délassement, distraction *f* (entretenimiento).

ociosamente *adv* oisivement (sin ocupación) ║ inutilement (sin utilidad).

ociosear *v intr* (Amer) fainéanter, ne rien faire (holgazanear).

ociosidad *f* oisiveté ║ la ociosidad es madre de todos los vicios l'oisiveté est la mère de tous les vices.

ocioso, sa *adj & s* oisif, ive; vida ociosa vie oisive.
◇ *adj* oiseux, euse (inútil); palabras ociosas des propos oiseux.

ocluido, da *adj* occlus, e.

ocluir [51] *v tr* MED occlure.
➨ **ocluirse** *v pr* se fermer.

oclusión *f* MED occlusion ║ oclusión coronaria oblitération des coronaires.

oclusivo, va *adj & s f* occlusif, ive; consonante oclusiva consonne occlusive.

ocozoal *m* serpent à sonnettes, crotale (serpiente).

ocozol *m* (Amer) liquidambar (árbol).

ocre *m* MIN ocre *f*; ocre amarillo ocre jaune; ocre rojo ocre rouge (almagre).
◇ *adj inv* ocre.

octaédrico, ca *adj* GEOM octaédrique.

octaedro *m* GEOM octaèdre; octaedro regular octaèdre régulier.

octágono, na *adj & s m* GEOM octogone.

octanaje *m* QUÍM indice d'octane.

octandria *f* BOT octandrie.

octandro, dra *adj* BOT octandre.

octano *m* QUÍM octane ║ índice de octano indice d'octane.

octante *m* MAR & GEOM octant.

octava *f* ECLES & MÚS octave ║ huitain *m* (estrofa) ■ octava real huitain dont les six premiers vers sont à rimes croisées et les deux derniers à rimes plates ║ octava rima "octava real" dans la poésie du Siècle d'or espagnol.

octavar *v tr & intr* déduire le huitième d'une chose ║ MÚS octavier.

octavario *m* octave *f* (en la iglesia).

Octavia *n pr* Octavie.

octaviano, na *adj* HIST d'Auguste, octavien, enne; la paz octaviana la paix d'Auguste.

octavilla *f* feuille de papier de petit format ║ tract *m* (hoja de propaganda) ║ huitain *m* (estrofa).

octavín *m* MÚS octavin (flautín).

Octavio *n pr* Octave.

octavo, va *adj & s* huitième ■ en octavo in-octavo (libro) ║ en octavo lugar huitièmement ║ la octava parte le huitième ║ DEP octavos de final huitièmes de finale.

octavón, ona *m & f* octavon, onne (mestizo).

octete *m* QUÍM & FÍS octet.

octeto *m* MÚS octuor ║ INFORM octet.

octingentésimo, ma *adj & s* huit centième.

octocoralarios *m pl* ZOOL octocoralliaires.

octodo *m* FÍS octode *f*.

octogenario, ria *adj & s* octogénaire.

octogésimo, ma *adj & s* quatre-vingtième.
║ OBSERV Octogésimo uno, segundo, etc. se dice en francés quatre-vingt-unième, quatre-vingt-deuxième, etc.

octogonal *adj* GEOM octogonal, e.

octógono, na *adj & s m* GEOM octogone.

octópodo, da *adj & s m* ZOOL octopode.

octosilábico, ca *adj* octosyllabique, octosyllabe.

octosílabo, ba *adj & s* octosyllabe.

octóstilo, la *adj* ARQ octostyle (de ocho columnas).

octubre *m* octobre; Madrid, 6 o a 6 de octubre de 1968 Madrid, le 6 octobre 1968.

OCU (abrev de Organización de Consumidores y Usuarios) *f* agence nationale espagnole de défense des consommateurs.

ocular *adj & s m* oculaire; testigo ocular témoin oculaire.

ocularmente *adv* visuellement.

oculista *adj & s* oculiste.

ocultación *f* dissimulation ‖ ASTRON occultation ‖ recel *m* (encubrimiento) ‖ DR ocultación de parto suppression de part o d'enfant.

ocultador, ra *adj* qui cache.
◇ *m & f* receleur, euse.
➤ **ocultador** *m* FOT cache.

ocultamente *adv* occultement ‖ secrètement.

ocultar *v tr* cacher; ocultar su juego, un objeto cacher son jeu, un objet ‖ ASTRON occulter ‖ receler (encubrir) ‖ ocultar a o de la vista de alguien dérober o cacher à la vue de quelqu'un.
➤ **ocultarse** *v pr* se cacher; ocultarse de sus padres, de las miradas se cacher de ses parents, aux regards.

ocultis
➤ **de ocultis** *loc* FAM en catimini, en tapinois.

ocultismo *m* occultisme.

ocultista *adj & s* occultiste.

oculto, ta *adj* occulte (secreto); influencia oculta influence occulte ‖ caché, e (escondido) ‖ ciencias ocultas sciences occultes.

ocume *m* okoumé.

ocupación *f* occupation; tener muchas ocupaciones avoir beaucoup d'occupations ‖ affaire, occupation; dedicarse a sus ocupaciones se consacrer à ses affaires ‖ profession, métier *m* (empleo) ‖ occupation (de ciudad, de un país).

ocupacional *adj* professionnel, elle.

ocupado, da *adj* occupé, e.

ocupante *adj & s* occupant, e.

ocupar *v tr* occuper; ocupar sus horas libres en occuper ses heures creuses à ‖ occuper (un puesto, un país, un piso) ‖ occuper (emplear obreros) ‖ ocupar espacio prendre o occuper de la place.
➤ **ocuparse** *v pr* s'occuper; ocuparse de un niño s'occuper d'un enfant; ocuparse en obras útiles s'occuper à des travaux utiles.

ocurrencia *f* circonstance, occasion, occurrence (p us) ‖ FIG mot *m* d'esprit, boutade, bon mot *m* (chiste) ‖ idée; ¡tienes cada ocurrencia! tu as de ces idées!; ¡vaya ocurrencia! quelle drôle d'idée! ‖ tener ocurrencia avoir de l'à-propos.

ocurrente *adj* qui arrive, qui a lieu (que sucede) ‖ FIG spirituel, elle (chistoso, gracioso) ‖ ECLES occurent, e [fête].

ocurrir *v intr* arriver, se passer, avoir lieu, advenir (acontecer); eso ocurre todos los años cela arrive tous les ans ‖ arriver; ¿qué te ocurre? qu'est-ce qui t'arrive? ■ ocurra lo que ocurra quoi qu'il advienne, advienne que pourra ‖ ¿qué ocurre? que se passe-t-il?, qu'y a-t-il?
➤ **ocurrirse** *v pr* venir à l'esprit o à l'idée, passer par la tête; esta idea se me ocurrió ayer cette idée m'est venue hier à l'esprit; es lo único que se me ocurre c'est la seule chose qui me vienne à l'idée; cuenta todo lo que se le ocurre il raconte tout ce qui lui passe par la tête ‖ avoir l'idée de; de repente se le ocurrió irse il a eu tout-à-coup l'idée de partir ‖ s'aviser; que no se te ocurra repetirlo ne t'avise pas de le répéter ■ a nadie se le ocurre hacer esto on n'a pas idée de faire ça ‖ ¡se le ocurre cada cosa! il a de ces idées! ‖ se me ocurre que je pense que.

oda *f* ode ‖ oda corta odelette.

odalisca *f* odalisque.

ODECA (abrev de Organización de Estados Centroamericanos) *f* ODECA.

odeón *m* odéon (teatro).

odiar [8] *v tr* détester, haïr; odiar a o de muerte haïr à mort; te odio je te déteste.

odio *m* haine *f* ■ mirada de odio regard haineux ‖ por odio a par haine de, en haine de ‖ tener odio a uno détester o haïr quelqu'un, avoir quelqu'un en haine ‖ tomar o cobrar odio a prendre en haine.

odiosamente *adv* odieusement.

odiosidad *f* caractère *m* odieux, ignominie ‖ haine (aversión).

odioso, sa *adj* odieux, euse; détestable ■ hacerse odioso se rendre odieux.

odisea *f* odyssée.

odómetro *m* odomètre.

odontalgia *f* MED odontalgie (dolor de muelas).

odontálgico, ca *adj* MED odontalgique.

odontología *f* MED odontologie ‖ escuela de odontología école dentaire.

odontólogo *m* odontologiste (p us), chirurgien-dentiste.

odorante *adj* odorant, e.

odorífero, ra *adj* odorant, e; odoriférant, e.

odre *m* outre *f* (pellejo) ‖ FIG & FAM sac à vin (borracho).

OEA (abrev de Organización de Estados Americanos) *f* OEA.

OEI (abrev de Oficina de Educación Iberoamericana) *f* BEIA *m*.

œrsted; oerstedio *m* FÍS œrsted (unidad).

Oesnorueste *m* ouest-nord-ouest.

Oessudueste *m* ouest-sud-ouest.

Oeste *adj & s* ouest ‖ una película del Oeste un western.

oestral *adj* BIOL œstral, e.

Ofelia *n pr* Ophélie.

ofender *v tr* [▷ SIN] offenser, outrager ‖ ofender a la vista offenser la vue.
➤ **ofenderse** *v pr* s'offenser, s'offusquer; ofenderse por todo s'offenser de tout ‖ se fâcher (reñir); ofenderse con su amigo se fâcher avec son ami.

SIN injuriar injurier; agraviar offenser; ultrajar outrager; afrentar faire affront; faltar manquer de respect.

ofendido, da *adj & s* offensé, e.

ofensa *f* offense, outrage *m* (injuria).

ofensivo, va *adj* offensant, e; outrageant, e (palabra o hecho) ‖ offensif, ive (arma, guerra).
➤ **ofensiva** *f* offensive; pasar a la ofensiva passer à l'offensive.

ofensor, ra *adj* qui offense.
➤ **ofensor** *m* offenseur.

oferta *f* offre (propuesta); oferta en firme offre ferme ‖ don *m* (regalo) ■ ECON oferta pública de adquisición (OPA) offre publique d'achat (OPA) ‖ oferta pública de adquisición hostil (OPAH) offre publique d'achat hostile (OPA hostile) ■ ley de la oferta y la demanda loi de l'offre et de la demande.

ofertar *v tr* offrir (en venta).

ofertorio *m* offertoire (parte de la misa) ‖ huméral (humeral).

off *adj* off the record à titre confidentiel (extraoficialmente, confidencialmente) ‖ CINEM VOZ en off voix hors champ o off.

office *m* office (antecocina).

offset *m* IMPR offset.

offshore *adj* offshore (prospección petrolífera).

offside *m* (anglicismo) DEP hors-jeu (orsay).

oficial *adj* officiel, elle ‖ légal, e; hora oficial heure légale.
◇ *m* ouvrier (obrero) ‖ employé (oficinista) ‖ (p us) boucher (carnicero) ‖ officier municipal (municipal) ‖ official (juez eclesiástico) ‖ MIL officier; oficial de complemento, de la escala activa, de semana, general, subalterno officier de réserve, d'active, de semaine, général, subalterne ■ MAR oficial de guardia officier de quart ‖ oficial de peluquería garçon coiffeur ‖ oficial de la sala greffier ‖ oficial de sanidad officier de santé ‖ primer oficial maître clerc (de un notario).

oficiala *f* ouvrière ‖ employée (oficinas) ‖ officière (del Ejército de Salvación) ■ oficiala de costura première main ‖ oficiala de modista petite main.

oficialía *f* emploi *m* de bureau.

oficialidad *f* MIL cadres *m pl*, officiers *m pl* ‖ caractère *m* officiel (de una noticia, etc.).

oficialismo *m* (Amer) parti au pouvoir ‖ forces qui soutiennent le gouvernement.

oficialista *m* (Amer) partisan du gouvernement ‖ serviteur inconditionnel du gouvernement.

oficialización *f* officialisation.

oficializar [13] *v tr* officialiser.

oficialmente *adv* officiellement.

oficiante *m* officiant.

oficiar [8] *v tr* célébrer (la misa) ‖ communiquer officiellement (una noticia).
◇ *v intr* officier (el sacerdote).

oficina *f* bureau *m* (despacho); oficina de Correos bureau de poste ‖ office *m*; oficina de colocación office de la main-d'œuvre ‖ officine (de farmacia) ‖ FIG officine, laboratoire *m* ■ oficina central siège [d'une administration] ‖ oficina de objetos perdidos bureau des objets trouvés ‖ oficina de Turismo syndicat d'initiative, office de tourisme ‖ Oficina Internacional del Trabajo (OIT) Bureau international du travail (BIT).

oficinal _adj_ MED officinal, e.

oficinista _m_ & _f_ employé, employée de bureau.

oficio _m_ métier (profesión); oficio manual métier manuel ‖ office, fonctions _f pl_ (función); desempeñar su oficio remplir ses fonctions o son office ‖ office, charge _f_ (de escribano) ‖ communication _f_, rapport (comunicación) ‖ office (antecocina) ‖ ECLES office; oficio de difuntos office des morts ■ oficio divino o mayor office divin ‖ oficio parvo petit office ■ DR abogado de oficio avocat commis d'office ‖ artes y oficios arts et métiers ‖ buenos oficios bons offices ‖ de oficio d'office ‖ los gajes del oficio les inconvénients du métier ‖ Santo Oficio Saint-Office ■ hacer su oficio faire son métier ‖ no hay oficio malo il n'y a point de sot métier ‖ no tener oficio ni beneficio ne rien avoir du tout ‖ quien ha oficio, ha beneficio il n'est de si petit métier qui ne nourrisse son maître ‖ ser albañil de oficio être maçon de son métier o de son état ‖ ser del oficio être du métier ‖ tener mucho oficio avoir du métier.

oficiosamente _adv_ diligemment (con diligencia) ‖ obligeamment (con complacencia) ‖ officieusement (no oficialmente).

oficiosidad _f_ diligence, activité (laboriosidad) ‖ obligeance, empressement _m_ (complacencia) ‖ zèle _m_ déplacé, indiscrétion (importunidad).

oficioso, sa _adj_ actif, ive; diligent, e (diligente) ‖ obligeant, e; empressé, e (solícito) ‖ indiscret, ète (importuno) ‖ officieux, euse (no oficial).

ofidio, dia _adj_ & _s m_ ZOOL ophidien, enne.

ofimática _f_ bureautique.

ofioglosa _f_ BOT ophioglosse _m_.

ofiolatría _f_ ophiolâtrie.

ofiología _f_ ZOOL ophiologie.

ofita _f_ ophite _m_ (piedra) ‖ ophite _m_ (miembro de una secta).

Ofiuco _m_ ASTRON Ophiuchus, Serpentaire.

ofiuro _m_ ZOOL ophiure _f_.

ofrecer [30] _v tr_ offrir; ofrecer un vino de honor offrir un vin d'honneur; ofrecer un sacrificio offrir un sacrifice ‖ FIG offrir, présenter; esto ofrece muchas ventajas ceci offre bien des avantages ‖ [▷ SIN] offrir; ofrecer su ayuda offrir son aide ‖ offrir; ofrecer poca resistencia offrir peu de résistance ■ ofrecer el brazo offrir son bras ‖ ofrecer una copa offrir un verre.

◆ **ofrecerse** _v pr_ s'offrir; ofrecerse en sacrificio s'offrir en sacrifice ‖ se proposer, s'offrir; ofrecerse de acompañante se proposer comme accompagnateur; ofrecerse para hacer un trabajo s'offrir à faire un travail ‖ FIG venir à l'esprit (ocurrir) ■ ofrecerse a la vista de s'offrir à la vue de ‖ ¿qué se le ofrece a usted? que désirez-vous?, qu'y a-t-il pour votre service?

‖ SIN proponer proposer; prometer promettre; asegurar assurer; presentar présenter; brindar offrir.

ofrecimiento _m_ offre _f_.

ofrenda _f_ offrande ‖ ofrenda floral dépôt _m_ de gerbe.

ofrendar _v tr_ offrir, donner une offrande; ofrendar su alma a Dios offrir son âme à Dieu.

ofris _m_ BOT ophrys.

oftalmía _f_ MED ophtalmie.

oftálmico, ca _adj_ MED ophtalmique.

oftalmología _f_ MED ophtalmologie.

oftalmológico, ca _adj_ ophtalmologique.

oftalmólogo _m_ & _f_ ophtalmologiste, ophtalmologue.

oftalmómetro _m_ ophtalmomètre.

oftalmoscopia _f_ MED ophtalmoscopie.

oftalmoscopio _m_ MED ophtalmoscope.

ofuscación _f_; **ofuscamiento** _m_ aveuglement _m_ (ceguera).

ofuscar [10] _v tr_ offusquer (p us), aveugler, éblouir; el sol me ofusca le soleil m'éblouit ‖ FIG troubler, égarer, aveugler (conturbar); ofuscado por la pasión aveuglé par la passion.

◆ **ofuscarse** _v pr_ être ébloui, e ‖ FIG être troublé, e.

‖ OBSERV Ofuscarse n'a pas le sens de s'offusquer, être choqué par (ofenderse).

ogro, ogresa _m_ & _f_ ogre, ogresse.

¡oh! _interj_ oh!; ¡oh qué horror! oh! quelle horreur! ‖ ô (usado como vocativo); ¡oh, Júpiter! ô Jupiter!

ohm; ohmio _m_ ELECTR ohm.

óhmico, ca _adj_ ELECTR ohmique.

ohmio _m_ → **ohm**.

ohmiómetro _m_ ELECTR ohmmètre.

oída _f_ audition ‖ de o por oídas par ouï-dire.

oídio _m_ BOT oïdium.

oído _m_ oreille _f_ (órgano); me duelen los oídos j'ai mal aux oreilles; taparse los oídos se boucher les oreilles ‖ ouïe _f_, oreille _f_ (sentido); tener el oído fino avoir l'ouïe fine ‖ lumière _f_ [d'une arme à feu] ■ ANAT oído interno oreille interne ■ al oído à l'oreille ‖ MÚS de oído d'oreille ‖ duro de oído dur d'oreille ■ a preguntas necias, oídos sordos à folle demande, point de réponse ‖ FIG & FAM ¡oído al parche! attention! ■ FIG abrir los oídos ouvrir les oreilles ‖ aguzar el oído dresser o tendre l'oreille ‖ dar oídos a prêter l'oreille à, écouter (prestar atención), ajouter foi à (creer) ‖ entrar por una oreja y salir por el otro entrer par une oreille et sortir par l'autre ‖ FIG estar mal del oído être dur d'oreille ‖ hacer oídos de mercader o oídos sordos faire la sourde oreille ‖ ha llegado a mis oídos j'ai appris, j'ai eu vent de ‖ lastimar el oído écorcher les oreilles o l'oreille ‖ machacar los oídos rebattre les oreilles ‖ no dar crédito a sus oídos ne pas en croire ses oreilles ‖ no dar oídos a refuser d'écouter, fermer l'oreille à ‖ prestar oído prêter l'oreille ‖ prestar oídos tendre l'oreille ‖ regalar el oído a uno chanter les louanges de quelqu'un ‖ ser fino de oídos avoir l'oreille fine ‖ ser todo oídos être tout ouïe, écouter de toutes ses oreilles ‖ tener oído avoir de l'oreille.

OIEA (abrev de Organismo Internacional para la Energía Atómica) _m_ AIEA _f_.

oíl _m_ oïl; lengua de oíl langue d'oïl.

oír [62] _v tr_ entendre; oír un ruido entendre un bruit; no se oye nada on n'entend rien ‖ écouter (atender, escuchar); oír un ruego écouter une demande ■ oír al revés enten-

dre de travers ‖ oír misa entendre la messe ‖ (ant) oír teología suivre un cours de théologie ■ ¡oiga! écoutez! (para llamar la atención), allô! (teléfono) ‖ FAM ¡oye! dis donc!; pero, oye, ¿qué te has creído? mais, dis donc, qu'est-ce que tu t'es imaginé?; écoute! (para llamar la atención) ■ al oírle hablar así à l'entendre ‖ aquí donde usted me oye moi qui vous parle ‖ dejar oír faire entendre ‖ ¡Dios le oiga! Dieu vous entende! ‖ FAM es como quien oye llover c'est comme si je chantais ‖ estar harto de oír avoir les oreilles rebattues de ‖ FIG las paredes oyen les murs ont des oreilles ‖ ni visto ni oído ni vu ni connu ‖ no hay peor sordo que el que no quiere oír il n'est pire sourd que celui qui ne veut pas entendre ‖ se oyó una voz plañidera une voix plaintive se fit entendre ‖ FIG usted ha oído campanas (y no sabe dónde) vous en avez vaguement entendu parler, vous ne comprenez qu'à moitié.

‖ OBSERV Existe también en francés el verbo ouïr. [▷ OBSERV ouïr].

OIRT (abrev de Organisation Internationale de Radiodiffusion et Télévision) _f_ OIRT.

oíslo _m_ & _f_ FAM moitié _f_ (esposo o esposa).

OIT _f_ (abrev de Oficina Internacional del Trabajo) BIT _m_ ‖ (abrev de Organización Internacional del Trabajo) OIT.

ojal _m_ boutonnière _f_ (para abrochar un botón); con una flor en el ojal une fleur à la boutonnière ‖ œil, orifice (agujero) ‖ FAM boutonnière (herida); abrirle a uno un ojal faire une boutonnière à quelqu'un.

¡ojalá! _interj_ je l'espère!, que Dieu vous entende!, plaise à Dieu! ‖ Dieu veuille que, pourvu que; ¡ojalá apruebe! Dieu veuille qu'il réussisse! ‖ pourvu que; ¡ojalá se escape! pourvu qu'il s'échappe! ‖ ¡ojalá viviera aún! si seulement il vivait encore!

ojaranzo _m_ BOT sorte de ciste (planta) ‖ laurier-rose (adelfa) ‖ rhododendron (rododendro).

OJE (abrev de Organización Juvenil Española) _f_ organisation des jeunesses espagnoles créée par Franco en 1960 et dissoute en 1977.

ojeada _f_ coup _m_ d'œil; echar o dar una ojeada jeter un coup d'œil ‖ FIG tour _m_ d'horizon; dieron una ojeada a la situación actual ils ont fait un tour d'horizon de la situation actuelle.

ojeador _m_ rabatteur (en la caza).

ojear _v tr_ regarder, examiner (mirar) ‖ rabattre, faire lever (en la caza) ‖ FIG effaroucher, faire fuir (espantar) ‖ jeter le mauvais œil (aojar).

ojén _m_ sorte d'anisette _f_ (bebida).

ojeo _m_ battue _f_ (en la caza).

ojera _f_ cerne _m_ (de los ojos) ‖ tener ojeras avoir les yeux cernés.

ojeriza _f_ rancune, haine ■ tener ojeriza a uno avoir une dent contre quelqu'un, avoir pris quelqu'un en grippe, en vouloir à quelqu'un ‖ tomar ojeriza a uno prendre quelqu'un en grippe.

ojeroso, sa _adj_ battu, e; cerné, e (los ojos) ‖ estar ojeroso avoir les yeux cernés o battus.

ojete _m_ œillet (para pasar un cordón) ‖ VULG trou de balle (ano).

ojetear _v tr_ faire des œillets (costura).

ojetera *f* bord *m* d'un vêtement.

ojiabierto, ta *adj* FAM qui a les yeux ouverts ‖ FIG qui a l'œil (avisado, sagaz).

ojialegre *adj* FAM qui a les yeux rieurs.

ojienjuto, ta *adj* FAM qui a l'œil sec.

ojigarzo, za *adj* aux yeux bleus.

ojímetro

➡ **a ojímetro** *loc adv* FAM au pifomètre.

ojimiel *m* oxymel (medicamento).

ojimoreno, na *adj* FAM qui a les yeux bruns.

ojinegro, gra *adj* FAM qui a les yeux noirs.

ojituerto, ta *adj* loucheur, euse (bisojo).

ojiva *f* ARQ ogive ‖ MIL ogive (de proyectil).

ojival *adj* ogival, e; en ogive ‖ estilo ojival style ogival.

ojizarco, ca *adj* FAM qui a les yeux bleu clair.

ojo *m* œil; tener ante los ojos avoir sous o devant les yeux; saltar un ojo crever un œil ‖ œil (en el caldo, pan, queso) ‖ chas (de aguja) ‖ anneau (de llave) ‖ trou (de cerradura) ‖ arche *f* (de puente) ‖ source *f* (manantial) ‖ ocelle (de la cola del pavo) ‖ savonnage (jabonadura) ‖ maille *f* (de red) ‖ jour (de escalera) ‖ IMPR œil (de una letra) ‖ TECN œil (de la herramienta) ■ ¡ojo!, ¡mucho ojo! attention!, gare!, ouvrez l'œil! ‖ ojo con attention à ‖ FIG & FAM ojo a la funerala, ojo en compota œil au beurre noir, œil poché, coquard ‖ ojo de besugo œil globuleux ‖ ojo de buey œil-de-bœuf (ventana) ‖ ojo de cristal œil de verre ‖ ojo de gallo œil-de-perdrix (callo) ‖ ojo de gato œil-de-chat (ágata) ‖ ojo de la tempestad œil du cyclone ‖ ojo de muela œillard ‖ ojo de perdiz œil-de-perdrix (en bordados y árboles) ‖ FOT ojo de pez fish-eye ‖ RAD ojo mágico œil magique ‖ ojos hundidos yeux creux ‖ ojos oblicuos yeux obliques o bridés ‖ ojos pícaros yeux fripons ‖ FIG ojo por ojo, diente por diente œil pour œil, dent pour dent ‖ ojos rasgados yeux en amande o de biche o fendus ‖ ojos saltones yeux saillants o à fleur de tête ‖ ojos tiernos yeux fragiles, yeux humides o qui pleurent ■ a (los) ojos de aux yeux de (según) ‖ a ojo au jugé, à l'œil ‖ FIG a ojo de buen cubero o à vue de nez, au pifomètre ‖ a ojos cerrados les yeux fermés ‖ a ojos vistas à vue d'œil (progresivamente); crecer a ojos vistas grandir à vue d'œil ‖ FIG como los ojos de la cara comme la prunelle de ses yeux ‖ con los ojos cerrados les yeux fermés ‖ dar un ojo savonner (la ropa) ‖ delante de los ojos sous les yeux ‖ en un abrir y cerrar de ojos en un clin d'œil ‖ hacer ojo mousser (el jabón) ‖ hasta los ojos jusqu'au cou ‖ mal de ojo mauvais œil; hacer mal de ojo avoir le mauvais œil ■ FIG abrir o abrirle o abrirle l'œil ‖ abrir los ojos o ouvrir o dessiller les yeux (à o a quelqu'un) ‖ alegrársele a uno los ojos briller de joie [les yeux]; se le alegraron los ojos ses yeux brillèrent de joie ‖ alzar los ojos al cielo lever les yeux au ciel ‖ FIG andar con cien ojos andar sur ses gardes ‖ andar ojo alerta ouvrir l'œil ‖ bailarle a uno los ojos de alegría être tout guilleret (estar sumamente contento) ‖ cerrarle a uno los ojos fermer les yeux de quelqu'un [qui vient de mourir] ‖ FIG cerrar los ojos a fermer les yeux sur ‖ clavar los ojos en fixer les yeux sur ‖ FIG & FAM comerse con los ojos

couver o dévorer o manger des yeux ‖ FIG costar o valer un ojo de la cara coûter les yeux de la tête ‖ cuatro ojos ven más que dos deux avis valent mieux qu'un ‖ daría un ojo de la cara por je donnerais tout au monde pour, je donnerais gros pour ‖ ¡dichosos los ojos que te ven! comme je suis content de te voir!, quel bon vent t'amène? ‖ FIG donde pone el ojo pone la bala o la piedra il ne rate jamais son coup ‖ dormir con un ojo abierto o con los ojos abiertos ne dormir que d'un œil, dormir en gendarme ‖ echar el ojo a jeter son dévolu sur, avoir des vues sur ‖ el ojo del amo engorda al caballo rien ne vaut l'œil du maître ‖ entrar por los ojos taper dans l'œil ‖ estar ojo avizor avoir l'œil au guet ‖ hacer caer la venda de los ojos dessiller les yeux, faire tomber le bandeau des yeux ‖ írsele a uno los ojos por o tras una cosa mourir d'envie de quelque chose (desear), loucher sur quelque chose (mirar) ‖ llenar antes el ojo que la barriga o la tripa avoir les yeux plus grands o gros que le ventre ‖ llorar con un ojo verser des larmes de crocodile ‖ me ha metido esto por los ojos il me l'a vanté, il m'en a fait l'article ‖ meterse por el ojo de una aguja se faufiler partout ‖ mirar a o en los ojos regarder dans les yeux o en face ‖ FIG mirar con buenos ojos regarder d'un bon œil ‖ mirar con el rabillo del ojo regarder du coin de l'œil ‖ mirar con ojos de carnero regarder avec des yeux de merlan frit ‖ mirar con ojos terribles faire les gros yeux ‖ no dar crédito a sus ojos ne pas en croire ses yeux ‖ no pegar el ojo o ojo ne pas fermer l'œil (no poder dormir bien o nunca) ‖ no quitar los ojos de encima ne pas quitter des yeux, couver du regard (mirar mucho), avoir o tenir à l'œil (vigilar) ‖ no quitar ojo a alguien avoir l'œil sur quelqu'un, avoir o tenir quelqu'un à l'œil ‖ no tener dónde volver los ojos ne pas savoir vers qui se tourner ‖ no tener ojos más que para n'avoir d'yeux que pour ‖ FIG & FAM no tener telarañas en los ojos ne pas avoir les yeux dans sa poche ‖ ofender los ojos offenser la vue ‖ ojos que no ven, corazón que no siente loin des yeux, loin du cœur ‖ pasar a los ojos de uno como un tonto passer aux yeux de quelqu'un pour un sot ‖ pasar los ojos por parcourir des yeux o du regard ‖ FIG & FAM ponerle a uno un ojo a la funerala pocher l'œil à quelqu'un ‖ FIG poner los ojos o el ojo en jeter les yeux sur ‖ poner los ojos en blanco se pâmer (de gusto), avoir les yeux révulsés (por un mareo) ‖ FIG quebrarse los ojos se crever les yeux (de cansancio) ‖ revolver los ojos rouler des yeux ‖ FIG & FAM sacar los ojos a uno saigner quelqu'un (pedir mucho dinero) ‖ FIG saltar a los ojos sauter aux yeux ‖ se le arrasaron los ojos de lágrimas ses yeux se remplirent de larmes ‖ se le humedecieron los ojos les larmes lui montèrent aux yeux ‖ FIG ser el ojo o el ojito derecho être le chouchou o le préféré ‖ ser todo ojos être tout yeux ‖ tener buen ojo o ojo clínico avoir l'œil américain o le compas dans l'œil ‖ FIG & FAM tener cuatro ojos être un binoclard (llevar gafas) ‖ tener entre ojos a uno avoir quelqu'un dans le nez, ne pas pouvoir sentir quelqu'un ‖ FIG tener los ojos vendados, tener una venda en los ojos avoir un bandeau sur les yeux, être aveugle ‖ tener muy buen ojo avoir du flair (ser perspicaz) ‖ FIG & FAM tener ojo de buen cubero avoir le

compas dans l'œil o l'œil américain ‖ tener un ojo aquí y el otro en Pekín avoir un œil qui dit zut à l'autre, avoir un œil à Paris et l'autre à Pontoise (ser bizco) ‖ FIG traer entre ojos avoir à l'œil, surveiller ‖ ver con buenos, malos ojos voir d'un bon, mauvais œil ‖ ven con los mismos ojos voir du même œil.

➡ **ojos** *m pl* anneaux (de tijeras).

ojota *f* (*Amer*) sandale.

ojuelo *m* petit œil; unos ojuelos vivarachos des petits yeux vifs.

¡OK! *interj* FAM O.-K.! (bien, de acuerdo).

okapí *m* ZOOL okapi (mamífero).

◻ OBSERV pl okapíes.

okume *m* okoumé (árbol africano).

okupa *m & f* FAM squatter.

ola *f* MAR vague ‖ FIG poussée; ola inflacionista poussée inflationniste ‖ vague; ola de protestas vague de protestations ■ la nueva ola la nouvelle vague ‖ ola de calor, de frío vague de chaleur, de froid.

¡ole!; ¡olé! *interj* bravo!, olé!

oleáceas *f pl* BOT oléacées.

oleada *f* grande vague, lame (ola) ‖ paquet *m* de mer ‖ FIG remous *m* [de la foule] ‖ vague; oleada de suicidios vague de suicides ‖ bonne récolte d'huile (cosecha).

oleaginoso, sa *adj & s m* oléagineux, euse.

oleaje *m* houle *f* (marejada).

oleandro *m* BOT oléandre, laurier-rose.

olear *v tr* ECLES administrer l'extrême-onction.

oleato *m* QUÍM oléate.

olécranon *m* ANAT olécrane.

oleico, ca *adj* QUÍM oléique.

oleícola *adj* oléicole.

oleicultor *m* oléiculteur.

oleicultura *f* oléiculture.

oleífero, ra *adj* oléifère, oléifiant, e; planta oleífera plante oléifère.

oleiforme *adj* oléiforme.

oleína *f* QUÍM oléine.

óleo *m* huile *f* (aceite) ■ los Santos Óleos les saintes huiles ‖ pintura al óleo peinture à l'huile.

oleodinámico, ca *adj* TECN oléohydraulique.

oleoducto *m* pipe-line, oléoduc (p us).

oleografía *f* oléographie.

oleolato *m* QUÍM oléolat.

oleómetro *m* oléomètre.

oleonafta *f* QUÍM oléonaphte *m*.

oleorresina *f* oléorésine.

oleosidad *f* caractère *m* huileux.

oleoso, sa *adj* huileux, euse.

oler [49] *v tr* sentir [une odeur] ‖ FIG flairer, renifler (husmear).

◇ *v intr* sentir; oler a tabaco sentir le tabac; oler bien, mal sentir bon, mauvais ‖ FIG sentir; esto huele a mentira cela sent le mensonge ■ FIG & FAM oler a chamusquina sentir le roussi ‖ oler a difunto sentir le cadavre o le sapin ‖ este asunto no me huele bien cette affaire me paraît louche o ne me semble pas très catholique ‖ este hombre me huele a bellaco cet homme m'a tout l'air d'un fripon.

➡ **olerse** *v pr* FIG sentir; me huelo que va a

llover je sens qu'il va pleuvoir | pressentir, flairer FAM; **olerse un peligro** flairer un danger | soupçonner, subodorer; **me huelo una intriga** je soupçonne une intrigue|se douter; **me lo olía** je m'en doutais.

óleum *m* QUÍM óléum.

olfa *adj & s* VULG lèche-cul (pelotillero).

olfatear *v tr* flairer.

olfateo *m* olfaction *f* (p us), action *f* de flairer.

olfativo, va *adj* ANAT olfactif, ive; **nervio olfativo** nerf olfactif.

olfato *m* odorat | flair (perros, etc.) | FIG flair, nez (perspicacia); **tener olfato** avoir du flair.

olfatorio, ria *adj* olfactif, ive.

olíbano *m* oliban (incienso).

oliente *adj* qui sent, odorant, e ■ **bien oliente** qui sent bon | **mal oliente** malodorant, e; qui sent mauvais.

oliera *f* chrismal *m* (vaso).

olifante *m* olifant (trompa).

oligarca *m* oligarque.

oligarquía *f* oligarchie; **la oligarquía financiera** l'oligarchie financière.

oligárquico, ca *adj* oligarchique.

oligisto *adj m & s m* MIN oligiste (mineral de hierro) |**oligisto rojo** hématite.

oligoceno, na *adj & s m* GEOL oligocène.

oligoclasa *f* MIN oligoclase.

oligoelemento *m* BIOL oligo-élément.

oligofrenia *f* oligophrénie.

oligofrénico, ca *adj* oligophrène.

oligopolio *m* ECON oligopole.

oligopsonio *m* ECON oligopsone.

oligoquetos *m pl* ZOOL oligochètes (anélidos).

oligotrófico, ca *adj* BOT oligotrophe.

oliguria *f* MED oligurie.

Olimpia *n pr* GEOGR Olympie.

olimpiada *f* jeux *m pl* Olympiques (juegos) | olympiade (período de cuatro años).

olímpicamente *adv* **despreciar olímpicamente** avoir un mépris olympien | **mirar olímpicamente a uno** regarder quelqu'un de toute sa hauteur.

olímpico, ca *adj* olympien, enne (del Olimpo); **Júpiter olímpico** Jupiter Olympien | olympique (de olimpia); **juegos olímpicos** jeux Olympiques ■ **ciudad olímpica** ville olympique | FIG **desdén olímpico** mépris olympien.

olimpismo *m* olympisme.

Olimpo *n pr m* GEOGR & MITOL Olympe.

olingo *m* (Amer) singe hurleur (mono).

Olinto *n pr* HIST Olynthe.

oliscar [10] *v tr* flairer, sentir (oler) |FIG flairer, renifler.
◇ *v intr* sentir [mauvais]; **esta carne empieza a oliscar** cette viande commence à sentir.

olisquear *v tr* FAM renifler.

oliva *f* olive (aceituna); **aceite de oliva** huile d'olive | chouette, chevêche (lechuza) | ARQ olive (motivo) | **color verde oliva** olive [couleur].

oliváceo, a *adj* olivacé, e.

olivar *m* oliveraie *f*, olivaie *f*, bois d'oliviers, olivette *f* (campo de olivos).

olivar *v tr* AGRIC couper les basses branches.

olivarda *f* faucon *m* (neblí).

olivarero, ra *adj* de l'olivier, de l'olive; **región olivarera** région de l'olivier; **industria olivarera** industrie de l'olive | relatif aux olives; **política olivarera** politique relative aux olives.

olivera *f* olivier *m* (árbol).

Oliverio *n pr* Olivier.

olivero *m* genier à olives.

olivetano *m* olivétain (religioso).

olivícola *adj* de la culture des olives.

olivicultor *m* oléiculteur, personne *f* qui fait la culture des olives.

olivicultura *f* oléiculture, culture des olives.

olivífero, ra *adj* couvert d'oliviers.

olivillo *m* BOT olivier nain.

olivina *f*; **olivino** *m* MIN olivine *f*.

olivo *m* olivier (árbol) ■ **olivo arbequín** olivier de Catalogne | **olivo silvestre** o **acebucheno** olivier sauvage (acebuche) ■ **huerto de los Olivos** jardin des Oliviers | **monte de los Olivos** mont des Oliviers | FIG **olivo y aceituno todo es uno** c'est bonnet blanc et blanc bonnet | **rama de olivo** rameau d'olivier | FIG **tomar el olivo** sauter la barrière (el torero), prendre la clef des champs (marcharse).

Olivos *n pr* **el monte de los Olivos** le mont des Oliviers.

olla *f* marmite (vasija) |pot-au-feu *m inv* (guisado) | bouillonnement *m*, tourbillon *m* (remolino) ■ **olla ciega** tirelire (alcancía) | MIL **olla de fuego** grenade, obus | FIG **olla de grillos** cour du roi Pétaud, pétaudière | **olla a presión** autocuiseur |**olla podrida** pot-pourri.

ollao *m* MAR œil-de-pie, œillet.

ollar *adj* ollaire; **piedra ollar** pierre ollaire.
◇ *m* naseau (de las caballerías).

ollera *f* ZOOL sittelle (herrerillo).

ollería *f* poterie.

ollero, ra *m & f* potier, ère | **cada ollero alaba su puchero** chacun vante sa marchandise.

olmeda *f*; **olmedo** *m* ormaie *f*, ormoie *f*.

olmo *m* BOT orme | **olmo pequeño** ormeau, ormille.

ológrafo, fa *adj* olographe (testamento).

olor *m* [▷ SIN] odeur *f*; **un olor a rosa** une odeur de rose | fumet (de un manjar, de la caza) | senteur *f*, parfum (buen olor) | FIG odeur | (Amer) CULIN condiment, épice *f* (condimento, especia) ■ **agua de olor** eau de toilette | **morir en olor a santidad** mourir en odeur de sainteté.

> SIN fragancia, perfume parfum; aroma arôme, bouquet; efluvio effluve; emanación émanation; exhalación exhalaison.

olorizar [13] *v tr* embaumer, parfumer.

oloroso, sa *adj* parfumé, e; odorant, e.
➤ **oloroso** *m* variété *f* aromatique du Xérès (vino).

olote *m* (Amer) rafle *f* de maïs.

OLP (abrev de Organización para la Liberación de Palestina) *f* OLP.

olvidable *adj* oubliable.

olvidadizo, za *adj* oublieux, euse | FIG ingrat, e; qui a la mémoire courte (desagradecido) ■ **hacerse el olvidadizo** feindre d'oublier o de ne pas se souvenir | **ser olvidadizo** avoir la mémoire courte.

olvidado, da *adj & s* oublié, e | oublieux, euse (olvidadizo) | FIG ingrat, e.

olvidar *v tr* oublier; **olvidar un objeto, una fecha, a una persona** oublier un objet, une date, une personne | FAM **¡olvídame!** lâche-moi les baskets!
➤ **olvidarse** *v pr* s'oublier (estar olvidado); **todo se olvida** tout s'oublie | oublier; **se me olvidó decírtelo** j'ai oublié de te le dire; **se le olvidaron todos los favores** il a oublié tous les bienfaits | FIG **olvidarse de sí mismo** ne pas penser à soi.

olvido *m* oubli ■ **caer en el olvido** tomber dans l'oubli | **dar** o **echar al** o **en el olvido** oublier | **dejar en el olvido** laisser dans l'oubli | **enterrar en el olvido** enterrer | **entregar al olvido** livrer à l'oubli | **estar en el olvido** être dans l'oubli | **sacar del olvido** tirer de l'oubli.

Omán *n pr* GEOGR Oman; **el mar de Omán** la mer d'Oman.

ombligo *m* ANAT nombril, ombilic | FIG nombril, centre, ombilic ■ FIG & FAM **encogérsele a uno el ombligo** trembler de peur | BOT **ombligo de Venus** nombril-de-Vénus, ombilic (planta) | **ombligo marino** nombril marin.

ombliguero *m* bandage ombilical.

ombrina *f* ombrine (pez).

ombú *m* ombu (árbol de América).

ombudsman *m* ombudsman, médiateur (defensor del pueblo).

▌ OBSERV pl ombudsmans o ombudsmen.

omega *f* oméga *m* (letra griega) | **alfa y omega** l'alpha et l'oméga (principio y fin).

omelette *f* (Amer) omelette espagnole.

omento *m* ANAT & ZOOL épiploon (redaño).

Omeyas *n pl* HIST Omeyyades (dinastía).

OMI (abrev de Organización Marítima Internacional) *f* OMI.

ómicron *f* omicron *m* (letra griega).

ominoso, sa *adj* abominable.

omisión *f* omission (abstención); **pecado de omisión** péché par omission | négligence (descuido).

▌ SIN olvido oubli; preterición prétérition; laguna, ilanco lacune.

omiso, sa *adj* omis, e (no hecho o dicho) | négligent, e (descuidado) | **hacer caso omiso de** passer outre à, faire peu de cas de, faire abstraction de, ne pas faire attention à, passer par-dessus; **hizo caso omiso de mis observaciones** il a fait peu de cas de mes observations; ignorer; **hace caso omiso de las leyes, del peligro** il ignore les lois, le danger.

omitir *v tr* omettre; **omitió decírmelo** il a omis de me le dire | passer sous silence (silenciar).

OMM (abrev de Organización Meteorológica Mundial) *f* OMM.

ómnibus *m* omnibus (carruaje público) |**tren ómnibus** train omnibus.

▌ OBSERV pl ómnibuses.

omnidireccional *adj* RAD omnidirectionnel, elle.

omnímodamente *adv* de toutes les ma-nières.

omnímodo, da *adj* universel, elle; géné-ral, e.

omnipotencia *f* toute-puissance, omni-potence.

omnipotente *adj* omnipotent, e; tout-puissant, toute-puissante.

omnipresencia *f* omniprésence.

omnipresente *adj* omniprésent, e.

omnisapiente *adj* omniscient, e.

omnisciencia *f* omniscience.

omnisciente *adj* omniscient, e.

ómnium *m* COM omnium ▌ omnium (ca-rrera).

omnívoro, ra *adj & s* ZOOL omnivore.

omofagia *f* omophagie.

omóplato; omoplato *m* ANAT omoplate *f*.

OMS (abrev de Organización Mundial de la Salud) *f* OMS.

OMT (abrev de Organización Mundial de Tu-rismo) *f* OMT.

onagra *f* BOT onagre *m*, herbe aux ânes, œnothère *m*, onagraire.

onagrariáceas *f pl* BOT onagrariacées.

onagro *m* ZOOL onagre (asno salvaje) ▌ MIL onagre (ballesta).

onanismo *m* onanisme.

onanista *adj* onaniste.

once *adj num & s m* onze ▌ son las once de la noche il est 11 heures du soir.
◇ *m* onze (equipo de fútbol).
▌ **OBSERV** El artículo que precede a onze no se elide: le 11 [le onze] février.

ONCE (abrev de Organización Nacional de Ciegos Españoles) *f* association nationale espa-gnole d'aide aux aveugles et aux handicapés, qui organise notamment une loterie ▌ cupón de los ciegos billet gagnant à la loterie de la ONCE.

LA ONCE
Cette organisation, créée en 1938, a pour but la réinsertion sociale des handicapés physiques, et plus particulièrement des non-voyants. Pour ce faire, elle met à la disposi-tion de ses membres plusieurs centres et moyens de formation. Une de ses plus prin-cipales sources de financement est la loterie qu'elle organise du lundi au vendredi, et au cours de laquelle un seul des « cupones » vendus est tiré au sort. Celui du vendredi est d'une valeur bien supérieure à ceux des au-tres jours de la semaine. C'est pourquoi on l'appelle le « cuponazo ».

onceavo, va *adj num* onzième; onceava parte onzième *m*.

oncejo *m* martinet (pájaro).

onceno, na *adj & s* onzième.

oncogén *m* MED oncogène.

oncogénico, ca *adj* MED oncogène.

oncología *f* MED oncologie.

oncológico, ca *adj* MED oncologique.

oncólogo, ga *m & f* MED oncologue, onco-logiste.

onda *f* onde, vague (en el agua) ▌ FÍS onde; ondas acústicas, hertzianas, amortiguadas, portadoras ondes sonores, hertziennes, amorties, porteuses ▌ cran *m*, ondulation (en el pelo) ■ RAD longitud de onda longueur d'onde ▌ onda corta ondes courtes ▌ Onda Cero station de radio espagnole ▌ onda de cho-

que, onda expansiva souffle, onde de choc (explosión) ▌ RAD ondas largas grandes ondes ▌ onda media petites ondes, ondes moyen-nes ■ (*Amer*) FIG & FAM lugar con buena, mala onda endroit avec une bonne, mauvaise ambiance ▌ persona de o con buena, mala onda personne sympathique, antipathique ■ FIG & FAM estar en la misma onda être sur la même longueur d'onde ▌ estar en la onda être dans le vent.

ondeado, da *adj* qui ondoie, ondé, e ▌ on-dulé, e (el pelo).

ondeante *adj* ondoyant, e.

ondear *v intr & pr* ondoyer; ondear al viento ondoyer au vent ▌ flotter (la ropa, el pelo).

ondeo *m* ondoiement, ondulation *f*.

ondímetro *m* FÍS ondemètre.

ondina *f* MITOL ondine.

ondoscopio *m* ELECTR ondoscope.

ondulación *f* ondulation ▌ cran *m*, ondula-tion (pelo) ▌ ondulación permanente ondula-tion permanente.

ondulado, da *adj* ondulé, e.

ondulante *adj* ondulant, e (pelo); on-doyant, e (trigo).

ondular *v tr & intr* onduler (pelo); ondoyer (trigo).

ondulatorio, ria *adj* ondulatoire.

oneroso, sa *adj* onéreux, euse.

ónice ➟ **ónix**.

onicofagia *f* MED onychophagie.

onírico, ca *adj* onirique (de los sueños).

onirismo *m* onirisme.

oniromancia *f* oniromancie (adivinación por los sueños) ▌ especialista de oniromancia oni-romancien, enne.

ónix *m inv*; **ónice** *m* onyx (ágata).

on-line *adj inv* INFORM en ligne.

onocentauro *m* onocentaure.

onomástico, ca *adj & s* onomastique ■ el día onomástico, el onomástico, la onomástica le jour de la fête [d'une personne] ▌ índice onomástico index des noms.

onomatopeya *f* onomatopée.

onomatopéyico, ca *adj* onomatopéique.

onoquiles *f* BOT orcanette, grémil *m*.

Ontario *n pr m* GEOGR el lago Ontario le lac Ontario.

ontogénesis *f inv* ontogenèse, ontogénie.

ontogenia *f* ontogénie, ontogenèse.

ontogénico, ca *adj* de l'ontogenèse.

ontología *f* FILOS ontologie.

ontológico, ca *adj* FILOS ontologique; argumento ontológico preuve ontologique.

ontologismo *m* ontologisme.

ontólogo *m* FILOS ontologiste.

ONU (abrev de Organización de las Naciones Unidas) *f* ONU.

onubense *adj & s* de Huelva [ville d'Espagne, autrefois "Ónuba"].

ONUDI (abrev de Organización de las Nacio-nes Unidas para el Desarrollo Industrial) *f* ONUDI.

onza *f* once (medida de peso) ▌ ZOOL once (mamífero).

onzavo, va *adj & s m* onzième.

oogonio *m* BOT oogone *f*.

oolítico, ca *adj* GEOL oolithique.

oolito *m* GEOL oolithe *f*.

oosfera *f* BOT oosphère.

oospora *f* BOT oospore (huevo).

ooteca *f* oothèque (de los insectos).

opa *adj* (*Amer*) bête, idiot, e (tonto).

OPA (abrev de oferta pública de adquisición) *f* OPA.

opacar [10] *v tr* rendre opaque, opacifier.

opacidad *f* opacité.

opacímetro *m* FÍS opacimètre.

opaco, ca *adj* opaque ▌ sourd, e (ruido) ▌ FIG mélancolique (triste).

OPAEP (abrev de Organización de los Países Árabes Exportadores de Petróleo) *f* OPAEP.

opalescencia *f* opalescence.

opalescente *adj* opalescent, e.

opalino, na *adj* opalin, e; opale.
➟ **opalina** *f* opaline.

opalizar [13] *v tr* opaliser.

ópalo *m* MIN opale *f* ▌ color de ópalo opale.

opción *f* option ■ COM opción de compra option d'achat ▌ opción de venta option de vente.

opcional *adj* optionnel, elle, facultatif, ive; la radio es opcional la radio est en option.

open *adj & s m* DEP open (abierto, torneo o campeonato abierto).

OPEP (abrev de Organización de Países Expor-tadores de Petróleo) *f* OPEP.

ópera *f* opéra *m* (obra y edificio) ■ ópera bufa opéra bouffe ▌ ópera cómica opéra-comique ▌ MÚS ópera rock opéra rock.

operabilidad *f* INFORM convivialité.

operable *adj* opérable.

operación *f* opération; operación aritmé-tica, quirúrgica, de Bolsa opération arithmé-tique, chirurgicale, de Bourse ■ COM fondo de operaciones fonds de roulement ▌ opera-ción cesárea césarienne ▌ MIL operación de limpieza ratissage ▌ operación en firme mar-ché ferme (Bolsa) ▌ MIL teatro de operaciones théâtre d'opérations.

operacional *adj* MIL opérationnel, elle.

operado, da *adj & s* opéré, e.

operador, ra *m & f* opérateur, trice (de cine, radio).
➟ **operador** *m* MAT opérateur ▌ operador turístico tour-opérateur ▌ INFORM operador aritmético, lógico opérateur arithmétique, logique ▌ operador binario opérateur binaire ▌ operador de gestión opérateur de gestion.

operante *adj* FIG agissant, e; opérant, e.

operar *v tr* opérer ▌ FIG opérer, faire de l'effet.

operario, ria *m & f* ouvrier, ère; operario electricista ouvrier électricien.
➟ **operario** *m* religieux qui assiste les malades (religioso).

operando *m* INFORM opérande.

operatividad *f* opérativité.

operativo, va *adj* opérant, e (operante) ▌ MIL opérationnel, elle.

operatorio, ria *adj* opératoire; choque operatorio choc opératoire.

operculado, da *adj* operculé, e.

opercular *adj* operculaire.

opérculo *m* opercule.

opereta *f* opérette.
▮ OBSERV [▶— opérette].

operístico, ca *adj* relatif, ive à l'opéra.

opiáceo, a *adj* opiacé, e ▮ FIG lénifiant, e; calmant, e.

opiado, da *adj* opiacé, e.

opiata *f* MED opiat *m*.

opilación *f* MED opilation (obstrucción) ▮ aménorrhée (amenorrea) ▮ hydropisie (hidropesía).

opilarse *v pr* MED souffrir d'aménorrhée.

opimo, ma *adj* riche (rico) ▮ abondant, e.

opinable *adj* discutable.

opinar *v tr & intr* penser; ¿qué opinas de esto? qu'en penses-tu? ▮ donner son opinion, opiner (p us); opinar de o sobre política donner son opinion en matière de politique ▮ avoir une opinion; opinar bien de uno avoir une bonne opinion de quelqu'un.

opinión *f* opinion; la opinión pública l'opinion publique ▮ [▷ SIN] avis *m*; dar su opinión donner son avis ▮ (ant) renommée, réputation (fama) ▮ división de opiniones partage d'opinions ▮ en mi opinión à mon avis ▮ salvo mejor opinión sauf meilleur avis ▮ según opinión de selon l'avis de, au dire de ▮ sondeo de la opinión pública sondage d'opinion ▮ andar en opiniones se discréditer, faire jaser ▮ FAM casarse uno con su opinión ne pas en démordre, s'entêter ▮ compartir la opinión de partager l'opinion de, abonder dans le sens de ▮ esta persona no me merece buena opinión je n'ai pas une bonne opinion de cette personne ▮ formarse una opinión se forger une opinion.
▮ SIN juicio, parecer avis; idea idée; sentimiento, sentir sentiment; criterio critère; creencia croyance.

opio *m* opium.

opiomanía *f* opiomanie.

opiómano, na *adj & s* opiomane.

opíparamente *adv* splendidement.

opíparo, ra *adj* splendide, somptueux, euse; banquete opíparo banquet somptueux ▮ plantureux, euse (copioso).

opistobranquios *m pl* ZOOL opisthobranches.

opistódomo *m* ARQ opisthodome.

oploteca *f* collection d'armes.

opobálsamo *m* MED opobalsamum.

oponente *m & f* adversaire, rival, e.

oponer [65] *v tr* [▷ SIN] opposer.
▶— **oponerse** *v pr* s'opposer; oponerse a un proyecto s'opposer à un projet ▮ s'opposer, refuser; oponerse a negociar s'opposer à toute négociation, refuser de négocier ▮ être vis-à-vis (estar enfrente).
▮ SIN contraponer opposer; contrarrestar contrecarrer; enfrentar mettre face à face.

oponibilidad *f* opposabilité.

opopánax; opopónaco *m* opopanax (resina).

opopónace *f*; **opopanax** *m* opopanax *m* (planta).

opopónaco ▶— opopánax.

opopánax ▶— opopónace.

Oporto; Porto *n pr* GEOGR Porto.

oportunamente *adv* opportunément, au bon moment.

oportunidad *f* occasion; tener la oportunidad de avoir l'occasion de ▮ opportunité; la oportunidad de una gestión l'opportunité d'une démarche ▮ opportunité, à-propos *m*; palabras faltas de oportunidad paroles manquant d'opportunité ▮ chance (posibilidad); tener las mismas oportunidades avoir des chances égales ■ aprovechar la oportunidad profiter de l'occasion ▮ no aprovechar la oportunidad perdre l'occasion ▮ no dejar escapar la oportunidad ne pas laisser passer l'occasion.

oportunismo *m* opportunisme.

oportunista *adj & s* opportuniste.

oportuno, na *adj* opportun, e; bon, bonne (conveniente); momento oportuno moment opportun ▮ juzgar oportuno juger bon ▮ opportun, e; adécuat, e; tomar las medidas oportunas prendre les mesures adéquates ▮ opportun, e; una persona oportuna une personne opportune ▮ oportuno en las réplicas prompt à la répartie.

oposición *f* opposition ▮ concours *m* (examen); hacer una oposición al Cuerpo Administrativo de Aduanas passer le concours de recrutement de l'administration des douanes ▮ ASTRON & ASTROL opposition ■ catedrático por oposición professeur nommé par voie de concours ▮ en oposición con en opposition avec, à l'opposé de ▮ ganar las oposiciones a una cátedra obtenir une chaire par voie de concours ▮ oposición a cátedra concours en vue d'obtenir une chaire.

opositar *v intr* passer un concours.

opositor, ra *m & f* adversaire, opposant, e (que se opone) ▮ candidat, e (candidato) ▮ concurrent, e; candidat, e (en oposiciones, para un empleo).

opossum *m* ZOOL opossum.

opoterapia *f* MED opothérapie.

opresión *f* oppression ▮ FIG oppression (de un pueblo) ▮ étreinte (de una emoción).

opresivo, va *adj* oppressif, ive; ley opresiva loi oppressive ▮ FIG opprimant, e (clima, etc.).

opresor, ra *adj & s m* oppresseur (sin femenino), qui opprime ▮ tiranía opresora tyrannie écrasante.

oprimente *adj* oppressant, e; opprimant, e.

oprimido, da *adj & s* opprimé, e; los pueblos oprimidos les peuples opprimés.
◇ *adj* oppressé, e; serré, e; tener el corazón oprimido avoir le cœur serré.

oprimir *v tr* presser, appuyer sur; oprimir un botón presser un bouton ▮ oppresser (la respiración) ▮ FIG [▷ SIN] opprimer (vejar, tiranizar) ▮ serrer; oprimir el corazón serrer le cœur ▮ opprimer, étreindre (afligir); la emoción oprimía a los espectadores l'émotion étreignait les spectateurs.
▮ SIN sojuzgar, subyugar subjuguer; someter soumettre; dominar dominer; tiranizar, esclavizar tyranniser; avasallar asservir; aherrojar enchaîner.

oprobiar [7] *v tr* déshonorer, couvrir d'opprobre.

oprobio *m* opprobre; ser el oprobio de su familia être l'opprobre de sa famille; cubrir de oprobio couvrir d'opprobre.
▮ SIN deshonra déshonneur; ignominia ignominie; infamia infamie; baldón, afrenta affront; descrédito discrédit.

oprobioso, sa *adj* déshonorant, e; ignominieux, euse; honteux, euse.

optar *v intr* opter; optar a o por opter pour ▮ choisir (escoger); optar entre dos candidatos choisir entre deux candidats.

optativo, va *adj & s m* GRAM optatif, ive.

óptico, ca *adj* optique; telégrafo óptico télégraphe optique ▮ ilusión óptica illusion d'optique.
▶— **óptica** *f* FÍS optique ▮ stéréoscope *m* (aparato) ▮ FIG optique (enfoque) ▮ óptica electrónica optoélectronique.
▶— **óptico** *m* opticien (comerciante).

optimalizar ▶— optimar.

óptimamente *adv* excellemment, parfaitement.

optimar [1]; **optimalizar; optimizar** [13] *v tr* optimiser, optimaliser.

optimismo *m* optimisme.

optimista *adj & s* optimiste.

optimización *f* optimisation, optimalisation.

optimizar ▶— optimar.

óptimo, ma *adj* excellent, e; parfait, e; optimal, e.
▶— **óptimo** *adj m & s m* optimum ▮ óptimo porvenir brillant avenir.
▶— **¡óptimo!** *interj* parfait!, très bien!

optometría *f* FÍS optométrie.

opuestamente *adv* à l'opposé.

opuesto, ta *adj* [▷ SIN] opposé, e ▮ BOT & GEOM opposé, e ▮ en sentido opuesto en sens opposé o inverse.
▮ SIN adverso adverse; contrario contraire; contradictorio contradictoire; antagónico antagonique.

opugnar *v tr* (p us) s'opposer à (impugnar) ▮ assaillir (asaltar) ▮ contredire (contradecir).

opulencia *f* opulence.

opulentamente *adv* opulemment.

opulento, ta *adj* opulent, e (rico, poderoso).

opuncia *f* BOT opuntia *m*, oponce *m*, nopal *m*, figuier *m* de Barbarie.

opus *m* MÚS opus.

opúsculo *m* opuscule.

oque
▶— **de oque** *loc* FAM gratis, à l'œil.

oquedad *f* creux *m*, cavité.

oquedal *m* futaie *f*.

ora *conj* tantôt, soit; ora de día, ora de noche tantôt le jour, tantôt la nuit.

oración *f* [▷ SIN] prière, oraison (p us); rezar sus oraciones faire o dire ses prières ▮ discours *m* (discurso) ▮ phrase, proposition (frase); oración compuesta, simple phrase complexe, simple; oración principal, subordinada proposition principale, subordonnée ▮ GRAM discours *m*; parte de la oración partie du discours ■ FIG oración de ciego litanie, psalmodie ▮ oración dominical oraison dominicale ▮ oración fúnebre oraison funèbre ▮ oración mental, vocal oraison mentale, vocale.
▶— **oraciones** *f pl* prières ▮ angélus *m sing*

(toque de campana).

▐ SIN plegaria, ruego, rezo prière; súplica supplique; suplicación supplication; imploración imploration.

oracional *adj* GRAM de la phrase.
◇ *m* livre de prières.

oráculo *m* oracle.

orador, ra *m* & *f* [▷ SIN] orateur *m* (que habla en público); orador sagrado orateur sacré.
◆ **orador** *m* prédicateur (predicador) ▐ personne *f* qui prie.
▐ SIN tribuno tribun; declamador déclamateur; predicador prédicateur; disertador, disertante dissertateur, disserteur; conferenciante conférencier.

oral *adj* oral, e; aprobar los exámenes orales être reçu aux examens oraux.
◇ *m* oral (examen).

¡órale! *interj* (*Amer*) allez! (¡anímate!).

oralmente *adv* oralement.

Orán *n pr* GEOGR Oran.

Oranesado *n pr m* GEOGR el Oranesado l'Oranais.

Orange *n pr* Orange.

orangista *m* HIST orangiste.

orangután *m* ZOOL orang-outan.

orante *adj* qui prie ▐ estatua orante orant, e.

orar *v intr* prier (hacer oración); orar por los difuntos prier pour les morts ▐ parler en public (hablar).

orate *m* & *f* fou, folle; casa de orates maison de fous.

orático, ca *adj* (*Amer*) lunatique, bizarre.

oratoriano *m* oratorien (religioso).

oratorio, ria *adj* oratoire; gesto oratorio geste oratoire.
◆ **oratorio** *m* oratoire (capilla) ▐ MÚS oratorio.
◆ **oratoria** *f* art *m* oratoire, éloquence.

orbe *m* orbe (círculo) ▐ sphère *f* (esfera) ▐ monde (mundo) ▐ ASTRON orbe.

orbícola *adj* orbicole.

orbicular *adj* & *s* orbiculaire.

órbita *f* ASTRON & ANAT orbite ▐ FIG orbite (esfera, ámbito, límite, área de influencia) ■ ASTRON órbita estacionaria o geostacionaria orbite stationnaire o géostationnaire ▐ puesta en órbita mise sur orbite ■ poner en órbita placer o mettre sur orbite.

orbital *adj* orbital, e; vuelo orbital vol orbital.

orbitar *v intr* orbiter, tourner en orbite.

orbitario, ria *adj* orbitaire.

orca *f* ZOOL orque, épaulard *m* (cetáceo).

Orcadas *n pr f pl* GEOGR las islas Orcadas les îles Orcades.

orcaneta *f* orcanette, grémil *m*.

orchilla *f* BOT orseille.

orco *m* orque *f*, épaulard (cetáceo).

órdago *m* renvi (en juegos) ▐ FAM de órdago épatant, e; du tonnerre (magnífico); una película de órdago un film épatant; gratiné, e; una tontería de órdago une idiotie gratinée; fini, e; un tonto de órdago un idiot fini.

ordalías *f pl* ordalies.

orden *m* & *f* ordre *m*; obedecer una orden obéir à un ordre ▐ rangement; ordre; tener la manía del orden avoir la manie du range-ment ▐ domaine (sector); en el orden económico se plantean unos problemas des problèmes se posent dans le domaine économique ▐ ordre *m* (categoría); son problemas de orden financiero ce sont des problèmes d'ordre financier ▐ ARQ, BOT & ZOOL ordre *m*; orden dórico, corintio, jónico ordre dorique, corinthien, ionique; orden de los coleópteros ordre des coléoptères ▐ ordre *m*; orden de caballería ordre de chevalerie ▐ DR mandat *m*; orden de detención o de arresto, de comparecer, de registro mandat d'arrêt, d'amener, de perquisition ▐ arrêté *m* (decisión); por orden gubernativa par arrêté préfectoral ▐ MIL ordre *m*; orden abierto, cerrado, de batalla, de marcha ordre dispersé, serré, de bataille, de marche ▐ ECLES ordre *m* ▐ COM ordre *m* (pedido) ■ orden cronológico ordre chronologique ▐ MIL orden de antigüedad rang d'ancienneté ▐ orden de combate formation de combat ▐ COM orden de compra ordre d'achat ▐ DR orden de embargo ordre de saisie ▐ orden de expedición bon de livraison ▐ orden del día ordre du jour ▐ orden de sucesión ordre de succession ▐ COM orden de pago ordonnance de payement, ordonnancement (libramiento) ▐ orden formal o terminante injonction ▐ ¡orden y compostura! un peu de tenue! ▐ ECLES órdenes mayores, menores, mendicantes ordres majeurs, mineurs, mendiants ■ a la orden de à l'ordre de ▐ MIL ¡a sus órdenes!, ¡a la orden! à vos ordres! ▐ de o por orden de par ordre de, sur l'ordre de ▐ de primer orden de premier ordre ▐ en el orden natural de las cosas dans l'ordre des choses ▐ en orden a quant à (en cuanto a) ▐ hasta nueva orden jusqu'à nouvel ordre ▐ las fuerzas del orden les forces de l'ordre ▐ llamada al orden rappel à l'ordre ▐ por orden de aparición o de entrada en escena par ordre d'entrée en scène ▐ por su orden à sa place ▐ real orden ordonnance royale ▐ sin orden ni concierto à tort et à travers; hablar sin orden ni concierto parler à tort et à travers; sans aucun ordre (desordenado) ■ alterar el orden troubler l'ordre ▐ citar en la orden del día citer à l'ordre du jour ▐ estar a la orden del día être à l'ordre du jour ▐ llamar al orden rappeler à l'ordre ▐ marchar en orden disperso marcher en tirailleur ▐ COM páguese a la orden de payer à l'ordre de ▐ poner en orden mettre en ordre ▐ restablecer el orden rétablir l'ordre.

ordenación *f* ordre *m*, ordonnance (disposición) ▐ rangée (haciendo punto) ▐ ARQ ordonnance ▐ ECLES ordination (de un sacerdote) ▐ aménagement *m*; ordenación rural, de los recursos de un país aménagement rural, du territoire ▐ ordenación de pagos ordonnancement.

ordenada *f* GEOM ordonnée.

ordenadamente *adv* avec ordre.

ordenado, da *adj* ordonné, e ▐ rangé, e ■ ser ordenado avoir de l'ordre, être ordonné ▐ todo bien ordenado en bon ordre.

ordenador, ra *adj* & *s* ordonnateur, trice; ordenador de pagos ordonnateur des paiements.
◆ **ordenador** *m* INFORM ordinateur; ordenador analógico ordinateur analogique; ordenador anfitrión o patrón ordinateur serveur; ordenador bloc ordinateur bloc-notes; ordenador central ordinateur central; ordenador de bolsillo ordinateur de poche; ordenador de despacho o de mesa ordinateur de bureau; ordenador digital ordinateur numerique; ordenador doméstico ordinateur domestique; ordenador portátil (ordinateur) portable; ordenador principal ordinateur principal ▐ pasar al ordenador mettre sur ordinateur.

ordenamiento *m* ordonnance *f* (ordenanza) ▐ mise *f* en ordre ▐ rangement; el ordenamiento de una biblioteca le rangement d'une bibliothèque.

ordenancista *adj* rigoureux, euse; strict, e.

ordenando *m* ECLES ordinand (religioso).

ordenante *m* ECLES ordinant (obispo).

ordenanza *f* ordonnance (reglamento) ▐ ordre *m*, disposition (mandato) ▐ ordenanzas municipales arrêtés municipaux.
◇ *m* MIL ordonnance (asistente) ▐ garçon de bureau (en oficinas) ▐ (ant) appariteur.

ordenar *v tr* ordonner (mandar) ▐ ordonner, mettre de l'ordre dans, mettre en ordre; ordenar unos papeles ordonner des papiers ▐ ranger; ordenar un armario ranger une armoire ▐ ECLES ordonner; ordenar de diácono ordonner diacre ▐ ordenar en filas mettre en rangs.
◆ **ordenarse** *v pr* se faire ordonner; ordenarse de sacerdote se faire ordonner prêtre.

ordeñadero *m* seau à lait.

ordeñador, ra *m* & *f* personne qui trait, trayeur, euse.
◆ **ordeñadora** *f* trayeuse, machine à traire.

ordeñar *v tr* traire; ordeñar una vaca traire une vache ▐ cueillir à la main (las aceitunas).

ordeño *m* traite *f* [des vaches] ▐ cueillette *f* à la main [des olives].

¡órdiga! *interj* ¡anda la órdiga! oh là là!

ordinal *adj* ordinal, e; adjetivos numerales ordinales adjectifs numéraux ordinaux.

ordinariamente *adv* ordinairement (regularmente) ▐ grossièrement (groseramente).

ordinariez *f* vulgarité (vulgaridad), grossièreté (grosería).
▐ OBSERV pl ordinarieces.

ordinario, ria *adj* ordinaire (corriente) ▐ vulgaire (plebeyo); una mujer ordinaria une femme vulgaire ▐ ordinaire, quelconque (mediocre) ▐ grossier, ère (grosero).
◆ **ordinario** *m* ordinaire (gastos de casa) ▐ ordinaire (correo, obispo) ▐ messager (recadero) ▐ FIG personne vulgaire o grossière ■ de ordinario d'ordinaire, à l'ordinaire, d'habitude ▐ ordinario de la misa ordinaire de la messe.

ordinariote, ta *adj* FAM tout à fait vulgaire.

ordo *m* ECLES ordo (calendario).

oréades *f pl* MIT oréades (ninfas).

orear *v tr* aérer, rafraîchir (refrescar) ▐ mettre à l'air, aérer, faire sécher (exponer al aire).
◆ **orearse** *v pr* sécher (secarse) ▐ FIG prendre l'air (salir).

orégano *m* origan, marjolaine *f* (planta) ▐ FIG no todo el monte es orégano tout n'est pas rose, ce n'est pas toujours facile.

oreja *f* ANAT oreille; tener grandes orejas avoir de grandes oreilles; orejas tiesas, gachas oreilles dressées, tombantes ▮ languette, oreille (de zapato) ▮ oreille (de vasija, de ancla, de gorra) ■ oreja de abad sorte de crêpe (fruta de sartén), nombril-de-Vénus, omphalode (planta) ▮ BOT oreja de fraile oreille d'homme, asaret|oreja de oso oreille-d'ours ▮ oreja de ratón oreille-de-souris ▮ ZOOL oreja marina o de mar oreille-de-mer ■ con las orejas gachas l'oreille basse ■ aguzar las orejas dresser les oreilles (animal), dresser o tendre l'oreille (prestar atención) ▮ FIG apearse por las orejas vider les arçons o les étriers|calentar las orejas a échauffer les oreilles à (calentar los cascos), frotter o tirer les oreilles à quelqu'un (pegar) ▮ descubrir o enseñar la oreja montrer le bout de l'oreille ▮ haberle visto las orejas al lobo l'avoir échappé belle|hacer orejas de mercader faire la sourde oreille ▮ mojar la oreja provoquer, chercher querelle|tirar de la oreja a Jorge taquiner la dame de pique ▮ tirar de las orejas tirer les oreilles ▮ FIG & FAM untar la oreja con saliva a uno chercher noise à quelqu'un ▮ verle a uno la oreja voir venir quelqu'un.

▮ OBSERV Oreja désigne le pavillon de l'oreille et oído le sens de l'« ouïe ».

orejano, na *adj* non marqué, e [bétail].

orejar; orejear *v intr* remuer les oreilles (un animal) ▮ FIG renâcler (obrar de mala gana). ◇ *v tr* (*Amer*) prêter l'oreille à.

orejera *f* oreillette [d'un bonnet] ▮ oreillon *m* [d'un casque] ▮ oreille (de arado) ▮ appui-tête *m*, appuie-tête *m*, oreille (de sillón) ▮ pendant *m* d'oreilles [que portaient certains Indiens] ▮ sillón de orejeras fauteuil à oreilles.

orejón, ona *adj* (*Amer*) fruste, rustre (zafio, tosco).
◆ **orejón** *m* oreille *f* d'abricot (de melocotón) ▮ orillon (fortificación) ▮ HIST haut dignitaire péruvien ▮ FAM personne *f* qui a de grandes oreilles ▮ (*Amer*) mari complaisant.

orejudo, da *adj* & *s* oreillard, e.
◆ **orejudo** *m* ZOOL oreillard (murciélago).

orejuela *f* oreille (asa).

oremus *m* orémus (palabra del sacerdote) ▮ perder el oremus perdre le fil.

orensano, na *adj* & *s* d'Orense [Galice].

oreo *m* brise *f*, air ▮ aération *f* (ventilación).

Orestes *n pr* MITOL Oreste.

Orestia *n pr f* Orestie.

orfanato *m* orphelinat (asilo de huérfanos).

orfandad *f* orphelinage *m* (estado de huérfano) ▮ pension accordée à un orphelin (pensión) ▮ FIG abandon *m*, isolement *m*.

orfebre *m* orfèvre.

orfebrería *f* orfèvrerie.

orfelinato *m* orphelinat (orfanato).
▮ OBSERV Ce mot est un gallicisme.

Orfeo *n pr* MITOL Orphée.

orfeón *m* MÚS orphéon.

orfeonista *m* orphéoniste.

órfico, ca *adj* & *s* orphique.

orfismo *m* orphisme.

organdí *m* organdi (tela).
▮ OBSERV pl organdíes.

organero *m* facteur d'orgues, organier.

orgánicamente *adv* organiquement.

organicismo *m* MED & FILOS organicisme.

organicista *adj* & *s* organiciste, organicien, enne.

orgánico, ca *adj* & *s* organique.

organigrama *m* organigramme (gráfico).

organillero *m* joueur d'orgue de Barbarie.

organillo *m* orgue de Barbarie, piano mécanique.

organismo *m* organisme ▮ institution *f*; los organismos especializados de la ONU les institutions spécialisées de l'O.N.U.

organista *m* & *f* MÚS organiste.

organito *m* organite (elemento de la célula).

organización *f* organisation ▮ Organización de las Naciones Unidas (ONU) Organisation des Nations unies (O.N.U.).

organizado, da *adj* organisé, e.

organizador, ra *adj* & *s* organisateur, trice.
◇ *adj* organisant, e.

organizar [13] *v tr* organiser.
◆ **organizarse** *v pr* s'organiser.

organizativo, va *adj* sentido organizativo sens de l'organisation.

órgano *m* organe; los órganos de la digestión les organes de la digestion ▮ MÚS orgue (instrumento); entonar el órgano souffler l'orgue ▮ FIG organe (medio o agente) ▮ INFORM órgano de entrada, de salida organe d'entrée, de sortie ■ caja de órgano buffet d'orgue ▮ órgano de manubrio orgue de Barbarie.
▮ OBSERV [▶ orgue].

organogénesis *f inv* BIOL organogenèse.

organogénico, ca *adj* organogène.

organología *f* organologie.

órganon *m* FILOS Organon (conjunto de libros lógicos de Aristóteles) ▮ œuvre *f* logique (tratado de lógica).

organoterapia *f* organothérapie.

orgasmo *m* orgasme.

orgía *f* orgie.

orgiaco, ca; orgiástico, ca *adj* orgiaque.

orgullo *m* [▷ SIN] orgueil (arrogancia) ▮ fierté *f* (sentimiento legítimo) ▮ FIG orgueil; es el orgullo de la familia il est l'orgueil de la famille ▮ no caber en sí de orgullo, reventar de orgullo crever d'orgueil.

▮ SIN soberbia superbe; altanería fierté; arrogancia, altivez arrogance; engreimiento, suficiencia suffisance; vanidad vanité; ostentación ostentation; vanagloria, ufanía gloriole; fatuidad fatuité; ínfulas prétention.

orgullosamente *adv* orgueilleusement.

orgulloso, sa *adj* & *s* orgueilleux, euse; orgulloso de o por su riqueza orgueilleux de sa richesse ▮ fier, ère (legítimamente satisfecho); estar orgulloso de su padre être fier de son père ▮ FIG más orgulloso que don Rodrigo en la horca fier comme Artaban.

orictéropo *m* ZOOL oryctérope.

orientable *adj* orientable.

orientación *f* orientation ▮ position (de un objeto) ▮ orientación profesional orientation professionnelle.

orientador, ra *m* & *f* conseiller, ère; orienteur, trice (p us).

oriental *adj* & *s* oriental, e; países orientales pays orientaux.

orientalismo *m* orientalisme.

orientalista *adj* & *s* orientaliste.

orientalizar [13] *v tr* orientaliser.

orientar *v tr* orienter ▮ exposer; casa orientada al Sur maison exposée au sud.
◆ **orientarse** *v pr* s'orienter ▮ FIG se repérer (en su trabajo).

oriente *m* orient (punto cardinal) ▮ orient (de una perla) ■ Cercano o Próximo Oriente Proche-Orient ▮ Extremo o Lejano Oriente Extrême-Orient ▮ Gran Oriente Grand Orient (de la masonería) ▮ Oriente Medio Moyen-Orient.

orificación *f* MED aurification.

orificar [10] *v tr* MED aurifier.

orífice *m* orfèvre.

orificio *m* orifice ■ TECN orificio de mira del alza œilleton de hausse ▮ orificio de vaciado o de colada trou de coulée.

oriflama *f* oriflamme.

orifrés *m* orfroi (galón).

origen *m* origine *f*; de origen español d'origine espagnole ■ GEOM origen de las coordenadas origine des coordonnées ▮ país de origen pays d'origine ■ desde su origen dès l'origine ▮ en su origen à l'origine ▮ tener su origen en tirer sa source o son origine de.

Orígenes *n pr* Origène.

original *adj* original, e; textos originales textes originaux ▮ originel, elle (relativo al origen); pecado original péché originel.
◇ *m* & *f* original, e; es un original c'est un original.
◇ *m* original (texto, modelo, cuadro) ▮ manuscrit (manuscrito) ▮ IMPR copie *f*.

originalidad *f* originalité.

originalmente *adv* originellement, à l'origine (desde el origen) ▮ originalement (de un modo original).

originar *v tr* causer, provoquer, être à l'origine de (causar).
◆ **originarse** *v pr* avoir o tirer son origine o sa source (proceder) ▮ prendre naissance (nacer).

originariamente *adv* originairement, à l'origine.

originario, ria *adj* originaire.

orilla *f* bord *m* (del mar); a orillas del mar au bord de la mer ▮ bord *m*, rive, berge (de un río); en las orillas del Sena sur les rives de la Seine ▮ lisière (de un bosque, un campo) ▮ lisière (de una tela) ▮ trottoir *m* (de una calle) ▮ brise, vent *m* léger (vientecillo).

orillar *v tr* border (una tela) ▮ FIG contourner, éviter (una dificultad) ▮ arranger (un asunto) ▮ régler; orillar una diferencia régler un différend.
◇ *v intr* & *pr* atteindre le bord ▮ (*Amer*) se ranger (apartarse).

orillero, ra *adj* (*Amer*) faubourien, enne; des faubourgs.

orillo *m* lisière *f* [d'une étoffe].

orín *m* rouille *f*.
◆ **orines** *m pl* urine *f sing*.

orina *f* urine.

orinal *m* vase de nuit, pot de chambre ▮ urinal (para enfermos).

orinar *v tr* & *intr* uriner.

Orinoco *n pr m* el Orinoco GEOGR l'Orénoque.

orinque *m* MAR orin (cabo).

oriol *m* ZOOL loriot (oropéndola).

oriolano, na *adj & s* d'Orihuela [ville d'Espagne, province d'Alicante].

Orión *m* ASTRON Orion.

oriundez *f* origine.
  ▍ OBSERV pl oriundeces.

oriundo, da *adj* originaire; una planta oriunda de México une plante originaire du Mexique.

orla *f* bordure (de una tela) ▍ encadrement *m* (de un retrato, etc.) ▍ ARQ & BLAS orle *m*.

orladura *f* bordure.

orlar *v tr* border ▍ encadrer; orlar un artículo en un periódico encadrer un article dans un journal ▍ BLAS mettre un orle ▍ orlar con o de árboles border d'arbres.

orleanismo *m* orléanisme.

orleanista *adj & s* orléaniste.

Orleáns *n pr* GEOGR Orléans.

orlo *m* MÚS sorte de hautbois ▍ un des registres de l'orgue (del órgano).

Ormuz; Ormaz *n pr* GEOGR el estrecho de Ormuz o Ormaz le détroit d'Ormuz o Hormuz.

ornamentación *f* ornementation.

ornamental *adj* ornemental, e.

ornamentar *v tr* ornementer.

ornamento *m* ornement.

ornar *v tr* orner ▍ parer; ornada de sus más bellas galas parée de ses plus beaux atours.

ornato *m* ARQ ornement ▍ ornementation *f* (arte o manera de adornar) ▍ parure *f* (adorno).

ornitodelfos *m pl* ZOOL monotrèmes.

ornitógala *f* BOT ornithogale.

ornitología *f* ornithologie.

ornitológico, ca *adj* ornithologique.

ornitólogo *adj* ornithologiste, ornithologue.

ornitomancia *f* ornithomancie.

ornitorrinco *m* ZOOL ornithorynque.

oro *m* or; un reloj de oro une montre en or; dólar, franco oro dollar, franc-or ■ oro alemán or en feuilles ▍ oro batido or battu ▍ oro blanco o blanc ▍ oro de ley or véritable ▍ oro en hojas o en panes or en feuilles ▍ oro en polvo poudre d'or ▍ oro mate or mat ▍ oro molido or moulu ▍ FIG oro negro or noir ■ corazón de oro cœur d'or ▍ la Edad de Oro l'Âge d'or ▍ lavado del oro orpaillage ▍ libro, regla de oro livre, règle d'or ▍ pico de oro beau parleur ▍ por todo el oro del mundo pour tout l'or du monde ■ FIG apalear oro rouler sur l'or, être cousu d'or, remuer de l'argent à la pelle ▍ comprar a peso de oro acheter à prix d'or ▍ chapado de oro plaqué or ▍ FIG es oro molido c'est de l'or en barre ▍ guardar como oro en paño garder précieusement o comme une relique ▍ hacerse de oro faire fortune ▍ ir de oro y azul être tiré à quatre épingles ▍ no es oro todo lo que reluce tout ce qui brille n'est pas or ▍ pagar a peso de oro payer au poids de l'or ▍ pedir el oro y el moro demander la Lune ▍ prometer el oro y el moro promettre monts et merveilles ▍ ser oro en barras être de l'or en barre ▍ ser como un oro o como los chorros de oro être propre comme un sou neuf ▍ ser como un ascua de oro être beau comme un astre (muy bello),

être sur son trente-et-un (elegante) ▍ ser una mina de oro être une mine d'or ▍ valer su peso en oro o tanto oro como pesa valoir son pesant d'or.
  ➦ **oros** *m pl* l'une des quatre couleurs du jeu de cartes espagnol (naipes) ▍ FIG oros son triunfos l'argent est roi.

orobanca *f* BOT orobanche (planta).

orobancáceas *f pl* BOT orobanchacées.

orogénesis *f inv* GEOL orogenèse.

orogenia *f* GEOL orogénie.

orogénico, ca *adj* GEOL orogénique.

orografía *f* orographie.

orográfico, ca *adj* orographique.

orometría *f* orométrie.

orondo, da *adj* ventru, e; renflé, e (vasija) ▍ FAM fier, ère; orgueilleux, euse (orgulloso).

oronja *f* BOT oronge; oronja vinosa o rojiza oronge vineuse; falsa oronja fausse oronge.

oropel *m* oripeau ▍ FIG clinquant, faux brillant (falsa apariencia); esto es todo oropel ce n'est que du clinquant.

oropéndola *f* loriot *m* (ave).

oropimente *m* MIN orpiment.

Orosio *n pr* Orose.

oroya *f* (*Amer*) panier *m* qui glisse le long d'un va-et-vient.

orozuz *m* réglisse *f*.
  ▍ OBSERV pl orozuces.

orquesta *f* MÚS orchestre *m*; orquesta de cámara, sinfónica orchestre de chambre, symphonique; director de orquesta chef d'orchestre.
  ▍ OBSERV Le mot espagnol orquesta ne désigne jamais des places de théâtre comme le mot français orchestre.

orquestación *f* MÚS orchestration.

orquestal *adj* MÚS orchestral, e.

orquestar *v tr* MÚS orchestrer.

orquestina *f* orchestre musette *m*, petit orchestre *m* de bal.

orquidáceas *f pl* BOT orchidacées.

órquide *m* BOT orchis (planta).

orquídea *f* BOT orchidée.

orquitis *f inv* MED orchite.

orsay *m* DEP hors-jeu (fuera de juego).

ortega *f* gélinotte, poule des bois (ave).

orticonoscopio *m* orthiconoscope (televisión).

ortiga *f* BOT ortie (planta) ■ ZOOL ortiga de mar ortie de mer ▍ ortiga muerta ortie blanche, lamier (planta).

ortigal *m* endroit plein d'orties.

orto *m* lever [d'un astre].

ortocentro *m* GEOM orthocentre.

ortocromático, ca *adj* FOT orthochromatique.

ortodoncia *f* orthodontie.

ortodoxia *f* orthodoxie.

ortodoxo, xa *adj & s* orthodoxe.

ortodromia *f* MAR orthodromie.

ortodrómico, ca *adj* MAR orthodromique.

ortoédrico, ca *adj* GEOM orthoédrique.

ortoedro *m* GEOM orthoèdre.

ortoepía *f* orthoépie.

ortoestático, ca *adj* MED orthostatique.

ortofonía *f* orthophonie.

ortogénesis *f inv* BIOL orthogenèse.

ortognatismo *m* orthognathisme.

ortogonal *adj* GEOM orthogonal, e.

ortografía *f* GRAM orthographe; cometer una falta de ortografía faire une faute d'orthographe ▍ ARQ orthographie.

ortografiar [9] *v tr* orthographier.

ortográfico, ca *adj* orthographique.

ortógrafo, fa *m & f* champion, onne en orthographe.

ortología *f* orthologie (p us), prosodie.

ortológico, ca *adj* orthologique (p us), prosodique.

ortopeda *m & f* orthopédiste (especialista en ortopedia).

ortopedia *f* MED orthopédie.

ortopédico, ca *adj* orthopédique, orthopédiste.
  ◇ *m & f* orthopédiste.

ortopedista *m & f* orthopédiste (que ejerce o profesa la ortopedia).

ortóptero *adj m & s m* ZOOL orthoptère.

ortorrómbico, ca *adj* GEOM orthorhombique.

ortosa *f* MIN orthose, orthoclase.

ortoscopia *f* FÍS orthoscopie.

ortoscópico, ca *adj* orthoscopique.

ortotropo *adj m* BOT orthotrope.

oruga *f* ZOOL chenille ▍ BOT roquette (jaramago) ▍ MECÁN chenille (de vehículo) ▍ auto oruga autochenille (vehículo).

orujo *m* marc [du raisin ou des olives].

orvallar *v impers* bruiner.

orvalle *m* BOT sauge, orvale *f*.

orvallo *m* bruine *f* (llovizna).

orza *f* pot *m* (vasija) ▍ MAR lof *m*, auloffée (movimiento) ▍ dérive (especie de quilla).

orzada *f* MAR auloffée.

orzar [13] *v intr* MAR lofer, aller au lof.

orzaya *f* bonne d'enfant (niñera).

orzuelo *m* piège (trampa) ▍ MED orgelet, compère-loriot.

os *pron pers* vous; os digo je vous dis; deteneos arrêtez-vous.
  ▍ OBSERV L'usage enclitique de ce pronom à l'impératif entraîne la chute du d final (amaos aimez-vous) sauf avec le verbe ir (idos partez).

osa *f* ourse ▍ ASTRON Osa Mayor, Osa Menor Grande Ourse, Petite Ourse.

osadamente *adv* hardiment.

osadía *f* hardiesse, audace (audacia).

osado, da *adj* hardi, e; audacieux, euse; osé, e.

osamenta *f* squelette *m*, carcasse (esqueleto) ▍ ossements *m pl* (conjunto de huesos).

osar *v intr* oser (atreverse).
  ▍ OBSERV Le verbe espagnol osar est beaucoup moins employé que son équivalent français oser; on emploie plus couramment son synonyme atreverse.

osario *m* ossuaire.

óscar *m* oscar (premio).

oscense *adj & s* de Huesca [ville d'Espagne, autrefois "Osca"].

oscilación *f* oscillation.

oscilador *m* FÍS oscillateur.

oscilante *adj* oscillant, e.

oscilar *v intr* osciller; péndulo que oscila pendule qui oscille ‖ FIG varier, osciller; los precios oscilan les prix varient.

oscilatorio, ria *adj* oscillatoire.

oscilógrafo *m* FÍS oscillographe.

oscilograma *m* oscillogramme.

oscilómetro *m* oscillomètre.

osciloscopio *m* oscilloscope.

osco, ca *adj & s* HIST osque.

osculación *f* GEOM osculation.

osculador, ra *adj* GEOM osculateur, trice.

ósculo *m* baiser; ósculo de paz baiser de paix.

oscuramente; obscuramente *adv* obscurément.

oscurantismo; obscurantismo *m* obscurantisme.

oscurantista; obscurantista *adj & s* obscurantiste.

oscurecer; obscurecer [30] *v tr* obscurcir, assombrir ‖ foncer (un color) ‖ FIG obscurcir (volver poco inteligible).
◇ *v intr* commencer à faire sombre.
➥ **oscurecerse** *v pr* s'obscurcir, s'assombrir (el cielo) ‖ FIG s'assombrir.

oscurecimiento; obscurecimiento *m* obscurcissement, assombrissement (del cielo) ‖ occultation *f* (de una luz) ‖ fonçage (de un color).

oscuridad; obscuridad *f* obscurité; tener miedo a la oscuridad avoir peur de l'obscurité ‖ ombre (tinieblas) ‖ FIG obscurité, manque de clarté (del estilo).

oscuro, ra; obscuro, ra *adj* obscur, e ‖ foncé, e; sombre (color) llevar un traje oscuro porter un costume foncé ‖ FIG sombre, obscur, e; el porvenir es muy oscuro l'avenir est très sombre‖obscur, e (estilo) ■ a oscuras dans l'obscurité ‖ está oscuro il fait sombre [le temps] ‖ FIG llevar una vida oscura vivre dans l'ombre ‖ oscuro como boca de lobo noir comme dans un four o comme dans un tunnel ‖ quedarse a oscuras n'y rien comprendre.

Oseas *n pr* Osée.

oseína *f* osséine.

óseo, a *adj* osseux, euse; tejido óseo tissu osseux.

osera *f* tanière de l'ours.

osezno *m* ZOOL ourson (cachorro del oso).

Osián *n pr* Ossian.

osianismo *m* ossianisme.

osificación *f* ossification.

osificar [10] *v tr* ossifier.
➥ **osificarse** *v pr* s'ossifier.

Osiris *n pr* Osiris.

ósmico, ca *adj* QUÍM osmique.

osmio *m* osmium (metal).

osmometría *f* FÍS osmométrie.

osmómetro *m* FÍS osmomètre.

ósmosis; osmosis *f inv* FÍS osmose.

osmótico, ca *adj* osmotique; presión osmótica pression osmotique.

osmunda *f* BOT osmonde.

oso *m* ZOOL ours; oso blanco, negro, pardo ours blanc, noir, brun ‖ FIG ours (persona insociable) ■ oso colmenero ratel ‖ oso de felpa o de peluche ours en peluche ‖ oso hormiguero

fourmilier, tamanoir ‖ oso lavador raton laveur ‖ oso marino ours marin ‖ oso panda panda ‖ oso polar ours polaire ■ FAM hacer el oso faire l'imbécile, le zouave (hacer reír), faire la cour, faire le joli cœur (cortejar).

ososo, sa *adj* osseux, euse (óseo).

ossobuco *m* CULIN osso buco.

¡oste! ➥ **¡oxte!**

ostealgia *f* MED ostéalgie.

osteína *f* QUÍM ostéine, osséine.

osteítis *f inv* MED ostéite.

ostensible *adj* ostensible.

ostensivo, va *adj* qui montre, qui manifeste.

ostentación *f* ostentation; hablar con ostentación parler avec ostentation ‖ ostentation, étalage *m* (gala) ■ hacer ostentación de antimilitarismo afficher son antimilitarisme ‖ hacer ostentación de sus riquezas faire ostentation o étalage de ses richesses, étaler ses richesses.

ostentador, ra *adj* ostentateur, trice (p us), qui étale; ostentador de sus riquezas qui étale ses richesses.
◇ *m & f* poseur, euse (presumido).

ostentar *v tr* montrer (mostrar) ‖ étaler; ostentar sus joyas étaler ses bijoux ‖ arborer; ostentar un sombrero nuevo arborer un chapeau neuf ‖ faire ostentation o étalage de, étaler; ostentar sus riquezas faire étalage de ses richesses ‖ exhiber (exhibir) ‖ afficher; ostentar ideas revolucionarias afficher des idées révolutionnaires.

ostento *m* prodige.

ostentosamente *adv* magnifiquement, avec ostentation.

ostentosidad *f* magnificence, pompe.

ostentoso, sa *adj* magnifique.

osteoblasto *m* ostéoblaste.

osteoesclerosis *f inv* MED ostéosclérose.

osteogénesis *f inv* ostéogenèse (osificación).

osteolito *m* ostéolithe.

osteología *f* ostéologie.

osteológico, ca *adj* ostéologique.

osteólogo, ga *m & f* ostéologue.

osteoma *m* MED ostéome (tumor).

osteomielitis *f inv* MED ostéomyélite.

osteopatía *f* MED ostéopathie.

osteoplastia *f* MED ostéoplastie.

osteoporosis *f inv* ostéoporose.

osteosarcoma *m* MED ostéosarcome.

osteosíntesis *f inv* MED ostéosynthèse.

osteotomía *f* MED ostéotomie.

Ostia *n pr* GEOGR Ostie.

ostiaco *m* LING ostiaque, ostyak.

ostiario *m* portier (clérigo).

ostión *m* grande huître *f* (ostrón) ‖ coquille *f* Saint-Jacques (en Chile).

ostra *f* huître (molusco) ‖ FIG & FAM aburrirse como una ostra s'ennuyer comme un rat mort, s'ennuyer à mourir o mortellement o à cent sous de l'heure.

ostracismo *m* ostracisme; condenar al ostracismo frapper d'ostracisme.

ostral *m* parc à huîtres.

ostrero, ra *adj* huîtrier, ère.
◇ *m & f* marchand, e d'huîtres; écailler, ère (vendedor).
➥ **ostrero** *m* parc à huîtres (ostral) ‖ ZOOL huîtrier (ave).

ostrícola *adj* ostréicole.

ostricultor *m* ostréiculteur.

ostricultura *f* ostréiculture.

ostro *m* grande huître *f* (ostra) ‖ pourpre *f*.

ostrogodo, da *adj & s* ostrogoth, e; ostrogot, e.

ostrón *m* grande huître *f* (ostra).

otalgia *f* MED otalgie.

otálgico, ca *adj* otalgique.

OTAN (abrev de Organización del Tratado del Atlántico Norte) *f* OTAN.

otaria *f* ZOOL otarie.

otario, ria *adj* (Amer) idiot, e (tonto) ‖ hacerse el otario faire l'idiot.

oteador, ra *adj & s* guetteur, euse.

otear *v tr* guetter, observer ‖ scruter; otear el horizonte scruter l'horizon ‖ FIG fureter (escudriñar).

otero *m* tertre, butte *f* (collado).

OTI (abrev de Organización de Televisiones Iberoamericanas) *f* association regroupant toutes les chaînes de télévision de langue espagnole.

otitis *f inv* MED otite.

otolito *m* otolithe *f* (concreción).

otología *f* MED otologie.

otólogo *m* spécialiste en otologie.

otomán *m* ottoman (tejido).

otomano, na *adj & s* ottoman, e.
➥ **otomana** *f* ottomane (sofá).

Otón *n pr* Othon (emperador romano).

otoñada *f* saison d'automne.

otoñal *adj* automnal, e; d'automne; la temporada otoñal la saison d'automne.
◇ *adj & s* d'âge mûr, d'un certain âge (persona).

otoñar *v intr* passer l'automne ‖ pousser en automne (la hierba).
➥ **otoñarse** *v pr* se ramollir sous la pluie (la tierra).

otoño *m* automne; en el otoño en automne ‖ regain d'automne (hierba).

otorgamiento *m* concession *f*, octroi; el otorgamiento de un privilegio l'octroi d'un privilège ‖ consentement, permission *f* (permiso) ‖ DR contrat par-devant notaire, passation *f* (de una escritura).

otorgante *adj* qui accorde, qui octroie.

otorgar [16] *v tr* octroyer, concéder, consentir; otorgar un indulto octroyer une grâce ‖ accorder; otorgar la mano de su hija accorder la main de sa fille ‖ décerner, attribuer; otorgar un premio décerner un prix ‖ conférer, donner (poderes) ‖ DR promettre o passer (un acte) par-devant notaire ‖ quien calla otorga qui ne dit mot consent.

otorragia *f* MED otorrhagie.

otorrea *f* MED otorrhée.

otorrino *m & f* FAM oto-rhino (otorrinolaringólogo).

otorrinolaringología *f* MED otorhinolaryngologie.

otorrinolaringólogo *m & f* MED otorhinolaryngologiste.

otoscopia *f* MED otoscopie.

otoscopio *m* otoscope.

otro, tra *adj* autre; tengo otra hermana j'ai une autre sœur ■ ¡otra!, ¡otra vez! bis!, une autre! (espectáculos), encore! (fastidio) ‖ otra vez encore; vendrá otra vez il viendra encore; ¡otra vez usted! encore vous! ■ al otro día le lendemain ‖ con otras palabras autrement dit, en d'autres termes ‖ de otro modo, de otra manera autrement ‖ en otra época dans le temps ‖ en otra ocasión à une autre occasion ‖ en otra parte autre part, ailleurs ‖ en otro tiempo autrefois ‖ entre otras cosas entre autres, notamment ‖ por otra parte, por otro lado d'autre part, par ailleurs ■ es otro yo c'est un autre moi-même ■ FIG esto es otro cantar c'est une autre histoire, c'est une autre paire de manches.

◇ *pron* autre; unos no sabían, otros no querían les uns ne savaient pas, les autres ne voulaient pas ■ otros dos, tres, etc. deux autres, trois autres, etc. ‖ otros muchos beaucoup d'autres ‖ otros pocos quelques autres ‖ otros tantos autant d'autres, tout autant; llegaron otros tantos il en arriva tout autant; autant de; son otros tantos imbéciles ce sont autant d'imbéciles ‖ otro tanto autant; quiero otro tanto j'en veux autant ■ cualquier otro que tout autre ‖ entre otras entre autres ‖ ¡hasta otra! à bientôt!, à la prochaine ‖ uno a otro l'un l'autre; mirarse uno a otro se regarder l'un l'autre ‖ uno con otro l'un dans l'autre ‖ ¡cuénteselo a otro! à d'autres! ‖ése es otro que tal les deux font la paire ‖ ¡ésta es otra! en voilà une autre!, voilà la dernière!, il ne manquait plus que ça!, c'est le pompon! ‖ hablar de esto y de lo otro parler de choses et d'autres.

| OBSERV El francés antepone siempre a autre el artículo indeterminado ante un sustantivo: vendré otro día je viendrai un autre jour.

otrora *adv* autrefois.

otrosí *adv* en outre.

◇ *m* DR clause *f*, demande *f*.

OUA (abrev de Organización para la Unidad Africana) *f* OUA.

output ['autput] *m* INFORM sortie *f*.
‖ OBSERV pl outputs.

outsider [autsider] *m* DEP outsider.
‖ OBSERV pl outsiders.

ova *f* ulve (alga).

ovación *f* ovation.

ovacionar *v tr* ovationner, faire une ovation à.

ovado, da *adj* ovale (ovalado) ‖ ové, e (en forma de huevo) ‖ fécondé, e (ave fecundada).

oval; ovalado, da *adj* ovale ‖ ANAT ventana oval fenêtre ovale (de la oreja).

| SIN aovado, ovado ovale; ovoide ovoïde; oviforme oviforme.

ovalar *v tr* donner une forme ovale.

ovalización *f* MECÁN ovalisation.

ovalizar [13] *v tr* ovaliser.

óvalo *m* GEOM ovale.

ovar *v intr* pondre (las aves).

ovárico, ca *adj* ovarien, enne; ovarique (p us).

ovariectomía *f* MED ovariectomie.

ovario *m* ANAT & BOT ovaire ‖ ARQ ovale.

ovariotomía *f* MED ovariotomie.

ovaritis *f inv* MED ovarite.

ovas *f pl* frai *m sing* (hueva).

oveja *f* brebis (hembra del carnero) ‖ mouton *m* (carnero) FIG ouaille, brebis ‖ (*Amer*) lama *m* (llama) FIG oveja descarriada brebis égarée ‖ oveja negra brebis galeuse ■ FIG cada oveja con su pareja chacun avec sa chacune, qui se ressemble s'assemble ‖ encomendar las ovejas al lobo enfermer le loup dans la bergerie ‖ quedarse contando ovejas passer une nuit blanche, compter les moutons.

| OBSERV L'espagnol emploie couramment le mot oveja pour désigner le mouton en général: un rebaño de ovejas un troupeau de moutons.

ovejero, ra *m* & *f* berger, ère.
◇ *adj* perro ovejero chien de berger.

ovejuno, na *adj* de brebis, ovin, e ‖ ganado ovejuno bétail ovin, bêtes à laine, ovins.

overa *f* ovaire *m* d'oiseau.

overbooking [oberbukin] *m* ECON surbooking, surréservation (exceso de reservas en hoteles, aviones, etc.).

| OBSERV 1. Ce mot peut être remplacé par les équivalents espagnols sobreventa, sobrerreserva, sobrecontratación ou saturación.
2. pl overbookings.

overear *v tr* (*Amer*) rôtir, dorer au feu.

overo, ra *adj* & *s m* aubère (caballo).

overol *m* (*Amer*) bleu de travail.

overtura *f* MÚS ouverture.

ovetense *adj* & *s* d'Oviedo [ville des Asturies].

OVI (abrev de objeto volador identificado) *m* OVI.

Ovidio *n pr* Ovide.

óvidos *m pl* ZOOL ovidés.

oviducto *m* ZOOL oviducte.

oviforme *adj* oviforme, ovoïde.

ovil *m* bergerie *f*.

ovillar *v tr* mettre en pelote.
➡ **ovillarse** *v pr* se pelotonner.

ovillejo *m* petite pelote *f* (ovillo) ‖ composition *f* poétique.

ovillo *m* pelote *f* (de hilo, de lana) ‖ FIG tas (montón) ■ hacerse un ovillo se pelotonner, se rouler en boule (acurrucarse), s'embrouiller (confundirse) ‖ por el hilo se saca el ovillo de fil en aiguille on arrive au bout.

ovino, na *adj* & *s m* ovin, e.

oviparidad *f* oviparité.

ovíparo, ra *adj* & *s* ZOOL ovipare.

oviscapto *m* ZOOL oviscapte, ovipositeur, tarière *f*.

ovni *m* ovni (objeto volante no identificado).

ovo *m* ARQ ove.

ovogénesis *f inv* BIOL ovogenèse.

ovoide *adj* ovoïde.

óvolo *m* ARQ ove (moldura).

ovovivíparo *adj* & *s* ZOOL ovovivipare.

ovulación *f* ovulation.

ovular *adj* ovulaire.

óvulo *m* BOT & BIOL ovule.

oxácido *m* QUÍM oxacide, oxyacide.

oxalato *m* QUÍM oxalate.

oxálico, ca *adj* QUÍM oxalique.

oxálida *f* BOT oxalide, oxalis (acederilla).

oxalidáceas *f pl* BOT oxalidacées.

oxear *v tr* chasser [les poules].

oxford *m* oxford (tejido).

oxhídrico, ca *adj* QUÍM oxhydrique; soplete oxhídrico chalumeau oxhydrique.

oxhidrilo; oxidrilo *m* QUÍM oxhydryle.

oxiacetilénico, ca *adj* oxyacétylénique ‖ soplete oxiacetilénico oxycoupeur.

oxicarbonado, da *adj* QUÍM oxycarboné, e.

oxicelulosa *f* QUÍM oxycellulose.

oxicloruro *m* QUÍM oxychlorure.

oxicorte *m* TECN oxycoupage.

oxidación *f* oxydation.

oxidante *adj* & *s m* oxydant, e.

oxidar *v tr* QUÍM oxyder.
➡ **oxidarse** *v pr* s'oxyder ‖ se rouiller, s'oxyder; el cerrojo se ha oxidado le verrou s'est rouillé.

oxidasa *f* QUÍM oxydase.

óxido *m* QUÍM oxyde ‖ rouille *f* (orín).

oxidorreducción *f* QUÍM oxydoréduction.

oxidrilo ➡ **oxhidrilo**.

oxigenación *f* oxygénation.

oxigenado, da *adj* oxygéné, e; agua oxigenada eau oxygénée.

oxigenar *v tr* QUÍM oxygéner.
➡ **oxigenarse** *v pr* FAM s'oxygéner (tomar el aire).

oxígeno *m* oxygène.

oxigenoterapia *f* MED oxygénothérapie.

oxihemoglobina *f* oxyhémoglobine.

oxilita *f* QUÍM oxylithe.

oximetría *f* oxymétrie.

oximiel; oxymel *m* oxymel (ojimiel).

oxipétalo *m* BOT oxypetalum.

oxisulfuro *m* QUÍM oxysulfure.

oxítono *m* GRAM oxyton.

oxiuro *m* ZOOL oxyure *f* (lombriz).

oxoniense *adj* d'Oxford.

¡oxte!; ¡oste! *interj* zut! ‖ sin decir oxte ni moxte sans rien dire.

oxymel ➡ **oximiel**.

oyente *adj* & *s* auditeur, trice ‖ auditeur, auditrice libre (estudiante).

ozobromia *f* FOT ozobromie [procédé ozobrome].

ozocerita *f* MIN ozokérite, ozocérite (cera).

ozonador; ozonizador *m* ozonateur, ozoniseur, ozoneur.

ozonificación ➡ **ozonización**.

ozonificar ➡ **ozonizar**.

ozonización; ozonificación *f* ozonisation.

ozonizar [13]; **ozonificar** [10] *v tr* ozoniser, ozoner.

ozono *m* QUÍM ozone; capa de ozono couche d'ozone.

ozonómetro *m* QUÍM ozonomètre.

ozonosfera *f* ozonosphère.

ozotipia *f* FOT ozotypie.

p; P *f* p *m.*

p. ▭ **pag.**

p.a. (abrev escrita de **por ausencia**) en l'absence de ▌(abrev escrita de **por autorización**) p.o.

PA (abrev de **Partido Andalucista**) parti nationaliste andalou.

PAAU (abrev de **pruebas de aptitud para el acceso a la universidad**) *f pl* examen spécial d'entrée à l'université en Espagne.

pabellón *m* pavillon (edificio); **el pabellón español en la feria de X** le pavillon espagnol à la foire de X ▌immeuble (vivienda) ▌tente *f* de campagne (tienda de campaña) ▌drapeau (bandera); **izar el pabellón nacional** hisser le drapeau national ▌MAR pavillon ▌baldaquin, rideaux *pl* (cortina de cama) ▌tentures *f pl* (de trono, de altar, etc.) ▌MÚS pavillon (de un instrumento) ▌BLAS pavillon ▌MIL faisceau (de fusiles) ▌ANAT pavillon (de la oreja) ■ **pabellón de caza** pavillon de chasse ■ **arriar pabellón** baisser pavillon.

pabilo *m* mèche *f*, moucheron (de vela).

pablar *v intr* FAM parler ▌**sin hablar ni pablar** sans souffler mot.

Pablo *n pr* Paul.

pábulo *m* aliment ▌FIG **dar pábulo a las críticas** donner prise à la critique.

PAC (abrev de **política agrícola común**) *f* PAC.

paca *f* ZOOL paca *m* (roedor) ▌balle, ballot *m* (fardo); **una paca de algodón** une balle de coton.

Paca *n pr* Fanchon.

pacaá *m* (*Amer*) pénélope *f* (ave).

pacaes *m pl* (*Amer*) ingas (árboles).

pacana *f* BOT pacanier *m* (árbol) ▌noix de pecan, pacane (fruto).

pacato, ta *adj* paisible, calme.

pacay *m* (*Amer*) inga (árbol).
▌OBSERV pl pacayes ou pacaes.

pacayar *m* (*Amer*) plantation *f* d'ingas.

pacense *adj & s* de Béja [Portugal] ▌de Badajoz [Espagne].

paceño, ña *adj & s* de La Paz [Bolivie, Honduras et Salvador].

pacer [29] *v tr & intr* paître.
◇ *v tr* manger (comer) ▌ronger (roer) ▌faire paître, nourrir (apacentar).

pachá *m* pacha (bajá); **vivir como un pachá** vivre comme un pacha.

▌OBSERV **1.** Ce mot est un gallicisme très employé.
2. pl pachaes.

pachamama *f* (*Amer*) la Terre.

pachamanca *f* (*Amer*) viande rôtie dans un trou creusé dans le sol.

pachanga *f* FAM java.

pachanguero, ra *adj* de bastringue ▌**orquesta pachanguera** bastringue *f*.

pacharán *m* liqueur *f* de prunelle.

pachiche *adj* (*Amer*) rabougri, e.

pachiquil *f* (*Amer*) tortillon, coussinet (rodete).

pacho, cha *adj* (*Amer*) trapu, e; ramassé, e; aplati, e (rechoncho) ▌tranquille (pachorrudo).

pachocha ▭ **pachorra**.

pacholí *m* patchouli (planta y perfume).

pachón, ona *adj & s* basset (perro) ▌(*Amer*) poilu, e; velu, e (peludo), laineux, euse (lanudo).
◆ **pachón** *m* FAM père tranquille.

pachorra; pachocha (*Amer*) *f* FAM mollesse, lenteur, indolence (indolencia) ▌flegme *m* (tranquilidad).

pachorrear *v intr* (*Amer*) agir avec indolence, lambiner.

pachorrudo, da; pachorriento, ta *adj;* **pachorra** *adj f* FAM lent, e; mou, molle; lymphatique (indolente) ▌flegmatique (tranquilo).

pachotada *f* (*Amer*) balourdise, sottise (tontería).

pachucho, cha *adj* blet, ette (fruta) ▌FIG faible, abattu, e (débil), patraque ▌FIG **estar pachucho** ne pas être dans son assiette, être patraque.

pachuco, ca *adj* (*Amer*) habillé, e avec extravagance et mauvais goût.

pachulí *m* patchouli (planta y perfume).
▌OBSERV pl pachulíes.

paciencia *f* patience; **armarse de paciencia** s'armer de patience; **todo se alcanza con paciencia** on arrive à tout avec de la patience ▌lenteur, mollesse (lentitud) ▌gâteau *m* aux amandes (bollo) ■ **acabarle o consumirle a uno la paciencia** faire perdre patience à quelqu'un ▌**acabársele a uno la paciencia** perdre patience, être à bout ▌**con paciencia se gana el cielo** patience et longueur de temps font plus que force ni que rage, la patience vient à bout de tout ▌**esperar con paciencia** attendre patiemment ▌**llevar o tomar con paciencia** prendre calmement ▌**per-**

der la paciencia perdre patience ▌**probar la paciencia** mettre la patience à rude épreuve ▌**tener paciencia** avoir de la patience (ser paciente), patienter, prendre patience (esperar) ▌**tener perdida la paciencia, habérsele agotado a uno la paciencia** être à bout.

paciente *adj* patient, e.
◇ *m* patient, e (enfermo).

pacientemente *adv* patiemment.

pacienzudo, da *adj* très patient, e.

pacificación *f* pacification ▌FIG apaisement *m* (apaciguamiento).

pacificador, ra *adj & s* pacificateur, trice.

pacíficamente *adv* pacifiquement.

pacificar [10] *v tr* pacifier (un país) ▌FIG pacifier, apaiser (los ánimos) ▌réconcilier (las personas).
◆ **pacificarse** *v pr* FIG s'apaiser (calmarse).

pacífico, ca *adj* pacifique.

Pacífico *n pr m* GÉOGR **el Pacífico** le Pacifique.

pacifismo *m* pacifisme.

pacifista *adj & s* pacifiste.

pack *m* pack (banco de hielo) ▌pack (rugby).
▌OBSERV pl packs.

paco *m* ZOOL alpaga ▌franc-tireur (en Marruecos) ▌(*Amer*) minerai d'argent (mineral) ▌gendarme (policía) ▌aphte (afta) ▌veilleur de nuit (sereno).

Paco *n pr* François.
▌OBSERV Ce prénom est le diminutif de Francisco.

paco, ca *adj* (*Amer*) roux, rousse.

pacota *f* (*Amer*) objet *m* de pacotille ▌moins-que-rien (persona).

pacotilla *f* pacotille ▌MAR pacotille (ancheta) ▌**de pacotilla** de pacotille.

pacotillero *m* vendeur de pacotille ▌(*Amer*) colporteur (buhonero).

pactar *v intr* faire un pacte, convenir de, pactiser ▌FIG **pactar con el diablo** vendre son âme au diable, faire un pacte avec le diable.

pacto *m* pacte, accord ■ **pacto colectivo** contrat collectif, convention collective ▌**pacto de no agresión** pacte de non-agression ▌**pacto de Varsovia** pacte de Varsovie ▌**pacto entre caballeros** accord sur l'honneur.

pactolo *m* FIG pactole (fuente de riquezas).

Pactolo *n pr m* **el Pactolo** le Pactole.

pacú *m* (*Amer*) poisson d'eau douce (pez).

pacuno, na *adj* (*Amer*) commun, e; ordinaire.

paddock *m* paddock.

■ **OBSERV** pl paddocks.

padecer [30] *v tr & intr* souffrir de, souffrir; padecer dolores de estómago souffrir de douleurs à l'estomac; padecer hambre, frío souffrir de la faim, du froid; los males que padecen les maux dont ils souffrent ∥ endurer (aguantar); padecer privaciones endurer des privations ∥ être atteint de (dolencia); padecer sordera être atteint de surdité ∥ avoir, être atteint de (enfermedades); padece viruela il a la petite vérole ∥ **FIG** souffrir; padecer en la honra souffrir dans son honneur ∥ subir (soportar); padecer castigo, prisión subir un châtiment, l'emprisonnement ∥ supporter (aguantar); padecer las impertinencias de uno supporter les impertinences de quelqu'un ∥ connaître, éprouver (pasar); padecer grandes desgracias connaître de grands malheurs ∥ subir, recevoir (agravios o insultos) ■ padecer de manquer de (carecer), souffrir de; padecer de los nervios souffrir des nerfs ∥ padecer error o engaño être dans l'erreur.

padecido, da *adj* qui a souffert.

padecimiento *m* épreuve *f*, souffrance *f*.

padilla *f* poêlon *m* (sartén chica) ∥ four *m* (de panadero).

padranga *f* pachanga (baile).

padrastro *m* beau-père (marido de la madre) ∥ **FIG & FAM** père dénaturé (mal padre) ∥ **FIG** obstacle, empêchement (estorbo) ∥ **MED** envie *f* (en las uñas).

padrazo *m* **FAM** papa gâteau.

padre *m* [▷ **SIN**] père ∥ prêtre, curé (sacerdote) ∥ abbé, père; el padre X l'abbé X ∥ père (anacoreta o santo) ∥ mon père (dirigiéndose a un religioso); sí, Padre oui mon père ∥ reproducteur (macho) ∥ mère *f*, origine *f*; el ocio es padre de todos los vicios l'oisiveté est la mère de tous les vices ∥ **FIG** père (creador, inventor); Esquilo es el padre de la tragedia Eschyle est le père de la tragédie ∥ padre conscripto père conscrit (senador de Roma) ∥ padre de almas curé ∥ padre de familia père de famille ∥ **FIG** padre de la patria père de la patrie ∥ padre espiritual père spirituel ∥ Padre Eterno Père éternel ∥ padre nutricio père nourricier ∥ padre político beau-père ■ a padre ganador, hijo gastador à père avare, fils prodigue ∥ **FIG & FAM** de padre y muy señor mío gratiné, de première classe ∥ Dios Padre Dieu le Père ∥ el Padre Santo, el Santo Padre le Saint-Père ∥ **FIG & FAM** llevarse una vida padre mener la bonne vie∥llevarse un susto padre avoir une peur bleue∥no lo entiende ni su padre c'est absolument incompréhensible ∥ ¡que lo haga su padre! à d'autres!, comptez là-dessus! ∥ (*Amer*) ¡qué padre! super! ∥ **FIG & FAM** saberlo como el Padre Nuestro connaître sur le bout du doigt ∥ tener un éxito padre avoir un succès bœuf.

➡ **padres** *m pl* parents (padre y madre) ∥ pères, ancêtres (antepasados) ■ padres mínimos petits pères ■ de padres a hijos de père en fils ∥**FIG** entre padres y hermanos no metas las manos entre l'arbre et l'écorce, il ne faut pas mettre le doigt ∥ los Santos Padres, los Padres de la Iglesia les Pères de l'Église

∥ nuestros primeros padres nos premiers parents (Adán y Eva).

■ **SIN** progenitor progéniteur; papá papa; cabeza de familia chef de famille.

Padrenuestro *m* notre-père, pater (oración) ∥ **FIG & FAM** en un Padrenuestro en un clin d'œil, en un rien de temps, en un tour de main.

■ **OBSERV** pl Padrenuestros.

padrillo *m* (*Amer*) étalon (caballo).

padrinazgo *m* parrainage ∥ **FIG** protection *f*.

padrino *m* parrain ∥ témoin (boda, desafío) ∥ **FIG** protecteur, appui; tener buenos padrinos avoir de bons appuis.

➡ **padrinos** *m pl* le parrain et la marraine, les parents spirituels.

■ **OBSERV** [▶ **madrina**].

padrísimo *adj* (*Amer*) **FAM** génial, e.

padrol *m* (*Amer*) tignasse *f*.

padrón *m* cens, recensement, rôle (censo); hacer el padrón faire le recensement ∥ modèle (dechado) ∥ colonne *f*, monument commémoratif ∥ **FIG** injure *f*, déshonneur (desdoro) ∥ **FAM** papa gâteau (padrazo).

padrote *m* (*Amer*) **FAM** étalon (semental) ∥ souteneur (rufián).

padrotear *v intr* (*Amer*) **FAM** copuler (un macho) ∥ vivre de proxénétisme (vivir de mujeres perdidas) ∥ jouer les machos (intimidar a otro hombre).

Padua *n pr* **GEOGR** Padoue.

paduano, na *adj & s* padouan, e ∥ llanura paduana plaine du Pô.

paella *f* paella, riz *m* à la valencienne.

paellera *f* poêle à paella.

¡paf! *interj* ¡paf! paf!

paflón *m* **ARQ** soffite (sofito).

pág.; p. (abrev escrita de página) p.

paga *f* paye, paie (sueldo); cobrar la paga toucher sa paye; hoja de paga feuille de paie ∥ solde (de militar) ∥ paiement *m* (pago) ∥ **FIG** châtiment *m* (de una culpa) ∥ réciprocité (de un sentimiento) ∥ buena, mala paga bon, mauvais payeur ∥ **MIL** media paga demi-solde ■ paga extra o extraordinaria ≃ treizième mois ∥ paga de Navidad ≃ treizième mois (versé à Noël) ∥ **DR** paga indebida o de lo indebido paiement indu o de l'indu.

pagadero, ra *adj* payable; pagadero a la vista, a plazos payable à vue, à crédit.

➡ **pagadero** *m* échéance *f* (plazo).

pagado, da *adj* payé, e; pagado por adelantado payé d'avance ∥ payé de retour, partagé, e (sentimiento) ■ asesino pagado tueur à gages ∥ **FIG** estamos pagados nous sommes quittes ∥ pagado de sí mismo content de soi, imbu de sa personne, suffisant.

pagador, ra *adj & s* payeur, euse ∥ al buen pagador no le duelen prendas le bon payeur laisse volontiers des gages.

pagaduría *f* trésorerie, paierie ∥ depositaría-pagaduría recette et perception.

pagamento; pagamiento *m* paiement, payement.

paganismo *m* paganisme.

paganizar [13] *v tr & intr* paganiser.

pagano, na *adj & s* [▷ **SIN**] païen, enne.

➡ **pagano** *m* **FAM** dindon de la farce, victime *f*, lampiste ∥ celui qui paie.

■ **SIN** idólatra idolâtre; descreído mécréant; infiel infidèle; gentil païen.

pagar [16] *v tr* [▷ **SIN**] payer; pagar al contado, por meses, a plazos payer au comptant o comptant, au mois o par mensualités, à tempérament o à terme ∥ **FIG** rendre (una visita) ∥ payer (expiar); pagar cara una victoria payer cher une victoire; pagar un crimen payer un crime ∥ rendre, payer en retour (el afecto); pagar a uno su cariño rendre son affection à quelqu'un; un amor mal pagado un amour mal payé en retour∥payer; pagar con ingratitud payer d'ingratitude ■ pagar a escote payer son écot, partager les frais ∥ pagar a toca teja payer cash o rubis sur l'ongle ∥ pagar con su vida payer de sa vie ∥ **FIG** pagar el daño o el pato lo vidrios rotos payer les pots cassés, écoper, trinquer ∥ pagar en o con la misma moneda rendre à quelqu'un la monnaie de sa pièce ∥ pagar en metálico o en efectivo payer en espèces ∥ pagar las culpas ajenas payer pour les autres ∥ a pagar a la recepción payable à la livraison ∥ ¡Dios se lo pague! Dieu vous le rende! ∥ **FIG** el que la hace la paga qui casse les verres les paye ∥ pagan justos por pecadores les innocents paient pour les coupables ∥ **FIG & FAM** ¡ya me las pagarás!, ¡me las has de pagar! tu me le paieras!, je te revaudrai ça!

➡ **pagarse** *v pr* se payer ∥ **FIG** se payer; pagarse con razones se payer de raisons ∥ **FIG** pagarse de sí mismo être imbu de soi-même.

■ **SIN** abonar verser; satisfacer acquitter; saldar solder; remunerar rémunérer; costear, financiar financer; liquidar liquider, régler; desembolsar débourser; **FAM** aflojar casquer.

pagaré *m* billet à ordre ■ pagaré a la vista bon, effet à vue ∥ pagaré del Tesoro bon du Trésor.

■ **OBSERV** pl pagarés.

pagaya *f* pagaie (remo) ∥ remar con pagaya pagayer.

pagel *m* pagel (pez).

página *f* page; en la página anterior à la page précédente ∥ **FIG** page (episodio) ∥ páginas amarillas pages jaunes (de la guía telefónica) ∥ **INFORM** página inicial o central page d'accueil.

paginación *f* pagination.

paginar *v tr* paginer, folioter.

pago *m* paiement, payement; pago al contado paiement au comptant o comptant ∥ paiement, versement; hacer un pago effectuer un paiement ∥ domaine, terres *f pl* (heredad) ∥ **FIG** prix; recibir el pago de sus malas acciones recevoir le prix de ses mauvaises actions∥rançon *f*; el pago de la gloria la rançon de la gloire ∥ (*Amer*) pays (país), village (pueblo) ■ en pago en paiement (para pagar), pour prix, en récompense (como recompensa) ■ pago a cuenta arrhes, paiement en acompte ∥ pago a plazos paiement à tempérament ∥ pago adelantado o anticipado paiement à l'avance, paiement anticipé ∥ pago contra entrega paiement à la livraison ∥ pago de viñas clos, vignoble ∥ (*Amer*) pago en cuotas paiement à tempérament ∥ pago en metálico paiement en espèces ■ colegio de pago école payante o privée ‖ ECON suspensión de pagos cessation de paiements.

pago, ga *adj* FAM payé, e.

pagoda *f* pagode.

pagro *m* pagre (pez).

paguro *m* pagure, bernard-l'ermite (crustáceo) ‖ araignée *f* de mer (araña de mar).

Pahuinos *m pl* Pahouins (tribu del Congo).

paidología *f* paidologie, pédologie (estudio del niño).

paidólogo *m* paidologue, pédologue.

paila *f* poêle.

pailero, ra *m & f* (*Amer*) chaudronnier, ère; dinandier *m*.

painel *m* panneau (panel).

paipai; paipay *m* éventail (abanico).
‖ OBSERV pl paipais; paipays.

pair [per]
➤ **au pair** *f* jeune fille au pair.

pairar *v intr* MAR mettre en panne.

pairo *m* MAR panne *f*; estar al pairo être en panne.

país *m* pays (nación) ‖ feuille *f* (del abanico) ■ país en vías de desarrollo pays en voie de développement ‖ país natal pays natal ‖ país satélite pays satellite ‖ países desarrollados pays développés ■ CULIN jamón del país jambon de pays ‖ en el país de los ciegos, el tuerto es rey au royaume des aveugles les borgnes sont rois.
‖ OBSERV pl países.

País *m* El País journal espagnol orienté vers la gauche modérée.

paisaje *m* paysage.

paisajista *adj & s* paysagiste.

paisajístico, ca *adj* paysager, ère.

paisana *f* danse rustique.

paisanada *f* (*Amer*) paysans *m pl*, gens *m pl* de la campagne.

paisanaje *m* population *f* civile ‖ qualité *f* de pays o de compatriote.

paisano, na *adj & s* FAM pays, e [de la même région]; es un paisano mío c'est mon pays ‖ compatriote [du même pays]; un paisano mío un de mes compatriotes.
◇ *m & f* (*Amer*) paysan, anne (campesino).
➤ **paisano** *m* civil (por oposición a "militar"); ir de paisano être en civil; traje de paisano costume civil.
‖ OBSERV La palabra francesa paysan no significa paisano sino campesino.

Países Bajos *n pr m pl* los Países Bajos les Pays-Bas.

País Vasco *n pr m* GEOGR el País Vasco le Pays basque (región).

> **EL PAÍS VASCO**
> La communauté autonome du Pays basque se compose des provinces de Guipúzcoa, Biscaye et Álava. Elle a obtenu l'autonomie le 18 décembre 1979 et a pour capitale Vitoria; son gouvernement est connu sous le nom de « Gobierno vasco ».

paja *f* paille; paja centenaza paille de seigle ‖ FIG paille, vétille (nadería) ‖ remplissage *m* (en un artículo) ‖ VULG branlette (masturbación) ‖ (*Amer*) robinet *m* (grifo) ■ AGRIC capa de paja paillis ‖ choza de paja paillote ‖ funda de paja paillon (para botellas) ‖ FIG hombre de paja

homme de paille (testaferro) ‖ (*Amer*) paja brava gynérion argenté, herbe des pampas ‖ patatas paja pommes paille ‖ vino de paja vin de paille ‖ FIG a humo de pajas à la légère ‖ echar pajas tirer à la courte paille (juego) ‖ en un quítame allá esas pajas en un clin d'œil, en moins de deux ‖ por un quítame allá esas pajas pour un oui, pour un non; pour un rien o une vétille ‖ ver la paja en el ojo ajeno y no la viga en el nuestro voir la paille dans l'œil du prochain o de son voisin et ne pas voir la poutre que l'on a dans le sien.

pajar *m* pailler, grenier à foin.

pájara *f* (p us) oiseau *m* (pájaro) ‖ cerf-volant *m* (cometa) ‖ cocotte (de papel) ‖ FAM fine mouche (mujer astuta) ‖ sale bête (mujer mala) ‖ FAM pájara nocturna belle-de-nuit (ramera).

pajarear *v intr* faire la chasse aux oiseaux ‖ FAM flâner (holgazanear).

pajarel *m* ZOOL bouvreuil (pardillo).

pajarera *f* volière (jaula).

pajarería *f* oisellerie (tienda) ‖ bande d'oiseaux.

pajarero, ra *adj* des oiseaux ‖ FAM gai, e; joyeux, euse (alegre) ‖ bariolé, e (telas) ‖ criard, e (colores) ‖ (*Amer*) ombrageux, euse (caballo).
➤ **pajarero** *m* oiselier (vendedor de pájaros) ‖ oiseleur (cazador) ‖ Enrique I el Pajarero Henri Ier l'Oiseleur.

pajarete *m* un des vins de la région de Xérès (Jerez).

pajaril
➤ **hacer pajaril** *loc* MAR amurer les voiles.

pajarilla *f* petit oiseau *m* ‖ cerf-volant *m* (cometa) ‖ BOT ancolie (aguileña) ‖ rate (del cerdo) ■ FAM abrasársele a uno las pajarillas avoir très chaud ‖ alegrársele a uno las pajarillas avoir très content, se réjouir.

pajarita *f* cocotte (de papel) ‖ cerf-volant *m* (cometa) ■ corbata de pajarita nœud papillon ‖ cuello de pajarita col cassé ‖ pajarita de las nieves bergeronnette (aguzanieves).

pajarito *m* petit oiseau, oisillon, oiselet (ave) ■ FIG & FAM comer como un pajarito avoir un appétit d'oiseau ‖ me lo ha dicho un pajarito (verde) mon petit doigt me l'a dit ‖ quedarse muerto como un pajarito s'éteindre doucement.

pájaro *m* oiseau; coger pájaros attraper les oiseaux; coger los pájaros del nido dénicher les oiseaux ‖ ZOOL passereau (orden) ‖ FIG vieux renard, homme rusé (astuto) ■ pájaro bobo guillemot (pingüino) ‖ pájaro carpintero pivert ‖ FIG & FAM pájaro de cuenta o de cuidado drôle d'oiseau o de loustic ‖ pájaro de mal agüero oiseau de malheur o de mauvais augure ‖ FAM pájaro gordo gros bonnet, grosse légume ‖ pájaro mosca oiseau-mouche ‖ pájaro niño manchot ■ FIG a vista de pájaro à vol d'oiseau ‖ el pájaro voló l'oiseau s'est envolé ‖ más vale pájaro en mano que ciento volando un tiens vaut mieux que deux tu l'auras ‖ matar dos pájaros de un tiro faire d'une pierre deux coups ‖ pájaro viejo no entra en jaula ce n'est pas aux vieux singes qu'on apprend à faire la grimace ‖ tener pájaros en la cabeza, tener la cabeza llena de pájaros, tener la cabeza a pájaros avoir la

tête fêlée (tonto), être une tête sans cervelle (distraído).

> OBSERV Pájaro désigne un oiseau de petite taille, comme en français le terme savant passereau; pour les autres oiseaux on emploie le mot ave.

pajarón, ona *adj* (*Amer*) abruti, e (bobalicón).

pajarraco *m* FAM vilain oiseau (pájaro grande y feo) ‖ FIG & FAM drôle d'oiseau.

pajaza *f* débris *m pl* de paille.

pajazo *m* VETER tache *f* [sur l'œil d'un cheval].

paje *m* page ‖ MAR mousse (grumete).

pajera *f* petit pailler *m*.

pajería *f* magasin *m* où on vend de la paille.

pajero, ra *m & f* pailleur, euse (vendedor de paja).

pajilla *f* cigarette roulée dans une feuille de maïs ‖ paille [pour boire].

pajizo, za *adj* jaune paille, paillé, e (color de paja) ‖ de paille (de paja).

pajolero, ra *adj* FAM fichu, e; sacré, e; estoy harto de esta pajolera casa j'en ai assez de cette fichue maison ‖ chinois, e; pointilleux, euse.

pajón *m* chaume (rastrojo) ‖ (ant) chaumes *pl*.

pajote *m* AGRIC paillis, paillasson.

pajuate; pajuato, ta *m* (*Amer*) niais, e (pazguato).

pajuela *f* mèche soufrée (para encender).

pajuerano *m* (*Amer*) vacancier.

Pakistán; Paquistán *n pr m* GEOGR el Pakistán o Paquistán le Pakistan.

pakistaní *adj & s* pakistanais, e.
‖ OBSERV pl pakistaníes.

pala *f* pelle (instrumento) ‖ pelletée (contenido de la pala) ‖ raquette (del juego de ping-pong) ‖ pala (de pelota vasca) ‖ batte (de béisbol) ‖ pale (de remo, de hélice) ‖ lame (de la azada, etc.) ‖ aube (de noria) ‖ battoir *m* (para lavar) ‖ chaton *m* (de una sortija) ‖ écharnoir *m* (de curtidores) ‖ empeigne (del calzado) ‖ pointe (del cuello de una camisa) ‖ BOT feuille (de chumbera) ‖ palette (de un diente) ‖ pince (incisivo del caballo) ‖ corps *m* d'épaulette (de charretera) ‖ lame (de bisagra) ‖ FAM a punta de pala à la pelle ‖ pala cargadora pelle mécanique, pelleteuse ‖ pala de zapador pelle-bêche ‖ pala estrecha palot (laya).

palabra *f* parole (habla); pedir, conceder la palabra demander, donner la parole; me repitieron sus palabras on m'a répété ses paroles; el delegado español tiene la palabra el delegado espagnol a la parole, la parole est au délégué espagnol ‖ [▷ SIN] mot *m* (vocablo); una palabra española un mot espagnol; no decir palabra ne pas dire un mot; ¡ni una palabra! pas un mot! ‖ parole (promesa); hombre de palabra homme de parole; cumplir su palabra tenir parole ‖ propos *m*; pronunciar palabras subversivas tenir des propos subversifs ‖ verbe (teología) ‖ INFORM palabra de bloqueo mot de blocage; palabra de índice mot d'index; palabra de paso mot de passe ■ palabra clave mot clef ‖ palabra compuesta, simple mot composé, simple ‖ palabra de Dios o divina parole de Dieu, bonne parole ‖ **palabra de doble sentido** mot à double sens ‖ **palabra de honor** parole d'honneur (promesa verbal) ‖ **palabra de matrimonio** promesse de mariage ‖ **palabra picante** mot blessant ‖ **palabras al aire** o **al viento** mots en l'air, paroles en l'air, du vent ‖ **palabras altisonantes** o **rimbombantes** grands mots ‖ **palabras cruzadas** mots croisés (crucigrama) ‖ FIG **palabras encubiertas** mots couverts (medias palabras) ‖ **palabras mayores, injures, grossièretés** ‖ FIG **a la primera palabra** au quart de tour ‖ **a palabras necias, oídos sordos** à folle demande, point de réponse ‖ **bajo palabra** sur parole ‖ FIG **con medias palabras** à mots couverts; **decir con medias palabras** dire à mots couverts; à demi-mot; **comprender con medias palabras** comprendre à demi-mot ‖ **de palabra** de vive voix ‖ **en cuatro palabras** en deux mots ‖ **en pocas palabras** bref, en peu de mots (en un discurso) ‖ **en toda la acepción** o **extensión de la palabra** dans toute l'acception du terme ‖ **en una palabra** bref, en un mot ‖ **juego de palabras** jeu de mots ‖ **ni una palabra** pas un mot, pas un traître mot ‖ **ni una palabra más** pas un mot de plus, plus un mot ‖ **palabra por palabra** mot à mot ‖ **pocas palabras pero buenas** parlons peu mais parlons bien ‖ **última palabra** dernier mot (para acabar), dernier cri (moda) ■ **ahorrar palabras** économiser ses paroles o sa salive ‖ **a buen entendedor, pocas palabras bastan** à bon entendeur, salut ‖ **al decir** o **al oír estas palabras** à ces mots (para ligar), sur ces mots (para concluir) ‖ **cogerle a uno la palabra** prendre quelqu'un au mot ‖ **comerse las palabras** avaler ses mots (al hablar), sauter des mots (al escribir) ‖ **contentarse con palabras** se payer de mots ‖ **cortar la palabra** couper la parole ‖ **cumplir con su palabra** tenir parole ‖ **dar palabra** donner sa parole ‖ **decir la última palabra** avoir le dernier mot ‖ **decirle a uno cuatro palabras bien dichas** dire à quelqu'un ses quatre vérités ‖ **decir una palabra al oído** glisser un mot à l'oreille ‖ **dejar a uno con la palabra en la boca** ne pas laisser placer un mot à quelqu'un ‖ **dichas estas palabras, con estas palabras** à ces mots, cela dit ‖ **dirigir la palabra** adresser la parole ‖ **empeñar la palabra** donner sa parole ‖ **entretener con buenas palabras** bercer de belles paroles ‖ **escapársele** o **írsele a uno la palabra** échapper à quelqu'un [une parole malheureuse] ‖ **estar colgado de las palabras de uno** être suspendu aux lèvres de quelqu'un, boire les paroles de quelqu'un ‖ **faltar a su palabra** manquer à sa parole ‖ **gastar palabras** parler en vain o dans le vide ‖ **gastar pocas palabras** être peu loquace, parler peu ‖ **hablar a medias palabras** parler à mots couverts ‖ **hacer uso de la palabra** prendre la parole ‖ **las palabras se las lleva el viento** les paroles s'envolent, les écrits restent ‖ **llevar la palabra** porter la parole ‖ **mantener su palabra** tenir (sa) parole ‖ **me basta con su palabra** je vous crois sur parole ‖ **medir** o **sopesar las palabras** peser ses mots ‖ **no decir palabra** ne pas dire o ne pas souffler mot ‖ **no entender palabra** ne pas comprendre un traître mot ‖ **no son más que palabras** ce ne sont que des mots ‖ **no tener palabra** ne pas avoir de parole ‖ **no tener más que una palabra** n'avoir qu'une parole ‖ **quitarle a uno las palabras de la boca** couper la parole à quelqu'un ‖ **ser de pocas**

palabras **être peu bavard** ‖ **sin decir** o **hablar palabra** sans mot dire ‖ **tener la última palabra** avoir le dernier mot ‖ FIG **tener unas palabras con alguien** avoir des mots avec quelqu'un ‖ **tomar la palabra** prendre la parole ‖ **tomarle a uno la palabra** prendre quelqu'un au mot ‖ **tratar mal de palabra a uno** injurier quelqu'un.

➡ **¡palabra!** *interj* parole (d'honneur)!, ma parole! (por Dios).

▌ SIN **término** terme; **expresión** expression; **voz**, **vocablo** vocable.

palabrear *v intr* FAM bavarder, palabrer.

palabreja *f* mot *m* oiseux o obscur.

palabreo *m* bavardage, palabre *m & f.*

palabrería *f*; **palabrerío** *m* FAM verbiage *m*, bavardage *m.*

palabrita *f* petit mot *m* ‖ mot *m*; **le dije cuatro palabritas** je lui ai dit deux mots.

palabro *m* gros mot (palabrota) ‖ grand mot (palabra altisonante).

palabrota *f* FAM gros mot *m* (palabra grosera) ‖ mot à coucher dehors (palabra complicada).

palacete *m* hôtel particulier ‖ petit palais.

palaciego, ga *adj* du palais, de cour; **vida palaciega** vie de cour.
◇ *adj & s* courtisan, e (persona).

palacio *m* palais; **Palacio Real** Palais-Royal; **palacio episcopal** palais épiscopal ‖ palais, château; **el palacio de Versalles** le château de Versailles ‖ palais (casa suntuosa) ■ **el Palacio de Justicia** le palais de justice ‖ **palacio de congresos** palais des congrès ‖ FIG **palacio encantado** château de la Belle au bois dormant ■ **las cosas de palacio van despacio** tout vient à point à qui sait attendre.

palada *f* pelletée ‖ coup *m* de rame (golpe de remo).

paladar *m* ANAT palais ‖ goût, saveur *f* (sabor) ‖ FIG goût (gusto) ‖ **tener el paladar delicado** avoir le palais fin, être une fine bouche.

paladear *v tr* savourer, déguster (saborear) ‖ FIG faire prendre goût à, donner le goût de (aficionar).
◇ *v intr* remuer les lèvres (un recién nacido).

paladeo *m* dégustation *f* (saboreo).

paladial *adj & s* palatal, e.

paladín *m* paladin ‖ FIG champion (defensor); **hacerse el paladín de la libertad** se faire le champion de la liberté.

paladinamente *adv* ouvertement, manifestement, clairement.

paladino, na *adj* clair, e; manifeste.
➡ **paladino** *m* paladin.

paladio *m* palladium (metal).

paladión *m* palladium (estatua de Palas) ‖ FIG palladium, sauvegarde *f* (salvaguardia).

palado, da *adj* BLAS palé, e.

palafito *m* palafitte (choza lacustre).

palafrén *m* palefroi.

palafrenero *m* palefrenier.

palamenta *f* MAR rames *pl*, avirons *m pl.*

palanca *f* levier *m* ‖ manette (manecilla) ‖ poignée (del freno) ‖ palanque (fortificación) ‖ tremplin *m* de haut vol (para zambullirse)

‖ FIG **piston** *m* (influencia) ■ FOT **palanca de arrastre** levier d'armement ‖ AUTOM **palanca de cambio** levier de vitesse ‖ AVIAC **palanca de dirección** dérive ‖ **palanca de mando** manche à balai ‖ **palanca de mando del timón** palonnier ‖ **salto de palanca** plongeon de haut vol ■ (*Amer*) FAM **tener palanca** avoir du piston.

palangana *f* cuvette (jofaina).
◇ *m* FAM (*Amer*) fanfaron, vantard ‖ effronté, e (descarado).

palanganada *f* FAM (*Amer*) vantardise.

palanganear *v intr* FAM (*Amer*) se vanter.

palanganero *m* table *f* de toilette.

palangre *m* MAR palangre *f*, palancre *f.*

palangrero *m* pêcheur à la palangre (pescador) ‖ bateau de pêche (barco).

palanquear *v tr* (*Amer*) soulever avec un levier ‖ FIG & FAM pistonner.

palanquera *f* palissade.

palanquero *m* ouvrier qui manœuvre un soufflet.

palanqueta *f* petit levier *m*, pied-de-biche *m* (palanca) ‖ pince-monseigneur (para forzar las puertas) ‖ MAR boulets *m pl* ramés.

palanquilla *f* TECN billete.

palanquín *m* palanquin (litera) ‖ FAM portefaix (ganapán).

Palas *n pr f* Pallas.

palastro *m* tôle *f* (chapa de hierro) ‖ palastre, palâtre (de cerradura).

palatal *adj & s* GRAM palatal, e; **sonidos palatales** sons palataux.

palatalización *f* GRAM palatalisation.

palatalizar [13] *v tr* GRAM palataliser.

Palatinado *n pr m* GEOGR el Palatinado le Palatinat.

palatino, na *adj & s* palatin, e (de palacio) ‖ ANAT du palais, palatin, e; **bóveda palatina** voûte de palais.
➡ **palatina** *f* palatine (piel).

palatograma *m* GRAM palatogramme.

palazo *m* coup de pelle.

palco *m* tribune *f* (tabladillo) ‖ loge *f* (espectáculo); **palco principal** loge de première ■ TEATR **palco de platea** baignoire ‖ **palco de proscenio** loge d'avant-scène.

palco *m* (*Amer*) muguet (erupción en la boca).

paleador *m* pelleteur.

palear *v tr* pelleter.

palemón *m* palémon (gamba).

palenque *m* enceinte *f* (recinto) ‖ palissade *f* (empalizada) ‖ (*Amer*) poteau (para atar animales) ■ FIG **palenque político** arène politique ‖ **salir al palenque** entrer en lice.

palentino, na *adj & s* de Palencia [Castille].

paleo *m* TECN pelletage.

paleobotánica *f* paléobotanique.

paleoceno, na *adj & s m* GEOL paléocène.

paleocristiano, na *adj* ARTES paléochrétien, enne.

paleofitología *f* BOT paléophytologie.

paleógeno, na *adj & s m* GEOL paléogène.

paleogeografía *f* paléogéographie.

paleografía *f* paléographie.

paleográfico, ca *adj* paléographique.

paleógrafo *m* paléographe.

paleolítico, ca *adj* paléolithique.

paleólogo *m* paléologue.

paleontología *f* paléontologie.

paleontológico, ca *adj* paléontologique.

paleontólogo *m* & *f* paléontologue, paléontologiste.

paleoterio *m* ZOOL paléothérium (fósil).

paleozoico, ca *adj* & *s m* paléozoïque.

palermitano, na *adj* & *s* palermitain, e.

Palermo *n pr* GEOGR Palerme.

palero *m* draineur ⫼ MAR soutier (pañolero).

Palestina *n pr f* GEOGR Palestine.

palestino, na *adj* & *s* palestinien, enne.

palestra *f* palestre ⫼ FIG échiquier *m*; la palestra parlamentaria l'échiquier parlementaire ⫼ FIG salir o saltar a la palestra descendre dans l'arène, entrer en lice.

paleta *f* petite pelle ⫼ pelle à gâteaux (de dulces) ⫼ palette (de pintor) ⫼ pelle (de cocina) ⫼ truelle (llana) ⫼ palette (de un diente) ⫼ palette (de raqueta) ⫼ bat *m* (de criquet) ⫼ palette (de reloj) ⫼ palette (de noria) ⫼ pale (de ventilador) ⫼ pelle à feu (badila) ⫼ ANAT omoplate ⫼ MAR pale ⫼ TECN palette ⫼ (*Amer*) sucette (dulce) ⫼ INFORM paleta gráfica palette graphique.

paletada *f* pelletée ⫼ truellée ⫼ FAM balourdise ■ FIG & FAM a paletadas à la pelle (en gran cantidad) ⫼ en dos paletadas en un tour de main, en deux coups de cuiller à pot.

paletazo *m* coup de corne.

paletear *v intr* battre l'eau avec les rames sans avancer.

paleteo *m* action *f* de ramer sans avancer.

paletilla *f* ANAT omoplate ⫼ palette, épaule (en carnicería); paletilla de cordero épaule de mouton ⫼ paleron *m* (del ganado) ⫼ appendice *m* xiphoïde (del esternón) ⫼ bougeoir *m* (palmatoria).

paleto, ta *adj* FAM paysan, anne ⫼ rustre, grossier, ère.
◇ *m* & *f* FAM croquant, e; pedzouille.

paletó *m* (p us) paletot.

paletón *m* panneton (de llave) ⫼ palette *f* (diente).

pali *adj* & *s m* LING pali, e (sánscrito).

palia *f* pavillon *m* (cortinas del tabernáculo) ⫼ pale (del cáliz).

paliacate *m* (*Amer*) fichu, foulard.

paliación *f* palliation.

paliar [8] *v tr* pallier.

paliativo, va *adj* & *s m* palliatif, ive.

palidecer [30] *v intr* pâlir.

palidez *f* pâleur.
⫼ OBSERV pl palideces.

pálido, da *adj* pâle; ponerse muy pálido devenir très o tout pâle ■ estilo pálido style terne o sans éclat ⫼ ponerse pálido pâlir ⫼ rostro pálido visage-pâle [chez les Indiens].
⫼ SIN blanquecino blafard; descolorido blême; lívido livide; terroso terreux; macilento hâve; cadavérico cadavérique.

paliducho, cha *adj* FAM pâlot, otte; pâlichon, onne.

palier *m* MECÁN palier.

palikar *m* palikare (soldado griego).

palillero *m* porte-plume (portaplumas) ⫼ porte-cure-dents *inv*, étui à cure-dents (de mondadientes) ⫼ vendeur de cure-dents.

palillo *m* petit bâton, bâtonnet ⫼ cure-dents *inv* (mondadientes) ⫼ fuseau (de encajera) ⫼ porte-aiguille ⫼ baguette *f* (de tambor) ⫼ longuet (de pan) ⫼ côte *f* (de tabaco) ⫼ rafle *f* (de uva).
➛ **palillos** *m pl* baguettes *f*; los chinos comen con palillos les Chinois mangent avec des baguettes ⫼ quilles *f* (del billar) ⫼ spatules *f* (de los escultores) ⫼ FAM banderilles *f* ⫼ castagnettes *f* (castañuelas).

palimpsesto *m* palimpseste.

palíndromo, ma *adj* & *s m* palindrome.

palingenesia *f* palingénésie (regeneración).

palingenésico, ca *adj* palingénésique.

palinodia *f* palinodie ⫼ FIG & FAM cantar la palinodia chanter la palinodie, se rétracter, faire amende honorable.

palio *m* pallium (manto griego) ⫼ pallium (pontifical) ⫼ dais (dosel) ⫼ BLAS pairle (perla) ■ bajo palio sous dais ⫼ FIG recibir con palio o bajo palio recevoir en grande pompe.

palique *m* FAM causerie *f*, conversation *f* ■ FAM dar palique a parler à ⫼ estar de palique tailler une bavette, faire un brin de causette.

paliquear *v intr* FAM bavarder, causer.

palisandro *m* palissandre (árbol, madera).

palista *m* joueur de pala (pelota vasca).

palito *m* bâtonnet ⫼ CULIN palitos de pescado bâtonnets de poisson ⫼ FAM (*Amer*) pisar el palito tomber dans le piège.

palitoque; palitroque *m* bout de bois (palo) ⫼ banderille *f* (de toros) ⫼ bâton (escritura).

paliza *f* raclée, volée [de coups]; dar una paliza donner une raclée.
⫼ SIN tunda, apaleo bastonnade; corrección correction; FAM azotaina, mano de azotes, soba fessée; rociada dégelée; zurribanda, zurra peignée; felpa raclée; vapuleo rossée; meneo secouée; solfa trempe.

palizada *f* palissade (valla) ⫼ enceinte (sitio cercado) ⫼ bâtardeau *m* (para atajar los ríos).

pallador ➛ **payador**.

pallar *v tr* MIN trier [le minerai].

pallar *m* (*Amer*) haricot blanc (judía).

pallete *m* MAR défense *f*, paillet (trenzado de cabo).

palma *f* palmier *m* (árbol) ⫼ palme (hoja) ⫼ dattier *m* (datilera) ⫼ paume (de la mano) ⫼ sole (de la pata del caballo) ⫼ empaume (de un guante) ⫼ FIG palme; la palma del martirio la palme du martyre ■ palma datilera palmier-dattier ⫼ palma indiana cocotier ⫼ conocer como la palma de la mano connaître comme sa poche ⫼ FIG & FAM llevarse la palma remporter la palme ⫼ ser liso como la palma de la mano être plat comme une galette ⫼ traer en palmas a uno choyer quelqu'un, faire tous les caprices de quelqu'un.
➛ **palmas** *f pl* applaudissements *m*, battements *m* de mains ⫼ palmas de tango applaudissements scandés ■ batir o dar palmas battre des mains, applaudir.

palmacristi *f* palma-christi *m* (ricino).

palmada *f* claque, tape (golpe con la palma de la mano) ⫼ darse una palmada en la frente se frapper le front.
➛ **palmadas** *f pl* battements *m* de mains, applaudissements *m* ■ dar palmadas battre des mains.

palmadita *f* tape; dar una palmadita en el hombro donner une tape sur l'épaule.

palmado, da *adj* palmé, e.

palmar *adj* ANAT palmaire; músculo palmar muscle palmaire ⫼ FIG évident, e; clair, e ⫼ long d'un empan (longitud).
◇ *m* palmeraie *f* (sitio) ⫼ TECN carde *f* (cardencha) ⫼ FAM más viejo que un palmar vieux comme Hérode.

palmar *v intr* FAM passer l'arme à gauche, casser sa pipe, mourir.
◇ *v tr* FAM allonger.

palmarés *m inv* états *pl* de service (historial).
⫼ OBSERV Le palmarès d'un concours ou d'une rencontre sportive se dit en espagnol lista de premios ou lista de resultados.

palmario, ria *adj* évident, e; manifeste; error palmario erreur manifeste.

palmatífido, da *adj* palmatifide, palmifide.

palmatoria *f* férule (de maestro) ⫼ bougeoir *m*.

palmeado, da *adj* palmé, e.
➛ **palmeado** *m* palmature *f* (de objetos).

palmear *v intr* battre des mains, applaudir (dar palmas) ⫼ MAR déhaler ⫼ (*Amer*) donner des claques o des tapes.

palmeño, ña *adj* & *s* de La Palma [Panama].

palmeo *m* mesurage par empans.

palmer *m* palmer (instrumento para medir).

palmera *f* palmier *m* (árbol) ⫼ palme (hoja) ⫼ dattier *m* (datilera) ⫼ palmier *m* (galleta) ⫼ palmera datilera palmier dattier.

palmeral *m* palmeraie *f*.

palmero, ra *adj* & *s* de La Palma [île des Canaries].
➛ **palmero** *m* pèlerin de Terre sainte ⫼ (*Amer*) palmier (árbol).

palmesano, na *adj* & *s* de Palma de Majorque.

palmeta *f* férule (palmatoria) ⫼ coup *m* de férule (palmetazo) ⫼ AGRIC palmette (forma dada a los árboles frutales).

palmetazo *m* coup de férule (con la palmatoria) ⫼ claque *f*, tape *f* (palmada).

palmiche; palmicho *m* palmier royal (árbol) ⫼ chou palmiste (fruto).

palmífido, da *adj* BOT palmifide.

palmilobulado, da *adj* BOT palmilobé, e.

palmipartido, da *adj* BOT palmiparti, ite.

palmípedo, da *adj* & *s m* ZOOL palmipède.

Palmira *n pr* GEOGR Palmyre (en Siria) ⫼ Palmira (en Colombia).

palmireño, ña *adj* & *s* de Palmira [Colombie].

palmisecado, da *adj* BOT palmiséqué, e.

palmista *f* (*Amer*) chiromancienne.

palmita *f* moelle du palmier, palmite, *m* (médula) ⫼ llevar o traer o tener en palmitas a alguien choyer quelqu'un, faire les caprices de quelqu'un, être aux petits soins pour quelqu'un.

palmitato *m* QUÍM palmitate.

palmítico *adj m* QUÍM palmitique.

palmitina *f* palmitine (cera).

palmito *m* BOT palmiste, palmier nain chamérops (palmera) cœur de palmier (tallo comestible) FIG & FAM minois, frimousse *f* (cara); buen palmito joli minois allure *f* (aspecto); tener un buen palmito avoir belle allure.

palmo *m* empan, pan, paume *f* (medida) ■ FIG palmo de narices pied de nez; hacer un palmo de narices faire un pied de nez palmo de tierra lopin de terre (espacio pequeño) ■ FIG & FAM con un palmo de lengua la langue pendante, en tirant une langue d'un pied de long palmo a palmo pas à pas (paso a paso), d'un bout à l'autre; este hombre conoce África palmo a palmo cet homme connaît l'Afrique d'un bout à l'autre ■ FIG crecer a palmos pousser o grandir à vue d'œil dejar con un palmo de narices laisser pantois quedarse con dos palmos de narices se casser le nez (al no encontrar a una persona), rester le bec dans l'eau (al no conseguir una cosa).

palmotear *v intr* battre des mains (palmear).

palmoteo *m* applaudissement (aplauso) claque *f*, tape *f* (palmada).

palo *m* bâton; esgrimía un palo il brandissait un bâton bout de bois (trozo de madera) bois (madera); pierna de palo jambe de bois; cuchara de palo cuiller en bois coup de bâton (golpe); dar palos, dar de palos donner des coups de bâton manche (mango) FAM banderille *f* (toros) mât (mástil); palo mayor grand mât barre *f*, perche *f* (vara) quille *f* (para jugar al billar) coup (jugada en el billar) gibet, bois de justice (suplicio) couleur *f* (des cartes); jugar del mismo palo jouer de la même couleur jambage (de una letra) BLAS pal queue *f* (del fruto) perchoir, juchoir (en un gallinero) DEP but (portería) club (para jugar al golf) pal (estaca) (*Amer*) arbre (árbol) gorgée *f* (trago) ■ palo brasil bois du Brésil palo campeche bois de Campêche (*Amer*) palo de agua averse (chaparrón) FIG palo de ciego coup donné à l'aveuglette, coup involontaire palo de escoba manche à balai (espingarda) palo de jabón savonnier palo de Pernambuco bois de Pernambouc palo de rosa bois de rose palo dulce bois de réglisse (*Amer*) palo ensebado mât de cocagne (cucaña) palo santo gaïac ("palo santo" es barbarismo en el sentido de "palisandro") ■ (*Amer*) a medio palo à moitié fait a palos à coups de bâton FIG a palo seco sans rien de tal palo tal astilla tel père tel fils ■ FIG caérsele a uno los palos del sombrajo être découragé dar palos de ciego taper dans le tas (golpear sin cuidado), aller à l'aveuglette, tâtonner (tantear) FIG (criticar), être le coup de fusil; en este restaurante te dan un palo dans ce restaurante c'est le coup de fusil moler a palos rouer de coups, battre comme plâtre ser más tieso que el palo de una escoba être raide comme un piquet FIG (*Amer*) ser un palo être remarquable.

paloduz *m* réglisse *f*, bâton de réglisse.

   ◾ OBSERV pl paloduces.

paloma *f* pigeon *m* colombe; la paloma de la paz la colombe de la paix FIG agneau *m* (persona bondadosa) colombe (mujer pura) FAM anisette à l'eau (aguardiente) MAR milieu *m* d'une vergue ■ la blanca paloma nom donné à la vierge du Rocío, dans la province de Huelva paloma buchona pigeon boulant paloma casera pigeon domestique paloma de moño pigeon huppé paloma mensajera pigeon voyageur paloma silvestre pigeon sauvage paloma torcaz palombe, pigeon ramier, ramier paloma zurita biset FIG ser una paloma sin hiel être doux comme un agneau.

   ➥ **palomas** *f pl* moutons *m* (olas pequeñas) ZOOL colombins *m* (pájaros).

palomadura *f* MAR ralingue.

palomar *adj* MAR hilo palomar merlin fin.

   ◇ *m* pigeonnier, colombier.

palomera *f* petit pigeonnier *m*.

palomería *f* chasse aux pigeons.

palomero, ra *m & f* éleveur, euse de pigeons.

palometa *f* écrou *m* papillon, papillon *m* (tuerca) perche (pescado).

palomilla *f* teigne, mite (polilla) petit papillon *m* (mariposa) console (soporte) crapaudine (chumacera) pommeau *m* (de una albarda) hanche (del caballo) BOT fumeterre *m* (fumaria) orcanette (onoquiles) ZOOL nymphe (ninfa) FAM (*Amer*) populace (plebe).

   ➥ **palomillas** *f pl* moutons *m*, moutonnement *m sing* (del mar).

palomina *f* colombine (excremento de palomas) BOT fumeterre *m* (fumaria).

palomino *m* pigeonneau FIG un palomino atontado un grand dadais.

palomita *f* pop-corn *m*, maïs *m* grillé (roseta) anisette à l'eau cuello de palomita col cassé.

palomo *m* pigeon FAM niais, dindon (necio) (*Amer*) garrot (palomilla del caballo) ■ ANAT hueso palomo coccyx.

palor *m* (p us) pâleur *f* (palidez).

palotada *f* coup *m* de baguette FAM no dar palotada n'être bon à rien (no acertar), n'avoir même pas commencé (no haber empezado).

palotazo *m* TAUROM coup de corne (de lado).

palote *m* baguette *f* bâton, bâtonnet (escritura) (*Amer*) rouleau (de cocina).

palotear *v intr* frapper des bâtons les uns contre les autres [en dansant] FAM se bagarrer, discuter.

palpabilidad *f* palpabilité.

palpable *adj* palpable.

palpablemente *adv* sensiblement, d'une façon tangible; la producción ha aumentado palpablemente la production a augmenté sensiblement.

palpación *f*; **palpadura** *f*; **palpamiento** *m* palpation *f*.

palpador *m* TECN palpeur (pie de rey).

palpadura ➤ **palpación**.

palpamiento ➤ **palpación**.

palpar *v tr* palper, tâter.

   ◇ *v intr* tâtonner (a oscuras).

palpebral *adj* ANAT palpébral, e; músculos palpebrales muscles palpébraux.

palpitación *f* palpitation.

palpitante *adj* palpitant, e; con el corazón palpitante le cœur palpitant frémissant, e; palpitante de júbilo frémissant de joie.

palpitar *v intr* palpiter battre (latir).

pálpito *m* pressentiment (corazonada).

palpo *m* ZOOL palpe.

palta *f* (*Amer*) poire d'avocat (aguacate).

palto *m* (*Amer*) avocatier (árbol).

palúdico, ca *adj* paludéen, enne; palustre; fiebre palúdica fièvre paludéenne.

   ◇ *m & f* personne *f* atteinte de paludisme.

paludina *f* paludine (molusco).

paludismo *m* MED paludisme.

palurdo, da *adj* FAM paysan, anne rustre, grossier, ère.

   ◇ *m & f* croquant, e; pedzouille.

palustre *m* truelle *f* (llana de albañil).

   ◇ *adj* paludéen, enne; palustre, des marais.

pambil *m* (*Amer*) palmier.

pamela *f* capeline (sombrero de mujer).

pamema *f* FAM histoire; déjate de pamemas cesse de faire des histoires.

pampa *f* pampa, plaine (llanura).

   ◇ *adj* (*Amer*) de la pampa; indio pampa Indien de la pampa à la tête blanche (animal) de mauvaise foi (*Amer*) a la pampa à la belle étoile ■ (*Amer*) estar en sus pampas être à l'aise quedar en pampa être déçu.

pámpana *f* feuille de vigne.

pampanada *f* verjus *m* (zumo).

pampanilla *f* pagne *m* (taparrabo).

pámpano *m* pampre feuille *f* de vigne (pámpana) saupe *f* (pez).

pampeano, na *adj & s* (*Amer*) de la pampa.

pampear *v intr* (*Amer*) parcourir la pampa.

pamperada *f* (*Amer*) saison du vent d'ouest.

pampero, ra *adj* de la pampa.

   ◇ *m & f* habitant, e de la pampa.

   ➥ **pampero** *m* vent d'ouest de la pampa, pampéro.

pampirolada *f* sauce au pain et à l'ail FIG & FAM bêtise (necedad).

pamplina *f* mouron *m*, alsine (planta) FIG & FAM bêtise, fadaise, niaiserie, sornette (necedad); déjeme de pamplinas cessez de me raconter des bêtises; ¡basta de pamplinas! laissez-là toutes ces sornettes! vétille (cosa sin importancia) pamplina de agua mouron d'eau, samole.

pamplinada; pamplinería *f* FAM niaiserie, bêtise, sottise.

pamplinero, ra; pamplinoso, sa *adj* niais, e; bête, sot, sotte.

Pamplona *n pr* GEOGR Pampelune (en España).

pamplonés, esa; pamplonica *adj & s* de Pampelune.

   ◾ OBSERV le pluriel de pamplonés, esa est pamploneses, pamplonesas.

pamporcino *m* cyclamen, pain de pourceau.

pampringada *f* tartine de graisse ‖ FIG & FAM ânerie, bourde.

pamue *adj* & *s* guinéen, enne; indigène de la Guinée espagnole.

pan *m* pain; pedazo de pan morceau de pain ‖ FIG blé (trigo) ‖ pâte *f* (masa); pan de higo pâte de figues ‖ FIG feuille *f* [d'or ou d'argent battu]; oro en panes or en feuilles ‖ pain; ganarse el pan gagner son pain ■ pan ácimo pain azyme ‖ pan bazo o moreno pain bis ‖ pan bendito pain bénit ‖ pan blanco o candeal pain blanc ‖ pan casero pain de ménage ‖ pan cateto miche, pain de campagne ‖ pan de azúcar pain de sucre ‖ pan de centeno pain de seigle o noir ‖ pan de flor pain de gruau o anglais ‖ pan de lujo pain de fantaisie ‖ pan de molde o francés pain de mie ‖ pan de munición pain de munition, boule de son ‖ pan de Viena pain viennois ‖ pan duro pain rassis (*Amer*) pan francés manifestation bruyante (espectáculo) ‖ pan genovés pain de Gênes ‖ pan integral pain complet ‖ pan rallado chapelure, panure ‖ pan tierno pain frais ‖ "pan toast" biscotte ‖ pan tostado pain grillé ■ árbol del pan arbre à pain ‖ FIG cara de pan mascado figure de papier mâché ‖ cesta para el pan panière ‖ el pan nuestro de cada día notre pain quotidien ‖ FIG pedazo de pan personne en or o qui est la bonté même ‖ por mucho pan nunca mal año abondance de biens ne nuit pas ‖ por un mendrugo de pan pour une bouchée de pain ‖ sopa de pan panade ‖ tierra de pan llevar terre à blé ■ a falta de pan buenas son tortas faute de grives on mange des merles ‖ FAM con su pan se lo coma grand bien lui fasse, c'est son affaire ‖ dame pan y llámame tonto j'y trouve mon profit ‖ (*Amer*) echar panes se vanter ‖ FAM es pan comido c'est du gâteau, c'est du tout-cuit, c'est simple comme bonjour (es muy fácil) ‖ estar a pan y agua être au pain et à l'eau, être au pain sec ‖ estar a pan y cuchillo vivre et le couvert, vivre à pot et à rôt ‖ llamar al pan pan y al vino vino appeler un chat un chat ‖ no sólo de pan vive el hombre l'homme ne vit pas seulement de pain ‖ FIG repartirse como un pan bendito s'enlever comme des petits pains ‖ ser un pan, ser bueno como un pedazo de pan, ser más bueno que el pan être bon comme le pain, être la bonté même ‖ vivir con pan y cebolla vivre d'amour et d'eau fraîche.

Pan *n pr* MITOL Pan.

PAN (abrev de Partido de Acción Nacional) *m* parti d'action nationale.

pana *f* velours *m* à côtes o côtelé ‖ pana de canutillo velours à côtes o côtelé.

panabasa *f* MIN panabase.

pánace *f* opopanax *m*, panax *m* (planta).

panacea *f* panacée (remedio).

panadería *f* boulangerie (tahona) ‖ boulange, boulangerie (oficio del panadero).

panadero, ra *m* & *f* boulanger, ère.

panadizo *m* MED panaris, mal blanc.

panado, da *adj* pané, e; agua panada eau panée.

panafricanismo *m* panafricanisme.

panafricano, na *adj* panafricain, e.

panal *m* rayon (de colmena) ‖ pâte *f* sucrée et parfumée (dulce) ‖ en forma de panal en nid d'abeilles.

panamá *m* panama.
  ▮ OBSERV pl panamaes.

Panamá *n pr m* GEOGR Panama (estado). ◇ *n pr* Panama (ciudad).

panameño, ña *adj* & *s* panaméen, enne [de Panama].

panamericanismo *m* panaméricanisme.

panamericanista *adj* & *s* panaméricaniste.

panamericano, na *adj* panaméricain, e.

panarabismo *m* panarabisme.

panarizo *m* panaris (panadizo).

panarra *m* FAM propre à rien, imbécile.

panatela *f* sorte de biscuit *m* ‖ (p us) panatela *m* (cigarro).

panatenaico, ca *adj* panathénaïque, panathénien, enne.

panateneas *f pl* panathénées (fiestas griegas).

panavisión *f* Panavision [nom déposé].

pancalismo *m* FILOS pancalisme.

pancarta *f* pancarte.

pancera *f* braconnière (armadura).

panceta *f* CULIN poitrine fumée.

pancho *m* ZOOL jeune daurade *f* (besugo) ‖ FAM panse *f*, ventre (panza).

Pancho *n pr* François.
  ▮ OBSERV Ce prénom est le diminutif de Francisco.

pancho, cha *adj* FAM quedarse tan pancho ne pas s'émouvoir.

pancilla *f* caractère *m* rond (en los libros de coro).

panclastita *f* QUÍM panclastite (explosivo).

pancosmismo *m* FILOS pancosmisme.

pancraciasta *m* pancratiaste (atleta).

Pancracio *n pr m* Pancrace.

páncreas *m* ANAT pancréas.

pancreático, ca *adj* pancréatique; jugo pancreático suc pancréatique.

pancreatina *f* pancréatine.

pancreatitis *f inv* MED pancréatite.

pancromático, ca *adj* panchromatique.

panda *f* panda *m* (mamífero del Himalaya) ‖ galerie de cloître ‖ FAM bande (pandilla).

pandano *m* BOT pandanus.

pandear *v intr* & *pr* fléchir, s'incurver (viga), se bomber (pared, tabla).

pandectas *f pl* DR pandectes ‖ répertoire *m* sing (cuaderno).

pandemia *f* MED pandémie.

pandémico, ca *adj* pandémique.

pandemonio; pandemónium *m* pandémonium.
  ▮ OBSERV le pluriel de pandemónium est pandemóniums.

pandeo *m* courbure *f* (de viga), bombement (de pared).

pandera *f* tambourin *m* (pandero).

panderada *f* ensemble *m* de tambourins ‖ FIG & FAM sottise (tontería).

pandereta *f* tambourin *m*, tambour *m* de basque ■ la España de pandereta l'Espagne d'opérette ‖ FIG & FAM zumbar la pandereta flanquer une raclée.

panderete *m* tabique de panderete galandage.

panderetear *v intr* jouer du tambourin (tocar).

pandereteo *m* tambourinage.

panderetero, ra *m* & *f* tambourinaire, joueur, euse de tambourin ‖ vendeur, fabricant de tambours de basque.

pandero *m* tambourin, tambour de basque ‖ FIG & FAM derrière, popotin.

pandiculación *f* pandiculation (desperezo).

pandilla *f* [▷ SIN] bande; una pandilla de niños une bande d'enfants ‖ équipe; ¡vaya pandilla! quelle équipe! ‖ clique (camarilla).
  ▮ SIN clan clan; banda, cuadrilla, caterva, partida bande; mafia mafia.

pandillero; pandillista *m* intrigant.

pandino, na *adj* & *s* de Pando [ville de Bolivie].

pandit *m* pandit (brahmán).

pando, da *adj* bombé, e (combado) ‖ lent, e (lento) ‖ FIG calme, grave (pausado).
  ➡ **pando** *m* plateau (entre montañas).

Pandora *n pr* MITOL Pandore; caja de Pandora boîte de Pandore.

pandorga *f* cerf-volant *m* (cometa) ‖ quintaine (estafermo) ‖ FIG & FAM grosse mère (mujer) ‖ (*Amer*) plaisanterie.

panduro *m* (ant) pandour (soldado húngaro).

panear *v intr* (*Amer*) fanfaronner.

panecillo *m* petit pain ‖ FIG venderse como panecillos se vendre comme des petits pains.

panegírico *m* panégyrique.

panegirista *m* panégyriste.

panegirizar [13] *v tr* faire le panégyrique de.

panel *m* panneau.

panela *f* biscuit *m*.

panera *f* corbeille à pain (cesta del pan) ‖ panier *m* à défourner (para sacar el pan) ‖ grenier *m* (granero) ‖ nasse (nasa).

panero *m* panier à pain ‖ petite natte *f* ronde (estera).

paneslavismo *m* panslavisme.

paneslavista *adj* & *s* panslaviste.

panete *m* (*Amer*) sot, sotte.

panetela *f* panade (sopa de pan) ‖ panatela *m* (cigarro).

panetería *f* paneterie (de palacio).

panetero *m* (ant) panetier.

paneuropeísmo *m* européanisme.

paneuropeo, a *adj* & *s* paneuropéen, enne.

panfilismo *m* bonté *f* extrême.

pánfilo, la *adj* FAM mou, molle; indolent, e (desidioso) ‖ flemmard, e (remolón) ‖ benêt *m*, sot, sotte (tonto).

Pánfilo *n pr* Pamphile.

panfletario, ria *adj* polémique.
◇ *m & f* pamphlétaire.

panfletista *m* pamphlétaire.

panfleto *m* pamphlet.
> OBSERV Panfleto et panfletista sont des anglicismes qu'il vaut mieux remplacer par leurs équivalents libelo, libelista.

panga *f* (Amer) bac *m* (chalana).

pangaré *adj* (Amer) brun clair (caballo).

pangermanismo *m* pangermanisme.

pangermanista *adj & s* pangermaniste.

pango *m* (Amer) intrigue *f*.

pangolín *m* ZOOL pangolin (mamífero).

panguero *m* (Amer) passeur (botero).

panhelenismo *m* panhellénisme.

paniaguado *m* (p us) serviteur, domestique ‖ FAM protégé (protegido); los paniaguados del ministro les protégés du ministre.

pánico, ca *adj* panique.
➤ **pánico** *m* panique *f*; sembrar el pánico jeter o semer la panique.

panícula *f* BOT panicule.

paniculado, da *adj* BOT paniculé, e.

panículo *m* ANAT pannicule.

paniego, ga *adj* à blé, qui donne beaucoup de blé; tierra paniega terre à blé ‖ qui mange beaucoup de pain (persona).

panificación *f* panification.

panificadora *f* fabrique de pain (fábrica) ‖ pétrin (máquina).

panificar [10] *v tr* panifier.

panislamismo *m* panislamisme.

panizo *m* panic (planta) ‖ maïs (maíz).

panjí *m* arbre du Paradis.
■ OBSERV pl panjíes.

panléxico *m* panlexique (diccionario).

panlogismo *m* FILOS panlogisme.

panocha; panoja *f* épi *m* (de maíz) ‖ friture de petits poissons réunis par la queue.

panocho, cha *adj & s* murcien, enne.
➤ **panocho** *m* dialecte de Murcie.

panoja ➤ panocha.

panoli *adj & s* FAM sot, sotte; idiot, e.

panoplia *f* panoplie.

panóptico, ca *adj & s m* panoptique.

panorama *m* [▷ SIN] panorama ‖ tour d'horizon (estudio); el panorama de la situación económica le tour d'horizon de la situation économique ‖ FIG cambio de panorama changement de décor.
■ SIN vista vue; paisaje paysage; espectáculo spectacle; perspectiva perspective.

panorámico, ca *adj* panoramique; pantalla panorámica écran panoramique.
➤ **panorámica** *f* panoramique *m* (toma de vistas).

panormitano, na *adj & s* palermitain, e.

panpsiquismo *m* FILOS panpsychisme.

panqué; panqueque *m* (Amer) crêpe *f*.

pantagruélico, ca *adj* pantagruélique.

pantagruelismo *m* pantagruélisme.

pantagruelista *m & f* pantagruéliste.

pantalán *m* jetée *f* (malecón).

pantaletas *f pl* (Amer) culotte *f* (bragas).

pantalla *f* abat-jour *m inv* (de lámpara) ‖ écran *m* (cine); en la pantalla sur l'écran ‖ INFORM pantalla de visualización écran de visualisation ‖ pantalla táctil écran tactile ‖ écran *m*, garde-feu *m* (de chimenea) ‖ AVIAC panneau *m* ‖ FIG paravent *m*; servir de pantalla servir de paravent (una persona) ‖ (Amer) éventail *m* ■ pantalla acústica enceinte, baffle ‖ pantalla de cristal líquido écran à cristaux liquides ‖ pantalla de plasma écran à plasma ‖ pantalla de radar écran radar ‖ la pantalla pequeña le petit écran (televisión) ■ hacer pantalla con la mano mettre la main en visière o en abat-jour ‖ llevar a la pantalla porter à l'écran.

pantalón *m*; **pantalones** *m pl* pantalon *sing* (de hombre) ‖ culotte *f sing* (de mujer) ‖ culottes *f pl* (de niños); aún lleva pantalones cortos il porte encore des culottes courtes ■ pantalón abotinado pantalon fuseau ‖ pantalón bombacho pantalon de golf (de deporte), pantalon bouffant (de gaucho, etc.) ‖ pantalón corto short (de deporte) ‖ pantalón tubo pantalon fuseau ‖ pantalón vaquero bluejean ■ falda pantalón jupe-culotte ■ FAM bajarse los pantalones baisser (sa) culotte o son pantalon ‖ FAM llevar o ponerse los pantalones porter la culotte.

Pantalón *n pr* Pantalon.

pantalonero, ra *m & f* pantalonnier, ère.

pantalones ➤ pantalón.

pantanal *m* marais, marécage.

pantano *m* marais, marécage ‖ lac de barrage (embalse) ‖ barrage (presa).

pantanoso, sa *adj* marécageux, euse ‖ FIG difficile, épineux, euse (negocio).

panteísmo *m* panthéisme.

panteísta *adj & s* panthéiste.

panteístico, ca *adj* panthéistique.

panteón *m* panthéon ‖ caveau de famille (sepultura) ‖ (Amer) cimetière (cementerio).

pantera *f* ZOOL panthère ‖ pantera negra panthère noire.

pantimedias *f pl* (Amer) collants *m pl*.

pantocrátor *m* représentation *f* du Dieu pantocrator.

pantógrafo *m* pantographe.

pantómetra *f* pantomètre *m*.

pantomima *f* pantomime.

pantomimo *m* (ant) pantomime, mime.

pantorrilla *f* mollet *m*.

pantorrillera *f* molletière.

pantufla *f*; **pantuflo** *m* pantoufle *f*.

panty *m* collant.
■ OBSERV pl pantys.

panucho *m* (Amer) galette *f* de maïs aux haricots secs.

panza *f* FAM panse, bedaine, ventre *m* (barriga) ‖ panse (de rumiante, de vasija) ‖ FIG panza de burra ciel couvert.

panzada *f* coup *m* sur la panse ‖ FAM ventrée (hartazgo) ■ FAM darse una panzada se rassasier (saciarse), avoir une indigestion (estar harto) ‖ darse una panzada de reír se tordre de rire.

panzazo *m* FAM darse un panzazo faire un plat (en el agua).

panzón, ona; panzudo, da *adj* ventru, e (cosa); ventripotent, e; ventru, e (hombre).

pañal *m* lange, couche *f* (de recién nacido) ‖ pan (de camisa).
➤ **pañales** *m pl* couches *f* (pedazo de lienzo), maillot *sing*; niño en pañales enfant au maillot ‖ FIG enfance *f sing* (niñez) ■ FIG criarse en buenos pañales recevoir une éducation choisie ‖ dejar en pañales a uno laisser quelqu'un loin derrière ‖ estar en pañales être au maillot (un niño), être novice, être encore au berceau (ser novato), être à ses débuts, être naissant o embryonnaire; la aviación estaba entonces en pañales l'aviation était alors à ses débuts; una industria en pañales une industrie naissante ‖ poner pañales langer, emmailloter.

pañería *f* draperie.

pañero, ra *adj* du drap; industria pañera industrie du drap.
◇ *m & f* drapier, ère (persona).

pañete *m* toile *f* de mauvaise qualité.
➤ **pañetes** *m pl* linge *sing* (en las imágenes de Cristo).

paño *m* drap (tela de lana); traje de paño negro costume de drap noir ‖ tissu, étoffe *f* (tela) ‖ torchon (trapo de cocina) ‖ lé (ancho de una tela) ‖ tenture *f* (colgadura) ‖ tableau (en la ruleta) ‖ MED serviette *f*; paño higiénico serviette hygiénique ‖ ternissure *f* (falta de brillo) ‖ glace *f* (de un diamante) ‖ crépi (enlucido) ‖ pan de mur (pared) ‖ envie *f* (mancha en la piel) ‖ MAR toile *f* (vela) ‖ FIG tapis ■ MED paño caliente enveloppement ‖ paño de altar nappe d'autel ‖ paño de billar tapis de billard, tapis vert ‖ paño de manos essuiemains (toalla) ‖ paño de paracaídas fuseau de parachute ‖ paño fúnebre o mortuorio poêle, drap mortuaire ‖ FIG paños calientes palliatifs, remèdes inefficaces ‖ paños menores sous-vêtements ■ al paño à la cantonnade ‖ FIG & FAM conocer el paño connaître la musique ‖ el buen paño en el arca se vende à bon vin point d'enseigne ‖ FIG & FAM estar en paños menores être en petite tenue o en tenue légère ‖ jugar a dos paños jouer double jeu, miser sur deux tableaux ‖ no andarse con paños tibios o templados o calientes ne pas prendre de gants, ne pas y aller de main morte ‖ por la muestra se conoce el paño à l'œuvre on reconnaît l'artisan ‖ ser del mismo paño être du même gabarit, être bâti sur le même modèle, être taillé sur le même patron ‖ ser el paño de lágrimas de alguien consoler quelqu'un, essuyer les pleurs o les larmes de quelqu'un, être le confident de quelqu'un.
➤ **paños** *m pl* draperies *f*.

pañol *m* MAR soute *f* ‖ pañol de municiones dépôt de munitions.

pañolería *f* boutique de mouchoirs o de foulards.

pañolero *m* marchand de mouchoirs o de foulards ‖ MAR soutier.

pañoleta *f* fichu *m* ‖ cravate étroite (del torero).

pañolón *m* châle ‖ grand mouchoir (pañuelo grande).

pañosa *f* TAUROM muleta.

pañuelo *m* mouchoir (para las narices) ‖ foulard (en la cabeza), fichu (en los hombros)

■ **pañuelo de bolsillo** pochette, mouchoir de poche ‖ **pañuelo de papel** mouchoir en papier ■ FIG **el mundo es un pañuelo** le monde est petit ‖ **ser grande como un pañuelo** être grand comme un mouchoir de poche.

papa *m* pape (sumo pontífice) ‖ **ser más papista que el papa** être plus royaliste que le roi.

papa *f* pomme de terre ‖ FAM canard *m*, bateau *m* (noticia falsa) ■ **papa de caña** o **real** topinambour ‖ *(Amer)* **papa del aire** igname ‖ **papa dulce** patate douce (batata) ■ *(Amer)* FIG **cuando las papas queman** quand la maison brûle ‖ FIG & FAM **no saber ni papa de** ne pas savoir un traître mot de, ne rien savoir de, ne pas avoir la moindre idée de; **de esto no sé ni papa** je n'en sais pas un traître mot.

➧ **papas** *f pl* FIG & FAM pitance *sing*, nourriture *sing* (comida).

papá *m* FAM papa ‖ **Papá Noel** le Père Noël. ▯ OBSERV pl papás.

papable *adj* papable (un cardenal).

papachador, ra *adj (Amer)* câlin, e.

papachar *v tr (Amer)* faire des caresses o des câlins.

papacla *f (Amer)* feuille de bananier.

papada *f* double menton *m* (de una persona) ‖ pli *m* du cou, fanon *m* (del buey) ‖ joue (trozo de carne) ‖ VETER jabot *m* œsophagien (enfermedad).

papado *m* papauté *f* (dignidad) ‖ pontificat (duración).

papafigo *m* becfigue (ave) ‖ loriot (oropéndola).

papagaya *f* perroquet *m* femelle.

papagayo *m* perroquet (ave) ‖ scare, poisson-perroquet (pez) ‖ *(Amer)* cerf-volant (cometa) ‖ FIG & FAM **hablar como un papagayo** parler comme un perroquet.

papahígo *m* (p us) passe-montagne (gorro) ‖ becfigue (ave) ‖ MAR grand-voile *f*.

papahuevos *m inv* FAM gobe-mouches, nigaud (papanatas) ‖ *(Amer)* grosse tête *f* (de carnaval).

papaína *f* QUÍM papaïne.

papaíto *m* FAM papa, petit papa.

papal *adj* papal, e; **decretos papales** décrets papaux.
◇ *m (Amer)* champ de pommes de terre.

papalina *f* bonnet *m* à oreilles (gorra) ‖ capeline (de mujer) ‖ FAM cuite (borrachera).

papalino *m* papalin (soldado del papa).

papalón, ona *adj (Amer)* paresseux, euse (holgazán).

papalote *m* cerf-volant (cometa).

papamoscas *m inv* gobe-mouches (ave) ‖ FIG gobe-mouches, nigaud (bobo).

papamóvil *m* papamobile *f* (vehículo del papa).

papanatas *m inv* FAM gobe-mouches, nigaud, serin (tonto) ‖ badaud (mirón).

papanatismo *m* FAM badaudage.

papar *v tr* avaler ‖ FIG & FAM **papar moscas** bayer aux corneilles, gober les mouches, regarder les mouches voler.

páparo *m* jobard, nigaud (palurdo).

paparreta *f* FAM **hacerse una paparreta** être réduit en bouillie.

paparrucha; paparruchada *f* FAM blague, bateau *m* (mentira) ‖ ouvrage *m* sans valeur, navet *m*.

papas *m* papas (sacerdote griego).

papaveráceas *f pl* BOT papavéracées.

papaverina *f* QUÍM papavérine.

papaya *f* papaye (fruto) ‖ *(Amer)* VULG chatte (sexo de la mujer).

papayo *m* papayer (árbol).

papear *v intr* balbutier, bégayer (balbucir) ‖ FAM grailler, bouffer (comer).

papel *m* papier; **papel corriente** papier ordinaire ‖ papier (escrito) ‖ morceau de papier (pedazo); **dame un papel para apuntar esto** donne-moi un morceau de papier pour noter cela ‖ TEATR rôle; **primeros, segundos papeles** premiers, seconds rôles ‖ FIG rôle; **tu papel es obedecer** ton rôle c'est d'obéir ‖ COM papier-monnaie, billets *pl* de banque ■ **papel autográfico** papier autographique ‖ **papel carbón** papier carbone ‖ **papel cebolla, biblia** papier pelure, bible ‖ **papel comercial** papier de format commercial ‖ **papel cuadriculado** papier quadrillé ‖ **papel cuché** papier couché ‖ **papel de aluminio** papier d'aluminium ‖ **papel de Armenia** papier d'Arménie ‖ **papel de arroz** papier de riz ‖ **papel de barba** papier non rogné ‖ **papel de calcar** papier calque ‖ **papel de dibujo** papier à dessin ‖ **papel de envolver** papier d'emballage ‖ **papel de escribir** o **de cartas** papier à lettres ‖ **papel de estaño** papier d'étain ‖ **papel de estraza** o **de añafea** papier d'emballage, papier gris ‖ **papel de filtro** papier-filtre ‖ **papel de fumar** papier à cigarettes ‖ **papel de lija** o **de vidrio** papier de verre ‖ **papel de marca** papier écolier o couronne ‖ **papel de música** o **pautado** papier à musique o réglé o rayé ‖ **papel de pagos** papier timbré ‖ **papel de pegar** papier collant ‖ **papel de periódico** papier journal ‖ **papel de plata** papier d'argent ‖ **papel de pruebas** papier bulle ‖ **papel de seda** o **de culebrilla** papier de soie ‖ **papel de tornasol** papier de tournesol ‖ **papel en blanco** papier blanc ‖ **papel engomado** papier collant o gommé ‖ **papel esmerilado** papier-émeri, papier d'émeri ‖ **papel glaseado** o **de brillo** papier glacé ‖ **papel higiénico** o **sánico** papier hygiénique ‖ **papel kraft** papier kraft ‖ FIG & FAM **papel mojado** paperasse (papel), lettre morte; **ser papel mojado** rester lettre morte ‖ **papel moneda** papier-monnaie ‖ **papel offset** papier offset ‖ **papel pintado** papier peint ‖ **papel reciclado** papier recyclé ‖ **papel secante** buvard, papier buvard ‖ **papel sin sellar** papier libre ‖ **papel tela** papier toile o joseph ‖ **papel timbrado** o **sellado** papier timbré ‖ **papel vegetal** papier sulfurisé ‖ **papel vergé** o **verjurado** papier vergé ‖ **papel vitela** vélin, papier vélin ‖ **papel volante** imprimé ■ **blanco como el papel** blanc o pâle comme un linge ‖ **fábrica de papel** papeterie ‖ **papel sobre el papel** sur le papier (teóricamente) ■ **desempeñar** o **representar un papel** jouer un rôle ‖ **emborronar papel** noircir du papier ‖ FIG **encajar muy bien en un papel** avoir le physique de l'emploi ‖ **hacer buen, mal papel** faire bonne, mauvaise figure ‖ **hacer el papel** faire semblant ‖ **hacer papel de** faire figure de ‖ **hacer un po-**bre papel faire piètre figure ‖ **se cambiaron los papeles** les rôles sont renversés.

➧ **papeles** *m pl* papiers (documentación) ‖ journaux (periódicos) ‖ MAR papiers; **papeles de a bordo** papiers de bord ‖ FAM cajoleries *f* (carantoñas) ■ **arreglar los papeles** mettre les papiers en règle ‖ FIG **venir a uno con papeles** faire des cajoleries à quelqu'un, entortiller quelqu'un.

papela *f* FAM papiers *m pl* (documentación) ‖ MFAM dose (de heroína).

papelear *v intr* paperasser ‖ FIG & FAM faire l'important (querer aparentar).

papeleo *m* maniement de paperasses ‖ paperasserie *f*; **el papeleo administrativo** la paperasserie administrative ‖ **amigo de papeleo** paperassier.

papelera *f* cartonnier *m*, classeur *m* (mueble) ‖ papeterie (fábrica) ‖ corbeille à papier (cesto).

papelería *f* papeterie (tienda) ‖ paperasse (papeles en desorden).

papelerío *m (Amer)* paperasse *f* (papeles en desorden).

papelero, ra *adj & s* papetier, ère ‖ FIG poseur, euse; prétentieux, euse (ostentoso) ‖ comédien, enne (disimulador).

➧ **papelero** *m (Amer)* vendeur de journaux.

papeleta *f* billet *m*; **papeleta de rifa** billet de tombola ‖ fiche (ficha) ‖ bulletin *m* [de vote]; **papeleta en blanco** bulletin en blanc ‖ petit papier *m* (papel en el cual va inscrita una pregunta en un examen) ‖ question d'examen [tirée au sort] (pregunta) ‖ attestation (calificación de un examen) ‖ FIG affaire difficile (asunto difícil) ‖ corvée (incordio); **¡menuda papeleta!** quelle corvée! ■ **papeleta de empeño** reconnaissance du mont-de-piété ■ FIG **le ha tocado una mala papeleta** vous êtes tombé sur une drôle d'affaire ‖ **plantear una papeleta difícil** poser un problème.

papeletear *v intr* faire des fiches.

papelillo; papelito *m* sachet (de medicina) ‖ confetti ‖ cigarette *f* (cigarro).

papelina *f* coupe évasée (vaso) ‖ popeline (tela) ‖ FAM dose d'héroïne (drogas).

papelista *m* papetier (fabricante o comerciante) ‖ poseur de papiers peints ‖ FIG *(Amer)* poseur, prétentieux (vanidoso).

papelito ➧ **papelillo**.

papelón, ona *adj & s* FAM poseur, euse; prétentieux, euse (presumido).

➧ **papelón** *m* paperasse *f* (papelucho) ‖ carton mince (cartulina) ‖ cornet (cucurucho) ‖ *(Amer)* sucre brun (meladura) ‖ FAM *(Amer)* rôle ridicule ‖ gaffe *f* (plancha).

papelonado, da *adj* BLAS papelonné, e.

papelonear *v intr* FAM poser, faire l'important, e.

papelonero *adj (Amer)* poseur, euse; prétentieux, euse (presumido).

papelote; papelucho *m* FAM paperasse *f* (escrito) ‖ bout de papier, morceau de papier.

papeo *m* FAM bouffe *f*.

papera *f* MED goitre *m* (bocio).

➧ **paperas** *f pl* oreillons *m* (enfermedad) ‖ écrouelles (lamparones).

papi *m* FAM papa.

papiamento *m* dialecte parlé à Curaçao.

papila *f* ANAT papille.

papilar *adj* ANAT papillaire.

papilífero, ra *adj* papillifère.

papiliforme *adj* papilliforme.

papilionáceo, a *adj* & *s f* papilionacé, e.

papilla *f* bouillie | FIG adresse, finesse (cautela) ■ FIG & FAM **echar la primera papilla** vomir tripes et boyaux | **hacer papilla a uno** réduire quelqu'un en bouillie, mettre quelqu'un en capilotade | **hecho papilla** à ramasser à la petite cuillère (muy cansado), réduit en bouillie, en compote, en purée (destrozado).

papillote *m* papillote *f* | **poner papillotes** papilloter.

papiloma *m* MED papillome.

Papiniano *n pr* Papinien.

papión *m* babouin, papion (mono).

papiro *m* papyrus.

papiro *m* FAM fafiot, billet de banque.

papiroflexia *f* art *m* du pliage, origami.

papirolada *f* sauce au pain et à l'ail | FIG baliverne (necedad).

papirología *f* papyrologie.

papirólogo, ga *m* & *f* papyrologue.

papirotada *f*; **papirotazo** *m* chiquenaude *f*, pichenette *f* (capirote) | (*Amer*) sottise *f* (sandez).

papirote *m* chiquenaude *f*, pichenette *f* | FIG & FAM sot, nigaud (tonto).

papirusa *f* FAM (*Amer*) belle fille.

papisa *f* papesse.

papismo *m* papisme.

papista *adj* & *s* papiste | FIG **ser más papista que el papa** être plus royaliste que le roi.

papo *m* fanon (de los animales) | double menton (sotabarba) | jabot (buche de las aves) | VULG con, chatte *f* (sexo de la mujer) | MED goitre (bocio).
◆ **papos** *m pl* ancienne coiffure *f sing* de femme.

paporreta *f* (*Amer*) baliverne.

paprika *f* paprika *m*.

papú *adj* & *s m* papou, e.
OBSERV pl papúes.

Papuasia *n pr f* HIST Papouasie.

papudo, da *adj* qui a un gros jabot (las aves).

pápula *f* MED papule.

papusa *f* FAM (*Amer*) môme, gosse (chica).

paquear *v intr* tirailler (un soldado aislado).

paquebote *m* MAR paquebot.

paquete *m* paquet (caja); **un paquete de cigarrillos** un paquet de cigarettes | [▷ SIN] paquet (lío), colis (de mayor bulto); **paquete postal** colis postal | paquebot (buque) | équipier (moto) | FAM snob | blague *f* (embuste); **dar un paquete** faire une blague | empoisonnement, corvée *f* (cosa pesada); **¡vaya un paquete!** quelle corvée! | MFAM parties *f pl* (genitales masculinos) ■ **paquete bomba** colis piégé | ECON **paquete de acciones** paquet d'actions | INFORM **paquete integrado** progiciel intégré | **paquete de programas o de software** progiciel | **paquete de programas de aplicación** progiciel d'application | **paquete de fichas** paquet de cartes; **paquete de fichas binarias** paquet de cartes binaires | **paquete de fichas-programma de busca y corrección de los errores** paquet-programe de recherche et correction des erreurs ■ FAM **meter un paquete** passer un savon, engueuler | **ser un paquete** en tenir une couche.
SIN **bulto, fardo** ballot; **lío** paquet; **hatillo** baluchon; **bala** balle.

paquete, ta *adj* (*Amer*) élégant, e.

paquetería *f* petit commerce *m* | (*Amer*) luxe *m*, élégance | mercerie.

paquetero, ra *adj* & *s* paqueteur, euse.
◇ *m* & *f* distributeur, trice de journaux.
◆ **paquetero** *m* contrebandier (matutero) | IMPR paquetier.

paquidermo *adj* & *s m* ZOOL pachyderme.

Paquistán ▶ **Pakistán**.

paquistaní *adj* & *s* pakistanais, e.
OBSERV pl paquistaníes.

par *adj* pair; **número par** nombre pair | pareil, eille (semejante).
◇ *m* paire *f* (dos unidades); **un par de zapatos** une paire de chaussures | pair (dignidad) | couple *f*, deux; **un par de huevos** une couple d'œufs | deux; **voy a decirle un par de palabras** je vais lui dire deux mots | ARQ chevron | FÍS couple (electricidad) | MECÁN couple (de fuerzas) ■ **a la par, al par** au pair (monedas); **cambio a la par** change au pair | **a la par** ensemble (conjuntamente), également (igualmente), au pair (acciones) | **a la par que** en même temps que, tout en (con el gerundio); **cantaba a la par que bailaba** il chantait tout en dansant; doublé de; **es un sabio a la par que un artista** c'est un savant doublé d'un artiste; tout en étant; **es un vestido moderno a la par que elegante** cette robe est moderne tout en étant élégante | **a pares** par paires | **sin par** sans égal ■ **abierto de par en par** grand ouvert | **abrir de par en par** ouvrir à deux battants, ouvrir tout grand | **ir a la par de** aller de pair avec | **jugar a pares y nones** jouer à pair ou impair.
◆ **pares** *f pl* MED placenta *m sing*.

PAR (abrev de **Partido Aragonés Regionalista**) *m* parti régionaliste aragonais.

para *prep*

1. DESTINO
2. SITIO, DIRECCIÓN
3. TIEMPO
4. RELACIÓN, COMPARACIÓN
5. LOCUCIONES

1. DESTINO pour; **este libro es para ti** ce livre est pour toi; **para cantar bien** pour bien chanter; **no veo su utilidad para el comercio** je ne vois pas son utilité pour le commerce | à; **servir para** servir à; **cepillo para el pelo** brosse à cheveux; **pinzas para depilar** pince à épiler; **medidas necesarias para la producción** mesures nécessaires à la production; **ser capaz para los negocios** être apte aux affaires; **nombrar para un cargo** nommer à un poste | de; **no tengo tiempo para comer** je n'ai pas le temps de manger; **no tengo permiso para salir** je n'ai pas le droit de sortir | comme; **le han contratado para secretario** on l'a engagé comme secrétaire

2. SITIO, DIRECCIÓN vers (hacia); **caminó para el árbol, para el coche** il marcha vers l'arbre, vers la voiture | à (a, hacia); **voy para casa, para el pueblo** je vais à la maison, au village | auprès de (a una persona); **mandaron un embajador para el rey** ils envoyèrent un ambassadeur auprès du roi

3. TIEMPO pour; **tiene pan para dos días** il a du pain pour deux jours; **me voy para una semana** je pars pour une semaine | pour, à; **volverá para Navidad** il reviendra pour Noël o à Noël | **va para dos años que** il y a près de deux ans que

4. RELACIÓN, COMPARACIÓN pour, en ce qui concerne (por lo que toca) | pour (comparación); **hace buen tiempo para la estación** il fait beau temps pour la saison; **para un hombre normalmente tan antipático se ha portado muy amablemente** pour un homme d'ordinaire si antipathique il a été très aimable

5. LOCUCIONES **para abajo** vers le bas | **para arriba** vers le haut | **para atrás** en arrière | **para con** envers, à l'égard de, à l'endroit de; **ingrato para con sus padres** ingrat envers ses parents | **para eso** pour cela | **para mí** à mon avis, pour moi (a mi parecer) | **para que** pour que; **para que venga** pour qu'il vienne; que, pour que; **ven para que te felicite** viens que je te félicite | **¿para qué?** pourquoi?; **¿para qué vienes?** pourquoi viens-tu?; à quoi?; **¿para qué sirve esto?** à quoi cela sert-il?, à quoi bon? (¿de qué me serviría?) ■ **dar para** donner de quoi, donner de l'argent pour [acheter]; **dar para pan** donner de quoi acheter du pain; **dar para vestirse** donner de quoi s'habiller | **decir para sí** dire à part soi, se dire, dire en soi-même | **estar para** estar | **haber nacido para pintor** être né peintre, être fait pour la peinture | **ir para los cuarenta años** aller sur ses quarante ans | **ir para viejo** vieillir, se faire vieux | **no es para tanto** il n'y a pas de quoi fouetter un chat | **para concluir** en conclusion, pour conclure | **ser para** être bon à; **ser para todo** être bon à tout faire; **ser para nada** n'être bon à rien; être à, être digne de; **este hombre es para matarle** cet homme est à tuer; être à; **es para volverse loco** c'est à devenir fou | **tener para sí que** avoir dans l'idée que, penser que, croire que.

para *m* para (moneda turca).

parábasis *f inv* parabase.

parabellum *m* parabellum (pistola).

parabién *m* félicitation | **dar el parabién** féliciter.

parábola *f* parabole; **la parábola del rico avariento** la parabole du mauvais riche.

parabólico, ca *adj* & *s f* parabolique | **antena parabólica** antenne parabolique.

parabolizar [13] *v tr* présenter sous forme de parabole, symboliser.

paraboloidal *adj* paraboloïdal, e.

paraboloide *m* GEOM paraboloïde; **paraboloide de revolución, elíptico, hiperbólico** paraboloïde de révolution, elliptique, hyperbolique.

parabrisas *m inv* pare-brise.

paraca *f* (*Amer*) vent *m* du large (del Pacífico).
◇ *m* FAM para (paracaidista).

paracaídas *m inv* parachute; **tirarse o lanzarse en paracaídas** sauter en parachute

■ **lanzamiento en paracaídas** parachutage ‖ **lanzar en paracaídas** parachuter.

paracaidismo *m* parachutisme ‖ DEP paracaidismo de estilo voltige o acrobatie aérienne.

paracaidista *adj & s* parachutiste.

paracentesis *f inv* MED paracentèse.

parachispas *m inv* pare-étincelles.

parachoques *m inv* pare-chocs.

paracleto; paráclito *m* paraclet (Espíritu Santo).

paracronismo *m* parachronisme.

parada *f* arrêt *m* (acción y sitio); **en la parada del tren** à l'arrêt du train; **la parada del autobús** l'arrêt de l'autobus ‖ station (de taxis) ‖ arrêt *m*, parade (fútbol) ‖ barrage *m* (presa de un río) ‖ pause (detención) ‖ parc *m* (para rebaños) ‖ haras *m* (acaballadero) ‖ relais *m* (para caballos de reemplazo) ‖ parade (del caballo) ‖ parade (teatro) ‖ mise (en el juego) ‖ parade (esgrima) ‖ MIL parade ‖ MÚS pause, silence *m* ‖ (*Amer*) fanfaronnade ■ **parada de sementales** monte ‖ **parada discrecional** arrêt facultatif (de autobús) ‖ AUTOM **parada en seco** arrêt brusque ‖ **parada y fonda** arrêt buffet (en una estación) ■ **hacer parada** s'arrêter, faire halte.

paradera *f* vanne (de molino) ‖ paradière (red).

paradero *m* endroit (sitio) ‖ destination *f*; **un paradero extraño** une destination étrange ‖ demeure *f*, maison *f* (morada) ‖ FIG fin *f*, terme (término) ‖ (*Amer*) gare *f* (apeadero) ‖ **no conozco su paradero** je ne sais pas où il se trouve o où il habite.

paradigma *m* GRAM paradigme (ejemplo).

paradigmático, ca *adj* GRAM paradigmatique.

paradisiaco, ca; paradisíaco, ca *adj* paradisiaque.

parado, da *adj* arrêté, e; **estaba parado en medio de la calle** il était arrêté au milieu de la rue ‖ immobile (quieto) ‖ arrêté, e (cosa, máquina) ‖ en chômage (sin trabajo) ‖ FIG lent, e; indolent, e (poco activo) ‖ oisif, ive; désœuvré, e (desocupado) ‖ (*Amer*) debout (de pie) ■ FIG **bien, mal parado** en bon, en mauvais état (una persona), en bonne, en mauvaise voie (asunto pendiente) ‖ **dejar mal parado** esquinter, abîmer ‖ **quedarse parado** rester interdit ‖ **salir bien, mal parado** s'en tirer bien, mal.
➥ **parado** *m* chômeur (obrero sin trabajo).

paradoja *f* paradoxe *m*.

paradójicamente *adv* paradoxalement.

paradójico, ca *adj* paradoxal, e.

parador, ra *adj* qui s'arrête.
◁ *adj & s* audacieux, euse; qui mise beaucoup (en los juegos).
➥ **parador** *m* auberge *f*, relais (mesón).

Parador *m* **Parador Nacional** grand hôtel géré par l'État; **Parador de los Reyes Católicos** grand hôtel situé à León.

PARADOR NACIONAL ⎯⎯⎯⎯⎯⎯
Ces hôtels de première catégorie, créés à l'origine pendant l'époque franquiste pour promouvoir le tourisme de luxe, sont installés dans des monuments historiques ou d'une grande valeur artistique. Ils sont la propriété de l'État et sont gérés par le ministère espagnol du Tourisme. Bien que cer-

tains se trouvent en ville, comme le « Parador de los Reyes Católicos », à León, la plupart sont implantés dans des sites exceptionnels, à la campagne.

paraestatal *adj* paraétatique, de l'État.

parafasia *f* MED paraphasie.

parafernal *adj* DR paraphernal, e; **bienes parafernales** biens paraphernaux.

parafernalia *f* attirail *m* (conjunto de utensilios) ‖ FAM esbroufe (ostentación).

parafina *f* QUÍM paraffine.

parafinado *m* paraffinage.

parafinar *v tr* paraffiner.

parafiscal *adj* parafiscal, e; **organismos parafiscales** organismes parafiscaux.

parafiscalidad *f* parafiscalité.

paráfisis *f inv* paraphyse.

parafraseador, ra *m & f* paraphraseur, euse.

parafrasear *v tr* paraphraser.

paráfrasis *f inv* paraphrase.

parafraste *m & f* paraphraste.

parafrástico, ca *adj* paraphrastique.

paragénesis *f inv* MIN paragenèse.

paragneis *m* GEOL paragneiss.

paragoge *f* GRAM paragoge.

paragógico, ca *adj* paragogique.

paragolpes *m inv* pare-chocs (parachoques).

parágrafo *m* paragraphe (párrafo).

paragranizo *adj m* paragrêle; **cohete paragranizo** fusée paragrêle.

paraguas *m inv* parapluie ‖ FIG **paraguas atómico** parapluie atomique.

paraguay *m* (*Amer*) perroquet du Paraguay (ave) ‖ barbe *f* de maïs.

Paraguay *n pr m* GEOGR Paraguay (estado) ‖ **el Paraguay** le Paraguay (río).

paraguaya *f* pêche, brugnon *m* (pérsico).

paraguayo, ya *adj & s* paraguayen, enne.

paraguazo *m* coup de parapluie.

paragüería *f* magasin *m* de parapluies.

paragüero, ra *m & f* marchand, e de parapluies.
➥ **paragüero** *m* porte-parapluie *m*.
➥ **paragüera** *f* (*Amer*) porte-parapluie *m*.

parahusar *v tr* forer.

parahúso *m* foret.

paraíso *m* paradis ‖ TEATR paradis, poulailler ■ **ave del paraíso** oiseau de paradis ‖ ECON **paraíso fiscal** paradis fiscal ‖ **paraíso terrenal** paradis terrestre.

paraje *m* endroit; **un paraje desconocido** un endroit inconnu ‖ endroit, site; **un paraje salvaje** un site sauvage ‖ état, situation *f* (estado) ‖ MAR parage.
➥ **parajes** *m pl* parages.

paraláctico, ca *adj* ASTRON parallactique.

paralaje *f* ASTRON parallaxe.

paraldehído *m* QUÍM paraldéhyde.

paralelamente *adv* parallèlement.

paralelepípedo *m* GEOM parallélépipède, parallélipipède.

paralelismo *m* GEOM parallélisme.

paralelo, la *adj* parallèle; **paralelo a** o **con** parallèle à; **correr paralelo a** être parallèle à ■ DEP **barras paralelas** barres parallèles ‖ **las "Vidas paralelas" de Plutarco** les "Vies parallèles" de Plutarque ‖ **mercado paralelo** marché parallèle.
➥ **paralela** *f* parallèle (línea) ‖ tranchée (foso).
➥ **paralelo** *m* parallèle; **el paralelo treinta y ocho** le trente-huitième parallèle ‖ ELECTR **estar en paralelo** être en parallèle.
➥ **paralelas** *f pl* barres parallèles.

paralelogramo *m* GEOM parallélogramme.

paralipómenos *m pl* paralipomènes (Biblia).

parálisis *f inv* MED paralysie; **parálisis infantil** paralysie infantile ‖ FIG paralysie, arrêt *m*.

paralítico, ca *adj & s* paralytique.

paralización *f* MED paralysie ‖ FIG paralysie; **la paralización del tráfico** la paralysie de la circulation.

paralizador, ra; paralizante *adj* paralysant, e.

paralizar [13] *v tr* paralyser.

paralogismo *m* paralogisme.

paralogizar [13] *v tr* user de paralogismes.

paramagnético, ca *adj* ELECTR paramagnétique.

paramagnetismo *m* FÍS paramagnétisme.

paramecio *m* paramécie *f*.

paramentar *v tr* orner, paramenter.

paramento *m* ornement, parement ‖ caparaçon (de caballo) ‖ ARQ parement.
➥ **paramentos** *m pl* ornements, parement *sing* (altar).

paramera *f* région désertique.

paramétrico, ca *adj* paramétrique.

parametrizar [13] *v tr* INFORM paramétrer.

parámetro *m* GEOM paramètre.

paramidofenol *m* paramidophénol.

paramilitar *adj* paramilitaire.

paramnesia *f* MED paramnésie.

páramo *m* étendue *f* désertique ‖ FIG endroit glacial, pôle Nord.

paranaense *adj & s* du Parana [fleuve d'Amérique du Sud et État du Brésil].

parangón *m* modèle, parangon (dechado) ‖ comparaison *f*, rapprochement, parangon (comparación).

parangonar *v tr* comparer ‖ IMPR parangonner.

paraninfo *m* grand amphithéâtre (en una universidad) ‖ témoin (en una boda).

paranoia *f* MED paranoïa.

paranoico, ca *adj & s* paranoïaque.

paranoide *adj* paranoïde.

paranomasia; paronomasia *f* paronomase (en retórica).

paranormal *adj* paranormal, e.

paraparo *m* savonnier (árbol).

parapente *m* DEP parapente.

parapetarse *v pr* s'abriter, se protéger (protegerse) ‖ se barricader; **se ha parapetado en su habitación** il s'est barricadé dans sa chambre ‖ FIG se retrancher; parapetarse tras el secreto profesional se retrancher derrière le secret professionnel.

parapeto *m* parapet (baranda) ‖ enceinte *f*, clôture *f* (cerca) ‖ MIL pare-éclats *inv* (contra la metralla).

paraplasma *m* BIOL paraplasme.

paraplejía *f* paraplégie.

parapléjico, ca *adj* & *s* MED paraplégique.

parapsicología ► parasicología.

parapsicológico, ca ► parasicológico.

parapsicólogo, ga ► parasicólogo.

parar *v intr* [▷ SIN] s'arrêter, arrêter (detenerse); el autobús para aquí cerca l'autobus s'arrête près d'ici ‖ cesser, arrêter; no paraba de decir bobadas il ne cessait pas de dire des âneries ‖ aboutir; el camino va a parar en un bosque le chemin aboutit à un bois ‖ FIG tomber o arriver entre les mains de (llegar a poder de) ‖ loger, habiter; pararé en casa de mi tío je logerai chez mon oncle ‖ descendre, être descendu; paro en el hotel je descends à l'hôtel; paro en el hotel X je suis descendu à l'hôtel X ‖ chômer (no trabajar) ‖ FIG s'en tenir, s'arrêter; no paró en esto il ne s'en est pas tenu là‖décider de o que, se mettre d'accord pour; pararon en que se marcharían al día siguiente il décidèrent de partir le lendemain ■ ¿a dónde vamos a parar? où allons-nous? ‖ FIG ir a parar en arriver; de haber actuado de otra manera no hubiera ido a parar allí s'il avait agi autrement il n'en serait pas arrivé là ‖ ir a parar en aboutir à; ¿en qué va a parar todo esto? à quoi cela va-t-il aboutir?; échouer; su reloj ha ido a parar al Monte de Piedad sa montre a échoué au mont-de-piété ‖ no paró hasta que lo consiguió il n'eut de cesse qu'il ne l'ait obtenu ‖ parar a alguien clouer quelqu'un sur place (el miedo, la sorpresa, etc.), remettre à sa place (poner en su sitio) ‖ sin parar sans arrêt (sin descanso) ‖ venir a parar en finir par, aboutir, se solder par; la inflación vino a parar en una catástrofe l'inflation s'est soldée par une catastrophe; en venir; ¿a dónde quieres venir a parar? où veux-tu en venir? ‖ y pare usted de contar cela ne va pas plus loin, un point c'est tout. ◇ *v tr* arrêter; para el coche aquí arrête la voiture ici ‖ tomber en arrêt devant (perro de caza) ‖ parer (precaver) ‖ parer (esgrima) ‖ arrêter (balón) ‖ (Amer) dresser, mettre debout [quelque chose] ■ FIG parar los pies o el carro a uno remettre quelqu'un à sa place ‖ parar mientes en considérer.
➤ **pararse** *v pr* s'arrêter; en esta calle uno no se puede parar on ne peut pas s'arrêter dans cette rue ‖ s'arrêter; pararse en tonterías s'arrêter à des bêtises ‖ (Amer) se lever (ponerse de pie) ■ pararse a pensar réfléchir ‖ pararse en pelillos s'attacher à des vétilles, faire des histoires pour des riens ‖ pararse en seco s'arrêter net o pile ■ no pararse en barras ne pas se laisser arrêter par quoi que ce soit, ne faire ni une ni deux ‖ sin pararse en barras sans aucun égard (sin miramientos), sans s'arrêter à quoi que ce soit, en allant droit au but.
 ‖ SIN detener arrêter; inmovilizar immobiliser; paralizar paralyser; frenar freiner.

pararrayo *m*; **pararrayos** *m inv* paratonnerre (edificios), parafoudre (aparatos eléctricos).

parasanga *f* parasange (medida persa).

parasceve *f* parascève (Viernes Santo).

paraselene *f* ASTRON parasélène.

parasicología; parapsicología *f* parapsychologie.

parasicológico, ca; parapsicológico, ca *adj* parapsychologique.

parasicólogo, ga; parapsicólogo, ga *adj* & *s* parapsychologue.

parasimpático, ca *adj* & *s m* parasympathique.

parasintético, ca *adj* GRAM parasynthétique.

parasitario, ria *adj* parasitaire.

parasiticida *adj* & *s m* parasiticide.

parasítico, ca *adj* parasitique (p us), parasitaire.

parasitismo *m* parasitisme.

parásito, ta *adj* & *s m* parasite ‖ FIG parasite (gorrón).
➤ **parásitos** *m pl* parasites (en la radio).

parasitología *f* MED parasitologie.

parasol *m* parasol (quitasol) ‖ FOT pare-soleil.

parata *f* AGRIC terrasse (bancal).

parataxis *f inv* GRAM parataxe.

paratífico, ca *adj* & *s* MED paratyphique.

paratifoideo, a *adj* & *s f* MED paratyphoïde.

paratiroides *adj* & *s f pl* parathyroïdes.

paratuberculoso, sa *adj* MED paratuberculeux, euse.

Parcas *n pr f pl* MITOL Parques.

parcela *f* parcelle ‖ particule (átomo) ‖ división en parcelas parcellement, division en lots, lotissement.

parcelable *adj* morcelable.

parcelación *f* parcellement *m*, morcellement *m* ‖ lotissage *m*, lotissement *m* (de un terreno).

parcelar *v tr* parceller ‖ aménager (un bosque).

parcelario, ria *adj* parcellaire ‖ concentración parcelaria remembrement.

parchar *v tr* (Amer) raccommoder.

parchazo *m* MAR claquement des voiles ‖ FIG & FAM moquerie *f* ‖ FIG & FAM pegar un parchazo a uno rouler o tromper o avoir quelqu'un.

parche *m* emplâtre (emplasto) ‖ pièce *f* (para remendar) ‖ rustine *f* (en un neumático) ‖ plaque *f* (colorete) ‖ raccord, retouche *f* mal faite (pintura) ‖ FIG chose *f* o personne *f* qui détonne ‖ TAUROM cocarde *f*, flot de rubans qu'on colle au front du taureau ‖ peau *f* de tambour (piel del tambor) ‖ FIG tambour (tambor) ‖ emplâtre (añadido desacertado) ‖ MED timbre (para la tuberculosis) ■ bolsillo de parche poche plaquée ‖ FIG & FAM ¡oído al parche! attention!, prenez garde! ‖ pegar un parche a uno refaire o tromper o avoir quelqu'un (engañar sacando dinero).

parchear *v tr* rapiécer (prenda) ‖ colmater (déficit) ‖ FIG parer au plus pressé.

parchís *m inv*; **parchesi** *m* sorte de jeu des petits chevaux.

parcial *adj* partiel, elle (incompleto); vista parcial vue partielle ‖ partial, e (injusto); juicios parciales jugements partiaux.
◇ *adj* & *s* partisan, e (partidario).

parcialidad *f* partialité (preferencia) ‖ parti *m*, clan *m*, faction (grupo).

parcialmente *adv* partiellement (en parte) ‖ partialement (injustamente).

parcimonia *f* parcimonie (parsimonia).

parco, ca *adj* sobre (sobrio) ‖ modéré, e (moderado) ‖ chiche, mesquin, e (mezquino) ‖ faible, modéré (escaso) ‖ avare; parco en confidencias avare de confidences; parco en el hablar o en palabras avare de paroles ■ parco en cumplidos chiche de compliments ‖ parco en el comer sobre, frugal ‖ parco en gastar chiche, regardant, pingre FAM.

pardal *m* (ant) léopard (leopardo) ‖ moineau (gorrión) ‖ bouvreuil (pardillo) ‖ BOT aconit (anapelo) ‖ FIG & FAM renard (hombre astuto).
◇ *adj* paysan, anne; campagnard, e (campesino).

pardear *v intr* être brun, paraître brun.

pardejón, ona *adj* (Amer) qui tire sur le brun.

¡pardiez! *interj* FAM pardi!

pardillo, lla *adj* & *s* campagnard, e; paysan, anne.
➤ **pardillo** *m* bouvreuil (ave).

pardo, da *adj* brun, e; oso pardo ours brun ‖ gris, e; sombre (cielo, tiempo, etc.) ‖ sourd, e (voz) ‖ (Amer) mulâtre, esse ■ de noche todos los gatos son pardos la nuit tous les chats sont gris ‖ gramática parda débrouillardise, système D.

pardusco, ca *adj* brunâtre.

pareado, da *adj* appareillé, e; assorti, e (emparejado) ‖ versos pareados rimes plates.
➤ **pareados** *m pl* vers rimant ensemble.

parear *v tr* apparier, assortir, appareiller (formar pares) ‖ appareiller (los animales) ‖ TAUROM poser les banderilles.

parecer *m* avis, opinion *f*; a mi parecer à mon avis; mudar de parecer changer d'avis; tomar parecer de uno prendre l'avis de quelqu'un ‖ physique, air (aspecto); buen parecer physique agréable ‖ DR parère (dictamen) ■ arrimarse al parecer de uno suivre l'avis de quelqu'un ‖ parecer de peritos dire d'experts ‖ según el parecer de au dire de, de l'avis de, d'après ‖ ser del parecer que être d'avis que.

parecer [30] *v intr & impers* avoir l'air, paraître, sembler; parece cansado il semble o il a l'air fatigué ‖ sembler; parece que vienen il semble qu'ils viennent; parece increíble a su edad cela semble incroyable à son âge ‖ paraître, apparaître (aparecer) ‖ trouver, penser (juzgar); ¿qué te parece? qu'en penses-tu?, comment trouves-tu cela? ‖ être d'accord, vouloir bien (consentir); allá iremos si le parece nous irons là-bas si vous le voulez bien ‖ convenir, aller (ser conveniente) ‖ vouloir, juger bon de (querer) ■ parecer bien, mal a uno sembler bien, mal à quelqu'un (satisfacer o no), paraître bien, mal; trouver bien, mal; ¿le parece bien proceder así? cela vous paraît bien de procéder ainsi?, vous trouvez cela bien d'agir ainsi? ▌ **parecer tener** paraître; **no parece tener la edad que tiene** il ne paraît pas son âge ▌ **a lo que parece, al parecer** à ce qu'il semble, apparemment, paraît-il ▌ **como le parezca** comme vous voudrez ▌ **esto parece seda** on dirait de la soie ▌ **me ha parecido verle** j'ai cru le voir, il m'a semblé le voir ▌ **parece mentira que...** c'est incroyable que..., qui aurait cru que...? ▌ **parece que** on dirait que; **parece que va a llover** on dirait qu'il va pleuvoir ▌ **parece ser** il paraît ▌ **parece ser que** il semble que, on dirait que ▌ **según lo que parece** à ce qu'il semble, apparemment ▌ **si le parece bien** si bon vous semble, si cela vous va, si vous êtes d'accord.

◆ **parecerse** v pr ressembler; **se parece mucho a su padre** il ressemble beaucoup à son père ▌ se ressembler; **estos dos hermanos no se parecen nada** ces deux frères ne se ressemblent pas du tout; **se parecen en el carácter, en las facciones, en lo físico** ils se ressemblent de caractère, de traits, physiquement.

> **OBSERV 1.** Si la locución francesa avoir l'air tiene un sujeto femenino, el adjetivo: 1) queda invariable, si se aplica a la expresión del rostro: **parece tonta** elle a l'air idiot (idiot concuerda con air), 2) concuerda con el sujeto si se aplica a la apariencia general (personas y cosas): **parece cansada** elle a l'air fatiguée.
> **2.** No traduzca **parece que** por il paraît que (locución que significa en francés dicen que) sino por il semble que.

parecido, da adj pareil, eille; semblable (semejante); **éste o uno parecido** celui-ci ou un semblable ▌ ressemblant, e; **un retrato muy parecido** un portrait très ressemblant ▪ **algo parecido** quelque chose d'approchant o de semblable ▌ **FAM bien parecido** pas mal (una persona) ▌ **ser parecido a** ressembler à.

◆ **parecido** m ressemblance f ▪ **parecido de familia** air de famille ▌ **tener parecido con** uno ressembler à quelqu'un.

pared f [▷ **SIN**] mur m (de casa, etc.); **pared de ladrillos** mur de brique ▌ paroi (de vaso, de órgano) ▌ **FIG** face (cara) ▪ **ARQ pared divisoria** o **intermedia** mur de refend ▌ **pared maestra** gros mur ▌ **pared medianera** mur mitoyen ▌ **pared por medio** séparé par un mur; **nuestros pisos están pared por medio** nos appartements sont séparés par un mur ▪ **entre cuatro paredes** entre quatre murs ▌ **FIG estar entre la espada y la pared** être entre l'enclume et le marteau, avoir le couteau sur la gorge, être au pied du mur, être pris entre deux feux ▌ **lienzo de pared** pan de mur ▪ **FIG & FAM como si hablara a la pared** comme si je parlais à un mur ▌ **darse contra las paredes** se taper la tête contre les murs ▌ **estar pegado a la pared** être fauché (sin un cuarto) ▌ **las paredes oyen** les murs ont des oreilles ▌ **subirse por las paredes** sortir de ses gonds (estar furioso) ▌ **vivir pared por medio** être voisins.

> **SIN** muro mur; muralla muraille; tabique cloison; tapia mur de clôture; paredón gros mur.

paredón m gros mur ▌ pan de mur (en ruinas) ▌ poteau d'exécution ▌ **¡al paredón!** au poteau!

paregórico, ca adj **MED** parégorique; **elixir paregórico** élixir parégorique.

pareja f paire (par) ▌ couple m (hombre y mujer o macho y hembra); **ser una buena pareja** former un beau couple ▌ paire (personas o animales); **una pareja de amigos** une paire d'amis; **una pareja de palomas** une paire de pigeons ▌ deux gendarmes (guardias) ▌ cavalier, ère; danseur, euse (en el baile) ▌ partenaire m (en el juego) ▌ doublé m (caza) ▌ pendant m (objeto semejante) ▌ paire (naipes) ▪ **cada oveja con su pareja** chacun avec sa chacune, qui se ressemble s'assemble ▌ **doble pareja** deux paires (póker) ▌ **por parejas** deux par deux ▪ **FIG hacer pareja con** faire la paire avec, faire pendant avec.

◆ **parejas** f pl doublet m sing (en los dados).

parejo, ja adj pareil, eille (semejante) ▌ régulier, ère (regular); **costura pareja** couture régulière ▌ plat, e (llano) ▪ **correr parejo** aller de pair ▌ **por parejo** pareillement, à égalité.

parejura f ressemblance (parecido).

paremia f adage m, proverbe m (refrán).

paremiología f parémiologie (tratado de proverbios).

parencéfalo m **ANAT** parencéphale, cervelet.

parénesis f inv parénèse.

parénquima m **ANAT & BOT** parenchyme.

parenquimatoso, sa adj **ANAT & BOT** parenchymateux, euse ▌ **BOT** palissadique, parenchymateux, euse.

parentales; parentalies f pl parentales, parentalies (fiestas en honor de los muertos).

parentela f parentèle (ant), parenté (conjunto de parientes).

parentesco m parenté f (lazo de familia) ▪ **FIG parentesco espiritual** parenté spirituelle ▌ **parentesco político** belle-famille.

paréntesis m inv parenthèse f ▪ **entre paréntesis** entre parenthèses ▪ **abrir** o **cerrar el paréntesis** ouvrir o fermer la parenthèse ▌ **FIG hacer un paréntesis** faire une parenthèse.

pareo m assortiment, union f ▌ pareo (taparrabos) ▌ pariade f (de las aves).

parergon m parergon, ornement, accessoire (de una cosa).

paresa f pairesse.

paresia f **MED** parésie.

parestesia f **MED** paresthésie.

pargo m **ZOOL** pagre.

parhelia f; **parhelio** m **ASTRON** parhélie m, parélie m.

parhilera f **ARQ** faîtage m.

paria m paria.

parida adj f & s f **recién parida** nouvelle accouchée (mujer), qui vient de mettre bas (animal).
> f **MFAM** connerie (tontería).

paridad f parité (igualdad).

paridera adj f féconde (hembra).
> f lieu m où le bétail met bas (sitio).

paridígito adj & s m paridigité.

páridos m pl paridés (aves).

pariente, ta m & f parent, e (miembro de la familia); **pariente cercano** proche parent; **pariente lejano, político** parent éloigné, par alliance ▪ **medio pariente** cousin à la mode de Bretagne o éloigné ▌ **parientes políticos** belle-famille.

◆ **pariente** m **FAM** mari (marido).

◆ **parienta** f **FAM** bourgeoise (mujer).

> **OBSERV** Parents [père et mère] se dit en espagnol padres.
> **SIN** familiar familier; deudo parent; allegado, afín proche; colateral collatéral.

parietal adj pariétal, e; **órganos parietales** organes pariétaux; **arte parietal** art pariétal.
> m **ANAT** pariétal.

parietaria f **BOT** pariétaire, perce-muraille.

parietofrontal adj **ANAT** fronto-pariétal, e.

parietooccipital adj **ANAT** occipito-pariétal, e.

parificar [10] v tr prouver o appuyer par des exemples.

parigual adj semblable (igual).

parihuelas f pl civière sing, brancard m sing.

parima; parina f (Amer) sorte de héron (ave).

paripé m **FAM** dar el paripé donner le change (engañar) ▌ **hacer el paripé** se donner de grands airs, la faire à la pose (presumir), jouer la comédie; **se detestan, pero en público hacen el paripé** ils se détestent, mais en public ils jouent la comédie; faire semblant; **no entiende una palabra de inglés, pero hace el paripé** il ne comprend pas un mot d'anglais, mais il fait semblant.

parir v intr & tr mettre bas (los animales) ▌ vêler (la vaca) ▌ pouliner (la yegua) ▌ enfanter, accoucher (la mujer); **parirás con dolor** tu enfanteras dans la douleur ▌ **FIG ¡éramos pocos y parió la abuela!, ¡por si fuera poco, parió la abuela!** c'est le bouquet, il ne manquait plus que ça, c'est le comble! ▌ **FAM poner a uno a parir** casser quelqu'un.

◆ **parirse** v pr **FIG** sortir (producir).

Paris n pr **MITOL** Pâris.

París n pr **GEOGR** Paris.

parisién; parisino, na; parisiense adj & s parisien, enne.

> **OBSERV** Parisién y parisino, a pesar de su empleo corriente, son galicismos.

parisilábico, ca; parisílabo, ba adj parasyllabique, parisyllabe.

parisino, na ▬ **parisién.**

paritario, ria adj paritaire; **comité paritario** commission paritaire.

paritorio m salle f d'accouchement.

parka m o f parka.

parkerización f **TECN** parkérisation.

parking m parking, parc de stationnement, parcage (de vehículos).
> **OBSERV** pl parkings.

parlamentar v intr parlementer ▌ **FAM** bavarder (charlar).

parlamentario, ria adj & s m parlementaire; **régimen parlamentario** régime parlementaire.

parlamentarismo m parlementarisme.

parlamento *m* parlement (asamblea) ▌ pourparlers *pl*, négociation *f* (ajuste) ▌ discours (discurso) ▌ TEATR tirade *f* ▌ FAM bavardage (charla).

parlanchín, ina *adj & s* FAM bavard, e.

parlante *adj* BLAS parlant, e; armas parlantes armes parlantes.

parlar *v intr* bavarder (charlar).

parlatorio *m* bavardage (charla) ▌ parloir (locutorio).

parlería *f* bavardage *m* (charla) ▌ cancan *m*, bavardage *m*, commérage *m* (chisme).

parlero, ra *adj* bavard, e ▌ cancanier, ère (chismoso) ▌ chanteur, euse (pájaros) ▌ FIG expressif, ive (expresivo); ojos parleros yeux expressifs.

parlotear *v intr* FAM papoter, bavarder.

parloteo *m* FAM papotage, bavardage.

Parma *n pr* GEOGR Parme.

parmelita *f* parmélie (liquen).

Parménides *n pr* Parménide.

parmesano, na *adj & s* parmesan, e ▌ queso parmesano parmesan.

parnasianismo *m* école *f* parnassienne (literatura).

parnasiano, na *adj & s* parnassien, enne.

Parnaso *n pr m* Parnasse.

parné; parnés *m* ARG fric, galette *f*, pognon, grisbi (dinero).

paro *m* mésange *f* (ave) ▌ arrêt, débrayage (suspensión en el trabajo) ▌ chômage (paro forzoso); paro estacional chômage saisonnier ▪ ZOOL paro carbonero mésange charbonnière ▌ paro encubierto sous-emploi ▌ paro técnico chômage technique ▌ tasa de paro taux de chômage ▪ estar en paro forzoso être au chômage.

parodia *f* parodie.

parodiar [8] *v tr* parodier.

paródico, ca *adj* parodique.

parodista *m* parodiste.

pároli; paroli *m* paroli (en el juego).

parón *m* EQUIT refus.

paronimia *f* paronymie.

paronímico, ca *adj* paronymique.

parónimo, ma *adj* paronymique.
➥ **parónimo** *m* paronyme (vocablo).

paronomasia ▬ **paranomasia**.

paróptico, ca *adj* paroptique.

parótida *f* ANAT parotide.

parotiditis *m inv* MED parotidite *f*, oreillons *pl*.

paroxismo *m* paroxysme.

paroxístico, ca *adj* paroxystique.

paroxítono, na *adj & s m* GRAM paroxyton.

parpadeante *adj* vacillant, e (luz).

parpadear *v intr* ciller, papilloter (los ojos) ▌ vaciller, trembloter (la luz).

parpadeo *m* cillement, clignement d'yeux, papillotage ▌ tremblotement (de la luz).

párpado *m* ANAT paupière *f*.

parpar *v intr* nasiller, cancaner (el pato).

parque *m* parc; parque zoológico parc zoologique ▌ parc (de niño) ▪ parque automovilístico o móvil parc automobile (de un país, de una empresa, etc.) ▌ parque de artillería parc d'artillerie ▌ parque de atracciones parc d'attractions ▌ parque de bomberos caserne de pompiers ▌ parque de coches parc de stationnement, parking ▌ parque de incendios poste d'incendie ▌ parque nacional parc national ▌ parque tecnológico parc industriel.

parqué; parquet *m* parquet.
▌ OBSERV 1. Le premier mot est admis par l'Académie.
▌ 2. pl parqués; parquets.

parqueadero *m* (*Amer*) parking.

parquear *v tr* (*Amer*) garer, ranger (aparcar).

parquedad *f* parcimonie (ahorro) ▌ mesure, modération (templanza) ▌ petitesse; la parquedad de las raciones la petitesse des portions.

parquet ▬ **parqué**.

parquímetro *m* parcmètre, parcomètre.

parra *f* treille (vid) ▪ parra virgen vigne vierge ▪ hoja de parra feuille de vigne ▌ FIG & FAM subirse a la parra se fâcher [tout rouge]; monter sur ses grands chevaux (enfadarse); demander trop cher (ser exigente).

parrafada *f*; **parrafeo** *m* FAM causerie *f*, bavardage *m* (charla) ▌ laïus *m* (perorata) ▌ FAM echar una parrafada tailler une bavette.

parrafear *v intr* causer, s'entretenir, bavarder.

parrafeo ▬ **parrafada**.

párrafo *m* paragraphe ▪ FAM echar un párrafo bavarder, tailler une bavette ▌ hacer párrafo aparte aller à la ligne (escribiendo) ▌ párrafo aparte alinéa, à la ligne (punto y aparte), pour changer de sujet, parlons d'autre chose (cambio de conversación).
▌ OBSERV La palabra francesa paraphe significa firma ou rúbrica.

parragón *m* touchau (piedra de toque).

parral *m* treille *f* (vid).

parrampán *m* (*Amer*) FAM pitre.

parranda *f* FAM noce, fête, foire (juerga); andar o estar de parranda faire la noce; irse de parranda aller faire la foire ▌ troupe de musiciens o de chanteurs (cuadrilla).

parrandear *v intr* FAM faire la noce o la foire.

parrandeo *m* FAM noce *f*, fête *f*, foire *f* (juerga).

parrandista *m* FAM noceur, fêtard (juerguista) ▌ musicien ambulant (de cuadrilla).

parricida *m & f* parricide (criminal).

parricidio *m* parricide (crimen).

parrilla *f* gril (asador) *m* ▌ foyer *m* (de locomotora, de horno) ▌ grill-room *m*, grill *m* (en un restaurante) ▌ petite cruche (recipiente) ▌ clayette (de refrigerador) ▌ (*Amer*) grill-room *m*, grill *m* (restaurante) ▪ bistec a la parrilla bifteck grillé o sur le gril ▌ carne asada en la parrilla grillade ▌ DEP parrilla de salida grille de départ (automóvil).
➥ **parrillas** *f pl* gril *m sing*.

parrillada *f* CULIN grillade (de pescado o de carne) ▌ (*Amer*) plat *m* composé de viande, triperie et charcuterie grillées.

parrocha *f* sardine en saumure (sardina).

párroco *m* curé (cura) ▌ cura párroco curé.

parrón *m* vigne *f* sauvage (vid) ▌ (*Amer*) treille *f* (parral).

parroquia *f* RELIG paroisse ▌ clientèle (de comerciante, de médico).

parroquial *adj* paroissial, e; iglesia parroquial église paroissiale; servicios parroquiales services paroissiaux.

parroquiano, na *m & f* client, e; habitué, e (de un comerciante, de un bar).
▌ OBSERV Bien que parroquia signifie paroisse, parroquiano n'est pas usité au sens de paroissien, qui se dit feligrés.

parsec *m* ASTRON parsec.

parsi *adj & s* parsi, e; parse.

parsimonia *f* parcimonie (parquedad) ▌ mesure, modération (templanza).

parsimonioso, sa *adj* parcimonieux, euse.

parsismo *m* parsisme (religión de Zoroastro).

parte *f* [▷ SIN] partie; parte de la oración partie de la phrase o du discours; parte del ejército quedó allí une partie de l'armée est restée là-bas ▌ part (en un reparto) ▌ participation (comercio) ▌ MAT partie [▷ OBSERV] ▌ endroit *m*, partie; parte sensible endroit sensible ▌ endroit *m* (sitio); en aquella parte à cet endroit ▌ côté *m*; por la parte de Toledo du côté de Tolède; echar por otra parte partir d'un autre côté ▌ parti *m*, faction (parcialidad, bando) ▌ partage *m* (porción) ▌ TEATR rôle *m* (papel); hacer su parte jouer son rôle ▌ acteur *m*, actrice (actor) ▌ parti *m*, côté *m* (en una contienda); ¿por qué parte estás? de quel côté estu? ▌ DR partie (litigante, contratante) ▌ MÚS partie ▪ parte alicuanta partie aliquante ▌ parte alícuota partie aliquote ▌ DR parte civil partie civile ▌ parte contraria partie adverse ▌ (la) parte esencial (l')essentiel ▌ parte integral o integrante partie intégrante ▪ a o en otra parte ailleurs ▌ a partes iguales à parts égales ▌ a una y otra parte des deux côtés ▌ de algún, poco, mucho tiempo a esta parte depuis quelque temps, peu de temps, longtemps ▌ de mi parte de ma part (en nombre mío) ▌ de parte a parte de part en part (de un lado a otro), de bout en bout, complètement (sin omitir nada) ▌ de parte de de la part de (en nombre de), du côté de (a favor de) ▌ de una y otra parte de part et d'autre (cada uno), des deux côtés (por ambos lados) ▌ en alguna o en cierta parte de quelque part en ▌ en cualquier otra parte partout ailleurs ▌ en cualquier parte donde partout où ▌ en esta parte ici, par ici ▌ en mala parte en mauvaise part ▌ en ninguna parte, en parte alguna nulle part ▌ en parte en partie ▌ en todas partes partout ▌ la mayor parte la plupart (con el verbo en el plural) ▌ la mayor parte de la plupart de, la majeure partie de, la plus grande partie de ▌ la parte del león la part du lion ▌ parte por parte en détail ▌ por mi parte quant à moi, pour ma part, en ce qui me concerne (en cuanto a mí), de mon côté (por mi lado) ▌ por otra parte par ailleurs, d'autre part (además) ▌ por partes séparément, point par point ▌ por partes iguales en parties égales ▌ por o de todas partes de toutes parts, partout ▌ por una y otra parte, por ambas partes des deux côtés, de part et d'autre ▪ DR constituirse parte se porter o se constituer partie civile ▌ dar parte avertir ▌ dar parte de faire part

de, rendre compte de ∥ **dar parte en** admettre à o dans (un negocio) ∥ FAM **en salva sea la parte** quelque part ∥ **en todas partes cuecen habas** c'est partout pareil, nous sommes tous logés à la même enseigne ∥ **ir a la parte en** prendre part à, participer à ∥ DR **llamarse a la parte** se constituer partie civile ∥ **llevar la mejor, la peor parte** avoir le dessus, le dessous ∥ **no ser** o **no tener parte en** n'avoir rien à voir dans ∥ **poner** o **hacer de su parte** y mettre du sien ∥ **por todas partes** se va a Roma tous les chemins mènent à Rome ∥ **saber de buena parte** savoir de bonne source o de bonne part (p us) ∥ **ser juez y parte** être juge et partie ∥ **ser parte en** prendre part à, participer à (participar), être partie (en un juicio) ∥ **tener de su parte** avoir en sa faveur o pour soi ∥ **tener** o **tomar parte en** avoir part à, prendre part à (colaborar), partager (compartir) ∥ **tomar en mala parte** prendre en mauvaise part, prendre mal ∥ FAM **vete con la música a otra parte** va voir ailleurs si j'y suis.
◇ *m* rapport (informe) ∥ dépêche *f* (telegrama) ∥ bulletin; **parte de guerra, facultativo** o **médico, meteorológico** bulletin de guerre, de santé, météorologique ∥ communiqué (comunicado) ∥ **parte de boda** faire-part de mariage.
◆ **partes** *f pl* parties génitales (órganos de la generación) ∥ COM **partes contratantes** parties contractantes ∥ **partes pudendas** o **vergonzosas** parties honteuses.

> OBSERV Parte s'emploie également pour exprimer les fractions: **las dos terceras partes** les deux tiers; **las tres cuartas partes** les trois quarts; **las cinco sextas partes** les cinq sixièmes; **las seis séptimas partes** les six septièmes. (Después del número cinq se añade simplemente el sufijo -ième a cualquier número). De même: **la tercera, la cuarta parte** le tiers, le quart; **la quinta, la décima parte** le cinquième, le dixième.
>
> SIN trozo, fragmento, pedazo, cacho morceau; pieza pièce; fracción fraction; partícula particule; porción portion; división division; sección section.

partear *v tr* accoucher.

parteluz *m* meneau (de ventana).
▌ OBSERV pl parteluces.

partenaire [partener] *m & f* CINEM & TEATR partenaire.

partenogénesis *f inv* BIOL parthénogenèse.

partenogenético, ca *adj* BIOL parthénogénétique.

Partenón *n pr m* Parthénon.

partenueces *m inv* casse-noix (ave).

partera *f* sage-femme, accoucheuse.

partero *m* accoucheur.

parterre *m* parterre (de jardín, de teatro o cine).

partesana *f* pertuisane (arma).

partición *f* partage *m* (reparto) ∥ partition, partage *m*, division (de un territorio) ∥ partage *m* (de una herencia) ∥ DR divis *m* (divisa) ∥ MAT division, partage *m* (división) ∥ BLAS partition.

participación *f* participation; **participación en un crimen** participation à un crime ∥ communication (aviso) ∥ faire-part *m*, lettre o billet *m* de faire-part (de boda).

participante *adj* participant, e (que toma parte).
◇ *m & f* informateur, trice (que comunica) ∥ participant, e; **los participantes en un concurso** les participants à un concours.

participar *v tr* annoncer, communiquer; **participar una buena noticia** annoncer une bonne nouvelle.
◇ *v intr* participer à, prendre part à; **participar en un trabajo** participer à un travail ∥ participer, tenir; **el mulo participa del burro y del caballo** le mulet participe de l'âne et du cheval ∥ avoir part à; **participar de una herencia** avoir part à un héritage ∥ partager (compartir); **participar de la misma opinión** partager la même opinion.

partícipe *adj & s* participant à (que colabora) ∥ intéressé dans (que tiene interés) ∥ bénéficiaire de (beneficiario) ■ **hacer partícipe de** faire partager (hacer compartir), faire part (informar); **nos hace partícipes de** il nous fait participer à, il nous rend témoins de ∥ **ser partícipe con uno** collaborer avec quelqu'un (en un negocio), partager avec quelqu'un (en un logro) ∥ **ser partícipe en** prendre part à, participer à.

participial *adj* GRAM participial, e; **empleos participiales** emplois participiaux.

participio *m* GRAM participe ■ **participio activo** o **de presente** participe présent ∥ **participio pasivo** o **de pretérito** participe passé.

partícula *f* [▷ SIN] particule ∥ parcelle (parcela) ■ FÍS **partícula alfa** particule alpha ∥ **partícula beta** particule bêta ∥ GRAM **partículas prepositivas** particules (prefijos).
▌ SIN molécula molécule; átomo atome; corpúsculo corpuscule.

particular *adj* particulier, ère; **particular a** o **de un país** particulier à un pays; **en ciertos casos particulares** dans certains cas particuliers; **el interés particular debe desaparecer ante el interés general** l'intérêt particulier doit s'effacer devant l'intérêt général ∥ personnel, elle; **asuntos particulares** affaires personnelles ∥ privé, e; **correspondencia particular** correspondance privée ■ **alojarse en una casa particular** habiter chez quelqu'un o chez l'habitant ∥ **casa particular** maison particulière ∥ **clase particular** cours particulier ∥ **en particular** en particulier ∥ **no venga a mi despacho sino a mi casa particular** ne venez pas à mon bureau mais chez moi o à mon domicile.
◇ *m* sujet, question *f*, matière *f* (asunto); **no sé nada de este particular** je ne sais rien à ce sujet ∥ particulier (persona) ∥ civil; **vestido de particular** habillé en civil ∥ **sin otro particular** ne voyant rien d'autre à ajouter (en la correspondencia).
▌ SIN singular singulier; personal personnel; especial spécial; característico caractéristique; propio, peculiar propre.

particularidad *f* particularité.

particularismo *m* particularisme.

particularización *f* particularisation.

particularizar [13] *v tr* particulariser (detallar) ∥ préférer, favoriser (preferir).
◆ **particularizarse** *v pr* se particulariser; **particularizarse en** se particulariser sur o par.

particularmente *adv* particulièrement, en particulier.

partida *f* départ *m* (salida) ∥ bande (cuadrilla); **partida de ladrones** bande de voleurs ∥ acte *m* (de nacimiento, de matrimonio, de defunción) ∥ extrait *m* (copia); **partida de nacimiento** extrait *m* de naissance ∥ COM position, poste *m* (de un presupuesto); **partida arancelaria** poste tarifaire; **el comercio de exportación tiene como principales partidas** le commerce d'exportation a comme postes principaux ∥ partie (en contabilidad); **contabilidad por partida simple** comptabilité en partie simple; **contabilidad por partida doble** comptabilité en partie double ∥ lot *m* (cantidad); **una partida de muebles** un lot de meubles ∥ MIL parti *m*, troupe ∥ partie (juego); **echar una partida de naipes** faire une partie de cartes ∥ manche (manos de juego) ∥ MAR partance ∥ FAM tour *m*; **jugar una mala partida** jouer un mauvais tour ■ **partida de campo** partie de campagne ∥ **partida de caza** partie de chasse ∥ **partida de gente, de niños** foule de gens, ribambelle o tas d'enfants ∥ FAM **partida serrana** tour de cochon, sale tour ■ **dar la partida por ganada** crier victoire, avoir partie gagnée ∥ **las Siete Partidas** recueil des lois d'Alphonse X le Sage [XIIIᵉ siècle].

partidario, ria *adj & s* [▷ SIN] partisan, e.
◆ **partidario** *m* guérillero, partisan ∥ (*Amer*) métayer (aparcero).
▌ SIN adepto adepte; adherente adhérent; afiliado affilié; allegado partisan; simpatizante sympathisant; militante militant; prosélito prosélyte; sectario sectaire; secuaz, acólito acolyte; satélite satellite.

partidismo *m* esprit de parti, partialité *f* (en opiniones), favoritisme (por uno).

partidista *adj* partisan, e; **querellas partidistas** querelles partisanes.

partido, da *adj* divisé, e; partagé, e ∥ BLAS parti, e.
◆ **partido** *m* parti (parcialidad) ∥ [▷ SIN] camp (lado); **abandonar el partido de la oposición** quitter le camp de l'opposition ∥ parti, profit (provecho); **sacar partido** tirer parti o profit ∥ appui (amparo) ∥ moyen, procédé (proceder) ∥ équipe *f* (de jugadores); **el partido contrario** l'équipe adverse ∥ partie *f*; **partido de pelota** partie de pelote ∥ match (de fútbol); **partido de desempate** match d'appui; **partido de vuelta** match retour ∥ district (distrito) ∥ parti (político, etc.); **partido político** parti politique ∥ parti (de matrimonio); **un buen partido** un beau parti ∥ (*Amer*) métairie *f* (aparcería) ∥ raie *f* (crencha) ■ DEP **partido amistoso** match amical ∥ **partido de exhibición** match d'exhibition ∥ **partido de homenaje** match de gala o de jubilé ∥ **partido internacional** match international ∥ **partido oficial** match officiel ∥ **partido judicial** arrondissement (de una provincia) ■ **darse a partido** céder ∥ **tomar el partido de** prendre le parti de (decidir) ∥ **tomar partido por** prendre parti pour, prendre la défense de.
◆ **Partido** *m* **Partido Popular** parti politique espagnol de droite.
▌ SIN facción, bandería faction; secta secte; clan clan; grupo groupe.

LOS PARTIDOS POLÍTICOS _____

Depuis l'avènement de la démocratie, un certain nombre de partis politiques et de coalitions se sont créés ou affirmés en Espagne. À l'heure actuelle, le paysage politique espagnol comprend les formations suivantes: au niveau national, le PSOE (Partido Socialista Obrero Español), au pouvoir de 1982 à

1996; le PP (Partido Popular), au pouvoir depuis 1996; IU (Izquierda Unida), coalition de gauche; le CDS (Centro Democrático y Social), qui regroupe la plupart des partis de l'ancien UCD (Unión de Centro Democrático) qui remporta les premières élections démocratiques; au niveau des communautés autonomes on trouve des partis et coalitions nationalistes tels que CiU (Convergència i Unió), au pouvoir en Catalogne depuis les premières élections communautaires; le PNV (Partido Nacionalista Vasco), au pouvoir au Pays basque également depuis les premières élections communautaires; le BNG (Bloque Nacionalista Gallego) en Galice; le PA (Partido Andalucista) en Andalousie; ERC (Esquerra Republicana de Catalunya) en Catalogne; EA (Eusko Alkartasuna), parti indépendantiste basque; HB (Herri Batasuna), parti indépendantiste radical basque.

partidor *m* répartiteur (repartidor) ▌ fendeur; **partidor de leña** fendeur de bois ▌ instrument pour fendre (para romper) ▌ **MAT** diviseur (divisor) ▌ **TECN** partiteur.

partir *v tr* diviser (dividir); **partir en dos** diviser en deux ▌ partager (repartir); **partir entre cuatro** partager entre quatre personnes; **partir como hermanos** partager en frères ▌ casser (romper); **partir nueces** casser des noix ▌ fendre, casser; **partir leña** fendre du bois ▌ couper (con un cuchillo); **partir una manzana por la mitad** couper une pomme en deux ▌ rompre (con las manos); **partir el pan** rompre le pain ▌ **MAT** diviser (dividir) ▪ **FIG** partir a uno por el eje o por en medio o por la mitad empoisonner, enquiquiner (fastidiar) ▌ **partir el corazón** fendre o briser le cœur ▌ **FAM** partir la cara casser la figure ▌ **partir la diferencia** partager la différence (dividir), couper la poire en deux (transigir) ▪ **FIG** estar a partir un piñón s'entendre comme larrons en foire, être comme les deux doigts de la main ▌ **¡que le parta un rayo!** qu'il aille se faire pendre ailleurs!, que le diable l'emporte!
◇ *v intr* partir (marcharse); **partir para Laponia** partir pour la Laponie ▌ **FIG** partir; **partir de un supuesto falso** partir d'une supposition fausse ▪ **a partir de** à partir de ▌ **a partir de hoy** à dater de ce jour, à partir d'aujourd'hui.
➡ **partirse** *v pr* partir (irse) ▌ se casser (romperse) ▌ se diviser (dividirse) ▌ **FIG** partirse de risa se tordre de rire ▌ **partirse el pecho** se donner beaucoup de mal, se décarcasser **FAM** ▌ partirse el pecho por uno se mettre en quatre pour quelqu'un ▌ **quien parte y reparte se lleva la mejor parte** on n'est jamais si bien servi que par soi-même.

partisano, na *adj & s* partisan, e [guérillero].

partitivo, va *adj & s m* **GRAM** partitif, ive.

partitura *f* **MÚS** partition.

parto *m* accouchement (de una mujer); **el parto sin dolor** l'accouchement sans douleur; **parto prematuro** accouchement avant terme o prématuré ▌ mise bas *f*, parturition *f* (de un animal) ▌ **FIG** enfantement (producción) ▌ fruit (obra del ingenio, resultado) ▪ **parto de la oveja** agnelage, agnèlement ▌ **parto de la yegua** poulinement ▪ **asistir en un parto** faire un accouchement ▌ **FIG** es el parto de los montes c'est la montagne qui accouche d'une souris ▌ **estar de parto** être en couches ▌ **morir de parto** mourir en couches.

parto, ta *adj & s* parthe; **la flecha del parto** la flèche du Parthe.

part-time *adj inv* à temps partiel.

parturienta *adj f* qui a accouché.
◇ *f* parturiente, accouchée.

párulis *m inv* **MED** parulie *f* (flemón).

parusía *f* **RELIG** parousie.

parva *f* **AGRIC** airée (mies tendida en la era) ▌ **FIG** tas *m*, monceau *m* (montón) ▌ ribambelle (de niños) ▌ casse-croûte *m*, collation (comida ligera).

parvada *f* airée (mies tendida en la era) ▌ couvée (pollada) ▌ (*Amer*) bande (bandada).

parvedad *f* petitesse (pequeñez) ▌ collation (comida ligera) ▌ **hacer algo con parvedad de medios** faire quelque chose avec des moyens réduits o avec peu de moyens.

parvo, va *adj* petit, e ▌ **oficio parvo de la Virgen** petit office de la Vierge.

parvulario *m* école *f* maternelle.

párvulo, la *adj & s* petit, e (niño pequeño) ▌ **FIG** innocent, e; naïf, ïve (ingenuo).
➡ **párvulo** *m* enfant (niño) ▌ **escuela de párvulos** école maternelle.

pasa *f* raisin *m* sec ▌ **MAR** passe (canal estrecho) ▌ passe (en los juegos) ▌ **FIG & FAM** estar hecho una pasa être ratatiné o desséché (el cuerpo), être parcheminé (el rostro) ▌ **pasas de Corinto** raisins de Corinthe.

pasable *adj* passable.

pasacalle *m* **MÚS** passacaille *f*.

pasacana *f* (*Amer*) fruit *m* du chardon.

pasacintas *m inv* passe-lacet.

pasada *f* passage *m* ▌ passée (de las aves de paso) ▌ petit revenu (renta), revenu *m* suffisant pour vivre ▌ **TECN** passe, chariotage *m* (en el torno) ▌ **EQUIT** passade ▪ **dar una pasada** donner un coup ▌ **de pasada** en passant; **dicho sea de pasada** soit dit en passant ▌ **FAM** hacer una mala pasada jouer un mauvais tour o un tour pendable.

pasadera *f* pierre permettant de franchir un ruisseau (piedra) ▌ **MAR** bitord *m*, cordage *m* mince (meollar).

pasadero, ra *adj* passable (mediano) ▌ supportable, tolérable (aguantable) ▌ fragile (la salud) ▌ praticable (transitable).
➡ **pasadero** *m* pierre *f* permettant de franchir un ruisseau.

pasadillo *m* broderie *f* à double face (bordadura).

pasadizo *m* corridor (pasillo) ▌ passage (en las calles, etc.).

pasado, da *adj* passé, e; vieilli, e (anticuado) ▌ passé, e (descolorido) ▌ passé, e (fruta), faisandé, e (carne) ▪ **el pasado día 3** le 3 du mois écoulé ▌ **huevo pasado por agua** œuf à la coque ▌ **mes pasado** mois dernier ▌ **pasado de moda** démodé ▌ **pasado mañana** après-demain.
➡ **pasado** *m* passé; **olvidar lo pasado** o **el pasado** oublier le passé ▌ **lo pasado pasado está** ce qui est fait est fait; le passé est le passé, n'en parlons plus.

pasador, ra *m & f* passeur, euse; contrebandier, ère (contrabandista).
➡ **pasador** *m* passoire *f* (colador) ▌ espagnolette *f* (de ventana) ▌ targette *f*, verrou

(pestillo) ▌ passe-lacet (pasacintas) ▌ barrette *f* (para el pelo) ▌ épingle *f* (de corbata) ▌ brochette *f* (para las condecoraciones) ▌ agrafe *f* (broche) ▌ coulant (de bolsa) ▌ **TECN** goujon, goupille *f* (varilla de bisagra) ▌ **MAR** épissoir (especie de punzón) ▌ **pasador de seguridad** verrou de sûreté.
➡ **pasadores** *m pl* boutons de manchette (gemelos).

pasaje *m* passage (paso) ▌ passage (de un libro) ▌ passage (precio, derecho) ▌ billet, passage (billete en un barco o avión) ▌ passagers *pl* d'un navire (pasajeros) ▌ passage (calle) ▌ **MAR** chenal, passe *f* (estrecho) ▌ **MÚS** changement de ton ▌ (*Amer*) billet (de transporte).

pasajero, ra *adj* [▷ **SIN**] passager, ère (que dura poco) ▌ passant, e (sitio frecuentado).
◇ *adj & s* passager, ère (viajero) ▪ **ave pasajera** oiseau de passage o migrateur ▌ **capricho pasajero** passade.

> **OBSERV** Le substantif passant se traduit en espagnol par transeúnte et non par pasajero.
> **SIN** provisional, provisorio provisoire; efímero éphémère; fugaz fugace; transitorio transitoire; temporal temporaire; interino intérimaire; corto court; breve bref.

pasajuego *m* coup qui renvoie la balle au fronton [à la pelote basque].

pasamanar *v tr* passementer.

pasamanería *f* passementerie.

pasamanero, ra *m & f* passementier, ère.

pasamano *m* passement (galón) ▌ rampe *f*, main *f* courante (barandal) ▌ **MAR** passavant.

pasamontañas *m inv* passe-montagne.

pasante *adj* passant, e.
◇ *m* stagiaire (de abogado, de médico) ▌ clerc (de notario); **primer pasante** maître clerc ▌ répétiteur, maître répétiteur (de colegio).

pasantía *f* place de répétiteur (en facultades) o de stagiaire (en profesiones) ▌ stage *m* (tiempo que dura).

pasapalos *m pl* (*Amer*) amuse-gueules.

pasapasa *m* tour de passe-passe (prestidigitación).

pasaperro *m* coser a pasaperro relier des feuillets perforés avec un cordon passant dans les trous.

pasaportar *v tr* délivrer un passeport ▌ **FAM** tuer (matar) ▌ expédier (despachar); **pasaportar un trabajo** expédier un travail; **pasaportó a su hijo al extranjero** il a expédié son fils à l'étranger.

pasaporte *m* passeport; **expedir un pasaporte** délivrer un passeport ▌ **MIL** feuille *f* de route ▌ **FIG** carte *f* blanche (licencia); **dar pasaporte para** donner o laisser carte blanche pour ▌ **FIG** dar pasaporte a uno expédier o se débarrasser de quelqu'un.

pasaportear *v tr* (*Amer*) délivrer un passeport.

pasapuré *m inv* passe-purée, presse-purée.

pasar *v tr* passer (llevar, trasladar) ▌ passer, transmettre (un mensaje) ▌ passer, remettre, passer; **pasar los poderes a** transmettre ses pouvoirs à ▌ passer (transmitir); **le he pasado mi constipado** je lui ai passé mon rhume ▌ passer avec succès, être reçu à (examen, concurso) ▌ passer, traverser (sierra, río) ▌ passer (introducir) ▌ passer (de contrabando) ▌ passer, faire circuler (moneda falsa) ▌ passer

colar un líquido) ∥ doubler, dépasser (un coche) ∥ FIG dépasser, franchir (los límites) ∥ dépasser, surpasser (superar) ∥ endurer, souffrir (desgracias, dolor físico); ¡lo que he pasado! ce que j'ai enduré! ∥ avoir (miedo) ∥ avoir, souffrir de (frío, hambre); pasar hambre souffrir de la faim ∥ laisser passer; no hay que pasarle todas sus faltas il ne faut pas laisser passer toutes ses erreurs ∥ passer (el tiempo); pasé la noche desvelado j'ai passé la nuit sans dormir; pasar el tiempo divirtiéndose passer son temps à s'amuser ∥ passer, sauter (omitir) ∥ tourner; pasar las páginas de un libro tourner les pages d'un livre ∥ dessécher (un fruto) ∥ COM passer (en cuenta) ▪ pasar a alguien a cuchillo passer quelqu'un au fil de l'épée ∥ pasar al toro con la muleta faire une passe avec la muleta ∥ pasar el balón a faire une passe à, passer le ballon à ∥ FAM pasar las de Caín o la de Dios es Cristo o las negras en voir de dures o de toutes les couleurs ∥ pasar lista faire l'appel ∥ pasarlo bien s'amuser ∥ FAM pasarlo bomba s'amuser comme un fou ∥ pasarlo mal s'ennuyer (aburrirse), vivre mal, avoir des difficultés (tener dificultades) ∥ FIG pasar por la piedra a uno laisser quelqu'un loin derrière (en deportes) ∥ pasar por las armas a uno passer quelqu'un par les armes ∥ pasar revista a passer en revue ∥ pasar un mal rato passer un mauvais quart d'heure o un mauvais moment ▪ aquí no pasó nada n'en parlons plus, ce n'est rien ∥ ¿cómo lo pasas? comment ça va? ∥ ¿cómo lo pasas en Francia? et ton séjour en France, comment se passe-t-il? ∥ ¡que lo pases bien! amusez-vous bien! ∥ ¿qué tal lo pasó en la fiesta? et cette fête, comment s'est-elle passée? ∥ ya te he pasado muchas je t'ai déjà passé beaucoup de choses.
◇ v intr passer; pasar de un sitio a otro passer d'un endroit dans un autre; pasaré por tu casa je passerai chez toi; pasar con el disco cerrado, abierto passer au rouge, au vert (un vehículo) ∥ entrer; ¡pase! entrez!; dígale que pase dites-lui d'entrer ∥ devenir (volverse); de joven pasó a hombre sin cambiar en nada de jeune homme il est devenu un homme sans changer le moins du monde ∥ passer, circuler (noticia, especie) ∥ passer, avoir cours (moneda) ∥ se passer (transcurrir); ¿cómo pasó la sesión? comment s'est passée la séance? ∥ se passer, arriver; y el accidente, ¿cómo pasó? cet accident, comment est-il arrivé? ∥ passer, se passer (acabarse); todo pasa tout passe ∥ prendre; esto conmigo no pasa avec moi, cela ne prend pas ∥ être reçu à un examen (ser aprobado) ∥ passer son tour (en juegos) ▪ pasar a passer à, en venir à; paso ahora a su pregunta j'en viens à votre question; se mettre à (empezar); pasó a recitar otra poesía il s'est mis à réciter un autre poème; aller (estar a punto); paso ahora a hablarles de mi viaje je vais vous parler maintenant de mon voyage ∥ pasar a mejor vida partir pour un monde meilleur ∥ pasar a ser devenir ∥ pasar con s'arranger de o avec, s'accommoder de (arreglarse), faire un stage chez (abogado, médico) ∥ pasar de (cierto número), dépasser, être plus de, avoir plus de; pasan de veinte ils sont plus de vingt, il y en a plus de vingt, ils dépassent la vingtaine; avoir plus, dépasser; no pasa de los cuarenta il n'a pas plus de quarante ans ∥ pasar de largo passer sans s'arrêter (delante

de algo), passer rapidement sur (un detalle) ∥ pasar (de las palabras) a las manos en venir aux mains, se livrer à des voies de fait ∥ pasar de moda passer de mode (quedarse anticuado) ∥ pasar de vida a muerte passer de vie à trépas ∥ pasar en blanco o en silencio passer sous silence ∥ pasar por passer pour; pasar por sabio, por tonto passer pour savant, pour un idiot; endurer, en passer par, supporter (sufrir), admettre, tolérer (tolerar) ∥ FIG pasar por alto passer sur, passer sous silence, omettre, laisser de côté (omitir), oublier, passer par-dessus (olvidar) ∥ pasar por casa de uno passer chez quelqu'un ∥ FIG & FAM pasar por el aro o por el tubo s'incliner, capituler ∥ pasar por ello y passer ∥ pasar por encima parcourir, jeter un coup d'œil sur (un escrito), passer par-dessus, fermer les yeux sur (hacer la vista gorda) ∥ pasar por la imaginación o por la cabeza venir à l'esprit, passer par la tête, traverser l'esprit ∥ pasar por un puente passer sur un pont ∥ pasar sin se passer de; pasar sin carne se passer de viande; s'empêcher de; no puede pasar sin hablar il ne peut s'empêcher de parler ∥ pase (por una vez) une fois n'est pas coutume, passe pour cette fois ∥ paso je passe, parole (naipes) ▪ de ahí no pasa ça ne va pas plus loin ∥ FIG esto pasa de la raya ça dépasse les bornes ∥ esto pasa de castaño oscuro c'est trop fort, c'est le comble, c'est un peu raide ∥ ir pasando vivoter ∥ lo mismo pasa con él il en est de même pour lui o avec lui, c'est la même chose.
◇ v impers arriver, se passer; ¿qué pasa? que se passe-t-il? ∥ arriver; ¿qué te pasó? que t'est-il arrivé? ▪ pasa a veces que il arrive que ∥ pasa que, lo que pasa es que ce qui se passe o ce qui arrive, c'est que, il se trouve que ∥ pase lo que pase quoi qu'il advienne.
➡ pasarse v pr passer; pasarse al enemigo passer à l'ennemi ∥ passer les bornes (excederse) ∥ passer, se passer (acabarse) ∥ oublier; se me ha pasado lo que me dijiste j'ai oublié ce que tu m'as dit ∥ se gâter (frutas, legumbres) être trop cuit, e (guisado) ∥ se faner, passer (flores) ∥ fuir, être poreux, euse (recipiente) ∥ jouer, avoir du jeu, ne pas bien aller (estar holgado) ▪ pasarse de être trop; pasarse de bueno être trop bon (no se confunda con el francés se passer de, que significa pasar sin) ∥ FIG pasarse de la raya dépasser les bornes, exagérer ∥ pasarse de listo o de vivo vouloir faire le malin, vouloir être trop malin ∥ pasarse de rosca dépasser les bornes (pasarse de los límites), forcer son talent (exagerar), se surentraîner (deportes), foirer (tornillo) ∥ pasarse el peine se donner un coup de peigne ∥ pasarse el tiempo cantando passer son temps à chanter ∥ pasárselo en grande s'amuser comme un fou, s'en donner à cœur joie ∥ pasarse por se rendre, passer; pasarse por la oficina se rendre au bureau.

pasarela f passerelle (puentecillo) ∥ MAR passerelle ∥ partie de l'avant-scène (en los teatros) ∥ AVIAC pasarela de acceso passerelle télescopique.

pasatiempo m passe-temps inv.

pasavante m MAR laissez-passer inv, passavant.

pasavoleo m renvoi par-dessus la corde (pelota).

pascal m pascal (unidad de presión), Pascal.

Pascal; Pascal m INFORM Pascal.

pascua f Pâque (fiesta judía); celebrar la Pascua fêter la Pâque ∥ Noël, la Noël (Navidad); ¡felices Pascuas y próspero Año Nuevo! joyeux Noël et heureuse année! ∥ Pâques (Pascua de Resurrección); vendrá por Pascua il viendra à Pâques ∥ l'Épiphanie, les Rois (los Reyes) ∥ Pentecôte (Pentecostés) ∥ Pascua de Navidad Noël ∥ Pascua de Resurrección Pâques ∥ Pascua florida dimanche de Pâques ▪ FIG & FAM cara de pascua mine réjouie ∥ comulgar por Pascua florida faire ses Pâques ∥ dar las pascuas souhaiter la bonne année ∥ FIG estar como unas pascuas être gai comme un pinson ∥ FAM hacer la pascua enquiquiner, empoisonner, casser les pieds (fastidiar) ∥ FIG ocurrir de Pascuas a Ramos arriver de loin en loin o de temps en temps ∥ pasar las Pascuas en familia passer les fêtes de Noël et du Jour de l'An en famille ∥ FAM y Santas Pascuas un point c'est tout.
∥ OBSERV [➡ Pâques, parte francesa].

Pascua n pr GEOGR la isla de Pascua l'île de Pâques.

pascual adj pascal, e.

Pascual n pr Pascal.

pascuilla f dimanche m de Quasimodo.

pase m permis (permiso) ∥ laissez-passer inv, permis de libre circulation (autorización) ∥ carte f d'invitation ∥ DEP & TAUROM passe f ∥ feinte f (en esgrima) ∥ COM passavant ∥ passage (de una película) ∥ (Amer) passeport ▪ DEP pase adelantado, pase adelante passe en profondeur o en avant ∥ pase de favor billet de faveur ∥ TAUROM pase de muleta passe de muleta ∥ DEP pase hacia atrás passe en retrait.

paseante adj & s promeneur, euse ∥ FAM paseante en corte flâneur, euse; désœuvré, e; oisif, ive (ocioso).
∥ OBSERV Passant en francés significa transeúnte.

pasear v tr promener.
◇ v intr & pr se promener; pasearse por el campo se promener dans la campagne.

paseíllo m défilé (de toreros).

paseo m [▷ SIN] promenade f, tour FAM, balade f FAM; dar un paseo faire une promenade, faire un tour ∥ promenade f (sitio) ∥ défilé (de toreros) ∥ FIG dar el paseo fusiller, liquider ∥ mandar o enviar a paseo envoyer promener o paître ∥ paseo marítimo bord de mer ∥ FIG ¡váyase a paseo! allez au diable!, allez vous coucher!, allez vous faire pendre!
∥ SIN excursión excursion; vuelta tour; caminata randonnée; callejeo flânerie.

pasera f séchoir m à fruits, fruitier m.

paserino m passerine f (ave).

pasero, ra adj qui marche au pas (caballería).
◇ m & f marchand, e de raisins secs.

pasible adj passible, sensible.
∥ OBSERV Le mot espagnol pasible n'a pas le sens juridique du terme français passible, qui se rend par merecedor.

pasicorto, ta adj qui marche à petits pas, qui trottine.

pasiego, ga *adj* & *s* de la vallée de Pas [dans la province espagnole de Santander].

➤ **pasiega** *f* nourrice (ama).

Pasífae *n pr* MITOL Pasiphaé.

pasiflora *f* BOT passiflore.

pasifloráceas *f pl* BOT passifloracées.

pasilargo, ga *adj* qui marche à grands pas.

pasillo *m* couloir, corridor (corredor) ‖ TEATR promenoir ‖ point de boutonnière (en costura) ‖ TEATR saynète *f* (sainete) ‖ (*Amer*) natte *f* (estera) ■ **pasillo aéreo** couloir aérien ‖**pasillo rodante** tapis roulant ■ FIG **hacer pasillos** frapper à toutes les portes.

pasión *f* passion; **dejarse llevar por la pasión** se laisser emporter par la passion; **tener pasión por la música** avoir la passion de la musique ‖ RELIG Passion; **la Pasión según San Mateo** la Passion selon saint Matthieu.

pasional *adj* passionnel, elle.

pasionaria *f* BOT passiflore, fleur de la Passion.

pasionario *m* passionnaire (libro litúrgico).

pasioncilla *f* amourette, passionnette (p us).

pasionista *adj* & *s* passionniste (religioso).

pasito *adv* tout doucement.

pasitrote *m* petit trot.

pasividad *f* passivité.

pasivo, va *adj* passif, ive ■ **clases pasivas** les retraités et pensionnés de l'État ‖ **pensión pasiva** pension, retraite de l'État ‖ GRAM **voz pasiva** voix passive, passif.

➤ **pasivo** *m* COM passif ‖ **en el pasivo** au passif.

pasma *f* FAM flicaille (la policía).

pasmado, da *adj* stupéfait, e; ébahi, e; médusé, e (de asombro) ‖ gelé, e; glacé, e; transi, e (de frío) ‖ gelé, e (plantas) ‖ BLAS pâmé, e ■ **cara de pasmado** mine ébahie ‖ FIG **me dejó pasmado** les bras m'en sont tombés, cela m'a stupéfié o ébahi ‖ **pasmado de admiración** béat d'admiration.

pasmar *v tr* ébahir, stupéfier (asombrar); **su respuesta me ha pasmado** sa réponse m'a stupéfié ‖ geler, glacer, transir (enfriar mucho) ‖ geler (helar las plantas) ‖ faire défaillir (desmayar).

➤ **pasmarse** *v pr* être ébahi o stupéfait de o par (quedarse asombrado) ‖ geler, être transi o glacé (tener frío) ‖ geler (las plantas) ‖ s'évanouir, défaillir, se pâmer (desmayarse) ‖ MED contracter le tétanos ‖ se ternir (los colores).

pasmarota *f* FAM simagrées *pl*.

pasmarote *m* FAM cloche *f*, niais (bobo).

pasmazón *f* (*Amer*) pâmoison (pasmo) ‖ blessure faite par la selle à un cheval.

pasmo *m* refroidissement (enfriamiento) ‖ pâmoison *f*, évanouissement (desmayo) ‖ MED tétanos ‖ FIG étonnement, stupéfaction *f*, saisissement, ébahissement (asombro) ‖ sujet d'étonnement (lo que ocasiona el asombro).

pasmosamente *adv* étonnamment, incroyablement.

pasmoso, sa *adj* étonnant, e; stupéfiant, e; saisissant, e; ahurissant, e.

paso *m* pas (movimiento); **dar un paso** faire un pas; **aminorar el paso** ralentir le pas ‖ pas (distancia); **a tres pasos** à trois pas ‖ passage (acción); **al paso del tren** au passage du train ‖ allure *f* (movimiento de un ser animado) ‖ [▷ SIN] passage (sitio); **el paso está libre** le passage est libre; **paso protegido** passage protégé ‖ passage (derecho) ‖ franchissement (de un obstáculo) ‖ degré, marche *f* (peldaño) ‖ pas (huella) ‖ piste *f* (rastro de la caza) ‖ parole *f* (naipes) ‖ pas (compás de baile) ‖ fait (lance) ‖ progrès (adelanto) ‖ démarche *f* (gestiones); **dar pasos** faire des démarches ‖moment critique (conflicto) ‖point (en costura) ‖ GEOGR pas (estrecho); **paso de Calais** pas de Calais ‖ "paso" [char portant des statues figurant des scènes de la Passion] ‖ TEATR "paso", intermède (pieza) ‖ MECÁN pas (de hélice ou de tornillo) ‖ (*Amer*) gué (vado) ■ **paso a nivel** passage à niveau ‖ EQUIT **paso castellano** pas allongé ‖ **paso de ambladura** o **de andadura** amble ‖ MIL **paso de ataque** o **de carga, acompasado, ligero, de maniobra** pas de charge, cadencé, sans cadence, de route ‖ **paso de costado** passage (del caballo) ‖ **paso de cuatro** pas de quatre (danza) ‖ MIL **paso de la oca** pas de l'oie ‖ **paso del Ecuador** passage o baptême de la ligne (línea ecuatorial) ‖ **paso del ecuador** moment où les étudiants franchissent la moitié de leur cursus universitaire ‖ **paso de peatones** o **de cebra** passage (pour) piétons, bandes blanches ‖ MAR **paso de popa a proa** passavant ‖ MÚS **paso doble** paso doble ‖ **paso gimnástico** o **ligero** pas de gymnastique, pas gymnastique ‖ **paso firme** pas décidé ‖ **¡paso!, ¡paso libre!** place! ‖ **paso subterráneo** passage souterrain ‖ **paso a paso, paso por paso** pas à pas, peu à peu ■ **a buen paso** d'un bon pas, bon train ‖ FIG **a cada paso** à chaque pas, à chaque instant, à tout bout de champ ‖ **a dos pasos** à deux pas (a poca distancia) ‖ **a ese paso** à ce train-là, à cette allure ‖ **al paso** au passage (al pasar), au pas; **ir al paso** marcher au pas ‖ **al paso que** tandis que, alors que (al mismo tiempo), comme, de même que (al modo) ‖ **al paso que va** au train o au rythme où il va ‖ **a paso largo, lento** à grands pas, à pas lent ‖ **a pocos pasos** à quelques pas ‖ **ave de paso** oiseau de passage ‖**con paso alegre** d'un pas joyeux ‖**con pasos contados** à pas comptés ‖ **con pasos de gigante, a pasos agigantados** à pas de géant ‖ **de paso** au passage, en passant; **de paso, iré a ver a mi tía** au passage, j'irai voir ma tante; de passage; **estando de paso en Madrid, caí enfermo** de passage à Madrid, je suis tombé malade; en passant; **dicho sea de paso** soit dit en passant; **de paso nos habló de los Reyes Católicos** il nous a parlé en passant des Rois catholiques; par la même occasion; **le fui a ver y de paso le dije que me devolviera mi libro** je suis allé le voir et par la même occasion je lui ai dit de me rendre mon livre ‖ **mal paso** mauvais pas; **sacar de un mal paso** tirer d'un mauvais pas; mauvaise passe ‖ FIG **por sus pasos contados** en suivant son petit bonhomme de chemin ‖ **primeros pasos** premiers pas (de un niño, de una ciencia), débuts; **dar sus primeros pasos en la diplomacia** faire ses débuts dans la diplomatie ‖ **prohibido el paso** passage interdit ‖ **servidumbre de paso** passage ■ **abrir paso** ouvrir un passage, laisser passer (dejar el paso) ‖ **abrirse** o **hacerse paso** s'ouvrir o se

frayer un passage (en una muchedumbre), faire une percée (las tropas) ‖ **abrirse paso a codazos** jouer des coudes ‖ **abrirse paso en la vida** faire son chemin, percer ‖ **adelantar cuatro pasos** avancer de quatre pas, faire quatre pas en avant ‖ **alargar el paso** allonger le pas ‖ FIG **andar a paso de buey** o **de carreta** o **de tortuga** marcher comme une tortue ‖**andar en malos pasos** être sorti du droit chemin, filer un mauvais coton ‖ **apretar** o **acelerar el paso** presser le pas ‖ **ceda el paso** vous n'avez pas la priorité (señal de tráfico) ‖ **ceder el paso** céder le passage ‖ **cerrar el paso** boucher le passage, barrer la route ‖ **coger al paso** prendre au passage; prendre (juego de damas) ‖ **cortar el paso a alguien** barrer le chemin à quelqu'un ‖ **dar (el) paso a uno** laisser passer quelqu'un ‖ **dar los primeros pasos** faire les premiers pas ‖ **dar paso a, dejar paso a** ouvrir la voie à ‖ DEP **dar pasos** marcher (baloncesto) ‖ **dar un buen paso** faire un grand pas ‖ **dar un paso adelante** faire un pas en avant (al andar), faire un pas en avant; **ha dado un paso adelante en su vida** il a fait un pas en avant dans sa vie; avancer d'un pas, progresser; **las negociaciones han dado un paso adelante** les négociations ont avancé d'un pas ‖ **dar un paso atrás** faire un pas en arrière (al andar), reculer (retroceder) ‖ **dar un paso en falso** faire un faux-pas (andando), faire un faux-pas o une fausse manœuvre, prendre un faux départ ‖ **dejar paso libre** laisser passer, laisser le passage libre ‖ FIG **estar a dos pasos de la muerte** être à deux doigts de la mort (en peligro) ‖ MIL **ir al paso** marcher au pas ‖ **ir a pasos contados** marcher à pas comptés ‖ **lo difícil es el primer paso** il n'y a que le premier pas qui coûte ‖ FIG **llevar a buen paso** mener bon train o tambour battant ‖ MIL **llevar el paso** marcher au pas ‖**marcar el paso** marquer le pas ‖ FIG **medir sus pasos** y aller prudemment ‖ **prohibido el paso** passage interdit ‖ FIG **salir al paso de** aller au-devant de, couper court à; **salir al paso de las críticas** couper court aux critiques; tomber dessus; **hoy Pablo me salió al paso** aujourd'hui Paul m'est tombé dessus; aller à la rencontre de (salir al encuentro) ‖ **salir del paso** se tirer d'affaire ‖ **seguir los pasos a uno** suivre tous les pas de quelqu'un (observar) ‖ **seguir los pasos de uno** suivre o filer quelqu'un (seguir), marcher sur les pas o sur les traces de quelqu'un (imitar) ‖ **volver sobre sus pasos** revenir sur ses pas, rebrousser chemin (desandar lo andado), faire marche arrière, se rétracter (desdecirse).

◇ *adv* doucement, lentement; **hable paso** parlez doucement.

┃ SIN **pasillo** couloir; **corredor** corridor; **galería** galerie; **pasaje** passage; **travesía** traversée.

paso, sa *adj* sec, sèche (fruta) ■ **ciruela pasa** pruneau ‖**uvas pasas** raisins secs.

pasodoble *m* paso doble.

pasota *m* & *f* je-m'en-foutiste.

pasotismo *m* FAM je-m'en-foutisme.

paspadura *f* crevasse (en el cutis).

paspar *v tr* & *pr* (*Amer*) friper (el cutis).

paspié *m* passe-pied *m inv* (danza).

┃ OBSERV *pl* paspiés.

pasqueño, ña *adj* & *s* de Cerro de Pasco (Perú).

pasquín *m* (ant) pasquin, pasquinade *f* (epigrama) ‖ affiche *f* (cartel) ‖ tract (octavilla).

pasquinada *f* pasquinade (broma).

pasquinar *v tr* satiriser, railler.

pássim *adv* passim (aquí y allá).

passing-shot *m* passing-shot (tenis). ▮ **OBSERV** pl passing-shots.

pasta *f* pâte (masa); pasta de hojaldre pâte feuilletée ‖ reliure, couverture cartonnée (de un libro) ‖ empâtement *m* (empaste) ‖ **CULIN** beurre *m*; pasta de anchoas, de cangrejos beurre d'anchois, d'écrevisses ‖ **FAM** galette, fric *m* (dinero) ‖ indolence, mollesse (pachorra) ▮ libro en pasta livre relié ‖ media pasta demi-reliure ▮ pasta de dientes o dentífrica dentifrice, pâte dentifrice ‖ pasta de hígado pâté de foie ‖ pasta española reliure en basane ‖ **FAM** pasta gansa pactole ‖ **FIG & FAM** ser de buena pasta être une bonne pâte ‖ tiene muy buena pasta il a de l'étoffe.
➥ **pastas** *f pl* pâtes (tallarines); pastas alimenticias pâtes alimentaires ‖ petits fours *m*; (pastelillos), petits gâteaux *m*.

pastaca *f* (Amer) ragoût *m* (guiso).

pastaflora *f* pâte fine ‖ **FIG & FAM** ser de pastaflora être une bonne pâte (persona).

pastaje; pastal *m* (Amer) pâturage (pasto).

pastar *v tr & intr* paître.

pasteca *f* **MAR** poulie, galoche (polea).

pastel *m* gâteau; pastel de crema, de almendras gâteau à la crème, aux amandes ‖ pâté; pastel de carne pâté de viande ‖ pastel (color, lápiz o dibujo) ‖ tricherie (trampa) ‖ **FIG & FAM** salade *f* (lío) ‖ **IMPR** pâté (letras confundidas) ▮ azul pastel bleu pastel ‖ dibujo al pastel pastel ‖ hierba pastel pastel (planta) ‖ lápiz de pastel pastel ▮ **FIG & FAM** descubrir el pastel découvrir le pot aux roses (adivinar), vendre la mèche, casser le morceau (chivarse) ‖ pintar o dibujar al pastel dessiner au pastel, pasteller ‖ **FIG** repartirse el pastel avoir sa part du gâteau.

pastelear *v intr* **FIG & FAM** temporiser, gagner du temps (temporizar) ‖ faire de la lèche (dar coba).

pasteleo *m* **FIG & FAM** temporisation *f* ‖ lèche *f*, léchage de bottes (coba).

pastelería *f* pâtisserie.

pastelero, ra *m & f* pâtissier, ère ‖ **FIG & FAM** temporisateur, trice ‖ lécheur, euse; lèche-bottes *inv* (cobista).

pastelillo *m* petit gâteau (de dulce o fruta) ‖ petit pâté (de carne).

pastelista *m & f* pastelliste (pintor).

pastense *adj & s* de Pasto [ville de Colombie].

pasterización; pasteurización *f* pasteurisation.

pasterizado, da; pasteurizado, da *adj* pasteurisé, e (leche).

pasterizar; pasteurizar [13] *v tr* pasteuriser, pastoriser.

pasteuriano, na *adj* pasteurien, enne; pastorien, enne (de Pasteur).

pasteurización ➡ **pasterización**.

pasteurizado, da ➡ **pasterizado**.

pasteurizar ➡ **pasterizar**.

pastiche *m* pastiche, pastichage.

▮ **OBSERV** Ce mot est un gallicisme employé pour imitation, remedo.

pastilla *f* morceau *m* (trozo) ‖ morceau *m* carré *m* (de chocolate) ‖ pastille (de menta, etc.) ‖ cachet *m* (tableta) ‖ pilule (anticonceptivo) ‖ **TECN** pastille [plaquette de frein] ▮ pastilla de café con leche caramel ‖ pastilla de jabón savonnette ‖ **INFORM** pastilla electrónica puce ▮ **FIG & FAM** a toda pastilla à toute blinde.

pastinaca *f* pastenague (pez) ‖ **BOT** panais *m*.

pastizal *m* pâturage, herbage, pacage.

pasto *m* [▷ **SIN**] pâturage, pacage (sitio) ‖ pâture *f* (acción) ‖ fourrage, pâture *f* (hierba) ‖ **FIG** pâture *f* (alimento); su pasto son las novelas les romans sont sa pâture; este incidente ha servido de pasto a los periódicos cet incident a servi de pâture aux journaux ▮ pasto comunal vaine pâture, pâturage communal ‖ **FIG** pasto espiritual nourriture spirituelle ‖ pasto seco, verde fourrage sec, vert ▮ **FIG &** **FAM** a pasto à foison ‖ a todo pasto à discrétion, en grande quantité ‖ de pasto ordinaire (vino) ‖ derecho de pasto droit de pacage ▮ dar de pasto donner en pâture ‖ **FIG** dar pasto a alimenter (calumnia, etc.) ‖ ser pasto de être la proie de, être en proie à; la casa ha sido pasto del fuego o de las llamas o del incendio la maison fut la proie des flammes ‖ ser pasto de la actualidad défrayer la chronique.

▮ **SIN** pradera prairie; prado pré; herbazal herbage; pastizal, apacentadero pâturage; aprisco, majada parc; dehesa pâture; pasturaje pacage.

pastón *m* **FAM** pactole ‖ un pastón un fric fou.

pastor, ra *m & f* berger, ère; pâtre *m* (que cuida del ganado).
➥ **pastor** *m* pasteur (sacerdote) ‖ el Buen Pastor le Bon Pasteur.

pastoral *adj* pastoral, e; cantos pastorales chants pastoraux.
◇ *f* pastorale.

pastorcillo, lla *m & f* pastoureau, elle (zagal); los pastorcillos de Provenza les pastoureaux de Provence.

pastorear *v tr* mener paître (apacentar) ‖ **FIG** guider, diriger (el sacerdote).
◇ *v intr* paître, pâturer.

pastorela *f* pastourelle (música y poesía).

pastoreo *m* garde *f* des troupeaux, pâturage, pacage.

pastoría *f* bergers *m pl* ‖ garde de troupeaux (oficio de los pastores) ‖ **ECLES** pastorat *m*.

pastoril *adj* pastoral, e; novelas pastoriles romans pastoraux.

pastosidad *f* état *m* pâteux ‖ empâtement *m* (de la lengua) ‖ épaisseur (de una pintura).

pastoso, sa *adj* pâteux, euse (blando y suave) ‖ empâté, e (cuadro) ‖ riche, épais, aisse (pintura) ▮ boca, lengua pastosa bouche, langue pâteuse ‖ ponerse pastosa s'épaissir, devenir pâteuse (la lengua) ‖ voz pastosa voix chaude o bien timbrée (armoniosa).

pastueño *adj m* franc (el toro).

pastura *f* (p us) pâture, fourrage *m* (comida) ‖ pâturage *m*, pacage *m* (sitio).

pasturaje *m* pâturage, pacage (sitio) ‖ droits *pl* de pâture (derechos).

pasudo, da *adj* (Amer) crépu, e (cabello).

pata *f* patte (pierna de animal) ‖ pied *m* (pie de animal); de pata hendida à pied fourchu ‖ **FAM** patte, jambe (pierna del hombre) ‖ pied *m* (de mueble); una mesa de cuatro patas une table à quatre pieds ‖ pied (de vestidos) ‖ égalité (empate) ‖ cane (hembra del pato) ▮ **MECÁN** pata de araña patte d'araignée ‖ **FIG & FAM** pata de banco bêtise, bourde; salir con una pata de banco dire une bourde ‖ pata de cabra guinche (herramienta de zapatero) ‖ pata de gallina cadranure (enfermedad de los árboles) ‖ pata de gallo pied de coq (planta), pied de poule (tela), patte d'oie (arruga), bêtise, ânerie, bourde (despropósito) ‖ **MAR** pata de ganso patte-d'oie; a pata de ganso en patte-d'oie ‖ pata de mosca patte de mouche (garabato) ‖ pata de palo jambe de bois ‖ **CULIN** pata negra jambon de montagne (jamón ibérico) ‖ **FAM** patas arriba les quatre fers en l'air (caído), sens dessus dessous (desordenado) ▮ **FAM** ¡abajo las patas! bas les pattes! ‖ a cuatro patas à quatre pattes (a gatas) ‖ a la pata coja à cloche-pied ‖ **FIG** a la pata la llana à la bonne franquette, sans façons ‖ **FAM** a pata à pattes (andando), pieds nus (descalzo) ‖ ¡en cada pata! et les mois de nourrice! [à une personne qui se dit plus jeune qu'elle n'est] ‖ mala pata guigne, poisse, déveine ‖ metedura de pata gaffe, impair ‖ echar las patas por alto faire fi de toutes les convenances ▮ **FIG & FAM** creerse descendiente de la pata del Cid se croire sorti de la cuisse de Jupiter ‖ echar la pata être supérieur, dépasser, faire la pige (superar) ‖ enseñar la pata montrer le bout de l'oreille ‖ estirar la pata casser sa pipe, claquer (morir) ‖ meter la pata faire une gaffe, mettre les pieds dans le plat, commettre un impair o une bévue ‖ poner a uno de patas en la calle flanquer o mettre quelqu'un à la porte ‖ tener mala pata ne pas avoir de veine o de chance, avoir la poisse o la guigne.

pataca *f* topinambour *m* (aguaturna).

patache *m* **MAR** patache *f* (embarcación).

patacho *m* (Amer) patache *f* ‖ recul (de un arma).

patacón *m* monnaie *f* ancienne ‖ (Amer) pièce *f* (peso).

patada *f* coup *m* de pied (puntapié) ‖ **FAM** pas *m* (paso) ‖ **FIG & FAM** a patadas abondamment, à la pelle ‖ dar patadas en el suelo taper des pieds par terre ‖ darse (de) patadas jurer; el verde se da de patadas con el azul le vert jure avec le bleu ‖ echar a alguien a patadas flanquer quelqu'un dehors à coups de pied dans le derrière ‖ hacer algo a patadas bâcler quelque chose ‖ hacer algo en dos patadas faire une chose en moins de deux o en deux temps trois mouvements ‖ largar una patada en el trasero donner des coups de pieds dans le derrière, envoyer son pied quelque part ‖ sentar algo como una patada en el estómago rester en travers de la gorge ‖ tratar a uno a patadas traiter quelqu'un à coups de pied dans le derrière.

patagón, ona *adj & s* patagon, onne.

Patagonia *n pr f* **GEOGR** Patagonie.

patagónico, ca *adj* patagonique.

patagrás *m* (Amer) fromage gras.

patalear *v intr* trépigner (en el suelo) ‖ gigoter (el niño en la cuna).

pataleo *m* trépignement ▌FIG & FAM el derecho de pataleo le droit de rouspéter.

pataleta *f* FAM crise de nerfs [simulée].

pataletear *v intr* FAM (*Amer*) trépigner.

patán *m* FAM paysan, rustre (rústico) ▌ rustaud, balourd (palurdo).

patanería *f* FAM balourdise.

¡pataplún! *interj* patatras!

patarata *f* fadaise, sornette (tontería) ▌ simagrée (carantoña).

patarráez *m* MAR pataras.
▨ OBSERV *pl* patarraeces.

pataruco, ca *adj* (*Amer*) balourd, e.

patasca *f* (*Amer*) ragoût *m* de porc et de maïs (guiso) ▌ dispute, querelle (disputa).

patata *f* pomme de terre; patata temprana pomme de terre nouvelle ▌ patate (batata); patata dulce patate douce ■ FIG patata caliente dossier urgent ▌ patata de caña topinambour (pataca) ▌ patatas al vapor pommes vapeur ▌ patatas fritas frites, pommes frites, pommes de terre frites ▌ patatas fritas a la inglesa chips ▌ patatas nuevas pommes de terre nouvelles ▌ patatas paja pommes paille.
▨ OBSERV El uso en francés de la palabra patate por pomme de terre es familiar.

patatal; patatar *m* champ de pommes de terre.

patatero, ra *adj* de la pomme de terre.
◇ *m & f* marchand, e de pommes de terre (vendedor).
➤ **patatero** *m* FAM officier sorti du rang.

patatín patatán
➤ **que patatín patatán** *loc* FAM et patati et patata.

patatús *m* FAM évanouissement, malaise ▌FAM darle a uno un patatús tomber dans les pommes, tourner de l'œil.
▨ OBSERV *pl* patatuses.

patavino, na *adj & s* padouan, e.

patay *m* (*Amer*) pain de caroube.

paté *adj* BLAS patté, e (cruz).
◇ *m* CULIN pâté.

pateador, ra *adj* (*Amer*) qui rue.

patear *v tr* FAM donner des coups de pied ▌ mépriser (despreciar) ▌ piétiner (pisotear) ▌ siffler, huer (abuchear); patear una obra de teatro siffler une pièce ▌ laver la tête, passer un savon (reprender) ▌ (*Amer*) donner une indigestion (causar indigestión).
◇ *v intr* FAM trépigner, taper des pieds (impacientarse, irritarse) ▌ FIG & FAM se démener ▌ (*Amer*) ruer (caballo) ▌ avoir du recul (arma de fuego).
◇ *v intr & pr* FAM claquer (despilfarrar); patearse el dinero claquer tout son argent.

patela *f* ANAT patelle (rótula).

patena *f* patène; limpio o blanco como una patena FIG propre comme un sou neuf.

patentado, da *adj & s* patenté, e.

patentar *v tr* breveter, patenter (invento) ▌ déposer; marca patentada marque déposée.

patente *adj* évident, e; patent, e ▌criant, e; éclatant, e; verdad patente vérité éclatante ▌letras patentes lettres patentes.
◇ *f* patente ▌ brevet, *m*; patente de inven-

ción brevet d'invention ▌ MAR patente ■ caducidad de la patente déchéance du brevet ▌ derechos de patente droits de propriété industrielle ▌patente de corso lettre de marque ▌ MAR patente de sanidad, limpia, sucia patente de santé, nette, suspecte ■ presentar una solicitud de patente présenter une demande de brevet ▌ solicitar una patente déposer un brevet.

patentemente *adv* manifestement.

patentizar [13] *v tr* mettre en évidence, manifester, montrer.

pateo *m* FAM trépignement (de impaciencia, rabia) ▌piétinement (pisoteo).

pátera *f* patère (vaso).

paterfamilias *m* paterfamilias.

paternal *adj* paternel, elle; autoridad paternal autorité paternelle.

paternalismo *m* paternalisme.

paternalista *adj* paternaliste.

paternidad *f* paternité; investigación de la paternidad recherche de paternité.

paterno, na *adj* paternel, elle; abuelo paterno grand-père paternel.
▨ OBSERV Existe en francés la palabra paterne, pero significa almibarado.

paternóster *m* pater, notre-père (oración) ▌FIG & FAM nœud compliqué (nudo).

patéticamente *adv* pathétiquement.

patético, ca *adj* pathétique (conmovedor).
➤ **patético** *adj m & s m* ANAT pathétique (músculo).

patetismo *m* pathétisme.

patiabierto, ta *adj* FAM aux jambes torses, bancal, e.

patialbo, ba; patiblanco, ca *adj* aux pattes blanches.

patibulario, ria *adj* patibulaire; rostro patibulario mine patibulaire.

patíbulo *m* échafaud (cadalso) ▌FIG carne de patíbulo gibier de potence.

paticojo, ja *adj & s* FAM boiteux, euse.

paticorto, ta *adj* bas sur pattes.

patidifuso, sa *adj* FAM épaté, e; bouche bée, baba (sorprendido); quedarse patidifuso rester baba o bouche bée, être épaté.

patihendido, da *adj* aux pieds fourchus.

patilargo, ga *adj* haut sur pattes.

patilla *f* patte (pelo en las sienes) ▌favori *m* (favorito) ▌ gachette (disparador) ▌ branche (de gafas) ▌MÚS position de la main gauche sur la "vihuela".
➤ **patillas** *f pl* guiches (peinado femenino) ▌ patillas cortas pattes de lapin (peinado).

patilludo, da *adj* aux longs favoris.

patín *m* patin (para patinar) ▌ chausson (calzado de niños pequeños) ▌AVIAC béquille *f* (de aterrizaje) ▌ patin ▌MECÁN patin ▌ pétrel (ave) ■ patín de cuchilla patin à glace ▌ patín de ruedas patin à roulettes.

pátina *f* patine ▌dar pátina patiner.

patinador, ra *adj & f* patineur, euse.

patinaje *m* patinage ■ DEP patinaje artístico patinage artistique▌patinaje de velocidad patinage de vitesse ▌ patinaje sobre hielo patinage sur glace ▌ patinaje sobre ruedas patinage à roulettes.

patinar *v intr* patiner (patinador) ▌ patiner, déraper (vehículo) ▌riper (desplazarse) ▌pista de patinar patinoire.
◇ *v tr* patiner (dar pátina).

patinazo *m* dérapage, patinage (de un vehículo) ▌FIG & FAM bourde *f*, bévue *f* (planchazo) ■ FIG & FAM dar un patinazo se gourer, se mettre le doigt dans l'œil ▌dio un patinazo y se salió de la carretera il dérapa et quitta la route.

patinejo *m* courette *f*, petit patio (patio pequeño).

patineta *f*; **patinete** *m* patinette, trottinette.

patinillo *m* courette *f* (de una casa).

patio *m* cour *f*; patio de escuela cour d'école ▌patio (en una casa española) ■ TEATR butaca de patio fauteuil d'orchestre ▌ patio de butacas orchestre ▌ patio de Monipodio cour des Miracles ■ FAM ¡cómo está el patio! quelle histoire!, quel bin's!

patiquebrar *v tr* casser la patte [d'un animal].

patita *f* FIG & FAM poner a uno de patitas en la calle flanquer o mettre quelqu'un à la porte.

patitieso, sa *adj* paralysé des jambes, qui a la jambe raide o les jambes raides ▌FIG & FAM raide (tieso) ■ FIG & FAM dejar patitieso renverser, ahurir, stupéfier ▌quedarse patitieso être ahuri o stupéfait.

patito *m* caneton.

patitos *m pl* (*Amer*) fleurs *f* du flamboyant (ceibo).

patituerto, ta *adj* qui a les jambes torses, bancal, e ▌FIG & FAM tordu, e (torcido).

patizambo, ba *adj* cagneux, euse; aux genoux cagneux ▌panard, e (caballo).
➤ **patizambo** *m* pied-bot.

pato *m* canard; pato salvaje o silvestre canard sauvage ■ FIG & FAM estar hecho un pato être trempé comme une soupe ▌ pagar el pato payer les pots cassés, écoper, trinquer ■ la edad del pato l'âge ingrat ▌pato de flojel eider (ave).

patochada *f* sottise, ânerie, coq-à-l'âne *m inv* (disparate).

patogenia *f* MED pathogénie.

patogénico, ca *adj* pathogénique.

patógeno, na *adj* pathogène.

patognomónico, ca *adj* pathognomonique.

patojear *v intr* (*Amer*) marcher en canard.

patojo, ja *adj* bancal, e; qui marche en canard ▌(*Amer*) gamin, e (chiquillo).

patología *f* pathologie.

patológico, ca *adj* pathologique.

patólogo, ga *adj & s* pathologiste.

patoso, sa *adj* FAM assommant, e (cargante) ▌pataud, e; maladroit, e (torpe).

patota *f* FAM (*Amer*) bande de voyous.

patotero *m* FAM (*Amer*) voyou, blouson-noir.

patraña *f* FAM bateau *m*, bobard *m* (mentira).

patria *f* patrie; volver a la patria retourner dans sa patrie; la madre patria la mère patrie ■ **patria adoptiva** pays d'adoption ‖ **patria celestial** patrie céleste (el cielo) ‖ **patria chica** ville natale ■ **merecer bien de la patria** bien mériter de la patrie.

patriada f (*Amer*) acte m de bravoure.

patriarca m patriarche ‖ **llevar una vida de patriarca** mener une vie de patriarche.

patriarcado m patriarcat.

patriarcal *adj* patriarcal, e; **regímenes patriarcales** régimes patriarcaux.
◇ f église patriarcale ‖ patriarcat m (patriarcado).

patriciado m patriciat.

Patricio n pr Patrice, Patrick.

patricio, cia *adj* & s patricien, enne ‖ patricial, e (de los patricios) ‖ noble (aristócrata).
➥ **patricio** m patrice (dignatario).

patrimonial *adj* patrimonial, e; **bienes patrimoniales** biens patrimoniaux.

patrimonio m patrimoine ‖ FIG apanage; **la vitalidad es el patrimonio de la juventud** la vitalité est l'apanage de la jeunesse‖lot; **glorias que son el patrimonio de las naciones antiguas** gloires qui sont le lot des vieilles nations ■ **patrimonio forestal del Estado** forêt domaniale ‖ **patrimonio nacional** patrimoine national ‖ **patrimonio real** domaine de la couronne o royal.

patrio, tria *adj* de la patrie ‖paternel, elle (del padre); **patria potestad** puissance paternelle ‖ (*Amer*) sans propriétaire (caballo).

patriota *adj* & s patriote.

patriotería f chauvinisme m.

patriotero, ra *adj* & s FAM chauvin; e; cocardier, ère; patriotard, e.

patriótico, ca *adj* patriotique.

patriotismo m patriotisme.

patrocinador, ra *adj* & s protecteur, trice; personne qui patronne.
➥ **patrocinadora** f dame patronnesse (de obras pías, etc.).

patrocinar v tr patronner (una cosa) ‖protéger, appuyer (a uno) ‖ **fiesta patrocinada por** fête sous le patronage de.

patrocinio m patronage, appui, protection f (amparo) ‖ **patrocinio de Nuestra Señora, de San José** fête du patronage de la Sainte Vierge, de saint Joseph.

Patroclo n pr MITOL Patrocle.

patrología f patrologie.

patrón m patron (de un barco) ‖ patron (modelo) ‖ BOT sujet (planta que se injerta) ‖ étalon (monedas); **patrón oro** étalon-or ■ BOT **patrón de injerto** porte-greffe ■ FIG **cortado por el mismo patrón** fait o taillé sur le même modèle, sorti du même moule‖**donde hay patrón, no manda marinero** c'est toujours le patron qui commande.

patrona f hôtesse, patronne (de casa de huéspedes) ‖ **vivir de patrona** vivre dans une pension de famille.

patronal *adj* patronal, e; **sindicatos patronales** syndicats patronaux ‖ **cierre patronal** lock-out.

patronato m patronat (conjunto de los patronos) ‖ patronage (asociación benévola) ‖ fondation f (fundación) ‖ institut (instituto) ‖ centre; Patronato Nacional de Protección a la Mujer Centre national de protection de la femme ‖ société f; **patronato de Amigos de** société des Amis de ‖office; **patronato de casas militares** office de logement pour militaires ‖**Patronato de Apuestas Mutuas** pari mutuel.

patronazgo m patronage; **bajo el patronazgo de** sous le patronage de ‖ **a Santa Bárbara corresponde el patronazgo de la Artillería** sainte Barbe est la patronne des artilleurs.

patronear v tr MAR commander (un barco).

patronímico, ca *adj* patronymique.
➥ **patronímico** m patronyme, nom patronymique (nombre patronímico).

patrono, na m & f [▷ SIN] patron, onne (jefe) ‖ patron, onne; protecteur, trice (santo).
▌ SIN amo maître; empresario entrepreneur; empleador employer; director directeur.

patrulla f patrouille ‖ FIG bande, groupe m (cuadrilla).

patrullar v intr patrouiller, aller en patrouille.

patrullero, ra *adj* patrouilleur (sin femenino), de reconnaissance (avión, buque).
➥ **patrullero** m patrouilleur (barco).

patuco m chausson [de bébé].

patudo, da *adj* FAM qui a de grands pieds ‖ pattu, e; pataud, e (animal) ‖ FIG **ángel patudo** sainte nitouche.

patulea f FAM marmaille (chiquillos) ‖ soldatesque (soldadesca) ‖ cohue (muchedumbre).

patuleco, ca; patuleque *adj* (*Amer*) bancal, e (renco).

patullar v intr marcher bruyamment ‖ FIG & FAM se remuer, se démener (afanarse).

paucífloro, ra *adj* pauciflore (de pocas flores).

paují; paujil m pauxi, hocco à casque (ave).

paúl m marécage (terreno pantanoso).

paúl *adj* & s m RELIG lazariste (de San Vicente de Paúl).

Paula n pr Paule.

paular m marécage (pantano) ‖ bourbier (atolladero).

paular v intr FAM parler ■ FAM **ni paula ni maula** il n'ouvre pas la bouche ‖**sin paular ni maular** sans mot dire.

paulatinamente *adv* lentement, en douceur, peu à peu.

paulatino, na *adj* lent, e ‖ **de un modo paulatino** doucement.

pauliciano m paulicien.

paulina f bulle d'excommunication ‖ FIG & FAM diatribe, réprimande (reprensión) ‖ lettre anonyme (carta anónima).

Paulina n pr Pauline.

paulinismo m paulinisme.

paulista *adj* & s de São Paulo [Brésil].
◇ m pauliste (miembro de una congregación).

Paulita n pr Paulette.

Paulo n pr Paul [pape].

paulonia f paulownia m (árbol).

pauperismo m paupérisme.

pauperización f paupérisation (empobrecimiento).

paupérrimo, ma *adj* très pauvre.

pausa f [▷ SIN] pause (interrupción) ‖ lenteur (lentitud) ‖MÚS pause, silence m ‖**a pausas** par intervalles.
▌ SIN parada, detención arrêt; alto halte; interrupción interruption; reposo, descanso repos.

pausadamente *adv* lentement, calmement, posément.

pausado, da *adj* lent, e; calme, posé, e ‖ **pausado en el hablar** qui parle lentement.
➥ **pausado** *adv* lentement, calmement.

pausar v tr interrompre, arrêter.

pauta f règle (regla) ‖ ligne, lignes pl (rayas) ‖ FIG modèle m, règle (dechado) ‖MÚS patte (del papel) ‖ (*Amer*) transparent m (falsilla) ‖ FIG **dar** o **marcar la pauta** donner le ton.

pautar v tr régler, rayer ‖ FIG régler; **vida pautada** vie réglée ‖MÚS tracer des portées sur (pentagrama) ‖ **papel pautado** papier rayé (para escribir), papier à musique.

pava f dinde (ave) ‖ FIG dinde (mujer sosa) ■ **pava real** paonne ‖ FIG & FAM **pelar la pava** faire la cour.

pava f soufflet m de forge (fuelle) ‖FAM mégot m (colilla) ‖(*Amer*) bouilloire (para el mate).

pavada f troupeau m de dindons ‖ FIG & FAM sottise, bêtise, niaiserie.

pavana f pavane (danza).

pavear v intr (*Amer*) faire des bêtises (cometer tonterías) ‖ se moquer (burlarse) ‖ faire la cour (enamorados).

pavera f grande casserole (para cocer pavos).

pavero, ra *adj* vaniteux, euse (presumido).
◇ m & f éleveur, euse de dindons.
➥ **parero** m chapeau andalou (sombrero).

pavés m pavois (escudo grande).
▌ OBSERV pl paveses.

pavesa f flammèche, brandon m ■ FIG & FAM **estar hecho una pavesa** être exténué ‖ **pavesa humana** torche vivante.

pavesada f MAR pavois m (empavesada).

pavesina f petit bouclier m.

pavezno m dindonneau (pavipollo).

pavía f pavie (fruto).

Pavía n pr GEOGR Pavie ‖ FIG **echar por las de Pavía** monter sur ses grands chevaux.

paviano, na *adj* & s pavesan, anne (de Pavía).

pávido, da *adj* craintif, ive.

pavimentación f revêtement m du sol o de la route (revestimiento en general), pavage m, pavement m (con adoquines), dallage m (con losas), carrelage m (con ladrillos).

pavimentar v tr revêtir [route, sol] ‖ paver (con ladrillos) ‖daller (con losas).

pavimento m pavé, pavage, pavement (de adoquines) ‖carrelage (de ladrillos) ‖dallage (de losas).

pavipollo m dindonneau ‖ FAM cloche f (bobo) ‖**pavipollo real** paonneau.

pavisoso, sa; pavitonto, ta *adj* FAM cloche, sot, sotte; gourde, cruche (mentecato).
◇ m & f cruche f, cloche f, gourde f; **este chico es un pavitonto** ce garçon est une cloche.

pavo m dindon ‖FIG & FAM âne, cloche f (necio) ‖ (*Amer*) passager clandestin (polizón)

■ **pavo real** paon ■ FAM **edad del pavo** âge ingrat ■ FAM **comer pavo** faire tapisserie (en un baile), avoir une déception [en Amérique] ‖ **encendido como un pavo** rouge comme un coq ‖ **esto no es moco de pavo** ce n'est pas de la petite bière, ce n'est pas piqué des vers, ce n'est pas du gâteau, ce n'est pas rien; **este trabajo no es moco de pavo** ce travail n'est pas piqué des vers; ce n'est pas de la blague o de la rigolade o de la bagatelle; **seis mil dólares no son moco de pavo** six mille dollars, ce n'est pas de la bagatelle ‖ **hincharse como un pavo real** prendre des grands airs, faire la roue ‖ **subírsele a uno el pavo** piquer un fard, rougir jusqu'à la racine des cheveux ‖ **tener pavo** être sot o bête.

pavón *m* paon (pavo real) ‖ paon (mariposa) ‖ TECN brunissage, bleuissage (del acero).

pavonada *f* FAM balade, petit tour *m* (paseo) ‖ FIG étalage *m* (ostentación).

pavonado, da *adj* bleu foncé *inv* ‖ bruni, e; bleui, e (acero).

➤ **pavonado** *m* bruni, brunissage, bleuissage (del acero).

pavonar *v tr* brunir, bleuir (acero).

pavonazo *m* pourpre (color).

pavonear *v tr* leurrer, endormir, amuser (engañar).

◇ *v intr & pr* [▷ SIN] se pavaner (ostentar).

‖ SIN presumir se donner de grands airs; fanfarronear fanfaronner; gallear crâner; engallarse se dresser sur ses ergots; FAM farolear bluffer.

pavoneo *m* fatuité *f*, prétention *f*, grands airs *pl*.

pavor *m* frayeur *f*, épouvante *f*, peur *f*, panique.

pavorde *m* prévôt (eclesiástico).

pavorido, da *adj* effrayé, e; épouvanté, e (despavorido).

pavorosamente *adv* épouvantablement, d'une façon épouvantable (de una manera espantosa) ‖ en tremblant de peur (con pavor).

pavoroso, sa *adj* effrayant, e; épouvantable (espantoso).

paya *f* (*Amer*) chant *m* dialogué.

payada *f* (*Amer*) chanson o mélodie de chanteur ambulant ‖ **payada de contrapunto** concours d'improvisation de chant et de poésie.

payador; pallador *m* (*Amer*) chanteur ambulant.

PAYADOR
Nom donné aux poètes et aux musiciens ambulants d'Argentine et d'Uruguay, qui improvisent en s'accompagnant de la guitare. Leurs chansons, autrefois comparables à celles des bardes médiévaux, étaient composées d'octosyllabes et avaient la structure des romances. Elles ont maintenant une métrique propre, basée sur les strophes appelées « cielitos » et « vidalas ». Les chansons des « payadores » et en particulier, de Santos Vega, ont inspiré la littérature des gauchos.

payadura *f* (*Amer*) chant *m* dialogué.

payanés, esa *adj* & *s* de Popayán (Colombia).

‖ OBSERV pl payaneses, payanesas.

payar *v intr* (*Amer*) improviser des chants dialogués accompagnés à la guitare.

payasada *f* clownerie, pitrerie.

payasear *v intr* faire o dire des clowneries.

payaso *m* clown, paillasse (p us), pitre ‖ **hacer el payaso, dárselas de payaso** faire le clown o le pitre.

payé *m* (*Amer*) fétiche (amuleto) ‖ sorcier (brujo).

payés, esa *m & f* paysan [en Cataluña et aux Baléares] ‖ **payeses de remensa** serfs de la glèbe (en la Cataluña medieval).

‖ OBSERV pl payeses, payesas.

payo, ya *adj & s* paysan, anne ‖ qui n'est pas gitan (en el lenguaje de los gitanos) ‖ MFAM andouille (mentecato) ‖ (*Amer*) albinos (albino).

paz *f* paix ‖ RELIG instruments *m pl* de paix (imagen que besaban los fieles) ■ **paz de los Pirineos** traité *m* des Pyrénées, paix des Pyrénées; **paz fingida** paix fourrée ‖ **paz octaviana** paix romaine ■ **a la paz de Dios** au revoir (hasta la vista) ‖ FIG **aquí paz y después gloria** n'en parlons plus, l'affaire est close ‖ **con paz sea dicho** soit dit sans offense ‖ RELIG **daos fraternalmente la paz** donnez-vous la paix ‖ **dejar en paz** laisser tranquille o en paix, ficher la paix FAM; **déjame en paz** fiche-moi la paix ‖ **descansar en paz** reposer en paix ‖ **estar en paz** être en état de paix (no estar en guerra), être quitte (no deberse nada) ‖ **firmar la paz** signer la paix (Estados) ‖ **no dejar en paz** ôter tout repos (una preocupación) ‖ **poner paz entre varias personas** réconcilier plusieurs personnes, faire la paix entre plusieurs personnes ‖ **poner paz** rétablir o faire la paix ‖ **quedar en paz** être en paix (no estar en guerra), être quitte (no deberse nada) ‖ **que en paz descanse** (q.e.p.d.) qu'il repose en paix, paix à son âme, Dieu ait son âme (en esquelas se emplea en francés la frase **priez pour lui** o la locución latina **requiescat in pace**), feu, e (difunto); **mi marido, que en paz descanse**, era militar feu mon mari était militaire ‖ **tener la conciencia en paz** avoir la conscience en paix.

➤ **paces** *f pl* paix *sing*; **firmar las paces** faire la paix (individuos); **hacer las paces** faire la paix, se réconcilier.

➤ **¡paz!** *interj* paix! ‖ **¡vaya en paz!** allez en paix!

LA PAZ DE LOS PIRINEOS
Ce traité de paix a été signé en 1659, par les représentants de l'Espagne et de la France, alors que cette dernière exerçait son hégémonie sur toute l'Europe. Par ce document, l'Espagne cédait à la France, le Roussillon, le Conflent, une partie de la Cerdagne et l'Artois. De son côté, la France s'engageait à ne pas soutenir les insurgés du Portugal et de Naples. Ce traité établit également les conditions du mariage de Louis XIV avec Marie-Thérèse d'Autriche. Le traité des Pyrénées marqua le déclin de l'empire espagnol.

pazguatería *f* niaiserie, sottise.

pazguato, ta *adj* & *s* nigaud, e; niais, e.

pazo *m* château, manoir (en Galicia).

PC *m* (abrev de **personal computer**) PC ‖ (abrev de **Partido Carlista**) parti carliste.

PCC (abrev de **Partido Comunista Cubano**) *m* parti communiste cubain.

PCCh (abrev de **Partido Comunista de Chile**) *m* parti communiste chilien.

PCE (abrev de **Partido Comunista Español**) *m* parti communiste espagnol.

PCG (abrev de **Partido Comunista Gallego**) *m* parti communiste galicien.

¡pche!; ¡pchs! *interj* peuh!, bah!

PCUS (abrev de **Partido Comunista de la Unión Soviética**) *m* parti communiste soviétique.

PD (abrev escrita de **posdata**) P.-S.

PDE (abrev de **Punto de Equilibrio**) *m* PE.

pe *f* p *m* [nom de la lettre "p"] ‖ **de pe a pa** d'un bout à l'autre, de A jusqu'à Z.

pea *f* MFAM cuite (borrachera).

peaje *m* péage.

pealar *v tr* (*Amer*) entraver (el caballo).

peán *m* péan, pæan (himno).

peana *f* socle *m* (zócalo) ‖ marches *pl* (del altar) ‖ FIG **adorar al santo por la peana** courtiser la mère pour avoir la fille.

peatón *m* piéton (transeúnte) ‖ facteur rural (correo) ‖ **paso de peatones** passage pour piétons, passage clouté.

peatonal *adj* piétonnier, ère ‖ **calle peatonal** rue piétonnière o piétonne.

pebe *m* (*Amer*) gosse (niño).

pebete *m* parfum à brûler (perfume) ‖ FIG & FAM puanteur *f* (mal olor) ‖ mèche *f*, amorce *f* (de cohete) ‖ (*Amer*) gosse (niño).

pebetero *m* brûle-parfum *inv*, cassolette *f*.

pebrada *f*; **pebre** *m & f* poivrade *f*, vinaigrette *f* (salsa) ‖ poivre *m* (pimienta).

pebrina *f* pébrine (del gusano de seda).

peca *f* tache de rousseur o de son (en la cara).

pecadero *m* FAM (*Amer*) bistrot (taberna), tripot (garito).

pecadillo *m* peccadille *f*.

pecado *m* [▷ SIN] péché; **pecado mortal, venial, original** péché mortel, véniel, originel ‖ défaut (defecto en una cosa) ■ **pecado confesado es medio perdonado** faute avouée est à moitié pardonnée ‖ **pecado nefando** o **contra natura** sodomie, péché contre nature ■ **de mis pecados que j'adore**, de mon cœur; **esta niña de mis pecados** cette enfant que j'adore ‖ **feo como un pecado** laid comme les sept péchés capitaux ‖ **por mis pecados** pour mon malheur ■ **en el pecado va la penitencia** on est toujours puni par où l'on a péché ‖ **no hay pecado sin remisión** à tout péché miséricorde.

‖ SIN falta, yerro, culpa faute; caída chute; desliz faux-pas.

pecador, ra *adj & s* pécheur, eresse ‖ **¡pecador de mí!** pauvre de moi!

➤ **pecadora** *f* prostituée.

‖ OBSERV No se confunda **pécheur**, **eresse** (acento agudo) con **pêcheur**, **euse** (acento circunflejo) que significa **pescador**.

pecaminoso, sa *adj* coupable, pécamineux, euse (p us); **intención pecaminosa** intention coupable.

pecán *m* ZOOL pékan (marta del Canadá).

pecana *f* (*Amer*) mortier *m* (almirez).

pecar [10] *v intr* pécher ■ **no peca de generoso** ce n'est pas la générosité qui l'étouffe ‖ **pecar con pecar por** (aras); **pecar con la intención** pécher par intention ‖ **pecar de** pécher par; **pecar de severo** pécher par sévérité; **pecar de goloso, de necio** pécher par gourmandise, par bêtise ‖ **pecar de confiado** être beaucoup trop confiant ▌pecar de palabra pécher en paroles ▌pecar por pécher par; pecar por ignorancia pécher par ignorance.

pecarí; pécari *m* pécari (mamífero).
▌ OBSERV le pluriel de pecarí est pecaríes.

pecblenda *f* MIN pechblende.

peccata minuta *loc lat* FAM faute *f* légère, peccadille *f*.

peceño, ña *adj* couleur de poix (caballo) ▌qui a le goût de poix.

pecera *f* aquarium *m* (acuario en general), bocal *m* (si es redondo).

pechada *f* (*Amer*) coup *m*, poussée (empujón) ▌emprunt *m* (sablazo) ▌ FAM darse una pechada de trabajar beaucoup travailler, travailler d'arrache-pied.

pechar *v tr* payer un impôt (pagar) ▌ FAM (*Amer*) taper (pedir dinero) ▌bousculer (empujar), renverser (atropellar).
◇ *v intr* FAM se charger, se coltiner; pechar con un trabajo se charger d'un travail, se coltiner un travail.

pechazo *m* (*Amer*) poussée *f*, bourrade *f* (empujón).

pechblenda *f* MIN pechblende.

peche *adj* (*Amer*) malingre.

pechera *f* plastron *m* (de camisa de hombre) ▌devant *m* (de otras prendas de vestir) ▌jabot *m* (chorrera) ▌poitrail *m* (arnés del caballo) ▌ FAM poitrine (de la mujer) ▌(*Amer*) tablier *m* (mandil).

pechero, ra *adj & s* taillable (que paga un tributo) ▌roturier, ère (plebeyo).
➤ **pechero** *m* bavoir.

pecherón, ona *adj* FAM (*Amer*) trop bon, trop bonne; bonasse.

pechiblanco, ca *adj* au poitrail blanc.

pechiche *m* (*Amer*) cajolerie, *f* (mimo).

pechicolorado *m* bouvreuil (pardillo).

pechina *f* coquille, pétoncle *m* (venera) ▌ ARQ pendentif *m* (de bóveda).

pechirrojo *m* bouvreuil (pardillo).

pecho *m* ANAT poitrine *f*; en el pecho sur la poitrine; angina de pecho angine de poitrine ▌poitrine *f* (de la mujer) ▌sein; dar el pecho a un nene donner le sein à un nourrisson ▌poitrail *m* (de animal) ▌côte *f*, raidillon (repecho) ▌ FIG cœur *m* (corazón); hombre de pecho homme de cœur ▌courage, force *f* d'âme (valor, esfuerzo) ▌voix *f* (calidad de la voz) ▌coffre (fuerza de la voz) ▪ pecho arriba en haut de la côte ▌a lo hecho pecho ce qui est fait est fait ▌a pecho descubierto à découvert (sin protección), à cœur ouvert (con franqueza) ▌niño de pecho nourrisson ▪ FIG abrir su pecho ouvrir son cœur (confiarse) ▌apretar contra su pecho presser contre son sein o contre son cœur ▌dar el do de pecho faire le maximum, se surpasser ▌dar el pecho donner le sein, faire téter (la madre), faire face (a un peligro) ▌ FIG descubrir el pecho découvrir son cœur ▌echarse o tomarse a pecho una cosa prendre une chose à cœur ▌ FIG & FAM echarse entre pecho y espalda s'envoyer (tragar), se taper (un trabajo) ▌ FIG no caber a uno en el pecho de alegría ne pas pouvoir contenir sa joie ▌partirse el pecho se donner beaucoup de mal, se décarcasser ▌partirse el pecho por uno se mettre en quatre pour

quelqu'un ▌sacar el pecho bomber le torse o la poitrine ▌ser hombre de pelo en pecho être un homme, un vrai! ▌tomar el pecho prendre le sein, téter (un niño).
➤ **pechos** *m pl* poitrine *f sing*, gorge *f sing* (de mujer) ▌ FIG criar a sus pechos protéger, prendre sous son aile.

pecho *m* redevance *f*, taille *f* (tributo) ▌ FIG tribut, redevance *f* (contribución).

pechuga *f* blanc *m* [de volaille] (pecho de ave); una pechuga de pollo un blanc de poulet ▌ FIG & FAM poitrine (pecho) ▌ FIG côte raide, raidillon *m* (cuesta) ▌(*Amer*) sans-gêne *m* (descarado).

pechugona *adj f* qui a beaucoup de poitrine.

pecina *f* fange (cieno).

pecinal *m* mare *f* (charco), bourbier (cenagal).

pecio *m* épave *f* (de un naufragio).

peciolado, da *adj* BOT pétiolé, e.

pecíolo; peciolo *m* BOT pétiole.

pecopteris *m inv* pécoptéris (helecho).

pécora *f* bête à laine (res) ▌ FIG & FAM mala pécora chipie, sale bête (mujer).
▌ OBSERV La palabra francesa pécore tiene el sentido de mujer o jovencita presumida y tonta.

pecoso, sa *adj* criblé de taches de rousseur (rostro) ▌niña pecosa petite fille au visage criblé de taches de rousseur.

pectén *m* ZOOL pecten.

pectina *f* QUÍM pectine.

pectíneo, a *adj* ANAT pectiné, e (músculo).

pectiniforme *adj* en forme de peigne.

pectoral *adj* pectoral, e; músculos pectorales muscles pectoraux; pasta pectoral pâte pectorale.
◇ *m* croix *f* pectorale (de obispos) ▌pectoral (de sacerdote judío) ▌pectoral (adorno).

pectosa *f* QUÍM pectose *m*.

pecuario, ria *adj* de l'élevage ▌industria pecuaria élevage.

peculado *m* DR péculat.

peculiar *adj* propre, particulier, ère; caractéristique; traje peculiar de una región costume particulier à une région o caractéristique d'une région.

peculiaridad *f* particularité.

peculiarmente *adv* particulièrement (típicamente) ▌proprement (propiamente).

peculio *m* pécule.

pecunia *f* FAM galette, fric *m*, pécune (dinero).

pecuniariamente *adv* pécuniairement, du point de vue financier (económicamente) ▌en espèces (en metálico).

pecuniario, ria *adj* pécuniaire; pena pecuniaria peine pécuniaire.

pedagogía *f* pédagogie.

pedagógico, ca *adj* pédagogique.

pedagogo *m* pédagogue ▌précepteur (ayo) ▌maître d'école (maestro de escuela) ▌ FAM pédant, cuistre.

pedal *m* pédale *f*; los pedales de una bicicleta les pédales d'une bicyclette ▌ MÚS pé-

dalier (teclado del órgano) ▌dar a los pedales pédaler.

pedalada *f* coup *m* de pédale.

pedalear *v intr* pédaler.

pedaleo *m* action *f* de pédaler, pédalage (p us).

pedáneo *adj m* DR juez pedáneo juge de paix.

pedanía *f* (*Amer*) district *m*.

pedante *adj & s* pédant, e.
▌ SIN vanidoso vaniteux; presumido prétentieux; sabihondo, sabidillo savantasse.

pedantear *v intr* faire le pédant, pédantiser (p us).

pedantería *f* pédanterie, pédantisme *m*.

pedazo *m* morceau; un pedazo de pan un morceau de pain ▪ FIG & FAM pedazo de alcornoque, de animal, de bruto espèce o bougre d'animal, d'imbécile, de sauvage ▌ FIG pedazo del alma o del corazón rayon de soleil, cœur ▪ a pedazos en morceaux, en pièces ▌ FIG por un pedazo de pan pour une bouchée de pain ▪ FIG & FAM caerse a pedazos tomber en morceaux o en pièces ▌caerse uno a pedazos, estar hecho pedazos tomber de fatigue, être éreinté o vanné (estar agotado) ▌ FIG ganarse un pedazo de pan gagner son pain ▌hacer pedazos mettre en morceaux o en pièces ▌hacerse pedazos se déchirer (rasgarse), tomber en miettes o en morceaux (romperse) ▌ FIG & FAM morirse por los pedazos de uno raffoler de quelqu'un, avoir quelqu'un dans la peau ▌romperse en mil pedazos se casser en mille morceaux ▪ FIG & FAM ser un pedazo de pan être bon comme le pain, être la bonté même.

pederasta *m* pédéraste.

pederastia *f* pédérastie.

pedernal *m* silex ▌pierre *f* à fusil o à feu (piedra de chispa) ▌ FIG duro como un pedernal dur comme la pierre.

pedestal *m* piédestal (de estatua); pedestales de mármol piédestaux de marbre ▌socle (peana) ▌ FIG appui (base).

pedestre *adj* pédestre ▌ FIG plat, e (llano) ▌vulgaire (vulgar) ▌carrera pedestre course à pied.

pedestrismo *m* course *f* à pied (deportes).

pediatra; pediatra *m* MED pédiatre.

pediatría *f* MED pédiatrie.

pedicelado, da *adj* BOT pédicellé, e.

pedicelario *m* pédicellaire.

pedicelo *m* BOT pédicelle.

pedicular *adj* pédiculaire.

pedículo *m* BOT & ANAT pédoncule, pédicule (pedúnculo).

pediculosis *f inv* MED pédiculose, phtiriase.

pedicuro, ra *m & f* pédicure (callista).

pedida *f* sortija, pulsera de pedida bague, bracelet de fiançailles.

pedido *m* COM commande *f*; entregar un pedido livrer une commande; los pedidos pendientes les commandes en attente; hacer un pedido passer une commande ▌demande *f* (petición); hacer, cumplir un pedido faire, accorder une demande ▪ a pedido de à o sur la demande de ▌hoja de pedido bulletin de commande.

pedidor, ra *adj* qui demande.
◇ *m & f* COM demandeur, euse ▌solliciteur, euse (solicitante).

pedigree *m*; **pedigrí** *m inv* pedigree.
▊ OBSERV le pluriel de pedigree est pedigrees.

pedigüeño, ña *adj & s* FAM quémandeur, euse.

pedilón, ona *adj* (Amer) quémandeur, euse.

pedimano, na *adj & s* ZOOL pédimane.

pedimento *m* demande *f* ▌ DR requête *f* ▌ pétitoire (en derecho inmobiliario) ▌ DR pedimento del fiscal acte d'accusation, réquisitoire.

pedir [26] *v tr* demander [▷ OBSERV]; pedir informes, la palabra demander des renseignements, la parole; pedir de comer demander à manger ▌ demander, commander (encargar); pedir un café commander un café ▌ mendier (pedir limosna) ▌ demander (requerir); tal oficio pide paciencia ce métier demande de la patience ▌ demander (poner precio); pedir muy caro demander très cher ▌ demander en mariage (a una mujer) ▊ a pedir de boca au bon moment, à pic (en el momento oportuno), à souhait (a medida de sus deseos) ▌ no hay más que pedir il n'y a rien à dire, on ne peut pas demander mieux ▌ pedir disculpas présenter des excuses ▌ DR pedir en justicia ester en justice ▌ pedir limosna demander l'aumône ▌ FIG pedir peras al olmo, pedir la luna demander la Lune, demander l'impossible ▌ pedir prestado emprunter (una cosa) ▌ pedir socorro o auxilio appeler au secours.

▌ OBSERV 1. Pedir signifie uniquement faire une demande, solliciter, et non poser une question, qui se dit preguntar.
2. En francés pedir que se traduce por demander de si el sujeto del verbo de la oración subordinada es al mismo tiempo complemento de pedir (me pide que retrase mi viaje il me demande de retarder mon voyage) y por demander que si el sujeto del segundo verbo no es complemento de pedir (ella pide que se retrase el viaje elle demande qu'on retarde le voyage).
3. Pedir con el infinitivo se traduce por demander à: pido ser admitido je demande à être admis.

pedo *m* FAM pet (ventosidad) ▌ cuite *f* (borrachera); estar pedo avoir une cuite ▊ pedo de lobo vesse-de-loup (hongo) ▌ CULIN pedo de monja pet-de-nonne ▌ (Amer) FAM al pedo pour des prunes (inútilmente).

pedofilia *f* pédophilie.

pedología *f* pédologie (paidología) ▌ pédologie (ciencia del suelo).

pedólogo *m & f* pédologue (paidólogo).

pedorrear *v intr* VULG ne pas arrêter de péter.

pedorrera *f* FAM pétarade, suite de pets.
◆ **pedorreras** *f pl* chausses collantes.

pedorreta *f* claquement *m* sec des lèvres.

pedrada *f* coup *m* de pierre; a pedradas à coups de pierre ▌ FIG & FAM llegar o caer como pedrada en ojo de boticario arriver comme marée o mars en carême, arriver o tomber à merveille, tomber à pic.

pedrea *f* jet *m* de pierre ▌ combat *m* à coups de pierres (combate) ▌ grêle (granizo) ▌ FIG

& FAM petits *m pl* lots, lots *m pl* de consolation (premios menores).

pedregal *m* terrain pierreux o rocailleux.

pedregoso, sa *adj* rocailleux, euse; pierreux, euse.

pedregullo *m* (Amer) gravier.

pedrera *f* carrière (cantera).

pedrería *f* pierreries *pl*, pierres *pl* précieuses.

pedrero *m* carrier, tailleur de pierres (cantero) ▌ (ant) pierrier (pieza de artillería) ▌ frondeur (hondero).

pedrisca *f* grêle (granizo).

pedriscal *m* terrain pierreux o rocailleux.

pedrisco *m* grêle *f* (granizo) ▌ grêle *f* de pierres (pedrea) ▌ rocaille *f* (pedregal).

pedriza *f* terrain *m* pierreux o rocailleux (pedregal) ▌ mur *m* de pierres (valla).

Pedro *n pr* Pierre ▌ entrar como Pedro por su casa entrer comme dans un moulin o comme chez soi o sans se gêner.

pedrojiménez *m* raisin et vin de Xérès.

pedrusco *m* grosse pierre *f*.

pedunculado, da *adj* BOT pédonculé, e.

peduncular *adj* BOT pédonculaire.

pedunculillo *m* BOT pédicelle.

pedúnculo *m* BOT & ANAT pédoncule, pédicule.

PEE (abrev de Partido Ecologista Español) *m* parti écologiste espagnol.

peeling [pilin] *m* peeling.
▊ OBSERV pl peelings.

peer *v intr & pr* FAM péter.

pega *f* pie (urraca) ▌ collage *m* (pegadura) ▌ enduit *m* de poix (baño de pez) ▌ ZOOL rémora *m* (pez) ▌ FAM blague, attrape (chasco) ▌ ARG ESCOL colle (pregunta difícil); poner una pega a un alumno poser une colle à un élève ▌ os *m*; hay una pega il y a un os (hay un pero) ▌ FAM anicroche (engorro); asunto lleno de pegas affaire pleine d'anicroches ▌ difficulté; hoy no hay ninguna pega para conseguir un pasaporte aujourd'hui on n'a aucune difficulté à obtenir un passeport ▌ inconvénient *m* (inconveniente) ▌ volée, raclée (zurra) ▌ MIN mise à feu (de barreno) ▊ (coloquial) de pega à la gomme, en toc ▌ FAM esto es la pega c'est ça le hic ▌ poner pegas a trouver à redire (criticar), faire obstacle à (impedir).

pegada *f* frappe (deportes) ▌ (Amer) FAM coup de chance.

pegadizo, za *adj* collant, e (pegajoso) ▌ FIG collant, e (pesado) ▌ contagieux, euse; tener una risa pegadiza avoir un rire contagieux ▌ qui accroche (música, etc.) ▌ faux, fausse; postiche.

pegado *m* emplâtre (parche) ▌ aliment qui reste collé à la casserole ▊ FIG & FAM estar pegado être nul o ignare, nager complètement; estar pegado en matemáticas nager complètement en mathématiques ▌ oler a pegado sentir le brûlé.

pegador *m* MIN ouvrier qui met le feu aux explosifs de mine ▌ puncheur (boxeador).

pegadura *f* collage *m* (acción de pegar) ▌ adhérence, contact *m* (unión).

pegajoso, sa *adj* collant, e (que se pega) ▌ gluant, e (viscoso) ▌ poisseux, euse; collant, e; tener las manos pegajosas avoir les mains poisseuses ▌ contagieux, euse (contagioso) ▌ FIG & FAM mielleux, euse (meloso) ▌ collant, e; assommant, e (cargante).

pegamento *m* colle *f*.

pegamoide *m* QUÍM pegamoïd.

pegapega *f* (Amer) glu (liga).

pegar [16] *v tr* coller; pegar un sello en un sobre coller un timbre sur une enveloppe ▌ poser, fixer (fijar) ▌ coudre (coser) ▌ pousser; pegar gritos, voces pousser des cris, des hurlements ▌ tirer; pegar un tiro tirer un coup de feu ▌ [▷ SIN] battre, frapper (golpear); pegar a un niño battre un enfant ▌ donner, assener, envoyer, flanquer (golpes); pegar un palo donner un coup de bâton ▌ coller, flanquer, donner; pegar un tortazo coller une gifle ▌ coller, passer, donner; le he pegado mi enfermedad je lui ai collé ma maladie ▊ pegar cuatro gritos a alguien passer un savon à quelqu'un ▌ pegar duro o fuerte frapper dur (golpear), en mettre un coup (a un trabajo), taper dur (el sol) ▌ pegar fuego mettre le feu ▌ (Amer) FAM pegarla réussir son coup ▌ pegar la hebra tailler une bavette, discuter le coup ▌ pegar saltos faire des bonds ▌ pegar saltos de alegría sauter de joie ▊ MIL codos pegados al cuerpo coudes collés au corps, coudes au corps ▌ goma de pegar colle ▌ no pegar ojo ne pas fermer l'œil ▌ papel de pegar papier collant ▌ pelo pegado des cheveux plaqués ▌ sin pegar un tiro sans coup férir.

◇ *v intr* prendre (fuego, planta) ▌ aller (sentar bien o mal); dos colores que no pegan uno con otro deux couleurs qui ne vont pas ensemble ▌ tomber bien (venir a propósito) ▌ toucher (estar contiguo) ▌ heurter (tropezar) ▊ no pega ça ne va pas, ça ne colle pas (no conviene), ça ne prend pas (no venga con cuentos) ▌ quien pega primero pega dos veces le premier coup en vaut deux.

◆ **pegarse** *v pr* se coller ▌ se coller; pegarse a la pared se coller au mur ▌ serrer (un vehículo); pegarse a la acera serrer le trottoir ▌ attacher (un guiso); el arroz se ha pegado le riz a attaché ▌ se plaquer; pegarse al suelo se plaquer par terre ▌ FIG coller (molestar) ▌ s'attraper; el acento del Sur se pega fácilmente l'accent du Sud s'attrape facilement ▌ se transmettre (una costumbre) ▌ mener (llevar); ¡hay que ver la vida que se pega! il faut voir la vie qu'il mène! ▌ s'introduire dans, se joindre à, s'infiltrer (introducirse) ▌ se passionner pour, s'enticher de (aficionarse) ▊ FIG & FAM pegarse como una lapa être collant, se coller comme une sangsue ▌ pegársela a uno rouler o posséder quelqu'un, la faire à quelqu'un, monter un coup à quelqu'un (engañar) ▌ pegársele a uno las sábanas faire la grasse matinée; a Pedro se le han pegado las sábanas Pierre a fait la grasse matinée; rester trop longtemps au lit, se lever trop tard, ne pas pouvoir se tirer du lit; siempre llega tarde porque se le pegan las sábanas il arrive toujours tard parce qu'il ne peut pas se tirer du lit ▌ pegarse una buena vida mener la belle vie, se donner du bon temps ▌ pegarse un tiro se tirer un coup de pistolet, se suicider ▌ FIG coche que se pega muy bien a la carretera voiture qui tient bien la route o qui a une bonne tenue de route ▌ es para pegarse un tiro! il y a de quoi se taper la tête contre les murs | esta canción se me ha pegado al oído je ne peux pas me défaire de cette chanson.

SIN golpear frapper; azotar fouetter; flagelar flageller; fustigar fustiger; apalear battre; zurrar rosser.

pegásides *f pl* POÉT muses.

pegaso *m* pégase (pez).

Pegaso *n pr* MITOL Pégase.

pegatina *f* autocollant *m*.

pegmatita *f* MIN pegmatite.

pego
➤ **dar el pego** *loc* FAM rouler, mettre dedans, donner le change (engañar).

pegote *m* emplâtre (de pez) | FIG & FAM pâtée *f*, cataplasme (cosa espesa) | pique-assiette (gorrón) | ornement ridicule, emplâtre (parche) | FAM ¡qué pegote! quel crampon! (persona), quelle horreur! (cosas) | FIG & FAM tirarse el pegote se faire mousser.

pegual *m* (*Amer*) sangle *f* (sobrecincha).

peguero *m* fabricant, marchand de poix.

pegujal; pegujar *m* petit champ, lopin de terre (porción de tierra).

pegujalero *m* petit cultivateur (labrador) | petit éleveur (ganadero).

pegujar ➤ **pegujal**.

pegujón; pegullón *m* pelote *f* de laine (mechón de lana) | touffe *f* de poils (de pelo).

pegunta *f* marque (con pez al ganado lanar).

peguntar *v tr* marquer à la poix (el ganado).

pehuén *m* (*Amer*) espèce d'araucaria (árbol).

pehuenche *adj & s* (*Amer*) "pehuenche", habitant, e des Andes.

peina *f* grand peigne *m* (peineta).

peinado, da *adj* peigné, e; coiffé, e.
➤ **peinado** *m* coiffure *f* | peignage (de textiles).

peinador, ra *m & f* coiffeur, euse.
➤ **peinador** *m* peignoir (bata) | (*Amer*) coiffeuse *f* (tocador).
➤ **peinadora** *f* peigneuse, cardeuse (para la lana).

peinadura *f* coiffure (acción).
➤ **peinaduras** *pl* peignures.

peinar *v tr* peigner (limpiar el pelo) | coiffer, peigner (componer el pelo) | démêler (desenredar) | effleurer (rozar) | peigner (la lana) | DEP faire une tête (fútbol) | FIG & FAM peinar canas avoir des cheveux blancs, ne plus être tout jeune | peinar los naipes truquer un jeu de cartes.
➤ **peinarse** *v pr* se coiffer, se peigner.

peinazo *m* linteau (de puerta o ventana).

peine *m* peigne | peigne, carde *f* (de tejer) | FIG & FAM roublard, vieux singe (hombre astuto), fine mouche *f* (mujer) | TEATR gril (enrejado) | pasarse el peine se donner un coup de peigne | peine espeso décrassoir, peigne fin | pelar a sobre peine rafraîchir (el pelo) | FAM te vas a enterar de lo que vale un peine je te souhaite bien du plaisir!, tu vas voir ce que tu vas voir!

peineta *f* grand peigne *m*, peigne *m* de mantille | (*Amer*) peigne *m* fin (lendrera).

p. ej.; por ej (abrev escrita de por ejemplo) p. ex., par ex.

peje *m* poisson (pez) | FIG & FAM débrouillard, homme astucieux (astuto) ■ **peje araña** vive (pez) | peje diablo scorpène (pez).

pejemuller *m* lamantin (cetáceo).

pejepalo *m* stockfisch, morue *f* séchée.

pejerrey *m* athérine *f* (pez marino) | poisson d'eau douce comestible (en Argentina).

pejesapo *m* baudroie *f*, lote *f* de mer.

pejiguera *f* FAM corvée, embêtement *m* (molestia, fastidio).

Pekín; Pequín *n pr* GEOGR Pékin.

pekinés, esa *adj & s* pékinois, e.
➤ **pekinés** *m* LING pékinois.
■ **OBSERV** pl pekineses, pekinesas.

pela *f* épluchage *m* (de frutas o legumbres) | épluchures *pl*, pelures *pl* (mondaduras) | FAM peseta | (*Amer*) raclée, dégelée (paliza).

pelada *f* peau délainée | FAM (*Amer*) la Pelada la Camarde (muerte).

Pelada *n pr* GEOGR la montaña Pelada la montagne Pelée.

peladera *f* MED pelade.

peladero *m* échaudoir (en un matadero) | FIG & FAM tripot (garito).

peladez *f* (*Amer*) misère.
■ **OBSERV** pl peladeces.

peladilla *f* dragée (almendra confitada) | FIG caillou *m* (guijarro) | FAM pruneau *m* (proyectil).

peladillo *m* sorte de pêche (fruto).
➤ **peladillos** *m pl* laine *f sing* de mouton.

pelado, da *adj* tondu, e; rasé, e (cabeza) | pelé, e (la piel) | dénudé, e; pelé, e (terreno) | pelé, e (mondado) | décharné, e (hueso) | dépouillé, e (estilo) | rond (número); un número pelado un chiffre rond | poli, e (guijarro) | FAM tout juste; tengo veinte pesetas peladas j'ai tout juste vingt pesetas | (*Amer*) insolent, e | FAM estar pelado être fauché, être sans le sou, être à sec, être raide.
➤ **pelado** *m* coupe *f* (de pelo) | FAM sans-le-sou.

pelador *m* écorceur (que descorteza) | éplucheur (que pela).

peladura *f* écorçage *m* (de árboles) | épluchage *m* (de frutas) | épluchure (mondadura).

pelafustán *m* FAM pauvre type.

pelagallos *m inv* FAM vagabond.

pelagatos *m inv* FAM pauvre diable, pauvre hère, va-nu-pieds | FAM había cuatro pelagatos il y avait quatre pelés et un tondu.

Pelagia *n pr* Pélagie.

pelagianismo *m* pélagianisme (herejía).

pelagiano, na *adj & s* pélagien, enne.

pelágico, ca *adj* pélagique (de alta mar); fauna pelágica faune pélagique.

Pelagio *n pr* Pélage [moine].

pelagra *f* MED pellagre.

pelaire *m* cardeur de draps.

pelaje *m* pelage, robe *f* (de un animal) | FIG & FAM allure *f* (apariencia).

pelambrar *v tr* pelaner, plamer (las pieles).

pelambre *m* poil, pelage (pelo) | peaux *f pl* soumises au pelanage (que se apelambran) | plain (baño de cal) | pelade *f* (alopecia).

⟨⟩ *f* FAM tignasse (cabellera).
■ **OBSERV** Ce mot s'emploie très souvent au féminin.

pelambrera *f* plamerie (sitio) | pelade (alopecia) | poil *m* épais (pelo) | FAM tignasse, tifs *m pl* (cabellera).

pelambrón *m* (*Amer*) miséreux.

pelamen *m* FAM poil, pelage (pelambre).

pelámide *f* pélamide, pélamyde (pez).

pelanas *m inv* FAM pauvre diable (pelagatos).

pelandusca *f* FAM & DESPEC prostituée, poule, grue (ramera).

pelantrín *m* petit fermier (labrantín) | (*Amer*) miséreux.

pelapatatas *m inv* éplucheur de pommes de terre.

pelar *v tr* couper (el pelo) | éplucher, peler; pelar patatas éplucher des pommes de terre; pelar un melocotón peler une pêche | décortiquer (mariscos) | plumer (ave) | dénuder, mettre à nu (desnudar) | FIG & FAM plumer (sacar dinero a uno) | dépouiller, faucher (despojar) | éreinter (criticar) ■ FIG pelar la pava faire la cour | (*Amer*) pelar los ojos écarquiller les yeux ■ FIG & FAM duro de pelar dur, difficile (cosas), dur-à-cuire (persona) | hace un frío que pela il fait un froid de canard.
➤ **pelarse** *v pr* FAM se faire couper les cheveux | (*Amer*) se tromper (confundirse) | FAM correr uno que se las pela courir comme un dératé | irse uno que se las pela tricoter des jambes, prendre ses jambes à son cou | pelárselas se dépêcher, se grouiller | pelárselas por una cosa mourir d'envie de quelque chose (desear), se décarcasser pour quelque chose (hacer todo lo posible).

pelargonio *m* BOT pélargonium (flor).

pelásgico, ca *adj* pélasgique, pélasgien, enne.

pelasgo, ga *adj & s* HIST pélasge.

Pelayo *n pr* Pélage [roi des Asturies].

peldaño *m* marche *f*, degré (de escalera) | échelon (de escalera de mano).

pelea *f* bataille, lutte, bagarre (contienda) | combat *m* (animales); una pelea de gallos un combat de coqs; gallo de pelea coq de combat | FIG lutte | FAM buscar pelea chercher la bagarre.

peleado, da *adj* fâché, e (reñido).

peleador, ra *adj* combattant, e (peleante) | batailleur, euse; bagarreur, euse (aficionado a pelear).

peleano, na *adj* péléen, enne (del Monte Pelado).

pelear *v intr* combattre, lutter (luchar) | battre (batallar) | se disputer (con palabras) | combattre, batailler; el Cid peleó contra los moros le Cid a combattu contre les Maures | FIG lutter (elementos, cosas) | lutter (contra las pasiones) | FIG pelear por se battre pour, lutter pour (afanarse por algo).
➤ **pelearse** *v pr* se battre, se bagarrer FAM; pelearse a puñetazos se battre à coups de poing | FAM se disputer, se fâcher, se quereller (enemistarse).

pelechar *v intr* se couvrir de poils (de pelo), de plumes (de plumas) | muer (mudar el pelo o la pluma) | FIG & FAM se remplumer (mejorar de fortuna o salud), reprendre du poil de la bête (salud).

pelecípodos *m pl* ZOOL pélécypodes.

pelel *m* (p us) pale-ale, bière *f* blonde (cerveza clara).

pelele *m* pantin, mannequin (muñeco) ‖ barboteuse *f* (de un niño) ‖ FIG & FAM pantin; era un pelele en sus manos il était un pantin entre ses mains ‖ fantoche (persona inútil).

pelendengue *m* colifichet (perendengue).

peleón, ona *adj & s* bagarreur, euse; batailleur, euse (amigo de pelea) ‖ vino peleón vinasse, pinard (pirriaque).

pelero *m* (Amer) couverture *f* de cheval.

peletería *f* pelleterie (oficio y comercio) ‖ magasin *m* de fourrures (tienda) ‖ fourrures *pl*, pelleterie (pieles).

peletero, ra *adj & s* pelletier, ère.
➡ **peletero** *m* fourreur.

peliagudo, da *adj* à poils longs et fins (animal) ‖ FIG & FAM ardu, e; un trabajo peliagudo un travail ardu ‖ épineux, euse; un asunto peliagudo une affaire épineuse ‖ astucieux, euse (astuto).

peliblanco, ca; pelicano, na *adj* aux cheveux blancs (persona) ‖ à poil blanc (animal).

pelicán ➡ **pulicán**.

pelicano, na ➡ **peliblanco**.

pelícano; pelicano *m* pélican (ave) ‖ pélican, davier (de dentista).
➡ **pelícanos; pelicanos** *m pl* BOT ancolie *f sing* (aguileña).

pelicorto, ta *adj* à poil court (animal) ‖ aux cheveux courts (persona).

película *f* pellicule (piel) ‖ TECN pellicule (hoja de gelatina sensible) ‖ CINEM film *m* ■ película de dibujos animados dessin animé ‖ película de terror film d'épouvante ‖ película en jornadas o de episodios film à épisodes ‖ película muda film muet ‖ película sonora film parlant ■ FAM de película du tonnerre, formidable ‖ echar una película passer un film.

peliculado *m* FOT pelliculage.

pelicular *adj* pelliculaire.

peliculero *m* FAM amateur, passionné de cinéma (aficionado) ‖ cinéaste ‖ FIG comédien (cuentista, mentiroso).

peligrar *v intr* être en danger, courir un danger; usted peligra en una región tan apartada vous êtes en danger dans une région aussi isolée ‖ être en danger, être menacé; actualmente peligran gravemente los valores eternos de la persona humana actuellement les valeurs éternelles de la personne humaine sont gravement menacées ‖ hacer peligrar mettre en danger, menacer; estas tensiones internas hacen peligrar el equilibrio del país ces tensions internes mettent en danger l'équilibre du pays.

peligro *m* danger, péril (riesgo); huir del peligro fuir le danger; arrostrar el peligro braver le péril ■ con peligro de muerte au péril de sa vie ‖ en peligro en danger ‖ MAR en peligro de naufragio en perdition ‖ fuera de peligro hors de danger ■ correr el peligro de courir le risque de, risquer de; corremos el peligro de perder el tren nous risquons de rater le train ‖ correr peligro, estar en peligro être en danger ‖ correr un peligro courir un

danger ‖ quien busca el peligro, en él perece il ne faut pas jouer avec le feu ‖ vivir entre peligros vivre parmi les dangers.

▌ SIN riesgo risque; amenaza menace; inseguridad insécurité.

peligrosamente *adv* dangereusement.

peligrosidad *f* danger *m*, caractère *m* dangereux.

peligroso, sa *adj* dangereux, euse; peligroso de manejar dangereux à manier; es peligroso asomarse al exterior il est dangereux de se pencher au-dehors ‖ périlleux, euse; empresa peligrosa entreprise périlleuse ‖ FIG aventureux, euse; intrépide (arriesgado).

pelilargo, ga *adj* aux longs cheveux.

pelillo *m* petit poil, poil follet (pelo) ‖ FIG & FAM vétille *f*, rien, bêtise *f* (nadería) ‖ FIG & FAM echar pelillos a la mar passer l'éponge (olvidar) ‖ no repara en pelillos rien ne l'arrête, il ne s'arrête pas à des vétilles ‖ no tener pelillos en la lengua ne pas avoir la langue dans sa poche, ne pas mâcher ses mots ‖ pararse en pelillos faire des histoires pour des riens, s'attacher à des vétilles.

pelín *m* FAM chouïa; un pelín un poil, un chouïa.

pelinegro, gra *adj* aux cheveux noirs (persona), au pelage noir (animal).

pelirrojo, ja *adj & s* roux, rousse; rouquin, e FAM.

pelirrubio, bia *adj & s* blond, e.

pelitieso, sa *adj* aux cheveux raides.

pelitre *m* pyrèthre (planta).

pella *f* motte; pella de mantequilla motte de beurre ‖ panne, graisse (manteca de animal) ‖ pomme (de coliflor) ‖ FIG & FAM hacer pellas sécher (no asistir a clase) ‖ tener una pella de dinero avoir une petite fortune.

pellada *f* truellée (de argamasa).

pelleja *f* peau (pellejo) ‖ FAM grue, peau (ramera) ■ FIG & FAM jugarse la pelleja risquer sa peau ‖ salvar la pelleja sauver sa peau.

pellejería *f* peausserie ‖ peaux *pl*.
➡ **pellejerías** *f pl* (Amer) ennuis *m*, contretemps *m*.

pellejo *m* peau *f* ‖ peau *f*, cuir (de animal) ‖ peau *f*, pelure *f* (de fruta) ‖ outre *f* (odre) ‖ FIG & FAM pochard (borracho) ■ FIG & FAM dar o dejar o perder el pellejo laisser sa peau (morir) ‖ defender el pellejo défendre sa peau ‖ jugarse o arriesgar el pellejo risquer sa peau, faire bon marché de sa peau ‖ no caber en el pellejo crever dans sa peau (ser muy gordo) ‖ no caber en el pellejo de gozo, de orgullo ne pas se tenir de joie, crever d'orgueil ‖ no tener más que el pellejo n'avoir que la peau et o sur les os ‖ no quisiera estar o hallarme en su pellejo je ne voudrais pas être dans sa peau, je n'aimerais pas être à sa place ‖ quitar a uno el pellejo descendre o tuer quelqu'un (matar), déchirer quelqu'un à belles dents, éreinter quelqu'un (murmurar), plumer quelqu'un (dejar sin dinero) ‖ salvar el pellejo sauver sa peau.

pellejudo, da *adj* à peau flasque.

pellica *f* peau (pellejo) ‖ couverture de peau (manta) ‖ pelisse (pellico).

pellico *m* pelisse *f* (de pastores) ‖ vêtement de peau.

pellingajo *m* (Amer) lavette *f* (estropajo).

pelliza *f* pelisse (de pieles) ‖ MIL pelisse (dormán).

pellizcar [10] *v tr* pincer; pellizcar hasta hacer sangre pincer jusqu'au sang ‖ prendre un peu [d'une chose]; pellizcar un pastel prendre un peu de gâteau.

pellizco *m* pincement (acción de pellizcar) ‖ pinçon (hematoma) ‖ pincée *f*, petite quantité *f* (pequeña porción) ‖ FIG pincement; pellizco en el corazón pincement au cœur ■ dar o tirar un pellizco pincer ‖ darse o cogerse un pellizco se pincer ‖ pellizco de monja pinçon (con las uñas), macaron (dulce).

pellón; pellote *m* long manteau de peau (vestido) ‖ (Amer) coussinet de selle ‖ peau *f* de mouton.

pelluzgón *m* touffe *f* (de pelo, lana, etc.).

pelma; pelmazo *adj & s m* FAM enquiquineur, casse-pieds *inv* (persona pesada).

pelo *m* poil (de hombre o animal) ‖ cheveu (un cabello) ‖ cheveux *m pl* (cabellos); cortar el pelo couper les cheveux; cortarse el pelo se faire couper les cheveux ‖ poil, pelage, robe *f* (pelos o color de un animal) ‖ duvet (de ave, de planta) ‖ brin, poil (hebra) ‖ poil (de una tela) ‖ gendarme, défaut (en un diamante) ‖ TECN paille *f* (defecto) ■ pelo a pelo troc pour troc ‖ pelo de camello poil de chameau (tela) ‖ FIG & FAM pelo de Judas poil de carotte, rouquin (persona), cheveux roux (cabellos) ‖ pelo de la dehesa air campagnard, air paysan, rusticité ■ a contra pelo à rebrousse-poil ‖ al pelo au quart de poil (con gran precisión), dans le sens du poil (en las telas) ‖ FIG & FAM a medios pelos à moitié ivre ‖ FIG a pelo nu-tête, tête nue (sin sombrero), à poil, à cru (equitación) ‖ con pelos y señales avec force détails; en long, en large et en travers; noir sur blanc ‖ FIG & FAM de medio pelo quelconque, très ordinaire; gente de medio pelo des gens quelconques; à la gomme, bon marché, à la noix; un cartesianismo de medio pelo no sirve para nada un cartésianisme bon marché ne sert à rien ‖ por el pelo de una hormiga à un poil près ‖ por los pelos, por un pelo de justesse; la victoria fue obtenida por los pelos la victoire a été remportée de justesse; d'un cheveu; escapó por los pelos de caer en la trampa il s'en est fallu d'un cheveu qu'il ne tombât dans le piège ‖ FIG agarrarse o asirse de un pelo saisir le moindre prétexte ‖ buscar pelos en la sopa trouver à redire à tout, chercher la petite bête ‖ coger la ocasión por los pelos saisir l'occasion au vol o aux cheveux ‖ cortar un pelo en el aire couper o fendre un cheveu en quatre ‖ cuando las ranas críen pelos quand les poules auront des dents, à Pâques ou à la Trinité ‖ dar para el pelo administrer une raclée ‖ depender de un pelo ne tenir qu'à un cheveu ‖ echar buen pelo se remplumer ‖ echar pelos a la mar passer l'éponge ‖ estar en un pelo de être à un doigt de ‖ estar hasta los pelos o hasta la punta de los pelos en avoir plein le dos, en avoir sa claque, en avoir par-dessus la tête ‖ librarse por los pelos échapper d'un cheveu o de justesse ‖ lucirle a uno el pelo avoir une mine resplendissante (bien de salud), ne pas s'en porter plus mal (irle bien a uno) ‖ no tener pelo de tonto n'avoir rien d'un imbécile, ne pas être idiot, être futé ‖ no tener pelos en la lengua ne pas avoir la langue dans sa poche, ne pas mâcher ses mots | no ver el pelo a uno ne pas voir quelqu'un | quitar el pelo de la dehesa dégrossir | relucirle a uno el pelo être gros et gras | se le pusieron los pelos de punta ses cheveux se dressèrent sur sa tête | soltarse el pelo se décoiffer (despeinarse), montrer ce dont on est capable (demostrar su valor), jeter sa gourme, se dégourdir, se dessaler (hacer su santa voluntad), se déchaîner, se lancer (animarse) | tirarse de los pelos s'arracher les cheveux (de desesperación), se manger le nez (pelearse) | tomarle el pelo a uno se payer la tête de quelqu'un, mettre quelqu'un en boîte, faire marcher quelqu'un (burlarse) | traído por los pelos tiré par les cheveux | venir al pelo tomber bien o à pic, arriver au bon moment.

pelón, ona *adj & s* tondu, e (esquilado) | chauve (calvo) | FIG & FAM peu intelligent, e (de escaso entendimiento) | fauché, e (sin dinero).
➠ **pelona** *f* MED pelade (alopecia) | FAM la Pelona la Camarde (la muerte).

pelonería *f* FAM dèche, pauvreté (pobreza).

peloponesio, sia *adj & s* péloponnésien, enne.

Peloponeso *n pr m* GEOGR el Peloponeso le Péloponnèse.

pelosilla *f* piloselle (planta).

pelota *f* balle; jugar a la pelota jouer à la balle | boule (de manteca, etc.) | pelote basque (juego vasco) | FAM ballon *m* (de fútbol, etc.) | paume; juego de pelota jeu de paume | FIG & FAM bille (cabeza) | (*Amer*) radeau *m* en cuir durci | passion, envie folle (deseo vehemente) ■ pelota bombeada chandelle (fútbol) | pelota corta amorti (tenis) | pelota rasante drive (tenis) ■ FIG & FAM hacer la pelota passer de la pommade, faire du lèche-bottes (dar coba) | dejar a uno en pelota plumer quelqu'un (quitar todo el dinero), laisser nu comme un ver, mettre tout nu (desnudar) | estar en pelota être à poil o tout nu o nu comme un ver | jugar a la pelota con uno faire tourner quelqu'un en bourrique, se moquer de quelqu'un | la pelota está aún en el tejado la partie n'est pas encore jouée, il n'y a encore rien de décidé | rechazar o devolver la pelota renvoyer la balle.
◇ *m & f* FAM lèche-bottes.

pelotari *m* joueur de pelote basque, pelotari.

pelotazo *m* coup donné dans o avec une balle.

pelote *m* bourre *f*, crin (para rellenar) | poil de chèvre (pelo de cabra).

pelotear *v tr* vérifier (una cuenta).
◇ *v intr* faire des balles (tenis) | FIG se disputer (reñir) | (*Amer*) traverser un cours d'eau en bac.

peloteo *m* échange de balles (tenis) | FIG échange; peloteo de notas diplomáticas échange de notes diplomatiques | lèche-bottes (adulación servil) | COM letra de peloteo effet de cavalerie.

pelotera *f* FAM dispute, chamaillerie | FAM armar una pelotera se disputer.

pelotilla *f* petite balle | FIG & FAM lèche, léchage *m* de bottes (adulación) | FIG & FAM hacer la pelotilla faire de la lèche, lécher les bottes (adular).

pelotilleo *m* FAM lèche *f*, léchage de bottes.

pelotillero *m* FAM lécheur, lèche-bottes *inv*.

pelotón *m* peloton | MIL peloton, piquet; pelotón de ejecución peloton d'exécution.

pelotudo, da *m & f* (*Amer*) FAM con, conne.

pelta *f* pelte (escudo).

peltado, da *adj* BOT pelté, e.

peltasta *m* peltaste (soldado).

peltre *m* étain (estaño); cuchara de peltre cuiller en étain.

peltrero *m* ouvrier travaillant l'étain, étameur.

peluca *f* perruque (cabellera postiza); llevar (una) peluca porter une perruque | FIG & FAM savon *m* (represión).

peluche *m* peluche.
| OBSERV Ce mot est un gallicisme employé pour felpa.

pelucón, ona *m & f* conservateur, trice (en Chile).

pelucona *f* FAM once d'or (moneda).

peludear *v intr* (*Amer*) s'embourber (carro) | se tirer d'affaire (salir de apuro).

peludo, da *adj* [▷ SIN] velu, e; poilu, e (de mucho pelo) | chevelu, e (de cabello abundante).
➠ **peludo** *m* (*Amer*) tatou (armadillo) | FAM cuite *f* (borrachera).
| SIN velloso, velludo velu; piloso pileux; cabelludo chevelu.

peluquería *f* salon *m* de coiffure | ir a la peluquería aller chez le coiffeur.

peluquero, ra *m & f* coiffeur, euse.
| SIN barbero barbier; fígaro figaro; rapabarbas merlan.

peluquín *m* petite perruque *f* ■ FIG & FAM ni hablar del peluquín il n'en est pas question | tomarle el peluquín a uno se payer la figure o la bille de quelqu'un.

pelusa *f* duvet *m*; (de planta), foin *m* (de alcachofa) | peluche (de telas) | FAM jalousie (entre niños) ■ soltar pelusa pelucher (una tela) | tener pelusa être jaloux, ouse; Vicente no tiene pelusa de su hermanita Vincent n'est pas jaloux de sa petite sœur.

pelusilla *f* piloselle (planta) | FAM jalousie (envidia).

pelvi *m* LING pehlvi, e.

pelviano, na *adj* ANAT pelvien, enne; cavidad pelviana cavité pelvienne.

pelvis *f inv* ANAT bassin *m*, pelvis *m* | bassinet *m* (del riñón) | pelvis menor petit bassin.
| OBSERV Pelvis, en francés, es sinónimo poco usado de bassin. Corresponde, en su sentido más estricto, a la pelvis menor.

PEMEX (abrev de Petróleos Mexicanos) *f* compagnie pétrolière mexicaine.

PEN (abrev de Plan Energético Nacional) *m* plan national espagnol de gestion de l'énergie.

pena *f* peine; como un alma en pena comme une âme en peine | [▷ SIN] peine, chagrin *m* (pesadumbre) | mal *m*, difficulté; lo he hecho con mucha pena j'ai eu beaucoup de mal à le faire | penne (pluma de ave) | MAR penne | (*Amer*) timidité (vergüenza) | (ant) ruban *m* (cinta) ■ DR pena accesoria peine accessoire | pena aflictiva peine afflictive

| pena capital o de muerte peine capitale o de mort | pena correccional peine correctionnelle | pena infamante peine infamante | pena leve peine de police | pena pecuniaria peine pécuniaire ■ bajo o so pena de sous peine de | con pena avec peine | ¡qué pena! quel dommage! ■ causar o dar pena faire peine o de la peine | da pena verlo ça fait de la peine de le voir, il fait pitié à voir | ¡es una pena! c'est dommage!, c'est malheureux! | merecer la pena valoir la peine | no merece la pena molestarse tanto ça n'est pas o ça ne vaut pas la peine de se donner tant de mal | pasar la pena negra faire son purgatoire, en voir de dures | ser de pena être lamentable | valer la pena valoir la peine o le coup | FAM vivir sin pena ni gloria aller son petit bonhomme de chemin, vivre comme tout le monde, mener une existence sans heurts et sans éclat.
➠ **penas** *f pl* mal *m sing*; he pasado muchas penas para terminar este trabajo j'ai eu beaucoup de mal à terminer ce travail; me ha costado muchas penas il m'a donné beaucoup de mal ■ penas eternas peines éternelles ■ a duras penas à grand-peine | a penas à peine.
| SIN dolor douleur; tristeza tristesse; sufrimiento, padecimiento souffrance; amargura amertume; pesadumbre chagrin; tormento tourment; aflicción, desconsuelo affliction; desolación désolation; congoja angoisse.

penacho *m* huppe *f*, aigrette *f* (de aves) | panache (de un morrión) | FIG panache (de vapor, humo, etc.) | panache (soberbia) | MIL penacho de plumas plumet.

penachudo, da *adj* empanaché, e (casco) | à aigrette, huppé, e (ave).

penado, da *adj* pénible (penoso o trabajoso) | à goulot étroit (vasija).
◇ *m & f* condamné, e (delincuente).

penal *adj* pénal, e; edictos penales édits pénaux | certificado de penales extrait de casier judiciaire.
◇ *m* prison *f* (cárcel), pénitencier (penitenciaría) | (*Amer*) DEP penalty.

penalidad *f* peine, souffrance (trabajos) | DEP pénalisation, pénalité | DR pénalité | FIG pasar muchas penalidades en voir de dures.

penalista *m* spécialiste du droit pénal.

penalización *f* sanction (castigo) | pénalisation (deporte).

penalizar [13] *v tr* pénaliser.

penalti; penalty *m* DEP penalty | coup de pied de réparation (rugby) | punto de penalty point de penalty | FIG & FAM casarse de penalti faire Pâques avant les Rameaux.

penar *v tr* condamner à une peine, punir.
◇ *v intr* souffrir, peiner (padecer) | FIG penar por una cosa désirer ardemment o soupirer après une chose.

penates *m pl* pénates (dieux) | FAM pénates (domicilio); volver a los penates rentrer dans ses pénates.

penca *f* BOT feuille charnue | raquette (hoja del nopal) | fouet *m* (azote) | (*Amer*) régime *m* de bananes (plátanos) | figuier *m* de Barbarie (chumbera) | agave *m* (pita).

pencazo *m* coup de fouet.

penco *m* FAM rosse *f*, canasson (jamelgo) | (*Amer*) agave (pita).

pencón, ona *adj* & *s* de Concepción [Chili].

pencudo, da *adj* à feuilles charnues.

pendanga *f* valet *m* de carreau ∥ FAM poule (ramera).

pendejada *f* MFAM sale coup *m*, saloperie.

pendejear *v intr* (*Amer*) FAM déconner.

pendejo *m* poil du pubis ∥ MFAM lâche, froussard, lavette *f* (cobarde) ∥ crétin (imbécil), dépravé, pervers (de vida licenciosa).
◇ *m* & *f* (*Amer*) FAM morveux, euse (adolescente).

pendencia *f* dispute, querelle, bagarre (contienda); armar una pendencia provoquer une bagarre; se armó una pendencia une bagarre éclata.

pendenciar [7] *v intr* se disputer, se quereller.

pendenciero, ra *adj* querelleur, euse; batailleur, euse; bagarreur, euse FAM.

pender *v intr* pendre; los frutos penden de las ramas les fruits pendent aux branches ∥ dépendre; esto pende de su decisión cela dépend de sa décision ∥ FIG être en suspens (pleito, negocio) ∥ pender de un hilo o de un pelo ne tenir qu'à un cheveu.

pendiente *adj* pendant, e; suspendu, e; pendiente de una rama pendant à une branche ∥ FIG en suspens; problemas pendientes problèmes en suspens ∥ courant, e; en cours; asuntos pendientes affaires courantes ∥ en attente; los pedidos pendientes les commandes en attente ∥ en instance; expediente pendiente dossier en instance ∥ FIG dejar pendiente recaler (en un examen) ∥ estar pendiente être en suspens (no resuelto), dépendre, être à la merci de; estoy pendiente de un capricho suyo je suis à la merci d'un de ses caprices; attendre, être dans l'attente; estoy pendiente de sus decisiones je suis dans l'attente de vos décisions; être suspendu o collé o pendu; estar pendiente de la radio être suspendu à la radio; épier; estar pendiente de los defectos de uno épier les défauts de quelqu'un ∥ estar pendiente de los labios de alguien être suspendu o pendu aux lèvres de quelqu'un, boire les paroles de quelqu'un.
◇ *f* [▷ SIN] pente, côte (cuesta); pendiente suave, pronunciada o empinada pente douce, raide ∥ versant *m* (de un monte o tejado) ∥ FIG pente; estar en la pendiente del vicio être sur la pente du vice ∎ en pendiente en pente ∥ FIG & FAM remontar la pendiente remonter la pente, reprendre du poil de la bête.
◇ *m* boucle *f* d'oreille (zarcillo) ∥ BLAS pendant ∥ MIN toit.

> SIN cuesta côte; subida montée; declive déclivité; inclinación inclinaison; rampa rampe; repecho raidillon.

pendil; pendingue *m* manteau, cape *f* (manto).

pendol *m* MAR abattage en carène.

péndola *f* balancier *m*, pendule *m* (del reloj) ∥ pendule *m*; péndola compensadora pendule compensateur ∥ ARQ poinçon *m* (de tejado) ∥ tirant *m*, tige de suspension (de puente colgante) ∥ POÉT & FAM plume; escribir con ágil péndola écrire d'une plume alerte.

pendolaje *m* MAR droit de prise.

pendolario; pendolista *m* copiste, scribe ∥ FIG rond-de-cuir (chupatintas).

pendolón *m* ARQ poinçon.

pendón *m* bannière *f* (insignia militar) ∥ pennon (insignia feudal), bannière *f* (de cofradía) ∥ rejeton (de un árbol) ∥ FIG & FAM échalas, grande perche *f* (mujer sin garbo) ∥ gourgandine *f*, grue *f* (mujer de mala vida).

pendonear *v intr* FAM battre le pavé, vadrouiller.

pendonista *m* porte-bannière.

pendular *adj* pendulaire.

péndulo, la *adj* pendant, e (colgante).
➡ **péndulo** *m* pendule (cuerpo oscilante) ∥ balancier (de reloj) ∎ MECÁN péndulo de compensación pendule compensateur ∥ péndulo eléctrico pendule électrique ∥ péndulo sidéreo horloge astronomique ∥ péndulo simple pendule simple.

pene *m* ANAT pénis.

penedés *m inv* vin du Penedès [région de Catalogne].

Penélope *n pr* MITOL Pénélope.

penene *m* & *f* professeur non titulaire.

peneque *adj* FAM rond, e; saoul, e (borracho).

penetrabilidad *f* pénétrabilité.

penetrable *adj* pénétrable ∥ FIG accessible (fácil de entender).

penetración *f* pénétration ∥ penetración pacífica ingérence ∥ MIL percée.

penetrante *adj* pénétrant, e ∥ FIG perçant, e (voz).

penetrar *v tr* pénétrer ∥ percer; penetrar un secreto percer un secret.
◇ *v intr* pénétrer.
➡ **penetrarse** *v pr* se pénétrer; penetrarse de la realidad de un hecho se pénétrer de la réalité d'un fait.

peneuvista *adj* du PNV.
◇ *m* & *f* membre ou partisan du PNV.

pénfigo *m* MED pemphigus.

penicilina *f* MED pénicilline.

penicillium *m* pénicillium (moho).

peniforme *adj* penniforme.

penígero, ra *adj* POÉT ailé, e.

penillanura *f* GEOGR pénéplaine.

peninos *m pl* (*Amer*) premiers pas (pinitos).

Peninos *n pr m pl* GEOGR los Peninos les Pennines.

península *f* GEOGR péninsule (porción grande de tierra); península ibérica péninsule ibérique ∥ presqu'île (porción pequeña de tierra).

peninsular *adj* & *s* péninsulaire.

penique *m* penny (moneda inglesa).

penitencia *f* pénitence ∥ FIG & FAM pénitence (fatiga, penalidad) ∎ como penitencia en o pour pénitence ∥ cumplir la penitencia accomplir o faire sa pénitence ∥ hacer penitencia faire pénitence (un pecador), partager un modeste repas; venga a casa a hacer penitencia venez donc chez moi partager mon modeste repas.

penitenciado, da *adj* condamné par l'Inquisition ∥ (*Amer*) emprisonné, e (encarcelado).

penitencial *m* pénitentiel.

penitenciales *adj pl* pénitentiaux, pénitentiels, elles; salmos penitenciales psaumes pénitentiaux.

penitenciar [7] *v tr* imposer une pénitence.

penitenciaría *f* pénitencerie ∥ la Sacrée Pénitencerie (tribunal eclesiástico en Roma) ∥ pénitencier *m* (cárcel).

penitenciario, ria *adj* pénitentiaire; régimen penitenciario régime pénitentiaire.
➡ **penitenciario** *m* pénitencier (presbítero o cardenal).

penitente *adj* & *s* pénitent, e.

Pennsylvania; Pensilvania *n pr f* GEOGR Pennsylvanie.

penny *m* penny (penique).

peno, na *adj* & *s* carthaginois, e (cartaginés).

penol *m* MAR bout de vergue ∥ penne (de antena).

penología *f* DR pénologie.

penoso, sa *adj* pénible (trabajoso) ∥ pénible, douloureux, euse; eso ha causado penosa impresión ceci a causé une impression pénible ∥ pesant, e (duro); una penosa esclavitud un esclavage pesant ∥ peiné, e; attristé, e (afligido).

penquisto, ta *adj* & *s* de Concepción [Chili].

pensado, da *adj* pensé, e ∥ pesé, e; réfléchi, e (proyecto, decisión) ∥ prévu, e; ¿qué tiene pensado para mañana? qu'avez-vous prévu pour demain? ∎ bien pensado, no vale la pena tout bien pesé, cela ne vaut pas la peine ∥ de pensado de propos délibéré (de intento), après mûre réflexion (con previa meditación) ∥ el día menos pensado le jour où l'on s'y attend le moins ∥ no sea mal pensado n'ayez pas l'esprit mal tourné ∥ ser un mal pensado avoir l'esprit mal tourné ∥ una cosa mal pensada une chose faite o dite à la légère.

pensador, ra *adj* pensif, ive (meditabundo).
◇ *m* & *f* penseur, euse; libre pensador libre penseur.

pensamiento *m* pensée *f* ∥ [▷ SIN] sentence *f*, pensée ∥ FIG soupçon (sospecha) ∥ POÉT penser ∥ BOT pensée *f* (flor) ∎ libertad de pensamiento liberté de penser ∥ libre pensamiento libre pensée ∥ con el pensamiento puesto en en pensant à ∥ ni por pensamiento nullement, en aucune façon, pas question ∥ no pasarle a uno por el pensamiento ne pas venir à l'idée o à l'esprit de quelqu'un ∥ venir al pensamiento venir à l'idée, passer par la tête FAM.

> SIN sentencia sentence; máxima maxime; aforismo aphorisme; axioma axiome; apotegma apophtegme; divisa devise; adagio adage; proverbio proverbe; refrán, dicho dicton; reflexiones réflexions; apuntes, observaciones observations; consideraciones considérations; notas notes.

pensante *adj* pensant, e.

pensar [19] *v tr* & *intr* [▷ SIN] penser à, réfléchir à; piensa bien este problema réfléchis bien à ce problème; piénsalo penses-y ∥ penser; ¿en qué piensas? à quoi penses-tu? ∥ penser (tener intención); pienso salir mañana je pense partir demain ∥ prévoir, concevoir (concebir); **pensado para durar mucho** conçu pour durer longtemps ∎ **pensar con los pies** raisonner comme une pantoufle ‖ **pensar en lo peor** envisager le pire ‖ **pensarlo mucho y regardar a dos fois, y** réfléchir mûrement ‖ **pensar mal de uno** penser du mal de quelqu'un ‖ **pensar que** penser o se dire que ‖ **pensándolo mejor** o bien réflexion faite, à la réflexion, en y réfléchissant bien, tout compte fait, tout bien considéré ‖ **piense lo que piense** quoi que vous en pensiez, ne vous en déplaise ‖ **pienso, luego existo** je pense, donc je suis ∎ **dar que pensar** donner à penser o à réfléchir ‖ **llegó cuando menos se pensaba** il est arrivé au moment le plus inattendu o au moment où l'on y pensait le moins ‖ **¡ni lo piense!** n'y songez pas! ‖ **¡ni pensarlo!** pas question! ‖ **sin pensar, sin pensarlo** sans y penser, sans réfléchir ‖ **sólo con pensarlo** rien que d'y penser.

> **SIN** reflexionar, discurrir réfléchir; meditar, cavilar méditer; especular spéculer; recogerse, ensimismarse se recueillir; deliberar délibérer; razonar raisonner.

pensativo, va *adj* pensif, ive.

pensil *adj* suspendu, e; **jardín pensil** jardin suspendu.
◇ *m* FIG jardin délicieux, paradis, éden.

Pensilvania ▸ **Pennsylvania**.

pensilvano, na *adj* & *s* pennsylvanien, enne.

pensión *f* pension; **pensión alimenticia, de retiro, pasiva** pension alimentaire, de retraite, de l'État ‖ **pension** (casa de huéspedes) ‖ FIG & FAM charge (gravamen) ∎ **pensión completa** pension complète ‖ **pensión de viudedad** pension de réversion o réversible ‖ **pensión vitalicia** pension viagère ‖ **media pensión** demi-pension ∎ **cobrar la pensión** toucher sa retraite (persona jubilada).

pensionado, da *adj* & *s* pensionné, e; pensionnaire.
◂ **pensionado** *m* pensionnat, pension *f* (colegio).

pensionar *v tr* pensionner.

pensionario *m* pensionnaire (que paga una pensión).

pensionista *m* & *f* pensionnaire (de colegio) ‖ pensionné, e; pensionnaire (del Estado) ‖ **medio pensionista** demi-pensionnaire (en un colegio).

pensum *m* pensum (castigo) ‖ programme de travail.

pentacordio *m* MÚS pentacorde.

pentadáctilo, la *adj* pentadactyle.

pentaédrico, ca *adj* GEOM pentaèdre.

pentaedro *m* GEOM pentaèdre.

pentagonal *adj* pentagonal, e; pentagone; **prismas pentagonales** prismes pentagonaux.

pentágono, na *adj* & *s m* GEOM pentagone.

pentagrama; pentágrama *m* MÚS portée *f*.

pentámero, ra *adj* & *s* ZOOL pentamère (insecto).

pentametileno *m* QUÍM pentaméthylène.

pentámetro *m* POÉT pentamètre.

pentano *m* QUÍM pentane.

Pentápolis *n pr f* HIST Pentapole.

pentapolitano, na *adj* & *s* pentapolitain, e.

pentarquía *f* pentarchie.

pentasílabo, ba *adj* & *s m* pentasyllabe.

pentateuco *m* pentateuque (libro sagrado).

pentatlón *m* pentathlon (atletismo).

pentatoma *m* pentatome (chinche).

pentatónico, ca *adj* MÚS pentatonique.

pentavalente *adj* QUÍM pentavalent, e.

Pentecostés *n pr m* Pentecôte *f*; **por Pentecostés** à la Pentecôte; **lunes de Pentecostés** lundi de Pentecôte.

pentedecágono *m* GEOM pentadécagone.

pentélico, ca *adj* pentélique.

penteno *m* QUÍM pentène.

pentepétalo, la *adj* pentapétale.

pentodo *m* pentode *f*, penthode *f*.

pentosa *f* QUÍM pentose.

pentotal *m* MED pentothal, penthiobarbital.

penúltimo, ma *adj* & *s* avant-dernier, ère; pénultième (p us).

penumbra *f* pénombre.

penuria *f* pénurie (escasez) ‖ **estar en la penuria** se trouver dans l'embarras, être dans la gêne (sin dinero).

peña *f* rocher *m* ‖ cercle *m* (de amigos) ‖ FIG **ser una peña** avoir un cœur de pierre.

peñaranda
◂ **en peñaranda** *loc* FAM au clou, chez ma tante (empeñado).

peñascal *m* rochers *pl*, terrain couvert de rochers.

peñasco *m* rocher (peña) ‖ ANAT rocher (del oído) ‖ ZOOL rocher (molusco).

peñascoso, sa *adj* rocheux, euse.

peñazo *adj* & *s m* FAM emmerdeur, empêcheur de tourner en rond.

peñol *m* rocher (peñasco).

péñola *f* plume [pour écrire].

peñón *m* rocher; **el Peñón de Gibraltar** le rocher de Gibraltar.

peo *m* FAM pet (pedo) ‖ cuite *f* (borrachera).

peón *m* (p us) piéton (que camina a pie) ‖ manœuvre (obrero), homme de peine (azacán) ‖ ouvrier agricole, péon (en una granja o hacienda) ‖ toupie *f* (juguete) ‖ pion (damas, ajedrez) ‖ ruche *f* (colmena) ‖ péon (en poesía) ‖ MECÁN arbre (árbol) ‖ MIL fantassin (infante) ‖ TAUROM écarteur, péon [auxiliaire du matador] ∎ **peón caminero** cantonnier ‖ **peón de albañil** aide-maçon.

peonada *f* journée d'un manœuvre (trabajo) ‖ (*Amer*) équipe d'ouvriers (obreros), équipe de péons o d'ouvriers agricoles (en una hacienda).

peonaje *m* MIL infanterie *f* ‖ équipe *f* de manœuvres (obreros).

peonar *v intr* (*Amer*) travailler comme manœuvre o comme péon.

peonería *f* journal *m*, ouvrée (tierra labrada en un día).

peonía *f* pivoine (planta) ‖ lopin *m* de terre (heredad).

peonza *f* toupie (trompo) ∎ FIG & FAM **bailar como una peonza** tourner comme une toupie ‖ **ser una peonza** ne pas tenir en place, avoir la bougeotte.

peor *adj* pire, moins bien; **tu ejercicio es peor que el suyo** ton devoir est pire que le sien ‖ plus mauvais, e; **llevarse la peor parte** avoir la plus mauvaise part.
◇ *adv* pis; **peor que nunca** pis que jamais ∎ **peor para ti, para él** tant pis pour toi, pour lui ‖ **peor que peor, tanto peor** tant pis ∎ **cada vez peor** de pire en pire ‖ **en el peor de los casos, poniéndose en el peor de los casos** en mettant les choses au pire, au pis aller ‖ **lo peor** le pire ‖ **y lo que es peor** qui pis est.

pepa *f* (*Amer*) pépin *m* (pepita) ‖ blague (bola) ‖ bille (canica).

Pepa *n pr f* Josianne ‖ **¡viva la Pepa!** vive la joie! ‖ HIST **la Pepa** constitution espagnole de 1812.

> **LA PEPA**
>
> C'est ainsi qu'on appelle familièrement la constitution espagnole de 1812, car elle fut promulguée un 19 mars, jour de la Saint-Joseph. Cet événement eut lieu à Cadix et non à Madrid, en raison de l'invasion de la capitale par les troupes françaises. Il marque le début du constitutionnalisme espagnol: proclamation de la souveraineté du peuple, du pouvoir populaire constituant et des libertés individuelles. Les « Cortes » de Cadix, organe législatif de cette constitution, abolirent le féodalisme et la censure, et décrétèrent la suppression de l'Inquisition. La constitution de Cadix fut abrogée par Ferdinand VII, en 1814.

pepe *m* FAM mauvais melon (melón) ‖ (*Amer*) gommeux (petimetre).

Pepe *n pr* José ‖ FAM **como un Pepe** comme tout le monde.

pepenado, da *adj* & *s* (*Amer*) orphelin, e; enfant trouvé.

pepenar *v tr* (*Amer*) ramasser (recoger) ‖ trier [le minerai].

pepero, ra *m* & *f* FAM militant, e du Partido Popular.

pepián *m* (*Amer*) ragoût, fricassée *f*.

pepinar *m* champ de concombres.

pepinazo *m* FIG & FAM explosion *f*, pétard ‖ shoot, boulet de canon (en fútbol).

pepinillo *m* cornichon (planta).

pepino *m* concombre (planta); **poner a macerar pepinos** faire dégorger des concombres ‖ FAM marmite *f* (obús) ∎ FIG & FAM **me importa un pepino** je m'en moque comme de l'an quarante, ça m'est égal, je m'en fiche ‖ **no importar un pepino** n'avoir aucune importance ‖ **pepino del diablo** concombre d'âne (cohombrillo).

pepita *f* pépin *m* (de fruto) ‖ pépite (de oro) ‖ pépie (enfermedad de las gallinas) ‖ (*Amer*) grain *m* (de cacao) ‖ **pepita de San Ignacio** fève de Saint-Ignace.

Pepita *n pr* Josette.

pepito *m* petit sandwich de viande, sorte d'hamburger (bocadillo) ‖ (*Amer*) gommeux, godelureau (lechuguino).

Pepito *n pr* José.

pepitoria *f* fricassée de poule o de poulet (guisado) ‖ FIG méli-mélo *m*, brouillamini *m* (confusión).

pepla; plepla *f* FAM barbe; ¡qué pepla ir allí ahora! quelle barbe d'aller là-bas maintenant!

peplo *m* péplum, péplos (túnica antigua).

pepona *f* poupard *m*, poupée de carton (muñeca).

pepónide *f* péponide, pépon *m*.

peppermint ▬ **pipermín**.

pepsina *f* QUÍM pepsine.

péptico, ca *adj* peptique.

péptido, da *adj* peptidique.
◆ **péptido** *m* peptide.

peptona *f* QUÍM peptone.

pequeñajo, ja *m & f* FAM nabot *m*; esta chica es una pequeñaja cette fille est un nabot.
▍ OBSERV Existe la forma femenina nabote pero es poco empleada.

Pequeñas Antillas *n pr f pl* GEOGR Petites Antilles.

pequeñez *f* petitesse (tamaño) ‖ enfance (infancia) ‖ jeune âge *m* (corta edad) ‖ FIG petitesse (mezquindad) ‖ bagatelle, vétille, rien *m* (cosa insignificante); una pequeñez le asusta un rien lui fait peur; no pararse o no reparar en pequeñeces ne pas s'arrêter à des vétilles ‖ pequeñez de miras étroitesse de vue.
▍ OBSERV pl pequeñeces.

pequeñín, ina; pequeñuelo, la *adj* tout petit, toute petite.

pequeño, ña *adj & s* petit, e ■ de pequeño étant petit, encore enfant ‖ FIG dejar pequeño laisser loin derrière, éclipser ‖ el hijo más pequeño le plus jeune fils, le fils cadet ‖ en pequeño en petit, en plus petit ‖ los infinitamente pequeños les infiniment petits ‖ pequeño burgués petit bourgeois.
▍ OBSERV Pequeño se place généralement après le nom: un libro pequeño un petit livre.
▍ SIN chico petit; exiguo exigu; minúsculo minuscule; diminuto très petit; ínfimo infime; parvo petit.

pequeñuelo, la ▬ **pequeñín**.

pequín *m* pékin (tela).

Pequín ▬ **Pekín**.

pequinés, esa *adj & s* pékinois, e.
◆ **pequinés** *m* pékinois (perro).
▍ OBSERV pl pequineses, pequinesas.

pera *f* poire (fruto); pera de agua poire fondante ‖ barbiche (barba) ‖ poire (interruptor eléctrico) ‖ FIG sinécure, fromage *m* (empleo) ■ sidra de peras poiré (perada) ■ FIG & FAM estar como pera o perita en dulce être comme un coq en pâte ‖ no partir peras con nadie faire cavalier seul ‖ partir peras con uno être à tu et à toi avec quelqu'un ‖ pedir peras al olmo demander la Lune, demander l'impossible ‖ FAM ponerle a uno las peras a cuarto serrer la vis à quelqu'un, apprendre à vivre à quelqu'un.
◇ *adj* pimpant, e; toujours bien mis, e (elegante) ‖ pollo pera gommeux, snobinard.

perada *f* compote de poires (conserva) ‖ poiré *m* (bebida).

peral *m* poirier (árbol).

peraleda *f* verger *m* planté de poiriers.

peralejo *m* BOT byrsonyme, arbre d'Amérique.

peraltar *v tr* ARQ surhausser (un arco) ‖ TECN relever (carreteras); curva peraltada virage relevé.

peralte *m* ARQ surhaussement ‖ virage relevé, dévers (en las carreteras).

peralto *m* GEOM hauteur *f*.

perborato *m* QUÍM perborate.

perbunan *f* QUÍM caoutchouc *m* synthétique.

perca *f* perche (pez).

percal *m* percale *f* ‖ FIG conocer bien el percal connaître la musique, s'y connaître.

percalina *f* percaline (tela).

percance *f* contretemps (contratiempo) ‖ profit, bénéfice (provecho) ‖ los percances del oficio les inconvénients du métier.

percatarse *v pr* s'apercevoir, se rendre compte (reparar); me he percatado del peligro je me suis rendu compte du danger ‖ se renseigner, s'informer (enterarse); tiene que percatarse de todo ello il faut vous informer de tout cela o vous renseigner sur tout cela.

percebe *m* pouce-pied, pousse-pied, anatife (crustáceo) ‖ FIG & FAM moule *f*, cloche *f* (necio).

percepción *f* perception (sensación); percepción extrasensoria o extrasensorial perception extrasensorielle ‖ idée (idea) ‖ perception (de dinero).

percepcionismo *m* perceptionnisme, perceptionisme.

perceptibilidad *f* perceptibilité (sensación).

perceptible *adj* perceptible (que se siente) ‖ percevable (visible) ‖ percevable, recouvrable (que se cobra).

perceptivo, va *adj* FILOS perceptif, ive.

Perceval *n pr* Perceval.

percha *f* cintre *m* (para colgar ropa, etc.) ‖ portemanteau, patère *f* (colgador fijo en la pared) ‖ perche (pértiga) ‖ cardage *m* (del paño) ‖ lacet *m* (lazo de carga) ‖ perchoir *m* (de las aves) ‖ râtelier *m* (para utensilios) ‖ ZOOL perche (perca, pez) ‖ MAR varangue (varenga) ‖ FIG & FAM tener buena percha être bien fait, être bien de sa personne.

perchar *v tr* carder [le drap].

perchel *m* armature *f* des filets de pêche (aparejos) ‖ lieu de pêche, pêcherie *f* (sitio).

perchero *m* portemanteau (percha).

percherón, ona *adj & s* percheron, onne (caballo para el tiro).

perchista *m & f* équilibriste, funambule.

percibible *adj* percevable (cobrable).

percibir *v tr* percevoir (sentir); percibió un ruido leve il perçut un léger bruit ‖ percevoir, toucher (cobrar dinero).

percibo *m* perception *f* ‖ recouvrement, perception *f* (acción de cobrar).

perclorato *m* QUÍM perchlorate.

perclórico, ca *adj* QUÍM perchlorique.

percloruro *m* QUÍM perchlorure.

percolador *m* percolateur.

percudir *v tr* salir (ensuciar), tacher (manchar).

percusión *f* percussion; instrumentos de percusión instruments à percussion; arma de percusión arme à percussion ‖ MED percussion.

percusionista *m & f* percussionniste.

percusor *m* percuteur (de un arma).

percutiente *adj* percutant, e.

percutir *v tr* percuter.

percutor *m* percuteur (de un arma).

perdedero *m* occasion *f* de perte.

perdedor, ra *adj & s* perdant, e ‖ buen, mal perdedor beau, mauvais joueur.

perder [20] *v tr & intr* perdre (un libro, una fortuna, la vida); perder mucho dinero en el juego perdre beaucoup d'argent au jeu ‖ FIG perdre; perder el tiempo en tonterías perdre son temps à des bêtises; perder la razón o el juicio perdre l'esprit o la raison ‖ rater, manquer; perder el tren, la ocasión rater le train, l'occasion ‖ manquer de, perdre (cortesía); perderle el respeto a uno manquer de respect envers quelqu'un ‖ abîmer, endommager (echar a perder) ‖ ruiner (arruinar) ‖ perdre, baisser (decaer) ‖ fuir, perdre (desinflarse) ■ FIG perder el color changer de couleur ‖ perder el tino o los estribos o el dominio de sí mismo perdre la tête o les pédales FAM, perdre contenance o le contrôle de soi-même ‖ perder en el cambio perdre au change ‖ FIG & FAM perder la cabeza perdre la tête ‖ perder los colores perdre ses couleurs o sa belle mine ‖ perder pie perdre pied ‖ perder sus facultades perdre ses moyens ■ FIG & FAM andar o estar perdido por uno être fou de quelqu'un ‖ dar algo por perdido faire son deuil de quelque chose ‖ echar a perder abîmer, endommager (estropear), manquer, rater FAM; echar a perder un guiso manquer un plat ‖ el que todo lo quiere, todo lo pierde qui trop embrasse mal étreint ‖ hasta perder la respiración à perdre haleine ‖ no hay tiempo que perder il n'y a pas de temps à perdre ‖ no perder de vista a alguien ne pas perdre quelqu'un de vue ‖ pierda cuidado ne vous en faites pas, n'ayez crainte ‖ FIG ponerse perdido se cochonner, se salir ‖ quien fue a Sevilla perdió su silla qui va à la chasse perd sa place.
◆ **perderse** *v pr* perdre; se le pierde todo il perd tout ‖ se perdre (extraviarse o desaparecer) ‖ FIG se perdre (corromperse) ‖ perdre la tête (conturbarse) ‖ être fou; perderse por alguien être fou de quelqu'un ‖ se perdre (una mujer) ■ hasta perderse de vista à perte de vue ‖ nada se pierde por esperar on ne perd rien à attendre ‖ ¡no te lo pierdas! surtout, ne rate pas cela! ‖ ¡tú te lo pierdes! tant pis pour toi!

perdición *f* perte ‖ FIG perte, ruine (ruina) ‖ perte (por el amor) ‖ dérèglement *m* (desarreglo) ‖ perdition, perte (condenación eterna).

pérdida *f* perte (privación); sentir la pérdida de alguien regretter la perte de quelqu'un ■ pérdida del sentido o del conocimiento perte de connaissance ‖ COM pérdida total perte sèche ■ no tiene pérdida on trouve facilement ‖ vender con pérdida vendre à perte.
◆ **pérdidas** *f pl* MIL pertes ‖ COM pérdidas

perdidamente *adv* éperdument (con exceso); **perdidamente enamorado** éperdument amoureux ‖ inutilement.

perdido, da *adj* perdu, e ‖ FAM très sale ‖ couvert, e; **estar perdido de barro** être couvert de boue ‖ invétéré, e; **un borracho perdido** un ivrogne invétéré ■ FIG **perdido por una cosa, persona** fou de quelque chose, d'une personne ‖ **mujer perdida** femme de mauvaise vie ■ **a fondo perdido** à fonds perdus ‖ **a ratos perdidos** à mes (tes, ses, etc.) moments perdus ‖ **de perdidos al río** en désespoir de cause ‖ **depósitos o oficina de objetos perdidos** bureau des objets trouvés ‖ FIG & FAM **estar más perdido que Carracuca** être cuit, être complètement perdu ‖ **loco perdido** fou à lier ‖ **trabajo perdido** peine perdue.

◆ **perdido** *m* FAM vaurien (golfo) ‖ IMPR passe *f* ‖ **hacerse el perdido** se cacher.

perdigón *m* perdreau (pollo de perdiz) ‖ chanterelle *f* (perdiz que sirve de reclamo) ‖ plomb de chasse, chevrotine *f* (munición) ‖ FAM gaspilleur (derrochador) ‖ malchanceux (en juegos) ‖ postillon (de saliva); **echar perdigones** envoyer des postillons ‖ crotte *f* de nez (moco) ‖ recalé, redoublant (suspendido).

perdigonada *f* décharge o volée de plombs o de chevrotines (tiro de perdigones) ‖ blessure faite par une décharge de plombs (herida).

perdigonera *f* sac *m* à plombs de chasse.

perdiguero, ra *adj* qui chasse la perdrix ‖ **perro perdiguero** chien de chasse, braque.

◆ **perdiguero** *m* vendeur de gibier (el que vende caza).

perdis *m inv* FAM vaurien *m* (calavera).

perdiz *f* perdrix ■ **ojo de perdiz** œil-de-perdrix (tela) ‖ **perdiz blanca, pardilla** perdrix blanche, grise ‖ **perdiz de mar** perdrix de mer (glaréola) ‖ **y vivieron felices, comieron perdices y a mí no me dieron** ils se marièrent, ils furent heureux et ils eurent beaucoup d'enfants (al final de un cuento).

▮ OBSERV pl **perdices**.

perdón *m* pardon ■ **con perdón** avec votre permission, sauf votre respect ‖ **con perdón sea dicho** soit dit sans vouloir vous offenser.

▮ SIN **remisión** rémission; **indulto, gracia** grâce; **absolución** absolution; **indulgencia** indulgence; **clemencia** clémence.

perdonable *adj* pardonnable.

perdonar *v tr* pardonner (una ofensa) ‖ FIG pardonner; **una enfermedad que no perdona** une maladie qui ne pardonne pas ‖ excuser de (dispensar); **perdone la molestia** excusez-moi de vous déranger ‖ manquer, rater (perder, dejar); **no perdonar un baile** ne pas manquer un bal ‖ faire grâce de (omitir); **no perdonar un detalle** ne pas faire grâce d'un détail ‖ reculer devant, laisser passer (no aprovechar); **no perdonar medio de enriquecerse** ne reculer devant aucun moyen de s'enrichir ‖ renoncer à (renunciar) ‖ exempter (exceptuar) ‖ passer (un capricho, una falta) ‖ **perdonar la vida** faire grâce de la vie, gracier ‖ **¡perdone usted!** pardon!, je vous demande pardon, excusez-moi.

perdonavidas *m inv* FIG & FAM matamore, fanfaron (valentón).

perdulario, ria *adj & s* négligent, e (descuidado).

◇ *m & f* vaurien, enne (pillo).

perdurabilidad *f* éternité (de lo eterno) ‖ durabilité (de lo duradero).

perdurable *adj* éternel, elle; perpétuel, elle; impérissable (eterno) ‖ durable (duradero).

perdurablemente *adv* éternellement.

perdurar *v intr* durer longtemps (durar) ‖ subsister (subsistir).

perecedero, ra *adj* périssable; **productos perecederos** denrées périssables ‖ qui a une fin (que ha de acabarse).

perecer [30] *v intr* périr ‖ mourir.

◆ **perecerse** *v pr* **perecerse por** mourir d'envie de.

perecimiento *m* disparition *f* (de personas o cosas), mort *f* (de personas).

perecuación *f* péréquation (reparto por igual).

pereda *f* verger *m* de poiriers (peraleda).

peregrinación *f* pérégrination (viaje) ‖ pèlerinage *m* (a un santuario); **peregrinación a Santiago de Compostela** pèlerinage à Saint-Jacques-de-Compostelle.

peregrinaje *m* (p us) pèlerinage.

peregrinamente *adv* étrangement (de un modo raro) ‖ merveilleusement (con primor).

peregrinante *adj* en pèlerinage.

◇ *m* pèlerin (peregrino).

peregrinar *v intr* aller en pèlerinage (a un santuario) ‖ voyager (por tierras extrañas).

peregrinidad *f* étrangeté.

peregrino, na *adj* voyageur, euse (que viaja) ‖ de passage, migrateur, trice (aves) ‖ exotique (de otros países) ‖ FIG étrange, bizarre, singulier, ère; drôle (raro); **una idea peregrina** une drôle d'idée, une idée étrange.

◇ *m & f* pèlerin, e (que va a un santuario).

◆ **peregrina** *f* coquille Saint-Jacques (vieira).

▮ OBSERV El sustantivo **pèlerine** se emplea poco en este sentido.

perejil *m* BOT persil.

perención *f* (p us) péremption.

perendeca *f* FAM garce, fille de joie.

perendengue *m* colifichet, fanfreluche *f* (adorno) ‖ pendant d'oreille (arete).

Perengano, na *m & f* Untel, Unetelle ‖ **Mengano o Perengano** Untel ou Untel.

▮ OBSERV Le mot **Perengano** ne s'emploie qu'après les substantifs **Fulano, Mengano** et **Zutano**, pour indiquer une personne dont on ignore le nom.

perennal; perenne *adj* permanent, e; perpétuel, elle; perenne (p us) ‖ BOT vivace (planta) ‖ persistant, e (hojas) ‖ éternel, elle; **tu recuerdo será perenne** ton souvenir sera éternel.

perennemente *adv* perpétuellement.

perennidad *f* perpétuité, pérennité.

perennifolio, lia *adj* BOT à feuilles persistantes.

perentoriamente *adv* péremptoirement (terminantemente) ‖ de façon urgente o pressante.

perentoriedad *f* caractère *m* péremptoire ‖ urgence.

perentorio, ria *adj* péremptoire (terminante); **con tono perentorio** sur un ton péremptoire ‖ urgent, e; pressant, e (apremiante).

pereza *f* paresse ‖ ZOOL paresseux *m* (perezoso) ■ **pereza mental** paresse d'esprit ‖ **sacudir la pereza** secouer sa paresse.

perezosamente *adv* paresseusement ‖ lentement, sans se presser.

perezoso, sa *adj & s* [▷ SIN] paresseux, euse.

◆ **perezoso** *m* ZOOL paresseux (desdentado) ‖ FIG **ni corto ni perezoso** de but en blanc, sans crier gare.

▮ SIN **holgazán, haragán** fainéant; **gandul** cossard; **indolente** indolent; **negligente, flojo** négligent; **vago** fainéant, feignant, faignant.

perfección *f* perfection; **canta a la perfección** elle chante à la perfection.

perfeccionador, ra *adj* qui perfectionne.

perfeccionamiento *m* perfectionnement ‖ TECN parachèvement.

perfeccionar *v tr* perfectionner; **perfeccionar una máquina** perfectionner une machine ‖ parfaire; **perfeccionar una obra de arte** parfaire une œuvre d'art.

perfeccionismo *m* perfectionnisme.

perfeccionista *adj* perfectionniste.

perfectamente *adv* parfaitement.

perfectivo, va *adj* GRAM perfectif, ive.

perfecto, ta *adj* parfait, e (excelente) ‖ FIG parfait, e (absoluto); **un perfecto imbécil** un parfait imbécile ■ GRAM **futuro perfecto** futur antérieur ‖ **pretérito perfecto** passé composé, passé indéfini, parfait.

pérfidamente *adv* perfidement.

perfidia *f* perfidie.

pérfido, da *adj & s* perfide.

perfil *m* profil (parte lateral); **perfil izquierdo** profil gauche; **ver a uno de perfil** voir quelqu'un de profil ‖ contour, silhouette *f* (contorno); **el perfil de un caballo** la silhouette d'un cheval ‖ profil (de montaña) ‖ délié (de las letras) ‖ FIG esquisse *f*, portrait (retrato moral) ‖ GEOM profil ‖ coupe *f* (en geología) ‖ TECN profilé, profil ■ **de perfil** de profil ‖ **medio perfil** trois-quarts; **un retrato de medio perfil** un portrait de trois quarts ‖ **perfil del puesto** profil de poste.

◆ **perfiles** *m pl* silhouette *f sing*; **los perfiles de un niño** la silhouette d'un enfant ‖ égards (miramientos) ‖ **tomar perfiles** décalquer.

perfilado, da *adj* profilé, e (de perfil) ‖ effilé, e; long et étroit (rostro) ‖ bien fait, e; bien dessiné, e; régulier, ère (nariz, boca, etc.).

perfilar *v tr* profiler ‖ FIG parfaire, mettre la dernière main à, fignoler (rematar).

◆ **perfilarse** *v pr* se profiler ‖ FIG se dessiner; **ya se perfila el resultado final** le résultat final se dessine ‖ se dessiner, se découper; **el campanario se perfila en el cielo** le clocher se découpe sur le ciel ‖ se pomponner (aderezarse).

perfoliado, da *adj* BOT perfolié, e.

perforación *f* perforation ‖ percement *m*; **la perforación de un túnel, de un monte** le percement d'un tunnel, d'une montagne ‖ TECN poinçonnement *m*, poinçonnage *m* (taladro) ‖ forage *m* (sondeo) ‖ MED perforation.

perforado *m* perforage, perforation *f*.

perforador, ra *adj* perforateur, trice.
◆ **perforadora** *f* TECN perforatrice, perforeuse, perceuse (taladradora), poinçonneuse (con punzón).

perforante *adj* perforant, e.

perforar *v tr* perforer ‖ percer (un túnel) ‖ TECN poinçonner (taladrar con punzón) ‖ MED **úlcera perforada** ulcère perforant ‖ DEP **perforar la meta o la portería o la red** mettre la balle au fond des filets.

perforista *f* perforeuse (persona).

performance *f* performance (resultado notable).

perfumadero *m* brûle-parfum, cassolette *f* (pebetero).

perfumador *m* brûle-parfum *inv* (pebetero) ‖ vaporisateur (pulverizador).

perfumar *v tr* parfumer.
◇ *v intr* embaumer (exhalar perfume).
◆ **perfumarse** *v pr* se parfumer.

perfume *m* parfum.

SIN **aroma** arôme; **buqué, aroma** bouquet; **fragancia** fragrance; **esencia** essence; **husmo, tufo** fumet; **efluvio** effluve.

perfumería *f* parfumerie.

perfumero, ra; perfumista *m* & *f* parfumeur, euse.

perfusión *f* MED perfusion.

pergamino *m* parchemin ■ **pergamino vegetal** papier-parchemin.
◆ **pergaminos** *m pl* FIG & FAM peau *f sing* d'âne, parchemins (títulos) ‖ FIG **tener pergaminos** avoir ses quartiers de noblesse.

Pérgamo *n pr* GEOGR Pergame.

pergenio *m* (*Amer*) mioche, gamin (rapazuelo).

pergeñar *v tr* FAM ébaucher.

pergeño *m* allure *f* (apariencia).

pérgola *f* pergola (emparrado) ‖ terrasse (en la techumbre).

perhidrol *m* perhydrol (agua oxigenada).

peri *f* MIT péri (genio persa).

periantio *m* BOT périanthe.

periartritis *f inv* MED périarthrite.

periastro *m* ASTRON périastre.

períbolo *m* péribole (de los templos griegos).

pericardio *m* ANAT péricarde.

pericarditis *f inv* MED péricardite.

pericarpio *m* BOT péricarpe.

pericecitis *f inv* pérityphlite.

pericia *f* compétence (saber) ‖ habileté, adresse, expérience (práctica).

pericial *adj* d'expert ■ **dictamen o examen o prueba pericial** expertise ‖ **someter al juicio pericial** expertiser.

periciclo *m* BOT péricycle.

periclitar *v intr* péricliter.

perico *m* perruche *f* (ave) ‖ grand éventail (abanico) ‖ toupet (pelo) ‖ pot de chambre (orinal) ‖ MAR perruche *f* ■ **huevos pericos** œufs brouillés (huevos revueltos) ‖ **perico ligero** aï, paresseux (mamífero).

Perico *n pr* Pierrot ‖ FAM **Perico el de los palotes** Untel, n'importe qui.

pericón *m* grand éventail (abanico) ‖ danse *f* populaire (baile argentino).

pericote *m* (*Amer*) mulot (rata del campo).

pericráneo *m* ANAT péricrâne.

peridoto *m* MIN péridot.

periecos *m pl* périœciens.

periespíritu *m* périsprit.

periferia *f* périphérie.

periférico, ca *adj* périphérique.
◆ **periférico** *m* INFORM périphérique; **periféricos de entrada-salida** périphériques d'entrée-sortie.

periflebitis *f inv* MED périphlébite.

perifollo *m* BOT cerfeuil.
◆ **perifollos** *m pl* FIG & FAM fanfreluches *f*, colifichets (adorno).

perifonía *f* (p us) radiodiffusion.

periforme *adj* piriforme.

perifrasear *v intr* périphraser.

perífrasis *f inv* périphrase (circunloquio).

perifrástico, ca *adj* périphrastique; **conjugación perifrástica** tournure verbale périphrastique.

perigallo *m* pli, fanon (del cuello) ‖ ruban (cinta) ‖ TECN moufle *f* (de poleas).

perigeo *m* ASTRON périgée.

perigonio *m* BOT périgone.

Perigord *n pr m* GEOGR Périgord.

perihelio *m* ASTRON périhélie.

perilla *f* barbiche (barba) ‖ poire (interruptor eléctrico) ‖ pomme (adorno) ‖ pommeau *m* (de silla de montar) ‖ bout *m* de cigare (del puro) ‖ lobe *m* (de oreja) ‖ MAR pomme de mât ■ FIG & FAM **de perilla, de perillas** à point, à propos ■ MAR **perilla de mesana** pic ‖ FIG & FAM **venir de perilla o de perillas** tomber à pic o à merveille, bien tomber.

perillán *m* FAM coquin, fripon.

perimétrico, ca *adj* périmétrique.

perímetro *m* GEOM périmètre ‖ **perímetro de caderas** tour de hanches.

perinatal *adj* périnatal, e.

perínclito, ta *adj* héroïque, valeureux, euse.

perineal *adj* ANAT périnéal, e.

perineo *m* ANAT périnée.

perineumonía *f* MED péripneumonie.

perineumónico, ca *adj* MED péripneumonique.

perinola *f* toton *m* (juguete) ‖ cochonnet *m* (dado) ‖ pomme (adorno).

periódicamente *adv* périodiquement.

periodicidad *f* périodicité.

periódico, ca *adj* périodique ‖ **publicación periódica** périodique (diario).
◆ **periódico** *m* [▷ SIN] journal (diario); **puesto de periódicos** kiosque à journaux.

SIN **diario, rotativo** journal, quotidien; **gaceta** gazette; **órgano** organe; **hoja** feuille; **revista** revue, magazine; **semanario** hebdomadaire; **boletín** bulletin.

periodicucho *m* FAM feuille *f* de chou, canard (periódico).

periodismo *m* journalisme.

periodista *m* journaliste.

SIN **redactor** rédacteur; **reportero** reporter; **corresponsal** correspondant; **cronista** chroniqueur; **gacetillero** échotier.

periodístico, ca *adj* journalistique ‖ **artículo periodístico** article de journal.

período; periodo *m* période *f* ‖ règles *f pl* (menstruación) ‖ MAT période *f* ■ **período de arrendamiento** durée du bail ‖ GRAM **período de frase** membre de phrase ‖ **período de prácticas** stage ‖ **período de sesiones** session (de una asamblea).

periodonto *m* ANAT périodonte.

periostio *m* ANAT périoste.

periostitis *f inv* MED périostite.

periostosis *f inv* MED périostose.

peripatético, ca *adj* & *s* péripatéticien, enne ‖ FIG & FAM extravagant, e (ridículo).

peripatetismo; peripato *m* péripatétisme.

peripecia *f* péripétie.

periplo *m* périple.

períptero, ra *adj* & *s m* ARQ périptère.

peripuesto, ta *adj* FAM pomponné, e; attifé, e (ataviado) ‖ FIG **estar muy peripuesto** être tiré à quatre épingles.

periquear *v intr* courir le guilledou (una mujer) ‖ (*Amer*) faire la cour (requebrar).

periquete *m* FAM instant ‖ **en un periquete** en un clin d'œil, en un tour de main, en moins de deux.

Periquillo *n pr* Pierrot.

periquito *m* perruche *f* (ave).

periscios *m pl* périsciens.

periscópico, ca *adj* périscopique.

periscopio *m* MAR périscope.

perisístole *f* MED périsystole.

perisodáctilos *m pl* ZOOL périssodactyles.

perisología *f* périssologie (pleonasmo).

perisperma *m* BOT périsperme.

perisplenitis *f inv* MED périsplénite.

perista *m* & *f* receleur, euse.

peristáltico, ca *adj* ANAT péristaltique.

peristasis *f inv* (p us) sujet *m*, matière.

peristilo *m* ARQ péristyle.

perístole *f* BIOL mouvement *m* péristaltique.

peristoma *m* péristome.

peritación *f*; **peritaje** *m* expertise *f*.

peritar *v tr* expertiser.

peritecio *m* BOT périthèce.

peritiflitis *f inv* MED pérityphlite.

perito, ta *adj* compétent, e (sabio) ‖ expert, e (práctico) ‖ **perito en la materia** expert en la matière.
◆ **perito** *m* expert ‖ sous-ingénieur (agrícola, aeronáutico, industrial, etc.) ■ **perito en contabilidad, perito mercantil** expert comp-

table | **perito tasador** commissaire priseur ■ **a juicio de peritos** au dire des experts.

> OBSERV El término sous-ingénieur es cada vez menos empleado en francés. Perito puede traducirse la mayoría de las veces por ingénieur. La jerarquía profesional en Francia se basa más bien en la categoría de la Escuela.

peritoneal *adj* ANAT péritonéal, e.

peritoneo *m* ANAT péritoine.

peritonitis *f inv* MED péritonite.

perjudicado, da *adj & s* lésé, e.

perjudicar [10] *v tr* nuire à, porter atteinte à, porter préjudice à, léser; **perjudicar los intereses de uno** nuire aux intérêts de quelqu'un | nuire à, faire du tort à (en lo moral).

perjudicial *adj* préjudiciable, nuisible.

> SIN dañino, nocivo nuisible; pernicioso pernicieux; deletéreo délétère; peligroso dangereux; malo mauvais; malsano malsain; mefítico méphitique.

perjuicio *m* dommage, préjudice (daño) | tort (daño moral); **reparar el perjuicio que se ha hecho** réparer le tort qu'on a fait ■ **causar perjuicio** nuire, porter préjudice (en lo físico o lo moral), causer du tort (en lo moral) | **con o en perjuicio mío, suyo** à mes, à ses dépens, à mon, à son désavantage | **sin perjuicio de** sans préjudice de | **sin perjuicio de que** quitte à; **un sistema hoy llamado liberalismo sin perjuicio de que tome mañana otro nombre** un système nommé libéralisme quitte à prendre demain un autre nom.

perjurar *v intr & pr* se parjurer.
◇ *v intr* jurer souvent.

perjurio *m* parjure (juramento en falso).

perjuro, ra *adj & s* parjure (persona).

perla *f* perle; **perla cultivada** perle de culture | IMPR perle (carácter) | BLAS pairle *m* (palio) | FIG perle (persona o cosa excelente) ■ **de perlas** parfaitement, on ne peut mieux | FIG **ensartar perlas** enfiler des perles (perder el tiempo) | **hablar de perlas** parler d'or | **venir de perlas** tomber à point o à pic, tomber à merveille.
◇ *adj inv* perle; **gris perla** gris perle.

perlado, da *adj* perlé, e (en forma de perla) | **cebada perlada** orge perlé.

perlé *adj m* algodón perlé coton perlé.

perlería *f* série o tas *m* de perles.

perlero, ra *adj* perlier, ère; **industria perlera** industrie perlière.

perlesía *f* MED paralysie | atonie musculaire des vieillards.

perlicultura *f* culture perlière.

perlongar [16] *v intr* MAR longer la côte (costear).

permafrost *m* GEOL permafrost.

permanecer [30] *v intr* rester; **permanecer inmóvil** rester immobile | rester, demeurer, séjourner (residir); **Juan permaneció dos años en Londres** Jean est resté deux ans à Londres.

permanencia *f* permanence (duración constante); **la permanencia de las leyes** la permanence des lois | séjour (estancia); **durante mi permanencia en el extranjero** pendant mon séjour à l'étranger | durée; **los cosmonautas batieron el récord de permanencia en el espacio** les cosmonautes ont battu le record de durée dans l'espace | constance (perseverancia).

permanentado, da *adj* pelo permanentado cheveux permanentés.

permanente *adj* permanent, e | **servicio permanente** permanence.
◇ *f* permanente (de los cabellos).

permanentemente *adv* d'une manière permanente, en permanence.

permanganato *m* QUÍM permanganate.

permeabilidad *f* perméabilité.

permeable *adj* perméable | FIG perméable (influenciable).

permeámetro *m* FÍS perméamètre.

permeancia *f* ELECTR perméance.

permi *m* FAM perme *f* (permiso); **tener un permi de quince días** avoir une perme de quinze jours.

pérmico, ca; permiano, na *adj & s m* GEOL permien, enne.

permisible *adj* autorisable, qu'on peut permettre.

permisión *f* permission.

permisividad *f* permissivité.

permisivo, va *adj* permissif, ive.

permiso *m* permission *f*; **dar, pedir permiso para salir** donner, demander permission de sortir | permis (de residencia, de caza, etc.); **permiso para o de construir** permis de construire | licence *f*; **permiso de camping** licence de camping | permission *f* (del soldado); **de o con permiso** en permission; **permiso limitado** permission libérable | tolérance *f* (moneda) ■ **permiso al país de origen** congé dans les foyers (diplomático) | **permiso de conducir o de conducción** permis de conduire | **permiso de salida** exeat | **permiso de trabajo** permis de travail ■ *(Amer)* **¡(con) permiso!** pardon! | **con permiso, con su permiso, con permiso de usted** avec votre permission | **licencia por permiso ilimitado** congé de longue durée | **militar con permiso** permissionnaire.

permitido, da *adj* permis, e.

permitir *v tr* permettre; **me permite que vuelva tarde** il me permet de rentrer tard ■ **permítame que le diga** permettez-moi de vous dire | **¿permite usted?** vous permettez?
➡ **permitirse** *v pr* se permettre; **me permito dirigirme a usted** je me permets de m'adresser à vous | **permitirse el lujo de** se payer le luxe de.

permuta *f* permutation, échange *m*.

permutabilidad *f* permutabilité.

permutable *adj* permutable.

permutación *f* permutation.

permutador *m* permuteur.

permutante *m & f* permutant, e.

permutar *v tr* permuter (cambiar); **permutar empleos** permuter des emplois.

perna *f* jambonneau *m* (molusco).

pernada *f* coup *m* donné avec la jambe | DR cuissage *m* | **dar pernadas** gigoter.

pernaza *f* FAM grande jambe, guibolle.

perneador, ra *adj* bon marcheur, bon marcheuse.

pernear *v intr* gigoter FAM | FIG & FAM se démener (afanarse) | pester, fulminer (irritarse).

pernera *f* jambe de pantalon (pernil).

perneta *f* petite jambe | FAM **en pernetas** jambes nues.

perniabierto, ta *adj* qui a les jambes écartées.

pernicioso, sa *adj* pernicieux, euse; dangereux, euse | **fiebre perniciosa** fièvre maligne.

pernil *m* hanche et cuisse *f* (de un animal) | jambon (de cerdo) | jambe *f* (de pantalón) | cuissot (de caza mayor).

pernio *m* penture *f* (de gozne).

perniquebrar [34] *v tr* rompre les jambes, casser une jambe (accidente).
➡ **perniquebrarse** *v pr* se casser une jambe.

pernituerto, ta *adj* bancal, e; bancroche FAM.

perno *m* boulon (tornillo).

pernocta *f* action de découcher | MIL quartier *m* libre.

pernoctar *v intr* découcher (pasar la noche fuera de su propio domicilio) | passer la nuit, coucher; **pernoctaremos en Burgos** nous passerons la nuit à Burgos.

pero *m* pommier à fruits allongés (árbol) | pomme *f* de forme allongée (fruto) | *(Amer)* poirier (peral).

pero *conj* mais; **es bonito, pero caro** c'est joli mais cher | FAM **¡pero bueno!** non mais!
◇ *m* FAM défaut (defecto); **sin pero** sans défaut | inconvénient (dificultad); **tener muchos peros** présenter beaucoup d'inconvénients | objection *f* (reparo); **sin poner peros** sans soulever d'objection ■ **no hay pero que valga** il n'y a pas de mais qui tienne, pas d'excuse | **poner o encontrar peros** trouver à redire.

perogrullada *f* FAM lapalissade, vérité de La Palice.

perogrullesco, ca *adj* digne de La Palice.

Perogrullo *n pr* verdad de Perogrullo vérité de La Palice.

perol *m* bassine *f* (vasija de metal) | casserole *f* (cacerola).

perolero *m* ferblantier (hojalatero).

peroné *m* ANAT péroné (hueso).

peroneo, a *adj & s m* péronier, ère.

peronismo *m* péronisme.

peronista *adj & s* péroniste.

peronosporáceas *f pl* BOT péronosporacées.

peroración *f* péroraison.

perorador, ra *m & f* péroreur, euse.

perorar *v intr* parler, prononcer un discours | FAM pérorer (hablar vanamente).

perorata *f* discours *m*, tirade, laïus *m* (discurso molesto); **echar una perorata** faire un laïus, débiter une tirade.

peroxidar *v tr* QUÍM péroxyder.

peróxido *m* QUÍM péroxyde.

perpendicular *adj & s f* GEOM perpendiculaire.

perpendicularidad *f* perpendicularité.

perpendicularmente *adv* perpendiculairement.

perpetración *f* perpétration.

perpetrador, ra *adj* & *s* qui perpètre.

perpetrar *v tr* perpétrer, commettre (un delito).

perpetua *f* BOT immortelle (siempreviva) ∥ BOT perpetua de las nieves edelweiss.

perpetuación *f* perpétuation.

perpetuamente *adv* perpétuellement.

perpetuar [6] *v tr* perpétuer; perpetuar el recuerdo de los caídos perpétuer le souvenir des morts.

perpetuidad *f* perpétuité; a perpetuidad à perpétuité.

perpetuo, tua *adj* perpétuel, elle ■ cadena perpetua travaux forcés à perpétuité, emprisonnement à vie, détention perpétuelle ∥ nieves perpetuas neiges éternelles.

perpiaño *adj m* ARQ arco perpiaño arcdoubleau.
◇ *m* parpaing (piedra).

Perpiñán *n pr* GEOGR Perpignan.

perplejidad *f* perplexité.

perplejo, ja *adj* perplexe.

perquirir [22] *v tr* rechercher ∥ perquisitionner (hacer pesquisas).

perquisición *f* perquisition (pesquisa).

perquisidor, ra *adj* perquisiteur, trice (indagador).
➤ **perquisidor** *m* perquisitionneur.

perra *f* chienne (animal) ∥ FAM cuite (borrachera) ∥ sou *m* (dinero); no tengo ni una perra je n'ai pas un sou ∥ colère (rabieta); coger una perra piquer une colère ∥ entêtement *m* (obstinación) ■ perra chica, gorda monnaie de 5 centimes, de 10 centimes [en Espagne].
➤ **perras** *f pl* FAM argent *m sing* (dinero); tiene muchas perras il a beaucoup d'argent.

perrada *f* meute (jauría) ∥ FIG & FAM vacherie, tour *m* de cochon.

perramente *adv* FIG & FAM salement, très mal ∥ vivir perramente mener une vie de chien.

perrengue *m* FAM enfant coléreux, braillard (que se emperra con facilidad) ∥ FIG & FAM Négro, Nègre.

perrera *f* chenil *m* ∥ fourrière (de perros sin dueño) ∥ fourgon *m* qui ramasse les chiens errants (camión) ∥ corvée (trabajo) ∥ FAM mauvais payeur *m* (mal pagador) ∥ colère (rabieta).

perrería *f* meute (jauría) ∥ bande [de coquins] ∥ FIG & FAM tour *m* pendable o de cochon, saleté, vacherie (mala acción); hacer una perrería jouer un tour pendable, faire une vacherie ∥ saleté, grossièreté (insulto).

perrero *m* gardien de chenil ∥ bedeau (de iglesia).

perrilla *f* FAM sou *m*, radis *m* (perra chica); no tener una perrilla ne pas avoir un sou o un radis ∥ (*Amer*) orgelet *m* (orzuelo).

perrillo *m* petit chien (perro pequeño) ∥ chien (gatillo de escopeta) ∥ mors (freno del caballo).

perrito caliente *m* hot-dog.
∥ OBSERV [➤ perro].

perro *m* chien (animal) ∥ FAM sou (moneda) ■ perro afgano lévrier afghan ∥ perro alano dogue ∥ perro basset basset ∥ perro bóxer boxer ∥ perro buldog bouledogue ∥ perro ca-

liente hot-dog ∥ perro callejero chien errant ∥ perro cobrador chien qui rapporte ∥ perro corredor chien courant ∥ perro chihuahua chihuahua ∥ perro chow-chow chow-chow ∥ perro dálmata dalmatien ∥ perro danés danois ∥ (*Amer*) perro de agua coypou, myopotame ∥ perro de aguas o de lanas caniche ∥ perro de casta chien de race ∥ perro de muestra chien d'arrêt ∥ perro de Pomerania loulou de Poméranie ∥ perro de presa, perro dogo bouledogue ∥ perro doberman doberman ∥ perro esquimal chien esquimau ∥ perro faldero chien de manchon, petit chien d'agrément o d'appartement ∥ perro foxterrier fox-terrier ∥ perro galgo o lebrel lévrier ∥ perro ganadero chien de berger ∥ perro gozque o roquet ∥ perro guardián chien de garde ∥ perro lobo chien-loup ∥ perro marino chien de mer (cazón) ∥ perro mastín mâtin ∥ perro pachón, perro tranvía FAM basset ∥ perro pastor chien de berger ∥ perro pequinés chien pékinois ∥ perro perdiguero braque ∥ perro podenco épagneul ∥ perro pointer pointer, pointeur ∥ perro policía chien policier ∥ perro raposero terrier ∥ perro rastrero limier ∥ perro San Bernardo saint-bernard ∥ FIG perro sarnoso brebis galeuse ∥ perro setter setter ∥ perro sin dueño chien perdu o errant ∥ perro sabueso sorte de griffon ∥ perro terrier terrier ∥ FIG & FAM perro viejo vieux renard (hombre astuto) ■ FAM ¡a otro perro con ese hueso! à d'autres!, cela ne prend pas avec moi! (no me lo creo) ∥ FIG como un perro apaleado comme un chien battu ∥ cuidado con el perro attention, chien méchant ∥ FAM de perros de chien, de cochon; tiempo de perros temps de chien o de cochon ∥ el perro del hortelano (que no come las berzas ni las deja comer), le chien du jardinier [qui ne mange pas les choux et ne permet pas qu'on les mange] ∥ perro ladrador poco mordedor chien qui aboie ne mord pas ■ FIG allí no atan los perros con longanizas ce n'est pas un pays de cocagne, il ne faut pas croire que c'est le Pérou, on ne roule pas sur l'or (no ser la vida fácil) ∥ andar como perros y gatos s'entendre comme chien et chat ∥ a perro flaco todas son pulgas c'est sur les plus infortunés que s'abattent toutes les souffrances, aux chevaux maigres vont les mouches ∥ a perro viejo no hay tus tus ce n'est pas à un vieux singe que l'on apprend à faire la grimace ∥ dar perro a uno poser un lapin à quelqu'un (dar un plantón) ∥ darse a perros enrager, fulminer, être furieux (irritarse) ∥ echar a perros jeter par la fenêtre, gaspiller ∥ echar perros a uno lâcher les chiens sur quelqu'un ∥ estar más malo que los perros être malade comme un chien ∥ estar de un humor de perros être d'une humeur de chien ∥ llevar una vida de perros mener une vie de chien ∥ marcharse como un perro con cencerro, salir a espeta perros partir la tête basse ∥ morir como un perro mourir comme un chien ∥ muerto el perro se acabó la rabia morte la bête, mort le venin ∥ FIG & FAM por el dinero baila el perro point d'argent, point de Suisse ∥ recibir a alguien como los perros en misa recevoir quelqu'un comme un chien dans un jeu de quilles ∥ FIG ser el perro faldero de alguien être le petit chien de quelqu'un ∥ tratar a uno como a un perro traiter quelqu'un comme un chien.

perro, rra *adj* FAM épouvantable, affreux, euse; horrible; pasé una noche perra j'ai passé une nuit épouvantable ∥ vida perra chienne de vie ∥ FAM ¡qué suerte más perra! quelle poisse!, quelle déveine!

perroquete *m* MAR perroquet (juanete).

perruno, na *adj* canin, e.

persa *adj* & *s* persan, e (de la Persia moderna) ∥ perse (de la Persia antigua).
➤ **persa** *m* LING persan; perse.

persal *m* QUÍM persel.

persecución *f* persécution (tormento) ∥ poursuite (acosamiento); ir en persecución de uno se lancer à la poursuite de quelqu'un ∥ carrera de persecución poursuite (en ciclismo).

persecutorio, ria *adj* poursuivant, e (que acosa) ∥ persécuteur, trice (que atormenta) ∥ manía persecutoria folie o manie de la persécution.

Perséfone *n pr* MITOL Perséphone.

perseguidor, ra *adj* & *s* persécuteur, trice ∥ DR poursuivant, e.
➤ **perseguidor** *m* poursuiteur *m* (en el ciclismo) ∥ poursuiveur, poursuivant (que persigue).

perseguimiento *m* persécution *f* (tormento) ∥ poursuite *f* (acosamiento); en perseguimiento de à la poursuite de.

perseguir [43] *v tr* poursuivre (acosar o seguir) ∥ persécuter; Diocleciano persiguió a los cristianos Dioclétien persécuta les chrétiens ∥ DR poursuivre (judicialmente) ∥ FIG rechercher, poursuivre (procurar); perseguir el bienestar del pueblo rechercher le bien-être du peuple ∥ briguer (pretender); Juan persigue un puesto en el ministerio Jean brigue un poste au ministère.

Perseidas *n pr f pl* ASTRON Perséides.

Perseo *n pr* MITOL Persée.

perseverancia *f* persévérance; perseverancia en el trabajo, en luchar persévérance dans le travail, à lutter.
∥ SIN tesón opiniâtreté; firmeza, entereza fermeté; constancia constance; tenacidad ténacité; persistencia persistance.

perseverante *adj* & *s* persévérant, e.

perseverar *v intr* persévérer; perseverar en una empresa persévérer dans une entreprise ∥ persister à, continuer à (con infinitivo); persevera en callarse il persiste à se taire.

Persia *n pr f* GEOGR Perse (antiguo nombre de Irán).

persiana *f* persienne (postigo), store *m* (enrollable) ∥ perse (tela) ∥ persiana veneciana store vénitien.

persicaria *f* BOT persicaire (duraznillo).

pérsico *m* pêcher (árbol) ∥ pêche *f* (fruto).

Pérsico *n pr* GEOGR el golfo Pérsico le golfe Persique.

persignar *v tr* faire le signe de la croix sur, bénir.
➤ **persignarse** *v pr* se signer.

persistencia *f* persistance; persistencia en el error persistance dans l'erreur ∥ obstination; su persistencia en rehusar son obstination à refuser.

persistente *adj* persistant, e.

persistentemente *adv* obstinément, avec persistance, persévérance.

persistir *v intr* persister; persistir en creer persister à croire; persistir en el vicio persister dans le vice.

persona *f* personne (hombre o mujer) ‖ personnalité (hombre importante) ‖ personnage *m* (en una obra literaria) ‖ GRAM personne; la tercera persona la troisième personne ‖ GRAM persona agente agent ‖ persona paciente objet ‖ DR persona física personne physique ‖ persona jurídica o social o civil personne morale o civile ‖ persona mayor grande personne ‖ DR persona natural personne physique ‖ FIG & FAM de persona a persona entre nous ‖ enciclopedia en persona encyclopédie vivante ‖ en la persona de dans la personne de ‖ en persona en personne, personnifié, e; es el diablo en persona c'est le diable en personne ‖ sin acepción de personas sans acception de personne ‖ tercera persona tierce personne, tiers ■ dárselas de persona importante prendre de grands airs, faire l'important ‖ ser una buena persona être très gentil.

> OBSERV Le mot espagnol persona ne correspond pas au pronom indéfini français personne, qui se dit nadie, sauf dans les phrases du type: no lo dije a persona alguna je ne l'ai dit à personne.

personación *f* DR comparution.

personaje *m* personnage.

personal *adj* personnel, elle; un asunto personal une affaire personnelle ‖ particulier, ère; el interés personal debe desaparecer ante el interés general l'intérêt particulier doit s'effacer devant l'intérêt général. ◇ *m* personnel (empleados) ‖ FAM monde, gens *pl* (gente) ‖ ancien impôt (tributo) ■ el personal dirigente les cadres ‖ AVIAC personal de tierra personnel au sol ‖ personal docente enseignants. ◇ *f* DEP faute personnelle [sanction].

personalidad *f* personnalité.

personalismo *m* personnalisme (doctrina).

personalista *m* personnaliste.

personalización *f* personnalisation.

personalizar [13] *v tr* personnaliser.

personalmente *adv* personnellement.

personarse *v pr* se présenter (presentarse); se personó en mi casa il se présenta chez moi ‖ se rendre sur les lieux; la policía se personó rápidamente la police se rendit rapidement sur les lieux ‖ se rencontrer (reunirse) ‖ DR comparaître (comparecer).

personería *f* (Amer) DR pouvoir, procuration.

personificación *f* personnification.

personificar [10] *v tr* personnifier (simbolizar); este hombre personifica la República cet homme personnifie la République ‖ personnaliser; personificar el vicio personnaliser le vice ‖ es la avaricia personificada c'est l'avarice personnifiée en personne.

perspectiva *f* perspective ‖ point *m* de vue (punto de vista) ■ en perspectiva en perspective ‖ perspectiva aérea, caballera, lineal perspective aérienne, cavalière, linéaire.

perspectivo, va *adj* perspectif, ive.

perspicacia; perspicacidad *f* excellente vue, vue pénétrante (mirada) ‖ FIG perspicacité (penetración).

perspicaz *adj* pénétrant, e (mirada) ‖ perspicace (que tiene perspicacia). ▪ OBSERV pl perspicaces.

perspicuo, cua *adj* clair, e ‖ FIG clair, e (estilo, orador).

perspiración *f* perspiration.

persuadidor, ra *adj* persuasif, ive. ◇ *m & f* personne *f* persuasive.

persuadir *v tr* persuader; le persuadí de mi sinceridad, de que no mentía je l'ai persuadé de ma sincérité, que je ne mentais pas. ➤ **persuadirse** *v pr* se persuader, croire.

persuasión *f* persuasion.

persuasiva *f* force de persuasion.

persuasivo, va *adj* persuasif, ive.

persuasor, ra *adj* persuasif, ive. ◇ *m & f* personne *f* persuasive.

persulfato *m* QUÍM persulfate.

persulfurado, da *adj* QUÍM persulfuré, e.

persulfuro *m* QUÍM persulfure.

pertenecer [30] *v intr* être, appartenir; eso no me pertenece ce n'est pas à moi; te pertenece avisarle de ello il t'appartient o c'est à toi de l'en avertir ‖ appartenir; el pino pertenece a la familia de las coníferas le pin appartient à la famille des conifères ‖ esto pertenece al pasado cela appartient au passé, c'est du passé.

> OBSERV Se usa menos en francés el verbo appartenir que la locución être à.

perteneciente *adj* appartenant *inv*; las casas pertenecientes a mi padre les maisons appartenant à mon père ‖ DR appartenant, e.

pertenencia *f* possession, propriété (propiedad); reivindicar la pertenencia de una cosa revendiquer la propriété de quelque chose ‖ possession (territorio) ‖ appartenance (adhesión); pertenencia a un partido appartenance à un parti ‖ dépendance; una finca con todas sus pertenencias une propriété avec toutes ses dépendances.

pértica *f* (ant) mesure de longueur (2, 70 m).

pértiga *f* perche (vara) ‖ salto de pértiga saut à la perche.

pértigo *m* timon (de carro).

pertiguear *v tr* gauler (varear).

pertiguero *m* suisse (de iglesia).

pertinacia *f* obstination, pertinacité (terquedad) ‖ FIG persistance (duración).

pertinaz *adj* tenace, obstiné, e ‖ persistant, e. ▪ OBSERV pl pertinaces.

pertinazmente *adv* obstinément.

pertinencia *f* pertinence.

pertinente *adj* pertinent, e; una demanda pertinente une requête pertinente.

pertinentemente *adv* pertinemment.

pertrechar *v tr* munir, équiper, approvisionner (proveer) ‖ FIG préparer (disponer). ➤ **pertrecharse** *v pr* se munir; pertrecharse de o con lo necesario se munir du nécessaire.

pertrechos *m pl* munitions *f* ‖ équipement *sing*, matériel *sing* (de guerra) ‖ équipement *sing*, attirail *sing*; pertrechos de pescar attirail de pêche ‖ outils (instrumentos).

perturbación *f* perturbation (desorden); sembrar la perturbación jeter la perturbation ‖ trouble *m* (disturbio); perturbaciones sociales troubles sociaux ‖ trouble *m* (emoción) ‖ MED trouble *m* ‖ ASTRON perturbation *m*.

perturbado, da *adj & s* déséquilibré, e.

perturbador, ra *adj* perturbateur, trice (que trastorna) ‖ émouvant, e (conmovedor) ‖ embarrassant, e; déconcertant, e (que desasosiega). ◇ *m & f* perturbateur, trice.

perturbar *v tr* perturber, troubler (trastornar) ‖ troubler (desasosegar a uno) ‖ émouvoir, toucher (conmover) ‖ déranger (el tiempo, un proyecto).

Perú *n pr m* GEOGR (el) Perú le Pérou ■ FAM FIG valer un Perú valoir une fortune (cosa), être en or (persona).

peruanismo *m* mot (vocablo), tournure *f* (giro) propre aux Péruviens.

peruano, na *adj & s* péruvien, enne.

perulero, ra *adj & s* (p us) péruvien, enne (peruano). ◇ *m & f* personne qui a fait fortune au Pérou. ➤ **perulero** *m* pichet (vasija).

perusino, na *adj & s* pérugin, e.

perversidad *f* perversité.

perversión *f* perversion, pervertissement *m*.

perverso, sa *adj & s* pervers, e; un alma perversa une âme perverse.

pervertido, da *m & f* pervers, e.

pervertidor, ra *adj & s* corrupteur, trice; pervertisseur, euse (p us).

pervertimiento *m* perversion *f*, pervertissement.

pervertir [27] *v tr* pervertir (corromper) ‖ dénaturer (un texto). ➤ **pervertirse** *v pr* se pervertir, se corrompre.

pervivencia *f* survivance (supervivencia).

pervivir *v intr* survivre (supervivir).

pesa *f* poids *m*; una balanza y sus pesas une balance et ses poids ‖ poids *m* (de un reloj, para gimnasia) ‖ combiné *m* (microteléfono). ➤ **pesas** *f pl* haltères (gimnasia) ‖ pesas y medidas poids et mesures.

pesabebés *m inv* pèse-bébé.

pesacartas *m inv* pèse-lettre.

pesadamente *adv* lourdement.

pesadez *f* lourdeur, poids *m*; la pesadez de un bulto le poids d'un paquet ‖ lourdeur, pesanteur (del estómago) ‖ (p us) FÍS pesanteur (gravedad) ‖ lenteur; la pesadez de sus movimientos la lenteur de ses mouvements ‖ FIG obstination, entêtement *m* (terquedad) ‖ ennui *m* (molestia) ■ FIG & FAM este hombre, ¡qué pesadez! que cet homme est assommant! ‖ ¡qué pesadez! que c'est assommant!, que c'est ennuyeux! ‖ sentir pesadez de cabeza avoir la tête lourde. ▪ OBSERV pl pesadeces.

pesadilla *f* cauchemar *m* ▪ es mi pesadilla c'est mon cauchemar o ma bête noire.

pesado, da *adj* lourd, e; pesant, e; un paquete pesado un paquet lourd ▪ FIG lourd, e; profond, e (sueño) ▪ lourd, e (tiempo, cabeza, broma) ▪ gras, grasse; lourd, e (un terreno) ▪ lourd, e (tardo) ▪ pesant, e; lourd, e; pénible (penoso) ▪ ennuyeux, euse; assommant, e; embêtant, e (molesto) ▪ broma pesada plaisanterie lourde, grosse plaisanterie ▪ camión de carga pesada poids lourd ▪ día pesado temps lourd ▪ DEP peso pesado poids lourd ▪ FIG & FAM más pesado que un saco de plomo ennuyeux comme la pluie ¡qué tío más pesado! quel enquiquineur!, quel raseur! ▪ ser un pesado ne pas être marrant o drôle, être assommant.

pesadumbre *f* lourdeur (pesadez) ▪ FIG ennui *m*, tracas *m* (molestia) ▪ chagrin *m* (sentimiento); tener mucha pesadumbre avoir beaucoup de chagrin.

pesaje *m* pesage (peso); el pesaje de los boxeadores le pesage des boxeurs.
▪ OBSERV Ce mot est un gallicisme employé pour peso.

pesaleche *m* pèse-lait.

pesalicores *m inv* FÍS aréomètre, pèse-liqueur (areómetro).

pésame *m* condoléances *f pl*; dar el pésame présenter ses condoléances ▪ mi más sentido pésame toutes mes condoléances, sincères condoléances.

pesantez *f* pesanteur (gravedad).
▪ OBSERV pl pesanteces.

pesar *m* chagrin, peine *f* (pena); cuéntame tus pesares raconte-moi tes peines ▪ regret (arrepentimiento); con pesar à regret ▪ a pesar malgré; a pesar de su padre malgré son père; bien que; a pesar de que hayas venido bien que tu sois venu; a pesar de estar malo bien qu'il soit malade; en dépit de, malgré; se irá a pesar de mi negativa elle partira en dépit de mon refus ▪ a pesar de los pesares malgré tout, en dépit de tout ▪ a pesar de todo malgré tout, tout de même, quand même FAM; me lo han prohibido, pero lo haré a pesar de todo on me l'a défendu, mais je le ferai quand même ▪ a pesar de todos en dépit de tout le monde, envers et contre tous ▪ a pesar mío, suyo, etc. contre mon, son gré, etc.; malgré moi, lui, etc. ▪ sentir pesar por regretter.

pesar *v tr* peser ▪ FIG peser (examinar); pesar el pro y el contra peser le pour et le contre ▪ FIG pesarle algo a uno en el alma regretter quelque chose de tout son cœur ▪ pesar sus palabras peser ses mots.
◇ *v intr* peser ▪ FIG peser, être d'un grand poids (tener eficacia) ▪ peser (en la conciencia) ▪ regretter; me pesa que no haya venido je regrette qu'il ne soit pas venu ▪ pesar corrido faire bon poids ▪ pesar menos que être plus léger que ▪ pesar poco être léger ▪ mal que le pese ne lui, vous en déplaise ▪ pese a malgré, en dépit de; pese a sus tareas vino il est venu malgré ses occupations ▪ FIG pese a quien pese envers et contre tous.

pesario *m* MED pessaire.

pesarosamente *adv* d'une manière désolée (con arrepentimiento) ▪ tristement (con tristeza) ▪ lourdement, pesamment (pesadamente).

pesaroso, sa *adj* peiné, e; chagriné, e; désolé, e.

pesasales *m inv* pèse-sel.

pesca *f* pêche; ir, estar de pesca aller, être à la pêche ▪ poisson *m* (lo que se pesca); aquí hay mucha pesca ici il y a beaucoup de poisson ▪ pêche (lo pescado); buena pesca bonne pêche ▪ pesca con caña, con red pêche à la ligne, au filet ▪ pesca de altura pêche en haute mer ▪ pesca de arrastre pêche à la traîne o au chalut ▪ pesca de bajura o de litoral o costera pêche côtière o littorale ▪ pesca de gran altura pêche hauturière ▪ pesca submarina pêche sous-marine ▪ FIG & FAM y toda la pesca et toute la bande (personas), et tout et tout, et tout ce qui s'ensuit (y todo lo demás).

pescada *f* merluche (pez vivo) ▪ colin *m* (considerado como un manjar).

pescadería *f* poissonnerie.

pescadero, ra *m & f* poissonnier, ère.

pescadilla *f* merlan *m* ▪ FIG es la pescadilla mordiéndose la cola c'est l'histoire du poisson qui se mord la queue.

pescado *m* poisson ▪ día de pescado jour maigre ▪ FIG ni carne ni pescado ni chair ni poisson.
▪ OBSERV Pescado désigne le poisson une fois pêché, et pez le poisson encore dans l'eau.

pescador, ra *adj & s* pêcheur, euse.
➤ **pescador** *m* ZOOL baudroie *f*.
➤ **pescadora** *f* marinière (camisa).

pescante *m* siège du cocher ▪ support (consola) ▪ TEATR machine *f* (tramoya) ▪ MAR bossoir, portemanteau ▪ CONSTR potence *f*.

pescar [10] *v tr* pêcher; pescar con caña pêcher à la ligne ▪ FIG & FAM pêcher; ¿dónde has pescado esta noticia? où as-tu pêché cette nouvelle? ▪ attraper (coger); pescar un resfriado attraper un rhume ▪ pincer, coincer (a uno desprevenido) ▪ pincer, épingler (hacer prisionero) ▪ coller; difícil de pescar en geografía difficile à coller en géographie ▪ accrocher, décrocher (lograr); pescar un marido, una colocación accrocher un mari, une place ▪ racoler, rabattre (clientes) ▪ FIG pescar a o en río revuelto pêcher en eau trouble ▪ no sabe lo que se pesca il ne sait pas ce qui l'attend.

pescocear *v tr* (*Amer*) calotter.

pescozada *f*; **pescozón** *m* calotte *f*, coup *m* sur la nuque.

pescuezo *m* cou ▪ FIG orgueil, arrogance *f* (soberbia) ▪ FIG & FAM apretar o estirar o torcer a uno el pescuezo tordre le cou à quelqu'un ▪ ser más malo que la carne de pescuezo être méchant comme une teigne (una persona), être très mauvais o dégoûtant (comida) ▪ torcer uno el pescuezo casser sa pipe (morir).

pesebre *m* râtelier, mangeoire *f*, crèche *f*.

pesero *m* (*Amer*) taxi que l'on prend en commun.

peseta *f* peseta (moneda española) ▪ FIG & FAM cambiar la peseta rendre, dégobiller (vomitar).

pesetada *f* (*Amer*) farce (chasco).

peseteja *f* FAM peseta.

pesetero, ra *adj* FAM près de ses sous (tacaño), qui aime l'argent (aficionado al dinero) ▪ qui coûte une peseta (ant).

pesillo *m* trébuchet (balanza) ▪ pesillo de precisión pesette.

pésimamente *adv* très mal.

pesimismo *m* pessimisme.

pesimista *adj & s* pessimiste; espíritu pesimista esprit pessimiste.

pésimo, ma *adj* très mauvais, e; désastreux, euse (cosa).

peso *m* poids; el peso del aire le poids de l'air ▪ peso (moneda) ▪ balance *f* (balanza) ▪ pesage (de los jockeys, de los boxeadores) ▪ FIG poids (importancia o eficacia); argumento de peso argument de poids ▪ charge *f*, poids (gravamen) ▪ TECN peson ▪ peso atómico, molecular, específico poids atomique, moléculaire, spécifique ▪ peso bruto poids brut ▪ peso de baño pèse-personnes, balance ▪ peso duro o fuerte peso (moneda) ▪ peso en vivo poids vif (carnicería) ▪ peso gallo, ligero, mosca, pesado, pluma, semi-pesado poids coq, léger, mouche, lourd, plume, mi-lourd (boxeo) ▪ peso muerto port en lourd (carga máxima), poids mort (lastre) ▪ peso neto poids net ▪ al peso au poids ▪ a peso de oro au poids de l'or; à prix d'or (a precio muy subido); comprar a peso de oro acheter à prix d'or ▪ en peso en l'air ▪ FIG caerse de o por su peso tomber sous le sens, aller de soi, couler de source ▪ dar buen peso faire bon poids ▪ FIG no tener mucho peso, ser cosa de poco peso ne pas peser lourd ▪ quitar un peso de encima enlever un poids ▪ valer su peso en oro valoir son pesant d'or.

pespuntar *v tr* piquer, coudre.

pespunte *m* point arrière ▪ medio pespunte point devant.

pespuntear *v tr* piquer, coudre.

pesquera *f* pêcherie.

pesquería *f* pêche (acción) ▪ pêcherie (sitio).

pesquero, ra *adj* de pêche; buque pesquero bateau de pêche; puerto pesquero port de pêche.
➤ **pesquero** *m* bateau de pêche.

pesquis *m inv* FIG & FAM jugeote *f* (cacumen); no tener pesquis ne pas avoir de jugeote ▪ flair, nez (perspicacia).

pesquisa *f* recherche, enquête; pesquisas sobre la producción del carbón recherches sur la production du charbon ▪ perquisition (en casa de uno).
◇ *m* (*Amer*) détective.

pesquisar *v tr* rechercher (buscar) ▪ enquêter (la policía) ▪ perquisitionner (en casa de uno).

pesquisidor, ra *adj & s* enquêteur, euse; qui recherche.

pestaña *f* cil *m* (del ojo); pestaña vibrátil cil vibratile ▪ galon *m* (adorno de una tela) ▪ bord *m*, rentré *m* (en una costura) ▪ rebord *m* (borde saliente) ▪ TECN joue ▪ languette (de una lata de sardinas) ▪ boudin *m* (en las ruedas de ferrocarriles) ▪ FIG no mover pestaña ne pas sourciller ▪ no pegar pestaña ne pas fermer l'œil.
➤ **pestañas** *f pl* BOT cils *m* ▪ FIG quemarse las pestañas trabajando travailler d'arrache-pied, se tuer au travail.

pestañear *v intr* cligner des yeux, ciller ▪ FIG sin pestañear sans sourciller.

pestañeo *m* clignement d'yeux.

∎ OBSERV No se confunda con clin d'œil guiño.

pestazo *m* FAM puanteur *f* (hedor).

peste *f* peste; peste aviar, bubónica, porcina peste aviaire, bubonique, porcine ∥ FIG & FAM puanteur, infection (mal olor) ∥ peste, fléau *m* (cosa mala) ∥ pourriture, corruption (depravación) ∥ peste, poison *m*, fléau *m* (persona malvada) ∥ invasion (exceso) ∎ FIG & FAM huir de uno como de la peste fuir quelqu'un comme la peste ∥ ¡mala peste se lo lleve! la peste soit de lui!

➡ **pestes** *f pl* jurons *m* ∥ FIG & FAM decir o hablar pestes de uno dire pis que pendre de quelqu'un ∥ echar pestes pester.

pesticida *adj* & *s m* pesticide.

pestífero, ra *adj* pestiféré, e; pesteux, euse ∥ pestilentiel, elle (que tiene mal olor).
◇ *adj* & *s* pestiféré, e (enfermo de la peste).

pestilencia *f* pestilence.

pestilente *adj* pestilentiel, elle.

pestillo *m* targette *f*, verrou (cerrojo) ∥ pêne (de la cerradura); pestillo de golpe pêne dormant.

pestiño *m* sorte de beignet.

Pesto *n pr* GEOGR Paestum.

pestorejo *m* nuque *f*.

pestoso, sa *adj* puant, e.

pesuño *m* ZOOL onglon.

petaca *f* blague à tabac ∥ porte-cigares *m inv* (para cigarrillos puros) ∥ porte-cigarettes *m inv*, étui *m* à cigarettes (para pitillos) ∥ FIG lit en portefeuille; hacer la petaca faire le lit en portefeuille ∥ (Amer) malle (baúl).

petacona; petacuda *f* FAM (Amer) dondon (mujer muy gruesa).

pétalo *m* BOT pétale.

petaloideo, a *adj* BOT pétaloïde.

petanca *f* pétanque (juego de bolas).

petanque *m* MIN minerai d'argent natif.

petardear *v tr* MIL pétarder (derribar con petardos) ∥ FIG taper (pedir prestado).

petardero *m* MIL qui pose des pétards ∥ FIG & FAM tapeur (sablista) ∥ escroc (estafador).

petardista *m* & *f* FAM tapeur (sablista) ∥ escroc (estafador).

petardo *m* pétard (explosivo) ∥ FIG & FAM escroquerie *f* (estafa) ∥ épouvantail, laideron, repoussoir (mujer fea) ∎ FIG & FAM ¡vaya petardo! quelle horreur! ∥ pegar un petardo taper, emprunter (pedir prestado), escroquer (estafar).

petaso *m* pétase (sombrero romano).

petate *m* natte *f* (estera) ∥ sac de marin, barda FAM ∥ FAM balluchon, bagages *pl* (de pasajero) ∥ vieux renard, coquin (embustero) ∥ pauvre diable ∥ FIG & FAM liar el petate plier bagage, faire son paquet.

petatería *f* (Amer) fabrique de nattes.

petenera *f* chanson populaire espagnole ∥ FIG salirse o responder por peteneras s'en tirer par une pirouette.

petequia *f* MED pétéchie.

petequial *adj* MED pétéchial, e.

peticano; peticanon *m* IMPR petit canon.

---

petición *f* demande (acción de pedir) ∥ demande, requête, pétition (administrativa u oficial) ∎ petición de indulto pourvoi o recours en grâce ∥ petición de mano demande en mariage ∥ petición de más plus-pétition ∥ petición de principio pétition de principe ∎ a petición de à la demande de ∥ consulta previa petición de hora consultation sur rendez-vous.

peticionar *v tr* (Amer) faire une réclamation, une requête.

peticionario, ria *adj* & *s* (Amer) pétitionnaire (solicitante).

petifoque *m* MAR petit-foc.

petigrís *m* petit-gris (piel).

petillo *m* petit plastron.

petimetre, tra *m* & *f* petit-maître *m*, gandin *m*, précieuse *f* (currutaco).

petirrojo *m* rouge-gorge (ave).

petiso, sa; petizo, za *adj* (Amer) petit, e [personne].

➡ **petiso; petizo** *m* (Amer) bidet (caballejo).

petisú *m* petit chou (pastelillo).

petit-grain *m* (Amer) petit-grain (fruto).
∎ OBSERV pl petits-grains.

petitoria *f* demande, réclamation.

petitorio, ria *adj* pétitoire (suplicante).

➡ **petitorio** *m* FAM réclamations *f pl* ∥ liste *f* des médicaments (en una farmacia) ∥ medicamento incluido en el petitorio del Seguro de Enfermedad médicament remboursé par la Sécurité sociale.

petizo, za ➡ petiso.

peto *m* plastron (de armadura o de vestido) ∥ TAUROM caparaçon ∥ bavette *f* (de un delantal) ∥ ZOOL plastron (de tortuga) ∥ peto de trabajo salopette o bleu de travail.

Petra *n pr* Pierrette.

petral *m* sangle *f* poitrinière *f* (correa).

Petrarca *n pr* Pétrarque.

petrarquismo *m* pétrarquisme.

petrarquista *adj* & *s* pétrarquiste.

petrel *m* ZOOL pétrel.

pétreo, a *adj* pierreux, euse ∥ de pierre, dur, e ∥ Arabia Pétrea Arabie Pétrée.

petrificación *f* pétrification.

petrificante *adj* pétrifiant, e.

petrificar [10] *v tr* pétrifier ∥ FIG figer, pétrifier.

petrífico, ca *adj* pétrifiant, e.

petrodólar *m* pétrodollar.

petroglifo *m* pétroglyphe.

petrografía *f* pétrographie.

petroleado *m* AUTOM pulvérisation *f*.

petrolear *v tr* AUTOM pulvériser.

petróleo *m* pétrole; petróleo crudo o en bruto pétrole brut ∥ petróleo lampante pétrole lampant, huile lampante.

petrolero, ra *adj* pétrolier, ère ∥ (Amer) pétrolifère.

➡ **petrolero** *m* pétrolier (buque).
◇ *m* & *f* pétroleur, euse (incendiario) ∥ personne *f* qui vend du pétrole au détail.

petrolífero, ra *adj* pétrolifère.

---

petrología *f* GEOL pétrologie.

Petronio *n pr* Pétrone.

petroquímico, ca *adj* pétrochimique.
➡ **petroquímica** *f* pétrochimie.

petroso, sa *adj* ANAT pétreux, euse ∥ pierreux, euse (pétreo).

petulancia *f* arrogance, fierté (presunción).
∎ OBSERV Pétulance en francés significa vivacidad, impetuosidad.

petulante *adj* & *s* fier, ère; arrogant, e.
∎ OBSERV Pétulant significa vivo, impetuoso.

petunia *f* BOT pétunia.

peucédano *m* BOT peucedan.

peúco *m* chausson [de bébé].

peyorativo, va *adj* péjoratif, ive (despectivo).

peyote *m* peyotl (planta).

pez *m* poisson ∥ FIG tas (montón) ∥ FIG pez de cuidado drôle de loustic o d'oiseau ∥ pez de san Pedro saint-pierre, poisson de saint Pierre ∥ pez espada espadon, poisson-épée ∥ FIG & FAM pez gordo gros bonnet, grosse légume, gros bras, huile (persona importante) ∥ pez luna poisson-lune ∥ pez martillo marteau (requin) ∥ pez mujer lamentin (manatí) ∥ pez piloto pilote ∥ pez sierra poisson-scie (priste) ∎ FIG & FAM cayó el pez l'affaire est dans le sac ∥ el pez grande se come al pequeño le gros poisson mange le petit ∥ estar como el pez en el agua être comme un poisson dans l'eau ∥ estar pez être ignare o nul, nager complètement ∥ por la boca muere el pez trop parler nuit.

➡ **peces** *m pl* poissons ∎ peces de colores poissons rouges.
∎ OBSERV Pez désigne le poisson vivant, et pescado uniquement le poisson pêché.

pez *f* poix ∥ MED méconium *m* (alhorre) ∥ pegarse como la pez coller comme poix ∥ pez griega colophane (colofonia).

pezcozón *m* FAM taloche *f* (capón).

pezcozudo, da *adj* qui a le cou très gros.

pezón *m* BOT queue *f* (de hoja, fruto) ∥ mamelon, bout de sein (de la teta) ∥ bout, tête *f* (extremo).

pezonera *f* chapeau *m* (de rueda).

pezote *m* (Amer) ZOOL coati.

pezpalo *m* stockfisch, morue *f* séchée.

pezpita *f*; **pezpítalo** *m* bergeronnette *f* (aguzanieves).

pezuelo *m* TECN penne *f* (de una tela).

pezuña *f* sabot *m* (de animal).
∎ OBSERV Pezuña désigne un sabot fourchu (mouton, etc.), tandis que casco désigne le sabot du cheval.

PFE *m* (abrev de Partido Feminista de España) parti féministe espagnol ∥ (abrev de Patrimonio Forestal del Estado) ≃ ONF.

pfennig *m* pfennig (moneda alemana).

PGC (abrev de Parque Móvil de la Guardia Civil) *m* flotte de véhicules de la gendarmerie espagnole.

PGE (abrev de Presupuestos Generales del Estado) *m pl* ≃ Budget *m*.

phi *f* phi (letra griega).

PHN (abrev de Plan Hidrológico Nacional) *m* plan hydrologique national espagnol.

pi *f* pi *m* (letra griega) ∥ MAT pi *m* (número).

piache
➥ **tarde piache** *loc* FAM après la bataille, trop tard.

piada *f* piaillement *m* ▮ FIG & FAM expression familière empruntée à une autre personne.

piadosamente *adv* pieusement (con devoción) ▮ avec piété, avec compassion (con lástima).

piadoso, sa *adj* pieux, euse; alma piadosa âme pieuse ▮ miséricordieux, euse ▮ mentira piadosa pieux mensonge.

piafar *v intr* piaffer.

pial *m* (*Amer*) lasso (lazo).

pialar *v tr* (*Amer*) entraver [un animal].

piamadre; piamáter *f* ANAT pie-mère.

píamente *adv* pieusement (con devoción).

Piamonte *n pr m* GEOGR Piémont.

piamontés, esa *adj* & *s* piémontais, e.
▮ OBSERV pl piamonteses, piamontesas.

pián *m* pian (enfermedad).

pian, pian; pian, piano *loc adv* FAM piano, piano; lentement.

pianillo *m* orgue de Barbarie (organillo).

pianino *m* MÚS pianino, petit piano droit.

pianísimo *adv* MÚS pianissimo.

pianista *m* & *f* pianiste (músico).
◇ *m* facteur de pianos (fabricante).

pianístico, ca *adj* pianistique.

piano *m* MÚS piano ▪ piano de cola piano à queue ▮ piano de manubrio orgue de Barbarie, piano mécanique ▮ piano de media cola crapaud, piano demi-queue ▮ piano diagonal piano oblique ▮ piano recto o vertical piano droit.
◇ *adv* MÚS piano.

pianoforte *m* piano-forte.

pianola *f* pianola *m*, piano *m* mécanique.

piante *m* & *f* FAM râleur, euse.

piapoco *m* (*Amer*) toucan (ave).

piar *m* pépiement.

piar [9] *v intr* piailler, piauler (el pollo) ▮ pépier (las aves) ▮ FIG & FAM râler (protestar) ▮ piar por réclamer.

piara *f* troupeau *m* [surtout de porcs].

piasava *f* piassava *m* (planta).

piastra *f* piastre (moneda).

PIB (abrev de Producto Interior Bruto) *m* PIB.

pibe, ba *m* & *f* FAM (*Amer*) gosse, gamin, e.

piberío *m* (*Amer*) marmaille *f* (chiquillos).

PIC (abrev de punto de información cultural) *m* ≃ syndicat d'initiative.

pica *f* pique (arma) ▮ pic *m* (herramienta) ▮ piquier *m* (soldado) ▮ TAUROM pique ▮ MED pica *m* ▮ marteau *m* bretté (martillo) ▪ FIG & FAM no ha puesto una pica en Flandes il n'a rien fait d'extraordinaire.

picacho *m* pic, piton (montaña).

picada *f* coup *m* de bec (picotazo) ▮ piqûre (picadura) ▮ touche (en la pesca) ▮ (*Amer*) piste, sentier *m* (sendero) ▮ gué *m* (vado) ▮ charbon *m* (carbunclo).

picadero *m* manège (de caballos) ▮ MAR tin (madero) ▮ FAM garçonnière *f* (cuarto) ▮ abattoir (matadero).

picadillo *m* hachis (cocina) ▮ FIG hacer picadillo mettre en pièces (un ejército), hacher menu comme chair à pâté (una persona), mettre en charpie o en pièces (algo).

picado *m* piqûre *f* ▮ piqué (de avión); descender en picado descendre en piqué ▮ cognement (de un motor) ▮ poinçonnage, poinçonnement (de un billete) ▮ piquage (de las piedras) ▮ MÚS stacatto ▮ hachis (picadillo).

picado, da *adj* piqué, e (bebida, fruta) ▮ gâté, e; tener un diente picado avoir une dent gâtée ▮ pique, e; mordu, e (por una serpiente, etc.) ▮ piqué, e (por un insecto) ▮ CULIN haché, e ▮ FAM piqué, e; froissé, e; vexé, e (ofendido) ▮ (*Amer*) pompette (achispado) ▪ mar picado mer houleuse ▮ MÚS nota picada note piquée ▮ picado de viruelas marqué de petite vérole, grêlé.

picador *m* TAUROM picador ▮ dresseur de chevaux (adiestrador) ▮ mineur (minero) ▮ hachoir (de cocina).

picadora *f* hachoir *m*.

picadura *f* piqûre ▮ morsure, piqûre (de serpientes) ▮ piqûre (de insectos) ▮ coup *m* de bec (de aves) ▮ tache (en las frutas) ▮ tabac *m* à fumer (tabaco) ▮ trou *m*, marque (de viruela) ▮ tener una picadura en un diente avoir une dent gâtée o abîmée.

picafigo *m* ZOOL becfigue (papahígo).

picaflor *m* oiseau-mouche, colibri ▮ FIG (*Amer*) papillon (mariposón).

picajón, ona; picajoso, sa *adj* FAM chatouilleux, euse; susceptible.

picamaderos *m inv* ZOOL pic, pivert.

picana *f* (*Amer*) aiguillon *m* (del boyero) ▮ gégène (instrumento de tortura).

picanear *v tr* (*Amer*) aiguillonner (aguijar) ▮ torturer à la gégène (torturar).

picante *adj* piquant, e; salsa picante sauce piquante ▮ relevé, e; épicé, e (comida) ▮ FIG acerbe, piquant, e; palabras picantes mots acerbes ▮ piquant, e; un chiste picante une histoire piquante.
◇ *m* saveur *f* piquante (de un manjar) ▮ FIG piquant (de las palabras) ▮ (*Amer*) plat très épicé.

picantería *f* (*Amer*) petit restaurant *m*.

picaño, ña *adj* coquin, e (pícaro).

picapedrero *m* tailleur de pierre.

picapica *f* (*Amer*) poil *m* à gratter (planta) ▮ polvillos de picapica poudre à éternuer.

picapleitos *m inv* FAM chicaneur (pleitista) ▮ avocat sans cause, avocaillon.

picaporte *m* loquet (barrita) ▮ clef *f* (llave) ▮ bouton o poignée *f* de porte (tirador) ▮ marteau de porte (aldaba).

picaposte *m* ZOOL pic (pájaro carpintero).

picapuerco *m* ZOOL épeichette *f* (pipo).

picar [10] *v tr* piquer (herir) ▮ poinçonner (los billetes) ▮ TAUROM piquer [le taureau] ▮ mordre, piquer (serpientes) ▮ piquer (insectos) ▮ donner des coups de bec à (aves) ▮ picorer (comer las aves) ▮ mordre à (el pez); picar el anzuelo mordre à l'hameçon ▮ grappiller (comer un poco) ▮ piquer (sal, pimienta, etc.) ▮ piquer; los ojos me pican cuando hay humo les yeux me piquent lorsqu'il y a de la fumée ▮ gratter, démanger (escocer); esta herida me pica cette blessure me démange ▮ hacher; picar la

carne hacher la viande ▮ tailler (piedras) ▮ trancher (con hacha) ▮ piquer, éperonner (espolear) ▮ dresser (adiestrar) ▮ piquer (en el billar) ▮ MIL harceler (acosar) ▮ MÚS piquer ▮ FIG provoquer, exciter (estimular) ▮ froisser, vexer (enojar) ▮ piquer (el amor propio, la curiosidad) ▮ piquer; el viento frío pica la piel le vent froid pique la peau ▪ FIG & FAM picar el anzuelo mordre à l'hameçon ▮ picarle a uno en el amor propio piquer quelqu'un d'honneur ▮ picarle a uno mucho la boca avoir la bouche emportée ▪ FIG & FAM a quien le pique que se rasque qui se sent galeux se gratte ▮ ¿qué mosca le pica? quelle mouche le pique?, qu'est-ce qui lui prend?
◇ *v intr* piquer (sal, pimienta, etc.) ▮ piquer (un avión) ▮ taper (el sol) ▮ taper, piquer (tomar); picar en una fuente taper dans un plat ▮ pointer (en una fábrica) ▮ ouvrir (un livre) au hasard ▮ cogner (un motor) ▮ piquer, pincer (el frío) ▮ FIG mordre (dejarse engañar) ▮ se laisser tenter (los compradores) ▮ (*Amer*) rebondir (una pelota, una piedra) ▪ picar en unos de los dons de; picar en poeta avoir des dons de poète; être assez; picar en valiente être assez courageux; avoir une teinture de (saber superficialmente) ▮ FIG & FAM picar más o muy alto viser trop haut, avoir de hautes visées.
➥ **picarse** *v pr* se piquer (la ropa) ▮ se piquer (el vino, la madera) ▮ se gâter, s'abîmer (dientes, frutas) ▮ s'agiter, moutonner (el mar) ▮ être en chaleur (los animales) ▮ FIG se froisser, se formaliser, se vexer, prendre la mouche, se piquer; se pica por cualquier cosa il se froisse pour n'importe quoi ▮ (*Amer*) s'enivrer ▪ FIG el que se pica, ajos come il n'y a que la vérité qui blesse; qui se sent morveux se mouche; qui se sent galeux se gratte ▮ picarse con vouloir rivaliser avec, s'attaquer à (rivalizar) ▮ picarse de se piquer d'être; picarse de valiente se piquer d'être courageux; se piquer de (calidades intelectuales); picarse de gracioso, de poeta se piquer d'esprit, de poésie ▮ (*Amer*) FIG & FAM picárselas se tirer (irse).

pícaramente *adv* astucieusement, malignement (con astucia) ▮ bassement (con vileza) ▮ mirar pícaramente a uno regarder quelqu'un avec des yeux pleins de malice o mutins.

picaraza *f* pie (urraca).

picarazado, da *adj* (*Amer*) grêlé, e (picado de viruela).

picardear *v tr* corrompre, pervertir.
◇ *v intr* faire des polissonneries ▮ s'amuser (divertirse).
➥ **picardearse** *v pr* tomber dans le vice, être perverti.

picardía *f* bassesse (vileza) ▮ ruse, fourberie, friponnerie (bellaquería) ▮ sottise, espièglerie (travesura) ▮ malice (astucia) ▮ grivoiserie; contar picardías raconter des grivoiseries ▮ canaille (pícaros) ▮ FIG tener mucha picardía avoir plus d'un tour dans son sac.

Picardía *n pr f* GEOGR Picardie.

picardo, da *adj* & *s* picard, e (de Picardía).
➥ **picardo** *m* LING picard (dialecto).

picaresca *f* bande de coquins o de voyous (pandilla) ▮ vie de coquin, vie louche (vida) ▮ picaresque *m*, roman *m* picaresque; la picaresca es una creación literaria española le roman picaresque est une création littéraire espagnole.

LA PICARESCA ────────

Le roman picaresque est un genre littéraire espagnol des XVIe et XVIIe siècles. À travers l'autobiographie de ses antihéros, aventuriers issus du peuple et volontiers vagabonds, voleurs ou mendiants, ce sont toutes les couches de la société qui y sont représentées avec dérision. Les trois plus grands romans picaresques sont El Lazarillo de Tormes, El Guzmán de Alfarache (anonymes) et El Buscón (Quevedo). Aujourd'hui le terme « pícaro » s'applique aux personnes chez lesquelles on retrouve les traits de caractère des héros picaresques.

picaresco, ca *adj* picaresque ‖ espiègle, mutin, e; **una mirada picaresca** un regard mutin.

pícaro, ra *adj* & *s* vaurien, enne; voyou, fripon, onne (bribón) ‖ malin, igne; débrouillard, e (astuto) ‖ FIG coquin, e (tómase un buen sentido); **ese chico es un pícaro** cet enfant est un coquin.

➤ **pícaro** *m* pícaro, filou (tipo de la literatura española) ■ **a pícaro, pícaro y medio** à malin, malin et demi ‖ **pícaro de cocina** marmiton (pinche).

picarón, ona *adj* FAM coquin, e.

picatoste *m* rôtie *f*, croûton.

picaza *f* pie (urraca).

picazo *m* petit de la pie, piat ‖ coup de bec (picotazo) ‖ coup de pic (con la pica).

picazo, za *adj* (*Amer*) pie (color).

➤ **picazo** *m* cheval pie.

picazón *f* picotement *m* (leve), démangeaison (escozor fuerte) ‖ FIG & FAM mécontentement *m* (disgusto) ‖ **causar picazón** picoter, démanger.

picea *f* BOT épicéa *m* pesse, picéa *m* (abeto).

picha *f* VULG bite.

pichana; pichanga *f* (*Amer*) balai *m*.

piche *m* FAM (*Amer*) peur *f*, frousse *f*.

pichel *m* pichet d'étain (vasija).

pichelero *m* fabricant de pichets.

pichi *m* robe chasuble *f*.

pichicato, ta *adj* (*Amer*) chiche, radin, e (avaro).

pichichi *m* DEP meilleur buteur d'un championnat (fútbol).

pichicho *m* (*Amer*) petit chien (perro).

pichiciego, ga *adj* (*Amer*) myope (miope).

pichincha *f* (*Amer*) aubaine (ganga).

pichinchero, ra *adj* & *s* (*Amer*) veinard, e.

pichinglis *m inv* pidgin.

pichón *m* pigeonneau (pollo de paloma) ‖ pigeon; **tiro de pichón** tir au pigeon ‖ FIG & FAM poulet (término cariñoso); **ven acá pichón** viens, mon poulet.

pichón, ona *m* & *f* (*Amer*) bambin, e; gosse.

◇ *adj* FAM (*Amer*) peureux, euse (miedoso).

pichona *f* pigeonne (ave) ‖ FAM poulette.

pichula *f* (*Amer*) VULG bite.

pichulear *v intr* (*Amer*) marchander, mégoter FAM.

Picio *n pr* **más feo que Picio** laid comme un pou o à faire peur.

pickpocket *m* pickpocket (ratero).

pick-up *m* pick-up (tocadiscos) ‖ TECN pick-up (fonocaptor).

▮ OBSERV *pl* pick-ups.

picnic *m* pique-nique (comida campestre).

▮ OBSERV *pl* picnics.

pícnico *adj* pycnique.

picnómetro *m* pycnomètre.

pico *m* bec (de ave) ‖ pointe *f*, saillie *f* (parte saliente) ‖ angle, coin (de un mueble); **golpearse contra el pico de la mesa** se cogner contre o heurter le coin de la table ‖ pointe *f* (de un cuello, de un pañuelo) ‖ pic (herramienta) ‖ bec (de vasija) ‖ pic (montaña) ‖ pointe *f* (para un niño) ‖ corne *f* (de un sombrero) ‖ picot (de madera, de un martillo) ‖ FIG croûton (extremo del pan) ‖ gressin, longuet (panecillo de forma alargada) ‖ appoint (de una suma) ‖ FIG & FAM caquet (habladuría) ‖ bec, bouche *f* (boca) ‖ MAR corne *f* (*Amer*) pousse-pied (percebe) ■ **pico de cigüeña** géranium ‖ **pico de cisne** bec-de-cygne (cirugía) ‖ TECN **pico de colada** bec de coulée ‖ **pico de cuervo** bec de corbin (instrumento) ‖ **pico verde** pivert (ave) ‖ **sombrero de dos picos** bicorne ‖ **sombrero de tres picos** tricorne ‖ FIG & FAM **de pico** en paroles ‖ **y pico** et quelques; **cien pesetas y pico** cent pesetas et quelques; **dos años y pico** deux ans et quelques; et quelques, environ, passé; **son las tres y pico** il est trois heures passées o environ trois heures ■ FIG & FAM **andar de o a picos pardos** faire la noce (estar de juerga), courir la pretantaine o le guilledou (ser amigo de juergas) ‖ **callar o cerrar el pico** se taire, fermer son bec, la fermer, la boucler (callarse), faire taire, clouer le bec, rabattre le caquet (hacer callar) ‖ **costar un pico** coûter une petite fortune ‖ **darse el pico** se bécoter ‖ **hincar el pico** casser sa pipe, passer l'arme à gauche ‖ **irse del pico, tener mucho pico** être trop bavard ‖ **tener un pico de oro** être un beau parleur.

➤ **picos** *m pl* piques (en los naipes).

picofeo *m* (*Amer*) toucan (ave).

picolete *m* picolet (de cerradura).

picolina *f* QUÍM picoline.

picón, ona *adj* qui a les dents saillantes ‖ FAM susceptible, chatouilleux, euse.

➤ **picón** *m* FAM farce *f* (chasco) ‖ charbon menu ‖ épinoche *f* (pez).

piconero *m* charbonnier, marchand de menu charbon.

picor *m* démangeaison *f* (escozor), picotement (en los ojos) ‖ **dar picor** gratter, démanger.

picoreto, ta *adj* (*Amer*) bavard, e; jaseur, euse.

picoso, sa *adj* grêlé, e (de viruelas).

picota *f* pilori *m* (suplicio); **poner en la picota** mettre o clouer au pilori ‖ FAM aiguille (de campanario, de montaña) ‖ TECN verge (de la bomba) ‖ bigarreau *m* (cereza).

picotada *f*; **picotazo** *m* coup *m* de bec.

picote *m* picote *f* (tela).

picotear *v tr* picoter, picorer (las aves) ‖ becqueter (mordisquear) ‖ FIG grignoter (comer un poco).

◇ *v intr* hocher la tête (el caballo) ‖ FIG & FAM baratiner (charlar).

➤ **picotearse** *v pr* FIG se chamailler (reñir).

picoteo *m* picotage.

picotería *f* FAM envie de parler.

picotero, ra *adj* & *s* FAM bavard, e.

picotín *m* picotin (medida).

picotón *m* (*Amer*) coup de bec (picotazo).

picrato *m* QUÍM picrate.

pícrico *adj m* QUÍM picrique (ácido).

pictografía *f* pictographie.

pictográfico, ca *adj* pictographique.

pictograma *m* pictogramme.

pictórico, ca *adj* pictural, e; **ornamentos pictóricos** ornements picturaux.

Pictos *n pr m pl* Pictes.

picudilla *f* chevalier *m* (especie de chorlito).

picudo, da *adj* pointu, e ‖ à grand bec (ave) ‖ à museau pointu (hocicudo) ‖ FIG & FAM bavard, e (parlanchín).

➤ **picudo** *m* broche *f* (espetón).

picuro *m* (*Amer*) agouti (mamífero).

pídola *f* saute-mouton *m* (juego).

pie *m* pied (de hombre o planta); **tener los pies planos** avoir les pieds plats ‖ patte *f* (de un animal) ‖ pied (de mueble, escalera, montaña) ‖ pied (planta entera) ‖ lie *f* (poso) ‖ bas (de un escrito); **al pie de la página** au bas o dans le bas de la page ‖ légende *f* (de foto o dibujo) ‖ nom du signataire (membrete) ‖ pied (de las medias) ‖ pied (medida) ‖ pied (de verso) ‖ FIG base *f* (fundamento) ‖ MAT pied (de una recta) ‖ pressée *f* (de uvas) ‖ fonds (de comercio) ■ MIL **pie a tierra** à pied ‖ **pie de altar** casuel (emolumentos) ‖ **pie de atleta** pied d'athlète (dolencia) ‖ **pie de amigo** appui (estaca) ‖ FIG & FAM **pie de banco** ânerie, bourde (necedad) ‖ BOT **pie de becerro** pied-de-veau, gouet, arum (aro) ‖ **pie de burro** gland de mer ‖ **pie de cabalgar** pied de montoir ‖ **pie de cabra** pied-de-chèvre (palanca), anatife (crustáceo) ‖ **pie de imprenta** nom de l'imprimeur ‖ **pie de liebre** trèfle, pied-de-lièvre (trébol) ‖ ARQ **pie derecho** pied-droit ‖ TECN **pie de rey** palpeur (barra calibradora), pied à coulisse (compás de corredera) ‖ POÉT **pie forzado** rime imposée ‖ **pie plano** pied plat ‖ **pie prensatelas** pied-de-biche (costura) ‖ POÉT **pie quebrado** vers court alternant avec d'autres plus longs ‖ **pie zambo** pied bot ■ **al pie de** à côté de (junto), près de (casi) ‖ **al pie de fábrica** à la sortie de l'usine (precio) ‖ **al pie de la escalera** au bas de l'escalier ‖ **al pie de la letra** au pied de la lettre ‖ **al pie de la obra** à pied d'œuvre (materias) ‖ FIG **al pie del cañón** à pied d'œuvre (trabajando) ‖ **a pie** à pied (andando) ‖ **a pie enjuto** à pied sec ‖ **a pie firme** de pied ferme ‖ **a pie juntillas** o **juntillo, con los pies juntos** à pieds joints; **saltar a pie juntillas** sauter à pieds joints; mordicus, dur comme fer; **creer a pie juntillas** croire mordicus ‖ FIG **con un pie en el estribo** le pied à l'étrier ‖ **con pies de plomo** avec prudence ‖ **de pie, en pie** debout; **estar de pie** être debout ‖ **en pie** sur pied (curado), sur pied (las cosechas) ‖ **en pie de guerra** sur le pied de guerre ‖ FIG **en un pie de igualdad** sur un pied d'égalité, sur le même pied ‖ **gente de a pie** infanterie (soldados), gens de pied (criados) ‖ **pie a pie** petit à petit ■ FIG & FAM **caer de pie como los gatos** retomber sur ses pieds ‖ **dar con el pie** (en el suelo), taper du pied [par terre]; faire du pied (a alguien) ‖ FIG **dar pie** donner l'occasion de, donner sujet de, prêter le flanc à ▮ echar pie a tierra mettre pied à terre ▮ FIG entrar con buen pie partir du bon pied (negocio) ▮ esperar a pie firme attendre de pied ferme ▮ FAM estar con un pie en el aire être comme l'oiseau sur la branche ▮ FIG estar en pie se poser (problema) ▮ golpear el suelo con el pie taper du pied ▮ hacer pie avoir pied (en el agua) ▮ FIG levantarse con el pie izquierdo se lever du pied gauche o du mauvais pied ▮ meter un pie en algún sitio avoir un pied quelque part ▮ morir al pie del cañón mourir à la tâche o à la peine ▮ nacer de pie o de pies naître coiffé ▮ FIG & FAM no dar pie con bola faire tout de travers ▮ no tenerse en pie ne pas tenir debout; desde su enfermedad no se tiene en pie depuis sa maladie il ne tient pas debout; tu historia no se tiene en pie ton histoire ne tient pas debout ▮ perder pie perdre pied (en el agua), perdre o lâcher pied (confundirse) ▮ FIG poner en pie mettre sur pied o debout, échafauder ▮ poner pie prendre pied ▮ poner pie en tierra mettre pied à terre ▮ FIG quedar en pie subsister (una dificultad) ▮ saber de qué pie cojea uno connaître le défaut de la cuirasse o le point faible de quelqu'un, savoir où le bât le blesse ▮ ser más viejo que el andar a pie être vieux comme le monde ▮ FIG tener un pie en el sepulcro avoir un pied dans la tombe ▮ tomar pie prendre racine ▮ tratar a alguien con la punta del pie traiter quelqu'un par-dessus la jambe, ne pas ménager quelqu'un ▮ volver pie atrás retourner sur ses pas o en arrière (desandar lo andado), reculer, faire marche arrière (desdecirse).

◆ **pies** m pl los pies le pied sing (de cama); a los pies de la cama au pied du lit ▮ entrée f sing (de iglesia) ▮ jambes f; tener buenos o muchos pies avoir de bonnes jambes ■ a cuatro pies à quatre pattes ▮ FIG a los pies de alguien aux pieds de quelqu'un ▮ de pies a cabeza de la tête aux pieds (enteramente), de pied en cap, de toutes pièces (armado) ▮ pies contra cabeza tête-bêche ■ atado de pies y manos pieds et poings liés ▮ FIG besar los pies, las manos baiser les pieds, les mains (en una carta) ▮ FIG & FAM buscar cinco o tres pies al gato chercher midi à quatorze heures, chicaner ▮ FIG faltarle a uno los pies perdre l'équilibre ▮ hacer una cosa con los pies faire une chose par-dessus la jambe, bâcler quelque chose (hacerla muy mal) ▮ írsele los pies a uno glisser; se le fueron los pies il a glissé ▮ FIG & FAM no levanta dos pies del suelo il est haut comme trois pommes ▮ no poner más los pies en un sitio ne plus mettre les pieds dans un endroit ▮ no tener ni pies ni cabeza n'avoir ni queue ni tête, ne pas tenir debout ▮ FIG pararle a uno los pies remettre quelqu'un à sa place (poner a alguien en su sitio) ▮ pensar con los pies raisonner comme une pantoufle ▮ poner pies en pared s'entêter, ne pas vouloir en démordre ▮ poner pies en polvorosa prendre la poudre d'escampette, prendre la clé des champs, décamper ▮ sacar los pies del plato o de las alforjas se dévergonder (una persona) ▮ ser pies y manos de uno être le bras droit de quelqu'un ▮ tener el estómago en los pies avoir l'estomac dans les talons (tener hambre) ▮ tener los pies hacia fuera avoir les pieds en dehors ▮ FIG trabajar con los pies travailler comme un pied.

piedad f [▷ SIN] pitié (compasión); hombre sin piedad homme sans pitié; dar piedad

faire pitié ▮ piété (religiosa o filial) ▮ ARTES pietà, Mater Dolorosa (la Virgen) ■ con piedad avec pitié (sentimiento); mirar a alguien con piedad regarder quelqu'un avec pitié, avec bonté, charitablement (en acción); acudir a un herido con piedad secourir un blessé charitablement ▮ por piedad par pitié.

▮ SIN compasión compassion; misericordia miséricorde; conmiseración commisération; lástima pitié.

piedra f pierre ▮ grêle (granizo) ▮ MED calcul m, pierre (en el riñón) ▮ tour m (de inclusa) ▮ FIG pierre; corazón de piedra cœur de pierre ■ piedra alumbre alun ▮ piedra amoladera o de amolar o de afilar pierre à aiguiser ▮ piedra angular o fundamental pierre augulaire ▮ piedra arenisca grès ▮ piedra berroqueña granit, granite ▮ piedra de cal pierre à chaux ▮ piedra de campana phonolite ▮ piedra de construcción pierre à bâtir ▮ piedra de chispa pierre à feu o à fusil ▮ piedra de encendedor o de mechero pierre à briquet ▮ FIG piedra de o del escándalo objet de scandale ▮ piedra de Huamanga albâtre ▮ piedra del altar pierre d'autel ▮ piedra de pipas écume de mer ▮ (Amer) piedra de sapo mica ▮ piedra de sillería o sillar pierre de taille ▮ piedra de toque pierre de touche ▮ piedra falsa pierre fausse ▮ piedra filosofal pierre philosophale ▮ piedra imán pierre d'aimant, magnétite ▮ piedra infernal pierre infernale ▮ piedra litográfica pierre lithographique ▮ piedra meteórica pierre météorique ▮ piedra molar pierre meulière ▮ piedra ollar pierre ollaire ▮ piedra oscilante pierre branlante ▮ piedra plana pierre plate ▮ piedra pómez pierre ponce ▮ piedra preciosa pierre précieuse ■ FIG ablandar las piedras attendrir les pierres ▮ cerrar a piedra y lodo boucher o fermer hermétiquement ▮ es un día señalado con piedra blanca ce jour est marqué d'une pierre blanche ▮ hasta las piedras lo saben tout le monde le sait ▮ FIG & FAM menos da una piedra c'est mieux que rien ▮ FIG no dejar piedra por mover remuer ciel et terre, se démener ▮ no dejar piedra sobre piedra ne pas laisser pierre sur pierre ▮ FIG & FAM pasar a uno por la piedra soumettre quelqu'un à rude épreuve, en faire voir de toutes les couleurs à quelqu'un ▮ FIG & FAM pasár(se)la por la piedra se la faire (poseer a una mujer) ▮ FIG piedra movediza, nunca moho la cobija pierre qui roule n'amasse pas mousse ▮ poner la primera piedra poser la première pierre ▮ FIG quedarse de piedra en rester coi ▮ (Amer) FIG tener piedra libre avoir carte blanche ▮ FIG tirar la piedra y esconder la mano faire ses coups en dessous, jeter la pierre et cacher le bras ▮ tirar piedras al tejado ajeno jeter des pierres dans le jardin de quelqu'un ▮ tirar piedras contra uno jeter des pierres à quelqu'un (apedrear), jeter la pierre à quelqu'un (censurar).

piedrecita f caillou m.

piel f [▷ SIN] peau; de piel blanca à peau blanche ▮ cuir m (cuero); piel de Rusia cuir de Russie ▮ fourrure (de animal con pelo largo) ▮ peau, pelure (de las frutas) ■ FIG la piel de toro l'Espagne ▮ piel de gallina chair de poule ▮ piel de olor peau d'Espagne ▮ piel de zapa peau de chagrin ▮ un piel roja un Peau-Rouge ▮ FIG & FAM cambiar de piel faire peau neuve ▮ dar la piel para obtener algo faire n'importe quoi

pour, vendre son âme au diable pour obtenir quelque chose ▮ ser de la piel del diablo avoir le diable au corps o dans la peau.

◆ **pieles** f pl fourrure sing; un abrigo de pieles manteau de fourrure ▮ suavizar las pieles palissonner les peaux.

▮ SIN dermis derme; epidermis épiderme; tegumento tégument; pellejo peau; cutis peau.

piélago m POÉT mer f, océan ▮ haute mer f (alta mar).

pielero m peaussier.

pielitis f inv MED pyélite.

pienso m aliment (del ganado); piensos compuestos aliments composés ▮ picotin (del caballo).

piéride f piéride (mariposa).

pierna f jambe (del hombre) ▮ patte (de animal) ▮ cuisse (de ave) ▮ cuissot m (de caza mayor) ▮ gigot m (de carnero para guisar) ▮ branche (de compás) ▮ jambage m (de letra) ▮ loge, lobe m de noix (de nuez) ■ pierna de madera jambe de bois, pilon ■ FIG & FAM a pierna suelta o tendida à son aise, tranquillement ▮ cortarle a uno las piernas mettre à quelqu'un des bâtons dans les roues ▮ dormir a pierna suelta dormir à poings fermés ▮ estirar las piernas se dégourdir les jambes.

pierrot m pierrot (payaso).

pietismo m RELIG piétisme (doctrina).

pietista m & f RELIG piétiste.

pieza f pièce; las piezas de un motor les pièces d'un moteur ▮ pièce (de música, de teatro) ▮ pièce (remiendo) ▮ pièce (caza, tejido) ▮ pièce (moneda) ▮ pièce (ajedrez, heráldica) ▮ pièce (habitación) ▮ pièze (unidad de presión) ■ pieza de artillería pièce d'artillerie ▮ pieza de autos dossier d'un procès ▮ pieza de convicción pièce à o de conviction ▮ pieza de museo pièce de musée ▮ pieza de recambio o de repuesto pièce de rechange o détachée ■ FIG & FAM dejar de una pieza scier, ahurir; esta noticia me ha dejado de una pieza cette nouvelle m'a scié ▮ de una pieza tout d'une pièce, d'un seul morceau ▮ dos piezas deux-pièces (traje) ▮ FIG ¡es una buena o linda pieza! c'est un drôle de numéro! ▮ hacer pedazos mettre en pièces [quelque chose] (una cosa) ▮ me he quedado de una pieza les bras m'en tombent o m'en sont tombés, j'en suis resté bouche bée ▮ pieza por pieza point par point (detalladamente).

piezgo m FIG outre f (odre).

piezoelectricidad f FÍS piézo-électricité.

piezoeléctrico, ca adj FÍS piézo-électrique.

piezógrafo m FÍS piézographe.

piezómetro m FÍS piézomètre.

pífano m MÚS fifre.

pifia f fausse-queue (en el billar) ▮ FIG & FAM gaffe, boulette (descuido); cometer una pifia faire une gaffe ▮ (Amer) raillerie (burla).

pifiar [8] v tr faire fausse queue (en el billar) ▮ FAM faire une gaffe ▮ (Amer) se moquer (burlarse).

◇ v intr canarder (flauta).

pigargo m pygargue (ave).

Pigmalión n pr MITOL Pygmalion.

pigmentación f pigmentation.

pigmentar v tr pigmenter.

pigmento *m* pigment.

pigmeo, a *m* & *f* pygmée.

pignoración *f* engagement *m* (en el monte de piedad).

pignorar *v tr* engager (en el monte de piedad).

pignoraticio, cia *adj* DR pignoratif, ive; contrato pignoraticio contrat pignoratif.

pigre *adj* paresseux, euse; négligent, e.

pigricia *f* paresse.

pijada *f* FAM chichi *m* (propio de un pijo) | connerie, bêtise (tontería).

pijama *m* pyjama | CULIN & FAM coupe glacée.

pije *adj* FAM (*Amer*) de mauvais goût, ridicule | prétentieux, euse; bêcheur, euse (cursi).

pijería *f* FAM snobisme *m*.

pijo, ja *adj* & *s* FAM (jeune) B.C.B.G. (de extracción burguesa) | minet, ette; snobinard, e (esnob, cursi).

➤ **pijo** *m* VULG bite.

pijota *f* petit merlan *m* (pescadilla) | hacer pijotas faire des ricochets.

pijotada ➤ pijotería.

pijotear *v intr* (*Amer*) économiser | retarder un paiement (demorar).

pijotería; pijotada *f* FAM bricole (pequeñez) | crétinerie, bêtise, niaiserie (tontería).

pijotero, ra *adj* & *s* FAM assommant, e (pesado) | sacré, e; este pijotero niño ce sacré gosse | FAM (*Amer*) chiche, radin, e (cicatero).

piki *m* protège-bas (de medias).

pila *f* pile (rimero), tas *m* (montón); una pila de leña un tas de bois | FIG tas *m* (serie); tiene una pila de niños il a un tas d'enfants | bassin *m*, vasque (de fuente) | évier *m* (de cocina) | bénitier *m* (de agua bendita) | fonts *m pl* baptismaux (para bautizar) | sacar de pila tenir sur les fonts baptismaux | auge (bebedero) | ARQ pile (machón de un puente) | FÍS pile (eléctrica, etc.); pila atómica, seca, termo-eléctrica pile atomique, sèche, thermoélectrique | BLAS pile | MIN cuve [pour le métal fondu] | nombre de pila nom de baptême, prénom.

pilada *f* pilée (de paño) | augée (de mortero) | pile, tas *m* (montón).

Pílades *n pr* MITOL Pylade.

pilar *m* borne (mojón) | ARQ pilier (columna) | pile *f* (de un puente) | bassin, vasque *f* (de fuente) | FIG pilier (apoyo) | pilier (rugby) | ANAT pilar del velo del paladar pilier du voile du palais.

pilar *v tr* broyer, piler.

Pilar *n pr* Pilar.

pilastra *f* ARQ pilastre *m*.

pilatura *f* FAM (*Amer*) rosserie, mauvais tour *m* (jugarreta).

pilca *f* (*Amer*) mur *m* de pierre et de boue (pared).

pilcate *m* (*Amer*) gamin (chico).

pilcha *f* (*Amer*) nippe (prenda).

píldora *f* pilule | FIG & FAM mauvaise nouvelle | FIG & FAM dorar la píldora dorer la pilule | tragarse la píldora avaler la pilule.

pileta *f* petit bénitier *m* (de agua bendita) | petit bassin *m* (fuente) | (*Amer*) piscine (piscina) | évier (de cocina).

pilguanejo *m* (*Amer*) galopin.

pilífero, ra *adj* pilifère.

piliforme *adj* piliforme.

pililo, la *adj* (*Amer*) déguenillé, e; loqueteux, euse (haraposo).

➤ **pilila** *f* FAM zizi *m*, quéquette.

pillada *f* FAM filouterie, friponnerie (bribonada) | polissonnerie (de los niños) | (*Amer*) pillage.

pillaje *m* pillage (saqueo).

pillapilla *m* jugar al pillapilla jouer à courir.

pillar *v tr* piller (saquear) | FAM attraper, coincer; pillar a un ladrón attraper un voleur | attraper; pillar el tren attraper le train; pillar un resfriado attraper un rhume ▪ FAM me pilla bastante lejos c'est assez loin | me pilla de camino c'est sur mon chemin.

➤ **pillarse** *v pr* se prendre, se coincer (los dedos).

pillastre; pillastrón *m* FAM coquin, vaurien (bribón) | polisson, coquin, garnement (niño).

pillear *v intr* FAM mener une vie de vaurien | faire des polissonneries (los niños).

pillería *f* FAM bande de coquins, canaille | friponnerie (bribonada) | polissonnerie (de niño).

pillete; pillín *m* FAM galopin, polisson, coquin, garnement (pilluelo).

pillo, lla *m* & *f* FAM coquin, e; scélérat, e (bribón) | canaille (tunante) ▪ a pillo, pillo y medio à malin, malin et demi | dárselas de pillo faire son malin.

┃ SIN pícaro, picarón coquin; tuno, tunante fripouille; granuja, pilluelo galopin, garnement.

pilluelo, la *m* & *f* FAM garnement *m*, galopin *m*, polisson, onne; coquin, e (chico malo) | gamin, e (niño); el pilluelo de París le gamin de Paris.

➤ **pilluelo** *m* voyou (chico malcriado).

pilmama *f* (*Amer*) nourrice, bonne d'enfant.

pilo *m* pilum (arma).

pilocarpina *f* QUÍM pilocarpine.

pilocarpo *m* BOT pilocarpe.

pilón *m* bassin, vasque *f* (de fuente) | auge *f* (bebedero) | mortier (mortero) | pain de sucre (catite) | poids mobile de la romaine (de la balanza) | ARQ pylône (puerta monumental) | martillo pilón marteau-pilon.

pilongo, ga *adj* maigre (flaco) | castaña pilonga châtaigne séchée au four.

pilórico, ca *adj* pylorique.

píloro *m* ANAT pylore.

pilorriza *f* BOT coiffe (cofia).

pilosebáceo, a *adj* pilo-sébacé, e.

pilosidad *f* pilosité.

piloso, sa *adj* pileux, euse; pilaire; sistema piloso système pileux.

pilotaje *m* MAR & AVIAC pilotage; pilotaje sin visibilidad pilotage sans visibilité | CONSTR pilotis, pilotage (conjunto de pilotes).

pilotar; pilotear *v tr* piloter.

pilote *m* pilot, pieu (estaca).

➤ **pilotes** *m pl* pilotis *sing*; construido sobre pilotes bâti sur pilotis.

pilotear ➤ pilotar.

pilotín *m* (p us) MAR pilotin.

piloto *m* pilote; piloto práctico pilote côtier | second (de un buque) | pilote (de un avión); piloto automático pilote automatique | AUTOM feu arrière, stop (luz posterior), feu de position (luz de posición) | lampe *f* témoin (para indicar el funcionamiento de un aparato) | veilleuse *f* (en los aparatos de gas) ▪ piloto de altura pilote hauturier | piloto de línea o civil pilote de ligne | piloto de pruebas pilote d'essai.

◇ *adj* pilote (que sirve de modelo); pescadería, fábrica piloto poissonnerie, usine pilote.

pilpil *m* CULIN ragoût de poisson [plat basque].

pilpilén *m* échassier du Chili (ave zancuda).

piltra *m* ARG pieu *m*, plumard *m*, pageot *m* (cama) | meterse en la piltra se pieuter.

piltrafa *f* FAM carne (carne mala) | (*Amer*) aubaine (ganga).

➤ **piltrafas** *f pl* restes *m*, déchets *m* (residuos) | FIG & FAM hacer piltrafas mettre en charpie.

pilular *adj* pilulaire.

¡pim! *interj* pan!, paf! | pim pam pum jeu de massacre (pimpampum).

pimentada *f* (*Amer*) friture de poivrons.

pimental *m* champ de piments, poivrière *f*.

pimentar *v tr* FIG & FAM pimenter (sazonar).

pimentero *m* poivrier (arbusto) | poivrière *f* (utensilio).

pimentón *m* gros poivron, poivron | paprika doux | piment rouge [moulu].

pimentonero *m* marchand de poivrons | ZOOL oiseau noir à poitrine rouge (pájaro).

pimienta *f* poivre *m*; pimienta blanca, negra poivre blanc, noir; echar pimienta mettre du poivre | FIG & FAM sel *m*, piquant *m* ▪ FIG & FAM sal y pimienta piment, piquant ▪ ser como una pimienta être vif comme la poudre, être du vif-argent | tener mucha pimienta coûter les yeux de la tête.

pimiento *m* piment (planta) | poivron, piment (fruto) | piment rouge [moulu] | poivrier (pimentero) ▪ pimiento chile piment (guindilla) | pimiento de cornetilla poivre long | pimiento morrón piment carré, poivron ▪ FIG & FAM me importa un pimiento je m'en moque comme de l'an quarante.

pimpampum *m* jeu de massacre (en las ferias).

pimpante *adj* pimpant, e (peripuesto).

pimpi *m* FAM nigaud (bobo) | bêcheur (presumido).

pimpinela *f* BOT pimprenelle (planta).

pimplar *v tr* FAM siffler (beber).
◇ *v intr* FAM picoler.

pimpollada *f*; **pimpollar** *m* taillis *m*.

pimpollear [1]; **pimpollecer** [30] *v intr* AGRIC rejeter (echar pimpollos).

pimpollo *m* rejeton, rejet (vástago) | arbrisseau, petit arbre (árbol nuevo) | bouton de rose (capullo) ‖ FIG & FAM chérubin, petit ange (niño) ‖ beau garçon (joven), jolie fille (chica).

pimpolludo, da *adj* aux rejets abondants (planta).

pin *m* pin's.

PIN (abrev de **producto interior neto**) *m* PIN.

pina *f* borne (mojón) ‖ tronçon *m* de jante (de rueda).

pinabete *m* sapin (abeto).

pinacate *m* (*Amer*) sorte de scarabée (escarabajo) ‖ FIG quidam (despectivo).

pinacolina *f* QUÍM pinacoline.

pinacoteca *f* pinacothèque.

pináculo *f* pinacle ‖ pinacle (juego de naipes) ‖ FIG en el pináculo au pinacle; poner a alguien en el pináculo porter quelqu'un au pinacle.

pinado, da *adj* BOT penné, e; paripenné, e (hoja).

pinar *m* pinède *f*, pineraie *f*, pinière *f*, pignade *f*.

pinastro *m* pinastre, pin maritime (pino).

pinatífido, da *adj* BOT pinnatifide (hoja).

pinaza *f* pinasse (embarcación).

pincarrasca *f*; **pincarrasco** *m* pin *m* d'Alep.

pincel *m* pinceau ‖ FIG pinceau (pintor o modo de pintar); œuvre *f*, tableau (obra) ‖ MAR brosse *f* à goudronner ‖ pincel plano queue-de-morue.

pincelada *f* coup *m* de pinceau, touche ‖ MED badigeonnage *m* (de la garganta) ‖ FIG touche, trait *m* (rasgo); pincelada fuerte trait vigoureux ‖ FIG dar la última pincelada mettre la dernière main.

pincelar *v tr* peindre (pintar).

pincelazo *m* coup de pinceau (pincelada).

pincelero, ra *m & f* marchand, e de pinceaux.
◆ **pincelero** *m* boîte *f* à pinceaux (caja) ‖ pincelier (para lavar los pinceles).

pinchaco *m* (*Amer*) tapir (animal).

pinchadiscos *m inv* disc-jockey.

pinchadura *f* piqûre.

pinchar *v tr* piquer; las espinas pinchan les épines piquent ‖ FIG énerver, taquiner, agacer, asticoter (irritar) ‖ fâcher (enojar).
◇ *v intr* crever (neumático) ‖ FIG & FAM ni pincha ni corta il n'a pas son mot à dire, il n'a pas voix au chapitre, il n'a que le droit de se taire.
◆ **pincharse** *v pr* se piquer (con un alfiler) ‖ crever (neumático) ‖ FIG & FAM se taquiner, s'asticoter (meterse uno con otro).

pinchaúvas *m inv* FAM pauvre diable, pauvre type (infeliz) ‖ grappilleur, maraudeur.

pinchazo *m* piqûre *f* ‖ crevaison *f* (de neumático) ‖ FIG coup d'épingle, pique *f* (dicho malicioso).
‖ OBSERV Piqûre, terme médical, se dit inyección.

pinche *m* marmiton (de cocina) ‖ FIG & FAM haber sido pinche antes de cocinero avoir fait ses preuves, avoir mis la main à la pâte, avoir été à bonne école.
◇ *adj* (*Amer*) méprisable (despreciable) ‖ laid, e (feo).

pinchito *m* CULIN amuse-gueule (tapas).

pincho *m* pointe *f* ‖ piquant (de planta o animal) ‖ CULIN brochette *f* ‖ (*Amer*) épingle *f* à chapeau ‖ pincho moruno chiche kebab (de carne).

pinchulear *v tr* (*Amer*) parer, attifer.

pinciano, na *adj & s* de Valladolid.

pindárico, ca *adj* pindarique.

pindarismo *m* pindarisme.

Píndaro *n pr* Pindare.

Pindo *n pr m* GEOGR el Pindo le Pinde.

pindó *m* (*Amer*) cocotier (coco).

pindonga *f* FAM vadrouilleuse, femme qui traîne dans la rue.

pindonguear *v intr* FAM vadrouiller.

pindongueo *m* FAM vadrouille *f*.

pineal *adj* ANAT pinéal, e; glándula pineal glande pinéale; cuerpos pineales corps pinéaux.

pineda *f* pinède, pinière, pineraie (pinar).

pineno *m* QUÍM pinène.

pínfano *m* MÚS tympanon (tímpano).

pinga *f* (*Amer*) FAM quéquette.

pingajo *m* FAM lambeau, loque *f*.

pinganilla *f* (*Amer*) gommeux *m* (currutaco) ‖ (*Amer*) en pinganillas accroupi (en cuclillas), dans l'incertitude (en situación incierta).

pinganillo *m* glaçon (carámbano).

pinganitos
◆ **en pinganitos** *loc* haut placé (bien colocado).

pingo *m* FAM loque *f* (pingajo) ‖ dévergondée *f* (mujer) ‖ (*Amer*) cheval (caballo) ‖ diable (diablo) ‖ FIG & FAM andar de pingo vadrouiller (callejear).
◆ **pingos** *m pl* FAM frusques *f*, nippes *f* (trapos, vestidos).

pingonear *v intr* FAM vadrouiller.

pingorote *m* FAM pointe *f*, bout.

pingorotudo, da *adj* FAM haut perché, e (alto) ‖ haut placé, e (bien situado).

pingotear *v intr* sauter (el caballo).

ping pong *m* ping-pong (tenis de mesa).

pingucho *m* FAM (*Amer*) casse-croûte (almuerzo ligero).

pingue *m* pinque *f* (embarcación).

pingüe *adj* gras, grasse (graso) ‖ gros, grosse; obtener pingües beneficios faire de gros bénéfices ‖ rentable (negocio) ‖ abondant, e; copieux, euse (abundante).

pingüino *m* ZOOL pingouin.

pínico *adj* pinique (ácido).

pinífero, ra *adj* POÉT pinifère.

pinillo *m* bugle *f* (planta).

pinitos *m pl* FAM premiers pas [d'un enfant, etc.]; hacer pinitos faire ses premiers pas.

pinjante *m* breloque *f*, pendentif (joya).

pinnípedo, da *adj & s* ZOOL pinnipède.

pino, na *adj* raide (pendiente).
◆ **pino** *m* pin (árbol) ‖ FIG & POÉT nef *f*, navire (embarcación grande), esquif (pequeño) ■ pino albar o royo o silvestre pin sylvestre ‖ pino alerce mélèze ‖ pino carrasco pin d'Alep ‖ pino de Virginia pitchpin ‖ pino negral o negro pin Laricio ‖ pino piñonero o real pin parasol, pin pignon ‖ pino rodeno o marítimo pin maritime, pinastre ■ a pino à toute volée (las campanas) ‖ FIG & FAM en el quinto pino au diable, au diable vauvert (muy lejos) ‖ hacer el pino faire le poirier o l'arbre droit.
◆ **pinos** *m pl* FAM premiers pas; hacer pinos faire ses premiers pas.

pinocha *f* aiguille de pin ‖ épi *m* [de maïs].

Pinocho *n pr* Pinocchio.

pinol; pinole; pínole *m* (*Amer*) farine *f* de maïs grillé.

pinolero, ra *m & f* FAM (*Amer*) nicaraguayen, enne (nicaragüense).

pinoso, sa *adj* qui abonde en pins.

pinrel *m* FAM panard, ripaton (pie).

pinsapar *m* sapinière.

pinsapo *m* pinsapo, sorte de sapin (árbol).

pinta *f* tache, moucheture (mancha) ‖ goutte (gota) ‖ marque [sur les cartes à jouer] ‖ pinte (medida) ‖ atout *m* (triunfo) ‖ FIG allure, air *m*, aspect *m* (aspecto); tiene pinta de pícaro il a l'air d'un coquin; tener buena pinta avoir belle allure ‖ (*Amer*) couleur d'un animal (color) ‖ race (casta) ‖ hacer o irse de pinta faire l'école buissonnière.
◇ *m* vaurien, voyou (golfo).
◆ **pintas** *f pl* fièvre *sing* typhoïde (tabardillo).

pintada *f* pintade (ave) ‖ graffiti *m* (inscripción) ‖ pollo de pintada pintadeau.

pintadillo *m* chardonneret (jilguero).

pintado, da *adj* peint, e; papel pintado papier peint; pintado de azul peint en bleu ‖ fardé, e (rostro) ‖ tacheté, e; moucheté, e (la piel de los animales) ‖ FIG pareil, eille; semblable (parecido) ‖ FIG & FAM el más pintado le plus malin ‖ es su padre pintado c'est son père tout craché ‖ no puedo verle ni pintado je ne peux pas le voir en peinture ‖ venir como pintado tomber à pic, aller à merveille.
◆ **pintado** *m* peinture *f* (acción de pintar).

pintalabios *m inv* rouge à lèvres.

pintamonas *m* FAM barbouilleur (mal pintor).

pintar *v tr* peindre (con pintura); pintar un retrato peindre un portrait; pintar de rojo una habitación peindre une pièce en rouge ‖ dessiner, faire (dibujar); píntame un caballo dessine-moi un cheval ‖ tracer (escribir) ‖ FIG peindre, dépeindre (describir) ‖ jouer un rôle, avoir de l'importance (importar) ■ pintar al fresco peindre à fresque ‖ pintar al óleo peindre à l'huile ‖ pintar al temple peindre en détrempe ‖ pintar con brocha peindre à la brosse ‖ FIG & FAM pintarla poser, se donner des airs ■ a la ocasión la pintan calva il faut saisir l'occasion par les cheveux ‖ FIG & FAM no pintar nada être déplacé, ne pas être à sa place; no pintar nada en una reunión être déplacé dans une réunion; ne pas avoir son mot à dire (no tener influencia).
◇ *v intr* se colorer, mûrir (las frutas) ‖ FIG percer, se découvrir (mostrarse).
◆ **pintarse** *v pr* se farder, se maquiller (el rostro) ‖ FIG se peindre, se refléter; la felicidad se pintaba en su rostro le bonheur se peignait sur son visage ‖ FIG & FAM se las pinta

solo il n'a pas son pareil, il n'y en a pas deux comme lui.

pintarrajar; pintarrajear *v tr* FAM barbouiller, peinturlurer.

pintarrajo *m* FAM barbouillage, peinturlurage.

pintarroja *f* ZOOL chien *m* de mer, roussette (lija).

pintear *v intr* bruiner (lloviznar).

pintiparado, da *adj* tout pareil, toute pareille (semejante) ▌ à propos; llegar pintiparado arriver à propos ▌ juste, parfaitement bien; esta corbata viene pintiparada con este traje cette cravate va parfaitement bien avec ce costume ▌ es pintiparado a su hermano il est tout le portrait de son frère.

pintiparar *v tr* FAM comparer (comparar) ▌ rendre semblable (asemejar) ▌ FAM ir pintiparado aller à merveille (sentar bien).

Pinto *n pr* FAM estar entre Pinto y Valdemoro être éméché, e; être entre deux vins.

pinto, ta *adj* peint, e (pintado).

pintón, ona *adj* mûrissant, e (fruta) ▌ FAM entre deux vins, éméché, e (borracho).

pintonear *v intr* mûrir (las frutas).

pintor *m* [▷ SIN] peintre; pintor de cuadros artiste peintre ▌ (*Amer*) vaniteux (fachendoso) ■ pintor de brocha gorda peintre en bâtiment; barbouilleur, mauvais peintre ▌ TEATR pintor escenógrafo peintre décorateur.

▌ SIN retratista portraitiste; colorista coloriste; pastelista pastelliste; acuarelista aquarelliste.

pintora *f* femme peintre.

pintoresco, ca *adj* pittoresque.

pintorrear *v tr* FAM peinturlurer; pintorrear de azul y rojo peinturlurer en rouge et bleu.

pintura *f* peinture ▌ FIG peinture (descripción) ■ pintura a dos visos tableau magique ▌ pintura a la aguada gouache ▌ pintura al fresco, al óleo peinture à fresque, à l'huile ▌ pintura al pastel pastel ▌ pintura al temple peinture à la détrempe ▌ pintura mural peinture murale ▌ pintura rupestre peinture rupestre ■ FIG & FAM no poder ver a uno ni en pintura ne pas pouvoir voir quelqu'un en peinture.

pinturero, ra *adj & s* FAM coquet, ette ▌ prétentieux, euse.

pínula *f* TECN pinnule.

pin up *f* pin-up.
▌ OBSERV pl pin ups.

pinza *f* pince (de animal) ▌ pince (costura); pinzas sueltas pinces lâchées ▌ TECN pince ▌ pinza sujetapapeles pince à dessin.

➥ **pinzas** *f pl* pince *sing* (instrumento); pinzas para o de depilar pince à épiler ▌ pince *sing* o épingle *sing* à linge (para colgar la ropa) ■ pinzas de dentista davier ▌ FIG & FAM sacárselo a uno con pinzas tirer les vers du nez à quelqu'un.

pinzón *m* pinson (ave).

pinzote *m* MAR barre *f* (del timón).

piña *f* pomme de pin, pigne (del pino) ▌ pomme, cône *m*, fruit *m* (de otros árboles) ▌ ananas *m* (ananás) ▌ FAM coup *m* de poing ▌ FIG groupe *m* uni ▌ MAR nœud *m* (nudo).

piñal *m* (*Amer*) plantation *f* d'ananas.

piñata *f* (p us) marmite (olla) ▌ panier *m* de friandises ▌ domingo de piñata premier dimanche de carême.

piñón *m* pignon (simiente del pino) ▌ pignon (rueda); piñón de cambio pignon de renvoi ▌ BOT médicinier, pignon d'Inde ▌ dernier âne d'un troupeau (burro) ▌ noix *f* (del fusil) ■ TECN piñón mayor pédalier (de bicicleta) ▌ piñón planetario planétaire de différentiel ▌ FIG & FAM estar a partir un piñón s'entendre comme larrons en foire, être comme les deux doigts de la main.

piñonata *f*; **piñonate** *m* sorte de nougat *m* de pignons (turrón).

piñonear *v intr* faire entendre un déclic (el fusil) ▌ cacaber (la perdiz) ▌ FIG & FAM ne plus se comporter comme un enfant (un joven) ▌ faire le jeune homme (un viejo).

piñoneo *m* déclic (del fusil) ▌ cri (de la perdiz) ▌ FIG & FAM frasque *f*, fredaine *f* (calaverada).

piñonero *adj m* pino piñonero pin pignon, pin parasol (árbol).
◇ *m* ZOOL pinson (pinzón real).

pío *m* pépiement (de las aves) ▌ piaillement, piaulement, piaillerie *f* (del pollo) ▌ FAM envie *f* (deseo) ▌ FIG & FAM no decir ni pío ne pas piper, ne pas souffler mot, ne pas dire un mot.

Pío *n pr* Pie; Pío IX (nono) Pie IX (neuf).

pío, a *adj* pie; obra pía œuvre pie ▌ pieux, euse (devoto) ▌ charitable (compasivo) ▌ pie (caballo).

piocha *f* pioche (zapapico) ▌ aigrette (joya o adorno) ▌ (*Amer*) barbiche (perilla).

pioftalmía *f* MED pyophtalmie.

piogenia *f* MED pyogénie.

piógeno, na *adj* MED pyogène.

piojento, ta; piojero, ra *adj* pouilleux, euse ▌ hierba piojenta o piojera herbe aux poux, staphisaigre.

piojería *f* pouillerie.

piojero, ra ➥ piojento.

piojillo *m* pou des oiseaux ▌ FIG & FAM matar uno el piojillo faire son trou.

piojo *m* pou ■ como piojos en costura serré comme des sardines ▌ piojo de mar pou de mer (crustáceo) ▌ FIG & FAM piojo pegadizo crampon (persona molesta) ▌ piojo resucitado parvenu.

piojoso, sa *adj* pouilleux, euse ▌ FIG chiche, radin, e (mezquino).

piola *f* MAR lusin *m* ▌ saute-mouton; jugar a la piola jouer à saute-mouton ▌ (*Amer*) ficelle (bramante).

piolar *v intr* piailler (los pajaritos).

piolet *m* piolet (alpinismo).

piolín *m* (*Amer*) cordelette *f*.

pión, ona *adj* piailleur, euse; piaillard, e ▌ FIG râleur, euse.

pionero *m* pionnier (precursor adelantado).

pionía *f* graine de flamboyant (bucare).

piorno *m* BOT genêt d'Espagne (gayomba) ▌ cytise (codeso).

piorrea *f* MED pyorrhée.

pipa *f* pipe; fumar en pipa o la pipa fumer la pipe ▌ barrique, tonneau *m* (tonel) ▌ pépin *m* (pepita) ▌ graine (de girasol) ▌ pipeau *m* (flauti-

lla) ▌ MÚS anche (lengüeta) ▌ détonateur *m* (de una bomba) ■ TECN pipa del distribuidor doigt du distributeur (automóvil) ▌ piedra de pipas écume de mer ■ FIG & FAM eso es el cuento de la buena pipa ça n'en finit pas.

pipe-line *m* pipe-line (oleoducto).
▌ OBSERV pl pipe-lines.

piperáceas *f pl* BOT pipéracées.

piperacina *f* QUÍM pipérazine.

piperia *f* tonnellerie.

piperidina *f* QUÍM pipéridine.

piperina *f* pipérine (farmacia).

pipermín; peppermint *m* peppermint, liqueur *f* de menthe.

pipero, ra *adj & s* pipier, ère (que hace pipas) ▌ tonnelier (que hace toneles) ▌ vendeur, euse de graines de tournesol.

piperonal *m* QUÍM pipéronal.

pipeta *f* pipette.

pipi *m* FAM andouille *f* (tonto) ▌ troufion (soldado).

pipí *m* FAM pipi; hacer pipí faire pipi.
▌ OBSERV pl pipíes o pipís.

pipián *m* (*Amer*) ragoût de viande avec une sauce aux amandes pilées (guiso).

pipiar [9] *v intr* pépier (piar).

pípila *f* (*Amer*) dinde.

pipilo *m* (*Amer*) dindonneau.

Pipino *n pr* Pépin; Pipino el Breve Pépin le Bref.

pipiolo *m* FAM bleu, novice, blanc-bec, béjaune (inexperto), bizut on bizuth (de una escuela).

pipirigallo *m* BOT sainfoin.

pipiripao *m* FAM gueuleton, festin.

pipiritaña *f* pipeau *m* (caramillo).

pipirrana *f* salade de concombres et de tomates (en Andalucía).

pipistrelo *m* ZOOL pipistrelle *f* (murciélago).

pipo *m* petite *f* épeiche (ave).

pipón, ona *adj* (*Amer*) repu, e (harto) ▌ ventru, e (barrigón).
➥ **pipón** *m* (*Amer*) grosse *f* barrique (tonel).

pipote *m* tonnelet, baril.

pipra *f* (*Amer*) coq *m* de roche.

pique *m* brouille *f* (resentimiento) ▌ point d'honneur (amor propio) ▌ MAR fourcat, varangue *f* ▌ (*Amer*) chique *f* (nigua) ▌ piment (ají) ▌ sentier (senda) ■ a pique opportunément, sur le point de (a punto de), à pic, perpendiculairement (a plomo) ■ MAR echar a pique couler, envoyer par le fond (un barco), anéantir, couler (una empresa) ▌ estar a pique de être sur le point de, manquer de, faillir (sólo en el pasado); he estado a pique de caerme j'ai failli tomber ▌ irse a pique couler à pic, couler, sombrer (buque) ▌ (*Amer*) salir a los piques démarrer en trombe.

piqué *m* piqué (tela).

piquera *f* trou *m* de vol (de colmenas) ▌ bonde (de tonel) ▌ TECN trou *m* de coulée (altos hornos) ▌ bec *m* (de lámpara).

piqueta *f* pic *m*, pioche ▌ (*Amer*) piquette (aguapié) ▌ piolet *m* (bastón de montañero).

piquetazo *m* (*Amer*) coup de bec (picotazo).

piquete *m* piqûre *f* (pinchazo) ▌ petit trou (agujero) ▌ piquet (jalón) ▌ piquet; **piquete de huelga** piquet de grève ▌ peloton, piquet; **piquete de ejecución** peloton d'exécution ▌ (*Amer*) cour *f* (corral).

piquituerto *m* ZOOL bec-croisé.

pira *f* bûcher *m* (hoguera) ▌ FIG & FAM **ir de pira** sécher les cours (no asistir a clase).

pirado, da *adj* FAM cinglé, e.

piragua *f* pirogue (embarcación) ▌ canoë *m* (de madera); **carrera de piraguas** course de canoës ▌ kayac *m* (de tela).

piragüero *m* piroguier.

piragüismo *m* canoë-kayak [discipline].

piral *f* ZOOL pyrale (pirausta).

piramidal *adj* pyramidal, e.

pirámide *f* pyramide; **pirámide cuadrangular, regular, pentagonal, truncada** pyramide quadrangulaire, régulière, pentagonale, tronquée ▌ **pirámide de las edades** pyramide des âges ▌ **tronco de pirámide** tronc de pyramide.

piramidión *m* ARQ pyramidion.

piraña; piraya *f* (*Amer*) piranha *m*, piraya *m* (pez).

pirarse *v pr* FAM se tirer, se tailler (largarse) ▌ **estoy deseando pirármelas** j'ai bien envie de me tailler.

pirata *m* [▷ SIN] pirate ▌ FIG cœur de pierre (hombre despiadado) ▌ **pirata del aire** pirate de l'air.
◇ *adj* FIG pirate (clandestino); **edición, emisión pirata** édition, émission pirate.
▌ SIN corsario corsaire; filibustero flibustier; bucanero boucanier.

piratear *v intr* pirater ▌ FIG voler (robar).

pirateo *m* INFORM piratage.

piratería *f* piraterie ▌ **piratería aérea** piraterie aérienne.

pirausta *f* ZOOL pyrale (insecto).

piraya ▷ **piraña**.

pirca *f* (*Amer*) mur *m* de pierres et de boue.

pircar [10] *v tr* (*Amer*) entourer d'un mur de pierres et de boue.

pirenaico, ca *adj* & *s* pyrénéen, enne.

pireneita *f* MIN pyrénéite.

pireno *m* QUÍM pyrène.

pirenomicetos *m pl* pyrénomycètes (hongos).

Pireo *n pr m* GEOGR **El Pireo** Le Pirée.

pirético, ca *adj* MED pyrétique.

piretoterapia *f* MED pyréthothérapie.

piretro *m* BOT pyrèthre (pelitre).

pírex; pyrex *m* Pyrex® (vidrio que resiste al fuego).

pirexia *f* MED pyrexie.

pirgüín; pirhuin *m* (*Amer*) sorte de sangsue (sanguijuela).

pirheliómetro *m* pyrhéliomètre.

pirhuin ▷ **pirgüín**.

piri *m* FAM **darse el piri** se tirer, se tailler (irse).

pirí *m* (*Amer*) bâche *f* (toldo).

pírico, ca *adj* relatif au feu.

piridina *f* QUÍM pyridine.

piriforme *adj* piriforme.

pirindola *f* toton *m* (perinola).

pirindolo *m* FAM truc (chisme).

pirineo, a *adj* pyrénéen, enne (pirenaico).

Pirineos *n pr m pl* GEOGR **los Pirineos** les Pyrénées.

piringundín *m* (*Amer*) FAM piaule *f*.

piripi *adj* **ponerse piripi** être gai, e; éméché, e (un poco ebrio).

pirita *f* MIN pyrite.

pirlitero *m* aubépine *f* (espino majuelo).

piro *m* **darse el piro** FAM se barrer.

pirocelulosa *f* pyrocellulose.

piroelectricidad *f* pyro-électricité.

pirofórico, ca *adj* QUÍM pyrophorique.

piróforo *m* QUÍM pyrophore.

pirofosfato *m* QUÍM pyrophosphate.

pirofosfórico *adj m* QUÍM pyrophosphorique.

pirogálico, ca *adj* QUÍM pyrogallique.

pirogenación *f* pyrogénation.

pirogenado, da *adj* pyrogéné, e.

pirógeno, na *adj* pyrogène.

pirograbado *m* pyrogravure *f*.

pirograbar *v tr* pyrograver.

pirógrafo *m* pyrographe.

pírola *f* BOT pyrole.

piroleñoso, sa *adj* QUÍM pyroligneux, euse.

pirolisis *f inv* pyrolyse.

pirolusita *f* MIN pyrolusite.

piromancia *f* pyromancie.

piromanía *f* pyromanie.

pirómano, na *adj* & *s* pyromane.

pirometría *f* pyrométrie.

pirométrico, ca *adj* pyrométrique.

pirómetro *m* pyromètre (termómetro).

piropear *v tr* FAM lancer des compliments, dire des galanteries.

piropo *m* FAM compliment, galanterie *f* [surtout dans la rue]; **decir** o **echar piropos** dire des galanteries, lancer des compliments ▌ MIN escarboucle *f* (carbúnculo).

piróscafo *m* pyroscaphe (barco de vapor).

pirosfera *f* GEOGR pyrosphère.

pirosis *f inv* MED pyrosis *m*.

pirosulfúrico, ca *adj* pyrosulfurique.

pirotecnia *f* pyrotechnie.

pirotécnico, ca *adj* pyrotechnique.
◇ *m* & *f* pyrotechnicien, enne; poudrier *m* (obrero).

piroxeno *m* MIN pyroxène.

piroxilina *f* QUÍM pyroxyline.

piróxilo *m* QUÍM pyroxyle.

pirrarse *v pr* FAM raffoler; **pirrarse por la música** raffoler de musique.

pirriaque *m* FAM pinard, picrate (vino).

pírrico, ca *adj* & *s* pyrrhique (danza) ▌ **victoria pírrica** victoire à la Pyrrhus.

pirriquio *m* POÉT pyrrhique.

Pirro *n pr* Pyrrhus.

Pirrón *n pr m* Pyrrhon.

pirrónico, ca *adj* & *s* pyrrhonien, enne.

pirronismo *m* pyrrhonisme (escepticismo).

pirueta *f* pirouette.

piruetear *v intr* pirouetter.

pirueteo *m* pirouettement.

piruleta *f* sucette [plate et ronde].

pirulí *m* sucre d'orge, sucette *f*.
▌ OBSERV *pl* pirulís o pirulíes.

pirulo *m* gargoulette *f* (botijo).

pirúvico, ca *adj* QUÍM pyruvique.

pis *m* FAM pipi (orina).
▌ OBSERV *pl* pises.

pisa *f* foulage *m* (del paño) ▌ pressurage *m*, foulage *m* (aceituna o uva) ▌ accouplement *m* (de los animales) ▌ FAM raclée (zurra).

Pisa *n pr* GEOGR Pise; **la torre de Pisa** la tour de Pise.

pisada *f* pas *m*, trace [de pas] ▌ pas; **se oían sus pisadas** on entendait ses pas ▌ trace, foulée, passée (d'un animal) ▌ pressurage *m* (de la fruta) ▌ écrasement *m* (aplastamiento) ▌ foulage *m* (de paños) ▌ **seguir las pisadas de uno** suivre les traces de quelqu'un.

pisador, ra *adj* & *s* fouleur, euse ▌ qui a le pas relevé (caballo).

pisadura *f* trace, pas *m* (pisada).

pisano, na *adj* & *s* pisan, e.

pisapapeles *m inv* presse-papier.

pisar *v tr* marcher sur; **pisarle el pie a uno** marcher sur le pied de quelqu'un ▌ fouler; **pisar la tierra, uvas, paños** fouler le sol, le raisin, le drap ▌ MÚS pincer (las cuerdas) ▌ frapper (las teclas) ▌ couvrir, féconder (el macho) ▌ FIG humilier, rabaisser (a uno) ▌ piétiner, fouler aux pieds (pisotear) ▌ souffler, enlever (quitar); **pisarle el puesto a uno** enlever à quelqu'un son poste ▌ **pisar el acelerador** appuyer sur l'accélérateur ▌ **pisar el escenario** monter sur scène ▌ FIG **pisar fuerte** frapper un grand coup ▌ **pisar las huellas de alguien** marcher sur les traces de quelqu'un ▌ **pisar las tablas** monter sur les planches ▌ FIG **pisarle a uno el terreno** aller sur les brisées de quelqu'un, couper l'herbe sous les pieds à quelqu'un ▌ **pisar los talones** marcher sur les talons, suivre de près, talonner ▪ FIG **ir** o **andar pisando huevos** marcher sur des œufs ▌ **no dejarse pisar** ne pas se laisser marcher sur les pieds ▌ **no vuelvo a pisar más esa casa** je ne remettrai plus les pieds dans cette maison.
◇ *v intr* être l'un sur l'autre [deux étages d'un édifice].

pisaúvas *m inv* fouleur [de raisin].

pisaverde *m* FAM gandin, dandy (joven presumido).

piscator *m* almanach avec prévisions météorologiques.

piscatorio, ria *adj* de la pêche.

piscícola *adj* piscicole.

piscicultor *m* pisciculteur.

piscicultura *f* pisciculture.

piscifactoría *f* établissement *m* piscicole.

pisciforme *adj* pisciforme.

piscina *f* piscine (para bañarse) ▌ bassin *m* (estanque) ▌ piscine sacrée (de iglesia).

Piscis *n pr m inv* ASTRON & ASTROL Poissons *m pl*; ser Piscis être Poissons.
<> *m & f inv* poissons *m inv* (persona).

piscívoro, ra *adj & s* ZOOL piscivore.

pisco *m* (*Amer*) eau-de-vie *f* de Pisco (Perú) | cruchon, pichet (botijo).

piscolabis *m inv* FAM collation *f* (*Amer*) apéritif | tomar un piscolabis manger une bouchée.

pisiforme *m* ANAT pisiforme.

piso *m* étage (de una casa); casa de seis pisos maison de six étages | appartement (vivienda); piso de tres habitaciones appartement de trois pièces | sol (suelo) | plancher (de madera) | chaussée *f* (de la calle) | étage (capa geológica) ■ piso bajo rez-de-chaussée | piso de muestra o piloto appartement témoin | piso de soltero garçonnière | piso principal premier étage (de una casa), corbeille (en el teatro) ■ casa de pisos immeuble à usage d'habitation.

pisolita *f* MIN pisolithe.

pisolítico, ca *adj* MIN pisolithique.

pisón *m* hie *f*, demoiselle *f*, marteau à dame, pilon, pison (de cantero) | (*Amer*) FAM action *f* de marcher sur le pied de quelqu'un.

pisonear *v tr* tasser, damer (apisonar).

pisotear *v tr* piétiner, fouler aux pieds.

pisoteo *m* piétinement.

pisotón *m* FAM action *f* de marcher sur le pied | darle a uno un pisotón marcher sur le pied de quelqu'un.

pispar *v tr* FAM chiper (robar) | (*Amer*) surveiller, guetter (acechar).

pisqueño, ña *adj & s* de Pisco (Perú).

pista *f* piste (huella) | piste (de carreras, de aviones, etc.) ■ AVIAC pista de aterrizaje piste o aire d'atterrissage | pista de rodaje chemin de roulement | DEP pista de esquí piste de ski | pista de tenis court de tennis | pista para ciclistas piste o trottoir cyclable | CINEM pista sonora piste sonore ■ DEP atletismo en pista athlétisme sur piste | atletismo en pista cubierta athlétisme en salle | corredor en pista pistard (en ciclismo) ■ FAM ponerse a la pista se mettre en chasse | seguir la pista suivre à la piste (perseguir), filer (un policía a un ladrón), ne pas perdre de vue.

pistachero *m* pistachier (alfóncigo).

pistacho *m* pistache *f* (fruto).

pistilo *m* BOT pistil.

pisto *m* jus de viande (jugo) | ratatouille *f* niçoise (fritada) | (*Amer*) argent (dinero) | FAM darse pisto faire de l'épate o de l'esbroufe, la ramener.

pistola *f* pistolet *m* (arma); pistola ametralladora pistolet-mitrailleur; tiro de pistola coup de pistolet | pistolet *m*; pintura a la pistola peinture au pistolet | pistola de agua pistolet à eau.

pistolera *f* étui *m* à pistolet.

pistolero *m* bandit, gangster (bandolero) | tueur [à gages].

pistoletazo *m* coup de revolver o de pistolet.

pistón *m* piston (émbolo); el recorrido del pistón la course du piston | capsule *f*,

amorce *f* (de arma de fuego) | MÚS clef *f*, piston (de instrumento) | cornet à piston (corneta de llaves).

pistonudo, da *adj* FAM formidable, épatant, e; au poil, du tonnerre.

pita *f* BOT agave *m* (planta) | fibre d'agave (hilo) | sifflets *m pl*, huées *pl* (en el teatro) | bille (canica) | recibir una pita se faire siffler.

pitaco *m* hampe *f* de l'agave.

pitada *f* coup *m* de sifflet | FIG & FAM impair *m*, gaffe; dar una pitada faire un impair o une gaffe | (*Amer*) bouffée (de cigarro).

Pitágoras *n pr* Pythagore; tabla de Pitágoras table de Pythagore.

pitagórico, ca *adj & s* pythagoricien, enne.
<> *adj* pythagorique.

pitagorismo *m* pythagorisme.

pitahaya; pitajaña *f* (*Amer*) cactus *m* à grandes fleurs (cacto).

pitancero *m* pitancier (de convento).

pitanza *f* pitance, ration (ración de comida) | FAM pitance (alimento cotidiano) | prix *m* (precio), salaire *m* (sueldo) | (*Amer*) aubaine (ganga).

pitaña *f* chassie (legaña).

pitar *v intr* siffler [dans un sifflet] | DEP arbitrer | FIG & FAM marcher, gazer (marchar) | FIG & FAM salir pitando filer, partir en quatrième vitesse.
<> *v tr* siffler; pitar una obra de teatro siffler une pièce de théâtre | (p us) payer (pagar) | (*Amer*) fumer (fumar).

pitarra *f* chassie (legaña).

pitarrasa *f* MAR patarasse.

pitay *m* MED (*Amer*) herpès.

pitchpín *m* BOT pitchpin (árbol).

pitear *v intr* (*Amer*) siffler.

pitecántropo *m* ZOOL pithécanthrope.

pitejo *m* FAM croque-mort.

pitezna *f* détente [d'un piège].

pitia *f* pythie (de Delfos).

Pitias *n pr* Pythias.

pítico, ca *adj* pythien, enne (de Delfos) | pythique; juegos píticos jeux Pythiques o Pythiens.

pitido *m* sifflement (ruido producido por el aire, etc.) | coup de sifflet (con el pito); le llamó con un pitido il l'a appelé d'un coup de sifflet.

pitillera *f* porte-cigarettes *m inv*, étui *m* à cigarettes (petaca) | cigarière (mujer).

pitillo *m* cigarette *f*; liar un pitillo rouler une cigarette; echar un pitillo griller une cigarette.

pítima *f* MED cataplasme *m* | FAM cuite (borrachera).

pitiminí *m* rosier pimprenelle (rosal) | rosa de pitiminí rose pompon.
■ OBSERV *pl* pitiminíes.

pitio, tia *adj* pythien, enne; pythique.
➤ pitia *f* pythie (pitonisa).

pitío *m* sifflement aigu (pitido) | petit cri, piaillement (pío).

pitipié *m* MAT échelle *f*.

pitiriasis *f inv* MED pityriasis *m*.

pitirre *m* (*Amer*) tyran (ave).

pitirrear *v intr* (*Amer*) piauler, pépier.

pitirrojo *m* ZOOL rouge-gorge.

pito *m* sifflet (instrumento) | bec (de vasija) | FAM sèche *f*, cigarette *f* (cigarrillo) | osselet (taba) | ZOOL tique (insecto) | pic (pájaro) | FAM quéquette *f*, zizi (pene) | (*Amer*) pipe *f* ■ FAM pito catalán pied de nez | pitos flautos balivernes ■ FAM cuando pitos, flautas, cuando flautas, pitos lorsqu'on veut blanc c'est noir, lorsqu'on veut noir c'est blanc | entre pitos y flautas pour une raison ou pour une autre | me oyes como quien oye el pito del sereno c'est comme si je chantais | no me importa un pito, no se me da un pito je m'en moque comme de l'an quarante | no toco pito en eso je n'ai pas voix au chapitre, cela ne me regarde pas (no tengo nada que decir), je n'ai rien à voir là-dedans (no tengo nada que ver) | no valer un pito o tres pitos ne rien valoir, ne pas valoir tripette o un radis | ser el pito del sereno être la cinquième roue du carrosse | tener voz de pito avoir une voix de crécelle.

pitoche *m* FAM sifflet (pito) | FAM no me importa un pitoche je m'en moque comme de l'an quarante.

pitoitoy *m* (*Amer*) sorte de grue *f*.

pitón *m* python (serpiente) | corne *f* (de los toros, etc.) | bec (de botijos y porrones) | bourgeon (de un árbol) | (*Amer*) tuyau d'arrosage (manga de riego) | pitón de escalada piton (alpinismo).

pitonazo *m* coup de corne.

pitonisa *f* pythonisse | FIG voyante.

pitorrearse *v pr* FAM se payer la tête, se moquer [de quelqu'un] | se moquer [de quelque chose].

pitorreo *m* FAM rigolade *f*, plaisanterie *f* ■ FAM tomarlo todo a pitorreo prendre tout à la rigolade | traerse un pitorreo con se payer la tête de.

pitorro *m* bec (de vasija).

pitpit *m* pipit, pitpit (ave).

pitraco *m* FAM bidoche *f* (carne).

pituco, ca *adj* (*Amer*) minet, ette (lechuguino).

pituita *f* ANAT pituite.

pituitario, ria *adj* ANAT pituitaire; membrana pituitaria membrane pituitaire.

pituso, sa *adj* mignon, onne (niños).
<> *m & f* FAM gosse, enfant.

piular *v intr* pépier (las aves) | piailler, piauler (el pollo) | FIG & FAM râler (protestar).

piurano, na *adj & s* de Piura (Perú).

piuria *f* MED pyurie.

pívot *m & f* DEP pivot *m* (baloncesto).
■ OBSERV *pl* pivots.

pivotante *adj* BOT pivotant, e (raíz).

pivotar *v intr* DEP pivoter.

pivote *m* TECN pivot (gorrón) | pivot (baloncesto) | plaque *f* tournante (ferrocarriles).
■ OBSERV *pl* pivotes.

pixel *m* INFORM pixel.

píxide *f* BOT pyxide | ECLES pyxide, ciboire *m* (de iglesia).

pixidio *m* BOT pyxide *f*.

piyama *m* pijama (pijama).

pizarra *f* ardoise (piedra y tablilla para escribir) ‖ tableau *m*, tableau *m* noir (encerado); **salir a la pizarra** aller au tableau.

pizarral *m* ardoisière *f*.

pizarreño, ña *adj* ardoiseux, euse; ardoisier, ère; ardoisé, e.

pizarrería *f* ardoiserie.

pizarrero *m* ardoisier.

pizarrín *m* crayon d'ardoise.

Pizarro *n pr* Pizarre.

pizarrón *m* (*Amer*) tableau noir (encerado).

pizarroso, sa *adj* ardoiseux, euse; ardoisé, e.

pizca *f* FAM petit morceau *m*, miette; **yo sólo como una pizca de pan** je ne mange qu'un petit morceau de pain ‖ pincée, soupçon *m* (de sal, etc.) ‖ goutte (cosa líquida) ‖ un tout petit peu; **con una pizca de suerte hubiera ganado yo** avec un tout petit peu de chance, c'est moi qui aurais gagné; **se parece una pizca a su padre** il ressemble un tout petit peu à son père ■ FAM **ni pizca** pas du tout; **eso no me gusta ni pizca** je n'aime pas ça du tout; **no tiene ni pizca de autoridad** il n'a pas d'autorité du tout ‖ **no haber pizca** de ne pas y avoir de... du tout; **no hay pizca de vino** il n'y a pas de vin du tout.

pizcar [10] *v tr* FAM pincer (pellizcar).

pizote *m* ZOOL (*Amer*) blaireau (tejón).

pizpereta; pizpireta *adj f* FAM guillerette (alegre).

pizpita; pizpitilla *f* ZOOL bergeronnette.

pizza *f* CULIN pizza.

pizzería *f* pizzeria.

pizzicato *m* MÚS pizzicato.

placa *f* plaque ‖ plaque (lámina) ‖ FOT plaque ‖ plaquette (medalla conmemorativa) ‖ panneau *m* indicateur (para señalar) ‖ panonceau *m* (rótulo) ‖ plaque d'immatriculation (de un vehículo) ‖ INFORM **placa madre** carte mère ■ **placa giratoria** plaque tournante ‖ **placa solar** panneau solaire.

placaje *m* placage (rugby) ‖ **hacer un placaje** plaquer (rugby).

placar [10] *v tr* DEP plaquer.

placear *v tr* vendre au marché (vender) ‖ divulguer (publicar) ‖ FIG roder (para adquirir experiencia).

placebo *m* placebo.

pláceme *m* félicitation *f* ‖ **dar el pláceme** féliciter.

placenta *f* ANAT & BOT placenta *m*.

placentación *f* BOT placentation.

placentario *adj* BIOL placentaire.

➤ **placentarios** *m pl* placentaires (mamíferos).

placentero, ra *adj* joyeux, euse (alegre) ‖ agréable, charmant, e; délicieux, euse; **es un jardín placentero** c'est un jardin délicieux (agradable) ‖ amusant, e; attrayant, e (entretenido).

placentín, ina; placentino, na *adj & s* de Plaisance (Italia), de Plasencia (España).

placer *m* [▷ SIN] plaisir (diversión, gusto); **los placeres de la vida** les plaisirs de la vie ‖ bon plaisir (voluntad); **tal es mi placer** tel est mon bon plaisir ‖ MAR banc de sable (arena) ‖ MIN placer, gisement aurifère ‖ (*Amer*) pêcherie *f* de perles ■ **a placer** à plaisir (con gusto), à loisir (lentamente) ‖ **un viaje de placer** un voyage d'agrément.

| SIN agrado, recreo agrément; delicia délice; deleite, fruición délectation; goce plaisir; gozo joie; regodeo satisfaction.

placer [63] *v intr* plaire; **me place estudiar** il me plaît d'étudier ‖ **si me place** si cela me plaît.

| OBSERV Placer, d'ailleurs peu usité, s'emploie surtout comme verbe impersonnel; au sens personnel on dit plutôt gustar (me gusta este libro ce livre me plaît).

placero, ra *adj* de la place, public, publique.

◇ *m & f* marchand, e (en la plaza) ‖ FIG flâneur, euse (callejero).

plácet *m* placet (diplomático).

plácidamente *adv* placidement.

placidez *f* placidité.

■ OBSERV pl placideces.

Plácido *n pr* Placide.

plácido, da *adj* placide (quieto) ‖ tranquille (tranquilo) ‖ agréable (grato).

plácito *m* avis (parecer).

plafón *m* ARQ soffite (sofito).

| OBSERV Plafond se dit en espagnol techo ou cielo raso.

plaga *f* plaie, fléau *m* (de un pueblo) ‖ calamité, catastrophe (infortunio) ‖ mal *m*, maux *m pl* (daño o enfermedad) ‖ FIG fléau *m* (de la agricultura); **las langostas son a veces una plaga** les sauterelles sont parfois un fléau ‖ grêle, invasion, épidémie (abundancia de cosas malas) ‖ foison (de cosas buenas); **hay plaga de frutas** il y a des fruits à foison ‖ **las diez plagas de Egipto** les dix plaies d'Égypte.

plagado, da *adj* rempli, e; **plagado de deudas** criblé de dettes; **plagado de** infesté de (insectos, tiburones).

plagal *adj & s m* MÚS plagal, e; **movimientos plagales** mouvements plagaux.

plagar [16] *v tr* couvrir (cubrir); **plagar de heridas** couvrir de blessures ‖ remplir, bourrer FAM; **carta plagada de faltas** lettre bourrée de fautes ‖ **estar plagado de** être surchargé de.

➡ **plagarse** *v pr* se couvrir, être couvert; **plagarse de granos** être couvert de boutons.

plagiar [8] *v tr* plagier (copiar) ‖ (*Amer*) kidnapper (raptar).

plagiario, ria *adj & s* plagiaire.

◇ *m & f* pasticheur, euse (imitador).

plagio *m* plagiat ‖ pastichage (imitación).

plagióstomos *m pl* ZOOL plagiostomes.

plaguicida *adj & s m* pesticide.

plan *m* plan; **hacer planes** faire des plans; **el plan de la obra** le plan de l'ouvrage ‖ plan; **plan quinquenal** plan quinquennal; **plan de ordenación** plan d'aménagement ‖ projet (intención); **no tengo ningún plan para esta tarde** je n'ai aucun projet pour cet après-midi ‖ plan, niveau (altura) ‖ FIG & FAM petit ami, petite amie ‖ MAR fond de cale ‖ MED régime; **estar a plan** être au régime ‖ MIN étage (piso) ‖ (*Amer*) plaine *f* (planicie) ■ **plan contable** plan comptable ‖ **plan de ataque** plan d'attaque ‖ **plan de estudios** cursus ‖ **plan de financiación** plan de financement ‖ **plan de inversión** plan d'investissement ‖ **plan de paz** plan de paix ‖ **plan de pensiones** régime de retraite ‖ **plan de trabajo** plan de travail ■ **en plan de** comme, en; **en plan de vencedor** en vainqueur; à titre de (a título de) ‖ **en plan de broma** pour rire, pour plaisanter; **meterse con alguien en plan de broma** taquiner quelqu'un pour rire ‖ **en plan grande** sur un grand pied ‖ **en un plan de intimidad** sur un pied d'intimité.

| OBSERV Il ne faut pas confondre plan, qui signifie surtout projet ou structure, et plano, qui correspond à surface, dessin.

plana *f* page (página) ‖ page d'écriture (en la escuela) ‖ plaine (llanura) ‖ TECN plane ■ MIL **plana mayor** état-major ■ **a plana y renglón** copie conforme (imprenta), parfaitement, exactement (perfectamente) ‖ **a toda plana** sur toute la page, sur toute la largeur (titular), pleine page (página entera) ‖ **en primera plana** en première page, à la une (en los periódicos) ‖ FIG **corregir o enmendar la plana** trouver à redire, critiquer ‖ **estar en la primera plana de la actualidad** tenir o avoir la vedette.

planador *m* TECN planeur.

planazo *m* (*Amer*) coup du plat de l'épée.

plancha *f* plaque (de metal) ‖ fer *m* à repasser (utensilio) ‖ repassage *m* (ropa planchada) ‖ IMPR planche, forme ‖ FIG & FAM gaffe, impair *m*; **tirarse una plancha** faire une gaffe, commettre un impair ‖ planche (nadando); **hacer la plancha** faire la planche ‖ pied *m* en avant (fútbol) ‖ MAR passerelle ■ **plancha a vela** planche à voile ‖ MAR **plancha de agua** radeau ‖ **plancha de blindaje** plaque blindée ■ CULIN **a la plancha** grillé, au gril.

■ OBSERV Planche corresponde al español tabla.

planchada *f* passerelle (puentecillo) ‖ appontement *m* (para embarcarse).

planchado *m* repassage.

planchado, da *adj* FAM sans le rond (sin dinero).

planchador, ra *m & f* repasseur, euse ‖ máquina planchadora machine à repasser.

planchar *v tr* repasser [le linge] ‖ (*Amer*) flatter (adular) ‖ **mesa de planchar** planche o table à repasser.

| OBSERV No se confunda repasser en francés con repasar en español que corresponde a raccommoder.

planchazo *m* FAM gaffe *f*, impair (metedura de pata); **tirarse un planchazo** faire une gaffe, commettre un impair ‖ pied en avant (en fútbol).

plancheta *f* planchette (en topografía).

planchista *m & f* tôlier *m*.

planchistería *f* tôlerie.

planchón *m* grande plaque *f* ‖ FAM gaffe *f* (planchazo).

plancton *m* BIOL plancton.

planctónico, ca *adj* BIOL planctonique.

planeador *m* planeur (avión).

planeadora *f* vedette.

planear *v tr* faire le plan [d'un ouvrage] ‖ planifier (planificar) ‖ projeter, avoir en projet; **planear un viaje** projeter un voyage ‖ envisager; **planear una reforma** envisager une réforme ‖ préparer, organiser; **planear una conspiración** préparer une conspiration.

◇ *v intr* planer (avión); **vuelo planeado** vol

plané ‖ faire des plans (hacer planes).

planeo *m* vol plané (aviación).

planeta *m* ASTRON & ASTROL planète *f* ■ planeta artificial satellite artificiel ‖ planeta inferior o interior planète inférieure ‖ planeta menor petite planète.

planetario, ria *adj* planétaire ‖ TECN piñon planetario planétaire de différentiel.

➤ **planetario** *m* planétarium ‖ planétaire (de automóvil).

planetarium *m* planétarium.

planetoide *m* planétoïde, astéroïde.

planicie *f* plaine (llanura) ‖ plateau *m* (meseta).

planificación *f* planification, planning *m* ■ planificación del trabajo planification du travail ‖ planificación económica planification économique ‖ planificación familiar planning familial.

planificar [10] *v tr* planifier.

planilla *f* (Amer) liste, tableau *m*.

planimetría *f* planimétrie.

planímetro *m* planimètre.

planisferio *m* planisphère.

planning *m* planning (plan).
  ‖ OBSERV pl plannings.

plano, na *adj* plat, e; plan, e; terreno plano terrain plat; superficie plana surface plane ‖ plat, e; zapatos planos chaussures plates; pies planos pieds plats ‖ MAT plan, e; geometría plana géométrie plane ‖ plat, e; ángulo plano angle plat.

➤ **plano** *m* plan; el plano de la ciudad le plan de la ville; el primer plano de un cuadro le premier plan d'un tableau ‖ ARQ plan ‖ GEOM plan ■ plano americano plan américain (cine) ‖ plano de fondo arrière-plan (en pintura) ‖ plano de tiro plan de tir ‖ plano general o largo o de conjunto plan général o d'ensemble ‖ plano inclinado plan incliné ■ de plano clairement, carrément ‖ de primer plano de premier plan ‖ en el primer, segundo plano au premier, au second plan ‖ primer plano gros plan (cine) ■ caer de plano tomber de tout son long ‖ dar de plano frapper du plat de l'épée (con el sable), tomber perpendiculairement (el sol) ‖ hacer o alzar o levantar un plano lever un plan (topografía) ‖ FIG poner en primer plano mettre en vedette.

planocóncavo, va *adj* plan-concave.

planoconvexo, xa *adj* plan-convexe.

planorbis *f inv* ZOOL planorbe.

planta *f* plante (vegetal); planta de adorno, forrajera, carnosa, trepadora plante d'agrément, fourragère, grasse, grimpante ‖ plan *m* (plano); planta de la casa plan de la maison ‖ étage *m*; vivo en la primera planta j'habite au premier étage ‖ plante (del pie) ‖ usine (fábrica); planta siderúrgica usine sidérurgique ‖ centrale; planta eléctrica centrale électrique ‖ plant *m* (plantío) ‖ MAT pied *m* (de una perpendicular) ‖ FIG plan *m*, projet *m* (plan) ‖ position des pieds (danza, esgrima) ■ FIG & FAM buena planta belle prestance ‖ FIG hacer de nueva planta refaire entièrement ‖ planta baja rez-de-chaussée ‖ tener buena planta être bien planté, avoir une belle prestance o allure (apuesto).

plantación *f* plantation ‖ plantage *m* (acción).

plantado, da *adj* planté, e ■ ■ FIG & FAM bien plantado de belle prestance ‖ dejar a uno plantado laisser quelqu'un en plan, poser un lapin à quelqu'un (no ir a una cita), plaquer quelqu'un, laisser tomber quelqu'un (abandonar) ‖ dejarlo todo plantado tout planter là ‖ quedarse plantado rester en carafe (sin poder hacer nada).

plantador, ra *adj* qui plante.

➤ **plantador** *m* planteur (el que planta) ‖ plantoir (instrumento agrícola).

➤ **plantadora** *f* planteuse (máquina).

plantagináceas *f pl* BOT plantaginacées.

plantaina *f* BOT plantain *m* (llantén).

plantar *adj* ANAT plantaire.

plantar *v tr* planter ‖ FIG implanter (establecer) ‖ FIG & FAM envoyer (un golpe), flanquer (una bofetada) ‖ mettre; plantar en la calle mettre dehors; plantar en la cárcel mettre en prison ‖ laisser en plan, laisser tomber, plaquer (abandonar) ‖ clouer le bec, laisser sans voix (dejar callado).

➤ **plantarse** *v pr* FIG & FAM se planter; plantarse en la puerta, en la calle se planter à la porte, dans la rue ‖ arriver, débarquer; en dos horas me plantaré en su casa dans deux heures je débarquerai chez lui ‖ s'arrêter (pararse) ‖ s'arrêter (un animal) ‖ s'installer; plantarse en Cádiz s'installer à Cadix ‖ (Amer) se parer (ataviarse) ‖ me planto servi (cartas).

plantario *m* pépinière (almáciga).

plante *m* revendications *f pl* présentées en commun ‖ débrayage (huelga) ‖ FIG dar un plante a alguien remettre quelqu'un à sa place.

planteamiento *m* façon *f* de poser [un problème] ‖ mise *f* en œuvre, travaux *pl* préliminaires ‖ exposé, énoncé; planteamiento de un problema exposé d'un problème.

plantear *v tr* projeter, organiser (organizar) ‖ poser (una cuestión); plantear la cuestión de confianza poser la question de confiance ‖ FIG instaurer, établir, implanter; plantear un sistema instaurer un système.

➤ **plantearse** *v pr* se poser (una cuestión); se nos plantea el problema de saber le problème se pose de savoir.

plantel *m* pépinière *f* (criadero) ‖ plant (terreno) ‖ FIG pépinière *f* (cantera) ‖ groupe (conjunto).

plantificación *f* établissement *m*.

plantificar [10] *v tr* établir (plantear) ‖ FIG & FAM lâcher, laisser en plan (dejar plantado) ‖ fourrer, mettre (meter).

➤ **plantificarse** *v pr* FAM débarquer; se plantificó en casa sin avisar il a débarqué à la maison sans prévenir.

plantígrado, da *adj & s* ZOOL plantigrade.

plantilla *f* semelle (suela interior) ‖ personnel *m*, effectif *m* (de una administración); estar en plantilla en una empresa faire partie du personnel d'une entreprise ‖ tableau *m* o liste des effectifs (lista) ‖ patron *m*, modèle *m* (modelo) ‖ plan *m* (plano) ‖ peigne *m* (de los decoradores) ‖ pistolet *m* (de los dibujantes) ‖ platine (de arma de fuego) ‖ gabarit *m* (gálibo) ■ plantilla de estarcir pochoir ‖ puesto de plantilla poste permanent.

plantío, a *adj* cultivable (labrantío), cultivé, e (labrado).

➤ **plantío** *m* plantation *f*, plant (lugar) ‖ plantation *f* (acción) ‖ tierra de plantío terrain cultivable.

plantón *m* AGRIC plant (vegetal) ‖ plançon (estaca) ‖ planton (portero) ‖ huissier (comisionado) ■ FIG & FAM dar un plantón poser un lapin ‖ estar de plantón o tener plantón monter la garde (un centinela), faire le pied de grue (esperar).

plántula *f* BOT plantule.

plañidero, ra *adj* plaintif, ive; una voz plañidera une voix plaintive.

➤ **plañidera** *f* pleureuse.

plañido; plañimiento *m* plainte *f*, gémissement.

plañir *v intr* (p us) gémir, se plaindre, pleurer (lamentarse).

‖ OBSERV plañir perd le « i » atone de la désinence quand celui-ci est situé entre la consonne « ñ » et une voyelle (comme dans plañendo, plañó, plañera).

plaqueado, da *adj & s m* plaqué, e (chapeado).

plaqueta *f* plaquette (placa pequeña) ‖ BIOL plaquette (de sangre).

Plasencia *n pr* GEOGR Plaisance (en Italia) ‖ Plasencia (en España)].

plasenciano, na *adj & s* de Plasencia [Espagne] o Plaisance [Italie].

plasma *m* BIOL plasma (sangre).

plasmar *v tr* former, façonner.

➤ **plasmarse** *v pr* FIG se concrétiser, prendre forme.

plasmático, ca *adj* BIOL plasmatique.

plasmodio *m* plasmodium.

plasmólisis *f inv* BIOL plasmolyse (célula).

plasta *f* pâte molle ‖ bouillie (cosa aplastada) ‖ FIG & FAM bousillage *m*, chose mal faite.

◇ *m & f* FAM raseur, euse; casse-pieds *inv* (pelma).

plasticidad *f* plasticité.

plástico, ca *adj* plastique; materias plásticas matières plastiques.

➤ **plástico** *m* plastique (industrial) ‖ plastic, plastique (explosivo) ■ voladura con plástico plastiquage, plasticage ‖ volar o agredir con plástico plastiquer.

➤ **plástica** *f* plastique, sculpture.

plastificación *f* plastification.

plastificado, da *adj* plastifié, e.

➤ **plastificado** *m* plastification *f*.

plastificar [10] *v tr* plastifier.

plastilina *f* pâte à modeler.

plastrón *m* plastron (pechera).

plata *f* argent *m* (metal); estatua de plata statue d'argent ‖ FIG argent *m* (dinero); tener mucha plata avoir beaucoup d'argent ‖ argenterie (vajilla u objetos de plata); limpiar la plata nettoyer l'argenterie ‖ plata alemana maillechort ‖ plata labrada argenterie (vajilla) ‖ plata sobredorada vermeil ■ FAM limpio como la plata propre comme un sou neuf ‖ (Amer) sin plata désargenté ■ FIG hablar en plata parler clair, parler d'or ‖ hacer plata gagner beaucoup d'argent, gagner gros ‖ tender o hacer un puente de plata faire un pont d'or **|** traer algo en bandeja de plata apporter quelque chose sur un plateau o tout cuit.

| **OBSERV** Plata désigne surtout le métal; argent au sens de monnaie, richesse, se dit plutôt dinero, sauf en Amérique.

platabanda *f* BOT & ARQ plate-bande.

plataforma *f* plate-forme **|** FIG prétexte *m*; paravent *m* (pretexto) **|** tremplin *m*; esto le va a servir de plataforma para alcanzar los máximos honores cela va lui servir de tremplin pour atteindre les plus hauts honneurs ■ GEOL plataforma continental plate-forme continentale **|** plataforma del 0, 7 % mouvement social exigeant que 0, 7 % du PIB espagnol soit consacré au Tiers-Monde **|** plataforma de lanzamiento plateforme de lancement **|** plataforma de perforación plate-forme de forage **|** plataforma de salida plot (natación) **|** plataforma giratoria plaque tournante (ferrocarril) **|** plataforma móvil trottoir roulant **|** plataforma rodante chariot (cine).

LA PLATAFORMA DEL 0,7%

Mouvement lancé en 1994 par un groupe de personnes, composé essentiellement de jeunes, qui ont organisé un certain nombre d'actes publics, de manifestations, et de sittings dans les principales villes du pays, pour sensibiliser l'opinion publique et exiger que 0, 7% du PIB soit consacré à la coopération avec les pays du Tiers-Monde.

platal *m* FAM (*Amer*) grosse somme *f*, fortune *f* (dineral).

platanal; platanar *m* bananeraie *f* [plantation de bananes], platanaie *f* [plantation de platanes].

platanazo *m* chute *f* (caída) **|** effondrement [d'un gouvernement, etc.].

platanera *f* bananeraie (plantío) **|** vendeuse de bananes.

platanero *m* bananier (plátano).

plátano *m* bananier (árbol frutal) **|** banane *f* (fruto) **|** platane (árbol).

platea *f* TEATR orchestre *m*, parterre *m* (patio) **|** (*Amer*) fauteuil *m* (butaca) **|** palco de platea baignoire.

plateado, da *adj* argenté, e; bronce plateado bronze argenté **|** (*Amer*) fortuné, e (adinerado).

➤ **plateado** *m* argenture *f*, argentage (plateadura).

platear *v tr* argenter.

plateau *m* CINEM plateau (plató).

platelmintos *m pl* ZOOL plathelminthes.

platense *adj* du Río de la Plata [fleuve] o de La Plata [ville d'Argentine].

plateresco, ca *adj* ARQ plateresque (estilo).

platería *f* orfèvrerie **|** bijouterie (joyería).

platero *m* orfèvre (artista) **|** bijoutier (joyero) **|** platero de oro orfèvre.

plática *f* conversation, entretien *m* (charla); estar de plática être en conversation, avoir un entretien **|** causerie (religiosa) **|** MAR pratique; a libre plática en libre pratique.

platicar [10] *v intr* parler, converser, s'entretenir (conversar) **|** (*Amer*) parler (hablar) **|** dire (decir).

platija *f* plie, limande (acedía).

platillo *m* soucoupe *f* (de una taza) **|** petite assiette *f* (plato) **|** disque (pieza) **|** plateau (de balanza) **|** sébile *f* (de ciego) **|** MÚS cymbale *f*

(instrumento) **|** platillo volante soucoupe volante.

platina *f* TECN platine (de un reloj, de una máquina neumática, de un microscopio) **|** IMPR marbre *m*; quedarse en la platina rester sur le marbre.

platinado *m* TECN platinage.

platinar *v tr* platiner.

platinita *f* platinite (metal).

platino *m* platine (metal); esponja de platino mousse de platine ■ rubia platino blonde platine **|** teñir de rubio platino platiner.

➤ **platinos** *m pl* vis *f* platinées (motor).

platinoide *m* QUÍM platinoïde.

platinotipia *f* platinotypie.

platirrinia *f* nez *m* épaté (nariz chata).

platirrinos *m pl* ZOOL platyrrhiniens, platyrhiniens (monos).

plato *m* assiette *f* (vasija); plato llano, hondo o sopero assiette plate, creuse o à soupe o à potage **|** plat (manjar); almuerzo compuesto de tres platos déjeuner composé de trois plats; plato del día plat du jour **|** plateau (de balanza, de bicicleta, de embrague) **|** platine *f* (de tocadiscos) **|** FIG cible *f* (objeto de críticas) **|** sujet de conversation (tema de hablillas) **|** ARQ métope *f* (metopa) ■ plato combinado assiette variée **|** plato de guarnición plat garni **|** FIG plato de segunda mesa plat réchauffé (manjar), du réchauffé (lo ya conocido), d'occasion, de seconde main (lo ya usado) **|** plato fuerte o de resistencia plat de résistance **|** plato giratorio plateau (de un tocadiscos) **|** plato montado pièce montée **|** plato precocinado plat cuisiné **|** plato preparado plat préparé ■ primer plato entrée **|** tiro al plato tir au pigeon d'argile ■ CULIN al plato sur le plat ■ FIG comer en el mismo plato manger à la même écuelle **|** ¿en qué plato hemos comido juntos? quand avons-nous gardé les cochons ensemble? **|** pagar los platos rotos payer les pots cassés **|** parece que no ha roto un plato en su vida on lui donnerait le bon Dieu sans confession **|** ser plato del gusto de uno être du goût de quelqu'un **|** (*Amer*) ser un plato être très drôle.

plató *m* CINEM plateau (escenario).

| **OBSERV** pl platós.

platón *m* (*Amer*) cuvette *f* (palangana) **|** plat (fuente).

Platón *n pr* Platon.

platónicamente *adv* platoniquement.

platónico, ca *adj* & *s* platonicien, enne (de Platón).

◇ *adj* platonique (puro, inmaterial).

platonismo *m* platonisme.

platudo, da *adj* FAM (*Amer*) riche, fortuné, e; qui a de l'argent.

plausibilidad *f* plausibilité.

plausible *adj* plausible.

plausiblemente *adv* plausiblement.

Plauto *n pr* Plaute.

playa *f* plage; en la playa sur la plage **|** (*Amer*) playa de estacionamiento parking.

play-back *m* CINEM play back.

| **OBSERV** pl play-backs.

play-boy; playboy *m* play-boy.

| **OBSERV 1.** Anglicisme qui peut être remplacé par les mots espagnols donjuán et conquistador.

2. pl play-boys; playboys.

playero, ra *adj* de plage.

➤ **playera** *f* chemise-veste **|** (*Amer*) tee-shirt *m* (niqui).

➤ **playeras** *f pl* chanson *sing* populaire d'Andalousie **|** sandales de plage (sandalias).

playo, ya *adj* (*Amer*) peu profond, e.

plaza *f* place; en la plaza sur la place **|** marché *m* (mercado); ir a la plaza aller au marché **|** place (asiento, sitio) **|** place, emploi *m* (empleo) **|** MIL engagement *m* [dans l'armée] **|** ville (población) **|** place, place forte (ciudad fortificada) **|** TECN sole (de un horno) **|** parvis *m* (de una iglesia) ■ plaza de abastos marché, halle **|** plaza de armas place forte (fortificada), place d'armes (campo de ejercicio) **|** plaza fuerte place forte **|** plaza mayor grand-place **|** plaza de toros arènes ■ MIL asentar o sentar plaza s'enrôler, s'engager dans l'armée **|** FIG correr la plaza démarcher, faire du porte à porte **|** hacer plaza faire les marchés (vender en el mercado) **|** TAUROM romper plaza ouvrir la corrida **|** FIG sacar a la plaza pública crier sur tous les toits, proclamer **|** sentar plaza de passer pour **|** FIG ser nuevo en esta plaza être nouveau dans la place **|** socorrer la plaza venir en aide aux nécessiteux.

LAS PLAZAS

la plaza Beauvau en París (se refiere también al Ministerio del Interior cuyas oficinas están instaladas en esta plaza) la place Beauvau;
la plaza de la Concordia en París (una de las plazas más importantes y animadas de la capital, construida durante el reinado de Luis XV) la place de la Concorde;
la plaza del Colonel-Fabien en París (se refiere también a la sede del partido comunista, situada en esta plaza) la place du Colonel-Fabien;
la plaza de Grève, antiguamente plaza de l'Hôtel de Ville de París (allí se reunía la gente que buscaba trabajo, lo cual explica el origen de la expresión « se mettre en grève ») la place de Grève;
la plaza Roja la place Rouge;
la plaza de San Marcos la place Saint-Marc;
la Plaza Tiananmen la place Tian'anmen;
la plaza Vendôme en París (este nombre evoca la opulencia y el lujo porque allí se encuentran el hotel Ritz y grandes joyerías) la place Vendôme;
la plaza des Vosges (elegante y hermosa plaza situada en el Marais en París, y construida durante el reinado de Enrique IV) la place des Vosges;

plazo *m* délai (espacio de tiempo); concluido dicho plazo à l'expiration de ce délai; un plazo de tres días un délai de trois jours; en breve plazo à bref délai; en el plazo de un año dans un délai d'un an **|** échéance *f* (vencimiento del término), échéance *f* (cantidad) **|** terme; a plazo vencido à terme échu; plazo perentorio terme de rigueur ■ plazo de despedida délai de congé o de préavis **|** COM plazo de entrega délai de livraison **|** plazo de respiro délai de grâce **|** plazo mayor délai supplémentaire ■ a corto, a largo plazo à courte, à longue échéance (pronto, tarde), à court, à long terme (capitales) **|** operación a plazo marché à terme (en la Bolsa) ■ comprar, vender a plazos acheter à crédit o à tempérament o à terme.

plazoleta; plazuela f petite place (de calle) ‖ rond-point m (de jardín o alameda) ‖ square m; los niños juegan en la plazoleta les enfants jouent dans le square.

pleamar f MAR marée haute, pleine mer.

plebe f plèbe.

plebeyez f état m de plébéien, enne.
  ‖ OBSERV pl plebeyeces.

plebeyo, ya adj & s plébéien, enne.

plebiscitar v tr plébisciter.

plebiscito m plébiscite.

pleca f IMPR tiret m.

plectognatos m pl ZOOL plectognathes.

plectro m MÚS plectre (púa) ‖ FIG inspiration f (en poesía).

plegable adj pliant, e; pliable ‖ pliant, e; cama plegable lit pliant ‖ ployable (flexible).

plegadera f coupe-papier m inv (para cortar) ‖ plioir m (para plegar).

plegado m; **plegadura** f pliage m, pliure f (acto de plegar) ‖ plissé m (tableado de una tela, etc.) ‖ plissage m (acción de tablear) ‖ plissure f (conjunto de pliegues) ‖ ployage m (encorvamiento).

plegador, ra adj & s plieur, euse.
  ➤ **plegador** m plioir (para plegar).
  ➤ **plegadora** f IMPR machine à plier; plegadora de bolsas, de cuchillas machine à plier à poches, à couteaux.

plegadura ➤ **plegado**.

plegamiento m GEOL plissement.

plegar [35] v tr plier (hacer un doblez) ‖ plisser (tablear una tela, etc.) ‖ GEOL plisser.
  ➤ **plegarse** v pr se plier (someterse).

plegaria f prière ‖ angelus m (toque de campanas) ‖ hacer plegarias prier instamment.

pleistoceno, na adj & s m GEOL pleistocène.

pleita f tresse de sparte.

pleiteador, ra; pleiteante adj plaidant, e; las partes pleiteantes les parties plaidantes.
  ◇ m & f plaideur, euse.

pleitear v intr DR plaider ‖ FIG discuter.

pleitesía f hommage m (homenaje) ‖ rendir pleitesía a s'incliner devant.

pleitista adj plaidant, e.
  ◇ adj & s chicaneur, euse; procédurier, ère.

pleito m DR procès; ganar, perder un pleito gagner, perdre un procès ‖ affaire f (caso); el pleito de X contra Y l'affaire X contre Y ‖ querelle f dispute f (pendencia) ■ DR pleito civil procès civil ‖ pleito criminal procès criminel ■ abogado sin pleitos avocat sans cause ■ armar pleito intenter un procès, aller en justice ‖ FIG poner a pleito faire le procès de ‖ poner un pleito a faire o intenter un procès contre ‖ tener un pleito con alguien être en procès avec quelqu'un.
  ➤ **pleitos** m pl FAM chicane f sing; ser aficionado a pleitos aimer la chicane.

plenamar f marée haute, pleine mer (pleamar).

plenamente adv pleinement.

plenario, ria adj plénier, ère; indulgencia, asamblea, sesión plenaria indulgence, assemblée, séance plénière.

plenilunio m pleine lune f (luna llena).

plenipotencia f pleins pouvoirs m pl.

plenipotenciario, ria adj & s m plénipotentiaire.

plenitud f plénitude ‖ FIG épanouissement m (de una persona) ‖ MED pléthore ‖ FIG alcanzar la plenitud s'épanouir.

pleno, na adj plein, e; en plena actividad en pleine activité ‖ plein, e; en pleno invierno en plein hiver; en plena posesión de en pleine possession de; con pleno derecho de plein droit ■ pleno empleo plein emploi ‖ plenos poderes pleins pouvoirs ■ a plena luz en pleine lumière, au grand soleil ‖ la asamblea en pleno toute l'assemblée, l'assemblée tout entière o au grand complet.
  ➤ **pleno** m plénière f, séance f plénière (reunión) ‖ plein (en el juego).
  ‖ OBSERV Pleno s'emploie surtout au sens abstrait; au sens concret, plein se dit plutôt lleno.

pleonasmo m GRAM pléonasme (repetición).

pleonástico, ca adj pléonastique (tautológico).

plepa ➤ **pepla**.

pleroma m BOT pleroma.

plesiosauro m ZOOL plésiosaure (fósil).

pletina f fer m plat, plat m (metalurgia).

plétora f pléthore.

pletórico, ca adj pléthorique.

pleura f ANAT plèvre.

pleural adj ANAT pleural, e; derrames pleurales épanchements pleuraux.

pleuresía f MED pleurésie.

pleurítico, ca adj & s MED pleurétique.
  ◇ adj ANAT pleural, e; derrames pleuríticos épanchements pleuraux.

pleuritis f inv MED pleurite.

pleurodinia f MED pleurodynie.

pleuronéctidos m pl ZOOL pleutonectidés.

pleuronecto m ZOOL pleuronecte (pez).

pleuroneumonía f MED pleuropneumonie.

pleuroto m pleurote (hongo).

plexiglás® m inv Plexiglas® (materia plástica).

plexo m ANAT plexus; plexo sacro, solar plexus sacré, solaire.

pléyade f FIG pléiade.

Pléyades n pr f pl ASTRON Pléiades ‖ MITOL Pléyades.

plica f pli m cacheté (sobre).

pliego m pli (pliegue) ‖ papier, feuille f de papier (hoja de papel) ‖ pli (documento cerrado) ‖ IMPR cahier, signature f ‖ cahier, mémoire (resumen) ■ pliego de cargos liste des fautes relevées contre un fonctionnaire ‖ pliego de condiciones cahier des charges ‖ DR pliego de descargo mémoire en défense.

pliegue m pli (doblez) ‖ pli (tabla); los pliegues de una falda les plis d'une jupe ‖ GEOL plissement, pli (ondulación del terreno) ‖ máquina de hacer pliegues plisseuse.

plin FAM ¡a mí, plin! je m'en fiche!, je m'en moque!

Plinio n pr m Pline; Plinio el Viejo/Joven Pline l'Ancien/le Jeune.

plinto m ARQ plinthe f, socle (de columna) ‖ cheval d'arçons (en gimnasia).
  ‖ OBSERV La plinthe d'un mur se dit cenefa ou zócalo.

plioceno m GEOL pliocène.

plisado m plissage (acción y efecto de plisar) ‖ plissé (tablas, tableado) ‖ taller de plisado pliure.

plisar v tr plisser; plisar una falda plisser une jupe.
  ‖ OBSERV Ce mot, quoique très employé, est un gallicisme de même que le substantif plisado.

plomada f fil m à plomb (de albañil) ‖ plombée (red, ropa) ‖ mine de plomb, crayon m (lápiz) ‖ MAR sonde (sonda) ‖ plombs m pl (de red de pesca).

plomar v tr plomber (sellar con plomo).

plombagina f MIN plombagine (grafito).

plombagináceas f pl BOT plombaginaceés.

plomear v intr faire mouche.

plomería f plomberie (taller) ‖ couverture en plomb (tejado).

plomero m plombier ‖ couvreur de toits (de tejados).

plomífero, ra adj MIN plombifère ‖ FIG & FAM assommant, e (pesado).

plomizo, za adj plombé, e.

plomo m plomb (metal) ‖ fil à plomb (plomada) ‖ plomb (de fusil, de red) ‖ fusible, plomb (electricidad) ‖ FAM super (gasolina) ■ plomo blanco cérusite, carbonate de plomb ‖ plomo corto plomb à balles ‖ plomo de obra, dulce plomb argentifère, affiné ■ FIG & FAM andar con pies de plomo regarder où on met les pieds, agir avec prudence (actuar con suma prudencia) ‖ a plomo à plomb (verticalmente), à pic (con oportunidad) ‖ FIG & FAM caer a plomo s'étaler, s'aplatir ‖ ser un plomo être assommant, e (ser cargante) ‖ tener un sueño de plomo avoir un sommeil de plomb.

plomo, ma adj (Amer) plombé, e.

plotter m INFORM traceur (de courbes), table f traçante.
  ‖ OBSERV pl plotters.

¡pluf! interj plouf!

pluma f plume; pluma de ganso plume d'oie; colchón de plumas lit de plume ‖ MAR mât m de charge ‖ plume (para escribir); dibujo con pluma dessin à la plume; tomar la pluma prendre la plume ‖ FIG plume (letra o talento) ‖ fléau m, flèche (de grúa) ‖ (Amer) robinet m (grifo) ■ estuche de plumas plumier ‖ peso pluma poids plume (boxeador) ‖ pluma estilográfica plume stylographique, stylo ‖ pluma luminosa o óptica crayon optique ■ al correr de la pluma o a vuela pluma au courant de la plume ‖ FIG & FAM vestirse o adornarse o engalanarse con plumas ajenas se parer des plumes du paon.
  ➤ **plumas** f pl empennage m sing, empenne m sing (de una flecha).

plumada f trait m de plume (rasgo) ‖ petit mot m, billet m (carta corta).

plumado, da adj emplumé, e.
  ‖ OBSERV El francés plumé significa desplumado.

plumaje *m* plumage ▐ pennage (de las aves de rapiña) ▐ plumet (penacho).

plumaria *adj f* arte plumaria art de faire des dessins à l'aide de plumes, art des plumassiers.

plumazo *m* trait de plume; lo tachó de un plumazo il l'a barré d'un trait de plume ▐ matelas de plume (colchón) ▐ coussin de plume (almohada).

plumazón *f* plumage *m* (plumaje).

plumbagina *f* MIN plombagine (plombagina).

plumbagináceas *f pl* BOT plombaginacées.

plumbagíneo, a *adj & s* BOT plombaginacé, e.

plúmbeo, a *adj* de plomb ▐ FIG de plomb (sueño) ▐ rasoir, ennuyeux, euse (pesado).

plum-cake [plumkeik] *m* cake.
▐ OBSERV pl plum-cakes.

plumeado *m* hachures *f pl* (en pintura).

plumear *v tr* hachurer, hacher (en pintura).

plumería *f*; **plumerío** *m* tas *m* de plumes.

plumerillo *m*; **plumerilla** *f* BOT (*Amer*) mimosa *m* à fleurs rouges.

plumerío ▬ **plumería**.

plumero *m* plumeau (para quitar el polvo) ▐ plumier (estuche) ▐ MIL plumet (penacho) ▐ (*Amer*) porte-plume *m*, porteplume ▪ FIG & FAM se ve el plumero on voit la ficelle ▐ vérsele a uno el plumero montrer le bout de l'oreille.

plumier *m* plumier (estuche).
▐ OBSERV pl plumiers.

plumífero, ra *adj* POÉT orné de plumes.
➡ **plumífero** *m* FAM plumitif, rond-de-cuir (empleado).

plumilla *f* petite plume ▐ plume (de estilográfica) ▐ BOT plumule.

plumín *m* plume *f* [de stylo].

plumón *m* plumule *f* (p us), duvet (de las aves) ▐ édredon (colcha).

plúmula *f* BOT plumule.

PLUNA (abrev de Primeras Líneas Uruguayas de Navegación Aérea) *f* compagnie aérienne nationale uruguayenne.

plural *adj & s m* pluriel, elle; poner una palabra en plural mettre un mot au pluriel.
◇ *adj* plural, e; votaciones plurales votes pluraux.

pluralidad *f* pluralité ▐ a pluralidad de votos à la majorité des voix.

pluralismo *m* pluralisme.

pluralista *m* pluraliste.

pluralizar [13] *v tr* mettre au pluriel, pluraliser.

plurianual *adj* pluriannuel, elle.

pluricelular *adj* BIOL pluricellulaire.

pluridisciplinar *adj* pluridisciplinaire.

pluriempleado *m* cumulard.

pluriempleo *m* cumul d'emplois, emplois multiples.

plurilingüe *adj & s* polyglotte.

pluripartidismo *m* multiplicité *f* des partis.

pluripartidista *adj* à partis multiples.

plurivalente *adj & s m* QUÍM polyvalent.

plurívoco, ca *adj* GRAM plurivoque.

plus *m* MIL supplément de solde ▐ gratification *f* ▐ prime *f* (prima); plus de peligrosidad prime de risque ▪ plus de carestía de vida indemnité de cherté de vie ▐ plus petición pluspétition (reclamación excesiva).
▐ OBSERV pl pluses.

pluscafé *m* (*Amer*) pousse-café.
▐ OBSERV pl pluscafés.

pluscuamperfecto *m* GRAM plus-que-parfait.

plusmarca *f* record *m* (récord).

plusmarquista *m & f* recordman *m*, recordwoman *f*.

pluspetición *f* DR plus-pétition.

plus ultra *loc adv* nec plus ultra ▐ ser el plus ultra être le nec plus ultra, être le summum.

plusvalía *f* plus-value.

Plutarco *n pr* Plutarque.

plúteo *m* étagère *f*, rayon (anaquel).

Pluto *n pr* MITOL Plutus.

plutocracia *f* ploutocratie.

plutócrata *m* ploutocrate.

plutocrático, ca *adj* ploutocratique.

Plutón *n pr* ASTRON & MITOL Pluton.

plutoniano, na; plutónico, ca *adj* plutonien, enne; plutonique.

plutonio *m* MIN plutonium (metal).

plutonismo *m* GEOL plutonisme.

pluvial *adj* pluvial, e; regímenes pluviales régimes pluviaux ▐ ECLES capa pluvial chape pluviale.

pluviógrafo *m* pluviographe.

pluviometría *f* pluviométrie.

pluviométrico, ca *adj* pluviométrique.

pluviómetro *m* pluviomètre.

pluviosidad *f* pluviosité.

pluvioso, sa *adj* pluvieux, euse.
➡ **pluvioso** *m* pluviôse (mes del calendario revolucionario francés).

p.m. (abrev escrita de post meridiem) p.m.

PM (abrev de policía militar) *f* PM.

p.n. (abrev escrita de peso neto) pds. net.

PN (abrev de policía naval) *f* police maritime et fluviale espagnole.

PNA (abrev de Patronato Nacional Antituberculoso) *m* fondation espagnole contre la tuberculose.

PNB (abrev de producto nacional bruto) *m* PNB.

PND (abrev de personal no docente) *m* personnel non enseignant.

pneumococo *m* MED pneumocoque.

PNN *m* (abrev de Producto Nacional Neto) produit national net.
◇ *m & f* (abrev de profesor no numerario) ≃ maître *m* de conférences.

PNUD (abrev de Programa de las Naciones Unidas para el Desarrollo) *m* PNUD.

PNV (abrev de Partido Nacionalista Vasco) *m* parti nationaliste basque.

Po *n pr m* GEOGR el Po le Pô.

poa *f* pâturin *m* (planta).

pobeda *f* allée de peupliers (alameda).

poblacho *m* trou, bled (pueblo).

población *f* ville; en la población en ville ▐ localité, agglomération ▐ population (habitantes) ▐ peuplement *m* (acción de poblar) ▐ boisement *m* (forestal) ▐ empoissonnement *m* (de un río) ▪ población activa population active ▐ población de derecho, de hecho population de droit, de fait.

poblada *f* (*Amer*) soulèvement *m*, révolte (sedición) ▐ foule (gentío).

poblado, da *adj* peuplé, e (con gente o animales) ▐ garni, e (con cosas) ▐ boisé, e (con árboles); monte muy poblado montagne très boisée ▐ planté, e; poblado de álamos planté de peupliers ▐ fourni, e (la barba).
➡ **poblado** *m* [▷ SIN] localité *f*, agglomération *f* (lugar); atravesar un poblado traverser une agglomération.
▐ SIN población ville; pueblo village; aldea, lugar bourg, bourgade; caserío hameau.

poblador, ra *adj & s* qui peuple ▐ habitant, e ▐ colonisateur, trice.

poblano, na *m & f* (*Amer*) villageois, e (aldeano).
◇ *adj & s* de Puebla [ville du Mexique].

poblar [23] *v tr* peupler (con gente o animales) ▐ planter (con plantas) ▐ boiser (con árboles) ▐ fonder (fundar) ▐ garnir (con cosas) ▐ poblar de peces empoissonner (un río).
➡ **poblarse** *v pr* se peupler ▐ croître, se développer (crecer) ▐ se couvrir de feuilles (un árbol).

pobo *m* peuplier blanc (álamo blanco).

pobre *adj* pauvre; las clases pobres les classes pauvres; pobre de trigo pauvre en blé ▐ FIG pauvre; el pobre de tu padre ton pauvre père ▐ pauvre, piètre, mince (escaso); pobre consuelo mince consolation ▐ malheureux, euse; pauvre; ese pobre diputado ce malheureux député ▪ FIG hacer un pobre papel faire piètre figure ▐ ser más pobre que Carracuca o que una rata o que las ratas être pauvre comme Job.
◇ *m & f* pauvre, esse ▪ ¡pobre de él! le pauvre! ▐ ¡pobre de mí! hélas!, malheureux que je suis! ▐ FAM ¡pobre desgraciado! pauvre type! ▐ pobre de solemnidad sans le sou, indigent ▐ ¡pobre de ti! mon pauvre [ami, vieux, garçon, etc.] ▐ ¡pobre de ti si...! gare à toi si..., malheur à toi si... ▐ pobre limosnero mendiant ▪ DR abogacía de pobres assistance judiciaire.

pobrecito, ta *adj & s* pauvre, malheureux, euse; ¡pobrecito! le pauvre!

pobremente *adv* pauvrement.

pobrete, ta *adj & s* pauvret, ette; malheureux, euse.
◇ *m* FIG & FAM bonne bête *f*, brave garçon, brave homme.

pobretón, ona *adj* très pauvre, misérable.
◇ *m & f* malheureux, euse.

pobreza *f* [▷ SIN] pauvreté (falta de dinero) ▐ pauvreté; pobreza de metales pauvreté en métaux ▐ FIG mesquinerie (falta de magnanimidad) ▐ manque *m* (falta); pobreza de recursos manque de ressources ▪ DR beneficio de pobreza assistance judiciaire ▌pobreza no es vileza pauvreté n'est pas vice.

▌ **SIN** miseria misère; necesidad besoin; indigencia indigence; penuria pénurie; privación privation.

pocero *m* puisatier (el que hace pozos) ▌cureur, vidangeur (el que los limpia) ▌égoutier (alcantarillero).

pochismo *m* (Amer) incorrection due à l'influence américaine dans la langue.

pocho, cha *adj* pâle, terne (descolorido) ▌blet, ette (fruta) ▌ **FIG** abîmé, e (estropeado) ▌patraque (pachucho) ▌ (Amer) boulot, otte (rechoncho) ▌maladroit, e (torpe).

◇ *adj & s* (Amer) américanisé, e (agringado); chicano (norteamericano de sangre mexicana).

➤ **pocha** *f* **FAM** (Amer) blague (mentira).

pochocho, cha *adj* (Amer) boulot, otte (rechoncho).

pocholada *f* **FAM** bijou *m*, merveille.

pocholo, la *adj* **FAM** mignon, onne; chou *inv* (lindo, bonito).

pocilga *f* porcherie ▌ **FIG** & **FAM** porcherie, écurie (lugar sucio).

pocillo *m* cuve *f* de pressoir, fosse *f* ▌tasse *f* (jícara).

pócima *f* potion.

poción *f* potion.

poco, ca *adj* peu *inv* de; poca agua peu d'eau; pocos árboles peu d'arbres [▷ **OBSERV**] ▌(con ser, parecer, etc.), rare, peu abondant, e (con sustantivo singular), rares, peu nombreux, euses (con sustantivo plural); aquí son pocas las casas antiguas les maisons anciennes sont rares ici ■ pocas palabras pero buenas parlons peu mais parlons bien ▌pocas veces peu souvent, rarement ▌poco tiempo pas (très) longtemps, peu de temps; salió hace poco tiempo il est sorti il n'y a pas longtemps ▌ser poca cosa être peu de chose, n'être pas grand-chose.

➤ **poco** *adv* peu; bebo poco je bois peu ▌bien peu (muy poco); trabaja poco il travaille bien peu ▌peu de temps; se quedó poco aquí il est resté peu de temps ici ▌pas grand-chose (con ciertos verbos); poco entiendo en todo ello je n'y comprends pas grand-chose ■ poco antes, después peu avant, peu après ▌poco a poco petit à petit, peu à peu ▌¡poco a poco! doucement! ▌poco más, poco menos un peu plus, un peu moins; poco más viejo que yo un peu plus âgé que moi; guère plus, guère moins, environ (con cifra); tiene poco más de treinta años il n'a guère plus de trente ans ▌poco más o menos à peu près, à peu de chose près, plus ou moins ▌poco o nada peu ou point ■ a poco de peu après que ▌a poco que pour peu que (con el subjuntivo en francés) ▌dentro de poco dans peu de temps, sous peu, avant peu ▌ **FAM** de poco más o menos quelconque ▌muy poco très peu, bien peu (no bastante) ▌no poco beaucoup (con verbo), beaucoup de (con sustantivo), très (con adjetivo) ▌o poco menos ou peu s'en faut ▌por poco un peu plus, il s'en est fallu de peu, pour un peu, faillir; por poco me caigo j'ai failli tomber, un peu plus je tombais ▌por poco que pour peu que ▌un poco un peu; un poco de pan un peu de pain ▌un poco más encore un peu; un poco más de vino encore un peu de vin ▌unos pocos, unas pocas quelques (adjetivo); unas po-

cas casas quelques maisons; quelques-uns, quelques-unes (pronombre); unas pocas de las que me quedan quelques-unes de celles qui me restent ■ desde hace poco depuis peu ▌equivocarse por muy poco se tromper de peu ▌estar en poco s'en falloir de peu, pour un peu; estuvo en poco que le pegase il s'en fallut de peu qu'il ne le frappât, pour un peu il l'aurait frappé ▌hace poco il n'y a pas longtemps ▌hay pocos que il y en a peu qui ▌ **FIG** muchos pocos hacen un mucho les petits ruisseaux font les grandes rivières ▌poco a poco hila la vieja el copo petit à petit, l'oiseau fait son nid ▌no es poco c'est déjà beaucoup, c'est déjà bien ▌poco falta para peu s'en faut que ▌poco ha faltado o poco faltó para que por un peu, il s'en est fallu de peu que, peu s'en fallut que ▌por muy poco que sea si peu que ce soit ▌por poco que sea tant soit peu, un tant soit peu ▌tener en poco estimer peu, ne pas avoir une grande estime pour (una persona), faire bon marché de (un consejo, etc.) ▌vivir con poco vivre de peu ▌y por si fuera poco et pour couronner le tout.

▌ **OBSERV** En francés se sustituye muy a menudo peu por el giro pas beaucoup (con verbo o sustantivo) o pas très (con adjetivo): tiene poco dinero il n'a pas beaucoup d'argent; es poco listo il n'est pas très intelligent.

poco a poco *loc* **MÚS** poco a poco.

poda *f* **AGRIC** taille, élagage *m*, ébranchage *m*, émondage *m* (de los árboles).

podadera *f* **AGRIC** serpe, sécateur *m*.

podador *m* élagueur, émondeur.

podagra *f* **MED** podagre, goutte.

podar [64] *v tr* tailler (árboles frutales) ▌élaguer, ébrancher, émonder, tailler (árboles ordinarios) ▌ **FIG** élaguer (quitar lo inútil) ▌tondre (cortar al rape).

podaria *f* **MAT** podaire.

podatario *m* **COM** fondé de pouvoir.

podazón *f* **AGRIC** époque de la taille des arbres.

podenco, ca *adj & s m* épagneul, e (perro).

poder *m* pouvoir (dominio, autoridad) ▌possession *f* (posesión) ▌puissance *f* (militar) ▌puissance *f* (fuerza, capacidad); tiene un gran poder de trabajo il a une grande puissance de travail ■ poder absoluto, ejecutivo, judicial, legislativo pouvoir absolu, exécutif, judiciaire, législatif ▌poder adquisitivo pouvoir d'achat ▌poder ante notario pouvoir pardevant notaire ▌poder de recuperación capacité de récupération ▌ **MIL** poder disuasivo force de frappe o de dissuasion ▌poder espiritual pouvoir spirituel ▌poder temporal pouvoir temporel ▌a su poder, a todo poder de toutes ses forces ▌bajo el poder de au pouvoir de (caer, estar, etc.) ▌de poder a poder à égalité ■ dar poder para autoriser à, habiliter à, charger de ▌estar en poder de être au pouvoir de (uno), être en possession de (una cosa) ▌ **FIG** hacer un poder faire un effort ▌llegar a poder de parvenir à quelqu'un o entre les mains de quelqu'un ▌obrar en poder être entre les mains; su carta obra en mi poder votre lettre est entre mes mains ▌obrar por poder agir par procuration ▌tener en su poder avoir entre les mains, avoir reçu (un documento), avoir en

sa possession (una cosa), avoir en son pouvoir (poder hacer).

➤ **poderes** *m pl* pouvoirs; transmitir los poderes transmettre o passer ses pouvoirs ▌entrega o transmisión de poderes passation des pouvoirs ▌plenos poderes pleins pouvoirs ▌poderes fácticos pouvoir de fait ▌poderes públicos pouvoirs publics ■ casarse por poderes se marier par procuration ▌dar poderes donner procuration.

poder [64] *v tr* pouvoir; puedo hacerlo je peux le faire.

◇ *v impers* se pouvoir, être possible; puede que llueva il se peut qu'il pleuve ■ a más no poder tout ce qu'il y a de plus, on ne peut plus, extrêmement, au possible; ser avaro a más no poder être avare au possible; de toutes ses forces (con mucho esfuerzo) ▌a poder ser si possible ▌el que puede lo más puede lo menos qui peut le plus peut le moins ▌hasta no poder más o hasta más no poder jusqu'à n'en plus pouvoir, à satiété (hasta la saciedad), tant et plus, extrêmement, au possible (mucho), de toutes mes (tes, ses, etc.), forces ▌no poder con uno ne pouvoir venir à bout de; no puedo con este niño je ne peux pas venir à bout de cet enfant; ne pas pouvoir supporter (no aguantar) ▌no poder más n'en pas pouvoir s'empêcher de; no puede menos de hablar il ne peut s'empêcher de parler; ne pas pouvoir faire autrement que, devoir; no puedo menos que invitarle a cenar je ne peux pas faire autrement que de l'inviter à dîner ▌no puede ser c'est impossible ▌puede ser que il est possible que, il se peut que ▌¿se puede? puis-je o peut-on entrer?

poderdante *m & f* commettant, e.

poderhabiente *m & f* fondé, e de pouvoirs.

poderío *m* puissance *f*.

poderosamente *adv* puissamment.

poderoso, sa *adj & s* puissant, e ▌poderoso caballero es Don Dinero le veau d'or est toujours debout, l'argent ouvre toutes les portes.

podestá *m* podestat (alcalde italiano).

podio; podium *m* podium.

▌ **OBSERV** le pluriel de podium est podiums.

podología *f* **MED** podologie.

podólogo, ga *m & f* **MED** podologue.

podómetro *m* podomètre.

podón *m* **AGRIC** serpe *f*.

podre *f* pus *m* (humor).

podredumbre *f* pourriture, putréfaction ▌pus *m* (humor) ▌ **FIG** inquiétude, souci *m* ▌ **AGRIC** pourriture.

podridero *m* pourrissoir.

podrido, da *adj* pourri, e ■ lo podrido le pourri ▌oler a podrido sentir le pourri.

➤ **podrida** *f* (Amer) **FAM** bagarre; armar la podrida chercher la bagarre.

podrir ➥ pudrir.

podzol *m* podzol.

poema *m* poème ▌ **MÚS** poème; poema sinfónico poème symphonique ▌ **FIG** ¡es un poema! c'est tout un poème!

poemario *m* recueil de poèmes.

poesía *f* poésie.

poeta *m* poète.

 ▌ SIN vate poète; rapsoda rhapsode; bardo barde; cantor chantre.

poetastro *m* FAM rimailleur, poétereau.

poéticamente *adv* poétiquement.

poético, ca *adj* & *s f* poétique.

poetisa *f* poétesse, femme poète.

poetizar [13] *v tr* poétiser.

pogrom; pogromo *m* pogrom, pogrome.

poíno *m* chantier (para los toneles).

poise *m* FÍS poise (unidad de viscosidad).

poiseuille *m* FÍS poiseuille (unidad de viscosidad dinámica).

póker; póquer *m* poker; póker de ases poker d'as ▌ carré, poker (naipes); póker de ases carré d'as.

 ▌ OBSERV pl pókers; póquers.

polaco, ca *adj* & *s* polonais, e.
 ➤ **polaco** *m* LING polonais.
 ➤ **polaca** *f* redingote militaire (prenda de vestir) ▌ polonaise (danza).

polacra *f* polacre (embarcación).

polaina *f* guêtre ▌ (*Amer*) contrariété.

polaquiuria *f* MED pollakiurie.

polar *adj* polaire; círculo, estrella polar cercle, étoile polaire.

polaridad *f* polarité.

polarimetría *f* FÍS polarimétrie.

polarímetro *m* FÍS polarimètre.

polariscopio *m* FÍS polariscope.

polarización *f* polarisation.

polarizador, ra *adj* polarisateur, trice.
 ➤ **polarizador** *m* polariseur.

polarizar [13] *v tr* FÍS polariser ▌ FIG polariser (concentrar).
 ➤ **polarizarse** *v pr* se polariser.

polaroid® *f* FOT Polaroid® *m* (cámara).
 ▌ OBSERV En francés se pronuncia [-bɪɔi].

polca *f* polka (música y baile).

pólder *m* polder.
 ▌ OBSERV pl pólders.

polea *f* poulie ▌ polea combinada moufle.

poleadas *f pl* bouillie *sing* (gachas).

polemarca *m* HIST polémarque.

polémico, ca *adj* & *s f* polémique.

polemista *m* & *f* polémiste.

polemizar [13] *v intr* entamer o soutenir une polémique, polémiquer, polémiser.

polemología *f* polémologie.

polemoniáceas *f pl* BOT polémoniacées.

polemonio *m* BOT polémonie *f*.

polen *m* BOT pollen.

polenta *f* polenta [bouillie de maïs].

poleo *m* BOT pouliot ▌ FIG vent froid.

poli *m* FAM flic (policía).
 ◇ *f* police (cuerpo de policía).

poliácido, da *adj* & *s m* QUÍM polyacide.

polialcohol *m* QUÍM polyalcool.

poliamida *f* polyamide *m*.

poliandria *f* polyandrie.

poliaquenio *m* BOT polyakène.

poliarquía *f* polyarchie.

poliartritis *f inv* MED polyarthrite.

polibase *f* polybase.

Policarpo *n pr* Polycarpe.

policéfalo, la *adj* polycéphale.

polichinela *m* polichinelle.

policía *f* police; policía judicial, militar, secreta, urbana police judiciaire, militaire, secrète, municipale ▌ politesse (cortesía) ▌ netteté, propreté (aseo) ■ policía antidisturbios police antiémeutes ▌ policía de tráfico police de la circulation o de roulage o de la route ■ MIL revista de policía revue de détail ▌ servicio urgente de policía police secours.
 ◇ *m* policier (agente).

policiaco, ca; policíaco, ca *adj* policier, ère; película, novela policiaca film, roman policier.

policial *adj* policier.
 ◇ *m* (*Amer*) policier, agent de police.

policíclico, ca *adj* polycyclique.

policitación *f* DR pollicitation.

policlínica *f* MED polyclinique (consultorio de varias especialidades) ▌ policlinique (consultorio municipal).

policopia *f* polycopieuse (multicopista).

policroísmo *m* FÍS polychroïsme.

policromía *f* polychromie.

policromo, ma *adj* polychrome.

policultivo *m* AGRIC polyculture *f*.

polidactilia *f* polydactylie.

polideportivo *m* salle *f* omnisports (sala para varios deportes).

polidipsia *f* MED polydipsie.

poliédrico, ca *adj* polyédrique.

poliedro *adj* & *s m* GEOM polyèdre.

poliéster *m* polyester.
 ▌ OBSERV pl poliésters.

poliestireno *m* QUÍM polystyrène.

polietileno *m* QUÍM polyéthylène.

Polieucto; Poliuto *n pr* Polyeucte.

polifacético, ca *adj* à facettes; polyvalent, e; éclectique, touche-à-tout.

polifagia *f* polyphagie.

polifásico, ca *adj* FÍS polyphasé, e; corriente polifásica courant polyphasé.

Polifemo *n pr* MITOL Polyphème.

polifonía *f* MÚS polyphonie.

polifónico, ca *adj* polyphonique.

poliforme *adj* multiforme.

polígala *f* polygala *m*, polygale (planta).

poligaláceas *adj f* & *s f pl* BOT polygalacées.

poligalia *f* MED polygalactie, polygalie.

poligamia *f* polygamie.

polígamo, ma *adj* & *s m* polygame.

poligenismo *m* BIOL polygénisme.

poliglotía *f* connaissance de plusieurs langues.

polígloto, ta; poligloto, ta *adj* & *s* polyglotte.

poligonáceas *adj f* & *s f pl* BOT polygonacées.

poligonación *f* polygonation.

poligonal *adj* GEOM polygonal, e.

polígono *m* GEOM & MIL polygone; polígono de tiro polygone de tir ▌ polígono industrial zone industrielle.

poligrafía *f* polygraphie.

polígrafo *m* polygraphe.

polilla *f* mite (insecto).

polimería *f* QUÍM polymérie.

polimerización *f* QUÍM polymérisation.

polimerizar [13] *v tr* QUÍM polymériser.

polímero, ra *adj* & *s m* QUÍM polymère.

polimetría *f* diversité des mètres dans un poème.

polímetro *m* polymètre.

polimorfismo *m* polymorphisme.

polimorfo, fa *adj* polymorphe.

Polinesia *n pr f* GEOGR Polynésie; la Polinesia francesa la Polynésie française.

polinesio, sia *adj* & *s* polynésien, enne.
 ➤ **polinesio** *m* LING polynésien.

polineuritis *f inv* MED polynévrite.

polínico, ca *adj* BOT pollinique.

polinización *f* BOT pollinisation.

polinomio *m* MAT polynôme.

polinuclear *adj* polynucléaire.

polio *f* polio.

poliomielítico, ca *adj* & *s* poliomyélitique.

poliomielitis *f inv* MED poliomyélite.

poliorcética *f* MIL poliorcétique.

polipasto *m* moufle *f*, palan (poleas).

polipéptido *m* QUÍM polypeptide.

polipero *m* polypier.

polipétalo, la *adj* BOT polypétale.

polipiel *f* similicuir *m*.

poliploide *adj* polyploïde.

pólipo *m* ZOOL & MED polype.

polipodio *m* BOT polypode (helecho).

polipoideo, a ➤ **poliposo**.

poliporo *m* BOT polypore.

poliposo, sa; polipoideo, a *adj* polypeux, euse.

políptero *m* polyptère (pez).

políptico *m* polyptique.

polisacárido *m* QUÍM polysaccharide.

polisarcia *f* MED polysarcie.

Polisario (abrev de Frente Popular para la Liberación de Sakiet el Hamra y Río de Oro) *m* el (Frente) Polisario le Front Polisario.

polisemia *f* GRAM polysémie.

polisílabo, ba; polisilábico, ca *adj* GRAM polysyllabique, polysyllabe.
 ➤ **polisílabo** *m* polysyllabe.

polisíndeton *m* GRAM polysyndète *f*.

polisintético, ca *adj* GRAM polysynthétique (lengua).

polisón *m* pouf, crinoline *f* (de faldas).

polispasto *m* moufle *f* (poleas).

polissoir *m* polissoir (para las uñas).
 ▌ OBSERV pl polissoirs.

polista *m* joueur de polo.
 ◇ *f* poliste (avispa).

polistilo, la *adj* ARQ polystyle.

polisurco *adj* AGRIC polysoc.

politburó *m* politburo.
▮ OBSERV pl politburós.

politécnico, ca *adj* polytechnique ▮Escuela Politécnica École polytechnique. ◇ *m & f* polytechnicien, enne.

politeísmo *m* polythéisme.

politeísta *adj & s* polythéiste.

política *f* politique (arte de gobernar) ▮politesse (cortesía) ▮FIG politique (plan) ■ **política de buena vecindad** politique de bon voisinage ▮ECON **política económica** politique économique ▮ **política monetaria** politique monétaire ▮ **política restrictiva** politique de rigueur.

políticamente *adv* politiquement; políticamente correcto politiquement correct.

politicastro, tra *m & f* politicien, enne; politicard, e.

político, ca *adj* politique; economía política économie politique ▮courtois, e (cortés) ▮beau-, belle- (pariente); **padre político** beau-père; **hermana, hija política** belle-sœur, belle-fille ▮par alliance (para los tíos, primos y sobrinos) ▮**por parte política** par alliance. ➥ **político** *m* homme d'État, politicien. ▮ OBSERV Politicien es a menudo despectivo en francés.

politiquear *v intr* FAM faire de la politique, politiquer.

politiqueo *m*; **politiquería** *f* FAM politicaillerie.

politización *f* politisation.

politizar [13] *v tr* politiser.

politólogo, ga *m & f* politologue, politocologue.

politraumatismo *m* traumatismes *pl* multiples.

poliuretano *m* polyuréthanne, polyuréthane.

poliuria *f* MED polyurie.

poliúrico, ca *adj & s* MED polyurique.

Poliuto ➥ **Polieucto**.

polivacuna *f* MED polyvaccin *m*.

polivalencia *f* polyvalence.

polivalente *adj* QUÍM polyvalent, e ▮ FIG polyvalent, e.

polivalvo, va *adj* ZOOL multivalve.

polivinilo *m* QUÍM polyvinyle.

póliza *f* police (de seguros); suscribir, rescindir una póliza souscrire, résilier une police ▮timbre *m*, quittance (sello del impuesto) ▮titre *m* de mouvement (de mercancías) ■ **póliza adicional** avenant (seguro) ▮ **póliza de seguros** police d'assurance.

polizón *m* passager clandestin (en un buque) ▮badaud (ocioso). ▮ OBSERV La palabra francesa polisson significa pillo, pícaro.

polizonte *m* FAM flic (policía).

poljé *m* GEOL poljé (depresión).

polla *f* poulette (gallina joven) ▮poule (juegos) ▮pari *m* (en las carreras) ▮FIG & FAM jouvencelle, jeune fille (muchacha) ▮(Amer) course (de caballos) ▮ZOOL **polla cebada** poularde ▮polla de agua poule d'eau.

pollada *f* couvée [d'une poule].

pollancón, ona *m & f* gros poulet, grosse poulette ▮FIG & FAM grand garçon, grande fille.

pollastre *m* poulet ▮FIG & FAM jeune garçon, jouvenceau.

pollastro, tra *m & f* jeune coq *m*, gros poulet *m*; jeune poule *f*, poulette *f* ▮FIG & FAM jeune garçon *m*, jouvenceau *m*; jeune fille *f*, jouvencelle *f*. ◇ *m* FIG & FAM zigoto.

pollazón *f* couvée (pollada).

pollear *v intr* FAM sortir; mis hijos empiezan ya a pollear mes enfants commencent déjà à sortir▮jouer au jeune homme (una persona mayor).

pollera *f* youpala *m*, chariot *m* d'enfant ▮jupon *m* (falda interior) ▮(Amer) jupe (falda).

pollería *f* marchand de volailles (tienda).

pollero, ra *m & f* marchand, e de volailles; volailler, ère. ➥ **pollera** *f* poulailler *m* (gallinero) ▮poussinière, cage à poulets (caja de los polluelos).

pollerón *m* (Amer) jupe *f* d'amazone.

pollino, na *m & f* ânon *m*, petite ânesse *f* (asno pequeño) ▮FIG & FAM âne *m* (ignorante).

pollito, ta *m & f* FIG & FAM petit, e; bambin, e (niño, niña) ▮jeune garçon, jeune fille (jovencito). ➥ **pollito** *m* poussin (pollo chico).

pollo *m* poussin (cría de la gallina al nacer) ▮poulet (ya más crecido) ▮petit (de las aves) ▮couvain (de las abejas) ▮FAM crachat (gargajo) ▮chat [dans la gorge] ▮FIG & FAM jeune garçon (hasta los 15 años), garçon, jeune homme (después) ■ FIG & FAM **pollo pera** gandin (lechuguino) ▮pollo tomatero poulet de grain. ➥ **pollos** *m pl* FIG & FAM jeunes gens, garçons; chicas y pollos filles et garçons.

polluelo *m* poussin.

polo *m* pôle; polo Norte, Sur pôle Nord, Sud ▮ ELECTR pôle; polo negativo, positivo pôle négatif, positif ▮air populaire andalou (canto) ▮esquimau (helado) ▮polo (camisa) ▮polo (juego) ▮FIG pôle (termino opuesto) ▮pôle, zone *f*; **polo de desarrollo** zone de développement ■ **polo acuático** water-polo ▮ FIG **polo de la atención** pôle d'attraction, centre d'intérêt ▮**polo magnético** pôle magnétique ■ FIG **ser el polo opuesto de** être tout le contraire de.

polola *f* FAM (Amer) fille.

pololear *v tr* (Amer) ennuyer, embêter (molestar) ▮faire la cour à (requebrar).

pololo *m* (Amer) galant, courtisan ▮ ZOOL (Amer) phytophage.

polonés, esa *adj & s* (p us) polonais, e. ➥ **polonesa** *f* MÚS polonaise. ▮ OBSERV pl poloneses, polonesas.

Polonia *n pr f* GEOGR Pologne.

polonio *m* QUÍM polonium.

poltrón, ona *adj* paresseux, euse; indolent, e. ➥ **poltrona** *f* bergère (silla poltrona). ▮ OBSERV La palabra francesa poltron significa cobarde.

poltronear *v intr* FAM flemmaser.

poltronería *f* paresse, fainéantise. ▮ OBSERV El sustantivo francés poltronnerie significa cobardía.

polución *f* pollution (eyaculación) ▮pollution (contaminación) ▮FIG souillure (corrupción).

polucionar *v tr & intr* polluer *v tr* (contaminar).

poluto, ta *adj* POÉT souillé, e (manchado).

Pólux *n pr* MITOL Pollux.

polvareda *f* nuage *m* o tourbillon *m* de poussière; levantar una polvareda soulever un nuage de poussière ▮FIG traînée de poudre (perturbación) ▮FIG armar o levantar o mover polvareda faire beaucoup de bruit.

polvear *v tr* saupoudrer (espolvorear).

polvera *f* poudrier *m*.

polvero *m* (Amer) nuage de poudre (polvareda) ▮mouchoir (pañuelo).

polvo *m* poussière *f* (de la tierra) ▮poussière *f* (suciedad); hacer o levantar polvo faire de la poussière ▮poudre *f* (materia pulverizada); café, leche en polvo café, lait en poudre ▮pincée *f* (porción pequeña); un polvillo de sal une pincée de sel ■ **polvo cósmico** poussière cosmique ▮polvo de carbón poussier ■ FIG & FAM **limpio de polvo y paja** net (precio, sueldo) ▮nieve en polvo neige poudreuse ▮oro en polvo poudre d'or ▮tabaco en polvo tabac à priser ■ **convertirse en polvo** tomber en poussière ▮FIG **escribir en el polvo** écrire sur le sable▮estar hecho polvo être épuisé o crevé FAM, être lessivé FAM ▮hacer polvo défaire, battre à plate couture (vencer), rouer de coups, battre comme plâtre (pegar), réduire en miettes (romper), couper bras et jambes (dejar sin fuerzas), ficher par terre; tu decisión ha hecho polvo todos mis proyectos ta décision a fiché par terre tous mes projets ▮hacerse polvo tomber en poussière ▮FIG hacerse polvo la vista se crever les yeux; con tanto trabajo la vista se le ha hecho polvo il s'est crevé les yeux à travailler autant ▮levantar o sacar del polvo a uno tirer quelqu'un de la poussière ▮morder el polvo mordre la poussière ▮reducir a polvo réduire o mettre en poudre ▮sacudir el polvo a uno secouer les puces à quelqu'un (reprender), tabasser quelqu'un (pegar). ➥ **polvos** *m pl* poudre *f sing* (cosmético) ▮polvos de arroz poudre de riz ▮FIG & FAM polvos de la Madre Celestina poudre de perlimpinpin.

pólvora *f* poudre (explosivo); pólvora de cañón poudre à canon ▮feux *m pl* d'artifice (pirotecnia) ▮FIG mauvais caractère *m* (mal genio) ▮ardeur, vivacité ■ algodón pólvora coton-poudre ▮fábrica de pólvora y explosivos poudrerie ▮pólvora detonante o fulminante poudre détonante o fulminante ▮pólvora lenta o progresiva poudre lente o progressive ▮FIG pólvora sorda personne dissimulée, faux jeton FAM ■ correr la pólvora exécuter une fantasia ▮FIG & FAM descubrir la pólvora enforcer une porte ouverte ▮gastar la pólvora en salvas faire beaucoup de bruit pour rien, tirer sa poudre aux moineaux▮no ha inventado la pólvora il n'a pas inventé la poudre ▮propagarse como un reguero de pólvora se répandre comme une traînée de poudre ▮FIG & FAM se le ha mojado la pólvora il s'est calmé ▮ser una pólvora o un polvorilla être vif comme la poudre (muy vivo).

polvorear *v tr* saupoudrer.

polvorero *m* (Amer) artificier.

polvoriento, ta *adj* poussiéreux, euse (sucio); vestido, cuarto polvoriento robe, pièce poussiéreuse ▌ poudreux, euse (empolvado o que lo parece); carretera polvorienta route poudreuse.

polvorín *m* poudre *f* très fine (explosivo) ▌ poire *f* à poudre (frasco) ▌ poudrière *f* (almacén de pólvora) ▌ FIG poudrière; este país es un polvorín ce pays est une poudrière ▌ personne *f* très vive ▌ (Amer) petite teigne *f* (garrapata) ▌ hacer saltar el polvorín mettre le feu aux poudres.

polvorón *m* petit gâteau à base de farine, de suif et d'amandes que l'on mange à Noël (pastelillo).

polvoroso, sa *adj* poussiéreux, euse (sucio) ▌ poudreux, euse (empolvado o que lo parece) ▌ pulvérulent, e (hecho polvo) ▌ FIG poner pies en polvorosa prendre la poudre d'escampette.

polvoso, sa *adj* (Amer) poussiéreux, euse.

pomada *f* pommade ▪ (Amer) FAM hacer (algo) pomada réduire en miettes ▌ untar de pomada pommader.

pomar *m* verger (de árboles frutales) ▌ pommeraie *f* (manzanar).

pomarrosa *f* BOT jambose (fruto del yambo).

pomelo *m* BOT pamplemousse (toronja) ▌ pamplemoussier (árbol).

Pomerania *n pr f* GEOGR Poméranie.

pomerano, na *adj* & *s* poméranien, enne.

pómez *adj f* piedra pómez pierre ponce.

pomicultor *m* pomiculteur.

pomo *m* pommeau (de espada, de bastón) ▌ bouton (de puerta) ▌ (p us) fruit à pépins ▌ flacon à liqueurs (licores) ▌ flacon de parfum.

pomol *m* (Amer) galette *f* de maïs.

pomología *f* AGRIC pomologie.

pomológico, ca *adj* pomologique.

pomólogo *m* pomologue, pomologiste.

Pomona *n pr* MITOL Pomone.

pompa *f* pompe [apparat]; con gran pompa en grande pompe ▌ bulle; pompa de jabón bulle de savon ▌ bouffant *m* (de una ropa) ▌ roue (del pavo real) ▌ MAR pompe à eau (bomba) ▪ FIG hacer pompa faire étalage (ostentar).

◆ **pompas** *f pl* pompes (placeres) ▌ pompas fúnebres pompes funèbres.

pompearse *v pr* FAM se pavaner, parader.

Pompeya *n pr* GEOGR Pompéi.

pompeyano, na *adj* & *s* pompéien, enne.

Pompeyo *n pr* Pompée.

pompis *m inv* FAM derrière *m*.

pompón *m* pompon (bola).

pomponearse *v pr* FAM se pavaner, parader.

pomposamente *adv* pompeusement.

pomposidad *f* pompe, apparat *m*.

pomposo, sa *adj* pompeux, euse.

pómulo *m* ANAT pommette *f*.

poncha *f* (Amer) couverture (manta).

ponchada *f* (Amer) tas *m*, grande quantité (abundancia).

ponche *m* punch.

ponchera *f* bol *m* à punch.

poncho *m* (Amer) poncho ▌ capote *f* militaire ▌ FIG & FAM (Amer) estar a poncho nager (estar pez).

ponci; poncidre; poncil *m* poncirue (limón).

Poncio Pilato *n pr* Ponce Pilate.

ponderable *adj* digne d'éloge (elogiable) ▌ pondérable (que se puede pesar).

ponderación *f* mesure, pondération; esto sobrepasa toda ponderación cela dépasse toute mesure ▌ éloge *m* exagéré (encarecimiento) ▌ pondération (equilibrio) ▌ estar por encima de toda ponderación être au-dessus de tout éloge.

ponderadamente *adv* avec pondération, avec mesure.

ponderado, da *adj* pondéré, e; mesuré, e.

ponderal *adj* pondéral, e; títulos ponderales titres pondéraux.

ponderar *v tr* peser, examiner (examinar) ▌ pondérer (equilibrar) ▌ vanter (celebrar mucho); ponderar un libro vanter un livre.

ponderativo, va *adj* excessif, ive (que encarece) ▌ pondéré, e (reflexivo) ▌ qui équilibre, pondérateur, trice.

ponderoso, sa *adj* pesant, e; pondéreux, euse (pesado).

ponedero, ra *adj* mettable (ropa).

◆ **ponedera** *adj f* pondeuse (aves).

◆ **ponedero** *m* pondoir (nidal).

ponedor, ra *adj* metteur, euse (que pone).

◆ **ponedora** *adj f* pondeuse, couveuse (gallina).

◆ **ponedor** *m* enchérisseur (postor).

ponencia *f* DR charge de rapporteur (cargo) ▌ rapport *m*, exposé *m* (informe).

ponente *adj* & *s m* DR rapporteur.

poner [65] *v tr* mettre, poser (colocar); pon este libro en la mesa pose ce livre sur la table ▌ mettre, placer; estaría mejor poner este cuadro aquí il vaudrait mieux mettre ce tableau ici ▌ mettre; poner a un niño interno mettre un enfant en pension ▌ mettre; poner un abrigo a un niño mettre un manteau à un enfant ▌ mettre (disponer); poner la mesa mettre la table ▌ mettre (escribir); poner por escrito mettre par écrit ▌ mettre (en el juego) MAT poser; pongo 6 y llevo 3 je pose 6 et je retiens 3 ▌ planter; poner un clavo planter un clou ▌ poser (enunciar); poner sus condiciones poser ses conditions ▌ rendre (con adjetivo); poner triste rendre triste [▷ OBSERV] ▌ porter, mettre; poner un nombre en una lista mettre un nom sur une liste; poner una cantidad en cuenta porter une somme en compte ▌ jeter, mettre; poner en un apuro jeter dans l'embarras ▌ mettre, supposer (suponer); pongamos que no dije nada mettons que je n'aie rien dit ▌ parier (apostar); pongo diez pesetas a que lo hago je parie dix pesetas que je le fais ▌ mettre (tardar); puso dos horas en venir il a mis deux heures pour venir ▌ placer; a Juan lo han puesto de secretario Jean a été placé comme secrétaire ▌ donner (un nombre, un mote) ▌ traiter de; poner a alguien de embustero traiter quelqu'un de menteur ▌ exposer; poner en un peligro exposer à un danger ▌ amener, mettre; el avión te pone en Madrid en una hora l'avion te met à Madrid en une heure ▌ poser (instalar); poner el gas poser le gaz ▌ passer (una película); ponen esta película en el cine Médicis ce film passe au Médicis ▌ jouer, donner (en el teatro) ▌ pondre (las gallinas) ▪ poner a mettre à; poner a asar mettre à rôtir ▌ poner a buen recaudo mettre en sûreté, mettre en lieu sûr (a salvo) ▌ poner a fuego y a sangre mettre à feu et à sang ▌ poner al día mettre à jour ▌ poner a mal tiempo buena cara faire contre mauvaise fortune bon cœur ▌ poner a prueba mettre à l'épreuve ▌ poner a punto mettre au point ▌ poner a o de un lado mettre de côté ▌ FIG poner a uno de vuelta y media o por los suelos o como un trapo traiter quelqu'un de tous les noms, traîner quelqu'un dans la boue ▌ poner a votación mettre aux voix ▌ poner bien a uno faire l'éloge de quelqu'un ▌ FIG poner buena cara a faire bonne figure à ▌ poner cara de faire une tête de ▌ poner casa s'installer, emménager (para uno mismo), installer (para otra persona) ▌ poner ceño froncer les sourcils ▌ FIG & FAM poner como nuevo bien arranger, remettre à neuf (una cosa), remettre, retaper (una persona) ▌ poner cuidado en faire attention à ▌ poner de comer donner à manger ▌ poner de mal humor mettre de mauvaise humeur ▌ poner de nombre nommer, donner le nom de; mis padres me pusieron de nombre Miguel mes parents m'ont nommé Michel ▌ poner de su bolsillo mettre de sa poche ▌ poner de su lado a uno mettre quelqu'un de son côté ▌ poner de su parte o de su lado y mettre du sien ▌ poner en claro tirer au clair, éclaircir; poner en claro un asunto tirer une affaire au clair ▌ poner en condiciones de mettre à même de ▌ poner en duda mettre en doute ▌ poner en ejecución o en práctica mettre en œuvre ▌ poner en la calle mettre dehors o à la porte ▌ poner en limpio mettre au propre o au clair (escrito), tirer au clair (un asunto) ▌ poner en pie mettre sur pied, échafauder ▌ poner en tela de juicio mettre en question ▌ poner entre la espada y la pared mettre au pied du mur ▌ poner los ojos en jeter ses regards sur ▌ poner los pelos de punto faire dresser les cheveux sur la tête ▌ poner mal a uno maltraiter quelqu'un (maltratar), dire du mal de quelqu'un (hablar mal) ▌ poner mala cara faire la tête (a uno), faire grise mine (a una cosa) ▌ poner malo a uno rendre quelqu'un malade ▌ poner manos a la obra se mettre au travail, mettre la main à la pâte ▌ poner música a mettre en musique ▌ FIG poner por las nubes porter aux nues ▌ poner por testigo a prendre à témoin ▌ poner término mettre fin ▌ poner tienda ouvrir boutique ▌ poner tierra de por medio prendre le large, s'éloigner ▌ ir muy bien puesto être très bien mis o habillé (vestido) ▌ ¿me puede usted poner con X? puis-je parler à X? (al teléfono).

◆ **ponerse** *v pr* se mettre (colocarse); ponerse de pie se mettre debout ▌ ponerse colorado devenir tout rouge ▌ ponerse furioso devenir furieux ▌ s'habiller (vestirse); ponerse de azul s'habiller en bleu ▌ mettre, passer (para abrigarse); ¡ponte una chaqueta! passe une veste! ▌ se coucher (los astros) ▌ se tacher, se salir (mancharse); se ha puesto de grasa hasta los pelos il s'est taché de graisse jusqu'aux cheveux ▌ tomber; ponerse enfermo tomber malade ▌ répondre; ponerse al teléfono répondre au téléphone ‖s'y mettre; no es que sea un trabajo difícil, pero hay que ponerse ce n'est pas que ce soit un travail difficile mais il faut s'y mettre ‖ parier; me pongo contigo que termino este trabajo je te parie que je le termine ce travail ‖arriver, être; en media hora nos ponemos en tu casa en une demi-heure nous sommes chez toi ‖se placer; ponerse de chófer se placer comme chauffeur ‖ tomber en arrêt (un perro) ‖ se poser (las aves, los aviones) ■ ponerse a se mettre à; se puso a llorar il s'est mis à pleurer ‖ponerse al corriente o al tanto se mettre au courant ‖ponerse a cubierto, a régimen se mettre à couvert, au régime ‖ponerse bueno se rétablir, se remettre ‖ ponerse a servir se placer [comme domestique] ‖ ponerse cómodo o a sus anchas se mettre à l'aise, faire comme chez soi ‖FAM ponerse como el quico s'en mettre jusque-là, se taper la cloche ‖ ponerse de acuerdo se mettre o tomber d'accord ‖ ponerse de largo débuter dans le monde (una chica) ‖ ponerse de luto prendre le deuil ‖ ponerse de mal en peor empirer, aller de mal en pis, s'aggraver ‖FAM ponerse de tiros largos se mettre sur son trente et un ‖ ponerse en camino se mettre en route ‖ponerse en contacto o en relación se mettre en rapport ‖ponerse en contra de s'opposer à ‖ponerse en lugar de uno se mettre à la place de quelqu'un ‖ponerse guapo se faire beau ‖ FAM (Amer) ponérsela prendre une cuite (emborracharse) ‖ FIG & FAM ponerse las botas se taper la cloche (comer mucho), faire son beurre, mettre du foin dans ses bottes, se sucrer (ganar dinero) ‖ponérselo todo a uno como a Felipe II avoir la partie belle ‖ ponerse malo tomber malade (por accidente), se rendre malade (por imprudencia) ‖ponerse trágico tourner au tragique (una cosa), prendre un air tragique (una persona).

| OBSERV Il est souvent préférable de traduire en français le verbe poner suivi d'un adjectif par le verbe qui correspond à cet adjectif: poner triste a uno attrister quelqu'un; poner roja el agua rougir l'eau.

póney; poni m poney.
| OBSERV pl póneys; ponis.

pongis m inv pongé (tejido).

pongo m ZOOL pongo (orangután) ‖ (Amer) domestique indien (criado) ‖ gorge f (de un río).

poni ▬ póney.

ponientada f vent m d'ouest.

poniente m couchant, ouest, ponant (occidente) ‖vent d'ouest (viento).

pontaje; pontazgo m péage.

pontear v tr jeter un pont.

ponteduro m (Amer) nougat de maïs (turrón).

pontevedrés, esa adj & s de Pontévédra (Galice).
▬ OBSERV pl pontevedreses, pontevedresas.

póntico, ca adj & s pontique, du Pont-Euxin.

pontificado m pontificat (del papa) ‖ épiscopat (de un obispo).

pontifical adj pontifical, e (del papa); ornamentos pontificales ornements pontificaux ‖épiscopal, e (del obispo).
◇ m pontifical (ritual) ‖ FIG & FAM de pontifi-

cal en habit de cérémonie, en grande tenue.

pontificar [10] v intr RELIG pontifier (p us) ‖être élevé à la dignité de pontife ‖FIG & FAM pontifier (dárselas de enterado).

pontífice m RELIG pontife; sumo pontífice souverain pontife ‖FIG pontife.

pontificio, cia adj pontifical, e.

pontón m MAR ponton.

pontonero m MIL pontonnier.

ponzoña f venin m (de los animales) ‖poison m (de los vegetales o minerales) ‖FIG caractère m nuisible, danger m (de una cosa nociva) ‖poison m; la ponzoña de una doctrina mala le poison d'une mauvaise doctrine ‖ venin m, fiel m (malevolencia).

ponzoñoso, sa adj empoisonné, e (cosas o plantas) ‖venimeux, euse (animales) ‖FIG venimeux, euse; fielleux, euse (malevolente)‖empoisonné, e; dangereux, euse (dañoso).

pool m pool (servicio).

pop adj & s m MÚS pop ‖pop art pop art.

popa f MAR poupe ■ FIG de popa a proa d'un bout à l'autre‖ir viento en popa avoir le vent en poupe.

popayaneso, sa; popayanense adj & s de Popayán (Colombia).

pope m pope (sacerdote ruso).

popelín m; **popelina** f popeline f (tela).

popelineta f popelinette (tela).

popí m (Amer) manioc (mandioca).

poplíteo, a adj ANAT poplité, e.

popote m (Amer) paille f (paja)‖BOT arundinaria (especie de bambú) ‖ FIG estar hecho un popote être maigre comme un clou.

populachería f popularité de mauvais aloi.

populachero, ra adj [▷ SIN] populacier, ère (del pueblo) ‖ au goût du peuple; drama populachero drame au goût du peuple.
| SIN vulgar vulgaire; plebeyo plébéien; arrabalero faubourien; popular populaire.

populacho m bas peuple, populace f, populo.

popular adj populaire; un artista popular un artiste populaire ‖ du peuple; la educación popular l'éducation du peuple.

popularidad f popularité.

popularismo ▬ populismo.

popularista ▬ populista.

popularizar [13] v tr populariser.

popularmente adv populairement.

populéon m populéum (ungüento calmante).

populetano, na adj de Poblet (Cataluña).

populismo; popularismo m populisme.

populista; popularista adj & s populiste.

pópulo m FAM populo.

populoso, sa adj populeux, euse.

popurrí m MÚS pot-pourri.
▬ OBSERV pl popurrís.

poquedad f petitesse; la poquedad de sus recursos la petitesse de ses ressources ‖ pusillanimité (poco valor) ‖vétille (pequeñez).

póquer ▬ póker.

poquitero, ra m & f (Amer) petit marchand, petite marchande (comerciante) ‖petit joueur, petite joueuse (jugador).

poquitín m FAM un tout petit peu.

poquito, ta adj un petit peu.
➤ **poquitos, tas** adj pl quelques.
➤ **poquito** m peu, petit peu; un poquito un petit peu ■ a poquito(s) petit à petit ‖poquito a poco peu à peu, petit à petit.

por prep

1. CAUSA, MEDIO, AGENTE
2. DESTINO, DESIGNIO
3. SITIO
4. TIEMPO
5. CON UN INFINITIVO
6. MODO
7. DISTRIBUTIVA
8. SENTIDOS DIVERSOS
9. LOCUCIONES

1. CAUSA, MEDIO, AGENTE par (agente); la carta fue escrita por él la lettre a été écrite par lui ‖ par (causa); por tu culpa he perdido el tren j'ai manqué le train par ta faute ‖ à cause de (motivo); por su mucha edad no trabaja il ne travaille pas à cause de son grand âge ‖pour, à cause de; le han despedido por perezoso on l'a renvoyé pour sa paresse ‖ de; inquieto por inquiet de ‖parce que (seguido de un participio pasado) ‖ por causa tuya à cause de toi
2. DESTINO, DESIGNIO pour; lo hice por ti je l'ai fait pour toi; lo hice por ayudarte je l'ai fait pour t'aider; tomar por jefe, por esposa prendre pour chef, pour femme ‖à; interesarse por alguien s'intéresser à quelqu'un
3. SITIO par; ir a Madrid por Burgos aller à Madrid par Burgos; por aquí par ici ‖à, par (en); al pasar por Madrid en passant à Madrid ‖ vers; eso está por Pamplona c'est vers Pampelune ‖ dans, par; por toda la ciudad par o dans toute la ville; dans; pasearse por la calle se promener dans la rue
4. TIEMPO vers (fecha aproximada); vendré por el 15 de marzo je viendrai vers le 15 mars ‖à (fecha); llegó por Navidad, por San Juan il est arrivé à Noël, à la Saint-Jean ‖en (época); por el verano en été ‖pour (plazo); vendré por tres días je viendrai pour trois jours ‖à; cien kilómetros por hora cent kilomètres à l'heure ‖ por la mañana, por la noche le matin, le soir o la nuit
5. CON UN INFINITIVO pour (para); por no equivocarse pour ne pas se tromper ‖ pour (a causa de); le han castigado por haber mentido on l'a puni pour avoir menti ‖ parce que, comme (porque); no vine por tener mucho trabajo je ne suis pas venu parce que j'avais beaucoup de travail; por no saber qué hacer, me fui comme je ne savais que faire, je suis parti ‖ à (sin); todo está aún por hacer tout est encore à faire
6. MODO par; por señas par signes; por fuerza par la force ‖ par; viajar por el tren voyager par le train ‖à; la conocí por el sombrero je l'ai reconnue à son chapeau ‖selon (conforme); juzgar por juger selon ‖ par, de; amable por naturaleza aimable de nature ‖por escrito par écrit
7. DISTRIBUTIVA par; a diez pesetas por persona à dix pesetas par personne ‖à; comprar por metros, por docenas, por cientos acheter

au mètre, à la douzaine, au cent ▌ de; quinientos francos por hora cinq cents francs de l'heure

8. SENTIDOS DIVERSOS pour, contre; trocar una cosa por otra échanger une chose pour une autre ▌ pour, à la place de (en vez de); **pagar por otro** payer pour un autre ▌ pour, comme; **tener un tugurio por casa** avoir un taudis pour o comme maison ▌ pour (a favor de) ▌ pour (precio); **por cien pesetas** pour cent pesetas ▌ chercher (con ir, mandar, etc.); **vino por fósforos** il est venu chercher des allumettes; **lo mandé por vino** je l'ai envoyé chercher du vin ▌ pour, au sujet de, quant à, en ce qui concerne (por lo que toca); **por lo que dijiste ya veremos** pour o au sujet de ce que tu m'as dit, nous verrons plus tard ▌ pour, quant à, en ce qui concerne; **por mí** pour moi, en ce qui me concerne ▌ fois (multiplicación); **tres por cuatro, doce** trois fois quatre, douze ▌ sur (superficie); **dos metros por cuatro** deux mètres sur quatre ▌ pour, contre; **diez ciudadanos por cada labrador** dix citadins pour un cultivateur

9. LOCUCIONES por ciento pour cent; **interés del tres por ciento** intérêt à trois pour cent ▌ por cierto à propos ▌ por cuanto parce que, du fait que ▌ por delante par-devant ▌ por dentro à l'intérieur, en dedans, au-dedans ▌ ¡por Dios! je t'en prie!, je vous en prie! (por favor), mon Dieu! ▌ por donde par où; d'où (de lo cual) ▌ por ejemplo par exemple (verbigracia), en o pour exemple; **tomar a uno por ejemplo** prendre quelqu'un pour exemple ▌ por el honor sur l'honneur ▌ por el mundo de par le monde ▌ por entre à travers, entre ▌ por eso, por eso mismo o por cela que, c'est pourquoi ▌ por eso lo hago, lo hago por eso c'est pour cela que je le fais; justement, précisément; **pero él no viene ¡por eso!** mais il ne vient pas justement! ▌ por esta vez pour cette fois ▌ por favor si il te plaît, s'il vous plaît ▌ por fuera du dehors, en apparence (en apariencia), à l'extérieur (exteriormente) ▌ por lo cual ce qui fait que, si bien que, c'est pourquoi, par conséquent, donc ▌ por lo largo y por lo ancho de long en large ▌ por lo menos pour le moins, au moins ▌ por lo... que tellement, tant; **no pude moverlo por lo pesado que era** je n'ai pas pu le remuer, tellement il était lourd; **por lo mucho que le quiere** tellement il l'aime ▌ por mandato de sur l'ordre de ▌ por más, por mucho, por muy que avoir beau [▷ OBSERV] ▌ por medio de au milieu de; **el río pasa por medio del pueblo** la rivière passe au milieu du village; au moyen de, grâce à (gracias a), par l'intermédiaire de (mediante) ▌ por menos que si peu que... ▌ por... que si... (que); **por buena que sea** si bonne qu'elle soit, si bonne soit-elle ▌ por mucha prisa que tenga si pressé qu'il soit, si pressé soit-il ▌ por poco que sea si peu que ce soit ▌ por que parce que ["que" dans ce sens ne porte pas d'accent écrit] ▌ por qué pourquoi; **no sé por qué viene tan a menudo** je ne sais pas pourquoi il vient si souvent ▌ por si acaso pour le cas où, au cas où; **por si acaso vienes** pour le cas où tu viendrais ▌ por sí mismo par luimême ▌ por sí solo tout seul ▌ por tanto par conséquent, donc ▌ por uno que calla, diez gritan pour un qui se tait, dix crient ▌ por un sí o por un no pour un oui, pour un non ■ agradecer por remercier de ▌ empezar por commencer par;

empezó por reírse il commença par rire ▌ estar por être à, rester à; **todo esto está por hacer** tout ceci est à faire; **este cuarto está por barrer** il reste cette pièce à balayer ▌ être pour (partidario) ▌ être tenté de; **estoy por decir que esto es falso** je suis tenté de dire que cela est faux ▌ juzgar a uno por las apariencias juger quelqu'un sur les apparences ▌ por eso es por lo que c'est pourquoi ▌ preguntar por demander; **han preguntado por ti** ils t'ont demandé; demander des nouvelles de.

▌ OBSERV **1.** Par douzaines, etc. se dit a docenas, etc.

2. Hay que distinguir tres casos en la traducción de por más, por mucho, por muy que:

3. Con un adjetivo: por más ou por muy guapa que es ou sea elle a beau être jolie, si jolie qu'elle soit, si jolie soit-elle (con el subjuntivo en francés).

4. Con un verbo: por más ou por mucho que trabaje il a beau travailler.

5. Con un sustantivo: por más libros que tiene, no sabe nada malgré o avec tous les livres qu'il a (siempre el indicativo en francés), il ne sait rien.

porcelana f porcelaine.

porcentaje m pourcentage; **le dan cierto porcentaje sobre las ventas** on lui donne un certain pourcentage sur les ventes ▌ pourcentage, taux; **porcentaje de modulación** taux de modulation.

porcentual adj en pourcentage.

porche m porche ▌ atrium, portique (atrio) ▌ arcade f (soportal).

porcicultor, ra m & f éleveur, euse de porcs.

porcicultura; porcinocultura f élevage m porcin o de porcs.

porcino, na adj porcin, e ▌ pan porcino pain de pourceau (planta).
➤ **porcino** m pourceau (cochinillo).
➤ **porcinos** m pl porcins.

porcinocultura ➤ **poricultura.**

porción f [▷ SIN] part; **la porción de cada uno** la part de chacun ▌ partie, portion (p us); **le dio una porción de lo que tenía** il lui donna une partie de ce qu'il avait ▌ part; **dame una porción de este pastel** donne-moi une part de ce gâteau ▌ ration (en una comunidad) ▌ somme (de dinero) ▌ FIG quantité; **una porción reducida de frutas** une petite quantité de fruits ▌ foule, grand nombre m; **llegó una porción de gente** une foule de gens est arrivée.

▌ SIN ración ration; parte part; pedazo, trozo morceau.

porciúncula f portioncule.

porcuno, na adj porcin, e (del puerco).
➤ **porcunos** m pl porcins.

pordiosear v intr mendier (pedir limosna) ▌ FIG mendier (pedir mucho una cosa).

pordioseo m; **pordiosería** f mendicité f.

pordiosero, ra adj & s mendiant, e.

por ej ➤ **p. ej.**

porfía f obstination, entêtement m ▌ a porfía à l'envi, à qui mieux mieux (a cual más).

porfiadamente adv obstinément, avec entêtement.

porfiado, da; porfiador, ra adj & s obstiné, e; **un representante porfiado** un représentant obstiné.

◇ adj acharné, e; serré, e; **una discusión porfiada** une discussion acharnée.

porfiar [9] v intr s'entêter (continuar); porfiar en negar s'entêter à nier ▌ s'acharner à, s'obstiner à (intentar porfiadamente) ▌ se disputer (disputarse) ▌ lutter, rivaliser (rivalizar) ▌ insister, s'entêter (importunar) ■ porfiar en que s'entêter à vouloir (querer), maintenir que, soutenir que (afirmar) ▌ porfiar sobre o acerca de se disputer au sujet de o pour savoir si.

porfídico, ca ➤ **porfírico.**

pórfido ➤ **pórfiro.**

porfírico, ca; porfídico, ca adj MIN porphyrique (de pórfido) ▌ porphyroïde (parecido al pórfido).

porfirizar [13] v tr porphyriser.

pórfiro; pórfido m MIN porphyre.

porfirogéneto adj m & s m porphyrogénète.

pormenor m détail; **los pormenores de un asunto** les détails d'une affaire ▌ à-côté; **los pormenores de la historia** les à-côtés de l'histoire.
➤ **pormenores** m pl tenants et aboutissants; **conocer bien los pormenores de un proceso** bien connaître les tenants et les aboutissants d'un procès.

▌ OBSERV Ne pas confondre pormenor (détail) avec por menor (au détail).

pormenorizar [13] v tr raconter en détail, détailler, entrer dans les détails de.

porno adj FAM porno.

pornografía f pornographie.

pornográfico, ca adj pornographique.

pornógrafo, fa m & f pornographe.

poro m pore (agujero) ▌ (Amer) calebasse f pour le maté.

porongo m (Amer) calebasse f ▌ VULG bite (pene).

pororó m (Amer) pop-corn, maïs grillé.

porosidad f porosité.

poroso, sa adj poreux, euse.

porotada f (Amer) plat m de haricots.

poroto m (Amer) haricot.

porque conj parce que (motivo); **no vino porque no quiso** il n'est pas venu parce qu'il n'a pas voulu ▌ pour que (para que) ▌ porque no, porque sí parce que, parce que c'est comme ça (para negar o afirmar tajantemente).

porqué m FAM pourquoi inv, cause f, motif (motivo); **saber el porqué de cada cosa** savoir le pourquoi de chaque chose.

porquería; puercada (Amer) f FAM cochonnerie, saleté (basura, grosería, cosa de poco valor); **quítame esta porquería** enlève-moi cette saleté; **siempre cuenta porquerías** il raconte toujours des cochonneries; **este reloj es una porquería** cette montre, c'est de la saleté ■ **esta calle es una porquería** cette rue est dégoûtante (muy sucia) ▌ **esta película es una porquería** ce film ne vaut rien (muy mala).

porqueriza f porcherie (pocilga).

porquerizo, za; porquero, ra m & f porcher, ère.

porqueta f ZOOL cloporte m.

porra *f* massue (arma) | bâton *m* blanc (de guardia de la circulación) | matraque (arma de caucho) | **TECN** marteau *m* de forge (de fragua) | caisse commune (en los juegos de naipes) | le dernier *m* à jouer (en los juegos de muchachos) | beignet *m* (churro de Madrid) | **FIG & FAM** poison *m* (persona pesada) | vanité (presunción) ■ **FAM** guardia de la porra agent de la circulation ■ **FIG & FAM** irse a la porra tomber à l'eau (un proyecto), être fichu (estropearse) | mandar a la porra envoyer promener o au diable o sur les roses o paître | ¡qué porra! quelle barbe! | ¡vete a la porra! va te faire voir ailleurs!, va-t'en au diable!
◆ **¡porra!** *interj* zut!

porrada *f* coup *m* (golpe) | coup *m* de massue (con la porra) | **FIG & FAM** sottise, ânerie (necedad) | tas *m*, floppée, quantité (montón); una porrada de cosas un tas de choses | **FAM** una porrada de dinero un argent fou, beaucoup d'argent.

porrazo *m* coup | (*Amer*) quantité *f* (montón) ■ de golpe y porrazo sans crier gare, tout à coup, à l'improviste (sin haber avisado), de but en blanc; decir algo de golpe y porrazo dire quelque chose de but en blanc | pegarse un porrazo contra rentrer dans; se pegó un porrazo contra un árbol il est rentré dans un arbre.

porrección *f* **ECLES** porrection.

porrero, ra *m* & *f* **FAM** fumeur, euse de hasch; rouleur, euse.

porreta *f* feuille *f* [de poireau, d'oignon, etc.] | **FAM** en porreta à poil.
◇ *m* & *f* **FAM** shitman (aficionado a fumar porros).

porrilla *f* marteau *m* de forgeron | **VETER** osselet *m* (enfermedad).

porrillo
◆ a porrillo *loc* **FAM** à foison, à la pelle.

porrillo *m* marteau de carrier (maza de cantero).

porrina *f* blé *m* en herbe (mies verde) | feuille de poireau (porreta).

porrino *m* plant de poireau.

porrita *f* enjeu *m* (dinero jugado en las cartas).

porro, rra *adj* **FAM** gourde (torpe).
◆ porro *m* **FAM** joint (cigarrillo de marihuana).

porrón, ona *adj* **FAM** gourde (torpe).
◆ porrón *m* cruche *f* [à long bec] | gargoulette *f* (botijo) | sauce *f* à l'ail (salsa).

porta *f* **MAR** sabord *m* | a porta gayola passe faite à l'entrée du taureau dans l'arène.
◇ *adj f* **ANAT** porte; vena porta veine porte.

portaagujas *m inv* **MED** & **TECN** porte-aiguille.

portaaviones; portaviones *m inv* porte-avions.

portabáculo *m* porte-crosse *m inv*.

portabandera *f* porte-étendard *m*.

portabilidad *f* **INFORM** portabilité.

portabombas *adj inv* bombardier.

portabotellas *m inv* porte-bouteilles.

portacaja *f* **MIL** baudrier *m* (tahalí).

portacarabina *m inv* **MIL** porte-mousqueton, porte-carabine.

portacartas *m inv* porte-documents.

portachuelo *m* gorge *f* (entre dos montes).

portacontenedores *m inv* porte-conteneurs.

portacruz *m* porte-croix *inv*.
■ **OBSERV** pl portacruces.

portada *f* portail *m* (de casa, iglesia) | **IMPR** couverture (de una revista) | page de titre (de un libro) | **FIG** façade (fachada).

portadilla *f* **IMPR** faux titre *m* (anteportada).

portadocumentos *m inv* porte-documents (cartera) | porte-cartes (para la documentación).

portador, ra *adj* & *s* porteur, euse.
◆ portador *m* **COM** porteur; pagar al portador payer au porteur.

portaequipajes *s m inv* porte-bagages, galerie *f* (en un coche) | porte-bagages (de bicicleta).

portaespada *m* porte-épée *m*.

portaestandarte *m* porte-étendard *inv* (oficial).

portafirmas *m inv* parapheur, parafeur.

portafolio *m* chemise *f* (carpeta).
◆ portafolio *m*; portafolios *m pl* porte-documents, attaché-case (maletín).

portafusil *m* bretelle *f* de fusil.

portagavillas *m* & *f* ramasseur, euse de gerbes.

portaguión *m inv* **MIL** porte-fanion.

portahelicópteros *m inv* porte-hélicoptères.

portaherramientas *m inv* **TECN** porte-outil.

portaje *m* péage (portazgo).

portal *m* vestibule (zaguán) | porche (de edificio) | arcades *f pl*, galerie *f* couverte (soportal) | portique (pórtico) | crèche *f* (de navidad).

portalada *f* portail *m* (pórtico).

portalámparas *m inv* douille *f* [d'une ampoule].

portalápiz *m* porte-crayon *m inv*.
■ **OBSERV** pl portalápices.

portalibros *m* courroie *f* pour porter des livres.

portaligas *m inv* (*Amer*) porte-jaretelles.

portalón *m* portail (puerta) | **MAR** coupée *f*.

portamaletas *m inv* coffre (de un coche).

portamantas *m inv* courroie *f* de cuir | porte-manteau (de viaje).

portaminas *m inv* porte-mine.

portamira *m* porte-mire *m inv*.

portamonedas *m inv* porte-monnaie.

portamorral *m inv* porte-carnier.

portanario *m* **ANAT** pylore (píloro).

portante *m* amble (del caballo) | **FIG & FAM** tomar el portante filer, prendre la porte.

portantillo *m* trottinement.

portanuevas *m* & *f inv* porteur, euse de nouvelles.

portañica; portañuela *f* patte de la braguette.

portañola *f* **MAR** sabord *m* (porta).

portañuela ► portañica.

portaobjeto *m* porte-objet *m* (de microscopio).

portapaz *m o f* patène *f*, paix *f* (liturgia).
■ **OBSERV** pl portapaces.

portaplanos *m inv* porte-cartes.

portaplatos *m inv* porte-plat (salvamanteles).

portapliegos *m inv* portefeuille.

portaplumas *m inv* porte-plume.

portar *v intr* **MAR** porter.
◆ portarse *v pr* se conduire, se comporter; portarse bien se conduire.
‖ **OBSERV** La expresión francesa bien se porter equivale a estar bien de salud.

portarretrato *m* porte-photo.

portarrodillos *m inv* cage *f* de laminoir.

portatacos *m inv* râtelier (en el billar).

portátil *adj* portatif, ive.

portaventanero *m* menuisier.

portaviandas *m inv* porte-plat.

portaviones ► portaaviones.

portavoz *m* porte-voix *m inv* (bocina) | porte-parole *m inv* (persona autorizada).
■ **OBSERV** pl portavoces.

portazgo *m* péage.

portazguero *m* péager.

portazo *m* claquement de porte | dar a uno un portazo fermer la porte au nez de quelqu'un.

porte *m* port, transport (transporte) | conduite *f* (comportamiento) | allure *f*, port (compostura) ■ **COM** franco de porte franco de port | porte debido port dû | porte pagado port payé.

porteador, ra *adj* & *s* porteur, euse.

portear *v tr* porter (llevar); portear en hombros porter sur ses épaules | claquer (la puerta).
◇ *v intr* claquer (una puerta) | (*Amer*) s'en aller (marcharse).

portense *adj* & *s* de Porto [Portugal].

portento *m* prodige, merveille *f* (cosa extraordinaria).

portentoso, sa *adj* prodigieux, euse; merveilleux, euse.

porteño, ña *adj* & *s* de Puerto de Santa María [Espagne], de Buenos Aires [Argentine], de Cortés [Honduras], de Valparaíso [Chili], de Puerto Barrios [Guatemala].

porteo *m* port, transport.

pórter *m* porter (cerveza).

portería *f* loge de concierge (habitación) | emploi *m* de concierge (empleo) | **RELIG** porterie (conventos) | **DEP** but *m*, cage (fútbol); portería defendida por un guardameta excelente cage gardée par un goal excellent.

portero, ra *m* & *f* concierge | portier, ère (de edificio importante, de convento).
◆ portero *m* gardien de but, portier (guardameta) ■ portero de estrados huissier (de tribunal) | portero eléctrico portier robot.
◇ *adj* **RELIG** hermano portero frère portier.

portezuela *f* petite porte | portière (de coche).

pórtico *m* portique; un pórtico griego un portique grec | porche (cubierto); el pórtico de la Gloria en Santiago de Compostela le porche de la Gloire à Saint-Jacques-de-Compostelle | portail; los pórticos laterales de la catedral de Chartres les portails latéraux de la cathédrale de Chartres ‖ parvis (atrio).

portier *m* portière *f* (cortina).

portilla *f* MAR hublot *m* ‖ barrière, porte d'un champ.

portillera *f* portillon *m* (portillo).

portillo *m* brèche *f* (de muro, plato, etc.) ‖ portillon (puerta pequeña) ‖ poterne *f* (poterna) ‖ guichet (postigo) ‖ col (entre montañas).

portland *m* portland (cemento).

Porto ➤ Oporto.

portón *m* grande porte *f* ‖ porte *f* de vestibule.

portorriqueño, ña *adj* & *s* portoricain, e; de Puerto Rico.

portuario, ria *adj* portuaire.

portuense *adj* & *s* de Puerto de Santa María [Espagne] ‖ d'Ostie [Italie].

Portugal *n pr m* GEOGR Portugal.

portugués, esa *adj* & *s* portugais, e.
➤ **portugués** *m* LING portugais.
‖ OBSERV pl portugueses, portuguesas.

portuguesismo *m* lusitanisme.

portulano *m* MAR portulan (mapa).

porvenir *m* avenir ‖ en el o en lo porvenir à l'avenir (de hoy en adelante), dans l'avenir (en el futuro).
‖ SIN futuro futur; mañana lendemain; posteridad postérité.

pos
➤ **en pos** *loc prep* derrière (detrás) ‖ ir en pos de courir après, être en quête de, être à la recherche de.

posada *f* auberge (mesón) ‖ petit hôtel *m*, pension de famille (casa de huéspedes) ‖ demeure, domicile *m* (morada) ‖ hospitalité; dar posada offrir l'hospitalité.

posadeño, ña *adj* & *s* de Posadas [Argentina].

posaderas *f pl* FAM derrière *m sing*, postérieur *m sing*, fesses.

posadero, ra *m* & *f* hôtelier, ère (de hotel) ‖ patron, onne (de casa de huéspedes) ‖ aubergiste (de mesón).

posar *v intr* se poser, se percher (un pájaro) ‖ poser (para foto o pintura) ‖ poser (darse importancia) ‖ loger (alojarse) ‖ reposer (descansar).
➤ **posarse** *v pr* déposer (un líquido), retomber (partículas) ‖ s'arrêter, se reposer ‖ se poser (un pájaro), se percher.
‖ OBSERV Posar est un gallicisme dans le sens de servir de ou como modelo a un pintor et de darse tono ou importancia.

posavasos *m inv* dessous de verre.

poscomunión *f* RELIG postcommunion.

posdata *f* post-scriptum *m inv*.

pose *f* FOT pose (exposición) ‖ pose (afectación) ‖ pose (sesión de un modelo).
‖ OBSERV Pose est un gallicisme.

poseedor, ra *adj* & *s* possesseur *m*; ella es la poseedora elle est le possesseur ‖ détenteur, trice; el poseedor de un récord le détenteur d'un record.

poseer [50] *v tr* posséder ‖ détenir (un récord).
➤ **poseerse** *v pr* se dominer, se posséder

(este verbo sólo se usa en la forma negativa).

poseído, da *adj* & *s* possédé, e.
◇ *adj* dominé, e (por un afecto, etc.) ‖ imbu, e de sa personne (engreído).

Poseidón *n pr* MITOL Poséidon.

posesión *f* possession (propiedad) ‖ possession (colonia de un estado) ‖ possession (del demonio) ‖ (Amer) propriété (finca rústica) ■ toma de posesión installation (en un cargo), investiture (investidura) ■ dar posesión de un cargo a uno installer quelqu'un dans un poste, mettre quelqu'un en possession d'un poste ‖ estar en posesión de détenir; está en posesión del récord de los 110 metros vallas il détient le record du 110 mètres haies ‖ tomar posesión prendre possession, entrer en possession ‖ tomar posesión de un empleo o cargo entrer en fonction.
➤ **posesiones** *f pl* propriété *sing*; ha muerto en sus posesiones il est mort dans sa propriété.

posesionar *v tr* mettre en possession.
➤ **posesionarse** *v pr* prendre possession de, entrer en possession de ‖ s'emparer (apoderarse).

posesivamente *adv* d'une manière possessive.

posesivo, va *adj* possessif, ive; adjetivo, pronombre posesivo adjectif, pronom possessif.

poseso, sa *adj* & *s* possédé, e; poseso del demonio possédé du démon.

posesor, ra *adj* & *s* possesseur (sin femenino), détenteur, trice.

posesorio, ria *adj* DR possessoire ‖ DR ejecución del acto posesorio mise en possession.

posfecha *f* postdate.

posfranquismo *f* après-franquisme *m*.

posfranquista *adj* post-franquiste.

posglacial; postglacial *adj* postglaciaire.

posgraduado, da; postgraduado, da *adj* & *s* titulaire d'un diplôme de troisième cycle.

posguerra *f* après-guerre *m* o *f*.

posibilidad *f* possibilité ‖ occasion (oportunidad).
➤ **posibilidades** *f pl* chances; calcular las posibilidades de éxito calculer les chances de réussite.

posibilitar *v tr* faciliter (facilitar) ‖ permettre (permitir) ‖ rendre possible (hacer posible).

posible *adj* [▷ SIN] possible; hacer posible rendre possible ‖ éventuel, elle; posibles clientes clients éventuels ■ en o dentro de lo posible autant que possible ‖ en la medida de lo posible dans la mesure du possible ■ ¡no es posible! pas possible!, par exemple! ‖ si es posible si possible ‖ tan pronto como sea posible dès que possible.
➤ **posibles** *m pl* moyens (fortuna).
‖ SIN probable probable; viable viable; factible, hacedero faisable; realizable réalisable.

posiblemente *adv* éventuellement, peut-être.

posición *f* position (postura) ‖ situation; posición social situation sociale ‖ rang *m*; ocupar una posición honorable tenir un rang honorable ‖ mise, pose (acción de poner) ‖ MIL position ■ entrar en posición mettre en bat-

terie (cañón) ‖ FIG hallarse en una mala posición être en mauvaise posture.

positivado *m* FOT tirage.

positivamente *adv* positivement.

positivar *v tr* FOT développer, tirer.

positivismo *m* FILOS positivisme.

positivista *adj* & *s* FILOS positiviste.

positivo, va *adj* & *s* positif, ive ‖ de positivo à coup sûr, sans doute.
➤ **positiva** *f* FOT positif *m*, épreuve positive.

pósito *m* grenier communal.

positón; positrón *m* FÍS positon.

posma *f* FAM flegme *m* (indiferencia).
◇ *adj* & *s* FAM raseur, euse (pesado) ‖ nonchalant, e (negligente).

posmeridiano, na; postmeridiano, na *adj* de l'après-midi.

posmodernidad *f* post-modernité.

posmoderno, na *adj* & *s* postmoderne.

poso *m* lie *f* (de vino u otro líquido) ‖ marc (del café) ‖ FIG fond (sedimento) ‖ formar poso déposer (líquido).

posología *f* MED posologie.

pospelo
➤ **a pospelo** *loc* à rebrousse-poil.

pospierna *f* cuisse (de caballería).

posponer [65] *v tr* subordonner; posponer el interés personal al general subordonner l'intérêt personnel à l'intérêt général ‖ mettre en second lieu, faire passer après (estimar menos).
‖ OBSERV Existe en francés el verbo postposer, pero se emplea poco.

posposición *f* second rang *m*, seconde place.

posromántico, ca *adj* postromantique.

posta *f* poste, relais *m* (de caballos) ‖ morceau *m* (pedazo) ‖ chevrotine, petite balle de plomb ‖ mise (envite) ‖ ARQ volute ■ a posta exprès (adrede) ‖ caballo de posta postier, cheval de poste ‖ correr la posta courir la poste.
➤ **postas** *f pl* ARQ postes (adorno).

postal *adj* postal, e; paquete postal colis postal; tarjeta postal carte postale; giros postales mandats postaux.
◇ *f* carte postale (tarjeta).

postbalance *m* venta postbalance vente après inventaire.

postcombustión *f* TECN postcombustion.

postdata *f* post-scriptum *m inv*.

postdiluviano, na *adj* postdiluvien, enne.

postdorsal *adj m* post-dorsal (p us).

poste *m* poteau; poste telegráfico, indicador poteau télégraphique, indicateur ‖ poteau, pilier ‖ piquet (estaca) ‖ TECN pylône ‖ DEP poteau (de una portería) ‖ FIG piquet (castigo) ■ FAM más tieso que un poste droit comme un piquet ‖ quedarse parado como un poste être planté comme un piquet.

postelero *m* MAR défense *f* (defensa).

postema *f* MED apostème *m* (absceso) ‖ FIG personne assommante, raseur, euse (persona pesada).

póster *m* poster (cartel).
‖ OBSERV pl pósters.

poste restante f (Amer) poste restante (lista de correos).

postergación f ajournement m (retraso) ▌mise à l'écart (relegación) ▌oubli m (olvido).

postergar [16] v tr ajourner (aplazar) ▌laisser en arrière (dejar atrás) ▌léser (a un empleado) ▌mettre à l'écart, négliger (descuidar) ▌laisser de côté (dejar de lado).

posteridad f postérité (descendencia).
▌ SIN descendencia descendance; prole, progenie, progenitura progéniture.

posterior adj postérieur, e.

posteriori
→ **a posteriori** loc adv a posteriori.

posterioridad f postériorité.

posteriormente adj par la suite, postérieurement (más tarde).

postescolar adj postscolaire.

posteta f IMPR battée (de encuadernadores) ▌assemblage m (de pliegos impresos).

postfijo m suffixe (sufijo).

postglacial ► posglacial.

postgraduado, da ► posgraduado.

postguerra f après-guerre m o f.

posthipófisis f inv ANAT posthypophyse.

postigo m volet (de ventana) ▌porte f dérobée (puerta falsa) ▌porte f à un battant ▌guichet (puerta abierta en otra mayor) ▌poterne f (de ciudad).

postilla f MED croûte ▌apostille (aclaración).

postillón m postillon (conductor).

postilloso, sa adj MED couvert de croûtes.

postín m FAM pose f, grands airs pl (presunción) ▌chic; un traje de mucho postín un costume qui a beaucoup de chic ▌darse postín crâner, se donner de grands airs, poser.

postinear v intr crâner, se donner de grands airs, poser.

postinero, ra adj FAM prétentieux, euse; poseur, euse (presumido) ▌chic (elegante).

post-it® m inv Post-it®.

postizo, za adj postiche; cabellos postizos cheveux postiches ▌faux, fausse; diente postizo fausse dent; cuello postizo faux col; nombre postizo faux nom ▌artificiel, elle; pierna postiza jambe artificielle.
→ **postizo** m postiche (de pelo).

postmeridiano, na ► posmeridiano.

post meridiem adj de l'après-midi.

postmodernismo m ARTES postmodernisme.

postónico, ca adj GRAM qui suit l'accent tonique.

postoperatorio, ria adj postopératoire.

postor m enchérisseur, offrant (en una subasta) ■ al mayor o mejor postor au plus offrant ▌mayor postor dernier enchérisseur, plus offrant ■ venderse al mejor postor se vendre au plus offrant, être à l'enchère.

postpalatal adj postpalatal, e.

postración f prostration (abatimiento) ▌accablement m (desánimo) ▌abaissement m (humillación) ▌prosternation, prostration (arrodillamiento) ▌ enfermedad de postración maladie de langueur.

postrar v tr abattre (derribar) ▌FIG abaisser (humillar) ▌affaiblir, abattre, accabler, prostrer; postrado por la calentura abattu par la fièvre▌abattre, accabler; postrado por la desgracia abattu par le malheur.
→ **postrarse** v pr s'agenouiller, se prosterner (arrodillarse) ▌s'affaiblir (debilitarse) ▌être accablé, e (por las desgracias).

postre adj dernier, ère (postrero).
◇ m dessert; tomar de postre fruta prendre des fruits comme dessert o pour le dessert ■ a la postre à la fin, finalement, en fin de compte ■ a los postres au dessert.

postrer adj m dernier (postrero); el postrer suspiro le dernier soupir.
▌ OBSERV Ce mot est l'apocope de l'adjectif postrero.

postreramente adv à la fin.

postrero, ra adj & s dernier, ère; el día postrero le dernier jour.

postrimer adj apocope de postrimero.

postrimería f fin [de la vida, etc.] ▌RELIG fin dernière (novísimo) ▌en las postrimerías del siglo à la fin du siècle.

postrimero, ra adj dernier, ère.

post scriptum m inv post-scriptum (posdata).

postsincronización f CINEM postsynchronisation (doblaje).

postsincronizar [13] v tr CINEM postsynchroniser.

postulación f postulation ▌quête (colecta).

postulado m postulat.

postulante, ta adj & s [▷ SIN] postulant, e ▌quêteur, euse (que hace una colecta).
▌ SIN pretendiente prétendant; candidato candidat; aspirante aspirant; solicitante postulant.

postular v tr postuler ▌préconiser; postular medidas préconiser des mesures.
◇ v intr quêter (hacer una colecta).

póstumamente adv de manière posthume.

póstumo, ma adj posthume.

postura f posture, position (situación) ▌pose (posición); tomar una postura indolente prendre une pose indolente ▌FIG attitude; no saber qué postura tomar ne pas savoir quelle attitude prendre ▌position; su postura no es muy clara sa position n'est pas très claire ▌ponte, pondaison (de los huevos) ▌œuf m (huevo) ▌plant m (arbolillo) ▌taxe (de mercancías) ▌enchère (en una almoneda) ▌pacte m, convention (convenio) ▌pari m (apuesta) ▌mise (en juegos).

postventa; posventa adj après-vente; servicio postventa service après-vente.

potable adj potable ▌FIG potable (aceptable).

potaje m plat de légumes secs ▌FIG bazar (mezcla confusa).

potamoquero m potamochère (cerdo).

potasa f QUÍM potasse.

potásico, ca adj QUÍM potassique.

potasio m QUÍM potassium (metal).

pote m pot (tarro) ▌marmite f (para cocer) ▌ragoût (cocido en galicia) ▌FIG & FAM moue f (gesto) ■ FIG & FAM a pote énormément (mucho) ▌darse pote crâner, bêcher, poser, se donner de grands airs.

potencia f FÍS & MAT FILOS puissance; la potencia de un motor la puissance d'un moteur; potencia al freno o efectiva puissance au frein ▌puissance (estado); potencia mundial puissance mondiale ▌virilité ■ MAT elevar un número a la cuarta potencia élever un nombre à la quatrième puissance o à la puissance quatre ▌en potencia en puissance ▌MAT tres elevado a la cuarta potencia trois puissance quatre.
→ **potencias** f pl puissances ▌facultés.

potenciación f MAT élévation.

potencial adj & s m potentiel, elle ▌GRAM modo potencial conditionnel ▌potencial simple conditionnel présent ▌FÍS energía potencial énergie potentielle ▌potencial eléctrico potentiel électrique.
◇ m INFORM fonctionnalités f pl.

potencialidad f potentialité.

potenciar [8] v tr donner de la puissance à ▌renforcer la puissance ▌permettre, rendre possible (facultar) ▌accroître les possibilités de.

potenciómetro m FÍS potentiomètre.

potentado m potentat.

potente adj puissant, e; una máquina potente une machine puissante ▌viril, e (capaz de engendrar).

potentemente adv puissamment.

potentila f potentille (planta).

potenza f BLAS potence.

potenzado, da adj BLAS potencé, e.

poterna f poterne (en las fortificaciones).

potestad f puissance, pouvoir m; patria potestad, potestad parternal puissance paternelle▌podestat m (gobernador en Italia).

potestativo, va adj DR potestatif, ive.

potingue m FAM médicament (medicina) ▌breuvage (brebaje) ▌cosmétique.

potito m petit-pot [nourriture pour bébés].

poto m (Amer) FAM postérieur (trasero).

potómetro m BOT potomètre.

potosí m FIG no vale un Potosí ce n'est pas le Pérou ▌ser un Potosí être une mine d'or ▌valer un Potosí valoir son pesant d'or o un empire.
▌ OBSERV 1. Les expressions ont pour origine le nom de la ville de Potosí, en Bolivie, célèbre pour ses mines d'argent.
2. pl potosíes.

potosino, na adj de Potosí [ville de Bolivie].

potra f pouliche ▌FAM hernie (hernia) ▌FIG FAM veine, pot m (suerte); tener potra avoir de la veine o du pot.

potrada f troupeau m de poulains.

potranca f jeune pouliche.

potranco m poulain (potro).

potrear v tr FAM ennuyer (molestar) ▌(Amer) dresser les poulains.

potrero, ra adj relatif, ive au poulain.
→ **potrero** m gardien de poulains ▌pâturage (dehesa) ▌FAM chirurgien qui opère les hernies (cirujano) ▌(Amer) enclos (lugar de cría y pasto) ▌terrain vague (terreno sin edificar) ▌plaine f (llanura).

potrillo m jeune poulain.

potro *m* poulain ‖ chevalet (de tormento) ‖ travail (para veterinarios o herradores) ‖ cheval de bois (gimnasia) ‖ **potro con arzón** cheval d'arçons (gimnasia).

potroso, sa *adj & s* MED hernieux, euse ‖ FAM veinard, e; chançard, e (afortunado).

POUM (abrev de **Partido Obrero de Unificación Marxista**) *m* parti trotskiste espagnol disparu après la guerre civile.

poya *f* droit *m* de fournage.

poyete *m* petit banc de pierre ‖ FIG & FAM **quedarse en el poyete** rester vieille fille (solterona), faire tapisserie (en un baile).

poyo *m* banc de pierre (banco).

poza *f* mare (charca).

pozal *m* seau de puits (cubo) ‖ margelle *f* (brocal) ‖ cuve *f* de pressoir (pocillo) ‖ jarre *f* (tinaja).

pozanco *m* mare *f*, flaque *f*.

pozo *m* puits (de agua, de mina) ‖ trou (en un río) ‖ fosse *f* (hoyo seco) ‖ cagnotte *f* (en los naipes) ‖ MAR cale *f* (bodega) ‖ sentine *f* (sentina) ‖ vivier (de peces) ‖ (*Amer*) source *f* (manantial) ‖ mare *f* (charca) ■ **pozo airón** puits sans fond ‖ **pozo artesiano** puits artésien ‖ FIG **pozo de ciencia** puits de science ‖ **pozo negro** fosse d'aisances; puisard, puits perdu (de aguas residuales) ‖ MAR **pozo perdido** sentine ■ FAM **mi gozo en un pozo** c'est fichu, tout est tombé à l'eau.

p.p. (abrev escrita de **por poder**) pp ‖ (abrev escrita de **porte pagado**) pp.

PP (abrev de **Partido Popular**) *m* parti politique espagnol de droite.

PPA (abrev de **Partido Peronista Auténtico**) *m* parti politique argentin péroniste.

pracrito; prácrito *m* prâkrit (idioma de la India).

práctica *f* pratique ‖ expérience ‖ méthode ■ **en la práctica** dans la pratique, en pratique ‖ **es práctica establecida** c'est l'usage [établi] ‖ **la práctica hace maestro** c'est en forgeant qu'on devient forgeron ‖ **período de prácticas** stage ‖ **poner en práctica** mettre en œuvre o en pratique.
　　◆ **prácticas** *f pl* travaux *m* pratiques (clases) ‖ pratiques (devociones).

practicabilidad *f* praticabilité.

practicable *adj* praticable ‖ praticable, carrossable (transitable).
　　◇ *m* praticable (teatro).

prácticamente *adv* practiquement.

practicante *adj & s* infirmier, ère (auxiliar de medicina) ‖ préparateur, trice (de botica) ‖ pratiquant, e (en religión).

practicar [10] *v tr* pratiquer; **practicar la virtud** pratiquer la vertu ‖ [▷ SIN] pratiquer, faire; **practicar los deportes** pratiquer le sport, faire du sport ‖ faire; **practicar la esgrima** faire de l'escrime.
　　◇ *v intr* RELIG pratiquer, être pratiquant.
　　▮ SIN ejercer, ejercitar exercer; instruirse s'instruire; adiestrarse s'exercer; entrenarse s'entraîner.

práctico, ca *adj* pratique (cómodo) ‖ expérimenté, e; exercé, e (ejercitado) ‖ **clases prácticas** travaux pratiques.
　　◆ **práctico** *m* pilote [côtier], pratique *f* (pi-

loto) ■ **barco de práctico** bateau pilote ‖ MED **práctico facultativo** praticien.

pradera *f* prairie.

pradial *m* prairial (noveno mes del calendario republicano francés).

prado *m* pré ‖ promenade *f* (paseo público).

Prado *n pr m* **museo del Prado** le plus important musée espagnol situé à Madrid; **paseo del Prado** grande promenade à Madrid.

┌─────────────────────────────────────┐
EL MUSEO DEL PRADO
Cet édifice néoclassique, construit par le roi Charles III, dans le but d'y installer un cabinet de sciences naturelles, renferme depuis 1819 la plus importante collection de peinture espagnole du XIIᵉ au XIXᵉ siècle, et en particulier les œuvres de Velázquez, Goya et le Greco. Le musée est situé sur le « paseo del Prado » à Madrid, et est actuellement en cours de transformation.
└─────────────────────────────────────┘

Praga *n pr* GEOGR Prague.

pragmático, ca *adj & s f* DR pragmatique.

pragmatismo *m* pragmatisme.

praliné *m* chocolat praliné (bombón) ‖ praliné (crema).

prángana *f* (*Amer*) misère; **estar en la prángana** être dans la misère.

praseodimio *m* praséodyme (metal).

prasio *m* MIN prase.

prasma *f* prasme (ágata verde).

pratense *adj* (p us) des prés.

praxis *f inv* FILOS praxis ‖ pratique (práctica).

Praxiteles *n pr* Praxitèle.

preacuerdo *m* accord de principe.

preadamismo *m* préadamisme.

preadamita; preadamítico, ca *adj & s* préadamite.

Prealpes *n pr m pl* GEOGR los Prealpes les Préalpes.

preámbulo *m* [▷ SIN] préambule,; **sin más preámbulos** sans préambule ‖ FIG détour (rodeo).
　　▮ SIN prefacio préface; introducción introduction; prólogo prologue; preludio prélude; exordio exorde; advertencia avant-propos; proemio proème.

preamplificador *m* RAD préamplificateur.

preaviso *m* préavis.

prebélico, ca *adj* d'avant-guerre.

prebenda *f* prébende (de canónigo) ‖ FIG & FAM prébende, sinécure (oficio lucrativo).

prebendado *adj & s* prébendé, e.
　　◇ *m* prébendier.

prebendar *v tr* conférer une prébende.
　　◇ *v intr* obtenir une prébende.

prebostal *adj* prévôtal, e; **tribunales prebostales** tribunaux prévôtaux.

prebostazgo *m* (ant) prévôté *f*.

preboste *m* prévôt.

precalentamiento *m* TECN préchauffage ‖ DEP échauffement.

precalentar [19] *v tr* CULIN préchauffer ‖ DEP s'échauffer.

precambriano, na; precámbrico, ca *adj & s m* GEOL précambrien, enne.

precampaña *f* campagne *f* préélectorale.

precandidato, ta *m & f* candidat, e potentiel, elle.

precariamente *adv* précairement.

precariedad *f* précarité.

precario, ria *adj* précaire.

precarización *f* précarisation.

precaución *f* précaution.

precaucionarse *v pr* se précautionner.

precautelar *v tr* prévenir.

precaver *v tr* prévenir, prévoir (prever).
　　◆ **precaverse** *v pr* parer, se parer, se prémunir; **precaverse de un peligro, contra la miseria** parer à un danger, à la misère.

precavidamente *adv* préventivement.

precavido, da *adj* prévoyant, e; **toda persona precavida coge el paraguas al salir** toute personne prévoyante prend son parapluie en sortant ‖ avisé, e (astuto).

precedencia *f* antériorité (de fecha) ‖ préséance (preeminencia) ‖ supériorité (excelencia).

precedente *adj* précédent, e (sin complemento) ‖ précédant *inv* (con complemento); **los años precedentes a éste** les années précédant celle-ci.
　　◇ *m* précédent (antecedente).

preceder *v tr* précéder.

precéltico, ca *adj* préceltique.

preceptivo, va *adj* obligatoire.
　　◆ **preceptiva** *f* préceptes *m pl*, règles *pl* (literaria).

precepto *m* précepte (de un arte, etc.) ‖ instructions *f pl*, ordre (orden) ■ **cumplir con el precepto** remplir ses devoirs ‖ **fiestas de precepto** fêtes d'obligation.

preceptor, ra *m & f* précepteur, trice.

preceptorado *m* préceptorat.

preceptuar [6] *v tr* établir, donner, dicter des préceptes.

preces *f pl* prières (oraciones).

precesión *f* ASTRON précession; **precesión de los equinoccios** précession des équinoxes ‖ réticence (reticencia).

preciado, da *adj* estimé, e; apprécié, e (estimado); **una obra muy preciada** une œuvre très appréciée ‖ (ant) FIG prétentieux, euse; vaniteux, euse (jactancioso).

preciador, ra *adj & s* appréciateur, trice (tasador).

preciar [8] *v tr* apprécier (estimar, tasar).
　　◆ **preciarse** *v pr* être content de soi, être vaniteux, euse (estar engreído) ‖ se piquer de, se flatter de, se vanter de (jactarse); **preciarse de orador** se piquer d'être un orateur ‖ se respecter; **como cualquier español que se precie** comme tout Espagnol qui se respecte.

precinta *f* cachet *m* (en las aduanas) ‖ bordure de cuir aux coins d'une malle.

precintado *m* plombage (de un paquete).

precintador *m* plombeur (marchamador).

precintadora *f* pistolet *m* [pour adhésif].

precintar *v tr* sceller, mettre les plombs à, plomber (un paquete) ‖ DR apposer les scellés à, sceller ‖ border de cuir les coins d'une malle ‖ AUTOM **circuito precintado** circuit scellé.

precinto *m* pose *f* des scellés ‖ plomb (marchamo) ‖ DR scellés *pl*, bande *f* de sûreté, lien scellé ‖ vignette *f* (derecho para un coche) ‖ cachet (de una botella) ■ DR **colocación de pre-**

cinto apposition des scellés|violación o que-
brantamiento de precinto bris de scellés.

precio *m* prix; precio de coste prix de revient ■ precio alambicado o estudiado prix
étudié ‖ precio al por mayor prix de gros
‖ precio al por menor prix de détail ‖ precio
barato o bajo bas prix ‖ precio corriente prix
marchand ‖ precio de fábrica prix de fabrique, prix coûtant ‖ precio de lanzamiento
prix de lancement ‖ precio del mercado prix
du marché ‖ precio de tasa prix taxé ‖ precio
de venta prix de vente ‖ precio fuerte prix
fort ‖ precio neto prix net o T.T.C. ‖ precio
por unidad prix unitaire ‖ precio tope prix
plafond, prix maximal ■ a cualquier precio
à n'importe quel prix, à quelque prix que
ce soit ‖ FIG al precio de au prix de ‖ a precio
de coste à prix coûtant ‖ a precio de oro à
prix d'or ‖ de gran o de mucho precio de
grand prix (cosa), de grande valeur (persona)
‖ fuera de precio hors de prix ‖ no tener precio ne pas avoir de prix ‖ poner a precio
mettre à prix ‖ poner precio a fixer le prix
de ‖ tener en precio apprécier.
▎ OBSERV Prix, récompense, se dit premio.

preciosamente *adv* précieusement.

preciosidad *f* grand prix *m*, grande valeur
(valor) ‖ charme *m*, beauté (encanto) ‖ personne o chose ravissante ‖ préciosité (culteranismo) ‖ ¡qué preciosidad de niña! quelle
petite fille ravissante o adorable!

preciosismo *m* préciosité *f* (afectación).

preciosista *adj & s* précieux, euse.

precioso, sa *adj* précieux, euse (de gran
precio); piedra preciosa pierre précieuse ‖ FIG
ravissant, e; très joli, e (hermoso); esta mujer
es preciosa cette femme est ravissante ‖ magnifique, splendide, très joli, e; un coche
precioso une voiture magnifique|fin, e; spi-
rituel, elle (chistoso, festivo).
➡ **preciosa** *f* précieuse (marisabidilla).

preciosura *f* (*Amer*) personne o chose ravissante.

precipicio *m* précipice; caer al precipicio
tomber dans le précipice.

precipitación *f* précipitation.

precipitadamente *adv* précipitamment.

precipitadero *m* précipice (precipicio).

precipitado, da *adj* précipité, e.
➡ **precipitado** *m* QUÍM précipité (sedimento) ‖ QUÍM precipitado en forma de copos
floculation.

precipitar *v tr* précipiter.
➡ **precipitarse** *v pr* se précipiter; precipitarse contra el enemigo se précipiter sur
l'ennemi ‖ no precipitarse prendre son
temps, ne pas se précipiter.

precipitoso, sa *adj* glissant, e (resbaladizo)
‖ abrupt, e; escarpé, e (empinado) ‖ précipité,
e (precipitado).

precipuo, pua *adj* principal, e.

precisamente *adv* précisément, justement (justamente) ‖ nécessairement (por
fuerza).

precisar *v tr* indiquer, déterminer (indicar)
‖ avoir besoin de (necesitar); preciso datos j'ai
besoin de renseignements ‖ demander, rechercher; se precisa un director adjunto on
demande un directeur adjoint ‖ préciser (poner más claro); precisa tu idea précise ta pen-

sée ‖ obliger à (forzar) ‖ verse precisado a être
forcé de o obligé à.
◇ *v impers* falloir; me precisa trabajar il me
faut travailler.

precisión *f* précision; instrumento de precisión instrument de précision ‖ précision,
justesse (exactitud) ‖ besoin *m* (necesidad);
tengo precisión de tu ayuda j'ai besoin de
ton aide ‖ tirar con precisión tirer juste.

preciso, sa *adj* précis, e; net, nette (claro);
respuesta precisa réponse nette ‖ nécessaire
(necesario) ‖ exact, e; précis, e (exacto) ■ el
día preciso de nuestra marcha le jour même
de notre départ ‖ ser preciso falloir; es preciso que vengas il faut que tu viennes.

precitado, da *adj* précité, e; précédemment mentionné, e.

preclaro, ra *adj* illustre, fameux, euse.

preclásico, ca *adj* ARTES préclassique.

precocidad *f* précocité.

precocinado, da *adj* précuit, e; cuisiné, e.
➡ **precocinado** *m* plat cuisiné.

precognición *f* prescience.

precolombino, na *adj* précolombien,
enne (anterior a Colón).

precombustión *f* précombustion (de motor diesel).

precompresión *f* TECN précompression.

preconcebido, da *adj* préconçu, e
(proyecto, plan, idea).

preconcebir [26] *v tr* former à l'avance [un
plan], préconcevoir.

preconización *f* préconisation.

preconizador, ra *adj* qui préconise.
➡ **preconizador** *m* préconiseur, préconisateur.

preconizar [13] *v tr* préconiser, prôner (recomendar).

preconocer [31] *v tr* connaître d'avance,
prévoir.

precordial *adj* ANAT précordial, e; trastornos precordiales troubles précordiaux.

precoz *adj* précoce (fruta, persona).
▎ SIN prematuro prématuré; anticipado anticipé;
temprano hâtif.
▎ OBSERV pl precoces.

precursor, ra *adj* précurseur ‖ avant-
coureur, précurseur; signos precursores de la
desgracia signes avant-coureurs du malheur.
➡ **precursor** *m* précurseur.
▎ OBSERV Esta palabra no tiene forma femenina en francés.

predador, ra *adj & s* prédateur, trice.

predatorio, ria *adj* prédatoire.

predecesor, ra *m & f* prédécesseur (sin femenino); fue su predecesora elle fut son prédécesseur.

predecible *adj* prévisible.

predecir [66] *v tr* prédire.

predestinación *f* prédestination.

predestinado, da *adj & s* prédestiné, e.

predestinar *v tr* prédestiner.

predeterminación *f* prédétermination.

predeterminar *v tr* prédéterminer.

predial *adj* prédial, e.

prédica *f* prêche *m* (sermón protestante).

predicación *f* prédication.

predicado *m* GRAM prédicat, attribut ‖ syntagme; predicado nominal syntagme ‖ nominal; predicado verbal syntagme verbal.
▎ OBSERV La palabra attribut es mucho más
empleada que el término prédicat.

predicador, ra *m & f* prédicateur, trice;
prêcheur, euse.
➡ **predicador** *m* ZOOL mante *f* religieuse
(insecto).

predicamento *m* FILOS prédicament ‖ FIG
influence *f*, poids.

predicar [10] *v tr & intr* prêcher; predicar
con el ejemplo prêcher d'exemple; predicar
en el desierto prêcher dans le désert ‖ FIG
sermonner (amonestar o reprender) ‖ una cosa
es predicar y otra dar trigo les conseillers
ne sont pas les payeurs.

predicativo, va *adj* GRAM prédicatif, ive.

predicción *f* prédiction.

predicho, cha *adj* prédit, e.

predigerido, da *adj* prédigéré, e.

predilección *f* prédilection.

predilecto, ta *adj* préféré, e; favori, ite;
mi hijo predilecto mon fils préféré ‖ de prédilection; ciudad predilecta de los pintores
ville de prédilection des peintres ■ hijo predilecto de la patria enfant chéri de la patrie
‖ la hija predilecta de la Iglesia la fille aînée
de l'Église.

predio *m* propriété *f*, fonds (heredad)
■ predio rústico propriété à la campagne,
domaine ‖ predio urbano immeuble (casa).
▎ SIN propiedad, heredad propriété; dominio domaine; tierras terres; finca, hacienda ferme;
posesión possession.

predisponer [65] *v tr* prédisposer.

predisposición *f* prédisposition.

predominación; predominancia *f* prédominance.

predominante *adj* prédominant, e.

predominar *v tr & intr* prédominer ‖ FIG dominer (una casa, etc.).

predominio *m* prédominance *f*.

predorsal *adj* prédorsal, e.

preelectoral *adj* préélectoral, e.

preelegir [42] *v tr* élire o choisir d'avance.

preeminencia *f* prééminence, primauté.

preeminente *adj* prééminent, e.

preescolar *adj* préscolaire.

preestablecer [30] *v tr* préétablir.

preestablecido, da *adj* préétabli, e.

preestreno *m* avant-première *f*.

preeuropeo, a *adj & s* DEP phase *f* éliminatoire, éliminatoires *f pl* [d'un championnat ou
d'une coupe d'Europe].

preexcelencia *f* préexcellence.

preexistencia *f* préexistence.

preexistente *adj* préexistant, e.

preexistir *v intr* préexister.

prefabricación *f* préfabrication.

prefabricado, da *adj* préfabriqué, e.

prefabricar [10] *v tr* préfabriquer.

prefacio *m* préface *f* ▌ hacer un prefacio a un libro faire une préface, préfacer un livre.

prefecto *m* préfet.

prefectoral *adj* préfectoral, e.

prefectura *f* préfecture.

preferencia *f* préférence ▌ prédilection ▌ tribunes *pl* (localidad en un campo de fútbol) ■ con preferencia a de préférence à ▌ de preferencia de préférence ▌ preferencia de paso priorité (en una carretera).

preferencial *adj* préférentiel, elle.

preferente *adj* qui préfère ▌ préférentiel, elle; trato preferente traitement préférentiel ▌ préférable (que se prefiere) ▌ de choix (excelente); ocupar un lugar preferente occuper une place de choix ■ AVIAC clase preferente classe affaire ▌ turno preferente tour de faveur.

preferentemente; preferiblemente *adv* préférablement, de préférence.

preferible *adj* préférable.

preferiblemente ➤ **preferentemente**.

preferir [27] *v tr* préférer, aimer mieux; preferir con mucho o mucho más préférer de beaucoup ▌ aimer; el que menos prefiero celui que j'aime le moins.

▌ OBSERV No se diga en francés préférer le cinéma que le théâtre, sino au théâtre. Con infinitivos, dígase: prefiero quedarme aquí a salir je préfère rester ici plutôt que sortir, o mejor, j'aime mieux rester ici que sortir.

prefiguración *f* préfiguration.

prefigurar *v tr* préfigurer.

prefijación *f* GRAM préfixation.

prefijado, da *adj* préfixé, e.

prefijal *adj* GRAM préfixal, e.

prefijar *v tr* préfixer, fixer d'avance.

prefijo, ja *adj* préfixé, e.

◇ *adj & s* GRAM préfixe.

➤ **prefijo** *m* indicatif (teléfono); prefijo telefónico indicatif téléphonique.

▌ EL PREFIJO TELEFÓNICO

Les numéros de téléphone espagnols comportent neuf chiffres: les deux premiers sont communs à tous les abonnés d'une même province (91 pour Madrid, 93 pour Barcelone, etc.); les trois chiffres suivants correspondent à la commune ou à l'arrondissement, et les quatre derniers sont propres à chaque abonné. Pour téléphoner à l'intérieur d'une même province, il faut composer les deux premiers chiffres (91, 93, etc.). Pour appeler de l'étranger on ajoute l'indicatif correspondant à l'Espagne (34) devant les neuf chiffres. Enfin, l'indicatif à composer lorsqu'on appelle l'étranger depuis l'Espagne est le 07.

prefinición *f* DR action de préfinir, préfixion.

prefinir *v tr* préfinir.

prefoliación *f* BOT préfoliation, préfoliaison.

preformación *f* préformation.

preformado, da *adj* préformé, e.

preformar *v tr* préformer.

preglaciar *adj* GEOL préglaciaire.

pregón *m* annonce *f* publique (noticia) ▌ cri [des marchands] ▌ ban (para un matrimonio).

pregonar *v tr* crier, annoncer publiquement (publicar en voz alta) ▌ crier, annoncer [des marchandises] (un vendedor) ▌ FIG publier, crier sur tous les toits, claironner, carillonner (revelar); pregonar una noticia claironner une nouvelle ▌ prôner, vanter (alabar) ▌ (p us) bannir (proscribir) ▌ pregonar a bombo y platillos o a voz en grito crier sur tous les toits.

pregonero, ra *adj & s* divulgateur, trice.

➤ **pregonero** *m* crieur public ▌ dar un cuarto al pregonero crier quelque chose sur tous les toits.

preguerra *f* avant-guerre.

pregunta *f* demande, question (interrogación); pregunta indiscreta demande indiscrète; hacer preguntas poser des questions; INFORM preguntas más frequentes FAQ ■ a pregunta necia, oídos sordos o oídos de mercader à folle demande, point de réponse ▌ FIG & FAM andar o estar o quedar a la cuarta pregunta être fauché, tirer le diable par la queue; être dans la mouise ▌ estrechar a preguntas accabler de questions, mettre o tenir sur la sellette.

preguntar *v tr* demander; te pregunto cuándo te marchas je te demande quand tu pars ▌ interroger, questionner; preguntar a un candidato interroger un candidat ▌ preguntar por prendre des nouvelles de; preguntar por alguien prendre des nouvelles de quelqu'un; demander (querer ver), demander; preguntan por usted en el teléfono on vous demande au téléphone.

➤ **preguntarse** *v pr* se demander; me pregunto qué hora es je me demande quelle heure il est.

▌ OBSERV Demander dans le sens de solliciter se dit en espagnol pedir.

preguntón, ona *adj & s* FAM questionneur, euse; un niño preguntón un enfant questionneur.

prehelénico, ca *adj* HIST préhellénique.

prehistoria *f* préhistoire.

prehistórico, ca *adj* préhistorique.

prehomínidos *m pl* préhominidés, préhominiens.

preincaico, ca *adj* HIST antérieur aux Incas.

preindustrial *adj* préindustriel, elle.

prejudicial *adj* DR préjudiciel, elle.

➤ **prejudiciales** *m pl* DR préjudiciaux.

prejuicio *m* préjugé; tener prejuicios sociales avoir des préjugés sociaux ▌ parti pris; no lo encuentras inteligente porque tienes prejuicio tu ne le trouves pas intelligent parce que tu es de parti pris.

prejuzgar [16] *v tr* préjuger.

prelacía *f* prélature.

prelación *f* préséance ■ orden de prelación ordre de préférence ▌ tener prelación primer; haría falta que la generosidad tuviese prelación sobre el egoísmo la générosité devrait primer sur l'égoïsme.

prelada *f* supérieure (de convento).

prelado *m* prélat ▌ supérieur (de convento).

prelaticio, cia *adj* de prélat.

prelatura *f* prélature.

preliminar *adj & s m pl* préliminaire.

preludiar [8] *v intr & tr* MÚS préluder à ▌ FIG préluder (iniciar).

preludio *m* prélude.

prematrimonial *adj* prénuptial, e.

prematuramente *adv* prématurément ▌ dar a luz prematuramente accoucher avant terme.

prematuro, ra *adj & s* prématuré, e.

premeditación *f* préméditation ▌ DR con premeditación y alevosía avec préméditation.

premeditadamente *adv* avec préméditation.

premeditado, da *adj* prémédité, e.

premeditar *v tr* préméditer.

premiación *f* (Amer) remise o distribution des prix (reparto de premios).

premiado, da *adj & s* lauréat, e; premiado en un concurso literario lauréat d'un concours littéraire ▌ gagnant, e; número premiado numéro gagnant ▌ récompensé, e; primé, e; premiado por sus buenas acciones récompensé de ses bonnes actions.

premiar [8] *v tr* récompenser; premiar a uno por su heroísmo con una condecoración récompenser quelqu'un de o de son héroïsme par une décoration ▌ décerner un prix (en un certamen).

premier *m* Premier ministre britannique.

▌ OBSERV *pl* premiers.

premilitar *adj* prémilitaire.

premio *m* récompense *f* (recompensa) ▌ prix; distribución o reparto de premios distribution o remise des prix; llevarse el premio remporter le prix; premio de estímulo prix d'encouragement ▌ lot (lotería) ▌ COM prime *f* ■ como premio de pour prix de, en récompense de ▌ lista de premios palmarès (escuela) ▌ premio de consolación lot de consolation ▌ premio gordo gros lot (en lotería).

premiosamente *adv* étroitement (con estrechez) ▌ péniblement (con dificultad).

premiosidad *f* étroitesse (estrechez) ▌ gêne, difficulté (molestia, dificultad).

premioso, sa *adj* étroit, e; serré, e (ajustado) ▌ pressant, e; urgent, e (urgente) ▌ lourd, e; carga premiosa lourde charge ▌ FIG rigide, strict, e (rígido) ▌ emprunté, e (tieso) ▌ lourdaud, e (tardo) ▌ qui écrit o parle péniblement ▌ lourd, e; embarrassé, e (estilo, lenguaje).

premisa *f* prémisse (en lógica).

premolar *m* prémolaire *f* (diente).

premonición *f* prémonition.

premonitorio, ria *adj* MED prémonitoire ▌ estado premonitorio état symptomatique.

premonstratense *adj & s m* RELIG prémontré, e.

premoriencia *f* DR prédécès *m*.

premoriente *adj & s m* DR prémourant, e; prédécédé, e.

premorir [25] *v intr* prédécéder.

premura *f* instance; pedir algo con premura demander quelque chose avec instance ▌ urgence (apremio) ▌ hâte (prisa).

prenatal *adj* prénatal, e.

prenda *f* gage *m* (garantía) ▌ arrhes *m pl* (señal) ▌ objet *m* de valeur (alhaja) ▌ vêtement *m*

(ropa) ▌ FIG bijou *m*, perle; **este niño es una prenda** cet enfant est un bijou ▌ personne aimée ▌ qualité (cualidad) ▌ COM nantissement *m* ■ FIG & FAM **buena prenda** drôle d'oiseau ■ **dar en prenda** donner un gage ▌**no dolerle prendas a uno** remplir scrupuleusement ses obligations ▌ FIG & FAM **no soltar prenda** ne rien dire ▌ DR **sacar prendas** saisir (embargar) ▌FIG & FAM **soltar prenda** lâcher prise.
◆ **prendas** *f pl* gages *m* (juego).

prendarse *v pr* s'éprendre (enamorarse).

prendedero *m* agrafe *f*, broche *f* (broche) ▌ ruban à cheveux (cinta para el pelo).

prendedor *m* personne *f* chargée d'arrêter quelqu'un ▌ broche *f*, agrafe *f* (broche) ▌agrafe *f* (de una estilográfica).

prender *v tr* saisir (asir) ▌ arrêter, prendre (detener a alguien) ▌faire prisonnier (encarcelar) ▌ attacher, fixer (sujetar); **prender un vestido con alfileres** attacher une robe avec des épingles ▌ accrocher (enganchar); **las malezas prendieron su falda** les broussailles accrochèrent sa jupe ▌ mettre (fuego); **han prendido fuego a todo el barrio** ils ont mis le feu à tout le quartier ▌(*Amer*) allumer (encender).
◇ *v intr* s'enraciner, prendre racine (arraigar) ▌prendre (un injerto, una vacuna) ▌prendre (el fuego); **el fuego no prende** le feu ne prend pas.
◆ **prenderse** *v pr* se parer, s'orner (engalanarse, una mujer) ▌ s'accoupler (los animales) ▌(*Amer*) s'enivrer (embriagarse).

▌ OBSERV Le verbe prender a deux participes passés: prendido et preso. On réserve plutôt la forme prendido pour exprimer le sens de attaché, fixé et preso pour le sens de arrêté, emprisonné.

prendería *f* friperie.

prendero, ra *m* & *f* fripier, ère (comerciante).
◆ **prendero** *m* porte-jupe *m inv* (percha).

prendido, da *adj* (*Amer*) pomponné, e (acicalado).
◆ **prendido** *m* ajustement (de mujer) ▌patron (para encaje) ▌dentelle *f* faite sur un patron.

prendimiento *m* capture *f*, arrestation *f* (de un malhechor) ▌arrestation *f* (de Cristo).

prenoción *f* prénotion.

prenombrado, da *adj* (*Amer*) précité, e; mentionné ci-dessus (antedicho).

prenombre *m* prénom.

▌ OBSERV On traduit de préférence prénom par nombre ou nombre de pila (nom de baptême).

prensa *f* presse (máquina para imprimir); **libro en prensa** ouvrage sous presse ▌TECN presse; **prensa hidráulica** presse hydraulique ▌pressoir *m* (de uva) ▌ presse (publicaciones, periódicos); **libertad de prensa** liberté de la presse ■ **prensa amarilla** presse à scandale o à sensation ▌**prensa del corazón** presse du cœur ■ **dar a la prensa** faire imprimer ▌entrar o poner en prensa être mis sous presse; **este libro va a entrar en prensa** ce livre va être mis sous presse ▌ **meter en prensa** mettre sous presse (un libro) ▌ FIG **tener buena** o **mala prensa** avoir bonne o mauvaise presse.

LA PRENSA

Il n'existe pas en Espagne de journaux nationaux proprement dits, bien que certains soient diffusés dans presque tout le territoire, avec des éditions spéciales pour certai-

nes communautés autonomes. Le plus vieux journal espagnol fut le « Diario de Barcelona », publié pour la première fois en 1792, et disparu en 1993. Actuellement, il existe environ 120 journaux, diffusés à plus de trois millions d'exemplaires. Presque tous ont augmenté leurs ventes en proposant des suppléments le dimanche, des CD-Rom ou des collections de poche (guides touristiques, cartes routières, etc.). Parmi les plus importants, signalons:
« El País » orienté vers la gauche modérée;
« ABC », journal royaliste;
« El Mundo », organe d'opposition au gouvernement socialiste;
« La Vanguardia », journal libéral publié en Catalogne, en langue espagnole;
« El Periódico », journal indépendant distribué en Catalogne en version castillane et catalane.

prensacabos *m inv* MAR taquet-coinceur.

prensada *f* pressée.

prensado *m* calandrage (de los tejidos) ▌pressurage, pressage (acción de prensar).

prensador, ra *adj* & *s* presseur, euse.

prensadura *f* pressage *m* ▌ pressurage *m* (de la uva, etc.).

prensaestopas *m inv* TECN presse-étoupe.

prensar *v tr* presser (con una prensa) ▌pressurer (estrujar la uva, etc.).

prensil *adj* préhensile, prenant, e; **cola prensil** queue préhensile.

prensilla *f* pied-de-biche *m* (costura).

prensión *f* préhension.

prensista *m* pressier (oficial de una imprenta).

prensor *adj m* ANAT préhenseur.

prenunciar *v tr* prédire, présager.

prenuncio *m* prédiction *f*, présage.

prenupcial *adj* prénuptial, e.

preñado, da *adj* enceinte, grosse (mujer) ▌pleine (animal) ▌FIG bombé, e (pared) ▌plein, e; chargé, e (cargado); **ojos preñados de amenazas** yeux chargés de menaces ▌ gonflé, e; **nube preñada de agua** nuage gonflé d'eau.
◆ **preñado** *m* grossesse *f* (embarazo) ▌fœtus (feto).

preñar *v tr* féconder (a una mujer) ▌ couvrir (a un animal) ▌FIG remplir (llenar).

preñez *f* gestation (de un animal hembra) ▌ grossesse (de mujer) ▌ FIG perspective, attente (espera de un suceso).
▌ OBSERV pl preñeces.

preocupación *f* préoccupation, souci *m*.
▌ SIN inquietud, desasosiego, intranquilidad inquiétude; cuidado, desvelo souci; ansia anxiété; tribulación tribulation.

preocupadamente *adv* d'un air préoccupé.

preocupado, da *adj* préoccupé, e; soucieux, euse.

preocupante *adj* inquiétant, e (que causa temor) ▌préoccupant, e (que causa angustia).

preocupar *v tr* préoccuper ▌ **es lo que menos me preocupa** c'est le moindre o le cadet de mes soucis.
◆ **preocuparse** *v pr* se préoccuper, se soucier; **preocuparse por su salud** se préoccuper de sa santé ▌s'en faire; **no se preocupe** ne vous en faites pas ▌ no preocuparse por

nada ne se soucier de rien, être insouciant, e.

preolímpico, ca *adj* DEP préolympique.

preparación *f* préparation ▌ MED preparación anatómica préparation anatomique.

preparado *m* préparation *f* (medicina).

preparador, ra *m* & *f* préparateur, trice.
◆ **preparador** *m* entraîneur (caballos, deportes).

preparamiento *m* préparation *f*.

preparar *v tr* [▷ SIN] préparer; **está bien preparado para la vida** il est bien préparé pour la vie ▌monter (un complot).
◆ **prepararse** *v pr* se préparer; **prepararse para salir** se préparer à sortir.

▌ SIN disponer, prevenir disposer; arreglar, acomodar arranger; aprestar apprêter; organizar organiser; elaborar élaborer.

preparativo, va *adj* préparatoire.
◆ **preparativo** *m* préparatif (preparación).

preparatorio, ria *adj* préparatoire.
◆ **preparatorio** *m* année *f* préparatoire.

prepo
◆ **de prepo** *loc* (*Amer*) c'est sûr.

preponderancia *f* prépondérance.

preponderante *adj* prépondérant, e.

preponderar *v intr* peser davantage, avoir la prépondérance (tener un crédito superior) ▌prévaloir (prevalecer una opinión).

preponer [65] *v tr* préférer ▌mettre devant (anteponer).

preposición *f* GRAM préposition ▌ preposición inseparable préfixe.

preposicional *adj* prépositionnel, elle.

prepositivo, va *adj* GRAM prépositif, ive.

prepósito *m* supérieur d'un ordre.
▌ OBSERV Préposé se traduce por encargado.

prepotencia *f* prépotence, puissance supérieure.

prepotente *adj* tout-puissant, toute-puissante (muy poderoso).

prepucio *m* ANAT prépuce.

prerrafaelismo *m* préraphaélisme.

prerrafaelista; prerrafaelita *adj* & *s* préraphaélite.

prerrogativa *f* prérogative (privilegio).

prerromanticismo *m* préromantisme.

presa *f* prise (acción de prender, cosa apresada); **una buena presa** une bonne prise ▌ prise (lucha, alpinismo) ▌ prise (agarradero) ▌proie (de un animal); **el zorro y su presa** le renard et sa proie ▌barrage *m* (embalse); **presa arqueada** barrage-voûte ▌prise d'eau, digue (de molino) ▌bâtardeau *m* (presa de embalse provisional) ▌ canal *m* (acequia) ▌ MAR prise ▌(*Amer*) tranche (tajada), morceau *m* (pedazo) ■ **ave de presa** oiseau de proie ▌**presa de** en proie à; **ser presa del remordimiento** être en proie au remords; **la proie de**; **la casa fue presa de las llamas** la maison fut la proie des flammes ▌**presa de contención** barrage de retenue ■ FIG **hacer presa** saisir, attraper ▌**soltar la presa** lâcher prise.
◆ **presas** *f pl* crocs *m* (colmillo) ▌serres (de ave de rapiña).

presagiar [8] *v tr* présager (augurar).

presagio *m* présage, augure (augurio).

SIN augurio augure; predicción, vaticinio prédiction; profecía prophétie; pronóstico pronostic; presentimiento pressentiment; conjetura conjecture.

presagioso, sa *adj* qui présage, annonciateur, trice.

presantificado, da *adj* & *s* présanctifié, e.

presbicia *f* MED presbytie.

présbita; présbite *adj* & *s* presbyte.

presbiterado; presbiterato *m* sacerdoce, prêtrise *f* (sacerdocio).

presbiteral *adj* presbytéral, e.

presbiterato ➤ **presbiterado**.

presbiterianismo *m* presbytérianisme.

presbiteriano, na *adj* & *s* presbytérien, enne.

presbiterio *m* presbytérium (de iglesia).
  OBSERV Le mot français presbytère se traduit par casa del cura ou casa parroquial.

presbítero *m* prêtre (clérigo).

presciencia *f* prescience.

prescindible *adj* dont on peut se passer.

prescindir *v intr* faire abstraction de, ne pas tenir compte de ‖ se passer de; ya no puedo prescindir de su ayuda je ne peux plus me passer de son aide ‖ prescindiendo de abstraction faite de, indépendamment de.

prescribir *v tr* prescrire (ordenar) ‖ MED prescrire (recetar) ‖ DR prescrire.
  ◇ *v intr* FIG devenir caduc, être périmé, e.

prescripción *f* DR prescription, forclusion ‖ MED prescription, prescripción facultativa ordonnance.

prescripto, ta; prescrito, ta *adj* prescrit, e; fixé, e (señalado) ‖ DR périmé, e (juicio).

presea *f* bijou *m*, joyau *m* (alhaja).

preselección *f* présélection.

preseleccionar *v tr* DEP présélectionner.

preselector *m* RAD présélecteur.

presencia *f* présence ‖ aspect *m*, allure, prestance (figura); mujer de buena presencia femme de belle prestance ■ en presencia en présence ‖ hacer acto de presencia faire acte de présence ‖ presencia de ánimo présence d'esprit, sang-froid.

presencial *adj* relatif à la présence ‖ testigo presencial témoin oculaire.

presenciar [8] *v tr* être témoin de (testigo); presenciar un accidente être témoin d'un accident ‖ assister à; el jefe de Estado presenció una corrida le chef de l'État assita à une course de taureaux ‖ être présent à, assister à; es la primera vez que presencio esta asamblea c'est la première fois que je suis présent à cette assemblée.

presenil *adj* MED présénile.

presentable *adj* présentable.

presentación *f* présentation ‖ tenue (aspecto); su presentación es siempre impecable sa tenue est toujours impeccable ‖ DR production (de un documento) ‖ INFORM affichage *m* (visualización); presentación de datos affichage des données ‖ (*Amer*) demande, requête (súplica) ■ carta de presentación lettre d'introduction ‖ presentación de la Virgen présentation de la Vierge (fiesta) ‖ presentación en sociedad entrée dans le monde

■ pagar a presentación payer à vue o sur présentation.

presentador, ra *m* & *f* présentateur, trice.
  ◇ *adj* qui présente.

presentar *v tr* présenter ‖ présenter, poser; presentar su candidatura poser sa candidature ‖ déposer (una queja, un proyecto, una propuesta, etc.); presentar una denuncia déposer une plainte ‖ FIG présenter, offrir; esta situación presenta ventajas cette situation offre des avantages ‖ proposer; presentar a alguien para un puesto proposer quelqu'un pour un poste ‖ DR produire (testigos) ■ le presento el testimonio de mi consideración recevez l'assurance de ma considération distinguée, je vous présente mes sincères salutations ‖ presentar armas présenter les armes ‖ presentar una cuestión de confianza poser la question de confiance ‖ DR presentar una demanda intenter une action ‖ presentar una instancia introduire une instance ‖ ser presentado en la sociedad faire ses débuts o son entrée dans le monde.
  ➡ **presentarse** *v pr* se présenter ‖ presentarse a su debido tiempo se présenter en temps utile; presentarse a senador se présenter comme sénateur ‖ DR comparaître en justice.

presente *adj* présent, e ‖ GRAM participio presente participe présent.
  ◇ *m* présent (regalo) ‖ GRAM présent ■ ¡presente! présent! ‖ al presente, de presente à présent, présentement ‖ en el presente à présent, en ce moment ‖ lo presente le présent ■ hacer presente porter à la connaissance ‖ mejorando lo presente sauf votre respect ‖ tener presente se souvenir, se rappeler (recordar); no hay que perder de vue, ne pas oublier; hay que tener presente esta posibilidad il ne faut pas oublier cette possibilité.

presentemente *adv* (ant) présentement, actuellement.

presentimiento *m* pressentiment.
  SIN barrunto, corazonada pressentiment; intuición intuition.

presentir [27] *v tr* pressentir.

presero *m* gardien d'un bief de moulin o d'un canal d'irrigation o d'un barrage.

preservación *f* préservation.

preservador, ra *adj* préservateur, trice.

preservar *v tr* préserver; la vacuna nos preserva contra la viruela le vaccin nous préserve de la variole.

preservativo, va *adj* & *s m* préservatif, ive.

presidencia *f* présidence; asumir la presidencia assumer la présidence.

presidencial *adj* présidentiel, elle; silla presidencial fauteuil présidentiel.

presidencialismo *m* présidentialisme.

presidencialista *adj* un régimen presidencialista un régime présidentiel.
  ◇ *m* & *f* partisan *m* du présidentialisme.

presidenta *f* présidente.

presidente *m* président ‖ presidente de la mesa electoral président du bureau de vote.

presidiario *m* forçat, bagnard (prisionero).

presidio *m* bagne (prisión) ‖ forçats *pl*, bagnards *pl* (conjunto de presidiarios) ‖ travaux *pl*

forcés; diez años de presidio dix ans de travaux forcés ‖ place *f* forte (fortaleza) ‖ garnison *f* (guarnición).
  OBSERV La palabra préside existe en francés y se aplica a las posesiones españolas de África del Norte que fueron, en otros tiempos, lugar de deportación.

presidir *v tr* présider; presidir una sesión présider une session ‖ FIG présider à; la caridad preside todos sus actos la charité préside à tous ses actes ‖ presidir el duelo conduire o mener le deuil.

presidium *m* présidium, praesidium (presidencia del consejo supremo de los Soviets).

presilla *f* ganse, cordonnet *m* (cordoncillo) ‖ patte (de tela) ‖ point *m* de boutonnière (costurilla) ‖ tirette (para colgar los vestidos) ‖ passant *m* (del cinturón).

presintonía *f* présélection (de radio).

presión *f* pression; ejercer presión faire pression ■ MED presión arterial o sanguínea pression artérielle ‖ presión atmosférica pression atmosphérique ‖ presión fiscal pression fiscale, poids de l'impôt ‖ FÍS presión osmótica pression osmotique.

presionar *v tr* appuyer, presser (apretar) ‖ FIG faire pression sur.

preso, sa *adj* pris, e (cogido) ‖ emprisonné, e (detenido).
  ◇ *m* & *f* [▷ SIN] prisonnier, ère; détenu, e.
  SIN prisionero prisonnier; detenido, arrestado, recluso détenu; cautivo captif; presidiario bagnard; penado condamné; internado interné.

prestación *f* prestation; prestaciones sociales prestations sociales ‖ allocation; prestación por maternidad allocation de maternité ‖ performance (de un vehículo, etc.) ■ prestación de juramento prestation de serment.

prestado, da *adj* prêté, e (a alguien) ‖ emprunté, e (de alguien) ‖ d'emprunt; nombre prestado nom d'emprunt ■ dar prestado prêter ‖ de prestado d'emprunt; vivir de prestado vivre d'emprunt ‖ tomar o pedir prestado emprunter.

prestador, ra *adj* & *s* prêteur, euse.
  OBSERV No confundir con prêteur (pretor).

prestamente *adv* rapidement, prestement.

prestamera *f* (ant) bourse d'études accordée aux séminaristes ‖ prestimonie (beneficio).

prestamería *f* jouissance d'une prestimonie.

prestamero *m* boursier dans un séminaire.

prestamista *m* & *f* prêteur, prêteuse [sur gages]; bailleur *m* de fonds.
  OBSERV No confundir con prêteur (pretor).

préstamo *m* prêt; casa de préstamos maison de prêt ‖ emprunt; pedir un préstamo a un amigo faire un emprunt à un ami ■ COM ley de préstamo y arriendo loi prêt-bail ‖ MAR préstamo a la gruesa prêt à la grosse o à la grosse aventure ‖ préstamo sobre prendas prêt sur gages.

prestancia *f* prestance.

prestar *v tr* prêter; prestar dinero sobre prenda prêter de l'argent sur gage; prestar con interés prêter à intérêt ■ prestar atención, oídos prêter attention, l'oreille ‖ prestar

auxilio o socorro o **ayuda** prêter secours o main forte ∥ **prestar juramento** prêter serment ∥ **prestar servicio** rendre service ∥ **prestar testimonio** rendre témoignage ∥ **prestar una declaración jurada** faire une déclaration sous la foi du serment ∥ **tomar prestado** emprunter.
◇ *v intr* être utile, servir ∥ prêter, s'étirer (dar de sí una tela, etc.).
➡ **prestarse** *v pr* se prêter (consentir).

prestatario, ria *m & f* emprunteur, euse ∥ INFORM **prestatario de acceso Internet** prestataire d'accès Internet.

preste *m* (ant) prêtre ∥ **Preste Juan** Prêtre-Jean (personaje fabuloso de la edad media).

presteza *f* agilité, promptitude, prestesse (p us).

prestidigitación *f* prestidigitation.

prestidigitador *m* prestidigitateur.
∥ SIN ilusionista illusionniste; escamoteador escamoteur.

prestigiar [8] *v tr* donner de l'éclat à, rehausser le prestige de.

prestigio *m* prestige ∥ tour de passe-passe, mystification *f* (engaño) ∥ **éxito de prestigio** succès d'estime.

prestigioso, sa *adj* prestigieux, euse.

prestísimo ➡ **presto**.

presto, ta *adj* preste (diligente) ∥ prêt, e; préparé, e (dispuesto).
➡ **presto** *adv* rapidement, prestement ∥ **de presto** prestement.

presto; prestísimo *adv* MÚS presto, prestissimo.

presumible *adj* présumable.

presumido, da *adj & s* prétentieux, euse; présomptueux, euse ∥ coquet, ette ∥ prétentieux, euse; poseur, euse FAM, crâneur, euse FAM, bêcheur, euse FAM.

presumir *v tr* présumer (conjeturar) ∥ (*Amer*) faire la cour (cortejar).
◇ *v intr* se donner de grands airs, poser, crâner FAM ∥ se vanter (jactarse); **presume de lo que carece** il se vante de ce qu'il n'a pas ∥ se croire; **presume de listo** il se croit intelligent ∥ être prétentieux o crâneur FAM; **Rafael presume muchísimo** Raphaël est extrêmement prétentieux o crâneur ■ **presumir de sabio** se croire très savant, se prendre pour un savant ∥ **presumir de valiente** faire le brave.

presunción *f* prétention, présomption, fatuité (orgullo) ∥ DR présomption (suposición); **presunción de ley** o **de solo derecho** présomption légale; **presunción de hecho y de derecho** présomption de fait et de droit.

presuntamente *adv* par présomption.

presunto, ta *adj* présumé, e (supuesto); **es el presunto autor del crimen** c'est l'auteur présumé du crime ∥ présomptif, ive; **heredero presunto** héritier présomptif ∥ prétendu, e; **un presunto hidalgo** un prétendu gentilhomme.

presuntuosamente *adv* présomptueusement, prétentieusement (con vanagloria).

presuntuosidad *f* présomption (vanagloria).

presuntuoso, sa *adj & s* présomptueux, euse; prétentieux, euse (orgulloso).

presuponer [65] *v tr* présupposer ∥ établir un budget.

presuposición *f* présupposition ∥ motif *m*, cause.

presupuestar *v intr* établir un budget.

presupuestario, ria *adj* budgétaire.

presupuesto, ta *adj & s* présupposé, e ∥ **presupuesto que** supposé que.
➡ **presupuesto** *m* budget (de ingresos y gastos); **equilibrar el presupuesto** équilibrer le budget ∥ motif, cause *f*, prétexte ∥ devis (de una obra); **hacer un presupuesto aproximado** établir un devis approximatif ∥ **ley de presupuesto** loi de finances.
➡ **presupuesta** *f* supposition (supuesto).

presura *f* angoisse (angustia) ∥ hâte (prisa) ∥ empressement *m* (diligencia) ∥ acharnement *m* (ahínco).

presurización *f* pressurisation.

presurizar [13] *v tr* pressuriser.

presurosamente *adv* à la hâte (prontamente) ∥ avec empressement (con diligencia).

presuroso, sa *adj* pressé, e (que tiene prisa); **presuroso de marcharse** pressé de partir ∥ empressé, e.

pretal *m* bricole *f* (petral).

prêt-à-porter [pretaporte] *m inv* prêt-à-porter *m*.

pretencioso, sa *adj* prétentieux, euse.
∥ OBSERV Ce mot est un gallicisme employé pour presumido.

pretender [20] *v tr* prétendre à, briguer (solicitar); **pretender honores** prétendre aux honneurs, briguer les honneurs ∥ essayer, chercher à, prétendre (procurar); **Antonio pretende convencerme** Antoine essaie de me convaincre; **no pretendas que vaya a hacerlo** yo ne cherche pas à me le faire faire.

pretendido, da *adj* prétendu, e; soi-disant.
∥ OBSERV Ce mot est un gallicisme pour presunto, supuesto.

pretendiente *adj & s* prétendant, e (a una mujer, al trono) ∥ aspirant, e; candidat, e; **pretendiente a una función** candidat à une fonction.

pretensado, da *adj* TECN précontraint, e; **hormigón pretensado** béton precontraint.
➡ **pretensado** *m* TECN précontrainte *f*.

pretensar *v tr* TECN précontraindre.

pretensión *f* prétention.

pretensor, ra *adj & s* prétendant, e.

preterición *f* omission ∥ prétérition (en retórica).

preterir [78] *v tr* omettre ∥ oublier, laisser de côté.
∥ OBSERV Il n'est employé que dans les temps où entre la lettre i (pretería, preterimos, etc.).

pretérito, ta *adj* passé, e.
➡ **pretérito** *m* GRAM passé; **pretérito anterior** passé antérieur; **pretérito indefinido** passé simple ■ GRAM **pretérito imperfecto** imparfait ∥ **pretérito perfecto** passé composé, passé défini ∥ **pretérito pluscuamperfecto** plus-que-parfait.

pretexta *f* prétexte (toga).

pretextar *v tr* prétexter.

pretexto *m* prétexte ■ **con el** o **so pretexto de** sous prétexte de ∥ **con el pretexto de que** sous prétexte que ∥ **¡no quiero pretextos!** il n'y a pas de mais qui tienne!
∥ SIN excusa, disculpa excuse; motivo motif; evasiva faux-fuyant, échappatoire.

pretil *m* garde-fou, parapet.

pretina *f* ceinture (correa) ∥ FIG & FAM **meter** o **poner a uno en pretina** mettre quelqu'un au pas, serrer la vis à quelqu'un.

pretor *m* préteur (magistrado romano).
∥ OBSERV No confundir con prêteur (prestador y prestamista).

pretoría *f* préture (pretura).

pretorial *f* prétorial, e; **derechos pretoriales** droits prétoriaux.

pretorianismo *m* prétorianisme.

pretoriano, na *adj* prétorial, e.
◇ *adj & s m* prétorien, enne.

pretorio, ria *adj* prétorial, e.
➡ **pretorio** *m* prétoire.

pretura *f* préture.

preu *m* FAM propé *f* (preuniversitario).

preuniversitario *m* propédeutique *f* (curso y examen).

prevalecer [30] *v intr* prévaloir; **su opinión prevaleció** son opinion a prévalu ∥ l'emporter sur (sobresalir) ∥ AGRIC prendre racine (arraigar) ∥ pousser (crecer) ∥ FIG prospérer (prosperar).
➡ **prevalecerse** *v pr* se prévaloir.

prevaleciente *adj* qui prévaut.

prevaler [74] *v intr* prévaloir.
➡ **prevalerse** *v pr* se prévaloir, tirer avantage; **prevalerse de su alcurnia** se prévaloir de sa naissance.

prevaricación *f* DR prévarication.

prevaricador, ra *adj & s* prévaricateur, trice.

prevaricar [10] *v intr* prévariquer, forfaire (magistrado) ∥ FAM dérailler, délirer.

prevención *f* disposition, précaution (precaución) ∥ prémunition (protección) ∥ prévention (contra accidentes) ∥ prévention, méfiance (desconfianza) ∥ préjugé *m*, parti *m* pris (prejuicio); **tener prevención contra uno** avoir du parti pris contre quelqu'un ∥ poste *m* (de policía); **llevar a alguien a la prevención** conduire quelqu'un au poste ∥ MIL poste *m* (guardia de cuartel) ∥ DR prévention; **cumplir seis meses de prevención** faire six mois de prévention ∥ **con prevención** à l'avance (de antemano).

prevenidamente *adv* d'avance ∥ précautionneusement.

prevenido, da *adj* préparé, e; disposé, e (dispuesto) ∥ averti, e; prudent, e; **hombre prevenido vale por dos** un homme averti en vaut deux ∥ **estar prevenido contra alguien** avoir du parti pris o être prévenu contre quelqu'un.

prevenir [75] *v tr* préparer, disposer (preparar) ∥ prévenir; **prevenir un peligro** prévenir un danger ∥ prévoir (prever) ∥ devancer (anticipar) ∥ empêcher, éviter (evitar) ∥ prévenir, avertir (avisar) ∥ prémunir (proteger) ∥ influencer ∥ **más vale prevenir que curar** mieux vaut prévenir que guérir.
➡ **prevenirse** *v pr* se préparer (prepararse)

‖ se prémunir (protegerse) ‖ parer; **prevenirse contra toda eventualidad** parer à toute éventualité.

preventivo, va *adj* préventif, ive ■ **clínica de medicina preventiva** centre de médecine préventive o de dépistage ‖ DR **prisión o detención preventiva** détention préventive.

preventorio *m* préventorium (sanatorio).

prever [76] *v tr* prévoir.

previamente *adv* au préalable, préalablement.

previo, via *adj* préalable; **autorización previa** autorisation préalable; **cuestión previa** question préalable ■ **previa enmienda al texto** après avoir fait un amendement au texte ‖ **previo aviso** préavis, avis préalable; **previo aviso de un mes** préavis d'un mois.

previsible *adj* prévisible.

previsión *f* prévision (lo que se prevé) ‖ estimation (evaluación); **previsión de cosechas** estimation des récoltes ‖ prévoyance (calidad de previsor) ‖ **caja de previsión** caisse de prévoyance.

previsionista *adj & s* prévisionniste.

previsor, ra *adj* prévoyant, e.

previsto, ta *adj* prévu, e; **tenía previsto su fracaso** j'avais prévu son échec.

prez *m & f* gloire *f*; **para honra y prez de** pour l'honneur et la gloire de.
■ OBSERV pl preces.

PRI (abrev de Partido Revolucionario Institucional) *m* PRI.

Príamo *n pr* MITOL Priam.

priapea *f* priapée.

priapismo *m* MED priapisme.

prieto, ta *adj* ferme (carne) ‖ serré, e (apretado) ‖ très foncé, e (color) ‖ MED **vómito prieto o negro** fièvre jaune.

prima *f* prime (hora canónica, parte del día) ‖ MÚS chanterelle (cuerda) ‖ cousine; **prima carnal** cousine germaine ‖ COM prime (premio); **prima a la exportación, de seguro** prime à l'exportation, d'assurance ‖ MIL première partie de la nuit ‖ MAR **prima de flete** primage.

primacía *f* primauté (superioridad) ‖ primatie (dignidad de primado) ‖ FILOS primat *m*.

primacial *adj* primatial, e.

primada *f* FAM bêtise; **es una primada pagar diez francos por lo que vale cinco** c'est une bêtise de payer dix francs ce qui en vaut cinq.

primado *m* primat; **el primado de España** le primat d'Espagne.

primado, da *adj* primatial, e.

prima donna *f* prima donna.

primal, la *adj & s* agnelet, agnelle [d'un an] ‖ chevreau, chevrette [d'un an].

primar *v intr* primar (sobre) primer (sur). ◇ *v tr* primer.

primario, ria *adj* primaire ■ **escuela primaria** école primaire ‖ GEOL **terrenos primarios** terrains primaires.
◆ **primario** *m* ELECTR primaire.
◆ **primaria** *f* école primaire.

primate *m* haut personnage (prócer).
◆ **primates** *m pl* ZOOL primates.

primavera *f* printemps *m* (estación) ‖ BOT primevère (planta) ‖ étoffe de soie imprimée de fleurs (tela).
◇ *m & f* FIG & FAM idiot, e; poire *f* (pasmado).

primaveral *adj* printanier, ère.

primazgo *m* cousinage ‖ primatie *f* (primacía).

primer *adj* premier (primero); **primer ministro** Premier ministre; **primer piso** premier étage.
■ OBSERV Primer est l'apocope de primero. Primero perd le o final devant un substantif masculin singulier.

primera *f* prime (juego) ‖ première (velocidad) ‖ première (clase); **viajar en primera** voyager en première ‖ premier *m* (charada) ■ **a la primera** du premier coup; **conseguirlo a la primera** réussir du premier coup.

primeramente *adv* premièrement, primo (en primer lugar).

primerizo, za *adj* novice, débutant, e (principiante).
◆ **primeriza** *adj f & s f* primipare (primípara).

primero, ra *adj & s* premier, ère; **el primer hombre, la primera empleada** le premier homme, la première employée; **artículos de primera necesidad** articles de première nécessité ■ **primera actriz** jeune première ‖ **primera enseñanza** enseignement primaire ‖ **primera Sección de Estado Mayor** premier bureau d'état-major ‖ **primeras materias** matières premières ‖ **primero de cordada** premier de cordée (alpinismo) ‖ **primero entre sus pares** le premier entre ses pairs ■ **a primeros de mes** au début du mois ‖ **página primera** page une ‖ **la primera** appellation familière de la première chaîne de télévision publique espagnole.
◆ **primero** *adv* d'abord; **haz esto primero** fais ça d'abord ‖ premièrement (en una enumeración) ‖ plus tôt, avant; **llegaré primero que tú** j'arriverai avant toi o plus tôt que toi ‖ plutôt (más bien); **primero morir que vivir en la esclavitud** plutôt mourir que vivre dans l'esclavage ‖ **de primera** de première, de premier ordre [extra].

‖ **LA PRIMERA**
« la primera » est le nom attribué familièrement à la première chaîne de télévision publique espagnole. Créée en 1956, la télévision publique espagnole (première et deuxième chaîne) a joui du monopole des émissions jusqu'en 1990, date à laquelle sont apparues les premières chaînes privées.

primevo, va *adj* aîné, e; plus âgé, e.

primicerio *m* primicier (chantre).

primicia *f* primeur (de noticia).

primicias *f pl* prémices; **las primicias del campo** les prémices des champs ‖ FIG primeur *sing*; **tener las primicias de una noticia** avoir la primeur d'une nouvelle.

primidi *m* primidi (primer día de la década en el calendario republicano francés).

primigenio, nia *adj* primitif, ive.

primilla *f* pardon *m* d'une faute.

primípara *adj f & s f* MED primipare.

primitivismo *m* primitivisme.

primitivo, va *adj* primitif, ive.
◆ **primitivo** *m* primitif (pintor).
◆ **primitiva** *f* MAT primitive.

primo, ma *adj* premier, ère; **materia prima, número primo** matière première, nombre premier.
◇ *m & f* cousin, e; **primo hermano o carnal** cousin germain; **primo segundo** cousin issu de germain ‖ FIG & FAM idiot, e; poire *f*, dupe *f*; **este pobre chico es un primo** ce pauvre garçon est une poire ■ FIG & FAM **hacer el primo** se faire avoir (dejarse engañar) ‖ **tiene cara de primo** c'est une bonne poire.

primogénito, ta *adj & s* aîné, e; premier-né, première-née o premier-née.

primogenitura *f* primogéniture, aînesse; **derecho de primogenitura** droit d'aînesse ‖ **vender su primogenitura por un plato de lentejas** vendre son droit d'aînesse pour un plat de lentilles.

primoinfección *f* MED primo-infection.

primor *m* délicatesse *f* (finura) ‖ habileté *f* (destreza) ‖ merveille *f*, splendeur *f*, chef d'œuvre; **ese bordado es un primor** cette broderie est une merveille ■ **esta chica es un primor** cette fille est ravissante o jolie comme un cœur ‖ **que es un primor** à merveille, à ravir, à la perfection; **canta que es un primor** il chante à ravir.

primordial *adj* primordial, e.

primordialidad *f* primordialité.

primorear *v intr* travailler avec une grande délicatesse ‖ jouer avec virtuosité (música).

primorosamente *adv* avec soin, à merveille.

primoroso, sa *adj* exquis, e; charmant, e; ravissant, e (encantador) ‖ habile, expert, e (diestro) ‖ délicat, e; soigné, e; **labor primorosa** ouvrage délicat.

prímula *f* BOT primevère.

primuláceas *f pl* BOT primulacées.

princeps *adj* princeps (príncipe).

princesa *f* princesse ‖ FIG & FAM **dárselas de princesa** faire la princesse.

principado *m* principauté *f* (territorio) ‖ principat (título) ‖ primauté *f* (primacía) ‖ **Principado de Asturias** nom officiel de la communauté autonome des Asturies et de son gouvernement.
◆ **principados** *m pl* principautés (séptimo coro de los ángeles).

‖ **EL PRINCIPADO DE ASTURIAS**
La communauté autonome de la principauté des Asturies se compose de la seule province d'Oviedo. Elle a obtenu l'autonomie le 30 décembre 1981 et sa capitale est la ville d'Oviedo; son gouvernement est connu sous le même nom que celui de la communauté, « Principado de Asturias ».

principal *adj* [▷ SIN] principal, e; **los papeles principales** les rôles principaux ‖ noble, illustre; **un caballero muy principal** un chevalier très illustre o noble ‖ essentiel, elle; de première importance; **un asunto principal** une affaire de première importance ‖ premier, ère; **piso principal** premier étage.
◇ *m* principal (capital) ‖ patron (jefe de una casa de comercio, fábrica, etc.) ‖ premier étage (de una casa) ‖ **lo principal** l'essentiel.

‖ SIN primordial primordial; fundamental fondamental; capital capital; esencial essentiel; cardinal cardinal; importante important.

principalmente *adv* principalement.

príncipe *adj* princeps; **edición príncipe** édition princeps.

◇ *m* prince; **príncipe de sangre** prince du sang ■ **el Príncipe Azul** le Prince Charmant ‖ **príncipe consorte** prince consort ‖ **príncipe heredero** prince héritier ‖ **vivir a lo príncipe** vivre en prince.

Príncipe de Asturias *m* Prince des Asturies; **premios Príncipe de Asturias** prix couronnant une œuvre scientifique, culturelle ou sociale.

LOS PREMIOS PRÍNCIPE DE ASTURIAS

Créés en 1981 par la fondation Príncipe de Asturias, ces prix couronnent chaque année des personnes ou des institutions qui ont œuvré dans le domaine scientifique, culturel, social et humain. Ils sont remis dans la capitale des Asturies, par le prince héritier de la couronne d'Espagne, qui porte le titre de Prince des Asturies.

principesco, ca *adj* princier, ère.

principianta *f* débutante, apprentie.

principiante *adj & s* débutant, e.

principiar [8] *v tr & intr* commencer.

principio *m* commencement, début; **al principio no sabía nada** au commencement, il ne savait rien; **el principio de las negociaciones** le début des négociations ‖ principe (máxima, fundamento); **los principios de la moral** les principes de la morale ‖ entrée *f* (comidas) ‖ rudiment; **principios de metafísica** rudiments de métaphysique ■ FILOS **principio de contradicción** principe de contradiction ■ **al principio** au commencement, au début ‖ **a principios de** o **del mes** au début du mois, dans les premiers jours du mois ‖ **del principio al fin** du commencement à la fin ‖ **de principios a principes** ‖ **el principio de conservación** l'instinct de conservation ‖ **en principio** en principe ‖ **en un principio** au début, au commencement ‖ **es el principio del fin** c'est le commencement de la fin ‖ **principio quieren las cosas** il y a un commencement à tout ‖ **tener principio** commencer.

pringada *f* viande, lard et chorizo du "cocido".

pringar [16] *v tr* graisser ‖ saucer, tremper dans la sauce (con pan) ‖ tacher, faire des taches de graisse ‖ FAM blesser (herir) ‖ faire tremper [dans une affaire] ‖ noircir, salir (la fama) ‖ FAM **¡ya la has pringado!** tout est fichu!

◇ *v intr* FAM bosser, trimer (trabajar) ‖ faire son beurre (sacar tajada) ‖ (*Amer*) bruiner (lloviznar).

➧ **pringarse** *v pr* tacher, faire des taches de graisse sur; **me he pringado el vestido** j'ai taché ma robe ‖ FIG tremper (en un asunto feo) ‖ se salir (denigrarse).

pringón, ona *adj* FAM gras, asse; graisseux, euse.

➧ **pringón** *m* FAM tache *f* de graisse.

pringoso, sa *adj* graisseux, euse; gras, asse; **papeles pringosos** papiers gras.

pringue *m & f* graisse *f* ‖ crasse *f*, saleté *f* (suciedad).

priodonte *m* ZOOL priodonte.

prior, ra *m & f* prieur, e; **gran prior** grand prieur.

prioral *adj* du prieur o de la prieure.

priorato *m* prieuré (comunidad) ‖ priorat (cargo).

priorato *m* vin rouge de Priorato [région de Tarragone].

priori

➧ **a priori** *loc lat* a priori.

prioridad *f* priorité; **con prioridad** en o par priorité.

prioritario, ria *adj* prioritaire.

prisa *f* hâte (prontitud); **tuvimos que hacerlo con mucha prisa** nous avons dû le faire en toute hâte ‖ rapidité ‖ escarmouche, lutte (escaramuza) ■ **a prisa, de prisa** en hâte, vite ‖ **a toda prisa** en toute hâte, à toute vitesse ‖ **andar** o **estar con prisas** être très pressé ‖ **¡de prisa!** pressons!, vite! ‖ **correr prisa** presser, être urgent o pressé ‖ **darse prisa** se presser, se hâter, se dépêcher ‖ **de prisa y corriendo** en vitesse, à toute vitesse ‖ **hay prisas** on est pressé ‖ **meter** o **dar prisa a uno** presser quelqu'un, dire à quelqu'un de se dépêcher ‖ **sin prisa pero sin pausa** lentement mais sûrement ‖ **tener prisa** être pressé ‖ **tener prisa por** o **en** avoir hâte de, être pressé de.

priscilianismo *m* RELIG priscillianisme.

priscilianista; prisciliano, na *adj & s* RELIG priscillianiste.

prisco *m* BOT alberge *f* (albérchigo).

prisión *f* prison (cárcel); **prisión del Estado** prison d'État ‖ [▷ SIN] emprisonnement *m*, détention (encarcelamiento) ‖ prise (acción de prender) ‖ lien *m* (atadura moral) ■ DR **prisión mayor** emprisonnement correctionnel majeur ‖ **prisión menor** emprisonnement correctionnel mineur ‖ **prisión por deudas** contrainte par corps ‖ **prisión preventiva** détention préventive ■ DR **reducir a uno a prisión** emprisonner o incarcérer quelqu'un.

➧ **prisiones** *f pl* fers *m* (grillos).

SIN encarcelamiento incarcération; detención détention; reclusión réclusion.

prisionero, ra *adj & s* prisonnier, ère.

prisma *m* GEOM prisme; **prisma oblicuo** prisme oblique; **prisma triangular, pentagonal** prisme triangulaire, pentagonal.

prismático, ca *adj* GEOM prismatique.

➧ **prismáticos** *m pl* jumelles *f* [à prismes].

prístino, na *adj* originel, elle; primitif, ive ‖ pur, e.

prítane *m* prytane (magistrado griego).

pritaneo *m* prytanée.

privación *f* privation; **pasar privaciones** endurer des privations.

privada *f* latrines *f pl*.

privadamente *adv* en privé; **discutir privadamente de algo** discuter de quelque chose en privé.

privado, da *adj* privé, e; **vida privada** vie privée ‖ particulier, ère; **clase privada** leçon particulière.

➧ **privado** *m* familier, favori (del rey) ‖ privé; **en público y en privado** en public et dans le privé.

privanza *f* faveur.

privar *v tr* priver ‖ interdire (prohibir); **el médico le privó de tabaco** le médecin lui a interdit le tabac.

◇ *v intr* être en faveur (tener privanza); **privar con uno** être en faveur auprès de quelqu'un ‖ avoir du succès, être à la mode o en vogue (tener aceptación) ‖ avoir la haute main (tener mucha influencia).

➧ **privarse** *v pr* se priver; **privarse de fumar** se priver de fumer ‖ **no se priva de nada** il ne se refuse rien.

privativamente *adv* en privé, dans l'intimité.

privativo, va *adj* GRAM privatif, ive ‖ propre (propio) ‖ **ser privativo de** être l'apanage de; **las grandes ideas son privativas del genio** les grandes idées sont l'apanage du génie.

privatizar [13] *v tr* privatiser.

privilegiado, da *adj & s* privilégié, e.

privilegiar [8] *v tr* accorder un privilège, privilégier (p us).

privilegio *m* privilège (ventaja) ■ **privilegio de invención** brevet d'invention ‖ **privilegio del canon** privilège ecclésiastique.

SIN prerrogativa prérogative; monopolio monopole; derecho droit; exclusiva exclusivité; exención exemption; ventaja avantage.

pro *m & f* profit *m* ‖ **el pro y el contra** le pour et le contre ‖ **en pro de** en faveur de, au profit de; **campaña en pro de damnificados** campagne en faveur des sinistrés ‖ **hombre de pro** homme de bien, honnête homme ‖ **no estar ni en pro ni en contra** n'être ni pour ni contre.

◇ *prep* en faveur de, au profit de ‖ DR **pro indiviso** par indivis.

proa *f* MAR proue; **mascarón de proa** figure de proue ■ FIG **poner la proa a** viser à ‖ **poner la proa a uno** être contre quelqu'un.

probabilidad *f* probabilité; **cálculo de probabilidades** calcul des probabilités ‖ chance; **calcular las probabilidades de éxito** calculer les chances de réussite.

probabilismo *m* probabilisme.

probabilista *adj & s* probabiliste.

probable *adj* probable (casi cierto) ‖ prouvable (que puede probarse).

probablemente *adv* probablement.

probación *f* preuve (prueba) ‖ probation (noviciado).

probado, da *adj* prouvé, e (demostrado) ‖ éprouvé, e (acreditado); **es remedio probado** c'est un remède éprouvé ‖ éprouvé, e (por adversidades o desgracias).

probador, ra *adj* qui prouve, probant, e ‖ qui essaie.

◇ *m & f* essayeur, euse (sastre).

➧ **probador** *m* cabine *f* d'essayage, salon d'essayage.

probar [23] *v tr* éprouver, mettre à l'épreuve (experimentar); **probar su valor** éprouver son courage ‖ [▷ SIN] prouver (demostrar) ‖ essayer; **probar un vestido** essayer une robe ‖ goûter; **probar el vino** goûter le vin ‖ essayer, tenter; **probó levantarse** il a essayé de se lever ■ **probar de todo** goûter à tout ‖ **probar ventura** o **fortuna** tenter sa chance, tenter fortune ‖ **no probar ni bocado** ne rien prendre, ne rien se mettre sous la dent FAM.

◇ *v intr* convenir (sentar) ■ **probar a** essayer de ‖ **probar bien** réussir, convenir; **este régimen me prueba bien** ce régime me réussit ‖ **probar no cuesta nada** ça ne coûte rien d'essayer, on peut toujours essayer.

➧ **probarse** *v pr* essayer; **me he probado**

un abrigo j'ai essayé un manteau.

SIN demostrar démontrer; justificar justifier; convencer convaincre; confirmar confirmer; evidenciar rendre évident; atestiguar témoigner: patentizar montrer.

probática *adj f* probatique (piscina).

probatoria *f* DR délai *m*.

probatorio, ria *adj* probatoire.

probatura *f* FAM essai *m* (prueba).

probeta *f* QUÍM éprouvette ▌ MIL mortiéréprouvette.

probidad *f* probité (honradez).

problema *m* problème; plantear, resolver o solucionar un problema poser, résoudre un problème ▌ question *f*; eso es un problema ecónomico c'est là une question économique; problemas sociales questions sociales.

problemático, ca *adj* problématique.
➡ **problemática** *f* les problèmes *m pl*.

probo, ba *adj* probe (honrado).

proboscidios *m pl* ZOOL proboscidiens.

procacidad *f* effronterie, insolence.

procaína *f* procaïne.

procaz *adj* effronté, e; insolent, e.
▌ OBSERV pl procaces.

procedencia *f* origine ▌ provenance (de un tren, barco, etc.) ▌ DR bien-fondé *m*, recevabilité (de una petición, de una demanda, etc.) ▌ bien-fondé *m* (de una idea).

procedente *adj* originaire ▌ en provenance; el tren procedente de Madrid le train en provenance de Madrid ▌ DR recevable, pertinent, e (petición) ▌ pertinent, e; sensé, e (sensato); una demanda procedente une requête pertinente.

proceder *m* conduite *f*, procédé (conducta).

proceder *v intr* procéder, provenir, venir; esta palabra procede del latín ce mot vient du latin ▌ agir, se comporter (portarse) ▌ procéder (ejecutar); proceder a una elección procéder à une élection ▌ convenir (ser conveniente); procede ir con método il convient d'agir méthodiquement ▌ être pertinent o sensé (ser sensato) ▌ DR être pertinent o recevable ▌ DR proceder contra uno entamer des poursuites contre quelqu'un ▌ proceder de consuno agir de concert ▌ DR según proceda ainsi qu'il appartiendra ▌ si procede s'il y a lieu.

procedimiento *m* procédé, méthode *f* ▌ DR procédure *f*.

procela *f* POÉT tourmente (borrasca).

proceloso, sa *adj* orageux, euse (borrascoso).

prócer *adj* grand, e; éminent, e.
◇ *m* membre de la Haute Chambre (en el parlamento) ▌ haut personnage (persona importante) ▌ homme illustre; los próceres de la patria les hommes illustres de la patrie.

procero, ra; prócero, ra *adj* grand, e; éminent, e.

procesado, da *adj* du procès.
◇ *adj & s* accusé, e; inculpé, e; prévenu, e.

procesador *m* INFORM processeur; procesador vectorial processeur vectoriel.

procesal *adj* du procès ▌ el derecho procesal la procédure.

procesamiento *m* accusation *f*; auto de procesamiento arrêt d'accusation ▌ INFORM traitement; procesamiento de textos traitement de textes; procesamiento batch traitement par lots.

procesar *v tr* instruire un procès (contra alguno) ▌ inculper, accuser (a una persona); procesar por robo inculper de vol ▌ TECN traiter (datos en informática).

procesión *f* procession ▌ FIG & FAM no se puede repicar y andar en la procesión on ne peut être à la fois au four et au moulin ▌ la procesión va por dentro je garde ça pour moi.

procesionalmente *adv* en procession.

procesionaria *adj f & s f* ZOOL processionnaire.

procesionario *m* processionnal (libro).

proceso *m* [▷ SIN] procès (pleito) ▌ DR procédure *f* ▌ cours (transcurso); en el proceso de una vida au cours d'une vie ▌ processus (evolución) ▌ ANAT procès; proceso ciliar procès ciliaire ▌ proceso autonómico processus de division de l'Espagne en communautés autonomes ▌ proceso de datos traitement de l'information.

SIN pleito procès; causa cause, affaire; atestado acte; litigio litige; sumario procès.
EL PROCESO AUTONÓMICO
La division de l'Espagne en communautés autonomes a été instituée après le franquisme et inscrite dans la Constitution de 1978. Les premières communautés qui ont obtenu l'autonomie furent les communautés dites historiques: le Pays basque, la Catalogne et la Galice, qui possèdent chacune une langue et une culture propres. Les autres communautés furent créées successivement, parfois après organisation d'un référendum, comme c'est le cas de l'Andalousie.

proclama *f* proclamation.
➡ **proclamas** *f pl* bans *m* (amonestaciones); correr las proclamas publier les bans.

proclamación *f* proclamation (notificación pública) ▌ acclamation (alabanza pública).

proclamar *v tr* proclamer (anunciar) ▌ acclamer.
➡ **proclamarse** *v pr* se proclamer.

proclisis *f inv* GRAM proclise.

proclítico, ca *adj & s m* GRAM proclitique.

proclive *adj* enclin, e (inclinado).

proclividad *f* penchant *m* (propensión).

procomún; procomunal *m* utilité *f* publique.

procónsul *m* proconsul.

proconsulado *m* proconsulat.

proconsular *adj* proconsulaire.

procordados *m pl* ZOOL procordés, prochordés.

procreación *f* procréation.

procreador, ra *adj & s* procréateur, trice.

procrear *v tr* procréer.

proctitis *f inv* MED proctite.

proctología *f* MED proctologie.

proctólogo, ga *m & f* MED proctologue.

proctoscopia *f* MED proctoscopie.

procuestor *m* proquesteur.

procura *f* procuration ▌ DR postulation ▌ RELIG procure ▌ (Amer) recherche (busca).

procuración *f* procuration ▌ charge de procureur o d'avoué.

procurador, ra *adj* qui s'efforce, qui essaie.
➡ **procurador** *m* huissier (fiscal) ▌ avoué (abogado) ▌ procureur (en las comunidades religiosas) ▌ procurateur (magistrado romano) ▌ procurador a o de o en Cortes membre du Parlement ▌ FIG & FAM procurador de pobres personne qui se mêle de ce qui ne la regarde pas.

procuradora *f* procuratrice.

procuraduría *f* procure (en una comunidad religiosa) ▌ procuratie (oficio) ▌ étude d'avoué (oficina).

procurar *v tr* essayer de, tâcher de; procura venir temprano essaie d'arriver de bonne heure ▌ procurer, fournir (facilitar); le ha procurado un piso muy bueno il lui a procuré un appartement très bien ▌ procurer, donner (ocasionar); ese niño sólo me procura satisfacciones cet enfant ne me donne que des satisfactions ▌ procurar que veiller à ce que, faire en sorte que.
➡ **procurarse** *v pr* se procurer (conseguir).

prodición *f* trahison (alevosía).

prodigalidad *f* prodigalité (gasto excesivo) ▌ abondance, profusion.

pródigamente *adv* prodigalement (p us) avec prodigalité.

prodigar [16] *v tr* prodiguer ▌ FIG prodiguer; prodigar cuidados prodiguer des soins ▌ no prodigar être économe.
➡ **prodigarse** *v pr* s'exhiber, parader payer de sa personne, se prodiguer.

prodigio *m* prodige.

prodigiosamente *adv* prodigieusement.

prodigiosidad *f* caractère *m* prodigieux.

prodigioso, sa *adj* prodigieux, euse (maravilloso) ▌ parecer prodigioso tenir du prodige.

pródigo, ga *adj* prodigue; pródigo de o en alabanzas prodigue de o en louanges; pródigo con todos prodigue envers tous ▌ el Hijo pródigo l'enfant prodigue.

pródromo *m* prodrome (síntoma, principio).

producción *f* production ▌ ECON producción en serie production en série ▌ producción limitada production limitée.
SIN elaboración élaboration; fabricación fabrication; creación création.

producir [33] *v tr* produire ▌ COM produire, donner; producir beneficios donner des bénéfices.
➡ **producirse** *v pr* se produire (hablar); producirse en los congresos se produire dans les congrès.

productibilidad *f* productibilité.

productible *adj* productible.

productividad *f* productivité.

productivo, va *adj* productif, ive ▌ rentable (negocio).

producto *adj* (p us) produit, e.
◇ *m* produit; productos agrícolas, manufacturados produits agricoles, manufacturés ▌ produit, denrée *f* (alimento); productos alimenticios produits alimentaires; productos coloniales o ultramarinos denrées coloniales ▌ produit; producto nacional bruto produit national brut ▌ MAT produit.

productor, ra *adj* & *s* producteur, trice.
◆ **productor** *m* CINEM producteur.
◇ *m* & *f* travailleur, euse.

proemial *adj* relatif à la préface d'un livre.

proemio *m* préface *f*, avant-propos, proème.

proeza *f* prouesse (hazaña).

Prof. (abrev escrita de **profesor**) Pr.

profanación *f* profanation.
┃ SIN sacrilegio sacrilège; violación violation; perjurio parjure; escarnio outrage.

profanador, ra *adj* & *s* profanateur, trice.

profanamente *adv* d'une manière profane.

profanar *v tr* profaner.

profano, na *adj* & *s* profane.

profase *f* BIOL prophase.

profecía *f* prophétie.

profecticio, cia *adj* DR profectif, ive (bienes).

proferir [22] *v tr* proférer, prononcer.

profesar *v tr* professer; **profesar la medicina** professer la médecine ┃ professer, déclarer (una opinión) ┃ vouer; **profesar un amor profundo a** vouer un amour profond à ┃ prononcer [ses vœux].

profesión *f* profession; **profesión liberal** profession libérale ┃ **hacer profesión de** faire profession de.
┃ SIN oficio métier; carrera carrière; actividad activité; ocupación occupation.

profesional *adj* & *s* professionnel, elle.
┃ MIL ejército profesional armée de métier.

profesionalidad *f* professionnalisme *m*.

profesionalismo *m* professionnalisme.

profesionalización *f* professionnalisation.

profesionalizar [13] *v tr* professionnaliser.

profesionalmente *adv* professionnellement.

profesionista *adj* & *s* (*Amer*) professionnel, elle.

profeso, sa *adj* & *s* profès, esse (religioso).

profesor, ra *m* & *f* professeur *m*; **ser profesora de español** être professeur d'espagnol ┃ **profesor auxiliar** professeur suppléant ┃ **profesor titular** professeur titulaire.

profesorado *m* professorat, professeurs *pl*, corps enseignant, enseignants *pl*.
┃ PROFESORADO DE LA UNIVERSIDAD ──────
Le corps enseignant des universités espagnoles se divise en plusieurs catégories: en haut de la hiérarchie, le poste de « catedrático » auquel on accède par concours, puis celui de « profesor adjunto », également accessible par concours. Les détenteurs de ces deux types de poste sont des fonctionnaires titulaires de l'éducation nationale. Puis viennent les professeurs associés, qui ont des contrats d'un an, et les professeurs boursiers, engagés pour un projet bien précis, de durée variable (un à trois ans).

profesoral *adj* professoral, e; **trabajos profesorales** travaux professoraux.

profeta *m* prophète ┃ **nadie es profeta en su tierra** nul n'est prophète en son pays.

profético, ca *adj* prophétique.

profetisa *f* prophétesse.

profetizador, ra *adj* qui prophétise.
◇ *m* & *f* pronostiqueur, euse.

profetizar [13] *v tr* prophétiser.

profiláctico, ca *adj* MED prophylactique.
◆ **profiláctica** *f* MED prophylaxie.

profilaxis *f inv*; **profilaxia** *f* MED prophylaxie.

prófugo, ga *adj* & *s* fugitif, ive (fugitivo).
◆ **prófugo** *m* insoumis, déserteur (del servicio militar) ┃ DR réfractaire.

profundamente *adv* profondément.

profundidad *f* profondeur.

profundizar [13] *v tr* & *intr* approfondir ┃ FIG approfondir, creuser (una idea, cosa, etc.) ┃ **profundizar las cosas** aller au fond des choses.

profundo, da *adj* profond, e; **miseria profunda** misère profonde.

profusamente *adv* profusément, à profusion.

profusión *f* profusion ┃ prodigalité, libéralité ┃ **con profusión** à foison, avec profusion.

profuso, sa *adj* abondant, e ┃ MED profus, e; **sudores profusos** sueurs profuses.

progenie *f* race, descendance, progéniture (generación).

progenitor *m* progéniteur.
◆ **progenitores** *m pl* ancêtres.

progenitura *f* progéniture (progenie).

progesterona *f* progestérone.

prognatismo *m* prognatisme.

prognato, ta *adj* & *s* prognathe.

progne *f* POÉT hirondelle (golondrina).

prognosis *f inv* pronostic *m* du temps.

progradación *f* progradation.

programa *m* programme ┃ INFORM programme; **programa aplicativo** programme d'application; **programa compartido** partagiciel; **programa de juegos** ludiciel; **programa didáctico** didacticiel; **programa gráfico** grapheur; **programa gratuito** gratuiciel; **programa integrado** logiciel intégré; **programa de navegación** logiciel de navigation.

programación *f* programmation.

programador, ra *adj* & *s* programmateur, trice ┃ INFORM programmeur, euse.
◆ **programador** *m* programmeur (electrónica).

programar *v tr* programmer ┃ envisager; **programar una reforma** envisager une réforme.

progre *adj* & *s* FAM progressiste, ≃ baba (cool), ≃ soixante-huitard attardé, soixante-huitarde attardée.

progresar *v intr* progresser, faire des progrès.

progresión *f* progression (adelanto) ┃ MAT progresión aritmética, geométrica progression arithmétique, géométrique ┃ progresión ascendente o creciente progression croissante ┃ progresión descendente o decreciente progression décroissante.

progresismo *m* progressisme (doctrina política).

progresista *adj* & *s* progressiste; **periódico progresista** journal progressiste.

progresivamente *adv* progressivement.

progresividad *f* progressivité.

progresivo, va *adj* progressif, ive.

progreso *m* progrès.

prohibición *f* défense, interdiction, prohibition ┃ prohibition (de bebidas alcohólicas en los Estados Unidos).

prohibicionista *adj* & *s* prohibitionniste.

prohibido, da *adj* défendu, e; prohibé, e
■ **dirección prohibida** sens interdit (calle) ┃ **prohibido aparcar** défense de stationner ┃ **prohibido el paso** passage interdit ┃ **prohibido fijar carteles** défense d'afficher ┃ **prohibido fumar** défense de fumer.

prohibir *v tr* défendre, interdire, prohiber (vedar); **te prohíbo que salgas** je t'interdis de sortir ┃ **se prohíbe la entrada** défense d'entrer, entrée interdite.
┃ OBSERV El francés prohiber es más bien voz de vocabulario administrativo (armas prohibidas armes prohibées); défendre es el verbo más corriente; interdire es más fuerte y supone un castigo o una sanción.

prohibitivo, va; **prohibitorio, ria** *adj* prohibitif, ive; **ley prohibitiva** loi prohibitive.

prohijamiento *m* adoption *f*.

prohijar *v tr* adopter (a un niño, opiniones).

prohombre *m* autorité *f* (persona notable) ┃ dirigeant (dirigente).

proindivisión *f* DR indivision.

pro indiviso *loc lat* DR par indivis.

proís; **proíz** *m* MAR bitte *f* (noray).
┃ OBSERV pl proíses; proíces.

prójima *f* FAM femme (mujer) ┃ demi-mondaine (mujer libertina) ┃ moitié (esposa).

prójimo *m* prochain; **amar al prójimo como a sí mismo** aimer son prochain comme soi-même ┃ FAM individu (sujeto).

prolactina *f* prolactine.

prolán *m* prolan.

prolapso *m* MED prolapsus.

prole *f* progéniture.

prolegómenos *m pl* prolégomènes (introducción).

prolepsis *f inv* prolepse (anticipación).

proletariado *m* prolétariat.

proletario, ria *adj* & *s* prolétaire.

proletarización *f* prolétarisation.

proletarizar [13] *v tr* prolétariser.

proliferación *f* prolifération.

proliferar *v intr* proliférer.

prolífero, ra *adj* prolifère.

prolífico, ca *adj* prolifique.

prolijidad *f* prolixité.

prolijo, ja *adj* prolixe; **estilo prolijo** style prolixe ┃ exhaustif, ive; approfondi, e (exhaustivo).

PROLOG *m* INFORM PROLOG.

prologar [16] *v tr* préfacer, faire la préface de.

prólogo *m* préface *f*, avant-propos, prologue.

OBSERV El francés prologue es sobre todo un discurso preliminar a una obra y **préface** una presentación de ella que puede ser de cualquier persona y no forzosamente del mismo autor. Avant-propos, suele ser un texto de presentación muy breve.

prologuista *m* préfacier.

prolonga *f* MIL prolonge (armón).

prolongable *adj* qu'on peut prolonger.

prolongación *f* prolongation.

prolongadamente *adv* longuement; hablar prolongadamente parler longuement.

prolongado, da *adj* prolongé, e ∥ oblong, gue (apaisado).

prolongador, ra *adj & s* qui prolonge.

prolongamiento *m* prolongement.

prolongar [16] *v tr* prolonger.
➤ **prolongarse** *v pr* se prolonger.
∥ SIN alargar allonger; estirar étirer; dilatar élargir; extender étendre.

promediar [8] *v tr* partager en deux.
◇ *v intr* intervenir, servir de médiateur [dans une affaire] ∥ arriver à la moitié ∥ al promediar el mes de junio à la mi-juin.

promedio *m* milieu (punto de división en dos) ∥ moyenne *f* (término medio); el promedio de las exportaciones la moyenne des exportations.

promesa *f* promesse; cumplir su o con su promesa tenir sa promesse ∥ vœu *m* (religioso) ∥ FIG espoir *m*; este joven bailarín es la promesa del cuerpo de baile ce jeune danseur est l'espoir du corps de ballet ∥ FIG promesa de borracho serment d'ivrogne ∥ promesas de cortesano bonnes paroles, boniments.

prometedor, ra *adj & s* prometteur, euse.

prometeo *m* QUÍM prométhéum.

Prometeo *n pr* MITOL Prométhée.

prometer *v tr* promettre; prometer hacer algo promettre de faire quelque chose ∥ assurer, affirmer ∥ FIG prometer el oro y el moro promettre monts et merveilles.
◇ *v intr* promettre; este niño promete cet enfant promet.
➤ **prometerse** *v pr* se promettre ∥ se fiancer (desposarse) ∥ FAM prometérselas felices s'en promettre de belles.

prometido, da *adj & s* promis, e (futuro) ■ cumplir con lo prometido tenir sa promesse ∥ lo prometido es deuda chose promise, chose due.

prominencia *f* proéminence.

prominente *adj* proéminent, e.

promiscuación *f* action de manger de la viande et du poisson un jour maigre d'abstinence.

promiscuar [6] *v intr* RELIG ne pas faire maigre (en los días de vigilia) ∥ FIG mélanger.

promiscuidad *f* promiscuité.

promiscuo, cua *adj* dissolu, e.
➤ **promiscua** *adj* DR promiscue.

promisión *f* promission ∥ tierra de Promisión Terre promise o de promission.

promisorio, ria *adj* DR promissoire; juramento promisorio serment promissoire ∥ prometteur, euse (alentador).

promoción *f* promotion ∥ partido de promoción match de barrage (deportes).

promocional *adj* promotionnel, elle.

promontorio *m* promontoire.

promotor, ra; promovedor, ra *adj & s* promoteur, trice ■ promotor fiscal ministère public, procureur ∥ promotor inmobiliario promoteur immobilier.

promover [24] *v tr* promouvoir (elevar); promover a uno a capitán promouvoir quelqu'un au grade de capitaine ∥ favoriser (hacer progresar) ∥ provoquer, occasionner (hacer surgir).

promovido, da *adj* promu, e.

promulgación *f* promulgation.

promulgador, ra *adj & s* promulgateur, trice.

promulgar [16] *v tr* promulguer (una ley, etc.) ∥ FIG publier, divulguer (divulgar una cosa).

pronación *f* ANAT pronation.

pronador, ra *adj & s m* ANAT pronateur, trice.

pronaos *m* ARQ pronaos (de templo griego).

prono, na *adj* enclin à ∥ sur le ventre (echado sobre el vientre) ∥ decúbito prono décubitus ventral.

pronombre *m* GRAM pronom.

pronominado, da; pronominal *adj* GRAM pronominal, e; verbos pronominados verbes pronominaux.

pronosticación *f* pronostic *m* (pronóstico).

pronosticador, ra *m & f* pronostiqueur, euse.

pronosticar [10] *v tr* pronostiquer.

pronóstico *m* pronostic ∥ prévisions météorologiques ∥ MED pronóstico reservado diagnostic réservé.

prontamente *adv* rapidement, promptement.

prontito *adv* FAM tout de suite (en seguida) ∥ très vite (muy rápido).

prontitud *f* promptitude.

pronto, ta *adj* prompt, e (rápido); pronto a enfadarse prompt à se fâcher ∥ rapide; una pronta curación une guérison rapide ∥ prêt, e (dispuesto); pronto para salir prêt à sortir ∥ ser pronto de genio avoir un caractère irritable, être soupe au lait FAM.
➤ **pronto** *m* mouvement d'humeur; le dio un pronto il eut un mouvement d'humeur ∥ FAM el primer pronto le premier mouvement.
➤ **pronto** *adv* vite, rapidement (de prisa) ∥ tôt (temprano); llegó muy pronto il est arrivé très tôt ∥ (*Amer*) soudain (de pronto) ■ al pronto tout d'abord, au début ∥ cuanto más pronto mejor le plus tôt sera le mieux ∥ de pronto brusquement, soudain, tout à coup (de repente), vite (apresuradamente) ∥ hasta pronto à bientôt ∥ lo más pronto au plus tôt, au plus vite ∥ por de o lo pronto, pour le moment (por ahora), entre-temps (mientras tanto) ∥ tan pronto si vite ∥ tan pronto... como dès que, aussitôt que (en cuanto), tantôt... tantôt; tan pronto ríe como llora tantôt il rit, tantôt il pleure.

prontuario *m* résumé ∥ abrégé, manuel (compendio) ∥ agenda (libro de apuntes).

pronunciación *f* prononciation.

pronunciado, da *adj* prononcé, e ∥ FIG accusé, e (marcado).
∥ **OBSERV** Au sens d'accusé, pronunciado est un gallicisme.

pronunciador, ra *adj & s* qui prononce.

pronunciamiento *m* "Pronunciamiento", soulèvement, putsch (alzamiento) ∥ DR prononcé [d'un jugement] ∥ (*Amer*) déclaration *f*.
∥ **OBSERV** Al referirse a la historia de los países de lengua española se utiliza en francés la palabra castellana pronunciamiento.

pronunciar [8] *v tr* prononcer; pronunciar un discurso prononcer un discours ∥ DR prononcer, rendre; pronunciar un fallo rendre un arrêt.
◇ *v intr* DR prononcer (fallar).
➤ **pronunciarse** *v pr* se soulever, s'insurger (sublevarse) ∥ se prononcer.
∥ **OBSERV** Pronunciarse es galicismo cuando se emplea como sinónimo de declararse, manifestarse.

pronuncio *m* RELIG prononce.

propagación *f* propagation.

propagador, ra *adj & s* propagateur, trice; propagador de noticias falsas propagateur de fausses nouvelles.

propaganda *f* propagande (a favor de una idea, opinión, etc.) ∥ propagande, publicité (comercial).

propagandista *adj & s* propagandiste.

propagandístico, ca *adj* de propagande ∥ publicitaire.

propagar [16] *v tr* [▷ SIN] propager ∥ FIG répandre, diffuser; propagar una noticia répandre une nouvelle ∥ divulguer (algo secreto).
➤ **propagarse** *v pr* se propager, se répandre.
∥ SIN difundir diffuser; divulgar, propalar divulguer; publicar publier; revelar révéler; pregonar crier.

propágulo *m* BOT propagule *f*.

propalación *f* divulgation, ébruitement *m*.

propalador, ra *adj* propagateur, trice.

propalar *v tr* divulguer, propager, répandre, ébruiter; propalar una noticia divulguer une nouvelle.

propano *m* QUÍM propane (gas).

proparoxítono *adj* GRAM proparoxyton (esdrújulo).

propasar *v tr* outrepasser.
➤ **propasarse** *v pr* dépasser les bornes (excederse).

propedéutico, ca *adj & s f* propédeutique.

propender *v intr* tendre vers, pencher pour (inclinarse), avoir de l'inclination o un penchant pour (aficionarse).
∥ **OBSERV** Le participe passé régulier de ce verbe est propendido. Le participe irrégulier propenso est utilisé seulement comme adjectif.

propensión *f* penchant *m*, propension ∥ MED prédisposition.

propenso, sa *adj* enclin, e; porté, e; sujet, ette; ser propenso a la ira être porté à la colère.

propergol *m* propergol.

propiamente *adv* proprement; propiamente dicho proprement dit.

propiciación *f* propitiation.

propiciar [8] *v tr* apaiser (aplacar); propiciar la ira divina apaiser la colère divine ‖ rendre propice (hacer propicio) ‖ (*Amer*) patronner (patrocinar).

propiciatorio, ria *adj* propitiatoire.

➤ **propiciatorio** *m* prie-Dieu (reclinatorio) ‖ propitiatoire.

propicio, cia *adj* propice; ocasión propicia occasion propice ‖ adéquat, e; qui convient le mieux; es la persona más propicia para este trabajo c'est la personne qui convient vraiment le mieux pour faire ce travail ‖ ser propicio a être enclin o porté à.

propiedad *f* propriété (posesión) ‖ propriété (característica) ‖ ressemblance (semejanza) ■ DR nuda propiedad nue-propriété ‖ propiedad horizontal o de casa por pisos copropriété ‖ propiedad industrial propriété industrielle ‖ propiedad privada propriété privée ■ dicho con propiedad proprement dit ‖ emplear una palabra con propiedad employer le mot juste ‖ hablando con propiedad à proprement parler ‖ pertenecer en propiedad appartenir en propre.

⸾ OBSERV Le mot espagnol propiedad n'a pas le sens de domaine (finca).

propietario, ria *adj & s* propriétaire ■ DR nudo propietario nu-propriétaire ‖ propietario de bienes inmuebles propriétaire foncier.

propileo *m* ARQ propylée.

propina *f* pourboire *m*; dar una propina a un camarero donner un pourboire à un garçon de café ‖ récompense ‖ FAM dar propina pardessus le marché.

propinar *v tr* donner à boire ‖ administrer (una medicina) ‖ FIG flanquer, administrer (dar); propinar una paliza flanquer une raclée ‖ distribuer (a varios); propinar golpes distribuer des coups.

propincuidad *f* proximité.

propincuo, cua *adj* proche.

propio, pia *adj* propre (que pertenece); su propio hijo son propre fils ‖ propre (característico); carácter propio caractère propre; en su propio interés dans votre propre intérêt ‖ GRAM propre; sentido, nombre propio sens, nom propre ‖ propre (conveniente) ‖ naturel, elle; véritable; pelo propio cheveux naturels ‖ lui-même, elle-même, etc.; el propio interesado debe firmar l'intéressé lui-même doit signer ■ (*Amer*) al propio à dessein (expresamente) ‖ al propio tiempo en même temps ‖ con su propia mano de sa propre main ‖ en propias manos en main propre ‖ FAM es muy propio de él c'est bien de lui ‖ lo propio comme, la même chose (lo mismo); haré lo propio que tú je ferai comme o la même chose que toi ‖ lo propio sucede con il en est de même avec ‖ ser propio de appartenir à, être le propre de; la irreflexión es propia de los jóvenes l'irréflexion appartient aux jeunes; être caractéristique; la llovizna es propia de esa región la bruine est caractéristique de cette région ‖ ser propio para être ce qui convient le mieux pour.

➤ **propio** *m* messager, courrier (mensajero); despachar un propio envoyer un messager.

➤ **propios** *m pl* communaux, biens communaux.

⸾ OBSERV Le mot espagnol propio n'a pas le sens de propreté, qui se traduit par limpio.

propóleos *m pl* propolis *f* (sustancia cérea).

proponer [65] *v tr* proposer; proponer un parecer proposer un avis.

➤ **proponerse** *v pr* se proposer; se propone salir mañana para Madrid il se propose de partir demain pour Madrid.

proporción *f* proportion; guardar las proporciones observer les proportions; las proporciones del cuerpo humano les proportions du corps humain ‖ taille (tamaño) ‖ possibilité (oportunidad) ‖ occasion (coyuntura); esperar una buena proporción attendre une bonne occasion ■ a proporción de conformément à (según) ‖ guardando las proporciones toute proportion gardée ‖ no hay ninguna proporción il n'y a pas de commune mesure, il n'y a aucun rapport ‖ MAT proporción aritmética, geométrica proportion arithmétique, géométrique.

proporcionado, da *adj* proportionné, e.

proporcional *adj* proportionnel, elle.

proporcionalidad *f* proportionnalité ‖ proportion (proporción).

proporcionalmente *adv* proportionnellement.

proporcionar *v tr* proportionner; proporcionar sus gastos a sus recursos proportionner ses dépenses à ses moyens ‖ fournir, procurer (facilitar); proporcionar trabajo a alguien fournir du travail à quelqu'un ‖ procurer, rapporter (procurar); proporcionar provecho rapporter du profit ‖ adapter; proporcionar los medios al objeto adapter les moyens à la fin ‖ proporcionar una entrevista ménager une entrevue.

➤ **proporcionarse** *v pr* se procurer; proporcionarse dinero se procurer de l'argent.

proposición *f* proposition ‖ proposition, offre (oferta).

propósito *m* intention *f* (intención); tengo propósito o el propósito de salir j'ai l'intention de sortir ‖ dessein (proyecto) ‖ but, propos (objeto) ‖ sujet (materia) ■ a propósito à propos (con relación a), à propos, a point, à point nommé (oportunamente), exprès (a posta) ‖ a propósito de à propos de ‖ con el propósito de dans le but de, pour ‖ de propósito de propos délibéré, à dessein, exprès ‖ fuera de propósito hors de propos ‖ poco a propósito mal à propos ‖ venga o no venga a propósito à tort o à raison.

propretor *m* HIST préteur.

propretura *f* HIST préture.

propuesta *f* proposition; a propuesta de sur proposition de.

propugnación *f* défense, protection.

propugnar *v tr* défendre, protéger.

propulsa *f* rejet *m* (rechazo).

propulsar *v tr* rejeter, repousser (rechazar) ‖ propulser (impeler).

propulsión *f* propulsion; propulsión a chorro o por reacción propulsion à réaction.

propulsivo, va *adj* propulsif, ive.

propulsor, ra *adj* propulsif, ive; un cohete propulsor une fusée propulsive.

➤ **propulsor** *m* propulseur.

prorrata *f* prorata *m inv* ‖ a prorrata au prorata.

prorratear *v tr* partager au prorata.

prorrateo *m* partage au prorata.

prórroga *f* prorogation ‖ MIL prorogation, sursis *m* ‖ prolongation (de un partido) ‖ prórroga tácita tacite reconduction (de un acuerdo, etc.).

prorrogable *adj* qui peut être prorogé.

prorrogación *f* prorogation.

prorrogar [16] *v tr* proroger.

prorrogativo, va *adj* prorogatif, ive.

prorrumpir *v intr* jaillir (brotar) ‖ FIG éclater; prorrumpir en risa, en llanto o en sollozos éclater de rire, en sanglots ‖ fuser; críticas prorrumpían por todos lados des critiques fusaient de tous côtés ■ prorrumpir en gritos pousser des cris ‖ prorrumpir en insultos vomir des injures ‖ prorrumpir en lágrimas fondre en larmes ‖ prorrumpir en suspiros exhaler des soupirs.

prosa *f* prose ‖ verbiage (demasía de palabras) ‖ FIG prosaïsme *m* ‖ FIG & FAM gastar mucha prosa avoir beaucoup de bagout.

prosado, da *adj* en prose.

prosador, ra *m & f* FIG & FAM bavard, e (hablador).

prosaicamente *adv* prosaïquement.

prosaico, ca *adj* prosaïque ‖ terre à terre, prosaïque; espíritu prosaico esprit terre à terre.

prosaísmo *m* prosaïsme.

prosapia *f* lignée, lignage *m* (alcurnia).

proscenio *m* TEATR proscenium (teatro antiguo) ‖ avant-scène *f* (teatro moderno).

proscribir *v tr* proscrire, bannir (echar) ‖ FIG proscrire, interdire (prohibir).

proscripción *f* proscription, bannissement *m* (destierro) ‖ FIG proscription, interdiction (prohibición).

proscriptor, ra *adj* qui proscrit.

➤ **proscriptor** *m* proscripteur.

proscrito, ta *adj & s* proscrit, e.

prosector *m* MED prosecteur.

prosectorado *m* prosectorat.

prosecución *f* poursuite; la prosecución de un negocio, de un ideal la poursuite d'une affaire, d'un idéal.

proseguir [43] *v tr* poursuivre, continuer; proseguir su camino poursuivre son chemin ‖ continuer; prosiguió hablando il continua à parler ‖ proseguir con o en su tarea poursuivre sa tâche.

⸾ OBSERV Proseguir a le sens de continuer, perseguir celui de courir après.

proselitismo *m* prosélytisme.

proselitista *adj* prosélytique.

prosélito *m* prosélyte.

Proserpina *n pr* MITOL Proserpine.

prosificar [10] *v tr* mettre en prose.

prosimios *m pl* ZOOL prosimiens, lémuriens.

prosista *m* prosateur.

prosístico, ca *adj* de la prose.

prosobranquios *m pl* prosobranches (moluscos).

prosodia *f* GRAM prosodie.

prosódico, ca *adj* GRAM prosodique ∥ acento prosódico accent tonique.

prosopografía *f* POÉT prosopographie.

prosopopeya *f* prosopopée ∥ FIG emphase (gravedad afectada).

prospección *f* prospection.

prospectar *v tr* prospecter.

prospectivo, va *adj* prospectif, ive. ◆ **prospectiva** *f* prospective.

prospecto *m* prospectus.

prospector *m* prospecteur (geología).

prósperamente *adv* de façon prospère.

prosperar *v tr* (p us) rendre prospère, donner la prospérité à. ◇ *v intr* prospérer.

prosperidad *f* prospérité.

Próspero *n pr* Prosper.

próspero, ra *adj* prospère; comercio próspero commerce prospère ∥ ¡feliz y próspero Año Nuevo! bonne et heureuse année!

próstata *f* MED prostate.

prostático, ca *adj* MÉD prostatique.

prostatitis *f inv* MED prostatite.

prosternación *f* prosternation, prosternement *m*.

prosternarse *v pr* se prosterner.

próstesis *f inv* GRAM prosthèse, prothèse.

prostíbulo *m* maison *f* de tolérance.

próstilo *m* ARQ prostyle.

prostitución *f* prostitution.

prostituir [51] *v tr* prostituer ∥ FIG prostituir su talento prostituer son talent. ◆ **prostituirse** *v pr* se prostituer.

prostituta *f* prostituée.
> SIN ramera, meretriz prostituée; buscona racoleuse, raccrocheuse; cortesana courtisane; hetaira, hetera hétaïre; pelandusca, tía poule; moza del partido fille de joie; gamberra grue; zorra garce.

protactinio *m* QUÍM protactinium (metal).

protagonismo *m* rôle principal.

protagonista *m & f* protagoniste *m* ∥ héros, héroïne (de una novela, un poema) ∥ acteur principal, actrice principale (teatro, cine).

protagonizar [13] *v tr* jouer (espectáculo).

protalo *m* BOT prothalle.

protandria *f* BOT protérandrie.

protargol *m* QUÍM protargol.

prótasis *f inv* protase.

proteasa *f* QUÍM protéase.

protección *f* protection; protección oficial protection officielle.

proteccionismo *m* protectionnisme.

proteccionista *adj & s m* protectionniste.

protector, ra; protectriz *adj & s* protecteur, trice. ◆ **protector** *m* protège-dents *m inv* (boxeo) ∥ protège-bas *m inv* (de las medias) ∥ protecteur (de Inglaterra) ∥ protector labial baume protecteur pour les lèvres, écran labial.

protectorado *m* protectorat.

protectoría *f* protectorat *m* (ministerio del protector).

protectriz ➤ **proctector**.

proteger [14] *v tr* protéger; ¡que Dios le proteja! que Dieu vous protège!
> SIN defender défendre; sostener soutenir; preservar préserver; abrigar abriter; amparar protéger; inmunizar immuniser; salvaguardar sauvegarder.

protege-slips *m inv* protège-slip *m*.

protegido, da *m & f* protégé, e; favori, ite ∥ paso protegido passage protégé.

proteico, ca *adj* protéique.

proteido *m* QUÍM protéide.

proteiforme *adj* protéiforme.

proteína *f* QUÍM protéine.

proteínico, ca *adj* QUÍM protéique.

próteles *m* ZOOL protèle.

proteo *m* protée.

Proteo *n pr* MITOL Protée.

proteolítico, ca *adj* protéolytique.

protervia; protervidad *f* POÉT perversité.

protervo, va *adj & s* pervers, e.

protésico, ca *adj* prothétique. ◇ *m & f* prothésiste.

prótesis *f inv* GRAM prosthèse, prothèse ∥ MED prothèse; prótesis dental prothèse dentaire.

protesta; protestación *f* protestation ∥ DR bajo protesta à son corps défendant.

protestable *adj* DR protestable.

protestación ➤ **protesta**.

protestante *adj & s* protestataire (que protesta) ∥ RELIG protestant, e.

protestantismo *m* protestantisme.

protestar *v intr* [▷ SIN] protester (reclamar) ∥ FAM râler, rouspéter (refunfuñar); esta persona siempre está protestando cette personne est toujours en train de rouspéter ∥ protestar de su inocencia protester de son innocence. ◇ *v tr* protester (una letra).
> SIN reclamar réclamer; murmurar murmurer; refunfuñar rouspéter.

protesto *m* protestation *f* (protesta) ∥ COM protêt.

protestón, ona *m & f* FAM râleur, euse; rouspéteur, euse.

protético, ca *adj* GRAM prothétique.

prótidos *m pl* QUÍM protides.

protistas *m pl* protistes.

protococales *f pl* BOT protococcales.

protocolar; protocolario, ria *adj* protocolaire.

protocolar [1]; **protocolizar** [13] *v tr* faire figurer au protocole.

protocolario, ria ➤ **protocolar**.

protocolización *f* insertion au protocole.

protocolizar ➤ **protocolar**.

protocolo *m* protocole ∥ dossier médical ∥ INFORM protocolo de comunicación protocole de communication.

protocordados *m pl* ZOOL protocordés.

protofitos *m pl* BOT protophytes.

protogina *f* MIN protogine.

protoginia *f* BOT protogynie.

protohistoria *f* protohistoire.

protohistórico, ca *adj* protohistorique.

protolisis *f inv* BOT protolyse.

protomártir *m* protomartyr; San Esteban fue el protomártir saint Étienne fut le protomartyr.

protomédico *m* protomédecin.

protón *m* FÍS proton.

protonema *m* BOT protonéma.

protónico, ca *adj* FÍS protonique.

protonotario *m* protonotaire ∥ protonotario apostólico protonotaire apostolique.

protoplaneta *m* protoplanète *f*.

protoplasma *m* BIOL protoplasme.

protoplasmático, ca; protoplásmico, ca *adj* BIOL protoplasmique.

protopterus *m* protoptère (pez).

protórax *m inv* ZOOL prothorax.

protosulfuro *m* QUÍM protosulfure.

prototípico, ca *adj* prototypique.

prototipo *m* prototype.

protóxido *m* QUÍM protoxyde.

protozoarios; protozoos *m pl* ZOOL protozoaires.

protráctil *adj* protractile.

protrombina *f* QUÍM prothrombine.

protuberancia *f* protubérance.

protuberante *adj* protubérant, e.

protutor, ra *m & f* DR protuteur, trice.

provecho *m* [▷ SIN] profit; sin provecho alguno sans aucun profit ∥ progrès (adelantamiento) ∥ FAM ¡buen provecho! bon appétit! ∥ buen provecho le haga! grand bien vous fasse! ∥ de provecho utile (útil), profitable (provechoso) ∥ en provecho de au profit de ∥ FAM hombre de provecho homme de bien ∥ para su provecho pour son bien ∥ FAM persona de provecho personne bien ∥ sacar provecho de tirer profit de, profiter de.
> SIN fruto fruit; ventaja avantage; utilidad utilité; ganancia profit; beneficio bénéfice; lucro gain, lucre.

provechosamente *adv* avec profit.

provechoso, sa *adj* profitable; provechoso a o para la salud profitable à la santé.

provecto, ta *adj* ancien, enne (antiguo) ∥ avancé, e; mûr, e (maduro); hombre de edad provecta homme d'un âge avancé.

proveedor, ra *adj & s* fournisseur, euse; pourvoyeur, euse (abastecedor). ◆ **proveedor** *m* MIL pourvoyeur ∥ proveedor de fondos bailleur de fonds.

proveeduría *f* emploi *m* de pourvoyeur (cargo) ∥ magasin *m* de provisions.

proveer [50] *v tr* pourvoir; proveer una plaza de víveres pourvoir de vivres une place forte ∥ approvisionner; este carbonero me provee de carbón ce charbonnier m'approvisionne en charbon ∥ fournir (proporcionar) ∥ préparer (disponer) ∥ DR prononcer [une sentence] ∥ DR para mejor proveer jusqu'à plus ample informé. ◆ **proveerse** *v pr* se pourvoir ∥ FAM aller à la selle.

proveído *m* DR sentence *f*, arrêt.

proveimiento *m* approvisionnement, fourniture *f* (suministro).

provena *f* AGRIC bouture, provin *m* (vástago).

proveniente *adj* provenant, en provenance (procedente).

provenir [75] *v intr* provenir, venir (proceder).

Provenza *n pr f* GEOGR (la) Provenza la Provence.

provenzal *adj & s* provençal, e.
<> *m* LING provençal ‖ a lo provenzal à la provençale.

provenzalismo *m* provençalisme.

proverbial *adj* proverbial, e; dichos proverbiales des dictons proverbiaux.

proverbio *m* proverbe (refrán).
➡ **proverbios** *m pl* proverbes (libro de la Biblia).

proverbista *m & f* FAM amateur de proverbes.

providencia *f* providence; la Divina Providencia la Divine Providence ‖ mesure (disposición); tomar las providencias necesarias para prendre les mesures nécessaires pour ‖ FIG providence ‖ DR arrêt *m* (resolución) ■ a la Providencia à la grâce de Dieu ‖ tomar una providencia prendre une détermination.

providencial *adj* providentiel, elle.

providencialismo *m* providentialisme.

providencialista *adj* providentialiste.

providencialmente *adv* providentiellement ‖ provisoirement (interinamente).

providenciar *v tr* prendre [des mesures ou des dispositions] ‖ DR dicter [une résolution].

providente *adj* avisé, e (próvido) ‖ prudent, e.

próvido, da *adj* prévoyant, e; avisé (prevenido) ‖ propice, bienveillant, e (benévolo).

provincia *f* province ‖ département *m*; capital de provincia chef-lieu de département ‖ vivir en provincias vivre en province.
| OBSERV Antiguamente Francia se dividía en provinces. Hoy su territorio se divide en départements.

provincial *adj* provincial, e ‖ diputación provincial conseil général.
<> *m* RELIG provincial.

provinciala *f* supérieure (superiora religiosa).

provincialato *m* RELIG provincialat.

provincianismo *m* provincialisme.

provinciano, na *adj & s* provincial, e.

provisión *f* provision; hacer provisión de azúcar faire provision de sucre; provisiones de boca provisions de bouche ‖ mesure (medida) ■ COM hacer una provisión de fondos verser une provision ‖ provisión a una vacante pourvoi à une vacance.

provisional *adj* provisoire; libertad provisional liberté provisoire ‖ lo provisional le provisoire.
| OBSERV Provisional es más correcto que provisorio, usado en Hispanoamérica.

provisionalmente *adv* provisoirement.

provisor *m* fournisseur (proveedor) ‖ RELIG grand vicaire, vicaire général.

provisora *f* cellérière [d'un couvent].

provisorato *m*; **provisoría** *f* charge *f* de cellérier ‖ cellier *m* (despensa).

provisorio, ria *adj* (Amer) provisoire.

provisto, ta *adj* pourvu, e.

provitamina *f* QUÍM provitamine.

provocación *f* provocation.

provocador, ra *adj & s* provocateur, trice.

provocadoramente *adv* d'une manière provocante.

provocante *adj* provocant, e.

provocar [10] *v tr* provoquer ‖ provoquer, susciter; provocar la risa o a risa provoquer le rire ‖(Amer) faire envie, plaire (apetecer).

provocativo, va *adj* provocant, e; un escote provocativo un décolleté provocant ‖ agressif, ive ‖provocateur, trice.

proxeneta *m & f* proxénète.

proxenetismo *m* proxénétisme.

proxeno *m* proxène (magistrado griego).

próximamente *adv* prochainement, sous peu, bientôt (en breve) ‖ environ, à peu près (aproximadamente).

proximidad *f* proximité, voisinage *m* (cercanía).

próximo, ma *adj* proche (cercano) ‖ prochain, e; el año próximo l'année prochaine; la próxima vez la prochaine fois ■ estar próximo a être près de o à proximité de (al lado), être sur le point de (a punto de) ‖ mes próximo pasado mois dernier.

proyección *f* projection ‖ DEP projection (judo) ‖ FIG rayonnement *m*; la proyección de la cultura le rayonnement de la culture ‖ influence ■ proyección cónica projection conique ‖ FIG tener proyección rayonner (la cultura).

proyectar *v tr* projeter ‖ projeter, envisager; proyecto salir para los Estados Unidos j'envisage de partir pour les États-Unis ‖sombra proyectada ombre portée.

proyectil *m* projectile ‖ projectile, engin; proyectil teledirigido o teleguiado projectile téléguidé; proyectil balístico engin balistique.

proyectista *m & f* projeteur, euse.

proyecto, ta *adj* projeté, e.
➡ **proyecto** *m* [▷ SIN] projet; no es más que un proyecto ce n'est encore qu'un projet.
| SIN bosquejo, boceto ébauche; esbozo, apunte esquisse; croquis croquis; esquema schéma; maqueta maquette.

proyector, ra *adj* qui permet de projeter.
➡ **proyector** *m* projecteur (para proyectar imágenes) ‖condenseur (óptico) ‖réflecteur (reflector).

proyectura *f* ARQ projecture.

prudencia *f* prudence ‖ modération (templanza) ‖sagesse (cordura).
| SIN moderación modération; mesura, medida mesure; precaución, cautela précaution; discreción discrétion; sensatez bon sens.

prudencial *adj* prudent, e ‖ FAM approximatif, ive; cálculo prudencial calcul approximatif.

prudencialmente *adv* prudemment.

prudenciarse [8] *v pr* (Amer) se modérer, se maîtriser.

prudente *adj* prudent, e; sage; un consejero prudente un sage conseiller ‖ raisonnable; acostarse a una hora prudente se coucher à une heure raisonnable.

prudentemente *adv* prudemment.

prueba *f* preuve (razón); dar una prueba de lo que se afirma donner une preuve de ce qu'on affirme; salvo prueba en contrario o en contra sauf preuve du contraire; con las pruebas en la mano preuves en main ‖ épreuve (en un examen) ‖ examen *m*; prueba de acceso examen d'entrée ‖ composition (en clase); mañana tenemos prueba de inglés demain nous avons une composition d'anglais ‖ essai *m* (ensayo); pruebas nucleares essais nucléaires; piloto de prueba pilote d'essai ‖ épreuve; la prueba del fuego l'épreuve du feu ‖ MAT preuve; prueba del nueve preuve par neuf ‖ DR preuve ‖ FOT & IMPR épreuve ‖ dégustation (de bebidas) ‖ FIG épreuve; la vida está llena de pruebas la vie est remplie d'épreuves‖preuve, témoignage *m*, marque; prueba de amistad témoignage d'amitié ■ prueba de indicios o indiciaria preuve par indices o indiciaire ‖ prueba mixta combiné (esquí) ‖ FOT prueba negativa négatif ‖ prueba positiva épreuve positive ‖ FAM pruebas al canto preuves à l'appui ■ a prueba à l'essai ‖ a prueba de agua, de bomba, etc. à l'épreuve de l'eau, des bombes, etc. ‖ a toda prueba à toute épreuve ‖ banco de pruebas banc d'essai ‖ salón de pruebas salon d'essayage ‖ IMPR última prueba tierce ■ dar prueba de faire preuve de ‖ dar pruebas de atrevimiento payer d'audace ‖dar pruebas de sus aptitudes faire ses preuves ‖ hacer una prueba tourner un bout d'essai (cine) ‖poner o someter a prueba mettre à l'épreuve (la amistad, etc.), mettre à l'essai (un empleado, un avión, etc.) ‖prueba de ello es que la preuve en est que.
➡ **pruebas** *f pl* acrobaties (ejercicios acrobáticos).

pruriginoso, sa *adj* MED prurigineux, euse.

prurigo *m* MED prurigo.

prurito *m* prurit, démangeaison *f*, (comezón) ‖ FIG démangeaison *f*, envie *f* (deseo excesivo).

Prusia *n pr f* GEOGR Prusse.

prusiano, na *adj & s* prussien, enne.

prusiato *m* QUÍM prussiate.

prúsico *adj m* QUÍM prussique.

PSA (abrev de Partido Socialista de Andalucía) *m* parti socialiste andalou.

PSC (abrev de Partit dels Socialistes de Catalunya) *m* parti socialiste catalan.

PSDE (abrev de Partido Socialista Democrático Español) *m* parti socialiste démocrate espagnol.

pseudomorfo, fa *adj* pseudomorphe.

pseudónimo; seudónimo *adj & s m* pseudonyme; escribir con un pseudónimo o seudónimo écrire sous un pseudonyme.

pseudoscopia *f* FÍS pseudoscopie.

pseudoscopio *m* FÍS pseudoscope.

psi *f* psi *m* (letra griega).

psicastenia; sicastenia *f* MED psychasthénie.

psicasténico, ca; sicasténico, ca *adj* psychasténique.

psicoanálisis; sicoanálisis *m inv* psychanalyse *f*.

> **OBSERV** L'orthographe sans p des mots qui commencent par psic ou psico, récemment admise par l'Académie espagnole, est celle qui s'impose maintenant.

psicoanalista; sicoanalista *adj* & *s* psychanalyste.

psicoanalítico, ca; sicoanalítico, ca *adj* psychanalytique.

psicoanalizar; sicoanalizar [13] *v tr* psychanalyser.

psicocirugía; sicocirugía *f* MED psychochirurgie.

psicodélico, ca; sicodélico, ca *adj* psychédélique.

psicodelismo; sicodelismo *m* psychédélisme.

psicodrama; sicodrama *m* psychodrame.

psicofármaco; sicofármaco *m* psychotrope.

psicofísica; sicofísica *f* psychophysique.

psicofisiología; sicofisiología *f* psychophysiologie.

psicógeno, na; sicógeno, na *adj* psychogène.

psicogeriatría; sicogeriatría *f* MED psychogériatrie.

psicognostia; sicognostia *f* psychodiagnostic *m*.

psicolingüística; sicolingüística *f* psycholinguistique.

psicología; sicología *f* psychologie; psicología o sicología empírica o experimental psychologie empirique o expérimentale; psicología o sicología racional o filosófica psychologie rationnelle.

psicológico, ca; sicológico, ca *adj* psychologique; guerra psicológica o sicológica guerre psychologique ‖ momento psicológico o sicológico moment o instant psychologique.

psicologismo; sicologismo *m* FILOS psychologisme.

psicologista; sicologista *adj* & *s* psychologiste.

psicólogo, ga; sicólogo, ga *adj* & *s* psychologue.

psicometría; sicometría *f* psychométrie.

psicométrico, ca; sicométrico, ca *adj* psychométrique.

psicomotor, ra; sicomotor, ra *adj* psychomoteur, trice.

psicomotricidad; sicomotricidad *f* psychomotricité.

psiconeurosis; siconeurosis *f inv* MED psychonévrose.

psicópata; sicópata *m* & *f* MED psychopathe.

psicopatía; sicopatía *f* MED psychopathie.

psicopático, ca; sicopático, ca *adj* MED psychopathe.

psicopatología; sicopatología *f* MED psychopathologie.

psicopedagogía; sicopedagogía *f* psychopédagogie.

psicopedagógico, ca; sicopedagógico, ca *adj* psychopédagogique.

psicopompo; sicopompo *adj m* psychopompe.

psicoquinesia; sicoquinesia *f* psychokinésie.

psicosis; sicosis *f inv* MED psychose.

psicosociología; sicosociología *f* psychosociologie.

psicosomático, ca; sicosomático, ca *adj* psychosomatique.

psicotecnia; sicotecnia *f* psychotechnique.

psicotécnico, ca; sicotécnico, ca *m* & *f* psychotechnicien, enne.
◇ *adj* relatif à la psychotechnique.

psicoterapeuta; sicoterapeuta *m* & *f* psychothérapeute.

psicoterapéutico, ca; sicoterapéutico, ca *adj* psychothérapique, psychothérapeutique.

psicoterapia; sicoterapia *f* MED psychothérapie.

psicotónico, ca; sicotónico, ca *adj* psychotonique.

psicótropo, pa; sicótropo, pa *adj* psychotrope.

psicrometría; sicometría *f* psychrométrie.

psicrómetro; sicrómetro *m* FÍS psychromètre.

psique; psiquis *f* âme (alma).

Psique; Psiquis *n pr* MITOL Psyché.

psiquiatra; siquiatra *m* MED psychiatre.

psiquiatría; siquiatría *f* MED psychiatrie.

psiquiátrico, ca; siquiátrico, ca *adj* MED psychiatrique.

psíquico, ca; síquico, ca *adj* psychique.

Psiquis ▸ **Psique**.

psiquismo; siquismo *m* psychisme.

psitácidos *m pl* ZOOL psittacidés.

psitacismo *m* psittacisme.

psitacosis *f inv* MED psittacose.

PSM *m* (abrev de Partido Socialista de Mallorca) parti socialiste majorquin ‖ (abrev de Partido Socialista de Menorca) parti socialiste minorquin.

psoas *m* psoas (músculo).

psoco; psocóptero *m* ZOOL psoque.

PSOE (abrev de Partido Socialista Obrero Español) *m* parti socialiste espagnol, ≃ PS.

psora *f* MED psore.

psoriasis; soriasis *f inv* MED psoriasis.

psórico, ca *adj* MED psoriasique.

PSS (abrev de Prestación Social Sustitutoria) *f* service social effectué par les objecteurs de conscience, en Espagne.

PSUC (abrev de Partit Socialista Unificat de Catalunya) *m* parti catalan de gauche intégré dans Iniciativa per Catalunya.

pta. (abrev escrita de peseta) pta.

pteranodón *m* ptéranodon (reptil volador).

pteridofitas *f pl* BOT ptéridophytes.

pteridospermas *f pl* BOT ptéridospermées.

pterigoideo, a *adj* & *s m* ptérygoïdien, enne.

pterigotos *m pl* ZOOL ptérygotes.

pterodáctilo *m* ZOOL ptérodactyle (fósil).

pterópodos *m pl* ZOOL ptéropodes.

pterosaurios *m pl* ptérosauriens.

ptialina *f* BIOL ptyaline.

ptialismo *m* MED ptyalisme.

ptolemaico, ca *adj* ptolémaïque.

Ptolomeo; Tolomeo *n pr* Ptolémée.

ptomaína *f* BIOL ptomaïne.

ptosis *f inv* MED ptôse.

púa *f* pointe ‖ piquant *m* (de erizo o puerco espín) ‖ dent (de peine) ‖ AGRIC greffon *m*, greffe (de injerto) ‖ MÚS médiator *m*, plectre (plectro) ‖ (Amer) ergot *m* (espolón de ave).

pub [pap] *m* bar.
> **OBSERV** pl pubs.

púber, ra *adj* & *s* pubère; joven púbera jeune fille pubère.

pubertad *f* puberté.

pubescencia *f* pubescence.

pubescente *adj* pubescent, e.

pubiano, na *adj* ANAT pubien, enne.

pubis *m inv* ANAT pubis.

publicable *adj* publiable.

publicación *f* publication (obra publicada) ‖ publication, parution (de un libro) ‖ se ruega la publicación prière d'insérer.

publicador, ra *adj* qui publie.
◇ *m* & *f* éditeur, trice.

públicamente *adv* publiquement.

publicano *m* publicain.

publicar [10] *v tr* publier ‖ INFORM poster.
➤ **publicarse** *v pr* paraître, être publié, e (libro); acaba de publicarse vient de paraître.

publicidad *f* publicité ■ dar publicidad a rendre public ‖ publicidad a bombos y platillos publicité tapageuse o à grand renfort de trompettes.

> **SIN** propaganda propagande; reclamo réclame; bombo, ruido tam-tam.

publicista *m* & *f* publiciste ‖ publicitaire (que se ocupa de publicidad).

publicitar *v tr* (Amer) faire de la publicité pour.

publicitario, ria *adj* publicitaire.
◇ *m* & *f* (Amer) publicitaire.

público, ca *adj* public, ique ‖ notoire; ladrón público voleur notoire ■ es público que il est bien connu que, tout le monde sait que ‖ público y notorio de notoriété publique ‖ ser del dominio público être tombé dans le domaine public.
➤ **público** *m* public; aviso al público avis au public ‖ FIG monde; la sala estaba llena de público la salle était pleine de monde ‖ audience *f*; los críticos de más público les critiques qui ont la plus grande audience ■ FIG dar al público publier ‖ público en general grand public ‖ sacar al público o hacer pú-

blica una cosa rendre public quelque chose, étaler quelque chose au grand jour.

publirreportaje *m* publi-reportage.

pucallpeño, ña *adj* & *s* de Pucallpa (Perú).

pucará *m* (*Amer*) fortin (fortaleza incaica) ‖ site archéologique.

puccinia *f* puccinie (hongo).

¡pucha! *interj* (*Amer*) FAM punaise!

puchera *f* FAM ganar para la puchera gagner sa croûte.

pucherazo *m* coup de marmite ‖ FIG & FAM fraude électorale; pucherazo electrónico fraude électorale par moyens électroniques ‖ FIG & FAM dar pucherazos truquer les élections.

> **EL PUCHERAZO**
>
> Les fraudes électorales sont commises ou bien directement, en cassant le « puchero » (urne), lorsque les prévisions des résultats sont négatives, ou bien indirectement, en falsifiant la procédure de vote. La version la plus moderne est le « pucherazo electró-nico » qui consiste à manipuler les programmes informatiques réalisant le comptage des voix.

puchero *m* marmite *f*, pot-au-feu (vasija) ‖ pot-au-feu (guisado) ‖ FIG & FAM pitance *f*, croûte *f* (alimento diario) ‖ FIG & FAM calentar o hacer cocer el puchero faire bouillir la marmite ‖ hacer pucheros faire la lippe ‖ ¡hay que ganarse el puchero! il faut gagner sa croûte! ‖ oler a puchero de enfermo sentir le roussi.

puches *m* o *f pl* bouillie *f sing* (gachas).

pucho *m* mégot (colilla) ‖ (*Amer*) reste ‖ FAM clope *m* ou f.

pudelación *f*; **pudelado** *m*; **pudelaje** *m* puddlage *m*.

pudelador *adj m* & *s m* TECN puddleur.

pudelaje ▬ **pudelación**.

pudelar *v tr* TECN puddler.

pudendo, da *adj* honteux, euse (vergonzoso) ‖ partes pudendas parties naturelles o honteuses.

pudibundez *f* pudibonderie.

‖ OBSERV pl pudibundeces.

pudibundo, da *adj* pudibond, e (pudoroso).

pudicia *f* pudicité (castidad).

púdico, ca *adj* pudique.

pudiente *adj* & *s* riche, puissant, e (rico).

puding; pudin; pudín *m* pudding, pouding.

‖ OBSERV pl pudings; púdines; pudines.

pudinga *f* GEOL poudingue *m*.

pudor *m* pudeur *f*.

pudoroso, sa *adj* pudique ‖ pudibond, e (pudibundo).

pudrición *f* putréfaction.

pudridero *m* pourrissoir.

pudrimiento *m* putréfaction *f*.

pudrir *v tr* pourrir, putréfier.

◆ **pudrirse** *v pr* pourrir, se pourrir ■ FIG & FAM por ahí te pudras va te faire voir ailleurs ‖ pudrirse de aburrimiento mourir d'ennui, se morfondre ‖ pudrírsele la sangre a uno se faire du mauvais sang ‖ un por ahí te pudras un spider (de coche).

‖ OBSERV Le participe passé du verbe pudrir est podrido.

puebla *f* (ant) ville (población).

pueblacho *m* FAM patelin, trou, bled; pueblacho perdido trou perdu.

pueblada *f* (*Amer*) soulèvement *m* (motín).

pueblerino, na *adj* & *s* villageois, e (lugareño) ‖ FIG provincial, e; gustos pueblerinos goûts provinciaux.

pueblero, ra *m* & *f* (*Amer*) ▬ **pueblerino**.

pueblo *m* ville *f* (población) ‖ village (población muy pequeña) ‖ peuple; el pueblo español le peuple espagnol ‖ peuple (gente común) ■ pueblo bajo bas peuple ‖ pueblo humilde menu o petit peuple.

puente *m* [▷ SIN] pont (en un río) ‖ pont (entre dos fiestas); hacer puente faire le pont ‖ ELECTR pont; puente de Wheatstone pont de Wheatstone ‖ MÚS chevalet (de violín) ‖ MAR passerelle *f* (plataforma sobre la cubierta) ‖ MED bridge (en las muelas) ■ puente aéreo "pont aérien", navette ‖ puente atirantado pont à haubans ‖ puente basculante pont à bascule ‖ puente colgante pont suspendu ‖ puente de aterrizaje o de despegue pont d'envol (en los portaviones) ‖ puente de barcas o de pontones pont de bateaux ‖ puente de la Constitución pont du jour de la Constitution [6 décembre] ‖ FIG puente de los asnos pont aux ânes ‖ puente de mando passerelle de manœuvre ‖ puente de esviaje pont biais ‖ puente ferroviario pont rail ‖ puente giratorio pont tournant ‖ puente grúa de corredera pont roulant ‖ puente levadizo pont-levis (en los castillos), pont levant ‖ puente transbordador pont transbordeur ‖ puente trasero pont arrière (coche) ‖ puente vial o de carretera pont-route, pont routier ‖ puente volante écha-faudage mobile ■ cabeza de puente tête de pont ■ FIG hacer o tender un puente de plata a uno faire un pont d'or à quelqu'un ‖ tender un puente sobre jeter un pont sur.

> OBSERV Le pont d'un navire se traduit par cubierta, puente désignant la passerelle de commandement.

SIN pasarela passerelle; viaducto viaduc.

EL PUENTE AÉREO

Cette appellation de « pont aérien » désigne le service de vols réguliers entre Madrid et Barcelone. En semaine il y a des vols dans les deux sens toutes les demi-heures; le week-end et les jours fériés le service est très réduit car il est destiné en priorité aux personnes se déplaçant pour raisons professionnelles. La procédure de vente des billets sur le « pont aérien » est différente de celle des autres vols: ni la date ni le numéro de vol n'apparaissent sur le billet, ils ne sont mentionnés que sur la carte d'embarquement. Madrid et Barcelone disposent toutes les deux d'un terminal réservé au « pont aérien ».

EL PUENTE DE LA CONSTITUCIÓN

Au début des années 80 on décida, en Espagne, de commémorer l'approbation de la Constitution, qui eut lieu par référendum le 6 décembre 1978. C'est ainsi que coïncident désormais, la même année, la fête civile de la Constitution et celle, religieuse, de l'Immaculée Conception, le 8 décembre. Les Espagnols bénéficient alors d'un pont très long, parfois d'une semaine entière, qu'ils appellent familièrement « el puente de la Purísima Constitución » (le pont de l'Immaculée Constitution).

puenting *m* saut à l'élastique.

‖ OBSERV pl puentings.

puerca *f* truie (hembra del cerdo) ‖ cloporte *m* (cochinilla) ‖ penture (pernio de puerta) ‖ FIG & FAM souillon, cochonne (sucia) ‖ salope (mujer venal).

puercada ▬ **porquería**.

puerco, ca *adj* sale, cochon, onne (sucio).

◆ **puerco** *m* porc (cerdo) ‖ FIG & FAM cochon (sucio) ‖ cochon, salaud, saligaud (sinvergüenza) ■ puerco espín porc-épic ‖ puerco jabalí o montés o salvaje sanglier, porc sauvage ‖ puerco marino cochon de mer (cetáceo) ■ FIG & FAM a cada puerco le llega su San Martín chacun son tour ‖ echar lirios o margaritas a los puercos jeter des perles aux pourceaux.

puercoespín *m* porc-épic.

puericia *f* âge *m* puéril.

puericultor, ra *m* & *f* puériculteur, trice.

puericultura *f* puériculture.

pueril *adj* puéril, e.

puerilidad *f* puérilité.

puerilismo *m* puérilisme.

puerilmente *adv* puérilement.

puérpera *f* accouchée.

puerperal *adj* puerpéral, e.

puerperalidad *f* puerpéralité.

puerperio *m* suites *f pl* de couche.

puerro *m* BOT poireau (planta).

puerta *f* porte; abrir una puerta ouvrir une porte; escuchar detrás de las puertas écouter aux portes ‖ portière (de coche, vagón, etc.) ‖ buts *m pl* (deportes), cage (en fútbol), porte (esquí) ■ puerta accesoria porte secondaire ‖ puerta automática portillon automatique (en el metro) ‖ puerta cochera porte cochère ‖ puerta corredora porte à glissière ‖ puerta excusada o falsa fausse porte ‖ puerta secreta porte secrète o dérobée ‖ puerta trasera porte de derrière ‖ puerta vidriera porte vitrée (interior), porte-fenêtre (dando al balcón) ‖ INFORM puerta de acceso passerelle ■ FIG a las puertas de au seuil de; estar a las puertas de un conflicto être au seuil d'un conflit; aux portes de; a las puertas de la muerte aux portes de la mort ‖ a puerta cerrada à huit clos ‖ FIG de puerta en puerta de porte en porte ‖ puerta a puerta porte-à-porte ■ FIG abrir la puerta a ouvrir la porte à ‖ coger o tomar la puerta prendre la porte (marcharse) ‖ cuando una puerta se cierra, cien se abren une de perdue, dix de retrouvées ‖ dar a uno con o cerrar la puerta en las narices fermer la porte au nez de quelqu'un ‖ dejar o reservarse una puerta abierta o una puerta de escape se ménager une porte de sortie ‖ tener puerta abierta avoir ses entrées.

puertaventana *f* porte-fenêtre (contraventana).

puerto *m* [▷ SIN] port (abrigo para la navegación) ‖ défilé, col (desfiladero) ‖ FIG port, refuge (amparo) ■ puerto comercial port de commerce ‖ puerto de amarre o de matrícula port d'attache ‖ FIG & FAM puerto de arrebatacapas foire d'empoigne ‖ puerto de arribada escale ‖ puerto de carga port marchand ‖ puerto de mar port maritime ‖ puerto deportivo port de plaisance ‖ puerto de salvación port de salut ‖ puerto fluvial port fluvial ‖ puerto franco o libre port franc ‖ puerto seco postefrontière ‖ INFORM **puerto paralelo** port parallèle ‖ **puerto serial** port série ■ **de puertos allende, aquende** outre-monts, au-delà des monts, en deçà des monts ■ FIG **llegar a buen puerto** arriver à bon port ‖ **tomar puerto** relâcher, arriver au port.

SIN **rada** rade; **abra** havre; **desembarcadero** débarcadère; **fondeadero** mouillage; **dársena** bassin; **apostadero** station navale.

puertocarrense *adj* & *s* de Puerto Carreño (Chile).

Puerto España *n pr* GEOGR Port of Spain.

Puerto Príncipe *n pr* GEOGR Port-au-Prince.

Puerto Rico *n pr m* GEOGR Porto-Rico, Puerto Rico.

puertorriqueño, ña *adj* & *s* portoricain, e.

pues *conj* puisque (ya que); **págalo, pues lo compraste** paie-le puisque tu l'as acheté ‖ parce que, car; **no pude salir, pues vino mi abuela** je n'ai pas pu sortir car ma grandmère est venue ‖ donc (conclusión); **¡pues ven! viens donc!** ‖ eh bien! (consecuencia); **pues te arrepentirás** eh bien, tu le regretteras! ‖ oui (afirmación) ‖ pardi! (interjección familiar) ‖ heu! (duda) ‖ comment? (interrogación) ■ **así pues** donc, ainsi donc, de cette façon ‖ **pues bien** donc bien, de cette façon (por lo tanto), bon (bueno) ‖ **¡pues claro!** bien sûr!, parbleu! ‖ **pues que** étant donné que, puisque (puesto que) ‖ **¿pues qué?** alors? ‖ **¿y pues?** et alors? FAM.

OBSERV Employée au début d'une phrase, la particule **pues** renforce l'idée que l'on veut exprimer (**¡pues! ¡no faltaba más!** il ne manquait plus que ça!). Selon l'intonation et l'usage, cette particule peut avoir des sens très variés: **pues peor** tant pis; **pues mejor** tant mieux; **¡pues no!** sûrement pas!, il n'en est pas question!

puesta *f* coucher *m*; **puesta del sol** coucher du soleil ‖ mise (cantidad que se apuesta) ‖ ponte, pondaison (de huevos) ‖ mise; **puesta en cultivo, en órbita, en servicio** mise en culture, en orbite, en service ‖ (*Amer*) ex æquo (empate en las carreras de caballos) ■ **puesta al día** mise à jour ‖ **puesta a punto** mise au point ‖ **puesta de espaldas** tomber (en la lucha) ‖ **puesta de largo** débuts o entrée dans le monde ‖ **puesta en marcha** mise en marche (de una máquina), mise en œuvre (de un proyecto) ■ MIL **primera puesta** paquetage.

puestear *v tr* (*Amer*) guetter (acechar).

puestero *m* (*Amer*) marchand ambulant, colporteur (el que tiene o atiende un puesto) ‖ gardien de troupeau (en las estancias).

puesto, ta *adj* mis, e; habillé, e (vestido); **bien, mal puesto** bien, mal habillé.

➡ **puesto** *m* petite boutique *f*, marchand, marchande *f* (tiendecita); **puesto de periódicos** marchand de journaux; **puesto de flores** marchand de fleurs ‖ étal (en el mercado) ‖ poste, situation *f* (empleo); **tener un buen puesto** avoir une bonne situation ‖ poste (sitio); **el puesto del piloto** le poste du pilote ‖ place *f* (lugar); **déjame tu puesto** laisse-moi ta place ‖ affût (en la caza) ‖ MIL poste; **puesto avanzado** poste avancé o de combat; **puesto de mando** poste de commandement ■ **puesto de abastecimiento** poste de ravitaillement ‖ **puesto de escucha** poste d'écoute ‖ **puesto de socorro** poste de secours ■ copar

los dos primeros puestos faire un doublé (deportes) ‖ **tener el primer puesto en la clase** être le premier en classe, avoir la première place en classe ‖ **tener su puesto** tenir sa place.

➡ **puesto** *conj* **puesto que** puisque (pues que), du moment que, étant donné que.

puf *m* pouf (taburete bajo).

OBSERV 1. Ce mot est un gallicisme.
2. pl pufs.

¡puf! *interj* pouah!

pufo *m* FAM tromperie *f* (engaño) ‖ dette *f* (deuda); **dejar un pufo de mil pesetas** laisser mille pesetas de dettes.

púgil; pugilista *m* pugiliste (gladiador que combatía a puñadas) ‖ boxeur (boxeador).

pugilato *m* pugilat (pelea).

pugilista ➡ **púgil**.

pugilístico, ca *adj* pugilistique.

pugna *f* lutte (lucha) ‖ opposition ‖ **pugna de intereses** épreuve de force.

pugnacidad *f* combativité (belicosidad).

pugnar *v intr* lutter, combattre (luchar) ‖ FIG insister (porfiar) ‖ **pugnar por entrar** s'efforcer d'entrer.

puja *f* enchère (en una subasta).

pujador, ra *m* & *f* enchérisseur, euse.

pujamen *m* MAR bordure *f* inférieure d'une voile.

pujamiento *m* abondance *f* d'humeurs, afflux de sang.

pujante *adj* fort, e; vigoureux, euse; robuste (robusto).

pujanza *f* force (fuerza), vigueur (robustez).

pujar *v tr* enchérir (en una subasta) ‖ lutter (pugnar).

◇ *v intr* surenchérir, monter (en una subasta) ‖ FAM pousser (en las deposiciones) ‖ s'exprimer avec difficulté ‖ hésiter (vacilar) ‖ FIG faire la moue (hacer pucheros).

pujavante *m* boutoir, bute *f*, rénette *f* (de herrador).

pujido *m* plainte *f* (lamento).

pujo *m* MED épreinte *f* ‖ FIG envie *f*, désir (ganas, deseo) ‖ tentative *f* (conato).

pulchinela *m* polichinelle (polichinela).

pulcritud *f* soin *m* (esmero); **trabajar con pulcritud** travailler avec soin ‖ propreté.

pulcro, cra *adj* propre, soigné, e.

pulga *f* ZOOL puce ‖ puce (peón para jugar) ■ **pulga de mar** puce de mer ■ FAM **a perro flaco todo son pulgas** c'est sur les plus infortunés que s'abattent toutes les souffrances, aux chevaux maigres vont toutes les mouches ‖ **no aguantar pulgas** ne pas supporter la plaisanterie, être très chatouilleux ‖ **tener malas pulgas** avoir mauvais caractère, être un mauvais coucheur ‖ **sacudirle las pulgas a uno** secouer les puces à quelqu'un ‖ **sacudirse uno las pulgas** ne pas se laisser marcher sur les pieds.

pulgada *f* pouce *m* (medida).

pulgar *m* pouce (dedo) ‖ tirant (viña) ‖ **dedo pulgar** pouce.

pulgarada *f* pichenette (papirote) ‖ pincée (polvo); **una pulgarada de tabaco** une pincée de tabac ‖ pouce *m* (pulgada).

Pulgarcito *n pr m* le Petit Poucet.

pulgón *m* ZOOL puceron.

pulgoso, sa *adj* couvert o plein de puces.

pulguera *f* nid *m* à puces ‖ BOT herbe aux puces, pulicaire (zaragatona).

pulguero *m* (*Amer*) nid à puces (pulguera).

pulguiento, ta *adj* (*Amer*) plein o couvert de puces.

pulguillas *m* & *f inv* FAM personne *f* qui a la bougeotte.

pulicán; pelicán *m* davier [de dentiste].

pulicaria *f* BOT pulicaire.

pulidamente *adv* délicatement, soigneusement.

pulidez *f* beauté (primor) ‖ élégance, soin *m* (pulcritud).

OBSERV pl pulideces.

pulido, da *adj* poli, e; **metal pulido** métal poli ‖ beau, belle (de buen parecer) ‖ soigné, e; raffiné, e (pulcro).

➡ **pulido** *m* polissage (pulimento).

pulidor, ra *adj* polisseur, euse (que pule).

➡ **pulidor** *m* polissoir (instrumento) ‖ TECN polisseuse *f*, ponceuse *f* (máquina) ‖ paumelle *f* (de devanador).

pulimentar *v tr* polir (pulir).

pulimento *m* polissage (acción) ‖ poli (aspecto).

pulir *v tr* [▷ SIN] polir (alisar) ‖ mettre la dernière touche à, fignoler (perfeccionar una cosa) ‖ orner, parer (adornar) ‖ FIG travailler, polir; **pulir su estilo** travailler son style ‖ dégrossir (civilizar) ‖ FAM faucher (hurtar) ‖ vendre, bazarder (vender).

➡ **pulirse** *v pr* se polir, s'affiner.

SIN **afinar** affiner; **pulimentar** polir; **alisar** lisser; **lustrar** lustrer; **bruñir** brunir; **esmerilar** polir à l'émeri; **lijar** polir au papier de verre.

pulla *f* grossièreté (palabra grosera) ‖ trait *m* d'esprit, mot *m* piquant (expresión aguda y picante) ‖ quolibet *m* boutade (chirigota) ‖ FAM pique, vanne; **tirar pullas a uno** lancer des vannes à quelqu'un ‖ (*Amer*) machette.

pullman *m* pullman.

pull-over *m* pull-over.

OBSERV pl pull-overs.

pulmón *m* poumon; **gritar con todas las fuerzas de los pulmones** crier à pleins poumons ■ **pulmón artificial** poumon artificiel ‖ **pulmón de acero** poumon d'acier.

pulmonado, da *adj* & *s m pl* ZOOL pulmoné, e.

pulmonar *adj* pulmonaire.

pulmonaria *f* BOT pulmonaire.

pulmonía *f* MED pneumonie.

pulmoniaco, ca; pulmoníaco, ca *adj* pneumonique (relativo a la pulmonía) ‖ qui souffre de pneumonie.

pulorosis *f inv* VETER pullorose.

pulpa *f* pulpe (tejidos animales o vegetales); **pulpa dental** pulpe dentaire; **pulpa de un fruto** pulpe d'un fruit ‖ **pulpa de madera** pâte à papier.

pulpario, ria *adj* pulpaire.

pulpejo *m* tissu charnu ‖ talon (del caballo).

pulpería *f* (*Amer*) épicerie (tienda).

pulpero *m* (*Amer*) épicier, propriétaire d'une "pulpería".

pulpeta *f* CULIN paupiette.

pulpitis *f inv* MED pulpite.

púlpito *m* chaire *f* (de un predicador).

pulpo *m* poulpe, pieuvre *f* (cefalópodo) ‖ pieuvre *f*, araignée *f* (para fijar) ‖ FIG & FAM es un pulpo il est collant.

pulposo, sa *adj* pulpeux, euse.

pulque *m* (*Amer*) pulque [boisson mexicaine].

pulquería *f* (*Amer*) débit *m* de pulque.

pulquero, ra *m & f* (*Amer*) tenancier, ère d'une "pulquería".

pulquérrimo, ma *adj* très propre, impeccable.

pulsación *f* pulsation ‖ frappe (mecanografía).

pulsador, ra *adj* pulsateur, trice.
➡ **pulsador** *m* bouton, poussoir (de timbre eléctrico); pulsador del timbre bouton de sonnette.

pulsar *v tr* jouer de (tocar); pulsar un instrumento músico jouer d'un instrument de musique ‖ appuyer sur; pulsar el botón appuyer sur le bouton ‖ prendre le pouls (tomar el pulso) ‖ FIG sonder [le terrain]; pulsar la opinión pública sonder l'opinion publique.
◇ *v intr* battre (latir el pulso).

pulseada *f* (*Amer*) bras de fer *m*.

pulsear *v intr* faire un bras de fer.

pulsera *f* bracelet *m* (joya) ■ pulsera de pedida bracelet de fiançailles ‖ reloj de pulsera montre-bracelet.

pulso *m* ANAT pouls ‖ poignet (muñeca) ‖ (*Amer*) bracelet (pulsera) ‖ force *f* dans les poignets (fuerza) ‖ FIG prudence *f*; obrar con pulso agir avec prudence ■ pulso arrítmico pouls irrégulier ‖ pulso sentado pouls régulier ■ a pulso à bout de bras, à la force du poignet ‖ echar un pulso faire un bras de fer ‖ tomar el pulso tâter le pouls, prendre le pouls (pulsar).

pulsómetro *m* TECN pulsomètre (bomba).

pulsorreactor *m* AVIAC pulsoréacteur (motor).

pultáceo, a *adj* pultacé, e.

pulular *v intr* pulluler.

pulverización *f* pulvérisation.

pulverizador *m* pulvérisateur ‖ gicleur (del carburador) ‖ pistolet (para pintar) ‖ pulvérisateur, vaporisateur (de perfume).

pulverizar [13] *v tr* pulvériser ‖ FAM claquer (su fortuna).

pulverulencia *f* pulvérulence.

pulverulento, ta *adj* pulvérulent, e.

¡pum! *interj* pan!, poum!

puma *m* ZOOL puma.

¡pumba! *interj* boum!

puna *f* (*Amer*) puna (páramo) ‖ puna, mal *m* des montagnes (soroche).

punching ball *m* punching-ball.
‖ OBSERV pl punching balls.

punción *f* MED ponction; punción lumbar ponction lombaire ‖ douleur (punzada).

puncionar *v tr* ponctionner (hacer punciones).

pundonor *m* point d'honneur.

puneño, ña *adj & s* de Puno [Pérou].

pungir [15] *v tr* élancer, lanciner (punzar).

punible *adj* punissable (castigable).

punicáceas *f pl* BOT punicacées.

punición *f* punition (castigo).

púnico, ca *adj* punique (cartaginés) ‖ FIG fe púnica foi punique, mauvaise foi.

punir *v tr* (p us) punir (castigar).

punitivo, va *adj* punitif, ive; expedición punitiva expédition punitive.

punitorio, ria *adj* (*Amer*) punitif, ive.

punk; punki *adj & s* punk.
‖ OBSERV pl punks; punkis.

punta *f* pointe (extremo agudo) ‖ bout *m* (extremo); punta del pie bout du pied ‖ corne (asta del toro) ‖ pointe (lengua de tierra) ‖ aigreur (sabor agrio del vino) ‖ arrêt *m* (del perro de caza) ‖ mégot *m* (colilla) ‖ clou *m* (clavo) ‖ FIG grain *m*, brin *m*; tener una punta de loco avoir un grain de folie ‖ MIL pointe ‖ troupeau *m* (de ganado) ‖ (*Amer*) groupe *m* (de personas) ‖ ensemble *m* (de cosas) ‖ source (cabecera de río) ■ TECN punta de diamante pointe de diamant ‖ punta de París petit clou ‖ punta seca pointe sèche ■ (*Amer*) a punta de à force de ‖ FIG a punta de lanza avec la plus grande rigueur ‖ FAM a punta de pala à la pelle ‖ FIG con la punta de la lengua du bout des lèvres; beber con la punta de la lengua boire du bout des lèvres ‖ de punta a cabo o a punta d'un bout à l'autre, de A jusqu'à Z ‖ en puntas sur la pointe des pieds (de puntillas) ‖ horas de punta, horas punta heures de pointe ■ bailar de puntas faire des pointes ‖ FIG & FAM estar hasta (la punta de) los pelos en avoir par-dessus la tête, en avoir plein le dos, en avoir sa claque ‖ estar vestido de punta en blanco être tiré à quatre épingles ‖ esto me pone los nervios de punta ça me porte les nerfs à vif ‖ poner los pelos de punta faire dresser les cheveux sur la tête ‖ ponerse de punta se hérisser, se dresser sur la tête (el pelo) ‖ ponerse de punta con uno se fâcher avec quelqu'un ‖ sacar punta a aiguiser (afilar), tailler (un lápiz), trouver à redire (criticar), mal interpréter; saca punta a todo lo que digo il interprète mal tout ce que je dis FAM ‖ FIG tener algo en la punta de la lengua avoir quelque chose sur le bout de la langue ‖ tener los nervios de punta avoir les nerfs en pelote o en boule o à fleur de peau ‖ vestirse de punta en blanco s'habiller de pied en cap (de pies a cabeza), se mettre sur son trente et un (de tiros largos).
➡ **puntas** *f pl* dentelle *sing* (encaje).

puntada *f* point *m*; coser a puntadas largas coudre à grands points ‖ FIG note (apunte) ‖ douleur lancinante (punzada) ‖ point *m* de côté (dolor de costado) ‖ pique (indirecta) ‖ FAM no dar puntada se la couler douce, ne pas en ficher une rame.

puntal *m* étai (madero) ‖ FIG appui (sostén) ‖ fondement, base *f* (elemento principal) ‖ pilier; este chico es el puntal del equipo ce garçon est le pilier de l'équipe ‖ MAR épontille *f* ‖ creux; puntal a la cubierta superior creux au pont supérieur ‖ (*Amer*) FIG encas (merienda ligera).

puntano, na *adj & s* de San Luis [Argentine].

puntapié *m* coup de pied ‖ puntapié de castigo, de botepronto coup de pied de pénalité, tombé (en el rugby).

puntarense *adj & s* de Punta Arenas [Chili]; de Puntarenas [Costa Rica].

puntazo *m* blessure *f* légère, entaille *f* (herida) ‖ FIG pique *f* (indirecta).

punteado *m* MÚS pincement, pincé (de la guitarra) ‖ pointillé (serie de puntos) ‖ pointillage (acción) ‖ FAM (*Amer*) estar punteado être un peu ivre o rond (borracho).

puntear *v tr* MÚS pincer (las cuerdas) ‖ pointer (una nota) ‖ pointer, cocher (en una lista) ‖ pointiller (trazar puntos) ‖ pointer (una cuenta) ‖ pointer (hacer puntos) ‖ (*Amer*) marcher en tête.

puntel *m* TECN fêle *f*, felle *f*, canne *f*, pontil (en las fábricas de vidrio).

punteo *m* MÚS pincement (de guitarra) ‖ COM pointage.

puntera *f* bout *m* (de media, de calzado) ‖ FAM coup *m* de pied ‖ de puntera avec la pointe du pied (fútbol).

puntería *f* pointage *m* visée (de un arma) ‖ tir *m*; enmendar la puntería rectifier le tir ‖ adresse, précision (destreza) ■ dirigir la puntería viser ‖ puntería en alcance pointage en hauteur ‖ tener buena, mala puntería être bon, mauvais tireur, bien, mal viser.

puntero, ra *adj & s* bon tireur, bonne tireuse ‖ FIG alumno puntero le meilleur de la classe.
➡ **puntero** *m* baguette *f* (para señalar) ‖ TECN poinçon, étampe *f* (de herrero) ‖ laie *f*, marteau bretté (de cantero) ‖ INFORM ➡ indicador.

punterola *f* MIN pointerolle.

puntiagudo, da *adj* pointu, e.
‖ SIN agudo aigu; acerado acéré; aguzado aiguisé; penetrante pénétrant.

puntilla *f* engrêlure, picot *m*, dentelle fine (encaje) ‖ petite pointe (tachuela) ‖ poignard *m* [pour achever les taureaux] ‖ FIG coup *m* de grâce ‖ TECN pointe à tracer ‖ (*Amer*) canif *m* (cortaplumas) ■ dar la puntilla a achever (un toro), achever, donner le coup de grâce à (una persona) ‖ de puntillas sur la pointe des pieds; andar de puntillas marcher sur la pointe des pieds; à pas de loup, sur la pointe des pieds (sin meter ruido); marcharse de puntillas s'en aller à pas de loup.

puntillazo *m* FAM coup de grâce.

puntillero *m* TAUROM torero chargé de donner le coup de grâce au taureau.

puntillismo *m* pointillisme (pintura).

puntillista *adj & s* pointilliste (pintor).

puntillo *m* vétille *f* (cosilla) ‖ MÚS point ‖ point d'honneur (pundonor).

puntilloso, sa *adj* pointilleux, euse (quisquilloso) ‖ tatillon, onne (reparón).

puntiseco, ca *adj* aux extrémités sèches.

puntizón *m* IMPR pointure *f* (agujero en el papel) ‖ pontuseau (rayado del papel).

punto *m* point (señal) ‖ mire *f* (del fusil) ‖ point (costura); punto por encima, de Venecia, de cadeneta, de cruz, de dobladillo point de surjet, de Venise, de chaînette, de croix, d'ourlet ‖ tricot; vestido de punto robe en tricot ‖ point (medida tipográfica) ‖ endroit (lugar ‖ maille *f*; escapársele a uno un punto, coger un punto laisser tomber une maille, rattraper une maille; **punto de elástico, crecido** maille à côte, ajoutée ‖ station *f* de voitures ‖ point (naipes, dados, exámenes, juegos, etc.) ‖ **FIG** un peu, légèrement; **tienen un punto de acidez** elles sont légèrement acides o un peu acides ‖ point (de una discusión) ‖ thème (asunto) ‖ point (en física); **punto de fusión** point de fusion ‖ point d'honneur (pundonor); **hacer punto de una cosa** se faire un point d'honneur, mettre son o un point d'honneur à ‖ ponte *f* (en los juegos de azar) ‖ **MAR** point; **señalar, hacer el punto** faire le point ‖ point (coeficiente) ‖ **MÚS** point ■ (*Amer*) punto acápite point à la ligne ‖ **punto accidental** point de fuite ‖ **punto céntrico** centre ‖ **punto de admiración** point d'exclamation ‖ **punto de apoyo** point d'appui ‖ **FIG punto débil, punto flaco** faible, point faible, faiblesse; **conclusión que ofrece puntos flacos** conclusion qui présente des faiblesses ‖ **CULIN punto de caramelo** point de caramélisation (du sucre) ‖ **MED punto de costado** point de côté ‖ **punto de estima** o **de fantasía** point estimé ‖ **punto de honor** o **de honra** point d'honneur ‖ **punto de inflamación, de flujo, de rocío** point d'éclair, d'écoulement, de rosée (petróleo) ‖ **ASTRON punto de observación** point observé ‖ **punto de partida** point de départ ‖ **punto de penalty** point de réparation (fútbol) ‖ **punto de referencia** point de repère ‖ **COM punto de venta** point de vente ‖ **punto de vista** point de vue; **desde este punto de vista** à ce point de vue ‖ **FIG ¡punto en boca!** motus!, silence!, chut!, bouche cousue! ‖ **punto equinoccial** point équinoxial ‖ **punto interrogante** point d'interrogation ‖ **punto menos que** quasiment, presque ‖ **punto muerto** point mort (mecánica), point mort, impasse; **las negociaciones están en punto muerto** les négociations sont au point mort ‖ **punto neurálgico** point névralgique ‖ **punto por punto** point par point, en détail ‖ **ASTRON punto radiante** radiant ‖ **FÍS punto remoto** punctum remotum ‖ **punto ruso** point d'épine o de Paris o russe ‖ **puntos cardinales** points cardinaux ‖ **puntos de sutura** points de suture ‖ **puntos suspensivos** points de suspension ‖ **punto y aparte** point à la ligne (escritura), une autre histoire; **eso ya es punto y aparte** ça c'est une autre histoire ‖ **punto y coma** point-virgule ‖ **INFORM punto de presencia** o **de conexión** point d'accès o de connexion ■ **al punto** sur-le-champ, immédiatement, aussitôt ‖ **al punto que** au moment où ‖ **a punto** à point, à temps, à point nommé ‖ **a punto fijo** exactement, sûrement ‖ **ARQ arco de medio punto** arc en plein cintre ‖ **FIG & FAM ¡buen punto!** joli garçon! ‖ **coche de punto** voiture de place ‖ **dos puntos** deux-points ‖ **FIG & FAM después de él, punto redondo** après lui, il faut tirer l'échelle ‖ **de todo punto** absolument; **es de todo punto imposible** c'est absolument impossible ‖ **en punto** juste, tapante **FAM**; **son las dos en punto** il est deux heures juste o tapantes; juste; **llegó a la hora en punto** il est arrivé à l'heure juste ‖ **CULIN en su punto** cuit à point ‖ **hasta cierto punto** jusqu'à un certain point, dans une certaine mesure ‖ **hasta tal punto** à tel point ‖ **labores de punto** travaux d'aiguille ‖ **línea de puntos** pointillé ‖ **por puntos** aux points; **victoria por** puntos victoire aux points (en boxeo) ‖ **tejido de punto** jersey ■ **FIG bajar el punto a una cosa** adoucir o modérer quelque chose ‖ **coger los puntos** remmailler (media) ‖ **FIG conocer los puntos que calza uno** bien connaître quelqu'un, connaître quelqu'un comme sa poche ‖ **dar en el punto** toucher du doigt la difficulté ‖ **dar punto a una cosa** mettre fin à quelque chose, terminer quelque chose ‖ **dar puntos de ventaja** donner des points ‖ **FIG encontrar el punto débil en la coraza** trouver le défaut de la cuirasse ‖ **encontrar el punto de estación** faire le point (topografía) ‖ **estar a punto** de être sur le point de; **estoy a punto de salir** je suis sur le point de sortir; faillir, être sur le point de; **estuvo a punto de caerse** il a failli tomber ‖ **hacer punto** tricoter ‖ **FIG no perder punto** ne rien laisser échapper ‖ **poner a punto** mettre au point (un proyecto) ‖ **FIG & FAM poner en su punto** mettre au point ‖ **poner los puntos sobre las íes** mettre les points sur les i ‖ **poner punto en boca** rester bouche cousue ‖ **poner punto final a** mettre un terme à, mettre le point final à ‖ **poner punto y aparte** aller à la ligne ‖ **FIG ser el punto de mira** être le point de mire ‖ **ser un punto filipino** être un drôle de lascar ‖ **subir de punto una cosa** grossir quelque chose, exagérer quelque chose.

puntuable *adj* ser puntuable para compter pour; **esa prueba es puntuable para el campeonato** cette épreuve compte pour le championnat.

puntuación *f* ponctuation ‖ nombre *m* de points.

puntual *adj* ponctuel, elle (exacto en hacer las cosas) ‖ ponctuel, elle; à l'heure, exact, e; **es muy puntual** il est toujours à l'heure ‖ précis, e; exact, e (preciso), détaillé, e; **un puntual relato** un récit détaillé.
◇ *adv* à l'heure; **llegó puntual a la cita** il arriva à l'heure au rendez-vous.

puntualidad *f* ponctualité ‖ exactitude, précision ‖ falta de puntualidad retard.

puntualización *f* précision (especificación).

puntualizar [13] *v tr* préciser (concretar); **puntualicemos el lugar de la cita** précisons l'endroit du rendez-vous ‖ fixer, graver dans la mémoire (grabar en la memoria) ‖ raconter en détail (referir detalladamente) ‖ perfectionner, donner la dernière touche à, mettre la dernière main à, mettre au point (perfeccionar).

puntualmente *adv* ponctuellement (con puntualidad) ‖ à l'heure; **llegar puntualmente** arriver à l'heure ‖ avec certitude.

puntuar [6] *v tr* ponctuer ‖ **DEP** marquer des points (sacar puntos).

puntura *f* piqûre (punzada) ‖ **IMPR** pointure (pieza de la prensa) ‖ **VETER** saignée (sangría).

punzada *f* piqûre (herida) ‖ **FIG** élancement *m* (dolor intermitente) ‖ **FIG** souffrance morale ■ **dar punzadas** élancer; **el dedo me da punzadas** le doigt m'élance ‖ **punzada en el costado** point de côté.

punzante *adj* piquant, e (que punza) ‖ lancinant, e; **dolor punzante** douleur lancinante (en lo físico) ‖ **FIG** poignant, e (en lo moral) ‖ piquant, e (satírico) ‖ mordant, e (sarcástico) ‖ cuisant, e (mortificante).

punzar [13] *v tr* piquer ‖ **FIG** lanciner, élancer (un dolor) ‖ tourmenter.

punzó *adj* ponceau (rojo muy vivo).

punzón *m* **TECN** pointeau ‖ **punzón del carburador,** pointeau du carburateur ‖ burin (buril) ‖ poinçon (para marcar monedas) ‖ piquoir (dibujo) ‖ corne *f* d'un jeune animal (pitón).

puñada *f* coup *m* de poing (puñetazo).

puñado *m* poignée *f* (porción); **un puñado de arena** une poignée de sable ‖ **FIG** poignée; **un puñado de gente** une poignée de gens ‖ **FIG a puñados** abondamment, à poignée, à foison.

puñal *m* poignard ‖ **poner el puñal en el pecho** mettre le couteau o le poignard sous la gorge.

puñalada *f* coup *m* de poignard ‖ **FIG** peine, affliction soudaine ■ **FIG & FAM coser a puñaladas** larder o transpercer quelqu'un de coups de poignard ‖ **dar una puñalada trapera** porter un coup en traître o un coup de Jarnac ‖ **¡no es puñalada de pícaro!** il n'y a pas le feu, ça ne presse pas! ‖ **puñalada de misericordia** coup de grâce.

puñeta *f* **FAM hacer la puñeta** empoisonner, enquiquiner, embêter (molestar) ‖ **ser la puñeta** être la barbe o barbant o embêtant o empoisonnant.

puñetazo *m* coup de poing (puñada).

puñete *m* coup de poing (puñetazo) ‖ bracelet (pulsera).

puñetería *f* **FAM** bêtise (menudencia) ‖ tuile (molestia) ‖ ennuis, tracas (fastidio).

puñetero, ra *adj & s* **FAM** empoisonneur, euse; enquiquineur, euse.
◇ *adj* **FAM** empoisonnant, e; enquiquinant, e; **un trabajo puñetero** un travail enquiquinant o de chien; **una vida puñetera** une vie de chien.

puño *m* poing (mano cerrada) ‖ poignée *f* (puñado) ‖ poignet, manchette *f* (de una camisa) ‖ poignée *f* (mango) ‖ **MAR** point (de una vela); **puño de la amura** point d'amure ‖ (ant) (*Amer*) coup de poing (puñetazo) ■ **MAR puño de boca** empointure ‖ **a fuerza de puño** à la force du poignet ‖ **FIG & FAM como un puño** gros comme le poing; **un huevo como un puño** un œuf comme le poing; énorme; **una mentira como un puño** un mensonge énorme ‖ **de su puño y letra** de sa (propre) main ‖ **FIG & FAM hombre de puños** homme à poigne ■ **amenazar a alguien con el puño** montrer le poing à quelqu'un ‖ **caber en un puño** tenir dans le creux de la main (ser pequeño) ‖ **FIG & FAM creer a puño cerrado** croire fermement o dur comme fer ‖ **estar con el corazón metido en un puño** avoir le cœur gros ‖ **meter a uno en un puño** tenir quelqu'un à sa merci ‖ **roerse** o **comerse** o **morderse los puños** se ronger les poings, se mordre les doigts.

PUP (abrev de **Partido de Unión Patriótica**) *m* parti guatémaltèque d'union patriotique.

pupa *f* éruption sur les lèvres ‖ bouton *m* de fièvre (en los labios) ‖ croûte (postilla) ‖ bobo *m* (en lenguaje infantil) ‖ **FIG & FAM hacer pupa a uno** faire du mal à quelqu'un (causar daño a alguien).

pupila *f* pupille (del ojo) ▌ pupille (huérfana menor de edad) ▌ **FAM** tener pupila avoir du flair.

pupilaje *m* **DR** pupillarité *f*, tutelle *f* (condición de pupilo) ▌ tutelle *f* (tutela) ▌ pension *f* (casa de huéspedes) ▌ pension *f* (precio).

pupilar *adj* pupillaire.

pupilo, la *m & f* pupille (huérfano) ▌ pensionnaire (huésped) ▌ **FIG** poulain *m* (protegido) ■ casa de pupilos pension de famille (casa de huéspedes) ▌ medio pupilo demi-pensionnaire (de una casa de huéspedes o de un colegio).

pupinización *f* **ELECTR** pupinisation.

pupíparo, ra *adj* **ZOOL** pupipare.

pupitre *m* pupitre (mueble de madera).

pupo *m* (*Amer*) nombril (ombligo).

puposo, sa *adj* couvert de boutons o de croûtes.

puquial; puquio *m* (*Amer*) source *f*.

puramente *adv* purement.

puraqué *m* (*Amer*) gymnote (pez).

purasangre *m inv* pur-sang.

puré *m* purée *f* ▌ soupe *f* passée ▌ **FIG & FAM** hacerse puré être réduit en bouillie.

pureta *adj* **FAM** vieux jeu *inv*.
◇ *m & f* vieux bonze *m*.

pureza *f* pureté (calidad de puro) ▌ **FIG** virginité (doncellez).

purga *f* purge (medicina) ▌ **FIG** purge (eliminación).

purgación *f* **MED** purgation (acción de purgarse) ▌ règles *pl* (menstruación).
➧ **purgaciones** *f pl* **MED** blennorragie *f sing*.

purgador *m* **TECN** purgeur.

purgamiento *m* purgation *f*.

purgante *adj & s* qui purge ▌ iglesia purgante église souffrante, les âmes du Purgatoire.
◇ *m* purge *f*, purgatif.

purgar [16] *v tr* purger (a un enfermo) ▌ nettoyer (limpiar) ▌ **FIG** purifier (purificar) ▌ purger, expier; purgar una pena o una condena purger une peine ▌ **TECN** purger ▌ purgar los caracoles faire dégorger les escargots.
➧ **purgarse** *v pr* se purger.

purgativo, va *adj* purgatif, ive (que purga).

purgatorio *m* purgatoire; ánima o alma del Purgatorio âme du Purgatoire ▌ **FIG** purgatoire.

puridad *f* pureté (pureza) ▌ (ant) secret *m* (secreto) ▌ hablar en puridad parler clairement.

purificación *f* purification (acción y efecto de purificar) ▌ la fiesta de la Purificación la Chandeleur.

purificador, ra *adj & s* purificateur, trice.
➧ **purificador** *m* **ECLES** purificatoire (para el cáliz) ▌ manuterge (para los dedos).

purificar [10] *v tr* purifier.
➧ **purificarse** *v pr* se purifier.

▌ **SIN** limpiar nettoyer; depurar épurer; purgar purger; sanear assainir.

purificatorio, ria *adj* purificatoire.

Purísima *n pr f* **RELIG** L'Immaculée Conception.

purismo *m* purisme.

purista *adj & s* puriste.

puritanismo *m* puritanisme.

puritano, na *adj & s* puritain, e.

puro, ra *adj & s* [▷ **SIN**] pur, e (sin mezcla); oro puro or pur ▌ pur, e; chaste (casto) ■ a puro, de puro à force de; de puro gritar se puso afónico à force de crier il devint aphone ▌ de puro cansado se desmayó il s'évanouit tant il était fatigué ▌ una corona de pura plata, un castillo de pura piedra une couronne tout en argent, un château tout en pierres ▌ un pura sangre un pur-sang.
➧ **puro** *m* cigare.

▌ **SIN** intacto intact; incorrupto incorrompu; perfecto parfait; correcto correct; límpido limpide.

púrpura *f* pourpre *m* (molusco) ▌ pourpre (colorante, tela) ▌ pourpre *m* (color) ▌ **POÉT** sang *m* (sangre) ▌ **FIG** pourpre (dignidad) ▌ **MED** purpura *m*, pourpre ▌ **BLAS** pourpre *m* l'un des émaux del blasón ▌ púrpura de Casio pourpre de Cassius, pourpre minéral.

purpurado *m* cardinal (prelado).

purpurar *v tr* empourprer (teñir de púrpura) ▌ habiller de pourpre.

purpúrea *f* **BOT** pavée.

purpurear *v intr* tirer sur le pourpre.

purpúreo, a *adj* pourpre, pourpré, e.

purpurina *f* purpurine (sustancia colorante roja).

purpurino, na *adj* pourpré, e; purpurin, e (purpúreo).

purrete *m* (*Amer*) **FAM** mouflet, môme, mioche.

purria *f* **FAM** racaille.

purulencia *f* **MED** purulence.

purulento, ta *adj* **MED** purulent, e.

puruña *f* (*Amer*) jarre (tinaja).

pus *m* **MED** pus.
▌ **OBSERV** pl puses.

pus *adj* (*Amer*) puce, marron (color chocolate claro).
▌ **OBSERV** pl puses.

puseyismo *m* puseyisme (de Pusey).

pusilánime *adj & s* pusillanime (tímido).

pusilanimidad *f* pusillanimité (cobardía).

pústula *f* **MED** pustule.

pustuloso, sa *adj* **MED** pustuleux, euse; erupción pustulosa éruption pustuleuse ▌ pustulé, e; couvert de pustules; cara pustulosa visage pustulé.

pusuquear *v intr* (*Amer*) vivre en parasite.

putada *f* **VULG** vacherie (mala jugada).

putativo, va *adj* putatif, ive.

puteado, da *adj* **VULG** tener puteado a alguien faire chier quelqu'un.

putear *v tr* **VULG** faire chier, faire une vacherie ▌ (*Amer*) traiter quelqu'un de putain o de fils de putain.

puteo *m* **VULG** llevar un puteo être en pétard (enfado) ▌ irse de puteo aller aux putes (acción).

putero *adj* **VULG** homme *m* à putes (hombre).

puto, ta *adj* **VULG** este puto... ce putain de...
◇ *m & f* pute *f*.
◇ *adj* **VULG** (insult) salaud, salope; de puta madre d'enfer; pasarlas putas en baver.

putrefacción *f* putréfaction.

putrefactivo, va *adj* putréfactif, ive.

putrefacto, ta *adj* putréfié, e; pourri, e.

putrescencia *f* (p us) putrescence.

putrescente *adj* putrescent, e.

putrescible *adj* putrescible, pourrissable.

putridez *f* putridité, putrescibilité ▌ putréfaction.
▌ **OBSERV** pl putrideces.

pútrido, da *adj* pourri, e (podrido) ▌ putride; miasmas pútridos miasmes putrides.

putsch *m* putsch (alzamiento).

puya *f* **TAUROM** fer *m* [de la pique] ▌ coup *m* de pique ▌ **FIG** pique (pulla).

puyar *v tr* (*Amer*) blesser avec un aiguillon (herir) ▌ gêner, déranger (molestar).

puyazo *m* **TAUROM** coup de pique ▌ **FIG** pique *f* (pulla).

puyo *m* (*Amer*) sorte de poncho.

puzle; puzzle *m* puzzle (rompecabezas).

puzolana *f* pouzzolane (roca volcánica).

puzzle ➥ **puzle**.

PVC (abrev de polyvinyl chloride) *m* PVC.

PVP (abrev escrita de precio de venta al público) *m* ppv.

PYME (abrev de Pequeña y Mediana Empresa) *f* PME.

pyrex ➥ **pírex**.

pza. (abrev escrita de plaza) Pl., pl.

q; Q *f* q *m*.

▌ **OBSERV** Cette lettre est toujours suivie en espagnol d'un u muet et le groupe a le même son que k en français.

Qatar; Katar *n pr m* GEOGR Qatar.

q.e.g.e. (abrev escrita de que en gloria esté) RIP.

q.e.p.d. (abrev escrita de que en paz descanse) RIP.

q.e.s.m. (abrev escrita de que estrecha su mano) formule de politesse dans une lettre.

quántico, ca ➤ cuántico.

quantum *m* FÍS quantum.

▌ OBSERV pl quanta.

quásar *m* quasar.

quattrocento *n pr m* quattrocento.

que *pron rel* qui (sujeto); el hombre que vive aquí l'homme qui habite ici ▌ que (complemento); el libro que estoy leyendo le livre que je suis en train de lire ▌lequel, laquelle, lesquels, lesquelles [peut être précédé de l'article défini en espagnol]; el cuchillo con (el) que corto el pan le couteau avec lequel je coupe le pain; la silla en (la) que estoy sentado la chaise sur laquelle je suis assis ▌quoi; no hay de qué estar orgulloso il n'y a pas de quoi se vanter; es en lo que pensaba c'est ce à quoi je pensais ■ al que, a la que à qui (personas); la mujer a la que me dirijo la femme à qui je m'adresse; à o vers lequel, laquelle, où; la ciudad a la que me dirijo la ville où je me rends ▌de que, del que, de la que, de los que, de las que dont; el libro del que hablo le livre dont je parle; las revistas de las que varias son nuestras les revues dont plusieurs sont à nous ▌que o celui dont ▌en el momento en que au moment où ▌la de que celle dont ▌lo que ce qui; lo que es verdad ce qui est vrai; ce que; lo que digo ce que je dis; comme; hace lo que todos il fait comme tout le monde; no pienso lo que usted je ne pense pas comme vous; combien, à quel point; no puedes imaginar lo perezoso que es tu ne peux t'imaginer à quel point il est paresseux ■ dar que pensar donner à penser ▌de que se trata en question, dont il s'agit; el asunto de que se trata l'affaire en question ▌el día que llegaste le jour où tu es arrivé o le jour de ton arrivée ▌es por lo que c'est pourquoi ▌es su padre el que manda c'est son père qui commande ▌lo que es peor ce qui est pire, qui pis est ▌FAM lo que faltaba! c'est complet! il ne manquait plus que ça! (no faltaba más) ▌por más que digan quoi qu'on dise, on a beau dire, on peut dire tout ce qu'on veut ▌por más que quieran quoi qu'on veuille ▌sea lo que sea o lo que fuere quoi qu'il en soit ▌yo que tú à ta place, si j'étais toi; yo que Vicente à la place de Vincent, si j'étais Vincent.

◇ *conj* que; quiero que vengas je veux que tu viennes ▌de (con verbos que encierran la idea de orden o ruego, seguido de infinitivo en francés); te dije que volvieras más tarde je t'ai dit de revenir plus tard; le ruego que venga je vous prie de venir ▌que ne (con verbos como temer, impedir, dudar); me temo que haya caído en el barranco je crains qu'il ne soit tombé dans le ravin; temo que no venga je crains qu'il ne vienne pas ▌car, parce que; hable más fuerte que oigo mal parlez plus fort car j'entends mal ▌ou; ¡cállate que te mato! tais-toi ou je te tue! ■ que no non; ¿qué dices? que no que dis-tu? non; mais non (claro que no), non, non et non (enérgicamente), et non pas, mais pas; era su tía que no su madre c'était sa tante et non pas sa mère; sans que, que no hay día que su novia no le escriba il ne passe pas de jour que sa fiancée ne lui écrive ▌que sí oui, si (sí), mais oui, mais si (claro que sí), si (enérgicamente) ■ antes que que, avant que; no iré antes que todo esté listo je n'irai pas avant que tout ne soit prêt ▌a que je parie que, gageons que; a que llego primero je parie que j'arrive le premier; à ce que; no me resigno a que mi criada me responda je ne me résigne pas à ce que ma bonne me réponde ▌¡claro que no! mais non!, bien sûr que non! ▌¡claro que sí! mais oui!, bien sûr que oui! ▌el que le fait que; me extraña el que no me hayan dicho nada cela m'étonne qu'on ne m'ait rien dit, le fait qu'on ne m'ait rien dit me surprend ▌más, menos... que plus, moins... que ▌por más que avoir beau (con infinitivo); quelque... que, quoi que (con subjuntivo), malgré (con sustantivo); por más que hace fracasa siempre il a beau faire, il échoue toujours; por más que trabajase il avait beau travailler; por más esfuerzos que hagas malgré tous tes efforts, tu auras beau faire des efforts; por más robusto que sea il a beau être robuste ▌tan... que si... que ▌tanto más cuanto que d'autant plus que ▌ya que puisque ■ corre que corre et je te cours, le voilà qui court ▌cualquier otro que no fuese tout autre que ▌dale que dale! allez, du nerf! (ánimo!), c'est toujours la même chanson, encore! ▌decir que no, que sí dire non, oui ▌estar que être dans un tel état que ▌no hay más que il suffit de ▌que

da gloria o gusto à merveille, à ravir; canta que da gusto il chante à ravir ▌que da gloria verlo c'est un plaisir à voir ▌que da miedo à faire peur ▌que da rabia rageant ▌que lo echen! sortez-le! ▌que me dejen en paz! qu'on me laisse en paix o tranquille!, qu'on me fiche la paix! FAM ▌que no se vuelva a hablar más de esto! qu'il n'en soit plus question! ▌que se divierta! amusez-vous bien! ▌que se vaya! qu'il s'en aille!, sortez-le!, à la porte! ▌que tengan ustedes mucha suerte je vous souhaite beaucoup de chance ▌que te vayas! va-t'en!, fiche le camp! FAM.

qué *adj* quel, quelle, quels, quelles; ¿qué edad tiene usted? quel âge avez-vous?; ¡qué suerte! quelle chance!; ¡qué chico más simpático! quel garçon sympathique!; ¡qué idea tan rara! quelle drôle d'idée! ▌comme, que; ¡qué calor hace! comme il fait chaud!; ¡qué guapa estás! que tu es jolie!; ¡qué despacio va este tren! comme ce train va lentement! ■ ¡qué bien! chic!, chic alors! ▌qué de! que de; ¡qué de gente! que de monde! ▌qué divertido! comme c'est drôle!

◇ *pron interr* que, qu'est-ce que FAM; ¿qué pasa? que se passe-t-il?; ¿qué dices? que dis-tu, qu'est-ce que tu dis?; ¿qué es esto? qu'est-ce que c'est ça? ▌quoi; ¿de qué se trata? de quoi s'agit-il?; ¿en qué piensa usted? à quoi pensez-vous?; ¿para qué sirve esto à quoi ça sert? ■ ¿qué? quoi?; ¿qué más? quoi d'autre?, quoi encore? FAM ▌¿qué tal? comment; ¿qué tal le pareció la película? comment avez-vous trouvé le film?; ¿qué tal el viaje? comment s'est passé le voyage? FAM ¿qué tal? comment ça va?, ça va? ■ ¿de qué? à quoi?; ¿de qué le sirve tener un coche si no sabe conducir? que lui sert o à quoi lui sert d'avoir une voiture s'il ne sait pas conduire? ▌¿para qué? pourquoi?; ¿para qué vienes? pourquoi viens-tu?; à quoi; ¿para qué sirve esto? à quoi cela sert-il?, à quoi bon? (¿de qué me serviría?) ▌¿por qué? pourquoi?, que?; ¿por qué no lo decía? que ne le disiez-vous? ▌¿pues qué? et alors?, eh quoi? ▌¿y a mí qué? qu'est-ce que ça peut bien me faire? ▌¿y qué? et alors? ■ el qué dirán le qu'en-dira-t-on ▌¿qué dice? que dites-vous? ▌¿qué es de Pedro? que devient Pierre? ▌¿qué es de su vida? que devenez-vous? ▌¿qué es lo que? qu'est-ce que? ▌¿qué hay? comment ça va?, ça va? ▌¿qué hay de nuevo? quoi de neuf? ▌¿qué le parece? qu'en pensez-vous? ▌¿qué más da? qu'importe?, qu'est-ce que ça peut faire?, peu importe ▌¿qué sé yo? que sais-je? ▌ tener con qué vivir avoir de quoi vivre ▌ un no sé qué un je ne-sais-quoi.

quebracho *m* quebracho (árbol) ▌ bois de fer (quiebrahacha).

quebrada *f* ravin *m*, vallée encaissée (hondonada) ▌ (*Amer*) torrent.

quebradero *m* FIG & FAM quebradero de cabeza casse-tête, cassement de tête.

quebradizo, za *adj* cassant, e; fragile; el cristal es quebradizo le verre est fragile ▌ FIG fragile, délicat, e; salud quebradiza santé fragile ▌ faible (voz).

quebrado, da *adj* cassé, e; brisé, e (roto) ▌ accidenté, e (terreno) ▌ FIG éteint, e (color) ▌ brisé, e; voz quebrada voix brisée ■ comerciante quebrado failli ▌ línea quebrada ligne brisée ▌ número quebrado nombre fractionnaire.
<> *adj* & *s* failli, e (comerciante) ▌ MED hernieux, euse.
◆ **quebrado** *m* MAT fraction *f*; quebrado decimal fraction décimale ▌ vers de quatre syllabes alternant avec d'autres plus longs (verso).

quebradura *f* cassure ▌ GEOGR découpure (de la costa) ▌ fissure (grieta) ▌ MED hernie.

quebrajar *v tr* fendre, fendiller.

quebrajoso, sa *adj* cassant, e (quebradizo) ▌ fendillé, e (agrietado) ▌ accidenté, e (relieve) ▌ (p us) fragile.

quebrantable *adj* qu'on peut violer (ley) ▌ ébranlable (que puede estremecerse).

quebrantador, ra *adj* & *s* contrevenant, e.

quebrantahuesos *m inv* ZOOL gypaète, vautour barbu (ave que vive en regiones montañosas) ▌ pygargue, orfraie *f* (ave acuática) ▌ FIG & FAM casse-pieds (pesado).

quebrantamiento *m* cassement ▌ FIG violation *f*, infraction *f*; quebrantamiento de la ley violation de la loi, infraction à la loi ▌ violation *f* (de un compromiso) ▌ rupture *f* (del ayuno) ▌ affaiblissement (de la salud) ■ quebrantamiento de destierro rupture de ban ▌ quebrantamiento de forma vice de forme ▌ DR quebrantamiento de sellos bris de scellés.

quebrantaolas *m inv* MAR brise-lames.

quebrantar *v tr* casser, briser; quebrantar una tinaja casser une jarre ▌ concasser (machacar); quebrantar habas concasser des fèves ▌ fendre (hender) ▌ FIG violer, enfreindre, transgresser; quebrantar la ley transgresser la loi ▌ rompre (el ayuno) ▌ briser, abattre; quebrantar el valor, la moral briser le courage, abattre le moral ▌ ébranler; quebrantar una convicción ébranler une conviction ▌ ébranler, affaiblir (salud) ▌ tiédir, dégourdir (templar un líquido) ▌ adoucir (color) ■ quebrantar el destierro être en rupture de ban, rompre son ban ▌ FIG quebrantarse la cabeza o los sesos se casser la tête.

quebranto *m* affaiblissement, délabrement (de la salud) ▌ abattement (del ánimo) ▌ affliction *f*, brisement de cœur (dolor profundo) ▌ perte *f*, dommage (pérdida) ▌ quebranto de fortuna ruine.

quebrar [19] *v tr* casser, briser, rompre; quebrar un vaso casser un verre ▌ plier (doblar); quebrar el cuerpo plier le corps ▌ FIG briser, casser; voz quebrada por la emoción

voix brisée par l'émotion ▌ interrompre subitement, mettre brusquement fin, briser; la muerte del líder quebró la racha de triunfos de su partido la mort du leader mit brusquement fin à la vague de triomphes de son parti ▌ adoucir, tempérer (templar).
<> *v intr* rompre, céder ▌ COM faire faillite ▌ antes quebrar que doblar plutôt rompre que plier.
◆ **quebrarse** *v pr* se briser, se rompre, se casser ▌ MED contracter une hernie ▌ FIG se briser; se le quebró la voz con la emoción sa voix se brisa sous le coup de l'émotion ■ FAM no quebrarse ne pas se casser la tête ▌ quebrarse la cabeza se casser la tête, se creuser la tête o la cervelle.

quebrazas *f pl* paille *sing* (en una hoja de metal).

quebrazón *f* (*Amer*) cassure (quebradura).

quechemarín *m* MAR chasse-marée *inv* (lugre).

quechol *m* (*Amer*) flamant (ave).

quechua *adj* & *s* quechua, quichua.
<> *m* LING quechua; quichua.

quechuismo *m* mot o tournure *f* quechua.

queda *f* couvre-feu *m*; tocar a queda sonner le couvre-feu ▌ toque de queda couvre-feu.

quedamente *adv* doucement.

quedar *v intr* rester, demeurer (permanecer) ▌ rester; me quedan cien pesetas il me reste cent pesetas; ¿queda pan? reste-t-il du pain? ▌ devenir; quedó muy pálido il est devenu tout pâle; quedaron amigos ils sont devenus amis; su pantalón le quedó corto son pantalon est devenu trop court ▌ être; queda lejos c'est loin; la junta quedó constituida al día siguiente l'assemblée fut constituée le lendemain; su segunda novela queda muy por debajo de la primera son second roman est très inférieur au premier ▌ en rester; ahí quedó la conversación la conversation en resta là ■ FIG & FAM quedar algo como pintado aller comme un gant ▌ quedar bien faire bien; el cuarto queda muy bien con su nuevo empapelado la pièce fait très bien avec son nouveau papier peint; aller bien, faire bien; quedan bien tus nuevos zapatos con tu traje gris tes nouvelles chaussures vont bien avec ton costume gris; s'en tirer brillamment o avec honneur; el torero ha quedado bien le toréro s'en est tiré brillamment; s'en tirer à son avantage; no sólo fue absuelto sino que encima quedó bien non seulement il fut acquitté mais, en plus, il s'en tira à son avantage; bien se conduire, bien se comporter (portarse bien) ▌ quedar con vida se tirer sain et sauf ▌ quedar de acuerdo demeurer o être o tomber d'accord ▌ quedar en convenir de, convenir que, décider que; quedamos en salir mañana nous avons convenu de sortir demain; dire que; quedó en venir esta noche il a dit qu'il viendrait ce soir; promettre (prometer) ▌ quedar mal ne pas faire bien (no sentar bien), ne rien donner; la foto quedaba muy mal después del retoque la photo ne donnait absolument rien après la retouche; mal s'en tirer, s'en tirer sans gloire; el cantor quedó tan mal que le pitaron le chanteur s'en tira si mal qu'il fut sifflé; mal se conduire, mal se comporter; he quedado muy mal con mi hermano je me

suis très mal conduit envers mon frère ▌ quedar para prendre rendez-vous pour; hemos quedado para mañana nous avons pris rendez-vous pour demain ▌ quedar por rester à; queda mucho por hacer il reste beaucoup à faire; passer pour; queda por valiente il passe pour courageux ■ ¿dónde habíamos quedado? où en étions-nous? ▌ ¿en qué quedamos? que décidons-nous? (decisión), en fin de compte; ¿en qué quedamos?, ¿es verdad o es mentira? en fin de compte, c'est vrai ou ce n'est pas vrai? ▌ esto queda a mi cuidado je m'en charge ▌ esto queda entre nosotros ceci reste entre nous ▌ he quedado con Conchita a las ocho j'ai rendez-vous avec Conchita à huit heures ▌ la carta quedó sin contestar la lettre resta sans réponse ▌ por mí que no quede il n'y voit pas d'inconvénient, je suis d'accord ▌ queda de usted atentamente veuillez agréer o recevez l'assurance de mes meilleurs sentiments (en una carta) ▌ queda de usted su affmo. y s.s. je vous prie d'agréer, Monsieur, mes salutations distinguées (en una carta) ▌ queda entendido que il est entendu que ▌ queda por pagar reste à payer ▌ queda por saber si (il) reste à savoir si ▌ queda que quizá se haya usted equivocado il n'en reste pas moins que vous vous êtes peut-être trompé ▌ que no quede por eso qu'à cela ne tienne ▌ FAM ya le queda poco il n'en a plus pour longtemps.
◆ **quedarse** *v pr* rester, demeurer; se quedó un año en Lima il resta un an à Lima; quedarse en cama, en casa rester au lit, chez soi; quedarse silencioso demeurer silencieux ▌ séjourner, rester, passer; se quedó una semana en Capri il séjourna une semaine à Capri ▌ devenir; quedarse ciego, sordo devenir aveugle, sourd ▌ rester; quedarse soltero rester célibataire ▌ être, devenir; quedarse huérfano être orphelin ■ FIG quedarse ahí y rester (morir) ▌ quedarse a la cuarta pregunta être sur la paille o sans le sou ▌ quedarse anticuado passer de mode ▌ quedarse así en rester o en demeurer là ▌ quedarse atrás rester en arrière ▌ quedarse boquiabierto o con la boca abierta rester bouche bée ▌ quedarse como quien ve visiones être abasourdi ▌ quedarse con garder; se quedó con mi libro il a gardé mon livre; quédate con tu abrigo garde ton manteau; me lo quedo je le garde [pour moi]; prendre; ¿se queda usted con este bolso? prenez-vous ce sac?; rester; después de efectuar esta compra me quedé con diez francos après avoir fait cet achat il me resta dix francs ▌ FIG quedarse con dos palmos de narices rester le bec dans l'eau (al no conseguir una cosa), se casser le nez (al no encontrar a una persona) ▌ quedarse con el gusto de rester sur le goût de (un alimento), ne pas avoir eu le plaisir de (no haber podido) ▌ quedarse con hambre rester sur sa faim, avoir encore faim ▌ FIG quedarse con las ganas rester sur sa faim ▌ quedarse con la última palabra avoir le dernier mot ▌ quedarse con una impresión rester sur une impression ▌ FIG quedarse con uno avoir o rouler quelqu'un (engañar) ▌ quedarse con vida s'en tirer sain et sauf ▌ quedarse cortado rester o demeurer court ▌ quedarse corto rester au-dessous de la vérité (al referir un suceso), rester au-dessous du compte, avoir calculé trop juste (en un cálculo) ▌ quedarse en agua de borrajas finir

en eau de boudin o en queue de poisson ‖ **quedarse en el poyete** faire tapisserie (en un baile), rester vieille fille (quedar solterona) ‖ **quedarse en la calle** rester sur le carreau (fracaso), se trouver o être à la rue, rester sur le pavé (arruinado o sin empleo) ‖ **quedarse en el sitio** rester sur le carreau, tomber raide mort (muerto) ‖ **quedarse helado** rester saisi o abasourdi ‖ **quedarse in albis** o a oscuras ne rien comprendre o piger FAM ‖ **quedarse limpio** être plumé o lessivé ‖ **quedarse parado** s'arrêter ‖ **quedarse para vestir imágenes** rester vielle fille, coiffer sainte Catherine ‖ FIG & FAM **quedarse plantado** rester en carafe ‖ **¡quédate quieto!** reste tranquille!, tiens-toi tranquille! ‖ FAM **me he quedado de una pieza** les bras m'en sont tombés ‖ **no saber con qué quedarse** n'avoir que l'embarras du choix ‖ FIG **y me quedo corto** j'en passe, et des meilleurs.

quedo, da *adj* calme, tranquille ‖ bas, basse (voz); **en voz queda** à voix basse.

➤ **quedo** *adv* doucement, bas; **hablar muy quedo** parler tout bas.

quehacer *m* travail, besogne *f*, labeur; **nuestro quehacer cotidiano** notre labeur quotidien.

➤ **quehaceres** *m pl* affaires *f*, occupations *f*; **ir a sus quehaceres** aller à ses affaires ‖ travaux, besognes *f*; **los quehaceres domésticos** les travaux ménagers.

queilitis *f inv* chéilite (inflamación de los labios).

queimada *f* boisson à base d'eau-de-vie flambée, originaire de Galice.

queja *f* plainte; **las quejas de un enfermo** les plaintes d'un malade ‖ reproche *m*, grief *m*; **las quejas de una persona perjudicada** les reproches d'une personne lésée ‖ doléance; **las quejas de un acreedor** les doléances d'un créancier ‖ DR plainte; **presentar una queja** déposer une plainte ■ **dar quejas** se plaindre, exhaler des plaintes, gémir ‖ **tener queja de** avoir à se plaindre de.

quejarse *v pr* se plaindre, gémir, geindre (gemir); **quejarse lastimosamente** geindre pitoyablement ‖ se plaindre; **quejarse de uno se plaindre de quelqu'un** ‖ **no tener por qué quejarse** ne pas être à plaindre, ne pas avoir à se plaindre ‖ **quejarse de algo a uno** faire grief de quelque chose à quelqu'un ‖ **quejarse de hambre** crier famine ‖ **quejarse de vicio** crier famine sur un tas de blé, se plaindre o trouver que la mariée est trop belle.

quejica; quejicoso, sa *adj & s* geignard, e; râleur, euse.

quejido *m* gémissement, plainte *f*; **los quejidos de un herido** les gémissements d'un blessé ‖ **dar quejidos** pousser des gémissements o des plaintes.

⎢ SIN lamentación, lamento lamentation; queja plainte; gemido gémissement.

quejigal *m* rouvraie *f* (robledal).

quejigo *m* BOT chêne rouvre, rouvre (roble).

quejoso, sa *adj* mécontent, e; **estoy quejoso de tu comportamiento** je suis mécontent de ton comportement.

quejumbroso, sa *adj* plaintif, ive; geignard, e; ronchonneur, euse FAM.

quelonios *m pl* ZOOL chéloniens (tortugas).

quema *f* brûlage *m*, brûlement *m* (acción de quemar) ‖ feu *m*; **condenado a la quema** condamné au feu ‖ incendie *m* (incendio); **la quema de los conventos** l'incendie des couvents ‖ vente au rabais, liquidation, soldes *m pl* (liquidación de géneros) ‖ (*Amer*) écobuage *m* ‖ FIG **huir de la quema** fuir le danger, ne pas attendre son reste.

quemadero *m* bûcher (para los sentenciados) ‖ incinérateur (para basuras).

quemado *m* brûlé; **oler a quemado** sentir le brûlé ‖ brûlis (chamicera).

quemador, ra *adj* & *s m* brûleur, euse; **quemador de gas** brûleur à gaz.

quemadura *f* brûlure ‖ brunissure (de las plantas heladas) ‖ **quemadura de sol** coup de soleil.

quemar *v tr* [▷ SIN] brûler; **quemar papeles** brûler des papiers; **alcohol de quemar** alcool à brûler ‖ FAM griller, brûler; **el sol nos quema** le soleil nous grille ‖ flamber (tirar el dinero) ‖ cuire (tostar la piel) ‖ vente au rabais, liquider (malbaratar) ‖ AGRIC griller (el sol o las heladas) ‖ brouir (desecar las plantas heladas) ‖ FIG surentraîner, pomper FAM; **un entrenador que quema a sus jugadores** un entraîneur qui surentraîne ses joueurs; perdre, user; **la actuación reiterada quema a los actores** jouer trop fréquemment perd les acteurs ■ **a quema ropa** à brûle-pourpoint ‖ FIG **quemar etapas** brûler les étapes ‖ **quemar la sangre** faire bouillir, exaspérer, taper sur le système FAM; **su cachaza me quema la sangre** son calme me fait bouillir ‖ **quemar las naves** brûler ses vaisseaux, couper les ponts ‖ **quemar una colección de fuegos artificiales** tirer un feu d'artifice.

◁ *v intr* brûler ‖ FAM **estar quemado** avoir le coup de pompe (de cansancio), être fini; **para mí es un político quemado** pour moi c'est un homme politique fini.

➤ **quemarse** *v pr* se brûler; **quemarse con una cerilla** se brûler avec une allumette ‖ brûler (un asado) ‖ FIG brûler (juegos); **¡que te quemas!** tu brûles! (en el escondite) ‖ se galvauder, galvauder sa réputation; **esta actriz actúa poco para no quemarse** cette actrice joue peu pour ne pas galvauder sa réputation ■ FIG **quemarse la sangre** se faire du mauvais sang o de la bile ‖ **quemarse las cejas** se crever les yeux ‖ **quemarse las pestañas** estudiando pâlir sur ses livres.

⎢ SIN arder brûler; abrasar embraser; encender allumer; incendiar incendier; incinerar incinérer; consumir consumer; devorar dévorer; calcinar calciner; carbonizar carboniser; escaldar échauder.

quemarropa

➤ **a quemarropa** *loc* à brûle-pourpoint (contestación) ‖ à bout portant (disparo).

quemazón *f* brûlure ‖ FIG démangeaison (comezón) ‖ vente au rabais, soldes *m pl*, liquidation (liquidación de géneros) ‖ (*Amer*) mirage *m* (espejismo) ‖ FIG sentía una gran quemazón por no haber cumplido lo prometido il se reprochait vivement o il était rongé par le regret de n'avoir pas tenu sa promesse.

quena *f* (*Amer*) flûte indienne.

⎢ OBSERV La quena est une petite flûte droite à cinq trous utilisée surtout par les Indiens du Pérou et de Bolivie.

quenopodiáceas *f pl* BOT chénopodiacées.

quenopodio *m* BOT chénopode.

quepis *m* képi.

queque *m* (*Amer*) petit pain (bollo).

queratina *f* kératine.

queratitis *f inv* MED kératite.

queratoplastia *f* MED kératoplastie.

queratosis *f inv* MED kératose.

queratotomía *f* MED kératotomie.

quercitrina *f* QUÍM quercitrine.

quercitrón *m* quercitron (tintura).

querella *f* plainte, querelle (queja) ‖ DR plainte.

⎢ OBSERV Le mot espagnol **querella** n'a pas le sens du français **querelle**, qui se dit **disputa**, **pendencia**.

querellante *adj & s* DR plaignant, e.

querellarse *v pr* DR porter plainte.

querencia *f* instinct *m* qui ramène les animaux vers un endroit favori (instinto) ‖ attachement *m* de l'animal pour certains endroits (cariño) ‖ lieu *m* favori de l'animal (sitio) ‖ FAM gîte *m* (del hombre) ‖ (p us) affection, attachement *m* ‖ TAUROM "querencia", refuge *m*.

querencioso, sa *adj* qui retourne toujours vers le même endroit.

querer [67] *v tr* vouloir; **¿quiere darme su dirección?** voulez-vous me donner votre adresse?; **haga lo que quiera** faites ce que vous voudrez; **¿quieren callarse?** voulez-vous vous taire? ‖ aimer (tiernamente); **querer a sus hijos** aimer ses enfants ‖ affectionner (tener afecto a) ■ **querer con locura** aimer à la folie ‖ **querer decir** vouloir dire, revenir à dire ‖ **querer es poder** vouloir c'est pouvoir ‖ **querer mal a uno** en vouloir à quelqu'un ■ **como quien no quiere la cosa** sans avoir l'air d'y toucher, mine de rien, comme si de rien n'était ‖ **como quiera** comme vous voudrez ‖ **como quiera que** puisque, comme ‖ **cuando quiera** n'importe quand ‖ **¡Dios lo quiera!** Dieu le veuille! ‖ **donde quiera** n'importe où ‖ FAM **gente de quiero y no puedo** des gens qui vivent au-dessus de leurs moyens ‖ **¡no lo quiera Dios!** ne plaise! ‖ **no quiero sus excusas** je ne veux pas de vos excuses ‖ **¿qué más quieres?** que veux-tu de plus? ‖ FAM **¡qué más quisieras tú!** tu voudrais bien!, si c'était vrai! ‖ **que quiera que no quiera, quiera o no quiera** bon gré mal gré, de gré ou de force ‖ **¿qué quiere decir esto?** qu'est-ce que ça veut dire? ‖ **¿qué quieres?** que veux-tu? ‖ **quien bien te quiere te hará llorar** qui aime bien châtie bien ‖ **quiérase o no** qu'on le veuille ou non ‖ **quiere llover** on dirait qu'il va pleuvoir ‖ **sin querer** sans le vouloir, sans le faire exprès ‖ **si quieres ser servido, sírvete a ti mismo** on n'est jamais si bien servi que par soi-même.

➤ **quererse** *v pr* s'aimer ‖ FAM **quererse como tórtolos** filer le parfait amour, s'aimer d'amour tendre.

querer *m* affection *f*, amour.

queretano, na *adj* de Querétaro [Mexique].

querido, da *adj* aimé, e; **querido por sus hijos** aimé de ses enfants ‖ cher, ère; **querido tío** cher oncle; **mi querida prima** ma chère cousine ‖ chéri, e; **Conchita querida** Conchita chérie ■ **fórmula tan querida por for-**

mule chère à ▌mi querido amigo mon cher ami, mon cher FAM.
◇ adj & s chéri, e; querido mío mon chéri.
➥ **querido** m ami, petit ami (amante).
➥ **querida** f maîtresse, amante, petite amie (amante).
▌OBSERV La palabra francesa chéri se utiliza sólo entre personas unidas por el amor.

quermés m ZOOL kermès (insecto).
▌OBSERV pl quermeses.

quermese f kermesse.
▌OBSERV pl quermeses.

querochar v intr pondre (las abejas).

Queronea n pr GEOGR Chéronée.

queroseno m kérosène.

Quersoneso n pr m GEOGR el Quersoneso la Chersonèse.

querubín m chérubin.

quesadilla f talmouse (pastel).

quesera f fromagère (que hace o vende queso) ▌fromagerie (donde se fabrica el queso) ▌assiette à fromage (plato) ▌cloche à fromage.

quesería f fromagerie.

quesero, ra adj & s fromager, ère; industria quesera industrie fromagère.
◇ m & f amateur (sin femenino) de fromage.

queso m fromage ▌FAM nougat, arpion (pie) ■ queso de bola fromage de Hollande ▌queso de cabra fromage de chèvre, chabichou ▌queso de cerdo fromage de tête ▌queso de Chester chester ▌queso de hierba fromage aux herbes ▌queso de pasta blanda fromage mou o à pâte molle ▌queso helado glace moulée ▌queso manchego manchego [fromage de brebis de la Manche] ■ medio queso passecarreau (de sastre) ■ FIG & FAM darla con queso a uno avoir o rouler quelqu'un (engañar), tromper, cocufier (al marido, a la mujer).

quetzal m quetzal (ave) ▌quetzal (moneda de Guatemala).

quevedesco, ca adj de Quevedo.

quevedos m pl pince-nez sing, lorgnon sing, binocle sing.

¡quiá! interj FAM allons donc! (¡vaya!), pas question! (¡ca!).

quiasma m ANAT chiasma (cruce).

quibey m BOT lobélie f (planta).

quiché adj & s quiché [Indien du Guatemala].

quichua adj & s quechua, quichua.

quichuismo m mot o tournure f quechua.

quicial m TECN jambage, montant (de puerta o ventana).

quicio m TECN gond (gozne), jambage (marco de puerta o ventana) ■ FIG fuera de quicio détraqué (persona), fou, folle (cosa) ▌sacar de quicio a uno mettre o pousser quelqu'un à bout, mettre quelqu'un hors de soi, faire sortir quelqu'un de ses gonds ▌sacar de quicio una cosa fausser o dénaturer une chose ▌salir de quicio sortir de ses gonds.

quico m FAM ponerse como el quico se taper la cloche, s'en mettre jusque-là.

quid m hic; ¡ahí está el quid! voilà le hic! ▌dar en el quid mettre dans le mille, frapper juste ▌quid pro quo quiproquo.
▌OBSERV pl quids.

quídam m FAM quidam (fulano).

quiebra f cassure, brisure (rotura) ▌crevasse (grieta) ▌COM faillite; estar en quiebra être en faillite ▌krach (crac) ▌FIG faillite; la quiebra de los valores humanos la faillite des valeurs humaines ▌COM declararse en quiebra faire faillite, déposer son bilan.

quiebrahacha m bois de fer (árbol).

quiebro m inflexion f du corps, écart (ademán) ▌dribble, dribbling (fútbol) ▌MÚS roulade f ▌TAUROM écart ▌dar un quiebro dribbler (fútbol), faire un écart (el torero).

quien pron rel qui; quien va a Sevilla pierde su silla qui va à la chasse perd sa place; aquellos para quienes hablo ceux pour qui je parle ▌celui qui, celle qui; quien te ha dicho esto es un ignorante celui qui t'a dit cela est un ignorant ▌quelqu'un; ya encontraré quien me haga este trabajo je trouverai bien quelqu'un qui me fera ce travail ■ a quien que (complemento directo); la persona a quien quiero la personne que j'aime; à qui, auquel, à laquelle (complemento indirecto); las personas a quienes o a quien hablo les personnes auxquelles je parle ▌como quien comme quelqu'un qui, comme si; callaba como quien no oye il se taisait comme s'il n'entendait pas ▌de quien dont; las mujeres de quienes hablo les femmes dont je parle ■ como quien dice comme qui dirait, pour ainsi dire ▌como quien no quiere la cosa sans avoir l'air d'y toucher, mine de rien, comme si de rien n'était ▌en casa de quien chez qui es... quien es... qui; es su madre quien manda c'est sa mère qui commande ▌habrá quien lo sepa il y en a sûrement qui le savent ▌hay quien dice il y a des gens qui disent, il y en a qui disent ▌no es quien para hacer esto il n'est pas qualifié pour faire cela, ce n'est pas à lui de faire cela ▌no hay quien se ocupe de él personne ne s'occupe de lui, il n'y a personne pour s'occuper de lui ▌quien mucho abarca poco aprieta qui trop embrasse mal étreint.

quién pron qui; ¿quiénes son estos dos chicos? qui sont ces deux garçons?; dime quién es dis-moi qui c'est; ¿a quién has encontrado? qui as-tu rencontré?; ¿de quién es esto? à qui est-ce? ▌¡quién pudiera! si seulement je pouvais! ▌quién... quién qui... qui, l'un... l'autre ▌¿quién sabe? qui sait?, sait-on jamais? ▌¿quién vive? qui vive?

quienquiera pron indef quiconque; quienquiera que le vea quiconque le verra ▌quienquiera que sea qui que ce soit.
▌OBSERV Le pluriel quienesquiera est rare.

quietismo m FILOS quiétisme (doctrina) ▌FIG immobilisme.

quietista adj & s FILOS quiétiste.

quieto, ta adj tranquille; niño que se está quieto enfant qui reste tranquille; ¡quédate quieto! tiens-toi tranquille! ▌immobile (sin moverse) ■ no poder estarse quieto ne pas tenir o rester en place.
➥ **¡quieto!** interj du calme!

quietud f quiétude, tranquillité.

quijada f ANAT mâchoire.

quijero m talus d'un canal.

quijo m (Amer) quartz aurifère o argentifère.

quijones m pl BOT peigne-de-Vénus sing.

quijotada f belle action (hecho); le ha dado por quijotada de... IRÓN il lui a pris la lubie de...

quijote m cuissart (de la armadura) ▌croupe f (del caballo).

quijote m un quijote un don Quichotte.

Quijote n pr don Quijote Don Quichotte ▌FIG & FAM el Quijote le Don Quichotte.

quijotesco, ca adj digne de Don Quichotte.

quijotismo m don-quichottisme.

quila f (Amer) bambou m arborescent, chusquea m.

quilatador m essayeur, contrôleur (de oro).

quilate m carat; oro de 18 quilates or à 18 carats ▌ancienne monnaie f valant un demi-denier ▌FIG & FAM de muchos quilates d'une grande valeur, précieux, euse ▌no tiene dos quilates de juicio il n'a pas deux sous de jugeotte.

quilatera f crible m pour trier les perles suivant leur grosseur.

quilífero, ra adj ANAT chylifère.

quilificación f BIOL chylification.

quilla f MAR quille; quilla de balance quille de roulis ▌bréchet m (de las aves) ▌dar de quilla a un barco coucher un bateau.

quillay m (Amer) quillaja, bois de Panama (palo de jabón).

quillotra f FAM concubine (manceba).

quillotrar v tr (p us) FAM stimuler, exciter (excitar) ▌enjôler, séduire (enamorar) ▌songer (meditar) ▌attifer (engalanar).
➥ **quillotrarse** v pr se plaindre (quejarse).

quillotro m (p us) FAM stimulant (estímulo) ▌signe, indice (señal) ▌amourette f (amorío) ▌tracas, ennui (quebradero de cabeza) ▌galanterie f (requiebro) ▌parure f (gala) ▌ami.

quilma f sac m (costal).

quilo m BIOL chyle ▌FIG & FAM sudar el quilo suer sang et eau.

quilo ➥ kilo.

quilocaloría ➥ kilocaloría.

quilociclo ➥ kilociclo.

quilogramo ➥ kilogramo.

quilolitro ➥ kilolitro.

quilombera f (Amer) prostituée.

quilombo m (Amer) maison f de tolérance (lupanar) ▌hutte f (choza) ▌MFAM bordel, foutoir; armar quilombo foutre le bordel.

quilometraje ➥ kilometraje.

quilometrar ➥ kilometrar.

quilométrico, ca ➥ kilométrico.

quilómetro ➥ kilómetro.

quilopondio ➥ kilopondio.

quilovatio ➥ kilovatio.

quilovatio-hora ➥ kilovatio-hora.

quilovoltio ➥ kilovoltio.

quimba f (Amer) dandinement m (contoneo).

quimbambas f pl vete a las quimbambas va voir ailleurs si j'y suis.

quimera f chimère ▌FIG querelle (contienda); buscar quimera chercher querelle ▌chimère (imaginación); **vivir de quimeras** se nourrir o se repaître de chimères.

quimérico, ca *adj* chimérique.

quimerista *adj* & *s* rêveur, euse (soñador) ‖ querelleur, euse (pendenciero).

química *f* chimie; **química general, biológica, mineral o inorgánica, orgánica** chimie générale, biologique, minérale o inorganique, organique.

químicamente *adv* chimiquement.

químico, ca *adj* chimique; **productos químicos** produits chimiques ‖ chimiste; **ingeniero químico** ingénieur chimiste.
◇ *m* & *f* chimiste.

quimil *m* (*Amer*) ballot de linge.

quimioterapia *f* MED chimiothérapie.

quimista *m* alchimiste (alquimista).

quimo *m* BIOL chyme.

quimono *m* kimono.

quina *f* quinquina *m* (árbol) ‖ MED quinquina *m* ■ **quina de Loja** quinquina gris ■ FIG & FAM **más malo que la quina** dégoûtant (una cosa), méchant comme la gale (una persona) ‖ **tragar quina** avaler des couleuvres.

quinado, da *adj* **vino quinado** quinquina.

quinal *m* MAR faux hauban.

quinario, ria *adj* & *s m* quinaire (cultos durante cinco días).

quincalla *f* quincaillerie (objetos).

quincallería *f* quincaillerie (tienda).

quincallero, ra *m* & *f* quincaillier, ère.

quince *adj num* & *ord* quinze; **Luis XV** (quince) Louis XV [quinze] ■ **el día quince** le 15 ‖ **el siglo XV** (quince) le XVe [quinzième] siècle ‖ **unos quince libros** une quinzaine de livres.
◇ *m* quinze (equipo de rugby) ■ FIG & FAM **dar quince y raya a** faire la pige à, damer le pion à, être très supérieur à, être cent fois o nettement mieux que.

quinceañero, ra *adj* **un chico quinceañero** un garçon de quinze ans.
◇ *m* & *f* adolescent, e, garçon *m*, fille *f* (de quinze ans).

quinceavo, va *adj num* quinzième; **quinceava parte** quinzième *m*.

quincena *f* quinzaine ‖ MÚS double octave *m* ‖ **pagar cada quincena** payer tous les quinze jours.

quincenal *adj* bimensuel, elle.

quincenalmente *adv* tous les quinze jours.

quinceno, na *adj* quinzième.
◇ *m* & *f* mulet, mule de quinze mois.

quincha *f* (*Amer*) claie de jonc (cerco) ‖ charpente de jonc (armazón).

quinchar *v tr* (*Amer*) clôturer avec des claies de jonc (cercar) ‖ couvrir avec une charpente de jonc [une hutte].

quincho *m* (*Amer*) paillote *f*.

quincuagena *f* cinquantaine.

quincuagenario, ria *adj* qui comprend cinquante unités.
◇ *adj* & *s* quinquagénaire (cincuentón).

quincuagésima *f* ECLES quinquagésime.

quincuagésimo, ma *adj* & *s m* cinquantième ‖ **quincuagésimo uno** cinquante et unième; **quincuagésimo dos** cinquante-deuxième, etc.

quinde *m* (*Amer*) colibri (ave).

quindecenviros *m pl* quindecemvirs (en Roma).

quingentésimo, ma *adj* & *s* cinq centième.

quingo *m* (*Amer*) zigzag.

quiniela *f* bulletin *m* (de loterie) (boleto) ‖ combinaison (au loto) (combinación) ‖ **la quiniela** ≃ le loto *m* sportif ‖ **quiniela hípica** ≃ PMU *m*.

quinielista *m* & *f* parieur, euse (fútbol).

quinientos, tas *adj* cinq cents; **quinientos hombres** cinq cents hommes ‖ cinq cent; **quinientos veinte** cinq cent vingt (seguido de otra cifra); **el año quinientos** l'an cinq cent (cuando equivale a un ordinal) ‖ **mil quinientos** mille cinq cents, quinze cents.

quinina *f* quinine.

quino *m* quinquina (árbol).

quinoa *f* quinoa (planta).

quínola *f* sorte de bouillotte (juego de naipes).

quinoleína *f* QUÍM quinoléine.

quinona *f* QUÍM quinone.

quinqué *m* quinquet (lámpara) ‖ FAM **tener mucho quinqué** avoir du nez.

quinquefolio *m* BOT quintefeuille *f* (planta) ‖ ARQ quintefeuille (adorno).

quinquelingüe *adj* polyglotte [qui parle cinq langues].

quinquenal *adj* quinquennal, e; **planes quinquenales** plans quinquennaux.

quinquenio *m* espace de cinq ans, quinquennalité *f*, quinquennat.

quinqui *m* FAM quincaillier (vendedor de quincalla) ‖ malfaiteur.

quinquina *f* quinquina *m* (quina).

quinta *f* villa, maison de campagne (casa) ‖ MIL conscription (reclutamiento) ‖ contingent *m*, classe (reemplazo); **es de la misma quinta que yo** il est de la même classe que moi ‖ quinte (esgrima) ‖ MÚS quinte ■ MIL **entrar en quintas** arriver à l'âge du service militaire ‖ **librarse de quintas** être exempté du service militaire ‖ **quinta de efectivos reducidos** classe creuse ‖ HIST **quinta del biberón** contingent de jeunes recrues envoyé sur le front de l'Èbre.

> **LA QUINTA DEL BIBERÓN**
> Peu avant la fin de la guerre civile d'Espagne, l'armée républicaine recruta, dans un ultime effort pour ne pas tomber face à l'ennemi, des jeunes de 17 et 18 ans. Ceux-ci n'avaient aucune expérience militaire, et la plupart périrent au cours de la bataille de l'Èbre. En raison de son jeune âge, on appela ce contingent, la « quinta del biberón ».

quintacolumnista *m* & *f* membre *m* de la cinquième colonne.

quintaesencia *f* quintessence.

quintaesenciar [8] *v tr* quintessencier.

quintal *m* quintal (peso) ‖ **quintal métrico** quintal métrique (peso de cien kilos).
‖ OBSERV L'ancien quintal espagnol pesait cent livres.

quintana *f* maison de campagne, villa.

quintar *v tr* prendre un sur cinq (uno de cada cinco) ‖ MIL tirer au sort ‖ AGRIC donner le cinquième labour.
◇ *v intr* arriver à son cinquième jour (la luna) ‖ enchérir d'un cinquième (pujar).

quinteo *m* tirage au sort, désignation *f* [d'un consigné, otage, etc.] sur cinq.

quintería *f* propriété, ferme (finca).

quinterno *m* quine (lotería) ‖ cahier de cinq feuilles (cuaderno).

quintero *m* fermier (arrendatario) ‖ valet de ferme (mozo de labranza).

quinteto *m* MÚS quintette.

quintidi *m* quintidi (quinto día del calendario republicano francés).

quintil *m* cinquième mois de l'année romaine.

quintilla *f* quintil *m* (estrofa de cinco versos).

quintillizos, zas *m* & *f pl* quintuplets, ettes.

quintillón *m* quintillion.

Quintín *n pr m* Quentin.

quinto, ta *adj* cinquième; **quinta columna** cinquième colonne ‖ cinq; **Felipe V** (quinto) Philippe V [cinq] ■ **Carlos V** (quinto) Charles Quint ■ **en quinto lugar** cinquièmement ‖ **la quinta columna** la cinquième colonne ‖ **la quinta parte** le cinquième, la cinquième partie ‖ **quinto** cinquièmement (en una enumeración).
➡ **quinto** *m* cinquième ‖ MIL conscrit, recrue *f*, bleu FAM.
‖ OBSERV El emperador Carlos V, que en España fue Carlos I, es tradicionalmente conocido en Francia como Charles Quint.

quintuplicación *f* quintuplication.

quintuplicar [10] *v tr* quintupler.

quíntuplo, pla; quíntuple *adj* & *s m* quintuple.

quinua *f* quinoa *m* (planta).

quinzavo, va *adj* & *s m* quinzième.

quiñón *m* lopin de terre.

quiñonero *m* petit cultivateur.

Quío *n pr* GEOGR Chio.

quío, a *adj* & *s* chiote.

quiosco *m* kiosque; **quiosco de música, de periódicos** kiosque à musique, à journaux.

quiosquero, ra *m* & *f* marchand, e de journaux.

quipos; quipus *m pl* quipos.

quiquiriquí *m* cocorico (canto del gallo).
‖ OBSERV *pl* quiquiriquíes.

quiragra *f* MED chiragre.

quirite *m* quirite (ciudadano de Roma).

quirófano *m* salle *f* d'opération.

quirografario, ria *adj* chirographaire.

quirógrafo, fa *adj* & *s* (sous) seing privé.

quiromancia *f* chiromancie.

quiromántico, ca *adj* de la chiromancie.
◇ *m* & *f* chiromancien, enne.

quiromasaje *m* chiropraxie *f*, chiropractie *f*.

quiromasajista *m* & *f* chiropracteur, chiropraticien, enne.

quiropráctica _f_ MED chiropractie, chiropraxie.

quiropráctico _m_ MED chiropracteur.

quirópteros _m pl_ ZOOL chiroptères, chéiroptères.

quirquincho _m_ tatou (armadillo).

quirúrgico, ca _adj_ chirurgical, e.

quirurgo _m_ chirurgien (cirujano).

quiscal _m_ quiscale (ave).

quisicosa _f_ FAM énigme, colle.

quisque _pron_ FAM cada quisque chacun, e; tout un chacun (cada cual).

quisquilla _f_ vétille, bagatelle (pequeñez) ‖ crevette (camarón) ‖ color quisquilla rose pâle, saumon clair.
◇ _adj & s_ ➤ **quisquilloso.**

quisquilloso, sa _adj_ pointilleux, euse; jefe quisquilloso chef pointilleux ‖ chatouilleux, euse (susceptible).
◇ _m & f_ personne pointilleuse o chatouilleuse.

quiste _m_ MED kyste.

quisto, ta _adj_ bienquisto, malquisto bien, mal vu; aimé, peu aimé.

quita _f_ remise d'une dette (de una deuda) ‖ de quita y pon amovible; impermeable con capucha de quita y pon imperméable avec capuche amovible.

quitación _f_ revenu _m_.

quitaesmalte _m_ dissolvant (para las uñas).

quitaipón _m_ pompon (quitapón).

quitamanchas _adj & s m inv_ détachant, e.

quitamiedos _m inv_ glissière _f_ de sécurité (en carreteras).

quitanieves _m inv_ chasse-neige.

quitapesares _m inv_ FAM consolation _f_.

quitapiedras _m inv_ chasse-pierres (de locomotora).

quitapón _m_ pompon (adorno) ‖ de quitapón amovible, mobile.

quitar _v tr_ [▷ SIN 1] enlever, ôter; quitar una mancha enlever une tache; quitar la tapa ôter le couvercle ‖ retirer; quitar lo que se acaba de ofrecer retirer ce qu'on vient d'offrir; me quitaron el pasaporte on m'a retiré mon passeport ‖ ôter (restar); quitar uno de tres ôter un de trois ‖ débarrasser; quitar la ganga a un mineral débarrasser un minerai de sa gangue; quitar a uno la preocupación débarrasser quelqu'un d'un souci ‖ [▷ SIN 2] arracher (con violencia); le quitó el bolso de las manos il lui arracha le sac des mains ‖ dérober (robar) ‖ empêcher; esto no quita que sea un holgazán cela n'empêche pas que ce soit un fainéant o il n'empêche que c'est un fainéant ‖ FIG ôter, retirer, enlever; su fracaso no le quita nada de sus cualidades son échec ne lui retire rien de ses qualités ■ quitar de encima o de en medio débarrasser; me lo ha quitado de en medio il m'en a débarrassé; supprimer (matar) ‖ FIG & FAM quitar el hipo laisser baba, couper le sifflet, suffoquer ‖ quitar la idea de décourager de, enlever l'idée de; le he quitado la idea de irse je l'ai découragé de partir ‖ quitar la mesa débarrasser la table, ôter le couvert, débarrasser FAM ‖ FIG & FAM quitar la vida tuer; este niño me quita la vida cet enfant me tue ‖ quitarle la razón a alguien donner tort à quelqu'un ‖ no quitar ojo o no quitar los ojos de encima ne pas quitter des yeux, couver du regard (mirar mucho), avoir o tenir à l'œil ‖ quitar un peso de encima enlever un poids ■ de quita y pon amovible; impermeable con capucha de quita y pon imperméable avec capuche amovible ‖ FIG & FAM en un quítame allá esas pajas en moins de deux, en un clin d'œil ‖ ni quito ni pongo rey ça ne me regarde pas ‖ por un quítame allá esas pajas pour un oui pour un non, pour un rien o une vétille ‖ ¡que me quiten lo bailado! c'est toujours ça de pris o de gagné, c'est autant de pris o de gagné! ‖¡quita, hombre! allons donc!, tais-toi!

➤ **quitarse** _v pr_ s'enlever, s'ôter; mancha que se quita fácilmente tache qui s'enlève facilement ‖ ôter, enlever, retirer; quitarse la boina ôter son béret; quitarse los zapatos retirer ses chaussures; quítese de ahí ôtezvous de là ■ quitarse años se rajeunir ‖ FAM quitarse de encima éluder (problema, dificulta-des), ne pas s'embarrasser de (escrúpulos), se débarrasser de (una persona); creía que no podría nunca quitármelo de encima je croyais que je ne pourrais jamais m'en débarrasser ‖ quitarse de en medio s'écarter, se pousser, s'ôter de là (cambiar de sitio); quítate de en medio ôte-toi de là; disparaître (irse) ‖ quitarse el sombrero se découvrir (para saludar), tirer son chapeau (de admiración) ‖ quitarse la chaqueta enlever la veste, tomber la veste FAM ■ eso, quíteselo usted de la cabeza rayez cela de vos tablettes o de vos papiers ‖ FAM ¡quítate de en medio! ôte-toi de là! ‖ ¡quítate de mi vista! vas te cacher!, disparais o ôte-toi de ma vue! ‖ ¡quítese de ahí! ôtez-vous de là!

> SIN 1. suprimir supprimer; separar séparer; extirpar extirper; eliminar éliminer; retirar retirer.
> 2. robar voler; arrebatar arracher; despojar dépouiller; desposeer déposséder; tomar, coger prendre; FAM birlar chiper.

quitasol _m_ parasol.

quitasueño _m_ FAM cauchemar (preocupación).

quite _m_ parade _f_ (esgrima) ‖ TAUROM "quite", action _f_ ayant pour objet de détourner l'attention du taureau ■ TAUROM dar el quite exécuter un "quite", écarter le taureau de son adversaire ‖ estar al quite être prêt à exécuter un "quite" (tauromaquia), se tenir prêt à donner un coup de main (en defensa de uno).

quiteño, ña _adj & s_ de Quito [Équateur].

quitina _f_ QUÍM chitine.

quitinoso, sa _adj_ chitineux, euse.

Quito _n pr_ GEOGR Quito.

quitón _m_ chiton (molusco).

quitrín _m_ (_Amer_) sorte de calèche.

¿quiubo? _loc_ (_Amer_) bonjour, ça va? (¡hola!).

quiyá _m_ (_Amer_) sorte de cabiai (roedor).

quizá; quizás _adv_ peut-être; quizá venga peut-être viendra-t-il.

quórum _m_ quorum (de una asamblea).

R

r; R *f* r *m.*

OBSERV L'r espagnol doit être prononcé de telle sorte qu'il produise l'effet d'une vibration. L'r initial, l'r situé après les lettres l, n, s, et les deux rr sont plus forts et comportent plusieurs vibrations. L'r ne doit pas être prononcé à la parisienne avec le dos de la langue, car on risquerait de le confondre avec la jota. Ortographiquement le double rr ne doit pas être coupé en deux à la fin d'une ligne mais reporté à la ligne suivante.

ra *m inv* ra (redoble del tambor).

raba *f* rogue (hueva del bacalao).

rabada *f* train *m* de derrière (de un animal) ║râble *m* (solomillo).

rabadán *m* maître berger (mayoral).

rabadilla *f* croupion *m* (de las aves) ║râble *m* (de conejo, de liebre) ║FIG & FAM romperse la rabadilla casser son verre de montre.

rabanal *m* champ de radis.

rabanera *f* marchande des quatre-saisons (verdulera) ║FIG & FAM poissarde, femme grossière.

rabanero, ra *adj* FIG & FAM court, e (vestidos) ║grossier, ère.

rabanillo *m* radis (rábano).

rabaniza *f* graine de radis (simiente) ║roquette (planta).

rábano *m* radis (planta) ■ rábano blanco raifort ║rábano silvestre raifort sauvage ║FAM tomar el rábano por las hojas interpréter tout de travers.

Rabat *n pr* GEOGR Rabat.

rabdología *f* rabdologie.

rabdomancía *f* rabdomancie.

rabear *v intr* remuer la queue ║MAR osciller de l'arrière.

rabel *m* rebec (instrumento de música).

rabelesiano, na *adj & s* rabelaisien, enne.

rabera *f* derrière *m* (parte posterior) ║traverse (en los carros) ║manche *m* [d'un outil].

rabí *m* rabbi (título) ║rabbin (rabino).
║ **OBSERV** pl rabís o rabíes.

rabia *f* rage (enfermedad) ║FIG rage, colère; reventar de rabia écumer de rage ■ FIG dar rabia enrager (invirtiendo la frase), mettre en colère, faire rager, mettre en rogne FAM; me da rabia leer tales mentiras j'enrage de lire de tels mensonges, ça me fait rager de lire de tels mensonges║muerto el perro se acabó la rabia morte la bête, mort le venin ║que da rabia rageant, e ║rabia, rabieta o rabia, rabiña bisque bisque rage ║ tener rabia a uno ne pas pouvoir voir quelqu'un, avoir quel-

qu'un dans le nez║tomarle rabia a uno prendre quelqu'un en grippe.

rabiamarillo *m* oiseau d'Amérique, cacique.

rabiar [8] *v intr* avoir la rage (padecer de rabia) ║FIG enrager, rager, bisquerFAM, se mettre en rogne FAM ■ FIG rabiar de hambre, de sed mourir de faim, de soif ║ rabiar por mourir d'envie de; está rabiando por irse il meurt d'envie de sortir ■ FIG a rabiar enragé, à tous crins; republicano a rabiar républicain enragé; à tout rompre; aplaudieron a rabiar ils ont applaudi à tout rompre║está que rabia il est furieux║estar a rabiar con uno être à couteaux tirés o fâché à mort avec quelqu'un║hacer rabiar a uno faire enrager quelqu'un║me gusta a rabiar j'adore, je suis fou de ║pica que rabia ça pique en diable ║soy más alto que tú, ¡rabia! je suis plus grand que toi, tralala!

rabiatar *v tr* attacher par la queue.

rabiblanco, ca *adj* à queue blanche.

rábico, ca *adj* MED rabique, de la rage.

rabicorto, ta *adj* à queue courte ║ FIG & FAM court-vêtu, e; una chiquilla rabicorta une gamine court-vêtue.

rabieta *f* FAM colère, rogne (de un niño).

rabihorcado *m* frégate *f* (ave).

rabijunco *m* oiseau d'Amérique du Sud, phaéton (ave).

rabilargo, ga *adj* à longue queue ║ FIG & FAM à robe traînante, habillé trop long.
➤ **rabilargo** *m* rollier (ave).

rabillo *m* petite queue *f* ║ queue *f* (de una hoja o fruto) ║patte *f* (de pantalón o de chaleco) ║ivraie *f* (cizaña) ║tache *f* (mancha en los cereales) ║coin (del ojo) ║FAM mirar con el rabillo del ojo regarder du coin de l'œil.

rabimocho, cha *adj* (*Amer*) à queue courte, à la queue coupée.

rabinato *m* rabbinat (dignidad de rabino).

rabínico, ca *adj* rabbinique.

rabinismo *m* rabbinisme.

rabinista *m & f* rabbiniste.

rabino *m* rabbin.

rabino, na *adj & s* bêcheur, euse.

rabión *m* rapide [d'un fleuve].

rabiosamente *adv* rageusement.

rabioso, sa *adj* enragé, e; perro rabioso chien enragé ║ FIG furieux, euse; en colère (enojado); estar rabioso con alguien être furieux après quelqu'un║rageur, euse; tono rabioso ton rageur ║enragé, e (fanático) ║écla-

tant, e; criard, e (color) ║rabioso de ira écumant de colère.

rabisalsera *adj f* FAM effrontée (mujer).

rabiza *f* scion *m* (de la caña de pescar) ║MAR bout *m*, poignée (de cordaje).

rabo *m* queue *f*; el rabo de un perro la queue d'un chien ║queue *f* (de una hoja o fruto) ║coin (del ojo) ║queue *f* (de una letra) ║FIG queue *f* (cosa que cuelga) ■ rabo de gallo cirrus (nube) ║rabo de junco paille-en-queue (ave) ║rabo de zorra érianthus (planta) ■ FIG & FAM aún está el rabo por desollar il y a encore fort à faire, le plus dur reste à faire ║irse con el rabo entre las piernas s'en aller la queue entre les jambes, s'en aller bredouille ║ mirar (a uno) con el rabo del ojo o de rabo de ojo regarder (quelqu'un) du coin de l'œil o de travers ║ FIG & FAM volver con el rabo entre las piernas revenir bredouille.

rabón, ona *adj* à queue très courte, sans queue ║démanché, e; sans manche (cuchillo).
➤ **rabona** *f* (*Amer*) cantinière ║FAM hacer o hacerse la rabona faire l'école buissonnière (hacer novillos).

rabosear *v tr* friper, froisser.

rabotada *f*; **rabotazo** *m* FIG & FAM grossièreté *f*, muflerie *f*.

rabotear *v tr* couper la queue (desrabotar).

raboteo *m* coupe *f* de la queue (a las ovejas).

racahut *m* racahout (fécula alimenticia árabe).

racamenta *f*; **racamento** *m* MAR racage *m.*

racanear *v intr* FAM tirer au flanc (ser vago) ║être radin (ser avaro).

rácano, na *adj* FAM flemmard, e (vago)║radin, e (avaro).

RACE (abrev de Real Automóvil Club de España) *m* club automobile espagnol.

racémico, ca *adj* QUÍM racémique (ácido).

racha *f* rafale (ráfaga de viento) ║ FIG série ║ vague; una racha de triunfos une vague de triomphes ║ FIG & FAM courte période de chance (en el juego) ■ FIG & FAM estar de racha, tener una buena racha avoir de la veine, être en veine ║tener una mala racha être dans une mauvaise passe.

racheado, da *adj* un viento racheado un vent en rafales.

racial *adj* racial, e; problemas raciales problèmes raciaux.

racimar *v tr* grappiller.
➤ **racimarse** *v pr* se réunir, se disposer en grappe.

racimo *m* grappe *f*; racimo de uvas grappe de raisin ‖ régime (de dátiles, de plátanos) ‖ FIG grappe *f* (conjunto).

raciniano, na *adj* racinien, enne.

raciocinación *f* raisonnement *m* ‖ ratiocination.
‖ OBSERV Ratiocination tiene un sentido peyorativo en francés.

raciocinar *v intr* raisonner ‖ ratiociner.
‖ OBSERV Ratiociner tiene un sentido peyorativo en francés.

raciocinio *m* raisonnement; carecer de raciocinio manquer de raisonnement.

ración *f* ration ‖ portion (en una fonda, en un bar); una ración de gambas une portion de crevettes ■ FIG a ración parcimonieusement ‖ poner a media ración mettre à la portion congrue ‖ FIG tener su ración de avoir son content de.

racional *adj* rationnel, elle; método racional méthode rationnelle ‖ raisonnable (dotado de razón); ser racional être raisonnable.
◇ *m* être doué de raison ‖ rational (ornamento del sumo sacerdote hebreo).

racionalidad *f* rationalité.

racionalismo *m* rationalisme.

racionalista *adj & s* rationaliste.

racionalización *f* rationalisation.

racionalizar [13] *v tr* rationaliser.

racionalmente *adv* rationnellement.

racionamiento *m* rationnement; cartilla de racionamiento carte de rationnement ‖ MIL distribution *f* de vivres.

racionar *v tr* rationner; racionar el pan rationner le pain ‖ MIL distribuer leur ration [aux soldats].
➙ **racionarse** *v pr* être rationné, e.

racionero *m* prébendier.

racionista *m & f* personne qui jouit d'un traitement ‖ rationnaire (racionado).
◇ *m* gagiste (en el teatro).

racismo *m* racisme.

racista *adj & s* raciste.

racket *m* racket.
‖ OBSERV pl rackets.

racor *m* raccord (empalme) ‖ AUTOM Durit *f*.

rada *f* rade.

Radamanto *n pr* MITOL Rhadamanthe.

radar *m* radar.

radarista *m* radariste (operador de radar).

Radegunda *n pr* Radegonde.

radiación *f* FÍS radiation ‖ poder de radiación pouvoir de rayonnement.

radiactinio; radioactinio *m* QUÍM radioactinium.

radiactividad; radioactividad *f* radioactivité.

radiactivo, va; radioactivo, va *adj* radioactif, ive.

radiado, da *adj & s m* BOT radié, e ‖ ZOOL radiaire (animal).
◇ *adj* diffusé, e; retransmis, e; radiodiffusé, e.

radiador *m* radiateur; radiador de gas radiateur à gaz.

radial *adj* radial, e.

radialtímetro *m* radioaltimètre.

radián *m* radian (unidad angular).

radiante *adj* radiant, e; rayonnant, e; calor radiante chaleur rayonnante ‖ FIG rayonnant, e; radieux, euse; rostro radiante visage radieux ■ radiante de alegría radieux, rayonnant de joie ‖ superficie radiante surface de rayonnement.

radiar [9] *v intr* irradier, émettre des radiations o un rayonnement.
◇ *v tr* irradier, soumettre à des radiations ‖ RAD retransmettre, radiodiffuser, diffuser ‖ MED traiter par des rayons.

radicación *f* enracinement *m*, radication (arraigamiento) ‖ FIG établissement *m*.

radicado, da *adj* BOT à racine (s).

radical *adj & s m* radical, e; medios radicales moyens radicaux.

radicalismo *m* radicalisme (política radical).

radicalista *adj & s* radical, e; radicaliste.

radicalizar [13] *v tr* radicaliser.
➙ **radicalizarse** *v pr* se radicaliser.

radicalmente *adv* radicalement.

radicalsocialismo *m* radical-socialisme.

radicalsocialista *adj & s* radical-socialiste.

radicando *m* MAT radicande.

radicante *adj* enraciné, e ‖ FIG issu, e; émanant, e ‖ radicant, e (de muchas raíces).

radicar [10] *v intr* résider; radicado en Madrid résidant à Madrid ‖ se trouver, être situé, e; una finca que radica en la provincia de Guadalajara une propriété qui se trouve dans la province de Guadalajara ‖ FIG radicar en résider dans, être dû à, tenir à.
➙ **radicarse** *v pr* s'établir, se domicilier (domiciliarse) ‖ s'enraciner (arraigarse).

radicícola *adj* BOT radicicole.

radicifloro, ra *adj* BOT radiciflore.

radicívoro, ra *adj* radicivore.

radicotomía *f* MED radicotomie.

radícula *f* BOT radicule.

radicular *adj* radiculaire.

radiestesia *f* radiesthésie.

radiestesista *m & f* radiesthésiste.

radífero, ra *adj* radifère (que contiene radio).

radio *m* rayon; radio de curvatura rayon de courbure ‖ rayon (de una rueda) ‖ FIG rayon; radio de acción rayon d'action; en un radio de cien kilómetros dans un rayon de cent kilomètres ‖ ANAT radius (hueso) ‖ QUÍM radium (metal) ■ radio de giro rayon de braquage (de un vehículo) ‖ BOT radio medular rayon médullaire ‖ radio vector rayon vecteur.
◇ *f* radio, poste *m* de radio (aparato) ■ dirección por radio radiocommande ‖ radio galena poste à galène ‖ señalar por radio radiobaliser ‖ técnico de radio radio-électricien, radioélectricien.

LA RADIO
Bien que l'Espagne ne fasse pas partie des pays où l'on écoute beaucoup la radio (50% de la population), elle dispose d'un grand nombre de stations qui émettent soit sur ondes moyennes soit en modulation de fréquence. Les quatre grandes sociétés de radiodiffusion, qui émettent sur l'ensemble du territoire espagnol, sont la SER (Sociedad Española de Radiodifusión), la COPE (Cadena de Ondas Populares Españolas), Onda Cero et RNE (Radio Nacional de España). Seule cette dernière est publique. Ces quatre sociétés possèdent des stations spécialisées

dans l'information, les variétés, la musique classique et la musique pop. Pratiquement toutes les stations proposent, depuis peu, des débats sur des thèmes d'actualité auxquels participent des personnalités du monde de la communication, des hommes politiques, des intellectuels, etc. En plus des stations nationales, les communautés autonomes ont leurs propres stations, et certaines communes disposent même de stations locales.

radioactinio ➙ radiactinio.

radioactividad ➙ radiactividad.

radioactivo, va ➙ radiactivo.

radioaficionado, da *m & f* radioamateur, radio amateur (sin femenino) ‖ cibiste.

radioalineación *f* AVIAC & MAR radioalignement *m*.

radioaltímetro *m* radioaltimètre.

radioastronomía *f* radioastronomie.

radioaudición *f* écoute [des émissions de radio].

radiobaliza *f* radiobalisage *m*.

radiobiología *f* radiobiologie.

radiocanal *m* radiocanal, canal radioélectrique.

radiocarpiano, na *adj* ANAT radiocarpien, enne (músculo).

radiocasete *m* radiocassette *f*.

radiocinematografía *f* radiocinématographie.

radiocirugía *f* radiochirurgie.

radiocobalto *m* radiocobalt.

radiocompás *m* radiocompas.
‖ OBSERV pl radiocompases.

radiocomunicación; radiotelecomunicación *f* radiocommunication.

radioconductor *m* radioconducteur.

radiocontrol *m* radiocommande *f*.

radiocroísmo *m* radiochroïsme.

radiocrónica *f* magazine *m* radiodiffusé, chronique radiodiffusée.

radiocubital *adj* ANAT radio-cubital, e.

radiodermatitis; radiodermitis *f inv* MED radiodermite.

radiodespertador *m* radioréveil, radioréveil.

radiodetección *f* radiodétection.

radiodiagnosis *f inv*; **radiodiagnóstico** *m* radiodiagnostic *m*.

radiodifundir *v tr* radiodiffuser.

radiodifusión *f* radiodiffusion; estación de radiodifusión station de radiodiffusion.

radiodifusor, ra *adj* de radiodiffusion; estación radiodifusora station de radiodiffusion.

radiodirector *m* radiocommande *f*, système de radioguidage (radiomando, radioguía).

radiodirigir [15] *v tr* radioguider.

radioelectricidad *f* radioélectricité.

radioeléctrico, ca *adj* radioélectrique.

radioelemento *m* radioélément.

radioemanación *f* émanation du radium.

radioemisión *f* radiodiffusion.

radioemisor, ra *adj* émetteur, trie.
➙ **radioemisora** *f* station de radiodiffusion, poste *m* émetteur.

radioenlace *m* faisceau hertzien.

radioescucha *m* & *f* auditeur, trice (de la radio).

radioespectro *m* spectre des fréquences radioélectriques.

radiofaro *m* radiophare.

radiofonía *f* radiophonie, radio FAM.

radiofónico, ca *adj* radiophonique ‖ crónica radiofónica, reportaje radiofónico radio-reportage.

radiófono *m* radiophone.

radiofotografía; radiofoto *f* radiophotographie.
▪ SIN radiotelefotografía radiophototélégraphie.

radiofrecuencia *f* radiofréquence.

radiógeno, na *adj* radiogène.

radiogoniometría *f* radiogoniométrie.

radiogoniométrico, ca *adj* radiogoniométrique.

radiogoniómetro *m* radiogoniomètre, radiocompas.

radiografía *f* radiographie, radio FAM ‖ hacerse una radiografía se faire faire une radio, passer à la radio.

radiografiar [9] *v tr* radiographier.

radiográfico, ca *adj* radiographique.

radiograma *m* radiogramme, radiotélégramme.

radioisótopo *m* FÍS radio-isotope.

radiolarios *m pl* ZOOL radiolaires.

radiolocalización *f* radiodétection, radiolocation, radiolocalisation.

radiología *f* MED radiologie.

radiológico, ca *adj* radiologique.

radiólogo *m* MED radiologiste, radiologue.

radiomensaje *m* message radio.

radiometalografía *f* radiométallographie.

radiometría *f* radiométrie.

radiométrico, ca *adj* radiométrique.

radiómetro *m* ASTRON & FÍS radiomètre.

radiomicrómetro *m* radiomicromètre.

radionavegación *f* radionavigation.

radionavegante *m* radionavigant.

radionovela *f* feuilleton *m* radiodiffusé.

radioonda *f* onde radio o radioélectrique.

radiooperador, ra *m* & *f* opérateur, trice-radio.

radiopaco, ca *adj* QUÍM radiopaque.

radioprograma *m* programme radio o radiophonique.

radioquímica *f* radiochimie.

radiorreceptor *m* radiorécepteur.

radiorreloj *m* radioréveil, radio-réveil.

radiorreportaje *m* radioreportage.

radioscopia *f* radioscopie.

radioscópico, ca *adj* radioscopique.

radiosensibilidad *f* radiosensibilité.

radioseñal *f* signal *m* radio.

radioseñalización *f* radiosignalisation.

radioso, sa *adj* radieux, euse; rayonnant, e.

radiosonda *f* radiosonde.

radiosondeo *m* radiosondage.

radiotaxi *m* radio-taxi.

radiotécnica *f* radiotechnique.

radiotécnico, ca *adj* & *s* radiotechnique.
➡ **radiotécnico** *m* radiotechnicien.

radiotelecomunicación ➡ **radiocomunicación**.

radioteledifusión; telerradiodifusión *f* radiodiffusion (sonore et visuelle).

radiotelefonear *v intr* radiotéléphoner.

radiotelefonema *m* message transmis par radiotéléphone.

radiotelefonía *f* radiotéléphonie.

radiotelefónico, ca *adj* radiotéléphonique.

radiotelefonista *m* & *f* radiotéléphoniste.

radioteléfono *m* radiotéléphone.

radiotelefotografía *f* radiophototélégraphie.
▪ SIN radiofotografía radiophotographie.

radiotelegrafía *f* radiotélégraphie.

radiotelegrafiar [9] *v tr* radiotélégraphier.

radiotelegráfico, ca *adj* radiotélégraphique ‖ despacho radiotelegráfico radiotélégramme.

radiotelegrafista *m* & *f* radiotélégraphiste.

radiotelégrafo *m* émetteur-récepteur radiotélégraphique.

radiotelegrama *m* radiotélégramme.

radiotelescopio *m* radiotélescope.

radioteletipo *m* radiotéléimprimeur, radiotélétype.

radiotelevisado, da *adj* radiotélévisé, e.

radiotelevisión *f* radiotélévision.

radioterapeuta *m* & *f* radiothérapeute.

radioterapéutico, ca; radioterápico, ca *adj* radiothérapique.

radioterapia *f* radiothérapie (rayos X) ‖ radiumthérapie (radium).

radioterápico, ca ➡ **radioterapéutico**.

radiotorio *m* radiothorium.

radiotransmisión *f* émission de radio.

radiotransmisor *m* poste émetteur, émetteur.

radiotransmitir *v tr* transmettre par radio, radiodiffuser.

radiotransparente *adj* MED radiotransparent, e.

radioyente *m* & *f* auditeur, trice (de la radio).

radiumterapia *f* radiumthérapie.

radón *m* QUÍM radon (gas).

RAE (abrev de Real Academia Española) *f* Académie royale espagnole, ≃ Académie française.

raedera *f* racloir *m*, raclette ‖ sorte de truelle (llana) ‖ petite pelle (azada).

raedor, ra *adj* & *s* racleur, euse.
➡ **raedor** *m* racloire *f* (rasero).

raedura *f* raclement *m*, raclage *m* (acción de raer) ‖ raclure (parte raída) ‖ élimage *m*, usure (de un traje).

raer [68] *v tr* racler ‖ FAM râper, élimer (traje) ‖ FIG rayer (de una lista).

RAF (abrev de Royal Air Force) *f* RAF.

Rafael *n pr* Raphaël.

rafaelesco, ca *adj* raphaélesque.

ráfaga *f* rafale (de viento) ‖ jet *m* [de lumière], éclair *m* (golpe de luz) ‖ rafale (de ametralladora).

rafe *m* & *f* ANAT raphé *m*.
◇ *m* avant-toit (alero).

rafia *f* BOT raphia *m*.

rafting *m* DEP rafting.
▪ OBSERV pl raftings.

raglán *m* raglan.

raglán; ranglán *adj inv* raglan; mangas raglán manches raglan.

ragú; ragout [raɣu] *m* ragoût.
▪ OBSERV pl ragouts.

ragua *f* extrémité supérieure de la canne à sucre.

rahat lokum *m* rahat-loukoum, rahatlokoum (dulce oriental).

RAI (abrev de Radio Audizione Italia) *f* RAI.

raicear *v intr* (*Amer*) prendre racine, s'enraciner.

raicilla; raicita *f* radicelle.

raid *m* raid (incursión).
▪ OBSERV pl raids.

raído, da *adj* râpé, e; traje raído costume râpé.

raigal *adj* radical, e; pedúnculos raigales pédoncules radicaux.
◇ *m* extrémité *f* de la pièce de bois correspondant à la racine de l'arbre.

raigambre *f* racines *pl* (de una planta) ‖ FIG racines *pl*, fondements *m pl* ‖ costumbre de honda raigambre en Castilla coutume profondément enracinée en Castille.

raigón *m* grosse racine *f* (tocón) ‖ racine *f* (de un diente) ‖ FAM chicot (de un diente echado a perder).

raíl; rail *m* rail (riel) ‖ raíl guía rail à gorge.

raimiento *m* raclage (acción) ‖ raclure *f* (resultado).

Raimundo *n pr* Raymond.

raíz *f* BOT racine ‖ ANAT racine (de un diente) ‖ GRAM racine ‖ MAT racine; raíz cuadrada, cúbica, irracional o sorda racine carrée, cubique, irrationnelle ■ BOT raíz adventicia, pivotante o columnar o nabiforme racine adventive, pivotante ■ a raíz de à la suite de, aussitôt après, tout de suite après ‖ bienes raíces biens-fonds ■ FIG arrancar o cortar de raíz déraciner (árbol), extirper (abuso), couper à la racine o dans sa racine (mal) ‖ echar raíces prendre racine, jeter des racines (una planta), s'ancrer (instalarse) ‖ FIG sacar de raíz extirper ‖ tener raíces être enraciné; la virtud tiene raíces profundas en su corazón la vertu est profondément enracinée dans son cœur.
▪ OBSERV pl raíces.

raja *f* tranche (de melón, sandía, salchichón, etc.); hacer rajas couper des tranches ‖ coupure (cortadura) ‖ fente (hendidura) ‖ fente (de chaqueta) ‖ fêlure (en un plato) ‖ fissure (grieta) ‖ bois *m* sur quartier, rondin *m* fendu (leño).

rajá *m* rajah, radjah (soberano de la India).
▪ OBSERV pl rajaes.

rajabroqueles *m inv* FIG & FAM (p us) matamore.

rajada *f* (*Amer*) poltronnerie, lâcheté.

rajadera *f* hachette, fendoir *m*.

rajado, da *adj* & *s* FIG & FAM dégonflé, e.

rajadura *f* fente (hendedura).

rajamiento *m* FAM dégonflage, reculade *f*.

rajar *v tr* couper en tranches; rajar un melón couper un melon en tranches ‖ fendre (hender) ‖MFAM piquer, planter (herir con arma blanca) ‖ (*Amer*) FAM virer (despedir).
◇ *v intr* FIG & FAM se vanter, en étaler (jactarse) ‖ jacasser (parlotear) ‖ rouspéter (refunfuñar) ‖ (*Amer*) foncer (correr) ‖ **salir rajando** filer (salir a toda velocidad).
➤ **rajarse** *v pr* se fendre ‖ FAM se dégonfler (acobardarse).

Rajastán ➤ **Rayastán**.

rajatabla
➤ **a rajatabla** *loc adv* point par point, rigoureusement.

rajatablas *m* (*Amer*) réprimande *f*.

raje *m* (*Amer*) fuite *f* ∎ (*Amer*) FAM **dar el raje** virer (echar) ‖ **tomarse el raje** prendre la poudre d'escampette, se tailler (salir precipitadamente).

rajeta *f* drap *m* grossier, rasette.
◇ *m* & *f* FAM dégonflé, e; froussard, e (miedoso).

rajo *m* (*Amer*) déchirure *f*.

rajón, ona *adj* & *s* FAM (*Amer*) fanfaron, onne ‖ dégonflé, e; froussard, e (miedoso).

rajonada *f* (*Amer*) fanfaronnade *f*.

rajuela *f* éclat *m* de bois (astilla) ‖ pierre (piedra).

ralea *f* espèce, race (raza) ‖ engeance; mala ralea mauvaise engeance ‖ proie spécifique (de aves de cetrería) ∎ **de baja ralea** de bas étage ‖ **gente de la misma ralea** gens du même acabit o à mettre dans le même sac.

ralear *v intr* s'éclaircir; esta tela ya ralea ce tissu s'éclaircit déjà ‖ ne pas être bien venu (racimo de uva).

ralentí *m* CINEM ralenti (cámara lenta) ‖ ralenti (motor); funcionar al ralentí marcher au ralenti.
‖ OBSERV pl ralentíes.

raleza *f* espacement *m*, dispersion.

rallado, da *adj* râpé, e; queso rallado fromage râpé.
➤ **rallado** *m* râpage.

rallador *m* râpe *f* (rallo).

ralladura *f* râpure.

rallar *v tr* râper; rallar queso râper du fromage ‖ FIG & FAM raser (molestar).

rallo *m* râpe *f* (rallador) ‖ alcarazas, gargoulette *f* (vasija).

rally [rali] *m* rallye.
‖ OBSERV pl rallys.

ralo, la *adj* rare, clairsemé, e (pelo, árboles) ‖ espacé, e (dientes) ‖ mince (tela) ‖ espacé, e; disséminé, e (diseminado).

RAM (abrev de random access memory) *f* RAM.

rama *f* branche ‖ FIG branche; las diferentes ramas del saber les différentes branches du savoir ‖ branche (de una familia) ‖ IMPR ramette ‖ MAT branche (de una curva) ∎ **en rama** brut (no manufacturado); algodón en rama coton brut ∎ FIG & FAM **andarse por las ramas** tourner autour du pot ‖ **no andarse por las ramas** ne pas y aller par quatre chemins.

‖ OBSERV No hay que confundir el español rama (de árbol) con el francés rame (remo, tren o resma).

ramada *f* branchage *m*, ramure, ramée (ramaje).

ramadán *m* ramadan (noveno mes musulmán).

ramaje *m* branchage, ramure *f*, ramée *f* ‖ ramage (de una tela).

‖ OBSERV Le mot espagnol ramaje n'a pas le sens de chant (des oiseaux) qu'a le substantif français ramage.

ramal *m* embranchement (de vía) ‖ branchement (derivación) ‖ ramification *f* (de una cordillera) ‖ tronçon (tramo) ‖ volée *f* (de escalera) ‖ brin (de cuerda) ‖ licou (ronzal) ‖ rameau (de mina) ‖ RAD brin ∎ **ramal de conexión** bretelle (autopista) ‖ **ramal de trinchera** boyau.

ramalazo *m* coup de licou o de corde ‖ rafale *f*, coup de vent (racha de viento) ‖ FIG marque *f* sur la peau ∎ **tener un ramalazo de** avoir quelque chose de ‖ **tener un ramalazo de loco** avoir un grain de folie.

rambla *f* ravin *m* ‖ cours *m*, promenade, avenue (paseo) ‖ TECN perche (para los paños) ‖ (*Amer*) quai *m* (muelle) ‖ **las Ramblas** les Rambles [avenue de Barcelone].

rameado, da *adj* à ramages; tejido rameado tissu à ramages.

ramear *v tr* ramager (un tejido).

ramera *f* prostituée.

rami *m* rami (juego de naipes).

ramificación *f* ramification (de un camino) ‖ FIG conséquence, suite, effet *m* (consecuencia) ‖ ramification, prolongement *m* (consecuencia más lejana) ‖ subdivision (subdivisión).

‖ SIN bifurcación bifurcation; ramal, empalme embranchement.

ramificado, da *adj* ramifié, e; rameux, euse.

ramificarse [10] *v pr* se ramifier ‖ FIG se ramifier, se subdiviser (subdividirse).

ramilla *f* ramille ‖ FIG broutille.

ramillete *m* bouquet; ramillete de flores bouquet de fleurs ‖ FIG pièce *f* montée (pastel) ‖ surtout (de mesa) ‖ FIG recueil, collection *f*; ramillete de máximas recueil de maximes ‖ grappe *f*; ramilletes de muchachas des grappes de jeunes filles.

ramilletero, ra *m* & *f* bouquetier, ère.
➤ **ramilletero** *m* vase [à fleurs].

ramina *f* filasse de ramie.

ramio *m* ramie *f* (planta).

Ramiro *n pr* Ramire.

ramitos *m pl* rameaux, ramilles *f*.

ramiza *f* branchages *m pl*; cabaña de ramiza hutte de branchages ‖ ramilles *pl* (támaras).

ramnáceas *f pl* BOT rhamnacées.

ramno *m* BOT rhamnus (cambrón).

ramo *m* rameau (rama pequeña) ‖ bouquet; ramo de flores bouquet de fleurs ‖ gerbe *f* (ramillete grande); ramo de gladíolos gerbe de glaïeuls ‖ botte *f* (manojo de hierbas) ‖ FIG branche *f* (subdivisión) ‖ grain; ramo de locura grain de folie ‖ **domingo de Ramos** dimanche des Rameaux.

ramojo *m* fagot, bourrée *f* (de ramas cortadas).

ramón *m* ramée *f*, branchages *pl*.

Ramón *n pr* Raymond.

ramonear *v tr* tailler (los árboles) ‖ brouter [aux arbres] (los animales).

ramoneo *m* taille *f* (poda) ‖ époque *f* de la taille (época).

rampa *f* MED crampe (calambre) ‖ rampe (plano inclinado) ∎ **rampa de lanzamiento** rampe de lancement.

rampante *adj* BLAS rampant, e; león rampante lion rampant.

ramplón, ona *adj* FIG vulgaire, quelconque, de mauvais goût; artículo ramplón article de mauvais goût; tío ramplón type quelconque ‖ pompier (sin femenino); versos ramplones des vers pompiers.

ramplonería *f* vulgarité, mauvais goût, grossièreté (vulgaridad).

rampojo *m* rafle *f* (escobajo).

rampollo *m* bouture *f*.

rana *f* grenouille; ancas de rana cuisses de grenouille ‖ tonneau *m* (juego) ∎ **rana de zarzal** rainette ‖ **rana marina** o **pescadora** baudroie, crapaud de mer (pejesapo) ∎ FIG & FAM **cuando las ranas críen** o **tengan pelos** quand les poules auront des dents, à Pâques ou à la Trinité ‖ **no ser una rana** ne pas être un imbécile ‖ **salir rana** rater; mi proyecto ha salido rana mon projet a raté; ne pas être ce qu'on espérait, ne pas être réussi.

rancajo *m* écharde *f* (espina, astilla).

rancheadero *m* campement.

ranchear *v intr* & *pr* camper.
◇ *v tr* (*Amer*) piller.

rancheo *m* (*Amer*) pillage.

ranchera *f* (*Amer*) chanson populaire.

ranchería *f*; **rancherío** (*Amer*) *m* campement *m* (conjunto de ranchos).

ranchero *m* cuisinier (el que guisa el rancho) ‖ chef d'un campement ‖ (*Amer*) fermier (dueño de un rancho).

rancho *m* soupe *f*, rata (comida de los soldados) ‖ FAM petit comité (grupo de personas) ‖ MAR carré d'équipage, poste (alojamiento) ‖ quart (marinos de servicio) ‖ rancho, ranch (finca en Norteamérica) ‖ (*Amer*) chaumière, *f* (bohío) ∎ **hacer rancho aparte** faire bande à part ‖ **rancho de carboneros** charbonnière ‖ **rebajar de rancho** donner un prêt franc.

ranciar [8] *v tr* faire rancir.
➤ **ranciarse** *v pr* rancir, devenir rance.

rancidez; **ranciedad** *f* rancidité ‖ rancissement *m*.

‖ OBSERV Le pluriel de rancidez est rancideces.

rancio, cia *adj* rance ‖ FIG rance, vieux jeu *inv*; una solterona un poco rancia une vieille fille un peu rance ‖ ancien, enne; vieux, vieille; rancia nobleza ancienne noblesse; de rancio abolengo de vieille souche ‖ **ponerse rancio** rancir, devenir rance.
➤ **rancio** *m* rance; oler a rancio sentir le rance ‖ rancio (vino) ‖ graisse *f* (del paño).

randa *f* dentelle *f* ‖ réseau *m* (de un encaje).
◇ *m* FAM filou, pickpocket.

randera *f* dentellière.

ranfañoso, sa *adj* (*Amer*) crasseux, euse; miteux, euse ‖ minable (sucio, ordinario).

ranfla *f* (*Amer*) rampe.

rangífero *m* renne (reno).

ranglán ➤ **raglán**.

rango *m* rang (categoría); de alto o mucho rango de haut rang **|** (*Amer*) générosité *f*, libéralité *f* (generosidad) **|** haridelle *f* (rocín) **■** conservar o mantener su rango tenir son rang **|** tener rango de avoir rang de.

rangoso, sa *adj* (*Amer*) généreux, euse.

ránidos *m pl* ZOOL ranidés.

ranilla *f* fourchette (del caballo) **|** VETER maladie des bovins.

ranking *m* hit-parade, palmarès.
> OBSERV **1.** Cet anglicisme correspond aux termes espagnols clasificación ou lista.
> **2.** pl rankings.

ranqueles *m pl* Indiens de la Pampa.

ránula *f* MED grenouillette.

ranunculáceas *f pl* BOT renonculacées.

ranúnculo *m* BOT renoncule *f*.

ranura *f* rainure **|** fente (de un teléfono público, de una máquina tragaperras) **■** hacer una ranura en faire une rainure dans, rainer **|** MECÁN ranura de engrase patte-d'araignée **|** INFORM ranura de expansión slot d'extension.

raña *f* crochet *m* à pêcher les poulpes **|** maquis *m*, taillis *m* (monte bajo).

raño *m* serran, perche *f* de mer (pez) **|** digon (instrumento de pesca).

rapabarbas *m inv* FAM barbier, figaro (barbero).

rapacejo *m* talon, armature *f* d'une frange (alma de fleco) **|** frange *f* (fleco) **|** gamin (muchacho).

rapacería *f* rapacité **|** gaminerie (muchachada).

rapacidad *f* rapacité.

rapado, da *adj* rasé, e; los cabezas rapadas les skinheads.

rapador, ra *m & f* tondeur, euse.
➤ **rapador** *m* FAM barbier, figaro (barbero).

rapadura *f*; **rapamiento** *m* rasage *m* (de la barba) **|** tonte *f* (del pelo) **|** (*Amer*) pain *m* de sucre (panela).

rapapiés *m inv* serpenteau (cohete).

rapapolvo *m* FAM savon (reprensión); dar un rapapolvo a alguien passer un savon à quelqu'un.

rapar *v tr* raser (afeitar) **|** tondre, couper les cheveux ras (cortar el pelo al rape) **|** FIG & FAM faucher, chiper (hurtar) **|** TECN raser.
➤ **raparse** *v pr* se raser (afeitarse) **|** se faire tondre.
> OBSERV El francés râper corresponde en español a rallar, raspar y raer.

rapaz *adj & s* rapace.
➤ **rapaces** *m pl* ZOOL rapaces.

rapaz, za; rapazuelo, la *m & f* gamin, e; petit garçon, petite fille, gosse.

rape *m* ZOOL baudroie *f* (pez) **|** rasage rapide (afeitado) **■** al rape ras; pelo cortado al rape cheveux coupés ras **|** FIG & FAM dar un rape passer un savon (reprender).

rapé *m* rapé (tabaco en polvo).

rapero, ra *m & f* rappeur, euse.

rápidamente *adv* rapidement.

rapidez *f* rapidité.
> OBSERV pl rapideces.

rápido, da *adj* rapide.
➤ **rápido** *m* rapide (tren, río).

rapincacho; rapingacho *m* (*Amer*) omelette *f* au fromage et aux pommes de terre.

rapiña *f* rapine (hurto) **■** ave de rapiña oiseau de proie.
> SIN bandidaje banditisme; bandolerismo brigandage; pillaje pillage; depredación déprédation.

rapiñar *v tr & intr* FAM rapiner (hurtar).

rapónchigo *m* raiponce *f* (planta).

raposa *f* renard *m* (zorro) **|** renarde (zorra) **|** FIG & FAM renard *m*, vieux renard *m*.

raposear *v intr* ruser.

raposeo *m* ruse *f*.

raposera *f* renardière.

raposería; raposía *f* ruse, astuce.

raposo *m* renard (zorro) **|** FIG renard, vieux renard (astuto).

rappel [rapel] *m* DEP rappel **|** COM rabais sur achats.
> OBSERV pl rappels.

rapsoda *m* rhapsode, rapsode.

rapsodia *f* rhapsodie, rapsodie.

raptar *v tr* enlever (una persona).

rapto *m* enlèvement, rapt; rapto de menores enlèvement d'enfants **|** extase *f*, ravissement (éxtasis) **|** impulsion *f* (impulso) **|** transport, élan (transporte) **|** accès (de cólera) **|** MED syncope *f* **|** el rapto de las Sabinas l'enlèvement des Sabines.

raptor, ra *adj & s* ravisseur, euse.

raque *m* pillage d'épaves.

raquear *v intr* piller les épaves.

Raquel *n pr* Rachel.

raquero, ra *adj & s* pirate (pirata).
➤ **raquero** *m* pilleur d'épaves **|** voleur qui opère dans un port (ratero).

raqueta *f* raquette (de tenis, etc.) **|** râteau *m* (de croupier) **|** raquette (para andar por la nieve) **|** sisymbre *m* (jaramago).

raquialgia *f* MED rachialgie.

raquianestesia *f* MED rachianesthésie, rachianalgésie.

raquídeo, a *adj* rachidien, enne; bulbo raquídeo bulbe rachidien.

raquis *m inv* ANAT & BOT rachis.

raquítico, ca *adj & s* rachitique.

raquitismo *m* rachitisme.

raquítomo *m* MED rachitome.

raramente *adv* rarement (rara vez) **|** étrangement (extrañamente) **|** bizarrement (ridículamente).

rarefacción *f* raréfaction **|** rareté (del aire).

rarefacer [30] *v tr* raréfier (enrarecer).

rarefacto, ta *adj* raréfié, e.

rareza *f* rareté **|** bizarrerie, extravagance (acción extravagante) **|** tener rarezas avoir des drôles d'idées, être un peu bizarre.

rarificar [10] *v tr* raréfier (enrarecer).

rarísimo, ma *adj* rarissime.

raro, ra *adj* rare (poco frecuente) **|** FIG [▷ SIN] bizarre, drôle, étrange (extraño); una manera muy rara de expresarse une façon bizarre o une drôle de façon de s'exprimer **|** FIG rare (gas) **■** FIG mirar como un bicho raro regarder comme une bête curieuse **|** ¡qué cosa más rara! c'est vraiment curieux! **|** rara vez rarement **|** FIG sentirse raro se sentir tout drôle, ne pas être dans son assiette.
> SIN extraño, peregrino étrange; insólito insolite; único unique; extraordinario extraordinaire; singular singulier; estrambótico, extravagante extravagant; estrafalario bizarre.

ras *m* a ras de au ras de **|** a ras de tierra à ras de terre; en rase-mottes (avión) **|** ras con ras au même niveau (al mismo nivel), ras à ras (tocando ligeramente).

rasa *f* clairière, clairure (de un tejido) **|** plateau *m* dénudé (meseta).

rasadura *f* action de rader.

rasancia *f* MIL rasance.

rasante *adj* rasant, e; tiro rasante tir rasant **|** en rase-mottes (vuelo).
◇ *f* pente, inclinaison (de un camino) **|** cambio de rasante haut d'une côte.

rasar *v tr* raser; rasar el suelo raser le sol **|** rader, racler (pasar el rasero) **|** AVIAC rasando el suelo en rase-mottes.

rasca *f* (*Amer*) ivresse, cuite (borrachera).
◇ *adj & s* (*Amer*) misérable, démuni, e (sin recursos).

rascabuchar *v tr* (*Amer*) fouiner (curiosear).

rascacielos *m inv* gratte-ciel (edificio).

rascacio *m* rascasse *f* (pez).

rascada *f* (*Amer*) grattement *m*.

rascadera *f* grattoir *m* **|** FAM étrille (almohaza).

rascado, da *adj* gratté, e **|** irritable, impatient, e **|** FAM effronté, e (atrevido).

rascador *m* grattoir, raclette *f* (raedera) **|** épingle *f* à cheveux ornée de pierreries **|** frottoir (para las cerillas) **|** AGRIC égreneuse *f* (para desgranar) **|** MIL rugueux (de una granada) **|** AUTOM rascador de aceite racleur d'huile.

rascadura *f* grattement *m* (en la piel) **|** grattage *m* (para quitar algo).

rascar [10] *v tr* gratter (con la uña) **|** racler (raspar) **|** FAM gratter, racler (la guitarra) **|** FIG el comer y el rascar, todo es empezar l'appétit vient en mangeant.
➤ **rascarse** *v pr* se gratter **|** (*Amer*) s'enivrer (emborracharse) **■** FIG a quien le pique que se rasque qui se sent morveux se mouche, qui se sent galeux se gratte **|** rascarse los bolsillos racler les fonds de tiroirs o ses fonds de poche.

rascaso *m* rascasse *f* [poisson des Antilles].

rascatripas *m inv* FAM violoneux, racleur (violinista malo).

rascón, ona *adj* âpre, âcre, râpeux, euse (vino).
➤ **rascón** *m* poule *f* d'eau, râle d'eau (polla de agua).

rascuache *adj* (*Amer*) de mauvais goût (cursi) **|** pauvre (pobre).

RASD (abrev de República Árabe Saharaui Democrática) *f* République arabe démocratique sahraoui.

rasera *f* écumoire.

rasero *m* radoire *f*, racloire *f* **|** FIG medir por el mismo rasero mettre sur le même pied o sur un pied d'égalité.

rasete *m* satinette *f* (tela).

rasgado, da *adj* déchiré, e **|** FIG fendu, e (boca) **|** en amande, de biche, fendu, e (ojos).
➤ **rasgado** *m* déchirure *f* (rasgón).

rasgadura *f* déchirure.

rasgar [16] *v tr* déchirer (romper).

➡ **rasgarse** *v pr* (*Amer*) mourir.

rasgo *m* trait ‖ rasgo de ingenio trait de génie.

➡ **rasgos** *m pl* traits (du visage) ■ explicar a grandes rasgos expliquer dans les grandes lignes o à grands traits.

rasgón *m* déchirure *f*.

rasgueado *m* arpège sur une guitare.

rasguear *v tr* plaquer des accords o des arpèges sur [un instrument à cordes].
◇ *v intr* faire des traits de plume.

rasgueo *m* arpèges *pl* o accords *pl* plaqués sur une guitare, accompagnement.

rasguñar *v tr* égratigner (arañar) ‖ esquisser, croquer (un boceto).

rasguño *m* égratignure *f* (arañazo); salir sin un rasguño s'en tirer sans une égratignure ‖ éraflure *f* (superficial) ‖ esquisse *f*, croquis (boceto).

rasilla *f* mousseline de laine (tela) ‖ brique creuse (ladrillo).

raso, sa *adj* ras, e ‖ plat, e (llano) ‖ découvert, e; dégagé, e; cielo raso ciel découvert ‖ simple; soldado raso simple soldat ‖ sans dossier (sin respaldo) ■ al raso à la belle étoile (al aire libre), ras (muy corto) ‖ cielo raso faux plafond (techo) ‖ en campo raso en rase campagne ‖ hacer tabla rasa faire table rase.

➡ **raso** *m* satin (tela).

raspa *f* arête (de un pescado) ‖ BOT axe *m* (eje) ‖ rafle (escobajo) ‖ (*Amer*) réprimande, savon *m* (reprimenda) ‖ voleur *m*, filou *m* (ratero).

raspado *m* MED curetage ‖ raclage (raedura) ‖ raturage (para borrar).

raspador *m* grattoir (para raspar lo escrito) ‖ TECN racloir, raclette *f*, curette *f* ‖ rabot (de mina).

raspadura *f* grattage *m* ‖ raclage *m* (raspado) ‖ râpage *m* (rallado) ‖ raturage *m* (para borrar) ‖ raclure, râpure, gratture (residuo del raspado) ‖ (*Amer*) cassonade.

raspaje *m* (*Amer*) curetage, curettage.

raspante *adj* qui gratte, râpeux, euse ‖ âpre, râpeux, euse (vino).

raspar *v tr* gratter ‖ racler (para quitar una parte superficial) ‖ racler le gosier (un vino, licor, etc.) ‖ voler, chiper (hurtar) ‖ raturer ‖ TECN râper ‖ (*Amer*) réprimander, gronder (reprender) ‖ raspando de justesse; aprobar raspando être reçu de justesse.

raspear *v intr* gratter (la pluma).

raspetón
➡ **de raspetón** *loc* (*Amer*) en passant, au passage (de pasada) ‖ en biais (de soslayo).

raspilla *f* BOT myosotis *m*.

raspón *m* (*Amer*) savon, engueulade *f* (reconvención) ‖ écorchure *f* (desolladura).

rasposo, sa *adj* râpeux, euse (áspero) ‖ (*Amer*) misérable (pobre).

Rasputín *n pr* Raspoutine.

rasqueta *f* MAR racle ‖ TECN raclette (raedera) ‖ (*Amer*) étrille (almohaza).

rasquetear *v tr* (*Amer*) étriller (almohazar).

rasta *m* & *f* FAM rasta.

rastacuero *m* rastaquouère, rasta (advenedizo).

rastafari *m* & *f* rastafari.

rastra *f* trace, traînée (huella) ‖ fardier *m* (carro) ‖ herse (grada) ‖ chapelet *m* (de fruta seca) ‖ (*Amer*) boucle de ceinture ronde des gauchos ■ a la rastra, a rastras en traînant, en faisant glisser (arrastrando), à contrecœur (de mal grado) ‖ FAM andar a rastras se traîner ‖ ir a rastras de uno être à la remorque de quelqu'un ‖ llevar a rastras traîner; llevar a alguien a rastras al médico traîner quelqu'un chez le médecin; avoir à la traîne; llevo dos asignaturas a rastras j'ai deux matières à la traîne.

rastrallar *v intr* claquer (el látigo).

rastreado *m* danse *f* espagnole du XVIIᵉ siècle.

rastreador, ra *adj* qui suit la trace.

rastrear *v tr* suivre la piste de, suivre à la trace ‖ traîner au fond de l'eau (en la pesca) ‖ vendre (la viande) au marché.
◇ *v intr* raser le sol (un avión) ‖ AGRIC râteler ‖ FIG s'informer, enquêter.

rastrel *m* ARQ listel (ristrel).

rastreo *m* traînement ‖ AGRIC râtissage, râtelage (con el rastrillo), hersage (con la grada).

rastrera *f* MAR bonnette basse (arrastradera).

rastreramente *adv* bassement.

rastrero, ra *adj* rampant, e; animal rastrero animal rampant ‖ FIG rampant, e; vil, e; carácter rastrero caractère rampant ‖ vil, e (conducta) ‖ terre à terre; ambiciones rastreras ambitions terre à terre ‖ BOT rampant, e (tallo) ‖ perro rastrero limier.

➡ **rastrero** *m* employé des abattoirs ‖ marchand de bestiaux.

rastrillada *f* râtelée ‖ (*Amer*) traces *pl*, piste.
➡ **rastrilladas** *f pl* râtelures.

rastrillado *m* râtelage (en el campo) ‖ ratissage (en jardines) ‖ peignage (de textiles).

rastrillador, ra *m* & *f* râteleur, euse ‖ peigneur, euse (de textiles).
➡ **rastrilladora** *f* AGRIC herse.

rastrillaje *m* AGRIC râtelage, ratissage.

rastrillar *v tr* ratisser; rastrillar las avenidas de un jardín ratisser les allées d'un jardin ‖ AGRIC râteler, racler (con el rastro) ‖ herser (con la grada) ‖ TECN peigner (cáñamo, lino) ‖ (*Amer*) tirer (disparar) ‖ gratter (un fósforo).

rastrillo *m* peigne (para el cáñamo, el lino) ‖ râteau (rastro) ‖ petit marché aux puces (mercadillo) ‖ MIL herse *f* (de fortificación) ‖ TEATR herse *f* ‖ TECN râteau (de cerradura).

rastro *m* AGRIC râteau (para recoger hierba, paja, etc.) ‖ herse *f* (grada) ‖ marcotte *f* (mugrón) ‖ abattoir (matadero) ‖ FIG trace *f*; ni rastro de pas trace de; no encontrar rastro de ne pas trouver trace de ‖ piste; seguir el rastro suivre à la piste ‖ el Rastro le marché aux puces (en Madrid).

rastrojar *v tr* AGRIC chaumer, déchaumer.

rastrojera *f* chaumes *m pl* ‖ saison pendant laquelle les troupeaux paissent dans les chaumes.

rastrojo *m* chaume (paja) ‖ chaumes *pl* (campo segado) ‖ (*Amer*) buisson.

rasura; rasuración *f* raclure (raedura).
➡ **rasuras; rasuraciones** *f pl* tartre *m sing* (tártaro).

rasurador *m* rasoir électrique.

rasurar *v tr* (p us) raser (afeitar).

rata *f* rat *m* (mamífero roedor); rata de alcantarilla rat d'égout ‖ rate, femelle du rat (hembra) ■ rata almizclada rat musqué, ondatra ‖ rata blanca souris blanche ‖ rata de agua rat d'eau ‖ rata de campo rat des champs ‖ FIG & FAM rata de hotel rat d'hôtel (hombre), souris d'hôtel (mujer) ‖ rata de sacristía grenouille de bénitier ■ (*Amer*) hacerse la rata faire l'école buissonnière ‖ FIG & FAM más pobre que las ratas o que una rata pauvre comme Job ‖ no había ni una rata il n'y avait pas un chat ‖ no mataría ni a una rata il ne ferait pas de mal à une mouche ‖ no se salvó ni una rata ils y sont tous passés, aucun n'en a réchappé.

ratafía *f* ratafia *m* (licor).

ratania *f* ratanhia *m* (planta).

rataplán *m* rataplan (del tambor).

rata por cantidad *loc adv* au prorata.

rateado, da *adj* au prorata.

ratear *v intr* se traîner ‖ AUTOM avoir des ratés.
◇ *v tr* chaparder, voler (robar) ‖ distribuer au prorata.

ratel *m* ratel (especie de tejón).

rateo *m* partage au prorata (prorrateo).

ratería *f* filouterie, filoutage *m*, vol *m*.

ratero, ra *adj* bas, basse; vil, e; rampant, e (despreciable) ‖ voleur, euse (ladrón) ■ perro ratero ratier ‖ un tío ratero un filou.
◇ *m & f* voleur, euse; filou (sin femenino) ‖ pickpocket *m* (carterista) ‖ ratero de hotel rat d'hôtel.

raticida *m* raticide.

ratificación *f* ratification ‖ DR récolement (de testigos).

ratificar [10] *v tr* ratifier ‖ DR récoler.
➡ **ratificarse** *v pr* être ratifié, e.

ratina *f* ratine (tela).

ratio *m* ratio (en contabilidad).

rato *adj m* non encore consommé (matrimonio).

rato *m* moment, instant; salió hace un rato il est sorti il y a un moment ■ a cada rato à chaque o à tout instant ‖ al poco rato peu de temps après ‖ a ratos par moments ‖ a ratos perdidos, en los ratos perdidos à ses moments perdus ‖ a ratos… y a ratos tour à tour; a ratos está sonriente y a ratos serio il est tour à tour souriant et sérieux ‖ de rato en rato de temps en temps ‖ (*Amer*) hasta cada rato à bientôt, à tout à l'heure (hasta luego) ‖ FAM ¡hasta otro rato! à la prochaine!, à bientôt! (hasta luego) ‖ un buen rato un bon moment ‖ FIG & FAM un rato rudement, drôlement, bigrement, terriblement; esta película es un rato buena ce film est drôlement bien ■ dar un mal rato faire passer un mauvais quart d'heure ‖ hace mucho rato que il y a longtemps que ‖ FAM hay para rato il y en a pour un bon moment ‖ para pasar el rato pour passer le temps ‖ pasar un mal rato passer un mauvais quart d'heure o un mauvais moment ‖ FAM saber un rato de être drôlement fort en ‖ tener ratos avoir de bons moments (persona).

ratón *m* souris *f* (animal) ‖ INFORM souris *f*; el puerto ratón le port souris; controladores de ratón programme de gestion souris ‖ pulsar el ratón cliquer ■ ratón almizclero rat musqué ‖ ratón campesino mulot ■ FAM es un ratón de biblioteca c'est un rat de bibliothèque ‖ más vale ser cabeza de ratón que cola de león il vaut mieux être le premier dans son village que le second à Rome.

ratona *f* souris (hembra del ratón).

ratoncillo *m* raton, petite souris *f*.

ratoncito *m* (*Amer*) colin-maillard (juego) ‖ FAM el ratoncito Pérez le petite souris (personaje infantil).

ratonera *f* souricière (trampa para ratones) ‖ ratière, piège *m* à rats (trampa para ratas) ‖ trou *m* de souris (madriguera del ratón) ‖ (*Amer*) masure (casucha) ‖ FIG & FAM caer en la ratonera tomber dans le piège, se jeter dans la souricière.

ratonero, ra; ratonesco, ca; ratonil *adj* souriquois, e; trotte-menu *inv*; la raza ratonil la gent trotte-menu ‖ música ratonera musique de chiens et de chats, cacophonie.

rattán *m* rotin.

RAU (abrev de República Árabe Unida) *f* RAU.

rauco, ca *adj* POÉT rauque (ronco).

raudal *m* torrent (corriente de agua) ‖ FIG torrent; un raudal de lágrimas un torrent de larmes ‖ flot; raudales de luz des flots de lumière ‖ a raudales à flots.

raudo, da *adj* rapide, violent, e.

Raúl *n pr* Raoul.

ravenala *f* BOT ravenala *m*.

ravioles; raviolis *m pl* ravioli.

raya *f* raie (señal) ‖ raie (del peinado) ‖ rayure (lista); camisa a rayas chemise à rayures ‖ pli *m* (del pantalón) ‖ rayure (de un arma de fuego) ‖ tiret *m* (en un escrito) ‖ limite (límite) ‖ trait *m* (alfabeto Morse) ‖ ZOOL raie (pez) ‖ ligne (de cocaína) ‖ (*Amer*) paie, salaire *m* (sueldo) ‖ palet *m* (juego) ■ FIG & FAM cruz y raya c'est fini, qu'il n'en soit plus question, l'affaire est close ‖ tres en raya marelle (juego de niños) ‖ FIG & FAM dar ciento y raya o quince y raya a damer le pion à, être très supérieur à, être cent fois o nettement mieux que, faire la pige à ‖ mantener a raya tenir à distance (un inferior), tenir en respect ‖ pasar la raya mordre la ligne (atletismo) ‖ FIG pasarse de la raya dépasser les bornes ‖ poner raya a mettre un frein à.

rayadera *f* IMPR régleuse.

rayadillo *m* tissu de coton rayé, cotonnade *f* rayée (tela).

rayado, da *adj* rayé, e (cañón, papel).
➤ **rayado** *m* rayure *f* (rayadura) ‖ réglure *f* (pauta) ‖ rayage (de un cañón).
◇ *adj & s* (*Amer*) FAM fêlé, e; cinglé, e (loco).

rayadura *f* rayure.

rayano, na *adj* limitrophe ‖ rayano en proche de, près de.

rayar *v tr* rayer (tirar rayas, tachar) ‖ souligner (subrayar).
◇ *v intr* confiner, toucher, être limitrophe; esta casa raya con la mía cette maison confine à la mienne o est limitrophe de la mienne o touche à la mienne ‖ FIG confiner, toucher, friser; este acto raya en la locura cet acte confine à la folie o frise la folie ‖ friser; rayar en los cuarenta años friser la quaran-

taine ‖ côtoyer, friser; rayar en lo ridículo côtoyer le ridicule ‖ poindre (el día, el alba) ■ al rayar el alba au point du jour, à l'aube, au chant du coq ‖ FIG rayar a gran altura briller, se distinguer.
➤ **rayarse** *v pr* (*Amer*) FAM tourner en bourrique (volverse loco).

Rayastán; Rajastán *n pr m* GEOGR Rajasthan.

rayero *m* (*Amer*) juge d'une course de chevaux.

rayo *m* rayon; los rayos del sol les rayons du Soleil ‖ rayon, rai; un rayo de luz un rai de lumière ‖ foudre *f* (meteoro); ser alcanzado por el rayo être frappé par la foudre ‖ rayon (de la rueda) ‖ foudre, carreau; los rayos de Júpiter les carreaux de Jupiter ‖ FIG vif-argent; esta niña es un rayo cette enfant est du vif-argent ■ rayo incidente rayon incident ‖ rayo láser rayon laser ‖ rayo reflejo rayon réfléchi ‖ rayo textorio navette de tisserand ‖ rayo verde rayon vert ■ rayos catódicos rayons cathodiques ‖ rayos cósmicos rayons cosmiques ‖ rayos gamma rayons gamma ‖ rayos infrarrojos rayons infrarouges ‖ rayos ultravioleta rayons ultraviolets ‖ rayos X rayons X ■ FIG con la velocidad del rayo comme la foudre, comme un éclair ‖ más vivo que un rayo vif comme l'éclair ■ arrojar rayos darder ses rayons ‖ caer fulminado por un rayo tomber foudroyé, être foudroyé ‖ FIG echaba rayos por los ojos ses yeux lançaient des éclairs ‖ echar rayos y centellas être furibond o furieux ‖ mal rayo me parta si... que le diable m'emporte si...! ‖ ¡que le parta un rayo! que le diable l'emporte!, qu'il aille se faire pendre ailleurs! ‖ salir como un rayo partir comme un trait ‖ temer a uno como al rayo craindre quelqu'un comme la foudre ‖ ¡y a mí que me parta un rayo! et moi alors!

rayón *m*; **rayona** *f* rayonne *f* (tejido).

rayuela *f* petite raie ‖ palet *m* (juego).

rayuelo *m* bécassine *f*.

raza *f* race; raza negra race noire ‖ FAM gent; la raza ratonil la gent trotte-menu ‖ VETER seime ‖ de raza racé, e (animal).

razón *f* raison ‖ raison, cause, motif *m* (motivo) ‖ commission (recado); llevar una razón faire une commission ‖ MAT rapport *m*, relation (proporción), raison (de una progresión) ■ MAT razón aritmética o por diferencia raison d'une suite arithmétique, raison par différence ‖ FIG razón de cartapacio mauvaise raison ‖ razón de Estado raison d'État ‖ razón de más para raison de plus pour ‖ FAM razón de pie de banco raisonnement boiteux o tordu ‖ razón de ser raison d'être ‖ MAT razón directa, inversa raison directe, inverse ‖ razón geométrica o por cociente raison d'une suite géométrique, raison par quotient ‖ razón natural raison naturelle ‖ razón social raison sociale ■ a razón de à raison de ‖ cerrado por vacaciones razón: café La Perla fermé pour cause de vacances s'adresser au café La Perla ‖ con mayor razón à plus forte raison ‖ con razón à juste titre, avec raison; se ha quejado con razón il s'est plaint à juste titre; et pour cause (claro) ‖ con razón o sin ella à tort ou à raison ‖ en razón a o de en raison de ‖ por una razón o por otra pour une raison ou pour une autre ‖ sin razón

sans raison, à tort ‖ uso de razón usage de la raison ■ asistirle a uno la razón avoir la raison pour soi ‖ atenerse o avenirse a razones entendre raison, se rendre à la raison ‖ con razón que le sobra, con toda la razón, con mucha razón à (très) juste titre ‖ dar la razón a uno donner raison à quelqu'un ‖ dar razón de renseigner sur ‖ entrar en razón entendre raison ‖ estar cargado de razón avoir entièrement raison (persona), être fondé (argumento) ‖ lo hizo con mucha razón il a très bien fait, il a eu entièrement raison de le faire ‖ meter o poner o hacer entrar en razón a faire entendre raison à, mettre à la raison ‖ no hay razón que valga il n'y a pas de raison qui tienne ‖ no tener razón avoir tort, ne pas avoir raison ‖ obras son amores, que no buenas razones il n'y a que les faits qui comptent ‖ perder la razón perdre la raison ‖ ponerse en razón se montrer raisonnable ‖ quitar la razón a alguien donner tort à quelqu'un ‖ reducirse a la razón se rendre à la raison ‖ tener razón avoir raison; usted tiene toda la razón vous avez tout à fait raison.

razonable *adj* raisonnable; pretensión razonable prétention raisonnable ‖ raisonnable, honnête; precio razonable prix honnête.

razonablemente *adv* raisonnablement.

razonadamente *adv* d'une manière raisonnée, raisonnablement.

razonado, da *adj* raisonné, e.

razonador, ra *adj* raisonneur, euse.

razonamiento *m* raisonnement; razonamiento fundado raisonnement fondé.

razonar *v intr* [▷ SIN] raisonner; razonar bien raisonner bien o juste ‖ parler (hablar).
◇ *v tr* justifier; razonar un informe justifier un rapport.

▌ SIN pensar penser; argumentar argumenter; filosofar philosopher; raciocinar raisonner; discurrir réfléchir.

razzia *f* razzia.

RDA (abrev de República Democrática Alemana) *f* HIST RDA.

RDSI (abrev de Red Digital de Servicios Integrados) *m* INFORM RNIS.

re *m* MÚS ré.

rea *f* (p us) accusée.

Rea *n pr* MITOL Rhéa.

reabrir *v tr* rouvrir.

reabsorbente *adj* résorbant, e.

reabsorber *v tr* réabsorber ‖ résorber.
➤ **reabsorberse** *v pr* se résorber.

reabsorción *f* réabsorption ‖ résorption.

reacción *f* réaction; reacción en cadena réaction en chaîne ‖ avión de reacción avion à réaction.

reaccionar *v intr* réagir ‖ QUÍM réagir.

reaccionario, ria *adj & s* réactionnaire.

reacio, cia *adj* rétif, ive; récalcitrant, e ‖ réticent, e; se mostró reacio a su propuesta il se montra réticent à sa proposition ‖ reacio en rétif à, peu enclin à.

reactancia *f* ELECTR réactance.

reactante *adj & s* QUÍM réactif, ive.

reactivación *f* réactivation (de un suero) ‖ recrudescence (recrudescencia) ‖ reprise (de la Bolsa) ‖ relance (de la economía).

reactivar *v tr* relancer (la economía).

reactivo, va *adj & s m* réactif, ive.

reactor *m* FÍS & MECÁN réacteur ‖ avion à réaction (avión).

reacuñación *f* nouvelle frappe, nouvelle émission (de moneda).

reacuñar *v tr* refrapper (la moneda).

readaptación *f* réadaptation ‖ réadaptation, reconversion, reclassement *m*; readaptación profesional réadaptation professionnelle.

readaptar *v tr* réadapter ‖ reconvertir, reclasser (obreros).

readmisión *f* réadmission.

readmitir *v tr* réadmettre ‖ reprendre (a un empleado).

reafirmar *v tr* réaffirmer.

reagravación *f* nouvelle aggravation.

reagravar *v tr* aggraver de nouveau.
➡ **reagravarse** *v pr* s'aggraver, empirer de nouveau.

reagrupación *f* regroupement *m*.

reagrupamiento *m* regroupement.

reagrupar *v tr* regrouper.

reagudo, da *adj* suraigu, ë.

reajustar *v tr* rajuster, réajuster (los precios) ‖ remanier (las leyes, etc.).

reajuste *m* rajustement, réajustement; reajuste de los salarios le rajustement des salaires ‖ remaniement; reajuste de un gobierno remaniement d'un gouvernement.

real *adj* réel, elle (efectivo); necesidades reales besoins réels ‖ royal, e (del rey); palacio real palais royal; estandartes reales étendards royaux ‖ royal, e; águila, tigre, pino real aigle, tigre, pin royal ‖ FIG royal, e (regio) ‖ beau, belle (hermoso); un real mozo un beau garçon ◼ camino real chemin royal (ant), grande route, grand-route (carretera), le plus court chemin (lo más corto) ‖ FAM no me da la real gana de je n'ai pas la moindre envie de ‖ una real moza une belle fille, un beau brin de fille.
◇ *m* réal (moneda de 25 céntimos); dos reales deux réaux ‖ champ de foire (ferial) ‖ MIL camp [dans ce sens, s'emploie aussi au pluriel] ◼ alzar o levantar el real o los reales lever le camp ‖ lo real le réel ‖ FAM no tener ni un real ne pas avoir un sou ‖ no valer un real ne pas valoir un sou ‖ sentar sus reales dresser sa tente, établir son camp, s'installer, s'établir.

realce *m* relief; bordar de realce broder en relief ‖ FIG relief; dar realce a su estilo donner du relief à son style ‖ éclat (esplendor); dar realce a una fiesta donner de l'éclat à une fête ‖ poner de realce mettre en relief.

realegrarse *v pr* se réjouir énormément.

realejo *m* MÚS régale, petit orgue (órgano).

realengo, ga *adj* du domaine royal ‖ bienes de realengo biens de la couronne o de l'État.
➡ **realengo** *m* (Amer) charge *f*, obligation *f* (carga).

realera *f* cellule royale [dans une ruche].

realeza *f* royauté.

realidad *f* réalité ‖ en realidad en réalité.

realillo *m* réal (moneda).

realismo *m* réalisme (doctrina filosófica y artística) ‖ royalisme (fidelidad a la monarquía) ◼ FILOS realismo ingenuo, natural, volitivo réalisme naïf, naturel, volitif ‖ POÉT realismo mágico réalisme magique ‖ realismo socialista réalisme socialiste.

realista *adj & s* réaliste (en arte, filosofía) ‖ royaliste (partidario de la monarquía).

realizable *adj* réalisable.

realización *f* réalisation ‖ réalisation (cine, televisión) ‖ mise en ondes (radio).

realizador, ra *adj & s* réalisateur, trice.
➡ **realizador** *m* réalisateur, metteur en scène (cine) ‖ réalisateur (televisión) ‖ metteur en ondes (radio).

realizar [13] *v tr* réaliser; realizar un proyecto réaliser un projet ‖ effectuer, faire; realizar un viaje effectuer un voyage; realizar gestiones faire des démarches ‖ DR réaliser; realizar sus bienes réaliser ses biens.
➡ **realizarse** *v pr* se réaliser; sus esperanzas se realizaron ses espoirs se sont réalisés ‖ avoir lieu, se réaliser (tener lugar).

realmente *adv* réellement, vraiment.

realquilado, da *adj* sous-loué, e.

realquilar *v tr* sous-louer (subarrendar).

realzado, da *adj* rehaussé, e.

realzar [13] *v tr* surélever, relever, rehausser ‖ FIG rehausser, donner du relief à (una fiesta) ‖ rehausser, mettre en valeur o en relief (belleza).

reanimación *f* réanimation, ranimation.

reanimar *v tr* [▷ SIN] ranimer, réanimer ‖ rallumer, ranimer (la llama olímpica) ‖ FIG remonter (vigorizar); eso reanima cela remonte ‖ reanimar la conversación relancer la conversation.

⎮ SIN confortar, reconfortar réconforter; vigorizar revigorer; fortalecer fortifier.

reanudación *f*; **reanudamiento** *m* reprise *f*; reanudación de las relaciones diplomáticas reprise des relations diplomatiques ‖ rentrée *f* (de las clases, del Parlamento).

reanudar *v tr* renouer; reanudar una amistad renouer une amitié ‖ reprendre; reanudar una conversación reprendre une conversation ‖ rétablir; reanudar un servicio de autobuses rétablir un service d'autobus ◼ reanudar el paso se remettre en route, repartir ‖ reanudar las clases rentrer (los alumnos).
➡ **reanudarse** *v pr* reprendre; se reanudaron las conversaciones les pourparlers ont repris.

reaparecer [30] *v intr* réapparaître ‖ faire sa rentrée (un artista, un político).

reaparición *f* réapparition ‖ rentrée (actor, político).

reapertura *f* réouverture ‖ rentrée (de cursos, etc.).

reargüir [44] *v tr* rétorquer.

rearmar *v tr* réarmer.

rearme *m* réarmement.

reasegurador *m* réassureur.

reasegurar *v tr* réassurer.

reaseguro *m* réassurance *f*.

reasentamiento *m* réinstallation *f*, transfert (colonos, refugiados).

reasentar *v tr* réinstaller, transplanter.

reasumir *v tr* reprendre, réassumer, rentrer en possession de [une charge] ‖ RELIG réassumer.

reasunción *f* reprise ‖ RELIG réassomption.

reata *f* trait *m*, harnais *m* (correa) ‖ file, attelage *m* en file [de chevaux ou de mulets] (hilera) ‖ mule attelée en flèche ◼ de reata en file ‖ enganche de reata attelage en flèche.

reatar *v tr* rattacher (volver a atar) ‖ atteler en file o en flèche [des chevaux ou des mulets].

reato *m* pénitence *f* [après la confession].

reavivar *v tr* raviver.

rebaba *f* bavure ‖ coulure (de un molde de fundición) ‖ morfil *m* (de una cuchilla).

rebaja *f* réduction, remise, ristourne (descuento) ‖ rabais *m*; vender con rebaja vendre au rabais.

rebajado, da *adj* rabaissé, e ‖ FIG rabaissé, e; humilié, e ‖ ARQ surbaissé, e ‖ assourdi, e (color).
➡ **rebajado** *m* réformé, exempté de service, conscrit dispensé du service militaire.

rebajador *m* FOT bain de virage, réducteur.

rebajamiento *m* rabaissement ‖ FIG abaissement, humiliation *f* ‖ ARQ surbaissement ‖ assourdissement (de los colores) ‖ FOT virage ‖ TECN ravalement (de la madera).

rebajar *v tr* baisser (bajar) ‖ rabattre, faire une réduction o un rabais de; rebajar mil pesetas rabattre mille pesetas ‖ mettre au rabais (mercancías, etc.) ‖ FIG rabaisser, abaisser, humilier (humillar) ‖ diminuer, réduire; rebajarle el sueldo a uno diminuer le traitement de quelqu'un ‖ ARQ surbaisser ‖ assourdir, rabattre (colores) ‖ FOT virer ◼ estar rebajado de gimnasia être dispensé de gymnastique ‖ MIL rebajar de rancho donner un prêt franc.
➡ **rebajarse** *v pr* s'abaisser, se rabaisser ‖ se porter malade (un empleado) ‖ MIL être exempté o dispensé ‖ Pérez se rebajó de la faena de cocina Pérez a été dispensé de corvée de cuisine.

rebaje *m* MIL dispense *f* ‖ rebaje de rancho o de rancho y sobras prêt franc.

rebajo *m* TECN feuillure *f* ‖ ravalement (de la madera) ‖ ARQ recoupement (derrame del basamento).

rebalaje *m* courant [d'eau].

rebalsa *f* mare, eau stagnante ‖ MED engorgement *m*.

rebalsar *v tr & intr* retenir les eaux, faire un barrage.
➡ **rebalsarse** *v pr* former une nappe d'eau stagnante, stagner.

rebalse *m* barrage (presa) ‖ mare *f*, eau *f* stagnante.

rebanada *f* tranche; rebanada de pan tranche de pain ‖ (Amer) toast *m*, rôtie (picatoste) ‖ rebanada de pan con mantequilla, mermelada, etc. tartine de beurre, de confiture, etc.

rebanar; rebanear *v tr* couper en tranches ‖ couper, trancher (cortar).

rebañadera *f* araignée, crochet *m* à plusieurs branches.

rebañadura *f* reste *m*, fond *m* du plat o de la casserole.

rebañar *v tr* manger o ramasser les restes de, gratter les fonds de [casserole] ▮ rebañar con pan saucer son pain.

rebaño *m* troupeau (ganado) ▮ FIG ouailles *f pl*, troupeau (congregación de fieles).

rebasadero *m* MAR passe *f*, endroit sûr [pour doubler un cap ou un écueil].

rebasar *v tr* dépasser, aller au-delà de; el éxito rebasó nuestros pronósticos le succès a dépassé nos prévisions ▮ MAR doubler (cabo) ▮ (*Amer*) dépasser, doubler (automóvil) ▮ rebasar los límites dépasser les bornes o les limites.

rebatible *adj* réfutable.

rebatimiento *m* réfutation *f*.

rebatiña *f* bagarre (pelea).

rebatir *v tr* réfuter (un argumento, etc.); rebatir un error réfuter une erreur ▮ repousser (rechazar) ▮ parer (un golpe) ▮ baisser (rebajar).

rebato *m* tocsin, alarme *f*; tocar a rebato sonner le tocsin o l'alarme ▮ MIL attaque *f* par surprise (ataque repentino).

rebautizar [13] *v tr* rebaptiser.

rebeca *f* cardigan *m* (jersey).

Rebeca *n pr* Rébecca.

rebeco *m* chamois, isard (gamuza).

rebelarse *v pr* se rebeller, se révolter; rebelarse contra el gobierno se rebeller contre le gouvernement ▮ se rebeller, se rebiffer FAM; este chico acabó rebelándose contra su padre ce garçon a fini par se rebeller contre son père.

rebelde *adj & s* rebelle ▮ DR contumace, contumax.

rebeldía *f* rébellion, révolte ▮ DR contumace ■ DR condenado en rebeldía condamné par défaut o par contumace ▮ declararse en rebeldía être en rébellion (sublevarse), faire défaut, ne pas comparaître (en un juicio) ▮ sentencia en rebeldía jugement par défaut.

rebelión *f* rébellion ▮ révolte; La rebelión de las masas La Révolte des masses (obra de Ortega y Gasset).

rebencazo *m* coup de fouet.

rebenque *m* fouet (látigo) ▮ MAR raban (cuerda) ▮ (*Amer*) fouet [à large lanière de cuir et manche court] ▮ MAR sujetar con rebenques rabanter.

rebenqueada *f* coup *m* de fouet.

rebién *adv* fort bien.

rebina *f* AGRIC rebinage *m*.

rebinar *v tr* AGRIC reterser, retercer.

rebisabuelo, la *m & f* trisaïeul, e.

rebisnieto, ta *m & f* fils, fille de l'arrière-petit-fils.

reblandecer [30] *v tr* ramollir (ablandar).
 ➤ **reblandecerse** *v pr* se ramollir.

reblandecimiento *m* ramollissement ▮ MED ramollissement; reblandecimiento cerebral ramollissement cérébral.

rebobinado *m* réenroulement, rebobinage.

rebobinar *v tr* rebobiner.

rebolear *v tr* (*Amer*) lancer le lasso à boules.

rebollar; rebolledo *m* rouvraie *f*.

rebonito, ta *adj* FAM très joli, e; ravissant, e.

reborde *m* rebord; en el reborde sur le rebord.

rebordear *v tr* faire o former un rebord.

rebosadero *m* déversoir.

rebosadura *f*; **rebosamiento** *m* débordement *m* (de un líquido).

rebosante *adj* débordant, e; estar rebosante de vitalidad être débordant de vitalité ▮ resplendissant, e; rebosante de salud resplendissant de santé.

rebosar *v intr* déborder (un recipiente) ▮ FIG déborder; rebosar de entusiasmo déborder d'enthousiasme ▮ regorger; rebosar de riquezas regorger de richesses ■ FIG rebosar de alegría être rayonnant de bonheur, déborder de joie ▮ rebosar de salud être resplendissant de santé.

rebotado, da *adj* défroqué, e (cura).

rebotadura *f* rebondissement *m* (rebote) ▮ rebroussement *m* (de las telas).

rebotar *v intr* rebondir; la pelota rebotó en el suelo la balle a rebondi par terre.
 ◇ *v tr* river (un clavo) ▮ rebrousser (los paños) ▮ repousser (rechazar) ▮ FAM irriter, mettre hors de soi.
 ➤ **rebotarse** *v pr* se troubler (turbarse) ▮ se fâcher (irritarse).

rebote *m* rebond, rebondissement (de la pelota) ▮ ricochet (balas o piedras) ▮ de rebote par ricochet.

rebotica *f* arrière-boutique (de una farmacia).

rebozar [13] *v tr* couvrir le visage (de quelqu'un) avec son manteau o sa cape ▮ CULIN enrober (pescado, frituras).
 ➤ **rebozarse** *v pr* se couvrir le visage avec son manteau.

rebozo *m* façon *f* de porter son manteau en se couvrant le visage ▮ mantille *f* (mantilla) ▮ FIG prétexte ■ de rebozo en cachette ▮ sin rebozo ouvertement, franchement.

rebramar *m* bramement (del ciervo).

rebrincar [10] *v intr* bondir, faire des bonds.

rebrotar *v intr* repousser (retoñar).

rebrote *m* pousse *f*, rejeton ▮ FIG renouveau.

rebudiar *v intr* grommeler (el jabalí).

rebudio *m* grognement (del jabalí).

rebueno, na *adj* FAM très bon, très bonne.

rebufar *v intr* gronder de nouveau (un animal).

rebufe *m* mugissement (del toro).

rebufo *m* explosion *f* (de un arma de fuego).

rebujar ➤ **arrebujar.**

rebujina; rebujiña *f* FAM vacarme *m*, tapage *m*, tohu-bohu *m* (alboroto) ▮ foule (muchedumbre).

rebullicio *m* tumulte, remue-ménage.

rebullir *v intr* commencer à s'agiter.
 ➤ **rebullirse** *v pr* s'agiter, remuer (moverse).

▮ OBSERV Rebullir perd le « i » atone de la désinence quand celui-ci est situé entre la consonne « ll » et une voyelle (comme dans rebullendo, rebulló, rebullera).

rebumbio *m* (*Amer*) vacarme, tapage (alboroto).

reburujar *v tr* FAM envelopper pêle-mêle.

rebusca *f* recherche ▮ grappillage *m* (de uvas) ▮ glanage *m* (de cereales) ▮ glane (espigueo) ▮ FIG rebut *m* (desecho).

rebuscado, da *adj* recherché, e ▮ FIG précieux, euse; recherché, e (estilo).

rebuscador, ra *adj & s* chercheur, euse ▮ grappilleur, euse (de uvas) ▮ glaneur, euse (espigador).

rebuscamiento *m* recherche *f* (afectación).

rebuscar [10] *v tr* rechercher ▮ glaner (espigar) ▮ grappiller (en las viñas).

rebusco *m* recherche *f* (rebusca).

rebuznar *v intr* braire.

rebuzno *m* braiment.

recabar *v tr* obtenir; recabar fondos para obtenir des fonds pour ▮ demander, solliciter (solicitar) ▮ recabar toda la atención retenir toute l'attention.

recadero, ra *m & f* commissionnaire.
 ➤ **recadero** *m* garçon de courses.

recado *m* commission *f*; enviar un recado faire une commission; le daré el recado je lui ferai la commission ▮ message (mensaje) ▮ accessoires *pl*; recado de pesca accessoires de pêche ▮ (*Amer*) selle *f* ■ FAM llevar recado avoir reçu une semonce ▮ recado de escribir écritoire.

recaer [55] *v intr* retomber ▮ rechuter (un enfermo) ▮ FIG retomber, rejaillir; la culpa recae sobre él la faute retombe sur lui ▮ retomber; la conversación recae siempre sobre el mismo tema la conversation retombe toujours sur le même sujet ▮ échoir; el premio recayó en el más digno le prix échut au plus digne.

recaída *f* rechute ▮ tener una recaída faire une rechute, rechuter.

recalada *f* MAR atterrissage *m*.

recalamiento *m* recalescence *f*.

recalar *v tr* pénétrer dans.
 ◇ *v intr* nager sous l'eau (bucear) ▮ MAR atterrir, arriver en vue d'un point de la côte ▮ (*Amer*) arriver (llegar).

recalcada *f* MAR inclinaison, action de donner de la bande.

recalcadura *f* compression, serrement *m* ▮ FIG répétition.

recalcar [10] *v tr* serrer, presser (apretar) ▮ bourrer (rellenar) ▮ FIG souligner; recalcar la importancia souligner l'importance ▮ appuyer, mettre l'accent sur; recalcar una frase, una sílaba appuyer sur une phrase, sur une syllabe ▮ appuyer; siempre he pensado lo mismo, recalcó su primo j'ai toujours pensé la même chose, appuya son cousin ▮ ressasser, rabâcher, répéter; siempre está recalcando lo mismo il est toujours en train de rabâcher la même chose.
 ◇ *v intr* MAR donner de la bande.
 ➤ **recalcarse** *v pr* s'asseoir commodément, s'acagnarder (arrellanarse).

recalcificación *f* recalcification.

recalcitrante *adj* récalcitrant, e (reacio).

recalcitrar *v intr* reculer (retroceder) ▮ FIG regimber, se montrer récalcitrant, e (resentir).

recalentador *m* réchauffeur (calentador de agua) ▮ TECN surchauffeur, resurchauffeur.

recalentamiento *m* réchauffement, réchauffage ∥ surchauffe *f* (calentamiento excesivo) ∥ recuit (recocido).

recalentar [19] *v tr* réchauffer ∥ surchauffer (calentar demasiado) ∥ mettre en chaleur (poner en celo) ∥ FIG échauffer, exciter (a las personas).
➤ **recalentarse** *v pr* se réchauffer ∥ être en chaleur (estar en celo) ∥ s'échauffer, se gâter (ciertas sustancias) ∥ pourrir (maderas) ∥ FIG s'échauffer (excitarse).

recalescencia *f* recalescence.

recalificar [10] *v tr* recalificar terrenos réviser le cadastre.

recalmón *m* MAR accalmie *f*.

recalzar [13] *v tr* AGRIC butter, rechausser (plantas) ∥ ARQ reprendre en sous-œuvre, rechausser.

recalzo *m* doublure *f* (de la llanta) ∥ ARQ reprise *f* en sous-œuvre, rechaussement ∥ AGRIC rechaussement.

recalzón *m* doublure *f* [de la jante d'une roue].

recamado *m* broderie *f* en relief.

recamador, ra *m & f* brodeur, euse en relief.

recamar *v tr* broder en relief (bordar).

recámara *f* garde-robe (vestuario) ∥ chambre, magasin *m* (de armas de fuego) ∥ fourneau *m* (de mina) ∥ réserve, arrière-pensée, dissimulation ∥ (*Amer*) chambre (alcoba) ∥ FIG Antonio tiene mucha recámara Antoine est très sournois.

recamarera *f* (*Amer*) bonne [domestique].

recambiable *adj* rechargeable.

recambiar [8] *v tr* rechanger (cambiar de nuevo) ∥ faire changer (una pieza) ∥ COM retourner [une lettre de change].

recambio *m* rechange ∥ recharge *f*, cartouche *f* (de una estilográfica) ∥ pièce *f* de rechange (pieza) ∎ **de recambio** de rechange ∥ **rueda de recambio** roue de secours o de rechange.

recancamusa *f* FAM ruse, astuce (cancamusa).

recancanilla *f* cloche-pied *m* (juego de niños) ∥ FIG & FAM insistance ∥ hablar con recancanilla insister sur les mots.

recantón *m* borne *f* (guardacantón).

recapacitar *v tr & intr* remémorer (recordar) ∥ réfléchir à o sur (pensar) ∥ recapacitar sobre una cosa repasser une chose dans sa mémoire.

recapitalización *f* recapitalisation.

recapitulación *f* récapitulation.

recapitular *v tr* récapituler.

recapitulativo, va *adj* récapitulatif, ive.

Recaredo *n pr* Reccared.

recarga *f* recharge.

recargable *adj* rechargeable.

recargar [16] *v tr* recharger (cargar de nuevo) ∥ surcharger; recargado de adornos surchargé d'ornements ∥ alourdir; recargar los impuestos alourdir les impôts ∥ grever; esto recarga mi presupuesto cela grève mon budget ∥ majorer (un precio); recargar del diez por ciento majorer de dix pour cent ∥ aggraver (una condena) ∥ FIG encombrer, charger; recargar su memoria encombrer sa mémoire ∥ MIL

faire faire du rabiot ∥ FIG recargar el cuadro o las tintas en rajouter, forcer la note.

recargo *m* surcharge *f* (de impuestos) ∥ majoration *f* (de los precios); un recargo del diez por ciento une majoration de dix pour cent ∥ recharge *f* (recarga) ∥ surtaxe *f* (sobretasa) ∥ DR aggravation *f* (de pena) ∥ MED poussée *f* de fièvre ∥ MIL rabiot (tiempo suplementario).

recatadamente *adv* prudemment (con prudencia) ∥ honnêtement (decentemente) ∥ modestement (humildemente).

recatado, da *adj* prudent, e; circonspect, e ∥ réservé, e ∥ honnête.

recatar *v tr* cacher (encubrir).
➤ **recatarse** *v pr* se défier ∥ recatarse de la gente éviter les gens, fuir le monde.

recato *m* réserve *f*, circonspection *f*, prudence *f* ∥ pudeur *f* (pudor) ∥ honnêteté *f* (en las mujeres).

recauchutado *m* rechapage, recaoutchoutage (de un neumático).

recauchutar *v tr* rechaper, recaoutchouter (un neumático).

recaudación *f*; **recaudamiento** *m* recette *f* (en una sala de espectáculo) ∥ recette *f* (cobro); la recaudación ascendió a 2 000 pesetas la recette s'est élevée à 2 000 pesetas; hacer una buena recaudación faire une bonne recette ∥ perception *f*, recouvrement *m* (contribuciones, tasas, impuestos) ∥ perception *f*, recette (sitio); ir a la Recaudación aller à la perception.

recaudador *m* percepteur, receveur ∥ garçon de recettes (cobrador en un banco) ∎ **oficina del recaudador** perception, recette ∥ **recaudador de contribuciones** percepteur.

recaudamiento ➤ recaudación.

recaudar *v tr* recueillir (recibir) ∥ recouvrer, percevoir (contribuciones) ∥ mettre en sûreté (asegurar).

recaudo *m* précaution *f* (precaución) ∥ DR caution *f* (fianza) ∎ **a buen recaudo** en lieu sûr, en sûreté (cosa).

recazo *m* garde *f* (de la espada) ∥ dos (del cuchillo) ∥ pied (de la candileja).

recebar *v tr* caillouter, recharger (empedrar una carretera).

recebo *m* cailloutis, rechargement, gravier.

recelar *v tr* soupçonner, pressentir (barruntar); recelo que va a venir hoy je soupçonne qu'il viendra aujourd'hui ∥ craindre, avoir peur (temer); recelo que me suceda alguna desgracia je crains qu'il ne m'arrive un malheur ∥ se méfier; recelar de todo se méfier de tout ∥ mettre en chaleur (a una yegua).
‖ OBSERV El francés **receler** tiene los sentidos de encubrir o de encerrar y entrañar.

recelo *m* méfiance *f* (desconfianza); acoger con cierto recelo accueillir avec une certaine méfiance ∥ soupçon, suspicion *f* (suspicacia) ∥ crainte *f* (temor) ∎ mirar con recelo regarder d'un air méfiant ∥ tener recelo de se méfier de.

receloso, sa *adj* méfiant, e; soupçonneux, euse; receloso con sus amigos méfiant envers ses amis ∥ craintif, ive (temeroso).

recensión *f* notice, compte rendu *m*, recension (de una obra).

recental *adj* de lait; ternero recental veau de lait.
◇ *m* jeune animal.

recentar [34] *v tr* mettre le levain dans la pâte.
➤ **recentarse** *v pr* se renouveler.

recentísimo, ma *adj* très récent, e.

recepción *f* réception ∥ réception (en un hotel) ∥ réception (fiesta) ∥ DR audition des témoins.

recepcionista *m & f* réceptionniste.

recepta *f* livre *m* des amendes [au Conseil des Indes].

receptáculo *m* réceptacle.

receptividad *f* réceptivité.

receptivo, va *adj* réceptif, ive.

receptor, ra *adj* receveur, euse ∥ récepteur, trice; aparato receptor poste récepteur ∥ réceptionnaire (que recibe).
➤ **receptor** *m* récepteur (radio, televisión) ∥ receptor universal receveur o récepteur universel (de sangre).
➤ **receptora** *f* réceptrice (máquina).
◇ *m & f* MED receveur, euse; receptor de órgano receveur d'organe.

receptoría *f* bureau *m* du receveur, recette.

recesión *f* récession (en economía).

recésit *m* congé, vacances *f pl* (recle).

recesivo, va *adj* récessif, ive.

receso *m* (p us) récession *f* ∥ (*Amer*) vacances *f pl* (vacaciones) ∥ (*Amer*) entrar en receso suspendre ses séances (una asamblea).

receta *f* recette (de cocina) ∥ ordonnance (del médico) ∥ FIG recette (fórmula); tener una receta para hacer fortuna avoir une recette pour faire fortune ∥ FIG & FAM receta de vieja remède de bonne femme.

recetante *adj* qui prescrit.
◇ *m* médecin traitant (médico).

recetar *v tr* MED ordonner, prescrire.

recetario *m* ordonnance *f* (del médico) ∥ livre d'ordonnances (en un hospital) ∥ pharmacopée *f*.

rechace *m* rejet.

rechazamiento *m* refus; rechazamiento de una oferta refus d'une offre ∥ rejet; rechazamiento de una petición rejet d'une demande.

rechazar [13] *v tr* [▷ SIN] repousser; rechazar una oferta, la tentación, un ataque repousser une offre, la tentation, une attaque ∥ repousser, refouler; rechazar al enemigo repousser l'ennemi ∥ rejeter; rechazar una petición rejeter une demande ∥ réfuter (refutar) ∥ nier (negar) ∥ refuser (rehusar); rechazar un regalo refuser un cadeau ∥ éconduire (a un pretendiente).
‖ SIN repudiar répudier; recusar récuser; excluir exclure; rehusar refuser; declinar décliner; desechar rejeter.

rechazo *m* contrecoup, ricochet (rebote) ∥ refoulement (retroceso) ∥ FIG refus, rejet (negación) ∥ MED rejet ∎ choque de rechazo choc en retour ∥ de rechazo par contrecoup.

rechifla *f* sifflement *m* prolongé ∥ FIG moquerie, persiflage *m* (burla) ∥ huées *pl* (abucheo); se retiró en medio de una rechifla il se retira au milieu des huées.

rechiflar *v tr* siffler longuement.
➤ **rechiflarse** *v pr* se moquer, persifler (burlarse).

rechinamiento *m* grincement ‖ FIG rechignement.

rechinante *adj* grinçant, e.

rechinar *v intr* grincer (chirriar) ‖ crisser (la arena) ‖ FIG rechigner (gruñir) ■ el rechinar de dientes le grincement des dents ‖ rechinar los dientes grincer des dents.

rechistar *v intr* chuchoter (chistar) ‖ sin rechistar sans répliquer, sans mot dire (sin contestar), sans broncher, sans tiquer (sin protestar).

rechoncho, cha *adj* FAM trapu, e; ramassé, e (persona).

rechupado, da *adj* FAM très maigre, émacié, e; maigrichon, onne.

rechupete
➡ **de rechupete** *loc* FAM délicieux, euse; à s'en lécher les babines o les doigts.

Recia ➡ Retia.

reciamente *adv* fortement, fort, violemment, vigoureusement.

reciario *m* rétiaire (gladiador).

recibí *m* poner el recibí a o en acquitter.
▪ OBSERV pl recibís.

recibidor, ra *adj* qui reçoit.
➡ **recibidor** *m* receveur ‖ salon ‖ entrée *f* (entrada) ‖ antichambre *f* (antesala).

recibimiento *m* réception *f* ‖ accueil (acogida); tuvo muy mal recibimiento on lui a fait un très mauvais accueil ‖ réception *f* (fiesta) ‖ entrée *f* ‖ salon ‖ antichambre *f* (antesala).

recibir *v tr & intr* recevoir ‖ recevoir, accueillir; el ministro fue recibido con gran pompa le ministre fut reçu en grande pompe; no recibieron muy bien su propuesta ils n'ont pas très bien accueilli sa proposition ‖ recevoir, agréer; reciba mi sincera enhorabuena agréez mes sincères félicitations ‖ prendre (tomar) ‖ TAUROM [▷ OBSERV] ■ COM recibí, recibimos pour acquit (en un cheque) ‖ recibir con los brazos abiertos recevoir à bras ouverts ‖ recibir una negativa essuyer un refus ‖ ser recibido como los perros en misa être reçu comme un chien dans un jeu de quilles.
➡ **recibirse** *v pr* obtenir un grade o un diplôme; recibirse de doctor obtenir le grade de docteur.
▪ OBSERV Dans le langage tauromachique, on emploie surtout ce verbe dans l'expression matar recibiendo; dans ce cas, le matador donne l'estocade en attendant la charge du taureau. L'expression contraire est matar a volapié, qui signifie donner l'estocade en s'élançant vers la bête.

recibo *m* reçu (término general), récépissé (resguardo), quittance *f* (en que se declara haber sido pagado) ‖ réception *f* (recibimiento) ‖ petit salon ‖ antichambre *f* (antesala) ■ acusar recibo accuser réception ‖ indicación de recibo acquittement ‖ FAM no estar de recibo ne pas être présentable ‖ ser de recibo être recevable.

reciclado; reciclaje *m* recyclage.

reciclar *v tr* recycler.

recidiva *f* MED récidive, rechute.
▪ OBSERV El francés récidive tiene también el sentido de reincidencia, reiteración.

reciedumbre *f* force, vigueur.

recién *adv* récemment, nouvellement; casa recién construida maison récemment construite; una flor recién abierta une fleur nou-

vellement éclose ‖ nouveau, elle; recién nacido nouveau-né; recién llegado nouveau venu ■ recién afeitado rasé de frais ‖ recién salido frais paru (periódico) ‖ recién salido del colegio frais émoulu du lycée ■ estar recién venir de; está recién llegado il vient d'arriver; está recién hecho cela vient d'être fait; estaba recién comido il venait de manger.
▪ OBSERV En Espagne, recién, qui est l'apocope de recientemente, ne s'emploie que devant les participes passés. En Amérique, il est très employé avec les verbes actifs dans le sens de « il y a peu de temps »: recién llegamos nous venions d'arriver, à peine arrivés; recién en 1886 dès 1886.

reciente *adj* [▷ SIN] récent, e; una noticia reciente une nouvelle récente ‖ frais, fraîche; de fecha reciente de fraîche date.
▪ SIN actual actuel; nuevo neuf; moderno moderne; fresco frais; flamante flambant.

recientemente *adv* récemment.

recinto *m* enceinte *f*.

recio, cia *adj* robuste, vigoureux, euse (vigoroso) ‖ fort, e; corpulent, e (grueso) ‖ rigoureux, euse; rude (frío, temperatura) ‖ impétueux, euse (tempestad, corriente de agua) ‖ dru, e; chaparrón recio averse drue ‖ en lo más recio del combate au plus fort du combat.
➡ **recio** *adv* fort, haut; hablar recio parler haut ‖ dru; llover recio pleuvoir dru ‖ de recio fortement, violemment, impétueusement.

recio, cia *adj & s* rhétique, de la Rhétie.
◇ *adj & s m* GEOL rhétien, enne.

récipe *m* (p us) récipé (de la receta) ‖ FAM ordonnance *f*, récipé (receta) ‖ savon (reprimenda); dar un récipe passer un savon.

recipiendario *m* récipiendaire (nuevo electo).

recipiente *adj* qui reçoit.
◇ *m* récipient ‖ cloche *f* à air comprimé.

reciprocación *f* GRAM réciprocité.

reciprocarse [10] *v pr* payer de retour (un afecto) ‖ se correspondre, être réciproque.

reciprocidad *f* réciprocité ■ medidas de reciprocidad mesures de rétorsion ‖ proceder en justa reciprocidad rendre la réciproque o la pareille.

recíproco, ca *adj & s f* réciproque.

recitación *f* récitation.

recitado *m* MÚS récitatif, récit.

recitador, ra *adj* récitateur, trice.
◇ *m & f* récitant, e.

recital *m* récital; músico que ha dado recitales por todo el mundo musicien qui a donné des récitals dans le monde entier.

recitar *v tr* réciter; recita como un papagayo il récite comme un perroquet ‖ réciter, dire (un poema).
▪ SIN declamar déclamer; decir dire; pronunciar prononcer.

recitativo *m* MÚS récitatif.

reciura *f* vigueur, force, solidité ‖ rigueur (del frío).

reclamación *f* réclamation.

reclamador, ra; reclamante *adj & s* DR réclamant, e.

reclamar *v tr* [▷ SIN] réclamer; reclamar lo que se le debe a uno réclamer son dû ‖ appeler (las aves).
◇ *v intr* réclamer (protestar); reclamar contra

un fallo réclamer contre une sentence ■ MAR izar a reclamar étarquer ‖ reclamar en juicio réclamer en justice.
▪ SIN pedir demander; exigir exiger; solicitar solliciter; reivindicar revendiquer.

reclame *m* MAR poulie *f*.

reclamo *m* appeau (pito) ‖ appelant (ave amaestrada) ‖ chanterelle *f* (perdiz hembra) ‖ réclame *f* (publicidad); artículo de reclamo article en réclame ‖ appel (llamada) ‖ IMPR réclame *f* ‖ FIG attrait, appât, leurre ■ acudir al reclamo répondre à l'appel.

recle *m* congé, vacances *f pl* (en los conventos).

reclinable *adj* inclinable.

reclinación *f* action de s'appuyer o de s'incliner.

reclinar *v tr* incliner, pencher (el cuerpo).
➡ **reclinarse** *v pr* s'appuyer; reclinarse en o sobre la mesa s'appuyer sur la table ‖ incliner [une chose sur une autre].

reclinatorio *m* prie-Dieu *inv* (para arrodillarse).

recluido, da *adj & s* reclus, e (encerrado).

recluir [51] *v tr* incarcérer (encarcelar) ‖ reclure (encerrar).
➡ **recluirse** *v pr* se reclure.
▪ OBSERV Reclure sólo se conjuga en los tiempos compuestos.

reclusión *f* réclusion; reclusión perpetua réclusion à perpétuité ‖ maison de réclusion (prisión) ‖ retraite (refugio).

recluso, sa *adj & s* reclus, e.

recluta *m* MIL recrue *f* ‖ conscrit (quinto).
◇ *f* recrutement *m*, conscription (reclutamiento).

reclutador *m* MIL recruteur.

reclutamiento *m* MIL recrutement, conscription *f* (alistamiento) ‖ recrues *f pl* (conjunto de reclutas).

reclutar *v tr* MIL recruter ‖ (Amer) rassembler (reunir el ganado).

recobrar *v tr* recouvrer, retrouver; recobrar la salud, la vista recouvrer la santé, la vue; recobrar el apetito retrouver l'appétit ‖ retrouver; recobrar el buen humor retrouver sa bonne humeur ‖ [▷ SIN] reprendre; recobrar aliento reprendre haleine; recobrar ánimo reprendre courage ‖ regagner; recobrar la confianza regagner la confiance ■ recobrar el espíritu o el sentido reprendre ses esprits ‖ recobrar la esperanza se reprendre o se remettre à espérer ‖ recobrar las fuerzas reprendre des forces ‖ recobrar su dinero retrouver son argent (encontrar), rentrer dans ses fonds (cubrir gastos) ‖ recobrar sus derechos rentrer dans ses droits.
➡ **recobrarse** *v pr* se dédommager (desquitarse) ‖ revenir à soi (volver en sí) ‖ se remettre, récupérer (recuperarse).
▪ SIN recuperar récupérer; rescatar racheter; volver a tomar reprendre; reconquistar reconquérir.

recobro *m* recouvrement ‖ dédommagement (desquite) ‖ reprise *f* des sens ‖ convalescence *f* (convalecencia).

recocer [41] *v tr* recuire (volver a cocer) ‖ cuire longtemps, mijoter (cocer mucho tiempo) ‖ TECN recuire (metales).
➡ **recocerse** *v pr* cuire longtemps, mijoter (cocer mucho) ‖ FIG se consumer.

recochinearse *v pr* FAM se payer la tête de, tourner en ridicule (burlarse) ‖ se rincer l'œil (viendo un espectáculo licencioso) ‖ se délecter.

recochineo *m* FAM moquerie *f*, raillerie *f* (burla) ‖ délectation *f* ‖ y encima con recochineo et par-dessus le marché en se payant ma (ta, sa...) tête.

recocho, cha *adj* très cuit, e.

recocido, da *adj* recuit, e.
➡ **recocido** *m* recuit (metales) ‖ recuisson *f* (vidrio).

recocina *f* office *m* (de la cocina).

recodadero *m* accoudoir.

recodar *v intr* former un coude (un río).
◇ *v intr* & *pr* s'accouder.

recodo *m* coude (de río) ‖ tournant (de carretera) ‖ détour (de un camino) ‖ angle (ángulo) ‖ recoin; casa con muchos recodos maison pleine de recoins.

recogeabuelos *m inv* barrette *f* (para el pelo).

recogedero *m* débarras (lugar) ‖ pelle *f* à balayures (pala).

recogedor, ra *adj* qui recueille.
◇ *m* & *f* ramasseur, euse.
➡ **recogedor** *m* AGRIC ramasseuse *f* (instrumento) ‖ pelle *f* (de basuras) ‖ INFORM recogedor de papel récepteur papier.

recogemigas *m inv* ramasse-miettes.

recogepelotas *m inv* ramasseur de balles.

recoger [14] *v tr* reprendre (coger de nuevo) ‖ recueillir; recoger datos recueillir des renseignements ‖ ramasser; recoger leña ramasser du bois; recoge el libro que se ha caído ramasse le livre qui est tombé ‖ retirer (sacar); recoger dos entradas de teatro retirer deux billets de théâtre ‖ prendre, passer prendre, aller chercher (a uno); le recogeré a las ocho je passerai vous prendre à 8 [huit] heures ‖ rentrer (poner al abrigo); recoger las mieses rentrer la moisson ‖ accueillir, recueillir (dar asilo) ‖ saisir, retirer de la circulation; recoger un periódico saisir un journal ‖ retrousser, trousser (la falda) ■ quien siembra vientos recoge tempestades qui sème le vent récolte la tempête ‖ ÉQUIT recoger el caballo rassembler ‖ FIG recoger el guante relever le gant o le défi ‖ recoger laureles cueillir des lauriers ‖ recoger firmas faire une pétition ‖ recoger fondos collecter des fonds.
➡ **recogerse** *v pr* se recueillir (ensimismarse) ‖ se retirer, rentrer chez soi; se recoge temprano il rentre chez lui de bonne heure ‖ retrousser (la falda) ■ recogerse el pelo relever ses cheveux ‖ recogerse en sí mismo se replier sur soimême, rentrer en soi-même.

recogida *f* levée (del correo) ‖ ramassage *m*; la recogida de la basura, de los papeles le ramassage des ordures, des papiers ‖ récolte (cosecha) ‖ saisie (de un periódico) ‖ recogida de firmas collecte de signatures.

recogidamente *adv* avec recueillement ‖ solitairement (con soledad).

recogido, da *adj* trapu, e; court, e; ramassé, e (animal) ‖ FIG retiré, e; reclus, e (apartado del mundo).

recogimiento *m* recueillement (del espíritu) ‖ AGRIC rentrée *f* (del ganado) ‖ vivir con gran recogimiento vivre dans le plus grand recueillement.

recolar [23] *v tr* filtrer de nouveau.

recolección *f* récolte (cosecha) ‖ collecte; recolección de informaciones estadísticas collecte d'informations statistiques ‖ stricte observance (de la regla en los conventos).

recolectar *v tr* récolter (cosechar) ‖ collecter (colectar).

recolector *m* collecteur, percepteur.

recoleto, ta *adj* tranquille, paisible, peu fréquenté, e (calle, plaza) ‖ retiré, e (persona).
◇ *m* & *f* récollet, ette (religioso).

recomendable *adj* recommandable ■ no recomendable peu recommandable (persona) ‖ no ser recomendable être à déconseiller (cosa).

recomendación *f* recommandation ■ carta de recomendación lettre de recommandation ‖ valerse de la recomendación de alguien se recommander de quelqu'un.

recomendado, da *adj* recommandé, e ‖ FAM pistonné, e.
◇ *m* & *f* protégé, e.

recomendador, ra *adj* qui recommande.
◇ *m* & *f* auteur (sin femenino) d'une recommandation.

recomendar [19] *v tr* [▷ SIN] recommander (aconsejar) ‖ recommander (confiar).
■ SIN aconsejar conseiller; preconizar préconiser.

recomendatorio, ria *adj* propre à recommander.

recomenzar [34] *v tr* recommencer.

recomerse *v pr* FIG se ronger (de impaciencia).

recompensa *f* récompense; como recompensa en récompense.
■ SIN premio prix; prima prime; regalo cadeau; galardón récompense; gratificación gratification; retribución rétribution.

recompensable *adj* digne de récompense.

recompensar *v tr* récompenser; recompensar por un trabajo récompenser d'un travail.

recomponer [65] *v tr* recomposer ‖ réparer (arreglar).

recomposición *f* recomposition.

recompresión *f* TECN recompression.

recompuesto, ta *adj* recomposé, e.

reconcentración *f*; **reconcentramiento** *m* concentration *f*.

reconcentrar *v tr* concentrer.
➡ **reconcentrarse** *v pr* se concentrer (abstraerse) ‖ rentrer en soi-même.

reconciliación *f* réconciliation.

reconciliador, ra *adj* & *s* réconciliateur, trice.

reconciliar [8] *v tr* réconcilier.
➡ **reconciliarse** *v pr* se réconcilier.

reconcomerse *v pr* FIG se ronger les sangs, se consumer (de impaciencia).

reconcomio *m* FIG démangeaison *f* intérieure (deseo) ‖ rancune *f* (rencor) ‖ remords (remordimiento) ‖ doute, soupçon (sospecha).

recondenado, da *adj* FAM sacré, e; ¡recondenada vida! sacrée vie!

recondenar *v tr* condamner de nouveau, recondamner.

reconditez *f* caractère *m* caché ‖ recoins *m pl*, fond *m*; la reconditez del alma les recoins de l'âme.

OBSERV pl reconditeces.

recóndito, ta *adj* secret, ète; caché, e ‖ lo más recóndito de un asunto le fonds et le tréfonds d'une affaire.

reconducción *f* DR reconduction (prórroga).

reconducir [33] *v tr* DR prolonger par reconduction, reconduire (prorrogar).

reconfirmar *v tr* reconfirmer.

reconfortación *f* réconfort *m*.

reconfortante *adj* & *s m* réconfortant, e.

reconfortar *v tr* réconforter.

reconocer [31] *v tr* [▷ SIN] reconnaître (examinar) ‖ reconnaître, convenir de; reconocer sus faltas reconnaître ses torts; lo reconozco je le reconnais, j'en conviens ‖ reconnaître (un gobierno) ‖ reconnaître; reconocer por hijo reconnaître pour fils ‖ MED examiner, faire subir un examen médical ‖ MIL reconnaître, faire une reconnaissance ‖ fouiller (registrar) ■ FIG reconocer el terreno reconnaître o tâter le terrain ‖ reconocer la evidencia se rendre à l'évidence.
➡ **reconocerse** *v pr* se reconnaître ‖ se reconnaître; reconocerse culpable se reconnaître coupable.
■ SIN examinar examiner; inspeccionar inspecter; mirar regarder; explorar explorer; registrar fouiller; estudiar étudier; sondear sonder.

reconocidamente *adv* avec reconnaissance (con gratitud) ‖ évidemment, clairement.

reconocido, da *adj* reconnaissant, e (agradecido).

reconocimiento *m* reconnaissance *f*; el reconocimiento de un error la reconnaissance d'une erreur; el reconocimiento de un niño la reconnaissance d'un enfant ‖ aveu (confesión) ‖ fouille *f* (registro) ‖ reconnaissance *f*; avión de reconocimiento avion de reconnaissance ■ reconocimiento de deuda reconnaissance de dette ‖ MED reconocimiento médico examen médical, visite médicale ‖ INFORM reconocimiento de formas reconnaissance des formes ‖ reconocimiento de (la) voz reconnaissance de la parole o vocale ‖ reconocimiento óptico de caracteres reconnaissance optique de caractères ■ en reconocimiento a los servicios prestados en reconnaissance des services rendus.

reconquista *f* reconquête.

Reconquista *f* HIST Reconquista.

▌ LA RECONQUISTA
Cette période débuta au VIIIe siècle et s'acheva en 1492, avec la prise de Grenade. Elle fut caractérisée par une alternance de guerres et de cohabitation pacifique entre les musulmans qui avaient envahi la péninsule en 711 et les chrétiens qui comptaient reconquérir ces terres. Pendant la période de la Reconquista, les musulmans implantèrent leurs coutumes et leurs croyances, et transmirent leurs profondes connaissances scientifiques et architecturales. À mesure que les chrétiens gagnaient du terrain, ils se convertissaient au christianisme. Ce furent les « moriscos ». Nombre d'entre eux restèrent dans la péninsule après l'expulsion définitive des arabes par les Rois Catholiques.

reconquistar *v tr* reconquérir.

reconsiderar *v tr* reconsidérer.

reconstitución *f* reconstitution.

reconstituir [51] *v tr* reconstituer.

reconstituyente *adj* & *s m* reconstituant, e.

█ **SIN** tónico tonique; **fortificante** fortifiant.

reconstrucción *f* reconstruction.

reconstructivo, va *adj* reconstructif, ive.

reconstruir [51] *v tr* reconstruire.

recontar [23] *v tr* recompter (contar de nuevo) ▌recenser (votos).

recontento, ta *adj* enchanté, e; ravi, e.

➡ **recontento** *m* grande joie *f*, ravissement.

¡recontra! *interj* zut!

reconvalecer [30] *v intr* entrer de nouveau en convalescence.

reconvención *f* reproche *m* (censura) ▌ **DR** reconvention.

reconvencional *adj* reconventionnel, elle.

reconvenir [75] *v tr* reprocher, faire des reproches; reconvenir a uno por alguna cosa reprocher quelque chose à quelqu'un, faire des reproches à quelqu'un au sujet de quelque chose.

reconversión *f* reconversion (a otra actividad) ▌recyclage *m* (nueva formación).

reconvertir [27] *v tr* reconvertir, recycler.

➡ **reconvertirse** *v pr* se reconvertir.

recopilación *f* résumé *m*, abrégé *m* (compendio) ▌recueil *m*, compilation; recopilación de las leyes recueil de lois.

█ **OBSERV** On donne le nom de Recopilación au recueil officiel des lois espagnoles établi en 1567. La Nueva Recopilación et la Novísima Recopilación sont deux mises à jour de ce recueil effectuées respectivement en 1775 et 1805.

recopilador *m* compilateur.

recopilar *v tr* compiler.

récord *m* record (marca); batir, tener, establecer un récord battre, détenir, établir un record ▌ **FAM** en un tiempo récord en un temps record.

█ **OBSERV** pl récords.

recordación *f* souvenir *m* (recuerdo) ▌remémoration.

recordar [23] *v tr* rappeler (traer a la memoria); recordar un hecho a uno rappeler un fait à quelqu'un ▌se rappeler, se souvenir de (acordarse de); recuerdo tu visita je me rappelle ta visite; ese acontecimiento sucedió y recuerdo todas sus circunstancias cet évènement est arrivé et je m'en rappelle toutes les circonstances (en es complemento de nombre); recuerdo que llegó muy tarde je me souviens qu'il est venu très tard ▌rappeler (parecerse a); esta muchacha me recuerda a su madre cette fillette me rappelle sa mère ▌ (ant) (Amer) réveiller (despertar) ■ hacer algo para recordar un acontecimiento faire quelque chose en souvenir d'un évènement ▌le recordaré en mis oraciones je ne vous oublierai pas dans mes prières ▌si bien recuerdo si j'ai bonne mémoire ▌si mal no recuerdo si je me souviens bien, pour autant que je me souvienne, si j'ai bonne mémoire.

◇ *v intr* & *pr* s'éveiller (despertarse).

█ **OBSERV** No es correcto emplear la preposición de con se rappeler.

recordatorio *m* souvenir mortuaire (estampa en recuerdo de los difuntos) ▌pense-bête (medio para hacer recordar) ▌rappel (advertencia)

▌leçon *f*; para que te sirva de recordatorio pour que cela te serve de leçon.

recordman; recordwoman *m* & *f* recordman, recordwoman.

█ **OBSERV 1.** Ces mots sont fréquemment employés, bien qu'il existe un équivalent en espagnol qui est plusmarquista.
2. pl recordmen O recordmans; recordwomen O recordwomans.

recorrer *v tr* parcourir; recorrer una ciudad parcourir une ville ▌parcourir, courir; este corredor ha recorrido una gran distancia ce coureur a parcouru une grande distance ▌parcourir (un escrito) ▌fouiller (registrar) ▌ **IMPR** habiller, remanier ▌recorrer mundo courir le monde, voir du pays.

recorrido *m*; **recorrida** (*Amer*) *f* parcours (trayecto) ▌ **FAM** volée *f* (paliza) ▌ **IMPR** habillage, remaniement [texte sur une demi-colonne] ▌ **MECÁN** course *f*; el recorrido del émbolo la course du piston ▌ **IMPR** hacer un recorrido habiller, faire un habillage.

recortable *m* découpage (juego).

recortado, da *adj* découpé, e.

➡ **recortado** *m* découpage.

recortadura *f* découpure.

➡ **recortaduras** *f pl* rognures.

recortar *v tr* découper (imágenes, etc.) ▌recouper (volver a cortar) ▌rogner (el borde de una pieza) ▌ **FIG** couper; recortar las alas couper les ailes ▌profiler, silhouetter (pintura).

➡ **recortarse** *v pr* se découper, se profiler; la torre se recortaba en el cielo la tour se découpait sur le ciel.

recorte *m* découpage (acción) ▌découpure *f* (fragmento cortado) ▌coupure *f*; recorte de prensa coupure de presse ▌recoupe *f* (metales, telas) ▌ **TAUROM** écart (del torero) ▌ **ECON** recorte de presupuesto compression budgétaire.

➡ **recortes** *m pl* rognures *f*, chutes *f* (de metal, cuero, papel).

recoser *v tr* recoudre ▌raccommoder (zurcir).

recosido *m* raccommodage (acción de recoser) ▌reprise *f* (zurcido).

recostadero *m* accoudoir (reclinatorio).

recostar [23] *v tr* appuyer (apoyar) ▌pencher (inclinar).

➡ **recostarse** *v pr* s'appuyer; recostarse en o sobre s'appuyer sur ▌se pencher ▌se renverser sur le dos.

recova *f* commerce *m* d'œufs et de volailles ▌marché *m* à la volaille ▌meute (jauría) ▌(Amer) marché *m*.

recovar *v intr* acheter des œufs et des volailles pour les revendre.

recoveco *m* détour (vuelta) ▌ **FIG** détour (artificio) ▌détour, repli, recoin; los recovecos del alma, del corazón les replis de l'âme, du cœur.

recovero, ra *m* & *f* marchand, e de volailles.

recre *m* congé, vacances *f pl* (recle).

recreación *f* récréation.

recrear *v tr* récréer, distraire (entretener) ▌recréer (crear de nuevo) ▌recrear la vista réjouir la vue.

➡ **recrearse** *v pr* se distraire, se récréer (entretenerse) ▌se délasser (solazarse); recrearse en leer se délasser en lisant ▌ **FAM** passer de

très bons moments (disfrutar); recrearse con un hermoso espectáculo passer de très bons moments en voyant un beau spectacle ▌se réjouir; recrearse con el mal ajeno se réjouir des malheurs des autres.

recreativo, va *adj* récréatif, ive; velada recreativa soirée récréative ▌sociedad recreativa cercle.

recrecer [30] *v intr* monter (río).

➡ **recrecerse** *v pr* reprendre courage, reprendre le dessus (reanimarse).

recrecimiento *m* augmentation *f*, accroissement ▌montée *f* (de un río) ▌ **FIG** ardeur *f* nouvelle.

recremento *m* **MED** récrément.

recreo *m* [▷ **SIN**] récréation *f* (colegio); estar en el recreo être en récréation ▌agrément; viaje de recreo voyage d'agrément ▌ **FIG** plaisir, régal; esto es un recreo para la vista c'est un plaisir pour les yeux, c'est un régal pour la vue ▌(Amer) guinguette *f* (merendero) ■ de recreo de plaisance; barco de recreo bateau de plaisance; casa de recreo maison de plaisance ▌tren de recreo train de plaisir.

█ **SIN** recreación récréation; entretenimiento amusement; diversión, distracción distraction; pasatiempo passe-temps; regocijo réjouissance; esparcimiento détente; juego jeu.

recría *f* élevage *m*.

recriar [9] *v tr* élever (animales).

recriminación *f* récrimination, reproche *m*.

recriminador, ra *adj* récriminateur, trice.

recriminar *v tr* récriminer; recriminar a uno récriminer contre quelqu'un ▌reprocher; recriminar a uno su conducta reprocher à quelqu'un sa conduite.

➡ **recriminarse** *v pr* s'incriminer, s'accuser; recriminarse unos a otros s'incriminer réciproquement.

recriminatorio, ria *adj* récriminatoire.

recristalización *f* recristallisation.

recrudecer [30] *v intr* être en recrudescence; recrudece la criminalidad la criminalité est en recrudescence ▌redoubler; el frío recrudece le froid redouble ▌empirer (empeorar).

recrudecimiento *m*; **recrudescencia** *f* recrudescence *f*; recrudecimiento del frío, de una enfermedad, de la criminalidad recrudescence du froid, d'une maladie, de la criminalité.

recrudescente *adj* recrudescent, e.

rectal *adj* **ANAT** rectal, e.

rectamente *adv* en ligne droite, tout droit ▌ **FIG** avec droiture, droitement (con justicia) ▌avec justesse o bon sens (con juicio) ▌avec exactitude.

rectangular *adj* **GEOM** rectangulaire.

rectángulo *adj* *m* & *s m* **GEOM** rectangle.

rectificación *f* rectification ▌rectification (de un pistón, etc.) ▌ **ELECTR** redressement *m* (de corriente) ▌redressement *m* (de una cuenta).

rectificador, ra *adj* qui rectifie, rectificateur, trice.

➡ **rectificador** *m* **ELECTR** redresseur (de corriente) ▌ **QUÍM** rectificateur.

➡ **rectificadora** *f* rectifieuse (máquina).

rectificar [10] *v tr* rectifier ▌ **ELECTR** redresser (corriente) ▌ **MECÁN** rectifier (un cilindro).

rectificativo, va *adj* & *s m* rectificatif, ive.

rectilineal *adj* rectilinéaire.

rectilíneo, a *adj* rectiligne.

rectitis *f inv* MED rectite.

rectitud *f* rectitude ▌FIG rectitude, droiture (justicia).

recto, ta *adj* droit, e; ángulo recto angle droit; línea recta ligne droite ▌FIG droit, e; corazón recto cœur droit; conciencia recta esprit droit ▌GRAM propre (sentido).

➡ **recto** *adv* tout droit; siga recto allez tout droit.

➡ **recto** *m* ANAT rectum (del intestino)▌droit (músculo); recto anterior droit antérieur; recto del abdomen grand droit ▌recto (de una página).

➡ **recta** *f* GEOM droite.

rectocolitis *f inv* MED recto-colite.

rector, ra *adj* recteur, trice ▌directeur, trice; principio rector principe directeur; fuerza rectora force directrice ▌país rector del mundo occidental pays à la tête du monde occidental.

➡ **rector** *m* président d'université ▌recteur, supérieur (de colegios religiosos)▌FIG dirigeant (dirigente)▌ligne *f* directrice; rector del pensamiento ligne directrice de la pensée.

▌ OBSERV En Espagne, le président d'université reçoit le titre de Magnífico (Rector Magnífico de la Universidad de Salamanca).

rectorado *m* rectorat (cargo).

rectoral *adj* rectoral, e.
◇ *f* presbytère.

rectoría *f* rectorat *m* ▌rectorat *m*, bureau *m* du recteur ▌cure (casa del cura) ▌FIG direction.

rectoscopia *f* MED rectoscopie.

rectoscopio *m* MED rectoscope.

recua *f* troupeau *m*, troupe (de caballos o mulas) ▌FIG & FAM troupe, bande.

recuadrar *v tr* quadriller (cuadricular) ▌encadrer; recuadrar un artículo en un periódico encadrer un article dans un journal.

recuadro *m* entrefilet (en un periódico) ▌cadre (marco).

recuarta *f* quatrième corde de la guitare à cordes doublées.

recubrimiento *m* recouvrement.

recubrir *v tr* recouvrir ▌couvrir.

recuelo *m* lessive *f* forte (lejía).

recuento *m* vérification *f* d'un compte ▌dépouillement, recensement (de votos) ▌dénombrement (enumeración) ▌hacer el recuento de votos dépouiller le scrutin ▌recuento de glóbulos numération globulaire.

recuerdo *m* souvenir ▌un recuerdo confuso un souvenir confus ▌souvenir, mémoire *f*; en recuerdo de en mémoire de ▌mémoire; de triste recuerdo de triste mémoire ▌rappel (evocación); el recuerdo del pasado le rappel du passé ▌rappel (vacuna) ▌souvenir; tienda de recuerdos boutique de souvenirs ▌dele recuerdos a veuillez me rappeler au bon souvenir de, présentez mes salutations à, dites bien des choses de ma part à, faites mes amitiés à ▌dosis de recuerdo rappel d'un vaccin ▌muchos recuerdos bons o meilleurs souvenirs.

reculada *f* recul *m* (retroceso) ▌FIG reculade.

recular *v intr* reculer; recular un paso reculer d'un pas.

reculativo, va *adj* (Amer) qui marche à reculons.

reculo, la *adj* sans queue [volaille].

reculones

➡ **a reculones** *loc* FAM à reculons.

recuñar *v tr* MIN creuser avec un coin.

recuperable *adj* récupérable ▌récupérable, de récupération (material) ▌recouvrable (recobrable).

recuperación *f* récupération ▌recouvrement *m* (recobro) ▌rattrapage *m*, récupération (de un retraso) ▌recouvrement *m* (de la salud) ▌repêchage *m* (de un astronauta) ▌redressement *m* (de un país) ▌ECON recuperación económica reprise économique.

recuperador *adj m* & *s m* récupérateur; muelle recuperador ressort récupérateur.

recuperar *v tr* récupérer (un objeto) ▌retrouver, recouvrer (salud, vista, etc.) ▌reprendre (un puesto) ▌reprendre; recuperar el conocimiento reprendre connaissance ▌regagner; recuperar la confianza, el cariño de uno regagner la confiance, l'affection de quelqu'un ▌rattraper, regagner; recuperar el tiempo perdido rattraper le temps perdu ▌récupérer; recuperar una hora de trabajo récupérer une heure de travail ▌ hallarse totalmente recuperado être tout à fait remis (un enfermo) ▌recuperar el sentido reprendre ses esprits, revenir à soi, reprendre connaissance.

➡ **recuperarse** *v pr* se remettre, se relever; recuperarse de una enfermedad se remettre d'une maladie ▌récupérer; después de haber dormido tanto me he recuperado après avoir tant dormi, j'ai récupéré ▌se remettre (de una emoción) ▌reprendre (los negocios).

recurrencia *f* MED récurrence.

recurrente *adj* MED récurrent, e.
◇ *adj* & *s* DR appelant, e.

recurrir *v intr* recourir, avoir recours, faire appel; recurrir a alguien, a la astucia recourir à quelqu'un, à la ruse ▌appeler, faire appel; recurro a su competencia j'en appelle à votre compétence ▌DR faire appel, se pourvoir.

recurso *m* recours (acción de recurrir) ▌ressource *f*, moyen (medio) ▌ressource *f*; hombre de recursos homme de ressources ▌ressource *f*; recursos económicos, naturales ressources économiques, naturelles ▌ DR recours, pourvoi; recurso de casación recours o pourvoi en cassation ▌appel, interjection (en un periódico) ▌recurso de queja appel comme d'abus ▌ DR recurso contencioso, administrativo recours contentieux, administratif ▌recurso de amparo recours en amparo o d'amparo ▌recurso de apelación appel, recours en appel ▌recurso de fuerza recours à l'autorité temporelle [contre un abus de pouvoir commis par l'autorité ecclésiastique] ▌recurso de urgencia référé ▌ carecer de recursos económicos ne pas avoir beaucoup de moyens, ne pas être en fonds ▌como o en último recurso en dernier recours, en dernier ressort ▌haber agotado todos los recursos être à bout de ressources ▌no hay otro recurso il n'y a pas d'autre solution.

recusable *adj* récusable.

recusación *f* récusation, rejet *m*.

recusar *v tr* récuser, rejeter.

red *f* filet *m* (para pescar, cazar) ▌filet *m*; red de tenis filet de tennis ▌réseau *m* (ferroviario, de carreteras, de teléfono, de distribución) ▌lacis *m* (de hilos entrelazados) ▌filet *m*, résille (redecilla) ▌grille; red de estadísticas grille de statistiques ▌FIG piège *m*, rets *m* (trampa) ▌réseau *m*; red de espionaje réseau d'espionnage ▌INFORM réseau; red de área local réseau local ▌ red barredera drague, traîne ▌red de carreteras réseau routier ▌COM red de ventas réseau de distribution ▌red vascular réseau vasculaire ▌FIG caer en la red tomber dans le piège o dans le panneau ▌caer en las propias redes se laisser prendre à son propre piège ▌echar o tender las redes tendre ses filets.

redacción *f* rédaction.

▌ SIN composición composition; escritura écriture.

redactar *v tr* rédiger; redactar un artículo rédiger un article ▌dresser, établir, rédiger (estatutos).

redactor, ra *m* & *f* rédacteur, trice ▌redactor jefe rédacteur en chef.

redada *f* MAR coup *m* de filet ▌FIG rafle, coup *m* de filet (de la policía) ▌bande (de ladrones).

redaño *m* ANAT épiploon.

➡ **redaños** *m pl* FAM courage *sing*, cran *sing* (valor).

redar *v tr* jeter le filet.

redargüir [44] *v tr* rétorquer ▌DR contester.

redecilla *f* filet *m* (tejido) ▌filet *m*, résille (para el pelo) ▌filet *m* à provisions (para la compra) ▌filet *m* (para el equipaje) ▌ZOOL bonnet *m*, réseau *m* (de rumiantes).

redecir [57] *v tr* redire, répéter.

rededor *m* alentours *pl* (contorno) ▌al o en rededor autour, tout autour.

redel *m* MAR couple (cuaderna).

redención *f* rédemption ▌rachat *m* (rescate); la redención de los cautivos le rachat des captifs ▌salut *m* ▌FIG remède *m*.

redentor, ra *adj* & *s* rédempteur, trice.

redentorista *m* rédemptoriste.

redescuento *m* COM réescompte.

redhibición *f* DR rédhibition.

redhibir *v tr* annuler la vente [d'une chose défectueuse].

redhibitorio, ria *adj* DR rédhibitoire.

redicho, cha *adj* redit, e; esta dicho y redicho ça a été dit et redit ▌rebattu, e (trillado) ▌FAM poseur, euse; crâneur, euse; prétentieux, euse (postinero).

➡ **redicha** *adj f* pimbêche, prétentieuse.

redición *f* redite, répétition oiseuse.

rediente *m* redan, redent (en fortificaciones).

¡rediez! *interj* parbleu!

redil *m* bercail ▌FIG bercail; hacer volver al redil a una oveja descarriada ramener au bercail une brebis égarée.

redilear *v tr* parquer (el ganado).

redimidor, ra *m* & *f* racheteur, euse (de cautivos).

redimir *v tr* racheter, rédimer (p us); redimir cautivos racheter des captifs ▌éteindre une dette (una deuda) ▌DR lever une hypothèque.

➡ **redimirse** *v pr* se racheter.

redingote *m* redingote *f*.

redireccionar *v tr* INFORM rediriger.

redistribuir [51] *v tr* redistribuer.

rédito *m* intérêt; colocar dinero a rédito placer de l'argent à intérêt ‖ (*Amer*) impuesto a los réditos impôt sur le revenu.

redituar [6] *v tr* rapporter (una renta).

redivivo, va *adj* ressuscité, e; revenu à la vie.

redoblado, da *adj* redoublé, e ‖ MIL paso redoblado pas redoublé.

redobladura *f*; **redoblamiento** *m* redoublement *m*.

redoblante *m* caisse *f* roulante (tambor).

redoblar *v tr* redoubler (reiterar); redoblar sus esfuerzos redoubler d'efforts ‖ river (un clavo) ‖ redoubler; redoblar una consonante redoubler une consonne ‖ surcontrer (bridge) ‖ redoblar sus gritos crier de plus belle.
◇ *v intr* battre le tambour.

redoble *m* redoublement (redoblamiento) ‖ roulement (de tambor) ‖ surcontre (bridge) ■ al redoble del tambor tambour battant ‖ hacer redoble surcontrer (bridge).

redoblón *m* rivet.

redoma *f* cornue (de química).

redomado, da *adj* fieffé, e; pícaro redomado fieffé fripon.

redomón, ona *adj* (*Amer*) à moitié dompté, e.

redomón *m* (*Amer*) cheval à moitié dompté.

redonda *f* (p us) region (comarca) ‖ pâturage *m* (dehesa) ‖ MAR fortune (vela) ‖ MÚS ronde ‖ a la redonda à la ronde; diez leguas a la redonda dix lieues à la ronde.

redondeado, da *adj* arrondi, e.

redondear *v tr* arrondir ‖ FIG arrondir; redondear una cantidad arrondir une somme ‖ redondear los bajos arrondir (un traje).

redondearse *v pr* FIG s'arrondir (engordar, enriquecerse).

redondel *m* rond, cercle (círculo) ‖ manteau sans collet (capa) ‖ arène *f* (en la plaza de toros).

redondete, ta *adj* rondelet, ette.

redondez *f* rondeur ‖ [▷ SIN] rotondité; la redondez de la Tierra la rotondité de la Terre.
‖ SIN esfericidad sphéricité; curvatura courbure; rotundidad rotondité.
‖ OBSERV pl redondeces.

redondilla *f* quatrain *m* (poesía) ‖ ronde (letra).
‖ OBSERV La redondilla se compose de quatre octosyllabes à rimes embrassées.

redondo, da *adj* rond, e; redondo como una bola rond comme une bille ‖ FIG noble à quatre quartiers (noble) ‖ clair, e (sin rodeos) ‖ total, e; triunfo redondo succès total ■ cuenta redonda compte rond ‖ en redondo à la ronde (a la redonda), catégoriquement, tout net; negarse en redondo refuser catégoriquement ‖ negocio redondo affaire en or, excellente affaire ‖ número redondo chiffre rond ■ FIG & FAM caerse redondo o en redondo tomber raide ‖ dar una vuelta en redondo faire un tour complet ‖ FIG virar en redondo se retourner (volverse), virer de bord (cambiar completamente).

redondo *m* rond.

redonda *f* ronde (letra) ‖ MÚS ronde (nota).

redopelo; redropelo *m* rebroussement ‖ FIG & FAM bagarre *f*, crêpage de chignon (entre muchachas) ‖ a o al redopelo à rebroussepoil.

redorar *v tr* redorer ‖ FAM redorar su escudo o su blasón redorer son blason.

redrojo *m* grapillon (de uvas) ‖ fleur *m* o fruit tardif ‖ FIG & FAM gringalet.

redropelo ➠ **redopelo**.

redruejo *m* grappillon.

reducción *f* réduction (aminoración) ‖ MED remboîtage *m*, remboîtement *m* (de un hueso) ‖ (*Amer*) réduction, village *m* d'Indiens baptisés.
‖ OBSERV Les reducciones étaient les villages d'Indiens créés par les missionnaires espagnols pendant la colonisation. Les plus célèbres ont été celles des misiones jesuíticas del Paraguay.

reducibilidad *f* réductibilité.

reducida *f* MAT réduite (de fracción).

reducido, da *adj* réduit, e ‖ petit, e (pequeño) ‖ faible; un rendimiento muy reducido un rendement très faible ‖ étroit, e (estrecho) ‖ MIL quinta de efectivos reducidos classe creuse.

reducimiento *m* réduction *f*.

reducir [33] *v tr* [▷ SIN] réduire; reducir en una cuarta parte réduire d'un quart; reducir a polvo réduire en poussière; reducir al silencio réduire au silence; reducir a la razón réduire à la raison ‖ ramener; la tasa ha sido reducida del 10 % al 5 % la taxe a été ramenée de 10 % à 5 % ‖ QUÍM réduire ‖ MED remboîter (un hueso) ‖ MAT réduire (un quebrado) ‖ abaisser (una ecuación) ‖ reducir a su más mínima expresión réduire à sa plus simple expression.

reducirse *v pr* se réduire; reducirse a lo más preciso se réduire au strict nécessaire ‖ se ramener, se résoudre, revenir; todo esto se reduce a nada tout cela se résout à rien ‖ revenir; esto se reduce a decir cela revient à dire ‖ FIG se limiter, se borner; tú te reduces a cumplir tu obligación tu te bornes à remplir tes devoirs.
‖ SIN aminorar, menguar amoindrir; disminuir, menoscabar diminuer; restringir restreindre; acortar raccourcir; achicar réduire; abreviar abréger.

reductible *adj* réductible.

reducto *m* réduit (fortificación).

reductor, ra *adj* TECN réducteur, trice.

reductor *adj m & s m* QUÍM réducteur.

reductor *m* réducteur (de velocidad) ‖ reductor de presión détendeur.

redundancia *f* redondance.

redundante *adj* redondant, e.

redundantemente *adv* avec redondance.

redundar *v intr* (p us) déborder (rebosar) ‖ redonder (p us); redundar en citas redonder de citations ■ esto redundará en perjuicio de usted cela tournera à votre désavantage, cela retombera sur vous ‖ esto redundará en provecho de usted cela tournera à votre avantage o profit ‖ redundar en aboutir à.

reduplicación *f* redoublement *m* (acción de reduplicar) ‖ réduplication (figura de retórica).

reduplicar [10] *v tr* redoubler (redoblar).

reduplicativo, va *adj* réduplicatif, ive.

reduvio *m* ZOOL réduve (insecto).

reedición *f* réédition.

reedificación *f* réédification, reconstruction.

reedificar [10] *v tr* réédifier, rebâtir, reconstruire.

reeditar *v tr* rééditer.

reeducación *f* rééducation ‖ reeducación profesional recyclage.

reeducar [10] *v tr* rééduquer.

reelección *f* réélection.

reelecto, ta *adj & s* réélu, e.

reelegibilidad *f* rééligibilité.

reelegible *adj* rééligible.

reelegido, da *adj & s* réélu, e; renommé, e.

reelegir [42] *v tr* réélire, renommer.

reembarcar [10] *v tr* rembarquer, réembarquer.

reembarcarse *v pr* se réembarquer, se rembarquer.

reembarco *m* rembarquement (de personas).

reembargar [16] *v tr* DR ressaisir.

reembarque *m* rembarquement (de cosas).

reembolsable *adj* remboursable.

reembolsar *v tr* rembourser.

reembolso *m* remboursement; contra reembolso contre remboursement.

reemplazable; remplazable *adj* remplaçable.

reemplazante; remplazante *m & f* remplaçant, e.

reemplazar; remplazar [13] *v tr* remplacer; reemplazar de improviso o en el último momento remplacer au pied levé.
‖ SIN relevar relever; suceder succéder; suplir suppléer; suplantar supplanter; sustituir remplacer.

reemplazo; remplazo *m* remplacement ‖ classe *f* (quinta) ‖ remplaçant (en la milicia) ‖ MIL de reemplazo en disponibilité, en nonactivité.

reemprender *v tr* reprendre (reanudar).

reencarnación *f* réincarnation.

reencarnarse *v pr* se réincarner.

reencuadernación *f* remboîtage *m*, remboîtement *m*, nouvelle reliure.

reencuadernar *v tr* remboîter, relier de nouveau (un libro).

reencuentro *m* rencontre *f*, retrouvailles *f pl* FAM ‖ MIL engagement, rencontre *f*.

reenganchado *m* MIL rengagé.

reenganchamiento ➠ **reenganche**.

reenganchar *v tr* MIL rengager, réengager.

reengancharse *v pr* MIL se rengager, se réengager.

reenganche; reenganchamiento *m* MIL rengagement, réengagement ‖ prime *f* (premio).

reengendrar *v tr* engendrer de nouveau.

reensayar *v tr* essayer de nouveau.

reensayo *m* nouvel essai (de máquina) ‖ TEATR nouvelle répétition *f*.

reenviar [9] *v tr* renvoyer (reexpedir).

reenvidar *v tr* relancer, renvier (juegos).

reenvío *m* renvoi (reexpedición).

reenvite *m* renvi (en el juego).

reestrenar *v tr* reprendre (teatro, cine).

reestreno *m* reprise *f* (teatro, cine).

reestructuración *f* refonte; la reestructuración de las instituciones la refonte des institutions ‖ réorganisation.

reestructurar *v tr* refondre (las instituciones) ‖ réorganiser.

reexaminar *v tr* réexaminer, revoir (repasar).

reexpedición *f* réexpédition, renvoi *m* (de una carta) ‖ se ruega la reexpedición prière de faire suivre (una carta).

reexpedir [26] *v tr* réexpédier, renvoyer, retourner ‖ se ruega reexpedir al destinatario prière de faire suivre (una carta).

reexportación *f* réexportation.

reexportar *v tr* réexporter.

refacción *f* collation (alimento) ‖ réfection (de un edificio) ‖ **COM** réfaction (descuento) ‖ prime (que se da por añadidura).

refaccionar *v tr* (*Amer*) réparer.

refaccionario, ria *adj* de réfection, pour la réfection.

➡ **refaccionaria** *f* (*Amer*) atelier *m* de réparation.

refajo *m* jupon (enagua) ‖ jupe *f* (falda).

refección *f* réfection (alimento) ‖ réfection, réparation (compostura) ‖ relèvement *m*, réfection (reedificación).

refectorio *m* réfectoire.

referencia *f* référence ‖ renvoi *m* (remisión) ■ con referencia a en ce qui concerne ‖ punto de referencia point de repère ‖ hacer referencia a faire allusion à ‖ **INFORM** signet.

➡ **referencias** *f pl* références (informes) ‖ por referencias par ouï-dire.

referendario ➡ **refrendario**.

referéndum *m* référendum.

‖ **OBSERV** pl referéndums.

referente *adj* se référant à, relatif à, qui se rapporte à, concernant *inv*.

referir [27] *v tr* rapporter, raconter, référer (p us) ‖ referir hechos interesantes rapporter des faits intéressants.

➡ **referirse** *v pr* se rapporter, avoir trait, se référer (remitirse); esto se refiere a lo que te dije ayer cela a trait à ce que je t'ai dit hier ‖ faire allusion, parler de (aludir); no me refiero a usted je ne parle pas de vous ‖ **GRAM** se rapporter.

refilado *m* **IMPR** rogne *f*, rognure *f* (con la guillotina).

refilar *v tr* **IMPR** rogner.

refilón

➡ **de refilón** *loc* en passant (de pasada); ver algo de refilón voir quelque chose en passant ‖ de travers (de soslayo) ‖ en écharpe (vehículo); chocar de refilón contra un coche prendre une voiture en écharpe.

refinación *f* raffinage *m* (refinado).

refinadera *f* rouleau *m* (para el chocolate).

refinado, da *adj* raffiné, e; azúcar refinado sucre raffiné ‖ affiné, e; raffiné, e (metal) ‖ [▷ **SIN**] **FIG** raffiné, e (distinguido).

➡ **refinado** *m* **TECN** raffinage; el refinado del petróleo le raffinage du pétrole ‖ raffinage, affinage (metales).

‖ **SIN** distinguido distingué; delicado délicat; obsequioso obséquieux.

refinador, ra *adj & s* raffineur, euse.

refinadura *f* raffinage *m*.

refinamiento *m* raffinement, recherche *f* (esmero); vestido con refinamiento vêtu avec recherche.

refinanciación *f* refinancement *m*.

refinanciar [8] *v tr* refinancer.

refinar *v tr* **TECN** raffiner (azúcar, petróleo) ‖ affiner, raffiner (metal) ‖ **FIG** polir (el estilo).

➡ **refinarse** *v pr* apprendre les bonnes manières, se dégrossir **FAM**.

refinería *f* raffinerie; refinería petrolífera raffinerie de pétrole.

refino, na *adj* surfin, e (muy fino).

➡ **refino** *m* raffinage (refinado) ‖ épicerie *f* (tienda de comestibles).

reflectante *adj* réfléchissant, e; superficie reflectante surface réfléchissante.

reflectar *v tr* **FÍS** réfléchir.

reflector, ra *adj* **FÍS** réfléchissant, e; réflecteur, trice.

➡ **reflector** *m* réflecteur ‖ projecteur.

reflejado, da *adj* réfléchi, e; rayo reflejado rayon réfléchi.

reflejante *adj* réfléchissant, e; superficie reflejante surface réfléchissante.

reflejar *v tr* réfléchir, refléter, renvoyer; el espejo refleja los rayos luminosos le miroir réfléchit les rayons lumineux ‖ **FIG** traduire, refléter; nuestros ojos reflejan nuestros sentimientos nos yeux traduisent nos sentiments ‖ refléter, respirer; una cara que refleja la bondad un visage qui respire la bonté.

➡ **reflejarse** *v pr* se réfléchir, se refléter ‖ **FIG** se refléter; la felicidad se reflejaba en su rostro le bonheur se reflétait sur son visage ‖ se répercuter, répercuter; la baja de las tarifas ferroviarias se refleja en los precios la diminution des tarifs ferroviaires se répercute sur les prix.

reflejo, ja *adj* réfléchi, e; rayo reflejo rayon réfléchi; verbo reflejo verbe réfléchi ‖ réflexe; movimiento reflejo mouvement réflexe.

➡ **reflejo** *m* reflet; reflejos en el agua reflets dans l'eau ‖ réflexe; reflejo condicionado réflexe conditionné ‖ **FIG** reflet (imagen).

réflex *f inv* **FOT** reflex *m inv* (cámara).

reflexibilidad *f* réflexibilité.

reflexible *adj* réflexible.

reflexión *f* **FÍS** réflexion ‖ réflexion (acción de reflexionar) ■ con reflexión en y réfléchissant bien, à la réflexion ‖ sin reflexión sans réfléchir.

reflexionar *v intr* réfléchir; reflexionar sobre un asunto réfléchir à une question.

reflexivamente *adv* à la forme réfléchie o pronominale.

reflexivo, va *adj* réfléchissant, e (que refleja) ‖ réfléchi, e; un niño reflexivo un enfant réfléchi ‖ **GRAM** réfléchi, e; pronominal, e (verbo, forma) ‖ réfléxif, ive (psicología).

reflexología *f* réflexologie.

reflexólogo, ga *m & f* spécialiste de réflexologie.

reflorecer [30] *v intr* refleurir.

reflorecimiento *m* refleurissement ‖ **FIG** nouvel épanouissement.

refluir [51] *v intr* refluer (un líquido).

reflujo *m* reflux (marea).

refocilación *f*; **refocilo** *m* réjouissance *f*, joie *f*.

refocilar *v tr* réjouir, combler d'aise.

➡ **refocilarse** *v pr* se réjouir (alegrarse); refocilarse con se réjouir de ‖ se délecter.

refocilo ➡ **refocilación**.

reforma *f* réforme; reforma agraria réforme agraire ‖ **RELIG** Réforme ‖ modification, transformation.

reformación *f* réforme, réformation.

reformado, da *adj* réformé, e.

reformador, ra *adj & s* réformateur, trice.

reformar *v tr* réformer ‖ transformer; reformar una cocina transformer une cuisine ‖ transformer, modifier, apporter des modifications à (modificar).

➡ **reformarse** *v pr* se réformer.

reformativo, va *adj* réformateur, trice.

reformatorio, ria *adj* réformateur, trice.

➡ **reformatorio** *m* maison *f* de correction o de redressement.

reformismo *m* réformisme.

reformista *adj & s* réformiste.

reformular *v tr* reformuler.

reforzado, da *adj* renforcé, e.

➡ **reforzado** *m* extra-fort, galon.

reforzador, ra *adj* qui renforce.

➡ **reforzador** *m* renforçateur (fotografía).

reforzar [37] *v tr* renforcer; reforzar un tubo, una pared renforcer un tube, un mur ‖ reforzar el ánimo a alguien réconforter quelqu'un, rendre courage à quelqu'un.

➡ **reforzarse** *v pr* se renforcer.

refracción *f* **FÍS** réfraction; índice, ángulo de refracción indice, angle de réfraction.

refractar *v tr* **FÍS** réfracter.

refractario, ria *adj* réfractaire.

refractivo, va *adj* réfractif, ive.

refractómetro *m* réfractomètre.

refractor *m* réfracteur.

refrán *m* proverbe ■ **FIG** según reza el refrán comme dit le proverbe ‖ tener refranes para todo avoir réponse à tout.

‖ **OBSERV** Existe en francés la palabra refrain pero significa estribillo.

refranero *m* recueil de proverbes.

refranesco, ca *adj* proverbial, e.

refrangibilidad *f* réfrangibilité.

refrangible *adj* réfrangible.

refranista *m & f* amateur (sin femenino) de proverbes.

refregadura *f* frottement *m* ‖ trace (señal).

refregamiento *m* frottement.

refregar [35] *v tr* frotter ‖ **FIG & FAM** jeter à la figure, ressortir (un reproche).

refregón *m* **FAM** frottement ‖ marque *f*, trace *f* (señal).

refreír [28] *v tr* refrire (freír de nuevo) ‖ trop faire frire (patatas, etc.), trop faire cuire (carne).

refrenada *f* saccade (sofrenada).

refrenado, da *adj* contenu, e (el caballo) ‖ FIG refréné, e (las pasiones).

refrenamiento *m* refrènement.

refrenar *v tr* serrer la bride (a un caballo) ‖ FIG refréner, mettre un frein à (las pasiones).

refrendación *f* visa *m* (de un pasaporte) ‖ contreseing *m* (firma).

refrendador, ra *adj* qui ratifie o contre-signe.

refrendar *v tr* viser (un pasaporte) ‖ contresi-gner, légaliser (legalizar) ‖ ratifier, approuver (una ley) ‖ FIG cautionner (afianzar).

refrendario; referendario *m* référen-daire, contresignataire.

refrendata *f* signature du référendaire, contreseing *m*.

refrendo *m* visa ‖ contreseing ‖ approba-tion *f*; ley sometida al refrendo popular loi soumise à l'approbation du peuple.

refrentado *m* TECN surfaçage (pulido).

refrentar *v tr* TECN surfacer (pulir).

refrescante *adj* rafraîchissant, e.

refrescar [10] *v tr* rafraîchir (líquidos, etc.) ‖ FIG raviver (recuerdos) ‖ FIG refrescar la me-moria rafraîchir la mémoire.

◇ *v intr* se rafraîchir; el tiempo refresca le temps se rafraîchit ‖ fraîchir (el viento) ‖ ra-fraîchir (un líquido) ‖ esta tarde ha refrescado un poco cet après-midi le temps s'est rafraî-chi un peu o ça s'est un peu rafraîchi.

➤ **refrescarse** *v pr* se rafraîchir (beber fresco) ‖ prendre le frais (tomar el fresco).

refresco *m* rafraîchissement ‖ de refresco de renfort ‖ refresco de limón citronnade.

refresquería *f* (*Amer*) buvette (bar).

refriega *f* rencontre, engagement *m* (com-bate).

‖ SIN encuentro rencontre; choque choc; escara-muza accrochage; contienda dispute; combate combat.

refrigeración *f* réfrigération ‖ collation (comida) ‖ refroidissement *m* (de un motor).

refrigerado, da *adj* réfrigéré, e.

refrigerador, ra *adj & s m* réfrigérateur, trice.

refrigerante *adj & s m* réfrigérant, e. ◇ *adj* rafraîchissant, e (refrescante).

refrigerar *v tr* réfrigérer (enfriar) ‖ congeler (congelar); carne refrigerada viande congelée ‖ FIG réconforter (reparar las fuerzas) ‖ TECN re-froidir (motor), réfrigérer.

refrigerio *m* rafraîchissement (refresco) ‖ collation *f* (comida) ‖ FIG rafraîchissement; lugar de refrigerio lieu de rafraîchissement ‖ paix *f*; refrigerio eterno paix éternelle.

refringencia *f* FÍS réfringence.

refringente *adj* FÍS réfringent, e.

refringir [15] *v tr* FÍS réfracter (refractar). ➤ **refringirse** *v pr* se réfracter.

refrito, ta *adj* refrit, e. ➤ **refrito** *m* FIG & FAM réchauffé; esta obra de teatro es un refrito cette pièce de théâtre est du réchauffé.

refucilo; refusilo *m* (*Amer*) éclair.

refuerzo *m* renfort ‖ FOT renforçage, ren-forcement ‖ MIL renfort; enviar nuevos re-fuerzos envoyer de nouveaux renforts; lle-gar de refuerzo arriver en renfort.

refugiado, da *adj & s* réfugié, e.

refugiar [8] *v tr* réfugier. ➤ **refugiarse** *v pr* se réfugier.

refugio *m* refuge ■ refugio alpino refuge alpin o de haute montagne ‖ refugio antiaé-reo abri antiaérien ‖ refugio atómico abri antiatomique ‖ MIL refugio de invierno quar-tier d'hiver ‖ refugio subterráneo abri souter-rain.

‖ SIN abrigo abri; albergue refuge; asilo asile; co-bijamiento, cobijo, protección protection.

refulgencia *f* resplendissement *m* (p us), éclat *m*.

refulgente *adj* resplendissant, e.

refulgir [15] *v intr* resplendir, briller.

refundición *f* refonte.

refundidor, ra *m & f* celui, celle qui re-fond (libro, ley).

refundir *v tr* refondre, recouler; refundir un cañón refondre un canon ‖ FIG refondre; refundir una obra refondre un ouvrage.

refunfuñador, ra *adj & s* bougon, onne; ronchonneur, euse FAM.

refunfuñar *v intr* FIG & FAM grogner, bou-gonner, grommeler, ronchonner.

refunfuño *m* bougonnement, ronchonne-ment FAM.

refunfuñón, ona *adj* FAM grognon, onne; ronchon, onne.

refusilo ➤ refucilo.

refutable *adj* réfutable.

refutación *f* réfutation.

refutar *v tr* réfuter; refutar un argumento réfuter un argument.

regadera *f* arrosoir *m* (para regar); alcachofa de regadera pomme d'arrosoir ‖ rigole (re-guera) ‖ FAM está como una regadera il est cinglé o toqué.

regadero *m* rigole *f*.

regadío, a *adj* irrigable, arrosable; tierras regadías terres irrigables. ➤ **regadío** *m* terrain d'irrigation (campo) ‖ arrosage, irrigation *f* (de un terreno) ‖ de re-gadío irrigable.

regador, ra *m & f* arroseur, euse ‖ barredora-regadora arroseuse-balayeuse.

regadura *f* arrosage *m*.

regaifa *f* tarte (torta) ‖ TECN meule gisante.

regajo *m* mare *f* (charco) ‖ ruisseau (arroyo).

regala *f* MAR plat-bord *m*.

regalada *f* écurie royale.

regaladamente *adv* confortablement; estar instalado regaladamente en un sillón être installé confortablement dans un fau-teuil ‖ délicieusement (muy bien); comer rega-ladamente manger délicieusement.

regalado, da *adj* donné en cadeau, offert, e ‖ doux, douce, délicat, e (suave) ‖ FIG & FAM délicieux, euse (delicioso) ‖ donné, e (muy ba-rato); estos zapatos están regalados ces chaussures sont données ■ FIG no la quieren ni regalada ils n'en veulent à aucun prix ‖ te-ner o llevar vida regalada mener une vie agréable.

regalamiento *m* cadeau.

regalar *v tr* offrir, faire cadeau de; regalar un reloj offrir une montre ‖ flatter (halagar) ■ FIG regalar el oído flatter l'oreille; cumpli-dos que regalan el oído compliments qui flattent l'oreille; être un régal pour l'oreille (música) ‖ regalar la vista être un plaisir pour les yeux.

➤ **regalarse** *v pr* se régaler; regalarse con pasteles se régaler de gâteaux.

regalía *f* régale (prerrogativa real) ‖ regalia (en Gran Bretaña) ‖ FIG privilège *m*, prérogative ‖ prime (sueldo) ‖ (*Amer*) cadeau *m*, présent *m* (regalo).

regalismo *m* système des théoriciens de la régale.

regalista *m* partisan des régales.

regaliz *m*; **regaliza** *f* réglisse *f*; barra de re-galiz bâton de réglisse ‖ réglisse *f*, jus *m* de réglisse.

‖ OBSERV Le pluriel de regaliz est regalices.

regalo *m* cadeau, présent (obsequio); dar de regalo donner en cadeau ‖ régal (placer); esta música es un regalo para el oído cette musi-que est un régal pour l'oreille ‖ régal (festín) ‖ aisance *f*, confort (comodidad) ‖ vivir con gran regalo vivre dans l'aisance.

regalón, ona *adj* FAM douillet, ette; qui aime ses aises (cómodo) ‖ délicat, e (delicado) ■ vida regalona vie aisée o de coq en pâte ‖ tener una vida regalona mener une vie agréable.

regalonear *v tr* (*Amer*) FAM gâter [les enfants, etc.].

regante *m* cultivateur ayant droit d'arro-sage (dueño) ‖ arroseur (empleado).

regañadientes
➤ **a regañadientes** *loc* à contrecœur, en rechignant, en maugréant; obedecer a rega-ñadientes obéir en rechignant.

regañar *v intr* se fâcher, se disputer (enfa-darse) ‖ se fendre, s'entrouvrir (frutas). ◇ *v tr* gronder, disputer; regañar a un niño gronder un enfant.

regañina *f* gronderie.

regaño *m* gronderie *f*, semonce *f*.

regañón, ona *adj & s* FAM ronchonneur, euse; bougon, onne.

regañuza *f* gronderie, semonce (reprensión) ‖ brouille, dispute (pelea).

regar [35] *v tr* arroser; regar las flores arro-ser les fleurs ‖ arroser (un río) ‖ FIG répandre, semer (desparramar) ‖ FIG regar con lágrimas arroser de larmes.

‖ SIN rociar, asperjar asperger; bañar baigner; irrigar irriguer.

regata *f* MAR régate ‖ DEP voile; aficionado a la regata amateur de voile ‖ rigole (reguera).

regate *m* dérobade *f*, feinte *f* (del cuerpo) ‖ DEP dribbling (con el balón), feinte *f* (del cuerpo) ‖ FIG & FAM échappatoire *f*.

regateador, ra *adj & s* marchandeur, euse.

regatear *v tr* marchander (el comprador y el vendedor) ‖ détailler (vender al por menor) ‖ marchander, donner à regret (dar con parsi-monia). ◇ *v intr* chipoter (poner dificultades) ‖ DEP dribbler (con el balón), feinter, faire une feinte (con el cuerpo) ‖ MAR courir une régate.

regateo *m* marchandage (entre comprador y vendedor) ‖ vente *f* au détail (venta al por menor) ‖ DEP dribbling (balón), feinte *f* (del cuerpo) ‖ FIG & FAM chipotage (dificultades) ‖ dérobade *f* (escapatoria).

regatería; regatonería *f* vente au détail.

regatero, ra *adj* & *s* marchandeur, euse (de los precios) ‖ détaillant, e (vendedor al por menor).

regato *m* mare *f* (charco) ‖ ruisselet (arroyo).

regatón *m* bouterolle *f*, bout de fer de lance o de flèche (contera) ‖ bout, embout (de un bastón) ‖ pique *f* (de un bastón de esquiador) ‖ embout (de un tubo).

regatón, ona *adj* & *s* détaillant, e (vendedor al por menor) ‖ marchandeur, euse (que regatea mucho).

regatonear *v tr* vendre au détail.

regatonería ⯈ **regatería**.

regazo *m* giron; el regazo materno le giron maternel ‖ FIG giron, sein.

regencia *f* régence.
◇ *adj inv* régence; estilo Regencia style Régence.

regeneración *f* régénération (renovación) ‖ régénérescence (transformación).

regeneracionismo *m* mouvement de réforme du début du XXᵉ siècle en Espagne.

regenerador, ra *adj* & *s* régénérateur, trice.

regenerar *v tr* régénérer ‖ TECN régénérer (caucho).

regenta *f* femme du prote (en una imprenta) ‖ femme du président d'un tribunal ‖ "La Regenta" La Présidente [roman de Clarín].
　OBSERV Regenta ne désigne pas la régente d'un royaume, qui se dit reina regente.

regentar *v tr* diriger (dirigir) ‖ tenir, gérer (un estanco) ‖ FIG régenter (dirigir ostentando superioridad).

regente *adj* & *s* régent, e ‖ reina regente régente.
◇ *m* IMPR prote.

reggae [reɣe] *m* reggae.

regiamente *adv* royalement.

regicida *adj* & *s* régicide (asesino).

regicidio *m* régicide (crimen).

regidor, ra *adj* & *s* qui gouverne, dirigeant, e.
　⯈ **regidor** *m* conseiller municipal, échevin (concejal) ‖ régisseur (administrador) ‖ régisseur (cine).
　⯈ **regidora** *f* femme d'un conseiller municipal.

regidoría; regiduría *f* charge de conseiller municipal o d'échevin ‖ CINEM régie.

régimen *m* régime ‖ MECÁN régime ‖ MED régime (plan); ponerse a régimen se mettre au régime ‖ régime (derecho, geografía, gramática).
　OBSERV Au pluriel, l'accent de régimen se déplace pour donner regímenes.

regimentar [19] *v tr* enrégimenter.

regimiento *m* MIL régiment ‖ conseil municipal (concejo) ‖ charge *f* de conseiller municipal o d'échevin (oficio).

regio, gia *adj* royal, e ‖ agua regia eau régale.

región *f* région; región de Murcia nom officiel de la communauté autonome de Murcie.

LA REGIÓN DE MURCIA ──────

La communauté autonome de Murcie se compose de la province du même nom. Elle a obtenu l'autonomie le 9 juin 1982 et a pour capitale la ville de Murcie; son gouvernement est connu sous le nom de « Consejo de gobierno ».

---

regional *adj* régional, e.

regionalismo *m* régionalisme.

regionalista *adj* & *s* régionaliste.

regionalización *f* régionalisation.

regionalizar [13] *v tr* régionaliser.

regir [42] *v tr* régir ‖ GRAM régir, gouverner.
◇ *v intr* être en vigueur; aún rige este decreto ce décret est toujours en vigueur ‖ MAR gouverner, obéir au gouvernail ‖ FIG & FAM no regir dérailler, battre la breloque; este tipo no rige ce type-là déraille.
　⯈ **regirse** *v pr* se guider ‖ FIG se fier; se rige por su buen sentido il se fie à son bon sens.

registrado, da *adj* déposé, e; marca registrada marque déposée.

registrador, ra *adj* & *s* enregistreur, euse; caja registradora caisse enregistreuse ‖ contrôleur, euse (que inspecciona).
　⯈ **registrador** *m* employé d'octroi (fielato) ‖ registrador de la propiedad conservateur des hypothèques.

registrar *v tr* fouiller; registrar a un ladrón fouiller un voleur ‖ fouiller (cajón, bolsillos) ‖ contrôler (inspeccionar) ‖ enregistrer (anotar en un registro) ‖ inscrire (inscribir) ‖ immatriculer (matricular) ‖ déposer (una patente) ‖ écrouer (inscribir en el registro de la cárcel) ‖ enregistrer, constater; hemos registrado un aumento de la criminalidad nous avons enregistré un accroissement de la criminalité ‖ la policía registró el barrio a fondo la police a passé le quartier au peigne fin.
◇ *v intr* fouiller; registró en el armario il fouilla dans l'armoire.
　⯈ **registrarse** *v pr* fouiller; registrarse los bolsillos fouiller ses poches ‖ s'inscrire (matricularse) ‖ se produire, avoir lieu (ocurrir).

registro *m* enregistrement (transcripción) ‖ registre (libro) ‖ rôle (estado) ‖ contrôle (inspección) ‖ fouille *f* (en la aduana) ‖ signet (para señalar las páginas) ‖ MÚS registre (extensión de la voz o de un instrumento) ‖ registre (de órgano, clave, piano) ‖ jeu (del órgano) ‖ registros de lengüeta jeux d'anches ‖ TECN regard (trampilla) ‖ INFORM enregistrement (grabación) ‖ registre (almacenamiento) ■ registro central fichier central ‖ registro central de penados y rebeldes casier judiciaire (servicio) ‖ registro civil état civil ‖ registro de antecedentes penales casier judiciaire (boletín) ‖ registro de defunciones registre des décès ‖ registro de hotel registre d'un hôtel ‖ registro de la propiedad enregistrement, conservation o bureau des hypothèques (oficina), registre foncier ‖ registro de la propiedad industrial registre de la propriété industrielle ‖ registro de la propiedad intelectual registre de la propriété littéraire et artistique ‖ registro de sonido prise de son ‖ registro electoral liste électorale ‖ registro genealógico pedigree (animales) ‖ registro mercantil registre du commerce ‖ registro parroquial registre paroissial ‖ FIG tocar todos los registros miser sur tous les tableaux, frapper à toutes les

---

portes (intentarlo todo), essayer de faire vibrer la corde sensible (llamar a la sensibilidad).

regla *f* règle; trazar una línea con (la) regla tirer un trait à la règle ‖ règle (reglamento, norma) ‖ règles *m pl* (menstruo); tener la regla avoir ses règles ‖ MAT règle; regla de tres règle de trois ■ MAT regla de aligación règle de mélange ‖ regla de cálculo règle à calcul ‖ MAT regla de compañía règle de société ‖ regla de falsa posición règle de la fausse position ‖ regla de oro o de proporción o de tres règle de proportion o de trois ■ con todas las reglas del arte dans les règles de l'art, dans les règles ‖ en regla en règle; batalla en regla bataille en règle ‖ MAT (ant); las cuatro reglas les quatre règles ‖ por regla general en règle générale ■ estar en regla être en règle ‖ obrar según las reglas agir dans les règles ‖ FIG salir de regla dépasser la mesure, y aller un peu fort.

reglado, da *adj* réglé, e ■ papel reglado papier réglé o rayé.

reglaje *m* réglage (ajuste).

reglamentación *f* réglementation.

reglamentar *v tr* réglementer (sujetar a reglamento) ‖ régler (decidir).

reglamentario, ria *adj* réglementaire.

reglamentarismo *m* réglementarisme.

reglamento *m* règlement ‖ MIL règlement (ordenanzas).

reglar *adj* régulier, ère (religioso).

reglar *v tr* régler (pautar).

regleta *f* IMPR réglette, interligne ‖ réglet *m* (regla pequeña).

regletear *v tr* IMPR interligner, blanchir.

reglón *m* règle *f* de maçon (de albañil).

regocijado, da *adj* joyeux, euse (que causa alegría) ‖ joyeux, euse; réjoui, e (alegre).

regocijar *v tr* réjouir.
　⯈ **regocijarse** *v pr* se réjouir, s'en donner à cœur joie.

regocijo *m* joie *f*, allégresse *f*, réjouissance *f* ‖ con gran regocijo de à la grande satisfaction de, à la grande joie de.

regodearse *v pr* se délecter; regodearse con una lectura se délecter à lire ‖ se régaler; regodearse con buena música se régaler de bonne musique ‖ FAM se rincer l'œil (con un espectáculo licencioso) ‖ se réjouir; regodearse en o con la desgracia ajena se réjouir du malheur d'autrui.

regodeo *m* délectation *f*; comerse una perdiz con regodeo manger une perdrix avec délectation ‖ satisfaction *f*, plaisir, joie *f*, réjouissance *f*.

regodeón, ona; regodiento, ta *adj* (Amer) délicat, e.

regojo *m* miette *f* (de pan) ‖ FAM mioche (chaval).

regoldano, na *adj* du châtaignier sauvage ‖ castaña regoldana châtaigne sauvage.

regoldar [46] *v intr* FAM éructer, roter.

regoldo *m* châtaignier sauvage.

regoldón, ona *adj* FAM qui éructe.

regona *f* canal *m* d'irrigation.

regordete, ta *adj* FAM grassouillet, ette; rondelet, ette.

regresar *v intr* revenir, rentrer; regresar a casa rentrer chez soi.

regresión *f* régression; epidemia en regresión épidémie en régression | recul *m* (retroceso); regresión de las exportaciones recul des exportations | retour *m*; regresión a procedimientos antiguos retour à de vieux procédés | BIOL & GEOL régression.

regresivo, va *adj* régressif, ive.

regreso *m* retour; un regreso fácil un retour facile | de regreso de retour de, au retour de.

regruñir *v intr* grogner avec force.
| OBSERV Regruñir perd le « i » atone de la désinence quand celui-ci est situé entre la consonne « ñ » et une voyelle (comme dans regruñendo, regruñó, regruñera).

reguarnecer [30] *v tr* regarnir.

regüeldo *m* FAM rot, éructation *f*.

reguera *f* rigole.

reguero *m* traînée *f* (señal); la noticia se propagó como un reguero de pólvora la nouvelle se répandit comme une traînée de poudre; reguero de sangre traînée de sang | rigole *f* (reguera).

regulación *f* régulation | contrôle *m* (de precios, cambios) | régularisation; regulación de un curso de agua régularisation d'un cours d'eau | réglementation; regulación del mercado réglementation du marché | réglage *m* (graduación) | la regulación de los nacimientos le contrôle o la régulation des naissances.

regulado, da *adj* réglé, e (ordenado) | régulier, ère (regular) | réglé, e (un aparato).

regulador, ra *adj & s m* régulateur, trice.

regular *adj* régulier, ère; movimiento regular mouvement régulier | FAM comme ci, comme ça; ni bien ni mal; una película regular un film comme ci, comme ça | entre les deux; ¿le gusta el chocolate muy espeso o líquido? regular préférez-vous le chocolat très épais ou liquide? entre les deux | moyennement; el agua estaba regular de fría l'eau était moyennement froide | médiocre, moyen; un alumno regular un élève médiocre | por lo regular en général.
<> *m* MIL régulier.

regular *v tr* régler (poner en orden); regular la circulación régler la circulation | régler (un mecanismo) | contrôler (precios, cambios) | réglementer (el mercado) | régulariser (un curso de agua).

regularidad *f* régularité.

regularización *f* régularisation.

regularizar [13] *v tr* régulariser.

regularmente *adv* régulièrement | moyennement (medianamente) | généralement, normalement; regularmente voy al cine dos veces por semana normalement, je vais au cinéma deux fois par semaine.

regulativo, va *adj* régulateur, trice.

régulo *m* roitelet (reyezuelo) | basilic (basilisco) | roitelet (ave) | QUÍM régule.

regurgitación *f* régurgitation.

regurgitar *v intr* régurgiter.

regusto *m* arrière-goût.

rehabilitación *f* réhabilitation | MED rééducation; tratamiento de rehabilitación para

paralíticos traitement de rééducation pour paralytiques.

rehabilitado, da *adj & s* réhabilité, e.

rehabilitador, ra *adj* réhabilitant, e.

rehabilitar *v tr* réhabiliter | réintégrer (un funcionario) | MED rééduquer | DR restituer.

rehacer [60] *v tr* [▷ SIN] refaire.
 ◆ **rehacerse** *v pr* se refaire, reprendre du poil de la bête (fortalecerse) | FIG se remettre (serenarse); no se rehará il ne s'en remettra pas | se ressaisir, reprendre le dessus (dominarse).
| SIN reparar réparer; reponer remettre; restaurar restaurer; restablecer rétablir.

rehacimiento *m* réfection *f*.

rehala *f* troupeau *m* appartenant à différents propriétaires.

rehalero *m* berger d'un troupeau appartenant à différents propriétaires.

rehecho, cha *adj* refait, e | FIG reposé, e (descansado) | remis, e (de una enfermedad o desgracia).

rehén *m* otage.

rehenchido *m* rembourrage (relleno).

rehenchir [26] *v tr* remplir (volver a henchir) | regonfler (volver a hinchar) | rembourrer; rehenchir un cojín con paja rembourrer un coussin de paille.

rehervir [27] *v intr* rebouillir (hervir de nuevo) | FIG bouillir (de ira) | brûler (de entusiasmo) | s'enflammer (arder).
 ◆ **rehervirse** *v pr* fermenter.

rehilandera *f* moulin *m* à vent (juguete).

rehilar *v tr* retordre [le fil].

rehilete *m* fléchette *f* (flechilla) | banderille *f* (banderilla) | volant (juego) | FIG pointe *f* (dicho malicioso).

rehiletero *m* TAUROM banderillero [poseur de banderilles].

rehílo *m* frisson (temblor ligero).

rehogar [16] *v tr* faire mijoter (cocer a fuego lento) | faire revenir (freír o calentar).

rehollar [23] *v tr* fouler aux pieds.

rehoya *f*; **rehoyo** *m* fosse *f* profonde (hoyo) | ravin *m* (barranco).

rehuida *f* fuite.

rehuir [51] *v tr* fuir, refuser; rehuir un compromiso fuir un engagement | refuser; rehúyo hacer este trabajo je refuse de faire ce travail | éviter; rehuía pasar por esos barrios il évitait de passer dans ces quartiers | éviter, fuir; rehuían su mirada ils évitaient son regard | esquiver (esquivar).
 ◆ **rehuirse** *v pr* fuir, s'esquiver.
| OBSERV Lorsque le u de rehuir est tonique, il doit porter un accent écrit (rehúyo, rehúyes, rehúye, rehúyen).

rehumedecer [30] *v tr* tremper.

rehusar *v tr* refuser; rehusar la comida refuser de manger; rehusar trabajar refuser de travailler | décliner, ne pas accepter, refuser; rehusar una invitación décliner une invitation.

reimplantar *v tr* réimplanter.

reimportación *f* réimportation.

reimportar *v tr* réimporter.

reimposición *f* COM réimposition.

reimpresión *f* réimpression.

reimpreso, sa *adj* réimprimé, e.

reimprimir *v tr* réimprimer.

reina *f* reine; la reina viuda la reine douairière; reina madre reine mère | reine (abeja maestra) | reine (dama en el ajedrez) ■ reina claudia reine-claude (ciruela) | reina de belleza reine de beauté | reina de los bosques reine-des-bois (planta) | reina de los prados reine-des-prés (flor) | reina mora sorte de marelle (juego).

reinado *m* règne; durante el reinado de Luis XIV sous le règne de Louis XIV | FIG règne.

Reinaldo *n pr* Renaud.

reinante *adj* régnant, e.

reinar *v intr* régner; reinar en o sobre España régner sur l'Espagne | FIG régner; la camaradería reinaba en la escuela la camaraderie régnait à l'école ■ dividir para reinar diviser pour régner | el rey reina pero no gobierna le roi règne et ne gouverne pas.

reincidencia *f* DR récidive, récidivité.

reincidente *adj & s* récidiviste.

reincidir *v intr* récidiver | redonner, retomber (recaer); reincidir en el mismo vicio retomber dans le même vice.

reincorporación *f* réincorporation.

reincorporar *v tr* réincorporer.
 ◆ **reincorporarse** *v pr* MIL rejoindre son corps.

reineta *f* reinette (manzana).

reingresar *v intr* rentrer.

reingreso *m* réintégration *f*, retour.

reinicializar [13] *v tr* INFORM réinitialiser.

reino *m* royaume (de un rey) | règne; reino animal, vegetal règne animal, végétal ■ el reino de los cielos le royaume des cieux | GEOGR Reino Unido Royaume-Uni.

reinscribir *v tr* réinscrire.

reinscripción *f* réinscription.

reinserción *f* réinsertion; reinserción social réinsertion sociale.

reinsertar *v tr* réinsérer.
 ◆ **reinsertarse** *v pr* se réinsérer.

reinstalación *f* réinstallation.

reinstalar *v tr* réinstaller.

reinstaurar *v tr* réinstaurer.

reintegrable *adj* réintégrable | remboursable (billete de lotería).

reintegración *f* réintégration.

reintegrar *v tr* réintégrer | rendre, restituer; reintegrar una suma a uno rendre une somme à quelqu'un | rembourser (lotería) | rallier, rejoindre (volver a), reprendre (volver a ocupar); reintegrar su cargo rallier son poste | revêtir d'un timbre fiscal; documento debidamente reintegrado document dûment revêtu de timbres fiscaux.
 ◆ **reintegrarse** *v pr* être réintégré à | reprendre; reintegrarse a sus actividades reprendre ses activités.
| OBSERV El francés réintégrer significa volver a y rehabilitar.

reintegro *m* paiement (pago) | remboursement (lotería) | apposition *f* du timbre fiscal | réintégration *f* | DR rapport, retour (en una sucesión) | cobrar el reintegro être remboursé à la loterie.

reinvertir [27] *v tr* réinvestir.

reír [28] *v intr* rire; echarse a reír se mettre à rire ■ **reír a carcajadas** rire aux éclats, s'esclaffer ▌reír a mandíbula batiente rire à gorge déployée o à s'en décrocher la mâchoire ▌reír como un bendito rire aux anges ▌reír como un descosido rire à gorge déployée o comme un bossu o comme un fou o à ventre déboutonné ▌reír con ganas rire de bon cœur ▌reír con risa de conejo rire jaune ▌reír de dientes afuera rire du bout des lèvres o du bout des dents o jaune ▌reír para su capote o para su sayo o para su coleto o para sus adentros o a solas rire sous cape o dans sa barbe ■ **al freír será el reír, quien ríe el último ríe mejor** rira bien qui rira le dernier ▌dar que reír prêter à rire. ◇ *v tr* rire de, trouver drôle; **reír una gracia** rire d'un bon mot.

➠ **reírse** *v pr* rire; **no hay de qué reírse** il n'y a pas de quoi rire ▌rire, se moquer, se rire (burlarse); **reírse de uno** rire de quelqu'un ▌se mettre à rire (echarse a reír) ▌FIG bâiller, rire (abrirse) ■ FIG **me río yo de los peces de colores** je m'en moque comme de l'an quarante o comme de ma première chemise ▌reírse de uno en su cara o en sus barbas rire au nez o à la barbe de quelqu'un.

▏ OBSERV L'emploi de **reírse** (forme pronominale) est très courant en espagnol dans le sens de rire (forme intransitive).

reis *m pl* réis (moneda portuguesa).

reiteración *f* réitération, récidive ▌DR récidive.

reiteradamente *adv* réitérativement (plus), à plusieurs reprises.

reiterar *v tr* réitérer ▌reiteradas veces à plusieurs reprises.

reiterativo, va *adj* réitératif, ive.

reitre *m* reître (soldado alemán).

reivindicación *f* revendication.

reivindicador, ra *adj* revendicateur, trice; qui revendique.

reivindicar [10] *v tr* revendiquer.

reivindicatorio, ria; reivindicativo, va *adj* revendicatif, ive; qui sert à revendiquer.

reja *f* grille (de la ventana) ▌grillage *m* (alambrera) ▌AGRIC soc *m* (del arado) ▌labour *m*; **dar una reja** donner un labour ▌FAM **entre rejas** sous les verroux (cárcel).

rejal *m* galandage (pila de ladrillos).

rejalgar *m* MIN réalgar.

rejego, ga *adj* (*Amer*) irritable (enojadizo) ▌indomptable (indomable).

rejera *f* MAR amarre.

rejero, ra *m & f* ferronnier *m*.

rejilla *f* grillage *m* (de ventana) ▌guichet *m* (de una abertura) ▌cannage *m* (de una silla) ▌chaufferette (calientapiés) ▌guichet *m* (de confesionario) ▌bouche de chaleur, bouche d'air ▌filet *m* (en el ferrocarril) ▌grille (de un horno, de una alcantarilla, de una chimenea) ▌grille (de una lámpara de radio) ▌résille (de una vidriera) ■ **de rejilla** canné, e; **silla de rejilla** chaise cannée ▌radiador de rejilla radiateur en nid d'abeilles ▌rejilla del radiador calandre (de un coche).

rejo *m* aiguillon ▌clou (clavo) ▌BOT radicule *f* ▌(*Amer*) fouet (látigo).

rejón *m* TAUROM "rejón", javelot ▌pique *f* (garrocha) ▌poignard (puñal) ▌pointe *f* (del trompo).

rejonazo *m* coup de javelot.

rejoncillo *m* javelot (rejón).

rejoneador *m* toréador à cheval.

rejonear *v tr & intr* toréer à cheval.

rejoneo *m* TAUROM combat à cheval.

rejuela *f* petite grille (reja) ▌chaufferette (braserillo).

rejuvenecedor, ra *adj* rajeunissant, e.

rejuvenecer [30] *v tr & intr* rajeunir.

➠ **rejuvenecerse** *v pr* rajeunir ▌se rajeunir (quitarse años).

rejuvenecimiento *m* rajeunissement.

relación *f* relation; **relaciones comerciales** relations commerciales ▌rapport *m*, relation; **mantener relaciones amistosas** entretenir o avoir des relations amicales ▌liste (lista); **relación de víctimas** liste des victimes ▌relevé *m*, état *m*; **relación de gastos** relevé de dépenses ▌rapport *m*, relation, récit *m* (relato) ▌DR rapport *m* (de un juez) ▌MAT rapport *m*, relation; **relación geométrica** rapport géométrique; **relación de las masas** rapport des masses ▌FIG rapport *m*, relation; **relación entre la causa y el efecto** relation entre la cause et l'effet ▌GRAM relation ■ MECÁN **relación de compresión** taux de compression ▌relación de interesados intitulé d'inventaire ▌relaciones de parentesco rapports de parenté ▌relaciones públicas relations publiques ■ **con relación a** par rapport à ▌en relación con en rapport avec ▌ponerse en relación se mettre en rapport, entrer en relation ▌sacar a relación rapporter ▌tener relación con avoir rapport à (referirse a).

➠ **relaciones** *f pl* relations (personas conocidas) ▌tener relaciones con fréquenter (ser novios).

relacionado, da *adj* relatif à, concernant *inv* (que se refiere) ▌se rattachant à, lié à (que está ligado) ■ **bien, mal relacionado** qui a de bonnes, de mauvaises relations ▌todo lo relacionado a tout ce qui se rattache à o qui concerne o qui est relatif à.

relacionar *v tr* rattacher, relier; **relacionar un hecho con otro** rattacher un fait à un autre ▌mettre en rapport; **relacionar una persona con otra** mettre une personne en rapport avec une autre ▌rapporter (hacer relación de un hecho).

➠ **relacionarse** *v pr* se rattacher, être lié, e (tener conexión) ▌se rapporter (referirse) ▌se mettre en rapport (personas).

relajación *f*; **relajamiento** *m* relâchement *m* (de las costumbres, del ardor) ▌relaxation *f* (músculo, ánimo) ▌MED décontraction *f* (músculo), relâchement *m* (del útero, etc.) ▌relâchement *m* (soltura de vientre) ▌FIG relâchement *m*, diminution *f*; **relajación de la tensión internacional** relâchement de la tension internationale.

relajadamente *adv* avec décontraction.

relajamiento ➤ **relajación**.

relajante *adj* relâchant, e.

relajar *v tr* relâcher; **relajar la disciplina** relâcher la discipline ▌décontracter (músculo) ▌relever (una obligación) ▌remettre au pouvoir (a un reo) ▌détendre; **este espectáculo relaja** ce spectacle détend.

➠ **relajarse** *v pr* se relâcher; **la moralidad se ha relajado** la morale s'est relâchée ▌se relaxer, se détendre, se décontracter (músculo, ánimo).

relajo *m* (*Amer*) dépravation *f*, débauche *f* (depravación) ▌scandale ▌moquerie *f* (burla).

relamer *v tr* pourlécher.

➠ **relamerse** *v pr* se pourlécher ▌FIG & FAM se farder, se pomponner (afeitarse, componerse) ▌FIG & FAM **relamerse de gusto** s'en lécher o s'en pourlécher les babines (comiendo algo suculento), s'en frotter les mains (de júbilo).

relamido, da *adj* affecté, e; recherché, e (demasiado pulcro).

relámpago *m* éclair ▌VETER taie *f* (en el ojo) ■ FOT **luz relámpago** flash ▌viaje relámpago voyage éclair ■ FIG **pasar como un relámpago** passer comme un éclair. ◇ *adj* éclair; **visita relámpago** visite éclair; **guerra relámpago** guerre éclair.

relampagueante *adj* étincelant, e.

relampaguear *v intr* faire des éclairs ▌FIG étinceler (centellear) ▌lancer des éclairs (los ojos iracundos). ◇ *v impers* y avoir des éclairs.

relampagueo *m* éclairs *pl* (relámpagos) ▌éclair (centelleo).

relance *m* hasard (suceso casual) ▌nouveau coup de sort (en los juegos de envite) ▌de relance par hasard.

relanzamiento *m* reprise *f* (de obra, etc.) ▌renouveau (de idea).

relanzar [13] *v tr* repousser (rechazar).

relapso, sa *adj & s* relaps, e.

relatador, ra *m & f* narrateur, trice; conteur, euse.

relatar *v tr* raconter, narrer, relater; **relatar una historia** raconter une histoire ▌rapporter (referir); **relatar hechos interesantes** rapporter des faits intéressants.

relativamente *adv* relativement.

relatividad *f* relativité; **teoría de la relatividad** théorie de la relativité.

relativismo *m* FILOS relativisme.

relativista *adj & s* FILOS relativiste.

relativizar [13] *v tr* relativiser.

relativo, va *adj* relatif, ive ■ **en lo relativo a** relativement à, en ce qui concerne ▌lo relativo le relatif.

relato *m* récit (narración) ▌compte rendu, rapport (informe).

▏ SIN **relación** relation; **narración** narration; **cuento** histoire; **descripción** description; **informe** rapport.

relator, ra *m & f* narrateur, trice; conteur, euse.

➠ **relator** *m* rapporteur (en los tribunales superiores y reuniones) ▌relator del Consejo de Estado maître des requêtes.

relatoría *f* charge de rapporteur (empleo) ▌bureau *m* du rapporteur (oficina).

relax *m inv* relaxation *f* (relajación) ▌détente *f* (bienestar); **necesitar relax** avoir besoin de se détendre ▌petites annonces *f pl* "roses" (sección de periódico).

relé *m* ELECTR & RAD relais.

relectura *f* seconde lecture.

releer [50] *v tr* relire.

relegación *f* relégation (confinamiento).

relegar [16] *v tr* reléguer; relegar al olvido una cosa reléguer une chose dans l'oubli.

releje *m* ornière *f* (rodada) ‖ fil (de navaja) ‖ talus (de un muro) ‖ **ARQ** retrait, retraite *f* ‖ renfort (de un cañón).

relente *m* fraîcheur *f* nocturne, serein (p us).

relevación *f* relèvement *m* (acción de relevar) ‖ **DR** allègement *m* d'une peine (alivio) ‖ exemption (exención).

relevador *m* **ELECTR** relais.

relevancia *f* importance.

relevante *adj* éminent, e; remarquable, hors ligne ‖ brillant, e; prestar relevantes servicios rendre de brillants services.

relevar *v tr* relayer, prendre la relève de (sustituir) ‖ remplacer (reemplazar) ‖ relever; relevar a uno de una obligación relever quelqu'un d'une obligation ‖ relayer (deportes) ‖ donner du relief à (en pintura) ‖ relever (revocar) ‖ **MIL** relever (una centinela).

➥ **relevarse** *v pr* se relayer (turnarse).

relevo *m* **MIL** relève *f* ‖ **DEP** relais; carrera de relevos course de relais ‖ relais (posta) ■ caballos de relevo relais ‖ relevo estilos relais quatre nages ‖ tomar el relevo prendre la relève o le relais.

relicario *m* reliquaire *f*.

relieve *m* relief; mapa en relieve carte en relief ■ alto relieve haut-relief ‖ bajo relieve bas-relief ‖ **FIG** de relieve important ‖ medio relieve demi-relief ■ formar relieve faire saillie ‖ poner de relieve mettre en relief.

➥ **relieves** *m pl* reliefs (de comida).

religar [16] *v tr* rattacher, relier (atar de nuevo) ‖ allier de nouveau (un metal con otro).

religión *f* religion ‖ religión católica religion catholique ‖ religión inferior religion dite "primitive" ‖ religión monoteísta religion monothéiste ‖ religión natural religion naturelle ‖ religión politeísta religion polythéiste ‖ religión reformada religion réformée ‖ religión revelada religion révélée ■ entrar en religión entrer en religion.

religionario *m* (ant) religionnaire.

religiosamente *adv* religieusement ‖ **FIG** religieusement, scrupuleusement.

religiosidad *f* religiosité ‖ **FIG** scrupule *m*, exactitude.

religioso, sa *adj* religieux, euse ‖ pieux, euse; religieux, euse; hombre muy religioso homme très pieux ‖ **FIG** scrupuleux, euse; ponctuel, elle (exacto); pagador religioso payeur scrupuleux ‖ scrupuleux, euse; consciencieux, euse (concienzudo) ■ cumplir con sus deberes religiosos faire ses dévotions ‖ hacerse religioso entrer en religion.
◇ *m & f* [▷ **SIN**] religieux, euse.

‖ **SIN** fraile, monje moine; clérigo clerc; cenobita cénobite.

relimpio, pia *adj* **FAM** très propre, propre comme un sou neuf, archipropre.

relinchar *v intr* hennir.

relincho *m* hennissement; dar relinchos pousser des hennissements.

relindo, da *adj* très joli, e; ravissant, e.

relinga *f* **MAR** ralingue.

relingar [16] *v tr & intr* **MAR** ralinguer.

reliquia *f* relique ‖ **FIG** vestige *m*; las reliquias del pasado les vestiges du passé ‖ séquelle, trace (de una enfermedad).

rellanar *v tr* aplanir de nouveau.

➥ **rellanarse** *v pr* se carrer, s'asseoir commodément (en un sillón).

rellano *m* palier (de escalera) ‖ replat (en una vertiente).

rellena *f* (*Amer*) boudin *m* (morcilla).

rellenar *v tr* remplir; rellenar un formulario remplir un formulaire ‖ farcir; rellenar un pollo farcir un poulet ‖ rembourrer, bourrer; rellenar un sillón rembourrer un fauteuil ‖ combler, boucher (un hueco) ‖ colmater (una brecha) ‖ ouiller (los toneles) ‖ remblayer (terraplenar) ‖ rellenar las juntas rejointoyer.

➥ **rellenarse** *v pr* se remplir ‖ se bourrer, se gaver (atascarse).

relleno, na *adj* rempli, e ‖ plein, e; cara rellena visage plein ‖ farci, e; aceitunas rellenas olives farcies ‖ fourré, e (caramelo, pastel).

➥ **relleno** *m* farce *f* (cocina) ‖ remplissage (acción de llenar) ‖ rembourrage, garnissage (de un asiento) ‖ rembourrure *f* (borra) ‖ remplissage, remplage; material de relleno matériau de remplissage ‖ colmatage (de una brecha) ‖ ouillage (de los toneles) ‖ **FIG** remplissage (parte superflua).

reloj *m* horloge *f*; el reloj de la torre, de la estación l'horloge du clocher, de la gare; dar cuerda a un reloj remonter une horloge ‖ montre *f*; reloj de pulsera montre-bracelet; reloj de repetición montre à répétition ‖ pendule *f* (de sobremesa, de pared, etc.); poner en hora un reloj mettre une pendule à l'heure ■ reloj analógico montre analogique ‖ reloj atómico horloge atomique ‖ reloj de agua clepsydre ‖ reloj de arena sablier ‖ reloj de campana pendule à sonnerie ‖ reloj de cuarzo horloge, montre à quartz ‖ reloj de cuco coucou ‖ **BOT** reloj de Flora horloge de Flore ‖ reloj de longitudes o marino chronomètre de marine ‖ reloj de música pendule à musique ‖ reloj de péndulo horloge à balancier ‖ reloj de pesas horloge à poids ‖ reloj de sol o solar cadran solaire ‖ reloj despertador réveille-matin ‖ reloj digital montre numérique ‖ reloj eléctrico horloge o pendule électrique ‖ reloj magistral régulateur [dont se servent les horlogers] ‖ reloj parlante horloge parlante ■ **DEP** carrera contra reloj course contre la montre ■ **FIG** marchar como un reloj fonctionner comme un chronomètre (cosa), être réglé comme une horloge o du papier à musique (persona) ‖ ser puntual como un reloj être réglé comme une horloge o comme du papier à musique.

‖ **OBSERV** pl relojes.

relojería *f* horlogerie ■ bomba con mecanismo de relojería bombe à retardement ‖ mecanismo de relojería mécanisme d'horlogerie.

relojero, ra *m & f* horloger, ère.

reluciente *adj* reluisant, e; brillant, e; una perla reluciente une perle brillante.

relucir [32] *v intr* briller, luire; el sol reluce le soleil brille ‖ reluire, briller, étinceler; un cubilete de plata que reluce un gobelet d'argent qui étincelle ‖ miroiter; la laguna relucía a lo lejos la lagune miroitait au loin ‖ **FIG** briller (destacarse) ■ hacer relucir faire briller ‖ **FIG** no es oro todo lo que reluce tout ce qui

brille n'est pas or ‖ sacar a relucir faire ressortir (poner de relieve), ressortir; siempre saca a relucir todos los favores que me hizo il ressort toujours tous les services qu'il m'a rendus ‖ salir a relucir apparaître.

reluctancia *f* **ELECTR** réluctance.

reluctante *adj* réticent, e.

relumbrante *adj* brillant, e; étincelant, e ‖ éblouissant, e (resplandeciente).

relumbrar *v intr* briller, étinceler (resplandecer).

relumbrón *m* éclair (golpe de luz) ‖ **FIG** faux brillant ‖ clinquant, oripeaux *pl* (oropel); vestirse de relumbrón porter des oripeaux ‖ de relumbrón clinquant.

REM (abrev de Roentgen Equivalent Man) *m* REM.

remachado *m* rivure *f*.

remachador *m* riveur.

remachadora *f* riveteuse, riveuse, rivoir *m* (máquina).

remachar *v tr* river, riveter ‖ rabattre (un clavo) ‖ **FIG** mettre dans la tête, ancrer; remachen bien esta teoría mettez-vous bien cette théorie dans la tête ‖ marteler, appuyer sur; remachar sus palabras marteler ses mots ‖ couronner; remachar su victoria couronner sa victoire.

remache *m* rivetage, rivure *f* (acción de remachar) ‖ rivet, rivure *f* (roblón) ‖ **FIG** couronnement, fin *f*.

remador, ra *m & f* rameur, euse.

remadura *f* action de ramer.

remake [rimeik] *m* remake.
‖ **OBSERV** pl remakes.

remalladora *f* remailleuse (máquina).

remalladura *f* remaillage, remmaillage *m*.

remallar *v tr* remailler (una red).

remanencia *f* **FÍS** rémanence.

remanente *adj* rémanent, e.
◇ *m* reste ‖ remanente de beneficios bénéfices rapportés.

remangar [16] *v tr* relever, retrousser, trousser (la ropa o las mangas) ‖ con la camisa remangada en bras o en manches de chemise.

➥ **remangarse** *v pr* se trousser ‖ trousser, retrousser, relever; se remangó las faldas elle releva ses jupes.

remango *m* retroussement.

remansarse *v pr* former une nappe, stagner (río).

remanso *m* nappe *f* d'eau dormante ‖ **FIG** refuge, havre; remanso de paz havre de paix.

remar *v intr* ramer; remar contra corriente ramer contre le courant ‖ **FIG** remar en la misma galera être logé à la même enseigne.

remarcable *adj* remarquable.
‖ **OBSERV** Remarcable est un gallicisme pour muy notable.

remarcar [10] *v tr* remarquer (marcar de nuevo).
‖ **OBSERV** El verbo francés remarquer significa sobre todo notar.

rematadamente *adv* complètement.

rematado, da *adj* fini, e; achevé, e; es un pillo rematado c'est un coquin fini ‖ **DR**

condamné sans appel ‖ loco rematado fou à lier.

rematador *m* buteur [qui tire au but].

rematamiento *m* fin *f*, terme.

rematante *m* adjudicataire.

rematar *v tr* achever; rematar a un herido achever un blessé ‖ **DR** adjuger (subasta) ‖ arrêter (costura) ‖ **FIG** parachever; rematar una labor parachever un travail ‖ terminer, mettre fin à; remató su conferencia con una alusión al ministro il termina sa conférence par une allusion au ministre ‖ couronner; el éxito remató sus esfuerzos le succès couronna ses efforts ‖ donner le coup de grâce (a alguien) ‖ (*Amer*) arrêter net (el caballo) ‖ vendre aux enchères (subastar).

◇ *v intr* se terminer; el campanario remataba en punta le clocher se terminait en pointe ‖ tirer au but (fútbol).

remate *m* fin *f*, terme (término) ‖ achèvement (última mano) ‖ **ARQ** couronnement (de un edificio) ‖ pointe *f*; remate de un campanario pointe d'un clocher ‖ **DR** adjudication *f* (en una subasta) ‖ tir au but (fútbol) ‖ arrêt (costura) ‖ **FIG** couronnement; el remate de su carrera política le couronnement de sa carrière politique ‖ (*Amer*) vente *f* aux enchères (subasta) ■ como remate pour finir ‖ de remate complètement ‖ loco de remate fou à lier ‖ por remate à la fin, en dernier lieu ‖ **FIG** & **FAM** tonto de remate bête à manger du foin, bête comme ses pieds, idiot fini ‖ **FIG** dar remate a couronner; dio remate a su viaje con la visita al centro de investigaciones nucleares il couronna son voyage par la visite au centre de recherches nucléaires.

rematista *m* (*Amer*) adjudicataire.

rembolsar *v tr* rembourser.

rembolso *m* remboursement.

remecer [11] *v tr* secouer, agiter.

remedador, ra *adj* & *s* imitateur, trice.

remedar *v tr* contrefaire, imiter (imitar); remedar la voz de otro contrefaire la voix de quelqu'un ‖ singer, imiter (para burlarse).

remediable *adj* remédiable.

remediador, ra *adj* & *s* qui remédie.

remediar [8] *v tr* [▷ **SIN**] remédier à, porter remède à; remediar un daño remédier à un mal ‖ **FIG** éviter, empêcher (evitar) ‖ arranger; tu venida no remediará nada ta venue n'arrangera rien du tout ‖ no poder remediarlo n'y rien pouvoir.

⎸ **SIN** suplir suppléer; paliar pallier; subsanar, reparar réparer.

remediavagos *m inv* aide-mémoire.

remedio *m* remède; remedio contra la tos remède contre la toux; remedio casero remède de bonne femme ‖ **FIG** remède, arrangement (arreglo) ‖ **DR** recours (recurso) ■ a grandes males, grandes remedios aux grands maux les grands remèdes ‖ el remedio es peor que la enfermedad le remède est pire que le mal ‖ la Virgen de los Remedios Notre-Dame de Recouvrance ‖ no hay más remedio que il n'y a rien d'autre à faire que, il n'y a pas d'autre solution o d'autre choix que de, il ne nous reste qu'à ‖ no hay remedio on n'y peut rien, c'est sans remède ‖ no tener más remedio ne pas pouvoir faire autrement, ne pas avoir d'autre solution ‖ no tener para un remedio ne pas avoir un

sou vaillant ‖ poner remedio a remédier à ‖ por no haber otro remedio par la force des choses ‖ ¿qué remedio me queda? que faire alors? ‖ sin remedio sans remède, sans rémission.

remedir [26] *v tr* remesurer.

remedo *m* imitation *f*, copie *f* ‖ contrefaçon *f* ‖ pastiche, pastichage (de una obra).

remellado, da *adj* ébréché, e ‖ fendu, e (labios, ojos).

remellar *v tr* effleurer, remailler, remmailler (las pieles).

remembranza *f* souvenir *m*.

rememoración *f* remémoration, souvenir *m*.

rememorar *v tr* remémorer.

rememorativo, va *adj* remémoratif, ive.

remendado, da *adj* raccommodé, e; rapiécé, e (zurcido) ‖ moucheté, e; tacheté, e (animales).

remendar [19] *v tr* raccommoder, rafistoler (lo roto) ‖ rapiécer (echando remiendos) ‖ ramender, raccommoder, remmailler (una red) ‖ rapetasser, ravauder (lo viejo y de manera tosca) ‖ **FIG** corriger.

remendón, ona *adj* & *s* ravaudeur, euse; rapetasseur, euse (p us) ‖ **FAM** rafistoleur, euse ‖ zapatero remendón savetier.

remeneo *m* dandinement.

remensa ▬ payés.

remense *adj* & *s* rémois, e (de Reims).

remera *f* rémige (pluma).

remero, ra *m* & *f* rameur, euse.

➦ **remera** *f* (*Amer*) T-shirt, tee-shirt *m* (camiseta).

remesa *f* **COM** remise, envoi *m*, expédition.

remesar *v tr* **COM** envoyer, expédier.

remesero *m* convoyeur de fonds.

remeter *v tr* remettre, réintroduire ‖ border; remeter las sábanas border le lit.

remezón *m* (*Amer*) tremblement de terre.

remiendo *m* raccommodage, rapiéçage, rapièçement ‖ ramendage, remmaillage, raccommodage (de una red) ‖ rafistolage (chapucería) ‖ pièce *f*; echar un remiendo a un pantalón mettre une pièce à un pantalon ‖ **IMPR** bilboquet ■ a remiendos par morceaux ‖ **FAM** echar un remiendo a una cosa rafistoler o raccommoder quelque chose ‖ no hay mejor remiendo que el del mismo paño on n'est jamais si bien servi que par soi-même.

rémige *f* rémige (pluma).

remigio *m* crapette *f* (juego de naipes).

Remigio *n pr* Rémi, Remy.

remilgadamente *adv* en minaudant.

remilgado, da *adj* minaudier, ère; maniéré, e ‖ hacer el remilgado faire la petite o la fine bouche (ser exigente), faire des manières (ser melindroso).

remilgarse [16] *v pr* minauder, faire des manières.

remilgo *m* minauderie *f* ‖ andar con remilgos, hacer remilgos faire des manières o des simagrées o des façons (ser melindroso), faire la petite o la fine bouche (ser exigente).

remilgoso, sa *adj* (*Amer*) minaudier, ère; maniéré, e.

remilitarización *f* remilitarisation.

remilitarizar [13] *v tr* remilitariser.

reminiscencia *f* réminiscence.

remirado, da *adj* scrupuleux, euse.

remirar *v tr* regarder à plusieurs reprises ‖ examiner attentivement.

remisamente *adv* négligemment.

remisible *adj* rémissible.

remisión *f* remise (entrega); la remisión de un paquete la remise d'un colis ‖ rémission, pardon *m*; la remisión de los pecados la rémission des péchés ‖ **DR** renvoi *m* (de la instancia) ‖ remise (de una pena) ‖ renvoi *m*; texto lleno de remisiones texte plein de renvois ■ no hay pecado sin remisión à tout péché miséricorde ‖ sin remisión sans rémission (sin remedio).

remisivo, va *adj* qui renvoie, de référence.

remiso, sa *adj* peu enthousiaste, réticent, e; muchedumbre remisa a la hora de aplaudir foule peu enthousiaste à l'heure d'applaudir ‖ indécis, e (flojo) ■ no ser remiso en être tout prêt à ‖ ser remiso a o en être peu chaud pour, n'avoir guère envie de.

remisor, ra *m* & *f* (*Amer*) expéditeur, trice.

remisorias *f pl* **DR** renvoi *m sing* d'une affaire à une autre juridiction.

remisorio, ria *adj* absolutoire.

remite *m* nom et adresse de l'expéditeur.

remitencia *f* **MED** rémittence.

remitente *adj* qui remet, qui pardonne ‖ **MED** rémittent, e.

◇ *m* & *f* expéditeur, trice; el remitente de una carta l'expéditeur d'une lettre ‖ expéditeur, trice; envoyeur (sin femenino); devolución al remitente retour à l'expéditeur; devuélvase al remitente faire retour à l'envoyeur.

remitido *m* communiqué.

remitir *v tr* remettre, envoyer (enviar) ‖ remettre (condonar) ‖ déliver; remitir un pedido délivrer une commande ‖ remettre; remitir los pecados remettre les péchés ‖ renvoyer; el autor nos remite a la primera parte l'auteur nous renvoie à la première partie ‖ **DR** renvoyer.

◇ *v intr* faiblir, s'apaiser, se calmer; ha remitido el temporal l'orage s'est apaisé ‖ renvoyer; remitir a la página diez renvoyer page dix.

➦ **remitirse** *v pr* s'en remettre; remitirse a la Providencia s'en remettre à la Providence ‖ s'en remettre, s'en rapporter; remitirse a la decisión de alguien s'en rapporter à la décision de quelqu'un ‖ se rapporter (referirse) ‖ se reporter; remítanse a la primera parte de esta obra reportez-vous à la première partie de cet ouvrage.

remo *m* rame *f*, aviron ‖ **DEP** aviron, canotage (ant) galères *f pl* ■ a remo à la rame ‖ **FIG** a remo y sin sueldo (travailler) pour le roi de Prusse, pour rien ‖ a remo y vela à toute vitesse ‖ barca de remo bateau à rames ‖ forzar de remos faire force de rames.

➦ **remos** *m pl* membres, abattis (del hombre) ‖ ailes *f* (alas).

Remo *n pr* **MITOL** Rémus.

remoción *f* remuement *m* ‖ changement *m*, remaniement *m* (cambio) ‖ remoción de tierras terrassement.

remodelación *f* rénovation (de edificio) ‖ remaniement *m* (de ley, gabinete).

remodelar *v tr* rénover (edificio), remanier (ley, gabinete).

remojar *v tr* tremper; remojar pan en la sopa tremper du pain dans la soupe ‖ faire tremper (la ropa, legumbres, etc.) ‖ remouiller (telas) ‖ retremper (volver a mojar) ‖ FIG & FAM arroser; remojar un éxito arroser un succès; hay que remojarlo il faut arroser ça ‖ (Amer) donner un pourboire.

remojarse *v pr* tremper; pan que se remoja en el agua pain qui trempe dans l'eau ‖ se tremper.

remojo *m* trempage ‖ remouillage (de las telas) ‖ (Amer) pourboire (propina) ■ FIG darse un remojo se baigner ‖ echar o poner a o en remojo faire tremper (garbanzos, ropa, etc.), laisser mûrir (un asunto).

remojón *m* FAM douche *f* (lluvia); ¡qué remojón! quelle douche!

remolacha *f* betterave; remolacha azucarera, forrajera betterave à sucre o sucrière, fourragère ‖ betterave rouge (encarnada y comestible).

remolachero, ra *adj & s m* betteravier, ère.

remolar *m* avironnier (obrero).

remolcador, ra *adj & s m* remorqueur, euse ■ remolcador de altura remorqueur de haute mer ‖ remolcador de puerto remorqueur de port.

remolcar [10] *v tr* remorquer ‖ FIG remorquer ‖ MAR remolcar abarloado remorquer à couple.

remoldeado *m* TECN remoulage.

remoler [24] *v tr* moudre très finement.

remolido *m* minéral non lavé (mineral).

remolienda *f* (Amer) noce, bringue (jarana).

remolinar *v intr & pr* tourbillonner ‖ FIG s'attrouper (amontonarse).

remolinear *v tr* faire tournoyer.
◇ *v intr* tourbillonner.

remolino *m* remous (del agua) ‖ tourbillon (aire, polvo, agua, etc.) ‖ tourbillonnement, tournoiement (movimiento) ‖ épi (del cabello) ‖ FIG remous (de la muchedumbre) ‖ MAR révolin ‖ formar remolinos tourbillonner, tournoyer.

remolón, ona *adj & s* lambin, e (perezoso).
remolón *m* broche *f*, dague *f* (del jabalí) ■ hacerse el remolón tirer au flanc ‖ ser remolón para se faire tirer l'oreille pour.

remolonear *v intr* lambiner.

remoloneo *m* lambinage.

remolque *m* remorque *f*; remolque volquete remorque basculante ‖ remorquage (acción de remolcar) ‖ a remolque à la remorque, à la traîne; ir a remolque de alguien être à la remorque de quelqu'un ‖ grúa remolque dépanneuse ‖ remolque habitable o de turismo caravane.

remonín, ina; remonísimo, ma; remono, na *adj* FAM très joli, e; ravissant, e.

remonta *f* ressemelage *m* complet, remontage *m* (del calzado) ‖ MIL remonte (servicio), haras *m* (depósito de sementales) ‖ fond *m* de culotte (del pantalón de montar).

remontada *f* FAM & DEP remontée.

remontar *v tr* ressemeler complètement, remonter (zapatos) ‖ MIL remonter, pourchasser (la caza).
◇ *v intr* MAR remonter au vent.
remontarse *v pr* remonter; remontarse hasta la época prehistórica remonter jusqu'à l'époque préhistorique ‖ s'enfuir dans la montagne (esclavos).

remonte *m* remontée *f* mécanique.

remontista *m* officier de la remonte.

remoquete *m* FIG sobriquet, surnom (apodo) ‖ coup de poing (puñetazo).

rémora *f* rémora *m* (pez) ‖ FIG rémora *m* (p us), obstacle *m*; las viejas estructuras constituyen una rémora para el progreso les vieilles structures constituent un obstacle au progrès.

remorder [24] *v tr* remordre (volver a morder) ‖ FIG causer du remords, ronger ‖ el recuerdo de su crimen le remuerde la conciencia il est rongé par le remords en pensant à son crime.

remordimiento *m* remords; estar torturado por el remordimiento être rongé par le remords.

remosquearse *v pr* FAM s'effaroucher ‖ IMPR se mâchurer (el pliego).

remostar *v tr* mettre du moût [dans le vin].
remostarse *v pr* s'écraser (uvas, frutas) ‖ avoir le goût du moût (el vino).

remotamente *adv* d'une manière éloignée ‖ FIG confusément, vaguement; lo recuerdo remotamente je m'en souviens vaguement.

remoto, ta *adj* lointain, e; éloigné, e; países remotos pays lointains; causas remotas des causes éloignées ‖ reculé, e; en tiempos remotos en des temps reculés ■ la remota Antigüedad la haute Antiquité ‖ ni la más remota probabilidad pas la moindre probabilité.

remover [24] *v tr* déplacer (una cosa) ‖ remuer (el café) ‖ FIG remuer, agiter; remover recuerdos remuer des souvenirs ‖ déplacer (a uno de su empleo) ■ FIG remover las cenizas remuer les cendres ‖ remover la tierra remuer o retourner la terre.
removerse *v pr* s'agiter, remuer.

remozamiento *m* regain de jeunesse, rajeunissement ‖ FIG rajeunissement; el remozamiento de las instituciones le rajeunissement des institutions ‖ rafraîchissement (de un vestido).

remozar [13] *v tr* rajeunir ‖ FIG rafraîchir; remozar un vestido rafraîchir un vêtement ‖ FAM ragaillardir.
remozarse *v pr* rajeunir, se rajeunir.

remplazable ➤ **reemplazable**.

remplazante ➤ **reemplazante**.

remplazar ➤ **reemplazar**.

remplazo ➤ **reemplazo**.

rempujar *v tr* FAM pousser.

rempujón *m* FAM poussée *f*.

remullir *v tr* rendre moelleux.

> OBSERV Remullir perd le « i » atone de la désinence quand celui-ci est situé entre la consonne « ll » et une voyelle (comme dans remullendo, remulló, remullera).

remunerable *adj* rémunérable.

remuneración *f* rémunération; remuneración en especie rémunération en nature.

remunerador, ra *adj & s* rémunérateur, trice.

remunerar *v tr* rémunérer.

remunerativo, va *adj* rémunérateur, trice.

remusgo *m* soupçon (barrunto) ‖ bise *f* (viento).

renacentista *adj inv* Renaissance, de la Renaissance, renaissant, e; estilo renacentista style Renaissance.

renacer [29] *v intr* renaître.

renaciente *adj* renaissant, e.

renacimiento *m* renaissance *f* ‖ FIG relèvement, redressement (de un pueblo) ‖ renouveau.
◇ *adj inv* Renaissance (renacentista).

renacuajo *m* ZOOL têtard ‖ FIG & FAM avorton.

renadío *m* recoupe *f*, regain (de prados).

renal *adj* rénal, e ‖ MED cólico renal colique néphrétique.

Renania *n pr f* GEOGR Rhénanie.

renano, na *adj & s* rhénan, e.

renardita *f* MIN renardite.

Renata *n pr* Renée.

Renato *n pr* René.

rencilla *f* querelle (riña) ‖ ressentiment *m*, rancune, rancœur (rencor).

rencilloso, sa *adj* querelleur, euse ‖ rancunier, ère (rencoroso).

renco, ca *adj* boiteux, euse.

rencor *m* rancune *f* (resentimiento) ‖ rancœur *f* (amargura) ‖ guardar rencor a alguien por algo garder rancune à quelqu'un de quelque chose, tenir rigueur à quelqu'un de quelque chose, en vouloir à quelqu'un de quelque chose.

rencorosamente *adv* avec rancune.

rencoroso, sa *adj* rancunier, ère.

renda *f* AGRIC binage *m* (bina).

rendaje *m* bride *f*.

rendajo *m* ZOOL geai (arrendajo).

rendibú *m* hacer el rendibú a uno recevoir quelqu'un en y mettant les formes.

rendición *f* reddition; la rendición de Breda la reddition de Breda.

rendidamente *adv* avec soumission.

rendido, da *adj* rendu, e; soumis, e (sumiso) ‖ épuisé, e; rendu, e; rompu, e (cansado) ‖ rendido de amor por follement épris de.

rendija *f* fente; mirar por la rendija de la puerta regarder par la fente de la porte.

rendimiento *m* soumission *f* (sumisión) ‖ respect, déférence *f* ‖ grande fatigue *f*, épuisement (fatiga) ‖ [▷ SIN] rendement; el rendimiento de una fábrica le rendement d'une usine.

> SIN producción production; beneficio bénéfice; ganancia profit.

rendir [26] *v tr* vaincre, soumettre (al enemigo) ‖ rendre; rendir una plaza, las armas o el arma rendre une place, les armes ‖ rendre (producir) ‖ épuiser (agotar); este paseo me ha rendido cette promenade m'a épuisé ‖ rendre (vomitar) ■ rendir cuentas rendre des comptes ▌ rendir culto a rendre un culte à ▌ rendir el alma rendre l'âme ▌ rendir gracias rendre grâces ▌ rendir homenaje rendre hommage ▌ rendir pleitesía a rendre hommage à, s'incliner devant.

➡ **rendirse** *v pr* se rendre, mettre bas les armes (un vencido) ▌ se soumettre (someterse) ▌ s'épuiser, se fatiguer (cansarse) ▌ donner sa langue au chat (en el juego) ▌ MAR se briser, éclater (una verga).

▌ OBSERV Rendir n'a pas le sens de restituer une chose, qui se dit devolver.

renegado, da *adj & s* rénégat, e.

renegar [35] *v intr* [▷ SIN] renier; renegar de su fe, de su familia renier sa foi, sa famille; todos sus amigos renegarían de usted tous vos amis vous renieraient ▌ blasphémer, renier (blasfemar) ▌ FAM jurer (decir injurias).

▌ SIN renunciar renoncer; abjurar abjurer; apostatar apostasier.

renegociar [8] *v tr* renégocier.

renegón, ona *adj & s* FAM blasphémateur, trice.

renegrido, da *adj* noirâtre (negruzco).

Renfe (abrev de Red Nacional de los Ferrocarriles Españoles) *f* réseau public espagnol des chemins de fer, ≃ SNCF.

renífero *m* renne (reno).

renglón *m* ligne *f* (escrito) ▌ FIG article (de una cuenta) ▌ chapitre; el renglón de las importaciones le chapitre des importations ■ a renglón seguido tout de suite après, là-dessus, immédiatement après ▌ FIG dejar, quedarse entre renglones laisser, rester dans l'encrier.

renglonadura *f* réglure (del papel).

rengo, ga *adj & s* boiteux, euse (renco).

renguear *v intr* (*Amer*) boiter (renquear).

renguera *f* (*Amer*) claudication.

reniego *m* juron (dicho injurioso).

reniforme *adj* réniforme.

renio *m* rhénium (metal).

renitencia *f* MED rénitence.

renitente *adj & s* rénitent, e.

reno *m* ZOOL renne.

renombrado, da *adj* renommé, e (famoso).

renombrar *v tr* INFORM renommer.

renombre *m* renom; hombre de renombre homme de renom ▌ renommée *f* (fama) ▌ surnom (sobrenombre).

renovable *adj* renouvelable.

renovación *f* renouvellement *m* (de un pasaporte, del personal de una casa) ▌ rénovation (de votos religiosos) ▌ renouveau *m* (renacimiento) ▌ remise à neuf ▌ DR reconduction.

renovador, ra *adj & s* rénovateur, trice.

renoval *m* taillis.

renovar [24] *v tr* renouveler; renovar un pasaporte, votos, el personal de una casa renouveler un passeport, des vœux, le personnel d'une maison ▌ rénover, remettre à neuf; renovar tapices rénover les tapisseries ▌ rénover; renovar las instituciones rénover les institutions ▌ renouer; renovar una alianza renouer une alliance ▌ FIG renovar la herida rouvrir la blessure o la plaie, tourner le couteau dans la plaie.

➡ **renovarse** *v pr* se renouveler.

Renove *n pr* plan Renove mesure d'incitation à l'achat d'automobiles neuves.

▌ **PLAN RENOVE** ───────

Nom de la campagne lancée par le gouvernement espagnol, dans le but d'aider le secteur de l'automobile, en crise depuis quelques années. Ce plan encourage les ménages à acquérir une voiture neuve en échange d'une prime pour la vente de leur ancien véhicule. L'intérêt est d'accroître les ventes d'automobiles neuves et de renouveler le parc automobile du pays.

renqueante *adj* iba renqueante il allait clopin-clopant.

renquear *v intr* FAM clopiner, tirer la jambe.

renqueo *m* claudication *f*.

renta *f* rente; renta de bienes raíces o de la tierra o del suelo rente foncière ▌ revenu *m*; impuesto sobre la renta impôt sur le revenu; renta per cápita revenu par habitant ▌ rapport *m*; inmueble de renta immeuble de rapport ▌ fermage *m* (de un arrendatario) ■ renta bruta revenu brut ▌ renta de una finca urbana valeur locative ▌ renta nacional revenu national ▌ renta pagada por el Estado rente sur l'État ▌ renta pública dette publique ▌ renta vitalicia rente viagère, viager ■ administración de rentas régie ▌ a renta à bail, à ferme ▌ viviendas de renta limitada habitations à loyer modéré, H.L.M. ▌ tener buenas, malas rentas être bien, mal renté ▌ vivir de sus rentas vivre de ses rentes.

rentabilidad *f* rentabilité.

rentabilizar [13] *v tr* rentabiliser.

rentable *adj* rentable (productivo).

rentado, da *adj* renté, e (acaudalado).

rentar *v tr* rapporter (producir) ▌ renter (conceder una renta) ▌ (*Amer*) louer (alquilar).

rentero, ra *adj* tributaire.
◇ *m & f* fermier, ère (colono).

rentista *m & f* rentier, ère.

rentístico, ca *adj* financier, ère; reforma rentística réforme financière.

renuencia *f* répugnance (a hacer algo).

renuente *adj* ser renuente a hacer algo renâcler à faire quelque chose.

renuevo *m* renouveau ▌ BOT rejeton (de un árbol) ▌ rejet (de una planta) ▌ FIG regain, renouveau ▌ BOT echar renuevos donner des rejets, rejeter.

renuncia *f* renonciation, abandon *m* (de un derecho) ▌ DR résignation ▌ renoncement *m*; la renuncia a los honores le renoncement aux honneurs ▌ hacer renuncia de renoncer à.

renunciación *f* renoncement *m*.

renunciamiento *m* renoncement.

renunciar [8] *v intr* renoncer; renunciar a un proyecto renoncer à un projet ▌ abandonner; renunciar a la lucha abandonner la lutte ▌ renoncer, abdiquer; renunciar a sus derechos abdiquer de ses droits, renoncer à ses droits ▌ renoncer, ne pas fournir la couleur (en los naipes) ▌ déclarer forfait (en una competición) ▌ se démettre; renunciar a su mando se démettre de son commandement ▌ DR délaisser (una herencia).

➡ **renunciarse** *v pr* renoncer; renunciarse a sí mismo renoncer à soi-même.

renuncio *m* renonce *f* (naipes); hacer renuncio faire une renonce ▌ FIG mensonge flagrant.

renvalsar *v tr* faire un feuillure.

renvalso *m* feuillure *f* (en carpintería).

reñidamente *adv* obstinément, opiniâtrement, avec acharnement.

reñidero *m* lieu destiné aux combats de coqs.

reñido, da *adj* brouillé, e; fâché, e; estar reñido con un amigo être brouillé avec un ami ▌ disputé, e; acharné, e; un partido muy reñido un match très disputé, serré, e; la lucha va a ser muy reñida la lutte va être très serrée ▌ incompatible; lo útil no está reñido con lo bello l'utile n'est pas incompatible avec le beau ▌ en reñida lucha de haute lutte.

reñidor, ra *adj & s* querelleur, euse ▌ grognon, onne (regañón).

reñidura *f* FAM gronderie, réprimande.

reñir [26] *v intr* se disputer, se quereller, se chamailler FAM; Pablo siempre está riñendo con su hermana Paul passe son temps à se disputer avec sa sœur ▌ se brouiller, se fâcher; riñó con su novia il se brouilla avec sa fiancée ▌ reñir por livrer bataille pour, se battre pour.
◇ *v tr* gronder, réprimander; reñir a un niño mentiroso gronder un enfant menteur ▌ disputer (combatir).

reo *m & f* inculpé, e ▌ accusé, e (reconocido culpable); absolver a un reo acquitter un accusé ■ reo de Estado criminel d'État o politique ▌ reo de muerte condamné à mort.
◇ *m* truite *f* de mer (pez).

▌ OBSERV Le féminin de ce mot étant identique au masculin, on dira la reo et non la rea.

reobrar *v intr* réagir.

reoca; repanocha *f* FAM es la reoca c'est le comble, il ne manquait plus que ça (es el colmo), c'est impayable (es muy gracioso).

reóforo *m* FÍS rhéophore.

reojo
➡ **mirar de reojo** *loc* regarder du coin de l'œil ▌ FIG regarder de travers (con enfado).

reómetro *m* rhéomètre.

reordenación *f* réaménagement *m* ▌ RELIG réordination.

reordenar *v tr* RELIG réordonner.

reorganización *f* réorganisation ▌ remaniement *m* (de un gobierno, etc.).

reorganizador, ra *adj & s* réorganisateur, trice.

reorganizar [13] *v tr* réorganiser ▌ remanier (el gobierno).

reorientación *f* réorientation.

reorientar *v tr* réorienter.

reostático, ca *adj* FÍS rhéostatique.

reóstato; reostato *m* FÍS rhéostat.

reótomo *m* FÍS rhéotome.

repacer [11] *v tr* repaître, brouter toute l'herbe d'un pré.

repagar [16] *v tr* surpayer.

repajo *m* enclos.

repajolero, ra *adj* FAM no tengo ni repajolera idea je n'en ai pas la moindre idée.

repanchingarse; repantigarse [16] *v pr* s'enfoncer, se vautrer; repantigarse en un sillón se vautrer dans un fauteuil.

repanocha ▬ reoca.

repantigarse ▬ repanchingarse.

repapilarse *v pr* se gorger, se gaver.

reparable *adj* réparable; daño reparable mal réparable ‖ remarquable (digno de atención).

reparación *f* réparation; taller de reparaciones atelier de réparations ‖ réfection (refección) ‖ FIG réparation (de una ofensa) ‖ reparación de encajes remplissage.

reparada *f* écart *m* (del caballo).

reparado, da *adj* réparé, e (arreglado) ‖ renforcé, e (reforzado) ‖ bigleux, euse (bizco), qui a un défaut aux yeux (que tiene un defecto en los ojos).

reparador, ra *adj* réparateur, trice ‖ FIG réparateur, trice; un sueño reparador un repos réparateur.
◇ *m & f* réparateur, trice.

reparamiento *m* réparation *f*.

reparar *v tr* [▷ SIN] réparer, mettre en état; reparar un reloj réparer une horloge ‖ FIG réparer (ofensa) ‖ rattraper (una falta) ‖ remplir (encaje).
◇ *v intr* remarquer, faire attention à; nadie reparó en él personne ne fit attention à lui ‖ s'apercevoir de, remarquer; reparar en un error s'apercevoir d'une erreur ‖ s'arrêter à, s'attacher à; reparar en un detalle s'attacher à un détail ■ reparar en pelillos o en pormenores s'arrêter à des riens o à des vétilles o à des détails ■ no repara en nada rien ne l'arrête, il ne recule devant rien ‖ no reparar en gastos ne rien épargner, ne pas regarder à la dépense (no vacilar en los gastos).
‖ SIN arreglar arranger; componer raccommoder; remendar rafistoler; apañar retaper; reformar réformer.

reparo *m* réparation *f* ‖ objection *f*; siempre pone reparos a todo il fait toujours des objections à tout ‖ remarque *f*, observation *f* (advertencia) ‖ réticence *f*, réserve *f*; aprobar algo con cierto reparo approuver quelque chose avec une certaine réticence ‖ reproche; estás siempre poniendo reparos a la cocina de este país tu ne cesses de faire des reproches à la cuisine de ce pays ■ no andar con reparos ne pas hésiter, ne pas faire d'histoires ‖ no tener reparo en être capable de; no tiene reparo en hacer cualquier cosa il est capable de faire n'importe quoi ‖ sin reparo sans ménagement.

reparón, ona *adj & s* FAM critiqueur, euse (criticón) ‖ pointilleux, euse; tatillon, onne (puntilloso).

repartición *f* partage *m*, répartition *f* ‖ livraison (distribución) ‖ (*Amer*) service de l'administration (rama de la administración pública) ‖ repartición por lotes o parcelas lotissement.

repartidor, ra *m & f* livreur, euse (que entrega) ‖ distributeur, trice (que distribuye).
▬ **repartidor** *m* livreur, garçon livreur (de compras) ‖ DR répartiteur (en los tribunales).

repartija *f* (*Amer*) FAM partage *m* du butin.

repartimiento *m* répartition *f*, partage ‖ DR répartition *f* (del impuesto).

repartir *v tr* répartir, partager; repartir una suma entre varias personas répartir une somme entre plusieurs personnes ‖ distribuer; repartir los premios, el correo distribuer les prix, le courrier ‖ livrer; repartir la leche livrer le lait ‖ distribuer; repartir tortazos distribuer des gifles ‖ lotir (distribuir en lotes) ■ repartir el roscón de reyes tirer les rois ‖ FIG & FAM repartir leña administrer une volée [de bois vert].

reparto *m* répartition *f*; el reparto de las tierras de labor la répartition des terres arables ‖ répartition *f*, partage; el reparto de una suma entre varios herederos la répartition d'une somme entre plusieurs héritiers ‖ partage; el reparto de Polonia le partage de la Pologne ‖ distribución *f*; reparto de premios distribution des prix; reparto del correo distribution du courrier ‖ livraison *f*; reparto a domicilio livraison à domicile ‖ distribution *f* (teatro, cine) ■ coche de reparto voiture de livraison ‖ error en el reparto de las cartas fausse donne, maldonne (en el juego) ‖ tocarle a uno en un reparto, tocarle o caerle a uno en suerte en un reparto échoir, avoir en partage; le ha tocado esta finca en el reparto cette ferme lui est échue en partage, il a eu cette ferme en partage.

repasadera *f* TECN rabot *m* à moulures.

repasador *m* (*Amer*) torchon (paño de cocina).

repasar *v tr* repasser; repasar por una calle repasser par une rue ‖ repasser, revoir, examiner de nouveau (examinar de nuevo) ‖ repasser, réviser, revoir (lección, papel); repasar una lección, un programa de ciencias réviser une leçon, un programme de sciences ‖ revoir (para corregir) ‖ raccommoder, repriser (la ropa).

repasata *f* FAM savon *m* (reprimenda); dar una repasata a uno passer un savon à quelqu'un.

repaso *m* repassage, révision *f* (de una lección) ‖ raccommodage, reprisage (de la ropa) ‖ FAM savon (repasata) ‖ dar un repaso a jeter un coup d'œil sur, revoir o réviser rapidement; el actor dio un repaso a su papel l'acteur jeta un coup d'œil sur son rôle.

repatear *v tr* FAM dégoûter.

repatriación *f* rapatriement *m*.

repatriar [9] *v tr* rapatrier.
▬ **repatriarse** *v pr* être rapatrié.

repechar *v intr* monter une côte.

repecho *m* côte *f*, raidillon, grimpette *f* (cuesta) ‖ a repecho en remontant.

repeinar *v tr* recoiffer.

repelar *v tr* tirer o arracher les cheveux ‖ faire faire (au cheval) un temps de galop ‖ tondre (l'herbe) légèrement (la hierba) ‖ FIG rogner (cercenar) ‖ (*Amer*) grogner (refunfuñar), gronder (regañar).

repelencia *f* aversion (rechazo) ‖ dégoût *m* (repugnancia).

repelente *adj* qui repousse, rebutant, e (que disgusta) ‖ FIG repoussant, e; répugnant, e; dégoûtant, e (asqueroso) ‖ hideux, euse (muy feo).

repeler *v tr* repousser, rejeter (rechazar) ‖ chasser; repeler a intrusos de su domicilio chasser des intrus de son domicile ‖ FIG rebuter (disgustar) ‖ répugner, dégoûter (asquear); las arañas me repelen les araignées me répugnent.

repellado *m* replâtrage.

repellar *v tr* replâtrer.

repelo *m* contre-poil ‖ fibre *f* (de la madera) ‖ FIG dégoût, répugnance *f* (repugnancia) ‖ dar un repelo dégoûter, soulever le cœur.

repelón *m* action *f* de tirer les cheveux ‖ galop (del caballo) ‖ (*Amer*) réprimande *f* (regaño) ‖ a repelones à contrecœur.

repeluco; repeluzno *m* frisson.

repelús *m inv* dar repelús donner le frisson.

repeluzno ▬ repeluco.

repente *m* FAM sursaut, mouvement subit (movimiento) ‖ accès; un repente de ira un accès de colère ‖ brusque pressentiment; me dio el repente que iba a suicidarse j'ai eu le brusque pressentiment qu'il allait se suicider ‖ idée *f* soudaine ■ de repente soudain, tout à coup ‖ muerto de repente mort subitement.

repentinamente *adv* subitement.

repentino, na *adj* subit, e; soudain, e; muerte repentina mort subite.

repentista *m & f* improvisateur, trice (improvisador).

repentizar [13] *v intr* MÚS déchiffrer.

repera *f* es la repera FAM c'est trop!; es la repera il me tue! (persona).

repercusión *f* répercussion ‖ FIG répercussion, contrecoup *m* ‖ bruit *m*, retentissement *m*; un discurso que ha tenido mucha repercusión un discours qui a fait beaucoup de bruit o qui a eu un grand retentissement.

repercutir *v intr* [▷ SIN] se répercuter.
◇ *v tr* répercuter.
▬ **repercutirse** *v pr* retentir (sonido).
‖ SIN reflejar réfléchir; repetir répéter; resonar retentir.

repertorio *m* répertoire ‖ TEATR répertoire; poner en el repertorio mettre au répertoire.

repesar *v tr* repeser.

repesca *f* repêchage *m*.

repescar [10] *v tr* repêcher.

repetición *f* [▷ SIN] répétition ‖ redoublement *m* (del año escolar) ‖ MÚS reprise ■ reloj, fusil de repetición montre, fusil à répétition.
‖ SIN insistencia insistance; estribillo refrain; cantinela rengaine; aliteración allitération; FAM matraca, lata scie.

repetidamente *adv* maintes fois, à plusieurs reprises.

repetido, da *adj* répété, e ‖ nombreux, euse (numeroso) ‖ en repetidas ocasiones, repetidas veces à plusieurs reprises, maintes fois.

repetidor, ra *adj & s* répétiteur, trice ‖ redoublant, e (alumno) ‖ poste repetidor relais (televisión).
▬ **repetidor** *m* répéteur (teléfono) ‖ relais; repetidor de televisión relais de télévision.

repetir [26] *v tr* répéter; repetir una frase répéter une phrase ‖ recommencer, refaire; repetir un experimento recommencer une expérience ‖ redoubler; repetir curso redoubler une classe ‖ reprendre (un plato) ‖ redoubler; repetir una consonante redoubler une consonne ‖ reprendre (comenzar de nuevo) ‖ TEATR reprendre (reestrenar) ‖ DR répéter ‖ repetir en todos los tonos répéter sur tous les tons, ressasser.
◇ *v intr* revenir; la sardina repite le goût de

la sardine revient ▌estar repetido faire doble emploi (ser inútil), être en double; **estos sellos están repetidos** ces timbres sont en double.

➤ **repetirse** *v pr* se répéter ▌ revenir; fiesta que se repite siempre en la misma fecha fête qui revient toujours à la même date ▌ revenir (sabor) ■ no ha habido que repetírselo dos veces il ne se l'est pas fait dire deux fois ▌¡que se repita! bis!

repetitivo, va *adj* répétitif, ive.

repicar [10] *v tr* sonner (las campanas) ▌repiquer (picar de nuevo) ▌faire repic (en el juego de los cientos) ▌hacher menu (cortar muy fino). <> *v intr* carillonner (las campanas) ▌battre (el tambor) ▌FIG no se puede repicar y andar en la procesión on ne peut être à la fois au four et au moulin.

repintar *v tr* repeindre.
➤ **repintarse** *v pr* se farder, se maquiller soigneusement (el rostro) ▌IMPR maculer.

repipi *adj & s* bêcheur, euse.

repique *m* carillonnement, volée *f* (de campanas) ▌repic (naipes).

repiquete *m* double o triple carillon (de campanas) ▌accrochage (entre personas o tropas) ▌MAR courte bordée (bordada corta).

repiquetear *v intr* carillonner (campanas) ▌battre (tambor) ▌FIG tambouriner; la lluvia repiqueteaba en el tejado la pluie tambourinait sur le toit.

repiqueteo *m* carillonnement (campanas) ▌tambourinage (tambor, etc.) ▌crachement (de una ametralladora).

repisa *f* ARQ console ▌étagère (estante).

replantación *f* replantation, replantage *m*.

replantar *v tr* AGRIC replanter, repiquer ▌transplanter (trasplantar).

replanteamiento *m* réexamen.

replantear *v tr* tracer (un plan) sur le terrain ▌poser à nouveau.

replay [ri'plei] *m* reprise *f* d'une séquence (télévision); dar el replay repasser l'action.
▌ OBSERV pl replays.

repleción *f* réplétion.

replegamiento *m* repliement.

replegar [35] *v tr* replier (doblegar) ▌AVIAC escamoter (el tren de aterrizaje).
➤ **replegarse** *v pr* MIL se replier (las tropas).

repleto, ta *adj* plein, e; rempli, e; **calle repleta de gente** rue pleine de monde ▌replet, ète (rechoncho) ▌plein, e; bien garni, e; **bolsa repleta** bourse bien garnie ▌repu, e (ahíto).

réplica *f* réplique ▌repartie, riposte; **tener la réplica viva** avoir la repartie facile ▌sin réplica sans conteste (indiscutiblemente), muet (cortado); **se quedó sin réplica** il est resté muet.

replicar [10] *v tr* répliquer, repartir, riposter.

replicón, ona *adj & s* FAM raisonneur, euse.

repliegue *m* repli ▌MIL repli, repliement (de las tropas) ▌FIG détour, recoin; **los repliegues del alma humana** les détours de l'âme humaine.

repoblación *f* repeuplement *m*, repopulation (de un país) ▌repeuplement *m*, rempois-

sonnement *m*, alevinage *m* (de un río, un estanque) ■ **repoblación forestal** reboisement.

repoblar [23] *v tr* repeupler ▌reboiser (de árboles) ▌repoblar con peces rempoissonner.

repodar [64] *v tr* retailler (las ramas).

repollar *v intr* pommer (las plantas).

repollo *m* chou pommé ▌pomme *f* (de lechuga).

repolludo, da *adj* pommé, e (planta) ▌FIG trappu, e (rechoncho).

reponer [65] *v tr* remettre, replacer (poner de nuevo) ▌rependre, remonter (obra de teatro) ▌réparer (restablecer) ▌remettre (salud) ▌répondre, répliquer (replicar).
➤ **reponerse** *v pr* se remettre, se rétablir (salud) ▌se remettre, se ressaisir (de una emoción).

reportaje *m* reportage ▌reportaje radiofónico radioreportage.

reportamiento *m* retenue *f*, modération *f*.

reportar *v tr* faire un report, reporter (en litografía).
➤ **reportarse** *v pr* se calmer, s'apaiser (serenarse) ▌se contenir, se modérer (moderarse).

reporte *m* IMPR report (litografía) ▌(Amer) rapport, compte rendu (informe).

repórter *m* reporter.

reporteril *adj* qui concerne le reporter, du reporter.

reporterismo *m* reportage, journalisme.

reportero, ra *adj* qui concerne le reporter.
➤ **reportero** *m* reporter (periodista) ▌reportero de la radio radioreporter.

reportista *m* IMPR reporteur.

reposacabezas *m inv* appui-tête, appuie-tête.

reposadamente *adv* posément.

reposadero *m* casse *f* (en los hornos).

reposado, da *adj* reposé, e (descansado) ▌calme, posé, e; tranquille.

reposapiés *m inv* repose-pied (de moto, etc.).

reposar *v intr & pr* reposer; aquí reposa el cuerpo de ici repose le corps de ▌se reposer, reposer; suele reposar un rato il a l'habitude de se reposer un instant ▌se délasser (solazándose) ▌reposer (un líquido).

reposera *f* (Amer) chaise longue.

reposición *f* reposition, remise en place, replacement *m* ▌reprise (teatro, cine) ▌renouvellement *m*; reposición de existencias renouvellement des stocks.

reposo *m* repos; gozar de un bien merecido reposo jouir d'un repos bien gagné ■ dejar en reposo laisser reposer ▌tierra en reposo terre au repos.
▌ SIN descanso repos; tregua trève, répit; pausa pause; calma, tranquilidad calme, détente.

repostar *v intr & pr* s'approvisionner (un barco), faire une escale technique (un avión) ▌se ravitailler (de gasolina) ▌repostar a tope faire le plein (de gasolina).

repostería *f* pâtisserie (pastelería) ▌office *m* (antecocina).

repostero *m* pâtissier (pastelero) ▌officier de la maison du roi (cargo palaciego) ▌draperie *f* aux armes d'un seigneur (paño).

repotente *adj f* FAM me da la repotente gana de salir j'ai une sacrée envie o une envie folle de sortir.

reprender *v tr* [▷ SIN] reprendre, réprimander; reprender a un alumno réprimander un élève ▌blâmer; le reprendió su mala conducta il le blâma de sa mauvaise conduite.
▌ SIN amonestar réprimander; censurar censurer; criticar critiquer; regañar, reñir gronder; reprochar reprocher; sermonear sermonner.

reprensible *adj* répréhensible, réprimandable.

reprensión *f* réprimande, répréhension (p us).

reprensivo, va *adj* de blâme, répréhensif, ive (p us); en tono reprensivo sur un ton de blâme.

reprensor, ra *adj* qui réprimande.

represa *f* barrage *m*, retenue d'eau (embalse) ▌TECN retenue (en un saetín).

represalia *f* représaille; tomar o ejercer represalias user de représailles.

represar *v tr* barrer (un río), endiguer, retenir (las aguas) ▌FIG réprimer, contenir.

representación *f* [▷ SIN] représentation ▌DR représentation ■ representación proporcional représentation proportionnelle ■ gastos de representación frais de représentation ▌DR heredero por representación représentant ▌hombre de representación homme qui jouit d'une certaine autorité.
▌ SIN imagen image; símbolo symbole; figura figure.

representante *adj & s m* représentant, e; representante comercial représentant de commerce ▌comédien, enne (comediante).

representar *v tr* représenter (volver a presentar) ▌représenter; este dibujo representa una casa ce dessin représente une maison; representar a un ministro représenter un ministre ▌paraître, faire; no representa la edad que tiene il ne fait pas son âge ▌jouer, représenter (teatro) ▌représenter (equivaler); obra que representa diez años de trabajo œuvre qui représente dix ans de travail.
➤ **representarse** *v pr* se représenter.

representatividad *f* représentativité.

representativo, va *adj* représentatif, ive.

represión *f* répression ▌refoulement *m* (de un sentimiento, de un deseo).

represivo, va *adj* répressif, ive.

reprimenda *f* réprimande, remontrance.

reprimido, da *adj & s* refoulé, e.

reprimir *v tr* réprimer; reprimir un levantamiento réprimer un soulèvement ▌FIG refouler, rentrer; reprimir el llanto refouler ses larmes ▌retenir; reprimir las ganas de reír retenir l'envie de rire.

reprise *f* AUTOM reprise (poder de aceleración).
▌ OBSERV pl reprises.

reprobable *adj* réprouvable, blâmable.

reprobación *f* réprobation.

reprobadamente *adv* avec réprobation.

reprobado, da *adj* réprouvé, e.

reprobar [23] *v tr* réprouver, blâmer (condenar); repruebo su comportamiento je réprouve sa conduite ‖ reprocher (recriminar); reprobar a alguien su comportamiento reprocher à quelqu'un sa conduite.

reprobatorio, ria *adj* réprobateur, trice.

réprobo, ba *m* & *f* réprouvé, e.

reprochable *adj* reprochable.

reprochar *v tr* reprocher.

reproche *m* reproche.

reproducción *f* reproduction ‖ MED récidivité (de una enfermedad).

reproducible *adj* reproductible.

reproducir [33] *v tr* reproduire; reproducir un cuadro reproduire un tableau.

➡ **reproducirse** *v pr* se reproduire ‖ MED récidiver, se reproduire (una enfermedad).

reproductibilidad *f* reproductibilité.

reproductividad *f* reproductivité.

reproductor, ra *adj* & *s* reproducteur, trice.

reprografía *f* reprographie.

reprogramar *v tr* INFORM reprogrammer ‖ ECON déplacer, modifier.

repropio, pia *adj* rétif, ive; ramingue (el caballo).

reprueba *f* nouvelle épreuve, contre-épreuve.

reps *m inv* reps (tela).

reptación *f* reptation.

reptante *adj* rampant, e; reptatoire.

reptar *v intr* ramper.

reptil *adj* & *s m* reptile.

república *f* république.

República Checa *f* GEOGR la República Checa la République tchèque.

República de Corea *n pr f* GEOGR la República de Corea la République de Corée.

República de Irlanda *n pr f* GEOGR la República de Irlanda la République d'Irlande.

República del Congo *n pr f* GEOGR la República del Congo la République du Congo.

República Democrática Popular de Corea *n pr f* GEOGR la República Democrática Popular de Corea la République populaire démocratique de Corée.

República de Sudáfrica *n pr f* GEOGR la República Sudáfrica la République d'Afrique du Sud.

República Dominicana *f* GEOGR la República Dominicana la République dominicaine.

República Federal de Yugoslavia *n pr f* GEOGR la República Federal de Yugoslavia la République fédérale de Yougoslavie.

republicanismo *m* républicanisme.

republicanizar [13] *v tr* républicaniser.

➡ **republicanizarse** *v pr* se républicaniser.

republicano, na *adj* & *s* républicain, e.

república *m* homme d'État.

repudiable *adj* répudiable.

repudiación *f* répudiation ‖ FIG désaveu *m* (de una doctrina) ‖ DR repudiación de la herencia répudiation de succession.

repudiar [8] *v tr* répudier (a la mujer propia) ‖ FIG désavouer, renier; repudiar una doctrina désavouer une doctrine ‖ DR répudier.

repudio *m* répudiation *f*.

repudrir *v tr* pourrir complètement.

➡ **repudrirse** *v pr* se pourrir complètement ‖ FIG & FAM se consumer, se ronger.

‖ OBSERV [▷ OBSERV **pudrir**].

repuesto, ta *adj* replacé, e (puesto de nuevo) ‖ rétabli, e (en un cargo) ‖ rétabli, e (de salud).

➡ **repuesto** *m* provisions *f pl* (comestibles) ‖ pièce *f* de rechange (pieza) ‖ dressoir (mueble) ■ **de repuesto** en réserve (de reserva), de rechange (de recambio) ‖ **rueda de repuesto** roue de secours o de rechange.

repugnancia *f* [▷ SIN] répugnance; sentir repugnancia a o hacia avoir de la répugnance pour ‖ incompatibilité; repugnancia entre dos teorías incompatibilité entre deux théories ‖ dar repugnancia répugner, dégoûter, écœurer.

‖ SIN asco, hastío dégoût; antipatía antipathie; aversión aversion; náuseas nausées; repulsión répulsion.

repugnante *adj* répugnant, e.

repugnantemente *adv* avec répugnance.

repugnar *v intr* répugner, dégoûter; los sapos me repugnan les crapauds me répugnent.

repujado *m* TECN repoussé, repoussage.

repujar *v tr* TECN repousser (labrar a martillo).

repulgar [16] *v tr* ourler.

repulgo *m* ourlet (dobladillo) ‖ rebord (de pastelería) ‖ excroissance *f* (en los árboles).

repulido, da *adj* mis avec recherche, tiré à quatre épingles (acicalado).

➡ **repulido** *m* repolissage.

repulir *v tr* repolir (volver a pulir) ‖ FIG parer (acicalar).

repullo *m* fléchette *f* (flechilla) ‖ sursaut, soubresaut (sobresalto) ‖ dar un repullo sursauter.

repulsa *f* rejet *m*, refus *m* (negativa).

repulsado *m* TECN repoussage (de los metales).

repulsar *v tr* rejeter, repousser, refuser.

repulsión *f* répulsion ‖ rejet *m* (repulsa).

repulsivo, va *adj* répulsif, ive (repelente).

repunta *f* pointe [de terre] ‖ FIG indice *m* (indicio).

repuntador *m* (*Amer*) celui qui rassemble les bêtes.

repuntar *v intr* commencer à monter, à descendre (la marea).

◇ *v tr* (*Amer*) rassembler [les bêtes d'un troupeau].

➡ **repuntarse** *v pr* se piquer, aigrir (el vino) ‖ FIG & FAM se brouiller.

repunte *m* début de la marée montante, descendante (marea) ‖ (*Amer*) rassemblement du troupeau (del ganado) ‖ hausse *f* (de precios).

repurgar [16] *v tr* nettoyer o purifier de nouveau.

reputación *f* réputation; manchar la reputación de uno salir la réputation de quelqu'un.

‖ SIN consideración considération; notoriedad notoriété; renombre renom; prestigio prestige; celebridad célébrité; fama renommée; crédito crédit; popularidad popularité; gloria gloire.

reputado, da *adj* réputé, e.

reputar *v tr* réputer.

requebrar [19] *v tr* faire sa cour à, conter fleurette à ‖ flatter (adular).

requemado, da *adj* brûlé, e (color) ‖ hâlé, e (la tez).

requemar *v tr* brûler (quemar) ‖ brûler, griller (las plantas) ‖ hâler (la tez) ‖ échauffer (la sangre).

➡ **requemarse** *v pr* brûler, griller ‖ FIG se consumer, souffrir en silence.

requerible *adj* requérable (exigible).

requerido, da *adj* requis, e.

requeridor, ra; requeriente *adj* & *s* requérant, e.

requerimiento *m* DR assignation *f*, sommation *f*, mise *f* en demeure, commandement (intimación) ‖ requête *f* (demanda).

requerir [27] *v tr* requérir, prier (rogar) ‖ requérir, réclamer, avoir besoin de (necesitar); este enfermo requiere muchos cuidados ce malade requiert beaucoup de soins ‖ exiger, requérir; las circunstancias lo requieren les circonstances l'exigent ‖ requérir, appeler; esta conducta requiere un castigo cette conduite appelle un châtiment ‖ DR intimer ‖ requerir de amores parler d'amour, faire la cour.

requesón *m* fromage blanc (queso) ‖ lait caillé (cuajada).

requete *pref* (indiquant l'intensité); requetebueno excellent.

requeté *m* "requeté", volontaire carliste ‖ corps de volontaires carlistes.

requetebién *adv* FAM très bien, parfaitement bien.

requetelleno, na *adj* FAM archicomble, plein à craquer.

requetemono *adj* FAM très joli, e, ravissant, e.

requiebro *m* propos galant, galanterie *f* ‖ MIN minerai bocardé ‖ decir requiebros conter fleurette, tenir des propos galants.

réquiem *m* requiem.

‖ OBSERV pl réquiems.

requintar *v tr* surenchérir ‖ surpasser (exceder) ‖ MÚS quinter.

requinto *m* surenchères *f pl* (puja) ‖ impôt (de los indios del Perú) ‖ MÚS clarinette *f* à sons très aigus (clarinete) ‖ petite guitare *f* (guitarrilla).

requisa *f* réquisition (requisición) ‖ revue, inspection.

requisar *v tr* réquisitionner.

requisición *f* réquisition.

requisito, ta *adj* requis, e ‖ intimé, e ‖ examiné, e.

➡ **requisito** *m* condition *f* requise; este documento llena todos los requisitos ce document remplit toutes les conditions requises ‖ formalité *f*; cumplir con todos los requisitos remplir toutes les formalités ■ con todos los requisitos en bonne et due forme ‖ ser requisito indispensable être de règle.

requisitoria *f* DR requête.

res *f* bête, animal *m*; reses de matadero bêtes de boucherie ‖ bête, tête de bétail; rebaño de veinte reses troupeau de vingt bêtes ‖ (*Amer*) bœuf; carne de res viande de bœuf ‖ res vacuna bête à cornes.

OBSERV 1. Le mot res ne s'applique qu'à des animaux, domestiques ou sauvages, d'assez grande taille.
2. pl reses.

resabiado, da *adj* vicieux, euse (animal).

resabiar [7] *v tr* rendre vicieux, communiquer un vice o une mauvaise habitude.

➡ **resabiarse** *v pr* contracter un vice (animal o persona), prendre de mauvaises habitudes (persona).

resabido, da *adj* parfaitement su, e ▮ pédant, e (que se precia de sabio).

resabio *m* vice, mauvaise habitude *f* (vicio) ▮ vice (de un caballo) ▮ arrière-goût (sabor desagradable).

resaca *f* MAR ressac *m* ▮ COM retraite (letra de cambio) ▮ FAM gueule de bois; **tener resaca** avoir la gueule de bois.

resacar [10] *v tr* MAR haler un câble.

resalado, da *adj* FIG & FAM qui a beaucoup de charme o d'esprit; plein d'esprit.

resalir [71] *v intr* saillir, faire saillie.

resallar *v tr* sarcler de nouveau.

resallo *m* nouveau sarclage.

resaltar *v intr* ressortir, se détacher; **las flores rojas resaltaban sobre el césped** les fleurs rouges ressortaient sur le gazon ▮ saillir, faire saillie (un balcón) ▮ rebondir (rebotar) ▮ FIG se distinguer (sobresalir) ▮ **hacer resaltar** mettre en relief o en valeur, faire ressortir.

resalte *m* saillie *f* (resalto).

resalto *m* rebond (rebote) ▮ ARQ redan, redent ▮ saillie *f*, ressaut (parte que sobresale) ▮ rehaut (pintura).

resalvo *m* BOT baliveau, lais, recrû.

resanar *v tr* TECN redorer, ramender (las doraduras) ▮ retaper, restaurer (restaurar).

resarcimiento *m* dédommagement, indemnisation *f*.

resarcir [12] *v tr* dédommager, indemniser.
➡ **resarcirse** *v pr* se dédommager; **resarcirse de una pérdida** se dédommager d'une perte.

resbalada *f* (*Amer*) glissade (resbalón).

resbaladero, ra *adj* glissant, e (resbaladizo).
➡ **resbaladero** *m* terrain glissant ▮ glissoir (para la madera).

resbaladizo, za *adj* glissant, e ▮ **suelo resbaladizo** chaussée glissante.

resbaladura *f* trace de glissade.

resbalamiento ➡ **resbalón**.

resbalar *v intr* & *pr* glisser; **resbalar en el hielo** glisser sur la glace ▮ déraper (un coche) ▮ FIG faire un faux pas (incurrir en un desliz).

resbalón; resbalamiento *m* glissade *f* (acción de resbalar); **dar un resbalón** faire une glissade ▮ dérapage, dérapement (de un coche) ▮ FIG faux pas (desliz).

resbaloso, sa *adj* glissant, e (resbaladizo).

rescaldar *v tr* échauder.

rescatable *adj* rachetable.

rescatador, ra *m* & *f* racheteur, euse.

rescatar *v tr* racheter; **rescatar un cautivo** racheter un captif ▮ délivrer (libertar) ▮ repêcher, recueillir (náufragos, astronautas) ▮ sauver ▮ FIG arracher; **rescatar al olvido** arracher à l'oubli.
➡ **rescatarse** *v pr* se racheter.

rescate *m* rachat (acción de rescatar) ▮ repêchage (de un astronauta) ▮ sauvetage (de gente en peligro) ▮ rançon *f* (dinero) ▮ **exigir** o **imponer rescate** mettre à rançon, rançonner.

rescaza *f* rascasse (pez).

rescindible *adj* résiliable, rescindable (contrato).

rescindir *v tr* DR résilier, résoudre, rescinder (anular un contrato).

rescisión *f* DR résiliation, résolution, rescision (de un contrato).

rescisorio, ria *adj* DR rescisoire (que rescinde).

rescoldo *m* braises *f pl*, cendre *f* chaude ▮ FIG lueur *f*, reste; **rescoldo de esperanza** lueur d'espoir.

rescripto; rescrito *m* DR rescrit; **rescrito pontificio** rescrit pontifical.

rescriptorio, ria *adj* de rescrit.

rescrito ➡ **rescripto**.

resecación *f* dessèchement *m*.

resecar [10] *v tr* réséquer (un órgano) ▮ dessécher (secar mucho).
➡ **resecarse** *v pr* se dessécher.

resección *f* MED résection (de un órgano).

reseco, ca *adj* desséché, e ▮ FIG sec, sèche (muy flaco).

reseda *f* réséda *m* (planta).

resedáceas *f pl* BOT résédacées.

resellar *v tr* refrapper (las monedas).

resello *m* refrappement (de las monedas).

resembrar [19] *v tr* ressemer, réensemencer.

resentido, da *adj* & *s* qui est plein de ressentiment, fâché, e ▮ **estar resentido contra uno** en vouloir à quelqu'un, être fâché contre quelqu'un ▮ **estar resentido por** être fâché de, avoir sur le cœur (llevar a mal).

resentimiento *m* ressentiment, rancœur *f*.

SIN rencor rancune; malevolencia malveillance; animosidad animosité; hostilidad hostilité; enemistad inimitié; animadversión animadversion; odio haine.

resentirse [27] *v pr* se ressentir; **resentirse de una herida** se ressentir d'une blessure ▮ **resentirse con** o **contra uno** en vouloir à quelqu'un, être fâché contre quelqu'un ▮ **resentirse de** o **por algo** se ressentir de quelque chose, s'offenser o être fâché de quelque chose ▮ **resentirse de la pierna** avoir encore mal à la jambe, garder une faiblesse à la jambe.

reseña *f* signalement *m* (descripción de un individuo) ▮ notice; **reseña biográfica** notice biographique ▮ compte rendu *m* (de una obra literaria) ▮ **reseña histórica** historique (exposición).

reseñar *v tr* rédiger le signalement de ▮ faire le compte rendu de (obra literaria).

resero *m* (*Amer*) conducteur o gardien d'un troupeau ▮ marchand de bétail.

reserva *f* réserve (cosa reservada) ▮ réserve (discreción) ▮ réserve, quant-à-moi, quant-à-soi; **él guarda reserva** il reste sur son quant-à-soi ▮ réserve (de pesca) ▮ réservation (en un hotel, avión, etc.) ▮ MIL réserve; **escala de reserva** cadre de réserve ▮ DR réserve; **reserva legal** o **legítima** réserve légale ▮ réserve (de

indígenas) ▮ RELIG réserve ◼ **reserva de costas** distraction des dépenses ▮ **reserva mental** arrière-pensée ▮ **reserva natural** réserve naturelle ◼ **a reserva de** sous réserve de ▮ **de reserva** en réserve ▮ **en reserva** de réserve; **general en reserva** général de réserve ▮ **sin reserva** sans réserve ▮ MIL **situación de reserva** mise en disponibilité.
➡ **reservas** *f pl* réserves ▮ **con muchas reservas** sous toutes réserves.
◇ *m & f* DEP remplaçant, e.

reservación *f* réservation.

reservadamente *adv* avec réserve, en secret.

reservado, da *adj* réservé, e ▮ réservé, e; retenu, e (habitación de hotel) ▮ réservé, e; renfermé, e (poco comunicativo) ▮ réservé, e (discreto).
➡ **reservado** *m* cabinet particulier (en un restaurante) ▮ petite salle *f* (en una taberna) ▮ ECLES réserve *f* ▮ réserve *f* (espacio reservado).

reservar *v tr* réserver ▮ réserver, retenir (una habitación en un hotel, un asiento en un avión) ▮ FIG ménager; **reservar una salida** ménager une sortie ▮ RELIG remettre (le saint sacrement) dans son tabernacle.
➡ **reservarse** *v pr* se réserver; **me reservo para mañana** je me réserve pour demain ▮ se ménager (cuidarse) ▮ **reservarse el juicio acerca de algo** faire des réserves sur quelque chose.

reservista *m* MIL réserviste.

reservón, ona *adj* FAM très réservé, e; effacé, e ▮ TAUROM peu combatif, ive (el toro).

resfriado, da *adj* refroidi, e ▮ enrhumé, e (acatarrado).

resfriado; resfrío *m* MED rhume (catarro); **coger un resfriado** attraper un rhume ▮ refroidissement (enfriamiento).

resfriadura *f* VETER morfondure.

resfriamiento *m* refroidissement.

resfriante *m* réfrigérant (de alambique).

resfriar [9] *v tr* refroidir (enfriar) ▮ FIG refroidir (templar el ardor).
◇ *v intr* refroidir.
➡ **resfriarse** *v pr* s'enrhumer (acatarrarse) ▮ se refroidir, prendre le froid (enfriarse).

resfrío ➡ **resfriado**.

resguardar *v tr* défendre, garantir, protéger; **mampara que resguarda del viento** écran qui protège du vent ▮ FIG défendre, abriter, protéger.
➡ **resguardarse** *v pr* se défendre, se prémunir, prendre des précautions, s'abriter, se protéger.

resguardo *m* défense *f* ▮ garantie *f* (bancario) ▮ reçu, récépissé (recibo) ▮ reconnaissance *f* (vale) ▮ talon (de un recibo) ▮ douane *f*, octroi (aduana).

residencia *f* résidence ▮ foyer *m*; **residencia de estudiantes** foyer d'étudiants ▮ siège *m* (de una administración) ▮ **interdicción de residencia** interdiction de séjour.

residencial *adj* résidentiel, elle; **barrio residencial** quartier résidentiel; **unidad residencial** unité résidentielle.

residenciar *v tr* demander compte de son mandat [à un fonctionnaire] ▮ demander des comptes [à un particulier].

residente *adj* & *s* résidant, e; residente en París résident à Paris ‖ ministro residente résident.
◇ *m* résident (que vive en el extranjero).

residir *v intr* résider, demeurer, habiter; residir en Bogotá, en el campo résider à Bogota, habiter à la campagne ‖ FIG résider (radicar); ahí es donde reside la dificultad c'est là que réside la difficulté.

residual *adj* résiduel, elle; materias residuales matières résiduelles ‖ résiduaire; aguas residuales eaux résiduaires ‖ aire residual air résiduel.

residuo *m* résidu (desecho); residuo de la combustión résidu de la combustion ‖ MAT résidu ‖ reste (sobra).
➤ **residuos** *m pl* déchets.

resiembra *f* réensemencement *m*.

resigna *f* résignation.

resignación *f* résignation.

resignadamente *adv* avec résignation.

resignado, da *adj* & *s* résigné, e.

resignar *v tr* résigner.
➤ **resignarse** *v pr* se résigner, prendre son parti; resignarse a o con se résigner à, prendre son parti de; hay que resignarse il faut se résigner, il faut en prendre son parti.

resignatario *m* résignataire.

resiliencia *f* FÍS résilience (resistencia de un material al choque).

resina *f* résine.

resinar *v tr* résiner; resinar un pino résiner un pin.

resinero, ra *adj* résinier, ère.
➤ **resinero** *m* résinier, gemmeur (obrero).

resinífero, ra *adj* résineux, euse.

resinoso, sa *adj* résineux, euse.

resisa *f* ancien impôt *m*.

resistencia *f* résistance; resistencia pasiva résistance passive ‖ résistance (eléctrica) ‖ résistance, endurance; resistencia física résistance physique ‖ resistencia de materiales résistance des matériaux.

resistente *adj* résistant, e (que resiste) ‖ solide, résistant, e (material) ‖ endurant, e; dur, e; resistente al trabajo dur au travail.
◇ *m* résistant (miembro de la Resistencia).

resistir *v intr* [▷ SIN] résister; resistir al enemigo résister à l'ennemi ‖ avoir de la résistance, résister; ya estás cansado, tú no resistes nada tu es déjà fatigué, tu n'as aucune résistance.
◇ *v tr* résister à; resistir la tentación résister à la tentation ‖ résister à; este producto no resiste el calor ce produit ne résiste pas à la chaleur ‖ supporter, endurer; no resisto el calor je ne supporte pas la chaleur ‖ résister à, supporter; este libro no resiste la crítica ce livre ne résiste pas à la critique ‖ supporter (aguantar); no resisto esta persona je ne supporte pas cette personne ‖ défier; precio que resiste toda competencia prix qui défie toute concurrence.
➤ **resistirse** *v pr* se débattre (forcejear) ‖ se refuser à; se resiste a morir il se refuse à mourir.
  SIN oponerse s'opposer; reaccionar réagir; defenderse se défendre; rechazar, repeler repousser; forcejear résister.

resistividad *f* ELECTR résistivité.

resma *f* rame (de papel).

resmilla *f* ramette (de papel).

resobado, da *adj* rebattu, e (trillado).

resobrino, na *m* & *f* petit-neveu, petite-nièce.

resol *m* réverbération *f* du soleil.

resolano, na *adj* ensoleillé, e.
➤ **resolana** *f* endroit *m* ensoleillé et à l'abri du vent.

resollar [23] *v intr* respirer bruyamment (respirar) ‖ FIG donner signe de vie; hace tiempo que no resuella il y a longtemps qu'il ne donne pas signe de vie.

resoluble *adj* résoluble.

resolución *f* résolution (de un problema) ‖ résolution (texto) ‖ [▷ SIN] décision, détermination (decisión) ■ en resolución en résumé ‖ hombre de resolución homme résolu o décidé.
  SIN decisión décision; determinación détermination.

resolutivo, va *adj* & *s m* résolutif, ive ‖ parte resolutiva dispositif (de una resolución, de una ley).

resoluto, ta *adj* résolu, e; décidé, e (resuelto).

resolutorio, ria *adj* DR résolutoire.

resolver [24] *v tr* résoudre; resolver un problema résoudre un problème ‖ régler (diferencia, dificultad) ‖ résoudre de, décider de; resolvió marcharse il résolut de partir ‖ résoudre (descomponer) ‖ MED résoudre ■ han resuelto que il a été résolu o décidé que ‖ resolver por unanimidad statuer à l'unanimité (una asamblea).
➤ **resolverse** *v pr* se résoudre; el agua se resuelve en vapor l'eau se résout en vapeur ‖ se résoudre, se décider; resolverse a salir se résoudre à partir ‖ MED se résoudre, fondre.

resonación *f* résonnement *m*.

resonador, ra *adj* & *s m* résonateur, trice.

resonancia *f* résonance ‖ MÚS harmonique ‖ FIG retentissement *m*, bruit *m*; discurso que ha tenido gran resonancia discours qui a eu un grand retentissement o qui a fait beaucoup de bruit ‖ MED resonancia magnética nuclear résonance magnétique nucléaire.

resonante *adj* résonnant, e (sonoro) ‖ FIG retentissant, e; una victoria resonante une victoire retentissante.

resonar [23] *v intr* résonner ‖ FIG retentir.

resoplar *v intr* souffler; resoplar como un buey souffler comme un bœuf ‖ s'ébrouer, souffler (caballo).

resoplido; resoplo *m* souffle (resuello fuerte) ‖ ébrouement (del caballo) ‖ dar un resoplido souffler avec force.

resorber *v tr* résorber.
➤ **resorberse** *v pr* se résorber.

resorcina *f* QUÍM résorcine, résorcinol *m*.

resorción *f* résorption.

resorte *m* ressort; resorte de láminas ressort à lames ‖ FIG ressort, corde *f*; tocar todos los resortes faire jouer tous les ressorts ‖ DEP détente *f* ‖ conocer todos los resortes de algo connaître toutes les ficelles de quelque chose.

respaldar *m* dossier (respaldo).

respaldar *v tr* écrire au verso ‖ FIG appuyer (una demanda) ‖ garantir, cautionner; depósitos respaldados por el oro dépôts garantis par l'or.
➤ **respaldarse** *v pr* s'adosser; respaldarse contra un árbol s'adosser à un arbre.

respaldo *m* dossier (de una silla) ‖ dos, verso (de un escrito) ‖ FIG appui (apoyo) ‖ garantie *f*, caution *f*.

respectar *v intr* concerner, se rapporter à; por lo que respecta a tu hermano, nos arreglaremos en ce qui concerne ton frère, nous nous arrangerons.
  OBSERV Ne pas confondre avec respetar respecter.

respectivamente; respective *adv* respectivement.

respectivo, va *adj* respectif, ive.

respecto *m* rapport ■ al respecto, a este respecto à ce sujet, là-dessus, à cet égard, à ce propos; me pidieron aclaraciones al respecto on m'a demandé des éclaircissements à ce sujet ‖ con respecto a, respecto a, respecto de quant à, en ce qui concerne, à l'égard de (en cuanto a), par rapport à (con relación a) ‖ respecto a mí en ce qui me concerne, à mon égard, quant à moi.
  OBSERV Ne pas confondre avec respeto respect.

résped; réspede *m* langue *f* de serpent, dard (de las sierpes) ‖ aiguillon, dard (de la abeja).
  OBSERV pl réspedes.

respetabilidad *f* respectabilité.

respetable *adj* respectable.
◇ *m* FAM le public.

respetar *v tr* respecter; respetar la vejez respecter la vieillesse ‖ AUTOM no respetar la prioridad refuser la priorité.
➤ **respetarse** *v pr* se respecter.

respeto *m* [▷ SIN] respect; infundir respeto inspirer du respect; respeto humano respect humain ■ MIL rechange; caja de respeto boîte de rechange ‖ respect (de la ley) ■ de respeto respectable (respetable) ‖ faltarle el respeto a uno manquer de respect à quelqu'un.
➤ **respetos** *m pl* respects, hommages ■ campar por sus respetos n'en faire qu'à sa tête, agir à sa guise, faire ce qu'on veut (independizarse), faire bande à part (hacer rancho aparte).
  SIN reverencia révérence; veneración vénération; obediencia obéissance; consideración considération; deferencia déférence; miramientos égards; devoción dévotion.

respetuosamente *adv* respectueusement.

respetuosidad *f* déférence, respect *m*.

respetuoso, sa *adj* respectueux, euse ‖ dirigir sus saludos respetuosos présenter ses respects.

respigar [16] *v tr* glaner (espigar).

respingado, da *adj* retroussé, e; nariz respingada nez retroussé.

respingar [16] *v intr* regimber ‖ remonter (la falda) ‖ FIG & FAM regimber (resistir).

respingo *m* regimbement (p us), résistance *f* ‖ FIG sursaut (salto) ‖ pegar o dar un respingo sursauter.

respingón, ona *adj* regimbeur, euse (indócil) ▮ FAM nariz respingona nez retroussé.

respirable *adj* respirable.

respiración *f* respiration; respiración artificial respiration artificielle ▮ haleine (aliento) ▮ hasta perder la respiración à perdre haleine.

respiradero *m* soupirail; los respiraderos del sótano les soupiraux du sous-sol ▮ évent, trou d'aération (orificio de aireación) ▮ tube, tuba (pesca submarina) ▮TECN écluse *f* d'aérage (en una mina) ▮ventouse *f* (ventosa) ▮ FIG répit, repos, pause *f* (descanso).

respirador, ra *adj* qui respire.
➡ **respirador** *adj m & s m* respirateur; músculos respiradores muscles respirateurs.

respirar *v intr* [▷ SIN] respirer; respirar a todo pulmón respirer à pleins poumons ▮ souffler, reprendre haleine; dejar respirar a los caballos laisser souffler les chevaux ■ FIG & FAM no respirar ne pas souffler mot ▮ FIG sin respirar sans répit.

> SIN aspirar aspirer; inspirar inspirer; espirar expirer; exhalar exhaler; soplar, resollar souffler; jadear haleter.

respiratorio, ria *adj* respiratoire; aparato respiratorio appareil respiratoire.

respiro *m* respiration *f* (respiración) ▮ FIG repos, pause *f* (descanso) ▮relâche *f*, répit (tregua) ▮ répit, repos; no dar respiro ne pas laisser de répit ■ plazo de respiro délai de grâce ▮ respiro de alivio soupir de soulagement.

resplandecer [30] *v intr* resplendir; el sol resplandece le soleil resplendit ▮ rayonner; su rostro resplandece de felicidad son visage rayonne de bonheur ▮ FIG briller (sobresalir).

resplandeciente *adj* resplendissant, e ▮FIG brillant, e (sobresaliente) ▮éclatant, e; resplandeciente de salud, de belleza éclatant de santé, de beauté.

resplandecimiento *m* éclat, resplendissement.

resplandor *m* éclat; el resplandor del sol l'éclat du soleil ▮flamboiement (llamas, vidrieras, etc.) ▮ FIG éclat, resplendissement.

responder *v tr* répondre.
◇ *v intr* [▷ SIN] répondre; responder a un llamamiento, a una carta, a un favor répondre à un appel, à une lettre, à un bienfait ▮ répondre (salir fiador); respondo de ello j'en réponds (motor).

> SIN contestar répondre; replicar, retrucar répliquer; objetar objecter.

respondón, ona *adj* raisonneur, euse; discutailleur, euse; répondeur, euse (p us) ▮ esta persona es muy respondona cette personne veut toujours avoir le dernier mot.

responsabilidad *f* responsabilité; cargar con una responsabilidad assumer une responsabilité ▮ DR responsabilidad civil responsabilité civile.

responsabilizarse [13] *v pr* assumer la responsabilité, prendre sur soi la responsabilité.

responsable *adj* responsable; hacer responsable a uno de rendre responsable quelqu'un de ▮ no me hago responsable de nada je ne réponds de rien ▮ responsable civilmente civilement responsable.

responsar; responsear *v intr* chanter des répons.

responsivo, va *adj* relatif, ive à la réponse, qui se trouve dans la réponse.

responso *m* répons (para los difuntos); rezar un responso dire un répons.

responsorio *m* RELIG répons, responsorial.

respuesta *f* réponse ▮ réplique (réplica) ▮ dar la callada por respuesta ne pas daigner répondre, répondre par le silence ▮ tener siempre respuesta avoir réponse à tout.

resquebradura *f;* **resquebrajadura** *f;* **resquebrajamiento** *m* fissure *f*, fente *f*, fendillement *m* (grieta) ▮ fêlure *f* (cascadura) ▮ craquelure *f* (del barniz, de la pintura).

resquebrajadizo, za *adj* fragile, qui se fend ou se fêle facilement.

resquebrajadura ➡ **resquebradura**.

resquebrajamiento ➡ **resquebradura**.

resquebrajar [1]; **resquebrar** [19] *v tr* fendiller ▮craqueler (la pintura, el barniz).
➡ **resquebrajarse** *v pr* se fendiller ▮ craquer (techo) ▮ se craqueler (pintura, barniz).

resquebrajo *m* fente *f*, fêlure *f*.

resquebrar ➡ **resquebrajar**.

resquemar *v tr* brûler (un alimento) ▮ FIG tourmenter.
◇ *v intr* brûler.

resquemor *m* tourment (inquietud) ▮ remords cuisant (remordimiento).

resquicio *m* jour, fente *f* (de la puerta) ▮ fente *f* (hendidura) ▮ entrebâillement (de una puerta entreabierta) ▮ FIG occasion *f*, moment libre (ocasión) ▮ FIG un resquicio de esperanza un lueur d'espoir.

resta *f* soustraction (operación aritmética) ▮ reste *m* (residuo).

restablecer [30] *v tr* rétablir.
➡ **restablecerse** *v pr* être rétabli (una institución) ▮se rétablir, se remettre (de salud).

restablecimiento *m* rétablissement.

restallar *v intr* claquer (el látigo) ▮ craquer (crujir).

restante *adj* restant, e.

restañadero *m* estuaire (estuario).

restañadura *f;* **restañamiento** *m* rétamage *m* (con estaño) ▮ étanchement *m* (de la sangre).

restañar *v tr* rétamer (volver a estañar) ▮ étancher (la sangre).
◇ *v intr* claquer (restallar).
◇ *v intr & pr* s'étancher.

restaño *m* étanchement ▮ancienne étoffe *f* brochée (tela) ▮ rétamage.

restar *v tr* soustraire, ôter, retrancher; restar dos de cinco soustraire deux de cinq; restar una cantidad de otra retrancher une quantité d'une o à une autre ▮ FIG enlever, retirer (quitar) ▮ ôter; restar importancia ôter de l'importance ▮ renvoyer (la pelota en el tenis).
◇ *v intr* faire une soustraction ▮ rester; esto es lo que resta de su capital c'est tout ce qui reste de son capital; no nos resta más que marcharnos il ne nous reste plus qu'à partir ▮ en lo que resta de año dans le restant de l'année, d'ici la fin de l'année.

> OBSERV Le verbe restar employé intransitivement n'a jamais le sens de demeurer (dans un endroit).

restauración *f* restauration.

restaurador, ra *adj* qui restaure.
◇ *m & f* restaurateur, trice.

restaurant; restaurante *m* restaurant.

restaurar *v tr* restaurer.

restinga *f* MAR bas-fond *m* (en el mar).

restingar *m* MAR parage semé de bas-fonds.

restitución *f* restitution.

restituidor, ra *adj* qui restitue.
◇ *m & f* restituteur (sin femenino).

restituir [51] *v tr* restituer, rendre.

restitutorio, ria *adj* DR restitutoire.

resto *m* reste, restant; el resto de su fortuna le reste de sa fortune ▮ reliquat (saldo de una cuenta) ▮ va-tout (juego de cartas) ▮ relanceur (en tenis) ▮ MAT reste ▮ FIG echar o envidar el resto jouer son reste o son va-tout o le tout pour le tout.
➡ **restos** *m pl* ruines *f* (de un monumento) ▮ restes, dépouille *f sing*; restos mortales dépouille mortelle.

restón *m* renvoyeur (tenis).

restorán *m* restaurant.

restregadura *f;* **restregamiento** *m* frottement *m* (refregamiento) ▮ trace *f* de frottement (señal).

restregar [35] *v tr* frotter énergiquement.

restregón *m* frottement énergique.

restricción *f* restriction; restricciones a las importaciones restrictions à l'importation.

restrictivamente *adv* avec restriction.

restrictivo, va *adj* restrictif, ive.

restricto, ta *adj* restreint, e (limitado).

restringente *adj* restringent, e.
◇ *m* MED astringent.

restringible *adj* qui peut être restreint.

restringir [15] *v tr* restreindre ▮ MED resserrer.
➡ **restringirse** *v pr* se restreindre.

restriñidor, ra *adj & s* astringent, e.

restriñimiento *m* MED astriction *f*, resserrement.

restriñir *v tr* resserrer (astringir).

> OBSERV Restriñir perd le « i » atone de la désinence quand celui-ci est situé entre la consonne « ñ » et une voyelle (comme dans restriñendo, restriñó, restriñea).

resucitación *f* MED ressuscitation (p us), rappel *m* à la vie.

resucitado, da *adj & s* ressuscité, e.
◇ *m & f* FIG revenant, e (persona perdida de vista).

resucitar *v tr & intr* ressusciter.

resudación *f* sueur légère.

resudar *v intr* suer légèrement ▮ exsuder (los árboles).

resudor *m* sueur *f* légère.

resuello *m* souffle; dejar sin resuello couper le souffle ■ hasta perder el resuello à perdre haleine ▮ quedarse sin resuello être à bout de souffle u hors d'haleine ▮ FIG quitarle a uno el resuello effrayer quelqu'un.

resueltamente *adv* résolument ▮ carrément; lanzarse resueltamente y aller carrément.

resuelto, ta *adj* résolu, e; décidé, e ‖ assuré, e; tono resuelto ton assuré.

resulta *f* suite, conséquence, effet *m* (efecto) ‖ décision (de una deliberación) ‖ de resultas à la suite de; se metió en la cama de resultas de una enfermedad il s'est mis au lit à la suite d'une maladie; du coup; de resultas, me he ido al campo du coup je suis parti à la campagne.

resultado *m* résultat; el resultado del examen le résultat de l'examen; el resultado de una multiplicación le résultat d'une multiplication ‖ résultat, aboutissement, issue *f*; el resultado de un pleito l'issue d'un procès ■ tener por resultado avoir pour effet ‖ tener resultado satisfactorio réussir; esta operación quirúrgica ha tenido resultado satisfactorio cette opération chirurgicale a réussi.
| **SIN** desenlace dénouement; conclusión conclusión; consecuencia conséquence; corolario corollaire.

resultando *m* DR attendu.

resultante *adj & s f* résultant, e.

resultar *v intr* résulter; de tantas medidas discriminatorias resultó un descontento general un mécontentement général résulta de toutes ces mesures discriminatoires ‖ être; aquí la vida resulta muy barata ici la vie est très bon marché; resultó herido en el accidente il fut blessé dans l'accident; esta persona me resulta muy simpática cette personne m'est très sympathique ‖ rester, demeurer; sus esfuerzos resultaron vanos ses efforts demeurèrent vains ‖ ressortir, s'ensuivre; de eso resulta que il ressort de cela que ‖ aller; este collar resulta muy bien con este vestido ce collier va très bien avec cette robe ‖ aller, satisfaire, donner un résultat satisfaisant; eso no resulta ça ne va pas ■ estar resultando a uno commencer a trouver; esta novela me está resultando muy pesada je commence à trouver ce roman bien ennuyeux ‖ resulta que il se trouve que, il apparaît que; resulta que cuando llegué a la estación el tren había salido il se trouve que le train était parti lorsque j'arrivai à la gare; finalement; parecía que iba a quedarse soltero, pero resulta que se casó on aurait cru qu'il allait rester célibataire mais finalement il s'est marié ‖ resultar un fracaso échouer, se solder par un échec; las negociaciones resultaron un fracaso les négociations ont échoué ‖ tres personas resultaron muertas en el accidente trois personnes trouvèrent la mort dans l'accident ‖ viene a resultar lo mismo ça revient au même.
| **OBSERV** El verbo francés **résulter**, mucho menos usado que en español **resultar**, se suele emplear sólo en el infinitivo, en los participios y en las terceras personas.

resultón, ona *adj* FAM mignon, onne (persona), coquet, ette (piso, casa).

resumen *m* résumé; en resumen en résumé ‖ exposé, sommaire ‖ hacer un resumen de faire un résumé de, résumer.

resumidamente *adv* en résumé ‖ brièvement (en pocas palabras).

resumidero *m* (*Amer*) puisard, égout (alcantarilla).

resumido, da *adj* résumé, e ‖ en resumidas cuentas en résumé, bref, en un mot.

resumir *v tr* [▷ SIN] résumer.
➜ **resumirse** *v pr* se résumer.

| **SIN** reducir réduire; condensar condenser; extractar, compendiar résumer; sintetizar synthétiser.

resurgencia *f* résurgence (de un curso de agua).

resurgimiento *m* renaissance *f* (renacimiento) ‖ résurgence *f* (de un curso de agua) ‖ FIG redressement; el resurgimiento de Italia le redressement de l'Italie ‖ relance *f*; el resurgimiento de la economía la relance de l'économie.

resurgir [15] *v intr* resurgir, réapparaître.

resurrección *f* résurrection ■ domingo de Resurrección dimanche de Pâques ‖ Pascua de Resurrección Pâques.

retablero *m* artiste qui fait des retables.

retablo *m* retable ‖ El retablo de maese Pedro Les Tréteaux de maître Pierre.

retacar [10] *v tr* queuter (billar).

retacería *f* coupons *m pl*.

retaco *m* fusil court ‖ FIG & FAM pot à tabac, nabot, e (enano).

retador, ra *adj & s* provocateur, trice.

retaguardia *f* arrière-garde ‖ quedarse a retaguardia rester en arrière.

retahíla *f* ribambelle, kyrielle; una retahíla de niños une rimbambelle d'enfants ‖ chapelet *m*; una retahíla de injurias un chapelet d'injures ‖ litanie (enumeración).

retajar *v tr* tailler en rond.

retal *m* coupon (de una tela) ‖ rognure *f*, morceau (de pieles, metales, etc.).

retallar *v tr* retoucher (una lámina grabada).

retallecer [30] *v intr* pousser des rejetons.

retallo *m* rejeton (planta), saillie *f* (pared).

retama *f* genêt *m* (planta) ■ retama de escobas genêt à balais ‖ retama de olor genêt d'Espagne.

retamal; retamar *m* BOT genêtière *f*.

retamilla *f* (*Amer*) épine-vinette (agracejo).

retamo *m* (*Amer*) genêt (planta).

retar *v tr* provoquer, défier, lancer un défi ‖ FAM reprocher, accuser.

retardación *f* retard *m*.

retardado, da *adj* retardé, e; movimiento retardado mouvement retardé ‖ bomba de efecto retardado bombe à retardement.

retardar *v tr* retarder.

retardatriz *adj f* fuerza retardatriz force retardatrice.
| **OBSERV** pl retardatrices.

retardo *m* retard ‖ bomba de retardo bombe à retardement.

retasa; retasación *f* réévaluation.

retasar *v tr* réévaluer.

retazo *m* morceau, coupon (tela) ‖ FIG fragment, morceau.

RETD (abrev de **Red Especial de Transmisión de Datos**) *f* réseau spécifique de transmission de données.

rete *adv* (*Amer*) FAM très.

retejar *v tr* tisser très serré, retisser.

retejido *m* retissage.

retejo *m* renfaîtage.

retel *m* balance *f* (red de pesca).

retemblar [34] *v intr* trembler fortement.

retemplar *v tr* (*Amer*) stimuler, motiver.
➜ **retemplarse** *v pr* se stimuler, se motiver.

retén *m* piquet (de bomberos, de soldados en el cuartel) ‖ renfort (refuerzo) ‖ réserve *f*; de retén en réserve ‖ TECN retén de grasa bague d'étanchéité.

retención *f*; **retenimiento** *m* rétention *f* (acción de retener) ‖ retenue *f*; la retención de las mercancías en la aduana la retenue des marchandises à la douane ‖ MED rétention *f*; retención de orina rétention d'urine.

retenedor *adj* qui retient.
◇ *m* entrebâilleur, chaîne *f* d'entrebâillement o de sûreté (de puerta).

retener [72] *v tr* [▷ SIN] retenir; retener una cantidad de dinero retenir une somme d'argent ‖ retenir, garder; retener a alguien a almorzar garder quelqu'un à déjeuner ■ retener el aliento retenir son souffle ‖ retener en la memoria conserver o garder dans la mémoire ‖ retener la lengua tenir sa langue.
➜ **retenerse** *v pr* se retenir (moderarse).
| **SIN** guardar garder; conservar conserver; reservar réserver, retenir.

retenida *f* MAR retenue (cable).

retenimiento ➡ **retención**.

retentiva *f* mémoire (memoria).

retentivo, va *adj* qui retient.

retesar *v tr* tendre, raidir (endurecer).

Retevisión (abrev de **Ente Público de la Red Técnica Española de Televisión**) *m* organisme public chargé du réseau d'émetteurs de la télévision espagnole, ≃ TDF *f*.

Retia; Recia *n pr f* HIST Rhétie.

reticencia *f* réticence.

reticente *adj* réticent, e.

rético, ca *adj* rhétique, rétique.
➜ **rético** *m* LING romanche, rhéto-roman.

retícula *f* réticule *m* (de óptica) ‖ ARTES grisé *m*.

reticulado, da *adj* réticulé, e.

reticular *adj* réticulaire.

retículo *m* réticule ‖ ZOOL bonnet (de los rumiantes).

retina *f* ANAT rétine.

retiniano, na *adj* ANAT rétinien, enne.

retinitis *f inv* MED rétinite (enfermedad).

retintín *m* tintement (en los oídos) ‖ FIG & FAM ton moqueur, persiflage; preguntar con retintín demander sur un ton moqueur o avec persiflage.

retiración *f* IMPR retiration; prensa de retiración presse à retiration.

retirada *f* MIL retraite; la retirada del ejército de ocupación la retraite de l'armée d'occupation ‖ retraite; tocar retirada battre la retraite ‖ retrait *m*; retirada del permiso de conducir retrait du permis de conduire; la retirada del mar le retrait de la mer; la retirada de un proyecto de ley le retrait d'un projet de loi ‖ enlèvement *m*; retirada de la nieve enlèvement de la neige ‖ rappel *m* (de un embajador) ■ batirse en retirada battre en retraite ‖ MIL cubrir la retirada couvrir la retraite.

retiradamente *adv* à l'écart; vivir retiradamente vivre à l'écart ‖ FIG en cachette, en secret.

retirado, da *adj* retiré, e; écarté, e (apartado).

➤ **retirado** *adj m* MIL en retraite.

◇ *adj & s* retraité, e (militar, comerciante).

retiramiento *m* retraite *f* (retiro).

retirar *v tr* retirer, enlever; retira la mano retire ta main ‖ mettre à la retraite (jubilar) ‖ FIG retirer; retirar la confianza a uno retirer sa confiance à quelqu'un; retiro lo dicho je retire ce que j'ai dit ‖ reprendre; retirar su palabra reprendre sa parole‖rappeler; retirar un embajador rappeler un ambassadeur ‖ IMPR retirer.

➤ **retirarse** *v pr* se retirer, prendre sa retraite (jubilarse) ‖ se retirer; retirarse a su cuarto, al campo se retirer dans sa chambre, à la campagne ‖ se retirer (el mar) ■ no se retire ne quittez pas, ne raccrochez pas (al teléfono) ‖ puede usted retirarse vous pouvez disposer ‖ retirarse a dormir aller se coucher, se retirer [dans ses appartements].

retiro *m* [▷ SIN] retraite *f*; un retiro campestre une retraite champêtre; hacer un retiro faire une retraite ‖ retraite *f* (pensión); cobrar el retiro toucher sa retraite; edad de retiro âge de la retraite ‖ RELIG retraite *f*, récollection *f* (de corta duración) ‖ MIL retraite *f*; dar el retiro a un militar mettre un militaire à la retraite.

| SIN alejamiento éloignement; aislamiento isolement; clausura clôture; encierro retraite; soledad solitude.

reto *m* défi, provocation *f* (desafío) ‖menace *f* (amenaza); echar retos proférer des menaces ■ aceptar el reto relever le défi ‖ echar un reto lancer un défi ‖ reto en duelo provocation en duel.

retobado, da *adj* (*Amer*) sauvage (salvaje) ‖ têtu, e (obstinado)‖sournois, e (socarrón).

retobar *v tr* (*Amer*) recouvrir de cuir ‖ protester ‖ envelopper (envolver).

➤ **retobarse** *v pr* (*Amer*) se fâcher.

retobo *m* (*Amer*) rebut (desecho) ‖ housse *f* (funda).

retocador, ra *m & f* FOT retoucheur, euse.

retocar [10] *v tr* retoucher ‖ raccorder (maquillaje, pintura) ‖ retocar el peinado donner un coup de peigne.

retomar *v tr* reprendre.

retoñar [1]; **retoñecer** [30] *v intr* BOT pousser des rejetons, repousser, bourgeonner, rejeter (una planta) ‖FIG se reproduire.

retoño *m* BOT rejeton, pousse *f*, rejet ‖FIG & FAM rejeton (hijo).

retoque *m* retouche *f* ‖ raccord (al maquillaje, de pintura).

retor *m* retors (tela).

retorcedor *m* retordoir.

retorcedura ➤ **retorcimiento**.

retorcer [41] *v tr* retordre ‖ tordre (estrujar) ‖ tortiller (torcer mucho) ‖ tordre; retorcer el pescuezo tordre le cou ‖ retrousser (el bigote) ‖ FIG retourner; retorcer un argumento retourner un argument ‖ altérer (un sentido).

➤ **retorcerse** *v pr* se tordre; retorcerse de dolor se tordre de douleur ‖ se tortiller.

retorcido, da *adj* tordu, e; retors, e ‖ FIG mal tourné, e; tener el espíritu retorcido avoir l'esprit mal tourné ‖ FIG tener el colmillo retorcido être un vieux renard, avoir beaucoup d'expérience.

➤ **retorcido** *m* retordage.

retorcimiento *m*; **retorcedura** *f* retordage *m* (del hilo) ‖ torsión *f* ‖ FIG entortillement *m* (del estilo).

retórica *f* rhétorique.

➤ **retóricas** *f pl* FAM balivernes, histoires; no me venga con retóricas ne me racontez pas d'histoires.

retórico, ca *adj* rhétorique.

◇ *adj & s* rhétoricien, enne (versado en retórica).

➤ **retórico** *m* rhéteur (en la Antigüedad).

retornamiento *m* retour.

retornar *v tr* retourner, renvoyer (devolver).

◇ *v intr & pr* retourner, revenir (volver atrás) ‖ retordre (torcer) ‖ FIG revenir; retornar uno en sí revenir à soi.

retornelo *m* MÚS ritournelle *f*.

retorno *m* retour; retorno al campo retour à la terre ‖ échange (cambio) ■ retorno de llama retour de flamme ‖ INFORM retorno de carro retour de chariot.

retorromano, na *adj & s* rhéto-roman, e.

➤ **retorromano** *m* LING romanche.

retorsión *f* rétorsion ‖ rétorsion (represalia).

retorta *f* cornue, retorte (vasija de laboratorio).

retortero *m* tour (vuelta) ■ FAM andar al retortero ne savoir où donner de la tête ‖ traer a uno al retortero faire tourner quelqu'un en bourrique.

retortijón *m* entortillement ‖ retortijón de tripas tiraillement d'estomac (hambre), mal au ventre (dolor).

retostar [23] *v tr* griller de nouveau (volver a tostar) ‖ griller longuement ‖ bronzer (broncear).

retozador, ra *adj* folâtre (juguetón) ‖ bondissant, e (que salta).

retozar [13] *v intr* folâtrer, batifoler, s'ébattre (juguetear) ‖ bondir (saltar) ‖ gambader (brincar).

retozo *m* bond, saut, gambade *f* (brinco) ‖ folâtrerie *f*.

➤ **retozos** *m pl* ébats.

retozón, ona *adj* folâtre.

retracción *f* rétraction.

retractable *adj* rétractable.

retractación *f* rétractation, dédit *m* ‖ retrait *m* (en la Bolsa) ‖ retractación pública amende honorable.

retractar *v tr* rétracter; retractar una opinión rétracter une opinion.

➤ **retractarse** *v pr* se rétracter, se dédire, se reprendre ‖rétracter; retractarse de sus errores rétracter ses erreurs.

retractibilidad *f* rétractibilité.

retráctil *adj* rétractile ‖ escamotable (tren de aterrizaje).

retractilidad *f* rétractilité.

retractivo, va *adj* rétractif, ive.

retracto *m* retrait; retracto de autorización retrait d'autorisation ‖ DR préemption *f*.

retractor *adj m* rétracteur.

retraer [73] *v tr* détourner de, dissuader de (disuadir) ‖ DR retraire.

➤ **retraerse** *v pr* se retirer (retirarse) ‖ s'abstenir (abstenerse).

retraído, da *adj* retiré, e ‖ FIG renfermé, e (poco comunicativo).

retraimiento *m* retraite *f*, vie *f* retirée ‖FIG réserve *f*, timidité *f*, caractère renfermé.

retranca *f* avaloire (del arnés) ‖ (*Amer*) frein *m* (de coche) ■ correa de retranca courroie de reculement ‖ FIG tener mucha retranca avoir beaucoup d'expérience (una persona).

retranquear *v tr* bornoyer (sillares) ‖ placer o construire en retrait (casa).

retransmisión *f* retransmission.

retransmisor *m* TECN retransmetteur.

retransmitir *v tr* retransmettre (radiar).

retrasado, da *adj & s* retardataire ■ estar retrasado retarder (un reloj) ‖ niño retrasado enfant retardé.

retrasar *v tr* retarder; la lluvia nos ha retrasado la pluie nous a retardés; he retrasado mi viaje j'ai retardé mon voyage ‖ ralentir; la nieve retrasa los coches la neige ralentit les voitures.

◇ *v intr* retarder de; mi reloj retrasa diez minutos ma montre retarde de dix minutes.

➤ **retrasarse** *v pr* se retarder, s'attarder; me he retrasado en casa de Pedro je me suis attardé chez Pierre ‖ prendre du retard; el avión se ha retrasado mucho l'avion a pris beaucoup de retard ‖ se mettre en retard; me he retrasado mirando los escaparates je me suis mis en retard en regardant les vitrines ‖être o arriver en retard; yo nunca me retraso je n'arrive jamais en retard.

retraso *m* retard; tener retraso en su trabajo avoir du retard dans son travail; llevar un retraso de cinco minutos avoir cinq minutes de retard, être cinq minutes en retard; llegar con retraso arriver en retard.

retratar *v tr* faire le portrait de, portraiturer (un pintor) ‖ photographier (fotografiar) ‖ FIG peindre, dépeindre; retratar las costumbres dépeindre les coutumes.

➤ **retratarse** *v pr* se refléter; la imagen de Narciso se retrataba en el agua l'image de Narcisse se reflétait dans l'eau ‖ se faire photographier (fotografía) ‖ FAM passer à la caisse, les lâcher (pagar).

retratería *f* (*Amer*) studio *m* de photographe.

retratista *m & f* portraitiste.

retrato *m* [▷ SIN] portrait; hacer un retrato de cuerpo entero, de medio cuerpo faire un portrait en pied, en buste; retrato de tamaño natural portrait grandeur nature ‖ photographie *f* ‖ FIG portrait (descripción) ■ FIG es el retrato de c'est le portrait de ‖ es el vivo retrato de su padre c'est tout le portrait de son père, c'est le portrait vivant de son père.

| SIN efigie effigie; imagen image; figura figure; fotografía photographie.

retrayente *adj & s* DR retrayant, e.

retrechar *v intr* reculer (el caballo).

retrechería *f* FAM échappatoire, subterfuge *m*.

retrechero, ra *adj* FAM rusé, e; roublard, e (astuto) ‖ pétillant, e; ojos retrecheros des yeux pétillants ‖ enjôleur, euse; mirada retrechera regard enjôleur.

retrepado, da *adj* renversé, e [en arrière]; cómodamente retrepado en su mecedora commodément renversé sur son rocking-chair.

retreparse *v pr* se renverser [en arrière]; retreparse en una silla se renverser sur une chaise.

retreta *f* MIL retraite; tocar retreta battre o sonner la retraite ‖ (*Amer*) série (retahíla).

retrete *m* cabinets *pl*, toilettes *f pl*.

retribución *f* [▷ SIN] rétribution ‖ cachet *m* (de un artista).

  ‖ SIN remuneración rémunération; pago paiement; premio prix; prima prime; recompensa récompense.

retribuir [51] *v tr* rétribuer (pagar) ‖ (*Amer*) payer de retour (corresponder a un favor).

retrillar *v tr* rebattre [le blé].

retro *pref* rétro ‖ DR venta con pacto de retro vente à réméré.

retroacción *f* rétroaction.

retroactividad *f* rétroactivité.

retroactivo, va *adj* rétroactif, ive; ley de efecto retroactivo loi à effet rétroactif.

retrocarga
  ➤ **de retrocarga** *loc adj* qui se charge par la culasse (arma).

retroceder *v intr* [▷ SIN] reculer; retroceder un paso reculer d'un pas ‖ refluer; la muchedumbre retrocedió hacia la salida la foule reflua vers la sortie ‖ FIG revenir, se reporter; para comprender los acontecimientos de hoy, hay que retroceder al siglo pasado pour comprendre les évènements d'aujourd'hui, il faut se reporter au siècle dernier ‖ se replier (valores en la Bolsa) ‖ régresser (disminuir) ‖ AUTOM rétrograder (velocidades) ‖ MIL se replier ‖ avoir du recul (arma de fuego) ‖ no retroceder una pulgada ne pas reculer d'un pouce.

  ‖ SIN retirarse se retirer; retrogradar rétrograder; cejar céder; recular reculer.

retrocesión *f* DR rétrocession ‖ DR hacer la retrocesión de rétrocéder.

retroceso *m* recul, repoussement (p us); el retroceso de un cañón le recul d'un canon ‖ marche *f* arrière (de una máquina de escribir) ‖ FIG recul, retour en arrière ‖ régression *f* (regresión) ‖ MED aggravation *f* (de una enfermedad) ‖ TECN refoulement (de un pistón) ‖ rappel ‖ rétro, effet rétrograde (en el billar) ‖ TECN retroceso de manivela retour de manivelle.

retrocohete *m* rétrofusée *f*.

retrocuenta *f* compte *m* à rebours.

retrodatar *v tr* antidater.

retroflejo, ja *adj* GRAM rétroflexe.

retroflexión *f* MED rétroflexion.

retrogradación *f* rétrogradation.

retrogradar *v intr* rétrograder (retroceder).

retrógrado, da *adj & s* rétrograde.

retrogresión *f* rétrogression.

retronar [23] *v intr* retentir avec fracas, se répercuter.

retropié *m* ANAT partie postérieure du tarse.

retropilastra *f* ARQ dosseret *m*.

retropropulsión *f* rétropropulsion.

retroproyector *m* rétroprojecteur.

retropulsión *f* MED rétropulsion.

retrospección *f* rétrospection.

retrospectivamente *adv* rétrospectivement.

retrospectivo, va *adj & s f* rétrospectif, ive.

retrotracción *f* MED rétrotraction.

retrotraer [73] *v tr* antidater ‖ ramener (hacer volver); recuerdo que nos retrotrae a nuestra infancia souvenir qui nous ramène à notre enfance.

retrovendendo
  ➤ **de retrovendendo** *loc* DR contrato de retrovendendo vente à réméré.

retrovender *v tr* DR vendre à réméré, rémérer (p us).

retrovendición; retroventa *f* DR vente à réméré, rachat *m*, réméré *m*.

retroversión *f* MED rétroversion, rétroflexion.

retrovertido, da *adj* MED rétroversé, e.

retrovisor *m* rétroviseur.

retrucar [10] *v intr* faire un contre (billar) ‖ renvier (en el juego del truque) ‖ répliquer (replicar).

retruco *m* contre (en el billar) ‖ renvi (reenvite).

retruécano *m* calembour, jeu de mots (juego de palabras) ‖ andar en retruécanos faire des calembours, jouer sur les mots.

retruque *m* contre (billar) ‖ renvi fait sur la première mise (juego del truque) ‖ (*Amer*) réplique *f* pertinente.

retumbante *adj* retentissant, e; résonnant, e ‖ FIG ronflant, e (estilo).

retumbar *v intr* retentir, résonner; la sala retumbaba con los aplausos la salle retentissait d'applaudissements o résonnait sous les applaudissements ‖ tonner (el cañón).

retumbo *m* retentissement.

retundir *v tr* CONSTR ragréer ‖ (ant) MED répercuter.

reucliniano, na *adj* reuchlinien, enne.

reúma; reuma *m* MED rhumatisme.

reumatalgia *f* MED douleur rhumatismale.

reumático, ca *adj & s* rhumatisant, e; anciano reumático vieillard rhumatisant.
  ◇ *adj* rhumatismal, e; dolor reumático douleur rhumatismale.

reumátide *f* MED dermatose rhumatismale.

reumatismo *m* MED rhumatisme.

reumatología *f* MED rhumatologie.

reumatológico, ca *adj* MED rhumatologique.

reumatólogo, ga *m & f* MED rhumatologue, rhumatologiste.

reunificación *f* réunification.

reunificar [10] *v tr & pr* réunifier.
  ‖ OBSERV En francés, réunifier sólo es transitivo.

reunión *f* [▷ SIN] réunion ‖ rassemblement *m* (de mucha gente) ‖ rencontre (encuentro) ‖ entretien *m* (conversación); el director tuvo una reunión con sus empleados le directeur a eu un entretien avec ses employés ‖ ralliement *m*; lugar, señal de reunión point, signe de ralliement ‖ session (período de sesiones de una asamblea).

  ‖ SIN asamblea assemblée; congreso congrès; mitin meeting; comicio comice; concilio concile.

reunir *v tr* [▷ SIN] réunir, rassembler; reunir las tropas réunir les troupes ‖ recueillir; reunir datos recueillir des renseignements ‖ collectionner (coleccionar sellos, etc.) ‖ reunir sus fuerzas rassembler ses forces.

  ➤ **reunirse** *v pr* se réunir, se rassembler ‖ rejoindre, retrouver; me reuniré con vosotros a las 8 je vous rejoindrai à 8 heures ‖ siéger (una asamblea).

  ‖ SIN agrupar grouper; unir unir; juntar rassembler; convocar convoquer; congregar réunir.

reuntar *v tr* enduire de nouveau.

reusense *adj* de Reus [ville de Catalogne].

reutilizar [13] *v tr* réutiliser.

revacunación *f* MED revaccination, piqûre de rappel, rappel *m* de vaccin.

revacunar *v tr* revacciner.

reválida *f* examen *m* de fin d'études ‖ DR revalidation ‖ reválida (de bachillerato) baccalauréat.

revalidación *f* DR revalidation.

revalidador, ra *adj* qui revalide.

revalidar *v tr* revalider.
  ➤ **revalidarse** *v pr* passer l'examen de fin d'études.

revalorar ➤ **revalorizar**.

revalorización *f* revalorisation.

revalorizar [13]; **revalorar** *v tr* revaloriser.

revaluación *f* réévaluation.

revaluar [6] *v tr* réévaluer.

revancha *f* revanche; tomar la revancha prendre sa revanche; como revancha à charge de revanche.
  ‖ OBSERV Revancha est un gallicisme très employé pour desquite.

revanchismo *m* revanchisme.

revanchista *adj & s* revanchard, e.

revecero, ra *adj* de rechange, de remplacement.

reveillón *m* réveillon (de nochevieja).

revejecer [30] *v intr* vieillir prématurément.

revejido, da *adj* vieux, vieille avant l'âge.

revelable *adj* qui peut être révélé, e.

revelación *f* révélation.

revelado *m* FOT développement.

revelador, ra *adj & s* révélateur, trice ‖ dénonciateur, trice; carta reveladora lettre dénonciatrice.
  ➤ **revelador** *m* FOT révélateur.

revelandero, ra *m & f* faux devin, fausse devineresse; imposteur *m*.

revelar *v tr* [▷ SIN] révéler (decir) ‖ FOT développer.
  ➤ **revelarse** *v pr* se révéler.
  ‖ SIN manifestar manifester; decir dire; confesar avouer; declarar déclarer; denunciar dénoncer.

reveler *v tr* MED révulser.

revellín *m* ravelin (fortificación) ‖ rebord de cheminée.

revenar *v intr* produire de jeunes pousses.

revendedor, ra *adj & s* revendeur, euse.

revender *v tr* revendre.

revenido *m* TECN retrempe *f*.

revenimiento *m* éboulement (mina).

revenir [75] *v intr* retourner à son état primitif (algo).

➡ **revenirse** *v pr* se rétrécir, se racornir, jouer (encogerse) ‖ se piquer, s'aigrir (avinagrarse las bebidas) ‖ suinter (escupir humedad) ‖ se ramollir (algo, por humedad o calor) ‖ FIG se rétracter, céder (ceder).

reveno *m* BOT jeune pousse *f*, revenue *f*.

reventa *f* revente.

reventadero *m* passage difficile, mauvais pas ‖ FIG & FAM corvée *f*.

reventado, da *adj* FAM crevé, e [fatigué].

reventador *m* TEATR cabaleur (p us).

reventar [19] *v intr* crever; las burbujas reventaban en la superficie del agua les bulles crevaient à la surface de l'eau ‖ éclater; el neumático reventó le pneu a éclaté ‖ céder; la presa ha reventado la barrage a cédé ‖ FIG & FAM mourir d'envie; está que revienta por ir al cine il meurt d'envie d'aller au cinéma ‖ crever (morir) ‖ éclater (de cólera) ■ FIG & FAM comer hasta reventar manger à en crever ‖ reventado de cansancio mort de fatigue, crevé ‖ reventado de trabajo abruti de travail ‖ reventar de gordo crever dans sa peau ‖ reventar de rabia être fou de colère, enrager ‖ reventar de risa mourir o crever o pouffer o se tordre de rire ‖ reventar de vergüenza crever de honte.

◇ *v tr* crever, faire éclater ‖ écraser (aplastar) ‖ FIG & FAM crever, claquer (fatigar) ‖ assommer, casser les pieds (fastidiar).

➡ **reventarse** *v pr* crever ‖ percer (abceso) ‖ s'écraser (aplastarse) ‖ éclater (un neumático) ‖ craquer (calzado) ‖ FIG se crever (de cansancio).

reventazón *f* éclatement *m* ‖ (Amer) contrefort *m* (de una sierra).

reventón *adj m* clavel reventón œillet double.

◇ *m* éclatement (de neumático) ‖ FAM darse un reventón de trabajar se tuer o se crever au travail.

reverberación *f* réverbération.

reverberante *adj* réverbérant, e.

reverberar *v tr* & *intr* réverbérer.

reverbero *m* réverbère; horno de reverbero four à réverbère ‖ réverbère (farol) ‖ (Amer) réchaud (infiernillo).

reverdecer [30] *v intr* reverdir ‖ FIG reverdir (remozarse).

reverdeciente *adj* reverdissant, e.

reverdecimiento *m* reverdissement.

reverencia *f* révérence.

reverencial *adj* révérenciel, elle.

reverenciar [8] *v tr* révérer, honorer (honrar).

reverendísimo, ma *adj* révérendissime.

reverendo, da *adj* & *s* révérend, e.

◇ *adj* FAM énorme, de taille, de première grandeur; una reverenda porquería une cochonnerie de taille.

reverente *adj* révérencieux, euse.

reversibilidad *f* réversibilité.

reversible *adj* réversible.

reversión *f* réversion.

reverso *m* revers, envers ‖ FIG el reverso de la medalla l'opposé.

revertir [27] *v intr* DR retourner, revenir.

revés *m* revers, envers ‖ FIG revers (desgracia, derrota) ‖ revers de main, mornifle *f* (bofetada) ‖ revers (tenis) ■ al revés à l'envers, devant derrière; ponerse el jersey al revés mettre son pull-over à l'envers; à l'envers, à rebours (invertido el orden), de travers (mal); comprender, oír, ir al revés comprendre, entendre, aller de travers ■ de revés, por el revés à l'envers, à rebours; tomar de revés prendre à l'envers ‖ es el mundo al revés c'est le monde renversé ‖ reveses de fortuna revers de fortune.

◼ OBSERV pl reveses.

revesa *f* MAR contre-courant *m*.

revesado, da *adj* obscur, e; embrouillé, e.

revesino *m* reversi, reversis (juego de naipes).

revestido; revestimiento *m* revêtement ‖ revêtement, lambris (de pared) ‖ TECN armature *f* (de un cable).

revestir [26] *v tr* revêtir (un traje) ‖ revêtir, recouvrir (cubrir con un revestimiento) ‖ revêtir, lambrisser (pared) ‖ recouvrir; revestir con metal recouvrir de métal ‖ TECN chemiser (tubería) ‖ FIG revêtir; revestir importancia revêtir de l'importance.

➡ **revestirse** *v pr* se revêtir ‖ FIG s'armer; revestirse de paciencia s'armer de patience.

revientabuey *m* bupreste (insecto).

revientacaballo *m* BOT lobélie *f* (lobelia).

revigorizar [13] *v tr* revigorer, ragaillardir FAM.

revirada *f* MAR revirade *f*.

revisación; revisada *f* (Amer) révision.

revisar *v tr* réviser, reviser (examinar de nuevo) ‖ revoir (volver a ver) ‖ contrôler (billetes).

revisión *f* révision, revision ‖ contrôle *m* (de billetes) ‖ MIL conseil *m* de révision (junta de clasificación) ‖ revisión de cuentas vérification des comptes.

revisionismo *m* révisionnisme.

revisionista *adj* & *s* révisionniste.

revisor *m* réviseur, reviseur ‖ contrôleur (de billetes).

revisoría *f* emploi *m* de réviseur o de contrôleur.

revista *f* revue, magazine *m*; revista científica revue scientifique ‖ [▷ SIN] inspection (inspección) ‖ revue (espectáculo) ‖ revista de destape magazine de charme ‖ revista del corazón magazine sentimental ‖ revista para mujeres magazine féminin ‖ revista de modas journal de mode ‖ revista de prensa revue de presse ◼ pasar revista a passer en revue; pasar revista a un regimiento passer un régiment en revue.

◼ SIN inspección inspection; examen examen; revisión révision; control contrôle.

revistar *v tr* passer en revue.

revistero *m* chroniqueur (de un periódico) ‖ porte-revues (para poner revistas).

revisto, ta *adj* revu, e.

revitalizar [13] *v tr* revitaliser.

revival *m* revival.

revivificación *f* revivification.

revivificar [10] *v tr* revivifier.

revivir *v intr* [▷ SIN] revivre ‖ FIG se rallumer; la discordia revivió la discorde se ralluma.

‖ SIN resucitar ressusciter; renacer renaître; resurgir réapparaître.

reviviscencia *f* reviviscence.

reviviscente *adj* revivescent, e.

revocable *adj* révocable.

revocación *f* révocation ‖ rappel, *m* (de un embajador).

revocador *m* ravaleur (albañil).

revocadura ➡ revoque.

revocar [10] *v tr* révoquer (anular); revocar una orden, una ley, un decreto révoquer un ordre, une loi, un décret ‖ dissuader (disuadir) ‖ révoquer, relever de ses fonctions (destituir a un funcionario) ‖ repousser, refouler; el viento revoca el humo le vent repousse la fumée ‖ ravaler, crépir (las paredes).

revocatorio, ria *adj* révocatoire.

➡ **revocatoria** *f* (Amer) révocation (anulación de un contrato, edicto, fallo, etc.).

revoco *m* ravalement, crépissage (revoque) ‖ crépi (mezcla de cal y arena).

revolcadero *m* lieu où se vautrent les animaux ‖ bauge *f* (del jabalí).

revolcar [36] *v tr* renverser, terrasser ‖ FAM recaler (en un examen).

➡ **revolcarse** *v pr* se rouler, se vautrer; revolcarse sobre el césped, en el suelo se rouler sur le gazon, par terre; revolcarse en el fango se vautrer dans la fange ‖ FAM revolcarse de risa se rouler par terre de rire.

revolcón *m* chute *f*; sufrir un revolcón sin consecuencias faire une chute sans conséquences ‖ TAUROM bousculade *f* (del torero) ‖ FIG & FAM dar un revolcón a uno donner une leçon o flanquer une piquette à quelqu'un.

revolear *v intr* voltiger, voleter.

◇ *v tr* (Amer) faire tournoyer (una correa o un lazo).

revolotear *v intr* voltiger, voleter.

revoloteo *m* voltigement.

revoltijo; revoltillo *m* fouillis; un revoltijo de papeles un fouillis de papiers ‖ méli-mélo, salmigondis FAM, salade *f* (mezcolanza) ‖ ramassis (montón) ‖ œufs *pl* brouillés (huevos).

revoltoso, sa *adj* turbulent, e; remuant, e (travieso) ‖ séditieux, euse; rebelle (sedicioso).

revolución *f* révolution ‖ revolución industrial révolution industrielle.

‖ SIN rebelión rébellion; insurrección insurrection; sublevación, alzamiento soulèvement; motín mutinerie; asonada émeute; sedición sédition.

revolucionar *v tr* révolutionner.

revolucionario, ria *adj* & *s* révolutionnaire.

revolver [24] *v tr* remuer; revolver papeles, la ensalada remuer des papiers, la salade ‖ fouiller dans, remuer; revolver un cajón fouiller dans un tiroir ‖ mettre sens dessus dessous, bouleverser; revolver la casa mettre la maison sens dessus dessous ‖ soulever, barbouiller FAM; revolver el estómago soulever le cœur ‖ FIG troubler; esto ha revuelto los ánimos cela a troublé les esprits ‖ brouiller (malquistar) ■ FIG revolver Roma con Santiago remuer ciel et terre.

revolverse *v pr* remuer, s'agiter (moverse) ‖ se retourner, faire volte-face; **el toro se revolvió con bravura** le taureau se retourna prêt à l'attaque ‖ se rouler (revolcarse); **revolverse en la hierba** se rouler dans l'herbe ‖ FIG se gâter, se mettre à la pluie (el tiempo).

revólver *m* revolver (arma).

revoque *m*; **revocadura** *f* ravalement *m*, crépissage *m* (operación de revocar) ‖ crépi *m* (mezcla de cal y arena) ‖ replâtrage *m* (repellado).

revuelco *m* renversement, piétinement (del lidiador por el toro).

revuelo *m* second vol ‖ FIG trouble, confusion *f* (turbación); **la noticia produjo gran revuelo en los ánimos** la nouvelle jeta un grand trouble dans les esprits ■ FIG **de revuelo** en passant ‖ **levantar revuelo** faire du bruit.

revuelta *f* révolte, sédition (motín) ‖ tournant *m*, détour *m* (vuelta) ‖ coin *m* (esquina).

revuelto, ta *adj* facile à manier, agile, docile (caballo) ‖ brouillé, e (tiempo) ‖ turbulent, e (revoltoso) ‖ embrouillé, e; confus, e (enredado) ■ **huevos revueltos** œufs brouillés ‖ **mar revuelto** mer démontée ‖ **pelo revuelto** cheveux ébouriffés o en bataille.

revuelvepiedras *m inv* tourne-pierre (ave).

revulsión *f* MED révulsion.

revulsivo, va *adj & s m* MED révulsif, ive.

rey *m* roi ‖ FIG roi; **el rey de la selva, del acero** le roi de la jungle, de l'acier ■ **rey de arenques** roi des harengs (pez) ‖ **rey de armas** roi d'armes ‖ **rey de banda** guide d'une volée de perdreaux ‖ **rey de codornices** roi des cailles, râle des genêts ‖ **rey de gallos** roi burlesque pendant le carnaval ‖ **rey de romanos** roi des Romains (sentido propio), successeur (sentido figurado) ‖ **rey Sol** Roi-Soleil ‖ **Reyes Católicos** Rois Catholiques ‖ **Reyes magos** Rois mages ■ **a rey muerto, rey puesto** le roi est mort, vive le roi ‖ FIG **del tiempo del rey que rabió** du temps de ma mère l'Oye, au temps que la reine Berthe filait ‖ **el día de Reyes** le jour o la fête des Rois ‖ **en nombre del Rey** de par le roi ‖ **un festín de rey** un festin de roi ■ FIG **atendido a cuerpo de rey** servi comme un roi ‖ **cada uno es rey en su casa** charbonnier est maître chez lui o chez soi ‖ **ni quito ni pongo rey** ça ne me regarde pas ‖ **no temer rey ni roque** ne craindre ni Dieu ni diable ‖ **ser tratado a cuerpo de rey** être comme un coq en pâte, être traité comme un prince ‖ **servir al Rey** faire son service militaire ‖ FIG **vivir a cuerpo de rey** vivre comme un prince.

> OBSERV *pl* reyes.

LOS REYES CATÓLICOS
Ferdinand II, roi d'Aragon et Isabelle I, reine de Castille, ont marqué l'histoire de l'Espagne, en procédant à l'unification des différents royaumes de la péninsule ibérique, à l'expulsion des juifs, à la fin de la Reconquista, et à la découverte de l'Amérique. On dit que Ferdinand II a inspiré le personnage de Machiavel, le Prince. L'expression contemporaine, « Isabel y Fernando, tanto monta, monta tanto » témoigne encore de la volonté de ces deux rois de se présenter sur un pied d'égalité.

LOS REYES MAGOS
Le 6 janvier, les Espagnols fêtent les Rois mages qui, selon la tradition, apportent des jouets aux enfants. Pour que les Rois mages

sachent quels jouets choisir, les enfants leur écrivent une lettre, ou les sollicitent en personne lors du défilé des Rois mages organisé le 5 janvier dans chaque ville et village d'Espagne. Ils ont alors la possibilité de s'adresser directement au « roi blanc », au « roi blond » ou au « roi noir ». Le soir du 6, les enfants laissent en évidence une paire de chaussures pour que les Rois y déposent les jouets, et prévoient également de quoi manger et de quoi boire pour les Rois et leurs chameaux.

reyerta *f* dispute, querelle, rixe (disputa).

reyezuelo *m* roitelet (rey de poca monta) ‖ roitelet (ave).

rezado, da *adj* prié, e ‖ **misa rezada** messe basse.

rezagado, da *m & f* retardataire, traînard, e ‖ **ir rezagado** être à la traîne.

rezagar [16] *v tr* laisser en arrière (dejar atrás) ‖ retarder (retrasar).

rezagarse *v pr* rester en arrière, traîner.

rezago *m* retard (retraso) ‖ (*Amer*) résidu, reste (residuo).

rezar [13] *v tr* réciter, dire (una oración) ‖ dire (una misa) ‖ dire (un escrito) ■ **rezar el rosario, un responso** dire son chapelet, un répons ‖ FIG & FAM **ser más fácil que rezar un credo** être simple comme bonjour o bête comme chou.

<> *v intr* prier, dire sa prière ‖ prier; **rezar a Dios** prier Dieu ‖ dire; **según reza el refrán** comme dit le proverbe ‖ s'appliquer à, être valable pour; **esta ley no reza para los ex combatientes** cette loi ne s'applique pas aux anciens combattants ‖ **esto no reza conmigo** cela ne me regarde pas o ne me concerne pas.

rezno *m* larve *f* de l'œstre (larva) ‖ ricin (planta).

rezo *m* prière *f* (oración) ‖ office (oficio litúrgico).

rezón *m* grappin, hérisson (ancla pequeña).

rezongador, ra *adj & s* FAM grognon, onne; ronchonneur, euse.

rezongar [16] *v intr* FIG & FAM grogner, ronchonner, rouspéter.

rezonglón, ona; rezongón, ona; rezonguero, ra *adj & s* FAM grognon, onne; ronchonneur, euse, rouspéteur, euse.

rezongo; rezongueo *m* grognement.

rezongón, ona ➤ **rezonglón**.

rezongueo ➤ **rezongo**.

rezonguero, ra ➤ **rezonglón**.

rezumadero *m* endroit humide.

rezumar *v tr* laisser passer o s'écouler; **la pared rezuma humedad** le mur laisse passer l'humidité ‖ FIG dégager, distiller; **canción que rezuma tristeza** chanson qui dégage de la tristesse.

<> *v intr* suinter; **el aceite rezuma a través de la loza** l'huile suinte à travers la faïence ‖ perler; **el sudor le rezuma por la frente** la sueur perle [sur son front] ‖ ressuer (pared).

rezumarse *v pr* suinter; **el botijo se rezuma** la gargoulette suinte.

rezumo *m* ressuage.

RF (abrev de **radiofrecuencia**) *f* RF.

RFA (abrev de **República Federal de Alemania**) *f* HIST RFA.

RFEF (abrev de **Real Federación Española de Fútbol**) *f* fédération espagnole de football.

RFME (abrev de **Real Federación Española de Motociclismo**) *f* fédération royale espagnole de motocyclisme.

RH (abrev de **recursos humanos**) *m pl* RH *f pl*.

rhesus *m* MED factor Rhesus facteur Rhésus.

Rhodesia ➤ **Rodesia**.

ría *f* "ria", estuaire *m*, golfe *m* (golfo profundo en Galicia) ‖ EQUIT rivière (obstáculo).

¡ria! *interj* dia! (usada por los carreteros).

riacho; riachuelo *m* ruisseau, petite rivière *f*.

Riad; Riyād *n pr* GEOGR Riyad, Riad.

riada *f* crue (crecida) ‖ inondation (inundación) ‖ FIG flot *m*, ruée; **riada de visitantes** flot de visiteurs.

ribadense *adj & s* de Ribadeo [Galice].

ribadoquín *m* (ant) ribaudequin (cañón).

ribagorzano, na *adj & s* de Ribagorza [ancien comté de l'Aragon].

ribaldo, da *adj & s* (ant) ribaud, e.

ribazo *m* berge *f*, talus.

ribeiro *m* vin léger de la région d'Orense, en Espagne.

ribera *f* rive, rivage *m*, berge (de un río); **en la ribera** sur le rivage ‖ rivage *m* (del mar).

riberano, na *adj & s* (*Amer*) riverain, e.

ribereño, ña *adj & s* riverain, e; **los países ribereños del Danubio** les pays riverains du Danube.

riberiego, ga *adj* sédentaire (ganado).

ribete *m* liséré, passepoil (orla) ‖ bordure *f* (para reforzar).

ribetes *m pl* FIG traces *f* (índices) ■ **tener ribetes cómicos** avoir des côtés comiques ‖ **tiene ribetes de poeta** il est un peu poète sur les bords FAM, il est poète par certains côtés.

ribeteado, da *adj* bordé, e ‖ BLAS resarcelé, e ‖ **tener los ojos ribeteados de rojo** avoir le bord des yeux rouge.

ribetear *v tr* border, passepoiler, mettre un liséré à (una tela) ‖ FIG border.

ribonucleico, ca *adj* ribonucléique; **ácido ribonucleico** acide ribonucléique.

ricacho, cha; ricachón, ona *m & f* FAM richard, e; rupin, e.

ricadueña; ricahembra *f* femme o fille d'un gentilhomme, femme o jeune fille noble.

ricahombría *f* noblesse.

ricamente *adv* richement (con opulencia) ‖ merveilleusement, très bien (muy a gusto); **he descansado ricamente** je me suis très bien reposé.

Ricardo *n pr* Richard.

Richter *n pr* **escala de Richter** échelle de Richter.

ricial *adj* qui donne un regain (tierra de retoño) ‖ à pâturage (prado).

ricinado, da *adj* riciné, e.

ricino *m* BOT ricin (planta); **aceite de ricino** huile de ricin.

rico, ca *adj* riche; **un rico propietario** un riche propriétaire ‖ FIG riche (abundante) ‖ exquis, e; délicieux, euse; **una comida muy rica**

un repas exquis ‖ mignon, onne; adorable; ¡qué niño más rico! quel enfant adorable!, qu'il est mignon ce petit! ‖ **FAM** mignon, onne; petit, e; **come, rico** mange mon petit ■ **hacerse rico** s'enrichir, faire fortune ‖ **FAM oye rico, ¿qué te has creído?** dis-donc, mon vieux, qu'est-ce que tu t'imagines? ‖ ¡**rica!** ma belle!, ma mignonne! ‖ ¡**un momento, rico!** minute, papillon!

◇ *m & f* [▷ **SIN**] riche ■ **RELIG la parábola del rico avariento** la parabole du nouveau riche ‖ **nuevo rico** nouveau riche, parvenu.

   SIN adinerado, afortunado fortuné; capitalista capitaliste; plutócrata ploutocrate; potentado potentat; nabab nabab; creso crésus; **FAM** ricacho, ricachón richard, rupin.

rictus *m* rictus.

ricura *f* délice *m* ‖ ¡**qué ricura de niño!** comme il est mignon ce petit!, quel enfant adorable!

ridiculez *f* extravagance, chose ridicule, ridicule *m* ‖ **es una ridiculez hacer esto** il est ridicule de faire cela.

   OBSERV pl ridiculeces.

ridiculizar [13] *v tr* ridiculiser, couvrir de ridicule.

ridículo *m* réticule (bolso de señora).

ridículo, la *adj & s m* ridicule; **ser ridículo** être ridicule ■ **hacer el ridículo, quedar en ridículo** se rendre ridicule, se ridiculiser ‖ **importarle a uno poco quedar en ridículo** braver le ridicule ‖ **poner en ridículo** tourner en ridicule, ridiculiser.

   SIN risible risible; burlesco burlesque; grotesco grotesque; extravagante extravagant.

riego *m* arrosage; **riego por aspersión** arrosage en pluie ‖ irrigation *f* (regadío); **canal de riego** canal d'irrigation ■ **boca de riego** prise d'eau, bouche d'arrosage o d'eau ‖ **riego asfáltico** cut-back ‖ **ANAT riego sanguíneo** irrigation sanguine.

   SIN irrigación, regadío irrigation; aspersión aspersion.

riel *m* rail; **los rieles del tranvía** les rails du tramway ‖ lingot (de metal) ‖ tringle *f*, chemin de fer (para las cortinas).

rielar *v intr* **POÉT** brasiller (el mar) ‖ scintiller (las estrellas).

rielera *f* lingotière.

rienda *f* rêne, guide (correa) ‖ **FIG** rêne; **las riendas del Estado** les rênes de l'État; **llevar las riendas** tenir les rênes ‖ bride; **soltar la rienda a sus pasiones** lâcher la bride à ses passions ■ **a rienda suelta** à bride abattue, à toute bride, à fond de train ‖ **falsa rienda** fausse rêne ■ **FIG aflojar la rienda** lâcher la bride ‖ **coger de nuevo las riendas** de reprendre en main ‖ **dar rienda suelta** a lâcher la bride à, donner libre cours à ‖ **llevar de las riendas** tenir en bride.

riesgo *m* risque ■ **a riesgo de** au risque de ‖ **con riesgo de** quitte à, au risque de; **con riesgo de perder su colocación** quitte à perdre sa situation ‖ **con riesgo de su vida** au péril de sa vie ‖ **correr riesgo de** courir le risque de ‖ **por su cuenta y riesgo** à ses risques et périls ‖ **seguro a todo riesgo** assurance tous risques.

riesgoso, sa *adj* (*Amer*) périlleux, euse; dangereux, euse.

rifa *f* tombola, loterie.

rifado, da *adj* tiré au sort.

rifador *m* celui qui met un objet en loterie ou en tombola.

rifar *v tr* procéder au tirage [d'une tombola ou d'une loterie] ‖ tirer au sort (sortear).

   ➤ **rifarse** *v pr* **MAR** se déchirer (una vela) ‖ **FIG & FAM esta joven se rifa entre los hombres** tous les hommes s'arrachent o se disputent cette jeune fille.

rifeño, ña *adj & s* rifain, e (del Rif).

rifirrafe *m* **FAM** bagarre *f* (riña).

rifle *m* rifle; **rifle de seis tiros** rifle à six coups.

riflero *m* (*Amer*) soldat armé d'un rifle.

rígidamente *adv* rigidement.

rigidez *f* rigidité, raideur.

   OBSERV pl rigideces.

rígido, da *adj* rigide; **una barra de acero rígida** une barre d'acier rigide ‖ raide; **pierna rígida** jambe raide ‖ **FIG** rigide; **hombre rígido** homme rigide; **moral rígida** morale rigide ‖ sévère, de fer; **disciplina rígida** discipline sévère ‖ **FIG rígido como un cadáver** raide comme un mort.

rigodón *m* rigodon (danza).

rigor *m* rigueur *f* (severidad); **el rigor de un padre** la rigueur d'un père ‖ rigueur *f*, inclémence *f*, rudesse *f*; **el rigor del invierno** la rigueur de l'hiver ‖ rigueur *f*; **el rigor de un razonamiento** la rigueur d'un raisonnement ■ **de rigor** de rigueur ‖ **en rigor** en réalité, à proprement parler ‖ **FIG & FAM ser el rigor de las desdichas** être malheureux comme les pierres.

rigorismo *m* rigorisme.

rigorista *adj & s* rigoriste.

rigurosamente *adv* sévèrement (severamente) ‖ rigoureusement (exactamente).

rigurosidad *f* rigueur.

riguroso, sa *adj* rigoureux, euse.

   SIN rudo, brusco rude; áspero âpre; inclemente inclément; crudo rigoureux.

rijoso, sa *adj* chamailleur, euse; querelleur, euse (camorrista) ‖ sensuel, elle; lascif, ive (sensual) ‖ **en rut; caballo rijoso** cheval en rut.

rilar *v intr* trembler, grelotter.

rima *f* rime ■ **rima imperfecta, media rima** rime pauvre, assonance ‖ **rima leonina** rime léonine ‖ **rima perfecta** rime riche ‖ **tercia rima** terza rima.

rima *f* tas *m* (rimero).

rimador *m* rimailleur, rimeur (poetastro).

rimar *v intr & tr* rimer.

rimaya *f* rimaye (de un nevero).

rimbombancia *f* aspect *m* tapageur.

rimbombante *adj* retentissant, e; ronflant, e; **discurso rimbombante** discours retentissant ‖ ronflant, e; **estilo rimbombante** style ronflant ‖ tapageur, euse; voyant, e; **vestido rimbombante** robe tapageuse.

rimel *m* rimmel (para los ojos).

rimero *m* tas, pile *f* (montón).

Rímini *n pr* **GEOGR** Rimini.

Rin *n pr m* **GEOGR** el Rin le Rhin.

rinalgia *f* **MED** rhinalgie.

rinanto *m* **BOT** rhinante.

rincón *m* coin, encoignure *f*, angle; **en el rincón de la habitación** dans le coin de la

pièce ‖ coin, recoin (lugar apartado) ■ **poner o castigar en el rincón** mettre au coin (a un niño castigado) ‖ **por todos los rincones** dans tous les coins.

   OBSERV Le mot rincón s'applique exclusivement à un angle rentrant par opposition au mot esquina, qui correspond à un angle saillant.

rinconada *f* encoignure.

rinconera *f* encoignure, coin *m*, écoinçon *m* (de mueble) ‖ encoignure (mueble).

ring *m* ring (de boxeo y lucha).

   OBSERV pl rings.

ringla *f*; **ringle** *m*; **ringlera** *f* file *f*, rangée *f*.

ringlero *m* raie *f* (del papel).

ringorrango *m* fioriture *f*.

ringrave *m* **HIST** rhingrave (título alemán).

ringraviato *m* **HIST** rhingraviat.

rinitis *f inv* **MED** rhinite ‖ **rinitis alérgica** rhume des foins.

rinoceronte *m* **ZOOL** rhinocéros.

rinoceróntido *adj & s m* **ZOOL** rhinocérotidé *m*.

rinofaringe *f* **ANAT** rhino-pharynx *m*.

rinofaringitis *f inv* **MED** rhino-pharyngite.

rinolaringitis *f inv* **MED** rhino-laryngite.

rinología *f* **MED** rhinologie.

rinoplastia *f* **MED** rhinoplastie.

rinoscopia *f* **MED** rhinoscopie.

riña *f* rixe, bagarre (pelea); **una riña sangrienta** une rixe sanglante ‖ dispute, chamaillerie (agarrada); **riña de niños** chamaillerie d'enfants ‖ crêpage *m* de chignon (de mujeres) ‖ **riña de gallos** combat de coqs.

riñón *m* **ANAT** rein; **tener dolor de riñones** avoir mal aux reins ‖ **CULIN** rognon; **riñones al jerez** rognons au xérès ‖ **FIG** cœur, centre; **vivo en el mismo riñón de Madrid** j'habite au cœur même de Madrid ‖ fond; **el riñón del asunto** le fond de l'affaire ‖ **ARQ** rein ‖ **MIN** rognon ■ **FIG costar un riñón** coûter les yeux de la tête ‖ **cubrirse el riñón** mettre du foin dans ses bottes ‖ **tener el riñón bien cubierto** avoir les reins solides, avoir du foin dans ses bottes ‖ **tener riñones** avoir de l'estomac o du sang dans les veines, ne pas avoir froid aux yeux.

   ➤ **riñones** *m pl* reins (lomos).

riñonada *f* **ANAT** reins *m pl*, région lombaire ‖ rognonnade (guiso) ■ **FIG & FAM costar una riñonada** coûter les yeux de la tête ‖ **chuleta de riñonada** côtelette de gigot.

riñonera *f* banane (pequeño bolso).

río *m* rivière *f* (corriente de agua que desemboca en otro río) ‖ fleuve (corriente de agua que desemboca en el mar); **río costanero** fleuve côtier ‖ **FIG** ruisseau (de lágrimas, sangre) ■ **río abajo** en aval ‖ **río arriba** en amont ‖ **río de lava** coulée de lave ■ **FIG cuando el río suena agua lleva** il n'y a pas de fumée sans feu ‖ **pescar en río revuelto** pêcher en eau trouble ‖ **todavía ha de correr mucha agua por el río** d'ici là, il passera beaucoup d'eau sous les ponts.

   OBSERV La palabra río, antepuesta a un nombre de río, no se traduce generalmente: el río Amazonas l'Amazone.

riobambeño, ña *adj & s* de Riobamba (Ecuador).

Río de la Plata *n pr* GEOGR el Río de la Plata le Río de la Plata.

Río Grande *n pr m* GEOGR el Río Grande le Rio Grande.

Rioja *n pr* GEOGR La Rioja La Rioja (en España).

> **LA RIOJA**
> La communauté autonome de La Rioja se compose de la seule province de Logroño. Elle a obtenu l'autonomie le 9 juin 1982 et a pour capitale la ville de Logroño; son gouvernement est connu sous le nom de « Consejo de gobierno ».

riojano, na *adj & s* de La Rioja (Argentina y España).

rioplatense *adj & s* du Río de la Plata.

riostra *f* ARQ jambe de force, moise, entretoise.

RIP (abrev escrita de requiescat in pace) RIP.

ripia *f* latte, volige (tabla delgada) ‖ dosse (de un madero aserrado).

ripiar [7] *v tr* remplir de gravats (enripiar).

ripio *m* résidu (residuo) ‖ gravats *pl*, décombres *pl* (escombros) ‖ remplage (relleno en albañilería) ‖ FIG remplissage (palabras inútiles) ‖ cheville *f* (palabra superflua del verso) ■ FIG meter ripio faire du remplissage (en un escrito) ‖ no perder ripio ne pas perdre une miette de ce que l'on dit, avoir l'oreille à tout ‖ poeta de ripio y cascote barbouilleur de papier, rimailleur.

ripioso, sa *adj* plein de chevilles, de mirliton; versos ripiosos vers pleins de chevilles, vers de mirliton.

Ripolín *m* Ripolin (pintura).

ripuario, ria *adj & s* ripuaire.

Riquete *n pr* Riquet; Riquete el del Copete Riquet à la houppe.

riqueza *f* richesse.

riquísimo, ma *adj* richissime ‖ FIG délicieux, euse (comida).

risa *f* rire ‖ risée; ser la risa de todo el mundo être la risée de tout le monde ■ risa burlona o socarrona rire moqueur, ricanement ‖ risa de conejo rire jaune ‖ risa nerviosa o loca fou rire ■ ¡qué risa! que c'est drôle! ■ caerse o morirse de risa mourir de rire ‖ dar risa faire rire ‖ desternillarse de risa se tordre de rire, se tenir les côtes de rire FAM ‖ es cosa de risa, es de risa c'est à mourir de rire, c'est absolument écroulant ‖ llorar de risa rire aux larmes ‖ me entró la risa j'ai eu terriblement envie de rire, j'ai été pris d'une envie de rire terrible ‖ reír con risa de conejo rire jaune ‖ reventar de risa mourir o crever o se tordre de rire ‖ ser motivo de risa prêter à rire ‖ tener un ataque de risa avoir le fou rire.

riscal *m* terrain accidenté parsemé de rochers.

risco *m* roc, rocher escarpé.

risible *adj* risible.

risiblemente *adv* risiblement.

risilla; risita *f* petit rire *m*, risette (sonrisa) ‖ rire *m* jaune (risa falsa).

> OBSERV Risette se emplea sólo hablando de niños pequeños.

risión *f* dérision (mofa) ‖ risée (hazmerreír).

risita ➤ **risilla**.

risorio *m* risorius (músculo).

risotada *f* éclat *m* de rire ■ dar risotadas rire aux éclats ‖ saltar una risotada éclater de rire.

rispidez *f* âpreté.
> OBSERV pl rispideces.

ristra *f* chapelet *m*; una ristra de ajos, de cebollas un chapelet d'aulx, d'oignons ‖ FIG & FAM file, série ‖ chapelet *m* (de mentiras) ‖ en ristra en rang d'oignons.

ristre *m* arrêt; lanza en ristre lance en arrêt.

ristrel *m* listel (listel).

risueño, ña *adj* souriant, e; cara risueña visage souriant ‖ gai, e; joyeux, euse (contento) ‖ FIG riant, e; pradera risueña prairie riante ‖ favorable; suerte risueña destin favorable.

Rita *n pr* Rita ■ FIG & FAM ¡cuéntaselo a Rita! à d'autres! ‖ ¡que lo haga Rita! ce n'est pas moi qui vais le faire!

ritidoma *m* BOT rhytidome.

ritmar *v tr* rythmer (dar ritmo).

rítmico, ca *adj & s f* rythmique.
<> *adj* rythmé, e (cadencioso).

ritmo *m* rythme ‖ dar ritmo rythmer.
> SIN compás mesure; cadencia cadence.

rito *m* rite.

ritón *m* rhyton (jarro antiguo).

ritornelo *m* MÚS ritournelle *f*.

ritual *adj* rituel, elle ■ libro ritual rituel.
<> *m* rituel (libro ritual) ‖ FIG ser de ritual être de tradition.

ritualidad *f* observance des rites.

ritualismo *m* ritualisme.

ritualista *adj & s* ritualiste.

rival *adj & s* rival, e; vencer a sus rivales vaincre ses rivaux.
> SIN competidor concurrent; contendiente, adversario adversaire; contrario contraire; enemigo ennemi; antagonista antagoniste.

rivalidad *f* rivalité.

rivalizar [13] *v intr* rivaliser, faire assaut de; rivalizar en ardor, en cortesía rivaliser d'ardeur, de politesse.

rivera *f* ruisselet *m*.

rixdal *m* rixdale *f* (moneda).

Riyād ➤ **Riad**.

riza *f* chaume *m* (rastrojo).

rizado, da *adj* frisé, e; tener el pelo rizado avoir les cheveux frisés ‖ ridé, e (la superficie del agua) ‖ mar rizado mer moutonnée.
➤ **rizado** *m* frisure *f* (del pelo).

rizador *m* fer à friser.

rizálisis *f inv* MED rhizalyse.

rizar [13] *v tr* friser (el pelo) ‖ rider (la superficie del agua) ‖ plisser (tela, papeles).
➤ **rizarse** *v pr* friser (la cabellera) ‖ se rider (el agua del mar).

rizo *adj* bouclé, e.
<> *m* boucle *f*, frisette *f* (de cabellos) ‖ velours bouclé (terciopelo) ‖ AVIAC looping, boucle *f*; rizar el rizo faire un looping, boucler la boucle ‖ MAR ris; tomar rizos prendre des ris ‖ nudo de rizo nœud plat.

rizocarpáceas *f pl* BOT rhizocarpacées.

rizófago, ga *adj* rhizophage (animal).

rizófora *f* BOT rhizophore *m*, manglier *m*.

rizoma *m* BOT rhizome.

rizópodos *m pl* ZOOL rhizopodes (protozoarios).

rizoso, sa *adj* frisé, e (el pelo).

Rmo. (abrev escrita de Reverendísimo) Révérendissime.

RNE (abrev de Radio Nacional de España) *f* radio nationale espagnole.

¡ro! *interj* dodo!

RO (abrev de Real Orden) *f* décret *m* royal.

roa *f* MAR étrave.

roano, na *adj* rouan, anne (caballo).

roast-beef ➤ **rosbif**.

rob; robre; rubber *m* rob, robre.

robaliza *f* bar *m* femelle (pez).

róbalo; robalo *m* bar (pez).

robar *v tr* voler; robar mil pesetas voler mille pesetas ‖ dérober (hurtar) ‖ enlever (raptar) ‖ FIG conquérir, ravir (el corazón, el alma) ‖ piocher (juego de cartas) ■ robar con fractura o efracción cambrioler (una casa).

Roberto *n pr* Robert.

robezo *m* ZOOL chamois (rebeco).

robín *m* rouille *f* (orín).

robinia *f* BOT robinier *m*, faux acacia *m*.

robla *f* (ant) tribut *m* qu'on payait pour faire transhumer les troupeaux.

robladero, ra *adj* qui peut être rivé, e.

robladura *f* rivure, rivetage *m*.

roblar *v tr* river (un clavo).

roble *m* chêne, chêne rouvre, rouvre (árbol) ‖ FIG & FAM chêne (persona fuerte) ■ roble albar chêne rouvre ‖ roble borne o negral o negro o vilano chêne des Pyrénées ‖ roble carrasqueño chêne de Mirbeck ■ más fuerte que un roble fort comme un chêne o comme un Turc (fuerte), solide comme un roc (resistente).

robledal *m*; **robleda** *f*; **robledo** *m* chênaie *f*, rouvraie *f*.

roblón *m* rivet; roblón de cabeza plana, fresada, redonda rivet à tête plate, fraisée, ronde.

roblonar *v tr* riveter.

robo *m* [▷ SIN] vol; cometer un robo commettre un vol; robo a mano armada vol à main armée ‖ rentrée *f* (en los juegos de cartas) ‖ (ant) enlèvement (rapto) ■ robo con agravantes vol qualifié ‖ robo con fractura o efracción vol avec effraction, cambriolage.
> SIN estafa escroquerie; hurto, latrocinio larcin; ratería filouterie; rapiña rapine.

roborar *v tr* fortifier ‖ FIG corroborer (corroborar).

robot *m* robot; robot de cocina robot ménager.
> OBSERV pl robots.

robótica *f* robotique.

robotización *f* robotisation.

robotizar [13] *v tr* robotiser.

robre ➤ **rob**.

roburita *f* roburite (explosivo).

robustamente *adv* robustement.

robustecer [30] *v tr* fortifier, rendre robuste.
➤ **robustecerse** *v pr* se fortifier, prendre des forces.

robustecimiento *m* action *f* de fortifier ‖ raffermissement (fortalecimiento).

robustez *f* robustesse.

▌ **OBSERV** pl robusteces.

robusto, ta *adj* robuste.

roca *f* roche; roca sedimentaria roche sédimentaire ▌ roc *m*; escalar una roca roca escalader un roc ▌ **FIG** firme como una roca ferme o solide comme un roc.

rocadero *m* (ant) caroche *f*, bonnet des condamnés (coroza) ▌ haut de la quenouille (de la rueca).

rocalla *f* rocaille ▌ verroterie grossière (abalorio grueso).

Rocallosas ► **Rocosas**.

rocalloso, sa *adj* rocailleux, euse.

rocambola *f* **BOT** rocambole.

rocambolesco, ca *adj* rocambolesque.

roce *m* frôlement, effleurement; el leve roce de su mano le causaba escalofríos le léger frôlement de sa main lui donnait des frissons ▌ frottement (rozamiento) ▌ **FIG** contact; hay que evitar el roce con la mala gente il faut éviter le contact des mauvaises gens ▌ frottement, friction *f*; hubo roces entre las dos naciones vecinas il y eut des frictions entre les deux nations voisines.

rochela *f* (*Amer*) vacarme *m*.

rociada *f* aspersion ▌ rosée (rocío) ▌ **FIG** grêle; rociada de golpes grêle de coups ▌ pluie; rociada de perdigones pluie de plombs de chasse ▌ semonce, savon *m* (reprensión); echar una rociada a faire une semonce à, passer un savon à ▌ **FIG** rociada de injurias pluie o bordée d'injures ▌ rociada de palos dégelée, volée de coups.

rociadera *f* arrosoir *m* (regadera).

rociador *m* goupillon.

rociadura *f* aspersion (rociada).

rociar [9] *v tr* asperger; rociar con agua asperger d'eau ▌ arroser; rociar una maceta de flores arroser un pot de fleurs ▌ arroser; una comida rociada con una botella de champán un repas arrosé d'une bouteille de champagne ▌ mouiller (humedecer).

◇ *v intr* se déposer, tomber [la rosée]; ha rociado durante la noche la rosée s'est déposée pendant la nuit.

rocín *m* (desusado) rosse *f*, roussin (caballo) ▌ **FIG** rustre (hombre tosco).

rocinante *m* rossinante *f*.

Rocinante *n pr* Rocinante.

▌ **ROCINANTE**
C'est ainsi que Miguel de Cervantes baptisa le cheval de Don Quichotte, maigre et efflanqué. Ce terme est maintenant plus couramment utilisé que le mot dont il est inspiré, « rocín » (rosse), pour parler d'un mauvais cheval.

rocino *m* rosse *f*, roussin (caballo).

rocío *m* rosée *f* ▌ bruine *f* (llovizna) ▌ rocío del mar embruns.

Rocío *n pr* ermita del Rocío important lieu de célébration de la Pentecôte, dans la province de Huelva.

▌ **EL ROCÍO**
Près du « coto de Doñana » se trouve « la ermita del Rocío » où se réunit chaque année, pour fêter le lundi de Pentecôte, plus d'un million de personnes. On attribue à la statue de la vierge de cet ermitage, appelée « la blanca paloma », le pouvoir d'effectuer des guérisons miraculeuses. La tradition veut qu'au cours de la fête, les habitants de la ré-

gion sautent par dessus la grille de l'église pour « enlever » la statue de la vierge.

rock; rock and roll *m* rock.

▌ **OBSERV** pl rocks, rocks and roll.

rockero, ra; roquero, ra *adj* rock.

◇ *m & f* rockeur, euse.

rococó *m* rococo (estilo).

Rocosas; Rocallosas *n pr f pl* **GEOGR** las (montañas) Rocosas o Rocallosas les (montagnes) Rocheuses.

rocoso, sa *adj* rocheux, euse.

rocote *m* (*Amer*) piment (especie de ají).

roda *f* **MAR** étrave.

rodaballo *m* turbot (pez) ▌ **FIG** & **FAM** vieux renard, malin.

rodadero, ra *adj* roulant, e ▌ qui roule bien.

rodado, da *adj* roulé, e ▌ rodé, e (automóvil) ▌ tisonné, e (caballo) ▌ **FIG** rodé, e (experimentado) ▌ canto rodado galet ▌ tránsito rodado, circulación rodada circulation [routière], trafic automobile.

◆ **rodada** *f* ornière, trace des roues.

rodador *m* rouleur (ciclista).

rodadura *f* roulement *m*, roulage *m*.

rodaja *f* rondelle (de cuero) ▌ rondelle, tranche (de limón, salchichón) ▌ darne (de pescado) ▌ rouelle (de vaca) ▌ molette, rosette (de espuelas) ▌ roulette (ruedecilla) ▌ bourrelet *m* (de grasa) ▌ **TECN** galet *m*.

rodaje *m* rouages *pl*; el rodaje de un reloj les rouages d'une montre ▌ rodage (de un motor, un automóvil); en rodaje en rodage ▌ tournage (de una película) ▌ roulage (rodadura) ▌ secretaria de rodaje scripte (cine).

rodal *m* coin de terre (terreno pequeño).

rodamiento *m* roulement; rodamiento de bolas, de rodillos roulement à billes, à galets.

rodamina *f* **QUÍM** rhodamine.

rodaniano, na *adj* rhodanien, enne.

Ródano *n pr m* **GEOGR** el Ródano le Rhône.

rodante *adj* roulant, e.

rodapelo *m* rebroussement (redopelo).

rodapié *m* soubassement (de cama, de mesa) ▌ garniture *f* de balcon ▌ frise *f* (friso).

rodaplancha *f* bouterolle (de la llave).

rodar [23] *v intr* rouler; la canica rueda la bille roule; este coche rueda bien cette voiture roule bien ▌ dégringoler, dévaler; rodar por las escaleras o escaleras abajo dégringoler un escalier ▌ **FIG** traîner, errer; se pasa el tiempo rodando por las calles il passe son temps à traîner dans les rues ▌ **FIG** andar rodando traîner; libros que andan rodando por encima de la mesa livres qui traînent sur la table ▌ caerse rodando rouler, dégringoler; el niño se ha caído rodando desde lo alto de la escalera l'enfant a dégringolé du haut de l'escalier ▌ **FAM** echarlo todo a rodar envoyer tout promener, ficher en l'air ▌ **FIG** rodar por el mundo rouler sa bosse ▌ ¡ruede la bola! vogue la galère!, advienne que pourra!

◇ *v tr* rouler; rodar un tonel rouler un tonneau ▌ roder (un motor, un automóvil) ▌ tourner (una película).

Rodas *n pr* **GEOGR** Rhodes; el coloso de Rodas le colosse de Rhodes.

rodear *v tr* [▷ **SIN**] entourer, enclore; rodear un huerto con o de tapias entourer un jardin de murs ▌ ceinturer, enceindre, entourer; rodear una ciudad con murallas ceinturer une ville de murailles ▌ ceindre, entourer; rodear la cabeza con una venda entourer la tête d'un bandeau ▌ contourner; la carretera rodea la montaña la route contourne la montagne ▌ (*Amer*) rassembler (el ganado).

◆ **rodearse** *v pr* s'entourer ▌ rodearse de precauciones s'entourer de précautions.

▌ **SIN** circundar environner; ceñir ceindre; encerrar enfermer; envolver envelopper.

rodela *f* rondache, rondelle (escudo).

rodelero *m* rondachier (soldado).

rodenal *m* forêt *f* de pins maritimes.

rodeno, na *adj* rouge (rojo, rojizo) ▌ pino rodeno pin maritime.

rodeo *m* détour, crochet; dar un rodeo faire un détour ▌ tour (vuelta) ▌ **FIG** détour; hablar sin rodeos parler sans détours ▌ rodéo (reunión del ganado y espectáculo en América) ▌ **FIG** andar o andarse con rodeos user de détours, tergiverser, tourner autour du pot ▌ **FAM** dejémonos de rodeos parlons peu mais parlons bien, parlons net, assez tergiversé ▌ no andarse con rodeos ne pas y aller par quatre chemins.

rodera *f* ornière (carril).

rodericense *adj* & *s* de Ciudad Rodrigo (provincia de Salamanca).

Rodesia; Rhodesia *n pr f* **HIST** Rhodésie.

rodete *m* chignon (de caballos) ▌ bourrelet, coussinet, torche *f*, tortillon (para cargar algo sobre la cabeza) ▌ rouet (de cerradura).

rodezno *m* roue *f* hydraulique ▌ roue *f* dentée.

ródico, ca *adj* **QUÍM** rhodique.

rodilla *f* **ANAT** genou *m* ▌ de rodillas à genoux (de hinojos), à deux genoux (humildemente); pedir algo de rodillas demander quelque chose à deux genoux ▌ **FIG** doblar la rodilla fléchir o plier le genou ▌ hincar la rodilla mettre un genou en terre ▌ hincarse de rodillas se mettre à genoux, s'agenouiller.

rodillada *f*; **rodillazo** *m* coup *m* de genou.

rodillera *f* genouillère (protección o adorno).

◆ **rodilleras** *f pl* genoux *m* d'un pantalon, poches aux genoux.

rodillo *m* rouleau ▌ roule (de cantero) ▌ rodillo apisonador rouleau compresseur ▌ **IMPR** rodillos entintadores rouleaux encreurs ▌ rodillo trazador roulette (del sastre).

rodio *m* **QUÍM** rhodium.

rodio, dia *adj* & *s* rhodien, enne (de Rodas).

rodocrosita *f* **MIN** rhodochrosite.

rodafne *f* **BOT** laurier-rose *m* (adelfa).

rododendro *m* **BOT** rhododendron.

rodofíceas *f pl* **BOT** rhodophycées.

Rodolfo *n pr* Rodolphe.

rodomiel *m* miel rosat (miel rosada).

rodomontada *f* rodomontade.

rodonita *f* **MIN** rhodonite.

rodrigado, da *adj* ramé, e (planta).

rodrigar [16] *v tr* échalasser, ramer, tuteurer (encañar una planta).

Rodrigo *n pr* Rodrigue.

rodrigón *m* échalas, tuteur, rame *f* (para las plantas) ‖ FIG & FAM chaperon, porte-respect [vieux domestique qui accompagnait les dames].

rodríguez *m* FIG & FAM en agosto, me quedo de rodríguez au mois d'août, je suis célibataire. ‖ OBSERV pl rodrígueces.

roedor, ra *adj & s* rongeur, euse.

roedura *f* rongement *m*, grignotage *m*, grignotement *m* (acción) ‖ mangeure (parte roída).

roel *m* BLAS tourteau.

roela *f* flan *m* (en numismática).

roentgen *m* FÍS röntgen.

roentgenoterapia *f* MED röntgenthérapie.

roer [69] *v tr* ronger; el perro roe un hueso le chien ronge un os ‖ grignoter; roer una galleta grignoter un biscuit ‖ FIG ronger ■ FIG & FAM dar que roer donner du fil à retordre ‖ duro de roer dur à avaler; una asignatura dura de roer une matière dure à avaler.

roerse *v pr* se ronger; roerse las uñas se ronger les ongles ‖ FIG roerse los puños se mordre les doigts, se ronger les poings (de rabia).

rogación *f* prière (acción de rogar). rogaciones *f pl* rogations (procesión).

rogar [39] *v tr* [▷ SIN] prier; le ruego que venga je vous prie de venir ‖ supplier, prier (con súplicas); se lo ruego je vous en supplie ■ hacerse (de) rogar se faire prier ‖ ruega por nos priez pour nous ‖ se ruega no fumar prière de ne pas fumer ‖ se ruega publicación prière d'insérer.

| SIN pedir demander; instar prier instamment; suplicar supplier; implorar implorer; acudir a recourir à.

rogativa *f* prière publique ‖ prière; hacer rogativas para pedir algo faire des prières pour demander quelque chose.

➤ rogativas *f pl* rogations.

rogatorio, ria *adj* DR rogatoire; comisión rogatoria commission rogatoire.

Rogelio *n pr* Roger.

Roger *n pr* Roger.

roído, da *adj* rongé, e.

rojear *v intr* tirer sur le rouge (tirar a rojo) ‖ rougeoyer (enrojecer).

rojete *m* rouge, fard (afeite).

rojez *f* rougeur. ‖ OBSERV pl rojeces.

rojizo, za *adj* rougeâtre ‖ roux, rousse (pelo).

rojo, ja *adj* rouge ‖ roux, rousse (el pelo) ■ FAM estar más rojo que un cangrejo être rouge comme une écrevisse ‖ VETER mal rojo rouget du porc ‖ ponerse rojo rougir ‖ ponerse rojo de ira devenir rouge de colère, se fâcher tout rouge.

➤ rojo *adj & s m* FAM rouge (comunista).

➤ rojo *m* [▷ SIN] rouge ■ rojo blanco rouge blanc ‖ rojo candente rouge feu ‖ rojo cereza rouge cerise ‖ rojo de labios rouge à lèvres ‖ rojo vivo rouge vif ■ el disco está en rojo le feu est au rouge ‖ FIG la discusión llegó al rojo vivo la discussion arriva à son paroxysme o devint passionnée ‖ la situación está al rojo vivo la situation est explosive o

à son paroxysme ‖ poner al rojo chauffer au rouge.

| SIN colorado rouge; encarnado incarnat; bermejo vermeil; bermellón vermillon; escarlata, grana écarlate; púrpura pourpre; carmesí cramoisi; granate grenat.

rol *m* rôle (lista) ‖ MAR rôle d'équipage.

Rolando *n pr* Roland.

rolar *v intr* MAR tourner (el viento) ‖ (*Amer*) fréquenter (tener trato) ‖ s'entretenir avec (platicar con).

Roldán *n pr* Roland.

roldana *f* rouet *m*, réa *m* (de una polea).

roldón *m* BOT redoul.

rollizo, za *adj* potelé, e; dodu, e; rondelet, ette; niño rollizo enfant potelé; brazo rollizo bras dodu.

➤ rollizo *m* rondin (madero).

rollo *m* rouleau (de papel, etc.) ‖ rouleau à pâtisserie (de pastelero) ‖ bille *f*, bois en grume (de madera) ‖ FAM empoisonneur, casse-pieds *inv*; este tío es un rollo ce type est un empoisonneur ‖ (ant) colonne *f* de pierre ‖ FIG & FAM cortar el rollo a alguien couper le sifflet à quelqu'un; esta película es un rollo ce film est barbant o rasoir o assommant ‖¡largue el rollo! vas-y!, accouche! ‖¡qué mal rollo! quelle galère!, quelle poisse! ‖ soltó su rollo clásico il ressortit son bla-bla habituel ‖¡vaya rollo! quelle barbe!

roll-on *m inv* déodorant *m* à bille.

rollona *f* FAM bonne d'enfant (niñera).

ROM (abrev de read-only memory) *f* ROM.

Roma *n pr* GEOGR Rome ■ FIG & FAM a Roma por todo hardiment ‖ cuando a Roma fueres, haz como vieres il faut vivre à Rome comme à Rome ‖ hablando del rey de Roma por la puerta asoma quand on parle du diable o du loup on en voit la queue ‖ por todas partes se va a Roma tous les chemins mènent à Rome ‖ remover Roma con Santiago remuer ciel et terre.

romadizo *m* MED rhume de cerveau.

romaico, ca *adj & s m* roméique.

Román *n pr* Romain [prénom].

romana *f* romaine (balanza).

romance *adj & s m* LING roman, e; las lenguas romances les langues romanes.

➤ *m* espagnol, castillan, langue *f* espagnole; para saber callar en romance y hablar en latín, discreción es menester pour savoir se taire en castillan et parler en latin il faut être un grand sage ‖ langue *f* vulgaire [par opposition au latin] ‖ "romance" (composición poética de versos octosílabos) ■ FIG en buen romance en bon français, clairement ‖ romance de ciego complainte ‖ romance de gesta chanson de geste ‖ romance corto "romance" (versos de menos de ocho sílabas) ‖ romance real "romance" (endecasílabos).

| OBSERV Le romance est une composition poétique formée d'octosyllabes dont les vers pairs sont assonancés et les impairs libres.

romancero, ra *m & f* auteur o chanteur de "romances".

➤ romancero *m* "romancero" [recueil de "romances" espagnols].

romanche *m* LING romanche (lengua de Suiza).

romaneo *m* pesage avec la romaine.

romanesco, ca *adj* romain, e (de los romanos).

románico, ca *adj* ARTES roman, e ‖ lengua románica langue romane.

romanilla *adj f & s f* ronde (letra).

romanismo *m* ensemble des institutions romaines.

romanista *m & f* romaniste.

romanización *f* romanisation.

romanizar [13] *v tr* romaniser.

romano, na *adj & s* romain, e ■ lechuga romana romaine ‖ números romanos chiffres romains ‖ FIG una obra de romanos un travail de Romain.

romanticismo *m* romantisme.

romántico, ca *adj & s* romantique ‖ FIG romantique (sentimental) ‖ romanesque (novelesco).

romanticón, ona *adj* romanesque; espíritu romanticón esprit romanesque.

romanza *f* MÚS romance.

Romaña *n pr f* GEOGR Romagne.

romaza *f* BOT patience, rumex *m* (planta).

rombal *adj* GEOM rhombique, en forme de losange.

rómbico, ca *adj* rhombique.

rombo *m* GEOM losange, rhombe (ant) ‖ turbot (rodaballo).

romboédrico, ca *adj* GEOM rhomboédrique.

romboedro *m* GEOM rhomboèdre.

romboidal *adj* GEOM rhomboïdal, e; en forme de losange, en losange.

romboide *m* rhomboïde.

romboideo, a *adj* GEOM rhomboïde.

Romeo *n pr* Roméo.

romeo *m* FIG soupirant.

romería *f* pèlerinage *m* (peregrinación); ir en romería aller en pèlerinage ‖ fête patronale (fiesta) ‖ pardon *m* (en Bretaña).

romero, ra *adj* qui va en pèlerinage.

◇ *m & f* pèlerin, e (peregrino).

➤ romero *m* BOT romarin (arbusto) ‖ capelan (pez).

romo, ma *adj* émoussé, e; punta roma pointe émoussée ‖ camus, e; camard, e (nariz) ■ macho romo bardot (híbrido de caballo y asna).

rompecabezas *m inv* casse-tête (arma) ‖ FIG casse-tête (acertijo) ‖ puzzle (juego).

rompedera *f* poinçon *m* (martillo con punzón).

rompedor, ra *adj & s* brise-tout (rompelotodo).

rompehielos *m inv* brise-glace (barco).

rompehuelgas *m inv* FAM briseur de grève, jaune (esquirol).

rompelotodo *m inv* brise-tout.

rompenueces *m inv* casse-noisettes, casse-noix.

rompeolas *m inv* brise-lames.

romper *v tr* [▷ SIN] casser, briser; romper una silla, un espejo casser une chaise, briser un miroir ‖ rompre; romper las amarras, un palo rompre las amarres, un bâton; romper el pan rompre le pain ‖ déchirer (tela, papel) ‖ abîmer (zapatos, trajes) ‖ fendre; el barco

rompe las aguas le bateau fend l'onde | FIG casser, rompre | FAM romper la cabeza a uno casser la tête à quelqu'un; romper un contrato rompre un contrat | rompre; romper el silencio rompre le silence|ouvrir; romper las hostilidades ouvrir les hostilités; romper el fuego ouvrir le feu|enfreindre, violer (una ley) | AGRIC rompre (roturar) | MIL rompre; ¡rompan filas! rompez les rangs! ■ parece que en su vida no ha roto un plato on lui donnerait le Bon Dieu sans confession | romper el ayuno rompre le jeûne | FIG romper el hielo briser la glace |FIG & FAM romper la cara o las narices casser la figure o la gueule |FAM romper la crisma rompre le cou | FIG romper una lanza con alguien rompre une lance avec quelqu'un | romper una lanza por alguien rompre une lance en faveur de quelqu'un.
◇ v intr déferler, briser (las olas) | FIG rompre, briser, casser; romper con uno briser avec quelqu'un; estos novios han roto ces fiancés ont rompu | rompre; romper con el pasado rompre avec le passé ■ FIG romper a se mettre à; romper a hablar se mettre à parler|romper a llorar o en llanto éclater en sanglots, se mettre à pleurer | romper la marcha ouvrir la marche ■ FIG al romper el alba au point du jour|al romper el día au lever du jour | FIG mujer de rompe y rasga femme qui n'a pas froid aux yeux | quien rompe paga qui casse les verres les paye.
➡ **romperse** v pr casser, rompre; la cuerda se rompió la corde a cassé | se casser, se briser, se rompre; romperse una pierna se casser une jambe | ne pas marcher, être en panne; se rompió el ascensor, mi coche l'ascenseur ne marche pas, ma voiture est en panne ■ FIG & FAM romperse la cara, la crisma se rompre le cou, se casser la figure | romperse las narices se casser le nez (fracasar), se casser les dents (encontrar mucha dificultad) | romperse los cascos o la cabeza se casser la tête, se creuser la tête o l'esprit o le cerveau o la cervelle.

> OBSERV El verbo francés casser es el verbo más corriente; rompre se emplea sobre todo cuando se trata de un objeto alargado o en sentido abstracto; briser implica cierta violencia y significa hacer algo añicos.
>
> SIN partir, quebrar casser, briser; hender, rajar fendre; fracturar fracturer; cascar fêler; destrozar mettre en pièces.

rompesquinas m inv FIG & FAM fanfaron, fier-à-bras, casseur d'assiettes.

rompido, da adj BLAS rompu, e.

rompiente m brisant (escollo).

rompimiento m rupture f.

Rómulo n pr Romulus.

ron m rhum |destilería de ron rhumerie.

ronca f bramement m du daim en rut | pertuisane (arma).

roncador, ra adj ronflant, e (que ronca).
◇ m & f ronfleur, euse.

roncar [10] v intr ronfler (durmiendo) | raire (el gamo) | FIG mugir (mar, viento).

roncear v intr lambiner, traîner (remolonear) | FAM cajoler, flatter (halagar) | MAR marcher lentement.

roncería f lenteur (lentitud) | FAM cajolerie, flatterie (halago) | MAR lenteur.

roncero, ra adj lambin, e (remolón) | FAM grognon, onne (regañón) | cajoleur, euse; flatteur, euse (halagador) | MAR lourd, e; mauvais marcheur, mauvaise marcheuse (embarcación).

Roncesvalles n pr GEOGR Roncevaux.

roncha f éruption cutanée.

ronco, ca adj rauque (áspero); voz ronca voix rauque | enroué, e (que tiene ronquera); estar ronco être enroué | ponerse ronco s'enrouer.

roncón m bourdon [de cornemuse].

ronda f ronde (inspección) | ronde, guet m (patrulla) | tournée (del cartero) | groupe m de jeunes gens donnant des sérénades | orchestre m de jeunes gens (tuna) | FAM tournée (convidada); pagar una ronda payer une tournée | boulevard m périphérique o extérieur (camino de circunvalación) | DEP tour m (carrera ciclista por etapas) | (Amer) ronde (corro) | camino de ronda chemin de ronde.

rondador, ra adj & s qui fait une ronde.
◇ m & f rôdeur, euse (que vagabundea).
➡ **rondador** m (Amer) sorte de syrinx o de flûte f de Pan (en Ecuador).

rondalla f petite société philarmonique, troupe de musiciens [jouant des instruments à cordes] |conte m (cuento).

rondar v intr faire une ronde (para vigilar) | rôder (merodear).
◇ v tr tourner autour (dar vueltas) | FIG guetter; el sueño me está rondando le sommeil me guette; la gripe le está rondando la grippe le guette | rôder autour, planer sur, guetter; la muerte estaba rondando la casa la mort planait sur la maison | friser; rondar la cuarentena friser la quarantaine | tourner autour de (a una persona)|faire la cour (a una mujer) | rondar la calle faire les cent pas.

rondel m rondeau (poema).

rondeño, ña adj & s de Ronda [ville d'Espagne].
➡ **rondeña** f chanson populaire de Ronda.

rondín m (Amer) gardien (vigilante) | harmonica (armónica).

rondó m MÚS rondo, rondeau.

rondón
➡ **de rondón** loc sans crier gare; entrar de rondón entrer sans crier gare.

ronquear v intr être enroué.

ronquedad f dureté (de un sonido).

ronquera f enrouement m | tener o padecer ronquera être enroué.

ronquido m ronflement.

ronroneante adj qui ronronne.

ronronear v intr ronronner.

ronroneo m ronronnement, ronron FAM.

ronza f MAR estar a la ronza être sous le vent.

ronzal m licou, licol, longe f | MAR cordage (palanca).

ronzar [13] v tr croquer, faire craquer [un aliment sous la dent] | MAR soulever avec un palan.

roña f crasse (mugre) | gale (del carnero) | rouille (moho) | FIG & FAM radinerie, pingrerie (roñería).
◇ m ➡ roñica.

roñería f FAM radinerie, pingrerie.

roñica adj & s; **roña** f FAM radin, e; pingre; rapiat, e; mi tío es un roñica mon oncle est un radin.

roñoso, sa adj crasseux, euse (mugriento) |galeux, euse (carnero) |rouillé, e (mohoso).
◇ adj & s FAM radin, e; pingre, rapiat, e (avaro).

ropa f vêtement m; el abrigo es ropa de invierno le manteau est un vêtement d'hiver | vêtements m pl, habits m pl; quitarse la ropa ôter ses vêtements ■ ropa blanca linge de maison, blanc (para uso doméstico), lingerie (de una persona) | ropa de cama literie | ropa hecha confection | ropa interior linge, linge de corps; mudarse de ropa interior changer de linge; dessous (de una mujer); ropa interior bordada des dessous brodés | ropa vieja vieux vêtements, nippes (pingos), salmigondis, miroton (guisado) ■ andar o ir ligero de ropa être légèrement vêtu | a quema ropa à brûlepourpoint (de improviso), à bout portant (desde muy cerca) | con la ropa hecha jirones en haillons, en guenilles | FIG & FAM hay ropa tendida il y a des oreilles indiscrètes | FIG lavar la ropa sucia en casa laver son linge sale en famille | quitarse la ropa se déshabiller, enlever ses vêtements, ôter ses habits | FIG saber nadar y guardar la ropa avoir l'œil à tout, ménager la chèvre et le chou | FIG & FAM tentarse la ropa se tâter FAM, réfléchir mûrement, hésiter (vacilar).

ropaje m draperie f (artes) | vêtements pl (ropa) | FIG couverture f, manteau, voile; la virtud sirve de ropaje a muchas hipocresías la vertu sert de manteau à bien des hypocrisies | couverture f; traicionar a uno bajo el ropaje de la amistad trahir quelqu'un sous couverture d'amitié.

ropavejería f friperie.

ropavejero, ra m & f fripier, ère.

ropería f magasin m de confection | vestiaire m (vestuario) | ropería de viejo friperie (ropavejería).

ropero m armoire f à linge (para ropa blanca) | penderie f, garde-robe f (guardarropa) | ouvroir (vestuario de una parroquia) | bonnetière f (armario pequeño).
◇ m & f linger, ère [d'une communauté].

ropilla f pourpoint m.

roque m tour f (ajedrez) | FIG & FAM estar roque être endormi | quedarse roque s'endormir.

Roque n pr Roch.

roqueda f; **roquedal** m terrain m rocailleux.

roquedo m rocher (peñasco).

roquefort m roquefort (queso).

roqueño, ña adj rocheux, euse | dur comme la pierre (duro).

roquero, ra ➡ rockero.

roqués adj m halcón roqués rochier.

roqueta f roquette (fortificación).

roquete m rochet (vestidura eclesiástica).

rorcual m ZOOL rorqual, baleinoptère (ballena).

rorro m bébé (niño pequeñito) | (Amer) poupée f (muñeca).

ros m MIL espèce de shako.

rosa *f* rose; un ramo de rosas un bouquet de roses ‖ rosace (rosetón) ▪ **rosa de Jericó** rose de Jéricho ‖ **rosa de los vientos** o **náutica** rose des vents ‖ **rosa de pitiminí** rose pompon ‖ **rosa de té** rose thé ‖ **rosa silvestre** églantine ▪ **agua de rosa** eau de rose ‖ FIG **color de rosa** rose, couleur rose ‖ **palo de rosa** bois de rose ▪ FIG & FAM **estar como las propias rosas** être parfaitement bien o comme un coq en pâte ‖ FIG **la vida no es senda de rosas** tout n'est pas rose dans la vie ‖ **no hay rosa sin espinas** il n'y a pas de roses sans épines ‖ **pintar las cosas color de rosa** peindre les choses en rose ‖ **verlo todo de color rosa** voir tout en rose ‖ **vivir en un lecho de rosas** être sur un lit de roses.
◇ *adj inv* & *s m* rose (color); **tejidos rosa** des étoffes roses; **un rosa claro** un rose clair ‖ **novela rosa** roman à l'eau de rose.
‖ OBSERV El adjetivo francés rose concuerda siempre en género y número con el sustantivo.

Rosa *n pr* Rose.

rosáceo, a *adj* rosacé, e ‖ MED **acné rosácea** rosacée, acné rosacée, couperose.
➤ **rosáceas** *f pl* BOT rosacées.

rosadelfa *f* azalée (azalea).

rosado, da *adj* rose (color de rosa) ‖ rosé, e; rose pâle; **tez rosada** teint rosé ‖ rosat *inv*; **miel rosada** miel rosat ‖ (*Amer*) rubican (caballo) ‖ **color rosado** rose.
➤ **rosado** *adj* & *s m* rosé (vino).

rosal *m* rosier; **rosal trepador** rosier grimpant ‖ **rosal silvestre** églantier, rosier sauvage.

rosaleda; rosalera *f* roseraie.

Rosalía *n pr* Rosalie.

Rosamunda *n pr* Rosemonde.

rosanilina *f* QUÍM rosaniline.

rosariero *m* marchand de chapelets, patenôtrier (ant).

rosarino, na *adj* & *s* de Rosario (Argentina).

rosario *m* chapelet; **rosario de marfil** chapelet d'ivoire; **rezar el rosario** dire son chapelet; **las cuentas del rosario** les grains du chapelet ‖ rosaire; **mes del rosario** mois du rosaire ‖ FIG chapelet, série *f*; **rosario de desdichas** série de malheurs ‖ FIG & FAM colonne *f* vertébrale ▪ FIG & FAM **acabar como el rosario de la aurora** tourner court, finir en eau de boudin (una reunión) ‖ **rosario hidráulico** chapelet hydraulique.
‖ OBSERV [▪ **chapelet**].

Rosario *n pr f* Rosario [abrégé de "Virgen del Rosario"], Notre-Dame du Rosaire.

rosbif; roast-beef *m* rosbif.
‖ OBSERV pl rosbifs; roast-beefs.

rosca *f* filet *m* (de un tornillo) ‖ couronne (pan) ‖ bourrelet *m* de graisse (carnosidad) ‖ rond *m* (de humo) ‖ (*Amer*) tortillon *m* (rodete) ▪ **paso de rosca** pas de vis ‖ **rosca de Arquímedes** vis d'Archimède ▪ FIG & FAM **hacer la rosca a uno** passer la main dans le dos de quelqu'un, lécher les bottes à quelqu'un ‖ FIG **hacerse una rosca** se rouler en boule ‖ **pasarse de rosca** dépasser les bornes (pasarse de los límites), forcer son talent (exagerar), se surentraîner (deportes), foirer (tornillo).

roscado, da *adj* en forme de pas de vis.
➤ **roscado** *m* TECN filetage.

roscar [10] *v tr* fileter.

rosco *m* couronne *f* de pain [pan] ‖ gimblette *f* (bollo) ‖ bouée, *f* (para nadar).

roscón *m* couronne *f* (rosca) ▪ **repartir el roscón de Reyes** tirer les Rois ‖ **roscón de Reyes** galette des Rois.

roseína *f* QUÍM roséine.

Rosellón *n pr m* GEOGR Roussillon.

róseo, a *adj* rosé, e.

roséola *f* MED roséole.

rosero, ra *m* & *f* cueilleur, euse de safran.

roseta *f* rosette (rosa pequeña) ‖ rougeur [au visage].
➤ **rosetas** *f pl* pop-corn *m sing*, grains *m* de maïs éclatés.

rosetón *m* ARQ rosace *f* ‖ rougeur *f* (en la cara).

Rosetta *n pr* **piedra de Rosetta** pierre de Rosette.

rosicler *m* teinte *f* rosée de l'aurore, roseur *f* de l'aurore.

rosoli *m* rossolis (licor).

rosón *m* œstre (rezno).

rosquilla *f* gimblette (bollo) ‖ chenille qui se roule sur elle-même (larva) ▪ **rosquilla tonta** gimblette à l'anis ‖ FIG & FAM **venderse como rosquillas** se vendre comme des petits pains.

rosquillero, ra *m* & *f* marchand, e de gimblettes.

rostrado, da; rostral *adj* rostral, e; **columna, corona rostral** colonne, couronne rostrale.

rostrituerto, ta *adj* renfrogné, e.

rostro *m* visage, figure *f*; **un rostro sonriente** un visage souriant; **rostro afilado** visage en lame de couteau ‖ MAR rostre, éperon ▪ FIG **a rostro descubierto** à visage découvert ‖ **hacer rostro** faire face ‖ **salvar el rostro** sauver la face ‖ **taparse el rostro** se voiler la face ‖ FIG & FAM **tener mucho rostro** avoir un toupet o un culot monstre ‖ FIG **torcer el rostro** faire la grimace ‖ FIG **volver el rostro** détourner les yeux o la tête (desdén, asco), tourner les talons (huir).

rota *f* déroute (derrota) ▪ BOT rotang *m* (planta) ‖ rotin *m* (caña) ‖ rote (tribunal romano).

rotáceo, a *adj* BOT rotacé, e.

rotación *f* rotation ▪ AGRIC **por rotación** par roulement ‖ **rotación de cultivos** rotation des cultures, assolement.

rotacismo *m* rhotacisme (fonética).

rotador, ra; rotatorio, ria *adj* rotateur, trice; rotatoire.

rotario *m* rotarien.

rotativo, va *adj* rotatif, ive.
➤ **rotativa** *f* IMPR rotative FAM.
➤ **rotativo** *m* journal (periódico); **rotativo matutino** journal du matin.

rotatorio, ria ➤ **rotador**.

roten *m* rotang (planta) ‖ rotin (bastón).

rotería *f* (*Amer*) plèbe, bas peuple *m*.

rotíferos *m pl* ZOOL rotifères.

roto, ta *adj* cassé, e; brisé, e; **reloj roto** montre brisée ‖ rompu, e; **cuerda rota** corde rompue ‖ déchiré, e (tela, papel) ‖ abîmé, e; percé, e (zapatos) ‖ FIG **nunca falta un roto para un descosido** on trouve toujours plus malheureux que soi.

➤ **roto** *m* (*Amer*) homme du peuple.

rotograbado *m* IMPR rotogravure *f*.

rotonda *f* rotonde.

rotor *m* MECÁN rotor; **rotor conductor** rotor entraîneur ‖ AVIAC rotor (de helicóptero).

rotoso, sa *adj* (*Amer*) déguenillé, e.

rótula *f* ANAT & MECÁN rotule.

rotulación *f* composition du texte [d'une enseigne, d'un écriteau, d'une nomenclature, etc.].

rotulador *m* marqueur, crayon feutre (lápiz) ‖ dessinateur de lettres (pintor).

rotular *v tr* dessiner des lettres ‖ mettre la légende à (un plano, etc.).

rotuliano, na; rotular *adj* rotulien, enne.

rótulo *m* enseigne *f*; **rótulo luminoso** enseigne lumineuse ‖ écriteau (letrero) ‖ panonceau (placa) ‖ nomenclature *f* (de un mapa).

rotundamente *adv* catégoriquement, net; **negarse rotundamente** refuser net.

rotundidad *f* rotondité; **la rotundidad de la Tierra** la rotondité de la Terre ‖ FIG sonorité (del lenguaje).

rotundo, da *adj* sonore, bien frappé, e; **frase rotunda** phrase sonore ‖ à l'emporte-pièce; **fórmula rotunda** formule à l'emporte-pièce ‖ retentissant, e; éclatant, e; **éxito rotundo** succès retentissant ‖ catégorique; **una negativa rotunda** un refus catégorique.

rotuno, na *adj* (*Amer*) plébéien, enne.

rotura *f* rupture (de un cable, eje, viga) ‖ cassure, brisure (quiebra) ‖ fracture (de un hueso) ‖ déchirure (de un tejido).

roturación *f* AGRIC défrichage *m*, défrichement *m*.

roturador, ra *adj* & *s* défricheur, euse.
➤ **roturadora** *f* AGRIC défricheuse (arado).

roturar *v tr* AGRIC défricher, défoncer.

roulotte [ru'lot] *f* caravane.

round *m* round (asalto de boxeo).
‖ OBSERV pl rounds.

router *m* INFORM routeur.

roya *f* BOT rouille; **roya parda del trigo** rouille brune du blé.

royalty *f* royalty (derechos de autor o de inventor).
‖ OBSERV pl royalties.

royo, ya *adj* blond, e (rubio) ‖ roux, rousse (rojo) ‖ **pino royo** pin commun.

roza *f* essartage *m*, essartement *m* (acción de rozar) ‖ essart *m* (tierra rozada).

rozadura *f* MIN haveuse (máquina).

rozadura *f* éraflure; **la bala le produjo una rozadura en el casco** la balle fit une éraflure sur son casque ‖ écorchure (desolladura) ‖ entretaillure (caballos).

rozagante *adj* fringant, e; pimpant, e (persona) ‖ fringant, e (caballo) ‖ splendide, magnifique.

rozamiento *m* frôlement, effleurement (roce) ‖ MECÁN friction *f*, frottement ‖ AGRIC essartage, essartement (desbroce).

rozar [13] *v tr* frôler, effleurer; **la rueda rozó con el bordillo de la acera** la roue frôla la bordure du trottoir ‖ érafler (causando un arañazo) ‖ raser; **rozar las paredes** raser les murs ‖ accrocher légèrement, érafler; **rozar un coche** accrocher légèrement une voiture

AGRIC essarter (un terreno) | receper, recéper (talar un árbol) | **FIG** frôler; **rozar un accidente** frôler un accident | friser; **rozar la cuarentena** friser la quarantaine | côtoyer, friser; **rozar el ridículo** côtoyer le ridicule.

➡ **rozarse** *v pr* se frôler, s'effleurer | s'entretailler (los caballos) | **FIG** se frotter; **rozarse con artistas** se frotter aux artistes | **MAR** raguer (desgastarse).

rozno *m* ânon (borrico pequeño).

rozo *m* essartement (roza) | menu bois (leña menuda).

rozón *m* faucillon.

r.p.m. (abrev escrita de **revoluciones por minuto**) tr/mn, tr/min.

RTVE (abrev de **Radiotelevisión Española**) *f* organisme public de radiodiffusion et de télévision d'Espagne.

rúa *f* rue (calle).

ruán *m* rouennerie *f* (tela).

Ruán *n pr* **GEOGR** Rouen.

ruana *f* étoffe de laine | manteau *m* (poncho).

ruandés, esa *adj & s* rwandais, e.
| **OBSERV** pl ruandeses, ruandesas.

ruanés, esa *adj & s* rouennais, e.
| **OBSERV** pl ruaneses, ruanesas.

ruano, na *adj* rouan, anne (caballo).

rubber ➡ **rob**.

rubefacción *f* **MED** rubéfaction.

rúbeo, a *adj* rubescent, e.

rubéola; rubeola *f* **MED** rubéole.

rubescente *adj* rougeâtre.

rubeta *f* rainette (rana de zarzal).

rubí *m* rubis ■ **rubí balaje** rubis balais | **rubí claro** rubicelle.
| **OBSERV** pl rubíes.

rubia *f* **BOT** garance (granza) | sorte de goujon (pez) | **rubí** *m* (moneda árabe) | **FAM** femme blonde, blonde (mujer de pelo rubio) | peseta (moneda) | canadienne, commerciale (coche).

rubiáceas *f pl* **BOT** rubiacées.

rubial *m* garancière *f* (campo de granzas).

rubiales *m & f inv* **FAM** blondinet, ette (rubio).

rubicán *adj & s m* rubican (caballo).

rubicela *f* rubicelle (rubí claro).

Rubicón *n pr m* **GEOGR** Rubicon; **pasar el Rubicón** franchir le Rubicon.

rubicundez *f* rougeur | rousseur (del pelo) | **MED** rubéfaction.
| **OBSERV** pl rubicundeces.

rubicundo, da *adj* rubicond, e | roux, rousse (el pelo) | éclatant de santé (rebosante de salud).

rubidio *m* rubidium (metal).

rubificar [10] *v tr* rougir | **MED** rubéfier.

rubio, bia *adj & s* blond, e; **tiene el pelo rubio** il a les cheveux blonds.
➡ **rubio** *m* blond (color) | grondin, rouget grondin (pez) ■ **rubio ceniza** blond cendré | **rubio desteñido** blond filasse.

rubión *adj m & s m* **trigo rubión** blé roux.

rublo *m* rouble (moneda rusa).

rubor *m* rougeur *f* (color) | **FIG** honte *f*; **producir, sentir rubor** faire, avoir honte.

---

ruborizado, da *adj* rougissant, e (de emoción).

ruborizar [13] *v tr* faire rougir.
➡ **ruborizarse** *v pr* rougir, devenir rouge | **FIG** rougir; **no ruborizarse por nada** ne rougir de rien.

ruborosamente *adv* en rougissant.

ruboroso, sa *adj* rougissant, e.

rúbrica *f* rubrique (título o sección de periódico) | paraphe *m*, parafe (rasgos de la firma) ■ **rúbrica musical** indicatif musical | **ser de rúbrica** être de rigueur.

rubricar [10] *v tr* parapher, parafer | **FIG** signer; **Manolete hubiera podido rubricar esta magnífica verónica** Manolete aurait pu signer cette magnifique véronique | terminer, couronner (concluir); **este acontecimiento rubricó su carrera** cet évènement a couronné sa carrière.

rubro, ra *adj* rouge (encarnado).
➡ **rubro** *m* (Amer) rubrique *f*, titre (rúbrica), poste.

ruche
➡ **estar ruche** *loc* **FAM** être sans le sou, tirer le diable par la queue.

rucho *m* baudet, âne (borrico).

rucio, cia *adj* gris, e (animal).
➡ **rucio** *m* grison, baudet (asno).

ruco, ca *adj* (Amer) vieux, vieille (caballo).

ruda *f* **BOT** rue (planta) | **FIG & FAM** **ser más conocido que la ruda** être connu comme le loup blanc.

rudeza *f* rudesse.

rudimentariamente *adv* grossièrement | sommairement (toscamente).

rudimentario, ria *adj* rudimentaire.

rudimento *m* rudiment.

rudo, da *adj* rude; **una ruda prueba** une rude épreuve | grossier, ère (basto).

rueca *f* quenouille (para hilar).

rueda *f* roue; **vehículo de dos ruedas** véhicule à deux roues | roue (suplicio) | darne (rodaja de pescado) | meule (de molino) | rouet *m* (de arcabuz) | ronde (corro); **formar la rueda** faire la ronde | rouelle (rodaja) | **TECN** roue; **rueda hidráulica** roue hydraulique ■ **rueda delantera, trasera** roue avant, arrière | **rueda dentada** roue dentée | **rueda de paletas** o **de álabes** roue à aubes | **rueda de prensa** conférence de presse | **rueda de queso** roue o meule de fromage | **rueda de recambio** o **de repuesto** roue de secours o de rechange | **rueda de trinquete** o **dentada** roue à rochet | **rueda libre** roue libre | **ruedas gemelas** roues jumelées ■ **barco de ruedas** bateau à aubes | **juego de ruedas** rouages | **FIG** **la rueda de la fortuna** o **del destino** la roue de la fortune | **patinaje sobre ruedas** patinage à roulettes | **sillón de ruedas** fauteuil roulant ■ **FIG & FAM** **comulgar con ruedas de molino** prendre des vessies pour des lanternes, tout gober | **hacer la rueda** faire la roue (pavo) | **FIG** **ir como sobre ruedas** aller comme sur des roulettes.

ruedo *m* paillasson (esterilla) | **TAUROM** arène *f* (redondel) | **FIG** **echarse al ruedo** entrer en lice, descendre dans l'arène.

ruego *m* prière *f* ■ **a ruego mío** à ma prière | **le envío estos datos con el ruego de**

---

que los publique je vous envoie ces renseignements en vous priant de les publier.

rufián *m* ruffian, rufian | souteneur, maquereau (chulo) | **El rufián dichoso** Le Mauvais Garçon bienheureux o Le Souteneur devenu saint (de Cervantes).

rufianear *v intr* servir d'entremetteur.

rufianesco, ca *adj* de ruffian, de souteneur.
➡ **rufianesca** *f* pègre, canaille.

Rufino *n pr* Rufin.

rufo, fa *adj* blond, e (rubio) | roux, rousse (bermejo) | bouclé, e (rizado).

rugby *m* rugby (deporte).

rugido *m* rugissement | **FIG** hurlement.

rugir [15] *v intr* rugir | hurler (el viento).

rugosidad *f* rugosité.

rugoso, sa *adj* rugueux, euse.
| **SIN** arrugado ridé; desigual inégal.

ruibarbo *m* **BOT** rhubarbe *f*.

ruido *m* bruit; **los ruidos de la calle** les bruits de la rue | **INFORM** **ruido de fondo** bruit de fond | **FIG & FAM** bruit; **esta noticia va a armar mucho ruido** cette nouvelle va faire beaucoup de bruit | chambard, bruit (escándalo); **aquí va a haber ruido** il va y avoir du chambard ■ **hacer** o **meter mucho ruido** faire beaucoup de bruit | **mucho ruido y pocas nueces, mucho ruido por nada** beaucoup de bruit pour rien | **ruido ambiental** nuisance.

ruidosamente *adv* bruyamment, à grand bruit | **aplaudir ruidosamente** applaudir à tout rompre.

ruidoso, sa *adj* bruyant, e | retentissant, e (estrepitoso) | **FIG** tapageur, euse; **publicidad ruidosa** publicité tapageuse.

ruin *adj* misérable, minable**FAM**, piètre; **persona de ruin aspecto** personne d'aspect misérable o d'un piètre aspect | vil, e; bas, basse; **una ruin traición** une vile trahison | mesquin, e; pingre (mezquino) | vicieux, euse (caballo) ■ **a ruin, ruin y medio** à malin, malin et demi.

ruina *f* [▷ **SIN**] ruine; **las ruinas de un castillo** les ruines d'un château | délabrement *m*; **la ruina de un edificio** le délabrement d'un édifice | **FIG** ruine (pérdida de fortuna); **ir a la ruina** courir à la ruine | perte; **labrar su ruina** travailler à sa perte | délabrement *m*, décadence (moral) | ruine (persona) | effondrement *m*; **la ruina del Imperio Romano** l'effondrement de l'empire romain | **caerse en ruinas** tomber en ruine.
| **SIN** restos ruines; vestigios vestiges.

ruindad *f* bassesse, vilenie (vileza) | mesquinerie, pingrerie (tacañería).

ruinmente *adv* bassement (vilmente) | mesquinement (con tacañería).

ruinoso, sa *adj* ruineux, euse; **gastos ruinosos** des dépenses ruineuses | qui menace ruine, en ruine, délabré, e; **castillo ruinoso** château délabré | **en estado ruinoso** délabré, en ruine.

ruiponce *m* **BOT** raiponce *f*.

ruiseñor *m* rossignol (pájaro).

rulado *m* **AGRIC** roulage.

rulero *m* (Amer) bigoudi, rouleau à mise en plis.

ruleta *f* roulette (juego de azar) ‖ TECN roulette.

ruletear *v intr* (*Amer*) conduire un taxi.

ruletero *m* (*Amer*) chauffeur de taxi.

rulo *m* rouleau ‖(*Amer*) boucle [de cheveux].

ruma *f* (*Amer*) tas *m*, pile (montón).

Rumania; Rumanía *n pr f* GEOGR Roumanie.

rumano, na *adj & s* roumain, e.
➞ **rumano** *m* LING roumain.

rumazón *f* MAR arrimage *m* (arrumazón).

rumba *f* rumba (baile).

rumbático, ca *adj* somptueux, euse; pompeux, euse (rumboso).

rumbeador; rumbero *m* (*Amer*) guide.

rumbear *v intr* (*Amer*) s'orienter (orientarse) ‖ danser la rumba.

rumbero, ra *adj & s* amateur, trice de rumba; danseur, euse de rumba.

rumbero ➞ **rumbeador**.

rumbo *m* MAR & AVIAC cap, route *f*; hacer rumbo a mettre o avoir le cap sur, faire route vers ‖ MAR rumb, rhumb (ángulo de dirección) ‖ FIG direction *f*; tomar otro rumbo prendre une autre direction ‖ faste, apparat, pompe *f*; celebrar una boda con mucho rumbo célébrer un mariage avec beaucoup de faste o en grande pompe ‖ générosité *f*, largesse *f*, magnificence *f* (generosidad) ◼ rumbo a en direction de, vers (hacia), le cap sur (un barco) ‖ sin rumbo fijo sans but, selon l'inspiration du moment, au hasard ◼ MAR abatir o corregir el rumbo de un barco corriger la route d'un bateau ‖ cambiar de rumbo se dérouter ‖ el Jefe del Estado marca el rumbo de la política del país le chef de l'État décide de l'orientation que doit prendre la politique du pays ‖ MAR navegar rumbo a faire voile sur ‖ FIG perder el rumbo perdre le nord ‖ tomar buen rumbo bien tourner (un asunto).

rumboso, sa *adj* FAM pompeux, euse; fastueux, euse (magnífico) ‖ large, généreux, euse; magnificent, e (dadivoso).

Rumelia *n pr f* GEOGR Roumélie.

rúmex *m* BOT rumex.

rumí *m* roumi.
‖ OBSERV **1.** Los árabes dan este nombre a los cristianos.

‖ **2.** pl rumíes.

rumia; rumiadura *f* rumination ‖ FIG ruminement *m*, remâchement *m*.

rumiante *adj & s m* ruminant, e.

rumiar [8] *v tr* ruminer (un animal) ‖ FIG & FAM ruminer, remâcher; rumiar un proyecto ruminer un projet ‖ grommeler (rezongar).

rumión, ona *adj* FAM grognon, onne; bougon, onne (gruñón).

rumor *m* rumeur *f* ‖ FIG bruit; corre o cunde el rumor le bruit court ◼ el rumor general o público la rumeur publique ‖ rumores de pasillo bruits de couloir ◼ según los rumores d'après les rumeurs, d'après les bruits qui courent.

rumorear *v tr & intr* murmurer.
➞ **rumorearse** *v pr* courir [le bruit]; se rumorea que va a haber una revolución le bruit court qu'il va y avoir une révolution.

rumoroso, sa *adj* murmurant, e; gazouillant, e; arroyo rumoroso ruisseau gazouillant.

runas *f pl* runes (antiguos caracteres escandinavos).

rundir *v tr* (*Amer*) cacher (guardar, esconder).

rundún *m* (*Amer*) oiseau-mouche.

rúnico, ca *adj* runique.

runrún *m* FAM rumeur *f*, bruit (ruido) ‖ FIG & FAM rumeur *f*, bruit (hablilla); corre el runrún le bruit court ‖ ronron (del gato).

runrunearse *v pr* courir [le bruit], murmurer; se runrunea que es muy grave le bruit court o on murmure que c'est très grave.

runruneo *m* rumeur *f* ‖ ronronnement (de motor).

ruñar *v tr* TECN jabler (los toneles).

ruolz *m* ruolz (metal blanco).

Ruperto *n pr* Rupert.

rupestre *adj* rupestre; pintura rupestre peinture rupestre.

rupia *f* roupie (moneda).

rupicabra; rupicapra *f* chamois *m* (gamuza).

rupícola *adj* rupicole.

ruptor *m* ELECTR rupteur.

ruptura *f* rupture (de un contrato, de las hostilidades, de las relaciones diplomáticas) ‖ fracture (fractura) ‖ MIL rupture, percée ‖ ELECTR corriente de ruptura courant de rupture.

rural *adj* rural, e; los problemas rurales les problèmes ruraux ‖ de campagne; cura, médico rural curé, médecin de campagne ‖ terrien, enne; propietario rural propriétaire terrien ‖ guarda rural garde champêtre.

rusco *m* BOT fragon épineux (brusco).

Rusia *n pr f* GEOGR Russie.

rusificación *f* russification.

rusificar [10] *v tr* russifier.

ruso, sa *adj & s* russe.
➞ **ruso** *m* LING russe.

rusófilo, la *adj & s* russophile.

rusticidad *f* rusticité ‖ rustauderie (patanería).

rústico, ca *adj* rustique ‖ en rústica broché; edición en rústica édition brochée.
➞ **rústico** *m* campagnard, paysan ‖ rustaud (palurdo).

Rut *n pr* Ruth.

ruta *f* route, itinéraire *m*, parcours *m* (itinerario); seguir la ruta de Don Quijote suivre l'itinéraire de Don Quichotte ‖ FIG voie, chemin *m* (derrotero); señalar la ruta de la victoria montrer la voie de la victoire ‖ hoja de ruta feuille de route o de déplacement.
‖ OBSERV L'emploi du mot *ruta* pour désigner une voie de communication terrestre est un gallicisme.

rutáceas *f pl* BOT rutacées.

Rutenia subcarpática *n pr f* GEOGR Ruthénie subcarpatique.

rutenio *m* ruthénium (metal).

ruteno, na *adj & s* ruthène.

rutilante *adj* rutilant, e.

rutilar *v intr* rutiler.

rutilo *m* MIN rutile.

rutina *f* routine; apartarse de la rutina diaria s'écarter de la routine journalière; por mera rutina par pure o simple routine ‖ INFORM rutina abierta programme *m* ouvert.

rutinariamente *adv* de façon routinière.

rutinario, ria *adj* routinier, ère; procedimiento rutinario procédé routinier.

ruzafa *f* jardin *m* (jardín de recreo).

Rvda. (abrev escrita de **Reverenda**) RM.

Rvdo. (abrev escrita de **Reverendo**) RP.

s; S *f s m.*

▌ **OBSERV** Le s espagnol est toujours prononcé, même à la fin d'un mot, avec la valeur du **ss** français.

s.; sig. *(abrev escrita de siguiente)* suiv.

s.a. *(abrev escrita de sinne anno)* s.d., s.a.

SA *(abrev de Sociedad Anónima)* *f* SA.

Saba *n pr* **la reina de Saba** la reine de Saba.

sábado *m* samedi; **vendré el sábado** je viendrai samedi; **el sábado pasado, que viene** samedi dernier, samedi prochain ▌ **RELIG** sabbat *(de los judíos)* ■ **Sábado de Gloria** o **Santo** samedi saint ▌ **tener sábado inglés** faire la semaine anglaise, ne pas travailler le samedi après-midi.

sabalar *m* alosier, alosière *f* (red).

sabalera *f* grille d'un four à réverbère.

sábalo *m* alose *f* (pez).

sabana *f* savane (llanura).

sábana *f* drap *m*, drap *m* de lit (de cama); **sábana bajera, encimera** drap de dessous, de dessus ▌ nappe d'autel *(de altar)* ■ **la Sábana Santa** le saint suaire ▌ **FIG & FAM pegársele a uno las sábanas** faire la grasse matinée; **a Pedro se le han pegado las sábanas** Pierre a fait la grasse matinée; rester trop longtemps au lit, se lever trop tard, ne pas pouvoir se tirer du lit; **siempre llega tarde porque se le pegan las sábanas** il arrive toujours en retard parce qu'il ne peut pas se tirer du lit.

sabandija *f* bestiole (animal) ▌ FIG sale bête, vermine *(persona despreciable)*.

sabanear *v intr (Amer)* parcourir la savane à la recherche d'un troupeau.

sabanero, ra *adj & s* de la savane.

➡ **sabanero** *m (Amer)* rabatteur o gardien d'un troupeau ▌ étourneau *(pájaro)*.

sabanilla *f* nappe d'autel *(del altar)*.

sabañón *m* engelure *f* ▌ FIG & FAM **comer como un sabañón** manger comme quatre o comme un ogre.

sabático, ca *adj* sabbatique, du sabbat.

sabatino, na *adj & s* sabbathien, enne (secta) ▌ sabbatine; **bula sabatina** bulle sabbatine.

➡ **sabatina** *f* sabbatine *(lección)* ▌ office *m* religieux du samedi.

Sabbat [ˈsaβat] *m* sabbat.

sabedor, ra *adj* informé, e; au courant; **ser sabedor de** être informé de.

sabeísmo *m* RELIG sabéisme (herejía).

sabela *f* sabelle (gusano marino).

sabelianismo *m* sabellianisme (herejía).

sabelotodo *m & f* FAM "je-sais-tout", savantasse.

sabeo, a *adj* sabéen, enne (de Saba).

saber *m* savoir; **persona de gran saber** personne d'un grand savoir ▌ **el saber no ocupa lugar** les études n'ont jamais fait de mal à personne, on n'en sait jamais trop.

▌ **SIN** ciencia science; erudición érudition; conocimiento connaissance; cultura culture; sabiduría savoir.

saber [70] *v tr* savoir; **saber leer, su lección** savoir lire, sa leçon; **saber griego** savoir le grec; **no querer saber nada** ne rien vouloir savoir ▌ être fort; **sabe muchas matemáticas** il est très fort en mathématiques ▌ apprendre (enterarse); **supe que habías venido** j'ai appris que tu étais venu ▌ connaître (conocer); **yo sé muy bien la historia de Francia** je connais très bien mon histoire de France ▌ *(Amer)* avoir l'habitude o coutume de (soler) ■ **sabe Dios** Dieu seul le sait ▌ **sabe Dios si** Dieu sait si ▌ FIG **saber al dedillo** o **de corrido** o **de carretilla** savoir sur le bout des doigts ▌ **saber algo como el Padre Nuestro** savoir o connaître quelque chose sur le bout des doigts ▌ **saber algo de buena tinta** savoir quelque chose de source sûre o de bonne source ▌ FAM **saber arreglárselas** savoir comment s'y prendre, savoir y faire ▌ **saber cuántas son cinco** en savoir long, en connaître un rayon ▌ FAM **saber más de la cuenta** en savoir long ▌ **saber de fijo** o **a punto fijo** savoir avec certitude, être parfaitement sûr de ▌ **saber de memoria** savoir par cœur *(algo aprendido)*, connaître par cœur *(una máquina)* ▌ FIG **saber latín** être malin comme un singe ▌ **saber mucho de un asunto** en savoir long sur une affaire ▌ **saber un rato de** en savoir long sur ▌ *(Amer)* **sabe venir** il vient souvent ■ **cada uno sabe dónde le aprieta el zapato** chacun sait où le bât le blesse ▌ **¡conque ya lo sabes!** tiens-toi-le pour dit ▌ **¡lo sabré yo!** je ne le sais que trop!, je le sais mieux que personne! ▌ **no saber dónde meterse** ne pas savoir où se mettre ▌ **no saber nada de nada** ne rien savoir du tout, savoir trois fois rien ▌ FAM **no saber ni jota** o **ni papa de ello** ne pas en avoir la moindre idée ▌ **no saber uno a qué atenerse** ne pas savoir à quoi s'en tenir ▌ **no saber uno a qué carta quedarse** ne pas savoir sur quel pied danser ▌ **no saber uno a qué santo encomendarse** ne pas savoir à quel saint se vouer ▌ FAM **no saber uno dónde tiene las narices** s'y entendre comme à ramer des choux ▌ **no saber por dónde se anda** ne pas savoir ce qu'on fait ▌ **¿qué sé**

yo? que sais-je? ▌ **que yo sepa** (pour autant) que je sache, à ma connaissance ▌ **se las sabe todas** il est au courant de tout (estar al tanto), il a plus d'un tour dans son sac (tener experiencia) ▌ **¡si lo sabré!** je suis bien placé pour le savoir, je suis payé pour le savoir ▌ **sin saberlo** (yo, tú, etc.) à (mon, ton, etc.) insu ▌ **¡tú qué sabes!** qu'est-ce que tu en sais! ▌ **un no sé qué** un je-ne-sais-quoi ▌ FAM **van a saber quién soy yo** ils vont avoir de mes nouvelles, je leur ferai voir de quel bois je me chauffe ▌ **¡vete a saber!** va donc savoir!, sait-on jamais! ▌ **¡y qué sé yo!** et que sais-je encore! ▌ **¿yo qué sé?** comment voulez-vous que je le sache?, qu'est-ce que j'en sais? FAM.

◇ *v intr* savoir ■ **saber a** avoir le goût de, sentir; **esto sabe a miel** cela a un goût de miel; donner l'impression de, faire l'effet de; **los consuelos le saben a injurias** les consolations lui font l'effet d'injures ▌ **sabe a gloria** c'est divin, c'est exquis, c'est délicieux ▌ **saber de** avoir des nouvelles; **hace un mes que no sé de mis padres** je n'ai pas eu de nouvelles de mes parents depuis un mois; s'y connaître en; **sabe de mecánica** il s'y connaît en mécanique; connaître; **sé de sitios que son muy tranquilos** je connais des endroits qui sont très tranquilles ▌ **saber mal** avoir mauvais goût; **esta sopa sabe mal** cette soupe a mauvais goût; déplaire, gêner; **me sabe muy mal ir a verle después de lo que ha pasado** ça me gêne beaucoup d'aller le voir après ce qui s'est passé; ne pas être apprécié; **lo que has hecho me sabe muy mal** je n'ai pas du tout apprécié ce que tu as fait ■ **a saber** à savoir, savoir, c'est-à-dire ▌ **queda por saber** reste à savoir; **queda por saber si vendrá** reste à savoir s'il viendra.

➡ **saberse** *v pr* se savoir; **todo llega a saberse** tout arrive à se savoir ▌ savoir, avoir appris; **yo me sé la lección** je sais ma leçon ▌ **se lo sabe todo** il sait tout.

sabiamente *adv* savamment (con ciencia) ▌ sagement (con prudencia).

sabidillo, lla *adj & s* FAM pédant, e; savantasse.

➡ **sabidillo** *m* "je-sais-tout".
➡ **sabidilla** *f* bas-bleu *m* (mujer).

sabido, da *adj* connu, e; **sabido es que** il est bien connu que ▌ qui prétend tout savoir, qui sait tout; **es un tío muy sabido** c'est un type qui prétend tout savoir ■ **como es sabido** comme chacun sait (como todos lo saben), cela va sans dire (no hace falta decirlo) ▌ **es cosa sabida que** il est bien connu que.

sabiduría *f* sagesse (prudencia) ‖ savoir *m*, science (instrucción) ‖ **RELIG** sagesse ■ **la sabiduría eterna** o **increada** la Sagesse éternelle ‖ **Libro de la Sabiduría** Livre de la Sagesse.

sabiendas
➤ **a sabiendas** *loc adv* sciemment (a propósito), en connaissance de cause (a ciencia cierta).

sabihondo, da *adj & s*; **sabiondo, da** *adj* **FAM** pédant, e; savantasse ‖ **FAM es muy sabihondo** c'est une grosse tête.

sabina *f* **BOT** sabine.

Sabina *n pr* Sabine.

Sabiniano *n pr* Sabinien.

sabino, na *adj & s* **HIST** sabin, e ‖ rouan, anne (caballo).

sabinol *m* **QUÍM** sabinol.

sabio, bia *adj & s* savant, e (que posee sabiduría) ‖ sage (prudente); **los Siete Sabios de Grecia** les Sept Sages de la Grèce ■ **de sabios es mudar de opinión** il n'y a que les sots pour ne jamais changer d'avis ‖ **perro sabio** chien savant.

sabiondo, da ➤ **sabihondo**.

sabir *m* sabir.

sablazo *m* coup de sabre (golpe) ‖ **FIG & FAM** emprunt, tapage (p us) ‖ **FIG & FAM dar un sablazo a uno** taper quelqu'un (pedir dinero prestado).

sable *m* sabre (arma); **desenvainar el sable** dégainer le sabre ‖ **BLAS** sable (negro) ‖ **FIG** art de taper les gens ‖ **tirar el sable** faire du sabre (esgrima).

sableador, ra *m & f* **FAM** tapeur, euse; emprunteur, euse.

sablear *v intr* **FAM** taper (pedir dinero prestado).

sablista *adj & s* **FAM** tapeur, euse; emprunteur, euse (sableador).

saboga *f* alose (pez).

saboneta *f* savonnette, montre à savonnette (reloj de bolsillo).

sabor *m* goût, saveur *f*; **un sabor a naranja** un goût d'orange ‖ **FIG** saveur *f*; **un poema de sabor clásico** un poème de saveur classique ■ **mal sabor de boca** mauvais goût (alimento), impression désagréable ‖ **FIG sabor local** couleur locale ‖ **sin sabor** plat, sans attrait, fade.
➤ **sabores** *m pl* olives *f* (del bocado del caballo).

saborear *v tr* [▷ **SIN**] savourer (percibir el sabor) ‖ **FIG** savourer, goûter (apreciar) ‖ assaisonner, parfumer (dar sabor).
➤ **saborearse** *v pr* se délecter, se régaler (deleitarse); **saborearse con** se délecter de.
‖ **SIN** probar, catar, gustar goûter; paladear, degustar déguster.

saboreo *m* dégustation *f*.

sabotaje *m* sabotage (deterioración).

saboteador, ra *m & f* saboteur, euse.

sabotear *v tr* saboter; **sabotear una empresa** saboter une entreprise.

Saboya *n pr f* **GEOGR** Savoie.

saboyana *f* jupe, basquine ouverte pardevant (vestido) ‖ savarin *m* (pastel).

saboyano, na *adj & s* savoyard, e.

sabrosamente *adv* savoureusement, délicieusement.

sabroso, sa *adj* délicieux, euse; savoureux, euse (de buen sabor) ‖ **FIG** délicieux, euse; exquis, e ‖ savoureux, euse; **una broma sabrosa** une plaisanterie savoureuse.

sabrosura *f* (*Amer*) saveur (sabor) ‖ délectation (fruición, deleite).

sabucal *m* endroit couvert de sureaux.

sabuco *m* **BOT** sureau (saúco).

sabueso, sa *adj & s* **perro sabueso** sorte de griffon.
➤ **sabueso** *m* **FIG** limier, fin limier (pesquisidor).

sabugo *m* **BOT** sureau (saúco).

saburral *adj* **MED** saburral, e.

saca *f* extraction (efecto de sacar) ‖ sac *m* (costal) ‖ sac *m* postal (del correo) ‖ **COM** exportation (exportación) ‖ approvisionnement *m* (de efectos estancados) ‖ copie, duplicata *m* (de un documento) ‖ fournée de prisonniers qui sont exécutés à titre de représailles.

sacabala *f* tire-balle *m*.

sacabocados *m inv* emporte-pièce (para taladrar).

sacabotas *m inv* tire-botte.

sacabrocas *m inv* pince (de zapatero).

sacabuche *m* **MÚS** trombone à coulisse.

sacaclavos *m inv* arrache-clou.

sacacorchos *m inv* tire-bouchon.

sacacuartos *m inv*; **sacadinero** *m*; **sacadineros** *m inv* babiole *f* (alhajuela).
➤ *m & f* quémandeur, euse; tapeur, euse (sablista).

sacador, ra *adj & s* tireur, euse (que saca) ‖ serveur, euse; servant *m* (tenis).
➤ **sacador** *m* **IMPR** recette *f* (tablero de recepción de pliegos), receveur (operario).

sacáis *m pl* **FAM** mirettes *f* (ojos).

sacaleches *m inv* tire-lait.

sacaliña *f* harpon *m* (garrocha) ‖ **FIG** astuce, ruse (socaliña).

sacamanchas *m inv* détachant (quitamanchas).

sacamantecas *m inv* **FAM** éventreur.

sacamuelas *m & f inv* **FAM** arracheur, euse de dents (mal dentista).
➤ *m inv* charlatan (vendedor) ‖ moulin à paroles (hablador); **mentir más que un sacamuelas** mentir comme un arracheur de dents.

sacaperras *adj & s m inv* ➤ **sacacuartos**.

sacar [10] *v tr* tirer (la lengua, un buen número) ‖ sortir; **sacar un pañuelo del bolsillo** sortir son mouchoir de sa poche; **sacó la pistola** il sortit son pistolet ‖ enlever, ôter; **sacar un armario de un cuarto** enlever une armoire d'une pièce; **sacar una mancha** enlever o ôter une tache ‖ arracher (diente, ojo) ‖ puiser, tirer (agua) ‖ prendre (billete) ‖ faire faire; **he sacado el pasaporte en París** j'ai fait faire mon passeport à Paris ‖ retirer; **fue mi hermano quien sacó mi pasaporte** c'est mon frère qui a retiré mon passeport ‖ retirer; **le han sacado del colegio** ils l'ont retiré du collège ‖ sortir (nuevo modelo) ‖ lancer, créer (una moda) ‖ prélever; **sacar muestras** prélever des échantillons ‖ **FIG** puiser, tirer (fuerzas) ‖ remporter, obtenir; **sacar la mayoría en las elecciones** remporter la majorité aux élections ‖ relever (un error, una falta) ‖ déduire, conclure (deducir) ‖ tirer; **sacar una película de una novela** tirer un film d'un roman ‖ tirer (extraer); **el azúcar se extrae de la remolacha** on tire le sucre de la betterave ‖ faire (fichas, papeletas) ‖ montrer, faire voir (enseñar); **sacar los dientes** montrer les dents ‖ **¿me puede sacar ese nuevo modelo?** pouvez-vous me faire voir ce nouveau modèle? ‖ donner (un apodo, un mote) ‖ trouver (encontrar) ‖ gagner (un premio) ‖ sortir, retirer, tirer; **sacar dinero del banco** sortir de l'argent de la banque ‖ tirer; **ha sacado mucho dinero de sus cuadros** il a tiré beaucoup d'argent de ses tableaux ‖ faire sortir, tirer; **sacar de prisión** faire sortir de prison ‖ faire sortir; **tienes que sacar a tu hermana más, la pobrecita se aburre** tu devrais faire sortir ta sœur davantage, la pauvre petite s'ennuie ‖ obtenir, décrocher; **sacar un diploma** décrocher un diplôme ‖ **FIG** tirer, arracher; **no se le puede sacar una palabra** on ne peut pas en tirer un mot ‖ sortir, ressortir; **siempre nos saca la historia de su vida** il nous ressort toujours l'histoire de sa vie ‖ dégager; **podemos sacar tres grupos** nous pouvons dégager trois groupes ‖ **DEP** servir, faire le service (tenis) ‖ faire la touche, jouer la rentrée de touche, remettre en touche (desde la banda), donner le coup d'envoi (desde el centro), dégager (de la portería), botter (un córner) (football) ‖ **MAT** extraire (una raíz cuadrada) ‖ faire, prendre; **sacar fotos** faire des photos; **sacar una foto a uno** prendre une photo de quelqu'un, prendre quelqu'un en photo ■ **sacar a bailar** inviter à danser ‖ **sacar a colación** faire mention de, ressortir ‖ **sacar adelante** élever dignement (su familia), faire prospérer, mener à bien (un negocio) ‖ **sacar a flote** renflouer, remettre à flot (un barco, un negocio) ‖ **sacar a la vergüenza pública** mettre au pilori ‖ **sacar a** o **por suerte** tirer au sort ‖ **sacar a la venta** mettre en vente ‖ **sacar a luz** publier, faire paraître (publicar), étaler o mettre au grand jour (descubrir), faire la lumière sur (dar aclaraciones sobre) ‖ **sacar a pasear a uno** emmener quelqu'un en promenade ‖ **sacar apuntes** o **datos** prendre des notes ‖ **sacar a relucir** faire ressortir (poner de relieve), ressortir; **siempre saca a relucir todos los favores que me hizo** il ressort toujours tous les services qu'il m'a rendus ‖ **sacar a subasta** mettre o vendre aux enchères ‖ **sacar a uno de sus costumbres** déranger quelqu'un dans ses habitudes, faire sortir quelqu'un de ses habitudes ‖ **sacar brillo a los zapatos** cirer les chaussures ‖ **sacar copia de** tirer copie de, faire une copie de ‖ **sacar cuartos** gagner de l'argent; **sólo le interesa sacar cuartos** il ne pense qu'à gagner de l'argent; soutirer de l'argent (pedir dinero) ‖ **sacar de apuro** tirer d'embarras o d'affaire ‖ **sacar de banda** faire la touche (fútbol) ‖ **sacar defectos a todos** trouver des défauts à tout le monde ‖ **FIG sacar de la cabeza** o **del magín** ôter de la tête ‖ **sacar del arroyo** tirer de la boue o du ruisseau ‖ **sacar del olvido** tirer de l'oubli ‖ **sacar de mentira verdad** plaider le faux pour savoir le vrai ‖ **sacar de pila** tenir sur les fonts baptismaux, être parrain o marraine ‖ **sacar de pobre** tirer de la pauvreté, sauver de la misère ‖ sacar de puerta faire le dégagement (fútbol) ‖ FIG sacar de quicio o de sus casillas faire sortir de ses gonds, mettre hors de soi, pousser à bout ‖ sacar de raíz extirper ‖ sacar de sí a uno mettre quelqu'un hors de soi, faire perdre la tête à quelqu'un ‖ sacar de un mal paso tirer d'un mauvais pas ‖ sacar el cuello tendre le cou ‖ sacar el dobladillo donner l'ourlet ‖ FIG sacar el jugo a uno presser quelqu'un comme un citron ‖ sacar el pecho bomber le torse o la poitrine ‖ sacar en claro o en limpio tirer au clair ‖ sacar en o a hombros porter en triomphe (un torero) ‖ sacar fuerzas de flaqueza prendre son courage à deux mains, faire un ultime effort ‖ sacar la casa adelante faire marcher la maison ‖ sacar la espada tirer l'épée ‖ sacar la verdad a uno arracher o faire dire la vérité à quelqu'un ‖ sacar las cuentas faire les comptes ‖ FIG sacar los pies del plato se dévergonder ‖ sacar pajas tirer à la courte paille ‖ sacar partido o provecho o un beneficio tirer profit, profiter, tirer parti ‖ sacar puntos a rendre des points à ‖ MED sacar sangre faire une prise de sang ‖ sacar una buena media tenir une bonne moyenne ‖ sacar una buena, mala nota avoir une bonne, une mauvaise note ‖ sacar una conclusión tirer une conclusion ‖ sacar un problema résoudre un problème ‖ sacar veinte metros de ventaja prendre vingt mètres d'avance (un corredor).

➡ **sacarse** v pr enlever; sácate los zapatos enlève tes chaussures ‖ se faire faire; me he sacado una foto en casa del fotógrafo je me suis fait faire une photo chez le photographe.

sacarato m QUÍM saccharate, sucrate.

sacárido m QUÍM saccharide.

sacarífero, ra adj saccharifère.

sacarificación f saccharification.

sacarificar [10] v tr saccharifier.

sacarimetría f TECN saccharimétrie.

sacarímetro m TECN saccharimètre.

sacarina f QUÍM saccharine.

sacarino, na adj saccharin, e.

sacaroideo, a adj saccharoïde.

sacarol m saccharol.

sacarolado m saccharolé.

sacarómetro m saccharomètre.

sacaromicetos m pl Saccharomyces.

sacarosa f QUÍM saccharose m.

sacaruro m saccharure.

sacatacos m inv tire-bourre (de una escopeta).

sacatapón m tire-bouchon.

sacatrapos m inv tire-bourre.

sacerdocio m sacerdoce.

sacerdotal adj sacerdotal, e.

sacerdote m prêtre.

‖ SIN cura prêtre, curé, abbé; padre père; abate abbé; pastor pasteur; rabino rabbin; pope pope.

sacerdotisa f prêtresse.

sachadura f sarclage m.

sachar v tr sarcler.

sachem m sachem.

sacho m sarcloir.

saciar [8] v tr rassasier (hartar) ‖ FIG assouvir; saciar su venganza assouvir sa vengeance.

➡ **saciarse** v pr [▷ SIN] se rassasier (hartarse) ‖ FIG se satisfaire; saciarse con poco se satisfaire de peu ‖ saciarse de sangre s'abreuver de sang.

‖ SIN hartarse, llenarse se rassasier; atracarse, atiborrarse se bourrer, s'empiffrer; ahitarse se gaver; saturarse se saturer; empacharse avoir une indigestion.

saciedad f satiété; hasta la saciedad jusqu'à satiété.

saco m sac (costal y su contenido) ‖ blouse f, sarrau (vestidura) ‖ sac, pillage (saqueo) ‖ ANAT sac ‖ MAR anse f, sac (ensenada) ‖ (Amer) veste f (chaqueta) ‖ sac à main (bolso) ■ FIG saco de malicias o de prestidigitador sac à malice ‖ saco de mentiras tissu de mensonges ‖ saco de dormir sac de couchage ‖ saco de noche o de viaje sac de voyage ‖ saco lagrimal sac lacrymal ‖ saco polínico sac pollinique ‖ FIG saco roto panier percé (manirroto) ‖ MIL saco terrero sac à terre ■ carrera de sacos course en sac ‖ tela de saco toile à sac o de jute ‖ traje saco robe sac ■ entrar o meter a saco mettre à sac, saccager, piller ‖ la avaricia rompe el saco l'avarice perd en voulant tout gagner ‖ FIG no caer en saco roto ne pas tomber dans l'oreille d'un sourd ‖ no echar una cosa en saco roto prendre bonne note de quelque chose ‖ FAM vaciar el saco vider son sac.

sacoleva f MAR sacolève, sakolève, sacoléva m.

sacón, ona m & f (Amer) FAM mouchard, e (soplón) ‖ flatteur, euse (adulador).

saconería f (Amer) flatterie, adulation.

sacra f canon m (en la misa).

sacralizar [13] v tr sacraliser.

sacramentado, da adj administré, e (con el viático) ‖ consacré, e (hostia) ■ Jesús sacramentado le pain eucharistique, l'hostie ‖ ser sacramentado recevoir les derniers sacrements.

sacramental adj sacramentel, elle ■ auto sacramental auto, drame sur l'Eucharistie ‖ especies sacramentales espèces sacramentelles, saintes espèces ‖ palabras sacramentales paroles sacramentelles.
◇ m sacramental.
◇ f confrérie qui se voue au culte du saint sacrement (cofradía) ‖ la Sacramental de San Isidro le cimetière de la confrérie de Saint-Isidore [à Madrid].

sacramentar v tr administrer les derniers sacrements [à un malade] ‖ consacrer (la hostia).

sacramentario m RELIG sacramentaire.

sacramente adv vénérablement (sagradamente).

sacramento m RELIG sacrement; los últimos sacramentos les derniers sacrements ■ el sacramento del altar le saint sacrement de l'autel ‖ el Santísimo Sacramento le saint sacrement ‖ recibir los sacramentos recevoir les derniers sacrements.

sacre m sacre, sacret (clase de halcón) ‖ (ant) sacre [ancienne pièce d'artillerie].

sacrificable adj sacrifiable.

sacrificadero m autel des sacrifices.

sacrificado, da adj dévoué, e; es una persona muy sacrificada c'est une personne très dévouée.

sacrificar [10] v tr [▷ SIN] sacrifier ‖ abattre (una res para el consumo).

➡ **sacrificarse** v pr se sacrifier, se dévouer; sacrificarse por uno se sacrifier pour quelqu'un.

‖ SIN inmolar immoler; ofrecer, ofrendar offrir.

sacrificatorio, ria adj sacrificatoire.

sacrificio m sacrifice ■ ofrecer un sacrificio faire un sacrifice, sacrifier; ofrecer un sacrificio a los dioses sacrifier aux dieux ‖ sacrificio de reses abattage.

sacrilegio m sacrilège, profanation f.

sacrílego, ga adj & s sacrilège.

sacrismoche; sacrismocho m FAM croque-mort (hombre vestido de negro).

sacristán m sacristain.

sacristana f femme du sacristain (mujer del sacristán) ‖ sacristine (religiosa).

sacristanía f charge de sacristain.

sacristía f sacristie (en las iglesias) ‖ charge de sacristain (sacristanía).

sacro, cra adj sacré, e; vía sacra voie sacrée ‖ ANAT sacré, e (del sacro) ‖ saint, e; Sacra Familia Sainte Famille ■ RELIG el Sacro Colegio le Sacré Collège ‖ el Sacro Imperio Romano Germánico le Saint Empire romain germanique ‖ fuego sacro feu sacré ‖ historia sacra histoire sainte ‖ hueso sacro sacrum ‖ Sacra Faz Sainte Face.
➡ **sacro** m ANAT sacrum.

Sacromonte n pr GEOGR quartier gitan de Grenade.

‖ SACROMONTE
Les habitants de ce quartier gitan de Grenade vivent dans des grottes creusées dans le flanc de la colline, située face au jardin du Generalife. Certaines d'entre elles, blanchies à la chaux, sont complétées par quelques constructions en briques. Ce quartier, devenu très touristique, est prétexte à de nombreux spectacles de danse et de chants flamencos.

sacrosantamente adv d'une manière sacro-sainte.

sacrosanto, ta adj sacro-saint, e.

sacrovertebral adj ANAT sacro-vertébral, e.

sacudida f secousse.

sacudido, da adj secoué, e (movido) ‖ FIG sauvage, farouche (arisco); un muchacho muy sacudido un garçon très sauvage ‖ déluré, e; dessalé, e (desenfadado) ‖ FIG está más sacudido que una estera il est très déluré.

sacudidor, ra adj qui secoue.
➡ **sacudidor** m époussette f.

sacudidura f; **sacudimiento** m secouement m (p us), agitation f ‖ secousse f (sacudida) ‖ MED succussion f.

sacudir v tr secouer ‖ battre; sacudir una alfombra battre un tapis (dando golpes) ‖ FIG & FAM flanquer; sacudir una bofetada, una paliza flanquer une gifle, une volée ‖ battre, flanquer une volée (pegar) ‖ secouer (reñir) ■ sacudir el polvo secouer la poussière (traje), épousseter (mueble), secouer les puces ‖ FIG & FAM administrer une volée, tabasser (paliza) ‖ FIG sacudir el yugo secouer le joug

‖ FAM sacudir la mosca les lâcher, abouler le fric (pagar).

◆ sacudirse *v pr* se secouer ‖ **FIG** se libérer de, se débarrasser de; intentaba sacudirse una persona tan pesada il essayait de se libérer d'une personne si ennuyeuse ‖ **FAM** les lâcher, cracher (dinero); ¡sacúdase! vous allez les lâcher!

sacudón *m* (*Amer*) secousse *f.*

sáculo *m* **ANAT** saccule *f.*

Sade *n pr* el marqués de Sade le Marquis de Sade.

sádico, ca *adj & s* sadique.

sadismo *m* sadisme.

sadomasoquismo *m* sadomasochisme.

sadomasoquista *adj & s* sadomasochiste.

saduceo, a *adj & s* saducéen, enne; sadducéen, enne.

saeta *f* flèche (arma) ‖ aiguille de montre (manecilla) ‖ boussole (brújula) ‖ chant *m* religieux, "saeta" (copla).

saetada *f*; **saetazo** *m* coup *m* de flèche (golpe) ‖ blessure *f* (herida).

saetear *v tr* percer de flèches (asaetear).

saetera *f* meurtrière (aspillera) ‖ **FIG** vasistas *m*, lucarne (ventanilla).

saetero *m* archer (soldado).

saetilla *f* fléchette (saeta pequeña) ‖ aiguille de montre (manecilla) ‖ **BOT** sagittaire *m.*

saetín *m* bief (de molino) ‖ cheville *f*, clou (clavito).

safari *m* safari (cacería).

safena *adj f & s* **ANAT** saphène; vena safena veine saphène.

sáfico, ca *adj* saphique; verso sáfico vers saphique.

safismo *m* saphisme (lesbianismo).

Safo *n pr* Sappho, Sapho.

saga *f* sorcière (bruja) ‖ saga (leyenda escandinava).

sagacidad *f* sagacité.

sagatí *m* étamine *f* (tela).
‖ **OBSERV** pl sagatíes.

sagaz *adj* sagace ‖ astucieux, euse.
‖ **OBSERV** pl sagaces.

sagazmente *adv* astucieusement, de manière sagace.

sagita *f* **GEOM** flèche.

sagitado, da *adj* sagitté, e.

sagital *adj* sagittal, e.

sagitaria *f* **BOT** sagittaire.

sagitario *m* archer (saetero).

Sagitario *n pr m inv* **ASTRON & ASTROL** Sagittaire *m* (constelación y signo del Zodíaco); ser Sagitario être Sagittaire.
◇ *m & f inv* **ASTROL** sagittaire *m inv* (persona).

sagrado, da *adj* sacré, e (dedicado a Dios) ‖ saint, e; Sagrada Familia Sainte Famille ■ fuego sagrado feu sacré ‖ historia sagrada histoire sainte ■ Sagrada Escritura Écriture sainte ‖ Sagrado Corazón Sacré-Cœur.

◆ sagrado *m* asile, lieu de refuge (asilo) ■ acogerse a sagrado demander asile ‖ estar acogido a sagrado bénéficier du droit d'asile.

SIN sacro sacré, saint; santo saint; sacrosanto sacro-saint; bendito béni, bénit.

sagrario *m* tabernacle (para el Santísimo) ‖ sanctuaire (parte del templo) ‖ paroisse *f* ayant pour siège la cathédrale.

sagú *m* sagoutier, sagouier (palmera) ‖ sagou (fécula).
‖ **OBSERV** pl sagúes.

saguaipé *m* (*Amer*) douve *f* du foie (parásito).

sagüí *m* **ZOOL** sagouin (zagüí).

saguntino, na *adj & s* sagontin, e; de Sagonte.

Sagunto *n pr* **GEOGR** Sagonte.

sahariana *f* saharienne (prenda de vestir).

sahariano, na; sahárico, ca *adj & s* saharien, enne.

sahino ► **saíno**.

sahornarse *v pr* s'écorcher.

sahumado, da *adj* parfumé, e; aromatisé, e ‖ **FAM** (*Amer*) éméché, e (achispado).

sahumador *m* brûle-parfum (perfumador) ‖ séchoir à linge (para la ropa).

sahumadura *f*; **sahumerio** *m* fumigation *f* ‖ fumée *f*, vapeur *f* (humo) ‖ substance *f* aromatique (sustancia aromática).

SAI *m* **INFORM** (abrev de sistema de alimentación ininterrumpida) système d'alimentation ininterrompue ‖ (abrev escrita de Su Alteza Imperial) Son Altesse impériale.

saiga *m* **ZOOL** saïga (antílope).

saimirí *m* **ZOOL** saïmiri (mono).

saín *m* graisse *f* (grasa) ‖ crasse *f*, saleté *f* (en los vestidos).

sainar *v tr* engraisser (los animales).

sainete *m* **TEATR** saynète *f* (pieza jocosa y corta), lever de rideau (que se representa al principio de las funciones teatrales).

sainetear *v intr* jouer des saynètes.

sainetero; sainetista *m* auteur de saynètes.

sainetesco, ca *adj* comique, vaudevillesque.

sainetista ► **sainetero**.

saíno; sahino *m* **ZOOL** pécari.

saja; sajadura *f* incision, coupure.

sajar *v tr* inciser, couper.

sajón, ona *adj & s* saxon, onne; lengua sajona langue saxonne.

Sajonia *n pr f* **GEOGR** Saxe.

sajú *m* **ZOOL** sajou, sapajou (mono).

sajuriana *f* (*Amer*) danse populaire.

sakí *m* **ZOOL** saki (mono) ‖ saké, saki (bebida).
‖ **OBSERV** pl sakíes.

sal *f* sel *m*; sal marina sel marin; sal gema o pedrés sel gemme ‖ **FIG** sel, piquant (gracia); tener sal avoir du piquant ■ sal ática sel attique ‖ **QUÍM** sal amoniaco o amoniaca sel ammoniac ‖ sal común sel ordinaire ‖ sal de acederas sel d'oseille ‖ sal de frutas sel de fruit ‖ sal de la Higuera sel d'Angleterre o d'Epsom o de magnésie o de Sedlitz ‖ sal de plomo o de Saturno sel de Saturne ‖ sal infernal nitrate d'argent ‖ sal morena o de cocina sel gris, gros sel, sel de cuisine ■ **FIG** con su sal y pimienta avec tout son piquant ‖ **FAM**

echar en sal una cosa mettre une chose au frigidaire ‖ echar sal mettre du sel, saler ‖ **FAM** poner sal en la mollera mettre du plomb à la cervelle.

◆ sales *f pl* sels *m* (para reanimar) ‖ sels; sales de baño sels de bain.

sala *f* salle (cuarto grande) ‖ salle de séjour (sala de estar) ‖ salon *m* (salón) ‖ chambre, cour (tribunal); sala de lo criminal chambre criminelle, cour d'assises ■ sala capitular salle capitulaire ‖ sala de alumbramiento salle d'accouchement ‖ **DR** sala de apelación, de justicia cour d'appel, de justice ‖ sala de batalla tri, bureau de tri (en correos) ‖ sala de esgrima salle d'armes ‖ sala de espera salle d'attente ‖ sala de estar salle de séjour ‖ sala de estreno salle d'exclusivité (cine) ‖ sala de fiestas salle de bal (de baile), salle des fêtes (en el ayuntamiento), cabaret (pública) ‖ sala de máquinas salle des machines ‖ sala de prevención salle de police ‖ sala de recibir salon.

salacot *m* casque colonial.

saladamente *adv* spirituellement, avec esprit (con agudeza) ‖ gracieusement (con gracia).

saladar *m* marais salant (marismas) ‖ terrain imprégné de sel, pré salé (terreno).

saladería *f* industrie des salaisons.

saladero *m* saloir (lugar para salar) ‖ fabrique *f* de salaisons (casa para salar) ‖ "Saloir", ancienne prison *f* de Madrid (cárcel) ‖ (*Amer*) abattoir où l'on sale ensuite la viande, "saladero".

saladillo *adj m* tocino saladillo petit salé.

salado, da *adj* salé, e ‖ **FIG** gracieux, euse (gracioso) ‖ spirituel, elle; drôle, amusant, e (ingenioso) ‖ drôle; ¡qué salado es este niño! que cet enfant est drôle! ‖ mignon, onne; tiene tres niños muy salados il a trois enfants très mignons ‖ (*Amer*) malchanceux, euse (desgraciado).

◆ salado *m* **BOT** arroche *f* de mer (caramillo).
‖ **OBSERV** La palabra francesa salé, en sentido figurado, significa licencioso, verde (chistes).

salador, ra *m & f* saleur, euse.
◆ salador *m* saloir (saladero).

saladura *f* salage *m*, salaison.

salamanca *f* **ZOOL** (*Amer*) salamandre (salamandra) ‖ petit lézard *m* (lagartija) ‖ sorcellerie (brujería).

Salamanca *n pr* **GEOGR** Salamanque.

salamandra *f* **ZOOL** salamandre ‖ Salamandre (calorífero) ‖ salamandra acuática triton.

salamanqueja *f* (*Amer*) gecko *m* (lagarto).

salamanqués, esa *adj & s* de Salamanque.
‖ **OBSERV** pl salamanqueses, salamanquesas.

salamanquesa *f* gecko *m*, gekko *m* (lagarto) ‖ salamanquesa de agua triton.

salamanquino, na *adj & s* de Salamanque.

◆ salamanquina *f* (*Amer*) lézard *m* (lagartija).

salame *m* (*Amer*) **FAM** imbécile (tonto, bonachón).

salami; salame *m* salami.

salangana *f* salangane (ave).

salar *m* (*Amer*) saline *f.*

salar *v tr* saler ‖ (*Amer*) déshonorer.

salariado *m* salariat.

salarial *adj* des salaires, salarial, e; incremento salarial augmentation des salaires.

salariar [8] *v tr* salarier (asalariar).

salario *m* salaire; salario base o básico salaire de base; deducir del salario retenir sur le salaire ‖ gages *pl* (de los criados) ■ fijación de salarios máximos blocage des salaires ‖ salario a destajo, colectivo salaire aux pièces, collectif ‖ salario de pacto colectivo salaire conventionnel o contractuel ‖ salario mínimo salaire minimum ‖ salario por hora salaire à l'heure o horaire ‖ salario por unidad de tiempo salaire au temps ‖ salario tope o máximo salaire maximum, plafond de rémunération.

salaz *adj* salace.
‖ OBSERV pl salaces.

salazón *f* salaison.

salbanda *f* MIN salbande (arcilla).

salceda *f*; **salcedo** *m* saulaie *f*, saussaie *f*.

salchicha *f* saucisse ‖ MIL saucisson *m* (con pólvora).

salchichero, ra *m & f* charcutier, ère.

salchichón *m* saucisson (embutido).

salcochar *v tr* cuire à l'eau salée.

salcocho *m* (*Amer*) cuisson *f* à l'eau salée.

saldar *v tr* solder (una cuenta, mercancías) ‖ FIG saldar una cuenta s'acquitter d'une obligation, régler une affaire.

saldo *m* COM solde; saldo acreedor, deudor solde créditeur, débiteur ‖ solde (liquidación de mercancías) ■ saldo a favor o acreedor solde positif o créditeur ‖ saldo de cuenta solde de compte ‖ saldo en contra o deudor solde négatif o débiteur.

saldubense *adj* de Saragosse [autrefois "Sálduba"].

saledizo, za *adj* en saillie, saillant, e.
◆ **saledizo** *m* ARQ avant-corps *inv* ‖ encorbellement, saillie *f* (balcón, etc.).

salega *f*; **salegar** *m* lieu *m* où l'on donne du sel au bétail.

salep *m* salep (fécula).

salera *f* auge contenant du sel pour les bestiaux.

Salerno *n pr* GEOGR Salerne.

salero *m* salière *f* (para echar sal) ‖ grenier à sel (almacén) ‖ TECN salinage ‖ FIG & FAM charme, piquant, chien (en una mujer); esta chica tiene mucho salero cette fille a beaucoup de charme ‖ élégance *f*, chic (elegancia) ‖ un actor con mucho salero un acteur très drôle o plein d'esprit.

saleroso, sa *adj* FIG & FAM qui a du charme o du piquant; chica muy salerosa jeune fille qui a beaucoup de charme ‖ drôle, plein d'esprit (divertido).

salesa *f* visitandine, religieuse de la Visitation ‖ las Salesas le Palais de justice [à Madrid].

salesiano, na *adj & s* salésien, enne.

saleta *f* chambre d'appel (sala de apelación).

salgar [16] *v tr* donner du sel [aux bestiaux].

salguera *f*; **salguero** *m* BOT saule *m* (sauce).

salicáceas *f pl* salicacées.

salicaria *f* BOT salicaire (planta).

salicilato *m* QUÍM salicylate.

salicílico, ca *adj* QUÍM salicylique.

salicina *f* QUÍM salicine.

salicíneas *f pl* BOT salicacées.

sálico, ca *adj* salique; ley sálica loi salique.

salicor *m* BOT salicorne *f*.

salida *f* sortie; a la salida del cine à la sortie du cinéma ‖ départ *m* (partida en general); a su salida de Madrid à son départ de Madrid; la salida del tren, de la carrera le départ du train, de la course ‖ sortie; salida de emergencia o de incendio sortie de secours ‖ issue; calle sin salida voie sans issue ‖ fuite (de un líquido) ‖ saillie (parte saliente) ‖ lever *m* (de un astro) ‖ publication, parution, mise en vente (de un libro, revista) ‖ tirage *m* (de un periódico) ‖ FIG issue, moyen *m* (medio) ‖ issue (fin) ‖ débouché *m*; los licenciados en Ciencias tienen muchas salidas les licenciés ès sciences ont beaucoup de débouchés ‖ solution (solución); no veo la salida que se va a encontrar para este problema económico je ne vois pas quelle solution on va trouver à ce problème économique ‖ FAM mot *m* d'esprit, boutade (ocurrencia), repartie (réplica) ‖ AVIAC redressement *m* (después de un picado) ‖ COM écoulement *m*, vente (venta); salida difícil vente difficile ‖ débouché *m* (posibilidad de venta) ‖ sortie (transporte de mercancías) ‖ débit *m*, retrait *m* (de una cuenta) ‖ MIL sortie ‖ TEATR entrée [d'un acteur]; salida a escena entrée en scène ‖ ouverture (naipes) ‖ INFORM sortie; salida de datos sortie de données; salida de impresora sortie d'imprimante; salida del sistema sortie du système; salida directa sortie directe ■ salida de artistas entrée des artistes ‖ salida de baño sortie de bain (albornoz) ‖ salida de caja débit ‖ salida del cascarón o del huevo éclosion ‖ FAM salida de pie o de pata de banco bourde, ânerie ‖ salida de tono sortie, éclat ‖ salida libre del agua écoulement libre ‖ DEP salida nula faux départ ‖ de salida de prime abord, dès le début ‖ línea de salida ligne de départ ‖ dar la salida donner le signal du départ ‖ COM dar salida écouler; damos salida a todas nuestras existencias nous écoulons tous nos stocks ‖ FIG encontrar salida a sus productos trouver un débouché pour ses produits ‖ prepararse una salida se ménager une porte de sortie ‖ tener salida aboutir; una calle que tiene salida en une rue qui aboutit sur o dans ‖ FIG tener salida para todo avoir réponse à tout.

salidero, ra *adj* qui aime se promener.
◆ **salidero** *m* issue *f*, sortie *f* (salida).

salidizo *m* ARQ avant-corps *inv* ‖ encorbellement, saillie *f* (balcón, etc.).

salido, da *adj* saillant, e (saliente) ‖ en chaleur (animales).

saliente *adj* saillant, e; ángulo saliente angle saillant ‖ MIL guardia saliente garde descendante.
◇ *m* (p us) orient, levant (oriente) ‖ saillie *f* (relieve) ‖ angle (pico).

salífero, ra *adj* salin, e.

salificación *f* QUÍM salification.

salificar [10] *v tr* QUÍM salifier.

salín *m* grenier à sel (salero) ‖ TECN salinage.

salina *f* saline, marais *m* salant (en el mar) ‖ saline (mina).

salinero *m* salinier, saunier.

salinero, ra *adj* salicole; industria salinera industrie salicole.

salinidad *f* salinité.

salino, na *adj* salin, e.

salio, lia *adj & s* HIST salien, enne.

salir [71] *v intr* sortir; el tren salió de la estación le train sortit de la gare; salir de casa sortir de chez soi ‖ partir (marcharse); el rápido sale a las dos le rapide part à 2 heures; salir de viaje partir en voyage ‖ sortir; sale mucho con sus amigos il sort beaucoup avec ses amis ‖ paraître; le gusta mucho salir en los periódicos il aime beaucoup paraître dans les journaux ‖ passer; este artista sale mucho en la televisión cet artiste passe souvent à la télévision ‖ se lever (un astro) ‖ lever, pousser (vegetales) ‖ pousser (pelos) ‖ faire saillie, dépasser (relieve) ‖ sortir, paraître (publicarse) ‖ s'élever; una voz salió en su defensa une voix s'éleva pour prendre sa défense ‖ avoir la main (juegos) ‖ sortir (en la lotería) ‖ être élu, e (ser elegido) ‖ partir, s'en aller (una mancha) ‖ DEP prendre le départ (corredores) ‖ INFORM salir del sistema sortir du système ‖ TEATR entrer en scène ‖ FIG se sortir, se tirer; por fin hemos salido de ésta nous nous en sommes enfin tirés ‖ se révéler, être; salió muy inteligente il se révéla très intelligent; el melón salió muy sabroso le melon fut excellent ‖ marcher; ¿cómo le salió el examen? comment votre examen a-t-il marché? ‖ revenir [à l'esprit]; no me sale su apellido son nom ne me revient pas ‖ se présenter, s'offrir (una oportunidad) ‖ trouver; me ha salido una colocación muy buena j'ai trouvé une très bonne situation ■ salir a ressembler; el niño ha salido a su madre l'enfant resemble à sa mère; revenir à, coûter; la comida me salió a cuarenta pesetas le repas m'est revenu à quarante pesetas; aboutir à, donner sur; la calle sale a la plaza la rue aboutit à la place ■ FIG salir adelante s'en tirer, réussir ‖ salir a flote s'en tirer, s'en sortir ‖ salir al encuentro de o au-devant de ‖ FIG salir a la calle paraître (publicarse) ‖ salir a la palestra entrer en lice ‖ salir a la pizarra passer au tableau ‖ salir a la superficie faire surface (submarino) ‖ salir al escenario entrer en scène ‖ salir al paso de aller au devant de, couper court à; salir al paso de las críticas couper court aux critiques; tomber dessus; hoy Pablo me salió al paso aujourd'hui Paul m'est tombé dessus; aller à la rencontre de (salir al encuentro) ‖ salir a pasear o de paseo aller o sortir se promener ‖ salir barato, caro revenir bon marché, coûter cher ‖ salir bien, mal réussir, bien marcher; échouer, rater, mal marcher; la estratagema le salió bien, mal son stratagème a réussi, a échoué; este dibujo me ha salido bien, mal j'ai réussi, raté mon dessin; bien, mal s'en tirer; la operación era grave, pero el enfermo ha salido bien l'opération était grave mais le malade s'en est bien tiré ‖ salir bien librado o parado bien s'en tirer, s'en tirer avec honneur ‖ salir con obtenir; no salió con su pretensión il n'a pas obtenu ce qu'il désirait; sortir FAM; ahora sales tú con eso c'est maintenant que tu nous sors ça ∥ salir de cesser d'être, ne plus être (dejar de ser); salió de ministro il a cessé d'être ministre, il n'est plus ministre; venir d'être nommé; sale de teniente il vient d'être nommé lieutenant; se défaire, écouler, vendre (vender) ∥ salir de apuros se tirer d'affaire ∥ salir de cuidado être délivrée (en un parto), être hors de danger (en una enfermedad) ∥ salir de dudas être fixé ∥ salir de la habitación quitter la chambre (un enfermo) ∥ salir del cascarón o del huevo éclore, sortir de l'œuf ∥ salir del paso se tirer d'affaire ∥ salir de madre sortir de son lit, déborder (un río) ∥ salir de sus casillas sortir de ses gonds ∥ salir de una enfermedad sortir o relever de maladie ∥ salir de un compromiso se dégager d'un engagement ∥ FIG salir disparado partir comme un trait o comme une flèche ∥ salir empatados se partager les voix (votación) ∥ salir en defensa de prendre la défense de ∥ salir fiador de se porter garant de ∥ FIG salir mal parado mal finir, mal s'en tirer ∥ FAM salir pitando o de estampía filer, partir en quatrième vitesse ∥ FAM salir por prendre la défense de (en una contienda), se porter garant de (salir fiador de) ∥ salir por peteneras s'en tirer par une pirouette ■ a lo que salga, a lo que saliere, salga lo que salga au petit bonheur la chance, à l'aveuglette (al buen tuntún) ∥ Pedro salió airoso de la prueba Pierre s'est bien tiré de l'épreuve ∥ recién salido frais émoulu (de una escuela) ∥ salga lo que salga quoi qu'il advienne, advienne que pourra ∥ ¡tiene a quien salir! il a de qui tenir!

➤ salirse v pr sortir; el agua se sale por el agujero l'eau sort par le trou ∥ fuir; el depósito se sale le réservoir fuit ∥ s'échapper; el gas se sale le gaz s'échappe ∥ quitter; río que se ha salido de su cauce fleuve qui a quitté son lit; salirse de la carretera quitter la route (un coche) ∥ déborder (rebosar) ■ FIG salirse con la suya arriver à ses fins, avoir o obtenir gain de cause (quedar vencedor), s'en tirer à bon compte (con suerte), n'en faire qu'à sa tête (obrar a su antojo); Tomás siempre se sale con la suya Thomas n'en fait jamais qu'à sa tête ∥ salirse de las reglas s'écarter des règles, manquer aux règles ∥ salirse de lo corriente sortir de l'ordinaire ∥ salirse del tema sortir o s'écarter du sujet ∥ salirse de madre déborder, sortir de son lit (río) ∥ FIG salirse de tono dire des inconvenances ∥ salirse por la tangente prendre la tangente ■ no salirse de la legalidad rester dans la légalité ∥ no se sale de pobre il est toujours aussi pauvre, il n'arrive pas à s'en tirer ∥ se le salieron los colores a la cara le rouge lui monta au front, il rougit.

salitrado, da adj salpêtreux, euse.

salitral adj salpêtreux, euse.
◇ m salpêtrière f.

salitre m salpêtre.

salitrera f nitrière, salpêtrière (salitral).

salitrería f salpêtrière (fábrica).

salitrero, ra adj salpêtreux, euse.
➤ **salitrero** m salpêtrier (que trabaja en un salitre).
➤ **salitrera** f salpêtrière (yacimiento).

salitroso, sa adj ser salitroso contenir du salpêtre.

saliva f salive ■ FIG estoy gastando saliva en balde j'use ma salive pour rien, je dépense beaucoup de salive pour rien ∥ tragar saliva avaler o ravaler sa salive, se mordre les lèvres.

salivación f salivation.

salivadera f (Amer) crachoir m.

salivajo m crachat.

salival; salivar adj salivaire; glándulas salivales glandes salivaires.

salivar v intr saliver ∥ (Amer) cracher (escupir).

salivazo m crachat.

saliveras f pl olives, patenôtres (del freno del caballo).

salmanticense; salmantino, na adj & s de Salamanque.

salmear v tr & intr psalmodier.

salmer m ARQ sommier.

salmista m psalmiste (autor de salmos).

salmo m psaume.

salmodia f psalmodie.

salmodiar [8] v tr & intr psalmodier.

salmón m saumon (pez) ∥ cría de salmones salmoniculture.

salmonado, da adj saumoné, e; trucha salmonada truite saumonée.

salmoncillo m saumoneau (pez).

salmonelosis f inv VETER & MED salmonellose.

salmonete m rouget, barbet (pez).

salmónidos m pl ZOOL salmonidés.

salmorejo m vinaigrette f, saupiquet (salsa).

salmuera f saumure ∥ salazón en salmuera saumurage.

salobre adj saumâtre.

salobreño, ña adj salin, e (tierra).

salobridad f goût m saumâtre.

salol m QUÍM salol.

saloma f chant m cadencé des matelots pendant une manœuvre pénible, ahan m (ant).

salomón m FIG sage m & f.

Salomón n pr Salomon ∥ GÉOGR las islas Salomón les îles Salomon.

salomónico, ca adj salomonien, enne (de Salomón) ■ ARQ columna salomónica colonne torse ∥ hacer un juicio salomónico rendre un jugement de Salomon (fallo), couper la poire en deux.

salón m salon (sala) ∥ salle f; salón de actos salle des fêtes ∥ salon (exposición); salón del automóvil salon de l'automobile ∥ salon (literario, etc.) ■ salón de espera salle des pas perdus (de un tribunal) ∥ salón de peluquería, de té salon de coiffure, de thé.

saloncillo m foyer (de teatro) ∥ cabinet particulier (de un café).

Salónica n pr f GEOGR Salonique.

salpicadera f (Amer) garde-boue m inv.

salpicadero m tableau de bord (de un coche).

salpicadura f éclaboussement m (acción) ∥ éclaboussure (efecto).

salpicar [10] v tr éclabousser (de un líquido) ∥ tacheter, moucheter (de manchitas) ∥ FIG parsemer, émailler; salpicado de estrellas parsemé d'étoiles; salpicar de chistes la conversación parsemer la conversation de bons mots; texto salpicado de citas texte émaillé de citations.

salpicón m CULIN salpicon ∥ (ant) miroton ∥ bœuf en salade ∥ éclaboussure f (salpicadura) ∥ (Amer) jus de fruit (bebida) ∥ salpicón de mariscos cocktail de fruits de mer.

salpimentar [19] v tr saupoudrer de sel et de poivre, assaisonner ∥ FIG assaisonner, agrémenter, pimenter, épicer (sazonar).

salpimienta f mélange m de sel et de poivre.

salpingitis f inv MED salpingite.

salpresar v tr conserver et comprimer dans le sel (pescado, carne, etc.).

salpullido m éruption f cutanée (erupción).

salsa f sauce; salsa blanca sauce blanche; salsa de tomate sauce tomate ∥ FIG assaisonnement m, sauce; no hay mejor salsa que el apetito il n'est sauce que d'appétit ∥ FAM charme m, piquant m (salero) ∥ FIG en su propia salsa dans son élément ∥ media salsa court-bouillon ■ salsa mahonesa o mayonesa mayonnaise ∥ salsa mayordoma sauce maître d'hôtel ∥ salsa rubia roux ■ trabar una salsa lier une sauce.

salsera f saucière (para salsa) ∥ godet m (salserilla).

salsereta; salserilla f godet m (de pintor).

salsero adj tomillo salsero serpolet.

salseruela f godet m (salserilla).

salsifí m BOT salsifis ∥ salsifí de España o negro salsifis noir, scorsonère.
 ■ OBSERV pl salsifies.

salsoláceas f pl BOT salsolacées.

SALT (abrev de Strategic Arms Limitation Talks) f pl SALT m pl.

saltabanco; saltabancos m charlatan, saltimbanque ∥ montreur de marionnettes (titiritero).

saltabardales; saltabarrancos m & f FIG & FAM écervelé, e; hurluberlu (sin femenino).

saltadero m sautoir ∥ jet d'eau (surtidor).

saltador, ra adj & s sauteur, euse ∥ plongeur, euse (de trampolín) ∥ saltador de pértiga perchiste, sauteur à la perche.
➤ **saltador** m corde f à sauter (comba).

saltamontes m inv sauterelle f verte.

saltaojos m inv BOT pivoine f.

saltar v intr sauter; saltó desde la azotea il a sauté de la terrasse ∥ bondir (brincar); saltaba de impaciencia il bondissait d'impatience ∥ rebondir (pelota) ∥ éclater (estallar) ∥ sauter (desprenderse) ∥ s'élancer dans (salir con ímpetu) ∥ jaillir (brotar) ∥ partir, sauter; el tapón ha saltado le bouchon est parti ∥ FIG sauter; saltar de un tema a otro sauter d'un sujet à l'autre; alumno que salta de cuarto a sexto élève qui saute de troisième en première ∥ sauter, bondir (enfadarse); saltó al oír tales insultos il a sauté en entendant de telles injures ∥ sauter, exploser, voler en éclats (explotar) ■ saltar a la comba sauter à la corde ∥ FIG saltar a la palestra descendre dans l'arène, entrer en lice ∥ saltar a la vista o a los ojos sauter aux yeux ▎saltar a tierra sauter à terre ▎saltar con pértiga sauter à la perche ▎FIG saltar con una impertinencia sortir o lâcher une impertinence ▎saltar de alegría sauter de joie ■ FIG cuando o donde menos se piensa salta la liebre ça arrive toujours au moment où on s'y attend le moins ▎estar a la que salta être prêt à profiter de la première occasion qui se présente ▎saltó y dijo il se mit à dire, il lança [idée de commencement d'action] ▎FAM y ahora saltas tú con eso c'est maintenant que tu sors o dis ça.

◇ v tr sauter; saltar un arroyo, una tapia sauter un ruisseau, un mur ▎faire sauter o exploser (con un explosivo) ▎couvrir, saillir (el macho a la hembra) ▎FIG sauter (omitir) ▎crever (un ojo) ■ hacer saltar las lágrimas a uno faire venir o jaillir les larmes aux yeux de quelqu'un ▎FAM saltar la tapia sauter o faire le mur ▎saltarle la tapa de los sesos a uno brûler o faire sauter la cervelle de quelqu'un.

➡ **saltarse** v pr sauter (en un escrito, en un escalafón, una comida); me he saltado una página j'ai sauté une page ■ FAM saltarse algo a la torera faire fi de quelque chose, prendre quelque chose par-dessous la jambe ▎saltarse la tapa de los sesos se faire sauter la cervelle, se brûler la cervelle ▎saltarse un semáforo brûler un feu rouge ▎se le saltaron las lágrimas ses yeux se remplirent de larmes, les larmes lui vinrent o lui montèrent aux yeux, il fondit en larmes.

saltarelo m saltarelle f (baile).

saltarín, ina adj sautillant, e.
◇ adj & s danseur, euse (que baila) ▎FIG écervelé, e; hurluberlu (sin femenino).

saltarregla f sauterelle (falsa escuadra).

saltatrás m & f inv métis, isse chez qui une race prédomine.

salteado m CULIN sauté.

salteador m brigand, voleur de grand chemin.

saltear v tr brigander (p us), voler à main armée ▎espacer; saltear las visitas espacer les visites ▎CULIN faire sauter, sauter (sofreír) ▎FIG prendre par surprise ▎assaillir (asaltar); salteado por la duda assailli par le doute ▎hilera de chopos y sauces salteados rangée d'arbres où les peupliers alternent avec les saules.

salteño, ña adj & s de Salta (Argentina), de Salto (Uruguay).

salteo m brigandage.

salterio m psautier (libro) ▎MÚS psaltérion.

saltimbanqui m saltimbanque, baladin.
▎ SIN acróbata acrobate; trapecista trapéziste; volatinera funambule; equilibrista équilibriste.

saltito; saltillo m petit saut ▎dar saltitos, andar a saltitos sautiller.

salto m (▷ SIN) saut, bond (brinco); de un salto d'un bond; dar o pegar un salto faire un bond ▎chute f (de agua), saut, chute f (en un río) ▎précipice (despeñadero) ▎dénivellation f (desnivel) ▎omission f (omisión) ▎saut; salto de altura, de longitud, con pértiga saut en hauteur, en longueur, à la perche (atletismo); salto del ángel, de la carpa saut de l'ange, de carpe (natación) ▎plongeon, saut; salto de trampolín plongeon du tremplin ▎saute-mouton (juego de niños) ▎FIG tremplin;

la televisión ha sido para él un salto a la fama la télévision a été pour lui un tremplin vers la célébrité ■ salto de cama saut-de-lit ▎EQUIT salto de carnero saut-de-mouton ▎salto de lobo saut-de-loup ▎MAR salto de viento saute de vent ▎salto mortal saut périlleux ■ a salto de mata à la diable (de cualquier manera), au jour le jour (vivir), au déboulé (liebre) ▎a saltos par bonds ▎en un salto d'un bond; en un salto se puso en la silla d'un bond il est monté sur la chaise; en un tour de main, en moins de deux (rápidamente) ■ dar saltos de alegría sauter de joie ▎dar o pegar un salto a casa de alguien faire un saut chez quelqu'un ▎dar un salto atrás faire un bond en arrière ▎FIG el corazón me dio un salto mon cœur n'a fait qu'un bond ▎ir en un salto a, plantarse o ponerse en un salto en faire un saut à o jusqu'à, ne faire qu'un saut jusqu'à.
▎ SIN bote, brinco bond; cabriola cabriole; pirueta pirouette.

saltón, ona adj sauteur, euse (que anda a saltos) ▎globuleux, euse; à fleur de tête, saillant, e; protubérant, e (ojos).
➡ **saltón** m sauterelle f verte (saltamontes).

salubérrimo, ma adj très salubre.

salubre adj salubre.

salubridad f salubrité.

salud f santé (del cuerpo); gozar de buena salud être en bonne santé; salud delicada, poca salud santé délicate, petite santé; salud de hierro santé de fer ▎salut m; la salud eterna le salut éternel ■ Comité de Salud Pública comité de salut public ■ beber a la salud de uno boire à la santé de quelqu'un ▎FIG curarse en salud se ménager une porte de sortie, ménager ses arrières (precaverse) ▎estar rebosante de salud, vender salud être resplendissant de santé, respirer la santé, avoir de la santé à revendre ▎gastar salud jouir d'une bonne santé ▎jurar por la salud de alguien jurer sur la tête de quelqu'un ▎mirar por su salud ménager sa santé ▎recobrar la salud recouvrer la santé.
➡ **¡salud!** interj FAM salut! ▎¡a su salud!, ¡salud y pesetas!, ¡salud! à votre santé!, à la vôtre!

saludable adj salutaire ▎salubre (salubre).

saludar v tr saluer; saludar con la mano saluer de la main; saludar el advenimiento de la libertad saluer l'avènement de la liberté ▎FAM regarder; este alumno no ha saludado siquiera la lección cet élève n'a même pas regardé la leçon ▎FIG guérir par magie (curar por ensalmo) ▎la saluda atentamente veuillez agréer mes salutations distinguées (cartas) ▎le saluda atentamente su seguro servidor veuillez agréer l'expression de mes sentiments dévoués (cartas) ▎salude de mi parte a transmettez mon meilleur souvenir à.

saludo m (▷ SIN) salut ▎salutation f; atentos saludos, saludos cordiales de sincères salutations ● reciba un atento saludo de agréez mes sincères salutations (cartas) ▎reciba un saludo de X bien à vous (cartas) ▎saludos respetuosos mes respects ▎¡un saludo a X! mon meilleur souvenir à X!
▎ SIN salutación salutation; reverencia révérence; salva salve; inclinación inclination.

salutación f salutation ▎RELIG salutación angélica salutation angélique.

salutífero, ra adj salutaire.

salutista m & f salutiste (miembro del Ejército de Salvación).

salva f salve; tirar una salva tirer une salve ▎tonnerre m, salve; salva de aplausos tonnerre d'applaudissements ▎essai m des mets (prueba de la comida) ▎jugement m de Dieu, ordalie (de un acusado) ▎plateau m (bandeja) ■ cartucho para salvas cartouche à blanc ▎FIG gastar pólvora en salvas faire beaucoup de bruit pour rien, tirer sa poudre aux moineaux.

salvable adj sauvable.

salvación f salut m; la salvación eterna le salut éternel ■ Ejército de Salvación Armée du Salut ▎este enfermo no tiene salvación ce malade est incurable o ne s'en relèvera pas o n'en réchappera pas ▎tabla de salvación planche de salut.

salvadera f sablier m (para secar la tinta).

salvado m son (afrecho).

Salvador n pr m El Salvador le Salvador; viene de El Salvador il vient du Salvador.

salvador, ra adj & s qui sauve, sauveur (sin femenino), salvateur, salvatrice ▎sauveteur (naufragio, accidente) ▎el Salvador (del mundo) le Sauveur (du monde), Jésus-Christ.

salvadoreño, ña adj & s du Salvador.

salvaguarda f sauvegarde ▎INFORM sauvegarde; salvaguarda de un fichero sauvegarde d'un fichier.

salvaguardar v tr sauvegarder.

salvaguardia f sauvegarde ▎FIG gardien, enne; la ONU es la salvaguardia de la paz l'O.N.U. est la gardienne de la paix ▎DR cláusula de salvaguardia clause de sauvegarde.

salvajada; salvajería f action propre des sauvages ▎acte m de sauvagerie (crueldad) ▎horreur, atrocité; las salvajadas de la guerra les horreurs de la guerre.

salvaje adj & s sauvage; animal salvaje bête sauvage.
◇ m & f sauvageon, onne.

salvajemente adv sauvagement.

salvajería ➡ salvajada.

salvajino, na adj & s m sauvagin, e ▎carne salvajina gibier.
➡ **salvajina** f sauvagine (pieles) ▎bêtes pl sauvages (fieras monteses) ▎gibier m (carne).
▎ OBSERV El adjetivo francés sauvagin se aplica a la carne de las aves acuáticas salvajes.

salvajismo m sauvagerie f; acto de salvajismo acte de sauvagerie.

salvamanteles m inv dessous de plat o de bouteille ▎garde-nappe.

salvamento m sauvetage (acción de salvar) ▎salut (salvación) ■ bote de salvamento canot de sauvetage ▎Sociedad de Salvamento de Náufragos société de sauvetage.

salvapantallas m inv INFORM économiseur m d'écran.

salvar v tr sauver (de un peligro); salvar a un náufrago sauver un naufragé; salvar su honor sauver son honneur ▎franchir, sauter; salvar un arroyo, un obstáculo franchir un ruisseau, un obstacle ▎enjamber, franchir; el puente salva el río le pont enjambe la rivière ▎éviter, contourner; salvar una dificultad contourner une difficulté ‖ exclure, écarter (excluir); **salvando la posibilidad de** en écartant la possibilité de ‖ authentifier une correction faite dans un acte notarié (autorizar un documento); **su simpatía lo salva todo** sa gentillesse rachète tout ‖ **el honor está salvado** l'honneur est sauf.

➤ **salvarse** *v pr* se sauver ‖ réchapper; **salvarse de un accidente** réchapper à un accident ◼ FAM **salvarse por los pelos** échapper de justesse o d'un cheveu ‖ **¡sálvese quien pueda!** sauve qui peut!

salvavidas *m inv* bouée *f* de sauvetage (boya) ‖ ceinture *f* de sauvetage (cinturón) ‖ canot de sauvetage (bote, lancha) ‖ chasse-pierres *inv* (en tranvías) ‖ **chaleco salvavidas** gilet de sauvetage.

salve *f* RELIG salvé *m* (oración).
➤ **¡salve!** *interj* salut!

salvedad *f* réserve, exception (en lo que se dice); **con la salvedad de** sous réserve de, à l'exception de; **un reglamento sin salvedad** un règlement sans réserve ‖ certification (de un documento).

salvia *f* BOT sauge, salvia *m*.

salvilla *f* plateau *m* (bandeja).

salvo, va *adj* [▷ SIN] sauf, sauve ◼ **sano y salvo** sain et sauf ‖ FAM **se dio un golpe en salva sea la parte** il a reçu un coup sur le derrière.

➤ **salvo** *adv* sauf, excepté, hormis; **todos vinieron, salvo él** ils vinrent tous, sauf lui ◼ **salvo casos en que** sauf dans les cas où ‖ **salvo el parecer de usted** sauf avis contraire de votre part, sauf contre-ordre de votre part ‖ **salvo error u omisión** sauf erreur ou omission ‖ **salvo que** sauf que, si ce n'est que ‖ **salvo unas pocas excepciones** à quelques exceptions près ◼ **a salvo** sain et sauf (ileso), sauf, sauve; **el honor está a salvo** l'honneur est sauf ‖ **dejar a salvo** sauvegarder, préserver (salvaguardar), épargner; **la revolución no dejó a salvo ningún convento** la révolution n'a épargné aucun couvent ‖ **poner a salvo** mettre en lieu sûr ‖ **ponerse a salvo** se mettre à l'abri.
‖ SIN **sano** sain; indemne, ileso indemne; intacto intact.

salvoconducto *m* sauf-conduit.

SAM (abrev de **Surface-to-Air Missile**) *m* SAM.

sámago *m* aubier (de la madera).

sámara *f* BOT samare (fruto).

Samaria *n pr f* GEOGR Samarie.

samario *m* samarium (metal).

samario, ria *adj & s* de Santa Marta [Colombie].

samaritano, na *adj & s* samaritain, e.

samaruguera *f* filet *m* (red).

samba *f* samba (baile).

sambenito *m* san-benito, sanbenito, casaque *f* [des condamnés de l'Inquisition] ‖ écriteau portant l'accusation (letrero) ‖ FIG discrédit, mauvaise réputation *f* (mala fama) ‖ tabou (tabú) ◼ FIG **a mí me han colgado ese sambenito** on m'a fait cette mauvaise réputation ‖ **le han colgado el sambenito de embustero** on lui a fait une réputation de menteur.

sambumbia *f* (Amer) boisson rafraîchissante.

samio, mia *m & f* samien, enne.

samnita *adj & s* HIST samnite.

samnítico, ca *adj* samnite.

samotana *f* (Amer) chahut *m*, tapage *m* (jaleo).

Samotracia *n pr f* GEOGR Samothrace.

samotracio, cia *adj & s* samothracien, enne.

samovar *m* samovar (tetera rusa).

samoyedo, da *adj & s* samoyède.

sampa *f* sampa (árbol).

sampaguita *f* BOT sorte de jasmin.

sampán *m* MAR sampan (embarcación china).

samurái *m* samouraï (guerrero japonés).
◻ OBSERV pl samuráis.

samuro *m* (Amer) urubu, aura *f* (ave).

san *adj* apócope de; **santo** saint; **por San Juan** à la Saint-Jean.
‖ OBSERV Santo s'apocope en san lorsqu'il est placé devant un nom propre, sauf quand il s'agit de Tomás, Tomé, Toribio et Domingo.

sanalotodo *m* emplâtre ‖ FIG panacée *f*.

sanamente *adv* sainement.

sanar *v tr & intr* guérir.

sanate *m* (Amer) quiscale (ave).

sanatorio *m* sanatorium (para tuberculosos) ‖ clinique *f*; **mi mujer ha dado a luz en el sanatorio** ma femme a accouché à la clinique ‖ hôpital *m* (hospital) ‖ **sanatorio psiquiátrico** maison de santé, clinique psychiatrique.

Sancho *n pr m* Sancho (Panza) ◼ **al buen callar llaman Sancho** le silence est d'or [la parole est d'argent], il faut savoir parler avec modération ◼ **allá va Sancho con su rocín** c'est saint Roch et son chien.

sanchopancesco, ca *adj* digne de Sancho Panza, terre-à-terre.

sanción *f* sanction.

sancionable *adj* digne de sanction.

sancionador, ra *adj & s* qui sanctionne.

sancionar *v tr* [▷ SIN] sanctionner; **sancionar una ley** sanctionner une loi ‖ sanctionner, infliger une sanction à, prendre une sanction contre; **este comerciante ha sido sancionado por venta ilícita de mercancías** on a infligé une sanction à ce commerçant pour vente illicite de marchandises.
‖ SIN **aprobar** approuver; confirmar confirmer; ratificar ratifier; validar valider; homologar homologuer.

sanco *m* (Amer) bouillie *f* de maïs (gachas).

sancochar *v tr* blanchir, cuire légèrement (un guiso), faire revenir (la carne).

sancocho *m* (Amer) sorte de pot-au-feu avec des bananes (olla).

sancta *m* saint (partie antérieure de l'Arche d'alliance du Temple de Jérusalem).

sanctasanctórum *m* saint des saints ‖ FIG fin du fin (cosa de gran precio) ‖ saint des saints (lo muy secreto).

sanctus *m* RELIG sanctus (misa).

sandalia *f* sandale.

sándalo *m* BOT santal (planta) ‖ bois de santal (leña).

sandáraca *f* sandaraque (resina).

sanderling *m* ZOOL sanderling.
◻ OBSERV pl sanderlings.

sandez *f* sottise, bêtise.
◻ OBSERV pl sandeces.

sandía *f* pastèque, melon *m* d'eau.

sandial; sandiar *m* carré o champ de pastèques.

sandinismo *m* sandinisme.

sandinista *adj & s* sandiniste.

sandio, dia *adj & s* niais, e; sot, sotte.

sandix *m* sandix, sandyx (color).

sanducero, ra *adj & s* de Paysandú [Uruguay].

sandunga *f* FAM charme *m* (encanto) ‖ allure (donaire) ‖ (Amer) bombe, foire (parranda) ‖ danse typique du Mexique (baile).

sandunguero, ra *adj* FAM charmant, e (encantador) ‖ qui a de l'allure.

sándwich ['sanwitʃ] *m* sandwich [de pain de mie] (emparedado).
◻ OBSERV pl sándwiches o sandwichs.

sandwichera *f* appareil servant à confectionner des sandwichs.

saneado, da *adj* assaini, e (terreno, moneda) ‖ à l'aise (una persona) ‖ sain, e; **tiene una situación muy saneada** il a une situation très saine.

saneamiento *m* assainissement (de un terreno, de la moneda) ‖ DR garantie *f* ‖ **artículos de saneamiento** appareils sanitaires.

sanear *v tr* assainir (un terreno, la moneda) ‖ DR garantir.

sanedrín *m* sanhédrin (tribunal judío).

sanfasón
➤ **a la sanfasón** *loc* (Amer) sans façon.

sanfermines *m pl* fête patronale de Pampelune, célèbre pour ses courses de taureaux.

◻ SANFERMINES
La fête des « sanfermines » se déroule chaque année à Pampelune, du 6 au 14 juillet. À cette occasion, on organise tous les jours, à travers les rues de la ville, une course entre le public qui le souhaite et six taureaux. Le parcours se termine dans le toril où les taureaux sont enfermés. De là vient le mot « encierro », également employé pour désigner cette fête. La présence de touristes provenant d'autres régions ou d'autres pays et qui participent à la course sans avoir l'expérience des autochtones explique qu'il se produise chaque année plus d'accidents, durant les « sanfermines ».

San Francisco *n pr* GEOGR San Francisco.

San Gotardo *n pr m* GEOGR **el San Gotardo** le Saint-Gothard; **paso de San Gotardo** col du Saint-Gothard.

sangradera *f* lancette (lanceta) ‖ palette (vasija para la sangre) ‖ FIG saignée (caz) ‖ vanne (compuerta).

sangrador *m* saigneur ‖ chirurgien, barbier (antiguo cirujano) ‖ FIG vanne *f* (compuerta) ‖ **sangrador de pinos** résinier, gemmeur.

sangradura *f* saignée (del brazo) ‖ FIG saignée (en un canal).

sangrante *adj* saignant, e.

sangrar *v tr* saigner; **sangrar a un enfermo** saigner un malade ‖ saigner (un canal) ‖ gemmer (un pino) ‖ **IMPR** composer en alinéa ‖ **FIG & FAM** saigner (sacar todo el dinero).

◇ *v intr* saigner; sangrar por la nariz saigner du nez ‖ **FIG** estar sangrando être tout frais o tout récent (ser reciente) ‖ **FAM** sangrar como un cochino o un toro saigner comme un bœuf.

➡ **sangrarse** *v pr* se faire saigner.

sangraza *f* sang *m* corrompu.

sangre *f* sang *m* ‖ **FIG** sang *m* (linaje, parentesco) ■ sangre arterial o roja sang artériel o rouge ‖ sangre azul sang bleu ‖ sangre fría sang-froid; perder la sangre fría perdre son sang-froid; de sangre fría de sang-froid ‖ (*Amer*) sangre ligera, pesada sympathique, antipathique ‖ sangre venosa o negra sang veineux o noir ‖ sangre y leche marbre rouge veiné de blanc ■ a sangre y fuego à feu et à sang ‖ **ZOOL** de sangre caliente à sang chaud ‖ donante de sangre donneur de sang ‖ la voz de la sangre la voix du sang ‖ naranja de sangre orange sanguine ‖ pura sangre pur-sang (caballo) ‖ tracción de o a sangre traction animale ■ azotar a alguien hasta hacerle sangre fouetter quelqu'un jusqu'au sang ‖ chupar la sangre a uno saigner quelqu'un à blanc ‖ dejar helada la sangre tourner le sang o les sangs ‖ derramar sangre faire couler le sang ‖ echar sangre como un toro o un cochino saigner comme un bœuf ‖ echar sangre por las narices saigner du nez ‖ **FIG** estar bañado en sangre être tout en sang ‖ estar chorreando sangre perdre beaucoup de sang, être tout en sang ‖ hacer sangre faire saigner ‖ **FIG** la letra con sangre entra on n'apprend rien sans mal, c'est en forgeant qu'on devient forgeron ‖ lavar con sangre laver dans le sang (un agravio, una afrenta) ‖ le bulle o hierve la sangre le sang bout dans ses veines, il a le sang chaud ‖ llevar o tener en la sangre, llevar o tener en la masa de la sangre avoir dans le sang (algo), avoir dans la peau (alguien) ‖ no llegó la sangre al río n'y a pas eu de mal, ce n'est pas allé plus loin ‖ quemarle o freírle a uno la sangre faire bouillir o exaspérer quelqu'un, taper sur le système à quelqu'un **FAM** ‖ quemarse uno la sangre se faire du mauvais sang, se faire de la bile ‖ sudar sangre suer sang et eau ‖ tener la sangre gorda être lymphatique ‖ tener las manos manchadas de sangre avoir du sang sur les mains ‖ tener mala sangre être méchant ‖ tener sangre de chinches être assommant ‖ tener sangre de horchata être flegmatique o impassible (tranquilo), avoir du sang de navet (sin energía) ‖ tener sangre en las venas avoir du sang dans les veines.

sangregorda *m & f* **FAM** chiffe *f*.

sangría *f* **ANAT & MED** saignée ‖ saignée (en un canal, un árbol) ‖ "sangria" [boisson sucrée rafraîchissante, à base de vin rouge et de jus de citron] ‖ **FIG** saignée; hacer una sangría en el capital pratiquer une saignée dans le capital ‖ **IMPR** alinéa *m* ‖ **TECN** coulée (de fundición) ‖ **FIG** sangría monetaria hémorragie monétaire.

sangrientamente *adv* d'une manière sanglante.

sangriento, ta *adj* sanglant, e ‖ **FIG** sanglant, e; batalla, injuria sangrienta, reproches sangrientos bataille, injure sanglante, repro-

ches sanglants ‖ sanguinaire; el león sangriento le lion sanguinaire.

sangriligero, ra *adj* (*Amer*) sympathique.

sangriliviano, na *adj* (*Amer*) **FAM** sympa.

sangripesado, da *adj* (*Amer*) antipathique.

sanguaraña *f* (*Amer*) danse populaire péruvienne.

➡ **sanguarañas** *f pl* (*Amer*) détours *m*, circonlocutions (circunloquios).

sanguaza *f* sang *m* corrompu ‖ **FIG** suc *m* rougeâtre (jugo).

sangüesa *f* **BOT** framboise.

sanguífero, ra *adj* qui contient du sang.

sanguijuela *f* **ZOOL** sangsue ‖ **FIG** sangsue.

sanguina *f* sanguine (lápiz, dibujo y naranja).

sanguinaria *f* sanguine (piedra preciosa) ‖ **BOT** sanguinaire ■ **BOT** sanguinaria mayor renouée (centinodia) ‖ sanguinaria menor perce-neige (nevadilla).

sanguinario, ria *adj* sanguinaire.

sanguíneo, a *adj* sanguin, e; grupo sanguíneo groupe sanguin; vasos sanguíneos vaisseaux sanguins.

sanguino, na *adj* sanguin, e ‖ naranja sanguina orange sanguine.

➡ **sanguino** *m* **BOT** alaterne (aladierna) ‖ cornouiller (cornejo).

➡ **sanguina** *f* sanguine (naranja).

sanguinolencia *f* caractère *m* o état *m* sanguinolent.

sanguinolento, ta *adj* sanguinolent, e.

sanguiñuelo *m* **BOT** sanguinelle *f*.

sanguis *m inv* **RELIG** le sang divin sous l'apparence du vin.

sanguisorba *f* **BOT** pimprenelle, sanguisorbe (pimpinela).

sánico, ca *adj* papel sánico papier hygiénique.

sanícula *f* **BOT** sanicle, sanicule.

sanidad *f* service *m* sanitaire (servicio gubernativo) ‖ (p us) santé (salud) ‖ hygiène; medidas de sanidad mesures d'hygiène ‖ **MIL** cuerpo de sanidad militar service de santé.

sanie; sanies *f* **MED** sanie.

sanioso, sa *adj* **MED** sanieux, euse.

sanitario, ria *adj* sanitaire; cordón sanitario, medidas sanitarias cordon sanitaire, mesures sanitaires.

➡ **sanitario** *m* **MIL** officier du service de santé.

sanjuanada *f* fête de la Saint-Jean.

sanjuanero, ra *adj* de (la) Saint-Jean (frutas) ‖ de San Juan (Cuba).

sanjuanista *adj* de l'ordre militaire de Saint-Jean de Jérusalem.

◇ *m* chevalier de Saint-Jean de Jérusalem.

San Lorenzo *n pr m* **GEOGR** el San Lorenzo le Saint-Laurent.

sanluisero, ra *adj & s* de San Luis [Argentine].

sanluqueño, ña *adj & s* de Sanlúcar de Barrameda [Andalousie].

sanmartiniano, na *adj* de San Martín [général argentin].

sanmiguelada *f* époque de la Saint-Michel, fin septembre.

sano, na *adj* [▷ **SIN**] sain, e ‖ en bon état, intact, e; potable **FAM**; no queda un plato sano en toda la casa il ne reste pas une assiette potable dans toute la maison ‖ **FIG** sain, e; una filosofía sana une philosophie saine ■ sano de cuerpo y alma sain de corps et d'esprit ‖ sano y salvo sain et sauf ■ **FIG** cortar por lo sano trancher dans le vif, crever l'abcès, employer les grands moyens ‖ estar en su sano juicio être sain d'esprit, avoir tous ses esprits o tout son bon sens ‖ estar más sano que una manzana se porter comme un charme o comme le Pont Neuf ‖ no estar en su sano juicio ne pas avoir toute sa tête o tout son bon sens, avoir l'esprit dérangé.

‖ **SIN** saludable, salutífero salutaire; salubre salubre; higiénico hygiénique; bueno bon.

San Petersburgo *n pr* **GEOGR** Saint-Pétersbourg.

San Quintín *n pr* **GEOGR** Saint-Quentin ‖ **FIG & FAM** se armó la de San Quintín il y a eu du grabuge.

San Salvador *n pr* **GEOGR** San Salvador.

sanscritista *m & f* sanskritiste.

sánscrito, ta *adj & s* sanscrit, e; sanskrit, e.

➡ **sánscrito** *m* **LING** sanscrit, sanskrit.

sanseacabó *loc* **FAM** un point c'est tout (nada más) ‖ ça suffit ‖ la fin de tout; eso fue el sanseacabó cela a été la fin de tout ‖ c'est une affaire réglée (es cosa hecha).

San Sebastián *n pr* **GEOGR** Saint-Sébastien.

sansevieria *f* sansevière.

sansimoniano, na *adj & s* **FILOS** saint-simonien, enne.

sansimonismo *m* **FILOS** saint-simonisme.

sansirolé *m* **FAM** gobe-mouches *inv*, godiche (bobalicón).

sansón *m* **FIG** hercule.

Sansón *n pr* Samson.

santabárbara *f* **MAR** sainte-barbe, soute aux poudres.

santacruceño, ña *adj & s* de Santa Cruz [Argentine].

Santa Elena *n pr* **GEOGR** Sainte-Hélène.

santafecino, na *adj & s* de Santa Fe [Argentine].

Santa Fe de Bogotá ➡ **Bogotá**.

santafereño, ña *adj & s* de Santa Fe [Colombie].

santalina *f* santaline.

Santa Lucía *n pr f* **GEOGR** Sainte-Lucie.

Santander *n pr* **GEOGR** Santander.

santandereano, na *adj & s* de Santander [Colombie].

santanderino, na; santanderiense *adj & s* de Santander [Espagne].

santateresa *f* **ZOOL** mante religieuse.

santera *f* femme du sacristain.

santería *f* sainteté ‖ (*Amer*) boutique où l'on vend des objets religieux.

santero, ra *adj* cagot, e; bigot, e (beato).

◇ *m & f* gardien, enne d'un sanctuaire (que

cuida un santuario) ‖ quêteur, euse (que pide limosna).

Santiago *n pr* GEOGR Santiago (de Chile).

Santiago *n pr m* Jacques (nombre) ‖ saint Jacques (santo) ■ FIG remover Roma con Santiago remuer ciel et terre ‖ ¡Santiago!, ¡Santiago y cierra España!, ¡Santiago y a ellos! cri de guerre des chevaliers de Castille-León pendant la Reconquête de Guzmán ‖ ASTRON camino de Santiago voie lactée (vía lactea) ‖ RELIG route de Saint-Jacques.

> **EL CAMINO DE SANTIAGO**
>
> La route de Saint-Jacques est empruntée depuis le Moyen Âge, par les pèlerins venant se recueillir autour de la dépouille de Saint-Jacques le Majeur, qui aurait été découverte sous le règne d'Alphonse II, roi des Asturies, et de Charlemagne. Selon les chroniques de l'époque, les pèlerins confluaient de différents points d'Europe et entraient en péninsule ibérique par le col de Somport ou de Roncevaux. Tout au long de la route qui menait jusqu'à Saint-Jacques-de-Compostelle, en Galice, se sont construits des monastères et des hôpitaux pour héberger les voyageurs. Bien que les pèlerinages aient disparu au XVIIᵉ siècle, cette route est encore empruntée par les touristes espagnols et étrangers, en particulier pendant « el año santo », année où la Saint-Jacques tombe un dimanche.

santiagueño, ña *adj* mûr à la Saint-Jacques (frutas).
◇ *adj & s* de Santiago del Estero [Argentine].

santiaguero, ra *adj & s* de Santiago de Cuba.

santiagués, esa *adj & s* de Saint-Jacques-de-Compostelle.
▪ OBSERV *pl* santiagueses, santiaguesas.

santiaguino, na *adj & s* de Santiago du Chili.

santiaguista *adj & s* chevalier de l'ordre de Saint-Jacques.

santiamén *m* instant ‖ FAM en un santiamén en un clin d'œil, en moins de rien, en un tour de main; hizo su trabajo en un santiamén il a fait son travail en un tour de main; en moins de rien, en un clin d'œil; llegué a Madrid en un santiamén je suis arrivé à Madrid en moins de rien.

santidad *f* sainteté; olor de santidad odeur de sainteté ‖ Su Santidad Sa Sainteté.

santificación *f* sanctification.

santificar [10] *v tr* sanctifier.

santiguada *f* signe *m* de croix.

santiguamiento *m* signe de la croix.

santiguar [45] *v tr* faire le signe de la croix sur ‖ faire des signes de croix sur [quelqu'un] (los curanderos) ‖ FIG gifler (abofetear).
◆ **santiguarse** *v pr* faire le signe de la croix, se signer (persignarse).

santísimo, ma *adj* très saint, e ■ FAM hacerle a uno la santísima pascua enquiquiner o empoisonner quelqu'un, casser les pieds à quelqu'un (fastidiar) ‖ la Virgen Santísima la (Très) Sainte Vierge ‖ FAM todo el santísimo día toute la sainte journée, à longueur de journée.
◆ **santísimo** *m* le saint sacrement.

santo, ta *adj* saint, e; Semana Santa semaine sainte ■ Espíritu Santo Saint-Esprit ‖ FAM hacer su santa voluntad o su santo gusto faire ses quatre volontés, n'en faire qu'à sa tête ‖ la Tierra santa la Terre sainte ‖ Padre Santo, Santo Padre saint-père ‖ Santo Oficio Saint-Office ‖ santo varón saint (santo), excellent homme, saint homme (buena persona) ■ FAM ¡qué santa paciencia! quelle patience! ‖ sentado en el santo suelo assis à même le sol o par terre ‖ todo el santo día toute la sainte journée, à longueur de journée ‖ ¡y santas Pascuas! un point c'est tout!
◇ *m & f* saint, e.
➤ **santo** *m* fête *f*; hoy es mi santo c'est aujourd'hui ma fête; felicitar a uno (por) su santo souhaiter à quelqu'un sa fête ‖ statue *f* (imagen) ■ ¿a santo de qué...? en quel honneur...? pourquoi diable...? ‖ el día o la fiesta de Todos los Santos la Toussaint ‖ por todos los santos (del cielo) par tous les Saints ‖ santo de pajares saint de bois ‖ santo y seña mot de passe, consigne, mot d'ordre ■ FAM adorar el santo por la peana courtiser la mère pour avoir la fille ‖ alabar a su santo prêcher pour son saint ‖ alzarse o cargar con el santo y la limosna tout embarquer, tout rafler ‖ aquello fue llegar y besar el santo ça a marché comme sur des roulettes ‖ desnudar a un santo para vestir a otro découvrir saint Pierre pour habiller saint Paul ‖ hacerse el santo faire le petit saint (hipócrita), faire le bon apôtre ‖ írsele a uno el santo al cielo perdre le fil de ses pensées (en una conversación), sortir complètement de la tête o de l'esprit; ayer era tu cumpleaños y se me ha ido el santo al cielo c'était hier ton anniversaire et cela m'est complètement sorti de la tête ‖ no es santo de mi devoción je ne le porte pas dans mon cœur, je n'ai aucune sympathie pour lui ‖ no saber a qué santo encomendarse ne pas savoir à quel saint se vouer ‖ quedarse para vestir santos rester vieille fille, coiffer sainte Catherine (quedarse soltera) ‖ ser bueno como un santo être sage comme une image ‖ tener el santo de espaldas ne pas avoir de chance o de veine, avoir les dieux contre soi ‖ todos los santos tienen novena mieux vaut tard que jamais.

Santo Domingo *n pr* GEOGR Saint-Domingue [ville].

santolina *f* BOT santoline.

santón *m* santon (mahometano) ‖ FIG & FAM pharisien, tartufe (hipócrita) ‖ pontife, grand manitou, grand patron (persona influyente).

santónico *m* BOT santonine *f* (planta) ‖ semencontra (vermífuga).

santonina *f* QUÍM santonine (medicamento).

santoñés, esa *adj & s* de Santoña [Vieille Castille] ‖ saintongeais, e; de Saintonge (Francia).
▪ OBSERV *pl* santoñeses, santoñesas.

santoral *m* vie *f* des saints, recueil de vies de saints (vidas de santos) ‖ office des saints (libro de coro) ‖ commun des saints, martyrologe (lista) ‖ santoral del día fête à souhaiter.

santuario *m* sanctuaire ‖ (*Amer*) trésor (tesoro).

santurrón, ona *adj & s* bigot, e; bondieusard, e (beato) ‖ tartufe, faux dévot, fausse dévote (hipócrita).

santurronería *f* bigoterie, tartuferie, bondieuserie FAM.

San Vicente; São Vicente *n pr* el cabo San Vicente o São Vicente le cap Saint-Vincent.

saña *f* fureur, rage (furor) ‖ acharnement *m* (porfía); perseguirle a uno con saña poursuivre quelqu'un avec acharnement.

sañoso, sa; sañudo, da *adj* furieux, euse (enfurecido) ‖ acharné, e; furieux, euse (encarnizado).

Saona *n pr m* GEOGR el Saona la Saône.

São Vicente ➤ San Vincente.

sapajú *m* ZOOL sapajou (mono).

sapan *m* BOT sapan, sappan.

saperda *f* ZOOL saperde.

sapidez *f* sapidité.
▪ OBSERV *pl* sapideces.

sápido, da *adj* sapide.

sapiencia *f* sagesse (sabiduría) ‖ livre *m* de la Sagesse (Biblia) ‖ connaissances *pl*, savoir *m*; la sapiencia de este chico me admira je suis émerveillé par les connaissances de ce garçon ‖ (ant) sapience.

sapiencial *adj* de la sagesse ‖ libros sapienciales livres sapientiaux.

sapiente *adj* sage, savant, e (sabio).

sapindáceas *f pl* BOT sapindacées.

sapo *m* crapaud (batracio) ‖ (*Amer*) tonneau (juego de la rana) ‖ ZOOL sapo marino baudroie, lotte de mer ‖ FIG & FAM echar sapos y culebras o gusarapos tempêter, pester.

saponáceo, a *adj* saponacé, e (jabonoso).

saponaria *f* BOT saponaire (jabonera).

saponificable *adj* saponifiable.

saponificación *f* QUÍM saponification.

saponificar [10] *v tr* QUÍM saponifier.

saponina *f* QUÍM saponine.

saporro, rra *adj* (*Amer*) boulot, otte (regordete).

sapotáceas *f pl* BOT sapotacées.

sapote *m* BOT sapote *f* (zapote).

saprófago, ga *adj & s m* ZOOL saprophage.

saprófito, ta *adj & s m* BOT saprophyte.

saprógeno, na *adj* saprogène.

sapropel *m* GEOL sapropèle, sapropel.

saque *m* service (tenis) ‖ coup d'envoi (fútbol); hacer el saque donner le coup d'envoi ‖ servant, serveur (jugador) ‖ (*Amer*) distillerie *f* (de aguardiente) ■ saque de banda touche, dégagement en touche (fútbol) ‖ saque de centro coup d'envoi ‖ saque de esquina corner ‖ saque de puerta remise en jeu, dégagement en sortie (fútbol) ‖ línea de saque ligne d'envoi ‖ ventaja al saque avantage au service o dehors (tenis) ■ hacer o tener el saque servir, être au service (tenis) ‖ hacer el saque de puerta dégager (fútbol) ‖ romper el saque enlever le service (tenis) ‖ FIG & FAM tener un buen saque avoir une bonne descente (beber), avoir un bon coup de fourchette (comer).

saqueador, ra *adj & s* pillard, e; pilleur, euse; saccageur, euse.

saqueamiento *m* pillage (saqueo).

saquear *v tr* piller, mettre à sac, saccager.

saqueo *m* pillage, sac; el saqueo de Roma le sac de Rome.

saquera *adj f* aguja saquera grosse aiguille, carrelet.

saquería *f* fabrique de sacs ▌marchand *m* de sacs (tienda).

saquero, ra *m & f* ouvrier, ère qui fait des sacs.

saquete *m* sachet ▌gargousse *f*, sachet (del cañón).

saquito *m* sachet.

SAR (abrev escrita de **Su Alteza Real**) SAR.

Sara *n pr* Sarah, Sara.

saraguate; saraguato *m* (*Amer*) singe hurleur.

Sarajevo *n pr* GEOGR Sarajevo.

sarampión *m* MED rougeole *f* ▌FIG maladie *f*; el amor es un sarampión de todas las edades l'amour est une maladie qui arrive à tout âge.

sarandí *m* (*Amer*) phyllanthe (arbusto).

sarao *m* soirée *f* (reunión).

sarape *m* (*Amer*) sorte de poncho (capote de monte).

sarapico *m* ZOOL courlis, courlieu (zarapito).

sarasa *m* FAM tapette *f* (marica).

sarazo *adj m* (*Amer*) mûrissant (maíz) ▌FIG éméché (achispado).

sarcasmo *m* sarcasme.

sarcásticamente *adv* sarcastiquement.

sarcástico, ca *adj* sarcastique.

▌ SIN irónico ironique; satírico satirique; mordaz mordant; burlón moqueur; sardónico sardonique.

sarcocarpio *m* BOT sarcocarpe.

sarcocele *m* MED sarcocèle *m* o *f*.

sarcófago *m* sarcophage.

sarcolema *m* ANAT sarcolemme.

sarcoma *m* MED sarcome (tumor) ▌MED sarcoma benigno sarcoïde.

sarcomatosis *f inv* MED sarcomatose.

sarcomatoso, sa *adj* MED sarcomateux, euse.

sarcoplasma *m* sarcoplasme.

sarcopto *m* ZOOL sarcopte (arador).

sarcótico, ca *adj* MED sarcotique.

sarda *f* ZOOL maquereau *m* (caballa).

sardana *f* sardane (danza catalana).

sardanapalesco, ca *adj* sardanapalesque ▌llevar una vida sardanapalesca mener une vie de débauche o de Sardanapale.

Sardanápalo *n pr* Sardanapale.

sardanés, esa *adj & s* cerdan, e; de la Cerdagne.

▌ OBSERV pl sardaneses, sardanesas.

sardanista *m & f* danseur, euse de sardane.

sardesco, ca *adj* FIG revêche, bourru, e.

sardina *f* ZOOL sardine; sardinas en espetones brochettes de sardines ▌FIG estar como sardinas en banasta o en lata être serré comme des sardines o des harengs en caque.

sardinal *m* sardinier (red).

sardinel *m* ARQ galandage (obra de ladrillos).

sardinero, ra *adj & s* sardinier, ère ▌barco sardinero sardinier.

sardineta *f* sardine (galón).

sardo, da *adj* tacheté, e (el ganado).
◇ *adj & s* sarde, de Sardaigne (de Cerdeña).
➥ **sardo** *m* LING sarde.

sardónice *f* MIN sardoine (piedra).

sardónico, ca *adj* sardonique; risa sardónica rire sardonique.

sarga *f* serge (tela) ▌patte-mouille (para planchar) ▌toile peinte pour tentures (tela pintada) ▌BOT osier *m* blanc.

sargadilla *f* BOT chénopode *m* (quenopodio).

sargado, da *adj* sergé, e (asargado).

sargazo *m* BOT sargasse *f*.

Sargazos *n pr* GEOGR el mar de los Sargazos la mer des Sargasses.

sargenta *f* hallebarde (alabarda) ▌femme du sergent ▌FIG & FAM grenadier *m*, gendarme *m*, dragon *m*; mi portera es una sargenta ma concierge est un gendarme.

sargentear *v tr* FIG & FAM régenter, commander en maître.

sargentería *f* fonctions *pl* du sergent.

sargentía *f* grade *m* de sergent.

sargento *m* sergent ▌FIG & FAM gendarme, dragon; su director es un sargento son directeur est un gendarme ▌sargento mayor sergent-major, sergent-chef.

sargentona *f* FAM grenadier *m*, virago.

sargo *m* ZOOL sargue (pez).

sargueta *f* sergette (tela).

sari *m* sari (traje femenino en la India).

sariga *f* (*Amer*) sarigue (zarigüeya).

sarisa *f* sarisse (lanza macedónica).

Sarmacia *n pr* HIST Sarmatie.

sármata *adj & s* sarmate (de Sarmacia).

sarmentoso, sa *adj* sarmenteux, euse ▌rabougri, e (árbol, planta) ▌FIG décharné, e; racorni, e; viejo de miembros sarmentosos vieillard aux membres décharnés.

sarmiento *m* sarment ▌FIG el pobre está ya hecho un sarmiento le pauvre, le voilà tout décharné o sec comme un fagot ▌ponerse como un sarmiento se racornir.

sarna *f* MED gale ▌FIG & FAM más viejo que la sarna vieux comme le monde o les rues.

sarnoso, sa *adj & s* galeux, euse ▌FIG perro sarnoso brebis galeuse.

sarong *m* sarong.

sarpullido *m* éruption *f* cutanée.

sarracena *f* BOT sarracénie.

sarracénico, ca *adj* sarracénique.

sarraceno, na *adj & s* sarrasin, e ▌trigo sarraceno sarrasin, blé noir.

Sarre *n pr m* GEOGR Sarre (Land) ▌el Sarre la Sarre (río).

sarrillo *m* râle (estertor) ▌tartre (sarro) ▌BOT gouet, arum (aro).

sarrio *m* isard (gamuza).

sarro *m* dépôt (sedimento en una vasija) ▌tartre (en una caldera) ▌tartre (de los dientes) ▌BOT rouille *f* (roya) ▌saburre *f* (de la lengua).

sarroso, sa *adj* couvert d'un dépôt (vasija) ▌tartreux, euse (dientes) ▌saburral, e (lengua) ▌attaqué de rouille, rouillé, e (planta).

sarrusófono *m* MÚS sarrussophone (instrumento).

sarta *f* chapelet *m*; sarta de cebollas chapelet d'oignons ▌FIG file (de personas) ▌ribambelle; una sarta de niños une ribambelle d'enfants ▌kyrielle; en medio de su discurso soltó toda una sarta de citas au milieu de son discours, il débita toute une kyrielle de citations ▌chapelet *m*; soltó una sarta de mentiras il a débité un chapelet de mensonges ▌esta carta es una sarta de embustes cette lettre est un tissu de mensonges.

sartén *f* poêle (à frire) ▌FIG fournaise; esta región es una sartén cette région est une fournaise ▌FIG & FAM tener la sartén por el mango tenir la queue de la poêle.

sartenada *f* poêlée.

sartenazo *m* coup de poêle à frire ▌FIG & FAM coup violent.

sarteneja *f* poêlon *m*.

sartenejal *m* (*Amer*) sol crevassé.

sartorio *adj m & s m* ANAT couturier (músculo).

SAS (abrev escrita de **Su Alteza Serenísima**) SAS.

sasafrás *m inv* BOT sassafras.

sastra *f* couturière (modista) ▌ravaudeuse (que arregla los trajes), lingère (en una casa) ▌femme du tailleur (mujer del sastre).

sastre *m* tailleur ■ sastre, traje sastre tailleur, costume tailleur ▌sastre de señoras couturier ▌sastre de viejo ravaudeur ■ FIG & FAM cajón de sastre fouillis, capharnaüm ▌entre sastres no se paga la hechura entre collègues on peut se rendre de petits services ▌ver algo desde el tendido de los sastres être aux premières loges.

sastrería *f* métier *m* de tailleur (oficio) ▌atelier *m* o boutique du tailleur ▌ir a la sastrería aller chez le tailleur.

Satanás; Satán *n pr* Satan.

satánico, ca *adj* satanique, démoniaque, diabolique.

satanismo *m* satanisme.

satélite *m* ASTRON satellite; satélite artificial satellite artificiel; satélite de comunicaciones satellite de télécommunication ▌MECÁN satellite (piñón).
◇ *adj & s* satellite; país satélite pays satellite ▌ciudad satélite ville satellite ▌satélite de Satán suppôt de Satan.

satelización *f* satellisation.

satelizar [13] *v tr* satelliser.

satén *m* satin (raso).

satín *m* bois semblable au noyer.

satinado, da *adj* satiné, e; papel satinado papier satiné.
➥ **satinado** *m* satinage.

satinador, ra *adj & s* satineur, euse.

satinar *v tr* satiner.

sátira *f* satire (crítica).

▌ SIN epigrama épigramme; crítica critique; pulla quolibet.

satiriasis *f inv* MED satyriasis *m inv*.

satíricamente *adv* satiriquement.

satírico, ca *adj* satirique (de la sátira) ∥ satyrique (del sátiro).

◆ **satírico** *m* auteur satirique.

satirio *m* ZOOL rat d'eau.

satirizar [13] *v tr & intr* satiriser.

sátiro *m* MIT satyre ∥ ZOOL satyre ∥ FIG satyre.

satisdación *f* DR caution (fianza).

satisfacción *f* satisfaction; dar plena satisfacción donner toute satisfaction ∥ satisfaction, assouvissement *m* (de un deseo, de un apetito) ∎ a satisfacción à volonté ∥ pedir satisfacción de una ofensa exiger satisfaction o réparation d'une offense ∥ tener mucha satisfacción de sí mismo être très satisfait de sa personne, être très content de soi.

satisfacer [60] *v tr & intr* satisfaire ∥ réparer (una afrenta) ∥ subvenir; satisfacer sus necesidades subvenir à ses besoins ∥ assouvir (las pasiones) ∎ satisfacer (a) la demanda répondre à la demande ∥ satisfacer todos los requisitos remplir toutes les conditions requises ∥ DR satisfacer una demanda faire droit à une requête, satisfaire une demande ∥ satisfacer una deuda acquitter une dette.

◆ **satisfacerse** *v pr* se venger ∥ satisfacerse con razones se payer de raisons.

satisfactoriamente *adv* d'une manière satisfaisante.

satisfactorio, ria *adj* satisfaisant, e; contestación satisfactoria réponse satisfaisante ∥ RELIG satisfactoire.

satisfecho, cha *adj* satisfait, e; content, e ∥ suffisant, e; satisfait, e de sa personne; content, e de soi (vanidoso) ∎ satisfecho con se contenter de ∥ FAM me he quedado satisfecho c'était très bien o parfait.

sátrapa *m* satrape.

satrapía *f* satrapie.

saturabilidad *f* QUÍM saturabilité.

saturable *adj* QUÍM saturable.

saturación *f* saturation.

saturado, da *adj* saturé, e ∥ FIG saturé, e (harto).

saturador *m* saturateur.

saturante *adj* QUÍM saturant, e.

saturar *v tr* saturer.

saturnales *f pl* HIST saturnales.

Saturnina *n pr* Saturnine.

saturnino, na *adj* saturnien, enne (triste) ∥ saturnin, e (del plomo); cólico saturnino colique saturnine.

Saturnino *n pr* Saturnin.

saturnio, nia *adj* saturnien, enne.

saturnismo *m* MED saturnisme.

Saturno *n pr* ASTRON, ASTROL & MITOL Saturne.

sauce *m* BOT saule (árbol) ∎ sauce cabruno marsault ∥ sauce llorón saule pleureur.

sauceda *f*; **saucedal** *m*; **saucera** *f* BOT saulaie *f*, saussaie *f*.

saúco *m* BOT sureau (arbusto).

saudade *f* nostalgie (añoranza).

saudoso, sa *adj* nostalgique, triste.

Saúl *n pr* Saül.

Saulo *n pr* Saul.

sauna *f* sauna *m*.

saurios *m pl* ZOOL sauriens.

sausería *f* office *m* de bouche, serdeau *m* (cargo).

sausier *m* serdeau, officier de bouche.

sauzal *m* saussaie *f* (sauceda).

sauzgatillo *m* BOT gattilier.

savia *f* BOT sève ∥ FIG sève.

savoir-faire [saˈβwarfer] *m* savoir-faire.

saxafrax *f* BOT saxifrage.

saxátil *adj* BOT saxatile, saxicole.

saxífraga *f* BOT saxifrage.

saxifragáceas *f pl* BOT saxifragacées.

saxofón; saxófono *m* MÚS saxophone.

saxofonista *m & f* saxophoniste.

saxófono ◆ **saxofón**.

saya *f* jupe (falda) ∥ jupon *m* (enaguas).

sayal *m* bure *f* (tela).

sayo *m* veste ample *f* ∥ saie *f*, sayon (abrigo de los soldados romanos) ∎ FIG & FAM cortar a uno un sayo casser du sucre sur le dos de quelqu'un (murmurar) ∥ decir para su sayo dire à part soi o à son bonnet ∥ hacer de su capa un sayo n'en faire qu'à sa tête ∥ hasta el cuarenta de mayo no te quites el sayo en avril ne te découvre pas d'un fil.

sazón *f* maturité (madurez) ∥ goût *m*, saveur (sabor) ∥ assaisonnement *m* (aderezo) ∥ FIG occasion (oportunidad) ∎ a la sazón à ce moment-là, alors ∥ en sazón à point, mûr, e (fruta); à propos, au bon moment (oportunamente) ∥ fuera de sazón hors de propos, hors de saison.

◇ *adj* (*Amer*) mûr, e; plátano sazón banane mûre.

▍ OBSERV Saison, époque de l'année, se dit estación.

sazonado, da *adj* assaisonné, e (bien aderezado) ∥ FIG plein d'esprit, piquant, e (humorístico).

sazonar *v tr* assaisonner (manjares) ∥ FIG mettre au point (madurar) ∥ agrémenter, pimenter (amenizar); sazonar un relato con salidas ingeniosas pimenter un récit de traits d'esprit.

◆ **sazonarse** *v pr* arriver à maturité, mûrir (madurar).

scherzo *m* MÚS scherzo.

schnorchel *m* MAR schnorchel.

scooter ◆ escúter.

▍ OBSERV *pl* scooters.

scotch [esˈkotʃ] *m* scotch [whisky].

▍ OBSERV *pl* scotchs.

scout *m* scout (explorador).

▍ OBSERV *pl* scouts.

script [esˈkript] *m* script (guión).

▍ OBSERV *pl* scripts.

script-girl *f* CINEM script-girl, scripte (secretaria de rodaje).

▍ OBSERV *pl* script-girls.

SDN (*abrev escrita de* Sociedad de Naciones) *f* HIST SDN.

se *pron pers* **1.** se (acusativo con acción reflexiva); mi padre se pasea mon père se promène; paseándose en se promenant ∥ vous (con usted o ustedes); cállese, cállense taisez-

vous. **2.** on (acusativo con acción no reflexiva); se siega el trigo en agosto on moissonne le blé au mois d'août; se piden voluntarios on demande des volontaires; se me entregaron dos cartas on m'a remis deux lettres. [Dans ce cas, la construction espagnole est pronominale, quoique son sens ne soit pas réfléchi] **3.** on (indefinido); aquí se habla demasiado on parle trop ici; se dice que on dit que; se felicitó a los vencedores on félicita les vainqueurs; Señor, se le llama Monsieur, on vous appelle [Dans ce cas le pronom espagnol "se" joue le rôle d'un véritable sujet] **4.** lui *m & f sing, leur m & f pl* (dativo); se lo diré je lui, leur dirai; a ellos, se las mandaré à eux, je les leur enverrai ∥ vous (con usted o ustedes); se lo diremos nous vous le dirons [l'ordre des pronoms en espagnol est inverse de l'ordre français: le complément indirect est placé le premier].

▍ OBSERV Le pronom se est enclitique lorsqu'il est complément d'un verbe à l'infinitif (callarse), au gérondif (quejándose), ou à l'impératif (siéntese). Il ne faut pas oublier que la forme pronominale remplace souvent en espagnol la voix passive (se resolvió el problema le problème fut résolu).

SE (abrev escrita de Su Excelencia) SE.

sebáceo, a *adj* sébacé, e; glándulas sebáceas glandes sébacées ∥ suiffeux, euse (que tiene sebo).

Sebastián *n pr* Sébastien.

sebista *m & f* (*Amer*) paresseux, euse.

sebo *m* suif, graisse *m* (de animal) ∥ graisse *f* (gordura cualquiera) ∥ ANAT sébum ∥ FAM cuite *f* (borrachera) ∥ FAM (*Amer*) hacer sebo faire du lard, fainéanter.

seborrea *f* MED séborrhée.

seboso, sa *adj* gras, grasse; suiffé, e (untado con sebo) ∥ graisseux, euse (grasiento).

seca *f* sécheresse (sequía) ∥ MED petit ganglion *m* (infarto).

secadal *m* terrain sec o non irrigué.

secadero, ra *adj* qui peut se conserver sec (frutas).

◆ **secadero** *m* séchoir (aparato, lugar) ∥ sécherie *f* (de pescado).

secado *m* séchage ∥ dessiccation *f*, séchage (de las maderas) ∥ essorage (de la ropa).

secador *m* séchoir ∥ sèche-cheveux *inv*, séchoir (de pelo) ∥ (*Amer*) serviette *f* (toalla).

secadora *f* sécheuse (aparato) ∥ essoreuse (para la ropa).

secamente *adj* sèchement.

secano *m* terrain non irrigué ∥ banc de sable (banco de arena) ∥ campo de secano champ de culture sèche.

secante *adj & s m* buvard (papel) ∥ siccatif, ive (sustancia); pintura secante peinture siccative.

◇ *adj & s f* MAT sécant, e.

◇ *m* DEP joueur qui marque son adversaire.

secar [10] *v tr* sécher (la ropa, etc.) ∥ essorer (secar la ropa con una máquina) ∥ essuyer (enjugar); secar los platos essuyer la vaisselle ∥ dessécher; el sol seca la tierra, las frutas le soleil dessèche la terre, les fruits ∥ tarir (fuente, pozo) ∥ FIG ennuyer, assommer (aburrir) ∥ sécher (las lágrimas) ∥ DEP marquer.

◆ **secarse** *v pr* sécher ∥ se faire sécher; secarse al sol después de un baño se faire sécher au soleil après un bain ▌ se dessécher (río, suelo) ▌ tarir (fuente, pozo) ▌ sécher (planta) ▌ FIG dépérir (persona o animal) ▌ se dessécher (el alma) ▌ tarir (las lágrimas).

secarrón, ona *adj* FAM sec, sèche; revêche.

sección *f* section (cortadura); la sección de un hueso la section d'un os ▌ section (parte o grupo) ▌ coupe (dibujo) ▌ partie (de un capítulo) ▌ rayon *m* (en un almacén); sección caballeros rayon hommes ▌ MAT & MIL section ▌ IMPR page, chronique (en un periódico); la sección deportiva la page des sports, la chronique sportive.

seccionador *m* ELECTR sectionneur.

seccionamiento *m* sectionnement.

seccionar *v tr* sectionner.

secesión *f* sécession (de un Estado).

secesionismo *m* sécessionnisme.

secesionista *adj & s* sécessioniste.

seco, ca *adj* sec, sèche (sin humedad); la ropa está seca le linge est sec; terreno, tiempo seco terrain, temps sec ▌ à sec (en agua); río seco rivière à sec ▌ sec, sèche; sans jus (guisado) ▌ desséché, e (plantas sin vigor) ▌ séché, e (flores de herbario) ▌ sec, sèche (fruta, leña, pan) ▌ FIG sec, sèche; décharné, e (flaco) ▌ sec, sèche (sin azúcar); champaña seco champagne sec ▌ sec, sèche (sonido, golpe); un ruido seco un bruit sec ▌ sec, sèche (genio, corazón, estilo, etc.) ■ ama seca nourrice sèche ▌ a palo seco à sec de voile (barco) ▌ a secas tout court; llamarse Pedro a secas s'appeler Pierre tout court ▌ en seco à sec; limpieza en seco nettoyage à sec; net, pile; parar en seco s'arrêter net; au sec (fuera del agua) ▌ hojas secas feuilles mortes ■ FIG dejar seco laisser sur le carreau ▌ estar seco avoir la pépie (tener sed) ▌ guardarse en sitio seco tenir au sec (una medicina) ▌ FIG parar a uno en seco clouer le bec à quelqu'un ▌ quedar seco tomber raide mort ▌ ser más seco que una pasa o un higo o una avellana être sec comme un coup de trique.

secoya *f* BOT séquoia *m* (árbol).

secreción *f* ANAT sécrétion.

secreta *f* enquête secrète (sumaria) ▌ RELIG secrète (oración) ▌ (desusado) cabinets *m pl* (excusado) ▌ FAM police secrète, la secrète.

secretamente *adv* secrètement.

secretar *v tr* sécréter.

secretaría *f* secrétariat *m* (cargo y oficina de un secretario) ▌ secrétairerie; secretaría de Estado secrétairerie d'État (en el Vaticano y en los Estados Unidos) ▌ (Amer) ministère *m*.

secretariado *m* secrétariat (secretaría).

secretario, ria *m & f* secrétaire; secretario general secrétaire général; secretario municipal secrétaire de mairie (ant) confident, e; secrétaire ▌ (Amer) ministre *m* ■ secretaria de rodaje script-girl ▌ secretario de Estado secrétaire d'État.
➤ **secretario** *m* ZOOL secrétaire (ave).

secretear *v intr* FAM faire des messes basses.

secreteo *m* FAM chuchotement, mystères *pl* ▌ andar con secreteos faire des messes basses.

secreter *m* secrétaire (mueble).
▌ OBSERV pl secreters.

secretina *f* sécrétine (hormona).

secreto, ta *adj* secret, ète.
➤ **secreto** *m* [▷ SIN] secret; estar en el secreto être dans le secret ▌ MÚS table *f* d'harmonie, sommier ■ bajo secreto de confesión sous le sceau de la confession ▌ cerradura de secreto serrure à secret ▌ de o en secreto en secret, secrètement ▌ guardar un secreto garder un secret, observer le secret ▌ FAM secreto a voces secret de polichinelle ▌ secreto profesional, de Estado secret professionnel, d'État.
▌ SIN misterio mystère; arcano arcane; clave, cifra clef, chiffre.

secretor, ra; secretorio, ria *adj* ANAT sécréteur; sécréteur, trice; sécrétoire.

secta *f* secte.

sectario, ria *adj & s* sectateur, trice (partidario) ▌ sectaire (fanático).

sectarismo *m* sectarisme.

sector *m* secteur; sector circular, esférico secteur circulaire, sphérique; sector económico secteur économique ▌ MIL secteur ■ ECON sector primario, secundario, terciario secteur primaire, secondaire, tertiaire ▌ sector privado, público secteur privé, public.

sectorial *adj* sectoriel, elle.

secuano, na *adj & s* séquanais, e (del sena).

secuaz *adj & s* partisan (sin femenino), acolyte, séide; Al Capone y sus secuaces Al Capone et ses acolytes.
▌ OBSERV 1. Ce mot a toujours une nuance péjorative.
▌ 2. pl secuaces.

secuela *f* séquelle, suite (consecuencia).

secuencia *f* RELIG séquence ▌ CINEM séquence.

secuencial *adj* INFORM séquentiel, elle.

secuenciar [8] *v tr* ordonner.

secuestrador, ra *adj & s* qui séquestre.
➤ **secuestrador** *m* pirate de l'air (de un avión).

secuestrar *v tr* séquestrer ▌ saisir (un periódico) ▌ détourner (un avión) ▌ FIG séquestrer (aislar).

secuestro *m* séquestration *f* (de una persona) ▌ séquestre (de bienes) ▌ saisie *f* (de un periódico, de un libro) ▌ détournement (de un avión).

secula ['sekula]
➤ **secula seculorum** *loc adv* ad vitam a eternam.

secular *adj* séculier, ère (seglar); clero secular clergé séculier ▌ séculaire (de cien años o más); árbol secular arbre séculaire ▌ FIG séculaire; un prejuicio secular un préjugé séculaire.
◇ *adj & s* séculier, ère (eclesiástico) ▌ brazo secular bras séculier.

secularización *f* sécularisation (de un religioso) ▌ désaffection (de una iglesia).

secularizar [13] *v tr* séculariser (un religioso) ▌ désaffecter (una iglesia).

secundar *v tr* seconder ▌ assister; secundar a un cirujano assister un chirurgien.
▌ SIN colaborar collaborer; asistir assister; ayudar aider; auxiliar auxilier; coadyuvar contribuer.

secundariamente *adv* secondairement.

secundario, ria *adj* secondaire.
➤ **secundario** *m* secondaire.

secundinas *f pl* ANAT placenta *m sing*.

secura *f* (p us) sécheresse (sequedad).

sed *f* soif; tener sed avoir soif ▌ FIG soif; la sed del oro la soif de l'or ■ apagar la sed étancher la soif, désaltérer ▌ quitar la sed désaltérer; bebida que quita la sed boisson qui désaltère ▌ rabiar de sed mourir de soif.

seda *f* soie (textil); seda artificial soie artificielle; seda cruda, floja soie écrue o crue o grège, floche; gusano de seda ver à soie ▌ soie (cerda de puerco o de jabalí) ■ seda cocida soie cuite ▌ seda de candongo o de candongos soie torse, organsin ▌ seda ocal o redonda doupion, duppion ■ FIG aunque la mona se vista de seda, mona se queda le singe est toujours singe, fût-il vêtu de pourpre ▌ entrar como una seda entrer comme dans du beurre ▌ hecho una seda doux comme un agneau ▌ ir o marchar como una seda aller comme sur des roulettes, bien marcher, tourner rond ▌ ser como una seda être doux comme de la soie (suave), être doux comme un agneau (dócil).

sedación *f* MED sédation.

sedadera *f* affinoir *m* (de cáñamo).

sedal *m* ligne *f* (para la pesca) ▌ MED séton.

sedán *m* AUTOM berline *f*.

sedante *adj & s m* calmant, e; sédatif, ive.

sedar *v tr* (p us) calmer.

sedativo, va *adj & s m* MED sédatif, ive.

sede *f* siège *m* (episcopal) ▌ siège *m*; la sede de la ONU le siège de l'ONU ■ Santa Sede Saint-Siège ▌ sede social siège social (sociedad).

sedear *v tr* saietter, brosser (joyas).

sedentario, ria *adj & s* sédentaire.

sedentarismo *m* sédentarité *f*.

sedente *adj* (p us) assis, e (estatua).

sedeño, *adj* soyeux, euse (de seda) ▌ couvert de soies (animal).
➤ **sedeña** *f* étoupe (estopa).

sedera *f* soie (del joyero).

sedería *f* soierie ▌ magasin *m* de soieries.

sedero, ra *adj* de la soie; industria sedera industrie de la soie.
➤ **sedero** *m* soyeux (negociante de la seda).

sedicente *adj* soi-disant *inv*.
▌ OBSERV Este adjetivo, considerado anteriormente como un barbarismo en español, equivale a supuesto.

sedición *f* sédition (rebelión).

sedicioso, sa *adj & s* séditieux, euse; frondeur, euse (rebelde).

sediente *adj* DR bienes sedientes biensfonds.

sediento, ta *adj* assoiffé, e ▌ FIG desséché, e; sec, sèche (campos) ▌ avide, assoiffé, e; sediento de riquezas assoiffé de richesses.

sedimentación *f* sédimentation.

sedimentar *v tr* déposer (un sedimento).
➤ **sedimentarse** *v pr* se déposer.

sedimentario, ria *adj* sédimentaire.

sedimento *m* sédiment ▌ dépôt (en los líquidos).
▌ SIN asiento, depósito dépôt; residuo résidu;

▦ poso lie.

sedoso, sa *adj* soyeux, euse.

seducción *f* séduction ▌ mujer que tiene mucha seducción femme très séduisante.

seducir [33] *v tr* séduire; seducir con hermosas promesas séduire par de belles promesses.

seductor, ra *adj* & *s* séducteur, trice.
◇ *adj* séduisant, e.

sefardí; sefardita *adj* & *s* sefardi, sefaraddi.
▌ **OBSERV 1.** El plural de la palabra francesa es sefardim o sefaraddim.
2. Le pluriel de sefardí est sefardíes.

SEFARDÍ ——————————
Nom des juifs et descendants des juifs qui furent chassés de la péninsule ibérique sous le règne des Rois Catholiques. Les séfarades se disséminèrent dans le monde entier, mais s'installèrent plus particulièrement dans les pays du pourtour méditerranéen et conservèrent leurs coutumes religieuses et leur langue d'origine (castillan, catalan, galicien). Leurs descendants continuent à parler et à écrire le castillan pur du XVIᵉ siècle et ont conservé des mots et des sons disparus dans les autres régions hispanophones.

segadera *f* faucille (hoz), faux (guadaña).

segador *m* faucheur (trabajador) ▌ **ZOOL** faucheux, faucheur (araña).

segadora *adj f* & *s f* moissonneuse; segadora atadora moissonneuse-lieuse ▌ faucheuse (guadañadora) ▌ segadora trilladora moissonneuse-batteuse.

segar [35] *v tr* faucher ▌ **FIG** faucher; segados en plena juventud fauchés en pleine jeunesse.

Segismundo *n pr* Sigismond.

seglar *adj* & *s* laïc, laïque (laicos); laïque *adj*; el apostolado seglar l'apostolat laïque.
◇ *m* séculier (lego).

segmentación *f* segmentation.

segmentar *v tr* segmenter.

segmentario, ria *adj* segmentaire.

segmento *m* **GEOM** & **MECÁN** segment; segmento de cierre hermético segment d'étanchéité.

Segovia *n pr* **GEOGR** Ségovie.

segoviano, na; segoviense *adj* & *s* de Ségovie.

segregación *f* ségrégation; segregación racial ségrégation raciale.

segregacionismo *m* ségrégationnisme.

segregacionista *adj* & *s* ségrégationniste.

segregar [16] *v tr* séparer (apartar) ▌ sécréter (secretar).

segregativo, va *adj* ségrégatif, ive.

segrí *m* étoffe *f* de soie ancienne.
▦ **OBSERV** pl segríes.

segueta *f* scie à chantourner o à contourner o à découper.

seguida *f* (p us) suite ■ de seguida tout de suite ▌ en seguida aussitôt, tout de suite (sin esperar); lo llamé y vino en seguida je l'appelai et il vint aussitôt; voy en seguida j'y vais tout de suite; aussitôt après (acto continuo); lo haré en seguida je le ferai aussitôt après.

seguidamente *adv* de suite (de seguida) ▌ aussitôt (en seguida) ▌ aussitôt après (acto continuo).

seguidilla *f* **MÚS** séguedille.

seguido, da *adj* suivi, e ▌ de suite; dos días seguidos deux jours de suite ▌ rapproché, e; ha tenido tres niños muy seguidos elle a eu trois enfants très rapprochés ▌ en ligne droite (camino, carretera) ■ acto seguido sur-le-champ, tout de suite après, immédiatement après ▌ iban tres camiones seguidos il y avait trois camions l'un derrière l'autre, trois camions se suivaient.
➡ **seguido** *adv* tout droit; vaya seguido allez tout droit ▌ (*Amer*) souvent (a menudo) ▌ todo seguido tout droit; siga usted, es todo seguido continuez, c'est tout droit.

seguidor, ra *adj* qui suit.
➡ **seguidor** *m* partisan, adepte (partidario), supporter (en deportes) ▌ suiveur (ciclismo).

seguimiento *m* suite *f*, succession *f* ▌ **FIG** suivi (de un negocio).

seguir [43] *v tr* [▷ **SIN**] suivre (ir detrás o después) ▌ suivre (un discurso, una opinión, etc.) ▌ continuer; seguir su camino continuer son chemin ▌ continuer, poursuivre; seguimos nuestras investigaciones poursuivons nos recherches ■ **FIG** el que la sigue la mata on arrive toujours à ses fins ▌ seguir con los ojos a uno suivre quelqu'un des yeux ▌ seguir de cerca a uno suivre quelqu'un de près ▌ seguir las zancadas de rester dans la foulée de ▌ seguir su curso suivre son cours.
◇ *v intr* suivre (venir después) ▌ être toujours; sigue en París il est toujours à Paris; mi tío sigue enfermo mon oncle est toujours malade ▌ continuer à o de; sigue trabajando il continue à travailler ■ ¡que siga bien! bonne continuation! ▌ seguir con su trabajo poursuivre son travail ▌ **FIG** & **FAM** seguir en sus trece ne pas vouloir en démordre, rester sur ses positions ▌ seguir en su trabajo faire toujours le même travail ▌ seguir siendo être toujours, continuer à être, rester; a pesar de su edad sigue siendo guapa elle reste belle malgré son âge ▌ ¡sigamos! enchaînons! (teatro) ▌ sigue à suivre (folletín), TSVP (carta, documento).
➡ **seguirse** *v pr* se suivre ▌ s'ensuivre, découler (inferirse).

▌ **SIN** acompañar accompagner; escoltar escorter.

seguiriya *f* **MÚS** séguedille (en flamenco).

según *prep* selon, suivant; según los casos selon les cas; te pagaré según tu trabajo je te paierai selon ton travail; según te encuentres mañana selon l'état dans lequel tu seras demain ▌ selon, d'après (con pronombres o nombres de persona); según ellos selon eux; según eso d'après cela; Evangelio según San Lucas Évangile selon saint Luc ▌ comme (como); sigue todo según estaba tout est comme avant ▌ à mesure que, au fur et à mesure que (conforme); según nos acercábamos, el ruido aumentaba à mesure que nous approchions, le bruit s'amplifiait ▌ à ce que; según dicen à ce qu'on dit; según veo à ce que je vois ■ según el artículo 5 de la ley aux termes de l'article 5 de la loi ▌ según están las cosas dans l'état actuel des choses ▌ según que selon que.
◇ *adv* tellement, tant; no podía moverse,

según estaba de cansado il ne pouvait bouger, tellement il était fatigué ▌ ça dépend, c'est selon **FAM**; vendrá o no, según il viendra ou non, cela dépend ■ es según c'est selon, ça dépend ▌ según y conforme o según y como tal, telle que; te lo entrego según y como me lo dieron je te le remets tel qu'on me l'a donné; c'est selon, ça dépend (depende).

segunda *f* double-tour *m* (cerraduras) ▌ seconde; viajar en segunda voyager en seconde ▌ seconde (velocidad) ▌ seconde (de esgrima) ▌ **FIG** arrière-pensée (reserva mental) ▌ sous-entendu *m*; hablar con segundas parler par sous-entendus.

segundar *v tr* recommencer, renouveler (repetir) ▌ seconder, aider (auxiliar).
◇ *v intr* venir en second lieu.

segundario, ria *adj* secondaire.

segundero, ra *adj* de la seconde récolte.
➡ **segundero** *m* trotteuse *f* (en un reloj).

segundilla *f* clochette de couvent.

segundo, da *adj* deuxième, second, e ■ de segunda mano de seconde main, d'occasion ▌ en segundo lugar deuxièmement ▌ segunda enseñanza enseignement secondaire ▌ segunda intención sous-entendu; hablar con segundas intenciones parler par sous-entendus; arrière-pensée; sin segunda intención sans arrière-pensée ▌ segundo jefe commandant en second ▌ segundo piso second, deuxième étage ▌ sobrino segundo neveu au deuxième degré o à la mode de Bretagne **FAM**.
➡ **segundo** *adv* deuxièmement (en segundo lugar).
➡ **segundo** *m* seconde *f* (del reloj) ▌ second (en una jerarquía) ▌ second (piso) ▌ **GEOM** seconde *f* ▌ soigneur (en boxeo) ▌ **MAR** el segundo de a bordo le commandant en second, le second.
▌ **OBSERV** Deuxième y second son sinónimos, pero deuxième se emplea más bien en una enumeración de más de dos y second cuando la enumeración no pasa de dos.

segundogénito, ta *adj* & *s* cadet, ette; second, e.

segundogenitura *f* droit *m* o privilège *m* du cadet.

segundón *m* cadet, puîné.

seguntino, na *adj* & *s* de Sigüenza [Espagne].

segur *f* hache (hacha) ▌ faucille (hoz).

seguramente *adv* sûrement.

seguridad *f* sécurité, sûreté ▌ [▷ **SIN**] assurance, certitude (certidumbre) ▌ caution, garantie (fianza) ▌ sûreté (destreza, firmeza) ■ con toda seguridad en toute sécurité (sin riesgo), avec certitude (decir) ▌ de seguridad de sûreté (mecanismo); cerradura de seguridad serrure de sûreté ▌ Dirección General de Seguridad Sûreté nationale ▌ en la seguridad de que avec l'assurance que ▌ en seguridad en sûreté, en sécurité ▌ seguridad en sí mismo assurance ▌ Seguridad Social Sécurité sociale ▌ tener la seguridad de être sûr de, avoir la certitude que.
▌ **SIN** confianza confiance; firmeza fermeté; aplomo aplomb; calma tranquilidad calme.

seguro, ra *adj* sûr, e; certain, e (cierto); estoy seguro de que ha venido je suis sûr qu'il est venu ∎ en sécurité, à l'abri (libre de peligro) ∎ sûr, e (firme) ∎ confiant, e; tranquille (sin recelo) ∎ dar por seguro assurer, affirmer.

◆ **seguro** *m* assurance *f*; seguro a todo riesgo assurance tous risques; seguro contra accidentes assurance accidents; seguro contra robo assurance vol; seguro contra tercera persona assurance au tiers; seguro de incendios assurance contre l'incendie; seguro de vida assurance sur la vie, assurance vie; compañía de seguros compagnie d'assurances ∎ cran d'arrêt, sécurité *f*, sûreté *f* (de armas) ∎ a buen seguro sûrement, sans aucun doute ∎ de seguro à coup sûr ∎ en seguro en sûreté (a salvo) ∎ seguros sociales assurances sociales, sécurité sociale ∎ sobre seguro sans prendre de risque, à coup sûr; apostar sobre seguro parier à coup sûr.

seíbo *m* (*Amer*) flamboyant (ceibo).

seis *adj & s m* six ∎ dan las seis 6 [six] heures sonnent ∎ el seis de enero le 6 [six] janvier.

seisavo, va *adj & s* sixième.

seiscientos, tas *adj & s m* six cents; dos mil seiscientos deux mille six cents ∎ six cent; seiscientos veinte six cent vingt (seguido de otra cifra); el año seiscientos l'an six cent (cuando equivale a un ordinal) ∎ mil seiscientos mille six cents, seize cents.

seise *m* enfant de chœur (monaguillo).

seisillo *m* MÚS double triolet.

seísmo *m* séisme (terremoto).
∎ SIN terremoto tremblement de terre; sacudida secousse; cataclismo cataclysme.

selacios *m pl* ZOOL sélaciens.

selaginella *f* BOT sélaginelle.

selección *f* sélection; selección natural sélection naturelle ∎ choix *m*; una selección de libros un choix de livres ∎ FOT sélection de color séparation des couleurs ∎ selección por méritos recrutement sur titres.

seleccionado, da *adj & s* DEP sélectionné, e.

seleccionador, ra *adj & s* DEP sélectionneur, euse.

seleccionar *v tr* sélectionner ∎ choisir (elegir).

selectividad *f* RAD sélectivité ∎ examen d'entrée à l'université, ≃ baccalauréat *m*.

selectivo, va *adj* sélectif, ive ∎ curso selectivo, selectivo année préparatoire (en las escuelas técnicas superiores).

selecto, ta *adj* choisi, e; poesías selectas poésies choisies ∎ FIG choisi, e (superior); sociedad, vinos selectos société choisie, vins choisis ∎ ser de lo más selecto être ce qu'il y a de mieux.
∎ OBSERV Select es familiar en francés y significa sólo elegante (sociedad, club, etc.).

selector *m* sélecteur.

Selene *n pr* MITOL Séléné.

seleniato *m* QUÍM séléniate.

selénico *adj m* QUÍM sélénique.

selenio *m* QUÍM sélénium.

selenioso *adj m* QUÍM sélénieux.

selenita *f* sélénite.

selenitoso, sa *adj* QUÍM séléniteux, euse.

seleniuro *m* QUÍM séléniure.

selenografía *f* ASTRON sélénographie.

selenográfico, ca *adj* sélénographique.

selenógrafo *m* ASTRON sélénographe.

selenosis *f inv* albugo *m* (mancha en las uñas).

seléucidas *m pl* HIST séleucides.

Seleuco *n pr* Séleucos.

self *f* ELECTR self.
∎ OBSERV pl selfs.

selfinducción *f* self-induction, auto-induction.

self-service *m* self-service, libre-service.
∎ OBSERV 1. Anglicisme qui correspond à l'espagnol autoservicio.
2. pl self-services.

sellado, da *adj* scellé, e (documento oficial) ∎ cacheté, e; carta sellada lettre cachetée ∎ timbré, e; papel sellado papier timbré ∎ AUTOM circuito sellado circuit scellé. sellado *m* scellage.

selladora *f* machine à affranchir.

selladura *f* scellage *m* (de un documento oficial) ∎ cachetage *m* (de una carta) ∎ timbrage *m* (con timbre).

sellar *v tr* sceller (un documento oficial) ∎ mettre un cachet sur; me sellaron este papel en el consulado on m'a mis un cachet sur ce papier au consulat ∎ cacheter (una carta); sellar con lacre cacheter à la cire ∎ timbrer (timbrar) ∎ DR mettre les scellés sur ∎ contrôler, poinçonner (monedas y joyas) ∎ FIG empreindre de, marquer de, marquer du sceau de (marcar) ∎ sceller (la amistad) ∎ terminer (concluir) ∎ papel sin sellar papier libre ∎ FIG sellar su suerte sceller son destin.

sello *m* timbre (viñeta de papel); sello fiscal timbre fiscal ∎ sceau (de documento oficial) ∎ cachet (de metal o caucho y su marca) ∎ tampon (de caucho) ∎ cachet (medicina) ∎ poinçon, contrôle (de monedas y joyas) ∎ FIG cachet, marque *f*, griffe *f*; sus obras llevan su sello ses œuvres portent sa marque ∎ marque *f*, empreinte *f*; el sello del genio l'empreinte du génie ∎ cachet; un sello de elegancia un cachet d'élégance ∎ sello de correo timbreposte ∎ BOT sello de Salomón sceau-de-Salomon ∎ sello discográfico label ∎ echar el sello a una cosa mettre la dernière main à une chose ∎ estampar o poner su sello apposer son sceau o son cachet ∎ FIG marcar con el sello de marquer du sceau de o au coin de.
◆ **sellos** *m pl* DR scellés; quebrantamiento o violación de sellos bris de scellés.

selva *f* forêt; selva virgen forêt vierge ∎ la ley de la selva la loi de la jungle ∎ GEOGR Selva Negra Forêt-Noire.

selvático, ca *adj* forestier, ère; sylvestre (de las selvas) ∎ sauvage (inculto).

selvoso, sa *adj* sylvestre (de las selvas) ∎ boisé, e; couvert de forêts (país).

sema *m* GRAM sème.

semáforo *m* sémaphore (ferrocarril, marítimo) ∎ feux *pl* de signalisation (de tráfico urbano).

semana *f* semaine; semana inglesa semaine anglaise; semana grande o mayor o santa semaine sainte ∎ semaine (salario semanal) ∎ durante la semana en semaine, pendant la semaine ∎ entre semana dans la semaine, dans le courant de la semaine ∎ fin de semana week-end (sábado y domingo), nécessaire de toilette (maletín) ∎ la semana pasada, que viene la semaine dernière, prochaine ∎ FAM la semana que no tenga viernes la semaine des quatre jeudis.
∎ OBSERV En espagnol on utilise l'expression Semana Santa pour désigner l'époque de Pâques: iré a Francia en Semana Santa j'irai en France pour Pâques.

semanal *adj* hebdomadaire ∎ descanso semanal jour de fermeture (en una tienda) ∎ salario semanal semaine.

semanalmente *adv* chaque semaine.

semanario, ria *adj* hebdomadaire (semanal).
◆ **semanario** *m* hebdomadaire (periódico) ∎ semainier (navajas de afeitar) ∎ semainier (pulseras).

semanilla *f* semaine sainte (libro de oraciones).

semántico, ca *adj & s f* sémantique.

semasiología *f* sémantique.

semblante *m* visage, mine *f*, figure *f*; semblante risueño mine réjouie; buen semblante bonne mine ∎ FIG aspect (apariencia) ∎ en su semblante sur son visage ∎ mal semblante mauvaise mine (salud), mine o air désagréable (humor) ∎ mudar de semblante changer de visage (persona), changer d'aspect (cosas).

semblantear *v tr* (*Amer*) dévisager.

semblanza *f* notice biographique, portrait *m*.

sembradera *f* semoir *m* (máquina).

sembradío, a *adj* cultivable.

sembrado *m* terre *f* cultivée, champ ensemencé, semis ∎ bosques y sembrados les bois et les champs.

sembrador, ra *adj* qui sème.
◇ *m & f* semeur, euse.
◆ **sembradora** *f* semoir *m* (sembradera).

sembradura *f* ensemencement *m* ∎ semis *m* (sembrado).

sembrar [19] *v tr* AGRIC semer; sembrar a chorrillo semer en ligne; sembrar a golpe semer au plantoir; sembrar a voleo o al voleo semer à la volée ∎ FIG [▷ SIN] semer; sembrar el pánico, la discordia, a los cuatro vientos semer la panique, la discorde, à tous vents ∎ répandre, diffuser (una doctrina) ∎ parsemer, joncher (un camino con flores, palmas) ∎ quien siembra recoge il faut semer pour récolter ∎ quien siembra vientos recoge tempestades qui sème le vent récolte la tempête.
∎ SIN esparcir répandre; diseminar disséminer; divulgar divulguer; propagar, propalar propager; difundir diffuser; publicar publier.

sembrío *m* (*Amer*) champ o terre *f* cultivée.

semeja *f* ressemblance (parecido) ∎ signe *m*, indice *m* (señal).

semejante *adj* [▷ SIN] semblable; dos objetos semejantes deux objets semblables ∎ semblable, pareil, eille; en semejante caso dans un cas semblable; con semejante frescura avec un toupet pareil ∎ ce, cette; en question; nunca vi o semejante tipo je n'ai jamais vu ce type-là ∎ GEOM semblable.
◇ *m* semblable.
∎ SIN parecido ressemblant; análogo analogue; equivalente équivalent; similar similaire; idéntico identique; igual pareil, égal; homólogo homologue.

semejanza *f* ressemblance (parecido) ‖ similitude; la semejanza de los métodos la similitude des méthodes ‖ comparaison (símil) ‖ GEOM similitude; relación de semejanza rapport de similitude ‖ a semejanza de comme, à l'instar de, à l'imitation de.

semejar *v intr* ressembler.

➡ **semejarse** *v pr* se ressembler.

semen *m* BIOL semence *f*, sperme ‖ BOT semence *f*.

semencontra *m inv* MED semen-contra.

semental *adj m & s m* étalon (animal macho).

sementera *f* semailles *pl* (acción y tiempo) ‖ terrain *m* ensemencé, semis *m* (tierra) ‖ FIG source, origine, germe *m*.

sementero *m* semoir (saco).

semestral *adj* semestriel, elle.

semestralmente *adv* semestriellement.

semestre *m* semestre.

semianticadencia *f* GRAM légère baisse de l'intonation à la fin d'une période.

semiárido, da *adj* semi-aride.

semiautomático, ca *adj* MIL semi-automatique.

semibreve *f* MÚS demi-temps *m*.

semicabrón; semicapro *m* satyre chèvre-pied, chèvre-pieds.

semicadencia *f* MÚS demi-cadence, cadence de dominante ‖ GRAM légère hausse de l'intonation à la fin d'une période.

semicapro ➡ **semicabrón**.

semicilíndrico, ca *adj* hémicylindrique, demi-cylindrique.

semicilindro *m* demi-cylindre.

semicircular *adj* semi-circulaire, demi-circulaire.

semicírculo *m* GEOM demi-cercle.

semicircunferencia *f* GEOM demi-circonférence.

sémico, ca *adj* GRAM sémique.

semiconductor *m* ELECTR semi-conducteur.

semiconserva *f* semi-conserve.

semiconsonante *adj & s f* GRAM semi-consonne.

semicopado, da *adj* MÚS syncopé, e (sincopado).

semicoque *m* semi-coke.

semicorchea *f* MÚS double croche ‖ silencio de semicorchea quart de soupir.

semicristal *m* semi-cristal.

semicromático, ca *adj* MÚS semi-chromatique.

semiculto, ta *adj* moyennement cultivé, e.

semideo, dea *m & f* demi-dieu (poético).

semidiámetro *m* GEOM demi-diamètre.

semidifunto, ta *adj* à demi mort, e; à moitié mort, e.

semidiós, osa *m & f* demi-dieu *m*.
 ‖ OBSERV pl semidioses, semidiosas.

semidirecto, ta *adj* semi-direct, e.

semidoble *adj* BOT & RELIG semi-double.

semidormido, da *adj* à moitié endormi, e; assoupi, e.

semidragón *m* mi-homme mi-dragon.

semidulce *adj* douceâtre (vino).

semieje *m* demi-axe.

semiesfera *f* hémisphère *m*.

semiesférico, ca *adj* hémisphérique.

semiestator *m* demi-stator.

semifallo *m* singleton (bridge).

semifinal *f* demi-finale.

semifinalista *adj & s* demi-finaliste.

semifino, na *adj* demi-fin, e.

semifluido, da *adj* semi-fluide.

semiforme *adj* à demi formé, e.

semifusa *f* MÚS quadruple croche.

semihilo *m* tissu de fil et fibre mélangés.

semihombre *m* pygmée.

semilla *f* graine, semence (menos usado) ‖ FIG semence; la sangre de los mártires fue semilla de los cristianos le sang des martyrs a été la semence des chrétiens ‖ source (origen) ‖ FIG echar la semilla de la discordia semer la discorde.

semillero *m* pépinière *f* ‖ FIG pépinière *f* (cantera); esta escuela es un semillero de estadistas cette école est une pépinière d'hommes d'État ‖ foyer, source *f*; esto ha sido un semillero de disturbios ceci a été un foyer de troubles.

semilunar *adj* ANAT semi-lunaire.

semilunio *m* demi-lunaison *f*.

semimanufacturado, da *adj* semi-œuvré, e.

semimembranoso, sa *adj & s m* ANAT demi-membraneux *adj* y *m inv*.

seminal *adj* BIOL séminal, e.

seminario *m* séminaire (colegio eclesiástico) ‖ pépinière *f* (semillero) ‖ séminaire (de investigaciones) ■ seminario de teología scolasticat ‖ seminario mayor, menor grand, petit séminaire.

seminarista *m* séminariste.

seminífero, ra *adj* ANAT séminifère.

semínima *f* MÚS noire, semi-minime (nota).

seminómada *adj & s* semi-nomade.

seminomadismo *m* semi-nomadisme.

seminternado *m* demi-pension *f* (en un colegio).

semioculto, ta *adj* à demi caché, e.

semioficial *adj* semi-officiel, elle.

semiología *f* MED séméiologie, sémiologie.

semiológico, ca *adj* MED séméiologique, sémiologique.

semiólogo *m & f* MED séméiologue, sémiologue.

semionda *f* FÍS antenne demi-onde.

semioruga *adj* semi-chenillé; vehículo semioruga véhicule semi-chenillé.

semiotecnia *f* science de la notation musicale.

semiótica *f* sémiotique.

semipedal *adj* d'un demi-pied.

semipermeable *adj* FÍS semi-perméable.

semipesado *adj m & s m* mi-lourd (boxeo).

semiplano *m* GEOM demi-plan.

semipleno, na *adj* incomplet, ète; insuffisant, e.

semiprecioso, sa *adj* fin, e (piedra).

semiproducto *m* demi-produit.

semirrecto *adj m* à 45° (ángulo).

semirrefinado, da *adj* à demi raffiné, e.

semirremolque *m* semi-remorque *f*.

semirrígido, da *adj* semi-rigide.

semiseco, ca *adj* demi-sec *m*, demi-sèche *f*.

semita *adj & s* sémite.

semítico, ca *adj* sémitique.

➡ **semítico** *m* LING sémitique.

semitismo *m* sémitisme.

semitista *m & f* sémitiste, sémitisant, e.

semitono *m* MÚS demi-ton, semi-ton.

semitransparente *adj* à demi transparent, e.

semitrino *m* MÚS roulade *f*, trille *f* de courte durée.

semivida *f* demie-vie.

semivivo, va *adj* à demi-mort, e.

semivocal *f* GRAM semi-voyelle.

semnopiteco *m* ZOOL semnopithèque.

sémola *f* semoule.

semoviente *adj* DR bienes semovientes cheptel vif (ganado).

sempiterno, na *adj* éternel, elle (eterno) ‖ FIG sempiternel, elle (fastidioso).

➡ **sempiterna** *f* BOT immortelle.

sen *m* séné (planta) ‖ sen (unidad monetaria).

sena *f* séné *m* (planta) ‖ six *m* (dados o dominó).

Sena *n pr m* GEOGR el Sena la Seine.

senado *m* sénat.

senadoconsulto *m* sénatus-consulte.

senador *m* sénateur.

senaduría *f* dignité sénatoriale, sénatorerie.

senatorio, ria; senatorial *adj* sénatorial, e.

sencillamente *adv* simplement.

sencillez *f* [▷ SIN] simplicité (naturaleza) ‖ simplicité; un mecanismo de una gran sencillez un mécanisme d'une grande simplicité.

 | SIN naturalidad naturel; franqueza franchise; llaneza, simplicidad simplicité; campechanía bonhomie.
 | OBSERV pl sencilleces.

sencillo, lla *adj* simple; no hay cosa más sencilla il n'y a rien de plus simple ‖ FIG simple, naïf, ïve (crédulo) ‖ sencillo a la par que elegante simple et de bon goût.

sencillote *adj* FAM très simple (campechano).

senda *f* sentier *m*, sente (p us) ‖ FIG chemin *m*; tomar la mala senda prendre le mauvais chemin.

senderear *v tr* conduire par un sentier ‖ tracer un sentier (abrir un camino).

◇ *v intr* FIG prendre des moyens o des chemins détournés.

senderismo *m* randonnée *f* pédestre.

senderista *m* & *f* membre ou partisan de la guérilla péruvienne, le Sentier Lumineux.

sendero *m* sentier, sente *f* (p us).

sendos, das *adj pl* chacun un, chacun une; chacune un, chacune une; **los tres hombres llevaban sendos sombreros** les trois hommes portaient chacun un chapeau.

séneca *m* FIG puits de science.

Séneca *n pr* Sénèque.

senectud *f* sénilité, vieillesse.

Senegal *n pr m* GEOGR Sénégal (estado) ‖ **el Senegal** le Sénégal (río).

senegalés, esa *adj* & *s* sénégalais, e. ◼ OBSERV *pl* senegaleses, senegalesas.

senescal *m* sénéchal.

senescalado *m*; **senescalía** *f* sénéchaussée *f*.

senescencia *f* BIOL sénescence.

senestrado, da *adj* BLAS sénestré, e; sénescent, e.

senil *adj* sénile (de la vejez).

senilidad *f* sénilité.

sénior *adj* ¿**está el Señor López sénior?** Monsieur López père est-il là? (mayor de dos) ‖ DEP senior. ◇ *m* & *f* senior. ◼ OBSERV *pl* séniors.

seno *m* sein (pecho) ‖ FIG sein; **en el seno del mar** dans le sein de la mer ‖ giron, sein (de la Iglesia) ‖ MAR anse *f* (bahía pequeña) ‖ sein (de una vela) ‖ ANAT & MAT sinus ◼ **seno de un ángulo** sinus d'un angle ‖ **seno de un arco** sinus d'un arc ‖ **seno esfenoidal** sinus sphénoïdal ‖ **seno etmoidal** sinus ethmoïdal ‖ **seno frontal** sinus frontal ◼ **el seno de Abrahán** le sein d'Abrahán.

SENPA (abrev de Servicio Nacional de Productos Agrarios) *m* service des produits agricoles, en Espagne.

sensación *f* sensation; **causar sensación** faire sensation ‖ clou *m*; **este número ha sido la sensación de la noche** ce numéro a été le clou de la soirée.

sensacional *adj* sensationnel, elle.

sensacionalismo *m* sensationnalisme.

sensacionalista *adj* à sensation.

sensatamente *adv* sagement, raisonnablement.

sensatez *f* bon sens *m* (buen sentido) ‖ sagesse; **la sensatez de una contestación** la sagesse d'une réponse. ◼ OBSERV *pl* sensateces.

sensato, ta *adj* sensé, e.

sensibilidad *f* sensibilité.

sensibilización *f* FOT sensibilisation.

sensibilizar [13] *v tr* FOT sensibiliser.

sensible *adj* [▷ SIN 1] sensible (perceptible) ‖ [▷ SIN 2] sensible (impresionable). ▌ SIN 1. perceptible perceptible; apreciable appréciable; aparente apparent; manifiesto, patente manifeste; palpable palpable. 2. impresionable impressionnable; tierno tendre; susceptible susceptible.

sensiblemente *adv* sensiblement (visiblemente).

sensiblería *f* sensiblerie.

sensiblero, ra *adj* d'une sensibilité extrême o outrée, exagérément sensible.

sensitiva *f* BOT sensitive.

sensitivo, va *adj* sensitif, ive.

sensor *m* capteur.

sensorial; sensorio, ria *adj* sensoriel, elle.

sensual *adj* sensuel, elle.

sensualidad *f* sensualité.

sensualismo *m* sensualisme (filosofía) ‖ sensualité *f*, sensualisme (sensualidad).

sensualista *adj* & *s* sensualiste.

sentada *f* séance (p us) ‖ sit-in *m* [manifestation non violente] ‖ (*Amer*) court galop *m* (remesón) ◼ **de una sentada** en une seule fois, d'un trait, tout d'une traite.

sentadillas
➤ **a sentadillas** *loc adv* en amazone.

sentado, da *adj* assis, e ‖ FIG sensé, e (sesudo) ‖ sage (quieto) ‖ réfléchi, e; posé, e (reflexivo) ‖ BOT sessile ◼ **cabeza sentada** esprit posé o rassis ‖ **pan sentado** pain rassis ◼ FIG **dar por sentado** considérer comme bien établi o comme définitif o comme acquis ‖ **estar sentado** occuper une situation bien assise ‖ **haber sentado la cabeza** s'être assagi ‖ **quiero dejar bien sentado que** il doit être bien établi que ‖ **sentado esto** ceci posé ‖ FAM **¡ya puedes esperar sentado!** tu peux toujours courir o attendre!

sentamiento *m* ARQ assiette *f*.

sentar [19] *v tr* asseoir ‖ inscrire, consigner (inscribir) ‖ rabattre (las costuras) ◼ FIG **sentar cabeza** s'assagir, se calmer (volverse razonable) ‖ se ranger (llevar una vida ordenada) ‖ **sentar las bases** de jeter les bases de ‖ **sentar la mano a uno** frapper quelqu'un, porter la main sur quelqu'un ‖ **sentar plaza** s'enrôler (un soldado) ‖ **sentar por escrito** coucher o mettre par écrit ‖ **sentar sus reales** établir son camp, dresser sa tente, s'installer, s'établir ‖ **sentar un precedente** établir un précédent. ◇ *v intr* FIG **sentar bien, mal** réussir, ne pas réussir (comida); aller bien, mal; seoir, ne pas seoir (vestido, color, forma) ‖ **la sienta bien este chaleco** ce gilet vous va bien; faire du bien, du mal (a la salud); convenir, ne pas convenir (convenir o no); plaire, ne pas plaire; **le ha sentado mal lo que le dije** ce que je lui ai dit ne lui a pas plu ‖ **sentar como anillo al dedo** aller comme un gant. ➤ **sentarse** *v pr* s'asseoir; **sentarse en una silla** s'asseoir sur une chaise ‖ laisser o faire une marque, marquer (hacer una huella) ‖ se déposer; **el poso del café se ha sentado en el fondo de la taza** le marc du café s'est déposé au fond de la tasse ‖ **sentarse a la mesa** se mettre à table ‖ FIG **sentársele a uno el juicio** s'assagir, devenir raisonnable.

sentencia *f* sentence (máxima) ‖ DR sentence, jugement *m*, arrêt *m*; **pronunciar la sentencia** rendre la sentence ◼ DR **con la sentencia en suspenso** avec sursis ‖ **sentencia en rebeldía** jugement par contumace o par défaut ‖ **sentencia firme** jugement sans appel ‖ **visto para sentencia** mis en délibéré.

sentenciar [8] *v tr* juger (juzgar) ‖ condamner; **sentenciar a destierro** condamner à l'exil.

sentencioso, sa *adj* sentencieux, euse.

sentido *m* sens; **esta frase tiene varios sentidos** cette phrase a plusieurs sens; **sentido común** sens commun; **buen sentido** bon sens; **el sentido de la vista, del olfato** le sens de la vue, de l'odorat ‖ [▷ SIN] connaissance *f* (conocimiento) ‖ sens (dirección); **calle en sentido único** rue à sens unique ◼ **de doble sentido** à double sens ‖ **en contra del sentido común** en dépit du bon sens ‖ **en el sentido de que** en ce sens que ‖ **en todos los sentidos** dans tous les sens (una palabra), de long en large, dans tous les sens ◼ FIG **aguzar el sentido** prêter toute son attention, faire grande attention ‖ FAM **costar un sentido** coûter les yeux de la tête o un prix fou ‖ **dar mal sentido a algo** prendre quelque chose dans son mauvais sens o en mal ‖ **dar sentido torcido a** entendre malice à ‖ **esto no tiene sentido** cela n'a aucun sens, ça ne rime à rien ‖ FAM **llevar o pedir un sentido** demander un prix fou ‖ **perder el sentido** se trouver mal, perdre connaissance (desmayarse), perdre le souffle (de admiración), perdre la tête (volverse loco) ‖ FAM **poner sus cinco o todos sus sentidos en una cosa** apporter tous ses soins o toute son attention à une chose ‖ **recuperar el sentido** reprendre connaissance o ses esprits, revenir à soi ‖ **tomar una cosa en buen, en mal sentido** prendre quelque chose dans le bon sens o en bien o en bonne part; dans le mauvais sens o en mal o en mauvaise part. ▌ SIN raciocinio raisonnement; conocimiento connaissance; juicio, entendimiento jugement; discernimiento discernement; razón raison; FAM caletre jugeote.

sentido, da *adj* bien senti, e; **elogios sentidos** des éloges bien sentis ‖ émouvant, e; **una sentida manifestación de duelo** une manifestation émouvante de douleur ‖ sincère (sincero) ‖ **sentida emoción** émotion sincère ‖ ému, e; **un sentido recuerdo** un souvenir ému ‖ FIG susceptible ‖ **sentido pésame** sincères condoléances.

sentimental *adj* sentimental, e.

sentimentalismo *m* sentimentalité *f*, sentimentalisme.

sentimentaloide *adj* à l'eau de rose. ◇ *m* & *f* **ser un sentimentaloide** être fleur bleue.

sentimiento *m* sentiment; **tener buenos sentimientos** avoir de bons sentiments ‖ peine *f*, tristesse *f* (aflicción) ‖ regret (pesar); **tengo el sentimiento de decírselo** j'ai le regret de vous le dire ◼ **con mi mayor sentimiento** avec tous mes regrets ‖ **le acompaño en el sentimiento** je partage votre douleur.

sentina *f* MAR sentine.

sentir *m* sentiment; **el sentir de la nación** le sentiment de la nation ‖ avis (parecer); **en mi sentir** à mon avis.

sentir [27] *v tr* sentir; **sentir frío, hambre** sentir le froid, la faim ‖ entendre (oír); **se sintió una fuerte explosión** on entendit une forte explosion ‖ sentir (apreciar); **sentir la poesía** sentir la poésie ‖ éprouver, ressentir, avoir (en lo moral); **sintió mucha pena** il a eu beaucoup de peine ‖ regretter, être désolé, être peiné (afligirse); **siento que se vaya** je regrette que vous partiez; **siento no haberlo visto** je suis désolé de ne pas l'avoir vu ‖ penser, juger (opinar) ‖ sentir, pressentir (barruntar) ■ **sentir en el alma** regretter vivement o du fond du cœur, être désolé o navré ∥**sin sentir** sans s'en rendre compte.

➤ **sentirse** *v pr* se sentir; **sentirse enfermo, obligado a** se sentir malade, obligé de ∥**souffrir; sentirse de la cabeza** souffrir de la tête ∥ se plaindre (quejarse) ∥ se fendiller (rajarse) ∥ se faire sentir; **comienza a sentirse el frío** le froid commence à se faire sentir ∥ se gâter (pudrirse) ■ **no se siente una mosca** on entendrait une mouche voler ∥**sentirse como un pez en el agua** être comme un poisson dans l'eau∥**sentirse con ánimos para** se sentir le courage de.

sentón *m* (*Amer*) saccade *f* (del jinete).

senusita *adj & s* sénousiste.

seña *f* signe *m*; **hablar por señas** parler par signes; **hacer señas** faire des signes ∥ **MIL** contre-mot *m*; **santo y seña** mot de passe ∥**seña de reunión** signe de ralliement ∥**seña mortal** signe certain.

➤ **señas** *f pl* adresse *sing*; **le di mis señas** je lui ai donné mon adresse ∥ signalement *m* (filiación) ■ **dar señas de contento** donner des signes de contentement ∥ **por más señas** pour être plus précis, pour plus de détails.

señá (contracción de "señora") ∥ **FAM** ma'me (madame); **señá Juana** m'dame Jeanne.

señal *f* marque (marca) ∥ signal *m*; **señal de alarma** signal d'alarme; **dar la señal** donner le signal ∥ signe *m* (signo, indicio); **buena, mala señal** bon, mauvais signe ∥ signe *m*, geste *m*; **hacer una señal con la mano** faire un geste de la main ∥marque, trace (cicatriz) ∥ preuve, témoignage *m* (prueba) ∥ signe *m* distinctif (en un pasaporte) ∥ signe *m* (prodigio) ∥marque; **poner una señal en un libro** mettre une marque dans un livre ∥ repère *m* ∥ acompte *m*, arrhes *pl* (dinero); **dejar una señal** laisser des arrhes ∥ tonalité (teléfono) ∥ **FIG** échantillon *m*; **dar una señal de su talento** donner un échantillon de son talent ■ **señal accionadora** signal de commande ∥ **RELIG señal de la Cruz** signe de croix ∥**señal del casco** consigne (de las botellas) ∥**señal de prohibido estacionar** panneau d'interdiction de stationner ∥**señal de tráfico** panneau indicateur o de signalisation (placa) ∥ **señales de socorro** signaux de détresse ∥**señales de tráfico** signaux de la circulation, signalisation routière ∥ **en señal de** en signe de, comme preuve de ∥**explicar con pelos y señales** expliquer avec force détails o en long, en large et en travers ∥**ni señal** pas la moindre trace ∥**no dar señales de vida** ne pas donner signe de vie.

señala; señalada *f* (*Amer*) marque (del ganado).

señaladamente *adv* particulièrement; **muy señaladamente** et tout particulièrement.

señalado, da *adj* **FIG** remarquable, fameux, euse; insigne (insigne); **de manera muy señalada** d'une façon très remarquable ∥ fixé, e; **el día señalado** le jour fixé ∥ remarqué, e; **una ausencia señalada** une absence remarquée ∥ **FIG un día señalado** un grand jour.

señalamiento *m* **DR** assignation *f* ∥ signalisation *f* (uso de las señales).

■ **OBSERV** El francés **signalement** corresponde en español a **filiación**.

señalar *v tr* [▷ **SIN**] marquer (poner una señal); **señalar con lápiz** marquer au crayon ∥ montrer (indicar); **señalar con el dedo** montrer du doigt ∥ faire remarquer (hacer observar) ∥ signaler; **señalar algo a la atención del público** signaler quelque chose à l'attention du public ∥ remarquer; **el periodista señala en el artículo la importancia del problema** le journaliste remarque dans l'article l'importance de la question ∥ fixer, marquer (una cita) ∥ fixer (fecha) ∥ indiquer; **el reloj señala la hora** l'horloge indique l'heure ∥ marquer (dejar cicatriz) ∥ parapher (rubricar) ∥ marquer (cartas) ∥ désigner; **señalar a alguien para hacer algo** désigner quelqu'un pour faire quelque chose ∥ **DR** assigner.

➤ **señalarse** *v pr* **FIG** se signaler, se distinguer (distinguirse)∥se dessiner (perfilarse).

■ **SIN** trazar tracer; rayar rayer; marcar marquer.

señalización *f* signalisation (tráfico).

señalizar [13] *v tr* signaliser.

señera *f* drapeau catalan.

señero, ra *adj* seul, e (solo) ∥ sans égal (sin par) ∥ **FIG figura señera** héros, figure de proue.

señor, ra *adj* distingué, e; noble (distinguido) ∥ **FAM** beau, belle; drôle de, de taille; **una señora herida** une belle blessure, une blessure de taille, une drôle de blessure.

◇ *m & f* maître, maîtresse (dueño, amo) ∥ **dárselas o echárselas de señor, de señora** faire le seigneur, jouer à la grande dame.

➤ **señor** *m* monsieur; **un señor mayor** un monsieur d'un certain âge; **el señor Pérez** monsieur Pérez ∥ seigneur (feudal) ∥ sire (título real) ∥ **DR** sieur ■ **a lo gran señor** en grand seigneur, sur un grand pied ∥**a tal señor, tal honor** à tout seigneur, tout honneur ∥ **FAM de padre y muy señor mío** de taille, gratiné, e; de première classe, énorme (descomunal) ∥**el Señor, Nuestro Señor** le Seigneur, Notre-Seigneur ∥**el señor conde, marqués** monsieur le comte, le marquis ∥ **el señor obispo** monseigneur l'évêque ∥ estimado **señor** cher Monsieur ∥ muy **señor mío** cher Monsieur ∥**señor de horca y cuchillo** seigneur haut justicier ∥ **¡sí señor!** mais si!, comme je vous le dis! (es así), bravo! (en el cante flamenco) ∥ **su señor padre** monsieur votre père ■ **el señor no está** monsieur n'est pas là (criados) ∥**es mi dueño y señor** c'est mon seigneur et maître ∥ **ser siempre señor de sus actos** être toujours maître de ses actes ∥ **ser todo un señor** être un gentleman.

➤ **señora** *f* dame; **una señora mayor** une dame d'un certain âge; **señora de compañía** dame de compagnie; **peluquería de señoras** coiffeur pour dames ∥ madame (tratamiento de cortesía); **la Señora de Pérez** Madame Pérez ["de" signifie "épouse de" M. Pérez]; **sí, señora** oui, madame; **señora Doña Isabel Martín de Ibarra** madame Isabelle Ibarra (née Martin) ∥ **FAM** femme (esposa); **recuerdos a su señora** mon bon souvenir à votre femme (la forma "à votre dame" es vulgar) ■ **la señora condesa, la señora marquesa** Madame la comtesse, Madame la marquise ∥**la señora de Tal** madame Unetelle ∥ **la Señora madre** Madame mère ∥**la señora no está** madame n'est pas là (criados) ∥ **Nuestra Señora** Notre-Dame ∥ **Nuestra Señora de las Comunicaciones** appellation familière de la poste centrale de Madrid ∥ **señoras y señores** Mesdames, Mes-

sieurs ∥ **su señora madre** madame votre mère.

➤ **¡señor!** *interj* Seigneur!, Seigneur Dieu!

señorada *f* action noble o chevaleresque ∥ abus *m* d'autorité.

señoreaje *m* seigneuriage.

señorear *v tr* dominer, commander (mandar) ∥ **FIG** dominer (desde lo alto) ∥ dominer, maîtriser (las pasiones) ∥ **FAM** donner du Monsieur à tout bout de champ.

➤ **señorearse** *v pr* s'emparer (apoderarse).

señoría *f* seigneurie (título, territorio, gobierno); **Su Señoría** Votre Seigneurie.

señorial *adj* seigneurial, e ∥ **FIG** imposant, e (imponente) ∥ aristocratique (aristocrático) ∥ élégant, e; **un barrio señorial** un quartier élégant ∥ de grand seigneur (comportamiento) ∥ **FIG un coche señorial** une voiture de grande classe ∥ **un piso señorial** un appartement cossu.

señoril *adj* de grand seigneur, de grande dame; seigneurial, e.

señorilmente *adv* en grand seigneur, en grande dame.

señorío *m* pouvoir, autorité *f* (mando) ∥ seigneuriage (derecho del señor) ∥ domaine (territorio) ∥ seigneurie *f* (dignidad señorial) ∥ **FIG** dignité *f* (dignidad) ∥ gravité *f* (seriedad) ∥ maîtrise *f* de soi (voluntad) ∥ le beau monde (gente distinguida) ∥ señorío feudal suzeraineté.

señorita *f* jeune fille, demoiselle (p us) ∥ mademoiselle (tratamiento de cortesía); **señorita Pelayo** mademoiselle Pelayo ∥ **FAM** madame, mademoiselle (nombre que dan los criados a sus amas); **señorita, le llaman** mademoiselle, on vous demande; **¿está la señorita en casa?** mademoiselle est-elle là?; **la señorita Isabel me lo dijo** mademoiselle Isabelle me l'a dit ∥ **señorita de compañía** demoiselle de compagnie.

■ **OBSERV** Les domestiques espagnols désignent parfois familièrement leur maîtresse sous le nom de **señorita**, même s'il s'agit d'une femme mariée.

señoritingo, ga *m & f* **FAM** petit monsieur, petite péronelle; fils, fille à papa.

señoritismo *m* règne des fils à papa, les fils à papa; **hay que acabar con el señoritismo** il faut en finir avec les fils à papa.

señorito *m* **FAM** monsieur (nombre que dan los criados a sus amos); **el señorito ha salido** monsieur est sorti; **el señorito me lo ha dado** monsieur me l'a donné ∥ patron (hablando entre criados); **el señorito se ha comprado un nuevo coche** le patron a acheté une nouvelle voiture ∥fils de famille, fils à papa (hijo de un padre influyente y rico); **es un barrio lleno de señoritos** c'est un quartier plein de fils à papa.

señorón, ona *adj* distingué, e (muy señor) ∥**FAM** qui prend des airs de grand seigneur o de grande dame; **tú, como eres muy señorón, no harás un trabajo tan humilde** grand seigneur comme tu l'es, tu ne feras pas un travail si humble.

señuelo *m* leurre ∥appeau (cimbel), miroir à alouettes (para alondras) ∥ **FIG** piège (trampa); **caer en el señuelo** tomber dans le piège ∥ mirage; **la juventud se marcha a otros países tras el señuelo de los salarios altos** les jeunes gens partent pour d'autres pays attirés par le mirage des salaires élevés ▮ (*Amer*) groupe de bêtes domestiquées conduisant un troupeau sauvage (*mansos*).

seo *f* cathédrale (en Aragón).

sep.; sept. (abrev escrita de **septiembre**) sept.

sépalo *m* BOT sépale.

sepaloideo, a *adj* sépaloïde.

separación *f* séparation ▮ écartement *m* (distancia) ▮ DR separación matrimonial séparation de corps.

separadamente *adv* séparément.

separado, da *adj* séparé, e ▮ écarté, e; tiene los dientes muy separados il a les dents très écartées ▮ por separado séparément.

separador, ra *adj & s m* séparateur, trice.

separar *v tr* [▷ SIN] séparer (apartar) ▮ écarter; bajo las piernas separadas de Gulliver pasaba todo el pueblo sous les jambes écartées de Gulliver passait le peuple tout entier ▮ mettre à part ▮ détacher; separar el brazo del cuerpo détacher le bras du corps ▮ suspendre; separar a un funcionario de su puesto suspendre un fonctionnario de su puesto [de ses fonctions].

◆ **separarse** *v pr* se séparer (los esposos) ▮ se défaire; nunca me separaré de esta joya je ne me déferai jamais de ce bijou ▮ s'éloigner, s'écarter; el barco se separaba cada vez más de la costa le bateau s'éloignait de plus en plus de la côte ▮ abandonner; se ha separado de su negocio il a abandonné son affaire ▮ DR se désister de, renoncer à.

▮ SIN dividir diviser; desmembrar démembrer; disociar dissocier; desunir désunir; disgregar désagréger; aislar isoler.

separata *f* IMPR tirage *m* à part.

separatismo *m* séparatisme.

separatista *adj & s* séparatiste.

separativo, va *adj* séparatif, ive.

separo *m* (*Amer*) cellule *f* [de prison].

sepedón *m* ZOOL seps (lagarto).

sepelio *m* inhumation *f*, enterrement; el sepelio fue presidido por el Primer Ministro l'inhumation a eu lieu sous la présidence du Premier ministre.

sepia *f* sépia.

seps *m* ZOOL seps (lagarto).

sept. ▬ **sep.**

septembrino, na *adj* de septembre, septembral, e.

septenado; septenato *m* septennat.

septenal *adj* septennal, e.

septenario, ria *adj & s m* septénaire.

septenato ▬ **septenado.**

septenio *m* septennat.

septentrión *m* septentrion (norte).

septentrional *adj* septentrional, e.

septenviro *m* septemvir.

septeto *m* MÚS septuor.

septicemia *f* MED septicémie.

septicémico, ca *adj & s* septicémique.

septicida *adj* BOT septicide.

septicidad *f* septicité.

séptico, ca *adj* septique.

septiembre; setiembre *m* septembre.

▮ OBSERV Le dictionnaire de l'Académie espagnole admet l'orthographe setiembre qui est celle qui a été adoptée par la plupart des écrivains américains de langue espagnole, et même par certains écrivains espagnols (Unamuno, Cela), qui la font alterner avec l'orthographe septiembre. Il faut remarquer en outre que, dans la prononciation de ce mot, le p n'est pour ainsi dire pas audible.

septillo *m* MÚS groupe de sept notes, valant pour six.

séptima *f* septième (juegos) ▮ MÚS septième ▮ septime (esgrima).

Septimania *n pr f* HIST Septimanie.

séptimo, ma; sétimo, ma *adj & s* septième; el séptimo cielo le septième ciel ▮ sept; Carlos VII (séptimo) Charles VII [sept] ▬ en séptimo lugar septièmement, septimo (p us) ▮ la séptima parte le septième.

◆ **séptima; sétima** *f* MÚS septième ▮ séptima aumentada, diminuta septième augmentée, diminuée; séptima mayor, menor septième majeure, mineure.

septingentésimo, ma *adj & s* sept centième ▮ septingentésimo uno, etc. sept cent unième, etc.

septo *m* ANAT septum.

septotomía *f* MED septotomie.

septuagenario, ria *adj & s* septuagénaire.

septuagésima *f* septuagésime (fiesta).

septuagésimo, ma *adj & s* soixante-dixième ▮ septuagésimo uno soixante et onzième, etc.

septuplicación *f* multiplication par sept.

septuplicar [10] *v tr* septupler.

◆ **septuplicarse** *v pr* septupler.

séptuplo, pla *adj & s m* septuple.

sepulcral *adj* sépulcral, e ▮ lápida sepulcral pierre tombale ▮ FIG silencio sepulcral silence de mort ▮ voz sepulcral voix sépulcrale.

sepulcro *m* sépulcre, tombeau ▬ el Santo Sepulcro le Saint-Sépulcre ▮ sepulcro blanqueado sépulcre blanchi ▮ FIG ser un sepulcro être muet comme une tombe ▮ tener un pie en el sepulcro avoir un pied dans la tombe.

sepultamiento *m* enterrement, ensevelissement.

sepultar *v tr* ensevelir, enterrer ▮ emmurer; mineros sepultados des mineurs emmurés ▮ FIG ensevelir (ocultar, olvidar); recuerdos sepultados en la noche de los tiempos des souvenirs ensevelis dans la nuit des temps; una caja sepultada entre otros objetos une boîte ensevelie parmi d'autres objets ▮ plonger, abîmer (absorber); sepultado en sus pensamientos plongé dans ses pensées.

sepulto, ta *adj* enseveli, e.

▮ OBSERV Ce mot est le participe passé irrégulier de sepultar.

sepultura *f* sépulture ▮ tombe, tombeau *m* (tumba) ▮ dar sepultura ensevelir, enterrer ▮ FAM estar con un pie aquí y otro en la sepultura avoir un pied dans la tombe ▮ genio y figura hasta la sepultura chassez le naturel, il revient au galop; on est comme on est; le loup mourra dans sa peau.

sepulturero *m* fossoyeur.

sequedad *f* sécheresse.

sequedal; sequeral *m* terrain très sec.

sequía *f* sécheresse.

sequío *m* terrain non irrigué (secano).

séquito *m* suite *f*, cortège (de personas) ▮ FIG cortège; la guerra y su séquito de horrores la guerre et son cortège d'horreurs.

ser *m* être; los seres humanos les êtres humains ▮ existence *f*, vie *f* ▮ essence *f* (esencia).

ser [5] *v intr*

---

1. SENTIDOS GENERALES
2. SER DE
3. SER PARA
4. LOCUCIONES DIVERSAS

---

1. SENTIDOS GENERALES être; soy español je suis Espagnol **1**; somos dos nous sommes deux ▮ arriver (suceder); ¿cómo fue eso? comment cela est-il arrivé? ▮ avoir lieu (tener lugar); la toma de Granada fue en 1492 la prise de Grenade eut lieu en 1492 ▮ être, coûter (costar); ¿a cuánto es la carne? à combien est la viande?, combien coûte la viande? ▮ être à (pertenecer); este libro es mío ce livre est à moi ▮ faire; dos y dos son cuatro deux et deux font quatre ▮ être qui, que, etc.; soy yo el que lo hice o quien lo hizo c'est moi qui l'ai fait

2. SER DE être en (materia); la mesa es de madera la table est en bois ▮ être à (pertenecer); es de Juan c'est à Jean ▮ être de, être du parti de (ser del partido de uno); soy de Don Juan je suis avec Don Juan ▮ être; ¡hay que ver cómo es de goloso! il faut voir comme il est gourmand! ▮ falloir, être à (deber); es de ver il faut voir, c'est à voir ▮ advenir de, devenir; ¿qué habría sido de mí? que serait-il advenu de moi?; ¿qué ha sido de tu novia? qu'est devenue ta fiancée?

3. SER PARA être pour; es para escribir c'est pour écrire ▮ être à; es para morirse de risa c'est à mourir de rire ▮ être doué pour o apte à (apto para) ▮ ser para poco ne pas être bon o ne pas servir à grand-chose

4. LOCUCIONES DIVERSAS a no ser si ce n'est ▮ a no ser que à moins que ▮ ¡así sea! ainsi soit-il! ▮ aun cuando fuera fût-il ▮ aunque fuese fûtce ▮ ¡cómo es eso! eh bien!, voyons! ▮ ¿cómo es que...? comment se fait-il que...? ▮ de no ser si ce n'était ▮ de no ser así sinon, autrement ▮ érase que se era, érase una vez il était une fois (en cuentos) ▮ eso es c'est cela, c'est ça FAM ▮ esto es c'est-à-dire ▮ lo que sea n'importe quoi, ce que vous voudrez ▮ FAM ¡más eres tú! tu ne t'es pas regardé!, tu peux parler! ▮ ¡no es para menos! il y a de quoi! ▮ no puede ser ce n'est pas possible ▮ ¡no somos nada! nous ne sommes pas grand-chose! ▮ o sea en otros términos autrement dit ▮ o sea que c'est-à-dire que (esto es), autrement dit, si bien que (en conclusión) ▮ por un si es no es pour un rien (si se quiere) ▮ sea lo que Dios quiera que la volonté de Dieu soit faite ▮ sea lo que fuere o lo que sea quoi qu'il en soit ▮ sea o no sea de toute façon, quoi qu'il en soit ▮ ser de lo que no hay être unique en son genre, ne pas avoir son pareil ▮ si yo fuera usted si j'étais vous, à votre place ▮ FAM un si es no es un tant soit peu, un tantinet ▮ ya sea... ya sea soit... soit.

▮ OBSERV 1. Ser, à la différence de estar, indique une qualité essentielle ou permanente du sujet: es una mujer c'est une femme; es joven, española, simpática, secretaria, etc. elle est jeune, espagnole, sympathique, secrétaire, etc. D'autre part, c'est ser que l'on emploie comme auxiliaire pour la voix passive, lorsque le complément d'agent est exprimé: el carbón es extraído por los mineros le charbon est extrait par les mineurs.

2. Al principio de la oración, **es** se traduce por **c'est** o **il est**, según los casos: a) Seguido de un sustantivo o si el sujeto está sobrentendido, se dice **c'est** (plural **ce sont**): es mi madre c'est ma mère; son mis hermanas ce sont mes sœurs; fue una empresa difícil de realizar ce fut une entreprise difficile à réaliser. b) Seguido de un pronombre personal: **soy yo, son ellos** c'est moi, ce sont eux. c) Seguido de un adjetivo y si el sujeto va después de éste, se emplea **il est**... **de:** es agradable pasearse por la noche il est agréable de se promener le soir. d) Con un adverbio solo (sin correlativo) se dice **il est:** es tarde il est tard.

3. En francés, las expresiones correlativas **c'est... qui, c'est...** que son invariables: fue al director a quien me dirigí c'est au directeur à qui je me suis adressé; aquí es donde paso mis vacaciones c'est ici que je passe mes vacances; así es como se debe hacer c'est ainsi qu'il faut faire. En el plural se dice **c'est** en la 1ª y la 2ª persona (somos nosotros los que c'est nous qui), y **ce sont** en la 3ª.

SER (abrev de Sociedad Española de Radiodifusión) *f* société espagnole de radiodiffusion.

sera *f* couffe, couffin *m* (espuerta).

sérac *m* GEOL sérac (en un glaciar).

seráfico, ca *adj* séraphique ‖ doctor Seráfico docteur Séraphique [saint Bonaventure].

serafín *m* séraphin ‖ FIG chérubin.

Serafín *n pr* Séraphin.

serapeo *m* serapeum (templo).

serbal *m* BOT sorbier (árbol).

Serbia; Servia *n pr f* GEOGR Serbie.

serbio, bia; servio, via *adj & s* serbe.
➤ **serbio; servio** *m* LING serbe.

serbocroata; servocroata *adj & s* serbocroate.
◇ *m* LING serbo-croate.

SEREM (abrev de Servicio Especial de Rehabilitación de Enfermos y Minusválidos) *m* centre de rééducation pour les malades et les handicapés en Espagne.

serena *f* sérénade.

serenamente *adv* sereinement.

serenar *v tr* calmer (el mar, etc.) ‖ FIG rasséréner, calmer (a uno) ‖ calmer, apaiser (los espíritus, las pasiones) ‖ clarifier (un líquido).
➤ **serenarse** *v pr* se calmer.

serenata *f* sérénade ‖ FIG & FAM dar la serenata casser les pieds.

serenero *m* (Amer) fichu (pañuelo).

serenidad *f* sérénité (p us), calme *m* (calma, sosiego) ‖ sérénité (del cielo) ‖ sérénité (título).

serenísimo, ma *adj* sérénissime (título).

sereno, na *adj* serein, e (claro); tiempo sereno temps serein ‖ FIG calme, serein, e (apacible); no sé como puede permanecer tan sereno je ne sais pas comment il peut rester si calme ‖ calme, paisible; ahora el país está muy sereno maintenant le pays est très calme ‖ sobre; para conducir hay que estar se-

reno pour conduire il faut être sobre ‖ FIG ponerse sereno se dessoûler.
➤ **sereno** *m* personne qui était chargée de surveiller les rues et d'ouvrir les portes des immeubles la nuit à Madrid, en particulier (vigilante) ‖ serein (humedad nocturna) ‖ al sereno à la belle étoile.

EL SERENO

Personnage maintenant disparu, le « sereno » fut très populaire en son temps (années 50 et 60). Il était chargé de veiller durant la nuit sur une partie de la ville. Il annonçait également l'heure et possédait les clés de tous les immeubles. Lorsqu'on avait besoin de ses services, il suffisait de l'appeler en claquant des mains. Le « sereno » répondait en frappant avec son « chuzo », bâton en bois muni d'une pointe en fer.
---

sereta *f*; **serete** *m* petit cabas *m*, couffin *m*.

sergas *f pl* prouesses (hazañas) ‖ las sergas de Esplandián les exploits d'Esplandian.

Sergio *n pr* Serge.

serial *m* feuilleton (en la radio o televisión).

seriamente *adv* sérieusement.

seriar [8] *v tr* sérier.

sericícola *adj* séricicole.

sericicultor; sericultor *m* sériciculteur.

sericicultura; sericultura *f* sériciculture.

sericígeno, na *adj* séricigène.

sérico, ca *adj* de soie.

sericultor ➤ **sericicultor**.

sericultura ➤ **sericicultura**.

serie *f* série; en serie en série ‖ tranche (de un empréstito) ‖ série (en el billar) ‖ DEP série (atletismo) ‖ FIG série, suite; toda una serie de acontecimientos toute une suite d'événements ■ fuera de serie hors série (cosa), hors série, hors pair, hors concours (persona) ‖ novela por series roman-feuilleton.

seriedad *f* sérieux *m*; me lo dijo con toda seriedad il me l'a dit avec le plus grand sérieux ■ falta de seriedad manque de sérieux ‖ qué poca seriedad tienes tu n'es pas très sérieux ‖ un hombre de gran seriedad un homme très sérieux ‖ ¡un poco de seriedad! trêve de plaisanteries!, un peu de sérieux!

serigrafía *f* sérigraphie.

serijo; serillo *m* petit cabas.

serina *f* QUÍM sérine.

seringa *f* (Amer) caoutchouc *m*.

serio, ria *adj* sérieux, euse ■ mantenerse serio garder son sérieux ‖ ponerse serio prendre un air sérieux.
➤ **serio** *adv* en serio sérieusement; hablar en serio parler sérieusement ‖ no hablar en serio plaisanter ■ tomar en serio prendre au sérieux ‖ va en serio c'est sérieux, c'est pour de bon.

sermón *m* RELIG [▷ SIN] sermon; Sermón de la Montaña Sermon sur la montagne ‖ FAM sermon (represión); echar un sermón faire un sermon.
‖ SIN predicación prédication; exhortación exhortation; homilía homélie; plática causerie.

sermonario, ria *adj* du sermon.
➤ **sermonario** *m* sermonnaire (libro).

sermoneador, ra *m & f* sermonneur, euse.

sermonear *v tr & intr* faire un sermon, prêcher (predicar) ‖ FAM sermonner.

sermoneo *m* FAM sermon, semonce *f*.

serodiagnóstico *m* MED sérodiagnostic.

serología *f* sérologie.

serón *m* couffe *f*, couffin.

seropositivo, va *adj & s* séropositif, ive.

serosidad *f* sérosité.

seroso, sa *adj* séreux, euse; sérique.
➤ **serosa** *f* ANAT membrane séreuse.

seroterapia *f* MED sérothérapie.

serpa *f* AGRIC marcotte (acodo).

serpentaria *f* BOT serpentaire.

serpentario *m* ZOOL serpentaire, secrétaire ‖ BOT serpentaire *f*.

Serpentario *n pr m* ASTRON Serpentaire.

serpenteado, da *adj* qui serpente.

serpentear *v tr* serpenter (culebrear).

serpenteo *m* serpentement, mouvement sinueux.

serpentín *m* serpentin (de alambique) ‖ MIL serpentin (pieza de artillería).

serpentina *f* serpentin *m* (de papel) ‖ MIN & MIL serpentine.

serpentino, na *adj* serpentin, e.

serpentón *m* MÚS serpent (instrumento).

serpezuela *f* serpenteau *m*.

serpiente *f* ZOOL serpent *m* ‖ FIG & FAM serpent *m* (persona pérfida) ■ serpiente de anteojo serpent à lunettes, naja ‖ serpiente de cascabel serpent à sonnettes, crotale ‖ FIG serpiente de verano serpent de mer (en los periódicos).

serpiginoso, sa *adj* MED serpigineux, euse.

serpigo *m* MED serpigo.

serpol *m* BOT serpolet (tomillo).

serpollar *v intr* pousser des rejetons (un árbol).

serpollo *m* drageon (que nace al pie de un árbol) ‖ rejeton (renuevo).

sérpula *f* ZOOL serpule (gusano).

serrado, da *adj* dentelé, e; en dents de scie.

serrador, ra *adj & s* scieur, euse.

serraduras *f pl* sciure *sing* (serrín).

serrallo *m* sérail (harén); el rapto del serrallo l'Enlèvement au sérail ‖ FIG mauvais lieu, lupanar.

serranía *f* montagne, région montagneuse.

serraniego, ga *adj* montagnard, e.

serranil *m* couteau de chasse.

serranilla *f* sorte de pastourelle.

serrano, na *adj & s* montagnard, e ‖ FAM mon beau, ma belle (término cariñoso) ■ jamón serrano jambon de montagne ‖ FAM mi cuerpo serrano ma pomme, bibi ‖ partida serrana mauvais tour.
➤ **serrana** *f* bergerie, pastourelle (en poesía).

serrar [19] *v tr* scier (aserrar).

serrátil *adj* ANAT serratile ‖ juntura serrátil engrenure.

serrato *adj m* & *s m* dentelé (músculo); serrato mayor grand dentelé.

serrátula *f* BOT serratule, serratula *m*, sarrette.

serrería *f* scierie.

serreta *f* petite scie (sierra pequeña) ▮ siguette, caveçon *m* (del caballo).

serretazo *m* saccade *f* (sofrenada).

serrijón *m* chaînon (de montaña).

serrín *m* sciure *f* (aserrín).

serrote *m* (*Amer*) scie *f* égoïne.

serruchar *v tr* (*Amer*) scier [à la scie égoïne].

serrucho *m* égoïne *f*, scie *f* égoïne o à main.

sertão *m* sertao [région semi-aride du Brésil nord-oriental].
▮ OBSERV pl sertãoes.

Sertorio *n pr m* Sertorius.

servato *m* BOT fenouil de porc, peucédan.

serventesio *m* sirventès, sirvente (poesía).

Servia ► **Serbia**.

servible *adj* utile, utilisable, qui peut servir.

servicial *adj* serviable.

servicialmente *adv* obligeamment.

servicio *m* service; estar al servicio de uno être au service de quelqu'un ▮ domestiques *pl*, gens *pl* o employés *pl* de maison; es cada día más difícil encontrar servicio il est de plus en plus difficile de trouver des domestiques ▮ service (favor); prestar un servicio rendre un service (juego); servicio de café, de té, de mesa service à café, à thé, de table ▮ service (en un restaurante) ▮ chambre *f* de bonne; un piso de cuatro habitaciones y servicio un appartement de quatre pièces avec chambre de bonne ▮ service (en el tenis) ▮ vase de nuit (orinal) ▮ lavement (lavativa) ▮ MAR barco de servicio bâtiment de servitude (en un puerto) ▮ en acto de servicio au service de la patrie, en service commandé, sur le champ d'honneur (morir) ▮ galería de servicio galerie souterraine (obras públicas) ▮ hoja de servicio état de service (de los militares), palmarès (de los deportistas) ▮ servicio a domicilio livraison à domicile ▮ servicio de comunicación desserte ▮ servicio discrecional service spécial (de autobuses) ▮ servicio militar service militaire ▮ Servicio Nacional del Trigo office du blé ▮ servicio permanente permanence ▮ servicio público service public ▮ el lunes será puesto en servicio o entrará en servicio el nuevo teleférico le nouveau téléphérique sera mis en service lundi ▮ estar de servicio être de service ▮ hacer un flaco servicio rendre un drôle de service ▮ prestar servicio servir (criado, funcionar) ▮ prestar un servicio rendre un service.

➤ **servicios** *m pl* toilettes *f* (cuarto de aseo).

mée de métier, et par conséquent les jeunes hommes qui auront 18 ans en l'an 2000 seront les derniers à accomplir le service militaire obligatoire.

servidor, ra *m* & *f* [▷ SIN] domestique *m* & *f*, serviteur *m*, servante *f*.

➤ **servidor** *m* servant (de una máquina) ▮ INFORM serveur ▮ servidor de usted à votre service, à votre disposition, je suis votre serviteur ▮ su seguro servidor votre tout dévoué (en una carta), votre très humble serviteur ▮ un servidor votre serviteur (en un relato).

➤ **¡servidor!** *interj* présent! (cuando se pasa lista).

▮ SIN sirviente serviteur; criado domestique; lacayo laquais.

servidumbre *f* [▷ SIN] servitude ▮ domesticité (conjunto de criados) ▮ domestiques *m pl*, employés *m pl* de maison, gens *m pl* de maison; tomar una nueva servidumbre prendre de nouveaux domestiques ▮ DR servitude; servidumbre de paso servitude de passage; servidumbre de andén servitude de marchepied ▮ sin servidumbre de vistas o de luces vue imprenable.

▮ SIN sujeción sujétion; sumisión soumission; esclavitud esclavage; yugo joug; vasallaje vassalité.

servil *adj* servile.
◇ *adj m* & *s m* HIST absolutiste, conservateur [surnom donné par les libéraux aux conservateurs en Espagne au début du XIXe siècle].

servilismo *m* servilité *f*, servilisme (p us) ▮ HIST absolutisme, conservatisme.

servilleta *f* serviette (de table) ▮ FAM doblar la servilleta casser sa pipe (morir).

servilletero *m* rond de serviette.

servilmente *adv* servilement.

servilón, ona *adj* & *s* très servile.
➤ **servilón** *adj m* & *s m* HIST absolutiste, conservateur.

servio, via ► **serbio**.

serviola *f* MAR bossoir *m*.

servir [26] *v tr* & *intr* servir; servir a su amo, a la patria servir son maître, la patrie ▮ rendre service, être utile; ¿en qué puedo servirle? puisje vous rendre service?, en quoi puisje vous être utile? ▮ être utile, servir; consejos que sirven para toda la vida des conseils qui sont utiles toute la vie ▮ servir (hacer el servicio militar) ▮ servir (en el tenis) ▮ servir (en los naipes) ▮ marcher (funcionar) ▮ no se puede servir a Dios y al diablo on ne peut servir à la fois Dieu et le diable ▮ para servirle à votre service ▮ FAM ¡pues sí que le sirve de mucho! cela lui fait une belle jambe! ▮ servir de estorbo gêner, embarrasser, ne faire qu'embarrasser ▮ servir en la mesa servir à table ▮ servir para servir à; ¿para qué puede servir esto? à quoi cela peut-il servir?; no me sirve para nada cela ne me sert à rien ▮ un whisky bien servido un whisky bien tassé.

➤ **servirse** *v pr* se servir; sírvase usted mismo servez-vous vous-mêmes ▮ vouloir; sírvase usted decirme su apellido veuillez me dire votre nom; sírvase sentarse veuillez vous asseoir.

servitas *m pl* servites (orden religiosa).

servoamplificador *m* MECÁN servoamplificateur.

servoasistido, da *adj* servoassisté, e.

servocroata ► **serbocroata**.

servodirección *f* MECÁN servodirection.

servofreno *m* MECÁN servofrein.

servomando *m* MECÁN servocommande *f*.

servomecanismo *m* servomécanisme.

servomotor *m* MECÁN servomoteur.

servosistema *m* TECN système asservi.

sesada *f* cervelle (sesos del animal y fritada).

sésamo *m* BOT sésame (alegría) ▮ ¡Sésamo ábrete! Sésame, ouvre-toi!

sesamoideo, a *adj* ANAT sésamoïde (hueso).

sesbania *f* BOT sesbanie.

sesear *v intr* prononcer en espagnol les « c » et les « z » comme des « s ».

sesenta *adj* & *s m inv* soixante *inv* ▮ sesenta y uno, y dos, etc. soixante et un, soixante-deux, etc. ▮ unos sesenta une soixantaine ▮ unos sesenta años une soixantaine d'années, la soixantaine (edad).

sesentavo, va *adj* & *s* soixantième.

sesentón, ona *adj* & *s* FAM sexagénaire.

seseo *m* défaut qui consiste à prononcer en espagnol les « c » et les « z » comme des « s ».

EL SESEO
Cette particularité phonétique consiste à prononcer [s] à la fois le « z », le « c » et le « s », alors que seul le « s » devrait se prononcer ainsi, le « z » et le « c » suivi de « e » ou « i » devant se prononcer [θ]. Ce phénomène est très répandu en Andalousie, aux Canaries, en Amérique latine ainsi que dans les régions d'Espagne (Catalogne ou communauté de Valence, par exemple) où le castillan coexiste avec des langues autochtones où le son [θ] n'existe pas.

sesera *f* crâne *m* (de un animal) ▮ FAM cervelle, jugeote; este chico no tiene mucha sesera ce garçon n'a pas beaucoup de cervelle ▮ cervelle (cerebro).

sesgadamente *adv* obliquement (oblicuamente) ▮ de biais, en biais (al sesgo).

sesgado, da *adj* en biais *inv*.

sesgadura *f* biaisement *m*.

sesgar [16] *v tr* couper en biais.

sesgo, ga *adj* en biais *inv*.
➤ **sesgo** *m* biais ▮ FIG biais (medio) ▮ tournure *f* (rumbo); tomar un mal sesgo prendre une mauvaise tournure ▮ al sesgo en biais (oblicuamente), de travers (no en la dirección debida).

sésil *adj* BOT sessile.

sesión *f* séance; sesión de cine séance de cinéma ▮ séance (réunion); sesión a puerta cerrada séance à huis clos; sesión de apertura, plenaria séance d'ouverture, plénière; en sesión pública en séance publique ▮ session (de un concilio) ▮ pose (pintor o escultor) ▮ cine de sesión continua cinéma permanent ▮ período de sesiones session (de una asamblea) ▮ sesión de Bolsa séance boursière ▮ abrir, levantar la sesión ouvrir, lever la séance ▮ celebrar sesión siéger, tenir une séance (una asamblea).

seso *m* ANAT cervelle *f* ▮ FIG cervelle *f*, jugeote *f*, bon sens (juicio); tienes muy poco seso tu n'as vraiment pas beaucoup de cervelle ■ FIG & FAM perder el seso perdre la tête | sorber el seso a uno tourner la tête à quelqu'un; le tiene sorbido el seso il lui a tourné la tête.

➡ **sesos** *m pl* CULIN cervelle *f sing*; sesos de carnero cervelle de mouton | FIG & FAM calentarse o devanarse los sesos se creuser la cervelle o la tête o les méninges | estrujarse los sesos se creuser la cervelle, se presser le citron FAM | levantarse o saltarse la tapa de los sesos se brûler la cervelle, se faire sauter la cervelle | romper los sesos a uno casser la tête à quelqu'un | romperse los sesos haciendo algo se casser la tête à faire quelque chose | ser un sin seso être écervelé.

sesquiáltero, ra *adj* sesquialtère.

sesquicentenario *m* cent cinquantième anniversaire.

sesquióxido *m* QUÍM sesquioxyde.

sesquipedal *adj* d'un pied et demi.

sesquiplano *m* sesquiplan.

sesteadero *m* endroit où le bétail se couche pour la sieste.

sestear *v intr* faire la sieste | FIG dormir.

sesteo *m* sieste *f*.

sestercio *m* sesterce (moneda romana).

sestero; sestil *m* endroit où le bétail se couche pour la sieste.

sesudamente *adv* sensément, sagement.

sesudez *f* sagesse, bons sens *m*.
　□ OBSERV pl sesudeces.

sesudo, da *adj* sensé, e; sage (prudente) | réfléchi, e (reflexivo, sentado).

set *m* set (juego en tenis) | set, plateau (cine).
　□ OBSERV pl sets.

Set *n pr* Seth.

seta *f* champignon *m* (hongo); **seta mortal** champignon mortel ■ **seta de cardo** pleurote du panicaut | **seta de cura** russule palombette | **seta de París** champignon de Paris (champiñón).
　□ OBSERV Seta désigne essentiellement les champignons possédant un chapeau.

setal *m* champignonnière *f*.

setecientos, tas *adj & s m* sept cents; dos mil setecientos deux mille sept cents | sept cent; setecientos veinte sept cent vingt (seguido de otra cifra); el año setecientos l'an sept cent (cuando equivale a un ordinal) | mil setecientos mille sept cents, dix-sept cents.

setena *f* groupe *m* de sept.

setenta *adj & s m* soixante-dix | setenta y uno, setenta y dos, etc. soixante et onze, soixante-douze, etc.
　□ OBSERV En Bélgica y Suiza soixante-dix se dice septante.

setentavo, va *adj & s* soixante-dixième.

setentón, ona *adj & s* FAM septuagénaire.

setiembre ➡ **septiembre**.

sétimo, ma ➡ **séptimo**.

seto *m* haie *f*; seto vivo haie vive.

setter *m* setter (perro).
　□ OBSERV pl setters.

SEU (abrev de Sindicato Español Universitario) *m* syndicat franquiste d'étudiants en Espagne.

seudoartritis *f inv* MED pseudoarthrose.

---

seudohermafrodita *adj & s* pseudohermaphrodite.

seudohermafroditismo *m* pseudohermaphrodisme.

seudomembrana *f* MED pseudomembrane.

seudoneurópteros *m pl* ZOOL pseudonévroptères.

seudonimia *f* pseudonymie.

seudónimo ➡ **pseudónimo**.

seudópodo *m* pseudopode.

s.e.u.o. (abrev de salvo error u omisión) s.e.o.o.

severamente *adv* sévèrement.

severidad *f* sévérité | obrar con severidad sévir, agir avec rigueur o sévérité.

Severino *n pr* Séverin.

severo, ra *adj* [▷ SIN] sévère; mirada severa regard sévère | FIG sévère; la severa fachada del monasterio la façade sévère du monastère.
　| SIN duro dur; riguroso rigoureux; inflexible inflexible; estricto strict.

sevicia *f* sévices *m pl* (malos tratos).

Sevilla *n pr* GEOGR Séville | quien fue o va a Sevilla perdió o pierde su silla qui va à la chasse perd sa place.

sevillano, na *adj & s* sévillan, e.
➡ **sevillanas** *f pl* danse populaire andalouse.

Sèvres *n pr* GEOGR Sèvres.

sexagenario, ria *adj & s* sexagénaire.

sexagésima *f* RELIG sexagésime.

sexagesimal *adj* sexagésimal, e.

sexagésimo, ma *adj & s* soixantième | sexagésimo primero, segundo, etc. soixante et unième, soixante-deuxième, etc.

sex-appeal *m inv* sex-appeal.

sexcentésimo, ma *adj & s* six centième.

sexenio *m* espace de six ans.

sexi; sexy *adj* sexy.
　□ OBSERV pl sexis; sexys.

sexismo *m* sexisme.

sexista *adj & s* sexiste.

sexo *m* sexe ■ bello sexo beau sexe | sexo débil, fuerte sexe faible, fort.

sexología *f* sexologie.

sexólogo *m* sexologue.

sex-shop [sek'ʃop] *m* sex-shop.
　□ OBSERV pl sex-shops.

sexta *f* RELIG sexte (hora) | série de six cartes (en juegos) | MÚS sixte (intervalo).

sextante *m* MAR sextant.

sextario *m* sétier (medida antigua).

sexteto *m* MÚS sextuor.

sextidi *m* sextidi.

sextilla *f* sixain *m*, sizain *m*.

sextillo *m* MÚS sextolet, double triolet (seisillo).

sextina *f* POÉT sextine.

sexto, ta *adj & s* sixième | six; Alfonso VI (sexto) Alphonse VI [six] | en sexto lugar sixièmement, sexto.
➡ **sexto** *m* sixième | FAM le sixième commandement (del decálogo).

---

sextuplicar [10] *v tr* sextupler.

séxtuplo, pla *adj & s m* sextuple.

sexuado, da *adj & s m* sexué, e.

sexual *adj* sexuel, elle.

sexualidad *f* sexualité.

sexy ➡ **sexi**.

Seychelles *n pr f pl* GEOGR las (islas) Seychelles les (îles) Seychelles.

sforzando *adv* MÚS sforzando.

SGAE *f* (abrev de Sociedad General Azucarera de España) compagnie sucrière espagnole | (abrev de Sociedad General de Autores de España) société espagnole des auteurs, ≃ SACEM.

shah; sha *m* chah, shah (soberano persa).

shaker *m* shaker (coctelera).

shakespeariano, na *adj* shakespearien, enne.

shakó *m* shako (chacó).

Shangai; Shanghai *n pr* GEOGR Shanghai, Changhai.

shantung *m* chantoung (tela).

SHAPE (abrev de Supreme Headquarters Allied Powers in Europe) *m* SHAPE.

shareware *m* INFORM partagiciel.

sheriff *m* shérif.
　□ OBSERV pl sheriffs.

sherry *m* sherry, xérès (vino de Jerez).
　□ OBSERV pl sherries.

shetland ['ʃedlan] *m* shetland *m*.
　□ OBSERV pl shetlands.

Shetland *n pr f pl* GEOGR las (islas) Shetland les (îles) Shetland.

shimmy *m* shimmy (danza, de un automóvil).

shock *m* MED choc.
　□ OBSERV pl shocks.

short *m* short (pantalón corto).
　□ OBSERV pl shorts.

show ['ʃou] *m* show; montar un show FAM faire tout un cirque; show business showbusiness *m inv*.
　□ OBSERV pl shows.

showman ['ʃouman] *m* présentateur-vedette.
　□ OBSERV pl showmans.

shrapnel *m* MIL shrapnel (granada).

shunt *m* ELECTR shunt (derivación).

shuntado *m* shuntage (ferrocarril).

si *conj* si ("s'" delante de "il", "ils"); si vienes mañana, avísame si tu viens demain, préviens-moi; si no lloviera saldríamos a pasear s'il ne pleuvait pas nous sortirions nous promener [▷ OBSERV] | alors que; ¿por qué lo aceptas si ayer lo rechazaste? pourquoi l'acceptes-tu alors qu'hier tu l'as refusé? | valeur de renforcement au début d'une proposition indépendante; ¿si me habrá mentido? est-ce qu'il m'aurait menti?; ¡si será posible! est-ce possible!; ¡si en esta habitación no hay nadie! vous voyez bien que dans cette pièce il n'y a personne!; ¡si repito que no quiero! puisque je vous répète que je ne veux pas! | combien; ¡sabes si lo estimo! tu sais combien je l'estime! ■ como si comme si [▷ OBSERV]; quiero a este niño como si fuera mi hijo j'aime cet enfant comme si c'était mon fils; como si nada comme si de rien n'était | incluso si même si, quand bien même; incluso si me amenazaran, no lo haría même si on me menaçait, je ne le ferais pas ‖ si bien bien que (con el subjuntivo); si bien no sabía nada bien qu'il ne sache o ne sût rien ‖ si no sinon, sans cela, sans quoi ‖ si... si si... ou (alternativa); no supo decir si ocurrió de noche si de día il n'a pas su dire si cela eut lieu la nuit ou le jour; no sé qué prefiero, si ir al teatro, si al cine je ne sais ce que je préfère, si c'est d'aller au théâtre ou au cinéma.

> **OBSERV 1.** Después de si condicional o de como si el subjuntivo imperfecto español se traduce en francés por el imperfecto del indicativo: si fuera rico compraría una casa si j'étais riche j'achèterais une maison.
> **2.** pl sis.

sí *pron pers* lui, elle; sólo piensa en sí il ne pense qu'à lui ‖ soi (en frases impersonales); hablar de sí parler de soi ■ cada uno para sí chacun pour soi ‖ de por sí de lui-même, etc. ‖ de por sí, en sí en soi; una cosa buena en sí une chose bonne en soi ‖ entre sí, para sí en lui-même, etc., à part soi *inv*; dijo entre sí il a dit à part soi ■ dar de sí s'allonger, prêter (una tela), se faire (zapatos) ‖ decir para sí se dire ‖ metido entre sí renfermé ‖ mirar para sí mismo s'occuper de soi ‖ poner fuera de sí mettre hors de soi ‖ volver en sí revenir à soi.

> **OBSERV** El plural de il, elle es eux, elles.

sí *adv* oui; ¿vienes conmigo? sí viens-tu avec moi? oui ‖ si (después de una frase negativa); ¿no hiciste nada? sí tu n'as rien fait? si ■ claro que sí, sí por cierto mais oui, mais si, bien sûr que oui, bien sûr que si ‖ FAM ¡eso sí que no! ça non!, jamais de la vie! ‖ pero sí (después de una frase negativa), mais par contre, mais en revanche; no tiene hermano, pero sí cuatro hermanas il n'a pas de frère mais par contre il a quatre sœurs ‖ porque sí parce que, parce que ça me (te, lui, etc.) plaît, parce que c'est comme ça ‖ por sí o por no en tout cas, à tout hasard ‖ ¡pues sí! comment donc! ‖ sí que (delante de un verbo), c'est... que, voilà [formule de renforcement]; ahora sí que nos vamos a reír c'est maintenant que nous allons rire; ésta sí que sabe lo que quiere en voilà une qui sait ce qu'elle veut ■ contestar sí o no répondre par oui ou par non ‖ decir que sí dire oui; no decir ni que sí ni que no ne dire ni oui ni non ‖ hablar porque sí parler pour ne rien dire.
◇ *m* oui (consentimiento) ■ dar el sí donner son approbation (aceptar), prononcer le grand oui (para casarse) ‖ sin que falte ni un sí ni un no sans qu'il y manque un iota.

> **OBSERV** pl síes.

sial *m* GEOL sial.

sialagogo, ga *adj & s m* MED sialagogue.

sialis *m inv* ZOOL sialis.

sialismo *m* MED sialisme.

sialografía *f* sialographie.

sialorrea *f* sialorrhée.

Siam *n pr m* HIST (antiguo nombre de Tailandia) Siam.

siamés, esa *adj & s* siamois, e ‖ hermanos siameses frères siamois.
➧ **siamés** *m* LING siamois.

> **OBSERV** pl siameses, siamesas.

sibarita *adj & s* sybarite.

sibaritismo *m* sybaritisme.

Siberia *n pr f* GEOGR Sibérie.

siberiano, na *adj & s* sibérien, enne.

sibil *m* grotte *f*.

sibila *f* sybille.

sibilante *adj* sifflant, e (letra, sonido).

sibilino, na *adj* sibyllin, e.

sic *adv* sic.

SICAB (abrev de sistema de información para catálogos informatizados de bibliotecas) *m* système d'information des fichiers informatisés des bibliothèques, en Espagne.

sicamor *m* BOT cyclamor (ciclamor).

sicario *m* sicaire.

sicastenia ➧ psicastenia.

sicasténico, ca ➧ psicasténico.

sicigia *f* ASTRON syzygie.

Sicilia *n pr f* GEOGR Sicile.

siciliano, na *adj & s* sicilien, enne.

siclo *m* sicle (peso y moneda).

sicoanálisis ➧ psicoanálisis.

sicoanalista ➧ psicoanalista.

sicoanalítico, ca ➧ psicoanalítico.

sicoanalizar ➧ psicoanalizar.

sicocirugía ➧ sicocirugía.

sicodélico, ca ➧ psicodélico.

sicodelismo ➧ psicodelismo.

sicodrama ➧ psicodrama.

sicofanta *m* (ant) sycophante (denunciador).

sicofármaco ➧ psicofármaco.

sicofísica ➧ psicofísica.

sicofisiología ➧ psicofisiología.

sicógeno, na ➧ psicógeno.

sicogeriatría ➧ psicogeriatría.

sicognostia ➧ psicognostia.

sicolingüística ➧ psicolingüística.

sicología ➧ psicología.

sicológico, ca ➧ psicológico.

sicologismo ➧ psicologismo.

sicologista ➧ psicologista.

sicólogo ➧ psicólogo.

sicometría ➧ psicometría.

sicométrico, ca ➧ psicométrico.

sicómoro; sicomoro *m* sycomore.

sicomotor, ra ➧ psicomotor.

sicomotricidad *f* psychomotricité.

siconeurosis ➧ psiconeurosis.

sicópata ➧ psicópata.

sicopatía ➧ psicopatía.

sicopático, ca ➧ psicopático.

sicopatología ➧ psicopatología.

sicopedagogía ➧ psicopedagogía.

sicopedagógico, ca ➧ psicopedagógico.

sicopompo ➧ psicopompo.

sicoquinesia ➧ psicoquinesia.

sicosis ➧ psicosis.

sicosociología ➧ psicosociología.

sicosomático, ca ➧ psicosomático.

sicotecnia ➧ psicotecnia.

sicotécnico, ca ➧ psicotécnico.

sicoterapeuta ➧ psicoterapeuta.

sicoterapéutico, ca ➧ psicoterapéutico.

sicoterapia ➧ psicoterapia.

sicotónico, ca ➧ psicotónico.

sicótropo, pa ➧ psicótropo.

sicrometría ➧ psicrometría.

sicrómetro ➧ psicrómetro.

SICS (abrev de Sociedad Internacional de las Ciencias del Suelo) *f* AISS.

sículo, la *adj & s* sicilien, enne.

sida (abrev de síndrome de inmunodeficiencia adquirida) *m* sida.

sidecar *m* side-car.

> **OBSERV** pl sidecares.

sideral; sidéreo, a *adj* ASTRON sidéral, e.

siderita *f* MIN sidérite ‖ BOT sidéritis, crapaudine.

siderolítico, ca *adj* sidérolithique.

sideronatrita *f* MIN sidéronatrite.

siderosa *f* MIN sidérose, sidérite.

siderosis *f inv* MED sidérose.

sideróstato *m* sidérostat.

siderotecnia *f* sidérotechnie.

sideroxilón *m* BOT sidéroxylon.

siderurgia *f* sidérurgie.

siderúrgico, ca *adj* sidérurgique.

Sidney ➧ Sydney.

sidoso, sa *adj & s* DESPEC sidéen, enne.

sidra *f* cidre *m* (bebida).

sidrería *f* cidrerie.

siega *m* moisson.

siembra *f* semailles *pl* (acción y tiempo de sembrar) ‖ champ *m* ensemencé (sembrado).

siemens *m* siemens (unidad de conductancia).

siempre *adv* toujours; siempre tendrá dinero il aura toujours de l'argent ‖ tout le temps (sin descanso); siempre habla il parle tout le temps ■ de siempre habituel, elle; es el cliente de siempre c'est le client habituel; de toujours; un amigo de siempre un ami de toujours ‖ estar siempre con être toujours avec (ir con), avoir toujours; está siempre con la misma palabra en la boca il a toujours le même mot à la bouche ‖ lo de siempre comme toujours, comme d'habitude, toujours pareil ‖ para o por siempre pour toujours ‖ para o por siempre jamás à tout jamais ‖ siempre pasa lo mismo c'est toujours pareil ‖ siempre que, siempre y cuando que pourvu que, du moment que, si toutefois (con que), chaque fois que (cada vez).

siempretieso *m* poussah (juguete).

siempreviva *f* immortelle (planta) ‖ siempreviva de telarañas joubarbe toile d'araignée.

sien *f* tempe; con las sienes entrecanas les tempes grisonnantes.

siena *m* terre de Sienne.

Siena *n pr* GEOGR Sienne ‖ tierra de Siena terre de Sienne (ocre).

sienés, esa *adj & s* siennois, e (de Siena).

> **OBSERV** pl sieneses, sienesas.

sienita *f* GEOL syénite.

sierpe *f* POÉT serpent *m* (serpiente) ‖ BOT rejeton *m*.

sierpecilla *f* ZOOL serpenteau *m*.

sierra *f* TECN scie; sierra abrazadera, circular, de arco, de ballesta o de bastidor, de cinta, de contornar, para metales scie de long, circulaire, en archet, sur bâti, à ruban, à chantourner, à métaux ‖ chaîne de montagnes, "sierra" (cordillera) ‖ montagne; pasar las vacaciones en la sierra passer ses vacances à la montagne ‖ ZOOL scie, poisson-scie *m* (pez) ‖ en forma de sierra en dents de scie.

Sierra Leona *n pr f* GEOGR (la) Sierra Leona (la) Sierra Leone.

sierraleonés, esa *adj & s* sierra-léonais, e. ‖ OBSERV pl sierraleoneses, sierraleonesas.

siervo, va *m & f* serf, serve (esclavo); siervo de la gleba serf attaché à la glèbe ‖ serviteur *m*, servante *f*; siervo de Dios serviteur de Dieu.

síes *m pl* oui *inv*.

sieso *m* ANAT rectum.

siesta *f* sieste; dormir o echar la siesta faire la sieste.

siete *adj* sept.
◇ *m* sept *inv*; el siete de corazones le sept de cœur ‖ FAM accroc (rasgón) ‖ TECN varlet, valet (barrilete) ‖ (*Amer*) anus (ano) ‖ FIG & FAM comer más que siete manger comme quatre ‖ hablar más que siete être bavard comme une pie ‖ saber más que siete en savoir long ‖ ser más ladrón que siete être voleur comme une pie ‖ son las siete il est sept heures.

sietecolores *m inv* oiseau multicolore d'Amérique.

sieteenrama *m* BOT tormentille *f* (tormentila).

sietemesino, na *adj* prématuré de sept mois.
➤ **sietemesino** *m* FAM avorton, fausse couche *f*.

sieteñal *adj* qui a sept ans.

sifilete *f* MED sifilet (ave del paraíso).

sifílide *f* MED syphilide.

sífilis *f inv* MED syphilis.

sifilítico, ca *adj & s* MED syphilitique.

sifón *m* siphon ‖ siphon (de agua gaseosa) ‖ FAM eau *f* de Seltz; échame un poco de sifón en el vaso mets un peu d'eau de Seltz dans mon verre.
‖ OBSERV L'emploi du mot sifón dans le sens d'eau de Seltz est un barbarisme très employé.

sifonóforos *m pl* ZOOL siphonophores.

sig. ➥ **s.**

siga *m* (*Amer*) poursuite *f*.

Sigfrido *n pr* Siegfried.

sigilado, da *adj* sigillé, e (sellado).

sigilar *v tr* sceller (sellar) ‖ taire, cacher (ocultar).

sigilario, ria *adj & s f* sigillaire.

sigilo *m* sceau (sello) ‖ FIG secret ■ con gran sigilo en grand secret, très discrètement ‖ sigilo sacramental sceau de la confession.

sigilografía *f* sigillographie.

sigilosamente *adv* secrètement (secretamente) ‖ discrètement (discretamente).

sigiloso, sa *adj* secret, ète ‖ discret, ète (persona).

sigla *f* sigle *m* (inicial); ONU es la sigla de la Organización de las Naciones Unidas O.N.U. est le sigle de l'Organisation des Nations unies.

siglo *m* siècle; ser del siglo XX (veinte), être du XXᵉ [vingtième]; el Siglo de las Luces le siècle des Lumières ‖ siècle; al correr de los siglos au cours des siècles ‖ FIG siècle; fuera del siglo hors du siècle ‖ éternité *f*, siècle; hace un siglo que no le he visto il y a une éternité que je ne l'ai vu ‖ monde; retirarse del siglo se retirer du monde ‖ siècle, temps; hay que ser de su siglo il faut être de son temps ■ dentro de un siglo dans cent sept ans ‖ en el siglo dans le monde; santa Teresa de Jesús, en el siglo Teresa de Cepeda y Ahumada sainte Thérèse d'Avila, dans le monde Thérèse de Cepeda y Ahumada ‖ por los siglos de los siglos dans tous les siècles des siècles, à tout jamais ‖ siglo de oro Siècle d'or.

EL SIGLO DE ORO

Le terme « siècle d'or » désigne, dans le domaine littéraire, toute la production des XVIᵉ et XVIIᵉ siècles. Bien que les auteurs les plus représentatifs de ce mouvement (Góngora, Quevedo, Lope de Vega, Calderón de la Barca) soient tous du XVIIᵉ et tous étroitement liés au baroque, on peut dire que le siècle d'or débute au XVIᵉ, avec des auteurs tels que Garcilaso de la Vega, Fray Luis de León, saint Jean de la Croix, et des genres tels que le roman de chevalerie et le roman picaresque, cette activité littéraire s'inscrivant dans le cadre de la Renaissance, qui débouchera sur le baroque. L'importance et le renom de la production espagnole de cette époque sont en partie liés au rayonnement économique de l'Espagne, qui devient une grande puissance grâce à la découverte de l'Amérique et aux conquêtes réalisées à la fois en Europe et en Asie.

---

sigma *m* sigma *m* (letra griega).

SIGMA (abrev de Science in General Management) *f* SIGMA.

sigmoideo, a; sigmoides *adj* ANAT sigmoïde.

signar *v tr* signer (firmar).
➤ **signarse** *v pr* se signer (persignarse).
‖ OBSERV En espagnol, le mot courant traduisant signar est firmar.

signatario, ria *m & f* signataire (firmante).

signatura *f* signe *m*, marque (señal) ‖ signature (firma) ‖ IMPR signature ‖ cote (para clasificar un libro).

significación *f* signification, sens *m* ‖ FIG importance; un hecho de gran significación un fait de grande importance.

significado, da *adj* signifié, e; indiqué, e (señalado) ‖ FIG important, e; connu, e; réputé, e (conocido).
➤ **significado** *m* [▷ SIN] sens, signification *f* (sentido).
‖ SIN significación signification; sentido sens; acepción acception.

significante *adj* significatif, ive; una demostración significante une démonstration significative.
◇ *m* signifiant.

significar [10] *v tr* signifier, avoir le sens de ‖ désigner, signifier; en latín "magister" significa maestro en latin "magister" désigne

le maître ‖ FIG représenter; esto significa mucho para mí cela représente beaucoup pour moi ‖ signifier, notifier.
➤ **significarse** *v pr* se distinguer (distinguirse).

significativo, va *adj* significatif, ive ‖ FIG important, e.

signo *m* [▷ SIN] signe; la llegada de las golondrinas es el signo precursor de la primavera l'arrivée des hirondelles est le signe précurseur du printemps ‖ signe; signo de puntuación signe de ponctuation ‖ point; signo de admiración, de interrogación point d'exclamation, d'interrogation ‖ ASTROL signe (del zodíaco) ‖ MAT & MÚS signe ‖ signal; signos Morse signaux en morse ‖ tendance *f* (tendencia); signo político tendance politique ‖ signo monetario unité monétaire ■ bajo el signo de sous le signe de.
‖ SIN indicio, huella trace; señal signal; vestigio vestige; síntoma symptôme.

siguapa *f* (*Amer*) sorte d'effraie (ave).

siguiente *adj & s* suivant, e ■ el año siguiente l'année suivante ‖ el día siguiente le lendemain.

sij *adj & s* sikh.
‖ OBSERV pl sijs.

sil *m* sil (ocre).

sílaba *f* syllabe ■ sílaba abierta o libre syllabe ouverte ‖ sílaba aguda syllabe accentuée ‖ sílaba átona syllabe atone ‖ sílaba breve syllabe brève o entravée ‖ sílaba cerrada o trabada syllabe fermée ‖ sílaba larga syllabe longue ‖ sílaba postónica syllabe post-tonique ‖ sílaba protónica o pretónica syllabe prétonique ‖ sílaba tónica syllabe tonique.

silabar; silabear *v intr* détacher les syllabes.
◇ *v tr* prononcer en détachant les syllabes; scander (un verso).

silabario *m* syllabaire.

silabear ➥ **silabar**.

silábico, ca *adj* syllabique.

silabismo *m* syllabisme.

silba *f* sifflets *m pl*, huées *pl* (rechifla).

silbante *adj* sifflant, e ‖ MED sibilant, e.

silbar *v intr & tr* siffler; silbar al perro siffler son chien ‖ FIG siffler; silbar a un actor siffler un acteur.

silbatina *f* (*Amer*) sifflets *m pl*, huées *pl*.

silbato *m* sifflet (pito).

silbido *m* sifflement (silbo) ‖ coup de sifflet; dar un silbido donner un coup de sifflet ‖ silbido de oídos sifflement d'oreilles.
➤ **silbidos** *m pl* sifflets.

silbo *m* sifflement.

silbón *m* canard siffleur (ave).

silbotear *v intr & tr* siffloter.

silenciador *m* TECN silencieux (de coche, de arma de fuego).

silenciar [8] *v tr* étouffer (ahogar un ruido) ‖ taire, passer sous silence (callar).

silencio *m* silence; silencio sepulcral silence de mort; sufrir en silencio souffrir en silence ‖ MÚS silence (pausa) ■ en silencio en silence ‖ entregar al silencio livrer à l'oubli ‖ guardar silencio garder le silence, faire silence

▌imponer silencio imposer (le) silence ▌pasar en silencio passer sous silence (callar) ▌MÚS silencio de corchea demi-soupir.

silenciosamente *adv* silencieusement.

silencioso, sa *adj* [▷ SIN] silencieux, euse.
➡ **silencioso** *m* silencieux, pot d'échappement silencieux (en un automóvil).

▎ SIN taciturno taciturne; reservado, callado réservé.

silene *m* BOT silène.

Sileno *n pr* MITOL Silène.

silente *adj* silencieux, euse.

silepsis *f inv* GRAM syllepse.

Silesia *n pr f* GEOGR Silésie.

silesiana *f* silésienne (tela).

silesiano, na; silesio, sia *adj & s* silésien, enne (de Silesia).

sílex *m inv* silex (pedernal).

sílfide *f* sylphide.

silfo *m* MIT sylphe ▌ZOOL silphe (insecto).

silguero *m* ZOOL chardonneret (jilguero).

silicato *m* QUÍM silicate.

sílice *f* QUÍM silice (roca).

silíceo, a *adj* siliceux, euse.

silícico, ca *adj* QUÍM silicique.

silicio *m* QUÍM silicium.

siliciuro *m* QUÍM siliciure.

silicona *f* QUÍM silicone.

silicosis *f inv* MED silicose.

silicua *f* BOT silique.

silícula *f* BOT silicule.

silicuoso, sa *adj* BOT siliqueux, euse.

silla *f* chaise (asiento); sentarse en una silla s'asseoir sur une chaise ▌selle (de jinete) ▌FIG siège (sede y dignidad) ■ caballo de silla cheval de selle ▌juez de silla juge de ligne (tenis) ▌llevar a un niño en la silla de la reina faire la chaise à un enfant ▌silla arzobispal archevêché ▌silla curul chaise curule ▌silla de coro stalle ▌silla de manos chaise à porteurs ▌silla de montar selle ▌silla de posta chaise de poste ▌silla de rejilla chaise cannée ▌silla de ring fauteuil de ring ▌silla de tijera o plegable chaise pliante ▌silla eléctrica chaise électrique ▌silla episcopal o obispal siège épiscopal ▌silla gestatoria chaise gestatoire, sedia gestatoria (del papa) ▌silla inglesa selle anglaise ▌silla poltrona bergère ▌ANAT silla turca selle turcique.

sillada *f* partie plane au milieu d'une côte, palier *m*.

sillar *m* pierre *f* de taille (piedra) ▌dos du cheval (lomo).

sillería *f* sièges *m pl* (asientos) ▌stalles *pl* (del coro) ▌fabrique de chaises (taller) ▌sellerie (de sillas de montar) ▌ARQ ouvrage *m* en pierres de taille.

sillero, ra *m & f* chaisier, ère (fabricante de sillas) ▌rempailleur, euse; empailleur, euse (reparador de sillas).
➡ **sillero** *m* sellier (que hace sillas de montar).

silleta *f* petite chaise.

silletero *m* porteur [de chaise].

sillín *m* selle *f* (de bicicleta o motocicleta) ▌selle *f* anglaise (silla de montar) ▌sellette *f* (correa).

sillón *m* fauteuil; sillón de ruedas, de orejeras, giratorio fauteuil roulant, à oreilles, pivotant ▌fauteuil; sillón de ring fauteuil de ring ▌selle *f* à dossier (de montar).

sillonero, ra *adj* (*Amer*) qui supporte aisément la selle (caballo).

silo *m* silo (almacén de grano).

silogismo *m* syllogisme.

silogístico, ca *adj* syllogistique.

silogizar [13] *v intr* user de syllogismes.

silueta *f* silhouette ▌profil *m* (perfil).

siluetear *v tr* silhouetter.

siluriano, na; silúrico, ca *adj & s* GEOL silurien, enne.

siluro *m* silure (pez).

silva *f* mélange *m*, recueil *m* (colección) ▌silves *pl* (combinación métrica).

silvanita *f* MIN sylvanite.

silvano *m* sylvain (divinidad de la selva).

silvático, ca *adj* sylvestre (selvático).

silvestre *adj* sauvage; fruta silvestre fruit sauvage ▌sylvestre, forestier, ère (de la selva) ▌FIG rustique (rústico).

Silvestre *n pr* Sylvestre.

Silvia *n pr* Sylvie.

silvícola *adj* sylvicole.

silvicultor *m* sylviculteur.

silvicultura *f* sylviculture.

silvinita *f* sylvinite.

silvoso, sa *adj* sylvestre, forestier, ère (de la selva) ▌boisé, e (región).

sima *f* précipice *m*, gouffre *m* ▌FIG abîme *m*, gouffre *m* (abismo).

▎ OBSERV Ne pas confondre sima précipice, avec cima cime.

simaruba *f* BOT simaruba.

simarubáceas *f pl* BOT simarubacées.

simbionte *adj & s m* BOT symbiote.

simbiosis *f inv* BIOL symbiose.

simbiótico, ca *adj* BIOL symbiotique.

simbólicamente *adv* symboliquement.

simbólico, ca *adj* symbolique.

simbolismo *m* symbolisme.

simbolista *adj & s* symboliste.

simbolización *f* symbolisation.

simbolizar [13] *v tr* symboliser.

símbolo *m* symbole; símbolo de los apóstoles symbole des Apôtres; símbolo del hierro symbole du fer.

▎ SIN emblema emblème; atributo attribut; divisa, lema devise; representación représentation.

simbología *f* symbolique.

Simeón *n pr* Siméon.

simetría *f* symétrie.

simétricamente *adv* symétriquement.

simétrico, ca *adj* symétrique.

símico, ca *adj* ZOOL simien, enne.

simiente *f* AGRIC semence (semilla) ▌FIG semence (germen).

simiesco, ca *adj* simiesque.

símil *adj* similaire.
◇ *m* similitude *f* ▌comparaison *f*; hacer un símil entre dos países faire une comparaison entre deux pays.

similar *adj* similaire.

similicadencia *f* assonance vicieuse.

similigrabado *m* similigravure *f*.

similitud *f* similitude, similarité.

simio *m* singe (mono).
➡ **simios** *m pl* simiens.

simón *m* fiacre (coche de punto).

Simón *n pr* Simon.

simonía *f* simonie.

simpa *f* (*Amer*) natte (trenza de pelo).

simpatía *f* sympathie (inclinación); inspirar simpatía inspirer de la sympathie ▌gentillesse (amabilidad) ▌MED sympathie ▌TECN explotar por simpatía exploser par sympathie.

simpático, ca *adj* sympathique (agradable); me cae o me es muy simpático il m'est o je le trouve très sympathique ▌gentil, ille (solícito) ▌tinta simpática encre sympathique.
➡ **simpático** *m* ANAT sympathique; gran simpático grand sympathique.

simpatizante *adj & s* sympathisant, e.

simpatizar [13] *v intr* sympathiser.

simplaina; simplainas *m & f* FAM naïf, ïve; niais, e; simplet, ette (tonto).

simple *adj* simple (puro) ▌fade (soso) ▌seul, e; una página a simple columna une page d'une seule colonne ▌simple; un simple gesto un simple geste ▌BOT simple ▌FIG simple, naïf, ïve (sencillo) ▌QUÍM cuerpo simple corps simple.
◇ *m* simple d'esprit (bobo) ▌simple (tenis).
➡ **simples** *m pl* MED simples (plantas medicinales).

simplemente *adv* simplement ▌pura y simplemente purement et simplement.

simpleza *f* naïveté (ingenuidad) ▌sottise, simplicité, niaiserie (necedad).

simplicidad *f* simplicité (de una cosa) ▌simplicité, naïveté (candor).

simplificable *adj* simplifiable.

simplificación *f* simplification.

simplificador, ra *adj & s* simplificateur, trice.

simplificar [10] *v tr* simplifier.

simplismo *m* simplisme.

simplista *adj & s* simpliste.

simplón, ona *adj & s* simplet, ette.

simposio; simpósium; symposium *m* symposium, symposion.

▎ OBSERV Le pluriel de simpósium est simposiums.

simulación *f* simulation.

simulacro *m* simulacre ▌hacer el simulacro de faire semblant de.

simuladamente *adv* avec simulation.

simulado, da *adj* simulé, e.

simulador, ra *adj & s* simulateur, trice; es un hábil simulador c'est un habile simulateur.

simular *v tr & intr* simuler; simula un sentimiento que no tiene il simule un sentiment qu'il n'a pas ∥ feindre; **se pasa la vida simulando** il passe sa vie à feindre ∥ faire semblant; **simula que trabaja** il fait semblant de travailler.

simúlido *m* ZOOL simulie *f*.

simultáneamente *adv* simultanément.

simultanear *v tr* faire coïncider, mener de front, faire en même temps; **simultanea la carrera de derecho y la de ciencias** il mène de front son droit et ses études scientifiques ∥ faire alterner; **simultanea el trabajo con el descanso** il fait alterner le travail et le repos ∥ **simultanear la risa con el llanto** passer du rire aux larmes.

➤ **simultanearse** *v pr* coïncider.

simultaneidad *f* simultanéité.

simultáneo, a *adj* simultané, e.

simún *m* simoun (viento).

sin *prep* sans; **sin él no podría hacer nada** sans lui je ne pourrais rien faire ■ **estar sin** (con un infinitivo) ne pas être; **el cuarto está sin hacer** la chambre n'est pas faite ∥ **hijas sin casar** filles non mariées ∥ **sin cesar** sans cesse ∥ **sin Dios** athée ∥ **sin duda** sans doute ∥ **sin embargo** cependant, néanmoins ∥ **sin eso, sin lo cual** sans quoi, autrement ∥ **sin hogar** sans abri ∥ **sin inconvenientes** sans inconvénient ∥ **sin querer** sans le vouloir.

sinagoga *f* synagogue.

Sinaí *n pr m* GEOGR **el Sinaí** le Sinaï.

sinalagmático, ca *adj* DR synallagmatique (bilateral).

sinalefa *f* GRAM synalèphe.

sinamay *m* toile *f* d'abaca [Philippines].

sinantéreas *f pl* BOT synanthérées.

sinántropo *m* ZOOL sinanthrope.

sinapismo *m* MED sinapisme ∥ FIG & FAM empoisonneur, euse; raseur, euse; casse-pieds *inv* (persona pesada).

sinapsis *f inv* ANAT synapse.

sinarquía *f* synarchie (gobierno).

sinárquico, ca *adj* synarchique.

sinartrosis *f inv* ANAT synarthrose.

sinceramente *adv* sincèrement.

sincerar *v tr* justifier, disculper.

➤ **sincerarse** *v pr* se justifier ∥ s'ouvrir, ouvrir son cœur; **sincerarse con sus amigos** s'ouvrir à ses amis.

sinceridad *f* sincérité.

sincero, ra *adj* sincère.

sincipital *adj* sincipital, e.

sincipucio *m* ANAT sinciput.

sinclinal *m* GEOL synclinal.

sincolotes *m pl* (*Amer*) paniers pour stocker le maïs.

síncopa *f* GRAM & MÚS syncope.

sincopadamente *adv* d'une manière syncopée.

sincopado, da *adj* GRAM & MÚS syncopé, e.

sincopal *adj* syncopal, e.

sincopar *v tr* GRAM & MÚS syncoper ∥ FIG abréger (abreviar).

síncope *m* MED syncope *f*.

sincopizar [13] *v tr* provoquer une syncope.

➤ **sincopizarse** *v pr* tomber en syncope.

sincrético, ca *adj* syncrétique.

sincretismo *m* syncrétisme.

sincretista *adj* & *s* syncrétiste.

sincrociclotrón *m* FÍS synchrocyclotron.

sincronía *f* GRAM synchronie.

sincrónico, ca *adj* synchronique, synchrone.

sincronismo *m* synchronisme.

sincronización *f* synchronisation.

sincronizador *m* CINEM synchroniseuse *f*.

sincronizar [13] *v tr* synchroniser.

síncrono, na *adj* synchrone; **motor síncrono** moteur synchrone.

sincrotrón *m* FÍS synchroton.

sindáctilo, la *adj* ZOOL syndactyle.

sindéresis *f inv* jugement *m*.

sindicación *f* syndicalisation.

sindicado, da *adj* & *s* syndiqué, e.

➤ **sindicado** *m* syndicat, syndicataire (junta de síndicos).

sindicador, ra *adj* & *s* DR accusateur, trice (que acusa).

sindical *adj* syndical, e; **delegado sindical** délégué syndical.

sindicalismo *m* syndicalisme.

sindicalista *adj* & *s* syndicaliste.

sindicar [10] *v tr* syndiquer.

➤ **sindicarse** *v pr* se syndiquer (afiliarse a un sindicato).

sindicato *m* syndicat; **sindicato obrero** syndicat ouvrier.

sindicatura *f* charge de syndic.

síndico *m* syndic.

sindineritis *f inv* FAM **tener sindineritis** être fauché.

síndrome *m* MED syndrome ∥ **síndrome de abstinencia** syndrome de sevrage (drogas).

sinécdoque *f* synecdoque.

sinecura *f* sinécure.

sine die *loc adv* sine die (sin fijar fecha ni día).

sine qua non *loc adv* sine qua non (indispensable).

sinéresis *f inv* GRAM synérèse.

sinergia *f* synergie.

sinérgico, ca *adj* synergique.

sinestesia *f* synesthésie.

sinfín *m* infinité *f*, grand nombre *m* ∥ **decía un sinfín de tonterías** il disait des bêtises à n'en plus finir.

sinfinidad *f* FAM multitude.

sinfonía *f* symphonie; **sinfonía incompleta** symphonie inachevée.

sinfónico, ca *adj* symphonique.

➤ **sinfónica** *f* orchestre *m* symphonique.

sinfonista *m* symphoniste.

Singapur *n pr* GEOGR Singapour.

singar [16] *v intr* MAR godiller.

singladura *f* MAR cinglage *m* ∥ FIG voie (rumbo, camino).

singlar *v intr* MAR cingler.

single *m* simple (tenis) ∥ single (coche cama).

singleton *m* singleton (semifallo en el bridge).

singracia *f* manque *m* de grâce (en lo físico), manque *m* d'esprit (en lo moral).

➤ *adj* fade, quelconque; **una mujer singracia** une femme quelconque.

singular *adj* singulier, ère ∥ drôle, singulier, ère; **una idea singular** une drôle d'idée ∥ **singular combate** combat singulier.

➤ *m* GRAM singulier.

singularidad *f* singularité ∥ caractère *m* particulier, particularité.

singularizar [13] *v tr* singulariser ∥ GRAM employer au singulier.

➤ **singularizarse** *v pr* se singulariser (distinguirse).

singularmente *adv* singulièrement.

sinhueso *f* FAM bavarde, langue (lengua) ∥ FAM **darle a la sinhueso** blablater.

siniestra *f* gauche, main gauche (zurda).

siniestrado, da *adj* & *s* sinistré, e.

siniestralidad *f* (índice de) siniestralidad taux *m* d'accidents.

siniestramente *adv* sinistrement.

siniestro, tra *adj* gauche (izquierdo) ∥ FIG sinistre (funesto); **espectáculo siniestro** spectacle sinistre ■ **a diestro y siniestro** à tort et à travers ∥ **golpear a diestro y siniestro** frapper à droite et à gauche.

➤ **siniestro** *m* sinistre (catástrofe).

sinnúmero *m* infinité *f*, grand nombre, nombre incalculable; **hubo un sinnúmero de víctimas** il y eut un grand nombre de victimes.

sino *m* sort (hado, destino).

sino *conj* mais (para contraponer un concepto afirmativo a uno negativo); **no era él sino su hermano** ce n'était pas lui mais son frère ∥ que; **nadie ha venido sino tu hermano** il n'y a que ton frère qui soit venu, personne d'autre que ton frère n'est venu ■ **no parece sino que** on dirait (vraiment) que ∥ **no... sino ne... que**; **no haces sino molestarnos** tu ne fais que nous ennuyer ∥ **no sólo... sino que** o **sino que también** non seulement... mais encore; **no sólo pide, sino que exige** non seulement il demande mais encore il exige ∥ **sino que** mais (pero); **no basta que usted lo diga, sino que quiero verlo** il ne suffit pas que vous le disiez, mais je veux le voir; **sauf que, si ce n'est que** (salvo); **iba todo muy bien, sinó que llovió un poco** tout allait très bien, sauf qu'il a plu un peu.

sinodal *adj* synodal, e.

sinódico, ca *adj* ASTRON & RELIG synodique.

sínodo *m* synode (junta) ∥ **el Santo Sínodo** le saint-synode (en Rusia).

sinojaponés, esa *adj* sino-japonais, e.

■ OBSERV *pl* sinojaponeses, sinojaponesas.

sinología *f* sinologie.

sinólogo, ga *m* & *f* sinologue.

sinonimia *f* synonymie.

sinonímico, ca *adj* synonymique.

sinónimo, ma *adj* & *s m* synonyme.

sinople *m* BLAS sinople.

sinopsis *f inv* synopsis.

sinóptico, ca *adj* synoptique; cuadro sinóptico tableau synoptique.

sinovia *f* ANAT synovie.

sinovial *adj* ANAT synovial, e ■ cápsula sinovial bourse synoviale ▍ derrame sinovial épanchement de synovie o synovial.

sinovitis *f inv* MED synovite.

sinrazón *f* injustice ▍ égarement *m*, aberration; las sinrazones de la política les aberrations de la politique ▍non-sens *m* (disparate).

sinsabor *m* fadeur *f* (desabor) ▍ FIG ennui (molestia) ▍ peine *f* (pena) ▍ déboire, désagrément; este trabajo me ha causado muchos sinsabores ce travail m'a causé bien des déboires.

sinsifis *f inv* ANAT symphyse.

sinsonte *m* moqueur (ave).

sinsustancia *m & f* FAM minus, zéro *m* (persona insustancial).

sintáctico, ca *adj* GRAM syntaxique, syntactique.

sintagma *m* syntagme.

sintaxis *f inv* GRAM syntaxe.

sinterización *f* TECN frittage *m*.

síntesis *f inv* synthèse.

sintéticamente *adv* synthétiquement.

sintético, ca *adj* synthétique; caucho sintético caoutchouc synthétique.

sintetizador, ra *adj* de synthèse.
➡ **sintetizador** *m* synthétiseur.

sintetizar [13] *v tr* synthétiser.

sintoísmo *m* shintoïsme, shinto (religión).

sintoísta *adj & s* shintoïste.

síntoma *m* symptôme (señal).

sintomático, ca *adj* symptomatique.

sintomatología *f* symptomatologie.

sintonía *f* ELECTR syntonie ▍ indicatif *m* (de una emisión) ▍ FIG harmonie; sintonía espiritual harmonie spirituelle ▍ RAD bobina de sintonía bobine d'accord.

sintónico, ca *adj* MÚS syntonique.

sintonismo *m* syntonie *f*.

sintonización *f* syntonisation ▍ RAD botón de sintonización bouton de recherche de station.

sintonizador *m* tuner, syntoniseur *m*.

sintonizar [13] *v tr* syntoniser ▍ RAD accorder ▍ sintonizan ustedes con Radio San Sebastián vous êtes à l'écoute de Radio Saint-Sébastien.

sinuosidad *f* sinuosité ▍ FIG méandre, détour *m*; las sinuosidades de la diplomacia les méandres de la diplomatie.

sinuoso, sa *adj* sinueux, euse.
▍ SIN ondulado ondulé; tortueux tortueux.

sinusitis *f inv* MED sinusite.

sinusoidal *adj* GEOM sinusoïdal, e.

sinvergonzón, ona ➡ **sinvergüenza**.

sinvergüencería *f* FAM culot *m*, toupet *m*, effronterie.

sinvergüenza; sinvergonzón, ona *adj & s* petit voyou, fripon, onne; canaille (granuja) ▍ crapule (canalla) ▍ ¡qué sinvergüenza eres! tu ne manques pas de culot! ▍ un tío sinvergüenza un type sans scrupule.

sinvergüenzada *f* FAM culot *m*, toupet *m*, effronterie.

sinvivir *m* souci de tous les instants.

sionismo *m* sionisme.

sionista *adj & s* sioniste.

siquiatra ➡ **psiquiatra**.

siquiatría ➡ **psiquiatría**.

siquiátrico, ca ➡ **psiquiátrico**.

síquico, ca ➡ **psíquico**.

siquiera *conj* même si (aunque); préstame el coche, siquiera sea por unos días prête-moi ta voiture même si c'est pour quelques jours.
◇ *adv* au moins (por lo menos); dame siquiera las gracias dis-moi au moins merci; ¡si ganáramos siquiera para comer! si nous gagnions au moins de quoi manger! ▍ne seraitce que; si pudiera irme siquiera una semana si je pouvais partir ne serait-ce qu'une semaine ▍ même; sin enterarse siquiera de lo que pasaba sans même se rendre compte de ce qui se passait ▍ soit (bien, ya); siquiera venga, siquiera no venga soit qu'il vienne, soit qu'il ne vienne pas ▍ ni siquiera, no... siquiera ne... même pas; no tiene siquiera zapatos il n'a même pas de souliers; ni siquiera me lo dijo il ne me l'a même pas dit.

siquismo ➡ **psiquismo**.

Siracusa *n pr* GEOGR Syracuse.

siracusano, na *adj & s* syracusain, e.

sirena *f* sirène (ninfa) ▍ sirène (señal acústica).

sirénidos; sirenios *m pl* ZOOL siréniens.

sirex *m* ZOOL sirex.

sirga *f* MAR corde (cuerda para halar) ▍ halage *m* (acción) ■ MAR a la sirga halé ▍ camino de sirga chemin de halage.

sirgar [16] *v tr* MAR haler.

Siria *n pr f* GEOGR Syrie.

siriaco, ca *adj & s* syrien, enne (de Siria).
➡ **siriaco** *m* LING syriaque (idioma antiguo).

sirigote *m* (Amer) petite selle *f* (silla).

sirimiri *m* crachin, bruine *f* (llovizna).

siringa *f* arbre *m* à caoutchouc ▍ MÚS syrynx, flûte de Pan.

siringuero *m* (Amer) ouvrier chargé de la récolte du caoutchouc, "seringuero".

sirio, ria *adj & s* syrien, enne.

Sirio *n pr* ASTRON Sirius.

sirle *m* crotte *f* [d'ovins].

siroco *m* sirocco (viento).

sirope *m* sirop (jarabe).

sirtaki *m* sirtaki.

sirte *f* banc *m* de sable.

sirvienta *f* domestique, servante.

sirviente *m* domestique, serviteur ▍ MIL servant (del cañón).
◇ *adj m* de service, serviteur, servant ■ personal sirviente domestiques ▍ DR predio sirviente fonds servant o assujetti.

sisa *f* FAM chapardage *m*, carottage *m*, gratte [profits illicites] ▍ échancrure (de un vestido), emmanchure, entournure (de las mangas) ▍ impôt *m* (impuesto) ▍ assiette (para dorar).

sisador, ra *adj & s* qui fait danser l'anse du panier, rabioteur, euse; carotteur, euse.

sisal *m* BOT sisal, agave (pita).

sisallo *m* BOT arroche *f* de mer (caramillo).

sisar *v tr* carotter, chaparder, rabioter (en las compras) ▍échancrer (un vestido) ▍diminuer la mesure o le poids des denrées, carotter.
◇ *v intr* faire danser l'anse du panier.

sisear *v tr & intr* siffler, huer; sisear a un actor siffler un acteur ▍ faire psitt; sisear a una mujer en la calle faire psitt à une femme dans la rue.

siseo *m* sifflet, huées *f pl* ▍ psitt.

Sísifo *n pr* MITOL Sisyphe; mito de Sísifo mythe de Sisyphe.

sisimbrio *m* BOT sisymbre (jaramago).

sísmico, ca *adj* sismique, séismique.

sismo *m* séisme (seísmo).

sismógrafo *m* sismographe, séismographe.

sismograma *m* sismogramme.

sismología *f* sismologie, séismologie.

sisón *m* ZOOL canepetière *f* (ave).

sisón, ona *adj & s* FAM ➡ **sisador**.

sistema *m* système; sistema nervioso, métrico système nerveux, métrique ■ sistema acoplador système de couplage (de radio) ▍ sistema cegesimal système cégésimal o C.G.S. ▍ sistema montañoso système montagneux ▍ INFORM sistema operativo o de explotación système d'exploitation ▍ sistema de gestión de base de datos système de gestion de base de données ▍ sistema numérico système de numération ▍ sistema de tratamiento de datos système de traitement des données ▍ sistema experto système expert ▍ sistema periódico classification périodique ▍ sistema planetario système planétaire ▍ sistema tributario régime fiscal (de los impuestos) ▍ por sistema systématiquement, par principe.

sistemar *v tr* (Amer) systématiser.

sistemáticamente *adv* systématiquement.

sistemático, ca *adj & s f* systématique.

sistematización *f* systématisation.

sistematizar [13] *v tr* systématiser.

sístilo *adj & s m* ARQ systyle.

sístole *f* ANAT systole.

sistro *m* MÚS sistre (instrumento).

sitacismo *m* psittacisme (psitacismo).

sitiado, da *adj & s* assiégé, e.

sitiador, ra *adj & s* assiégeant, e.

sitial *m* fauteuil de cérémonie.

sitiar [8] *v tr* assiéger.

sitio *m* place *f*; vete a tu sitio va à ta place; ponga la silla en este sitio mettez la chaise à cette place ▍ endroit, lieu (lugar); un sitio agradable un endroit agréable ▍place *f* (espacio); ocupar mucho sitio prendre o tenir beaucoup de place; dejar sitio a faire de la place à ▍ MIL siège (cerco); estado de sitio état de siège ▍ (Amer) terrain (solar) ▍ INFORM sitio Web site Web ■ a o en algún sitio quelque part ▍cada uno en su sitio chacun à sa place ▍cualquier sitio n'importe où, partout ▍en el mismo sitio sur le terrain ▍en o a ningún sitio nulle part ▍ otro sitio ailleurs, autre part ▍ real sitio résidence royale ■ cambiar de sitio changer de place, déplacer (algo), changer de place, se déplacer (alguien) ‖ **ceder el sitio** céder la place ‖ FIG **dejar a uno en el sitio** tuer quelqu'un net, laisser quelqu'un sur le carreau ‖ MIL **levantar el sitio** lever le siège ‖ FIG **poner a uno en su sitio** remettre quelqu'un à sa place ‖ **poner sitio a** mettre le siège devant, assiéger ‖ FIG **quedar en el sitio** tomber raide mort, être tué sur le coup, rester sur le carreau.

sitios adj pl DR **bienes sitios** biens fonds.

sito, ta adj situé, e (colocado) ‖ DR sis, sise; **una casa sita en Madrid** une maison sise à Madrid ‖ DR **bienes sitos** biens fonds.

situ
→ **in situ** loc adv sur place, sur les lieux.

situación f situation ‖ situation, emplacement m (sitio) ■ (Amer) precio de situación prix réduit ■ **situación activa** position d'un fonctionnaire en activité ‖ **situación pasiva** position d'un fonctionnaire en disponibilité o en retraite.

situado, da adj situé, e ‖ DR sis, sise ‖ FIG **estar bien situado** avoir une bonne situation (en la vida).

situar [6] v tr situer, placer (colocar) ‖ affecter, assigner (dinero).
→ **situarse** v pr MAR relever sa position (en el mapa).

siútico, ca adj FAM (Amer) → **cursi**.

siux m inv sioux (Indio norteamericano).

sixtino, na adj sixtin, e.

Sixto n pr Sixte.

SJ (abrev de Societatis Jesus) f SJ.

skateboard [es'keiðþor] m skateboard.
▪ OBSERV pl skateboards.

skay → **escay**.

sketch → **esquech**.
▪ OBSERV pl sketches.

skin head m & f skinhead.
▪ OBSERV pl skin heads.

skull m scull (embarcación).
▪ OBSERV pl skulls.

SL (abrev de sociedad Limitada) f SARL.

s.l. (abrev escrita de sus labores) sans profession.

slalom → **eslálom**.
▪ OBSERV pl slaloms.

slam m chelem (juego de bridge).
▪ OBSERV pl slams.

slang m slang (argot inglés).

slip → **eslip**.

SLMM (abrev de Sindicato Libre de la Marina Mercante) m syndicat espagnol de la marine marchande.

slogan → **eslogan**.
▪ OBSERV pl slogans.

sloop m MAR sloop (balandra).
▪ OBSERV pl sloops.

SM (abrev escrita de Su Majestad) SM.

smash m smash (mate).
▪ OBSERV pl smashes.

SME (abrev de sistema monetario europeo) m SME.

SMI (abrev de sistema monetario internacional) m SMI.

smoking m smoking.
▪ OBSERV **1.** L'Académie espagnole propose maintenant la forme **esmoquin**.

▪ **2.** pl smokings.

SMTP (abrev de Simple Mail Transfer Protocol) m INFORM SMTP.

snack → **esnac**.

snipe m snipe (barco).

snob adj & s snob.
▪ OBSERV pl snobs.

snobismo m snobisme.

so m FAM espèce de; **so tonto** espèce d'idiot.

so prep sous; **so pretexto** sous prétexte; **so pena** sous peine; **so capa** sous cape; **so color** sous couleur, sous prétexte.

¡so! interj ho! [pour arrêter un cheval].

soasar v tr saisir, griller légèrement (asar).

soba f; **sobajeo** m pétrissage m ‖ foulage m (pieles) ‖ FAM volée, tripotée (paliza); **dar una soba** flanquer une volée ‖ tripotage m (manoseo).

sobaco m ANAT aisselle f.

sobadero m foulerie f (cueros).

sobado, da adj FAM tripoté, e (manido); **una sobada caja de madera** une boîte en bois qui a été tripotée ‖ rebattu, e; **un tema sobado** un sujet rebattu ‖ foulé, e (pieles) ‖ pétri, e (amasado) ‖ rossé, e (a golpes).

sobador m fouloir.

sobadura; sobajamiento f pétrissage m ‖ foulage m (de las pieles) ‖ FAM tripotage m.

sobajar; sobajear v tr friper, froisser (arrugar) ‖ tripoter (manosear) ‖ FIG froisser, vexer (humillar).

sobajeo → **soba**.

sobaquera f dessous-de-bras m.

sobaquillo
→ **de sobaquillo** loc adv TAUROM **poner las banderillas de sobaquillo** planter les banderilles de côté, alors que la tête du taureau est déjà passée.

sobaquina f sueur, gousset m (ant).

sobar v tr pétrir ‖ fouler (las pieles) ‖ FIG rosser (zurrar) ‖ FAM peloter, tripoter (tocar) ‖ (Amer) flatter (adular) ‖ frotter (friccionar).

sobarba f muserolle (de la brida) ‖ double menton m (papada).

sobarbada f saccade (sofrenada) ‖ FIG savon m, réprimande (represión).

sobarbo m MECÁN aube f (de rueda).

sobeo m FAM tripotage (de una cosa), pelotage (de una persona) ‖ courroie f (de un carro).

soberado m (Amer) grenier (desván).

soberanamente adv souverainement.

soberanear v intr agir en souverain, régner.

soberanía f souveraineté ■ **plaza de soberanía** ville sous la souveraineté de l'Espagne (Ceuta, Melilla) ‖ **soberanía feudal** suzeraineté.

soberano, na adj & s souverain, e; **potencia soberana** puissance souveraine; **remedio soberano** remède souverain.
◇ adj FIG magistral, e; **dar una paliza soberana** donner une râclée magistrale.

soberbia f orgueil m, superbe; **la soberbia de un monarca** la superbe d'un monarque

‖ magnificence (magnificencia) ‖ FIG colère, emportement m (ira).

soberbiamente adv orgueilleusement ‖ FIG superbement, magnifiquement.

soberbio, bia; soberbioso, sa adj coléreux, euse (colérico) ‖ hautain, e; arrogant, e ‖ FIG superbe, magnifique (magnífico) ‖ fougeux, euse (caballo).

sobón, ona adj & s FAM peloteur, euse (acariciador) ‖ flemmard, e (remolón).

sobordo m MAR inspection f (de la carga) ‖ registre, manifeste de douane (libro).

sobornal m surcharge f (sobrecarga).

sobornar v tr suborner, soudoyer.

soborno m subornation f, corruption f; **soborno de testigos** subornation de témoins ‖ pot-de-vin (gratificación) ‖ (Amer) surcharge f (sobrecarga).

sobra f reste m, excédent m, surplus m (exceso) ■ **de sobra** de trop, en trop, plus qu'il n'en faut, à revendre; **tiene dinero de sobra** il a de l'argent de trop ‖ **sé de sobra que** je sais parfaitement que, je ne sais que trop que ‖ **tener de sobra dónde escoger** n'avoir que l'embarras du choix ‖ **tener tiempo de sobra** avoir du temps de reste, avoir tout son temps o du temps devant soi, avoir largement le temps.
→ **sobras** f pl résidus m, déchets m (desechos) ‖ reliefs m, restes m (de una comida) ‖ rabiot m sing (de rancho).

sobradamente adv extrêmement, de trop (mucho) ‖ **le conozco sobradamente** je le connais on ne peut mieux, je ne le connais que trop.

sobradillo m auvent (tejadillo) ‖ soupente f (de una escalera).

sobrado, da adj de trop, en trop, de reste, à revendre (de sobra); **tiene sobrada paciencia** il a de la patience de reste ■ **con sobrada razón** à très juste titre ‖ **estar sobrado de dinero** avoir de l'argent de reste o de plus qu'il n'en faut o à ne savoir qu'en faire ‖ **estar sobrado de luz** être inondé de lumière ‖ **tener sobrada razón** n'avoir que trop raison ‖ **tener sobrados motivos para** avoir toutes les raisons de.
→ **sobrado** m ARQ comble (desván) ‖ (Amer) étagère f (vasar).
→ **sobrados** m pl (Amer) restes (sobras).
→ **sobrado** adv largement, de trop.

sobrante adj restant, en trop (que sobra).
◇ m reste, restant, excédent.

sobrar v intr rester (quedar); **me sobran tres pesetas** il me reste trois pesetas; **sobró vino** il est resté du vin ‖ être de trop (estar de más) ‖ avoir en trop; **en esta pared sobran dos cuadros** sur ce mur il a deux tableaux en trop ‖ avoir trop de; **en esta pared sobran cuadros** sur ce mur il y a trop de tableaux ‖ avoir plus qu'il n'en faut; **me sobra el dinero para hacerlo** j'ai plus d'argent qu'il n'en faut pour le faire ■ **basta y sobra** en voilà assez, ça suffit comme ça ‖ **me sobra tiempo** j'ai tout le temps o tout mon temps o largement le temps ‖ **no estar sobrado de** ne pas avoir trop de ‖ **sobrarle a uno la gracia** avoir de l'esprit à revendre.

sobrasada f sorte de saucisson (embutido).

sobrasar v tr placer sur o sous la braise.

sobre *m* enveloppe *f* (de carta); **poner en un sobre** mettre sous l'enveloppe ▌ sachet; **un sobre de sopa** un sachet de soupe.

sobre *prep* sur; **sobre la mesa** sur la table; **discutir sobre un tema** discuter sur un sujet ▌ environ, à peu près; **tengo sobre mil pesetas** j'ai environ mille pesetas ▌ vers; **vendré sobre las ocho** je viendrai vers 8 heures ▌ sur (repetición); **dice tonterías sobre tonterías** il dit bêtise sur bêtise ▌ après (después); **sobre comida** après le repas ▌ en plus de, non seulement; **sobre ser caro, es feo** non seulement c'est cher, mais c'est laid ▌ au-dessus de; **tres grados sobre cero** trois degrés au-dessus de zéro ■ **sobre modo** à l'excès, excessivement (en demasía), extrêmement (mucho) ▌ **sobre seguro** à coup sûr, sans prendre de risque; **jugar sobre seguro** jouer à coup sûr ▌ **sobre todo** surtout.

sobreabundancia *f* surabondance.

sobreabundante *adj* surabondant, e.

sobreabundar *v intr* surabonder.

sobreagudo, da *adj* suraigu, ë.

sobrealiento *m* haleine *f*, souffle.

sobrealimentación *f* suralimentation.

sobrealimentar *v tr* suralimenter.

sobrealzar [13] *v tr* surhausser, surélever.

sobreañadir *v tr* surajouter.

sobreasada *f* sorte de saucisson (embutido).

sobreasar *v tr* refaire griller o rôtir.

sobreático *m* logement situé au-dessus du dernier étage.

sobrebota *f* (*Amer*) guêtre.

sobrecalentamiento *m* surchauffe *f*.

sobrecalentar [19] *v tr* TECN surchauffer (el vapor).

sobrecalza *f* guêtre.

sobrecama *f* dessus-de-lit *m*, courtepointe (p us).

sobrecaña *f* VETER suros *m* (del caballo).

sobrecarga *f* surcharge (de peso, en un sello) ▌ surfaix *m* (correa).

sobrecargar [16] *v tr* surcharger ▌ rabattre (una costura).

sobrecargo *m* MAR commis, subrécargue.

sobrecarta *f* enveloppe (sobre).

sobreceja *f* bas *m* du front.

sobrecejo; sobreceño *m* froncement de sourcils (ceño) ▌ **poner sobreceño** froncer les sourcils.

sobrecielo *m* dais (dosel).

sobrecincha *f* surfaix *m* (del caballo).

sobrecito *m* sachet; **un sobrecito de azafrán** un sachet de safran.

sobrecogedor, ra *adj* saisissant, e.

sobrecoger [14] *v tr* saisir (de miedo, de frío) ▌ surprendre, prendre au dépourvu (de improviso).

➥ **sobrecogerse** *v pr* être o rester saisi.

sobrecogimiento *m* saisissement (de frío, de temor) ▌ FIG saisissement (pasmo).

sobrecomida *f* dessert *m*.

sobrecomprimir *v tr* pressuriser (un avión).

sobrecongelar *v tr* surgeler.

sobrecopa *f* couvercle *m* d'une coupe.

sobrecosido *m*; **sobrecostura** *f* couture *f* rabattue.

sobrecoste *m* surcoût (suplemento de coste).

sobrecostura ➥ **sobrecosido**.

sobrecubierta *f* seconde enveloppe [de protection] ▌ jaquette (de un libro) ▌ MAR passerelle.

sobrecuello *m* collet, faux col (segundo cuello) ▌ rabat [d'ecclésiastique] (collarín).

sobrecurar *v tr* mal cicatriser, soigner superficiellement (una herida).

sobredicho, cha *adj* susdit, e (susodicho).

sobrediente *m* surdent *f*.

sobredimensionar *v tr* surdimensionner.

sobredorado *m* surdorure *f*.

sobredorar *v tr* surdorer, dorer.

sobredosificación *f* MED surdosage *m*.

sobredosis *f inv* surdose, overdose.

sobreedificar [10] *v tr* surélever; **casa sobreedificada de un piso** maison surélevée d'un étage.

sobreentender; sobrentender [20] *v tr* sous-entendre; **una frase sobreentendida o sobrentendida** une phrase sous-entendue.

➥ **sobreentenderse; sobrentenderse** *v pr* être sous-entendu.

sobreentendido, da; sobrentendido, da *adj* sous-entendu, e.

sobreentrenamiento *m* DEP surentraînement.

sobreentrenar *v tr* DEP surentraîner.

sobreesdrújulo, la *adj & s* GRAM accentué sur la syllabe précédant l'antépénultième [comme **dígamelo** dites-le-moi].

sobreestadía *f* MAR surestarie.

sobreestimación *f* surestimation.

sobreestimar ➥ **sobrestimar**.

sobreexceder *v tr* surpasser.

sobreexcitación *f* surexcitation.

sobreexcitante *adj & s m* surexcitant, e.

sobreexcitar *v tr* surexciter.

sobreexponer [65] *v tr* FOT surexposer.

sobreexposición *f* FOT surexposition.

sobrefalda *f* jupe.

sobrefaz *f* surface (superficie).
▌ OBSERV pl sobrefaces.

sobrefino, na *adj* surfin, e.

sobrefusión *f* FÍS surfusion.

sobregirar *v intr* mettre (un compte) à découvert, tirer à découvert, dépasser le plafond d'un crédit.

sobregiro *m* découvert.

sobreguarda *m* contrôleur des gardes ▌ garde supplémentaire.

sobrehaz *f* surface (sobrefaz) ▌ couverture (cubierta) ▌ FIG apparence.
▌ OBSERV pl sobrehaces.

sobrehilado *m* surfilage, surfil.

sobrehilar *v tr* surfiler.

sobrehilo *m* surfil.

sobrehueso *m* VETER suros ▌ MED tumeur *f* dure sur un os.

sobrehumano, na *adj* surhumain, e.

sobreimpresión *f* surimpression.

sobreimprimir *v tr* surimprimer.

sobreintendencia *f* surintendance.

sobrejalma *f* couverture placée sur le bât.

sobrejuanete *m* MAR vergue *f* o voile *f* de perroquet.

sobrelecho *m* ARQ lit inférieur [d'une pierre].

sobrellave *f* serrure de sûreté.

sobrellenar *v tr* trop remplir.

sobrellevar *v tr* supporter, endurer (aguantar).

sobremanera; sobremodo *adv* à l'excès, excessivement (en demasía) ▌ extrêmement (mucho).

sobremano *f* VETER tumeur au sabot d'un cheval.

sobremarca *f* surenchère (bridge).

sobremesa *f* tapis *m* de table (tapete) ▌ **en la sobremesa** après le repas ▌ dessert *m* (postre) ▌ après le repas, le moment où l'on sert le café et les digestifs et où les convives s'attardent à table, bavardent ou regardent la télévision est appelé "sobremesa" ■ INFORM **de sobremesa** de bureau ▌ **dichos de sobremesa** propos de table ▌ **programación de sobremesa** programme de l'après-midi (radio, televisión) ▌ **reloj de sobremesa** pendule ■ **quedarse un rato de sobremesa** rester un moment à table après le repas.

sobremesana *f* MAR perroquet *m* de fougue (vela).

sobremodo ➥ **sobremanera**.

sobremuñonera *f* susbande (del cañón).

sobrenadar *v intr* surnager.

sobrenatural *adj* surnaturel, elle.

sobrenaturalismo *m* surnaturalisme.

sobrenjalma *f* couverture placée sur le bât.

sobrenombre *m* surnom (mote) ▌ **dar el sobrenombre de** surnommer, donner le surnom de.

sobrentender ➥ **sobreentender**.

sobrentendido, da ➥ **sobreentendido**.

sobrepaga *f* gratification, prime, surpaye.

sobrepaño *m* étoffe *f* qui en recouvre une autre.

sobreparto *m* suites *f pl* de couches.

sobrepasar *v tr* dépasser; **sobrepasar los límites en un 10 %** dépasser les limites de 10 % ▌ surpasser (superar).

➥ **sobrepasarse** *v pr* **sobrepasarse a sí mismo** se surpasser.

sobrepaso *m* amble *f* (ambladura).

sobrepelliz *f* surplis *m*.
▌ OBSERV pl sobrepellices.

sobrepelo *m* (*Amer*) couverture *f* de cheval.

sobrepeso *m* surcharge *f* ▌ **sobrepeso de equipaje** excédent de bagages.

sobreplán *m* MAR porque *f*.

sobreponer [65] *v tr* superposer (poner encima) ▌ rajouter (añadir).

➥ **sobreponerse** *v pr* surmonter (dificultades); **sobreponerse a su dolor** surmonter sa douleur ‖ l'emporter sur (un enemigo).

sobreporte *m* surcharge *f* de port (correos).

sobreprecio *m* augmentation *f* [de prix] ‖ **pagar con sobreprecio** surpayer.

sobreprima *f* surprime (seguros).

sobreproducción *f* surproduction.

sobreproteger [14] *v tr* surprotéger.

sobrepuerta *f* tringle de rideau ‖ portière, rideau *m* (antepuerta).

sobrepuesto, ta *adj* superposé, e.
➤ **sobrepuesto** *m* application *f* (ornamentación) ‖ chapeau de ruche (de colmenas) ‖ (*Amer*) pièce *f* de cuir qui recouvre la selle.

sobrepuja *f* surenchère, surenchérissement *m*.

sobrepujamiento *m* avantage (ventaja).

sobrepujanza *f* force extraordinaire.

sobrepujar *v tr* surpasser (aventajar) ‖ dépasser (dejar atrás) ‖ surenchérir, enchérir sur (en una subasta).

sobrequilla *f* MAR contre-quille.

sobrero, ra *adj* restant, e (sobrante).
➤ **sobrero** *adj m & s m* TAUROM de réserve (toro).

sobrerrienda *f* (*Amer*) fausse rêne.

sobresalienta *f* TEATR doublure.

sobresaliente *adj* qui dépasse, en saillie ‖ supérieur; excellent, e (insigne) ‖ qui se distingue (destacado) ‖ remarquable, hors ligne, hors pair (notable).
◇ *adj & s* reçu avec mention très bien (exámenes).
◇ *m* mention *f* très bien (exámenes) ‖ TAUROM remplaçant (torero).
◇ *m & f* doublure *f* (actor que reemplaza a otro).

sobresalir [71] *v intr* dépasser (exceder) ‖ [▷ SIN] ressortir (resaltar) ‖ s'avancer; **una roca sobresalía por encima del abismo** un rocher s'avançait au-dessus de l'abîme ‖ ARQ saillir (un balcón) ‖ FIG se distinguer (distinguirse) ‖ être de premier ordre (una cosa).
‖ SIN resaltar ressortir; despuntar, descollar, señalarse, distinguirse se distinguer; destacarse se détacher; singularizarse se singulariser.

sobresaltado, da *adj* en sursaut; **despertarse sobresaltado** se réveiller en sursaut ‖ effrayé, e (asustado) ‖ en émoi (excitado).

sobresaltar *v tr* effrayer (asustar) ‖ faire sursauter (sobrecoger) ‖ surprendre (acometer de repente).
◇ *v intr* se détacher (destacarse).
➤ **sobresaltarse** *v pr* s'effrayer (asustarse) ‖ sursauter (sobrecogerse) ‖ se troubler, perdre contenance (turbarse).

sobresalto *m* sursaut (movimiento brusco) ‖ FIG soubresaut (susto) ‖ émotion *f*, trouble (turbación) ‖ **de sobresalto** soudain (de repente), à l'improviste (de improviso).

sobresanar *v intr* mal cicatriser (una herida o llaga) ‖ FIG cacher, masquer (un defecto o una acción).

sobresano *m* MAR romaillet.
◇ *adv* à moitié guéri ‖ FIG avec dissimulation.

sobresaturación *f* sursaturation.

sobresaturar *v tr* sursaturer.

sobrescribir *v tr* surcharger [texte].

sobrescrito *m* suscription *f* (dirección).

sobresdrújulo, la *adj & s* GRAM accentué sur la syllabe précédant l'antépénultième [comme dans **devuélvemelo** rends-le-moi].

sobreseer [50] *v intr* surseoir à.

sobreseimiento *m* interruption *f*, suspension *f* ‖ DR non-lieu; **auto de sobreseimiento** ordonnance de non-lieu.

sobresellar *v tr* apposer un second sceau o cachet.

sobresello *m* contreseing, second sceau o cachet.

sobresembrar [34] *v tr* AGRIC sursemer.

sobresolar [23] *v tr* ressemeler (zapatos) ‖ CONSTR recharger (pavimento).

sobrestadía *f* MAR surestarie.

sobrestante *m* contremaître, conducteur de travaux ‖ **sobrestante de obras públicas** piqueur, agent voyer [ponts et chaussées].

sobrestimación *f* surestimation.

sobrestimar; sobreestimar *v tr* surestimer (persona), surévaluer (cosa) ‖ surfaire; **reputación sobrestimada** réputation surfaite.

sobresueldo *m* gratification *f*, prime *f*, surpaye *f*.

sobretarde *f* soirée, tombée de la nuit.

sobretasa *f* surtaxe; **sobretasa postal** surtaxe postale.

sobretensiómetro *m* ELECTR surtensiomètre, Q-mètre.

sobretensión *f* ELECTR survoltage *m*, surtension.

sobretiro *m* IMPR tirage à part.

sobretodo *m* pardessus (abrigo) ‖ cachemisère (para ocultar un traje raído).

sobrevalorar ➤ **supervalorar**.

sobreveedor *m* contrôleur en chef.

sobrevenida *f* survenue (p us), arrivée soudaine.

sobrevenir [75] *v intr* survenir.

sobreventa *f* surréservation, surbooking *m*.

sobreverterse [20] *v pr* déborder, se répandre abondamment.

sobrevestir [26] *v tr* revêtir par-dessus.

sobrevidriera *f* grillage *m* (de ventana) ‖ double vitrage *m*.

sobrevienta *f* coup de vent ‖ FIG fougue, impétuosité (furia, ímpetu) ‖ soubresaut, sursaut (sorpresa, susto).

sobreviento *m* coup de vent ‖ MAR a **sobreviento** au vent (a barlovento).

sobrevirar *v intr* AUTOM survirer.

sobrevista *f* visière d'un casque.

sobreviviente *adj & s* survivant, e (superviviente).

sobrevivir *v intr* survivre.

sobrevolar [23] *v tr* survoler (aviones).

sobrevoltaje *m* ELECTR survoltage.

sobrexcedente *adj* qui surpasse.

sobrexceder *v tr* surpasser.

sobrexcitación *f* surexcitation.

sobrexcitar *v tr* surexciter.

sobreyugo *m* MAR pièce *f* de bois fixée sur la barre d'arcasse.

sobriamente *adv* sobrement.

sobriedad *f* sobriété.
‖ SIN frugalidad frugalité; templanza tempérance; moderación modération; mesura mesure.

sobrino, na *m & f* neveu *m*, nièce *f* ■ **sobrino carnal** neveu ‖ **sobrino político** neveu par alliance ‖ **sobrino segundo** petit-neveu ‖ **sobrino tercero** arrière-petit-neveu.

sobrio, bria *adj* sobre; **sobrio en el comer, en el hablar** sobre dans sa nourriture, sobre en paroles ‖ dépouillé, e; sobre (estilo) ‖ sévère; **la arquitectura sobria del Escorial** l'architecture sévère de l'Escurial.

SOC (abrev de Sindicato de Obreros del Campo) *m* syndicat espagnol des travailleurs agricoles.

soca *f* (*Amer*) dernier rejeton *m* de la canne à sucre (de la caña) ‖ FIG ivresse.

socaire *m* MAR côté sous le vent ‖ **al socaire** à l'abri [du vent].

socaliña *f* astuce, ruse (ardid).

socaliñar *v tr* soutirer (sacar con maña).

socaliñero, ra *adj & s* malin, igne; rusé, e.

socalzar [13] *v tr* (*Amer*) reprendre en sous-œuvre.

socapa *f* prétexte *m* ‖ a **socapa** en cachette.

socapar *v tr* (*Amer*) couvrir (encubrir).

socarrar *v tr* brûler légèrement, roussir (tostar).

socarrén *m* ARQ avant-toit (alero).

socarrina *f* FAM brûlure légère, roussissement *m*.

socarrón, ona *adj* narquois, e (malicioso); **sonrisa socarrona** sourire narquois ‖ moqueur, euse (guasón) ‖ sournois, e (taimado).

socarronamente *adv* narquoisement (maliciosamente) ‖ d'un air goguenard (burlonamente) ‖ sournoisement (disimuladamente).

socarronería *f* sournoiserie.

socava *f* creusement *m* ‖ trou *m* au pied d'une plante [pour l'arrosage].

socavar *v tr* creuser ‖ FIG saper, miner.

socavón *m* galerie *f* (galería) ‖ excavation *f* (hoyo) ‖ affaissement de la chaussée, effondrement (hundimiento) ‖ **la calle tiene numerosos socavones** la rue est défoncée en de nombreux endroits.

sochantre *m* sous-chantre.

sociabilidad *f* sociabilité.

sociable *adj* sociable.

social *adj* social, e ‖ ECON capital social capital social ‖ **razón social** raison sociale.

socialdemocracia *f* social-démocratie.

socialdemócrata *adj & s* social-démocrate.

socialismo *m* socialisme.

socialista *adj & s* socialiste.

socialistoide *adj & s* FAM socialisant, e.

socialización *f* socialisation.

socializar [13] *v tr* socialiser.

socialmente *adv* socialement.

sociata *adj* FAM & DESPEC socialo.

sociedad f société; alta, buena sociedad haute, bonne société ‖ [▷ SIN] société, compagnie (comercial) ■ **sociedad accidental** o **en participación** société en participation ‖ **sociedad anónima, comanditaria** o **en comandita** société anonyme, en commandite ‖ **sociedad benéfica** société de bienfaisance ‖ **sociedad civil** société civile ‖ **sociedad conyugal** union conjugale, régime m matrimonial ‖ **sociedad cooperativa** coopérative ‖ **sociedad de consumo** société de consommation ‖ **sociedad de responsabilidad limitada** société à responsabilité limitée ‖ **sociedad industrial** société industrielle ‖ **sociedad matriz** société mère ‖ **sociedad regular colectiva** société en nom collectif ■ **nota** o **ecos de sociedad** carnet mondain (en un periódico) ‖ **ser presentada en sociedad** faire son entrée dans le monde.

| SIN compañía compagnie; consorcio consortium; agrupación groupement; trust trust.

sociniano, na adj & s RELIG socinien, enne.

Socino n pr Socin.

socio, cia m & f sociétaire, membre (de una sociedad, de un club); **socio fundador** membre fondateur ‖ COM associé, e ‖ FAM type, individu ■ **hacerse socio** s'inscrire, devenir membre ‖ **socio de número** membre titulaire.

sociocultural adj socioculturel, elle.

socioeconomía f sciences f pl économiques et sociales.

socioeconómico, ca adj socio-économique.

sociolingüístico, ca adj sociolinguistique.

➡ **sociolingüística** f sociolinguistique.

sociología f sociologie.

sociológico, ca adj sociologique.

sociologismo m sociologisme.

sociólogo, ga m & f sociologue.

sociometría f sociométrie.

sociopolítico, ca adj politico-social, e.

socollada f MAR claquement m d'une voile (de la vela) ‖ coup m de tangage (de la proa).

socolor m prétexte ‖ **socolor de** sous couleur de, sous prétexte de.

socorrer v tr secourir; **socorrer a los pobres** secourir les pauvres.

socorrido, da adj secourable (que socorre) ‖ bien approvisionné, e (abastecido) ‖ FAM commode, pratique (cómodo); **un traje muy socorrido** une robe très pratique ‖ passepartout inv (trillado); **un tema muy socorrido** un sujet passe-partout.

socorrismo m secourisme.

socorrista m & f secouriste.

socorro m secours; **prestar socorro** porter secours ‖ MIL renfort, secours (tropa) ■ **agua de socorro** ondoiement (bautismo) ‖ **casa de socorro** poste de secours (clínica de urgencia) ‖ **señales de socorro** signaux de détresse ■ **dar socorro** porter secours ‖ **ir en socorro de** aller au secours de ‖ **pedir socorro** appeler au secours (en caso de peligro), demander du secours (pedir auxilio).

➡ **¡socorro!** interj au secours!

Sócrates n pr Socrate.

socrático, ca adj socratique.

socucho m (Amer) réduit (tabuco).

soda f QUÍM soude (sosa) ‖ soda m (bebida).

sódico, ca adj QUÍM sodique, sodé, e.

sodio m QUÍM sodium.

sodoku m MED sodoku.

Sodoma n pr HIST Sodome.

sodomía f sodomie.

sodomita adj & s sodomite.

sodomizar [13] v tr sodomiser.

SOE (abrev de seguro obligatorio de enfermedad) m assurance maladie obligatoire, en Espagne.

soez adj grossier, ère.
| OBSERV pl soeces.

sofá m sofa, canapé ‖ **sofá cama** canapé-lit.
| OBSERV pl sofás.

sofaldar v tr retrousser, soulever.

sofí adj & s m soufi (sufí).
| OBSERV pl sofíes.

Sofía n pr Sophie (nombre) ‖ GEOGR Sofia, Sophia.

sofión m rebuffade f; **le echaron un sofión** il a essuyé une rebuffade ‖ tromblon (trabuco).

sofisma m sophisme.

sofista adj & s sophiste.

sofisticación f sophistication.

sofisticado, da adj sophistiqué, e.

sofisticar [10] v tr sophistiquer.

sofístico, ca adj & s sophistique.

sofito m ARQ soffite.

soflama f réverbération (del fuego) ‖ rougeur (en el rostro) ‖ FIG effronterie, insolence (descaro) ‖ tromperie (engaño).

soflamar v tr duper (engañar) ‖ FIG faire rougir (avergonzar) ‖ humilier, confondre (humillar).

➡ **soflamarse** v pr brûler, griller (tostarse).

sofocación f suffocation (pérdida del aliento) ‖ étouffement m (ahogo) ‖ FIG étouffement (de una revolución, de un escándalo) ‖ FIG & FAM gros ennui m (disgusto).

sofocado, da adj accablé, e (por calor, cansancio).

sofocador, ra; sofocante adj suffoquant, e (humo, gas) ‖ étouffant, e (calor, clima) ‖ ennuyeux, euse (molesto).

sofocar [10] v tr suffoquer (hacer perder la respiración) ‖ FAM suffoquer (causar emoción violenta), faire rougir, faire honte (avergonzar) ‖ étouffer (apagar); **sofocar una revolución** étouffer une révolution, embêter (molestar) ‖ **sofocar un incendio** éteindre o maîtriser un incendie.

➡ **sofocarse** v pr étouffer (de calor) ‖ FIG rougir (ruborizarse) ‖ s'étouffer (atragantarse).

Sófocles n pr Sophocle.

sofoco m étouffement, suffocation f (sofocación) ‖ FIG gros ennui (disgusto), contrariété f, chagrin (pena).

sofocón; sofoquina f FAM coup m au cœur (emoción) ‖ très gros ennui m (gran disgusto), grosse contrariété f, gros chagrin m (gran pena).

Sofonías n pr Sophonie.

sofoquina ➡ **sofocón**.

sófora f BOT sophora m.

sofreír [28] v tr faire revenir, passer légèrement à la poêle, faire sauter.

sofrenada f saccade ‖ FIG savon m FAM, réprimande (reprensión).

sofrenar v tr saccader (al caballo) ‖ FIG tancer, réprimander (reprender) ‖ réprimer, mettre un frein à, refréner (las pasiones).

sofrología f sophrologie.

software m INFORM software, logiciel (de computadora); **software de aplicación** logiciel d'application; **software de juegos** ludiciel; **software didáctico** didacticiel; **software gráfico** grapheur; **software integrado** logiciel intégré; **software operativo** logiciel d'exploitation.

soga f corde (cuerda) ‖ arpent m (medida agraria) ‖ (Amer) lanière de cuir (tira de cuero) ■ FIG **dar soga a uno** faire parler quelqu'un (darle cuerda), se moquer de quelqu'un (burlarse) ‖ **echar la soga tras el caldero** jeter le manche après la cognée ‖ **estar con la soga al cuello** être dans le pétrin ‖ **no hay que mentar la soga en casa del ahorcado** il ne faut pas parler de corde dans la maison d'un pendu.

soguería f corderie.

soguero m cordier.

soguilla f cordelette (de esparto) ‖ natte (de pelo).
◇ m FAM garçon de courses, commissionnaire (recadero).

soja; soya (Amer) f BOT soja m, soya m.

sojuzgador, ra adj & s subjugueur, euse.

sojuzgar [16] v tr subjuguer, dominer.

sol m soleil; **sol poniente, naciente, de medianoche** soleil couchant, levant, de minuit ‖ **sol** (unidad monetaria del Perú) ‖ FIG amour; **¡qué sol de niño!** quel amour d'enfant! ‖ TAUROM place f au soleil, soleil (en las plazas de toros); **tendido de sol** gradins au soleil ■ **al sol** au soleil ‖ **bajo el sol** au soleil; **estoy a gusto bajo el sol** je me trouve bien au soleil; **sous le soleil; nada nuevo bajo el sol** rien de nouveau sous le soleil ‖ **de sol a sol** du lever au coucher du soleil, du matin au soir ‖ **el Rey Sol** le Roi-Soleil ‖ FIG **más hermoso que un sol** beau comme le jour, beau comme un astre ‖ **quemadura de sol** coup de soleil ‖ **reloj de sol** cadran solaire ‖ FAM **sol de justicia** soleil de plomb ‖ BOT **sol de las Indias** soleil, tournesol ‖ TAUROM **sol y sombra** place qui n'est à l'ombre que pendant une partie de la corrida ■ **al ponerse el sol** au coucher du soleil, au soleil couchant ‖ **al salir el sol** au lever du soleil ‖ FIG & FAM **arrimarse al sol que más calienta** se mettre du côté du plus fort, se tenir près du soleil ‖ **da el sol de pleno** le soleil donne en plein ‖ **el sol aprieta** le soleil tape dur ‖ FIG & FAM **no dejar a uno ni a sol ni a sombra** être toujours sur le dos de quelqu'un, ne pas quitter quelqu'un d'une semelle, suivre quelqu'un comme un petit chien ‖ **tomar el sol** se chauffer au soleil (para calentarse), s'exposer au soleil (tomar baños de sol), se faire brunir (broncearse).

sol m QUÍM sol (coloide) ‖ MÚS sol (nota).

solado, da adj parqueté, e (de madera) ‖ carrelé, e (con ladrillos).

➡ **solado** m plancher, parquet (de madera) ‖ carrelage (enladrillado), dallage (enlosado).

solador *m* parqueteur *m* (de madera) ‖ carreleur (con ladrillos), dalleur (con losas).

soladura *f* parquetage *m* (de madera) ‖ carrelage *m* (de ladrillo) ‖ dallage *m* (con losas).

solamente *adv* seulement; no solamente non seulement ‖ solamente que à la seule condition que, seulement si.

solana *f* endroit *m* ensoleillé ‖ soleil *m*; ahora hay mucha solana maintenant il y a beaucoup de soleil ‖ véranda (en una casa).

solanáceas *f pl* BOT solanacées.

solanera *f* coup *m* de soleil.

solano *m* vent d'est (viento) ‖ BOT morelle *f* noire.

solapa *f* revers *m* (de una chaqueta) ‖ rabat *m* (de libro, de sobre) ‖ FIG prétexte *m*, apparence.

solapadamente *adv* sournoisement, en cachette, en tapinois.

solapado, da *adj* sournois, e; dissimulé, e.

solapar *v tr* mettre des revers à (un traje) ‖ FIG cacher, dissimuler (ocultar) ‖ recouvrir (cubrir).

solar *adj* solaire; rayos solares rayons solaires ‖ ANAT plexo solar plexus solaire.
◇ *m* terrain vague (terreno inutilizado) ‖ terrain à bâtir (para la construcción) ‖ manoir (casa solar) ‖ maison *f*, lignée *f* (linaje).

solar [23] *v tr* ressemeler (calzado) ‖ carreler (enladrillar) ‖ parqueter, planchéier (con madera) ‖ daller (con losas).

solariego, ga *adj* familial, e (del patrimonio) ‖ ancien, enne; noble (noble) ‖ casa solariega manoir, gentilhommière.

solario; solárium *m* solarium.
‖ OBSERV pl solarios; soláriums.

solaz *m* distraction *f*, loisir (esparcimiento) ‖ consolation *f*, soulagement (alivio) ‖ a solaz avec plaisir.
‖ OBSERV pl solaces.

solazar [13] *v tr* récréer, distraire (divertir) ‖ soulager (aliviar).
→ **solazarse** *v pr* se distraire.

solazo *m* FAM soleil qui tape dur.

soldada *f* salaire *m* (sueldo) ‖ solde (del soldado).

soldadesca *f* soldatesque.

soldadesco, ca *adj* soldatesque ‖ a la soldadesca à la soldate.

soldadito *m* soldat; soldadito de plomo soldat de plomb.

soldado *m* soldat ■ soldado bisoño conscrit, jeune recrue, bleu FAM ‖ soldado cumplido soldat qui a fini son temps de service ‖ soldado de primera, de segunda clase soldat de première, de deuxième classe ‖ soldado desconocido soldat inconnu ‖ soldado raso simple soldat, soldat de deuxième classe ‖ soldado voluntario engagé volontaire.

soldador *m* soudeur (obrero) ‖ fer à souder (instrumento).

soldadura *f* soudure; soldadura autógena soudure autogène ‖ soudure, soudage *m* (acción) ‖ FIG remède *m* (reparación) ■ soldadura a tope soudure en about ‖ soldadura en

frío soudure à froid ‖ soldadura fuerte soudure forte, brasure.

soldar [23] *v tr* TECN souder ‖ FIG réparer (una falta).
→ **soldarse** *v pr* se souder.

soleá *f* chant et danse populaires andalous de caractère mélancolique.
‖ OBSERV pl soleares.

soleado, da *adj* exposé au soleil; ensoleillé, e.

soleamiento *m* exposition *f* au soleil.

solear *v tr* mettre o exposer au soleil.

solecismo *m* GRAM solécisme.

soledad *f* solitude ‖ regret *m*, nostalgie (melancolía) ‖ chant et danse populaires andalous de caractère mélancolique.

solemne *adj* solennel, elle ‖ FIG suprême, de taille; es una solemne tontería c'est une bêtise suprême.

solemnemente *adv* solennellement.

solemnidad *f* solennité ‖ FAM pobre de solemnidad sans le sou.

solemnizar [13] *v tr* solenniser, célébrer.

solen *m* ZOOL solen, couteau (molusco).

solenoide *m* FÍS solénoïde.

sóleo *adj m & s* ANAT soléaire (músculo).

soler [81] *v tr* avoir l'habitude de o coutume de (acostumbrar); suele venir el lunes il a l'habitude de venir le lundi ‖ être o arriver o faire en général o généralement o souvent o d'ordinaire (ser frecuente); los españoles suelen ser morenos les Espagnols sont en général bruns; suele equivocarse il lui arrive souvent de se tromper; aquí suele hacer mucho frío ici il fait généralement très froid.
‖ OBSERV Ce verbe correspond à l'ancien verbe français souloir.

solera *f* solive (viga) ‖ meule gisante (de molino) ‖ fond *m* de canal ‖ TECN sole (de horno) ‖ radier *m* (encachado en un puente o alcantarilla) ‖ CONSTR sablière ‖ lie (del vino) ‖ réserve (reserva de vino) ‖ FIG tradition, ancienneté (tradición) ■ casa con solera maison qui a des années d'expérience ‖ marca de solera grande marque, marque prestigieuse ‖ vino de solera vin vieux.

solercia *f* adresse (habilidad).

solería *f* cuir *m* pour semelles ‖ carrelage *m*, dallage *m* (suelo).

soleta *f* semelle (de la media) ‖ pièce (remiendo) ‖ FIG & FAM picar o tomar soleta filer, prendre la poudre d'escampette (irse).

solevantar *v tr* soulever.

solfa *f* solfège *m* (solfeo) ‖ FAM volée, raclée (paliza) ‖ FIG & FAM echar una solfa passer un savon ‖ poner en solfa ridiculiser, tourner en ridicule ‖ tomar a solfa prendre à la rigolade.

solfatara *f* solfatare.

solfear *v tr* MÚS solfier ‖ FIG & FAM battre, rosser (zurrar).

solfeo *m* MÚS solfège (arte) ‖ FIG & FAM volée *f*, raclée *f* (paliza).

solicitación *f* sollicitation ‖ solicitación de fondos appel de fonds.

solicitador, ra *adj* solliciteur, euse.
→ **solicitador** *m* agent (agente).

solícitamente *adv* diligemment, avec empressement.

solicitante *adj & s* solliciteur, euse.
◇ *m* pétitionnaire.

solicitar *v tr* solliciter; solicitar un empleo solliciter un emploi ‖ demander (rogar) ‖ FIG rechercher; una persona muy solicitada une personne très recherchée ‖ INFORM solicitar un programa appeler un programme.

solícito, ta *adj* empressé, e ‖ attentionné, e; plein d'attentions; es muy solícito conmigo il est plein d'attentions envers moi ■ el camarero se acercó, solícito le garçon s'approcha avec empressement ‖ mostrarse solícito con se montrer empressé envers, s'empresser auprès de.

solicitud *f* sollicitude, empressement *m* (cuidado) ‖ demande, requête (petición); dirigir una solicitud adresser une demande ‖ pétition (instancia).

solidago *m* BOT solidago.

sólidamente *adv* solidement.

solidar *v tr* consolider ‖ FIG appuyer sur des preuves.

solidariamente *adv* solidairement.

solidaridad *f* solidarité.

solidario, ria *adj* solidaire ‖ MECÁN solidaire (piezas).

solidarizar [13] *v tr* solidariser.
→ **solidarizarse** *v pr* se solidariser; solidarizarse con los huelguistas se solidariser avec les grévistes.

solideo *m* calotte *f* (de eclesiástico).

solidez *f* solidité; la solidez de un muro, de un argumento la solidité d'un mur, d'un argument.
‖ OBSERV pl solideces.

solidificación *f* solidification.

solidificar [10] *v tr* solidifier.
→ **solidificarse** *v pr* se solidifier.

sólido, da *adj* [▷ SIN] solide.
→ **sólido** *m* MAT & FÍS solide.
‖ SIN duro dur; consistente consistant; compacto compact; macizo massif; firme ferme; fuerte fort.

soliloquiar [8] *v intr* FAM monologuer, parler tout seul, soliloquer (p us).

soliloquio *m* soliloque, monologue.

solimán *m* QUÍM sublimé corrosif.

solio *m* trône.

solípedo, da *adj & s m* ZOOL solipède.

solipsismo *m* FILOS solipsisme.

solista *adj & s* MÚS soliste.

solitaria *f* ver *m* solitaire (tenia); tener la solitaria avoir le ver solitaire ‖ chaise de poste à une seule place (silla).

solitario, ria *adj & s* solitaire.
→ **solitario** *m* solitaire (diamante) ‖ solitaire (ermitaño) ‖ patience *f* (juego de naipes) ‖ solitaire (juego).

sólito, ta *adj* habituel, elle.

soliviantado, da *adj* agité, e; inquiet, ète.

soliviantar *v tr* exciter à la rébellion, monter contre.

soliviar [8] *v tr* soulever.

solla *f* plie, limande (pez).

sollado *m* MAR entrepont, faux pont.

sollamar *v tr* flamber, griller.

sollastre *m* marmiton (pinche) ‖ FIG coquin (pillo).

sollo *m* ZOOL esturgeon (pez) ‖ FIG & FAM estar gordo como un sollo être bien en chair.

sollozar [13] *v intr* sangloter.

sollozo *m* sanglot; estallar o prorrumpir en sollozos éclater en sanglots.

solo, la *adj* seul, e [▷ OBSERV] simple, seul, e; zapatos con una sola suela souliers à simple semelle o avec une seule semelle ‖ MÚS solo; violín solo violon solo ■ a solas seul, tout seul (uno), seul à seul, en tête à tête (dos personas) ‖ café solo café noir ‖ como él solo comme pas un ‖ como un solo hombre comme un seul homme ‖ conversación a solas tête-à-tête ‖ de solo a solo seul à seul ‖ eso marcha solo cela va tout seul.

◆ **solo** *m* MÚS solo ‖ cavalier seul (danza).

▍OBSERV Se dice a menudo en francés tout seul o toute seule en vez de seul: vive sola elle vit toute seule; lo hice solo je l'ai fait tout seul.

sólo *adv* seulement; sólo quiero que vengas je veux seulement que tu viennes ‖ ne... que (más empleado que "seulement"); sólo mañana podré hacerlo je ne pourrai le faire que demain ‖ seul, e (con sustantivo o pronombre personal); sólo él lo sabe lui seul le sait ■ con sólo (con infinitivo) rien qu'en; con sólo decir esto, le enojarás rien qu'en disant cela tu le fâcheras; rien que de; sólo con verlo, estoy harto rien que de le regarder, j'en ai déjà assez (con sustantivo o pronombre personal), rien qu'avec; con sólo esto, ya puedes arreglártelas rien qu'avec cela, tu peux déjà te débrouiller ‖ con sólo que pourvu que ‖ no sólo... sino que non seulement... mais encore ‖ sólo que seulement, mais; yo iré, sólo que no me divierte nada j'irai, seulement ça ne m'amuse pas du tout ‖ sólo un momento rien qu'un moment ‖ tan sólo ne... que, seulement.

solomillo *m* aloyau ‖ chateaubriand, châteaubriant (de vaca asada) ‖ solomillo bajo faux filet.

solomo *m* aloyau (solomillo) ‖ filet de porc (de cerdo).

solsticio *m* ASTRON solstice; solsticio de invierno, de verano solstice d'hiver, d'été.

soltadero *m* (Amer) propriété *f* clôturée [pour l'élevage du bétail].

soltar [23] *v tr* lâcher; suéltame lâche-moi; soltó a los perros il a lâché les chiens ‖ relâcher, élargir (un preso) ‖ défaire, détacher; soltar un nudo défaire un nœud ‖ donner; soltar un poco de cuerda donner un peu de corde ‖ perdre (puntos) ‖ dégager; esto suelta mucho humo cela dégage beaucoup de fumée ‖ relâcher (el vientre) ‖ FIG résoudre; soltar una dificultad résoudre une difficulté ‖ AVIAC & MAR larguer ‖ dire, raconter (contar) ‖ sortir; me soltó una grosería il m'a sorti une grossièreté ‖ débiter; nos soltó un discurso pesadísimo il nous a débité un discours très ennuyeux ‖ lâcher, laisser échapper, accoucher de; soltar un disparate lâcher une sottise ‖ décocher, flanquer, ficher (dar); soltar un puñetazo décocher un coup de poing ‖ se fendre; soltar quinientos francos se fen-

dre de cinq cents francs ■ soltar coces lancer des ruades, ruer ‖ soltar injurias a uno agonir quelqu'un d'injures ‖ FAM soltar la mosca o la pasta abouler le fric, casquer, les lâcher ‖ soltar la lengua délier la langue ‖ soltar la risa éclater de rire ‖ soltar prenda lâcher prise ‖ soltar una andanada lâcher une bordée ‖ soltar una carcajada o una risotada partir d'un éclat de rire, éclater de rire ‖ FAM soltar un gallo faire un canard o un couac ‖ soltar un grito pousser un cri ‖ FAM sin soltar un cuarto sans bourse délier, sans dépenser un centime ‖ ¡suelta! accouche! (explícate).

◆ **soltarse** *v pr* se détacher; el barco se soltó de las amarras le bateau s'est détaché des amarres ‖ lâcher (cuerda, nudo, etc.); el muelle se ha soltado le ressort a lâché ‖ filer (puntos) ‖ se desserrer (un tornillo) ‖ s'échapper (un líquido) ‖ FIG se relâcher (el vientre) ‖ se faire; soltarse en un trabajo se faire à un travail ‖ se dégourdir (volverse desenvuelta una persona); ya era hora de que se soltara este chico il était temps que ce garçon se dégourdisse ‖ s'y mettre, se lancer; hasta hace unos días no andaba, acaba de soltarse ahora il ne marchait pas il y a quelques jours, il vient de s'y mettre ‖ se débrouiller; ya empiezo a soltarme en inglés je commence à me débrouiller en anglais ■ soltarse de mano lâcher les mains (de un manillar de bicicleta), lâcher prise (lo que se tiene agarrado) ‖ soltarse el pelo se décoiffer (despeinarse), FAM montrer ce dont on est capable (demostrar su valor), jeter sa gourme, se dégourdir, se dessaler (hacer su santa voluntad), se déchaîner, se lancer (animarse) ‖ FIG & FAM soltársele a uno la lengua avoir la langue bien pendue.

▍OBSERV Le participe passé de soltar est irrégulier (suelto, suelta).

soltería *f* célibat *m*.

soltero, ra *adj & s* célibataire; quedarse soltero rester célibataire ■ apellido de soltera nom de jeune fille ‖ despedirse de soltero enterrer sa vie de garçon ‖ la Señora López, de soltera Gómez Mme [madame] López, née Gómez.

▍SIN solterón vieux garçon; solterona vieille fille; célibe célibataire.

solterón, ona *adj & s* vieux garçon *m*, vieille fille *f*.

soltura *f* action de lâcher ‖ FIG aisance, facilité (facilidad y gracia); hablar con mucha soltura parler avec beaucoup d'aisance ‖ désinvolture (descaro) ‖ DR élargissement *m*, mise en liberté (de un preso) ■ FIG con soltura couramment; hablar un idioma con soltura parler couramment une langue ‖ soltura de palabras facilité de langage ‖ soltura de vientre relâchement.

solubilidad *f* solubilité.

solubilizar [13] *v tr* solubiliser, rendre soluble.

soluble *adj* soluble.

solución *f* solution; la solución de un problema la solution d'un problème ‖ solution (en un líquido) ‖ soluté *m*, solution (farmacéutica) ‖ dénouement *m*; la solución del drama le dénouement du drame ■ solución de continuidad solution de continuité ‖ MAT solución extraña solution étrangère.

solucionar *v tr* résoudre, solutionner.

solutrense *adj & s m* solutréen, enne (prehistoria).

solvencia *f* solvabilité (calidad de buen pagador) ‖ payement *m* (pago).

solventar *v tr* acquitter, payer (une dette) ‖ résoudre (resolver).

solvente *adj* solvable (que puede pagar). ◇ *m* solvant.

soma *m* BIOL soma.

soma *f* farine de seconde qualité (harina).

Somalia *n pr f* GEOGR Somalie.

somanta *f* FAM volée, raclée (tunda) ‖ fessée (a los niños) ‖ FAM le dio una somanta de palos il lui a donné une raclée.

somatén *m* milice *f* [en Catalogne] (milicia) ‖ tocsin (rebato); tocar a somatén sonner le tocsin ‖ FIG & FAM désordre, agitation *f* (alboroto).

somático, ca *adj* MED somatique.

somatizar [13] *v tr* MED somatiser.

somatología *f* MED somatologie.

somatón *m* (Amer) coup, chute *f* (caída) ‖ tas (montón).

sombra *f* [▷ SIN] ombre; la sombra de un árbol l'ombre d'un arbre ‖ FIG ombre (fantasma); las sombras de los muertos les ombres des morts ‖ esprit *m* (agudeza); decir algo con mucha sombra dire quelque chose avec beaucoup d'esprit ‖ ombre (apariencia); la sombra de una duda l'ombre d'un doute ‖ RAD ombre ‖ TAUROM place à l'ombre, côté *m* à l'ombre [dans les arènes] ‖ (Amer) ombrelle (quitasol) ‖ bâche (toldo) ‖ transparent *m* (falsilla) ■ sombra proyectada ombre portée ‖ sombras chinescas ombres chinoises ■ FIG & FAM a la sombra à l'ombre, sous les verrous (en chirona) ‖ a la sombra de à l'ombre de ‖ FIG ni por sombra pas le moins du monde ‖ ni sombra de pas l'ombre de ■ FIG burlarse o reírse de su sombra se moquer de tout ‖ dar sombra donner de l'ombre (un árbol) ‖ desconfiar hasta de su sombra avoir peur de son ombre ‖ hacer sombra faire de l'ombre (dar sombra), faire ombre, porter o faire ombrage, faire du tort (perjudicar) ‖ FIG no ser más que la sombra o ni sombra de lo que era n'être plus que l'ombre de soi-même ‖ no tener ni sombra de ne pas avoir une ombre de; eso no tiene ni sombra de verdad il n'y a pas ombre de vérité là-dedans ‖ sentarse a la sombra s'asseoir à l'ombre ‖ tener buena sombra être sympathique (agradar), porter chance (traer suerte), être drôle, avoir de l'esprit (tener chiste) ‖ tener mala sombra être antipathique (desagradar), porter malheur (traer mala suerte), ne pas avoir de chance (tener mala suerte) ‖ tener miedo hasta de su sombra avoir peur de son ombre.

▍SIN penumbra pénombre; oscuridad obscurité.

sombraje; sombrajo *m* abri de branchage (para resguardarse) ‖ FAM ombre *f* (sombra) ‖ FIG caérsele a uno los palos del sombrajo être découragé o anéanti.

sombrar *v tr* faire de l'ombre.

sombreado *m* nuance *f*, ombre *f* (gradación de color).

sombreador *m* bâton de mascara (maquillaje).

sombrear *v tr* faire de l'ombre sur (dar sombra) ‖ ombrager (árboles) ‖ ombrer (dibujo) ‖ foncer (un color).

sombrerera *f* chapelière (mujer del sombrerero) ‖ modiste (la que hace sombreros de señora) ‖ carton *m* à chapeaux (caja).

   OBSERV Le mot espagnol modista signifie couturière.

sombrerería *f* chapellerie, magasin *m* de chapeaux.

sombrerero *m* chapelier.

sombrerete *m* petit chapeau ‖ BOT chapeau (de las setas) ‖ abat-vent *inv* (de chimenea).

sombrerillo *m* BOT chapeau (de las setas) ‖ nombril-de-Vénus (ombligo de Venus).

sombrero *m* chapeau; ponerse el sombrero mettre son chapeau ‖ abat-voix *inv* (del púlpito) ‖ (ant) privilège des grands d'Espagne [qui restaient couverts devant le roi] ‖ BOT chapeau (de las setas) ‖ MAR chapeau (del cabrestante) ‖ MECÁN chapeau ■ sombrero calañés chapeau à bords étroits ‖ sombrero cordobés o de alas anchas chapeau de feutre à larges bords ‖ sombrero chambergo chapeau à la Schomberg ‖ sombrero de campana chapeau cloche ‖ sombrero de canal o de canoa o de teja chapeau de prêtre ‖ sombrero de copa chapeau haut de forme, haut-de-forme ‖ sombrero de jipijapa panama ‖ sombrero de muelles claque ‖ sombrero de tres picos o de tres candiles tricorne ‖ sombrero flexible chapeau mou ‖ sombrero hongo chapeau melon (bombín) ‖ sombrero jíbaro chapeau de paille ■ calarse el sombrero enfoncer son chapeau ‖ quitarse el sombrero ôter son chapeau, se découvrir (para saludar), tirer son chapeau (de admiración) ‖ sin sombrero sans chapeau, nu-tête, tête nue.

sombrilla *f* ombrelle (quitasol).

sombrío, a *adj* sombre, obscur, e (oscuro) ‖ ombragé, e (sombreado) ‖ FIG sombre, morne (melancólico).

   SIN oscuro obscur; tenebroso ténébreux; lúgubre, tétrico lugubre; negro noir.

someramente *adv* superficiellement (superficialmente) ‖ sommairement (brevemente).

somero, ra *adj* sommaire.

someter *v tr* soumettre; someter a los rebeldes soumettre les rebelles; someter un proyecto soumettre un projet ‖ soumettre, saisir; someter un proyecto de ley a una comisión saisir une commission d'un projet de loi, soumettre un projet de loi à une commission ‖ soumettre, mettre; someter a tortura soumettre à torture; someter a dura prueba mettre à dure épreuve ■ someter a tratamiento soigner (a un enfermo) ‖ someter a votación mettre aux voix.

sometimiento *m* soumission *f*.

somier *m* sommier (de cama).

somnambulismo *m* somnambulisme.

somnámbulo, la *adj & s* somnambule.

somnífero, ra *adj & s m* somnifère.

somnolencia *f* somnolence ‖ envie de dormir; tengo mucha somnolencia j'ai très envie de dormir.

somnolente; somnolento, ta *adj* somnolent, e (soñoliento).

somontano, na *adj & s* du Haut Aragon.

somorgujar; somormujar *v tr* plonger.

somorgujar *v intr* nager sous l'eau (bucear).
  ➤ **somorgujarse** *v pr* plonger.

somorgujo *m* plongeon, grèbe *f* (ave).

somormujar ➤ **somorgujar**.

son *m* son (sonido); al son del acordeón au son de l'accordéon ‖ FIG bruit (noticia) ‖ manière *f*, façon *f* (modo); en este son de cette façon ‖ MÚS nom d'une danse afro-antillaise ■ FIG ¿a qué son haría eso? pourquoi donc o sous quel prétexte ferais-je cela? ‖ ¿a qué son viene esa pregunta? à quoi rime cette question? ‖ ¿a son de qué? pour quelle raison? ‖ bailar al son que tocan hurler avec les loups, suivre le mouvement ‖ en este mismo son transcurrió la fiesta toute la fête se déroula dans cette atmosphère ‖ en son de sur le ton de, sur un ton de; en son de burla sur un ton de moquerie o sur le ton de la plaisanterie ‖ no saber a qué son bailar ne pas savoir sur quel pied danser ‖ sin ton ni son sans rime ni raison ‖ venir en son de paz venir avec des intentions pacifiques.

sonada *f* MÚS sonate.

sonadero *m* mouchoir (pañuelo).

sonado, da *adj* fameux, euse (famoso) ‖ qui fait du bruit; un escándalo muy sonado un scandale qui fait beaucoup de bruit ■ fiesta muy sonada fête carillonnée ‖ FAM hacer una que sea sonada faire du joli o du propre ‖ los días sonados les jours de fête.

sonaja *f* hochet *m* (de niño).
  ➤ **sonajas** *f pl* tambourin *m sing*, sorte de tambour de basque (pandereta).

sonajero *m* hochet (de niño).

sonambulismo *m* somnambulisme.

sonámbulo, la *adj & s* somnambule.

sonante *adj* sonnant, e; dinero contante y sonante espèces sonnantes et trébuchantes ‖ sonore (sonoro).

sonar *m* MAR sonar (aparato de detección por el sonido).

sonar [23] *v intr* sonner; sonar a hueco sonner creux ‖ tinter, sonner; la campana suena la cloche tinte ‖ sonner (reloj, teléfono) ‖ rendre o avoir un son; esta trompeta no suena bien cette trompette n'a pas un joli son ‖ se prononcer (una letra); en la palabra "que" la "u" no suena dans le mot "que" le "u" ne se prononce pas ‖ être cité o prononcé (mencionarse) ‖ FAM dire quelque chose, être familier; no me suena ese nombre ce nom ne me dit rien; esto me suena algo cela me dit quelque chose; esta palabra me suena ce mot m'est familier ■ como suena comme cela se prononce (como se pronuncia), comme je vous le dis (literalmente) ‖ FIG cuando el río suena agua lleva il n'y a pas de fumée sans feu ‖ sonar a sembler, avoir tout l'air de; eso me suena a burla ça m'a tout l'air d'une plaisanterie ‖ su conversación suena a filosofía barata sa conversation sent la philosophie à bon marché.
  ◇ *v tr* moucher (las narices) ‖ MÚS jouer de (un instrumento).
  ➤ **sonarse** *v pr* se moucher (las narices).

sonata *f* MÚS sonate.

sonatina *f* MÚS sonatine.

soncho *m* (Amer) coati (mamífero).

sonco *m* (Amer) foie [d'animal de boucherie].

sonda *f* MAR sonde ‖ MED & TECN sonde.

sondaleza *f* MAR ligne de sonde.

sondar; sondear *v tr* sonder ‖ [▷ SIN] FIG sonder; sondar la opinión pública sonder l'opinion publique.

   SIN tantear, pulsar tâter; explorar explorer; ahondar approfondir.

sondeador *m* sondeur.

sondear ➤ **sondar**.

sondeo *m* sondage ‖ forage (del petróleo) ‖ TECN muestra de sondeo carotte (petróleo).

sonecillo *m* son faible, son léger ‖ air vif léger (son alegre).

sonería *f* sonnerie (mécanisme).

sonetista *m* sonnettiste (p us), auteur de sonnets.

soneto *m* sonnet; soneto con estrambote sonnet estrambot.

songa *f* (Amer) raillerie (sorna) ‖ a la songa avec dissimulation.

sónico, ca *adj* sonique.

sonido *m* [▷ SIN] son; sonido estereofónico son stéréophonique ‖ MED bruit ■ luz y sonido son et lumière ‖ velocidad del sonido vitesse du son o sonique.

   SIN son son; ruido bruit; rumor rumeur; murmullo, zumbido bourdonnement.

SONIMAG (abrev de Sonido e Imagen) *m* salon espagnol des techniques audiovisuelles.

soniquete ➤ **sonsonete**.

sonómetro *m* FÍS sonomètre.

sonoramente *adv* de façon sonore, avec sonorité.

sonoridad *f* sonorité.

sonorización *f* sonorisation.

sonorizar [13] *v tr* sonoriser.

sonoro, ra *adj* sonore; una voz sonora une voix sonore ■ cabeza sonora tête d'enregistrement (magnetófono) ‖ cine sonoro cinéma parlant ‖ efectos sonoros bruitage (cine, radio, teatro) ‖ FAM le dio una sonora bofetada il lui a donné une gifle retentissante.

sonreír [28] *v intr* sourire; este niño sonríe siempre cet enfant sourit toujours ‖ FIG sourire; la vida le sonríe la vie lui sourit.
  ➤ **sonreírse** *v pr* sourire.

sonriente *adj* souriant, e.

sonrisa *f* sourire *m*; estaba con la sonrisa en los labios il avait le sourire aux lèvres.

sonrojado, da *adj* rouge [de honte] ‖ rougissant, e (de emoción).

sonrojar *v tr* faire rougir (avergonzar).
  ➤ **sonrojarse** *v pr* rougir (avergonzarse).

sonrojo *m* honte *f* (vergüenza) ‖ affront, outrage (afrenta).

sonrosar; sonrosear *v tr* colorer de rose ‖ tez sonrosada teint rose.
  ➤ **sonrosarse; sonrosearse** *v pr* rougir (de vergüenza).

sonsacamiento *m* enjôlement.

sonsacar [10] *v tr* soutirer (sacar) ‖ FIG enjôler (engatusar) ‖ tirer les vers du nez à (hacer hablar) ‖ débaucher (atraer).

sonsera; sonsería *f* (Amer) niaiserie, sottise.

sonso, sa *adj* (*Amer*) sot, sotte (zonzo).

sonsonete; soniquete *m* tambourinage, tambourinement (golpecitos) ▍ FIG rengaine *f*, ritournelle *f* (estribillo) ▍ ton (ironique, railleur, etc.).

soñación *f* FAM ni por soñación jamais de la vie (ni por sueños).

soñador, ra *adj* & *s* rêveur, euse.

▍ SIN imaginativo imaginatif; quimérico chimérique; utopista utopiste.

soñar [23] *v tr* rêver, songer (menos usado); soñó que era rico il rêva qu'il était riche.
◇ *v intr* rêver; soñar despierto rêver tout éveillé ■ ¡ni lo sueñe! n'y songez pas! ▍ ni soñarlo pas question ▍ soñando en rêve ▍ soñar con rêver de; soñar con fantasmas, con ir a Grecia rêver de fantômes, d'aller en Grèce; rêver à (discurrir); soñar con un proyecto rêver à un projet ▍ FAM soñar con los angelitos faire de beaux rêves (tener sueños agradables), dormir ▍ soñar con quimeras se bercer d'illusions ▍ soñar en un mundo mejor rêver d'un monde meilleur.

soñarrera *f* sommeil *m* pesant, torpeur ▍ envie de dormir.

soñera *f* FAM envie de dormir.

soñolencia *f* somnolence (somnolencia) ▍ envie de dormir.

soñolientamente *adv* d'un air somnolent, en dormant à moitié.

soñoliento, ta *adj* somnolent, e ▍ endormi, e; una cara soñolienta un visage endormi.

sopa *f* soupe, potage *m* (plato); sopa de leche soupe de lait; sopa de fideos potage au vermicelle ▍ trempette, morceau *m* de pain ▍ (*Amer*) morceau *m* de tortilla [utilisé comme cuillère] ■ sopa borracha soupe au vin ▍ sopa de ajo soupe à l'ail ▍ sopa de cangrejos bisque d'écrevisses ▍ sopa de cebolla soupe à l'oignon ▍ sopa de sobre soupe o potage en sachet ▍ sopa de tomate soupe à la tomate ▍ sopa de verduras potage aux légumes ▍ sopa juliana julienne ■ FIG comer la sopa boba vivre en parasite ▍ dar sopas con honda a être bien supérieur à ▍ de la mano a la boca se pierde la sopa il y a loin de la coupe aux lèvres ▍¡está hasta en la sopa! on ne voit que lui! ▍ estar hecho una sopa être trempé comme une soupe o jusqu'aux os ▍ mojar la sopa tremper la soupe ▍ FIG venir como pelo en la sopa venir comme un cheveu sur la soupe.

▍ OBSERV Soupe designa un líquido alimenticio en que se moja pan. Suele ser más espesa que el potage.

sopaipa *f* beignet *m* (buñuelo).

sopanda *f* soupente (de los coches antiguos).

sopapear *v tr* FAM gifler, donner une claque.

sopapina *f* volée (paliza).

sopapo *m* FAM gifle *f*, claque *f* (bofetada).

sopar *v tr* (*Amer*) tremper (ensopar el pan).

sopero, ra *adj* creux, euse; plato sopero assiette creuse ▍ FAM soupier, ère; persona muy sopera personne très soupière ▍ cuchara sopera cuillère à soupe.
◆ **sopera** *f* soupière (fuente).

sopesar *v tr* soupeser ▍ FIG peser (examinar); sopesar con atención las cosas peser mûrement les choses.

sopetear *v tr* saucer (mojar pan en la salsa) ▍ FIG malmener.

sopetón *m* tranche *f* de pain grillé trempée dans l'huile (pan tostado) ▍ FAM taloche *f* (golpe) ▍ de sopetón à l'improviste, sans crier gare; llegar de sopetón arriver sans crier gare; à brûle-pourpoint, de but en blanc; decir algo de sopetón dire quelque chose à brûle-pourpoint.

sopicaldo *m* bouillon léger.

sopista *m* & *f* (ant) mendiant, e.
◇ *m* étudiant vivant de la charité publique.

sopita *f* mouillette (de pan); mojar sopitas en un huevo tremper des mouillettes dans un œuf.

sopitipando *m* FAM évanouissement (desmayo) ▍ FAM le dio un sopitipando il est tombé dans les pommes.

sopladero *m* soupirail.

soplado, da *adj* FIG & FAM rond, e (borracho) ▍ pomponné, e (compuesto) ▍ suffisant, e; bouffi, e d'orgueil (vanidoso).
◆ **soplado** *m* soufflage (del vidrio) ▍ MIN crevasse *f*.

soplador, ra *m* & *f* souffleur, euse.
◆ **soplador** *m* soufflet (aventador) ▍ soufflerie *f* (de gas carbónico) ▍ souffleur (de vidrio) ▍(*Amer*) souffleur (apuntador).
◆ **sopladora** *f* TECN souffleuse.

sopladura *f* soufflement *m* (acción) ▍ soufflage *m* (del vidrio) ▍ soufflure, bulle (venteadura).

soplagaitas *m* & *f inv* FAM imbécile, ballot.

soplamocos *m inv* FAM taloche *f*, mornifle *f*.

soplar *v intr* souffler; soplar con la boca souffler avec la bouche; el viento sopla le vent souffle.
◇ *v tr* souffler; soplar el fuego, una vela souffler le feu, une chandelle ▍ gonfler; soplar de aire una vejiga gonfler d'air une vessie ▍ FIG inspirer (la musa) ▍souffler; soplar la lección a un alumno souffler sa leçon à un élève ▍souffler (juego de damas) ▍ FAM dénoncer, moucharder (delatar) ▍ cafarder, cafter (entre niños) ▍ souffler, faucher (birlar) ▍ TECN souffler (el vidrio) ■ FIG & FAM este negocio ya no sopla como antes cette affaire ne marche plus comme avant ▍ saber de qué lado sopla el viento savoir d'où vient le vent ▍¡sopla! oh là là!, sapristi!, fichtre! ▍ soplar una torta flanquer une gifle.
◆ **soplarse** *v pr* FAM s'envoyer, se taper; me soplé medio pollo je me suis envoyé un demi-poulet.

sopleque *m* (*Amer*) vaniteux, euse; suffisant, e.

soplete *m* chalumeau; soplete oxhídrico chalumeau oxhydrique.

soplido *m* soufflement.

soplillo *m* soufflet (aventador).

soplo *m* souffle ▍ MED souffle; soplo cardiaco souffle au cœur ▍ FIG souffle (inspiración) ▍ seconde *f*, instant; llego en un soplo j'arrive dans une seconde ▍ FIG & FAM mou-

chardage, cafardage (delación) ▍ mouchard, cafard (soplón) ▍ FIG & FAM dar el soplo moucharder, cafarder ▍ FIG la vida es un soplo la vie est brève.

soplón, ona *adj* & *s* FAM mouchard, e; cafard, e; rapporteur, euse (entre niños).
◇ *m* & *f* FAM mouchard, e (de la policía).

soplonear *v intr* FAM moucharder (delatar).

soplonería *f* FAM mouchardage *m*, cafardage *m*.

soponcio *m* FAM évanouissement ▍ FAM me dio un soponcio je suis tombé dans les pommes, j'ai tourné de l'œil.

sopor *m* MED sopor ▍ FIG assoupissement, somnolence *f*.

soporífero, ra *adj* & *s m* soporifique, somnifère.

soporífico, ca *adj* & *s m* soporifique.

soportable *adj* supportable.

soportal *m* porche (de una casa).
◆ **soportales** *m pl* arcades *f* (de una calle).

soportar *v tr* supporter; soportar el frío supporter le froid ▍ essuyer (una tormenta, un huracán) ▍ [⊳ SIN] FIG souffrir, supporter; no poder soportar a uno ne pas pouvoir souffrir quelqu'un.
◆ **soportarse** *v pr* se supporter (tolerarse).

▍ SIN sobrellevar endurer; sufrir souffrir; resistir résister; tolerar tolérer; pasar passer; aguantar supporter.

soporte *m* support ▍ BLAS support ▍ INFORM support; soporte de datos support de données ■ soporte de banco de carpintero valet d'établi ▍ soporte publicitario support publicitaire.

sopranista *m* & *f* MÚS soprano.

soprano *m* & *f* MÚS soprano (tiple).

sor *f* sœur (religiosa); sor María sœur Marie.

sorber *v tr* gober; sorber un huevo gober un œuf ▍ FIG absorber, boire; la esponja sorbe el agua l'éponge boit l'eau ▍engloutir; el mar sorbe las naves la mer engloutit les navires ▍ FAM sorber el seso a uno tourner la tête à quelqu'un.

sorbete *m* sorbet; sorbete de limón sorbet au citron ▍ (*Amer*) chapeau haut de forme (chistera).

sorbetera *f* sorbetière (heladora).

sorbetón *m* FAM lampée *f*, gorgée *f*.

sorbo *m* gorgée *f*; tomar un sorbo de leche prendre une gorgée de lait ■ beber a sorbos boire à petites gorgées ▍ de un sorbo d'un trait.

Sorbona *n pr* f la Sorbona la Sorbonne.

sorche; sorchi *m* FAM bleu (recluta), troufion (soldado).

sorda *f* ZOOL bécassine (agachadiza) ▍ MAR brague, cordage *m*.

sordamente *adv* sourdement ▍ secrètement, en secret; actuar sordamente agir en secret.

sordera *f* surdité; padecer sordera être atteint de surdité.

sórdidamente *adv* sordidement, de façon sordide.

sordidez *f* sordidité.
▍ OBSERV pl sordideces.

sórdido, da *adj* sordide.

sordina *f* sourdine ■ **a la sordina** en sourdine | FIG **poner sordina a** mettre en sourdine.

sordo, da *adj & s* sourd, e; **sordo de nacimiento** sourd de naissance ■ **a la sorda, a lo sordo** en sourdine | **hacerse el sordo, hacer oídos sordos** faire la sourde oreille | FAM **más sordo que una tapia** sourd comme un pot | **no hay peor sordo que el que no quiere oír** il n'est pire sourd que celui qui ne veut pas entendre | **sordo a las súplicas** sourd aux prières.
◇ *adj* FIG sourd, e; **voz sorda, dolor sordo** voix, douleur sourde | **a pregunta necia, oídos sordos** à folle demande point de réponse.

sordomudez *f* surdi-mutité.
OBSERV pl sordomudeces.

sordomudo, da *adj & s* sourd-muet, sourde-muette.

soreque *adj (Amer)* sourd, e.

sorgo *m* BOT sorgho.

Soria *n pr* GEOGR Soria.

sorianense *adj & s* de Soriano [Uruguay].

soriano, na *adj & s* de Soria [Vieille Castille].

soriasis → **psoriasis**.

sorites *m* sorite (raciocinio).

sorna *f* goguenardise (mofa) ■ **hablar con sorna** parler d'un ton goguenard | **mirar con sorna** regarder d'un air goguenard.

soro *m* BOT sore (helecho).

sorocharse *v pr (Amer)* avoir le mal des montagnes | se troubler, rougir (avergonzarse).

soroche *m (Amer)* mal des montagnes | rougeur *f* (rubor) | galène *f* (piedra).

sorprendente *adj* surprenant, e; étonnant, e.

sorprendentemente *adv* d'une façon surprenante, étonnamment.

sorprender *v tr* surprendre, étonner; **eso me sorprende** cela me surprend | surprendre; **sorprender a un ladrón, un secreto** surprendre un voleur, un secret.
◆ **sorprenderse** *v pr* s'étonner, être surpris.

sorprendido, da *adj* surpris, e; étonné, e; **quedarse sorprendido** être étonné.

sorpresa *f* surprise; **dar una sorpresa** faire une surprise | fève (del roscón de reyes) | **coger de sorpresa** prendre au dépourvu.

sorpresivo, va *adj (Amer)* surprenant, e; inatendu, e.

sorrostrada *f* insolence.

sorteado, da *adj* tiré au sort.

sorteamiento *m* tirage au sort.

sortear *v tr* tirer au sort | FIG éviter, esquiver; **sortear una dificultad, un adversario** esquiver une difficulté, un adversaire | DEP esquiver, dribbler (regatear) | TAUROM combattre [le taureau]; effectuer des passes | négocier (una curva).

sorteo *m* tirage au sort; **elegido por sorteo** désigné par tirage au sort | tirage (de la lotería) | **sorteo extraordinario de Navidad** tranche spéciale de Noël.

sortija *f* bague (anillo) | boucle (de pelo) | furet *m* (juego) | **sortija de sello** chevalière.

sortilegio *m* sortilège.

sortílego, ga *adj & s* sorcier, ère.

SOS (abrev de **save our souls**) *m* SOS; **lanzar un SOS** lancer un SOS; **lanzar un SOS a sus padres** lancer un SOS à ses parents.

sosa *f* BOT & QUÍM soude | **sosa cáustica** soude caustique.

sosaina *adj & s* FAM niais, e.

sosamente *adv* fadement | sans esprit, sans humour; **cuenta los chistes muy sosamente** il raconte les histoires sans aucun humour | bêtement; **contestar sosamente** répondre bêtement | sans élégance; **ir sosamente vestido** être habillé sans élégance.

sosegadamente *adv* calmement, paisiblement.

sosegado, da *adj* calme, paisible.

sosegar [35] *v tr* calmer, apaiser (aquietar) | tranquilliser (tranquilizar); **esta buena noticia le sosegó** cette bonne nouvelle l'a tranquillisé.
◇ *v intr* reposer (descansar) | tranquilliser (tranquilizar).
◆ **sosegarse** *v pr* se calmer, s'apaiser.

sosera; sosería *f* niaiserie, bêtise.

soseras *adj & s inv* FAM cruche, tarte.

sosería → **sosera**.

sosia *m*; **sosias** *m inv* sosie.

sosiego *m* calme (calma) | tranquillité *f*; **esta noticia le produjo cierto sosiego** cette nouvelle lui a amené une certaine tranquillité.

soslayar *v tr* mettre en travers | FIG éviter, esquiver (eludir).

soslayo
◆ **al soslayo; de soslayo** *loc* en travers, de travers (ladeado) | FIG de côté, du coin de l'œil, à la dérobée; **mirar de soslayo** regarder de côté.

soso, sa *adj* fade (sin sal) | [▷ SIN] FIG fade (sin gracia) | niais, e; bête (tonto) | sans esprit, sans humour; **un chiste muy soso** une histoire sans aucun humour | plat, e; fade; **un estilo muy soso** un style très plat.
SIN **insípido, insulso** insipide; **desaborido** fade; **anodino** anodin; **sosaina** niais.

sospecha *f* [▷ SIN] soupçon *m*; **despertar las sospechas** éveiller les soupçons | DR suspicion; **tener en sospecha** tenir en suspicion | **tener sospechas de** avoir des soupçons sur, douter de.
SIN **recelo** suspicion; **duda** doute; **suposición** supposition; **suspicacia, desconfianza** méfiance.

sospechar *v tr & intr* soupçonner; **sospecho que Pedro miente** je soupçonne Pierre de mentir | se douter de (dudar); **lo sospechaba** je m'en doutais | suspecter, avoir des doutes sur (recelar); **sospecho de su buena fe** je suspecte sa bonne foi | **sospechar de uno** soupçonner quelqu'un; **sospechar un robo de uno** soupçonner quelqu'un d'un vol.
◆ **sospecharse** *v pr* se douter de.

sospechosamente *adv* de manière suspecte.

sospechoso, sa *adj & s* suspect, e.

sostén *m* soutien, appui | soutien-gorge (prenda de mujer) | MAR assiette *f* ■ **sostén de o con cuerpo, sostén largo** bustier (prenda de mujer) | **sostén de familia** soutien de famille.

sostenedor, ra *adj* qui soutient.
◆ **sostenedor** *m* souteneur, soutien.
OBSERV El francés **souteneur** tiene también el sentido de **chulo, rufián**.

sostener [72] *v tr* [▷ SIN] soutenir; **sostener con una viga** soutenir par une poutre; **sostener un ataque** soutenir une attaque | FIG soutenir, appuyer; **buscar un argumento para sostener una opinión** chercher un argument pour appuyer une opinion | supporter; **sostener una situación muy desagradable** supporter une situation très désagréable | entretenir; **sostener una correspondencia con alguien** entretenir une correspondance avec quelqu'un; **sostener buenas relaciones** entretenir de bonnes relations | tenir; **sostener una conversación** tenir une conversation | porter; **el agua del mar sostiene más que el agua dulce** l'eau de mer porte mieux que l'eau douce | ARQ supporter; **columnas que sostienen una bóveda** colonnes supportant une voûte | **sostener una entrevista** avoir une entrevue.
◆ **sostenerse** *v pr* se soutenir | se nourrir (sustentarse) | FIG se soutenir; **sostenerse mutuamente** se soutenir mutuellement.
SIN **soportar, aguantar** supporter; **sustentar** soutenir; **mantener** maintenir.

sostenido, da *adj* MÚS dièse, diésé, e; **fa sostenido** "fa" dièse | soutenu, e (en la Bolsa).
◆ **sostenido** *m* MÚS dièse; **doble sostenido** double dièse.

sostenimiento *m* soutien, soutènement (apoyo) | entretien (mantenimiento) | maintien (de relaciones) | affirmation *f* (de una opinión) | soutenance *f* (de tesis).

sota *f* ≃ valet *m* (naipe).

sotabanco *m* ARQ sommier (de bóveda) | mansarde *f* (desván).

sotabarba *f* collier *m* (barba).

sotacola *f* culière (ataharre).

sotacoro *m* chapelle *f* sous le chœur.

sotacura *m (Amer)* vicaire (eclesiástico).

sotana *f* soutane (vestidura talar).

sotanilla *f* soutanelle.

sótano *m* sous-sol (piso habitable) | cave *f* (bodega).

sotaventarse *v pr* MAR se mettre sous le vent.

sotavento *m* MAR côté sous le vent.

Sotavento *n pr* GEOGR **las islas de Sotavento** les îles Sous-le-Vent.

sotechado *m* endroit couvert.

soteño, ña *adj* forestier, ère; sylvestre.

soterramiento *m* enfouissement.

soterraño, ña *adj & s m* souterrain, e.

soterrar [19] *v tr* enfouir.

sotileza *f* (ant) subtilité (sutileza).

soto *m* bois (bosque) | buisson (matorral).

sotoministro *m* procureur (en los jesuitas).

sotreta *adj (Amer)* fourbe.
◇ *f (Amer)* rosse, canasson *m* (penco).

sotto voce [soto'βotʃe] *loc adv* à voix basse.

sotuer *m* BLAS sautoir.

soufflé *m* CULIN soufflé.
OBSERV pl soufflés.

soul *m* MÚS soul *f*.

souvenir *m* souvenir (objeto turístico).
  ▌ **OBSERV** Gallicisme qui peut être remplacé par recuerdo.

SOV (abrev de *seguro obligatorio de viajeros*) *m* assurance voyage obligatoire.

soviet *m* soviet.
  ▌ **OBSERV** pl soviets.

soviético, ca *adj* & *s* soviétique.

sovietización *f* soviétisation.

sovietizar [13] *v tr* soviétiser.

soviétólogo, ga *m* & *f* soviétologue.

sovjoz *m* sovkhose (granja soviética).
  ▌ **OBSERV** pl sovjoces.

soya ► **soja**.

spaghetti ► **espaguetis**.

spaniel [es'paniel] *m* épagneul.

sparring *m* DEP sparring-partner.
  ▌ **OBSERV 1.** Anglicisme qui peut être remplacé selon les cas par entrenamiento, contrincante previo ou adversario de prueba.
  2. pl sparrings.

speed *m* speed.
  ▌ **OBSERV** pl speeds.

spider *m* AUTOM spider.
  ▌ **OBSERV** pl spiders.

spin *m* QUÍM & FÍS spin.

sponsor *m* DEP sponsor (patrocinador).

sport ► **esport**.
  ▌ **OBSERV** En Espagne, sport s'emploie unique-ment pour qualifier certains vêtements ou voitures. Le mot usuel est deporte: j'aime le sport me gusta el deporte.

spot ► **espot**.
  ▌ **OBSERV** pl spots.

sprat *m* sprat (especie de arenque).

spray ► **espray**.
  ▌ **OBSERV** pl sprays.

sprint *m* DEP sprint.
  ▌ **OBSERV** pl sprints.

sprintar *v tr* sprinter *v intr*.

sprinter *m* DEP sprinter (velocista).
  ▌ **OBSERV** pl sprinters.

sputnik *m* spoutnik (satélite artificial).

squash *m inv* DEP squash.

squatter [es'kuater] *m* squatter.
  ▌ **OBSERV** pl squatters.

Sr. (abrev escrita de *Señor*) M.

Sra. (abrev escrita de *Señora*) Mme.

Sres. (abrev escrita de *Señores*) MM.

SRM (abrev escrita de *Su Real Majestad*) SAR.

Srta. (abrev escrita de *Señorita*) Mlle.

SS (abrev escrita de *Su Santidad*) S.S. [Sa Sainteté].

SSmo. P. (abrev escrita de *Santísimo Padre*) Très saint-père.

s.s.s. (abrev escrita de *su seguro servidor*) votre dévoué.

Sta. (abrev escrita de *Santa*) Ste.

staccato *adv* & *s m* MÚS staccato.

staff *m* staff.
  ▌ **OBSERV 1.** Anglicisme qui peut être remplacé selon les cas par equipo directivo, plana mayor ou estado mayor.
  2. pl staffs.

stajanovismo *m* stakhanovisme.

stajanovista *m* & *f* stakhanoviste.

staliniano, na; stalinista *adj* stalinien, enne.

stalinismo *m* stalinisme.

stalinista ► **staniliano**.

stand ► **estand**.
  ▌ **OBSERV** pl stands.

standardizar [13] *v tr* standardiser.

standing ► **estanding**.
  ▌ **OBSERV** pl standings.

star-system [es'tar'sistem] *m* star-system.
  ▌ **OBSERV** pl star-systems.

starter; estárter *m* AUTOM starter (estrangulador).
  ▌ **OBSERV** pl starters; estárters.

statice *m* BOT statice.

statu quo *m inv* statu quo.

status ► **estatus**.

steeple-chase *m* steeple-chase (carrera de obstáculos).
  ▌ **OBSERV** pl steeple-chases.

sténcil *m* stencil (cliché de multicopista).

stick *m* stick (hockey).
  ▌ **OBSERV** pl sticks.

Sto. (abrev escrita de *Santo*) St.

stock ► **estoc**.

stock-car *m* stock-car.

stop *m* stop (señal de tráfico) ▌ stop (en un telegrama).
  ▌ **OBSERV** pl stops.

stout *m* stout (cerveza).

stradivarius *m* MÚS stradivarius.

stress ► **estrés**.

strip-tease *m inv* strip-tease ▌ mujer que hace strip-tease strip-teaseuse.

stupa *m* stupa (monumento fúnebre indio).

su *adj pos* son *m*, sa *f*; **su padre** son père; **su madre** sa mère; **sus hermanas** ses sœurs ▌ leur ▌ votre; **su hermano (de usted)** votre frère; **sus hermanas (de usted, de ustedes)** vos sœurs.
  ▌ **OBSERV 1.** Le pluriel de su est sus.
  2. Ses es la forma plural de son y sa. Leurs y vos son los plurales respectivos de leur y votre.
  3. Se emplea son en vez de sa delante de una palabra femenina empezando por una vocal o una h muda: su historia son histoire.

suampo *m* (*Amer*) marécage.

suarismo *m* FILOS congruisme.

suato, ta *adj* (*Amer*) niais, e; idiot, e.

suave *adj* doux, douce; suave (p us); **cutis suave** peau douce; **cuesta suave** pente douce; **viento suave** vent doux ▌ souple (guantes) ▌ FIG doux, douce ▌ GRAM doux, douce (consonante) ■ FIG **más suave que un guante** souple comme un gant ▌ **suave como un erizo** gracieux comme un chardon, aimable comme une porte de prison, comme un fagot d'épines.

suavemente *adv* doucement.

suavidad *f* douceur, suavité (p us) ▌ souplesse (de los guantes).

suavito *adv* FAM tout doucement.

suavización *f* adoucissement *m* ▌ relâchement *m* (de una tensión).

suavizador, ra *adj* adoucissant, e.
  ◄ **suavizador** *m* cuir à rasoir (para afeitar).

suavizante *adj* & *s m* adoucissant, e ▌ **crema suavizante** après-shampoing.
  ◊ *m* démêlant (para el pelo) ▌ assouplissant (para la ropa).

suavizar [13] *v tr* adoucir ▌ FIG **suavizar asperezas** arrondir les angles.

Suazilandia ► **Swazilandia**.

suba *f* (*Amer*) hausse (alza) ▌ hausse des prix (alza de precios).

subacetato *m* QUÍM sous-acétate.

subacuático, ca *adj* sous-marin, e.

subafluente *m* sous-affluent.

subagente *m* sous-agent.

subagudo, da *adj* subaigu, ë.

subalimentación *f* sous-alimentation.

subalimentar *v tr* sous-alimenter.

subalpino, na *adj* subalpin, e.

subalquilar *v tr* sous-louer.

subalterno, na *adj* & *s m* subalterne.
  ➤ **subalterno** *m* FAM sous-fifre.

subarrendador, ra *m* & *f* personne qui sous-loue.

subarrendamiento *m* sous-location *f* ▌ COM sous-bail.

subarrendar [19] *v tr* sous-louer ▌ COM sousbailler.

subarrendatario, ria *m* & *f* sous-locataire.

subarriendo *m* sous-location *f*.

subasta *f* DR vente aux enchères, adjudication ■ **sacar a subasta** mettre aux enchères ▌ **salir a subasta** être mis aux enchères ▌ **vender en pública subasta** vendre aux enchères.

subastador, ra *adj* de vente aux enchères.
  ◊ *m* & *f* commissaire-priseur *m*.

subastar *v tr* DR mettre o vendre aux enchères, adjuger.

subatómico, ca *adj* FÍS subatomique; **partícula subatómica** particule subatomique.

subcampeón *m* deuxième au classement.

subcampeonato *m* DEP deuxième place *f* (en una competición).

subcarbonato *m* sous-carbonate.

subcarpeta *f* chemise (para documentos).

subclase *f* BOT & ZOOL sous-classe.

subclavio, via *adj* ANAT sous-clavier, ère.

subcomisario *m* sous-commissaire.

subcomisión *f* sous-commission.

subconjunto *m* MAT sous-ensemble.

subconsciencia *f* subconscience.

subconsciente *adj* & *s m* subconscient, e.

subconsumo *m* sous-consommation *f*.

subcontinente *m* sous-continent.

subcontrario, ria *adj* subcontraire.

subcontratación *f* sous-traitance.

subcontratar *v tr* & *intr* sous-traiter *v tr*.

subcontratista *m* sous-traitant.

subcontrato *m* sous-traité ▌ **ceder** o **tomar en subcontrato** sous-traiter.

subcortical *adj* sous-cortical, e.

subcultura *f* sous-culture, subculture.

subcutáneo, a *adj* sous-cutané, e.

subdelegación *f* subdélégation.

subdelegado *m* subdélégué.

subdelegar [16] *v tr* subdéléguer.

subdesarrollado, da *adj* sous-développé, e.

subdesarrollo *m* sous-développement.

subdiaconado *m* sous-diaconat.

subdiácono *m* sous-diacre.

subdirección *f* sous-direction.

subdirector, ra *adj & s* sous-directeur, sous-directrice ‖ **subdirector de museo** conservateur de musée.

subdirectorio *m* INFORM sous-répertoire.

súbdito, ta *adj & s* sujet, ette (de un monarca). ◇ *m & f* ressortissant, e (de un país).

subdividir *v tr* subdiviser ‖ **subdividir en dos secciones** dédoubler.

subdivisión *f* subdivision.

subdominante *f* MÚS sous-dominante.

subducción *f* GEOL subduction.

subemplear *v tr* sous-employer.

subempleo *m* sous-emploi.

subepidérmico, ca *adj* sous-épidermique.

suberina *f* BOT subérine.

suberoso, sa *adj* subéreux, euse (de corcho).

subespecie *f* BIOL sous-espèce.

subestación *f* ELECTR sous-station.

subestimación *f* sous-estimation.

subestimar *v tr* sous-estimer, sous-évaluer.

subexponer [65] *v tr* FOT sous-exposer.

subfebril *adj* MED subfébrile.

subgénero *m* sous-genre.

subgobernador *m* sous-gouverneur.

subgrupo *m* sous-groupe.

subibaja *m* bascule *f* (columpio).

subida *f* montée (acción) ‖ ascension (de una montaña) ‖ [▷ SIN] côte, montée (cuesta) ‖ FIG montée; **subida de los precios** montée des prix.

   SIN **cuesta** côte; **pendiente** pente; **repecho** raidillon; **rampa** rampe.

subido, da *adj* FIG vif, vive; **rojo subido** rouge vif ‖ fort, e (olor) ‖ élevé, e (precio) ‖ surfin, e (acendrado, puro) ■ FIG **subido de color**, **de color subido** corsé, vert, épicé, fort (licencioso), haut en couleur (un cuadro) ‖ **subido de tono** osé, fort, salé, corsé (atrevido).

subidón *m* MFAM **me ha dado un subidón** je suis complètement parti, e (en drogas).

subíndice *m* MAT indice.

subinquilino, na *m & f* sous-locataire.

subinspector *m* sous-inspecteur.

subintendencia *f* sous-intendance.

subintendente *m* sous-intendant.

subintración *f* MED chevauchement *m* (fracturas óseas).

subintrante *adj* MED subintrant, e (fiebre) ‖ chevauchant, e (fractura).

subintrar *v intr* MED se chevaucher.

subir *v tr* monter; **subir el equipaje** monter les bagages; **subir una cuesta** monter une côte ‖ augmenter, hausser (el precio) ‖ augmenter (un sueldo) ‖ élever (una pared) ‖ lever, relever; **subir la cabeza** lever la tête ‖ MÚS hausser (tono) ‖ FIG gravir; **subir los escalones** gravir les échelons ‖ **subir la cuesta** remonter la pente o le courant.
◇ *v intr* monter; **subir a un árbol** monter sur un arbre; **subir al tercer piso** monter au troisième étage; **subir en ascensor** monter en ascenseur; **subir al coche** monter en o dans la voiture ‖ monter (un río, una marea, una pared) ‖ FIG monter (precio, fiebre) ‖ COM se monter, s'élever, monter; **la cuenta sube a 1 000 pesetas** l'addition s'élève à 1 000 pesetas ‖ MÚS monter (tono) ■ FIG **subir a las tablas** monter sur les planches ‖ **subir al trono** monter sur le trône ‖ **subir de categoría** monter; **un barrio que sube de categoría** un quartier qui monte ‖ **subir de tono** s'échauffer; **la discusión sube de tono** la discussion s'échauffe.
➜ **subirse** *v pr* monter; **subirse la cuesta** monter la côte ‖ se hisser sur, grimper sur (con esfuerzo); **se subió al tejado** il se hissa sur le toit ‖ remonter; **súbete los calcetines** remonte tes chaussettes ‖ **se le subió el humo a las narices** la moutarde lui est montée au nez ‖ **se le subió el pavo** o **se le subieron los colores a la cara** le rouge lui monta au visage, il a rougi jusqu'à la racine des cheveux, il a piqué un fard FAM ‖ **se le subió la sangre a la cabeza**, **se subió a la parra** il est monté sur ses grands chevaux ‖ **se le subieron los humos a la cabeza** il est devenu prétentieux ‖ **subirse a la cabeza** monter à la tête (vino), tourner la tête (honores, etc.) ‖ **subirse de tono** hausser le ton.
   OBSERV Existe en francés el verbo **subir** pero significa **sufrir**.

súbitamente *adv* subitement.

súbito *adv* soudain.

súbito, ta *adj* subit, e; soudain, e (repentino) ‖ violent, e (impetuoso) ‖ **de súbito** soudain.

subjefe *m* sous-chef.

subjetividad *f* subjectivité.

subjetivismo *m* subjectivisme.

subjetivista *adj & s* subjectiviste.

subjetivo, va *adj* subjectif, ive.

sub júdice [suβˈjudiθe] *adj* en attente d'une décision de justice.

subjuntivo *adj m & s m* GRAM subjonctif.

sublevación *f* soulèvement *m* (alzamiento).

sublevar *v tr* soulever (excitar) ‖ révolter; **esta injusticia me subleva** cette injustice me révolte.
➜ **sublevarse** *v pr* [▷ SIN] se soulever (rebelarse) ‖ s'élever, se dresser, s'insurger, se révolter; **sublevarse contra las injusticias** s'élever contre les injustices.
   SIN **rebelarse** se rebeller; **alzarse** se soulever; **amotinarse** se révolter.

sublimable *adj* sublimable.

sublimación *f* sublimation.

sublimado *m* QUÍM sublimé.

sublimador *m* QUÍM sublimateur.

sublimar *v tr* sublimer.

sublime *adj* sublime ‖ **lo sublime** le sublime.

sublimidad *f* sublimité.

subliminal *adj* subliminal, e; subliminaire.

sublingual *adj* ANAT sublingual, e.

sublunar *adj* sublunaire.

submarinismo *m* plongée *f* sous-marine.

submarinista *m* MAR sous-marinier. ◇ *m & f* DEP plongeur, euse.

submarino, na *adj* sous-marin, e.
➜ **submarino** *m* MAR sous-marin (buque).

submaxilar *adj* ANAT sous-maxillaire.

submúltiplo, pla *adj & s m* MAT sous-multiple.

subnormal *adj & s* MED anormal, e; retardé, e (anormal); **niños subnormales** enfants anormaux. ◇ *f* MAT sous-normale.

subnormalidad *f* débilité mentale.

suboficial *m* sous-officier.

suborbitario, ria *adj* sous-orbitaire.

suborden *m* BOT & ZOOL sous-ordre.
■ OBSERV pl **subórdenes**.

subordinación *f* subordination.

subordinado, da *adj & s* subordonné, e ‖ GRAM **oración subordinada** proposition subordonnée.

subordinante *adj* GRAM de subordination (oración, conjunción etc.).

subordinar *v tr* subordonner ‖ soumettre; **subordinar la razón a la fe** soumettre la raison à la foi.

subpoblado, da *adj* sous-peuplé, e.

subpolar *adj* circumpolaire.

subprefecto *m* sous-préfet.

subprefectoral *adj* sous-préfectoral, e.

subprefectura *f* sous-préfecture.

subproducción *f* sous-production.

subproducto *m* sous-produit.

subprograma ➜ **subrutina**.

subramal *m* GEOGR chaînon secondaire.

subrayable *adj* remarquable.

subrayado, da *adj* souligné, e.
➜ **subrayado** *m* soulignement ‖ **lo subrayado** ce qui est souligné.

subrayar *v tr* souligner ‖ FIG souligner, ponctuer (insistir); **subrayar cada palabra con un ademán** ponctuer chaque mot d'un geste.

subreino *m* embranchement (en zoología).

subrepción *f* subreption.

subrepticiamente *adv* subrepticement.

subrepticio, cia *adj* subreptice.

subrigadier *m* MIL sous-brigadier.

subrogación *f* DR subrogation.

subrogado, da *adj* DR subrogé, e.

subrogador *adj m & s m* subrogateur.

subrogar [16] *v intr* subroger; **subrogar una cosa con** o **por otra** subroger une chose à une autre.

subrogativo, va *adj* DR subrogatif, ive.

subrogatorio, ria *adj* subrogatoire.

subrutina; subprograma *f* INFORM sousprogramme *m*.

subsanable *adj* excusable, réparable.

subsanación *f* résolution (de una dificultad) ‖ pardon *m*, excuse (de un desacierto o delito).

subsanar *v tr* excuser (disculpar) ‖ réparer (remediar); subsanar un olvido réparer un oubli ‖ corriger (una falta).

subscribir ► **suscribir**.

▌ OBSERV L'usage tend à faire prévaloir la forme sans b de ce verbe et de ces dérivés: suscribir, suscripción, etc.

subscripción ► **suscripción**.

subscripto, ta ► **suscripto**.

subscriptor, ra ► **suscriptor**.

subscrito, ta ► **suscrito**.

subsecretaría *f* sous-secrétariat *m*.

subsecretario, ria *m & f* sous-secrétaire ‖ subsecretario de Estado sous-secrétaire d'État.

subsector *m* sous-secteur.

subsecuente *adj* subséquent, e (subsiguiente).

subseguir [43] *v intr & pr* se succéder, suivre immédiatement, s'ensuivre.

subsidencia *f* GEOL subsidence.

subsidiar [8] *v tr* subventionner.

subsidiario, ria *adj* subsidiaire.

subsidio *m* [▷ SIN] subside, subvention *f* ‖ allocation *f*; subsidio de paro allocation de chômage; subsidios familiares allocations familiales ‖ indemnité *f*; subsidio de vivienda indemnité de logement.

▌ SIN ayuda aide; subvención subvention; socorro secours; asignación allocation.

subsiguiente *adj* subséquent, e.

subsiguientemente *adv* subséquemment.

subsistencia *f* subsistance.

subsistente *adj & s m* subsistant, e.

subsistir *v intr* subsister.

subsolar *adj* subsolaire.

subsónico, ca *adj* subsonique (avión).

substancia *f* substance (materia) ‖ FIG substance (lo esencial) ■ en substancia en substance ‖ FIG hombre sin substancia o de poca substancia homme quelconque, homme sans intérêt ‖ sin substancia quelconque, fade (insulso) ‖ substancia gris matière grise.

▌ OBSERV [► **substance**].

substanciación *f* DR instruction.

substancial *adj* substantiel, elle.

substancialidad *f* substantialité.

substancialismo *m* FILOS substantialisme.

substancialmente *adv* substantiellement, en substance.

substanciar *v tr* abréger, résumer (compendiar) ‖ DR instruire [un procès].

substancioso, sa *adj* substanciel, elle.

substangente *f* GEOM sous-tangente.

substantivación *f* GRAM substantivation.

substantivar *v tr* GRAM substantiver.

substantividad *f* qualité de substantif.

substantivo, va *adj & s m* GRAM substantif, ive.

substitución *f* substitution.

substituible *adj* remplaçable, substituable.

substituidor, ra *adj & s* qui remplace, qui substitue.

substituir [51] *v tr* substituer, remplacer; substituyeron a Gómez por Salinas on a substitué Salinas à Gómez, on a remplacé Gómez par Salinas ‖ se substituer, remplacer; la República substituyó a la Monarquía la république s'est substituée à la monarchie ‖ mettre à la place de; substituir un olmo por un álamo mettre un peuplier à la place d'un orme ‖ doubler, remplacer (teatro); substituir a un actor doubler un acteur.

▌ OBSERV [► **substituer**].

substitutivo, va *adj* substitutif, ive.

➡ **substitutivo** *m* substitut (sucedáneo).

substituto, ta *m & f* substitut (sin femenino), remplaçant, e ‖ suppléant, e; el substituto de un diputado le suppléant d'un député ‖ substituto general substitut général.

substracción *f* subtilisation, soustraction (robo) ‖ MAT soustraction (resta).

substraendo *m* MAT plus petit terme (en una sustracción).

substraer [73] *v tr* soustraire, subtiliser (robar) ‖ MAT soustraire.

➡ **substraerse** *v pr* se soustraire; substraerse a o de se soustraire à.

▌ OBSERV La forme sustraer, sans b, est de plus en plus courante.

substrato *m* FILOS & GEOL substrat, substratum.

subsuelo *m* sous-sol (del terreno).

subte *m* (Amer) FAM métro.

subtender [20] *v tr* GEOM sous-tendre.

subteniente *m* MIL sous-lieutenant.

subtensa *f* GEOM corde (de un arco).

subtenso, sa *adj* GEOM sous-tendu, e.

subterfugio *m* subterfuge.

subterráneo, a *adj & s m* souterrain, e.

➡ **subterráneo** *m* (Amer) métropolitain (ant), métro.

subtipo *m* BIOL sous-genre.

subtitular *v tr* sous-titrer.

subtítulo *m* sous-titre.

subtropical *adj* subtropical, e.

suburbano, na *adj* suburbain, e.

➡ **suburbano** *m* habitant des faubourgs o de la banlieue, banlieusard, e (vecino) ‖ train de banlieue (tren).

suburbial *adj* suburbain, e (suburbano).

suburbicario, ria *adj* suburbicaire.

suburbio *m* faubourg (arrabal).

subvalorar *v tr* sous-évaluer.

➡ **subvalorarse** *v pr* se sous-évaluer.

subvención *f* subvention.

subvencional *adj* subventionnel, elle.

subvencionar *v tr* subventionner.

subvenir [75] *v intr* subvenir, pourvoir; subvenir a los gastos subvenir aux dépenses.

subversión *f* subversion.

subversivo, va *adj* subversif, ive.

subvertir [27] *v tr* bouleverser, perturber (trastornar).

subyacente *adj* sous-jacent, e; subjacent, e.

subyacer [77] *v intr* être sous-jacent, e.

subyugación *f* subjugation.

subyugador, ra *adj* dominateur, trice (dominante) ‖ FIG fascinant, e (cautivador).

subyugar [16] *v tr* subjuguer.

succínico *adj m* QUÍM succinique.

succino *m* succin (ámbar).

succión *f* succion.

succionar *v tr* absorber [raíces], sucer [bebé].

sucedáneo, a *adj & s m* succédané, e.

suceder *v intr* succéder; la noche sucede al día la nuit succède au jour ‖ succéder (heredar) ‖ [▷ SIN] arriver (ocurrir); eso sucede a menudo cela arrive souvent; sucedió que il arriva que ■ suceda lo que suceda quoi qu'il arrive, advienne que pourra ‖ sucede con los técnicos lo que con los ingenieros il en est des techniciens comme des ingénieurs.

➡ **sucederse** *v pr* se succéder, se suivre; los días se suceden les jours se suivent ‖ se succéder; el padre y el hijo se sucedieron en esta empresa le père et le fils se sont succédé dans cette entreprise.

▌ OBSERV En los tiempos compuestos del verbo francés se succéder el participio pasado queda invariable, a pesar de emplearse con être: se sucedieron ils se sont succédé.
▌ SIN ocurrir, advenir, acaecer, acontecer arriver; pasar se passer; sobrevenir survenir.

sucedido *m* FAM évènement (suceso).

sucesión *f* succession, suite (serie); una sucesión de desgracias une succession de malheurs ‖ DR succession; sucesión intestada, testada succession légale o ab intestat, testamentaire ‖ MAT suite; sucesión convergente suite convergente ‖ derechos de sucesión droits de succession, successibilité, droits successifs.

sucesivamente *adv* successivement ‖ y así sucesivamente et ainsi de suite.

sucesivo, va *adj* successif, ive ■ en días sucesivos dans les jours qui viennent, prochainement ‖ en lo sucesivo à l'avenir, désormais, dorénavant (de aquí adelante), par la suite (después).

suceso *m* [▷ SIN] événement (acontecimiento) ‖ fait divers (en los periódicos) ‖ succès (éxito) ‖ en el lugar del suceso sur le lieu de l'accident (accidente), sur le lieu du sinistre (siniestro).

▌ OBSERV Suceso est un gallicisme dans le sens de succès.
▌ SIN acontecimiento, acaecimiento évènement; hecho fait; episodio épisode; incidente incident.

sucesor, ra *adj* qui succède.
◇ *m & f* successeur (sin femenino).

sucesorio, ria *adj* DR successoral, e ‖ comunidad sucesoria communauté d'héritiers.

súchil *m* (Amer) frangipanier (árbol).

suciamente *adv* salement.

suciedad *f* saleté.

▌ SIN basura saleté; roña, mugre crasse; inmundicia immondice; FAM cochambre cochonnerie.

sucintamente *adv* succinctement.

sucinto, ta *adj* succinct, e (breve); relato sucinto, respuesta sucinta récit succinct, réponse succincte.

sucio, cia *adj* sale; **un trapo sucio** un chiffon sale; **un blanco sucio** un blanc sale ‖ FIG sale ‖ salissant, e; **un trabajo sucio** un travail salissant ■ FIG & FAM **estar más sucio que el palo de un gallinero** être sale comme un peigne ‖ **lengua sucia** langue sale o chargée.
➤ **sucio** *adv* malhonnêtement ‖ **jugar sucio** ne pas être fair-play.

sucre *m* sucre [unité monétaire de l'Équateur].

sucrense *adj* & *s* de Sucre [Venezuela] ‖ de Sucre [Bolivie].

sucreño, ña *adj* & *s* de Sucre [Bolivie].

súcubo *m* succube (demonio).

sucucho *m* (*Amer*) réduit, galetas (cuchitril).

suculencia *f* succulence.

suculentamente *adv* de façon succulente, merveilleusement bien; **hemos comido suculentamente** nous avons merveilleusement bien mangé.

suculento, ta *adj* succulent, e.

sucumbir *v intr* succomber ‖ FIG succomber; **sucumbir a la tentación** succomber à la tentation ‖ DR perdre son procès, être condamné.

sucursal *adj* & *s f* succursale.
  ‖ SIN filial filiale; anejo annexe; agencia agence; rama branche.

sud *m* (*Amer*) sud (sur).

sudaca *m* & *f* FAM latino (sudamericano).

sudación *f* sudation.

sudadera *f* **le ha entrado una sudadera** il a pris une suée (sudor) ‖ sweat-shirt *m* (sudor).

sudadero *m* étuve *f* sudatoire (para baños de vapor) ‖ tapis de selle (debajo de la silla de montar).

sudado, da *adj* trempé de sueur; **camisa sudada** chemise trempée de sueur.

Sudáfrica *n pr* GEOGR Afrique du Sud.

sudafricano, na *adj* & *s* sud-africain, e.

Sudamérica *n pr f* GEOGR Amérique du Sud.

sudamericano, na *adj* & *s* sud-américain, e.

Sudán *n pr m* GEOGR (el) Sudán le Soudan.

sudanés, esa *adj* & *s* soudanais, e; soudanien, enne (del Sudán).
  ‖ OBSERV pl sudaneses, sudanesas.

sudar *v intr* (▷ SIN) transpirer, suer ‖ FIG suer, suinter (una cosa) ‖ suer (trabajar); **sudar a todo sudar** suer sang et eau ■ **estar sudando** être en sueur ‖ FAM **sudar a chorros** o **a mares** être en nage, suer à grosses gouttes.
◇ *v tr* suer ‖ FAM **sudar la gota gorda** o **el quilo** o **tinta** suer à grosses gouttes (transpirar mucho), suer sang et eau (para hacer un trabajo).
  ‖ OBSERV La palabra francesa suer es mucho más familiar que su sinónimo transpirer.
  SIN transpirar transpirer; exudar exuder; trasudar transsuder.

sudario *m* suaire, linceul ‖ **el Santo Sudario** le saint suaire.

sudatorio, ria *adj* sudatoire.

sudestada *f* (*Amer*) vent *m* du sud-est [accompagné de pluies persistantes].

sudeste *m* sud-est ‖ MAR suroît (viento que sopla del sudeste).

Sudetes *n pr m pl* GEOGR **los montes de los Sudetes** les monts des Sudètes.

sudista *adj* & *s* HIST sudiste.

sudoeste *m* sud-ouest.

sudón, ona *adj* (*Amer*) qui sue beaucoup.

sudor *m* sueur *f*, transpiration *f* ‖ FIG suintement (rezumadura) ■ FAM **costarle a uno muchos sudores** demander bien des efforts ‖ **chorrear sudor** ruisseler de sueur ‖ **estar bañado** o **empapado en sudor** être tout en sueur o ruisselant de sueur o en nage o en eau o trempé ‖ **tener la frente cubierta** o **perlada de sudor** o **de gotas de sudor** avoir le front perlé de sueur ‖ **y ganarás el pan con el sudor de tu frente** tu gagneras ton pain à la sueur de ton front.

sudorífero, ra *adj* sudorifère, sudoripare.

sudorífico, ca *adj* & *s m* MED sudorifique.

sudoríparo, ra *adj* ANAT sudoripare.

sudoroso, sa *adj* qui sue beaucoup ‖ en sueur, trempé de sueur (bañado en sudor).

sudsudeste *m* sud-sud-est.

sudsudoeste *m* sud-sud-ouest.

sudueste *m* MAR sud-ouest.

suecia *f* suède *m* (piel).

Suecia *n pr f* GEOGR Suède.

sueco, ca *adj* & *s* suédois, e ‖ FIG & FAM **hacerse el sueco** faire le sourd, faire la sourde oreille.
➤ **sueco** *m* LING suédois.

suegra *f* belle-mère.
  ‖ OBSERV Le mot espagnol suegra signifie mère du conjoint; au sens de femme du père, belle-mère se dit en espagnol madrastra.

suegro *m* beau-père.
➤ **suegros** *m pl* beaux-parents (suegro y suegra).
  ‖ OBSERV Le mot espagnol suegro signifie père du conjoint; au sens de mari de la mère, beau-père se dit en espagnol padrastro.

suela *f* semelle ‖ cuir *m* à semelles (cuero) ‖ procédé *m* (del taco de billar) ‖ FAM semelle, carne, corne (carne) ■ **de siete suelas** fieffé (una persona), sacré (una cosa o una persona); **un pícaro de siete suelas** un fieffé coquin ■ **echar medias suelas** ressemeler ‖ FIG **no llegarle a uno a la suela del zapato** ne pas arriver à la cheville de quelqu'un.

suelazo *m* FAM (*Amer*) bûche (caída); **dar un suelazo** ramasser une bûche.

sueldo *m* salaire (salario mensual); **sueldo a convenir** salaire à débattre ‖ traitement (de un funcionario) ‖ appointements *pl* (de un empleado) ‖ gages *pl* (de un criado) ‖ (ant) sou, sol (moneda) ■ **a sueldo** moyennant salaire; **hacer algo a sueldo** faire quelque chose moyennant salaire; appointé (empleado), à gages (asesino) ‖ **estar a sueldo** être salarié ‖ **estar a sueldo de** être à la solde de ‖ **sueldo base** salaire de base ‖ **sueldo de hambre** salaire de misère.

suelo *m* sol; **suelo fértil** sol fertile ‖ terre *f*; **los niños estaban jugando en el suelo** les enfants jouaient par terre; **caerse al suelo** tomber par terre ‖ sol, plancher (piso de una casa), parquet (de madera) ‖ fond (de un recipiente) ‖ plancher (de un automóvil) ‖ FIG sol; **suelo natal** sol natal ■ FIG **arrastrar a uno por los suelos** traîner quelqu'un dans la boue ‖ **arrastrarse por el suelo** se traîner par terre (ir por el suelo), ramper (humillarse) ‖ FIG **besar el suelo** s'étaler, se casser la figure ‖ **echarse por los suelos** se traîner dans la boue ‖ **dar con los huesos en el suelo** se flanquer par terre, prendre un billet de parterre; **¡del suelo no pasa!** ça ne tombera pas plus bas (algo caído) ‖ **en el santo suelo** à même le sol, par terre ‖ **estar por los suelos** être tombé bien bas (persona), être très bas (precio), être très bon marché (cosa) ‖ **medir el suelo, dar consigo en el suelo** tomber de tout son long, s'étaler, prendre un billet de parterre, ramasser une pelle ‖ **poner por los suelos** traîner dans la boue ‖ **venirse al suelo** s'effondrer, s'écrouler.

suelta *f* lâchage *m* ‖ lâcher *m* (de palomas, globos, etc.) ‖ élargissement *m*, mise en liberté, libération (de un preso) ‖ entrave (traba del caballo) ‖ attelage *m* de réserve (bueyes) ‖ halte, repos *m* (descanso) ‖ **dar suelta** mettre en liberté, relâcher, libérer (dar libertad).

sueltamente *adv* souplement (con agilidad) ‖ spontanément (con espontaneidad).

suelto, ta *adj* libre, en liberté (libre) ‖ FIG souple; **movimientos sueltos** mouvements souples ‖ agile, leste (ágil) ‖ décontracté, e; désinvolte, très à l'aise (desembarazado) ‖ déluré, e; hardi, e (atrevido) ‖ coulant, e; aisé, e (conversación, estilo) ‖ dépareillé, e (solo); **muebles sueltos** meubles dépareillés ‖ isolé, e (aislado); **esos son hechos sueltos** ce sont des faits isolés; **frases, palabras sueltas** phrases isolées, mots isolés ‖ sans consistance, qui n'a pas pris (poco compacto); **la mayonesa está suelta** la mayonnaise est sans consistance o n'a pas pris ‖ qui n'est pas ajusté, e; **un traje suelto en la cintura** une robe qui n'est pas ajustée à la taille ‖ en monnaie; **un duro suelto** un douro en monnaie ‖ à l'unité; **vender cigarrillos sueltos** vendre des cigarettes à l'unité ‖ relâché, e (vientre) ‖ blanc (verso) ■ **cabo suelto** question en suspens, affaire non réglée ‖ **dinero suelto** petite monnaie ‖ **hojas sueltas** feuilles mobiles o volantes ‖ **pelo suelto** cheveux flottants o défaits o épars o tombant sur le dos ‖ **piezas sueltas** pièces détachées ■ FIG **estar muy suelto** se débrouiller; **ya está muy suelto en inglés** il se débrouille déjà bien en anglais ‖ **ser suelto de manos** avoir la main leste ‖ **tener la lengua muy suelta** avoir la langue bien pendue.
➤ **suelto** *m* monnaie *f*; **no tengo suelto** je n'ai pas de monnaie ‖ entrefilet (de periódico).

sueño *m* sommeil; **sueño pesado, de plomo** sommeil lourd, de plomb; **tener mucho sueño** avoir très o grand sommeil ‖ somme (de corta duración); **echar** o **echarse un sueño** faire un somme ‖ rêve, songe (p us); **anoche tuve un sueño horrible** cette nuit j'ai fait un rêve affreux ‖ (▷ SIN) FIG rêve, songe (ilusión) ■ **el sueño de una noche de verano** le songe d'une nuit d'été ‖ MED **enfermedad del sueño** maladie du sommeil ‖ **en sueños** en rêve, en songe (p us) ‖ **entre sueños** à moitié endormi; **está entre sueños** il est à moitié endormi ‖ **la clave de los sueños** la clef des songes ‖ **mi sueño dorado** le rêve de ma vie, mon rêve ‖ **ni por sueños** jamais de la vie, il n'en est pas question ‖ **sueño eterno** sommeil o repos éternel ■ **caerse de sueño** tomber de sommeil ‖ **coger el sueño** s'endormir ‖ **conciliar el sueño** trouver le sommeil ‖ **dar**

sueño endormir; este discurso da sueño ce discours endort ‖ FAM descabezar un sueño faire o piquer un somme ‖ dormir el sueño de los justos dormir le sommeil du juste ‖ ¡es un sueño! c'est un rêve! ‖ la vida es sueño la vie est un songe ‖ quitar el sueño empêcher de dormir, faire perdre le sommeil.

‖ SIN pesadilla cauchemar; ensueño rêve.

suero m petit-lait (de la leche) ‖ BIOL & MED sérum; suero fisiológico sérum physiologique ‖ suero lácteo sérum de lait ‖ vacuna con suero sérovaccination.

sueroterapia f MED sérothérapie.

suerte f [▷ SIN] sort m, destin m; así lo ha querido la suerte le sort en a décidé ainsi ‖ chance (buena o mala fortuna); tener suerte avoir de la chance; tener mala suerte ne pas avoir de chance; ¡qué suerte la mía! quelle chance j'ai! ‖ sort m (futuro, condición); mejorar su suerte améliorer son sort ‖ tirage m au sort (elección); elegir por suerte désigner par tirage au sort ‖ sorte, genre m; de toda suerte de toutes sortes ‖ qualité (calidad); primera suerte première qualité ‖ tour m (de prestidigitador) ‖ champ m, parcelle (terreno) ‖ TAUROM "suerte" (tercio); suerte de banderillas "suerte" de banderilles ‖ (Amer) billet m de loterie (billete de lotería) ■ ¡buena suerte!, ¡suerte! bonne chance! ‖ con o de (buena) suerte chanceux, euse; verni, e FAM ‖ de suerte que en sorte que (objeto); haz de suerte que venga fais en sorte qu'il vienne ‖ de tal suerte que de telle sorte que (consecuencia); cayó de tal suerte que se hirió il tomba de telle sorte qu'il se blessa ‖ golpe de suerte coup de chance ‖ mala suerte malchance ‖ ¡mala suerte! manque de chance! ‖ por suerte heureusement, par bonheur (felizmente) ‖ FAM ¡qué suerte negra!, ¡suerte perra! quelle poisse!, quelle déveine!, quelle guigne! ■ caerle o tocarle a uno en suerte échoir à quelqu'un (tocarle a uno), avoir la chance de; me ha caído en suerte nacer rico j'ai eu la chance de naître riche ‖ cambia la suerte la chance tourne, le sort change ‖ dar (buena) suerte porter chance, porter bonheur ‖ dar o traer mala suerte porter malheur ‖ echar suertes tirer au sort ‖ entrar en suerte participer à un tirage au sort ‖ la suerte es ciega la fortune est aveugle ‖ la suerte está echada le sort en est jeté ‖ poner en suerte (el toro) placer (le taureau) ‖ tener una suerte loca o de mil demonios avoir une veine de pendu o de tous les diables ‖ tentar la suerte tenter o courir sa chance ‖ tocarle a uno la suerte être désigné par le sort; le tocó la suerte il a été désigné par le sort.

‖ SIN estrella étoile; fortuna fortune; hado, sino sort.

suertero, ra adj (Amer) chanceux, euse.
➤ **suertero** m (Amer) marchand de billets de loterie.

suertudo, da adj FAM veinard, e; verni, e [chance].

sueste m sud-est (sudeste) ‖ suroît (sombrero).

suéter m sweater, chandail.

Suetonio n pr Suétone.

Suez n pr GEOGR el canal de Suez le canal de Suez.

sufete m suffète (magistrado supremo de Cartago y de otras repúblicas fenicias).

suficiencia f capacité, aptitude (capacidad) ‖ FIG suffisance (presunción) ‖ aire de suficiencia air suffisant.

suficiente adj suffisant, e (bastante) ‖ FIG suffisant, e (engreído) ‖ capable (capaz); Juan es suficiente para hacer esto Jean est capable de faire cela ■ lo suficiente ce qu'il faut, suffisamment; gana lo suficiente para vivir il gagne suffisamment pour vivre ‖ ser suficiente suffire.

suficientemente adv suffisamment.

sufijo, ja adj & s m GRAM suffixe.

sufra f dossière (arreo).

sufragáneo, a adj & s m suffragant, e; obispo sufragáneo évêque suffragant.

sufragar [16] v tr aider (ayudar) ‖ payer, supporter (pagar); sufragar los gastos de un pleito supporter les frais d'un procès ‖ financer; sufragar un proyecto financer un projet.
⟳ v intr (Amer) voter; sufragar por uno voter pour quelqu'un.

sufragio m suffrage; elección por sufragio universal, restringido élection au suffrage universel, restreint ‖ RELIG repos; misa en sufragio del alma de messe pour le repos de l'âme.

sufragismo m droit de vote pour la femme.

sufragista f suffragette.

sufrelotodo m souffre-douleur.

sufrido, da adj [▷ SIN] patient, e; endurant, e (paciente) ‖ non salissant, e (color) ‖ résigné, e (que se conforma con todo) ‖ FIG & FAM complaisant (marido) ‖ FIG un color poco sufrido une couleur salissante.

‖ SIN paciente, pacienzudo patient; tolerante tolérant; calmoso calme; resignado résigné.

sufridor, ra adj patient, e.

sufrimiento m souffrance f (dolor) ‖ patience f, résignation f (conformidad).

sufrir v tr souffrir de (padecer); sufrir hambre souffrir de la faim ‖ subir, passer; sufrir un examen subir un examen ‖ avoir; ha sufrido un grave accidente il a eu un grave accident; sufrir una multa avoir une amende ‖ subir, essuyer; sufrir una derrota, un tiroteo essuyer une défaite, des coups de feux; sufrir reveses de fortuna, un fracaso subir des revers de fortune, essuyer un échec ‖ supporter; sufrir las consecuencias de supporter les conséquences de ‖ éprouver; sufrir una decepción éprouver une déception ‖ tolérer, permettre (permitir); no sufriré insolencias tuyas je ne tolérerai pas ces insolences de ta part ■ he tenido que sufrir una verdadera pesadilla cela a été pour moi un véritable cauchemar ‖ FAM no poder sufrir a uno ne pas pouvoir sentir o souffrir quelqu'un ‖ FIG sufrir su calvario porter sa croix.
⟳ v intr souffrir; sufrir del estómago souffrir de l'estomac; en esta vida hay que sufrir mucho on doit souffrir beaucoup ici-bas ‖ FAM sufrir como un condenado souffrir le martyre.

sufusión f MED suffusion ‖ cataracte (enfermedad de los ojos).

sugerencia f suggestion ‖ proposition; hacer una sugerencia a la asamblea faire une proposition à l'assemblée.

sugerente; sugeridor, ra adj suggestif, ive.

sugerir [27] v tr suggérer; le sugerí que hablara je lui ai suggéré de parler.

sugestión f suggestion; sugestión hipnótica suggestion hypnotique.

sugestionable adj influençable.

sugestionar v tr suggestionner.

sugestivo, va adj suggestif, ive ‖ lo sugestivo ce qui est suggestif, la suggestivité.

suiche m (Amer) interrupteur.

suicida m & f suicidé, e ‖ FAM casse-cou (persona que arrostra grandes peligros).
⟳ adj suicidaire, suicide.

suicidarse v pr se suicider.

suicidio m suicide.

suidos m pl ZOOL suidés (porcinos).

sui generis [sui'xeneris] loc adj sui generis.

suimanga m ZOOL souïmanga, suï-manga.

suindá m (Amer) chouette f (ave).

suite f suite, appartement m (en un hotel) ‖ MÚS suite.

Suiza n pr f GEOGR Suisse.

suizo, za adj suisse inv, de la Suisse.
⟳ m & f Suisse, Suissesse (persona).
➤ **suizo** m petit pain au lait, petite brioche f (bollo).

‖ OBSERV El femenino es suisse cuando se trata de cosas y Suissesse si son personas.

sujeción f assujettissement m (acción de sujetar) ‖ sujétion, contrainte (dependencia, obligación) ‖ obligation; odia las sujeciones il déteste les obligations ‖ lien m, attache, fixation (ligadura) ■ TECN elementos de sujeción de una armazón éléments de fixation d'une charpente ‖ sujeción con grapas agrafage.

sujetador, ra adj assujettissant, e.
➤ **sujetador** m soutien-gorge (prenda femenina) ‖ attache f (de papeles).

sujetalibros m inv serre-livres.

sujetapapeles m inv presse-papier (pisapapeles) ‖ pince f à dessin (pinzas para sujetar papeles), attache f (clip).

sujetar v tr fixer (fijar); el cuadro está sujeto por un clavo le tableau est fixé par un clou ‖ attacher; sujeta su corbata con un alfiler il attache sa cravate avec une épingle ‖ tenir; sujétame este libro un momento tiens-moi ce livre un instant ‖ tenir, retenir; dos guardias le sujetaban y le impedían seguir la lucha deux agents le retenaient et l'empêchaient de continuer à se battre ‖ retenir; unos tirantes muy bonitos le sujetan la falda de très jolies bretelles retiennent sa jupe ‖ FIG assujettir, soumettre (someter) ‖ maîtriser (dominar) ‖ astreindre (obligar) ‖ plaquer (rugby) ‖ sujetar con grapas agrafer (papeles).
➤ **sujetarse** v pr s'assujettir ‖ se tenir, s'accrocher; para no caer me sujeté a las ramas de un árbol pour ne pas tomber, je me suis tenu aux branches d'un arbre ‖ tenir; sin tirantes este pantalón no se sujeta sans bretelles ce pantalon ne tient pas.

sujeto, ta adj sujet, ette (propenso) ‖ exposé, e à; soumis, e à (expuesto); país sujeto a epidemias pays exposé aux épidémies ‖ soumis, e; assujetti, e; passible; sujeto a derechos arancelarios soumis aux o passible de droits de douane ■ estar sujeto a ciertas condiciones requérir certaines conditions ‖ estar sujeto por muchas obligaciones être lié par de nombreuses obligations ‖ tener a alguien muy sujeto ne laisser aucune liberté à quelqu'un.

➤ **sujeto** *m* sujet (tema) ‖ sujet; sujeto de derecho sujet de droit ‖ sujet, individu (persona); un mal sujeto un mauvais sujet; un sujeto peligroso un individu dangereux ‖ GRAM & FILOS sujet ‖ ZOOL & BOT sujet.

sulco *m* salière *f* (del caballo).

sulfamida *f* MED sulfamide *m*.

sulfatación *f* sulfatation.

sulfatado, da *adj* QUÍM sulfaté, e.
➤ **sulfatado** *m* sulfatage.

sulfatador, ra *adj* qui sulfate.
◇ *m & f* pulvérisateur *m* (máquina).

sulfatar *v tr* sulfater.

sulfato *m* QUÍM sulfate.

sulfhídrico *adj* QUÍM sulfhydrique ‖ ácido sulfhídrico hydrogène sulfuré.

sulfitado *m* TECN sulfitage.

sulfito *m* QUÍM sulfite.

sulfocarbonato *m* sulfocarbonate.

sulfocarbónico, ca *adj* sulfocarbonique.

sulfonación *f* QUÍM sulfonation.

sulfonal *m* QUÍM sulfonal.

sulfonato *m* sulfonate.

sulfosal *f* QUÍM sulfosel *m*.

sulfovínico, ca *adj* sulfovinique.

sulfuración *f* sulfuration ‖ FIG ¡qué sulfuración! quelle contrariété!

sulfurado, da *adj* sulfuré, e.
➤ **sulfurado** *m* AGRIC sulfurage.

sulfurar *v tr* QUÍM sulfurer ‖ FIG fâcher, mettre en colère o hors de soi (irritar).
➤ **sulfurarse** *v pr* FIG se fâcher, s'emballer, monter sur ses grands chevaux, se monter; no se sulfure ne vous emballez pas.

sulfúreo, a *adj* QUÍM sulfureux, euse (sulfuroso).

sulfúrico, ca *adj* QUÍM sulfurique ‖ ácido sulfúrico acide sulfurique, hydrogène sulfuré.

sulfurizar [13] *v tr* sulfuriser.

sulfuro *m* QUÍM sulfure.

sulfuroso, sa *adj* QUÍM sulfureux, euse.

sulky *m* sulky (coche).

Sulpicio *n pr* Sulpice.

sultán *m* sultan.

sultana *f* sultane.

sultanato *m*; **sultanía** *f* sultanat *m*.

sultánico, ca *adj* de sultan.

suma *f* somme; la suma de 3 y 4 es 7 la somme de 3 plus 4 égale 7 ‖ [▷ SIN] addition; hacer una suma faire une addition ‖ somme (recopilación) ■ en suma en somme, somme toute ‖ suma anterior report ‖ suma teológica somme théologique ‖ COM suma y sigue à reporter.

▐ SIN total total; adición addition.

sumaca *f* (*Amer*) petit bateau *m* de cabotage.

sumador *m* INFORM additionneur.

sumamente *adv* extrêmement, au plus haut point.

sumando *m* MAT terme d'une addition.

sumar *v tr* MAT additionner ‖ abréger, résumer (abreviar) ‖ ajouter (añadir) ‖ totaliser, réunir; tres países que suman cien millones de habitantes trois pays qui réunissent cent millions d'habitants ‖ máquina de sumar additionneuse.
◇ *v intr* monter à, s'élever à, faire au total (ascender a); suma cien pesetas cela fait au total cent pesetas ‖ suma y sigue à reporter (en una cuenta), j'en passe et des meilleures (en una conversación).
➤ **sumarse** *v pr* FIG se joindre; sumarse a una conversación, a una manifestación se joindre à une conversation, à une manifestation ‖ se rallier à (adherirse) ‖ s'ajouter (añadirse).

sumaria *f* DR procédure ‖ instruction d'un procès ‖ instruir sumaria instruire un procès.

sumarial *adj* DR procédurier, ère ‖ de l'instruction.

sumariamente *adv* sommairement.

sumariar *v tr* DR citer en justice, intenter un procès à ‖ instruire un procès.

sumario, ria *adj* sommaire; justicia sumaria justice sommaire.
➤ **sumario** *m* sommaire ‖ DR instruction *f* judiciaire ■ el secreto del sumario le secret de l'instruction ‖ DR nuevas diligencias en el sumario supplément d'enquête.

sumarísimo, ma *adj* DR très sommaire.

Sumatra *n pr* GEOGR Sumatra.

sumergible *adj* submersible.
◇ *m* submersible, sous-marin.

sumergimiento *m* submersion *f*.

sumergir [15] *v tr* submerger ‖ FIG plonger (hundir) ■ FIG estar sumergido entre la muchedumbre être noyé dans la multitude ‖ un submarino sumergido un sous-marin en plongée.
➤ **sumergirse** *v pr* plonger.

sumerio, ria *adj & s* sumérien, enne.
➤ **sumerio** *m* LING sumérien.

sumersión *f* submersion.

sumidero *m* bouche *f* d'égout (alcantarilla) ‖ puisard (pozo negro).

sumiller; sommelier *m* (ant) sommelier ‖ sommelier (botillero).
▐ OBSERV pl sumillers; sommeliers.

sumillería *f* (ant) sommellerie.

suministrador, ra *adj* qui fournit.
◇ *m & f* fournisseur (sin femenino), pourvoyeur, euse (proveedor).

suministrar *v tr* fournir (proveer); suministrar una información fournir un renseignement.

▐ SIN aprovisionar, abastecer approvisionner; proveer pourvoir; avituallar ravitailler; surtir fournir.

suministro *m* fourniture *f* ‖ livraison *f*; suministro a domicilio livraison à domicile ‖ distribution *f* (de agua, aire, etc.) ‖ approvisionnement; servicio de suministro service d'approvisionnement.

➤ **suministros** *m pl* MIL vivres (víveres).

sumir *v tr* enfoncer (hundir) ‖ plonger (en el agua) ‖ ECLES consommer (consumir) ‖ FIG plonger; sumido en sus pensamientos plongé dans ses pensées.
➤ **sumirse** *v pr* s'enfoncer ‖ se creuser (las mejillas, el pecho) ‖ FIG se plonger, s'abîmer (en los pensamientos) ‖ se plonger (en el sueño).

sumisamente *adv* avec soumission, humblement.

sumisión *f* soumission.

sumiso, sa *adj* soumis, e; sumiso a las leyes soumis aux lois.

súmmum *m* summum ‖ ser el súmmum être ce qu'il y a de mieux.

sumo, ma *adj* suprême, extrême; hombre de suma bondad homme d'une extrême bonté ‖ FIG suprême, énorme; suma necedad sottise énorme ■ a lo sumo tout au plus, au maximum ‖ de sumo pleinement, entièrement ‖ en sumo grado au plus haut degré, à l'extrême ■ Sumo Pontífice souverain pontife ‖ sumo sacerdote grand-prêtre.

súmula *f* principes *m pl*, éléments *m pl* [de la logique].

suna ➤ **sunna**.

suní *adj & s* sunnite (musulmán ortodoxo).
▐ OBSERV pl suníes.

sunlight *m* CINEM sunlight (foco potente).
▐ OBSERV pl sunlights.

sunna; suna *f* sunna (ley mahometana).

sunnita *adj & s* sunnite (musulmán).

suntuario, ria *adj* somptuaire.

suntuosamente *adv* somptueusement.

suntuosidad *f* somptuosité.

suntuoso, sa *adj* somptueux, euse.

supedáneo *m* support.

supeditación *f* subordination (dependencia).

supeditar *v tr* opprimer, assujettir (sujetar) ‖ FIG subordonner (subordinar); mi viaje está supeditado a la decisión de mis padres mon voyage est subordonné à la décision de mes parents ‖ soumettre, faire dépendre de (someter) ‖ estar supeditado a dépendre de; no estoy supeditado a nadie je ne dépends de personne.
➤ **supeditarse** *v pr* se soumettre.

súper *f* super *m* (gasolina).

superable *adj* surmontable (fácil de vencer) ‖ surpassable (fácil de superar).

superabundancia *f* surabondance.

superabundante *adj* surabondant, e.

superabundar *v intr* surabonder.

superación *f* dépassement *m* ‖ franchissement *m* (de un obstáculo) ‖ FIG résolution; superación de una dificultad résolution d'une difficulté.

superactividad *f* suractivité.

superafinación *f* suraffinage *m*.

superalimentación *f* suralimentation.

superalimentar *v tr* suralimenter.

superar *v tr* [▷ SIN] surpasser, dépasser (exceder) ‖ dépasser; la época del colonialismo está superada l'époque du colonialisme est dépassée ‖ FIG surmonter, résoudre (una dificultad).

superarse *v pr* se dépasser, se surpasser; en la vida hay que intentar siempre superarse dans la vie il faut toujours essayer de se surpasser.

| SIN aventajar, ganar surpasser; rebasar, exceder, sobrepasar dépasser; dominar dominer.

superávit *m inv* COM excédent.

superbombardero *adj & s m* superbombardier.

supercapitalización *f* surcapitalisation.

supercarburante *m* supercarburant.

supercemento *m* superciment.

superchería *f* supercherie.

superciliar *adj* ANAT sourcilier, ère.

supercompresión *f* surcompression | motor con supercompresión moteur surcomprimé.

supercomprimir *v tr* surcomprimer.

superconducción *f* ELECTR supraconduction.

superconductividad *f* ELECTR supraconductivité.

superconductor *m* FÍS supraconducteur.

supercostal *adj* ANAT surcostal, e.

superdirecta *f* surmultipliée (caja de cambios).

superdominante *f* MÚS sus-dominante.

superdotado, da *adj* surdoué, e.

super ego *m* FILOS sur-moi.

supereminencia *f* prééminence (superioridad).

supereminente *adj* suréminent, e; prééminent, e.

supererogación *f* surérogation.

supererogatorio, ria *adj* surérogatoire.

superestructura *f* ARQ & MAR superstructure.

superfetación *f* BIOL superfétation.

superficial *adj* superficiel, elle.

superficialidad *f* manque *m* de profondeur | ¡es de una superficialidad! il est d'un superficiel!

superficialmente *adv* superficiellement.

superficie *f* surface; la superficie del agua la surface de l'eau | superficie (extensión); la superficie de una ciudad, de un piso la superficie d'une ville, d'un appartement | GEOM surface (área) ■ TECN pulido de una superficie surfaçage | salir a la superficie faire surface (un submarino) | AGRIC superficie aprovechable surface exploitable | superficie arrendada terrain affermé o cédé à bail | superficie de rodadura surface de roulement (carretera) | superficie de rozamiento surface de friction | superficie de trabajo plan de travail (en una cocina) | superficie sustentadora surface portante (en los aviones).

superfino, na *adj* surfin, e.

superfluamente *adv* de manière superflue.

superfluidad *f* superfluité.

superfluo, a *adj* superflu, e | lo superfluo le superflu.

superfortaleza *f* superforteresse (avión).

superfosfato *m* QUÍM superphosphate.

supergallo *adj & s m* DEP super-coq.

superheterodino, na *adj & s m* superhétérodyne (radio).

superhombre *m* surhomme.

superintendencia *f* surintendance.

superintendente, ta *m & f* surintendant, e.

superintensidad *f* ELECTR surintensité.

superior, ra *m & f* supérieur, e; obedecer a un superior obéir à un supérieur; la superiora del convento la supérieure du couvent.

superior *adj* supérieur, e; calidad superior qualité supérieure | la magistratura superior la haute magistrature.

Superior *n pr m* GEOGR el lago Superior le lac Supérieur.

superiorato *m* fonctions *f pl* de supérieur, de supérieure.

superioridad *f* supériorité | la superioridad l'autorité supérieure.

superiormente *adv* supérieurement.

superlativamente *adv* superlativement (ant), au plus haut point.

superlativo, va *adj & s m* superlatif, ive; terminación superlativa terminaison superlative | en grado superlativo au superlatif, au plus haut degré.

superligero *adj & s m* DEP superléger.

superman [super'man] *m* surhomme.

| OBSERV pl supermen.

supermercado *m* supermarché.

supermillonario, ria *adj* multimillionnaire.

superministro *m* superministre.

supernova *f* ASTRON supernova.

supernumerario, ria *adj & s* surnuméraire | en disponibilité | MIL situación de supernumerario sin sueldo congé sans solde, mise en disponibilité sans traitement.

súpero, ra *adj* BOT supère.

superorden *m* BIOL superordre.

superovariado, da; superovárico, ca *adj* BOT supérovarié, e.

superoxidación *f* QUÍM suroxydation.

superoxidar *v tr* suroxyder.

superoxigenado, da *adj* suroxygéné, e.

superpetrolero *m* superpétrolier, supertanker.

superpluma *adj & s m* DEP super-plume.

superpoblación *f* surpeuplement *m*, surpopulation.

superpoblado, da *adj* surpeuplé, e.

superponer [65] *v tr* superposer | FIG faire passer avant; superpone su interés personal a todo il fait passer avant tout son intérêt personnel.

superponerse *v pr* se superposer.

superponible *adj* superposable.

superposición *f* superposition.

superpotencia *f* superpuissance, supergrand *m*.

superpresión *f* TECN surpression.

superproducción *f* surproduction | CINEM superproduction (película).

superpuesto, ta *adj* superposé, e.

superrealismo *m* surréalisme (surrealismo).

superrealista *adj & s* surréaliste.

supersaturación *f* QUÍM sursaturation.

supersaturar *v tr* QUÍM sursaturer.

supersónico, ca *adj* supersonique; avión supersónico avion supersonique; onda supersónica onde supersonique.

superstición *f* superstition.

supersticiosamente *adv* superstitieusement.

supersticioso, sa *adj & s* supersticieux, euse.

supérstite *m* DR survivant, e.

supertensión *f* ELECTR surtension (sobretensión).

supervaloración *f* surestimation.

supervalorar; sobrevalorar *v tr* surestimer, surévaluer.

supervención *f* DR survenance.

supervenir [75] *v intr* survenir (sobrevenir).

supervisar *v tr* superviser.

supervisión *f* supervision.

supervisor, ra *adj & s* réviseur, euse; contrôleur, euse; inspecteur, trice.

supervivencia *f* survie (de seres vivos) | survivance (de pueblos, usos, etc.) | maintien *m*; la supervivencia del régimen le maintien du régime.

superviviente *adj & s* survivant, e.

supervivir *v intr* survivre (sobrevivir).

supervoltaje *m* ELECTR survoltage.

superwélter *adj & s m* DEP super-welter.

supinación *f* supination.

supinador *adj m & s m* ANAT supinateur.

supino, na *adj* couché sur le dos (boca arriba) | ignorancia supina ignorance crasse.

supino *m* GRAM supin.

súpito, ta *adj* (Amer) pantois, e (perplejo).

suplantación *f* supplantation.

suplantador, ra *m & f* imposteur.

suplantar *v tr* supplanter.

suplefaltas *m & f inv* suppléant, e.

suplementario, ria *adj* supplémentaire.

suplemento *m* supplément | suplemento dominical supplément du dimanche (periódico).

| SIN complemento complément; anexo annexe; apéndice appendice.

suplencia *f* suppléance.

suplente *adj & s* suppléant, e; juez suplente juge suppléant | remplaçant, e (deportes). ◇ *m* TEATR doublure *f*.

supletorio, ria *adj* supplémentaire; camas supletorias lits supplémentaires | DR supplétoire.

súplica *f* supplication (acción) | supplique (petición escrita) | requête; que el presidente escuche mi humilde súplica que le président écoute mon humble requête | prière; elevar a Dios una ferviente súplica élever vers Dieu une fervente prière ■ a súplica de sur la demande de | DR recurso de súplica appel.

suplicación *f* supplication | plaisir *m*, oublie (pastel) | DR appel *m* | a suplicación de sur la demande de.

suplicante *adj & s* suppliant, e.

suplicar [10] *v tr* supplier; le suplico que venga je vous supplie de venir; se lo suplico je vous en supplie | prier (rogar) | solliciter (en una solicitud) ‖ **DR** faire appel ■ **carta suplicada a** lettre aux bons soins de ‖ **suplicada aux bons soins** de M. X [lettre].

suplicatoria f; **suplicatorio** m **DR** commission f rogatoire.

suplicio m [▷ **SIN**] supplice ‖ **FIG** supplice, tourment (vivo dolor) ‖ **último suplicio** dernier supplice, peine capitale.
‖ **SIN** tormento tourment; tortura torture; martirio martyre; pena peine.

suplidor, ra adj & s suppléant, e.

suplir v tr suppléer (completar) ‖ suppléer (reemplazar); **suplir a un profesor** suppléer un professeur ‖ suppléer à (remediar); **suplir la falta de instrucción** suppléer au manque d'instruction ‖ remplacer; **súplanse los puntos suspensivos por los sufijos correspondientes** remplacez les points de suspension par les suffixes correspondants ‖ rattraper, excuser; **su buena voluntad suple sus fallos** sa bonne volonté excuse ses erreurs.

suponer [65] v tr supposer ‖ supposer, impliquer; **esta obra supone muchísimo trabajo** cet ouvrage implique un travail considérable ‖ **suponiendo que** en supposant que, si tant est que, supposé que.

suposición f supposition ‖ **DR** suposición de parto, de infante supposition de part, d'enfant.
‖ **SIN** supuesto supposition; hipótesis hypothèse; conjetura conjecture; presunción présomption.

supositorio m **MED** suppositoire.

supraconductividad f supraconduction.

supradicho, cha adj susdit, e.

suprahepático, ca adj **ANAT** sus-hépatique.

supramaxilar adj & s m **ANAT** sus-maxillaire.

supranacional adj supranational, e.

supranacionalidad f supranationalité.

suprarrealismo m surréalisme.

suprarrealista adj & s surréaliste.

suprarrenal adj **ANAT** surrénal, e.

suprasensible adj suprasensible.

supraspina f **ANAT** fosse sus-épineuse (omóplato).

supraterrestre adj supraterrestre.

suprema f conseil m suprême [de l'Inquisition] ‖ **CULIN** suprême m (manjar).

supremacía f suprématie.

supremo, ma adj suprême; **Tribunal Supremo** cour suprême ‖ **el Ser Supremo** l'Être Suprême.

supresión f suppression.

supreso, sa adj supprimé, e.

suprimir v tr supprimer.

supuesto, ta adj supposé, e (hipotético) ‖ imaginaire (fingido); **una supuesta enfermedad** une maladie imaginaire ‖ soi-disant, e; prétendu, e; **un supuesto pintor** un soi-disant peintre ■ **dar algo por supuesto** donner quelque chose pour acquis ‖ **por supuesto** naturellement, évidemment, certainement, bien entendu, bien sûr ‖ **supuesto que** vu que, étant donné que, puisque (ya que) ‖ **un nombre supuesto** un faux nom, un nom d'emprunt.
➡ **supuesto** m hypothèse f, supposition f

(hipótesis); **en este supuesto** dans cette hypothèse ‖ sousentendu (segunda intención) ‖ donnée f (dato); **carecemos de los más elementales supuestos** nous manquons des données les plus élémentaires ■ **en el supuesto de que** en supposant que, si tant est que, dans l'hypothèse que ‖ **MIL** supuesto táctico grandes manœuvres.

supuración f **MED** suppuration.

supurante adj suppurant, e.

supurar v intr **MED** suppurer.

suputación f supputation.

suputar v tr supputer.

sur m sud.

sura f surate (del Alcorán).

surá m surah (tela).

surafricano, na adj & s sud-africain, e.

suramericano, na adj & s sud-américain, e.

surata f surate (sura).

surcar [10] v tr sillonner (p us), tracer un sillon o des sillons dans (con el arado) ‖ **FIG** sillonner (los mares) ‖ fendre (hender el agua, el aire) ‖ sillonner; **frente surcada de arrugas** front sillonné de rides.

surco m **AGRIC** sillon; **hacer surcos en** tracer des sillons dans ‖ ride f (arruga) ‖ sillon (de un disco).

surcoreano, na adj & s sud-coréen, enne.

sureño, ña; **surero, ra** adj & s du sud, méridional, e.
➡ **sureño**; **surero** m vent du sud (viento).

sureste m sud-est.

surexprés adj & s m sud-express.

surf; **surfing** m surf.
‖ **OBSERV** pl surfs; surfings.

surgente adj jaillissant, e.

surgidero m **MAR** mouillage (fondeadero).

surgir [15] v intr surgir ‖ jaillir (agua) ‖ **MAR** mouiller (fondear) ‖ **FIG** apparaître, faire son apparition; **hace diez años que surgió este artista** il y a dix ans que cet artiste a fait son apparition ‖ apparaître, naître, surgir; **una polémica surgió a propósito de mi artículo** une polémique est apparue o est née o a surgi à propos de mon article.

suri m (Amer) nandou (ave).

suriano adj & s (Amer) originaire du Sud.

suricata f **ZOOL** suricate m.

surimbo, ba adj (Amer) idiot, e; niais, e.

Surinam n pr m **GEOGR** Surinam, Suriname.

suripanta f **FAM** figurante [de théâtre] ‖ gourgandine, femme de mauvaise vie.

surmenaje m surmenage (cansancio).

suroeste m sud-ouest.

surrealismo m surréalisme.

surrealista adj & s surréaliste.

sursuncorda m **FAM** le pape, le roi, etc. [autorité imaginaire]; **esto lo ha hecho el sursuncorda** c'est le pape qui l'a fait.

surtida f **MIL** sortie (de los sitiados) ‖ poterne (fortificación) ‖ **MAR** cale (en un puerto).

surtidero m bonde f (de un estanque) ‖ jet d'eau (chorro).

surtido, da adj **COM** assorti, e; **caramelos surtidos** bonbons assortis ‖ approvisionné, e; fourni, e; achalandé, e **FAM**; **una tienda**

bien surtida une boutique bien approvisionnée.
➡ **surtido** m assortiment (de objetos); **surtido de galletas** assortiment de gâteaux secs ‖ choix; **en esta tienda hay un gran surtido de corbatas** dans cette boutique, il y a un grand choix de cravates.
‖ **OBSERV** La traducción del adjetivo surtido por achalandé, en lugar de por approvisionné o fourni, es un barbarismo muy empleado.

surtidor, ra adj & s qui fournit, fournisseur (sin femenino).
➡ **surtidor** m pompe f à essence, distributeur d'essence (de gasolina) ‖ gicleur (del carburador de un automóvil) ‖ jet d'eau (chorro).
➡ **surtidores** m pl grandes eaux f; **los surtidores de Versalles** les grandes eaux de Versailles.

surtimiento m fourniture f (surtido).

surtir v tr fournir, pourvoir (proveer) ‖ assortir (colores) ‖ **COM** assortir ‖ **surtir efecto** avoir o faire de l'effet (medicamento), prendre effet (entrar en vigor).
◇ v intr jaillir (brotar) ‖ **MAR** mouiller.
➡ **surtirse** v pr se pourvoir, se fournir, s'approvisionner (abastecerse).

surto, ta adj **MAR** mouillé, e (fondeado).

surucucú m (Amer) surucucu (serpiente).

surumpe; **surupí** m (Amer) ophtalmie f des neiges.

survietnamita adj & s sud-vietnamien, enne.

¡sus! interj allons!, sus!

Susana n pr f Suzanne.

susceptibilidad f susceptibilité.

susceptible adj susceptible; **producto susceptible de mejora** produit susceptible d'amélioration ‖ [▷ **SIN**] susceptible (irritable).
‖ **SIN** irritable irritable; irascible irascible; puntilloso pointilleux; quisquilloso, picajoso chatouilleux.

suscitar v tr susciter.

suscribir; **subscribir** v tr souscrire (firmar); **suscribir un contrato** souscrire un contrat ‖ **FIG** approuver (asentir); **suscribo su conducta** j'approuve votre conduite ‖ abonner (abonar).
➡ **suscribirse** v pr s'abonner (abonarse); **suscribirse a una revista** s'abonner à une revue ‖ souscrire (obligarse a contribuir) ‖ se rallier (a una opinión) ■ **el que suscribe** je soussigné ‖ **me suscribo su atento y seguro servidor** veuillez accepter l'assurance de mes meilleurs sentiments.

suscripción; **subscripción** f souscription ‖ abonnement m (abono).

suscripto, ta; **subscripto, ta** adj souscrit, e.

suscriptor, ra; **subscriptor, ra** m & f souscripteur (sin femenino) ‖ abonné, e; **suscriptor de un diario** abonné à un journal.

suscrito, ta; **subscrito, ta** adj souscrit, e.

suso adv dessus, en haut.

susodicho, cha adj & s susdit, e; susnommé, e; nommé, e plus haut; précité, e.

suspender v tr suspendre (colgar); **suspender del techo** suspendre au plafond ‖ **FIG** suspendre (interrumpir); **suspender una sesión** suspendre une séance ‖ arrêter, suspendre, cesser; **suspender un trabajo** cesser un travail ‖ étonner, ébahir (admirar); **esto me tiene**

suspendido j'en suis tout ébahi|**suspendre** (a un empleado) | recaler FAM, refuser, ajourner (exámenes); **el profesor de matemáticas me ha suspendido** le professeur de mathématiques m'a recalé | **ser suspendido en un examen** échouer à un examen, être refusé o recalé FAM à un examen.

◆ **suspenderse** v pr se suspendre (colgarse) | se cabrer (caballo) | FIG être suspendu, e.

suspense m suspense (de una película, etc.).

suspensión f suspension | suspension, retrait m (de un permiso) | arrêt m, suspension; **suspensión de las pruebas nucleares** arrêt des essais nucléaires | levée; **suspensión de la inmunidad parlamentaria** levée de l'immunité parlementaire | cessation; **suspensión de pagos** cessation de paiements | suspense (eclesiástica) | MECÁN suspension; **suspensión (de) Cardán** suspension cardan, à la Cardan | QUÍM suspension.

suspensivo, va adj suspensif, ive | **puntos suspensivos** points de suspension.

suspenso, sa adj suspendu, e (colgado, diferido) | FIG étonné, e; ébahi, e (admirado) | refusé, e; ajourné, e; recalé, e FAM; collé, e FAM (exámenes) | **con el corazón en suspenso** le cœur serré | **en suspenso** en suspens.

◆ **suspenso** m ajournement | note f éliminatoire (nota en un examen); **me he llevado un suspenso en historia** j'ai eu une note éliminatoire en histoire | suspense (de una película, etc.) ■ **dar un suspenso** donner une note éliminatoire, refuser, recaler FAM | **tener un suspenso** être refusé o recalé FAM.

suspensores m pl (Amer) bretelles f (tirantes).

suspensorio adj m & s m ANAT & BOT suspenseur.

◇ m suspensoir (vendaje).

suspicacia f méfiance, défiance (desconfianza).

suspicaz adj méfiant, e.
❚ OBSERV pl suspicaces.

suspicazmente adv avec méfiance.

suspirado, da adj FIG désiré ardemment.

suspirar v intr soupirer; **suspirar por una cosa, por una persona** soupirer après o pour une chose, pour une personne.

suspiro m soupir; **dar un suspiro** pousser un soupir; **dar o exhalar el último suspiro** rendre le dernier soupir | MÚS soupir | sifflet de verre (pito) | BOT pensée f (trinitaria) | **suspiro de monja** pet-de-nonne (dulce).

sustancia f substance (materia) | FIG substance (lo esencial) ■ **en sustancia** en substance | FIG **hombre sin sustancia** o **de poca sustancia** homme quelconque, homme sans intérêt | **sin sustancia** quelconque, fade (insulso) | **sustancia gris** matière grise.
❚ OBSERV [▻ substance].

sustanciación f DR instruction.

sustancial adj substantiel, elle.

sustancialidad f substantialité.

sustancialismo m FILOS substantialisme.

sustancialista adj substantialiste.

sustancialmente adv substanciellement.

sustanciar [8] v tr abréger, résumer (compendiar) | DR instruire [un procès].

sustancioso, sa adj substantiel, elle.

sustantivación f GRAM substantivation.

sustantivar v tr GRAM substantiver.

sustantividad f qualité de substantif.

sustantivo, va adj & s m GRAM substantif, ive.

sustentación f; **sustentamiento** m sustentation | entretien m (de una familia) | support m, soutien m (base) | suspension (en retórica) | **plano de sustentación** plan de sustentation (de un avión).

sustentador, ra adj qui soutient | nourrissant, e (alimenticio) | **superficie sustentadora** surface portante (avión).

◆ **sustentador** m soutien.

sustentamiento ▻ **sustentación**.

sustentante adj qui soutient.
◇ m soutenant (de una tesis) | soutien, appui (apoyo) | MAR crochet.

sustentar v tr soutenir (sostener) | nourrir, sustenter (alimentar) | entretenir (mantener); **sustentar una familia** entretenir une famille | soutenir (una teoría) | AVIAC sustenter.

◆ **sustentarse** v pr se nourrir, se sustenter; **sustentarse con** se nourrir de.

sustento m subsistance f, nourriture f (alimento) | soutien (apoyo) | FAM **ganarse el sustento** gagner sa vie o sa croûte.

sustitución f substitution, remplacement m.

sustituible adj remplaçable, substituable.

sustituidor, ra adj & s qui remplace, qui substitue.

sustituir [51] v tr substituer, remplacer; **sustituyeron a Gómez por Salinas** on a substitué Salinas à Gómez, on a remplacé Gómez par Salinas | se substituer, remplacer; **la República sustituyó a la Monarquía** la république s'est substituée à la monarchie | mettre à la place de; **sustituir un olmo por un álamo** mettre un peuplier à la place d'un orme | doubler, remplacer (teatro); **sustituir a un actor** doubler un acteur.
❚ OBSERV [▻ substituer].

sustitutivo, va adj substitutif, ive.
◆ **sustitutivo** m substitut (sucedáneo).

sustituto, ta m & f substitut (sin femenino), remplaçant, e | suppléant, e; **el sustituto de un diputado** le suppléant d'un député | **sustituto general** substitut général.

susto m peur f; **dar un susto** faire peur ■ **llevarse un susto** avoir peur; **llevarse un susto mayúsculo** avoir une peur bleue | **no pasó del susto** il a eu plus de peur que de mal, il en a été quitte pour la peur | FIG & FAM **que da un susto al miedo** à faire peur (muy feo) | **¡qué susto me has dado!** tu m'as fait une de ces peurs! | **¡vaya un susto que me llevé ayer!** j'ai eu une de ces peurs hier!, ce que j'ai pu avoir peur hier!

sustracción f subtilisation, soustraction (robo) | MAT soustraction (resta).

sustraendo m MAT plus petite terme (en una resta).

sustraer [73] v tr soustraire, subtiliser (robar) | MAT soustraire.

◆ **sustraerse** v pr se soustraire; **sustraerse a o de** se soustraire à.

sustrato m substrat.

susurrante adj **con voz susurrante** en chuchotant.

susurrar v intr chuchoter, susurrer (p us) | FIG murmurer, chuchoter (el agua, el viento, etc.) | **se susurra que** on raconte que, on dit que, le bruit court que (dicen).

susurro m murmure, susurrement (p us).

susurrón, ona adj & s FAM médisant, e; murmurateur, trice (p us).

sutache; sutás m soutache f (galón).

sutil adj subtil, e (ingenioso) | fin, e; mince (tenue) | MAR léger, ère.

sutileza; sutilidad f subtilité (del ingenio) | subtilité (sofisma) | finesse (finura) | instinct m, flair m (de los animales).

sutilizar [13] v tr amincir (adelgazar) | FIG subtiliser, polir, raffiner (pulir).
◇ v intr subtiliser (discurrir).
❚ OBSERV Le verbe sutilizar n'a pas le sens de dérober adroitement.

sutilmente adv subtilement.

sutra m soûtra.

sutura f suture | **punto de sutura** point de suture.

suturar v tr suturer.

suyo, ya adj pos (colocado después del sustantivo) à lui, à elle, un de ses (de él, de ella), à eux, à elles, un de leurs (de ellos, de ellas), à vous, un de vos (de usted, de ustedes); **un hermano suyo** un de ses frères, un frère à lui; **otra tontería suya** encore une de ses bêtises | de lui, d'elle, etc. (refiriéndose a un autor); **esta frase es suya** cette phrase est de lui | à lui, à elle, etc. (característico); **tiene un estilo muy suyo** il a un style bien à lui | **suyo afectísimo** votre tout dévoué, bien à vous (en las cartas).

◆ **suyo** m lo suyo le sien; **a cada uno lo suyo** à chacun le sien ■ FIG **ir a lo suyo** ne s'intéresser o ne penser qu'à soi, ne s'occuper que de ses affaires | **los suyos** les siens, les vôtres (parientes) | FIG **llevarse o recibir lo suyo** en prendre pour son compte.

◆ **suya** f FIG **hacer de las suyas** faire des siennes | **salirse con la suya** arriver à ses fins, avoir o obtenir gain de cause (quedar vencedor), s'en tirer à bon compte (con suerte), n'en faire qu'à sa tête (obrar a su antojo) | **ver la suya** trouver l'occasion favorable.

◇ pron pos **el suyo, la suya** le sien, la sienne (de él, de ella), le leur, la leur (de ellos, de ellas), le vôtre, la vôtre (de usted, de ustedes) ■ **de suyo** de lui-même, d'elle-même, etc., par nature | FIG & FAM **¡ésta es la suya!** à vous de jouer!

svástica f svastika (cruz gamada).

SW (abrev de short wave) f SW.

SWAPO (abrev de South West African People's Organization) m Organisation f du peuple du Sud-Ouest Africain.

Swazilandia; Suazilandia n pr f GEOGR Swaziland m.

swing m swing (boxeo y jazz).

switch m commutateur [électrique].

Sydney; Sidney n pr GÉOGR Sydney.

syllabus m syllabus.

symposium ▻ **simposio**.

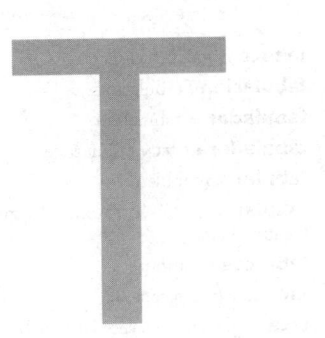

t; T *f t m.*

▌ **OBSERV** Le t espagnol a le même son que le t français. Les deux éléments du groupe ti [devant une voyelle] gardent leur valeur propre: le t de patio se prononce comme le t de tablas.

taba *f* astragale *m* (hueso).

➡ **tabas** *pl* osselets *m* (juego) ▌ **FIG & FAM** menear las tabas tricoter des jambes, marcher vite.

tabacal *m* plantation *f* de tabac.

tabacalero, ra *adj* du tabac.
◇ *m & f* planteur, euse de tabac (persona que cultiva tabaco) ▌ marchand, e de tabac (vendedor de tabaco) ▌ la Tabacalera la Régie espagnole des tabacs.

tabaco *m* tabac ▌ cigare (puro) ▌ cigarettes *f pl* (cigarrillos); compra tabaco achète des cigarettes ▌ carie *f* (enfermedad del árbol) ■ de color tabaco couleur tabac ▌ expendeduría de tabaco bureau de tabac ■ tabaco canario tabac des îles Canaries o canarien ▌ tabaco de mascar tabac à chiquer ▌ tabaco de pipa tabac à pipe ▌ tabaco en polvo o rapé tabac à priser ▌ tabaco holandés tabac hollandais ▌ tabaco negro tabac brun ▌ tabaco rubio tabac blond ■ tomar tabaco priser.

tabacoso, sa *adj* **FAM** qui prise beaucoup (que toma mucho rapé).

tabalada *f* **FAM** gifle (bofetada) ▌ chute violente sur le derrière.

tabalario *m* **FAM** derrière (asentaderas).

tabalear *v tr* balancer.
◇ *v intr* tambouriner (con los dedos).

tabanazo *m* **FAM** gifle *f*, baffe *f*.

tabanco *m* étal, éventaire (puesto de venta) ▌ (*Amer*) grenier, galetas, mansarde *f* (desván).

tabanera *f* endroit *m* plein de taons.

tábano *m* taon (insecto).

tabaque *m* corbeille *f* (cestillo) ▌ broquette *f* (clavo).

tabaqueada *f* (*Amer*) volée de coups.

tabaquera *f* tabatière (caja) ▌ fourneau *m* (de pipa) ▌ (*Amer*) blague à tabac (petaca).

tabaquería *f* bureau *m* de tabac (estanco) ▌ (*Amer*) manufacture de tabacs.

tabaquero, ra *adj* du tabac.
◇ *m & f* ouvrier, ère des manufactures de tabac (obrero) ▌ buraliste, marchand, e de tabac (estanquero).

tabaquismo *m* tabagisme.

tabaquista *m & f* priseur, euse (que toma rapé).

tabardete *m* **MED** fièvre *f* typhoïde.

tabardillo *m* **MED** fièvre *f* typhoïde (enfermedad) ▌ insolation *f* (insolación) ▌ **FIG & FAM** casse-pieds *inv*, crampon, plaie *f*; es un tabardillo quel casse-pieds!

tabardo *m* tabard, tabar (abrigo).

tabarra *f* **FAM** ennui *m*, chose assommante, scie ▌ **FAM** dar la tabarra casser les pieds, raser.

tabarrera *f* **FAM** ennui *m*, scie (tabarra) ▌ guêpier *m* (avispero).

tabarro *m* taon (tábano) ▌ guêpe *f* (avispa).

tabasco *m* **CULIN** tabasco.

tabasqueño, ña *adj & s* de Tabasco [Mexique].

tabelión *m* (p us) tabellion (escribano).

tabellar *v tr* plier, marquer [une pièce de tissu].

taberna *f* taverne, cabaret *m* (antiguamente), café *m*, bistrot *m* (hoy).

▌ **OBSERV** En la actualidad taverne designa ciertos restaurantes de gran categoría y cabaret se emplea sólo en el sentido de sala de fiestas.
SIN bodega cave; cantina buvette; bochinche boui-boui; tasca bistrot; tabernucha caboulot.

tabernáculo *m* tabernacle.

tabernario, ria *adj* de café ▌ **FIG** vulgaire, grossier, ère (grosero).

tabernero, ra *m & f* cabaretier, ère; tavernier, ère (antiguamente); patron, patronne de café (hoy).

tabernucha *f*; **tabernucho** *m* **FAM** bistrot *m*, caboulot *m*.

tabes *f inv* **MED** tabès *m* ▌ enfermo de tabes tabétique.

tabético, ca *adj* tabétique.

tabica *f* contremarche (de escalera).

tabicar [10] *v tr* cloisonner (cerrar con tabique) ▌ murer (tapiar una puerta, etc.) ▌ **FIG** boucher (tapar) ▌ esmalte tabicado émail cloisonné.

➡ **tabicarse** *v pr* se boucher; tabicarse las narices se boucher le nez.

tabique *m* cloison *f* (pared delgada) ▌ **ANAT** cloison *f*; tabique nasal cloison nasale ■ tabique de carga mur de refend ▌ tabique de panderete galandage ▌ tabique sordo double cloison.

tabla *f* planche (de madera) ▌ plaque (de otra materia) ▌ tablette (anaquel) ▌ table (de un diamante) ▌ pli *m* plat (de un vestido); falda con tablas jupe à plis plats ▌ bande (billar) ▌ table (índice de un libro) ▌ table, tableau *m* (lista, catálogo) ▌ panneau *m* d'affichage (para anuncios) ▌ plan *m* d'eau (en un río) ▌ étal *m* (mostrador de carnicería) ▌ plan *m* (de un cuadro) ▌ peinture sur bois, panneau *m* de bois peint (pintura) ▌ **AGRIC** planche, carré *m* ▌ **MAT** table; tabla de logaritmos table de logarithmes; tabla de multiplicar table de multiplication ■ **DEP** tabla a vela planche à voile ▌ **MÚS** tabla de armonía table d'harmonie ▌ tabla de cocina o de cortar planche à découper ▌ tabla de chilla volige ▌ **MAR** tabla de escantillones gabarit ▌ tabla de guindola barre du triangle ▌ tabla de jarcia haubans ▌ tabla de lavar planche à laver ▌ tabla de planchar planche à repasser ▌ tabla de salarios barème des salaires ▌ **FIG** tabla de salvación planche de salut ▌ **DEP** tabla deslizadora (planche de) surf ▌ **DEP** tabla finlandesa table finlandaise ▌ **MAT** tabla pitagórica table de Pythagore ■ a raja tabla point par point, rigoureusement, strictement ▌ caballeros de la Tabla Redonda chevaliers de la Table ronde ▌ **FIG** escaparse en una tabla l'échapper belle o de justesse ▌ hacer tabla rasa faire table rase.

➡ **tablas** *f pl* partie *f sing* de l'arène proche des barrières (parte del ruedo) ▌ partie *f sing* nulle, match *m sing* nul (en ajedrez); hacer tablas faire partie nulle ▌ planches (teatro); pisar las tablas, subir a las tablas monter sur les planches ■ tablas de la ley tables de la loi o de Moïse ▌ tablas reales trictrac (juego) ▌ **FIG** pisar bien las tablas, tener muchas tablas avoir de l'aisance o de la présence (actor), connaître la partie, avoir du métier o de la pratique, en connaître un bout **FIG**.

▌ **OBSERV** Le mot français table désignant un meuble se traduit en espagnol par mesa.

tablacho *m* vanne *f* (compuerta).

tablada *f* (*Amer*) halle aux viandes [près d'un abattoir] ▌ plaine (llanura).

tablado *m* plancher (suelo de tablas) ▌ tribune *f* (tribuna) ▌ scène *f*, planches *f pl* (escenario) ▌ estrade *f* (tarima) ▌ tréteaux *pl*; la compañía ambulante ha dispuesto su tablado en la Plaza Mayor la compagnie ambulante a monté ses tréteaux sur la grand-place ▌ plancher (de un carro) ▌ fond (de una cama) ▌ échafaud (patíbulo) ■ sacar al tablado inciter à monter sur les planches (a un actor), crier sur les toits, publier (pregonar algo) ▌ salir al tablado entrer en scène ▌ subir al tablado monter sur les planches.

tabladura *f* **MÚS** tablature.

tablaje *m* boiserie *f* (conjunto de tablas) ▌ tripot (garito).

tablajería *f* vice *m* du jeu (vicio de jugar) ▌ tripot *m* (garito) ▌ étal *m* (de carnicería).

tablajero *m* charpentier qui dresse des estrades (carpintero) ▌ tenancier de tripot (garitero) ▌ boucher (carnicero).

tablao *m* cabaret andalou.
▌ OBSERV Tablao est une déformation andalouse du mot tablado.

tablar *m* planche *f*, carré (de huerta).

tablazo *m* coup de planche (golpe) ▌ MAR bas-fond.

tablazón *f* plancher *m* ▌ bordage *m* (de un buque).

tableado, da *adj* & *s m* plissé, e.

tablear *v tr* débiter en planches (un madero) ▌ AGRIC diviser en planches (un huerto) ▌ herser (aplanar) ▌ laminer (el hierro) ▌ plisser (un vestido).

tableo *m* débitage en planches (madera) ▌ AGRIC division *f* en planches (huertos) ▌ hersage (aplanamiento) ▌ laminage (del hierro).

tablero *adj* de sciage (madero).
◇ *m* planche *f* (tabla) ▌ plaque *f* (placa) ▌ panneau; tablero de fibra panneau de fibre ▌ tableau noir (encerado) ▌ panneau o tableau d'affichage (para anuncios) ▌ tableau de bord (de coche, de avión) ▌ échiquier (de ajedrez) ▌ damier (de damas) ▌ tablier (de tablas reales) ▌ jacquet (caja de chaquete) ▌ arbrier (de ballesta) ▌ tablier (de puente) ▌ comptoir (mostrador) ▌ éventaire (de vendedor ambulante) ▌ établi (de sastre) ▌ tripot (garito) ▌ planche *f*, carré (de huerta). ▌ MAR cloison *f* (mamparo) ■ tablero contador boulier [pour compter] ▌ tablero de dibujo planche à dessin ▌ tablero de mandos tableau de bord ▌ tablero equipolado échiquier équipollé (blasón) ▌ FIG tablero político échiquier politique.

tablestaca *f* TECN palplanche.

tableta *f* tablette ▌ tablette (de chocolate) ▌ comprimé *m* (de aspirina) ▌ (*Amer*) macaron *m* (alfajor).
➤ **tabletas** *f pl* claquettes o crécelle *sing* de lépreux (tablillas de San Lázaro).

tableteado *m* claquement ▌ crachement, crépitement (de una ametralladora).

tabletear *v intr* claquer ▌ crépiter, cracher (ametralladora).

tableteo *m* claquement ▌ crépitement, crachement (de una ametralladora).

tablilla *f* planchette (tableta) ▌ panneau *m*, écriteau *m* (para anuncios) ▌ bande (billar) ▌ éclisse (para las fracturas) ■ tablilla de anuncios tableau d'affichage ▌ tablillas de San Lázaro claquettes o crécelle de lépreux.

tabloide; tabloido *m* (*Amer*) tabloïd, tabloïde [journal de petit format].

tablón *m* grosse planche *f* ▌ plan d'eau (en un río) ▌ panneau o tableau d'affichage (de anuncios) ▌ plongeoir (trampolín) ▌ FAM cuite *f* (borrachera) ■ tablón de anuncios tableau d'affichage.

tabor *m* MIL tabor.

Tabor *n pr m* GEOGR el Tabor le Thabor o Tabor.

tabú *adj* & *s m* tabou.
▌ OBSERV pl tabúes o tabús.

tabuco *m* galetas (cuchitril).

tabulación *f* tabulation.

tabulador *m* tabulateur.

tabuladora *f* TECN tabulatrice.

tabular *adj* tabulaire.

tabular *v tr* présenter sous forme de tableaux.

taburete *m* tabouret.

tac *m* tac (onomatopeya).

taca *f* placard *m* (alacena) ▌ tache (mancha) ▌ MECÁN taque (forja).

tacada *f* coup *m* de queue (billar) ▌ série [de carambolages] ▌ MAR taquets *m pl*.

tacana *f* minerai *m* d'argent (mineral).

tacañear *v intr* lésiner (cicatear).

tacañería *f* lésinerie, ladrerie, pingrerie.

tacaño, ña *adj* & *s* ladre, avare, pingre.
▌ SIN avaro avare; roñoso, agarrado radin; ruin ladre; mezquino mesquin; parco parcimonieux; cicatero lésineur; mirado regardant.

tacatá; tacataca *m* youpala, chariot d'enfant.
▌ OBSERV Le pluriel de tacatá est tacatás.

taceta *f* gobelet *m* de cuivre (molinos).

tacha *f* tache, défaut *m* (mancha); vida sin tacha vie sans tache ▌ tare (defecto moral o físico) ▌ TECN broquette, broche (especie de clavo) ▌ DR reproches *m pl* ▌ el Caballero sin miedo y sin tacha le Chevalier sans peur et sans reproche (Bayardo).

tachadura *f* biffage *m*, rature.

tachar *v tr* rayer, biffer, barrer (borrar); tachar una palabra inútil rayer un mot inutile ▌ DR récuser (a un testigo) ▌ FIG accuser, reprocher, blâmer (censurar); tacharle a uno de cobarde, de trabajar poco reprocher à quelqu'un d'être peureux, de peu travailler ▌ taxer (calificar); tachar a uno de avaricia taxer quelqu'un d'avarice ▌ tachar lo que no interesa rayer les mentions inutiles (en un formulario).

tachero *m* (*Amer*) ouvrier chargé des chaudrons [dans une sucrerie] ▌ ferblantier (hojalatero).

tachismo *m* tachisme (pintura).

tachista *m* & *f* tachiste (pintor).

tacho *m* (*Amer*) chaudron (recipiente de latón o metal) ▌ chaudière *f*, grand chaudron (paila grande) ▌ FIG (*Amer*) irse al tacho échouer.

tachón *m* rature *f*, trait de plume ▌ galon, ruban (cinta) ▌ caboche *f*, clou à tête dorée (tachuela dorada).

tachonar *v tr* galonner, enrubanner (con cintas) ▌ clouter, garnir de clous dorés (con clavos) ▌ FIG orner, parsemer (adornar); cielo tachonado de estrellas ciel parsemé d'étoiles.

tachuela *f* semence, broquette (clavo) ▌ (*Amer*) casserole (cacerola).

tacita *f* petite tasse ■ POP la Tacita de Plata la ville de Cadix ▌ FIG ser una tacita de plata être propre comme un sou neuf.

tácitamente *adv* tacitement.

Tácito *n pr* Tacite.

tácito, ta *adj* tacite.

taciturno, na *adj* taciturne.

taco *m* cheville *f*, tampon (tarugo) ▌ taquet (cuña) ▌ crampon (del calzado) ▌ bourre *f* (cartucho, mina) ▌ baguette *f* de fusil (baqueta) ▌ queue *f* de billard (billar) ▌ baguette *f* (violín) ▌ canonnière *f* (juego de niños) ▌ bloc (de calendario, para escribir) ▌ carnet [de tickets]; taco de billetes de metro carnet de tickets de métro ▌ IMPR mentonnière *f* ▌ carré (trocito); tacos de queso carrés de fromage ▌ coup (de vino) ▌ gros mot (juramento); soltar un taco lâcher un gros mot ▌ FAM berge *f* (año); tiene cuarenta tacos il a quarante berges ▌ (*Amer*) talon (tacón) ▌ CULIN galette *f* de maïs ■ calendario de taco calendrier à effeuiller ■ taco de billetes liasse de billets (dinero) ▌ DEP taco de salida starting-block, bloc de départ ▌ taco de suela queue à procédé (billar) ▌ taco limpio o seco queue sans procédé (billar) ■ FIG & FAM armarse un taco mettre la pagaille ▌ (*Amer*) darse taco faire de l'épate, la ramener (darse pisto) ▌ FIG & FAM estar hecho un taco ne plus rien y comprendre ▌ hacerse un taco s'embrouiller.

tacógrafo *m* tachygraphe.

tacómetro *m* TECN tachymètre.

tacón *m* talon; zapatos de tacones altos chaussures à talons hauts; tacón aguja talon aiguille.

taconazo *m* coup de talon [du soulier].

taconear *v intr* faire claquer o sonner ses talons (al andar) ▌ faire des claquettes (el bailarín).

taconeo *m* bruit fait avec les talons en marchant (ruido al andar) ▌ claquettes *f pl* (de bailarín).

táctico, ca *adj* tactique; el uso táctico de los aviones l'emploi tactique des avions.
➤ **táctico** *m* tacticien.
➤ **táctica** *f* tactique.

táctil *adj* tactile; sensación táctil sensation tactile.

tactismo *m* tactisme (tropismo).

tacto *m* toucher, tact; sentido del tacto sens du toucher ▌ FIG tact (delicadeza); falta de tacto manque de tact; tener tacto avoir du tact ▌ tacto de codos coude à coude (en el ejército).

tacuacín *m* (*Amer*) sarigue *f* (mamífero).

tacuara *f* (*Amer*) bambou *m* (bambú).

tacuaral *m* (*Amer*) terrain planté de bambous.

tacurú *m* (*Amer*) termite (insecto) ▌ termitière *f* (termitera).

Tadeo *n pr* Taddée.

Tadzhikistán *n pr m*; **Tadzhikia** *n pr f*; **Tayikistán** *n pr m* GEOGR Tadjikistan.

TAE (abrev de tasa anual equivalente) *f* TAE *m*.

taekwondo [taeˈkwondo] *m* taekwondo.

tael *m* tael (moneda china).

tafetán *m* taffetas (tela).
➤ **tafetanes** *m pl* FIG drapeaux (banderas) ▌ FIG atours, falbalas (galas de una mujer).

tafia *f* tafia *m* (aguardiente).

tafilete *m* maroquin ▌ tafilete graneado maroquin à gros grain.

tafileteado *m* maroquinage.

tafiletear *v tr* garnir de maroquin.

tafiletería f maroquinerie.

tafiletero m maroquinier.

tafite m (Amer) pichenette f, chiquenaude f (capirote).

tagalo, la adj & s tagal, e (indígena de las Filipinas).

➥ **tagalo** m LING tagal.

tagarino, na adj & s se disait des Maures qui vivaient en pays chrétien.

tagarnia f (Amer) FAM goinfrerie (atracón) ‖ cuite (borrachera).

tagarnina f pissenlit m (planta) ‖ FAM mauvais cigare m, mauvaise cigarette (cigarro malo) ‖ mauvais tabac m, foin m (tabaco malo) ‖ (Amer) FAM cuite (borrachera).

tagarote m hobereau (halcón) ‖ FAM grattepapier (escribiente) ‖ hobereau (hidalgo pobre) ‖ escogriffe (hombre desgarbado).

tagua f (Amer) foulque (ave) ‖ corozo m (planta).

tahalí m baudrier (tira de cuero).

▍ OBSERV pl tahalíes.

taharal m terrain planté de tamaris.

taheño, ña adj à barbe rousse.

Tahití n pr GEOGR Tahiti.

tahitiano, na adj & s tahitien, enne.

tahona f boulangerie (panadería) ‖ moulin m [mû par un cheval].

tahonero, ra m & f boulanger, ère (panadero).

tahúlla f mesure agraire de Murcie [11, 18 ares].

tahúr m joueur invétéré (a las cartas) ‖ tricheur (fullero).

taicún m shogoun (título en el Japón).

taifa f bande, faction, parti m (bandería) ‖ FIG & FAM bande de voyous, canaille (personas de mala vida).

▍ OBSERV L'expression **reyes de taifa** désigne les roitelets qui se partagèrent l'Espagne arabe après la désagrégation du califat de Cordoue en 1031.

taiga f taïga (selva).

tailandés, esa adj & s thaïlandais, e.

▍ OBSERV pl tailandeses, tailandesas.

Tailandia; Thailandia n pr f GEOGR Thaïlande.

taimado, da adj & s rusé, e; sournois, e.

taimarse v tr (Amer) devenir rusé.

taimería f ruse, sournoiserie.

taita m papa (en el lenguaje infantil).

taja f entaille, coupure (cortadura) ‖ bouclier m (tarja).

tajada f tranche (de carne, melón, sandía) ‖ FAM enrouement m (ronquera) ‖ FAM cuite (borrachera) ■ FIG & FAM hacer tajadas couper en petits morceaux, mettre en pièces ‖ llevarse la tajada del león, llevarse la mejor tajada se tailler la part du lion ‖ sacar tajada emporter le morceau (conseguir algo), se sucrer, avoir part au gâteau (sacar provecho) ‖ sacar tajada de todas partes manger à tous les râteliers.

tajadera f couteau m, hachoir m (cuchillo) ‖ ciseau m à froid (cortafrío).

tajadero m tranchoir, billot (madera donde se corta la carne).

tajado, da adj tranché, e ‖ taillé à pic, escarpé, e (escarpado) ‖ BLAS taillé, e (escudo) ‖ FAM saoul, e (borracho).

tajamar m taille-mer inv (del barco) ‖ avantbec (de puente) ‖ (Amer) môle (malecón) ‖ barrage (presa).

tajante adj [▷ SIN] tranchant, e ‖ FIG tranchant, e; respuesta tajante réponse tranchante ‖ catégorique; es tajante il est catégorique ‖ cassant, e; tranchant, e; hablar con tono tajante parler sur un ton cassant.

◇ m boucher (cortador).

▍ SIN cortante coupant; afilado aiguisé, affilé; incisivo incisif.

tajaplumas m inv canif (cortaplumas).

tajar v tr trancher, couper (cortar) ‖ tailler (pluma).

➥ **tajarse** v pr FAM se saouler (emborracharse).

tajibo m (Amer) sorte de courge.

tajo m entaille f, coupure f (corte) ‖ estafilade f (chirlo) ‖ taille f (mina) ‖ chantier (obra); ir al tajo aller sur le chantier ‖ tâche f (tarea) ‖ ravin taillé à pic (escarpa alta) ‖ brèche; el tajo de Roncesvalles la brèche de Roncevaux ‖ tranchant, fil (filo) ‖ billot (para picar la carne) ‖ billot (de suplicio) ‖ coup d'épée frappé de droite à gauche (en esgrima) ‖ (Amer) chemin ■ mina a tajo abierto mine à ciel ouvert ‖ tirar tajos y estocadas frapper d'estoc et de taille.

Tajo n pr m GEOGR el Tajo le Tage.

tajón m billot (tajo).

tajuelo m petit billot ‖ escabeau (asiento) ‖ MECÁN crapaudine f (tejuelo).

tal adj tel, telle; tal es mi parecer tel est mon avis; vivo en la calle tal j'habite dans telle rue ‖ tel, telle; pareil, eille (semejante); nunca he visto tal espectáculo je n'ai jamais vu un tel spectacle o un spectacle pareil o pareil spectacle (el artículo indefinido es obligatorio en francés delante de "tel"); en tales circunstancias en de telles circonstances ("de" en vez de "des" en el plural) ‖ tel, telle; si grand, e; tal es su poderío que nadie se le resiste son pouvoir est tel que personne ne lui résiste ‖ ce, cette; le, la... en question; no conozco a tal hombre je ne connais pas cet homme o l'homme en question ‖ tel, telle; tant (cifra); en la página tal à telle page, à la page tant.

◇ pron ceci, cela (neutro); tal no haré je ne ferai pas cela; ¿quién dijo tal? qui a dit cela? ‖ quelqu'un, une (alguno); tales habrá que ya lo sepan sans doute y en a-t-il quelques-uns qui le savent déjà ■ el tal, la tal il, elle; l'homme, la femme en question; el tal me lo dijo il me l'a dit ‖ FIG & FAM una tal une prostituée, une créature ‖ un tal, una tal un certain o dénommé, une certaine o dénommée; habló un tal Rodríguez un certain Rodriguez prit la parole ■ como o cual... tal de même que... de même ‖ con tal que pourvu que, à condition que, si; con tal que vengas, todo irá bien pourvu que tu viennes, tout ira bien ‖ de tal manera que de telle sorte que ‖ fulano, fulana de tal un tel, une telle ‖ otro tal un autre, un pareil (semejante), autant (otro tanto) ‖ FAM ¿qué tal? comment ça va?, comment allez-vous?, ça va? (¿cómo está?), comment cela a-t-il marché? (¿cómo fue la cosa?), qu'en pensez-vous?, qu'en

dites-vous? (¿qué le parece?) ‖ tal como, tal cual tel, telle que; tal como la veo va a morir telle que je la vois, elle va mourir ‖ tal cual quelques; se veía tal cual casucha on voyait çà et là quelques pauvres masures; médiocre, comme ci comme ça; una solución tal cual une solution comme ci comme ça; tel quel; lo dejé todo tal cual j'ai tout laissé tel quel (no se diga en este caso "tel que") ‖ tal para cual l'un vaut l'autre, les deux font la paire ‖ tal... que tellement o si... que; tal estaba de mala que no pudo levantarse elle était si malade qu'elle ne put se lever; de telle façon... que; tal me habló que no supe qué decirle il me parla de telle façon que je ne sus que lui dire ‖ tal vez peut-être; tal vez venga il viendra peut-être, peut-être viendra-t-il ‖ FAM y tal y cual et cetera et cetera; me contó sus desgracias, sus enfermedades, sus esperanzas frustradas y tal y cual il me raconta ses malheurs, ses maladies, ses espoirs déçus, et cetera et cetera ■ no hay tal ce n'est pas vrai, il n'en est rien (es falso) ‖ no hay tal como il n'y a rien de tel que; no hay tal como viajar il n'y a rien de tel que de voyager ‖ si tal hubiera si c'était vrai, s'il en était ainsi ‖ tal y como están las cosas dans l'état actuel des choses, de la façon dont les choses se présentent, étant donné l'état des choses, les choses étant ce qu'elles sont ‖ FAM ¡voto a tal! sacrebleu!

tala f coupe, taille (de árboles) ‖ élagage m (poda) ‖ dévastation, destruction, ravage m (destrucción) ‖ bâtonnet m (juego de niños) ‖ abattis m (defensa) ‖ (Amer) sorte de micocoulier (árbol).

talabarte m ceinturon.

talabartería f bourrellerie, sellerie.

talabartero m bourrelier, sellier.

talabricense adj & s de Talavera de la Reina [ville de la Nouvelle-Castille, autrefois "Talabriga"].

talador, ra adj qui coupe (que tala) o qui émonde (que poda) les arbres.

◇ m & f bûcheron, onne (que corta); émondeur, euse (que poda).

taladrador, ra adj & s perceur, euse.

➥ **taladradora** f perceuse; taladradora neumática perceuse à air comprimé ‖ perforeuse (de papel).

taladrar v tr percer (horadar) ‖ poinçonner (un billete) ‖ TECN forer, percer ‖ FIG percer (herir los oídos).

taladrilla f vrillette (insecto).

taladro m foret, tarière (barrena) ‖ tamponnoir (cortafrío) ‖ trou percé avec le foret (agujero) ‖ taladro de mano chignole.

talamera f arbre m sur lequel on place l'appeau.

talamete m MAR tille f (del barco).

tálamo m chambre f nuptiale (alcoba) ‖ lit nuptial (cama) ‖ BOT thalame, réceptacle ‖ ANAT thalamus ‖ ANAT tálamos ópticos couches optiques.

talán m ding-dong [de cloche].

talanquera f barrière, palissade.

talante m humeur f; estar de buen, de mal talante être de bonne o de mauvaise humeur.

talar *adj* long, longue; **vestido talar** robe longue ‖ (ant) talaire; **toga talar** toge talaire.
➡ **talares** *m pl* talonnières *f* (alas de mercurio).

talar *v tr* couper, abattre (cortar) ‖ tailler, émonder (podar) ‖ FIG détruire, dévaster, ravager (destruir).

talasocracia *f* HIST thalassocratie.

talasoterapia *f* MED thalassothérapie.

talavera *m* faïence *f* de Talavera (cerámica).

talaverano, na *adj & s* de Talavera.

talayote *m* mégalithe des Baléares.

talco *m* talc (mineral).

talcualillo, lla *adj* FAM comme ci comme ça (regular) ‖ un petit peu mieux (los enfermos).

tálea *f* palissade [des camps romains].

taled *m* taled, taleth (velo judío).

talega *f* sac *m* (bolsa); **talega de pan, de ropa sucia** sac à pain, à linge ‖ résille (para el cabello) ‖ FIG & FAM bas *m* de laine, magot *m* (dinero) ‖ FAM péchés *m pl* (pecados).

talegada *f* sachée, sac *m* [contenu].

talegallo *m* ZOOL talégalle, gallinacé d'Australie.

talegazo *m* coup donné avec un sac ‖ FAM chute *f* (caída).

talego *m* sac (saco) ‖ MFAM cabane *f*, tôle *f* (cárcel) ‖ MFAM bifton de mille pesetas ‖ FAM **estar hecho un talego** être trappu.

taleguilla *f* petit sac *m* (talego pequeño) ‖ TAUROM culotte de torero.

talento *m* talent (moneda, peso) ‖ talent; **hombre de mucho talento** homme d'un grand talent ‖ intelligence *f*, esprit (inteligencia).

talentoso, sa; talentudo, da *adj* FAM talentueux, euse; de talent; **escritor talentoso** écrivain de talent.

taler ➡ **tálero**.

talerazo *m* (Amer) coup de cravache.

talero *m* (Amer) cravache *f*.

tálero; taler *m* (ant) thaler (moneda alemana).

Tales *n pr* Thalès.

Talgo (abrev de **tren articulado ligero de Goicoechea Oriol**) *m* train espagnol aux essieux à écartement variable.

Talía *n pr* MITOL Thalie.

talidomida *f* thalidomide.

talio *m* thallium (metal).

talión *m* talion; **ley del talión** loi du talion.

talismán *m* talisman.

talismánico, ca *adj* talismanique.

talla *f* sculpture (en madera) ‖ taille; **hombre de poca talla** homme de petite taille ‖ taille (de traje) ‖ taille (tributo) ‖ taille, taillerie (de diamante) ‖ rançon (de un cautivo) ‖ taille (juego de la banca) ‖ toise (para medir) ‖ FIG taille, envergure; **la talla de este ministro** l'envergure de ce ministre ‖ MAR moufle, poulie ‖ MED taille (operación de la vejiga) ‖ FIG **de talla** d'envergure ‖ **media talla** demi-bosse (escultura) ■ FIG **dar la talla** être à la hauteur ‖ **tener talla para, ser de talla para** être de taille à (capaz de), être taillé pour (propio para).

tallado, da *adj* taillé, e (cortado) ‖ BLAS tigé, e ‖ FIG **bien, mal tallado** qui a la taille bien, mal prise; bien, mal fait.
➡ **tallado** *m* taille *f* (de piedras preciosas) ‖ sculpture *f* (escultura) ‖ gravure *f* (de metales).

tallador *m* graveur (grabador) ‖ MIL toiseur.

tallar *adj m & s m* taillis (bosque) ‖ **monte tallar** bois taillis.

tallar *v tr* tailler (cargar de impuestos) ‖ tailler (piedras finas) ‖ sculpter (maderas) ‖ graver (metales) ‖ FIG évaluer, apprécier (tasar, apreciar) ‖ toiser, passer à la toise (medir) ‖ tailler (juegos).
◇ *v intr* (Amer) causer, bavarder (charlar).
➡ **tallarse** *v pr* passer à la toise.

tallarín *m* nouille *f*.

talle *m* taille *f* (cintura); **talle esbelto** taille fine o bien prise ‖ tour de taille; **tiene 60 centímetros de talle** elle a 60 centimètres de tour de taille ‖ silhouette *f*, allure *f*, tournure *f* (disposición del cuerpo) ‖ FIG forme *f*, aspect ■ **de buen talle** bien proportionné, bien fait ‖ **marcar el talle** marquer la taille ‖ FIG **talle de avispa** taille de guêpe.

tallecer [30] *v intr* germer (las semillas) ‖ pousser des rejetons (los árboles).

taller *m* atelier (para trabajar); **taller de costura, de montaje, de reparaciones** atelier de couture, de montage, de dépannage o de réparations; **talleres gráficos** ateliers graphiques.
‖ OBSERV Atelier d'artiste se dit en espagnol estudio.

tallista *m & f* sculpteur *m* sur bois (de madera), tailleur *m* de diamants (de diamantes).

tallo *m* [▷ SIN] tige *f* (de la planta); **tallo inclinado** tige tombante ‖ pousse *f*, rejeton (renuevo) ‖ thalle (de los líquenes) ‖ germe (germen) ‖ (Amer) chou (col).
‖ SIN cepa souche; estípite stipe; caña chaume; bohordo hampe; retoño rejeton.

talludo, da *adj* à grosse tige ‖ FIG grand, e; élancé, e (alto) ‖ enraciné, e (vicio) ‖ mûr, e (maduro); **persona talluda** personne mûre.

talluelo *m* petite tige *f*.

talma *f* pèlerine.

talmente *adv* tellement, si.

Talmud *n pr m* Talmud.

talmúdico, ca *adj* talmudique.

talo *m* BOT thalle (de los líquenes).

talófitas *f pl* BOT thallophytes *m*.

talón *m* talon (de pie, de calzado, de media) ‖ volant (de un talonario) ‖ chèque (cheque); **talón bancario** chèque bancaire ‖ talon (del arco de violín) ‖ talon (de la cubierta del neumático) ‖ ARQ talon (moldura) ‖ MAR talon (de la quilla) ‖ étalon (monedas) ■ **talón en blanco** chèque en blanc ‖ **talón de Aquiles** talon d'Achille ‖ **talón reforzado** talonnette, talon renforcé (de media, de calzado) ‖ **talón sin fondos** chèque sans provision o en bois ■ FIG & FAM **ir o estar pegado a los talones de uno** être toujours sur les talons de quelqu'un ‖ **pisarle a uno los talones** marcher sur les talons de quelqu'un, suivre quelqu'un de près, talonner quelqu'un.

talonada *f* coup *m* de talon [donné au cheval].

talonador *m* talonneur (rugby).

talonaje *m* talonnage (rugby).

talonar *v tr* talonner (rugby).

talonario, ria *adj* à souche; **libro talonario** registre à souche.
➡ **talonario** *m* registre à souche ‖ **talonario de cheques** carnet de chèques, chéquier.

talonazo *m* coup de talon.

talonear *v intr* marcher vite.
◇ *v tr* (Amer) talonner [sa monture].

talonera *f* talonnette (en los pantalones, en el interior del calzado).

talpa; talparia *f* MED loupe, kyste *m* sébacé (absceso en el cráneo).

talque *m* terre *f* talqueuse o réfractaire (para hacer crisoles).

talquera *f* poudreuse.

talud *m* talus.

tamal *m* (Amer) pâté [de viande et de farine de maïs] ‖ FIG intrigue *f* (intriga).

tamalear *v tr* FAM (Amer) tripoter, peloter (manosear).

tamalera *f* (Amer) cancaniers *pl*, médisants *pl*.

tamalería *f* (Amer) boutique où l'on vend des pâtés de viande et de maïs.

tamalero, ra *m & f* (Amer) marchand, e de pâtés [de viande et de maïs].

tamanduá *m* tamandua (oso hormiguero).

tamango *m* (Amer) chaussure *f* des gauchos (calzado de los gauchos).

tamañito, ta *adj* FAM penaud, e; confus, e (confundido).

tamaño, ña *adj* si gros, si grosse; si grand, e (tan grueso, grande) ‖ si petit, si petite (tan pequeño) ‖ très grand, e; comme ça FAM; **abría tamaños ojos** il ouvrait des yeux comme ça ‖ **tamaño como** aussi grand que (tan grande), aussi petit que (tan pequeño).
➡ **tamaño** *m* taille *f*, grandeur *f*, dimensions *f pl* (dimensión), volume (volumen) ‖ importance *f*; **tamaño de la explotación** importance de l'exploitation ‖ format (de un libro, etc.) ■ FAM **del tamaño de un perro sentado** haut comme une botte, haut comme trois pommes ‖ **tamaño natural** grandeur nature (retrato).

támara *f* dattier *m* (palmera) ‖ palmeraie (terreno poblado de palmas).
➡ **támaras** *f pl* régime *m sing* de dattes (dátiles).

tamarao *m* buffle des Philippines.

tamarindo *m* tamarinier, tamarin (árbol) ‖ tamarin (fruto).

tamarisco; tamariz *m* BOT tamaris (taray).
‖ OBSERV le pluriel de **tamariz** est **tamarices**.

tamarugal *m* (Amer) bois de caroubier.

tamarugo *m* (Amer) espèce de caroubier.

tambaleante *adj* chancelant, e; titubant, e (al andar) ‖ FIG branlant, e; **un mueble tambaleante** un meuble branlant ‖ chancelant, e; **instituciones tambaleantes** institutions chancelantes.

tambalear *v intr & pr* chanceler ‖ tituber (al andar) ‖ FIG être ébranlé; **las estructuras de esta organización se han tambaleado** les structures de cette organisation ont été ébranlées‖être branlant; **este mueble se tam-balea** ce meuble est branlant.

tambaleo *m* chancellement ‖ titubement (al andar).

tambanillo *m* ARQ fronton.

tambarria *f* (*Amer*) noce, fête (parranda).

tambero, ra *adj* (*Amer*) docile (manso) ‖ de l'auberge ‖ de l'étable.
⟨⟩ *m & f* (*Amer*) aubergiste (ventero) ‖ fer-mier, ère (granjero).

también *adv* aussi; **yo también** moi aussi.

> OBSERV El español **también** precede a me-nudo al verbo, mientras que el francés **aussi** tiene que seguirle: **también vine** je suis venu aussi. **Aussi** puede, sin embargo, preceder al verbo si va acompañado del pronombre per-sonal: **(él) también lo hizo** lui aussi l'a fait.

tambo *m* (*Amer*) auberge *f* (parador) ‖ étable *f* à vaches (vaquería) ‖ laiterie *f*, crémerie *f* (mantequería).

tambor *m* [▷ SIN] tambour (instrumento, per-sona) ‖ tamis (para el azúcar) ‖ brûloir (para tos-tar café) ‖ tambour (para bordar) ‖ baril [de les-sive] (para lejía) ‖ barillet; **revólver de tambor** revolver à barillet ‖ réduit (aposento en el inte-rior de otro) ‖ ANAT tambour (del oído) ‖ ARQ tambour (de cúpula o columna) ‖ abaque (de ca-pitel) ‖ MAR tambour (de las ruedas) ‖ tambour (del timón) ‖ MECÁN tambour (del freno, de má-quina de lavar) ◼ FIG **a tambor** o **con tambor batiente** tambour battant ‖ **con gaita y tam-bor** joyeusement ◼ INFORM **tambor magné-tico** tambour magnétique ‖ **tambor mayor** tambour-major ◼ **tocar el tambor** battre le o du tambour.

> SIN caja caisse; tamboril, pandero tambourin; timbal, atabal timbale.

tambora *f* MÚS grosse caisse (bombo) ‖ FAM tambour *m* (tambor).

tamborear *v intr* tambouriner.

tamborete *m* petit tambour ‖ MAR chou-quet, chouque.

tamboril *m* tambourin.

tamborilada *f* FIG & FAM chute sur le der-rière (caída) ‖ taloche, coup *m* (bofetón).

tamborilazo *m* FIG & FAM taloche *f*.

tamborilear *v intr* tambouriner (con los de-dos) ‖ jouer du tambourin (tocar el tamboril).
⟨⟩ *v tr* louer, vanter [quelqu'un] (celebrar) ‖ IMPR taquer.

tamborileo *m* tambourinement, tambou-rinage.

tamborilero *m* tambourineur, tambouri-naire (en Provenza).

tamborilete *m* petit tambourin ‖ IMPR ta-quoir.

tamborín; tamborino *m* tambourin.

tameme *m* (*Amer*) porteur (mozo de cuerda).

Támesis *n pr m* GEOGR **el Támesis** la Tamise.

tamiz *m* tamis ◼ FIG **pasar por el tamiz** pas-ser au crible ‖ **tamiz vibratorio** tamis vibrant.
▯ OBSERV *pl* tamices.

tamizado *m* tamisage.

tamizar [13] *v tr* tamiser; **luz tamizada** lu-mière tamisée.
▮ SIN cribar cribler; cerner bluter; colar, pasar passer.

tamo *m* duvet (pelusa) ‖ poussière *f* de paille (polvo de semillas trilladas) ‖ mouton (polvo bajo los muebles).

tamojal *m* terrain couvert de buissons.

tamojo *m* buisson (matojo).

tampoco *adv* non plus; **él tampoco irá** il n'ira pas non plus; **ni yo tampoco** ni moi non plus.

tampón *m* tampon (sello).

tam-tam *m* MÚS tam-tam (tantán).

tamujal *m* terrain planté de nerpruns.

tamujo *m* BOT nerprun.

tamul *m* LING tamoul, tamil.

tan *m* ran (onomatopeya), roulement de tambour.

tan *adv* apócope de; **tanto** si, tellement; **no seas tan necio** ne sois pas si bête ◼ **tan... como** aussi... que; **tan blando como la cera** aussi mou que la cire; **no me curaré tan fá-cilmente como dices** je ne guérirai pas aussi facilement que tu le dis ‖ **tan es así que** tant il est vrai que, c'est tellement o si vrai que ‖ **tan pronto como** aussitôt que, sitôt, sitôt que; **tan pronto como llegues avísame** aussi-tôt que tu seras arrivé, préviens-moi; **tan pronto como acabe este trabajo, haré otro** si-tôt ce travail fini, j'en ferai un autre ‖ **tan... que si... que**; **el viento es tan fuerte que rompe las ramas** le vent est si fort qu'il casse les branches ‖ **tan siquiera** au moins, seulement, ne serait-ce que; **si tuviera tan si-quiera mil pesetas** si j'avais seulement mille pesetas ‖ **tan sólo tienes que decidirte** il suffit de te décider, tu n'as qu'à te décider ◼ **cuan... tan** autant... autant; **cuan bueno era el padre, tan malo es el hijo** autant le père était bon, autant le fils est méchant ‖ **de tan... como** tant, tellement; **no podía dormir de tan preocupado como estaba** je ne pouvais dormir, tant j'étais soucieux.

> OBSERV La forme **tan** ne peut précéder que des adjectifs et des adverbes ou des noms pris adjectivement: **me encuentro tan a gusto aquí** je me trouve si bien ici; **soy tan poeta como tú** je suis aussi poète que toi. L'article indéfini n'est pas exprimé devant **tan: tan im-portante negocio** une affaire aussi impor-tante.

tanaceto *m* tanaisie *f* (planta).

tanagra *f* figurine de Tanagra (estatuita) ‖ tangara *m* (ave).

Tananarive *n pr* HIST Tananarive (antiguo nombre de Antananarivo).

tanate *m* (*Amer*) sac, musette *f*.
▸ **tanates** *m pl* (*Amer*) vieilleries *f pl*.

tanatología *f* BIOL thanatologie.

tanatorio *m* funérarium.

Tancredo *n pr* Tancrède.

tanda *f* tour *m* (turno) ‖ série (serie); **una tanda de naturales** une série de passes natu-relles ‖ équipe (de obreros) ‖ partie (partida) ‖ couche (capa) ‖ tâche (tarea) ‖ quantité (canti-dad) ‖ volée (de golpes, palos) ‖ (*Amer*) séance (espectáculo) ‖ manie, vice *m* (resabio).

tándem *m* tandem.

tandeo *m* répartition *f* des eaux des ca-naux d'irrigation.

tanga *m* string.

tanganillas
▸ **en tanganillas** *loc adv* en équilibre instable.

tanganillo *m* cale *f*, support, soutien.

tángano *m* bouchon (chito).

Tanganyica; Tanganica *n pr* GEOGR **el lago Tanganyica** o **Tanganica** le lac Tanga-nyica.

tangará *m* tangara (ave).

tangencia *f* GEOM tangence.

tangencial *adj* tangentiel, elle.

tangente *adj & s f* GEOM tangent, e; **tan-gente de un ángulo, de un arco** tangente d'un angle, d'un arc ‖ FIG & FAM **escaparse** o **salirse por la tangente** s'échapper par o prendre la tangente, s'en tirer par une pi-rouette.

Tánger *n pr* GEOGR Tanger.

tangerino, na *adj & s* de Tanger.

tangibilidad *f* tangibilité.

tangible *adj* tangible.

tango *m* tango (música y baile) ‖ bouchon (chito).

tangón *m* MAR tangon (botalón).

tanguear *v intr* danser le tango.

tanguillo *m* toupie *f* (trompo) ‖ danse et chant andalou.

tanguista *f* chanteuse de cabaret, entraî-neuse.

tánico, ca *adj* tannique.

tanino *m* tannin, tanin.

tano, na *adj & s* (*Amer*) FAM & DESPEC (ra-cista) rital (italiano).

tanque *m* réservoir (depósito) ‖ citerne *f* (cis-terna) ‖ tank, char d'assaut (carro de combate) ‖ propolis *f* (de las abejas).

tanqueta *f* MIL char *m* de combat rapide monté sur roues.

tanquista *m* MIL conducteur de char d'assaut.

tanrec *m* tanrec (mamífero).

tanta *f* (*Amer*) pain *m* de maïs.

tantalio *m* tantale (metal).

tántalo *m* tantale (ave y metal).

Tántalo *n pr* MITOL Tantale; **suplicio de Tán-talo** supplice de Tantale.

tantán *m* tam-tam (batintín).

tantarán; tantarantán *m* rataplan.

tanteador *m* pointeur, marqueur (en el juego) ‖ tableau d'affichage (marcador en de-portes) ‖ buteur (fútbol).

tantear *v tr* mesurer (medir) ‖ compter les points au jeu (apuntar los tantos) ‖ FIG tâter, sonder, reconnaître (ensayar, probar); **tantear el terreno** tâter le terrain ‖ tâter, sonder (las intenciones); **tantear al adversario** tâter l'adversaire ‖ étudier, examiner (un proyecto) ‖ tâtonner (titubear) ‖ ARTES ébaucher (un di-bujo) ‖ DR retraire, exercer le droit de retrait ‖ (*Amer*) évaluer (calcular aproximadamente).
▸ **tantearse** *v pr* DR retraire.

tanteo *m* mesure *f* (medida) ‖ essai (prueba) ‖ examen, réflexion *f* (examen) ‖ FIG sondage (de las intenciones) ‖ tâtonnement (titubeo) ‖ score (fútbol, rugby) ‖ nombre de points, pointage (tenis, naipes, competiciones) ‖ **ARTES** ébauche f ‖ **DR** retrait ‖ **al tanteo** à vue d'œil.

tanto, ta

1. ADJETIVO
2. ADVERBIO
3. SUSTANTIVO
4. PRONOMBRE

1. ADJETIVO tant de; **no bebas tanto vino** ne bois pas tant de vin; **¡tengo tantas amigas!** j'ai tant d'amies! ‖ autant de (comparación); **tengo tantos amigos como él** j'ai autant d'amis que lui (remarquer la traduction de "que" par "como") ‖ si grand, e; tel, telle; **¡llegó con tanto retraso!** il est arrivé avec un tel retard! ‖ tant, si nombreux, euses; **¡pero eran tantos!** mais il y en avait tant!, ils étaient si nombreux! ‖ tant de; **¡tanta fuente, tanto pájaro!** tant de sources, tant d'oiseaux! ◼ **de tanto frío como hacía** il faisait tellement froid ‖ **no ser tanto como para** ne pas être assez grand pour; **la diferencia no fue tanta como para hacer variar el resultado** la différence ne fut pas assez grande pour faire changer le résultat ‖ **otros tantos, otras tantas** autant de; **las estrellas son otros tantos soles** les étoiles sont autant de soleils ‖ **tantos cuantos** sont tous, au grand complet ‖ **tantos... tantos** autant de... autant de; **tantas cabezas, tantos pareceres** autant de têtes, autant d'avis ‖ **y tantas** et quelques; **mil pesetas y tantas** mille pesetas et quelques

2. ADVERBIO tant, autant; **no hables tanto** ne parle pas tant; **no es preciso trabajar tanto** ce n'est pas la peine de travailler autant ‖ tant, tellement; **llovió tanto que la carretera quedó inundada** il a tellement plu que la route a été inondée ‖ tant, tellement; **¡trabajas tanto!** tu travailles tellement! ‖ tant; **su fortuna sube a tanto** sa fortune se monte à tant; **pagar tanto cada uno** payer tant par tête ‖ si longtemps; **para venir aquí no tardará tanto** il ne mettra pas si longtemps pour venir ici; **hace tanto que no te veo** il y a si longtemps que je ne t'ai vu ‖ tanto... como tant... que; **tanto aquí como en otra parte** tant ici qu'ailleurs; autant que; **de eso sé tanto como él** j'en sais autant que lui à ce sujet ‖ **tanto más... cuanto más** o **cuanto que** d'autant plus... que; **los objetos parecen tanto más pequeños cuanto más lejos están** les objets semblent d'autant plus petits qu'ils sont éloignés ‖ **tanto más... porque** o **puesto que, tanto más... que, tanto más... cuanto que** d'autant plus... que; **tiene tanto más mérito porque está muy enfermo** il a d'autant plus de mérite qu'il est très malade ‖ **tanto mejor** tant mieux ‖ **tanto peor** tant pis ‖ **tanto por ciento** tant pour cent ‖ **tanto que** tant et si bien que ‖ **tanto tiempo** si longtemps ‖ **tanto tienes, tanto vales** plus on est riche, mieux on est considéré ‖ **tanto y más** tant et plus ◼ **a tanto** à tel point; **a tanto había llegado la decadencia** la décadence était arrivée à un tel point ‖ **algún tanto** un peu, quelque peu ‖ **al tanto** au courant; **estar al tanto de lo que pasa** être au courant de ce qui se passe ‖ **de** o **con tanto** avec, tant (con un nombre); **de tanto calor como hacía** avec la chaleur qu'il faisait, tant il faisait chaud; à force de (con verbo); **de tanto mirar** à force de regarder ‖ **en tanto,**

entretanto, mientras tanto entre-temps, pendant ce temps ‖ **en tanto que** tant que ‖ **eso es tanto como** cela revient à, autant que; **eso es tanto como decir que** cela revient à dire que, autant dire que ‖ **ni tanto ni tan poco** o **ni tan calvo ni trop**, ni trop peu ‖ **no tanto... como** non pas tant... que; **su fracaso se debe no tanto a su ignorancia como a su pereza** son échec est dû non pas tant à son ignorance qu'à sa paresse ‖ **no... tanto como para ne... au point de**; **no ha engordado tanto como para no caber más en su traje del año pasado** il n'a pas grossi au point de ne plus pouvoir entrer dans son costume de l'an dernier ‖ **otro tanto** autant; **haz otro tanto** fais-en autant ‖ **otro tanto más** encore autant ‖ **por lo tanto** par conséquent, donc ‖ **por tanto** c'est pourquoi ‖ **un tanto** tant soit peu, un tant soit peu (algo), quelque peu, plutôt (bastante) ‖ **FAM ¡y tanto!** je comprends (mucho)

3. SUSTANTIVO jeton, fiche f (ficha) ‖ point (juegos); **jugar una partida a cien tantos** jouer une partie en cent points; **apuntarse un tanto** marquer un point ‖ but (de fútbol) ‖ somme f (suma) ‖ part f, pourcentage; **me darás un tanto de la ganancia** tu me donneras une part du bénéfice ‖ **un tanto por ciento** un pourcentage, un tant pour cent

4. PRONOMBRE cela, ça; **a tanto arrastra el vicio** c'est à cela que le vice entraîne; **no lo decía para tanto** je ne le disais pas pour ça ◼ **las tantas** très tard; **son las tantas** il est très tard; **llegó a las tantas de la noche** il est arrivé très tard dans la nuit ‖ **no es para tanto** il n'y a pas de quoi fouetter un chat, ce n'est pas la peine d'en faire toute une histoire.

tanza f ligne (pesca).

Tanzania n pr f **GEOGR** Tanzanie.

tañer [73] v tr jouer de; **tañer un instrumento** jouer d'un instrument.
◇ v intr sonner (las campanas); **tañer a muerto** sonner le glas ‖ tambouriner (tabalear).

tañido m son (sonido) ‖ son, sonnerie f, tintement [de cloches].

tao m tau, croix f de Saint-Antoine (insignia de las órdenes militares).

taoísmo m taoïsme.

taoísta adj & s taoïste.

tapa f couvercle m; **la tapa de un cofre** le couvercle d'un coffre ‖ couverture (de un libro); **tapa blanda, dura** couverture souple, rigide ‖ **CULIN** petite quantité d'olives, d'anchois, de "tortilla", etc. servie en apéritif, ≃ amuse-gueule ‖ corne (casco del caballo) ‖ talon m (del calzado) ‖ vanne (compuerta) ‖ abattant m (de pupitre) ‖ **FIG & FAM levantar(se)** o **saltar(se) la tapa de los sesos** (se) faire sauter o (se) brûler la cervelle.

TAPAS

Le mot « tapas » désigne un assortiment d'aliments tels qu'olives, omelette espagnole, friture, petits morceaux de jambon et de fromage, calmars, anchois, etc., servis comme amuse-gueules, voire même à la place d'un repas, notamment le dîner. L'expression « ir de tapas » s'utilise lorsqu'on fait la tournée des bars pour déguster dans chacun d'entre eux les spécialités de la maison, accompagnées le plus souvent d'un petit verre de vin rouge (le « chato ») et consom-

mées soit debout au comptoir, soit assis à une table. La tradition veut que chacun des membres du groupe paie une tournée.

tapabalazo m **MAR** pelardeau, pellardeau, palardeau (en un barco).

tapabarro m (Amer) garde-boue m inv.

tapaboca m gifle f (golpe en la boca) ‖ cache-nez (bufanda) ‖ **FIG & FAM** réponse f qui laisse sans réplique.

tapabocas m inv cache-nez (bufanda) ‖ bouchon, tape f (del cañón).

tapacamino m (Amer) engoulevent (ave).

tapacete m **MAR** capot, dôme.

tapacubos m inv enjoliveur (auto).

tapaculo m gratte-cul (escaramujo) ‖ espèce de limande (pez).

tapada f femme voilée ‖ (Amer) démenti m (mentís).

tapadera f couvercle m; **la tapadera de un cazo** le couvercle d'une casserole ‖ tampon m (de una alcantarilla) ‖ **FIG** couverture, paravent m (encubridor).

tapadero m bouchon (tapón) ‖ couvercle (tapadera) ‖ **FIG** paravent, couverture f.

tapadillo m action f de se voiler le visage ‖ **MÚS** flûte f (del órgano) ‖ **de tapadillo** en cachette, en tapinois (a escondidas), en douce (callandito).
➤ **tapadillos** m pl **FIG** cachotteries f, messes f basses (cosas ocultas); **andar con tapadillos** faire des cachotteries.

tapado, da adj & s (Amer) à robe unie (caballo).
➤ **tapado** m (Amer) manteau (abrigo) ‖ trésor enterré.

tapador, ra adj qui ferme, qui bouche.
➤ **tapador** m couvercle (tapadera).

tapadura f bouchage m (de un agujero) ‖ fermeture (cierre).

tapafunda f capuchon m (de pistolera).

tapagujeros m inv **FIG & FAM** mauvais maçon (albañil) ‖ bouche-trou (sustituto).

tapajuntas m inv baguette f, couvre-joint (moldura).

tápalo m (Amer) châle (mantón).

tapar v tr fermer (cerrar) ‖ [▷ **SIN**] boucher (una botella, un agujero, etc.); **tener la nariz tapada** avoir le nez bouché ‖ couvrir (una cacerola, una olla) ‖ couvrir (con la ropa) ‖ recouvrir (la cama) ‖ **FIG** cacher (encubrir, disimular) ‖ **MIL** colmater (una brecha) ◼ **FIG tapar con un manto** jeter o mettre un voile sur ‖ **FAM tapar la boca a uno** faire taire quelqu'un, graisser la patte à quelqu'un (sobornar), faire taire, clouer le bec, couper le sifflet à quelqu'un (hacer callar).
➤ **taparse** v pr se couvrir ‖ se boucher; **taparse los oídos** se boucher les oreilles.

SIN taponar boucher; obstruir obstruer; interceptar barrer [un chemin]; atajar barrer [le passage]; vallar barrer [avec une barrière]; obturar obturer; calafatear calfeutrer; cerrar fermer; cegar aveugler.

tapara f calebasse (fruto del taparo).

taparo m **BOT** calebassier (güira).

taparrabo m; **taparrabos** m inv pagne (de salvaje) ‖ slip, cache-sexe inv (bañador).

tapayagua f (Amer) bruine.

tape *m* (*Amer*) Indien guarani.
◇ *m & f* (*Amer*) personne qui a le type indien.

tapera *f* (*Amer*) ruines *pl* d'un village (pueblo) ‖ maison en ruine (casa).

tapete *m* tapis (alfombra pequeña) ‖ napperon (en una mesa) ‖ têtière (de butacas) ‖ tapis (de billar) ■ FIG estar, poner sobre el tapete être, mettre sur le tapis ‖ tapete verde tapis vert.

tapetí *m* ZOOL tapeti.

tapia *f* mur *m* en pisé (de adobe) ‖ mur *m* de clôture (muro de cerca) ■ FIG & FAM más sordo que una tapia sourd comme un pot ‖ saltar la tapia faire le mur.

tapial *m* banche *f*, grand côté d'une meule à pisé ‖ bloc de pisé ‖ mur de pisé (tapia).

tapiar [8] *v tr* élever un mur de clôture autour de (cerrar con tapias) ‖ FIG murer; tapiar una ventana murer une fenêtre.

tapicería *f* tapisserie (arte u obra de tapicero) ‖ magasin *m* du tapissier (tienda) ‖ tissu *m* d'ameublement (de muebles) ‖ garniture (de un coche).

tapicero, ra *m & f* tapissier, ère ‖ tapissier décorateur, tapissière décoratrice; tapissier, ère (que pone tapices).

tapioca *f* tapioca *m*.

tapir *m* tapir (mamífero).

tapiz *m* tapisserie *f*; tapices de alto lizo, de bajo lizo tapisseries de haute lisse, de basse lisse ‖ DEP tapis ‖ DEP tapiz acolchado tatami (judo).
■ OBSERV 1. Tapis se dit en espagnol alfombra.
2. pl tapices.

tapizado *m* revêtement.

tapizar [13] *v tr* tapisser ‖ couvrir, recouvrir [un meuble, l'intérieur d'une voiture].

tapón *m* bouchon (de botellas) ‖ bonde *f* (de toneles) ‖ tampon (de tela o papel) ‖ MED tampon (venda) ‖ bouchon (de cerumen) ‖ FIG & FAM pot à tabac (persona baja y gruesa) ‖ goulot d'étranglement (obstrucción) ■ al primer tapón zurrapas tout ne va pas bien du premier coup ‖ estado tapón état tampon ‖ tapón corona bouchon capsule ‖ FIG & FAM tapón de alberca pot à tabac ‖ tapón de paja torche, bouchon de paille.

taponamiento *m* bouchage, obstruction *f* ‖ colmatage (de agujero, brechas, etc.) ‖ tamponnement (en cirugía) ‖ FIG encombrement, embouteillage, bouchon (de coches) ‖ affluence *f*, cohue *f* (de gente).

taponar *v tr* boucher (cerrar con tapón) ‖ obstruer, colmater (brechas) ‖ MED tamponner.

taponazo *m* choc (golpe) o bruit (ruido) d'un bouchon qui saute ‖ FAM shoot, boulet de canon (fútbol).

taponería *f* fabrique de bouchons (fábrica) ‖ magasin *m* de bouchons (tienda) ‖ industrie du bouchon (industria).

taponero, ra *adj* du bouchon; industria taponera industrie du bouchon.

tapsia *f* thapsia *m* (planta).

tapujo *m* déguisement (embozo) ‖ FIG & FAM cachotterie *f*; andar con tapujos faire des cachotteries.

taque *m* déclic [d'une porte qu'on ferme à clef] ‖ coup frappé à une porte (golpe en la puerta).

taqué *m* taquet (de un mecanismo).

taquear *v tr* (*Amer*) bourrer [une arme] ‖ FIG bourrer (llenar).
◇ *v intr* (*Amer*) faire claquer ses talons (taconear).

taqueógrafo *m* (ant) tachéographe.

taquera *f* râtelier *m* pour les queues de billard.

taquería *f* (*Amer*) établissement où l'on vend des "tacos", ≃ restaurant mexicain o Tex-Mex.

> **LA TAQUERÍA**
> Établissement où l'on sert des plats typiquement mexicains, et en particulier, des « tacos », sorte de crêpes de maïs farcies de viande. La cuisine mexicaine est actuellement très à la mode dans certaines villes des États-Unis et dans quelques pays européens où l'on peut trouver des restaurants semblables aux « taquerías » et appelés « restaurants mexicains » ou « Tex-Mex ».

taquia *f* excréments *m pl* du lama.

taquicardia *f* MED tachycardie.

taquigrafía *f* sténographie, tachygraphie (p us).
■ OBSERV En francés, al contrario del español, casi sólo se emplea la palabra sténographie en lugar de tachygraphie.

taquigrafiar [9] *v tr* sténographier.

taquigráfico, ca *adj* sténographique, tachygraphique (p us).

taquígrafo, fa *m & f* sténographe, tachygraphe (p us).

taquilla *f* casier *m* (casillero) ‖ armoire (armario) ‖ guichet *m* (para venta de billetes) ‖ recette (dinero cobrado) ‖ FIG hacer taquilla, tener buena taquilla, ser un éxito de taquilla faire recette (una película, un artista, etc.).

taquillaje *m* recette *f* (en espectáculos).

taquillero, ra *adj* qui fait recette (actor, espectáculo), à succès (autor).
◆ **taquillero** *m* guichetier.
◆ **taquillera** *f* employée d'un guichet.

taquimeca *f* FAM sténodactylo.

taquimecanografía *f* sténodactylographie.

taquimecanógrafo, fa *m & f* sténodactylo.

taquimetría *f* tachéométrie.

taquímetro *m* tachéomètre (topografía).
■ OBSERV El tachymètre en francés sirve para medir la velocidad y corresponde al tacómetro.

tara *f* tare (peso) ‖ taille (tarja) ‖ tare (defecto).
■ OBSERV Pris dans le sens de défaut, le mot tara est un gallicisme.

tarabilla *f* traquet *m* de moulin (cítola) ‖ bobinette (de puerta) ‖ garrot *m* (de sierra) ‖ FIG & FAM moulin *m* à paroles (persona que habla mucho) ‖ bavardage *m*, caquet *m* (tropel de palabras).

tarabita *f* ardillon *m* (hebijón) ‖ (*Amer*) va-et-vient *m* (andarivel).

taracea *f* marqueterie.

taraceado, da *adj* en marqueterie.

taracear *v tr* marqueter; taraceado con marfil marqueté d'ivoire.

tarado, da *adj* taré, e; dégénéré, e.
■ OBSERV Cet adjectif est un gallicisme.

taraje *m* tamaris (árbol).

tarambana *adj & s* FAM écervelé, e (alocado).

tarando *m* renne (reno).

taranta *f* chant *m* populaire de Murcie (canto) ‖ (*Amer*) évanouissement *m* (desmayo) ‖ idée soudaine ‖ accès *m* de folie ‖ cuite (borrachera).

tarantela *f* tarentelle (música y baile).

tarántula *f* tarentule (araña) ‖ FIG picado de la tarántula piqué o mordu de la tarentule.

tarar *v tr* indiquer la tare (de una vasija).

tarara *f* AGRIC tarare *m* (aventadora).

tarará *f* sonnerie de trompette.

tararear *v tr* fredonner.

tarareo *f* fredonnement.

tarasca *f* tarasque (monstruo) ‖ FIG & FAM mégère, chipie, harpie (mujer perversa).

tarascada *f* coup *m* de dent (mordedura) ‖ coup *m* de griffe (arañazo) ‖ FIG & FAM grossièreté (dicho injurioso).

tarascar [10] *v tr* mordre.

tarascón *m*; **tarascona** *f* tarasque *f* (monstruo) ‖ (*Amer*) coup *m* de dent (mordedura).

taray *m* tamaris (árbol).

taraza *f* taret *m* (molusco).

tarazana *f*; **tarazanal** *m* arsenal *m* (atarazana).

tardanza *f* retard *m* (retraso, detención) ‖ lenteur (lentitud).

tardar *v intr* mettre longtemps, tarder; el tren tarda en llegar le train tarde o met longtemps à arriver ‖ mettre; tardaré una hora en acabar este libro je mettrai une heure à o pour finir ce livre; ¿cuánto tarda el tren de París a Madrid? combien de temps met le train de Paris à Madrid? ‖ en avoir pour; tardará 10 minutos il en aura pour 10 minutes; tardaré mucho j'en ai pour longtemps; no tardo ni un minuto j'en ai pour un instant ‖ être long; ¡cuánto tardas en vestirte! comme tu es long à t'habiller! ‖ prendre; este trabajo tardará una hora ce travail prendra une heure ■ a más tardar au plus tard ‖ no tardar nada en avoir tôt fait de, ne pas mettre longtemps à o pour.

tarde *f* après-midi *m* o *f inv* (desde mediodía hasta las 5 o las 6); por la tarde dans l'après-midi ‖ soirée, soir *m* (hasta el anochecer) ■ a la caída de la tarde à la tombée de la nuit o du jour ‖ buenas tardes bonjour (hasta las 6), bonsoir (hasta el anochecer) ‖ dar las buenas tardes souhaiter le bonjour, dire bonjour o bonsoir ‖ función de la tarde matinée ‖ tarde de toros corrida; hoy es tarde de toros aujourd'hui il y a corrida ‖ vendré por la tarde je viendrai cet après-midi o ce soir (hoy), je viendrai dans l'après-midi o dans la soirée (hoy u otro día).
◇ *adv* tard; levantarse tarde se lever tard ‖ en retard (con retraso); llegar tarde a la oficina arriver en retard au bureau ‖ trop tard (demasiado tarde); ya es tarde para marcharse il est trop tard pour partir ■ tarde o temprano tôt ou tard ‖ FAM tarde piache trop tard ■ de tarde en tarde de temps en temps, de loin en loin ‖ hacérsele tarde a

uno se mettre en retard, laisser passer le temps; **se me hizo tarde y no pude ir al teatro** je me suis mis en retard et je n'ai pas pu aller au théâtre ‖ **lo más tarde** au plus tard ‖ **más vale tarde que nunca, nunca es tarde si la dicha es buena** mieux vaut tard que jamais.

tardecer [30] *v intr* tomber le jour (atardecer).

tardecito *adv* (*Amer*) un peu tard.

tardíamente *adv* tardivement.

tardígrado, da *adj & s m* ZOOL tardigrade.

tardío, a *adj* tardif, ive (que tarda en venir) ‖ lent, e (pausado); **tardío en decidirse** lent à se décider.

tardísimo *adv* très tard.

tardo, da *adj* lent, e (lento) ‖ tardif, ive (con retraso) ‖ lent, e (torpe); **tardo en comprender** lent à comprendre ‖ long, longue; lent, e; **¡qué tardo es vistiéndose!** qu'il est long à s'habiller! ‖ **ser muy tardo** avoir l'esprit lent, ne pas être très éveillé.

tardón, ona *adj* FAM très lent; lambin, e (que tarda mucho) ‖ lent, e (torpe).

tarea *f* tâche, travail *m*; **señalar una tarea a un alumno** donner une tâche à un élève ‖ travail *m*, besogne; **agobiado de tarea** accablé de travail; **una tarea difícil** une besogne difficile ‖ devoir *m*; **tareas escolares** devoirs scolaires ‖ FIG travail *m*, peine (cuidado) ■ **coger en plena tarea** prendre en plein travail ‖ FIG **dar tarea** donner du mal ‖ **eso no es tarea de unos días** ce n'est pas l'affaire de quelques jours ‖ FIG & FAM **tarea te mando** je te souhaite bien du plaisir.

tarentino, na *adj & s* tarentin, e.

Tarento *n pr* GEOGR Tarente.

targui *adj & s* targui, e.
‖ OBSERV pl touareg.

tárgum *m* targum (biblia caldea).

tarifa *f* tarif *m* ■ **tarifa aduanera** tarif douanier ‖ **tarifa completa** plein tarif ‖ **tarifa reducida** tarif réduit ‖ **tarifa de fuera de temporada** tarif hors saison (hotel) ‖ **tarifa de subscripción** tarif d'abonnement ‖ **tarifa de temporada baja** tarif hors saison (avión).

tarifar *v tr* tarifer (señalar una tarifa).

tarifeño, ña *adj & s* de Tarifa [Andalousie].

tarima *f* estrade (tablado) ‖ escabeau *m*, petit banc *m* (banquillo) ‖ tabouret *m* (para los pies) ‖ parquet *m* (entarimado).

tarja *f* tarje (escudo) ‖ entaille (muesca) ‖ ancienne monnaie (moneda) ‖ fiche, jeton *m* de service (ficha) ‖ taille (vara) ‖ FAM coup *m* (golpe).

tarjar *v tr* marquer sur la taille.

tarjeta *f* carte; **tarjeta de visita, de invitación** carte de visite, d'invitation ‖ cartouche *m* (para mapas y cartas) ‖ ARQ cartouche *m* ■ DEP **tarjeta amarilla, roja** carton jaune, rouge ‖ INFORM **tarjeta con chip** o **con pastilla** carte à puce ‖ **tarjeta de circuito impreso** carte à circuit imprimé ‖ **tarjeta memoria** o **inteligente** carte à mémoire ‖ **tarjeta de crédito** carte de crédit ‖ **tarjeta de embarque** carte d'embarquement ‖ **tarjeta de felicitación** carte de vœux o d'anniversaire ‖ **tarjeta de identidad, de trabajo** carte d'identité, de travail ‖ **tarjeta de Navidad** carte de vœux o

de Noël ‖ INFORM **tarjeta gráfica** carte graphique ‖ **tarjeta magnética** carte magnétique ‖ **tarjeta perforada** carte perforée ‖ **tarjeta postal** carte postale.

tarjetera *f* (*Amer*) porte-cartes *m inv*.

tarjetero *m* porte-cartes *inv*.

tarlatana *f* tarlatane (tejido).

taro *m* (*Amer*) caracara (ave de rapiña).

tarot *m* JUEGOS tarot.

tarpán *m* tarpan (caballo salvaje de asia).

Tarpeya *n pr* Tarpeia ‖ **roca Tarpeya** roche Tarpéienne.

tarpón *m* tarpon (pez).

tarquín *m* vase *f* (cieno).

tarquina *f* MAR voile en losange.

tarquino, na *adj & s* (*Amer*) de race [bovine].

Tarquino *n pr* Tarquin.

tarraconense *adj & s* tarragonais, e [de Tarragone, autrefois "Tárraco"].
◇ *f* HIST tarraconaise.

tárraga *f* ancienne danse espagnole.

Tarragona *n pr* GEOGR Tarragone.

tarraja *f* filière (terraja).

tarrasense *adj & s* de Tarrasa [Catalogne].

tarreñas *f pl* cliquettes (castañuelas).

tarrico *m* BOT arroche *f* de mer.

tarrina *f* barquette.

tarro *m* pot; **un tarro de mermelada** un pot de confiture ‖ FIG & FAM ciboulot (cabeza) ‖ (*Amer*) chapeau haut de forme ‖ FAM **comer el tarro a uno** prendre la tête à quelqu'un.

tarsectomía *f* MED tarsectomie.

társidos *m pl* ZOOL tarsiens.

tarsio *m* tarsier (animal).

tarso *m* ANAT tarse.

tarta *f* tarte (pastel relleno) ■ **tarta de boda** gâteau de mariage ‖ **tarta de cumpleaños** gâteau d'anniversaire.

tártago *m* épurge *f* (planta) ‖ FIG & FAM tuile *f*, embêtement (suceso infeliz).

tartajear *v intr* bégayer.

tartajeo *m* bégaiement.

tartajoso, sa *adj & s* bégayeur, euse; bègue.

tartaleta *f* tartelette.

tartamudear *v intr* bégayer.

tartamudeo *m*; **tartamudez** *f* bégaiement *m*.
‖ OBSERV Le pluriel de tartamudez est tartamudeces.

tartamudo, da *adj & s* bègue.

tartán *m* tartan (tela).

tartana *f* tartane (barco) ‖ carriole (carro de dos ruedas con toldo).

Tartaria *n pr f* GEOGR **el estrecho de Tartaria** le détroit de Tartarie.

tártaro, ra *adj & s* tartare.
➡ **tártaro** *m* QUÍM tartre ‖ **tartre des dents** (sarro) ‖ POÉT tartare (infierno).

Tártaros ➡ **Tátaros**.

tartera *f* gamelle (fiambrera) ‖ tourtière (tortera).

tartesio, sia *adj & s* de l'ancienne Tartesse [île de l'embouchure du Guadalquivir].

tartita *f* tartelette.

tartrato *m* QUÍM tartrate.

tártrico, ca *adj* QUÍM tartrique.

tartufería *f* tartuferie (hipocresía).

tartufo *m* tartufe (mojigato).

tarugo *m* morceau de bois ‖ cale *f* (calzo) ‖ gros morceau (pedazo) ‖ pavé de bois (para pavimentar calles) ‖ FIG & FAM bûche *f*, soliveau (zoquete) ‖ **tarugo de pan** gros quignon de pain.

tarumba *adj* FAM fou, folle; toqué, e; **tarumba por una mujer** toqué d'une femme ■ FAM **estar tarumba** être tout étourdi (atontado), marcher sur la tête, travailler du chapeau (chiflado) ‖ **volver tarumba** étourdir, faire tourner la tête (aturdir), rendre dingue, faire tourner en bourrique (volver loco) ‖ **volverse tarumba** être tout étourdi (aturdido), devenir dingue (loco).

tas *m* tas (yunque pequeño).

tasa *f* taxe (impuesto); **tasa de compensación** taxe compensatoire; **tasa de exportación** taxe à l'exportation ‖ taux *m* (índice); **tasa de natalidad** taux de natalité; **tasa de incremento** taux d'accroissement; **tasa de desarrollo** o **de crecimiento** taux de croissance; **tasa de paro** taux de chômage ‖ mesure, règle (medida, regla) ‖ **sin tasa, sin tasa ni medida** sans compter (gastar), sans frein (obrar), sans bornes (sin límites).

tasación *f* taxation (justiprecio) ‖ évaluation (cálculo) ‖ mise à prix (fijación).

tasador, ra *adj* qui taxe.
◇ *adj m & s m* taxateur, estimateur.
➡ **tasador** *m* commissaire priseur (en las subastas).

tasajear *v tr* (*Amer*) découper et saler [la viande].

tasajo *m* viande *f* séchée o boucanée (carne seca o acecinada) ‖ morceau de viande (pedazo de cualquier carne).

tasajudo, da *adj* (*Amer*) efflanqué, e (flaco).

tasar *v tr* taxer (fijar el precio) ‖ évaluer, estimer (valorar); **tasar un cuadro** évaluer un tableau ‖ FIG mesurer; **tasar la comida a un enfermo** mesurer la nourriture à un malade ‖ limiter, restreindre (restringir) ‖ rationner; **aquí nos tasan el papel** ici on nous rationne le papier.

tasca *f* bistrot *m*, gargote, taverne (taberna) ‖ tripot *m* (casa de juego) ‖ FAM **ir de tascas** aller prendre un verre.

tascar [10] *v tr* espader (el cáñamo) ‖ FIG brouter avec bruit (la hierba) ‖ FAM **tascar el freno** ronger son frein.

tasio, sia *adj & s* de Thasos (isla).

Tasmania *n pr f* GEOGR Tasmanie; **el mar de Tasmania** la mer de Tasman.

tasmanio, nia *adj & s* tasmanien, enne.

tasquear *v intr* faire la tournée des bistrots.

tasqueo *m* tournée *f* des bistrots.

tasquil *m* éclat de pierre ‖ recoupe *f* (de piedras preciosas).

TASS (abrev de Telegrafnoe Agentstvo Sovetskogo Sojuza) *f* agence TASS.

tata *m* (*Amer*) FAM papa (papá).
◇ *f* FAM nounou (niñera).

tataíba *m* (*Amer*) mûrier sauvage.

tatarabuelo, la *m* & *f* trisaïeul, e; arrière-arrière-grand-père, arrière-arrière-grand-mère FAM.

tataradeudo, da *m* & *f* parent éloigné, parente éloignée ‖ancêtre (antepasado).

tataranieto, ta *m* & *f* arrière-arrière-petit-fils, arrière-arrière-petite-fille.

Tátaros; Tártaros *n pr m pl* Tatars, Tatares, Tartares.

tatarrete *m* pot (tarro).

tatas *f pl* andar a tatas commencer à marcher, faire ses premiers pas (un niño), marcher à quatre pattes (andar a gatas).

¡tate! *interj* attention! (¡cuidado!) ‖ doucement!, hé là! (para detener) ‖ tiens!, j'y suis (ya veo).

tatetí *m* (*Amer*) marelle *f* (tres en raya) ‖ morpion [jeu].

tatito *m* FAM (*Amer*) papa (papá).

tato *m* FAM grand frère (hermano mayor).

tato, ta *adj* qui prononce le c et le s comme le t.

tatú *m* ZOOL tatou (animal).

tatuador *adj m* & *s m* tatoueur.

tatuaje *m* tatouage.

tatuar [6] *v tr* tatouer.

tau *m* tau, croix *f* de Saint-Antoine (tao) ‖FIG tau (divisa).
◇ *f* tau (letra griega).

taujía *f* damasquinage (ataujía).

taumaturgia *f* thaumaturgie.

taumaturgo *m* thaumaturge.

táuridas *f pl* ASTRON tauridées.

Táuride *n pr* HIST (antiguo nombre de Crimea) Tauride.

taurino, na *adj* taurin, e.

Tauro ▬ **Taurus**.

tauróbolo *m* taurobole (sacrificio).

taurófilo, la *adj* amateur (sin femenino) de courses de taureaux.

tauromaquia *f* tauromachie.

LA TAUROMAQUIA

La tauromachie est l'art de combattre les taureaux dans l'arène. La course de taureaux ou « corrida » commence généralement vers 16 ou 17 heures par le défilé ou « paseíllo » des « toreros » et des « cuadrillas » précédés de deux cavaliers, appelés « alguacillillos », chargés de demander la clef du toril au président de la corrida. Les toreros somptueusement vêtus du costume traditionnel brodé de paillettes appelé « traje de luces » traversent l'arène en diagonale. Chacun des trois toreros principaux, les « matadores » ou « espadas », est suivi de ses assistants ou « subalternos », puis des « picadores » à cheval, qui forment ensemble la « cuadrilla ». La corrida proprement dite ou « lidia » est divisée en trois parties ou « tercios ». On utilise six taureaux, lâchés chacun à son tour dans l'arène, « el ruedo ». Le « matador » reçoit le taureau et effectue une série de passes, notamment des « verónicas », avec une cape, « capa », afin d'étudier le comportement du taureau. Dans la première partie de la course ou « tercio de varas », le « picador », torero à cheval, pique le taureau avec sa lance ou « vara » trois ou quatre fois pour lui faire baisser la tête et tester sa bravoure. Au cours du « tercio de banderillas », le torero appelé « banderillero », ou le matador lui-même, plante dans le garrot du taureau trois paires de « banderillas », fortes baguettes ornées de rubans de papier dont l'extrémité est armée d'un crochet en forme d'hameçon. Lorsque le « matador » juge que le « tercio de varas » ou le « tercio de banderillas » a assez duré, il peut, en enlevant sa « montera », coiffure traditionnelle, demander au président de la corrida la permission de passer à la partie suivante. Au cours de la troisième et dernière partie de la « lidia », le « tercio de muerte », le matador saisit son épée et la « muleta », rectangle de serge rouge replié sur un bâton, et exécute la « faena », série de passes – « derechazos », « naturales », « manoletinas » (cette dernière a été inventée par l'un des plus célèbres toreros espagnols, Manolete) – qui lui permettent de trouver le moment propice pour frapper le taureau de son épée. C'est à ce moment que l'on juge la performance du torero et celle du taureau. Les courses de taureaux sont très populaires en Espagne, en Amérique latine et dans le sud de la France, où elles sont considérées comme une véritable forme d'art. Elles ont aussi leurs détracteurs, qui les considèrent comme un spectacle cruel et inhumain.

tauromáquico, ca *adj* tauromachique.

Taurus; Tauro *n pr m* GEOGR el Taurus o Tauro le Taurus ‖ ASTRON & ASTROL Taureau.

tautología *f* tautologie (pleonasmo).

tautológico, ca *adj* tautologique.

tautomería *f* QUÍM tautomérie.

TAV (abrev de tren de alta velocidad) *m* ≃ TGV.

taxáceas *f pl* BOT taxacées.

taxativo, va *adj* précis, e; de un modo taxativo de façon précise.

taxi *m* FAM taxi (coche de alquiler).

taxiarquía *f* taxiarchie, taxiarchat *m* (unidad táctica).

taxidermia *f* taxidermie.

taxidermista *m* & *f* taxidermiste.

taxímetro *m* taximètre (aparato) ‖ taxi (coche de alquiler).

taxista *m* & *f* chauffeur *m* de taxi.

taxonomía *f* taxonomie, taxinomie.

taxonómico, ca *adj* taxonomique, taxinomique.

taxonomista *m* & *f* taxinomiste o taxonomiste.

Tayikistán ▬ **Tadzhikistán**.

taylorismo *m* taylorisme.

taylorización *f* taylorisation (organización metódica del trabajo).

taza *f* tasse; una taza de café une tasse de café ‖ bassin *m*, vasque (de una fuente) ‖ cuvette (de retrete) ‖ coquille (de la espada).

tazmía *f* (ant) dîme (tributo) ‖ répartition de la dîme ‖ registre *m* des dîmes perçues (cuaderno).

tazón *m* bol (taza grande).

TBO® *n pr* ancienne revue espagnole d'histoires illustrées.

EL TBO®

Revue d'histoires illustrées, ancêtre des bandes dessinées modernes, elle parut pour la première fois à Barcelone, au début du siècle. Le TBO® (prononcez « tebeo ») obtint un grand succès auprès du public. Ses personnages, entre autres « la familia Ulises », et ses rubriques, comme « los inventos del TBO® » sont devenus respectivement l'archétype de la famille espagnole des années 50, et synonyme d'une idée folle. L'expression « esto está más visto que el tebeo » montre à quel point cette revue est entrée dans la vie des espagnols. Par ailleurs, le terme « tebeo » s'est lexicalisé et est devenu le mot générique pour désigner ce type de publication.

TC (abrev de Tribunal Constitucional) conseil constitutionnel.

EL TC

Le conseil constitutionnel espagnol, créé en 1981, est compétent pour statuer sur tout problème lié à la Constitution. Il peut avoir à examiner une loi pour en garantir la constitutionnalité, à régler des questions liées à la répartition territoriale du pouvoir et à la sauvegarde des droits fondamentaux et des libertés publiques. Le tribunal constitutionnel symbolise la soumission de la politique au droit; sa principale mission est d'interpréter la Constitution, mais il a aussi le pouvoir d'enrichir les interprétations déjà existantes et de promouvoir ou d'élargir le consensus en matière constitutionnelle.

TCP/IP (abrev de Transmission Control Protocol/Internet Protocol) *m* INFORM protocolo TCP/IP protocole TCP/IP.

te *pron pers* te; te veo je te vois; te hablo je te parle ‖ t' (delante de una vocal); te oigo je t'entends ‖ toi (en imperativo); ¡cállate! tais-toi! ‖ te (delante de un infinitivo); quiero hablarte je veux te parler.

te *f* té *m* (letra t) ‖té *m* (escuadra).

té *m* thé (planta, bebida) ‖théier (arbusto) ‖thé (reunión); té baile thé dansant ‖té de los jesuitas o del Paraguay maté.
▬ OBSERV pl tés.

tea *f* torche (antorcha).

teatino *m* théatin.

teatral *adj* théâtral, e; grupos teatrales groupes théâtraux ▪ obra teatral pièce de théâtre ‖temporada teatral saison théâtrale.

teatralidad *f* théâtralité.

teatralizar [13] *v tr* théâtraliser.

teatro *m* théâtre; el teatro de la Ópera, de Calderón le théâtre de l'Opéra, de Calderon ‖FIG théâtre; esta ciudad fue el teatro de un gran suceso cette ville fut le théâtre d'un grand événement ▪ obra de teatro pièce de théâtre ▪ teatro de aficionados théâtre amateur ‖ MIL teatro de operaciones théâtre des opérations ‖teatro de variedades théâtre de variétés ‖teatro experimental théâtre expérimental ‖ teatro ligero théâtre boulevardier ▪ dedicarse al teatro, trabajar en el teatro faire du théâtre ‖dejar el teatro renoncer au théâtre, abandonner le théâtre ‖FIG echarle teatro jouer la comédie, prendre de grands airs ‖hacer teatro jouer la comédie (propio y figurado) ‖FIG tener mucho teatro être très comédien.
SIN coliseo colisée; escenario scène; tablas planches; tablado scène, planches, estrade; candilejas rampe.

tebaico, ca *adj* thébaïque (del opio) ‖thébain, e.

tebaida *f* thébaïde (soledad).

Tebaida *n pr f* HIST Thébaïde.

tebaína *f* thébaïne (alcaloide).

tebaísmo *m* thébaïsme.

tebano, na *adj* & *s* thébain, e.

Tebas *n pr* GEOGR Thèbes.

tebeo® *m* illustré [pour enfants] ‖ bande *f* dessinée ‖ FIG está más visto que el tebeo tout le monde le connaît.

teca *f* teck *m*, tek *m* (árbol) ‖ BOT thèque (célula).

tecali *m* albâtre du Mexique.

techado *m* toit, toiture *f* (tejado).

techador *m* couvreur [de toits].

techar *v tr* couvrir, poser la toiture.

techo *m* plafond (parte interior); techo artesonado plafond à caissons o lambrissé ‖ [▷ SIN] toit (tejado); techo de paja toit de paille o de chaume ‖ FIG toit, foyer; acoger a uno bajo su techo accueillir quelqu'un sous son toit o dans son foyer ■ techo corredizo toit ouvrant (de coche) ‖ vivir bajo el mismo techo habiter sous le même toit.
  OBSERV No hay que confundir en francés plafond (techo de una habitación) con toit (tejado de la casa).
  SIN techumbre, techado toiture; tejado toit; cubierta couverture; sófito soffite.

techumbre *f* toiture.

tecla *f* touche (de piano, de máquina de escribir) ■ INFORM tecla de anclaje o de bloqueo touche de verrouillage ‖ tecla de anulación touche d'annulation ‖ tecla de control touche de commande ‖ tecla de función touche de fonction ‖ tecla de retorno touche retour ‖ tecla táctil touche à effleurement ‖ tecla de corrección touche de correction ■ FIG & FAM dar en la tecla tomber juste, faire mouche (acertar) ‖ tocar la tecla sensible faire vibrer la corde sensible ‖ tocar una tecla lancer un ballon d'essai.

teclado *m* clavier ■ INFORM teclado alfanumérico clavier alphanumérique ‖ teclado expandido clavier étendu ‖ teclado numérico pavé numérique.

tecle *m* MAR poulie *f*.

tecleado *m* doigté.

teclear *v intr* frapper (teclas) ‖ taper [à la machine] ‖ pianoter ‖ FIG & FAM tapoter (los dedos). ◇ *v tr* FIG & FAM sonder, étudier; teclear un asunto étudier une affaire.

tecleo *m* frappe *f* d'un clavier ‖ jeu (de un pianista), doigté (digitación) ‖ pianotage ‖ se oía el tecleo de las máquinas de escribir on entendait le bruit des machines à écrire.

teclista *m* & *f* claviste.

tecnecio *m* QUÍM technétium.

técnica *f* technique; la técnica de un pintor la technique d'un peintre.

técnicamente *adv* techniquement.

tecnicidad *f* technicité.

tecnicismo *m* technicité *f* (carácter técnico) ‖ terme technique (palabra).

técnico, ca *adj* technique. ◇ *m* & *f* technicien, enne.

tecnicocomercial *adj* technico-commercial, e.

Tecnicolor® *m* Technicolor®.

tecnificación *f* technicisation.

tecnificar [10] *v tr* techniciser.

tecno *m inv* musique *f* techno.

tecnocracia *f* technocratie.

tecnócrata *m* & *f* technocrate.

tecnocratización *f* technocratisation.

tecnografía *f* technographie.

tecnográfico, ca *adj* technographique.

tecnología *f* technologie; tecnología punta technique de pointe.

tecnológico, ca *adj* technologique.

tecnólogo, ga *m* & *f* technologue, technologiste.

tecol *m* (Amer) ver de l'agave.

tecolines *m pl* (Amer) FAM sous, fric *sing* (dinero).

tecolote *m* (Amer) sorte de hibou (búho).

tecomate *m* (Amer) calebasse *f* (calabaza).

tectónico, ca *adj* & *s* tectonique.

tedéum; te deum *m* te Deum.

tediar *v tr* haïr, détester.

tedio *m* ennui (aburrimiento) ‖ répugnance *f*, aversion *f*.

tedioso, sa *adj* ennuyeux, euse (fastidioso) ‖ répugnant, e (que repugna).

teflón® *m* Téflon®.

tegenaria *f* tégénaire (araña).

tegumentario, ria *adj* tégumentaire.

tegumento *m* tégument.

Teherán *n pr* GEOGR Téhéran.

Tehuantepec *n pr* GEOGR istmo de Tehuantepec isthme de Tehuantepec.

Teide *n pr m* el Teide le Teide.

teína *f* QUÍM théine (alcaloide).

teísmo *m* théisme (doctrina).

teísta *adj* & *s* théiste.

teja *f* tuile; teja acanalada, canalón, cumbrera, de copete, plana tuile cornière, canal o romaine, faîtière, de croupe, plate ‖ aile [d'un fer profilé] ‖ chapeau *m* d'ecclésiastique (sombrero de cura) ‖ MAR mortaise cylindrique du mât ‖ FIG & FAM a toca teja rubis sur l'ongle, comptant, cash ‖ de tejas abajo ici-bas, en ce bas monde (en la tierra) ‖ de tejas arriba au ciel (en el cielo).

tejadillo *m* petit toit ‖ auvent, marquise *f* (de puerta).

tejado *m* toit; subir al tejado monter sur le toit ‖ toiture *f* (techumbre) ‖ capote *f* (de un coche) ■ FIG empezar la casa por el tejado mettre la charrue avant o devant les bœufs ‖ está aún la pelota en el tejado la partie n'est pas encore jouée, il n'y a encore rien de décidé ‖ hasta el tejado jusqu'aux combles.
  OBSERV No hay que confundir en francés toit (parte superior de la casa) con plafond (techo, parte superior de la habitación).

tejamaní; tejamanil *m* (Amer) sorte de latte servant de tuile.
  OBSERV Le pluriel de tejamaní est tejamanís o tejamaníes.

tejano, na *adj* & *s* du Texas, texan, e.

tejar *m* tuilerie *f*.

tejar *v tr* couvrir de tuiles.

tejaroz *m* avant-toit (alero).
  OBSERV pl tejaroces.

Tejas ➤ Texas.

tejavana *f* hangar *m* (cobertizo).

tejazo *m* coup de tuile.

tejedera *f* tisseuse (tejedora) ‖ araignée d'eau (insecto).

tejedor, ra *adj* & *s* tisseur, euse (que teje) ‖ FIG & FAM (Amer) intrigant, e (intrigante). ◇ *m* & *f* tisserand, e (obrero). ➛ **tejedor** *m* araignée *f* d'eau (insecto) ‖ tisserin (ave). ➛ **tejedora** *f* (Amer) machine à tricoter.

tejedura *f* tissage *m* (acción de tejer) ‖ texture.

tejeduría *f* tisseranderie, métier *m* du tisserand (arte de tejer) ‖ atelier *m* du tisserand (taller).

tejemaneje *m* FAM adresse *f*, habileté *f* (destreza) ‖ manigances *f pl*, micmac, intrigues *f pl*, manège (manejos enredosos) ■ FAM ¿qué tejemanejes te traes? qu'est-ce que tu manigances? ‖ traerse unos tejemanejes manigancer quelque chose.

tejer *v tr* tisser (entrelazar hilos) ‖ tresser (trenzar) ‖ FIG disposer, ordonner, arranger (componer) ‖ ourdir, tramer, machiner (maquinar); tejer una intriga ourdir une intrigue ‖ (Amer) intriguer (intrigar) ‖ tricoter (hacer punto) ‖ FIG tejer y destejer faire et défaire.

tejería *f* tuilerie (tejar).

tejeringo *m* sorte de beignet (churro).

tejero *m* tuilier.

tejido *m* [▷ SIN] tissu (tela) ‖ textile; tejido artificial textile artificiel ‖ tissage (acción de tejer) ‖ FIG tissu; tejido de embustes tissu de mensonges ‖ ANAT tissu ■ BOT tejido aerífero tissu aérifère ‖ ANAT tejido cartilaginoso tissu cartilagineux ‖ tejido conjuntivo tissu conjonctif ‖ tejido de punto jersey ‖ ANAT tejido epitelial tissu épithélial ‖ tejido muscular tissu musculaire ‖ tejido nervioso tissu nerveux ‖ tejido óseo tissu osseux.
  SIN tela étoffe; lienzo toile; paño drap; textura tissure; entretejedura entrelacement.

tejo *m* palet (para jugar) ‖ disque de métal (plancha metálica circular) ‖ lingot (pedazo de oro) ‖ flan (de moneda) ‖ MÉCAN crapaudine *f* (tejuelo) ‖ BOT if (árbol) ‖ FIG & FAM echar o tirar los tejos a alguien jeter son dévolu sur quelqu'un, faire des avances à quelqu'un.

tejocote *m* (Amer) aubépine *f* (planta).

tejoleta *f* tuileau *m* (pedazo de teja) ‖ cliquette (tarreña) ‖ tesson *m* (en un muro).

tejón *m* blaireau (mamífero).

tejonera *f* taissonnière (madriguera).

tejuela *f* petite tuile, tuilette ‖ tuileau *m* (tejoleta) ‖ arçon *m* (de silla de montar).

tejuelo *m* palet (tejo) ‖ étiquette *f* [au dos d'un livre] ‖ MÉCAN crapaudine *f*.

tel.; teléf. (abrev escrita de teléfono) tél.

tela *f* tissu *m*, étoffe (tejido); tela de mezclilla étoffe chinée o mélangée ‖ toile; tela de lino toile de lin; tela de colchón toile à matelas ‖ membrane (membrana); telas del cerebro membranes du cerveau ‖ peau (en la superficie de un líquido) ‖ taie (nube en el ojo) ‖ enceinte (sitio cerrado) ‖ sorte d'alosière (red de pesca) ‖ FAM fric *m*, galette (dinero) ■ tela de araña toile d'araignée ‖ INFORM tela de araña mundial WWW, Web ‖ tela de cebolla pelure d'oignon ‖ tela de rizo tissu-éponge

‖ **tela de saco** toile à sacs o de jute ‖ **tela metálica** toile métalique (para tamices), grillage (alambrada) ‖ **papel tela** papier Joseph ■ **encuadernación en tela** reliure toile ‖ FIG **estar en tela de juicio** être sujet à caution ‖ **estar puesto en tela de juicio** être (mis) en question ‖ FIG & FAM **hay tela cortada** o **para rato** o **de que cortar** il y a du pain sur la planche ‖ FIG **poner en tela de juicio** mettre en question o en doute ‖ FIG & FAM **tener tela** être plein de substance.

Telam (abrev de Telenoticias Americanas) *f* agence de presse argentine.

telamón *m* ARQ télamon (atlante).

telar *m* métier à tisser (máquina) ‖ cintre (del teatro) ‖ cousoir (de los encuadernadores) ‖ ARQ épaisseur *f* (de puerta o ventana) ■ FIG **poner de nuevo una obra en el telar** remettre un ouvrage sur le métier o en chantier ‖ **tener en el telar** avoir en train, avoir en chantier, avoir sur le métier [un travail].

telaraña *f* toile d'araignée ‖ FIG bagatelle, vétille (cosa de poca importancia) ■ FIG & FAM **mirar las telarañas** bayer aux corneilles ‖ **no tener telarañas en los ojos** ne pas avoir les yeux dans sa poche ‖ **tener telarañas en los ojos** avoir un bandeau sur les yeux, être aveugle, avoir la berlue.

telautógrafo *m* télautographe, téléautographe.

tele *f* FAM télé.

teleadicto, ta *adj* mordu, e de télé.

telearrastre *m* remonte-pente.

telebasura *f* FAM télé-poubelle.

telecabina *f* télécabine, télébenne.

telecarga *f* INFORM téléchargement *m*.

telecine; **telecinematógrafo** *m* télécinéma, télécinématographe.

teleclub *m* salle *f* de télévision commune. ▪ OBSERV pl teleclubes.

telecomedia *f* sitcom.

telecomunicación *f* télécommunication ‖ **especialista en telecomunicaciones** télémécanicien *m*.

telecontrol *m* télécommande *f*.

teledebate *m* débat télévisé.

teledetección *f* ASTRON télédétection.

telediario *m* journal télévisé.

teledifusión *f* télédiffusion.

teledinamia *f* télédynamie.

teledinámico, ca *adj* télédynamique.

teledirección *f* télécommande (telemando).

teledirigido, da *adj* téléguidé, e.

teledirigir [15] *v tr* téléguider, télécommander.

teléf. ▬ **tel.**

telefacsímil *m* télécopie *f*.

telefax *m inv* télécopie *f*, Téléfax.

teleférico, ca *adj & s m* téléphérique, téléférique ■ TECN **teleférico industrial** aérocâble ‖ **teleférico monocable** télécabine, télébenne.

telefilme; **telefilm** *m* film télévisé, téléfilm. ▪ OBSERV pl telefilmes; telefilms.

telefio *m* trique-madame *f*, tripe-madame *f*.

telefonazo *m* FAM coup de téléphone, coup de fil (llamada telefónica).

telefonear *v tr & intr* téléphoner.

telefonema *m* télégramme téléphoné.

telefonía *f* téléphonie; **telefonía sin hilos** téléphonie sans fil.

telefónicamente *adv* téléphoniquement, par téléphone.

telefónico, ca *adj* téléphonique ■ **Compañía Telefónica, Telefónica** Compagnie des téléphones ‖ **llamada telefónica** coup de téléphone. ▪ OBSERV En Francia el servicio de teléfonos junto con el de correos y telégrafos corre a cargo del ministerio de Postes et Télécommunications (PTT), antes Postes, Télégraphes, Téléphones.

telefonillo *m* interphone (interfono).

telefonista *m & f* standardiste (de centralita), téléphoniste (de la telefónica).

teléfono *m* téléphone ‖ **llamar por teléfono** téléphoner.

telefoto *f* téléphoto.

telefotografía *f* téléphotographie.

telegénico, ca *adj* télégénique.

telegrafía *f* télégraphie; **telegrafía sin hilos** télégraphie sans fil.

telegrafiar [9] *v tr & intr* télégraphier.

telegráfico, ca *adj* télégraphique; **giro telegráfico** mandat télégraphique.

telegrafista *m & f* télégraphiste.

telégrafo *m* télégraphe ■ **telégrafo marino** télégraphe sous-marin ‖ **telégrafo óptico** télégraphe optique ‖ **telégrafo sin hilos** télégraphe sans fil o de Morse.

telegrama *m* télégramme.

teleguiado, da *adj* téléguidé, e (teledirigido).

teleguiar [9] *v tr* téléguider (teledirigir).

teleimpresor *m* téléimprimeur, téléscripteur.

teleinformática *f* INFORM téléinformatique.

telejuego *m* jeu vidéo.

telekinesia ▬ **telequinesia**.

telele *m* (*Amer*) malaise.

Telémaco *n pr* MITOL Télémaque.

telemando *m* télécommande *f*.

telemática *f* télématique.

telemecánico, ca *adj & s f* télémécanique.

telemedición *f* télémesure.

telemetría *f* télémétrie.

telemétrico, ca *adj* télémétrique.

telémetro *m* télémètre.

telenovela *f* feuilleton *m* télévisé.

telenque *adj* FAM (*Amer*) niais, e (bobo).

teleobjetivo *m* téléobjectif.

teleología *f* téléologie.

teleológico, ca *adj* téléologique.

teleosaurio *m* téléosaure (cocodrilo fósil).

teleósteos *m pl* ZOOL téléostéens.

telépata *adj & s* télépathe.

telepatía *f* télépathie, télesthésie.

telepático, ca *adj* télépathique.

teleprocesamiento; **teleproceso** *m* INFORM télétraitement, télégestion *f*.

teleprocesar *v tr* INFORM traiter des données à distance; gérer à distance.

teleproceso ▬ **teleprocesamiento**.

teleproyectil *m* MIL projectile téléguidé.

telequinesia; **telekinesia** *f* télékinésie.

telera *f* régulateur *m* (del arado) ‖ armon *m* (del carro) ‖ montant *m* (de prensa) ‖ entretoise (de la cureña) ‖ MAR hernier *m* (del palo).

telero *m* rancher (del carro).

telerón *m* entretoise *f*.

telerradiodifusión ▬ **radioteledifusión**.

telerradiografía *f* téléradiographie.

telescópico, ca *adj* télescopique.

telescopio *m* télescope.

telescritura *f* télé-écriture.

teleseñalización *f* télésignalisation.

telesilla *m* télésiège.

telespectador, ra *m & f* téléspectateur, trice.

telesquí *m* téléski. ▪ OBSERV pl telesquíes o telesquís.

telestesia *f* télesthésie.

telestudio *m* studio de radio o de télévision.

teleta *f* buvard *m* (papel secante).

teleteatro *m* théâtre retransmis à la télévision.

teleteca *f* téléthèque.

teletexto *m* télétexte, vidéotex diffusé.

teletipia *f* télétypie.

teletipo *m* télétype.

televendedor, ra *m & f* télévendeur, euse.

televenta *f* télévente.

televidente *m & f* téléspectateur, trice.

televisar *v tr* téléviser.

televisión *f* télévision; **ver en la televisión** voir à la télévision ■ **televisión en blanco y negro** télévision en noir et blanc ‖ **televisión en colores** télévision en couleurs ‖ **televisión por cable** télévision par câble ‖ **televisión vía satélite** télévision par satellite.

televisivo, va *adj* propre à la télévision.

televisor *m* téléviseur, poste de télévision.

televisual *adj* télévisuel, elle.

télex *m inv* télex.

telilla *f* sorte de camelot léger (tela) ‖ pellicule (capa delgada en un líquido).

telina *f* clovisse (almeja).

telliz *f* caparaçon *m* (arreo del caballo). ▪ OBSERV pl tellices.

telliza *f* courtepointe (sobrecama).

Telnet *m* INFORM Telnet; **protocolo Telnet** protocole Telnet.

telofase *f* BIOL télophase.

telón *m* rideau (teatro) ■ **telón corto** rideau d'avant-scène ‖ FIG **telón de acero** rideau de fer ‖ **telón de boca** rideau de scène ‖ **telón de fondo** rideau de fond (teatro); toile de fond (sentido figurado) ‖ **telón de foro** toile de fond, lointain ▌**telón metálico** rideau de fer (teatro, garaje).

telonero, ra *adj* & *s* artiste qui essuie les plâtres, artiste qui passe en lever de rideau ■ **partido telonero** match d'ouverture, lever de rideau (en deportes) ▌**ser telonero** essuyer les plâtres, passer en lever de rideau (en el teatro).

telson *m* ZOOL telson.

telurhídrico, ca *adj* QUÍM tellurhydrique.

telúrico, ca *adj* tellurique, tellurien, enne.

telurio *m* tellure (metal).

telurismo *m* tellurisme.

teluroso, sa *adj* QUÍM tellureux, euse.

telururo *m* QUÍM tellurure.

tema *m* sujet (asunto); **el tema de un libro** le sujet d'un livre ▌sujet, propos (de una conversación); **cambiemos de tema** changeons de sujet ▌thème (traducción inversa) ▌sujet, question *f* (en un programa de examen); **salir** o **salirse del tema** sortir du sujet o de la question ▌question *f*, problème (problema) ▌marotte *f*, idée *f* fixe (locura); **cada loco con su tema** à chacun sa marotte ▌GRAM, MIL & MÚS thème ▌**tema de actualidad** sujet d'actualité, thème d'actualité.

▌OBSERV En francés se dice más **sujet** que **thème**.

temario *m* programme ▌programme, ordre du jour (de una conferencia).

temático, ca *adj* thématique.

➡ **temática** *f* thème *m*, sujet *m* (tema), doctrine (doctrina), idéologie (ideología), philosophie (filosofía).

tembladal *m* bourbier (tremedal).

tembladera *f* coupe à parois très mince (vasija) ▌aigrette (tembleque) ▌torpille (pez) ▌amourette, tremblette, brize (planta) ▌tremblement *m* (temblor) ▌(*Amer*) bourbier (tremedal).

tembladeral *m* (*Amer*) bourbier.

tembladero, ra *adj* tremblant, e.

➡ **tembladero** *m* bourbier (tremedal).

temblar [19] *v intr* trembler; **temblar de frío, por su vida** trembler de froid, pour sa vie; **temblar como un azogado** trembler comme une feuille ■ FIG & FAM **dejó temblando la botella** il a fait un sort à la bouteille, il n'a laissé que le fond de la bouteille, il a sifflé presque toute la bouteille ▌FIG **echarse a temblar** avoir des frissons dans le dos, en trembler.

▌SIN trepidar trépider; estremecerse frémir; palpitar palpiter; temblequear trembloter; agitarse s'agiter; titiritar, tiritar grelotter.

tembleque *adj* tremblotant, e.

▷ *m* aigrette *f* (joya) ▌trembleur (persona que tiembla).

temblequear *v intr* FAM trembloter.

temblequeteo *m* FAM tremblotement.

tembletear *v intr* FAM trembloter.

temblón, ona *adj* & *s* FAM trembleur, euse; froussard, e (temblador) ▌**álamo temblón** tremble, peuplier tremble.

temblor *m* tremblement ▌frisson; **me dan temblores pensando en lo que va a pasar** j'ai des frissons en pensant à ce qui va se passer ▌FIG tremblement ■ **temblor de la voz** chevrotement, tremblement de la voix

▌**temblor de tierra** tremblement de terre (terremoto).

tembloroso, sa *adj* tremblant, e; **muy temblorosa** toute tremblante.

temer *v tr* craindre, avoir peur de; **teme mucho a su padre** il craint beaucoup son père, il a très peur de son père ■ **no temer ni a Dios ni al diablo**, **no temer ni rey ni roque** ne craindre ni Dieu ni diable, n'avoir ni foi ni loi ▌**no vendrá, lo temo** il ne viendra pas, j'en ai peur o je le crains.

▷ *v intr* & *pr* craindre, avoir peur; **(me) temo que venga** je crains qu'il ne vienne; **(me) temo que no venga** je crains qu'il ne vienne pas ■ **me lo temo** je le crains, j'en ai bien peur ▌**(me) temo mucho que** je crains fort que, j'ai bien peur que ▌**ser de temer** être à craindre o à redouter.

▌OBSERV Con los verbos **craindre que**, **avoir peur que**, el francés emplea siempre el **ne** expletivo que no se traduce en español.

temerariamente *adv* avec témérité.

temerario, ria *adj* & *s* téméraire.

temeridad *f* témérité (osadía).

temerosamente *adv* craintivement.

temeroso, sa *adj* [▷ SIN] peureux, euse; craintif, ive (medroso) ▌redoutable (que causa temor) ▌**temeroso de** craignant; **temerosos de sus superiores** craignant leurs supérieurs.

▌SIN tímido timide; timorato timoré; receloso, medroso, asustadizo craintif; miedoso peureux.

temible *adj* redoutable ▌dangereux, euse (peligroso).

Temis *n pr* MITOL Thémis.

Temístocles *n pr* Thémistocle.

temor *m* crainte *f*, peur *f*; **el temor al castigo** la crainte du châtiment; **el temor de Dios** la crainte de Dieu ■ **con el temor de ofenderle** dans la crainte o par crainte o craignant de l'offenser ▌**con temor** avec crainte, craintivement ▌**por temor de** o **a la guerra** dans la crainte de la guerre, par peur de la guerre ▌**por temor de no llegar a tiempo** de peur de ne pas arriver à temps ▌**por temor de que no se avengan** de crainte o de peur qu'ils ne s'entendent pas ▌**sin temor a equivocarse** sans crainte de se tromper ▌**tener mucho temor a** avoir très peur de, craindre beaucoup.

▌SIN inquietud inquiétude; alarma alarme; miedo peur; pánico panique; horror horreur; terror terreur; espanto épouvante; pavor frayeur; FAM canguelo, jindama trouille, frousse.

tempanador *m* instrument pour ouvrir les ruches.

tempanar *v tr* mettre le chapeau (a una colmena).

témpano *m* glaçon (de hielo) ▌cymbale *f* (timbal) ▌peau *f* d'un tambour (piel de pandero) ▌flèche *f* de lard (de tocino) ▌tympan (tímpano) ▌chapeau (de colmena) ▌fond (de tonel) ▌FIG glaçon; **esta mujer es un témpano** cette femme est un glaçon.

temperación *f* adoucissement *m*, modération.

temperadamente *adv* modérément.

temperado, da *adj* tempéré, e.

temperamental *adj* du tempérament.

temperamento *m* tempérament ▌MÚS temperamento ▌(*Amer*) climat, température *f*.

▌OBSERV **Vente à tempérament** se dit en español **venta a plazos**.

temperancia *f* tempérance.

temperante *adj* tempérant, e ▌(*Amer*) sobre, qui ne boit pas.

temperar *v tr* tempérer, adoucir ▌MED calmer.

▷ *v intr* (*Amer*) changer d'air.

➡ **temperarse** *v pr* s'adoucir (el tiempo).

temperatísimo, ma *adj* très tempéré, e.

temperatura *f* température; **temperatura máxima, mínima** température maximale, minimale ▌MED température (fiebre, calentura).

temperie *f* température [de l'atmosphère].

tempero *m* état de la terre favorable aux semailles.

tempestad *f* tempête (temporal) ▌orage *m* (tormenta) ▌FIG tempête; **tempestad de aplausos** tempête d'applaudissements ▌tempête, bordée, déluge *m*; **tempestad de injurias** bordée d'injures ▌tourmente; **la tempestad revolucionaria** la tourmente révolutionnaire ■ FIG **después de la tempestad viene la calma** après la pluie le beau temps ▌**levantar tempestades** soulever une tempête.

tempestear *v intr* FIG & FAM tempêter (echar pestes).

tempestuoso, sa *adj* tempétueux, euse.

tempisque *m* (*Amer*) sidéroxydon [arbre à fruit comestible].

templa *f* détrempe (pintura) ▌(*Amer*) suc *m* de canne (guarapo).

templadamente *adv* (*Amer*) modérément, calmement.

templado, da *adj* tempérant, e (sobrio) ▌tiède (tibio); **agua templada** eau tiède ▌tempéré, e (clima, país); **zona templada** zone tempérée ▌doux, douce (temperatura) ▌accordé, e (instrumentos) ▌FIG tempéré, e (estilo) ▌modéré, e (moderado) ▌TECN trempé, e (cristal, metal) ■ FIG & FAM **mal templado** être de bonne, de mauvaise humeur ▌**nervios bien templados** nerfs bien trempés o solides.

templador, ra *adj* tempérant, e.

➡ **templador** *adj m* & *s m* trempeur (obrero).

➡ **templador** *m* MÚS accordeur (de instrumentos) ▌accordoir (llave para templar instrumentos) ▌TECN raidisseur.

templadura *f* MÚS accordage *m* (de instrumentos) ▌trempe (de metales).

templanza *f* tempérance (virtud) ▌modération (continencia) ▌douceur (del clima) ▌harmonie [des couleurs] (en pintura).

templar *v tr* tempérer, modérer (moderar) ▌tiédir, attiédir (líquidos) ▌adoucir (temperatura, luz, color) ▌TECN tremper (un metal, cristal) ▌FIG tempérer, adoucir (suavizar) ▌calmer, apaiser (la cólera) ▌tremper (dar temple) ▌ARTES harmoniser (colores) ▌MAR proportionner (la voilure) au vent ▌MÚS accorder (instrumentos) ▌FIG & FAM **templar gaitas** arrondir les angles.

▷ *v intr* s'adoucir; **el tiempo ha templado mucho** le temps s'est beaucoup adouci.

➡ **templarse** *v pr* se tempérer, se modérer ‖ tiédir (líquidos) ‖ FIG être tempérant, être sobre (sobrio).

templario m templier.

temple m trempe f (del metal, del cristal) ‖ ordre des templiers, Temple (orden militar) ‖ température f (temperatura) ‖ FIG humeur f; estar de buen temple être de bonne humeur ‖ trempe f (energía); tener temple avoir de la trempe ‖ MÚS accord (de los instrumentos) ▪ dar temple tremper ‖ FIG de temple calme, de sang-froid ‖ pintura al temple peinture en détrempe.

templete m pavillon, kiosque (pabellón, quiosco) ‖ petit temple (templo pequeño) ‖ niche f (nicho).

templo m temple ‖ église f (iglesia) ▪ FIG & FAM como un templo énorme; una mentira como un templo un mensonge énorme; formidable, magnifique, du tonnerre; una mujer como un templo une femme du tonnerre ‖ es una verdad como un templo c'est la pure vérité o la vérité vraie.

tempo m MÚS tempo (movimiento).

temporada f saison; temporada de verano, teatral saison d'été, théâtrale; la buena temporada la belle saison ‖ séjour m; pasar una temporada en Málaga faire un séjour à Málaga ‖ époque, période; la mejor temporada de mi vida la meilleure époque de ma vie ‖ villégiature; estar de temporada en el campo être en villégiature à la campagne ▪ temporada de calma o de poca venta o de venta reducida morte-saison ‖ DEP temporada de fútbol saison de football ‖ temporada de lluvias saison des pluies ‖ temporada de ópera saison lyrique ▪ de fuera de temporada hors saison; tarifa de fuera de temporada tarif hors saison (hoteles) ‖ de temporada baja hors saison (aviones) ‖ hace una temporada que no trabaja il y a un certain temps o un bon moment qu'il ne travaille pas ‖ por temporadas de temps à autre, par périodes ‖ temporada baja saison creuse.

temporal adj temporel, elle (contrapuesto a espiritual o eterno); el poder temporal de los papas le pouvoir temporel des papes; la existencia temporal del hombre l'existence temporelle de l'homme ‖ temporaire (de poca duración); un poder temporal un pouvoir temporaire ‖ ANAT temporal, e (de la sien); músculos temporales muscles temporaux. ◇ m tempête f (tempestad) ‖ mauvais temps, pluie f persistante (lluvia) ‖ journalier, saisonnier (obrero) ‖ ANAT temporal (hueso) ▪ capear el temporal braver la tempête (un barco), laisser passer l'orage (con una persona enfadada) ‖ correr un temporal essuyer une tempête (en el mar).

temporalidad f temporalité. ➤ **temporalidades** f pl temporel m sing (de los beneficios eclesiásticos).

temporalizar [13] v tr rendre temporel.

temporalmente adv temporairement (por algún tiempo).

temporario, ria adj temporaire (temporal).

témporas f pl quatre-temps m.

temporero, ra adj saisonnier, ère; temporaire (temporario). ➤ **temporero** m saisonnier (obrero).

temporización f temporisation.

temporizador m minuterie f.

temporizar [13] v intr temporiser.

tempranal adj précoce, hâtif, ive.

tempranamente adv de bonne heure (temprano) ‖ trop tôt (prematuramente).

tempranero, ra adj précoce, hâtif, ive.

temprano, na adj précoce (adelantado) ‖ hâtif, ive (plantas) ▪ frutas, verduras tempranas primeurs ‖ patata temprana pomme de terre nouvelle. ➤ **temprano** m primeur f; ya es tiempo de recoger los tempranos c'est le moment de récolter les primeurs. ➤ **temprano** adv tôt, de bonne heure; levantarse temprano se lever de bonne heure ‖ más temprano plus tôt.

ten ➤ **ten con ten** loc adv FAM modération, prudence, tact.

tenacear v tr tenailler (atenazar). ◇ v intr FIG insister, s'obstiner.

tenacidad f ténacité.

tenacillas f pl pincettes (tenazas pequeñas) ‖ pince sing à sucre ‖ fer m sing à friser (para rizar el pelo) ‖ pinces à épiler (pinzas de depilar) ‖ pince sing pour tenir la cigarrette (para tener cogido el cigarrillo) ‖ mouchettes (despabiladeras).

tenallón m tenaillon (de fortificación).

tenante m BLAS tenant.

tenar m ANAT thénar.

tenate m (Amer) sac en cuir.

tenaz adj tenace; ofrecer una tenaz resistencia offrir une résistance tenace. ▪ OBSERV pl tenaces.

tenaza f; **tenazas** f pl tenailles pl (herramientas) ‖ pincettes pl (para el fuego) ‖ pinces pl (de los crustáceos, de los forjadores) ‖ tenailles pl (en una fortificación) ‖ TECN mors m (del torno) ▪ FIG hacer la tenaza tenir fortement, serrer comme dans un étau (asir mordiendo), prendre en fourchette (las cartas) ‖ no se puede coger ni con tenazas il n'est pas à prendre avec des pincettes.

tenazmente adv tenacement.

tenazón ➤ **a tenazón; de tenazón** loc adv au jugé.

tenca f tanche (pez) ‖ (Amer) sorte d'alouette (alondra).

tendajo m échoppe f (tenducho).

tendal m bâche f, toile f, tendelet (toldo) ‖ séchoir (tendedero) ‖ limon (de carro) ‖ (Amer) plaine f (llanura) ‖ traînée f (cosas en el aire o en el suelo) ‖ foule f, grande quantité f, tas; un tendal de deudas un tas de dettes.

tendedero m étendoir, tendoir (de cuerda), séchoir (con varillas).

tendedor, ra m & f étendeur, euse.

tendel m cordeau (cuerda) ‖ liaison f (capa de mortero).

tendencia f tendance; tener tendencia a o hacia avoir tendance à ‖ ECON tendencia del mercado tendance du marché.

tendencioso, sa adj tendancieux, euse; noticia tendenciosa nouvelle tendancieuse.

tendente adj tendant, e.

ténder m tender (de la locomotora).

tender [20] v tr tendre, étendre (extender); tender la ropa étendre le linge ‖ tendre (alargar); tender la mano tendre la main ‖ tendre, dresser; tender un lazo, una emboscada tendre un piège, une embuscade ‖ tendre, jeter (redes) ‖ poser (una línea telegráfica, vía) ‖ jeter, lancer (un puente) ‖ mettre; tender las velas mettre les voiles ‖ plâtrer (revestir las paredes con una capa de cal). ◇ v intr tendre, viser; no sé a qué fin tiende su proposición je ne sais à quelle fin tend sa proposition; tiende a superar a todos los demás il vise à dépasser tous les autres; tender a la perfección tendre à la perfection. ➤ **tenderse** v pr s'étendre, s'allonger, coucher; tenderse en o por el suelo se coucher par terre ‖ abattre o étaler son jeu (el jugador) ‖ courir ventre à terre (caballo).

tenderete m éventaire, étalage (puesto de venta al aire libre) ‖ échoppe f (tenducha) ‖ sorte de réussite (juego).

tendero, ra adj & s commerçant, e. ➤ **tendero** m fabricant de tentes de campagne.

tendido, da adj tendu, e ‖ étendu, e; allongé, e (una persona) ▪ a galope tendido au triple galop, au grand galop ‖ FIG & FAM dejar a uno tendido en el suelo coucher quelqu'un par terre ‖ hablar largo y tendido parler longuement o abondamment. ➤ **tendido** m pose f; el tendido de un cable en Madrid y Sevilla la pose d'un câble entre Madrid et Séville ‖ ligne f; tendido telefónico ligne téléphonique ‖ lancement (de un puente) ‖ étendage; el tendido de la ropa l'étendage du linge ‖ levée f (encajes) ‖ égout, pente f (del tejado) ‖ couche f de plâtre (capa de yeso) ‖ gradins pl (gradería); tendido del sol, de sombra gradins exposés au soleil, à l'ombre ▪ hacer el tendido de poser (vía, línea telegráfica) ‖ FIG para el tendido pour la galerie.

tendiente adj tendant, e (que tiende).

tendón m tendon; tendón de Aquiles tendon d'Achille.

tenducha f; **tenducho** m FAM échoppe f, petite boutique f.

tenebrario m herse f (candelabro).

tenebrión m ténébrion (insecto).

tenebrismo m ARTES ténébrisme.

tenebrosidad f caractère m ténébreux, mystère m.

tenebroso, sa adj ténébreux, euse.

tenedero m MAR mouillage.

tenedor m fourchette f (utensilio de mesa); un tenedor de plata une fourchette en argent ‖ possesseur, détenteur (que posee) ‖ porteur (de efectos comerciales); tenedor de una letra de cambio porteur d'une lettre de change ‖ tenedor de libros teneur de livres, comptable.

teneduría f tenue; teneduría de libros tenue des livres ‖ comptabilité (arte y oficina).

tenencia f possession (posesión) ‖ lieutenance (cargo de teniente) ▪ tenencia de alcaldía mairie d'arrondissement ‖ tenencia de armas port o détention d'armes.

tener [72] v tr avoir; tener dinero avoir de l'argent; tener gracia avoir de l'esprit; tener hambre, sed avoir faim, soif; **tener mucho frío** avoir très froid; **tener cinco minutos de retraso** avoir cinq minutes de retard ‖ tenir (tener cogido); **tener un sombrero en la mano** tenir un chapeau à la main; **tener un niño en brazos** tenir un enfant dans les bras ‖ tenir; **el ruido me ha tenido despierto toda la noche** le bruit m'a tenu éveillé toute la nuit ‖ tenir; **tener consejo, una asamblea** tenir conseil, une assemblée ‖ tenir; **tener los libros, la caja** tenir les livres, la caisse ‖ avoir, faire; **el cuarto tiene ocho metros por diez** la pièce a huit mètres sur dix ‖ tenir, contenir (contener) ‖ peser, faire (pesar) ‖ tenir (mantener); **tener un buen estado** tenir en bon état ■ **tener a bien** juger bon; **tuve a bien quedarme más tiempo** j'ai jugé bon de rester plus longtemps; vouloir, vouloir bien, avoir l'obligeance de; **tenga a bien enviarnos... veuillez nous envoyer...** ‖ **tener a honra** être fier de, se faire un point d'honneur o une gloire de ‖ **tener al corriente** tenir au courant ‖ **tener al día** tenir à jour ‖ **tener a la vista** o **ante los ojos** avoir sous les yeux ‖ **tener algo de** avoir quelque chose de, tenir de; **este niño tiene algo de su padre** cet enfant a quelque chose de son père; **esto tiene algo de novela** cela tient du roman ‖ **tener a mano** avoir sous la main ‖ **tener a menos** trouver au-dessous de soi o indigne de soi; **tiene a menos trabajar** il trouve que travailler est indigne de lui ‖ **tener ante sí** être saisi; **el comité tiene ante sí un informe** le comité est saisi d'un rapport; avoir sous les yeux (ante los ojos) ‖ **tener a pecho** avoir à cœur de ‖ **tener a quien salir** avoir de qui tenir ‖ **tener capacidad para** être capable de ‖ **tener en qué** o **para vivir** avoir de quoi vivre ‖ **tener cuidado con** faire attention à ‖ **tener de beber, de comer** avoir à boire, à manger ‖ **tener empeño en** tenir à; **tiene empeño en verte** il tient à te voir ‖ **tener en cuenta** tenir compte, considérer, prendre en considération, ne pas oublier ‖ **tener en mano** avoir en main, tenir; **tener en mano a sus alumnos** tenir ses élèves ‖ **tener en menos** dédaigner, mépriser ‖ **tener en mucho** avoir o tenir en grande estime, avoir beaucoup de respect pour ‖ **tener en vilo** tenir en haleine ‖ **tener hecho** avoir fait; **tiene hecho un estudio interesante sobre los mayas** il a fait une étude intéressante sur les Mayas; être devenu; **tenemos nuestro jardín hecho un barrizal** notre jardin est devenu un vrai bourbier ‖ **tener interés** tenir à; **tengo interés en llegar a tiempo** je tiens à arriver à temps; **no tengo ningún interés en eso** je n'y tiens pas ‖ **tener interés por** tenir à (desear); **no tengo ningún interés por ello** je n'y tiens pas du tout; s'intéresser à; **tener mucho interés por las ciencias** s'intéresser beaucoup aux sciences ‖ **tener lugar** avoir lieu ‖ **tener paciencia** avoir de la patience, être patient ‖ **tener para sí** croire, avoir dans l'idée; **tengo para mí que ya ha llegado** j'ai dans l'idée qu'il est déjà arrivé ‖ **tener por** avoir pour o comme; **tener por amigo** avoir comme ami; tenir pour, considérer comme; **tener a uno por tonto** tenir quelqu'un pour sot ‖ **tener presente** se rappeler, ne pas oublier; **hay que tener presente que** il ne faut pas oublier que ‖ **tener puesto** avoir mis, porter; **tengo puesta mi falda azul** j'ai mis ma jupe bleue ‖ **tener que** devoir, fal-

loir; **tengo que irme** je dois m'en aller, il faut que je m'en aille ‖ **tener sobre sí** avoir la charge de (una cosa), avoir à sa charge (una persona) ‖ **tener una mala postura** o **una mala posición** se tenir mal ■ **allí tiene... voilà...** ‖ **aquí tiene... voici...** ‖ **¡conque ésas tenemos!** ah, c'est comme ça!, c'est là où vous vouliez en venir! ‖ **esto no tiene ni pies ni cabeza** cela ne tient pas debout, cela n'a ni queue ni tête ‖ **no saber uno lo que tiene** ne pas connaître sa chance ‖ **no tendremos ni para empezar con esto** avec ça nous n'irons pas loin ‖ **no tener dónde caerse muerto** n'avoir ni feu ni lieu, être sur le pavé ‖ **no tenerlas todas consigo** ne pas en mener large, ne pas être très rassuré (tener miedo), ne pas avoir toutes les chances de son côté ‖ **no tener más que** n'avoir que; **no tiene más que hablar para que sea obedecido** il n'a qu'à parler pour être obéi ‖ **no tener más que lo puesto** n'avoir que sa chemise ‖ **no tengo nada que ver con esto** je n'ai rien à voir avec cela, cela ne me regarde pas ‖ **quien más tiene, más quiere** plus on en a, plus on en veut ‖ **quien tuvo retuvo** on garde toujours quelque chose de sa splendeur passée ‖ **téngase por dicho que** tenez-vous pour dit que ‖ **tengo sabido que** je crois savoir que ‖ **tiene la palabra el señor X** Monsieur X a la parole, la parole est à Monsieur X ‖ **tiene mucho de su padre** il a beaucoup de son père, il tient beaucoup de son père ‖ **ya te lo tengo dicho** je te l'ai déjà dit ‖ **ya tiene años** il n'est plus tout jeune.

➤ **tenerse** v pr se tenir; **tenerse tranquilo** se tenir tranquille ■ **tenerse de** o **en pie** tenir debout ‖ FAM **tenérselas tiesas** tenir bon, ne pas se laisser faire ‖ **tenerse por** se croire; **se tiene por muy listo** il se croit très malin ‖ **¡tente!** arrête!, arrête-toi!

> OBSERV L'auxiliaire avoir se traduit normalement par haber. On peut toutefois employer également tener si l'on veut insister sur le fait qu'il s'agit d'un résultat acquis, définitif: tengo mi coche vendido ma voiture est vendue (cf. he vendido mi coche j'ai vendu ma voiture). Dans ce cas, le participe passé en espagnol s'accorde avec son complément même s'il le précède: tengo ahorradas grandes cantidades de dinero j'ai de grosses sommes en réserve (cf. he ahorrado grandes cantidades de dinero j'ai économisé de grosses sommes).

tenería f tannerie (curtiduría).

Tenerife n pr GEOGR Tenerife, Ténériffe.

tenesmo m MED ténesme (pujo).

tenguerengue
➤ **en tenguerengue** loc adv en équilibre instable.

tenia f ténia, taenia (gusano) ‖ ARQ filet m, ténia (moldura).

tenida f réunion ‖ tenue (de masones).

tenienta f lieutenante.

teniente adj possesseur (que posee) ‖ vert, e (frutos) ‖ FIG & FAM dur d'oreille (algo sordo) ‖ chiche, ladre (miserable, escaso).
◇ m lieutenant ■ **teniente coronel** lieutenant-colonel ‖ **teniente de alcalde** adjoint au maire, maire adjoint ‖ **teniente de navío** lieutenant de vaisseau ‖ **teniente general** lieutenant général, général de corps d'armée.

tenífugo, ga adj & s m MED ténifuge.

tenis m tennis; **campo de tenis** court de tennis ‖ **tenis de mesa** ping-pong, tennis de table.

tenista m & f joueur, euse de tennis.

tenístico, ca adj tennistique, du tennis (mundo etc.).

Tenochtitlán n pr HIST Tenochtitlán.

tenor m teneur f; **el tenor de una carta** la teneur d'une lettre ‖ ténor (en música) ■ **a este tenor** si c'est ainsi, de cette façon (en este caso), à ce sujet (a este respecto) ‖ **a tenor** à l'avenant (por el estilo); **todo está a tenor** tout est à l'avenant ‖ de même; **comimos estupendamente y bebimos a tenor** nous avons merveilleusement bien mangé et nous avons bu de même ‖ **a tenor de** d'après.

tenorino m ténorino.

tenorio m FIG don Juan; **¡es un tenorio!** c'est un don Juan!

tenotomía f MED ténotomie.

tensar v tr tendre; **tensar un cable** tendre un câble.

tensiómetro; tensímetro m tensiomètre.

tensión f tension; **tensión arterial** tension artérielle; **tener la tensión alta** avoir de la tension ‖ ELECTR tension; **alta, baja tensión** haute, basse tension ‖ FÍS tension; **tensión disruptiva** tension de rupture o disruptive ‖ FIG tension; **tensión de espíritu** tension d'esprit; **tensión entre dos países** tension entre deux pays.

tenso, sa adj tendu, e (tirante); **cuerda tensa** corde tendue ‖ FIG tendu, e; **espíritu tenso** esprit tendu ‖ MIL tendu, e (tiro, trayectoria).

tensón f tenson (composición poética de los provenzales).

tensor, ra adj qui tend.
➤ **tensor** adj m & s m ANAT tenseur.
➤ **tensor** m TECN tendeur, raidisseur.
➤ **tensores** m pl DEP extenseur sing, sandow sing.

tentación f tentation; **caer en la tentación** tomber dans la tentation.

tentacular adj tentaculaire; **apéndices tentaculares** appendices tentaculaires.

tentáculo m tentacule.

tentadero m lieu clos où l'on éprouve les jeunes taureaux.

tentador, ra adj tentant, e; alléchant, e (cosa); **proposición tentadora** proposition alléchante ‖ qui tâte (que palpa).
◇ adj & s FIG tentateur, trice (persona) ‖ **el tentador** le tentateur (el diablo).

tentadura f essai m du minerai d'argent.

tentalear v tr tâtonner.

tentar [19] v tr tâter (examinar por medio del tacto) ‖ [▷ SIN] tenter (instigar, atraer); **la serpiente tentó a Eva** le serpent tenta Ève ‖ tentar (intentar); **tentar una empresa** tenter une entreprise ‖ sonder (una herida).
➤ **tentarse** v pr se tâter.
‖ SIN seducir séduire; engolosinar allécher; provocar provoquer; incitar inciter.

tentativa f tentative.
‖ SIN intento essai; prueba épreuve.

tentemozo m étai (puntal) ‖ chambrière f, servante f (de vehículo) ‖ ramponneau, poussah (juguete) ▌montant de la bride du cheval (quijera del caballo).

tentempié *m* collation *f*, en-cas *inv*, encas *inv* (refrigerio) ▌ramponneau, poussah (juguete).

▌ OBSERV pl tentempiés.

tentenelaire *m* & *f* sang-mêlé *inv* (hijo de cuarterón y mulata).
◇ *m* (*Amer*) colibri (ave).

tentetieso *m* ramponneau, poussah (juguete).

tentredo *m* tenthrède *f* (insecto).

tenue *adj* ténu, e; fin, e; un hilo tenue un fil ténu ▌faible (luz) ▌faible, ténu, e (voz, sonido) ▌léger, ère; el aire es más tenue que el agua l'air est plus léger que l'eau ▌futile (de poca sustancia) ▌simple (estilo).
▌ OBSERV La palabra francesa ténu se emplea menos que su equivalente español tenue.

tenuemente *adv* faiblement, légèrement.

tenuidad *f* ténuité (p us), finesse ▌faiblesse (sonido, luz) ▌légèreté (ligereza) ▌futilité (poca importancia) ▌simplicité (en el estilo).

tenuirrostro *m* ZOOL ténuirostre (pájaro).

teñido, da *adj* teint, e; un abrigo teñido de azul un manteau teint en bleu ▌teinté, e (coloreado).
▸ **teñido** *m* teinture *f* (acción) ▌teinte *f*, coloris (color), couleur *f* (de la piel).

teñidura *f* teinture (tinte).

teñir [26] *v tr* teindre; teñir de azul teindre en bleu ▌teinter, colorer (colorear) ▌affaiblir (un color).
▸ **teñirse** *v pr* se teindre; teñirse de rubio se teindre en blond o en blonde ▌FIG acquérir une teinture.

Teobaldo *n pr* Thibaud.

teobromina *f* QUÍM théobromine.

teocali *m* téocalli (templo mexicano).

teocracia *f* théocratie.

teocrático, ca *adj* théocratique.

Teócrito *n pr* Théocrite.

teodicea *f* théodicée.

teodolito *m* théodolite.

Teodora *n pr* Théodora.

Teodorico *n pr* Théodoric.

Teodoro *n pr* Théodore.

teodosiano, na *adj* théodosien, enne.

Teodosio *n pr* Théodose.

Teófanes *n pr* Théophane.

teofanía *f* RELIG théophanie.

teofilantropía *f* théophilanthropie.

teofilántropo, pa *m* & *f* théophilanthrope.

teofilina *f* théophylline.

Teófilo *n pr* Théophile.

Teofrasto *n pr* Théophraste.

teogonía *f* théogonie.

teogónico, ca *adj* théogonique.

teologal *adj* théologal, e; virtudes teologales vertus théologales.

teología *f* théologie ▬ teología de la liberación théologie de la libération ▌teología dogmática théologie dogmatique o morale ▌teología natural o racional théologie natu-

relle ▌teología positiva o revelada théologie positive ▬ FIG & FAM no meterse en teologías ne pas se mêler de ce que l'on ne connaît pas.

teológico, ca *adj* théologique.

teologizar [13] *v intr* théologiser.

teólogo, ga *adj* théologal, e (teologal).
◇ *m* & *f* théologien, enne.

teorema *m* théorème.

teoremático, ca *adj* théorématique.

teorético, ca *adj* théorétique.

teoría *f* théorie ▬ teoría cuántica théorie quantique ▌teoría del conocimiento théorie de la connaissance.
▌ SIN especulación spéculation; suposición supposition; hipótesis hypothèse.

teórica *f* théorie, partie théorique.

teóricamente *adv* théoriquement.

teórico, ca *adj* théorique.
◇ *m* & *f* théoricien, enne.

teorizador, ra *adj* qui théorise.

teorizante *m* théoricien (teórico).

teorizar [13] *v tr* & *intr* théoriser.

teosofía *f* théosophie.

teosófico, ca *adj* théosophique.

teósofo *m* théosophe.

tepe *m* motte *f* de terre couverte de gazon.

tepeizcuinte *m* paca (roedor americano).

tepidario *m* tépidarium.

teponascle *m* (*Amer*) arbre utilisé en construction ▌instrument de percussion en bois.

tepozán *m* (*Amer*) arbre de la famille des scrofulariacées.

tequila *m* & *f* (*Amer*) tequila *f*, eau-de-vie *f* d'agave.

tequio *m* (*Amer*) corvée *f* (tributo que se imponía a los indios) ▌tort, préjudice, dérangement (molestia).

tequioso, sa *adj* (*Amer*) ennuyeux, euse; importun, e.

terapeuta *m* & *f* MED thérapeute.

terapéutica *f* MED thérapeutique, thérapie.

terapéutico, ca *adj* thérapeutique.

terapia *f* MED thérapie, thérapeutique ▌terapia de grupo thérapie de groupe.

teratógeno, na *adj* tératogène.

teratología *f* tératologie.

teratológico, ca *adj* tératologique.

teratólogo *m* tératologiste.

terbio *m* terbium (metal).

tercamente *adv* obstinément.

tercelete *adj* ARQ arco tercelete tierceron.

tercena *f* entrepôt *m* de la régie ▌(*Amer*) boucherie (carnicería).

tercenista *m* entreposeur.

tercer *adj* (apócope de tercero) troisième; vivo en el tercer piso j'habite au troisième étage ▌tiers; el tercer mundo le tiers monde.
▌ OBSERV Tercero est toujours apocopé devant un nom masculin singulier même si un autre adjectif se trouve interposé. Il peut l'être quelquefois devant un nom féminin: la tercer noche la troisième nuit.

tercera *f* tierce (juegos); tercera mayor, real tierce majeure, au roi ▌tierce (esgrima) ▌entremetteuse (alcahueta) ▌MÚS tierce.
▬ OBSERV [▸ tercero].

terceramente *adv* troisièmement, en troisième lieu (en tercer lugar).

tercería *f* médiation, entremise (de un tercero) ▌proxénétisme *m*; hacer tercería faire du proxénétisme ▌DR tierce opposition.

tercerilla *f* POÉT tercet *m*.

tercerista *m* DR tiers opposant.

tercermundista *adj* du tiers-monde, tiers-mondiste (política, actitud).

tercero, ra *adj* troisième; la tercera calle a la derecha la troisième rue à droite ▌trois; Carlos III (tercero) Charles III [trois] ▌tiers, tierce (intermediario); una tercera persona une tierce personne ▬ FAM a la tercera va la vencida la troisième fois c'est la bonne ▌RELIG orden tercera tiers ordre ▌por tercera persona par personne interposée ▌seguro contra tercera persona assurance au tiers ▌ser tercero être en tiers (en una reunión) ▌tercera parte tiers (división); cinco es la tercera parte de quince cinq est le tiers de quinze.
▸ **tercero** *m* tiers, tierce personne *f*; causar daño a un tercero porter tort à un tiers ▌entremetteur (alcahuete) ▌tierçaire (religioso) ▌receveur des dîmes (encargado de recoger los diezmos) ▌tierce *f* (60 parte del segundo) ▌troisième (piso); vivo en el tercero j'habite au troisième ▌quatrième *f* (de bachillerato); mi hijo está en tercero mon fils est en quatrième [▸ OBSERV bachillerato] ▬ ser el tercero en discordia être le troisième larron ▌DR tercero en discordia tiers arbitre.
▌ OBSERV Tercero, devant un nom masculin singulier, est apocopé en tercer [▸ tercer].

tercerol *m* MAR troisième [objet quelconque situé en troisième position].

tercerola *f* mousqueton *m* (arma de fuego) ▌tiercerolle (barril) ▌petite flûte (flauta) ▌FAM troisième classe (en los trenes).

terceto *m* tercet (estrofa) ▌MÚS trio.

tercia *f* tiers *m* (tercio) ▌mesure de longueur de douze à trente pieds (medida de longitud) ▌RELIG tierce ▌tierce (juegos) ▌dépôt *m* des dîmes (de los diezmos) ▌BLAS tierce ▌AGRIC tiercement *m*.

terciado, da *adj* en bandoulière (la escopeta, etc.) ▌de taille moyenne (toro) ▌BLAS tiercé, e; terciado en faja tiercé en fasce ▬ azúcar terciado sucre roux, cassonade ▌madera terciada bois déroulé.
▸ **terciado** *m* épée *f* large et courte (espada) ▌ruban large (cinta).

terciador, ra *adj* & *s* médiateur, trice.

terciana *f* fièvre tierce ▌terciana de cabeza céphalée intermittente.

tercianario, ria *adj* & *s* malade atteint de fièvre tierce (enfermo) ▌tierce (fiebre).

tercianela *f* sorte de gros (tela).

terciar [8] *v tr* mettre en travers (ladear una cosa) ▌jeter sur son épaule (la capa) ▌porter en bandoulière (un arma); terciar la escopeta porter le fusil en bandoulière ▌diviser en trois (dividir) ▌équilibrer; terciar la carga de un burro équilibrer la charge d'un âne ▌AGRIC tiercer, tercer, terser (dar la tercera labor) ▌tailler (une plante) près de terre ▌(*Amer*) baptiser, couper, mettre de l'eau dans (aguar).

◇ *v intr* s'interposer, intervenir.

➡ **terciarse** *v pr* se présenter (una posibilidad) | si se tercia si l'occasion se présente, à l'occasion, éventuellement, si ça se trouve.

terciario, ria *adj* tertiaire, troisième (tercero en orden) | **ARQ** en tiers-point (arco).

◇ *adj & s m* tertiaire (geología).

◇ *m & f* tertiaire, tierciaire, tierçaire (religioso).

terciazón *f* **AGRIC** troisième labour *m*.

tercio, cia *adj* troisième (tercero).

➡ **tercio** *m* tiers (tercera parte) | charge *f*, ballot (sobre una acémila) | chacune des trois parties du rosaire (del rosario) | **EQUIT** chacune des trois phases de la course du cheval [départ, course et arrêt] | **MAR** association *f* [d'armateurs et de pêcheurs] | **MIL** régiment d'infanterie [aux XVIe et XVIIe siècles] | légion *f* étrangère (legión) | brigade *f* [de gendarmerie] (de la guardia civil) | **TAUROM** chacune des trois phases d'une corrida; tercio de varas, de banderillas, de muerte phase des piques, des banderilles, de la mise à mort | chacune des trois zones concentriques de l'arène, en particulier la deuxième, comprise entre la zone des barrières et le centre de l'arène | **DR** tercio de libre disposición quotité disponible (en una herencia).

➡ **tercios** *m pl* membres (del cuerpo del hombre).

terciodécuplo, pla *adj* treize fois plus grand, e.

terciopelado, da *adj* velouté, e.

terciopelo *m* velours.

▮ **OBSERV** Velours à côtes se dit pana.

terco, ca *adj* têtu, e; entêté, e; buté, e; obstiné, e.

terebella *f* **ZOOL** térébelle (gusano marino).

terebenteno *m* térébenthène.

terebintáceas *f pl* **BOT** térébinthacées.

terebinto *m* térébinthe (arbusto).

terebrante *adj* **MED** térébrant, e (dolor).

terebrátula *f* térébratule.

terenciano, na *adj* de Térence.

Terencio *n pr* Térence.

tereré *m* (*Amer*) maté préparé avec de l'eau froide.

Teresa *n pr* Thérèse.

teresiano, na *adj* de sainte Thérèse d'Avila.

tergal *m* (nombre registrado) Tergal (tejido).

tergiversable *adj* qui peut être interprété faussement o tendancieusement.

tergiversación *f* interprétation fausse o tendancieuse; la tergiversación del pensamiento de un filósofo l'interprétation fausse de la pensée d'un philosophe.

▮ **OBSERV** Ce mot n'a pas le sens d'hésitation.

tergiversador, ra *adj* qui interprète faussement o tendancieusement.

tergiversar *v tr* fausser, déformer, interpréter faussement o tendancieusement; tergiversar los principios de una doctrina fausser les principes d'une doctrine.

▮ **OBSERV** El francés tergiverser significa vacilar, titubear.

teriaca *f* thériaque (triaca).

teriacal *adj* thériacal, e (triacal).

terliz *m* treillis (tela).

▮ **OBSERV** pl terlices.

termal *adj* thermal, e; agua, estación termal eau, station thermale.

termalidad *f* thermalité.

termas *f pl* thermes *m*.

termes *m* **ZOOL** termite (comején).

termia *f* **FÍS** thermie.

termicidad *f* thermicité.

térmico, ca *adj* thermique | regulación térmica thermorégulation (fisiológica).

termidor *m* thermidor (undécimo mes del calendario republicano francés).

termidoriano, na *adj & s* thermidorien, enne.

terminacho *m* **FAM** mot malsonnant (palabra indecente o poco culta) | barbarisme, horreur *f* (término bárbaro).

terminación *f* terminaison (modo de acabarse una cosa) | achèvement *m*, accomplissement *m*; la terminación de una obra l'achèvement d'un travail | fin (final); la terminación de una comedia la fin d'une comédie | finition (acabado) | terminaison (de un vocablo) | phase terminale (de una enfermedad).

terminal *adj* terminal, e | estación terminal aérogare (aviones), terminus (trenes, autobuses).

◇ *m* **ELECTR** plot, borne *f*, cosse *f* | **INFORM** terminal; terminal conversacional terminal conversationnel; terminal gráfico terminal graphique; terminal vídeo terminal vidéo | terminal aéreo aérogare.

terminante *adj* final, e (que termina) | formel, elle; las prescripciones de esta ley son terminantes les prescriptions de cette loi sont formelles | catégorique; negativa terminante refus catégorique | exprès, esse; formel, elle; péremptoire; prohibición terminante interdiction formelle | concluant, e; resultados terminantes résultats concluants.

terminantemente *adv* formellement; queda terminantemente prohibido... il est formellement interdit de.

terminar *v tr* terminer, finir; terminar la carrera terminer ses études | dar algo por terminado mettre un terme à quelque chose (acabar), considérer quelque chose comme terminé.

◇ *v intr & pr* se terminer, finir (acabarse); ¿cómo terminó la reunión? comment la réunion s'est-elle terminée? | arriver à son terme, se terminer (llegar a su fin); la conferencia se está terminando la conférence arrive à son terme | terminer, finir; el espectáculo termina a las 11 le spectacle termine à 11 heures | finir; no he terminado de comer je n'ai pas fini de manger | finir par (con el gerundio); terminó yéndose a América il a fini par s'en aller en Amérique | en finir; termina ya finis-en | finir; este chico terminará mal ce garçon va mal finir | rompre (reñir); estos novios han terminado ces fiancés ont rompu; he terminado con toda esta gente j'ai rompu avec tous ces gens | devenir; voy a terminar loco je vais devenir fou | finir; este cuadro no está bien terminado ce tableau n'est pas bien fini ▪ éramos muy ami-

gos, pero terminamos mal nous étions très amis mais ça a mal fini o nous nous sommes quittés en mauvais termes | no termino de comprender je n'arrive pas à comprendre | se ha terminado el carbón y no podemos encender la calefacción il n'y a plus de charbon et nous ne pouvons pas allumer le chauffage | se nos ha terminado el carbón nous n'avons plus de charbon.

terminativo, va *adj* terminatif, ive.

terminista *m & f* pédant, e.

término *m* terme, fin *f*; término de la vida fin de la vie; poner término a mettre un terme à, mettre fin à | terme (palabra); con los términos adecuados en termes propres | terminus (de una línea de transporte) | plan; en el primer término au premier plan | [▷ SIN] limite *f* (frontera) | territoire, région *f* (región) | municipalité *f*, commune *f* (municipio) | borne *f* (mojón) | point de ralliement (lugar señalado) | but, objet (objetivo) | délai (plazo); en el término de un año dans un délai d'un an | **GRAM & MAT** terme ▪ término medio moyen terme | término municipal territoire communal | término perentorio terme de rigueur ▪ en primer término en premier lieu, tout d'abord (en primer lugar) | en segundo término à l'arrière-plan (en un cuadro), en second o en deuxième lieu (en segundo lugar) | en último término finalement | llevar a buen término mener à bien o à bonne fin o à bon terme | mantenerse en el término medio se tenir dans un juste milieu | no hay término medio il n'y a pas de milieu | por término medio en moyenne.

➡ **términos** *m pl* confins, frontières *f* (extremos) | termes; estar en buenos, en malos términos être en bons, en mauvais termes | términos del intercambio termes de l'échange | en términos de sur le point de, à la veille de (en vísperas), en état de (capaz) | en términos de que de telle sorte que | en términos generales dans l'ensemble | en términos propios en termes propres o clairs | medios términos biais, échappatoires.

▮ SIN límite, mojón limite, borne; confín confin; fin fin; final final, fin.

Término *n pr* **MITOL** Terme.

terminología *f* terminologie.

terminológico, ca *adj* terminologique.

terminote *m* **FAM** mot à coucher dehors.

términus *m* terminus (estación terminal).

termita *f* **QUÍM** thermite (soldadura).

termita; termite *m* **ZOOL** termite (comején).

▮ OBSERV Termita est un gallicisme.

termitero *m* termitière *f*.

termo; termos *m* thermos *f*, bouteille *f* isolante.

termoadhesivo, va *adj* thermocollant, e.

termoaislante *adj & s* isolant, e.

termoanalgesia *f* thermoanalgésie.

termobomba *f* thermopompe.

termocauterio *m* thermocautère.

termoclina *f* **MAR** thermocline.

termocompresor *m* **MECÁN** thermocompresseur.

termodinámico, ca *adj & s f* thermodynamique.

termoelectricidad *f* thermo-électricité.

termoeléctrico, ca *adj* thermo-électrique ‖ par termoeléctrico thermocouple, couple thermo-électrique.

termoestable *adj* QUÍM thermostabile, thermostable.

termófilo, la *adj* BIOL thermophile; microorganismo termófilo micro-organisme thermophile.

termofónico, ca *adj* ELECTR thermophonique.

termófono *m* ELECTR thermophone.

termogénesis *f inv* BIOL thermogenèse.

termógeno, na *adj* thermogène.

termógrafo *m* thermographe.

termoiónico, ca *adj* thermoïonique, thermo-ionique.

termolábil *adj* QUÍM thermolabile.

termología *f* thermologie.

termológico, ca *adj* thermologique.

termomagnetismo *m* thermomagnétisme.

termometría *f* thermométrie.

termométrico, ca *adj* thermométrique.

termómetro *m* thermomètre; termómetro de alcohol thermomètre à alcool ■ termómetro clínico thermomètre médical ‖ termómetro de máxima y mínima thermomètre à maximum et minimum.

termonuclear *adj* thermonucléaire.

termopar *m* ELECTR thermocouple.

termopila *f* ELECTR thermopile.

Termópilas *n pr f pl* GEOGR Thermopyles.

termoplástico, ca *adj* thermoplastique.

termopropulsión *f* thermopropulsion.

termoquímica *f* thermochimie.

termoquímico, ca *adj* thermochimique.

termorregulación *f* thermorégulation.

termorregulador *m* thermorégulateur.

termos ➡ termo.

termoscópico, ca *adj* thermoscopique.

termoscopio *m* thermoscope.

termosifón *m* thermosiphon.

termostato *m* thermostat.

termoterapia *f* MED thermothérapie.

terna *f* trois personnes ‖ terne *m* (dados).

ternario, ria *adj* ternaire.
➡ **ternario** *m* triduum (triduo).

ternasco *m* agneau de lait.

terne *adj m & s m* FAM fanfaron (valentón).
◇ *m* (*Amer*) poignard (facón).

ternera *f* génisse (animal) ‖ veau *m* (carne); chuleta, asado de ternera côte, rôti de veau ‖ filete de ternera escalope.

ternero *m* veau ‖ ternero recental veau de lait.

terneza *f* tendresse (ternura).
➡ **ternezas** *f pl* paroles tendres, gentillesses.

ternilla *f* cartilage *m* (de la nariz).
➡ **ternillas** *f pl* tendron *m sing* (de la carne).

ternilloso, sa *adj* cartilagineux, euse.

ternísimo, ma *adj* très tendre.

terno *m* trio (tres cosas) ‖ terne (lotería) ‖ complet (traje de hombre) ‖ FIG & FAM juron (voto) ‖ echar ternos lâcher des jurons, jurer.

ternura *f* tendresse ‖ tendreté (de la carne).

tero *m* (*Amer*) sorte de pluvier (ave).

terpeno *m* QUÍM terpène.

terpina *f* QUÍM terpine.

terpinol *m* QUÍM terpinol, terpinéol.

Terpsícore *n pr* MITOL Terpsichore.

terquedad *f* obstination, entêtement *m*.

terracota *f* terre cuite.

terradillo *m* terrasson.

terrado *m* terrasse *f* (azotea).

terraja *f* filière; terraja de cojinetes filière à coussinets ‖ calibre *m* (para molduras) ‖ taraud *m* (macho de roscar) ‖ tourne-à-gauche *m inv* (del cerrajero).

terraje *f* fermage (terrazgo).

terrajero *m* fermier (terrazguero).

terral *adj m & s m* viento terral vent de terre, sorte de sirocco.

terramicina *f* MED terramicine (medicina).

terranova *f* terre-neuve *inv* (perro).

Terranova *n pr f* GEOGR Terre-Neuve.

terraplén *m* terre-plein ‖ remblai (de la vía del ferrocarril) ‖ MIN remblayage.

terraplenado *m* remblai, remblayage.

terraplenador *m* terrassier.

terraplenar *v tr* remblayer (hacer un terraplén), terrasser (nivelar).

terráqueo, a *adj* terrestre, terraqué, e (p us); globo terráqueo globe terrestre.

terrario; terrarium *m* terrarium.
■ OBSERV pl terrariums.

terrateniente *m & f* propriétaire foncier, propriétaire terrien, terrien, enne (p us).

terraza *f* terrasse (azotea) ‖ terrasse; sentarse en la terraza de un café s'asseoir à la terrasse d'un café ‖ AGRIC terrasse (bancal) ‖ plate-bande (arriate) ‖ jarre (jarra).

terrazgo *m* champ (campo) ‖ fermage (arrendamiento) ‖ (ant) terrage, tènement (derecho feudal).

terrazo *m* sol (en pintura) ‖ granito (revestimiento del suelo).

terrear *v intr* être clairsemé (un campo).

terremoto *m* tremblement de terre.

terrenal *adj* terrestre; vida terrenal vie terrestre ‖ paraíso terrenal paradis terrestre.

terreno, na *adj* terrestre; los intereses terrenos les intérêts terrestres.
➡ **terreno** *m* [▷ SIN] terrain ‖ FIG domaine (esfera); en el terreno de la filosofía dans le domaine de la philosophie ■ terreno de acarreo terrain d'alluvions ‖ terreno de honor pré, terrain [d'un duel] ‖ terreno urbanizable terrain à bâtir ■ sobre el terreno sur les lieux, sur place ‖ vehículo todo terreno véhicule tout terrain ■ ceder terreno perdre du terrain, reculer ‖ FIG descubrir o medir o tantear o reconocer el terreno sonder o tâter o reconnaître le terrain ‖ ganar, perder terreno gagner, perdre du terrain ‖ meterse en el terreno de uno marcher sur les plates-bandes o sur les brisées de quelqu'un ‖ minarle a uno el terreno couper l'herbe sous le pied

de quelqu'un ‖ saber uno el terreno que pisa connaître le terrain (conocer el asunto), savoir à qui on a affaire (conocer a uno).
■ SIN tierra terre; suelo sol; campo champ; gleba glèbe; terruño terroir.

térreo, a *adj* terreux, euse.

terrera *f* pente escarpée ‖ alouette (ave).

terrero, ra *adj* terreux, euse (piso) ‖ de terre; saco terrero sac de terre ‖ bas, à ras de terre (vuelo) ‖ qui lève peu les sabots (caballo) ‖ FIG bas, basse (humilde).
➡ **terrero** *m* terrasse *f* (terrado) ‖ tas de terre (montón de tierra) ‖ terril (de mina) ‖ alluvions *f pl* (tierra de aluvión) ‖ but (blanco).

terrestre *adj* terrestre; el globo terrestre le globe terrestre.

terrible *adj* terrible.

terriblemente *adv* terriblement.

terrícola *m & f* Terrien, enne (habitante de la Tierra).
◇ *adj* terricole.

terrier *m* terrier (perro).
■ OBSERV pl terriers.

terrígeno, na *adj* terrigène.

territorial *adj* territorial, e ■ crédito territorial crédit foncier ‖ impuesto territorial impôt foncier.

territorialidad *f* territorialité.

territorio *m* territoire.

terrizo, za *adj* de terre (hecho de tierra).
◇ *m & f* pot *m* de terre non vernissé.

terromontero *m* tertre.

terrón *m* motte *f* (de tierra) ‖ morceau; terrón de azúcar morceau de sucre ‖ marc (residuo de aceitunas) ‖ AGRIC destripar terrones émotter.

terror *m* terreur *f*; terror pánico terreur panique; infundir terror inspirer la terreur.

terrorífico, ca *adj* terrifiant, e; terrible.

terrorismo *m* terrorisme.

terrorista *adj & s* terroriste.

terrosidad *f* caractère *m* terreux.

terroso, sa *adj* terreux, euse.

terruño *m* pays natal (país natal) ‖ terroir; saber al terruño sentir le terroir ‖ motte *f* de terre (terrón).

tersar *v tr* polir.

tersidad ➡ tersura.

terso, sa *adj* clair, e (claro) ‖ poli, e (bruñido) ‖ resplendissant, e (resplandeciente) ‖ lisse (liso); piel tersa peau lisse ‖ FIG pur, e (estilo).

tersura; tersidad *f* éclat *m* (resplandor) ‖ poli *m*, brillant *m* (bruñido) ‖ douceur (cutis) ‖ pureté (del estilo).

tertulia *f* réunion entre amis (reunión) ‖ petite soirée (de noche) ‖ promenoir *m* (de teatro) ‖ arrière-salle (de café) ‖ tener (una) tertulia se réunir.

Tertuliano *n pr* Tertullien.

tertuliano, na; tertulio, lia; tertuliante *adj & s* habitué, e [d'une réunion entre amis] ‖ invité, e (invitado).

tertuliar [8] *v intr* (*Amer*) se réunir entre amis.

tertulio, lia ➡ tertuliano.

Teruel *n pr* GEOGR Teruel; los amantes de Teruel légende contant les amours malheureuses d'un jeune couple de Teruel.

terutero; teruteru *m* (*Amer*) sorte de pluvier.

terzuelo *m* tiers (tercera parte de una cosa) ▌tiercelet (halcón).

Tesalia *n pr f* GEOGR Thessalie.

tesaliense; tesalio, lia *adj & s* thessalien, enne.

Tesalónica *n pr f* GEOGR Thessalonique.

tesar *v tr* raidir, embraquer (una cuerda).
◇ *v intr* reculer (los bueyes).

tescal; texcal *m* (*Amer*) terrain basaltique.

Teseo *n pr* MITOL Thésée.

tesina *f* mémoire *m* (en la universidad).

tesis *f inv* thèse (de doctorado) ▌thèse; novela de tesis roman à thèse ▌FILOS thèse.

tesitura *f* MÚS tessiture ▌FIG situation, circonstance; en esta tesitura dans cette situation ▌état *m* d'âme (estado de ánimo).

tesmoforias *f pl* thesmophories (fiestas en la antigua Atenas).

tesmóteta *m* thesmothète.

teso, sa *adj* raide (tieso).
➡ **teso** *m* sommet, crête *f* (clima) ▌petite saillie *f* (salida).

tesón *m* fermeté *f*, opiniâtreté *f* ▌ténacité *f* (tenacidad) ▌sostener con tesón una opinión soutenir mordicus une opinion.

tesonero, ra *adj* obstiné, e ▌opiniâtre; labor tesonera travail opiniâtre ▌tenace (tenaz).

tesorería *f* charge du trésorier (cargo) ▌trésorerie (oficina).

tesorero, ra *m & f* trésorier, ère.

tesoro *m* trésor ▌tesoro público tresor public.

Tespia *n pr* HIST Thespies.

tespíades *f pl* thespiades (las musas).

tespio, pia *adj & s* thespien, enne.

Tespis *n pr* Thespis.

test *m* test (prueba); sufrir un test passer un test ▌someter a un test faire passer un test, tester.
▌ OBSERV pl tests.

testa *f* front *m* (frente) ▌tête (cabeza) ▌FIG & FAM tête (entendimiento) ▌testa coronada tête couronnée.

testáceo, a *adj* ZOOL testacé, e.

testado, da *adj* qui a laissé un testament (persona) ▌réglée par testament (sucesión).

testador, ra *m & f* testateur, trice.

testaferro *m* homme de paille, prête-nom.

testamentaría *f* exécution testamentaire ▌montant *m* de la succession (caudal) ▌papiers *m pl* de la succession (documentos) ▌réunion des exécuteurs testamentaires (junta).

testamentario, ria *adj* testamentaire.
◇ *m & f* exécuteur, exécutrice testamentaire (albacea).

testamento *m* testament ■ testamento abierto testament authentique ▌testamento cerrado o escrito testament mystique o secret ▌testamento ológrafo testament olographe ▌testamento político testament politique ■ Antiguo, Nuevo Testamento Ancien, Nouveau Testament ■ hacer (el) testamento faire son testament ▌quebrantar el testamento annuler son testament.

testar *v intr* tester (hacer testamento).
◇ *v tr* biffer (tachar).

testarada *f* coup *m* de tête (cabezazo) ▌obstination, inflexibilité (terquedad).

testarazo *m* coup de tête (cabezazo).

testarrón, ona *adj & s* FAM cabochard, e; têtu, e.

testarudez *f* entêtement *m*.
▌ OBSERV pl testarudeces.

testarudo, da *adj & s* têtu, e; entêté, e; cabochard, e FAM.
▌ SIN terco, porfiado, tozudo entêté; inflexible inflexible; obstinado obstiné; pertinaz opiniâtre; encarnizado acharné; tenaz tenace; cabezota cabochard.

testear *v tr* (*Amer*) tester (someter a un test).

testera *f* façade (de una casa) ▌face (de una cosa) ▌front *m* (de un animal) ▌fond *m*, dossier *m* (de un coche) ▌chanfrein *m* (de la armadura de un caballo) ▌place d'honneur (en una mesa) ▌paroi (de horno de fundición).

testero *m* façade *f* (testera) ▌front de mine (en minas) ▌pan de mur (lienzo de pared).

testicular *adj* ANAT testiculaire.

testículo *m* ANAT testicule.

testificación *f* attestation.

testifical *adj* testimonial, e; prueba testifical preuve testimoniale.

testificante *adj* qui atteste, qui témoigne (testigo).

testificar [10] *v tr* attester, témoigner de.
◇ *v intr* témoigner.

testificata *f* attestation légale.

testigo *m & f* témoin *m*; esta mujer es una testigo segura cette femme est un témoin sûr.
◇ *m* témoin ▌DEP témoin (en una carrera de relevos) ▌TECN carotte *f* (de sondeo) ■ DR testigo abonado témoin irrécusable ▌testigo de cargo, de descargo témoin à charge, à décharge ▌testigo de oídas témoin auriculaire ▌testigo de vista o ocular o presencial témoin oculaire ▌RELIG testigo de Jehová témoin de Jéhovah ■ Dios es testigo Dieu m'est témoin ▌examinar testigos entendre des témoins ▌lámpara testigo lampe témoin ▌poner o tomar por testigo prendre à témoin

▌pongo por testigo al cielo j'en atteste le ciel.

testimonial *adj* testimonial, e.
➡ **testimoniales** *f pl* preuves testimoniales (instrumento auténtico) ▌lettres testimoniales (de los obispos).

testimoniar [8] *v tr* témoigner de; ruinas que testimonian la presencia de una civilización ruines qui témoignent de la présence d'une civilisation.
◇ *v intr* témoigner.

testimonio *m* [▷ SIN] témoignage ▌attestation *f* légale (hecho por escribano) ▌FIG témoignage, marque *f*; testimonio de simpatía témoignage de sympathie ▌preuve *f* (prueba) ■ falso testimonio faux témoignage ▌levantar un falso testimonio porter un faux témoignage, accuser à faux ▌FIG según el testimonio de de l'aveu de; según el testimonio de todos de l'aveu de tous ▌testimonio de pésame condoléances.
▌ SIN testificación attestation; muestra marque; prueba preuve; señal signe; prenda gage.

testón *m* teston (moneda antigua).

testosterona *f* testostérone (hormona).

testudo *m* (ant) MIL tortue *f* (cubierta formada con escudos).

testuz *m* front (animales), chanfrein (del caballo) ▌nuque *f* (nuca) ▌têt, test (del ciervo).
▌ OBSERV pl testuces.

tesura *f* raideur (rigidez).

teta *f* mamelle, tétine (de los mamíferos) ▌sein *m* (de mujer) ▌mamelon *m* (pezón) ▌FIG mamelon *m* (mogote) ■ dar la teta donner le sein ▌niño de teta enfant à la mamelle ▌quitar la teta sevrer ▌teta de vaca grosse meringue (merengue), barbe-de-capucin (planta), raisin à grains allongés (uva).
◇ *adj* FAM super; estar teta être super (estupendo).

tetania *f*; **tetanismo** *m* MED tétanie *f*, tétanisme *m*.

tetánico, ca *adj* tétanique.

tetanismo ➡ **tetania**.

tetanizar [13] *v tr* tétaniser.

tétanos *m* MED tétanos.

tetera *f* théière ▌(*Amer*) tétine (de biberón).

tetilla *f* mamelle (de los mamíferos machos) ▌tétine (del biberón).

tetina *f* tétine (del biberón).

Tetis *n pr* MITOL Thétis.

tetón *m* moignon [de branche] ▌TECN téton.

tetrabrick *m* Tétrabrick®.
▌ OBSERV pl tetrabricks.

tetraciclina *f* MED tétracycline.

tetracordio *m* MÚS tétracorde.

tétrada *f* BIOL tétrade.

tetradáctilo, la *adj* ZOOL tétradactyle.

tetraédrico, ca *adj* GEOM tétraédrique.

tetraedro *m* GEOM tétraèdre.

tetragonal *adj* tétragone ▌FÍS sistema tetragonal système quadratique.

tetragonio *m* BOT tétragone *f*, tétragonia.

tetrágono, na *adj & s* tétragone.
➡ **tetrágono** *m* (p us) quadrilatère.

tetragrama *m* MÚS portée *f* (en el canto gregoriano).

tetralogía f tétralogie.

tetrámero, ra adj ZOOL tétramère.

tetramotor adj & s m AVIAC quadrimoteur (cuatrimotor).

tetraplejía f MED tétraplégie.

tetrapléjico, ca adj & s MED tétraplégique.

tetrápodo, da adj & s m ZOOL tétrapode.

tetráptero, ra adj ZOOL tétraptère.

tetrarca m tétrarque.

tetrarquía f tétrarchat m (dignidad) | tétrarchie (gobierno, territorio).

tetrasilábico, ca adj tétrasyllabique.

tetrasílabo, ba adj tétrasyllabique, tétrasyllabe.

➤ **tetrasílabo** m mot tétrasyllabique.

tetrástilo adj m & s m ARQ tétrastyle.

tetrástrofo m POÉT quatrain; tetrástrofo monorrimo quatrain monorime.

tetravalente adj QUÍM tétravalent, e.

tétrico, ca adj lugubre, triste (melancólico).

tetrodo m RAD tétrode.

tetrosas f pl QUÍM tétroses.

Tetuán n pr GEOGR Tétouan.

tetuaní adj de Tétouan.
| OBSERV pl tetuaníes.

teucali m téocalli (templo mexicano).

teucrio m BOT germandrée f (germandrina).

teucro, cra adj & s troyen, enne (troyano).

teúrgia f théurgie.

teúrgico, ca adj théurgique.

teúrgo m théurgiste (mago).

teutón, ona adj & s teuton, onne.

teutónico, ca adj teutonique.

Texas; Tejas n pr GEOGR Texas.
| OBSERV En espagnol, Texas se prononce Tejas.

texcal ➤ **tescal**.

textil adj & s m textile; industria textil industrie textile.

texto m texte; restablecer un texto restituer un texte | libro de texto livre de classe.

textual adj textuel, elle.

textura f texture (trama de un tejido) | tissage m (acción) | FIG texture, structure (estructura).

teyú m (Amer) lézard vert (lagarto).

tez f teint m (del rostro humano).
| OBSERV pl teces.

thai adj & s thaï, thaïe.
◇ m LING thaï (idioma del Sudeste asiático).

Thailandia ➤ **Tailandia**.

theta f thêta m (letra griega).

Thot ➤ **Tot**.

thriller ['θriler] m thriller.
| OBSERV pl thrillers.

Thyssen-Bornemisza n pr colección Thyssen-Bornemisza collection de peintures exposée au palais de Villahermosa à Madrid.

LA COLECCIÓN THYSSEN-BORNEMISZA
C'est en 1992 qu'a été rassemblée au palais de Villahermosa à Madrid, l'une des collections privées les plus importantes du monde, celle du baron Heinrich Thyssen et de son fils, Hans Heinrich. Elle compte environ 800 œuvres de peintres célèbres parmi

lesquels le Titien, Goya, Van Gogh et Picasso. Elle a été cédée à l'État espagnol en 1993.

ti pron pers toi; a ti à toi; para ti, por ti pour toi ■ FAM ¿a ti qué te importa? qu'est-ce que cela peut bien te faire? | no quiero a nadie tanto como a ti je n'aime personne autant que toi.

tía f tante | FAM mère (calificativo); la tía María la mère Marie | bonne femme (mujer cualquiera) | DESPEC poule, fille de joie (prostituta) ■ tía abuela grand-tante | tía carnal tante | tía segunda, tercera tante au deuxième, au troisième degré, tante à la mode de Bretagne ■ MFAM a tu tía, cuéntaselo a tu tía à d'autres, mon œil, je t'en fiche | no hay tu tía rien à faire, n'y compte pas, tu peux te brosser | POP ¡tu tía! et ta sœur!

tialina f BIOL ptyaline.

tialismo m MED ptyalisme.

tiamina f thiamine (vitamina B₁).

tiangue; tianguis m (Amer) marché.

TIAR (abrev de Tratado Interamericano de Asistencia Recíproca) m traité de coopération interaméricain.

tiara f tiare.

Tíber n pr m GEOGR el Tíber le Tibre.

Tiberíades n pr GEOGR Tibériade.

tiberio m FAM chahut, chambard; armar un tiberio faire du chahut; se armó un tiberio ça a fait du chambard.

Tiberio n pr Tibère.

Tibesti n pr m GEOGR desierto del Tibesti le désert du Tibesti.

Tibet; Tíbet n pr m GEOGR el Tibet o Tíbet le Tibet.

tibetano, na adj & s tibétain, e.
➤ **tibetano** m LING tibétain.

tibia f ANAT tibia m | flûte (flauta).

tibial adj tibial, e (de la tibia).

tibiamente adv sans enthousiasme, mollement, tièdement; una propuesta tibiamente acogida une proposition mollement accueillie.

tibiar [8] v tr (p us) refroidir.
➤ **tibiarse** v pr (Amer) se fâcher.

tibieza f tiédeur (calor templado) | FIG tiédeur, manque m d'enthousiasme (en las opiniones).

tibio, bia adj tiède; agua tibia eau tiède | FIG tiède (poco fervoroso) | froid, e (trato, acogida).

tibor m potiche f (chinoise).

Tibulo n pr Tibulle.

Tiburcio n pr Tiburce.

tiburón m ZOOL requin | FIG requin | (Amer) égoïste, profiteur | don Juan, coureur.

tic m MED tic | FIG tic (manía).
| OBSERV pl tics.

Ticiano ➤ **Tiziano**.

ticket; tíquet m ticket.
| OBSERV pl tickets; tíquets.

tico, ca adj & s (Amer) FAM costaricien, enne (costarricense).

tictac m tic-tac (onomatopeya).
| OBSERV pl tictacs.

tiemblo m tremble, peuplier tremble (álamo temblón).

tiempo m temps (duración); no tengo tiempo para hacerlo je n'ai pas le temps de le faire | temps; hace mal tiempo il fait mauvais temps | temps, époque f; en tiempo de César au temps o à l'époque de César | époque f; ¡qué tiempos los actuales! quelle époque que la nôtre!; en nuestro tiempo à notre époque | saison f (estación); fruta del tiempo fruit de saison | moment (momento); no era tiempo de llorar ce n'était pas le moment de pleurer | âge; ¿qué tiempo tiene este niño? quel âge a cet enfant? | AUTOM, DEP & MÚS temps | GRAM temps; tiempo simple, compuesto temps simple, composé ■ FOT tiempo de exposición temps de pose | tiempo de Pasión temps de la Passion | FAM tiempo de perros temps de chien | ASTRON tiempo medio temps moyen | INFORM tiempo de acceso temps d'accès | tiempo de respuesta temps de réponse | tiempo compartido temps partagé | tiempo real temps réel ■ a largo tiempo longtemps après | al mismo tiempo en même temps | al tiempo o a tiempo que tandis que, en même temps que | antes de tiempo en avance, avant l'heure (en adelanto), avant terme (parto) | a su (debido) tiempo en son temps; cada cosa a su tiempo chaque chose en son temps; en temps voulu o utile; pagaré a su debido tiempo je paierai en temps voulu | a tiempo à temps | a través de los tiempos à travers les âges | a un tiempo en même temps, à la fois | bastante, demasiado, más tiempo assez, trop, plus longtemps; hace bastante tiempo que nos conocemos il y a assez longtemps que nous nous connaissons | breve o corto tiempo peu de temps | cierto tiempo un certain temps | con el tiempo à la longue (a la larga), avec le temps | con tiempo en prenant son temps; hacer un trabajo con tiempo faire un travail en prenant son temps; à l'avance; hay que sacar las entradas con tiempo il faut prendre les billets à l'avance; à temps (a tiempo) | FIG cual el tiempo tal el tiento à la guerre comme à la guerre | de tiempo inmemorial de toute éternité, depuis des temps immémoriaux | en el tiempo en que à l'époque où | en la noche de los tiempos dans la nuit des temps | en los buenos tiempos au bon vieux temps | en mis tiempos de mon temps | en otros tiempos, en tiempos autrefois, jadis | en tiempo hábil o oportuno en temps utile | en tiempos de au temps de | en tiempos remotos dans le temps, à une époque lointaine, au temps jadis | fuera de tiempo hors de saison, hors de propos | por aquel tiempo en ce temps-là, à cette époque-là | DEP primer, segundo tiempo première, deuxième mi-temps ■ acomodarse al tiempo suivre son temps, prendre le temps comme il vient, s'adapter aux circonstances | ahora no es tiempo il n'est plus temps | andando el tiempo avec le temps | andar con el tiempo vivre avec son temps | darle a uno tiempo de avoir le temps de; no me da tiempo de ir allí je n'ai pas le temps d'y aller | dar tiempo al tiempo laisser faire le temps, laisser venir | desde hace tiempo il y a longtemps | echar o emplear mucho tiempo en mettre longtemps à | el tiempo corre muy rápido le temps passe très vite | el tiempo es oro le temps c'est de l'argent ▮ el tiempo se me hace largo le temps me dure o me paraît long, je trouve le temps long ▮ engañar al tiempo tromper le temps ▮ en los tiempos que corren, en estos tiempos par le temps qui court, par les temps qui courent ▮ FIG en tiempos del rey que rabió, en tiempos de Maricastaña au temps que la reine Berthe filait, au temps de ma mère l'Oye, aux temps héroïques, aux temps où les bêtes parlaient ▮ eran los tiempos de c'était au temps de o à l'époque de ▮ estamos siempre a tiempo de nous pouvons toujours, il est toujours temps de ▮ estar sin tiempo para nada n'avoir le temps de rien faire ▮ ganar el tiempo perdido, ganar tiempo rattraper le temps perdu ▮ ganar tiempo gagner du temps ▮ gastar el tiempo gaspiller son temps ▮ haber cumplido el tiempo de su servicio (militar) avoir fait son temps ▮ hace buen, mal tiempo il fait beau o beau temps, il fait mauvais [temps] ▮ hace muchísimo tiempo il y a bien o très longtemps ▮ hace tiempo, ha mucho tiempo, tiempo ha il y a longtemps ▮ hacer o poner a mal tiempo buena cara faire contre mauvaise fortune bon cœur ▮ FIG le faltó tiempo para decirlo il n'eut rien de plus pressé que de le dire ▮ matar o hacer tiempo tuer o faire passer le temps ▮ mientras más tiempo dure tant que durera ▮ no hay tiempo que perder il n'y a pas de temps à perdre ▮ no tener tiempo suficiente para ne pas avoir assez de temps pour ▮ pasarse el tiempo leyendo passer son temps à lire ▮ perder el tiempo perdre son temps (estar ocioso), perdre du temps (no aprovecharlo) ▮ ser de su tiempo être de son temps, marcher avec son temps, être dans le vent FAM ▮ tomar el tiempo como o conforme viene prendre le temps comme il vient ▮ tomarse tiempo, tomarlo con tiempo prendre son temps ▮ tomar tiempo prendre du temps ▮ ya es tiempo de o para il est temps de ▮ y si no, al tiempo tu verras, vous verrez, l'avenir le dira.

tienda f [▷ SIN] boutique, magasin m; tienda de modas boutique de mode; tienda de antigüedades magasin d'antiquités; abrir o poner tienda ouvrir (une) boutique ▮ épicerie (de comestibles) ▮ tente (de campaña); dormir en la tienda dormir sous la tente ▪ tienda de campaña tente; dormir en tienda de campaña dormir o coucher sous la tente; armar una tienda de campaña dresser une tente ▮ tienda de comestibles o de ultramarinos épicerie, magasin d'alimentation ▮ MED tienda de oxígeno tente à oxygène ▮ tienda libre de impuestos boutique hors taxes ▪ MIL batir tiendas lever le camp ▮ FIG cerrar la tienda fermer boutique ▮ ir de tiendas faire des courses, courir les magasins.

OBSERV **1.** Boutique designa un establecimiento generalmente más pequeño que magasin.
2. L'espagnol a adopté aujourd'hui le mot boutique pour désigner un petit magasin élégant, de mode, etc.
SIN comercio commerce; almacén magasin; establecimiento établissement; puesto échoppe; despacho débit; bazar bazar.

tienta f sonde (de cirujano) ▮ TAUROM essai m o épreuve à laquelle sont soumis les jeunes taureaux en vue de déterminer leur aptitude au combat ▪ a tientas à tâtons; andar a tientas marcher à tâtons o en tâtonnant.

tientaguja f TECN sonde.

tiento m toucher (sentido del tacto) ▮ bâton d'aveugle (de los ciegos) ▮ balancier (contrapeso) ▮ appui-main, appuie-main (del pintor) ▮ adresse f, sûreté f de main, coup de main (pulso) ▮ FIG tact, prudence f, doigté (miramiento) ▮ FAM coup (golpe) ▮ MÚS accords pl que fait le musicien avant de jouer ▮ ZOOL tentacule f ▮ (Amer) lanière f de cuir (tira de cuero) ▪ FIG andar con tiento agir avec prudence, y aller doucement FAM ▮ a tiento à tâtons ▮ FAM coger el tiento attraper le truc o le coup de main ▮ FAM dar un tiento a la bota o a la botella boire un coup.

tientos m pl chant et danse andalous.

tiernamente adv tendrement.

tierno, na adj [▷ SIN] tendre ▮ FIG tendre; corazón tierno cœur tendre ▮ tendre (color) ▮ (Amer) vert, e (frutos) ▪ desde la más tierna edad depuis l'âge le plus tendre ▮ ojos tiernos yeux fragiles, yeux humides o qui pleurent ▮ pan tierno pain frais.

   SIN blando, flojo mou; delicado, suave doux.

tierra f terre ▮ pays m (patria); Argentina es mi tierra l'Argentine est mon pays ▮ pays m, région (región); ¿cuál es su tierra? de quelle région êtes-vous?; es de mi tierra il est de la même région que moi; le ha probado mal la tierra le pays ne lui a pas réussi ▮ jeté m (halterofilia) ▪ tierra adentro à l'intérieur des terres (sin movimiento), dans o vers l'intérieur des terres (con movimiento) ▮ MAR tierra a tierra en longeant la côte ▮ tierra de batán terre à foulon ▮ tierra de cultivo o de labranza terrain de culture ▮ tierra de Jauja pays de cocagne ▮ tierra de miga terre forte o grasse ▮ tierra de nadie no man's land ▮ tierra de pan llevar o paniega terre à blé ▮ Tierra de Promisión o Prometida Terre promise, Terre de promission (p us) ▮ tierra de Siena terre de Sienne ▮ tierras adentro arrière-pays ▮ tierras de acarreo terres de remblai ▮ QUÍM tierras raras terres rares ▮ Tierra Santa Terre sainte ▪ cuerpo a tierra à plat ventre ▮ de la tierra du pays; vino de la tierra vin du pays ▪ FAM en toda tierra de garbanzos partout ▮ las tierras colindantes les tenants et les aboutissants d'une terre ▮ la tierra de María Santísima l'Andalousie ▮ movimiento de tierras terrassement ▮ por tierra à terre, par terre ▮ ELECTR toma de tierra prise de terre ▪ FAM besar la tierra s'étaler ▮ FIG besar uno la tierra que otro pisa baiser la trace des pas de quelqu'un ▮ dar en tierra tomber ▮ FIG dar por tierra réduire à néant ▮ dar tierra con uno o con una cosa renverser quelqu'un o quelque chose, jeter à terre ▮ echar por tierra abattre, jeter à terre (derrumbar), ruiner, réduire à néant, mettre par terre; objeción que echa por tierra un razonamiento objection qui ruine un raisonnement ▮ FIG echarse por tierra ramper (humillarse) ▮ AGRIC echar tierra terrer ▮ FIG echar tierra encima de o a un asunto étouffer o enterrer une affaire ▮ en tierra de ciegos, el tuerto es rey au royaume des aveugles, les borgnes sont rois ▮ FAM estar comiendo o mascando tierra manger les pissenlits par la racine ▮ pegarse a la tierra s'aplatir face contre terre ▮ poner pie en tierra mettre pied à terre ▮ FIG & FAM poner tierra (de) por medio prendre le large ▮ tirar por tierra flanquer par terre ▮ FIG tomar tierra se poser, toucher terre, atterrir (avión)

▮ tragárselo a uno la tierra disparaître de la circulation, s'envoler ▮ venir o venirse a tierra s'écrouler ▮ ver tierras voir du pays.

tierruca f terroir m (terruño) ▮ FAM la Tierruca la province de Santander [Espagne].

tieso, sa adj raide; pierna tiesa jambe raide ▮ rigide; vara tiesa bâton rigide ▮ tendu, e (tenso) ▮ FIG raide, guindé, e (afectadamente grave) ▮ ferme, inflexible (terco) ▪ FIG & FAM dejar tieso mettre sur la paille (sin dinero) ▮ estar tieso être raide o raide comme un passe-lacet, être fauché ▮ ser más tieso que un ajo o que un huso o que el palo de una escoba être raide comme un piquet o comme un échalas o comme un manche à balai o comme la justice, être droit comme un « i » ▮ tenérselas tiesas ne pas se laisser faire, tenir bon.

tiesta f aisselette (toneles).

tiesto m pot à fleurs (maceta) ▮ tesson (pedazo de vasija) ▮ tiesto de flores pot de fleurs.

tiesura f raideur ▮ tiesura de una pierna raideur d'une jambe ▮ rigidité (rigidez) ▮ FIG raideur (gravedad exagerada).

tifa f BOT typha m.

tifáceo, a adj & s f typhacé, e.

Tifeo n pr MITOL Typhée.

tífico, ca adj & s MED typhique.

tiflitis f inv MED typhlite (cecitis).

tifo ▶ tifus.

tifobacilosis; tifoideobacilosis f inv MED typhobacillose, typho-tuberculose.

tifoemia f typhoémie.

tifogénico, ca adj typhogène.

tifoideo, a adj & s f MED typhoïde; fiebre tifoidea fièvre typhoïde.

tifoideobacilosis ▶ tifobacilosis.

tifoídico, ca adj MED typhoïdique.

tifomanía f MED typhomanie.

tifón m typhon.

tifosis f inv MED typhose.

tifotoxina f MED typhotoxine.

tifus; tifo m MED typhus ▮ FAM claque f ▪ tifus asiático choléra ▮ tifus de América fièvre jaune (fiebre amarilla).

tigra f (Amer) jaguar m femelle.

tigre m tigre ▮ FAM chiottes f pl (retrete) ▮ (Amer) jaguar ▮ tigre hembra tigresse ▮ FIG & FAM oler a tigre sentir le fauve (un lugar).

tigrero m (Amer) chasseur de jaguars.

tigresa f tigresse.

tigrillo m (Amer) espèce d'ocelot.

Tigris n pr m GEOGR el Tigris le Tigre.

TIJ (abrev de Tribunal Internacional de Justicia) m CIJ f.

tija f tige (de la llave).

tijera f ciseaux m pl ▮ chevalet m, chèvre (para aserrar madera) ▮ fossé m, rigole (para desagüe) ▮ tondeur m (esquilador) ▮ ciseau m (en lucha libre) ▮ soupente (correa de coche) ▮ cerceau m (pluma) ▮ FIG mauvaise langue (murmurador) ▪ asiento de tijera pliant ▮ catre, escalera de tijera lit pliant, échelle pliante ▮ DEP salto de tijera saut en ciseaux, ciseau ▮ silla de tijera chaise pliante ▮ tijeras para podar o de jardinero sécateur ▪ FIG cortado con la misma tijera taillé sur le même modèle, à mettre dans le même panier **echar** o **meter la tijera en** commencer à couper.

▮ **OBSERV** Dans le sens de ciseaux, l'espagnol emploie de préférence le pluriel: **unas tijeras** des ciseaux, une paire de ciseaux.

tijereta f petits ciseaux m pl ▮ vrille (de la viña) ▮ DEP ciseau m (salto) ▮ ZOOL perce-oreille m, forficule m ▮ (Amer) sorte de cormoran (ave) ■ FIG & FAM **decir tijeretas** couper o fendre les cheveux en quatre ▮ DEP **salto de tijereta** saut en ciseaux, ciseau.

tijeretada f; **tijeretazo** m coup m de ciseaux.

tijeretear v tr taillader (cortar) ▮ FIG & FAM faire et défaire, disposer à sa guise (en negocios ajenos).

tijereteo m découpage, déchiqueture f, coup de ciseaux (acción de tijeretear) ▮ cliquetis des ciseaux (ruido).

tijerilla; tijeruela f vrille (tijereta).

tila f tilleul m (árbol, flor e infusión).

tilacino m thylacine (marsupial).

tilbe m (Amer) nasse f.

tílburi m tilbury.

tildado, da adj tildé, e (letra) ▮ FIG accusé, e; taxé, e (tasado).

tildar v tr mettre le tilde [sur une lettre] ▮ biffer, effacer (borrar) ▮ FIG accuser, taxer; **le tildan de avaro** on le taxe d'avare, on l'accuse d'être avare.

tilde f tilde m (de la ñ) ▮ accent m; **"fue" se escribe ahora sin tilde** "fue" s'écrit maintenant sans accent ▮ FIG marque (nota denigrativa) ▮ vétille (cosa mínima) ▮ FIG **poner tilde a** faire des reproches à, critiquer.

tiliáceas f pl BOT tiliacées.

tilichero m (Amer) colporteur (buhonero).

tiliches m pl (Amer) attirail m.

tilico, ca adj (Amer) FAM maigrichon, onne.

tilín m drelin (de la campanilla) ■ FAM (Amer) **en un tilín** en un clin d'œil (en un tris) ▮ FIG & FAM **hacer tilín** ravir, enchanter; **no me hace tilín hacer esto ahora** cela ne m'enchante pas de faire ça maintenant; plaire; **esta persona me hace tilín** cette personne me plaît.

tilinches m pl (Amer) haillons, guenilles f.

tilingo, ga adj & s (Amer) sot, sotte (lelo).

tilla f MAR tillac m.

tillado m plancher (entablado).

tillandsia f BOT tillandsie, tillandsia.

tillar v tr planchéier.

tilo m tilleul (árbol) ▮ **té de tilo** tilleul [infusión].

timador m FAM escroc, filou, estampeur. ·

tímalo m ombre (pez de río), lavaret (de lago).

timar v tr FAM carotter, escroquer, flouer (p us); **le timaron 1 000 pesetas** on lui a carotté 1 000 pesetas, on l'a escroqué de 1 000 pesetas ▮ rouler, refaire, empiler, estamper (engañar); **me han timado** on m'a roulé, je me suis fait rouler.

➦ **timarse** v pr FAM se faire de l'œil (hacerse guiños) ▮ **timarse con una mujer** faire une touche.

timba f FAM partie (partida de juego) ▮ tripot m (garito) ▮ (Amer) gros m ventre, bedaine FAM (barriga hinchada).

timbal m MÚS timbale f ▮ petit tambour (atabal) ▮ vol-au-vent inv, timbale f (manjar).

▮ **OBSERV** Timbale, verre en métal, se dit cubilete.

timbalero m timbalier.

timbón, ona adj (Amer) ventru, e; bedonnant, e FAM.

timbrado, da adj timbré, e ▮ **papel timbrado** papier timbré (papel sellado), papier à en-tête (con membrete).

➦ **timbrado** m timbrage (sellado).

timbrar v tr timbrer ▮ **máquina de timbrar** timbreuse.

timbrazo m coup de sonnette.

timbre m sonnette f (de la puerta) ▮ timbre (campanilla) ▮ timbre (sonido); **timbre metálico, de voz** timbre métallique, de voix ▮ timbre (fiscal) ▮ BLAS timbre ■ **timbre concertado** abonnement au timbre ▮ **timbre de alarma** sonnette d'alarme ▮ FIG **timbre de gloria** titre de gloire ▮ **timbre móvil** timbre-quittance (en una letra de cambio), timbre fiscal (en un documento) ■ **tocar el timbre** sonner, appuyer sur la sonnette.

▮ **OBSERV** Le mot espagnol **timbre** ne signifie jamais timbre-poste, qui se dit sello.

timeleáceas f pl BOT thyméléacées.

tímico, ca adj ANAT thymique.

tímidamente adv timidement.

timidez f timidité.

▮ **OBSERV** pl timideces.

tímido, da adj timide.

timo m ombre (pez) ▮ FAM carottage, estampage, escroquerie f (hurto); **un timo de 1 000 pesetas** une escroquerie de 1 000 pesetas ▮ jeu de dupes, escroquerie f (engaño) ▮ ANAT thymus ■ FIG & FAM **dar un timo** escroquer, rouler ▮ **esta película es un timo** ce film est une escroquerie ▮ **hacer el timo del sobre** o **de la estampita** faire le coup de l'enveloppe.

timocracia f timocratie.

timol m QUÍM thymol.

timón m timon (del coche, del arado) ▮ gouvernail (de avión, barco); **timón de profundidad** gouvernail de profondeur ▮ barre f (caña); **golpe de timón** coup de barre ▮ baguette f (del cohete) ▮ FIG barre f, timon (dirección de un negocio) ■ MAR **caña del timón** barre, timon ▮ **guardín del timón** tire-veilles, drosse ■ MAR **llevar el timón** tenir la barre.

timonear v intr diriger.

timonel m timonier.

timonera f rectrice (pluma) ▮ MAR timonerie (del barco).

timonero m timonier.

timorato, ta adj timoré, e (tímido) ▮ (p us) craignant Dieu (pío).

Timoteo n pr Timothée.

timpánico, ca adj tympanique.

timpanillo m IMPR petit tympan.

timpanismo m MED tympanisme (hinchazón).

timpanítico, ca adj tympanique.

timpanitis f inv MED tympanite.

timpanización f MED enflure, tympanisme m.

timpanizarse [13] v pr enfler.

tímpano m ANAT tympan ▮ ARQ & IMPR tympan ▮ MÚS tympanon ▮ fond (de tonel).

tina f jarre (tinaja) ▮ cuve (de fotógrafo, de tintorero, etc.) ▮ baignoire f (baño).

tinaco m cuve f (tina pequeña).

tinada f tas m de bois (montón de leña) ▮ étable (cobertizo).

tinaja f jarre (vasija de barro).

tinajera; tinajería f cave où l'on garde les jarres d'huile ou de vin.

tinajero m potier qui fabrique des jarres.

tinamú m ZOOL tinamou.

▮ **OBSERV** pl tinamúes.

tincar [10] v intr (Amer) sentir, pressentir (barruntar, intuir).

tincazo m (Amer) chiquenaude f.

tindalización f FÍS tyndallisation.

Tíndaro n pr MITOL Tyndare.

tinelo m (ant) office, salle f à manger des domestiques.

tinerfeño, ña adj & s de Ténériffe.

tineta f petite jarre.

tinge m grand duc (ave).

tingitano, na adj & s tingitan, e; de Tanger [autrefois "Tingis"].

tinglado m hangar (cobertizo) ▮ baraque f (casucha) ▮ FIG stratagème (artificio) ■ FIG **manejar el tinglado** tenir o tirer les ficelles ▮ **¡menudo tinglado se ha formado para esta fiesta!** on en a fait des histoires pour cette fête!

tingle m tringlette f (herramienta de vidriero).

tinieblas f pl ténèbres ▮ **ángel de tinieblas** ange des ténèbres.

tino m adresse f (acierto) ▮ FIG bon sens, jugement; **estar falto de tino** manquer de bon sens ▮ sagesse f (cordura); **obrar con tino** agir avec sagesse ▮ cuve f (tina) ▮ pressoir (lagar) ■ FIG **hablar sin tino** déraisonner ▮ **perder el tino** perdre la tête ▮ **sacar de tino** étourdir (con un golpe), abasourdir (asombrar), mettre hors de soi (exasperar) ▮ **sin tino** sans mesure.

tinta f encre; **tinta china, simpática** encre de Chine, sympathique; **escribir con tinta** écrire à l'encre ▮ teinte (color) ▮ **media tinta** demi-teinte ■ FIG **hacer gastar mucha tinta** faire couler beaucoup d'encre ▮ **mis informes son de buena tinta** je tiens mes renseignements de bonne source o d'une source sûre ▮ **sudar tinta** suer sang et eau.

➦ **tintas** f pl couleurs; **pintar con tintas negras** peindre sous de sombres couleurs ■ FIG **medias tintas** demi-mesures (hechos), généralités, paroles vagues (dichos vagos) ■ FIG **recargar** o **cargar las tintas** forcer la note, en rajouter FAM.

tintar v tr teindre (teñir).

tinte m teinture f (acción) ▮ teinturerie f, teinturier (tienda); **llevar un vestido al tinte** porter une robe chez le teinturier ▮ FIG teinture f (barniz) ▮ tendance f; **tener un tinte político** avoir une tendance politique.

tinterillar v intr (Amer) plaider.

tinterillo m FAM rond-de-cuir (chupatintas) ▮ (Amer) FIG & FAM avocaillon (picapleitos).

tintero *m* encrier ‖ FIG & FAM dejarse algo en el tintero, quedársele a uno algo en el tintero laisser quelque chose dans l'encrier.

tintilineo *m* tintement.

tintillo *adj m & s m* clairet (vino).

tintín *m* tintement.

tintinear *v intr* tintinnabuler (cascabelear) ‖ tinter (una campana).

tintineo *m* tintement.

tintirintín *m* taratata (de trompeta).

tinto, ta *adj* teint, e (teñido) ‖ rouge; vino tinto vin rouge.
→ **tinto** *m* vin rouge (vino).

tintóreo, a *adj* BOT tinctorial, e.

tintorería *f* teinturerie, teinturier *m*; lleva el vestido a la tintorería porte la robe chez le teinturier o à la teinturerie.

tintorero, ra *m & f* teinturier, ère.
→ **tintorero** *f* requin *m* (tiburón).

Tintoretto; Tintoreto *n pr* el Tintoretto o Tintoreto le Tintoret.

tintorro *m* FAM gros rouge.

tintura *f* teinture ‖ fard *m* (afeite) ‖ FIG teinture (noción superficial) ‖ tintura de yodo teinture d'iode.

tiña *f* teigne (insecto) ‖ MED teigne ‖ FIG & FAM radinerie, ladrerie (miseria).

tiñoso, sa *adj & s* teigneux, euse ‖ FIG & FAM radin, e; ladre (miserable).

tiñuela *f* cuscute du lin (rascalino).

tío *m* oncle ‖ père [titre donné à un homme âgé]; el tío José le père Joseph ‖ FAM type (individuo); un tío estupendo un chic type; un tío raro un drôle de type ‖ espèce de (con adjetivo); tío pillo espèce de coquin ‖ (*Amer*) vieux Noir, vieux Nègre [terme d'amitié en Argentine] ■ tío abuelo grand-oncle ‖ tío segundo, tercero oncle au deuxième, au troisième degré, oncle à la mode de Bretagne ‖ tío vivo chevaux de bois, manège ■ (*Amer*) FIG & FAM cuento del tío bobard ‖ FIG & FAM el tío del saco le croquemitaine ‖ el Tío Sam l'Oncle Sam (Estados Unidos) ‖ FAM ¡vaya un tío! ça, c'est quelqu'un!, quel type formidable! (admiración), quel sale type! (reprobación) ■ FIG & FAM tener un tío en las Indias avoir un oncle d'Amérique.

tiol *m* QUÍM thiol.

tiónico, ca *adj* QUÍM thionique.

tionina *f* MED thionine (colorante).

tiorba *f* MÚS théorbe *m*, téorbe *m*.

Tío Sam *n pr* Oncle Sam (apelativo irónico de los Estados Unidos de América).

tiovivo *m* chevaux *pl* de bois, manège.

tipa *f* FAM fille (mujer despreciable).

tiparraca *f* FAM garce, typesse.

tiparraco *m* FAM type, sale type, drôle d'individu.

tipazo *m* FAM ¡vaya tipazo que tiene! elle est sacrément bien foutue!

tipear *v tr* (*Amer*) taper [à la machine].

tipejo, ja *m & f* FAM polichinelle *m*, fantoche *m* (persona ridícula) ‖ type, sale type, drôle d'individu.

típicamente *adv* typiquement.

típico, ca *adj* typique ‖ típico de caractéristique de.

tipificación *f* classification (clasificación) ‖ standardisation, normalisation (uniformación).

tipificado, da *adj* typifié, e.

tipificar [10] *v tr* standardiser, normaliser.

tipismo *m* caractère typique ‖ particularismes.

tiple *m* petite guitare *f* (guitarrita) ‖ MAR voile *f* ferlée (vela) ‖ mâtereau (palo).
◇ *m & f* MÚS soprano.

tipo *m* type (modelo) ‖ genre, sorte *f* (clase) ‖ taux; tipo de cambio, de interés, de descuento taux de change, d'intéret, d'escompte; tipo de interés preferencial taux d'intérêt préférentiel; tipo impositivo taux d'imposition ‖ genre; comedia musical de tipo americano comédie musicale de genre américain ‖ variété *f*, sorte *f*; existen numerosos tipos de árboles il existe de nombreuses variétés d'arbres ‖ FAM type (persona); un tipo raro un drôle de type ‖ bonhomme; un gran tipo un grand bonhomme ‖ silhouette *f*, ligne *f* (figura) ‖ BOT & ZOOL embranchement; el tipo de los vertebrados l'embranchement des vertébrés ‖ IMPR caractère (letra) ■ FAM aguantar el tipo encaisser ‖ jugarse el tipo risquer sa peau ‖ FIG persona con un tipo muy acusado personne très typée ‖ tener buen tipo être bien fait; esta mujer tiene muy buen tipo cette femme est très bien faite.

tipografía *f* typographie.

tipográfico, ca *adj* typographique.

tipógrafo, fa *adj & s* typographe, typo FAM ‖ cajista tipógrafo ouvrier typographe.

tipología *f* typologie.

tipometría *f* typométrie.

tipómetro *m* IMPR typomètre.

tipoy *m* tunique *f* des Indiennes Guaranies.

tiptología *f* typtologie.

típula *f* tipule (insecto).

tiquete *m* (*Amer*) ticket.

tiquín *m* gaffe *f*, perche *f* (bichero).

tiquismiquis *m pl* FAM scrupules ridicules (reparos vanos) ‖ chichis, manières *f* (remilgos); ¡déjate de tiquismiquis! pas tant de chichis!; tener tiquismiquis faire des manières ‖ histoires *f* (enredos) ‖ FAM no andarse con tiquismiquis ne pas y aller par quatre chemins.

TIR (abrev de transport international routier) *m* TIR.

tira *f* bande (de tela, papel, etc.) ‖ lanière; las telas de cuero de un flagelo les lanières de cuir d'un fouet ‖ bride; zapatos con tiras chaussures à brides ‖ MAR garant *m* [de poulie] ■ FAM sacar las tiras del pellejo écorcher vif (criticar) ‖ tiras de periódico ilustrado bandes dessinées.
◇ *m* (*Amer*) FAM flic (policía).

tirabala *m* sarbacane *f*, canonnière *f* (juguete).

tirabeque *m* (p us) pois mange-tout ‖ lance-pierres *inv* (tiragomas).

tirabotas *m inv* tire-botte.

tirabuzón *m* tire-bouchon (rizo de cabello) ‖ tire-bouchon (sacacorchos) ‖ AVIAC vrille *f* ‖ DEP tire-bouchon (salto) ‖ FAM sacar con tirabuzón arracher; sacar la verdad con tirabuzón arracher la vérité.
→ **tirabuzones** *m pl* anglaises *f* (rizo de cabello).

tirachinos *m inv* lance-pierres.

tirada *f* IMPR tirage *m* (libro, periódico); tirada aparte tirage à part ‖ tirade (de versos) ‖ tir *m* (al pichón, al plato) ‖ FAM trotte (distancia) ‖ de o en una tirada d'une seule traite, tout d'une traite.

tiradero *m* affût, tiré, poste de chasse.

tirado, da *adj* FAM courant, e; qui se trouve partout (que abunda) ‖ facile, pas difficile, simple comme bonjour; este trabajo está tirado ce travail n'est pas difficile ‖ donné, e; bon marché *inv* (barato); este reloj está tirado cette montre est donnée ‖ délié, e (letra) ‖ allongé, e (embarcación) ‖ TECN trait, e; oro tirado or trait.
→ **tirado** *m* TECN tirage (de los metales) ‖ IMPR tirage.

tirador, ra *m & f* tireur, euse; tirador con arco tireur à l'arc; tirador de primera tireur d'élite.
→ **tirador** *m* poignée *f*, bouton (de puerta, de cajón) ‖ cordon (de campanilla) ‖ lance-pierres *inv* (tiragomas) ‖ MIL tirailleur ‖ IMPR pressier (prensista) ‖ TECN filière *f* (de metales) ‖ tréfileur (trefilador) ‖ tireur (de oro) ‖ (*Amer*) ceinturon de gaucho (cinturón).
→ **tiradora** *f* FOT tireuse.
→ **tiradores** *m pl* (*Amer*) bretelles *f* (de los pantalones).

tirafondo *m* tire-fond *inv* (ferrocarril).

tiragomas *m inv* lance-pierres (tirador).

tiralíneas *m inv* tire-ligne ‖ FIG con tiralíneas au compas.

tiramollar *v intr* MAR affaler (un cabo).

tirana *f* chanson populaire espagnole.

tiranía *f* tyrannie.

tiranicida *m & f* tyrannicide (asesino).

tiranicidio *m* tyrannicide (crimen).

tiránico, ca *adj* tyrannique.

tiranización *f* tyrannie (tiranía) ‖ caractère *m* tyrannique; se está acentuando la tiranización del régimen le caractère tyrannique du régime est de plus en plus marqué.

tiranizar [13] *v tr* tyranniser.

tirano, na *adj* tyrannique.
◇ *m & f* tyran *m* (sin femenino).

tiranosaurio *m* tyrannosaure (reptil).

tirante *adj* tendu, e (tenso) ‖ FIG tendu, e; relaciones tirantes rapports tendus; situación tirante situation tendue ‖ estar tirante con alguien être en froid avec quelqu'un.
◇ *m* trait (de caballería) ‖ bretelle *f* (del pantalón) ‖ épaulette *f* (de combinación) ‖ tirant (de botas) ‖ ARQ tirant ‖ TECN entretoise *f* (riostra).

tirantez *f* tension, raideur ‖ FIG tension, tiraillements *m pl*; tirantez entre el presidente y sus ministros tension entre le président et ses ministres ‖ ARQ ligne de force.
▨ OBSERV *pl* tiranteces.

tiranuelo, la *m & f* tyranneau *m* (sin femenino).

tirapié *m* tire-pied.
▨ OBSERV *pl* tirapiés.

tirar _v tr_ jeter; tirar un libro al suelo jeter un livre par terre ‖ renverser; tirar agua en el suelo renverser de l'eau par terre ‖ lancer, jeter (arrojar); tirar piedras a uno lancer des pierres à quelqu'un ‖ jeter (deshacerse); tirar viejos papeles jeter de vieux papiers ‖ abattre; tirar una casa abattre une maison ‖ [▷ SIN] tirer; tirar un cañonazo tirer un coup de canon ‖ lancer (un cohete) ‖ larguer (paracaidista, bomba) ‖ tirer (una línea, un plano) ‖ tirer, étirer (estirar) ‖ gaspiller (malgastar); tirar dinero gaspiller de l'argent (tirer (cerveza) ‖ MAT abaisser (perpendicular) ‖ IMPR & FOT tirer; se han tirado cinco mil ejemplares de este libro ce livre a été tiré à 5 000 exemplaires; tirar una foto a partir de un negativo tirer une épreuve à partir d'un négatif ‖ faire; tírame una foto fais-moi une photo ‖ FAM faire des allusions désobligeantes, dire du mal de; me está siempre tirando il ne cesse de faire des allusions désobligeantes à mon sujet ‖ vendre très bon marché (vender barato) ‖ DEP botter; tirar un saque de esquina botter un corner (tirer (en fútbol); tirar a gol tirer au but ‖ (_Amer_) transporter ■ tirar abajo una puerta enfoncer une porte ‖ FIG tirar el dinero por la ventana jeter l'argent par les fenêtres ‖ tirar una estocada pousser une estocade ‖ tirar un mordisco donner un coup de dent ‖ tirar un pellizco pincer.
<> _v intr_ tirer (una chimenea); esta chimenea tira bien cette cheminée tire bien ‖ tirer; tirar con arco tirer à l'arc; tirar al aire tirer en l'air; ‖ tirer; la piel me tira la peau me tire ‖ tourner (torcer); tire usted a la derecha tournez à droite ‖ dévier, dériver (desviarse) ‖ FAM tirer (un motor); a Vicente siempre le tiró el mar Vincent a toujours été attiré par la mer ‖ se maintenir, tenir le coup, durer; el enfermo tirará sin duda un año más le malade se maintiendra sans doute encore un an ‖ tenir le coup, faire; este traje tirará todavía un año más ce costume tiendra bien le coup encore un an ‖ s'en tirer, tenir le coup; tira con 300 francos al mes il s'en tire avec 300 francs par mois ■ tirar a tirer sur; tirar a azul tirer sur le bleu; avoir tendance à (tener propensión) ‖ FAM tirar a bulto tirer au jugé o au hasard ‖ tirar al monte retourner à de vieilles habitudes ‖ FIG tirar a matar a, tirar con bala a tirer à boulets rouges sur ‖ tirar de tirer, traîner; caballo que tira de un carro cheval qui tire une charrette; tirer sur; tirar de la brida, de la cuerda tirer sur la bride, sur la corde; tirer; tirar del pelo, de las orejas tirer les cheveux, les oreilles; tirer par; le hizo salir tirándole del pelo il le fit sortir en le tirant par les cheveux; attirer; el imán tira del acero l'aimant attire l'acier ‖ FIG tirar de espaldas renverser (asombrar) ‖ tirar de la lengua tirer les vers du nez, faire parler ‖ tirar largo o de largo o por largo faire les choses en grand, voir grand (calcular), dépenser largement (gastar) ‖ tirar por avoir un faible pour (sentirse inclinado), prendre, passer par; si tiráramos por este camino llegaríamos antes si nous prenions ce chemin nous arriverions plus tôt ‖ tirar por lo alto avoir de grandes ambitions ■ FIG a más tirar, a todo tirar tout au plus ‖ FAM dejar tirado a uno laisser tomber quelqu'un (abandonar), laisser quelqu'un loin en arrière, enfoncer quelqu'un (superar), laisser quelqu'un comme deux ronds de flan, en boucher un

coin à quelqu'un (dejar asombrado) ‖ estar tirando traîner en longueur, se traîner ‖ FAM ir tirando aller comme ci, comme ça; la patria siempre tira on se sent toujours attiré par sa patrie, on a toujours un penchant pour sa patrie ‖ tirando comme ci, comme ça; on fait aller ‖ tirando por alto tout au plus ‖ tirando por bajo au bas mot ‖ tira y afloja va-et-vient; un tira y afloja de aseveraciones y negaciones un va-et-vient d'affirmations et de refus; politique de bascule (en política), marchandage (trato), succession d'exigences et de concessions.

➤ **tirarse** _v pr_ se jeter; tirarse al agua se jeter à l'eau; tirarse de cabeza se jeter la tête la première ‖ s'étendre, s'allonger (tenderse); tirarse en la cama s'étendre sur le lit ‖ DEP faire un plongeon (fútbol) ‖ FIG & FAM tirer; tirarse un año de cárcel tirer un an de prison ‖ s'envoyer, se farcir FAM; voy a tirarme un año en provincias je vais m'envoyer un an en province; se ha tirado un viaje pesadísimo il s'est envoyé un voyage assommant ‖ tirarse a fondo plastronner, se fendre (esgrima) ‖ FIG & FAM tirarse al suelo de risa se rouler par terre de rire ‖ tirarse a matar être à couteaux tirés ‖ tirarse de cabeza en la piscina plonger dans la piscine ‖ tirarse del moño se crêper le chignon (pelearse las mujeres) ‖ tirarse un planchazo o una plancha faire une gaffe, commettre un impair, se mettre le doigt dans l'œil jusqu'au coude ‖ IMPR tírese bon à tirer.
‖ SIN disparar tirer; descargar décharger; tirotear tirailler; ametrallar mitrailler; fulminar fulminer; hacer fuego faire feu.

tiratacos _m inv_ sarbacane _f_, canonnière _f_ (juguete).

tiratrón _m_ ELECTR thyratron.

tiravira _f_ trévire ‖ arriar con la tiravira trévirer.

tiricia _f_ FAM jaunisse (ictericia).

tirilla _f_ galon _m_ ‖ pied _m_ de col (de cuello postizo).

tirio, ria _adj & s_ tyrien, enne ‖ FIG tirios y troyanos guelfes et gibelins, partisans et adversaires.

tirita _f_ pansement _m_ adhésif.

tiritaña _f_ tiretaine (tela) ‖ FIG pacotille.

tiritar _v intr_ grelotter.

tiritera _f_ grelottement _m_.

tiritón _m_ tremblement, frisson (escalofrío) ‖ dar tiritones faire trembler, donner des frissons.

tiritona _f_ FAM tremblement _m_ ■ FAM dar una tiritona faire trembler ‖ tener una tiritona trembler, avoir la tremblote.

tiro _m_ coup; tiro de pistola coup de pistolet ‖ coup de feu (disparo); se oyen tiros on entend des coups de feu ‖ balle _f_ (bala); le mató de un tiro il l'a tué d'une balle ‖ trace _f_ de balle (huella); se veían en la pared muchos tiros on voyait sur le mur de nombreuses traces de balles ‖ tir; tiro con bola, de enfilada, de fogueo, oblicuo, rasante tir à boulet, d'enfilade, à blanc, d'écharpe o plongeant, rasant; línea de tiro ligne de tir ‖ portée _f_ (alcance); a un tiro de bala à une portée de fusil ‖ trait; a tiro de ballesta à un trait d'arbalète ‖ jet; a un tiro de piedra à un jet de pierre; un tiro de 55 metros un jet de 55 mètres (deporte) ‖ pièce _f_ d'artillerie (cañón)

‖ attelage (de caballería); tiro por attelage à quatre chevaux ‖ trait; animales de tiro bêtes de trait ‖ corde _f_, câble (cuerda) ‖ tirage (de una chimenea) ‖ étage, volée _f_ (de escalera) ‖ longeur _f_ (longitud) ‖ carrure _f_ (anchura del vestido) ‖ ampleur _f_ à l'entrejambe (de un pantalón) ‖ shoot (fútbol) ‖ MIN puits (pozo) ‖ profondeur _f_ (profundidad) ‖ VETER tic (_Amer_) tirage (de imprenta) ■ tiro a discreción feu à volonté ‖ tiro a gol tir au but (remate) ‖ tiro al blanco tir à la cible ‖ tiro al plato tir au pigeon d'argile ‖ tiro de gracia coup de grâce ‖ tiro de pichón tir aux pigeons ‖ tiro de tres puntos panier à trois points (baloncesto) ‖ tiro errado coup manqué ‖ tiro escalonado barrage roulant ■ a tiro à portée ‖ a tiro hecho à coup sûr (con seguridad), avec précision (apuntando bien), exprès (adrede) ‖ FIG de tiros largos tiré à quatre épingles, en grand tralala, sur son trente-et-un ‖ de un tiro d'un seul coup ‖ ni a tiros quoi qu'on fasse, en aucune façon, pour rien au monde ■ dar o pegar un tiro a tirer sur ‖ darse o pegarse un tiro en la cabeza se tirer une balle dans la tête ‖ errar el tiro manquer son coup ‖ la niña no quería comer sus gachas ni a tiros il n'y avait pas moyen de faire prendre sa bouillie à la petite ‖ le salió el tiro por la culata ça lui est retombé sur le nez o sur la tête o sur le dos, ça a raté ‖ liarse a tiros échanger des coups de feu ‖ VETER padecer tiro tiquer ‖ FIG ponerse a tiro se trouver sur le chemin de; si se me pone a tiro se lo digo s'il se trouve sur mon chemin, je le lui dis ‖ sin pegar un tiro sans coup férir.

➤ **tiros** _m pl_ bélière _f sing_ (para colgar la espada) ‖ (_Amer_) bretelles _f pl_.

Tiro _n pr_ HIST Tyr (antiguo nombre de Sür).

tiroidectomía _f_ MED thyroïdectomie.

tiroideo, a _adj_ ANAT thyroïdien, enne; thyroïde.

tiroides _m_ ANAT glande _f_ thyroïde, thyroïde _f_.

tiroidina _f_ MED thyroïdine.

tiroiditis _f inv_ MED thyroïdite.

Tirol _n pr m_ GEOGR Tyrol.

tirolés, esa _adj & s_ tyrolien, enne.
‖ OBSERV pl tiroleses, tirolesas.

tirón _m_ secousse _f_ (sacudida); dar un tirón donner une secousse ‖ tiraillement (de estómago) ‖ contracture _f_, crampe _f_ (de un músculo) ‖ FAM trotte _f_ (distancia); hay un tirón de aquí a tu casa il y a une trotte d'ici à chez toi ‖ FIG nostalgie _f_ (añoranza) ‖ penchant (inclinación) ■ a tirones à-coups ‖ de un tirón d'un seul coup (al primer intento), tout d'une traite, d'un trait (de una sola vez); leer una novela de un tirón lire un roman tout d'une traite; d'affilée, d'un trait, tout d'une traite; hacer cincuenta kilómetros de un tirón faire cinquante kilomètres d'affilée ‖ ni a dos tirones en aucune façon, pour rien au monde ■ dar tirones tirailler ‖ dar un tirón de orejas tirer les oreilles ‖ sufrir un tirón en un músculo se claquer un muscle.

tironianas _adj f pl_ notas tironianas notes tironiennes.

tiroriro _m_ FAM taratata (onomatopeya de los instrumentos de viento).

➤ **tiroriros** _m pl_ cuivres (instrumentos de viento).

tirosina *f* QUÍM tyrosine.

tirotear *v tr* tirer sur; le tirotearon desde el tejado du toit ils ont tiré sur lui ‖ fue tiroteado por los ladrones les voleurs lui tirèrent dessus, il essuya des coups de feu tirés par les voleurs.
◇ *v intr* tirailler.
➡ **tirotearse** *v pr* échanger des coups de feu.

tiroteo *m* fusillade *f*, coups *pl* de feu, échange de coups de feu ‖ coups *pl* de fusil o de feu (ruido); se oía un tiroteo a lo lejos on entendait des coups de fusil au loin.

tirotricina *f* QUÍM tyrothricine.

tiroxina *f* thyroxine (hormona).

Tirreno *n pr* GEOGR el mar Tirreno la mer Tyrrhénienne.

tirreno, na *adj & s* tyrrhénien, enne.

tirria *f* FAM hostilité, antipathie ■ FAM tener tirria a uno avoir une dent contre quelqu'un, en vouloir à quelqu'un, avoir quelqu'un en grippe ‖ tomar tirria a uno prendre quelqu'un en grippe.

tirso *m* thyrse ‖ BOT thyrse (panoja).

tisana *f* tisane.

tisanuros *m pl* ZOOL thysanoures.

tísico, ca *adj & s* phtisique.

tisiología *f* MED phtisiologie.

tisiólogo, ga *m & f* MED phtisiologue.

tisis *f inv* MED phtisie.

tiste *m* (Amer) boisson *f* au cacao.

tisú *m* drap d'or o d'argent (tela).
■ OBSERV pl tisúes ou tisús.

tita *f* FAM tantine, tata.

titán *m* titan.

titánico, ca *adj* titanesque, titanique ‖ QUÍM titanique ‖ FIG un trabajo titánico un travail de titan.

titanio *m* titane (metal).

titear *v tr* (Amer) se moquer de (burlarse).

titeo *m* (Amer) raillerie *f*.

títere *m* marionnette *f* ‖ FIG polichinelle, pantin (persona que se deja dominar) ■ FIG no queda títere con cabeza il ne reste rien debout, tout 'est saccagé ‖ teatro de títeres théâtre de marionnettes, guignol.

titi *m & f* VULG mec *m*, gonzesse *f*.

tití *m* ZOOL ouistiti (mono).

Titicaca *n pr* GEOGR el lago Titicaca le lac Titicaca.

titilador, ra; titilante *adj* titillant, e ‖ scintillant, e (astro).

titilar; titilear *v intr* titiller ‖ scintiller (astro).

titileo *m* scintillement (de un astro).

titímalo *m* tithymale (planta).

titipuchal *m* (Amer) FAM ribambelle *f*, foule *f*.

titirimundi *m* cosmorama (mundonuevo).

titiritaina *f* FAM charivari *m*, raffut *m*.

titiritar *v intr* grelotter.

titiritero, ra *m & f* montreur, euse de marionnettes ‖ danseur, euse de corde; équilibriste (volatinero), bateleur, euse (saltimbanqui).

tito *m* BOT gesse *f* (almorta).

tito *m* FAM tonton (tío).

Tito *n pr* Titus ‖ a lo Tito à la Titus.

Tito Livo *n pr* Tite-Live.

titubeante *adj* titubant, e; chancelant, e; con paso titubeante d'un pas chancelant; un andar titubeante une démarche titubante ‖ bredouillant, e (que farfulla) ‖ FIG hésitant, e (que duda).

titubear; trastabillar *v intr* tituber, chanceler (oscilar) ‖ FIG hésiter; titubea en venir il hésite à venir; titubeaba si lo haría j'hésitais à le faire; titubea en la elección de un oficio il hésite dans le choix d'un métier o sur le métier qu'il va choisir.

titubeo *m* titubation *f*, chancellement (acción de oscilar) ‖ FIG hésitation *f*; titubeo en hablar hésitation à parler.

titulación *f* diplôme *m* ‖ titre *m* (nombre).

titulado, da *adj & s* diplômé, e [d'un titre universitaire] ‖ FIG un titulado pintor un soi-disant peintre.

titular *adj* titulaire, en titre; juez titular juge titulaire; profesor titular professeur en titre.
◇ *m & f* titulaire ‖ hacer titular titulariser.
◇ *m* gros titre; anunciar con grandes titulares annoncer avec de gros titres ‖ manchette *f* (encabezamiento en la primera plana) ‖ titulaire, intitulé (de una cuenta).

titular *v tr* intituler (llamar) ‖ QUÍM titrer.
◇ *v intr* obtenir un titre.
➡ **titularse** *v pr* se qualifier, se donner le titre de.

titularizar [13] *v tr* titulariser.

titulillo *m* IMPR titre courant (folio explicativo).

título *m* titre (inscripción, subdivisión, calidad, dignidad) ‖ titre; título de propiedad titre de propriété ‖ diplôme, titre; título de bachiller, de licenciado diplôme de bachelier, de licencié ‖ noble, personne *f* titrée (dignatario) ■ a título de à titre de ‖ conceder un título donner un titre ‖ con el mismo título qui a le même titre (igual), au même titre (por el mismo motivo) ‖ ¿con qué título? à quel titre? ‖ CINEM & IMPR máquina de componer títulos titreuse ‖ título al portador titre au porteur ‖ título cotizable titre coté ‖ título de pago titre de paiement ‖ título de piloto brevet de pilote ‖ QUÍM título de una solución titre d'une solution.

tixotropía *f* thixotropie.

tiza *f* craie; escribir con tiza écrire à la craie ‖ blanc *m*, craie (de billar).

tizate *m* (Amer) craie *f* (tiza).

Tiziano; Ticiano *n pr* le Titien.

tizna *f* suie (tizne).

tiznado, da *adj* (Amer) gris, e; ivre (ebrio).

tiznadura *f* noircissement *m* (acción) ‖ noircissure (tiznón).

tiznajo *m* tache *f* noire, noircissure *f*.

tiznar *v tr* tacher de noir (manchar de negro) ‖ salir (manchar, ensuciar) ‖ charbonner; tiznar una pared charbonner un mur ‖ FIG noircir, flétrir; tiznar la reputación noircir la réputation.
➡ **tiznarse** *v pr* se tacher de noir, se salir (mancharse) ‖ (Amer) s'enivrer (emborracharse).

tizne *m & f* suie *f*.

tiznón *m* noircissure *f*, tache *f* noire, tache *f* de suie.

tizo *m* fumeron (carbón).

tizón *m* tison (palo a medio quemar) ‖ FIG tache *f*, souillure *f* (mancha en la fama) ‖ BOT nielle *f*, charbon (parásito) ‖ ARQ boutisse *f* (del sillar); a tizón en boutisse ‖ negro como un tizón noir comme un corbeau.

tizona *f* FAM rapière, flamberge.

tizonada *f*; **tizonazo** *m* coup *m* porté avec un tison (golpe).

tizonazos *m pl* FIG & FAM feux *m* de l'enfer, chaudières *f* de l'enfer (infierno).

tizoncillo *m* nielle *f*, charbon.

tizonear *v intr* tisonner (el fuego).

tlacuache *m* (Amer) sarigue *f* (zarigüeya).

tlapalería *f* (Amer) droguerie, droguiste *m*.

tlascalteca *adj & s* de Tlascala (México).

tlaspi *m* thlaspi (planta).

tlazol *m* (Amer) bout de la tige du maïs.

tmesis *f inv* GRAM tmèse.

TNT (abrev de trinitrotolueno) *m & f* TNT *m*.

toa *f* (Amer) corde (maroma).

toalla *f* serviette, serviette de toilette (en el cuarto de baño) ‖ essuie-mains *m inv* (para las manos) ‖ toalla de felpa serviette-éponge.

toallero *m* porte-serviette *inv*.

toar *v tr* MAR touer (remolcar).

toast *m* toast (tostada).

toba *f* tuf *m*, tuffeau *m*, tufeau *m* (piedra) ‖ tartre *m* (sarro) ‖ chardon *m* aux ânes (cardo borriquero).

tobáceo, a *adj* tufier, ère.

tobar *m* carrière *f* de tuf.

tobera *f* tuyère; tobera de escape, de aire comprimido tuyère d'éjection, à air comprimé.

tobiano, na *adj* truité, e; tacheté, e (caballo).

Tobías *n pr* Tobie.

tobillera *adj f* FAM niña tobillera gamine.

tobillo *m* ANAT cheville *f* ‖ FIG no llegarle a uno al tobillo ne pas arriver à la cheville de quelqu'un.

tobogán *m* toboggan.

toboseño, ña *adj & s* habitant, e du Toboso [Nouvelle-Castille].

toca *f* coiffe ‖ coiffe, cornette (de religiosas) ‖ toque (casquete) ‖ batiste, linon *m* (tela).

tocadiscos *m inv* tourne-disque, tourne-disques.

tocado, da *adj* FIG & FAM toqué, e; timbré, e; loufoque (loco) ‖ FAM tocado de la cabeza cinglé, maboul, piqué, toqué.
➡ **tocado** *m* [▷ SIN] coiffure *f* (sombrero) ‖ coiffure *f* (peinado) ‖ touche (esgrima).
‖ SIN toca toque; sombrero chapeau; chapeo couvre-chef; gorro bonnet; boina béret; pamela capeline.

tocador, ra *adj & s* joueur, euse; tocador de arpa joueur de harpe ‖ tocador de guitarra guitariste.
➡ **tocador** *m* table *f* de toilette (mueble para el aseo) ‖ coiffeuse *f* (mueble para una mu-

jer) ▌cabinet de toilette (cuarto) ▌nécessaire de toilette (neceser) ▌artículos de tocador objets de toilette.

tocamiento *m* action *f* de toucher.

tocante *adj* touchant *inv*, contigu, ë ▌tocante a en ce qui concerne, quant à, en matière de; no diré nada tocante a la economía je ne dirai rien en ce qui concerne l'économie; concernant, relatif, ive; asuntos tocantes a la economía des affaires concernant l'économie.

tocar [10] *v tr* [▷ **SIN**] toucher; tocar algo con el dedo toucher quelque chose du doigt ▌jouer de; tocar la guitarra, el piano, el violín jouer de la guitare, du piano, du violon ▌battre (tambor); tocar llamada battre l'appel ▌sonner; tocar la campana sonner la cloche; tocar diana sonner la diane ▌passer; tocar discos passer des disques ▌toucher (esgrima) ▌toucher (metal precioso) ▌faire escale, toucher; el barco tocará los siguientes puertos le bateau fera escale dans les ports suivants o touchera aux ports suivants ▌retoucher (una pintura) ▌toucher à, aborder; tocar un asunto arduo aborder un sujet ardu ■ tocar a muerto sonner le glas ▌tocar a rebato sonner le tocsin ▌tocar el timbre sonner ▌**FIG** tocar en lo vivo toucher au vif ▌tocar la bocina klaxonner, corner ▌**FIG** tocar por encima survoler (un asunto) ▌tocar todos los registros miser sur tous les tableaux, frapper à toutes les portes (intentarlo todo), essayer de faire vibrer la corde sensible (llamar a la sensibilidad).
◇ *v intr* frapper; tocar a la puerta frapper à la porte ▌être à, appartenir; me toca decirlo c'est à moi de le dire; no le toca a usted hacer este trabajo ce n'est pas à vous de faire ce travail, il ne vous appartient pas de faire ce travail ▌gagner (en suerte); le tocó el gordo il a gagné le gros lot (lotería), avoir; tocar en un reparto échoir en partage ▌être le tour de; à moi, à toi, à lui, etc., de; être à moi, à toi, à lui, etc., de; a usted le toca tomar la palabra c'est votre tour de prendre la parole; a ti te toca jugar à toi de jouer, c'est à toi de jouer ▌être parent avec, avoir un lien de parenté avec (ser pariente); Antonio no me toca nada Antoine n'est pas du tout parent avec moi; ¿qué te toca Antonio? quel lien de parenté as-tu avec Antoine? ▌faire escale, toucher (avión, barco); el avión tocará en Palma l'avion fera escale à Palma ▌**FIG** toucher; le tocó Dios en el corazón Dieu lui a touché le cœur ■ por lo que a mí me toca en ce qui me concerne ▌tocar a misa sonner la messe ▌tocar a su fin toucher o tirer à sa fin ▌tocar con toucher à; mi casa toca con la suya ma maison touche à la sienne.
➤ **tocarse** *v pr* se toucher ▌se coiffer (peinarse).

▌**SIN** palpar palper; tentar tâter; tantear tâtonner; manosear, sobar tripoter.

tocata *f* **MÚS** toccata ▌**FAM** raclée (paliza).

tocateja
➤ a **tocateja** *loc adv* rubis sur l'ongle, comptant, cash; pagar a tocateja payer rubis sur l'ongle.

tocay *m* tokai, tokay (vino).

tocayo, ya *m & f* homonyme.

tocho *m* lingot (de hierro) ▌**FAM** pavé (libro).

tocinera *f* charcutière ▌planche à saler le lard (tablón).

tocinería *f* charcuterie.

tocinero *m* charcutier.

tocino *m* lard ■ tocino de cielo sorte de flan ▌tocino entreverado petit lard, lard maigre ▌tocino gordo gros lard, lard gras ▌tocino saladillo petit salé.
➤ ¡tocino! *interj* vinaigre! (en el juego de la comba).

toco, ca *m & f* (*Amer*) homonyme (tocayo).
➤ **toco** *m* (*Amer*) niche *f* (hornacilla) ▌bout (trozo).

tocología *f* **MED** obstétrique (obstetricia).

tocólogo *m* médecin accoucheur, accoucheur.

tocomate *m* (*Amer*) calebasse *f* (calabaza).

tocón *m* souche *f* (de un árbol) ▌moignon (muñón).

toconal *m* terrain couvert de souches d'arbre ▌oliveraie *f* (olivar).

tocuyo *m* (*Amer*) cotonnade *f*.

todabuena *f* toute-bonne (planta).

todavía *adv* encore; duerme todavía, todavía duerme il dort encore; no ha venido todavía il n'est pas encore venu ▌toujours; ¿trabajas todavía en la misma oficina? travailles-tu toujours dans le même bureau? ■ si todavía si encore ▌todavía más encore plus, encore davantage; el rico quiere enriquecerse todavía más le riche veut s'enrichir encore plus ▌todavía no pas encore.

todito, ta *adj* **FAM** tout, e; tout entier, toute entière; ha llorado todita la noche il a pleuré toute la nuit ▌absolument tous, absolument toutes; se ha comido toditos los pasteles il a mangé absolument tous les gâteaux.

todo, da *adj & pron indef* tout, e; todos los hombres tous les hommes; han venido todas elles sont toutes venues; todo buen cristiano tout bon chrétien; todo está preparado tout est prêt ▌tout, e; mi falda está toda manchada ma jupe est toute tachée ▌tout *inv* en, ne... que, tout *inv*; este pescado es todo raspas ce poisson est tout en arêtes o n'est qu'arêtes; la calle era toda baches la rue n'était que nids de poule ▌tout entier, tout entière; España toda aprueba esta decisión l'Espagne tout entière approuve cette décision ▌vrai, e; accompli, e; es todo un mozo c'est un vrai jeune homme ■ todo aquel que quiconque ▌todo el mundo tout le monde ▌todo el que tous ceux qui; todo el que quiera venir que me siga que tous ceux qui veulent venir me suivent ▌todo incluido tout compris ▌todo lo contrario bien au contraire ▌todo lo más tout au plus ▌todo lo... que aussi... que; no ha sido todo lo simpático que creía il n'a pas été aussi sympathique que je croyais ▌todo lo que, todo cuanto tout ce qui o que ▌todo o nada quitte ou double (juego) ▌todo quisque tout un chacun, tout le monde ▌todos tout le monde; lo dicen todos tout le monde le dit ▌todos cuantos tous ceux qui o que ▌todos los... que tous les... qui ▌todos ustedes tous autant que vous êtes, vous tous ■ abajo del todo en bas, tout en bas ▌arriba del todo en haut, tout en haut ▌ante todo avant tout ▌a pesar de todo

tout de même, malgré tout ▌así y todo malgré tout ▌a toda velocidad, a toda marcha, a todo correr à toute vitesse, à toute allure ▌a todo esto pendant ce temps-là (mientras tanto), à propos (hablando de esto) ▌a todo riesgo tous risques (seguro) ▌a todo vapor à toute vapeur ▌con toda mi alma, de todo corazón de tout mon cœur ▌con todas sus fuerzas de toutes ses forces ▌con todo malgré tout, néanmoins ▌con todo y con eso n'est pas le tout mais ▌criada para todo bonne à tout faire ▌del todo tout à fait, absolument; estamos decididos del todo nous sommes tout à fait décidés; tout, e; está triste del todo il est tout triste ▌después de todo après tout ▌de todas formas, de todas maneras de toute façon, en tout cas ▌en todo y por todo en tout et pour tout ▌la fiesta de Todos los Santos la Toussaint ▌lo... todo tout; lo sabe todo il sait tout; lo he dicho todo j'ai tout dit ▌o todo o nada tout ou rien ▌sobre todo surtout ▌y todo quoique, même; cansado y todo iré même fatigué, j'irai; même, jusqu'à (incluso); perdió su perro fiel y todo il a perdu jusqu'à son chien fidèle ■ considerándolo todo tout bien considéré ▌de todo hay en la viña del Señor il faut de tout pour faire un monde ▌esto es todo c'est tout ▌fue todo uno ce fut tout un ▌hacer todo lo posible faire tout son possible ▌ser toda sonrisa être tout sourire ▌ser todo ojos, todo oídos être tout yeux, tout oreilles ▌ser todo un hombre être un homme cent pour cent o un homme d'un grand H ▌todo eran quejas ce n'étaient que plaintes, tout n'était que plaintes ▌y eso es todo et voilà tout.
➤ **todo** *adv* tout, entièrement.

todo *m* tout; jugarse el todo por el todo risquer o jouer le tout pour le tout ■ el todo mon tout (en las charadas) ▌quien todo lo quiere todo lo pierde qui trop embrasse mal étreint ▌**FIG** ser el todo mener la danse, faire le jour et la nuit.

todopoderoso, sa *adj & s* tout-puissant, toute-puissante ▌el Todopoderoso le Tout-Puissant (Dios).

toesa *f* (ant) toise (medida de longitud).

tofana *adj f* agua tofana aqua toffana (veneno).

toffee; tofe *m* caramel (pastilla de café con leche).
▌**OBSERV** pl toffees; tofes.

tofo *m* **MED** tophus (nodo).

toga *f* toge (de los romanos) ▌robe, toge (de magistrado).

togado, da *adj* qui porte la toge (romanos) ▌qui porte la robe (magistrados).
➤ **togado** *m* homme de robe.
➤ **togados** *m pl* los togados les gens de robe o de loi.

Togo *n pr m* **GEOGR** Togo.

toilette [twa'let] *f* toilette (arreglo personal) ▌toilettes *f pl* (lavabo).

toisón *m* toison *f* ▌orden del Toisón de Oro ordre de la Toison d'or.
▌**OBSERV** La toison d'or, qui fut conquise par Jason et les Argonautes, se dit vellocino de oro.

tojo *m* ajonc.

tokai *m* tokai, tokay (vino).

Tokyō; Tokio *n pr* GEOGR Tokyo, Tōkyō.

tolanos *m pl* inflammation *f sing* de la gencive des animaux ‖ FAM cheveux courts poussant sur la nuque (abuelos).

toldadura *f* bâche (toldo).

toldería *f* (*Amer*) campement *m* d'Indiens.

toldero *m* marchand de sel au détail.

toldilla *f* MAR dunette (del barco).

toldillo *m* chaise *f* à porteurs ‖ (*Amer*) moustiquaire *f* (mosquitero).

toldo *m* vélum (en un patio, en una calle, etc.) ‖ banne *f* (de una tienda) ‖ store (en una ventana) ‖ parasol (en la playa) ‖ bâche *f* (en un carro o camión) ‖ (*Amer*) tente *f* [des Indiens].

tole *m* FIG tollé ‖ FAM tomar el tole filer, plier bagages, prendre ses cliques et ses claques.

toledano, na *adj & s* tolédan, e ‖ FIG pasar una noche toledana passer une nuit blanche.

Toledo *n pr* GEOGR Tolède.

tolemaico, ca *adj* ptoléméen, enne; de Ptolémée (astrónomo) ‖ ptolémaïque (de los reyes de Egipto).

tolerable *adj* tolérable.

tolerancia *f* tolérance; tolerancia religiosa tolérance religieuse.

tolerante *adj* tolérant, e.

tolerantismo *m* tolérantisme.

tolerar *v tr* tolérer (aguantar o permitir) ‖ supporter (sufrir con paciencia) ■ película tolerada por la censura film ayant reçu le visa de la censure ‖ tolerada para menores pour tous (película cinematográfica).

tolete *m* MAR tolet (escálamo) ‖ (*Amer*) trique *f* (garrote).

toletole *m* FAM brouhaha.

tolita *f* tolite (explosivo).

tollina *f* FAM raclée, volée; dar una tollina flanquer une raclée.

tollo *m* chien de mer (cazón) ‖ affût (de los cazadores) ‖ bourbier (atolladero) ‖ boue *f* (lodo).

tollón *m* passage étroit (coladero).

tolmo *m* rocher arrondi.

Tolomeo ► Ptolomeo.

Tolón ► Toulon.

tolondro, dra *adj & s* étourdi, e.
➡ **tolondro** *m* bosse *f* (chichón).

tolondrón *m* bosse *f* (chichón) ‖ a tolondrones par à-coups (a ratos).

tolonés, esa *adj & s* toulonnais, e.
‖ OBSERV pl toloneses, tolonesas.

Tolosa *n pr* GEOGR Tolosa ‖ ► Toulouse.

tolosano, na *adj & s* de Tolosa [en Espagne] ‖ toulousain, e (de Tolosa de Francia).

tolteca *adj & s* toltèque.

Tolú *m* bálsamo de Tolú baume de Tolu.

tolueno *m* QUÍM toluène.

toluidina *f* QUÍM toluidine.

toluol *m* QUÍM toluol.

tolva *f* trémie (molinos) ‖ fente (de una urna o cepillo).

tolvanera *f* nuage *m* de poussière, tourbillon *m* de poussière.

toma *f* prise; toma de contacto prise de contact; toma de decisiones prise de décision ‖ prise (conquista); la toma de Granada la prise de Grenade ‖ dose (medicamentos); una toma de quinina une dose de quinine ‖ prise (de agua, de aire); ELECTR prise (enchufe); toma de tierra prise de terre ‖ prélèvement *m*; toma de muestras prélèvement d'échantillons ‖ RAD prise; toma de antena prise d'antenne ‖ (*Amer*) rigole (acequia) ‖ prise (enchufe) ■ toma de conciencia prise de conscience ‖ toma de hábito prise de voile (de una monja), prise d'habit (de un religioso) ‖ toma de mando prise de commandement ‖ toma de posesión prise de possession o de fonctions, installation dans ses fonctions (de un cargo), investiture (de la presidencia, de un gobierno) ‖ toma de rapé prise de tabac ‖ toma de sangre prise de sang ‖ toma de tierra prise de terre (de una antena), arrivée au sol (de un paracaidista), atterrissage (de un avión) ‖ toma de vistas prise de vues.

tomadero *m* poignée *f*, manche (agarradero) ‖ prise *f* (de agua).

tomado, da *adj* FAM ivre (ebrio) ■ voz tomada voix prise o voilée o couverte.

tomador, ra *adj & s* preneur, euse (que toma) ‖ FAM chapardeur, euse (ladrón) ‖ (*Amer*) buveur, euse (bebedor) ■ perro tomador chien de prise.
➡ **tomador** *m* COM preneur, bénéficiaire; tomador del crédito bénéficiaire du crédit ‖ MAR raban, cordage.

tomadura *f* prise (toma) ‖ dose (de una medicina) ‖ FAM esto es una tomadura de pelo on se paie notre tête.

tomahawk *m* tomahawk (hacha de guerra).
‖ OBSERV pl tomahawks.

tomaína *f* QUÍM ptomaïne.

tomar *v tr* prendre (coger); tomar entradas prendre des places; tomar un taxi prendre un taxi ‖ prendre; tomar una medida enérgica prendre une mesure énergique; tomar malas costumbres prendre de mauvaises habitudes ‖ prendre (sacar); tomar una foto prendre une photo ‖ prendre (el pulso) ‖ prendre; tomar el desayuno prendre son petit déjeuner ‖ prendre; tomar una ciudad prendre une ville ‖ prendre; tomar un criado, un pedido prendre un domestique, une commande ‖ prendre, emprunter; tomar el camino más corto prendre le chemin le plus court ‖ emprunter; tomar una cita de un autor emprunter une citation à un auteur ‖ tirer; tomar una palabra del griego tirer un mot du grec ‖ couvrir (el macho a la hembra) ‖ (*Amer*) boire ■ ¡toma! tiens, tenez; toma, aquí tienes un lápiz tiens, voici un crayon; bah!, allons donc! (incredulidad), tiens! (sorpresa), c'est bien fait! (castigo) ‖ tomar a bien, tomar a mal prendre du bon côté o en bonne part, bien prendre; prendre du mauvais côté o en mauvaise part, mal prendre ‖ tomar a broma tourner en dérision o en plaisanterie (ridiculizar), ne pas prendre au sérieux (tomar a guasa) ‖ tomar afecto a prendre en affection, s'attacher à ‖ tomar aliento reprendre haleine ‖ tomar a pecho prendre à cœur ‖ tomar a una persona por otra prendre une personne pour une autre ‖ tomar por ejemplo a prendre exemple sur; prendre pour exemple ‖ tomar de la mano prendre

par la main ‖ tomar de nuevo reprendre ‖ tomar el pecho téter, prendre le sein ‖ FIG tomar el pelo a uno se payer la tête o la figure de quelqu'un ‖ FAM tomar el portante prendre la porte ‖ tomar estado se marier (casarse), entrer en religion (profesar) ‖ tomar frío prendre froid ‖ tomar fuerzas reprendre des forces ‖ tomar la palabra prendre la parole (hablar), prendre au mot (creer) ‖ tomar las armas prendre les armes ‖ FIG tomarlas o tomarla con uno prendre quelqu'un en grippe (tomar tirria), prendre quelqu'un à partie, s'en prendre à quelqu'un (criticar) ‖ tomar las de Villadiego prendre la poudre d'escampette, prendre la clef des champs ‖ tomar las lecciones faire réciter les leçons ‖ tomarlo por anticipación o anticipadamente s'y prendre à l'avance ‖ tomar nota prendre note ‖ tomar odio a prendre en haine ‖ tomar partido por prendre parti pour ‖ tomar por prendre pour; ¿me tomas por quién? pour qui me prends-tu? ‖ tomar prestado emprunter ‖ tomar sangre prendre o prélever du sang ‖ tomar tiempo prendre du temps ‖ tomar tierra se poser, atterrir ‖ FAM ¡tómate esa! attrape! ‖ toma y daca échange (trueque), donnant donnant (de mano a mano) ‖ dibujo tomado de una fotografía dessin d'après une photographie ‖ lo toma o lo deja c'est à prendre ou à laisser ‖ FIG más vale un toma que dos te daré un bon tiens vaut mieux que deux tu-l'auras ‖ si lo toma usted así si vous le prenez ainsi o sur ce ton ‖ volver a tomar reprendre.
◇ *v intr* prendre; tome a la derecha prenez à droite.
➡ **tomarse** *v pr* se rouiller (cubrirse de moho) ‖ se piquer (vino) ‖ prendre; tomarse la libertad de prendre la liberté de ‖ se prendre (medicina) ‖ FIG tomarse con avoir maille à partir avec ‖ tomarse el trabajo o la molestia de prendre o se donner la peine de.

Tomás *n pr* Thomas ‖ santo Tomás de Aquino saint Thomas d'Aquin.

tomatada *f* friture de tomates.

tomatal *m* champ de tomates.

tomatazo *m* coup de tomate; le recibieron a tomatazos on l'a accueilli à coups de tomate ‖ recibir tomatazos recevoir des tomates.

tomate *m* tomate *f* (fruto y planta) ‖ FAM trou (agujero), patate *f* (en un calcetín) ■ FIG colorado como un tomate rouge comme une tomate o une pivoine o une écrevisse ‖ salsa de tomate sauce tomate ‖ FAM tener tomate être pénible o fastidieux; este trabajo tiene mucho tomate ce travail est extrêmement pénible.

tomatera *f* tomate (planta) ‖ FAM tener tomatera prendre de grands airs, se croire.

tomatero, ra *m & f* marchand, e de tomates ‖ pollo tomatero poulet de grain.

tomavistas *m inv* appareil de prise de vues, caméra *f*.

tómbola *f* tombola.

tómbolo *m* tombolo (cordón litoral).

tomentoso, sa *adj* BOT tomenteux, euse.

tomillar *m* endroit couvert de thym.

tomillo *m* thym (planta).

tomineja *f*; **tominejo** *m* oiseau-mouche *m*.

tomisa *f* thomise *m* (araña).

tomismo *m* RELIG thomisme.

tomista *adj & s* RELIG thomiste.

tomiza *f* corde de sparte.

tomo *m* tome (de un libro) ‖ FIG importance *f* (importancia) ‖ **de tomo y lomo** de taille, extraordinaire (importante), de la pire espèce (muy malo).

tomografía *f* tomographie.

ton *m* **sin ton ni son** sans rime ni raison.

tonada *f* chanson (canción) ‖ air *m* (música) ‖ (Amer) accent *m* (dejo).

tonadilla *f* "tonadilla" [petite pièce musicale en vogue au XVIIIe siècle] ‖ couplet *m* (cuplé).

tonadillero, ra *m & f* chansonnier, ère; auteur *m* de chansons.
➤ **tonadillera** *f* chanteuse de "tonadillas".

tonal *adj* MÚS tonal, e; **sistemas tonales** systèmes tonals.

tonalidad *f* tonalité.

tonante *adj* POÉT tonnant, e; **Júpiter tonante** Jupiter tonnant.

tonar [23] *v intr* POÉT tonner.

tonca *adj f* BOT **haba tonca** tonka, fève de tonka.

tondino *m* ARQ tondin.

tondo *m* ARQ gorge *f* (mediacaña).

tonel *m* [▷ SIN] tonneau (cuba) ‖ AVIAC tonneau (acrobacia) ‖ AGRIC tonne *f*; **tonel de estiércol líquido** tonne à purin.
┃ SIN barril baril; tina tine; pipa fût, futaille; barrica barrique; bocoy boucaut.

tonelada *f* tonne (peso) ‖ MAR tonneau *m* (medida); **tonelada de arqueo** tonneau de jauge ‖ provision de tonneaux (tonelería).

tonelaje *m* tonnage (de un navío); **tonelaje bruto** tonnage brut.

tonelería *f* tonnellerie (arte o taller del tonelero) ‖ tonnelage *m* (arte del tonelero) ‖ provision de tonneaux (provisión de toneles).

tonelero, ra *adj* du tonnelier, des tonneaux.
➤ **tonelero** *m* tonnelier.

tonelete *m* tonnelet, barrique *f* (tonel) ‖ tonnelet (vestidura antigua) ‖ jupe *f* courte d'enfant (traje de niño) ‖ tutu (faldilla de bailarina) ‖ **armadura de tonelete** armure à tonne.

tonga *f* couche (capa) ‖ (Amer) pile (pila).

tongada *f* couche (capa).

tongo *m* chiqué (engaño) ‖ chapeau melon (sombrero).

tongonearse *v pr* (Amer) se dandiner.

tongoneo *m* (Amer) dandinement.

tonicidad *f* tonicité.

tónico, ca *adj* tonique; **acento, remedio tónico** accent, remède tonique.
➤ **tónico** *m* tonique, remontant, fortifiant; **la quina es un tónico** la quinine est un tonique ‖ **tónico cardíaco** tonicardiaque.
➤ **tónica** *f* MÚS tonique ‖ FIG tendance, ton *m*; **la tónica general** la tendance générale ‖ tenue (en Bolsa) ‖ FIG **marcar la tónica** donner le ton.

tonificación *f* tonification.

tonificante; tonificador, ra *adj* tonifiant, e.

tonificar [10] *v tr* MED fortifier, tonifier.

tonillo *m* ton monotone (tono monótono) ‖ accent (dejo) ‖ emphase *f* (afectación).

tonina *f* thonine, thon *m* frais (atún) ‖ dauphin *m* (delfín).

Tonkín; Tonquín *n pr m* GEOGR Tonkin.

tono *m* ton (de la voz, de un color, del estilo, etc.) ‖ MED tonus (de un músculo) ‖ MÚS ton ■ **a este tono** dans ce cas-là ‖ **a tono con** en harmonie o en accord avec ‖ **de buen, mal tono** de bon, mauvais ton ‖ **en tono airado** d'un ton o sur un ton furieux ‖ **salida de tono** sortie, éclat ■ FIG **bajar el tono** baisser le ton ‖ **dar buen tono** faire bien ‖ **dar con el tono adecuado** trouver le ton qu'il faut ‖ **dar el tono** donner le ton ‖ **darse tono** faire l'important, prendre de grands airs ‖ **decir en todos los tonos** répéter sur tous les tons ‖ FIG **estar a tono con** correspondre à; **paga una renta que no está a tono con sus ingresos** il paie un loyer qui ne correspond pas à ses revenus; être dans la note (armonizar) ‖ **mudar de tono** changer de ton ‖ **ponerse a tono con alguien** se mettre au diapason de quelqu'un ‖ **subir o subirse de tono** hausser le ton, s'échauffer.

Tonquín ➡ **Tonkín**.

tonquinés, esa *adj & s* tonkinois, e.
▦ OBSERV pl tonquineses, tonquinesas.

tonsila *f* ANAT tonsille (amígdala).

tonsura *f* tonsure ‖ **prima tonsura** simple tonsure.

tonsurado *adj m & s m* tonsuré.

tonsurar *v tr* tonsurer (un clérigo) ‖ tondre (cortar el pelo o la lana).

tontada *f* sottise, bêtise.

tontaina; tontainas *adj & s* FAM idiot, e.

tontamente *adj* sottement, bêtement.

tontarrón, ona *adj & s* FAM bêta, asse; idiot, e.

tontear *v intr* dire o faire des sottises o des bêtises ‖ flirter (flirtear).

tontedad; tontera *f* sottise.

tontería *f* sottise, bêtise ‖ FIG bêtise, bricole (nadería).

tontillo *m* panier, crinoline *f* (de una falda) ‖ bouffant (de casaca).

tontina *f* tontine (asociación) ‖ FAM sotte.

tontivano, na *adj* prétentieux, euse; fat (sin femenino), pimbêche (sin masculino).

tonto, ta *adj & s* [▷ SIN] sot, sotte; idiot, e; imbécile; **¡qué tonto!** quel idiot!; **¡tonto tú!** idiot toi-même ■ **a tontas y a locas** à tort et à travers ‖ **¡no tan tonto!** pas si bête! ■ **hacer el tonto** faire l'idiot ‖ **hacerse uno el tonto** faire l'innocent ‖ **hasta los tontos lo saben** tout le monde le sait ‖ **ponerse tonto** exagérer, y aller un peu fort (exagerar), faire l'idiot (hacer el tonto), faire le malin, se donner des airs (presumir) ‖ FAM **ser tonto de capirote o de remate o del bote, ser más tonto que una mata de habas** être bête à manger du foin, être un idiot fini o un parfait idiot.
➤ **tonto** *m* clown (payaso).

┃ SIN imbécil, mamarracho imbécile; mentecato pauvre d'esprit; bobo, idiota idiot; cernícalo buse; necio, majadero sot; borrico âne; ganso oie.

tontorrón, ona *adj & s* bêta, asse.

tontuelo, la *adj* FAM bêta, asse; petit sot, petite sotte.

tontura *f* sottise, bêtise (tontería).

toña *f* bâtonnet *m* (juego) ‖ coup *m* (golpe) ‖ FAM cuite (borrachera).

¡top! *interj* top!
▦ OBSERV pl tops.

top *m* haut (prenda de vestir).
▦ OBSERV pl tops.

topacio *m* topaze *f* ■ **topacio ahumado** quartz enfumé ‖ **topacio quemado** topaze brûlée.

topada *f* coup *m* de tête o de corne.

topadora *f* (Amer) bulldozer *m*.

topar *v tr & intr* se heurter (tropezar); **topar con la cabeza** se heurter la tête ‖ cosser, se doguer (los carneros) ‖ rencontrer, tomber sur (con alguien); **topar con un amigo** rencontrer un ami; trouver (una cosa) ‖ FIG consister, résider (estribar, consistir); **la dificultad topa en esto** la difficulté consiste o réside en ceci ‖ réussir, marcher (salir bien); **lo pediré por si topa** je le demanderai pour le cas où cela réussirait ‖ tamponner (trenes) ‖ MAR assembler bout à bout (dos maderos).
➤ **toparse** *v pr* se rencontrer ‖ se heurter (tropezar) ‖ **toparse con** tomber sur.

toparquía *f* toparchie.

tope *m* arrêt (mecanismo) ‖ butoir (de puerta) ‖ tampon (de locomotora, vagón) ‖ butoir, heurtoir, tampon (al final de una línea férrea) ‖ FIG limite *f*, frein; **poner tope a sus ambiciones** mettre un frein à ses ambitions; ambición sin tope ambition sans limite ‖ plafond, limite *f* (máximo); **precio tope** prix plafond ‖ bagarre *f* (riña) ‖ MAR bout d'un mât (del mastelero) ‖ vigie *f* (marinero) ‖ (Amer) combat de coqs simulé ■ **al tope** emboîté ■ FIG **estar hasta los topes** être bondé o plein à craquer (lleno), en avoir par-dessus la tête (estar harto) ‖ **fecha tope** date limite ‖ FIG **llegar al tope** plafonner ‖ **rebasar el tope** crever le plafond ‖ **repostar a tope** faire le plein (gasolina) ‖ **tope de retención** butée.

topear *v tr* (Amer) ➡ **topar**.

topera *f* taupinière.

topetada *f* coup *m* de tête o de corne.

topetar *v intr* cosser, se doguer (los carneros) ‖ se heurter (toparse); donner des coups de tête.

topetazo *m* coup de tête o de corne ‖ tamponnement (de dos trenes).

topetón *m* heurt, choc (encuentro de una cosa con otra) ‖ coup de tête o de corne (topetada).

tópico, ca *adj & s m* MED topique.
➤ **tópico** *m* lieu commun, cliché (lugar común).

topil *m* (Amer) alguazil.

topinada *f* FAM maladresse.

topinambur *m* BOT topinambour.

topinera *f* taupinière.

topino, na *adj* qui a les jambes courtes (caballo).

topless; top less adj & s m topless (pechos al aire).

topo m taupe f (mamífero) ‖ FIG & FAM maladroit, e ‖ (Amer) lieue f et demie (medida) ‖ grande épingle f (alfiler) ‖ FIG & FAM ver menos que un topo être myope comme une taupe.

topocho, cha adj FAM (Amer) trapu, e (gordo).

topografía f topographie.

topográfico, ca adj topographique.

topógrafo, fa m & f topographe.

topolino, na m & f jeune.

topología f MAT topologie.

topológico, ca adj MAT topologique.

topometría f topométrie.

toponimia f toponymie.

toponímico, ca adj toponymique.

toponimista m & f toponymiste.

topónimo m toponyme.

toque m attouchement ‖ léger choc, coup léger (golpecito) ‖ sonnerie f (de las campanas, del teléfono) ‖ sonnerie f, coup; toque de corneta coup de clairon ‖ touche f (pincelada) ‖ touche f (ensayo de metales preciosos) ‖ FIG avertissement (advertencia) ‖ coup (golpe) ‖ (Amer) tour (turno) ■ toque de alarma tocsin (rebato), cri d'alarme (aviso) ‖ toque de alba angélus du matin ‖ FIG toque de atención mise en garde ‖ DEP toque de balón frappe, touche ‖ toque de diana la diane ‖ toque de difuntos sonnerie aux morts ‖ toque de oración angélus ‖ toque de queda couvre-feu ‖ toque de timbre coup de sonnette ■ piedra de toque pierre de touche ‖ último toque fini, finition, mise au point, fignolage FAM ■ FIG dar el toque de alarma donner l'alarme ‖ FIG dar el último toque mettre la dernière main, fignoler ‖ dar otro toque a un cliente relancer un client ‖ darse un toque se refaire une beauté ‖ dar un toque a uno mettre quelqu'un à l'épreuve (probar), mettre en garde, rappeler à l'ordre (llamar la atención), sonder quelqu'un (sondear) ‖ MED dar unos toques en la garganta badigeonner la gorge.

toquetear v tr FAM tripoter, toucher.
◇ v intr FAM farfouiller.

toqueteo m FAM tripotement.

toqui m (Amer) chez les anciens Araucans, chef de l'État en temps de guerre.

toquilla f fichu m (pañuelo).

tora f thora, tora, torah (de los israelitas) ‖ hierba tora orobanche (planta).

toracentesis; toracocentesis f inv MED thoracenthèse.

torácico, ca adj ANAT thoracique.

toracocentesis ➤ toracentesis.

toracoplastia f MED thoracoplastie (plastia).

torada f troupeau m de taureaux.

toral adj principal, e ‖ arco toral grand arc.
◇ m TECN moule (molde) ‖ lingot (barra de metal).

tórax m inv ANAT thorax.

torbellino m tourbillon (de viento) ‖ FIG tourbillon ‖ FIG irrumpir como un torbellino entrer en coup de vent o comme un tourbillon.

torcal m endroit où il y a des grottes.

torcaz; torcazo, za adj & s f paloma torcaz pigeon ramier, ramier.
‖ OBSERV le pluriel de torcaz est torcaces.

torcecuello m torcol (ave).

torcedor, ra m & f tordeur, euse (que tuerce lana, seda, etc.).
➤ **torcedor** m fuseau (huso) ‖ tordoir (tortor).

torcedura f torsion ‖ MED entorse ‖ piquette (vino malo).

torcer [41] v tr tordre; torcer una cuerda, el brazo de alguien tordre une corde, le bras de quelqu'un ‖ dévier (desviar); torcer el vuelo dévier le vol; torcer el curso de un razonamiento dévier le cours d'un raisonnement ‖ tourner (doblar); le vi al torcer la esquina je l'ai vu en tournant au coin de la rue ‖ FIG fausser, dénaturer (interpretar mal); torcer las intenciones de uno fausser les intentions de quelqu'un ‖ faire une entorse à (la justicia, la verdad) ‖ circonvenir, disposer en sa faveur (las autoridades) ■ FIG & FAM no dar su brazo a torcer ne pas lâcher prise, ne pas en démordre, ne pas laisser faire ‖ torcer el gesto, el semblante faire la grimace, la moue ‖ torcer los ojos loucher.
◇ v intr tourner, obliquer; el camino tuerce a la derecha le chemin tourne à droite.
➤ **torcerse** v pr se tordre ‖ tourner (la leche) ‖ se piquer, devenir aigre (vino) ‖ gauchir (ladearse) ‖ FIG tourner mal (un negocio, una persona); este muchacho se ha torcido ce garçon a mal tourné ‖ se laisser corrompre (un juez) ‖ FIG se me ha torcido la suerte la chance a tourné.

torcida f mèche [de bougie] ‖ fans m pl (partidarios).

torcidillo m cordonnet de soie.

torcido, da adj tordu, e ‖ tors, e; piernas torcidas jambes torses ‖ de travers, oblique (oblicuo) ‖ voilé, e (metal, rueda) ‖ tortueux, euse (tortuoso) ‖ FIG retors, e (hipócrita) ‖ (Amer) malheureux, euse (desafortunado).
➤ **torcido** m bâtonnet de fruits confits (frutas en dulce) ‖ piquette f (vino malo) ‖ cordonnet de soie (hebra de seda) ‖ tordage (de la seda).

torcijón m tranchée f.

torcionario m tortionnaire.

torculado, da adj en forme de vis.

tórculo m petite presse f.

tordillo, lla adj gris, e (gris).
◇ m & f cheval gris, jument grise.

tordo, da adj gris, e (gris) ‖ pommelé, e (caballo).
◇ m & f grive f (ave).
➤ **tordo** m (Amer) étourneau (estornino) ■ tordo alirrojo mauvis (ave) ‖ tordo mayor grande grive, drenne, draine (cagaaceite).

toreador m (p us) toréador.
‖ OBSERV Le mot usuel en espagnol es torero.

torear v intr & tr toréer, combattre un taureau (lidiar un toro) ■ llevar el toro toreado avoir totalement maîtrisé le taureau ‖ toro toreado taureau vicieux.
◇ v tr FIG & FAM se payer la tête de (tomar el pelo) ‖ faire marcher (burlarse) ‖ FIG & FAM no dejarse torear por nadie ne se laisser faire par personne.

toreo m tauromachie f (arte de torear) ‖ travail [du toréador], façon f de combattre les taureaux (acción) ‖ FIG & FAM moquerie f (burla) ‖ FIG & FAM se acabó el toreo finie la plaisanterie (se acabó la burla).

torera f boléro m (chaquetilla) ‖ FIG & FAM saltarse algo a la torera prendre quelque chose par-dessous la jambe, faire fi de quelque chose.

torero, ra adj de torero, des toreros.
➤ **torero** m torero, toréador.

toresano, na adj de Toro [province de Zamora].

torete m taurillon, petit taureau (toro joven) ‖ FIG & FAM casse-tête inv (dificultad) ‖ nouvelle f du jour (novedad).

toribio m FAM gribouille (tonto).
➤ **toribios** m pl maison f sing de correction.

toril m TAUROM toril.
‖ OBSERV Le toril est l'endroit où l'on tient les taureaux enfermés avant le combat.

torillo m cheville f qui unit deux jantes d'une roue.

Torino ➤ Turín.

torio m thorium (metal).

torita f MIN thorite.

torito m taurillon ‖ (Amer) coffre (pez) ‖ scarabée (insecto) ‖ oiseau du Chili (ave) ‖ orchidée f (orquídea).

tormenta f tempête (en el mar) ‖ orage m, tourmente (poét) ‖ FIG tempête ‖ hacer frente a la tormenta braver la tempête o l'orage.

tormentila f tormentille (planta).

tormentín m MAR tourmentin (vela).

tormento m tourment (dolor) ‖ torture f, question f (del reo); dar tormento mettre à la torture, soumettre à la question ‖ catapulte f, baliste f (máquina de guerra) ‖ FIG tourment.

tormentoso, sa adj orageux, euse ‖ MAR qui résiste mal aux tempêtes (barco).

torna f retour m (vuelta) ‖ barrage m (para el riego) ■ cuando se vuelvan las tornas lorsque la chance o le vent aura tourné o les choses auront changé ‖ volverle a uno las tornas payer de retour, rendre la pareille (corresponder uno al proceder de otro).

tornaboda f lendemain m de noces.

tornachile m (Amer) gros piment.

tornada f retour m (vuelta) ‖ envoi m (estrofa final) ‖ VETER tournis m (del carnero).

tornadizo, za adj changeant, e; carácter tornadizo caractère changeant.

tornado m tornade f (huracán).

tornaguía f récépissé m.

tornapunta f étai m (puntal) ‖ MAR barre de fer qui étaye le bordage de certains navires.

tornar v tr rendre (devolver).
◇ v intr retourner (regresar) ‖ recommencer; tornó a hablar il recommença à parler.
➤ **tornarse** v pr devenir; tornarse loco devenir fou ‖ se changer, se transformer, se tourner; su duda se había tornado en admiración leur doute s'était transformé en admiration.

tornasol m tournesol (planta) ‖ tournesol (materia colorante) ‖ reflet, chatoiement (viso).

tornasolado, da *adj* chatoyant, e; changeant, e (tejido, color).

tornasolar *v tr* faire chatoyer, moirer.
→ **tornasolarse** *v pr* chatoyer.

tornátil *adj* tourné, e (hecho a torno) ‖ FIG inconstant, e (tornadizo).

tornatrás *adj & s* métis dans lequel une race prédomine (mestizo).
‖ OBSERV pl tornatrases.

tornavía *f* plaque tournante.

tornaviaje *m* voyage de retour.

tornavoz *m* abat-voix *inv* [d'une chaire].
‖ OBSERV pl tornavoces.

torneado, da *adj* tourné, e; façonné au tour ‖ FIG bien fait, e; fait au tour, galbé, e (esbelto).
→ **torneado** *m* TECN tournage ‖ FIG lo torneado de sus piernas le galbe de ses jambes.

torneador *m* tourneur (tornero) ‖ jouteur (en un torneo).

torneadura *f* tournure, copeau *m* (viruta) ‖ TECN tournage *m* (torneado).

tornear *v tr* tourner, façonner au tour; tornear una pata de mesa tourner un pied de table.
◇ *v intr* tourner (dar vueltas) ‖ participer à un tournoi, combattre (en un torneo).

torneo *m* tournoi ‖ VETER tournis (enfermedad de los carneros).

tornera *f* sœur tourière, tourière (de un convento).

tornería *f* métier *m* de tourneur (arte del tornero) ‖ atelier *m* o boutique de tourneur, tournerie (taller o tienda).

tornero *m* tourneur (que hace obras de torno) ‖ tourier (de un convento).

tornés, esa *adj* tournois *inv*; libra tornesa livre tournois.
‖ OBSERV pl torneses, tornesas.

tornillo *m* vis *f*; tornillo sin fin vis sans fin ‖ FIG & FAM désertion *f* (de un soldado) ■ tornillo de banco presse ‖ tornillo de calce vis calante ‖ tornillo de estrella o americano vis cruciforme ‖ tornillo de mordazas étau ‖ tornillo micrométrico vis micrométrique, palmer ■ FIG & FAM apretarle a uno los tornillos serrer la vis à quelqu'un, visser quelqu'un ‖ le falta un tornillo, tiene flojos los tornillos il est un peu marteau, il travaille du chapeau, il a la tête fêlée.

torniquete *m* tourniquet ‖ MED tourniquet, garrot ‖ IMPR tournette.

torniscón *m* FAM taloche *f*, torgniole *f*, torgnole *f*.

torno *m* tour (máquina herramienta); labrar a torno travailler au tour ‖ treuil (para levantar pesos) ‖ rouet (para hilar) ‖ tour (de convento, comedor) ‖ coude (recodo) ‖ tour (movimiento circular) ‖ TECN toupie *f*, toupilleuse *f* (para la madera) ‖ roulette *f* (de dentista) ■ en torno a autour de (alrededor de) ‖ torno de mano treuil ‖ torno elevador appareil de levage.

toro *m* taureau; toro de lidia taureau de combat ‖ ARQ tore, toron (moldura) ‖ ASTRON & ASTROL Taureau (Tauro) ‖ GEOM tore ■ FIG coger al toro por los cuernos prendre le taureau par les cornes ‖ echarle o soltarle a uno el toro dire à quelqu'un son fait (decir las cuatro verdades), mettre quelqu'un devant la difficulté ‖ estar hecho un toro écumer de colère, être fou de rage ‖ hay toros y cañas ça barde, il y a de la bagarre ‖ ir al toro prendre le taureau par les cornes, aller au fait ‖ ¡otro toro! passons à autre chose ‖ ser fuerte como un toro être fort comme un turc o comme un bœuf ‖ ser un toro corrido être un vieux renard.
→ **toros** *m pl* course *f sing* de taureaux, corrida *f sing*; ¿le gustan los toros? aimez-vous les corridas? ■ FIG ver los toros desde la barrera ne pas se mêler à la bagarre, se tenir loin du danger.

toronja *f* pamplemousse *m*.

toronjil *m*; **toronjina** *f* mélisse *f* (planta).

toronjo *m* pamplemoussier *m*.

torozón *m* VETER colique *f*, tranchée *f*.

torpe *adj* [▷ SIN] maladroit, e (inhábil) ‖ bête (necio) ‖ lourd, e; gauche (de movimientos) ‖ lent, e (en comprender) ‖ incorrect, e (conducta) ‖ bas, basse; torpes instintos bas instincts ■ FIG & FAM más torpe que un arado bête comme une oie o comme ses pieds ‖ torpe de oídos dur d'oreille.
‖ SIN obtuso obtus; inhábil inhabile; desmañado maladroit; rudo rude.

torpedear *v tr* torpiller ‖ FIG torpiller (hacer fracasar).

torpedeo *m* torpillage *m*.

torpedero *m* torpilleur (barco).

torpedista *m* torpilleur (marino).

torpedo *m* torpille *f* (pez) ‖ torpille *f* (de guerra) ‖ AUTOM torpédo *f* (coche).

torpemente *adv* lourdement (pesadamente) ‖ maladroitement, gauchement (sin destreza).

torpeza *f* maladresse, gaucherie (falta de destreza) ‖ bêtise, stupidité (necedad) ‖ lourdeur (pesadez) ‖ turpitude (bajeza, liviandad).

tórpido, da *adj* MED torpide.

torpón, ona *adj* gauche.

torques *f* torque (collar antiguo).

torrado *m* pois chiche grillé.

torrar *v tr* griller (tostar).

torre *f* tour; la torre Eiffel la tour Eiffel ‖ tour (ajedrez) ‖ clocher *m* (campanario cuadrado) ‖ maison de campagne (quinta) ‖ MAR tourelle (de buque de guerra) ■ torre albarrana o flanqueante tour flanquante ‖ ARQ torre de ángulo tour d'angle ‖ FIG torre de Babel tour de Babel ‖ torre de control o de mando tour de contrôle (aeródromo), îlot (portaviones) ‖ MIN & QUÍM torre de desgasolinado tour de dégazolinage ‖ torre de extracción tour de chevalement ‖ torre del homenaje donjon ‖ FIG torre de marfil tour d'ivoire (aislamiento intelectual) ‖ torre de perforación derrick.

torrear *v tr* flanquer de tours.

torrefacción *f* torréfaction.

torrefactar *v tr* torréfier.

torrefacto, ta *adj* torréfié, e.

torrefactor *m* torréfacteur.

torreja *f* (*Amer*) pain *m* perdu (torrija).

torrencial *adj* torrentiel, elle; lluvia torrencial pluie torrentielle ‖ torrenteux, euse (río).

torrente *m* torrent ‖ flux sanguin (de sangre) ‖ FIG torrent, flot (abundancia); torrente de injurias torrent d'injures ‖ a torrentes à torrents.

torrentera *f* ravin *m*, lit *m* d'un torrent (cauce).

torrentoso, sa *adj* torrentueux, euse.

torreón *m* grosse tour *f*.

torrero *m* gardien de phare ‖ fermier (granjero).

torreta *f* ARQ & FOT tourelle ‖ MIL tourelle (carro de combate, avión).

torreznada *f* friture de lardons.

torreznero, ra *adj & s* FAM paresseux, euse; feignant, e.

torrezno *m* lardon ‖ tortilla de torreznos omelette au lard.

tórrido, da *adj* torride; clima tórrido climat torride.

torrija *f* pain *m* perdu.

torrontera *f*; **torrontero** *m* boue *f* laissée par une inondation.

torsión *f* [▷ SIN] torsion ‖ MÉCAN torsion; barra de torsión barre de torsion.
‖ SIN retorcimiento tortillement; contorsión contorsion; distorsión distorsion.

torso *m* torse.

torta *f* galette ‖ FIG galette (cosa aplastada) ‖ FAM claque, gifle, baffe (bofetada); pegar una torta flanquer une baffe ‖ cuite (borrachera) ‖ IMPR fonte (paquete de caracteres) ‖ forme tombée en pâte (plana) ‖ AGRIC tourteau *m* (tortada) ‖ (*Amer*) sandwich *m* ■ FIG ni torta rien du tout; no se ve ni torta on ne voit rien du tout ‖ pegarse una torta se casser la figure (caerse), se cogner (chocar) ‖ son tortas y pan pintado c'est simple comme bonjour (no es difícil), c'est de la blague, c'est trois fois rien (no es nada) ‖ FAM tener una torta avoir une tête à claques.

tortada *f* tourte ‖ AGRIC tourteau *m*; harina de tortada farine de tourteau.

tortazo *m* FAM gifle *f*, baffe *f* (bofetada) ■ FIG & FAM pegarse un tortazo se casser la figure (caerse), se cogner (chocar) ‖ pegarse un tortazo con el coche rentrer dans le décor.

tortedad *f* état *m* de celui qui est borgne.

tortera *f* tourtière (cazuela).

tortícolis *m o f inv* MED torticolis *m*; tener tortícolis avoir le torticolis.
‖ OBSERV Ce mot est plus souvent employé au féminin qu'au masculin.

tortilla *f* omelette; tortilla de jamón omelette au jambon; tortilla española o de patatas omelette espagnole; tortilla a la francesa, de viento omelette nature, soufflée ‖ (*Amer*) crêpe de maïs épaisse servant de base à la cuisine mexicaine ■ FIG hacer tortilla aplatir comme une galette ‖ hacerse una tortilla être réduit en bouillie ‖ se ha vuelto la tortilla la chance o le vent a tourné (se ha trocado la fortuna), la situation s'est renversée (suceder las cosas al contrario de lo que se esperaba).

LA TORTILLA ————————————
Ce mot peut prêter à confusion car il n'a pas le même sens dans tous les pays hispanophones. Ainsi, en Espagne, la « tortilla » désigne une omelette cuite dans une poêle avec un peu d'huile d'olive et des pommes de terre. On peut aussi la faire avec du fromage, des asperges, etc. En Amérique, et en particulier au Mexique, la « tortilla » est une

crêpe de maïs épaisse (base de la cuisine mexicaine) et farcie à la viande, aux oeufs, aux légumes, etc. Là-bas, la « tortilla » espagnole est appelée... « omelette ».

tortillera *f* MFAM & DESPEC gouine (lesbiana).

tortillería *f* restaurant spécialisé dans les omelettes (restaurante).

tortillo *m* BLAS tourteau.

tórtola *f* tourterelle (pájaro).

tortolillo *m* tourtereau (pájaro).

tortolito, ta *m* & *f* novice (inexperto) ▌ FAM tourtereau *m* (enamorado).

tórtolo *m* tourtereau (pájaro).
➡ **tórtolos** *m* *pl* FIG tourtereaux (enamorados).

tortor *m* tour de corde (vuelta) ▌ tordoir, tortoir (torcedor).

tortosino, na *adj* & *s* de Tortosa [Catalogne].

tortuga *f* tortue; tortuga de mar, de tierra tortue marine, terrestre ▌ MIL tortue (testudo) ▌ FIG andar a paso de tortuga marcher comme une tortue ▌ a paso de tortuga à pas de tortue.

tortuosidad *f* tortuosité.

tortuoso, sa *adj* tortueux, euse.

tortura *f* torture (tormento) ▌ FIG torture, tourment *m* (angustia).

torturador, ra *adj* torturant, e.
◇ *m* & *f* tortionnaire.

torturar *v* *tr* torturer.
➡ **torturarse** *v* *pr* se torturer (atormentarse).

torva *f* tourbillon *m* de neige (nieve) ▌ rafale de pluie (lluvia).

torviscal *m* lieu planté de garou.

torvisco *m* garou, sainbois, sain-bois (planta).

torvo, va *adj* torve; mirada torva regard torve.

tory *adj* & *s* *m* tory (conservador).

torzadillo *m* cordonnet de soie très fin.

torzal *m* cordonnet o tors de soie (hilo de seda) ▌ FIG entrelacement (unión de varias cosas) ▌ (*Amer*) lasso de cuir (lazo de cuero).

torzón *m* VETER tranchée *f*, colique *f*.

torzonado, da *adj* VETER qui a des coliques.

torzuelo *m* ZOOL tiercelet (terzuelo).

tos *f* toux ▪ acceso o ataque de tos quinte de toux ▌ MED tos ferina coqueluche.
▐ OBSERV pl toses.

tosca *f* tuf *m* (piedra).

toscamente *adv* grossièrement, lourdement.

Toscana *n* *pr* *f* GEOGR Toscane.

toscano, na *adj* & *s* toscan, e.
➡ **toscano** *m* LING toscan (dialecto).

tosco, ca *adj* grossier, ère; rustique; una silla tosca une chaise rustique ▌ FIG grossier, ère; rustre, lourd, e.

toser *v* *intr* tousser ▌ FIG & FAM a mí nadie me tose personne ne peut rivaliser avec moi, je n'ai peur de personne.

tósigo *m* poison ▌ FIG tourment, angoisse *f* (pena).

tosiquear *v* *intr* toussoter.

tosiqueo *m* toussotement.

tosquedad *f* grossièreté, rusticité.

tostada *f* tranche de pain grillée, toast *m* ▌ FIG & FAM dar o pegar la tostada a uno rouler quelqu'un ▌ no veo la tostada je ne vois pas ce qu'il y a de drôle ▌ olerse la tostada en avoir le pressentiment, le voir venir.

tostadero *m* grilloir ▌ tostadero de café brûlerie de café.

tostadillo *m* horno de tostadillo fourneau à réverbère.

tostado, da *adj* [▷ SIN] FIG hâlé, e (la tez) ▌ foncé, e (el color) ▌ grillé, e; pan tostado pain grillé ▌ torréfié (el café).
➡ **tostado** *m* bronzage (de la piel) ▌ torréfaction *f* (del café) ▌ (*Amer*) maïs grillé.
▐ SIN bronceado bronzé; moreno brun; curtido tanné.

tostador, ra *adj* grilleur, euse ▌ qui torréfie (el café, etc.).
◇ *m* & *f* personne qui grille o qui torréfie.
➡ **tostador** *m* torréfacteur, brûloir (de café), grille-pain, toasteur (de pan), poêle (para castañas).

tostar [23] *v* *tr* griller, rôtir ▌ torréfier, griller (el café) ▌ FIG griller, brûler (calentar demasiado) ▌ hâler, bronzer (la piel) ▌ rosser (zurrar).

tostón *m* pois chiche grillé (torrado) ▌ rôtie *f* imprégnée d'huile (tostada) ▌ cochon de lait rôti (cochinillo) ▌ FIG chose *f* trop grillée, charbon (cosa demasiado tostada) ▌ FAM casse-pieds *inv*, raseur (persona pesada) ▌ navet (película) ▌ FIG & FAM dar el tostón raser, barber, casser les pieds ▌ ¡qué tostón! quelle barbe! ▌ ser un tostón être assommant o barbant (discurso, etc.).

Tot; Thot *n* *pr* Thot, Thoth.

total *adj* & *s* *m* total, e; fue un triunfo total ce fut un triomphe total.
◇ *adv* bref; total, que me marché bref, je suis parti ▪ en total au total, en tout (en conjunto), en tout et pour tout (solamente) ▌ total somme toute; total que no hemos ganado nada somme toute, nous n'avons rien gagné ▌ total, porque tout ça parce que.

totalidad *f* totalité.

totalitario, ria *adj* totalitaire.

totalitarismo *m* totalitarisme.

totalización *f* totalisation.

totalizador, ra *adj* totalisateur, trice.
➡ **totalizador** *m* totaliseur (máquina de sumar).

totalizar [13] *v* *tr* totaliser (sumar).

totalmente *adv* totalement, en totalité.

totay *m* (*Amer*) palmier.

tótem *m* totem.
▐ OBSERV pl tótemes o tótems.

totémico, ca *adj* totémique.

totemismo *m* totémisme.

totilimundi *m* cosmorama (mundonuevo) ▌ FAM tout le monde.

totoneca; totonaca *adj* & *s* totonaque (indios de México).

totora *f* (*Amer*) roseau *m* (planta) ▌ barque en roseaux (en el lago Titicaca).

totoral *m* endroit couvert de roseaux.

totoreco, ca *adj* (*Amer*) étourdi, e; écervelé, e (aturdido).

totovía *f* alouette (cogujada).

totuma *f*; **totumo** *m* (*Amer*) calebasse *f* (fruto y vasija).

Toulon; Tolón *n* *pr* GEOGR Toulon.

Toulouse; Tolosa *n* *pr* GEOGR Toulouse (en Francia).

tour *m* tour (unidad de ángulo).
▐ OBSERV pl tours.

tournedos; tournedós [turne'do] *m* *inv* tournedos (comida).

tournée [tur'ne] *f* tour *m* (viaje) ▌ tournée (gira).
▐ OBSERV pl tournées.

toxemia *f* MED toxémie; toxemia del embarazo toxémie gravidique.

toxicidad *f* toxicité.

tóxico, ca *adj* & *s* *m* toxique.

toxicología *f* toxicologie.

toxicológico, ca *adj* toxicologique.

toxicólogo, ga *m* & *f* toxicologue.

toxicomanía *f* toxicomanie.

toxicómano, na *adj* & *s* toxicomane.

toxicosis *f* *inv* toxicose.

toxina *f* toxine.

tozolada *f*; **tozolón** *m* coup *m* sur la nuque.

tozudez *f* obstination, entêtement *m*.
▐ OBSERV pl tozudeces.

tozudo, da *adj* & *s* têtu, e; entêté, e.

tozuelo *m* nuque *f* (cerviz).

traba *f* lien *m*, assemblage *m* (unión) ▌ entrave (caballos) ▌ FIG entrave, obstacle *m* (estorbo) ▌ DR saisie (embargo) ▌ FIG poner trabas a mettre obstacle à, mettre des entraves à, entraver.

trabacuenta *f* erreur de compte (error) ▌ FIG dispute (disputa).

trabadero *m* paturon (caballos).

trabado, da *adj* entravé, e (animales) ▌ travat (sin fem), balzan d'un côté (caballo).
◇ *adj* & *s* (*Amer*) bègue (tartamudo).

trabajado, da *adj* travaillé, e ▌ FIG fatigué, e (cansado) ▌ travaillé, e; estilo trabajado style travaillé.

trabajador, ra *adj* & *s* travailleur, euse; trabajador estacional travailleur saisonnier.
▐ SIN obrero, operario ouvrier; jornalero journalier; asalariado salarié; proletario prolétaire; bracero manœuvre.

trabajar *v* *intr* [▷ SIN] travailler; trabajar en una obra travailler à un ouvrage; trabajar de oficinista travailler comme employé de bureau ▌ FAM jouer (un actor) ▌ travailler (la madera) ▌ FIG travailler à, s'efforcer de; trabajar en imitar a su maestro travailler à imiter son maître ▪ FIG & FAM matarse trabajando se tuer au travail ▌ trabajar a destajo travailler à la tâche o à la pièce o aux pièces ▌ FIG trabajar a marcha forzada mettre les bouchées doubles (trabajar mucho y muy de prisa) ▌ trabajar como un condenado o como un negro travailler comme un galérien o comme un damné o comme un nègre ▌ trabajar de exercer le métier de, être (oficio); trabaja de sastre il est tailleur; jouer le rôle de, faire (actor); **trabaja de Don Juan** il fait Don Juan ▌ **trabajar de balde** travailler pour rien o pour des prunes FAM ▌ **trabajar de sol a sol** travailler du matin au soir ▌ **trabajar en balde** travailler pour rien, perdre sa peine ▌ **trabajar en el teatro** faire du théâtre ▌ **trabajar mucho** travailler beaucoup, abattre de la besogne ▌ FIG & FAM **trabajar para el obispo** travailler pour le roi de Prusse ▌ **trabajar por horas** travailler à l'heure.

◇ *v tr* travailler; **trabajar madera** travailler le bois ▌ FIG tourmenter (molestar) ▌ dresser (un caballo).

➤ **trabajarse** *v pr* étudier, examiner sous o sur toutes les coutures, éplucher FAM; **me estoy trabajando este asunto** je suis en train d'étudier cette question ▌ travailler, chercher à s'attirer les bonnes grâces de (persona).

▌ SIN laborar travailler; bregar trimer; atarearse s'affairer; ocuparse s'occuper.

trabajo *m* [▷ SIN] travail; **trabajos manuales, intelectuales** travaux manuels, intellectuels ▌ peine *f* (esfuerzo); **es trabajo perdido** o **inútil** c'est peine perdue ▌ travail, besogne *f* (tarea) ▌ travail, emploi; **trabajo de jornada entera, de media jornada** emploi à plein temps, à mitemps ▌ travail (estudio) ▌ jeu (de un actor) ▌ FÍS travail ■ **trabajo clandestino** travail noir ▌ FIG **trabajo de negros** o **de chino** travail de Romain o de forçat o de cheval ▌ **trabajo de zapa** travail de sape ▌ **trabajo estacional** travail saisonnier ▌ **trabajos de Hércules** travaux d'Hercule ▌ **trabajos forzados** o **forzosos** travaux forcés ■ **accidente de trabajo** accident du travail ▌ **con mucho** o **con gran trabajo** à grand-peine ▌ **día de trabajo** jour ouvrable ▌ **programa de trabajo** emploi du temps ▌ **puesto de trabajo** emploi ▌ **sin trabajo** sans peine (sin dificultad), sans emploi (obrero) ■ **costar mucho** o **con gran trabajo** coûter beaucoup, coûter; avoir peine à, avoir du mal ▌ **darle duro al trabajo** travailler d'arrache-pied, abattre de la besogne ▌ **darse** o **tomarse el trabajo de** se donner le mal de, prendre la peine de ▌ **darse un trabajo loco** se donner un mal de chien ▌ **dar trabajo** donner du travail ▌ FIG **no hay atajo sin trabajo** on n'a rien sans peine, nul bien sans peine ▌ FIG **trabajo te** o **le mando** je te o vous souhaite bien du plaisir.

➤ **trabajos** *m pl* peines *f*, souffrances *f* (miserias) ▌ **pasar muchos trabajos** avoir les pires difficultés.

▌ SIN labor labeur; obra ouvrage; negocio affaire; ocupación occupation; misión mission; tarea tâche; faena besogne.

trabajosamente *adv* péniblement.

trabajoso, sa *adj* pénible (que cuesta trabajo) ▌ difficile (difícil); **trabajoso de hacer** difficile à faire ▌ laborieux, euse; pénible (falto de espontaneidad) ▌ FIG & FAM **¡qué trabajoso eres!** que tu es compliqué!

trabal *adj* **clavo trabal** cheville à chevrons.

trabalenguas *m inv* allitération *f*.

trabamiento *m* assemblage.

trabanco *m* tribart (trangallo).

trabar *v tr* lier (atar) ▌ assembler, joindre (juntar) ▌ entraver, empêtrer (un animal) ▌ épaissir (espesar un líquido) ▌ lier (una salsa) ▌ FIG lier, nouer, se lier de; **trabar amistad** nouer amitié ▌ engager, entamer (una batalla, una conversación).

➤ **trabarse** *v pr* se lier ▌ s'empêtrer, s'em-

---

berlificoter FAM (las piernas) ▌ prendre (mayonesa) ▌ fourcher (lengua); **se le ha trabado la lengua** la langue lui a fourché.

trabazón *f* assemblage *m* (juntura) ▌ épaisseur, consistance (de un líquido) ▌ FIG liaison, enchaînement *m* (conexión) ▌ consistance (consistencia) ▌ CULIN liaison.

trabe *f* poutre (viga).

trábea *f* trabea (toga romana).

trabilla *f* sous-pied *m*, patte (del pantalón) ▌ martingale (de chaqueta, etc.) ▌ maille perdue (punto que queda suelto).

trabuca *f* pétard *m* (cohete).

trabucación *f* renversement *m* ▌ FIG confusion (confusión).

trabucaire *adj m & s m* FAM rebelle, partisan.

trabucante *adj* qui renverse ▌ **moneda trabucante** monnaie trébuchante.

trabucar [10] *v tr* renverser, mettre sens dessus dessous (trastornar) ▌ FIG troubler (trastornar el entendimiento) ▌ mélanger, confondre (confundir).

◇ *v intr & pr* FIG se tromper, dire une chose pour une autre (al hablar o al escribir) ▌ **se me ha trabucado la lengua** la langue m'a fourché.

trabucazo *m* coup de tromblon (de escopeta) ▌ FIG surprise *f* (susto) ▌ coup (golpe).

trabuco *m* trébuchet (catapulta) ▌ espingole *f* (arma de fuego) ▌ canonnière *f* (juguete) ▌ **trabuco naranjero** tromblon (arma).

traca *f* chapelet *m* de pétards ▌ MAR virure.

trácala *f* (*Amer*) tour *m*, ruse (trampa).

tracalada *f* (*Amer*) foule (muchedumbre) ▌ chapelet *m* (sarta).

tracalero, ra *adj & s* (*Amer*) tricheur, euse.

tracamundana *f* FAM troc *m*, échange *m* (trueque) ▌ vacarme *m*, tohu-bohu *m* (jaleo).

tracción *f* traction ■ **tracción animal** o **de sangre** traction animale ▌ **tracción delantera** traction avant (de un coche).

Tracia *n pr f* GEOGR Thrace.

tracio, cia *adj & s* thrace (de Tracia).

tracoma *m* MED trachome.

tractivo, va *adj* tractif, ive.

tracto *m* laps de temps ▌ ECLES trait (en la misa) ▌ ANAT tractus; **tracto genital** tractus génital.

tractor *m* tracteur; **tractor oruga** tracteur sur chenilles.

tractorista *m & f* AGRIC tractoriste, conducteur, trice de tracteur.

tradescantia *m* BOT tradescantia.

tradición *f* tradition ▌ DR remise (entrega).

tradicional *adj* traditionnel, elle; de tradition; **es tradicional que** il est de tradition que.

tradicionalismo *m* traditionalisme.

tradicionalista *adj & s* traditionaliste.

tradicionalmente *adv* traditionnellement.

tradicionista *m & f* auteur *m* qui recueille des traditions.

traditor *m* traditeur.

---

traducción *f* traduction ■ **tradúction automática** traduction automatique ▌ **traducción directa** version ▌ **traducción inversa** thème ▌ **traducción libre** traduction libre ▌ **traducción literal** traduction littérale ▌ **traducción literaria** traduction littéraire ▌ INFORM **traducción asistida por ordenador** traduction assistée par ordinateur.

traducible *adj* traduisible.

traducir [33] *v tr* traduire; **traducir del español al francés** traduire de l'espagnol en français ■ **traducir directamente** o **de corrido** traduire à livre ouvert ▌ **traducir literalmente** faire du mot à mot, traduire littéralement.

➤ **traducirse** *v pr* se traduire.

traductor, ra *adj & s* traducteur, trice; **traductor jurado** traducteur assermenté.

traer [73] *v tr* apporter; **traer una carta, noticias** apporter une lettre, des nouvelles ▌ amener; **traer a un prisionero, a un niño de la mano** amener un prisonnier, un enfant par la main ▌ porter; **hoy trae un traje nuevo** aujourd'hui il porte un costume neuf ▌ rapporter; **traer castañuelas de España** rapporter des castagnettes d'Espagne ▌ attirer (atraer) ▌ causer, amener (acarrear); **eso le trajo muchos disgustos** cela lui a causé bien des ennuis ▌ faire valoir, alléguer, apporter (argumento, testimonio) ▌ avoir (consecuencias, resultado) ▌ avoir; **el mes de abril trae treinta días** le mois d'avril a trente jours ■ **traer aguas** faire une adduction d'eau ▌ **traer a las mientes** rappeler ▌ **traer a mal traer** malmener ▌ **traer aparejado** o **consigo** entraîner, avoir pour résultat o pour conséquence (acarrear); **la guerra trae aparejados numerosos males** la guerre entraîne de nombreux maux ▌ **traer a uno de aquí para allí** ne pas laisser à quelqu'un un instant de repos (no dejar en paz), assommer, ennuyer (fastidiar) ▌ **traer buena, mala suerte** porter bonheur, malheur ▌ **traer de cabeza** rendre fou, faire perdre la tête ▌ **traer entre manos** s'occuper de (asunto) ▌ FAM **traer frito a uno** enquiquiner o ennuyer quelqu'un, casser les pieds à quelqu'un ▌ **traer loco a uno** rendre quelqu'un fou, faire perdre la tête à quelqu'un ▌ **traer puesto** porter; **trae puesta su chaqueta nueva** il porte sa veste neuve ▌ **traer y llevar** potiner, cancaner (chismear) ■ **este río trae mucha agua** ce fleuve roule beaucoup d'eau o est très abondant ▌ FAM **me trae sin cuidado** je m'en fiche, je m'en moque, c'est le dernier o le cadet de mes soucis ▌ **¿qué le trae por aquí?** quel bon vent vous amène?

➤ **traerse** *v pr* apporter; **tráete el libro que te pedí** apporte le livre que je t'ai demandé ▌ **traerse entre manos** s'occuper de; **traerse entre manos un negocio** s'occuper d'une affaire; fabriquer FAM; manigancer FAM; **¿qué te traes entre manos?** qu'est-ce que tu fabriques? ▌ FAM **traérselas** être gratiné o terrible (persona o cosa), ne pas être piqué des vers (ser difícil); **se las trae** ça n'est pas piqué des vers.

▌ OBSERV Apporter se aplica sólo a cosas, mientras amener se refiere a seres dotados de un movimiento propio, personas o cosas. El uso de amener en el sentido de apporter es popular. Traer seguido de un adjetivo se traduce por causer con el sustantivo que corresponde al adjetivo o por el verbo correspondiente al mismo adjetivo (**traer inquieto** causer de l'inquiétude, inquiéter).

tráfago *m* trafic (tráfico) ▌occupations *f pl*, affaires *f pl* (negocios).

Trafalgar *n pr* GEOGR **la batalla de Trafalgar** la bataille de Trafalgar.

traficante *adj* & *s* trafiquant, e; trafiqueur, euse (p us).

traficar [10] *v intr* trafiquer, faire le commerce de; **traficar en droga** faire le commerce de la drogue ▌FIG trafiquer; **traficar con su crédito** trafiquer de o avec sa réputation ▌voyager (viajar).

tráfico *m* trafic (negocios); **tráfico de divisas** trafic de devises ▌trafic, circulation *f* (tránsito); **calle de mucho tráfico** rue à grande circulation ▌traite *f*; **tráfico de negros** traite des Noirs ■ **tráfico de influencias** trafic d'influence, délit d'initié (Bourse) ▌**tráfico rodado** circulation routière, trafic automobile ■ **accidente de tráfico** accident de la circulation ▌**guardia de tráfico** agent de la circulation ▌**policía de tráfico** police de la route.

tragabolas *m inv* passe-boules.

tragacanto *m* tragacanthe *f* (arbusto).

tragaderas *f pl* FAM gosier *m sing*, avaloire *sing* (esófago) ▌FIG & FAM **tener buenas tragaderas** tout avaler, gober tout, prendre tout pour argent comptant (ser crédulo), avoir la conscience élastique (tener pocos escrúpulos), avoir une bonne descente (beber mucho), avoir un bon coup de fourchette (comer mucho).

tragadero *m* FAM gosier, avaloire *f* (tragaderas) ▌trou (agujero).

tragagigantes *m inv* FAM matamore, fanfaron.

tragahombres *m inv* FAM matamore, fanfaron.

trágala *m* chanson *f* dirigée contre les absolutistes espagnols de 1820 ▌FAM **cantar a uno el trágala** forcer la main à quelqu'un, contraindre quelqu'un.

tragaldabas *m* & *f inv* FAM glouton, onne; goinfre (sin fem).

tragaleguas *m* & *f inv* FAM bon marcheur, bonne marcheuse.

tragaluz *m* [▷ SIN] lucarne *f*, tabatière *f* (en un tejado) ▌vasistas (de puerta o ventana) ▌soupirail (de sótano) ▌ARQ mezzanine *f*.

> SIN claraboya, lumbrera, lucerna lucarne; ojo de buey œil-de-bœuf; ventanilla vasistas.
> OBSERV pl tragaluces.

tragamillas *m* & *f inv* FAM mangeur, euse de kilomètres.

tragamonedas *f* (*Amer*) machine à sous (máquina tragaperras).

traganíquel *m*; **traganíqueles** *m pl* (*Amer*) machine *f* à sous (máquina tragaperras).

tragante *adj* qui avale.
> *m* TECN gueulard (de un horno).

tragantona *f* FAM gueuleton *m* (comilona) ▌FIG violence qu'on se fait pour admettre quelque chose ▌FAM **darse una tragantona** faire un gueuleton, se taper la cloche (comiendo), avoir une indigestion (leyendo, etc.).

tragaperras *adj* & *s f inv* à sous; **máquina tragaperras** machine à sous.

tragar [16] *v tr* & *intr* avaler; **tragar con dificultad** avaler difficilement.

> *v tr* & *pr* [▷ SIN] avaler (comer o beber) ▌FIG engloutir (comer vorazmente) ▌engloutir (hundirse); **tragado por el mar** englouti par la mer ▌avaler (creer); **se traga cuanto le dicen** il avale tout ce qu'on lui dit; **duro de tragar** dur à avaler ▌encaisser, avaler (soportar); **tragarse un insulto** avaler une insulte ■ FIG & FAM **no hay quien se lo trague** ça ne prend pas, ça ne marche pas ▌**no poder tragar a uno** ne pas pouvoir encaisser quelqu'un, ne pas pouvoir voir quelqu'un en peinture ▌**tenerse tragado algo** pressentir quelque chose ▌**tragar el anzuelo** tomber dans le panneau, mordre à l'hameçon ▌**tragar la píldora**, **tragársela** avaler la pilule ▌**tragar quina** avaler des couleuvres ▌**tragar saliva** avaler o ravaler sa salive.

> SIN absorber absorber; engullir engloutir; ingerir ingérer; deglutir déglutir; ingurgitar ingurgiter; zampar avaler.

tragasables *m inv* avaleur de sabres.

tragasantos *m inv* FAM bondieusard, e; calotin, e (santurrón).

tragazón *f* FAM gloutonnerie, goinfrerie.

tragedia *f* tragédie ▌**parar o terminar en tragedia** finir tragiquement.

trágicamente *adv* tragiquement ▌tragiquement, au tragique; **tomar algo trágicamente** prendre quelque chose au tragique.

trágico, ca *adj* tragique (funesto) ■ **actor trágico**, **actriz trágica** tragédien, enne ▌**ponerse trágico** tourner au tragique (situación), prendre les choses au tragique (persona).

> **trágico** *m* tragique, poète tragique (autor) ■ **lo trágico** le tragique ▌**tomar por lo trágico** prendre au tragique.

tragicomedia *f* tragi-comédie.

tragicómico, ca *adj* tragi-comique.

trago *m* gorgée *f*, coup; **echar un trago de vino** boire un coup [de vin] ▌trait; **beber de un trago** avaler d'un trait ▌FAM boisson *f*, bouteille *f* (bebida); **ser muy aficionado al trago** être très porté sur la bouteille ▌FIG & FAM coup dur (adversidad), mauvais moment, mauvais quart d'heure (mal momento) ■ **beber a tragos** boire par petites gorgées, siroter FAM ▌FIG **de un trago** d'un seul coup ▌FAM **echarse un trago al coleto** s'en jeter un derrière la cravate ▌**fue un mal trago** ce fut un sale coup, ce fut dur à avaler ▌**pasar un trago amargo** passer un mauvais quart d'heure.

trago *m* ANAT tragus (de la oreja).

tragón, ona *adj* & *s* FAM glouton, onne; goinfre (sin femenino), goulu, e.

tragonería *f* FAM gloutonnerie, goinfrerie.

tragontina *f* BOT gouet *m* (aro).

tragopán *m* tragopan (faisán de la India).

traición *f* trahison (delito); **alta traición** haute trahison ▌[▷ SIN] traîtrise (perfidia) ■ **a traición** traîtreusement, par trahison, en traître ▌**hacer traición a su país** trahir son pays, commettre une trahison envers son pays.

> SIN deslealtad déloyauté; infidelidad infidélité; felonía félonie; alevosía traîtrise; perfidia perfidie.

traicionar *v tr* trahir; **traicionar su país** trahir son pays; **traicionar el pensamiento de un autor** trahir la pensée d'un auteur.

traicionero, ra *adj* & *s* traître, esse.

traída *f* apport *m* (acción de traer) ■ **canal de traída** canal d'amenée ▌**traída de aguas** adduction d'eau.

traído, da *adj* apporté, e; amené, e [⟶ **traer**] FIG usé, e (vestidos) ▌rebattu, e (repetido) ■ FIG **bien traído** bien amené (chiste) ▌**traído por los pelos** tiré par les cheveux ▌**traído y llevado** malmené.

traidor, ra *adj* & *s* traître, esse ▌vicieux, euse (caballos).

traidoramente *adv* traîtreusement.

trailer *m* CINEM film-annonce, bande-annonce *f* (avance).
■ OBSERV pl trailers.

traílla *f* laisse, couple (para atar los perros) ▌harde (conjunto de traíllas trabadas) ▌mèche (del látigo) ▌TECN ravale (para igualar terrenos) ▌scraper *m*, décapeuse (de tractor).

traillar *v tr* aplanir, niveler.

traína *f* traîne, traille (red).

trainera *f* traînière, chalutier *m* (barco).

traíña *f* traîne, chalut *m* (red).

Trajano *n pr* Trajan.

trajano, na *adj* trajan, e ▌**Columna Trajana** colonne Trajane.

traje *m* vêtement; **traje de hombre** vêtement d'homme ▌costume (pantalón, chaqueta y chaleco); **traje a la medida, de confección** costume sur mesure, de confection ▌habit (para actos solemnes); **traje de ceremonia** o **de gala** habit de cérémonie ▌robe *f* (de mujer); **traje camisero** robe-chemisier ■ **traje de baño** maillot o costume de bain ▌**traje de calle** costume de ville ▌**traje de casa** déshabillé ▌**traje de cristianar** o **de domingo** habits du dimanche ▌**traje de diario** costume de tous les jours, tenue de ville ▌**traje de etiqueta** tenue de soirée ▌**traje de luces** habit de lumière (de un torero) ▌**traje de noche** robe du soir ▌**traje de vuelo, espacial** combinaison de vol, spatiale ▌**traje regional** costume régional ▌**traje sastre** tailleur, costume tailleur (de mujer) ■ **baile de trajes** bal costumé ▌FIG & FAM **cortar un traje a uno** casser du sucre sur le dos de quelqu'un ▌**en traje de gala** en grande tenue (hombre), en grande toilette (mujer).

trajeado, da *adj* habillé, e (vestido) ▌FAM sapé, e (arreglado).

trajear *v tr* habiller.

trajín *m* transport (tráfico) ▌besogne *f*; **el trajín cotidiano** la besogne journalière ▌occupations *f pl*; **el trajín de la casa** les occupations domestiques ▌FAM remue-ménage, allées et venues *f pl* (ajetreo) ▌turbin, boulot (trabajo) ▌petite amie *f*.

trajinante *adj* qui transporte (que lleva mercadería de un lugar para otro).
> *m* voiturier, roulier, transporteur.

trajinar *v tr* transporter.
> *v intr* aller et venir, s'affairer (ajetrearse) ▌FAM trimer, boulonner (trabajar) ▌(*Amer*) fouiller (registrar) ▌FIG & FAM **¿qué está usted trajinando por ahí?** qu'est-ce que vous fabriquez là?

trajinería *f* transport *m*, voiturage *m*, roulage *m*.

trajinero *m* voiturier, roulier, transporteur.

tralla *f* corde (cuerda) ∥ mèche (de látigo).

trallazo *m* coup de fouet o de corde.

trama *f* trame (de hilos) ∥ trame (en fotograbado) ∥ [▷ **SIN**] **FIG** trame (enredo) ∥ floraison de l'olivier (florecimiento del olivo) ∥ **TECN** trame.
∥ **SIN** argumento argument; sujeto, asunto sujet; hilo fil.

tramado *m* **FOT** trame *f*.

tramador, ra *m & f* trameur, euse (obrero).
➡ **tramadora** *f* trameuse (aparato).

tramar *v tr* tramer.
◇ *v intr* fleurir (olivos).
➡ **tramarse** *v pr* se tramer.

tramilla *f* ficelle (bramante).

tramitación *f* cours *m*, marche (de un asunto) ∥ démarches *pl* (trámites).

tramitar *v tr* s'occuper de, faire les démarches nécessaires pour obtenir; tramitar su pasaporte s'occuper de son passeport ∥ fournir, procurer (facilitar); respuesta tramitada a través del embajador réponse fournie par le canal de l'ambassadeur ∥ faire suivre son cours à (un asunto) ∥ étudier (un expediente).

trámite *m* démarche *f* (diligencia); hay que hacer muchos trámites para conseguir este permiso il faut faire beaucoup de démarches pour obtenir cette autorisation ∥ formalité *f* (requisito); cumplir con los trámites necesarios remplir les formalités requises ∥ passage (paso).

tramo *m* lot (de terreno) ∥ étage, volée *f* (de escalera) ∥ **CONSTR** travée *f* ∥ tronçon (de carretera, ferrocarril, canal).

tramojo *m* hart *f* (para atar mieses) ∥ tribart (trangallo).

tramontana *f* tramontane (Norte, viento del Norte) ∥ **FIG** orgueil *m*, vanité (soberbia) ∥ **FIG** & **FAM** perder la tramontana perdre la tramontane.

tramontano, na *adj* ultramontain, e.

tramontar; trasmontar *v intr* franchir une montagne ∥ se coucher derrière une montagne (el sol).

tramoya *f* **TEATR** machine (máquina) ∥ machinerie (conjunto de máquinas) ∥ **FIG** & **FAM** machination, intrigue (enredo) ∥ mise en scène (montaje); una fiesta con mucha tramoya une fête avec beaucoup de mise en scène.

tramoyista *m* **TEATR** machiniste ∥ **FIG** & **FAM** intrigant (que usa de engaños).

trampa *f* trappe, piège *m* (caza); poner una trampa tendre o dresser un piège ∥ trappe (puerta en el suelo) ∥ porte o abattant *m* dans un comptoir (de mostrador) ∥ braguette (portañuela) ∥ **FIG** [▷ **SIN**] piège *m*; era una trampa para saber si me diría la verdad c'était un piège pour savoir s'il me dirait la vérité ∥ ruse (treta) ∥ tricherie, triche (en el juego) ∥ traquenard *m*, piège *m*, embûche (celada) ∥ dette (deuda); estar lleno de trampas être criblé de dettes ∥ trampa adelante en vivant d'expédients ∥ **RAD** trampa de iones piège à ions ∎ **FIG** caer en la trampa tomber dans le piège, donner dans le panneau ∥ coger en la trampa prendre la main dans le sac o sur le fait ∥ ganar con trampas gagner par tricherie ∥ hacer trampas frauder (cometer fraude), tricher; hacer trampas en el juego tri-

cher au jeu ∥ haciendo trampas à la triche (juegos) ∥ hecha la ley, hecha la trampa les lois sont faites pour être violées ∥ no hay trampa ni cartón, sin trampa ni cartón il n'y a pas de trucage; rien dans les mains, rien dans les poches.
∥ **SIN** engaño tromperie; añagaza leurre; ardid ruse; estratagema stratagème; celada embûche, piège.

trampantojo *m* **FAM** artifice, illusion *f*.

trampear *v intr* tricher (en el juego) ∥ vivre d'expédients ∥ **FIG** vivoter, s'en tirer tout juste; va trampeando il vivote.
◇ *v tr* **FAM** escroquer.

trampero *m* piégeur (cazador) ∥ trappeur (en los bosques de Alaska).
◇ *adj* (Amer) tricheur, euse.

trampilla *f* trappe (puerta a nivel del suelo) ∥ porte (de un horno) ∥ braguette (portañuela).

trampista *m & f* filou (sin femenino), escroc (sin femenino).

trampolín *m* tremplin (en la piscina, en la pista de nieve) ∥ **FIG** tremplin (base para obtener algo) ∥ salto de trampolín plongeon.

tramposo, sa *adj & s* tricheur, euse (en el juego) ∥ menteur, euse (embustero).
➡ **tamposo** *m* filou, escroc (petardista).

tranca *f* trique (garrote) ∥ barre (para cerrar las puertas) ∥ **FAM** cuite (borrachera) ∥ a trancas y barrancas tant bien que mal (mal que bien), en dépit de tous les obstacles.

trancada *f* enjambée (tranco); en dos trancadas en deux enjambées.

trancahílo *m* nœud qui sert à arrêter une corde.

trancanil *m* **MAR** gouttière *f*.

trancar [10] *v tr* barrer, barricader (atrancar).

trancazo *m* coup de trique (golpe dado con la tranca) ∥ **FIG** & **FAM** grippe *f* (gripe).

trance *m* moment; un trance desagradable un moment désagréable ∥ moment critique (dificultad) ∥ mauvais pas (mal paso); sacar a uno de un trance tirer quelqu'un d'un mauvais pas ∥ transe (del medium) ∥ **DR** saisie *f* ∎ a todo trance à toute force, à tout prix ∥ el último o postrer o mortal trance les derniers instants ∥ en trance de muerte à l'article de la mort ∥ estar en trance de être en voie de ∥ salió del trance il a fait le plus difficile ∥ trance de armas fait d'armes.

tranchete *m* tranchet.

tranco *m* enjambée *f* (paso largo) ∥ foulée *f* (al correr) ∥ saut (salto) ∥ seuil (umbral) ∎ (Amer) a tranco au galop (el caballo) ∥ **FIG** a trancos à la hâte ∥ en dos trancos en un instant.

trangallo *m* tribart.

tranquera *f* palissade, estacade (estacada) ∥ (Amer) barrière dans une clôture (puerta en un cercado).

tranquero *m* **ARQ** pierre *f* du linteau o des jambages d'une porte (piedra).

tranquil *m* **ARQ** verticale *f* ∥ **ARQ** arco por tranquil arc rampant.

tranquilamente *adv* tranquilamente.

tranquilidad *f* tranquillité (quietud, sosiego) ∥ répit *m* (descanso); un momento de tranquilidad un instant de répit ∎ con toda tranquilidad en toute tranquillité, tout tranquillement; descansar con toda tranquilidad se re-

poser tout tranquillement; à loisir, à tête reposée; estudiar algo con toda tranquilidad étudier quelque chose à tête reposée ∥ dormir con toda tranquilidad dormir sur ses deux oreilles ∥ para mayor tranquilidad par acquit de conscience (en descargo de conciencia).
∥ **SIN** calma calme; paz paix; quietud, sosiego quiétude; seguridad sécurité; reposo repos; serenidad sérénité; **MAR** bonanza bonace.

tranquilizador, ra *adj* tranquillisant, e; apaisant, e; rassurant, e.

tranquilizante *adj & s m* **MED** tranquillisant, e.

tranquilizar [13] *v tr* tranquilliser, apaiser; tranquilizar los ánimos tranquilliser les esprits ∥ tranquilliser, rassurer; esta noticia me ha tranquilizado cette nouvelle m'a rassuré.
➡ **tranquilizarse** *v pr* se tranquilliser, être rassuré.

tranquilla *f* chevillette (pasador) ∥ **FAM** stratagème *m*, ruse.

tranquillo *m* **FAM** truc, système, astuce *f*; coger o dar con el tranquillo attraper o trouver le truc.

tranquilo, la *adj* tranquille ∥ calme; mar tranquilo mer calme; tono tranquilo ton calme ∎ se quedó tan tranquilo il fit comme si de rien n'était ∥ tú, tranquilo ne t'en fais pas, ne t'inquiète pas; tú, tranquilo, que todo saldrá bien ne t'en fais pas, tout ira bien; ne bouge pas; tú, tranquilo, yo me ocuparé de todo ne bouge pas, je m'occuperai de tout.
∥ **SIN** apacible, sosegado paisible; plácido placide; quieto tranquille; sereno serein.

tranquiza *f* (Amer) **FAM** volée, raclée.

trans *pref* trans.
∥ **OBSERV** Très fréquemment trans devient tras en espagnol: transcendental ou trascendental, etc.

transacción *f* transaction.
∥ **SIN** trato marché; negocio affaire.

transafricano, na *adj* transafricain, e.

transahariano, na *adj & s m* transsaharien, enne.

transalpino, na *adj* transalpin, e.

transandino, na *adj & s m* transandin, e.

transar *v intr* (Amer) céder, transiger.

transatlántico, ca *adj & s m* transatlantique.

transbordador, ra; trasbordador, ra *adj* transbordeur *adj m*.
➡ **transbordador; trasbordador** *m* transbordeur, bac ∥ télécabine *f* (telecabina) ∎ puente transbordador pont transbordeur ∎ transbordador aéreo téléphérique ∥ transbordador de ferrocarril ferry-boat ∥ transbordador espacial navette spatiale ∥ transbordador funicular funiculaire.

transbordar; trasbordar *v tr* transborder.
◇ *v intr* changer (de un tren a otro).

transbordo; trasbordo *m* transbordement ∥ changement (de un tren a otro) ∥ hacer transbordo changer (de tren, de barco, etc.).

transcaspiano, na *adj & s m* transcaspien, enne.

Transcaucasia *n pr f* **GEOGR** Transcaucasie.

transcaucásico, ca *adj & s m* transcaucasien, enne.

transcendencia; trascendencia *f* transcendance ‖ FIG importance, portée; problema de gran transcendencia problème d'une grande importance.

transcendencial *adj* très important, e.

transcendental; trascendental *adj* importante, e; grave (importante) ‖ transcendant, e (superior) ‖ FILOS transcendantal, e; transcendant, e; principios trascendentales principes transcendantaux.

transcendentalismo; trascendentalismo *m* transcendantalisme.

transcendente; trascendente *adj* transcendant, e (trescendente) ‖ extrêmement important, e ‖ MAT número transcendente nombre transcendant ‖ FILOS transcendental, e.

transcender *v tr*; **trascender** [20] *v intr* embaumer (oler bien); la huerta trasciende a jazmín le jardin embaume le jasmin ‖ transpirer, commencer à être connu (divulgarse); ha trascendido su secreto son secret a transpiré; su proyecto ha trascendido al público son projet commence à être connu du public ‖ s'étendre à, toucher, affecter; la huelga ha trascendido a todas las ramas de la industria la grève a affecté toutes les branches de l'industrie ‖ FILOS être transcendant, e ‖ ■ ha trascendido que on a appris que ‖ según ha trascendido d'après ce qu'on a cru comprendre.

transcontinental *adj & s m* transcontinental, e.

transcribir; trascribir transcrire (música, escritura).

transcripción; trascripción *f* transcription ‖ MÚS transcription ‖ translittération, translittération (de un alfabeto a otro).

transcripto, ta; transcrito, ta *adj* transcrit, e.

transcriptor *m* transcripteur (aparato).

transcrito, ta ➡ transcripto.

transcurrir *v intr* s'écouler, passer (el tiempo); transcurrieron diez años dix ans ont passé.

transcurso; trascurso *m* cours (del tiempo); en el transcurso de los años au cours des ans ‖ période *f*, espace; hice este trabajo en el transcurso de dos años j'ai fait ce travail en l'espace de deux ans ‖ courant; en el transcurso de una semana, del mes dans le courant de la semaine, du mois.

transductor *m* TECN transducteur.

transeúnte *m & f* passant, e (en una calle) ‖ personne *f* qui est de passage (que reside transitoriamente).

transexual *adj & s* transsexuel, elle.

transexualidad *f* transsexualité.

transexualismo *m* transsexualisme *m*.

transferencia; trasferencia *f* transfert *m* (de una propiedad) ‖ virement *m* (bancaria) ‖ transferencia de fondos transfert de fonds.

transferir [27] *v tr* transférer.

transfiguración *f* transfiguration.

transfigurar *v tr* transfigurer.

➥ **transfigurarse** *v pr* se transfigurer.

transfijo, ja *adj* transpercé, e.

transfinito, ta *adj* transfini, e.

transfixión; trasfixión *f* transfixion ‖ transverbération (en mística).

transfocador *m* CINEM zoom.

transformable *adj* transformable.

transformación *f* transformation ‖ transformación de ensayo transformation d'un essai (rugby).

transformacional *adj* GRAM transformationnel, elle.

transformada *f* MAT transformée.

transformador, ra *adj* transformateur, trice.

➥ **transformador** *m* ELECTR transformateur.

transformamiento *m* transformation *f*.

transformar; trasformar *v tr* [▷ SIN] transformer.

transformarse *v pr* se transformer ‖ évoluer (cambiar progresivamente); sistema que se transforma système qui évolue.

┃ SIN convertir convertir; cambiar, variar changer; alterar altérer; modificar modifier; transmutar transmuter.

transformativo, va *adj* transformateur, trice.

transformismo *m* transformisme.

transformista *adj & s* transformiste.

tránsfuga *m & f* transfuge ‖ FIG transfuge (que cambia de partido).

tránsfugo *m* transfuge (tránsfuga).

transfuguismo *m* dissidence *f* (política).

transfundir; trasfundir *v tr* transfuser (líquidos) ‖ FIG propager, diffuser (noticias).

➥ **transfundirse** *v pr* FIG se propager (propagarse).

transfusión; trasfusión *f* transfusion; transfusión de sangre transfusion sanguine.

transfusor, ra *adj* qui transfuse ‖ pour transfusion (aparato).

➥ **transfusor** *m* transfuseur.

transgredir [78] *v tr* transgresser; transgredir la ley transgresser la loi.

transgresión; trasgresión *f* transgression (infracción) ‖ GEOL transgresión marina transgression marine.

transgresor, ra; trasgresor, ra *adj* qui transgresse.

◇ *m & f* contrevenant, e; transgresseur (sin femenino).

transiberiano, na *adj & s m* transsibérien, enne.

transición *f* transition ‖ période de transition vers la démocratie après la mort de Franco; gobierno de transición gouvernement de transition.

┌─ LA TRANSICIÓN ──────────
│ Ce mot s'applique à la période qui suit la
│ mort du général Franco. La continuité politi-
│ que fut assurée sans remous, les bases de la
│ nouvelle démocratie espagnole furent jetées
│ grâce aux premières élections législatives et
│ à l'élaboration de la nouvelle Constitution,
│ approuvée par référendum le 6 décembre
│ 1978.
└────────────────────────

transicional *adj* transitionnel, elle.

transido, da *adj* mourant, e; transido de hambre, de miedo mourant de faim, de

peur ‖ transi, e (de frío) ‖ accablé, e (dolor moral); transido de dolor accablé par la douleur.

transigencia *f* transigeance.

transigente *adj* condescendant, e; conciliant, e; arrangeant, e (acomodaticio).

transigir [15] *v intr* transiger; transigir en transiger sur.

Transilvania *n pr f* GEOGR Transylvanie.

transilvano, na *adj & s* transylvain, e; transylvanien, enne.

transistor *m* RAD transistor (aparato usado en electrónica); radio de transistores poste à transistors ‖ transistor (aparato de radio).

transistorizado, da *adj* transistorisé, e.

transistorizar [13] *v tr* TECN transistoriser.

transitable *adj* praticable; camino transitable chemin praticable.

transitar *v intr* passer (pasar por la vía pública) ‖ calle transitada rue passante.

transitivamente *adv* transitivement.

transitivo, va *adj & s m* GRAM transitif, ive.

tránsito *m* passage (paso); el tránsito de los peatones le passage des piétons ‖ transit (de mercancías, de viajeros) ‖ lieu de passage (sitio) ‖ étape *f* (descanso) ‖ dormition *f* (muerte); tránsito de la Virgen dormition de la Vierge ‖ assomption *f* (Asunción) ■ COM agente de tránsito transitaire ‖ de mucho tránsito très passante, à grande circulation (calle) ‖ de tránsito de passage; estar de tránsito en una ciudad être de passage dans une ville; en tránsito (viajeros, mercancías) ‖ hacer o llevar en tránsito transiter ‖ país de tránsito pays de transit o transitaire ‖ tránsito rodado circulation routière, trafic automobile.

transitoriamente *adv* transitoirement.

transitoriedad *f* caractère *m* transitoire o provisoire.

transitorio, ria *adj* transitoire ‖ provisoire (provisional).

Transjordania *n pr f* HIST Transjordanie.

translación ➡ traslación.

translaticio, cia *adj* figuré, e; métaphorique.

translativo, va *adj* translatif, ive.

translimitación *f* empiétement *m*.

translimitar *v tr* outrepasser (derechos), franchir (fronteras).

transliteración *f* translittération.

transliterar *v tr* translittérer.

translucidez *f* translucidité.

┃ OBSERV pl translucideces.

translúcido, da; transluciente *adj* translucide.

transmediterráneo, a *adj* transméditerranéen, enne.

transmigración *f* transmigration.

transmigrar *v intr* transmigrer.

transmisibilidad *f* transmissibilité.

transmisible *adj* transmissible.

transmisión *f* transmission ‖ DR transfert *m* (de bienes) ■ DR derechos de transmisión de herencia droits de mutation ‖ transmisión del pensamiento transmission de pensée ‖ transmisión por cadena, por fricción transmission par chaîne, par friction ‖ INFORM transmisión de datos transmission de données.

transmisiones *f pl* MIL transmissions.

transmisor, ra *adj* qui transmet (que transmite).

transmisor *m* transmetteur (telegráfico o telefónico).

transmitir *v tr* transmettre.

> SIN pasar passer; ceder, traspasar céder; transferir transférer; legar léguer.

transmudar; trasmudar *v tr* transférer (trasladar) ‖ FIG changer, transformer (transformar) ‖ transmuer (transmutar).

transmutabilidad *f* transmutabilité.

transmutable; trasmutable *adj* transmuable, transmutable.

transmutación *f* ▸ **trasmutación** ‖ FÍS transmutación de los cuerpos transmutation des corps ‖ transmutación radiactiva transmutation radioactive.

transmutar; trasmutar *v tr* transmuer, transmuter.

transnacional *adj* transnational, e.

transoceánico, ca *adj* transocéanique.

transónico, ca *adj* transsonique (velocidad).

transpacífico, ca *adj* transocéanien, enne [en parlant de l'océan Pacifique].

transpadano, na; traspadano, na *adj & s* transpadan, e (allende el Po).

transparencia; trasparencia *f* transparence ‖ FOT diapositive ‖ ECON transparencia fiscal transparence fiscale.

transparentarse; trasparentarse *v pr* transparaître (dejarse ver o adivinar); sus intenciones se transparentan ses intentions transparaissent ‖ être transparent, e (ser transparente); este vestido se transparenta cette robe est transparente.

transparente; trasparente *adj* transparent, e.

> *m* transparent (colocado ante una luz) ‖ rideau (cortina) ‖ "Transparent", composition sculpturale de Narciso Tomé qui se trouve dans la cathédrale de Tolède.

transpiración *f* transpiration.

transpirar *v intr & pr* transpirer.

transpirenaico, ca *adj* transpyrénéen, enne.

transplantar ▸ **trasplantar**.

transplante ▸ **trasplante**.

transponedor *adj m* MÚS transpositeur.

transponer; trasponer [65] *v tr* transposer (mudar de sitio) ‖ traverser (atravesar) ‖ disparaître derrière; el sol transpuso la montaña le soleil disparut derrière la montagne.

transponerse [65] *v pr* disparaître (ocultarse) ‖ se coucher (el sol) ‖ s'assoupir (dormitar); se ha quedado transpuesto il s'est assoupi.

transportable *adj* portable; transportable.

transportador, ra; trasportador, ra *adj* transporteur, euse.

> *adj* MÚS transpositeur ‖ cinta transportadora transporteur à bande, convoyeur, tapis roulant.

transportador; trasportador *m* transporteur ‖ GEOM rapporteur (instrumento) ‖ transportador aéreo blondin, aérocâble,

transporteur aérien o à câbles ‖ transportador mecánico o de cinta convoyeur.

transportamiento; trasportamiento *m* transport (transporte).

transportar; trasportar *v tr* [▷ SIN] transporter (llevar); transportar a lomo transporter sur le dos ‖ MÚS transposer ‖ GEOM rapporter.

transportarse *v pr* être transporté, e; transportarse de alegría être transporté de joie.

> SIN trasladar, acarrear transporter; trasplantar transplanter; llevar porter; mudar déménager.

transporte; trasporte *m* [▷ SIN] transport ‖ MÚS transposition *f* ‖ FIG transport (arrebato) ■ buque de transporte transport, bateau de transport ‖ transporte a flote flottage (madera) ‖ transportes colectivos transports en commun.

transportista; trasportista *m & f* transporteur *m*.

transposición; trasposición *f* transposition ‖ coucher *m* (de un astro) ‖ disparition (ocultación).

transterminar *v tr* changer de juridiction.

transtiberino, na *adj & s* transtévérin, e.

transubstanciación *f* RELIG transsubstantiation.

transuránico, ca *adj* QUÍM transuranien, enne.

transvasar; trasvasar *v tr* transvaser; transvasar vino transvaser du vin.

transvase *m* transvasement.

transverberación *f* transverbération.

transverberar *v tr* transverbérer.

transversal; trasversal *adj* transversal, e; caminos transversales chemins transversaux ‖ collatéral, e (pariente).

> *f* MAT transversale.

transversalmente *adv* transversalement.

transverso, sa *adj* transverse; músculo transverso muscle transverse.

tranvía *m* tramway, tram FAM ‖ tranvía de sangre o de mulas tramway tiré par des chevaux.

tranviario, ria; tranviero, ra *adj* du tramway, des o de tramways; red tranviaria réseau de tramways.

tranviario; tranviero *m* employé d'un tramway (empleado), traminot, wattman (conductor).

tranzadera *f* tresse (trenzadera).

tranzar [13] *v tr* trancher (cortar).

trapa *f* MAR fausse cargue (cabo).

trapas *f pl* MAR saisines.

Trapa *n pr f* la Trapa la Trappe.

trapacear *v intr* frauder (en ventas) ‖ chicaner (en un pleito) ‖ jouer des tours.

trapacería *f* fraude (en ventas) ‖ rouerie, astuce (pillería) ‖ chicanerie (trapisonda) ‖ tromperie, supercherie (engaño) ‖ tour *m* (engaño leve).

trapacero, ra; trapacista *adj & s* malhonnête (en ventas) ‖ rusé, e; malin, igne (astuto) ‖ roué, e; fourbe (tramposo) ‖ chicaner, euse; chicanier, ère (lioso).

trapacete *m* livre de caisse.

trapacista ▸ **trapacero**.

trapajo *m* guenille *f*, chiffon.

trapajoso, sa *adj* déguenillé, e.

trápala *f* tapage *m*, vacarme *m* (jaleo) ‖ trot *m*, galop *m* (ruido de un caballo) ‖ FAM mensonge *m*, tromperie (engaño).

> *m* FAM bavardage (charla).

> *m & f* FAM bavard, e (hablador) ‖ menteur, euse (embustero).

trapalear *v intr* FAM jaser, bavarder (parlotear) ‖ mentir.

trapalón, ona *adj & s* FAM bavard, e (hablador) ‖ menteur, euse (embustero).

trapatiesta *f* FAM tapage *m*, boucan *m*, potin *m* (jaleo); armar una trapatiesta faire du boucan ‖ bagarre (pelea) ‖ remue-ménage *m*, chambard *m* (desorden).

trapaza *f* fraude (en ventas) ‖ tromperie, mensonge *m* (engaño) ‖ astuce, supercherie (embuste leve).

trape *m* bougran (entretela).

trapeador *m* (Amer) éponge *f*, lavette *f* (estropajo).

trapear *v tr* (Amer) laver.

trapecio *m* ANAT & GEOM trapèze ‖ trapèze (gimnasia).

> *adj inv* trapèze; vestido trapecio, músculo trapecio robe trapèze, muscle trapèze.

trapecista *m & f* trapéziste.

trapense *adj & s* trappiste (religioso) ‖ monja trapense trappistine.

trapería *f* chiffons *m pl* (trapos) ‖ friperie (tienda).

trapero, ra *m & f* chiffonnier, ère.

> *adj* FAM puñalada trapera coup de Jarnac.

trapezoedro *m* trapézoèdre.

trapezoidal *adj* trapézoïdal, e.

trapezoide *m* trapézoïde.

trapiche *m* moulin [à sucre, à huile, etc.] ‖ (Amer) sucrerie *f*, raffinerie *f* (ingenio de azúcar) ‖ machine *f* à pulvériser les minerais (molino para pulverizar minerales).

trapichear *v intr* FAM chercher des trucs, se démener (ingeniarse) ‖ trafiquer, fricoter, se livrer à de petits trafics (comerciar).

trapicheo *m* FAM trafic, cuisine *f*, manigance *f*, intrigue *f*; trapicheos electorales cuisine électorale ‖ andar con trapicheos trafiquer, fricoter.

trapillo *m* petit chiffon (trapo) ‖ FIG & FAM coureur de jupons (galán) ‖ bas de laine (caudal pequeño) ■ de trapillo en négligé, en déshabillé (en traje de casa) ‖ irse a una fiesta vestida de trapillo mettre une robe de quatre sous pour aller à une fête.

trapío *m* FIG & FAM chien FAM, charme (garbo) ‖ TAUROM feu, fougue *f* (ardor) ‖ belle présentation *f* (buen aspecto).

trapisonda *f* FIG & FAM chahut *m*, tapage *m* (jaleo); armar trapisonda faire du tapage ‖ chicanerie, intrigue (lío).

trapisondear *v intr* FAM chahuter, faire du tapage (armar jaleo) ‖ trafiquer (enredar).

trapisondista *m & f* tapageur, euse; faiseur, euse d'esclandre (alborotador) ‖ intrigant, e ‖ chicaneur, euse; chicanier, ère (lioso).

trapito *m* petit chiffon ■ FAM está elegante con cuatro trapitos un rien l'habille ‖ los trapitos de cristianar les habits du dimanche, les beaux habits.

trapo *m* chiffon (pedazo de tela) ‖ torchon (de cocina); secar los platos con un trapo essuyer les assiettes avec un torchon ‖ MAR toile *f* (velamen) ‖ FAM muleta *f* (del torero) ■ a todo trapo toute voile dehors (a toda vela) ■ FIG poner a uno como un trapo traîner quelqu'un dans la boue, traiter quelqu'un de tous les noms ‖ soltar el trapo éclater en sanglots (echarse a llorar), éclater de rire (echarse a reír) ‖ tener manos de trapo avoir les mains en beurre.
➤ **trapos** *m pl* FAM chiffons, nippes *f* ‖ FIG hablar de trapos parler chiffons ‖ los trapos sucios se lavan en casa il faut laver son linge sale en famille.

traque *m* bruit d'un pétard, détonation *f* (del cohete) ‖ mèche *f* (guía de pólvora).

tráquea *f* ANAT & BOT ZOOL trachée.

traqueal *adj* trachéal, e (relativo a la tráquea) ‖ trachéen, enne (que respira por tráqueas).

traquearteria *f* ANAT trachée-artère.

traqueítis *f inv* MED trachéite.

traqueo *m* pétarade *f* (ruido de cohetes) ‖ cahot, cahotement (sacudida).

traqueotomía *f* MED trachéotomie.

traquetear *v intr* éclater (un cohete) ‖ cahoter (dar tumbos); vehículo que traquetea véhicule cahotant.
◇ *v tr* secouer, agiter; traquetear una botella secouer une bouteille ‖ cahoter, secouer (un vehículo) ‖ FIG & FAM tripoter (manosear).

traqueteo *m* pétarade *f* (ruido de cohetes) ‖ cahot, cahotement, secousse *f* (sacudida).

traquido *m* détonation *f* ‖ craquement, éclatement (chasquido).
➤ **traquidos** *m pl* pétarade *f sing*.

traquita *f* trachyte (roca).

tras *pref* trans.
‖ OBSERV [➤ trans].

tras *prep* derrière (detrás); tras la puerta derrière la porte; caminaban uno tras otro ils marchaient l'un derrière l'autre ‖ après, à la poursuite de (en pos de); corrieron tras el ladrón ils coururent après le voleur ‖ de l'autre côté de, derrière (más allá); tras los Pirineos de l'autre côté des Pyrénées ‖ après (después); tras dos meses de ausencia après deux mois d'absence; uno tras otro l'un après l'autre ‖ non seulement, outre que (además); tras ser inteligente, es guapo non seulement il est intelligent, mais il est beau ‖ escribir carta tras carta écrire lettre sur lettre.

trasalcoba *f* pièce située derrière la chambre à coucher.

trasalpino, na *adj* transalpin, e.

trasandino, na *adj* transandin, e.

trasanteanoche *adv* dans la nuit qui a précédé l'avant-veille, il y a trois nuits.

trasanteayer; trasantier *adv* il y a trois jours.

trasañejo, ja *adj* qui a plus de trois ans (vino).

trasatlántico, ca *adj & s m* transatlantique.

trasbocar [10] *v intr* (Amer) vomir.

trasbordador, ra ➥ **transbordador**.

trasbordar ➥ **transbordar**.

trasbordo ➥ **transbordo**.

trasbotica *f* arrière-boutique (trastienda).

trascantón *m* borne *f*, bouteroue *f* (guardacantón) ‖ commissionnaire, portefaix (esportillero).

trascendencia ➥ **transcendencia**.

trascendental ➥ **transcendental**.

trascendentalismo ➥ **transcendentalismo**.

trascendente ➥ **transcendente**.

trascender ➥ **transcender**

trascocina *f* pièce derrière la cuisine, office *m*, arrière-cuisine.

trascodificar [10] *v tr* transcoder.

trascolar [23] *v tr* filtrer, passer (un líquido) ‖ FIG franchir, traverser (un monte).

trasconejarse *v pr* se cacher, laisser passer le chien [en parlant du gibier] ‖ FIG & FAM s'égarer (perderse); se me ha trasconejado tu carta j'ai égaré ta lettre.

trascordarse [23] *v pr* oublier.

trascoro *m* chœur, espace situé derrière le "coro" (arrière-chœur en francés designa un coro colocado en el trasaltar).

⎸ OBSERV Par suite de la disposition particulière du coro dans les églises d'Espagne, le trascoro correspond généralement au chœur français, c'est-à-dire à l'espace où se trouve l'autel.

trascorral *m* arrière-cour *f*.

trascorvo, va *adj* qui a les genoux effacés o creux (el caballo).

trascribir ➥ **transcribir**.

trascripción ➥ **transcripción**.

trascurso ➥ **transcurso**.

trasdós *m* ARQ extrados (bóveda) ‖ pilastre (pilastra).

trasdosear *v tr* ARQ renforcer (reforzar).

trasegador *m* transvaseur.

trasegar [35] *v tr* déranger, mettre en désordre (trastornar) ‖ transvaser (cambiar de recipiente) ‖ décuver (vino), soutirer (para eliminar las heces) ‖ dépoter (petróleo).

trasera *f* derrière *m* (de casa, mueble) ‖ arrière *m* (de vehículo).

trasero, ra *adj* postérieur, e; situé, e derrière o à l'arrière ■ parte trasera partie postérieure, arrière (de vehículo), derrière (de casa o mueble); en la parte trasera à l'arrière, derrière ‖ puente trasero pont arrière (de coche) ‖ rueda trasera roue arrière.
➤ **trasero** *m* [▷ SIN] derrière, postérieur (de animal o persona).
➤ **traseros** *m pl* FAM parents, aïeux (antepasados).
⎸ SIN asentaderas séant; culo cul; MFAM posaderas fessier; posterior postérieur; nalgas fesses.

trasferencia ➥ **transferencia**.

trasferible *adj* transférable.

trasferir [27] *v tr* transférer.

trasfigurable *adj* qui peut se transfigurer.

trasfiguración *f* transfiguration.

trasfigurar *v tr* transfigurer.

trasfijo, ja *adj* transpercé, e.

trasfixión ➥ **transfixión**.

trasfollo *m* VETER vessigon (alifafe).

trasfondo *m* fond.

trasformador, ra *adj* transformateur, trice.
➤ **trasformador** *m* ELECTR transformateur.

trasformamiento *m* transformation *f*.

trasformar ➥ **transformar**.

trasformativo, va *adj* transformateur, trice.

trásfuga *m & f* transfuge ‖ FIG transfuge (que cambia de partido).

trásfugo *m* transfuge.

trasfundir ➥ **transfundir**.

trasfusión ➥ **transfusión**.

trasfusor, ra ➥ **transfusor**.

trasgo *m* lutin (duende).

trasgredir [78] *v tr* transgresser.

trasgresión ➥ **transgresión**.

trasgresor, ra ➥ **transgresor**.

trasguear *v intr* faire le lutin.

trasguero, ra *m & f* lutin, e.

trashoguero, ra *adj & s* fainéant, e (perezoso).
➤ **trashoguero** *m* contrecœur (de chimenea) ‖ grosse bûche *f* (leño).

trashojar *v tr* feuilleter (hojear).

trashumación; trashumancia *f* transhumance.

trashumante *adj* transhumant, e.

trashumar *v intr* transhumer.

Trasíbulo *n pr* Thrasybule.

trasiego *m* transvasement (de líquidos) ‖ décuvage, décuvaison *f* (del vino), soutirage (para eliminar las heces) ‖ dépotage (petróleo).

Trasimeno *n pr* GEOGR Trasimène.

traslación; translación *f* transfert *m*; traslación de un preso transfert d'un prisonnier ‖ déplacement *m* (movimiento de uno o una cosa) ‖ traduction (traducción) ‖ métaphore (metáfora) ‖ GRAM énallage ‖ MAT translation ‖ movimiento de traslación mouvement de translation.

trasladable *adj* transférable.

trasladar *v tr* déplacer (mudar de sitio) ‖ transporter (llevar) ‖ transférer; trasladar a un preso transférer un prisonnier ‖ déplacer, muter (en un empleo) ‖ différer, reporter (aplazar) ‖ GEOM rapporter ‖ FIG porter, transposer; trasladar a la escena un hecho histórico porter à la scène un fait historique ‖ traduire (traducir); trasladar al francés traduire en français ‖ copier (copiar).
➤ **trasladarse** *v pr* se déplacer ‖ se rendre, aller; el ministro se trasladó a Madrid le ministre s'est rendu à Madrid ‖ être transporté o transféré; esta organización va a trasladarse a otro país cette organisation va être transférée dans un autre pays ‖ partir définitivement (ir a un país).

traslado *m* [▷ SIN] copie *f* (copia) ‖ déplacement, mutation *f* (de un funcionario) ‖ trans-

fert, translation *f* (de los restos mortales) ‖ transport; **el traslado de un enfermo al hospital** le transport d'un malade à l'hôpital ‖ **DR** communication *f*.
‖ **SIN** copia, trasunto copie; imitación imitation; transporte transport.

traslapar *v tr* chevaucher (tejas, etc.) ‖ recouvrir.

traslapo *m* chevauchement.

traslúcido, da; trasluciente *adj* translucide.

traslucirse [32] *v pr* être translucide; **la porcelana se trasluce** la porcelaine est translucide ‖ apparaître o se voir par transparence (dejarse ver) ‖ **FIG** se manifester, apparaître, se deviner, transparaître (inferirse) ‖ transpirer (un secreto).

traslumbramiento *m* éblouissement.

traslumbrar *v tr* éblouir (deslumbrar).

trasluz *m* lumière *f* tamisée ‖ jour frisant (luz oblicua) ‖ reflet (luz reflejada) ■ **al trasluz** par o en transparence ‖ **mirar al trasluz los huevos** mirer les œufs.
‖ **OBSERV** pl trasluces.

trasmallo *m* tramail, trémail (red).

trasmano *m* second (en ciertos juegos) ■ **a trasmano** hors de portée ‖ **esto me coge a trasmano** ce n'est pas sur mon chemin (fuera de camino).

trasmañana *adv* après-demain.

trasmediterráneo, a *adj* transméditerranéen, enne.

trasmigración *f* transmigration.

trasmigrar *v intr* transmigrer.

trasminar *v tr* percer, ouvrir (una galería) ‖ traverser, pénétrer (pasar a través).

trasmisible *adj* transmissible.

trasmisión *f* transmission.

trasmitir *v tr* transmettre.

trasmontar ► tramontar.

trasmudar ► transmudar.

trasmutable ► transmutable.

trasmutación; transmutación *f* transmutation.

trasmutar ► transmutar.

trasnochada *f* la nuit dernière, la nuit précédente (noche anterior) ‖ veille, veillée, nuit blanche (vela) ‖ **MIL** attaque nocturne.

trasnochado, da *adj* de la veille; **ensalada trasnochada** salade de la veille ‖ **FIG** pâle (macilento) ‖ vieux, vieille, usé, e; éculé, e (sin novedad); **chiste trasnochado** plaisanterie usée.

trasnochador, ra *adj & s* qui se couche tard, qui passe la nuit sans dormir, noctambule.

trasnochar *v intr* passer une nuit blanche (pasar una noche sin dormir) ‖ découcher, passer la nuit dehors (pernoctar) ‖ se coucher tard; **le gusta trasnochar** il aime se coucher tard.

trasnoche; trasnocho *m* **FAM** nuit *f* blanche.

trasnombrar *v tr* changer les noms.

trasnominación *f* métonymie (en retórica).

trasojado, da *adj* hâve (macilento), qui a le visage tiré o défait, qui a les yeux battus (ojeroso).

trasoñar [23] *v tr* rêver tout éveillé o les yeux ouverts.

trasovado, da *adj* **BOT** hoja trasovada feuille cordiforme.

traspadano, na ► transpadano.

traspalar; traspalear *v tr* remuer à la pelle, pelleter; **traspalar arena** pelleter du sable ‖ **FIG** remuer, changer de place (mover).

traspaleo *m* pelletage.

traspapelado, da *adj* égaré, e [entre des papiers].

traspapelar *v tr* égarer [un papier].
➡ **traspapelarse** *v pr* s'égarer [un papier].

trasparencia ► transparencia.

trasparentarse ► transparentarse.

trasparente ► transparente.

traspasable *adj* transportable (que se puede llevar) ‖ franchissable (que se puede atravesar) ‖ cessible (negocio) ‖ qu'on peut enfreindre (ley).

traspasación *f* mutation, cession, transfert *m*.

traspasador, ra *adj & s* transgresseur (sin femenino), contrevenant, e (à).

traspasar *v tr* traverser; **traspasar el arroyo** traverser le ruisseau ‖ transpercer; **traspasar el brazo con una lanza** transpercer le bras avec une lance ‖ transmettre, céder (un derecho) ‖ céder, transférer (un comercio); **traspasar su negocio** céder son fonds de commerce ‖ enfreindre, transgresser (una ley, un reglamento) ‖ transférer (un jugador profesional a otro equipo) ‖ **FIG** transpercer (doler con violencia) ‖ traverser; **la lluvia traspasa su abrigo** la pluie traverse son manteau ■ **se traspasa tienda** bail à céder ‖ **FIG traspasar el corazón** fendre le cœur.

traspaso *m* cession *f*, transfert (de un local comercial) ‖ reprise *f* (precio de la cesión) ‖ **COM** pas-de-porte ‖ transfert (de un jugador profesional a otro equipo) ‖ **traspaso de competencias** transfert des compétences du gouvernement espagnol aux communautés autonomes ‖ transgression *f*, infraction *f*; **traspaso de una ley** transgression d'une loi ‖ **FIG** tourment (angustia) ‖ transport de douleur (arrebato de dolor).

┌─ EL TRASPASO DE COMPETENCIAS ──
│ Depuis la création des communautés auto-
│ nomes en Espagne, le gouvernement central
│ a entrepris des négociations avec chacune
│ d'elles pour mettre au point le « traspaso de
│ competencias », c'est-à-dire les modalités se-
│ lon lesquelles chaque communauté peut gé-
│ rer une partie du budget consacré à certains
│ services communs tels que la santé, l'éducation, l'équi-
│ pement, etc. Le transfert de compétences est
│ très inégal d'une région à l'autre et n'est
│ complet dans aucune.

traspatio *m* arrière-cour *f*.

traspié *m* faux pas (tropezón); **dar un traspié** faire un faux pas ‖ croc-en-jambe (zancadilla).
‖ **OBSERV** pl traspiés.

traspillado, da *adj & s* déguenillé, e (desharrapado); malheureux, euse; misérable (pobretón).

traspintarse *v pr* transparaître (clarearse) ‖ **FIG** échouer, tourner mal (salir mal).

traspiración *f* transpiration.

traspirar *v intr* transpirer.

traspirenaico, ca *adj* transpyrénéen, enne.

trasplantable *adj* transplantable.

trasplantación *f* transplantation, transplantement *m*.

trasplantar; transplantar *v tr* transplanter (mudar una planta) ‖ **MED** greffer.

trasplantarse *v pr* **FIG** se transplanter (cambiar de país).

trasplante; transplante *m* transplantation *f*, transplantement *m* ‖ **MED** greffe *f*; **trasplante de corazón** greffe du cœur.

trasponer ► transponer.

traspontín *m* strapontin ‖ **FAM** derrière (trasero).

trasportador, ra ► transportador.

trasportamiento ► transportamiento.

trasportar ► transportar.

trasporte ► transporte.

trasportín *m* strapontin.

trasportista ► transportista.

trasposición ► transposición.

traspuesta *f* transposition (transposición) ‖ pli *m* de terrain, éminence (del terreno) ‖ fuite, retraite (fuga) ‖ communs *m pl* (dependencias detrás de la casa).

traspunte *m* **TEATR** régisseur.

traspuntín *m* strapontin (asiento).

trasquila *f* tonte.

trasquilado, da *adj* tondu, e ■ **fue por lana y volvió trasquilado** tel est pris qui croyait prendre ‖ **FIG & FAM salir trasquilado** se faire échauder, y laisser des plumes.
➡ **trasquilado** *m* **FAM** tonsure *f* (sacerdote).

trasquilador *m* tondeur.

trasquiladura *f* tonte.

trasquilar *v tr* tondre (esquilar) ‖ mal couper [les cheveux] ‖ **FIG & FAM** écorner, rogner (mermar).

trasquilimocho, cha *adj* tondu, e.

trasquilón *m* **FAM** tonte *f* (trasquiladura) ‖ **FIG & FAM** saignée *f*, ponction *f*; **dar un trasquilón a su fortuna** faire une saignée à sa fortune ■ **a trasquilones** à grands coups de ciseaux (pelo), n'importe comment, à la diable (sin orden ni concierto) ‖ **hacer trasquilones en el pelo** faire des escaliers dans les cheveux.

trastabillar ► titubear.

trastabillón *m* (Amer) faux pas (tropezón).

trastada *f* **FAM** mauvais coup *m* (mala acción) ‖ mauvais tour *m*, vilain tour *m* (jugarreta); **hacer una trastada** jouer un mauvais tour ‖ bêtise (travesura).

trastajo *m* **FAM** saleté *f*, bricole *f*, vieux machin.

trastazo *m* **FAM** coup (porrazo) ■ **FAM darse** o **pegarse un trastazo** se cogner (chocar), se casser la figure (caerse) ‖ **pegarse un trastazo con un coche** rentrer dans le décor.

traste *m* touchette *f*, touche *f* (de guitarra, mandolina) ‖ tâte-vin *inv* (vaso) ‖ **FAM** (Amer) derrière (trasero) ‖ **FAM dar al traste con** faire échouer, détruire, flanquer par terre, ficher en l'air (proyectos, planes), ficher en l'air (tirar, estropear).

trasteado *m* ensemble de touchettes [d'une guitare, d'une mandoline].

trastear *v tr* remuer, mettre sens dessus dessous, chambarder FAM ‖ pincer (pisar las cuerdas) ‖ TAUROM travailler [le taureau], faire des passes ‖ FIG & FAM mener par le bout du nez, manœuvrer (a uno).
◇ *v intr* fouiller (hurgar).

trastejador *m* couvreur.

trastejar *v tr* recouvrir, réparer [un toit].

trastejo *m* recouvrement o réparation *f* d'un toit.

trasteo *m* TAUROM passes *f pl* ‖ FIG manœuvre *f* habile ‖ (*Amer*) déménagement (mudanza).

trastería *f* fouillis *m*, bric-à-brac *m inv*, tas *m* de vieux objets o d'objets inutiles.

trastero, ra *adj* de débarras (cuarto).
◇ *m & f* débarras *m*, cabinet *m* de débarras.

trastienda *f* arrière-boutique (cuarto) ‖ FAM savoir-faire *m*; tener mucha trastienda avoir beaucoup de savoir-faire.

trasto *m* vieux meuble (mueble) ‖ FAM vieillerie *f*, saleté *f*, cochonnerie *f* (cosa inútil) ‖ propre à rien (persona inútil) ‖ machin, truc (chisme) ‖ TEATR décor (decoración) ■ FIG trasto viejo vieux machin.
◆ **trastos** *m pl* armes *f* (armas) ‖ engins, attirail *sing*; los trastos de pescar les engins de pêche ‖ accessoires du torero (de torear) ‖ FAM affaires *f* (chismes) ■ FIG & FAM con todos sus trastos avec armes et bagages ‖ devolver los trastos rendre son tablier ‖ llevarse los trastos emporter son bazar ‖ tirarse los trastos a la cabeza s'envoyer la vaisselle à la tête.

trastocar [36] *v tr* déranger, mettre sens dessus dessous, bouleverser (trastornar) ‖ renverser (cambiar completamente).

trastornable *adj* perturbable, influençable.

trastornador, ra *adj* turbulent, e (bullicioso) ‖ troublant, e (emocionante).
◇ *m & f* agitateur, trice.

trastornar *v tr* [▷ SIN] déranger, mettre sens dessus dessous (revolver) ‖ déranger, troubler, renverser (perturbar); esto ha trastornado mis proyectos cela a dérangé mes projets ‖ FIG troubler, brouiller; trastornar la razón troubler la raison ‖ détraquer; la guerra ha trastornado a mucha gente la guerre a détraqué bien des gens ‖ bouleverser, retourner FAM; este espectáculo me ha trastornado ce spectacle m'a bouleversé ‖ faire tourner o perdre la tête; esta mujer trastorna a todos los hombres cette femme fait tourner la tête à tous les hommes ‖ faire changer d'avis à (hacer cambiar de opinión) ‖ estar trastornado de salud être dérangé o mal en point.
◆ **trastornarse** *v pr* se troubler (turbarse) ‖ être bouleversé (estar conmovido) ‖ FIG perdre la raison (volverse loco).

▌ SIN perturbar perturber; descomponer détraquer; desarreglar, trastocar, desordenar déranger; revolver mettre sens dessus dessous; desorganizar désorganiser; embrollar embrouiller.

trastorno *m* [▷ SIN] dérangement (desorden) ‖ bouleversement (turbación) ‖ renversement, bouleversement (cambio profundo) ‖ trouble,

dérangement (disturbio); trastornos políticos troubles politiques ‖ dérangement (molestia) ‖ MED dérangement; trastorno cerebral dérangement cérébral ‖ trouble; padecer trastornos digestivos, mentales avoir des troubles digestifs, mentaux.

▌ SIN desarreglo dérèglement; desorganización désorganisation; desorden désordre; perturbación perturbation; confusión confusion.

trastrabado, da *adj* balzan, e (caballo).

trastrabillar *v intr* (*Amer*) trébucher, vaciller (titubear).

trastrás *m* FAM pan pan (onomatopeya).

trastrocamiento *m* transformation *f*.

trastrocar [36] *v tr* transformer ‖ échanger (hacer un intercambio).

trastrueco; trastrueque *m* transformation *f*.

trastulo *m* passe-temps *inv* (pasatiempo).

trasudación *f* transsudation.

trasudar *v tr & intr* transsuder.

trasudor *m* sueur *f* légère (sudor) ‖ transsudation *f*.

trasuntar *v tr* copier (copiar) ‖ résumer (compendiar) ‖ FIG respirer; rostro que trasunta serenidad visage qui respire la sérénité.

trasunto *m* copie *f* (copia).

trasvasar ▶ **transvasar**.

trasvase *m* transvasement (trasiego).

trasvenarse *v pr* s'extravaser (extravenarse) ‖ FIG se répandre (derramarse).

trasver [76] *v tr* distinguer, apercevoir (ver a través o ver mal) ‖ voir de travers (equivocarse).

trasverberación *f* transverbération.

trasversal ▶ **transversal**.

trasverter [20] *v intr* déborder (rebosar).

trasvinarse *v pr* suinter (rezumarse el vino) ‖ FIG & FAM se deviner, transpirer (traslucirse).

trasvolar [23] *v tr* traverser [en volant], passer au-dessus de.

trata *f* traite; trata de negros, de blancas traite des Noirs, des Blanches.

tratable *adj* traitable ‖ agréable (de trato agradable).

tratadista *m* auteur de traités.

tratado *m* [▷ SIN] traité; tratado de matemáticas traité de mathématiques ‖ traité (convenio); celebrar un tratado de comercio conclure un traité de commerce.

▌ SIN ensayo essai; estudio étude; disertación dissertation; escrito écrit.

tratamiento *m* traitement; malos tratamientos mauvais traitements ‖ titre (título); tratamiento de señoría titre de seigneurie ‖ [▷ SIN] MED traitement; tratamiento hidroterápico traitement hydrothérapique ‖ TECN traitement; el tratamiento de materias primas le traitement des matières premières ‖ INFORM traitement; tratamiento de textos traitement de texte; tratamiento por lots traitement par lots (batch); tratamiento secuencial traitement séquentiel ■ FIG apear el tratamiento laisser les titres de côté (títulos), se tutoyer; ¡bueno, apeemos el tratamiento! bon, on se tutoie! ‖ dar tratamiento a uno s'adresser à quelqu'un en lui donnant son

titre ‖ tratamiento de tú, de usted tutoiement, vouvoiement.

▌ SIN medicación médication; terapéutica thérapeutique.

tratante *m* marchand; tratante en ganado marchand en bestiaux ‖ tratante de caballos maquignon.

tratar *v tr & intr* traiter; tratar un asunto traiter un sujet; nos trató opíparamente il nous a traité splendidement; tratar un metal traiter un métal ■ MED soigner, traiter (una enfermedad) ‖ fréquenter; no trato a o con esta gente je ne fréquente pas ces gens-là ■ FIG tratar a la baqueta mener à la baguette ‖ tratar de traiter de; tratar a uno de ladrón traiter quelqu'un de voleur; essayer de, tenter de, chercher à (con infinitivo); tratar de salir de un apuro essayer de sortir d'un mauvais pas ■ ¿de qué trata su crítica? sur quoi porte votre critique? ‖ ser tratado a cuerpo de rey être comme un coq en pâte ‖ tratar de tú, de usted tutoyer, vouvoyer ‖ tratar de o sobre una cuestión traiter d'une question ‖ tratar en négocier en, faire le commerce de; tratar en ganado faire le commerce du bétail ‖ tratar por encima del hombro traiter par-dessous la jambe o de façon cavalière.
◆ **tratarse** *v pr* se soigner (cuidarse) ‖ s'agir, être question; ¿de qué se trata? de quoi s'agit-il? ‖ se fréquenter; estas dos personas ya no se tratan ces deux personnes ne se fréquentent plus ■ de que se trata en question, dont il s'agit; el asunto de que se trata l'affaire en question ‖ tratarse bien bien se soigner, soigner sa petite personne FAM ‖ tratarse con alguien fréquenter quelqu'un.

tratativas *f pl* (*Amer*) formalités; estar en tratativas con être en négociations avec.

trato *m* traitement; un trato inhumano un traitement inhumain; malos tratos mauvais traitements ‖ commerce, fréquentation *f*; ser de agradable trato être d'un commerce agréable ‖ relations *f pl*; tengo trato con ellos je suis en relations avec eux ‖ façons *f pl*, manières *f pl* (modales); un trato poco cortés des manières peu courtoises ‖ marché (acuerdo); cerrar un trato conclure un marché; trato hecho marché conclu; deshacer un trato rompre un marché ■ casa de trato maison de tolérance o close ‖ trato carnal rapports sexuels ‖ trato de cuerda estrapade (tormento) ‖ trato de gentes o social savoir-vivre, entregent ‖ trato de nación más favorecida clause de la nation la plus favorisée ‖ trato preferente traitement préférentiel.
◆ **tratos** *m pl* pourparlers (negociaciones); estar en tratos con être en pourparlers avec.

trauma *m* trauma (herida) ‖ traumatisme.

traumático, ca *adj* traumatique.

traumatismo *m* traumatisme.

traumatizante *adj* traumatisant, e.

traumatizar [13] *v tr* traumatiser.

traumatología *f* MED traumatologie.

traumatólogo, ga *m & f* traumatologiste.

travelín; travelling *m* CINEM travelling.
▌ OBSERV le pluriel de travelling est travellings.

traversa *f* MAR galhauban *m*, étai *m* (estay) ‖ traverse (de un carro).

travertino *m* travertin.

través *m* travers (inclinación) ▌ FIG malheur, épreuve *f*, revers (desgracia) ▌ ARQ traverse *f* ▌ MAR travers ■ al través de, a través de au travers de, à travers (por entre); a través de una celosía à travers une jalousie; par l'intermédiaire o le canal de (mediante); reembolsar un empréstito a través de un banco rembourser un emprunt par l'intermédiaire d'une banque ▌ carrera a campo través o campo través cross-country ▌ de través en travers; ponerse de través se mettre en travers ▌ MAR dar al través échouer, s'échouer ▌ echar al través saborder▌ ir de través se dérouter ▌ mirar de través loucher.

> OBSERV 1. Pour traduire en travers l'espagnol emploie de préférence le participe passé du verbe atravesar (atravesado): mettre en travers poner atravesado.
> 2. pl traveses.

travesaño *m* traverse *f*, entretoise *f* ▌ traverse *f*, croisillon (de ventana) ▌ croisillon, barre *f* (de silla) ▌ traversin (almohada) ▌ TECN traversine *f* (de pilotes, de alambrera) ▌ lambourde *f* (construcción) ▌ CONSTR travesaño de refuerzo tournisse.

travesear *v intr* faire des espiègleries (niño) ▌ faire la vie, polissonner (vivir deshonestamente).

travesero, ra *adj* traversier, ère; flauta travesera flûte traversière.
➤ **travesero** *m* traversin (almohada).

travesía *f* traversée; la travesía del Atlántico la traversée de l'Atlantique ▌ chemin *m* de traverse (camino) ▌ passage *m* (callejuela) ▌ tronçon *m* de route à l'intérieur d'une agglomération ▌ distance (distancia) ▌ vent *m* de travers (viento) ▌ traverses *pl* (de una fortificación) ▌ (Amer) étendue désertique (páramo) ▌ obras en la travesía de la Nacional 2 por Guadalajara travaux sur le tronçon de la nationale 2 traversant Guadalajara.

travesío, a *adj* de côté; viento travesío vent de côté.
➤ **travesío** *m* lieu de passage.

travestido, da; travestí *m* & *f* travesti.
▌ OBSERV le pluriel de travestí est travestís.

travestir [26] *v tr* travestir (disfrazar).
➤ **travestirse** *v pr* s'habiller avec les vêtements d'une personne du sexe opposé.

> OBSERV 1. Ce mot est un gallicisme employé surtout à la forme pronominale.
> 2. El francés se travestir sólo significa disfrazarse de cualquier cosa.

travestismo *m* travestisme.

travesura *f* espièglerie, polissonnerie; travesura de niño espièglerie d'enfant.

traviesa *f* traverse (de ferrocarril) ▌ renvi *m* (en los juegos) ▌ pari *m* (apuesta) ▌ ARQ mur *m* (pared) ▌ MIN galerie transversale (galería) ▌ TECN traverse, entretoise.

travieso, sa *adj* de o en travers (puesto de través) ▌ FIG espiègle, polisson, onne (que hace travesuras)▌ turbulent, e (bullicioso) ■ a campo traviesa à travers champ ▌ DEP carrera a campo traviesa cross-country.

trayecto *m* [▷ SIN] trajet, parcours (recorrido) ▌ section *f* (tramo del recorrido de un autobús).
▌ SIN espacio, trecho espace; itinerario itinéraire; recorrido parcours; viaje voyage; camino chemin.

trayectoria *f* trajectoire ▌ tendance (tendencia) ▌ course (de una pelota) ▌ MIL trayectoria tensa trajectoire tendue.

traza *f* plan *m* (plano) ▌ FIG air *m*, allure (aspecto); este edificio tiene buena traza ce bâtiment a belle allure; tiene traza de marqués il a l'air d'un marquis ▌ GEOM trace (intersección) ■ FIG & FAM darse trazas se débrouiller▌ este trabajo tiene o lleva trazas de no acabar nunca ce travail a tout l'air de ne jamais vouloir prendre fin.
▌ OBSERV La palabra francesa trace significa huella.

trazado, da *adj* FIG fait, e; bâti, e; planté, e; bien, mal trazado bien, mal fait [de corps].
➤ **trazado** *m* tracement, traçage (acción de trazar) ▌ tracé (representación, recorrido); el trazado de una figura, una carretera le tracé d'une figure, d'une route.

trazador, ra *adj* & *s* traceur, euse (que traza) ▌ MIL bala trazadora balle traçante.
➤ **trazador** *m* INFORM trazador de gráficos table *f* traçante.

trazar [13] *v tr* tracer (letras) ▌ tirer (planes) ▌ tracer, tirer (líneas) ▌ FIG trazar planes tirer des plans (hacer proyectos).

trazo *m* [▷ SIN] trait; un trazo rectilíneo un trait rectiligne ▌ jambage (de letra) ▌ entrelacs (hecho con una pluma) ▌ coup de crayon (de un dibujo) ▌ pli (del ropaje) ■ dibujar al trazo dessiner au trait ▌ trazo magistral plein (de una letra) ▌ trazo vertical hampe (de una letra).
➤ **trazos** *m pl* hachures *f.*
▌ SIN línea ligne; raya raie; barra barre; lineamiento linéament; delineación délinéation.

trazumarse *v pr* suinter (rezumarse).

trébedes *f pl* trépied *m sing* (utensilio).

trebejo *m* ustensile (instrumento); los trebejos de la cocina les ustensiles de cuisine ▌ pièce *f* (de ajedrez) ▌ amusette *f*, jouet (juguete).
➤ **trebejos** *m pl* attirail *sing*; los trebejos de pescar l'attirail de pêche ▌ TAUROM los trebejos de matar les instruments du matador, l'épée et la muleta.

trébol *m* trèfle (planta) ▌ trèfle (uno de los palos de la baraja francesa) ▌ trèfle (autopista).

trebolado, da *adj* trilobé, e (trilobulado) ▌ BLAS tréflé, e.

trebolar *m* tréflière *f*, champ de trèfle.

trece *adj* & *s m* treize; León XIII (trece) Léon XIII [treize]; el trece de febrero le 13 [treize] février ▌ treizième; siglo XIII (trece) XIIIe [treizième] siècle.
◇ *m* (ant) chacun des treize corregidors d'une ville d'Espagne ■ mantenerse o seguir en sus trece ne pas vouloir en démordre, rester sur ses positions ▌ trece por docena treize à la douzaine.

treceavo, va *adj num* treizième; treceava parte treizième *m.*

trecén *m* treizième (impuesto feudal).

trecenato; trecenazgo *m* dignité *f* suprême de l'ordre de Saint-Jacques.

treceno, na *adj* treizième.

trecentista *adj* du XIVe siècle.

trecésimo, ma *adj* trentième (trigésimo).

trecha *f* galipette, culbute (voltereta); dar trechas faire des galipettes.

trechear *v tr* MIN transporter à la chaîne.

trecheo *m* transport à la chaîne [du minerai].

trecho *m* moment, laps de temps; me esperó largo trecho il m'attendit un long moment ▌ intervalle, distance *f* (distancia) ▌ passage, tronçon (sitio); un trecho peligroso un passage dangereux ▌ passage (de un texto) ■ a trechos par intervalles (tiempo), de place en place (distancias) ▌ del dicho al hecho hay mucho o un gran trecho faire et dire sont deux, promettre et tenir sont deux ▌ de trecho a trecho, de trecho en trecho de loin en loin (tiempo o distancia) ▌ hay un buen trecho de Lyon a Niza il y a un bon bout de chemin de Lyon à Nice.

trechor *m* BLAS trescheur, trécheur.

tredécimo, ma *adj* treizième (decimotercio).

trefe *adj* mou, molle (flojo) ▌ faux, fausse; de mauvais aloi ▌ moneda trefe pièce jaune o de mauvais aloi.

trefilado *m* TECN tréfilage.

trefilador *m* TECN tréfileur.

trefilar *v tr* TECN tréfiler.

trefilería *f* tréfilerie.

tregua *f* [▷ SIN] trêve; dar tregua faire trêve ▌ FIG trêve, répit *m*; su enfermedad no le da tregua sa maladie ne lui laisse pas de répit ■ sin tregua sans trêve, sans relâche ▌ HIST tregua de Dios trêve de Dieu.
▌ SIN cesación cessation; pausa pause; espera attente; suspensión (de armas) suspension (d'armes); armisticio armistice.

treinta *adj* & *s* trente; treinta de enero 30 [trente] janvier ■ treinta y cuarenta trente-et-quarante (juego) ▌ treinta y una trente-et-un (juego) ▌ unos treinta une trentaine.

treintaidosavo, va *adj* trente-deuxième ▌ en treintaidosavo en-trente-deux (libro).

treintañal *adj* trentenaire.

treintavo, va *adj* & *s* trentième.

treintena *f* trentaine (treinta unidades) ▌ trentième *m* (treintava parte).

treinteno, na *adj* trentième (trigésimo).

tremadal *m* bourbier.

trematodo, da *adj* & *s m* ZOOL trématode.

trembladera *f* VETER tremblante (enfermedad del cordero).

tremblón, ona *adj* tremblé, e (letra).

tremebundo, da *adj* effrayant, e; épouvantable.

tremedal *m* bourbier.

tremella *f* trémelle (hongo).

tremendamente *adv* terriblement.

tremendismo *m* alarmisme (exageración) ▌ LIT réalisme social apparu après la guerre civile espagnole.

tremendista *adj* alarmiste (exagerado) ▌ LIT qui appartient au "tremendismo".

tremendo, da *adj* terrible ▌ FIG & FAM énorme; tremendo disparate bêtise énorme ▌ formidable ▌ FAM tomarlo por la tremenda le prendre au tragique, en faire une maladie FAM.

trementina *f* térébenthine; esencia de trementina essence de térébenthine.

tremés; tremesino, na *adj* de trois mois ▌trigo tremés o tremesino trémois.

▌ **OBSERV** le pluriel de tremés est tremeses.

tremielga *f* torpille (pez).

tremó; tremol *m* trumeau (espejo).

tremolado, da *adj* MÚS tremblé, e (sonido).

tremolar *v tr* déployer, arborer; tremolar el estandarte arborer l'étendard ▌MÚS sonidos tremolados sons tremblés.

◇ *v intr* ondoyer, flotter.

tremolina *f* bruit *m* du vent ▌FIG & FAM vacarme *m*, chahut *m*, chambard *m*, boucan *m*; armar o formar la tremolina faire du vacarme.

trémolo *m* MÚS trémolo.

tremor *m* tremblement (temblor) ▌frisson (comienzo del temblor).

trémulamente *adv* en tremblant.

tremulante; trémulo, la *adj* tremblant, e.

tren *m* train; tren expreso, mixto, ómnibus, rápido train express, mixte, omnibus, rapide; perder el tren rater le train ▌FIG train; ir a buen tren aller bon train ▌train (convoy); un tren de camiones un train de camions ▌TECN train; tren de acabado train finisseur ▌ tren ascendente, descendente train montant, descendant ▌FAM tren botijo o de recreo train de plaisir ▌tren carreta brouette, tortillard ▌tren correo train postal ▌tren de alta velocidad (TAV) train à grande vitesse (TGV) ▌AVIAC tren de aterrizaje train d'atterrissage ▌tren de cercanías train de banlieue ▌ tren de circunvalación train de ceinture ▌tren de engranajes train d'engrenages ▌MIL tren de equipajes train des équipages ▌tren de laminador o de laminación train de laminoirs ▌AUTOM tren delantero, trasero train avant, arrière ▌FÍS tren de ondas train d'ondes ▌TECN tren desbastador train dégrossisseur ▌FIG tren de vida train de vie ▌tren discrecional train facultatif ▌tren nocturno train de nuit ▌FIG & FAM estar como un tren être canon (tener buen tipo) ▌FIG ir a un tren endemoniado o endiablado aller à un train d'enfer ▌ir en tren aller par le train ▌FIG perder el tren rater le coche ▌poner un tren suplementario dédoubler un train, mettre un train supplémentaire ▌FIG vivir a todo tren, llevar un gran tren de vida mener grand train, avoir un grand train de vie.

trena *f* ceinturon *m* (talabarte) ▌baudrier *m* (tahalí) ▌MFAM taule, bloc *m* (cárcel).

trenado, da *adj* tressé, e; entrelacé, e.

trenca *f* croisée (colmenas) ▌racine [d'un cep de vigne] (raíz) ▌duffle-coat *m* (abrigo).

trencellín *m* bourdalou, ruban de chapeau.

trencilla *f* galon *m*, soutache.

trencillar *v tr* soutacher, galonner.

trencillo *m* galon (trencilla) ▌bourdalou, ruban (de sombrero).

treno *m* lamentation *f*, thrène; los trenos de Jeremías les lamentations de Jérémie.

Trento *n pr* GEOGR Trente.

trenza *f* tresse ▌natte, tresse (de cabello).

trenzadera *f* tresse (lazo).

trenzado *m* tresse *f*, natte *f* (peinado) ▌entrechat (danza) ▌piaffement (del caballo) ▌tres-

sage (acción de trenzar) ▌al trenzado sans soin.

trenzador, ra *m & f* tresseur, euse.

➤ **trenzadora** *f* TECN toronneuse.

trenzar [13] *v tr* tresser ▌tresser, natter (el cabello).

◇ *v intr* faire des entrechats (el bailarín) ▌piaffer (el caballo).

➤ **trenzarse** *v pr* se battre (luchar).

treo *m* MAR tréou (vela antigua).

trepa *f* FAM culbute, galipette (voltereta) ▌escalade (subida) ▌perforation (acción de taladrar) ▌soutache (guarnición) ▌veines *pl*, veinures *pl* (de la madera) ▌FIG ruse, tromperie (ardid).

trepado, da *adj* rejeté en arrière (retrepado) ▌vigoureux, euse; robuste (animales).

➤ **trepado** *m* dents *f pl* [des timbres-poste, etc.], pointillé (línea de puntos) ▌soutache *f* (trepa).

trepador, ra *adj & s* grimpeur, euse.

◇ *adj* grimpeur, euse; ave trepadora oiseau grimpeur ▌grimpant, e (planta).

➤ **trepador** *m* étrier (para agarrarse).

➤ **trepadores** *m pl* grappins (garfios).

➤ **trepadoras** *f pl* ZOOL grimpeurs *m* (aves).

trepajuncos *m* lavandière *f* (ave).

trepanación *f* MED trépanation.

trepanar *v tr* MED trépaner; el pobre Fernando fue trepanado a tierna edad le pauvre Ferdinand a été trépané très jeune.

trepang ➤ **tripang**.

trépano *m* MED trépan ▌TECN trépan (perforadora).

trepar *v intr* grimper, monter; trepar a un árbol grimper à un arbre; trepar por la cuerda grimper à la corde ▌escalader; trepar por una roca escalader un rocher ▌grimper (plantas); la hiedra trepa por las paredes le lierre grimpe sur les murs.

◇ *v tr* percer (taladrar) ▌soutacher (adornar con trepa un vestido).

➤ **treparse** *v pr* se renverser en arrière (retreparse).

trepatroncos *m* grimpereau (ave).

trepe *m* FAM savon (reprensión); echar un trepe passer un savon.

trepidación *f* trépidation, tremblement *m*; la trepidación de un coche la trépidation d'une voiture.

trepidante *adj* trépidant, e.

trepidar *v intr* trembler, trépider (temblar) ▌(*Amer*) hésiter, douter (vacilar, dudar).

treponema *m* ZOOL tréponème.

tres *adj & s m* trois; el tres de noviembre le 3 [trois] novembre ▌MAR buque de tres palos trois-mâts ▌como tres y dos son cinco comme deux et deux font quatre ▌MÚS compás de tres por dos, tres por ocho, tres por cuatro mesure à trois-deux, à trois-huit, à trois-quatre ▌FIG dar tres y raya être très supérieur o nettement o cent fois mieux, faire la pige FAM, damer le pion (ser muy superior) ▌FIG & FAM de tres al cuarto de rien du tout, de quatre sous, de peu de valeur; à la gomme; un escultor de tres al cuarto un sculpteur à la gomme ▌MIL formación de a tres en formation par trois ▌las tres de la mañana o de la madrugada 3 heures du ma-

tin ▌las tres de la tarde 3 heures de l'après-midi ▌MAR navío de tres puentes trois-ponts ▌FIG ni a la de tres pour rien au monde, jamais de la vie ▌no ve tres en un burro il est myope comme une taupe, il n'y voit goutte ▌MAT regla de tres règle de trois ▌son las tres il est 3 heures ▌tres cuartos trois-quarts (rugby y abrigo corto) ▌tres en raya marelle (juego).

tresalbo, ba *adj* qui a trois balzanes (caballos).

tresañal; tresañejo, ja *adj* qui a trois ans.

tresbolillo

➤ **al tresbolillo** *loc adv* en quinconce; plantación al tresbolillo plantation en quinconce.

trescientos, tas *adj & s m* trois cents ▌trois cent; trescientos veinte trois cent vingt (seguido de otra cifra); el año trescientos l'an trois cent (cuando equivale a un ordinal) ▌mil trescientos mille trois cents, treize cents.

tresdoblar *v tr* tripler (triplicar) ▌plier en trois (dar tres dobles).

tresillista *m & f* joueur de "tresillo" [jeu de l'hombre].

tresillo *m* jeu de l'hombre (naipes) ▌MÚS triolet ▌ensemble d'un canapé et de deux fauteuils (muebles) ▌bague *f* ornée de trois pierres précieuses (sortija).

tresmesino, na *adj* de trois mois.

tresnal *m* gerbier, meule *f* (almiar).

treta *f* artifice *m*, astuce (artificio); valerse de una treta user d'un artifice ▌feinte (en esgrima) ▌galipette, culbute (trecha).

Tréveris *n pr* GEOGR Trèves.

trezavo, va *adj & s m* treizième.

tría *f* tri *m*, triage *m*.

triaca *f* MED thériaque ▌FIG remède *m*.

triacal *adj* thériacal, e.

triácido *m* triacide.

tríada; tríade *f* triade.

trial *m* DEP trial.

trialsín *m* cyclo-cross *m inv*.

trianero, ra *adj & s* de Triana [quartier de Séville].

triangulación *f* triangulation.

triangulado, da *adj* triangulaire.

triangulador *m* triangulateur.

triangular *adj* triangulaire; pirámide, músculo triangular pyramide, muscle triangulaire.

◇ *m* ANAT triangulaire.

triangular *v tr* trianguler.

triángulo *m* triangle; triángulos opuestos por el vértice triangles opposés par le sommet ▌MÚS triangle ▌GEOM triángulo equilátero triangle équilatéral ▌triángulo escaleno triangle scalène ▌triángulo isósceles triangle isocèle ▌triángulo rectángulo o ortogonio triangle rectangle.

triar [9] *v tr* trier (escoger).

◇ *v intr* s'activer, s'affairer (las abejas).

➤ **triarse** *v pr* être transparent, e (una tela).

trías *m* GEOL trias.

triásico, ca *adj* GEOL triasique.
◆ **triásico** *m* GEOL trias.
triates *m pl (Amer)* triplés, triplées.
triatómico, ca *adj* triatomique.
tribal *adj* tribal, e.
tribásico, ca *adj* QUÍM tribasique.
triboelectricidad *f* ELECTR triboélectricité.
tribometría *f* FÍS tribométrie.
tribómetro *m* FÍS tribomètre.
tribraquio *m* POÉT tribraque.
tribu *f* tribu.
tribulación *f* tribulation.
tríbulo *m* tribulus (planta).
tribuna *f* tribune.
tribunado *m* tribunat.
tribunal *m* [▷ SIN] DR tribunal; **tribunal de Dios, de la penitencia** tribunal de Dieu, de la pénitence | cour *f*; **tribunal de apelación** cour d'appel | jury; **tribunal de examen** jury d'examen ■ **Tribunal Constitucional** Conseil constitutionnel | **Tribunal de Casación o Supremo** Cour de cassation, Cour suprême | **tribunal de conciliación laboral** conseil des prud'hommes | **Tribunal de Cuentas** Cour des comptes | **Tribunal (tutelar) de Menores** tribunal pour enfants | **Tribunal de Justicia Internacional** Cour internationale de justice | **tribunal militar** cour martiale | **tribunal mixto** commission paritaire.
SIN **juzgado** tribunal; **justicia** justice; **audiencia** audience; **corte** cour.
tribuno *m* tribun; **tribuno de la plebe, militar** tribun du peuple, militaire.
tributable *adj* tributaire (sujeto a tributo).
tributación *f* tribut *m* | contribution | fiscalité (sistema tributario).
tributante *adj & s* contribuable.
tributar *v tr* payer un impôt o un tribut (pagar) | FIG témoigner; **tributar respeto, gratitud** témoigner du respect, de la gratitude | **tributar homenaje** rendre hommage.
tributario, ria *adj* fiscal, e; **sistema tributario** régime fiscal | tributaire (que paga tributo) | **régimen tributario** fiscalité.
tributo *m* tribut | rente *f* (censo) | impôt (impuesto) | FIG tribut; **el respeto es el tributo debido a la virtud** le respect est le tribut dû à la vertu | FIG **el tributo de la gloria** la rançon de la gloire.
tricálcico, ca *adj* QUÍM tricalcique.
tricalcita *f* MIN trichalcite.
tricéfalo, la *adj* tricéphale.
tricenal *adj* tricennal, e.
tricentenario *m* tricentenaire.
tricentésimo, ma *adj & s* trois centième.
tríceps *adj & s m* ANAT triceps.
triceratops *m* tricératops (fósil).
triciclo *m* tricycle | **triciclo de reparto** triporteur.
tricípite *adj* tricéphale.
triclinio *m* triclinium.
tricocéfalo *m* ZOOL trichocéphale.
tricófito *m* trichophyton (hongo).
tricología *f* MED trichologie.
tricolor *adj* tricolore.
tricomonas *m* trichomonas (protozoario).
tricorne *adj* POÉT tricorne.
tricornio *adj m & s m* tricorne (sombrero).
tricot *m* (galicismo) tricot.
tricotadora *f* machine à tricoter, tricoteuse (tricotosa).
tricotar *v tr* tricoter | **máquina de tricotar** machine à tricoter, tricoteuse.
tricótomo, ma *adj* trichotome.
tricotosa *f* tricoteuse, machine à tricoter.
tricromía *f* trichromie.
tricromo, ma *adj* trichrome.
tricúspide *adj* tricuspide.
tridacio *m* thridace *f*.
tridacna *f* tridacne *m* (molusco).
tridáctilo, la *adj* tridactyle.
tridente *adj* tridenté, e.
◇ *m* trident (de Neptuno, para pescar).
tridentino, na *adj* de Trente; **el Concilio Tridentino** le concile de Trente.
tridimensional *adj* tridimensionnel, elle; à trois dimensions.
triduo *m* triduum.
triedro, dra *adj & s m* GEOM trièdre.
trienal *adj* triennal, e; trisannuel, elle.
trienio *m* triennat | triennium (de seminarista).
trifásico, ca *adj* triphasé, e (corriente).
trifauce *adj* POÉT à trois gueules.
trifenilmetano *m* QUÍM triphénylméthane.
trífido, da *adj* BOT trifide.
trifoliado, da *adj* BOT trifolié, e.
trifolio *m* BOT trifolium, trèfle | BLAS tiercefeuille *f*.
triforio *m* ARQ triforium.
trifulca *f* appareil *m* qui met en mouvement les soufflets de forge | FIG & FAM bagarre, dispute; **armar una trifulca** provoquer une bagarre.
trifurcación *f* TECN trifurcation.
trifurcado, da *adj* BOT trifurqué, e.
trifurcarse [10] *v pr* se diviser en trois.
triga *f* char *m* à trois chevaux (carro).
trigal *m* champ de blé.
trigaza *adj f* **paja trigaza** paille de blé.
trigémino, na *adj* trigéminé, e.
◆ **trigémino** *adj m & s m* ANAT trijumeau, trifacial (nervio).
trigésimo, ma *adj & s* trentième | **trigésimo primero, segundo, etc.** trente et unième, trente-deuxième, etc.
trigla *f* trigle *m*, rouget *m* (pez).
triglifo *m* ARQ triglyphe.
trigo *m* blé ■ **trigo atizonado o con tizón** blé ergoté o charbonneux | **trigo candeal** froment, blé tendre | **trigo cuchareta** blé hérisson | **trigo chamorro o mocho** touselle | **trigo duro o fanfarrón** blé dur | **trigo en cierne** blé en herbe | **trigo marzal** blé de mars | **trigo otoñal** blé d'automne | **trigo sarraceno** sarrasin, blé noir (alforfón) | **trigo trechel o tremés o tremesino** blé trémois ■ FIG & FAM **no es trigo limpio** ça n'a pas l'air très catholique, l'affaire est louche (un asunto), j'ai des doutes sur elle (una persona) | **nunca es mal año por mucho trigo** abondance de biens ne nuit pas.
trígono, na *adj* GEOM trigone.
trigonocéfalo *m* ZOOL trigonocéphale, mocassin d'eau (serpiente).
trigonometría *f* trigonométrie; **trigonometría plana, esférica** trigonométrie rectiligne, sphérique.
trigonométrico, ca *adj* trigonométrique.
trigueño, ña *adj* basané, e (rostro), châtain clair (pelo).
triguera *f* sorte de millet (planta).
triguero, ra *adj* à blé; **tierras trigueras** terres à blé | qui pousse o vit au milieu des blés (que se cría entre el trigo) | du blé (del trigo).
◆ **triguero** *m* marchand de blé (comerciante en trigo) | crible (criba).
trilateral; trilátero, ra *adj* trilatéral, e.
trilero, ra *m & f* MFAM personne qui escroque les passants en leur proposant de parier dans des jeux truqués.
trilingüe *adj* trilingue.
trilis *m* bonneteau (juego de las tres cartas).
trilita *f* tolite (explosivo).
trilítero, ra *adj* trilittère, trilitère.
trilito *m* dolmen.
trilla *f* herse pour battre le blé (trillo) | battage *m*, dépiquage *m* (acción y tiempo de trillar) | ZOOL trigle (pez) | FAM raclée (tunda).
OBSERV **Battage** es la palabra general. **Dépiquage** se aplica más bien a la acción de separar el grano de la paja con el pisoteo de las bestias o con el trillo.
trillado, da *adj* FIG rebattu, e; **asunto trillado** sujet rebattu | **camino trillado** chemin battu.
trillador, ra *adj & s* batteur, euse (que trilla).
◆ **trilladora** *f* batteuse (máquina) | **trilladora segadora** moissonneuse-batteuse.
trilladura *f* AGRIC battage *m*.
trillar *v tr* AGRIC battre, dépiquer | FIG battre (maltratar).
trillizos, zas *m & f pl* triplés, ées (niños).
trillo *m* herse *f* pour battre le blé | *(Amer)* sentier (vereda).
OBSERV Le trillo, constitué par une planche dont la partie inférieure est munie de silex ou de lames coupantes, sert au dépiquage du grain.
trillón *m* trillion.
trilobites *m pl* ZOOL trilobites.
trilobulado, da *adj* trilobé, e.
trilocular *adj* BOT triloculaire.
trilogía *f* trilogie.
trilógico, ca *adj* trilogique.
trimestral *adj* trimestriel, elle.
trimestralmente *adv* trimestriellement.
trimestre *m* trimestre.
trimetilamina *f* QUÍM triméthylamine.
trimetileno *m* QUÍM triméthylène.
trímetro *adj m & s m* trimètre (verso).
trimielga *f* torpille (pez).

trimorfismo *m* trimorphisme.

trimorfo, fa *adj* trimorphe.

trimotor *adj m & s m* trimoteur (avión).

trinado *m* roulade *f* (gorjeo) ▌trille (trino).

trinar *v intr* faire des roulades; un pájaro que trina un oiseau qui fait des roulades ▌MÚS faire des trilles (hacer trinos) ▌FIG & FAM estoy que trino j'enrage.

trinca *f* trio *m* (reunión de tres personas o cosas) ▌groupe *m* de trois candidats dans un concours (grupo de tres candidatos en una oposición) ▌MAR liure, nœud (ligadura).

trincar [10] *v tr* attacher (atar) ▌FAM attraper (coger) ▌barboter, chiper (hurtar) ▌avaler, se taper (comer) ▌siffler (beber) ▪ MAR trincar los cabos serrer les amarres ▌FAM trincar una trompa attraper une cuite.

trincha *f* patte (de un vestido).

trinchado *m* découpage (de la carne).

trinchador, ra *adj* qui découpe.
◇ *m & f* découpeur, euse.
➥ **trinchador** *m* trancheur (en un restorán).

trinchante *adj* tranchant, e (que trincha).
◇ *m* écuyer tranchant (criado de palacio) ▌fourchette *f* à découper (tenedor) ▌smille *f* (escoda).

trinchar *v tr* découper [la viande].
▌ SIN cortar, partir couper; descuartizar équarrir; despedazar dépecer.

trinche *m* (*Amer*) fourchette *f* (tenedor) ▌desserte *f* (trinchero).

trinchera *f* [▷ SIN] tranchée (para defenderse) ▌voie en tranchée (ferrocarril) ▌percée [dans une forêt] (camino) ▌trench-coat *m* (abrigo impermeable) ▌MIL guerra de trincheras guerre de tranchées ▌trinchera con abrigo tranchéeabri.
▌ SIN zapa sape; pozo, zanja fossé; parapeto parapet; abrigo abri.

trinchero *adj m* plato trinchero plat à découper.
◇ *m* desserte *f* (mueble).

trinchete *m* tranchet (tranchete) ▌(*Amer*) couteau (cuchillo).

trineo *m* traîneau.

trinervado, da *adj* BOT trinervé, e.

trinidad *f* trinité ▌ordre *m* de la Trinité (orden).

Trinidad *n pr* GEOGR La Trinité.

Trinidad y Tobago *n pr* GEOGR Trinité-et-Tobago.

trinitaria *f* pensée (planta).

trinitario, ria *adj & s* trinitaire.

trinitrotolueno *m* QUÍM trinitrotoluène.

trino, na *adj* RELIG trin, trine; Dios es uno en esencia y trino en persona Dieu est trine et un.
▌ OBSERV Trin, trines es usado solamente en lenguaje teológico.

trino *m* MÚS trille.

trinomio *m* MAT trinôme.

trinquetada *f* navigation faite avec la voile de misaine seule.

trinquete *m* MAR mât de misaine, trinquet (palo) ▌voile *f* de misaine (vela) ▌vergue *f* de misaine (verga) ▌trinquet (juego de pelota)

▌ TECN cliquet, encliquetage (de rueda dentada).
▌ OBSERV No se confunda misaine con mesana, que se dice en francés artimon.

trinquetilla *f* MAR trinquette (foque pequeño).

trinquis *m* FAM bouteille *f*, boisson *f*; le gusta mucho el trinquis il est très porté sur la bouteille ▌coup, lampée *f* (trago); echar un trinquis boire un coup.

trío *m* MÚS trio (tri, triage (tría) ▌trio (reunión de tres personas o cosas) ▌trío de ases brelan d'as (naipes).

tríodo, da *adj* RAD triode.
➥ **tríodo** *m* triode *f*.

trionyx *m* trionyx (tortuga).

trióxido *m* QUÍM trioxyde.

tripa *f* boyau *m*, tripe (intestino) ▌FAM ventre *m*, tripe (vientre); dolor de tripa mal au ventre, mal à la tripe ▌ventre *m*; echar tripa prendre du ventre; tienes mucha tripa tu as beaucoup de ventre ▌tripe (de un cigarro) ▌boyau *m* de chat (cuerda de guitarra) ▌cuerda de tripa boyau ▌FAM echar las tripas rendre tripes et boyaux ▌hacer de tripas corazón faire contre mauvaise fortune bon cœur, faire de nécessité vertu, prendre son courage à deux mains ▌llenar o llenarse la tripa se remplir la panse ▌revolver las tripas soulever le cœur ▌vamos a verle las tripas (un motor, un aparato de radio, etc.) on va voir ce qu'il a dans le ventre.
▌ OBSERV Tripes, au sens culinaire, se dit callos.

tripada *f* FAM ventrée.

tripang; trepang *m* ZOOL tripang, trépang (holoturia comestible).

tripanosoma *m* MED trypanosome.

tripanosomiasis *f inv* MED trypanosomiase (enfermedad).

tripartición *f* tripartition.

tripartir *v tr* diviser en trois.

tripartismo *m* tripartisme.

tripartito, ta *adj* tripartite, triparti, e; acuerdo tripartito accord tripartite o triparti.

tripastos *m* appareil composé de trois poulies.

tripería *f* triperie.

tripero, ra *m & f* tripier, ère (que vende tripas).
➥ **tripero** *m* ceinture *f* de flanelle (paño).

tripétalo, la *adj* BOT tripétale.

tripicallero, ra *m & f* tripier, ère.

tripicallos *m pl* tripes *f*, gras-double *sing*.

triplano *m* triplan (avión).

triplaza *adj* triplace.

triple *adj & s m* triple.
◇ *adj* MED trigémellaire; embarazo triple grossesse trigémellaire ▌triple salto triple saut.

triplete *m* triplet.

triplex *m inv* (nombre registrado), triplex (acero, cristal).

triplicación *f* triplement *m*.

triplicado *m* triplicata ▌por triplicado en triple exemplaire, en trois exemplaires.

triplicar [10] *v tr* tripler ▌faire trois fois (repetir).

➥ **triplicarse** *v pr* tripler; la población de Madrid se ha triplicado la population de Madrid a triplé.

tríplice *adj* triple (triple).

triplo, pla *adj & s m* triple.

trípode *m* trépied (de Apolo) ▌FOT trépied.

trípoli *m* tripoli (roca).

Trípoli *n pr* GEOGR Tripoli.

Tripolitania *n pr f* GEOGR Tripolitaine.

tripolitano, na *adj & s* tripolitain, e.

tripón, ona *adj* FAM ventripotent, e.

tripsina *f* BIOL trypsine.

tríptico *m* triptyque.

triptófano *m* QUÍM tryptophane.

triptongar [16] *v tr* former une triphtongue.

triptongo *m* GRAM triphtongue *f*.

tripudo, da *adj* ventru, e; pansu, e (persona o cosa), ventripotent, e; bedonnant, e (persona).

tripulación *f* équipage *m* (de un barco, avión).

tripulante *m* homme d'équipage, membre de l'équipage.

tripular *v tr* former l'équipage (de un barco, avión) ▌piloter (conducir) ▌satélite tripulado satellite habité.

tripulina *f* (*Amer*) tapage *m*.

trique *m* craquement ▌(*Amer*) marelle *f* (rayuela) ▌FIG & FAM a cada trique à tout bout de champ.

triquina *f* trichine.

triquinosis *f inv* MED trichinose.

triquinoso, sa *adj* trichineux, euse.

triquiñuela *f* FAM subterfuge *m*, truc *m* (artimaña); andar con triquiñuelas user de subterfuges, avoir des trucs ▌ficelle; las triquiñuelas del oficio les ficelles du métier.

triquito *m* MIN trichite *f*.

triquitraque *m* raffut, vacarme (ruido) ▌crapaud (cohete).

trirrectángulo *adj m* GEOM trirectangle.

trirreme *m* trirème *f*, trière *f*.

tris *m* FIG & FAM un tris un rien, un cheveu; estuvo en un tris que viniera a vernos il s'en est fallu d'un rien o de peu qu'il ne vienne nous voir ▌en un tris en deux temps, trois mouvements.

trisagio *m* trisagion (himno).

trisanual *adj* trisannuel, elle.

trisar *v intr* trisser (la golondrina).

trisca *f* craquement *m* (crujido) ▌tapage *m*, vacarme *m* (bulla).

triscador, ra *adj* tapageur, euse; turbulent, e.
➥ **triscador** *m* TECN tourne-à-gauche (sierra).

triscar [10] *v tr* mêler, emmêler (enredar, mezclar) ▌donner de la voie à (una sierra).
◇ *v intr* trépigner (patear) ▌FIG s'ébattre, folâtrer (retozar).

trisecar [10] *v tr* GEOM triséquer, diviser en trois.

trisección *f* GEOM trisection.

trisector, triz *adj* GEOM trisecteur, trice.

trisemanal *adj* trihebdomadaire.

trisilábico, ca *adj* trisyllabique.

trisílabo, ba *adj* formé de trois syllabes, trisyllabe.

⬥ **trisílabo** *m* mot de trois syllabes.

trismo *m* MED trismus, trisme (contracción tetánica).

trispasto *m* moufle *f* à trois poulies.

Tristán *n pr* Tristan.

triste *adj* [▷ SIN] triste; está triste por la muerte de su amigo il est triste de la mort de son ami | FIG maigre, pauvre; un triste sueldo un maigre salaire | malheureux, euse; aquí ni siquiera hay un triste vaso de agua ici il n'y a même pas un malheureux verre d'eau | FIG & FAM más triste que un entierro de tercera o que un velatorio, triste como un día sin pan triste comme un jour sans pain o comme un lendemain de fête.

⬥ *m* (*Amer*) chanson *f* populaire, complainte *f*.

| OBSERV [▶— triste].

SIN alicaído, abatido abattu; acongojado angoissé; afligido, apenado, dolorido affligé; amargado aigri; desconsolado inconsolable; melancólico mélancolique; mustio morne; murrio sombre; tétrico lugubre.

tristemente *adv* tristement.

tristeza *f* tristesse.

tristón, ona *adj* tout triste, morne, morose.

trisulfuro *m* QUÍM trisulfure.

tritio *m* QUÍM tritium.

tritón *m* MIT & ZOOL triton.

trítono *m* MÚS triton.

trituración *f* trituration, broyage *m*.

triturador *m* broyeur; triturador de desperdicios broyeur à ordures o d'évier | triturateur (de papeles).

trituradora *f* broyeur *m*.

triturar *v tr* triturer, broyer | FIG triturer (un texto, etc.) | malmener (maltratar) | FIG & FAM triturar a palos rouer de coups.

triunfador, ra *adj* triomphateur, trice; victorieux, euse.

⬥ *m & f* triomphateur, trice; vainqueur (sin femenino).

triunfal *adj* triomphal, e; adornos triunfales ornements triomphaux | arco triunfal arc de triomphe o triomphal.

triunfalismo *m* triomphalisme.

triunfalista *adj & s* triomphaliste.

triunfalmente *adv* triomphalement.

triunfante *adj* triomphant, e.

triunfantemente *adv* triomphalement.

triunfar *v intr* triompher, vaincre; triunfar sobre sus enemigos triompher de ses ennemis, vaincre ses ennemis | réussir (tener éxito); para triunfar hace falta tener osadía pour réussir il faut avoir de l'audace | jouer atout (en juegos).

triunfo *m* triomphe, victoire *f*; llevarse o obtener un triunfo remporter un triomphe | réussite *f*; estoy seguro de su triunfo en la vida je suis sûr de sa réussite dans la vie | triomphe (en Roma) | atout (carta que vence); triunfo mayor atout maître; sin triunfo sans

atout | FIG trophée (despojo) | (*Amer*) danse *f* populaire d'Argentine (baile) ■ FAM costar un triunfo donner beaucoup de mal | llevar en triunfo porter en triomphe | FIG tener todos los triunfos en la mano avoir tous les atouts dans son jeu, avoir toutes les chances de son côté.

triunviral *adj* triumviral, e; poderes triunvirales pouvoirs triumviraux.

triunvirato *m* triumvirat.

triunviro *m* triumvir.

trivalencia *f* trivalence.

trivalente *adj* QUÍM trivalent, e.

trivalvo, va *adj* trivalve.

trivial *adj* banal, e.

| OBSERV El adjetivo francés trivial tiene actualmente el sentido de grosero, malsonante.

trivialidad *f* banalité.

trivializar [13] *v tr* banaliser.

trivio; trivium *m* trivium.

triza *f* miette, morceau *m* (pedazo pequeño); hacer trizas réduire en miettes, mettre en morceaux | MAR drisse (driza) | FIG hacer trizas al enemigo mettre o tailler l'ennemi en pièces.

trizar [13] *v tr* mettre en morceaux, réduire en miettes.

trocaico, ca *adj & s m* trochaïque (verso).

trocante *adj* qui troque (que trueca).

trocánter *m* ANAT trochanter.

| OBSERV pl trocánteres.

trocantina *f* (*Amer*) troc *m*, échange *m*.

trocar *m* MED trocart.

trocar [36] *v tr* troquer, échanger; trocar una mula por un caballo troquer une mule contre un cheval | changer (cambiar); trocar una piedra en oro changer une pierre en or | FIG mélanger, confondre; Ana trueca cuanto se le dice Anne confond tout ce qu'on lui dit | (p us) vomir, rendre (vomitar).

⬥ **trocarse** *v pr* se transformer (transformarse) | changer; se trocó este color cette couleur a changé | tourner; la suerte se ha trocado la chance a tourné.

trocatinte *m* couleur *f* changeante.

trocear *v tr* diviser en morceaux.

troceo *m* MAR cordage (cabo).

trocha *f* sentier *m* (sendero) | raccourci *m* (atajo) | (*Amer*) voie (del ferrocarril).

troche

⬥ **a troche y moche** *loc adv* FAM à tort et à travers (sin orden) | généreusement (en abundancia).

trochuela *f* petit sentier *m*.

trocisco *m* trochisque.

trocla; trócola *f* poulie (polea).

tróclea *f* ANAT trochlée.

troco *m* môle *f*, poisson-lune (pez) | troque (molusco).

trócola ▶— **trocla**.

trofeo *m* trophée.

trófico, ca *adj* BIOL trophique.

troglodita *adj & s* troglodyte | FIG barbare, sauvage (cruel) | glouton, onne (muy comedor).

⬥ *m* troglodyte (pájaro).

troglodítico, ca *adj* troglodytique.

troica *f* troïka (vehículo).

troj; troje *f* grenier *m* (granero).

trojero *m* gardien d'un grenier.

trola *f* FAM blague, mensonge *m* (mentira).

trole *m* trolley; tranvía con trole tramway à trolley.

trolebús *m* trolleybus.

| OBSERV pl trolebuses.

trolero, ra *adj & s* FAM blagueur, euse; menteur, euse (mentiroso).

troludo, da *adj* (*Amer*) lent, e; flegmatique.

tromba *f* trombe (manga) | tromba de agua trombe d'eau | FIG en tromba en trombe.

trombidio *m* trombidion (acárido).

trombidiosis *f inv* MED trombidiose.

trombina *f* thrombine.

trombo *m* MED thrombus (coágulo de sangre).

trombocito *m* thrombocyte.

tromboflebitis *f inv* thrombophlébite *f*.

trombón *m* MÚS trombone; trombón de pistones o de llaves trombone à pistons; trombón de varas trombone à coulisse | trombone, tromboniste (músico).

trombosis *f inv* MED thrombose.

tromel *m* trommel (criba cilíndrica).

trompa *f* trompe (instrumento músico) | cor *m*; trompa de caza cor de chasse; trompa de llaves o pistones, de mano cor à pistons, d'harmonie | trompe (de elefante) | suçoir *m*, trompe (de insecto) | trompe, ventilateur *m* (de forja) | toupie (trompo) | toupie d'Allemagne (trompo que zumba) | hampe (bohordo de cebolla) | FAM cuite; coger una trompa attraper une cuite | museau *m* (hocico) | trombe (tromba) | ARQ trompe; cúpula sobre trompas coupole sur trompes ■ FIG & FAM estar trompa être rond o paf (borracho) | ponerse trompa prendre une cuite | ANAT trompa de Eustaquio, de Falopio trompe d'Eustache, de Fallope | trompa gallega guimbarde | trompa marina trompette marine | trompa neumática trompe pneumatique.

⬥ *m* cor, sonneur de cor (músico).

trompada *f*; **trompazo** *m* coup donné avec une toupie o une trompe | FAM marron, coup de poing (puñetazo) ■ FAM andar a trompazo limpio se bagarrer | darse de trompazos se cogner, se bagarrer | darse un trompazo se cogner (chocar), se casser la figure (caerse) | darse un trompazo con un coche rentrer dans le décor.

trompear *v intr* (*Amer*) frapper (golpear).

trompeta *f* MÚS trompette | tocar la trompeta sonner de la trompette, trompeter (p us).

⬥ *m* trompettiste (músico), trompette (militar que toca la trompeta).

trompetada *f* bourde, incongruité (sandez).

trompetazo *m* coup de trompette | FIG & FAM bourde *f*, incongruité *f* (sandez).

trompetear *v intr* FAM trompeter.

trompeteo *m* action *f* de trompeter.

trompetería *f* ensemble *m* de trompettes | jeu *m* de trompettes de l'orgue (del órgano).

trompetero, ra *m & f* fabricant de trompettes (el que hace trompetas) ‖ trompettiste, trompetteur (músico) ‖ sanglier de mer (pez).

trompetilla *f* cornet *m* acoustique.

trompetista *m & f* trompettiste.

trompicar [10] *v tr* faire trébucher.
◇ *v intr* trébucher; trompicó al subir por la escalera il trébucha en montant l'escalier.

trompicón *m* faux-pas (tropezón) ‖ FAM marron (mojicón) ‖ a trompicones par à-coups, en dépit du bon sens (de mala manera).

trompillón *m* ARQ trompillon.

trompis *m* FAM marron, coup de poing (puñetazo).

trompiscón *m* faux-pas (trompicón).

trompito *m* FAM pois chiche (garbanzo).

trompiza *f* (Amer) bataille à coups de poing.

trompo *m* [▷ SIN] toupie *f* (peonza) ‖ cône (molusco) ‖ FAM incapable, zéro (hombre ignorante) ‖ (Amer) toupie *f*, foret (de carpintero) ■ FIG & FAM dar vueltas como un trompo tourner comme une toupie ‖ ponerse como un trompo se bourrer, se gaver (comer mucho), boire comme un trou (beber).
‖ SIN peonza toupie; perinola toton.

trompón *m* grande toupie *f* (trompo) ‖ narcisse (planta) ‖ coup, choc (trompazo) ‖ FIG & FAM de trompón précipitamment, à la hâte.

trona *f* QUÍM natron *m* (carbonato de sosa).

tronada *f* orage *m*.

tronado, da *adj* FAM usé, e; fichu, e (deteriorado) ‖ fauché, e; sans le sou, à sec (sin dinero) ‖ cinglé, e; timbré, e (chiflado).

tronador, ra *adj* tonnant, e (que truena) ‖ cohete tronador fusée détonnante.

tronamenta *f* (Amer) orage *m*.

tronar [23] *v impers* tonner.
◇ *v intr* tonner; el cañón truena le canon tonne ‖ FIG retentir; tronó la voz del capitán la voix du capitaine retentit ‖ tonner, fulminer; tronar contra el vicio tonner, fulminer contre le vice ■ FIG & FAM está que truena il est fou furieux ‖ por lo que pueda tronar au cas où.
◇ *v tr* (Amer) tuer (matar).

troncal *adj* du tronc.

troncar [10] *v tr* tronquer (truncar).

troncha *f* (Amer) tranche (tajada) ‖ FIG sinécure, planque (enchufe).

tronchado, da *adj* BLAS tranché, e; escudo tronchado écu tranché.

tronchante *adj* FAM tordant, e.

tronchar *v tr* briser, casser (romper) ‖ plier (doblar) ‖ FIG & FAM troncharse de risa se tordre de rire, être plié en deux, se fendre la poire.

troncho *m* trognon.

tronchudo, da *adj* à grosse tige.

tronco *m* tronc (de un árbol, del hombre, de la columna) ‖ souche *f*, tronc (origen de una familia) ‖ GEOM tronc; tronco de cono tronc de cône ‖ attelage, paire *f* (par de mulas, de caballos) ‖ FIG souche *f* (zoquete) ‖ FIG & FAM dormir como un tronco, estar hecho un tronco dormir comme une souche.

troncocónico, ca *adj* troncoconique.

tronera *f* meurtrière, créneau *m* (de una fortaleza) ‖ vasistas *m* (ventana estrecha), soupirail *m* (respiradero) ‖ blouse (billar).
◇ *m & f* FIG & FAM tête *f* brûlée, écervelé, e (persona de poco juicio).

tronido *m* coup o roulement de tonnerre.

tronío *m* FAM de tronío à tout casser, du tonnerre (estupendo).

trono *m* trône; subir al trono monter sur le trône ‖ tabernacle (tabernáculo).
➡ **tronos** *m pl* trônes (ángeles).

tronquista *m* cocher.

tronzador *m* TECN passe-partout *inv* (sierra).

tronzar [13] *v tr* briser, rompre (quebrar), couper en morceaux (dividir) ‖ froncer (hacer pliegues) ‖ FIG éreinter (cansar) ‖ TECN tronçonner (la madera).

tronzo, za *adj* courtaud, e (caballería con las orejas cortadas).

tropa *f* [▷ SIN] troupe (de soldados); tropa escogida troupe d'élite ‖ (Amer) troupeau *m* (de ganado) ■ clase de tropa homme de troupe ■ tropas aerotransportadas troupes aéroportées ‖ tropas de asalto troupes d'assaut ‖ tropas de línea troupes de ligne.
‖ SIN banda, cuadrilla bande; ejército armée; hueste troupe; legión légion; milicia milice; falange phalange.

tropear *v intr* (Amer) conduire un troupeau.

tropel *m* cohue *f*, foule *f* (muchedumbre) ‖ hâte *f*, précipitation *f* (prisa) ‖ tas (montón) ‖ en tropel à la hâte (con precipitación), en foule (yendo muchos juntos).

tropelía *f* violence, sauvagerie; actos de tropelía actes de violence.

tropeoleas *f pl* BOT tropéolées.

tropero *m* (Amer) bouvier.

tropezadero *m* mauvais chemin, chemin raboteux (camino desigual).

tropezadura *f* faux-pas *m*.

tropezar [34] *v intr* trébucher, buter; tropezar con o contra o en una piedra trébucher sur o buter contre une pierre ‖ FIG broncher (el caballo) ‖ FIG se heurter, rencontrer, buter; tropezó con una dificultad il s'est heurté à o il a buté contre une difficulté ‖ faire un faux pas (deslizarse en alguna culpa) ‖ tomber sur (hallar); tropecé con mi amigo a la salida del cine je suis tombé sur mon ami à la sortie du cinéma ‖ FIG & FAM tropezar con un hueso tomber sur un os o sur un bec.
➡ **tropezarse** *v pr* se trouver nez à nez avec (con una persona) ‖ s'entretailler (caballos).

tropezón, ona *adj* FAM qui bronche; caballo tropezón cheval qui bronche.
➡ **tropezón** *m* faux pas (tropezadura, desliz); dar un tropezón faire un faux pas ‖ faux pas (del caballo).
➡ **tropezones** *m pl* lardons (de jamón) ‖ a tropezones clopin-clopant (andar), par à-coups (obrar, hablar).

tropical *adj* tropical, e; países tropicales pays tropicaux.

tropicalización *f* tropicalisation.

tropicalizado, da *adj* tropicalisé, e.

trópico, ca *adj & s m* tropique ‖ trópico de Cáncer, de Capricornio tropique du Cancer, du Capricorne.

tropiezo *m* obstacle (estorbo) ‖ faux pas; dar un tropiezo faire un faux pas ‖ FIG faux pas, faute *f* (falta) ‖ difficulté *f*, accroc, anicroche *f* (impedimento) ‖ encombre (contratiempo); llegó sin tropiezo il arriva sans encombre.

tropilla *f* (Amer) troupeau *m* guidé par un animal dressé.

tropismo *m* tropisme.

tropo *m* trope (p us), figure *f* [de rhétorique].

tropología *f* tropologie.

tropológico, ca *adj* tropologique.

tropopausa *f* tropopause.

troposfera *f* troposphère.

troquel *m* TECN coin, virole *f*, étampe *f* (para acuñar monedas) ‖ FIG formados en el mismo troquel sortis du même moule.

troqueladora *f* TECN découpeuse.

troquelamiento *m* TECN estampage, étampage, frappe *f*.

troquelar *v tr* frapper, estamper, étamper (acuñar monedas).

troqueo *m* POÉT (ant) trochée.

troquílidos *m pl* trochilidés.

troquiter *m* trochiter (del húmero).

trotacalles *m & f inv* FAM flâneur, euse; vadrouilleur, euse FAM; batteur *m* de pavé, coureur *m* de rues (azotacalles).

trotaconventos *f inv* FAM entremetteuse (alcahueta).

trotada *f* trotte; dar una trotada faire une trotte.

trotamundos *m & f inv* globe-trotter.

trotar *v intr* trotter ‖ trotar corto trottiner.

trote *m* trot ‖ FIG travail pénible (trabajo fatigoso) ■ trote a la española o sentado trot assis ‖ trote a la inglesa trot enlevé ‖ FAM trote cochinero petit trot ‖ trote corto trot raccourci, petit trot ‖ trote largo trot allongé, grand trot ■ al trote au trot ‖ de o para todo trote de tous les jours, pour tout aller (vestido) ■ ir al trote aller au trot, trotter ‖ FIG no estoy para estos trotes je n'en ai plus la force, je ne peux pas suivre ce rythme ‖ no quiero meterme en esos trotes je ne veux pas me mêler de ces histoires.

trotecillo *m* trottinement.

trotón, ona *adj* trotteur, euse ‖ FIG de tous les jours (de uso diario).
➡ **trotón** *m* trotteur (caballo).

troupe ['trup] ou ['trupe] *f* TEATR troupe.

trova *f* vers *m* (verso) ‖ poésie (poema) ‖ chanson de troubadour (canción de trovador).

trovador, ra *adj* poète.
➡ **trovador** *m* troubadour (poeta provenzal).
◇ *m & f* poète, poétesse (poeta, poetisa).
‖ SIN poeta poète; juglar jongleur; bardo barde; felibre félibre; trovero trouvère.

trovadoresco, ca *adj* troubadour, des troubadours.

trovar *v intr* faire des vers.

trovero *m* trouvère (poeta).

trovo *m* chanson *f* d'amour.

Troya *n pr* GÉOGR Troie ■ FIG & FAM aquí o allá fue Troya il y a eu du grabuge | arda Troya advienne que pourra | el caballo de Troya le cheval de Troie.

troyano, na *adj & s* troyen, enne.

troza *f* tronc *m* d'arbre non équarri, bille (árbol) | MAR ligature, assemblage *m*.

trozar [13] *v tr* mettre en pièces (hacer pedazos) | débiter, scier (un árbol).

trozo *m* morceau, bout (pedazo); un trozo de papel un morceau de papier | partie *f* (parte) | passage (de un texto) | tronçon (de árbol, columna, etc.) ■ MIL trozo de vanguardia o de San Felipe avant-garde (de un ejército) | trozo de retaguardia o de Santiago arrière-garde (de un ejército) | trozos escogidos morceaux choisis (de un escritor).

trúa *f* FAM (Amer) cuite (borrachera); estar en trúa avoir pris une cuite.

trucaje *m* CINEM trucage, truquage.

trucar [10] *v intr* bloquer (billar) | déposer la première mise (hacer el primer envite). ◇ *v tr* truquer.

trucha *f* truite (pez); trucha asalmonada, de mar truite saumonée, de mer | MECÁN chèvre (cabria) | (Amer) éventaire *m* (puesto portátil) | no se cogen o pescan truchas a bragas enjutas on ne fait pas d'omelette sans casser les œufs, on n'a rien sans rien o sans risque.

truchero, ra *m & f* pêcheur, euse de truites (pescador). ◇ *adj* à truites; río truchero rivière à truites.

truchimán, ana *m & f* truchement (sin femenino), interprète | FIG & FAM coquin, e.

trucho, cha *adj* (Amer) futé, e; dégourdi, e.

truchuela *f* truitelle, petite truite (trucha pequeña) | haddock *m*, morue séchée (bacalao curado).

trucidar *v tr* (ant) trucider (matar).

truco *m* bloc (lance de billar) | jeu de cartes (truque) | truc (suerte) | CINEM truquage, trucage ■ FIG andarse con trucos employer des trucs | FIG & FAM coger el truco a algo attraper le truc, saisir, piger | FIG sin truco ni cartón sans trucage. ➤ **trucos** *m pl* truc *sing* (juego parecido al billar).

truculencia *f* truculence (p us), aspect *m* terrible o effrayant.

truculento, ta *adj* truculent, e (p us); effrayant, e.
▪ OBSERV El francés truculent significa actualmente festivo y jocoso.

trudgeon *m* trudgeon (natación).

trueno *m* tonnerre; el fragor del trueno le fracas du tonnerre | coup de tonnerre (estampido) | détonation *f* (de un arma o cohete) | FIG & FAM écervelé (atolondrado) ■ gente de trueno gens de mauvaise vie | trueno gordo bouquet (fuegos artificiales) | voz de trueno voix tonitruante o tonnante o de tonnerre.

trueque *m* troc, échange | (Amer) monnaie *f* (cambio) ■ a o en trueque en échange.

trufa *f* truffe (hongo) | FAM blague (patraña).

trufado *m* CULIN truffage.

trufado, da *adj* truffé, e.

trufar *v intr* FIG blaguer (engañar). ◇ *v tr* truffer (rellenar de trufas).

trufera *f* truffière.

truhán, ana *m & f* truand, e.

truhanada ➤ **truhanería**.

truhanear *v intr* truander, mener une vie de truand | blaguer, bouffonner (decir bufonadas).

truhanería; truhanada *f* truanderie (hampa).

truhanesco, ca *adj* de truand, e; de coquin, e (de bribón).

truismo *m* truisme.

trujal *m* pressoir (para vino o aceite) | cuve *f* à soude (en las jabonerías).

trujamán, ana *m & f* truchement *m*, interprète. ➤ **trujamán** *m* personne *f* avertie o de bon conseil.

trujamanear *v intr* faire le truchement, servir d'interprète | troquer, échanger (trocar).

trujillano, na *adj & s* de Trujillo [nom de plusieurs villes].

trulla *f* pagaille; meter trulla semer la pagaille | truelle (llana).

trullo *m* sorte de sarcelle (ave) | MFAM tôle *f*, trou (cárcel).

truncado, da *adj* tronqué, e ■ cono truncado cône tronqué, tronc de cône | pirámide truncada pyramide tronquée, tronc de pyramide.

truncar [10] *v tr* tronquer.

trunco, ca *adj* tronqué, e (truncado) | (Amer) incomplet, ète.

trupial *m* troupiale (ave).

truque *m* jeu de cartes.

truquillo *m* FAM truc, combine *f*.

truquista *adj & s* qui emploie des trucs.

trusa *f* (Amer) culotte (bragas) | maillot *m* de bain (traje de baño). ➤ **trusas** *f pl* trousses, chausses (gregüescos).

trust *m* trust.
▪ OBSERV pl trusts.

TS (abrev de **Tribunal Supremo**) *m* ≃ Cour *f* de cassation.

tse-tsé *f inv* tsé-tsé (mosca del sueño).

tu, tus *adj pos* ton *m*, ta *f*, tes *m y f pl*; tu sombrero ton chapeau; tu camisa ta chemise; tus zapatos tes chaussures.
▪ OBSERV En francés se emplea el masculino ton ante palabras femeninas que empiezan por una vocal: tu amiga ton amie.

tú *pron pers* tu (sujeto); tú vienes tu viens | toi; tu, ¿qué opinas de eso? toi, qu'est-ce que tu en penses?; otro que tú un autre que toi; eres tú c'est toi | toi (con preposición); según tú selon toi; hasta tú lo niegas même toi, tu le nies ■ estar de tú a tú être à tu et à toi | hablar o tratar de tú tutoyer | FAM ¡imbécil tú! imbécile toi-même! | ¡más eres tú! toi-même!, et toi donc!, tu ne t'es pas regardé! [réponse à une insulte] | tú y yo tête-à-tête (servicio de café para dos personas).
▪ OBSERV L'emploi du pronom personnel tú non nécessaire grammaticalement indique une certaine insistance: tú vienes correspond à toi, tu viens.

tuareg *m* GEOGR & LING touareg.
▪ OBSERV pl tuaregs.

tuba *f* toddy *m* (licor filipino) | MÚS tuba *m*.

tuberáceo, a *adj & s f* BOT tubéracé, e.

tuberculina *f* MED tuberculine.

tuberculinación *f* MED turberculinisation, tuberculination.

tuberculinizar [13] *v tr* MED tuberculiniser.

tuberculización *f* MED tuberculisation.

tuberculizar [13] *v tr* MED tuberculiser.

tubérculo *m* tubercule | en tubérculo tubérisé, e; raíz en tubérculo racine tubérisée.

tuberculosis *f inv* MED tuberculose.

tuberculoso, sa *adj & s* MED tuberculeux, euse.

tubería *f* tuyauterie (conjunto de tubos) | canalisation (de gas) | conduite; tubería de agua conduite d'eau | tubulure (conducto) | fabrique *f* o commerce de tubes (fábrica, comercio de tubos) | MIN tubería de revestimiento tubage.

tuberiforme *adj* tubériforme.

tuberización *f* tubérisation.

tuberosa *f* BOT tubéreuse.

tuberosidad *f* BOT tubérosité.

tuberoso, sa *adj* tubéreux, euse.

tubícola *adj* ZOOL tubicole; anélidos tubícolas annélides tubicoles.

tubíporo *m* ZOOL tubipore.

tubítelo, la *adj* ZOOL tubitèle, tubitélaire.

tubo *m* tube | tube; tubo digestivo, capilar tube digestif, capillaire | tuyau (de una cañería) | cheminée *f*, verre de lampe (de lámpara) | FÍS tubo de rayos catódicos tube cathodique | MÚS tuyau (de órgano) ■ falda tubo jupe fourreau | AUTOM tubo de desagüe trop-plein | tubo de drenaje drain, tuyau de drainage | tubo de ensayo tube à essais | tubo de escape tube o tuyau d'échappement | tubo elevador colonne montante | tubo lanzacohetes, lanzatorpedos tube lance-fusées, lance-torpilles | TECN tubos de carga tubes d'irradiation.

tubulado, da *adj* tubulé, e.

tubular *adj* tubulaire; caldera tubular chaudière tubulaire. ◇ *m* boyau (de bicicleta).

tucán *m* toucan (ave).

tucía *f* QUÍM tuthie, tutie (óxido de cinc).

Tucídides *n pr* Thucydide.

tuco *m* (Amer) moignon (muñón) | luciole *f* (insecto) | hibou (búho) | CULIN sauce *f* tomate (salsa de tomate).

tucumano, na *adj & s* de Tucumán [ville d'Argentine].

tucúquere *m* (Amer) hulotte *f* (ave).

tucurpilla *f* (Amer) tourterelle (tórtola).

tucutucu *m* (Amer) taupe *f* (topo).

tucuyo *m* (Amer) toile *f*, cotonnade *f*.

tudel *m* MÚS anche *f* (tubo).

tudelano, na *adj* de Tudela [ville de Navarre].

tudense *adj & s* de Túy [ville de Galice].

tudesco, ca *adj* & *s* tudesque ‖ FAM beber como un tudesco boire comme un Polonais.

tueca *f*; **tueco** *m* souche *f* (tocón) ‖ creux *m* d'un arbre pourri (hueco).

tuera *f* coloquinte (coloquíntida) ‖ FIG más amargo que la tuera amer comme le fiel.

tuerca *f* écrou *m*; tuerca de fijación, de mariposa, entallada écrou d'assemblage, à oreilles o papillon, à encoche ■ llave de tuerca clef à vis ‖ tuerca matriz o partida vis mère ‖ tuerca de seguridad contre-écrou ■ FIG apretar las tuercas a alguien serrer la vis à quelqu'un.

tuero *m* grosse bûche *f* (trashoguero) ‖ rondin (leño).

tuerto, ta *adj* & *s* borgne; dejar, quedarse tuerto rendre, devenir borgne ‖ FIG en país o en tierra de ciegos el tuerto es rey au royaume des aveugles les borgnes sont rois.
➡ **tuerto** *m* offense, tort (agravio).
◇ *adj* tordu, e (torcido) ■ a tuertas à l'envers (al revés), en biais (oblicuamente) ‖ a tuertas o a derechas à tort ou à raison (con razón o sin ella), à tort et à travers (sin reflexión).
➡ **tuertos** *m pl* tranchées *f* utérines (entuertos).

tuétano *m* moelle *f* (médula) ■ FIG & FAM calado hasta los tuétanos trempé jusqu'à la moelle des os ‖ hasta los tuétanos jusqu'à la moelle, jusqu'au bout des ongles.

tufarada *f* bouffée (olor fuerte); tufarada de vino bouffée de vin ‖ touffeur (tufo) ‖ tufarada de calor bouffée de chaleur.

tufillo *m* petite odeur *f* (olor) ‖ fumet (olor agradable de un manjar).

tufo *m* relent (mal olor); un tufo de alcantarilla un relent d'égout ‖ émanation *f* (emanación) ‖ bouffée (tufarada) ‖ touffeur (atmósfera densa) ‖ patte *f* (porción de pelo) ‖ tuf (piedra).
➡ **tufos** *m pl* prétention *f sing*, vanité *f sing* ‖ FIG ¡este chico tiene unos tufos! ce garçon est d'un prétentieux!

tugurio *m* galetas, mansarde *f* (habitación pequeña) ‖ taudis (casa miserable) ‖ cabane *f* (choza de pastores).

tui *m* (*Amer*) perroquet vert (ave).

tuición *f* DR défense, protection.

tuitivo, va *adj* DR protecteur, trice.

tul *m* tulle (tela).

tularemia *f* tularémie (enfermedad).

tule *m* (*Amer*) jonc (junco).

tulio *m* thulium (tierra rara).

tulipa *f* tulipe, abat-jour *m inv* (pantalla).

tulipán *m* tulipe *f* (flor).

tulipanero; tulipero *m* tulipier (árbol).

tullecer [30] *v tr* rendre perclus, estropier (lisiar), paralyser (paralizar).
◇ *v intr* devenir perclus o paralysé, être estropié (lisiarse).

Tullerías *n pr f pl* Tuileries.

tullidez *f* paralysie.
▌ OBSERV pl tullideces.

tullido, da *adj* & *s* perclus, e; impotent, e (baldado) ‖ paralysé, e ‖ estropié, e (mutilado) ‖ FIG rompu, e (muy cansado).

tullimiento *m* paralysie *f*.

tullir *v tr* estropier (lisiar).
◇ *v intr* émeutir, fienter (las aves).

➡ **tullirse** *v pr* devenir perclus o impotent; être estropié, être paralysé (una persona) ‖ se paralyser (un miembro).
▌ OBSERV Tullir perd le « i » de la désinence quand celui-ci est situé entre la consonne « ll » et une voyelle (comme dans tullendo, tulló, tullera).

tulpa *f* (*Amer*) dalle.

tumba *f* tombe, tombeau *m* (sepulcro) ■ FIG abrir su tumba creuser sa fosse o son tombeau ‖ a tumba abierta à tombeau ouvert ‖ ser como una tumba être muet o silencieux comme la tombe.
▌ SIN hoya, fosa fosse; panteón caveau; sepultura sépulture; sepulcro sépulcre; mausoleo mausolée; hipogeo hypogée; sarcófago sarcophage.

tumbacuartillos *m inv* FAM pilier de bistrot, poivrot, ivrogne (borracho).

tumbadero *m* (*Amer*) maison *f* close (mancebía).

tumbado, da *adj* renversé, e (derribado) ‖ allongé, e; couché, e; tumbado en la cama allongé sur le lit ‖ affalé, e (repantigado) ‖ FIG & FAM lo dejé tumbado de asombro je l'ai assis.

tumbaga *f* tombac *m* (aleación metálica) ‖ bague (sortija).

tumbal *adj* tombal, e (sepulcral).

tumbaollas *m* & *f* FAM glouton, onne; goinfre *m* (glotón).

tumbar *v tr* renverser, faire tomber; tumbar a uno al suelo o por tierra faire tomber quelqu'un par terre ‖ FIG & FAM étourdir (turbar) ‖ étendre, recaler (en un examen) ‖ MAR abattre.
◇ *v intr* tomber (caer) ‖ s'écrouler (desplomarse) ‖ MAR se coucher sur le flanc (un barco).

➡ **tumbarse** *v pr* FAM s'allonger, s'étendre, se coucher (echarse) ‖ s'affaler (repantigarse) ‖ FIG se relâcher (disminuir el rendimiento) ‖ FAM tumbarse a la bartola s'étendre comme un veau (descansar), en prendre à son aise, ne pas s'en faire, se la couler douce, se reposer.

tumbilla *f* bassinoire.

tumbo *m* cahot (vaivén) ‖ dar tumbos cahoter, avancer cahin-caha.

tumbón, ona *adj* FAM sournois, e (socarrón) ‖ paresseux, euse; fainéant, e (perezoso).
➡ **tumbón** *m* voiture *f* à capote bombée (coche) ‖ coffre à couvercle bombé (cofre).
➡ **tumbona** *f* chaise longue, transatlantique *m*, transat *m* (asiento).

tumefacción *f* MED tuméfaction ‖ producir tumefacción tuméfier.

tumefacer [60] *v tr* MED tuméfier.

tumefacto, ta *adj* tuméfié, e.

tumescencia *f* tumescence.

tumescente *adj* tumescent, e.

túmido, da *adj* enflé, e ‖ ARQ renflé, e.

tumor *m* MED tumeur *f*; tumores benignos, malignos tumeurs bénignes, malignes.
▌ SIN tuberosidad tubérosité; quiste kyste; fibroma fibrome; excrecencia excroissance; lobanillo loupe; landre, bubón bubon; absceso abcès; apostema apostème.

tumoración *f* tuméfaction (tumefacción) ‖ tumeur (tumor).

tumulario, ria *adj* tumulaire; inscripción tumularia inscription tumulaire.

túmulo *m* tumulus (montecillo artificial) ‖ catafalque (catafalco) ‖ tombeau (sepulcro) ‖ túmulo funerario tertre funéraire.

tumulto *m* tumulte.

tumultuoso, sa *adj* tumultueux, euse.

tuna *f* nopal *m*, figuier *m* de Barbarie (nopal) ‖ figue de Barbarie (higo) ‖ FIG vagabondage *m*, vie errante, vie de bohème; correr la tuna mener une vie errante ‖ petit orchestre d'étudiants (estudiantina) ‖ membre d'un petit orchestre d'étudiants (estudiante).

tunal *m* nopal, figuier de Barbarie (nopal) ‖ terrain couvert de nopals (sitio donde abunda la tuna).

tunante, ta *adj* & *s* coquin, e; fripon, onne.

tunantear *v intr* faire des bêtises o des friponneries.

tunantería *f* friponnerie, coquinerie ‖ fripons *m pl* (conjunto de tunantes).

tunantesco, ca *adj* de coquin, e; de fripon, onne.

tunantuelo, la *adj* & *s* petit coquin, petite coquine.

tunar *v intr* vagabonder, mener une vie de vagabond.

tunco, ca *adj* (*Amer*) tronqué, e; mutilé, e.
➡ **tunco** *m* (*Amer*) cochon, porc (cerdo).

tunda *f* FAM raclée, volée (paliza); dar una tunda donner une raclée ‖ tonte, tonture (del paño) ‖ borra de la tunda tontisse ‖ FAM tunda de palos volée de bois vert.

tundición *f*; **tundido** *m*; **tundidura** *f* TECN tonte *f*, tonture *f*, rasage *m* (del paño).

tundidor *m* tondeur.

tundidora *adj f* & *s f* tondeuse (de paño).

tundidura ➡ **tundición**.

tundir *v tr* TECN tondre, raser (el paño) ‖ FAM rosser, frapper (zurrar) ‖ fouetter (azotar).

tundizno *m* tontisse *f*, tonture *f* (borra del paño).

tundra *f* toundra (estepa).

tunear *v intr* faire des bêtises o des friponneries.

tunecí; tunecino, na *adj* & *s* tunisien, enne (del país) ‖ tunisois, e (de la ciudad).

túnel *m* tunnel; túnel aerodinámico tunnel aérodynamique ‖ AUTOM túnel de lavado station de lavage automatique.

tunela *m* & *f* FAM coquin, e; fripon, onne.

tunería *f* friponnerie, coquinerie.

tunes *m pl* (*Amer*) premiers pas.

Túnez *n pr* GEOGR Tunis (ciudad) ▶ **Tunicia**.

tungar *m* ELECTR tungar.

tungo *m* nuque *f* (cerviz) ‖ cheval (caballo).

tungstato *m* QUÍM tungstate.

tungsteno *m* QUÍM tungstène (volframio).

túnica *f* tunique ‖ ANAT & BOT tunique.

tunicado, da *adj* tuniqué, e.

tunicados *m pl* ZOOL tuniciers.

tunicela *f* tunicelle.

Tunicia; Túnez *n pr f* GEOGR Tunisie.

túnidos *m pl* thonidés.

tuno, na *adj & s* coquin, e; fripon, onne.
➠ **tuno** *m* étudiant membre d'une "tuna".

tuntún
➠ **al tuntún; al buen tuntún** *loc adv* au petit bonheur, à l'aveuglette, au jugé.

tupa *f* resserrement *m*, serrement *m* (acción de tupir) ‖ BOT tupa *m*.

tupaya *f* ZOOL tupaïa *m*, tupaja *m*.

tupé *m* toupet (copete); llevar tupé avoir un toupet ‖ FIG & FAM toupet (descaro).
▮ OBSERV pl tupés.

tupí *adj & s* tupi (indio americano).
◇ *m* toupie *f*, toupilleuse *f* (fresadora) ‖ LING tupi.

tupido, da *adj* serré, e; tela tupida tissu serré ‖ dru, e (trigo) ‖ épais, aisse; dense (espeso); una tupida niebla un brouillard épais ‖ touffu, e (pelo).

tupinambo *m* BOT topinambour (aguaturma).

tupir *v tr* resserrer, serrer (apretar).
◇ *v intr* être touffu, e (la hierba).

turanio, nia *adj & s* touranien, enne.

turba *f* tourbe (combustible) ‖ foule, tourbe (muchedumbre).

turbación *f* trouble *m*.

turbador, ra *adj* troublant, e.
◇ *m & f* agitateur, trice; semeur, euse de désordre; fauteur, euse de troubles.

turbal *m* tourbière *f* (mina).

turbamulta *m* FAM foule, cohue.

turbante *m* turban (tocado).

turbar *v tr* troubler; turbar el agua, el orden troubler l'eau, l'ordre ‖ décontenancer, déconcerter (sorprender) ‖ troubler (aturdir); turbar la razón troubler la raison.
➠ **turbarse** *v pr* se troubler ‖ se décontenancer, demeurer court.

turbelarios *m pl* turbellariés (gusanos).

turbera *f* tourbière (mina).

turbiamente *adv* confusément.

túrbido, da *adj* trouble.

turbiedad *f* turbidité, état *m* trouble ‖ manque *m* de netteté, brouillement *m* (opacidad) ‖ brouillement *m* (ofuscamiento).

turbina *f* MECÁN turbine; turbina de vapor turbine à vapeur ‖ AVIAC turbina compresor turbine-compresseur.

turbino *m* turbith pulvérisé.

turbinto *m* sorte de térébinthe (árbol).

turbio, bia *adj* trouble (poco claro); agua turbia eau trouble ‖ troublé, e (azaroso); período turbio période trouble ‖ FIG louche, douteux, euse; peu clair, e; negocio turbio affaire louche‖trouble; vista turbia vue trouble ‖ confus, e (oscuro); expresión turbia expression confuse ‖ FIG lo turbio le caractère louche.

turbión *m* grosse giboulée *f*, averse *f* (aguacero) ‖ FIG avalanche *f*, foule *f* (alud).

turbit *m* turbith (planta) ‖ turbit mineral turbith minéral.

turbo *m* turbo (molusco).

turboalternador *m* turbo-alternateur.

turbobomba *f* turbopompe.

turbocompresor *m* turbocompresseur.

turbodinamo *m* turbodynamo *f*.

turbohélice *m* turbohélice.

turbomotor *m* turbomoteur.

turbonada *f* grain *m*, grosse averse (chaparrón) ‖ (Amer) grand vent *m* (vendaval).

turbopropulsor *m* turbopropulseur.

turborreactor *m* turboréacteur.

turboso, sa *adj* tourbeux, euse.

turbosoplante *f* turbosoufflante.

turboventilador *m* turboventilateur.

turbulencia *f* turbulence (de un líquido) ‖ FIG turbulence, trouble *m* (alboroto).

turbulento, ta *adj* trouble (turbio) ‖ FIG [▷ SIN] turbulent, e (bullicioso).
▮ SIN alborotador tapageur; belicoso belliqueux; revoltoso séditieux; tumultuoso tumultueux.

turco, ca *adj & s* turc, turque ▪ FIG cabeza de turco tête de Turc ‖ cama turca divan, ottomane, lit à la turque ‖ el Gran Turco le Grand Turc ‖ ANAT silla turca selle turcique ▪ a la turca à la turque ‖ FAM celoso como un turco jaloux comme un tigre.
➠ **turco** *m* LING turc.
➠ **turca** *f* divan *m*, ottomane, lit *m* à la turque (cama) ‖ FAM cuite (borrachera).

turcomano *m* Turkmène ‖ LING turcoman.

turdetanos *m pl* turdétans.

túrdidos *m pl* turdidés (aves).

túrdiga *f* lanière.

Turena *n pr f* GEOGR Touraine.

turf *m* turf (deporte hípico, hipódromo).

turfista *m & f* turfiste.

turgencia *f* turgescence.

turgente *adj* turgescent, e.

túrgido, da *adj* turgide.

turibulario *m* thuriféraire.

turíbulo *m* encensoir (incensario).

turiferario *m* thuriféraire.

turificar [10] *v tr* encenser.

Turín; Torino *n pr* GEOGR Turin.

Turingia *n pr f* GEOGR Thuringe.

turingio, gia *adj & s* thuringien, enne.

turión *m* BOT turion.

turismo *m* tourisme ‖ voiture *f* particulière (coche) ‖ oficina de turismo syndicat d'initiative ‖ turismo de masas tourisme de masse.

turista *m & f* touriste.

turístico, ca *adj* touristique.

Turkestán; Turquestán *n pr m* GEOGR Turkestan.

turma *f* truffe (criadilla de tierra).

turmalina *f* MIN tourmaline.

túrmix® *m inv* mixer *m*.

turnar *v intr* alterner, se succéder, faire, etc. à tour de rôle (alternar); las farmacias turnarán en el cierre semanal les pharmacies observeront à tour de rôle la fermeture hebdomadaire.
➠ **turnarse** *v pr* se relayer; en este trabajo nos turnamos nous nous relayons dans ce travail; turnarse para cuidar a un enfermo se relayer auprès d'un malade.

turnio, nia *adj* bigle, louche (bizco).

turno *m* service, tour; turno de día, de noche service de jour, de nuit ‖ équipe *f* (cuadrilla) ‖ tour (vez); hablar a su turno parler à son tour; a cada cual su turno chacun son tour ▪ de turno de service ‖ farmacia de turno pharmacie de garde ‖ huelga por turno grève tournante ‖ médico que hace turno de noche médecin qui est de garde la nuit ‖ por turno à tour de rôle, à tour (uno tras otro), par roulement (en un trabajo) ‖ turno preferente tour de faveur.

turolense *adj* de Teruel [ville d'Aragon].

turón *m* putois (animal).

turonense *adj & s* tourangeau, elle.
◇ *adj & s m* GEOL turonien, enne.

turoniense *adj & s m* GEOL turonien, enne.

turpial *m* troupiale (ave).

turqués, esa *adj & s* turc, turque.
▮ OBSERV pl turqueses, turquesas.

turquesa *f* turquoise (piedra preciosa) ‖ moule *m* (molde) ‖ azul turquesa bleu turquoise.

turquesco, ca *adj* turc, turque.

Turquestán ➤ **Turkestán**.

turquí; turquino *adj m* turquin, indigo; azul turquí bleu turquin.
▮ OBSERV Le pluriel de turquí est turquíes.

Turquía *n pr f* GEOGR Turquie.

turquino ➤ **turquí**.

turrar *v tr* griller sur la braise.

turriculado, da *adj* turriculé, e (molusco).

turritela *f* turritelle (molusco).

turro, rra *adj* (Amer) idiot, e.

turrón *m* touron (dulce) ‖ FIG & FAM fromage, sinécure *f*.

turronería *f* confiserie spécialisée dans la vente des tourons.

turronero, ra *m & f* marchand, e de tourons.

turulato, ta *adj* FAM stupéfait, e; ébahi, e; abasourdi, e (estupefacto) ‖ étourdi, e (por un golpe) ‖ FIG dejar turulato estomaquer, abasourdir.

turullo *m* corne *f* des bergers.

turumba *f* (Amer) pot *m* (vasija).

turumbón *m* FAM bosse *f* (tolondrón).

turupial *m* (Amer) troupiale (ave).

tururú *m* brelan (cartas).

tus; tus tus *m* a perro viejo no hay tus tus ce n'est pas à un vieux singe que l'on apprend à faire la grimace ‖ sin decir tus ni mus sans souffler mot.
➠ **¡tus!; ¡tus tus!** *interj* ici!, couché! (para los perros).

tusa *f* (Amer) rafle de maïs (carozo) ‖ barbes *pl* de maïs (barbas de maíz) ‖ cigarette roulée dans une feuille de maïs (cigarro) ‖ crins *m pl* (crines) ‖ marque de petite vérole (hoyo de viruela) ‖ fille, poule (mujer de vida alegre).
➠ **¡tusa!** *interj* ici!, couchée! (para una perra).

tusar *v tr* (Amer) tondre.

tusculano, na *adj* de Tusculum.

➤ **tusculanas** *f pl* Les Tusculanes (obra de Cicerón).

tusilago *m* BOT tussilage, pas-d'âne (fárfara).

¡tuso! *interj* FAM ici!, couché! (para llamar a los perros).

tusona *f* FAM prostituée, fille de joie.

tusor *m* tussor, tussore, tussah (seda).

tus tus ➤ **tus**.

tute *m* mariage (naipes) ‖ jeu de cartes semblable au mariage (juego de naipes) ‖ FAM raclée *f*, volée *f* (paliza) ■ FAM **dar un tute** éreinter, claquer ‖ **darse un tute** en mettre un coup, mettre les bouchées doubles (trabajar duro), se démener (para obtener algo), se gaver, s'empiffrer (darse un hartazgo) ‖ **darse un tute de andar** faire des kilomètres.

tuteamiento *m* tutoiement.

tutear *v tr* tutoyer (hablar de tú).

tutela *f* tutelle; **tutela dativa, testamentaria** tutelle dative, testamentaire ■ **territorio bajo tutela** territoire sous tutelle (fideicomiso) ‖ **tutela ejemplar** o **judicial** conseil judiciaire (para los incapacitados mentales).

tutelaje *m* tutelle *f*.

tutelar *adj* tutélaire.

tuteo *m* tutoiement.

EL TUTEO

Le tutoiement est beaucoup plus courant en Espagne qu'en France. Dans le monde du travail, par exemple, le vouvoiement est réservé aux relations avec les cadres supé-

rieurs. Dans les petites entreprises, les employés se tutoient tous en général. Dans les médias, le vouvoiement est de rigueur dans les interviews, les conversations avec les membres du gouvernement et les hommes politiques en général. En revanche, dans les émissions de variétés, il est courant de tutoyer les artistes invités. Dans la sphère familiale, il était encore d'usage il y a quelques années, de vouvoyer ses parents, en particulier dans les classes sociales modestes.

tutía *f* QUÍM tuthie, tutie (óxido de cinc).

tutilimundi *m* cosmorama (mundonuevo).

tutiplén

➤ **a tutiplén** *loc adv* FAM à gogo, à foison.

tutor, ra *m & f* tuteur, trice ‖ DR **tutor dativo** tuteur datif ‖ **tutor testamentario** tuteur testamentaire.

➤ **tutor** *m* BOT tuteur (rodrigón).

tutoría *f* tutelle.

tutti frutti; tuttifrutti *m* tutti frutti.

tutú *m* (*Amer*) oiseau de proie.
▮ OBSERV pl tutús.

tutuma *f* (*Amer*) citrouille (calabaza) ‖ bosse (chichón) ‖ abcès *m* (absceso).

tuturuto, ta *adj* (*Amer*) niais, e (lelo).

tuya *f* thuya *m* (árbol).

tuyo, ya *pron pos* tien, tienne (con artículo); **mi hermano es mayor que el tuyo** mon frère est plus âgé que le tien ‖ à toi (sin artículo); **este libro es tuyo** ce livre est à toi ‖ **ton** *m*, **ta** *f*, **tes** *pl* (después del sustantivo); **la casa tuya** ta maison; **este vestido tuyo** ta robe; **a esa edad**

tuya à ton âge ‖ de toi; **¿es tuyo este cuadro?** ce tableau est-il de toi?; **cualquier palabra tuya** n'importe quelle parole de toi ■ **en derredor tuyo** autour de toi ‖ FIG & FAM **ésa es la tuya** c'est à toi de jouer ‖ **hiciste de las tuyas** tu as fait des tiennes ‖ **los tuyos** les tiens ‖ **lo tuyo** ce qui est à toi (pertenencia), tes affaires, ce qui t'appartient o te concerne (que te concierne) ‖ **siempre tuyo** bien à toi (en una carta) ‖ **un amigo tuyo** un de tes amis, un ami à toi.

▮ OBSERV La construction du type **la casa tuya** est fréquente en espagnol et renforce l'idée de possession.

tuyu *m* (*Amer*) nandou (ave).

tuyuyú *m* (*Amer*) sorte de cigogne (ave).

tuza *f* (*Amer*) taupe ‖ **tuza real** agouti.

TV (abrev de **televisión**) *f* TV.

TV3 (abrev de **Televisión de Cataluña, SA**) *f* chaîne régionale de télévision catalane.

TVE (abrev de **Televisión Española**) *f* chaîne de télévision publique espagnole.

TVG (abrev de **Televisión de Galicia**) *f* chaîne régionale de télévision galicienne.

TVV (abrev de **Televisión Valenciana, SA**) *f* chaîne régionale de télévision valencienne.

TWA (abrev de **Trans World Airlines**) *f* TWA.

tweed *m* tweed (tejido).
▮ OBSERV pl tweed o tweeds.

twist ['twist] *m inv* twist *m*.

tyndalización *f* tyndallisation.

U

u; U *f* u *m*; **una u mayúscula** un u majuscule ∥ **la u consonante** le v.

▪ OBSERV Le u espagnol, voyelle ou semiconsonne, se prononce comme ou en français. Dans les groupes gue, gui, et que, qui, le u est muet, comme en français. Mais surmonté d'un tréma, et dans les groupes gua, guo, il a le son du ou français: vergüenza, guasa, antiguo.

u *conj* ou, ou bien.

▪ OBSERV S'emploie à la place de o, pour éviter l'hiatus, devant les mots commençant par o ou ho: diez u once dix ou onze; belga u holandés belge ou hollandais.

UAB (abrev de **Universidad Autónoma de Barcelona**) *f* université autonome de Barcelone.

uapití *m* ZOOL wapiti.

UB (abrev de **Universidad de Barcelona**) *f* université de Barcelone.

Úbeda *n pr* GEOGR Úbeda [Andalousie] ∥ FAM **irse por los cerros de Úbeda** battre la campagne, divaguer (divagar), s'éloigner du sujet, être à cent lieues du sujet (salirse del tema).

ubérrimo, ma *adj* très fertile (tierra) ∥ abondant, e; luxuriant, e (vegetación).

ubicación *f* position, situation, emplacement *m*.

ubicar [10] *v intr* se trouver, être situé, e. ◇ *v tr* (*Amer*) placer, établir ∥ nommer (a un candidato) ∥ garer (un coche) ∥ trouver (encontrar).
➡ **ubicarse** *v pr* se trouver, être situé, e.

ubicuidad *f* ubiquité; **no tener el don de la ubicuidad** ne pas avoir le don d'ubiquité.

ubicuo, cua *adj* ubiquiste, qui a le don d'ubiquité.

ubiquitario, ria *adj & s* RELIG ubiquiste, ubiquitaire.

ubre *f* mamelle, tétine ∥ pis *m* (de vaca o cabra).

ucase; ukase *m* ukase, oukase (edicto del Zar) ∥ FIG ukase, oukase (decisión autoritaria).

UCD (abrev de **Unión de Centro Democrático**) *f* ancienne formation politique espagnole de centre-droite.

UCP (abrev de **unidad central de proceso**) *f* UCT.

Ucrania *n pr f* GEOGR Ukraine.

ucranio, nia *adj & s* ukrainien, enne.
➡ **ucranio** *m* LING ukrainien.

Ud.; Vd. (abrev escrita de usted) ➡ usted.

UDC (abrev de **universal decimal classification**) *f* CDU.

Uds.; Vds. (abrev escrita de ustedes) ➡ usted.

UE (abrev de **Unión Europea**) *f* UE.

UEC (abrev de **Unión Excursionista de Cataluña**) *f* association catalane de randonnée.

ued *m* oued.
▪ OBSERV [➡ Oued].

UEFA (abrev de **Unión de Asociaciones Europeas de Fútbol**) *f* UEFA.

UEM (abrev de **unión económica y monetaria**) *f* UEM.

UEO (abrev de **Unión Europea Occidental**) *f* UEO.

UER (abrev de **Unión Europea de Radiodifusión**) *f* UER.

¡uf! *interj* ouf! ∥ pouah! (repugnancia).

ufanarse *v pr* se montrer o être fier, s'enorgueillir, tirer vanité; **ufanarse con o de sus riquezas** se montrer fier de ses richesses.

ufano, na *adj* fier, ère; orgueilleux, euse.

UFO (abrev de **unidentified flying object**) *m* OVNI.

ufología *f* ovniologie.

ugetista *adj* de l'UGT.
➡ *m & f* membre *m* de l'UGT.

UGT (abrev de **Unión General de Trabajadores**) *f* syndicat espagnol proche du PSOE.

UHF (abrev de **ultra high frequency**) *f* UHF.

UIMP (abrev de **Universidad Internacional Menéndez Pelayo**) *f* université internationale Menéndez-Pelayo, à Santander.

UIT (abrev de **Unión Internacional de Telecomunicaciones**) *f* UIT.

ujier *m* huissier.
▪ SIN bedel appariteur; portero portier; guardián garde; ordenanza garçon d'étage.
▪ OBSERV pl ujieres.

¡újule! *interj* (*Amer*) ouah!

ukase ➡ ucase.

ukelele *m* ukulélé.

Ulan Bator *n pr* GEOGR Oulan-Bator.

ulano *m* uhlan.

úlcera *f* MED ulcère *m*; **úlcera duodenal** ulcère duodénal o du duodénum; **úlcera gástrica** ulcère gastrique o de o à l'estomac.

ulceración *f* ulcération.

ulcerado, da *adj* ulcéré, e.

ulcerar *v tr* ulcérer.

ulema *m* uléma (doctor musulmán).

uliginoso, sa *adj* BOT uligineux, euse; uliginaire.

Ulises *n pr* MITOL Ulysse.

ulluco *m* (*Amer*) ulluque (planta).

ulmáceas *f pl* BOT ulmacées.

ulmaria *f* BOT ulmaire, reine-des-prés.

Ulpiano *n pr* Ulpien.

ulpo *m* (*Amer*) bouillie *f* de maïs.

Ulrico *n pr* Ulric, Ulrich.

ulterior *adj* ultérieur, e.

ulteriormente *adv* ultérieurement.

ultimación *f* achèvement *m*, fin.

ultimador, ra *m & f* (*Amer*) assassin.

últimamente *adv* enfin (por último) ∥ dernièrement (hace poco).

ultimar *v tr* conclure; **ultimar un trato** conclure une affaire ∥ mettre la dernière main à, fignoler, parachever; **ultimar los detalles** fignoler les détails ∥ (*Amer*) achever, exécuter (matar).

ultimátum *m* ultimatum; **dirigir un ultimátum** adresser un ultimatum.
▪ OBSERV pl ultimátums o ultimatos.

último, ma *adj* [▷ SIN] dernier, ère; **diciembre es el último mes del año** décembre est le dernier mois de l'année ∥ dernier, ère; **última decisión** ultime décision ▪ **como o en último recurso, en última instancia** en dernier recours o ressort ∥ **el hijo último** le dernier-né ∥ FIG **el último grito, la última palabra** le dernier cri ∥ **en último lugar** en dernier lieu ∥ **la fecha última** la date limite ∥ **por último** enfin, finalement ▪ **dar el último toque o la última mano** mettre la dernière main à ∥ **quedarse con la última palabra** avoir le dernier mot.
◇ *m & f* dernier, ère ▪ **a la última** à la dernière mode, du dernier cri ∥ **a últimos de mes** à la fin du mois ∥ **¡es lo último!** c'est la dernière! ∥ **¡es lo último que me faltaba por oír!** que ne faut-il pas entendre! ∥ FAM **estar en las últimas** être à la dernière extrémité o à l'article de la mort o à l'agonie (morirse), être sur sa fin o au bout du rouleau FAM (quedar poca vida) ∥ **¡has hecho las diez de últimas!** tu as gagné!

▪ SIN final final; postrero ultime; extremo extrême.

ultra *adj & s* ultra (extremista).

ultracentrifugadora *f* ultracentrifugeuse.

ultracongelación *f* surgélation.

ultraconservador, ra *adj* & *s* ultraconservateur, trice.

ultracorrección *f* hypercorrection.

ultracorto, ta *adj* ultracourt, e.

ultraderecha *f* extrême-droite.

ultraderechista *adj* d'extrême-droite.

ultrafiltración *f* ultrafiltration.

ultraísmo *m* "ultraïsme".

ultraizquierda *f* extrême gauche.

ultrajador, ra *adj* & *s* qui outrage, vexateur, trice.

ultrajante *adj* outrageant, e.
| SIN injurioso injurieux; ofensivo offensant; insultante insultant; vejatorio vexatoire.

ultrajar *v tr* outrager; ultrajar de palabra outrager en paroles.

ultraje *m* outrage; ultraje a las buenas costumbres outrage aux bonnes mœurs; ultraje público al pudor outrage public à la pudeur.

ultraligero *m* AVIAC U.L.M. [ultra léger motorisé].

ultramar *m* outre-mer; ir a ultramar aller outre-mer | azul de ultramar bleu outremer.

ultramarino, na *adj* d'outre-mer.
◆ **ultramarinos** *m pl* produits d'outre-mer, denrées *f* coloniales (géneros) | tienda de ultramarinos, ultramarinos épicerie.

ultramaro *adj* azul ultramaro bleu outremer.

ultramicroscopia *f* ultramicroscopie.

ultramicroscopio *m* ultramicroscope.

ultramoderno, a *adj* ultramoderne.

ultramontanismo *m* ultramontanisme.

ultramontano, na *adj* & *s* ultramontain, e.

ultranza
◆ **a ultranza** *loc* à outrance.

ultrapasar *v intr* outrepasser.

ultrapresión *f* ultrapression.

ultrarrápido, da *adj* ultrarapide.

ultrarrealista *adj* & *s* ultraroyaliste.

ultrarrojo, ja *adj* & *s m* FÍS infrarouge.

ultrasensible *adj* ultrasensible.

ultrasónico, ca *adj* ultrasonore, ultrasonique.

ultrasonido *m* FÍS ultrason.

ultrasonoterapia *f* MED ultrasonothérapie.

ultratumba *f* outre-tombe.

ultraviolado, da; ultravioleta *adj* & *s m* FÍS ultraviolet, ette | rayos ultravioletas rayons ultraviolets, ultraviolets.

ultravirus *m inv* BIOL ultravirus.

úlula *f* chat-huant *m* (ave).

ululación *f* ululation, ululement *m*.

ulular *v intr* ululer, hululer (p us).

ululato *m* ululement, ululation *f*.

ulva *f* BOT ulve (alga).

umbela *f* BOT ombelle.

umbelado, da *adj* BOT ombellé, e.

umbeliferáceas *f pl* BOT ombelliféracées.

umbelífero, ra *adj* & *s f* BOT ombellifère.

umbeliforme *adj* BOT ombelliforme.

umbélula *f* BOT ombellule.

umbilical *adj* ANAT ombilical, e; cordón umbilical cordon ombilical.

umbral *m* seuil, pas [de la porte]; en el umbral sur le seuil, sur le pas de la porte | FIG seuil; el umbral de la vida le seuil de la vie | seuil; umbral de audibilidad, de excitación seuil d'audition, d'excitation ■ FIG en los umbrales de la muerte au seuil de la mort | pisar los umbrales franchir le seuil.

umbría *f* lieu *m* ombreux, ombrage *m* | ubac *m*, ombrée (vertiente norte de una montaña).

Umbría *n pr f* GEOGR Ombrie.

umbrío, a *adj* ombragé, e; ombreux, euse (umbroso).
◇ *adj* & *s* ombrien, enne (de Umbría).

umbroso, sa *adj* ombreux, euse.

un, una *art indef* & *adj num* un, une; un amigo mío un de mes amis; un águila un aigle.
| OBSERV L'espagnol un est la forme apocopée de uno précédant un substantif masculin ou de una devant un nom féminin commençant par a ou ha accentué [⯈ **uno**].

unalbo, ba *adj* qui a une balzane (caballo).

unánime *adj* unanime.

unánimemente *adv* unanimement.

unanimidad *f* unanimité; aprobar por unanimidad approuver à l'unanimité.

unáu *m* ZOOL unau (perezoso).

uncia *f* once (moneda).

uncial *adj* & *s f* oncial, e (escritura).

unciforme *adj* ANAT unciforme.

unción *f* onction.

uncir [12] *v tr* atteler [par un joug]; uncir los bueyes al carro atteler les bœufs au chariot.

undécimo, ma *adj* & *s* onzième | en undécimo lugar onzièmement.

underground *adj inv* underground.

undoso, sa *adj* onduleux, euse; ondoyant, e.

undulación *f* ondulation.

undulante *adj* ondulant, e.

undular *v intr* onduler.

undulatorio, ria *adj* ondulatoire.

UNED (abrev de Universidad Nacional de Educación a Distancia) *n pr f* organisme espagnol d'enseignement universitaire à distance.

Unesco (abrev de United Nations Educational, Scientific and Cultural Organization) *f* Unesco.

ungido *adj m* oint.

ungimiento *m* onction *f*.

ungir [15] *v tr* oindre; ungir con un bálsamo oindre de baume | ungir a un sacerdote por obispo sacrer un prêtre évêque.

ungüento *m* onguent.

unguiculado, da *adj* & *s m* ZOOL onguiculé, e.

unguis *m* unguis (hueso de la órbita).

ungulado, da *adj* & *s m* ZOOL ongulé, e.

ungular *adj* unguéal, e (de la uña).

uniato *adj* & *s* uniate (secta).

únicamente *adv* uniquement.
| SIN solamente, sólo seulement; exclusivamente exclusivement; simplemente, meramente simplement.

unicameral *adj* unicaméral, e | sistema unicameral unicaméralisme.

Unicef (abrev de United Nations Children's Fund) *m* Unicef.

unicelular *adj* unicellulaire.

unicidad *f* unicité.

unicismo *m* unicisme.

único, ca *adj* unique; hijo único fils unique | seul, e (solo entre varios); el único culpable le seul coupable | FIG unique (extraordinario); único en su género unique en son genre.
◇ *m* & *f* seul, e; es el único que me queda c'est le seul qui me reste ■ lo único la seule chose; lo único que puedo hacer la seule chose que je puisse faire | ¡lo único que faltaba! il ne manquait plus que ça!

unicolor *adj* unicolore, monochrome.

unicornio *m* unicorne | licorne *f* (animal fabuloso) | unicornio marino licorne de mer, narval.

unidáctilo, la *adj* & *s* ZOOL unidactyle.

unidad *f* unité; unidad de acción, de lugar, de tiempo unité d'action, de lieu, de temps | rame (de tren, metro) | MIL unité | RELIG unité ■ INFORM unidad central de proceso unité centrale (de traitement) | unidad de información bit d'information | unidad de discos lecteur *m* de disquettes | unidad de salida unité de sortie | MED unidad de cuidados intensivos (UCI) unité de soins intensifs | unidad de vigilancia intensiva (UVI) service de réanimation, unité de soins intensifs | RAD unidad móvil unité o poste mobile | INFORM unidad periférica unité périphérique, périphérique *m*.

unidimensional *adj* FIL unidimensionnel, elle.

unidireccional *adj* RAD unidirectionnel, elle.

unido, da *adj* uni, e; familia muy unida famille très unie | unidos conseguiremos la victoria ensemble nous remporterons la victoire.

UNIDO (abrev de United Nations Industrial Development Organization) *f* ONUDI.

unifamiliar *adj* unifamilial, e.

unificación *f* unification.

unificador, ra *adj* & *s* unificateur, trice.

unificar [10] *v tr* unifier.

uniformación *f* uniformisation.

uniformado, da *adj* en uniforme.

uniformar *v tr* donner un uniforme; uniformar a los empleados de la casa donner un uniforme aux employés de la maison | uniformiser (uniformizar).

uniforme *adj* uniforme | uni, e (sin variedad) | hacer uniforme rendre uniforme, uniformiser.
| SIN igual égal; parejo pareil; monótono monotone; monocorde monocorde.

uniforme *m* uniforme; uso del uniforme port de l'uniforme | tenue *f*; uniforme de diario, de paseo tenue de travail, de sortie | uniforme de gala uniforme de parade, tenue de cérémonie, grande tenue; con uniforme de gala en grande tenue.

uniformemente *adv* uniformément.

uniformidad *f* uniformité.

uniformización *f* uniformisation.

uniformizar [13] *v tr* uniformiser.

unigénito, ta *adj* unique; hijo unigénito fils unique.
- **unigénito** *m* le fils de Dieu (Hijo de Dios).

unilateral *adj* unilatéral, e; contratos unilaterales contrats unilatéraux.

unilateralidad *f* caractère *m* unilatéral.

unilocular *adj* BOT uniloculaire.

uninominal *adj* uninominal, e.

unión *f* [▷ SIN] union; la unión del alma y del cuerpo l'union de l'âme et du corps; unión aduanera union douanière ▮ réunion, union; la unión de Castilla y León la réunion de la Castille et du Léon ▮ rattachement *m* (integración) ▮ jonction; la unión de dos ejércitos la jonction de deux armées ▮ union (casamiento) ▮ MED réunion, rapprochement *m*; la unión de los labios de una herida la réunion des lèvres d'une plaie ▮ TECN raccord *m* (manguito) ▮ jonction (electricidad) ▮ joint *m* (junta) ■ en unión de en compagnie de (en compañía de), de concert avec (con la participación de) ▮ la Unión Europea l'Union européenne; la unión hace la fuerza l'union fait la force ▮ HIST la Unión Soviética l'Union soviétique ▮ manguito de unión raccord fileté.
▮ SIN unidad unité; concordia concorde; acuerdo accord; amistad amitié; entente entente; inteligencia intelligence.

Unión Europea *f* Union européenne.

unionismo *m* unionisme.

unionista *adj & s* unioniste.

uníparo, ra *adj* unipare.

unipersonal *adj* GRAM unipersonnel, elle.

unipolar *adj* unipolaire.

unir *v tr* unir; unir una cosa con otra unir une chose à une autre; unir dos familias por un matrimonio unir deux familles par un mariage ▮ [▷ SIN] unir, rattacher, réunir; unir un país con otro rattacher un pays à un autre ▮ joindre, unir; unir dos campos para hacer uno solo joindre deux champs pour en faire un seul ▮ relier; carretera que une Madrid con Alcalá route qui relie Madrid à Alcalá ▮ FIG allier, joindre; unir la bondad con la firmeza allier la bonté à la fermeté ▮ lier, unir; estar unidos por el mismo interés être liés par le même intérêt ▮ attacher, lier, unir; estamos muy unidos uno con otro nous sommes très attachés l'un à l'autre ▮ rapprocher; la desdicha a los que sufren le malheur rapproche ceux qui souffrent ▮ MED réunir, rapprocher (los labios de una herida).
- **unirse** *v pr* se joindre, faire la jonction (reunirse) ▮ s'unir (casarse) ▮ FIG se rapprocher, s'allier (aliarse) ▮ s'attacher, se lier (afecto) ▮ s'associer; me uno a las palabras anteriormente pronunciadas je m'associe aux paroles qui ont déjà été prononcées.
▮ SIN asociar associer; aliar allier; federar fédérer; confederar confédérer; ligar liguer; coaligar coaliser.

unirrefringente *adj* FÍS uniréfringent, e.

unisex *adj* unisexe; moda unisex mode unisexe.

unisexuado, da *adj* BIOL unisexué, e.

unisexual *adj* BOT unisexuel, elle; unisexué, e; flor unisexual fleur unisexuée.

unisón *m* MÚS unisson.

unisonancia *f* unissonance ▮ MÚS unisson *m* ▮ FIG monotonie (monotonía).

unisonar [23] *v intr* MÚS jouer o chanter à l'unisson.

unísono, na *adj* unisson, e (verso) ▮ à l'unisson (voz).
- **unísono** *m* unisson ▮ FIG unisson; ponerse al unísono se mettre à l'unisson.

UNITA (abrev de Unión Nacional para la Independencia Total de Angola) *f* UNITA.

unitario, ria *adj & s m* unitaire.
◇ *adj & s* RELIG unitarien, enne.

unitarismo *m* RELIG unitarisme.

unitarista *adj & s* RELIG unitaire.

UNIVAC (abrev de universal automatic computer) *m* UNIVAC.

univalvo, va *adj* BOT & ZOOL univalve.

universal *adj* universel, elle ▮ FILOS lo universal l'universel.
▮ SIN mundial mondial; general général; internacional international; cosmopolita cosmopolite; ecuménico œcuménique.

universalidad *f* universalité ▮ DR universalité de biens (en una herencia).

universalismo *m* universalisme.

universalista *adj & s* universaliste.

universalización *f* universalisation.

universalizar [13] *v tr* universaliser.

universalmente *adv* universellement.

universidad *f* université; la Universidad de París l'université de Paris ▮ universalité (universalidad) ▮ universidad laboral école d'enseignement technique ▮ Universidad Politécnica établissement universitaire d'enseignement technique.

LA UNIVERSIDAD

La plupart des universités espagnoles sont publiques. Chaque communauté autonome en possède au moins une; les communautés de Madrid, de Catalogne, de Castille-Léon et de Valence sont celles où l'on trouve le plus d'universités. Il convient d'établir une distinction entre universités proprement dites, qui comprennent plusieurs facultés et dispensent un enseignement en sciences et sciences humaines, et les « Universidades Politécnicas », qui comprennent divers instituts supérieurs dispensant un enseignement technique. Il existe enfin un organisme d'enseignement universitaire à distance (UNED, Universidad Nacional de Educación a Distancia) destiné aux personnes qui, pour une raison ou pour une autre, ne peuvent pas se déplacer et veulent étudier chez elles. Il existe aussi, depuis peu, un organisme propre à la Catalogne, l'UOC (Universitat Oberta de Catalunya).

universitario, ria *adj* universitaire.
◇ *m & f* universitaire (profesor) ▮ étudiant, étudiante d'université (estudiante).

universo, sa *adj* universel, elle.
- **universo** *m* univers.
▮ SIN mundo, orbe monde; cosmos cosmos; globo globe.

univitelino, na *adj* MED univitellin, e.

univocación *f* FILOS univocation, univocité.

univocidad *f* univocité.

unívoco, ca *adj* FILOS univoque.

uno, a *adj num* un, une ➤ un.
◇ *adj* un, une; la patria es una la patrie est une.
◇ *art indef* un, une ■ a una o a un tiempo en même temps, à la fois ▮ de una vez en une seule fois, d'un seul coup ▮ es todo uno, todo es uno c'est tout un ▮ no ser más que uno ne faire qu'un.
- **unos, unas** *pl* des, quelques; unos libros des livres; unos años después quelques années après ▮ des (un par de); unos guantes des gants; unas tijeras des ciseaux ▮ environ, à peu près, quelque (aproximadamente); unos cien kilómetros cent kilomètres environ.
◇ *pron* un, une; tiene dos hermanos y yo uno il a deux frères et moi un; una de mis hermanas une de mes sœurs; tengo una más joven que yo j'en ai une plus jeune que moi (cuando uno es complemento, el verbo se construye en francés con en) ▮ l'un, l'une; uno de ellos l'un d'eux ▮ on *inv*, vous (sujeto); uno tiene sus costumbres on a ses petites habitudes; aquí uno no tiene derecho a protestar ici on n'a pas o vous n'avez pas le droit de protester ▮ vous (complemento); el ruido acaba por aturdirle a uno le bruit finit par vous étourdir ▮ quelqu'un; preguntar a uno demander à quelqu'un ■ una de dos de deux choses l'une ▮ una y no más une fois suffit ▮ uno a otro l'un l'autre (reciprocidad) ▮ uno a uno, uno por uno un à un, un par un, l'un après l'autre ▮ uno con otro l'un dans l'autre ▮ uno de otro l'un de l'autre ▮ uno más un de plus, encore un ▮ uno mismo soi-même; esto, puede hacerlo uno mismo ceci on peut le faire soi-même ▮ uno que otro quelques, quelques rares; se veía uno que otro árbol on voyait quelques rares arbres ▮ unos y otros les uns les autres ▮ uno tras otro l'un derrière l'autre (en fila), l'un après l'autre (todos) ▮ uno y otro l'un et l'autre ■ cada uno, cada una chacun, chacune ▮ MIL de a uno en fondo en colonne par un ▮ de uno en uno un par un, l'un après l'autre ▮ ni uno pas un ▮ ni uno ni otro ni l'un ni l'autre ▮ ¿quiere dos? no, quiero uno solo en voulez-vous deux? non, je n'en veux qu'un o j'en veux un seul ▮ FAM ¡y va una! et d'une!
- **uno** *m* un; uno y uno son dos un et un font deux ▮ premier; uno de abril 1er [premier] avril ▮ lo uno..., lo otro d'une part..., d'autre part.
- **una** *f* es la una il est une heure ▮ quedarse más solo que la una rester complètement seul o isolé.
◇ *m & f* FAM un homme, une femme; un type, une bonne femme; ahora Lola sale con uno Lola sort à présent avec un type.

untador, ra *adj & s* qui graisse, graisseur, euse.

untadura *f* graissage *m*.

untar *v tr* graisser (con aceite) ▮ enduire; untar con bálsamo enduire de baume ▮ FIG & FAM untar la mano graisser la patte.
- **untarse** *v pr* se tacher [de graisse] (mancharse) ▮ FIG & FAM se sucrer (sacar interés).

unto *m* graisse *f* (grasa) ▮ onguent (ungüento) ▮ (Amer) cirage (betún) ▮ FIG & FAM unto de México fric (dinero).

untuosidad *f* onctuosité.

untuoso, sa *adj* onctueux, euse.

untura *f* graissage *m* ‖badigeonnage *m*, badigeon *m* (a un enfermo) ‖onguent *m* (unto).

uña *f* ongle *m*; morderse las uñas se ronger les ongles; uña encarnada ongle incarné ‖ griffe (garra de los animales) ‖ sabot *m* (casco) ‖ aiguillon *m* (de alacrán) ‖ MED onglet *m*, ptérygion *m* (del ojo) ‖ TECN onglet *m* (muesca) ‖ griffe (mecánica) ‖ bec *m* (del ancla)‖ergot *m* (saliente) ■ arreglarse las uñas se faire les ongles (hacerse la manicura) ‖ FIG enseñar o mostrar las uñas montrer les griffes o les dents ‖ esconder las uñas faire patte de velours, rentrer ses griffes‖estar de uñas être comme chien et chat‖hacer una cosa a uña de caballo faire quelque chose à toute vitesse o à toute bride o à bride abattue (muy rápidamente)‖por la uña se conoce al león à l'ongle on connaît le lion ‖ ser uña y carne être comme les deux doigts de la main ‖ tener las uñas largas o afiladas avoir les mains crochues ■ uña de vaca pied de veau (carnicería).

uñada *f* coup *m* d'ongle (señal) ‖égratignure (rasguño).

uñarada *f* égratignure.

uñero *m* MED panaris (panadizo) ‖ ongle incarné (uña encarnada) ‖onglet (en un libro).

uñeta *f* onguicule *m* (uña pequeña) ‖ TECN ognette (de escultor) ‖ onglet *m*, onglette (de grabador) ‖ ciseau *m* (de cantero) ‖ognette (ave).
➤ **uñetas** *m pl* (Amer) pickpocket *m*.

¡upa! *interj* hop!

UPA (abrev de Unión Panamericana) *f* union panaméricaine.

upar *v tr* lever, hisser (aupar).

upas *m* upas (árbol).

UPC (abrev de Universidad Politécnica de Cataluña) *f* université d'enseignement technique catalane.

UPE (abrev de Unión Parlamentaria Europea) *f* UPE.

uperización *f* upérisation.

uperizado, da *adj* UHT.

uperizar [13] *v tr* upériser.

UPG (abrev de Unión del Pueblo Gallego) *f* parti nationaliste galicien.

UPM (abrev de Universidad Politécnica de Madrid) *f* université d'enseignement technique de Madrid.

UPN (abrev de Unión del Pueblo Navarro) *f* parti nationaliste navarrais.

uppercut *m* uppercut (gancho en boxeo).

UPU (abrev de Unión Postal Universal) *f* UPU.

Ur *n pr* GEOGR Our, Ur.

ualiano, na; urálico, ca *adj & s* oualien, enne.

uralita® *f* Fibrociment® *m*.

uraloaltaico, ca *adj* ouralo-altaïque.

uranato *m* QUÍM uranate.

urania *f* uranie (mariposa).

uránico, ca *adj* uranique.

uranífero, ra *adj* uranifère.

uranio *m* uranium (metal); uranio enriquecido uranium enrichi ‖ óxido de uranio urane.

uranio, nia *adj* céleste.

uranita *f* uranite.

urano *m* urane (óxido de uranio).

Urano *n pr* Uranus.

uranografía *f* uranographie (cosmografía).

uranógrafo *m* uranographe (cosmógrafo).

uranoplastia *f* MED uranoplastie.

urato *m* QUÍM urate.

urbanidad *f* politesse, courtoisie, urbanité (p us).
> SIN corrección correction; educación éducation; civilidad civilité; cortesía courtoisie; finura politesse.

urbanismo *m* urbanisme.

urbanista *adj & s* urbaniste.

urbanístico, ca *adj* urbain, e ‖conjunto urbanístico grand ensemble.

urbanización *f* éducation (educación) ‖ aménagement *m*, urbanification; obras de urbanización de una ciudad travaux d'aménagement d'une ville ‖ ensemble *m* urbain, lotissement ‖ urbanisation (fenómeno demográfico).

urbanizador, ra *adj* d'urbanisme.
➤ *m & f* urbaniste.

urbanizar [13] *v tr* dégrossir, civiliser, donner de bonnes façons à; urbanizar a un paleto dégrossir un rustre ‖ urbaniser (dar carácter urbano) ‖ aménager; urbanizar una ciudad aménager une ville ‖ zona sin urbanizar zone non encore aménagée.

urbano, na *adj* urbain, e; población urbana population urbaine ‖ FIG poli, e (cortés) ‖guardia urbano gardien de la paix.

urbe *f* cité, ville importante.

urca *f* hourque (embarcación) ‖orque *m* (cetáceo).

urceolado, da *adj* BOT urcéolé, e.

urcéolo *m* BOT urcéole.

urchilla *f* BOT orseille.

urdidera *f* ourdisseuse (urdidora) ‖ ourdissoir *m* (máquina).

urdido *m* machination *f*.

urdidor, ra *adj & s* ourdisseur, euse.
➤ **urdidor** *m* ourdissoir (urdidera).

urdidura *f* ourdissage *m*.

urdimbre; urdiembre *f* chaîne (de un tejido) ‖ ourdissage *m* (urdidura) ‖ FIG machination.

urdir *v tr* ourdir ‖ [▷ SIN] FIG ourdir; urdir una conspiración ourdir une conspiration.
> SIN tramar tramer; preparar préparer; maquinar machiner; trapichear manigancer.

urea *f* QUÍM urée.

uredinales; uredíneas *f pl* BOT urédinales.

uredospora *f* BOT urédospore.

ureida *f*; **ureido** *m* uréide *m*.

uremia *f* MED urémie.

urémico, ca *adj* urémique.

uréter *m* ANAT uretère.

urétera *f* ANAT urètre *m*.

ureteral *adj* urétéral, e.

ureteritis *f inv* MED urétérite.

urético, ca *adj* urétral, e.

uretra *f* ANAT urètre *m*.

uretral *adj* urétral, e.

uretritis *f inv* MED urétrite.

urgencia *f* urgence; con toda urgencia de toute urgence, d'urgence ■ cura de urgencia premiers soins, soins d'urgence ‖ curar de urgencia donner les soins d'urgence o les premiers soins ‖ DR recurso de urgencia référé ‖ MED servicio de urgencias, urgencias service des urgences, urgences.

urgente *adj* [▷ SIN] urgent, e; pressant, e; necesidad urgente besoin pressant ‖ exprès, esse; correo urgente courrier exprès ‖ ser urgente être urgent, presser.
> SIN perentorio péremptoire; apremiante pressant; imperioso impérieux.

urgentemente *adj* d'urgence, urgemment (p us).

urgir [15] *v intr* être urgent, presser; el asunto urge l'affaire presse ‖ me urge mucho c'est très urgent, j'en ai besoin tout de suite.
◇ *v impers* être urgent; urge terminar con el chabolismo il est urgent d'éliminer les bidonvilles.
◇ *v tr* presser; los delegados urgieron al Consejo para que tomara esta medida les délégués pressèrent le conseil de prendre cette mesure.

urgoniense *adj m & s m* GEOL urgonien.

uricemia *f* MED uricémie.

úrico, ca *adj* urique; ácido úrico acide urique.

urinario, ria *adj* urinaire; vías urinarias voies urinaires.
➤ **urinario** *m* urinoir.

urinífero, ra *adj* ANAT urinifère.

urna *f* urne ‖ ir a las urnas aller o se rendre aux urnes, voter.

uro *m* ZOOL aurochs, urus.

urobilina *f* urobiline.

urocistitis *f inv* MED urocystite.

urocromo *m* urochrome.

urodelos *m pl* ZOOL urodèles.

urodinia *f* MED urodynie.

urogallo *m* coq de bruyère.

urogenital *adj* urogénital, e; génito-urinaire.

urografía *f* urographie.

urología *f* MED urologie.

urológico, ca *adj* MED urologique.

urólogo, ga *m & f* urologue.

uromancia; uromancía *f* uromancie.

urómetro *m* uromètre, uréomètre.

uropigal *adj* uropygial, e ‖ glándula uropigal glande uropygienne.

urópodo *m* uropode.

uroscopia *f* MED uroscopie.

urpila *f* (Amer) petit pigeon *m*.

urraca *f* pie (ave) ‖FIG pie (hablador).

úrsidos *m pl* ZOOL ursidés.

URSS (abrev de Unión de Repúblicas Socialistas Soviéticas) *f* HIST la URSS l'URSS.

Úrsula *n pr* Ursule.

ursulina *f* ursuline (monja).

urticáceas *f pl* BOT urticacées.

urticante *adj* urticant, e.

urticaria *f* MED urticaire.

urubú *m* urubu (ave).
  ▌ OBSERV pl urubúes.

urucú *m* (*Amer*) rocouyer (árbol).
  ▌ OBSERV pl urucúes.

Uruguay *n pr m* GEOGR Uruguay.

uruguayo, ya *adj & s* uruguayen, enne.

urunday; urundey *m* urunday (árbol de América del Sur).

urutaú *m* sorte de hibou d'Argentine.

USA (abrev de United States of America) *m pl* USA.

usado, da *adj* usé, e (deteriorado) ▌ usagé, e (que ha servido ya) ▌ employé, e; usité, e; palabra poco usada mot peu usité ▌ utilisé, e; employé, e (utilizado) ▌ (p us) habitué, e; exercé, e (ejercitado).

usagre *m* MED croûtes *f pl* de lait.

usanza *f* usage *m* (uso) ▌ mode; a la antigua usanza à l'ancienne mode.

usar *v tr* [▷ SIN] utiliser, se servir de, employer; uso tinta negra j'utilise de l'encre noire ▌ porter; usa camisas de seda il porte des chemises de soie; usar gafas porter des lunettes.
  ◇ *v intr* user de, faire usage de; usar de su derecho user de son droit ▌ avoir l'habitude de (acostumbrar) ▌ usar mal de mal user de, mésuser (ant).
  ➡ **usarse** *v pr* s'employer; esta palabra ya no se usa ce mot ne s'emploie plus ▌ se porter; ya no se usan miriñaques on ne porte plus de crinolines.
  ▌ SIN emplear employer; aplicar appliquer; practicar pratiquer; utilizar utiliser; servirse, valerse se servir; manejar manier.

USARD (abrev de Unión Sudamericana de Radiodifusión) *f* union sud-américaine de radiodiffusion.

Usatges *n pr m pl* premier code de droit catalan, compilé au XIIᵉ siècle par Ramón Berenguer.

usía *pron pers* Votre Seigneurie.

usina *f* usine (fábrica).
  ▌ OBSERV Ce mot est un gallicisme fréquemment employé en Uruguay.

usnea *f* usnée (liquen).

uso *m* usage, utilisation *f*; el buen uso de las riquezas le bon usage des richesses ▌ usage, coutume *f* (costumbre); es el uso del país c'est l'usage du pays ▌ emploi; instrucciones para el uso mode d'emploi ▌ usage, exercice; el uso de la autoridad, de un privilegio l'exercice de l'autorité, d'un privilège ▌ port; uso indebido de condecoraciones port illégal de décorations; casi ha desaparecido el uso de la capa le port de la cape a presque disparu ▪ al uso en usage, en vogue (que se estila), selon l'usage, à la façon de, à la manière de; al uso aragonés à la façon des Aragonais ▌ con el uso à l'usage; los zapatos dan de sí con el uso les chaussures se font à l'usage ▌ de mucho uso qui fait beaucoup d'usage ▌ de uso en usage, courant ▌ de uso corriente d'usage courant ▌ en buen uso en bon état ▌ en uso de faisant usage de; en uso de sus prerrogativas faisant usage de ses prérogatives; en vertu de; en uso de las facultades que me confiere el artículo 2 en vertu des pouvoirs qui me sont conférés par l'article 2 ▌ fuera de uso hors d'usage, hors d'état

▌ para uso de à l'usage de ▌ según la moda al uso à la mode, au goût du jour ▪ el uso hace al maestro c'est en forgeant qu'on devient forgeron ▌ hacer buen uso de faire (un) bon usage de ▌ hacer mal uso de faire (un) mauvais usage de, mal user de ▌ hacer uso de faire usage de, user (utilizar), exercer (autoridad, etc.) ▌ hacer uso de la palabra prendre la parole, faire usage de la parole ▌ ser de uso s'employer (emplearse), se porter (llevarse) ▌ tener uso de razón avoir l'âge de raison.
  ➡ **usos** *m pl* us; usos y costumbres us et coutumes.

USO (abrev de Unión Sindical Obrera) *f* syndicat espagnol.

USP (abrev de Unión Sindical de Policía) *f* syndicat de la police espagnole.

usted *pron pers de la 3ª persona* vous (2ª persona en francés); usted y su hermano vous et votre frère; a usted le toca hablar c'est à vous de parler ▪ tratamiento de usted vouvoiement ▌ tratar o hablar de usted vouvoyer ▌ yo, que usted moi, à votre place o si j'étais vous.
  ➡ **ustedes** *pl* vous; ustedes y sus hijos vous et vos enfants.
  ▌ OBSERV Usted étant la contraction de vuestra merced (votre grâce) est donc un pronom de la 3ᵉ personne et les verbes et les adjectifs possessifs qui s'y rappportent sont également à la 3ᵉ personne. Usted s'écrit en abrégé Ud. ou Vd. et ustedes Uds. ou Vds.

ustilagíneas *f pl* BOT ustilaginales.

ustorio *adj m* espejo ustorio miroir ardent.

usual *adj* usuel, elle; courant, e; términos usuales termes usuels ▌ d'usage; fórmulas usuales formules d'usage ▌ habituel, elle; courant, e (habitual).

usualmente *adv* usuellement.

usuario, ria *m & f* usager, ère; los usuarios de la carretera les usagers de la route ▌ utilisateur, trice; los usuarios del gas les utilisateurs du gaz ▌ DR usufruitier, ère.

usucapión *f* DR usucapion.

usucapir *v tr* DR acquérir par usucapion.

usufructo *m* DR usufruit (derecho).

usufructuar [6] *v tr* avoir l'usufruit de.

usufructuario, ria *adj & s* usufruitier, ère.

usura *f* usure (interés) ▌ pagar con usura rendre avec usure.

usurario, ria *adj* usuraire; beneficio usurario bénéfice usuraire.

usurero, ra *adj & s* usurier, ère.

usurpación *f* usurpation; usurpación de estado civil usurpation d'état civil ▌ empiètement *m* (intrusión).

usurpador, ra *adj & s* usurpateur, trice.

usurpar *v tr* usurper; usurpar un título usurper un titre ▌ FIG usurper, empiéter sur; usurpar derechos ajenos empiéter sur les droits d'autrui.
  ▌ SIN expoliar spolier; arrogarse s'arroger; apropiarse s'approprier; apoderarse s'emparer; despojar dépouiller; robar voler; quitar enlever.

usurpatorio, ria *adj* usurpatoire.

usuta *f* (*Amer*) sandale (ojota).

ut *m inv* MÚS ut (do).

utensilio *m* ustensile.

uterino, na *adj* utérin, e; hermano uterino frère utérin ▌ furor uterino fureur utérine, utéromanie.

útero *m* ANAT utérus.

Útica; Utica *n pr* HIST Utique.

útil *adj* utile.
  ◇ *m* outil (herramienta) ▪ lo útil l'utile; unir lo útil con lo agradable joindre l'utile à l'agréable ▌ útiles de escritorio articles de bureau.

utilería *f* outillage *m* ▌ CINEM & TEATR accessoires *m pl*.

utilidad *f* utilité ▌ bénéfice *m*; impuesto de utilidades impôt sur les bénéfices.

utilitario, ria *adj* utilitaire.
  ➡ **utilitario** *m* véhicule utilitaire.

utilitarismo *m* utilitarisme.

utilitarista *adj & s* utilitariste.

utilizable *adj* utilisable.

utilización *f* utilisation.

utilizar [13] *v tr* utiliser, se servir de.

utillaje *m* outillage.
  ▌ OBSERV Ce mot n'est plus considéré comme un gallicisme par l'Académie.

útilmente *adv* utilement.

utopía *f* utopie.

utópico, ca *adj & s* utopique.

utopista *adj & s* utopiste.

utraquista *m* RELIG utraquiste (husita).

utrero, ra *m & f* bouvillon *m*, génisse *f*.

utrícula *f*; **utrículo** *m* BOT utricule *m*.

utricular *adj* utriculaire.

utrículo ➡ **utrícula**.

utriculoso, sa *adj* utriculeux, euse.

uva *f* raisin *m*; grano de uva grain de raisin ▌ grain *m* de raisin ▪ uva albilla chasselas ▌ uva de mesa raisin de table ▌ uva moscatel raisin muscat ▪ rayos uva UV FAM ▌ FIG & FAM estar de mala uva être de mauvais poil.
  ➡ **uvas** *f pl* raisin *m sing*; racimo de uvas grappe de raisin; me gustan las uvas j'aime le raisin ▌ uvas pasas raisins secs ▌ uvas de la suerte grains de raisin que l'on mange le soir du 31 décembre ▪ cura de uvas cure uvale ▌ FIG & FAM entrar por uvas risquer le coup (arriesgarse) ▌ meter uvas con agraces mélanger les torchons avec les serviettes.

uval *adj* uval, e.

uvate *m* raisiné.

uve *f* v *m* (nombre de la letra "v") ▌ uve doble double v.

úvea *f* ANAT uvée.

uveitis *f inv* MED uvéite.

úveo, a *adj* uvéal, e.

uvero, ra *m & f* marchand, e de raisin.
  ➡ **uvero** *m* raisinier (árbol de América).
  ◇ *adj* du raisin; exportación uvera exportation du raisin.

UVI (abrev de unidad de vigilancia intensiva) *f* unité de soins intensifs; estar en la UVI être en réa.

úvula *f* ANAT uvule, luette (campanilla).

uvular *adj* uvulaire.

¡uy! *interj* aïe! (dolor), pouah! (repugnancia), oh là là! (sorpresa).

Uzbekistán *n pr m* GEOGR Ouzbékistan.

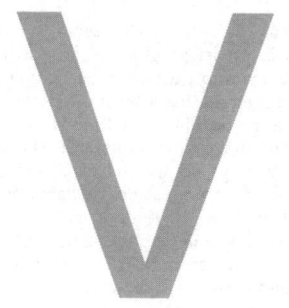

v; V *f* v *m*; una v mayúscula, minúscula un grand, petit v ‖ v doble w.

> **OBSERV 1.** Le son du v en espagnol se confond avec celui du b.
> **2.** V se dit uve en espagnol.

v. ➤ **vid.**

vaca *f* vache; vaca lechera vache laitière ‖ bœuf *m* (carne); estofado de vaca bœuf mode ‖ vache, vachette (cuero) ‖ enjeu *m* (dinero jugado en las cartas) ■ carne de vaca viande de bœuf, bœuf ‖ FIG & FAM parece una vaca c'est une grosse dondon ‖ vaca de San Antón bête à Bon Dieu, coccinelle ‖ vaca marina vache marine, lamantin (manatí) ‖ FIG vaca sagrada chose sacro-sainte ‖ vacas flacas, gordas vaches maigres, grasses.

vacaciones *f pl* [▷ SIN] vacances; vacaciones de verano vacances d'été, grandes vacances; estar de vacaciones être en vacances ‖ vacations (de un tribunal) ‖ congés *m*; vacaciones retribuidas o pagadas congés payés.

> SIN asueto congé; recreo récréation; reposo, descanso, holganza repos.

vacada *f* troupeau *m* de bœufs o de vaches.

vacante *adj* [▷ SIN] vacant, e; puesto vacante poste vacant ‖ vacant, e (sucesión).

◇ *f* vacance; en caso de producirse una vacante en cas de vacance de siège ‖ vide *m*, poste *m* vacant, emploi *m* vacant; cubrir las vacantes en una administración pourvoir les emplois vacants o combler les vides dans une administration.

> SIN vacío vide; libre libre; disponible disponible.

vacar [10] *v tr* être vacant, vaquer.

vacarí *adj* en cuir de vache.

vaccinela *f* MED vaccinelle.

vaccíneo, a *adj* MED vaccinal, e; medios vaccíneos moyens vaccinaux.

vaccínide *f* MED vaccinide.

vaccinífero, ra *adj* vaccinifère.

vaccinógeno, na *adj* MED vaccinogène.

vaccinoide *adj* & *s f* MED vaccinoïde.

vaccinostilo *m* MED vaccinostyle (lanceta).

vaccinoterapia *f* MED vaccinothérapie.

vaciadero *m* dépotoir (lugar) ‖ déversoir, égout (conducto) ‖ bonde *f* (de un estanque).

vaciado *m* moulage (acción y su resultado); vaciado de yeso moulage en plâtre ‖ fonte *f*, coulage (con metal); vaciado de una estatua fonte d'une statue; vaciado en molde coulage en moule ‖ évidage (formación de un hueco) ‖ vidange *f* (de un depósito) ‖ coulée *f*;

orificio de vaciado trou de coulée ‖ repassage, affûtage (de un cuchillo) ‖ INFORM vaciado de la memoria vidage de la mémoire.

vaciador *m* TECN mouleur (de figuras en molde) ‖ fondeur (obrero fundidor) ‖ videur (instrumento para vaciar).

vaciante *m* marée descendante, jusant *m* (menguante).

vaciar [9] *v tr* vider; vaciar un tonel vider un tonneau ‖ couler (metal derretido), mouler (yeso); vaciar una estatua en bronce couler une statue en bronze ‖ vider; vaciar un pollo vider un poulet ‖ évider (ahuecar) ‖ vidanger; vaciar una fosa séptica vidanger une fosse septique ‖ repasser, affûter (un cuchillo) ‖ FIG & FAM vaciar el saco vider son sac.

◇ *v intr* se jeter; río que vacía en el mar fleuve qui se jette dans la mer.

➡ **vaciarse** *v pr* se vider ‖ FIG s'ouvrir, s'épancher, vider son sac FAM.

vaciedad *f* niaiserie, fadaise.

vacilación *f* vacillation (balanceo) ‖ FIG vacillation, hésitation.

vacilante *adj* vacillant, e ‖ FIG vacillant, e; hésitant, e.

vacilar *v intr* vaciller; luz que vacila lumière qui vacille ‖ [▷ SIN] FIG hésiter, chanceler; vacilar en su resolución hésiter dans sa résolution ‖ FAM déconner (estar de guasa) ‖ (*Amer*) faire la noce o la foire (parrandear) ‖ se soûler (emborracharse) ‖ FIG hacer vaciller (tambalear); hacer vacilar las convicciones ébranler les convictions ‖ memoria que vacila mémoire chancelante ‖ vacilar en hésiter à; vacila en hablar il hésite à parler; hésiter sur; vacilar en la elección hésiter sur son choix.

◇ *v tr* FAM charrier (quelqu'un], se payer la tête de [quelqu'un] (tomar el pelo).

> SIN dudar douter; tantear tâtonner; titubear hésiter.

vacile *m* FAM bobard, char, charre (tomadura de pelo) ‖ crâneur (fanfarrón).

vacilón, ona *adj* FAM crâneur, euse (fanfarrón) ‖ déconneur, euse; petit malin, petite maligne (guasón, burlón) ‖ (*Amer*) noceur, euse (parrandero).

➡ **vacilón** *m* (*Amer*) FAM noce *f*, foire *f* (parranda).

vacío, a *adj* vide; cajón vacío tiroir vide; sala vacía salle vide ‖ vacant, e; vide; vivienda vacía logement vacant ‖ FIG creux, euse; vain, e; idea vacía idée creuse ‖ non pleine (hembra) ‖ FIG cabeza vacía tête creuse ■ FIG tener el estómago vacío avoir l'estomac vide o le ventre creux o un creux à l'esto-

mac ‖ volver con las manos vacías o de vacío revenir les mains vides, revenir bredouille.

➡ **vacío** *m* creux (cavidad) ‖ FIG vide; hacer el vacío faire le vide; en vacío sous vide ‖ flanc (ijada) ‖ FIG vide; su muerte dejó un gran vacío sa mort a laissé un grand vide ‖ vanité *f* (vanidad) ‖ vacance *f* (vacante) ■ de vacío, vacío à vide; el autobús volvió vacío l'autobus revint à vide ‖ FIG el vacío del poder la vacance du pouvoir ■ FIG hacer el vacío a uno faire le vide autour de quelqu'un ‖ tener un vacío en el estómago avoir un creux à l'estomac, avoir l'estomac vide o le ventre creux.

vacuidad *f* vacuité.

vacuna *f* MED vaccin *m* ‖ VETER vaccine.

vacunación *f* MED vaccination.

vacunar *v tr* MED vacciner.

vacuno, na *adj* bovin, e ‖ el ganado vacuno les bovins, les bêtes à cornes.

vacuo, a *adj* vide (vacío) ‖ vacant, e (vacante).

➡ **vacuo** *m* vide, vacuité *f*.

vacuola *f* BIOL vacuole.

vacuolar *adj* BIOL vacuolaire.

vacuoma *m* BIOL vacuome.

vadeable *adj* guéable.

vadear *v tr* passer à gué, guéer (un río) ‖ FIG vaincre, surmonter (una dificultad) ‖ sonder, tâter (el ánimo de uno).

vademécum *m inv* vade-mecum (libro) ‖ cartable, portefeuille d'étudiant.

> OBSERV pl vademécums.

vadera *f* gué *m*.

vado *m* gué (de un río) ‖ bateau (de una acera).

vagabundear *v intr* vagabonder, rôder.

vagabundeo *m* vagabondage.

vagabundo, da *adj* vagabond, e; vida vagabunda vie vagabonde.

◇ *m & f* [▷ SIN] vagabond, e ‖ DR vagabond, e.

> SIN trotamundos globe-trotter; nómada nomade; errante, errático errant; gitano romanichel.

vagamente *adv* vaguement.

vagamundo, da *adj & s* vagabond, e.

vagancia *f* vagabondage *m* (delito) ‖ fainéantise, paresse (ociosidad).

vagar [16]; **vaguear** *v intr* errer, vaguer (p us); vagar por el pueblo errer dans le village ‖ flâner (andar ocioso) ‖ DR vagabonder ‖ vagar como alma en pena errer comme une âme en peine.

vagido *m* vagissement ▮ dar vagidos pousser des vagissements, vagir.

vagina *f* ANAT vagin *m*.

vaginal *adj* ANAT vaginal, e.

vaginalitis *f inv* MED vaginalite.

vaginitis *f inv* MED vaginite.

vago, ga *adj* vague; promesas vagas de vagues promesses ▮[▷ SIN] vague, flou, e (color, trazo) ▮ FIG vague, flou, e; idea vaga idée vague; pensamiento vago pensée floue ▮ ANAT nervio vago nerf vague.
◇ *adj & s* fainéant, e; flemmard, e FAM.
◇ *m & f* DR vagabond, e ■ hacer el vago fainéanter ▮ ley de vagos y maleantes loi sur le vagabondage.
▮ SIN ligero léger; vaporoso vaporeux; impreciso imprécis; indefinido indéfini.

vagón *m* wagon ■ vagón basculante, cerrado wagon basculant o wagon-tombereau, wagon couvert ▮ vagón cisterna wagonciterne ▮ vagón cuba wagon-foudre ▮ vagón de mercancías wagon de marchandises ▮ vagón de primera voiture de première ▮ vagón de segunda voiture de seconde ▮ vagón para ganado wagon à bestiaux ▮ vagón restaurante wagon-restaurant ▮ vagón tolva wagon trémie.

vagonero *m* wagonnier.

vagoneta *f* wagonnet *m* ▮ vagoneta de colada chariot de coulée.

vagotomía *f* MED vagotomie.

vagotonía *f* MED vagotonie.

vagotónico, ca *adj* MED vagotonique.

vaguada *f* talweg *m*, thalweg *m*.

vagueación *f* divagation.

vaguear ▶ **vagar**.

vaguedad *f* vague *m*, imprécision; la vaguedad de sus palabras le vague de ses propos.
▬ **vaguedades** *f pl* généralités; no ha dicho nada preciso sino sólo vaguedades il n'a rien dit de précis mais seulement des généralités ▮ decir vaguedades, andarse con vaguedades rester dans le vague.

vaguemaestre *m* vaguemestre.

vaguitis *f inv* FAM tener vaguitis avoir la flemmingite aiguë.

vahaje *m* brise *f* (viento).

vaharada *f* bouffée, souffle *m*.

vahear *v intr* exhaler de la vapeur.

vahído *m* vertige, étourdissement; darle a uno un vahído avoir un vertige.

vaho *m* vapeur *f*, exhalaison *f* ▮ buée *f*; hay vaho en los cristales il y a de la buée sur les carreaux.

vaída *adj* bóveda vaída coupole sur pendentifs.

vaina *f* fourreau *m* (de espada) ▮ gaine (de navaja) ▮ BOT gousse, cosse; vaina de guisantes gousse de petits pois ▮ gaine (del tallo) ▮ ANAT gaine ▮ MAR gaine (de vela) ▮ douille (de cartucho) ▮ (Amer) FIG salirse de la vaina sortir de ses gonds.
◇ *m* bon à rien, imbécile, cloche *f*; está hecho un vaina c'est un bon à rien.

vainazas *m inv* FAM chiffe *f*, mollasson.

vainero *m* gainier (fabricante de vainas).

vainica *f* jours *m pl* échelle.

vainilla *f* vanille; helado de vainilla glace à la vanille ▮ vanillier *m* (planta) ■ plantación de vainilla vanillerie, vanillière.

vainillina *f* QUÍM vanilline.

vaivén *m* va-et-vient *inv* (movimiento) ▮ FIG va-et-vient *inv*; un vaivén de ideas nuevas un va-et-vient d'idées neuves ▮ changement, fluctuation *f*, vicissitude *f*, avatar; los vaivenes de la vida política les vicissitudes de la vie politique.

vaivoda *m* voïvode, voïévode (título).

vajilla *f* vaisselle ▮ vajilla de plata vaisselle en argent, argenterie.

val *m* (p us) val (valle).

valaco, ca *adj & s* valaque.

Valaquia *n pr f* GEOGR Valachie.

valdense *adj & s* RELIG vaudois, e (secta).

valdepeñas *m inv* vin de Valdepeñas.

valdepeñero, ra *adj* de Valdepeñas [Nouvelle-Castille].

vale *m* bon; vale por diez pesetas bon pour dix pesetas; vale del Tesoro bon du Trésor ▮ reçu (recibo) ▮ billet à ordre (pagaré) ▮ bon point (en la escuela) ▮ FAM (Amer) copain (compañero).

valedero, ra *adj* valable.
▮ SIN valido valide; firme ferme; eficaz efficace.

valedor, ra *m & f* protecteur, trice (protector) ▮ (Amer) copain, copine (camarada).

valencia *f* QUÍM valence.

Valencia *n pr* GEOGR Valence (en España); fallas de Valencia fêtes de la Saint-Joseph à Valence.

LAS FALLAS DE VALENCIA
Au XVIᵉ siècle, les menuisiers de Valence jetaient régulièrement au feu les poutres en bois auxquelles ils suspendaient leurs lampes à huile. Ces « parots » prirent peu à peu la forme d'une marionnette ainsi que le nom de « ninots ». De nos jours, du 16 au 19 mars, pour les fêtes de la Saint-Joseph, patron des menuisiers, on expose les « ninots » au public, sur des estrades appelées « fallas ». Ces « ninots » sont en général des représentations satyriques et allégoriques de l'actualité sociale et politique du pays. L'un d'entre eux est « gracié » et conservé dans un musée, tandis que les autres sont jetés dans un bûcher, appelé la « cremá », à minuit, le soir de la Saint-Joseph.

valenciano, na *adj & s* valencien, enne; valentien, enne.

valentía *f* vaillance, courage *m* (valor) ▮ bravoure, valeur; la valentía de un general la bravoure d'un général ▮ forfanterie, fanfaronnade (ostentación de valor); la valentía de un perdonavidas la forfanterie d'un matamore ▮ assurance, sûreté, hardiesse; pintor que maneja el pincel con valentía peintre qui manie le pinceau avec assurance.

Valentín *n pr* Valentin.

Valentina *n pr* Valentine.

valentón, ona *adj & s* fanfaron, onne.
▬ **valentón** *m* fier-à-bras, matamore.

valentona; valentonada *f* fanfaronnade, rodomontade.

valer *m* valeur *f*, mérite.

valer [74] *v tr* valoir; la gloria que le han valido sus hazañas la gloire que ses exploits lui ont value ▮ valoir, attirer, causer; esto me ha valido muchos disgustos cela m'a valu o a attiré sur moi bien des ennuis ▮ valoir, coûter; su pereza le valió un suspenso en el examen sa paresse lui a coûté un échec à l'examen ▮ protéger, défendre (proteger) ■ FAM no valer un ardite o un comino o un pepino o un ochavo o un higo o un pito ne pas valoir un liard o tripette o cher o un fétu o quatre sous ▮ valer la pena valoir la peine; no vale la pena hacerlo ça ne vaut pas la peine de le faire ▮ valer lo que cuesta valoir son prix ▮ FIG valer lo que pesa en oro o tanto oro como pesa o un Perú o un Potosí o un mundo valoir son pesant d'or, valoir un empire ▮ ¡válgame Dios! grand Dieu!, que Dieu me vienne en aide!
◇ *v intr & impers* valoir; este reloj vale mil francos cette montre vaut mille francs ▮ valoir, avoir de la valeur o du prix; este recuerdo vale mucho para mí se souvenir a une grande valeur pour moi ▮ être valable; sus argumentos no valen vos arguments ne sont pas valables ▮ compter (contar); este partido no vale cette partie ne compte pas ▮ servir; no le valió esta astucia cette ruse ne lui a pas servi ▮ aller (ser conveniente); este chico no vale para este cargo ce garçon ne va pas pour ce poste; esta herramienta no vale para eso cet outil ne va pas pour ça ▮ être capable; yo no valgo para esta clase de trabajo je ne suis pas capable de faire ce genre de travail ▮ avoir cours (monedas) ■ valer mucho être très utile; vale mucho tener una buena recomendación il est très utile d'avoir une bonne recommandation; avoir une grande valeur; esta muchacha vale mucho cette jeune fille a une grande valeur ▮ valer para servir à; no vale para nada cela ne sert à rien ▮ valer por compter pour; vale por dos il compte pour deux ▮ valer tanto... como valoir, valoir autant... que; Juan vale tanto como su hermano Jean vaut son frère ▮ darse a valer se faire valoir ▮ hacer valer faire valoir ▮ la primera impresión es la que vale la première impression est la bonne, c'est la première impression qui compte ▮ lo que mucho vale, mucho cuesta nul bien sans peine ▮ más vale mieux vaut, il vaut mieux (es preferible); más vale hacerlo ahora mieux vaut le faire maintenant ▮ más vale así mieux vaut ainsi, cela vaut mieux ainsi, il vaut mieux qu'il en soit ainsi, tant mieux ▮ más vale tarde que nunca mieux vaut tard que jamais ▮ más vale un toma que dos te daré un tiens vaut mieux que deux tu l'auras ▮ no hay excusa que valga il n'y a pas d'excuse qui compte o qui tienne ▮ no hay pero que valga il n'y a pas de mais qui tienne ▮ no vale ça ne compte pas (no cuenta), ce n'est pas de jeu (no hay derecho), ça ne va pas, je ne suis pas d'accord (no estoy conforme) ▮ sin que valgan excepciones sans aucune exception ▮ tanto vale el uno como el otro l'un vaut l'autre, ils se valent ▮ tanto vale hacerlo ahora mismo autant le faire tout de suite ▮ vales tanto cuanto tienes on ne vaut que par ce qu'on possède ▮ FAM vale d'accord, ça va, O.K. (está bien), ça suffit (basta) ▮ válgame la frase passez-moi l'expression.
▬ **valerse** *v pr* se valoir ▮ se servir,

s'aider; **valerse de un bastón para andar** se servir d'une canne pour marcher; **valerse de un diccionario** s'aider d'un dictionnaire ‖ user de; **valerse de sus derechos** user de ses droits; **valerse de astucias** user de ruses ‖ se servir, avoir recours à; **valerse de sus relaciones** se servir de ses relations ■ **no poder valerse** ne pas pouvoir se suffire à soi-même o se débrouiller tout seul ‖ **valerse de todos los medios** se servir de tous les moyens, faire flèche de tout bois, faire arme de tout.

Valeria *n pr* Valérie.

valeriana *f* BOT valériane (planta).

valerianáceas *f pl* BOT valérianacées.

valerianato *m* QUÍM valérianate.

valerianela *f* BOT valérianelle.

valeriánico, ca *adj* QUÍM valérianique, valérique.

Valeriano *n pr* Valérien.

Valerio *n pr* Valère.

valerosamente *adv* vaillamment, courageusement.

valeroso, sa *adj* vaillant, e; courageux, euse; valeureux, euse; **un soldado valeroso** un soldat valeureux ‖ précieux, euse (de mucho precio).

valet *m* valet (sota o jota en la baraja francesa).

Valetta *n pr f* GEOGR La Valetta La Valette.

valía *f* valeur; **joya de mucha valía** bijou d'une grande valeur ‖ crédit *m* (con una persona).

validación *f* validation.

validar *v tr* valider.

validez *f* validité.
  ▌ OBSERV pl valideces.

valido, da *adj* estimé, e; apprécié, e.
  ➤ **valido** *m* favori (favorito).

válido, da *adj* valide; **un hombre válido** un homme valide ‖ FIG valide (que satisface los requisitos); **elección válida** élection valide ‖ valable; **recibo válido** quittance valable ‖ **votos válidos** suffrages valablement exprimés.

valiente *adj* vaillant, e; courageux, euse; brave; **un soldado valiente se expone en los combates** un soldat vaillant s'expose dans les combats ‖ fanfaron, onne (valentón) ‖ FIG & FAM fameux, euse; sacré, e; beau, belle; **¡valiente tonto eres!** tu es un fameux idiot ■ **¡valiente amigo tienes!** tu as un drôle d'ami! ‖ **¡valiente frío!** quel froid! ‖ **¡valiente tonto!** quel idiot!
  ◇ *m & f* brave (valeroso) ‖ fanfaron, onne; matamore *m* (bravucón).

valientemente *adv* valeureusement, bravement.

valija *f* valise (maleta) ‖ sacoche (del cartero) ‖ **valija diplomática** valise diplomatique.

valimiento *m* crédit, faveur *f*, privauté *f*; favorito que tiene valimiento con el rey favori qui est en faveur o a du crédit auprès du roi, favori qui jouit de la privauté du roi ‖ crédit; **valimiento personal** crédit personnel.

valioso, sa *adj* précieux, euse; de prix; **una joya valiosa** un bijou précieux ‖ de valeur, précieux, euse (estimado); **cuadro valioso**

tableau de valeur ‖ riche; **tesoro valioso** riche trésor ‖ FIG précieux, euse; **un asesoramiento valioso** un conseil précieux ‖ riche; **¡valiosa idea!** riche idée!

valisoletano, na *adj & s* de Valladolid.

valla *f* clôture (cerca) ‖ palissade (estacada) ‖ FIG barrière, obstacle *m* (obstáculo) ‖ DEP haie; **110 metros vallas** 110 mètres haies ‖ place située au premier rang dans les arènes ‖ (*Amer*) enceinte pour les combats de coqs ‖ **valla publicitaria** panneau publicitaire.

valladar *m* palissade *f* (estacada) ‖ FIG barrière *f*, obstacle.

vallado *m* palissade *f* (estacada) ‖ clôture *f* (cerca).

vallar *v tr* palissader, clôturer.

valle *m* vallée *f* ‖ FIG **valle de lágrimas** vallée de larmes.
  ▌ SIN vallejo, cañada vallon; val val; hoz gorge; vaguada talweg, thalweg; hondonada, hoya cuvette.

vallejo *m* vallon.

vallico *m* BOT fausse ivraie *f*.

vallisoletano, na *adj & s* de Valladolid.

vallunco, ca *adj* (*Amer*) rustaud, e; rustre (tosco).

valón, ona *adj & s* wallon, onne.
  ➤ **valón** *m* LING wallon.

valona *f* collerette à la wallone ‖ (*Amer*) crinière (de los caballos).

valonar *v tr* (*Amer*) tailler la crinière [des chevaux].

valor *m* valeur *f*; **artista de valor** artiste de valeur; **objeto de valor** objet de valeur; **dar valor a** donner de la valeur à ‖ courage, valeur *f*; **el valor de un soldado** le courage d'un soldat ‖ courage; **no tengo valor para ir a verle** je n'ai pas le courage d'aller le voir ‖ FIG crédit; **no doy valor a sus palabras** je n'accorde pas de crédit à ses paroles ‖ FAM front, audace *f*; **tuvo valor para pedir que le pagaran** il a eu le front de demander qu'on le paie ‖ ECON valeur *f*; **valor en cuenta** valeur en compte ‖ MAT valeur *f*; **valor absoluto, relativo** valeur absolue, relative ‖ MÚS valeur *f* ■ ECON **valor añadido** valeur ajoutée ‖ **valor bursátil** valeur boursière ‖ **valor comercial** valeur marchande ‖ **valor contable** valeur comptable ‖ **valor declarado** valeur déclarée ‖ **valor efectivo** valeur effective ‖ **valor en cartera** valeur en portefeuille ‖ **valor en oro** valeur or ‖ **valor nominal** valeur nominale ‖ **valor recibido** valeur fournie ‖ MAT **valores de una variable** valeurs d'une variable ‖ ECON **valores fiduciarios** valeurs fiduciaires ‖ **valores inmuebles** valeurs immobilières ‖ **valores mobiliarios** valeurs mobilières ■ **carta de valores declarados** lettre chargée ‖ **cuadro de mucho valor** tableau d'une grande valeur o d'un grand prix ‖ **depósito de valores** dépôt de titres ‖ FILOS **juicio de valor** jugement de valeur ■ **armarse de valor** s'armer de courage ‖ FAM **¿cómo va ese valor?** comment va la petite santé? ‖ FIG **tener más valor que un torero** ne pas avoir froid aux yeux.

valoración *f* évaluation, estimation.

valorar *v tr* évaluer, estimer; **valorar una cosa en alto precio** évaluer une chose à un prix élevé.

valorización *f* évaluation, estimation (valoración) ‖ valorisation, mise en valeur (revalorización).

valorizar [13] *v tr* évaluer, estimer.

Valparaíso *n pr* GEOGR Valparaíso, Valparaiso (de Chile).

vals *m* valse *f* ‖ **bailar un vals** danser une valse, valser.
  ▌ OBSERV pl valses.

valsar *v intr* valser.

valuación *f* évaluation, estimation.

valuar [6] *v tr* estimer, évaluer.

valva *f* BOT & ZOOL valve.

valvar *adj* valvaire.

válvula *f* ANAT valvule (de las venas) ‖ RAD lampe; **válvula de rejilla** lampe à grille ‖ tube *m* (tubo); **válvula rectificadora** tube redresseur ‖ valve (termoiónica) ‖ TECN soupape (máquina de vapor); **válvula de seguridad** soupape de sûreté o de sécurité ‖ soupape (de motor); **esmerilado de válvulas** rodage de soupapes ‖ clapet *m* (de bomba, fuelle, etc.); **válvula de retención** clapet de retenue ‖ vanne (en una cañería) ‖ cheminée (de un paracaídas) ■ MECÁN **válvula de admisión** soupape d'admission ‖ **válvula de mariposa** papillon ‖ MECÁN **válvula de purga** robinet o soupape de purge ‖ **válvula de vástago** clapet.

valvular *adj* valvulaire.

valvulina *f* graisse consistante.

vamp *f* vamp.
  ▌ OBSERV Anglicisme qui peut être remplacé par vampiresa.

vampiresa *f* vamp (mujer fatal).

vampirismo *m* vampirisme.

vampiro *m* vampire (murciélago y espectro).

vanadato *m* QUÍM vanadate.

vanádico, ca *adj* QUÍM vanadique.

vanadinita *f* QUÍM vanadinite.

vanadio *m* vanadium (metal).

vanagloria *f* vanité, gloriole.

vanagloriarse [7] *v pr* se glorifier, se faire gloire, s'enorgueillir, se vanter, tirer vanité; **vanagloriarse de sus conocimientos** se glorifier de son savoir.
  ▌ SIN glorificarse se glorifier; envanecerse tirer vanité; engreírse s'enorgueillir; alabarse, jactarse, presumir se vanter; pavonearse se pavaner.

vanamente *adv* vainement, inutilement (en vano) ‖ sans fondement, sans raison (sin razón) ‖ avec vanité (con presunción).

vandálico, ca *adj* vandalique.

vandalismo *m* vandalisme.

vándalo *adj & s* vandale.

Vandea ➠ **Vendée**.

vandeano, na *adj & s* vendéen, enne (de Vandea, provincia francesa).

vanesa *f* vanesse (mariposa).

vanguardia *f* avant-garde ■ **de vanguardia** d'avant-garde ‖ FIG **ir a la vanguardia del progreso** être à l'avant-garde du progrès.

Vanguardia *f* la Vanguardia journal publié en Catalogne.

vanguardismo *m* mouvement d'avant-garde.

vanguardista *adj* d'avant-garde; una película vanguardista un film d'avant-garde.

vanidad *f* vanité ‖ vanidad de vanidades y todo es vanidad vanité des vanités et tout est vanité.

vanidoso, sa *adj & s* vaniteux, euse.
‖ SIN vano vain; engreído infatué; soberbio superbe; presuntuoso présomptueux; pretencioso prétentieux; fachendoso, postinero poseur, crâneur; fatuo fat; snob snob; presumido suffisant.

vanilocuencia *f* verbiage *m*.

vanílocuo, cua *adj* verbeux, euse.
◇ *m & f* hâbleur, euse.

vaniloquio *m* verbiage.

vano, na *adj* vain, e; vanas excusas de vaines excuses; vanas esperanzas de vains espoirs ‖ vide, creux, euse (vacío) ‖ vaniteux, euse (vanidoso) ■ en vano en vain, vainement ‖ promesas vanas promesses en l'air.
◆ **vano** *m* CONSTR embrasure *f*, baie *f* (hueco) ‖ portée *f* (distancia).

vapor *m* [▷ SIN] vapeur *f*; vapor de agua vapeur d'eau ‖ MAR bateau à vapeur, vapeur (barco) ■ FIG a todo vapor à toute vapeur ‖ caballo de vapor cheval-vapeur ‖ los vapores del vino les vapeurs du vin ‖ máquina de vapor machine à vapeur ‖ patatas al vapor pommes vapeur.
‖ SIN vaho vapeur; exhalación exhalaison; fluido fluide; gas gaz.

vaporización *f* [▷ SIN] vaporisation ‖ vaporisage *m* (de tejidos).
‖ SIN evaporización évaporation; volatilización volatilisation; pulverización pulvérisation.

vaporizador *m* vaporisateur (pulverizador).

vaporizar [13] *v tr* vaporiser.

vaporoso, sa *adj* vaporeux, euse ‖ flou, e; vaporeux, euse (vestido).

vapulear *v tr* fouetter, rosser; vapulear a un niño fouetter un enfant ‖ FIG éreinter, esquinter (criticar).

vapuleo *m* rossée *f*, raclée *f* ‖ FIG éreintement (crítica).

vaqueira *f* sorte de villanelle.

vaqueiro *m* vacher.

vaquería *f* vacherie, étable à vaches (sitio) ‖ troupeau *m* de vaches (vacada).

vaquerizo, za *adj* des vaches, pour les vaches; corral vaquerizo enclos pour les vaches.
◇ *m & f* vacher, ère.
◆ **vaqueriza** *f* étable à vaches, vacherie.

vaquero, ra *adj* des vaches, des vachers ‖ pantalón vaquero jean, jeans, blue-jean.
◇ *m & f* vacher, ère (pastor) ‖ cow-boy (en Estados Unidos); película de vaqueros film de cow-boys.
◆ **vaquero** *m* (*Amer*) fouet (látigo).
◆ **vaqueros** *m pl* jeans *sing*, jean *sing* (pantalón vaquero).

vaqueta *f* vachette (cuero).

vaquetón, ona *adj* (*Amer*) effronté, e.

vaquilla *f* vachette (vaca).

vaquillona *f* (*Amer*) génisse.

vaquita *f* petite vache ‖ enjeu *m* (dinero jugado en las cartas) ‖ vaquita de San Antón bête à Bon Dieu, coccinelle.

var *m* ELECTR var.

vara *f* perche (palo largo) ‖ gaule; derribar nueces con una vara abattre des noix avec une gaule ‖ baguette, bâton *m* (insignia de autoridad) ‖ bout *m* de bois (palo) ‖ verge, houssine (para azotar) ‖ brancard *m* (varal de un coche) ‖ aune (medida de longitud) ‖ TAUROM pique (pica) ‖ coup *m* de pique (garrochazo) ‖ MÚS coulisse (de trombón) ■ FIG & FAM dar la vara casser les pieds ‖ poner una vara piquer [le taureau] ‖ FIG temer como una vara verde craindre comme la foudre ‖ tener mucha vara alta avoir beaucoup d'influence o le bras très long ‖ tener vara alta en un negocio avoir la haute main sur une affaire.
◆ **varas** *f pl* verges, baguettes (castigo) ‖ medida por varas aunage ‖ medir por varas auner, mesurer à l'aide d'une aune.

varada *f* MAR échouement *m* ‖ équipe de journaliers agricoles ‖ MIN période de travail ‖ argent *m* gagné pendant cette période.

varadera *f* MAR défense, plat-bord *m*.

varadero *m* MAR échouage, cale *f* d'échouage.

varado, da *adj* échoué, e.

varadura *f* échouement *m* (del barco).

varal *m* perche *f* (vara) ‖ brancard (de un carro) ‖ FIG perche *f*, échalas (persona alta).

varamiento *m* échouement.

varano *m* ZOOL varan (lagarto).

varapalo *m* longue perche *f* (palo) ‖ coup de bâton ‖ FIG & FAM ennui, tracas (disgusto).

varar *v tr* MAR lancer (botar) ‖ échouer, mettre à sec (poner en seco).
◇ *v intr* MAR échouer (encallar) ‖ mouiller (anclar) ‖ FIG échouer (un asunto) ‖ (*Amer*) tomber en panne (un vehículo).

varazo *m* coup de perche o de gaule ‖ TAUROM coup de pique.

vareado *m* gaulage, gaulée *f*.

vareador *m* gauleur (de árboles).

varear *v tr* gauler; varear nueces gauler les noix ‖ auner (medir por varas) ‖ battre (la lana) ‖ TAUROM piquer, attaquer avec la pique.

varec *m* BOT varech (alga).

varejón *m* perche *f* (vara larga) ‖ (*Amer*) houssine *f* (verdasca).

varenga *f* MAR varangue.

vareo *m* gaulage, gaulée *f*; el vareo de las nueces le gaulage des noix ‖ aunage (medición por varas).

vareta *f* baguette (vara pequeña) ‖ gluau *m* (para cazar pájaros) ‖ rayure (lista) ‖ FIG & FAM irse de vareta avoir la colique.

varetazo *m* coup de corne de côté (paletazo).

varetón *m* ZOOL faon.

várgano *m* pieu, piquet.

Vargas *n pr* averígüelo Vargas devine qui pourra.

vari *m* (*Amer*) sorte de faucon (ave).

variabilidad *f* variabilité.

variable *adj* variable, changeant, e; tiempo variable temps variable.
◇ *f* GRAM & MAT variable.

variación *f* variation ‖ variación magnética déclinaison magnétique.

variado, da *adj* varié, e.

variador *m* MECÁN variateur.

variamente *adv* différemment.

variante *f* variante ‖ déviation (de carretera).

variar [9] *v tr* varier; variar la alimentación varier l'alimentation.
◇ *v intr* varier; sus respuestas varían ses réponses varient ‖ changer; variar de opinión changer d'opinion; por no variar pour ne pas changer ‖ changer, tourner; el viento ha variado le vent a tourné ‖ MAT varier ‖ FAM para variar pour changer.
‖ OBSERV Le i de variar porte un accent écrit aux trois personnes du singulier et à la troisième du pluriel du présent de l'indicatif et du subjonctif, ainsi qu'à la deuxième du singulier de l'impératif.

varice; variz *f* MED varice; media para varices bas à varices.
‖ OBSERV 1. variz (ou varice) s'utilise généralement au pluriel.
‖ 2. *pl* varices.

varicela *f* MED varicelle (viruelas locas).

varicocele *m* MED varicocèle *f*.

varicoso, sa *adj & s* variqueux, euse.

variedad *f* variété, diversité ‖ BOT & ZOOL variété ‖ FIG en la variedad está el gusto il faut varier les plaisirs.
◆ **variedades** *f pl* variétés (espectáculo).

varilarguero *m* TAUROM picador.

varilla *f* baguette (vara pequeña) ‖ tringle (de cortinas) ‖ brin *m*, branche (de abanico) ‖ baleine, branche (de paraguas) ‖ perchoir *m* (en una jaula) ■ varilla de escalera tringle d'escalier, barre de seuil ‖ varilla de la virtud o de las virtudes o encantada o mágica baguette magique ‖ varilla de zahorí baguette de sourcier o divinatoire ‖ varilla indicadora o graduada (de nivel) jauge.

varillaje *m* monture *f* (de abanico) ‖ branches *f pl*; el varillaje de un paraguas les branches d'un parapluie.

vario, ria *adj* différent, e; divers, e; telas de varios colores des toiles de différentes couleurs; tratar de varios asuntos traiter de divers sujets ‖ variable, changeant, e (cambiadizo).
◆ **varios, ias** *pron indef pl* quelques-uns, d'aucuns; varios piensan que quelques-uns pensent que.
◆ **varios, ias** *pl* plusieurs; tener varios amigos avoir plusieurs amis.

variólico *adj* variolique.

variolización *f* MED variolisation.

varioloide *f* MED varioloïde.

variopinto, ta *adj* bigarré, e; FIG varié, e.

varita *f* baguette; varita de la virtud o de las virtudes o mágica o encantada baguette magique.

variz ➡ **varice**.
‖ OBSERV *pl* varices.

varón *m* homme; esclarecidos varones hommes illustres ‖ garçon; familia compuesta de una hija y tres varones famille composée d'une fille et de trois garçons ■ hijo varón enfant mâle ‖ santo varón saint (santo), excellent homme, saint homme (buena persona) ‖ sexo: varón sexe: masculin (en un pasaporte) ‖ varón de Dios saint homme.

varonía *f* lignée masculine.

varonil *adj* viril, e; carácter varonil caractère viril.

varraco *m* verrat (verraco).

Varsovia *n pr* GEOGR Varsovie; el pacto de Varsovia le pacte de Varsovie.

varsoviano, na *adj & s* varsovien, enne.
➤ **varsoviana** *f* varsovienne (danza).

vasallaje *m* vassalité *f*, vasselage ‖ FIG soumission *f* ‖ rendir vasallaje rendre hommage.

vasallo, lla *adj & s* vassal, e; estados vasallos états vassaux.

vasar *m* vaisselier.

vasco, ca *adj & s* basque.
➤ **vasco** *m* LING basque.
➤ **vasca** *f* basquaise.

vascófilo *m* personne *f* qui étudie la langue basque.

vascón *adj m & s m* vascon (pueblo antiguo de Navarra).

vascongado, da *adj & s* basque ‖ las provincias vascongadas le Pays basque [español].

‖ OBSERV Les provincias vascongadas sont: Álava, Guipúzcoa et Vizcaya, elles ont pour chefslieux Vitoria, San Sebastián et Bilbao.

Vasconia *n pr f* GEOGR Pays basque [región].

vascónico, ca *adj* des Vascons (pueblo antiguo).

vascuence *adj & s m* LING basque.

vascular *adj* vasculaire; tejido vascular tissu vasculaire.

vascularización *f* vascularisation.

vasectomía *f* MED vasectomie.

vaselina *f* vaseline ■ FIG & FAM dar mucha vaselina a alguien passer de la pommade à quelqu'un ‖ poner vaselina arrondir les angles (suavizar una situación).

vasera *f* verrier *m*, verrière, panier *m* à verres (para los vasos).

vasija *f* pot *m*; vasija de barro pot en terre ‖ poterie; una vasija precolombina une poterie précolombienne ‖ récipient *m* (recipiente).

vaso *m* verre; vaso de cristal verre en cristal; beberse un vaso de agua boire un verre d'eau ‖ vase (florero); vaso de porcelana vase en porcelaine ‖ ANAT vaisseau; vaso capilar, linfático vaisseau capillaire, lymphatique; vasos sanguíneos vaisseaux sanguins ‖ BOT vaisseau ■ FIG ahogarse en un vaso de agua se noyer dans un verre d'eau ‖ FÍS vasos comunicantes vases communicants ‖ RELIG vasos sagrados vases sacrés.

vasoconstricción *f* vaso-constriction.

vasoconstrictor *adj m & s m* vaso-constricteur.

vasodilatador *adj m & s m* vaso-dilatateur.

vasomotor, ra *adj & s m* vaso-moteur, trice (nervios).

vasotomía *f* MED vasotomie.

vástago *m* rejeton, rejet (de planta, árbol) ‖ TECN tige *f* (del émbolo) ‖ FIG rejeton; el último vástago de una ilustre familia le dernier rejeton d'une illustre famille ‖ vástago de perforación tige de forage.

vastedad *f* immensité, étendue.

vasto, ta *adj* vaste.

vate *m* poète (poeta).

váter ➤ **wáter**.

vaticanista *adj* du Vatican, vaticane; política vaticanista politique vaticane.

Vaticano *n pr m* GEOGR el Vaticano le Vatican; la Ciudad del Vaticano l'État de la cité du Vatican; el concilio Vaticano I, II le premier, deuxième concile du Vatican.

vaticano, na *adj* du Vatican, vaticane; Biblioteca Vaticana bibliothèque vaticane, la Vaticane.

vaticinar *v tr* prédire.

‖ OBSERV El verbo intransitivo francés vaticiner siempre tiene un valor despectivo.

vaticinio *m* vaticination *f*, prédiction *f*.

vatímetro *m* ELECTR wattmètre.

vatio *m* ELECTR watt (unidad).

vatio-hora *m* ELECTR wattheure.

vaudeville ➤ **vodvil**.

vaudevillesco, ca *adj* vaudevillesque.

vaudevillista *m* vaudevilliste.

vaya *f* FAM moquerie (burla) ‖ dar vaya railler.

‖ OBSERV Vaya est également la 1re et la 3e personne du subjonctif du verbe ir (aller).

VB (abrev de visto bueno) *m* lu et approuvé.

Vd. ➤ **Ud.**

Vda. (abrev escrita de viuda) Vve.

Vds. ➤ **Uds.**

ve *f v m* (nombre de la letra "v").

vecero, ra *adj* alternant, e ‖ bisannuel, elle (planta).

vecinaje *m* voisinage.

vecinal *adj* vicinal, e; camino vecinal chemin vicinal.

vecindad *f* voisinage *m*; vive en la vecindad il habite dans le voisinage ‖ population (de una ciudad), habitants *m pl* (de un barrio), voisins *m pl* (de una casa) ‖ similitude (semejanza) ■ casa de vecindad maison de rapport ‖ política de buena vecindad politique de bon voisinage (entre Estados).

vecindario *m* population *f*, habitants *pl*; el vecindario de una ciudad les habitants d'une ville ‖ voisinage (los vecinos); acudió todo el vecindario tout le voisinage a accouru o est accouru.

vecino, na *adj* voisin, e; país vecino pays voisin ‖ FIG voisin, e (semejante).
◇ *m & f* voisin, e; nuestros vecinos son muy ruidosos nos voisins sont très bruyants; vecino del mismo piso o planta voisin de palier ‖ habitant, e; los vecinos de Madrid les habitants de Madrid ‖ cada o cualquier hijo de vecino n'importe qui, tout un chacun ‖ casa de vecinos maison de rapport ‖ los vecinos de una calle les riverains d'une rue ‖ ser vecino de Soria habiter Soria, résider à Soria ‖ tratar con los vecinos se fréquenter entre voisins.

vector *adj m & s m* vecteur; radio vector rayon vecteur.

vectorial *adj* vectoriel, elle.

veda *f* fermeture [de la chasse, de la pêche] ‖ défense, interdiction (prohibición) ‖ levantamiento de la veda ouverture [de la chasse, de la pêche].

veda *m* véda (libros sagrados de la India).

vedado *m* chasse *f* gardée o réservée; cazar en vedado chasser sur une chasse gardée ‖ vedado de caza réserve de chasse.

vedar *v tr* défendre, interdire; vedar la entrada en un sitio interdire l'entrée dans un endroit ‖ coto vedado réserve de chasse, chasse gardée o réservée.

vedegambre *m* vératre blanc, ellébore blanc (planta).

vedeja *f* longue chevelure (guedeja).

vedette [be'det] *f* vedette [du spectacle].

védico, ca *adj* RELIG védique.
➤ **védico** *m* LING védique.

vedija *f* flocon *m* de laine (de lana) ‖ touffe (de pelo).

vedijoso, sa *adj* floconneux, euse (lana).

vedismo *m* RELIG védisme.

veedor *m* (ant) voyer ■ veedor de caminos agent voyer ‖ (ant) veedor de vianda officier de bouche.

veeduría *f* jurande, charge du voyer (cargo), bureau *m* du voyer (oficina).

vega *f* "vega", plaine cultivée, vallée fertile ‖ (*Amer*) plantation de tabac [à Cuba].

‖ OBSERV Le mot vega désigne en Espagne une plaine richement cultivée bordant en général le cours inférieur des rivières o des fleuves des provinces méridionales.

vegetación *f* végétation; la vegetación de los trópicos la végétation des tropiques.
➤ **vegetaciones** *f pl* MED végétations.

vegetal *adj & s m* medicamentos vegetales médicaments végétaux.

vegetar *v intr* [▷ SIN] végéter ‖ FIG végéter (ir tirando).

‖ SIN germinar germer; brotar pousser; crecer croître.

vegetarianismo *m* végétarisme, végétalisme.

‖ OBSERV El végétalisme prohíbe cualquier alimento de origen animal, incluso leche, huevos, etc. En el végétarisme la prohibición se reduce a las carnes.

vegetariano, na *adj & s* végétarien, enne.
‖ SIN herbívoro herbivore; frugívoro frugivore.

vegetativo, va *adj* végétatif, ive.

veguer *m* viguier (magistrado).

veguería *f*; **veguerío** *m* viguerie *f* (dignidad de veguer).

veguero, ra *adj* des plaines, des vallées.
➤ **veguero** *m* cultivateur (labrador) ‖ FAM cigare (puro).

vehemencia *f* véhémence.

vehemente *adj* véhément, e.

vehementemente *adv* avec véhémence, véhémentement.

vehículo *m* véhicule ‖ FIG véhicule (modo de transmisión) ■ vehículo de carga pesada poids lourd ‖ vehículos espaciales engins spatiaux.

veintavo, va *adj & s m* vingtième (vigésimo).

veinte *adj num* vingt; veinte personas vingt personnes; página veinte page 20 [vingt] ‖ vingtième; en el siglo veinte au XXᵉ [vingtième] siècle ■ FIG son las menos veinte, las y veinte un ange passe (silencio en una conversación) ‖ unos veinte une vingtaine.

◇ *m* vingt; **el veinte de mayo** le 20 [vingt] mai.

veinteañero, ra *adj* d'une vingtaine d'années.
◇ *m & f* personne *f* d'une vingtaine d'années.

veinteavo, va *adj num* vingtième.

veintena *f* vingtaine.

veinteno, na *adj & s m* vingtième.

veinteñal *adj* vicennal, e.

veintésimo, ma *adj & s* vingtième.

veinticinco *adj num & s m* vingt-cinq.

veinticuatro *adj num & s m* vingt-quatre.
◇ *m* (ant) conseiller municipal [en Andalousie].

veintidós *adj num & s m* vingt-deux.

veintinueve *adj num & s m* vingt-neuf.

veintiocho *adj num & s m* vingt-huit.

veintiséis *adj num & s m* vingt-six.

veintisiete *adj num & s m* vingt-sept.

veintitrés *adj num & s m* vingt-trois.

veintiún *adj num* vingt et un; **tener veintiún libros** avoir vingt et un livres.
▌ **OBSERV** Cet adjectif est la forme apocopée de veintiuno devant un nom masculin.

veintiuno, na *adj num & s m* vingt et un, e.
➡ **veintiuna** *f* vingt-et-un *m* (juego de azar).

vejación *f*; **vejamen** *m* vexation *f*, brimade *f*.

vejancón, ona *adj* très vieux, très vieille.
➡ **vejancón** *m* vieux barbon, vieux bonhomme.
➡ **vejancona** *f* vieille bonne femme.

vejar *v tr* vexer; **vejar a uno por una ofensa verbal** vexer quelqu'un par une offense verbale ▌ brimer; **vejar a una minoría racial** brimer une minorité raciale.

vejatorio, ria *adj* vexatoire, vexateur, trice (p us); **condiciones vejatorias** conditions vexatoires ▌ **medidas vejatorias** mesures vexatoires, brimades.

vejestorio *m* FAM vieille baderne *f*, vieux birbe, vieille barbe *f*.

vejete *adj m & s m* petit vieux, barbon.

vejez *f* vieillesse; **báculo de la vejez** bâton de vieillesse ▪ **achaques de la vejez** ennuis de santé, infirmités dues à l'âge ▌ FAM ¡**a la vejez viruelas!** ça le prend sur le tard.
▌ **SIN** ancianidad, senectud vieillesse; decrepitud décrépitude; vetustez vétusté.
▌ **OBSERV** pl vejeces.

vejiga *f* ANAT vessie ▌ cloque (en la piel) ▪ **vejiga de la bilis** vésicule biliaire ▌ **vejiga natatoria** vessie natatoire.

vejigazo *m* coup porté avec une vessie ▌ FAM **darse un vejigazo** se casser la figure.

vejiguilla *f* cloque (en la piel).

vela *f* MAR voile; **barco de vela** bateau à voile; **vela cangreja, de abanico o tarquina, de estay, latina, mayor** voile carrée o à corne, à livarde, d'étai, latine, grand-voile ▌ bougie, chandelle; **vela de estearina** bougie de stéarine ▌ cierge *m* (cirio) ▌ veille (vigilia) ▌ veillée funèbre (de un muerto) ▌ veillée, garde (de un enfermo) ▌ (Amer) réprimande, remontrance (reprimenda) ▪ MAR **alzar velas**,

hacerse a la vela appareiller, mettre à la voile ▌ **arriar las velas** amener les voiles ▌ **a toda vela, a velas desplegadas o tendidas** à pleines voiles, toutes voiles dehors ▌ **cambiar la vela** amener la voile au vent ▌ **dar la vela** mettre à la voile ▌ **deporte de la vela** yachting, voile ▌ FIG & FAM **encender o poner una vela a Dios y otra al diablo** ménager la chèvre et le chou ▌ **estar a dos velas** être sans le sou o sur la paille o dans la purée ▌ **no tener vela en un entierro** ne pas avoir voix au chapitre ▌ **pasar la noche en vela** passer une nuit blanche ▌ FIG **recoger velas** baisser le ton, mettre de l'eau dans son vin ▌ **ser más derecho que una vela** être droit comme un cierge o comme un I.
➡ **velas** *f pl* FAM chandelles (mocos).

velacho *m* MAR petit hunier (vela).

velación *f* veillée (de un enfermo, de un muerto).
➡ **velaciones** *f pl* cérémonie *sing* du voile [dont on recouvre les deux époux pendant la messe nuptiale].

velada *f* veillée, soirée; **quedarse la velada con unos amigos** passer la veillée avec des amis ▌ soirée; **velada literaria** soirée littéraire ▌ fête nocturne (verbena).

velado, da *adj* voilé, e ▌ FOT voilé, e ▌ **voz velada** voix voilée.

velador, ra *adj* qui veille.
◇ *m & f* veilleur, euse (que vela).
➡ **velador** *m* guéridon (mesita) ▌ (Amer) table *f* de nuit o de chevet (mesa de noche).

veladura *f* glacis *m* (en pintura) ▌ FOT voile *m*.

velamen *m* MAR voilure *f*.

velar *v intr* veiller; **pasar la noche velando** passer la nuit à veiller ▌ FIG veiller; **velar por la salud de un enfermo** veiller sur la santé d'un malade; **velar por la observancia de las leyes** veiller au respect des lois.
◇ *v tr* veiller; **velar a un enfermo** veiller un malade ▌ voiler (cubrir con un velo) ▌ FIG voiler (disimular) ▌ FOT voiler ▌ glacer, étendre un glacis sur (en pintura) ▌ **velar las armas** faire sa veillée d'armes.
➡ **velarse** *v pr* se voiler.

velar *adj & s f* GRAM vélaire.

velario *m* vélarium (toldo).

velatorio *m* veillée *f* funèbre.

velazqueño, ña *adj* de Vélasquez.

Velázquez *n pr* Vélasquez.

veleidad *f* velléité (deseo vano) ▌ inconstance, légèreté (versatilidad).

veleidoso, sa *adj & s* velléitaire.

velería *f* fabrique de chandelles ▌ MAR voilerie (taller de velas para barcos).

velero, ra *adj* à voiles ▌ **barco velero** bateau à voiles, voilier.
➡ **volero** *m* voilier, bateau à voiles; **un buen velero** un fin voilier ▌ voilier, fabricant de voiles (para barcos) ▌ chandelier, fabricant et marchand de chandelles.

veleta *f* girouette (para el viento) ▌ flotteur *m*, bouchon *m*, flotte (de caña de pescar).
◇ *m & f* FIG girouette *f*; **este político es un veleta** cet homme politique est une girouette; **esta chica no es nada seria, es una verdadera veleta** cette fille n'est pas sé-

rieuse, c'est une vraie girouette ▌ papillon *m* (hombre infiel).

velete *m* voilette *f*.

velicación *f* MED ponction.

velicar [10] *v tr* MED ponctionner.

vélico, ca *adj* MAR **centro vélico** centre de voilure o vélique.

velilla *f* allumette-bougie (cerilla).

vélite *m* (ant) MIL vélite (soldado).

vello *m* duvet.

vellocino *m* toison *f* ▌ MIT **vellocino de oro** toison d'or.

vellón *m* toison *f* (de carnero u oveja) ▌ flocon de laine (vedija) ▌ billon (monedas).

vellorí; vellorín *m* sorte de gros drap.
▌ **OBSERV** Le pluriel vellorí est vellories.

vellorita *f* BOT primevère (primavera) ▌ pâquerette (maya).

vellosidad *f* villosité.

vellosilla *f* piloselle, épervière (planta).

velloso, sa *adj* duveteux, euse ▌ duveté, e; villeux, euse (p us).

velludillo *m* velours de coton, veloutine *f* (tela).

velludo, da *adj* velu, e.
➡ **velludo** *m* peluche *f* (felpa).

vellutero *m* veloutier.

velmez *m* tunique *f* que l'on portait sous la cuirasse.
▌ **OBSERV** pl velmeces.

velo *m* voile; **velo de novia** voile de mariée ▌ voilette *f* (con que las señoras se cubren el rostro) ▌ ANAT voile; **velo del paladar** voile du palais ▪ FIG **correr o echar un velo o un tupido velo sobre** jeter un voile sur, tirer le rideau sur, passer sous silence ▌ RELIG **tomar el velo** prendre le voile.

velocidad *f* vitesse; **la velocidad de la luz** la vitesse de la lumière ▌ [▷ **SIN**] vitesse, vélocité (p us); **la velocidad del pensamiento** la vitesse de la pensée ▌ MECÁN vitesse; **cambiar la velocidad** changer de vitesse; **meter una velocidad** engager o passer une vitesse ▌ MÚS vélocité (rapidez de ejecución) ▌ INFORM débit *m*; **velocidad media de transferencia** débit en bands ▪ **velocidad de crucero** vitesse de croisière ▌ **velocidad máxima** vitesse maximum o maximale o plafond ▌ **velocidad media** moyenne, vitesse moyenne ▌ **velocidad punta** vitesse de pointe ▪ **a toda velocidad** à toute vitesse ▌ FIG **a la velocidad del rayo** comme l'éclair ▌ TECN **de alta velocidad** à grande vitesse ▌ **Europa de dos velocidades** Europe à deux vitesses ▪ FIG **confundir la velocidad con el tocino** prendre des vessies pour des lanternes ▌ **meter la segunda velocidad** passer en seconde (automóvil) ▌ **perder velocidad** être en perte de vitesse (un avión, una moda, etc.), perdre de la vitesse (un vehículo).
▌ **SIN** rapidez rapidité; celeridad célérité; prontitud promptitud; vivacidad vivacité; diligencia diligence; presteza prestesse; prisa hâte; precipitación précipitation.

velocímetro *m* compteur o indicateur de vitesse.

velocípedo *m* vélocipède.

velocista *m* DEP sprinter.

velódromo *m* vélodrome.

velomotor *m* vélomoteur.

velón *m* sorte de lampe à huile.

velonero *m* fabricant de "velones".

velorio *m* veillée *f* funèbre (velatorio).

veloz *m* rapide, véloce (p us); veloz como un rayo rapide comme l'éclair. ◇ *adv* vite, rapidement; corre muy veloz il court très vite. ■ OBSERV pl veloces.

velozmente *adv* rapidement.

veludillo *m* veloutine, velours de coton (tela).

veludo *m* velours.

vena *f* ANAT veine ‖ veine (de piedras, maderas) ‖ MIN veine ‖ FIG & FAM crise, impulsion; trabajar por venas travailler par crises ■ ANAT vena basílica veine basilique ‖ vena cardíaca o coronaria veine coronaire ‖ vena cava veine cave ‖ FIG & FAM vena de loco grain de folie ‖ vena poética veine poétique ‖ ANAT vena porta veine porte ‖ vena yugular veine jugulaire, jugulaire ■ FIG en vena de en veine de ■ FIG & FAM estar en vena être en veine ‖ le ha dado la vena de ir al Polo il s'est mis dans la tête o ça lui a pris tout d'un coup d'aller au Pôle.

venablo *m* javelot (arma) ■ FIG echar venablos vomir des injures.

venadero *m* fort (del ciervo).

venado *m* cerf (ciervo) ‖ gros gibier (caza mayor).

venal *adj* vénal, e; un empleo venal une charge vénale ‖ ANAT veineux, euse (venoso).

venalidad *f* vénalité.

venático, ca *adj & s* lunatique.

venatorio, ria *adj* cynégétique; contar sus proezas venatorias conter ses prouesses cynégétiques.

vencedero, ra *adj* COM échéant, e; qui vient à échéance.

vencedor, ra *adj* victorieux, euse. ◇ *m & f* vainqueur (sin femenino), triomphateur, trice; en plan de vencedor en vainqueur. ‖ SIN victorioso victorieux; triunfador, triunfante triomphateur; ganador, premiado gagnant.

vencejo *m* lien (ligadura) ‖ martinet (pájaro).

vencer [11] *v tr* [▷ SIN] vaincre, battre; vencer a los enemigos vancre les ennemis ‖ FIG vaincre; vencer la resistencia de sus padres vaincre la résistance de ses parents‖vaincre, surmonter; vencer un obstáculo, sus pasiones vaincre un obstacle, ses passions‖surmonter; vencer una crisis surmonter une crise ‖vaincre, l'emporter sur; vencer a uno en generosidad l'emporter sur quelqu'un en générosité‖l'emporter sur, battre; te vence en agilidad il te bat en agilité‖franchir; vencer una distancia, un obstáculo franchir une distance, un obstacle ‖ gravir (una pendiente) ‖vaincre; el Aconcagua fue vencido en 1897 l'Aconcagua fut vaincu en 1897. ◇ *v intr* échoir, arriver à échéance; mi pagaré vence mañana mon billet à ordre échoit demain‖expirer, arriver à son terme (plazo, deuda, arriendo) ‖ gagner, être le plus fort; en él venció el orgullo l'orgueil chez lui a été le plus fort ‖ a plazo vencido à terme échu.

vencerse *v pr* se dominer, se maîtriser, se vaincre soi-même ‖ ployer, se tordre, se gauchir (ladearse) ‖ craquer (romperse). ‖ SIN batir, derrotar battre; aplastar écraser; aniquilar anéantir; destrozar tailler en pièces; derribar renverser.

Venceslao; Wenceslao *n pr* Venceslas, Wenceslas.

vencetósigo *m* BOT dompte-venin *inv*.

vencible *adj* qui peut être vaincu, e ‖ surmontable (superable).

vencida *f* a la tercera va la vencida la troisième fois sera la bonne (para animar), que ce soit la dernière fois (en son de amenaza).

vencido, da *adj & s* vaincu, e; darse por vencido s'avouer vaincu ■ ¡ay o guay de los vencidos! malheur aux vaincus! ‖ FIG darse por vencido donner sa langue au chat (en un acertijo). ◇ *adj* échu, e; venu à échéance (un pagaré, etc.) ‖ qui expire (plazo).

vencimiento *m* échéance *f*, terme (de un pagaré, etc.) ‖ échéance *f*, expiration *f*, terme (de una deuda) ‖ FIG franchissement (de un obstáculo) ‖ victoire *f* (victoria) ‖ défaite *f* (derrota) ‖ FIG ploiement, torsion *f* (torsión).

venda *f* bande; venda de gasa bande de gaze ‖ bandage *m* (vendaje) ‖ bandeau *m* (de cabeza) ■ FIG quitar a uno la venda de los ojos faire tomber le bandeau des yeux de quelqu'un, ouvrir o dessiller les yeux de quelqu'un ‖ se le cayó la venda de los ojos les écailles lui sont tombées des yeux, ses yeux se sont dessillés ‖ tener una venda en los ojos avoir un bandeau sur les yeux, être aveugle.

vendaje *m* bandage ‖ (Amer) supplément, surplus, prime *f* (yapa) ‖ vendaje enyesado plâtre (para un miembro roto).

vendar *v tr* bander (con una venda) ■ FIG la pasión le venda los ojos la passion l'aveugle o lui bande les yeux ‖ tener los ojos vendados avoir un bandeau sur les yeux, être aveugle.

vendarse *v pr* se bander; vendarse el brazo se bander le bras.

vendaval *m* vent de tempête, tourmente *f* ‖ FIG ouragan; el vendaval de las pasiones l'ouragan des passions.

vendedor, ra *adj & s* vendeur, euse; marchand, e; vendedor de periódicos marchand de journaux ‖ vendeur, euse (dependiente) ■ vendedor ambulante camelot ‖ vendedor ambulante de periódicos crieur de journaux ‖vendedor callejero crieur des rues. ‖ OBSERV Vendedora, en términos jurídicos, se dice venderesse.

Vendée; Vandea *n pr f* GÉOGR Vendée.

vendehúmos *m & f inv* FAM fanfaron, onne; plastronneur, euse.

vendeja *f* vente dans un marché, une foire, etc. (feria).

vender *v tr* [▷ SIN] vendre; vender naranjas vendre des oranges; vender un cuadro en o por diez mil pesetas vendre un tableau dix mille pesetas ‖ FIG vendre; vender su conciencia vendre sa conscience ‖ vendre, trahir (traicionar); vender a un amigo vendre un ami ■ artículo sin vender invendu ‖ vender al contado vendre comptant ‖ vender al por mayor, al por menor vendre en gros, au dé-tail ‖ vender a plazos o a cuota (amer) vendre à tempérament ‖ vender cara su vida vendre chèrement sa vie, vendre cher sa peau FAM ‖ vender caro vendre cher (un comerciante), faire payer cher; el enemigo ha vendido cara su derrota l'ennemi a fait payer cher sa déroute ‖ vender con pérdida vendre à perte ‖ vender de contrabando vendre en fraude ‖ vender en firme vendre ferme o à couvert ‖ vender en pública subasta vendre aux enchères ‖FIG vender la piel del oso antes de haberlo matado vendre la peau de l'ours avant de l'avoir tué ‖ vender salud avoir de la santé à revendre, avoir une santé florissante, respirer la santé.

venderse *v pr* se vendre ‖ FIG se vendre (dejarse sobornar) ‖ se vendre, se trahir (descubrir lo oculto) ■ se vende en las principales librerías en vente dans les principales librairies ‖ se vende un coche deportivo à vendre une voiture de sport ‖ FIG venderse caro se faire rare ‖ venderse como rosquillas o como pan caliente se vendre comme des petits pains. ‖ SIN ceder céder; despachar, expender débiter; liquidar liquider; soldar solder; enajenar aliéner.

vendetta *f* vendetta (venganza).

vendí *m* bordereau [de vente]. ‖ OBSERV pl vendíes.

vendido, da *adj & s* vendu, e ‖ FIG perdu, e.

vendimia *f* vendange.

vendimiador, ra *m & f* vendangeur, euse.

vendimiar [8] *v tr* vendanger.

vendimiario *m* vendémiaire (primer mes del calendario republicano francés).

vendo *m* lisière *f* [du drap].

Venecia *n pr* GEOGR Venise.

veneciano, na *adj* vénitien, enne (de Venecia).

venéfico, ca *adj* (ant) empoisonné, e. ◇ *m & f* (ant) sorcier, ère (brujo) ‖ empoisonneur, euse (envenenador).

venencia *f* pipette [servant à puiser du vin dans les fûts à Jerez de la Frontera].

veneno *m* poison (químico o vegetal); la estricnina es un veneno violento la strychnine est un poison violent ‖ venin (de los animales) ‖ FIG poison ‖ FIG sus palabras destilan veneno ses paroles sont empoisonnées. ‖ SIN ponzoña venin; tóxico toxique; toxina toxine.

venenoso, sa *adj* [▷ SIN] vénéneux, euse; seta venenosa champignon vénéneux ‖ venimeux, euse; serpiente venenosa serpent venimeux ‖ FIG venimeux, euse (malo). ‖ SIN tosigoso vénéneux; ponzoñoso venimeux.

venera *f* coquille Saint-Jacques (concha) ‖ source (venero).

venerabilísimo, ma *adj* très vénérable.

venerable *adj & s* vénérable.

veneración *f* vénération.

venerador, ra *adj* qui vénère. ◇ *m & f* adorateur, trice.

venerar *v tr* vénérer; venerar a uno por santo vénérer quelqu'un comme un saint.

venéreo, a *adj* vénérien, enne; enfermedad venérea maladie vénérienne.

venéreo *m* maladie *f* vénérienne.

venericardia *f* ZOOL vénéricarde.

venero *m* source *f* (manantial) ‖ MIN gisement (criadero), filon ‖ FIG source *f* (origen) ‖ source *f*, mine *f*; venero de informaciones source d'informations.

véneto, ta *adj* & *s* vénitien, enne.

venezolanismo *m* tournure *f* (giro) ou mot (voz) particuliers au Venezuela.

Venezuela *n pr m* GEOGR Venezuela.

vengador, ra *adj* & *s* vengeur, geresse.

venganza *f* vengeance; clamar venganza crier o demander vengeance; tomar venganza tirer vengeance.

   SIN represalia représailles; vindicta vindicte; revancha, desquite revanche.

vengar [16] *v tr* venger.

  ➤ **vengarse** *v pr* se venger, tirer vengeance; vengarse de una afrenta en uno se venger d'un affront sur quelqu'un.

vengativo, va *adj* vindicatif, ive.

venia *f* pardon *m* (perdón) ‖ permission, autorisation; con la venia del profesor avec l'autorisation du professeur ‖ salut *m* (saludo) ‖ (*Amer*) salut *m* militaire (saludo militar).

venial *adj* véniel, elle; pecado venial péché véniel.

venialidad *f* caractère *m* véniel, légèreté.

venialmente *adv* véniellement.

venida *f* venue (acción de venir); idas y venidas allées et venues; me alegro de tu venida je suis heureux de ta venue ‖ arrivée, venue (llegada); la venida de la primavera l'arrivée du printemps ‖ (p us) crue, inondation (avenida) ‖ attaque (esgrima).

venidero, ra *adj* futur, e; à venir; los años venideros les années à venir.

  ➤ **venidero** *m* lo venidero l'avenir, le futur; en lo venidero dans le futur, à l'avenir.

  ➤ **venideros** *m pl* générations *f* futures, descendants, successeurs.

venilla *f* ANAT veinule.

venir [75] *v intr* [▷ SIN] venir; él va a venir il va venir; ¡ven aquí! viens ici!; dile que venga dis-lui de venir ‖ venir, provenir (proceder); este té viene de Ceilán ce thé vient de Ceylan; su mala conducta viene de su educación sa mauvaise conduite vient de son éducation ‖ venir (suceder); la primavera viene después del invierno le printemps vient après l'hiver ‖ y avoir, se trouver; en el periódico de hoy viene un reportaje muy interesante dans le journal d'aujourd'hui il y a un reportage très intéressant ‖ se trouver, être; su foto viene en la primera página sa photo se trouve en première page ‖ être, être écrit; el texto viene en francés le texte est écrit en français ‖ être; este piso nos viene ancho cet appartement est grand pour nous ‖ arriver; vino muy cansado il arriva très fatigué ‖ revenir; recuerdos que vienen a la mente souvenirs qui reviennent à l'esprit ■ venir a arriver à, en venir à; vinieron a un acuerdo ils arrivèrent à un accord; finir par; vinieron a firmar las paces ils finirent par conclure la paix ‖ venir a cuento venir à propos o à point ‖ venir a las manos en venir aux mains ‖ venir al mundo venir au monde ‖ FAM venir al pelo o a punto tomber à point o à pic, bien tomber, venir à point ‖ venir a menos déchoir, tomber en déchéance, tomber

bien bas FAM; familia venida a menos famille déchue ‖ venir a parar finir par, aboutir, se solder par; la inflación vino a parar en una catástrofe l'inflation s'est soldée par une catastrophe; en venir; ¿a dónde quieres venir a parar? où veux-tu en venir? ‖ venir a ser revenir; venir a ser lo mismo revenir au même; être plus ou moins, n'être ni plus ni moins que; esto viene a ser una mera estafa ce n'est ni plus ni moins qu'une belle escroquerie ‖ venir a tener avoir à peu près o dans les; vendrá a tener cincuenta años il doit avoir dans les cinquante ans ‖ venir con cuentos raconter des histoires ‖ FAM venir de perilla o de perlas o de primera tomber à merveille o à pic, bien tomber, venir à point ‖ venir en conocimiento de uno venir à la connaissance o aux oreilles de quelqu'un ‖ venir en decretar, en nombrar décréter, nommer ‖ venirle a la cabeza a uno venir à l'esprit o à l'idée de quelqu'un ‖ venirle a la cabeza o a la memoria de uno se souvenir, se rappeler; me vino a la cabeza que je me suis souvenu que ‖ FAM venirle al pelo a uno convenir parfaitement à quelqu'un ‖ venirle bien a uno aller bien à quelqu'un (un traje), arranger quelqu'un; eso me viene bien cela m'arrange; arranger quelqu'un, faire l'affaire de quelqu'un; estos diez mil francos me vendrían muy bien ces dix mille francs feraient bien mon affaire ‖ venirle mal a uno aller mal à quelqu'un, ne pas aller à quelqu'un (un traje), ne pas convenir à quelqu'un, ne pas arranger quelqu'un (no convenir) ‖ venir mejor convenir o aller mieux ‖ FAM venir que ni pintado aller à merveille o on ne peut mieux ‖ venir rodado tomber à pic ■ a mal venir au pis aller ‖ ¿a qué viene esto? qu'est-ce que cela vient faire? (una cosa), à quoi cela rime-t-il? (una acción) ‖ ¿a qué vienes? que viens-tu faire?, que veux-tu? ‖ como le venga en gana comme bon vous semble ‖ depende de cómo venga la cosa cela dépendra des circonstances ‖ el año que viene l'année prochaine ‖ en lo por venir à l'avenir (de aquí en adelante), dans l'avenir (en lo futuro) ‖ eso no viene a cuento cela n'a rien à voir (no tiene nada que ver), cela ne rime à rien (no es oportuno) ‖ eso no viene al caso cela n'a rien à voir, là n'est pas la question ‖ le vino en gana marcharse al extranjero il a eu envie o ça lui a pris de partir à l'étranger ‖ FIG lo veía venir je le voyais venir, je m'y attendais ‖ me vino un dolor de muelas terrible j'ai été pris d'une terrible rage de dents ‖ FAM no le va ni le viene cela ne le concerne o ne le regarde pas (no le importa), cela lui est égal, cela ne lui fait ni chaud ni froid (le da igual) ‖ no me viene su nombre a la memoria je ne me souviens plus de son nom, son nom m'échappe o ne me revient pas ‖ se le vino o le vino a la boca un disparate il laissa échapper une bourde ‖ si a mano viene si l'occasion se présente, le cas échéant ‖ ¡venga! allez!, vas-y! (anda), passez-moi ça (démelo) ‖ venga como venga la cosa quoi qu'il arrive ‖ venga lo que viniere quoi qu'il advienne, quoi qu'il arrive ‖ FAM ¡vengan esos cinco! tope-là, topez-là (estrechar la mano) ‖ venga o no venga a cuento à tort et à travers (a tontas y a locas), à tort ou à raison (con razón o sin ella) ‖ FAM ¡venga ya! et puis quoi encore!, à d'autres! ‖ FIG verle venir a uno voir venir quelqu'un ‖ voy y vengo je ne

fais qu'aller et venir, je ne fais qu'un saut, je reviens tout de suite.

  ➤ **venirse** *v pr* revenir, rentrer (volver) ‖ venirse abajo s'écrouler, s'effondrer (un edificio), s'effondrer, s'écrouler, tomber par terre FAM; todos sus proyectos se han venido abajo tous ses projets se sont effondrés; s'effondrer; después del examen se vino abajo après l'examen il s'effondra; crouler; la sala se venía abajo con los aplausos la salle croulait sous les applaudissements ‖ venirse al suelo o a tierra s'écrouler, s'effondrer.

   SIN llegar arriver; regresar, retornar retourner; sobrevenir survenir.

venoso, sa *adj* veineux, euse; sangre venosa sang veineux.

venta *f* vente; la venta de la leche la vente du lait ‖ auberge [en pleine campagne] ■ venta a crédito vente à crédit ‖ venta a domicilio démarchage, vente à domicile ‖ venta al contado, al por mayor, al por menor vente au comptant, en gros, au détail ‖ venta a plazos o por cuotas (amer), vente à tempérament ‖ venta a puerta fría porte-à-porte ‖ venta callejera vente ambulante ‖ venta CF vente CF o C et F (coste y flete) ‖ venta de localidades guichet de location (teatros) ‖ venta por catálogo vente sur catalogue ‖ venta por correo o por correspondencia vente par correspondance ‖ venta postbalance vente après inventaire ‖ venta pública publique o vente aux enchères ■ artículo de fácil venta article qui se vend bien ‖ de venta en todas las librerías en vente dans toutes les librairies o chez tous les libraires ‖ precio de venta prix de vente ■ estar a la venta o en venta être en vente ‖ poner a la venta o en venta mettre en vente.

ventaja *f* avantage *m*; tiene la ventaja de ser fuerte il a l'avantage d'être fort ‖ avantage *m* (tenis); ventaja al saque avantage dehors ‖ sacar ventaja a dépasser; sacó una ventaja de 20 metros a su competidor il a dépassé son concurrent de 20 mètres; sacar mucha ventaja dépasser largement; l'emporter sur; le sacó una ventaja de 10 segundos il l'a emporté sur lui de 10 secondes.

ventajero, ra *m* & *f* (*Amer*) profiteur, euse (aprovechón), débrouillard, e (astuto).

ventajista *m* & *f* profiteur, euse; débrouillard, e.

ventajoso, sa *adj* avantageux, euse; condiciones ventajosas conditions avantageuses.

ventalla *f* ventail *m*, ventaille.

   OBSERV pl ventaux.

ventana *f* [▷ SIN] fenêtre; ventana de guillotina fenêtre à guillotine ‖ narine (de la nariz) ■ ANAT ventana oval, redonda fenêtre ovale, ronde ‖ ventana vidriera baie vitrée ■ asomarse a la ventana se mettre à la fenêtre ‖ FIG & FAM echar o tirar la casa por la ventana jeter l'argent par les fenêtres ‖ FAM hacer ventana être toujours à la fenêtre.

   SIN vano, hueco baie; abertura ouverture.

ventanal *m* grande fenêtre *f*, baie *f* vitrée.

ventanilla *f* fenêtre (en los trenes) ‖ glace (en los coches) ‖ hublot *m* (en un avión, un barco) ‖ guichet *m* (taquilla) ‖ ANAT narine (de la nariz) ‖ ventanilla de la nariz narine.

ventanillo *m* guichet (postigo pequeño) ‖ judas (mirilla) ‖ lunette *f* (tragaluz) ‖ soupirail (de sótano) ‖ hublot (en un avión).

ventano; ventanuco *m* petite fenêtre *f* | vasistas (tragaluz).

ventarrón *m* grand vent, bourrasque *f*, ouragan (viento fuerte).

venteado, da *adj* venté, e.

venteadura *f* boursouflement *m* (hinchamiento) | éventement *m* (alteración) | soufflure (en la masa de barro al cocerse).

ventear *v impers* venter, faire du vent (soplar el viento).
◇ *v tr* éventer, exposer à l'air (airear) | quêter (caza) | FIG flairer (olerse).
➤ **ventearse** *v pr* se boursoufler (llenarse de aire) | se souffler (los ladrillos al cocerse) | s'éventer (adulterarse) | FAM vesser (peerse).

ventero, ra *m & f* aubergiste.
◇ *adj* d'arrêt; perro ventero chien d'arrêt.

ventilación *f* ventilation, aération; la ventilación de un túnel la ventilation d'un tunnel; conducto de ventilación conduit d'aération ■ manguera de ventilación manche à air | ventilación pulmonar ventilation pulmonaire.

ventilador *m* ventilateur | aérateur (adaptado a una ventana).

ventilar *v tr* ventiler, aérer; ventilar un túnel ventiler un tunnel; ventilar un cuarto aérer une pièce | FIG éclaircir, élucider (dilucidar); ventilar un problema élucider un problème | disputer; ventilar un partido de fútbol disputer un match de football.
➤ **ventilarse** *v pr* s'aérer | FIG se jouer, être en jeu; mañana se ventila su porvenir demain son avenir se joue | FIG & FAM expédier; este trabajo me lo ventilo en una hora ce travail, je l'expédie en une heure.

ventisca *f* bourrasque de neige.

ventiscar [10] *v impers* y avoir une tempête de neige.

ventiscar [10]; **ventiquear** *v intr* tourbillonner (la nieve).

ventisco *m* bourrasque *f* de neige.

ventisquear ➤ **ventiscar**.

ventisquero *m* glacier (helero) | bourrasque *f* de neige (ventisca).

ventitantos, tas *adj* environ vingt, une vingtaine; veintitantas personas une vingtaine de personnes | vers le vingt; a veintitantos de abril vers le 20 [vingt] avril.

ventola *f* MAR coup *m* de vent.

ventolera *f* coup *m* de vent, bourrasque | moulinet *m* (juguete) | FIG & FAM coup *m* de tête, caprice *m*, lubie, toquade (manía) ■ FIG & FAM darle a uno la ventolera de se mettre dans la tête de | darle a uno la ventolera por être pris d'une toquade pour, se toquer de.

ventolina *f* MAR petite brise.

ventor, ra *adj* qui flaire le vent (animal).
➤ **ventor** *m* chien d'arrêt (perro).

ventorrero *m* endroit exposé aux vents.

ventorrillo *m* guinguette *f* (merendero), petite auberge *f* (venta pequeña).

ventorro *m* mauvaise auberge *f*.

ventosa *f* ventouse; aplicar o poner ventosas mettre des ventouses.

ventosear *v intr & pr* lâcher des vents.

ventosidad *f* ventosité, vent *m*; tener ventosidades avoir des vents.

ventoso, sa *adj* venteux, euse.
➤ **ventoso** *m* ventôse (sexto mes del calendario republicano francés).

ventrada *f* (*Amer*) ventrée, portée.

ventral *adj* ventral, e.

ventrecha *f* ventre *m* [d'un poisson].

ventregada *f* ventrée, portée (lechigada).

ventrera *f* ventrière (cincha) | ceinture abdominale (faja).

ventricular *adj* ANAT ventriculaire.

ventrículo *m* ANAT ventricule.

ventriculografía *f* MED ventriculographie.

ventrílocuo, a *adj & s* ventriloque.

ventriloquia *f* ventriloquie.

ventrudo, da *adj* FAM ventru, e; ventripotent, e.

ventura *f* bonheur *m* (felicidad); deseos de ventura vœux de bonheur | hasard *m* (casualidad); la ventura quiso que me encontrara con él le hasard voulut que je le rencontre | risque *m*, péril *m* (riesgo) ■ a la ventura, a la buena ventura à l'aventure | por ventura d'aventure, par hasard (por casualidad) | probar ventura tenter o courir sa chance.

venturina *f* aventurine (piedra).

venturo, ra *adj* futur, e; à venir.

venturosamente *adv* heureusement, avec bonheur.

venturoso, sa *adj* heureux, euse (feliz) | qui a de la chance (que tiene suerte).

venus *f* Vénus (planeta) | vénus (molusco).

venusto, ta *adj* beau, belle; gracieux, euse.

ver *m* vue *f* (sentido de la vista) | aspect (de una cosa) | allure *f* (de una persona); todavía está de buen ver elle a encore belle allure | avis, opinión *f*; a mi, tu, su ver à mon, ton, son avis.

ver [76] *v tr & intr* [▷ SIN] voir; lo he visto con mis propios ojos je l'ai vu de mes propres yeux; ver de cerca, de lejos voir de près, de loin | regarder; vea usted si le va este traje regardez si ce costume vous va | voir (prever); no veo el fin de nuestros cuidados je ne vois pas la fin de nos soucis | voir (visitar); ir a ver a alguien aller voir quelqu'un | voir (experimentar); voy a ver si puedo je vais voir si j'y arrive; estoy viendo que no quiere hacerlo je vois bien qu'il ne veut pas le faire ■ FIG ver con buenos, con malos ojos voir d'un bon, d'un mauvais œil | ver de essayer de, tâcher de; voy a ver de arreglar esto je vais essayer d'arranger cela | ver las estrellas voir trente-six chandelles | ver mundo voir du pays | ver todo negro voir tout en noir ■ a más ver, hasta más ver au revoir | a mi modo de ver à mon avis | aquí donde me ve usted tel que vous me voyez, moi qui vous parle | a ver voyons | a ver si pour voir si; se lo pregunté a ver si lo sabía je le lui ai demandé pour voir s'il le savait | como si lo viera je le vois d'ici, comme si j'y étais | darse a ver se montrer | deje que vea montrez | dígame a ver dites, dites voir FAM | esto está por ver, esto habrá que verlo c'est à voir | FAM ¡habráse visto! a-t-on déjà vu ça!, (ça) par exemple! | habría que ver il ferait beau voir que | ¡hasta más ver! au revoir!, à la prochaine! | ¡hay que ver! quand même!

| hay que verlo c'est à voir, ça vaut la peine d'être vu | hay que verlo para creerlo, si no lo veo no lo creo il faut le voir pour le croire | le haré ver quién soy yo je lui montrerai qui je suis | manera de ver façon de voir | mire a ver essayez donc, essayez voir FAM | no hay quien te vea on ne te voit plus | no le veo la gracia je ne vois pas ce qu'il y a de drôle | FAM no poder ver a uno ne pas pouvoir voir o supporter quelqu'un, ne pas pouvoir sentir quelqu'un FAM | no poder ver a uno ni pintado ne pas pouvoir voir quelqu'un en peinture | no tener nada que ver con n'avoir aucun rapport avec, n'avoir rien à voir avec | FIG & FAM no ver más allá de sus narices ne pas voir plus loin que le bout de son nez | no ver ni jota, no ver tres en un burro n'y voir goutte o que dalle (en un sitio oscuro), être myope comme une taupe (ser miope) | nunca he visto tal cosa o cosa igual je n'ai jamais vu une chose pareille | por lo que veo, por lo que se ve, por lo visto à ce que je vois, apparemment | FIG & FAM no veo terrible; tengo un hambre que no veo j'ai une faim terrible | te lo veo en la cara ça se voit sur ta figure, je le lis dans tes yeux | tener que ver en avoir à voir dans | vamos a ver voyons | vamos a ver voyons plutôt | veremos on verra ça, nous verrons ça (para dilatar algo) | volver a ver revoir | FAM ya verás lo que es bueno tu vas voir ce que tu vas voir | ya veremos nous verrons, on verra bien | ya ves, ya ve usted tu vois o vois-tu, vous voyez o voyez-vous | FAM y si te he visto no me acuerdo tu fais, il fait... semblant de ne pas me reconnaître, il ne me connaît plus.
➤ **verse** *v pr* se voir; esto se ve todos los días cela se voit tous les jours | se voir, se fréquenter (tratarse) | se rencontrer, se retrouver; ¿dónde nos vamos a ver? où allons-nous nous rencontrer? | voir; es digno de verse c'est à voir | être vu; merece verse cela mérite d'être vu | FIG se reconnaître, se retrouver; se ve en sus hijos il se reconnaît dans ses enfants | se revoir; me veo en París en aquellos años je me revois à Paris à cette époque-là ■ véase página 30 voir page 30 | FIG verse a la legua o de lejos se voir d'une lieue o de loin | vérselas con uno avoir affaire à quelqu'un | verse en un apuro être dans l'embarras o dans le pétrin FAM | vérselas y deseárselas en voir de toutes les couleurs (pasarlas negras), se donner un mal de chien (darse un trabajo de loco) | ya se ve ça se voit.

SIN divisar apercevoir; entrever, vislumbrar entrevoir; percibir percevoir; descubrir découvrir; sorprender surprendre; notar remarquer; mirar regarder; reconocer reconnaître.

vera *f* bord *m*; a la vera de la senda au bord du sentier | côté *m*; a mi vera à côté de moi.

veracidad *f* véracité.

veranada *f* estivage *m*.

veranadero *m* pâturage d'été.

veranda *f* véranda (terraza).

veraneante *m & f* estivant, e; vacancier, ère.

veranear *v intr* passer ses vacances d'été, être o aller en villégiature, villégiaturer (p us); veranear en San Sebastián passer ses vacances d'été à Saint-Sébastien.

veraneo *m* villégiature *f* [en été]; ir de veraneo aller en villégiature | vacances *f pl* [d'été], grandes vacances *f pl* (vacaciones de verano).

veranero *m* pâturage d'été.

veraniego, ga *adj* estival, e; d'été; temporada veraniega saison estivale ‖ d'été; traje veraniego costume d'été.

veranillo *m* veranillo de San Martín été de la Saint-Martin ‖ veranillo de San Miguel o del membrillo été de la Saint-Michel.

verano *m* été (estío); vacaciones de verano vacances d'été ‖ vestirse de verano mettre ses vêtements d'été.

veras *f pl* de veras vraiment; feo de veras vraiment laid; pour de bon, pour de vrai ‖ FAM (auténtico), sérieusement (en serio) ■ ¿de veras? vraiment?, vrai? ‖ entre bromas y veras mi-figue, mi-raisin.

veratrina *f* QUÍM vératrine.

veratro *m* vératre (planta).

veraz *adj* véridique; historiador, relato veraz historien, récit véridique.
‖ OBSERV *pl* veraces.

verbal *adj* verbal, e.

verbalismo *m* verbalisme.

verbalista *adj* propre au verbalisme.

verbalmente *adv* verbalement.

verbasco *m* BOT bouillon-blanc, molène *f*.

verbena *f* verveine (planta) ‖ fête populaire nocturne (fiesta); la verbena de San Juan la fête de la Saint-Jean.

> **LA VERBENA**
> Fête populaire ou privée que l'on donne en été, la veille d'un jour férié important. Les « verbenas », organisées en général en plein air, dans les rues et les jardins ornés de lampions et de serpentins, donnent lieu à des bals qui durent toute la nuit. Une des plus connues est la « verbena de San Juan ». À cette occasion, dans certaines régions comme le Levant et la Catalogne, on installe de grands bûchers en pleine rue pour fêter la nuit la plus courte de l'année et la venue de l'été.

verbenáceas *f pl* BOT verbénacées.

verbenero, ra *adj* de fête (de verbena).

verbigracia; verbi gratia *loc* par exemple.
‖ OBSERV Verbigracia s'écrit en abrégé v. gr o v.

verbo *m* GRAM verbe ‖ RELIG Verbe ■ GRAM verbo activo verbe actif ‖ verbo impersonal verbe impersonnel ‖ verbo intransitivo verbe intransitif ‖ verbo irregular verbe irrégulier ‖ verbo pasivo verbe passif ‖ verbo transitivo verbe transitif ‖ verbo unipersonal verbe unipersonnel o impersonnel.

verborrea *f* verbosité, logorrhée (verbosidad) ‖ verbiage *m*, bla-bla-bla *m* (palabrería) ‖ FAM tener mucha verborrea être intarissable.

verbosidad *f* verbosité, logorrhée.

verboso, sa *adj* verbeux, euse.

verdacho *m* terre *f* verte (color).

verdad *f* vérité; juró que diría toda la verdad il jura de dire toute la vérité; un acento de verdad un accent de vérité; verdad matemática vérité mathématique ‖ vrai *m*, vérité; amar la verdad aimer le vrai ‖ ¿verdad? n'est-ce pas?, n'est-il pas vrai?, pas vrai? ‖ FAM ‖ verdad a medias demi-vérité ‖ verdad

de Perogrullo vérité de La Palice, lapalissade ■ de verdad vrai, pour de bon; un torero de verdad un vrai torero; sérieusement; ¿lo dices de verdad? tu dis cela sérieusement? ‖ ¿de verdad? vraiment?, est-ce vrai? ‖ FAM de verdad de las buenas vrai de vrai ‖ de verdad que no, que sí je vous assure o je t'assure que non, que oui ‖ en honor a la verdad pour dire les choses comme elles sont, pour ne pas mentir ‖ en verdad en vérité; en verdad os digo en vérité je vous le dis; certes (por cierto) ‖ hora de la verdad minute de vérité ‖ la pura verdad la pure vérité ‖ la verdad escueta o al desnudo la vérité toute nue ‖ mi verdad par ma foi ‖ tan de verdad o tan verdad como aquello que o uno de verdad un véritable, un vrai de vrai FAM ■ a decir verdad, la verdad sea dicha à vrai dire, à la vérité, à franchement parler, sans mentir ‖ bien es verdad que il est bien vrai que ‖ FAM cantarle o decirle a uno cuatro verdades o las verdades del barquero dire à quelqu'un ses vérités o ses quatre vérités o son fait ‖ eso es una verdad como un puño o como un templo c'est la pure vérité o la vérité vraie ‖ es verdad c'est vrai, il est vrai ‖ es la pura verdad que il est absolument vrai que, c'est la pure vérité que, il n'est que trop vrai que ‖ faltar a la verdad mentir ‖ jurar decir la verdad, sólo la verdad y nada más que la verdad jurer de dire la vérité, toute la vérité, rien que la vérité ‖ las verdades amargan il n'y a que la vérité qui blesse ‖ ¿no es verdad? n'est-ce pas? ‖ no hay más que los niños y los locos que dicen las verdades la vérité sort de la bouche des enfants ‖ no todas las verdades son para dichas toutes les vérités ne sont pas bonnes à dire ‖ se lo digo de verdad je vous assure, je parle sérieusement ‖ si bien es verdad que il n'en est pas moins vrai que, toujours est-il que ‖ sólo la verdad ofende il n'y a que la vérité qui blesse ‖ verdad es que il est vrai que.
‖ OBSERV Verdad peut aussi être employé comme adjectif invariable dans le sens de vrai, authentique: los aristócratas verdad les vrais aristocrates.

verdaderamente *adj* vraiment.

verdadero, ra *adj* [▷ SIN] vrai, e; véritable; historia verdadera histoire véritable; un diamante verdadero un vrai diamant ‖ véridique (veraz) ‖ ASTRON vrai, e; mediodía verdadero midi vrai ■ es el verdadero retrato de su padre il est tout le portrait de son père ‖ lo verdadero le vrai; distinguir lo verdadero de lo falso distinguer le vrai du faux.
‖ SIN cierto sûr; exacto exact; auténtico, genuino authentique; justo juste; verídico véridique; legítimo légitime.

verdal *adj* de couleur verte, vert, e [se dit de certains fruits qui restent verts même arrivés à maturité].

verdasca *f* baguette, houssine (vara).

verde *adj* vert, e; zonas verdes espaces verts ‖ vert, e (no maduro, no seco); uva verde raisins verts ‖ leña verde bois vert ‖ FIG grivois, e; égrillard, e; salé, e; paillard, e (licencioso); unos chistes verdes des histoires grivoises ‖ pas mûr, e; el negocio está aún verde l'affaire n'est pas encore mûre ■ cuero en verde cuir vert ‖ forraje verde fourrage vert ‖ tapete verde tapis vert ‖ un viejo verde un vieux beau, un vert galant ■ contar cosas verdes en dire de vertes ‖ FAM poner

verde a uno traiter quelqu'un de tous les noms.
◇ *m* vert (color); gustarle a uno el verde aimer le vert; verde oliva vert olive ‖ vert, verdure *f* (verdor de las plantas) ‖ FIG verdeur *f*; lo verde de sus palabras la verdeur de ses propos ‖ (*Amer*) maté ‖ los verdes les verts (militantes ecologistas).

VERDE (abrev de Vértice Español de Reivindicación y Desarrollo Ecológico) *m* parti écologiste espagnol.

verdear *v intr* verdir (tirar a verde) ‖ verdir, verdoyer; el campo empieza a verdear la campagne commence à verdoyer.

verdeceledón *m* céladon (color).

verdecer [30] *v intr* verdir, verdoyer.

verdegal *m* champs *pl* verdoyants.

verdemar *adj & s m* vert océan *inv*.

verdeo *m* récolte *f* des olives.

verdeoscuro, ra *adj* vert sombre *inv*.

verderón *m* verdier (ave) ‖ bucarde *f* (molusco).

verdete *m* QUÍM verdet ‖ vert-de-gris (orín).

verdezuelo *m* verdier (ave).

verdín *m* vert tendre [des plantes] (color) ‖ moisissure *f* verte (moho) ‖ vert-de-gris (cardenillo) ‖ mousse *f* (musgo).

verdinegro, gra *adj* vert foncé *inv*.

verdolaga *f* pourpier *m* (planta).

verdor *m* verdure *f*, couleur *f* verte (color) ‖ FIG verdeur *f*.

verdoso, sa *adj* verdâtre.

verdugado *m* vertugadin.

verdugal *m* taillis.

verdugazo *m* coup de fouet.

verdugo *m* bourreau (ejecutor de justicia) ‖ BOT rejeton (vástago) ‖ fouet (látigo) ‖ vergeture *f* (verdugón) ‖ bleu (cardenal) ‖ FIG bourreau; ser un verdugo para sus alumnos être un bourreau pour ses élèves ‖ ARQ assise *f* horizontale des briques ‖ TAUROM épée *f* destinée à pratiquer le "descabello".

verdugón *m* vergeture *f*, coup de fouet (hecho por un latigazo) ‖ bleu (cardenal) ‖ rejeton (renuevo).

verduguillo *m* galle *f* (en las hojas) ‖ rasoir court et étroit (navaja para afeitar) ‖ TAUROM épée *f* destinée à pratiquer le "descabello".

verdulería *f* boutique où l'on vend des légumes, marchand *m* de légumes; ir a la verdulería aller chez le marchand de légumes ‖ FIG grivoiserie, paillardise FAM.

verdulero, ra *m & f* marchand, e de légumes (fijo); marchand, e des quatre-saisons (ambulante) ‖ FIG personne *f* grivoise.
➤ **verdulera** *f* FIG & FAM harengère, poissarde (mujer desvergonzada) ‖ FAM habla como una verdulera parler comme une harengère o comme un charretier.

verdura *f* vert *m*, couleur vert, verdure; la verdura de los prados le vert des prés.
➤ **verduras** *f pl* légumes *m*, légumes *m* verts (hortalizas); comer verduras manger des légumes ‖ verduras tempranas primeurs.

verdusco, ca *adj* verdâtre.

verecundia *f* honte (vergüenza).

verecundo, da *adj* honteux, euse.

vereda *f* sentier *m* (senda) ‖ (*Amer*) trottoir *m* (acera) ‖ FIG & FAM meter en vereda a uno mettre quelqu'un au pas, remettre quelqu'un dans le droit chemin.

veredicto *m* DR verdict; veredicto de inculpación verdict d'acquittement.

verga *f* ANAT verge ‖ MAR vergue.

vergajo *m* nerf de bœuf.

vergé *adj* papel vergé papier vergé.

vergel *m* verger (huerto).

vergeteado, da *adj* BLAS vergeté, e.

vergonzante *adj* honteux, euse; pobre vergonzante pauvre honteux.

vergonzosamente *adv* honteusement.

vergonzoso, sa *adj* honteux, euse; huida vergonzosa fuite honteuse.
◇ *adj* & *s* timide (tímido) ‖ El vergonzoso en palacio Le Timide au palais (de Tirso de Molina).
◆ **vergonzoso** *m* sorte de tatou (animal).

verguear *v tr* gauler (varear).

vergüenza *f* honte; enrojecer de vergüenza rougir de honte; tener vergüenza avoir honte ‖ vergogne; sin vergüenza sans vergogne ‖ honneur *m* (pundonor); hombre con vergüenza homme d'honneur ‖ FIG honte (oprobio) ■ FIG caérsele a uno la cara de vergüenza ne plus savoir où se mettre FAM, mourir de honte ‖ con o para gran vergüenza suya à sa grande honte ‖ dar vergüenza faire honte ‖ ¡es una vergüenza! c'est une honte!, c'est honteux! ‖ ¿no le da a usted vergüenza? ça ne vous fait pas honte?, vous n'avez pas honte?, n'êtes-vous pas honteux? ‖ pasar mucha vergüenza avoir terriblement honte ‖ perder la vergüenza avoir du toupet o du culot ‖ ¡qué poca vergüenza tiene! quel toupet il a! ‖ FIG señalar a la vergüenza pública mettre o clouer au pilori ‖ tener más miedo que vergüenza avoir une peur bleue (pasar miedo), être froussard (ser miedoso) ‖ traje de vergüenza costume de la honte (durante la Inquisición) ‖ vergüenza para quien piense mal honni soit qui mal y pense ‖ FIG vergüenza torera conscience professionnelle.

vergueta *f* vergette (varilla).

vericueto *m* chemin scabreux ‖ FIG méandre, détour; los vericuetos de la diplomacia les méandres de la diplomatie.

verídico, ca *adj* véridique; hombre, relato verídico homme, récit véridique ‖ vrai, e (verdadero); lo que digo es verídico ce que je dis est vrai.

verificación *f* vérification (comprobación) ‖ (p us) réalisation, accomplissement *m* (ejecución).

verificador, ra *adj* & *s* vérificateur, trice; contrôleur, euse ‖ réceptionnaire (de obras).

verificar [10] *v tr* [▷ SIN] vérifier (comprobar) ‖ réaliser, effectuer; la aviación verificó un bombardeo l'aviation a effectué un bombardement.
◆ **verificarse** *v pr* avoir lieu (efectuarse); la boda se verificará mañana le mariage aura lieu demain ‖ se vérifier (salir cierto) ‖ se verifica que on voit ainsi que.
┃ SIN comprobar constater, vérifier; examinar examiner; controlar contrôler; contrastar contrôler, étalonner.

verija *f* pubis *m*.

veril *m* MAR accore *f*.

verilear *v intr* MAR suivre l'accore.

verisímil ▬ verosímil.

verisimilitud *f* vraisemblance.

verismo *m* vérisme (en el arte).

verista *adj* & *s* vériste.

verja *f* grille.

verjurado, da *adj* vergé, e; papel verjurado papier vergé.

verme *m* MED ver (lombriz).

vermeto *m* ZOOL vermet.

vermicida *adj* & *s m* vermifuge.

vermiculado, da *adj* ARQ vermiculé, e.

vermicular *adj* vermiculaire.

vermicularia *f* BOT orpin *m* blanc.

vermídeos *m pl* ZOOL vermidiens.

vermifobia *f* vermiophobie (p us).

vermiforme *adj* vermiforme.

vermífugo, ga *adj* & *s m* vermifuge.

verminoso, sa *adj* MED vermineux, euse (enfermedad).

vermis *m inv* ANAT vermis.

vermívoro, ra *adj* ZOOL vermivore.

vermut; vermú *m* vermouth (licor) ‖ (*Amer*) matinée *f* (de teatro o cine).
┃ OBSERV pl vermuts; vermús.

vernáculo, la *adj* national, e; vernaculaire (p us); idioma vernáculo langue vernaculaire.

vernal *adj* vernal, e (de la primavera).

vernalización *f* AGRIC vernalisation.

vernier *m* TECN vernier (nonio).

vero *m* (p us) vair (marta cebellina) ‖ BLAS vair.

Verona *n pr* GEOGR Vérone.

veronal® *m* Véronal®.

Veronés *n pr* el Veronés Véronèse.

verónica *f* véronique (planta) ‖ TAUROM véronique [passe de cape].

verosímil; verisímil *adj* vraisemblable.

verosimilitud *f* vraisemblance.

verraco *m* verrat (cerdo) ‖ FAM gritar como un verraco crier comme un putois.

verraquear *v intr* FAM grogner (gruñir) ‖ brailler (los niños).

verraquera *f* FAM braillements *m pl* [des enfants].

verriondo, da *adj* en chaleur (los cerdos).

verrón *m* verrat (cerdo).

verruga *f* MED verrue.

verrugosidad *f* verrucosité.

verrugoso, sa *adj* verruqueux, euse.

versada *f* FAM (*Amer*) suite de vers.

versado, da *adj* versé, e; versado en lenguas versé dans les langues.

versal *adj* & *s f* IMPR capital, e (letra).

versalilla; versalita *adj* & *s f* IMPR petite capitale (letra).

Versalles *n pr* GÉOGR Versailles; el palacio de Versalles le château de Versailles.

versallés; versallesco, ca *adj* & *s* versaillais, e ‖ FIG & FAM Grand Siècle; modos muy versallescos des manières très Grand Siècle.

┃ OBSERV le pluriel de versallés est versalleses.

versar *v intr* tourner autour (dar vueltas) ‖ FIG versar sobre porter sur, rouler sur (conversación), traiter de (libros).

versátil *adj* BOT versatile, oscillant, e ‖ FIG versatile (inconstante).

versatilidad *f* FIG versatilité.

versícula *f* endroit *m* où l'on range les livres liturgiques.

versicularios *m* celui qui chante les versets ‖ personne *f* chargée de la garde des livres liturgiques.

versículo *m* verset.

versificación *f* versification.

versificar [10] *v intr* versifier, faire des vers.
◇ *v tr* versifier.

versión *f* version; dos versiones de un suceso deux versions d'un même fait.
┃ OBSERV Version, au sens de traduction, se dit plutôt en espagnol traducción directa.

verso *m* vers; hacer versos faire des vers ‖ verset (versículo) ■ comedia en verso comédie en vers ‖ poner en verso mettre en vers ‖ verso blanco o suelto vers blanc ‖ verso libre vers libre.

verso *m* verso (reverso de una hoja) ‖ petite couleuvrine *f* (pieza de artillería).

versta *f* verste (medida itineraria rusa).

vértebra *f* ANAT vertèbre.

vertebrado, da *adj* & *s m* vertébré, e.

vertebral *adj* vertébral, e; discos vertebrales disques vertébraux; columna vertebral colonne vertébrale.

vertedera *f* versoir *m* (arado).

vertedero *m* déversoir (desaguadero) ‖ déversoir (aliviadero de un pantano) ‖ décharge *f* publique, voirie *f* (de basuras en la calle) ‖ FAM dépotoir (estercolero) ‖ vertedero de basuras vide-ordures (en las casas).

vertedor, ra *adj* & *s* verseur, euse.
◆ **vertedor** *m* tuyau de décharge (desagüe) ‖ MAR écope *f* (achicador).

verter [20] *v tr* [▷ SIN] verser, renverser; verter vino en el mantel renverser du vin sur la nappe ‖ verser; verter lágrimas verser des larmes ‖ déverser (derramar) ‖ traduire (traducir); verter al francés traduire en français ‖ FIG proférer (decir) ‖ FAM verter aguas menores uriner.
◇ *v intr* & *pr* couler (un líquido).
┃ SIN derramar, esparcir répandre; volcar renverser.

vertical *adj* vertical, e; círculos verticales cercles verticaux ‖ formato vertical format en hauteur (ilustración).
◇ *f* GEOM verticale (línea).
◇ *m* ASTRON vertical.

verticalidad *f* verticalité ‖ haber perdido su verticalidad ne pas être d'aplomb.

verticalmente *adv* verticalement, à la verticale.

vértice *m* GEOM sommet (de un ángulo) ‖ vértice geodésico point géodésique.

verticilado, da *adj* BOT verticillé, e.

verticilo *m* BOT verticille.

vertido *m* rejet, déversement; vertido de substancias tóxicas rejet de substances toxiques.

vertiente *adj* qui verse ‖ aguas vertientes eaux de ruissellement (del tejado).
◇ *f* versant *m*; la vertiente de una colina le versant d'une colline ‖ pente, versant *m* (de un tejado) ‖ FIG aspect *m* (aspecto) ‖ tendance, orientation ‖ (Amer) source (manantial).

vertiginosamente *adv* vertigineusement.

vertiginosidad *f* vertiginosité, qualité de ce qui est vertigineux.

vertiginoso, sa *adj* vertigineux, euse.

vértigo *m* [▷ SIN] vertige; tener vértigo avoir le vertige ‖ VETER vertigo ‖ FIG vertige ‖ FAM de vértigo vertigineux; fou, folle; velocidad de vértigo vitesse vertigineuse.
▎ SIN aturdimiento, mareo étourdissement; desvanecimiento évanouissement; desmayo défaillance; vahído vertige.

vesania *f* MED vésanie.

vesánico, ca *adj & s* MED fou, folle; dément, e.

vesical *adj* MED vésical, e; órganos vesicales organes vésicaux.

vesicante *adj & s m* MED vésicant, e.

vesicatorio, ria *adj* MED vésicatoire.

vesícula *f* vésicule; vesícula biliar vésicule biliaire.

vesicular *adj* vésiculaire.

Vespasiano *n pr* Vespasien.

vesperal *m* vespéral (libro).

vespertillo *m* vespertillon (murciélago).

vespertino, na *adj* vespéral, e; du soir; lucero vespertino étoile du soir.

véspidos *m pl* ZOOL vespidés.

Vespucci; Vespucio *n pr* Vespucci, Vespuce.

vestal *f* vestale (sacerdotisa de Vesta).

vestalias *f pl* vestalies.

vestibular *adj* ANAT vestibulaire.

vestíbulo *m* ANAT vestibule ‖ [▷ SIN] ARQ vestibule (de una casa particular) ‖ hall (de un edificio público).
▎ SIN entrada, zaguán entrée; hall hall; antecámara, antesala antichambre; propileo propylée.

vestido, da *adj* habillé, e; estar muy vestido être très habillé ‖ habillé, e; vêtu, e; toda vestida de negro toute de noir vêtue; vestido con una levita negra habillé d'une redingote noire.
➤ **vestido** *m* habillement (manera de vestirse); los primitivos utilizaban la piel de los animales para su vestido les primitifs utilisaient les peaux de bête pour leur habillement ‖ [▷ SIN] vêtement, vêtements *pl*; todo hombre bien educado se distingue por la pulcritud de su vestido tout homme bien élevé se distingue par la netteté de ses vêtements ‖ robe *f* (de mujer); un vestido de seda une robe de soie ■ FIG & FAM cortar un vestido a uno casser du sucre sur le dos de quelqu'un ‖ vestido cerrado robe montante ‖ vestido de noche robe du soir ‖ vestido tubo o tubular fourreau.
▎ SIN traje costume; indumentaria, atavío habillement; ropa vêtements; terno complet; uniforme tenue, uniforme; prenda vêtement; atuendo mise; FAM pingos nippes, frusques.

vestidor *m* dressing.

vestidura *f* vêtement *m*, habit *m*.
➤ **vestiduras** *f pl* habits *m* sacerdotaux ‖ FIG & FAM rasgarse las vestiduras crier au scandale, faire tout un plat o toute une histoire de quelque chose.

vestigio *m* vestige; los vestigios de una civilización les vestiges d'une civilisation ‖ FIG vestige, trace *f* (huella).

vestimenta *f* vêtement *m*, vêtements *m pl*; llevaba una vestimenta extraña il portait des vêtements étranges ‖ tenue, mise (manera de vestirse) ‖ vestimenta ridícula accoutrement, habillement ridicule.

vestir [26] *v tr* habiller, vêtir (p us); vestir a un niño habiller un enfant ‖ habiller; este sastre viste a todos mis hermanos ce tailleur habille tous mes frères ‖ habiller, couvrir; vestir un sillón de cuero habiller un fauteuil de cuir ‖ FIG étoffer (un discurso) ‖ habiller, parer (la realidad) ■ FIG & FAM quedarse para vestir imágenes o santos rester vieille fille, coiffer sainte Catherine (una mujer) ‖ vestir al desnudo couvrir ceux qui sont nus ‖ FIG vestir el cargo avoir le physique o la tête de l'emploi ‖ vísteme despacio que tengo prisa hâte-toi lentement ‖ vistió un rostro de severidad il prit un air sévère.
◇ *v intr* s'habiller; viste bien il s'habille bien ‖ être habillé, e; vestir de negro, de uniforme être habillé de noir, en uniforme ‖ FIG faire habillé, habiller; la seda viste mucho la soie fait très habillé ‖ FIG classer, poser, faire bien; tener un coche deportivo viste mucho ça fait très bien d'avoir une voiture de sport ‖ FAM el mismo que viste y calza bibi en personne ‖ un traje de vestir un costume habillé.
➤ **vestirse** *v pr* s'habiller; vestirse de paisano s'habiller en civil ‖ FIG se couvrir; el cielo se viste de nubes le ciel se couvre de nuages ■ FIG vestirse con plumas ajenas se parer des plumes du paon ‖ vestirse de largo faire son entrée dans le monde (una joven) ‖ vestirse de máscara se déguiser ‖ FAM vestirse de tiros largos se mettre sur son trente-et-un ‖ vestirse de verano mettre ses vêtements d'été.

vestuario *m* garde-robe *f* (conjunto de trajes); tengo que renovar mi vestuario il faut que je renouvelle ma garde-robe ‖ vestiaire (guardarropa) ‖ costumes *pl* (de teatro, de cine) ‖ MIL habillement ‖ encargado, encargada del vestuario habilleur, euse.

Vesubio *n pr m* GEOGR el Vesubio le Vésuve.

veta *m* veine (de una piedra, madera, etc.) ‖ MIN veine, filon *m*.

vetar *v tr* opposer o mettre son veto à.

veteado, da *adj* veiné, e.

vetear *v tr* veiner.

veteranía *f* ancienneté ‖ longue expérience.

veterano, na *adj* vieux, vieille; un periodista veterano un vieux journaliste.
➤ **veterano** *m* vétéran.
◇ *m & f* (Amer) vieux, vieille (viejo).

veterinaria *f* médecine vétérinaire.

veterinario, ria *adj & s m* vétérinaire.

vetiver *m* BOT vétiver.

veto *m* veto; poner el veto opposer o mettre son veto.

vetusto, ta *adj* vétuste.

vez *f* fois; una vez al mes une fois par mois; tres veces seguidas trois fois de suite ‖ tour *m* (turno); hablar a su vez parler à son tour; perder la vez perdre son tour; tengo la vez c'est mon tour ‖ coup *m*, fois; de una sola vez d'un seul coup, en une seule fois ■ a la vez à la fois, en même temps ‖ algunas veces parfois, quelquefois ‖ a veces parfois, quelquefois, des fois FAM ‖ a veces y otras veces tour à tour; a veces está sonriente y otras veces serio il est tour à tour souriant et sérieux ‖ cada vez más, menos de plus en plus, de moins en moins ‖ cada vez mejor, peor de mieux en mieux, de pire en pire ‖ cada vez que chaque fois que ‖ demasiadas veces trop souvent ‖ de una (sola) vez d'un seul coup ‖ de una vez, de una vez para siempre, de una vez por todas une bonne fois, une fois pour toutes ‖ de vez en cuando de temps en temps, de temps à autre ‖ dos, tres, ... veces à deux, trois... reprises ‖ en vez de au lieu de ‖ infinitas veces un nombre infini de fois ‖ las más de las veces, la mayoría de las veces le plus souvent, la plupart du temps ‖ más de una vez plus d'une fois ‖ miles de veces maintes et maintes fois, des fois et des fois ‖ muchas veces bien des fois, souvent, maintes fois ‖ otra vez encore une fois (una vez más), de nouveau (de nuevo), bis (espectáculos); ¡otra vez! bis! ‖ pocas veces, rara vez rarement ‖ por enésima vez pour la énième o la N^ième fois ‖ por última vez pour la dernière fois ‖ otras veces d'autres fois ‖ repetidas veces à plusieurs reprises ‖ tal cual vez rarement ‖ tal vez peutêtre ‖ toda vez que étant donné que, attendu que; sería conveniente el estudio profundo de esta lengua toda vez que nuestra terminología se basa en ella il conviendrait de faire une étude approfondie de cette langue, étant donné que notre terminologie est fondée sur elle ‖ una vez más une fois de plus, encore une fois ‖ una vez que otra, una que otra vez de temps à autre, rarement ‖ una vez tras otra coup sur coup (sin parar) ‖ una (vez) y otra vez, una vez y cien veces maintes et maintes fois ‖ varias veces plusieurs fois, à plusieurs reprises ■ érase una vez il était une fois ‖ estar cada vez peor aller de mal en pis ‖ hacer las veces de tenir lieu de, faire fonction de, faire office de ‖ hacer otra vez algo refaire quelque chose ‖ pase por una vez c'est bon pour cette fois ‖ una vez al año no hace daño une fois n'est pas coutume.
▎ OBSERV 1. Cuando la locución otra vez, unida al verbo, indica repetición, puede traducirse por de nouveau o por el verbo francés con el prefijo re-: pedir otra vez redemander, demander de nouveau.
▎ 2. pl veces.

v.g.; v.gr. (abrev escrita de verbigracia) p. ex.

VHF (abrev de very high frequency) *f* VHF.

VHS (abrev de video home system) *m* VHS.

vía *f* voie; vía pública voie publique; por vía aérea par la voie des airs ‖ voie (ferrocarril); vía férrea voie ferrée ‖ route; vía marítima route maritime ‖ voie (de autopista) ‖ ANAT voie; vías urinarias voies urinaires ‖ QUÍM voie; **vía húmeda, seca** voie humide, sèche ‖ TECN voie (automóvil) ‖ FIG route ■ **vía aérea** par avion (correo) ‖ RELIG Via Crucis chemin de croix ‖ MAR **vía de agua** voie d'eau ‖ **vía de comunicación** voie de communication ‖ **vía de maniobra** voie de service o de raccordement ‖ DR **vía ejecutiva** voie d'exécution ‖ **vía judicial** voie légale ‖ ASTRON **Vía Láctea** Voie lactée ‖ **¡vía libre!** libérez le passage!, laissez passer! ‖ **vía muerta** voie de garage (ferrocarril) ‖ **vía romana** voie romaine ‖ DR **vía sumaria** procédure sommaire ■ **cuaderna vía** quatrain d'alexandrins monorimes (del mester de clerecía) ‖ **estar en vías de** être en voie de ‖ **países en vías de desarrollo** pays en voie de développement ■ FIG **por vía de** sous forme de; **por vía de sufragios** sous forme de suffrages; à titre de; **por vía de ensayo** à titre d'essai ‖ **por vía de buen gobierno** par mesure de prudence ‖ **por vía oficial** par voie officielle ‖ MED **por vía oral** par voie orale o buccale.

➦ **vías** f pl RELIG voies; **las vías del Señor son impenetrables** les voies du Seigneur sont impénétrables ‖ DR **vías de hecho** voies de fait.

vía prep via; **Madrid Londres vía París** Madrid Londres via Paris.

viabilidad f viabilité.

viable adj viable.

viacrucis; vía crucis m chemin de croix ‖ FIG calvaire (tormento).

viadera f TECN lame (pieza del telar).

viaducto m viaduc.

viajante adj & s voyageur, euse ‖ **viajante (de comercio)** voyageur de commerce, commis-voyageur.

viajar v intr voyager; **viajar por España** voyager en Espagne.

viaje m [▷ SIN] voyage; **¡buen viaje!** bon voyage!; **está de viaje** il est en voyage; **hacer un viaje a Francia** faire un voyage en France ‖ FAM coup [de poing, de couteau, d'épée] ‖ **trip** (estado de alucinación) ‖ TAUROM coup de corne (cornada) ■ **viaje de ida** aller simple ‖ **viaje de ida y vuelta** voyage aller-retour ‖ **viaje de novios** voyage de noces ‖ **viaje todo comprendido** voyage à forfait ■ (Amer) **agarrar viaje** accepter une proposition ‖ **ir o irse de viaje** aller, s'en aller o partir en voyage ‖ FIG & FAM **para este viaje no se necesitan alforjas** il est Gros-Jean comme devant, il est bien avancé.

‖ SIN gira tournée; excursión excursion; expedición expédition; exploración exploration; marcha marche; peregrinación pèlerinage; periplo périple; jornada journée; paseo promenade.

viajero, ra adj & s voyageur, euse ‖ **¡viajeros al tren!** en voiture!

‖ SIN caminante voyageur; excursionista excursionniste; turista touriste; pasajero passager; peregrino pèlerin.

vial adj relatif à la voie publique ‖ AUTOM **seguridad vial** sécurité routière.
◇ m (p us) allée f d'arbres.

vianda f nourriture (alimento).

➦ **viandas** f pl mets m (manjares) ‖ (ant) veedor de viandas officier de bouche.

‖ OBSERV Vianda ne signifie pas viande, qui se dit carne.

viandante m & f voyageur, euse (viajero) ‖ vagabond, e ‖ passant, e (transeúnte).

viaraza f (Amer) accès m de colère.

viario, ria adj routier, ère; **red viaria** réseau routier.

VIASA (abrev de Venezolana Internacional de Aviación, SA) f compagnie aérienne nationale vénézuélienne.

viaticar [10] v tr administrer le viatique.

viático m viatique (para un viaje) ‖ RELIG viatique.

víbora f vipère (reptil) ‖ FAM vipère (persona maldiciente).

viborear v intr (Amer) serpenter, zigzaguer.

viborezno m vipereau (víbora pequeña).

vibración f vibration ‖ TECN vibrage m (del cemento).

vibrado m vibrage (del cemento).

vibrador, ra adj qui vibre.
➦ **vibrador** m vibreur.

vibráfono m vibraphone.

vibrante adj vibrant, e.

vibrar v intr vibrer.
‖ SIN cimbrar, cimbrear vibrer; brandir branler; agitarse s'agiter; oscilar osciller.

vibrátil adj vibratile.

vibrato m MÚS vibrato (cuerda).

vibratorio, ria adj vibratoire.

vibrión m vibrion (bacteria).

viburno m viorne f (arbusto).

vicaria f sous-prieure [d'un couvent].

vicaría f vicariat m vicairie ‖ FAM **pasar por la vicaría** passer devant M. le curé, se marier religieusement.

vicarial adj vicarial, e; **poderes vicariales** pouvoirs vicariaux.

vicariato m vicariat.

vicario m vicaire ■ **vicario apostólico** vicaire apostolique ‖ **vicario de Jesucristo** vicaire de Jésus-Christ ‖ **vicario general** vicaire général, grand vicaire.

vicealmirantazgo m vice-amirauté f.

vicealmirante m vice-amiral.

vicecanciller m vice-chancelier.

vicecancillería f charge et bureau m du vice-chancelier.

vicecónsul m vice-consul.

viceconsulado m vice-consulat.

vicegobernador m sous-préfet (de provincia).

vicelegación f vice-légation.

vicelegado m vice-légat.

vicenal adj vicennal, e; **juegos vicenales** jeux vicennaux.

Vicente n pr Vincent ‖ FIG & FAM **¿dónde va Vicente?, donde va la gente** faire comme tout le monde.

Vicenza n pr GEOGR Vicence.

vicepresidencia f vice-présidence.

vicepresidente, ta m & f vice-président, e.

vicerrector m vice-recteur (de universidad).

vicesecretaría f sous-secrétariat m.

vicesecretario, ria m & f sous-secrétaire.

vicetiple f choriste.

viceversa loc adv vice versa.

vichador m (Amer) espion.

vichar v tr (Amer) espionner (espiar) ‖ FIG dévorer des yeux.

vichy m vichy (tela).
▫ OBSERV pl vichys.

vichyssoise [bitʃi'swas] f CULIN vichyssoise.
▫ OBSERV pl vichyssoises.

vicia f BOT vesce (arveja).

viciar [8] v tr vicier (dañar, corromper) ‖ falsifier (adulterar) ‖ DR rendre, nul, vicier; **error que vicia un contrato** erreur qui rend nul o vicie un contrat ‖ corrompre, pervertir, débaucher (enviciar a una persona) ‖ corrompre (las costumbres).

➦ **viciarse** v pr se vicier ‖ se gauchir (alabearse) ‖ prendre la mauvaise habitude de (enviciarse).

vicio m vice ‖ DR défaut; **vicios ocultos** défauts cachés ‖ mauvaise habitude f (defecto) ‖ gâterie f (mimo) ‖ gauchissement (alabeo) ■ **vicio de conformación** vice de conformation ‖ **vicio de forma** vice de forme ‖ **vicio de pronunciación** vice de prononciation ■ **contra el vicio de pedir hay la virtud de no dar** c'est encore accorder quelque chose que de refuser avec grâce ‖ FAM **darse al vicio** tomber dans la drogue ‖ **de vicio** sans nécessité, sans raison; **llorar de vicio** pleurer sans raison ‖ **quejarse de vicio** crier famine sur un tas de blé, se plaindre par habitude.

viciosamente adv d'une façon défectueuse, mal ‖ vicieusement.

vicioso, sa adj & s [▷ SIN] vicieux, euse (persona, animal).
◇ adj défectueux, euse (cosa) ‖ vicieux, euse; mauvais, e; **una locución viciosa** une locution vicieuse ‖ FAM gâté, e (mimado) ‖ **círculo vicioso** cercle vicieux.
‖ SIN depravado dépravé; pervertido pervers; disoluto dissolu.

vicisitud f vicissitude.

víctima f victime; **ser la víctima de** être la victime de ‖ FIG **víctima propiciatoria** bouc émissaire.

victimar v tr sacrifier ‖ FAM tuer, descendre (matar).
‖ OBSERV Ce mot est un barbarisme couramment employé à l'heure actuelle.

victimario m victimaire.

victorear v tr acclamer (vitorear).

victoria f victoria (coche).

victoria f victoire ■ **cantar victoria** chanter o crier victoire ‖ **victoria aplastante, rotunda** victoire écrasante, éclatante ‖ **victoria moral** victoire morale ‖ **victoria pírrica** victoire à la Pyrrhus ‖ BOT **victoria regia** victoria regia.

Victoria n pr **la reina Victoria** la reine Victoria ‖ GEOGR Victoria (ciudad) ‖ **el lago Victoria** le lac Victoria.

victoriano, na adj victorien, enne.

victorioso, sa adj victorieux, euse.
◇ m & f vainqueur (sin femenino), triomphateur, trice (triunfador).

victrola f (Amer) tourne-disque m.

vicuña f vigogne (mamífero).

vid f vigne (planta).
‖ OBSERV Le mot vid désigne la plante seule; vigne au sens de vignoble se dit viña.

vid.; v. (abrev de **véase**) v., vid.

vida f vie; seguro de vida assurance sur la vie; mudar de vida changer de vie ‖ atout m (triunfo en los naipes) ■ vida bohemia vie de bohème ‖ FIG & FAM vida de canónigo vie de coq en pâte, vie de château ‖ vida de juerguista vie de bâton de chaise o de patachon o de Polichinelle ‖ FIG vida de perros vie de chien ‖ vida de soltero vie de garçon ‖ vida familiar vie de famille ‖ ¡vida mía! mon chéri!, ma chérie!; mon cœur!, mon trésor! ‖ vida privada vie privée ‖ vida sentimental vie sentimentale o amoureuse ‖ vida y milagros faits et gestes ■ de por vida pour toujours, pour la vie ‖ de toda la vida de toujours; un amigo de toda la vida un ami de toujours; vieux, vieille; un borracho de toda la vida un vieil ivrogne ‖ durante toda la vida la vie durant, pendant toute sa vie ‖ en mi vida de ma vie, jamais de la vie ‖ en vida en vie, vivant, e; estar en vida être en vie; vivant, e; enterrarse en vida s'enterrer vivant ‖ en vida de du vivant de; en vida de mi padre du vivant de mon père ‖ la otra vida l'autre vie ‖ ¡la vida! c'est la vie! ‖ La vida es sueño la vie est un songe ‖ lleno de vida plein de vie, bien vivant ‖ mala vida mauvaise vie ‖ FIG media vida la moitié de sa vie; daría media vida por je donnerais la moitié de ma vie pour ‖ ¡mi vida! mon amour o cœur!, mon chéri!, ma chérie!; etc. ‖ FIG & FAM mujer de la vida o de mala vida o de vida airada femme de mauvaise vie ‖ nivel de vida niveau de vie ‖ para toda la vida pour toute la vie ‖ por mi vida par ma vie ‖ FAM ¡por vida del chápiro o del chápiro verde! morbleu!, bon sang! ■ amargarle la vida a uno empoisonner la vie de quelqu'un ‖ arruinar su vida gâcher sa vie o son existence ‖ FIG buscarse la vida se débrouiller ‖ cambiar de vida changer de vie ‖ dar la vida donner sa vie, faire don de sa vie ‖ dar mala vida a uno rendre la vie dure à quelqu'un ‖ darse buena vida mener la belle o bonne vie ‖ FAM darse o pegarse la vida padre mener une vie de patachon ‖ dar vida a donner la vie à (un hijo), rendre vivant (un retrato, etc.) ‖ FIG & FAM echarse a la vida faire la vie (una mujer) ‖ en esto le va la vida il y a sa vie, sa vie en dépend ‖ escapar con vida de un accidente sortir sain et sauf d'un accident, réchapper d'un accident ‖ ganarse la vida gagner sa vie ‖ hacerle a uno la vida imposible rendre la vie impossible à quelqu'un ‖ FIG & FAM hacer por la vida manger ‖ hacer vida ascética mener une vie ascétique ‖ hacer vida con uno vivre avec quelqu'un ‖ hacer vida nueva faire peau neuve, changer de vie ‖ jugarse la vida jouer sa vie o sa peau FAM ‖ la vida es así c'est la vie ‖ llevar una vida alegre mener joyeuse vie ‖ llevar una vida por todo lo alto mener grand train o la grande vie ‖ meterse en vidas ajenas se mêler des affaires des autres ‖ mientras dura, vida y dulzura il faut profiter de la vie, après nous le déluge ‖ mientras hay vida hay esperanza tant qu'il y a de la vie il y a de l'espoir ‖ no dar señales de vida ne pas donner signe de vie ‖ no hubo pérdida de vidas on ne déplore aucune perte de vie humaine ‖ pagar con su vida payer de sa tête ‖ pasar a mejor vida aller dans un monde meilleur, passer de vie à trépas ‖ pasar de vida a muerte passer de vie à trépas ‖ FAM pegarse la gran vida mener la

grande vie o grand train ‖ FAM pegarse una buena vida se donner du bon temps ‖ ¿qué es de tu vida? que deviens-tu? ‖ FIG & FAM ser de la vida faire la vie (mujer) ‖ si Dios nos da vida si Dieu nous prête vie ‖ su vida está pendiente de un hilo sa vie ne tient qu'à un fil ‖ FIG & FAM tener siete vidas como los gatos avoir la vie dure, avoir l'âme chevillée au corps ‖ vender cara su vida vendre chèrement sa vie, vendre cher sa peau FAM.

vidala f (Amer) strophe d'une chanson populaire en Argentine et Uruguay.

vidalita f (Amer) complainte populaire des pays du Río de la Plata.

videncia f voyance.

vidente adj & s voyant, e.

vídeo m vidéo f (técnica) ‖ magnétoscope (aparato) ■ cinta de vídeo bande vidéo ‖ película de vídeo film vidéo.

videoarte m art vidéo.

videocámara f Camescope m [nom déposé].

videocasete f vidéocassette, cassette vidéo.

videocinta f bande vidéo.

videoclip m vidéo-clip, clip.

> OBSERV **1.** Anglicisme qui peut être remplacé par les expressions vídeo musical ou video-corto.
>
> **2.** pl videoclips.

videoclub m vidéoclub.
OBSERV pl videoclubes.

videoconferencia f vidéoconférence, visioconférence.

videodisco m vidéodisque.

videófono ► videoteléfono.

videofrecuencia f vidéofréquence.

videojuego m jeu vidéo.

videoportero m vidéophone [à l'entrée d'une résidence].

videoteca f vidéothèque.

videotelefonía f vidéophonie, visiophonie.

videoteléfono; videófono m vidéophone, visiophone.

videoterminal m terminal vidéo.

videotex; videotexto m inv vidéotex, vidéographie f interactive.

vidicón; vidiconoscopio m vidicon.

vidorra f FAM vie de patachon.

vidriado, da adj vernissé, e (cerámica).
► **vidriado** m vernis (barniz para cerámica) ‖ émail [faïence] ‖ poterie f vernissée.

vidriar [7] v tr vernisser (la cerámica) ‖ surglacer.
► **vidriarse** v pr se vitrifier ‖ devenir vitreux (los ojos).

vidriera f vitrage m (puerta o ventana) ‖ porte vitrée (puerta) ‖ vitrail m (vitral); las vidrieras de Nuestra Señora de París les vitraux de Notre-Dame de Paris ‖ verrière (cristalera) ‖ châssis m à verre dormant, verre m dormant (bastidor) ‖ (Amer) vitrine (escaparate) ■ El licenciado Vidriera Le Licencié de verre (de Cervantes) ‖ puerta vidriera porte vitrée.

vidriería f verrerie (donde se fabrica el vidrio) ‖ vitrerie (donde se fabrican cristales) ‖ vidriería de color art du vitrail.

vidriero m verrier (que fabrica vidrios) ‖ vitrier (que fabrica o coloca cristales).

vidrio m verre; vidrio de ventanas verre à vitres ■ fibra de vidrio fibre de verre ‖ FIG & FAM pagar los vidrios rotos payer les pots cassés, écoper, trinquer ‖ vidrio deslustrado o esmerilado verre dépoli.
SIN cristal cristal, vitre, carreau; luna glace.

vidrioso, sa adj vitreux, euse; ojos vidriosos yeux vitreux ‖ glissant, e (suelo) ‖ FIG délicat, e; tema vidrioso sujet délicat.

vieira f coquille Saint-Jacques (molusco).

viejo, ja adj vieux, vieil (delante de palabras que empiezan con vocal o h muda), vieille; soy más viejo que tú je suis plus vieux que toi; un hombre viejo un vieil homme; una vieja gabardina une vieille gabardine ‖ FIG & FAM estar pasado de viejo sentir le moisi ‖ hacerse viejo vieillir, se faire vieux ‖ FIG & FAM más viejo que andar a gatas o a pie vieux comme le monde o comme Hérode ‖ más viejo que Matusalén vieux comme Mathusalem o comme Hérode ‖ morir de viejo mourir de vieillesse ‖ FAM no llegar a viejo, no hacer huesos viejos ne pas faire de vieux os ‖ Plinio el Viejo Pline l'Ancien ‖ ser viejo être vieux o âgé.
► **viejo** m vieillard, vieux FAM ‖ lo viejo le vieux ‖ un viejo coquetón o verde un vieux beau, un vert galant.
◇ m & f vieux, vieille; vieil homme, vieille femme; una vieja muy arrugada une vieille femme toute ridée ‖ père, mère; vieux, vieille FAM (padres) ■ cuento de viejas conte de bonne femme o de ma mère l'Oye ‖ FIG hacer la cuenta de la vieja compter sur les doigts ‖ FAM una viejita une petite vieille.

viella f MÚS vielle.

Viena n pr GEOGR Vienne.

vienense adj & s viennois, e (Francia).

vienés, esa adj & s viennois, e (Austria).
OBSERV pl vieneses, vienesas.

viento m [▷ SIN] vent; viento en popa, viento en contra o contrario o de proa vent arrière, vent debout; corre bastante viento il y a pas mal de vent; molino de viento moulin à vent; ráfaga de viento coup de vent ‖ vent (dirección); siembro a los cuatro vientos je sème à tous vents ‖ flair (olfato) ‖ MÚS vent; instrumentos de viento instruments à vent ■ viento huracanado vent violent, ouragan ‖ viento marero vent marin o du large ‖ vientos alisios vents alizés, alizés ■ al capricho del viento au gré du vent ‖ azotado por los vientos battu par les vents ‖ FIG & FAM beber los vientos por guigner (una cosa), être éperdument amoureux de (una mujer) ‖ FIG contra viento y marea contre vent et marée ‖ corren malos vientos le vent n'est pas favorable ‖ darle a uno el viento de una cosa avoir vent de quelque chose, flairer quelque chose (barruntar) ‖ despedir o echar con viento fresco envoyer promener o ballader, flanquer à la porte ‖ el viento ha cambiado le vent a tourné ‖ ganar el viento aller au vent ‖ FAM gritar a los cuatro vientos crier sur les toits o à tous les vents ‖ hace un viento de mil demonios il fait un vent à décorner les bœufs

MAR hurtar el viento aller contre le vent ‖ **FIG** ir al amparo del viento, irse con el viento que corre aller selon le vent, se mettre dans le vent ‖ ir más rápido que el viento aller comme le vent ‖ ir viento en popa avoir le vent en poupe ‖ libre como el viento libre comme l'air ‖ lo que el viento se llevó autant en emporte le vent ‖ moverse a todos los vientos tourner à tout vent ‖ **FAM** ¿qué viento te trae? quel bon vent t'amène? ‖ **FIG** quien siembra vientos recoge tempestades qui sème le vent récolte la tempête ‖ tener viento en contra ne pas aller tout seul ‖ tener viento favorable avoir bon vent ‖ tomar el viento prendre le vent (caza).

‖ **SIN** aire air; brisa brise; **céfiro** zéphir; cierzo bise.

vientre m [▷ **SIN**] **ANAT** ventre ‖ ventre (de vasija, barco) ‖ **FIG** sein, entrailles f pl ‖ **FÍS** ventre (ondulación) ■ **bajo vientre** bas-ventre ‖ **FAM** echar vientre prendre du ventre ‖ el fruto de tu vientre le fruit de vos entrailles (oración) ■ evacuar o exonerar el vientre, hacer de vientre aller à la selle ‖ **FIG** tener el vientre vacío avoir le ventre creux.

‖ **SIN** abdomen abdomen; **FAM** barriga, andorga bedaine; panza panse; tripa ventre.

viernes m vendredi; el viernes pasado, que viene o próximo vendredi dernier, prochain; **Viernes Santo** vendredi saint ■ cara de viernes face o figure o visage de carême ■ comer de viernes faire maigre ‖ **FAM** la semana que no traiga viernes la semaine des quatre jeudis ‖ ¿te lo has aprendido en viernes? tu ne pourrais pas changer de refrain?

Vietnam n pr m **GEOGR** Viêt-Nam, Vietnam.

vietnamita adj & s vietnamien, enne.
◇ m **LING** vietnamien.

viga f poutre; viga maestra poutre maîtresse ‖ solive (transversal) ‖ viga de apuntalamiento étançon.

vigencia f vigueur; entrar en vigencia entrer en vigueur.

vigente adj en vigueur; la ley vigente la loi en vigueur; estar vigente être en vigueur.

vigesimal adj vicésimal, e; números vigesimales nombres vicésimaux.

vigésimo, ma adj & s m vingtième ‖ vingt; vigésimo primero vingt et unième; vigésimo segundo, quinto vingt-deuxième, vingt-cinquième.

vigía m vigie f (marinero) ‖ sentinelle f, guetteur (en tierra).
◇ f poste m de guet (atalaya) ‖ guet m (acción de vigilar) ‖ **MAR** écueil m.

vigilancia f surveillance (acción de vigilar); sometido a vigilancia sous surveillance ‖ vigilance (cuidado en el vigilar).

vigilante adj qui surveille (que vigila) ‖ vigilant, e (que vigila con cuidado) ‖ qui veille (que no duerme).
◇ m & f surveillant, e.
◇ m vigile (en Roma) ‖ (Amer) agent de police ‖ vigilante de noche o nocturno gardien o veilleur de nuit.

vigilar v intr & tr surveiller; vigilar un trabajo surveiller un travail ‖ veiller; el conserje vigila a la salida del establecimiento le concierge veille à la sortie de l'établissement.

‖ **SIN** velar veiller; observar observer; seguir suivre; mirar regarder; espiar épier; acechar, otear guetter; guardar, custodiar garder.

vigilia f veille (de quien no duerme) ‖ veille (víspera) ‖ vigile (de fiesta) ‖ vigile des morts (de difuntos) ‖ repas m maigre (comida) ‖ de vigilia maigre, d'abstinence; día de vigilia jour maigre; comer de vigilia, hacer vigilia faire maigre.

vigor m vigueur f; entrar, estar, poner en vigor entrer, être, mettre en vigueur ‖ force f, vigueur f; estilo lleno de vigor style plein de force.

vigorar v tr donner de la vigueur, fortifier, rendre vigoureux (vigorizar).

vigorizador, ra adj fortifiant, e.

vigorizar [13] v tr fortifier, rendre vigoureux.
➤ **vigorizarse** v pr se fortifier.

vigorosamente adv vigoureusement.

vigorosidad f vigueur.

vigoroso, sa adj vigoureux, euse.

vigota f **MAR** moque (polea).

viguería f charpente, solivage m.

vigués, esa adj & s de Vigo [Galice].
■ **OBSERV** pl vigueses, viguesas.

vigueta f poutrelle (viga pequeña) ‖ solive (viga transversal).

vihuela f **MÚS** "vihuela", sorte de guitare ‖ vihuela de arco vièle.

OBSERV La vihuela est un instrument espagnol à cordes pincées, de la même famille que la guitare. Elle fut très en vogue au XVIe siècle, avant d'être supplantée par la guitare.

vihuelista m & f joueur, euse de "vihuela".

vikingo m Viking.

vil adj vil, e; bas, basse.

vilano m **BOT** aigrette f.

vilayato m vilayet.

vileza f bassesse, vilenie ‖ pobreza no es vileza pauvreté n'est pas vice.

vilipendiador, ra adj & s qui vilipende.

vilipendiar [8] v tr vilipender.

vilipendio m mépris.

vilipendioso, sa adj méprisant, e.

villa f ville (ciudad) ‖ villa (casa) ‖ bourg m, petite ville (pueblo) ‖ la Villa del Oso y el Madroño, la Villa y Corte Madrid ‖ (Amer) villa miseria bidonville.
■ **OBSERV** [➤ ville].

Villadiego n pr **FIG** & **FAM** tomar las de Villadiego prendre la clef des champs o la poudre d'escampette.

villanada f vilenie (acción ruin).

villancejo; villancete; villancico m chant de Noël, noël (canción de Navidad).

villanería f vilenie (villanía) ‖ roture (villanaje).

villanesca f villanelle (canción y danza).

villanesco, ca adj du peuple.

villanía f [▷ **SIN**] bassesse, vilenie (acción ruin) ‖ grossièreté (dicho) ‖ roture, basse extraction (estado).

‖ **SIN** vileza vilenie; maldad méchanceté; ruindad, bajeza bassesse.

villano, na adj & s roturier, ère (que no es noble).

◇ adj **FIG** rustre, grossier, ère.
◇ m & f (ant) vilain, e.
➤ **villano** m danse f ■ El villano en su rincón Le Paysan dans son trou (obra de Lope de Vega) ‖ juego de manos, juego de villanos jeu de mains, jeu de vilains.

OBSERV La palabra francesa vilain es anticuada en el sentido de villano (que no es noble) y equivale hoy día a feo, en lo moral o en lo físico.

villar m village (villaje).

villorrio m petit village, trou, bled **FAM**.

vilmente adj vilement, bassement.

Vilnius; Vilna n pr **GEOGR** Vilnious.

vilo
➤ **en vilo** loc en l'air (suspendido) ‖ **FIG** dans l'incertitude (inquieto), en éveil (sobre aviso), en suspens (en suspenso); mantener en vilo tenir en suspens; en haleine; esta novela nos tiene en vilo ce roman nous tient en haleine.

vilordo, da adj paresseux, euse.

vilorta f; **vilorto** m cerceau m de bois (aro), étançon m (del arado) ‖ frette f (de la rueda de un coche) ‖ crosse f (juego) ‖ **BOT** clématite f (flor).

vilote, ta adj (Amer) poltron, onne (cobarde).

vinagrada f oxycrat m.

vinagre m vinaigre ‖ **FIG** & **FAM** mauvais o sale caractère ‖ cara de vinagre visage renfrogné, mine rébarbative.

vinagrera f vinaigrier m (vasija) ‖ marchande de vinaigre (vendedora) ‖ oseille (acedera) ‖ (Amer) aigreur, acidité (acedía).
➤ **vinagreras** f pl huilier m sing, vinaigrier m sing (angarillas).

vinagrero, ra adj du vinaigre.
➤ **vinagrero** m vinaigrier.

vinagreta f vinaigrette (salsa).

vinagroso, sa adj vinaigré, e ‖ **FIG** & **FAM** grincheux, euse; d'humeur revêche.

vinajera f **ECLES** burette.

vinario, ria adj vinaire.

vinate m **FAM** pinard.

vinatera f **MAR** amarre qui lie deux câbles ou deux perches.

vinatería f débit m de vins.

vinatero, ra adj vinicole; industria vinatera industrie vinicole.
➤ **vinatero** m négociant en vins (comerciante).

vinaza f vinasse (vino sacado de los posos y de las heces).

vinazo m **FAM** vinasse f, gros vin.

vincapervinca f **BOT** pervenche.

vincha f (Amer) bandeau m [pour les cheveux].

vinchuca f (Amer) sorte de grande punaise ailée, triatome m.

vinculación f lien m (lo que vincula) ‖ **DR** action de rendre un bien inaliénable, création d'une propriété inaliénable.

vinculante adj inaliénable.

vincular v tr lier; vinculado por el reconocimiento lié par la reconnaissance; dos familias vinculadas entre sí deux familles liées entre elles ‖ attacher; **los campesinos están vinculados a la tierra** les paysans sont attachés à la terre ‖ DR rendre inaliénable (los bienes) ‖FIG fonder; **vincular sus esperanzas en** fonder ses espérances sur|établir (establecer).

➔ **vincularse** *v pr* se lier.

vínculo *m* lien; **vínculos matrimoniales** liens matrimoniaux o du mariage ‖DR inaliénabilité *f* ‖FIG trait d'union, lien; **España sirve de vínculo entre Europa y África** l'Espagne sert de trait d'union entre l'Europe et l'Afrique.

vindicación *f* vengeance (acción de vengar).

vindicador, ra *adj & s* vengeur, eresse.

vindicar [10] *v tr* venger (vengar) ‖défendre, prendre la défense de (defender) ‖ revendiquer (reivindicar).

vindicativo, va; vindicatorio, ria *adj* vindicatif, ive.

vindicta *f* vindicte, vengeance (venganza); **vindicta pública** vindicte publique.

vinería *f* (*Amer*) débit *m* de vins.

vínico, ca *adj* vinique.

vinícola *adj* vinicole.

vinicultor, ra *m & f* viticulteur, trice.

vinicultura *f* viniculture.

vinífero, ra *adj* vinifère.

vinificación *f* vinification.

vinílico, ca *adj* vinylique.

vinillo *m* FAM petit vin.

vinilo *m* QUÍM vinyle.

vino *m* vin; **echar vino** verser du vin; **vino de la tierra** vin du cru o de pays ‖vino a granel vin en fût ‖vino aguado vin baptisé o coupé ‖ vino añejo, blanco vin vieux, blanc ‖ vino clarete vin clairet, clairet ‖ vino de aguja vin âpre et piquant ‖vino de cava vin champagnisé ‖vino de coco eau-de-vie tirée du lait du coco ‖vino de consagrar vin de messe ‖ vino de dos orejas vin généreux ‖vino de garrote vin de pressoir ‖vino de honor vin d'honneur ‖ vino de lágrima vin de goutte ‖ vino de mesa vin de table ‖vino de pasto vin ordinaire ‖ vino de postre o generoso vin de dessert ‖ vino de quina quinquina ‖ vino de solera vin vieux pour les coupages ‖ vino dulce vin doux ‖vino espumoso vin mousseux ‖FAM vino peleón gros vin, piquette, vinasse ‖vino rosado rosé, vin rosé ‖ vino seco, suave vin sec, moelleux ‖vino tinto vin rouge ‖FAM ahogar las penas en vino noyer son chagrin dans le vin|bautizar el vino baptiser le vin|dormir el vino cuver son vin|tener el vino alegre, triste avoir le vin gai, triste|tener mal vino avoir le vin mauvais.

■ LOS VINOS DE ESPAÑA ───
L'Espagne est un pays aux variétés de vin très diverses dont la qualité est mondialement reconnue; certaines régions vinicoles d'Amérique comme le Chili ou la Californie ont même adopté des cépages espagnols pour élaborer leurs propres vins. Parmi les régions vinicoles espagnoles, citons Malaga et Jerez, qui produisent des vins parfumés, secs ou doux, à consommer de préférence très frais, en apéritif ou au dessert. Les régions centrales de Rueda, Ribera del Duero, Toro et Valdepeñas produisent d'excellents vins rouges et blancs, à base de cépages de tempranillo et de cabernet sauvignon pour les vins rouges, et de verdejo et de sauvignon blanc pour les blancs. À l'est, dans la

région du Penedès, on fabrique non seulement de très bons vins blancs et rouges, mais aussi le cava, vin mousseux champagnisé. Enfin, on citera les régions vinicoles du nord de l'Espagne, notamment la Galice pour ses vins blancs, et surtout La Rioja, qui utilise les cépages de tempranillo et de cabernet sauvignon dans la production de ses fameux vins rouges.

vinoso, sa *adj* vineux, euse; **color vinoso** couleur vineuse.

vinote *m* vinasse *f* (residuos).

vinoteca *f* cave [vins].

vintén *m* monnaie *f* uruguayenne [2 centimes de peso].

viña *f* vigne [terrain] ■ AGRIC **arropar las viñas** chausser les ceps ‖ FAM **de todo hay en la viña del Señor** il faut de tout pour faire un monde ‖viña loca vigne vierge.

▮ OBSERV Viña désigne seulement le terrain; vigne, en tant que plante, se dit vid.
▮ SIN viñedo, viña vignoble; pago clos.

viñador *m* vigneron (cultivador).

▮ SIN viticultor viticulteur; vendimiador vendangeur.

viñal *m* (*Amer*) vignoble (viñedo).

viñatero *m* vigneron (viñador).

viñatura *f* vigneture (adornos de hojas de vid).

viñedo *m* vignoble.

viñero *m* vigneron (propietario).

viñeta *f* vignette ‖IMPR vignette, fleuron *m*, cul-de-lampe *m*.

viñetero *m* IMPR casseau, placard pour les vignettes.

viola *f* MÚS viole, alto *m* ‖ viola de gamba viole de gambe.
◇ *m & f* viole, joueur, euse de viole.

violáceo, a *adj* violacé, e.
➔ **violáceo** *f* BOT violacée.

violación *f* violation (de las leyes) ‖[▷ SIN] viol *m* (de una mujer) ‖DR violación de sellos o de precintos bris de scellés.

▮ SIN violencia violence; estupro stupre; desfloración défloraison.

violador, ra *adj & s* violateur, trice.

violar *v tr* violer.

▮ SIN forzar forcer; deshonrar déshonorer; profanar profaner; atropellar piétiner.

violencia *f* violence ‖ viol *m* (violación) ‖gêne, contrainte (embarazo).

violentamente *adv* violemment.

violentar *v tr* violenter, faire violence à (obligar) ‖violer, forcer (el domicilio).
➔ **violentarse** *v pr* se faire violence.

violento, ta *adj* violent, e; **tempestad violenta** violente tempête; **muerte violenta** mort violente ‖[▷ SIN] violent, e; emporté, e (arrebatado) ‖ gêné, e; mal à l'aise (molesto); **me sentía muy violento en su presencia** j'étais très gêné devant lui ‖gênant, e; **me es violento decírselo** c'est gênant pour moi de le lui dire.

▮ SIN vivo vif; ardiente ardent; apasionado passionné; brutal brutal; autoritario autoritaire; vehemente véhément; arrebatado emporté.

violeta *f* violette (flor).
◇ *m* violet (color).
◇ *adj inv* violet, ette; **un vestido violeta** une

robe violette; **luces violeta** lumières violettes.

violetera *f* marchande de violettes.

violetero *m* vase à violettes.

violín *m* MÚS violon (instrumento); **tocar el violín** jouer du violon ‖ violon, violoniste (músico) ‖ FIG & FAM (*Amer*) **embolsar el violín** revenir bredouille.

violinista *m & f* violoniste.

violón *m* MÚS contrebasse *f* (instrumento) ‖ contrebassiste (músico) ‖ FIG & FAM **tocar el violón** divaguer; parler (hablar), agir (obrar) à tort et à travers.

▮ OBSERV Violon se dit en espagnol violín.

violoncelista ➤ **violonchelista**.

violoncelo ➤ **violonchelo**.

violonchelista; violoncelista *m & f* MÚS violoncelliste.

violonchelo; violoncelo *m* MÚS violoncelle.

VIP (abrev de very important person) *m & f* VIP.

vipéreo, a *adj* vipérin, e.

viperino, na *adj* vipérin, e ‖ lengua viperina langue de vipère.

vira *f* flèche d'arbalète, vireton *m* (saeta) ‖trépointe (zapatería).

virada *f* MAR virement *m*, virage *m*.

virador *m* FOT virage ‖ MAR guinderesse *f* (guindaleza) ‖ tournevire *m* (del cabrestante) ‖FOT baño virador bain de virage.

virago *m* virago (marimacho).

viraje *m* virage (curva) ‖FOT & FÍS virage ‖FIG revirement (cambio completo) ‖ tournant; **la Revolución francesa marca un viraje decisivo en la historia** la Révolution française marque un tournant décisif dans l'histoire.

virar *v tr & intr* MAR virer ‖ FOT, MED & QUÍM virer ■ MAR **virar de bordo** virer de bord ‖FIG **virar en redondo** se retourner (volverse), virer de bord (cambiar completamente) ‖MAR **virar en redondo o con viento en popa** virer lof pour lof.

viratón *m* vireton (saeta).

viravira *f* (*Amer*) plante médicinale.

virazón *f* MAR brise du large.

virgen *adj* vierge ‖FIG vierge; **selva, cera virgen** forêt, cire vierge.
◇ *f* vierge ‖montant *m* de pressoir (en lagares) ■ **la Virgen Santísima** la Sainte Vierge ‖FAM **un viva la Virgen** un vive-la-joie (un hombre alegre), un insouciant, un je-m'enfichiste, un je-m'en-foutiste (un despreocupado) ‖ **Virgen de los Dolores** Vierge des sept douleurs.

Virgen del Pilar *n pr* Vierge del Pilar.

Vírgenes *n pr* GEOGR **las islas Vírgenes** les îles Vierges.

Virgilio *n pr* Virgile.

virginal *adj* virginal, e.

virgíneo, a *adj* virginal, e.

Virginia *n pr* Virginie.

virginiano, na *adj & s* virginien, enne; de Virginie (Estados Unidos).

virginidad *f* virginité.

virgo *m* virginité *f* ‖ANAT hymen.

Virgo *n pr m inv* ASTRON & ASTROL Vierge *f* (constelación y signo del Zodiaco); **ser Virgo** être Vierge.
◇ *m & f inv* ASTROL vierge *f inv* (persona).

virguería *f* FAM petite merveille, bijou *m* (cosa bonita y delicada) ‖ FAM **hacer virguerías** avoir des doigts de fée, faire des merveilles.

virguero, ra *adj* FAM super, extra.

vírgula *f* petite baguette ‖ petit trait *m* (rayita) ‖ MED bacille *m*, virgule.
‖ ■ OBSERV Virgule se dit en espagnol coma.

virgulilla *f* petit signe *m* orthographique.

Viriato *n pr* Viriathe.

> VIRIATO
> Ce berger lusitanien dirigea une rébellion contre les romains qui dura plusieurs années. Il fut finalement trahi par ses propres hommes qui, soudoyés par les romains, l'assassinèrent. Cet événement mit fin à la résistance et convertit Viriathe en symbole de l'opposition à la puissance romaine.

vírico, ca *adj* viral, e.

viril *adj* viril, e.
◇ *m* custode *f*, lunule *f* (custodia) ‖ verre (vidrio).

virilidad *f* virilité.

virilizar [13] *v tr* viriliser.

virola *f* virole (de navaja) ‖ frette (abrazadera).

virolento, ta *adj & s* varioleux, euse.

virólogo, ga *m & f* virologue, virologiste.

virosis *f inv* virose [maladie infectieuse due à un virus].

virote *m* vireton (arma) ‖ morceau de fer, entrave *f* [de carcan].

virotillo *m* ARQ étrésillon.

virreina *f* vice-reine.

virreinato *m* vice-royauté *f*.

virrey *m* vice-roi.
‖ ■ OBSERV pl virreyes.

virtual *adj* virtuel, elle.

virtualidad *f* virtualité.

virtualmente *adv* virtuellement.

virtud *f* vertu (en las personas) ■ **virtud cardinal** vertu cardinale ‖ **virtud moral** vertu morale ‖ **virtud teologal** vertu théologale ■ **en virtud de** en vertu de ‖ **varita de la virtud** o **de las virtudes** baguette magique.

virtuosidad *f*; **virtuosismo** *m* virtuosité *f*.

virtuoso, sa *adj & s* vertueux, euse; **una conducta virtuosa** une conduite vertueuse ‖ virtuose (artista consumado).

viruela *f* variole, petite vérole (enfermedad) ‖ bouton *m* de variole ‖ **viruela del ganado vacuno** vaccine.
➡ **viruelas** *f pl* variole *sing*, petite vérole *sing* ■ **¡a la vejez viruelas!** ça te prend sur le tard ‖ **picado de viruelas** grêlé, marqué de petite vérole (cara) ‖ MED **viruelas locas** varicelle.
‖ ■ OBSERV En espagnol on emploie surtout le pluriel.

virulé
➡ **a la virulé** *loc adv* FAM de traviole (torcido) ‖ bousillé, e (estropeado) ‖ **ojo a la virulé** œil au beurre noir.

virulencia *f* virulence.

virulento, ta *adj* virulent, e.

virus *m* virus; **virus filtrable** virus filtrant ‖ FIG virus.

viruta *f* copeau *m* (de madera) ‖ tournure (de metal).

vis *f* force; **vis cómica** force comique.

visa *f* (*Amer*) visa *m*.

visado, da *adj* visé, e; marqué d'un visa.
➡ **visado** *m* visa (de un pasaporte).

visaje *m* grimace *f* (mueca); **hacer visajes** faire des grimaces.
‖ ■ OBSERV Visage se dit en espagnol rostro.

visar *v tr* viser (apuntar) ‖ marquer d'un visa, viser (un pasaporte).

víscera *f* ANAT viscère *m*.

visceral *adj* viscéral, e; **arcos viscerales** arcs viscéraux.

visco *m* glu *f* (liga).

viscosa *f* QUÍM viscose.

viscosidad *f* viscosité.

viscosímetro *m* viscosimètre.

viscoso, sa *adj* visqueux, euse.
‖ SIN pegajoso collant; peguntoso poisseux; gelatinoso gélatineux; glutinoso gluant.

visera *f* visière, garde-vue (p us) ‖ toque (de jockey) ‖ ARQ larmier *m* (goterón) ‖ **calar** o **calarse la visera** baisser sa visière.

visibilidad *f* visibilité; **vuelo sin visibilidad** pilotage sans visibilité.

visible *adj* visible.
‖ SIN perceptible perceptible; aparente apparent; ostensible ostensible; manifiesto, palmario manifeste; palpable palpable.

visiblemente *adv* visiblement.

visigodo, da *adj & s* wisigoth, e; visigoth, e.

visigótico, ca *adj* wisigothique, visigothique.

visillo *m* rideau (cortinilla).

visión *f* [▷ SIN] vision ‖ FIG & FAM horreur, épouvantail *m* (persona fea) ■ FIG & FAM **quedarse como quien ve visiones** être abasourdi, rester bouche bée ‖ **ver visiones** avoir des visions ‖ FIG **visión de conjunto** vue d'ensemble.
‖ SIN aparición apparition; espejismo mirage; alucinación hallucination; fantasía fiction; sueño, ensueño rêve, songe.

visionadora *f* FOT visionneuse.

visionario, ria *adj & s* visionnaire.
‖ SIN iluminado illuminé; alucinado halluciné; extravagante extravagant.

visir *m* vizir; **gran visir** grand vizir.

visirato *m* vizirat.

visita *f* visite; **visita de pésame** viste de condoléances ■ **tarjeta de visita** carte de visite ■ **visita de cumplido** o **de cortesía** visite de politesse ‖ FAM **visita de médico** visite en coup de vent, visite éclair ‖ **visita relámpago** visite éclair ■ **devolver a alguien una visita** rendre sa visite à quelqu'un ‖ **ir de visitas** aller faire des visites ‖ FAM **no me hagas la visita** ne fais pas de manières.

visitación *f* RELIG visitation.

visitador, ra *adj & s* visiteur, euse.
➡ **visitadora** *f* RELIG visitatrice.

visitante *adj* qui visite.
◇ *m & f* visiteur, euse; visite *f*.

visitar *v tr* visiter; **visitar un monumento** visiter un monument ‖ rendre visite à (ir de visita) ‖ faire une visite de (inspeccionar) ‖ aller voir (el médico).

visiteo *m* visites *f pl*, échange de visites; **le gusta mucho el visiteo** il aime beaucoup les visites.

vislumbrar *v tr* apercevoir, entrevoir.

vislumbre *f* lueur (claridad tenue), reflet *m* (reflejo) ‖ FIG lueur; **una vislumbre de esperanza** une lueur d'espoir ‖ soupçon *m* (sospecha) ‖ indice *m* (indicio).

Visnú *n pr* Vishnou, Vishnu.

viso *m* moirure *f*, chatoiement, moirage, moire *f*; **tela de seda azul con visos morados** tissu de soie bleue aux moirures violettes ‖ fond [de robe, de jupe] (forro) ‖ couche *f* (capa) ‖ FIG apparence *f* (apariencia); **bajo unos visos de verdad** sous des apparences de vérité ‖ teinte *f* (tendencia) ‖ rayon, lueur *f* (de esperanza) ‖ éminence *f*, hauteur *f* (eminencia) ■ FIG **a dos visos** à deux visages, à double tranchant ‖ **dar visos a una tela** moirer un tissu ‖ **de viso** en vue; **persona de viso** personne en vue ‖ **hacer visos** chatoyer ‖ **juzgar de viso** juger sur pièce o de visu ‖ **tener visos de sembler**, avoir l'air; **esta acción tiene visos de honrada** cette action semble honnête ‖ **viso cambiante** couleur changeante.

visón *m* ZOOL vison.

visor *m* viseur (óptica) ‖ FOT viseur, oculaire de visée.

visorio, ria *adj* visuel, elle.
➡ **visorio** *m* enquête *f*, expertise *f* (examen pericial).

víspera *f* veille; **el jueves es la víspera del viernes** le jeudi est la veille du vendredi ■ **día de mucho, víspera de nada** les jours se suivent et ne se ressemblent pas.
➡ **vísperas** *f pl* vêpres (oficio religioso) ‖ **en vísperas de** à la veille de ‖ HIST **Vísperas Sicilianas** Vêpres siciliennes.

vista *f* vue; **vista aguda** o **penetrante** vue perçante; **esta habitación tiene una vista espléndida** cette chambre a une vue splendide; **vista panorámica** vue panoramique ‖ vue, yeux *m pl*; **tener buena vista** avoir une bonne vue o de bons yeux ‖ regard *m*; **dirigir la vista a** diriger son regard vers ‖ coup *m* d'œil (vistazo) ‖ vue (cuadro, foto) ‖ DR audience ■ **vista cansada** presbytie ‖ FIG **vista de conjunto** tour d'horizon, vue d'ensemble ‖ **vista de lince** o **de águila** yeux de lynx ‖ FOT **vista frontal** vue de face ‖ **vista general** vue d'ensemble, panorama ■ **agradable a la vista** agréable à voir o à regarder ‖ **a la vista** à vue; **pagadero a la vista** payable à vue; **en vue; poner a la vista** mettre en vue; **a l'horizon; un barco a la vista** un bateau à l'horizon ‖ **a la vista de** à la vue de; **a la vista de todos** à la vue de tout le monde; vu, étant donné; **a la vista de las dificultades** étant donné les difficultés; à la lumière de (a la luz de) ‖ DR **a la vista y conocimiento de** au vu et au su de ‖ **a ojos vistas** à vue d'œil ‖ **a primera vista** à première vue ‖ **a simple vista** à première vue, au premier abord (primeramente), à l'œil nu (fácilmente) ‖ COM **a tantos días vista** à tant de jours de vue ‖ **a vista de** en présence de ‖ **a vista de ojos** à vue d'œil ‖ **a vista de pájaro** à vol d'oiseau ‖ desde el punto de vista de au o du point de vue de ‖ desde mi punto de vista à mon avis ‖ doble vista double vue ‖ en vista de vu, étant donné; en vista de las circunstancias vu les circonstances ‖ en vista de que vu que, étant donné que, attendu que ‖ hasta la vista au revoir ‖ sin servidumbre de vistas vue imprenable ‖ testigo de vista témoin oculaire ‖ CINEM toma de vista prise de vue ‖ FAM uno de la vista baja un habillé de soie, un porc (cerdo) ■ alzar la vista lever les yeux ‖ apartar la vista détourner la vue o les yeux o le regard ‖ bajar la vista baisser les yeux ‖ clavar o fijar la vista en fixer les yeux sur ‖ FIG comerse con la vista manger o dévorer des yeux ‖ conocer de vista connaître de vue ‖ dar una vista a jeter un coup d'œil à ‖ echar la vista a una cosa jeter son dévolu sur quelque chose ‖ echar una vista a surveiller ‖ estar a la vista être incontestable o notoire o manifeste (evidente); los resultados están a la vista les résultats sont incontestables; être en vue (una personalidad) ‖ FIG hacer la vista gorda faire semblant de ne pas voir, fermer les yeux ‖ hasta perderse de vista à perte de vue ‖ írsele a uno la vista tras algo mourir d'envie d'avoir quelque chose (desear), suivre quelque chose des yeux (mirar) ‖ la vista engaña les apparences sont trompeuses, il ne faut pas se fier aux apparences ‖ leer con la vista lire des yeux ‖ no perder de vista ne pas perdre de vue ‖ no quitar la vista de encima a uno ne pas quitter des yeux ‖ FIG saltar a la vista sauter aux yeux, crever les yeux ‖ ser corto de vista être myope, avoir la vue courte o basse (ser miope), avoir la vue courte, ne pas être très malin ‖ ser largo de vista voir loin, être clairvoyant ‖ FIG tener a la vista avoir en vue (un proyecto), avoir l'œil sur (vigilar), avoir sous les yeux (ver) ‖ tener mucha vista voir venir les choses, avoir du flair (una persona), avoir belle apparence o de l'allure (una cosa) ‖ tener poca vista avoir une mauvaise vue (ver poco), ne pas être très perspicace (no ser perspicaz) ‖ volver la vista atrás regarder derrière soi, jeter un coup d'œil en arrière.

➤ **vistas** f pl ARQ jours m, ouvertures (en los edificios) ‖ vue sing; casa con vistas al mar maison ayant vue sur la mer ‖ DR sessions (en una audiencia) ‖ con vistas a en vue de, en prévision de; con vistas al frío compré una tonelada de carbón en prévision du froid, j'ai acheté une tonne de charbon.

vista m visiteur, douanier (aduanero).

vistavisión f vistavision (cine).

vistazo m coup d'œil; dar o echar un vistazo jeter un coup d'œil.

vistesantos adj f & s f vieille fille.

vistillas f pl point m sing de vue.

visto, ta adj vu, e ‖ FIG vu, e; estar bien, mal visto être bien, mal vu ‖ vu, e; étant donné (en vista de) ‖ FAM estar más visto que el tebeo être archi-connu, être connu comme le loup blanc ‖ está visto que il est certain que, il est évident que ‖ este espectáculo es algo nunca visto ce spectacle est quelque chose d'unique en son genre ‖ ladrillo visto brique apparente ‖ ¡lo nunca visto! c'est quelque chose que l'on n'avait jamais vu, sans précédent! ‖ ni visto ni oído ni vu ni connu ‖ por lo visto apparemment (por lo que se ve), paraît-il, à ce qu'il

paraît, apparemment (según parece) ‖ todo está visto c'est tout vu ‖ visto que vu que, attendu que, étant donné que ‖ visto bueno, visto y conforme vu et approuvé.

➤ **visto** m visto bueno visa (refrendo), accord, assentiment, approbation f; dar el visto bueno a donner son accord à.

vistosamente adv magnifiquement, superbement; sala vistosamente engalanada salle magnifiquement décorée.

vistosidad f magnificence, splendeur.

vistoso, sa adj voyant, e; llevar un vestido muy vistoso porter une robe très voyante ‖ magnifique, superbe ‖ qui attire l'attention.

Vístula n pr m GEOGR el Vístula la Vistule.

visual adj visuel, elle; campo visual champ visuel o de vision.

◇ f rayon m visuel ‖ tirar visuales faire des visées (topografía).

◇ m INFORM écran de visualisation, visuel ‖ visual gráfico écran o visuel graphique.

visualización f visualisation ‖ INFORM affichage m [à l'écran]; visualización de datos affichage de données.

visualizador m TECN afficheur ■ visualizador alfanumérico afficheur alphanumérique ‖ visualizador gráfico afficheur graphique ‖ visualizador óptico interactivo afficheur optique interactif.

visualizar [13] v tr visualiser ‖ concevoir, envisager.

visualmente adv visuellement.

vital adj vital, e; los órganos vitales les organes vitaux ‖ FIG vital, e (fundamental) ■ espacio vital espace vital ‖ FILOS impulso o "elan" vital élan vital.

vitalicio, cia adj viager, ère; à vie; pensión vitalicia pension viagère ‖ à vie (perpetuo); senador vitalicio sénateur à vie ‖ intereses vitalicios intérêts viagers ‖ renta vitalicia rente viagère, viager.

➤ **vitalicio** m viager; hacer un vitalicio sobre una casa metter une maison en viager.

vitalidad f vitalité.

vitalismo m vitalisme (doctrina biológica).

vitalización f vitalisation.

vitalizar [13] v tr vitaliser.

vitamina f vitamine.

vitaminado, da adj vitaminé, e.

vitamínico, ca adj vitaminique.

vitaminización f vitaminisation.

vitando, da adj à éviter ‖ FIG odieux, euse.

vitela f papier m vélin, vélin m.

vitelino, na adj BIOL vitellin, e.

Vitelio n pr Vitellius.

vitelo m vitellus (del huevo).

vitícola adj viticole.

◇ m viticulteur (viticultor).

viticultor m viticulteur.

viticultura f viticulture.

vitíligo m vitiligo (despigmentación de la piel).

vitivinícola adj vinicole [relatif à la viticulture associée à la production du vin].

vitivinicultor m viticulteur, producteur de vin.

vitivinicultura f viticulture associée à la production du vin.

vito m danse f andalouse (baile) ‖ musique f de cette danse.

Vito n pr Guy ‖ MED baile de San Vito danse f de Saint-Guy.

vitola f bague (de puros) ‖ calibreur m (plantilla) ‖ FIG façade (apariencia) ‖ aspect m, mine (aspecto) ‖ MAR gabarit m (gálibo).

vitolfilia f collection de bagues de cigares.

vítor m vivat ‖ dar vítores al Jefe del Estado acclamer le chef de l'État.

vitorear v tr acclamer.

vitoriano, na adj & s de Vitoria.

vitral m vitrail.

vítreo, a adj vitré, e; electricidad vítrea électricité vitrée; humor vítreo humeur vitrée ‖ vitreux, euse (de vidrio) ‖ pintura vítrea peinture vernissée au feu.

vitrificación f; **vitrificado** m vitrification f.

vitrificador, ra adj vitrifieur, euse.

vitrificar [10] v tr vitrifier.

➤ **vitrificarse** v pr se vitrifier.

vitrina f vitrine [d'objets d'art] ‖ (Amer) vitrine [d'une boutique].

‖ OBSERV Vitrine de magasin se dit en espagnol escaparate.

vitriolar v tr vitrioler.

vitriólico, ca adj vitriolique.

vitriolo m vitriol ■ aceite de vitriolo huile de vitriol ‖ echar vitriolo vitrioler.

Vitrubio; Vitruvio n pr Vitruve.

vituallar v tr ravitailler (avituallar).

vituallas f pl vivres m (víveres) ‖ FAM victuailles (comida abundante).

vituperación f blâme m, reproche m, vitupération (p us).

vituperador, ra adj & s qui blâme, vitupérateur, trice (p us).

vituperar v tr blâmer, vitupérer (p us) ‖ reprocher.

vituperio m blâme (censura) ‖ reproche ‖ honte f, opprobre, déshonneur (vergüenza).

viudedad f pension de veuve.

viudez f veuvage m.

‖ OBSERV pl viudeces.

viudita f petite veuve (mujer) ‖ (Amer) petit singe m (mono) ‖ sorte de perroquet (ave) ‖ viudita alegre veuve joyeuse.

viudo, da adj & s veuf, veuve; viuda alegre veuve joyeuse.

➤ **viuda** f veuve (pájaro).

viva m vivat; dar vivas pousser des vivats ‖ FAM un viva la Virgen un vive-la-joie (un hombre alegre), un insouciant, un je-m'enfichiste, un je-m'en-foutiste (un despreocupado).

vivac ➤ **vivaque**.

vivace adj MÚS vivace.

vivacidad f vivacité.

vivalavirgen m inv & f inv insouciant, e.

vivales m & f FAM personne culottée.

vivamente *adv* vivement.

vivandero, ra *m & f* vivandier, ère.

vivaque; vivac *m* bivouac.
■ OBSERV pl vivaques.

vivaquear *v intr* bivouaquer.

vivar *m* garenne *f* (de conejos) ▌vivier (de peces).
◇ *v tr* (*Amer*) acclamer (aclamar).

vivaracho, cha *adj* vif, ive; pétulant, e.

vivaz *adj* vivace (que dura) ▌vif, ive [d'esprit] (agudo) ▌vigoureux, euse (vigoroso) ▌BOT vivace.
■ OBSERV pl vivaces.

vivencia *f* fait *m* vécu, expérience.

víveres *m pl* vivres; cortarle los víveres a alguien couper les vivres à quelqu'un ▌MIL servicio de víveres service des subsistances.

vivero *m* pépinière *f* (para plantas) ▌vivier (de peces) ▌parc; vivero de ostras parc à huîtres ▌toile *f* de Vivero [ville de Galice] ▌FIG pépinière *f*; este país es un vivero de artistas ce pays est une pépinière d'artistes.

viveza *f* vivacité (de las acciones, ojos, colores) ▌vivacité (del ingenio) ▌réalisme *m* (de un retrato) ▌saillie (agudeza) ▌éclat *m*; la viveza de un color l'éclat d'une couleur.

vívidamente *adv* vivement.

vivido, da *adj* vécu, e; una historia vivida une histoire vécue.

vívido, da *adj* vif, ive (vivaz).

vividor, ra *adj & s* vivant, e (que vive).
◇ *adj* vivace (vivaz) ▌laborieux, euse (laborioso).
◇ *m & f* profiteur, euse (aprovechado).
➤ **vividor** *m* bon vivant (alegre).

vivienda *f* demeure (morada) ▌[▷ SIN] logement *m*; crisis de la vivienda crise du logement ▌habitation; vivienda lacustre habitation lacustre; viviendas de renta limitada habitations à loyer modéré (HLM) ▌logis *m* (casa) ▌genre *m* de vie, habitat *m* (género de vida); vivienda rural habitat rural ■ vivienda de muestra appartement témoin ▌vivienda habitual résidence principale ■ bloque de viviendas immeuble d'habitation, bâtiment ▌segunda vivienda résidence secondaire.
▌ SIN alojamiento hébergement; habitación chambre, habitation; piso, apartamento, cuarto, departamento appartement; casa maison; morada demeure; residencia résidence; apeadero pied-à-terre.

viviente *adj* vivant, e; seres vivientes êtres vivants; cuadro viviente tableau vivant.

vivificante *adj* vivifiant, e.

vivificar [10] *v tr* vivifier.

viviparidad *f* ZOOL viviparité.

vivíparo, ra *adj & s* ZOOL vivipare.

vivir *m* vie *f* (vida) ■ gente de mal vivir gens de mauvaise vie ▌tener un vivir decente vivre décemment.

vivir *v intr* vivre; los loros viven muchos años les perroquets vivent longtemps ▌vivre, habiter (residir); vivir en el campo vivre à la campagne ▌habiter (tener domicilio); vive en Madrid desde hace tres años il habite à Madrid depuis trois ans ■ FIG & FAM vivir a cuerpo de rey vivre comme un prince, être comme un coq en pâte ▌vivir al día vivre au jour le jour ▌vivir a lo grande o a lo gran se-

ñor vivre sur un grand pied, mener grand train ▌vivir con poco vivre de peu ▌vivir del aire vivre de l'air du temps ▌vivir de ilusiones s'entretenir o se bercer d'illusions ▌vivir de quimeras se repaître de chimères ▌vivir de rentas vivre de ses rentes ▌vivir de sus ahorros vivre sur ses économies ▌vivir para ver qui vivra verra ▌vivir sin pena ni gloria suivre o aller son petit bonhomme de chemin, mener une existence sans heurts et sans éclat ■ como se vive se muere on meurt comme on a vécu ▌¡hay que vivir para ver! il faut le voir pour le croire! ▌ir viviendo vivoter, végéter ▌mientras yo viva tant que je vivrai, moi vivant ▌no dejar vivir a uno ne pas laisser quelqu'un vivre en paix, ne laisser à quelqu'un aucun répit ▌¿quién vive? qui vive? (centinela) ▌se vive bien en este país il fait bon vivre dans ce pays ▌tener con qué vivir avoir de quoi vivre ▌¡viva! vivat! ▌¡viva España! vive l'Espagne! ▌¡vive Dios! grand Dieu! ▌y vivieron felices, comieron perdices y a mí no me dieron ils vécurent heureux et eurent beaucoup d'enfants (final de los cuentos).

vivisección *f* vivisection.

vivismo *m* système de Luis Vives [philosophe espagnol du XVIᵉ siècle].

vivista *m* adepte du système de Luis Vives.

vivito, ta *adj* FAM vivito y coleando tout frétillant (pescado), plus vivant que jamais, tout frétillant (una persona), loin d'être enterré; el asunto queda vivito y coleando l'affaire est loin d'être enterrée.

vivo, va *adj* vivant, e; los seres vivos les êtres vivants ▌vif, ive; pétillant, e (ojos) ▌vif, ive; intense; dolor muy vivo douleur très vive ▌vif, ive; voyant, e; color vivo couleur vive ▌vif, ive; alerte (ágil) ▌FIG vivant, e; lengua viva langue vivante ▌vif, ive; vivant, e; dejar un recuerdo muy vivo laisser un souvenir très vif ▌vif, ive (agudo) ▌éveillé, e; dégourdi, e; vivant, e (despabilado); un niño muy vivo un enfant très éveillé o bien vivant ▌malin, igne; débrouillard, e (astuto) ▌profiteur, euse (aprovechón) ▌vif, ive (arista, ángulo) ■ aguas vivas eaux vives ▌a viva fuerza de vive force ▌de viva actualidad bien d'actualité, de toute dernière actualité ▌de viva voz de vive voix ▌Dios vivo Dieu vivant ▌en carnes vivas nu, e; tout nu, toute nue ▌en roca viva en pleine roche ▌en vivo sur pied (animal) ▌fuerzas vivas forces vives ▌MAR obras vivas œuvres vives ▌roca viva roche à nu ▌seto vivo haie vive ▌¡vivo! vite! ■ FIG como de lo vivo a lo pintado comme le jour et la nuit ▌cortar en carne viva tailler dans le vif ▌dárselas de vivo faire le malin ▌es el vivo retrato de su padre c'est tout le portrait de son père, c'est le portrait vivant de son père ▌herir en carne viva piquer au vif (ofender), retourner le couteau dans la plaie (volver a herir) ▌herir o tocar en lo vivo piquer au vif, toucher au vif ▌llegar a lo vivo ariver au point délicat ▌llorar a lágrima viva pleurer à chaudes larmes ▌pasarse de vivo vouloir être trop malin ▌poner en carne viva mettre à vif ▌quedarse más muerto que vivo être plus mort que vif ▌ser más vivo que un rayo avoir du vif-argent dans les veines, être vif comme l'éclair ▌ser vivo de genio avoir l'esprit vif o prompt ▌ser vivo de imaginación

avoir l'imagination vive ▌tener un genio vivo être irritable o soupe au lait FAM.
➤ **vivo** *m* vivant; los vivos y los muertos les vivants et les morts FIG & FAM malin, débrouillard (astuto) ▌filou (fullero) ▌DR vif; donación entre vivos donation entre vifs ▌FIG & FAM hacerse el vivo faire le malin.

vizcacha *f* viscache (roedor).

vizcachera *f* terrier *m* de la viscache.

vizcainada *f* mot *m*, action propre aux Basques.

vizcaíno, na *adj & s* biscaïen, enne (de la provincia de Vizcaya); basque, basquaise (del País Vasco) ■ a la vizcaína à la mode basque (al estilo del País Vasco) ▌bacalao a la vizcaína morue à la biscayenne [morue à la tomate].

vizcaitarra *adj & s* nationaliste basque.

Vizcaya *n pr f* GEOGR Biscaye; el golfo de Vizcaya le golfe de Gascogne.

vizcondado *m* vicomté.

vizcondal *adj* vicomtal, e; derechos vizcondales droits vicomtaux.

vizconde, esa *m & f* vicomte, esse.

VM (abrev escrita de **Vuestra Majestad**) SM.

v.o. (abrev de **versión original**) *f* CINEM VO.

vocablo *m* mot, vocable (p us) ▌FIG jugar del vocablo jouer sur les mots.

vocabulario *m* vocabulaire.

vocación *f* vocation; errar la vocación rater sa vocation.

vocacional *adj* ser vocacional être une vocation.

vocal *adj* vocal, e; cuerdas vocales cordes vocales; órganos vocales organes vocaux.
◇ *f* GRAM voyelle ■ vocal abierta voyelle ouverte ▌vocal breve voyelle brève ▌vocal cerrada voyelle fermée ▌vocal débil voyelle faible ▌vocal fuerte voyelle forte ▌vocal larga voyelle longue ▌vocal nasal voyelle nasale.
◇ *m & f* membre; vocal de un comité, de una comisión membre d'un comité, d'une commission ▌vocal contribuyente membre au compte des contribuables.

vocálico, ca *adj* vocalique.

vocalismo *m* vocalisme.

vocalista *m & f* chanteur, euse (en una orquesta).

vocalización *f* vocalisation (acción) ▌vocalise (canto).

vocalizador, ra *m & f* vocalisateur, trice.

vocalizar [13] *v tr & intr* vocaliser.

vocalmente *adv* vocalement.

vocativo *m* GRAM vocatif.

voceador, ra *adj* qui crie, crieur, euse.
◇ *m & f* crieur, euse.
➤ **vocador** *m* crieur public (pregonero).

vocear *v intr & tr* crier [à tue-tête].
◇ *v tr* proclamer (publicar) ▌appeler, héler (llamar) ▌acclamer (aclamar) ▌FIG proclamer (manifestar) ▌FIG & FAM crier sur les toits, claironner (una cosa); le gusta vocear los favores que nos hace il aime crier sur les toits les services qu'il nous rend ▌FIG & FAM vocear su vergüenza afficher sa honte.

vocejón *m* voix *f* rude (voz áspera), grosse voix *f* (vozarrón).

voceo *m* cris *pl* (gritos).

vocería *f*; **vocerío** *m* cris *m pl* (gritos) ‖ clameur *f* (clamor).

vocero *m* porte-parole (portavoz).

vociferador, ra *adj* vociférant, e. ◇ *m* & *f* vociférateur, trice.

vociferante *adj* vociférant, e.

vociferar *v tr* & *intr* vociférer.

vocinglería *f* criaillerie, cris *m pl* (gritería) ‖ clameur.

vocinglero, ra *adj* & *s* criailleur, euse (que grita) ‖ bavard, e (que habla mucho).

vodevil; vaudeville *m* vaudeville (comedia ligera). ‖ **OBSERV** le pluriel de vaudeville est vaudevilles.

vodka *m* o *f* vodka *f*.

vol. (abrev escrita de **volumen**) vol.

volada *f* vol *m* court ‖ (*Amer*) ➤ **bolada**.

voladera *f* aube (paleta).

voladero, ra *adj* volant, e.

voladizo, za *adj* saillant, e; en saillie; cornisa voladiza corniche saillante. ➡ **voladizo** *m* **ARQ** saillie *f*, encorbellement.

volado, da *adj* **FIG** & **FAM** estar volado être tout confus o tout penaud (de vergüenza) ‖ **FIG** hacer algo volado faire quelque chose en vitesse ‖ **IMPR** letra volada lettrine (en la parte superior del renglón). ➡ **volado** *m* (*Amer*) volant, falbala (de un vestido).

volador, ra *adj* volant, e (que vuela) ‖ cohete, pez volador fusée volante, poisson volant. ➡ **volador** *m* fusée *f* volante (cohete) ‖ poisson volant (pez) ‖ (*Amer*) jeu mexicain [mât autour duquel tournent plusieurs hommes suspendus par des cordes à une grande distance du sol].

voladura *f* explosion; la voladura de una caldera l'explosion d'une chaudière ‖ sautage *m*, explosion (de una mina) ‖ la voladura de un puente la destruction d'un pont sous l'effet d'une explosion.

volandas; volandillas ➡ **en volandas; en volandillas** *loc* en l'air ‖ **FIG** & **FAM** en vitesse.

volandero, ra *adj* qui commence à voler (volantón) ‖ **FIG** volant, e; démontable (móvil) ‖ instable (inestable).

volandillas ➡ **en volandillas** ➡ **volandas**.

volando *adv* en vitesse (rápidamente) ‖ tout de suite, illico (en seguida) ‖ llegar volando accourir.

volante *adj* volant, e; campo, pez, hoja volante camp, poisson volant, feuille volante ‖ **FIG** itinérant, e; equipo volante équipe itinérante ‖ medio volante demi-aile (fútbol). ◇ *m* volant (adorno, juego) ‖ **AUTOM** volant ‖ **TECN** volant (para regularizar el movimiento) ‖ balancier (para acuñar moneda, de reloj) ‖ (*Amer*) calèche *f* (vehículo) ‖ coureur automobile (conductor de automóviles de carreras).

volantín *m* ligne *f* munie de plusieurs hameçons ‖ (*Amer*) cerf-volant (cometa).

volapié *m* **TAUROM** estocade *f* donnée au taureau en s'élançant vers lui ‖ matar a vola-

pié donner l'estocade en s'élançant vers la bête.

volapuk *m* **LING** volapük.

volar [23] *v intr* voler (aves, aviones); este avión vuela a diez mil metros cet avion vole à dix mille mètres ‖ s'envoler (elevarse en el aire) ‖ **FIG** voler (correr); volar en auxilio de voler au secours de; las horas vuelan les heures volent ‖ **ARQ** faire saillie, saillir (balcón) ■ a vuela pluma au courant de la plume ‖ echar a volar s'envoler, prendre son vol o son essor ‖ **FIG** & **FAM** el pájaro voló l'oiseau s'est envolé ‖ **FIG** volar con sus propias alas voler de ses propres ailes ‖ volar por encima o sobre survoler. ◇ *v tr* faire sauter; volar un polvorín faire sauter une poudrière. ➡ **volarse** *v pr* s'envoler; los papeles se volaron les papiers se sont envolés ‖ (*Amer*) s'emporter, laisser exploser sa colère (encolerizarse).

volateo ➡ **al volateo** *loc adv* au vol.

volatería *f* volerie, fauconnerie (caza) ‖ volaille (aves de corral).

volátil *adj* volatil, e; álcali volátil alcali volatil ‖ **FIG** inconstant, e; changeant, e. ◇ *m* volatile.

volatilidad *f* volatilité.

volatilización *f* volatilisation.

volatilizar [13] *v tr* volatiliser.

volatín *m* danseur de corde, funambule, équilibriste (volatinero).

volatinero, ra *m* & *f* danseur, euse de corde, funambule, équilibriste.

vol-au-vent ➡ **volován**.

volcado *m* **INFORM** déchargement; volcado de pantalla en impresora copie *f* d'écran (sur imprimante).

volcán *m* volcan.

volcanada *f* **FAM** (*Amer*) bouffée (bocanada).

volcanicidad *f* volcanisme *m*.

volcánico, ca *adj* volcanique.

volcanismo *m* volcanisme.

volcanizar [13] *v tr* volcaniser.

volcar [36] *v tr* renverser; volcar un vaso renverser un verre; volcar un adversario renverser un adversaire ‖ verser (verter) ‖ **FIG** agacer, impatienter (molestar) ‖ retourner, faire changer d'avis. ◇ *v intr* capoter, se renverser, verser (un vehículo) ‖ chavirer (barco). ➡ **volcarse** *v pr* **FIG** volcarse en un asunto se consacrer corps et âme à une affaire.

volea *f* volée (carruajes) ‖ **DEP** volée (en el juego de pelota) ‖ chandelle (fútbol) ‖ lob *m*, chandelle (tenis).

volear *v tr* rattraper à la volée (pelota) ‖ semer à la volée (sembrar a voleo). ◇ *v intr* **DEP** faire une chandelle ‖ lober (tenis).

voleibol *m* volley-ball.

voleo *m* volée *f* (en el juego de pelota) ‖ gifle *f* (bofetón) ‖ battement (en la danza) ■ a o al voleo à la volée ‖ del primer o de un voleo du premier coup ■ **AGRIC** sembrar al voleo semer à la volée.

volframina *f* **QUÍM** wolframine.

volframio *m* **QUÍM** wolfram (tungsteno).

volframita *f* **QUÍM** wolframite.

Volga *n pr m* **GEOGR** el Volga la Volga.

volición *f* volition.

volitar *v intr* voleter, voltiger.

volitivo, va *adj* volitif, ive.

volován *m*; **vol-au-vent** *m inv* **CULIN** vol-au-vent *inv*.

volquete *m* tombereau (carro, camión) ‖ wagon-tombereau (vagón).

volquetero *m* conducteur de tombereau.

volscos *m pl* **HIST** Volsques (pueblo).

Volta *n pr m* **GEOGR** el Volta la Volta.

voltaico, ca *adj* **ELECTR** voltaïque.

voltaización *f* **MED** voltaïsation.

voltaje *m* **ELECTR** voltage.

voltámetro *m* **ELECTR** voltamètre.

voltamperio *m* **ELECTR** voltampère.

voltariedad *f* versatilité.

voltario, ria *adj* versatile (versátil).

volteada *f* (*Amer*) galop *m* à cheval décrit autour de la partie d'un troupeau que l'on veut isoler.

volteador, ra *m* & *f* voltigeur *m* [acrobate].

voltear *v tr* faire tourner o voltiger; voltear una honda faire voltiger une fronde ‖ sonner à toute volée (las campanas) ‖ retourner; voltear la tierra, el heno retourner la terre, le foin ‖ **FIG** renverser, culbuter, faire sauter; voltear un gobierno renverser un gouvernement ‖ **FIG** & **FAM** recaler, étendre (en un examen) ‖ (*Amer*) renverser, faire tomber (tumbar). ◇ *v intr* culbuter (caerse redondo) ‖ exécuter un saut, voltiger (un volteador) ‖ sonner à toute volée (las campanas). ➡ **voltearse** *v pr* (*Amer*) retourner sa veste (chaquetear).

voltejear *v intr* **MAR** louvoyer.

volteo *m* voltige *f* (equitación) ‖ sonnerie *f*, volée *f* (de campanas).

voltereta *f* cabriole; este niño se divierte dando volteretas cet enfant s'amuse à faire des cabrioles ‖ culbute (trecha) ‖ pirouette (pirueta) ‖ dar la voltereta faire la culbute, culbuter.

volterianismo *m* voltairianisme.

volteriano, na *adj* & *s* voltairien, enne.

voltímetro *m* voltmètre.

voltio *m* **ELECTR** volt ‖ **FAM** petit tour (paseo).

volubilidad *f* versatilité, inconstance. ‖ **OBSERV** Volubilité significa sobre todo locuacidad.

volúbilis *m inv* **BOT** volubilis.

voluble *adj* changeant, e (versátil).

volumen *m* volume ■ **QUÍM** volumen atómico volume atomique ‖ **ECON** volumen de contratación volume des échanges ‖ volumen de negocios, de ventas chiffre d'affaires, de ventes.

volumetría *f* volumétrie.

volumétrico, ca *adj* volumétrique.

volúmetro *m* volumètre.

voluminoso, sa *adj* volumineux, euse (muy grande) ‖ encombrant, e (que ocupa mucho sitio); **paquete voluminoso** paquet encombrant.

voluntad *f* volonté; *los reflejos no dependen de la voluntad* les réflexes ne dépendent pas de la volonté ‖ gré *m*, volonté; *casarse contra la voluntad de sus padres* se marier contre le gré de ses parents ‖ envie, désir *m* (gana) ‖ (ant) libre arbitre *m* (libre albedrío) ‖ inclination, tendresse (cariño) ▪ **voluntad arbitraria** bon plaisir ‖ **voluntad de hierro** volonté de fer ‖ **a voluntad** à volonté ‖ **buena, mala voluntad** bonne, mauvaise volonté ‖ **con poca voluntad** à contrecœur ‖ **por su propia voluntad** de son plein gré ‖ **última voluntad** dernières volontés ▪ *esta es nuestra voluntad* tel est notre bon plaisir ‖ **ganar la voluntad de uno** gagner les bonnes grâces de quelqu'un ‖ FAM **hacer su santa voluntad** faire ses quatre volontés ‖ *hágase tu voluntad* que ta volonté soit faite (oración) ‖ *me atengo a su voluntad* je m'en remets à votre discrétion ‖ **tenerle mala voluntad a uno** en vouloir à quelqu'un, avoir quelque chose contre quelqu'un, ne pas pouvoir voir quelqu'un ‖ **zurcir voluntades** s'entremettre.

voluntariado *m* MIL volontariat.

voluntariamente *adv* volontairement.

> SIN de buen grado, buenamente de bon gré; con gusto, gustoso volontiers; amablemente aimablement.

voluntariedad *f* liberté, spontanéité [d'une décision] ‖ caractère *m* facultatif (de un trabajo, etc.).

voluntario, ria *adj* volontaire.

voluntarioso, sa *adj* plein de bonne volonté (deseoso) ‖ volontaire (testarudo).

voluptuosamente *adv* voluptueusement.

voluptuosidad *f* volupté.

voluptuoso, sa *adj & s* voluptueux, euse.

voluta *f* ARQ volute ‖ volute (de humo).

volvaria *f* volvaire (hongo).

volvedor *m* TECN tourne-à-gauche.

volver [24] *v tr* tourner; **volver la cabeza** tourner la tête; **volver la página** tourner la page ‖ retourner (poner al revés); **volver un vestido** retourner un vêtement ‖ rendre; *el éxito le ha vuelto presumido* le succès l'a rendu prétentieux ‖ changer (convertir); **volver el agua en vino** changer l'eau en vin ‖ redonner; *producto que vuelve el pelo a su color natural* produit qui redonne aux cheveux leur couleur naturelle ‖ FIG retourner; *han vuelto contra él sus propios argumentos* on a retourné contre lui ses propres arguments ‖ tourner; **volver la esquina** tourner au coin de la rue ‖ mettre, tourner; **volver una frase en la forma pasiva** mettre une phrase à la voix passive ▪ **volver boca abajo, arriba** retourner sur le ventre, sur le dos ‖ FIG **volver la casaca** retourner sa veste, tourner casaque, changer son fusil d'épaule ‖ **volver la hoja** tourner la page ‖ **volver la mirada** o **los ojos a** tourner ses regards o les yeux vers ‖ **volver la espalda** tourner le dos o les talons ‖ FIG **volver loco** rendre fou, tourner la tête.

◇ *v intr* revenir, retourner (regresar); **volver a casa** revenir chez soi ‖ retourner (ir de nuevo); *este verano volveremos al mar* cet été, nous retournerons à la mer ‖ FIG revenir; *el tiempo pasado no vuelve* le temps passé ne

revient pas; *volvamos a nuestro tema* revenons à notre sujet ‖ *en revenir*; **para volver a nuestro problema** pour en revenir à notre problème ▪ **volver a** (con infinitivo), se remettre à, recommencer à; **volvió a llover** il se remit à pleuvoir, il recommença à pleuvoir [▷ OBSERV] ‖ **volver a caer enfermo** retomber malade ‖ **volver a enviar** renvoyer ‖ **volver a la carga** o **al ataque** renvenir à la charge ‖ **volver a la infancia** retomber en enfance ‖ **volver a la vida a uno** rendre quelqu'un à la vie ‖ **volver a las andadas** retomber dans les mêmes erreurs o fautes ‖ **volver al orden** o **a la normalidad** rentrer dans l'ordre ‖ **volver a lo de siempre** revenir au même sujet, y revenir ‖ **volver al redil** revenir au bercail ‖ **volver a llevar** ramener ‖ **volver a meter** remettre ‖ **volver a ponerse** remettre; **volver a ponerse la chaqueta** remettre sa veste ‖ **volver a ser** redevenir ‖ **volver con las manos vacías** revenir bredouille, revenir les mains vides ‖ **volver del revés** retourner, mettre à l'envers ‖ **volver en sí** revenir à soi ‖ **volver sobre sus pasos** rebrousser chemin, revenir sur ses pas ‖ **vuelva a llenar** remettez la même chose, remettez-nous ça FAM (en un bar) ▪ FIG **hacer volver al buen camino** ramener sur le droit chemin ‖ **no lo vuelva a hacer** ne recommencez plus ‖ **no me volverá a pasar** on ne m'y reprendra plus.

◆ **volverse** *v pr* se retourner ‖ retourner, rentrer (regresar) ‖ tourner, se tourner (ant); *el tiempo se vuelve bueno* le temps tourne au beau; *el tiempo se ha vuelto lluvioso* le temps a tourné à la pluie ‖ devenir; **volverse triste** devenir triste ‖ devenir, tourner à; *este color se vuelve azul* cette couleur tourne au bleu; *este asunto se vuelve trágico* cette affaire tourne au tragique ▪ **volverse atrás** revenir en arrière ‖ **volverse como era** revenir; *este tejido se ha vuelto como era después de haberlo lavado* ce tissu est revenu au lavage ‖ **volverse contra alguien** o **en contra de alguien** se tourner o se retourner contre quelqu'un ‖ **volverse loco** devenir fou ‖ **volverse para atrás** revenir en arrière o sur ses pas (retroceder), revenir sur ce que l'on a dit, se dédire (retractarse).

> OBSERV Existen en francés numerosos verbos compuestos con el prefijo *re*, que expresan la idea de repetición contenida en la expresión española *volver a* seguida del infinitivo, v. gr. *volver a decir, hacer, leer, tomar,* etc. *redire, refaire, relire, reprendre,* etc.

vólvulo *m* MED volvulus (íleo).

vómer *m* ANAT vomer.

vomeriano, na *adj* vomérien, enne.

vómica *f* MED vomique (absceso).

vómico, ca *adj* vomique; **nuez vómica** noix vomique.

vomipurgante *adj & s m* vomi-purgatif, ive.

vomitar *v tr* [▷ SIN] vomir, rendre ‖ FIG vomir; **vomitar injurias** vomir des injures ‖ FIG & FAM avouer (revelar).

> SIN [▷ SIN] devolver, provocar, arrojar rendre; regurgitar régurgiter.

vomitera *f* vomi *m*; *entrarle a alguien una vomitera* avoir des vomissements.

vomitivo, va *adj & s m* MED vomitif, ive.

vómito *m* vomissement (acción) ‖ vomissure *f*, vomi (resultado) ▪ **vómito de sangre**

crachement de sang ‖ **vómito negro** vomito negro, vomito, fièvre jaune.

vomitón, ona *adj* FAM qui vomit beaucoup [nourrisson].

◆ **vomitona** *f* FAM grand vomissement *m*, dégobillage *m* ‖ vomissure (vómito).

vomitorio, ria *adj & s m* vomitif, ive (vomitivo).

◆ **vomitorio** *m* vomitoire (de los circos romanos, etc.).

vorace *adj* POÉT vorace (voraz).

voracidad *f* voracité.

vorágine *f* tourbillon *m*, remous *m*.

voraz *adj* vorace.

> OBSERV pl voraces.

vórtice *m* tourbillon (torbellino) ‖ centre d'un cyclone (centro de un ciclón).

vorticela *f* ZOOL vorticelle.

vortiginoso, sa *adj* tournoyant, e.

vos *pron pers* vous ‖ (Amer) tu.

VOSE (abrev de *versión original subtitulada en español*) *f* VO sous-titrée en espagnol.

vosear *v tr* vouvoyer ‖ (Amer) tutoyer.

voseo *m* vouvoiement ‖ (Amer) tutoiement.

> **EL VOSEO**
>
> En Argentine, en Uruguay, au Paraguay et dans la plupart des pays d'Amérique centrale, le pronom personnel de la deuxième personne « tú » est remplacé par l'ancien « vos », utilisé à la place de « usted » jusqu'au XVIᵉ siècle. Rappelons cependant, que le verbe se conjugue à la seconde personne du singulier: « vos saldrás más tarde » et que le complément d'objet direct correspondant est « te » au lieu de « os »: « vos acordarás de... ». Dans les autres pays de l'Amérique espagnole, on utilise le « tuteo », comme en Espagne.

Vosgos *n pr m pl* GEOGR *los Vosgos* les Vosges [massif].

vosotros, tras *pron pers* vous.

> OBSERV **1.** Ce pronom représente le tutoiement collectif: *a vosotros, hijos mío, os diré lo mismo* à vous, mes enfants, je vous dirai la même chose.
> **2.** La 2ᵉ personne du pluriel peut être aussi employée par un orateur pour s'adresser à un public, par un auteur pour s'adresser à ses lecteurs, etc.

votación *f* vote *m*; **votación a mano alzada** vote à main levée; **votación nominal** vote par appel nominal ‖ votation (acción de votar); **modo de votación** mode de votation ‖ scrutin; **votación adicional** o **de desempate** scrutin de ballotage ▪ **votación ordinaria** vote à main levée o par assis et levé ‖ **votación secreta** vote (à bulletin) secret ‖ **votación única** vote à un tour ‖ **votaciones sucesivas** vote à plusieurs tours ▪ *comienza la votación* le vote est ouvert ‖ **poner a votación** mettre aux voix.

> SIN sufragio suffrage; escrutinio scrutin; referéndum référendum; plebiscito plébiscite.

votante *adj & s* votant, e.

votar *v tr & intr* voter; **votar puestos en pie** voter par assis et levés; **votar por uno** voter pour quelqu'un; **votar la candidatura de** voter pour ‖ blasphémer, jurer (blasfemar).

votivo, va *adj* votif, ive.

voto *m* vœu (promesa); **pronunciar sus votos** prononcer ses vœux ‖ vote; **explicar el voto** expliquer son vote ‖ voix *f*; **moción apro-**

bada por doce votos a favor y nueve en contra motion approuvée par douze voix contre neuf; **dar su voto** donner sa voix ▌vœu, souhait (deseo); **formular votos** former des vœux ▌voix *f*, suffrage; **votos válidos** suffrages valablement exprimés ▌juron (juramento) ■ **voto activo** voix, droit de vote ▌**FAM ¡voto a Dios!** par Dieu!, morbleu! **¡voto a tal!, ¡voto a bríos!** sapristi! ▌**voto consultivo** voix consultative ▌**voto de calidad** voix prépondérante ▌**voto de castidad** vœu de chasteté ▌**voto de castigo** vote de désapprobation, vote-sanction ▌**voto de censura** blâme ▌**voto de confianza** question de confiance ▌**voto de obediencia** vœu d'obéissance ▌**voto de pobreza** vœu de pauvreté ▌**voto informativo** vote indicatif ▌**voto por correspondencia** o **por correo** vote par correspondance ▌**voto secreto** vote (à bulletin) secret ▌**voto solemne** vœu solennel ▌**votos de felicidad** vœux de bonheur ■ **acción de voto plural** action à vote plural ▌**derecho al voto** droit de vote ▌**echar votos** jurer ▌**FAM no tener voz ni voto** ne pas avoir voix au chapitre ▌**regular los votos** compter les voix ▌**tener voto** avoir droit de vote ▌**tener voz y voto** avoir voix délibérative (en una asamblea).
▌ OBSERV pl voces.

vox *f* **ser vox pópuli** être de notoriété publique ▌**vox pópuli** rumeur publique.

voyeur [bwa'jer] *m & f* voyeur, euse.
▌ OBSERV pl voyeurs.

voyeurismo [bwaje'rismo] *m* voyeurisme.

voz *f* voix; **voz chillona** voix criarde o de crécelle; **voz cavernosa** voix caverneuse o creuse; **tener buena voz** avoir une belle voix ▌cri *m* (grito) ▌GRAM voix; **voz pasiva** voix passive ▌mot *m* (vocablo); **una voz culta** un mot savant ▌bruit *m*, rumeur (rumor) ▌MÚS son *m* (de un instrumento) ▌voix; **fuga a tres voces** fugue à trois voix ■ **voz activa** voix active (facultad de votar) ▌**voz aguda** voix aiguë (de una persona), mot accentué sur la dernière syllabe (palabra) ▌MÚS **voz angélica** o **celeste** voix céleste ▌**voz apagada** voix sourde (naturalmente), voix étouffée (para hablar quedo) ▌**voz argentina** voix argentine ▌MÚS **voz cantante** voix principale ▌**voz cascada** voix cassée ▌**voz de alarma** cri d'alarme ▌MIL **voz de mando** ordre, commandement ▌**voz de trueno** voix tonnante o tonitruante ▌**voz empañada** voix voilée o couverte ▌**voz estentórea** voix de stentor ▌**voz quebrada** voix brisée ■ **a media voz** à mi-voix (en voz baja) ▌**a una voz** d'une seule voix ▌**a voces** à grands cris ▌**a voz en cuello** o **en grito** à tue-tête ▌**de viva voz** de vive voix ▌**en voz alta** à haute voix, tout haut ▌**en voz baja** à voix basse, tout bas ▌**en voz queda** à mi-voix, tout bas ▌**secreto a voces** secret de Polichinelle ▌MÚS **segunda voz** seconde partie [accompagnement vocal] ▌**voz del pueblo**, **del cielo** voix du peuple, voix de Dieu ■ **aclararse la voz** s'éclaircir la voix ▌**ahuecar la voz** faire la grosse voix ▌**alzar** o **levantar la voz** élever la voix ▌**anudársele a uno la voz** avoir la gorge serrée o un nœud dans la gorge ▌MÚS **apagar la voz** assourdir le son [d'un instrument] ▌**corre la voz que** le bruit court que ▌**dar una voz a uno** appeler quelqu'un de loin, héler quelqu'un ▌**dar vo-**

ces** pousser des cris, crier ▌**dar voces al viento** crier inutilement ▌**decir a voces** crier, publier sur les toits ▌**decir en voz alta** dire tout haut ▌FIG & FAM **donde Cristo dio las tres voces** au diable, au diable Vauvert, au bout du monde ▌**educar la voz** travailler la voix ▌**hablar en voz baja, en voz alta** parler à voix basse, à voix haute ▌**hacer correr la voz** faire courir le bruit ▌FIG **llevar la voz cantante** tenir les rênes (gobernando), mener la danse (hablando) ▌**no tener voz ni voto** ne pas avoir voix au chapitre ▌**pedir a voces** demander à grands cris ▌**ser voz pública** être de notoriété publique ▌**tener la voz ahogada en llanto** o **en lágrimas** avoir des larmes o des sanglots dans la voix, avoir la voix étranglée par les larmes ▌**tener voz y voto** avoir voix délibérative (en una asamblea).
▌ OBSERV pl voces.

vozarrón *m*; **vozarrona** *f* grosse voix *f*.

v.s. (abrev de versión con subtitulada) *f* CINEM VOST.

VTR (abrev de videotape recorder) *f* magnétoscope *m*.

vudú *m* vaudou.

vuecelencia; **vuecencia** *pron pers* Votre Excellence [terme usité, surtout autrefois, pour s'adresser à un supérieur].

vuelco *m* chute *f*, culbute *f* (caída) ▌renversement (trastorno) ▌capotage (de un coche) ▌retournement, chavirement (de una embarcación) ▌étourdissement (mareo) ▌FIG bouleversement (cambio) ■ **dar un vuelco** capoter (un coche) ▌**dar un vuelco a una cosa** faire culbuter quelque chose ▌FIG **le dio un vuelco el corazón** il a tressailli.

vuelillo *m* manchette *f*.

vuelo *m* vol [dans l'espace] ▌vol, pilotage; **vuelo sin visibilidad** o **a ciegas** o **ciego** pilotage sans visibilité ▌ampleur *f*, tour (de un vestido) ▌manchette *f* de dentelle (vuelillo) ▌ARQ saillie *f*, surplomb ▌FIG envolée *f* (arrojo) ▌envergure *f*; **no tener suficiente vuelo para** ne pas avoir assez d'envergure pour ▌élan (de la imaginación) ■ **vuelo a ras de tierra** o **rasante** vol en rase-mottes ▌**vuelo a vela** o **sin motor** vol à voile o en planeur ▌**vuelo de prueba, horizontal** vol d'essai, en palier ▌**vuelo libre** vol libre ▌**vuelo nocturno**, **planeado** vol de nuit, plané ▌**vuelo sin escalas** vol sans escales ■ **al vuelo** au vol; **coger al vuelo** saisir au vol ▌**a todo vuelo** à tire-d'aile ▌**a vuelo de pájaro** à vol d'oiseau ▌FIG **de mucho vuelo** de haut vol, de grande envergure, de grande classe (una persona), très ample (vestido) ▌**de** o **en un vuelo** à toute vitesse, en un clin d'œil ▌**personal de vuelo** personnel navigant ▌**alzar** o **emprender el vuelo** prendre son vol o sa volée ▌**alzarse en vuelo hacia** s'envoler vers ▌FIG & FAM **cogerlas** o **cazarlas al vuelo** tout comprendre à demi-mot, tout saisir au vol ▌**cortar los vuelos a uno** couper o rogner les ailes à quelqu'un ▌**echar** o **tocar a vuelo las campanas** sonner les cloches à toute o à grande volée ▌**levantar** o **tomar el vuelo** s'envoler, prendre son vol (echar a volar), lever le siège, mettre les voiles (irse) ▌FIG **¡no tantos vuelos!** n'allez pas chercher si loin! ▌**se podría oír el vuelo de una mosca** on entendrait une mouche voler ▌**tomar vuelo** prospérer, prendre de l'importance.

vuelta *f* tour *m*; **dar la vuelta al mundo** faire le tour du monde ▌tour *m* (paseo); **dar una vuelta por la ciudad** faire un tour en ville; **dar una vuelta por la tarde** faire un tour l'après-midi ▌retour *m* (regreso); **estar de vuelta** être de retour; **billete de ida y vuelta** billet d'aller et retour ▌retour *m* (retorno); **la vuelta de la primavera** le retour du printemps ▌tour *m*; **elegido en la primera vuelta** élu au premier tour; **vuelta de escrutinio** tour de scrutin ▌tournant *m*, détour *m* (recodo) ▌revers *m* (de un vestido) ▌rang *m* (de un collar, de un jersey) ▌envers *m* (de una tela) ▌verso *m* (de una hoja de papel) ▌monnaie (dinero); **dar la vuelta al comprador** rendre la monnaie à l'acheteur ▌ARQ retour *m* (recodo) ▌**vuelta a escuadra** retour d'équerre ▌ÉQUIT volte (del caballo) ▌retourne (naipes) ▌tour *m* (unidad de ángulo) ■ **vuelta a escena** rentrée (de un artista) ▌**vuelta a España, a Francia** tour d'Espagne, de France ▌TAUROM **vuelta al ruedo** tour triomphal de l'arène ▌**vuelta atrás** marche arrière, retour en arrière ▌DEP **vuelta ciclista** tour cycliste ▌**vuelta de au retour de, retour de** ▌**vuelta de campana** tonneau (coche) ▌**vuelta sobre el ala** retournement (de un avión) ■ **a la vuelta de** au retour de (de regreso de), au bout de (después de); **a la vuelta de diez años** au bout de dix ans ▌FIG **a la vuelta de cada esquina** o **de la esquina** à tous les coins de rue ▌**a la vuelta de la esquina** au coin de la rue, tout près ▌**a vuelta de correo** par retour du courrier ▌**a vueltas presque, près** o **proche (de)** ▌**cerradura de dos vueltas** serrure à double tour ▌FAM **¡con vuelta!** ça s'appelle reviens! (cosa prestada) ▌**media vuelta** demi-tour, volte-face (del cuerpo); **dar media vuelta** faire demi-tour o volte-face; demi-tour (para volverse atrás), petit tour (paseo corto) ▌**partido de vuelta** match de retour (deportes) ▌**segunda vuelta** deuxième o second tour (elecciones) ▌FAM **¡y vuelta!** encore!, on remet ça! ▌FIG & FAM **andar a vueltas con un problema** se debattre avec un problème ▌**buscarle a uno las vueltas** chercher à prendre quelqu'un en défaut, chercher des poux à quelqu'un ▌**cerrar con dos vueltas** fermer à double tour ▌FIG **coger las vueltas** attraper le truc (el tranquillo) ▌**cogerle las vueltas a uno** percer quelqu'un à jour, savoir ce que quelqu'un a dans le ventre FAM ▌**dar la vuelta a** faire le tour de (alrededor), retourner; **dar la vuelta a un traje** retourner un costume ▌FIG & FAM **dar la vuelta a la tortilla** renverser la vapeur ▌**dar la vuelta de campana** capoter, faire un tonneau (un coche) ▌FIG **darle cien vueltas a uno** être cent fois supérieur à quelqu'un, l'emporter de beaucoup sur quelqu'un, en remontrer à quelqu'un ▌**dar media vuelta** tourner les talons (irse), faire demi-tour (soldado) ▌**darse una vuelta** faire un tour ▌**dar vueltas** tourner en rond (girar), retourner; **dar vueltas a una idea en la cabeza** retourner une idée dans sa tête; tourner et retourner (examinar); **dar vueltas a un asunto** tourner et retourner une question ▌FIG **el mundo da muchas vueltas** tout est possible ▌FAM **estar de vuelta de todo** être revenu de tout, être désabusé ▌**me da vueltas la cabeza** j'ai la tête qui tourne, la tête me tourne ▌FAM **no andar con vueltas** ne pas y aller par quatre chemins ▌**no hay que darle vueltas** ce n'est pas la peine de revenir là-dessus, il n'y a rien à faire, il n'y a pas à tortiller FAM | no le des más vueltas a ese asunto ne retourne pas cette histoire dans ta tête | no tiene vuelta de hoja c'est clair comme le jour, c'est évident | poner a uno de vuelta y media traiter quelqu'un de tous les noms, dire pis que pendre de quelqu'un, traîner quelqu'un dans la boue | tiene muchas vueltas il est très compliqué, on ne sait pas par quel bout le prendre | véase a la vuelta tournez s'il vous plaît, T.S.V.P.

vuelto, ta *adj* (p p de volver) tourné, e; etc. ■ cuello vuelto col rabattu (bajo), col roulé (alto) | sombrero con las alas vueltas chapeau à bords rabattus.

➤ **vuelto** *m* (Amer) monnaie *f* (vuelta de dinero); dar el vuelto rendre la monnaie.

vuesamerced *pron pers* vous (vuestra merced).

vuestro, tra *adj pos* votre, vos; vuestro hijo y vuestras hijas votre fils et vos filles.

◇ *pron pos* le, la vôtre, les vôtres; mis amigos y los vuestros mes amis et les vôtres ■ los vuestros les vôtres (vuestra familia) | lo vuestro ce qui est à vous.

| OBSERV 1. No hay que confundir votre, adjetivo, con vôtre (con acento circunflejo), pronombre.
2. Vuestro est l'adjectif possessif correspondant au pronom personnel vos et s'emploie: 1° dans le tutoiement collectif (enfants, etc.); 2° en s'adressant à certaines personnes (Dieu, roi, etc.); 3° en s'adressant à des lecteurs, etc.

vulcanales *f pl* vulcanales (fiestas romanas).

vulcanio, nia *adj & s* vulcanien, enne.

vulcanismo *m* GEOL vulcanisme.

vulcanización *f* TECN vulcanisation.

vulcanizado, da *adj* TECN vulcanisé, e; caucho vulcanizado caoutchouc vulcanisé.

vulcanizador *m* TECN vulcanisateur.

vulcanizar [13] *v tr* TECN vulcaniser.

Vulcano *n pr* MITOL Vulcain.

vulcanología *f* vulcanologie, volcanologie.

vulcanologista; vulcanólogo, ga *m & f* vulcanologiste, vulcanologue.

vulgacho *m* FAM bas peuple, populo.

vulgar *adj* [▷ SIN 1] ordinaire, banal, e; cosa muy vulgar entre nosotros chose très ordinaire chez nous ■ [▷ SIN 2] vulgaire (grosero) | lengua vulgar langue vulgaire.

| SIN 1. popular populaire; común commun; prosaico prosaïque; plebeyo plébéien; trivial, banal banal.
2. grosero grossier; bajo bas.

vulgaridad *f* banalité | vulgarité.

vulgarismo *m* vulgarisme.

vulgarización *f* vulgarisation (divulgación).

vulgarizar [13] *v tr* vulgariser.

➤ **vulgarizarse** *v pr* devenir vulgaire.

vulgarmente *adv* vulgairement.

vulgata *f* vulgate (Biblia).

vulgo *m* peuple [par opposition à élite], masse *f*, commun des mortels.

◇ *adj* vulgairement, vulgo (vulgarmente).

vulnerabilidad *f* vulnérabilité.

vulnerable *adj* vulnérable.

vulneración *f* violation; la vulneración de un tratado la violation d'un traité | vulnération (herida).

vulnerar *v tr* blesser (herir) | porter atteinte à, causer préjudice à (perjudicar) | violer, enfreindre (ley, contrato).

vulnerario, ria *adj* MED vulnéraire.

➤ **vulneraria** *f* BOT vulnéraire.

vulpeja *f* renard *m* (zorra).

vulpino, na *adj* relatif, ive au renard (del zorro).

➤ **vulpino** *m* vulpin (planta).

vultuosidad *f* MED vultuosité.

vultuoso, sa *adj* MED vultueux, euse.

vulva *f* ANAT vulve.

vulvar *adj* vulvaire.

vulvaria *f* vulvaire (planta).

vulvitis *f inv* MED vulvite.

w; W *f* w *m* (uve doble).

▌ OBSERV Le w n'appartient pas en propre à l'espagnol et n'est utilisé que dans les mots empruntés à des langues étrangères, c'est pourquoi nous donnons exceptionnellement la prononciation figurée des mots qui suivent.

wagneriano, na [bagnerjano, na] *adj & s* wagnérien, enne.

wagon-lit [ba'ɣon'lit] *m* wagon-lit.

▌ OBSERV pl wagons-lits.

wahabita [wahabita] *adj & s* wahabite.

walhalla [balhalla] *m* walhalla.

walkie-talkie *m* talkie-walkie, walkie-talkie.

▌ OBSERV pl walkie-talkies.

walkiria [balkirja] *f* walkyrie (divinidad escandinava).

walkman *m* Walkman [nom déposé], baladeur.

▌ OBSERV **1.** Anglicisme qui peut être remplacé par minimagnetófono, magnétofono de bolsillo ou minicasete.
2. pl walkmans.

walk-over [wakouvə] *m* walk-over (abandono).

Wallis y Fortuna *n pr* GEOGR Wallis-et-Futuna.

wamba *f* Pataugas® *m*.

wapití [wapiti] *m* ZOOL wapiti (ciervo).

warrant [wɔrənt] *m* COM warrant (recibo de depósito).

▌ OBSERV pl warrants.

Washington *n pr* GEOGR Washington.

wáter; váter ['wɔtə] ou [bate] *m* FAM water (retrete).

▌ OBSERV pl wáteres.

waterballast ['wɔtə'baləst] *m* water-ballast (tanque de agua).

water-closet; watercloset ['wɔtə'klɔzit] *m* water-closet, waters, W.C. (retrete).

watergang *m* watergang (canal en Holanda).

waterpolista *m & f* DEP joueur, euse de water-polo.

water-polo; waterpolo ['wɔtə'polo] *m* water-polo (polo acuático).

watt [bat] *m* watt (vatio).

WC (abrev de water closet) *m* W-C *m pl*.

Web *f* INFORM Web *m*.

wéber [beber]; **weberio** *m* ELECTR weber.

welter [weltər] *m* welter (peso semimedio en boxeo).

Wenceslao ► Venceslao.

western [westən] *m* western (película del Oeste).

▌ OBSERV pl westerns.

Westfalia *n pr f* GEOGR Westphalie.

whisky [wiski] *m* whisky (bebida).

whist [wist] *m* whist (juego de naipes).

wigwam [wigwam] *m* wigwam (aldea india en Norteamérica).

winchester [winʃestər] *m* winchester (fusil de repetición).

▌ OBSERV pl winchesters.

windsurf *m* DEP planche *f* à voile, windsurf (tabla).

winsurfing *m* DEP planche *f* à voile (deporte náutico).

winsurfista *m & f* DEP véliplanchiste, planchiste.

wintergreen [wintɔgrin] *m* BOT wintergreen (gaultería).

wolframio [bɔlframjo]; **wolfram** *m* wolfram (metal).

▌ OBSERV pl wolframs.

wormiano [bɔrmjano] *adj m & s m* ANAT wormien (hueso).

wurtemburgués, esa [burtemberɣes, ɛsa] *adj & s* wurtembergeois, e.

▌ OBSERV pl wurtemburgueses, wurtemburguesas.

WWW (abrev escrita de World Wide Web) INFORM WWW.

wyandotte *adj & s f* wyandotte (raza de gallinas).

x; X *f* x *m* (equis) ‖ MAT X (incógnita y cifra romana) ■ el señor X monsieur X ‖ rayos X rayons X.

> **OBSERV** Le x espagnol a le même son que le x français de **axe** ou **axiome** [ks] lorsqu'il est placé entre deux voyelles (**examen**) ainsi que lorsqu'il se trouve au commencement ou à la fin d'un mot (**xilografía, sílex**). Par contre, sa prononciation se rapproche de celle du **s** quand il est devant une consonne (**extremo**). Autrefois, le x espagnol avait le son du **ch** français, c'est pourquoi **Ximena** a donné **Chimène**. Au Mexique, on a conservé cette lettre dans l'orthographe de mots qui s'écrivent maintenant en espagnol avec un j (**México, Oaxaca**) mais on la prononce comme la jota.

xanteno *m* QUÍM xanthène.

xantina *f* QUÍM xanthine.

xantofila *f* BOT xanthophylle.

xenofilia *f* xénophilie.

xenófilo, la *adj & s* xénophile.

xenofobia *f* xénophobie.

xenófobo *adj* xénophobe.

xenogamia *f* BIOL xénogamie.

xenón *m* QUÍM xénon (gas).

xeranthemum *m* BOT xéranthème.

xerez *m* xérès, jerez (vino).

xerocopia *f* Xérocopie®.

xerocopiar [8] *v tr* reproduire par Xérocopie®.

xerodermia *f* MED xérodermie.

xerófilo, la *adj* BOT xérophile.

xeroftalmía *f* MED xérophtalmie.

xerografía *f* xérographie.

xerografiar [9] *v tr* xérographier.

xerográfico, ca *adj* xérographique.

xerosis *f inv* MED xérose.

xi *f* ksi *m* (letra griega).

xifoideo, a *adj* ANAT xiphoïdien, enne.

xifoides *adj* ANAT xiphoïde.
◇ *m* appendice xiphoïde.

xileno *m* QUÍM xylène (hidrocarburo).

xilócopo *m* xylocope (insecto).

xilófago, ga *adj & s m* ZOOL xilophage.

xilofón ➤ xilófono.

xilofonista *m & f* MÚS xylophoniste.

xilófono; xilofón *m* MÚS xylophone (instrumento).

xilografía *f* xylographie.

xilográfico, ca *adj* xylographique.

xilógrafo, fa *m & f* xylographe.

xiloidina *f* QUÍM xyloïdine.

xilol *m* QUÍM xylol.

xisto *m* (ant) xiste (gimnasia).

xococo *m* (*Amer*) épine-vinette *f* (planta).

Xunta *n pr f* Xunta de Galicia nom officiel du gouvernement de la communauté autonome de Galice.

y; Y *f* y *m* (i griega).

OBSERV Y est une semi-consonne, en espagnol comme en français. Seul, c'est-à-dire comme conjonction, il a le son de i. À la fin d'une syllabe, il mouille la voyelle qui le précède: rey [rej]. Entre deux voyelles, il a le son du I mouillé français: raya [raja]. D'autre part, dans certaines régions d'Espagne et dans plusieurs pays d'Amérique latine, particulièrement en Argentine, il a approximativement le son du j français [ʒ].

y *conj* et; padre y madre père et mère ‖ et, après, sur (repetición); cartas y cartas lettre sur lettre; días y días jour après jour, des jours et des jours ‖ y eso que et pourtant; no está cansado, y eso que trabaja mucho il n'est pas fatigué, et pourtant il travaille beaucoup.

ya *adv*

1. TIEMPO déjà (más pronto de lo que se creía); llegó ya il est déjà arrivé; ya he acabado j'ai déjà fini; ya lo sabía je le savais déjà ‖ maintenant (ahora); ya es rico maintenant il est riche; ya los días van siendo más largos maintenant les jours allongent ‖ plus tard (más adelante); ya hablaremos de eso nous en parlerons plus tard ‖ voici, voilà (acción que empieza); ya viene la primavera voici le printemps ‖ avant, autrefois (antes); ya venía por aquí a menudo il venait souvent ici autrefois ‖ tout de suite, à l'instant (pronto)

2. AFIRMACIÓN bien (insistencia); ya lo creo je crois bien, je pense bien; ya lo sé je sais bien ‖ voilà, ça y est, ah! (por fin); ya me acuerdo voilà, je me rappelle, ah! je me rappelle; ya lo tengo ça y est, je l'ai, ah! je l'ai ‖ oui, d'accord (cuando está solo); mañana vendrás a mi casa ya demain tu viendras chez moi d'accord.

3. LOCUCIONES Y EMPLEOS DIVERSOS ¡ya! j'y suis!, je sais (estoy en ello), mais oui!, je sais! (no importa), d'accord (entendido) ‖ ¡ya caigo! j'y suis! ‖ ¡ya está! ça y est! ‖ ya es hora il est (grand) temps ‖ ya es hora de que hubiera venido à cette heure, il devrait être arrivé ‖ ya es otra cosa c'est tout à fait différent ‖ ya mismo tout de suite ‖ ya no, no... ya ne... plus; ya no hace nada ahora il ne fait plus rien maintenant; eso ya no se hace cela ne se fait plus ‖ ya no... más que ne... plus que; ya no me queda más que un franco il ne me reste plus qu'un franc ‖ ya que puisque, du moment que ‖ ya se ve ça se voit (bien) ‖ ya veremos nous verrons ‖ ya ves tu vois, tu vois bien ‖ ya... ya tantôt... tantôt (a veces) ‖ ya... ya sea soit... soit, que ce soit... ou; ya en el campo, ya en casa soit à la campagne, soit chez lui; que ce soit à la

campagne ou chez lui ■ como que ya étant donné que ‖ pues ya naturellement, bien sûr ‖ si ya pourvu que (con el subjuntivo en francés).

OBSERV Très souvent ya ne sert qu'à renforcer l'idée exprimée par le verbe et ne se traduit pas en français (ya voy je viens, j'arrive).

yaacabó *m* oiseau d'Amérique, sorte d'épervier (ave).

yaba *f* (Amer) andira *m* (árbol).

yac ➤ **yak.**

OBSERV pl yacs.

yacamar *m* (Amer) jacamar (ave).

yacaré *m* (Amer) caïman.

yacente *adj* gisant, e ■ estatua yacente gisant ‖ herencia yacente succession vacante o jacente.

◇ *m* MIN semelle *f* (cara inferior de un criadero).

yacer [77] *v intr* être étendu, e (estar tendido) ‖ gésir (los muertos) ‖ se trouver, être situé (estar en algún lugar) ‖ paître la nuit (los caballos) ■ aquí yace ci-gît (un muerto) ‖ yacer con partager sa couche avec.

yacht *m* yacht (yate).

OBSERV pl yachts.

yachting *m* yachting (navegación a vela).

OBSERV pl yachtings.

yaciente *adj* gisant, e.

yacija *f* couche (lecho) ‖ sépulture (sepultura) ‖ ser de mala yacija être un mauvais coucheur.

yacimiento *m* GEOL gisement.

yaco *m* (Amer) loutre *f* (nutria).

yactura *m* dommage *m*, perte.

yafo ➤ **Jaffa.**

yagruma *f* arbre *m* d'Amérique.

yagual *m* (Amer) tortillon (rodete).

yaguar *m* (Amer) jaguar (animal).

yaguareté *m* (Amer) jaguar (jaguar).

yaguarú *m* (Amer) loutre *f*.

yaguarundi *m* (Amer) eyra.

yaguasa *f* (Amer) canard *m* sauvage.

yaguré *m* (Amer) mouffette *f* (mamífero).

Yahvé *n pr* Yahvé, Jahvé.

yak; yac *m* yack, yak (búfalo).

Yakutia *n pr f* HIST Iakoutie, Yakoutie (antiguo nombre de Saja).

yámbico, ca *adj* iambique; verso yámbico vers iambique.

yambo *m* iambe (poesía) ‖ jambosier (árbol).

Yamena ➤ **N'Djamena.**

yanacón; yanacona *m* (Amer) Indien métayer (aparcero) ‖ HIST serviteur chez les Incas.

yangüés, esa *m & f* yangois, e (de Yanguas); don Quijote arremetió a los yangüeses don Quichotte s'élança contre les Yangois.

OBSERV pl yangüeses, yangüesas.

yanqui *adj & s* FAM yankee.

yantar *m* (ant) nourriture *f*.

yantar *v tr* (ant) manger.

Yaoundé; Yaundé *n pr* GEOGR Yaoundé.

yapa *f* (Amer) supplément *m*, surplus *m*, prime (adehala) ‖ mercure *m* que l'on ajoute au minerai argentifère (azogue).

yapú *m* (Amer) sorte de grive (tordo).

yarará *f* (Amer) vipère (víbora).

yaraví *m* chant, complainte *f* indienne.

OBSERV pl yaravíes ou yaravís.

yarda *f* yard *m* (medida).

yare *m* suc vénéneux du yucca.

yaro *m* gouet (planta).

yaruma *f* arbre *m* d'Amérique (yagruma).

yatagán *m* yatagan (sable).

yatay *m* (Amer) palmier.

yate *m* yacht; yate de motor yacht à moteur.

Yaundé ➤ **Yaoundé.**

yaya *f* (Amer) bobo *m*, plaie (llaga) ‖ (Amer) dar yaya donner une volée.

Yayay *n pr* diable [dans certains jeux d'enfants].

yayo, ya *m & f* FAM papy *m*, mamie *f*.

yaz *m* MÚS jazz (jazz).

ye *f* (p us) i grec *m* (letra i griega).

yedra *f* lierre *m* (planta).

yegua *f* [▷ SIN] jument ‖ (Amer) mégot *m* (colilla del cigarro) ‖ femme vulgaire (mujer ordinaria).

SIN potra pouliche; jaca bidet; hacanea haquenée.

yeguada *f* troupeau *m* de chevaux, manade ‖ (Amer) ânerie, énormité (disparate).

yeguar *adj* des juments.

◇ *m* troupeau de juments.

yegüería *f* troupeau *m* de chevaux, manade.

yeísmo *m* défaut de prononciation consistant à prononcer la lettre ll comme le y.

EL YEÍSMO

Cette particularité phonétique consiste à prononcer [j] à la fois le « ll » et le « y », alors que seul le « y » devait se prononcer ainsi, le « ll » se prononçant [ʎ]. On trouve ce phénomène dans de nombreuses régions d'Espagne (Andalousie, Estrémadure, sud de la Castille-la Manche, Madrid) et d'Amérique hispanophone.

yeísta _adj_ relatif, ive au "yeísmo".

yelmo _m_ heaume ‖ el yelmo de Mambrino l'armet de Mambrin (Quijote).

yema _f_ BOT & ZOOL bourgeon _m_ (renuevo) ‖ jaune _m_ d'œuf (del huevo) ‖ bout _m_ (del dedo) ‖ petite confiserie [aux jaunes d'œuf] ‖ FIG crème, le meilleur _m_ (lo mejor) ‖ milieu _m_ (medio) ■ vinagre de yema vinaigre fait avec le vin du milieu de la barrique ‖ yema mejida lait de poule.

Yemen _n pr m_ GEOGR el Yemen le Yémen ‖ HIST el Yemen del Norte le Yemen du Nord ‖ el Yemen del Sur le Yemen du Sud.

yemení; yemenita _adj & s_ yéménite. ‖ OBSERV le pluriel de yemení est yemeníes.

yen _m_ yen (unidad monetaria del Japón). ‖ OBSERV pl yenes.

yente _m_ los yentes y vinientes les gens qui vont et viennent; les passants (en la calle).

yeoman _m_ yeoman (alabardero de la torre de Londres).

yeral _m_ terrain semé d'ers.

yerba _f_ herbe (hierba) ‖ (_Amer_) maté _m_ (yerba mate) ‖ FAM herbe (marihuana).

yerbajo _m_ mauvaise herbe _f_.

yerbal _m_ (_Amer_) terrain couvert de matés, plantation _f_ de matés ‖ pâturage (herbazal).

yerbatero, ra _adj_ (_Amer_) du maté; industria yerbatera industrie du maté. ◇ _m & f_ (_Amer_) planteur, euse de maté. ➤ **yerbatero** _m_ (_Amer_) rebouteur, guérisseur (curandero).

yerbear _v intr_ (_Amer_) prendre o boire le maté.

yerbera _f_ (_Amer_) récipient _m_ où l'on conserve le maté.

yermo, ma _adj_ désert, e (deshabitado) ‖ nu, nue (sin vegetación) ‖ sauvage, inculte (inculto) ‖ stérile. ➤ **yermo** _m_ désert (sitio deshabitado); los padres del yermo les pères du désert ‖ lande _f_ (sitio inculto).

yerno _m_ gendre, beau-fils (hijo político).

yero _m_ ers, lentillon (planta).

yerra _f_ (_Amer_) marquage _m_ du bétail.

yerro _m_ erreur _f_, faute _f_; enmendar o deshacer un yerro réparer une erreur ‖ yerro de imprenta coquille, erratum, erreur d'imprimerie. ➤ **yerros** _m pl_ erreurs _f_ (extravíos).

yerto, ta _adj_ raide (tieso) ‖ rigide (un cadáver) ■ quedarse yerto être saisi ‖ yerto de frío transi de froid (una persona), gourd, e (mano, dedos).

yervo _m_ ers, lentillon (yero).

yesal; yesar _m_ plâtrière _f_ (cantera).

yesca _f_ amadou _m_ ‖ FIG aiguillon _m_ (de una pasión) ‖ stimulant _m_ (incentivo) ■ FIG & FAM arrimar yesca donner une raclée ‖ echar una yesca battre le briquet.

➤ **yescas** _f pl_ briquet _m_ à amadou.

yesera _f_ plâtrière (yesal).

yesería _f_ plâtrière, plâtrerie (fábrica de yeso).

yesero, ra _adj_ du plâtre; industria yesera industrie du plâtre. ➤ **yesero** _m_ plâtrier.

yeso _m_ gypse (mineral); yeso en hierro de lanza gypse fer de lance ‖ plâtre (polvo) ‖ plâtre (escultura) ■ yeso blanco fin plâtre ‖ yeso de moldear plâtre à modeler ‖ yeso espejuelo gypse ‖ yeso mate blanc d'Espagne ‖ yeso negro gros plâtre.

yesón _m_ plâtras.

yesoso, sa _adj_ gypseux, euse; alabastro yesoso albâtre gypseux ‖ plâtreux, euse; terreno yesoso sol plâtreux.

yesquero _adj_ hongo yesquero bolet amadouvier. ◇ _m_ marchand d'amadou ‖ briquet à amadou (encendedor) ‖ poche _f_ pour l'amadou et le briquet (bolsa).

yeta _f_ (_Amer_) malchance.

yeti _m_ abominable homme des neiges, yeti.

ye-yé _adj & s_ yé-yé.

yeyuno _m_ ANAT jéjunum.

yezgo _m_ hièble _f_, yèble _f_ (planta).

Yibuti (República de) ➤ Djibuti.

yiddish; yídish _m_ yiddish.

yiu-yitsu ➤ jiu-jitsu.

ylang-ylang; ilang-ilang _m_ BOT ylang-ylang, ilang-ilang (planta).

yo _pron pers_ je; yo soy je suis ‖ moi; yo me voy moi, je m'en vais; mi madre y yo ma mère et moi ■ soy yo el que hablo o el que habla c'est moi qui parle ‖ yo, el rey moi, le roi ‖ yo mismo moi-même ‖ yo que usted (moi) à votre place, si j'étais vous. ◇ _m_ FILOS el yo le moi ■ ECLES el Yo pecador le je-confesse-à-Dieu (oración) ‖ FIG entonar el Yo pecador faire son mea-culpa. ‖ OBSERV L'espagnol n'exprimant d'ordinaire le pronom personnel sujet que pour insister, on traduira yo par moi, je plutôt que par je (yo lo quiero moi, je le veux).

Yocasta _n pr_ MITOL Jocaste.

yod _f_ yod _m_ (i griega).

yodación _f_ QUÍM iodation.

yodado, da _adj_ iodé, e.

yodar _v tr_ ioder (dar yodo).

yodato _m_ QUÍM iodate.

yodhídrico _adj m_ QUÍM iodhydrique (ácido).

yódico _adj m_ QUÍM iodique (ácido).

yodismo _m_ iodisme (intoxicación por el yodo).

yodo; iodo _m_ QUÍM iode (metaloide).

yodoformo _m_ MED iodoforme.

yodurado, da _adj_ QUÍM ioduré, e.

yoduro _m_ QUÍM iodure.

yoga _m_ yoga.

yogui; yogi; yoghi _m_ yogi (asceta).

yogur; yogurt _m_ yaourt, yogourt. ‖ OBSERV pl yogurts.

yogurtera _f_ yaourtière.

yohimbina _f_ QUÍM yohimbine.

yola _f_ MAR yole.

yonqui _m & f_ FAM junkie, junky (consumidor de droga dura).

yoquey ➤ jokkey.

yoyó; yo-yo _m_ yo-yo (juguete). ‖ OBSERV pl yoyós.

yperita _f_ ypérite (gas).

ypsilon _f_ upsilon _m_ (letra griega).

yterbio _m_ ytterbium (metal).

yuambú _m_ (_Amer_) tinamou (ave).

yuca _f_ BOT yucca _m_ (planta liliácea) ‖ manioc _m_ (mandioca).

yucal _m_ terrain planté de yuccas.

Yucatán _n pr m_ GEOGR el Yucatán le Yucatán.

yucateco, ca _adj & s_ du Yucatán. ➤ **yucateco** _m_ langue _f_ du Yucatán.

yudo _m_ judo (lucha).

yudoka _m_ judoka (luchador).

yugada _f_ ouvrée (espacio de tierra labrada en un día) ‖ mesure agraire valant environ 32 hectares (medida) ‖ paire o couple _m_ de bœufs (yunta de bueyes).

yugar [16] _v intr_ (_Amer_) travailler dur, trimer FAM.

yugo _m_ joug ‖ sommier (de campana) ‖ FIG joug; sacudir el yugo secouer le joug; pasar por debajo del yugo passer sous le joug ‖ MAR barre _f_ d'arcasse.

Yugoslavia _n pr f_ HIST Yougoslavie; la ex Yugoslavia l'ex-Yougoslavie.

yugoslavo, va _adj & s_ yougoslave.

yuguero _m_ laboureur.

yugular _adj & s_ ANAT jugulaire.

yulo _m_ iule (insecto).

yumbo, ba _adj & s_ Indien, enne de l'Est de l'Équateur.

yungas _f pl_ (_Amer_) vallées chaudes en Bolivie, en Équateur et au Pérou.

yungla _f_ jungle.

yunque _m_ enclume _m_ ‖ FIG roc (persona firme) ‖ bourreau de travail, bûcheur, euse (en el trabajo) ‖ ANAT enclume (del oído).

yunta _f_ attelage _m_, paire [de bœufs, de mules, etc.] ‖ ouvrée (tierra labrada).

yuntería _f_ bêtes _pl_ de trait ou de labour ‖ étable (establo).

yuntero _m_ laboureur (yuguero).

yunto, ta _adj_ serré, e; rapproché, e (junto).

yuppie; yuppy _m & f_ yuppie (profesional contestatario en su día y que ahora está en una situación económica acomodada). ‖ OBSERV pl yuppies.

yuquerí _m_ (_Amer_) espèce de mimosa (planta).

yurta _f_ yourte (choza).

yuruma _f_ (_Amer_) cœur _m_ de palmier.

yurumí _m_ (_Amer_) fourmilier, tamanoir (oso hormiguero).

yusera _f_ meule gisante, gîte _m_ (de molino).

yusión _f_ DR jussion.

yuta *m* (*Amer*) limace (babosa) ‖ FAM (*Amer*) hacer la yuta faire l'école buissonnière.

yute *m* jute (materia textil).

yuxtalineal *adj* juxtalinéaire.

yuxtaponer [65] *v tr* juxtaposer.

yuxtaposición *f* juxtaposition.

yuxtapuesto, ta *adj* juxtaposé, e.

yuyal *m* (*Amer*) terrain inculte.

yuyero, ra *m* & *f* (*Amer*) guérisseur, euse (curandero) ‖ consommateur, trice d'herbes médicinales (aficionado a tomar hierbas medicinales).

yuyo *m* (*Amer*) mauvaise herbe *f* (yerbajo).

yuyú *m* MAR youyou (chinchorro).

yuyuba *f* BOT jujube *m* (azufaifa).

Z

z; Z *f* z *m* (zeta, zeda); **una z mayúscula** un z majuscule.

┃ **OBSERV** Le z est une fricative interdentale qui se prononce comme le th sourd anglais [θ], c'est-à-dire en plaçant la pointe de la langue entre les dents.

¡za! *interj* couché! (a un perro).

zabarcera *f* marchande des quatre-saisons.

zaborda *f*; **zabordamiento** *m* MAR échouement *m*.

zabordar *v intr* MAR échouer.

┃ **OBSERV** Saborder, en francés, significa barrenar un buque.

zabordo *m* échouement (zaborda).

zabra *f* ancien bateau *m* basque à deux mâts.

zabro *m* zabre (insecto).

zaca *f* grand seau *m* (en las minas).

Zacarías *n pr* Zacharie.

zacatal *m* (*Amer*) pâturage.

zacate *m* (*Amer*) fourrage.

zacateco, ca *adj & s* (*Amer*) de Zacatecas (México).

zacatón *m* (*Amer*) fourrage.

zadorija *f* BOT mouron *m* (pamplina).

zafacoca *f* (*Amer*) tapage *m* (alboroto), bagarre (pendencia) ┃ fessée (azotaina).

zafacón *m* (*Amer*) poubelle *f*.

zafada *f* MAR dégagement *m*.

zafado, da *adj* (*Amer*) effronté, e (descarado) ┃ éveillé, e (vivo) ┃ déboîté, e (huesos).

zafadura *f* (*Amer*) déboîtement *m* (de un hueso).

zafaduría *f* (*Amer*) effronterie, toupet *m*.

zafar *v tr* MAR défaire, affranchir (soltar); **zafar un ancla** affranchir une ancre ┃ (p us) orner (adornar).

◇ *v intr* (*Amer*) partir, s'en aller.

➤ **zafarse** *v pr* se sauver, s'esquiver (escaparse) ┃ FIG se dégager, se libérer (librarse); **zafarse de un compromiso** se libérer d'un engagement ┃ esquiver, éviter (evitar); **zafarse de una pejiguera** esquiver une corvée ┃ se dérober; **siempre que se le pide un favor trata de zafarse** chaque fois qu'on lui demande un service, il essaie de se dérober ┃ se tirer; **zafarse de una situación delicada** se tirer d'une situation délicate ┃ sauter (una correa) ┃ (*Amer*) se démettre, se déboîter (un hueso).

zafarrancho *m* MAR branle-bas *m inv*; **zafarrancho de combate** branle-bas de combat ┃ FIG & FAM bagarre *f* (riña).

zafiedad *f* grossièreté, rusticité.

zafio, fia *adj* grossier, ère; fruste, rustre.

zafirino, na *adj* bleu *inv* saphir.

zafiro *m* saphir.

zafo, fa *adj* MAR libre.

zafra *f* décombres *m pl* (escombros) ┃ récolte de la canne à sucre (cosecha) ┃ fabrication du sucre de canne (fabricación) ┃ récipient *m* métallique pour recevoir de l'huile.

zafre *m* MIN safre (óxido de cobalto).

zafrero *m* ouvrier qui charrie les décombres.

zaga *f* arrière *m*, derrière *m* (parte posterior) ┃ charge placée à l'arrière d'une voiture ┃ DEP arrières *m pl*, défense (fútbol) ■ **a la zaga, en zaga** en arrière; **quedar a la zaga** rester en arrière ┃ FIG **no irle a uno a la zaga** o **en zaga** n'avoir rien à envier à quelqu'un, ne le céder en rien à quelqu'un ┃ **no quedarse** o **no ir a la zaga** ne pas être en reste.

◇ *m* le dernier à jouer.

zagal *m* garçon, jeune homme, gars (adolescente) ┃ jeune berger, pâtre (pastor mozo).

zagala *f* jeune fille ┃ jeune bergère (pastora).

zagalejo *m* cotillon (refajo) ┃ jeune berger (zagal).

zagalón, ona *m & f* grand garçon, grand gars FAM, grande fille.

zagual *m* pagaie *f* (remo).

zaguán *m* vestibule.

zaguanete *m* petit vestibule (zaguán) ┃ corps de garde du palais (aposento de la guardia) ┃ escorte *f* (escolta).

zaguero, ra *adj* qui est o reste en arrière.

➤ **zaguero** *m* arrière (deportes).

zagüí *m* (*Amer*) sagouin (mono).

zahareño, ña *adj* sauvage (intratable) ┃ hagard, e (ave de rapiña).

zahén *adj* d'or fin (moneda).

zahena *f* doublon *m* (moneda).

zaherimiento *m* critique *m*, blâme (reprensión) ┃ raillerie *f* (mofa).

zaherir [27] *v tr* critiquer, blâmer (reprender) ┃ [▷ SIN] railler (escarnecer) ┃ blesser, mortifier (mortificar).

┃ **SIN** ofender offenser; herir, molestar blesser; vejar vexer; escarnecer bafouer.

zahína *f* sorgho *m* (planta).

zahinar *m* champ de sorgho.

zahonado, da *adj* qui a les pattes d'une couleur différente (animal).

zahondar *v tr* creuser (ahondar).

◇ *v intr* enfoncer (hundirse).

zahones *m pl* sorte de tablier en cuir servant à protéger les jambes.

zahorí *m* devin ┃ sourcier (de manantiales) ┃ FIG devin.

┃ **OBSERV** pl zahoríes.

zahorra *f* lest *m* (lastre).

zahúrda *f* porcherie (pocilga) ┃ FIG porcherie (casa sucia) ┃ taudis *m* (tugurio).

zaida *f* aigrette (ave).

zaino *adj m* zain (caballo, toro).

Zaire *n pr* HIST (antiguo nombre de Congo) **el Zaire** le Zaïre ┃ GÉOGR **el Zaire** le Zaïre (río).

zaireño, ña *adj & s* zaïrois, e.

ZAL (abrev de zona de actuación logística) *f* ZAL.

zalagarda *f* embuscade (emboscada) ┃ escarmouche (escaramuza) ┃ FIG piège *m* (lazo) ┃ FIG & FAM tapage *m* (alboroto) ┃ ruse, astuce (astucia) ┃ bagarre, bataille (pendencia).

zalama *f*; **zalamelé** *m*; **zalamería** *f* cajolerie *f*, flatterie *f* (cariño afectado).

zalamero, ra *adj & s* flatteur, euse (adulador) ┃ cajoleur, euse (engatusador).

zalea *f* peau de mouton.

zalear *v tr* secouer (sacudir).

zalema *f* FAM salamalec *m* (cortesía grande) ┃ cajolerie, flatterie (zalamería).

zaleo *m* peau *f* de mouton ┃ secouement (acción de zalear).

zalmedina *m* ancien magistrat d'Aragon.

zamacuco *m* FAM imbécile (hombre tonto) ┃ sournois (hombre solapado) ┃ FIG & FAM cuite *f* (borrachera).

zamacueca *f* danse populaire du Chili.

zamarra *f* peau de mouton (piel de carnero) ┃ pelisse (vestidura hecha de piel).

zamarrada *f* grossièreté, sottise, maladresse.

zamarrear *v tr* secouer, agiter (sacudir) ┃ FIG & FAM houspiller, malmener (maltratar) ┃ secouer les puces à (golpear).

zamarreo *m* secouement (sacudimiento) ┃ FIG & FAM houspillement (trato malo).

zamarreón *m* FAM secousse *f*.

zamarrico *m* musette *f* (zurrón).

zamarrilla *f* BOT germandrée blanche.

zamarro *m* pelisse *f* (zamarra) ▌ peau *f* de mouton (piel de cordero) ▌ FIG & FAM rustre, balourd (hombre tosco) ▌ filou (hombre astuto).
➤ **zamarros** *m pl* (*Amer*) culotte *f sing* de cuir.

zamarrón *m* grosse veste *f* en peau ▌ tablier en cuir (mandil).

zamba *f* danse populaire argentine.

zambaigo, ga *adj* (*Amer*) fils, fille de Noir et d'Indienne [et l'inverse] o de Chinois et d'Indienne [et l'inverse].

zambarco *m* sangle *f* (cincha) ▌ sousventrière *f* (parte de los arreos).

Zambeze; Zambezi *n pr m* GEOGR el Zambeze o Zambezi le Zambèze.

Zambia *n pr f* GEOGR Zambie.

zambiano, na *adj & s* zambien, enne.

zambo, ba *adj & s* cagneux, euse (de piernas torcidas) ▌ (*Amer*) fils, fille de Noir et d'Indienne [ou l'inverse] ▌ mulâtre, esse (mulato).
➤ **zambo** *m* babouin, zambo (mono).

zambomba *f* sorte de petit tambour rustique.
➤ **¡zambomba!** *interj* sapristi!
▌ OBSERV La zambomba se compose d'un cylindre creux dont l'orifice est fermé par une peau tendue au milieu de laquelle on introduit une baguette qui, par frottement, produit un bruit sourd et monotone. On s'en sert généralement pendant les fêtes de Noël.

zambombazo *m* FAM grand coup ▌ grand bruit ▌ coup de canon.

zambombo *m* FAM rustre.

zamborondón, ona; zamborrotudo, da *adj* FAM mal fait, e; grossier, ère (cosa tosca) ▌ maladroit, e; empoté, e (torpe).

zambra *f* fête (fiesta) ▌ tapage *m* (algazara).

zambullida *f* plongeon *m* ▌ botte (treta de la esgrima) ▌ darse una **zambullida** se baigner, faire trempette.

zambullir *v tr* plonger.
➤ **zambullirse** *v pr* se baigner, faire trempette ▌ plonger, faire un plongeon (tirarse al agua de cabeza) ▌ FIG se plonger ▌ se cacher (esconderse).
▌ OBSERV Zambullir perd le « i » atone de la désinence quand celui-ci est situé entre la consonne « ll » et une voyelle (comme dans zambuellendo, zambulló, zambullerra).

zambullo *m* (*Amer*) grande poubelle *f*.

zambumbia *f* (*Amer*) espèce de tambour.

zamburiña *f* pétoncle *m* (molusco).

Zamora *n pr* GEOGR Zamora ▌ FIG no se ganó Zamora en una hora Paris ne s'est pas fait en un jour.

zamorano, na *adj & s* de Zamora.

zampa *f* pieu *m*, pilot *m* (estaca).
➤ **zampas** *f pl* pilotis *m sing*.

zampabodigos; zampabollos *m & f inv* FAM goinfre *m*, glouton, onne.

zampalimosnas *m & f inv* FIG & FAM mendigot, e.

zampar *v tr* fourrer (meter) ▌ avaler, engloutir, engouffrer (tragar).
➤ **zamparse** *v pr* se fourrer (meterse de golpe en una parte).

zampatortas *m & f inv* FAM glouton, onne; goinfre *m* (tragón) ▌ FIG & FAM lourdaud, e (persona torpe).

zampeado *m* pilotis.

zampear *v tr* piloter (un terreno).

zampón, ona *adj* goinfre, glouton, onne.

zampoña *f* flûte de Pan ▌ chalumeau *m* (caramillo) ▌ FIG & FAM bêtise, niaiserie (necedad).

zanahoria *f* carotte (planta); **zanahoria rallada** carotte râpée.

zanate *m* ZOOL quiscale (sanate).

zanca *f* patte (pierna de las aves) ▌ FIG & FAM échasse, guibolle (pierna) ▌ grande épingle (alfiler) ▌ TECN limon *m* (de una escalera) ▌ échasse (de un andamio).

zancada *f* enjambée; dar grandes **zancadas** faire de grandes enjambées ▌ foulée (al correr) ▌ **a zancadas** à grands pas ▌ FIG & FAM **en dos zancadas** en moins de deux, en deux temps trois mouvements ▌ **seguir las zancadas** rester dans la foulée.

zancadilla *f* croc-en-jambe *m*, croche-pied *m*, croche-patte *m* FAM; echar la **zancadilla**, poner la **zancadilla** faire un croc-en-jambe ▌ FIG piège *m* (trampa) ▌ FIG & FAM **echarlo o ponerle a uno la zancadilla** tirer dans les jambes de quelqu'un (perjudicar).

zancadillear *v tr* faire un croc-en-jambe ▌ FIG tendre un piège (armar una trampa), tirer dans les jambes de (perjudicar).

zancado *adj m* qui a frayé (salmón).

zancajear *v intr* se démener.

zancajera *f* marchepied *m* (del estribo del coche).

zancajo *m* os du talon (hueso) ▌ talon (del pie) ▌ FIG & FAM os maigre (zancarrón) ▌ avorton (persona fea).

zancajoso, sa *adj* qui a les pieds déjetés en dehors, qui marche en canard.

zancarrón *m* os maigre (hueso) ▌ FIG & FAM sac d'os (persona muy flaca).

zanclo *m* zancle (pez).

zanco *m* échasse *f* (para andar).

zancón, ona *adj* qui a de longues jambes ▌ (*Amer*) trop court, e (vestido).

zancudo, da *adj* qui a de longues jambes ▌ **las aves zancudas** les échassiers *m*.
➤ **zancudo** *m* (*Amer*) moustique (mosquito).
➤ **zancudas** *f pl* ZOOL échassiers *m*.

zanfonía *f* vielle (instrumento de música).

zángana *f* FAM fainéante, paresseuse (holgazana).

zanganada *f* FAM ânerie, sottise (necedad).

zangandongo, ga; zangandullo, lla; zangandungo, ga *m & f* FAM mollasson, onne.

zanganear *v intr* FAM fainéanter.

zanganería *f* FAM fainéantise.

zángano *m* faux-bourdon (insecto) ▌ FIG & FAM fainéant, paresseux (holgazán).

zangarilleja *f* FAM souillon (fregona).

zangarrear *v intr* FAM râcler la guitare (tocar sin arte la guitarra).

zangarriana *f* VETER tournis *m* (modorra) ▌ FAM petite misère, ennui *m* de santé, malaise *m* (achaque) ▌ FIG & FAM cafard *m* (tristeza).

zangarro *m* (*Amer*) petit commerce.

zangarullón *m* FAM grand dadais.

zangolotear *v tr* agiter (mover).
➤ **zangolotearse** *v pr* s'agiter ▌ FAM branler (una puerta, etc.).

zangolotear; zangotear *v intr* FAM s'agiter, se démener.

zangoloteo *m* agitation *f* ▌ FIG & FAM agitation *f*, remue-ménage *inv* (de una persona) ▌ branlement (de una puerta, etc.).

zangolotino, na *adj & s* FAM niño zangolotino, niña zangolotina grand dadais, grande sauterelle.

zangón *m* FAM grand dadais.

zangotear ➤ **zangolotear**.

zanguanga *f* FAM maladie simulée (enfermedad) ▌ simagrée (remilgo) ▌ FAM hacer la zanguanga tirer au flanc.

zanguango, ga *adj* FAM mollasson, onne; flemmard, e.

zanja *f* fossé *m*, tranchée; zanja de desagüe tranchée d'écoulement ▌ tranchée (para los cimientos) ▌ fossé *m* (en una carretera) ▌ (*Amer*) ravine (arroyada).

zanjar *v tr* creuser un fossé, ouvrir une tranchée (abrir zanjas) ▌ FIG lever, aplanir (un obstáculo) ▌ trancher; zanjar la dificultad trancher la difficulté ▌ régler; zanjar un problema régler un problème.

zanjear *v tr* (*Amer*) ouvrir une tranchée, creuser un fossé.

zanjón *m* grand fossé.

zanquear *v intr* marcher les jambes arquées.

zanquilargo, ga *adj* FAM à longues jambes.
◇ *m & f* FAM échalas *m*, grande perche *f*.

zanquituerto, ta *adj* FAM cagneux, euse.

zanquivano, na *adj* FAM aux jambes très maigres.

zapa *f* pelle de sapeur (pala de zapador) ▌ sape (trinchera) ▌ sapement *m* (acción de zapar) ▌ peau de squale (lija) ▌ **labor de zapa** travail de sape, travaux d'approche ▌ piel de zapa peau de chagrin.

zapador *m* MIL sapeur.

zapallo *m* (*Amer*) calebasse *f*.

zapallón, ona *adj* (*Amer*) gros, grosse; obèse (obeso) ▌ idiot, e (tontaina).

zapapico *m* pioche *f*.

zapar *v tr* saper.

zapata *f* TECN patin *m* (de oruga) ▌ rondelle (arandela) ▌ ARQ support *m* ▌ MAR fausse quille ▌ semelle (del ancla) ▌ (*Amer*) soubassement *m* (zócalo) ▌ zapata de freno sabot o patin de frein (exterior), mâchoire de frein (interior).

zapatazo *m* coup donné avec un soulier ▌ coup (golpe) ▌ FIG claquement (de una vela) ▌ FIG mandar a zapatazos mener à la baguette ▌ tratar a zapatazos traiter comme un chien.

zapateado *m* "zapateado" [danse espagnole].

zapatear *v tr* frapper du pied (en el suelo) ▎FIG fouler aux pieds (pisotear).

◇ *v intr* piaffer (el caballo) ▎claquer (las velas) ▎frapper le sol en cadence, claquer des pieds (en el baile) ▎s'entretailler (las caballerías) ▎boutonner (en la esgrima).

◆ **zapatearse** *v pr* FAM expédier (liquidar rápidamente) ▎se débarrasser de (quitarse de encima) ▎FAM saber zapateárselas savoir se débrouiller.

zapateo *m* claquement des pieds (en el baile) ▎claquettes *f pl* (con música de jazz) ▎piaffement (del caballo).

zapatera *f* cordonnière.

zapatería *f* cordonnerie ▎zapatería de viejo boutique de savetier.

zapatero, ra *adj* dur, e; racorni, e; coriace (carne) ▎dur, e (legumbres) ▎FAM este bistec es zapatero ce bifteck est dur comme de la semelle o de la corne.

◇ *m & f* marchand, e de chaussures.

◆ **zapatero** *m* cordonnier ▎FAM capot (el que no hace baza); dejar, quedarse zapatero faire, être capot ▎poisson qui vit dans les mers de l'Amérique tropicale (pez) ■ zapatero a la medida bottier ▎¡zapatero a tus zapatos! cordonnier, tiens-t'en à ta chaussure! ▎zapatero de viejo o remendón savetier, cordonnier.

zapateta *f* claque donnée sur son soulier en dansant.

zapatiesta *f* FAM remue-ménage *m*; armar una zapatiesta faire du remue-ménage.

zapatilla *f* chausson *m* (zapato ligero); zapatilla de baile chausson de danse ▎[▷ SIN] pantoufle, chausson *m* (para estar en casa) ▎escarpin *m* de torero ▎procédé *m* (billar) ▎mouche (del florete) ▎sabot *m* (pezuña) ▎TECN rondelle.

▎ SIN chinela mule; babucha babouche; chancleta savate; pantufla pantoufle.

zapatillero, ra *m & f* marchand de pantoufles ▎pantouflier, ère; fabricant de pantoufles.

zapato *m* chaussure *f*, soulier; un par de zapatos un paire de chaussures; zapatos de charol souliers vernis; zapatos altos o abotinados chaussures montantes ■ FIG & FAM como suela de zapato dur comme de la semelle ▎FIG hallar la horma de su zapato trouver chaussure à son pied ▎no llegarle a uno a la suela del zapato ne pas arriver à la cheville de quelqu'un ▎saber dónde le aprieta el zapato savoir où le bât le blesse ▎zapatos tanque chaussures à semelle compensée.

zapatón *m* FAM godillot, croquenot (zapato).

zape *m* FAM pédale *f*, tapette *f* (afeminado).

◆ **¡zape!** *interj* pschtt!, ouste! (para ahuyentar a los gatos) ▎¡zape de aquí! hors d'ici!

zapear *v tr* chasser [un chat].

zapotal *m* terrain planté de sapotilliers.

zapote *m* sapotillier, sapotier (árbol) ▎sapotille *f*, sapote *f* (fruto) ■ chico zapote sapotillier, sapotier ▎zapote negro plaqueminier (árbol).

zapoteco, ca *adj & s* zapotèque.

zapotillo *m* BOT sapotillier, sapotier.

zapping *m inv* zapping *m*; hacer zapping zapper.

zaque *m* outre *f* ▎FIG & FAM sac à vin (borracho).

zaquizamí *m* galetas (cuarto, buhardilla) ▎taudis (tugurio).

▎ OBSERV pl zaquizamíes o zaquizamís.

zar *m* tsar, tzar, czar.

zarabanda *f* MÚS sarabande ▎FAM sarabande.

zarabandista *adj & s* danseur, euse de sarabande.

zaragata *f* FAM rixe, bagarre (riña).

zaragate *m* (*Amer*) voyou.

zaragatero, ra *adj & s* bagarreur, euse (pendenciero).

zaragatona *f* BOT herbe aux puces.

zaragocí *adj* de Saragosse (fruto).

Zaragoza *n pr* GEOGR Saragosse.

zaragozano, na *adj & s* saragossain, e.

◆ **zaragozano** *m* calendrier qui donnait des prévisions météorologiques.

zaragüelles *m pl* culottes *f*, chausses *f* bouffantes.

zarambeque *m* danse *f* nègre.

zaranda *f* crible *m* (criba) ▎passoire (colador) ▎(*Amer*) toupie d'Allemagne (trompo).

zarandajas *f pl* FAM balivernes, fariboles, vétilles, broutilles.

zarandear *v tr* cribler (pasar por la zaranda); zarandear trigo cribler du blé ▎FIG secouer, agiter (sacudir) ▎bousculer; ser zarandeado por la multitud être bousculé par la foule.

◆ **zarandearse** *v pr* (*Amer*) se dandiner.

zarandeo *m* criblage (con la zaranda) ▎secouement, agitation *f* (meneo) ▎(*Amer*) dandinement (contoneo).

zarandillo *m* petit crible (zaranda) ▎FIG & FAM personne *f* qui a la bougeotte.

zarape *m* poncho (sarape) ▎FAM pédale *f*, tapette *f* (afeminado).

zarapito *m* courlis (ave).

Zaratustra *n pr* Zarathushtra, Zarathoustra.

zaraza *f* indienne de coton (tela).

zarazo, za *adj* (*Amer*) à moitié mûr, e (fruto).

zarcear *v tr* nettoyer, déboucher (las cañerías).

◇ *v intr* battre les buissons (el perro) ▎FIG s'affairer (ajetrearse).

zarceño, ña *adj* des ronces.

zarcero *adj m & s m* terrier (perro).

zarceta *f* sarcelle (ave).

zarcillitos *m pl* amourette *f sing* (planta).

zarcillo *m* boucle *f* d'oreille (pendiente) ▎BOT vrille *f* ▎sarcloir (escardillo).

zarco, ca *adj* bleu clair; ojos zarcos des yeux bleu clair.

zarevitz *m* tsarévitch, tzarévitch.

zariano, na *adj* tsarien, enne; tzarien, enne.

zarigüeya *f* ZOOL sarigue.

zarina *f* tsarine, tzarine (esposa del zar).

zarismo *m* tsarisme, tzarisme.

zarista *adj* tsariste, tzariste.

zarpa *f* griffe, patte [armée de griffes] ▎MAR levée de l'ancre ▎FIG echar la zarpa a faire main basse sur.

zarpanel *adj* ARQ arco zarpanel arc en anse de panier.

zarpar *v intr* MAR lever l'ancre, démarrer ▎zarpar del puerto quitter le port.

zarpazo *m* coup de griffe, de patte; dar un zarpazo donner un coup de patte.

zarpear *v tr* (*Amer*) crotter, salir.

zarposo, sa *adj* crotté, e.

zarracatería *f* FAM cajolerie.

zarracatín *m* FAM marchandeur, fricoteur.

zarrapastrón, ona; zarrapastroso, sa *adj* FAM négligé, e; débraillé, e; mal ficelé, e. ◇ *m & f* personne *f* négligée.

zarria *f* lanière de cuir (tira de cuero).

zarza *f* BOT ronce ▎zarza ardiente buisson ardent (en la Biblia).

zarzagán *m* bise *f* (cierzo).

zarzal *m* ronceraie *f*, roncier, roncière *f* ▎buisson (matorral).

zarzaleño, ña *adj* des ronces.

zarzamora *f* mûre sauvage, mûre (fruto) ▎ronce (zarza).

zarzaparrilla *f* BOT salsepareille.

zarzaparrillar *m* terrain couvert de salsepareille.

zarzaperruna *f* églantier *m* (escaramujo).

zarzarrosa *f* BOT églantine.

zarzo *m* claie *f*.

zarzoso, sa *adj* couvert de ronces.

zarzuela *f* MÚS zarzuela [opérette espagnole] ▎CULIN plat de poisson et coquillages en sauce ▎el palacio de la zarzuela la résidence de la famille royale espagnole.

┌─ EL PALACIO DE LA ZARZUELA ──────
│ Le palais de la Zarzuela, près de Madrid, est
│ la résidence officielle de la famille royale es-
│ pagnole. Les médias appliquent aussi cette
│ expression au roi lui-même ou à la monar-
│ chie espagnole, par exemple « la Zarzuela
│ n'a publié aucun communiqué officiel
│ concernant les fiançailles du prince héritier ».
└─────────────────────────────────

zarzuelero, ra *adj* de la "zarzuela".

◆ **zarzuelero** *m* auteur de "zarzuelas".

zarzuelista *m* auteur de "zarzuelas".

¡zas! *interj* pan!, vlan! (golpe).

zascandil *m* FAM fouineur (enredador) ▎freluquet (mequetrefe).

zascandilear *v intr* FAM fouiner, mettre son nez partout (curiosear) ▎musarder (vagar).

zeda *f* z *m* (letra).

zedilla *f* cédille (letra antigua).

zéjel *m* "zejel" [composition poétique de l'Espagne médiévale, d'origine mozarabe].

Zelanda; Zelandia *n pr f* GEOGR Zélande.

zelota *m* zélote (judío).

zemstvo *m* zemstvo (asamblea rusa).

zen *adj inv & s m* zen.

zendo, da *adj & s m* LING zend, e.

zenit *m* zénith (cenit).

Zenobia *n pr* Zénobie.

Zenón *n pr* Zénon.

zeolita *f* MIN zéolithe, zéolite.

zepelín *m* zeppelin (dirigible).

zeta *f* z *m* (letra) ǀ zêta *m* (letra griega).

zeugma *f* GRAM zeugma *m*.

zigoma *m* ANAT zigoma (hueso).

zigomático, ca *adj* ANAT zygomatique.

zigoto *m* BIOL zygote.

zigurat *m* ziggurat (torre escalonada).
ǀ OBSERV pl zigurats.

zigzag *m* zigzag ǀ paso en zigzag chicane (en un atrincheramiento, una tubería, etc.).
ǀ OBSERV pl zigzags ou zigzagues.

zigzaguear *v intr* zigzaguer, faire des zig-zags.

zigzagueo *m* zigzag; hacer zigzagueos faire des zigzags.

zimasa *f* QUÍM zymase.

Zimbabwe; Zimbabue *n pr m* GEOGR Zimbabwe.

zimbabwense *adj & s* zimbabwéen, enne.

zinc *m* zinc (cinc).
ǀ OBSERV pl zincs.

zíngaro *m* zingaro.

zinnia *f* BOT zinnia *m* (rascamoños).

zíper *m* (*Amer*) fermeture *f* Éclair®.

zipizape *m* FAM bagarre *f*.

ziszás *m* zigzag.

zloty *m* zloty (moneda polaca).

zoantarios *m pl* zoanthaires.

zoantropía *f* MED zoanthropie.

zócalo *m* ARQ soubassement (de un edificio) ǀ socle (pedestal) ǀ plinthe *f* (en la parte inferior de una pared) ǀ GEOL socle.
ǀ OBSERV Au Mexique, on donne le nom de zócalo à la partie centrale de la grandplace de certaines villes et par extension à la place tout entière.

zocato, ta *adj & s* gaucher, ère (zurdo).

zoclo *m* sabot (zueco) ǀ socque (chanclo).

zoco, ca *adj & s* gaucher, ère (zurdo).
→ **ZOCO** *m* souk (mercado marroquí).

zocotroco *m* (*Amer*) gros morceau (pedazo grande) ǀ costaud, lourdaud, e (persona grande y pesada) ǀ un zocotroco de pan un quignon de pain.

zodiacal *adj* ASTRON & ASTROL zodiacal, e.

zodíaco; zodiaco *m* ASTRON & ASTROL zodiaque.

ZOE (abrev de zona de ordenación de explotaciones) *f* ≈ ZAC.

zoecia *f* ZOOL zoécie.

zoilo *m* zoïle (crítico).

zollipar *v intr* FAM sangloter, hoqueter.

zollipo *m* FAM sanglot, hoquet.

zolocho, cha *adj & s* FAM étourdi, e.

zombi; zombie *m & f* zombi, zombie *m*.

zompopo *m* (*Amer*) grosse fourmi *f*.

zona *f* zone; zona glacial, templada, tórrida zone glaciale, tempérée, torride ǀ région; zona vinícola région vinicole ǀ MED zona *m* ǀ AUTOM zona azul zone bleue ǀ MAR zona batial zone bathyale ǀ zona catastrófica zone à risques ǀ zona de ensanche zone d'urbanisation o d'extension urbaine ǀ zona del dólar, del franco, de la libra esterlina zone dollar, franc, sterling ǀ zona de libre cambio o de libre comercio zone de libre échange ǀ zona de peligro zone dangereuse ǀ zona edificada o urbana agglomération urbaine ǀ zona monetaria zone monétaire ǀ zona franca zone franche ǀ zona fronteriza zone frontière ǀ zona neutra ligne neutre [d'un aimant] ǀ zonas verdes espaces verts (en una ciudad).

LA ZONA AZUL
Dans la plupart des villes en Espagne, il existe des « zonas azules », zones de stationnement payant à durée limitée. Le paiement s'effectue en général à un parcmètre voisin, en espèces ou par carte de crédit. Il autorise le stationnement pour un temps variant entre quelques minutes et deux heures.

LAS ZONAS
1. La región de París está dividida en varias zonas de tarifas de los transportes públicos. Las zonas 1 y 2 cubren el área metropolitana y las ciudades circunvecinas. Las demás zonas cubren las afueras propiamente dicho: « j'habite en zone 3 », « une carte orange quatre zones ».
2. Francia está dividida en tres regiones educativas (« zones » A, B y C). Las escuelas de estas diferentes zonas no tienen las mismas fechas de vacaciones, lo cual permite evitar el colapso del sistema de transporte y de la infraestructura turística del país.

zonal *adj* zonal, e.

zoncear *v intr* (*Amer*) faire l'idiot.

zoncera; zoncería *f* (*Amer*) niaiserie, sottise.

zonda *f* (*Amer*) vent *m* chaud des Andes.

zonúrido *m* ZOOL zonure.

zonzo, za *adj & s* (*Amer*) niais, e; sot, sotte; bête, godiche.

zoo *m* zoo (parque zoológico).

zoobiología *f* zoobiologie.

zoofagia *f* zoophagie.

zoófago, ga *adj & s* zoophage.

zoofilia *f* zoophilie.

zoófilo, la *adj & s* zoophile.

zoófito *m* zoophyte.

zoofobia *f* zoophobie.

zoofórico, ca *adj* ARQ zoophorique.

zoóforo *m* ARQ zoophore.

zoogameto *m* zoogamète.

zoogenia *f* ZOOL zoogénie.

zoogeografía *f* zoogéographie.

zooglea *f* BIOL zooglée.

zooide *adj* zooïde.

zoólatra *adj & s* zoolâtre.

zoolatría *f* zoolâtrie.

zoolito *m* zoolite.

zoología *f* zoologie.

zoológico, ca *adj* zoologique ǀ parque zoológico parc zoologique, zoo.

zoólogo *m* zoologiste, zoologue.

zoom *m* FOT zoom.
ǀ OBSERV pl zooms.

zoomorfismo *m* zoomorphisme.

zoomorfo, fa *adj* zoomorphe, zoomorphique.

zoonomía *f* zoonomie.

zoonosis *f inv* zoonose.

zoopaleontología *f* paléontologie animale, paléozoologie.

zooplancton *m* zooplancton.

zoopsia *f* MED zoopsie.

zoosemiótica *f* zoosémiotique.

zoospora *m* BOT zoospore.

zoosporangio *m* BOT zoosporange.

zootaxia *f* zootaxie.

zootecnia *f* zootechnie.

zootécnico, ca *adj & s* zootechnicien, enne.

zooterapéutico, ca *adj* zoothérapeutique.

zooterapia *f* zoothérapie.

zootomía *f* zootomie.

zoótropo *m* zootrope.

zopas *m & f* FAM personne *f* qui zézaye.

zope *m* urubu (zopilote).

zopenco, ca *adj & s* FAM abruti, e; cruche *f*, nouille *f*, gourde *f*.

zopilote *m* urubu (ave de rapiña).

zopo, pa *adj* contrefait, e; bancroche (contrahecho) ǀ gauche (torpe).

zoquete *m* morceau de bois (de madera) ǀ quignon (de pan) ǀ FIG & FAM cruche *f*, empoté, e; gourde *f* (persona estúpida).

zorcico *m* air et danse populaires basques.

zorito, ta *adj* sauvage ǀ paloma zorita biset.

zoroástrico, ca *adj & s* zoroastrien, enne.

zoroastrismo *m* zoroastrisme.

Zoroastro *n pr* Zoroastre.

zorollo *adj m* trigo zorollo blé coupé en herbe.

zorongo *m* bandeau [dont les Aragonais se ceignent le front] ǀ chignon plat (moño) ǀ "zorongo" [danse populaire andalouse].

zorra *f* ZOOL renard *m* (macho), renarde (hembra) ǀ (*Amer*) FAM cuite (borrachera); coger una zorra attraper une cuite ǀ FAM & DESPEC garce, grue, fille de mauvaise vie (prostituta) ǀ FIG & FAM renard *m*, homme rusé ǀ chariot *m*, fardier (carro) ǀ FAM no tener ni zorra o ni zorra idea n'en savoir fichtre rien.

zorral *adj* (*Amer*) importun, e (importuno) ǀ têtu, e; entêté, e (obstinado).

zorrastrón, ona *adj* matois, e; rusé, e; roué, e.
→ **zorrastrón** *m* fin renard, vieux renard (hombre).
→ **zorrastrona** *f* fine mouche (mujer).

zorrear *v intr* FAM ruser (ser astuto) ǀ mener une vie de débauche.

zorrera *f* renardière (madriguera) ǀ FIG pièce enfumée.

zorrería *f* FAM ruse, astuce, roublardise (astucia) ǀ cochonnerie (guarrería).

zorrero, ra *adj* lourd, e; lent, e (barco) ǀ rusé, e; astucieux, euse (astuto) ǀ lambin, e; traînard, e (lento, remolón) ǀ perro zorrero foxterrier, fox.

zorrilla *f* wagonnet *m*, draisine.

zorrillo *m* renardeau.

zorrillo; zorrino *m* ZOOL (*Amer*) mouffette *f*.

zorro *m* renard (raposo) ▌FIG & FAM vieux o fin renard, rusé compère (astuto) ▌FAM flemmard, tire-au-flanc (perezoso) ▌ (*Amer*) mouffette *f* ▌FIG & FAM estar hecho unos zorros être sur les rotules.

➤ **zorros** *m pl* époussette *f sing* (sacudidor) ▌ FIG & FAM hacerse el zorro faire l'idiot ▌ zorro azul renard bleu.

zorrón *m* FAM cuite *f* (borrachera) ▌ fin o vieux renard (hombre astuto) ▌ grue *f*, garce *f* (prostituta).

zorrona *f* FAM grue, garce, fille de joie.

zorronglón, ona *adj* & *s* FAM renâcleur (sin femenino), rouspéteur, euse (refunfuñador).

zorruno, na *adj* de renard ▌FIG & FAM oler a zorruno sentir le fauve.

zorullo *m* FAM crotte *f.*

zorzal *m* litorne *f*, grive *f* (ave) ▌FIG fin renard (hombre astuto) ▌ zorzal marino sorte de labre (pez).

zostera *f* zostère (alga).

zote *adj* & *s* sot, sotte.

zozobra *f* chavirement *m* (vuelco) ▌ naufrage *m* (naufragio) ▌ FIG inquiétude, angoisse, anxiété; vivir en una perpetua zozobra vivre dans une angoisse continuelle.

zozobrar *v intr* MAR chavirer (volcarse) ▌ sombrer, couler (irse a pique) ▌FIG sombrer.

zuaca *f* (*Amer*) raclée, volée (paliza).

zuavo *m* zouave.

zueco *m* sabot (de madera) ▌ galoche *f* (de cuero con suela de madera).

Zuinglio; Zwinglio *n pr* Zwingli.

zulacar [10] *v tr* TECN luter.

zulaque *m* TECN lut (betún).

zulla *f* sainfoin *m* d'Espagne (planta).

zullarse *v pr* MFAM chier.

zulo *m* cache *f*, planque *f* [d'armes].

zulú *adj* & *s* zoulou.
▌ OBSERV pl zulúes.

Zululandia *n pr f* GEOGR Zoulouland.

zumacal *m* terrain planté de sumacs.

zumaque *m* BOT sumac.

zumaya *f* ZOOL bihoreau *m*, héron *m* de nuit (ave zancuda) ▌ chat-huant *m* (autillo) ▌ engoulevent *m* (chotacabras).

zumbador, ra *adj* bourdonnant, e.

zumbar *v intr* bourdonner, tinter; me zumban los oídos mes oreilles bourdonnent, les oreilles me tintent ▌ bourdonner, vrombir (los insectos) ▌ ronfler, vrombir (motor, peonza) ▌ FAM ir zumbando filer, aller en quatrième vitesse ▌ ¡y zumbando! et que ça saute!
◇ *v tr* FAM flanquer; zumbarle una bofetada a uno flanquer une gifle à quelqu'un ▌ flanquer une raclée (pegar) ▌ railler (burlarse) ▌ (*Amer*) jeter.

➤ **zumbarse** *v pr* FAM se taper dessus, se donner des coups (pegarse).

zumbido *m* bourdonnement, tintement; zumbido de oídos bourdonnement d'oreille ▌ bourdonnement, vrombissement (insectos) ▌ ronflement, vrombissement (motor, peonza).

zumbo, ba *adj* (*Amer*) ivrogne (borracho).

➤ **zumba** *f* sonnaille (cencerro grande) ▌FIG drôlerie (gracia) ▌ (*Amer*) raclée, volée (tunda) ▌ cuite FAM (borrachera) ▌ hacer zumba a railler, se moquer de.

➤ **zumbo** *m* bourdonnement (zumbido).

zumbón, ona *adj* FAM moqueur, euse (burlón) ▌ sémillant, e (vivaracho) ▌ cocasse (divertido).

zumo *m* jus; zumo de limón jus de citron ▌ suc (de ciertas plantas) ▌ FIG sacarle el zumo a uno presser quelqu'un comme un citron ▌ zumo de cepas o de parras jus de la treille.

zunchar *v tr* fretter.

zuncho *m* frette *f*, virole *f* (anillo de metal).

zunzún *m* (*Amer*) sorte de colibri (ave).

zupia *f* lie de vin (poso) ▌ vin *m* trouble (vino turbio).

zurcido *m* raccommodage, ravaudage (acción de zurcir) ▌ reprise *f*; hacer un zurcido a un calcetín faire une reprise à une chaussette ▌ stoppage (invisible); zurcido de una media stoppage d'un bas ▌ rentraiture *f* (de un tapiz) ▌FIG un zurcido de mentiras un tissu de mensonges.

zurcidor, ra *m* & *f* raccommodeur, euse; ravaudeur, euse ▌ stoppeur, euse (de zurcido invisible) ▌ FIG zurcidor de voluntades entremetteur.

zurcir [12] *v tr* raccommoder, repriser; zurcir calcetines repriser des chaussettes ▌ stopper; zurcir una media stopper un bas ▌ ravauder (lo muy roto) ▌ rentraire (un tapiz) ▌ FIG tisser; zurcir mentiras tisser des mensonges ▌ FIG & FAM ¡anda y que te zurzan! va-t'en au diable!, va te faire fiche! ▌ FIG zurcir voluntades s'entremettre.

zurdazo *m* DEP tir du gauche (fútbol).

zurdo, da *adj* gauche; mano zurda main gauche.
◁ *adj* & *s* gaucher, ère; es zurdo il est gaucher ▌ (*Amer*) FAM gaucho (de izquierdas) ▌ FIG & FAM no ser zurdo ne pas être manchot, ne pas être embarrassé de ses dix doigts.
➤ **zurda** *f* gauche, main gauche (mano).

zurear *v intr* roucouler (la paloma).

zureo *m* roucoulement (arrullo).

Zurich *n pr* GEOGR Zurich; el lago de Zurich le lac de Zurich.

zurito, ta *adj* sauvage ▌ paloma zurita biset (de color apizarrado), ramier (torcaz).

zuro, ra *adj* sauvage (paloma).
➤ **zuro** *m* rafle *f* (del maíz).

zurra *f* TECN corroyage *m*, corroi *m*, drayage *m* (del cuero) ▌ corroierie (arte del zurrador) ▌ FIG & FAM raclée, volée (paliza) ▌ bagarre (contienda).

zurrador *m* corroyeur.

zurrapa *f* lie, dépôt *m* (poso), marc *m* (del café) ▌ FIG & FAM rebut *m.*
▌ OBSERV Le mot zurrapa s'emploie également au pluriel dans son sens propre; le substantif français reste alors au singulier.

zurrapelo *m* FAM savon; dar un zurrapelo passer un savon.

zurrapiento, ta; zurraposo, sa *adj* trouble, épais, épaisse; boueux, euse (líquido).

zurrar *v tr* corroyer, drayer (el cuero) ▌ FIG & FAM flanquer une raclée à, rosser (pegar) ▌ malmener (tratar con dureza) ▌ fouetter (con azotes) ▌ FAM zurrar la badana a uno tanner le cuir à quelqu'un, passer quelqu'un à tabac, secouer les puces à quelqu'un (pegar), éreinter (con palabras).

➤ **zurrarse** *v pr* FAM faire dans sa culotte (irse del vientre o tener temor) ▌ FAM zurrarse la badana se taper dessus.

zurria *f* (*Amer*) raclée, volée, correction (paliza) ▌ foule, masse (multitud).

zurriagar [16] *v tr* fouetter.

zurriagazo *m* coup de fouet (golpe) ▌ FIG coup du sort, malheur (desgracia).

zurriago *m* fouet ▌ zurriago oculto o escondido cache-mouchoir, cache-tampon (juego).

zurribanda *f* FAM volée (zurra) ▌ bagarre (pendencia).

zurriburri *m* triste sire (sujeto vil) ▌ FAM canaille *f*, pègre *f* (populacho) ▌ vacarme, tohubohu (barullo).

zurrido *m* coup de bâton (golpe) ▌ bruit confus (sonido).

zurrón *m* gibecière *f*, panetière *f* (bolsa de pastor) ▌ sac de cuir (de cuero) ▌ écorce *f* de certains fruits (cáscara).

zurullo *m* VULG crotte *f* (excremento).

zurupeto *m* FAM courtier marron.

Zutano, na *m* & *f* FAM Untel, Unetelle; fulano, mengano y zutano Untel, Untel et Untel.
▌ OBSERV Le substantif zutano ne s'emploie qu'à la suite des mots fulano et mengano pour indiquer une personne dont on ignore le nom.

¡zuzo! *interj* allez coucher! (para espantar al perro), ici! (para contenerlo).

zuzón *m* séneçon (hierba cana).

zwinglianismo *m* RELIG zwinglianisme.

zwingliano, na *adj* & *s* RELIG zwinglien, enne.

Zwinglio ➤ Zuinglio.

Points de repères

Puntos de referencia

Précis de grammaire espagnole

Un certain nombre de questions de grammaire concernant l'emploi de mots bien précis (préposition **a**, pronom **cuyo**, traduction des pronoms français **en** et **y**, etc.) ayant déjà été traitées soit à l'intérieur même de l'article qui leur est consacré, soit sous forme d'observation à la suite dudit article, nous n'avons pas cru nécessaire d'en reprendre ici l'étude.

L'article

	article défini singulier pluriel		article indéfini singulier pluriel	
masculin	el	los	un	unos
féminin	la	las	una	unas

L'article défini

El se contracte avec les prépositions **a** et **de** pour donner **al** (au) et **del** (du) [voy al teatro ; el libro del maestro]. Il n'y a pas de contraction au pluriel : a los, a las (aux), de los, de las (des).

Afin d'éviter un hiatus, on emploie la forme **el** au lieu de **la** devant tout substantif féminin commençant par **a** ou **ha** accentué (el agua ; el hambre).

L'article défini est employé devant les mots **señor, señora** et **señorita** (el señor director no está), sauf pour interpeller (buenas tardes, señor director), ainsi que pour indiquer l'heure (es la una ; son las tres), et le jour, passé ou prochain (vendré el lunes).

En revanche, il est omis devant la plupart des noms de pays non déterminés (España l'Espagne ; **Francia** la France mais **la España del siglo XVI** l'Espagne du XVIᵉ) et devant certains mots (casa ; caza ; pesca ; misa ; paseo ; palacio ; presidio) lorsqu'ils sont employés avec un verbe de mouvement ou de stationnement (voy a casa ; volvía de paseo).

L'article indéfini

L'emploi de la forme **un** devant un nom féminin commençant par **a** ou **ha** accentué est fréquent (un águila ; un hacha).

Le pluriel indéfini français **des** ne se traduit pas (la perra tiene cachorros).

Les formes **unos, unas** peuvent néanmoins rendre le français **des** lorsqu'il s'agit d'objets allant par paires (tiene unos ojos preciosos) ou devant des pluriels indiquant un nombre restreint (son unos amigos míos).

L'article partitif

L'article français **du, de la** n'a pas d'équivalent en espagnol (come pan ; bebe zumo de naranja).

Le nom

Genre

Le genre des noms est généralement le même en français et en espagnol.

Sont **masculins** les noms terminés par **-o** (sauf la mano ; la foto, etc.), par **-or** (sauf la flor ; la labor ; la sor ; la coliflor) ou par **-aje** (un pasaje ; un peritaje) et les noms qui désignent des animés masculins (un idiota).

Sont **féminins** les noms terminés par **-a** (sauf el día, el mapa, etc.). Cependant, les mots d'origine grecque sont **masculins** (un problema). Les noms terminés par les suffixes **-ista** (un / una artista), **-iatra** (un / una siquiatra) sont **masculins** ou **féminins**.

Sont également **féminins** les noms terminés par **-ad** (una ciudad), par **-tud** (la juventud), par **-umbre** (la costumbre), par **-ción** (la dirección), par **-sión** (la pasión).

Les noms de mers, de fleuves et de montagnes sont masculins, à de rares exceptions près.

Formation du féminin

En règle générale :

1. Les noms masculins terminés par **-o** changent cet **-o** en **-a** au féminin (un chico ▷ una chica).

2. Ceux qui sont terminés par une consonne forment leur féminin par l'adjonction d'un **-a** (señor ▷ señora).

Certains féminins ont une terminaison spéciale (el rey ▷ la reina, etc.).

Formation du pluriel

En règle générale :
1. Les mots terminés par une voyelle atone prennent **-s** (un hombre ▷ dos hombres).
2. Les mots terminés par une consonne, un **-y** ou un **-i** accentué prennent **-es** (papel ▷ papeles ; jabalí ▷ jabalíes).

> **OBSERV** Les noms terminés par **-z** changent ce **-z** en **-c** devant **-es** (lápiz ▷ lápices).

Les mots terminés par **-s** non accentués sur la dernière syllabe demeurent invariables (lunes ▷ lunes).

L'accent tonique devant toujours porter sur la même syllabe, on le supprimera ou on l'écrira suivant les cas (nación ▷ naciones ; crimen ▷ crímenes).

> **OBSERV** Certains noms ont la même forme au singulier et au pluriel : les noms terminés par **-is** (análisis ; crisis), atlas, virus, viernes..., les noms terminés par **-x** (clímax), les noms composés dont le dernier élément est pluriel (paraguas), et les mots d'origine latine (déficit ; memorándum).

Diminutifs et augmentatifs

L'emploi des suffixes diminutifs ou augmentatifs est très fréquent en espagnol, dans le style familier. En dehors de l'idée de petitesse ou de grandeur, ils impliquent souvent une nuance d'affectivité dont il faudra tenir compte dans la traduction en adjoignant au nom simple un adjectif qui rende le mieux possible la nuance exprimée (¡pobrecito! pauvre petit! ; unas orejazas des oreilles démesurées). S'il s'agit d'un adjectif ou d'un participe, on le nuancera par un adverbe (cansadito assez fatigué).

Diminutifs. Ils se forment de la façon suivante :
Avec le suffixe **-ito, -ita** (le plus employé) pour les polysyllabes terminés par **-a, -o** ou par une consonne autre que **-n** et **-r** (mesita ; librito ; españolito).
Avec le suffixe **-cito, -cita** pour les polysyllabes terminés par **-e, -n** ou **-r** (hombrecito ; silloncito ; mujercita).
Avec le suffixe **-ecito, -ecita** pour les monosyllabes et les polysyllabes qui renferment une diphtongue sous l'accent tonique (panecito ; cuerpecito ; indiecito).
Les mêmes règles s'appliquent aux suffixes **-llo** (**-cillo, -ecillo**) et **-uelo** (**-zuelo, -ezuelo**) [mesilla ; mozuelo ; jovencillo ; mujerzuela ; etc.].

> **OBSERV** Certains diminutifs sont particuliers à des noms d'animaux (lobezno ; ballenato, etc.).

Augmentatifs. Le suffixe le plus employé est **-ón** (hombrón ; solterón ; valentón).
Les autres impliquent souvent une nuance péjorative : **-azo, -ote, -acho, -achón** (unas manazas ; hidalgote ; populacho ; ricachón).

> **OBSERV** L'addition du suffixe **-ón** peut entraîner l'adoption du masculin (una puerta, un portón). Ce suffixe peut aussi marquer une privation (rabón qui n'a pas de queue).

Suffixes traduisant **un coup de.** Ce sont les suffixes **-azo** (cañonazo ; hachazo ; latigazo) et **-ada** (estocada ; puñalada ; patada).
Les suffixes **-ar, -al, -edo, -eda** peuvent former des noms qui désignent un lieu où sont plantées certaines catégories d'arbres ou de végétaux, ou un terrain dans lequel abondent certains matériaux (un pinar une pinède, un bois de pins ; un arrozal une rizière ; un pedregal un terrain pierreux).

L'adjectif

L'adjectif en espagnol se place généralement comme en français.

Formation du féminin

Les adjectifs terminés par **-o** au masculin changent cet **-o** en **-a** (bueno ▷ buena).
Ont également un féminin en **-a** les adjectifs terminés en **-án, -ín, -ón, -or, -ete, -ote,** (trabajador ▷ trabajadora), sauf inferior, peor, mejor, superior (invariables), ainsi que les adjectifs de nationalité (francés ▷ francesa). L'accent écrit disparaît.
Tous les autres adjectifs n'ont qu'une forme pour les deux genres (feliz ; real ; capaz ; hábil).

Formation du pluriel

Identique à celle des noms.

Degrés de comparaison des adjectifs

Les comparatifs.
1. Le comparatif d'**égalité** se forme avec **tan** devant l'adjectif et **como** devant le complément (**soy tan alto como tú**).

2. Les comparatifs de **supériorité** et d'**infériorité** se construisent respectivement avec **más** et **menos** devant l'adjectif et **que** devant le complément (**soy más alto que tú y menos hábil que él**).

> **OBSERV** Comparatifs irréguliers : **mayor** (plus grand), **menor** (plus petit), **mejor** (meilleur), **peor** (pire).

Les superlatifs.
1. le superlatif **absolu** se forme avec l'adverbe **muy** ou avec le suffixe **-ísimo, -ísima** (**muy fácil** ou **facilísimo**).

> **OBSERV** Certaines formes sont irrégulières : amable ▷ amabilísimo ; antiguo ▷ antiquísimo ; bueno ▷ óptimo ; célebre ▷ celebérrimo ; fiel ▷ fidelísimo ; grande ▷ máximo ; malo ▷ pésimo ; pequeño ▷ mínimo ; etc.

2. Le superlatif **relatif** suit le même modèle que le comparatif (**la más hermosa**).

> **OBSERV** Placé après un nom déterminé, le superlatif s'emploie sans article (**la casa más bonita del pueblo** la plus jolie maison du village). D'autre part, si le superlatif est suivi d'un verbe, celui-ci se met à l'indicatif et non au subjonctif (**el chico más inteligente que conozco** le garçon le plus intelligent que je connaisse).

L'apocope

On appelle **apocope** la chute de la voyelle ou de la syllabe finale de certains adjectifs lorsqu'ils sont placés devant un nom.
Ainsi perdent l'**o** final devant un nom masculin singulier : **uno, alguno, ninguno, bueno** et **malo, primero, tercero, postrero** (**un buen alumno ; el primer capítulo**).
Grande devient **gran** devant un substantif singulier (**un gran poeta**).
Santo devient **san** devant un nom propre (sauf **Santo Tomás , Santo Tomé , Santo Toribio, Santo Domingo**).
Ciento devient **cien** devant un nom commun ou un nom de nombre qu'il multiplie (**cien pesetas ; cien mil pesetas**).

> **OBSERV** Autres cas d'apocope : les adverbes **tanto** et **cuanto** deviennent **tan** et **cuan** devant un adjectif ou un autre adverbe ; **recientemente** devient **recién** devant un participe passé et l'indéfini **cualquiera** devient **cualquier** devant un nom masculin singulier et, facultativement, devant un féminin.

Adjectifs numéraux

Numéraux cardinaux. Uno / un / una **1**, dos **2**, tres **3**, cuatro **4**, cinco **5**, seis **6**, siete **7**, ocho **8**, nueve **9**, diez **10**, once **11**, doce **12**, trece **13**, catorce **14**, quince **15**, dieciséis **16**, diecisiete **17**, dieciocho **18**, diecinueve **19**, veinte **20**, veintiuno **21**, veintidós **22**, treinta **30**, cuarenta **40**, cincuenta **50**, sesenta **60**, setenta **70**, ochenta **80**, noventa **90**, ciento /cien **100**.

> **OBSERV 1.** On n'intercale la conjonction **y** qu'entre les dizaines et les unités (**ciento cuarenta y cinco**).
> **2.** Veintiuno prend la forme apocopée **veintiún** (**veintiún años**) devant un nom masculin et devient **veintiuna** devant un nom féminin (**veintiuna pesetas**).
> **3.** Les centaines s'écrivent en un seul mot et s'accordent (**doscientos francos ; trescientas pesetas**).
> **4.** Pour les siècles, les souverains, les leçons, les volumes, etc., on emploie l'ordinal jusqu'à dix, l'ordinal ou le cardinal pour onze et douze, puis le cardinal (**el siglo veinte ; Carlos primero ; lección duodécima ou doce**).

Numéraux ordinaux. Primero **1°**, segundo **2°**, tercero **3°**, cuarto **4°**, quinto **5°**, sexto **6°**, séptimo **7°**, octavo **8°**, noveno **9°**, décimo **10°**, undécimo **11°**, duodécimo **12°**, decimotercero **13°**, vigésimo **20°**, trigésimo **30°**, cuadragésimo **40°**, quincuagésimo **50°**, sexagésimo **60°**, septuagésimo **70°**, octogésimo **80°**, nonagésimo **90°**, centésimo **100°**, milésimo **1000°**, millonésimo **1 000 000°**.

> **OBSERV** Le langage courant n'emploie en fait que les dix ou douze premiers ordinaux et remplace les autres par le cardinal correspondant (**el día veinticuatro del mes** le vingt-quatrième jour du mois ; **el piso quince** le quinzième étage).

Le suffixe français **-aine,** qui sert à indiquer une quantité plus ou moins précise, a pour équivalent -ena en espagnol (**veintena** ; **treintena**). Mais les noms ainsi formés sont d'un emploi assez rare, sauf **docena** (douzaine) et **quincena** (quinzaine). L'imprécision du nombre se rend plutôt par la forme **unos, unas** (**unos veinte alumnos** une vingtaine d'élèves).

> **OBSERV** Primero et tercero ont des formes apocopées devant un nom masculin singulier (**el primer caso** ; **el tercer mundo**).

Adjectifs et pronoms

Adjectifs et pronoms démonstratifs

Degré d'éloignement (adverbe de lieu)	Masculin (ce)	Féminin (cette)	Pluriel (ces)	Pronom neutre (ceci, cela)
aquí (ici)	este	esta	estos, as	esto
ahí (là)	ese	esa	esos, as	eso
allí allá (là-bas)	aquel	aquella	aquellos, as	aquello

Les adjectifs et les pronoms démonstratifs se présentent sous la même forme, mais ces derniers portent un accent écrit sur la voyelle tonique, sauf le pronom neutre.

Ces trois démonstratifs correspondent à plusieurs degrés d'éloignement par rapport à celui qui parle (**este libro es más grueso que aquél** ce livre [ici] est plus gros que celui-là [là-bas]). De même **esta tarde** cet après-midi (d'aujourd'hui), **aquella tarde** cet aprèsmidi-là (d'un autre jour).

Les pronoms démonstratifs français **celui, celle, ceux** suivis de **qui, que** ou **de** sont remplacés en espagnol par les articles définis correspondants (celui qui écrit **el que escribe** ; celle de ta sœur **la de tu hermana** ; ceux que tu m'as offert **los que me has ofrecido** ; celles que tu as vues **las que has visto**).

> **OBSERV** Le démonstratif ese a parfois une nuance péjorative (**¡qué pesado es el tío ese!** qu'il est lourd ce type!).

Traduction de c'est :
C'est moi (c'est toi, etc.) **qui...**, **soy yo** (eres tú, etc.) **quien...**
C'est... que
Idée de lieu : **ahí es donde** c'est là que ;
Idée de temps : **hoy es cuando** c'est aujourd'hui que ;
Idée de cause : **por eso es por lo que** c'est pour cela que, c'est pourquoi ;
Idée de manière : **así es como** c'est ainsi que.

Adjectifs et pronoms possessifs

Adjectifs		Pronoms
Formes atones	Formes accentuées	
mi (mon, ma)	mío, a (à moi)	el mío, la mía (le mien, la mienne)
tu (ton, ta)	tuyo, a (à toi)	el tuyo, la tuya (le tien, la tienne)
su (son, sa)	suyo, a (à lui, à elle)	el suyo, la suya (le sien, la sienne)
nuestro, a (notre)	nuestro, a (à nous)	el nuestro, la nuestra (le nôtre, la nôtre)
vuestro, a (votre)	vuestro, a (à vous)	el vuestro, la vuestra (le vôtre, la vôtre)
su (leur)	suyo, a (à eux, à elles)	el suyo, la suya (le leur, la leur)

Le pluriel se forme par l'adjonction d'un **-s** (mis, tus, sus ; míos, tuyos, suyos, etc.).
La **possession** se marque :
1. Par les formes atones qui précèdent toujours le nom (**mi casa** ma maison) ;
2. Par les formes accentuées, toujours placées après le nom et employées soit dans le sens « à moi », « à toi » (**esta casa es mía** cette maison est la mienne), soit dans celui de « un de mes », « un de tes » (**un amigo mío** un de mes amis), ou encore pour s'adresser à une personne (**hijo mío** mon fils).

> **OBSERV** Lorsque la possession se rapporte à la personne désignée par **usted**, il conviendra d'ajouter la forme **de usted, de ustedes** après le nom, pour éviter toute équivoque (**su casa de usted** votre maison).

Le possessif est moins employé en espagnol qu'en français. Il est souvent remplacé par l'article défini et la forme réfléchie du verbe (**ponerse las gafas** mettre ses lunettes ; **me pongo el sombrero** je mets mon chapeau ; **se gana la vida a duras penas** il gagne sa vie à grand-peine).

Pronoms personnels

Sujet	Complément			Réfléchi
	Sans préposition		Après préposition	
	Direct	Indirect		
yo (je, moi)	me (me)	me (me)	mí (moi)	me (me)
tú (tu, toi)	te (te)	te (te)	tí (toi)	te (te)
él (il, lui)	lo, le (le)	le (lui)	él (lui)	se (se)
ella (elle)	la (la)	le (lui)	ella (elle)	
ello (neutre : cela)	lo (le)	le (lui)	ello (cela)	
nosotros, as (nous)	nos (nous)	nos (nous)	nosotros, as (nous)	nos (nous)
vosotros, as (vous)	os (vous)	os (vous)	vosotros, as (vous)	os (vous)
ellos (ils, eux)	los (les)	les (leur)	ellos (eux)	se (se)
ellas (elles)	las (les)		ellas (elles)	

Pronoms sujets

Généralement omis, les pronoms sujets ne sont employés que pour marquer une insistance (**yo no quiero** moi, je ne veux pas).

> **OBSERV** On emploie en espagnol la forme sujet du pronom personnel lorsque ce dernier est complément d'un comparatif (**eres más alto que yo tu es** plus grand que moi) ou après **según, salvo, excepto, entre** (**según yo** d'après moi ; **salvo tú** sauf toi ; **entre tú y yo** entre toi et moi).

Traduction du vous de politesse par *usted, ustedes*. Le **vous** de politesse français, employé lorsqu'on s'adresse à une ou plusieurs personnes qu'on ne tutoie pas, se traduit en espagnol par **usted** au singulier (en abrégé **Ud.** ou **Vd.**), et **ustedes** au pluriel (en abrégé **Uds.** ou **Vds.**). Ces mots étant la déformation populaire de la formule **vuestra merced, vuestras mercedes** (votre grâce, vos grâces), ils se construisent toujours de ce fait avec la **3ᵉ personne** (singulier ou pluriel) et les adjectifs et pronoms qui s'y rapportent doivent être également de la 3ᵉ personne (cf. le français : que monsieur **veuille** bien s'approcher) [si vous voulez je vous rapporterai votre livre demain si **usted quiere** le devolveré **su** libro mañana].

Pronoms compléments

Place du pronom complément. Il se place avant le verbe aux temps de l'indicatif et du subjonctif (**te hablo**), après le verbe, et soudé à lui, à l'infinitif, à l'impératif et au gérondif (**lavarse** ; **dígame** ; **levantándose**).

Ordre des pronoms compléments. Le pronom indirect précède toujours le pronom direct (**te lo doy** ; **dímelo**). Dans le cas où les deux pronoms sont à la 3ᵉ personne, lui et leur se traduisent par **se** (ne pas confondre avec le réfléchi) [je le lui donne ou je le leur donne **se lo doy** (a él, a ella, a ellos, a ellas)].

Pronoms compléments sans préposition.

1. *Complément direct*. Bien que les formes correctes pour la 3ᵉ personne du singulier soient **lo** pour le masculin et **la** pour le féminin (**lo conozco** je le connais ; **la conozco** je la connais), l'usage de **le** au lieu de **lo** quand on fait référence à une personne est très répandu. En revanche, l'emploi de **les** au lieu de **los** au pluriel est à éviter.

2. *Complément indirect*. Les formes normales de la 3ᵉ personne sont **le** et **les**, pour le masculin et pour le féminin (**la vi y le hablé** je l'ai vue et je lui ai parlé).

Pronoms réfléchis

Après une préposition simple, on emploie le réfléchi **sí** à la 3ᵉ personne du singulier ou du pluriel toutes les fois que le pronom complément désigne la même personne que le sujet (**Juan habla siempre de sí** Jean parle toujours de lui).

> **OBSERV** **Él, ella** représentent une personne différente du sujet (**el niño se burlaba de él** l'enfant se moquait de lui).

Avec **con**, les pronoms personnels : **mí, tí, sí** deviennent **conmigo** (avec moi), **contigo** (avec toi), **consigo** (avec lui).

Pronoms relatifs et interrogatifs

Que peut avoir pour antécédent des personnes ou des choses et être employé indifféremment comme sujet ou comme complément avec le sens de **que** ou de **qui**.

Quien (pl quienes) ne s'emploie qu'en parlant de personnes. Complément, il est toujours précédé d'une préposition (**el hombre a quien hablo**). Sans antécédent, il peut signifier **celui qui, celle qui** ou désigner une personne indéterminée (**hay quien dice**).

> **OBSERV** Les pronoms interrogatifs portent un accent écrit (¿qué dice? ; ¿quién habla?).

L'adverbe

Les adverbes de **manière** se forment par l'adjonction de la terminaison -mente au féminin de l'adjectif, qui conserve, le cas échéant, son accent écrit (**lento** ▷ **lentamente** ; **rápido** ▷ **rápidamente**).

Lorsque plusieurs adverbes se suivent, la terminaison -mente ne s'ajoute qu'au dernier, le précédent restant identique au féminin (**hábil y rápidamente**).

Les adverbes de **quantité** peuvent être des mots simples (**bastante ; demasiado ; mucho ; poco ; tanto ; cuanto ; harto** ; etc.) ou des locutions (**a medias ; a medio ; más o menos** ; etc.).

> **OBSERV** Placés devant des noms, exprimés ou sous-entendus, ces mots sont des adjectifs et de ce fait ils doivent s'accorder en genre et en nombre (poca agua ; demasiadas tareas ; ¿tienes muchos libros? – no, pocos.).

Le verbe

Modes et temps

Les **temps composés** se forment toujours avec l'auxiliaire **haber** et le participe passé reste invariable (**he cantado** j'ai chanté ; **hemos ido** nous sommes allés ; **ella se ha levantado** elle s'est levée).

L'indicatif. Le **présent** espagnol peut exprimer une action habituelle (**José estudia matemática**), une action passée dont la date ne peut faire l'objet d'une confusion (**Colón descubre América en 1492**), une action future dont la réalisation est certaine (**el miércoles voy a Barcelona**), etc. L'**imparfait** s'utilise beaucoup dans la narration (**el perro ladraba mucho cuando le dejaban solo**), et à la place du présent pour poser une question de façon courtoise (**quería pedirte un favor...**).

Le **futur** et le **conditionnel** espagnols peuvent rendre l'idée d'hypothèse, respectivement au présent et au passé (**estará enfermo** il doit être malade ; **tendría entonces cincuenta años** il devait alors avoir cinquante ans).

L'espagnol emploie le **passé simple** chaque fois qu'il s'agit d'une action terminée au moment où l'on parle (**llovió mucho el año pasado**) et réserve l'emploi du **passé composé** pour indiquer qu'une action dure encore au moment où l'on parle (**hoy ha llovido mucho**).

Le subjonctif. Le subjonctif espagnol est employé après un verbe d'ordre (**dile que venga**) et pour exprimer la défense (**no os acerquéis**).

Après une conjonction de temps ou un relatif, le futur français se traduit par le présent du subjonctif espagnol (**ven cuando puedas** viens quand tu pourras).

La **concordance des temps** est obligatoire en espagnol. Aussi, lorsque le verbe de la proposition principale est à un temps du passé ou au conditionnel, le verbe de la subordonnée au subjonctif doit être à l'imparfait (**temía que no lo supiese** je craignais qu'il ne le sût pas).

La conjonction **si** est suivie en espagnol du subjonctif imparfait lorsque le verbe de la principale est au conditionnel (**si tuviera dinero, compraría una casa**). Como si est toujours suivi du subjonctif imparfait.

Pour l'**imparfait du subjonctif** on peut choisir indifféremment les formes en **-se** ou **-ra**. Mais il convient de signaler que cette dernière est aussi parfois utilisée comme équivalente du conditionnel (**quisiera** je voudrais), ou encore du plus-que-parfait de l'indicatif (**había querido** j'avais voulu).

> **OBSERV** Le **subjonctif futur** en -re a complètement disparu de la langue actuelle, sauf dans quelques formules figées : **venga lo que viniere** advienne que pourra.

L'impératif. La 1re personne du pluriel ainsi que les 3es personnes avec la formule **usted, ustedes** sont empruntées au présent du subjonctif (**comamos, coma Ud., coman Uds.**) [exception : **vamos**].

Les pronoms personnels compléments doivent être enclitiques (**levántese**). Aux deux premières personnes du pluriel, la dernière consonne de la terminaison du verbe disparaît lorsque le pronom est enclitique (**levantémonos, levantaos**).

L'infinitif. L'infinitif sujet, attribut ou complément direct, s'utilise dans **de**, à la différence du français (**es vergonzoso mentir** il est honteux de mentir ; **se prohibe fumar** défense de fumer).

Dans le langage familier, l'infinitif (souvent précédé de la préposition **a**) peut exprimer un **ordre** qui s'adresse à une collectivité (**¡a callar!** taisez-vous!).

La plupart des infinitifs espagnols sont susceptibles d'être **substantivés**. Cet emploi a pour but de présenter l'action exprimée par le verbe d'une manière plus vivante que le ferait un nom abstrait d'origine et de sens analogues. Ainsi, l'infinitif précédé de l'article **el** devient un véritable substantif (**el correr** le fait de courir, la course ; **el cantar** le fait de chanter, le chant).

L'infinitif substantivé peut être accompagné d'autres déterminatifs que l'article **el** et exprime alors la nuance que le français rend par « la façon de » (**un mirar** une façon de regarder, un regard ; **aquel gritar** cette façon de crier).

Le gérondif. Le gérondif se forme par l'adjonction de la terminaison **-ando** au radical de l'infinitif des verbes en **-ar**, et de la terminaison **-iendo** au radical de l'infinitif des verbes en **-er** et **-ir**. (Irrégularités : **diciendo, pudiendo, viniendo**, etc.).

Le gérondif est toujours invariable. Employé seul, il peut exprimer la manière et correspond au participe présent français précédé de la préposition **en** (**salió llorando** il sortit en pleurant).

> **OBSERV** Le participe présent français précédé de **en** et exprimant le temps sera rendu en espagnol par **al** suivi de l'infinitif (en sortant [comme il sortait], il rencontra son père **al salir, se encontró con su padre**).

L'idée de durée est exprimée par le gérondif précédé de **estar** ; celle de progression par le gérondif précédé de **ir** et celle de continuité par le gérondif précédé de **seguir**. **Llevar** et le gérondif décrivent rétrospectivement cet aspect de continuité (**llevo dos horas caminando** je marche depuis deux heures).

Le participe passé. Le participe passé se forme par l'adjonction de la terminaison **-ado** au radical de l'infinitif des verbes en **-ar**, et de la terminaison **-ido** au radical de l'infinitif des verbes en **-er** et **-ir**. (Irrégularités : **abierto** [abrir], **cubierto** [cubrir], **muerto** [morir], **vuelto** [volver], **resuelto** [resolver], **puesto** [poner], **dicho** [decir], **hecho** [hacer], **escrito** [escribir], **visto** [ver], **roto** [romper], **impreso** [imprimir] et leurs composés **descubierto, envuelto**, etc.)

Le participe passé avec **haber** est toujours invariable (**los libros que hemos leído**). Il ne doit jamais être séparé de l'auxiliaire (**hemos dormido muy bien**).

Le participe passé permet de former des propositions absolues. En pareil cas, le nom doit toujours être placé après le participe. Il y aura souvent lieu de traduire la forme simple du participe espagnol par la forme composée en français (**pronunciado el discurso, se sentó** après avoir prononcé son discours, il s'assit).

Les verbes espagnols se divisent en trois groupes de conjugaison caractérisés par la terminaison de leur infinitif : **-ar**, **-er**, **-ir**.

	amar	**temer**	**partir**
indicatif présent	amo	temo	parto
	amas	temes	partes
	ama	teme	parte
	amamos	tememos	partimos
	amáis	teméis	partís
	aman	temen	parten
indicatif imparfait	amaba	temía	partía
	amabas	temías	partías
	amaba	temía	partía
	amábamos	temíamos	partíamos
	amabais	temíais	partíais
	amaban	temían	partían
indicatif passé simple	amé	temí	partí
	amaste	temiste	partiste
	amó	temió	partió
	amamos	temimos	partimos
	amasteis	temisteis	partisteis
	amaron	temieron	partieron
indicatif futur	amaré	temeré	partiré
	amarás	temerás	partirás
	amará	temerá	partirá
	amaremos	temeremos	partiremos
	amaréis	temeréis	partiréis
	amarán	temerán	partirán
conditionnel	amaría	temería	partiría
	amarías	temerías	partirías
	amaría	temería	partiría
	amaríamos	temeríamos	partiríamos
	amaríais	temeríais	partiríais
	amarían	temerían	partirían
subjonctif présent	ame	tema	parta
	ames	temas	partas
	ame	tema	parta
	amemos	temamos	partamos
	améis	temáis	partáis
	amen	teman	partan
subjonctif imparfait	amara, amase	temiera, temiese	partiera, partiese
	amaras, amases	temieras, temieses	partieras, partieses
	amara, amase	temiera, temiese	partiera, partiese
	amáramos, amásemos	temiéramos, temiésemos	partiéramos, partiésemos
	amarais, amaseis	temierais, temieseis	partierais, partieseis
	amaran, amasen	temieran, temiesen	partieran, partiesen
subjonctif futur	amare	temiere	partiere
	amares	temieres	partieres
	amare	temiere	partiere
	amáremos	temiéremos	partiéremos
	amareis	temiereis	partiereis
	amaren	temieren	partieren
impératif	ama (tú)	teme (tú)	parte (tú)
	ame (él, ella, usted)	tema (él, ella, usted)	parta (él, ella, usted)
	amemos (nosotros)	temamos (nosotros)	partamos (nosotros)
	amad (vosotros)	temed (vosotros)	partid (vosotros)
	amen (ellos, ellas, ustedes)	teman (ellos, ellas, ustedes)	partan (ellos, ellas, ustedes)
participe présent	amando	temiendo	partiendo
participe passé	amado	temido	partido

Les verbes auxilliaires   Il existe deux verbes « être » en espagnol : **ser** et **estar**, chacun ayant un emploi bien spécifique. Il sont tous deux attributifs, c'est-à-dire qu'ils permettent d'attribuer une qualité ou une caractéristique à un sujet.

Ser. Ser exprime une notion d'existence, une caractéristique.
Devant un nom, un pronom ou un infinitif, il sert à exprimer une origine, une propriété, un métier (**¿quién soy? – Soy yo ; su madre es médico**).
Devant un nombre indéfini, il sert à exprimer l'heure, le nombre (**son las diez ; los estudiantes son veinte**).
Devant un adjectif, il sert à indiquer les qualités, les caractéristiques (**el perro es blanco ; la casa es redonda**).
Devant un participe passé, il exprime une action subie, la voix passive (**Carmen fue vista en el jardín de María**).

ser

indicatif présent	indicatif passé simple	conditionnel	subjonctif imparfait
soy	fui	sería	fuera, fuese
eres	fuiste	serías	fueras, fueses
es	fue	sería	fuera, fuese
somos	fuimos	seríamos	fuéramos, fuésemos
sois	fuisteis	seríais	fuerais, fueseis
son	fueron	serían	fueran, fuesen
indicatif imparfait	**indicatif futur**	**subjonctif présent**	**subjonctif futur**
era	seré	sea	fuere
eras	serás	seas	fueres
era	será	sea	fuere
éramos	seremos	seamos	fuéremos
erais	seréis	seáis	fuereis
eran	serán	sean	fueren

impératif
sé (tú)   sea (él, ella, usted)   seamos (nosotros)   sed (vosotros)   sean (ellos, ellas, ustedes)

participe présent	siendo	participe passé	sido

Estar. Estar correspond à une idée d'état, de situation, de résultat.
Devant un complément, il exprime une situation de temps, de lieu (**estamos en invierno ; Málaga está en Andalucía**).
Devant un adjectif, il exprime un état (**Juan está enfermo ; la botella está vacía**).
Devant un participe passé, il indique le résultat d'une action, d'un processus (**la ventana está cerrada ; el caballo está herido**).

estar

indicatif présent	indicatif passé simple	conditionnel	subjonctif imparfait
estoy	estuve	estaría	estuviera, estuviese
estás	estuviste	estarías	estuvieras, estuvieses
está	estuvo	estaría	estuviera, estuviese
estamos	estuvimos	estaríamos	estuviéramos, estuviésemos
estáis	estuvisteis	estaríais	estuvierais, estuvieseis
están	estuvieron	estarían	estuvieran, estuviesen
indicatif imparfait	**indicatif futur**	**subjonctif présent**	**subjonctif futur**
estaba	estaré	esté	estuviere
estabas	estarás	estés	estuvieres
estaba	estará	esté	estuviere
estábamos	estaremos	estemos	estuviéremos
estabais	estaréis	estéis	estuviereis
estaban	estarán	estén	estuvieren

impératif
está (tú)   esté (él, ella, usted)   estemos (nosotros)   estad (vosotros)   estén (ellos, ellas, ustedes)

participe présent	estando	participe passé	estado

Attention, certains adjectifs n'ont pas le même sens selon qu'ils se combinent avec **ser** ou **estar** (**ser listo** être intelligent, **estar listo** être prêt ; **ser malo** être méchant, **estar malo** être malade ; **ser rico** être riche, **estar rico** être bon ; **ser atento** être aimable, **estar atento** être attentif ; etc.).

Pour en savoir plus sur **ser** et **estar**, se référer aux articles correspondants dans le dictionnaire.

Haber. Haber (avoir) est toujours auxiliaire ou impersonnel. Dans ce dernier cas, il a le sens de « y avoir » (**habrá** il y aura). La forme **hay** (il y a) est particulière à la 3ᵉ personne du singulier de l'indicatif présent.

L'idée d'**obligation impersonnelle** (il faut) est rendue par **hay que** suivi de l'infinitif (**hay que comer para vivir**), ou bien par la tournure **es preciso** (ou **es necesario** ou **es menester** : **era preciso / necesario / menester decírselo**) et l'infinitif, ou bien encore par **hacer falta** et l'infinitif.

L'idée d'**obligation personnelle** (il faut que je, tu, etc. ou je dois, tu dois, etc.) est rendue par **tengo que, tienes que**, etc., suivi de l'infinitif ou bien par **es preciso que** et le subjonctif (ou **es necesario** : **es preciso / necesario que le digas**), ou bien encore par **hace falta que** et le subjonctif.

L'aspect de **conjecture**, exprimé en français par **devoir**, peut être rendu par **haber de** (**ha de ser tarde** il doit être tard), par **deber de** ou par le futur ou le conditionnel. (Voir ci-dessus « l'indicatif »)

haber

indicatif présent	indicatif passé simple	conditionnel	subjonctif imparfait
he	hube	habría	hubiera, hubiese
has	hubiste	habrías	hubieras, hubieses
ha	hubo	habría	hubiera, hubiese
hemos	hubimos	habríamos	hubiéramos, hubiésemos
habéis	hubisteis	habríais	hubierais, hubieseis
han	hubieron	habrían	hubieran, hubiesen
indicatif imparfait	indicatif futur	subjonctif présent	subjonctif futur
había	habré	haya	hubiere
habías	habrás	hayas	hubieres
había	habrá	haya	hubiere
habíamos	habremos	hayamos	hubiéremos
habíais	habréis	hayáis	hubiereis
habían	habrán	hayan	hubieren

impératif

he (tú)   haya (él, ella, usted)   hayamos (nosotros)   habed (vosotros)   hayan (ellos, ellas, ustedes)

participe présent	habiendo	participe passé	habido

Forme passive et pronominale

Le passif. Se forme avec l'auxiliaire **ser** et le participe passé du verbe à conjuguer, qui s'accorde (**fue castigado** ; **fueron castigados**).

Verbes pronominaux. Dans la conjugaison pronominale, les réfléchis se placent avant le verbe sauf à l'infinitif, à l'impératif et au gérondif. (Voir « le pronom »)

Les verbes modèles espagnols

La plupart des irrégularités de la conjugaison espagnole affectent le radical du verbe. Les plus courantes sont :

- l'affaiblissement de la voyelle
  (quand « e » devient « i » dans : **pedir** ▷ **pidieron**),
- la diphtongue
  (quand « o » devient « u » dans : **morir** ▷ **murieron**),
- le changement de consonne
  (**hacer** ▷ **haga** ; **haber** ▷ **haya**),
- l'ajout d'une consonne à la consonne finale du radical
  (**nacer** ▷ **nazca** ; **salir** ▷ **salgo**),
- l'ajout d'une consonne à la dernière voyelle du radical
  (**huir** ▷ **huyo** ; **oír** ▷ **oye**),
- la substitution d'une voyelle et une consonne
  par une autre voyelle et une autre consonne
  (**decir** ▷ **digo** ; **caber** ▷ **quepo**) et enfin,
- l'ajout de « -ig » à la dernière voyelle du radical
  (**oír** ▷ **oigo** ; **caer** ▷ **caigo**).

Il existe d'autres irrégularités plus exceptionnelles qu'il est difficile de systématiser, telles que des verbes ayant plusieurs radicaux, etc.

Le tableau ci-dessous comporte 81 modèles de conjugaisons : un pour chacune des trois conjugaisons régulières (verbes en **-ar**, **-er**, **-ir**), puis 72 modèles de conjugaisons irrégulières, dont celles des trois auxiliaires, **haber**, **ser** et **estar**, et enfin quatre exemples de verbes défectifs.

Un numéro a été attribué à chaque modèle ; toutefois, dans le corps du dictionnaire, seuls les verbes à conjugaison irrégulière portent un numéro renvoyant au tableau ci-dessous.

	1 amar	2 temer	3 partir
indicatif présent	amo	temo	parto
	ama	teme	parte
	amamos	tememos	partimos
indicatif imparfait	amaba	temía	partía
	amábamos	temíamos	partíamos
indicatif passé simple	amé	temí	partí
	amó	temió	partió
	amamos	temimos	partimos
	amaron	temieron	partieron
indicatif futur	amaré	temeré	partiré
	amará	temerá	partirá
	amaremos	temeremos	partiremos
conditionnel	amaría	temería	partiría
	amaríamos	temeríamos	partiríamos
subjonctif présent	ame	tema	parta
	amemos	temamos	partamos
subjonctif imparfait	amara, amase	temiera, temiese	partiera, partiese
	amáramos, amásemos	temiéramos, temiésemos	partiéramos, partiésemos
impératif	ama (tú)	teme (tú)	parte (tú)
	ame (él, ella, usted)	tema (él, ella, usted)	parta (él, ella, usted)
	amemos (nosotros)	temamos (nosotros)	partamos (nosotros)
	amad (vosotros)	temed (vosotros)	partid (vosotros)
	amen (ellos, ellas, ustedes)	teman (ellos, ellas, ustedes)	partan (ellos, ellas, ustedes)
participe présent	amando	temiendo	partiendo
participe passé	amado	temido	partido

	4 haber	5 ser	6 actuar
indicatif présent	he ha hemos	soy es somos	actúo actúa actuamos
indicatif imparfait	había habíamos	era éramos	actuaba actuábamos
indicatif passé simple	hube hubo hubimos hubieron	fui fue fuimos fueron	actué actuó actuamos actuaron
indicatif futur	habré habrá habremos	seré será seremos	actuaré actuará actuaremos
conditionnel	habría habríamos	sería seríamos	actuaría actuaríamos
subjonctif présent	haya hayamos	sea seamos	actúe actuemos
subjonctif imparfait	hubiera, hubiese hubiéramos, hubiésemos	fuera, fuese fuéramos, fuésemos	actuara, actuase actuáramos, actuásemos
impératif	he (tú) haya (él, ella, usted) hayamos (nosotros) habed (vosotros) hayan (ellos, ellas, ustedes)	sé (tú) sea (él, ella, usted) seamos (nosotros) sed (vosotros) sean (ellos, ellas, ustedes)	actúa (tú) actúe (él, ella, usted) actuemos (nosotros) actuad (vosotros) actúen (ellos, ellas, ustedes)
participe présent	habiendo	siendo	actuando
participe passé	habido	sido	actuado

	7 adecuar	8 cambiar	9 guiar
indicatif présent	adecuo adecua adecuamos	cambio cambia cambiamos	guío guía guiamos
indicatif imparfait	adecuaba adecuábamos	cambiaba cambiábamos	guiaba guiábamos
indicatif passé simple	adecué adecuó adecuamos adecuaron	cambié cambió cambiamos cambiaron	guié guió guiamos guiaron
indicatif futur	adecuaré adecuará adecuaremos	cambiaré cambiará cambiaremos	guiaré guiará guiaremos
conditionnel	adecuaría adecuaríamos	cambiaría cambiaríamos	guiaría guiaríamos
subjonctif présent	adecue adecuemos	cambie cambiemos	guíe guiemos
subjonctif imparfait	adecuara, adecuase adecuáramos, adecuásemos	cambiara, cambiase cambiáramos, cambiásemos	guiara, guiase guiáramos, guiásemos
impératif	adecua (tú) adecue (él, ella, usted) adecuemos (nosotros) adecuad (vosotros) adecuen (ellos, ellas, ustedes)	cambia (tú) cambie (él, ella, usted) cambiemos (nosotros) cambiad (vosotros) cambien (ellos, ellas, ustedes)	guía (tú) guíe (él, ella, usted) guiemos (nosotros) guiad (vosotros) guíen (ellos, ellas, ustedes)
participe présent	adecuando	cambiando	guiando
participe passé	adecuado	cambiado	guiado

	10 sacar	11 mecer	12 zurcir
indicatif présent	saco saca sacamos	mezo mece mecemos	zurzo zurce zurcimos
indicatif imparfait	sacaba sacábamos	mecía mecíamos	zurcía zurcíamos
indicatif passé simple	saqué sacó sacamos sacaron	mecí meció mecimos mecieron	zurcí zurció zurcimos zurcieron
indicatif futur	sacaré sacará sacaremos	meceré mecerá meceremos	zurciré zurcirá zurciremos
conditionnel	sacaría sacaríamos	mecería meceríamos	zurciría zurciríamos
subjonctif présent	saque saquemos	meza mezamos	zurza zurzamos
subjonctif imparfait	sacara, sacase sacáramos, sacásemos	meciera, meciese meciéramos, meciésemos	zurciera, zurciese zurciéramos, zurciésemos
impératif	saca (tú) saque (él, ella, usted) saquemos (nosotros) sacad (vosotros) saquen (ellos, ellas, ustedes)	mece (tú) meza (él, ella, usted) mezamos (nosotros) meced (vosotros) mezan (ellos, ellas, ustedes)	zurce (tú) zurza (él, ella, usted) zurzamos (nosotros) zurcid (vosotros) zurzan (ellos, ellas, ustedes)
participe présent	sacando	meciendo	zurciendo
participe passé	sacado	mecido	zurcido

	13 cazar	14 proteger	15 dirigir
indicatif présent	cazo caza cazamos	protejo protege protegemos	dirijo dirige dirigimos
indicatif imparfait	cazaba cazábamos	protegía protegíamos	dirigía dirigíamos
indicatif passé simple	cacé cazó cazamos cazaron	protegí protegió protegimos protegieron	dirigí dirigió dirigimos dirigieron
indicatif futur	cazaré cazará cazaremos	protegeré protegerá protegeremos	dirigiré dirigirá dirigiremos
conditionnel	cazaría cazaríamos	protegería protegeríamos	dirigiría dirigiríamos
subjonctif présent	cace cacemos	proteja protejamos	dirija dirijamos
subjonctif imparfait	cazara, cazase cazáramos, cazásemos	protegiera, protegiese protegiéramos, protegiésemos	dirigiera, dirigiese dirigiéramos, dirigiésemos
impératif	caza (tú) cace (él, ella, usted) cacemos (nosotros) cazad (vosotros) cacen (ellos, ellas, ustedes)	protege (tú) proteja (él, ella, usted) protejamos (nosotros) proteged (vosotros) protejan (ellos, ellas, ustedes)	dirige (tú) dirija (él, ella, usted) dirijamos (nosotros) dirigid (vosotros) dirijan (ellos, ellas, ustedes)
participe présent	cazando	protegiendo	dirigiendo
participe passé	cazado	protegido	dirigido

	16 llegar	17 distinguir	18 delinquir
indicatif présent	llego llega llegamos	distingo distingue distinguimos	delinco delinque delinquimos
indicatif imparfait	llegaba llegábamos	distinguía distinguíamos	delinquía delinquíamos
indicatif passé simple	llegué llegó llegamos llegaron	distinguí distinguió distinguimos distinguieron	delinquí delinquió delinquimos delinquieron
indicatif futur	llegaré llegará llegaremos	distinguiré distinguirá distinguiremos	delinquiré delinquirá delinquiremos
conditionnel	llegaría llegaríamos	distinguiría distinguiríamos	delinquiría delinquiríamos
subjonctif présent	llegue lleguemos	distinga distingamos	delinca delincamos
subjonctif imparfait	llegara, llegase llegáramos, llegásemos	distinguiera, distinguiese distinguiéramos, distinguiésemos	delinquiera, delinquiese delinquiéramos, delinquiésemos
impératif	llega (tú) llegue (él, ella, usted) lleguemos (nosotros) llegad (vosotros) lleguen (ellos, ellas, ustedes)	distingue (tú) distinga (él, ella, usted) distingamos (nosotros) distinguid (vosotros) distingan (ellos, ellas, ustedes)	delinque (tú) delinca (él, ella, usted) delincamos (nosotros) delinquid (vosotros) delincan (ellos, ellas, ustedes)
participe présent	llegando	distinguiendo	delinquiendo
participe passé	llegado	distinguido	delinquido

	19 acertar	20 tender	21 discernir
indicatif présent	acierto acierta acertamos	tiendo tiende tendemos	discierno discierne discernimos
indicatif imparfait	acertaba acertábamos	tendía tendíamos	discernía discerníamos
indicatif passé simple	acerté acertó acertamos acertaron	tendí tendió tendimos tendieron	discerní discernió discernimos discernieron
indicatif futur	acertaré acertará acertaremos	tenderé tenderá tenderemos	discerniré discernirá discerniremos
conditionnel	acertaría acertaríamos	tendería tenderíamos	discerniría discerniríamos
subjonctif présent	acierte acertemos	tienda tendamos	discierna discernamos
subjonctif imparfait	acertara, acertase acertáramos, acertásemos	tendiera, tendiese tendiéramos, tendiésemos	discerniera, discerniese discerniéramos, discerniésemos
impératif	acierta (tú) acierte (él, ella, usted) acertemos (nosotros) acertad (vosotros) acierten (ellos, ellas, ustedes)	tiende (tú) tienda (él, ella, usted) tendamos (nosotros) tended (vosotros) tiendan (ellos, ellas, ustedes)	discierne (tú) discierna (él, ella, usted) discernamos (nosotros) discernid (vosotros) disciernan (ellos, ellas, ustedes)
participe présent	acertando	tendiendo	discerniendo
participe passé	acertado	tendido	discernido

	22 adquirir	23 sonar	24 mover
indicatif présent	adquiero adquiere adquirimos	sueno suena sonamos	muevo mueve movemos
indicatif imparfait	adquiría adquiríamos	sonaba sonábamos	movía movíamos
indicatif passé simple	adquirí adquirió adquirimos adquirieron	soné sonó sonamos sonaron	moví movió movimos movieron
indicatif futur	adquiriré adquirirá adquiriremos	sonaré sonará sonaremos	moveré moverá moveremos
conditionnel	adquiriría adquiriríamos	sonaría sonaríamos	movería moveríamos
subjonctif présent	adquiera adquiramos	suene sonemos	mueva movamos
subjonctif imparfait	adquiriera, adquiriese adquiriéramos, adquiriésemos	sonara, sonase sonáramos, sonásemos	moviera, moviese moviéramos, moviésemos
impératif	adquiere (tú) adquiera (él, ella, usted) adquiramos (nosotros) adquirid (vosotros) adquieran (ellos, ellas, ustedes)	suena (tú) suene (él, ella, usted) sonemos (nosotros) sonad (vosotros) suenen (ellos, ellas, ustedes)	mueve (tú) mueva (él, ella, usted) movamos (nosotros) moved (vosotros) muevan (ellos, ellas, ustedes)
participe présent	adquiriendo	sonando	moviendo
participe passé	adquirido	sonado	movido

	25 dormir	26 pedir	27 sentir
indicatif présent	duermo duerme dormimos	pido pide pedimos	siento siente sentimos
indicatif imparfait	dormía dormíamos	pedía pedíamos	sentía sentíamos
indicatif passé simple	dormí durmió dormimos durmieron	pedí pidió pedimos pidieron	sentí sintió sentimos sintieron
indicatif futur	dormiré dormirá dormiremos	pediré pedirá pediremos	sentiré sentirá sentiremos
conditionnel	dormiría dormiríamos	pediría pediríamos	sentiría sentiríamos
subjonctif présent	duerma durmamos	pida pidamos	sienta sintamos
subjonctif imparfait	durmiera, durmiese durmiéramos, durmiésemos	pidiera, pidiese pidiéramos, pidiésemos	sintiera, sintiese sintiéramos, sintiésemos
impératif	duerme (tú) duerma (él, ella, usted) durmamos (nosotros) dormid (vosotros) duerman (ellos, ellas, ustedes)	pide (tú) pida (él, ella, usted) pidamos (nosotros) pedid (vosotros) pidan (ellos, ellas, ustedes)	siente (tú) sienta (él, ella, usted) sintamos (nosotros) sentid (vosotros) sientan (ellos, ellas, ustedes)
participe présent	durmiendo	pidiendo	sintiendo
participe passé	dormido	pedido	sentido

	28 reír	29 nacer	30 parecer
indicatif présent	río ríe reímos	nazco nace nacemos	parezco parece parecemos
indicatif imparfait	reía reíamos	nacía nacíamos	parecía parecíamos
indicatif passé simple	reí rió reímos rieron	nací nació nacimos nacieron	parecí pareció parecimos parecieron
indicatif futur	reiré reirá reiremos	naceré nacerá naceremos	pareceré parecerá pareceremos
conditionnel	reiría reiríamos	nacería naceríamos	parecería paraceríamos
subjonctif présent	ría riamos	nazca nazcamos	parezca parezcamos
subjonctif imparfait	riera, riese riéramos, riésemos	naciera, naciese naciéramos, naciésemos	pareciera, pareciese pareciéramos, pareciésemos
impératif	ríe (tú) ría (él, ella, usted) riamos (nosotros) reíd (vosotros) rían (ellos, ellas, ustedes)	nace (tú) nazca (él, ella, usted) nazcamos (nosotros) naced (vosotros) nazcan (ellos, ellas, ustedes)	parece (tú) parezca (él, ella, usted) parezcamos (nosotros) pareced (vosotros) parezcan (ellos, ellas, ustedes)
participe présent	riendo	naciendo	pareciendo
participe passé	reído	nacido	parecido

	31 conocer	32 lucir	33 conducir
indicatif présent	conozco conoce conocemos	luzco luce lucimos	conduzco conduce conducimos
indicatif imparfait	conocía conocíamos	lucía lucíamos	conducía conducíamos
indicatif passé simple	conocí conoció conocimos conocieron	lucí lució lucimos lucieron	conduje condujo condujimos condujeron
indicatif futur	conoceré conocerá conoceremos	luciré lucirá luciremos	conduciré conducirá conduciremos
conditionnel	conocería conoceríamos	luciría luciríamos	conduciría conduciríamos
subjonctif présent	conozca conozcamos	luzca luzcamos	conduzca conduzcamos
subjonctif imparfait	conociera, conociese conociéramos, conociésemos	luciera, luciese luciéramos, luciésemos	condujera, condujese condujéramos, condujésemos
impératif	conoce (tú) conozca (él, ella, usted) conozcamos (nosotros) conoced (vosotros) conozcan (ellos, ellas, ustedes)	luce (tú) luzca (él, ella, usted) luzcamos (nosotros) lucid (vosotros) luzcan (ellos, ellas, ustedes)	conduce (tú) conduzca (él, ella, usted) conduzcamos (nosotros) conducid (vosotros) conduzcan (ellos, ellas, ustedes)
participe présent	conociendo	luciendo	conduciendo
participe passé	conocido	lucido	conducido

	34 comenzar	35 negar	36 trocar
indicatif présent	comienzo comienza comenzamos	niego niega negamos	trueco trueca trocamos
indicatif imparfait	comenzaba comenzábamos	negaba negábamos	trocaba trocábamos
indicatif passé simple	comencé comenzó comenzamos comenzaron	negué negó negamos negaron	troqué trocó trocamos trocaron
indicatif futur	comenzaré comenzará comenzaremos	negaré negará negaremos	trocaré trocará trocaremos
conditionnel	comenzaría comenzaríamos	negaría negaríamos	trocaría trocaríamos
subjonctif présent	comience comencemos	niegue neguemos	trueque troquemos
subjonctif imparfait	comenzara, comenzase comenzáramos, comenzásemos	negara, negase negáramos, negásemos	trocara, trocase trocáramos, trocásemos
impératif	comienza (tú) comience (él, ella, usted) comencemos (nosotros) comenzad (vosotros) comiencen (ellos, ellas, ustedes)	niega (tú) niegue (él, ella, usted) neguemos (nosotros) negad (vosotros) nieguen (ellos, ellas, ustedes)	trueca (tú) trueque (él, ella, usted) troquemos (nosotros) trocad (vosotros) truequen (ellos, ellas, ustedes)
participe présent	comenzando	negando	trocando
participe passé	comenzado	negado	trocado

	37 forzar	38 avergonzar	39 colgar
indicatif présent	fuerzo fuerza forzamos	avergüenzo avergüenza avergonzamos	cuelgo cuelga colgamos
indicatif imparfait	forzaba forzábamos	avergonzaba avergonzábamos	colgaba colgábamos
indicatif passé simple	forcé forzó forzamos forzaron	avergoncé avergonzó avergonzamos avergonzaron	colgué colgó colgamos colgaron
indicatif futur	forzaré forzará forzaremos	avergonzaré avergonzará avergonzaremos	colgaré colgará colgaremos
conditionnel	forzaría forzaríamos	avergonzaría avergonzaríamos	colgaría colgaríamos
subjonctif présent	fuerce forcemos	avergüence avergoncemos	cuelgue colguemos
subjonctif imparfait	forzara, forzase forzáramos, forzásemos	avergonzara, avergonzase avergonzáramos, avergonzásemos	colgara, colgase colgáramos, colgásemos
impératif	fuerza (tú) fuerce (él, ella, usted) forcemos (nosotros) forzad (vosotros) fuercen (ellos, ellas, ustedes)	avergüenza (tú) avergüence (él, ella, usted) avergoncemos (nosotros) avergonzad (vosotros) avergüencen (ellos, ellas, ustedes)	cuelga (tú) cuelgue (él, ella, usted) colguemos (nosotros) colgad (vosotros) cuelguen (ellos, ellas, ustedes)
participe présent	forzando	avergonzando	colgando
participe passé	forzado	avergonzado	colgado

	40 jugar	41 cocer	42 regir
indicatif présent	juego juega jugamos	cuezo cuece cocemos	rijo rige regimos
indicatif imparfait	jugaba jugábamos	cocía cocíamos	regía regíamos
indicatif passé simple	jugué jugó jugamos jugaron	cocí coció cocimos cocieron	regí rigió regimos rigieron
indicatif futur	jugaré jugará jugaremos	coceré cocerá coceremos	regiré regirá regiremos
conditionnel	jugaría jugaríamos	cocería coceríamos	regiría regiríamos
subjonctif présent	juegue juguemos	cueza cozamos	rija rijamos
subjonctif imparfait	jugara, jugase jugáramos, jugásemos	cociera, cociese cociéramos, cociésemos	rigiera, rigiese rigiéramos, rigiésemos
impératif	juega (tú) juegue (él, ella, usted) juguemos (nosotros) jugad (vosotros) jueguen (ellos, ellas, ustedes)	cuece (tú) cueza (él, ella, usted) cozamos (nosotros) coced (vosotros) cuezan (ellos, ellas, ustedes)	rige (tú) rija (él, ella, usted) rijamos (nosotros) regid (vosotros) rijan (ellos, ellas, ustedes)
participe présent	jugando	cociendo	rigiendo
participe passé	jugado	cocido	regido

	43 seguir	44 argüir	45 averiguar
indicatif présent	sigo sigue seguimos	arguyo arguye argüimos	averiguo averigua averiguamos
indicatif imparfait	seguía seguíamos	argüía argüíamos	averiguaba averiguábamos
indicatif passé simple	seguí siguió seguimos siguieron	argüí arguyó argüimos arguyeron	averigüé averiguó averiguamos averiguaron
indicatif futur	seguiré seguirá seguiremos	argüiré argüirá argüiremos	averiguaré averiguará averiguaremos
conditionnel	seguiría seguiríamos	argüiría argüiríamos	averiguaría averiguaríamos
subjonctif présent	siga sigamos	arguya arguyamos	averigüe averigüemos
subjonctif imparfait	siguiera, siguiese siguiéramos, siguiésemos	arguyera, arguyese arguyéramos, arguyésemos	averiguara, averiguase averiguáramos, averiguásemos
impératif	sigue (tú) siga (él, ella, usted) sigamos (nosotros) seguid (vosotros) sigan (ellos, ellas, ustedes)	arguye (tú) arguya (él, ella, usted) arguyamos (nosotros) argüid (vosotros) arguyan (ellos, usted, ustedes)	averigua (tú) averigüe (él, ella, usted) averigüemos (nosotros) averiguad (vosotros) averigüen (ellos, ellas, ustedes)
participe présent	siguiendo	arguyendo	averiguando
participe passé	seguido	argüido	averiguado

	46 agorar	**47 errar**	**48 desosar**
indicatif présent	agüero agüera agoramos	yerro yerra erramos	deshueso deshuesa desosamos
indicatif imparfait	agoraba agorábamos	erraba errábamos	desosaba desosábamos
indicatif passé simple	agoré agoró agoramos agoraron	erré erró erramos erraron	desosé desosó desosamos desosaron
indicatif futur	agoraré agorará agoraremos	erraré errará erraremos	desosaré desosará desosaremos
conditionnel	agoraría agoraríamos	erraría erraríamos	desosaría desosaríamos
subjonctif présent	agüere agoremos	yerre erremos	deshuese desosemos
subjonctif imparfait	agorara, agorase agoráramos, agorásemos	errara, errase erráramos, errásemos	desosara, desosase desosáramos, desosásemos
impératif	agüera (tú) agüere (él, ella, usted) agoremos (nosotros) agorad (vosotros) agüeren (ellos, ellas, ustedes)	yerra (tú) yerre (él, ella, usted) erremos (nosotros) errad (vosotros) yerren (ellos, ellas, ustedes)	deshuesa (tú) deshuese (él, ella, usted) desosemos (nosotros) desosad (vosotros) deshuesen (ellos, ellas, ustedes)
participe présent	agorando	errando	desosando
participe passé	agorado	errado	desosado

	49 oler	**50 leer**	**51 huir**
indicatif présent	huelo huele olemos	leo lee leemos	huyo huye huimos
indicatif imparfait	olía olíamos	leía leíamos	huía huíamos
indicatif passé simple	olí olió olimos olieron	leí leyó leímos leyeron	huí huyó huimos huyeron
indicatif futur	oleré olerá oleremos	leeré leerá leeremos	huiré huirá huiremos
conditionnel	olería oleríamos	leería leeríamos	huiría huiríamos
subjonctif présent	huela olamos	lea leamos	huya huyamos
subjonctif imparfait	oliera, oliese oliéramos, oliésemos	leyera, leyese leyéramos, leyésemos	huyera, huyese huyéramos, huyésemos
impératif	huele (tú) huela (él, ella, usted) olamos (nosotros) oled (vosotros) huelan (ellos, ellas, ustedes)	lee (tú) lea (él, ella, usted) leamos (nosotros) leed (vosotros) lean (ellos, ellas, ustedes)	huye (tú) huya (él, ella, usted) huyamos (nosotros) huid (vosotros) huyan (ellos, ellas, ustedes)
participe présent	oliendo	leyendo	huyendo
participe passé	olido	leído	huido

	52 andar	53 asir	54 caber
indicatif présent	ando anda andamos	asgo ase asimos	quepo cabe cabemos
indicatif imparfait	andaba andábamos	asía asíamos	cabía cabíamos
indicatif passé simple	anduve anduvo anduvimos anduvieron	así asió asimos asieron	cupe cupo cupimos cupieron
indicatif futur	andaré andará andaremos	asiré asirá asiremos	cabré cabrá cabremos
conditionnel	andaría andaríamos	asiría asiríamos	cabría cabríamos
subjonctif présent	ande andemos	asga asgamos	quepa quepamos
subjonctif imparfait	anduviera, anduviese anduviéramos, anduviésemos	asiera, asiese asiéramos, asiésemos	cupiera, cupiese cupiéramos, cupiésemos
impératif	anda (tú) ande (él, ella, usted) andemos (nosotros) andad (vosotros) anden (ellos, ellas, ustedes)	ase (tú) asga (él, ella, usted) asgamos (nosotros) asid (vosotros) asgan (ellos, ellas, ustedes)	cabe (tú) quepa (él, ella, usted) quepamos (nosotros) cabed (vosotros) quepan (ellos, ellas, ustedes)
participe présent	andando	asiendo	cabiendo
participe passé	andado	asido	cabido

	55 caer	56 dar	57 decir
indicatif présent	caigo cae caemos	doy da damos	digo dice decimos
indicatif imparfait	caía caíamos	daba dábamos	decía decíamos
indicatif passé simple	caí cayó caímos cayeron	di dio dimos dieron	dije dijo dijimos dijeron
indicatif futur	caeré caerá caeremos	daré dará daremos	diré dirá diremos
conditionnel	caería caeríamos	daría daríamos	diría diríamos
subjonctif présent	caiga caigamos	dé demos	diga digamos
subjonctif imparfait	cayera, cayese cayéramos, cayésemos	diera, diese diéramos, diésemos	dijera, dijese dijéramos, dijésemos
impératif	cae (tú) caiga (él, ella, usted) caigamos (nosotros) caed (vosotros) caigan (ellos, ellas, ustedes)	da (tú) dé (él, ella, usted) demos (nosotros) dad (vosotros) den (ellos, ellas, ustedes)	di (tú) diga (él, ella, usted) digamos (nosotros) decid (vosotros) digan (ellos, ellas, ustedes)
participe présent	cayendo	dando	diciendo
participe passé	caído	dado	dicho

	58 erguir	59 estar	60 hacer
indicatif présent	irgo, yergo irgue, yergue erguimos	estoy está estamos	hago hace hacemos
indicatif imparfait	erguía erguíamos	estaba estábamos	hacía hacíamos
indicatif passé simple	erguí irguió erguimos irguieron	estuve estuvo estuvimos estuvieron	hice hizo hicimos hicieron
indicatif futur	erguiré erguirá erguiremos	estaré estará estaremos	haré hará haremos
conditionnel	erguiría erguiríamos	estaría estaríamos	haría haríamos
subjonctif présent	irga, yerga irgamos	esté estemos	haga hagamos
subjonctif imparfait	irguiera, irguiese irguiéramos, irguiésemos	estuviera, estuviese estuviéramos, estuviésemos	hiciera, hiciese hiciéramos, hiciésemos
impératif	irgue, yergue (tú) irga, yerga (él, ella) irgamos (nosotros) erguid (vosotros) irgan, yergan (ellos, ellas, ustedes)	está (tú) esté (él, ella, usted) estemos (nosotros) estad (vosotros) estén (ellos, ellas, ustedes)	haz (tú) haga (él, ella, usted) hagamos (nosotros) haced (vosotros) hagan (ellos, ellas, ustedes)
participe présent	irguiendo	estando	haciendo
participe passé	erguido	estado	hecho

	61 ir	62 oír	63 placer*
indicatif présent	voy va vamos	oigo oye oímos	plazco place placemos
indicatif imparfait	iba íbamos	oía oíamos	placía placíamos
indicatif passé simple	fui fue fuimos fueron	oí oyó oímos oyeron	plací plació, plugo placimos placieron, pluguieron
indicatif futur	iré irá iremos	oiré oirá oiremos	placeré placerá placeremos
conditionnel	iría iríamos	oiría oiríamos	placería placeríamos
subjonctif présent	vaya vayamos	oiga oigamos	plazca plazcamos
subjonctif imparfait	fuera, fuese fuéramos, fuésemos	oyera, oyese oyéramos, oyésemos	placiera, placiese placiéramos, placiésemos
impératif	ve (tú) vaya (él, ella, usted) vayamos (nosotros) id (vosotros) vayan (ellos, ellas, ustedes)	oye (tú) oiga (él, ella, usted) oigamos (nosotros) oíd (vosotros) oigan (ellos, ellas, ustedes)	place (tú) plazca (él, ella, usted) plazcamos (nosotros) placed (vosotros) plazcan (ellos, ellas, ustedes)
participe présent	yendo	oyendo	placiendo
participe passé	ido	oído	placido

* Aux 3es personnes du singulier du subjonctif présent et du subjonctif imparfait, on utilise aussi respectivement **plegue** et **pluguiera** ou **pluguiese**.

	64 poder	**65 poner**	**66 predecir**
indicatif présent	puedo puede podemos	pongo pone ponemos	predigo predice predecimos
indicatif imparfait	podía podíamos	ponía poníamos	predecía predecíamos
indicatif passé simple	pude pudo pudimos pudieron	puse puso pusimos pusieron	predije predijo predijimos predijeron
indicatif futur	podré podrá podremos	pondré pondrá pondremos	prediré predirá prediremos
conditionnel	podría podríamos	pondría pondríamos	prediría prediríamos
subjonctif présent	pueda podamos	ponga pongamos	prediga predigamos
subjonctif imparfait	pudiera, pudiese pudiéramos, pudiésemos	pusiera, pusiese pusiéramos, pusiésemos	predijera, predijese predijéramos, predijésemos
impératif	puede (tú) pueda (él, ella, usted) podamos (nosotros) poded (vosotros) puedan (ellos, ellas, ustedes)	pon (tú) ponga (él, ella, usted) pongamos (nosotros) poned (vosotros) pongan (ellos, ellas, ustedes)	predice (tú) prediga (él, ella, usted) predigamos (nosotros) predecid (vosotros) predigan (ellos, ellas, ustedes)
participe présent	pudiendo	poniendo	prediciendo
participe passé	podido	puesto	predicho

	67 querer	**68 raer**	**69 roer**
indicatif présent	quiero quiere queremos	rao, raigo, rayo rae raemos	roo, roigo, royo roe roemos
indicatif imparfait	quería queríamos	raía raíamos	roía roíamos
indicatif passé simple	quise quiso quisimos quisieron	raí rayó raímos rayeron	roí royó roímos royeron
indicatif futur	querré querrá querremos	raeré raerá raeremos	roeré roerá roeremos
conditionnel	querría querríamos	raería raeríamos	roería roeríamos
subjonctif présent	quiera queramos	raiga, raya raigamos, rayamos	roa, roiga, roya roamos, roigamos, royamos
subjonctif imparfait	quisiera, quisiese quisiéramos, quisiésemos	rayera, rayese rayéramos, rayésemos	royera, royese royéramos, royésemos
impératif	quiere (tú) quiera (él, ella, usted) queramos (nosotros) quered (vosotros) quieran (ellos, ellas, ustedes)	rae (tú) raiga, raya (él, ella, usted) raigamos, rayamos (nosotros) raed (vosotros) raigan, rayan (ellos, ellas, ustedes)	roe (tú) roa, roiga, roya (él, ella, usted) roamos, roigamos, royamos (nos.) roed (vosotros) roan, roigan, royan (ellos, ellas, us.)
participe présent	queriendo	rayendo	royendo
participe passé	querido	raído	roído

	70 saber	**71 salir**	**72 tener**
indicatif présent	sé sabe sabemos	salgo sale salimos	tengo tiene tenemos
indicatif imparfait	sabía sabíamos	salía salíamos	tenía teníamos
indicatif passé simple	supe supo supimos supieron	salí salió salimos salieron	tuve tuvo tuvimos tuvieron
indicatif futur	sabré sabrá sabremos	saldré sadrá saldremos	tendré tendrá tendremos
conditionnel	sabría sabríamos	saldría saldríamos	tendría tendríamos
subjonctif présent	sepa sepamos	salga salgamos	tenga tengamos
subjonctif imparfait	supiera, supiese supiéramos, supiésemos	saliera, saliese saliéramos, saliésemos	tuviera, tuviese tuviéramos, tuviésemos
impératif	sabe (tú) sepa (él, ella, usted) sepamos (nosotros) sabed (vosotros) sepan (ellos, ellas, ustedes)	sal (tú) salga (él, ella, usted) salgamos (nosotros) salid (vosotros) salgan (ellos, ellas, ustedes)	ten (tú) tenga (él, ella, usted) tengamos (nosotros) tened (vosotros) tengan (ellos, ellas, ustedes)
participe présent	sabiendo	saliendo	teniendo
participe passé	sabido	salido	tenido

	73 traer	**74 valer**	**75 venir**
indicatif présent	traigo trae traemos	valgo vale valemos	vengo viene venimos
indicatif imparfait	traía traíamos	valía valíamos	venía veníamos
indicatif passé simple	traje trajo trajimos trajeron	valí valió valimos valieron	vine vino venimos vinieron
indicatif futur	traeré traerá traeremos	valdré valdrá valdremos	vendré vendrá vendremos
conditionnel	traería traeríamos	valdría valdríamos	vendría vendríamos
subjonctif présent	traiga traigamos	valga valgamos	venga vengamos
subjonctif imparfait	trajera, trajese trajéramos, trajésemos	valiera, valiese valiéramos, valiésemos	viniera, viniese viniéramos, viniésemos
impératif	trae (tú) traiga (él, ella, usted) traigamos (nosotros) traed (vosotros) traigan (ellos, ellas, ustedes)	vale (tú) valga (él, ella, usted) valgamos (nosotros) valed (vosotros) valgan (ellos, ellas, ustedes)	ven (tú) venga (él, ella, usted) vengamos (nosotros) venid (vosotros) vengan (ellos, ellas, ustedes)
participe présent	trayendo	valiendo	viniendo
participe passé	traído	valido	venido

	76 ver	**77 yacer**
indicatif présent	veo ve vemos	yazco, yazgo, yago yace yacemos
indicatif imparfait	veía veíamos	yacía yacíamos
indicatif passé simple	vi vio vimos vieron	yací yació yacimos yacieron
indicatif futur	veré verá veremos	yaceré yacerá yaceremos
conditionnel	vería veríamos	yacería yaceríamos
subjonctif présent	vea veamos	yazca, yazga, yaga yazcamos, yazgamos, yagamos
subjonctif imparfait	viera, viese viéramos, viésemos	yaciera, yaciese yaciéramos, yaciésemos
impératif	ve (tú) vea (él, ella, usted) veamos (nosotros) ved (vosotros) vean (ellos, ellas, ustedes)	yace, yaz (tú) yazca, yazga, yaga (él, ella, usted) yazcamos, yazgamos, yagamos (nos.) yaced (vosotros) yazcan, yazgan, yagan (ellos…)
participe présent	viendo	yaciendo
participe passé	visto	yacido

Les verbes défectifs

On appelle verbes défectifs les verbes qui ne se conjuguent pas à toutes les personnes ou à tous les temps. Ils sont rares en espagnol.

80 desolar

Ce verbe ne s'utilise qu'à l'infinitif et au participe passé : **desolado**.

	78 abolir*	79 balbucir*	81 soler
		Les formes qui ne se conjuguent pas sont remplacées par les formes correspondantes du verbe **balbucear**.	Ce verbe défectif ne se conjugue ni à l'indicatif futur, ni au conditionnel, ni à l'impératif, ni au subjonctif futur.
indicatif présent	*inusité* – – abolimos abolís *inusité*	*inusité* balbuces balbuce balbucemos balbucís balbucen	suelo sueles suele solemos soléis suelen
indicatif imparfait	abolía abolías abolía abolíamos abolíais abolían	balbucía balbucías balbucía balbucíamos balbucíais balbucían	solía solías solía solíamos solíais solían
indicatif passé simple	abolí aboliste abolió abolimos abolisteis abolieron	balbucí balbuciste balbució balbucimos balbucisteis balbucieron	solí soliste solió solimos solisteis solieron
indicatif futur	aboliré abolirás abolirá aboliremos aboliréis abolirán	balbuciré balbucirás balbucirá balbuciremos balbuciréis balbucirán	*inusité*
conditionnel	aboliría abolirías aboliría aboliríamos aboliríais abolirían	balbuciría balbucirías balbuciría balbuciríamos balbuciríais balbucirían	*inusité*
subjonctif présent	*inusité*	*inusité*	suela suelas suela solamos soláis suelan
subjonctif imparfait	aboliera, aboliese abolieras, abolieses aboliera, aboliese aboliéramos, aboliésemos abolierais, abolieseis abolieran, aboliesen	balbuciera, balbuciese balbucieras, balbucieses balbuciera, balbuciese balbuciéramos, balbuciésemos balbucierais, balbucieseis balbucieran, balbuciesen	soliera, soliese solieras, solieses soliera, soliese soliéramos, soliésemos solierais, solieseis solieran, soliesen
impératif	*inusité* – abolid (vosotros) *inusité* –	balbuce (tú) *inusité* balbucid (vosotros) *inusité* –	*inusité*
participe présent	aboliendo	balbuciendo	soliendo
participe passé	abolido	balbucido	solido

* Ce verbe défectif ne se conjugue pas au subjonctif présent mais seulement aux temps dont la désinence commence par « i ».

Compendio de gramática francesa

El artículo

El artículo definido

1. Los artículos definidos son **le** (masculino) y **la** (femenino) en singular y **les** en plural, para ambos géneros. Se usa **l'** delante de una vocal o h muda en lugar de **le** o **la** (elisión) [le père ; la mère ; les enfants ; l'enfant ; l'homme].

2. Los artículos contractos **du** (por de le) y **au** (por à le) se usan delante de los sustantivos del masculino singular que empiezan por una consonante o h aspirada (**les enfants mangent du chocolat ; elle va au marché**) ; **des** (por de les) y **aux** (por à les) se usan delante de todos los sustantivos, masculinos o femeninos, en plural (**ils voient des étoiles ; nous partons aux Antilles**).

> **OBSERV** El artículo definido se usa delante de los nombres de **países** (la France et l'Espagne) pero se omite delante de los nombres de países femeninos precedidos de las preposiciones à, de, en (vivre en France ; aller à Chypre ; revenir de Tunisie).

El artículo indefinido

Los artículos indefinidos son **un**, **une** en singular y **des** en plural (**un garçon ; une fille ; des enfants**).

El artículo partitivo

Mientras el castellano no usa artículo alguno cuando quiere indicar una cantidad indeterminada, el francés antepone siempre al sustantivo, cuando la oración no tiene negación, uno de los artículos siguientes : **de, de la, de l', des** (**du pain ; de la viande ; de l'eau ; des fruits**) y cuando la tiene **de** o **d'** (**il ne boit pas de lait ; il ne boit pas d'eau**).

> **OBSERV** El artículo partitivo **des** se cambia generalmente en **de, d'** cuando el nombre va precedido de un adjetivo calificativo o de un adverbio de cantidad (elle a de jolis yeux, mais peu de sourcils).

Los sustantivos

Género

Hay en francés dos géneros : el masculino y el femenino.
1. Casi todos los sustantivos terminados por una **e** muda son del género **femenino**, salvo los que acaban en **-isme, -age** (aunque image, nage, rage son femeninos) e **-iste** (estos últimos tienen a menudo ambos géneros : un / une humaniste ; un / une biologiste).
2. Casi todos los sustantivos terminados por una consonante o una vocal que no sea una **e** muda son del género **masculino**, salvo los sustantivos que acaban por **-ion** o **-té** (la passion ; la punition ; la volupté ; la gaité, aunque été, pâté son masculinos).

> **OBSERV** Sin embargo, varias palabras que terminan por una **-e** son masculinas (le lycée ; le musée ; le foie, etc.).

Ciertas categorías de sustantivos pertenecen a un género determinado. Son generalmente masculinos los nombres de árboles (un pin ; un rosier), metales (le fer ; l'or), idiomas (le français ; le chinois), así como los nombres de los días (le lundi), meses (le mois de mars est souvent pluvieux), estaciones (le printemps ; l'hiver), colores (le rouge ; le bleu) y letras del alfabeto (le a ; le d). Son generalmente femeninos los nombres de disciplinas (la littérature ; la chimie, salvo le droit).

Formación del femenino

El femenino se forma generalmente añadiendo **e** al masculino (un ami ▷ une amie).
Los sustantivos masculinos que terminan en **e** muda no cambian (un élève ▷ une élève).
Otros terminados en **-e** convierten esta letra final en **-esse** (tigre ▷ tigresse).
Los que terminan en **-oux** y **-eur** lo hacen en **-ouse** y **-euse** (époux ▷ épouse ; danseur ▷ danseuse).
En algunos casos **-eur** se transforma en **-eresse** (vengeur ▷ vengeresse).
Los que terminan en **-teur** forman el femenino en **-trice** (acteur ▷ actrice).
Los que terminan en **-er** se transforman en **-ère** (fermier ▷ fermière).

Los que terminan en **-el** y **-eau** cambian estas letras en **-elle** (jumeau ▷ jumelle).

Los que terminan en **-ien** y **-ion** añaden **-ne** (chien ▷ chienne ; lion ▷ lionne).

Los que terminan en **-p** o **-f** cambian esta letra en **-ve** (loup ▷ louve ; veuf ▷ veuve).

Algunos que terminan en **-t** añaden **-te** (chat ▷ chatte).

> **OBSERV** Muchas palabras tienen la forma femenina completamente diferente de la masculina (roi ▷ reine ; bélier ▷ brebis ; gendre ▷ bru ; oncle ▷ tante, etc.).

Formación del plural

Los sustantivos franceses forman en general el plural añadiendo **-s** al singular (un livre ▷ des livres ; un lit ▷ des lits).

Los sustantivos terminados en la forma singular por **-s**, **-x** o **-z** no cambian (un bois ▷ des bois ; une noix ▷ des noix ; un nez ▷ des nez).

Los que terminan en **-al** forman el plural en **-aux** (cheval ▷ chevaux), salvo las excepciones siguientes, que toman una **-s** en plural : aval, bal, bancal, cal, carnaval, cérémonial, chacal, choral, copal, festival, mistral, narval, nopal, pal, récital, régal, rorqual, serval y sisal.

Los que terminan en **-eau**, **-au** y **-eu** toman **-x** en plural (veau ▷ veaux ; étau ▷ étaux ; feu ▷ feux) [siguen la regla general tomando **-s** en plural : landau ; sarrau ; bleu ; pneu, etc.].

Los que terminan en **-ou** añaden normalmente **s**, excepto siete nombres que toman **x** : bijou, caillou, chou, genou, hibou, joujou, pou (cou ▷ cous ; chou ▷ choux).

Los que terminan en **-ail** añaden normalmente **-s**, salvo siete nombres que forman el plural en **-aux**, a saber : bail ; corail ; émail ; soupirail ; travail ; vantail ; vitrail (rail ▷ rails ; travail ▷ travaux).

Con respecto a aïeul, ciel, œil, ail véase **OBSERV** en estas palabras.

> **OBSERV** Algunos sustantivos no tienen forma singular (ténèbres ; obsèques ; fiançailles ; mœurs).

Ciertos sustantivos singulares cambian de sentido en plural (un ciseau un formón ; des ciseaux unas tijeras).

El plural también puede llevar un cambio de pronunciación (bœuf [bœf] ▷ bœufs [bø] ; œuf [œf] ▷ œufs [ø] ; os [ɔs] ▷ os [o]).

El adjetivo

El adjetivo calificativo

El adjetivo calificativo toma en francés el género y el número del nombre al que califica (un beau château ; une belle église).

Formación del femenino. El femenino se forma en general añadiendo **e** al masculino (une grande route).

Los adjetivos masculinos que terminan en **e** muda no cambian (un dos large ; une rue large).

Los que terminan en **-eau**, **-ou** cambian estas letras en **-elle**, **-olle** (beau ▷ belle ; mou ▷ molle) con excepción de flou (floue) ; hindou (hindoue).

Los que terminan en **-el**, **-ul**, **-l** palatalizada, **-et**, **-ien**, **-on** doblan la última consonante añadiendo una **e** (cruel ▷ cruelle ; nul ▷ nulle ; pareil ▷ pareille ; muet ▷ muette ; ancien ▷ ancienne ; bon ▷ bonne). Sin embargo, algunos que terminan en **-et** hacen **-ète** en femenino : complet ; désuet ; discret ; incomplet ; indiscret ; inquiet ; replet ; secret (discret ▷ discrète).

Los que terminan en **-ot** siguen la regla general, salvo boulot, maigriot, pâlot, sot, vieillot que añaden **-te** (idiot ▷ idiote ; sot ▷ sotte).

Los que terminan en **-er** cambian el final en **-ère** (léger ▷ légère).

Los que terminan en **-eux**, **-oux**, **-eur** forman el femenino en **-euse**, **-ouse**, **-euse** (sérieux ▷ sérieuse ; jaloux ▷ jalouse ; trompeur ▷ trompeuse). Sin embargo algunos adjetivos que terminan en **-eur** siguen la regla general y cambian en **-eure** : antérieur ; inférieur ; majeur ; meilleur ; mineur ; postérieur ; supérieur ; ultérieur (antérieur ▷ antérieure).

Los que terminan en **-teur** cambian esta letra en **-trice** (évocateur ▷ évocatrice).

Los que terminan en **-f** cambian esta letra en **-ve** (vif ▷ vive).

Los adjetivos bas, épais, gros, faux, roux, las, exprès (en femenino, el adjetivo pierde el acento grave), métis cambian la consonante final en **-sse** (épais ▷ épaisse ; exprès ▷ expresse).

> **OBSERV** Varios femeninos son irregulares (blanc ▷ blanche ; doux ▷ douce ; long ▷ longue, etc.).

Formación del plural. El plural de los adjetivos calificativos se forma, en general, como el de los sustantivos, añadiendo **s** al singular (un grand cahier ▷ de grands cahiers).

Los adjetivos que, en singular, terminan en **-s** o **-x** no cambian en plural (un chat gris ▷ des chats gris ; un faux passeport ▷ de faux passeports).

Los que terminan en **-al** forman el plural en **-aux** (royal ▷ royaux). Sin embargo banal, bancal, fatal, glacial, natal, naval, tonal toman **-s** (bancal ▷ bancals).

Los que terminan en **-eau** toman **x** en plural (beau ▷ beaux).

> **OBSERV** Cuando el adjetivo califica varios nombres, toma el plural (les étrangers apprécient la cuisine et la langue françaises). Cuando ambos nombres no tienen el mismo género, el adjetivo se pone en masculino plural (l'enfant portait une veste et un chapeau bleus).

Grados de significación de los adjetivos

Los comparativos.
1. El comparativo de **igualdad** se forma anteponiendo aussi al adjetivo y que al complemento (je suis aussi grand que toi soy tan alto como tú).
2. Los comparativos de **superioridad** e **inferioridad** se forman anteponiendo respectivamente plus o moins al adjetivo y que al complemento (il est plus grand que moi et moins fort que son frère es más alto que yo y menos fuerte que su hermano).
Comparativos **irregulares** : meilleur (comparativo del adjetivo bon) [mejor], mieux (comparativo del adjetivo bien) [mejor], pire (peor), moindre (menor). Para los dos últimos se usan también las formas plus mauvais (peor) y plus petit (menor).

Los superlativos.
1. El superlativo **absoluto** se forma anteponiendo al adjetivo el adverbio très (u otro adverbio que puede sustituirse con él : super ; extrêmement, etc.).
2. El superlativo **relativo** se forma por medio de le plus, la plus, les plus (más) o le moins, la moins, les moins (menos). El adverbio va siempre precedido del artículo en francés (l'homme le plus sympathique el hombre más simpático ; l'élève le moins travailleur el alumno menos trabajador ; celui qui travaille le moins el que trabaja menos).
Las formas **irregulares** se identifican con las de los comparativos : le meilleur, le mieux, le pire (o le plus mauvais), le moindre (o le plus petit).

Adjetivos numerales

A partir de **seize** (16) los numerales se forman, como en castellano, por adición, poniendo sólo la conjunción **et** en el primer numeral de cada decena (vingt et un ; trente et un). Los demás se unen por medio de un guión (dix-sept).

Numerales cardinales. Un **1**, deux **2**, trois **3**, quatre **4**, cinq **5**, six **6**, sept **7**, huit **8**, neuf **9**, dix **10**, onze **11**, douze **12**, treize **13**, quatorze **14**, quinze **15**, seize **16**, dix-sept **17**, dix-huit **18**, dix-neuf **19**, vingt **20**, vingt et un **21**, vingt-deux **22**, trente **30**, quarante **40**, cinquante **50**, soixante **60**, soixante-dix **70**, quatre-vingts **80**, quatre-vingt-dix **90**, cent **100**, deux cents **200**, mille **1 000**, deux mille **2 000**, un million **1 000 000**, un milliard **1 000 000 000**.

> **OBSERV** Los numerales cardinales son invariables salvo un que hace une en femenino y vingt y cent que toman **s** en ciertos casos (véase **OBSERV** en estas palabras). Mille, designando la fecha, se puede escribir mil (l'an mil neuf cent).

Numerales ordinales. Se forman añadiendo **-ième** a los cardinales (troisième ; vingt et unième ; vingt-deuxième ; quatre-vingt-unième ; quatre-vingt-dixième, etc.).

> **OBSERV** El cardinal un hace premier, deux puede hacer deuxième o second (véase en la palabra segundo).

Para expresar el siglo, se emplea el ordinal en francés (le XXe [vingtième] siècle). Para los soberanos, se usa el cardinal (**Louis XIV [quatorze]**, pero **François Ier [premier]**).

Para expresar la hora, no se usa el artículo y se añade siempre la palabra heure al número que la expresa. El verbo être se emplea en tercera persona del singular (il est 6 [six] heures son las seis).

Adjetivos y pronombres

Adjetivos y pronombres demostrativos

Adjetivos demostrativos. Los adjetivos demostrativos son **ce** o **cet** en masculino singular, **cette** en femenino y **ces** en plural para ambos géneros (ce garçon ; cet enfant ; cette fille ; ces enfants).

> **OBSERV** Ce se emplea delante de consonante o h aspirada (**ce mur** ; **ce hérisson**) ; **cet** se usa delante de vocal o h muda (**cet arbre** ; **cet homme**).

Existe también una forma compuesta que se obtiene agregando a la que hemos citado anteriormente los adverbios de lugar **ci** (para los seres o cosas que están cerca de quien habla) o **là** (para los seres o cosas que están lejos de quien habla). Estos adverbios se unen al sustantivo por medio de un guión (**ce livre-ci** ; **cet arbre-là**).

Pronombres demostrativos. Tienen dos formas en francés : la simple y la compuesta, esta última obtenida por medio de los adverbios **ci** y **là**, lo mismo que ocurre con los adjetivos.

	Masculino	**Femenino**	**Neutro**
Singular	celui	celle	ce (c')
	celui-ci	celle-ci	ceci
	celui-là	celle-là	cela, ça
Plural	ceux	celles	
	ceux-ci	celles-ci	
	ceux-là	celles-là	

> **OBSERV** La forma **c'** se emplea principalmente delante de las formas del verbo **être** que empiezan por una vocal. (véase el párrafo dedicado a los auxiliares).

La forma **ça** es una contracción familiar de cela.

Las formas simples no se pueden emplear si no van seguidas de **de, qui, que, dont** y los pronombres demostrativos franceses equivalen a los artículos definidos correspondientes en español (**celui de** el de ; **celle de** la de ; **celui que** el que ; **celles que** las que ; **ce que, ce qui** [neutro] lo que ; **celui dont** el de quien o de que).

> **OBSERV** No se debe confundir **ce**, pronombre, con **ce**, adjetivo demostrativo, que va siempre acompañado de un sustantivo.

Ce o **c'** se anteponen al verbo **être** cuando éste se halla al principio de una frase (**ce sont mes cousins** son mis primos ; **ce sont eux** o **c'est eux** [más familiar] son ellos).

Adjetivos y pronombres posesivos

Adjetivos posesivos. Son los siguientes :

	Un solo poseedor		**Varios poseedores**	
	Masculino	**Femenino**	**Masculino**	**Femenino**
Un objeto	mon	ma	notre	notre
	ton	ta	votre	votre
	son	sa	leur	leur
Varios objetos	mes	mes	nos	nos
	tes	tes	vos	vos
	ses	ses	leurs	leurs

Delante de los nombres adjetivos femeninos que empiezan por vocal o h muda se usa, por eufonía, **mon, ton, son** en lugar de **ma, ta, sa** (**mon âme** ; **ton histoire** ; **son aimable fille**).

Cuando los objetos o seres de que se habla pertenecen a varios poseedores, los adjetivos posesivos franceses **leur** y **leurs** se emplean en lugar de **son, sa, ses** para traducir los posesivos españoles **su** y **sus**, respectivamente (**il met son manteau** ▷ **ils mettent leur manteau** ; **il porte ses lunettes** ▷ **ils portent leurs lunettes**).

Pronombres posesivos. Las formas francesas del pronombre posesivo son **mien, mienne, nôtre** (1ª persona) ; **tien, tienne, vôtre** (2ª persona) ; **sien, sienne, leur** (3ª persona). Estas formas van siempre precedidas del artículo definido (**ce livre est le mien** ; **cette table est la tienne** ; **cette voiture est la sienne** ; **ces champs sont les nôtres** ; **ces lunettes sont les vôtres** ; **ces manteaux sont les leurs**). Sin embargo, no llevan el artículo definido en casos como los siguientes : cuando se emplean como atributos (**cette opinion est mienne** ; **nous faisons nôtres vos conclusions**) y en estilo irónico o afectado, cuando se emplean como epítetos entre un artículo indefinido y un sustantivo (**j'ai reçu la visite d'un mien cousin**).

OBSERV Hay que distinguir los pronombres posesivos **nôtre** y **vôtre**, que llevan un acento circunflejo, de los adjetivos **notre** y **votre**, que no lo tienen.

Pronombres personales

	Sujeto	Complemento		Con preposición
		directo	indirecto	
1ª persona singular	je	me	me	moi
2ª persona singular	tu	te	te	toi
3ª persona singular	il, elle, on	le, la	lui, en, y	lui, elle
1ª persona plural	nous	nous	nous	nous
2ª persona plural	vous	vous	vous	vous
3ª persona plural	ils, elles	les	leur, en, y	eux, elles
pronombres reflexivos		se	se	soi

Delante de vocal o h muda, **je, me, te, le, la** sustituyen la vocal por un apóstrofo (**j', m', t', l'**) [il m'appelle].

Los pronombres **je, tu, il** se emplean siempre como sujetos del verbo y nunca como complementos (**je parle de toi** [no de tu]).

On es un pronombre de la tercera persona del singular que siempre se refiere a personas (cualquier persona, todo el mundo, la gente). Sólo se emplea como sujeto y el verbo va en singular (**quand on veut, on peut**).

La forma **l'on** se emplea en el lenguaje culto, sobre todo para evitar el hiato después de **si, ou, et**, etc. (**si l'on me demande, prévenez-moi**).

La persona del verbo ha de ir siempre acompañada en francés del pronombre para indicar cuál es el sujeto (**je parle** [yo] hablo ; **elle parle** [ella] habla).

Se usa **vous** en tratamiento de respeto, en lugar de **tu**. Este pronombre, que corresponde a la forma española **usted**, se emplea con la 2ª persona del plural, pero el adjetivo queda en singular (**vous êtes bien aimable** usted es muy amable). Se usa también **vous** y la 2ª persona del plural para traducir **ustedes**, confundiéndose esta forma con la del tuteo colectivo expresado en castellano por **vosotros**. (Así, **vous êtes bien aimables** significa ustedes son muy amables o bien , vosotros sois muy amables). Señalemos que los pronombres personales complementos y adjetivos posesivos correspondientes al **vous** francés de tratamiento de respeto (singular o plural) van siempre en 2ª persona del plural (**si vous voulez, je vous rendrai vos livres demain** si usted(es) quiere(n) le(s) devolveré sus libros mañana).

El pronombre personal **leur** se escribe siempre sin s (**il leur donna rendez-vous** les dio cita). No hay que confundirlo con el posesivo.

El complemento directo, si un verbo va acompañado de dos pronombres complementos de la 3a persona, se traduce por **le, la, les** y el indirecto (**se**) por **lui** (singular) o **leur** (plural). El complemento directo se coloca antes del indirecto como se puede ver en el ejemplo siguiente : **je le lui dirai** o **je le leur dirai** se lo diré.

Siempre se emplea el reflexivo **soi**, en lugar de **lui, elle, eux, elles**, cuando el sujeto es indeterminado (**chacun pense à soi** [pero **il ne pense qu'à lui ; elle ne parle que d'elle**]).

En, y, empleados como pronombres personales, son complementos y nunca sujetos. (Véase en estas palabras).

La forma interrogativa francesa, en estilo escrito o elegante, tiene que llevar el pronombre sujeto detrás del verbo, unidos ambos por un guión, en los tiempos simples (**veux-tu ?**) y entre el auxiliar del cual está separado por un guión y el participio en los tiempos compuestos (**avez-vous fini ?**).

Si la primera persona del singular termina por e muda, la e se acentúa (**parlé-je ?**). Pero se emplea también otra forma de conjugación interrogativa, muy corriente en la lengua hablada, que consiste en anteponer a la forma afirmativa la locución est-ce que (**est-ce que je parle ?**).

En la 3ª persona del singular, cuando el verbo acaba en vocal, se intercala entre el verbo y el pronombre una t, que precede y sigue un guión, para evitar el hiato (**va-t-il venir ? ; a-t-il fini ?**).

Cuando el sujeto es un sustantivo (o cualquier pronombre que no sea personal), éste se enuncia al principio de la frase antes del verbo, haciéndose seguir este último del pronombre que le corresponde (la maison est-elle construite ?).

Pronombres relativos e interrogativos

Pronombres relativos. Son lequel, duquel, auquel, lesquels, desquels, auxquels (para el masculino), laquelle, de laquelle, à laquelle, lesquelles, desquelles, auxquelles (para el femenino) y qui, que, quoi, dont, où (para ambos géneros).

El relativo castellano **que** se traduce siempre por **qui** cuando es sujeto y por **que** cuando es complemento (la pomme qui est mûre la manzana que está madura ; la pomme que je mange la manzana que estoy comiendo).

Dont es siempre complemento (véase en esta palabra).

Où es complemento de lugar o de tiempo (véase en esta palabra).

Pronombres interrogativos. Los relativos qui, que, quoi y lequel, laquelle, etc., se usan también como interrogativos (qui parle ? ; que désirez-vous ? ; quoi de nouveau ? ; lequel préférez-vous ?).

En la forma interrogativa, **qui** se refiere solamente a personas, **que** y **quoi** a cosas.

Son bastante usuales en el francés hablado las formas qui est-ce qui, qui est-ce que (qui est-ce qui a dit cela ? o qui a dit cela ?).

> **OBSERV** El punto de interrogación se usa en francés sólo al final de la frase.

El adverbio

La mayoría se forman añadiendo la terminación **-ment** al femenino de los adjetivos (heureux ▷ heureusement).

Cuando dos o más adverbios acabados en **-ment** van a continuación uno de otro es necesaria en francés la repetición de la terminación adverbial para cada uno de ellos (lentement, calmement et paresseusement lenta, calma y perezosamente).

Adverbios de modo. Además de los adverbios que terminan en **-ment**, hay excepciones como los adjetivos terminados en **-ant** y **-ent** que hacen el adverbio en **-amment**, **-emment** (savant ▷ savamment ; prudent ▷ prudemment). Otras salvedades : précisément, profondément, hardiment, goulûment, brièvement, etc.

Adverbios de cantidad. Los adverbios plus, moins, beaucoup, assez, peu, trop, autant, tant, combien exigen en francés el uso de la preposición de ; el adverbio bien toma los artículos du, des (beaucoup de fleurs muchas flores ; peu d'eau poca agua ; il a bien du courage tiene mucho valor). Obsérvese que los adverbios franceses, invariables, se traducen al castellano por adjetivos que concuerdan en género y número con el sustantivo.

En, y, que en francés tienen a menudo función pronominal, son igualmente adverbios de lugar (j'en viens vengo de allí ; j'y vais voy allá).

Adverbios de negación. [▶ ne].

El adverbio ne se emplea solo, de un modo expletivo, después de verbos que expresan temor (frases afirmativas o interrogativas) o duda (frases negativas o interrogativas), después de locuciones como avant que, à moins de, peu s'en faut, etc., o después de **que**, comparativo (je crains qu'il ne pleuve ; il est moins intelligent que je ne pensais).

Esta partícula tiende a desaparecer de la lengua hablada actual.

El verbo

Los verbos franceses están clasificados en tres grupos, caracterizados por la terminación del infinitivo, las primeras personas del singular de los presentes de indicativo y de subjuntivo, y el participio presente.

1er grupo. Verbos en **-er** que terminan en **-e** en las primeras personas del singular de los presentes de indicativo y de subjuntivo, y en **-ant** en el participio presente (aimer, j'aime, que j'aime, aimant).

aimer

presente de indicativo	preterito indefinido	condicional	imperfecto de subjuntivo
j'aime	j'aimai	j'aimerais	que j'aimasse
tu aimes	tu aimas	tu aimerais	que tu aimasses
il, elle aime	il, elle aima	il, elle aimerait	qu'il, elle aimât
nous aimons	nous aimâmes	nous aimerions	que nous aimassions
vous aimez	vous aimâtes	vous aimeriez	que vous aimassiez
ils, elles aiment	ils, elles aimèrent	ils, elles aimeraient	qu'ils, elles aimassent
preterito imperfecto	**futuro de indicativo**	**presente de subjuntivo**	**imperativo**
j'aimais	j'aimerai	que j'aime	aime
tu aimais	tu aimeras	que tu aimes	aimons
il, elle aimait	il, elle aimera	qu'il, elle aime	aimez
nous aimions	nous aimerons	que nous aimions	
vous aimiez	vous aimerez	que vous aimiez	
ils, elles aimaient	ils, elles aimeront	qu'ils, elles aiment	
participio presente	aimant	**participio pasado**	aimé, e

2° grupo. Verbos en **-ir** que terminan en **-is** en las primeras personas del singular de los presentes de indicativo y de subjuntivo , y en **-issant** en el participio presente (finir, je finis, que je finisse, finissant).

finir

presente de indicativo	preterito indefinido	condicional	imperfecto de subjuntivo
je finis	je finis	je finirais	que je finisse
tu finis	tu finis	tu finirais	que tu finisses
il, elle finit	il, elle finit	il, elle finirait	qu'il, elle finît
nous finissons	nous finîmes	nos finirions	que nous finissions
vous finissez	vous finîtes	vous finiriez	que vous finissiez
ils, elles finissent	ils, elles finirent	ils, elles finiraient	qu'ils, elles finissent
preterito imperfecto	**futuro de indicativo**	**presente de subjuntivo**	**imperativo**
je finissais	je finirai	que je finisse	finis
tu finissais	tu finiras	que tu finisses	finissons
il, elle finissait	il, elle finira	qu'il, elle finisse	finissez
nous finissions	nous finirons	que nous finissions	
vous finissiez	vous finirez	que vous finissiez	
ils, elles finissaient	ils, elles finiront	qu'ils, elles finissent	
participio presente	finissant	**participio pasado**	fini, e

3er grupo. Verbos en **-ir** (partir, je pars, que je parte, partant), en **-oir** (recevoir, je reçois, que je reçoive, recevant), en **-re** (rendre, je rends, que je rende, rendant) y el verbo **aller**. Los verbos del 1er grupo son todos regulares (salvo envoyer) así como los del 2° grupo ; los del 3er grupo son los más irregulares.

Particularidades de ciertos verbos

1er grupo. Los verbos terminados en **-cer** (percer) toman una cedilla en la **c** delante de a u o (je perçais). En los verbos terminados en **-ger** (manger) se añade una **e** muda después de la g delante de a u o (je mangeais).

Los verbos terminados en **-eler** (appeler) o **-eter** (jeter) doblan la **l** o la **t** delante de e muda (j'appelle ; je jette) salvo algunos como **peler** ; **geler** ; **acheter, fureter**, etc., que no repiten la l o la t pero toman acento grave (j'achète).

Los verbos terminados en **-ener** (amener) y en **-érer** (prospérer) llevan un acento grave en la e del presente de indicativo.

Los verbos terminados en **-yer** (ployer) cambian **y** en **i** delante de e muda (**je ploie**).

Los verbos que tienen una e muda o una é cerrada (salvo en la primera persona del singular) en la penúltima sílaba cambian estas vocales en **è** abierta cuando la sílaba siguiente es muda (**je sème; nous achetons ; j'achèverai**).

Los verbos acabados en **-ier** son irregulares solamente en la 1ª y en la 2ª persona del plural del imperfecto de indicativo (**nous appréciions ; vous appréciiez**) y del presente de subjuntivo (**que nous apprécions ; que vous appréciiez**) en que hay dos **i**.

2° grupo. Véase los artículos bénir, fleurir, haïr.

3er grupo. Véase los verbos modelos.

Los auxiliares

Avoir. Como auxiliar, **avoir** significa haber y sirve para formar los tiempos compuestos de los verbos transitivos y de la mayor parte de los intransitivos (**il a écrit une lettre ; elle a vécu deux ans à Paris**). [Véase en el párrafo « participio pasado », lo referente a la concordancia de éste con el complemento.]

Avoir se emplea además en el sentido activo e indica la posesión como lo hace el verbo castellano tener (**j'ai un livre ; j'ai faim**).

Avoir

presente de indicativo	preterito indefinido	condicional	imperfecto de subjuntivo
j'ai	j'eus	j'aurais	que j'eusse
tu as	tu eus	tu aurais	que tu eusses
il, elle a	il, elle eut	il, elle aurait	qu'il, elle eût
nous avons	nous eûmes	nous aurions	que nous eussions
vous avez	vous eûtes	vous auriez	que vous eussiez
ils, elles ont	ils, elles eurent	ils, elles auraient	qu'ils, elles eussent

preterito imperfecto	futuro de indicativo	presente de subjuntivo	imperativo
j'avais	j'aurai	que j'aie	aie
tu avais	tu auras	que tu aies	ayons
il, elle avait	il, elle aura	qu'il, elle aie	ayez
nous avions	nous aurons	que nous ayons	
vous aviez	vous aurez	que vous ayez	
ils, elles avaient	ils, elles auront	qu'ils, elles aient	

participio presente	ayant	participio pasado	eu, e

Être. Corresponde a los verbos castellanos ser y estar.

Como auxiliar, sirve para conjugar :

1. la **voz pasiva** (**il est aimé de tous** es amado de todos).

2. los **tiempos compuestos** de los verbos **pronominales** (**je me suis levé** me ha levantado).

3. los **tiempos compuestos** de algunos verbos **intransitivos**, especialmente los que expresan movimiento o transición (aller, partir, arriver, devenir, naître, mourir, etc.) [**je suis allé** he ido ; **nous sommes arrivés** hemos llegado].

Être

presente de indicativo	preterito indefinido	condicional	imperfecto de subjuntivo
je suis	je fus	je serais	que je fusse
tu es	tu fus	tu serais	que tu fusses
il, elle est	il, elle fut	il, elle serait	qu'il, elle fût
nous sommes	nous fûmes	nous serions	que nous fussions
vous êtes	vous fûtes	vous seriez	que vous fussiez
ils, elles sont	ils, elles furent	ils, elles seraient	qu'ils, elles fussent

preterito imperfecto	futuro de indicativo	presente de subjuntivo	imperativo
j'étais	je serai	que je sois	sois
tu étais	tu seras	que tu sois	soyons
il, elle était	il, elle sera	qu'il, elle soit	soyez
nous étions	nous serons	que nous soyons	
vous étiez	vous serez	que vous soyez	
ils, elles étaient	ils, elles seront	qu'ils, elles soient	

participio presente	étant	participio pasado	été

Ce, c' **delante del verbo** *être.* Cuando una locución castellana empieza con el verbo ser seguido del nombre o del pronombre sujeto, ser se traduce por **être** en la 3ª persona (singular o plural) precedido de **ce** o **c'** (**c'est moi ; c'est nous ; ce sont eux**). Los relativos quien, que, el que, etc., se traducen por **qui** (sujeto) o **que** (complemento). En la forma interrogativa ce puede colocarse después del verbo (**c'est moi qui commande ; c'est la maison que j'ai achetée ; c'est vous qui avez parlé? o est-ce vous qui avez parlé?**).

La locución **c'est... que** puede emplearse también acompañada de un complemento circunstancial e indicar el lugar (**c'est ici que** aquí es donde), el tiempo (**c'est aujourd'hui que** hoy es cuando), el modo (**c'est ainsi que** así es como) o la causa (**c'est pourquoi** por eso es por lo que).

Hay que poner el pronombre **il** delante de **être** en la 3ª persona del singular para expresar la **hora** y añadir siempre la palabra heure al número que la expresa (**il est 6 heures**).

Verbos pronominales

Los verbos pronominales se conjugan, como ya se ha dicho, con el auxiliar **être** (**nous nous sommes levés**). Obsérvese la existencia de los dos pronombres, el sujeto y el complemento. (Véase también el párrafo "el participio").

Verbos impersonales

Los verbos impersonales franceses se conjugan con el pronombre **il** en la 3ª persona del singular (**il pleut ; il neige ; il fait beau**).

Las frases castellanas en las cuales se usan los verbos **haber** y **hacer** en forma impersonal se traducen en francés por medio del auxiliar **avoir** precedido del pronombre **il** y del adverbio **y** (**il y a des enfants dans la cour ; il y a deux mois**). El verbo hacer usado impersonalmente para indicar variaciones atmosféricas se traduce al francés por el verbo **faire** precedido de **il** (**il fait froid ; il faisait chaud**).

La voz pasiva

El empleo de la forma pasiva es mucho más frecuente en francés que en castellano (**je suis très surpris de ta visite** me sorprende mucho tu visita). Así, las frases reflexivas castellanas, en las que la idea de acción desaparece al no mencionarse el agente, pueden traducirse al francés por medio de la contrucción pasiva (**tout achat est payé comptant** toda compra se paga al contado ; **le « ll » est considéré en français comme un « l » double** la « ll » se considera en francés como una « l » duplicada).

El participio

El participio pasado. Usado **sin auxiliar**, el participio pasado concuerda, como un adjetivo, con el nombre que califica (**la leçon apprise ; les devoirs terminés ; des fleurs parfumées**).

Empleado **con el auxiliar être**, el participio pasado (de los verbos pasivos y de algunos verbos intransitivos) concuerda en género y número con el nombre o pronombre sujeto de être, como en castellano (**ils sont venus ; elles sont venues**).

> **OBSERV** El participio pasado de los **verbos pronominales**, reflexivos o recíprocos, conjugados con el auxiliar **être**, concuerda con el pronombre (**me, te, se, nous, vous**) si éste es complemento directo (**elle s'est blessée ; ils se sont battus**). No concuerda con el pronombre si éste es complemento indirecto o de atribución (**ils se sont adressé des injures ; nous nous sommes écrit**). Sin embargo, cuando el complemento directo del verbo pronominal se halla antes del participio pasado, éste concuerda con el complemento (**les injures qu'ils se sont adressées**).

El participio pasado conjugado **con el auxiliar** avoir :

1. concuerda con el **complemento directo** cuando éste está **antepuesto** al participio (**les cerises que nous avons mangées** [cerises se halla antes de mangées]) ;

2. no varía cuando tiene el complemento directo después (**j'ai mangé des cerises**) ;

3. tampoco varía cuando no tiene complemento directo (**ils ont répondu à notre lettre**).

> **OBSERV** El participio pasado conjugado con el auxiliar **avoir** y seguido de un **infinitivo** complemento directo es invariable. Pero cuando el sujeto del infinitivo se halla antes del participio pasado, éste concuerda con el sujeto del infinitivo (**la femme que j'ai entendue chanter** [en cambio **la chanson que j'ai entendu chanter**, frase en la que se sobreentiende par quelqu'un]).

En francés se coloca siempre el sujeto detrás del participio en las **claúsulas absolutas**, y se emplea, si así se requiere, el participio en la forma compuesta (**cela dit** dicho esto ; **les parts ayant été faites, le lion parla ainsi** hechas las partes, el león habló así). No obstante es preferible traducir en muchos casos la claúsula absoluta castellana por una proposición temporal (**après avoir prononcé son discours** [mejor que **son discours étant prononcé**], il s'assit pronunciado el discurso, se sentó).

El participio presente o de presente o participio activo. Es invariable y presente siempre la terminación **-ant** (**des enfants obéissant à leurs parents**). Señalemos que el participio presente de los verbos en **-ir** del 2° grupo termina en **-issant** (**finissant**), distinguiéndose así del de los verbos en **-ir** del 3ᵉʳ grupo que acaba simplemente en **-ant** (**sortant**).

> **OBSERV** Cuando el participio presente exprime una calidad y tiene la función de un adjetivo, concuerda en género y número con el sujeto (**des enfants très obéissants**).

El **gerundio francés** está formado por el participio presente precedido siempre de la preposición **en**.

Corresponde al gerundio castellano usado sin preposición (il **parlait en gesticulant** hablaba gesticulando) o al infinitivo precedido de **al** (**en sortant, il vit son père** al salir, vio a su padre).

> **OBSERV** No hay que confundir el gerundio francés con el gerundio castellano precedido de **en** que denota inmediata anterioridad (**aussitôt** o **une fois arrivé** en llegando).

El subjuntivo y la concordancia

El francés moderno es menos riguroso que el castellano respecto a las reglas de concordancia entre los tiempos del subjuntivo y el verbo de la proposición principal. Así, el presente se usa a menudo en lugar del imperfecto (il **faudrait qu'il vienne** [en lugar de **qu'il vînt**]). Al traducir, será preciso restablecer la concordancia.

El infinitivo

Después de verbos que expresan una orden o un ruego, el subjuntivo castellano de la proposición subordinada se traduce en francés por el infinitivo (**dis-lui de venir** dile que venga ; **je te prie de te taire** te ruego que te calles).

El infinitivo castellano usado como imperativo se emplea a veces en francés (**agiter avant de s'en servir**), pero casi siempre se traducirá por un tiempo personal francés (**taisez-vous!** ¡[a] callar!).

Expresión de la hipótesis

El futuro y condicional castellanos, usados para expresar una hipótesis, se traducen en francés por el verbo **devoir** conjugado respectivamente en presente o en imperfecto del indicativo (il **doit être malade** estará enfermo ; il **devait avoir dans les soixante ans** tendría unos sesenta años).

El futuro francés, en una proposición subordinada que empieza por una conjunción de tiempo o un pronombre relativo, se traduce en castellano por el subjuntivo presente cuando la proposición principal está en futuro o en imperativo (**quand j'aurai de l'argent, j'achèterai une maison** cuando tenga dinero, compraré una casa ; **venez quand vous pourrez** venga cuando pueda).

Los verbos modelos franceses

	1 avoir	2 être	3 chanter
pres. de ind.	j'ai tu as il, elle a nous avons vous avez ils, elles ont	je suis tu es il, elle est nous sommes vous êtes ils, elles sont	je chante tu chantes il, elle chante nous chantons vous chantez ils, elles chantent
pret. imperfecto	il, elle avait	il, elle était	il, elle chantait
pret. indefinido	il, elle eut ils, elles eurent	il, elle fut ils, elles furent	il, elle chanta ils, elles chantèrent
fut. de ind.	j'aurai il, elle aura	je serai il, elle sera	je chanterai il, elle chantera
condicional	j'aurais il, elle aurait	je serais il, elle serait	je chanterais il, elle chanterait
pres. de subj.	que j'aie qu'il, elle ait que nous ayons qu'ils, elles aient	que je sois qu'il, elle soit que nous soyons qu'ils, elles soient	que je chante qu'il, elle chante que nous chantions qu'ils, elles chantent
imperfecto de subj.	qu'il, elle eût qu'ils, elles eussent	qu'il, elle fût qu'ils, elles fussent	qu'il, elle chantât qu'ils, elles chantassent
imperativo	aie ayons ayez	sois soyons soyez	chante chantons chantez
part. pres.	ayant	étant	chantant
part. pasado	eu, eue	été	chanté, e

	4 baisser	5 pleurer	6 jouer
pres. de ind.	je baisse tu baisses il, elle baisse nous baissons vous baissez ils, elles baissent	je pleure tu pleures il, elle pleure nous pleurons vous pleurez ils, elles pleurent	je joue tu joues il, elle joue nous jouons vous jouez ils, elles jouent
pret. imperfecto	il, elle baissait	il, elle pleurait	il, elle jouait
pret. indefinido	il, elle baissa ils, elles baissèrent	il, elle pleura ils, elles pleurèrent	il, elle joua ils, elles jouèrent
fut. de ind.	je baisserai il, elle baissera	je pleurerai il, elle pleurera	je jouerai il, elle jouera
condicional	je baisserais il, elle baisserait	je pleurerais il, elle pleurerait	je jouerais il, elle jouerait
pres. de subj.	que je baisse qu'il, elle baisse que nous baissions qu'ils, elles baissent	que je pleure qu'il, elle pleure que nous pleurions qu'ils, elles pleurent	que je joue qu'il, elle joue que nous jouions qu'ils, elles jouent
imperfecto de subj.	qu'il, elle baissât qu'ils, elles baissassent	qu'il, elle pleurât qu'ils, elles pleurassent	qu'il, elle jouât qu'ils, elles jouassent
imperativo	baisse baissons baissez	pleure pleurons pleurez	joue jouons jouez
part. pres.	baissant	pleurant	jouant
part. pasado	baissé, e	pleuré, e	joué, e

	7 saluer	8 arguer	9 copier
pres. de ind.	je salue	j'argue, arguë	je copie
	tu salues	tu argues, arguës	tu copies
	il, elle salue	il, elle argue, arguë	il, elle copie
	nous saluons	nous arguons	nous copions
	vous saluez	vous arguez	vous copiez
	ils, elles saluent	ils, elles arguent, arguënt	ils, elles copient
pret. imperfecto	il, elle saluait	il, elle arguait	il, elle copiait
pret. indefinido	il, elle salua	il, elle argua	il, elle copia
	ils, elles saluèrent	ils, elles arguèrent	ils, elles copièrent
fut. de ind.	je saluerai	j'arguerai, arguërai	je copierai
	il, elle saluera	il, elle arguera, arguëra	il, elle copiera
condicional	je saluerais	j'arguerais, arguërais	je copierais
	il, elle saluerait	il, elle arguerait, arguërait	il, elle copierait
pres. de subj.	que je salue	que j'argue, arguë	que je copie
	qu'il, elle salue	qu'il, elle argue, arguë	qu'il, elle copie
	que nous saluions	que nous arguions	que nous copiions
	qu'ils, elles saluent	qu'ils, elles arguent, arguënt	qu'ils, qu'elles copient
imperfecto de subj.	qu'il, elle saluât	qu'il, elle arguât	qu'il, elle copiât
	qu'ils, elles saluassent	qu'ils, elles arguassent	qu'ils, elles copiassent
imperativo	salue	argue, arguë	copie
	saluons	arguons	copions
	saluez	arguez	copiez
part. pres.	saluant	arguant	copiant
part. pasado	salué, e	argué, e	copié, e

	10 prier	11 payer *	12 grasseyer
pres. de ind.	je prie	je paie, paye	je grasseye
	tu pries	tu paies, payes	tu grasseyes
	il, elle prie	il, elle paie, paye	il, elle grasseye
	nous prions	nous payons	nous grasseyons
	vous priez	vous payez	vous grasseyez
	ils, elles prient	ils, elles paient, payent	ils, elles grasseyent
pret. imperfecto	il, elle priait	il, elle payait	il, elle grasseyait
pret. indefinido	il, elle pria	il, elle paya	il, elle grasseya
	ils, elles prièrent	ils, elles payèrent	ils, elles grasseyèrent
fut. de ind.	je prierai	je paierai, payerai	je grasseyerai
	il, elle priera	il, elle paiera, payera	il, elle grasseyera
condicional	je prierais	je paierais, payerais	je grasseyerais
	il, elle prierait	il, elle paierait, payerait	il, elle grasseyerait
pres. de subj.	que je prie	que je paie, paye	que je grasseye
	qu'il, elle prie	qu'il, elle paie, paye	qu'il, elle grasseye
	que nous priions	que nous payions	que nous grasseyions
	qu'ils, elles prient	qu'ils, elles paient, payent	qu'ils, elles grasseyent
imperfecto de subj.	qu'il, elle priât	qu'il, elle payât	qu'il, elle grasseyât
	qu'ils, elles priassent	qu'ils, elles payassent	qu'ils, elles grasseyassent
imperativo	prie	paie, paye	grasseye
	prions	payons	grasseyons
	priez	payez	grasseyez
part. pres.	priant	payant	grasseyant
part. pasado	prié, e	payé, e	grasseyé, e

* Para algunos gramáticos, el verbo **rayer** (y sus derivados) conserva la **y** en toda la conjugación.

	13 ployer	14 essuyer	15 créer
pres. de ind.	je ploie tu ploies il, elle ploie nous ployons vous ployez ils, elles ploient	j'essuie tu essuies il, elle essuie nous essuyons vous essuyez ils, elles essuient	je crée tu crées il, elle crée nous créons vous créez ils, elles créent
pret. imperfecto	il, elle ployait	il, elle essuyait	il, elle créait
pret. indefinido	il, elle ploya ils, elles ployèrent	il, elle essuya ils, elles essuyèrent	il, elle créa ils, elles créèrent
fut. de ind.	je ploierai il, elle ploiera	j'essuierai il, elle essuiera	je créerai il, elle créera
condicional	je ploierais il, elle ploierait	j'essuierais il, elle essuierait	je créerais il, elle créerait
pres. de subj.	que je ploie qu'il, elle ploie que nous ployions qu'ils, elles ploient	que j'essuie qu'il, elle essuie que nous essuyions qu'ils, elles essuient	que je crée qu'il, elle crée que nous créions qu'ils, elles créent
imperfecto de subj.	qu'il, elle ployât qu'ils, elles ployassent	qu'il, elle essuyât qu'ils, elles essuyassent	qu'il, elle créât qu'ils, elles créassent
imperativo	ploie ployons ployez	essuie essuyons essuyez	crée créons créez
part. pres.	ployant	essuyant	créant
part. pasado	ployé, e	essuyé, e	créé, e

	16 avancer	17 manger	18 céder
pres. de ind.	j'avance tu avances il, elle avance nous avançons vous avancez ils, elles avancent	je mange tu manges il, elle mange nous mangeons vous mangez ils, elles mangent	je cède tu cèdes il, elle cède nous cédons vous cédez ils, elles cèdent
pret. imperfecto	il, elle avançait	il, elle mangeait	il, elle cédait
pret. indefinido	il, elle avança ils, elles avancèrent	il, elle mangea ils, elles mangèrent	il, elle céda ils, elles cédèrent
fut. de ind.	j'avancerai il, elle avancera	je mangerai il, elle mangera	je céderai, cèderai il, elle cédera, cèdera
condicional	j'avancerais il, elle avancerait	je mangerais il, elle mangerait	je céderais, cèderais il, elle céderait, cèderait
pres. de subj.	que j'avance qu'il, elle avance que nous avancions qu'ils, elles avancent	que je mange qu'il, elle mange que nous mangions qu'ils, elles mangent	que je cède qu'il, elle cède que nous cédions qu'ils, elles cèdent
imperfecto de subj.	qu'il, elle avançât qu'ils, elles avançassent	qu'il, elle mangeât qu'ils, elles mangeassent	qu'il, elle cédât qu'ils, elles cédassent
imperativo	avance avançons avancez	mange mangeons mangez	cède cédons cédez
part. pres.	avançant	mangeant	cédant
part. pasado	avancé, e	mangé, e	cédé, e

	19 semer	20 rapiécer	21 acquiescer
pres. de ind.	je sème tu sèmes il, elle sème nous semons vous semez ils, elles sèment	je rapièce tu rapièces il, elle rapièce nous rapiéçons vous rapiécez ils, elles rapiècent	j'acquiesce tu acquiesces il, elle acquiesce nous acquiesçons vous acquiéscez ils, elles acquiescent
pret. imperfecto	il, elle semait	il, elle rapiéçait	il, elle acquiesçait
pret. indefinido	il, elle sema ils, elles semèrent	il, elle rapiéça ils, elles rapiécèrent	il, elle acquiesça ils, elles acquiescèrent
fut. de ind.	je sèmerai il, elle sèmera	je rapiécerai, rapiècerai il, elle rapiécera, rapiècera	j'acquiescerai il, elle acquiescera
condicional	je sèmerais il, elle sèmerait	je rapiécerais, rapiècerais il, elle rapiécerait, rapiècerait	j'acquiescerais il, elle acquiescerait
pres. de subj.	que je sème qu'il, elle sème que nous semions qu'ils, elles sèment	que je rapièce qu'il, elle rapièce que nous rapiécions qu'ils, elles rapiècent	que j'acquiesce qu'il, elle acquiesce que nous acquiescions qu'ils, elles acquiescent
imperfecto de subj.	qu'il, elle semât qu'ils, elles semassent	qu'il, elle rapiéçât qu'ils, elles rapiéçassent	qu'il, elle acquiesçât qu'ils, elles acquiesçassent
imperativo	sème semons semez	rapièce rapiéçons rapiécez	acquiesce acquiesçons acquiescez
part. pres.	semant	rapiéçant	acquiesçant
part. pasado	semé, e	rapiécé, e	acquiescé

	22 siéger	23 déneiger	24 appeler
pres. de ind.	je siège tu sièges il, elle siège nous siégeons vous siégez ils, elles siègent	je déneige tu déneiges il, elle déneige nous déneigeons vous déneigez ils, elles déneigent	j'appelle tu appelles il, elle appelle nous appelons vous appelez ils, elles appellent
pret. imperfecto	il, elle siégeait	il, elle déneigeait	il, elle appelait
pret. indefinido	il, elle siégea ils, elles siégèrent	il, elle déneigea ils, elles déneigèrent	il, elle appela ils, elles appelèrent
fut. de ind.	je siégerai, siègerai il, elle siégera, siègera	je déneigerai il, elle déneigera	j'appellerai il, elle appellera
condicional	je siégerais, siègerais il, elle siégerait, siègerait	je déneigerais il, elle déneigerait	j'appellerais il, elle appellerait
pres. de subj.	que je siège qu'il, elle siège que nous siégions qu'ils, elles siègent	que je déneige qu'il, elle déneige que nous déneigions qu'ils, elles déneigent	que j'appelle qu'il, elle appelle que nous appelions qu'ils, elles appellent
imperfecto de subj.	qu'il, elle siégeât qu'ils, elles siégeassent	qu'il, elle déneigeât qu'ils, elles déneigeassent	qu'il, elle appelât qu'ils, elles appelassent
imperativo	siège siégeons siégez	déneige déneigeons déneigez	appelle appelons appelez
part. pres.	siégeant	déneigeant	appelant
part. pasado	siégé, e	déneigé, e	appelé, e

	25 peler	26 interpeller	27 jeter
pres. de ind.	je pèle tu pèles il, elle pèle nous pelons vous pelez ils, elles pèlent	j'interpelle tu interpelles il, elle interpelle nous interpellons vous interpellez ils, elles interpellent	je jette tu jettes il, elle jette nous jetons vous jetez ils, elles jettent
pret. imperfecto	il, elle pelait	il, elle interpellait	il, elle jetait
pret. indefinido	il, elle pela ils, elles pelèrent	il, elle interpella ils, elles interpellèrent	il, elle jeta ils, elles jetèrent
fut. de ind.	je pèlerai il, elle pèlera	j'interpellerai il, elle interpellera	je jetterai il, elle jettera
condicional	je pèlerais il, elle pèlerait	j'interpellerais il, elle interpellerait	je jetterais il, elle jetterait
pres. de subj.	que je pèle qu'il, elle pèle que nous pelions qu'ils, elles pèlent	que j'interpelle qu'il, elle interpelle que nous interpellions qu'ils, elles interpellent	que je jette qu'il, elle jette que nous jetions qu'ils, elles jettent
imperfecto de subj.	qu'il, elle pelât qu'ils, elles pelassent	qu'il, elle interpellât qu'ils, elles interpellassent	qu'il, elle jetât qu'ils, elles jetassent
imperativo	pèle pelons pelez	interpelle interpellons interpellez	jette jetons jetez
part. pres.	pelant	interpellant	jetant
part. pasado	pelé, e	interpellé, e	jeté, e

	28 acheter	29 dépecer	30 envoyer
pres. de ind.	j'achète tu achètes il, elle achète nous achetons vous achetez ils, elles achètent	je dépèce tu dépèces il, elle dépèce nous dépeçons vous dépecez ils, elles dépècent	j'envoie tu envoies il, elle envoie nous envoyons vous envoyez il, elles envoient
pret. imperfecto	il, elle achetait	il, elle dépeçait	il, elle envoyait
pret. indefinido	il, elle acheta ils, elles achetèrent	il, elle dépeça ils, elles dépecèrent	il, elle envoya ils, elles envoyèrent
fut. de ind.	j'achèterai il, elle achètera	je dépècerai il, elle dépècera	j'enverrai il, elle enverra
condicional	j'achèterais il, elle achèterait	je dépècerais il, elle dépècerait	j'enverrais il, elle enverrait
pres. de subj.	que j'achète qu'il, elle achète que nous achetions qu'ils, elles achètent	que je dépèce qu'il, elle dépèce que nous dépecions qu'ils, elles dépècent	que j'envoie qu'il, elle envoie que nous envoyions qu'ils, elles envoient
imperfecto de subj.	qu'il, elle achetât qu'ils, elles achetassent	qu'il, elle dépeçât qu'ils, elles dépeçassent	qu'il, elle envoyât qu'ils, elles envoyassent
imperativo	achète achetons achetez	dépèce dépeçons dépecez	envoie envoyons envoyez
part. pres.	achetant	depeçant	envoyant
part. pasado	acheté, e	dépecé, e	envoyé, e

	31 aller *	32 finir **	33 haïr
pres. de ind.	je vais tu vas il, elle va nous allons vous allez ils, elles vont	je finis tu finis il, elle finit nous finissons vous finissez ils, elles finissent	je hais tu hais il, elle hait nous haïssons vous haïssez ils, elles haïssent
pret. imperfecto	il, elle allait	il, elle finissait	il, elle haïssait
pret. indefinido	il, elle alla ils, elles allèrent	il, elle finit ils, elles finirent	il, elle haït ils, elles haïrent
fut. de ind.	j'irai il, elle ira	je finirai il, elle finira	je haïrai il, elle haïra
condicional	j'irais il, elle·irait	je finirais il, elle finirait	je haïrais il, elle haïrait
pres. de subj.	que j'aille qu'il, elle aille que nous allions qu'ils, elles aillent	que je finisse qu'il, elle finisse que nous finissions qu'ils, elles finissent	que je haïsse qu'il, elle haïsse que nous haïssions qu'ils, elles haïssent
imperfecto de subj.	qu'il, elle allât qu'ils, elles allassent	qu'il, elle finît qu'ils, elles finissent	qu'il, elle haït qu'ils, elles haïssent
imperativo	va allons allez	finis finissons finissez	hais haïssons haïssez
part. pres.	allant	finissant	haïssant
part. pasado	allé, e	fini, e	haï, e

* El verbo aller hace, en imperativo, vas en vas-y. El verbo s'en aller hace, en imperativo, va-t-en, allons-nous-en, allez-vous-en. En los tiempos compuestos, el verbo être puede sustituirse al verbo aller : avoir été, j'ai été, etc. En los tiempos compuestos del verbo pronominal s'en aller, en se antepone al auxiliario : je m'en suis allé(e), pero en la lengua se suele emplear cada vez más je suis en allé(e). ** Los verbos maudire (cuadro 104) y bruire (cuadro 105) se conjugan como finir, pero el participio pasado de maudire es maudit, maudite, y bruire es un verbo defectivo.

	34 ouvrir	35 fuir	36 dormir *
pres. de ind.	j'ouvre tu ouvres il, elle ouvre nous ouvrons vous ouvrez ils, elles ouvrent	je fuis tu fuis il, elle fuit nous fuyons vous fuyez ils, elles fuient	je dors tu dors il, elle dort nous dormons vous dormez ils, elles dorment
pret. imperfecto	il, elle ouvrait	il, elle fuyait	il, elle dormait
pret. indefinido	il, elle ouvrit ils, elles ouvrirent	il, elle fuit ils, elles fuirent	il, elle dormit ils, elles dormirent
fut. de ind.	j'ouvrirai il, elle ouvrira	je fuirai il, elle fuira	je dormirai il, elle dormira
condicional	j'ouvrirais il, elle ouvrirait	je fuirais il, elle fuirait	je dormirais il, elle dormirait
pres. de subj.	que j'ouvre qu'il, elle ouvre que nous ouvrions qu'ils, elles ouvrent	que je fuie qu'il, elle fuie que nous fuyions qu'ils, elles fuient	que je dorme qu'il, elle dorme que nous dormions qu'ils, elles dorment
imperfecto de subj.	qu'il, elle ouvrît qu'ils, elles ouvrissent	qu'il, elle fuît qu'ils, elles fuissent	qu'il, elle dormît qu'ils, elles dormissent
imperativo	ouvre ouvrons ouvrez	fuis fuyons fuyez	dors dormons dormez
part. pres.	ouvrant	fuyant	dormant
part. pasado	ouvert, e	fui, e	dormi

* El verbo endormir se conjuga como dormir, pero su participio pasado es variable.

	37 mentir *	38 servir	39 acquérir
pres. de ind.	je mens tu mens il, elle ment nous mentons vous mentez ils, elles mentent	je sers tu sers il, elle sert nous servons vous servez ils, elles servent	j'acquiers tu acquiers il, elle acquiert nous acquérons vous acquérez ils, elles acquièrent
pret. imperfecto	il, elle mentait	il, elle servait	il, elle acquérait
pret. indefinido	il, elle mentit ils, elles mentirent	il, elle servit ils, elles servirent	il, elle acquit ils, elles acquirent
fut. de ind.	je mentirai il, elle mentira	je servirai il, elle servira	j'acquerrai il, elle acquerra
condicional	je mentirais il, elle mentirait	je servirais il, elle servirait	j'acquerrais il, elle acquerrait
pres. de subj.	que je mente qu'il, elle mente que nous mentions qu'ils, elles mentent	que je serve qu'il, elle serve que nous servions qu'ils, elles servent	que j'acquière qu'il, elle acquière que nous acquérions qu'ils, elles acquièrent
imperfecto de subj.	qu'il, elle mentît qu'ils, elles mentissent	qu'il, elle servît qu'ils, elles servissent	qu'il, elle acquît qu'ils, elles acquissent
imperativo	mens mentons mentez	sers servons servez	acquiers acquérons acquérez
part. pres.	mentant	servant	acquérant
part. pasado	menti	servi, e	acquis, e

* El verbo **démentir** se conjuga como **mentir**, pero su participio pasado es variable.

	40 venir	41 cueillir	42 mourir
pres. de ind.	je viens tu viens il, elle vient nous venons vous venez ils, elles viennent	je cueille tu cueilles il, elle cueille nous cueillons vous cueillez ils, elles cueillent	je meurs tu meurs il, elle meurt nous mourons vous mourez ils, elles meurent
pret. imperfecto	il, elle venait	il, elle cueillait	il, elle mourait
pret. indefinido	il, elle vint ils, elles vinrent	il, elle cueillit ils, elles cueillèrent	il, elle mourut ils, elles moururent
fut. de ind.	je viendrai il, elle viendra	je cueillerai il, elle cueillera	je mourrai il, elle mourra
condicional	je viendrais il, elle viendrait	je cueillerais il, elle cueillerait	je mourrais il, elle mourrait
pres. de subj.	que je vienne qu'il, elle vienne que nous venions qu'ils, elles viennent	que je cueille qu'il, elle cueille que nous cueillions qu'ils, elles cueillent	que je meure qu'il, elle meure que nous mourions qu'ils, elles meurent
imperfecto de subj.	qu'il, elle vînt qu'ils, elles vinssent	qu'il, elle cueillît qu'ils, elles cueillissent	qu'il, elle mourût qu'ils, elles mourussent
imperativo	viens venons venez	cueille cueillons cueillez	meurs mourons mourez
part. pres.	venant	cueillant	mourant
part. pasado	venu, e	cueilli, e	mort, e

	43 partir	44 revêtir	45 courir
pres. de ind.	je pars tu pars il, elle part nous partons vous partez ils, elles partent	je revêts tu revêts il, elle revêt nous revêtons vous revêtez ils, elles revêtent	je cours tu cours il, elle court nous courons vous courez ils, elles courent
pret. imperfecto	il, elle partait	il, elle revêtait	il, elle courait
pret. indefinido	il, elle partit ils, elles partirent	il, elle revêtit ils, elles revêtirent	il, elle courut ils, elles coururent
fut. de ind.	je partirai il, elle partira	je revêtirai il, elle revêtira	je courrai il, elle courra
condicional	je partirais il, elle partirait	je revêtirais il, elle revêtirait	je courrais il, elle courrait
pres. de subj.	que je parte qu'il, elle parte que nous partions qu'ils, elles partent	que je revête qu'il, elle revête que nous revêtions qu'ils, elles revêtent	que je coure qu'il, elle coure que nous courions qu'ils, elles courent
imperfecto de subj.	qu'il, elle partît qu'ils, elles partissent	qu'il, elle revêtît qu'ils, elles revêtissent	qu'il, elle courût qu'ils, elles courussent
imperativo	pars partons partez	revêts revêtons revêtez	cours courons courez
part. pres.	partant	revêtant	courant
part. pasado	parti, e	revêtu, e	couru, e

	46 faillir *	47 défaillir **	48 bouillir
pres. de ind.	je faillis, faux tu faillis, faux il, elle faillit, faut nous faillissons, faillons vous faillissez, faillez ils, elles faillissent, faillent	je défaille tu défailles il, elle défaille nous défaillons vous défaillez ils, elles défaillent	je bous tu bous il, elle bout nous bouillons vous bouillez ils, elles bouillent
pret. imperfecto	il, elle faillissait, faillait	il, elle défaillait	il, elle bouillait
pret. indefinido	il, elle faillit ils, elles faillirent	il, elle défaillit ils, elles défaillirent	il, elle bouillit ils, elles bouillirent
fut. de ind.	je faillirai, faudrai il, elle faillira, faudra	je défaillirai, défaillerai il, elle défaillira, défaillera	je bouillirai il, elle bouillira
condicional	je faillirais, faudrais il, elle faillirait, faudrait	je défaillirais, défaillerais il, elle défaillirait, défaillerait	je bouillirais il, elle bouillirait
pres. de subj.	que je faillisse, faille qu'il, elle faillisse, faille que nous faillissions, faillions qu'ils, elles faillissent, faillent	que je défaille qu'il, elle défaille que nous défaillions qu'ils, elles défaillent	que je bouille qu'il, elle bouille que nous bouillions qu'ils, elles bouillent
imperfecto de subj.	qu'il, elle faillît qu'ils, elles faillissent	qu'il, elle défaillît qu'ils, elles défaillissent	qu'il, elle bouillît qu'ils, elles bouillissent
imperativo	faillis, faux faillissons, faillons faillissez, faillez	défaille défaillons défaillez	bous bouillons bouillez
part. pres.	faillissant, faillant	défaillant	bouillant
part. pasado	failli	défailli	bouilli, e

* La conjugación más empleada del verbo **faillir** es la que sigue el modelo del verbo **finir**. Este verbo tiene pocas formas conjugadas. ** Los verbos **tressaillir** y **assaillir** también tienen una segunda forma en futuro y condicional.

	49 gésir *	50 saillir	51 ouïr **
pres. de ind.	je gis tu gis il, elle gît nous gisons vous gisez ils, elles gisent	desusado – il, elle saille desusado – ils, elles saillent	j'ouïs tu ouïs, ois il, elle ouït, oit nous ouïssons, oyons vous ouïssez, oyez ils, elles ouïssent, oient
pret. imperfecto	il, elle gisait	il, elle saillait	il, elle ouïssait, oyait
pret. indefinido	desusado	il, elle saillit ils, elles saillirent	il, elle ouït ils, elles ouïrent
fut. de ind.	desusado	desusado il, elle saillera	j'ouïrai il, elle ouïra, orra
condicional	desusado	desusado il, elle saillerait	j'ouïrais il, elle ouïrait, orrait
pres. de subj.	desusado	desusado qu'il, elle saille desusado qu'ils, elles saillent	que j'ouïsse, oie qu'il, elle ouïsse, oie que nous ouïssions, oyions qu'ils, elles ouïssent, oient
imperfecto de subj.	desusado	qu'il, elle saillît qu'ils, elles saillissent	qu'il, elle ouït qu'ils, elles ouïssent
imperativo	desusado	desusado	ouïs, ois ouïssons, oyons ouïssez, oyez
part. pres.	gisant	saillant	oyant
part. pasado	desusado	sailli, e	ouï, e

* Gésir es un verbo defectivo. ** Hoy en día el verbo ouïr sólo se usa en el presente de indicativo, en participio pasado y en los tiempos compuestos.

	52 recevoir	53 devoir	54 mouvoir
pres. de ind.	je reçois tu reçois il, elle reçoit nous recevons vous recevez ils, elles reçoivent	je dois tu dois il, elle doit nous devons vous devez ils, elles doivent	je meus tu meus il, elle meut nous mouvons vous mouvez ils, elles meuvent
pret. imperfecto	il, elle recevait	il, elle devait	il, elle mouvait
pret. indefinido	il, elle reçut ils, elles reçurent	il, elle dut ils, elles durent	il, elle mut ils, elles murent
fut. de ind.	je recevrai il, elle recevra	je devrai il, elle devra	je mouvrai il, elle mouvra
condicional	je recevrais il, elle recevrait	je devrais il, elle devrait	je mouvrais il, elle mouvrait
pres. de subj.	que je reçoive qu'il, elle reçoive que nous recevions qu'ils, elles reçoivent	que je doive qu'il, elle doive que nous devions qu'ils, elles doivent	que je meuve qu'il, elle meuve que nous mouvions qu'ils, elles meuvent
imperfecto de subj.	qu'il, elle reçût qu'ils, elles reçussent	qu'il, elle dût qu'ils, elles dussent	qu'il, elle mût qu'ils, elles mussent
imperativo	reçois recevons recevez	dois devons devez	meus mouvons mouvez
part. pres.	recevant	devant	mouvant
part. pasado	reçu, e	dû, due, dus, dues	mû, mue, mus, mues

	55 émouvoir	56 promouvoir *	57 vouloir
pres. de ind.	j'émeus tu émeus il, elle émeut nous émouvons vous émouvez ils, elles émeuvent	je promeus tu promeus il, elle promeut nous promouvons vous promouvez ils, elles promeuvent	je veux tu veux il, elle veut nous voulons vous voulez ils, elles veulent
pret. imperfecto	il, elle émouvait	il, elle promouvait	il, elle voulait
pret. indefinido	il, elle émut ils, elles émurent	il, elle promut ils, elles promurent	il, elle voulut ils, elles voulurent
fut. de ind.	j'émouvrai il, elle émouvra	je promouvrai il, elle promouvra	je voudrai il, elle voudra
condicional	j'émouvrais il, elle émouvrait	je promouvrais il, elle promouvrait	je voudrais il, elle voudrait
pres. de subj.	que j'émeuve qu'il, elle émeuve que nous émeuvions qu'ils, elles émeuvent	que je promeuve qu'il, elle promeuve que nous promouvions qu'ils, elles promeuvent	que je veuille qu'il, elle veuille que nous veuillions qu'ils, elles veuillent
imperfecto de subj.	qu'il, elle émût qu'ils, elles émussent	qu'il, elle promût qu'ils, elles promussent	qu'il, elle voulût qu'ils, elles voulussent
imperativo	émeus émouvons émouvez	promeus promouvons promouvez	veux, veuille voulons, veuillons voulez, veuillez
part. pres.	émouvant	promouvant	voulant
part. pasado	ému, e	promu, e	voulu, e

* Son raras las formas conjugadas de este verbo.

	58 pouvoir *	59 savoir	60 valoir
pres. de ind.	je peux, puis tu peux il peut nous pouvons vous pouvez ils, elles peuvent	je sais tu sais il, elle sait nous savons vous savez ils, elles savent	je vaux tu vaux il, elle vaut nous valons vous valez ils, elles valent
pret. imperfecto	il, elle pouvait	il, elle savait	il, elle valait
pret. indefinido	il, elle put ils, elles purent	il, elle sut ils, elles surent	il, elle valut ils, elles valurent
fut. de ind.	je pourrai il, elle pourra	je saurai il, elle saura	je vaudrai il, elle vaudra
condicional	je pourrais il, elle pourrait	je saurais il, elle saurait	je vaudrais il, elle vaudrait
pres. de subj.	que je puisse qu'il, elle puisse que nous puissions qu'ils, elles puissent	que je sache qu'il, elle sache que nous sachions qu'ils, elles sachent	que je vaille qu'il, elle vaille que nous valions qu'ils, elles vaillent
imperfecto de subj.	qu'il, elle pût qu'ils, elles pussent	qu'il, elle sût qu'ils, elles sussent	qu'il, elle valût qu'ils, elles valussent
imperativo	desusado	sache sachons sachez	vaux valons valez
part. pres.	pouvant	sachant	valant
part. pasado	pu	su, e	valu, e

* En la forma interrogativa, con inversión del sujeto, sólo existe la forma : puis-je?

	61 prévaloir	62 voir	63 prévoir
pres. de ind.	je prévaux tu prévaux il, elle prévaut nous prévalons vous prévalez ils, elles prévalent	je vois tu vois il, elle voit nous voyons vous voyez ils, elles voient	je prévois tu prévois il, elle prévoit nous prévoyons vous prévoyez ils, elles prévoient
pret. imperfecto	il, elle prévalait	il, elle voyait	il, elle prévoyait
pret. indefinido	il, elle prévalut ils, elles prévalurent	il, elle vit ils, elles virent	il, elle prévit ils, elles prévirent
fut. de ind.	je prévaudrai il, elle prévaudra	je verrai il, elle verra	je prévoirai il, elle prévoira
condicional	je prévaudrais il, elle prévaudrait	je verrais il, elle verrait	je prévoirais il, elle prévoirait
pres. de subj.	que je prévale qu'il, elle prévale que nous prévalions qu'ils, elles prévalent	que je voie qu'il, elle voie que nous voyions qu'ils, elles voient	que je prévoie qu'il, elle prévoie que nous prévoyions qu'ils, elles prévoient
imperfecto de subj.	qu'il, elle prévalût qu'ils, elles prévalussent	qu'il, elle vît qu'ils, elles vissent	qu'il, elle prévît qu'ils, elles prévissent
imperativo	prévaux prévalons prévalez	vois voyons voyez	prévois prévoyons prévoyez
part. pres.	prévalant	voyant	prévoyant
part. pasado	prévalu, e	vu, e	prévu, e

	64 pourvoir	65 asseoir *	66 surseoir
pres. de ind.	je pourvois tu pourvois il, elle pourvoit nous pourvoyons vous pourvoyez ils, elles pourvoient	j'assieds, j'assois tu assieds, assois il, elle assied, assoit nous asseyons, assoyons vous asseyez, assoyez ils, elles asseyent, assoient	je sursois tu sursois il, elle sursoit nous sursoyons vous sursoyez ils, elles sursoient
pret. imperfecto	il, elle pourvoyait	il, elle asseyait, assoyait	il, elle sursoyait
pret. indefinido	il, elle pourvut ils, elles pourvurent	il, elle assit ils, elles assirent	il, elle sursit ils, elles sursirent
fut. de ind.	je pourvoirai il, elle pourvoira	j'assiérai, j'assoirai il, elle assiéra, assoira	je surseoirai il, elle surseoira
condicional	je pourvoirais il, elle pourvoirait	j'assiérais, j'assoirais il, elle assiérait, assoirait	je surseoirais il, elle surseoirait
pres. de subj.	que je pourvoie qu'il, elle pourvoie que nous pourvoyions qu'ils, elles pourvoient	que j'asseye, j'assoie qu'il, elle asseye, assoie que nous asseyions, assoyions qu'ils, elles asseyent, assoient	que je sursoie qu'il, elle sursoie que nous sursoyions qu'ils, elles sursoient
imperfecto de subj.	qu'il, elle pourvût qu'ils, elles pourvussent	qu'il, elle assît qu'ils, elles assissent	qu'il, elle sursît qu'ils, elles sursissent
imperativo	pourvois pourvoyons pourvoyez	assieds, assois asseyons, assoyons asseyez, assoyez	sursois sursoyons sursoyez
part. pres.	pourvoyant	asseyant, assoyant	sursoyant
part. pasado	pourvu, e	assis, e	sursis

* El uso tiende a escribir con -eoi- las formas en oi: je m'asseois, il, elle asseoira, que tu asseoies, ils, elles asseoiraient.

	67 seoir *	68 pleuvoir **	69 falloir
pres. de ind.	*desusado*	*desusado*	*desusado*
	–	–	–
	il, elle sied	il pleut	il faut
	desusado	*desusado*	*desusado*
	–	–	–
	ils, elles siéent	–	–
pret. imperfecto	il, elle seyait	il pleuvait	il fallait
pret. indefinido	*desusado*	il plut	il fallut
		desusado	*desusado*
fut. de ind.	*desusado*	*desusado*	*desusado*
	il, elle siéra	il pleuvra	il faudra
condicional	*desusado*	*desusado*	*desusado*
	il, elle siérait	il pleuvrait	il faudrait
pres. de subj.	*desusado*	qu'il pleuve	*desusado*
	qu'il, elle siée	*desusado*	qu'il faille
	desusado	–	*desusado*
	qu'ils, elles siéent	–	–
imperfecto de subj.	*desusado*	qu'il plût	qu'il fallût
		desusado	*desusado*
imperativo	*desusado*	*desusado*	*desusado*
part. pres.	seyant	pleuvant	*desusado*
part. pasado	*desusado*	plu	fallu

* El verbo **seoir** tiene aquí el sentido de « convenir ». Cuando significa « être situé » , « siéger », **seoir** tiene solamente un participio presente (séant) y un participio pasado (sis, e). ** En sentido figurado, **pleuvoir** tiene una tercera persona del plural : **les injures pleuvent, pleuvaient, pleuvront, plurent, pleuvraient...**

	70 échoir	71 déchoir	72 choir
pres. de ind.	*desusado*	je déchois	je chois
	–	tu déchois	tu chois
	il, elle échoit	il, elle déchoit	il, elle choit
	desusado	nous déchoyons	*desusado*
	–	vous déchoyez	–
	ils, elles échoient	ils, elles déchoient	ils, elles choient
pret. imperfecto	il, elle échoyait	*desusado*	*desusado*
pret. indefinido	il, elle échut	il, elle déchut	il, elle chut
	ils, elles échurent	ils, elles déchurent	ils, elles churent
fut. de ind.	*desusado*	je déchoirai	je choirai, cherrai
	il, elle échoira, écherra	il, elle déchoira	il, elle choira, cherra
condicional	*desusado*	je déchoirais	je choirais, cherrais
	il, elle échoirait, écherrait	il, elle déchoirait	il, elle choirait, cherrait
pres. de subj.	*desusado*	que je déchoie	*desusado*
	qu'il, elle échoie	qu'il, elle déchoie	
	desusado	que nous déchoyions	
	qu'ils, elles échoient	qu'ils, elles déchoient	
imperfecto de subj.	qu'il, elle échût	qu'il, elle déchût	qu'il, elle chût
	qu'ils, elles échussent	qu'ils, elles déchussent	*desusado*
imperativo	*desusado*	*desusado*	*desusado*
part. pres.	échéant	*desusado*	*desusado*
part. pasado	échu, e	déchu, e	chu, e

	73 vendre	74 répandre	75 répondre
pres. de ind.	je vends tu vends il, elle vend nous vendons vous vendez ils, elles vendent	je répands tu répands il, elle répand nous répandons vous répandez ils, elles répandent	je réponds tu réponds il, elle répond nous répondons vous répondez ils, elles répondent
pret. imperfecto	il, elle vendait	il, elle répandait	il, elle répondait
pret. indefinido	il, elle vendit ils, elles vendirent	il, elle répandit ils, elles répandirent	il, elle répondit ils, elles répondirent
fut. de ind.	je vendrai il, elle vendra	je répandrai il, elle répandra	je répondrai il, elle répondra
condicional	je vendrais il, elle vendrait	je répandrais il, elle répandrait	je répondrais il, elle répondrait
pres. de subj.	que je vende qu'il, elle vende que nous vendions qu'ils, elles vendent	que je répande qu'il, elle répande que nous répandions qu'ils, elles répandent	que je réponde qu'il, elle réponde que nous répondions qu'ils, elles répondent
imperfecto de subj.	qu'il, elle vendît qu'ils, elles vendissent	qu'il, elle répandît qu'ils, elles répandissent	qu'il, elle répondît qu'ils, elles répondissent
imperativo	vends vendons vendez	répands répandons répandez	réponds répondons répondez
part. pres.	vendant	répandant	répondant
part. pasado	vendu, e	répandu, e	répondu, e

	76 mordre	77 perdre	78 rompre
pres. de ind.	je mords tu mords il, elle mord nous mordons vous mordez ils, elles mordent	je perds tu perds il, elle perd nous perdons vous perdez ils, elles perdent	je romps tu romps il, elle rompt nous rompons vous rompez ils, elles rompent
pret. imperfecto	il, elle mordait	il, elle perdait	il, elle rompait
pret. indefinido	il, elle mordit ils, elles mordirent	il, elle perdit ils, elles perdirent	il, elle rompit ils, elles rompirent
fut. de ind.	je mordrai il, elle mordra	je perdrai il, elle perdra	je romprai il, elle rompra
condicional	je mordrais il, elle mordrait	je perdrais il, elle perdrait	je romprais il, elle romprait
pres. de subj.	que je morde qu'il, elle morde que nous mordions qu'ils, elles mordent	que je perde qu'il, elle perde que nous perdions qu'ils, elles perdent	que je rompe qu'il, elle rompe que nous rompions qu'ils, elles rompent
imperfecto de subj.	qu'il, elle mordît qu'ils, elles mordissent	qu'il, elle perdît qu'ils, elles perdissent	qu'il, elle rompît qu'ils, elles rompissent
imperativo	mords mordons mordez	perds perdons perdez	romps rompons rompez
part. pres.	mordant	perdant	rompant
part. pasado	mordu, e	perdu, e	rompu, e

	79 prendre	80 craindre	81 peindre
pres. de ind.	je prends tu prends il, elle prend nous prenons vous prenez ils, elles prennent	je crains tu crains il, elle craint nous craignons vous craignez ils, elles craignent	je peins tu peins il, elle peint nous peignons vous peignez ils, elles peignent
pret. imperfecto	il, elle prenait	il, elle craignait	il, elle peignait
pret. indefinido	il, elle prit ils, elles prirent	il, elle craignit ils, elles craignirent	il, elle peignit ils, elles peignirent
fut. de ind.	je prendrai il, elle prendra	je craindrai il, elle craindra	je peindrai il, elle peindra
condicional	je prendrais il, elle prendrait	je craindrais il, elle craindrait	je peindrais il, elle peindrait
pres. de subj.	que je prenne qu'il, elle prenne que nous prenions qu'ils, elles prennent	que je craigne qu'il, elle craigne que nous craignions qu'ils, elles craignent	que je peigne qu'il, elle peigne que nous peignions qu'ils, elles peignent
imperfecto de subj.	qu'il, elle prît qu'ils, elles prissent	qu'il, elle craignît qu'ils, elles craignissent	qu'il, elle peignît qu'ils, elles peignissent
imperativo	prends prenons prenez	crains craignons craignez	peins peignons peignez
part. pres.	prenant	craignant	peignant
part. pasado	pris, e	craint, e	peint, e

	82 joindre	83 battre	84 mettre
pres. de ind.	je joins tu joins il, elle joint nous joignons vous joignez ils, elles joignent	je bats tu bats il, elle bat nous battons vous battez ils, elles battent	je mets tu mets il, elle met nous mettons vous mettez ils, elles mettent
pret. imperfecto	il, elle joignait	il, elle battait	il, elle mettait
pret. indefinido	il, elle joignit ils, elles joignirent	il, elle battit ils, elles battirent	il, elle mit ils, elles mirent
fut. de ind.	je joindrai il, elle joindra	je battrai il, elle battra	je mettrai il, elle mettra
condicional	je joindrais il, elle joindrait	je battrais il, elle battrait	je mettrais il, elle mettrait
pres. de subj.	que je joigne qu'il, elle joigne que nous joignions qu'ils, elles joignent	que je batte qu'il, elle batte que nous battions qu'ils, elles battent	que je mette qu'il, elle mette que nous mettions qu'ils, elles mettent
imperfecto de subj.	qu'il, elle joignît qu'ils, elles joignissent	qu'il, elle battît qu'ils, elles battissent	qu'il, elle mît qu'ils, elles missent
imperativo	joins joignons joignez	bats battons battez	mets mettons mettez
part. pres.	joignant	battant	mettant
part. pasado	joint, e	battu, e	mis, e

	85 moudre	86 coudre	87 absoudre *
pres. de ind.	je mouds tu mouds il, elle moud nous moulons vous moulez ils, elles moulent	je couds tu couds il, elle coud nous cousons vous cousez ils, elles cousent	j'absous tu absous il, elle absout nous absolvons vous absolvez ils, elles absolvent
pret. imperfecto	il, elle moulait	il, elle cousait	il, elle absolvait
pret. indefinido	il, elle moulut ils, elles moulurent	il, elle cousit ils, elles cousirent	il, elle absolut ils, elles absolurent
fut. de ind.	je moudrai il, elle moudra	je coudrai il, elle coudra	j'absoudrai il, elle absoudra
condicional	je moudrais il, elle moudrait	je coudrais il, elle coudrait	j'absoudrais il, elle absoudrait
pres. de subj.	que je moule qu'il, elle moule que nous moulions qu'ils, elles moulent	que je couse qu'il, elle couse que nous cousions qu'ils, elles cousent	que j'absolve qu'il, elle absolve que nous absolvions qu'ils, elles absolvent
imperfecto de subj.	qu'il, elle moulût qu'ils, elles moulussent	qu'il, elle cousît qu'ils, elles cousissent	qu'il, elle absolût qu'ils, elles absolussent
imperativo	mouds moulons moulez	couds cousons cousez	absous absolvons absolvez
part. pres.	moulant	cousant	absolvant
part. pasado	moulu, e	cousu, e	absous, oute

* El participio pasado y el subjuntivo imperfecto no se usan mucho, pero el Littré los tolera.

	88 résoudre *	89 suivre	90 vivre **
pres. de ind.	je résous tu résous il, elle résout nous résolvons vous résolvez ils, elles résolvent	je suis tu suis il, elle suit nous suivons vous suivez ils, elles suivent	je vis tu vis il, elle vit nous vivons vous vivez ils, elles vivent
pret. imperfecto	il, elle résolvait	il, elle suivait	il, elle vivait
pret. indefinido	il, elle résolut ils, elles résolurent	il, elle suivit ils, elles suivirent	il, elle vécut ils, elles vécurent
fut. de ind.	je résoudrai il, elle résoudra	je suivrai il, elle suivra	je vivrai il, elle vivra
condicional	je résoudrais il, elle résoudrait	je suivrais il, elle suivrait	je vivrais il, elle vivrait
pres. de subj.	que je résolve qu'il, elle résolve que nous résolvions qu'ils, elles résolvent	que je suive qu'il, elle suive que nous suivions qu'ils, elles suivent	que je vive qu'il, elle vive que nous vivions qu'ils, elles vivent
imperfecto de subj.	qu'il, elle résolût qu'ils, elles résolussent	qu'il, elle suivît qu'ils, elles suivissent	qu'il, elle vécût qu'ils, elles vécussent
imperativo	résous résolvons résolvez	suis suivons suivez	vis vivons vivez
part. pres.	résolvant	suivant	vivant
part. pasado	résolu, e	suivi, e	vécu, e

* Existe un participio pasado résous, résoute (raro), con el sentido de « transformé » (un brouillard résous en pluie). ** Survivre se conjuga como vivre, pero su participio pasado es invariable.

	91 paraître	92 naître	93 croître *
pres. de ind.	je parais tu parais il, elle paraît nous paraissons vous paraissez ils, elles paraissent	je nais tu nais il, elle naît nous naissons vous naissez ils, elles naissent	je croîs tu croîs il, elle croît nous croissons vous croissez ils, elles croissent
pret. imperfecto	il, elle paraissait	il, elle naissait	il, elle croissait
pret. indefinido	il, elle parut ils, elles parurent	il, elle naquit ils, elles naquirent	il, elle crût ils, elles crûrent
fut. de ind.	je paraîtrai il, elle paraîtra	je naîtrai il, elle naîtra	je croîtrai il, elle croîtra
condicional	je paraîtrais il, elle paraîtrait	je naîtrais il, elle naîtrait	je croîtrais il, elle croîtrait
pres. de subj.	que je paraisse qu'il, elle paraisse que nous paraissions qu'ils, elles paraissent	que je naisse qu'il, elle naisse que nous naissions qu'ils, elles naissent	que je croisse qu'il, elle croisse que nous croissions qu'ils, elles croissent
imperfecto de subj.	qu'il, elle parût qu'ils, elles parussent	qu'il, elle naquît qu'ils, elles naquissent	qu'il, elle crût qu'ils, elles crûssent
imperativo	parais paraissons paraissez	nais naissons naissez	croîs croissons croissez
part. pres.	paraissant	naissant	croissant
part. pasado	paru, e	né, e	crû, crue, crus, crues

* La Academia escribe **crusse, crusses, crussions, crussiez, crussent** (sin el acento circunflejo).

	94 accroître *	95 rire	96 conclure **
pres. de ind.	j'accrois tu accrois il, elle accroît nous accroissons vous accroissez ils, elles accroissent	je ris tu ris il, elle rit nous rions vous riez ils, elles rient	je conclus tu conclus il, elle conclut nous concluons vous concluez ils, elles concluent
pret. imperfecto	il, elle accroissait	il, elle riait	il, elle concluait
pret. indefinido	il, elle accrut ils, elles accrurent	il, elle rit ils, elles rirent	il, elle conclut ils, elles conclurent
fut. de ind.	j'accroîtrai il, elle accroîtra	je rirai il, elle rira	je conclurai il, elle conclura
condicional	j'accroîtrais il, elle accroîtrait	je rirais il, elle rirait	je conclurais il, elle conclurait
pres. de subj.	que j'accroisse qu'il, elle accroisse que nous accroissions qu'ils, elles accroissent	que je rie qu'il, elle rie que nous riions qu'ils, elles rient	que je conclue qu'il, elle conclue que nous concluions qu'ils, elles concluent
imperfecto de subj.	qu'il, elle accrût qu'ils, elles accrussent	qu'il, elle rît qu'ils, elles rissent	qu'il, elle conclût qu'ils, elles conclussent
imperativo	accrois accroissons accroissez	ris rions riez	conclus concluons concluez
part. pres.	accroissant	riant	concluant
part. pasado	accru, e	ri	conclu, e

* **Recroître** se conjuga como **accroître**, pero su participio pasado es **recrû, recrue, recrus, recrues**. ** **Inclure** y **occlure** se conjugan como **conclure**, pero sus participios pasados son **inclus, incluse ; occlus, occluse**.

	97 nuire *	98 conduire	99 écrire
pres. de ind.	je nuis tu nuis il, elle nuit nous nuisons vous nuisez ils, elles nuisent	je conduis tu conduis il, elle conduit nous conduisons vous conduisez ils, elles conduisent	j'écris tu écris il, elle écrit nous écrivons vous écrivez ils, elles écrivent
pret. imperfecto	il, elle nuisait	il, elle conduisait	il, elle écrivait
pret. indefinido	il, elle nuisit ils, elles nuisirent	il, elle conduisit ils, elles conduisirent	il, elle écrivit ils, elles écrivirent
fut. de ind.	je nuirai il, elle nuira	je conduirai il, elle conduira	j'écrirai il, elle écrira
condicional	je nuirais il, elle nuirait	je conduirais il, elle conduirait	j'écrirais il, elle écrirait
pres. de subj.	que je nuise qu'il, elle nuise que nous nuisions qu'ils, elles nuisent	que je conduise qu'il, elle conduise que nous conduisions qu'ils, elles conduisent	que j'écrive qu'il, elle écrive que nous écrivions qu'ils, elles écrivent
imperfecto de subj.	qu'il, elle nuisît qu'ils, elles nuisissent	qu'il, elle conduisît qu'ils, elles conduisissent	qu'il, elle écrivît qu'ils, elles écrivissent
imperativo	nuis nuisons nuisez	conduis conduisons conduisez	écris écrivons écrivez
part. pres.	nuisant	conduisant	écrivant
part. pasado	nui	conduit, e	écrit, e

* Luire y reluire tienen una forma en pretérito indefinido: **je luis, je reluis**, etc.

	100 suffire	101 confire *	102 dire
pres. de ind.	je suffis tu suffis il, elle suffit nous suffisons vous suffisez ils, elles suffisent	je confis tu confis il, elle confit nous confisons vous confisez ils, elles confisent	je dis tu dis il, elle dit nous disons vous dites ils, elles disent
pret. imperfecto	il, elle suffisait	il, elle confisait	il, elle disait
pret. indefinido	il, elle suffit ils, elles suffirent	il, elle confit ils, elles confirent	il, elle dit ils, elles dirent
fut. de ind.	je suffirai il, elle suffira	je confirai il, elle confira	je dirai il, elle dira
condicional	je suffirais il, elle suffirait	je confirais il, elle confirait	je dirais il, elle dirait
pres. de subj.	que je suffise qu'il, elle suffise que nous suffisions qu'ils, elles suffisent	que je confise qu'il, elle confise que nous confisions qu'ils, elles confisent	que je dise qu'il, elle dise que nous disions qu'ils, elles disent
imperfecto de subj.	qu'il, elle suffît qu'ils, elles suffissent	qu'il, elle confît qu'ils, elles confissent	qu'il, elle dît qu'ils, elles dissent
imperativo	suffis suffisons suffisez	confis confisons confisez	dis disons dites
part. pres.	suffisant	confisant	disant
part. pasado	suffi	confit, e	dit, e

* Circoncire se conjuga como **confire**, pero su participio pasado es **circoncis, circoncise**.

	103 contredire	**104 maudire**	**105 bruire ***
pres. de ind.	je contredis tu contredis il, elle contredit nous contredisons vous contredisez ils, elles contredisent	je maudis tu maudis il, elle maudit nous maudissons vous maudissez ils, elles maudissent	je bruis tu bruis il, elle bruit *desusado* – –
pret. imperfecto	il, elle contredisait	il, elle maudissait	il, elle bruyait
pret. indefinido	il, elle contredit ils, elles contredirent	il, elle maudit ils, elles maudirent	*desusado*
fut. de ind.	je contredirai il, elle contredira	je maudirai il, elle maudira	je bruirai il, elle bruira
condicional	je contredirais il, elle contredirait	je maudirais il, elle maudirait	je bruirais il, elle bruirait
pres. de subj.	que je contredise qu'il, elle contredise que nous contredisions qu'ils, elles contredisent	que je maudisse qu'il, elle maudisse que nous maudissions qu'ils, elles maudissent	*desusado*
imperfecto de subj.	qu'il, elle contredît qu'ils, elles contredissent	qu'il, elle maudît qu'ils, elles maudissent	*desusado*
imperativo	contredis contredisons contredisez	maudis maudissons maudissez	*desusado*
part. pres.	contredisant	maudissant	*desusado*
part. pasado	contredit, e	maudit, e	brui

* A menudo, el verbo **bruire** se usa en presente de indicativo, en imperfecto (**je bruyais, tu bruyais,** etc.), en futuro y en condicional. El verbo **bruisser** (cuadro 3) tiende cada vez más a sustituirle, sobre todo en las formas defectivas.

	106 lire	**107 croire**	**108 boire**
pres. de ind.	je lis tu lis il, elle lit nous lisons vous lisez ils, elles lisent	je crois tu crois il, elle croit nous croyons vous croyez ils, elles croient	je bois tu bois il, elle boit nous buvons vous buvez ils, elles boivent
pret. imperfecto	il, elle lisait	il, elle croyait	il, elle buvait
pret. indefinido	il, elle lut ils, elles lurent	il, elle crut ils, elles crurent	il, elle but ils, elles burent
fut. de ind.	je lirai il, elle lira	je croirai il, elle croira	je boirai il, elle boira
condicional	je lirais il, elle lirait	je croirais il, elle croirait	je boirais il, elle boirait
pres. de subj.	que je lise qu'il, elle lise que nous lisions qu'ils, elles lisent	que je croie qu'il, elle croie que nous croyions qu'ils, elles croient	que je boive qu'il, elle boive que nous buvions qu'ils, elles boivent
imperfecto de subj.	qu'il, elle lût qu'ils, elles lussent	qu'il, elle crût qu'ils, elles crussent	qu'il, elle bût qu'ils, elles bussent
imperativo	lis lisons lisez	crois croyons croyez	bois buvons buvez
part. pres.	lisant	croyant	buvant
part. pasado	lu, e	cru, e	bu, e

	109 faire	110 plaire	111 taire
pres. de ind.	je fais tu fais il, elle fait nous faisons vous faites ils, elles font	je plais tu plais il, elle plaît nous plaisons vous plaisez ils, elles plaisent	je tais tu tais il, elle tait nous taisons vous taisez ils, elles taisent
pret. imperfecto	il, elle faisait	il, elle plaisait	il, elle taisait
pret. indefinido	il, elle fit ils, elles firent	il, elle plut ils, elles plurent	il, elle tut ils, elles turent
fut. de ind.	je ferai il, elle fera	je plairai il, elle plaira	je tairai il, elle taira
condicional	je ferais il, elle ferait	je plairais il, elle plairait	je tairais il, elle tairait
pres. de subj.	que je fasse qu'il, elle fasse que nous fassions qu'ils, elles fassent	que je plaise qu'il, elle plaise que nous plaisions qu'ils, elles plaisent	que je taise qu'il, elle taise que nous taisions qu'ils, elles taisent
imperfecto de subj.	qu'il, elle fît qu'ils, elles fissent	qu'il, elle plût qu'ils, elles plussent	qu'il, elle tût qu'ils, elles tussent
imperativo	fais faisons faites	plais plaisons plaisez	tais taisons taisez
part. pres.	faisant	plaisant	taisant
part. pasado	fait, e	plu	tu, e

	112 extraire	113 clore *	114 vaincre
pres. de ind.	j'extrais tu extrais il, elle extrait nous extrayons vous extrayez ils, elles extraient	je clos tu clos il, elle clôt nous closons vous closez ils, elles closent	je vaincs tu vaincs il, elle vainc nous vainquons vous vainquez ils, elles vainquent
pret. imperfecto	il, elle extrayait	*desusado*	il, elle vainquait
pret. indefinido	*desusado*	*desusado*	il, elle vainquit ils, elles vainquirent
fut. de ind.	j'extrairai il, elle extraira	je clorai il, elle clora	je vaincrai il, elle vaincra
condicional	j'extrairais il, elle extrairait	je clorais il, elle clorait	je vaincrais il, elle vaincrait
pres. de subj.	que j'extraie qu'il, elle extraie que nous extrayions qu'ils, elles extraient	que je close qu'il, elle close que nous closions qu'ils, elles closent	que je vainque qu'il, elle vainque que nous vainquions qu'ils, elles vainquent
imperfecto de subj.	*desusado*	*desusado*	qu'il, elle vainquît qu'ils, elles vainquissent
imperativo	extrais extrayons extrayez	clos *desusado* –	vaincs vainquons vainquez
part. pres.	extrayant	closant	vainquant
part. pasado	extrait, e	clos, e	vaincu, e

* Déclore, éclore, enclore se conjugan como **clore**, pero la Academia aconseja : **il, elle éclot, il, elle enclot** (sin acento circunflejo). El verbo **enclore** existe en las formas **nous enclosons, vous enclosez** y **enclosons, enclosez**.

	115 frire	**116 foutre**
pres. de ind.	je fris tu fris il, elle frit *desusado* – –	je fous tu fous il, elle fout nous foutons vous foutez ils, elles foutent
pret. imperfecto	*desusado*	il, elle foutait
pret. indefinido	*desusado*	*desusado*
fut. de ind.	je frirai il, elle frira	je foutrai il, elle foutra
condicional	je frirais il, elle frirait	je foutrais il, elle foutrait
pres. de subj.	*desusado*	que je foute qu'il, elle foute que nous foutions qu'ils, elles foutent
imperfecto de subj.	*desusado*	*desusado*
imperativo	fris *desusado* –	fous foutons foutez
part. pres.	*desusado*	foutant
part. pasado	frit, e	foutu, e

Algunas fórmulas de correspondencia | ## Quelques formules de correspondance

Los saludos

OBSERV En francés, los saludos van
seguidos por una coma.

Muy señores (Sres.) nuestros / míos :

(Muy) Estimado(s) señor(es) :

Distinguido amigo :

Muy estimado señor (o estimada señora) X :

Querido, querida... FAM

Les formules de salutation

OBSERV En espagnol, la formule d'appel
est suivie d'un deux-points.

Messieurs,

(Cher[s]) Monsieur (Messieurs),

Cher Ami,

Cher Monsieur (ou Chère Madame) X,

Cher, chère... FAM

Informar, anunciar

Me es grato dirigirme a usted(es) para
informarle(s) que...

El señor X y señora tienen el placer de
comunicarle(s)...

Me es muy grato decirle(s)...

Para más informes puede(n) usted(es)
dirigirse a X.

Permanecemos / quedamos / estamos a su
disposición por lo que pudieran necesitar /
para cualquier informe complementario.

Tenga(n) la seguridad de que todas las
informaciones que recibamos de usted(es)
las consideramos estrictamente confidenciales.

Informer, annoncer

J'ai le plaisir de vous informer que...

M. et Mme X ont le plaisir de vous
faire part de...

Je suis très heureux de vous dire...

Pour de plus amples renseignements,
vous pouvez vous adresser à X.

Nous demeurons / restons / sommes à votre
entière disposition pour tout renseignement
complémentaire.

Soyez assuré(s/e/es) que toutes informations
que vous voudrez bien nous communiquer
seront tenues pour strictement confidentielles.

Acusar recibo

Acusamos recibo de /
Hemos recibido su carta /
pedido del 15 de noviembre de 1997.

Accuser réception

Nous accusons réception de /
Nous avons bien reçu votre lettre /
commande du 15 novembre 1997.

Referirse a un contacto precedente

En referencia a su carta de fecha 2 de mayo,
le(s) confirmamos que...

Esperamos, como dijimos anteriormente,
poder... lo más pronto posible /
con la mayor brevedad posible...

Conforme a lo prometido,...

Por razones circunstanciales...

Como confirmación de la conversación
telefónica sostenida el pasado día 23 de mayo
con usted(es)...

Refiriéndonos a su carta del...

Confiamos reciban la presente en las
mejores condiciones.

Su solicitud ha merecido nuestro mayor interés.

Se référer à un contact précédent

Suite à votre lettre du 2 mai, nous vous
confirmons que...

Nous espérons, comme nous en avons déjà
discuté, pouvoir... le plus tôt possible /
dans les plus brefs délais...

Comme promis,...

Pour des raisons indépendantes de ma
volonté,...

À la suite de notre conversation téléphonique
du 23 mai dernier,...

En réponse à votre lettre du...

Nous vous souhaitons bonne réception de
la présente.

Votre demande a retenu toute notre attention.

Mencionar documentos anexos	Mentionner des pièces jointes
En la carta adjunta, encontrará(n)...	Vous trouverez dans la lettre ci-joint...
Nos permitimos adjuntarle(s) la lista... Le(s) remitimos adjunta la lista...	Vous trouverez ci-joint la liste... Veuillez trouver ci-joint la liste...
Adjunto a la presente una carta...	Ci-joint une lettre...
Adjunto, tenemos el gusto de enviarle(s)...	Nous avons le plaisir de vous faire parvenir ci-joint...
Me permito anexarle(s) a usted(es) mi curriculum vitae.	Je me permets de vous envoyer ci-joint mon C.V.

Rehusar, rechazar	Refuser, rejeter
Siento mucho tener que informarle(s) que...	Je suis au regret de vous informer que...
Lamentamos comunicarle(s) que...	Nous sommes au regret de devoir vous indiquer que...
Con mi mayor sentimiento...	À mon vif regret,...
Tengo el sentimiento de decirle(s) que...	J'ai le regret de vous dire que...

Presentar la candidatura	Poser sa candidature
Espero que mi solicitud sea de su interés,...	Dans l'espoir que ma candidature retiendra votre attention,...
Tras la publicación de su anuncio en *El País*, tengo el honor de solicitar el cargo de...	À la suite de votre annonce parue dans *El País*, j'ai l'honneur de proposer ma candidature pour le poste de...
Para encontrarme actualmente sin empleo, me permito dirigirle(s) mi curriculum vitae.	Étant actuellement à la recherche d'un emploi, je me permets de vous adresser mon C.V.

Pedir informes	Demander des renseignements
Querríamos saber...	Nous aimerions savoir...
Le(s) ruego tenga(n) a bien enviarnos, a vuelta de correo,...	Je vous prie de bien vouloir m'envoyer, par retour du courrier,...
Le(s) rogamos nos participe(n) la siguiente información...	Nous vous prions de bien vouloir nous fournir les informations suivantes :
Por la urgencia que nos corre, le(s) rogamos nos conteste(n) a la mayor brevedad posible.	Étant pressés par le temps, nous vous prions de nous répondre dans les plus brefs délais.
Le(s) ruego se sirva(n)... Le(s) ruego tenga(n) la ambilidad...	Je vous prie de bien vouloir...

Pedir una confirmación	Demander confirmation
Podría informarme / confirmarme lo más pronto posible...	Veuillez m'informer / me confirmer le plus vite possible...

Disculparse	S'excuser
Tenga a bien disculparme...	Veuillez m'excuser... Je vous prie de bien vouloir m'excuser...
Le pido disculpas para...	Je vous présente mes excuses pour... Toutes mes excuses pour...

Felicidades	Félicitations et vœux
¡Felicidades!	Tous mes vœux!
¡Que los tengas muy felices! FAM	Passez de joyeuses fêtes! FAM
¡Felices Pascuas! / Navidades!	Joyeuses fêtes de fin d'année! / Joyeux Noël!
¡Feliz año nuevo!	Bonne année!
¡Feliz cumpleaños!	Joyeux anniversaire!
Te deseo muchas felicidades en el día de tu santo.	Je te souhaite une très bonne fête.
Te felicito por tu santo / por tu cumpleaños.	Je te souhaite une bonne fête / un joyeux anniversaire.
¡Mis parabienes por su matrimonio!	Tous mes vœux de bonheur pour votre mariage!
Reciba(n) usted(es) mis sinceras congratulaciones / mi sincera enhorabuena.	Recevez, Madame / Monsieur / Messieurs, mes sincères félicitations / mes vœux les plus sincères.
Mi más cordial enhorabuena.	Tous mes vœux.
Presente mis respetos a su señora madre.	Tous mes respects à (madame) votre mère.
¡Mis sinceros plácemes por el premio que ha obtenido!	Mes sincères félicitations pour le prix que vous avez obtenu!
Le deseo mucha suerte.	Je vous souhaite bonne chance.

Dar el pésame	Présenter ses condoléances
La acompaño en el / su sentimiento…	Je partage votre douleur…
(Mi más) sentido pésame…	(Mes plus) sincères / Toutes mes condoléances
Nos asociamos a su dolor…	Nous partageons votre douleur…

El agradecimiento	Les remerciements
A nombre de X y el mío propio, queremos agradecer el tiempo que usted(es) nos brindó durante nuestra reciente visita…	Au nom de M. X et de moi-même, je tiens à vous remercier du temps que vous nous avez accordé lors de notre récente visite…
Mucho le(s) agradeceríamos nos mandara(n)…	Nous vous serions très reconnaissants de bien vouloir nous envoyer…
Le(s) agradezco por anticipado / de antemano una rápida respuesta.	Je vous remercie par avance de bien vouloir me répondre rapidement.
Le(s) damos a usted(es) las gracias por su interés.	Nous vous remercions de l'intérêt que vous nous manifestez.
Agradeciéndole(s) la atención que se sirva(n) dispensar a nuestro pedido,…	En vous remerciant par avance de l'attention que vous voudrez bien porter à notre requête,…
Anticipándole(s) las gracias por su contestación,…	Dans l'attente de votre réponse, dont nous vous remercions par avance… Nous vous remercions par avance de votre réponse…
Se lo agradecemos mucho.	Nous vous en remercions infiniment.
Le(s) agradeceríamos nos indicara(n) si está(an) dispuesto(s) a aceptar…	Nous vous serions reconnaissants / Nous vous saurions gré de bien vouloir nous confirmer votre accord…
Con mi más expresivas gracias…	Avec tous mes remerciements…
Le(s) agradezco su confianza.	Je vous remercie de votre confiance.

La despedida	Les formules de politesse
OBSERV La despedida francesa acaba con un punto.	**OBSERV** La formule de politesse espagnole se termine souvent par une virgule.
Le(s) saluda atentamente, / Queda de Ud(s). atentamente,	Je vous prie d'agréer / Veuillez agréer, Madame / Monsieur / Messieurs, l'expression de mes salutations distinguées.
Muy atentamente,	Je vous prie / Nous vous prions d'agréer, Madame / Monsieur / Messieurs, l'expression de nos sentiments les meilleurs.
Nos es grato saludarle(s) muy atentamente.	Nous vous prions d'agréer, Madame / Monsieur / Messieurs, l'expression de nos salutations distinguées.
Reciba(n) un respetuoso saludo,	Recevez mes sentiments respectueux.
Un fuerte abrazo de... FAM	Je t'embrasse très / bien fort FAM
Muchos besos. FAM	Grosses bises. FAM
Le(s) saluda con la mayor consideración / con el mayor respeto, Le(s) presento el testimonio de mi consideración.	Croyez à / Recevez l'assurance de ma (haute) considération.
Salude de mi parte a...	Transmettez mon meilleur souvenir à...
¡Un saludo a X!	Mon meilleur souvenir à X!
Me despido de usted con un saludo afectuoso...	Amicalement / Salutations amicales
Queda de usted(es) su afectísimo y seguro servidor (o affmo. y s.s.)	Je vous prie d'agréer, Madame / Monsieur / Messieurs, l'expression de mes sentiments les meilleurs.
Su seguro servidor que besa su mano (o sus pies), [elevado] Se ofrece a usted(es) su seguro / atento servidor que besa su mano, [elevado]	Votre très dévoué serviteur. (soutenu) [En s'adressant à une femme]
Su seguro servidor que estrecha su mano (q.e.s.m.) [elevado] Se despide de usted su seguro servidor q.e.s.m.	Votre très humble serviteur. (soutenu) [quand il n'y a pas de rapports hiérarchiques]
Sin otro particular a que referirnos / Sin más de momento, nos despedimos de usted(es) saludándole(s) muy atentamente, / nos sucribimos muy atentamente,	Veuillez agréer, Cher Monsieur / Chère Madame / Chers Messieurs, l'expression de nos cordiales salutations Je vous prie de croire à mes sentiments les meilleurs.
Esperando haberle(s) complacido, aprovechamos esta ocasión para saludarle(s) muy atentamente,	En souhaitant vous avoir donné entière satisfaction, nous vous prions d'agréer, Madame / Monsieur / Messieurs, nos sincères salutations.
En (la) espera de / A la espera de una respuesta afirmativa / de sus prontas noticias, me suscribo de usted(es) atentamente,	Dans l'attente d'une réponse favorable / d'une réponse rapide, je vous prie d'agréer, Madame /Monsieur / Messieurs, l'expression de mes salutations distinguées.

Français-Espagnol

Francés-Español

A

a; A *m* a *f;* mot commençant par un a pala-bra que empieza por una a ■ avec un grand « a » con a mayúscula ▮ depuis A jusqu'à Z de cabo a rabo (de la tête à la queue) ▮ des « a » italiques aes en bastardilla ▮ne savoir ni A ni B no saber ni jota ▮un petit « a » una a minúscula ■ prouver par A plus B demostrar por A más B.

▮ **OBSERV** La a francesa puede ser **abierta** o **cerrada**. La a abierta es larga en **fable** (fábula), **pas** (paso), y breve en **patte** (pata). La a cerrada es larga en **pâte** (pasta). La a abierta francesa corresponde a la a media española en **paz**, **caña**. La a cerrada francesa corresponde aproximadamente a la a velar española en **bajo, cauto**. La a abierta se representa gráficamente por **a**, por **e**, como en **moelle** (moal) [médula], o por **ê**, como en **poêle** (poal) [estufa]. La a cerrada se representa ya por **a**, como en **bas** (bajo), ya por **â**, como en **crâne** (cráneo). La a puede llevar en francés un acento grave que no altera su pronunciación y no es sino un signo específico, como en **à, là, voilà**. Un acento circunflejo representa a menudo la desaparición de una letra de la ortografía antigua, como en **âge** (aage) [edad], **âne** (asne) [asno], **âme** (anme) [alma]. En algunos casos la a francesa no se pronuncia, como en **août** (u) [agosto], **Saône** (son).

à *prép*

▮ **OBSERV** Forma con el artículo los compuestos **au** [à le], **al**, y **aux** [à les], **a los**, **a las**.

1. SITUATION, POSITION
2. ÉPOQUE, DATE
3. POSSESSION, APPARTENANCE
4. DESTINATION, UTILISATION
5. MANIÈRE D'AGIR
6. CARACTÉRISTIQUE
7. COMBINAISON, MÉLANGE
8. ÉVALUATION NUMÉRIQUE
9. INTERJECTION
10. LOCUTIONS

1. SITUATION, POSITION en (sans mouvement); **étudier à Paris** estudiar en París; **au Brésil** en el Brasil; **au lit** en cama ▮a (avec mouvement); **aller à Buenos Aires** ir a Buenos Aires; **aller au Pérou** ir al Perú; **viens à la maison** ven a casa ▮a (orientation); **à droite** a la derecha; **maison exposée au midi** casa expuesta al mediodía ▮a (contact, juxtaposition); **au bord du ruisseau** a orillas del arroyo; **collé au mur** pegado a la pared ▮de; **accroché à un clou** colgado de un clavo ▮a (destination, adresse); **à Monsieur Untel** a Don Fulano de Tal

2. ÉPOQUE, DATE a (sens précis); **à toute heure** a cualquier hora; **à midi juste** a las doce en punto ▮en (sens vague); **à cette époque** en aquella época; **à la veille de** en vísperas de ▮por (vers, environ); **à la Noël** por Navidad; **à la Saint-Jean** por San Juan ▮hasta (jusqu'à); **à demain matin** hasta mañana por la mañana; **au revoir** hasta la vista

3. POSSESSION, APPARTENANCE de; **ce livre est à mon père** este libro es de mi padre; **avec un pronom personnel on peut traduire par le possessif; cette maison est à moi** esta casa es mía.

▮ **OBSERV** Es barbarismo usar **au** por **chez le: aller au médecin**, ir a casa del médico. Es igualmente barbarismo la construcción con **à** (en lugar de **de**), en frases como: **la fille à Jean**, la hija de Juan; **la fête à ma tante**, el santo de mi tía; **la maison à mon père**, la casa de mi padre. Úsanse sin embargo en el lenguaje familiar algunas frases hechas, como **un fils à papa**, un señorito, un señoritingo.

4. DESTINATION, UTILISATION de; **marché aux grains** mercado de granos; **papier à lettres** papel de cartas ▮para; **nuisible à la santé** nocivo para la salud ▮que; **cela laisse à penser** eso da que pensar ▮que hay que; **travail à faire** trabajo que hay que hacer ▮por; **c'est encore à faire** está todavía por hacer

5. MANIÈRE D'AGIR a; **à la nage** a nado; **à pied** a pie; **à l'anglaise** a la inglesa; **apprendre à lire** aprender a leer; **fait à la main** hecho a mano; **à tâtons** a tientas ▮entre; **bâtir une maison à deux** construir una casa entre dos ▮de; **à genoux** de rodillas; **dessin à la plume** dibujo de pluma

6. CARACTÉRISTIQUE de; **chapeau à plumes** sombrero de plumas; **l'homme à la barbe blanche** el hombre de la barba blanca ▮de (fonctionnement); **moulin à vent** molino de viento; **bateau à voile** barco de vela; **machine à vapeur** máquina de vapor.

▮ **OBSERV** Lorsque **à** fait partie d'une enseigne, il faut le supprimer: **Au Cheval blanc** El Caballo Blanco.

7. COMBINAISON, MÉLANGE de (élément caractéristique); **soupe aux choux** sopa de coles; **crème à la vanille** crema de vainilla ▮con (mélange); **café au lait** café con leche; **perdrix aux choux** perdiz con coles

8. ÉVALUATION NUMÉRIQUE à; **à cent francs pièce** a cien francos cada uno; **de trois à quatre heures** de tres a cuatro horas ▮por (sens de par); **cent kilomètres à l'heure** cien kilómetros por hora

9. INTERJECTION suppression fréquente de la préposition et de l'article; **au feu!** ¡fuego!; **au voleur!** ¡ladrón!, ¡ladrones!; **à la crevette!** ¡camarones!

10. LOCUTIONS **à ce compte** según esa cuenta ▮**à ce point de vue** desde este punto de vista

▮ **à temps** a tiempo (opportunément), con tiempo (à l'avance) ▮ **attention à la peinture** cuidado con la pintura ▮**duel au pistolet** desafío con pistola ■ **c'est à moi de parler** a mí me toca hablar ▮**donner à manger** dar de comer ▮ **penser à une chose** pensar en una cosa ▮**que gagne-t-il à venir?** ¿qué gana con venir? ▮**trouver à critiquer** encontrar qué criticar.

A (abr écrite de **ampère**) A ▮ (abr écrite de **anticyclone**) A ◇ *f* (abr de **autoroute**) A.

Å (abr écrite de **angström**) Å.

AA (abr de **Alcooliques Anonymes**) *m pl* AA.

Aaron [aarɔ̃] *n pr* Aarón (Bible).

AB (abr écrite de **assez bien**) ≃ B.

abaca *m* abacá (chanvre de manille).

abaissant, e *adj* humillante.

abaisse *f* suelo *m* de empanada (pâtisserie).

abaissé, e *adj* bajado, da ▮rebajado, da.

abaisse-langue *m* depresor, espátula *f*.

abaissement *m* bajada *f* (descente) ▮ baja *f* (des prix) ▮ [▷ **SYN**] caimiento, declinación *f* (affaiblissement) ▮ disminución *f*, descenso (de la température, d'un niveau) ▮ rebajamiento, envilecimiento (avilissement) ▮ abatimiento (du courage) ▮ sumisión *f*, sometimiento; **l'abaissement des grands vassaux** la sumisión de los grandes vasallos ▮ caída *f* (chute) ▮**MATH** reducción *f* (d'une équation).

▮ **SYN** **abâtardissement** bastardeo; **affaiblissement** debilitación; **décadence** decadencia; **déchéance** decaimiento; **déclin** declinación, ocaso; **dégénérescence** degeneración; **dégradation** degradación; **déliquescence** delicuescencia.

abaisser [4] *v tr* bajar; **abaisser les paupières** bajar los párpados ▮rebajar, disminuir la altura; **abaisser un mur** rebajar un muro ▮bajar, reducir; **abaisser les impôts** bajar los impuestos ▮ extender la masa con el rodillo para hacerla más fina (pâtisserie) ▮ [▷ **SYN**] **FIG** abatir; **abaisser l'orgueil** abatir el orgullo ▮**MATH** tirar, trazar (une perpendiculaire) ▮bajar (dans une division) ▮reducir (une équation) ▮**MÉD** extirpar (une cataracte).

➤ **s'abaisser** *v pr* inclinarse, descender (terrain) ▮**FIG** rebajarse (s'humilier).

▮ **SYN** **rabaisser** rebajar; **rabattre** abatir, doblegar; **ravaler** poner por los suelos.

abaisseur *adj* & *s m* depresor (muscle).

abajoue *f* abazón *m*.

abandon *m* abandono ▮renuncia *f*, cesión *f*, dejación *f* (d'un droit) ▮descuido (négligence) dejadez f, desidia f (paresse) ‖ desaliño (dans la tenue) ‖ confianza f, naturalidad f (laisser-aller, sincérité); **parler avec abandon** hablar con confianza ‖ abandono, desistimiento (sports, etc.) ■ **abandon de domicile, de famille** abandono de domicilio, de familia ‖ MIL abandon de poste deserción ‖ **à l'abandon** abandonado, da ‖ **laisser ses affaires à l'abandon** descuidar sus negocios.

abandonné, e adj abandonado, da ‖ desamparado, da (sans protection) ‖ descuidado, da; dejado, da (dans la tenue) ‖ desahuciado, da (un malade).

abandonner [3] v tr abandonar (délaisser) ‖ dejar (laisser); **abandonner son ouvrage** dejar su trabajo ‖ descuidar (négliger); **abandonner ses devoirs** descuidar sus deberes ‖ descuidar, abandonar; **abandonner ses amis** descuidar a sus amigos ‖ soltar (lâcher); **abandonner les rênes** soltar las riendas ‖ confiar, dejar (confier) ‖ FIG conceder (accorder); **je vous abandonne ce détail** le concedo este detalle ‖ desistir de, renunciar a; **abandonner ses prétentions** desistir de sus pretensiones ‖ renunciar a, cesar; **abandonner sa lutte** renunciar a la lucha ‖ entregar (livrer, remettre); **abandonner ses biens à ses créanciers** entregar sus bienes a sus acreedores ‖ desahuciar; **malade que les médecins abandonnent** enfermo desahuciado por los médicos.
◇ v intr abandonar; **coureur qui abandonne** corredor que abandona.
➥ **s'abandonner** v pr abandonarse ‖ desanimarse (perdre courage) ‖ acobardarse (prendre peur) ‖ descuidarse, dejarse (dans sa tenue) ‖ entregarse (se livrer); **s'abandonner au sommeil** entregarse al sueño.

abaque [abak] m ARCHIT & MATH ábaco.

abasourdi, e adj aturrullado, da (étourdi) ‖ estupefacto, ta (stupéfait) ‖ ensordecido, da (assourdi).

abasourdir [32] v tr aturrullar (étourdir) ‖ ensordecer (assourdir) ‖ FIG & FAM dejar estupefacto; **votre réponse m'a abasourdi** su respuesta me ha dejado estupefacto.

abasourdissant, e adj ensordecedor, ra (bruit) ‖ FAM asombroso, sa (étonnant).

abasourdissement m ensordecimiento (par le bruit) ‖ estupefacción f, estupor (stupéfaction).

abat [aba] m (p us) aguacero (averse).
➥ **abats** m pl menudos, despojos (de boucherie) ‖ menudillos (de volailles).

abâtardir [32] v tr bastardear ‖ envilecer (avilir).
➥ **s'abâtardir** v pr bastardearse, degenerarse.

abâtardissement m bastardeo.

abat-jour m inv pantalla f (d'une lampe) ‖ tulipa f (en verre) ‖ tragaluz (de fenêtre) ‖ visera f (visière) ‖ **mettre sa main en abat-jour** hacer pantalla con la mano.

abat-son m inv tornavoz (de clocher).

abattable adj abatible.

abattage m derribo; **l'abattage d'une cloison** el derribo de un tabique ‖ corta f, tala f (d'arbres) ‖ matanza f (animaux) ‖ gatillazo (du fusil) ‖ MIN arranque ‖ FAM avoir de l'abattage tener arranque, gallardía, decisión, brío (entrain) ‖ **recevoir un abattage** llevar una felpa.

abattant m trampa f (de comptoir), tapa f (de pupitre).

abattée f MAR abatimiento m ‖ **faire une abattée** abatir.

abattement m [▷ SYN] abatimiento (découragement) ‖ exoneración f (déduction); **abattement à la base** exoneración de base.
SYN découragement desaliento, descorazonamiento; anéantissement aniquilamiento.

abatteur m derribador ‖ leñador (d'arbres) ‖ matarife (dans un abattoir) ■ **abatteur de besogne** gran trabajador ‖ **grand abatteur de gibier** gran cazador.

abattis [abati] m derribo ‖ corte, tala f (d'arbres) ‖ caza f abatida (gibier tué) ‖ menudillos pl (de volaille) ‖ despojos pl (de boucherie) ‖ escombros pl, materiales pl de derribo (décombres) ‖ FAM remo (bras, jambe) ‖ MIL tala f.

abattoir m matadero.

abattre [83] v tr [▷ SYN] derribar; **abattre une maison** derribar una casa ‖ cortar, talar (arbres) ‖ matar, sacrificar; **abattre un bœuf** matar un buey ‖ derribar, abatir (un avion) ‖ bajar (baisser) ‖ FIG postrar, debilitar; **abattu par la fièvre** postrado por la calentura ‖ abatir; **abattre l'orgueil** abatir el orgullo ‖ desanimar, desalentar (décourager); **le malheur l'a abattu** la desgracia le ha desanimado ‖ hacer cesar, acabar con; **abattre sa résistance** acabar con su resistencia ‖ hacer caer; **la pluie abat la poussière** la lluvia hace que el polvo caiga ‖ FIG & FAM recorrer; **abattre une distance** recorrer una distancia ‖ tumbar (coucher sur le côté) ‖ cargarse (tuer) ‖ abatir (étaler son jeu) ‖ MIN desvenar (charbon) ‖ TECHN achaflanar (un angle).
◇ v intr MAR abatir el rumbo.
➥ **s'abattre** v pr derribarse (tomber brusquement) ‖ desplomarse (s'effondrer) ‖ calmarse, aplacarse, amainar (vent, colère) ‖ abatirse, arrojarse (oiseau de proie); **l'aigle s'abattit sur le lièvre** el águila se abatió sobre la liebre ‖ caer; **l'avion s'abattit en flammes** el avión cayó a tierra ardiendo ‖ desplomarse (s'écrouler); **cheval qui s'abat** caballo que se desploma ‖ azotar; **le cyclone s'abattit sur l'île** el ciclón azotó la isla ‖ FIG abatirse; **le malheur s'abattit sur sa famille** la desgracia se abatió sobre su familia.
SYN démolir demoler, derribar; ruiner arruinar; détruire destruir.

abattu, e adj & s derribado, da (renversé) ‖ FIG abatido, da; desanimado, da (découragé) ‖ **fusil à l'abattu** escopeta con el seguro echado.

abattures f pl huellas, pista sing (d'un cerf).

abat-vent m tejadillo (auvent) ‖ sombrerete (de cheminée) ‖ encañado (pour les plantes).

abat-voix m inv tornavoz ‖ sombrero (de chaire d'église).

abbasside adj & s HIST abasida.

abbatial, e [abasjal] adj abacial, abadengo, ga; **palais abbatiaux** palacios abaciales.
➥ **abbatiale** f iglesia abacial.

abbaye [abei] f abadía.

abbé m abad (d'un monastère) ‖ abate (prêtre français ou émigré en France); **l'abbé Grégoire** el abate Grégoire; **l'abbé Marchena** (espagnol) el abate Marchena ‖ padre (titre que l'on donne à tout prêtre sans autre dignité); **l'abbé Untel** el padre Fulano ‖ cura (prêtre); **les abbés et les curés** los curas y los párrocos ■ **abbé de cour** abate [mundano] ‖ **monsieur l'Abbé** Padre (en parlant à un prêtre), señor D..., presbítero (sur une adresse).

abbesse f abadesa.

abc m inv abecé, abecedario.

abcéder [18] v intr apostemarse, formarse un absceso.

abcès [absɛ] m [▷ SYN] absceso ‖ flemón (aux gencives) ‖ FIG crever l'abcès cortar por lo sano, tomar una decisión inmediata ‖ **vider un abcès** abrir un absceso.
SYN phlegmon flemón (plus employé en espagnol qu'en français); pustule pústula; panaris panadizo.

Abd Allāh n pr Abdalá.

Abd Al-Rahmān n pr Abderramán.

abdicataire m abdicatario.

abdication f abdicación.

abdiquer [3] v intr & tr abdicar ‖ renunciar a (à son autorité, à un droit).
SYN se démettre dimitir; démissionner dimitir; résigner resignar.

abdomen m abdomen.

abdominal, e adj abdominal.
➥ **abdominaux** m pl faire des abdominaux hacer abdominales ou ejercicios abdominales.

abducteur adj & s m abductor.

abduction f abducción.

Abdullah n pr Abdullah.

abécédaire m abecedario.

abée f saetín m (de moulin) ‖ canal m de desagüe.

abeille [abɛj] f abeja ■ **abeille mâle** zángano ‖ **abeille mère** abeja maesa ‖ **en ligne d'abeilles** en línea recta ‖ **en nid d'abeilles** en nido de abejas (couture) ‖ **nid d'abeilles** panal ‖ **radiateur nid d'abeilles** radiador de rejilla.

Abel n pr Abel.

Abélard n pr Abelardo.

abélien, enne adj MATH abeliano, na; **groupe abélien** grupo abeliano.

Abencérage n pr Abencerraje.

aberrant, e adj aberrante ‖ FIG que no es normal, anormal, monstruoso, sa.

aberration f aberración, monstruosidad (d'esprit) ‖ ASTRON & PHYS aberración; **aberration chromatique** aberración cromática.

abêtir [32] v tr atontar, embrutecer.

abêtissant, e adj embrutecedor, ra.

abêtissement m embrutecimiento, atontamiento.

abhorré, e adj aborrecido, da.

abhorrer [3] v tr aborrecer.

Abidjan n pr GÉOGR Abidjan, Abiyán.

abîme m abismo.
SYN abysse abismo (océanique); gouffre sima; précipice precipicio.

abîmer [3] v tr estropear, echar a perder; **abîmer ses vêtements** estropear la ropa ‖ (vx) abismar, hundir, sumir (enfoncer dans un abîme) ‖ destruir, desbaratar (détruire) ‖ FAM criticar ‖ FAM maltratar; **abîmer un adversaire** maltratar a un adversario ‖ **abîmer le portrait à quelqu'un** romperle a uno las narices.
➥ **s'abîmer** v pr hundirse; **le navire**

s'abîma dans les flots el barco se hundió en las aguas ▌ abismarse, sumirse (douleur, pensées) ▌ estropearse, echarse a perder (se détériorer).

   OBSERV Evítese el pleonasmo s'abîmer dans un précipice en lugar de tomber dans un précipice.
   SYN couler irse a pique; engloutir tragar, engullir; s'enfoncer hundirse; se plonger sumergirse; sombrer hundirse.

ab intestat loc lat ab intestado, abintestado.

abiogenèse f BIOL abiogénesis.

abject, e adj abyecto, ta.

   SYN bas bajo; ignoble innoble; infâme infame; méprisable despreciable; misérable miserable; sale indecente, cochino; sordide sórdido; vil vil.

abjection f abyección.

abjuration f abjuración ▌ faire abjuration de abjurar.

abjurer [3] v tr & intr abjurar.

ablatif, ive adj ablativo, va.
  ➤ **ablatif** m GRAMM ablativo; ablatif absolu ablativo absoluto.

ablation f CHIR ablación ▌ GÉOL ablación.

ablégat m ablegado (envoyé par le pape).

ableret m red f cuadrada de pesca.

ablette f albur m, breca (poisson).

ablier m red f cuadrada de pesca.

ablution f ablución ▌ LITT faire ses ablutions hacer sus abluciones.

abnégation f abnegación ▌ faire abnégation de soi-même dar pruebas de abnegación.

aboi m ladrido.
   OBSERV Aboi se aplica más bien a los perros de caza y aboiement a los domésticos.

aboiement [abwamɑ̃] m ladrido.

abois m pl aux abois acorralado; cerf aux abois ciervo acorralado; en situación desesperada, con el agua al cuello; commerçant ruiné et aux abois comerciante arruinado y en situación desesperada.

abolir [32] v tr abolir.

abolition f abolición.

abolitionnisme m abolicionismo.

abolitionniste adj & s abolicionista.

abominable adj abominable.

abominablement adv abominablemente ▌ abominablement laide horriblemente fea.

abomination f abominación ▪ assister à des abominations presenciar horrores, atrocidades ▌ avoir en abomination detestar ▌ FAM ce café est une abomination este café es indecente ▌ être en abomination ser odioso, execrable.

abominer [3] v tr abominar ▌ odiar; abominé de tous odiado por todos ▌ detestar; j'abomine le tabac detesto el tabaco.

abondamment adv abundantemente ▪ peu abondamment escasamente ▪ manger abondamment comer en abundancia.

abondance f [▷ SYN] abundancia, copia ▌ profusión (de détails) ▌ (vx) vino m aguado (vin coupé d'eau) ▌ année d'abondance buen año ▌ corne d'abondance cuerno de la abundancia, cornucopia ▌ en abondance en abundancia ▪ abondance de biens ne nuit pas lo que abunda no daña ▌ parler avec abondance hablar con facilidad ▌ parler d'abondance improvisar ▌ vivre dans l'abondance vivir en la opulencia.

   SYN affluence afluencia; exubérance exuberancia; foison copia; foule multitud; pléthore plétora; plénitude plenitud; profusion profusión; surabondance superabundancia.

abondant, e adj abundante ▪ peu abondant escaso, poco abundante ▌ repas abondant comida copiosa ▌ style abondant estilo rico en expresiones.

abonder [3] v intr abundar; rivière qui abonde en poissons río que abunda en peces ▌ abonder dans le sens de quelqu'un abundar en las ideas de alguien, ser del mismo parecer que otro.

   SYN foisonner menudear; fourmiller hormiguear; grouiller de hervir en; pulluler pulular; regorger rebosar.

abonné, e adj & s abonado, da (au téléphone, aux spectacles, etc.) ▌ suscriptor, ra (à un journal) ▌ INFORM abonado, da.

abonnement m abono ▌ suscripción f (journal, etc.) ▌ abono (à un spectacle, au téléphone) ▌ encabezamiento (impôts) ▪ abonnement au timbre timbre concertado ▌ payer par abonnement pagar a plazos.

abonner [3] v tr abonar (au téléphone, aux spectacles, etc.) ▌ suscribir (à un journal).
  ➤ **s'abonner** v pr abonarse ▌ suscribirse ▌ encabezarse (impôts).

abonnir [32] v tr mejorar ▌ abonar (un terrain).
  ◇ v intr & pr mejorar, mejorarse.

abord [abɔʀ] m acceso; lieu d'un abord facile lugar de fácil acceso ▌ MAR abordo ▪ au premier abord a primera vista; au premier abord le parc est sombre a primera vista el parque es sombrío ▌ d'abord, tout d'abord primero, primeramente, en primer lugar ▌ de prime abord de buenas a primeras; de prime abord les manifestants furent arrêtés de buenas a primeras los manifestantes fueron detenidos ▌ dès l'abord desde un principio ▌ FIG être d'un abord facile mostrarse accesible.
  ➤ **abords** m pl inmediaciones f; les abords d'une ville las inmediaciones de una población.

abordable adj abordable; côte abordable costa abordable ▌ FAM asequible, accesible, abordable; prix abordable precio asequible ▌ FIG abordable, accesible (personne).

abordage m MAR abordaje (volontaire ou accidentel) ▌ prendre à l'abordage tomar al abordaje.

aborder [3] v intr [▷ SYN] abordar, atracar; aborder à un port, en Espagne abordar en un puerto, en España.
  ◇ v tr abordar (un navire) ▌ FIG atacar, acometer, asaltar (attaquer) ▌ abordar (une personne) ▌ abordar, tratar, tocar; aborder un sujet délicat tocar un tema delicado ▌ enfocar (envisager) ▌ emprender (un ouvrage, une lecture).
  ➤ **s'aborder** v pr abordarse.

   SYN accéder acceder; accoster acostar; avoir accès tener acceso; joindre unirse; s'approcher acercarse; toucher tocar.

aborigène adj & s m aborigen.

abortif, ive adj & s m abortivo, va.

abot m traba f (pour les chevaux).

abouchement m abocamiento ▌ (p us) entrevista f (entrevue) ▌ ANAT anastomosis f ▌ TECHN empalme (tuyaux).

aboucher [3] v tr empalmar (tuyaux) ▌ poner en comunicación ou en contacto (des personnes).
  ➤ **s'aboucher** v pr entrevistarse, abocarse (se réunir pour discuter) ▌ conchabarse; les malfaiteurs s'abouchèrent los malhechores se conchabaron ▌ ANAT anastomosarse.

Abou Dhabī [abudabi] ➤ **Abu Dhabi.**

abouler [3] v tr FAM soltar, aflojar; aboule ta galette afloja los cuartos.
  ➤ **s'abouler** v pr FAM (vx) descolgarse, llegar (arriver).

aboulie f abulia (perte de la volonté).

aboulique adj & s abúlico, ca.

Abou-Simbel; Abu-Simbel n pr Abū Simbel, Abu Simbel.

about [abu] m extremo (menuiserie) ▌ joindre en about ensamblar por los extremos.

aboutement m TECHN empalme.

abouter [3] v tr TECHN empalmar, ensamblar.

aboutir [32] v intr acabar en, llegar a; cette rue aboutit à la place esta calle acaba en la plaza ▌ tener salida; une rue qui aboutit una calle que tiene salida ▌ FIG conducir a, desembocar en; raisonnements qui n'aboutissent à rien razonamientos que no conducen a nada ▌ llegar a un resultado, obtener una finalidad; les pourparlers ont abouti las conversaciones han llegado a un resultado ▌ rematar, terminar; aboutir en pointe rematar en punta ▌ conseguir (obtenir); aboutir à un accord conseguir un acuerdo ▌ MÉD abrirse (abcès) ▪ faire aboutir llevar a buen término ▌ ne pas aboutir fracasar.

aboutissant, e adj que termina (finissant) ▌ lindante con (confinant) ▌ les tenants et les aboutissants los pormenores [de un asunto].

aboutissement m fin ▌ resultado, desenlace (résultat) ▌ MÉD principio de supuración.

aboyant, e adj ladrador, ra.

aboyer [13] [abwaje] v intr ladrar; aboyer après quelqu'un ladrar a uno ▌ FIG hostigar, acosar (harceler) ▌ aboyer à la Lune ladrar a la Luna.

aboyeur, euse adj ladrador, ra.
  ➤ **aboyeur** m vendedor ambulante que pregona una mercancía.

abracadabra m abracadabra.

abracadabrant, e adj portentoso, sa; estrafalario, ria.
   OBSERV Úsase a veces el galicismo abracadabrante.

Abraham n pr Abraham, Abrahán.

abraser [3] v tr raspar (racler) ▌ esmerilar (polir à l'émeri) ▌ MÉD legrar ▌ GÉOL desgastar.

abrasif, ive adj abrasivo, va.
  ➤ **abrasif** m abrasivo; l'émeri est un abrasif el esmeril es un abrasivo.

abrasion f abrasión ▌ MÉD abrasión.

abraxas [abraksas] m abraxas (amulette).

abrégé, e adj abreviado, da.
  ➤ **abrégé** m [▷ SYN] compendio (résumé);

abrégé d'histoire compendio de historia ■ **en abrégé** en resumen ■ **écrire en abrégé** escribir en abreviatura.

> SYN extrait extracto; épitomé epítome; précis, compendium compendio; raccourci abreviación; résumé resumen; schéma esquema; sommaire sumario; somme suma; synthèse síntesis.

abrègement *m* abreviamiento.

abréger [22] *v tr* abreviar ▌compendiar, resumir (texte, etc.) ▌ FIG acortar; **le travail abrège les heures** el trabajo acorta las horas ▌**pour abréger** para resumir.

→ **s'abréger** *v pr* abreviarse.

abreuver [5] *v tr* abrevar ▌ cebar (une pompe) ▌ regar (arroser) ▌ FIG abreuver d'outrages colmar de insultos.

→ **s'abreuver** *v pr* beber ▌ beber en la fuente de; **les humanistes s'abreuvèrent dans l'Antiquité** los humanistas bebieron en la fuente de la Antigüedad ▌ FIG s'abreuver de larmes anegarse en llanto ▌ s'abreuver de sang saciarse de sangre.

abreuvoir *m* abrevadero (pour bestiaux) ▌bebedero (pour oiseaux) ▌llaga *f* (maçonnerie).

abréviatif, ive *adj* abreviativo, va ▌ signes abréviatifs signos de abreviación.

abréviation *f* abreviatura, abreviación; tableau d'abréviations cuadro de abreviaturas.

> OBSERV Le mot abreviatura est plus employé que son synonyme abreviación.

abri *m* abrigo (lieu abrité) ▌ refugio (refuge) ▌cobertizo (contre la pluie, le vent, etc.) ▌tejadillo (auvent) ▌ [▷ SYN 1] albergue, hogar (foyer); **une famille sans abri** una familia sin albergue ▌FIG amparo (protection) ▌MIL [▷ SYN 2] refugio; **un abri antiatomique** un refugio antiatómico ■ **à l'abri** al abrigo (abrité par); **à l'abri de la côte** al abrigo de la costa ▌**à l'abri de la critique** fuera del alcance de la crítica ▌ **se mettre à l'abri** ponerse a cubierto ▌ **à l'abri du froid** protegido contra el frío ▌vivre **à l'abri du besoin** vivir libre de necesidad.

> SYN **1.** asile asilo; refuge refugio; retraite retiro.
> **2.** MIL blockhaus blocao; casemate casamata; guitoune chabola.

Abribus® *m* Marquesina *f.*

abricot *m* albaricoque, damasco ▌ abricot alberge albérchigo.
<> *adj inv* de color de albaricoque; rubans abricot cintas de color de albaricoque.

abricoté, e *adj* que tiene sabor de albaricoque ▌con albaricoque (gâteau).

abricotier *m* albaricoquero ▌ abricotier de Saint-Domingue mamey.

abrité, e *adj* resguardado, da (un jardin, une vallée).

abriter [3] *v tr* abrigar (tenir à l'abri); **abriter une plante** abrigar una planta ▌poner a cubierto (mettre à couvert) ▌ FIG resguardar, amparar (protéger) ▌ dar hospitalidad; **le gouvernement abrite les sinistrés** el gobierno da hospitalidad a los damnificados.

→ **s'abriter** *v pr* ponerse a cubierto ▌ FIG resguardarse, guarecerse, ampararse (se protéger).

abrivent *m* AGRIC abrigaño ▌MIL garita *f.*

abrogatif, ive *adj* abrogativo, va.

abrogation *f* abrogación.

abrogatoire *adj* abrogatorio, ria.

abrogeable [abrɔʒabl] *adj* abrogable.

abroger [17] *v tr* derogar, revocar (p us), abrogar (p us).

abrupt, e *adj* abrupto, ta; **rocher abrupt** roca abrupta ▌ FIG style abrupt estilo rudo, tosco.

abruptement [abryptəmɑ̃] *adv* abruptamente, de un modo abrupto (de manière brutale).

abruti, e *adj* embrutecido, da; **abruti par la misère** embrutecido por la miseria ▌ FAM abruti de travail reventado de trabajo.
<> *m & f* estúpido, da.

abrutir [32] *v tr* [▷ SYN] embrutecer ▌ FAM agobiar (surcharger); **abrutir quelqu'un de travail** agobiar de trabajo a alguien.

→ **s'abrutir** *v pr* embrutecerse.

> SYN abêtir entontecer, atontar; hébéter entorpecer, embotar.

abrutissant, e *adj* embrutecedor, ra; **travail abrutissant** trabajo embrutecedor.

abrutissement *m* embrutecimiento.

Abruzzes *n pr m pl* GÉOGR les Abruzzes los Abruzos.

ABS (abr de anti-blocking system) *m* ABS.

Absalon *n pr* Absalón.

abscisse *f* GÉOM abscisa.

abscons, e [apskɔ̃, ɔ̃s] *adj* abstruso, sa; oculto, ta.

absence *f* [▷ SYN] ausencia; **absence immotivée** ausencia sin motivo ▌ falta (manque); **absence de courage** falta de valor ▌ fallo *m* de memoria; **avoir des absences** tener fallos de memoria ▌ **en l'absence de** en ausencia de.

> SYN disparition desaparición; éloignement alejamiento.

absent, e *adj & s* ausente ▌ **les absents ont toujours tort** ni ausente sin culpa, ni presente sin disculpa.

> OBSERV Absent à debe ser seguido por un complemento de tiempo (il était absent à 5 heures), y absent de por un complemento de lugar (il était absent de Paris).

absentéisme *m* absentismo, ausentismo.

absentéiste *adj & s* absentista, ausentista.

absenter [3]
→ **s'absenter** *v pr* ausentarse; **s'absenter de sa maison** ausentarse de su casa.

> SYN disparaître desaparecer; faire défaut faltar, estar ausente; manquer faltar.

absidal, e *adj* ARCHIT absidal; **ornements absidaux** ornamentos absidales.

abside *f* ARCHIT ábside *m.*

absidiole *f* ARCHIT absidiola.

absinthe *f* ajenjo *m*, absintis *m* (plante) ▌ ajenjo *m* (liqueur) ▌ FIG amargura, acíbar *m* (amertume).

absinthisme *m* abuso del ajenjo.

absolu, e *adj* [▷ SYN] absoluto, ta; soberano, na; **roi absolu** rey absoluto ▌ absoluto, ta; **majorité absolue** mayoría absoluta ▌ sin restricción ▌imperioso, sa; **parler sur un ton absolu** hablar con tono imperioso ▌ GRAMM & PHILOS absoluto, ta ▌ CHIM alcool absolu alcohol absoluto (sin mezcla de agua) ▌ RELIG Jeudi absolu jueves Santo ▌ PHYS zéro absolu cero absoluto (-273 °C).

→ **absolu** *m* lo absoluto; **la recherche de l'absolu** la busca de lo absoluto.

> SYN autocratique autocrático; autoritaire autoritario; dictatorial dictatorial; omnipotent omnipotente; totalitaire totalitario.

absoluité *f* PHILOS carácter *m* absoluto.

absolument *adv* [▷ SYN] absolutamente, en absoluto, completamente (totalement) ▌ necesariamente, indispensablemente; **il faut absolument que j'y aille** tengo que ir necesariamente ■ **absolument pas** de ningún modo, en absoluto ▌ **il le veut absolument** lo quiere a toda costa.

> SYN à fond a fondo; complètement completamente; diamétralement diametralmente; entièrement enteramente; parfaitement perfectamente; pleinement plenamente; purement puramente; radicalement radicalmente; simplement simplemente, meramente; strictement estrictamente; totalement totalmente; tout à fait del todo.

absolution *f* absolución.

absolutisme *m* absolutismo.

absolutiste *adj & s* absolutista.

absolutoire *adj* absolutorio, ria; **bref absolutoire** breve absolutorio.

absorbable *adj* absorbible.

absorbant, e *adj* absorbente; **sol absorbant** suelo absorbente ▌ FIG travail absorbant trabajo absorbente.

→ **absorbant** *m* absorbente; **la ouate est un absorbant** el algodón en rama es un absorbente.

absorbé, e *adj* absorbido, da ▌ absorto, ta; abstraído, da (distrait); **absorbé par le travail** absorto en su trabajo; **absorbé par la lecture** abstraído por la lectura.

absorber [3] *v tr* [▷ SYN] absorber; **absorber de l'eau** absorber agua ▌ FIG consumir, devorar; **les spéculations ont absorbé sa fortune** las especulaciones han consumido su fortuna ▌ absorber (distraire), cautivar (captiver).

> OBSERV Absorber a deux participes passés: absorbido, au sens propre, et absorto, au figuré; ce dernier sert d'adjectif.
> SYN aspirer aspirar; imbiber embeber; pomper chupar; s'imbiber empaparse; s'imprégner impregnarse.

absorbeur *m* PHYS absorbedor.

absorption [apsɔrpsjɔ̃] *f* absorción.

absorptivité *f* absorbencia.

absoudre [87] *v tr* absolver; **absoudre un accusé** absolver a un reo; **absoudre un pénitent de ses péchés** absolver a un penitente de sus pecados.

absous, oute [apsu, ut] *adj* absuelto, ta.
→ **absoute** *f* absolución.

abstème *adj & s* abstemio, mia (qui ne boit pas de vin).

abstenir [40]
→ **s'abstenir** *v pr* abstenerse; **s'abstenir de parler** abstenerse de hablar.

abstention *f* abstención.

abstentionnisme *m* abstencionismo.

abstentionniste *adj & s* abstencionista.

abstinence *f* abstinencia.

abstinent, e *adj & s* abstinente.

abstracteur, trice *adj & s* abstractor, ra.

abstraction *f* abstracción ■ **abstraction faite de** prescindiendo de ■ **faire abstrac-**

tion de hacer caso omiso de, prescindir de, hacer abstracción de.

abstractionnisme *m* abstraccionismo.

abstraire [112] *v tr* abstraer.
➤ **s'abstraire** *v pr* abstraerse.

abstrait, e *adj* abstracto, ta; **terme, art abstrait** término, arte abstracto; **science abstraite** ciencia abstracta ‖ abstraído, da (distrait); **avoir l'air abstrait** parecer abstraído.
➤ **abstrait** *m* lo abstracto ‖ artista abstracto.

abstraitement *adv* abstraídamente (distraitement) ‖ abstractivamente (non concrètement).

abstrus, e [abstry, yz] *adj* abstruso, sa; recóndito, ta; **raisonnement abstrus** razonamiento abstruso.

absurde *adj* absurdo, da; **système absurde** sistema absurdo.
◇ *m* lo absurdo; **tomber dans l'absurde** caer en lo absurdo.
| SYN aberrant aberrante; déraisonnable desrazonable; extravagant extravagante; fou loco; insensé insensato; ridicule ridículo; saugrenu estrafalario.

absurdement *adv* absurdamente.

absurdité *f* absurdo *m*, absurdidad; **dire des absurdités** decir absurdos ‖ lo absurdo *m*; **le comble de l'absurdité** el colmo de lo absurdo.

Abu Dhabi; Abou Dhabī *n pr* GÉOGR Abū Zabī, Abū Dabī, Abu Dhabi.

abus *m* abuso; **abus de boissons** abuso de bebidas ‖ error, equivocación *f*; **c'est un abus de croire que ce travail est facile** es un error creerque este trabajo es fácil ■ **abus d'autorité** abuso de autoridad ‖ **abus de confiance** abusode confianza ‖ **abus de pouvoir** abuso de poder ‖ DR **abus de biens sociaux** abuso de los bienes sociales ‖ **appel comme d'abus** recurso de queja.

abuser [3] *v tr* engañar (tromper); **abuser par des promesses fallacieuses** engañar con promesas falaces; **ses sens l'abusent** sus sentidos le engañan.
◇ *v intr* abusar, usar mal; **abuser de son crédit** abusar de su crédito; **abuser de la patience d'autrui** abusar de la paciencia ajena.
➤ **s'abuser** *v pr* engañarse; **s'abuser sur ses capacités** engañarse acerca de sus capacidades ‖ **si je ne m'abuse** si no me engaño, si no me equivoco.

abusif, ive *adj* abusivo, va; **mesure abusive** medida abusiva ‖ **sens abusif d'un mot** sentido equivocado de una voz.

Abu Simbel [abusimbɛl] ➤ **Abou-Simbel**.

abusivement *adv* abusivamente.

abyssal, e *adj* abisal, abismal; **sédiments abyssaux** sedimentos abisales.

abysse *m* abismo (sous-marin).

abyssin, e *adj* abisinio, nia.

Abyssinie *n pr f* HIST l'Abyssinie Abisinia (ancien nom du massif éthiopien).

abyssinien, enne *adj & s* abisinio, nia.

AC (abr de **appellation contrôlée**) *f* DO.

acabit [akabi] *m* FAM índole *f* (qualité) ‖ **des gens du même acabit** gente de la misma ralea ou calaña, lobos de la misma camada.

acacia *m* acacia *f* ‖ **faux acacia** ou **robinier** acacia blanca.

académicien, enne *m & f* académico, ca.

académie *f* academia; **académie des sciences** academia de ciencias; **Académie française** sociedad oficial de literatos para la defensa del idioma, ≃ Real Academia ‖ distrito universitario [en Francia] ‖ academia (étude de nu); **dessiner une académie** dibujar una academia.

   ACADÉMIE FRANÇAISE ─────
Se trataba inicialmente de un grupo de literatos que el cardenal de Richelieu animó en 1635 a convertirse en una sociedad. Formada por cuarenta distinguidos escritores ("les Quarante", "les Immortels"), la "Académie" tenía y sigue teniendo como tarea principal la de editar un diccionario de referencia y ser la máxima autoridad en materia de lengua francesa.

académique *adj* académico, ca; **langue, pose académique** lengua, postura académica; **peinture académique** pintura académica ‖ **palmes académiques** palmas académicas [condecoración francesa reservada a los escritores, artistas y miembros del cuerpo docente].

académiquement *adv* académicamente.

académisme *m* academicismo, academismo.

Acadie [akadi] *n pr f* (l')Acadie Acadia.

acadien, enne *adj* acadiense, acadio, dia.
➤ **acadien** *m* LING acadiense.

Acadien, enne *m & f* acadiense, acadio, dia.

acagnarder [3]
➤ **s'acagnarder** *v pr* apoltronarse ‖ arrellanarse (dans un fauteuil, etc.).

acajou *m* caoba *f*.

acalèphes *f pl* ZOOL acalefos.

acanthacées *f pl* BOT acantáceas.

acanthe *f* ARCHIT & BOT acanto *m*.

acanthoptérygiens *m pl* ZOOL acantopterigios.

a capella; a cappella *loc adv* MUS a capella.

acariâtre *adj* desabrido, da (caractère).
| SYN acerbe acerbo; acrimonieux acrimonioso, áspero; atrabilaire atrabiliario; bilieux bilioso; grincheux gruñón; hypocondriaque hipocondríaco; quinteux hosco; rébarbatif áspero; revêche arisco; rogue arrogante.

acarien [akarjɛ̃] *m* ácaro.

acarus *m* ácaro.

acaule *adj* BOT acaule.

accablant, e *adj* abrumador, ra; **témoignage accablant** testimonio abrumador ‖ agobiante, agobiador, ra; **tâche accablante** tarea agobiante.

accablé, e *adj* agobiado, da (sous un poids) ‖ abrumado, da; rendido, da (de travail, de fatigue).

accablement *m* agobio (sous le poids, par le travail, etc.) ‖ postración *f* (prostration) ‖ abatimiento.

accabler [3] *v tr* [▷ SYN] agobiar (sous le poids) ‖ abrumar (travail, fatigue) ‖ aplastar; **accabler un adversaire** aplastar a un adversario ‖ postrar (prostrer); **accablé par la fièvre** postrado por la calentura ‖ FIG colmar; **accabler d'honneurs** colmar de honores ‖ **vous m'accablez par tant de bonté** me confunde ou agobia con tanta bondad.

| SYN anéantir aniquilar, anonadar; écraser aplastar; surcharger recargar.

accalmie *f* MAR calma momentánea, recalmón *m* ‖ FIG tregua, período *m* de calma (trêve).

accaparement *m* acaparamiento.

accaparer [3] *v tr* acaparar ‖ **accaparer quelqu'un** acaparar a alguien.
| SYN monopoliser monopolizar; s'emparer adueñarse, incautarse; truster acaparar, formar un trust; FAM rafler alzarse con, apandar, arramblar.

accapareur, euse *m & f* acaparador, ra.

accastillage *m* MAR obra *f* muerta.

accéder [18] *v intr* tener acceso a, entrar en, llegar hasta; **accéder à une pièce** entrar en una habitación ‖ dar; **cette porte accède à la cour** esta puerta da al patio ‖ acceder, consentir; **accéder à une demande** acceder a una solicitud ‖ llegar (à un poste).

accélérateur, trice *adj & s m* acelerador, ra ‖ PHYS **accélérateur de particules** acelerador de partículas ‖ **coup d'accélérateur** acelerón. ‖ **force accélératrice** fuerza aceleratriz.

accélération *f* aceleración, aceleramiento *m*.

accéléré *m* CINÉM acelerado ‖ **en accéléré** a cámara rápida.

accélérer [18] *v tr* [▷ SYN] acelerar (presser, hâter) ‖ acelerar (moteur, etc.) ‖ **accélérer le pas** aligerar, apresurar ou acelerar el paso.
◇ *v intr* aligerar (se hâter) ‖ acelerar (un moteur).
| SYN activer activar; dépêcher despachar; expédier expedir; hâter apresurar; précipiter precipitar; se dépêcher aligerar, darse prisa; FAM se grouiller apurarse.

accent [aksɑ̃] *m* acento; **accent tonique** acento tónico ‖ acento (ton); **accent italien** acento italiano ‖ **mettre l'accent sur** recalcar, subrayar, hacer hincapié en, poner de relieve.
➤ **accents** *m pl* acentos (sons); **des accents plaintifs** acentos lastimosos.

   ACCENTS ─────
Existen en francés tres acentos: el agudo (´), el grave (`) y el circunflejo (^). El agudo se pone sobre la "é" (vocal cerrada), el grave sobre la "è" (vocal abierta), la preposición "à" y el adverbio "où". El acento circunflejo (vocal larga) recuerda la desaparición de la "s", como en "hôpital" (hospital). También se pone en los pretéritos, como "nous nous aimâmes" y en el pronombre "nôtre" para distinguirlo del adjetivo "notre".

accentuable *adj* acentuable.

accentuation *f* acentuación; **accentuation vicieuse** acentuación viciosa ‖ vigor *m*, acentuación; **l'accentuation des traits** el vigor de los rasgos.

accentué, e *adj* acentuado, da (lettre, etc.) ‖ acentuado, da; abultado, da; vigoroso, sa (traits, etc.).

accentuer [7] *v tr* acentuar (mots, syllabes, lettres) ‖ acentuar (ton) ‖ acentuar, subrayar (souligner) ‖ aumentar (une pression, un effort).
➤ **s'accentuer** *v pr* acentuarse ‖ aumentar (augmenter).

acceptabilité *f* aceptabilidad.

acceptable *adj* aceptable.

acceptant, e *adj & s* aceptante, aceptador, ra.

acceptation *f* aceptación.

accepter [4] *v tr* aceptar.

　SYN accueillir acoger; admettre admitir; agréer recibir.

accepteur *m* COMM aceptador.

acception *f* acepción, extensión; dans toute l'acception du terme en toda la acepción ou extensión de la palabra ‖ acepción (préférence); sans acception de personne sin acepción de personas.

accès [aksɛ] *m* acceso; d'un accès facile de fácil acceso ‖ entrada *f*, paso; l'accès des bureaux est interdit se prohíbe la entrada a las oficinas ‖ comprensión *f*, entendimiento; science d'un accès difficile ciencia de difícil comprensión ‖ acceso, ataque (de fièvre, de toux) ‖ arrebato (de colère, d'enthousiasme) ‖ avenate (de folie) ‖ arranque (d'humeur, de gaieté) ‖ INFORM accès aléatoire, direct, séquentiel acceso aleatorio, directo, secuencial ■ voie d'accès acceso ■ par accès a veces, de vez en cuando, irregularmente ■ avoir accès auprès de quelqu'un tener valimiento ou familiaridad con uno.

accessibilité *f* accesibilidad.

accessible *adj* accesible; montagne peu accessible montaña poco accesible ‖ abierto, ta; bibliothèque accessible au public biblioteca abierta al público ‖ asequible, accesible; prix accessible precio asequible ‖ comprensible; science accessible à tous ciencia comprensible para todos ‖ capaz de; accessible à la pitié capaz de compasión ‖ sensible; accessible à la flatterie sensible al halago.

accession *f* accesión (au pouvoir, à un bien) ‖ adhesión (à un parti, à un traité) ‖ incorporación, anexión (d'un territoire à un pays voisin).

accessit [aksesit] *m* accésit.

accessoire *adj* accesorio, ria; clause accessoire cláusula accesoria.
◇ *m* lo accesorio; laisser l'accessoire pour le principal dejar lo accesorio por lo principal ‖ accesorio (de toilette, d'automobile, d'avion, etc.) ‖ CINÉM accesorio, attrezzo ‖ DR accesoria *f*, dependencia *f* (dépendance) ‖ THÉÂTR mueble ou objeto de guardarropía.
　 accessoires *m pl* accesorios ‖ AUTOM accessoires automobiles accesorios de ou para automóvil ‖ magasin d'accessoires guardarropía (théâtre) ‖ MIL trousse à accessoires caja de respetos.

accessoirement *adv* accesoriamente (en plus) ‖ en todo caso (éventuellement).

accessoiriste *m* CINÉM accesorista, attrezzista ‖ THÉÂTR encargado de la guardarropía.

accident *m* accidente; accident de la route, d'auto accidente de carretera, de auto ■ accident du travail accidente de trabajo ‖ NUCL accident maximal prévisible máximo accidente previsible ‖ accident nucléaire accidente nuclear ■ FIG accident de parcours contratiempo, imprevisto, percance ‖ accident de terrain accidente del terreno ‖ assurance accidents seguro contra accidentes ‖ par accident por accidente, casualmente ‖ sans accident sin percance.

　OBSERV Accidente del terreno, terreno accidentado, aunque a menudo criticados por galicismos, figuran ya en el diccionario de la Academia Española.

accidenté, e *adj* accidentado, da; quebrado, da; abrupto, ta; desigual (terrain) ‖ desigual (style) ‖ borrascoso, sa; agitado, da (existence) ■ FAM estropeado, da (véhicule).
◇ *m & f* accidentado, da; víctima *f* de un accidente.

　OBSERV La palabra accidenté no debe ser empleada, salvo en el sentido legal de víctima de un accidente de trabajo y en el caso de que tiene accidentes (un terreno), en un lenguaje correcto. La extensión de accidenté a las cosas (voiture accidentée) no está admitida y se tolera sólo familiarmente.

accidentel, elle *adj* accidental; mort accidentelle muerte accidental ‖ casual, fortuito, ta (fortuit) ‖ MUS accidental.

accidentellement *adv* por casualidad (par hasard) ‖ por accidente (par accident) ‖ en un accidente (dans un accident).

accidenter [3] *v tr* accidentar (causer un accident) ‖ FAM estropear (véhicule) ‖ atropellar; accidenter un cycliste atropellar a un ciclista ‖ FIG variar, dar variedad (style) ‖ agitar (rendre mouvementé); une vie folle et accidentée una vida loca y agitada.

accise *f* sisa [impuesto].

acclamation *f* aclamación; élire par acclamation elegir por aclamación.

acclamer [3] *v tr* aclamar, nombrar por aclamación; acclamer empereur aclamar por emperador ‖ [▷ SYN] aclamar, aplaudir; acclamer une proposition aclamar una propuesta.

　SYN applaudir aplaudir; battre des mains palmear, palmotear; bisser bisar; crier vivat, pousser des vivats vitorear; ovationner ovacionar.

acclimatable *adj* aclimatable.

acclimatation *f* aclimatación ‖ jardin d'acclimatation jardín de plantas, jardín botánico.

acclimaté, e *adj* aclimatado, da.

acclimatement *m* aclimatación *f*.

acclimater [3] *v tr* aclimatar (plantes, animaux, personnes) ‖ acostumbrar (habituer) ‖ FIG acclimater une idée introducir una idea.
　 s'acclimater *v pr* aclimatarse.

accointance [akwɛ̃tɑ̃s] *f* amistad, intimidad; une accointance suspecte una amistad sospechosa.
　 accointances *f pl* relaciones; avoir des accointances avec la police tener relaciones con la policía.

accointer [3]
　 s'accointer *v pr* FAM juntarse, relacionarse.

accolade *f* abrazo *m*; une accolade affectueuse un abrazo cariñoso ‖ espaldarazo *m*, acolada (coup de plat d'épée); donner l'accolade dar el espaldarazo ‖ llave (signe typographique, calligraphique ou musical) ‖ ARCHIT arc en accolade arco conopial.

accolage *m* fijación *f* a un rodrigón (une plante).

accolé, e *adj* reunido, da ‖ pegado, da (collé) ‖ rodrigado, da (plante) ‖ BLAS acolado, da.

accolement *m* enlace, unión *f*.

accoler [3] *v tr* rodrigar (une plante) ‖ juntar (réunir); accoler deux mots juntar dos palabras ‖ unir con una llave (réunir par une accolade) ‖ BLAS acolar ‖ abrazar (serrer dans ses bras).

accommodant, e *adj* complaciente, sociable, tratable; se montrer peu accommodant mostrarse poco complaciente.

accommodation *f* acomodación.

accommodement *m* [▷ SYN] arreglo, acomodamiento (arrangement); en venir à un accommodement avenirse a un arreglo ‖ aderezo (cuisine) ‖ un mauvais accommodement vaut mieux qu'un bon procès más vale un mal ajuste que un buen pleito.

　SYN arbitrage arbitraje; arrangement arreglo; capitulation capitulación.

accommoder [3] *v tr* acomodar ‖ convenir; faites-le quand cela vous accommodera hágalo cuando le convenga ‖ arreglar, componer; accommoder une mauvaise affaire arreglar un mal negocio ‖ aderezar; accommoder du poisson aderezar pescado ‖ adaptar, conformar; accommoder son discours aux circonstances adaptar su discurso a las circunstancias ‖ acomodar (optique) ‖ FAM arreglar (maltraiter); on l'a bien accommodé lo han arreglado de lo lindo ‖ accommoder une chose à une autre adaptar una cosa a otra.
　 s'accommoder *v pr* acomodarse ■ s'accommoder avec quelqu'un arreglarse con uno ‖ s'accommoder de tout acomodarse con todo, avenirse a todo, conformarse con todo.

accompagnateur, trice *m & f* acompañante.

accompagnement *m* acompañamiento ‖ escolta *f*, comitiva *f* (escorte) ‖ séquito (suite) ‖ aderezo (cuisine) ‖ MUS acompañamiento ‖ la douleur est parfois l'accompagnement du plaisir el dolor acompaña a veces al placer.

accompagner [3] *v tr* acompañar; accompagner à la gare acompañar a la estación ■ accompagner au piano acompañar con el piano ‖ accompagné de ses amis acompañado por sus amigos ‖ rôti accompagné de légumes asado acompañado con legumbres ‖ vent accompagné de pluie viento acompañado de lluvia.
　 s'accompagner *v pr* acompañarse ‖ MUS acompañarse.

accompli, e *adj* [▷ SYN] cumplido, da; cabal; un chevalier accompli un cumplido caballero ‖ cumplido, da; une prophétie accomplie una profecía cumplida ‖ consumado, da; fait accompli hecho consumado ‖ realizado, da; efectuado, da (réalisé) ‖ todo, hecho y derecho, cabal, consumado, da; un homme accompli todo un hombre ‖ avoir vingt ans accomplis haber cumplido veinte años.

　SYN parfait perfecto; idéal ideal; consommé consumado; achevé acabado; fini rematado.

accomplir [32] *v tr* cumplir; accomplir son devoir cumplir su deber ou con su deber; accomplir un vœu cumplir una promesa ‖ [▷ SYN] realizar, llevar a cabo; accomplir un projet, un exploit realizar un proyecto, una proeza ‖ desempeñar, ejecutar, efectuar; accomplir une mission périlleuse desempeñar una misión peligrosa ‖ hacer, cumplir; accomplir son service militaire hacer el servicio militar ‖ acabar, concluir (finir); accomplir sa tâche acabar su tarea.
　 s'accomplir *v pr* cumplirse, realizarse; la prophétie s'est accomplie la profecía se ha realizado ‖ verificarse (avoir lieu); ce que l'on

craignait s'est accompli lo que se temía se ha verificado.

▌ **SYN** effectuer efectuar; **exécuter** ejecutar; **procéder** proceder; **réaliser** realizar.

accomplissement *m* cumplimiento; accomplissement d'un ordre cumplimiento de una orden ▌ realización *f*; l'accomplissement de leurs prévisions la realización de sus previsiones ▌ conclusión *f*, terminación *f* (achèvement).

accord *m* acuerdo; d'un commun accord de común acuerdo ▌ aprobación *f*, conformidad *f*; obtenir l'accord de son père obtener la aprobación de su padre ▌ acuerdo, convenio; accord commercial convenio comercial; accord de troc acuerdo de cambio; en venir à un accord llegar a un acuerdo, a un convenio ▌ **DR** accord à l'amiable acuerdo amistoso ▌ concordancia *f*, armonía *f*; accord entre la parole et les gestes armonía entre la voz y los ademanes ▌ **GRAMM** concordancia *f*; l'accord du participe passé la concordancia del participio pasado ▌ **MUS** afinación *f*, afinamiento (d'un instrument) ▌ **ARTS** acorde; accord parfait acorde perfecto ▌ **RAD** sintonización *f*; bobine d'accord bobina de sintonización ■ **d'accord!** ¡de acuerdo!, ¡bueno!, ¡conforme!, ¡vale! ▌ **d'accord, en accord de** acuerdo; **tomber, se mettre d'accord** ponerse de acuerdo ▌ **être d'accord sur** estar de acuerdo en ou con, coincidir en ▌ **vivre en bon accord** vivir en buena inteligencia.

accordable *adj* conciliable (caractère, intérêt); opinions accordables opiniones conciliables ▌ otorgable; **grâce accordable** indulto otorgable.

accordailles [akɔrdaj] *f pl* esponsales *m*.

accordant, e *adj* acorde, conforme ▌ **MUS** acorde.

accord-cadre *m* convenio marco.

▌ **OBSERV** pl accords-cadres.

accordé, e *adj* acordado, da; concertado, da ▌ determinado, da; deliberado, da ▌ concedido, da; otorgado, da; permission accordée permiso concedido.

accordéon *m* acordeón ■ en accordéon en acordeón ▌ plissé accordéon plegado ou plisado de acordeón.

> ACCORDÉON
> El acordeón o "piano à bretelles" está asociado en la mentalidad francesa a la tradición popular del "bal musette" en el que la gente bailaba la "java" y el "valse musette" al son de este instrumento.

accordéoniste *m & f* acordeonista.

accorder [3] *v tr* conceder, otorgar; accorder une autorisation otorgar una autorización; accorder un délai conceder un plazo ▌ reconocer, admitir, conceder; je vous accorde qu'il a raison reconozco que tiene razón ▌ conceder, consagrar; je ne vous accorde que quelques minutes no puedo concederle sino algunos minutos ▌ consentir, admitir; accorder un rabais consentir una rebaja ▌ admitir; accorder une modification admitir una modificación ▌ dar; accorder de l'importance à quelque chose dar importancia a algo ▌ poner de acuerdo; accorder deux adversaires poner de acuerdo dos adversarios ▌ conciliar (des textes) ▌ reconciliar (réconcilier) ▌ prometer en matrimonio ▌ acordar (peinture) ▌ **GRAMM** concordar, hacer concordar; accor-

der le verbe avec son sujet concordar el verbo con el sujeto ▌ **MUS** acordar; accorder deux voix acordar dos voces ▌ afinar (un instrument) ▌ **RAD** sintonizar.

➡ **s'accorder** *v pr* estar de acuerdo; s'accorder sur une question estar de acuerdo sobre una cuestión ▌ ponerse de acuerdo; ils se sont accordés pour me tromper se han puesto de acuerdo para engañarme ▌ concordar, estar de acuerdo; ses paroles s'accordent avec ses actes sus palabras concuerdan con sus actos ▌ entenderse, llevarse bien; s'accorder avec tout le monde llevarse bien con todo el mundo ▌ reconciliarse (se réconcilier) ▌ casar, armonizarse; couleurs qui s'accordent bien colores que casan bien ▌ **GRAMM** concordar; le verbe s'accorde avec son sujet el verbo concuerda con el sujeto.

accordeur *m* **MUS** afinador.

accordoir *m* **MUS** afinador, templador (outil).

accore *adj* acantilado, da; côte accore costa acantilada.

◇ *f* **MAR** escora (étai).

accort, e [akɔr, ɔrt] *adj* vivaracho, cha; complaciente, amable; servante accorte criada amable.

▌ **OBSERV** No se usa en francés más que como femenino.

accostable *adj* abordable; plage accostable playa abordable.

accostage *m* **MAR** atracada *f*, atracamiento.

accoster [3] *v tr* **MAR** acostar, atracar; accoster le quai atracar al muelle ▌ acercarse a (s'approcher) ▌ abordar (aborder quelqu'un) ▌ **BLAS** acostar.

➡ **s'accoster** *v pr* acercarse.

accotement *m* andén, arcén (d'une route).

accoter [3] *v tr* apoyar (appuyer) ▌ calzar, poner un calzo (caler) ▌ apuntalar (étayer) ▌ **MAR** escorar.

➡ **s'accoter** *v pr* apoyarse; s'accoter contre un mur apoyarse contra una pared.

accotoir *m* apoyo ▌ brazo (d'un fauteuil) ▌ **MAR** escora *f*, puntal (étai).

accouchée *f* parturienta.

accouchement *m* parto, alumbramiento ■ accouchement avant terme ou prématuré parto prematuro ▌ accouchement sans douleur parto sin dolor ▌ maison d'accouchement casa de maternidad ■ faire un accouchement asistir a un parto (le médecin), tener un parto (la femme).

▌ **OBSERV** Parto appartient au langage technique ou familier. Dans un langage recherché, on emploie **alumbramiento**, surtout avec un qualificatif tel que **feliz** (heureux).

accoucher [3] *v intr* dar a luz (les femmes); accoucher avant terme dar a luz prematuramente ▌ parir (plutôt les animaux) ▌ **FAM** explicarse, acabar por explicarse; allons! accouche! ¡vamos! ¡explícate! ▌ dar a luz (un livre) ▌ **FAM** accoucher d'une niaiserie soltar una necedad.

◇ *v tr* asistir a un parto (un médecin).

▌ **OBSERV** Este verbo se conjuga con avoir o être según se trate de la acción (le médecin a accouché ma sœur) o del estado (elle est accouchée d'un garçon).

accoucheur *m* partero ▌ médecin accoucheur tocólogo.

accoucheuse *f* comadrona.

accoudement *m* acodamiento (sur les coudes) ▌ **MIL** alineación *f*, tacto de codos.

accouder [3]

➡ **s'accouder** *v pr* acodarse; s'accouder sur l'oreiller acodarse en la almohada.

accoudoir *m* reclinatorio (de prie-Dieu) ▌ antepecho (de fenêtre, de balustrade) ▌ brazo (de fauteuil).

accouer [3] *v tr* poner en reata (des chevaux).

accouple *f* traílla (pour attacher les chiens).

accouplement *m* **MÉCAN** acoplamiento; bielle, manchon, pédale d'accouplement biela, manguito, pedal de acoplamiento ▌ acoplamiento (des animaux de trait) ▌ apareamiento (d'animaux pour la reproduction) ▌ ayuntamiento (union charnelle) ▌ **ÉLECTR** conexión *f*, acoplamiento ▌ **FIG** acoplamiento (d'idées, d'épithètes, etc.) ▌ **RAD** acoplamiento.

accoupler [3] *v tr* [▷ **SYN**] emparejar (mettre deux à deux) ▌ unir, juntar (joindre) ▌ acoplar (des chevaux de trait) ▌ uncir (des bœufs) ▌ acoplar, aparear (pour la reproduction) ▌ **ÉLECTR** conectar ▌ **FIG** acoplar, reunir; accoupler deux épithètes acoplar dos epítetos ▌ **TECHN** acoplar.

➡ **s'accoupler** *v pr* acoplarse, emparejarse, etc.

▌ **SYN** appareiller emparejar; apparier aparear, parear; assortir hermanar.

accourir [45] *v intr* acudir; ils ont accouru ou sont accourus han acudido.

▌ **OBSERV 1.** Acudir a en español un sens plus étendu que son équivalent français et n'implique pas obligatoirement l'idée de hâte.
2. Accourir tiene como auxiliar être y a veces avoir.

accoutrement *m* atavío, vestimenta *f* ridícula.

accoutrer [3] *v tr* ataviar, vestir ridículamente.

➡ **s'accoutrer** *v pr* vestirse ridículamente, ataviarse.

accoutumance *f* costumbre.

accoutumé, e *adj* acostumbrado, da ▌ à l'accoutumée como de costumbre.

▌ **OBSERV** Evítese el empleo de comme à l'accoutumée en vez de à l'accoutumée o comme de coutume.

accoutumer [3] *v tr* acostumbrar; accoutumer au travail acostumbrar al trabajo ▌ (vieilli) acostumbrar, soler, ser costumbre; j'avais accoutumé de sortir acostumbraba salir, era mi costumbre salir.

➡ **s'accoutumer** *v pr* acostumbrarse.

accouvage *m* incubación *f* artificial.

accouver [3] *v tr* enclocar (poules).

◇ *v intr* empollar, incubar.

➡ **s'accouver** *v pr* enclocarse.

accréditation *f* acreditación.

accrédité, e *adj* acreditado, da.

◇ *m & f* portador, ra de una carta de crédito.

▌ **OBSERV** Accrédité ha perdido en francés el sentido de **afamado** que tiene la palabra acreditado.

accréditer [3] *v tr* acreditar; sa loyauté l'a accrédité su lealtad le ha acreditado ▌ autorizar; mot accrédité par son usage constant palabra autorizada por su uso constante

‖ dar crédito a; **accréditer un bruit** dar crédito a un rumor ‖ acreditar; **accréditer un ambassadeur près le Saint-Siège** acreditar a un embajador cerca de la Santa Sede ‖ COMM abrir un crédito; **accréditer auprès d'une banque** abrir crédito en un banco.

➡ **s'accréditer** *v pr* acreditarse ‖ propalarse (bruit, rumeur).

accréditeur *m* fiador (garant d'un tiers).

accréditif, ive *adj* de crédito, acreditativo, va.

➡ **accréditif** *m* COMM carta *f* de crédito (accréditif bancaire) ‖ crédito.

accrescent, e *adj* BOT acrescente.

accrêté, e *adj* crestado, da.

accro *adj* FAM enganchado, da.
◇ *m & f* fanático, ca.

accroc [akro] *m* desgarrón, siete; **faire un accroc à quelque chose** hacer un desgarrón a algo, hacer un siete a algo ‖ FIG mancha *f* (familier); **faire un accroc à son honneur** hacer una mancha en su honra ‖ dificultad *f*, obstáculo, estorbo; **accroc qui survient dans une affaire** obstáculo que surge en un negocio ‖ **sans accroc** sin incidente, sin trabas.

accrochage *m* colgamiento (suspension) ‖ enganche (wagons); **accrochage automatique** enganche automático ‖ choque, colisión *f* ‖ FAM disputa *f*, agarrada *f* ‖ dificultad *f*, tropiezo (incident qui retarde) ‖ MIL escaramuza *f*, encuentro; **un accrochage entre patrouilles** una escaramuza entre patrullas ‖ MIN boca *f*.

accroche-cœur *m* caracol, rizo en la sien.
❙ OBSERV pl accroche-cœur ou accroche-cœurs.

accroche-plat *m* cuelgaplatos.
❙ OBSERV pl accroche-plat ou accroche-plats.

accrocher [3] *v tr* [▷ SYN 1] enganchar; **accrocher un wagon** enganchar un vagón ‖ [▷ SYN 2] colgar; **accrocher un tableau** colgar un cuadro ‖ chocar con, entrar en colisión con; **accrocher l'aile d'une voiture** chocar con el guardabarros de un coche ‖ rozar (effleurer); **accrocher légèrement une voiture** rozar un coche ‖ MAR aferrar (ancre) ‖ MIL obligar al combate, entrar en contacto con; **accrocher l'ennemi** obligar al enemigo al combate, entrar en contacto con el enemigo ‖ agarrar al contrincante (boxe) ‖ FAM estorbar (gêner), no pegar, no ir bien (aller mal) ‖ atrapar, pescar, agarrar; **accrocher un mari, une place** pescar un marido, una colocación ‖ coger, agarrar; **il m'accrocha au coin de la rue** me cogió en la vuelta de la esquina ‖ meterse con (attaquer verbalement) ‖ FIG **accrocher les regards** atraer las miradas, llamar la atención.

➡ **s'accrocher** *v pr* engancharse ‖ agarrarse; **s'accrocher à une branche** agarrarse a una rama ‖ colgarse (se suspendre) ‖ agarrarse, reñir (se disputer) ‖ chocar (véhicules) ‖ aferrarse, obstinarse ‖ FAM **s'accrocher à une personne** pegarse a uno.
❙ SYN **1.** agrafer abrochar; attacher atar; cramponner enganchar.
❙ **2.** pendre colgar; suspendre suspender.

accrocheur, euse *adj* FAM porfiado, da (tenace) ‖ combativo, va; luchador, ra ‖ atractivo, va (attirant) ‖ que llama la atención; **titre accrocheur** título que llama la atención.

accroire [109]
➡ **faire accroire** *v tr* hacer creer.

❙ OBSERV Se emplea en las locuciones: **en faire accroire** engañar, embaucar; **s'en faire accroire** presumir de sus fuerzas, de su talento.

accroissement *m* crecimiento; **accroissement d'une plante** crecimiento de una planta ‖ aumento, incremento; **accroissement du revenu** aumento de la renta ‖ MATH incremento ‖ DR **accroissement successoral** derecho de acrecer, acrecimiento.

accroître [94] *v tr* aumentar; **accroître ses forces** aumentar sus fuerzas ‖ acrecentar (développer); **accroître sa fortune** acrecentar su fortuna.

➡ **s'accroître** *v pr* aumentarse, acrecentarse, acrecerse, incrementarse.

❙ OBSERV Este verbo se conjuga como **croître**, pero solamente lleva acento circunflejo sobre la i en la tercera persona del singular del presente de indicativo y en todas las personas de los tiempos futuro y potencial. Tampoco lo lleva en el participio pasado. Tiene como auxiliares **être** o **avoir** según se trate del estado (**sa richesse s'est accrue**) o de la acción (**il a accru sa richesse**).

accroupir [32]
➡ **s'accroupir** *v pr* ponerse en cuclillas (personnes), echarse (animaux).

accroupissement *m* posición *f* en cuclillas.

accru, e *adj* aumentado, da ‖ acrecentado, da.

➡ **accru** *m* BOT barbado, renuevo de la raíz (rejeton).

➡ **accrue** *f* acrecimiento *m*, aumento *m* (d'un terrain).

accu *m* FAM acumulador ‖ FAM **recharger ses accus** cargar las baterías.

accueil [akœj] *m* acogida *f*, recibimiento ■ **centre d'accueil** centro de ayuda ‖ **comité d'accueil** comité de recepción ■ **faire bon accueil à une traite** aceptar una letra.
❙ SYN bienvenue bienvenida; réception recepción.

accueillant, e *adj* acogedor, ra.

accueillir [41] *v tr* acoger; **accueillir un ami** acoger a un amigo; **accueillir favorablement une demande** acoger favorablemente una petición ‖ recibir; **il a été accueilli en grande pompe** fue recibido con gran pompa ‖ **accueillir une traite** aceptar una letra.

accul *m* (vieilli) arrinconamiento, acorralamiento (lieu).

acculement *m* acorralamiento, arrinconamiento.

acculer [3] *v tr* acorralar, arrinconar ‖ acular (un animal, une voiture) ‖ dejar sin respuesta; **cet argument l'accula** este argumento lo dejó sin respuesta ‖ ÉQUIT derribar ‖ FIG llevar, conducir; **acculer à la ruine** llevar a la ruina.

acculturation *f* aculturación.

acculturé, e *adj* aculturado, a.

acculturer *v tr* aculturar.

accumulateur *m* acumulador.

accumulation *f* acumulación ‖ cúmulo *m* ‖ **chauffage par accumulation** calefacción por acumulación ‖ **radiateur à accumulation** radiador de acumulación.

accumuler [3] *v tr* acumular.

accusateur, trice *adj & s* acusador, ra; **signe accusateur** señal acusadora ‖ **accusateur public** fiscal.

accusatif, ive *adj & s m* GRAMM acusativo, va.

accusation *f* acusación ■ **acte d'accusation** informe del fiscal ‖ **arrêt d'accusation** auto de procesamiento ‖ **chef d'accusation** cargo de acusación ‖ **mettre en accusation** incoar un proceso, formar causa.

accusatoire *adj* acusatorio, ria.

accusé, e *adj* acusado, da (blâmé) ‖ marcado, da; señalado, da; **traits accusés** rasgos marcados.
◇ *m & f* reo, a; procesado, da; acusado, da; **acquitter un accusé** absolver a un reo.

➡ **accusé** *m* **accusé de réception** acuse de recibo.

accuser [3] *v tr* acusar; **accuser de lâcheté** acusar de cobardía ‖ confesar; **accuser ses péchés** confesar sus pecados ‖ FIG revelar, indicar; **sa conduite accuse sa folie** su conducta revela su locura ‖ acusar (déclarer son jeu) ‖ ARTS hacer resaltar ■ **accuser à faux** levantar un falso testimonio ‖ **accuser réception** acusar recibo.

ace [es] *m* SPORTS ace.

acense *f* censo *m* enfitéutico.

acenser [3] *v tr* acensuar.

acéphale *adj & s m* acéfalo, la (sans tête).

acéphalie *f* acefalia, acefalismo *m*.

acéracées *f pl* BOT aceráceas.

acerbe *adj* acerbo, ba; **ton acerbe** tono acerbo.

acerbité *f* acerbidad (p us); carácter *m* acerbo, rigor *m*.

acéré, e *adj* acerado, da; **pointe acérée** punta acerada ‖ FIG punzante (mordant).

acérer [18] *v tr* acerar (souder à l'acier) ‖ FIG hacer mordaz (mordant).

acescence *f* acescencia.

acescent, e *adj* acescente.

acétabule *m* ANAT acetábulo.

acétate *m* acetato.

acéteux, euse [asetø, øz] *adj* acetoso, sa.

acétification *f* acetificación.

acétifier [9] *v tr* acetificar.

acétimètre *m* acetímetro.

acétique *adj* acético, ca.

acétomètre *m* acetímetro.

acétone *f* acetona.

acétonémie *f* acetonemia.

acétylcellulose *f* acetilcelulosa.

acétyle *m* acetilo.

acétylène *m* acetileno; **lampe à acétylène** lámpara de acetileno.

acétylénique *adj* acetilénico, ca.

acétylsalicylique *adj* CHIM acetilsalicílico, ca; **acide acétylsalicylique** ácido acetilsalicílico.

ACF *f* (abr de **Action catholique française**) movimiento católico francés.
◇ *n pr m* (abr de **Automobile Club de France**) asociación francesa de ayuda al automovilista, ≃ ADA.

ach. (abr écrite de **achète**) compro.

Achab [akab] n pr Acab.

Achaïe [akai] n pr f HIST l'Achaïe Acaya.

achalandage m parroquia f; clientela f (clientèle).

achalandé, e adj aparroquiado, da; de mucha clientela (pourvu de clientèle) ‖ surtido, da (de marchandises).

‖ OBSERV Es barbarismo muy empleado tomar esta voz en el sentido de **abundante en mercancías**.

achalander [3] v tr aparroquiar (un marchand, un magasin) ‖ FAM surtir, abastecer, aprovisionar.

acharné, e adj encarnizado, da; **combat acharné** combate encarnizado ‖ consagrado intensamente a; **acharné à son travail** consagrado intensamente a su trabajo ‖ empedernido, da; **c'est un joueur acharné** es un jugador empedernido ‖ enconado, da; **partisan acharné** partidario enconado.

acharnement m encarnizamiento; **lutter avec acharnement** luchar con encarnizamiento ‖ ensañamiento; **l'acharnement du tyran contre ses ennemis** el ensañamiento del tirano contra sus enemigos ‖ empeño, obstinación f ■ **acharnement thérapeutique** terapia de mantenimiento artificial.

acharner [3] v tr azuzar (les chiens).

➡ **s'acharner** v pr encarnizarse, ensañarse; **s'acharner sur sa victime** ensañarse con su víctima ‖ consagrarse intensamente, enviciarse en; **s'acharner au jeu** enviciarse en el juego ‖ mostrarse cruel, ensañarse; **le destin s'acharne contre lui** el destino se muestra cruel con él ‖ perseguir obstinadamente (persécuter).

achat m compra f ■ **achat à terme** compra a plazos ‖ **achat comptant** compra al contado ‖ **achat de précaution** compra de reserva ‖ **achat-vente** compraventa ‖ **pouvoir d'achat** poder adquisitivo ‖ **prix d'achat** precio de compra ■ **faire l'achat** comprar ‖ **faire ses achats** hacer compras.

‖ SYN acquisition adquisición; emplette compra.

ache f BOT apio m silvestre.

achéen, enne [akeɛ̃, ɛn] adj & s aqueo, a.

acheminement m encaminamiento ‖ despacho, envío; **acheminement du courrier** despacho del correo ‖ camino que conduce a; **ce n'est pas le bonheur, mais l'acheminement vers le bonheur** no es la felicidad sino el camino que conduce a ella ‖ encauzamiento; **l'acheminement d'une affaire** el encauzamiento de un asunto.

acheminer [3] v tr encaminar ‖ despachar; **acheminer la correspondance** despachar la correspondencia ‖ transportar; **acheminer par air** transportar por avión ‖ encauzar (une affaire, l'eau).

➡ **s'acheminer** v pr encaminarse; **s'acheminer vers la maison** encaminarse hacia la casa.

Achéron [akerɔ̃] n pr m MYTH Aqueronte.

achetable adj comprable.

acheter [28] v tr [▷ SYN] comprar; **acheter à perte** comprar con pérdida; **acheter comptant, à terme, en gros, au détail, à crédit ou à tempérament, ferme** comprar al contado ou a crédito, a plazos, al por mayor, al por menor, a crédito, en firme ‖ FIG comprar; **acheter de son sang** comprar con su sangre; **acheter au prix d'un effort** comprar a costa de un esfuerzo ‖ comprar, sobornar; **acheter des témoins** comprar testigos.

‖ SYN acquérir adquirir; importer importar; faire emplette mercar (vieilli et provincial), comprar; marchander regatear.

acheteur, euse m & f comprador, ra.

‖ SYN acquéreur adquiridor; client cliente, parroquiano (plus usité pour les petits magasins); importateur importador.

achevé, e adj acabado, da (fini) ‖ rematado, da (tué) ‖ consumado, da; **artiste achevé** artista consumado ‖ total, consumado, da; **d'un comique achevé** de un cómico total ou consumado; **d'un ridicule achevé** de un ridículo total ou consumado ‖ rematado, da; de remate, redomado, da; **un fripon achevé** un pillo rematado, redomado ‖ FIG cumplido, da; **un modèle achevé de vertu** un modelo cumplido de virtudes.

➡ **achevé** m acabado; **d'un achevé admirable** de un acabado admirable.

achèvement m terminación f, acabamiento.

achever [19] v tr acabar; **achever ses études** acabar sus estudios ‖ acabar, dar el último toque a (un travail) ‖ acabar, consumar (consommer); **achever la ruine de quelqu'un** consumar la ruina de alguien ‖ rematar; **achever un blessé** rematar a un herido ‖ acabar con; **la perte de son fils l'a achevé** la pérdida de su hijo acabó con él.

Achille [aʃil] n pr MYTH Aquiles.

achillée [akile] f BOT aquilea, milenrama.

achoppement m tropiezo ‖ FIG estorbo, obstáculo (ce qui fait buter) ‖ FIG **pierre d'achoppement** escollo.

achopper [3] v intr tropezar; **achopper contre une pierre** tropezar con, contra ou en una piedra ‖ FIG fracasar, tropezar con (échouer).

achromatique [akromatik] adj acromático, ca; **lentille achromatique** lente acromática.

achromatiser [3] v tr acromatizar.

achromatisme m acromatismo.

achromatopsie f MÉD acromatopsia.

aciculaire adj acicular.

acide adj ácido, da; **saveur acide** sabor ácido ‖ FIG ácido, da; desabrido, da (ton, etc.). ◇ m ácido; **acide chlorhydrique** ácido clorhídrico; **acide nitrique** ácido nítrico ‖ FAM ácido (LSD).

acidifiant, e adj & s m acidificante.

acidification f acidificación.

acidifier [9] v tr acidificar; **acidifier du vin** acidificar vino.

acidimètre m acidímetro.

acidité f acidez; **l'acidité du verjus** la acidez del agraz ‖ FIG aspereza, desabrimiento m (causticité) ‖ MÉD acedía (de l'estomac).

acido-basique adj ácido-base; **équilibre acido-basique** equilibrio ácido-base.

acidose f MÉD acidosis.

acidulé, e adj acidulado, da; **bonbons acidulés** caramelos ácidos.

aciduler [3] v tr acidular; **aciduler une liqueur** acidular un licor.

acier m acero; **acier fondu, doux, chromé, inoxydable, trempé** acero fundido, dulce ou blando, cromado, inoxidable, templado ‖ **acier à haute résistance** acero de alta resistencia ‖ FIG acero (arme); **acier homicide** acero homicida ■ FIG **cœur d'acier** corazón de hierro ‖ **des muscles d'acier** músculos de acero.

aciérage m acerado.

aciération f aceración.

aciérer [18] v tr acerar; **le carbone acière le fer** el carbono acera el hierro.

aciéreux, euse adj aceroso, sa.

aciérie f acería, fundición de acero.

aciériste m especialista en la fabricación del acero.

acinus m ANAT ácino (d'une glande).

aclinique adj aclínico, ca.

acmé f apogeo m (apogée) ‖ MÉD acmé.

acné m MÉD acné f (éruption cutanée).

acolytat m acolitado.

acolyte m acólito.

acompte [akɔ̃t] m cantidad f a cuenta, anticipo; **payer un acompte sur une dette** pagar algo a cuenta de una deuda.

‖ SYN avance anticipo, adelanto; provision provisión.

aconit [akɔnit] m BOT acónito, anapelo.

aconitine f MÉD aconitina.

acoquinement m enredo, lío.

➡ **s'acoquiner** v pr conchabarse; **s'acoquiner à des malfaiteurs** conchabarse con malhechores.

acore m BOT ácoro.

Açores n pr f pl GÉOGR **les Açores** las Azores.

à-côté m punto accesorio de una cuestión.

➡ **à-côtés** m pl pormenores (détails); **les à-côtés de l'histoire** los pormenores de la historia ‖ provechos accesorios, extras (bénéfices accessoires).

‖ OBSERV No hay que confundir à-côté (con guión) con à côté (sin guión), expresión que significa al lado, junto.

acotylédone; acotylédoné, e adj & s BOT acotiledóneo, a.

à-coup [aku] m movimiento brusco, sacudida f brusca (secousse) ‖ parada f brusca (arrêt) ‖ FIG incidente ■ **par à-coups** por intermitencias, a tirones ‖ **sans à-coups** sin dificultad, sin interrupción.

acouphène m acufeno.

acousticien, enne m & f especialista en acústica.

acoustique adj & s f acústico, ca; **nerf acoustique** nervio acústico ‖ **cornet acoustique** trompetilla acústica.

ACP (abr de pays d'Afrique, des Caraïbes et du Pacifique) m pl países de África, Caribe y Pacífico.

acqua-toffana f agua tofana.

acquéreur m comprador, adquiridor; **se porter ou se rendre acquéreur de quelque chose** declararse adquiridor ou comprador de algo.

acquérir [39] *v tr* adquirir; **acquérir une maison** adquirir una casa ▌ adquirir; **acquérir une conviction** adquirir una convicción ▌ conseguir, lograr, obtener; **acquérir la gloire** conseguir la gloria ▌ ganar; **acquérir l'affection de quelqu'un** ganar el afecto de alguien ▌ granjearse; **acquérir une bonne réputation** granjearse una buena reputación ▌ **il est tout acquis à notre cause** es muy adicto a nuestra causa.

▌ **OBSERV** Es incorrecto decir *acquérir une mauvaise réputation* en lugar de *s'attirer une mauvaise réputation* (*acquérir* siempre tiene un sentido favorable).

acquêts *m pl* bienes gananciales [adquiridos durante el matrimonio] ▌ **communauté réduite aux acquêts** comunidad de bienes gananciales.

acquiescement [akjɛsmɑ̃] *m* consentimiento, conformidad *f*.

acquiescer [21] *v intr* consentir en algo, asentir a algo ▌ estar conforme ▌ **acquiescer à la volonté d'autrui** conformarse con la voluntad ajena.

acquis, e [aki, iz] *adj* adquirido, da; **vitesse acquise** velocidad adquirida ▌ adicto, ta (dévoué); **il m'est tout acquis** me es muy adicto.

➡ **acquis** *m* experiencia *f*; **avoir de l'acquis** tener experiencia.

acquisitif, ive *adj* adquisitivo, va; **prescription acquisitive** prescripción adquisitiva.

acquisition *f* adquisición ▌ **INFORM acquisition de données** adquisición de datos.

acquit [aki] *m* recibo (reçu); **j'ai votre acquit** tengo su recibo ▌ ventaja *f* [que se da al adversario en el billar] ■ **COMM acquit à caution** guía [documento fiscal] ▌ **par acquit de conscience** para mayor tranquilidad, en descargo de conciencia (pour bien faire), sin convicción (sans conviction) ▌ **par manière d'acquit** por cumplir, para salir del paso ▌ **pour acquit** recibí (d'un signataire), recibimos (de plusieurs signataires).

acquittable *adj* pagadero, ra (dette) ▌ que puede ser absuelto, ta (accusé).

acquittement *m* pago (d'une dette) ▌ indicación *f* de recibo ▌ absolución *f*, libre absolución *f* (d'un accusé) ▌ **verdict d'acquittement** veredicto de inculpabilidad ou absolutorio.

acquitter [3] *v tr* pagar; **acquitter un droit d'entrée** pagar un derecho de entrada ▌ satisfacer; **acquitter une dette** satisfacer una deuda ▌ descargar (rendre quitte) ▌ absolver; **acquitter un accusé** absolver a un reo ▌ poner el recibí (écrire l'acquit sur un document).

➡ **s'acquitter** *v pr* pagar (payer) ▌ satisfacer; **s'acquitter d'une dette** satisfacer una deuda ▌ cumplir; **s'acquitter de son devoir** cumplir con su deber ▌ llevar a cabo; **s'acquitter d'un travail** llevar a cabo un trabajo ▌ desquitarse (jeux).

acre *f* acre *m* (mesure anglaise de 40, 5 ares).

âcre *adj* acre (saveur, caractère) ▌ **FIG** acre, desabrido, da.

âcreté *f* acritud.

acridiens; acrididés *m pl* **ZOOL** acrídidos.

acrimonie *f* acrimonia.

acrimonieux, euse *adj* acrimonioso, sa.

acrobate *m & f* acróbata.

acrobatie *f* acrobacia; **acrobatie aérienne** acrobacia aérea.

acrobatique *adj* acrobático, ca; **exercices acrobatiques** ejercicios acrobáticos.

acrocéphale *adj & s* acrocéfalo, la.

acrocyanose *f* **MÉD** acrocianosis.

acroléine *f* **CHIM** acroleína (liquide suffocant).

acromégalie *f* acromegalia (hypertrophie des extrémités).

acromion *m* acromion (pointe de l'omoplate).

acronyme *m* acrónimo.

acronyque *adj* **ASTRON** acrónico, ca.

acropole *f* **HIST** acrópolis.

Acropole *n pr f* l'Acropole la Acrópolis.

acrostiche *adj & s m* **POÉT** acróstico.

acrotère *m* acrótera *f* (ornement d'un fronton).

acrylique *adj* acrílico, ca (résine artificielle) ▌ **acide acrylique** ácido acrílico ▌ **fibre acrylique** fibra acrílica.

acte *m* acto; **acte de courage** acto de valor ▌ hecho, acción *f*, acto; **on connaît un homme par ses actes** un hombre se conoce por sus hechos ▌ acto (prière); **acte de contrition** acto de contricción ▌ **DR** auto (pièce d'un procès) ▌ partida *f*; **acte de naissance, de mariage, de décès** partida de nacimiento, de matrimonio, de defunción ▌ escritura *f*; **acte notarié, de vente, authentique** escritura notarial, de venta, pública ▌ **THÉÂTR** acto; **drame en trois actes** drama en tres actos ■ **acte constitutif de société** acta de constitución de la sociedad, acta fundacional de una sociedad ▌ **acte constitutionnel** acto constitucional ▌ **acte d'accusation** acta de acusación, petición fiscal ▌ **acte de baptême** fe de bautismo ▌ **actes des Apôtres** hechos de los Apóstoles ▌ **actes des martyrs** hechos de los mártires ▌ **actes d'un concile** actas de un concilio ▌ **acte illégal** acto ilegal ▌ **acte manqué** acto fallido ▌ **acte sous seing privé** escritura privada ▌ **dont acte** y para que así conste ■ **demander acte** pedir un atestado ▌ **dresser un acte** levantar acta ▌ **faire acte de dar pruebas de; faire acte de courage** dar pruebas de valor ▌ **faire acte de présence** hacer acto de presencia, asistir ▌ **prendre acte** tomar nota.

actée *f* **BOT** actea, yezgo *m*.

acteur, trice *m & f* actor, ra (d'une affaire) ▌ [▷ **SYN**] actor, actriz (d'un film, etc.).

▌ **SYN** artiste artista; comédien cómico; comédien ambulant cómico de la legua; doublure sobresaliente (théâtre), doble (cinéma); étoile, star estrella; histrion histrión; interprète intérprete; mime mimo, imitador; protagoniste protagonista; vedette primera figura; (ancien) baladin farsante; **FAM** & **PÉJ** cabot; **PÉJ** cabotin comicastro.

actif, ive *adj* [▷ **SYN**] activo, va; **prendre une part active à quelque chose** tomar parte activa en algo ▌ **armée active** ejército permanente ▌ **ÉCON population active** población activa.

➡ **actif** *m* **COMM** activo (avoir); **actif net** activo neto; **l'actif et le passif** el activo y el pasivo ■ **officier d'active** oficial de la escala activa ▌ **avoir à son actif** tener en su haber, en su favor ▌ **mettre à son actif** poner en su haber.

➡ **actifs** *m pl* **les actifs** los activos.

▌ **SYN** agissant operante; efficace eficaz; efficient eficiente.

actinie *f* actinia, anémona de mar.

actinique *adj* actínico, ca.

actinisme *m* actinismo.

actinium *m* actinio (métal).

actinomètre *m* actinómetro.

actinométrie *f* actinometría.

actinomycès *m* actinomices.

actinomycose *f* **MÉD** actinomicosis.

actinote *m* **MIN** actinota *f*.

actinothérapie *f* **MÉD** actinoterapia.

action *f* acción; **une bonne action** una buena acción ▌ acción; **action chimique** acción química ▌ acción (intrigue) ▌ [▷ **SYN**] hecho *m*; **il faut des actions et non des paroles** más valen hechos que palabras ▌ **COMM** acción (titre de propriété); **action gratuite, nominative, au porteur, de jouissance, privilégiée, préférentielle, à vote plural** acción gratuita, nominativa, al portador, de usufructo, privilegiada, preferencial, de voto plural ▌ **action sans droit de vote** acción sin derecho de voto ▌ **émettre des actions** emitir acciones ▌ **DR** acción, demanda; **action délictuelle, judiciaire** acción delictiva, judicial; **intenter une action** presentar una demanda ▌ **MIL** acción (combat) ■ **action d'éclat** hazaña, proeza ▌ **un film d'action** una película de acción ■ **sous l'action de** bajo el efecto de ■ **mettre en action** poner en movimiento (une machine), poner en práctica (les projets) ▌ **passer à l'action** pasar a la acción.

▌ **SYN** acte acto; fait hecho.

actionnable *adj* **DR** demandable.

actionnaire *m & f* accionista.

actionnariat *m* accionariado.

actionner [3] *v tr* **DR** demandar, entablar una demanda ▌ **MÉCAN** accionar, poner en movimiento (une machine).

activation *f* activación.

activement *adv* activamente.

activer [3] *v tr* activar, apresurar; **activer un travail** activar un trabajo ▌ avivar; **activer le feu** avivar la lumbre ▌ **CHIM** activar; **boue activée** lodo activado ▌ **INFORM** activar.

➡ **s'activer** *v pr* apresurarse.

activeur *m* **CHIM** activador.

activisme *m* activismo.

activiste *adj & s* activista.

activité *f* actividad ▌ **militaire, fonctionnaire en activité** militar, funcionario en activo.

actuaire *m* **DR** actuario (assurances).

actualisation *f* actualización.

actualiser [3] *v tr* actualizar.

actualisme *m* actualismo ▌ **GÉOL** actualismo.

actualité *f* actualidad; **l'actualité politique, sportive** la actualidad política, deportiva ▌ **d'actualité** de actualidad ▌ **question d'actualité** tema ou asunto de actualidad.

➡ **actualités** *f pl* actualidades, noticiario *m* ▌ **les actualités télévisées** el noticiario televisivo, el telediario.

actuariat *m* actuariado.

actuariel, elle *adj* actuarial.

actuel, elle *adj* actual; époque actuelle época actual ■ **cautère actuel** cauterio actual ▮péché actuel pecado actual ■ à l'heure actuelle actualmente, hoy en día.

actuellement *adv* actualmente, en la actualidad.

acuité *f* agudeza; l'acuité d'une douleur la agudeza de un dolor ▮ agudeza, acuidad; acuité visuelle agudeza visual.

aculéiforme *adj* acicular.

acuminé, e *adj* BOT acuminado, da; puntiagudo, da.

acupuncteur, trice; acuponcteur, trice *m & f* especialista en acupuntura.

acupuncture; acuponcture *f* acupuntura.

acutangle *adj* acutángulo, la.

acyclique *adj* acíclico, ca.

AD (abr de Action directe) *f* movimiento terrorista francés de extrema izquierda.

ADAC [adak] (abr de avion à décollage et atterrissage courts) *m* ADAC.

adage *m* adagio.

adagio *m* MUS adagio.

Adam *n pr* Adán ▮pomme d'Adam nuez de Adán ▮FAM être en costume d'Adam ir en el traje de Adán.

adamantin, e *adj* diamantino, na; adamantino, na.

adamien *m* adamita.

adamisme *m* adamismo, adanismo.

adamite *m* adamita.

adaptabilité *f* adaptabilidad.

adaptable *adj* adaptable.

adaptateur, trice *m & f* adaptador, ra ▮INFORM adaptateur d'interface adaptador de interfaz ou interface.

adaptation *f* adaptación; adaptation cinématographique adaptación cinematográfica.

adapter [3] *v tr* adaptar; adapter un roman au théâtre adaptar una novela al teatro ▮ acomodar, adaptar; adapter sa conduite à acomodar su conducta con.

➤ **s'adapter** *v pr* adaptarse, acomodarse.
▮ SYN ajuster ajustar; arranger arreglar; cadrer cuadrar; FAM aller ir con, caer bien [mal], sentar (vêtement), pegar (ornement).

ADAV [adav] (abr de avion à décollage et atterrissage verticaux) *m* ADAV.

ADD (abr écrite de analogique/digital/digital) ADD.

addenda *m inv* apéndice, suplemento.

Addis-Abeba; Addis-Ababa *n pr* GÉOGR Addis Abeba, Addis-Ababa.

additif, ive *adj* aditivo, va.
➤ **additif** *m* cláusula *f* adicional ▮aditivo; additif alimentaire aditivo alimentario.

addition *f* adición ▮MATH suma, adición; faire une addition hacer una suma ▮cuenta (d'un restaurant, etc.) ▮añadido *m*, coletilla [familiar] (chose ajoutée à un texte).

additionnel, elle *adj* adicional.

additionner [3] *v tr* adicionar, sumar ▮additionner un produit d'eau aguar.

additionneur *m* INFORM adicionador, sumador.

adducteur *adj & s m* ANAT aductor (muscle).
◇ *m* TECHN conducto de traída de aguas.

adduction *f* ANAT aducción ▮TECHN traída de aguas (amenée), derivación, toma.

Adélaïde *n pr* Adelaida.

Adèle *n pr* Adela.

Adélie *n pr f* GÉOGR terre Adélie Tierra Adelia.

Aden *n pr* GÉOGR Adén; le golfe d'Aden el golfo de Adén.

adénite *f* adenitis.

adénoïde *adj* ANAT adenoideo, a.

adénome *m* adenoma.

adénopathie *f* adenopatía.

adent *m* barbilla *f* (pour assembler).

adepte *m & f* adepto, ta; seguidor, ra.

adéquat, e [adekwa, at] *adj* adecuado, da; apropiado, da.

adéquatement [adekwatmā] *adv* adecuadamente.

adéquation [adekwasjɔ̃] *f* adecuación.

adextré, e *adj* BLAS adestrado, da.

adhérence *f* adherencia.
▮ SYN adhésion adhesión; cohérence coherencia; cohésion cohesión; collement pegamiento, pegadura; inhérence inherencia.

adhérent, e *adj* adherente ▮ [▷ SYN] adherido, da (collé).
◇ *m & f* adherente, afiliado (membre).
▮ SYN attaché agarrado; collé pegado; fixé fijado.

adhérer [18] *v intr* adherir, adherirse; la peau adhère au muscle la piel se adhiere al músculo ▮ afiliarse, adherirse; adhérer à un parti adherirse a un partido ▮FIG adherirse (à une opinion).
▮ OBSERV L'espagnol préfère l'usage de la forme pronominale à la forme intransitive.

adhésif, ive *adj & s m* adhesivo, va.

adhésion *f* adhesión ▮donner son adhésion adherirse.

adhésivité *f* adhesividad.

ad hoc *loc adj inv* ad hoc.

adiabatique *adj* PHYS adiabático, ca (sans échange de chaleur).

adieu *interj & s m* [▷ SYN] adiós ▮dire adieu à quelque chose, à quelqu'un decir adiós a algo, a alguien; despedirse de algo, de alguien ▮sans adieu hasta más ver.
➤ **adieux** *m pl* despedida *f sing*; des adieux touchants despedida conmovedora ▮faire ses adieux despedirse.
▮ SYN à bientôt, à tout à l'heure hasta luego; au revoir hasta la vista, adiós; bonjour buenos días; bonne nuit buenas noches; bonsoir buenas tardes.

Adige *n pr m* GÉOGR l'Adige el Adigio.

adipeux, euse [adipø, øz] *adj* adiposo, sa.

adipose *f* MÉD adiposis.

adiposité *f* adiposidad.

adirer [3] *v tr* DR extraviar, perder.
▮ OBSERV No se confunda con el español adir, que significa hacer adición de la herencia, aceptarla.

adjacent, e *adj* adyacente.

adjectif, ive *adj & s m* adjetivo, va.
▮ SYN appositif apositivo; attribut predicado; épithète epíteto; qualificatif calificativo.

adjectival, e *adj* adjetival; substantifs adjectivaux sustantivos adjetivales.

adjectivement *adv* adjetivamente.

adjectiver [3] *v tr* adjetivar.

adjoindre [82] *v tr* dar ou designar auxiliar, adjunto ou ayudante ▮agregar, juntar (choses) ▮ remitir adjunto, adjuntar; je vous adjoins un timbre le remito adjunto un sello.
➤ **s'adjoindre** *v pr* tomar; s'adjoindre un expert tomar un perito.
▮ OBSERV Adjuntar, dérivé de adjunto (ci-joint), était considéré comme barbarisme dans le sens de incluir, remitir adjunto, mais il a été récemment admis.

adjoint, e [adʒwɛ̃, ɛ̃t] *adj* adjunto, ta; commissaire adjoint comisario adjunto.
◇ *m & f* sustituto, ta; suplente, adjunto, ta ■ adjoint au maire, maire adjoint teniente de alcalde ▮adjoint d'enseignement (AE) profesor no titular ou agregado de enseñanza ▮ professeur adjoint profesor adjunto, ayudante.

adjonction *f* añadidura; il biffa les adjonctions faites à son texte tachó las añadiduras hechas a su texto ▮DR adjunción ▮le nombre d'élèves requiert l'adjonction d'un auxiliaire el número de alumnos requiere el nombramiento de un auxiliar.

adjudant *m* MIL ayudante, brigada suboficial del ejército francés entre sargento mayor y ayudante jefe.

adjudant-chef *m* MIL suboficial inmediatamente inferior al alférez.
▮ OBSERV pl adjudants-chefs.

adjudant-major *m* MIL oficial auxiliar del comandante ou jefe de batallón.

adjudicataire *m & f* adjudicatario, ria (dans une vente aux enchères) ▮ contratista (d'un contrat).

adjudicateur, trice *m & f* adjudicador, ra.

adjudicatif, ive *adj* adjudicativo, va.

adjudication *f* adjudicación ▮ subasta (vente aux enchères) ▮contrata (contrat).

adjuger [17] *v tr* adjudicar (attribuer) ▮ subastar (aux enchères) ▮adjugé, vendu! ¡adjudicado!
➤ **s'adjuger** *v pr* adjudicarse, apoderarse.

adjuration *f* adjuración, conjuro *m* (invocation) ▮ súplica, ruego *m* encarecido (supplication).

adjurer [3] *v tr* adjurar, conjurar ▮ suplicar, rogar encarecido (supplier).

adjuvant, e *adj* coadyuvante; médicament adjuvant medicamento coadyuvante; traitement adjuvant tratamiento coadyuvante.
➤ **adjuvant** *m* coadyuvante.

adjuvat [adʒyva] *m* ayudantía *f*.

admettre [84] *v tr* [▷ SYN] admitir (une personne, une opinion, etc.) ▮ aprobar (examens); l'élève a été admis à l'écrit el alumno ha aprobado el escrito ■ admettons que admitamos que.
▮ SYN comporter comportar; consentir consentir; souffrir sufrir; tolérer tolerar.

adminicule *m* adminículo.

administrateur, trice *m & f* administrador, ra ■ administrateur civil administrador civil ▮administrateur de biens administrador de bienes ▌administrateur judiciaire administrador judicial.

administratif, ive *adj* administrativo, va.

administration *f* administración ▌administración pública, el Estado; le voyage était aux frais de l'Administration el viaje estaba pagado por el Estado.

administrativement *adv* administrativamente.

administré, e *m & f* administrado, da.

administrer [3] *v tr* administrar ▌suministrar (preuves) ▌FAM propinar, dar (coups, raclée) ▌administrer la justice administrar justicia.

➤ **s'administrer** *v pr* atribuirse, adjudicarse, llevarse; s'administrer la meilleure part atribuirse la mejor parte.

admirable *adj* admirable.
▌SYN extraordinaire extraordinario; fabuleux fabuloso; magnifique magnífico; merveilleux maravilloso; mirifique mirífico; prodigieux prodigioso; splendide espléndido; sublime sublime; superbe soberbio.

admirablement *adv* admirablemente.

admirateur, trice *adj & s* admirador, ra.

admiratif, ive *adj* admirativo, va.

admiration *f* admiración ▪ être en admiration devant admirarse ante ▌faire l'admiration de producir la admiración de, causar ou ser la admiración de.

admirativement *adv* admirativamente.

admirer [3] *v tr* admirar.
▌OBSERV El verbo francés admirer no tiene el sentido de maravillar.

admis, e [admi, iz] *adj & s* admitido, da ▌aprobado, da (à un examen) ▌ingresado, da (à un concours).

admissibilité *f* admisibilidad (p us), admisión, condición de admisible ▌obtención de la calificación suficiente para sufrir la segunda prueba de un examen.

admissible *adj & s* admisible (recevable) ▌admisible [en la Universidad francesa, dícese del candidato calificado para la segunda parte (oral) de un examen].

admission *f* admisión ▌aprobado *m* (examen) ▌ingreso *m*, admisión (dans un hôpital) ▌ÉCON admisión (Bourse); admission à la cote admisión de valores a cotización ▌concours d'admission examen de ingreso ▌service des admissions servicio de admisión ▌TECHN tuyau d'admission tubo de entrada.

admittance *f* ÉLECTR admitancia.

admixtion *f* admixtión, mezcla.

admonestation *f* amonestación.

admonester [3] *v tr* amonestar.

admonition *f* admonición.

ADN (abr de acide desoxyribonucléique) *m* ADN.

adné, e *adj* BOT adnato, ta.

ado *m & f* FAM quinceañero, ra (adolescent).

adolescence *f* adolescencia.

adolescent, e *adj & s* adolescente.
▌SYN bachelier mozuelo; damoiseau doncel, garzón; éphèbe efebo; garçon muchacho; jeune homme joven, mozo; jouvenceau jovenzuelo, mancebo; FAM godelureau mozalbete; blanc-bec mocoso; FIG béjaune pipiolo.

Adolphe *n pr* Adolfo.

adonc *adv* (vx) entonces.

adonien; adonique *adj & s m* adónico, adonio.

adonis *m* adonis.

Adonis *n pr* MYTH Adonis.

adoniser [3] *v tr* adonizar, acicalar.

adonner [3]
➤ **s'adonner** *v pr* [▷ SYN] dedicarse, consagrarse; s'adonner à l'étude dedicarse al estudio ▌entregarse; s'adonner à la boisson entregarse a la bebida.
▌SYN s'appliquer aplicarse; se consacrer consagrarse; se donner darse; s'occuper de ocuparse en.

adoptable *adj* adoptable.

adoptant, e *adj* adoptante.

adopté, e *adj & s* adoptado, da.

adopter [3] *v tr* adoptar, prohijar (enfant) ▌adoptar (idée, loi, cause) ▌aprobar (rapport, procès-verbal) ▌adherirse a (opinion, parti).

adoptianisme *m* adopcionismo.

adoptif, ive *adj* adoptivo, va.

adoption *f* adopción ▌aprobación; adoption de son rapport aprobación de su informe ▌d'adoption adoptivo, va; patrie d'adoption patria adoptiva.

adorable *adj* adorable (religion) ▌FAM encantador, ra (charmant); enfant adorable niño encantador.

adorablement *adv* adorablemente ▌FAM divinamente (admirablement).

adorateur, trice *m & f* adorador, ra.
➤ **adoratrice** *f* adoratriz (religieuse).

adoration *f* [▷ SYN] adoración ▌apasionamiento *m*, amor *m* exagerado ▌FAM être en adoration devant quelqu'un estar en perpetua adoración ante alguien.
▌SYN culte culto; dulie dulía; hyperdulie hiperdulía; idolâtrie idolatría; latrie latría.

adorer [3] *v tr* adorar (religion) ▌adorar (aimer avec passion) ▌FAM adorar, encantar; j'adore la musique me encanta la música.
▌OBSERV Adoré de se emplea en francés en sentido figurado y adoré par cuando hay una idea religiosa.

ados [ado] *m* AGRIC caballón.

adossement *m* adosamiento.

adosser [3] *v tr* adosar; la maison est adossée au mur la casa está adosada a ou contra la pared.
➤ **s'adosser** *v pr* respaldarse; s'adosser à un arbre respaldarse contra un árbol.

adoubement *m* armadura *f* ▌loriga *f* (armure).

adouber [3] *v tr* armar solemnemente (un chevalier) ▌mudar de casilla una pieza anunciando que dicho cambio no es definitivo, componer (aux échecs).

adouci *m* primer pulimento (verre).

adoucir [32] *v tr* [▷ SYN 1] endulzar (rendre sucré) ▌dulcificar, suavizar (le visage, les manières) ▌[▷ SYN 2] aliviar, hacer llevadero (souffrance, peine) ▌aplacar (irritation) ▌templar (température, teinte, lumière) ▌suavizar (contours, aspérités) ▌pulir (métal, pierre), esmerilar (glaces, verre) ▌adulzar (fer, acier, fonte).
▌SYN 1. édulcorer edulcorar; sucrer azucarar, endulzar.

▌2. apaiser apaciguar; lénifier lenificar; mitiger mitigar; tempérer templar.

adoucissage *m* pulimento (métaux).

adoucissant, e *adj* suavizante, dulcificante.
➤ **adoucissant** *m* MÉD calmante, sedativo.

adoucissement *m* dulcificación *f* ▌endulzamiento (au goût) ▌suavizamiento (au toucher) ▌alivio (souffrance, irritation) ▌mejoramiento (température) ▌esmerilado (verre, glaces) ▌adulzado (fonte, fer).

adoucisseur *m* pulidor.

adoué, e *adj* (p us) apareado, da.

adr. (abr écrite de adresse) dirección ▌(abr écrite de adresser) dirigir.

adragant, e *adj & s* adragante; gomme adragante goma adragante.

adrénaline *f* adrenalina.

adressage *m* INFORM direccionamiento.

adresse *f* dirección (lettres, etc.) ▌dirección, señas *pl*; carnet d'adresses libro de señas ▌INFORM dirección; adresse virtuelle dirección virtual; adresse URL dirección URL [localizador uniforme de recursos] ▌intención; cela est dit à mon adresse esto se dirige a mi intención ▌memorial *m*, ruego *m* (pétition); présenter une adresse au roi presentar un memorial al rey ▌[▷ SYN] destreza (dextérité), habilidad (ingéniosité) ▌maña (ruse); user d'adresse darse maña ▌tino *m*, acierto *m*; faire avec adresse hacer con tino ▌tour d'adresse juego de manos.
▌SYN art arte; dextérité destreza; doigté tino; expérience experiencia [(Amér) baquía]; habileté habilidad; industrie industria; ingéniosité ingenio; maîtrise maestría; savoir-faire tacto, tiento.

adresser [4] *v tr* dirigir; adresser la parole dirigir la palabra ▌enviar; adresser un paquet enviar un paquete; je vous adresse mes respects le envío mis respetos ▌destinar ▌adresser des reproches, des injures reprochar, injuriar ▌INFORM dirigir, direccionar.
➤ **s'adresser** *v pr* dirigirse.

adret [adrɛ] *m* solana *f*.

Adriatique *n pr f* GÉOGR l'Adriatique el Adriático.

Adrien *n pr* Adriano.

adroit, e *adj* hábil, diestro, tra; être adroit dans les affaires ser hábil en los negocios ▌mañoso, sa (manuellement).
▌SYN capable capaz; entendu enterado; expérimenté experimentado, práctico [(Amér) baquiano]; expert experto, perito; habile hábil; industrieux industrioso, mañoso; ingénieux ingenioso; intelligent inteligente; malin listo.

adroitement *adv* con destreza (avec dextérité) ▌con habilidad (avec finesse).

adsorbant *adj & s m* adsorbente.

adsorber [3] *v tr* fijar por adsorción.

adsorption *f* adsorción.

adulateur, trice *adj & s* adulador, ra.

adulation *f* adulación.

aduler [3] *v tr* adular.

adulte *adj* adulto, ta; l'âge adulte la edad adulta.
◇ *m & f* adulto, ta ▪ film pour adultes pelí-

cula para adultos ‖ formation pour adultes formación para adultos.

adultération *f* adulteración; adultération d'un médicament adulteración de un medicamento ‖falsificación (des monnaies).

adultère *adj* & *s* adúltero, ra (personne). ◇ *m* adulterio (acte); commettre un adultère cometer un adulterio.

adultérer [18] *v tr* adulterar ‖ falsificar (des monnaies).

adultérin, e *adj* & *s* adulterino, na.

advenir [40] *v intr* ocurrir, suceder; qu'est-il advenu de? ¿qué ha ocurrido con? ■ advienne que pourra ocurra lo que ocurra, pase lo que pase ‖ il advint que ocurrió que ‖ le cas advenant dado el caso ‖ quoi qu'il advienne pase lo que pase, suceda lo que suceda.
‖ OBSERV El verbo advenir se conjuga con être y sólo es usado en el infinitivo y en las terceras personas.

adventice *adj* adventicio, cia.

adventif, ive *adj* adventicio, cia; racines adventives raíces adventicias; biens adventifs bienes adventicios.

adventisme *m* adventismo (religion).

adventiste *adj* & *s* adventista.

adverbe *m* adverbio; adverbe de manière adverbio de modo.

adverbial, e *adj* adverbial; suffixes adverbiaux sufijos adverbiales ‖ locution adverbiale modo adverbial.

adverbialement *adv* adverbialmente (employer).

adverbialiser [3] *v tr* adverbializar.

adversaire *m* & *f* adversario, ria.

adversatif, ive *adj* adversativo, va.

adverse *adj* adverso, sa; contrario, ria; avocat adverse abogado adverso.

adversité *f* adversidad.

adynamie *f* adinamia (faiblesse).

AE (abr de adjoint d'enseignement) *m* profesor, ra no titular.

aède *m* aedo [cantor griego].

A-ÉF (abr de Afrique-Équatoriale Française) *f* AEF.

Aegipan; Égipan *n pr* MYTH Egipán.

AELE (abr de Association européenne de libre-échange) *f* EFTA.

AEN (abr de Agence pour l'énergie nucléaire) *f* AEN.

aérage *m* ventilación *f*, aeración *f*.

aérateur *m* ventilador.

aération *f* ventilación, aeración ■ bouche d'aération boca de ventilación ‖ conduit d'aération canal ou conducto de ventilación.

aéré, e *adj* aireado, da, ventilado, da (ventilé) ‖ espaciado, da (un texte) ■ centre aéré centro recreativo para niños.

aérer [18] *v tr* airear, ventilar (ventiler) ‖ orear (une chose humide); aérer le linge orear la ropa ‖ FIG airear; aérer un texte airear un texto.
➡ **s'aérer** *v pr* airearse, tomar el aire.

aéricole *adj* aerícola.

aérien, enne *adj* aéreo, a; phénomène, courrier, câble aérien fenómeno, correo, cable aéreo; plante, navigation aérienne planta, navegación aérea ■ métro aérien metro a cielo abierto ‖ photo aérienne aerofotografía.
➡ **aérien** *m* antena *f*, toma *f* aérea.

aérifère *adj* aerífero, ra.

aérium [aerjɔm] *m* aerio (sanatorium).

aérobic *m* SPORTS aerobic.

aérobie *adj* & *s m* aerobio, bia (microbe).

aérobiose *f* aerobiosis.

aéro-club *m* aeroclub.
‖ OBSERV pl aéro-clubs.

aérocolie *f* aerocolía.

aérodrome *m* aeródromo.

aérodynamique *adj* & *s f* aerodinámico, ca.

aérodynamisme *m* aerodinamismo.

aérodyne *m* aerodino (avion à voilure tournante).

aérofrein *m* freno aerodinámico.

aérogare *f* terminal *m*, estación terminal.

aérogastrie *f* aerogastria.

aérogénérateur *f* ÉLECTR aerogenerador.

aéroglisseur *m* aerodeslizador.

aérogramme *m* aerograma.

Aérographe® *m* aerógrafo (pour la peinture).

aérolithe; aérolite *m* aerolito.

aéromodélisme *m* aeromodelismo.

aéromodéliste *adj* & *s* aeromodelista.

aéromoteur *m* aeromotor.

aéronaute *m* & *f* aeronauta.

aéronautique *adj* & *s f* aeronáutico, ca; industrie aéronautique industria aeronáutica.

aéronaval, e *adj* aeronaval.
➡ **aéronavale** *f* organización aeronaval de la marina.

aéronef *m* aeronave *f*.

aérophagie *f* aerofagia.

aéroport *m* aeropuerto; aéroport d'attache aeropuerto de base.

aéroporté, e *adj* aerotransportado, da.

aéroportuaire *adj* aeroportuario, ria.

aéropostal, e *adj* aeropostal; transports aéropostaux transportes aeropostales.
➡ **aéropostale** *f* organización aeropostal del correo francés.

aérosol *m* aerosol.

aérosondage *m* sondeo por globos.

aérospatial, e *adj* aeroespacial; industrie aérospatiale industria aeroespacial.

aérostat [aerɔsta] *m* aeróstato.

aérostation *f* aerostación.

aérostatique *adj* aerostático, ca.
◇ *f* aerostática.

aérostier *m* aerostero.

aérotechnique *adj* aerotécnico, ca.
◇ *f* aerotecnia, aerotécnica.

aéroterrestre *adj* aeroterrestre.

aérothérapie *f* aeroterapia.

aérothermodynamique *f* aerotermodinámica.

Aérotrain® *m* aerotrén.

aérotransporté, e *adj* aerotransportado, da.

aethusa; éthuse *f* BOT etusa.

aétite *f* MIN tites.

AF *f* (abr de Action française) movimiento nacionalista y monárquico nacido en Francia durante el caso Dreyfus ‖ (abr de Air France) AF.
◇ *f pl* (abr de allocations familiales) prestaciones familiares.

Afar [afar] *n pr m* afar (peuple) ‖ GÉOGR Afar.

Afars *n pr m pl* territoire français des Afars et des Issas Territorio Francés de los Afar y de los Issa.

AFAT; Afat (abr de auxiliaire féminin de l'armée de terre) *f* auxiliar femenino del Ejército de Tierra francés.

affabilité *f* afabilidad.
‖ SYN amabilité amabilidad; aménité amenidad; civilité civilidad, educación; courtoisie, politesse cortesía; éducation educación; urbanité urbanidad.

affable *adj* afable; affable envers ou avec ses employés afable con sus empleados.
‖ SYN accueillant acogedor; affectueux afectuoso; cordial cordial; liant expansivo; sociable sociable.

affabulateur, trice *m* & *f* fantasioso, sa.

affabulation *f* fantasía, invención (fabulation) ‖ enredo *m*, trama (d'un roman).

affabuler [3] *v intr* fantasear.

affadir [32] *v tr* poner soso, desazonar (un mets) ‖ FIG quitar la gracia (ôter le charme) ‖ volver insípido, insulso; volver desabrido, da (style).

affadissant, e *adj* empalagoso, sa ‖ insípido, da; insulso, sa ‖ FIG pesado, da (ennuyeux).

affadissement *m* empalago, insipidez *f*, desabrimiento.

affaibli, e *adj* debilitado, da.

affaiblir [32] *v tr* [▷ SYN] debilitar ‖ rebajar (couleurs).
➡ **s'affaiblir** *v pr* debilitarse.
‖ SYN amollir reblandecer; débiliter debilitar, extenuar; ébranler quebrantar, hacer vacilar; énerver enervar; épuiser agotar.

affaiblissant, e *adj* debilitante.

affaiblissement *m* debilitamiento, debilitación *f*.

affaiblisseur *m* PHOT rebajador.

affaire *f*

---

1. OCCUPATION
2. PRÉOCCUPATION, SUJET
3. COMMERCE, TRANSACTION
4. JUSTICE
5. DÉSAGRÉMENT, CHOSE ENNUYEUSE
6. COMBAT
7. OBJET QUELCONQUE

---

1. OCCUPATION ocupación, quehacer *m* (chose à faire); aller à ses affaires ir a sus ocupaciones ou quehaceres ■ une affaire de rien una cosa baladí ■ avoir affaire avec quelqu'un estar en relación con alguien ‖ c'est l'affaire d'un quart d'heure es cosa de un cuarto de hora ‖ c'est mon affaire es cuenta mía ‖ savoir à qui on a affaire saber con quien entendérselas

2. PRÉOCCUPATION, SUJET asunto *m*; une affaire compliquée un asunto complicado ‖ cuestión; affaire d'intérêt cuestión de interés ■ affaire de cœur lance amoroso ‖ affaire d'État problema de Estado ‖ le meilleur de l'affaire lo mejor del caso ‖ les affaires publiques los asuntos públicos ‖ ministère des Affaires étrangères Ministerio de Asuntos Exteriores (en Espagne), de Relaciones Exteriores (en Amérique) ■ cela fait son affaire esto le conviene ‖ ce n'est pas une affaire no es cosa del otro jueves ‖ ce n'est pas une petite affaire no es cosa fácil, no es cosa de poca monta ‖ c'est toute une affaire eso es una cosa complicada, es un verdadero lío ‖ c'est une autre affaire la cosa cambia, eso es harina de otro costal ‖ faire son affaire d'une chose tomar una cosa por su cuenta

3. COMMERCE, TRANSACTION negocio *m*; faire une mauvaise affaire hacer un mal negocio ‖ empresa; Institut européen d'administration des affaires Instituto Europeo de Administración de Empresas ‖ ganga; c'est une affaire es una ganga ‖ chargé d'affaires encargado de negocios ‖ chiffre d'affaires volumen de negocio ‖ homme d'affaires hombre de negocios ‖ une affaire d'or un negocio magnífico ■ être dans les affaires ser un hombre de negocios ‖ être en affaires estar en tratos ‖ faire affaire hacer negocio, tratar ‖ FAM faire une affaire hacer un buen negocio ‖ les affaires sont les affaires los negocios son los negocios ‖ monter une affaire poner un negocio, instalar un comercio, una tienda ‖ parler affaires hablar de negocios

4. JUSTICE pleito *m*, proceso *m*; l'affaire X contre Y el pleito de X contra Y ‖ causa; instruire une affaire instruir una causa ‖ caso *m*; l'affaire Dreyfus el caso Dreyfus

5. DÉSAGRÉMENT, CHOSE ENNUYEUSE lance *m*; une mauvaise affaire un lance desagradable; une affaire d'honneur un lance de honor ‖ altercado *m* (dispute) ‖ peligro *m* (danger); tirer un malade d'affaire poner a un enfermo fuera de peligro ■ avoir affaire à quelqu'un tener que ver con alguien ‖ faire son affaire à quelqu'un ajustarle las cuentas a uno, matarle (le tuer) ‖ se tirer d'affaire salir de un mal paso, de apuro ‖ son affaire est claire no tiene por donde escapar

6. COMBAT acción; l'affaire fut chaude la acción fue encarnizada

7. OBJET QUELCONQUE chisme *m*, trasto *m* ‖ ropa; brosser ses affaires cepillarse la ropa; les affaires de tous les jours la ropa de diario ‖ bártulos *m pl* (menus objets appartenant à quelqu'un); emporte toutes tes affaires llévate todos tus bártulos.

<u>**L'AFFAIRE DREYFUS**</u>
En 1894 el capitán Alfred Dreyfus fue condenado injustamente por haber comunicado secretos militares a los alemanes. Su inocencia se demostró progresivamente, sobre todo después de la carta de Zola "J'accuse" publicada en "l'Aurore". Este caso, exacerbado por el hecho de que Dreyfus era judío, cristalizó la oposición entre la izquierda y la derecha francesa, dividiendo a la nación entre los "dreyfusards" reformistas y socialistas que pedían justicia, y los antisemitas "anti-dreyfusards".

affairé, e *adj* muy ocupado, da; muy atareado, da.

affairement *m* agitación *f*, ajetreo (agitation) ‖ animación *f* (animation).

affairer [4]
➤ **s'affairer** *v pr* atarearse, agitarse ‖ atender solícitamente, dedicar todas sus atenciones a; s'affairer auprès d'un malade atender solícitamente a un enfermo.

affairisme *m* mercantilismo.

affairiste *m* especulador, negociante poco escrupuloso.

> OBSERV Esta palabra y la anterior se usan generalmente en sentido despectivo.

affaissé, e *adj* hundido, da ‖ FIG abatido, da; agobiado, da (écrasé sous un poids).

affaissement *m* hundimiento ‖ FIG postración *f*, decaimiento.

affaisser [4] *v tr* hundir (sol, terrain) ‖ agobiar (ployer sous le faix) ‖ FIG abatir, postrar (moralement).
➤ **s'affaisser** *v pr* hundirse (terrain) ‖ desplomarse; il s'affaissa sur la chaise se desplomó en la silla ‖ pandearse, doblarse (plier sous un poids) ‖ FIG abatirse, postrarse (moralement) ‖ sucumbir; l'Empire romain s'affaissa au Ve siècle el Imperio Romano sucumbió en el siglo V.

affaitage; affaitement *m* amaestramiento (dressage) ‖ curtido (des peaux).

affaiter [4] *v tr* amaestrar (dresser) ‖ curtir (les peaux).

affalement *m* FAM agotamiento.

affaler [3] *v tr & intr* MAR amollar, arriar (filer un cordage).
➤ **s'affaler** *v pr* MAR aconcharse (se dit du bateau qui va à la côte) ‖ descolgarse (se laisser glisser le long d'un câble) ‖ FAM desplomarse, dejarse caer.

affamé, e *adj & s* [▷ SYN] hambriento, ta ‖ FIG ansioso, sa; ávido, da; sediento, ta; affamé de gloire ávido de gloria.

> SYN boulimique bulímico; famélique famélico, meurt-de-faim muerto de hambre; FAM crève-la-faim hambrón.

affamer [3] *v tr* hacer padecer hambre, hambrear.

affameur, euse *adj & s* logrero, ra; acaparador, ra.

afféager [17] *v tr* enfeudar, enajenar.

affect *m* afecto.

affectable *adj* hipotecable.

affectation *f* asignación, destinación, aplicación ‖ destino *m* (à un poste) ‖ afectación; affectation de bonté afectación de bondad ‖ [▷ SYN] afectación, amaneramiento *m*; l'affectation de son style el amaneramiento de su estilo ‖ DR afectación, gravamen *m* (charge) ‖ INFORM asignación.

> SYN afféterie amaneramiento; cultisme culteranismo; mièvrerie remilgo, melindre; préciosité conceptismo; recherche rebuscamiento; singularité singularidad.

affecté, e *adj* [▷ SYN] afectado, da; amanerado, da (pas naturel) ‖ atribuido, da; destinado, da (destiné) ‖ destinado, da (à un poste) ‖ fingido, da; simulado, da; douleur affectée dolor fingido ‖ FIG afectado, da; conmovido, da (ému) ‖ MÉD atacado, da; aquejado, da; af-

fecté de rhumatismes aquejado de reumatismo.

> SYN ampoulé ampuloso; étudié estudiado; guindé tentetieso; maniéré amanerado; mièvre melindroso, remilgado; précieux conceptuoso; prétentieux presuntuoso, presumido; recherché rebuscado.

affecter [4] *v tr* [▷ SYN 1] afectar, aparentar, fingir; affecter du zèle aparentar celo ‖ [▷ SYN 2] destinar, asignar; affecter une somme destinar una cantidad ‖ destinar (à un poste) ‖ FIG presentar (forme, aspect) ‖ conmover (émouvoir) ‖ afligir, afectar (affliger) ‖ tener influencia sobre; un évènement qui affecte l'humanité un acontecimiento que tiene influencia sobre la humanidad ‖ MÉD atacar; une maladie qui affecte la vue una enfermedad que ataca la vista ‖ être affecté de experimentar, soportar, sufrir (subir).

> SYN 1. afficher ostentar, hacer alarde de; se piquer de preciarse de.
> 2. assigner asignar.

affectif, ive *adj* afectivo, va.

affection *f* afección (impression) ‖ [▷ SYN] afecto *m*, cariño *m* (amitié); avoir de l'affection pour tener afecto ou cariño a; prendre quelqu'un en affection coger afecto ou cariño a alguien ‖ MÉD afección, dolencia.

> SYN amitié amistad; amour amor; attachement apego; dilection dilección; passion pasión; penchant inclinación; tendresse ternura.

affectionné, e *adj* querido, da (cher) ‖ afecto, ta (dévoué); afectísimo, ma; votre affectionné serviteur su afectísimo servidor.

affectionner [3] *v tr* querer, tener cariño a, tener afecto a.

> OBSERV Este verbo se emplea exclusivamente cuando se dice elle affectionne cette robe en lugar de elle aime particulièrement cette robe.

affectivité *f* afectividad.

affectueusement *adv* afectuosamente.

affectueux, euse *adj* afectuoso, sa; cariñoso, sa.

affenage *m* forraje.

afférent, e *adj* ANAT aferente; canal afférent canal aferente ‖ DR correspondiente; droits afférents derechos correspondientes.

affermable *adj* arrendable.

affermage *m* arrendamiento, arriendo.

affermataire *m & f* arrendatario, ria.

affermer [3] *v tr* arrendar.

affermir [32] *v tr* dar firmeza, afirmar; affermir un terrain afirmar un terreno ‖ FIG consolidar; affermir le pouvoir consolidar el poder.

> SYN conforter confortar; corroborer corroborar, robustecer; fortifier fortalecer, fortificar; raffermir asegurar; renforcer reforzar; tremper templar.

affermissement *m* consolidación *f*, fortalecimiento ‖ endurecimiento (durcissement) ‖ firmeza *f* (fermeté).

affété, e *adj* afectado, da; amanerado, da.

afféterie *f* afectación, amaneramiento *m*.

affichage *m* fijación *f* de anuncios ou carteles ‖ FIG alarde, ostentación *f* ‖ INFORM visualización *f*, presentación *f* ■ affichage à cristaux liquides visualización en cristales líquidos ‖ affichage à diodes visualización diódica ‖ INFORM affichage des données presentación ou visualización de datos ‖ affi-

chage interdit prohibido fijar carteles ‖ **affichage numérique** ou **digital** visualización numérica o digital ■ **tableau d'affichage** tablón, tablero, tablilla de anuncios (pour annonces), marcador, tanteador (sports).

affiche f [▷ SYN] anuncio m, cartel m ‖ (p us) FIG indicio m, señal, muestra (signe) ■ **affiche lumineuse** anuncio luminoso ‖ **être à l'affiche** estar en cartelera ‖ **tenir l'affiche** mantenerse en el cartel (un spectacle).

> OBSERV **1.** Annonce es el simple aviso insertado en un periódico; affiche, el cartel o anuncio que se fija en una pared, etc.
> **2.** Anuncio corresponde à l'annonce ou bien au placard fixé au mur, illustré ou non, et, par extension, à toute manifestation publicitaire apposée sur la voie publique, comme l'affiche lumineuse.
> SYN annonce anuncio; placard cartel; prospectus prospecto.

afficher [3] v tr fijar carteles ou anuncios; **défense d'afficher** prohibido fijar carteles ou anuncios ‖ anunciar; **afficher une vente aux enchères** anunciar una subasta ‖ FIG hacer alarde de, hacer ostentación de; **afficher l'indifférence** hacer alarde de indiferencia ‖ pregonar, vocear; **afficher sa honte** pregonar su vergüenza.
➤ **s'afficher** v pr hacerse ver, mostrarse, exhibirse.

affichette f cartelito m.

afficheur m fijador de carteles, cartelero.

affichiste m cartelista.

affidavit [afidavit] m afidávit (déclaration sous serment).

affidé, e adj de confianza.
◇ m & f confidente ‖ espía (espion).

affilage m afiladura f, afilado.

affilé, e adj afilado, da (couteau, etc.) ■ FIG **avoir la langue bien affilée** hablar por los codos.
➤ **d'affilée** loc adv de un tirón; seguido, da; **quatre heures d'affilée** cuatro horas seguidas.

affiler [3] v tr afilar.

affiliation f afiliación.

affilié, e adj & s afiliado, da; **être affilié à la sécurité sociale** estar afiliado a la seguridad social.

affilier [9] v tr afiliar.
➤ **s'affilier** v pr afiliarse.

affiloir m afiladera f (pierre) ‖ afilador (pour rasoir) ‖ chaira f (boucher).

affinage m afinado, afinación f.

affine adj MATH afín.

affinement m afinamiento.

affiner [3] v tr afinar ‖ aguzar (aiguiser) ‖ FIG afinar (personne, caractère) ‖ AGRIC mullir (la terre) ‖ TECHN refinar (raffiner) ‖ acrisolar (purifier au creuset) ‖ acendrar (l'or, l'argent) ‖ asedar (le chanvre).

affinerie f refinería (local), refinado m, refinación (opération).

affineur, euse m & f refinador, ra.

affinité f afinidad.

affiquet m palillo, daguilla f (pour le tricot).
➤ **affiquets** m pl FIG perifollos.

affirmatif, ive adj & s f afirmativo, va ‖ **dans l'affirmative** en caso afirmativo ‖ **répondre par l'affirmative** contestar afirmativamente.

affirmation f afirmación.

> SYN allégation alegación, alegato; assertion aserto.

affirmativement adv afirmativamente.

affirmer [3] v tr [▷ SYN] afirmar; **affirmer par serment** afirmar con juramento ‖ demostrar (faire preuve de).
➤ **s'affirmer** v pr asentar; **son caractère s'affirme** su carácter se asienta ‖ confirmar; **son courage s'affirme** su valor se confirma.

> SYN assurer asegurar; attester atestar, atestiguar; certifier certificar; garantir garantizar; jurer jurar.

affixe adj m & s m GRAMM afijo.

affleurage m desleimiento de la pasta de papel.

affleurement m emparejamiento, nivelación f ‖ GÉOL afloramiento (d'un filon, etc.).

affleurer [5] v tr emparejar, nivelar.
◇ v intr aflorar (filon, source, etc.).

afflictif, ive adj aflictivo, va.

affliction f aflicción.

affligé, e adj & s afligido, da; **affligé par une nouvelle** afligido de ou con una noticia ‖ aquejado, da; afligido, da; **affligé d'une maladie** aquejado de una enfermedad.

affligeant, e adj afligente.

affliger [17] v tr afligir (attrister) ‖ aquejar, afligir (maladie) ‖ mortificar, torturar (mortifier).
➤ **s'affliger** v pr afligirse; **s'affliger d'une perte** afligirse por ou de una pérdida.

afflouer [3] v tr MAR desencallar, poner a flote.

affluence f afluencia ‖ concurrencia (foule); **dans ce théâtre, il y avait affluence** en este teatro había gran concurrencia ‖ abundancia; **affluence de biens** abundancia de bienes ■ **heures d'affluence** horas punta ‖ **jours d'affluence** días de afluencia.

affluent, e [aflyã, ãt] adj & s m afluente.

affluer [3] v intr afluir; **les renseignements affluent** los informes afluyen.

afflux [afly] m aflujo; **un afflux de sang** un aflujo de sangre ‖ afluencia f (de personnes).

affolant, e adj enloquecedor, ra.

affolé, e adj enloquecido, da ‖ loca (boussole).

affolement m enloquecimiento ‖ MAR perturbación f de la brújula.

affoler [3] v tr enloquecer; **affolé de peur** enloquecido de miedo; **affolé par la douleur** enloquecido por el dolor ‖ MAR perturbar, volver loca (boussole) ‖ FIG descomponer (moteur, etc.).
➤ **s'affoler** v pr enloquecerse ‖ volverse loco, perder la cabeza ‖ azararse (se troubler).

affouage m derecho de aprovecharse de las plantaciones forestales del municipio.

affouager [17] v tr hacer la lista de las personas que pueden beneficiar de las plantaciones forestales del municipio.

affouillement [afujmã] m derrubio.

affouiller [3] v tr derrubiar; **l'eau affouille les berges** el agua derrubia las orillas.

affouragement m distribución del forraje al ganado.

affourager [17] v tr dar forraje ou echar pienso a.

affourcher [3] v tr MAR amarrar con dos anclas.

affranchi, e adj libre, exento, ta; **affranchi de toute obligation** libre de toda obligación ‖ emancipado, da (émancipé) ‖ franqueado, da (lettres) ‖ despreocupado, da (libre de préjugés).
◇ m & f liberto, ta (esclaves).

affranchir [32] v tr [▷ SYN] libertar (esclaves) ‖ librar (délivrer); **affranchir de la tyrannie** librar de la tiranía ‖ eximir, exentar (exempter) ‖ franquear (lettres) ‖ FAM eximir (des préjugés) ‖ MAR zafar; **affranchir une ancre** zafar un ancla ■ **machine à affranchir** máquina franqueadora.
➤ **s'affranchir** v pr liberarse, independizarse.

> SYN délivrer libertar; émanciper emancipar; libérer liberar; racheter rescatar; rédimer redimir.

affranchissement m liberación f, manumisión f; **l'affranchissement des esclaves** la liberación de los esclavos ‖ franqueo (postes); **tarif d'affranchissement** tarifa de franqueo ‖ exención f (d'impôt).

affres f pl ansias, angustias; **les affres de la mort** las ansias de la muerte.

affrètement m fletamento.

affréter [18] v tr fletar (bateau, avion).

affréteur m fletador.

affreusement adv horriblemente (horriblement) ‖ terriblemente (énormément).

affreux, euse [afrø, øz] adj horroroso, sa; **spectacle affreux** espectáculo horroroso ‖ FAM horrible, horroroso, sa (temps).

affriander [3] v tr engolosinar (allécher).

affriolant, e adj atractivo, va; apetecible.

affrioler [3] v tr engolosinar.

affriquée f GRAMM africada.

affront [afrõ] m afrenta f, baldón ■ **boire, avaler, dévorer un affront** tragar una afrenta ‖ **en avoir l'affront** fracasar ‖ **essuyer, subir un affront** sufrir una afrenta ‖ **faire affront** afrentar ‖ **sa mémoire lui fit affront** le falló la memoria.

affronté, e adj BLAS afrontado, da.

affrontement m afrontamiento ‖ enfrentamiento (d'un danger, conflit).

affronter [3] v tr hacer frente a, afrontar (mettre en face) ‖ arrostrar, enfrentar; **affronter un danger** arrostrar un peligro ‖ encabezar, unir por los extremos (des panneaux).
➤ **s'affronter** v pr enfrentarse, afrontarse.

affruiter [3] v tr plantar árboles frutales.
◇ v intr llevar fruto.
➤ **s'affruiter** v pr llevar ou dar fruto.

affublement m traje ridículo.

affubler [3] v tr vestir, poner un traje ridículo (habiller) ‖ FIG poner, dar; **il l'affubla d'un nom étrange** le dio un nombre extraño.

affusion f afusión.

affût [afy] *m* puesto (de chasseur); **chasser à l'affût** cazar en puestos ▌ FIG acecho (aguets); **être à l'affût** estar al acecho ▌ MIL cureña *f* (canon), afuste (fusil).

affûtage *m* afiladura *f*, afilado.

affûter [3] *v tr* afilar.

affûteur, euse *adj & s* afilador, ra.

affûtiau *m* FAM baratija *f*.

afghan, e *adj* afgano, na.
➡ **afghan** *m* LING afgano.

Afghan, e *m & f* afgano, na.

Afghanistan *n pr m* GÉOGR l'Afghanistan Afganistán.

aficionado *m* TAUROM aficionado ▌ hincha (passioné d'un sport).

afilette ➡ **îlet**.

afin
➡ **afin de** *loc prép* a fin de, con el fin de.
➡ **afin que** *loc conj* con el fin de que; **écris lisiblement afin que l'on puisse te lire** escribe de manera legible con el fin de que se pueda leer lo que escribes.

AFNOR (abr de Association française de normalisation) *f* asociación francesa para la normalización, ≃ AENOR.

a fortiori [afɔrsjɔri] *loc adv* a fortiori, con mayor motivo, a mayor abundamiento.

A.F.P. (abr de Agence France-Presse) *f* AFP.

AFPA (abr de Association pour la formation professionnelle des adultes) *f* asociación francesa para la formación profesional de adultos.

africaans *m* afrikaans.

africain, e *adj* africano, na.

Africain, e *m & f* africano, na.

africanisation *f* africanización.

africaniser [3] *v tr* africanizar.

africanisme *m* africanismo.

africaniste *adj & s* africanista.

afrikaans [afrikãs] *m* LING afrikaans.

afrikaner [afrikaner]; **afrikaander** [afrikãdɛr] *adj* afrikaner.

Afrikaner; Afrikaander *m & f* afrikaner.

Afrique *n pr f* GÉOGR l'Afrique África ▌ l'Afrique australe África austral ▌ l'Afrique noire el África negra ▌ l'Afrique du Nord África del Norte ▌ l'Afrique du Sud Sudáfrica.

Afrique du Sud *n pr f* GÉOGR república d'Afrique du Sud República de Sudáfrica.

Afrique-Équatoriale Française *n pr f* HIST l'Afrique-Équatoriale Française África Ecuatorial Francesa.

Afrique-Occidentale Française *n pr f* HIST l'Afrique-Occidentale Française África Occidental Francesa.

afro *adj inv* afro (coiffure); **coupe afro** corte afro.

afro-américain, e *adj & s* afroamericano, na.
▌ OBSERV pl afro-américains, afro-américaines.

afro-asiatique *adj & s* afroasiático, ca.
▌ OBSERV pl afro-asiatiques.

afro-cubain, e *adj & s* afrocubano, na.
▌ OBSERV pl afro-cubains, afro-cubaines.

after-shave [aftœrʃɛv] *m inv* after-shave *m*.
◇ *adj inv* para después del afeitado.

ag. (abr écrite de agence) agencia.

AG (abr de assemblée générale) *f* J/G.

aga ➡ **agha**.

agaçant, e *adj* irritante, molesto, ta; **bruit agaçant** ruido molesto ▌ provocativo, va; **regards agaçants** miradas provocativas.

agace *f* (vx) picaza, urraca.

agacement *m* irritación *f*; **agacement des nerfs** irritación nerviosa ▌ dentera *f* (des dents).

agacer [16] *v tr* dar dentera; **l'oseille agace les dents** la acedera da dentera ▌ FIG irritar, poner nervioso, impacientar; **son rire m'agace** su risa me irrita ▌ provocar, excitar; **agacer un chien** provocar a un perro ▌ atraer con melindres ou arrumacos (pour séduire).

agacerie *f* arrumaco *m*, carantoña (minauderie).

agaillardir [32] [agajardir] *v tr* alegrar, animar.

Agamemnon *n pr* MYTH Agamenón.

agami *m* ZOOL agamí.

agape *f* ágape *m*.
➡ **agapes** *f pl* ágapes.

agar-agar *m* agar-agar.
▌ OBSERV pl agars-agars.

agaric *m* agárico.

agasse *f* picaza, urraca.

agassin *m* BOT jerpa *f*.

agate *f* ágata (pierre précieuse).

Agathe *n pr* Águeda.

agatiser [3] *v tr* agatizar.

agave; agavé *m* BOT agave *f*, pita *f*.

age *m* cama *f* (partie de la charrue).

âge *m* edad *f*; **déclarer son âge** declarar su edad ▌ edad *f*; **le Moyen Âge** la Edad Media; **l'âge de la pierre** la edad de piedra; **l'âge d'or** la edad de oro ▌ edad *f*; **personne d'âge** persona de edad ■ **âge critique** edad crítica ▌ **âge de raison** edad del juicio, de razón ▌ **âge ingrat** edad del pavo ▌ **âge légal** edad legal ▌ **âge mûr** edad madura ▌ **bel âge** juventud ▌ **fleur de l'âge** flor de la edad, años floridos ▌ **grand âge** edad provecta, avanzada ▌ **jeune âge** infancia ▌ **premier âge** primera edad ▌ **retour d'âge** edad crítica, menopausia ▌ **troisième âge** tercera edad (vieillesse) ■ **à travers les âges** a través de los tiempos ou de las épocas ▌ **d'âge avancé** entrado en años ▌ **d'âge scolaire** en edad escolar ▌ **dans la force de l'âge** en plenitud de la vida ▌ **d'un certain âge** de cierta edad ▌ **en bas âge** en la primera infancia ▌ **entre deux âges** ni joven ni viejo, de mediana edad ▌ **hors d'âge** que ha cerrado (cheval) ■ **c'est un bel âge** es una edad respetable ▌ **être d'âge à** ou **en âge de** tener edad para ▌ **ne pas faire son âge** no aparentar su edad ▌ **prendre de l'âge** envejecer.

âgé, e *adj* de edad; **âgé de vingt ans** de veinte años de edad ▌ [▷ SYN] entrado, da en años; **un homme âgé** un hombre entrado en años ■ **les personnes âgées** las personas mayores ou de edad ▌ **moins âgé** de menor edad ▌ **plus âgé** de más edad, mayor.
▎ SYN sénile senil; vieux viejo; FAM & PÉJ gâteux chocho.

AGE (abr de assemblée générale extraordinaire) *f* J/E.

agence *f* agencia; **agence matrimoniale** agencia matrimonial ▌ gestoría (administrative) ■ **agence de placement** agencia de colocación ▌ **agence de publicité** agencia de publicidad ▌ **agence de voyages** agencia de viajes ▌ **agence immobilière** agencia inmobiliaria.

agencement *m* disposición *f*, arreglo.

agencer [16] *v tr* disponer, arreglar (disposer) ▌ armonizar (les couleurs).

agenda [aʒɛda] *m* agenda *f* (de poche) ▌ dietario (livre) ▌ **agenda de bureau** agenda de oficina, dietario.

agénésie *f* MÉD agenesia.

agenouillement *m* arrodillamiento.

agenouiller [3] [aʒnuje]
➡ **s'agenouiller** *v pr* arrodillarse, hincarse de rodillas.
▎ SYN plier le genou doblar la rodilla; se mettre à genoux ponerse de rodillas, de hinojos; se prosterner postrarse, prosternarse.

agenouilloir [aʒnujwar] *m* reclinatorio.

agent [aʒɑ̃] *m* agente; **agent d'assurances** agente de seguros; **agent de change** agente de cambio y bolsa ▌ agente; **agent chimique, atmosphérique** agente químico, atmosférico ▌ [▷ SYN] guardia, agente, policía (de police) ■ MIL **agent de liaison** enlace ▌ **agent double** doble agente ▌ **agent économique** agente económico ▌ ÉCON **agent exclusif** agente exclusivo ▌ **agent gélifiant** agente gelatinizante ▌ MÉD **agent pathogène** agente patógeno ▌ **agent provocateur** provocador.
▎ SYN sergent de ville guardia; gardien de la paix guardia urbanomunicipal; flic guindilla, poli.

agérate; ageratum *m* BOT agerato.

agglo (abr de aggloméré) *m* FAM conglomerado.

agglomérant, e *adj & s m* aglomerante.

agglomérat *m* MIN aglomerado.

agglomération *f* aglomeración ▌ poblado *m*; **traverser une agglomération** atravesar un poblado ▌ ciudad y sus suburbios; **l'agglomération parisienne** París y sus suburbios.

aggloméré, e *adj & s m* aglomerado, da.

agglomérer [18] *v tr* aglomerar.
➡ **s'agglomérer** *v pr* aglomerarse.

agglutinant, e *adj & s m* aglutinante; **emplâtre agglutinant** emplasto aglutinante; **langue agglutinante** lengua aglutinante.

agglutination *f* aglutinación.

agglutiner [3] *v tr* aglutinar.
➡ **s'agglutiner** *v pr* aglutinarse.

agglutinogène *m* BIOL aglutinógeno.

aggravant, e *adj* agravante; **circonstance aggravante** circunstancia agravante.

aggravation *f* agravación; **l'aggravation d'une maladie** la agravación de una enfermedad.

aggravée *f* inflamación de las patas del perro.

aggraver [3] *v tr* agravar; **aggraver ses torts** agravar su culpa.
➡ **s'aggraver** *v pr* agravarse; **maladie qui s'aggrave** enfermedad que se agrava.

agha; aga *m* aga (dignité musulmane).

agile *adj* ágil.

SYN alerte despierto, despabilado; **fringant** vivo; **leste** ligero, suelto; **preste** presto; **prompt** pronto; **sémillant** vivaracho.

agilement *adv* ágilmente, con agilidad.

agilité *f* agilidad.

agio *m* agio (spéculation).

agiotage *m* agiotaje, agio.

agioter [3] *v tr* especular por medio del agiotaje.

agioteur *m* ÉCON agiotista.

agir [32] *v intr* obrar, actuar; **agir librement** obrar libremente ‖ comportarse, conducirse; **il a bien agi** se ha comportado bien ‖ ejercer acción, actuar; **les acides agissent sur les métaux** los ácidos ejercen acción sobre ou en los metales ‖ hacer efecto; **un remède qui n'agit pas** un remedio que no hace efecto ‖ actuar; **la bielle agit sur la roue** la biela actúa sobre la rueda ‖ DR actuar; **agir civilement** actuar por lo civil ‖ **agir auprès de** tratar de, influir a, intervenir en.
 ◆ **s'agir** *v pr* tratarse; **il s'agit de son frère** se trata de su hermano ‖ **de quoi s'agit-il?** ¿de qué se trata?, ¿de qué va? FAM ‖ **il s'agit de faire** se trata de hacer.

agissant, e *adj* activo, va; **caractère agissant** carácter activo.

agissements *m pl* artimañas *f pl*.

agitateur, trice *m & f* agitador, ra.
 ◆ **agitateur** *m* CHIM agitador (pour remuer).

agitation *f* agitación ‖ FIG **semer l'agitation dans les esprits** sembrar la agitación en los ánimos.

agité, e *adj & s* agitado, da.

agiter [3] *v tr* [▷ SYN] agitar; **agiter avant l'emploi** agitar antes de su uso ‖ discutir, debatir; **agiter une question** discutir un asunto ‖ FIG esgrimir, asustar con; **agiter le danger d'une révolution** asustar con el peligro de una revolución ‖ excitar; **agiter le peuple** excitar al pueblo.
 ◆ **s'agiter** *v pr* agitarse.
 SYN **battre** batir; **ébranler** conmover; **remuer** menear, mover; **secouer** sacudir; **touiller** revolver; FIG **brasser** bracear.

Aglaé *n pr* MYTH Aglaya, Aglae.

agnat [agna] *m* DR agnado (parent).

agnation [agnasjɔ̃] *f* agnación, parentesco *m*.

agneau [aɲo] *m* cordero (jusqu'à un an), borrego (d'un à deux ans) ‖ FIG cordero; **doux comme un agneau** manso como un cordero ‖ "agneau" (fourrure) ‖ **agneau de Dieu** cordero de Dios ‖ **agneau tanné** napa *f* (peau).

agnelage *m* parto de la oveja.

agnelée *f* cría de la oveja.

agnèlement *m* parto de la oveja.

agneler [24] *v intr* parir [la oveja].

agnelet *m* corderillo.

agnelin *m* añinos *pl* (laine d'agneau).

agneline *f* primera lana del cordero.

agnelle *f* cordera.

Agnès *n pr* Inés.

agnosie [agnɔzi] *f* agnosia.

agnosticisme [agnɔstisism] *m* agnosticismo.

agnostique *adj & s* agnóstico, ca (incrédule).

Agnus Dei *m inv* RELIG agnus Dei, Cordero de Dios (prière).
 ◆ **agnus-Dei** *m inv* agnusdéi (médaillon).

agonie *f* agonía ‖ FIG agonía, fin *m*; **l'agonie d'une dynastie** la agonía de una dinastía.

agonir [32] *v tr* colmar, llenar; **agonir d'injures** colmar de injurias.

agonisant, e *adj & s* agonizante.

agoniser [3] *v intr* agonizar.
 OBSERV Es barbarismo en francés usar este verbo por **agonir**.

agonistique *adj* PHILOS agonístico, ca.

agora *f* ágora (place d'Athènes).

agoraphobe *adj & s* agoráfobo, ba.

agoraphobie *f* MÉD agorafobia.

agouti *m* agutí (rongeur américain).

agrafage *m* abrochadura *f*, abrochado (d'un vêtement) ‖ ARCHIT engrapado ‖ MÉD sujeción *f* con grapas.

agrafe *f* corchete *m* (pour agrafer les vêtements) ‖ broche *m*, alfiler *m* de adorno ‖ alamar *m* (pour le col des manteaux) ‖ cierre *m* (fermoir d'un livre) ‖ prendedor *m* (de stylo) ‖ ARCHIT grapa ‖ MÉD grapa, pinza ‖ TECHN grapa; **agrafe de courroie** grapa de correa.

agrafer [3] *v tr* abrochar (vêtement) ‖ sujetar ou coser con grapas (des papiers) ‖ cerrar, enganchar (avec un fermoir) ‖ ARCHIT engrapar ‖ FAM echar el guante; **agrafer un filou** echar el guante a un ratero.

agrafeuse *f* grapadora.

agrainer [3] *v tr* echar grano [a las aves].

agraire *adj* agrario, ria; **réforme agraire** reforma agraria.

agrammatical, e *adj* GRAMM agramatical; **des exemples agrammaticaux** ejemplos agramaticales.

agrandir [32] *v tr* agrandar; **agrandir sa maison** agrandar su casa ‖ FIG ampliar (amplifier), aumentar (augmenter), ensanchar (élargir) ‖ engrandecer ‖ PHOT ampliar, hacer una ampliación de.
 ◆ **s'agrandir** *v pr* agrandarse ‖ crecer, extenderse; **Madrid s'agrandit de jour en jour** Madrid crece constantemente ‖ hacer una ampliación, ampliarse; **le magasin va s'agrandir** el almacén va a hacer una ampliación.

agrandissement *m* ensanche; **l'agrandissement d'une ville** el ensanche de una ciudad ‖ ampliación *f*; **agrandissement d'une boutique** ampliación de una tienda ‖ FIG engrandecimiento ‖ PHOT ampliación *f*.

agrandisseur *m* ampliadora *f* (photographie).

agraphie *f* agrafia (impossibilité d'écrire).

agrarien, enne *adj & s* agrario, ria.

agréable *adj* [▷ SYN 1] agradable; **agréable à tous** agradable para todos ‖ grato, ta; **rendre agréable** hacer grato ‖ [▷ SYN 2] agradable, apetitoso ‖ FIG agradable, afable.
 ◇ *m* lo agradable; **joindre l'utile à l'agréable** unir lo útil con lo agradable.
 SYN **1.** **délicieux** delicioso, deleitoso (style soutenu); **doux** dulce; **exquis** exquisito. **2.** **savoureux** sabroso; **succulent** suculento.

agréablement *adv* gratamente.

agréé, e *adj* concessionnaire agréé concesionario exclusivo ‖ **magasin agréé** tienda concesionaria.
 ◆ **agréé** *m* abogado en un tribunal de comercio.

agréer [15] *v tr* aceptar [gustoso], admitir; **agréer une offrande** aceptar una ofrenda ‖ recibir; **agréez mes sincères félicitations** reciba mi sincera enhorabuena ‖ MAR aparejar (gréer) ‖ **veuillez agréer mes salutations distinguées** le saluda atentamente.
 ◇ *v intr* agradar, placer; **cela ne m'agrée pas** esto no me place.

agrég *f* FAM oposición a una cátedra de instituto o de universidad (agrégation).

agrégat [agrega] *m* agregado, conglomerado.

agrégatif, ive *adj* agregativo, va.
 ◇ *m & f* opositor a una cátedra de instituto ou de universidad.

agrégation *f* agregación ‖ admisión (à un corps, à une société) ‖ oposición a una cátedra de instituto ou universidad ‖ título *m* de catedrático por oposición (en un instituto francés) ou de profesor (en una facultad francesa) ‖ **être reçu à l'agrégation de lettres** ganar las oposiciones a una cátedra de Letras.

┌─ **AGRÉGATION** ──────────
│ La "agrégation" o "agreg" es en Francia un título prestigioso para profesores de enseñanza secundaria y superior. Los que aprueban estas oposiciones muy selectivas se convierten en "professeurs titulaires", con lo que reciben un sueldo más alto y unos horarios de trabajo más reducidos.
└─────────────────────────

agrégé, e *m & f* catedrático, de instituto ou de universidad por oposición.

agréger [22] *v tr* agregar ‖ admitir (dans un corps ou une société) ‖ asociar, combinar (combiner).
 ◆ **s'agréger** *v pr* agregarse; **s'agréger à un groupe** agregarse a un grupo.

agrément *m* consentimiento, beneplácito; **obtenir l'agrément de sa famille pour se marier** conseguir el consentimiento de su familia para casarse ‖ agrado; **trouver l'agrément à une conversation** hallar agrado en una conversación ‖ encanto (charme); **l'agrément des vacances** el encanto de las vacaciones ‖ atractivo; **personne pleine d'agrément** persona llena de atractivo ‖ recreo; **voyage d'agrément** viaje de recreo ‖ **arts d'agréments** artes de adorno ‖ **jardin d'agrément** jardín, parque.
 ◆ **agréments** *m pl* floreos (ornements du discours, du chant) ‖ agremanes (ornements d'un costume) ‖ THÉÂTR aparato *sing* escénico.

agrémenter [3] *v tr* adornar (un vêtement, etc.) ‖ amenizar, hacer agradable (un récit, etc.).

agrès [agrɛ] *m pl* MAR aparejos ‖ aparatos de gimnasia (sports).

agressé, e *adj & s* agredido, da.

agresser [4] *v tr* agredir ‖ FIG atacar (attaquer) ‖ dañar (endommager).

agresseur *m* agresor.
 OBSERV El sustantivo **agresseur** no tiene forma femenina: **sa femme était l'agresseur** su mujer era la agresora.

agressif, ive *adj* agresivo, va; **ton agressif** tono agresivo ‖ provocativo, va; **un décolleté agressif** un escote provocativo.

agression *f* agresión.

agressivement *adv* agresivamente.

agressivité *f* agresividad, acometividad.

agreste *adj* agreste; **paysage agreste** paisaje agreste ‖ silvestre (plante).

agricole *adj* agrícola.

agriculteur *m* agricultor, labrador.
> SYN agronome agrónomo; cultivateur labrador, cultivador; propriétaire foncier terrateniente.

agriculture *f* agricultura.

agriffer [3]
➡ **s'agriffer** *v pr* agarrarse.

Agrigente *n pr* GÉOGR Agrigento.

agripaume *f* BOT agripalma.

Agrippa [agripa] *n pr* Agripa.

agripper [3] *v tr* agarrar.
➡ **s'agripper** *v pr* agarrarse.

Agrippine *n pr* Agripina.

agroalimentaire *adj* agroalimentario, ria; agroalimenticio, cia.

agrochimie *f* agroquímica.

agrologie *f* AGRIC agrología.

agronome *m* agrónomo.

agronomie *f* agronomía.

agronomique *adj* agronómico, ca.

agropastoral, e *adj* agropecuario, ria.

agrostide *f* BOT grama.

agrumes *m pl* agrios, cítricos (fruits).

aguerrir [32] *v tr* aguerrir (exercer à la guerre) ‖ avezar (habituer); **aguerri au froid** avezado al frío ‖ curtir, endurecer (endurcir).
➡ **s'aguerrir** *v pr* aguerrirse ‖ FIG avezarse (s'habituer) ‖ curtirse, endurecerse (contre le froid, etc.).

aguets [agɛ] *m pl* acecho *sing*; **être aux aguets** estar al ou en acecho.
> OBSERV Úsase también a veces el singular aguet con el significado de trampa, emboscada.

aguichant, e *adj* FAM incitante, provocante.

aguicher [3] *v tr* FAM incitar, provocar.

aguicheur, euse *adj* & *s* FAM incitador, ra.

ah! *interj* ¡ah! ■ **ah bon?** ¡ah! ¿sí? ¡ah mais... sí, pero... ‖ **ah non!** ¡oh, no!, ¡qué va!

Ah (abr écrite de **ampère-heure**) Ah.

ahan *m* jadeo (halètement).

ahaner [3] *v intr* jadear (haleter) ‖ (vx) afanarse.

ahuri, e *adj* & *s* FAM atontado, da; atolondrado, da ‖ estupefacto, ta; asombrado, da.

ahurir [32] *v tr* FAM atontar, atolondrar.

ahurissant, e *adj* FAM sorprendente, pasmoso, sa; asombroso, sa.

ahurissement *m* FAM asombro, estupefacción *f* ‖ aturdimiento, atolondramiento (trouble).

aï [ai] *m* ZOOL perezoso, aí.

aiche *f* esca (de pêcheur).

aide *f* ayuda; **prêter son aide** prestar ayuda de; **crier à l'aide** pedir ayuda; **à l'aide de** con ayuda, por medio de ■ **à l'aide!** ¡socorro!, ¡auxilio! ‖ **Dieu vous soit en aide** Dios le ayude ou le ampare ‖ **venir en aide** ayudar.
➡ **aides** *f pl* ÉQUIT ayudas ‖ HIST impuestos *m* indirectos [en tiempos de la antigua monarquía francesa].

aide *m* & *f* ayudante, ayuda ‖ **aide à domicile** ayuda a domicilio ‖ **aide de camp** edecán, ayudante de campo ‖ **aide de laboratoire** auxiliar de laboratorio.
<> *f* **aide familiale** asistencia familiar ‖ **aide humanitaire** ayuda humanitaria ‖ **aide judiciaire** abogacía de oficio ‖ **aide ménagère** trabajadora familiar ‖ **aide sociale** asistencia social ‖ MIL **aide technique** asistencia técnica ‖ **aides publiques** asistencia pública.
> OBSERV 1. Ayuda ne s'emploie plus que dans l'acception: **ayuda de cámara** valet de chambre.
> 2. Las palabras compuestas de aide y un sustantivo pluralizan los dos elementos.

aide-comptable *m* auxiliar de contabilidad.
> OBSERV pl aides-comptables.

aide-cuisinier *m* mozo de cocina.
> OBSERV pl aides-cuisiniers.

aide-maçon *m* peón de albañil.
> OBSERV pl aides-maçons.

aide-mémoire *m inv* prontuario, memorándum.

aide-opérateur *m* ayudante del operador.
> OBSERV pl aides-opérateurs.

aider [4] *v tr* ayudar; **aider à marcher** ayudar a andar ‖ [> SYN] auxiliar, socorrer, amparar; **aider les malheureux** ayudar a los desvalidos ■ **Dieu aidant** Dios mediante ‖ **le temps aidant** contando con el tiempo, con la ayuda del tiempo.
➡ **s'aider** *v pr* ayudarse ‖ servirse; **s'aider des deux mains** servirse de ambas manos ‖ valerse de, ayudarse con (d'un collaborateur, d'un outil); **s'aider d'un levier** valerse de una palanca.
> SYN assister asistir; favoriser favorecer; secourir socorrer, auxiliar; soutenir sostener.

aide-soignant, e *m* & *f* ayudante técnico sanitario (ATS).
> OBSERV pl aides-soignants, aides-soignantes.

aïe! *interj* ¡ay! (douleur) ‖ ¡vaya! (désagrément).

AIEA (abr de **Agence internationale de l'énergie nucléaire**) *f* OIEA *m*.

aïeul, e [ajœl] *m* & *f* abuelo, la.
➡ **aïeuls, es** *m* & *f pl* abuelos (grands-parents).
➡ **aïeux** *m pl* [> SYN] antepasados (ancêtres).
> OBSERV Aïeul tiene dos plurales en francés: aïeuls y aïeux; el último significa "los antepasados". Aïeul y aïeule, anticuados, han sido reemplazados en el lenguaje corriente por grand-père y grand-mère, y en plural por grands-parents.
> SYN ascendants ascendientes, antecesores; pères padres; prédécesseurs predecesores.

aigle *m* águila *f*; **aigle royal** águila real ou caudal ‖ águila *f* (monnaie du Mexique, des États-Unis) ‖ águila *f* (décoration); **l'aigle noir de Prusse** el águila negra de Prusia ‖ ASTRON águila *f* (constellation) ‖ FIG águila *f* (personne très perspicace) ■ **aigle pêcheur** pigargo (pygargue) ‖ **grand aigle** marca de papel de 1, 06 x 0, 75 m ‖ **l'Aigle de Meaux** Bossuet ‖ **un regard d'aigle** una mirada de águila.
<> *f* águila (étendard); **les aigles romaines** las águilas romanas.

aiglefin *m* abadejo (poisson).

Aiglon (L') *m* el "Aguilucho" (Napoléon II).

aiglon, onne *m* & *f* aguilucho.

aigre *adj* [> SYN] agrio, a; **fruit aigre** fruta agria ‖ FIG agrio, a; áspero, ra; acre; **ton aigre** tono agrio ‖ chillón, ona; **voix aigre** voz chillona.
<> *m* agrio (goût); **l'aigre du citron** el agrio del limón ■ **sentir l'aigre** oler a agrio ‖ **tourner à l'aigre** agriarse.
> SYN acerbe acerbo; acide ácido; acidulé acidulado; âcre acre; aigre-doux agridulce; aigrelet agrete; sûr acedo; tourné cortado; vinaigré avinagrado.

aigre-doux, ouce *adj* agridulce.
> OBSERV pl aigres-doux, aigres-douces.

aigrefin *m* estafador.

aigrelet, ette *adj* agrete ‖ FIG & FAM agridulce; **des paroles aigrelettes** palabras agridulces.

aigrement *adv* con acritud.

aigremoine *f* BOT agrimonia.

aigrette *f* copete *m* (d'oiseau) ‖ airón *m*, garzota (panache) ‖ tembleque *m* (de diamants) ‖ plumas *pl* (d'un chapeau) ■ ZOOL grande aigrette garzota ‖ petite aigrette zaida.

aigreur *f* lo agrio *m*, acritud, agrura; **l'aigreur du vinaigre** lo agrio del vinagre ‖ acedía, acidez; **avoir des aigreurs d'estomac** tener acedía ‖ FIG acritud, aspereza, desabrimiento *m*; **parler avec aigreur** hablar con acritud ‖ **avoir des aigreurs d'estomac** tener acedía.

aigri, e *adj* amargado, da ‖ FIG **caractère aigri** carácter amargado ou agriado.

aigrir [32] *v tr* agriar, acedar.
<> *v intr* agriarse, acedarse.

aigrissement *m* agrura *f* ‖ FIG acritud *f*.

aigu, ë *adj* & *s m* agudo, da.
> OBSERV Téngase siempre en cuenta que la forma femenina lleva una diéresis sobre la e (aiguë).

aiguade *f* MAR aguada.

aigue-marine *f* aguamarina.
> OBSERV pl aigues-marines.

aiguière [egjɛr] *f* aguamanil *m*.

aiguillage [egɥijaʒ] *m* sistema ou cambio de agujas, agujas *f pl* [(Amér) chucho] (chemin de fer); **aborder l'aiguillage** entrar en agujas ‖ maniobra *f* de las agujas ‖ FIG orientación *f* ‖ FIG **erreur d'aiguillage** error de apreciación ou de orientación.

aiguille [egɥij] *f* aguja; **aiguille à tricoter** aguja de hacer punto ‖ aguja, manecilla (de montre, d'horloge) ‖ aguja (de clocher) ‖ picacho *m* (montagne) ‖ aguja (de pin) ‖ aguja (poisson) ‖ aguja (chemin de fer) ‖ **aiguille aimantée** aguja imantada ‖ **aiguille à injection** aguja de inyección ‖ **grande aiguille** minutero ‖ **petite aiguille** horario ■ **de fil en aiguille** de una cosa en otra, por deducción ■ **chercher une aiguille dans une botte de foin** buscar una aguja en un pajar.

aiguillée *f* hebra.

aiguiller [3] *v tr* cambiar las agujas para dirigir (un train) ▌FIG encaminar, orientar, encauzar.

aiguilleter [27] *v tr* poner cordones.

aiguillette *f* agujeta, ceñidor *m* (cordon) ▌parte del lomo [de vaca] ▌CULIN tajada delgada [cortada del lomo de un ave].

➤ **aiguillettes** *f pl* MIL cordones *m*.

aiguilleur *m* guardagujas ▌FIG aiguilleur du ciel controlador de la navegación aérea.

aiguillier *m* alfiletero, agujero.

aiguillon [eɡɥijɔ̃] *m* aguijón (d'insecte) ▌espina *f*, púa *f*, aguijón (de plante) ▌aguijada *f* [(*Amér*) picana *f*] (de bouvier) ▌FIG aguijón, acicate; l'aiguillon de la jalousie el aguijón de los celos ▪ coup d'aiguillon aguijonazo ▌sous l'aiguillon de aguijonado por, bajo el acicate de.

aiguillonner [3] *v tr* aguijonear [(*Amér*) picanear] ▌FIG aguijonear; aiguillonner la curiosité aguijonear la curiosidad.

▌ SYN éperonner espolear, acicatear; inciter incitar; stimuler estimular.

aiguillot [eɡɥijo] *m* MAR macho del timón.

aiguisage; aiguisement *m* aguzamiento ▌afilado, amolamiento (de couteaux, etc.).

aiguiser [3] [eɡize] *v tr* aguzar (rendre pointu) ▌[▷ SYN] afilar, amolar (rendre tranchant) ▌FIG aguzar (l'esprit, l'appétit) ▪ meule à aiguiser muela ▌pierre à aiguiser piedra afiladera.

▌ OBSERV 1. Les verbes les plus courants en espagnol sont afilar ou amolar, en français, aiguiser.
2. Affûter se emplea principalmente para las herramientas. Émoudre tiene un sentido figurado.
SYN affiler afilar; affûter afilar; émoudre amolar; repasser suavizar (vaciar, en parlant des rasoirs).

aiguiseur, euse *m & f* aguzador, ra ▌afilador, ra; amolador, ra (de couteaux).

aiguisoir *m* afilador.

aïkido *m* SPORTS aikido.

ail [aj] *m* ajo ▪ chapelet d'ails ristra de ajos ▌gousse d'ail diente de ajo ▌tête d'ail cabeza de ajo.

▌ OBSERV pl ails (forma más usada), aulx.

ailante *m* BOT ailanto.

aile *f* ala (d'oiseau) ▌ala (d'édifice, de fortification) ▌ala (d'avion) ▌aspa (d'un moulin) ▌aleta (d'auto, du nez) ▌SPORTS extremo *m*, ala *m* (d'une équipe) ▌FIG protección; se réfugier sous l'aile de sa mère refugiarse bajo la protección de su madre ▌TECHN pala, ala, paleta (d'hélice, de ventilateur) ▪ aile libre ala delta ▪ à tire d'aile a todo vuelo ▌battement d'aile aletazo ▌FIG battre de l'aile estar alicaído ▌battre des ailes aletear ▌FAM en avoir dans l'aile llevar lo suyo ▌ne battre que d'une aile estar perniquebrado, estar mal ▌prendre sous sonaile acoger en su regazo, proteger ▌rogner les ailes recortar las alas ▌voler de ses propres ailes volar con sus propias alas.

ailé, e *adj* alado, da.

aileron *m* alón (d'oiseau) ▌aleta *f* (de poisson) ▌alerón (d'avion) ▌ARG remo, brazo ▌TECHN álabe (d'une roue de moulin).

ailette *f* aleta, álabe *m* (de bombe, de ventilateur) ▌aleta (d'avion) ▌barreta (de soulier).

ailier [ɛlje] *m* extremo, ala (football).

aillade *f* ajada, ajiaceite *m* [salsa de ajos].

ailler [3] [aje] *v tr* CULIN condimentar ou sazonar con ajo.

ailleurs [ajœr] *adv* en otra parte; chercher ailleurs buscar en otra parte ▪ [▷ SYN] d'ailleurs por otra parte (d'autre part), por lo demás, además (en outre) ▌nulle part ailleurs en ninguna otra parte ▌par ailleurs por otro lado ▌partout ailleurs en cualquier otra parte ▪ avoir l'esprit ailleurs estar distraído.

▌ SYN au demeurant en resumen; au reste, du reste, au surplus por lo demás; de plus además; en outre, outre cela además, encima.

ailloli ▬ **aïoli**.

aimable *adj* amable; aimable envers tous amable para con todos ▪ c'est très aimable à vous es usted muy amable ▌soyez assez aimable pour tenga usted la amabilidad de.

▌ SYN accort amable, gracioso; affable afable; agréable agradable; amène ameno; avenant servicial; gentil gentil (p us), gracioso (gracieux), bonito (joli); gracieux gracioso; plaisant apacible; riant risueño.

aimablement *adv* amablemente, con amabilidad.

aimant *m* imán ▌pierre d'aimant piedra imán.

aimant, e *adj* cariñoso, sa; un caractère aimant un carácter cariñoso.

▌ OBSERV No se confunda con el español amante que como adjetivo significa en francés amoureux, épris, amant.
SYN affectueux afectuoso; câlin mimoso; caressant acariciador; tendre tierno.

aimantation *f* imantación, imanación.

aimanter [3] *v tr* imantar, imanar; aiguille aimantée aguja imantada.

aimé, e *adj* amado, da; querido, da.

aimer [4] *v tr* [▷ SYN] amar, querer (amar dans le style soutenu); aimer son prochain amar al prójimo; aimer ses enfants querer a sus hijos ▌crecer mejor; la betterave aime les terres profondes la remolacha crece mejor plantada muy hondo ▌gustar (sens et construction du verbe plaire); j'aime ce genre de personnes me gusta esta clase de personas; aimer la danse gustarle a uno el baile; il aime aussi les bonbons le gustan también los caramelos ▪ aimer à, aimer (avec un infinitif) gustar; j'aime à lire me gusta leer ▌aimer autant darle a uno lo mismo (être indifférent); j'aime autant venir lo mismo me da venir; gustar lo mismo (plaire); j'aime autant le miel que le sucre me gusta lo mismo la miel que el azúcar; preferir; j'aime autant qu'il ne vienne pas prefiero que no venga ▌aimer mieux, aimer mieux que preferir ▌aimer que gustar que; il aime qu'on s'intéresse à lui le gusta que se interesen por él ▌qui aime bien châtie bien quien bien te quiere te hará llorar.

◇ *v intr* gustar; on aime ou on n'aime pas le gusta a uno o no le gusta.

▌ OBSERV Nótese que el francés emplea aimer en el sentido de amar, querer y gustar, mientras que en español amar pertenece más bien al estilo elevado.
SYN adorer adorar; affectionner tener cariño; chérir querer; idolâtrer idolatrar; plaire gustar; s'amouracher enamoriscarse; s'éprendre prendarse, enamorarse; se passionner apasionarse; FAM (vieilli) avoir le béguin estar encaprichado.

Ain [ɛ̃] *n pr m* GÉOGR Ain (département); dans l'Ain en Ain.

aine *f* ANAT ingle ▌espetón *m* (pour les harengs).

aîné, e *adj & s* mayor (fils, fille), primogénito, ta (premier-né) ▌branche aînée rama mayor (d'une famille).

◇ *m & f* hijo, hija mayor (fils aîné, fille aînée) ▌mayor (plus âgé); il est mon aîné de deux ans es dos años mayor que yo.

➤ **aînés** *m pl* mayores, antepasados.

aînesse *f* primogenitura; droit d'aînesse derecho de primogenitura.

ainsi *adv* así ▪ ainsi de suite así sucesivamente ▌ainsi donc, vous êtes venu? ¿conque ha venido Ud.? ▌ainsi que así como (comme), lo mismo que (pareil) ▌ainsi soit-il así sea (souhait), amén (dernier mot des prières) ▌c'est ainsi que así es como ▌pour ainsi dire para decirlo así ▌s'il en est ainsi si así es.

▌ OBSERV Evítense las formas pleonásticas ainsi donc, ainsi par exemple, ainsi par conséquent.

aïoli; ailloli *m* alioli, ajiaceite (sauce à l'ail et à l'huile).

air *m* aire

1. FLUIDE GAZEUX aire (fluide, vent); un air frais un aire fresco ▪ air chaud aire caliente ▌air comprimé aire comprimido ▌air conditionné aire acondicionado ▌air liquide aire líquido ▌bouffée d'air bocanada de aire ▌courant d'air corriente de aire ▌réservoir d'air depósito de aire ▪ à l'air libre, en plein air, au grand air al aire libre ▪ changer d'air mudar de aires ▌donner de l'air airear (aérer), dar aire (éventer) ▌mettre à l'air exponer al aire ▌prendre l'air tomar el aire (une personne) ▌vivre de l'air du temps sustentarse del aire.

2. ESPACE AU-DESSUS DE NOUS aire; l'avion vole dans les airs el avión vuela por los aires ▪ avoir le mal de l'air marearse (en avion) ▌FIG déchirer, fendre l'air disparar al aire ▌prendre l'air emprender el vuelo, despegar (un avion) ▌regarder en l'air mirar hacia arriba ▌tirer en l'air disparar al aire.

3. EN L'AIR promesses en l'air promesas vanas ▌tête en l'air cabeza de chorlito ▪ mettre tout en l'air poner todo patas arriba, revolverlo todo ▌parler en l'air hablar al aire, hablar por hablar.

air *m* aire (aspect); il me dit d'un air triste me dijo con aire triste ▌parecido (ressemblance); un air de famille un parecido de familia ▌apostura *f*; un air noble una noble apostura ▌[▷ SYN] cara *f*, semblante (visage); air satisfait cara satisfecha; un air perplexe un semblante perplejo ▌MUS aire; air de danse aire bailable ▪ avoir grand air tener mucha clase ou estilo ▌avoir l'air parecer; avoir l'air à son aise parecer acomodado; cela n'a pas l'air mauvais eso no parece malo; cela n'a l'air de rien parece que no es nada ▌avoir mauvais air tener mala traza, mala facha ou pinta ▌cela en a tout l'air eso tiene todas las trazas de ser así ▌dire les choses d'un certain air decir las cosas de tal modo ▌prendre un air dégoûté poner cara de asco ▌sans avoir l'air de rien como quien no quiere la cosa, como si nada ▌se donner des airs de dárselas de.

▌ OBSERV En la expresión avoir l'air la concordancia se hace con el sujeto si se trata de nombre de cosas (cette poire a l'air bonne) y es facultativa si se refiere a personas (elle a l'air intelligente o intelligent). ▮ **SYN** mine cara; visage cara, rostro; physionomie fisonomía.

airain *m* bronce (cloche, canon) ▮ **POÉT** bronce ▮ cœur d'airain corazón de hierro.

air-air *adj* aire-aire (missile).

aire *f* área (surface); l'aire d'un triangle el área de un triángulo ▮ aguilera (nid d'aigle) ▮ **AGRIC** era; battre le blé sur l'aire trillar en la era ▮ **FIG** campo *m*, terreno *m*, (domaine) ▮ **MAR** cuarta, rumbo *m* (du vent) ▮ **TECHN** plaza (du four) ▮ cara (d'un marteau) ▮ zona ■ aire d'atterrissage pista de aterrizaje ▮ aire de décollage pista de despegue ▮ aire de jeu campo ou área de juego ▮ aire de lancement zona de lanzamiento ▮ aire de repos área de descanso ▮ aire de service área de servicio ▮ aire de stationnement área de estacionamiento, aparcamiento ▮ **NUCL** aire de stockage définitif zona de almacenamiento definitivo ▮ aire de stockage provisoire zona de almacenamiento provisional ▮ aire de trafic zona de tráfico.

airée *f* parva (de blé, etc.).

airelle *f* **BOT** arándano *m*.

airer [3] *v intr* anidar.

Air France *n pr* compañía francesa de navegación aérea.

air-sol *adj* aire-tierra (missile).

aisance *f* facilidad ▮ soltura; parler avec aisance hablar con soltura ▮ holgura (jeu, facilité à se mouvoir) ▮ desahogo *m*, holgura, buena posición, acomodo *m*; vivre dans l'aisance vivir con desahogo, estar en buena posición ▮ (vieilli) cabinet d'aisances excusado, retrete.

aise *adj* contento, ta (con un adverbio); je suis bien aise de estoy muy contento de.
◇ *f* gusto *m* (plaisir, bien-être); se trouver à l'aise dans un endroit estar a gusto en un lugar ▮ [▷ **SYN**] comodidad *sing*; chercher ses aises buscar su comodidad ▮ à l'aise cómodo, da; a gusto; être à l'aise dans un costume estar cómodo en su traje ▮ à son aise a su gusto; raturer à son aise tachar a su gusto ▮ à votre aise como usted guste ▮ en parler à son aise tenerle a uno sin cuidado ▮ en prendre à son aise tomarse demasiada confianza (avec quelqu'un), tomar con tranquilidad (un travail) ▮ être mal à son aise estar molesto (gêné), estar indispuesto (indisposé) ▮ mettre quelqu'un à son aise tranquilizar a uno ▮ ne pas se sentir d'aise no caber en sí de gozo ▮ se mettre à son aise ponerse cómodo ▮ vivre à l'aise vivir con acomodo, con desahogo.
▮ **SYN** commodité comodidad; confort confort (anglicismo); facilité facilidad.

aisé, e *adj* fácil; tâche aisée à remplir tarea fácil de cumplir ▮ suelto, ta (mouvement, langage); un style aisé un estilo suelto ▮ desahogado, da; acomodado, da; la classe aisée la clase acomodada; une situation aisée una posición desahogada ▮ parler d'un ton aisé hablar con soltura.

aisément *adv* fácilmente ▮ con soltura (mouvement, élocution) ▮ holgadamente (sans privation).

Aisne [ɛn] *n pr f* **GÉOGR** Aisne (département); dans l'Aisne en Aisne.

aisselle *f* axila (terme savant), sobaco *m* (terme familier) ▮ **BOT** axila ▮ sous l'aisselle bajo el brazo, en el sobaco.

Aix-en-Provence *n pr* **GÉOGR** Aix-en-Provence.

Aix-la-Chapelle *n pr* **GÉOGR** Aquisgrán.

aixois, e *adj* aixés, esa, acuense, aixence (d'Aix-en-Provence, etc.).

Aixois, e *m & f* aixés, esa, acuense, aixence.

AJ (abr de auberge de jeunesse) *f* AJ *m*.

AJA (abr de aide aux jeunes agriculteurs) *f* subvención concedida a los jóvenes agricultores franceses.

ajaccien, enne *adj* ajacciano, na (d'Ajaccio).

Ajaccien, enne *m & f* ajacciano, na.

Ajaccio *n pr* **GÉOGR** Ajaccio.

ajointer [3] *v tr* empalmar, ensamblar.

ajonc [aʒɔ̃] *m* **BOT** aulaga *f*.

ajour *m* calado.

ajourer [3] *v tr* calar, hacer calados (tissus, broderies) ▮ **ARCHIT** calar ▮ hacer una abertura para dar luz.

ajournable *adj* aplazable.

ajournement *m* aplazamiento ▮ suspenso (à un examen) ▮ **DR** citación *f*.

ajourner [3] *v tr* aplazar (renvoyer à une autre date) ▮ suspender (une assemblée, un candidat, etc.) ▮ sobreseer a (surseoir à une décision, etc.) ▮ **DR** citar, emplazar (convoquer à une date).

ajout [aʒu] *m* añadido.

ajouté *m* añadido ▮ añadidura *f* (complément).

ajouter [3] *v tr* añadir; ajouter un mot à une phrase añadir una palabra a una frase ▮ agregar (dire en plus) ▮ ajouter foi dar crédito.
◇ *v intr* aumentar; cela ajoute à mon trouble esto aumenta mi turbación.
➡ **s'ajouter** *v pr* añadirse, sumarse.

ajustage *m* ajuste ▮ contraste (monnaie).

ajusté, e *adj* ceñido, da.

ajustement *m* ajuste, ajustamiento ▮ compostura *f* (ornement, parure) ▮ reajuste; ajustement des salaires reajuste de salarios ▮ ajustement des prix ajuste de precios.

ajuster [3] *v tr* ajustar; vêtement trop ajusté vestido demasiado ajustado ▮ apuntar; ajuster une cible apuntar a un blanco ▮ afinar; ajuster son tir afinar la puntería ▮ ajustar (les prix) ▮ componer (parer, habiller) ▮ rectificar (une balance) ▮ contrastar (la monnaie) ▮ **MÉCAN** ajustar.

ajusteur *m* ajustador.

ajutage *m* quemador (gaz, etc.) ▮ alcachofa *f*, cebolla *f* (d'arrosoir).

akène *m* **BOT** aquenio.

Alabama [alabama] *n pr m* **GÉOGR** l'Alabama Alabama.

alabandine *f* **MIN** alabandina.

alabastrin, e *adj* alabastrino, na.

alabastrite *f* **MIN** alabastrita.

alacrité *f* alacridad (p us), vivacidad.

Aladin *n pr* Aladino.

Alains *n pr m pl* alanos.

alaire *adj* de las alas.

alaise; alèse *f* atadura de junco (construction) ▮ sábana plegada que se pone debajo del cuerpo de los enfermos (pour malades) ▮ hule *m* (en caoutchouc).

alambic *m* alambique.

alambiqué, e *adj* enrevesado, da.

alambiquer [3] *v tr* alambicar.

alandier *m* **TECHN** cámara *f*, hogar lateral.

alangui, e *adj* lánguido, da.

alanguir [32] *v intr* languidecer.
➡ **s'alanguir** *v pr* languidecer, perder las fuerzas, la energía, el vigor.

alanguissement *m* languidez *f*.

alaouite *adj & s* alauita (dynastie marocaine).

Alaric *n pr* Alarico.

alarmant, e *adj* alarmante.

alarme *f* alarma; donner l'alarme dar la alarma ▮ **FIG** alarma, zozobra (inquiétude) ■ alarme antitoxique alarma antitóxica ▮ cri d'alarme voz de alarma (sens propre), toque de alarma (sens figuré).

alarmer [3] *v tr* alarmar.

alarmiste *adj & s* alarmista.

Alaska *n pr m* **GÉOGR** l'Alaska Alaska.

alaterne *m* **BOT** aladierna *f*.

albanais, e *adj* albanés, esa.
➡ **albanais** *m* **LING** albanés.

Albanais, e *m & f* albanés, esa.

Albanie *n pr f* **GÉOGR** l'Albanie Albania.

albâtre *m* alabastro ▮ d'albâtre alabastrino.

albatros *m* **ZOOL** albatros.

alberge *f* albérchigo *m*, pérsico *m*.

albergier *m* alberchiguero.

Albert *n pr* Alberto.

Alberta *n pr f* **GÉOGR** l'Alberta Alberta.

Alberte *n pr* Alberta.

albigeois, e [albiʒwa, az] *adj* albigense.

Albigeois, e *m & f* albigense.

▮ **LES ALBIGEOIS** ──────────
Los albigenses fueron herejes cátaros intransigentes que vivieron en el sur de Francia durante los siglos XII y XIII, y contra los cuales se organizaron dos cruzadas.

albinisme *m* albinismo.

albinos [albinos] *adj & s* albino, na.

Albion *n pr f* **HIST** Albión (nom traditionnel de la Grande-Bretagne); la perfide Albion la pérfida Albión.

albite *f* **MIN** albita.

albuginé, e *adj* albugíneo, a.
➡ **albuginée** *f* membrana albugínea.

albugo *m* **MÉD** albugo, nube *f* (dans les yeux), albugo, mentira *f* (dans les ongles).

album [albɔm] *m* álbum; album à colorier álbum para colorear.
▮ **OBSERV** Le pluriel en espagnol fait álbumes.

albumen *m* albumen.

albumine *f* albúmina.

albuminé, e *adj* albuminado, da.

albumineux, euse *adj* albuminoso, sa.

albuminoïde [albyminɔid] *adj* albuminoideo, a.

◇ *m* albuminoide.

albuminurie *f* albuminuria.

albuminurique *adj & s* albuminúrico, ca.

alcade *m* alcalde (maire).

alcaïque *adj* alcaico, ca (vers).

alcalescence *f* alcalescencia.

alcalescent, e *adj* alcalescente.

alcali *m* CHIM álcali; alcali volatil álcali volátil.

alcalifiant, e *adj* alcalifiante.

alcalimètre *m* alcalímetro.

alcalimétrie *f* alcalimetría.

alcalin, e *adj & s m* alcalino, na.

alcalinisation *f* alcalización.

alcaliniser [3] *v tr* alcalizar.

alcalinité *f* alcalinidad.

alcalino-terreux *adj & s m* alcalinotérreo, a.

alcaloïde *adj* alcaloideo, a.
◇ *m* alcaloide.

alcalose *f* MÉD alcalosis.

alcarazas *m* alcarraza *f.*

alcazar *m* alcázar.

Alceste *n pr* MYTH Alcestes.

alchémille *f* BOT alquimilla.

alchimie *f* alquimia.

alchimique *adj* alquímico, ca.

alchimiste *m* alquimista.

Alcibiade *n pr* Alcibíades.

Alcide *n pr m* MYTH Alcides.

Alcinoos *n pr* MYTH Alcinoo.

alcolo ➡ **alcoolo.**

alcool *m* alcohol; alcool à brûler ou dénaturé alcohol de quemar ∥ licor; boire un alcool après dîner beber un licor después de cenar ∎ alcool blanc licor ∥ alcool méthylique alcohol metílico.

alcoolat [alkɔla] *m* alcoholato.

alcoolé *m* alcoholado.

alcoolémie *f* alcoholemia.

alcoolification *f* alcoholificación.

alcoolique *adj & s* alcohólico, ca.

alcoolisation *f* alcoholización.

alcoolisé, e [alkɔlize] *adj* alcohólico, ca.

alcooliser [3] *v tr* alcoholizar.

alcoolisme *m* alcoholismo.

alcoolo; alcolo *adj & s* FAM alcohólico, ca.

alcoomètre *m* alcoholímetro.

alcoométrie *f* alcoholimetría.

Alcootest® *m* alcohómetro ∥ faire subir l'Alcootest à quelqu'un someter a alguien a la prueba del alcohol.

alcôve *f* recámara, trasalcoba [fondo de una habitación separado por un tabique, donde se coloca una cama] ∥ FIG alcoba; secrets d'alcôve secretos de alcoba.
∥ OBSERV Le mot espagnol alcoba signifie en français chambre à coucher.

alcyon *m* alción (oiseau fabuleux).

alcyonien, enne *adj* POÉT alciónico, ca ∥ jours alcyoniens días alciónicos [los siete que preceden y los siete que siguen al solsticio de invierno].

aldéhyde *m* CHIM aldehído.

aldin, e *adj* aldino, na.

ale *f* ale *m* (bière anglaise).

aléa *m* suerte *f* (chance) ∥ azar, riesgo (hasard) ∥ incertidumbre *f* (incertitude) ∥ les aléas du métier los gajes del oficio ∥ les aléas de la vie los avatares de la vida.

aléatoire *adj* aleatorio, ria.

aléatoirement *adv* de modo aleatorio.

alémanique *adj* alemánico, ca.
◇ *m* LING alemánico.

ALENA (abr de Accord de libre-échange nord-américain) *m* TLC, TLCAN.

alêne *f* lezna.

alentour *adv* alrededor, en torno.
➡ **alentours** *m pl* alrededores; les alentours de la maison los alrededores de la casa ∥ aux alentours de en los alrededores de, en torno a.

Aléoutiennes; Aléoutes *n pr f pl* GÉOGR les îles Aléoutiennes ou Aléoutes las islas Aleutianas ou Aleutas.

Alep *n pr* GÉOGR Alepo.

alérion *m* BLAS aguilucho.

alerte *adj* (vx) alerto, ta (vigilant); regards alertes miradas alertas ∥ vivo, va; activo, va; ágil; un vieillard alerte un anciano ágil.
◇ *f* alerta (alarme) ∎ alerte aérienne alarma aérea ∥ fausse alerte falsa alarma ∎ à la première alerte al primer aviso ∥ donner l'alerte dar la voz de alerta.
◇ *interj* ¡alerta!

alertement *adv* alertamente.

alerter [3] *v tr* alertar, poner alerta.

alésage *m* alisado, alisadura *f* ∥ escariado (d'un trou) ∥ calibrado, mandrilado ∥ calibre, diámetro interior (d'un cylindre).

alèse ➡ **alaise.**

aléser [18] *v tr* alisar (lisser) ∥ escariar (un trou) ∥ calibrar, mandrilar (un tube, un cylindre).

aléseuse *f* máquina de calibrar, mandriladora *f.*

Alésia *n pr* Alésia.
∥ ALÉSIA
Fue en esta antigua ciudad gala situada en la Côte-d'Or donde Vercingetorix, jefe de la coalición de las Galias contra Roma, fue asesinado por César, el 52 a. J.C. Su derrota marcó el fin de la resistencia gala contra Roma.

alésoir *m* escariador (pour agrandir un trou) ∥ calibrador, mandriladora *f* (pour régulariser un tube, un cylindre).

aleurone *f* BOT aleurona.

alevin *m* alevín ∥ alevin d'anguille angula *f.*

alevinage *m* repoblación *f* (d'un étang, etc.).

aleviner [3] *v tr* poblar, repoblar (un vivier).

alevinier *m* vivero (de poissons).

Alexandre *n pr* Alejandro.

Alexandre le Grand *n pr* Alejandro Magno.

Alexandrie *n pr* GÉOGR Alejandría.

alexandrin, e *adj & s* alejandrino, na.
➡ **alexandrin** *m* POÉT alejandrino.
∥ OBSERV 1. L'alejandrino espagnol est un vers de 14 syllabes, divisé en deux hémistiches.

2. El alexandrin francés tiene 12 sílabas y dos hemistiquios.

Alexandrine *n pr* Alejandrina, Alejandra.

alexie *f* alexia.

Alexis *n pr* Alejo.

alezan, e *adj & s* alazán, ana; alezan clair, alezan brûlé alazán claro, alazán tostado.

alfa *m* esparto, alfa (p us).

alfange *m* alfanje.

alfatier, ère *adj* del esparto; industrie alfatière industria del esparto.
➡ **alfatier** *m* espartero (ouvrier).

alfénide *m* alfénido, metal blanco, plata *f* alemana.
∥ OBSERV Alfénide, de Halfen, y maillechort, de Maillet y Chorier, son nombres registrados sacados de los de sus fabricantes, lo mismo que los más recientes de Christofle, en Francia, y de plata Meneses, en España.

Alfred *n pr* Alfredo.

algarade *f* (vx) algarada (incursion de troupes ennemies) ∥ salida de tono, ofensa brusca, ex abrupto *m* ∥ agarrada (dispute).

Algarve *n pr m* GÉOGR l'Algarve Algarbe.

algazelle *f* antílope *m* blanco del Sáhara.

algèbre *f* álgebra ∎ par l'algèbre algébricamente ∎ FIG c'est de l'algèbre pour moi esto está en arábigo para mí.

algébrique *adj* algébrico, ca; algebraico, ca.

algébriquement *adv* algébricamente.

algébriste *m* algebrista.
∥ OBSERV Algébriste no tiene en francés el sentido español de cirujano.

Alger *n pr* GÉOGR Argel.

Algérie *n pr f* GÉOGR l'Algérie Argelia.
LA GUERRE D'ALGÉRIE
La más cruenta guerra contra la dominación francesa duró de 1954 a 1962. En un país dominado por un millón de colonos blancos, los "pieds noirs", la incapacidad del gobierno para aplastar la rebelión del "Front de libération nationale" (FLN), a pesar de una intervención militar masiva, condujo a algunos colonos y oficiales del ejército a intentar tomar el poder en la colonia. La proclamación por el general de Gaulle (1959) del derecho de los argelinos a la autodeterminación, y los "Accords d'Évian" (1962) llevaron a la independencia de Argelia y al reasentamiento de los "pieds noirs" en Francia.

algérien, enne *adj* argelino, na [de Argelia].

Algérien, enne *n & f* argelino, na.

algérois, e *adj* argelino, na [de Argel].

Algérois, e *n & f* argelino, na.

algide *adj* álgido, da.

algidité *f* MÉD algidez.

algie [alʒi] *f* MÉD algia.

ALGOL; algol *m* INFORM Algol (langage).

algonkin; algonquin *m* algonquiano.

Algonquins *n pr m pl* algonquinos.

algorithme *m* MATH & INFORM algoritmo.

algorithmique *adj* algorítmico, ca.

algue *f* alga.
∥ SYN fucus fuco; goémon fuco; plancton plancton; sargasse sargazo; varech varec, corbela.

alias *adv* alias, por otro nombre.
∥ OBSERV mot latin.

Ali Baba [alibaba] *n pr* Ali Baba et les Quarante Voleurs Ali Baba y los cuarenta ladrones.

alibi *m* coartada *f*; fournir un alibi alegar ou presentar una coartada.

Alicante *n pr* Alicante.

Alice *n pr* Alicia.

alidade *f* alidada (de géomètre).

aliénabilité *f* alienabilidad.

aliénable *adj* alienable, enajenable.

aliénant, e *adj* alienante.

aliénataire *adj & s* cesionario, ria.

aliénateur, trice *m & f* cesionista, enajenador, ra (vendeur).

aliénation *f* alienación, enajenación (cession) ‖ FIG aversión, hostilidad ‖ MÉD alienación, enajenación; aliénation mentale alienación mental.

aliéné, e *adj* alienado, da; enajenado, da (cédé) ‖ alienado, da; loco, ca (dément).
◇ *m & f* alienado, da; loco, ca ‖ maison ou asile d'aliénés manicomio, casa de alienados (p us).

aliéner [18] *v tr* alienar, enajenar ‖ trastornar ou perturbar la razón (rendre fou).
➤ **s'aliéner** *v pr* enajenarse; s'aliéner les amitiés enajenarse las amistades.

aliéniste *adj & s* alienista.

Aliénor [aljenɔr] *n pr* Aliénor d'Aquitaine Leonor de Aquitania.

alifère [alifɛr] *adj* alífero, ra.

aliforme *adj* aliforme.

aligné, e *adj* alineado, da; pays non aligné país no alineado.

alignement *m* alineación *f* ‖ alineamiento (d'un parti, etc.); non-alignement no alineamiento.

aligner [3] *v tr* alinear, poner en fila ‖ ajustar, adaptar; aligner ma conduite sur celle des autres ajustar mi conducta a la de los demás.
➤ **s'aligner** *v pr* alinearse ‖ FIG ponerse frente a otro para un desafío ‖ FIG s'aligner sur seguir.

aligoté *adj & s m* aligoté [cepa y vino de Borgoña].

aliment *m* alimento; aliment complet alimento completo ‖ pienso (pour les animaux); aliments composés pienso compuesto.
| SYN nourriture nutrición (nutrition), alimentación (ensemble des aliments), comida; subsistance subsistencia (entretien), sustento (aliment); pâture pasto; TFAM bectance, FAM boustifaille jamancia; FAM mangeaille manducatoria; FAM pitance pitanza.

alimentaire *adj* alimenticio, cia; denrées alimentaires productos alimenticios; pâtes alimentaires pastas alimenticias.

alimentateur, trice *adj* alimentador, ra.

alimentation *f* alimentación ‖ abastecimiento *m* (d'un marché, d'une ville) ‖ INFORM alimentation en continu alimentación continua ‖ alimentation feuille à feuille alimentación de hoja en hoja ‖ alimentation papier automatique autoalimentación ‖ alimentation en énergie alimentación de energía ‖ alimentation générale alimentación general ‖ magasin d'alimentation tienda de comestibles.

alimenter [3] *v tr* alimentar (nourrir) ‖ abastecer; la province alimente la capitale las provincias abastecen la capital ‖ FIG mantener; alimenter la conversation mantener la conversación ‖ INFORM alimentar.
➤ **s'alimenter** *v pr* alimentarse, nutrirse; s'alimenter de légumes alimentarse con legumbres.

alinéa *m* aparte, punto y aparte ‖ apartado (d'un paragraphe) ‖ sangría *f* (typographie) ‖ nouvel alinéa párrafo aparte ‖ composer en alinéa sangrar.

alinéaire *adj* que señala el párrafo aparte.

aliquante [alikɑ̃t] *adj & s f* MATH alicuanta.

aliquote [alikɔt] *adj* MATH alícuota.
◇ *f* parte alícuota.

alise *f* BOT aliso *m*.

alisier *m* BLAS aliso.

alisma *m* BOT alisma *f*.

alismacées *f pl* BOT alismáceas.

alitement *m* hecho de estar en cama, estancia *f* en la cama; son long alitement su larga estancia en la cama ‖ le médecin ordonna son alitement el médico ordenó que se encamase.

aliter [3] *v tr* encamar, hacer guardar cama ‖ être alité guardar cama ‖ infirme alité enfermo encamado.
➤ **s'aliter** *v pr* guardar cama, encamarse.

alizé *adj & s m* alisio (vent).

alkékenge [alkekɑ̃ʒ] *m* BOT alquequenje.

alkermès *m* alquermes (liqueur).

al-Khalīl [alkalil] *n pr* GÉOGR al-Jalīl.

Allah *n pr* Alá.

allaitement *m* lactancia *f*, crianza *f*; allaitement artificiel lactancia artificial ‖ allaitement au biberon lactancia con biberón ‖ allaitement maternel lactancia materna ‖ allaitement mixte lactancia mixta.

allaiter [4] *v tr* amamantar, criar; allaiter au biberon criar con biberón ‖ dar el pecho; mère qui allaite son enfant (au sein) madre que da el pecho a su hijo.

allant, e *adj* dispuesto, ta; activo, va; une femme fort allante una mujer muy activa.
➤ **allant** *m* disposición *f*, actividad *f*, animación *f*; avoir beaucoup d'allant tener mucha actividad ‖ les allants et les venants los que van y vienen.

allantoïde *f* ANAT alantoides.

alléchant, e *adj* apetitoso, sa ‖ FIG seductor, ra; atractivo, va; atrayente; une offre alléchante una oferta atrayente ‖ tentador, ra; proposition alléchante proposición tentadora.

allèchement *m* atractivo, seducción *f*.

allécher [18] *v tr* engolosinar ‖ FIG atraer, seducir; alléché par une promesse seducido por una promesa.

allée *f* alameda (rue bordée d'arbres) ‖ calle (d'un jardin) ‖ ida; allées et venues idas y venidas ▪ allée couverte galería cubierta (dolmens) ‖ allées et venues trámites, gestiones (démarches).
| OBSERV Allées et venues: úsase sólo en plural; en singular se dice allée.

allégation *f* alegación ‖ alegato *m* (par écrit).

allège *f* ARCHIT alféizar *m* (de fenêtre) ‖ batea (wagon plat) ‖ MAR alijador *m*; lanchón *m*.

allégé, e *adj* light (aliment) ‖ bajo, a en calorías (régime).

allégeance [alleʒɑ̃s] *f* (p us) alivio *m* (soulagement) ‖ juramento *m* de fidelidad.
| OBSERV Esta palabra francesa, caída en desuso, ha sido empleada de nuevo con el sentido de vasallaje por algunos escritores que la tomaron del inglés, el cual, a su vez, había entendido mal el antiguo francés ligeance (de lige, ligio).

allègement; allégement *m* aligeramiento, alivio, disminución *f* (d'un poids) ‖ FIG alivio, consuelo (soulagement) ‖ allègements fiscaux desgravaciones fiscales.

alléger [22] *v tr* [▷ SYN] aligerar, aliviar (rendre plus léger) ‖ disminuir; pour alléger les frais de voyage para disminuir los gastos de viaje ‖ FIG aliviar, calmar; alléger la souffrance aliviar la pena ‖ desgravar (dégrever) ‖ MAR alijar.
➤ **s'alléger** *v pr* aligerarse, aliviarse.
| SYN décharger descargar; délester deslastrar.

allégorie *f* alegoría.
| SYN allusion alusión; image imagen; figure figura; métaphore metáfora.

allégorique *adj* alegórico, ca.

allégoriquement *adv* alegóricamente.

allégoriste *m* alegorista.

allègre *adj* vivo, va; ágil (vif) ‖ alegre.

allègrement; allégrement *adv* alegremente, con vivacidad.

allégresse *f* alegría, júbilo *m*, alborozo *m*.

allegretto; allégretto *m* MUS allegretto.

allegro; allégro *m* MUS allegro.

alléguer [18] *v tr* alegar; alléguer des raisons alegar razones.

alléluia *interj* ¡aleluya!

Allemagne *n pr f* GÉOGR l'Allemagne Alemania ‖ HIST l'Allemagne de l'Est Alemania Oriental ‖ l'Allemagne de l'Ouest Alemania Occidental.

allemand, e *adj* alemán, ana.
➤ **allemand** *m* LING alemán.
➤ **allemande** *f* alemana, alemanda (danse).

Allemand, e *m & f* alemán, ana.

aller [31] *v intr*

1. SE DIRIGER VERS
2. MARCHER
3. FONCTIONNER
4. ABOUTIR, ATTEINDRE
5. ÊTRE HABILLÉ
6. SE PORTER
7. S'ACCORDER
8. PLAIRE
9. SUIVRE SON COURS
10. S'EN ALLER
11. Y ALLER, IMPERSONNEL
12. INTERJECTION
13. SYNTAXE; aller INFINITIF; aller à, en
14. LOCUTIONS DIVERSES

1. SE DIRIGER VERS [▷ SYN] ir; aller à l'école ir al colegio ▪ aller au-devant salir al encuentro ‖ aller au fait ir al grano, dejarse de rodeos ‖ aller au plus pressé acudir a lo más urgente ▪ aller dîner ir a cenar ‖ aller droit au but ir derecho a su objeto ▌ allez vous coucher, vous promener váyase de aquí, váyase a paseo ▌allons-y vamos.

▌ SYN se rendre ir, acudir; se diriger dirigirse; s'acheminer encaminarse.

2. MARCHER ir, andar, marchar; aller lentement ir despacio ■ aller à la queue leu leu ir en fila india, uno tras otro ▌aller bras dessus, bras dessous ir del brazo

3. FONCTIONNER andar; la pendule ne va pas el reloj no anda; le commerce va mal el comercio anda mal ▌ aller comme sur des roulettes ir sobre ruedas

4. ABOUTIR, ATTEINDRE llegar a; le chemin va jusqu'à la route el camino llega a la carretera ■ aller jusqu'à frapper quelqu'un llegar hasta pegarle a uno ▌une compassion qui lui alla jusqu'au cœur una compasión que le llegó al corazón

5. ÊTRE HABILLÉ ir vestido, ir; aller en redingote ir de levita ■ aller nu-tête ir sin sombrero ▌aller nu-pieds ir descalzo

6. SE PORTER (santé) estar; le malade va mieux el enfermo está mejor ■ ça va? ¿cómo le va?, ¿cómo anda? ▌ comment allez-vous? ¿cómo está usted?, ¿qué tal?

7. S'ACCORDER sentar; cette robe lui va mal este traje le sienta mal ▌pegar; cette coiffure ne lui va pas du tout este peinado no le pega nada; ce chapeau ne va pas avec ce costume este sombrero no pega con este traje ▌ corresponder a; cette clef va avec la serrure de votre porte esta llave corresponde a la cerradura de su puerta ▌aller de pair correr parejo ▌le rouge va avec le vert el rojo pega con el verde

8. PLAIRE convenir, gustar ▌FAM ça me va esto me conviene

9. SUIVRE SON COURS ir, seguir su camino ■ aller de soi caer de su peso, ser evidente, ir por sí solo ▌laisser aller desinteresarse de una cosa, dejar que siga su curso ▌se laisser aller abandonarse, descuidarse ▌se laisser aller à dejarse llevar por; il s'est laissé aller au désespoir se ha dejado llevar por la desesperación

10. S'EN ALLER irse, marcharse (partir); s'en aller sans rien dire irse sin decir nada ▌ (euphém) irse, morirse; le malade s'en va peu à peu el enfermo se va poco a poco ■ allons-nous-en vámonos ▌ allez-vous-en idos, váyase, váyanse ▌FAM je m'en vais te donner une gifle te voy a dar una bofetada ▌va-t'en vete

11. Y ALLER tratarse de, jugarse; il y va de son bonheur se trata nada menos que de su felicidad ou se juega su felicidad ▌obrar; y aller doucement obrar con tiento ■ ne pas y aller de main morte no andarse con chiquitas ▌y aller de ponerse a; il y est allé de sa chanson se puso a cantar ▌y aller de sa poche rascarse el bolsillo, poner de su bolsillo ▌ y aller de son reste poner su resto (jeux) ▌FAM y aller fort exagerar

12. INTERJECTION allons! ¡vaya!, ¡vamos! (d'encouragement) ▌ allons donc! ¡vaya!, ¡anda!, ¡quiá!, ¡quita allá!, ¡quite allá! (incrédulité)

13. SYNTAXE aller (suivi d'un infinitif) ir a; je vais sortir voy a salir ■ aller à la chasse ir de cacería ▌aller au Chili, au Paraguay, au Brésil ir a Chile, al Paraguay, al Brasil ▌ aller en Espagne ir a España; en Argentine ir a la Argentina ▌aller en voiture ir en coche; à bicyclette en bicicleta; en ballon en globo; à che-

val a caballo (par exception); à âne en burro; à dos de mulet en mulo ▌aller par train, en bateau, par avion ir en tren, en barco, en avión ▌aller par terre, par mer, par air ir por tierra, por mar, por aire

14. LOCUTIONS DIVERSES ça va! ou ça va comme ça! ¡basta! ■ FAM aller sur la trentaine acercarse a los treinta años ▌en aller de [equivale a veces a être de], suceder [ocurrir], lo mismo con; il en va de ce pari comme de l'autre ocurre con esta apuesta lo mismo que con la otra ▌ne pas (y) aller par quatre chemins no andarse con rodeos, ir al grano ▌ne pas aller sans ir acompañado de.

▌ OBSERV 1. Remarquez le parallélisme entre les verbes aller français et andar espagnol. Aller et andar, provenant tous deux d'ambulare, latin, empruntent une partie de leur conjugaison aux verbes latins ire (j'irai iré) et vadere (je vais voy). L'espagnol a emprunté en outre son prétérit au latin sum (fui, qu'on retrouve dans le français dialectal je fus et qui rappelle le français populaire: je suis été). **2.** No debe decirse je me suis en allé sino je m'en suis allé. Se encuentra a veces en allé considerado erróneamente como adjetivo (en lugar de parti): tant d'amis pour toujours en allés tantos amigos para siempre idos. La forma francesa aller au médecin, au coiffeur (por chez le a casa de) debe evitarse; el imperativo va lleva normalmente una s delante del pronombre y (vas-y), salvo cuando va seguido de un infinitivo (va-y voir).

aller m ida f; l'aller et le retour la ida y la vuelta ■ au pis aller en el peor de los casos, a mal venir ▌billet d'aller et retour billete de ida y vuelta [(Amér) de ida y llamada] ▌au pis aller el último recurso.

allergène m alérgeno.

allergie [alɛrʒi] f alergia.

allergique adj & s alérgico, ca.

allergisant, e adj alergífero, ra.

allergologie f MÉD alergología.

allergologiste; allergologue m & f alergista, alergólogo, ga.

aller-retour m ida y vuelta f.

alleu m DR alodio [feudo franco].

alleutier m propietario de un alodio.

alliable adj compatible.

alliacé, e adj aliáceo, a.

alliage m aleación f, liga f (de métaux) ▌FIG mezcla f; un alliage de belles qualités una mezcla de buenas cualidades.

alliance f alianza; l'Alliance française la Alianza francesa ▌alianza (p us), enlace m (mariage) ▌alianza, anillo m de boda (bague) ▌afinidad, parentesco m político ▌FIG unión, mezcla (mélange) ▌cousin par alliance primo político.

▌ ALLIANCE FRANÇAISE
Asociación fundada en 1883 para difundir la cultura francesa en el extranjero, la "Alliance française" organiza clases de lengua y civilización francesas y tiene delegaciones en el mundo entero.

allié, e adj & s [▷ SYN] aliado, da ▌afín (p us), pariente político.

▌ SYN confédéré confederado; fédéré federado.

allier [9] v tr aliar, unir; allier des intérêts aliar intereses; allier la force à la ruse unir la fuerza a la astucia ▌aliar (deux nations) ▌unir por casamiento (par mariage) ▌ligar, alear; allier le cuivre à l'or ligar el cobre con el oro.

Allier [alje] n pr m GÉOGR Allier (département); dans l'Allier en Allier.

alligator m aligator (caïman).

allitération f aliteración (répétition de lettres ou de syllabes).

allô! interj ¡oiga! (celui qui appelle), ¡dígame!, ¡diga! (celui qui répond), ¡aló! (Amér) ¡hola!).

allocataire m & f beneficiario, ria de un subsidio.

allocation f asignación; allocation de devises aux voyageurs asignación de divisas a los viajeros ▌subsidio m; allocation chômage ou de chômage subsidio de desempleo ▌allocations familiales subsidio familiar ▌allocation logement ou de logement ayuda oficial a la vivienda ▌allocation de maternité prestación por maternidad.

allocution f alocución ▌allocution télévisée discurso televisado.

allodial, e adj alodial; biens allodiaux bienes alodiales.

allogène adj & s alógeno, na.

allonge f añadidura, añadido m ▌larguero m (de bois) ▌garabato m (pour suspendre la viande) ▌CHIM alargadera (d'une cornue).

allongé, e adj largo, ga; mine allongée cara larga.

allongement m alargamiento; allongement d'un élastique alargamiento de un elástico ▌prolongación f; allongement d'une réunion prolongación de una reunión ▌FIG dilación f, retardo m.

allonger [17] v tr alargar; allonger un vêtement alargar un vestido; allonger le bras alargar el brazo ▌apretar; allonger le pas apretar el paso ▌aclarar (une sauce) ▌estirar (un élastique) ▌CHIM diluir (un liquide) ▌aguar (le vin) ▌FAM largar; allonger un coup de poing largar un puñetazo ▌tender (une ancre) ■ FAM allonger du fric aflojar la mosca ▌FIG allonger la sauce extender un tema ▌FAM un coup de poing l'allongea par terre un puñetazo le tiró por tierra cuan largo era ou le tumbó en el suelo.

◇ v intr crecer, alargarse; les jours allongent los días crecen, se alargan.

➤ s'allonger v pr alargarse ▌echarse; allonge-toi sur ce lit échate en esta cama ▌ extenderse; son ombre s'allongeait sur el muro su sombra se extendía en la pared ▌FIG ma mine s'allongea lorsque j'entendis de tels conseils puse cara larga al oír tales consejos.

allopathe [alopat] adj & s alópata.

allopathie f alopatía.

allopathique adj alopático, ca.

allotropie f CHIM alotropía.

allotropique adj alotrópico, ca.

allouable adj abonable (compte).

allouer [6] v tr conceder, asignar; allouer une indemnité conceder una indemnización.

alluchon m TECHN álabe (d'une roue).

allumage m encendido; l'allumage des réverbères el encendido de los faroles ▌inflamación f (d'un explosif) ▌AUTOM encendido; allumage défectueux encendido defectuoso ▌avance à l'allumage avance en el encendido ▌retard à l'allumage retraso del encendido.

allume-cigares *m inv* encendedor.

allume-feu *m* astilla *f.*
■ OBSERV pl allume-feu OU allume-feux.

allume-gaz *m inv* encendedor.

allumer [3] *v tr* encender; allumer une bougie encender una vela ▮ FIG encender, atizar; allumer la discorde encender la discordia ▮ allumer un incendie producir ou motivar un incendio.

allumette *f* cerilla ▮fósforo *m* (en bois ou en carton) ■ CULIN allumette au fromage pastelillo hojaldrado de queso ▮ allumette-bougie cerilla ▮ allumette de sûreté cerilla de seguridad ▮ allumette soufrée pajuela ▮ allumette suédoise fósforo *m* ▮ CULIN pommes allumettes patatas paja ■ avoir les jambes comme des allumettes tener las piernas como alambres.

allumettier, ère *adj & s* fosforero, ra; industrie allumettière industria fosforera.
◇ *m & f* fabricante de fósforos.

allumeur, euse *m & f* encendedor, ra.
➡ **allumeur** *m* AUTOM explosivo ▮ allumeur de réverbères farolero.
➡ **allumeuse** *f* FIG & PÉJ calientabraguetas *f inv.*

allure *f* paso *m* (façon de marcher); allure rapide paso rápido ▮ ÉQUIT aire (du cheval) ▮ FIG aspecto *m*; allure louche aspecto sospechoso ▮ facha, garbo *m*; avoir de l'allure tener buena facha, tener garbo ▮ facha, traza, pinta; il a l'allure d'un marquis tiene facha ou traza de marqués▮cariz, giro *m* (tournure); cette affaire, prend une mauvaise allure este asunto toma mal cariz ▮conducta (conduite) ▮ritmo *m*▮paso *m*, marcha; vous ne ferez rien à cette allure-là a ese paso no hará nada ▮ MAR ET MÉCAN marcha; l'allure d'un moteur la marcha de un motor ▮ à toute allure a toda marcha, a todo correr, a todo gas ▮ MATH allure de la courbe tendencia de la curva.

allusif, ive *adj* alusivo, va.

allusion *f* alusión ▮faire allusion aludir, hacer referencia.

allusivement *adv* alusivamente.

alluvial, e *adj* aluvial; des terrains alluviaux terrenos aluviales.

alluvion *f* aluvión *m.*

alluvionnaire *adj* aluvial.

alluvionnement *m* aluvión.

alluvionner [3] *v intr* formar aluviones.

almageste *m* almagesto.

almanach [almana] *m* almanaque.

almandine *f*; **almandin** *m* almandina *f.*

almasilium [almaziljɔm] *m* almasilio.

almée *f* almea (danseuse orientale).

almicantarat *m* ASTRON almicantarat *f.*

aloès *m* áloe (plante) ▮acíbar, áloe (résine).

aloi *m* ley *f* (métaux précieux) ▮ ley *f* valor (d'une personne ou d'une chose) ▮ de bon aloi de buena ley, de buena calidad.

alopécie *f* alopecia.

alors [alɔr] *adv* entonces; il vint alors entonces vino ▮ en tal caso (dans ce cas); alors, tais-toi en tal caso, cállate ▮ alors que cuando; alors que j'étais absent cuando estaba ausente.

➡ **alors!** *interj* ¡bueno!, ¿y qué?
▮ OBSERV Dans de nombreux cas, alors ne doit pas être traduit en espagnol.

alose *f* alosa, sábalo *m* (poisson).

alouate *m* araguato (singe hurleur).

alouette *f* alondra ▮ miroir à alouettes espejuelo.

alourdi, e *adj* vuelto pesado, da; alourdi par l'âge vuelto pesado por la edad.

alourdir [32] *v tr* volver pesado, hacer pesado ▮agravar (impôts, charges) ▮FIG sobrecargar, recargar; livre alourdi de détails libro sobrecargado de detalles▮entorpecer; la digestion alourdit la digestion entorpece.
➡ **s'alourdir** *v pr* ponerse pesado (devenir lourd) ▮FIG entorpecerse.

alourdissement *m* peso, pesadez *f*; l'alourdissement de ses vêtements mouillés el peso de sus vestidos mojados ▮FIG entorpecimiento.

aloyage [alwajaʒ] *m* aquilatamiento.

aloyau [alwajo] *m* solomillo (viande).

alpaga *m* alpaca *f* (animal, tissu).

alpage *m* pasto en la montaña.

alpaguer *v tr* FAM trincar, pillar.

alpax [alpaks] *m* alpax (alliage).

alpe *f* (p us) pasto *m* en la montaña.

alpenstock *m* alpenstock.

Alpes *n pr f pl* GÉOGR les Alpes los Alpes; les Alpes françaises los Alpes franceses.

Alpes-de-Haute-Provence *n pr f pl* GÉOGR Alpes-de-Haute-Provence; dans les Alpes-de-Haute-Provence en Alpes-de-Haute-Provence.

Alpes Dinariques *n pr f pl* GÉOGR les Alpes Dinariques los Alpes Dináricos.

Alpes Dolomites *n pr f pl* GÉOGR les Alpes Dolomites los Alpes Dolomíticos.

Alpes-Maritimes *n pr f pl* GÉOGR Alpes-Maritimes; dans les Alpes-Maritimes en Alpes-Maritimes.

alpestre *adj* alpestre, alpino, na.

alpha *m* alfa *f*▮rayons alpha rayos alfa.

alphabet *m* alfabeto.
▮ SYN abc abecé; abécédaire abecedario.

alphabétique *adj* alfabético, ca; par ordre alphabétique por orden alfabético.

alphabétiquement *adv* alfabéticamente, por orden alfabético.

alphabétisation *f* alfabetización.

alphabétisé, e *adj & s* alfabetizado, da.

alphabétiser [3] *v tr* alfabetizar.

alphanumérique *adj* alfanumérico, ca ▮INFORM alfanumérico, ca.

Alphonse *n pr* Alfonso.

Alphonsine *n pr* Alfonsina, Alfonsa.

alpin, e *adj* alpino, na; race alpine raza alpina.

alpinisme *m* alpinismo, montañismo.

alpiniste *m & f* alpinista, montañista.

alpiste *m* BOT alpiste.

Alsace *n pr f* GÉOGR l'Alsace Alsacia.
▮ ALSACE
Esta región administrativa comprende los departamentos de Bas-Rhin y Haut-Rhin. Capital: Strasbourg (Estrasburgo).

Alsace-Lorraine *n pr f* GÉOGR l'Alsace-Lorraine Alsacia-Lorena, Alsacia y Lorena.
▮ ALSACE-LORRAINE
Principal objeto y víctima de un antiguo conflicto entre Alemania y Francia, las dos provincias de Alsacia y Lorena fueron ocupadas por los alemanes al final de la guerra franco-prusiana en 1871, e incluidas en el II Reich. Devueltas a Francia tras la Primera Guerra Mundial, y anexadas por Alemania en 1940, retornaron definitivamente a Francia al término de la Segunda Guerra Mundial.

alsacien, enne *adj* alsaciano, na.
➡ **alsacien** *m* LING alsaciano.

Alsacien, enne *m & f* alsaciano, na.

altaïque *adj* altaico, ca.

altérabilité *f* alterabilidad.

altérable *adj* alterable.

altérant, e *adj* alterante, que altera ▮ que causa sed (soif).

altération *f* alteración ▮ falsificación (des monnaies) ▮ adulteración (d'un produit) ▮ sed excesiva (soif).

altercation *f* altercación, altercado *m.*

altéré, e *adj* alterado, da ▮ adulterado, da; produit altéré producto adulterado ▮ falsificado, da (monnaies) ▮ demudado, da (visage, traits) ▮sediento, ta (assoiffé).

alter ego [altɛrego] *m inv* alter ego.

altérer [18] *v tr* alterar ▮ [▷ SYN] adulterar (un produit) ▮ falsificar; altérer les monnaies falsificar las monedas ▮demudar (visage, voix, etc.) ▮excitar la sed (assoifer).
▮ SYN abâtardir bastardear; dénaturer desnaturalizar; falsifier, frelater falsificar; fausser falsear; tergiverser tergiversar; vicier viciar.

altérité *f* alteridad.

alternance *f* alternación (action d'alterner) ▮BIOL alternancia ▮en alternance alternativamente ▮ formation en alternance formación a tiempo parcial.

alternant, e *adj* alternante.

alternat *m* alternación *f.*

alternateur *m* ÉLECTR alternador; alternateur triphasé alternador trifásico.

alternatif, ive *adj* alternativo, va ▮ ÉLECTR alterno, na; alternativo, va (courant).

alternative *f* alternación (alternance) ▮ alternativa, opción, disyuntiva; placer devant une alternative colocar ante una alternativa ▮alternativa, solución (solution, possibilité).
▮ OBSERV No se debe decir deux alternatives, sino une alternative o deux possibilités.

alternativement *adv* alternativamente.
▮ SYN l'un après l'autre uno tras otro; successivement sucesivamente; tour à tour por turno, ya... ya..., ora... ora.

alterne *adj* alterno, na; angles alternes ángulos alternos.

alterné, e *adj* alterno, na; stationnement (unilatéral) alterné estacionamiento alterno ou en días alternos ▮MATH alterno, na.

alterner [3] *v tr & intr* alternar; alterner des travaux alternar trabajos.

Altesse *f* Son, Votre Altesse alteza.

althæa *f* BOT altea.

altier, ère *adj* altivo, va; altanero, ra.

altimètre *m* altímetro.

altimétrie *f* altimetría.

altiport *m* aeropuerto de alta montaña.

altise *f* escarabajuelo *m* (coléoptère).

altiste *m* & *f* MUS viola (personne).

altitude *f* altitud; l'altitude d'une montagne la altitud de una montaña ▌altura; l'altimètre sert à mesurer l'altitude au-dessus du niveau de la mer el altímetro sirve para medir la altura sobre el nivel del mar; prendre de l'altitude tomar altura ▌AVIAT altitude de croisière altitud de crucero▌altitude de sécurité altitud de seguridad.

alto *m* MUS viola *f* (instrument à cordes) ▌trombón, alto (instrument à vent)▌contralto (ton de voix).

altocumulus *m* altocúmulo.

altruisme *m* altruismo.

altruiste *adj* & *s* altruista.

alu (abr de aluminium) *m* FAM aluminio.

alucite *f* alucita (insecte).

aluminage *m* enjebe (d'un tissu).

aluminate *m* CHIM aluminato.

alumine *f* CHIM alúmina.

aluminer [3] *v tr* TECHN aluminar.

alumineux, euse *adj* CHIM aluminoso, sa.

aluminium *m* aluminio.

aluminothermie *f* aluminotermia.

alumnat *m* noviciado.

alun [alœ̃] *m* alumbre (mot usuel), jebe (p us).

alunage *m* TECHN enjebe.

aluner [3] *v tr* TECHN alumbrar (p us), enjebar; aluner un tissu enjebar un tejido.

alunerie *f* fábrica de alumbre.

alunifère *adj* alunífero, ra.

alunir [32] *v intr* alunizar.

alunissage *m* alunizaje.

alunite *f* MIN alunita.

alvéolaire *adj* ANAT alveolar.

alvéole *m* alveolo ▌celdilla *f* (d'abeille).

alvéolé, e *adj* alveolado, da.

alvéolite *f* MÉD alveolitis.

alvin, e *adj* alvino, na (du bas-ventre).

amabilité *f* amabilidad.

amadou *m* yesca *f*.

amadouer [6] *v tr* engatusar, ablandar; amadouer un créancier ablandar a un acreedor.

amadouvier *m* hongo yesquero.

amaigri, e *adj* enflaquecido, da.

amaigrir [32] *v tr* enflaquecer; le jeûne nous amaigrit el ayuno nos enflaquece ▌TECHN rebajar, disminuir el espesor ▌enmagrar (l'argile) ▌AGRIC esterilizar (la terre).

amaigrissant, e *adj* que hace adelgazar; nourriture amaigrissante alimentos que hacen adelgazar ▌de adelgazamiento, adelgazante; régime amaigrissant régimen de adelgazamiento.

amaigrissement *m* [▷ SYN] adelgazamiento ▌enmagrecimiento (charbon).

▌ SYN cachexie caquexia; consomption consunción; dépérissement demacración; émaciation emaciación; étisie hectiquez; maigreur flacura.

amalgamation *f* amalgamación.

amalgame *m* amalgama *f*.

amalgamer [3] *v tr* amalgamar.
➡ **s'amalgamer** *v pr* amalgamarse.

Amalthée *n pr* MYTH Amaltea.

aman *m* amán (paix).

amandaie *f* almendral *m*.

amande *f* almendra; amande amère almendra amarga ■ amande pralinée almendra garapiñada ▌amande verte almendruco, alloza ▌en amande almendrado (en forme d'amande), rasgado (yeux) ▌pâte d'amandes almendrado, turrón.

amandé, e *adj* de almendras, almendrado, da.
➡ **amandé** *m* leche *f* de almendras.

amandier *m* almendro.

amanite *f* amanita (champignon) ▌amanite phalloïde amanita phalloides ▌amanite tuemouches amanita matamoscas ou de las moscas.

amant, e *m* & *f* [▷ SYN] amante *m*, querida *f* ▌FIG amante; amant de la gloire amante de la gloria.

▌ SYN ami amigo; amoureux enamorado, querido; bien-aimé amado, prenda; galant galán; soupirant, prétendant pretendiente; FAM (vieilli) béguin capricho; tourtereau tórtolo; FAM gigolo chulo; TFAM maquereau rufián, chulo.

amarantacées *f pl* BOT amarantáceas.

amarante *f* amaranto *m* (fleur).
◇ *adj inv* de color de amaranto.

amareyeur *m* obrero ostrícola.

amaril, e *adj* amarillo, lla; fièvre amarile fiebre amarilla.

amarinage *m* MAR marinaje.

amariner [3] *v tr* marinar, amarinar (remplacer l'équipage d'un navire fait prisonnier) ▌acostumbrar.

amarrage *m* amarre, amarradura *f* ▌nudo.

amarre *f* MAR amarra.

amarrer [3] *v tr* amarrar.

amaryllidacées *f pl* BOT amarilidáceas.

amaryllis *f* BOT amarilla.

amas [ama] *m* [▷ SYN] montón, pila *f*; un amas de documents un montón de documentos ▌ASTRON enjambre.

▌ SYN amoncellement amontonamiento; bloc bloque; fatras fárrago; masse masa; monceau montón; pile pila, rimero; ramas hacina; ramassis revoltijo; tas montón, cúmulo.

amasser [3] *v tr* [▷ SYN] amontonar ▌atesorar (argent).
➡ **s'amasser** *v pr* amontonarse.

▌ SYN accumuler acumular; amonceler amontonar; ramasser, réunir juntar.

amassette *f* espátula (de peintre).

amateur *adj* & *s* [▷ SYN] aficionado, da; amateur de peinture aficionado a la pintura ▌FAM persona dispuesta a comprar ▌en amateur por capricho, por afición; peindre en amateur pintar por afición.

▌ OBSERV Amateur no tiene forma femenina en francés, y así se dice musicienne amateur o cette femme est un amateur averti.
▌ SYN connaisseur conocedor; curieux curioso; expert perito.

amateurisme *m* calidad *f* de aficionado.

amatir [32] *v tr* poner mate (métal, etc.).

amaurose *f* MÉD amaurosis.

amazone *f* amazona (femme) ▌traje *m* de amazona (costume) ▌monter en amazone montar a la mujeriega ou a mujeriegas ou a sentadillas.

Amazone *n pr f* GÉOGR l'Amazone Amazonas.

Amazonie *n pr f* GÉOGR l'Amazonie la Amazonia.

amazonien, enne *adj* amazónico, ca.

Amazonien, enne *m* & *f* amazónico, ca.

ambages *f pl* ambages *m pl*; parler sans ambages hablar sin ambages.

▌ SYN circonlocution circunloquio; détour rodeo.

ambassade *f* embajada; attaché d'ambassade agregado de Embajada.

ambassadeur, drice *m* & *f* embajador, ra.

ambe *m* ambo (loterie).

ambiance *f* ambiente *m* ■ créer l'ambiance ambientar ▌mettre de l'ambiance animar.

ambiant, e *adj* ambiente.

ambidextre *adj* & *s* ambidextro, tra.

ambigu, ë *adj* [▷ SYN] ambiguo, gua; phrase ambiguë frase ambigua.
▌ OBSERV Téngase siempre en cuenta que la forma femenina lleva una diéresis sobre la e (ambiguë).
▌ SYN amphibologique anfibológico; équivoque equívoco; FAM louche turbio.

ambiguïté [ɑ̃bigɥite] *f* ambigüedad.

ambigument *adv* ambiguamente.

ambitieusement [ɑ̃bisjøzmɑ̃] *adv* ambiciosamente.

ambitieux, euse *adj* & *s* ambicioso, sa ▌pretensioso, sa; rebuscado, da; des paroles ambitieuses palabras pretenciosas.

ambition *f* ambición.
▌ SYN appétit apetito; convoitise codicia; cupidité avidez; prétention pretensión.

ambitionner [3] *v tr* ambicionar, codiciar.
▌ SYN aspirer à aspirar a; briguer solicitar por medio de intrigas; prétendre pretender.

ambivalence *f* ambivalencia.

ambivalent, e *adj* ambivalente.

amble *m* portante, ambladura *f* (du cheval).

ambler [3] *v intr* amblar.

ambleur, euse *adj* amblador, ra.

amblyope *adj* & *s* MÉD amblíope.

amblyopie *f* MÉD ambliopía.

amblystome *m* ZOOL amblístoma.

ambon *m* ambón.
▌ SYN chaire púlpito; tribune tribuna.

ambre *m* ámbar *f* ▌color ambarino (couleur) ■ ambre gris ámbar gris ▌FIG fin comme l'ambre fino como un coral.

ambré, e *adj* ambarino, na.

ambréine *f* ambarina.

ambrer [3] *v tr* perfumar con ámbar, ambarar.

Ambroise *n pr* Ambrosio.

ambroisie *f* ambrosía.

ambrosiaque *adj* ambrosiaco, ca (parfum).

ambrosien, enne *adj* ambrosiano, na.

ambulacre *m* ambulacro (tentacule).

ambulance *f* ambulancia.

ambulancier, ère *m* & *f* ambulanciero, ra; enfermero de una ambulancia.

ambulant, e *adj* ambulante ■ bureau ambulant ambulancia de correos ‖ comédien ambulant cómico de la legua ‖ vente ambulante venta ambulante ou callejera.
◇ *m* & *f* ambulante (de postes).

ambulatoire *adj* ambulatorio, ria; soins ambulatoires cuidados ambulatorios.

âme *f* alma (esprit); une belle âme un alma bella ‖ alma (habitant); ville de 100 000 âmes ciudad de 100 000 almas ‖ alma (sentiment); chanter avec âme cantar con alma ‖ alma, ánima (de canon) ‖ FIG alma; il est l'âme du parti es el alma del partido ‖ TECHN alma (de câble, de violon) ■ âme du purgatoire alma del purgatorio, ánima (bendita) ‖ âme en peine alma en pena ‖ âme sœur alma gemela ‖ force d'âme firmeza de espíritu ‖ grandeur d'âme grandeza de espíritu ■ dans l'âme en el alma, en el corazón ‖ de toute son âme con toda el alma ‖ en son âme en su mente ‖ en son âme et conscience en conciencia ‖ sans âme sin alma ■ FAM à fendre l'âme que parte el corazón ‖ avoir l'âme chevillée au corps tener siete vidas como los gatos ‖ FIG être l'âme damnée de quelqu'un ser instrumento ciego de uno ‖ il n'y avait pas âme qui vive no había alma viviente ‖ que Dieu ait son âme que Santa Gloria goce ‖ rendre l'âme exhalar el último suspiro, expirar.
  SYN esprit espíritu, inteligencia; mânes manes.

Amédée *n pr* Amadeo.

Amélie *n pr* Amalia, Amelia.

améliorable *adj* mejorable.

améliorant, e *adj* que mejora.

amélioration *f* mejoramiento *m*, mejora (action) ‖ mejoría (malades, conduite) ‖ perfeccionamiento *m*.
  ◆ **améliorations** *f pl* mejoras; les améliorations de la civilisation las mejoras de la civilización.

améliorer [3] *v tr* mejorar; améliorer sa situation mejorar de situación ‖ perfeccionar.
  ◆ **s'améliorer** *v pr* mejorarse, mejorar.
  SYN bonifier bonificar; corriger corregir; perfectionner perfeccionar.

amen *m* amén.

amenage *m* traída *f*, transporte ‖ alimentación *f* (machine-outil).

aménageable [amenaʒabl] *adj* aprovechable; une rivière aménageable río aprovechable.

aménagement *m* disposición *f* (disposition) ‖ arreglo (arrangement) ‖ ajuste; aménagements fiscaux ajustes fiscales ‖ instalación *f* ‖ acondicionamiento; aménagement du réseau routier acondicionamiento de la red de carreteras ‖ distribución *f* (division) ‖ aprovechamiento; l'aménagement d'un cours d'eau el aprovechamiento de un curso de agua ‖ fomento, ordenación *f*; aménagement du territoire ordenación del territorio; aménagement rural ordenación rural ‖ adecuación *f*; aménagement des grands magasins adecuación de los grandes almacenes ‖ habilitación *f*; aménagement d'un château en musée habilitación de un castillo para museo ‖ tra-

vaux d'aménagement d'une ville obras de urbanización de una ciudad.

aménager [17] *v tr* disponer (disposer) ‖ arreglar ‖ acondicionar (mettre en état); aménager une maison, un terrain acondicionar una casa, un terreno ‖ habilitar; château aménagé en musée castillo habilitado para museo ‖ parcelar (une forêt) ‖ urbanizar (une ville) ‖ hacer la ordenación, fomentar; aménager le territoire d'un pays fomentar los recursos de un país ‖ ajustar; aménager un horaire ajustar un horario ‖ aprovechar; aménager une chute d'eau aprovechar un salto de agua.

amendable *adj* enmendable ‖ abonable (terres).

amende *f* multa ■ amende honorable retractación pública ‖ FAM faire amende honorable pedir perdón ‖ les battus payent l'amende tras cornudo apaleado ‖ mettre une amende multar, poner una multa.

amendement *m* enmienda *f* (amélioration) ‖ enmienda *f* (d'une loi, etc.) ‖ AGRIC abono.

amender [3] *v tr* enmendar ‖ AGRIC abonar, enmendar.

amène *adj* agradable ‖ ameno, na.

amenée *f* traída; canal d'amenée canal de traída ‖ tuyaux d'amenée tubos de avenamiento.

amener [19] *v tr* [▷ SYN] traer ‖ introducir; amener une mode introducir una moda ‖ ocasionar; amener un incident ocasionar un incidente ‖ inducir; amène-le à le faire indúcelo a que lo haga ‖ conducir, hacer comparecer (devant un tribunal) ‖ sacar (jeux) ■ MAR amener son pavillon, ses couleurs arriar la bandera ‖ amener une voile amainar una vela ‖ DR mandat d'amener orden de comparecencia.
  ◆ **s'amener** *v pr* FAM venir, presentarse; voilà ton père qui s'amène ahí viene tu padre.
  SYN conduire conducir; emmener llevar, llevarse; mener dirigir, guiar; ramener volver a traer ou a llevar, volver a conducir; remmener volver a llevar, volverse a llevar.

aménité *f* amabilidad, atención ‖ lo agradable *m* (d'un endroit).
  ◆ **aménités** *f pl* amabilidades [en sentido irónico].

aménorrhée *f* MÉD amenorrea.

amentale *f*; **amentifère** *m* amentáceo, a; amantáceas *f pl*.

amentifère *adj* amentífero, ra.

amenuisement *m* adelgazamiento (d'une personne) ‖ rebajamiento (d'une planche).

amenuiser [3] *v tr* adelgazar ‖ rebajar (réduire), mermar (diminuer).

amer *m* MAR marca *f*.

amer, ère [amɛr] *adj* & *s* amargo, ga ‖ FIG amargo, ga.
  ◆ **amer** *m* amargo ‖ hiel (bœuf, carpe).

amèrement *adv* amargamente.

américain, e *adj* americano, na ‖ FAM avoir l'œil américain tener ojo de buen cubero, tener mucha vista ‖ passer en vedette américaine actuar de telonero.
  ◆ **américain** *m* LING americano.
  ◆ **américaine** *f* especie de faetón.

  OBSERV Américain, sin otra indicación, se usa abusivamente en francés por norteamericano, de los Estados Unidos.

Américain, e *m* & *f* americano, na.

américanisation *f* americanización.

américaniser [3] *v tr* americanizar.
  ◆ **s'américaniser** *v pr* americanizarse.

américanisme *m* americanismo.

américaniste *adj* & *s* americanista.

américium *m* CHIM americio.

amérindien, enne [amerɛ̃djɛ̃, ɛn] *adj* amerindio, dia.

Amérindien, enne *m* & *f* amerindio, dia.

Amérique *n pr f* GÉOGR l'Amérique América (continent) ‖ l'Amérique (los) Estados Unidos (pays) ‖ l'Amérique centrale América Central, Centroamérica ‖ l'Amérique latine América Latina, Latinoamérica ‖ l'Amérique du Nord América del Norte, Norteamérica ‖ l'Amérique du Sud América del Sur, Sudamérica.

amerrir [32] *v tr* amarar.

amerrissage *m* amaraje, amerizaje ‖ amerrissage de détresse amerizaje de emergencia.

amertume *f* amargura, amargor *m*.

améthyste *f* amatista.

amétrope *adj* amétrope.

amétropie *f* MÉD ametropía.

ameublement *m* mobiliario, moblaje, mueblaje ‖ magasin d'ameublement tienda de muebles, mueblería.

ameublir [32] *v tr* AGRIC mullir (la terre) ‖ DR convertir en bienes muebles.

ameublissement *m* conversión *f* en bienes muebles ‖ AGRIC mullidura *f*.

ameuter [3] *v tr* reunir en jauría (les chiens) ‖ amotinar (soulever) ‖ alborotar; ameuter le quartier alborotar el barrio.

amharique *m* amárico.

ami, e *adj* & *s* [▷ SYN] amigo, ga ‖ amante, querido, da (amant) ‖ partidario, ria (partisan) ■ petit ami querido, novio; petite amie querida, novia ‖ mon bel ami amiguito.
  OBSERV Évítese la traducción de un amigo mío por un ami à moi en lugar de un de mes amis. SYN camarade camarada, compañero; connaissance conocido; relations relaciones; FAM copain amigote; POP aminche amigacho; pote compadre.

amiable *adj* amistoso, sa ‖ amigable; amiable compositeur amigable componedor ■ à l'amiable amigablemente, amistosamente ‖ un arrangement à l'amiable un arreglo amistoso.

amiante *m* amianto.

amibe *f* ZOOL ameba.

amibiase *f* MÉD amebiasis.

amibien, enne *adj* provocado por las amebas.

amiboïde *adj* ameboideo, a.

amical, e *adj* amistoso, sa.
  ◆ **amicale** *f* sociedad, asociación, peña [profesional, deportiva, etc.].

amicalement *adv* amistosamente.

amict [ami] *m* amito (ornement sacerdotal).

amide *m* CHIM amida *f*.

amidon _m_ almidón.

amidonnage _m_ almidonado.

amidonner [3] _v tr_ almidonar.

amidonnerie _f_ almidonería (fabrique d'amidon).

amidonnier, ère _adj & s_ almidonero, ra.

amidopyrine _f_ MÉD amidopirina.

aminche _m_ ARG amigacho.

amincir [32] _v tr_ adelgazar, afilar ‖ [▷ SYN] rebajar (une planche) ‖ afinar (la taille).
➡ **s'amincir** _v pr_ adelgazarse.
‖ SYN amenuiser achicar; alléger rebajar, adelgazar.

amincissant, e _adj_ que adelgaza.

amincissement _m_ adelgazamiento ‖ afinamiento, reducción _f._

amine _f_ CHIM amina.

aminé _adj_ CHIM acide aminé aminoácido.

aminoacide _m_ CHIM aminoácido.

aminoplaste _m_ CHIM aminoplástico.

amiral, e _adj & s_ almirante.

amirale _f_ almiranta.

amirauté _f_ almirantazgo _m._

amission _f_ DR amisión (perte).

amitié _f_ amistad; se lier d'amitié avec quelqu'un trabar amistad con uno ‖ cariño _m_; prendre quelqu'un en amitié cobrarle cariño a uno ‖ favor _m_; faites-moi l'amitié de hágame el favor de.
➡ **amitiés** _f pl_ expresiones, memorias, recuerdos _m pl_; faites mes amitiés à votre père déle recuerdos míos a su padre ‖ atenciones, amabilidades; il m'a fait mille amitiés ha tenido conmigo mil atenciones ‖ les petits cadeaux entretiennent l'amitié en las atenciones se conocen a los buenos amigos.

AMM (abr de autorisation de mise sur le marché) _f_ autorización oficial para comercializar un producto farmacéutico en Francia.

'Ammān _n pr_ GÉOGR Ammán, 'Amman.

ammocète _m_ cría _f_ de lamprea.

ammoniac, aque _adj & s_ CHIM amoníaco, ca.

ammoniacal, e _adj_ amoniacal; des sels ammoniacaux sales amoniacales.

ammoniacé, e _adj_ amoniacado, da.

ammoniaque _f_ CHIM amoniaco _m._

ammonite _f_ amonita (fossile).

ammonium [amɔnjɔm] _m_ CHIM amonio.

ammoniure _m_ amoniuro.

ammophile _f_ amófilo _m_ (guêpe).

amnésie _f_ amnesia (perte de la mémoire).

amnésique _adj & s_ MÉD amnésico, ca.

amniocentèse _f_ MÉD amniosíntesis.

amnios _m_ BIOL amnios.

amniotique _adj_ amniótico, ca; liquide amniotique líquido amniótico.

amnistiable _adj_ que puede ser amnistiado.

amnistiant, e _adj_ que incluye amnistía.

amnistie _f_ amnistía.

> **AMNISTIE** ————————————
> Inmediatamente después de su elección, el Presidente de la República francesa suele anular las multas de aparcamiento. Ésta se denomina "l'amnistie des contraventions".

amnistié, e _adj & s_ amnistiado, da.

amnistier [9] _v tr_ amnistiar.

amocher [3] _v tr_ FAM estropear (abîmer) ‖ herir (blesser); il est salement amoché está seriamente herido ‖ desgraciar (estropier, défigurer).

amodiataire _m & f_ arrendatario, ria.

amodiateur, trice _m & f_ arrendador, ra.

amodiation _f_ arrendamiento _m._

amodier [9] _v tr_ arrendar (une terre, une mine).

amoindrir [32] [amwɛ̃drir] _v tr_ aminorar, amenguar, menoscabar (diminuer) ‖ empequeñecer, disminuir; l'éloignement amoindrit les objets el alejamiento empequeñece los objetos.
➡ **s'amoindrir** _v pr_ aminorarse, amenguarse.

amoindrissement _m_ aminoración _f_, disminución _f._

amollir [32] _v tr_ ablandar; le feu amollit la cire el fuego ablanda la cera ‖ FIG aplanar (abattre) ‖ debilitar (affaiblir) ‖ ablandar, mitigar (la colère, etc.) ‖ aplacar (apaiser).
➡ **s'amollir** _v pr_ ablandarse ‖ FIG debilitarse ‖ aplacarse.

amollissant, e _adj_ que aplana, debilitante.

amollissement _m_ ablandamiento ‖ FIG aplanamiento, debilitación _f._

amonceler [24] _v tr_ amontonar.

amoncellement _m_ amontonamiento ‖ montón (tas).

amont _m_ río arriba ■ en amont río arriba ‖ en amont de más arriba de.

amoral, e _adj_ amoral.

amoralisme _m_ amoralismo.

amoralité _f_ amoralidad.

amorçage [amɔrsaʒ] _m_ cebadura _f_, cebo.

amorce [amɔrs] _f_ cebo _m_ (appât) ‖ principio _m_, comienzo _m_, inicio _m_; l'amorce des négociations el principio de las negociaciones ‖ fulminante _m_, pistón _m_, mixto _m_ (d'une cartouche, d'une mine) ‖ FIG aliciente _m_, incentivo _m_, atractivo _m_ (ce qui excite) ‖ esbozo _m_ (d'un sourire).

amorcer [16] _v tr_ cebar (appâter) ‖ cebar (pompe) ‖ iniciar, comenzar, empezar (une affaire, un travail) ‖ entablar (conversation, négociations) ‖ atraer, seducir; amorcé par le gain seducido por la ganancia ‖ esbozar (un sourire) ‖ cebar, poner un fulminante, cargar (une arme).
➡ **s'amorcer** _v pr_ empezar, comenzar, iniciarse.

amorçoir [amɔrswar] _m_ cebador.

amoroso _adv_ MUS amoroso.

amorphe _adj_ amorfo, fa.

amorti _m_ pelota _f_ corta, dejada _f_ (tennis).

amortir [32] _v tr_ amortiguar; amortir le bruit amortiguar el ruido ‖ ablandar (viande, légumes) ‖ amortizar (une dette, une dépense); j'ai déjà amorti mon ordinateur ya he amortizado mi ordenador ‖ mitigar; amortir une peine mitigar una pena.
➡ **s'amortir** _v pr_ amortiguarse ‖ amortizarse.

amortissable _adj_ amortizable (rente, dette, etc.).

amortissant, e _adj_ amortiguador, ra.

amortissement _m_ amortiguación _f_ ‖ amortiguamiento ‖ amortización _f_ (dette, rente, dépense) ‖ ARCHIT remate (couronnement).

amortisseur _m_ amortiguador.

amour _m_ amor ‖ cariño, afecto (affection) ■ beau comme l'amour hermoso como un ángel, como el sol ‖ un amour de un encanto de ■ c'est un amour es una preciosidad ou un encanto ou es un amor ‖ être en amour estar en celo (les animaux) ‖ faire l'amour hacer el amor ‖ filer le parfait amour estar muy enamorados.
➡ **amours** _m pl_ ARTS amorcillos.
‖ OBSERV Amour, en su acepción general, es masculino tanto en singular como en plural. En poesía se utiliza a veces la forma femenina.

amouracher [3]
➡ **s'amouracher** _v pr_ enamoriscarse, encapricharse.
‖ SYN s'enamourer enamorarse; s'enticher prendarse, enquillotrarse; FAM s'embéguiner encapricharse, encariñarse; se toquer chiflarse, chalarse.

amourette _f_ amorío _m_, amor _m_ pasajero, devaneo _m_ (amour passager) ‖ tuétano _m_ cocido (boucherie) ‖ BOT tembladora ‖ bois d'amourette mimosa.
➡ **amourettes** _f pl_ amoríos _m pl_, aventuras.

amoureusement _adv_ amorosamente.

amoureux, euse _adj_ amoroso, sa; regards amoureux miradas amorosas ‖ enamorado, da (qui aime); amoureux d'elle enamorado de ella ■ amoureux de la nature enamorado de la naturaleza ‖ amoureux de gloire ansioso de gloria.
◇ _m & f_ enamorado, da; amante (amant).
➡ **amoureux** _m_ THÉÂTR galán.
➡ **amoureuse** _f_ THÉÂTR dama.

amour-propre _m_ amor propio.
‖ OBSERV pl amours-propres.

amovible _adj_ amovible.

amovilité _f_ amovilidad.

ampélidacées _f pl_ BOT ampelidáceas.

ampélopsis _m_ BOT ampelopsis.

ampérage _m_ amperaje.

ampère _m_ amperio.

ampère-heure _m_ amperio hora.
‖ OBSERV pl ampères-heures.

ampèremètre _m_ amperímetro.

amphétamine _f_ anfetamina.

amphi _m_ FAM aula _f_ (amphithéâtre).

amphibie _adj & s m_ anfibio, bia.

amphibiens [ɑ̃fibjɛ̃] _m pl_ ZOOL anfibios.

amphibole _f_ MIN anfíbol _m._

amphibolite _f_ MIN anfibolita.

amphibologie _f_ anfibología.

amphibologique _adj_ anfibológico, ca.

amphictyon _m_ anfictión (député grec).

amphictyonie _f_ anfictionía (conseil des amphictyons).

amphigouri _m_ guirigay (discours ou écrit obscur).

amphigourique *adj* confuso, sa; ininteligible, oscuro, ra (style).

amphioxus *m* anfioxo.

amphipode *m* anfípodo.

amphisbène *m* anfisbena *f.*

amphithéâtre *m* anfiteatro ▮ aula *f* (université); grand amphithéâtre aula magna.

Amphitrite *n pr* MYTH Anfitrite.

amphitryon *m* anfitrión.

Amphitryon *n pr* MYTH Anfitrión.

amphore *f* ánfora.

ample *adj* [▷ SYN] amplio, plia ▮ cumplido, da; holgado, da (vêtement) ▮ jusqu'à plus ample informé hasta no disponer de más información, a falta de mayor información.

▮ SYN grand grande; spacieux espacioso; copieux copioso; étendu extenso; large ancho; vaste vasto.

amplement *adv* ampliamente ▮ amplement suffisant más que suficiente.

ampleur *f* amplitud ▮ anchura (d'un pantalon), vuelo *m* (d'une jupe) ▮ holgura (en confection); réserver de l'ampleur aux entournures dejar holgura en las sisas ▮ elevación (du style) ▮ importancia, amplitud; l'ampleur des évènements la importancia de los acontecimientos.

ampli *m* FAM amplificador (amplificateur).

ampliateur *m* DR el que hace copia legalizada.

ampliatif, ive *adj* ampliativo, va; bulle ampliative bula ampliativa ▮ legalizado, da.

ampliation *f* ampliación ▮ duplicado *m* (copie) ▮ DR copia legalizada.

amplifiant, e *adj* amplificante ▮ induction amplifiante generalización.

amplificateur, trice *adj* amplificador, ra.
➡ **amplificateur** *m* amplificador ■ amplificateur de luminance amplificador de luminancia ▮ amplificateur de régulation amplificador de regulación ▮ amplificateur de signal amplificador de señal.

amplification *f* amplificación, ampliación, desarrollo *m* ▮ verborrea (développement verbeux) ▮ PHYS aumento *m*, amplificación (grossissement).

amplifier [9] *v tr* amplificar, ampliar ▮ exagerar ▮ PHYS ampliar, amplificar (grossir).

amplitude *f* amplitud; l'amplitude d'une catastrophe la amplitud de una catástrofe.

ampli-tuner *m* amplificador-sintonizador.
▮ OBSERV pl amplis-tuners.

ampoule *f* [▷ SYN] ampolla ▮ bombilla (électrique) ▮ MÉD ampolla (de médicament).
▮ SYN cloque vejiguilla; bulle pompa.

ampoulé, e *adj* ampuloso, sa; discours ampoulé discurso ampuloso.

▮ SYN emphatique enfático; pompeux pomposo; grandiloquent grandilocuente; déclamatoire declamatorio; sonore sonoro; ronflant retumbante, rimbombante.

amputation *f* [▷ SYN] amputación ▮ FIG reducción.

▮ SYN ablation ablación; excision excisión; abscission abscisión; mutilation mutilación.

amputé, e *adj* amputado, da (d'un membre) ▮ reducido, da (un texte).

amputer [3] *v tr* amputar ▮ FIG amputar, reducir; amputer un article amputar, reducir un artículo.

amstellodamien, enne; amstellodamois, e *adj* de Amsterdam.

Amstellodamien, enne; Amstellodamois, e *m & f* natural ou habitante de Amsterdam; les Amstellodamiens ou Amstellodamois los habitantes de Amsterdam.

Amsterdam *n pr* GÉOGR Amsterdam.

amuïr [3] [amɥir]
➡ **s'amuïr** *v pr* GRAMM enmudecer, desaparecer (un phonème).

amuïssement *m* GRAMM enmudecimiento, desaparición *f.*

amulette *f* amuleto *m.*
▮ SYN talisman talismán; gri-gri grisgrís; fétiche fetiche.

amure *f* MAR amura ▮ changer d'amures virar de bordo.

amurer [3] *v tr* MAR amurar.

amusant, e *adj* divertido, da.
▮ SYN divertissant divertido; plaisant agradable; spirituel ingenioso, fino.

amuse-bouche *m* pinchitos, tapas.
▮ OBSERV pl amuse-bouche ou amuse-bouches.

amuse-gueule *m* FAM tapa *f* (pour apéritif) ▮ FIG distracción *f*, entretenimiento.
▮ OBSERV pl amuse-gueule ou amuse-gueules.

amusement *m* entretenimiento.

amuser [3] *v tr* [▷ SYN] entretener ▮ divertir; cette histoire m'a beaucoup amusé este chiste me ha divertido mucho ▮ embaucar; amuser par des promesses embaucar con promesas ▮ MIL distraer, divertir; amuser l'ennemi par des manœuvres distraer al enemigo con maniobras.
➡ **s'amuser** *v pr* entretenerse; s'amuser à écrire entretenerse en escribir ▮ divertirse; les enfants s'amusent dans la cour los niños se divierten en el patio ▮ s'amuser de quelqu'un burlarse de alguien.

▮ SYN distraire distraer; récréer recrear; dérider hacer desfruncir el ceño; égayer alegrar, animar; divertir divertir; réjouir regocijar.

amusette *f* distracción, juguete *m.*

amuseur, euse *m & f* persona que divierte ou entretiene, bufón, ona.

amygdale [amidal] *f* amígdala.

amygdalin, ine [amidalē, in] *adj* amigdalino, na.

amygdalite [amidalit] *f* MÉD amigdalitis.

amygdaloïde [amidalɔid] *adj* amigdaloide.

amylacé, e *adj* CHIM amiláceo, a.

amylase *f* amilasa.

amyle *m* CHIM amilo.

amylène *m* amileno.

amylique *m* CHIM amílico, ca.

amylobacter *m* amilobácter (microbe).

amyloïde *adj* amiloideo, a.

amylose *f* MÉD amilosis.

an *m* año ■ le jour de l'an el día de año nuevo ▮ le nouvel an año nuevo ■ bon an mal an un año con otro ▮ l'an de grâce en el año de gracia ■ aller sur ses trente ans ir para ou acercarse a los treinta años ▮ il a vingt ans révolus ou sonnés tiene veinte años cumplidos ▮ je m'en moque comme de l'an quarante me importa un pito, un bledo.

▮ OBSERV An se emplea principalmente para contar o para marcar una época y en algunas expresiones consagradas, y se usa generalmente sin epíteto para contar el tiempo: avoir vingt ans tener veinte años; l'an 1970 el año 1970; gagner tant par an ganar tanto por año; une fois l'an una vez al ou por año. Année, que suele usarse con un calificativo, considera el tiempo anual con relación a sus divisiones o a los acontecimientos que lo han señalado: une année bissextile un año bisiesto; l'année a été mauvaise el año ha sido malo.
▮ SYN année año; FAM printemps primaveras, abriles.

ana *m* colección de anécdotas, de chistes ▮ MÉD ana.

anabaptisme [anabatism] *m* anabaptismo.

anabaptiste [anabatist] *adj & s* anabaptista.

anabase *f* anábasis.

anabolisant, e *adj & s m* anabolizante.

anabolisme *m* anabolismo.

anacarde *m* anacardo, nuez *f* de anacardo.

anacardiacées *f pl* anacardiáceas.

anacardier *m* anacardo (arbre américain).

Anacharsis [anakarsis] *n pr* Anacarsis.

anachorète [anakɔrɛt] *m* anacoreta.

anachorétique [anakɔretik] *adj* anacorético, ca.

anachorétisme [anakɔretism] *m* anacoretismo.

anachronique *adj* anacrónico, ca.

anachronisme *m* anacronismo.

Anaclet [anaklɛ] *n pr* Anacleto.

anacoluthe [anakɔlyt] *f* anacoluto *m.*

anaconda *m* anaconda *f*, lampalagua *f* (serpent).

Anacréon *n pr* Anacreonte.

anacréontique *adj* anacreóntico, ca.

anacréontisme *m* anacreontismo.

anacrouse; anacruse *f* anacrusis (métrique).

anadyomène *adj* anadiómena (Vénus).

anaérobie *adj & s m* anaerobio, bia (microbe).

anaérobiose *f* anaerobiosis.

anaglyphe; anaglypte *m* anáglifo.

anaglyptique *adj* anaglíptico, ca; impression anaglyptique pour aveugles impresión anaglíptica para ciegos.

anagogie *f* anagoge *m*, anagogía.

anagogique *adj* anagógico, ca.

anagrammatique *adj* anagramático, ca.

anagramme *f* anagrama *m.*

ANAH [ana] (abr de Agence nationale pour l'amélioration de l'habitat) *f* organismo oficial francés que subvenciona la renovación de viviendas antiguas.

anal, e *adj* ANAT anal.

analectes *m pl* analectas *f pl.*

analeptique *adj & s m* analéptico, ca.

analgésie *f* analgesia (insensibilité).

analgésier [9] *v tr* quitar el dolor con un analgésico.

analgésique *adj* & *s m* analgésico, ca.

analgique *adj* & *s* analgésico, ca.

anallergique *adj* analérgico, ca.

analogie *f* analogía; **par analogie** por analogía.

▌ SYN ressemblance semejanza, parecido; similitude similitud; conformité conformidad; affinité afinidad; parenté parentesco.

analogique *adj* analógico, ca ▌ INFORM analógico, ca.

analogiquement *adv* analógicamente.

analogisme *m* analogismo.

analogue *adj* análogo, ga.

analphabète *adj* & *s* analfabeto, ta.

analphabétisme *m* analfabetismo.

analysable *adj* analizable.

analysant *m* & *f* analizante (en psychanalyse).

analyse *f* análisis *m* ▌ MATH análisis *m*; analyse de régression análisis por mínimos cuadrados ▌ RAD análisis *m*, desintegración de la imagen ■ analyse de bilan examen de balance ▌ analyse du marché estudio del mercado ▌ analyse grammaticale análisis gramatical ▌ INFORM analyse mémoire vaciado de la memoria ■ avoir l'esprit d'analyse tener una mente analítica ▌ en dernière analyse después de todo, en el fondo, mirándolo bien.

analysé, e *m* & *f* analizado, da (en psychanalyse).

analyser [3] *v tr* analizar.

analyseur *m* analizador ▌ INFORM analizador.

analyste *adj* & *s* analista ▌ ÉCON analyste financier analista financiero.

analyste-programmeur, euse *m* & *f* INFORM analista programador.

▌ OBSERV pl analystes-programmeurs, analystes-programmeuses.

analytique *adj* analítico, ca.

analytiquement *adv* analíticamente.

anamnèse *f* MÉD anamnesia, anamnesis.

anamorphose *f* anamorfosis.

ananas [anana] ou [ananas] *m* piña *f*, ananás.

Ananie *n pr* Ananías.

anapeste *adj* & *s m* POÉT anapesto.

anaphase *f* anafase.

anaphore *f* anáfora (répétition).

anaphorique *adj* GRAMM anafórico, ca. ◇ *m* anáfora *f*.

anaphrodisiaque *adj* & *s m* anafrodisiaco, ca.

anaphrodisie *f* anafrodisia.

anaphylactique *adj* anafiláctico, ca.

anaphylaxie *f* anafilaxia.

anaplastie *f* anaplastia.

anar *m* FAM anarco (anarchiste).

anarchie [anarʃi] *f* anarquía.

anarchique *adj* anárquico, ca.

anarchiquement *adv* anárquicamente.

anarchisant, e *adj* & *s* anarquizante.

anarchiser [3] *v tr* anarquizar.

anarchisme *m* anarquismo.

anarchiste *adj* & *s* anarquista.

anarcho [anarʃo] *m* ARG (vx) anarquista.

anarcho-syndicaliste *adj* & *s* anarcosindicalista.

anasarque *f* MÉD & VÉTÉR anasarca.

Anastase *n pr* Anastasio.

Anastasie *n pr* Anastasia ▌ FIG & FAM Doña Anastasia, la Censura; **les ciseaux d'Anastasie** las tijeras de Doña Anastasia ou de la Censura.

anastigmat [anastigmat]; **anastigmatique** [anastigmatik] *adj* & *s m* PHOT anastigmático, ca; **objectif anastigmat** objetivo anastigmático.

anastomose *f* ANAT anastomosis.

anastomoser [3]

➡ s'anastomoser *v pr* anastomosarse.

anastrophe *f* GRAMM anástrofe (inversion).

anathématisation *f* anatematización.

anathématiser [3] *v tr* anatematizar.

anathème *m* anatema ▌ jeter l'anathème sur pronunciar ou lanzar un anatema contra.

▌ SYN excommunication excomunión; interdit entredicho.

anatidés *m pl* anátidas.

anatife *m* percebe, anatife (crustacé).

anatocisme *m* capitalización *f* de intereses.

Anatole *n pr* Anatolio.

Anatolie [anatɔli] *n pr f* GÉOGR l'Anatolie Anatolia.

anatolien, enne *adj* de Anatolia.

Anatolien, enne *m* & *f* natural ou habitante de Anatolia.

anatomie *f* anatomía.

anatomique *adj* anatómico, ca.

anatomiquement *adv* anatómicamente.

anatomiser [3] *v tr* anatomizar.

anatomiste *m* & *f* anatomista, anatómico, ca.

anatoxine *f* anatoxina.

anatrope *adj* anátropo, pa.

Anaxagore *n pr* Anaxágoras.

ancestral, e *adj* ancestral.

ancêtre *m* antepasado, antecesor, ascendiente ▌ precursor; **l'ancêtre de l'automobile** el precursor del automóvil.

anche *f* MUS lengüeta.

Anchise *n pr* Anquises.

anchois *m* boquerón; **pêcher des anchois** pescar boquerones ▌ anchoa *f*; **des anchois en boîte** anchoas en lata; **anchois roulés** anchoas en rollos ou enrolladas.

ancien, enne *adj* & *s* antiguo, gua ▌ ex, antiguo; ancien président ex presidente; ancien préfet ex prefecto; ancien combattant ex combatiente ▌ [▷ SYN] viejo, ja (âgé) ▌ viejo, ja (démodé) ▌ viejo, ja; rancio, cia; tradition ancienne tradición rancia. ◇ *m* & *f* anciano, na (vieillard, vieille) ▌ antiguo, gua (personnage de l'Antiquité) ▌ antiguo, gua (d'une école) ▌ viejo, ja; Pline l'Ancien Plinio el Viejo.

➡ **Ancien Régime** *m* Antiguo Régimen.

▌ SYN vieux viejo; antique antiguo; archaïque arcaico; vétéran veterano; vétuste vetusto.

Fue el sistema político de Francia antes de la revolución de 1789, una monarquía absolutista basada en tres "estados": la nobleza y el clero (que gozaban de privilegios institucionales), y el "Tercer Estado" (el pueblo). Los privilegios que caracterizaban el "Ancien Régime" fueron abolidos el 4 de agosto de 1789. Este régimen se recuerda hoy como el símbolo de la injusticia social y como un período de esplendor artístico, literario y arquitectónico.

anciennement *adv* antiguamente.

▌ SYN jadis en otro tiempo, tiempo ha; autrefois en otra época; antan antaño; naguère poco ha, hace poco.

ancienneté *f* antigüedad; **avancement à l'ancienneté** ascenso por antigüedad.

ancillaire [ɑ̃siler] *adj* ancilar, doméstico, ca.

ancolie *f* ancolía, aguileña (plante).

Ancône *n pr* GÉOGR Ancona.

ancrage *m* MAR ancladero, anclaje, fondeadero (mouillage) ▌ anclaje (redevance) ▌ ARCHIT fijación *f*, sujeción *f*, anclaje.

ancre *f* MAR ancla, áncora (p us) ▌ TECHN áncora (d'une montre) ▌ ARCHIT grapa ■ ancre de salut ancla de salvación ▌ ancre supplémentaire galga ▌ petite ancre anclote ■ mar à l'ancre anclado ▌ chasser sur son ancre garrar ▌ jeter l'ancre echar el ancla, anclar ▌ lever l'ancre levar anclas, zarpar.

ancrer [3] *v tr* & *intr* anclar, echar el ancla ▌ ARCHIT fijar con grapas ▌ FIG aferrar, afianzar; **idée bien ancrée** idea bien aferrada.

➡ **s'ancrer** *v pr* FIG meterse; cette idée bizarre s'est ancrée dans sa tête esta idea extraña se le ha metido en la cabeza.

andain *m* tranco, hozada *f*, camba *f* (ce qu'un faucheur abat à chaque pas).

andalou, ouse *adj* andaluz, za.

Andalou, ouse *m* & *f* andaluz, za.

Andalousie *n pr f* GÉOGR l'Andalousie Andalucía.

andante *m* MUS andante.

andantino *adv* & *s m* MUS andantino.

Andes [ɑ̃d] *n pr f pl* GÉOGR les Andes, la cordillère des Andes los Andes, la cordillera de los Andes.

andésite *f* MIN andesita.

andin, e *adj* andino, na.

andorran, e *adj* andorrano, na.

Andorran, e *m* & *f* andorrano, na.

Andorre *n pr f* GÉOGR (la principauté d')Andorre (el principado de) Andorra.

Andorre-la-Vieille [ɑ̃dɔrlavjɛj] *n pr f* GÉOGR Andorra la Vella.

andouille [ɑ̃duj] *f* especie de embutido *m* francés ▌ FAM imbécil, cernícalo (niais, sot).

andouiller *m* candil, punta *f* (des cerfs).

andouillette *f* especie de embutido *m* francés.

André *n pr* Andrés.

Andrée *n pr* Andrea.

andrinople *f* tela de algodón encarnada (étoffe).

Andrinople *n pr* HIST Andrianópolis, Andrinópolis (ancien nom d'Edirne).

androcée *m* BOT androceo.

Androclès [ɑ̃drɔklɛs] *n pr* Androclo.

androgène *adj* & *s m* andrógeno, na.

androgyne *adj* & *s* andrógino, na.

androïde *m* androide.

Andromaque *n pr* Andrómaca.

Andromède *n pr* Andrómeda.

andropause *f* andropausia.

androstérone *f* androsterona.

âne *m* [▷ **SYN**] asno, burro, pollino, borrico ‖ **FIG** burro, borrico (stupide) ■ **âne bâté** borrico, burro, acémila (ignorant) ‖ **bonnet d'âne** orejas de burro ‖ **pont aux ânes** dificultad muy leve ‖ **toit en dos d'âne** tejado de doble vertiente ■ **à dos d'âne** en burro ■ **être comme l'âne de Buridan** ser indeciso ‖ **être méchant comme un âne rouge** ser más malo que la quina ‖ **faire l'âne pour avoir du son** hacerse el tonto.

> **OBSERV** Asno, burro, borrico sont exactement synonymes. Asno est le nom normal et burro le nom familier; borrico est soit un petit âne, soit un âne quelconque; pollino est l'âne jeune, mais aussi un âne quelconque; jumento, comme burro, équivaut aussi bien à baudet qu'à âne en général.

> **SYN** baudet jumento; bourrique burra, borrica; bourricot borriquillo, rucho.

anéantir [32] *v tr* aniquilar; l'armée fut anéantie el ejército fue aniquilado ‖ anonadar; la nouvelle m'a anéanti la noticia me ha anonadado.

anéantissement *m* aniquilamiento, destrucción *f* ‖ anonadamiento, abatimiento.

anecdote *f* anécdota.

anecdotier, ère *m* & *f* anecdotista, narrador de anécdotas.

anecdotique *adj* anecdótico, ca.

ânée *f* carga de un asno.

anémiant, e *adj* anemiante; un climat anémiant un clima anemiante.

anémie *f* **MÉD** anemia.

anémié, e *adj* anémico, ca ‖ **FIG** de aspecto anémico.

anémier [9] *v tr* volver anémico.
➥ **s'anémier** *v pr* ponerse anémico, debilitarse.

anémique *adj* & *s* anémico, ca.

anémographe *m* anemógrafo.

anémomètre *m* anemómetro.

anémométrie *f* anemometría.

anémone *f* **BOT** anémona.

anémophile *f* **BOT** anemófilo, la.

anencéphale *adj* & *s* anencéfalo, la.

ânerie *f* **FAM** burrada, gansada.

anéroïde *adj* **PHYS** aneroide.

ânesse *f* asna, burra, borrica.

anesthésiant, e *adj* & *s* anestésico, ca.

anesthésie *f* **MÉD** anestesia ‖ anesthésie générale anestesia general ‖ anesthésie locale anestesia local.

anesthésier [9] *v tr* anestesiar.

anesthésique *adj* & *s m* anestésico, ca.

> **OBSERV** Anesthésique, anesthésiant son sinónimos. Anesthésiant caracteriza una anestesia incompleta o accidental, anesthésique pertenece al lenguaje médico.

anesthésiste *m* & *f* anestesista.

anesthésiste-réanimateur, trice *m* & *f* anestesista reanimador.

> **OBSERV** pl anesthésistes-réanimateurs, anesthésistes-réanimatrices.

aneth *m* **BOT** eneldo.

Aneto *n pr* le pic d'Aneto el Aneto.

anévrisme *m* **MÉD** aneurisma.

anfractuosité [ɑ̃fraktɥozite] *f* cavidad, agujero *m* ‖ **ANAT** anfractuosidad.

angarie *f* **MAR** angaria (réquisition d'un navire).

ange *m* ángel ■ **ange déchu** ángel caído ‖ **ange de mer** angelote (poisson) ‖ **ange gardien** ángel de la guarda *ou* ángel custodio (sens religieux), guardaespaldas (garde du corps), vigilante (d'un joueur) ‖ **mauvais ange** ángel malo (diable), ángel tentador ‖ **saut de l'ange** salto de ángel ■ **beau comme un ange** guapo como un sol ■ **être aux anges** estar en la gloria ‖ **FAM rire aux anges** reír como un bendito ‖ **un ange passe** son las menos veinte *ou* las y veinte (silence).

> **OBSERV** Ange es masculino, incluso cuando se aplica a una mujer: cette femme est un ange.

Ange *n pr* Ángel.

Angèle *n pr* Ángela.

angélique *adj* angélico, ca; salutation angélique salutación angélica ‖ angelical; regard angélique mirada angelical.
◇ *f* **BOT** angélica.

angéliquement *adv* angelicalmente.

angélisme *m* angelismo.

angelot *m* angelote.

angélus *m* ángelus (prière); réciter l'angélus rezar el Ángelus ‖ toque de oración (sonnerie).

Angers *n pr* **GÉOGR** Angers.

angevin, e *adj* angevino, na.

Angevin, e *m* & *f* angevino, na (d'Angers).

angine *f* angina ■ **angine couenneuse** angina diftérica ‖ **angine de poitrine** angina de pecho.

angineux, euse *adj* anginoso, sa.

angiocardiographie *f* angiocardiografía.

angiographie *f* angiografía.

angiologie *f* angiología.

angiome *m* **MÉD** angioma.

angiospermes *f pl* **BOT** angiospermas.

Angkor *n pr* Angkor.

anglais, e *adj* inglés, esa ‖ **CULIN** assiette anglaise fiambres variados ‖ crème anglaise crema inglesa ‖ pommes de terre à l'anglaise patatas al vapor ‖ filer à l'anglaise despedirse a la francesa.
➥ **anglais** *m* **LING** inglés; parler l'anglais hablar inglés.
➥ **anglaise** *f* letra inglesa.
➥ **anglaises** *f pl* tirabuzones *m pl* (coiffure).

Anglais, e *m* & *f* inglés, esa.

anglaiser [4] *v tr* descolar (un cheval).

angle [ɑ̃gl] *m* ángulo; angle plat ángulo llano ‖ [▷ **SYN 1**] esquina *f*; notre maison se trouve à l'angle du boulevard Raspail et de la rue du Montparnasse nuestra casa se encuentra en la esquina del bulevar Raspail y de la calle de Montparnasse ‖ rincón; dans l'angle de la pièce en el rincón de la habitación ‖ [▷ **SYN 2**] pico; se cogner contre l'angle de la table golpearse contra el pico de la mesa ‖ **FIG** arista *f*, aspereza *f*; les angles aigus de son caractère las asperezas de su carácter ■ **MATH** angle aigu, droit, obtus ángulo agudo, recto, obtuso ‖ **angle de phase** ángulo de fase ‖ **angle de recalage** ángulo de reajuste ‖ **angles des lèvres** comisuras de los labios ‖ **angle mort** ángulo muerto ‖ **sous l'angle de** desde el punto de vista de ■ **arrondir les angles** limar las asperezas.

> **SYN 1.** coin rincón, esquina; encoignure rincón.
> **2.** coude codo; saillie saliente; arête arista.

anglet *m* inglete.

Angleterre *n pr f* **GÉOGR** l'Angleterre Inglaterra.

anglican, e *adj* & *s* anglicano, na.

anglicanisme *m* anglicanismo.

angliche *adj* & *s* **FAM** (vieilli) inglés, esa.

anglicisant, e *m* & *f* anglicista.

angliciser [3] *v tr* hacer inglés, imitar lo inglés.
➥ **s'angliciser** *v pr* hacerse inglés.

anglicisme *m* anglicismo.

angliciste *m* & *f* anglista.

anglo-américain, e *adj* & *s* angloamericano, na.
➥ **anglo-américain** *m* **LING** angloamericano.

> **OBSERV** pl anglo-américains, anglo-américaines.

anglo-arabe *adj* & *s* angloárabe.

> **OBSERV** pl anglo-arabes.

anglo-canadien, enne *adj* anglocanadiense.

> **OBSERV** pl anglo-canadiens, anglo-canadiennes.

anglomane *adj* & *s* anglómano, na.

anglomanie *f* anglomanía.

anglo-normand, e *adj* & *s* anglonormando, na.
➥ **anglo-normand** *m* **LING** anglonormando.

> **OBSERV** pl anglo-normands, anglo-normandes.

Anglo-Normandes *n pr f pl* **GÉOGR** les îles Anglo-Normandes las islas Anglonormandas.

anglophile *adj* & *s* anglófilo, la.

anglophilie *f* anglofilia.

anglophobe *adj* & *s* anglófobo, ba.

anglophobie *f* anglofobia.

anglophone *adj* & *s* anglófono, na.

anglo-saxon, onne *adj* anglosajón, ona.
➥ **anglo-saxon** *m* **LING** anglosajón.

> **OBSERV** pl anglo-saxons, anglo-saxonnes.

Anglo-saxon, onne *m* & *f* anglosajón, ona.

angoissant, e *adj* angustioso, sa.

angoisse *f* angustia (grande douleur morale) ‖ [▷ **SYN**] congoja (douleur mêlée de crainte).

> **SYN** anxiété ansiedad; affres ansias.

angoissé, e *adj* angustiado, da.

angoisser [3] *v tr* angustiar, acongojar.
➥ **s'angoisser** *v pr* angustiarse, acongojarse.

Angola *n pr m* **GÉOGR** l'Angola Angola.

angolais, e *adj* angoleño, ña.

Angolais, e *m* & *f* angoleño, ña.

angon *m* asta *f*, jabalina *f* (arme).

angora *adj* & *s* de Angora; chèvre, chat angora cabra, gato de Angora.

Angoulême *n pr* GÉOGR Angulema.

angoumoisin, e *adj* de Angulema.

Angoumoisin, e *m* & *f* nativo, va de Angulema.

angrois *m* cuña *f* de hierro (d'un outil).

angström *m* angström (unité de longueur d'onde).

anguiforme *adj* serpentino, na.

anguille [ãgij] *f* anguila (poisson) ■ anguille de mer congrio ■ alevin d'anguille angula (civelle) ▌ nœud d'anguille nudo corredizo ■ il y a anguille sous roche hay gato encerrado.

anguiller *m* MAR imbornal de cuaderna.

anguillère *f* vivero *m* de anguilas.

anguillule *f* anguílula.

angulaire *adj* angular; pierre angulaire piedra angular.

anguleux, euse *adj* anguloso, sa ▌ FIG esquinado, da; caractère anguleux carácter esquinado.

angusticlave *m* angusticlavia *f* (des Romains).

angustifolié, e *adj* de hojas muy angostas.

angusture *f* angostura.

anharmonique [anarmɔnik] *adj* anarmónico, ca; rapport anharmonique relación anarmónica.

anhélant, e [ãnelã, ãt] *adj* anhelante.

anhélation *f* anhelación, respiración dificultosa.

anhéler [18] *v intr* anhelar ▌ mantener el fuego encendido (les verriers).

anhydre *adj* CHIM anhidro, dra.

anhydride *m* CHIM anhídrido; anhydride sulfureux anhídrido sulfuroso.

anhydrite *f* MIN anhidrita.

anicroche *f* tropiezo *m* (accroc), obstáculo *m* (obstacle) ▌ FAM pega, engorro *m*; c'est une affaire pleine d'anicroches es un asunto lleno de pegas.

ânier, ère *m* & *f* arriero de borricos.

aniline *f* CHIM anilina.

anilisme *m* anilismo (intoxication).

anille *f* palahierro *m* (de moulin) ▌ BLAS anillo *m*.

animadversion *f* animadversión.

animal *m* [▷ SYN] animal ▌ FIG animal, torpe ■ animal de laboratoire animal de laboratorio ▌ animal domestique animal doméstico ▌ animal sauvage animal salvaje.
➤ **animal, e** *adj* animal.
▌ SYN bête bestia, animal; brute bruto; bête de somme acémila.

animalcule *m* animálculo.

animalerie *f* animalario *m* (dans un laboratoire), tienda de animales (magasin).

animalier; animaliste *adj m* & *s m* animalista, pintor ou escultor de animales.

animaliser [3] *v tr* animalizar.

animaliste ➤ **animalier**.

animalité *f* animalidad.

animateur, trice *adj* & *s* animador, ra.

animation *f* animación; donner de l'animation dar animación ▌ centre d'animation centro de animación.
▌ SYN activité actividad; mouvement movimiento; affairement atareamiento, ajetreo.

animé, e *adj* animado, da; créature, rue animée criatura, calle animada; conversation animée conversación animada ▌ CINÉM dessins animés dibujos animados.

animer [3] *v tr* animar; l'âme anime le corps el alma anima al cuerpo ▌ FIG animar; animer au combat animar al combate; animer un récit animar un relato.
➤ **s'animer** *v pr* animarse.

animisme *m* animismo.

animiste *adj* & *s* animista (doctrine, culte).

animosité *f* animosidad.

anion *m* PHYS anión.

anis [ani] ou [anis] *m* anís (plante et liquide) ▌ grano de anís (dragée) ■ anis étoilé anís estrellado, badián.
▌ OBSERV Anís, en espagnol, est surtout employé pour désigner un digestif voisin de l'anisette.

aniser [3] *v tr* anisar; eau-de-vie anisée aguardiente anisado.

anisette *f* anisete *m*.

anisopétale *adj* BOT anisopétalo, la.

anisophylle *adj* BOT anisofilo, la.

anisotrope *adj* anisótropo, pa.

anisotropie *f* anisotropía.

Anjou *n pr m* GÉOGR l'Anjou Anjeo, Anjou.
▌ OBSERV L'emploi de Anjeo se limite généralement à la région, mais on dit couramment Felipe de Anjou.

Ankara *n pr* GÉOGR Ankara.

ankylose *f* MÉD anquilosis ▌ anquilosamiento *m*; l'ankylose de l'économie el anquilosamiento de la economía.

ankylosé, e *adj* anquilosado, da.

ankyloser [3] *v tr* anquilosar.
➤ **s'ankyloser** *v pr* anquilosarse.

ankylostome *m* ZOOL anquilostoma.

ankylostomiase *f* MÉD anquilostomiasis.

Anna *n pr* Ana.

annal, e *adj* DR anual, por un año.

annales *f pl* anales *m*; les Annales de Tacite los Anales de Tácito.

annaliste *m* & *f* analista.

annalité *f* anualidad.

annamite *adj* & *s* anamita (de l'Annam).

Annapurna *n pr m* GÉOGR l'Annapurna el Annāpurnā ou Anāpurnā ou Annapurna.

annate *f* anata (tribut ancien).

Anne *n pr* Ana.

anneau [ano] *m* anillo (petit cercle) ▌ argolla *f* (gros anneau pour attacher) ▌ [▷ SYN] anillo, sortija *f* (bague) ▌ anilla *f* (de rideau, d'oiseaux, etc.) ▌ ojo, anillo (de clef) ▌ eslabón (d'une chaîne) ▌ anillo; les anneaux d'un ver los anillos de un gusano ■ anneau à clefs llavero ▌ anneau de Saturne anillo de Saturno ▌ anneau épiscopal ou pastoral anillo pastoral.

➤ **anneaux** *m pl* anillas *f* (gymnastique).
▌ SYN bague sortija, anillo; alliance, anneau de mariage alianza.

Annecien, enne *m* & *f* anneciense (d'Annecy).

Annecy *n pr* GÉOGR Annecy.

Anne d'Autriche *n pr* Ana de Austria.

année *f* año *m*; année qui commence año entrante ■ année budgétaire año presupuestario ou económico; année de lumière, année-lumière año de luz ▌ année fiscale año fiscal ■ année moyenne año estadístico ▌ année pleine año común ou civil ▌ année scolaire curso escolar ■ d'année en année año tras año ▌ d'une année à l'autre de un año para otro ■ souhaiter la bonne année felicitar por Año Nuevo.
▌ OBSERV [▶ **an**].

année-lumière *f* año *m* de luz.
▌ OBSERV pl années-lumière.

annelé, e *adj* & *s m* anillado, da.

anneler [24] [anle] *v tr* anillar.

annelet *m* anillejo (petit anneau) ▌ ARCHIT collarino, astrágalo.

annélides *f pl* ZOOL anélidos *m*.

Annette *n pr* Anita.

annexe *adj* anejo, ja; école annexe escuela aneja ▌ adjunto, ta; les documents annexes à cette lettre los documentos adjuntos a esta carta.
◇ *f* anexo *m*, dependencia; l'annexe d'un hôtel el anexo de un hotel ▌ anejo *m* (d'une église).
➤ **annexes** *m pl* ANAT anexos (de l'utérus) ▌ DR anexidades *f pl*.

annexer [4] *v tr* anexar, anexionar ▌ adjuntar (un document).

annexion *f* anexión.

annexionnisme *m* anexionismo.

annexionniste *adj* & *s* anexionista.

annexite *f* MÉD anexitis.

Annibal ➤ **Hannibal**.

Annie *n pr* Anita.

annihilation *f* aniquilamiento *m*.

annihiler [3] *v tr* aniquilar ▌ anular; annihiler un testament anular un testamento.
➤ **s'annihiler** *v pr* aniquilarse.

anniversaire *adj* & *s m* aniversario, ria.
◇ *m* cumpleaños; mon anniversaire est le 15 août mi cumpleaños es el quince de agosto; bon anniversaire feliz cumpleaños ▌ aniversario; c'est le deuxième anniversaire de sa mort es el segundo aniversario de su muerte.

annonce *f* anuncio *m* ▌ noticia; l'annonce d'une victoire la noticia de un triunfo ▌ aviso *m*, información; je dois faire une annonce au public tengo que dar un aviso al público ▌ acuse (jeux), declaración (bridge) ▌ FIG indicio *m*, síntoma *m*; l'annonce d'une crise el indicio de una crisis ■ annonce personnelle anuncio personal ▌ petites annonces anuncios por palabras (dans un journal) ■ faire une annonce acusar, cantar (cartes).

annoncer [16] *v tr* [▷ SYN] anunciar ▌ acusar, cantar (jeux), declarar (bridge) ▌ ser signo de, indicar, revelar; sourire annonçant la bonté sonrisa que revela bondad ▌ pronosticar, predecir ▌ predicar (l'évangile).

➡ **s'annoncer** *v pr* anunciarse ■ cela s'annonce bien esto es prometedor ou se presenta bien ∥ **se faire annoncer** dar su nombre para ser recibido.
∣ **SYN** déclarer declarar; proclamer proclamar; manifester manifestar; exposer exponer.

annonceur *m* anunciador, anunciante ∥ locutor (speaker de la radio).

Annonciade *n pr f* Anunciada.

annonciateur, trice *adj* anunciante, anunciador, ra.

➡ **annonciateur** *m* señal *f* de aviso (chemin de fer).

Annonciation *f* Anunciación.

annoncier, ère *m & f* encargado, da de los anuncios (dans un journal).
∣ **OBSERV** Algunos critican esta voz en francés y prefieren annonceur.

annone *f* anona (dans la Rome antique, provision de vivres pour un an).

annotateur, trice *m & f* anotador, ra.

annotation *f* anotación.

annoter [3] *v tr* anotar.

annuaire [anɥɛr] *m* anuario ■ annuaire du téléphone anuario, guía *f* de teléfonos ∥ annuaire électronique guía telefónica electrónica.

annualisation *f* periodicidad anual.

annualiser [3] *v tr* dar una periodicidad anual.

annualité *f* anualidad.

annuel, elle *adj* anual.

annuellement *adv* anualmente.

annuité [anɥite] *f* anualidad (quantité annuelle).

annulabilité *f* carácter *m* de anulable.

annulable *adj* anulable.

annulaire *adj & s m* anular.

annulatif, ive *adj* anulativo, va.

annulation *f* anulación.

annuler [3] *v tr* anular; annuler un vol anular un vuelo.
∣ **SYN** abroger abrogar; abolir abolir; infirmer infirmar; casser casar; invalider invalidar; résilier anular, cancelar; révoquer revocar; rescinder rescindir.

anoblir [32] *v tr* ennoblecer (rendre noble).
➡ **s'anoblir** *v pr* comprar un título de nobleza.

anoblissement *m* ennoblecimiento.

anode *f* PHYS ánodo *m*.

anodin, e *adj* anodino, na.

anodique *adj* PHYS anódico, ca.

anodonte *m* ZOOL anodonte (mollusque).

anodontie *f* anodontia.

anolis *m* papavientos (lézard d'Amérique).

anomal, e *adj* anómalo, la.

anomalie *f* anomalía.

ânon *m* rucho, borriquillo (petit âne).

anonacées *f pl* BOT anonáceas.

anone *f* BOT anona.

ânonnement *m* balbuceo, lectura *f* torpe.

ânonner [3] *v tr & intr* balbucear, murmurar.

anonymat *m* anónimo, anonimato (gallicisme); garder l'anonymat conservar el anónimo.

anonyme *adj & s* anónimo, ma; écrit anonyme escrito anónimo; société anonyme sociedad anónima.

anonymement *adv* anónimamente.

anophèle *m* anofeles (moustique).

anoplothérium *m* anoploterio (ruminant fossile).

anorak *m* anorak (veste imperméable).

anordir [32] *v intr* MAR nortear (mettre le cap sur le nord) ∥ nortear (vent).

anorexie *f* anorexia; anorexie mentale anorexia mental.

anorexigène *adj & s m* anorexigénico, ca.

anorexique *adj & s* anoréxico, ca.

anormal, e *adj & s* anormal.

anormalement *adv* anormalmente.

anosmie *f* anosmia.

anoure *adj & s* ZOOL anuro (sans queue).

anoxémie *f* anoxemia.

anoxie *f* anoxia.

ANPE (abr de Agence nationale pour l'emploi) *f* instituto nacional de empleo francés, ≃ INEM *m*; s'inscrire à l'ANPE ≃ darse de alta en el INEM.

anse *f* asa (partie courbe pour saisir un objet) ∥ MAR ensenada ■ ARCHIT & GÉOM anse de panier arco zarpanel ou carpanel ∥ FAM faire danser l'anse du panier sisar.

ansé, e *adj* provisto de un asa.

Anselme *n pr* Anselmo.

ansériformes *m pl* lamelirrostros (oiseaux).

anspect [ãspɛk] *m* espeque (levier).

antagonique *adj* antagónico, ca.

antagonisme *m* antagonismo.

antagoniste *adj & s* antagonista.

antalgique *adj* antálgico, ca.

Antalya [ãtalja] *n pr* GÉOGR Anatalya.

antan *m* el año anterior ∥ d'antan de antaño.
∣ **OBSERV** Antan, cuyo significado es el año anterior, se emplea a veces con el de antaño.

Antananarivo *n pr* GÉOGR Antananarivo.

antarctique *adj* antártico, ca.

Antarctique; Antarctide *n pr f* GÉOGR l'Antarctique la Antártida.

Antarctique *n pr m* GÉOGR l'océan Antarctique el océano (glacial) Antártico.

ante [ãt] *f* ARCHIT anta (pilastre).

antebois; antibois *m* guardasilla *f*, listón de madera clavado en el suelo para preservar la pared del roce de los muebles.

antécambrien, enne *adj & s m* GÉOL antecambriano, na.

antécédemment [ãtesedamã] *adv* antecedentemente.

antécédent, e *adj & s m* antecedente; avoir de bons antécédents tener buenos antecedentes.

➡ **antécédents** *m pl* MÉD historial médico ou clínico ∥ antécédents professionnels currículum profesional.

antéchrist *m* anticristo.

antédiluvien, enne *adj* antediluviano, na.

Antée *n pr* MYTH Anteo.

antéfixe *f* antefijo *m* (ornement de toiture).

ante meridiem *loc lat* ante merídiem (avant midi).

antenne *f* RAD antena ∥ ZOOL antena ∥ MAR entena ∥ FIG derivación (voie de communication) ∥ delegación (d'un organisme central) ■ antenne parabolique antena parabólica ∥ antenne télescopique antena telescópica ■ avoir l'antenne estar en antena ∥ donner, prendre l'antenne conectar ∥ deux heures d'antenne dos horas de programa ∥ hors antenne fuera de antena ∥ passer à l'antenne salir por la televisión.

antépénultième *adj & s f* antepenúltimo, ma.

antérieur, e *adj & s m* anterior.

antérieurement *adv* anteriormente.

antériorité *f* anterioridad.

anthelminthique *adj & s m* MÉD antihelmíntico, ca.

anthémis *f* BOT anthemis.

anthère *f* BOT antera.

anthéridie *f* anteridia.

anthérozoïde *m* BOT anterozoide.

anthèse *f* BOT antesis.

anthologie *f* antología.
∣ **SYN** ana colección de anécdotas o chistes; analectes analectas; florilège florilegio.

anthologique *adj* antológico, ca.

anthozoaires [ãtozɔɛr] *m pl* antozoarios.
∣ **SYN** coralliaires coralarios; polypiers pólíperos.

anthracène *m* CHIM antraceno.

anthracite *m* antracita *f*.
◇ *adj* antracita (couleur).

anthraciteux, euse *adj* antracitoso, sa.

anthracnose *f* antracnosis (maladie de la vigne).

anthracose *f* MÉD antracosis.

anthraquinone *m* CHIM antraquinona.

anthrax [ãtraks] *m* MÉD ántrax.

anthrène *m* ZOOL antreno (insecte).

anthropocentrique *adj* antropocéntrico, ca.

anthropocentrisme *m* antropocentrismo.

anthropoïde *adj* ZOOL antropoideo, a.
◇ *m* antropoide.

anthropologie *f* antropología.

anthropologique *adj* antropológico, ca.

anthropologiste *m* antropologista.

anthropologue *m* antropólogo.

anthropométrie *f* antropometría.

anthropométrique *adj* antropométrico, ca.

anthropomorphe *adj* antropomorfo, fa.

anthropomorphisme *m* antromorfismo.

anthropomorphiste; anthropomorphite *m* antropomorfita.

anthroponymie *f* antroponimia.

anthropophage *adj & s* antropófago, ga.

anthropophagie *f* antropofagia.

anthropopithèque *m* antropopiteco.

anti *préf* que significa contrario, anti [muchas otras palabras de las dadas aquí pueden construirse con este prefijo, lo mismo en francés que en español].

antiadhésif, ive *adj & s m* antiadherente.

antiaérien, enne *adj* antiaéreo, a.

antialcoolique *adj* antialcohólico, ca.

antiamaril, e *adj* MÉD contra la fiebre amarilla.

antiapoplectique *adj* antiapoplético, ca.

antiartistique *adj* antiartístico, ca.

antiasthmatique *adj & s m* antiasmático, ca.

antiatomique *adj* antiatómico, ca.

Antibes *n pr* GÉOGR Antibes.

antibiogramme *m* antibiograma.

antibiotique *m* MÉD antibiótico.

antibois ► antebois.

Antibois, e *m & f* antipolitano, na (d'Antibes).

antibrouillard *adj* antiniebla; phares antibrouillard faros antiniebla.

antibruit *adj* contra el ruido; lutte antibruit campaña contra el ruido ▌ remblai antibruit terraplén de insonorización.

antibuée *adj inv* antivaho; bombe antibuée spray antivaho ▌ dispositif antibuée dispositivo antivaho.

anticancéreux, euse *adj* anticanceroso, sa.

anticasseurs *adj inv* loi « anticasseurs » ley de peligrosidad social ou de vagos y maleantes.

anticathode *f* PHYS anticátodo *m*.

antichambre *f* antecámara ▪ faire antichambre hacer antesala, esperar para ser recibido ▌ propos d'antichambre chismes, habladurías.

antichar *adj* MIL contracarro, antitanque.

antichoc *adj inv* antichoque; casque antichoc casco antichoque.

antichômage *adj inv* antiparo.

antichrèse [ɑ̃tikrɛz] *f* DR anticresis.

antichrésiste [ɑ̃tikrezist] *m & f* anticresista.

anticipant, e *adj* anticipante.

anticipation *f* anticipación ▌ anticipo *m* (avance d'argent, etc.) ▌ DR usurpación ▌ par anticipation con anticipación, por adelantado.

anticipé, e *adj* anticipado, da; versement anticipé pago por anticipado ▌ avec mes remerciements anticipés agradeciéndole de antemano.

anticiper [3] *v tr & intr* anticipar; n'anticipons pas no anticipemos.

anticlérical, e *adj & s* anticlerical.

anticléricalisme *m* anticlericalismo.

anticlinal, e *adj & s* GÉOL anticlinal.

anticoagulant, e *adj & s m* anticoagulante.

anticolonial, e *adj* anticolonial.

anticolonialisme *m* anticolonialismo.

anticolonialiste *adj & s* anticolonialista.

anticommunisme *m* anticomunismo.

anticommuniste *adj & s* anticomunista.

anticonception *f* anticoncepción, contracepción; anticonception naturelle anticoncepción ou contracepción natural.

anticonceptionnel, elle *adj & s m* anticonceptivo, va; anticoncepcional.

anticonformisme *m* anticonformismo.

anticonformiste *adj & s* anticonformista.

anticonstitutionnel, elle *adj & s m* anticonstitucional.

anticonstitutionnellement *adv* anticonstitucionalmente.

anticorps [ɑ̃tikɔr] *m* BIOL anticuerpo.

anticyclonal, e *adj* anticiclonal.

anticyclone *m* anticiclón.

anticyclonique *adj* anticiclónico, ca.

antidate *f* DR antedata.

antidater [3] *v tr* antedatar.

antidéflagrant, e *adj & s m* antideflagrante.

antidémocrate *adj* antidemocrático, ca. ◇ *m & f* antidemócrata.

antidémocratique *adj* antidemocrático, ca.

antidépresseur *adj & s m* antidepresivo.

antidérapant, e *adj & s m* antideslizante.

antidétonant, e *adj & s m* antidetonante; additif antidétonant antidetonante.

antidiphtérique *adj* antidiftérico, ca.

antidiurétique *adj & s m* antidiurético, ca.

antidopage; antidoping *adj inv* antidoping.

antidote *m* antídoto.
▌ OBSERV Es incorrecto decir un antidote contre en lugar de un antidote à o l'antidote de.

anti-effraction *adj inv* antirrobo.

antiémétique *adj & s m* antiemético, ca.

antienne [ɑ̃tjɛn] *f* RELIG antífona ▌ FAM cantinela, estribillo *m*; chanter toujours la même antienne repetir siempre el mismo estribillo.

antiépileptique *adj & s m* MÉD antiepiléptico, ca.

antiesclavagiste *adj & s* antiesclavista.

antiespagnol *adj & s* antiespañol, la.

antifading *m* RAD antifading.

antifasciste *adj & s* antifascista.

antiféminisme *m* antifeminismo.

antiféministe *adj & s* antifeminista.

antiferment *m* antifermento.

antifongique *adj & m* antifúngico, ca; fungicida.

antifriction *adj & s* antifricción.

antigang *adj* brigade antigang unidad de policía encargada de la lucha contra el crimen organizado. ◇ *f* brigada de policía encargada de la lucha contra el crimen organizado.

antigaz *adj* antigás.

antigel *m* anticongelante.

antigène *adj & s m* BIOL antígeno, na.

antigivrant, e *adj & s m* anticongelante.

antiglisse *adj inv* antideslizante.

Antigone *n pr* Antígona.

antigouvernemental, e *adj* antigubernamental.

Antigua-et-barbuda *n pr f* GÉOGR Antigua y Barbuda.

antihalo *adj & s m* antihalo.

antihausse *adj inv* antialcista.

antihéros *m* antihéroe.

antihistaminique *adj & s m* antihistamínico, ca.

antihygiénique *adj* antihigiénico, ca.

antihystérique *adj* antihistérico, ca.

anti-impérialisme *m* antiimperialismo.
▌ OBSERV pl anti-impérialismes.

anti-impérialiste *adj & s* antiimperialista.
▌ OBSERV pl anti-impérialistes.

anti-inflammatoire *adj* antiinflamatorio, ria.
▌ OBSERV pl anti-inflammatoires.

anti-inflationniste *adj* antiinflacionista.
▌ OBSERV pl anti-inflationnistes.

antijeu *m* SPORTS antijuego.

antillais, e [ɑ̃tijɛ, ɛz] *adj* antillano, na.

Antillais, e *m & f* antillano, na.

Antilles *n pr f pl* GÉOGR les Antilles las Antillas; aux Antilles a las Antillas (direction).

▌ **LES ANTILLES**
Las Antillas francesas comprenden los departamentos de ultramar de Martinique (Martinica) y Guadeloupe (Guadalupe). Este último está constituido por las islas Désirade (la Deseada), Marie-Galante (María Galante), Saint-Barthélémy (San Bartolomé), les Saintes (las Santas) y Saint-Martin (San Martín).

antilogarithme *m* MATH antilogaritmo.

antilogie *f* antilogía.

antilogique *adj* antilógico, ca.

antilope *f* ZOOL antílope *m*.

antimagnétique *adj* antimagnético, ca.

antimatière *f* antimateria.

antiméridien *m* antimeridiano.

antimigraineux, euse *adj* antineurálgico, ca.

antimilitarisme *m* antimilitarismo.

antimilitariste *adj & s* antimilitarista.

antimissile *adj inv* MIL antimisil; arme antimissile arma antimisil.

antimite *adj inv & s m* matapolillas ▌ tissu antimite tejido inapolillable.

antimitotique *adj & m* antimitótico, ca.

antimoine *m* antimonio.

antimonarchique; antimonarchiste *adj* antimonárquico, ca.

antimonial, e *adj* CHIM antimonial, antimoniado, da.

antimoniate *m* antimoniato.

antimonié, e *adj* antimoniado, da.

antimoniure *m* antimoniuro.

antimoral, e *adj* antimoral.

antimycosique *adj & s m* MÉD antimicósico, ca.

antinational, e *adj* antinacional.

antineutron *m* antineutrón.

antinévralgique *adj* antineurálgico, ca.

antinomie *f* antinomia.

antinomique *adj* antinómico, ca.

antinucléaire *adj* antinuclear.

Antioche *n pr* GÉOGR Antioquía.

antioncogène *m* MÉD antioncogén.

Antiope *n pr* sistema francés de videotexto por televisión.

antioxydant, e *adj* & *s m* antioxidante.

antipaludéen, enne; antipaludique *adj* & *s m* MÉD antipalúdico, ca.

antipape *m* antipapa.

antiparallèle *adj f* MATH antiparalela.

antiparasite *adj* & *s m* RAD antiparásito, ta; antiparasitario, ria.

antiparasiter [3] *v tr* RAD dotar de un dispositivo antiparásito.

antiparlementaire *adj* & *s* antiparlamentario, ria.

antiparlementarisme *m* antiparlamentarismo.

antiparti *adj m* antipartido.

antiparticule *f* PHYS antipartícula.

antipathie *f* antipatía.

antipathique *adj* antipático, ca.

antipatriote *adj* & *s* antipatriota.

antipatriotique *adj* antipatriótico, ca.

antipatriotisme *m* antipatriotismo.

antipelliculaire *adj* anticaspa; shampooing antipelliculaire champú anticaspa.

antipéristaltique *adj* antiperistáltico, ca.

antiperspirant, e *adj* antiperspirante.

antiphilosophique *adj* antifilosófico, ca.

antiphlogistique *adj* & *s m* MÉD antiflogístico, ca.

antiphonaire *m* antifonario.

antiphrase *f* antífrasis.

antipode *m* antípoda *m y f* (habitant) ▌ FIG être à l'antipode ser el polo opuesto.
➤ **antipodes** *m pl* antípodas *f* (terres) ▌ être aux antipodes de estar muy alejado de.

antipodiste *m* acróbata que ejecuta ejercicios de agilidad con los pies.

antipoétique *adj* antipoético, ca.

antipoison *adj inv* antivenenoso, sa ▌ centre antipoison centro de desintoxicación.

antipoliomyélitique *adj* MÉD antipoliomielítico, ca.

antipollution *adj inv* contra la contaminación.

antiprogressiste *adj* & *s* antiprogresista.

antiprohibitionniste *adj* & *s* antiprohibicionista.

antiprotectionniste *adj* & *s* antiproteccionista.

antiproton *m* antiprotón.

antiprurigineux, euse *adj* & *s m* MÉD antipruriginoso, sa.

antiputride *adj* & *s m* BIOL antipútrido, da.

antipyrétique *adj* & *s m* antipirético, ca.

antipyrine *f* antipirina.

antiquaille [ãtikaj] *f* antigualla.

antiquaire *m* anticuario.

antique *adj* antiguo, gua; porcelaine antique porcelana antigua ▌ anticuado, da (vieilli); habit antique traje anticuado.
◇ *m* lo antiguo; imiter l'antique imitar lo antiguo.
◇ *f* antiguo *m* (œuvre d'art de l'Antiquité) ■ à l'antique a la antigua.

antiquité *f* antigüedad; de toute antiquité desde muy antiguo.
➤ **antiquités** *f pl* antigüedades (objets) ▌ magasin d'antiquités anticuario, tienda de antigüedades.

antirabique *adj* & *s m* MÉD antirrábico, ca.

antirachitique *adj* MÉD antirraquítico, ca.

antiracisme *m* antirracismo.

antiraciste *adj* & *s* antirracista.

antiradar *adj* antirradar, contrarradar.

antirationalisme *m* antirracionalismo.

antirationnel, elle *adj* antirracional.

antireflet *adj inv* antirreflector, ra; couche antireflet capa antirreflectora.

antiréglementaire *adj* antirreglamentario, ria.

antirejet *adj inv* MÉD antirechazo.

antireligieux, euse *adj* & *s* antirreligioso, sa.

antirépublicain, e *adj* & *s* antirrepublicano, na.

antirévolutionnaire *adj* & *s* antirrevolucionario.

antirides *adj inv* antiarrugas; crème antirides crema antiarrugas.

antiroman *m* antinovela *f*.

antirouille [ãtiruj] *adj* & *s m inv* antioxidante, producto contra la herrumbre.

antiroulis *adj* antibalanceo.

antiscientifique *adj* anticientífico, ca.

antiscorbutique *adj* & *s m* antiescorbútico, ca.

antisèche *m* ou *f* chuleta *f* [examen].

antisémite *adj* & *s* antisemita.

antisémitique *adj* antisemítico, ca.

antisémitisme *adj* antisemitismo.

antisepsie *f* antisepsia.

antiseptique *adj* & *s m* antiséptico, ca.

antisismique *adj* antisísmico, ca.

antisociable *adj* antisociable.

antisocial, e *adj* antisocial.

anti-sous-marin, e *adj* antisubmarino, na.
▨ OBSERV pl anti-sous-marins, anti-sous-marines.

antispasmodique *adj* & *s m* antiespasmódico, ca.

antisportif, ive *adj* antideportivo, va.

antistatique *adj* & *s m* antiestático, ca.

antistress *adj inv* antiestrés.

antistrophe *f* POÉT antistrofa.

antitabac *adj inv* contra el tabaco, antitabaco ▌ campagne antitabac campaña antitabaco ou contra el tabaco.

antiterroriste *adj* antiterrorista.

antitétanique *adj* antitetánico, ca.

antithèse *f* antítesis.

antithétique *adj* antitético, ca.

antitoxine *f* antitoxina.

antitoxique *adj* antitóxico, ca.

antitrust *adj inv* antimonopolio; loi antitrust ley antimonopolio.

antituberculeux, euse *adj* antituberculoso, sa.

antitussif, ive *adj* & *s m* antitusígeno, na ▌ sirop antitussif jarabe para la tos.

antivariolique *adj* antivariólico, ca.

antivénéneux, euse *adj* antivenenoso, sa.

antivénérien, enne *adj* antivenéreo, a.

antivenimeux, euse *adj* & *s* antivenenoso, sa.

antiviral, aux [ãtiviral, o] *adj* & *s m* antiviral, antivirus.

antivirus *m* contravirus.

antivol *adj* contra el robo ▌ serrure antivol cerradura antirrobo.
◇ *m* dispositivo de seguridad contra el robo, antirrobo.

Antoine *n pr* Antonio.

Antoinette *n pr* Antonia.
▌ OBSERV Antoinette ne se traduit par Antonieta que dans un seul cas, celui du nom de Marie-Antoinette, qu'on appelle en Espagne María Antonieta.

antoit [ãtwa] *m* gancho (employé par les charpentiers de navires).

antonin *m* antonino (religieux).

Antonin *n pr* Antonino.

antonomase *f* antonomasia.

antonyme *m* antónimo (contraire).

antonymie *f* antonimia.

antre *m* antro.

anurie; anurèse *f* MÉD anuria.

anus *m* ano.

Anvers *n pr* GÉOGR Amberes.

anversois, e *adj* antuerpiense (d'Anvers).

Anversois, e *m* & *f* antuerpiense.

anxiété [ãksjete] *f* ansiedad.

anxieusement *adv* ansiosamente.

anxieux, euse *adj* ansioso, sa.

anxiogène *adj* ansiogénico, ca.

anxiolytique *adj* & *m* MÉD ansiolítico, ca.

AOC (abr écrite de appellation d'origine contrôlée) DO.

A-OF (abr de Afrique-Occidentale Française) *f* AOF.

Aonides [aɔnid] *f pl* MYTH Aónides (les muses).

aoriste *m* GRAMM aoristo (conjugaison grecque).

aorte *f* ANAT aorta.

aortique *adj* aórtico, ca.

aortite *f* MÉD aortitis.

Aoste *n pr* GÉOGR Aosta.

août [u] ou [ut] *m* agosto (mois) ▌ (vx) agosto (moisson) ▌ la mi-août la Virgen de Agosto, el día de la Asunción.

aoûtat [auta] *m* ZOOL ácaro.

aoûtement [autmã] *m* sazón *f* (des fruits).

aoûter [3] [aute] *v tr* (p us) sazonar (les fruits).

aoûtien, enne *adj* agosteño, ña.

AP (abr de Assistance publique) *f* asistencia social.

apache *m* apache (Peau-Rouge) ▮ FAM apache.

Apache *m & f* apache (Peau-Rouge).

apaisant, e *adj* tranquilizador, ra; calmante.

apaisement *m* apaciguamiento, aplacamiento, sosiego.

apaiser [4] *v tr* [▷ SYN] apaciguar (ramener la paix), sosegar, tranquilizar (tranquilliser); apaiser les esprits sosegar los ánimos ▮ aplacar; apaiser la colère aplacar la ira ▮ templar (tempérer, modérer) ▮ calmar; apaiser les craintes calmar los temores ▮ aplacar, apagar, mitigar (la soif, la faim) ▮ amainar (les éléments); apaiser la tempête amainar el temporal.

➧ **s'apaiser** *v pr* apaciguarse, calmarse, sosegarse, aplacarse.
▮ SYN calmer calmar; tranquilliser tranquilizar; rasséréner serenar; pacifier apaciguar.

apanage *m* infantado, infantazgo (d'un prince) ▮ herencia *f* (héritage) ▮ FIG être l'apanage de ser privativo de, ser el atributo de, ser patrimonio de; les grandes idées sont l'apanage du génie las grandes ideas son el atributo del genio; la vitalité est l'apanage de la jeunesse la vitalidad es patrimonio de la juventud.
▮ OBSERV Evítese el pleonasmo apanage exclusif.

aparté *adj & s m* THÉÂTR aparte ▮ conversación *f* aparte ▮ en aparté entre ou para sí.

apartheid [aparted] *m* apartheid.

apathie [apati] *f* apatía.
▮ SYN atonie atonía; indifférence indiferencia; indolence indolencia; insensibilité insensibilidad; nonchalance dejadez, negligencia; mollesse molicie; inertie inercia; langueur languidez; marasme marasmo.

apathique *adj & s* apático, ca.

apathiquement *adv* de modo apático.

apatite *f* MIN apatito *m*.

apatride *adj & s* apátrida.

apax ➤ **hapax**.

Apennin *n pr m*; **Apennins** *n pr m pl* GÉOGR l'Apennin ou les Apennins los Apeninos.

apepsie *f* apepsia.

aperceptibilité *f* PHILOS perceptibilidad.

aperceptif, ive *adj* perceptible.

aperception *f* PHILOS percepción.

aperceptivité *f* perceptividad.

apercevoir [52] *v tr* percibir, columbrar (distinguer) ▮ ver de pronto; apercevoir un obstacle ver de pronto un obstáculo ▮ divisar; apercevoir dans le lointain divisar a lo lejos ▮ darse cuenta de, ver; j'aperçois sa bonté me doy cuenta de su bondad.
➧ **s'apercevoir** *v pr* percibirse, divisarse ▮ FIG advertir, reparar, caer en la cuenta (remarquer); s'apercevoir d'une erreur advertir el error.
▮ OBSERV Apercibir una cosa ou apercibirse de ella pour traduire remarquer, observer, se rendre compte, est un gallicisme courant à éviter.

aperçu [apɛrsy] *m* ojeada *f* (coup d'œil) ▮ idea *f*, idea *f* general ou de conjunto, apreciación *f* superficial ou ligera, bosquejo ▮ resumen, compendio (résumé) ▮ cálculo aproximado; un aperçu des dépenses un cálculo aproximado de gastos.

apériodique *adj* aperiódico, ca.

apéritif, ive *adj* aperitivo, va.
➧ **apéritif** *m* aperitivo; prendre l'apéritif tomar el aperitivo.

▮ L'APÉRITIF
En Francia, tomar el "apéritif" o "apéro" es una costumbre social informal. Es bastante usual invitar a los amigos a un vermut sin proponerles que se queden para comer, o darles una cita en un bar "pour l'apéritif" antes de salir a cenar.

apéro *m* FAM aperitivo.

aperture *f* apertura.

apesanteur *f* ingravidez.

apétale *adj* BOT apétalo, la.

à-peu-près *m inv* aproximación *f*; ce n'est qu'un à-peu-près sólo es una aproximación.

apeuré, e *adj* amedrentado, da; acobardado, da (accouardi) ▮ un souvenir apeuré un recuerdo lleno de temor.

apeurer [5] *v tr* amedrentar.

apex *m* ASTRON ápex.

aphaniptères *m pl* afanípteros (insectes).

aphasie *f* MÉD afasia.

aphasique *adj & s* afásico, ca.

aphélie *m* ASTRON afelio.

aphérèse *f* aféresis (suppression de l'initiale).

aphidiens *m pl* ZOOL afidios (pucerons).

aphone *adj* afónico, ca; áfono, na.

aphonie *f* afonía.

aphorisme *m* aforismo.

aphrodisiaque *adj & s m* afrodisíaco, ca.

Aphrodite *n pr* MYTH Afrodita.

aphte *m* MÉD afta *f*.

aphteux, euse *adj* MÉD aftoso, sa; fièvre aphteuse fiebre aftosa.

aphylle *adj* BOT afilo, la (sans feuilles).

api *m* especie de manzana pequeña, roja y blanca, muy dulce (pomme d'api).

API (abr de alphabet phonétique international) *m* AFI.

à-pic *m inv* escarpa *f* ▮ acantilado.

apical, e *adj & s* apical; des phonèmes apicaux fonemas apicales.

apicole *adj* apícola (des abeilles).

apiculteur, trice *m & f* apicultor, ra.

apiculture *f* apicultura.

apidés *m pl* ápidos.

apiéceur, euse *m & f* oficial de sastre que monta las piezas de una prenda.

apiquage *m* MAR embicadura *f*.

apiquer [3] *v tr* MAR embicar.

apitoiement [apitwamɑ̃] *m* conmiseración *f*, lástima *f* (pitié).

apitoyant, e [apitwajɑ̃, ɑ̃t] *adj* digno de compasión, lastimoso, sa.

apitoyer [13] [apitwaje] *v tr* apiadar; son malheur apitoie ses amis su desgracia apiada a sus amigos ▮ dar lástima (faire pitié).

➧ **s'apitoyer** *v pr* apiadarse; s'apitoyer sur les malheurs de quelqu'un apiadarse de las desdichas de uno ▮ [▷ SYN] tener lástima (avoir pitié).

▮ SYN compatir compadecer; s'attendrir enternecerse; plaindre compadecer.

apivore *adj* ZOOL apívoro, ra.

ap. J-C (abr écrite de après Jésus-Christ) d. de JC.

APL (abr de aide personnalisée au logement) *f* ayuda personalizada a la vivienda, en Francia.

aplaigneur, euse *m & f* carmenador, ra.

aplanat *m* PHOT objetivo aplanético.

aplanétique *adj* PHYS aplanético, ca.

aplanétisme *m* PHYS aplanetismo.

aplanir [32] *v tr* [▷ SYN] allanar, aplanar (rendre plat) ▮ FIG allanar; aplanir les difficultés allanar las dificultades.
▮ SYN aplatir aplastar; planer alisar; niveler nivelar.

aplanissement *m* allanamiento, aplanamiento ▮ nivelación *f*, explanación *f* (d'un terrain) ▮ FIG allanamiento.

aplasie *f* aplasia.

aplat *m* color liso (peinture).

aplati, e *adj* aplastado, da (écrasé) ▮ aplanado, da (rendu plan) ▮ achatado, da (rendu plat); nez aplati nariz achatada.

aplatir [32] *v tr* aplastar (écraser) ▮ aplanar (rendre plan) ▮ achatar (rendre plat) ▮ FIG apabullar (dans une discussion).
➧ **s'aplatir** *v pr* aplastarse, aplanarse ▮ FAM extenderse, echarse; s'aplatir par terre echarse por tierra, al suelo ▮ ponerse plano; la mer s'aplatit el mar se pone plano ▮ FIG rebajarse (s'abaisser).

aplatissement *m* aplanamiento, aplastamiento ▮ achatamiento; l'aplatissement des pôles el achatamiento de los polos ▮ FIG servilismo, rebajamiento (abaissement).

aplatisseur *m* máquina *f* trituradora (des grains).

aplatissoir *m*; **aplatissoire** *f* martillo *m* para laminar, laminador *m*.

aplomb [aplɔ̃] *m* sentido vertical, verticalidad *f*, aplomo; la tour de Pise n'a pas gardé son aplomb la Torre de Pisa ha perdido su verticalidad ▮ equilibrio, estabilidad *f*; il reprit son aplomb recuperó su equilibrio ▮ caída *f* (d'un vêtement) ▮ FIG aplomo, seguridad *f* ▮ desfachatez *f*, descaro (effronterie) ▮ TECHN plomada *f* (fil à plomb) ■ d'aplomb a plomo, verticalmente ▮ remettre quelqu'un d'aplomb poner a uno como nuevo ▮ robe qui manque d'aplomb prenda que cae mal ▮ se remettre d'aplomb recuperarse ▮ se sentir d'aplomb sentirse bien ▮ se tenir d'aplomb mantenerse de pie.
➧ **aplombs** *m pl* aplomos (du cheval).

apnée *f* MÉD apnea.

apocalypse *f* apocalipsis.

apocalyptique *adj* apocalíptico, ca.

apocope *f* apócope.

apocopé, e *adj* apocopado, da.

apocryphe *adj* apócrifo, fa.
◇ *m* documento apócrifo.

apocynacées *f pl* BOT apocináceas.

apode adj & s m pl ZOOL ápodo, da (sans pieds).

apodictique adj apodíctico, ca (incontestable).

apodose f apódosis.

apogamie f BOT apogamia.

apogée m apogeo.

apolitique adj apolítico, ca.

apolitisme m apoliticismo.

apollinaire; apollinien, enne adj apolíneo, a.

Apollon n pr MYTH Apolo.

Apollonios [apɔlɔnjɔs] n pr Apolonio.

apologétique adj & s f apologético, ca.

apologie f apología (louange).
  SYN justification justificación; plaidoyer alegato, defensa; défense defensa; plaidoirie discurso de defensa, defensa.

apologiste m apologista.

apologue m apólogo.

apomorphine f MÉD apomorfina.

aponévrose f ANAT aponeurosis.

aponévrotique adj ANAT aponeurótico, ca.

aponter ➤ apponter.

apophonie f apofonía.

apophtegme m apotegma (sentence).

apophyge f ARCHIT apófige.

apophyse f ANAT apófisis.

apoplectique adj & s MÉD apoplético, ca.

apoplexie f MÉD apoplejía; apoplexie foudroyante apoplejía fulminante.

aporétique adj PHILOS aporético, ca.

aporie f PHILOS aporía.

apostasie [apɔstazi] f apostasía.

apostasier [9] v intr & tr apostatar.

apostat adj & s apóstata.
  SYN renégat renegado; hérétique hereje; hérésiarque heresiarca; schismatique cismático; laps, relaps relapso.

apostème m apostema f, postema f (tumeur).

aposter [3] v tr apostar, poner al acecho.

a posteriori loc adv a posteriori.

apostille f apostilla.

apostiller [3] v tr apostillar.

apostolat m apostolado.

apostolicité f apostolicidad.

apostolique adj apostólico, ca.

apostrophe f apóstrofe m ‖ GRAMM apóstrofo m (signe orthographique) ‖ FAM dicterio m, apóstrofe m; essuyer des apostrophes soportar dicterios.

APOSTROPHES
Este antiguo espacio literario de la televisión ejerció una influencia importante en los hábitos de lectura de los franceses. Una invitación de su presentador, Bernard Pivot, era considerada por los autores como un gran honor. "Passer à Apostrophes" o "passer chez Pivot" se convirtieron en frases hechas.
APOSTROPHE
En francés se emplea el apóstrofo en los siguientes casos: con las palabras "le", "la", "je", "me", "ne", "te", "se", "de", "que", "ce", "si", ante una palabra que empieza por una vocal o una "h" muda ("l'homme", "l'ami-

tié"); con las palabras "lorsque", "quoique", ante "il", "elle", "ou", "en", "un", "une" ("lorsqu'il parle", "quoiqu'elle dise"); con "entre" y "presque" cuando forman parte de palabras compuestas ("s'entr'appeler", "presqu'île"); y con "quelque", ante "un", "une" ("quelqu'un").

apostropher [3] v tr apostrofar ‖ increpar (réprimander).

apothécie; apothèce f apotecia (des lichens).

apothème m GÉOM apotema f.

apothéose f apoteosis.

apothicaire m (vx) boticario ‖ comptes d'apothicaire cuentas del Gran Capitán.

apothicairerie f (vx) botica.

apôtre m apóstol; les Actes des Apôtres los Hechos de los Apóstoles ‖ FIG faire le bon apôtre hacerse el santo.

Appalaches n pr f pl GÉOGR les Appalaches los Apalaches.

appalachien, enne adj apalachino, na.

apparaître [91] v intr aparecer; une comète apparut apareció un cometa ‖ FIG aparecerse, manifestarse; Dieu apparut à Moïse Dios se apareció a Moisés ‖ parecer; le projet lui apparaissait impossible el proyecto le parecía imposible ‖ ser considerado (être estimé) ‖ faire apparaître poner de manifiesto, revelar (révéler), presentar (présenter), sacar (sortir), arrojar; le bilan fait apparaître un bénéfice el balance arroja un beneficio ‖ il apparaît que resulta que.

apparat m aparato, pompa f (pompe, éclat) ■ dîner d'apparat cena de gala, de etiqueta ‖ en grand apparat con gran pompa.
  SYN appareil aparato, boato; pompe pompa, pomposidad; cérémonial ceremonial.

apparatchik m apparátchik.

apparaux m pl MAR aparejos.

appareil m aparato; appareil de télévision aparato de televisión; appareils de gymnastique aparatos de gimnasia ‖ aparato (avion) ‖ ANAT aparato; appareil digestif aparato digestivo ‖ aparato (d'un parti) ‖ ARCHIT labrado y aparejo de las piedras ‖ FIG atavío, indumentaria f (vêtements) ‖ aparato, boato (apparat) ‖ preparativos pl (préparatifs) ‖ MÉD apósito (pansement), aparato (orthopédie) ■ appareil administratif maquinaria ou mecanismo administrativo ‖ MÉD appareil dentaire aparato dental ‖ appareil photo cámara de fotos ‖ ÉCON appareil productif aparato productivo; ou de producción ‖ appareil de manutention continue transportador continuo ‖ appareil de prises de vues tomavistas ‖ appareil de sauvetage aparato salvavidas ■ dans le plus simple appareil en cueros ■ allô!, qui est à l'appareil? ¡oiga! ou ¡diga!, ¿quién está en el aparato?

appareillade f apareamiento m (oiseaux).

appareillage m equipo (ensemble d'appareils et accessoires); appareillage électrique equipo eléctrico ‖ emparejamiento (des animaux) ‖ MAR salida f de un barco ‖ maniobra f de salida ‖ MÉD prótesis f (prothèse) ‖ MÉD appareillage esthétique aparatos ortopédicos.

appareillement [apaʀɛjmɑ̃] m emparejamiento.

appareiller [4] v tr emparejar (choses, animaux) ‖ ARCHIT labrar y aparejar (pierres) ‖ aparear (animaux).
  ◇ v intr MAR hacerse a la mar, zarpar.

appareilleur m ARCHIT aparejador, obrero que labra las piedras de construcción.

apparemment [apaʀamɑ̃] adv aparentemente, al parecer, por fuera ‖ al parecer, por lo visto, por lo que se ve.

apparence f apariencia, aspecto m ■ en apparence en apariencia, aparentemente ‖ juger sur les apparences juzgar por las apariencias ‖ sauver les apparences guardar las apariencias, cubrir las formas ‖ se fier aux apparences fiarse de las apariencias.
  SYN vraisemblance verosimilitud; probabilité probabilidad; plausibilité plausibilidad.

apparent, e adj aparente ‖ visto, ta; briques apparentes ladrillos vistos ‖ poutres apparentes vigas vistas.

apparenté, e adj emparentado, da; bien apparenté bien emparentado ‖ FIG emparentado, da con; parecido, da a; style apparenté au naturalisme estilo emparentado con el naturalismo.

apparentement m agrupación f (élection).

apparenter [3] v tr emparentar con ‖ entroncar con (s'allier).
  ➤ s'apparenter v pr agruparse, unirse (élection) ‖ emparentarse con, parecerse a (ressembler).

appariement [apaʀimɑ̃] m apareamiento (animaux) ‖ emparejamiento (personnes, choses).

apparier [9] v tr aparear, parear ‖ emparejar.

appariteur m bedel (de faculté) ‖ ordenanza (d'administration).

apparition f aparición.

apparoir v impers constar, ser evidente, resultar.
  OBSERV Apparoir se usa solamente en la forma: il appert consta, resulta, y en el infinitivo.

appartement m piso, apartamento [(Amér) departamento] ‖ appartement de fonction vivienda para funcionarios.
  OBSERV Apartamento, récemment admis par l'Académie espagnole, est le mot le moins ambigu quoiqu'il corresponde surtout à un petit appartement. Piso désigne en principe un étage et par extension un grand appartement. Cuarto, une partie d'étage et très souvent une chambre ou une pièce. Mais ces deux derniers mots se confondent dans l'usage.

appartenance f pertenencia, propiedad ‖ adhesión (à un parti).
  ➤ appartenances f pl pertenencias, dependencias; les appartenances d'un château las dependencias de un castillo.

appartenant, e adj perteneciente.

appartenir [40] v intr pertenecer ‖ ser propio de (être propre à); l'irréflexion appartient aux jeunes la irreflexión es propia de los jóvenes ‖ appartenir en droit competer.
  ◇ v impers incumbir (incomber), corresponder, tocar; il m'appartient de faire ce travail me incumbe, me toca, me corresponde hacer este trabajo ‖ ainsi qu'il appartiendra según proceda o convenga.

s'appartenir *v pr* ser dueño de sí mismo.

appas [apɑ] *m pl* encantos, seducciones *f pl*, atractivos [de la mujer] ▌ atractivos, incentivos; **les appas de la gloire** los incentivos de la gloria.

appât [apɑ] *m* [▷ SYN] cebo ▌ FIG incentivo, atractivo ▌**l'appât du gain** el afán de lucro.
▌ SYN **amorce** cebo, carnada; **aiche, esche** cebo; **rogue** raba; **leurre** señuelo, añagaza.

appâter [3] *v tr* cebar (attirer avec un appât) ▌ cebar, engordar (la volaille) ▌ FIG seducir (séduire), atraer (attirer).

appauvrir [32] *v tr* empobrecer.

appauvrissant, e *adj* empobrecedor, ra.

appauvrissement *m* empobrecimiento, depauperación *f*.

appeau *m* reclamo, señuelo.

appel *m* llamamiento [(*Amér.*) llamado]; **un appel angoissé** un llamamiento angustioso ▌llamada *f*; **appel téléphonique** llamada telefónica ▌llamada *f* (sonnerie) ▌impulso (sports); **prendre son appel du pied droit** tomar impulso con el pie derecho ▌ DR [▷ SYN] apelación *f* ▌ FIG llamada *f* ▌**appel de la forêt** llamada de la selva ▌ MIL llamamiento; **l'appel de la classe** el llamamiento de la quinta ■ **appel à la révolte** llamamiento a la sublevación ▌ DR **appel à minima** apelación por disminución de pena ▌**appel au secours** grito de socorro ▌ DR **appel comme d'abus** recurso de queja ▌ **appel d'air** aspiración de aire ▌ COMM **appel de fonds** solicitación de fondos ▌**appel d'offres** licitación ▌ INFORM **appel de programme** llamada de un programa ▌ **bulletin d'appel, feuille d'appel** lista ▌ **cour d'appel** audiencia territorial ▌ **cri d'appel** llamamiento ▌**jugement sans appel** juicio definitivo ou sin apelación ▌**numéro d'appel** número de teléfono ▌ COMM **produit d'appel** producto de reclamo ▌ DR **sans appel** sin apelación, inapelable ■ MIL **battre l'appel** tocar llamada ▌ DR **faire appel** apelar, recurrir ▌ **faire appel à** acudir ou recurrir a, hacer un llamamiento a, echar mano de ▌**faire l'appel** pasar lista ▌ **faire un appel de phares** dar luces ▌ DR **interjeter appel** interponer apelación ▌**manquer à l'appel** estar ausente.
▌ SYN **pourvoi** recurso de casación; **recours** recurso.

appelant, e *adj & s* DR apelante, recurrente.
◇ *m & f* señuelo, reclamo.

appelé, e *adj* destinado, da.
appelé *m* MIL recluta.

appeler [24] *v tr* llamar ▌ [▷ SYN] llamar (nommer) ▌ pedir (demander); **appeler au secours** pedir auxilio ▌ interpelar (s'adresser à quelqu'un) ▌pasar lista (faire l'appel) ▌destinar; **appelé à un bel avenir** destinado a un buen porvenir ▌ nombrar; **appeler à un poste** nombrar para un destino ▌ requerir, exigir; **cette conduite appelle un châtiment** esta conducta requiere un castigo ▌ traer a la mente; **cela appelle d'autres réflexions** esto trae a la mente otros pensamientos ▌ DR citar; **appeler en témoignage** citar a juicio ▌ MIL llamar ■ **appeler au téléphone** llamar por teléfono ▌ INFORM **appeler un programme** llamar ou solicitar datos ▌**appeler en justice** llevar a los tribunales ▌ **en appeler** recurrir, apelar; **j'en appelle à votre compétence** recu-

rro a su competencia ▌**en appeler de** apelar de.
◇ *v intr* DR apelar.
s'appeler *v pr* llamarse.
▌ SYN **dénommer** denominar; **surnommer** apodar; **baptiser** bautizar; **qualifier** calificar; **traiter de** tratar de, poner de.

appellatif, ive [apelatif, iv] *adj & s m* apelativo, va.

appellation *f* denominación; **appellation d'origine ou contrôlée** denominación de origen.

appendice [apɛ̃dis] *m* apéndice.

appendicectomie *f* [apɛ̃disɛktɔmi] MÉD apendicectomía.

appendicite [apɛ̃disit] *f* MÉD apendicitis.

appendiculaire [apɛ̃dikylɛr] *adj* apendicular.

appendre [73] *v tr* (vx) colgar.

appentis *m* cobertizo, colgadizo.

Appenzell [apɛnzɛl] *n pr m* GÉOGR Appenzell; **le canton d'Appenzell** el cantón de Appenzell.

appert [apɛr] **apparoir**.

appesantir [32] *v tr* hacer más pesado; **l'eau appesantit les vêtements** el agua hace más pesados los vestidos ▌FIG entorpecer; **la vieillesse appesantit le corps** la vejez entorpece el cuerpo ▌ FIG **appesantir son autorité** hacer pesar su autoridad.
s'appesantir *v pr* hacerse pesado ▌**s'appesantir sur** insistir en.

appesantissement *m* entorpecimiento, pesadez *f* (lourdeur).

appétence *f* apetencia.

appétissant, e *adj* [▷ SYN] apetitoso, sa ▌FIG apetecible.
▌ SYN **alléchant** atrayente; FAM **affriolant** engatusador, seductor.

appétit *m* apetito ▌ FIG ganas *f pl*, sed *f* (désir) ▌ambición *f*; **mettre un frein aux appétits de quelqu'un** limitar las ambiciones de uno ■ **bon appétit!** ¡buen provecho!, ¡que aproveche! ▌**de bon appétit** con mucho apetito ▌**sans appétit** desganado ▌**avoir un appétit de loup** tener un hambre canina ■ **avoir un appétit d'oiseau** comer como un pajarito ▌**couper l'appétit** quitar las ganas ▌**l'appétit vient en mangeant** el comer y el rascar todo es empezar ▌ **mettre en appétit** dar apetito ▌**rester sur son appétit** quedarse con ganas.

Appienne *n pr f* **la voie Appienne** la vía Apia.

applaudir [32] *v tr & intr* aplaudir; **j'applaudis à votre décision** aplaudo su decisión ▌**applaudir à tout rompre** aplaudir frenéticamente.
s'applaudir *v pr* felicitarse, congratularse (se réjouir).

applaudissements *m pl* aplausos ■ **applaudissements scandés** palmas de tango ▌**aux applaudissements de** con el aplauso de ▌ **tonnerre d'applaudissements** salva de aplausos.

applaudisseur, euse *m & f* aplaudidor, ra.

applicabilité *f* aplicabilidad.

applicable *adj* aplicable.

applicage *m* TECHN aplicación *f*.

applicateur *adj m & s m* aplicador, ra.

application *f* aplicación ▌ INFORM **application d'une fonction** aplicación de una función ■ **dentelle, broderie d'application** encaje, bordado de aplicación ▌ **mettre en application** dar cumplimiento.

applique *f* adorno *m* (ornements) ▌ aplique *m* (gallicisme) [lámpara de pared].

appliquer [3] *v tr* aplicar ▌ dar, asestar; **un soufflet bien appliqué** una bofetada muy bien dada ▌aplicar, cumplir (une loi).
s'appliquer *v pr* aplicarse ▌ adaptarse (s'adapter) ▌ dedicarse (se consacrer) ▌ esforzarse, empeñarse; **je m'appliquais à faire de mon mieux** me esforzaba en hacerlo lo mejor posible.

appoggiature *f* MUS apoyatura.

appoint [apwɛ̃] *m* pico (d'une somme) ▌ moneda *f* suelta, suelto; **avez-vous l'appoint?** ¿tiene Ud. suelto?; **faire l'appoint** dar el dinero justo, tener suelto ▌ FIG ayuda *f* (aide), complemento ▌ FIG **d'appoint** complementario, ria; adicional; **chauffage d'appoint** calefacción complementaria.

appointage *m* aguzamiento.

appointé, e *adj & s* asalariado, da ▌être appointé à l'année, au mois cobrar anualmente, mensualmente.
◇ *adj* en punta, aguzado, da; **un dogue aux oreilles appointées** un dogo con las orejas en punta ▌BLAS apuntado, da.

appointements *m pl* sueldo *sing* (traitement); **être aux appointements de** estar a sueldo de.

appointer [3] *v tr* dar (donner), señalar (fixer) un sueldo ▌sacar punta a (aiguiser).

appontage *m* aterrizaje en un portaaviones.

appontement *m* muelle de carga, descarga.

apponter; aponter [3] *v intr* aterrizar en un portaaviones.

apport *m* COMM & DR aportación *f*; **apport de fonds** aportación de fondos; **apport dotal** aportación dotal ■ **apport en nature** aportación en especie ▌ **apport en numéraire** aportación en metálico ▌ **apports marins** aluviones marinos ▌ TECHN **métal d'apport** metal añadido.

apporter [3] *v tr* traer ▌ COMM & DR aportar ▌FIG alegar (alléguer); **apporter des raisons** alegar razones ▌ anunciar (annoncer); **apporter une nouvelle** anunciar una nueva ▌ **apporter du soin ou de l'attention à** tener cuidado en.

apposer [3] *v tr* poner (placer), fijar (fixer); **apposer une affiche** fijar un cartel ▌insertar; **apposer une clause** insertar una cláusula ■ DR **apposer les scellés** precintar ▌ **apposer une signature** firmar.

apposition *f* aplicación, fijación (fixation) ▌ inserción (d'une clause) ▌ GRAMM aposición ▌ **apposition des scellés** colocación de precinto, precintado.

appréciabilité *f* apreciabilidad.

appréciable *adj* apreciable.

appréciateur, trice *adj & s* apreciador, ra.

appréciatif, ive *adj* apreciativo, va.

appréciation *f* apreciación ▌ evaluación, estimación ▌ **laisser quelque chose à l'appré-**

ciation de quelqu'un dejar algo al juicio de alguno.

apprécier [9] *v tr* apreciar ▌ apprécier à sa juste valeur apreciar en ou por su verdadero valor.

appréhender [3] *v tr* prender, aprehender (saisir) ▌ temer (craindre) ▌ j'appréhende sa venue temo que venga ▌ comprender (comprendre).

appréhensible *adj* comprensible.

appréhensif, ive *adj* temeroso, sa; pusilánime (craintif), tímido, da (timide).

appréhension *f* temor *m*, aprensión, recelo *m* ▌ PHILOS aprehensión.

apprenant, e *m & f* alumno, na; estudiante.

apprendre [79] *v tr* aprender; apprendre à lire aprender a leer ▌ [▷ SYN] enseñar (enseigner); sa mère lui apprit à chanter su madre le enseñó a cantar ▌ enterarse, saber (savoir); j'ai appris la mort de ton frère me he enterado de ou he sabido la muerte de tu hermano ▌ decir, poner al corriente; ce n'est pas moi qui vous l'apprendrai no seré yo quien se lo diga ▌ hacer saber, enterar (faire savoir), informar (informer); apprendre une nouvelle à quelqu'un informar de una noticia a alguien ■ apprendre à ses dépens saber por propia experiencia ▌ apprendre à vivre dar una lección, corregir ▌ apprendre par cœur aprender de memoria ▌ cela vous apprendra à esto le servirá de lección para, esto le enseñará a.

▌ OBSERV Il ne faut pas confondre les deux sens d'apprendre, français, qui se rendent en espagnol par aprender (pour soi-même) et enseñar (à autrui).
SYN enseigner enseñar; professer profesar; montrer mostrar, enseñar; instruire instruir.

apprenti, e *m & f* [▷ SYN] aprendiz, za ▌ FIG novicio, cia; un conducteur apprenti un chófer novicio ▌ l'apprenti sorcier el aprendiz de brujo.
▌ SYN élève alumno; disciple discípulo.

apprentissage *m* aprendizaje ▌ mettre en apprentissage colocar de aprendiz.

apprêt [apre] *m* apresto, aderezo (étoffes) ▌ adobo (cuirs) ▌ condimento, aliño (assaisonnement) ▌ aparejo, imprimación *f* (peinture) ▌ FIG afectación *f*; style plein d'apprêt estilo lleno de afectación ▌ sans apprêt sin pretensión, con sencillez.
▶ **apprêts** *m pl* preparativos; les apprêts d'un voyage los preparativos de un viaje.

apprêtage *m* aderezo, apresto (étoffes) ▌ adobo (cuirs).

apprêté, e *adj* afectado, da (affecté).

apprêter [4] *v tr* preparar, disponer (disposer) ▌ aderezar, aprestar (étoffes) ▌ almidonar (une chemise) ▌ adobar (cuirs) ▌ [▷ SYN] condimentar, aderezar (cuisine) ▌ glasear (papiers).
▶ **s'apprêter** *v pr* preparar, disponerse (se disposer), estar a punto de; s'apprêter à sortir estar a punto de salir ▌ arreglarse (faire sa toilette).
▌ SYN accommoder arreglar, aderezar; assaisonner sazonar, aliñar; relever especiar.

apprêteur, euse *m & f* aprestador, ra (étoffes) ▌ adobador (cuirs) ▌ pintor (sur verre).
▶ **apprêteuse** *f* sombrerera (modiste).

apprivoisable [aprivwazabl] *adj* domesticable, amansable.

apprivoisement [aprivwazmã] *m* domesticación *f*, amansamiento.

apprivoiser [3] *v tr* [▷ SYN] domesticar, amansar ▌ hacer más sociable ou más dócil.
▶ **s'apprivoiser** *v pr* domesticarse ▌ familiarizarse, acostumbrarse (s'accoutumer); s'apprivoiser au danger familiarizarse con el peligro ▌ hacerse más sociable, más dócil.
▌ SYN domestiquer domesticar; dompter domar; dresser amaestrar; charmer hechizar, encantar, domar.

approbateur, trice *adj & s* aprobador, ra ▌ sourire approbateur sonrisa de aprobación.

approbatif, ive *adj* aprobativo, iva; aprobatorio, ria.

approbation *f* [▷ SYN] aprobación; digne d'approbation digno de aprobación ▌ visto *m* bueno, conforme *m* (formule d'accord).
▌ SYN acquiescement aquiescencia; adhésion adhesión; accession accesión; consentement consentimiento, consenso; agrément beneplácito, consentimiento; aveu consentimiento; accord acuerdo; assentiment asentimiento, asenso; ratification ratificación; confirmation confirmación; suffrage sufragio; sanction sanción.

approbativement *adv* con aprobación.

approchable [aprɔʃabl] *adj* accesible, abordable.

approchant, e *adj* semejante, parecido, da; quelque chose d'approchant algo parecido ▌ aproximado, da (approximatif).
▶ **approchant** *adv* (p us) aproximadamente, cosa de, unos, unas (environ).

approche *f* aproximación, acercamiento *m* (action) ▌ proximidad, cercanía (qualité de ce qui est proche); l'approche de l'hiver la proximidad del invierno ▌ acceso *m* (accès); lieu d'approche périlleuse lugar de acceso peligroso ▌ enfoque *m*, manera de enfocar (optique) ▌ manera de ver (façon de voir); approche d'un problème enfoque de un problema, manera de enfocar un problema ▌ estudio *m* (étude) ■ à l'approche de, aux approches de al acercarse a ▌ greffe par approche injerto de canutillo ▌ lunette d'approche anteojo de aumento ▌ travaux d'approche trabajos de zapa.
▶ **approches** *f pl* MIL aproches *m pl* ▌ cercanías, proximidades (alentours).

approché, e *adj* aproximado, da.

approcher [3] *v tr* acercar, aproximar; approcher la lampe acercar la lámpara ▌ ponerse en contacto con; il est difficile de l'approcher es difícil ponerse en contacto con él.
◇ *v intr & pr* acercarse, aproximarse; l'heure du déjeuner approche se acerca la hora del almuerzo ■ s'approcher des sacrements practicar los sacramentos, confesarse y comulgar ▌ s'approcher du feu acercarse al fuego.

approfondi, e *adj* profundizado, da ▌ profundo, da; detenido, da; une étude approfondie un estudio detenido ▌ amplio, plia; échange de vues approfondi amplio cambio de impresiones.

approfondir [32] *v tr* [▷ SYN] ahondar, profundizar ▌ hacer más profundo, intensificar (rendre plus intense) ▌ buscar la causa de (rechercher la cause).
▶ **s'approfondir** *v pr* hacerse más profundo.

fundo.
▌ SYN creuser cavar, ahondar; caver cavar, socavar; fouir escarbar; excaver excavar.

approfondissement *m* ahondamiento ▌ estudio, análisis, conocimiento ou examen profundo.

appropriation *f* apropiación ▌ adaptación.

approprié, e *adj* apropiado, da.
▌ SYN pertinent pertinente; adéquat adecuado; idoine idóneo; congruent congruente; congru congruo.

approprier [10] *v tr* apropiar, acomodar ▌ approprier un discours aux circonstances pronunciar un discurso propio del caso.
▶ **s'approprier** *v pr* [▷ SYN] apropiarse.
▌ SYN s'attribuer atribuirse; s'arroger arrogarse; s'adjuger adjudicarse; s'appliquer aplicarse; s'emparer adueñarse, ampararse; accaparer acaparar; prendre tomar, coger; ravir arrebatar; usurper usurpar; FAM emprunter distraer.

approuvable *adj* aprobable.

approuver [3] *v tr* aprobar ▌ estar de acuerdo con, dar la aprobación a ■ lu et approuvé conforme, leído y conforme ▌ vu et approuvé visto bueno Vº Bº, conforme.

approvisionnement [aprɔvizjɔnmã] *m* avituallamiento, aprovisionamiento, abastecimiento; approvisionnement en eau abastecimiento de agua ▌ provisión *f* ▌ service d'approvisionnement servicio de suministro.

approvisionner [3] *v tr* aprovisionar, abastecer, proveer ▌ surtir.
▶ **s'approvisionner** *v pr* aprovisionarse, abastecerse, proveerse.
▌ SYN ravitailler avituallar (vivres), municionar (munitions).

approvisionneur, euse *m & f* proveedor, ra; abastecedor, ra.

approximatif, ive *adj* aproximado, da.

approximation *f* aproximación.

approximativement *adv* aproximadamente, poco más o menos.

appt (abr écrite de appartement) piso.

appui *m* apoyo, sostén ▌ antepecho (de fenêtre) ▌ FIG [▷ SYN] ayuda *f*; trouver des appuis en contrar ayudas ▌ amparo, apoyo; compter sur l'appui de quelqu'un contar con el amparo de uno ▌ CONSTR soporte; appui fixe soporte rígido ■ SPORTS appui tendu renversé pino ▌ match d'appui partido de desempate ▌ mur d'appui muro de contención ▌ pièces à l'appui con las pruebas en la mano ▌ point d'appui punto de apoyo, fulcro (levier) ■ à l'appui de en apoyo de.
▌ SYN aide ayuda; protection protección; assistance asistencia; secours socorro, auxilio; rescousse auxilio; soutien sostén, sustento.

appui-bras; appuie-bras *m* brazo (d'un fauteuil).
▌ OBSERV pl appuis-bras ou appuie-bras.

appuie-tête ▶ appui-tête.

appui-livres *m* atril.
▌ OBSERV pl appuis-livres.

appui-main; appuie-main *m* ARTS tiento.
▌ OBSERV pl appuis-mains ou appuie-main.

appui-tête; appuie-tête *m* orejera *f* (d'un fauteuil) ▌ reposacabezas *inv* [sostén para la cabeza].
▌ OBSERV pl appuis-tête ou appuie-tête.

appuyé, e *adj* insistente (regard) ▌ pesado, da (plaisanterie).

appuyer [14] [apɥije] *v tr* apoyar; appuyer contre un mur apoyar en la pared ‖ [▷ SYN] sostener; appuyer une muraille par des étais sostener un muro con puntales ‖ pulsar; appuyer sur un bouton pulsar un botón ‖ respaldar (une demande, une requête) ‖ FIG basar en, fundaren (fonder) ‖ MAR afirmar ‖ tesar (un cordage) ‖ appuyer les coudes sur la table apoyar los codos en la mesa.
◇ *v intr* apretar contra (peser sur) ‖ recalcar, acentuar (mettre l'accent sur) ‖ tomar la dirección de (se diriger vers) ‖ pisar (sur une pédale) ‖ FIG insistir, hacer hincapié en ‖ apretar (sur la détente) ‖ appuyer sur les mots recalcar las palabras.
➤ **s'appuyer** *v pr* apoyarse ‖ FAM echarse al cuerpo, apechugar con; s'appuyer un bon dîner echarse al cuerpo una buena comida; s'appuyer une longue course apechugar con una caminata ■ s'appuyer sur estribarse en, descansar en, apoyarse en (reposer), fundarse en (se baser) ‖ s'appuyer sur les mains hacer fuerza con las manos.
| SYN accoter recostar, reclinar; adosser adosar; arc-bouter apoyar en un arbotante; étayer apuntalar.

apr. (abr de après) *prép & adv* d.

âpre *adj* áspero, ra (au toucher, au goût) ‖ FIG áspero, ra; desapacible (voix, caractère) ‖ ávido, da; âpre au gain ávido de ganancias.

aprèm [aprɛm] (abr de après-midi) *m inv* ou *f inv* FAM tarde f; à cet aprèm! ¡hasta la tarde!

aprème *m* FAM tarde f (après-midi).

âprement *adv* con aspereza.

après [aprɛ] *adv* después, luego; mangez d'abord, vous boirez après coma primero, después beberá.
◇ *prép* después que, después de; il est venu après moi vino después que yo; après le dîner después de la cena ‖ tras, detrás de (derrière); courir après quelqu'un correr tras uno ‖ a; crier après quelqu'un reñir a uno; attendre après quelqu'un esperar a alguien ‖ con (avec); je suis fâché après lui estoy disgustado con él ■ après coup fuera de tiempo, a destiempo ‖ après que después que, luego que ‖ après quoi después de lo cual ‖ après tout después de todo ‖ bientôt (peu) après poco después ‖ d'après según; d'après votre opinion según su opinión; a imitation d'après X pintar a imitación de X; siguiente; le mois d'après mes siguiente ‖ d'après nature del natural ‖ FAM et puis après ¡bueno! ¿y qué? ■ ◇ FIG courir après correr en pos, perseguir ‖ être après quelque chose afanarse en obtener algo, ocuparse activamente ‖ être après quelqu'un no dejar a uno en paz.
◇ *préf* post, pos.
| OBSERV Es incorrecto decir accrocher son chapeau après le portemanteau o il y a de la boue après ma robe en lugar de accrocher son chapeau au portemanteau o il y a de la boue sur ma robe. También lo es il a demandé après vous en vez de il vous a demandé.

après-demain *adv* pasado mañana.

après-dîner *m* velada.
| OBSERV pl après-dîners.

après-guerre *m* ou *f* postguerra *f*, posguerra *f*.
| OBSERV pl après-guerres.

après-midi *m* ou *f inv* tarde *f* (après le déjeuner) ‖ dans l'après-midi por la tarde.

après-rasage *adj inv* lotion après-rasage loción after-shave ou loción para después del afeitado.
◇ *m* after-shave ou loción *f* para después del afeitado.
| OBSERV pl après-rasages.

après-ski *m* descansos *m pl*, après-ski *m inv*.
| OBSERV pl après-skis.

après-soleil *adj inv & s m* after-sun ‖ lait après-soleil loción para después del sol ou after-sun.
| OBSERV pl après-soleils.

après-vente *adj* postventa, posventa; COMM service après-vente (SAV) servicio postventa.

âpreté *f* aspereza ‖ codicia (convoitise), avidez (avidité); l'âpreté au gain la codicia de ganancia ‖ FIG severidad (sévérité), rigor *m* (rigueur); l'âpreté des reproches el rigor de la crítica.

a priori *loc adv* a priori.

apriorisme *m* apriorismo.

à-propos [apropo] *m* ocurrencia *f*; avoir de l'à-propos tener ocurrencias ‖ oportunidad *f*; répondre avec à-propos contestar con oportunidad ‖ apropósito, obra *f* de teatro ou poema de circunstancia.

apside *f* ASTRON ápside.

apte *adj* apto, ta; apte à un poste apto para un destino ‖ capacitado, da (compétent).

aptère *adj* áptero, ra (sans ailes); victoire aptère victoria áptera.

aptérygotes [apterigot] *m pl* apterigotos.

aptéryx *m* ZOOL ápterix.

aptitude *f* aptitud; aptitude au ou pour le travail aptitud para el trabajo ‖ DR capacidad.

Apulée *n pr* Apuleyo.

Apulie *n pr f* HIST Apulia (ancien nom de la Pouille).

apurement *m* intervención *f* de cuentas ‖ corrección *f*.

apurer [3] *v tr* intervenir, comprobar (un compte).

apyre [apir] *adj* apiro, ra (infusible).

apyrétique *adj* MÉD apirético, ca.

apyrexie *f* MÉD apirexia (absence de fièvre).

aquaculture; aquiculture *f* acuicultura, acuicultivo *m*.

aquafortiste *m & f* acuafortista, aguafuertista.

aquamanile *m* aguamanil.

aquaplanage; aquaplaning *m* aquaplaning.

aquaplane *m* aguaplano.

aquaplaning ➤ **aquaplanage**.

aquarelle *f* acuarela.

aquarelliste *m & f* acuarelista.

aquarium [akwarjɔm] *m* acuario.

aquatinte; aqua-tinta *f* acuatinta (gravure).

aquatintiste *m & f* acuatintista.

aquatique *adj* acuático, ca (plante, animal).

aquatubulaire *adj* acuotubular (chaudière).

aqueduc [akdyk] *m* acueducto.

aqueux, euse [akø, øz] *adj* ácueo, a; humeur aqueuse humor ácueo ‖ acuoso, sa; fruit aqueux fruta acuosa ‖ aguanoso, sa (trop liquide).

aquicole [akɥikɔl] *adj* acuícola ‖ acuático, ca.

aquiculture ➤ **aquaculture**.

aquifère [akɥifer] *adj* acuífero, ra; nappe aquifère capa acuífera.

aquilin, e [akilɛ̃, in] *adj* aquilino, na; aguileño, ña.

aquilofoliacées *f pl* aquilofoliáceas.

aquilon *m* aquilón.

aquitain, e *adj & s* aquitano, na.

Aquitaine *n pr f* GÉOGR l'Aquitaine Aquitania.
| AQUITAINE
| Esta región administrativa comprende los departamentos de Dordogne, Gironde, Landes, Lot-et-Garonne y Pyrénées-Atlantiques. Capital: Bordeaux (Burdeos).

aquosité [akozite] *f* acuosidad.

AR (abr écrite de accusé de réception) acuse de recibo ‖ (abr écrite de arrière) roues AR ruedas traseras; marche AR marcha atrás.

AR; A-R (abr de aller-retour) *m* ida *f* y vuelta.

ara *m* guacamayo, ara (perroquet).

arabe *adj* árabe ‖ arábigo, ga; chiffre arabe número arábigo.
◇ *m* LING árabe.

Arabe *m & f* árabe.
| ARABE
| Recuerde que, en Francia, esta palabra suele aplicarse a la gente de África del Norte y muchas veces tiene connotaciones racistas.

arabesque *adj* arabesco, ca.
◇ *f* arabesco *m* (ornement).

arabica *m* café arábigo.

Arabie *n pr f* GÉOGR l'Arabie Arabia; l'Arabie Saoudite Arabia Saudí ou Saudita.

arabique *adj* arábico, ca (d'Arabie) ‖ arábigo, ga; gomme arabique goma arábiga.

Arabique *adj* GÉOGR golfe Arabique golfo Arábico; péninsule Arabique península Arábica.

arabisant, e *m & f* arabista.

arabisation *f* arabización.

arabiser [3] *v tr* arabizar.

arabisme *m* arabismo.

arable *adj* arable; sol arable suelo arable.

arabophone *adj* de habla árabe.

arac ➤ **arak**.

aracées *f pl* BOT aráceas.

arachide [araʃid] *f* BOT cacahuete *m*, maní *m* ‖ huile d'arachide aceite de cacahuete.

arachnéen, enne [araknee, ɛn] *adj* arácneo, a (d'araignée); tissu arachnéen tejido arácneo.

arachnides [araknid] *m pl* ZOOL arácnidos.

arachnoïde [araknɔid] *f* ANAT aracnoides.

arachnoïdien, enne [araknɔidjɛ̃, ɛn] *adj* aracnoideo, a.

Aragon *n pr m* GÉOGR l'Aragon Aragón.

aragonais, e *adj* aragonés, esa.

Aragonais, e *m & f* aragonés, esa.

aragonite *f* MIN aragonito *m*.

araignée [areɲe] *f* araña ▌ red tenue para pescar ▌ garfio *m*, rebañadera (crochet) ▌ pulpo *m* (pour les bagages) ▌ MAR cabuyera (de hamac) ■ araignée d'eau araña de agua, tejedor (insecte) ▌ araignée de mer centolla, araña de mar (crustacé) ▌ toile d'araignée telaraña ■ FAM avoir une araignée au ou dans le plafond faltarle a uno un tornillo, estar mal de la azotea ou del tejado.

araire *m* arado común sin juego delantero.

arak; arac *m* arac (eau-de-vie de riz).

Aral *n pr* GÉOGR la mer d'Aral el mar de Aral.

araméen, enne *adj* arameo, a.
➥ **araméen** *m* LING arameo.

Araméen, enne *m & f* arameo, a.

aramon *m* vid *f* y vino corriente del sur de Francia.

aranéides *m pl* ZOOL arañas *f*.

arantèle; arantelle *f* telaraña.

Ararat *n pr m* GÉOGR le mont Ararat el monte Ararat.

arasement [arazmɑ̃] *m* CONSTR enrase, enrasamiento ▌ desquijeramiento (d'une planche).

araser [3] *v tr* CONSTR enrasar (mettre de niveau) ▌ desquijerar (une planche) ▌ GÉOGR desgastar por la erosión.

aratoire *adj* aratorio, ria.

araucanien, enne *adj & s* araucano, na.

araucaria *m* araucaria *f* (arbre).

arbalète *f* ballesta ▌ cheval en arbalète caballo delantero [en un tiro de tres].

arbalétrier *m* ballestero; grand maître des arbalétriers ballestero mayor ▌ vencejo (oiseau) ▌ ARCHIT alfarda *f*.

arbitrable *adj* arbitrable.

arbitrage *m* [▷ SYN] arbitraje (d'un litige) ▌ laudo (sentence arbitrale) ▌ COMM arbitraje (en Bourse).
▌ SYN conciliation conciliación; compromis compromiso.

arbitragiste *m* COMM arbitrajista.

arbitraire *adj* arbitrario, ria.
◇ *m* arbitrariedad *f*, despotismo.

arbitrairement *adv* arbitrariamente.

arbitral, e *adj* arbitral ▌ jugements arbitraux sentencias arbitrales, laudos.

arbitralement *adv* de modo arbitral.

arbitre *m* árbitro (juge) ▌ FIG árbitro; être l'arbitre de la mode ser árbitro de la moda ▌ libre arbitre libre albedrío.

arbitrer [3] *v tr* arbitrar.

arborer [3] *v tr* arbolar ▌ enarbolar; arborer un drapeau enarbolar una bandera ▌ hacer gala de; arborer ses opinions hacer gala de sus opiniones ▌ FIG & FAM lucir, ostentar; arborer une belle cravate lucir una hermosa corbata ▌ MAR izar; arborer son pavillon izar la bandera.

arborescence [arbɔresɑ̃s] *f* BOT arborescencia ▌ INFORM árbol *m* de directorios.

arborescent, e *adj* BOT arborescente; fougère arborescente helecho arborescente.

arboretum *m* arboreto.

arboricole *adj* arborícola (qui vit sur les arbres).

arboriculteur *m* arboricultor.

arboriculture *f* arboricultura.

arborisation *f* MIN arborización.

arborisé, e *adj* arborizado, da; agate arborisée ágata arborizada.

arbouse [arbuz] *f* madroño *m* (fruit).

arbousier *m* madroño (arbre).
▌ OBSERV Le madroño fait partie des armes de Madrid auprès d'un ours rampant.

arbre *m* BOT árbol ▌ huso (cylindre) ▌ IMPR árbol (presse) ▌ TECHN árbol, eje (axe); arbre moteur árbol motor; arbre à cames árbol de levas; arbre de transmission árbol de transmisión ■ arbre à cire árbol de la cera ▌ arbre à pain árbol del pan, árbol artocárpeo ▌ arbre cannelé mandril del embrague ▌ arbre de haute futaie árbol de monte alto ▌ MAR arbre de couche árbol de la hélice ▌ arbre de Noël árbol de Navidad ▌ arbre de vie árbol de la vida, tuya ▌ arbre fruitier árbol frutal ▌ arbre généalogique árbol genealógico ▌ AUTOM arbre primaire árbol primario ▌ arbre secondaire árbol secundario ▌ arbre intermédiaire árbol intermedio ■ entre l'arbre et l'écorce, il ne faut mettre le doigt entre padres y hermanos no metas las manos ▌ l'arbre ne tombe pas au premier coup no se ganó Zamora en una hora ▌ on connaît l'arbre à son fruit por el fruto se conoce el árbol ▌ quand l'arbre est tombé, chacun court aux branches del árbol caído todos hacen leña ▌ tel arbre, tel fruit de tal palo, tal astilla.

arbrisseau [arbriso] *m* arbolito, arbusto.

arbuste [arbyst] *m* arbusto.

arbustif, ive *adj* arbustivo, va.

arc *m* arco (arme) ▌ ARCHIT arco ▌ MATH arco ■ arc bombé arco escarzano ▌ arc brisé arco mitral ▌ arc de biais arco capialzado ▌ arc de cercle arco de círculo ▌ arc déprimé arco adintelado ou a nivel ▌ arc de triomphe arco detriunfo ou triunfal ▌ arc elliptique arco elíptico ▌ arc en accolade arco conopial ▌ arc en anse de panier arco carpanel ou zarpanel ▌ arc en doucine arco en gola ▌ arc en fer à cheval ou outrepassé arco de herradura ou morisco ▌ arc en lancette arco apuntado ▌ arc en ogive arco ojival ▌ arc formeret arco formero ▌ arc infléchi arco de cortina ▌ arc lancéolé arco lanceolado ▌ arc plein cintre arco de medio punto ▌ arc rampant arco por tranquil ▌ arc surbaissé arco rebajado ▌ arc surhaussé arco peraltado ▌ arc trilobé arco trebolado ou trilobulado ▌ arc voltaïque arco voltaico (électricité) ■ en arc ou courbé en arc arqueado ■ avoir plusieurs cordes à son arc ser hombre de muchos recursos ▌ bander l'arc armar el arco ▌ débander l'arc desarmar el arco.

ARC [ark] (abr de Association pour la Recherche sur le Cancer) *f* asociación francesa de investigación sobre el cáncer.

arcade *f* ARCHIT soportal *m*, arcada ▌ TECHN fuste *m* (selle) ■ arcade dentaire arco alveolar ▌ ANAT arcade sourcilière ceja.

Arcadie *n pr f* GÉOGR l'Arcadie Arcadia.

arcadien, enne *adj* árcade, arcadio, dia.
➥ **arcadien** *m* LING árcade.

Arcadien, enne *m & f* árcade, arcadio, dia.

arcane *m* arcano (mystère).

arcanson *m* colofonia *f* (résine).

arcature [arkatyr] *f* ARCHIT arquería.

arc-boutant *m* ARCHIT arbotante, boterete ▌ contrafuerte (contrefort).
▌ OBSERV pl arcs-boutants.

arc-boutement *m* TECHN detención *f* de las ruedas dentadas en su funcionamiento.
▌ OBSERV pl arcs-boutements.

arc-bouter [3] *v tr* ARCHIT apoyar en un arbotante, apuntalar (étayer) ▌ FIG apoyar, estribar, sostener.
➥ **s'arc-bouter** *v pr* apoyarse, afianzarse; s'arc-bouter contre le mur afianzarse en la pared.

arc-doubleau *m* ARCHIT arco perpiaño.
▌ OBSERV pl arcs-doubleaux.

arceau [arso] *m* ARCHIT arco de bóveda, cula *f* ▌ arco, aro (du croquet).

arc-en-ciel [arkɑ̃sjɛl] *m* arco iris.
▌ OBSERV pl arcs-en-ciel.

archaïque [arkaik] *adj* arcaico, ca.

archaïsant, e [arkaizɑ̃, ɑ̃t] *adj* arcaizante, de estilo ou sabor arcaico.
➥ **archaïsant** *m* arcaísta.

archaïsme [arkaism] *m* arcaísmo.

archal [arʃal] *m* latón; fil d'archal alambre de latón.

archange [arkɑ̃ʒ] *m* arcángel.

archangélique [arkɑ̃ʒelik] *adj* arcangélico, ca.

arche *f* arco *m* (d'un pont) ▌ TECHN arca (vitrerie) ■ arche d'alliance arca de la alianza ▌ arche de Noé arca de Noé.

archée [arʃe] *f* (vx) principio *m* de la vida ▌ materia ígnea (au centre de la Terre).

archéen, enne [arkeɛ̃, ɛn] *adj & s m* GÉOL arcaico, ca.

archégone [arkegon] *m* BOT arquegonio.

archéologie [arkeɔlɔʒi] *f* arqueología.

archéologique [arkeɔlɔʒik] *adj* arqueológico, ca.

archéologue [arkeɔlɔg] *m & f* arqueólogo, ga.

archéoptéryx *m* arqueópterix (oiseau fossile).

archer [arʃe] *m* arquero.

archère *f* saetera (archière).

archet [arʃɛ] *m* MUS arco ▌ TECHN ballesta *f* para taladrar.

archétype [arketip] *m* arquetipo ▌ patrón (monnaies, poids et mesures).

archevêché [arʃəveʃe] *m* arzobispado ▌ palacio arzobispal, arzobispado (palais).

archevêque [arʃəvɛk] *m* arzobispo.

archichambellan *m* camarero mayor [del Imperio Germánico].

archichancelier *m* canciller mayor [de Napoleón I].

archicomble *adj* atestado, da; abarrotado, da.

archiconfrérie *f* archicofradía.

archiconnu, e *adj* archisabido, da.

archidiaconat *m* arcedianato (dignité).

archidiacre *m* arcediano, archidiácono (p us).

archidiocésain, e [arʃidjɔsezɛ̃, ɛn] *adj* archidiocesano, na.

archidiocèse [arʃidjɔsez] *m* archidiócesis *f*, arquidiócesis *f* (p us et en Amérique).

archiduc [arʃidyk] *m* archiduque.

archiducal, e *adj* archiducal.

archiduché *m* archiducado.

archiduchesse *f* archiduquesa.

> **ARCHIDUCHESSE**
> Esta palabra es muy conocida en Francia porque forma parte de un famoso trabalenguas: "les chaussettes de l'archiduchesse sont-elles sèches? Oui, archisèches".

archiépiscopal, e *adj* arzobispal.

archiépiscopat [arʃiepiskɔpa] *m* arzobispado.

archière *f* saetera, aspillera.

archifou, archifolle *m & f* loco rematado, loca rematada.

archiluth [arʃilyt] *m* MUS archilaúd.

archimandrite *m* archimandrita (d'un monastère grec).

Archimède *n pr* Arquímedes.

archimilliardaire *adj & s* archimillonario, ria; multimillonario, ria.

archimillionnaire *adj & s* archimillonario, ria.

archipel [arʃipɛl] *m* archipiélago.

archipompe *f* MAR caja de bombas.

archipresbytéral, e *adj* arciprestal.

archiprêtre [arʃiprɛtr] *m* arcipreste.

archiptères [arkiptɛr] *m pl* arquípteros (insectos).

archisimple *adj* FAM superfácil ‖ c'est archisimple está tirado, está chupado.

architecte [arʃitɛkt] *m* arquitecto; architecte paysagiste arquitecto paisajista.

architectonique [arʃitɛktɔnik] *adj & s f* arquitectónico, ca.

architectural, e [arʃitɛktyral] *adj* arquitectural; des moyens architecturaux medios arquitecturales.

architecture *f* arquitectura ‖ FIG arquitectura, estructura, forma; l'architecture du corps humain la estructura del cuerpo humano ■ INFORM architecture de machine arquitectura de máquina ‖ architecture de réseau arquitectura de redes.

architecturer [3] *v tr* FIG estructurar; livre très bien architecturé libro muy bien estructurado.

architrave *f* ARCHIT arquitrabe *m*.

architravée *adj f* ARCHIT arquitrabada.
◇ *f* ARCHIT cornisa de arquitrabe.

archivage *m* archivo (action).

archiver [3] *v tr* archivar (document, revue) ‖ INFORM archivar, registrar.

archives [arʃiv] *f pl* archivo *m sing* ‖ les Archives nationales los Archivos nacionales franceses.

> **LES ARCHIVES NATIONALES**
> Los Archivos nacionales franceses se crearon en 1789 para albergar todos los documentos jurídicos relativos a la historia de Francia. Están abiertos al público y se encuentran en el Marais en París.

archiviste *m & f* archivero, ra; archivista.

archivolte *f* ARCHIT archivolta.

archontat [arkɔ̃ta] *m* arcontado.

archonte [arkɔ̃t] *m* arconte (magistrat grec).

arçon *m* arzón, fuste (selle) ‖ TECHN arco (pour battre la laine, le coton) ‖ acodo (vigne).
➡ **arçons** *m pl* cheval arçons, cheval d'arçons potro conarzón (gymnastique) ‖ vider les arçons caerse del caballo, apearse por las orejas.

arçonner [3] *v tr* TECHN varear, arquear (la laine).

arc-rampant *m* ARCHIT arco por tranquil.
■ OBSERV pl arcs-rampants.

arctique *adj* ártico, ca (pôle, océan); l'océan Arctique el océano Glacial Ártico.

arcure *f* arqueo *m* (des branches d'un arbre fruitier, d'une vigne).

Ardèche *n pr f* GÉOGR l'Ardèche el Ardèche (rivière).

ardéchois, e *adj* ardoisiense.

Ardéchois, e *m & f* ardoisiense.

ardemment [ardamɑ̃] *adv* ardientemente.

ardennais, e *adj* de las Ardenas.

Ardennais, e *m & f* nativo, va de las Ardenas.

Ardenne; Ardennes *n pr f* l'Ardenne, les Ardennes las Ardenas [macizo].

Ardennes *n pr f pl* GÉOGR les Ardennes las Ardenas [departamento francés].

ardent, e *adj* ardiente ‖ FIG ardiente, violento, ta; désir ardent deseo ardiente ‖ apasionado, da; c'est l'ardent défenseur de es apasionado defensor de ‖ abrasador, ra; il faisait un soleil ardent hacía un sol abrasador ‖ brioso, sa; cheval ardent caballo brioso ‖ encendido, da (couleur) ‖ encendido, da; rojo, ja (cheveux) ■ chambre ardente tribunal que juzgó a los envenenadores en el reinado de Luis XIV ‖ chapelle ardente capilla ardiente ‖ charbons ardents ascuas ‖ être sur des charbons ardents estar sobre ascuas.
➡ **ardent** *m* fuego fatuo (feu follet) ‖ (ancien) mal des ardents especie de erisipela gangrenosa.

ardeur *f* [▷ SYN 1] ardor *m*; l'ardeur du soleil el ardor del sol ‖ FIG [▷ SYN 2] ardor; ardeur au travail ardor en el trabajo ‖ entreprendre avec ardeur emprender con entusiasmo.

> SYN 1. chaleur calor; feu fuego.
> 2. fougue fogosidad; acharnement encarnizamiento.

ardillon [ardijɔ̃] *m* hebijón (de boucle).

ardoise *f* pizarra ‖ FAM clavo *m* (dette); laisser une ardoise à la taverne dejar un clavo en la tasca.

ardoisé, e [ardwaze] *adj* pizarreño, ña; pizarroso, sa (semblable à l'ardoise) ‖ empizarrado, da (couvert d'ardoises) ‖ color de pizarra; papier ardoisé papel de color de pizarra.

ardoiser [3] *v tr* cubrir con pizarras, empizarrar.

ardoiserie *f* pizarrería.

ardoisier *m* pizarrero (ouvrier).

ardoisier, ère; ardoiseux, euse *adj* pizarreño, ña; pizarroso, sa (semblable à l'ardoise); schiste ardoisier esquito pizarreño ‖ pizarroso, sa; sol ardoisier suelo pizarroso.

ardoisière *f* pizarral *m*.

ardu, e *adj* arduo, dua ‖ (p us) escarpado, da; montagne ardue monte escarpado.

are *m* área *f* (mesure de 100 m²).

aréage *m* escuadreo por áreas (mesurage par ares).

arec [arɛk]; **aréquier** [arekje] *m* BOT areca *f* (palmier).

aréique *adj* GÉOGR areico, ca; sin desagüe.

aréisme *m* areismo.

arénacé, e *adj* arenáceo, a; arenoso, sa; roche arénacée roca arenosa.

arène *f* desierto *m* de arena ‖ FIG palenque *m*, palestra, arena; l'arène politique el palenque político GÉOL arena (sable).
➡ **arènes** *f pl* antiguo anfiteatro *m sing* romano ‖ TAUROM plaza *sing* de toros ‖ ruedo *m sing*, redondel *m sing* (espace circulaire au centre de la plaza).

arénicole *adj* arenícola.
➡ **arénicole** *f* arenícola (annélide).

arénifère *adj* arenífero, ra.

arénuleux, euse *f* areografía.

aréolaire *adj* areolar.

aréole *f* ANAT areola.

aréomètre *m* areómetro, densímetro.

aréométrie *f* areometría.

aréométrique *adj* areométrico, ca.

aréopage *m* areópago.

aréostyle *m* ARCHIT areóstilo.

aréquier ➡ **arec**.

arête [arɛt] *f* arista; arête d'un cube arista de un cubo ‖ espina, raspa (de poisson) ‖ caballete *m* (d'un toit) ‖ cresta (d'une montagne) ‖ línea saliente; l'arête du nez la línea saliente de la nariz ‖ AVIAT arête dorsale arista dorsal.

Aréthuse *n pr* Aretusa.

arêtier *m* ARCHIT lima *f* tesa (toit).

arg. (abr écrite de **argus**) publicación en la que aparece la lista oficial de precios de los coches de ocasión.

arganeau *m* MAR arganeo (ancre).

argémone *f* BOT argemone.

argent [arʒɑ̃] *m* plata *f*; statue d'argent estatua de plata ‖ [▷ SYN] dinero [(*Amér*) plata]; gagner beaucoup d'argent ganar mucho dinero ‖ BLAS argén ■ argent au jour le jour dinero al día ou de día a día ‖ argent comptant dinero contante, dinero efectivo ‖ argent comptant et trébuchant dinero contante y sonante ‖ argent de poche dinero para gastos menudos (en général), sobras (d'un soldat) ‖ argent liquide dinero líquido ‖ argent mignon trapillo, ahorrillos ‖ argent monnayé dinero acuñado ‖ bourreau d'argent manirroto, despilfarrador ■ à court d'argent falto de medios, apurado (gêné) ‖ en avoir pour son argent sacarle jugo al dinero ‖ en vouloir pour son argent sacarle jugo al dinero ‖ jeter l'argent par les fenêtres tirar el dinero por la ventana ‖ l'argent n'a pas d'odeur el dinero no tiene olor ‖ pas d'argent, point de Suisse por dinero baila el perro ‖ placer de l'argent invertir dinero ‖ plaie d'argent n'est pas mortelle la falta de dinero no es mortal ‖ prendre pour argent comptant creer a pies juntillas.

SYN **espèces** especies; **monnaie** moneda; **numéraire** numerario; (VX) **pécune** pecunio; **fonds** fondos; FAM **fric** parné, parnés; FAM **galette** guita; ARG **grisbi** pasta; FAM **oseille** mosca; FAM (vieilli) **pépettes** moni, monises; FAM **picaillon** parné; **pognon** parné; **radis** blanca; FAM **rond** níquel; FAM **sous** perras, cuartos.

argentage *m* plateado.

argentan; argenton *m* metal blanco, plata *f* alemana.

argenté, e *adj* plateado, da; **bronze argenté** bronce plateado ▌ FAM adinerado, da.

argenter [3] *v tr* platear ▌ FIG & POÉT platear, argentar; **la lune argente le paysage** la luna argenta el paisaje.

argenterie [arʒɑ̃tri] *f* vajilla, objetos *m pl* de plata, plata (couverts); **nettoyer l'argenterie** limpiar la plata.

argenteur *m* plateador.

argentier *m* (vieilli) tesorero; **grand argentier** tesorero mayor ▌ mueble para guardar los objetos de plata ▌ FAM ministro de Hacienda.

argentifère *adj* argentífero, ra.

argentin, e *adj* argentino, na (son, couleur). ◇ *adj & s* argentino, na (d'Argentine).
➥ **argentine** *f* argentina (plante).

Argentin, e *m & f* argentino, na.

Argentine *n pr f* GÉOGR l'Argentine (la) Argentina.

argentinisme *m* argentinismo.

argentique *adj* argéntico, ca; **sel argentique** sal argéntica.

argenton ➥ **argentan**.

argenture *f* plateado *m*, plateadura ▌ azogado *m* (miroir).

argien, enne [arʒjɛ̃, ɛn] *adj* argivo, va.

argilacé, e [arʒilase] *adj* arcilloso, sa.

argile *f* arcilla ▌ FIG barro *m*; **Dieu créa l'homme avec de l'argile** Dios creó al hombre con barro.

argileux, euse *adj* arcilloso, sa.

argon *m* CHIM argón (gaz).

argonaute [argɔnot] *m* argonauta (mollusque).

Argonautes *n pr m pl* MYTH **les Argonautes** los Argonautas.

Argos; Argus [argys] *n pr* MYTH Argos.

argot *m* germania *f*; (langage des gueux), argot (gallicisme), argot (langage des mauvais garçons) ▌ jerga *f*, jerigonza *f* ▌ **argot gitan** caló.

argotique *adj* de argot, de germanía.

argotisme *m* palabra *f* de argot.

argousin *m* sotacómitre de galera ▌ corchete, guindilla.

Argovie *n pr f* GÉOGR l'Argovie Argovia.

Argovien, enne *m & f* argoviense, argovino, na.

arguer [8] [argɥe] *v intr* argüir; **j'en argue qu'il viendra** de esto arguyo que vendrá. ◇ *v tr* tachar, acusar; **arguer un document de faux** tachar un documento de falso ▌ sacar una consecuencia, inferir, deducir (déduire) ▌ alegar, pretextar; **arguer de son amitié**

pour alleger su amistad para ▌ discutir, rebatir (contester).

argument *m* argumento.

argumentaire *m* COMM argumentación *f*.

argumentant *m* arguyente, contrincante.

argumentateur, trice *m & f* argumentador, ra.

argumentatif, ive *adj* argumentativo, va.

argumentation *f* argumentación.

argumenter [3] *v intr* argumentar ▌ FAM discutir.

argus *m* vigilante, persona *f* clarividente (personne clairvoyante) ▌ espía (espion) ▌ argos (oiseau) ▌ publicación *f* que informa de las cotizaciones en el mercado de coches de ocasión ▌ **argus de la presse** agencia parisiense de recortes de prensa ▌ **yeux d'argus** ojos de lince.

Argus ➥ **Argos**.

argutie [argysi] *f* argucia.

argyraspide *m* argiráspide (soldat grec).

argyrisme *m* MÉD argirismo (empoisonnement par l'argent).

argyronète *f* tejedera (arachnide).

argyrose *f* MIN argirosa.

aria *f* MUS aria. ◇ *m* FAM lío, embrollo; **que d'arias cela entraîne!** ¡cuántos líos esto acarrea!

Ariane; Ariadne *n pr* MYTH Ariadna, Ariana.

arianisme *m* arrianismo.

aride *adj* árido, da; **terre aride** tierra árida ▌ FIG árido, da; **sujet aride** asunto árido.

aridité *f* aridez ▌ **aridité d'esprit** aridez de espíritu.

Ariège *n pr f* GÉOGR l'Ariège el Ariège (rivière).

ariégeois, e [arjeʒwa, az] *adj* del Ariège [departamento francés].

Ariégeois, e *m & f* nativo, va del Ariège.

arien, enne *adj & s* arriano, na (hérétique).

ariette *f* MUS arieta.

arille *m* BOT arilo (d'une graine).

arillé, e *adj* BOT arilado, da.

arioso *m* MUS arioso.

Arioste *n pr* Ariosto.

ariser [3] *v tr* MAR arrizar.

Aristide *n pr* Arístides.

aristocrate *adj & s* aristócrata.

SYN **noble** noble; **seigneur** señor, caballero; **gentilhomme** gentilhombre, hidalgo; **patricien** patricio; **hobereau** hidalgo de gotera, tagarote; FAM **aristo** aristócrata; PÉJ **noblaillon**, **nobliau** hidalguejo.

aristocratie [aristɔkrasi] *f* aristocracia.

aristocratique *adj* aristocrático, ca.

aristocratiquement *adv* aristocráticamente.

aristoloche *f* BOT aristoloquia.

Aristophane *n pr* Aristófanes.

aristophanesque *adj* aristofánico, ca.

Aristote *n pr* Aristóteles.

aristotélicien, enne *adj & s* aristotélico, ca.

aristotélique *adj* aristotélico, ca.

aristotélisme *m* PHILOS aristotelismo.

arithméticien, enne [aritmetisjɛ̃, ɛn] *m & f* aritmético, ca.

arithmétique *adj & s f* aritmético, ca; **calcul arithmétique** cálculo aritmético.

arithmétiquement *adv* aritméticamente.

arithmographe *m* aritmógrafo (machine à calculer).

arithmographie *f* aritmografía.

arithmomancie *f* aritmomancia.

arithmomètre *m* aritmómetro.

Arizona [arizɔna] *n pr m* GÉOGR l'Arizona Arizona.

Arkansas [arkɑ̃sas] *n pr m* GÉOGR l'Arkansas Arkansas.

arlequin [arləkɛ̃] *m* arlequín ▌ FAM (vx) persona *f* informal, veleta *f* ▌ (vieilli) restos *pl*, sobras *f pl* (nourriture) ▌ **d'arlequin** arlequinesco, de arlequín.

Arlequin *n pr* Arlequín.

arlequinade [arləkinad] *f* arlequinada, mamarrachada ▌ FIG escrito *m* ridículo.

Arles *n pr* GÉOGR Arles.

arlésien, enne [arlezjɛ̃, ɛn] *adj* de Arles, arlesiano, na.

Arlésien, enne *m & f* nativo, va de Arles, arlesiano, na.

armada *f* armada; **l'Invincible Armada** la Armada Invencible.

armagnac [armaɲak] *m* aguardiente de Armagnac [región de Gascuña].

Armand *n pr* Armando.

Armandine *n pr* Armandina.

armateur *m* armador, naviero.

armature *f* armazón; **l'armature d'une machine** la armazón de una máquina ▌ ÉLECTR armadura ▌ armadura (d'un aimant) ▌ revestimiento *m* (d'un câble) ▌ FIG base, sostén *m*; **l'armature de la société** la base, el sostén de la sociedad ▌ MUS armadura, accidente *m* de la clave.

arme *f* arma; **arme à feu, blanche** arma de fuego, blanca ▌ arma; **arme d'infanterie** arma de infantería ▌ **armes** armas; **né pour les armes** nacido para las armas ▌ BLAS escudo *m sing*, armas; **les armes de Madrid** el escudo de Madrid ■ **arme à magasin** arma de depósito ▌ **arme antichar** arma antitanque, arma anticarro ▌ **arme de jet** arma arrojadiza ▌ **arme nucléaire à portée intermédiaire** arma nuclear de alcance intermedio ▌ **arme portative** arma portátil ▌ **armes conventionnelles** armas convencionales ▌ BLAS **armes parlantes** armas parlantes ▌ **arme se chargeant par la culasse** arma de retrocarga ▌ **fait d'armes** hecho de armas, hazaña ▌ **maître d'armes** maestro de esgrima ▌ **port d'armes** licencia de armas ▌ **râtelier d'armes** armero ■ **arme au pied!** ¡descansen armas! ▌ **arme à volonté** arma a discreción ▌ **arme sur l'épaule!** ¡sobre el hombro, arma! ■ **à armes égales** en igualdad de condiciones ▌ **aux armes!** ¡a formar con arma!, ¡a las armas! ▌ **l'arme à la bretelle!** ¡cuelguen armas! ▌ **en venir aux armes** llegar a las armas ▌ **être sous les armes** estar armado ▌ **faire arme de tout** valerse de todos los medios ▌ **faire des armes** practicar la esgrima ▮ faire ses premières armes hacer sus primeras armas ▮ FIG fournir des armes contre soi dar armas contra sí mismo ▮ mettre bas ou poser les armes rendirse ▮ passer par les armes pasar por las armas, fusilar ▮ présentez, armes! ¡presenten armas! ▮ rendre les armes rendir el arma ▮ sonner aux armes tocar el arma.

armé, e *adj* armado, da; béton armé hormigón armado ▮ armado, da; montado, da; ce fusil est armé este fusil está montado.

armée *f* ejército *m* ▮ armée de l'air ejército del Aire ▮ armée de mer armada ▮ armée de terre ejército de tierra ▮ armée du salut ejército de Salvación.

armeline *f* (p us) armiño *m* (hermine).

armement [armǝmɑ̃] *m* armamento; course aux armements carrera de armamentos ▮ MAR equipo, tripulación *f* de un barco ▮ MIL armements nucléaires armamento nuclear ▮ levier d'armement palanca de armar.

Arménie *n pr f* GÉOGR l'Arménie Armenia.

arménien, enne [armenjɛ̃, ɛn] *adj* armenio, nia.

▸ **arménien** *m* LING armenio.

Arménien, enne *m & f* armenio, nia.

armer [3] [arme] *v tr* armar; armé d'un fusil armado con un fusil; armer cent mille hommes armar a cien mil hombres ▮ armar, montar (une arme) ▮ reclutar tropas (recruter) ▮ MAR armar, equipar ▮ TECHN armar.
◇ *v intr* armarse; les pays armaient los países se armaban.

▸ **s'armer** *v pr* armarse ▮ coger para protegerse; il s'arma d'un parapluie pour affronter l'averse cogió un paraguas para protegerse del aguacero.

armet *m* almete (casque) ▮ yelmo (heaume).

armillaire [armilɛr] *adj* armilar (sphère).

armilles *f pl* ARCHIT armillas.

arminien, enne *adj & s* arminiano, na.

armistice *m* armisticio.

armoire [armwar] *f* armario *m* ▮ armoire à éléments armario de módulos ▮ armoire à glace armario de luna (sens propre), persona muy fuerte (sens figuré) ▮ armoire à linge ropero ▮ armoire à pharmacie botiquín ▮ INFORM armoire de commande armario de control ou de mando ▮ armoire de rangement armario ▮ armoire frigorifique armario frigorífico.

armoiries *f pl* BLAS escudo *m sing* de armas.

armoise *f* BOT artemisa, abrótano *m*.

armon *m* telera *f* (voiture).

armorial, e *adj & s* armoricano, na.

Armoricain *n pr m* GÉOGR le massif Armoricain el macizo Armoricano.

armoricain, e *adj* armoricano, na (d'Armorique).

Armoricain, e *m & f* armoricano, na.

armorier [9] *v tr* pintar blasones, blasonar (décorer d'armoiries).

Armorique *n pr f* GÉOGR l'Armorique Armórica.

armure *f* armadura; armure de joute armadura de justa ▮ ligamento *m*, textura (tissage) ▮ defensa (pour protéger les arbres) ▮ revesti-

miento *m* (d'un câble) ▮ armadura, armazón *m* (d'une charpente) ▮ MUS armadura.

armurerie *f* armería.

armurier *m* armero.

ARN (abr de **acide ribonucléique**) *m* ARN.

arnaque *f* FAM estafa, calote *m* (*Amér*).

arnaquer [3] *v tr* FAM chorizar.

arnaqueur *m* FAM chorizo.

Arnaud [arno] *n pr* Arnaldo.

arnica *f* árnica (plante, teinture).

arobas ➤ **arobas**.

arobe; arrobe *f* arroba (poids ou liquide).

aroïdées; aroïdacées *f pl* BOT aroideas.

aromate *m* aroma, planta *f* aromática.

aromathérapie *f* aromaterapia.

aromatique *adj* aromático, ca.

aromatisation *f* aromatización.

aromatiser [3] *v tr* aromatizar.

arôme *m* aroma.

aronde *f* (vx) golondrina (hirondelle) ▮ à ou en queue d'aronde de cola de milano (assemblage).

arpège *m* MUS arpegio ▮ floreo (guitare).

arpéger [22] *v intr* MUS arpegiar (néol), hacer arpegios ▮ florear (guitare).

arpent [arpɑ̃] *m* arpende ▮ medida *f* agraria francesa [entre 42 y 51 áreas].
▌ OBSERV Puede traducirse aproximadamente por fanega, medida española de 64 áreas.

arpentage *m* agrimensura *f*.

arpenter [3] *v tr* apear, medir (mesurer les terres) ▮ FIG andar ou recorrer a paso largo; arpenter les rues recorrer las calles a paso largo ▮ arpenter une chambre ir y venir por una habitación.

arpenteur *m* agrimensor, apeador.

arpenteuse *adj & s f* ZOOL oruga geómetra [(*Amér*) medidora] (chenille).

arpète *m & f* FAM (vieilli) aprendiz, iza (apprenti).
◇ *f* modistilla (de couturière).

arpion *m* FAM queso, pinrel (pied).

arqué, e *adj* arqueado, da; combado, da.

arquebusade *f* arcabuzazo *m*.

arquebuse *f* arcabuz *m*.

arquebuser [3] *v tr* arcabucear.

arquebusier *m* arcabucero.

arquer [3] *v tr* arquear, combar (courber).
◇ *v intr & pr* arquearse, combarse.

arr. (abr écrite de **arrondissement**) Distr.

arrachage [araʃaʒ] *m* arranque, recolección *f* (pommes de terre).

arraché *m* arrancada *f* (haltérophilie).

arrache-clou *m* sacaclavos, arrancaclavos.
▌ OBSERV pl arrache-clous.

arrachement *m* [▷ SYN] arrancamiento ▮ FIG desgarramiento (déchirement).
▌ SYN avulsion avulsión (dent); déracinement desarraigo, descuaje; extraction extracción; extirpation extirpación.

arrache-pied [araʃpje]
▸ **d'arrache-pied** *loc adv* de un tirón (sans interruption).

arracher [3] *v tr* arrancar ▮ desgarrar; cela arrache le cœur eso desgarra el corazón ▮ FIG arrancar, sacar; on ne peut lui arracher une parole no se le puede arrancar una palabra ▮ FIG sacar (de l'oubli) ▮ levantar; arracher un poids levantar un peso ▮ quitar (enlever), sacar (sortir), separar, alejar; arracher aux mauvaises compagnies separar a uno de las malas compañías ▮ cosechar; arracher des betteraves, des pommes de terre cosechar remolachas, patatas.

▸ **s'arracher** *v pr* alejarse con pena, arrancar de; s'arracher à un lieu alejarse con pena de un lugar ▮ interrumpir; s'arracher au sommeil interrumpir el sueño ▮ s'arracher des mains quitarse de las manos ▮ s'arracher les cheveux mesarse los cabellos ▮ s'arracher quelqu'un, quelque chose disputarse la compañía de alguien, una cosa.

arracheur, euse *m & f* arrancador, ra ▮ arracheur de dents sacamuelas ▮ arracheuse de pommes de terre arrancadora de patatas (machine).

arrachis *m* arranque (d'arbres) ▮ planta *f* arrancada.

arrachoir *m* arrancador (outil).

arrageois, e *adj* de Arrás.

Arrageois, e *m & f* natural ou habitante de Arrás; les Arrageois los habitantes de Arrás.

arraisonnement [arɛzɔnmɑ̃] *m* apresamiento, inspección *f* de un barco.

arraisonner [3] *v tr* MAR apresar, reconocer, inspeccionar (un barco).

arrangeable [arɑ̃ʒabl] *adj* arreglable, que puede arreglarse.

arrangeant, e *adj* acomodaticio, cia.

arrangement *m* arreglo ▮ arreglo, avenencia *f* (accord) ▮ MATH combinación *f*.

arranger [17] *v tr* [▷ SYN] arreglar ▮ arreglar, componer (réparer) ▮ disponer (disposer), ordenar (ordonner) ▮ FAM arranger quelqu'un estafar (escroquer), maltratar a uno ▮ arrangez-vous comme vous pourrez arrégleselas como pueda ▮ cela m'arrange esto me conviene, me viene bien.

▸ **s'arranger** *v pr* arreglarse, avenirse (se mettre d'accord) ▮ arreglarse, componerse (s'habiller, se parer) ▮ qu'il s'arrange! ¡allá se las componga!, ¡allá él! ▮ s'arranger d'une chose contentarse con una cosa.
▌ SYN aménager acondicionar, poner en condiciones; agencer disponer, arreglar; disposer disponer; accommoder acomodar; adapter adaptar; organiser organizar; installer instalar.

arrangeur *m* persona que arregla.

Arras *n pr* GÉOGR Arras.

arrdt (abr écrite de **arrondissement**) Distr.

arrenter [3] *v tr* (p us) arrendar.

arrérages *m pl* atrasos; les arrérages d'une pension los atrasos de una pensión ▮ canon *sing* (rente).

arrestation *f* detención; l'arrestation d'un voleur la detención de un ladrón ▮ l'arrestation du Christ el prendimiento ▮ mise en arrestation detención.

arrêt [arɛ] *m* detención *f*; l'arrêt des affaires la detención de los negocios ▮ parada *f*; arrêt d'autobus parada de autobús; arrêt facultatif parada facultativa ▮ interrupción *f*, suspensión *f*; arrêt des travaux interrupción de las obras ‖ ristre; lance en arrêt lanza en ristre ‖ tope (heurtoir) ‖ presilla *f* (boutonnière) ‖ pasador (d'une persienne, d'une serrure) ‖ muestra *f*; chien d'arrêt perro de muestra ‖ DR fallo [de un tribunal]; rendre un arrêt pronunciar un fallo‖embargo (saisie) ‖ decisión *f*, fallo; les arrêts de la conscience sont irrévocables las decisiones de la conciencia son irrevocables ‖ MUS calderón ‖ SPORTS parada *f* ‖ TECHN fiador (cliquet d'arrêt) ■ arrêt buffet parada y fonda ‖ RAD arrêt de champ limitador de campo ‖ arrêt de travail baja ‖ arrêt d'urgence freno de urgencia‖arrêt du travail paro ‖ DR arrêt par défaut sentencia en rebeldía ‖ cran d'arrêt seguro de un arma ‖ maison d'arrêt prisión, presidio ‖ mandat d'arrêt orden de detención ‖ temps d'arrêt intervalo, pausa ■ sans arrêt sin cesar, sin respiro; parler sans arrêt hablar sin respiro ■ donner un arrêt de travail dar de baja (médecin) ‖ être ou tomber en arrêt devant quedarse pasmado ante ‖ faire l'arrêt sur des biens embargar bienes ‖ marquer l'arrêt detenerse un instante (Code de la route) ‖mettre en arrêt detener, arrestar.

arrêté *m* decisión *f*, decreto (décret), orden *f* (ordre) ‖ liquidación *f*, cierre (d'un compte) ■ arrêté de police bando de policía ‖arrêté des comptes estado ou situación de cuentas ‖ arrêté du maire bando de la alcaldía ‖ arrêté préfectoral orden gubernativa.

arrêté, e *adj* detenido, da ‖ MIL arrestado, da ‖firme, decidido, da; arrêté dans ses idées firme en sus ideas ‖ liquidado, da (comptes) ‖preciso, sa (dessin).

arrête-bœuf *m inv* BOT detiene buey, gatuña *f*.

arrêter [4] *v tr* [▷ SYN 1] detener, parar (un mouvement) ‖detener (faire prisonnier), arrestar (un militaire) ‖fijar, detener la mirada; arrêter ses regards fijar la mirada ‖determinar, establecer; arrêter un plan de combat establecer un plan de combate ‖ fijar; arrêter une date fijar una fecha ‖interceptar; il arrête mes lettres intercepta mis cartas ‖prohibir la distribución (des exemplaires d'un journal) ‖ cortar; il l'arrêta tout court le cortó en seco ‖ interrumpir (interrompre) ‖ liquidar, cerrar (un compte) ‖ (vx) ajustar, apalabrar, contratar (un domestique, une location); arrêter un laquais ajustar un lacayo ‖poner una presilla (couture) ‖ parar (football) ■ arrêter net parar en seco ‖ arrêter ses soupçons sur une personne sospechar decididamente de una persona ‖ arrêter son choix sur decidirse por ‖arrêtez! ¡alto!, ¡alto ahí!, ¡pare!
◇ *v intr & pr* [▷ SYN 2] detenerse, pararse ‖mantenerse; s'arrêter à une décision mantenerse en una decisión.

▌ OBSERV Parar es el verbo el más empleado para indicar l'arrêt d'un animal, d'un mécanisme; comme verbe intransitif il équivaut à s'arrêter. Detener, moins usuel dans le sens précédent, s'applique à l'arrêt de choses immatérielles. Faire prisonnier se traduit généralement par detener, prender. Arrestar est plutôt du langage militaire.

SYN 1. garer aparcar; immobiliser inmovilizar; paralyser paralizar.
2. stationner estacionarse; séjourner residir; demeurer quedarse; stopper pararse, detenerse.

arrêtiste *m* recopilador de sentencias.

arrêt maladie *m* baja *f*.
▌ OBSERV pl arrêts maladies.

arrêtoir *m* tope (d'un mécanisme).

arrêts [arε] *m pl* MIL arresto *sing*; arrêts de rigueur arresto mayor ■ être aux arrêts estar detenido ‖mettre aux arrêts arrestar.

arrhes [ar] *f pl* arras (dans un contrat) ‖ señal *sing*; laisser des arrhes dejar una señal.

arriération *f* retraso *m* mental (en psychologie) ‖retraso *m* (retard).

arrière *adv* atrás ■ MAR gaillard d'arrière alcázar de popa ‖ roue arrière rueda trasera ■ en arrière para atrás; aller en arrière ir para atrás; atrás, a la zaga; rester en arrière quedar atrás, a la zaga ■ en arrière de detrás de, después de.
➨ **arrière!** *interj* ¡atrás!; arrière les paresseux! ¡atrás los holgazanes!

arrière *m* trasera *f* (de véhicule) ‖popa *f* (d'un bateau) ‖ defensa, zaguero [(*Amér*) back] (sports); arrière droit defensa derecho ■ arrières d'une armée retaguardia de un ejército ‖ les arrières (football) la defensa ou la zaga ‖ vent arrière viento en popa ■ faire marche arrière hacer marcha atrás, retroceder.

arriéré, e *adj & s* atrasado, da; retrasado, da; payement arriéré pago atrasado ‖ FIG atrasado, da; retrasado, da; enfant arriéré niño retrasado.
➨ **arriéré** *m* atraso, lo atrasado; solder l'arriéré saldar lo atrasado.

arrière-ban *m* MIL leva *f* general ‖ FAM le ban et l'arrière-ban todo el mundo, todos.
▌ OBSERV 1. pl arrière-bans.
2. En las palabras compuestas con el adverbio arrière, sólo la segunda y la tercera parte toman una s en plural.

arrière-bec *m* tajamar, espolón (d'un pont).
▌ OBSERV pl arrière-becs.

arrière-bouche *f* fauces *pl* (pharynx).
▌ OBSERV pl arrière-bouches.

arrière-boutique *f* trastienda (de boutique), rebotica (de pharmacie).
▌ OBSERV pl arrière-boutiques.

arrière-chœur *m* trascoro.
▌ OBSERV pl arrière-chœur.

arrière-corps *m inv* parte *f* posterior ou trasera de un edificio.

arrière-cour *f* patinillo *m*, traspatio *m*.
▌ OBSERV pl arrière-cours.

arrière-faix *m inv* ANAT parias *f pl*, secundinas *f pl* (placenta).

arrière-garde *f* retaguardia.
▌ OBSERV pl arrière-gardes.

arrière-gorge *f* parte posterior de la garganta.
▌ OBSERV pl arrière-gorges.

arrière-goût *m* gustillo, sabor de boca, resabio.
▌ OBSERV pl arrière-goûts.

arrière-grand-mère *f* bisabuela.
▌ OBSERV pl arrière-grands-mères.

arrière-grand-oncle *m* tío bisabuelo.
▌ OBSERV pl arrière-grands-oncles.

arrière-grand-père *m* bisabuelo.
▌ OBSERV pl arrière-grands-pères.

arrière-grands-parents *m pl* bisabuelos.

arrière-grand-tante *f* tía bisabuela.
▌ OBSERV pl arrière-grands-tantes.

arrière-main *f* revés *m* (de la main) ‖ cuarto *m* (trasero), cuarto *m* (cheval).
▌ OBSERV pl arrière-mains.

arrière-neveu *m* sobrino segundo.
▌ OBSERV pl arrière-neveux.

arrière-nièce *f* sobrina segunda.
▌ OBSERV pl arrière-nièces.

arrière-pays *m inv* tierras *f pl* adentro, interior de las tierras; s'enfoncer dans l'arrière-pays penetrar tierras adentro.

arrière-pensée *f* segunda intención, reserva mental.
▌ OBSERV pl arrière-pensées.

arrière-petite-fille *f* bisnieta.
▌ OBSERV pl arrière-petites-filles.

arrière-petit-fils *m* bisnieto.
▌ OBSERV pl arrière-petits-fils.

arrière-petits-enfants *m pl* bisnietos.

arrière-plan *m* segundo plano, segundo término.
▌ OBSERV pl arrière-plans.

arrière-port *m* fondo de un puerto, dársena *f*.
▌ OBSERV pl arrière-ports.

arriérer [18] *v tr* atrasar, retrasar, diferir; arriérer un paiement retrasar un pago.
➨ **s'arriérer** *v pr* atrasarse, rezagarse.

arrière-saison *f* final *m* del otoño ‖ FIG otoño *m* de la vida (début de la vieillesse) ‖último *m* período.
▌ OBSERV pl arrière-saisons.

arrière-salle *f* salón *m* interior.
▌ OBSERV pl arrière-salles.

arrière-train *m* trasera *f* (d'un véhicule) ‖cuarto trasero (animal) ‖FAM trasero ‖MIL retrotrén.
▌ OBSERV pl arrière-trains.

arrière-vassal *m* segundo vasallo, vasallo de vasallo.
▌ OBSERV pl arrière-vassaux.

arrière-voussure *f* ARCHIT capialzado *m*.
▌ OBSERV pl arrière-voussures.

arrimage *m* MAR estiba *f*, arrumaje (p us).

arrimer [3] *v tr* MAR estibar, arrumar (p us).

arrimeur *m* MAR estibador, arrumador (p us).

ariser [3] *v tr* MAR arrizar (amener les voiles).

arrivage *m* arribada *f*, arribo (d'un bateau) ‖llegada *f*, arribo (de marchandises).

arrivant, e *m & f* recién llegado, da; el que llega; les derniers arrivants los últimos recién llegados.

arrivée *f* llegada ‖ MAR arribada (bateau) ‖ entrada (téléphone) ■ d'arrivée al punto, enseguida ‖SPORTS ligne d'arrivée meta.
SYN arrivage arribada, arribo; survenance supervenencia; venue venida.

arriver [3] *v intr* llegar; arriver chez soi llegar a casa; la nuit arrive déjà ya llega la noche ‖ [▷ SYN 1] alcanzar, lograr (atteindre) ‖ [▷ SYN 2] pasar, suceder; que t'arrive-t-il? ¿qué te pasa? ‖llegar a los oídos; la musique n'arrivait pas jusqu'à moi la música no llegaba a mis oídos ‖llegar, elevarse, hacer fortuna, triunfar en la vida; chercher à arriver intentar triunfar en la vida ‖MAR arribar ■ arriver à ses fins conseguir lo que se propone ‖ne pas y arriver no dar abasto (travail excessif).
◇ *v impers* il arrive à Paris des personnes de

toutes les nationalités llegan a París personas de todas las nacionalidades ▌ il arrive que ocurre que ▌ il est arrivé un accident ha habido un accidente ▌ il lui arrive souvent de se tromper suele equivocarse frecuentemente ▌ il lui arrivera malheur un día tendrá una desdicha ▌ il m'arrive souvent d'être malade a menudo estoy enfermo ▌ il ne lui est jamais arrivé de gagner à la loterie nunca tuvo la suerte de ganar a la lotería ▌ quoi qu'il arrive pase lo que pase, venga lo que viniere ▌ s'il arrivait qu'il meure si muriese ▌ s'il vous arrive de trouver si por casualidad encuentra.

▌ OBSERV Arribar, en espagnol, se limite au sens maritime d'arriver. Au sens de parvenir à un lieu, arriver se traduit par llegar. Au sens de avoir lieu, il se traduit par suceder; FAM pasar, ocurrir, acontecer.
SYN 1. parvenir llegar, ganar; atteindre alcanzar.
2. advenir advenir, suceder; survenir sobrevenir.

arrivisme m arribismo.

arriviste m & f arribista.
▌ OBSERV Ce mot est écrit parfois arrivista, considéré comme gallicisme; il est préférable d'écrire arribista, vocable qui a été cependant aussi taxé de barbarisme.

arrobas; arobas f IMPR & INFORM arrobe m, arobe m.

arrobe ➥ arobe.

arroche f armuelle m (plante).

arrogamment adv arrogantemente.

arrogance f arrogancia.

arrogant, e adj & s arrogante.

arroger [17]
➥ **s'arroger** v pr arrogarse; s'arroger un droit arrogarse un derecho.

arrondi, e adj redondeado, da.

arrondir [32] v tr redondear ▌ costear (une île), doblar (un cap) ▌ redondear los bajos (d'une robe) ▌ FIG redondear; arrondir bien redondear su fortuna ▌ redondear; arrondir une somme redondear una cantidad ▌ poner los ojos en blanco; arrondir les yeux d'étonnement poner los ojos en blanco de asombro ▌ FIG arrondir les angles limar las asperezas.
➥ **s'arrondir** v pr redondearse ▌ FAM redondearse, ponerse grueso ou gordo (grossir).

arrondissement m redondeo ▌ distrito (division administrative).

arrosable adj regable, de regadío.

arrosage m riego ▌ regadío (d'un terrain irrigable) ▌ arrosage en pluie riego por aspersión.

arrosement m riego.

arroser [3] v tr [▷ SYN] regar; arroser des fleurs regar flores ▌ bañar, regar; la Seine arrose Paris el Sena baña París ▌ rociar; un repas arrosé d'une bouteille de vin una comida rociada por una botella de clarete ▌ rociar en su salsa; arroser un poulet rociar un pollo con su salsa ▌ FAM mojar; arroser son succès mojar su éxito ▌ FIG dar una propina ou una gratificación ▌ arroser avec la bouche espurrear ▌ arroser de larmes regar con lágrimas ▌ arroser ses créanciers taparla boca a sus acreedores dándoles algo a cuenta.

▌ SYN asperger asperjar, rociar; humecter humedecer, humectar; mouiller mojar, remojar; bassiner rociar; irriguer irrigar; baigner bañar.

arroseur, euse m & f regador, ra.
➥ **arroseuse** f camión m de riego ▌ arroseuse-balayeuse barredora-regadora.

arrosoir m regadera f ▌ pomme d'arrosoir alcachofa de regadera.

arrow-root [arorut] m arruruz (fécule).

arrt (abr écrite de arrondissement) Distr.

ars m pl remos (de cheval).

arsenal [arsənal] m arsenal.

Arsène n pr Arsenio.

arséniate m CHIM arseniato.

arsenic m CHIM arsénico.

arsenical, e adj CHIM arsenical; sels arsenicaux sales arsenicales.

arsénié, e adj CHIM arseniado, da.

arsénieux, euse adj CHIM arsenioso, sa.

arsénique adj m CHIM arsénico.

arsénite m CHIM arsenito.

arséniure m CHIM arseniuro.

arsin m chamicera f ▌ arbre arsin chamizo.

arsine f CHIM arsina.

arsouille adj & s FAM (vieilli) chulo, la; juerguista.

art [ar] m arte; l'art d'écrire el arte de escribir ▌ arte f; les sciences et les arts las ciencias y las artes ▌ arte, maña f, habilidad f; avoir l'art de tener la habilidad de ■ art dramatique arte dramático ▌ (vx) arts d'agrément artes de adorno (vx) ▌ arts et métiers artes y oficios ▌ arts ménagers artes domésticas ▌ arts plastiques artes plásticas ■ critique d'art crítico de arte ▌ le grand art la alquimia ▌ le septième art el séptimo arte (cinéma) ▌ les beaux-arts las bellas artes ▌ livre d'art libro de arte ▌ objet d'art objeto de arte ▌ un homme de l'art un médico, un facultativo ■ dans les règles de l'art con todas las reglas del arte ■ avoir l'art et la manière saber arreglárselas.
▌ OBSERV En espagnol, arte est généralement féminin au pluriel et masculin au singulier, mais est encore féminin avec certains adjectifs: arte poética, arte cisoria, etc.

art. (abr écrite de article) art., arto.

Artaban [artabã] n pr fier comme Artaban más orgulloso que don Rodrigo en la horca.

Artaxerxès n pr Artajerjes.

Arte [arte] n pr cadena televisiva cultural francoalemana.

artefact m BIOL artefacto.

Artémis n pr MYTH Artemisa, Artemis.

artère f arteria.

artériel, elle adj arterial.

artériographie f MÉD arteriografía.

artériole f arteriola.

artériosclérose f MÉD arteriosclerosis.

artériotomie f MÉD arteriotomía.

artérite f MÉD arteritis.

artésien, enne adj artesano, na (puits).

Artésien, enne m & f artesiano, na (d'Artois).

arthralgie f MÉD artralgia.

arthrite f MÉD artritis.

arthritique adj & s MÉD artrítico, ca.

arthritisme m MÉD artritismo.

arthropodes m pl ZOOL artrópodos.

arthrose f MÉD artrosis.

Arthur n pr Arturo.

artichaut m alcachofa f (plante) ▌ TECHN barda f de púas de hierro sobre una tapia ▌ artichaut sauvage alcaucil.

article m artículo ▌ [▷ SYN] artículo (de journal); article de fond artículo de fondo ▌ artejo, nudillo (jointure) ▌ artículo (des insectes) ▌ segmento (d'une plante) ▌ INFORM item ■ articles de voyage artículos de viaje ■ à l'article de la mort in artículo mortis (locution latine), en el artículo de la muerte ■ faire l'article poner por las nubes, hacer el artículo ▌ on l'a repris sur cet article se le ha reprendido por este asunto.
▌ SYN papier artículo; éditorial editorial; chronique crónica; étude estudio.

articulaire adj articular; rhumatisme articulaire reuma articular.

articulation f [▷ SYN] articulación ▌ DR enumeración de hechos.
▌ SYN jointure coyuntura, juntura; article artejo.

articulatoire adj GRAMM articulatorio, ria.

articulé, e adj articulado, da.
➥ **articulés** m pl ZOOL (vx) articulados.

articuler [3] v tr articular.

artifice m artificio ▌ artimaña f, astucia f (ruse) ■ artifice à signaux artificio de señales ▌ artifice éclairant artificio de luces ▌ feu d'artifice fuegos artificiales.

artificiel, elle adj artificial.

artificiellement adv de manera artificial.

artificier m artificiero (soldat qui s'occupe des munitions) ▌ pirotécnico (des feux d'artifice).

artificieusement adv LITT artificiosamente.

artificieux, euse adj artificioso, sa.

artillerie f artillería; artillerie lourde, de campagne, de D. C. A., sur voie ferrée artillería pesada, de campaña, de defensa contra aviones, sobre vía férrea.

artilleur m artillero.

artimon m MAR palo de mesana ▌ artimón, cangreja f de mesana (voile).

artiodactyles m pl ZOOL artiodáctilos.

artisan, e m & f artesano, na (travailleur manuel) ▌ FIG artífice, autor, causa f; l'artisan de sa fortune el artífice de su fortuna ▌ le Divin Artisan el Divino Hacedor.

artisanal, e adj del artesano, de artesanía, artesanal; des travaux artisanaux trabajos de artesanía.

artisanalement adv artesanalmente.

artisanat m artesanado, conjunto de artesanos ▌ artesanía f, oficio mecánico.

artison m polilla f (insecte qui ronge les tissus) ▌ carcoma f (insecte qui ronge les bois).

artiste m & f artista ■ artiste capillaire gran peluquero ▌ artiste peintre pintor de cuadros.
◇ adj artístico, ca; écriture artiste estilo artístico.

artistement adv LITT de modo artista.

artistique *adj* artístico, ca.

artistiquement *adv* artísticamente.

artocarpe *m* BOT artocárpeo.

Artois *n pr m* GÉOGR l'Artois Artois.

arum [arɔm] *m* BOT aro, yaro.

aruspice ► hauruspice.

aryen, enne *adj & s* ario, ria.

┃ OBSERV Ne pas confondre avec arien (arriano).

arythmie [aritmi] *f* arritmia.

arythmique *adj* arrítmico, ca.

as *m* as (unité romaine) ┃ as (cartes, dés) ┃ FIG as, hacha, el número uno; un as du volant un as del volante ■ ARG MIL as de carreau mochila (sac) ┃ FAM foutu comme l'as de pique mal hecho, hecho un adefesio ┃ FAM plein aux as adinerado, que tiene muchos cuartos [(*Amér.*) platudo].

a/s (abr écrite de aux soins de) a/cgo.

AS (abr de association sportive) *f* asociación deportiva.

ASA; Asa (abr de American Standards Association) *f* ASA; une pellicule 100 ASA un carrete de 100 ASA.

asbeste *m* MIN asbesto.

asbestose *f* MÉD asbestosis.

ASBL (abr de association sans but lucratif) *f* asociación sin fines de lucro.

asc. (abr écrite de ascenceur) asc.

ascaride; ascaris *m* ZOOL ascáride *f*.

ascendance [asɑ̃dɑ̃s] *f* ascendencia (générations précédentes) ┃ ascensión (météorologie).

ascendant, e *adj* ascendente, ascendiente.
► **ascendant** *m* ascendiente, influencia *f* (influence).
► **ascendants** *m pl* ascendientes (parents).

ascenseur *m* ascensor [(*Amér.*) elevador] ┃ ascenseur et descenseur ascensor de subida y bajada ┃ FIG renvoyer l'ascenseur devolver el favor.

ascension *f* ascensión; l'ascension d'une montagne la ascensión de una montaña ┃ RELIG l'Ascension la Ascensión ┃ ASTRON ascension droite ascensión recta.

┃ ASCENSION ─────────
┃ En Francia mucha gente toma vacaciones
┃ entre la Ascensión y el fin de semana si-
┃ guiente.

ascensionnel, elle *adj* ascensional.

ascensionner *v intr* realizar una ascensión.

ascensionniste *m & f* ascensionista.

ascèse [asɛz] *f* ascesis (grande vertu).

ascète [asɛt] *m & f* asceta.

ascétique *adj* ascético, ca.

ascétisme *m* ascetismo.

ascidie [asidi] *f* ascidia.

ASCII (abr de American Standard Code for Information Interchange) *m* ASCII.

ascite *f* MÉD ascitis.

ascitique *adj & s* ascítico, ca.

asclépiadacées *f pl* BOT asclepiadáceas.

asclépiade *adj & s m* POÉT asclepiadeo.

asclépiade; asclépias *f* BOT asclepias, mata de la seda.

ascomycètes *m pl* ascomicetos (champignons).

ascorbique *adj* antiescorbútico, ca.

ascospore *f* ascospora (spore).

asdic *m* asdic (appareil de détection sous-marine).

ase *f* asa ┃ ase fétide asafétida.

ASE (abr de Agence spatiale européenne) *f* AEE.

asepsie *f* asepsia.

aseptique *adj* aséptico, ca.

aseptisation *f* asepsia.

aseptisé, e *adj* aséptico, ca.

aseptiser [3] *v tr* esterilizar, volver aséptico.

ases [az] *f pl* diastasas.

asexué, e; asexuel, elle *adj* asexuado, da; asexual.

ashkénaze [aʃkenaz] *adj & s* ashkenazi, askenazí.

Ashkénaze *m & f* ashkenazi, askenazí.

ashram *m* asram, ashram.

asialie *f* MÉD falta de saliva.

asiate *m & f* asiático, ca.

asiatique *adj* asiático, ca.

Asiatique *m & f* asiático, ca.

Asie *n pr f* GÉOGR l'Asie Asia ┃ l'Asie centrale Asia central ┃ l'Asie Mineure Asia Menor ┃ l'Asie du Sud-Est (el) Sudeste asiático.

asilaire *adj* asilar.

asile *m* asilo (de vieillards, d'indigents, etc.) ┃ albergue, refugio; trouver asile chez un ami encontrar albergue en casa de un amigo ┃ (ancien) sagrado, asilo (église, université) ■ asile d'aliénés manicomio ┃ dernier asile la última morada ┃ droit d'asile derecho de asilo ┃ terre d'asile tierra de asilo ■ être sans asile estar sin amparo.

asinien, enne *adj* asnal, asnino, na.

askari *m* áskari, áscari (soldat d'Afrique).

Asmodée *n pr* Asmodeo.

asocial, e *adj & s* inadaptado, da a la vida en sociedad.

asparagine *f* BOT esparraguina.

asparagus *m* espáragus (plante ornementale).

aspe; asple *m* devanadera *f* para la seda.

aspect [aspɛ] *m* aspecto.

┃ SYN apparence apariencia; dehors exterior, apariencia; extérieur exterior; semblant apariencia.

asperge *f* espárrago *m* (plante) ┃ FAM espingarda (personne) ┃ pointes d'asperges puntas de espárragos, cabezuelas.

asperger [17] *v tr* rociar ┃ espurrear (avec la bouche) ┃ hisopear, asperjar (avec un goupillon).

┃ OBSERV Rociar est le verbe le plus usité. Asperjar appartient au langage relevé. Espurrear, hisopear ont des sens plus restreints.

aspergerie; aspergière *f* esparraguera, plantío *m* de espárragos.

aspergès *m* asperges (partie de la messe) ┃ hisopo (goupillon).

aspergière ► aspergerie.

aspergille *f* BOT aspergilo *m* (champignon).

aspérité *f* aspereza.

asperme *adj* BOT aspermo, ma.

aspersion *f* aspersión, rociada.

aspersoir *m* aspersorio, hisopo (goupillon).

asphaltage [asfaltaʒ] *m* asfaltado.

asphalte *m* asfalto ┃ FAM acera *f* ou calzada *f* asfaltada.

asphalter [3] *v tr* asfaltar.

asphaltier *m* barco que transporta asfalto.

asphodèle *m* BOT asfódelo, gamón.

asphyxiant, e *adj* asfixiante; gaz asphyxiant gas asfixiante.

asphyxie *f* asfixia.

asphyxié, e *adj & s* asfixiado, da.

asphyxier [9] *v tr* asfixiar.
► **s'asphyxier** *v pr* asfixiarse.

aspic *m* áspid (vipère) ┃ plato de fiambres con gelatina ┃ BOT espliego ┃ FIG langue d'aspic lengua de víbora.

aspidistra *m* BOT aspidistra *f*.

aspirant, e *adj* aspirante; pompe aspirante bomba aspirante.
► **aspirant** *m* aspirante ■ aspirant de marine guardiamarina ┃ aspirant à une fonction pretendiente ou candidato a una función.

aspirateur, trice *adj* aspirador, ra.
► **aspirateur** *m* aspirador, aspiradora (appareil).

┃ OBSERV Le féminin est la forme la plus usitée.

aspirateur-balai *m* aspiradora *f* de mano.
┃ OBSERV pl aspirateurs-balais.

aspirateur-traîneau *m* aspiradora *f* con ruedas.
┃ OBSERV pl aspirateurs-traîneaux.

aspiration *f* aspiración.

aspiratoire *m* aspiratorio.

aspiré, e *adj* GRAMM aspirado, da.

aspirer [3] *v tr & intr* aspirar ┃ FIG aspirar; aspirer aux honneurs aspirar a los honores.

Aspirine® *f* aspirina.

asple ► aspe.

aspre *m* aspro (monnaie).

asque *m* BOT asca *f*, teca *f*.

assagi, e *adj* ajuiciado, da ┃ tranquilizado, da ┃ sentado, da de cabeza.

assagir [32] *v tr* ajuiciar, hacer juicioso.
► **s'assagir** *v pr* formalizarse, sentar cabeza ┃ calmarse (se calmer).

assagissement *m* hecho de sentar cabeza, de volverse más juicioso.

assaillant, e *adj & s* asaltante, agresor, ra (agresseur).

assaillir [47] *v tr* asaltar, acometer ┃ acosar; assaillir de questions acosar con preguntas.

assainir [32] *v tr* sanear.

assainissement *m* saneamiento ┃ avenamiento (drainage) ┃ assainissement des marécages puesta en cultivo de terrenos pantanosos.

┃ SYN désinfection desinfección; stérilisation esterilización; asepsie asepsia.

assainisseur *m* purificador, aparato para sanear el aire.

assaisonnant, e *adj* que sazona ou condimenta.

assaisonnement *m* aliño (action) ‖ [▷ SYN] aliño, condimento (ingrédients) ‖ FIG sal *f*, gracia *f*; **l'assaisonnement d'un discours** la sal de un discurso.

　┃ SYN accommodement aderezo; épice especia; condiment condimento; aromate aroma, aromatizante.

assaisonner [3] *v tr* sazonar, condimentar (cuisine) ‖ aliñar (salade, etc.) ‖ FIG salpimentar con, salpimentar, amenizar con.

assarmenter [3] *v tr* podar los sarmientos.

assassin, e *adj* asesino, na; **main assassine** mano asesina ‖ **œillade assassine** mirada provocante.

　➥ **assassin** *m* asesino, na ‖ **à l'assassin!** ¡al asesino!; ¡que me matan! (appel de la victime) ‖ **l'assassin de mon honneur** el homicida de mi honor.

　┃ OBSERV Assassin es masculino, incluso cuando se aplica a una mujer o a una cosa que es del género femenino (**c'est elle l'assassin**).

assassinat *m* asesinato.

assassiner [3] *v tr* asesinar ‖ FIG & FAM fastidiar, dar la lata; **assassiner de compliments** dar la lata con cumplidos ‖ tocar (musicien) ou dirigir (chef d'orchestre) con los pies (un morceau de musique).

assaut [aso] *m* [▷ SYN] asalto ‖ asalto (sports) ■ **assaut d'esprit** discreteo ‖ **donner l'assaut** dar el salto ‖ **faire assaut de** rivalizar en; **faire assaut de générosité** rivalizar en generosidad ‖ **faire assaut d'esprit** discretear ‖ **prendre d'assaut** tomar por asalto.

　┃ SYN attaque ataque; coup de main golpe de mano; engagement refriega; rencontre encuentro; escarmouche escaramuza; offensive ofensiva.

asseau *m* martillo de pizarrero.

assèchement *m* desecación *f*, desaguado; **l'assèchement des marais salants** la desecación de una marisma.

assécher [18] *v tr* desecar, desaguar.

ASSEDIC; Assedic (abr de Association pour l'emploi dans l'industrie et le commerce) *f* asociación francesa que asigna los subsidios de desempleo; **toucher les ASSEDIC** cobrar el paro.

　┃ ASSEDIC
　Este organismo se encarga de los seguros de desempleo. Los subsidios que otorga son financiados mediante contribuciones específicas deducidas directamente de los sueldos.

assemblage *m* [▷ SYN] reunión *f*; **assemblage de pièces détachées** reunión de piezas separadas ‖ conjunto; **assemblage de vices et de vertus** conjunto de vicios y virtudes ‖ CONSTR trabazón *f* ‖ IMPR alzado ‖ TECHN ensambladura *f*, ensamblaje (menuiserie) ‖ junta *f* (jointure), empalme (épissure) ‖ INFORM **langage d'assemblage** lenguaje ensamblador ‖ **salle d'assemblage** alzador.

　┃ SYN montage montaje; ajustage ajuste, ajustado.

assemblée [asɑ̃ble] *f* asamblea ‖ ÉCON junta ■ **assemblée d'évêques** conferencia episcopal ‖ ÉCON **assemblée générale des actionnaires** junta general de accionistas ‖ **assemblée générale ordinaire** junta general ordinaria ‖ **assemblée générale extraordinaire** junta general extraordinaria ‖ **Assemblée nationale** congreso de diputados ‖ **assemblée consti-** tuante asamblea constituyente ‖ **les assemblées** las Cortes (en Espagne).

　┃ L'ASSEMBLÉE CONSTITUANTE
　La asamblea constituyente más conocida es la de 1789-1791 que redactó una constitución para reemplazar el gobierno absolutista de los Borbones.

　┃ L'ASSEMBLÉE NATIONALE
　El parlamento francés está constituido por dos cámaras: la "Assemblée nationale" y el "Sénat". Los miembros de la "Assemblée nationale", los diputados, son elegidos cada cinco años por medio de elecciones legislativas.

assemblement *m* reunión *f*.

assembler [3] *v tr* [▷ SYN 1] juntar; **le tailleur assemble les pièces d'un vêtement** el sastre junta las piezas de una prenda ‖ [▷ SYN 2] reunir; **assembler des troupes** reunir tropas ‖ reunir, congregar (réunir) ‖ reunir, convocar; **assembler le Sénat** convocar el Senado ‖ IMPR alzar ‖ TECHN ensamblar, empalmar (menuiserie) ‖ INFORM ensamblar.

　➥ **s'assembler** *v pr* juntarse, reunirse ‖ **qui se ressemble s'assemble** Dios los cría y ellos se juntan.

　┃ SYN 1. ramasser, recueillir recoger; réunir reunir; unir unir; joindre juntar (mettre en contact), agregar (ajouter); grouper agrupar.
　2. concentrer concentrar; rassembler juntar, reunir.

assembleur, euse *adj* & *s* ensamblador, ra ‖ IMPR alzador, ra.

　➥ **assembleur** *m* INFORM (programa) ensamblador.

assener; asséner [18] *v tr* asestar; **assener un coup d'épée** asestar una estocada.

assentiment *m* asentimiento, asenso.

assentir [32] *v intr* asentir.

asseoir [65] [aswar] *v tr* sentar ‖ asentar; **asseoir un gouvernement** asentar un gobierno ‖ fundar, asentar, fundamentar; **asseoir son jugement sur** fundar juicio en ‖ DR establecer la base tributaria de (l'impôt).

　➥ **s'asseoir** *v pr* sentarse; **s'asseoir dans un fauteuil, sur une chaise** sentarse en un sillón, en una silla ‖ asentarse ‖ fundarse, fundamentarse ‖ **s'asseoir sur son lit** incorporarse en la cama.

assermenté, e *adj* & *s* juramentado, da; jurado, da; **traducteur assermenté** traductor jurado ‖ **prêtre, évêque assermenté** sacerdote, obispo que en Francia juró la constitución civil del clero (1790).

assermenter [3] *v tr* juramentar, tomar juramento.

assertif, ive *adj* asertivo, va.

assertion *f* aserción, aserto *m*.

assertorique *adj m* asertorio.

asservir [32] *v tr* avasallar, sojuzgar, esclavizar (soumettre) ‖ FIG dominar, esclavizar; **asservir ses passions** dominar sus pasiones.

　➥ **s'asservir** *v pr* avasallarse.

asservissant, e *adj* avasallador, ra ‖ humillante; **condition asservissante** condición humillante.

asservissement *m* avasallamiento (action) ‖ esclavitud *f* (résultat); **l'asservissement d'un peuple** la esclavitud de un pueblo ‖ servidumbre *f* (servitude).

asservisseur, euse *adj* & *s* avasallador, ra.

assesseur *adj* & *s m* asesor.

assessorat; assessoriat *m* asesoría *f*.

assette *f* martillo *m* de pizarrero.

assez [ase] *adv* bastante; **assez bon** bastante bueno ‖ asaz (p us) ■ **assez de** bastante *adj*; **assez de livres** bastantes libros; basta de; **assez de paroles inutiles** basta de palabras inútiles ‖ **en avoir assez** estar harto.

　➥ **assez!** *interj* ¡basta! ‖ **en voilà assez!** ¡basta ya!

assidu, e *adj* asiduo, dua.

assiduité *f* asiduidad.

assidûment *adv* asiduamente.

assiégé, e *adj* & *s* sitiado, da; **ville assiégée** ciudad sitiada ‖ FIG asediado, da; **il était assiégé de demandes** estaba asediado de solicitudes.

assiégeant, e *adj* & *s* sitiador, ra.

assiéger [22] *v tr* sitiar, asediar (une place) ‖ FIG asediar, importunar; **assiéger de questions** asediar con preguntas.

assiette *f* plato *m*; **assiette à soupe** ou **creuse** plato hondo ou sopero; **assiette plate** plato llano ‖ plato *m*; **une assiette de riz** un plato de arroz ‖ asiento *m*; **l'assiette d'une poutre** el asiento de una viga ‖ AVIAT centrado *m* ou equilibrio *m* aerodinámico ‖ ÉCON base imponible, base tributaria (impôt) ‖ sisa (pour la dorure) ‖ ÉQUIT equilibrio *m* ■ **assiette anglaise** fiambres variados, plato de fiambres ‖ FAM **avoir l'assiette au beurre** cortar el bacalao ‖ **c'est l'assiette au beurre** es una prebenda, es una sinecura ‖ **ne pas être dans son assiette** no sentirse bien, estar inquieto ‖ **perdre son assiette** perder los estribos.

assiettée *f* plato *m* (contenu).

assignable *adj* asignable.

assignat *m* asignado (p us), asignado (papier-monnaie).

assignation *f* DR auto *m* de comparecencia, emplazamiento *m*, requerimiento *m*, citación judicial ‖ asignación (attribution).

assigner [3] *v tr* DR emplazar (devant un juge) ‖ asignar, destinar (destiner) ‖ FIG dar, señalar, fijar; **assigner un rendez-vous** dar una cita.

assimilable *adj* asimilable.

assimilateur, trice *adj* asimilativo, va.

assimilation *f* asimilación.

assimilé, e *adj* asimilado, da, integrado, da.

　◇ *m* & *f* asimilado, da ‖ **fonctionnaires et assimilés** funcionarios y asimilados.

assimiler [3] *v tr* asimilar.

　➥ **s'assimiler** *v pr* asimilarse.

assis, e [asi, iz] *adj* sentado, da ‖ establecido, da; situado, da (situé) ‖ FIG asentado, da; **réputation bien assise** reputación muy asentada.

assise *f* asiento *m*, cimientos *m pl*; **les assises de la société** los cimientos de la sociedad ‖ ARCHIT hilada, hilera (de pierres ou de briques) ‖ GÉOL lecho *m*, capa.

　➥ **assises** *f pl* DR audiencia *sing* de lo criminal ‖ FIG **tenir ses assises** reunirse en un lugar.

Assise [asiz] *n pr* GÉOGR Asís.

assistanat *m* ayudantía *f*.

assistance *f* asistencia, auxilio *m*, socorro *m* (secours) ▍ asistencia (présence) ▍ asistencia, concurrencia (public) ■ **assistance judiciaire** abogacía de pobres ▍ **assistance publique** beneficencia (pública), auxilio social ▍ **assistance sociale** asistencia social ▍ **assistance technique** asistencia técnica.

assistant, e *adj* & *s* asistente, ta.
◇ *m* & *f* ayudante, auxiliar, adjunto (professeur) ▍ **assistante sociale** asistente ou asistenta social.
▍ **OBSERV** Le mot asistenta désigne aussi la femme de ménage.

assisté, e *adj* & *s* socorrido, da; beneficiado, da; asistido, da ▍ **frein assisté** freno asistido ▍ **INFORM conception assistée par ordinateur** diseño asistido por ordenador ▍ **enseignement assisté par ordinateur** enseñanza asistida por ordenador.

assister [3] *v intr* asistir ▍ asistir, presenciar; **assister à un accident** asistir a un accidente ▍ concurrir; **assister à une cérémonie** concurrir a una ceremonia.
◇ *v tr* asistir, socorrer (secourir), amparar; **Dieu vous assiste!** ¡Dios le ampare! ▍ secundar; **assister un chirurgien** secundar a un cirujano.

associable *adj* asociable.

associatif, ive *adj* asociativo, va.

association *f* asociación; **Association européenne de libre-échange** Asociación Europea de Libre Cambio ▍ **ÉCON association à risques communs** asociación de riesgos compartidos ▍ **DR association criminelle** asociación criminal ▍ **association d'idées** asociación de ideas.

associationnisme *m* asociacionismo.

associé, e *adj* & *s* asociado, da.
◇ *m* & *f* socio, cia.

associer [9] *v tr* asociar.
➡ **s'associer** *v pr* asociarse ▍ adherirse; **s'associer à l'opinion de quelqu'un** adherirse a la opinión de uno.

assoiffé, e *adj* sediento, ta (altéré) ▍ **FIG** sediento, ta; **assoiffé de richesses** sediento de riquezas.

assoiffer *v tr* dar sed.

assolement *m* **AGRIC** rotación *f* de cultivos.

assoler [3] *v tr* **AGRIC** alternar cultivos.

assombrir [32] *v tr* ensombrecer, obscurecer.
➡ **s'assombrir** *v pr* ensombrecerse, obscurecerse ▍ **FIG** entristecerse; **son regard s'assombrit** su mirada se entristeció.

assombrissement *m* oscurecimiento.

assommant, e *adj* **FIG** & **FAM** pesado, da; fastidioso, sa (ennuyeux) ▍ **un bonhomme assommant** un pelmazo.

assommer [3] *v tr* matar; **assommer à coups de bâton** matar a palos ▍ acogotar (tuer d'un coup sur la nuque) ▍ atronar (aux abattoirs) ▍ **FIG** & **FAM** reventar, fastidiar, abrumar (importuner).
➡ **s'assommer** *v pr* darse un porrazo ou un trompicón (buter) ▍ darse de palos (se battre).

assommeur *m* matarife, jifero (abattoirs).

assommoir *m* (p us) porra *f* (massue) ▍ rompecabezas (p us), rompecabezas (casse-tête) ▍ trampa *f* (trébuchet) ▍ **FAM** taberna *f*.

Assomption *f* l'Assomption la Asunción.

assomptionniste *adj* & *s* asuncionista.

assonance *f* asonancia.

assonancé, e *adj* asonantado, da.

assonant, e *adj* asonante.

assorti, e *adj* adecuado, da; que hace juego, a tono; **couleurs assorties** colores que hacen juego ▍ **COMM** surtido, da (approvisionné); **une boutique bien assortie** una tienda bien surtida ▍ surtido, da; variado, da; **bonbons assortis** caramelos surtidos.

assortiment *m* conjunto (assemblage) ▍ conjunto armonioso, combinación *f*; **l'assortiment de ces couleurs est agréable** la combinación de estos colores es agradable ▍ **COMM** surtido (approvisionnement) ▍ surtido; **un assortiment de gâteaux secs** un surtido de galletas.

assortir [32] *v tr* combinar, ajustar ▍ **COMM** surtir, abastecer ▍ surtir (mélanger) ▍ **FIG** unir, emparejar (des personnes) ▍ casar, combinar (couleurs, etc.) ▍ ajustar, conformar (conformer).
➡ **s'assortir** *v intr* & *v pr* hacer juego, ir bien; **ces couleurs s'assortissent** estos colores hacen juego ▍ concordar, convenirse (personnes) ▍ **COMM** surtirse, abastecerse.
▍ **OBSERV** Se conjuga como finir.

assortissant, e *adj* adecuado, da; que hace juego.

Assouan *n pr* **GÉOGR** Asuán.

assoupi, e *adj* adormilado, da (endormi) ▍ adormecido, da (affaibli).

assoupir [32] *v tr* adormecer, adormilar ▍ **FIG** adormecer, calmar; **assoupir la douleur** calmar el dolor.
➡ **s'assoupir** *v pr* adormecerse, adormilarse.

assoupissant, e *adj* adormecedor, ra.

assoupissement *m* adormecimiento, adormilamiento ▍ **FIG** desidia *f*, dejadez *f* (nonchalance).
▍ **SYN** engourdissement entumecimiento, embotamiento; torpeur torpor, amodorramiento; somnolence somnolencia, soñolencia; léthargie letargo, aletargamiento, sopor.

assouplir [32] *v tr* suavizar; **assouplir une étoffe** suavizar una tela ▍ flexibilizar, hacer flexible; **assouplir les muscles** flexibilizar los músculos ▍ **FIG** doblegar, domar; **assouplir le caractère** domar el carácter ▍ moderar; **assouplir sa position** moderar su posición.
➡ **s'assouplir** *v pr* suavizarse, tornarse flexible ▍ **FIG** doblegarse.

assouplissement *m* flexibilidad *f*; **assouplissement du caractère** flexibilidad del carácter ▍ **SPORTS exercices d'assouplissement** ejercicios de calentamiento.

assourdir [32] *v tr* ensordecer ▍ amortiguar, apagar (un son) ▍ atenuar (la lumière) ▍ dulcificar (les couleurs).

assourdissant, e *adj* ensordecedor, ra (bruit).

assourdissement *m* ensordecimiento.

assouvir [32] *v tr* [▷ **SYN**] saciar; **assouvir la faim, la colère** saciar el hambre, la ira.
➡ **s'assouvir** *v pr* saciarse, hartarse.

▍ **SYN** rassasier saciar, ahitar; étancher apagar, aplacar.

assouvissement *m* satisfacción *f* (d'un appétit, d'un désir).

ASSU; Assu (abr de Association du sport scolaire et universitaire) *f* asociación del deporte escolar y universitario francés.

assuétude *f* drogodependencia.

assujetti, e *adj* & *s* sometido, da; sujeto, ta; **assujetti aux droits de douane** sujeto a derechos arancelarios.

assujettir [32] [asyʒetir] *v tr* someter, sujetar, obligar (obliger); **assujettir un peuple** someter a un pueblo; **assujettir à l'obéissance** sujetar a la obediencia ▍ sujetar, asegurar, fijar; **assujettir une porte** fijar una puerta.
➡ **s'assujettir** *v pr* sujetarse.

assujettissant, e *adj* que causa sujeción ▍ **FIG** pesado, da; penoso, sa, que esclaviza; **un travail assujettissant** un trabajo penoso, que esclaviza.

assujettissement *m* sujeción *f* ▍ **FIG** obligación *f*, servidumbre *f*; **la grandeur a ses assujettissements** la grandeza tiene sus servidumbres.

assumer [3] *v tr* asumir; **assumer une responsabilité** asumir una responsabilidad.

assurable *adj* asegurable.

assurance *f* [▷ **SYN**] seguridad, certeza, confianza ▍ promesa, palabra; **donner l'assurance d'une chose** dar palabra de una cosa ▍ confianza, seguridad; **agir avec assurance** actuar con confianza ou con seguridad en sí mismo ▍ **COMM** seguro *m*; **compagnie d'assurances** compañía de seguros ■ **assurance accidents** seguro contra accidentes ▍ **assurance aux tiers** seguro a terceros ▍ **assurance chômage** seguro contra el paro ▍ **assurance complémentaire** seguro complementario ▍ **assurance contre l'incendie** seguro contra incendio ▍ **assurance de responsabilité civile** seguro de responsabilidad civil ▍ **assurance maladie** seguro de enfermedad ▍ **assurance multirisques** seguro multirriesgos ▍ **assurances sociales** seguros sociales ▍ **assurance sur la vie** seguro de vida ▍ **assurance tous risques** seguro a todo riesgo ▍ **assurance vieillesse** seguro de la vejez ■ **recevez l'assurance de ma considération** le presento el testimonio de mi consideración.
▍ **SYN** hardiesse atrevimiento, osadía; confiance confianza; fermeté firmeza, entereza; sûreté seguridad; aplomb aplomo; **FAM** toupet frescura, desfachatez.

assurance-crédit *f* seguro *m* de riesgo de insolvencia.
▍ **OBSERV** pl assurances-crédits.

assurance-vie *f* seguro *m* de vida.
▍ **OBSERV** pl assurances-vie.

assurance-vol *f* seguro *m* contra robo.
▍ **OBSERV** pl assurances-vol.

assuré, e *adj* asegurado, da; seguro, ra (sûr) ▍ resuelto, ta; firme; **ton assuré** tono resuelto ou firme.
◇ *m* & *f* asegurado, da; **assuré pour 10 000 francs** asegurado en 10 000 francos ▍ **assuré social** beneficiario de la Seguridad Social.

assurément *adv* seguramente.
▍ **SYN** sûrement seguramente; à coup sûr a buen seguro, de seguro, sobre seguro; infailliblement infaliblemente; immanquablement sin falta; certainement ciertamente; certes cierto;

évidemment evidentemente; *sans doute* sin duda; *sans aucun doute* sin duda alguna; indubitablement indudablemente, indudablemente, indubitadamente; *sans conteste* sin disputa, indisputablemente; *incontestablement* incontestablemente; *sans contredit* sin disputa.

assurer [3] *v tr* [▷ SYN] asegurar ‖ atender; *assurer la permanence* atender al servicio permanente ‖ COMM garantizar (une créance) ‖ velar por; *assurer l'exécution des lois* velar por el cumplimiento de las leyes.

➤ **s'assurer** *v pr* asegurarse ‖ cerciorarse; *s'assurer de l'exactitude d'un renseignement* cerciorarse de la exactitud de un dato ‖ detener; *s'assurer d'un coupable* detener a un culpable ‖ COMM asegurarse (contracter une assurance).
‖ SYN **affermir** afirmar, afianzar; **consolider** consolidar; **arrêter** fijar; **assujettir** sujetar; **accorer** escorar, apuntalar.

assureur *m* asegurador.

Assyrie *n pr f* HIST *l'Assyrie* Asiria.

assyrien, enne *adj* asirio, ria.

Assyrien, enne *m & f* asirio, ria.

assyriologie *f* asiriología.

assyriologue *m* asiriólogo.

astatique *adj* PHYS astático, ca.

aster [aster] *m* BOT aster.

astérie *f* asteria, estrellamar (étoile de mer).

astérisme *m* ASTRON asterismo.

astérisque *m* asterisco.

Astérix [asteriks] *n pr* Astérix.

astéroïde *m* ASTRON asteriode.

asthénie *f* MÉD astenia (affaiblissement).

asthénique *adj* MÉD asténico, ca.

asthmatique *adj & s* MÉD asmático, ca.

asthme [asm] *m* MÉD asma *f*.

asti *m* asti (vin italien).

asticot *m* gusano blanco.
‖ OBSERV El *asticot* francés es más exactamente la larva de la mosca de la carne.

asticoter [3] *v tr* FAM quemar la sangre, chinchar (agacer).

astigmate *adj & s* MÉD astigmático, ca.

astigmatisme *m* MÉD astigmatismo.

astiquage *m* bruñido, lustrado.

astiquer [3] *v tr* bruñir (polir), lustrar (lustrer), sacar brillo a (faire briller) ‖ FAM hacer la limpieza.

astragale *m* ANAT astrágalo, taba *f* ‖ ARCHIT astrágalo ‖ BOT astrágalo, tragacanto.

Astrakhan; Astrakan *n pr* GÉOGR Astraján.

astral, e *adj* astral; *corps astraux* cuerpos astrales; *lampe astrale* lámpara astral.

astre *m* astro ‖ FIG *beau comme un astre* hecho un brazo de mar, bello como un sol.

astreignant, e *adj* esclavizante.

astreindre [81] [astrēdr] *v tr* obligar (obliger), constreñir, sujetar; *être astreint à l'exactitude* estar sujeto a la puntualidad.

➤ **s'astreindre** *v pr* obligarse a, sujetarse a, imponerse; *s'astreindre à un travail* obligarse a un trabajo.
‖ OBSERV **Astringir** a surtout en espagnol le sens de resserrer (la peau, les tissus organiques).

astreint, e [astrē, ēt] *adj* obligado, da; sujeto, ta.

astreinte *f* multa (amende).

astringence *f* astringencia.

astringent, e *adj & s m* MÉD astringente.

astrobiologie *f* astrobiología.

astrolabe *m* ASTRON astrolabio.

astrologie *f* astrología.

astrologique *adj* astrológico, ca.

astrologue *m* astrólogo.

astronaute *m* astronauta.

astronautique *adj & s f* astronáutico, ca.

astronef *m* astronave *f*.

astronome *m* astrónomo.

astronomie *f* astronomía.

astronomique *adj* astronómico, ca ‖ FAM astronómico, ca; exagerado, da; *chiffres astronomiques* cifras astronómicas.

astronomiquement *adv* astronómicamente.

astrophysicien, enne *m & f* astrofísico, ca.

astrophysique *f* astrofísica.

astuce *f* astucia ‖ FAM retruécano *m* (jeu de mots).

astucieusement *adv* astutamente.

astucieux, euse *adj* astuto, ta; mañoso, sa; astucioso, sa (p us) ‖ FAM chistoso, sa.

asturien, enne *adj* asturiano, na.

Asturien, enne *m & f* asturiano, na.

Asturies *n pr f pl* GÉOGR *les Asturies* Asturias ‖ *le prince des Asturies* el príncipe de Asturias.

Asunción [asunsjɔn]; **Assomption** *n pr* GÉOGR Asunción.

asymétrie *f* asimetría.

asymétrique *adj* asimétrico, ca.

asymptote *f* GÉOM asíntota.

asymptotique *adj* asintótico, ca.

asynchrone *adj* asincrónico, ca ‖ INFORM asíncrono, na.

asynchronisme *m* asincronismo.

asyndète *f* asíndeton *m* (suppression des conjonctions).

ataraxie *f* ataraxia (calme spirituel).

atavique *adj* atávico, ca.

atavisme *m* atavismo.

ataxie *f* MÉD ataxia.

ataxique *adj & s* atáxico, ca.

atèle *m* ZOOL ateles, mono araña.

atelier *m* taller (d'ouvriers) ‖ estudio; *un atelier de sculpteur* un estudio de escultor ‖ *atelier de couture* taller de costura ‖ *atelier de montage* taller de montaje ‖ *atelier de peinture* taller de pintura.

atellanes *f pl* atelanas (farces populaires).

a tempo *loc adv* MUS a tempo ‖ oportunamente.

atemporel, elle *adj* intemporal.

ATER [ater] (abr de *attaché temporaire d'enseignement et de recherche*) *m & f* ≃ profesor *m* asociado, profesora *f* asociada.

atermoiement [atermwamū] *m* prórroga *f*, moratoria *f* ‖ retraso (retard) ‖ plazo (délai).

atermoyer [13] [atermwaje] *v tr* prorrogar, aplazar, diferir.
◇ *v intr* diferir, andar con dilaciones, con subterfugios.

aterrant, e *adj* abrumador, ra.

Athanase *n pr* Atanasio.

athée *adj & s* ateo, a.

athéisme *m* ateísmo.

Athéna *n pr* MYTH Atenea.

athénée *m* ateneo ‖ instituto (lycée belge).

Athènes *n pr* GÉOGR Atenas.

athénien, enne *adj* ateniense.

Athénien, enne *m & f* ateniense.

athermane *adj* PHYS atérmano (qui absorbe la chaleur).

athermique *adj* PHYS atérmico, ca (qui ne dégage pas de chaleur).

athérome *m* MÉD ateroma.

athérosclérose *f* MÉD aterosclerosis.

athlète *m* atleta.

athlétique *adj* atlético, ca.

athlétisme *m* atletismo.

Athos [atos] *n pr* GÉOGR *le mont Athos* el monte Athos.

athrepsie *f* MÉD atrepsia (dénutrition).

atlante *m* ARCHIT atlante, telamón (statue).

Atlantide *n pr f* *l'Atlantide* la Atlántida.

atlantique *adj* atlántico, ca.

Atlantique *n pr m* GÉOGR *l'Atlantique* el Atlántico.

atlantisme *m* atlantismo.

atlantiste *adj & s* atlantista.

atlas [atlas] *m* atlas.

Atlas *n pr m* GÉOGR *l'Atlas* el Atlas ‖ *le Haut ou Grand Atlas* el Alto ou Gran Atlas ‖ *le Moyen Atlas* el Atlas Medio.

atm (abr écrite de *atmosphère normale*) atm.

atmosphère *f* atmósfera; *l'atmosphère contient de l'oxygène* la atmósfera contiene oxígeno ‖ PHYS atmósfera; *une pression de vingt atmosphères* una presión de veinte atmósferas.

atmosphérique *adj* atmosférico, ca.

atoll *m* atolón (île corallienne).

atome *m* átomo ‖ FIG átomo; *les hommes sont des atomes dans l'Univers* los hombres son átomos en el Universo.

atome-gramme *m* CHIM átomo gramo.
‖ OBSERV pl atomes-grammes.

atomicité *f* CHIM atomicidad.

atomique *adj* PHYS & CHIM atómico, ca; *poids, énergie, bombe, pile atomique* peso, energía, bomba, pila atómica.

atomisation *f* AGRIC atomización.

atomiser [3] *v tr* atomizar.

atomiseur *m* atomizador ‖ pulverizador.

atomisme *m* PHILOS & PHYS atomismo.

atomiste *adj & s* PHILOS & PHYS atomista.

atomistique *adj & s f* atomístico, ca.

atonal, e *adj* MUS atonal.

atonalité *f* MUS atonalidad.

atone *adj* átono, na; **voyelle atone** vocal átona ‖ inexpresivo, va (regard) ‖ sin vigor (inactif).

atonie *f* atonía.

atonique *adj* atónico, ca; **état atonique** estado atónico.

atours [atur] *m pl* adornos, atavíos, galas *f* ‖ **dame d'atour** (au singulier) azafata de palacio.

atout [atu] *m* triunfo; **sans atout** sin triunfo ‖ vida *f*, pinta *f* (couleur choisie au jeu de cartes) ‖ FIG triunfo, baza *f*; **avoir tous les atouts en main** tener todos los triunfos en la mano ‖ **jouer atout** arrastrar, triunfar.

ATP *f* (abr de Association des tennismen professionnels) ATP.
◇ *m pl* (abr de Arts et Traditions populaires) artes y oficios; **musée des ATP** museo de artes y oficios.

atrabilaire *adj* MÉD atrabiliario, ria ‖ FIG atrabiliario, ria; malhumorado, da.

atrabile *f* MÉD atrabilis.

âtre *m* hogar (cheminée).

Atrides [atrid] *n pr m pl* MYTH **les Atrides** los Atridas.

atrium *m* atrio (cour romaine).

atroce *adj* atroz; **douleur atroce** dolor atroz ‖ FAM atroz, espantoso, sa; **temps atroce** tiempo atroz.

| OBSERV Atroce y atrocité no tienen en francés el sentido de *enorme*.

atrocement *adv* atrozmente ‖ **atrocement laid** más feo que Picio, feísimo.

atrocité *f* atrocidad.

atrophie *f* MÉD atrofia.

atrophié, e *adj* MÉD atrofiado, da.

atrophier [9] *v tr* atrofiar.
◆ **s'atrophier** *v pr* atrofiarse.

atropine *f* CHIM atropina.

attabler [3] *v tr* sentar a la mesa.
◆ **s'attabler** *v pr* sentarse a la mesa.

attachant, e *adj* atractivo, va (attrayant) ‖ interesante, afectuoso, sa (affectueux).

attache *f* atadero *m* (lien) ‖ grapa (agrafe pour papiers) ‖ clip *m*, sujetador *m* (trombone) ‖ ANAT ligamento *m* (muscle) ‖ FAM cabo *m* (poignet, cheville); **avoir les attaches fines** ser de cabos finos ‖ FIG apego *m*, afición, lazo *m* (attachement) ‖ TECHN laña (agrafe) ■ **chien d'attache** perro guardián ‖ **port d'attache** puerto de matrícula ■ **être** ou **tenir quelqu'un à l'attache** estar ou tener a alguien sujeto.
◆ **attaches** *f pl* relaciones, contactos *m*; **conserver des attaches** conservar contactos.

attaché *m* agregado; **attaché commercial, culturel, du travail** agregado comercial, cultural, laboral ‖ **attaché de presse** agregado de prensa (ambassade), responsable de las relaciones con la prensa (entreprise).

attaché-case *m* maletín.
| OBSERV pl attachés-cases.

attachement *m* apego ‖ cariño, afecto (affection) ‖ aplicación *f*, afición *f*; **attachement au travail** aplicación en el trabajo ‖ ARCHIT comprobación *f* diaria de una obra ‖ FIG adhesión *f* (à une idée).

attacher [3] *v tr* [▷ SYN] atar; **attacher à un arbre** atar a un árbol ‖ fijar; **attacher ses regards sur un objet** fijar la mirada en un objeto ‖ aplicar (appliquer) ‖ ligar, vincular; **attaché par la reconnaissance** ligado por el agradecimiento ‖ sujetar; **il attache sa cravate avec une épingle** sujeta su corbata con un alfiler ‖ destinar, afectar, agregar; **attacher un employé à un service** destinar un empleado a un servicio ‖ FIG unir; **nous sommes très attachés l'un à l'autre** estamos muy unidos uno con otro ‖ atribuir; **attacher du prix à un objet** atribuir valor a un objeto ‖ interesar, cautivar; **cette lecture attache** esta lectura cautiva ‖ prestar (un intérêt) ‖ **attacher le grelot** poner el cascabel al gato.
◇ *v intr* pegar (coller) ‖ pegarse; **le poisson attache facilement** el pescado se pega fácilmente.
◆ **s'attacher** *v pr* atarse ‖ pegarse; **le lierre s'attache aux murs** la hiedra se pega a las paredes ‖ dedicarse, consagrarse; **s'attacher à l'étude** dedicarse al estudio ‖ atraerse (l'affection, la volonté) ‖ FIG unirse (s'unir) ‖ apegarse, encariñarse; **je me suis beaucoup attaché à lui** me he encariñado mucho con él ■ **s'attacher à des bagatelles** pararse en minucias ‖ **s'attacher aux pas de quelqu'un** no dejar a alguien ni a sol ni a sombra.
| SYN lier ligar; enchaîner encadenar; ficeler atar, poner una cuerda; ligoter atar; amarrer amarrar.

attacus *m* átaco (papillon).

attaquable *adj* atacable.

attaquant *adj* & *s m* atacante, agresor.

attaque *f* ataque *m*, acometida ‖ embestida (taureau) ‖ MÉD & FIG ataque *m*; **attaque d'apoplexie** ataque de apoplejía ■ **attaque à main armée** atraco ‖ **attaque brusquée** ataque brusco ‖ **attaque par surprise** ataque por sorpresa ■ **déclencher une attaque** iniciar un ataque ‖ FAM **se sentir** ou **être d'attaque** estar en forma, sentirse fuerte, capaz.

attaquer [3] *v tr* [▷ SYN] atacar, acometer (agression) ‖ embestir (taureau) ‖ DR atacar, **entablar una acción judicial contra** ‖ FAM acometer; **attaquer un travail** acometer un trabajo ‖ FIG atacar; **attaquer un livre** atacar un libro ‖ MUS atacar (commencer) ‖ FIG atacar; **quer une montagne** iniciar la ascensión de una montaña.
◆ **s'attaquer** *v pr* atacar; **s'attaquer à un adversaire** atacar a un adversario ‖ acometer; **s'attaquer à un travail** acometer un trabajo ‖ combatir; **s'attaquer aux préjugés** combatir los prejuicios ‖ **s'attaquer à tous** atreverse con todos.
| SYN assaillir asaltar; provoquer provocar; agresser agredir; attenter à atentar contra.

attardé, e *adj* & *s* retrasado, da.

attarder [3] *v tr* retrasar.
◆ **s'attarder** *v pr* retrasarse ‖ rezagarse (rester en arrière) ‖ **s'attarder à pararse**, perder el tiempo en ‖ **s'attarder chez quelqu'un** entretenerse en casa de alguien.

atteindre [81] [atɛ̃dr] *v tr* alcanzar; **atteindre quelqu'un d'un coup de pierre** alcanzar a alguien de una pedrada ‖ llegar a; **atteindre la vieillesse** llegar a la vejez; **atteindre le sommet** llegar a la cima ‖ alcanzar, lograr, conseguir; **atteindre son but** lograr su propósito ‖ alcanzar, herir; **il fut atteint par une balle** fue herido por una bala ‖ FIG **vos injures**

ne m'atteignent pas sus injurias me dejan frío.

| OBSERV Verbe intransitif (atteindre à). Implica cierto esfuerzo: **atteindre à la perfection** alcanzar la perfección, llegar a la perfección.

atteint, e [atɛ̃, ɛ̃t] *adj* alcanzado, da ‖ aquejado, da; atacado, da (maladie) ‖ herido, da; **atteint d'un coup de feu, dans son amour-propre** herido de un tiro, en su amor propio ‖ conseguido, da; **un objectif atteint** un objetivo conseguido ‖ DR **atteint et convaincu** convicto ‖ **être atteint de** padecer; **être atteint de surdité** padecer sordera.

atteinte *f* alcance *m* ‖ golpe *m* (coup) ‖ ataque *m*; **atteinte de goutte** ataque de gota ‖ FIG perjuicio *m*, daño *m* (dommage) ‖ ofensa (offense) ■ **atteinte à la sûreté de la route** delito contra la seguridad vial ‖ **atteinte à la sûreté de l'État** atentado contra la seguridad del Estado ‖ **atteinte à la vie privée** intromisión en la intimidad ■ **hors d'atteinte** fuera de alcance ■ **porter atteinte à la tranquillité d'autrui** perjudicar a la tranquilidad ajena ‖ **porter atteinte à l'honneur** atentar contra el honor.

attelage [atlaʒ] *m* tiro, tronco (chevaux) ‖ yunta *f* (bœufs) ‖ enganche; **attelage de wagons** enganche de vagones ‖ MIL atalaje.

atteler [24] *v tr* enganchar (chevaux) ‖ uncir (bœufs).
◆ **s'atteler** *v pr* FIG consagrarse, aplicarse; **s'atteler à une besogne** aplicarse a una faena.

attelle *f* horcate *m* (chevaux) ‖ MÉD tablilla (fracture d'os).

attelloire *f* & *m* clavija *f* maestra (cheville).

attenant, e *adj* lindante con, contiguo, gua a; colindante con; **pré attenant au verger** prado lindante con el huerto.

attendant
■ **en attendant** *loc prép* entretanto, mientras tanto ■ **en attendant que** hasta que, mientras; **en attendant qu'il vienne** mientras llega ou mientras no llega ‖ **en attendant votre réponse** en espera de su respuesta ‖ **en attendant votre retour** hasta su regreso.

attendre [73] *v tr* esperar, aguardar; **je l'attendais dans la rue** le esperaba en la calle ‖ esperar; **attendre l'hiver** esperar el invierno ■ **attendre l'heure** hacer tiempo ‖ **attendre l'occasion** esperar la ocasión ‖ **attendre quelqu'un comme le Messie** esperar a alguien como el agua de Mayo ■ **attendez-moi sous l'orme!** ¡espérame sentado! ‖ **c'est là que je l'attends** ahí lo espero.
◇ *v intr* esperar, aguardar ■ **attends un peu pour voir!** ¡espera y verás! ‖ **attendez donc!** ¡aguarde usted!, ¡espere usted! ‖ **tout vient à point qui sait attendre** con paciencia se gana el cielo.
◆ **s'attendre** *v pr* esperarse ‖ esperar; **s'attendre à des reproches** esperar reproches ‖ contar con (compter sur); **il s'attend à ce que j'y aille** cuenta con que vaya ■ **avec lui, il faut s'attendre à tout!** es capaz de todo, de cualquier cosa ‖ **quand ils s'y attendaient le moins** cuando menos lo esperaban.

attendrir [32] *v tr* ablandar; **attendrir la viande** ablandar la carne ‖ FIG enternecer, conmover; **attendrir le cœur** conmover el corazón.

→ **s'attendrir** *v pr* ablandarse ‖ FIG enternecerse, conmoverse (être ému).

attendrissant, e *adj* enternecedor, ra; conmovedor, ra; **spectacle attendrissant** espectáculo conmovedor.

attendrissement *m* enternecimiento, ternura *f* (tendresse).

attendrisseur *m* ablandador.

attendu *prép* en vista de, teniendo en cuenta, en atención a; **attendu les événements** en vista de los acontecimientos ‖ **attendu que** visto que, puesto que, en vista de que, considerando que.
◇ *m* DR considerando; **cet arrêté présente dix attendus** este decreto consta de diez considerandos.

attentat *m* atentado; **attentat aux mœurs** atentado contra las buenas costumbres ‖ **attentat à la bombe, à l'explosif** atentado con bomba, con explosivos ‖ **attentat à la voiture piégée** atentado con un coche bomba.

attentatoire *adj* atentatorio, ria.

attente *f* espera; **dans l'attente d'un évènement** en espera de un acontecimiento ‖ **demora** (au téléphone) ■ **pierre d'attente** adaraja ‖ **salle d'attente** sala de espera ■ **contre toute attente** contra toda previsión.

attenter [3] *v intr* atentar; **attenter à ses jours** atentar contra su vida.

attentif, ive *adj* atento, ta.

attention *f* [▷ SYN] atención; **fixer son attention** fijar la atención ‖ **cuidado** *m*; **attention à la peinture** cuidado con la pintura ‖ **cuidado** *m* (soin) ‖ atención, consideración, delicadeza, detalle *m*; **avoir mille attentions** tener mil atenciones ou delicadezas ■ **faire attention à** ou **de** tener cuidado con, poner cuidado en ‖ **ne pas faire attention à** no hacer caso de, hacer caso omiso de, no poner cuidado en, no fijarse en.

→ **attention!** *interj* ¡cuidado!, ¡ojo! (fam).
‖ SYN **application** aplicación; **réflexion** reflexión; **tension d'esprit** esfuerzo mental.

attentionné, e *adj* atento, ta ‖ FIG solícito, ta; **une servante attentionnée** una criada solícita.

attentisme *m* política *f* de espera.

attentiste *adj & s* partidario de esperar los acontecimientos.

attentivement *adv* atentamente, detenidamente (avec soin).

atténuant, e *adj* atenuante ‖ DR **circonstances atténuantes** circunstancias atenuantes.

atténuateur *m* RAD atenuador.

atténuation *f* atenuación.

atténuer [7] *v tr* atenuar.

atterrage *m* MAR atracadero (lieu d'abordage) ‖ aproximación *f* a la costa.

atterrer [4] *v tr* aterrar (terreur) ‖ abrumar, aplastar, anonadar (accabler); **ce coup l'a atterré** ese golpe le ha abrumado ‖ derribar (jeter à terre).

atterrir [32] *v intr* aterrizar (avions) ‖ FAM ir a parar; **je me demande où il a été atterrir** no sé a donde ha ido a parar ‖ MAR atracar, abordar (aborder), recalar (s'approcher de la terre).

‖ OBSERV Ce verbe se conjugue avec avoir lorsqu'il s'agit d'une action (la chaloupe a atterri à marée haute), avec être lorsqu'il s'agit d'un état (la chaloupe est atterrie).

atterrissage *m* aterrizaje (avions) ‖ MAR atraque ‖ recalada *f* ■ AVIAT **atterrissage aux instruments** aterrizaje por instrumentos ‖ **atterrissage forcé** aterrizaje forzoso ‖ **atterrissage sur le ventre** aterrizaje con el tren replegado, aterrizaje de panza ‖ **train d'atterrissage** tren de aterrizaje.

atterrissement *m* terreno (amas d'alluvions).

atterrisseur *adj & s m* de aterrizaje ‖ **atterrisseur escamotable** tren de aterrizaje plegable.

attestation *f* atestación (témoignage) ‖ atestado *m* (document) ‖ **attestation médicale** certificado médico.

attesté, e *adj* certificado, da (certifié) ‖ comprobado, da (confirmé).

attester [3] *v tr* atestiguar, atestar, testificar (témoigner) ‖ poner por testigo; **j'en atteste le ciel** pongo por testigo al cielo.

atticisme *m* aticismo.

attiédir [32] *v tr* entibiar, templar ‖ FIG entibiar; **l'absence attiédit l'amitié** la ausencia entibia la amistad.

→ **s'attiédir** *v pr* entibiarse.

attiédissement *m* tibieza *f* ‖ enfriamiento; **l'attiédissement de l'amitié** el enfriamiento de la amistad.

attifement *m* emperejilamiento, emperifollamiento ‖ peinado, tocado (coiffure).

attifer [3] *v tr* FAM emperejilar, emperifollar ‖ peinar, tocar (coiffure).

→ **s'attifer** *v pr* FAM emperejilarse, emperifollarse ‖ acicalarse (se parer) ‖ peinarse (se coiffer).

attifet *m* perifollo.

attiger [17] *v tr* FAM (vieilli) exagerar (exagérer).

Attila *n pr* Atila.

attique *adj & s m* ático, ca.

Attique *n pr f* GÉOGR l'Attique Ática.

attirable *adj* atraíble; **le fer est attirable par l'aimant** el hierro es atraíble por el imán.

attirail [atiraj] *m* pertrechos *pl* ‖ FIG & FAM trastos *pl*, chismes *pl*, avíos *pl* (accessoires) ‖ aparato (appareil, train), boato.

attirance *f* atractivo *m* (attrait) ‖ atracción; **ressentir une attirance pour une personne** sentir una atracción por una persona.

attirant, e *adj* atrayente (qui attire) ‖ atractivo, va; **aspect attirant** aspecto atractivo.

attirer [3] *v tr* atraer; **l'aimant attire le fer** el imán atrae el hierro ‖ FIG atraer; **attirer les regards** atraer las miradas ‖ atraer, acarrear, ocasionar; **un malheur en attire un autre** una desgracia acarrea otra ‖ llamar, captar; **attirer l'attention de quelqu'un** llamar la atención a alguien.

→ **s'attirer** *v pr* atraerse ‖ FIG granjearse; **s'attirer la reconnaissance de quelqu'un** granjearse el agradecimiento de alguien.

attiser [3] *v tr* atizar ‖ FIG atizar, avivar, fomentar; **attiser le feu de l'insurrection** avivar el fuego de la insurrección.

attisoir; attissonnoir *m* atizadero, atizador (instrument) ‖ badila *f* (du brasero) ‖ berlinga *f* (du fourneau).

attitré, e *adj* titulado, da; titular; **courtier attitré** corredor titulado ‖ habitual, ordinario, ria; **fournisseur attitré** proveedor habitual.

attitrer *v tr* nombrar, designar, dar el título; **attitrer un représentant** nombrar un representante ‖ apostar (chiens).

attitude *f* actitud ‖ posición, postura (du corps).

attorney *m* fiscal (en Angleterre) ‖ **attorney général** ministro de Justicia (aux États-Unis).

attouchement *m* toque (action) ‖ tacto (tact) ‖ contacto (contact); **point d'attouchement** punto de contacto ‖ caricia *f* ‖ imposición *f* de manos (guérisseur).

attractif, ive *adj* atractivo, va.

attraction *f* atracción; **attraction universelle** atracción universal ‖ atracción; **c'est une attraction unique** es una atracción única ■ **attraction terrestre** atracción terrestre ‖ **champ d'attraction** campo de atracción ‖ **force d'attraction terrestre** fuerza de atracción terrestre.

→ **attractions** *f pl* atracciones (spectacle).

attraire [112] *v tr* (p us) DR citar, convocar (témoins) ‖ (vx) FIG atraer, seducir.
‖ OBSERV Ce verbe ne s'emploie dans le sens d'attirer qu'à l'infinitif.

attrait *m* atractivo, incentivo; **l'attrait des plaisirs** el atractivo de los placeres ‖ [▷ SYN] encantos *pl*, atractivo; **les attraits d'une femme** los encantos, el atractivo de una mujer ‖ propensión *f*, inclinación *f*; **je me sens de l'attrait pour la musique** siento inclinación por la música.
‖ SYN **appas** atractivos; **charmes** encantos.

attrapage *m* FAM bronca *f* (réprimande).

attrape *f* trampa (piège) ‖ [▷ SYN] FAM engaño *m*, chasco *m*, broma (tromperie), inocentada (poisson d'avril) ‖ MAR barloa (cordage) ‖ **magasin de farces et attrapes** tienda de bromas y engaños.
‖ SYN **tromperie** engaño; **leurre** añagaza, embaucamiento; **mystification** mistificación; **mauvais tour** mala pasada, jugarreta; **farce** farsa; **niche** chasco, cuchufleta; FAM **blague** broma; **bateau** loca, cuento.

attrape-mouche *m* matamoscas, atrapamoscas (piège) ‖ BOT atrapamoscas ‖ papamoscas (oiseaux).
‖ OBSERV pl attrape-mouches.

attrape-nigaud *m* engañabobos (ruse grossière).
‖ OBSERV pl attrape-nigauds.

attraper [3] *v tr* [▷ SYN] coger; **attraper un loup dans le piège** coger un lobo en la trampa ‖ pillar, echar mano; **attraper un voleur** atrapar a un ladrón ‖ FAM pillar, coger, pescar; **attraper un rhume** pescar un resfriado ‖ **attraper le train** pillar el tren ‖ caerle a uno, echarle a uno; **il a attrapé six mois de prison** le han caído seis meses de cárcel ‖ llevarse; **il attrapa un coup de bâton** se llevó un bastonazo ‖ imitar, copiar; **attraper la manière d'un écrivain** imitar el estilo de un escritor ‖ echar una bronca, regañar (réprimander) ‖ FIG engañar, embaucar; **se laisser attraper** dejarse engañar ‖ atrapar, pescar, conseguir; **attraper une place** conseguir unpuesto.

◆ **s'attraper** v pr atraparse ‖ ÉQUIT alcanzarse (s'entretailler) ‖ FIG agarrarse (se disputer) ‖ atacarse (s'attaquer) ‖ contagiarse, pegarse; **cette maladie s'attrape** esta enfermedad se contagia ‖ pegarse, cogerse; **l'accent du Midi s'attrape facilement** el acento del Sur se pega fácilmente.

◆ **attrape!** interj FAM atrape! ¡tómate ésa!, ¡chúpate ésa!

▎ OBSERV En Amérique, surtout en Argentine, le verbe coger a un sens grossier et est remplacé par agarrar, tomar (saisir).
▎ SYN saisir asir, agarrar; happer pillar, atrapar; gripper, agripper agarrar, echar la garra ou el guante.

attrayant, e [atrɛjɑ̃, ɑ̃t] adj atractivo, va; atrayente; **un spectacle attrayant** un espectáculo atrayente.

▎ SYN plaisant placentero, grato; attirant atrayente; attachant atractivo, interesante; séduisant seductor.

attrempage m calefacción f del horno (verriers).

attremper [3] v tr TECHN templar (acier)‖calentar gradualmente (chauffer).

attribuable adj atribuible ‖imputable.

attribuer [7] v tr atribuir ‖ imputar (imputer) ‖ achacar; **j'attribue sa défaite à un manque d'entraînement** achaco su derrota a la falta de entrenamiento ‖ [▷ SYN 1] dar, otorgar; **je lui attribue un prix** le doy un premio ‖ [▷ SYN 2] asignar, fijar; **on lui a attribué un salaire très élevé** se le ha fijado un sueldo muy elevado ‖ conferir; **il s'est vu attribuer de nouvelles responsabilités** ha visto que se le conferían nuevas responsabilidades.

◆ **s'attribuer** v pr atribuirse.

▎ SYN **1.** décerner conceder, otorgar; adjuger adjudicar.
▎ **2.** allouer abonar, conceder.

attribut m atributo; **les attributs de la royauté** los atributos de la monarquía ‖GRAMM predicado, atributo (p us).

attributaire m & f DR atributario, ria; legatario, ria (légataire).

attributif, ive adj atributivo, va ‖DR adjudicativo, va.

attribution f atribución ‖DR adjudicación.

attristant, e adj entristecedor, ra; triste.

attrister [3] v tr [▷ SYN] entristecer, causar tristeza.

◆ **s'attrister** v pr entristecerse.

▎ SYN contrister contristar; consterner consternar; peiner apenar; chagriner disgustar, fastidiar; affliger afligir; navrer acongojar, traspasar; désoler desolar, desconsolar; affecter afectar; éplorer acongojar, afligir.

attrition f atrición (repentir) ‖ TECHN desgaste m, fricción (usure par frottement).

attroupement m grupo, formación f de grupos, aglomeración f; **les attroupements sont interdits** se prohíbe la formación de grupos.

attrouper [3]

◆ **s'attrouper** v pr agruparse, aglomerarse; **des curieux qui s'attroupent** curiosos que se aglomeran.

atypique adj atípico, ca.

au art al; **aller au jardin** ir al jardín ‖ con; **café au lait** café con leche ‖ en; **être au bois** estar en la selva; **accroché au mur** colgado en la pared ‖ de; **sandwich au jambon** bocadillo de jamón.

◆ **aux** pl a los, a las ‖ de los; **la femme aux cheveux blonds** la mujer de los cabellos rubios.

▪ OBSERV contraction de à et de le [▬ à].

aubade [obad] f alborada (concert à l'aube) ‖FIG & FAM cencerrada (charivari).

aubain m HIST extranjero, forastero.

aubaine f mañería (droit d'hériter d'un étranger) ‖FIG & FAM ganga; **profiter d'une aubaine** aprovechar una ganga.

aube [ob] f [▷ SYN] alba ‖ FIG comienzo m; **à l'aube de la vie** en el comienzo de la vida ‖ECCLÉS alba ‖MUS alborada ‖ alba (des troubadours) ‖TECHN álabe m, paleta (roue) ‖ **se lever à l'aube** levantarse de madrugada, al amanecer, al rayar el alba.

▎ SYN aurore aurora; point du jour el amanecer, la alborada.

Aube [ob] n pr f GÉOGR Aube (département); **dans l'Aube** en Aube.

aubépine f espino m blanco, majuelo m.

aubère adj & s overo, ra (cheval).

auberge f posada, mesón m (rustique), venta (en pleine campagne) ‖hostal m, hostería (luxueuse), parador (d'État) ‖ **nous ne sommes pas sortis de l'auberge** todavía no hemos salido del atolladero.

aubergine f berenjena (fruit).
◇ adj inv aberenjenado, da (couleur).

aubergiste m & f posadero, ra; mesonero, ra; ventero, ra.

aubier m BOT albura f.

Aubin n pr Albino.

auburn [obœrn] adj inv color moreno rojizo, color caoba (acajou).

aucun, e [okœ̃, yn] adj & pron indéf ninguno, na; **aucun d'entre eux** ninguno entre ellos ‖ ningún (avec un substantif masculin); **aucun livre** ningún libro; **aucun bon livre** ningún buen libro ‖ alguno, na (dans les phrases interrogatives); **n'a-t-elle aucun espoir de revenir?** ¿tiene alguna esperanza de volver? ‖ alguno, na; **je me demande si aucun de nous viendra** me pregunto si alguno de nosotros vendrá ‖ nadie; **aucun n'est content de son sort** nadie está contento con su fortuna ▪ **d'aucuns** algunos ‖ **en aucune manière** de ningún modo ‖**je n'ai aucun espoir** no tengo esperanza alguna.

▎ OBSERV Aucun delante de un sustantivo es adjetivo (aucun homme). Solamente tiene plural cuando se encuentra delante de un sustantivo que carece de singular (aucuns frais, aucunes funérailles). Cuando se emplea solo aucun es pronombre (aucun ne viendra).

aucunement adv de ningún modo, de ninguna manera.

audace f audacia ‖atrevimiento m, osadía; **il a l'audace de m'interrompre** tiene el atrevimiento de interrumpirme ▪ **par un coup d'audace** por su osadía ‖**payer d'audace** manifestar audacia ou osadía.

audacieusement adv audazmente.

audacieux, euse adj audaz.

Aude [od] n pr f GÉOGR Aude (département); **dans l'Aude** en Aude.

au-dedans loc adv ▬ dedans.

au-dehors loc adv ▬ dehors.

au-delà loc adv ▬ delà.

au-dessous loc adv ▬ dessous.

au-dessus loc adv ▬ dessus.

au-devant loc adv ▬ devant.

audibilité f audiobilidad, audibilidad.

audible adj audible, oíble; **son audible** sonido audible.

audience f DR audiencia, vista; **audience à huis clos** audiencia a puerta cerrada ‖ auditorio m (public) ‖ **avoir une large audience** tener un gran auditorio, ser oído ou leído por muchos.

audiencier m ujier (d'une audience).

Audimat® [odimat] m audímetro televisivo francés (audimètre) ‖ audiencia f (taux d'audience).

audio adj inv audio.

audiofréquence f audiofrecuencia.

audiogramme m audiograma.

audiomètre m PHYS audiómetro.

audiométrie f audiometría.

audionumérique adj audionumérico, ca.

audiovisuel, elle adj audiovisual.

audit m auditor, interventor de cuentas ‖auditoría f; **audit interne** auditoría interna.

auditeur, trice m & f auditor, ra (qui écoute) ‖ oyente (qui entend) ‖ oyente; **auditeur libre** oyente libre (à un cours) ‖ DR oídor (fonctionnaire) ‖RAD radioescucha, radioyente ‖ÉCON auditeur interne auditor interno.

auditif, ive adj auditivo, va.

audition f audición.

auditionner [3] v tr dar una audición.

auditoire m auditorio, los oyentes pl.

▎ SYN assistance asistencia, concurrencia; public público; spectateurs espectadores.

auditorat; auditoriat m auditoría.

auditorium [oditɔrjɔm] m auditorium, sala f de audiciones, estudio (des émissions).

auge f pila, pilón m, bebedero m (abreuvoir) ‖ [▷ SYN] comedero m (pour manger) ‖ artesa, dornajo m (récipient en bois) ‖ cuezo m (de maçon) ‖ cangilón m (de roue hydraulique) ‖ canal m ou conducto m de agua ‖GÉOGR auge glaciaire valle en U.

▎ SYN mangeoire pesebre (chevaux, vaches, etc.), comedero (oiseaux).

augée f contenido m de una pila, artesa ou cuezo.

auget m; **augette** f comedero m (mangeoire pour oiseaux) ‖ bebedero (abreuvoir pour oiseaux) ‖ cangilón [de noria] (godet) ‖ MIL elevador (fusil) ‖TECHN canaleja f (trémie) ‖roue à augets noria.

augmentable adj aumentable.

augmentatif, ive adj & s m GRAMM aumentativo, va.

augmentation f aumento m, incremento m ‖ subida, aumento m; **augmentation des prix** subida de los precios; **augmentation de salaire** aumento de sueldo.

◆ **augmentations** f pl crecidos m pl; (tricot).

augmenter [3] v tr & intr [▷ SYN] aumentar, incrementar ‖ subir (prix, salaires) ‖ crecer (tricot).

s'augmenter *v pr* aumentarse.
❘ SYN croître crecer; agrandir agrandar; accroître acrecentar; amplifier ampliar; étendre extender; intensifier intensificar; élargir ensanchar, ampliar.

Augsbourg *n pr* GÉOGR Augsburgo.

augural, e *adj* augural.

augure *m* augur (prêtre romain) ❘ augur, agorero (devin) ❘ augurio, agüero (présage) ❘ FIG & FAM oiseau de mauvais augure pájaro de mal agüero.

augurer [3] *v tr* augurar, agorar (p us).
❘ SYN conjecturer conjeturar; présumer presumir; présager presagiar.

auguste *adj* augusto, ta.

Auguste *n pr* Augusto.

augustin, e *m & f* agustino, na (religieux).

Augustin *n pr* Agustín.

Augustine *n pr* Agustina.

augustinien, enne *adj & s* agustiniano, na.

augustinisme *m* agustinismo.

aujourd'hui *adv* hoy; aujourd'hui nous sommes mercredi hoy estamos a miércoles ❘ hoy día, hoy en día; aujourd'hui l'instruction est obligatoire hoy día la instrucción es obligatoria ■ FAM au jour d'aujourd'hui hoy en día ❘ d'aujourd'hui en huit de hoy en ocho días.

aulique *adj* áulico, ca; conseil aulique consejo áulico.

aulnaie [onɛ] *f* alizar *m*, aliseda.

aulne [on] *f* BOT aliso *m* (aune).

aulnée [one] *f* BOT helenio *m*, énula campana.

auloffée *f* MAR orzada.

aulx [o] *pl* de ail ajos.

aumône *f* limosna; faire l'aumône dar limosna; demander l'aumône pedir limosna.
❘ SYN obole óbolo; charité caridad.

aumônerie *f* capellanía.

aumônier, ère *adj* (p us) limosnero, ra (charitable).
➡ **aumônier** *m* capellán (chapelain).
➡ **aumônière** *f* limosnera, bolso *m* (bourse).

aumusse *f* muceta (vêtement religieux).

aunaie [onɛ] *f* alizar *m*, aliseda.

aune *m* aliso (arbre) ❘ vara *f*, ana (p us) *f* (mesure de longueur) ■ aune noir aliso negro ❘ faire une mine longue d'une aune poner mala cara ou cara larga ❘ il mesure les autres à son aune piensa el ladrón que todos son de su misma condición ❘ il sait ce qu'en vaut l'aune ya sabe donde le aprieta el zapato ❘ mesurer avec la même aune medir por el mismo rasero.

aunée *f* helenio *m*, énula campana (plante).

auner [3] *v tr* anear (p us), varear, medir por anas ou por varas.

auparavant *adv* antes, anteriormente, con anterioridad; il me l'a dit auparavant me lo dijo antes ❘ d'auparavant anterior, de antes.

auprès *adv* al lado, cerca ❘ tout auprès muy cerca.

auprès de *loc prép* cerca de; il ne voit pas les objets s'ils ne sont pas auprès de lui no ve los objetos si no están cerca de él ❘ junto; auprès du feu junto a la lumbre ❘ al lado de, en comparación con, comparado con; votre malheur n'est rien auprès du mien su infortunio no es nada al lado del mío ❘ dirigiéndose a; il fit cette démarche auprès de M. Untel hizo esta gestión dirigiéndose a Fulano ❘ para los que; cela n'a pas de valeur auprès de ceux qui l'ignorent esto no tiene valor para los que lo ignoran ❘ para; il passe pour un sot auprès de lui para él es un tonto ❘ ante; on le conduisit auprès du président se le condujo ante el presidente ❘ con; vivre auprès de sa femme vivir con su mujer.

auquel, elle *pron* a quien (personnes), al cual, a la cual (phrases affirmatives); les personnes auxquelles je parle las personas a quienes hablo ❘ al cual (phrases interrogatives); auquel des deux? ¿a cuál de los dos? ❘ auquel cas en cuyo caso.

aura *f* MÉD aura; aura épileptique aura epiléptica ❘ ZOOL aura, urubú.

aurantiacées *f pl* BOT auranciáceas.

Aurèle *n pr* Aurelio.

Aurélie *n pr* Aurelia.

Aurélien *n pr* Aureliano.

auréole *f* aureola ❘ halo *m* (d'un astre) ❘ FIG aureola, gloria; l'auréole du martyre la aureola del martirio.

auréoler [3] *v tr* aureolar.

auriculaire *adj* auricular.
◇ *m* auricular, meñique (doigt).

auricule *f* ANAT aurícula.

auriculé, e *adj* auriculado, da.

aurifère *adj* aurífero, ra; des terrains aurifères terrenos auríferos.

aurification *f* orificación, aurificación.

aurifier [9] *v tr* orificar, aurificar.

aurige *m* auriga.

Aurigny [oriɲi] *n pr f* GÉOGR Alderney.

aurique *adj* CHIM áurico, ca.
◇ *adj f* MAR áurica, latina (voile).

aurochs [orɔk] *m* ZOOL uro, auroc.

auroral, e *adj* auroral; lumière aurorale luz auroral.

aurore *f* aurora ❘ FIG aurora; l'aurore de la vie la aurora de la vida ❘ aurore boréale aurora boreal.
◇ *adj inv* áureo, a; de color del oro.

Aurore *n pr* Aurora.

auscultation *f* MÉD auscultación.

ausculter [3] *v tr* MÉD auscultar.

auspice *m* auspicio ■ sous d'heureux auspices con buenos auspicios ❘ sous les auspices de bajo los auspicios de.
❘ SYN protection protección; sauvegarde salvaguardia, salvaguarda; tutelle tutela; patronage patronato, patronazgo; égide égida.

aussi *adv* también; moi aussi yo también ❘ también, además (de plus, encore), asimismo (également); ceci et cela aussi esto y eso también ❘ tan; je ne le croyais pas aussi savant no le creía tan sabio ❘ aussi... que tan... como; elle est aussi belle que gentille es tan guapa como simpática.
◇ *conj* por esto, por eso, por lo que; il est riche, aussi chacun l'envie es rico, por eso todos le envidian ❘ FAM en realidad, después

de todo; aussi, qu'aviez-vous besoin d'aller lui dire ça en realidad ¡qué necesidad tenía de ir a decírselo! ■ aussi bien además (d'ailleurs) ❘ aussi bien que tan bien como, lo mismo que; je peux le faire aussi bien que toi puedo hacerlo tan bien como tú ❘ aussi bien... que tanto... como, lo mismo... que; aussi bien les jeunes que les vieux tanto los jóvenes como los viejos.
❘ OBSERV En el sentido por esto, por eso, por lo que, sólo se emplea después de un signo de puntuación.

aussière ➤ **haussière**.

aussitôt *adv* en seguida, al punto; il vint aussitôt vino en seguida ■ aussitôt après inmediatamente después ❘ aussitôt dit, aussitôt fait dicho y hecho ❘ aussitôt que tan pronto; on est riche aussitôt que l'on a le bonheur se es rico tan pronto como se tiene la dicha; al mismo tiempo, tan pronto como; j'y serai aussitôt que lui estaré al mismo tiempo que él.

austénite *f* austenita (acier).

auster *m* POÉT austro (vent du midi).

austère *adj* austero, ra.
❘ SYN ascétique ascético; dur duro; rude rudo, áspero; rigide rígido; rigoriste rigorista; rigoureux riguroso; sévère severo; stoïque estoico.

austèrement *adv* austeramente.

austérité *f* austeridad ❘ ÉCON budget d'austérité presupuesto de austeridad ❘ plan d'austérité plan de austeridad ❘ politique d'austérité política de austeridad.

Austerlitz *n pr* Austerlitz.
❘ AUSTERLITZ
Fue el teatro de una victoria decisiva de Napoleón frente a las fuerzas rusas y austríacas en Moravia el 2 de diciembre de 1805. La presencia en el campo de batalla de los emperadores de las tres potencias involucradas en el conflicto explica que se haya denominado la Batalla de los Tres Emperadores.

austral, e *adj* austral; terres australes tierras australes.
❘ OBSERV pl australs ou austraux.

Austral *n pr m* GÉOGR l'océan Austral el océano Austral.

Australasie *n pr f* GÉOGR l'Australasie Australasia.

Australie *n pr f* GÉOGR l'Australie Australia.

australien, enne *adj* australiano, na.

Australien, enne *m & f* australiano, na.

australopithèque *m* australopiteco.

Austrasie *n pr f* HIST l'Austrasie Austrasia.

austro-hongrois, e *adj* austro-húngaro, ra.

Austro-Hongrois, e *m & f* austro-húngaro, ra.

autan *m* austro (vent du sud).

autant *adv* tanto; ne bois pas autant no bebas tanto ❘ lo mismo, otro tanto; vous avez été heureux, je ne puis en dire autant usted ha sido feliz, yo no puedo decir lo mismo ❘ más, mejor; il aimerait autant ne pas y être quisiera más no estar ■ autant comme autant lo mismo ❘ autant de (avec un verbe) otro tanto; c'est autant de pris sur l'ennemi es otro tanto ganado al enemigo (avec un nom, ou avec en au sens de quantité), tanto, ta; tantos, tas; adj: il a fait autant de fautes que moi ha hecho tantas faltas como yo (au sens d'équivalence), otros tantos, otras tantas; adj pl: les étoiles sont autant de soleils las estrellas son otros tantos soles ‖ **autant de...** autant de... tantos... tantos... adj; autant de têtes, autant d'avis tantas cabezas, tantos pareceres ‖ **autant que** (avec un verbe) tanto como, tan como; j'en sais autant que lui de eso sé tanto como él; il est savant autant que modeste es tan sabio como modesto; (avec un nom) tanto adj como; j'ai autant d'amis que lui tengo tantos amigos como él ‖ **cuanto**; il a travaillé autant qu'il pouvait ha trabajado cuanto podía; según lo que; autant qu'il s'en souvienne según lo que se acuerda; hasta donde; autant que je puisse hasta donde yo pueda ‖ **d'autant** otro tanto; il mangecomme quatre et boit d'autant come como cuatro y bebe otro tanto ‖ **d'autant moins que** menos aún cuando, ya que, tanto menos... cuanto que; je le crains d'autant moins qu'il est mon père le temo tanto menos cuanto que es mi padre ‖ **pour autant** sin embargo (cependant), por eso, por ello ■ **autant dire que** eso es tanto como decir ‖ autant en emporte le vent lo que el viento se llevó ‖ autant que possible en lo posible, en lo que cabe ‖autant vaut o poco menos; c'est un homme mort, ou autant vaut es un hombre muerto o poco menos.

│ OBSERV Autant se traduit en espagnol par un adverbe invariable devant les verbes et par un adjectif variable lorsque, accompagné de de, il est suivi d'un nom (ne ris pas autant, no te rías tanto; autant de fleurs, tantas flores).

autarcie f autarquía, autarcía.

autarcique adj autárcico, ca.

autel m altar ‖ ara f (autel à sacrifices) ■ maître-autel altar mayor ‖sur l'autel de en aras de.

auteur m autor; l'auteur d'un accident el autor de un accidente ‖ [▷ SYN] autor, ra; cette femme est l'auteur de ce roman esa mujer es la autora de esta novela ‖DR autor ■ auteur interprète cantautor ‖ droits d'auteur derechos de autor ‖ femme auteur autora ■ étudier un auteur estudiar un escritor.

│ SYN écrivain escritor; prosateur prosista; poète poeta; homme de lettres hombre de letras, literato; FAM gens de lettres gente de letra; littérateur literato.

auteur-compositeur m cantautor, ra.
│ OBSERV pl auteurs-compositeurs.

authenticité f autenticidad.

authentification f autenticación, legalización, adveración.

authentifier [9] v tr autentificar, autentizar.

authentique adj auténtico, ca.

authentiquement adv auténticamente.

authentiquer [3] v tr autenticar, legalizar.

autisme m autismo.

autiste adj & s autista.

autistique adj autístico, ca.

auto f auto m, coche m ‖(Amér) carro) (automobile) ‖ autos tamponneuses autos de choque.

auto m auto sacramental (drame religieux).

autoadhésif, ve adj autoadhesivo, va.

autoallumage m autoencendido.

autobiographe m autobiógrafo.

autobiographie f autobiografía.

autobiographique adj autobiográfico, ca.

autobronzant, e adj autobronceador, ra; crème autobronzante crema f autobronceadora.

➡ **autobronzant** m autobronceador m.

autobus m autobús ‖ autobus à impériale autobús de dos pisos.

autocanon m autocañón.

autocar m autocar.

autocassable adj rompible; ampoule autocassable ampolla rompible.

autocensure f autocensura.

autochenille [otɔʃenij] f autooruga m.

autochrome [otɔkrom] adj autocromo, ma.

autochtone [otɔktɔn] adj & s autóctono, na; indígena.

autoclave m autoclave f.

autocollant m pegatina f.

autocopie f autocopia.

autocrate m autócrata.

autocratie [otɔkrasi] f autocracia.

autocratique adj autocrático, ca.

autocritique f autocrítica.

autocuiseur m olla f de presión.

autocycle m autociclo.

autodafé m auto de fe.

autodéfense f autodefensa.

autodestructeur, trice adj autodestructor, ra.

autodestruction f autodestrucción.

autodétermination f autodeterminación.

autodétruire [98]
➡ **s'autodétruire** v pr autodestruirse.

autodictée f copia de memoria.

autodidacte adj & s autodidacto, ta.

autodiscipline f autodisciplina.

autodrome m autódromo.

auto-école f autoescuela.
│ OBSERV pl auto-écoles.

autofécondation f autofecundación.

autofinancement m autofinanciación f, autofinanciamiento.

autofinancer [16]
➡ **s'autofinancer** v pr autofinanciarse.

autofocus m PHOT autoenfoque.

autogamie f BOT autogamia.

autogène adj autógeno, na.

autogéré, e adj autogestionado, da.

autogestion f autogestión.

autogestionnaire adj & s autogestionario, ria.

autogire m autogiro.

autographe adj & s m autógrafo, fa.

autographie f autografía.

autographique adj autográfico, ca.

autogreffe f MÉD autotrasplante m.

autoguidage m conducción f automática.

autoguidé, e adj autodirigido.

auto-immunisation ➡ **auto-immunité**.

auto-immunitaire adj autoinmunitario, ria.
│ OBSERV pl auto-immunitaires.

auto-immunité; auto-immunisation f autoinmunización.
│ OBSERV pl auto-immunités; auto-immunisations.

auto-induction f autoinducción.
│ OBSERV pl auto-inductions.

auto-infection f autoinfección.
│ OBSERV pl auto-infections.

auto-intoxication f autointoxicación.
│ OBSERV pl auto-intoxications.

autolubrification f engrase m automático.

autolyse f autólisis.

automate m autómata.

automaticité f automaticidad.

automation f automatización, automación.
│ OBSERV Bien que automación soit employé très couramment, l'Académie préfère automatización.

automatique adj automático, ca.

automatiquement adv automáticamente.

automatisation f automatización.

automatiser [3] v tr automatizar.

automatisme m automatismo.

automédication f automedicación.

automitrailleuse f autoametralladora.

automnal, e adj otoñal ‖POÉT autumnal.

automne [otɔn] m otoño.

automobile adj automóvil.
◇ f automóvil m.

automobilisme m automovilismo.

automobiliste m & f automovilista.

automoteur, trice adj automotor, ra.
➡ **automotrice** f automotor m, autovía m (autorail).

autoneige f vehículo m sobre orugas para la nieve.

autonettoyant, e adj autolimpiable; four autonettoyant horno autolimpiable.

autonome adj autónomo, ma.

autonomie f autonomía ‖AVIAT autonomie de vol autonomía de vuelo ‖ autonomie en vol autonomía en vuelo.

autonomique adj autonómico, ca.

autonomiste adj & s autonomista.

autopalpation f autopalpación.

autoplastie f MÉD autoplastia.

autopompe f autobomba, bomba de motor.

autoport m aparcamiento grande para camiones.

autoportant, e adj autoportante.

autoportrait m autorretrato.

autopropulsé, e adj autopropulsado, da.

autopropulseur adj & s m autopropulsor.

autopropulsion f autopropulsión.

autopsie f MÉD autopsia.

autopsier [9] v tr autopsiar.

autopunition *f* autocastigo *m*.

autoradio *m* autorradio *f*, radio *f* de coche.

autoradiographie *f* autorradiografía.

autorail *m* autovía *f*, ferrobús, automotor.

autoréglage *m*; **autorégulation** *f* auto-regulación *f*.

autoreverse *adj* autorreversible.

autorisable *adj* autorizable.

autorisation *f* autorización, permiso *m*; demander l'autorisation de sortir pedir permiso para salir.

autorisé, e *adj* autorizado, da ▌AVIAT autorisé à atterrir autorizado para aterrizar ▌autorisé à décoller autorizado para despegar.

autoriser [3] *v tr* autorizar, permitir; je vous y autorise se lo permito.

➤ **s'autoriser** *v pr* apoyarse en la autoridad de, fundarse en.

autoritaire *adj* & *s* autoritario, ria.

autoritairement *adv* de manera autoritaria, autoritariamente.

autoritarisme *m* autoritarismo.

autorité *f* autoridad ▪ autorité parentale autoridad de los padres ▌autorité publique autoridad pública ▪ d'autorité autoritariamente, de manera imperativa ▌de pleine autorité con plena autoridad ▌de sa propre autorité, de son autorité privée por su propia autoridad, sin derecho ▪ avoir de l'autorité sur quelqu'un tener ascendencia con alguien ▌faire autorité ser autoridad.
SYN puissance potencia, poder; pouvoir poder, poderío; empire imperio, señorío; domination dominación, dominio; loi ley; férule férula; prépotence prepotencia.

autoroute *f* autopista; autoroute à péage autopista de peaje ▌INFORM autoroutes de l'information autopistas de (la) información.
AUTOROUTE
La mayoría de las autopistas francesas son administradas por sociedades privadas y funcionan con un sistema de peaje ("péage"). La velocidad está limitada a 130 km/hora.

autoroutier, ère *adj* relativo a la autopista ▌réseau autoroutier red de autopistas.

autosatisfaction *f* autosatisfacción.

autos-couchettes; **autocouchettes** *adj inv* servicio de transporte de coches [tren] ▌train autocouchettes expreso con servicio de transporte de coches.

auto-stop *m* autoestop ▌faire de l'autostop hacer autoestop ▌prendre quelqu'un en auto-stop coger a un autoestopista.

auto-stoppeur, euse *m* & *f* autostopista, autoestopista.
▌OBSERV pl auto-stoppeurs, auto-stoppeuses.

autostrade *f* autopista.

autosuffisant, e *adj* autosuficiente.

autosuggestion [otosyɡʒestjɔ̃] *f* autosugestión.

autotélique *adj* autotélico, ca.

autotest *m* prueba *f* a la que uno se somete a sí mismo.

autotomie *f* autotomía.

autotracté, e *adj* de tracción autónoma.

autotransformateur *m* transformador automático.

autour *adv* alrededor; la Terre tourne autour du Soleil la Tierra gira alrededor del Sol ▌en torno, en derredor; ceux qui vivent autour de nous los que viven en torno nuestro ▌en torno; il y a des policiers autour de la maison hay policías en torno a ou de la casa ▌FAM alrededor, poco más o menos ou cosa de; il possède autour d'un million posee alrededor ou cosa de un millón ▪ (vx) ici autour al lado, cerca, por aquí ▌tout autour por todos lados, por todas partes ▌tourner autour du pot andarse por las ramas, andar con rodeos.

autour *m* azor (oiseau).

autovaccin *m* autovacuna *f*.

autre *adj* otro, tra; lire un autre livre leer otro libro ▌otro, tra; c'est un autre moi-même es otro yo ▌otro, tra; l'autre jour il est venu el otro día vino.
◇ *pron* otro, tra; l'un dit blanc, les autres noir uno dice blanco, los otros negro; autre part otra parte (ailleurs) ▌FAM à d'autres! ¡a otro perro con ese hueso!, ¡cuéntaselo a otro! ▌d'autre part por otro lado, por otra parte ▌de temps à autre de vez en cuando ▌entre autres entre otros ▌en voilà une autre! ¡ésta es otra! ▌les autres los otros, los demás ▌l'un dans l'autre uno con otro ▌l'un et l'autre uno y otro ▌l'un l'autre uno a otro; se regarder l'un l'autre mirarse uno a otro ▌l'un ou l'autre uno u otro, uno de los dos ▌nous autres, vous autres nosotros, vosotros ▌sans autre sin más ▌tout autre otro, muy diferente, cambiado; c'est un tout autre homme maintenant es otro hombre que antes, está muy cambiado ▌tout autre que cualquier otro que no fuese (avec un substantif), cualquiera otro que no fuese (pronom) ▌un jour ou l'autre uno de estos días ▪ c'est tout autre chose! ¡es completamente distinto! ▌c'est une autre paire de manches eso es otro cantar, eso es harina de otro costal ▌il n'en fait pas d'autres! ¡siempre hace lo mismo! ▌parler de choses et d'autres hablar de esto y de lo otro.

autrefois *adv* en otro tiempo, antaño.

autrement *adv* de otro modo; il parle autrement qu'il ne pense habla de otro modo que piensa ▌si no, de lo contrario; obéissez, autrement vous serez puni obedezca, si no será castigado ▌mucho más; c'est autrement bon es mucho más bueno ▪ autrement dit es decir, dicho de otro modo, o lo que es igual, con otras palabras ▌pas autrement no de otro modo; c'est ainsi, pas autrement es así, no de otro modo; no... mucho; cela ne l'a pas autrement attristé ésto no le ha entristecido mucho ▌tout autrement de muy distinto modo.

Autriche *n pr f* GÉOGR l'Autriche Austria.

Autriche-Hongrie [otriʃ'ɔ̃gri] *n pr f* HIST (l')Autriche-Hongrie Austria-Hungría.

autrichien, enne *adj* & *s* austríaco, ca.

Autrichien, enne *m* & *f* austríaco, ca.

autruche *f* avestruz *m* ▪ FAM estomac d'autruche estómago de piedra (qui digère tout) ▌faire la politique de l'autruche comportarse como el avestruz, que esconde la cabeza para no ver el peligro.

autrui *pron inv* el prójimo; mal parler d'autrui hablar mal del prójimo ▌d'autrui ajeno; le bien d'autrui el bien ajeno; chez autrui en casa ajena.

auvent *m* tejadillo, colgadizo ▌sobradillo.

auvergnat, e *adj* auvernés, esa.

Auvergnat, e *m* & *f* auvernés, esa.

auvergne *f* agua de casca (tan).

Auvergne *n pr* GÉOGR l'Auvergne Auvernia.
AUVERGNE
Esta región administrativa comprende los departamentos de Allier, Cantal, Haute-Loire y Pays-de-Dôme. Capital: Clermont-Ferrand.

aux [o] *pl* de au a los, a las ▌aux bons soins de suplicada a (lettre) ➤ à.

auxiliaire *adj* & *s* auxiliar ▌DR auxiliaire de justice representante de la justicia.

auxiliairement *adv* LING de modo auxiliar; verbe utilisé auxiliairement verbo utilizado de modo auxiliar ▌auxiliar (accessoirement); auxiliairement, cela peut servir d'abri auxiliar, puede ser utilizado como cobertizo.

auxiliateur, trice *adj* & *s* auxiliador, ra.

AV *m* (abr de avis de virement) nota *f* de crédito.
◇ *adj inv* (abr écrite de avant) delantero delantera.

av. (abr écrite de avenue) Avda ▌(abr écrite de avant) antes.

avachi, e *adj* deformado, da (déformé) ▌marchito, ta (fané) ▌FIG & FAM molido, da; hecho polvo (fatigué).

avachir [32]
➤ **s'avachir** *v pr* FAM deformarse (se déformer) ▌apoltronarse (devenir lâche).

avachissement *m* deformación *f* ▌apoltronamiento, flojera *f* (mollesse).

aval *m* río abajo; aller en aval ir río abajo ▌en aval de más abajo de, río abajo de.

aval *m* COMM aval (garantie) ▌pour aval por aval ▌donner son aval avalar, suscribir el aval.

avalaison *f* torrente *m* (cours d'eau) ▌turbión *m*, aguacero *m* (averse) ▌rambla, torrentera (d'un torrent).

avalanche *f* alud *m*, avalancha ▌FIG avalancha; une avalanche d'injures una avalancha de injurias ▪ avalanche de fond alud de fondo ▌avalanche poudreuse alud de nieve en polvo.
OBSERV Le mot avalancha, qui était considéré comme un gallicisme, a été accepté par l'Académie espagnole de la langue.

avaler [3] *v tr* [▷ SYN] tragar ▌ingerir (un médicament) ▌FAM tomar; je n'ai rien avalé depuis hier no he tomado nada desde ayer ▌engullir (engloutir) ▌FIG comerse; avaler la moitié des mots comerse la mitad de las palabras ▌FIG & FAM tragarse, creer; il avale tout ce qu'on lui dit se traga cuanto le dicen ▌soportar, tragarse; avaler une insulte tragarse un insulto ▪ FAM avaler des bourdes comulgar con ruedas de molino ▌avaler des yeux comerse con los ojos ▌avaler le morceau, la pilule tragar la píldora ▌avaler sa langue no decir ni pío ▌avaler son bulletin de naissance irse al otro barrio ▌avaler son parapluie andar muy tieso ou estirado ▌ne pas pouvoir avaler

quelque chose ou quelqu'un atragantársele algo ou alguien a alguno.
◇ *v intr* ir río abajo (bateau) ▌en faire avaler engañar, pegársela a uno.
► **s'avaler** *v pr* FIG comerse; on aurait dit qu'ils allaient s'avaler parecía que iban a comerse.
▐ SYN absorber absorber; engloutir engullir; gober zampar, tragar; FAM ingurgiter ingurgitar.

avaleur, euse *m & f* FAM tragón, ona ▌avaleur de sabre tragasables.

avaliser [3] *v tr* COMM avalar (donner son aval) ▌avalar, garantizar; avaliser une politique avalar una política ▌ÉCON avaliser un effet avalar un efecto.

à-valoir *m inv* pago parcial anticipado.

avaloire *f* retranca (harnais) ▌FAM (vx) tragaderas *pl* (gosier).

avance *f* adelanto *m*; il est arrivé avec beaucoup d'avance llegó con mucho adelanto ▌adelanto *m*, movimiento *m* (mouvement) ▌anticipo *m*; faire une avance à un ouvrier hacer un anticipo a un obrero ▌ventaja, adelanto *m*; il est arrivé avec une avance de 50 m llegó con una ventaja de 50 m ▌ARCHIT vuelo *m*, saledizo *m*, saliente *m* ▌MIL avance *m*; l'avance des troupes el avance de las tropas ▌TECHN avance à l'allumage avance al encendido ■ à l'avance de antemano; commander à l'avance encargar de antemano ▌d'avance por anticipado, con anticipación ▌en avance con anticipación; arriver en avance llegar con anticipación; adelantado, da; ma montre est en avance mi reloj está adelantado ▌FAM la belle avance! ¡vaya un negocio! ▌par avance de antemano; refuser par avance negarse de antemano ■ faire des avances dar los primeros pasos.

avancé, e *adj* adelantado, da; avanzado, da; un poste avancé un puesto avanzado; un enfant très avancé pour son âge un niño muy adelantado para su edad ▌citado, da; enunciado, da; prouver les faits avancés probar los hechos citados ▌anticipado, da; adelantado, da; sommes avancées cantidades anticipadas ▌adelantado, da; travail très avancé trabajo muy adelantado ▌avanzado, da; idées avancées ideas avanzadas ▌de vanguardia (d'avant-garde) ▌pasado, da; manido, da (faisandé) ▌d'un âge avancé entrado, da, en años; de edad avanzada.

avancée *f* hijuela, sedal *m* (pêche) ▌MIL avanzada ▌ARCHIT saliente *m*, saledizo *m*.

avancement *m* avance (action d'avancer) ▌[▷ SYN] adelanto, progreso; l'avancement des travaux el progreso de los trabajos ▌ascenso; avancement à l'ancienneté, au choix ascenso por antigüedad, por elección ▌ARCHIT saliente, saledizo; les avancements d'une muraille los salientes de una muralla ▌DR avancement d'hoirie anticipo de herencia ▌tableau d'avancement escalafón.
▐ SYN progrès progreso; progression progresión; développement desenvolvimiento, desarrollo; déroulement desarrollo; évolution evolución; marche marcha; cours curso; processus proceso.

avancer [16] *v tr* avanzar ▌acercar; il avança une chaise acercó una silla ▌alargar; avancer la main alargar la mano ▌adelantar en, progresar; avancer son travail adelantar en su trabajo ▌anticipar, adelantar; avancer de

l'argent anticipar dinero ▌exponer, emitir; avancer une proposition emitir una proposición ▌FIG adelantar; avancer son départ adelantar su salida.
◇ *v intr* avanzar; les troupes avancent rapidement las tropas avanzan rápidamente ▌ascender; avancer rapidement en grade ascender rápidamente ▌adelantar; ma montre avance mi reloj adelanta ▌progresar; avancer dans ses études progresar en sus estudios ■ avancé en âge entrado en años ▌avancer en l'air afirmar sin pruebas ▌cela n'avance à rien eso no conduce a nada, con eso nada se gana ▌FAM être bien avancé estar arreglado; et maintenant tu es bien avancé y ahora estás arreglado ▌le mois était déjà bien avancé era bien entrado el mes ▌les heures avancées de la nuit las altas horas de la noche.
► **s'avancer** *v pr* adelantarse ▌acercarse, aproximarse (approcher) ▌sobresalir; un roc s'avançait au-dessus de l'abîme una roca sobresalía por encima del abismo ▌comprometerse; ne vous avancez pas trop no se comprometa demasiado.

avanie *f* afrenta, vejación, insulto *m*.

avant *prép* antes de; placez l'utile avant l'agréable pongan lo útil antes de lo agradable; l'école est avant la place la escuela está antes de la plaza; avant juin antes de junio ▌antes que; je l'ai vu avant toi lo he visto antes que tú ▌ante, antes que; l'intérêt général passe avant tout el interés general pasa ante todo ou antes que todo ■ avant la lettre por adelantado, antes de tiempo, anticipadamente ▌avant que antes que, antes de que ▌avant tout ante todo, antes que nada ▌d'avant guerre de antes de la guerra ▌en avant de delante de.
◇ *adv* dentro, profundamente, adentro (indique le mouvement, la progression); creuser trop avant cavar demasiado profundamente; s'enfoncer très avant dans la forêt meterse muy adentro en la selva ▌[▷ SYN] antes; elle est plus belle qu'avant está más guapa que antes; le jour d'avant el día antes; avant de antes de; avant que antes que, antes de que ▌avant peu dentro de poco ▌en avant! ¡adelante!, ¡de frente! (soldats) ▌MIL en avant par trois! ¡de frente en columna de a tres! ▌SPORTS une passe très en avant un pase muy adelantado ■ faire passer avant anteponer ▌mettre quelque chose en avant sentar algo, emitir una opinión sobre algo ▌mettre quelqu'un en avant poner a alguien por delante ▌se mettre en avant hacerse ver, ponerse en evidencia ou al frente.
▐ OBSERV En el caso en que avant indica el movimiento o la progresión, va generalmente precedido por alguno de los adverbios siguientes: assez, fort, plus, si, très, trop.
▐ SYN auparavant antes; préalablement previamente; précédemment precedentemente; antérieurement anteriormente.

avant *m* delantera *f*, parte *f* delantera, parte *f* anterior; l'avant d'une voiture la parte delantera de un coche; à l'avant en la parte delantera ▌SPORTS delantero ▌MAR proa *f*; à l'avant, sur l'avant a proa ▌MIL frente ▌aller de l'avant avanzar sin reparar en obstáculos.
◇ *adj inv* delantero, ra; la roue avant la rueda delantera.

◇ *interj* MAR ¡avante!; en avant toute ¡avante toda!

avantage *m* ventaja *f*; il a l'avantage d'être fort tiene la ventaja de ser fuerte ▌DR mejora *f* ▌SPORTS ventaja *f* (tennis); avantage dehors ventaja al resto; avantage service ventaja al servicio ▌FAM atractivos *pl* (appas) ■ avantage en nature remuneración en especies ▌avantages sociaux beneficios sociales ▌avec avantage ventajosamente ■ à l'avantage de en provecho de ▌MAR avoir l'avantage du vent estar a barlovento ▌prendre l'avantage sur tomar la delantera a ▌profiter de son avantage beneficiarse de su superioridad ▌se montrer à son avantage mostrarse en su mejor aspecto ▌tirer avantage de sacar partido ou provecho de.

avantager [17] *v tr* aventajar (accorder une préférence) ▌favorecer, agraciar; la nature l'avait avantagé la naturaleza le había favorecido ▌DR mejorar (testament); elle fut avantagée par son père fue mejorada por su padre.
► **s'avantager** *v pr* aventajarse.

avantageusement *adv* ventajosamente, honorablemente; personne avantageusement connue persona honorablemente conocida.

avantageux, euse *adj* ventajoso, sa; conditions avantageuses condiciones ventajosas ▌favorable; parler en termes avantageux hablar en términos favorables ▌que favorece, que sienta bien; chapeau avantageux sombrero que favorece ▌presuntuoso, sa; vanidoso, sa; ton avantageux tono presuntuoso.
► **avantageux** *m* (p us) FAM (vieilli) presuntuoso; faire l'avantageux hacer de presuntuoso, hacerse el presuntuoso.

avant-bassin *m* MAR antepuerto.
▐ OBSERV En todas las palabras compuestas con avant sólo la segunda parte toma la s del plural (des avant-bassins).

avant-bec *m* espolón, tajamar (d'un pont).
▐ OBSERV pl avant-becs.

avant-bras *m* antebrazo ▌brazuelo (du cheval) ▌avambrazo (de l'armure).

avant-centre *m* delantero centro (football).
▐ OBSERV pl avant-centres.

avant-chœur [avãkœr] *m* antecoro.
▐ OBSERV pl avant-chœurs.

avant-clou *m* barrena *f* pequeña.
▐ OBSERV pl avant-clous.

avant-corps [avãkɔr] *m inv* ARCHIT salidizo, arimez.

avant-cour *f* antepatio *m*.
▐ OBSERV pl avant-cours.

avant-coureur *adj m* precursor, ra; signes avant-coureurs du malheur signos precursores de la desgracia.
◇ *m* (vx) precursor.
▐ OBSERV pl avant-coureurs.

avant-dernier, ère *adj & s* penúltimo, ma.
▐ OBSERV pl avant-derniers, avant-dernières.

avant-garde *f* vanguardia ■ d'avant-garde de vanguardia, vanguardista; un film d'avant-garde una película vanguardista ▌FIG être à l'avant-garde du progrès ir a la vanguardia del progreso.
▐ OBSERV pl avant-gardes.

avant-gardiste *adj* & *s* vanguardista.
■ **OBSERV** pl avant-gardistes.

avant-goût *m* sabor anticipado ‖ **FIG** donner un avant-goût d'une affaire dar una primera impresión de un asunto.
■ **OBSERV** pl avant-goûts.

avant-guerre *f* & *m* preguerra, anteguerra.
■ **OBSERV** pl avant-guerres.

avant-hier [avɑ̃tjɛr] *adv* anteayer, antes de ayer ‖ avant-hier soir anteanoche, antes de anoche.

avant-main *m* cuarto delantero (chevaux).
■ **OBSERV** pl avant-mains.

avant-mont *m* estribación *f*.
■ **OBSERV** pl avant-monts.

avant-plan *m* **ARTS** primer plano.
■ **OBSERV** pl avant-plans.

avant-port [avɑ̃pɔr] *m* antepuerto.
■ **OBSERV** pl avant-ports.

avant-poste *m* **MIL** puesto avanzado ‖ **FIG** vanguardia *f*.
■ **OBSERV** pl avant-postes.

avant-première *f* preestreno ‖ inauguración no oficial de una exposición destinada a críticos.
■ **OBSERV** pl avant-premières.

avant-projet *m* anteproyecto.
■ **OBSERV** pl avant-projets.

avant-propos *m* *inv* prólogo, prefacio, proemio.

avant-scène [avɑ̃sɛn] *f* proscenio *m* (partie de la scène) ‖ palco *m* de proscenio (loge).
■ **OBSERV** pl avant-scènes.

avant-toit *m* **ARCHIT** alero, voladizo.
■ **OBSERV** pl avant-toits.

avant-train *m* juego delantero (d'une voiture) ‖ **MIL** armón, avantrén.
■ **OBSERV** pl avant-trains.

avant-veille [avɑ̃vɛj] *f* antevíspera.
■ **OBSERV** pl avant-veilles.

avare *adj* & *s* [▷ **SYN**] avaro, ra ‖ **FIG** parco, ca; avare de confidences parco en confidencias.
▌ **SYN** avaricieux avaricioso, avariento; thésauriseur atesorador; **FAM** grippe-sou tacaño, roñoso.

avarice *f* avaricia; l'avarice perd tout en voulant tout gagner la avaricia rompe el saco.

avaricieux, euse *adj* & *s* avaricioso, sa; avariento, ta.

avarie *f* avería; avarie grosse ou commune avería gruesa ‖ daño *m*, deterioro *m* (détérioration) ‖ **MÉD** avariosis (syphilis).

avarié, e *adj* averiado, da; echado, da a perder ‖ sifilítico, ca.

avarier [9] *v tr* echar a perder, estropear; l'eau avaria nos provisions el agua echó a perder nuestras provisiones.
➡ **s'avarier** *v pr* averiarse (marchandise).

avatar *m* avatar, transformación *f*; les avatars de certains mots sont curieux las transformaciones que sufren algunas palabras son extrañas ‖ vicisitud *f*; les avatars de la vie las vicisitudes de la vida.
▌ **OBSERV** Avatar dans le sens de transformation est un gallicisme employé fréquemment en espagnol.

à vau-l'eau *loc adv* río abajo, con la corriente ‖ **FIG** a la perdición, al fracaso, a la deriva; affaire qui s'en va à vau-l'eau negocio que corre al fracaso.

Ave; Ave Maria *m* avemaría *f*, ave maría *f* (prière) ‖ cuenta *f* (grain de chapelet).

avec *prép* con; sortir avec quelqu'un salir con alguien; parler avec prudence hablar con prudencia; fermer avec un cadenas cerrar con un candado; se lever avec le jour levantarse con la aurora ■ avec ça además ‖ avec cela a pesar de, sin embargo; il travaille beaucoup et avec cela il ne réussit pas trabaja mucho y sin embargo no triunfa ‖ et avec ça? ¿desea algo más?, ¿algo más? ■ avec moi, toi, soi conmigo, contigo, consigo ‖ d'avec de; divorcer d'avec sa femme divorciar de su mujer.
▌ **OBSERV** Avec se pone a veces al final de una frase; en este sentido se traduce por también, además: elle nous a donné du chocolat et du pain avec nos ha dado chocolate y también o además, pan.

aveline *f* avellana (noisette).

avelinier *m* avellano (noisetier).

Ave Maria ► **Ave**.

aven [avɛn] *m* sima *f* (dialectal).

avenant [avnɑ̃] *m* acta *f* adicional (contrat) ‖ póliza *f* adicional (assurance).

avenant, e *adj* afable, de fácil trato, agradable; des manières avenantes maneras agradables ■ à l'avenant en proporción, en armonía; de jolis yeux, un teint à l'avenant ojos bonitos y una tez en armonía; por el estilo, a tenor; tout est à l'avenant todo está por el estilo ‖ à l'avenant de conforme con, de acuerdo con; les paroles étaient à l'avenant de la musique la letra estaba de acuerdo con la música.

avènement *m* advenimiento; l'avènement du Messie el advenimiento de Cristo ‖ llegada *f* al trono; l'avènement de Louis XIV la llegada de Luis XIV al trono ‖ acceso; avènement à une condition meilleure acceso a una condición superior.

avenir *m* porvenir, futuro; assurer l'avenir de quelqu'un asegurar el porvenir de alguien ‖ posteridad; l'avenir nous jugera la posteridad nos juzgará ■ éternel avenir la Eternidad ■ à l'avenir en lo sucesivo, de ahora en adelante ‖ personne d'avenir persona de porvenir ‖ avoir de l'avenir tener porvenir.

avent *m* adviento; 4e dimanche de l'Avent 4° domingo de Adviento.

Aventin *n pr m* **GÉOGR** le mont Aventin el monte Aventino.

aventure *f* aventura; roman d'aventures novela de aventuras ■ la bonne aventure la buenaventura; dire la bonne aventure echar la buenaventura ■ à l'aventure a la ventura, a la buena de Dios ‖ d'aventure, par aventure por ventura, casualmente, por casualidad ‖ partir à l'aventure partir a la aventura ‖ **MAR** prêt à la grosse aventure préstamo a la gruesa ‖ tenter l'aventure probar fortuna.
▌ **SYN** accident accidente; revers revés; évènement acontecimiento, suceso; épisode episodio; péripétie peripecia.

aventuré, e *adj* aventurado, da; une entreprise aventurée una empresa aventurada.

aventurer [3] *v tr* aventurar, arriesgar, exponer; aventurer un capital arriesgar un capital.
➡ **s'aventurer** *v pr* aventurarse.

aventureusement *adv* a la ventura, aventuradamente.

aventureux, euse *adj* aventurado, da; arriesgado, da; projet aventureux proyecto aventurado ‖ azaroso, sa; existence aventureuse existencia azarosa.

aventurier, ère *adj* & *s* aventurero, ra.

aventurine *f* venturina (pierre).

aventurisme *m* aventurismo.

avenu, e *adj* sólo se emplea en la locución: nul et non avenu nulo y sin valor.

avenue [avny] *f* avenida (chemin) ‖ avenida (grande rue) ‖ alameda (allée) ‖ **FIG** camino *m*; les avenues du pouvoir los caminos del poder.

avéré, e *adj* probado, da; un fait avéré un hecho probado.

avérer [18] *v tr* comprobar, verificar; avérer une nouvelle comprobar una noticia.
➡ **s'avérer** *v pr* revelarse; l'entreprise s'avéra difficile la empresa se reveló difícil.

Averne *m* **GÉOGR** Averno.

Averroès; Averrhoès [averɔɛs] *n pr* Averroes.

avers [avɛr] *m* anverso, cara *f*.

averse *f* chaparrón *m*, aguacero *m*, chubasco *m* ‖ **FIG** & **FAM** diluvio *m*, multitud; une averse de discours un diluvio de discursos.

aversion *f* aversión; prendre en aversion cobrar aversión.

averti, e *adj* advertido, da ‖ enterado, da; prevenido, da; se tenir pour averti darse por enterado ‖ avisado, da; sagaz; un critique averti un crítico sagaz ‖ un homme averti en vaut deux hombre prevenido vale por dos.

avertir [32] *v tr* advertir, hacer saber; je vous en avertis se lo advierto.
▌ **SYN** donner avis hacer saber, hacer presente; informer informar; aviser avisar; prévenir prevenir.

avertissement *m* [▷ **SYN**] advertencia *f*; un avertissement salutaire una advertencia saludable ‖ introducción *f* (préface) ‖ aviso; partir sans avertissement partir sin previo aviso ‖ notificación *f* (rappel à l'ordre).
■ **SYN** avis aviso; conseil consejo.

avertisseur *m* avisador (appareil) ‖ aparato de alarma (signal d'alarme) ‖ bocina *f*, aparato de señal acústica (voitures) ‖ **THÉÂTR** avisador ■ avertisseur d'incendie alarma de incendios ‖ avertisseur optique aparato de señal óptica ‖ avertisseur sonore aparato de señal sonora ou acústica.

aveu *m* confesión *f*; l'aveu d'une faute la confesión de una falta ‖ permiso, consentimiento; elle ne peut rien faire sans l'aveu de son mari no puede hacer nada sin el consentimiento de su marido ‖ reconocimiento; l'aveu d'une dette el reconocimiento de una deuda ‖ declaración *f*; de tendres aveux declaraciones amorosas ■ de l'aveu de según testimonio ou opinión de; de l'aveu de tout le monde según la opinión de todos ‖ faire l'aveu de confesar; faire l'aveu de ses fautes confesar sus faltas ‖ faire l'aveu de son amour declararse ▌passer aux aveux confesar la culpabilidad.

aveuglant, e *adj* deslumbrador, ra; cegador, ra ▌FIG fehaciente; une preuve aveuglante una prueba fehaciente.

aveugle *adj & s* ciego, ga ■ peur aveugle miedo cerval ■ à l'aveugle, en aveugle a ciegas, a tontas y a locas; parler en aveugle hablar a tontas y a locas ▌au royaume des aveugles les borgnes sont rois en tierra de ciegos el tuerto es rey ▌MÉD en double aveugle a doble ciego (test) ▌il n'est pire aveugle que celui qui ne veut pas voir no hay peor ciego que el que no quiere ver.

aveuglé, e *adj* cegado, da; aveuglé par la passion cegado por la pasión.

aveuglement *m* ceguera *f*, ceguedad *f* ▌FIG obcecación *f* (trouble de la raison).

aveuglément *adv* ciegamente; obéir aveuglément obedecer ciegamente ▌croire aveuglément creer a pies juntillas.

aveugle-né, e *adj & s* ciego, ga de nacimiento.

▌ OBSERV pl aveugles-nés, aveugles-nées.

aveugler [5] *v tr* cegar ▌FIG deslumbrar; le soleil m'aveugle el sol me deslumbra ▌cegar, ofuscar; la passion l'aveugle le ciega la pasión ▌cegar, tapar; aveugler une voie d'eau cegar una vía de agua.

➡ **s'aveugler** *v pr* cegarse, ofuscarse.

aveuglette

➡ **à l'aveuglette** *loc adv* a ciegas, a tientas; marcher à l'aveuglette andar a ciegas ▌FIG a la buena de Dios, al buen tuntún (au hasard); agir à l'aveuglette obrar a la buena de Dios.

aveulir [32] *v tr* debilitar (rendre faible) ▌quitar el ánimo (ôter tout ressort).

➡ **s'aveulir** *v pr* debilitarse ▌FIG volverse apático.

aveulissant, e *adj* debilitante, deprimente.

aveulissement *m* abulia *f*, depresión *f*, debilidad *f*.

Aveyron [avɛrɔ̃] *n pr m* GÉOGR Aveyron (département); dans l'Aveyron en Aveyron.

aviateur, trice *m & f* aviador, ra.

aviation *f* aviación.

avicole *adj* avícola.

aviculteur *m* avicultor.

aviculture *f* avicultura.

avide *adj* ávido, da; ansioso, sa; avide de gloire ávido de gloria ▌FIG codicioso, sa; avide de richesses codicioso de riquezas ▌être avide d'apprendre tener sed de conocimientos.

avidement *adv* ávidamente, con avidez.

avidité *f* avidez, ansia ▌FIG codicia.

Avignon *n pr* GÉOGR Aviñón; en Avignon en Aviñón; le festival d'Avignon el festival de Aviñón.

▌ **LE FESTIVAL D'AVIGNON**
Fundado por Jean Vilar en 1947, este festival de las artes del espectáculo, que se celebra cada verano en Aviñón y sus alrededores, es un escaparate para las nuevas obras de teatro y los nuevos ballets.

avignonnais, e *adj* aviñonense, aviñonés, esa.

Avignonnais, e *m & f* aviñonense, aviñonés, esa.

avilir [32] *v tr* envilecer, degradar; l'alcoolisme avilit l'homme el alcoholismo envilece al hombre ▌depreciar (marchandises).

➡ **s'avilir** *v pr* envilecerse, degradarse.

avilissant, e *adj* envilecedor, ra; conduite avilissante conducta envilecedora.

avilissement *m* envilecimiento, degradación *f* ▌COMM baja *f*, deterioración *f* ▌depreciación *f* (marchandises).

aviné, e *adj* FAM borracho, cha [úsase a veces el galicismo avinado, da] (ivre) ▌aguardentoso, sa (voix, ton, haleine).

avion *m* avión ■ avion à décollage debout ou vertical avión de despegue vertical ▌avion à réaction avión de reacción ▌avion amphibie avión anfibio ▌avion cargo avión de carga ▌avion court-courrier avión de distancias cortas ▌avion de bombardement avión de bombardeo ▌avion de chasse avión de caza ▌avion de ligne avión de línea ▌avion de ravitaillement avión nodriza ▌avion de reconnaissance avión de reconocimiento ▌avion fusée avión cohete ▌avion gros-porteur avión de gran carga ▌avion long-courrier avión de largas distancias ▌avion moyen-courrier avión de distancias medias ▌avion téléguidé avión teledirigido ■ par avion por avión, por vía aérea.

avion-citerne *m* avión cisterna.

▌ OBSERV pl avions-citernes.

avionnette *f* avioneta.

aviron *m* MAR remo (rame) ▌remo, deporte del remo (sport).

avis [avi] *m* parecer, opinión *f*; être de l'avis de quelqu'un ser del parecer de uno ▌[▷ SYN] aviso, advertencia *f*; avis préalable aviso previo; avis au public aviso al público; avis au lecteur advertencia al lector ■ avis de crédit abonaré ▌avis de réception d'une lettre acuse de recibo de una carta ▌COMM lettre d'avis carta de aviso ▌à mon avis a mi parecer ▌de l'avis de según opinión de ▌sauf avis contraire salvo objeciones ▌sauf meilleur avis salvo mejor opinión ■ donner avis hacer saber, hacer presente ▌être d'avis que ou de ser del parecer de ▌il m'est d'avis que tu viennes soy del parecer que vengas ▌prendre avis de tomar consejo de.

▌ SYN avertissement advertencia; annonce anuncio; communiqué comunicado; communication comunicación, oficio.

avisé, e *adj* avisado, da; sagaz.

aviser [3] *v tr* avisar ▌divisar, ver (apercevoir).

◇ *v intr* reflexionar, pensar; avant de parler avisez à ce que vous avez à dire antes de hablar piense en lo que tiene que decir.

➡ **s'aviser** *v pr* ocurrirse; il s'avisa de se cacher se le ocurrió esconderse ▌on ne s'avise jamais de tout no se puede estar en todo, no se puede caer en la cuenta de todo.

aviso *m* MAR aviso.

avitaillement [avitajmɑ̃] *m* MAR avituallamiento.

avitailler [3] *v tr* MAR avituallar, abastecer.

avitaminose *f* MÉD avitaminosis.

---

aviver [3] *v tr* avivar; aviver le feu avivar la lumbre ▌avivar (couleurs) ▌afilar (une arête, etc.) ▌avivar, irritar; aviver une blessure irritar una herida ▌limpiar, poner en carne viva; aviver les bords d'une cicatrice limpiar los bordes de una cicatriz.

➡ **s'aviver** *v pr* avivarse.

av. J-C (abr écrite de avant Jésus-Christ) a. de JC, a. JC.

avocaillon [avɔkajɔ̃] *m* FAM abogadillo, picapleitos, leguleyo.

avocasserie *f* argucia de abogado.

avocassier, ère *adj* FAM abogadil.

avocat, e *m & f* abogado, da ■ avocat au Conseil d'État letrado del Consejo de Estado ▌avocat commis d'office abogado nombrado de oficio ▌avocat d'affaires abogado de empresa ▌avocat de la défense abogado defensor ▌avocat de la partie civile acusador particular ▌avocat général fiscal del Tribunal Supremo ▌avocat du diable abogado del diablo ▌avocat plaidant abogado defensor, demandante ▌avocat stagiaire pasante de abogado.

avocat *m* aguacate (fruit).

avocat-conseil *m* asesor jurídico.

avocate *f* abogada.

avocatier *m* aguacate (arbre).

avocette *f* avoceta (oiseau).

avoine *f* BOT avena ■ folle avoine ballueca ou avena loca ■ donner de l'avoine dar cebada ▌gagner son avoine ganarse el pan.

▌ OBSERV En Francia el pienso habitual del caballo es la avena; en España es la cebada.

avoir [1] *v tr* tener; j'ai de l'argent tengo dinero; tu as le temps de tienes tiempo para; avoir sous la main tener a mano; il a deux jours pour se décider tiene dos días para decidirse ▌tener, obtener, conseguir; je l'ai eu pour rien lo he obtenido por muy poco ▌tener; avoir faim tener hambre ▌tener; la salle a six mètres de long la sala tiene seis metros de largo ▌pasar, suceder, ocurrir; qu'avezvous? ¿qué le pasa?, ¿qué le ocurre? ▌vencer (vaincre); on les aura! ¡los venceremos! ■ avoir à tener algo para; j'ai à manger tengo algo para comer; tener que (devoir); j'ai à sortir tengo que salir ▌avoir à cœur de tener empeño ▌avoir affaire à quelqu'un habérselas con alguien, tener que ver con alguien ▌avoir beau por más que ▌avoir comme tener por; avoir comme ami tener por amigo ▌avoir de tener parecido; il a un peu de son oncle tiene algún parecido con su tío ▌avoir de quoi vivre tener un buen pasar ▌avoir l'air de parecer; il a l'air bon parece bueno ▌avoir la main estar de mano (jeux) ▌avoir pour tener por, considerar ▌avoir pour agréable tener a bien ▌FAM avoir quelqu'un pegársela a uno, quedarse con uno ▌avoir sous les yeux tener ante los ojos ou a la vista ▌contre qui ou à qui en a-t-il? ¿contra quién está resentido? ▌en avoir assez estar harto ▌en avoir par-dessus la tête estar hasta la coronilla ▌en avoir pour tardar; j'en ai pour longtemps tardaré mucho ▌en avoir pour son argent obtener por el valor de su dinero ▌il n'en a plus pour longtemps ya le queda poco ▌n'avoir qu'à no tener más que; il n'a qu'à parler pour être obéi no tiene más que hablar para que sea obedecido.

◇ *v auxil* haber.

◇ *v impers* il y a hay; il y a beaucoup de monde ici aquí hay mucha gente ▌hacer; il y a une semaine hace una semana ■ il n'y a pas de quoi no hay de qué ▌il n'y en a plus ya no hay más ▌il y a bien de quoi! no merece la pena ▌quand il n'y en a plus, il y en a encore esto es el cuento de nunca acabar ou el cuento de la buena pipa ▌quoi qu'il en ait quiera o no quiera ▌tant il y a que tanto es que.

▐ **OBSERV 1.** Le verbe avoir a deux traductions en espagnol: tener et haber. Dans le sens de posséder il se traduit obligatoirement par tener: j'ai une maison tengo una casa. Haber est l'auxiliaire utilisé dans la formation des temps composés: il a acheté ha comprado. Il faut remarquer que dans ce cas il remplace l'auxiliaire être avec les verbes de mouvement et de station: ils sont venus han venido. Haber est employé également comme impersonnel: il y a beaucoup de monde hay mucha gente (mais si cet impersonnel introduit une idée de durée il faut le traduire par hacer: il y a huit jours hace ocho días). **2.** La locución avoir beau va siempre seguida, en francés, por un verbo en infinitivo que se pone en subjuntivo al ser traducido al español si se trata de una acción hipotética y en indicativo si se refiere a un hecho real: il aura beau faire, il échouera toujours por más que haga, fracasará siempre; il a beau faire, il échoue toujours por más que hace, fracasa siempre.

avoir *m* haber; le doit et l'avoir el debe y el haber el pasivo y el activo; c'est tout son avoir es todo su haber ▌avoir fiscal abono de dividendo.

▬ **avoirs** *m pl* ÉCON activos ▌avoirs à vue activos a la vista ▌avoirs de change activos de cambio.

▐ **SYN** actif activo; crédit crédito; compte, solde créditeur saldo a favor.

avoisinant, e *adj* vecino, na; contiguo, gua; próximo, ma; inmediato, ta (proche).

avoisiner [3] *v tr* lindar con, confinar con, ser vecino ▌FIG ser semejante; son opinion avoisinait la mienne su opinión era semejante a la mía.

Avoriaz le festival d'Avoriaz festival de cine que se celebra en Avoriaz.

avorté, e *adj* frustrado, da.

avortement *m* aborto; avortement illicite aborto ilegal ▌FIG fracaso, aborto; l'avortement de la rébellion el fracaso de la rebelión.

avorter [3] *v tr* abortar; se faire avorter abortar ▌FIG abortar, fracasar (échouer) ▌faire avorter impedir el desarrollo; la paresse fait avorter beaucoup de talents la pereza impide el desarrollo de muchos talentos.

avorton *m* aborto ▌abortón (animal) ▌FIG aborto, feto, engendro (homme mal fait).

avouable [avwabl] *adj* confesable.

avoué *m* procurador judicial.

avoué, e *adj* confesado, da; reconocido, da; un échec avoué un fracaso reconocido.

avouer [6] *v tr* [▷ SYN] confesar, reconocer; avouer ses péchés confesar sus pecados; avouer sa négligence reconocer su negligencia ▌reconocer por suyo; avouer un enfant reconocer por suyo un hijo ▌aprobar, confirmar (p us); j'avoue tout ce que vous avez fait apruebo todo lo que ha hecho.

▬ **s'avouer** *v pr* confesarse, declararse, darse por; s'avouer vaincu declararse ou darse por vencido.

▐ **SYN** confesser confesar; reconnaître reconocer; FAM manger le morceau, FAM se mettre à table cantar.

avoyer [13] [avwaje] *v tr* triscar (scie).

avril *m* abril; en avril, ne te découvre pas d'un fil hasta el cuarenta de mayo no te quites el sayo.

AVS (abr de assurance vieillesse et survivants) *f* seguro de vejez en Suiza.

avulsion *f* avulsión (extraction).

avunculaire [avɔ̃kylɛr] *adj* relativo a los tíos.

axe *m* eje; l'axe d'une rue el eje de una calle ■ ANAT axe cérébro-spinal eje cerebroespinal ▌TECHN axe d'entraînement eje de transmisión▌axe de rotation eje de rotación ▌MATH axe de révolution eje de revolución ▌axe de rotation eje de rotación ▌axe d'inertie eje de inercia ▌ASTRON axe du monde eje del mundo ▌FIG l'axe Berlin-Rome el eje Berlín-Roma ■ dans l'axe de en la dirección de.

▐ **SYN** pivot pivote; arbre árbol; essieu eje.

axer [3] *v tr* orientar, centrar; axer un roman sur les questions sociales orientar una novela sobre las cuestiones sociales.

axérophtol *m* vitamina A.

axial, e *adj* axial; des éclairages axiaux alumbrados axiales.

axile *adj* axil, que forma un eje.

axillaire [aksilɛr] *adj* ANAT axilar (nerf) ▌BOT bourgeon axillaire yema axilar.

axiologie *f* PHILOS axiología, teoría de los valores.

axiologique *adj* PHILOS axiológico, ca; que concierne a la teoría de los valores.

axiomatique *adj* axiomático, ca.

axiome *m* axioma ▌FIG principio; les axiomes de la politique française los principios de la política francesa.

axis *m* axis (vertèbre).

axolotl *m* ajolote (reptile mexicain).

axone *m* axón.

axonge *m* manteca *f* de cerdo (saindoux).

axonométrique *adj* MATH axonométrico, ca.

ay *m* vino de la región de Ay.

ayant cause [ɛjɑ̃koz] *m* DR causahabiente, sucesor.

▐ **OBSERV** pl ayants cause.

ayant droit [ɛjɑ̃drwa] *m* DR derechohabiente, interesado.

▐ **OBSERV** pl ayants droit.

ayatollah *m* ayatollah, ayatolá.

aye-aye [ajaj] *m* ayeaye.

▐ **OBSERV** pl ayes-ayes.

aymara *m* aimará (langue indienne d'Amérique du Sud).

azalée *f* BOT azalea.

azedarac *m* BOT acedaraque.

azéotrope; azéotropique *adj* azeótropo, pa.

Azerbaïdjan [azɛrbajdʒɑ̃] *n pr m* GÉOGR (l')Azerbaïdjan Azerbaiyán, Azerbaiján.

azeri *adj & s m* azerí.

Azeri *m & f* azerí.

azerole *f* acerola (fruit).

azerolier *m* BOT acerolo.

azimut [azimyt] *m* acimut (angle) ▌FAM dans tous les azimuts en todas las direcciones ▌tous azimuts por todas partes.

azimutal, e *adj* acimutal; compas azimutaux compases acimutales.

azoïque [azɔik] *adj* CHIM azoico, ca.

azotate *m* CHIM nitrato.

azote *m* CHIM nitrógeno, ázoe (vx).

azoté, e *adj* nitrogenado, da; azoado, da (p us).

azoteux *adj* CHIM nitroso.

azotique *adj* CHIM nítrico, ca.

azotite *m* CHIM nitrito.

azoture *m* CHIM nitruro.

AZT (abr de azothymidine) *m* AZT.

aztèque *adj & s* azteca.

Aztèques *n pr m pl* aztecas.

azur *m* BLAS azul ▌POÉT azul▌el cielo, el aire ■ la Côte d'Azur la Costa Azul ▌pierre d'azur lapislázuli.

azurage *m* azulado.

azurer [3] *v tr* azular ■ POÉT la plaine azurée el mar▌la voûte azurée la bóveda celeste.

azurite *f* MIN azurita.

azygos [azigɔs] *adj & s* ANAT ácigos (veine).

azyme *adj m & s m* ácimo; pain azyme pan ácimo ▌fête des azymes fiesta de los ácimos.

b; B _m_ B _f_; un grand B, un petit b una B mayúscula, una b minúscula ‖ne savoir ni A ni B no saber ni jota ‖prouver par a plus b probar por a más b.

▌OBSERV La b francesa es una labial sonora que suena siempre como la b española inicial o precedida de nasal: bueno, hombre.

BA (abr de bonne action) (iron) faire sa BA hacer la buena acción del día.

baba _m_ CULIN baba (gâteau); baba au rhum baba al ron ‖FAM patidifuso, sa; embobado, da; de una pieza; rester baba quedarse patidifuso.

B.A.-ba _m inv_ ABC; apprendre le B.A.-ba aprender el ABC.

babel _m_ FIG babel _f_, babilonia _f_.

Babel _n pr_ la tour de Babel la torre de Babel.

babeurre _m_ suero de leche de vaca.

babil _m_ parloteo, cháchara _f_ (bavardage) ‖balbuceo (des petits enfants) ‖gorjeo (oiseaux).

babillage [babijaʒ] _m_ cháchara _f_, parloteo.

babillard, e _adj & s_ charlatán, ana; parlanchín, ina.
➡ **babillarde** _f_ ARG (vx) carta (lettre).

▌OBSERV Le mot charlatan, en français, n'a pas le même sens que charlatán en espagnol.

babiller [3] _v intr_ parlar, parlotear.

babine _f_ belfo _m_, morro _m_ (lèvre d'animal) ‖FAM morro _m_ (d'une personne) ‖FAM s'en lécher les babines relamerse, chuparse los dedos.

babiole _f_ FAM friolera, fruslería.

▌SYN colifichet baratija, bujería; breloque dije, colgante; FAM brimborion chuchería.

babiroussa _m_ ZOOL babirusa.

babisme _m_ babismo [doctrina persa].

bâbord [babɔr] _m_ MAR babor; à ou par bâbord a babor.

babouche _f_ babucha.

babouin _m_ ZOOL zambo, babuino (gallicisme) ‖FIG & FAM niño revoltoso.

baby [bebi] _m_ bebé, nene, rorro ‖whisky baby, baby whisky corto.

▐ OBSERV pl babys o babies.

baby-boom _m_ explosión _f_ de la natalidad.

▐ OBSERV pl baby-booms.

baby-foot _m inv_ futbolín.

Babylone _n pr f_ GÉOGR Babilonia.

babylonien, enne _adj_ babilónico, ca; babilonio, nia (de Babylone).

Babylonien, enne _m & f_ babilonio, nia; babilonicense.

baby-sitter _m & f_ canguro.

▐ OBSERV pl baby-sitters.

baby-sitting [bebisitiŋ] _m_ faire du baby-sitting hacer de canguro.

▐ OBSERV pl baby-sitting.

bac _m_ [▷ SYN] barcaza _f_, chalana _f_, transbordador (bateau) ‖cuba _f_, lebrillo, herrada _f_ (grand baquet) ‖pila _f_ (de cuisine) ‖CHIM & PHOT cubeta _f_ ‖TECHN recipiente (accumulateur) ‖bac à glace bandeja ou molde para los cubiletes de hielo ‖bac à légumes cubeta de la verdura.

▌SYN bachot barca de pasaje; ferry ferry, transbordador de ferrocarril; traille pontón; va-et-vient transbordador de maroma.

bac _m_ FAM bachillerato (baccalauréat) ‖bac blanc examen de bachillerato que sirve como preparación al examen oficial ‖INFORM bac d'alimentation papier alimentador de papel.

bac-à-douche _m_ plato de la ducha.

baccalauréat [bakalɔrea] _m_ bachillerato, examen y/o título de enseñanza secundaria que permite el acceso a los estudios superiores, ≃ selectividad _f_.

▐ BACCALAURÉAT ──────────
Los alumnos pasan el examen del "baccalauréat" (el "bac") al final del último curso de "lycée", llamado "terminale", y los que lo superan pueden acceder a la universidad. Existen tres tipos de "bacs" generales: el "bac L" (letras), el "bac S" (ciencias) y el "bac ES" (economía social). Además, existe un cierto número de especialidades que dan acceso a "bacs" técnicos, entre los que se encuentran los "bacs STI" (ciencias y tecnologías industriales), los "STT" (ciencias y tecnologías del sector terciario) y los "bacs" profesionales.

baccara _m_ bacará, bacarrá (jeu de cartes).

baccarat _m_ cristal de Baccarat [fábrica francesa, en Lorena].

bacchanale _f_ bacanal.

bacchante [bakɑ̃t] _f_ bacante.

Bacchus [bakys] _n pr_ MYTH Baco.

Bach [bak] _n pr_ Johann Sebastian ou Jean-Sébastien Bach Johann Sebastian Bach.

bâchage _m_ entoldado.

bâche _f_ toldo _m_ (d'une boutique) ‖cubierta de lona, baca (de voiture, de bateau) ‖estufa (pour les plantes) ‖depósito _m_ (d'une chaudière)

‖cárter _m_ de una turbina hidráulica ‖bâche goudronnée lona embreada.

bachelier, ère _m & f_ bachiller.

▌OBSERV En francés no significa nunca hablador, fanfarrón e insoportable.

bâcher [3] _v tr_ entoldar (contre le soleil) ‖cubrir con una lona (une voiture).

bachique [baʃik] _adj_ báquico, ca.

bachot _m_ barquilla _f_ (petit bateau) ‖barca _f_ de pasaje (bac).

bachot _m_ FAM bachillerato (baccalauréat).

bachotage _m_ FAM preparación _f_ acelerada e intensiva de un examen ‖faire du bachotage estudiar lo necesario para aprobar.

bachoter [3] _v intr_ FAM empollar.

bachoteur _m_ barquero ‖empollón, el que prepara un examen empollando mucho durante las últimas semanas.

bachotte _f_ tonel _m_ para transportar peces vivos.

bacillaire [basiler] _adj_ MÉD bacilar.

bacille [basil] _m_ bacilo.

bacilliforme [basiliform] _adj_ baciliforme.

bacillose _f_ (p us) MÉD bacilosis (tuberculose).

bâclage _m_ cierre (d'un port, d'une rivière) ‖FIG & FAM chapucería _f_, chapuza (travail hâtif).

bâcle _f_ tranca (de bois), barra (de fer).

bâcler [3] _v tr_ atrancar (une porte ou une fenêtre) ‖FIG & FAM hacer de prisa y corriendo, hacer en un dos por tres, chapucear (travailler vite et mal); bâcler un travail hacer de prisa y corriendo un trabajo ‖MAR cerrar (un port, une rivière).

bacon [bekɔn] _m_ tocino entreverado.

baconien, enne [bakɔnjɛ̃, ɛn] _adj_ baconiano, na (de Francis Bacon).

baconisme _m_ baconismo.

bactériacées _f pl_ BOT bacteriáceas.

bactéricide _adj & s m_ bactericida.

bactérie _f_ bacteria.

bactérien, enne _adj_ bacteriano, na.

bactériologie _f_ bacteriología.

bactériologique _adj_ bacteriológico, ca.

bactériologiste; bactériologue _m_ bacteriólogo.

bactériophage _m_ bacteriófago.

bactériostatique _adj & s m_ bacteriostático, ca.

bacul [baky] _m_ baticola _f_ (croupière).

badamier *m* BOT mirobálano (arbre).

badaud, e [bado, od] *adj* & *s* curioso, sa (curieux); mirón, ona papanatas, bobo, ba (niais, sot).

badaudage *m* curiosidad *f* tonta, papanatismo.

badauder [3] *v intr* merodear, callejear; badauder dans les rues curiosear por las calles.

badauderie *f* curiosidad necedad, bobada (niaiserie).

Bade *n pr* GÉOGR Baden.

badelaire *f* escarcina (épée).

baderne *f* MAR baderna (tresse en fil de caret) FIG & FAM vieille baderne vejestorio carcamal (personne vieille), militar viejo.

badge *m* chapa *f*, insignia *f*.

badger [3] *v intr* fichar, accionar un pase magnético.

badiane *f* badián *m* (arbre) badiana (fruit).

badigeon [badiʒɔ̃] *m* enlucido, encalado, enjalbegado (d'un mur).

badigeonnage [badiʒɔnaʒ] *m* enjalbegamiento, enlucido, encalado MÉD pincelada (de la gorge), untura *f* (externe) FIG & FAM aspecto externo, barniz (apparences).

badigeonner [3] *v tr* enjalbegar, enlucir, encalar formar una capa de; le charbon badigeonnait tout d'une suie grise el carbón formaba una capa de hollín gris sobre todas las cosas recubrir de una capa de (le corps) MÉD dar unos toques, untar; badigeonner de teinture d'iode dar unos toques con tintura de yodo.

badigeonneur *m* engalbegador, enlucidor, encalador pintor de brocha gorda, pintorzuelo (mauvais peintre).

badin *m* AVIAT indicador de velocidad.

badin, e *adj* [▷ SYN] juguetón, ona (enjoué) bromista, chancero, ra; ton badin tono bromista jocoso, sa; festivo, va; style badin estilo jocoso.

| SYN *léger* ligero; *folâtre* retozón; FAM *enjoué* juguetón.

badinage *m* broma *f*, chanza *f* (plaisanterie) gracejo (humeur).

badine *f* junquillo *m*, bastoncillo *m* (canne mince) varilla (baguette).

badiner [3] *v intr* bromear, chancear (plaisanter); il ne badine pas no bromea tomar a broma; badiner de tout tomarlo todo a broma jugar (jouer); on ne badine pas avec l'amour no hay que jugar con el amor juguetear; badiner avec une canne juguetear con un bastón hablar, escribir con gracejo en badinant burla burlando, jugando.

badinerie *f* broma, chanza (plaisanterie) niñería, niñada (enfantillage).

bad-lands *f pl* tierras malas.

badminton *m* bádminton, juego del volante (jeu).

badois, e *adj* de Baden.

Badois, e *m* & *f* nativo, va de Baden.

BAFA; Bafa (abr de brevet d'aptitude aux fonctions d'animation) *m* diploma francés que da acceso a la función de animador.

baffe *f* FAM chuleta, bofetada (gifle).

Baffin *n pr* GÉOGR terre de Baffin tierra de Baffin.

baffle *m* RAD baffle, pantalla *f* acústica.

bafouer [6] [bafwe] *v tr* mofarse de (se moquer) escarnecer, abofetear engañar (tromper), ridiculizar (ridiculiser).

bafouillage *m* FAM habla *f* entrecortada, farfulla *f*.

bafouille *f* FAM carta, misiva.

bafouiller [3] *v intr* FAM hablar entrecortadamente, farfullar, barbullar.

bafouilleur, euse [bafujœr, øz] *m* & *f* FAM farfullador, ra; barbullador, ra.

bâfre; bâfrée *f* FAM (vieilli) comilona (ripaille).

bâfrer [3] *v tr* & *intr* FAM atracarse, engullir.

bâfreur, euse *m* & *f* FAM comilón, ona; tragón, ona.

bagage *m* [▷ SYN] equipaje (de voyage); bagages enregistrés equipaje facturado MIL bagaje, impedimenta *f* FIG bagaje [galicismo], caudal (intellectuel); bagage littéraire bagaje literario ■ bagages à main equipaje de mano, bolsa de mano ■ avec armes et bagages con todos sus trastos FIG & FAM plier bagage tomar las de Villadiego (s'enfuir), liar el petate, irse al otro barrio (mourir).

| OBSERV En su sentido propio *bagage* se suele emplear en plural, mientras que en su sentido metafórico se usa siempre en singular.
| SYN *équipage* equipo; *arroi* equipaje; *équipement* equipo; *paquetage* bagaje, impedimenta; *train* tren; FAM *attirail* trastos; *barda* bultos.

bagagiste *m* mozo de equipajes, maletero.

bagarre *f* FAM gresca, trifulca, camorra (rixe) il aime la bagarre es un buscabroncas, le gusta armar bronca.

bagarrer [3] *v intr* FAM pelearse por, combatir por; bagarrer pour une opinion combatir por una opinión.
➡ **se bagarrer** *v pr* pelearse.

bagarreur, euse *adj* & *s* FAM peleón, ona; camorrista; un tempérament bagarreur un temperamento camorrista.

bagasse *f* bagazo *m* (de la canne à sucre) fulana (prostituée).
◇ *interj* (régional) ¡caramba! FAM ¡leche!

bagatelle *f* [▷ SYN] bagatela, fruslería FIG pequeñez, frivolidad (chose frivole) tontería, grano de anís, moco de pavo; six mille dollars ne sont pas une bagatelle seis mil dólares no son ninguna tontería ne pas s'arrêter à des bagatelles no pararse en tonterías.

| SYN FAM *amusette* entretenimiento; *bricole* menudencia.

Bagdad *n pr* GÉOGR Bagdad.

bagnard *m* forzado, presidiario.

bagne *m* [▷ SYN] presidio baños; le bagne d'Alger los baños de Argel.

| SYN *galères* galeras; *travaux forcés* trabajos forzados ou forzosos; HIST *préside* presidio; *pénitencier* penitenciaría.

bagnole *f* FAM coche *m* (voiture ordinaire) FAM carricoche *m*, cacharro *m* (mauvaise voiture).

bagou; bagout *m* FAM labia *f*, jarabe de pico; avoir beaucoup de bagou tener mucha labia ou jarabe de pico.

baguage [bagaʒ] *m* BOT incisión *f* anular colocación *f* de una anilla (à un oiseau) encasquillado (d'un axe).

bague *f* anillo *m*, sortija (bijou) anilla (d'un oiseau) pasador *m* (de cravate, etc.) vitola, faja (de cigare) ARCHIT anillo *m* MÉCAN casquillo *m*, manguito *m*, anillo *m* ■ bague d'arrêt anillo de ajuste bague d'étanchéité retén de grasa bague de fiançailles sortija de compromiso, sortija de pedida TECHN bague de serrage anillo de cierre PHOT bague du diaphragme graduador del diafragma.

bagué, e *adj* anillado, da.

baguenaude *f* fruto *m* del espantalobos.

baguenauder [3] *v intr* entretenerse, perder el tiempo (s'amuser) FIG callejear (se promener).
➡ **se baguenauder** *v pr* callejear.

baguenaudier *m* espantalobos (plante) persona *f* superficial ou callejera.

baguer [3] *v tr* hilvanar (faufiler) BOT hacer incisiones anulares anillar (un oiseau) poner un anillo, anillar ensortijar; ses doigts étaient bagués d'émeraudes tenía los dedos ensortijados de esmeraldas.

baguette *f* [▷ SYN] junquillo *m*, varilla (bâton mince) vara (des autorités) palillo *m* (de tambour) palillo *m*; les Chinois mangent avec des baguettes los chinos comen con palillos junco *m* (d'un cadre) pan de forma muy alargada, barra (pain) ARCHIT junquillo *m* (moulure) tapajuntas *m* (pour cacher les joints) CHIM agitador *m* (de laboratoire) MIL baqueta (fusil) MUS batuta taco *m* (violon) listón *m* (menuiserie) moldura (pour cacher des fils), moldura cromada (voiture) ARTS tiento *m* (appui-main) ■ baguette de soudure alambre de soldar baguette de sourcier péndulo de zahorí baguette magique varilla mágica, varita de la virtud ou de virtudes d'un coup de baguette magique como por encanto, por arte de magia mener à la baguette mandar, tratar a la baqueta.

| SYN *verge* vara; *badine* bastoncillo; *houssine* verdasca; *jonc* junco, junquillo; *cravache* fusta.

baguettisant *m* zahorí.

baguier *m* joyero (coffret à bijoux).

bah! *interj* ¡bah! ¡vaya! (étonnement).

Bahamas *n pr* GÉOGR les Bahamas las Bahamas.

Bahreïn; Bahrayn *n pr* GÉOGR les îles Bahreïn ou Bahrayn las islas Bahrein.

bahreïnien, enne; bahreïni, e [barejni] *adj* bahreiní.

Bahreïnien, enne; Bahreïni, e *m* & *f* bahreiní.

baht *m* baht (monnaie thaïlandaise).

bahut [bay] *m* arcón (coffre), arca *f* especie de bargueño (buffet bas) ARCHIT albardilla *f* (chaperon de mur) FAM colegio, escuela *f* (lycée).

| OBSERV El baúl español, de igual origen que *bahut*, corresponde hoy al francés *malle*.

bai, e *adj* bayo, ya (chevaux).

OBSERV Bai es invariable si va seguido por otro adjetivo que lo modifica (**des chevaux bai foncé**).

baie *f* bahía (rade) ▌baya (fruit) ▌**ARCHIT** vano *m*, hueco *m* (fenêtre, porte) ▌**baie vitrée** ventanal.

baignade [beɲad] *f* baño *m* (bain) ▌sitio *m* donde puede uno bañarse, playa.

baigner [4] *v tr* bañar; **baigner un enfant** bañar a un niño ▌bañar (mouiller); **visage baigné de larmes** rostro bañado en lágrimas ▌bañar (terres); **côtes baignées par la mer** costas bañadas por el mar.

◇ *v intr* estar bañado, estar en remojo (tremper) ▌**baigner dans la brume** estar inmerso en la niebla ▌**baigner dans le sang** anegarse en sangre ▌**FAM** **ça baigne!** ¡esto marcha!

➤ **se baigner** *v pr* bañarse.

baigneur, euse *m & f* bañero, ra (qui tient une maison de bains) ▌bañista (qui se baigne) ▌bañista, agüista (de station thermale).

➤ **baigneur** *m* muñequilla *f* (petite poupée).

baignoire *f* baño *m*, bañera (récipient) ▌**MAR** cubierta de la torre de un submarino ▌**THÉÂTR** palco *m* de platea ▌**baignoire sabot** polibán.

Baïkal *n pr m* **GÉOGR** **le lac Baïkal** el lago Baikal.

bail [baj] *m* arrendamiento, arriendo ▪ **bail à céder** se traspasa ▪ **donner quelque chose à bail** arrendar ▌**prendre quelque chose à bail** tomar en arrendamiento ▌**FAM** **il y a un bail!** ¡hace un siglo!

OBSERV pl baux.

SYN location alquiler, locación (p us); loyer alquiler; fermage arriendo (rural).

BAIL

En Francia, el "bail" o contrato de arrendamiento de un local para uso privado es de tres años. La expresión "bail à céder", que se puede ver en ciertos letreros, significa que se vende el contrato de arrendamiento de la tienda u oficina.

baille [baj] *f* **MAR** balde *m*, cubo *m* (baquet) ▌barco *m* viejo (bateau) ▌**ARG** **la grande baille** el mar (la mer).

bâillement [bajmɑ̃] *m* bostezo.

bailler [3] [baje] *v tr* (vx) dar (donner) ▌**FAM** **la bailler bonne ou belle** querer pegársela a uno; **vous me la baillez belle!** ¡me la quiere pegar!

bâiller [3] [baje] *v intr* bostezar (ouvrir la bouche) ▌**FIG** estar entreabierto ou entornado; **la porte bâille** la puerta está entreabierta.

bailleur, eresse *m & f* **DR** arrendador, ra ▌**COMM** **bailleur de fonds** socio capitalista, proveedor de fondos.

bâilleur, euse [bajœr, øz] *m & f* bostezador, ra.

bailli [baji] *m* **HIST** baile (magistrat) ▌bailío (ordre de Malte).

OBSERV Hace en femenino baillie y baillive.

bailliage *m* **HIST** bailía *f*.

bâillon [bajɔ̃] *m* mordaza *f*.

bâillonnement [bajɔnmɑ̃] *m* amordazamiento.

bâillonner [3] *v tr* amordazar ▌**FIG** cohibir; **bâillonné par la peur** cohibido por el miedo.

bain *m* [▷ **SYN 1**] baño; **bains de mer** baños de mar ▪ **bain de bouche** enjuague ▌**bain de foule** baño de multitudes ▌**bain de pieds** baño de pies ▌**bain de siège** baño de asiento ▌**bains(-douches) municipaux** baños y duchas públicos ▌**bain de soleil** baño de sol ▌**costume de bain** bañador, traje de baño ▪ **FAM** **être dans le bain** estar en el asunto (au courant), estar comprometido (compromis) ▌**prendre un bain** tomar un baño ▌**prendre un bain de soleil** tomar el sol.

➤ **bains** *m pl* [▷ **SYN 2**] baños, balneario *sing*; **établissement de bains** casa de baños.

SYN 1. baignade baño (en rivière); piscine piscina.

2. thermes termas, caldas; eaux aguas, baños.

bain-marie *m* baño de maría ▌**CULIN** **faire chauffer au bain-marie** calentar al baño María.

OBSERV pl bains-marie.

baïonnette *f* bayoneta ▌casquillo *m* (ampoule) ▌**baïonnette à douille** bayoneta de cubo ▌**baïonnette au canon!** ¡armen armas! ▌**ÉLECTR** ampoule à baïonnette bombilla de bayoneta ▌**douille à baïonnette** portalámparas de bayoneta ▪ **croiser la baïonnette** hacer frente con la bayoneta calada ▌**mettre baïonnette au canon** calar la bayoneta.

baise *f* **VULG** polvo *m*.

baisemain [bɛzmɛ̃] *m* besamanos.

baisement *m* (p us) beso ▌lavatorio de pies (cérémonie du jeudi saint).

baiser [4] *v tr* besar; **je vous baise les mains** le beso la mano ▌**VULG** joder.

OBSERV Debe evitarse el empleo de baiser quelqu'un y decir en su lugar embrasser.

baiser *m* beso ▌**baiser de paix** ósculo de la paz.

baisoter [3] *v tr* **FAM** besuquear, besucar.

baisse *f* [▷ **SYN 1**] bajada (descente); **la baisse des eaux** la bajada de las aguas ▌[▷ **SYN 2**] baja; **la baisse des prix** la baja de los precios ▪ **baisse de tension** bajada de tensión ▌**baisse de pression** bajada de presión ▌**COMM** « **baisse sur la viande** » "oferta especial de carne" ▪ **être en baisse** ir de baja, estar de capa caída ▌**jouer à la baisse** jugar a la baja ▌**les actions sont en baisse** las acciones están en baja.

SYN 1. descente bajada, descenso.

2. abaissement bajada; rabaissement rebajamiento; rabais rebaja.

baisser *m* caída *f*; **le baisser du rideau** la caída del telón.

baisser [4] *v tr & intr* [▷ **SYN 1**] bajar; **baisser un rideau, la tête** bajar una cortina, la cabeza ▌[▷ **SYN 2**] rebajar; **baisser un mur** rebajar una pared ▌**MAR** arriar (un drapeau) ▪ **FIG** **baisser l'oreille** bajar las orejas ▌**baisser pavillon** arriar bandera.

➤ **se baisser** *v pr* bajarse, agacharse (se courber).

SYN 1. abaisser bajar; descendre bajar, descender; rabaisser rebajar.

2. **ARCHIT** surbaisser rebajar, abocinar.

baissier *m* bajista (Bourse).

baissière *f* heces *pl*, asientos *m pl* (du vin).

Bajazet *n pr* Bayaceto.

bajoue *f* carrillada (de porc, de veau) ▌**FAM** moflete *m* (joue).

bajoyer [baʒwaje] *m* muro de contención.

bakchich *m* **FAM** soborno.

Bakélite® *f* baquelita.

Bakou *n pr* **GÉOGR** Bakú.

bal [bal] *m* baile; **bal champêtre** baile campestre ▪ **bal masqué** ou **costumé** baile de máscaras ▪ **bal musette** baile popular, de candil.

SYN dancing dancing; **FAM** (vieilli) bastringue ventorrillo [donde se baila]; surprise-partie asalto, guateque.

BAL; Bal (abr de boîte aux lettres (électronique)) *f* buzón *m* electrónico.

balade *f* **FAM** paseo *m*, garbeo *m*; **faire une balade** darse un paseo ou un garbeo.

balader [3] *v tr* **FAM** pasear ▌**FAM** envoyer balader enviar a paseo.

➤ **se balader** *v pr* **FAM** pasearse.

baladeur *adj* **MÉCAN** train baladeur engranaje móvil.

➤ **baladeur** *m* walkman.

baladeuse *f* carrito *m* de vendedor ambulante ▌jardinera (tramway) ▌lámpara transportable (lampe).

baladin, e *m & f* farsante, ta; farandulero, ra ▌saltimbanqui.

baladinage *m* bufonada *f*, payasada *f*.

balafon *m* **MUS** balafo.

balafre *f* chirlo *m*, cuchillada en la cara.

balafré, e *adj & s* señalado con un tajo en la cara, que tiene un chirlo.

balafrer [3] *v tr* señalar la cara con una cuchillada.

balai *m* escoba *f*; **balai mécanique** escoba mecánica ▌**ÉLECTR** escobilla *f* ▌**TECHN** emboijo (vers à soie) ▌rasqueta *f* (d'essuie-glace) ▪ **coup de balai** escobazo ▌**manche à balai** palo de escoba, palanca de mando (dans un avion) ▌**train balai** último tren del día ▌**voiture balai** coche escoba ▪ **donner un coup de balai** dar un barrido ligero, hacer una limpieza ligera (nettoyer), hacer una limpieza general (congédier des employés).

balai-brosse *m* cepillo para fregar.

OBSERV pl balais-brosses.

balais *adj* balaj, balaje.

balalaïka *f* balalaica (guitare russe).

balan *m* **MIL** balance.

balance *f* [▷ **SYN**] balanza, peso *m* ▌**COMM** balance *m*; **la balance des affaires** el balance de los negocios ▌**FIG** equilibrio *m*; **la balance des forces** el equilibrio de las fuerzas ▌retel *m* [para pescar cangrejos] ▌**ÉCON** balance commerciale balanza comercial ▌**balance des opérations courantes** balanza por cuenta corriente ▌**balance des paiements** balanza de pagos ▌**balance des forces** equilibrio de fuerzas ▪ **être en balance** estar indeciso ▌**faire pencher la balance** inclinar el fiel de la balanza ▌**les deux sont en balance pour cet emploi** los dos tienen las mismas posibilidades de conseguir el empleo ▌**mettre en balance** sopesar, comparar, cotejar ▌**tenir la balance égale** mostrarse imparcial.

SYN bascule báscula; trébuchet pesillo, balancín; romaine romana.

Balance *f* **ASTRON & ASTROL** Libra; **être de la Balance** ser Libra.

balancé *m* balancé (pas de danse).

balancé, e *adj* construido, da; equilibrado, da; **phrase bien balancée** frase bien construida **ǀ** FAM formado, da; hecho, cha; plantado, da; **femme bien balancée** mujer bien formada.

balancelle *f* MAR balancela **ǀ** balancín (de jardin).

balancement *m* balanceo (d'un pendule) **ǀ** contoneo (d'une personne) **ǀ** equilibrio (équilibre) **ǀ** vacilación *f*, duda *f*.

balancer [16] *v tr* [▷ SYN 1] menear; **les bœufs balancent la tête** los bueyes menean la cabeza **ǀ** COMM hacer el balance **ǀ** FIG & FAM despedir (renvoyer); **balancer un domestique** despedir a un criado.
◇ *v intr* [▷ SYN 2] balancear, vacilar (hésiter) **ǀ** oscilar (osciller).
➤ **se balancer** *v pr* mecerse, columpiarse; **se balancer sur une branche** mecerse en una rama **ǀ** compensarse, equilibrarse (s'équilibrer) **ǀ** COMM saldarse (se solder) **ǀ** MAR balancearse **ǀ** FAM **s'en balancer** importarle a uno un pito, traerle a uno sin cuidado.
> SYN **1.** bercer mecer, cunear (dans un berceau); branler bambolear; brimbaler, bringuebaler zarandear, bambolear. **2.** osciller oscilar; tanguer cabecear.

balancier *m* balancín **ǀ** péndola *f* (de pendule) **ǀ** balancín (d'équilibriste) **ǀ** MAR balancín, batanga *f* (pirogue) **ǀ** TECHN volante (pour frapper la monnaie).

balancine *f* balancín *m* **ǀ** MAR amantillo *m*.

balançoire [balɑ̃swar] *f* columpio *m* (jeu).
> SYN escarpolette mecedor; bascule subibaja.

balandran *m* balandrán.

balane *f* bálano *m* (mollusque).

balanite *f* MÉD balanitis.

balata *f* BOT balata.

Balaton *n pr* GÉOGR **le lac Balaton** el lago Balatón.

balayage [balɛjaʒ] *m* barrido **ǀ** TECHN exploración *f* (télévision) **ǀ** INFORM barrido (electrónico) **ǀ** **microscope à balayage** microscopio de barrido **ǀ** **se faire faire un balayage** hacerse reflejos.

balayer [11] [balɛje] *v tr* barrer **ǀ** FIG barrer, echar (chasser); **le vent balaye les feuilles** el viento barre las hojas **ǀ** TECHN explorar; **phare qui balaye l'horizon** faro que explora el horizonte.

balayette [balɛjɛt] *f* escobilla.

balayeur, euse [balɛjœr, øz] *m & f* barrendero, ra.
➤ **balayeuse** *f* barredora (municipale) **ǀ** (ancien) volante *m* (de jupe longue).

balayures [balɛjyr] *f pl* barreduras.

balbutiant, e *adj* balbuceante.

balbutiement [balbysimɑ̃] *m* balbuceo.

balbutier [9] *v intr* balbucear, balbucir.
◇ *v tr* balbucear; **balbutier un compliment** balbucear un cumplido.
> SYN bégayer tartamudear, tartajear; bredouiller, bafouiller farfullar; baragouiner chapurrear.

balbuzard *m* águila *f* pescadora.

balcon *m* balcón **ǀ** THÉÂTR piso principal.

baldaquin *m* baldaquín, baldaquino.

bale; balle *f* cascabillo *m* (du grain, de l'avoine, etc.).

Bâle [bal] *n pr* GÉOGR Basilea.

Baléares *n pr f pl* GÉOGR **les (îles) Baléares** (las islas) Baleares.

baleinage *m* emballenado.

baleine *f* ballena (cétacé) **ǀ** ballena (lame); **baleine de corset** ballena de corsé **ǀ** varilla (de parapluie) **ǀ** **blanc de baleine** esperma de ballena.

baleiné, e *adj* emballenado, da (garni de baleines).

baleineau *m* ballenato.

baleinier, ère *adj & s* MAR ballenero, ra.

baleinoptère; balénoptère *m* rorcual (cétacé).

balèvre *f* (p us) bezo *m*, bemba **ǀ** ARCHIT resalto *m* (pierres) **ǀ** TECHN rebaba (bavure).

Bali *n pr* GÉOGR Bali.

balinais, e *adj* balinense (de Bali).

Balinais, e *m & f* balinés, esa.

balisage *m* AVIAT & MAR balizaje.

balise *f* MAR baliza **ǀ** radio-brújula, radio-faro *m* de guía (émetteur) **ǀ** AVIAT **balises d'obstacles** balizas de obstrucción.

baliser [3] *v tr* balizar, abalizar.

baliseur *m* MAR balizador, abalizador.

balisier *m* BOT cañacoro (plante).

baliste *f* balista (machine de guerre).

balistique *adj & s f* balístico, ca.

balivage *m* resalvia *f* (dans la coupe des bois).

baliveau *m* resalvo (arbre réservé dans une coupe) **ǀ** palo vertical de andamiaje (dans les échafaudages).

baliverne *f* cuchufleta, pamplina; **assez de balivernes!** ¡basta de pamplinas!

balkanique *adj* balcánico, ca.

balkanisation *f* balcanización.

balkaniser [3] *v tr* balcanizar.

Balkans *n pr m pl* GÉOGR **les Balkans** los Balcanes.

ballade *f* POÉT balada **ǀ** balata (chantée).

ballant, e *adj* pendiente, colgante; **aller les bras ballants** ir con los brazos colgantes.
➤ **ballant** *m* balanceo (oscillation) **ǀ** seno de una vela ou de una cuerda (courbe d'une voile, d'un câble).

ballast *m* balasto (chemin de fer) **ǀ** MAR lastre.

ballastage *m* tendido del balasto (chemin de fer).

ballaster [3] *v tr* balastar (couvrir de ballast).

ballastière *f* balastera.

balle [bal] *f* pelota; **jouer à la balle** jugar a la pelota **ǀ** bala, fardo *m* (ballot) **ǀ** paca, bala (de coton) **ǀ** bala (de fusil, de pistolet); **balle explosive** ou **dum-dum** bala explosiva ou dum-dum; **balle traçante** ou **traceuse** bala trazadora **ǀ** bola (boule) **ǀ** BOT cascabillo *m* (du grain) **ǀ** FAM franco *m* del ala (argent); **vingt balles** veinte del ala **ǀ** cara (figure) **■** **balle perdue** bala perdida **ǀ** **échange de balles** peloteo (tennis, ping-pong) **ǀ** **enfant de la balle** hijo que sigue la profesión de su padre [en el circo y en el teatro] **■** **à vous la balle** a usted le toca hablar ou actuar **ǀ** **faire des balles** pelotear (tennis, ping-pong) **ǀ** FIG **avoir la balle dans son** camp jugar con ventaja **ǀ** **la balle est dans votre camp** la pelota está aún en el tejado **ǀ** **prendre** ou **saisir la balle au bond** coger la ocasión por los pelos **ǀ** **renvoyer la balle** devolver la pelota, pagar en la misma moneda.

baller [3] *v intr* (vx) bailar (danser).

ballerine *f* bailarina **ǀ** zapatilla (chaussure).

ballet *m* THÉÂTR ballet, baile; **les ballets russes** los ballets rusos **■** **ballet de couleurs** festival de colores **ǀ** FIG **ballet diplomatique** juego de la diplomacia **■** **corps de ballet** cuerpo de baile ou coreográfico.

ballon *m* [▷ SYN] globo (aérostat, jouet); **ballon captif** globo cautivo **ǀ** balón (jeux) **ǀ** copa *f*, vaso (verre) **ǀ** CHIM matraz, balón (récipient) **ǀ** GÉOGR morro (montagne arrondie) **ǀ** FIG sondeo (sondage) **■** FIG **ballon d'essai** globo sonda **ǀ** SPORTS **ballon de football** balón de fútbol **ǀ** **ballon mort** balón muerto **ǀ** FAM **un ballon de rouge** un vaso de tinto **ǀ** **ballon d'oxygène** balón de oxígeno.
> SYN aérostat aeróstato; aéronef aeronave; montgolfière mongolfiera.

ballonné, e *adj* inflado, da; hinchado, da; **ventre ballonné** vientre hinchado.

ballonnement *m* hinchazón *f* de vientre.

ballonner [3] *v tr* hinchar, inflar.
➤ **se ballonner** *v pr* hincharse, inflarse.

ballonnet *m* globito.

ballon-sonde *m* globo sonda.
▨ OBSERV pl ballons-sondes.

ballot [balo] *m* bulto, fardo **ǀ** FAM (vieilli) ceporro, memo (lourdaud).

ballottade *f* balotada (saut du cheval).

ballottage *m* empate **ǀ** resultado negativo obtenido en las elecciones cuando ningún candidato ha obtenido la mayoría absoluta **■** **scrutin de ballottage** segunda votación (élections) **■** **il y a ballottage** hay que proceder a una segunda votación.

ballottement *m* bamboleo, tambaleo (d'un navire) **ǀ** vaivén, traqueteo (d'un véhicule).

ballotter [3] *v tr* hacer bambolear, hacer tambalear **ǀ** enfardelar (mettre en paquets) **ǀ** someter a una segunda votación (élections) **ǀ** FIG **être ballotté entre deux sentiments contraires** debatirse entre dos emociones opuestas.
◇ *v intr* bambolearse, tambalearse.

ballottine *f* CULIN balotina **ǀ** ballottine de volaille redondo de ave.

ball-trap *m* lanzaplatos, máquina lanza-platos (au tir).
▨ OBSERV pl ball-traps.

balluchon; baluchon *m* FAM lío (paquet) **ǀ** hatillo, petate (de vêtements) **ǀ** **prends ton balluchon, et file!** ¡líate el petate y lárgate!

balnéaire *adj* balneario, ria **ǀ** **station balnéaire** estación balnearia, balneario.

balnéothérapie *f* balneoterapia.

BALO (abr de Bulletin des annonces légales obligatoires) boletín de anuncios oficiales.

bâlois, e *adj* basilense, bacilés, esa.

Bâlois, e *m & f* basilense, bacilés, esa.

balourd, e *adj & s* [▷ SYN] palurdo, da.
➤ **balourd** *m* MÉCAN desequilibrio dinámico ou masa *f* desequilibrada.

SYN FIG fruste zafio; lourd lento; lourdaud torpe, tardo; **obtus** obtuso, cerrado; **FAM** cruche bodoque, zoquete; **FAM** (vieilli) ballot ceporro.

balourdise *f* **FAM** torpeza, simpleza.

Baloutches *n pr m pl* baluchis.

Baloutchistan; Béloutchistan *n pr m* **GÉOGR** le Baloutchistan ou Béloutchistan Baluchistán, Beluchistán.

balsa *m* balso (arbre).

balsamier *m* balsamero.

balsamine *f* balsamina (plante).

balsamique *adj* balsámico, ca; **odeur balsamique** olor balsámico.

balte *adj* báltico, ca.
◇ *m* **LING** báltico.

Balte *m & f* báltico, ca.

balthazar *m* **FAM** festín.

Balthazar *n pr* Baltasar.

baltique *adj* báltico, ca.
◇ *m* **LING** báltico.

Baltique *n pr f* **GÉOGR** la (mer) Baltique el (mar) Báltico.

baluchon ► **balluchon**.

balustrade *f* balaustrada (série de balustres) ▌[▷ **SYN**] barandilla (appui).

▌**SYN** parapet pretil; garde-corps, garde-fou antepecho, barandilla.

balustre *m* balaustre.

balzacien, enne *adj* relativo, va a Balzac.

balzan, e *adj* cuatralbo, ba; calzado, da de blanco (chevaux).

balzane *f* mancha blanca en los pies de los caballos.

Bamako *n pr* **GÉOGR** Bamako.

bambara *adj inv & s m* bambara.

bambin, e *m & f* **FAM** chiquillo, lla; nene, na; chaval, la.

bambochade *f* bambochada (peinture).

bamboche *f* **FAM** (vx) francachela, comilona.

bambou *m* bambú (plante) ▌caña *f* (canne).

bamboula *f* bambula (danse des Noirs) ▌**FAM** (vieilli) jarana; **faire la bamboula** andar de jarana.
◇ *m* **ARG** (vx & raciste) negro.

ban *m* bando (par écrit) ▌pregón (verbalement) ▌aplauso (applaudissement); **un ban pour l'orateur** un aplauso para el orador ▌**MIL** redoble de tambor y toque de corneta ▌conjunto de vasallos y feudatarios de un soberano ▌jefe de un banato (en Croatie) ▌amonestaciones *f pl* (mariage); **publier les bans** correr las amonestaciones ▌**DR** destierro (interdiction de séjour); **être en rupture de ban** quebrantar el destierro ■ **convoquer le ban et l'arrière-ban de ses amis** reunir a todos sus amigos ▌mettre quelqu'un au ban de la société** poner al margen de la sociedad a una persona.

banal, e *adj* común; **moulin banal** molino común ▌**FIG** común, trivial; **affaire banale** asunto trivial ▌**four banal** horno de poya.

▌**OBSERV 1.** Banal en su primera acepción tiene como plural banaux y en la segunda banals.
2. On emploie souvent en espagnol le gallicisme banal. Trivial n'a pas en espagnol le sens de vulgaire.

banalement *adv* comúnmente, trivialmente.

banalisation *f* trivialización.

banalisé, e *adj* camuflado, disimulado.

banaliser [3] *v tr* hacer común ou trivial ▌**voiture banalisée** coche de policía camuflado.

banalité *f* **FIG** trivialidad ▌**HIST** derecho *m* feudal.

banana split *m inv* plátano con helado de vainilla, almendras machacadas y chantillí.

banane *f* plátano *m* [(*Amér*) banana].

bananeraie *f* platanal *m*, platanar *m*.

bananier *m* plátano tropical, banano (arbre).

bananier, ère *adj* bananero, ra.

banat [bana] *m* banato (en Croatie).

banc [bɑ̃] *m* banco ▌**GÉOL** banco; **banc d'argile** banco de arcilla ▌**MAR** banco, bajío (de sable) ▌banco (de poissons) ■ **banc des accusés** banquillo de acusados ▌**banc d'essai** banco de prueba (technique) ▌**banc d'œuvre** banco de fábrica (églises) ▌**petit banc** banquillo ■ **être sur les bancs de l'école** estar en la escuela, ser estudiante.

bancable; banquable *adj* **COMM** negociable en el banco, bancal.

bancaire *adj* bancario, ria.

bancal, e *adj* patituerto, ta; **une personne bancale** una persona patituerta ▌cojo, ja (meubles); **table bancale** mesa coja; **des fauteuils bancals** sillones cojos.
◇ **bancal** *m* sable curvo.

banche *f* **CONSTR** tapial *m*.

banco *m inv* banca *f* (jeu de cartes) ■ **faire banco** copar la banca (baccara) ▌**FAM** payer banco pagar a toca teja.

bandage *m* [▷ **SYN**] venda *f* (bande) ▌**MÉD** braguero (hernies) ▌vendaje (ligature) ▌**TECHN** llanta *f* (roues) ▌calzo (métallique).

▌**SYN** bande venda; bandeau venda [de cabeza]; sangle cincha.

bandagiste *m* hernista (fabricant de bandages).

bande *f* faja (lien) ▌venda (bandage) ▌faja (surface longue et étroite); **une bande de terrain** una faja de terreno ▌faja (pour imprimés); **mettre sous bande** poner faja ▌franja, tira (ornements); **une bande de velours** una franja de terciopelo ▌cinta; **bande magnétique** cinta magnetofónica ▌banda, baranda (de billard) ▌banda, cuadrilla (de gens armés); **une bande de voleurs** una cuadrilla de ladrones ▌pandilla, cuadrilla (réunion de gens); **il y avait une bande d'enfants** había una pandilla de niños ▌banda (musiciens) ▌bandada (animaux); **une bande de moineaux** una bandada de gorriones ▌**RAD** banda; **bande de fréquence** banda de frecuencia ■ **bande d'arrêt d'urgence** arcén ▌**MIL** bande de mitrailleuse cinta de ametralladora ▌**TECHN** bande de protection cinta protectora ▌bande de roulement banda de rodadura ▌**MAR** bande de tribord banda estribor ▌bande dessinée historieta, tira ▌**INFORM** bande magnétique cinta magnética ▌bande perforée cinta perforada ▌**CINÉM** bande sonore cinta ou banda sonora ■ **par bandes** a bandadas ▌**FIG** par la bande con rodeos ■ **donner de la bande** dar de

banda ▌**faire bande à part** hacer rancho aparte.

bande-annonce *f* trailer *m*, avances *m pl*.
▌ **OBSERV** pl bandes-annonces.

bandeau *m* venda *f* (pour le front) ▌velo (religieuses) ▌diadema *f* real (bandeau royal) ▌**ARCHIT** faja *f*, moldura *f* (moulure) ▌**FIG** ceguera *f*, ofuscación *f* (aveuglement); **le bandeau de l'erreur** la ofuscación del error ▌**faire tomber le bandeau des yeux** quitar la venda de los ojos.
◇ **bandeaux** *m pl* bandós (cheveux).

bandelette [bɑ̃dlɛt] *f* cinta, faja estrecha ▌ínfulas *pl* (des prêtres païens) ▌banda (momie) ▌**ARCHIT** filete *m*, moldura (moulure plate).

bander [3] *v tr* vendar (lier avec une bande) ▌atirantar, distender, tensar (tendre) ▌**TECHN** armar (arc, arbalète) ▌**bander les yeux à quelqu'un** vendar los ojos a alguien ▌**bander ses muscles** poner los músculos en tensión.
◇ *v intr* estar tirante; **cette corde bande trop** esta cuerda está demasiado tirante.
◇ **se bander** *v pr* vendarse; **se bander le bras** vendarse el brazo.

banderille [bɑ̃drij] *f* banderilla.

banderole *f* banderola, gallardete *m*.

bande-son *f* banda sonora ou de sonido.
▌ **OBSERV** pl bandes-son.

bandit *m* bandido.
▌**OBSERV** Bandit no tiene femenino (cette femme est un véritable bandit).
▌**SYN** brigand salteador; malandrin malandrín; routier salteador de caminos; bandoulier bandolero; coupe-jarret bandolero.

banditisme *m* bandolerismo, bandidaje.

bandonéon *m* **MUS** bandoneón.

bandoulière *f* bandolera (d'arme) ▌tahalí *m* (baudrier) ▌**porter en bandoulière** terciar (une arme).

bang! *interj* ¡pan!

Bangkok *n pr* **GÉOGR** Bangkok.

Bangladesh *n pr m* **GÉOGR** le Bangladesh Bangladesh.

Bangui *n pr* **GÉOGR** Bangui.

banian *m* baniano (membre d'une secte brahmanique) ▌**figuier des banians** higuera de la India.

banjo *m* **MUS** banjo (instrument).

Banjul *n pr* **GÉOGR** Banjul.

banlieue *f* afueras *pl* ■ **petite banlieue** extrarradio ▌**proche banlieue** municipios adjuntos ■ **lignes de banlieue** líneas de cercanías ▌**quartiers de banlieue** barrios del extrarradio ▌**train de banlieue** tren de cercanías.

▌**SYN** périphérie periferia; environs afueras, alrededores; faubourg arrabal, suburbio.

▌**BANLIEUE**
En Francia, la palabra "banlieue" está asociada a menudo con problemas sociales como la delincuencia.

banlieusard [bɑ̃ljøzar] *m* **FAM** habitante de las afueras.

banne *f* cesto *m* ▌volquete *m* (tombereau) ▌toldo *m* (d'un magasin).

banner [3] *v tr* **TECHN** entoldar.

banneret *adj & s m* **HIST** jefe de mesnada, adalid ▌seigneur banneret señor de pendón y caldera.

banneton *m* banastillo (panier) ∎ vivero (poissons).

bannette *f* canastilla (panier).

banni, e *adj & s* desterrado, da; banni, Victor Hugo écrivit ses meilleurs poèmes desterrado, Víctor Hugo escribió sus mejores poemas ∎ proscrito, ta; exiliado, da.

bannière *f* bandera (pavillon); bannière en berne bandera a media asta ∎ pendón *m* (de guerre) ∎ manga (d'une confrérie religieuse) ∎ **FAM** en bannière con la camisa fuera ∎ ce fut la croix et la bannière pour l'obtenir fueron necesarios la Cruz y los ciriales para obtenerlo ∎ **FIG** se ranger sous la bannière de alistarse en las filas de.

bannir [32] *v tr* desterrar (exiler) ∎ **FIG** rechazar (chasser), alejar (éloigner); bannir tout souci alejar toda preocupación.

bannissement *m* destierro, exilio, alejamiento.

banquable ➤ **bancable**.

banque *f* banco *m* (établissement); banque d'affaires, de dépôt, d'émission banco de negocios, de depósito, de emisión ∎ banca (commerce des valeurs) ∎ banca (jeu); faire sauter la banque hacer saltar la banca ∎ banco *m*; banque d'organes, de sperme, du sang banco de órganos, de esperma, de sangre ∎ **INFORM** banque de données banco de datos.

banquer [3] *v intr* **FAM** apoquinar.

banqueroute *f* bancarrota, quiebra; banqueroute frauduleuse quiebra fraudulenta ∎ faire banqueroute quebrar.

banqueroutier, ère *m & f* quebrado, da.

banquet *m* banquete.

banqueter [27] *v intr* banquetear.

banquette *f* banqueta (siège) ∎ asiento *m* (d'une voiture) ∎ **MIL** banqueta (de tir) ∎ obstáculo *m* (courses de chevaux) ∎ banquette de la route cuneta.

banquier *m* **MAR** bacaladero.

banquier, ère *adj & s* banquero, ra.

banquise *f* banquisa, banco *m* de hielo.

banquiste *m* saltimbanqui, volatinero.

bantou, e; bantu [bãtu] *adj* bantú.
➤ **bantou; bantu** *m* **LING** bantú.

Bantous; Bantu *n pr m pl* bantúes.

baobab *m* baobab (arbre).

baptême [batɛm] *m* bautismo (sacrement) ∎ bautizo (cérémonie), bendición *f* (des cloches) ∎ baptême de l'air bautismo del aire ∎ baptême de la ligne paso del Ecuador ∎ baptême du feu bautismo de fuego ∎ extrait de baptême fe de bautismo ∎ nom de baptême nombre de pila.

baptisé, e *adj & s* bautizado, da.

baptiser [3] *v tr* bautizar ∎ **FAM** baptiser le vin bautizar ou aguar el vino.

baptismal, e [batismal] *adj* bautismal; eau baptismale agua bautismal ∎ fonts baptismaux pila de bautismo.

baptistaire [batistɛr] *adj* bautismal (registre).

baptiste *m* bautista (secte protestante).

Baptiste [batist] *n pr* Bautista.

baptistère [batistɛr] *m* baptisterio, bautisterio.

baquet *m* cubeta *f*, tina *f* ∎ baquet magnétique cubeta magnética.

baquetures *f pl* escurriduras (de vin).

bar *m* robalo, róbalo, lubina *f* (poisson) ∎ bar (débit de boissons) ∎ bar (unité de pression atmosphérique) ∎ bar américain barra americana.

baragouin *m* jerigonza *f*, jerga *f*.

baragouinage [baragwinaʒ] *m* **FAM** chapurreo, farfulla *f* ∎ jerigonza *f* (langage inintelligible).

baragouiner [3] *v intr & tr* chapurrear (parler mal une langue) ∎ farfullar; baragouiner un discours farfullar un discurso.

baragouineur, euse *m & f* chapurreador, ra; farfullador, ra.

baraka *f* favor *m* de los dioses ∎ **FIG** suerte, destino *m* favorable ∎ **FAM** avoir la baraka tener potra.

baraque *f* barraca ∎ [▷ **SYN**] **FIG & FAM** casucha (maison mal bâtie).

> **OBSERV** Barraca a, en espagnol, le sens normal de baraque en français, mais dans la région de Valence ce mot désigne une chaumière aux murs de pisé et à toiture de joncs. **SYN** bicoque casucha; cabane cabaña; masure casucha.

baraqué, e *adj* **FAM** être baraqué estar cachas.

baraquement *m* campamento de barracas.

baraquer [3] *v tr* abarracar ∎ **FAM** type bien baraqué tío bien hecho, bien plantado.

baraterie *f* engaño *m*, fraude *m*, estafa ∎ baratería.

baratin *m* **FAM** charlatanería *f* (boniment de vendeur) ∎ camelo ∎ faire du baratin camelar, charlatanear.

baratiner [3] *v tr* **FAM** charlatanear ∎ camelar; baratiner une fille camelar a una muchacha.

baratineur, euse *adj & s* **FAM** camelista.

barattage *m* batido (beurre).

baratte *f* mantequera.

baratter [3] *v tr* batir (le lait).

barbacane *f* barbacana, aspillera.

Barbade *n pr* **GÉOGR** la Barbade Barbados.

barbant, e *adj* **FAM** latoso, sa; pesado, da.

barbaque *f* **FAM** pitraco *m*, **PÉJ** carne mala.

barbara *m* bárbara (syllogisme).

barbare *adj & s* bárbaro, ra (non civilisé) ∎ **FIG** incorrecto, ta ∎ terme barbare barbarismo.

> **OBSERV** Barbare no tiene en francés el sentido figurado español de enorme y de formidable.

barbaresque *adj & s* berberisco, ca.

barbarie *f* barbarie.

Barbarie *n pr* **HIST** la Barbarie Berbería ∎ figuier de Barbarie chumbera, higuera chumba.

barbariser [3] *v tr* barbarizar.

barbarisme *m* barbarismo.

barbe *f* barba (poil) ∎ barba (d'une plume) ∎ **FIG** moho *m*, pelusilla (moisissure) ∎ **FAM** lata, tostón *m* (ennui) ∎ **TECHN** rebaba (bavochure) ∎ barba (du papier) ∎ barbe à papa algodón (friandise) ∎ plat à barbe bacía ∎ vieille barbe vejestorio, anciano ∎ à la barbe de

quelqu'un en las barbas de uno ∎ la barbe! ¡ya está bien!, ¡ya basta!, ¡cállate! ∎ quelle barbe! ¡qué lata! ∎ arracher la barbe tirar de las barbas ∎ avoir de la barbe au menton tener pelos en la barba, estar en edad viril ∎ faire la barbe hacer la barba, afeitar ∎ porter la barbe llevar ou gastar barba ∎ **FIG** rire dans sa barbe reír para su coleto.
➤ **barbes** *f pl* cabello (maïs), raspas (blé).

barbe *m* caballo árabe.

Barbe *n pr f* Bárbara.

barbeau *m* barbo (poisson) ∎ **BOT** aciano (bluet) ∎ **ARG** chulo (souteneur) ∎ bleu barbeau azulejo.

Barbe-Bleue [barbəblø] *n pr* Barba Azul.

barbecue [barbəkju] *f* barbacoa.

barbe-de-capucin *f* **BOT** achicoria silvestre.

∎ **OBSERV** pl barbes-de-capucin.

barbelé, e *adj* arpado, da; dentado, da ∎ fil de fer barbelé alambre de espino ou de púas ∎ les barbelés alambrada de púas.

barbelure *f* borde *m* dentado, púas *pl*.

barber [3] *v tr* **FAM** dar la lata, fastidiar.
➤ **se barber** *v pr* **FAM** aburrirse.

Barberousse *n pr* Barbarroja.

barbet, ette *adj & s* perro de aguas ∎ crotté comme un barbet lleno de barro hasta los ojos.
➤ **barbet** *m* **HIST** protestante de la región de Cévennes ∎ **ZOOL** salmonete, barbudo.

barbette *f* peto *m*, impla (de religieuse) ∎ **MIL** barbeta (fortification).

barbiche *f* perilla (barbe).

barbichette *f* barba de chivo.

barbichu, e *adj & s* barbillas *m*.

barbier *m* barbero ∎ **FAM** rapabarbas (mauvais coiffeur).

barbille [barbij] *f* rebaba (monnaies).

barbillon *m* barbilla *f* (poisson) ∎ barbo pequeño (petit barbeau) ∎ **TECHN** lengüeta *f* (hameçon).
➤ **barbillons** *m pl* pliegues del frenillo (cheval, bœuf) ∎ barbillas *f pl* (d'un poisson).

barbiturique *adj & s m* **CHIM** barbitúrico, ca.

barbon *m* vejete, vejancón ∎ barba (théâtre).

barbotage *m* chapoteo ∎ bebida *f* compuesta de agua y salvado (pour les bestiaux).

barbote; barbotte *f* locha (poisson).

barbotement *m* chapoteo ∎ borbolleo (d'un gaz).

barboter [3] *v intr* chapotear (patauger) ∎ **CHIM** borbollar (un gaz) ∎ **FAM** enredarse (s'embrouiller) ∎ **FIG** barbullar, barbotear, farfullar (parler confusément) ∎ **FAM** birlar, afanar (voler).

barboteur, euse *m & f* **FAM** ladronzuelo, la.
➤ **barboteur** *m* **ZOOL** pato.
➤ **barboteuse** *f* pelele *m* (vêtement d'enfant) ∎ máquina de lavar (machine à laver).

barbotin *m* **MAR** cabrestante ∎ **TECHN** polea *f* (de chenille).

barbotine *f* **TECHN** barbotina (céramique).

barbotte ➤ **barbote**.

Barbouda ➤ **Barbuda**.

barbouillage *m* embadurnamiento (avec de la peinture) ‖ [▷ SYN] borrones *pl*, garabatos *pl* (écriture) ‖ mamarracho (mauvaise peinture).

┃ SYN graffiti inscripción, graffito; griffonnage garabatos, garrapatos; gribouillage, gribouillis garabato, garrapatos.

barbouille *f* pintarrajo *m*.

barbouiller [3] [barbuje] *v tr* embadurnar (tacher) ‖ pintarrajear (peindre grossièrement) ‖ embrollar (compliquer une affaire) ■ avoir l'estomac barbouillé tener el estómago revuelto ‖ barbouiller du papier emborronar papel (mal écrire) ‖ barbouiller le cœur revolver el estómago.

barbouilleur, euse *m* & *f* embadurnador, ra ‖ emborronador, ra de papel (mauvais écrivain) ‖ pintamonas, mamarrachista (mauvais peintre).

barbouillis [barbuji] *m* embadurnamiento.

barbouze *m* ou *f* FAM secreta [policía].

barbu, e *adj* barbudo, da; barbado, da.

Barbuda; Barbouda *n pr f* GÉOGR Barbuda.

barbue *f* barbada (poisson).

barbure *f* rebaba (métaux).

barcarolle *f* MUS barcarola.

barcasse *f* barcaza (barque).

barcelonais, e *adj* barcelonés, esa.

Barcelonais, e *m* & *f* barcelonés, esa.

Barcelone *n pr* GÉOGR Barcelona.

bard [bar] *m* angarillas *f pl*, andas *f pl* (brancards).

barda *m* ARG MIL impedimenta (du soldat) ‖ FAM petate, trastos *pl* (bagage).

bardage *m* transporte por medio de angarillas.

bardane *f* bardana, lampazo *m* (plante).

barde *f* barda (armure du cheval) ‖ albardilla (tranche de lard).

barde *m* bardo (poète).

bardé, e *adj* bardado, da (cheval) ‖ cubierto con lonjas de tocino, emborrazado, da (viande) ‖ FIG bardé de médailles cargado de medallas.

bardeau *m* tablilla *f* (pour toitures) ‖ burdégano (bardot, mulet) ‖ IMPR caja *f* para poner los caracteres sobrantes.

barder [3] *v tr* bardar, acorazar (couvrir d'une armure) ‖ emborrazar (envelopper avec une barde de lard) ‖ FAM ça barde esto pita, esto zumba (bien marcher), hay un follón (il y a du grabuge) ‖ ça va barder se va a armar la gorda.

bardis [bardi] *m* MAR cubichete de estiba (cloison).

bardot [bardo] *m* burdégano (mulet).

barème *m* baremo, tabla *f* ‖ barème des salaires tabla de salarios.

Barents *n pr* GÉOGR la mer de Barents el mar de Barents ou Barentsz.

baresthésie *f* MÉD barestesia.

baréter [11] *v intr* barritar (l'éléphant, le rhinocéros).

barge *f* barca chata, pontón *m* ‖ AGRIC almiar *m* (meule de foin) ‖ picudilla (oiseau).

barguigner [3] *v intr* titubear, vacilar (hésiter); sans barguigner sin vacilar.

Bari *n pr* GÉOGR Bari.

baricaut *m* barrilejo, barrilito.

barigoule *f* barígula, hongo *m* ‖ artichaut à la barigoule alcachofa rellena.

baril [baril] *m* barril; un baril de poudre un barril de pólvora ‖ barril (159 litres de pétrole) ‖ baril de lessive tambor de detergente.

barillet *m* barrilete (petit baril) ‖ TECHN tambor, cubo (montres) ‖ tambor, barrilete, cilindro (revolver); revolver à barillet revólver de tambor.

bariolage *m* abigarramiento.

bariolé, e *adj* abigarrado, da.

barioler [3] *v tr* abigarrar (bigarrer), gayar (p us).

┃ SYN bigarrer abigarrar; chamarrer recargar excesivamente; chiner entremezclar; moucheter motear; panacher entremezclar colores; jasper jaspear; veiner vetear; marbrer vetear, jaspear.

bariolure *f* abigarramiento *m*.

barkhane *f* pequeña duna en forma de media luna.

barlong, gue *adj* más largo por un lado que por otro.

barmaid *f* encargada de un bar.

barman *m* barman, botillero (p us).

┃ OBSERV Barman tiene en francés dos plurales: barmen y barmans.

bar-mitsva *f inv* bar-mitsva.

barn *m* barn [unidad de superficie en física nuclear].

Barnabé *n pr m* Bernabé.

barnabite *m* bernabita (religieux).

barnache; bernoche *m* barnacla, pato marino (oiseau).

barographe *m* barógrafo.

baromètre *m* barómetro ■ baromètre à cuvette barómetro de mercurio ou de cubeta ‖ baromètre anéroïde barómetro aneroide.

barométrique *adj* barométrico, ca.

baron, onne *m* & *f* barón, onesa (titre) ‖ baron d'agneau cuarto trasero de cordero.

baronet; baronnet *m* baronet (titre anglais).

baronnage *m* baronía *f*.

baronnet ► **baronet**.

baronnie *f* baronía.

baroque *adj* & *s m* barroco, ca (style) ‖ churrigueresco, ca (rococo espagnol) ‖ extravagante, estrambótico, ca; une idée baroque una idea extravagante.

baroscope *m* PHYS baroscopio.

baroud [barud] *m* ARG MIL pelea *f* ‖ baroud d'honneur último combate.

baroudeur *adj* & *s m* FAM peleón.

barouf; baroufle *m* FAM jollín.

barque *f* barca ‖ FIG bien mener sa barque llevar bien sus negocios.

barquette *f* barquilla.

barracuda *m* barracuda *f* (pez).

barrage *m* presa *f*, presa *f* de contención (retenue d'eau) ‖ embalse, pantano (ensemble);

le barrage d'Assouan el embalse de Asuán ‖ vallado (pour barrer un chemin) ‖ barrera *f* (barrière) ‖ cordón; barrage de police cordón de policía ‖ desempate (en cas de match nul), promoción *f* (pour accéder à la division supérieure); match de barrage partido de desempate, partido de promoción (sports) ‖ COMM cruzamiento (chèque) ‖ FIG obstáculo; il a fait barrage à ma nomination ha puesto obstáculos a mi nombramiento ‖ MIL cortina *f*, barrera *f* (de coups de feu) ■ barrage de retenue ou de régulation embalse regulador ‖ MIL barrage roulant tiro escalonado.

barre *f* barra ‖ tranca (pour fermer une porte) ‖ MAR caña del timón, timón *m*; tenir la barre llevar el timón ‖ lingote *m*; de l'or en barre lingotes de oro ‖ barra, alfaque *m*, banco *m* de arena (banc de sable) ‖ raya, palote *m* (trait de plume) ‖ barra, barandilla (tribunal) ‖ barra (d'un bar) ‖ BLAS barra ‖ GÉOGR creta; la barre des Écrins la creta de los Ecrin ■ barre à mine perforadora ‖ AUTOM barre d'accouplement barra de acoplamiento (de la direction) ‖ barre d'appui baranda ‖ MAR barre de hune cruceta ‖ MUS barre de mesure línea de medida ‖ DR barre des témoins barra de los testigos ‖ barre fixe barra fija (gymnastique) ‖ barre oblique barra oblicua ‖ ÉLECTR barre omnibus barra ómnibus ‖ SPORTS barres asymétriques barras asimétricas ‖ barres parallèles barras paralelas (gymnastique) ‖ barre transversale larguero (football) ■ coup de barre golpe de timón ‖ exercice à la barre ejercicio en la barra (danse) ■ avoir barre sur quelqu'un tenerle cogido a uno, dominar a uno ‖ c'est de l'or en barre es oro molido ‖ FAM c'est le coup de barre ¡te clavan a uno!, esto cuesta un ojo de la cara (cher), está derrengado (fatigué) ‖ ne faire que toucher barre parar poco en un sitio ‖ comparaître à la barre comparecer ante el tribunal ‖ FIG placer haut la barre poner el listón alto.

➠ **barres** *f pl* asiento *m sing* (de la bouche des chevaux) ‖ marro *m sing* (jeu).

barré, e *adj* BLAS barrado, da ‖ COMM cruzado, da; chèque barré cheque cruzado.

barreau *m* barrote ‖ tribunal para abogados (banc réservé aux avocats) ‖ foro, abogacía *f* (profession d'avocat) ‖ Colegio de Abogados (ordre des avocats) ‖ barra *f*; barreau aimanté barra imanada ■ éloquence du barreau elocuencia del foro ou de la tribuna ‖ langage du barreau lenguaje forense.

barrement *m* cruzamiento (chèque).

barrer [3] *v tr* atrancar (une porte) ‖ barretear (garnir de barreaux) ‖ interceptar, cortar, cerrar el paso (un chemin); rue barrée calle interceptada ‖ acordonar (déployer un cordon de troupes, etc.) ‖ cruzar (un chèque) ‖ tachar, rayar (rayer) ■ FIG barrer le chemin à quelqu'un cortar el paso a uno ‖ barrer les mentions inutiles tachar lo que no interesa.

◇ *v intr* MAR gobernar.

➠ **se barrer** *v pr* FAM largarse (s'en aller).

barrette *f* birreta de cardenal, birrete *m* ‖ pasador *m* (pince à cheveux) ‖ barra, broche *m* alargado (bijou) ‖ barrette de raccordement regleta de conexión.

barreur *m* MAR timonel.

barricade *f* barricada ‖ FIG de l'autre côté de la barricade en el lado opuesto.

barricader [3] *v tr* levantar barricadas ‖ atrancar (une porte).

→ **se barricader** *v pr* parapetarse ‖ FIG encerrarse, no dejarse ver; se barricader chez soi encerrarse en casa a cal y canto.

barrière *f* barrera ‖ FIG barrera, obstáculo *m* (obstacle) ■ **barrière de dégel** barrera de deshielo ‖ **barrières douanières** barreras aduaneras ou arancelarias ‖ FIG avoir franchi la barrière haber pasado del otro lado, haber cambiado de campo.

barrique *f* barrica.

barrir [32] *v intr* bramar, barritar, berrear (éléphant).

barrissement *m* bramido.

barrot [baro] *m* MAR bao (bau).

barroter [3] *v tr* MAR abarrotar, cargar hasta los baos ‖ colocar los baos.

bar-tabac *m* bar con estanco.
‖ OBSERV pl bars-tabac.

bartavelle *f* perdiz real, ortega.

Barthélemy *n pr m* Bartolomé ‖ la Saint-Barthélemy la noche de San Bartolomé.

Baruch *n pr* Baruc, Baruk.

barycentre *m* baricentro, centro de gravedad.

barye *f* baría (unité de pression).

barymétrie *f* barimetría.

baryte *f* CHIM barita.

barytine *f* CHIM baritina.

baryton *m* barítono.

baryum [barjɔm] *m* bario (métal).

bas, basse [ba, bas] *adj* bajo, ja; une chaise basse una silla baja ‖ FIG bajo, ja; ruin (vil); âme basse alma ruin ‖ bajo, ja; ramplón (trivial); style bas estilo ramplón ‖ bajo, ja; módico, ca; à bas prix a bajo precio ‖ bajo, ja; decadente (décadent) ‖ inferior; les basses classes las clases inferiores ‖ bajo, ja; grave (son); voix basse voz grave ‖ nublado, da; cargado, da; jour bas día nublado; temps bas tiempo cargado ‖ corto, ta (vue); vue basse vista corta ‖ GÉOGR bajo, ja; la basse Normandie la baja Normandía ■ bas âge primera infancia ‖ bas latin bajo latín (langue du Bas-Empire) ‖ CULIN bas morceaux carne de tercera categoría ‖ basses eaux estiaje ‖ TECHN basses fréquences bajas frecuencias ‖ basses terres tierras bajas ‖ ce bas monde este mundo ‖ mer basse marea baja, bajamar ‖ messe basse misa rezada (messe), secreteo; faire des messes basses andarse con secreteos ■ au bas mot por lo menos, echando por bajo ‖ à voix basse en voz baja ‖ de bas étage de baja ralea ‖ en bas âge de corta edad ■ avoir la queue basse huir con el rabo entre las piernas ‖ avoir l'oreille basse estar con las orejas gachas ‖ faire main basse sur apoderarse de (s'emparer) ‖ la tête basse con el rabo entre las piernas, con las orejas gachas ‖ le ciel est bas el cielo está encapotado ‖ le jour est bas el día declina, la tarde cae.

‖ OBSERV Cuando se trata de un departamento, el adjetivo bas va unido al nombre por un guión (le Bas-Rhin).

bas *adv* bajo, quedamente, quedo (doucement); parler bas hablar bajo ‖ bajo; cet avion vole bas este avión vuela bajo ■ à bas! ¡abajo!, ¡fuera!; à bas la dictature! ¡abajo la dictadura! ‖ en bas abajo ‖ ici-bas aquí abajo, en este mundo ‖ là-bas allá ‖ la tête en bas con la cabeza abajo ‖ par en bas por abajo ‖ tout bas bajito ■ être très bas estar arruinado (ruiné), estar decaído (très malade) ‖ jeter bas derribar ‖ mettre bas parir (uniquement pour les animaux) ‖ mettre bas les armes rendirse ‖ MAR mettre bas les voiles amainar ‖ mettre chapeau bas quitarse el sombrero ‖ regarder de haut en bas mirar de arriba abajo.

bas *m* parte *f* baja ou inferior; le bas de son corps la parte inferior de su cuerpo ‖ pie; le bas d'un écrit el pie de un escrito ‖ bajos *pl* (vêtements); le bas d'une robe los bajos de un traje ■ IMPR bas de casse caja baja ‖ au bas de al pie de; au bas de l'escalier al pie de la escalera; en la parte baja (d'une route) ‖ les hauts et les bas los altibajos.

bas *m* media *f*; bas de Nylon medias de nilón ‖ bas indémaillable media indesmallable ‖ FIG bas de laine ahorrillos, talega.

basal, e [bazal] *adj* basal, de base; métabolisme basal metabolismo basal.

basalte *m* MIN basalto.

basaltique *adj* basáltico, ca.

basane *f* badana ‖ polaina de badana cosida al pantalón de algunos jinetes.

basané, e *adj* moreno, na (brun); tostado, da; curtido, da (hâlé); teint basané tez morena.

basaner [3] *v tr* tostar; le soleil basane la peau el sol tuesta la piel.

bas-bleu *m* FAM literata *f*, mujer *f* pedante, marisabidilla *f*, cultalatiniparla *f*.
‖ OBSERV pl bas-bleus.

bas-côté *m* nave *f* lateral de una iglesia ‖ andén, arcén (de route).
‖ OBSERV pl bas-côtés.

bascule [baskyl] *f* báscula (pour peser) ‖ columpio *m*, subibaja *m* (balançoire) ‖ balance à bascule báscula ‖ fauteuil à bascule mecedora ‖ jeu de bascule subibaja.

basculement *m* balanceo, vaivén (balancement).

basculer [3] *v intr* volcar, bascular ‖ voltear (retourner) ‖ caer (tomber).
◇ *v tr* volcar (renverser) ‖ hacer bascular (faire basculer).

basculeur *m* basculador (gallicisme) ‖ pesador, oficial de pesada (chargé de la pesée) ‖ motovolquete (dispositif mécanique) ‖ ÉLECTR conmutador.

bas-de-casse *m inv* IMPR caja baja (bdc).

base *f* [▷ SYN 1] base ‖ [▷ SYN 2] ARCHIT basa ‖ CHIM base (d'un syndicat) ■ base aérienne base aérea ‖ base de discussion base de conversación ‖ INFORM base de données base de datos; base de données relationnelle base de datos relacional ‖ base de lancement base de lanzamiento ‖ base navale base naval ‖ salaire de base salario base ■ à base de café a base de café ‖ FIG à la base de

al origen de ‖ de base básico, ca ‖ sur la base de teniendo ou si tomamos como base ■ jeter les bases sentar las bases.
⊳ SYN 1. fondement fundamento; assise asiento. 2. fondations cimientos.

base-ball [bɛzbol] *m* béisbol, pelota *f* base.
‖ OBSERV pl base-balls.

baselle *f* BOT basela.

baser [3] *v tr* basar; baser quelque chose sur basar algo en ‖ MIL être basé à tener bases en.

→ **se baser** *v pr* basarse; se baser sur basarse en (données, preuves).

‖ OBSERV Es preferible sustituir se baser por se fonder sur.

bas-fond [bafɔ̃] *m* hondonada *f* (de terrain) ‖ bajo, bajío (mer, rivière).

→ **bas-fonds** *m pl* FIG bajos fondos (gallicisme).

BASIC; Basic *m* INFORM BASIC.

basicité *f* CHIM basicidad.

baside *f* BOT basidio *m* (de champignon).

basidiomycètes *m pl* basidiomicetos.

basilaire *adj* ANAT basilar.

Basile *n pr* Basilio.

basilic *m* albahaca *f* (plante) ‖ basilisco (reptile, serpent fabuleux).

basilique *adj* ANAT veine basilique vena basílica.
◇ *f* basílica.

basin *m* bombasí (étoffe).

basique *adj* básico, ca ‖ CHIM básico, ca; sel basique sal básica.

bas-jointé, e *adj* de cuartillas cortas (cheval).
‖ OBSERV pl bas-jointés, bas-jointées.

basket *m* ou *f* zapatilla *f* de deporte, tenis *m*.

basket-ball [basketbol] *m* baloncesto (jeu).
‖ OBSERV pl basket-balls.

basketteur, euse *m & f* jugador, ra de baloncesto.

bas-mât [bama] *m* MAR palo macho.

basmati *m* basmati [arroz].

basoche *f* golillas *m pl*, curia [en mal sentido].

basochien, enne *adj* curialesco, ca.
◇ *m & f* curial.

basquaise *adj f* CULIN a la vasca; poulet basquaise pollo a la vasca.

basque *adj* vasco, ca; vascongado, da.
◇ *m* vasco ‖ LING vascuence, éuscaro.
◇ *f* faldón *m* (vêtements) ■ tambour de basque pandereta ■ être toujours pendu aux basques de quelqu'un estar siempre agarrado a los faldones de alguien.

‖ OBSERV El sustantivo femenino de Basque es en francés Basquaise o Basque.

Basque *m & f* vasco, ca.

basquine *f* basquiña (jupe).

Basra ► Bassora.

bas-relief [barəljɛf] *m* bajo relieve, bajorrelieve.
‖ OBSERV pl bas-reliefs.

Bas-Rhin [barɛ̃] *n pr m* GÉOGR Bas-Rhin; dans le Bas-Rhin en Bas-Rhin.

basse *f* MUS bajo *m* (voix, instrument); **basse chantante** bajo cantante ‖ MAR bajo *m*, bajío *m*.

Basse-Californie *n pr f* GÉOGR Baja California.

basse-cour *f* corral *m* ‖ aves *pl* de corral (volaille) ‖ FIG corral *m*.
  ▮ OBSERV pl basses-cours.

basse-fosse *f* mazmorra, calabozo *m*; un **cul-de-basse-fosse** lo más profundo de un calabozo.
  ▮ OBSERV pl basses-fosses.

bassement *adv* vilmente, bajamente.

Basse-Normandie *n pr f* (la) Basse-Normandie Baja Normandia.
  ▮ BASSE-NORMANDIE
  Esta región administrativa comprende los departamentos de Calvados, Manche y Orne. Capital: Caen.

Basse-Saxe *n pr f* GÉOGR Baja Sajonia.

bassesse *f* bajeza.
  ▮ SYN abjection abyección; vilenie vileza; avilissement envilecimiento; platitude carácter rastrero.

basset *m* basset, pachón (chien).

basse-taille *f* MUS bajo *m* cantante.
  ▮ OBSERV pl basses-tailles.

bassin *m* barreño, lebrillo (récipient large et profond) ‖ estanque (pièce d'eau dans un jardin) ‖ bacía *f* (plat à barbe) ‖ bacinica *f*, bacinilla *f* (quête, église) ‖ platillo (balance) ‖ chata *f* (vase de nuit plat pour malades) ‖ piscina *f* (sports) ‖ ANAT pelvis *f* ‖ ARCHIT pilón (d'une fontaine) ‖ CHIM cubeta *f* ‖ GÉOGR & GÉOL cuenca *f* (d'une rivière, de la mer); **le bassin de l'Amazone** la cuenca del Amazonas ‖ cuenca *f* (mines); **le bassin de la Sarre** la cuenca del Sarre ‖ MAR dársena *f* ■ **bassin à flot** dársena ‖ **bassin de carène** canal de experiencias ‖ **bassin de décantation** depósito de decantación ‖ **bassin de radoub** dique ‖ **bassin houiller** cuenca hullera.

bassine *f* barreño *m* ‖ depósito *m* de devanado (en filature).

bassiner [3] *v tr* calentar (le lit) ‖ humedecer (humecter) ‖ regar ligeramente, rociar (arroser) ‖ FAM dar la lata, fastidiar (ennuyer).

bassinet *m* palangana *f* ‖ bacinete (armure) ‖ cazoleta *f* (arme à feu) ‖ ANAT pelvis *f* del riñón ‖ BOT botón de oro ‖ FAM cracher au bassinet escupir dinero.

bassinoire *f* calentador *m* (pour le lit) ‖ FAM (vieilli) latoso, sa; pelma (personne ennuyeuse).

bassiste *m* MUS violoncelista (qui joue du violoncelle) ‖ contrabajo (qui joue de la basse).

basson *m* bajón, fagot (instrument de musique) ‖ bajonista (instrumentiste).

Bassora; Basra *n pr* GÉOGR Basora, Basra.

basta! ➤ **baste!**

baste *m* serón (panier sur une bête de somme) ‖ as de trébol (jeu de cartes).
  ◇ *f* cuévano *m* de madera (pour la vendange).

baste!; basta! *interj* ¡bah!, ¡vaya! (indifférence, dédain).

Bastia *n pr* Bastia.

bastide *f* quinta (maison de campagne) ‖ bastida (ville forte).

Bastien *n pr* Bastián.

Bastille [bastij] *f* castillo *m* (château fort) ‖ LITT cárcel, prisión.
  ▮ BASTILLE
  La prisión estatal de la Bastilla fue tomada por el pueblo de París el 14 de julio de 1789, día en que hoy se celebra la fiesta nacional de Francia. En la plaza donde un día existió esta prisión, llamada "Place de la Bastille", existe actualmente la "Opéra-Bastille", nueva ópera de París.

bastillé, e *adj* BLAS bastillado, da.

bastin *m* pleita *f*, tomiza *f*.

basting *m* madero de abeto.

bastingage *m* MAR empalletado ‖ borda *f*.

bastingue *f* batayola.

bastion *m* bastión, baluarte.
  ▮ OBSERV Es la única palabra francesa masculina que se acaba por -tion.

baston *m* ou *f* ARG pelotera *f*.

bastonnade *f* tunda de palos, apaleamiento *m*, paliza.

bastringue *m* FAM baile de candil ‖ FAM (vieilli) ventorrillo (guinguette) ‖ FAM charanga *f*, murga *f* (vacarme) ‖ TECHN barrena *f* (foret).

bas-ventre *m* bajo vientre.
  ▮ OBSERV pl bas-ventres.

bat *m* largo, longitud *f* (des poissons) ‖ paleta *f* (cricket).

bât *m* albarda *f*, basto (selle grossière) ‖ **savoir où le bât blesse** saber uno dónde le aprieta el zapato.
  ▮ OBSERV En espagnol d'Amérique, les bastos sont les panneaux de la selle.

bat. (abr écrite de **bâtiment**) edif.

bataclan *m* FAM bártulos *pl*, chirimbolos *pl*, cachivaches *pl*.

bataille [bataj] *f* batalla ‖ FIG reyerta, porfía (discussion) ‖ guerrilla (cartes) ■ **bataille rangée** batalla campal ‖ **en bataille** en línea (armée), desgreñado; **avoir les cheveux en bataille** tener el pelo desgreñado ‖ **rangé en bataille** formado en línea de combate.

batailler [3] *v intr* batallar ‖ discutir (discuter), disputar (disputer); **batailler sur des riens** disputar por naderías.

batailleur, euse *adj* & *s* batallador, ra.

bataillon *m* batallón.

bâtard, e [batar, ard] *adj* & *s* bastardo, da; **race bâtarde** raza bastarda ‖ FIG bastardo, da, espurio, ria (dégénéré) ‖ **chien bâtard** perro bastardo, chucho.
  ➥ **bâtard** *m* pan de forma alargada, barra *f*.
  ➥ **bâtarde** *f* bastarda ou letra bastarda (écriture) ‖ TECHN bastarda (lime) ‖ **porte bâtarde** puerta falsa.

batardeau *m* estacada *f* (digue).

bâtardise *f* bastardía.

batave *adj* & *s* bátavo, va.

batavia *f* variedad de lechuga de hojas anchas y rizadas.

batavique *adj* batávico, ca; **larme batavique** lágrima batávica.

batayole [batajɔl] *f* MAR batayola.

bâté, e *adj* albardado, da (qui porte un bât) ‖ FIG **âne bâté** acémila, burro, ignorante.

bateau *m* [▷ SYN] barco (embarcation) ‖ paso dejado a un automóvil en una acera ‖ FAM bola *f*, trola *f*, mentira *f* (mensonge); **monter un bateau** contar bolas ■ **bateau à moteur** barco de motor ‖ **bateau à vapeur** barco de vapor ‖ **bateau à voile** barco de vela, velero, balandro (voilier) ‖ **bateau de pêche** barco de pesca ‖ **bateau de plaisance** barco de recreo ‖ **bateau du loch** guindola (planchette du loch) ‖ **bateau plat** balsa ■ FIG mener quelqu'un en bateau embaucar a alguien.
  ▮ OBSERV Navire en francés es el buque de guerra o de comercio. Vaisseau se suele decir buque o navío de guerra.
  ▮ SYN bâtiment buque; navire buque; vaisseau navío; nef nave; paquebot paquebote; transatlantique transatlántico; steamer, steamboat vapor; yacht yate.

bateau-citerne *m* buque aljibe, barco cisterna.
  ▮ OBSERV pl bateaux-citernes.

bateau-lavoir *m* lavadero flotante.
  ▮ OBSERV pl bateaux-lavoirs.

bateau-mouche *m* barco ómnibus (à Paris), golondrina *f*.
  ▮ OBSERV pl bateaux-mouches.

bateau-phare *m* barco faro.
  ▮ OBSERV pl bateaux-phares.

bateau-pompe *m* barco bomba.
  ▮ OBSERV pl bateaux-pompes.

batée *f* batea.

batelage *m* barcaje (droit payé à un batelier) ‖ servicio de transportes por barcos (service de bateaux) ‖ profesión *f* de titiritero.

batelet *m* barquichuelo.

bateleur, euse *m* & *f* (vieilli) titiritero, ra (acrobate); prestidigitador, ra (prestidigitateur); malabarista (jongleur) ‖ farsante (bouffon).

batelier, ère *m* & *f* barquero, ra; batelero, ra; botero, ra; lanchero, ra.

batellerie *f* flotilla de barcos ‖ barcaje *m*, transporte *m* por barco.

bâter [3] *v tr* albardar (mettre un bât).

bat-flanc [baflɑ̃] *m inv* tabla *f* de separación en las cuadras.

bath [bat] *adj* FAM bárbaro, ra; macanudo, da.

bathymétrie *f* batimetría (mesure de la profondeur des mers).

bathyscaphe *m* batiscafo.

bathysphère *f* batiesfera.

bâti *m* armazón ‖ bancada *f* (machines) ‖ hilvanado, hilván (couture) ‖ marco (d'une porte).

batifolage *m* FAM jugueteo, retozo.

batifoler [3] *v intr* juguetear, retozar ‖ hacer niñerías (faire l'enfant).

batifoleur, euse *m* & *f* FAM juguetón, ona; retozón, ona.

batik *m* batik (décoration de tissus).

bâtiment *m* [▷ SYN] edificio (construction) ‖ obra *f* (en construction) ‖ construcción *f*; l'industrie du bâtiment la industria de la construcción ‖ MAR buque, navío (embarcation) ■ **Bâtiment et travaux publics (BTP)** construcción y obras públicas ‖ **entrepreneur en bâtiment** contratista de obras ‖ FIG **être du bâtiment** ser del oficio.
  ▮ OBSERV Édifice en francés incluye una idea de importancia que no tiene edificio en español.
  ▮ SYN construction construcción; bâtisse obra;

█ **édifice** edificio, fábrica; (p us) monument monumento.

bâtir [32] *v tr* [▷ SYN] edificar (construire) █ hilvanar, embastar (faufiler) █ FIG edificar; bâtir sa fortune edificar su fortuna ■ bâtir en l'air forjarse ilusiones █ bâtir sur le sable edificar en la arena ■ FAM bien, mal bâti bien, mal hecho; bien, mal proporcionado; de buena, mala estampa █ fil à bâtir hilo de hilvanar (couture) █ terrain à bâtir solar para la construcción.

━➤ **se bâtir** *v pr* edificarse █ FIG cimentarse; il s'est bâti une bonne réputation se ha forjado una buena reputación.

█ SYN construire construir; édifier edificar; ériger erigir, levantar.

bâtisse *f* obra (maçonnerie d'un bâtiment) █ FAM caserón *m*, casa destartalada.

bâtisseur, euse *m & f* constructor, ra; edificador, ra (constructeur) █ fundador, ra; constructor, ra; un bâtisseur d'empires un fundador de imperios.

batiste *f* batista (étoffe).

bâton *m* [▷ SYN] palo; █ il brandissait un bâton esgrimía un palo █ estaca *f* (pieu) █ garrote (gourdin) █ bastón (marque de certaines dignités); bâton de commandement bastón de mando █ palote (trait d'écriture) █ barra *f*; bâton de cire barra de lacre █ barra *f*, lápiz; bâton de rouge à lèvres barra de labios █ bastón (ski) █ porra *f* (d'un agent) █ cayado (d'un berger) █ asta *f* (hampe) █ pico (de pain) █ ARCHIT toro, cordón █ BLAS bastón █ MUS batuta *f* (baguette) █ MAR bâton de foc botalón █ bâton de vieillesse báculo de la vejez, amparo de la vejez █ coup de bâton palo, estacazo, bastonazo (coup de canne) ■ à bâtons rompus sin ton ni son, sin orden ni concierto ■ battre l'eau avec un bâton arar en el mar, hacer algo inútil █ mettre des bâtons dans les roues poner trabas, estorbos.

█ SYN canne bastón; gourdin garrote, trique estaca.

bâtonnat *m* decanato del Colegio de Abogados.

bâtonner [3] *v tr* apalear █ tachar, rayar (biffer).

bâtonnet *m* palo pequeño, palito █ tala *f* (guiche, guillet, jeu d'enfants) █ cuadradillo (petite règle) █ palote (écriture) █ ANAT bastoncillo █ palito de naranjo (manucure).

bâtonnier *m* decano del Colegio de Abogados.

batoude *f* trampolín *m* muy flexible (tremplin).

batracien *m* ZOOL batracio.

battage *m* batido (action de battre) █ apaleo (de tapis, etc.) █ vareo, baqueteo (de la laine) █ AGRIC trilla *f* (du blé) █ vareo, apaleo (gaulage d'un arbre) █ FAM mentira *f* (mensonge) █ propaganda *f* exagerada (réclame) ■ battage publicitaire publicidad de bombo ou reclamista █ faire du battage hacer mucho ruido en favor de algo.

battant *m* badajo (de cloche) █ hoja *f*, batiente (d'une porte) █ largo de una bandera (drapeau) █ martillito (téléphone) █ TECHN pala *f* (de charnière) █ varal (métier à tisser) █ lengüeta *f* (trémie) █ batán (tissus) ■ MIL battant de crosse anilla, portafusil de culata █ ouvrir une porte à deux battants abrir una puerta de par en par █ porte à double battant puerta de dos batientes.

━➤ **battant, e** *adj* batiente, que bate ■ battant neuf nuevecito, flamante █ le cœur battant con palpitaciones en el corazón █ pluie battante aguacero, chaparrón, lluvia recia █ porte battante puerta que se cierra sola █ tambour battant al redoble del tambor ■ mener tambour battant llevar a la baqueta.

batte *f* pisón *m* (pour aplanir) █ maza, mazo *m* (pour écraser) █ batido *m* (de l'or) █ tabla de lavar (pour laver) █ batidor *m*, paleta, mazadera (beurre) █ pala, paleta (pour certains jeux) █ aciche *m* (outil de carreleur) █ guitarra (outil de plâtrier) █ vara (de matelassier) █ THÉÂTR sable *m* de Arlequín.

battée *f* TECHN batiente *m* (d'une porte ou fenêtre).

battellement *m* cabeceros *pl*, doble fila *f* de tejas que forma la parte baja de un tejado.

battement *m* golpeo (action de battre) █ batir; le battement des flots el batir de las olas █ trenzado (danse) █ descanso (vers) █ plazo (délai), intervalo (intervalle); laisser un quart d'heure de battement dejar un cuarto de hora de intervalo █ toque, redoble (tambour); un battement de tambour un redoble de tambor █ choque (armes) █ anillo de tope (persiennes) █ moldura *f* (petite moulure d'une porte) █ interferencia *f* (des vibrations) █ pulsación (acoustique) █ MÉCAN carrera *f*, embolada *f* (d'un piston) █ MÉD latido, palpitación *f* (du cœur) █ pulsación *f* (du pouls) █ TECHN batiente (montant d'une porte) ■ battements d'ailes aleteo █ battements de mains palmoteo, palmadas, aplausos (applaudissements) █ battement de paupières parpadeo.

█ OBSERV Batir, en espagnol, n'est employé qu'au singulier.

batterie *f* (vx) pelea, disputa (combat, querelle) █ tubería (d'un orgue) █ batería (de cuisine) █ batería (de tests) █ MIL batería; batterie antichar batería contracarro; mettre en batterie entrar en batería █ MUS toque *m* (de tambour) █ (p us) rasgueado *m* (de la guitare) █ conjunto *m* de los instrumentos de percusión en una orquesta █ PHYS batería (électrique) █ TECHN batería (de fours).

━➤ **batteries** *f pl* FIG maquinaciones, artimañas (machinations) ■ changer ses batteries mudar de táctica █ dresser ses batteries tomar sus medidas.

batteur, euse *m & f* batidor, ra; golpeador, ra (frappeur).

━➤ **batteur** *m* batería (instrumentiste) █ bateador (au base-ball) █ ojeador, batidor (rabatteur de chasse) █ batidora *f* (appareil ménager) █ AGRIC tambor desgranador (d'une machine) █ FAM batteur de pavé azotacalles, andariego █ batteur d'or batidor de oro, batihoja.

batteuse *f* trilladora (machine à battre) █ batidora (pour métaux).

battoir *m* pala *f*, paleta *f* (jeux) █ pala *f*, paleta *f* (pour battre le linge) █ FAM manaza *f* (main large et solide).

battre [83] *v tr* batir (frapper), golpear (donner des coups) █ [▷ SYN] pegar, azotar (fouetter); battre un enfant pegar a un niño █ apalear (bâtonner) █ batir; les vagues battaient les falaises las olas batían los acantilados █ azotar (le vent) █ batir; battre un record batir un récord █ derrotar (mettre en déroute), vencer (vaincre); battre les ennemis vencer a los enemigos █ barajar (les cartes) █ batir (œufs, beurre) █ explorar, batir, recorrer (la campagne, la forêt) █ sacudir; battre un tapis sacudir una alfombra █ arbolar, enarbolar (arborer); battre pavillon argentin arbolar bandera argentina █ AGRIC trillar (le blé) █ apisonar (la terre) █ ojear (à la chasse) █ FIG refutar, rebatir (réfuter) █ MIL batir █ MUS llevar; battre la mesure llevar el compás █ tocar (le tambour) █ TECHN batir, acuñar (monnaies) █ batir, golpear; battre un fer rouge batir un hierro candente ■ battre à froid machacar en frío █ battre comme plâtre dar una paliza soberana █ battre de l'aile estar alicaído █ battre du pays viajar mucho █ battre en brèche batir en brecha █ battre froid tratar con frialdad, poner mala cara █ FIG battre la campagne divagar, irse por los cerros de Úbeda (divaguer), delirar, desatinar, desvariar (fièvre) █ FAM battre la dèche estar en la miseria █ battre la semelle golpear el suelo con los pies para calentarlos █ battre le pavé callejear, azotar las calles █ battre les buissons buscar activamente █ battre son plein estar en su apogeo █ il faut battre le fer pendant qu'il est chaud al hierro candente batir de repente.

◇ *v intr* latir, palpitar (le cœur) █ tener pulsaciones (le pouls) █ golpear, dar golpes █ hacer sentir su acción, alcanzar, llegar; canons qui battent à quinze kilomètres cañones que alcanzan quince kilómetros █ caer; soleil qui bat d'aplomb sol que cae de plano ■ battre des ailes aletear █ battre des mains tocar palmas, aplaudir █ battre en retraite batirse en retirada, retroceder █ ne battre que d'une aile estar alicaído.

━➤ **se battre** *v pr* pelear, pelearse; se battre à coups de poing pelearse a puñetazos █ batirse, combatir (combattre) █ batirse (en duel) ■ se battre les flancs hacer esfuerzos inútiles, devanarse los sesos inútilmente █ FAM s'en battre l'œil importarle a uno un comino ou un bledo.

█ SYN frapper golpear; cingler cimbrar; fouetter azotar, dar latigazos; flageller flagelar; fustiger fustigar; fouailler zurrar; taper golpear; fesser dar una azotaina, azotar; cogner pegar; rosser majar, dar una tunda; rouer moler a palos; tambouriner dar una solfa; bâtonner apalear; FAM passer à tabac arrimar candela, sacudir el polvo; assommer derrengar a palos.

battu, e *adj* batido, da; golpeado, da; apaleado, da █ derrotado, da (vaincu) █ batido, da (métaux) █ apisonado, da (vêtement, tapis, livre, etc.) █ apaleado, da (arbre) █ azotado, da; battu par les vents azotado por los vientos █ batido, da (œufs, beurre) █ derrotado, da (candidat) █ FIG trillado, da; sentier battu camino trillado █ TECHN ahogada (soie) ■ terre battue tierra batida (tennis) ■ avoir les yeux battus tener ojeras, estar ojeroso.

━➤ **battu** *m* vencido (vaincu) ■ les battus payent l'amende tras cornudo apaleado █ se tenir pour battu darse por vencido.

battue *f* batida, ojeo *m* (chasse) █ paso *m* (bruit de pas d'un cheval).

baud *m* baudio (unité de vitesse).

baudelairien, enne *adj* relativo al poeta francés Baudelaire.

baudet [bodɛ] *m* jumento (âne) ‖ garañón (âne reproducteur) ‖ FIG asno, borrico‖borrico, burro (tréteau).

baudrier *m* tahalí (en bandoulière) ‖talabarte (ceinturon).

baudroie *f* rape *m*, pejesapo *m* (poisson).

baudruche *f* tripa ‖ globo *m* de goma (ballon) ‖ se dégonfler comme une baudruche deshincharse como un globo.

bauge *f* revolcadero *m* (du sanglier) ‖tuguorio *m*, pocilga (lieu très sale) ‖ camastro *m*, revolcadero *m* (lit très sale) ‖adobe *m* (mortier).

Bauhaus [boos] *n pr m* le Bauhaus el Bauhaus.

baume *m* bálsamo (résine) ‖ bálsamo (parfum) ‖ FIG bálsamo (consolation) ■ baume d'ambre liquidámbar ‖ mettre du baume au cœur servir de consuelo.

baumé *m* baumé (degré).

baumier *m* balsamero (balsamier).

bauquière *f* MAR durmiente *m*.

baux [bo] *m pl* de bail y de bau.

bauxite *f* MIN bauxita.

bavard, e *adj* & *s* hablador, ra; charlatán, ana ‖ parlanchín, ina; indiscreto, ta (indiscret).

> SYN LITT (VX) babillard parlanchín; PÉJ phraseur hablador; perroquet, perruche cotorra; commère comadre; pie cotorra; jacasse cotorra; ARG jaspineur, FAM moulin à paroles chicharra.

bavardage *m* charla *f* (conversation oiseuse) ‖ habladuría *f*, palabrería *f* (choses insignifiantes).

bavarder [3] *v intr* charlar ‖hablar indiscretamente, irse de la lengua.

> SYN babiller parlotear; cailleter charlatanear; PÉJ caqueter cacarear; FAM & PÉJ dégoiser desembanastar; FAM (vieilli) jaboter cotorrear, charlotear; FAM jacasser parlotear; jacter, ARG jaspiner rajar; FAM tailler une bavette echar un párrafo.

bavarois, e *adj* bávaro, ra.
<> *m ou f* pastel con natillas (entremets).

Bavarois, e *m* & *f* bávaro, ra.

bave *f* baba (salive) ‖ baba, babaza (animaux) ‖FIG veneno *m*, ponzoña (venin); la bave de la calomnie el veneno de la calumnia.

baver [3] *v intr* babear ‖ babosear (salir de bave) ‖ chorrear ‖ FIG escupir; baver sur son honneur escupir a su honra ■ baver de colère echar espumarajos de rabia ‖FIG & FAM baver sur quelqu'un calumniar ou insultar a uno ‖FAM en baver reventar [de trabajo, de un castigo, etc.], pasarlas negras.

bavette *f* babero *m*, babador *m* (pour les enfants) ‖peto *m* (d'un tablier) ‖redondo *m*, parte inferior del solomillo (viande) ‖ FAM tailler une bavette echar un párrafo, estar de palique (bavarder).

baveux, euse *adj* baboso, sa (qui bave) ‖ IMPR borroso, sa; confuso, sa (empâté); lettre baveuse letra borrosa ‖ omelette baveuse tortilla babosa.

Bavière *n pr f* GÉOGR la Bavière Baviera.

bavocher [3] *v intr* IMPR correrse la tinta; une épreuve qui bavoche prueba en que la tinta se corre.

bavochure *f* impresión borrosa, tinta corrida (impression).

bavoir *m* babero.

bavure *f* rebaba (métaux) ‖ IMPR tinta corrida, impresión borrosa ‖ FAM bavure policière atropello policial ‖sans bavures de órdago.

bayadère *f* bayadera (danseuse).
<> *adj* con listas multicolores (tissu).

Bayard *n pr* Bayardo.

bayart [bajar] *m* angarillas *f pl* (bard).

bayer [3] *v tr* embobarse, quedarse boquiabierto ‖ FAM bayer aux corneilles pensar en las musarañas, papar moscas.

bayonnais, e [bajɔnɛ, ɛz] *adj* bayonés, esa.

Bayonnais, e *m* & *f* bayonés, esa.

Bayonne [bajɔn] *n pr* GÉOGR Bayona.

bazar *m* bazar (magasin) ‖ FAM leonera *f*, desorden‖trastos *pl*, bártulos *pl* (vêtements, mobilier, etc.); emporter son bazar llevarse sus trastos.

bazarder [3] *v tr* FAM malvender, malbaratar ‖tirar (jeter) ‖echar (un employé).

bazooka *m* MIL lanzacohete, bazooka, bazuca (lance-roquettes).

BBS (abr de Bulletin Board System) *m* INFORM BBS [sistema de cartelera electrónica]; serveur BBS servidor BBS.

BCBG (abr de bon chic bon genre) *adj* FAM pijo, ja.

BCG (abr de bacille Calmette-Guérin) *m* vacuna *f* antituberculosa.

bcp (abr écrite de beaucoup) mucho.

bd (abr écrite de boulevard).

BD; bédé (abr de bande dessinée) *f* une BD un tebeo ou cómic; la BD el cómic.

> **BD**
> Esta abreviatura se aplica a una "bande dessinée" (cómic). Considerado como un medio de expresión artística importante y serio, el cómic se ha vuelto popular entre los jóvenes y los intelectuales franceses. Cada año se organiza un festival del cómic en Angoulême.

bdc (abr écrite de bas-de-casse) IMPR cb, caja baja.

bé *m* be (onomatopée du bêlement du mouton).

beach-volley [bitʃvɔlɛ] *m* voleibol de playa, beach volley.

beagle *m* beagle (sorte de basset).

béant, e *adj* abierto, ta ‖ FIG boquiabierto, ta (étonné).

Béarn [bearn] *n pr m* GÉOGR le Béarn Béarn, Bearn.

béarnais, e *adj* bearnés, esa ‖ le Béarnais Enrique IV de Francia.
➤ **béarnaise** *f* salsa de huevo y manteca derretida.

Béarnais, e *m* & *f* bearnés, esa ‖le Béarnais Enrique IV de Francia.

béat, e *adj* & *s* plácido, da; satisfecho, cha; vie béate vida plácida ‖ beato, ta; beatificado, da (béatifié) ‖ beato, ta; beatífico, ca; arrobado, da; sourire béat sonrisa beatífica.

béatement *adv* con arrobo.

béatification *f* beatificación.

béatifier [9] *v tr* beatificar.

béatifique *adj* beatífico, ca.

béatitude *f* beatitud (bonheur céleste) ‖ bienaventuranza; les huit béatitudes las ocho bienaventuranzas ‖FAM placidez (placidité).

Béatrice *n pr* Beatriz.

beau; bel delante de vocal ou de h muda [bo, bɛl]; **belle** *adj* [▷ SYN] hermoso, sa; bello, lla; beau visage bello rostro ‖guapo, pa; un bel homme un hombre guapo ‖ hermoso, sa; grande; belle fortune gran fortuna ‖ noble, elevado, da; belle âme alma noble ‖ bueno, na (grand); il a reçu une belle gifle se ha llevado una buena bofetada ‖ bueno, na; il a une belle santé tiene buena salud ‖ bueno, na; ventajoso, sa (avantageux); une belle occasion una buena ocasión ‖ lindo, da; menudo, da (ironiquement); quel beau métier! ¡menuda profesión! ‖ bonito, ta; decoroso, sa (bienséant); cela n'est pas beau eso no es bonito ‖ bueno, na (temps); une belle nuit una buena noche; il fait beau (temps), hace buen tiempo ■ beau joueur buen perdedor ‖ beau parleur, beau diseur buen conversador ‖ bel âge juventud ‖bel esprit un ingenio, hombre culto e ingenioso ‖ le beau monde la buena sociedad, la gente distinguida ‖ le beau sexe el bello sexo ‖ FIG un beau gâchis un buen estropicio ‖ un beau geste un gesto generoso, un detalle ‖ un beau jour, un beau matin cierto día, un buen día ‖ un beau salaire un buen sueldo ‖ un bel âge una edad avanzada ■ à la belle étoile a cielo raso; coucher à la belle étoile dormir a cielo raso ‖ de belle sorte de lo lindo ‖ ce n'est qu'un beau parleur lo único que sabe es hablar ‖ c'est le plus bel exemple de es el más alto ejemplo de ‖ en dire, en conter, en faire de belles decirlas ou hacerlas buenas ‖ en faire voir de belles à quelqu'un hacer pasarlas negras a alguien ‖ être dans de beaux draps estar metido en un lío ‖faire la pluie et le beau temps ser el mandamás, ser el amo ‖il a beau jeu de protester ¡mira quién fue a protestar! ‖ il ferait beau voir que habría que ver que, está bueno que ‖il y a beau temps, il y a belle lurette hace mucho tiempo ‖la bailler belle à quelqu'un pegársela a alguien ‖l'échapper belle librarse de (una) buena.

➤ **beau; bel** *adv* bel et bien aunque parezca imposible, completamente ■ au plus beau en lo mejor ‖ de plus belle cada vez más ‖tout beau! ¡poco a poco!, ¡despacito! ■ avoir beau por más que; il a beau travailler, il n'arrive à rien por más que trabaja nada consigue; por muy... que; tu as beau être courageux por muy valiente que seas ‖ se faire beau ponerse guapo, acicalarse ‖voir tout en beau verlo todo de color de rosa, bajo un aspecto favorable.

➤ **beau** *m* lo bello, lo hermoso; la philosophie du beau la filosofía de lo bello ‖ (p us) petimetre (petit-maître) ■ c'est du beau! ¡muy bonito! ‖ le plus beau de l'affaire lo mejor del caso ■ avoir le sens du beau tener sentido de la belleza ‖faire le beau dárselas, echárselas de guapo; ponerse en dos patas (chien) ‖ le temps est au beau hace buen tiempo.

➤ **belle** *f* mujer ‖ amada; écrire à sa belle escribir a su amada ‖ querida (maîtresse); je vais avec ma belle voy con mi querida

❙ buena, moza, desempate *m* (jeux); **jouer la belle** jugar la buena ❙ **ma belle** hija mía [úsase también irónicamente].

OBSERV 1. Hermoso est l'adjectif employé dans le style ordinaire. Bello s'emploie généralement au sens figuré. D'autre part, hermoso renferme une idée de magnificence et un caractère imposant que ne comporte pas le mot bello. On peut dire una mujer bella ou hermosa, un bello carácter, un hermoso palacio, un caballo hermoso.
2. El adjetivo beau se usa a veces por una especie de redundancia, y puede no traducirse o traducirse por el adjetivo bueno: payer en beaux deniers pagar con buenos dineros; crier comme un beau diable chillar como un diablo.
SYN joli bonito, lindo (personnes, choses), guapo (personnes); gentil mono, bonito; mignon mono, lindo; **FAM** chouette macanudo.
LA BELLE ÉPOQUE
Este período de aparente estabilidad y prosperidad duró desde finales del siglo XIX hasta el principio de la Primera Guerra Mundial y encontró su máxima expresión en el café-teatro, la moda, el arte y la arquitectura. El "Petit Palais" y el "Grand Palais", construidos en el sur de los Campos Elíseos, con motivo de la Exposición Universal de 1900, son los monumentos más representativos de aquella época.

Beaubourg zona situada en el barrio "Halles" de París donde se alza el Centro nacional francés de arte y cultura Georges Pompidou.
BEAUBOURG
Este término se aplica oficialmente a la zona que circunda el Centro Pompidou pero también al propio museo cuyo diseño poco común provocó una gran polémica cuando se construyó en 1977. Hoy en día es el segundo edificio más visitado en Francia (el "Louvre" le quitó el primer puesto hace poco). Alberga una galería de arte moderno, un cine, una biblioteca abierta al público y otras exposiciones culturales.

beauceron, onne *adj* de la Beauce [región francesa al sudoeste de París].

Beauceron, onne *m & f* nativo, va de la Beauce.

beaucoup [boku] *adv* mucho; j'ai beaucoup mangé he comido mucho ❙ mucho, cha; muchos, chas **adj**; beaucoup de courage mucho valor; beaucoup de douceur mucha dulzura; beaucoup de livres muchos libros; beaucoup de femmes muchas mujeres ❙muchos, chas (personnes); beaucoup pensent que muchos piensan que ❙ **beaucoup plus** mucho más ❙ **beaucoup trop** demasiado ❙ **de beaucoup** con mucho; il est de beaucoup le plus intelligent es con mucho el más inteligente ❙ **FAM un peu beaucoup** muy mucho, muchísimo ❙ **beaucoup de bruit pour rien** mucho ruido y pocas nueces ❙ **il s'en faut de beaucoup que** falta mucho para que.

beauf *m* cuidadano medio, conservador y con poca amplitud de miras, hortera *f* (Français moyen) ❙**FAM** cuñado *m* (beau-frère).
BEAUF
El "beauf" es el arquetipo del francés corriente, tal como lo perciben los propios franceses. Este término es la abreviatura de "beau-frère" (cuñado) y sugiere conformismo y estrechez de miras.

beau-fils *m* hijastro (fils d'un mariage antérieur) ❙yerno, hijo político (gendre).
■ **OBSERV** pl beaux-fils.

beaufort *m* Beaufort [queso de Saboya].

Beaufort [bofɔr] *n pr* échelle de Beaufort escala de Beaufort.

beau-frère *m* cuñado, hermano político.
■ **OBSERV** pl beaux-frères.

beaujolais *m* beaujolais [vino de la región de Beaujolais].
LE BEAUJOLAIS NOUVEAU
La venta a gran escala del vino beaujolais del año se inicia en una fecha determinada de noviembre y está asociada a una campaña de publicidad enérgica que va repitiendo la frase: "le beaujolais nouveau est arrivé".

Beaujolais *n pr m* GÉOGR le Beaujolais Beaujolais.

beau-père *m* suegro, padre político (père du conjoint) ❙ padrastro (second mari de la mère).
■ **OBSERV** pl beaux-pères.

beau-petit-fils *m* nieto político.
■ **OBSERV** pl beaux-petits-fils.

beaupré *m* MAR bauprés.

beauté *f* belleza, hermosura ■ **une beauté** una belleza, una beldad ■ **de toute beauté** maravilloso, sa; de maravilla ❙ **en beauté** con señorío, elegantemente ❙ **FAM c'est la beauté du diable** no hay quince años feos ❙**être en beauté** estar más guapa que nunca ❙ **finir en beauté** terminar elegantemente ❙ **FAM se faire une beauté** arreglarse, acicalarse.

beaux-arts [bozar] *m pl* bellas artes *f*; école des beaux-arts escuela de bellas artes.

beaux-parents *m pl* suegros, padres políticos.

bébé *m* [▷ **SYN**] bebé, nene ❙ **FIG** muñeco.
SYN baby bebé; nourrisson niño de pecho; poupard, poupon rorro, nene; **FAM** mioche, gosse, môme, moutard mocosuelo, churumbel, arrapiezo, chaval, chavea; lardon pituso, crío; **FAM** loupiot gurrumino.

bébé-éprouvette *m* bebé probeta.

bébête *adj & s* tonto, ta; tontaina.

be-bop [bibɔp]; **bop** *m* be-bop (danse).

bec [bɛk] *m* pico (d'oiseau) ❙ punta *f* (pointe de terre) ❙ boquilla *f* (d'un instrument de musique) ❙ pitorro (de cruche) ❙ punta *f* (pointe); **le bec d'une plume** la punta de una pluma ❙ estribo (pont) ❙ mechero (de lampe); **bec Bunsen** mechero Bunsen ❙ nariz *f* (d'alambic) ❙ **FAM** beso (baiser); **faire un bec** dar un beso ❙ cara *f* (personnes) ❙ pico, boca *f* (personnes); **ferme ton bec** cierra el pico ❙pico, labia *f* (faconde); **avoir bon bec** tener labia ❙ MAR uña *f* (de l'ancre) ■ TECHN **bec de coulée** pico de colada ❙**bec de gaz** farol de gas ❙FAM **bec jaune** pipiolo ❙**bon bec** hablador ❙**bec verseur** pico vertedor ❙ **coup de bec** picotazo ❙ fin bec, bec fin paladar delicado ❙ **prise de bec** agarrada, disputa ■ **bec à bec** frente a frente, cara a cara ■ **avoir bec et ongles** saber defenderse ❙**clouer le bec de quelqu'un** cerrarle el pico a alguien ❙ FIG **donner un coup de bec** soltar una pulla❙**ouvrir le bec** abrir el pico❙**se prendre de bec** disputarse ❙**se rincer le bec** mojar el gaznate ❙**tomber sur un bec** tropezar con un huso.

bécane *f* FAM bici ❙moto ❙ cacharro *m* (ordinateur) ❙máquina.

bécard; beccard *m* salmón macho.

bécarre *m* MUS becuadro (signe de musique).

bécasse *f* chocha, becada (oiseau) ❙ FAM cabeza de chorlito, mujer tonta, pava.

bécasseau *m* pollo de la chocha.

bécassine *f* agachadiza (oiseau) ❙FAM pavitonta (sotte).

beccard ▬ **bécard**.

bec-croisé *m* piquituerto (oiseau).
■ **OBSERV** pl becs-croisés.

bec-de-cane *m* picaporte (de serrure) ❙escarpia *f*, alcayata *f*.
■ **OBSERV** pl becs-de-cane.

bec-de-corbeau *m* alicates *pl* (pince).
■ **OBSERV** pl becs-de-corbeau.

bec-de-corbin *m* pico de cuervo (nom de divers instruments).
■ **OBSERV** pl becs-de-corbin.

bec-de-lièvre *m* labio leporino, labio partido.
■ **OBSERV** pl becs-de-lièvre.

becfigue *m* papafigo (oiseau).

bec-fin *m* nombre dado a los pájaros de pico recto [ruiseñor, curruca].
■ **OBSERV** pl becs-fins.

bêchage *m* cava *f*, cavazón *f*.

béchamel *f* bechamel, besamel, salsa blanca (sauce).

bêche *f* AGRIC laya ❙MIL reja, arado *m* (de canon).
■ **OBSERV** Ne pas confondre avec la **azada**, houe. La **laya** a son plan parallèle au manche. Sa lame se divise parfois en deux ou trois dents. La **azada** a son plan oblique au manche. Elle est plus couramment employée en Espagne, tandis que la bêche l'est plus en France.

bêche-de-mer *f* bicho *m* de mar, cohombro *m* de mar (holothurie).

bêcher [4] *v tr* layar, labrar con laya (la terre) ❙FIG & FAM criticar, hablar mal, desollar (critiquer), ser presumido.

bêcheur, euse *m & f* cavador, ra (qui bêche) ❙ FAM orgulloso, sa; presumido, da (présomptueux); chismoso, sa; criticón, ona (médisant).

béchique *adj* MÉD béquico, ca; pectoral.

bécot [beko] *m* FAM besito, beso.

bécoter [3] *v tr* FAM besuquear.
➡ **se bécoter** *v pr* FAM besuquearse.

becquée; béquée *f* bocado *m* [lo que coge el ave de una vez con el pico] ■ **donner la becquée** dar de comer [dícese de las aves que alimentan a sus crías], dar de comer a un niño (à un enfant).

becquerel *m* becquerel (unité de mesure).

becquet; béquet *m* IMPR banderilla *f* (papier écrit qu'on ajoute à une épreuve) ❙plantilla *f* (chaussures) ❙THÉÂTR añadido (à un rôle).

becquetance; bectance *f* TFAM manducación (nourriture).

becqueter; béqueter [27] *v tr* picotear ❙acariciar con el pico (caresser avec le bec).
◇ *v intr* TFAM jamar, manducar (manger).
➡ **se becqueter** *v pr* picotearse ❙ FAM (vieilli) darse el pico (s'embrasser).

bectance ▬ **becquetance**.

becter [4] *v intr* FAM jalar (manger).

bedaine *f* FAM barriga, bartola (gros ventre).

bédane *m* TECHN escoplo.

Bède [bɛd] *n pr* Bède le Vénérable Beda el Venerable.

bédé ► **BD**.

bedeau *m* pertiguero, macero (églises) ‖ (vx) bedel (apparitteur).

bédégar *m* agalla *f* del rosal.

bedon *m* FAM panza *f* (ventre rebondi).

bedonnant, e *adj* FAM barrigón, ona; barrigudo, da; tripudo, da.

bedonner [3] *v intr* FAM echar vientre, ponerse barrigón.

bédouin, e *adj* beduino, na.

Bédouins *n pr m pl* beduinos.

bée *adj f* abierta ‖ rester bouche bée quedarse boquiabierto.
◇ *f* TECHN saetín; bée de moulin saetín de molino.

beefsteak ► **bifteck**.

béer [15] [bee] *v intr* (p us) estar abierto.

Beethoven [betɔvɛn] *n pr* Beethoven.

beffroi *m* atalaya *f* (tour de guet) ‖ campanario (clocher) ‖ campana *f* de rebato (cloche d'alarme); sonner le beffroi tocar a rebato.

bégaiement [begɛmã] *m* tartamudeo (action de bégayer) ‖ tartamudez *f* (défaut de prononciation).

bégard; béguard *m* HIST begardo (hérétique).

bégayant, e *adj* tartamudeante.

bégayer [11] [begeje] *v intr* tartamudear ‖ hablar con media lengua (se dit des petits enfants) ‖ FIG farfullar, mascullar (bredouiller).
◇ *v tr* farfullar; bégayer des excuses farfullar palabras de disculpa.

bégayeur, euse *m & f* tartamudo, da; tartajoso, sa ‖ FAM tartaja.

bégonia *m* BOT begonia *f*.

bégu, ë *adj & s* dentivano, na (cheval).

béguard ► **bégard**.

bègue *adj & s* tartamudo, da.

béguètement *m* balido (de la chèvre).

bégueter [28] *v intr* balar (la chèvre).

bégueule *adj* gazmoño, ña; mojigato, ta.
◇ *f* FAM gazmoña.

bégueulerie [begœlri] *f*; **bégueulisme** [begœlism] *m* FAM gazmoñería *f*, mojigatería *f*.

béguin [begɛ̃] *m* capillo (bonnet de petit enfant) ‖ toca *f* (de religieuses) ‖ FAM capricho, enamoriscamiento (amour) ‖ persona amada ‖ avoir le béguin de ou pour estar enamoriscado de ‖ avoir un béguin pour estar encaprichado por.

béguinage *m* beguinaje, beaterio (couvent).

béguine *f* beguina (religieuse laïque aux Pays-Bas) ‖ beata (bigote).

bégum *f* begum (princesse indienne).

béhaviorisme *m* behaviorismo, conductismo.

beige *adj* sin teñir (laine, étoffe, etc.) ‖ beige [galicismo] (couleur).

beigne *f* FAM golpe *m*, bofetón *m*, mamporro *m*.

beignet [bɛɲɛ] *m* buñuelo.

Beijing *n pr* GÉOGR Beijing.

béjaune *m* halcón niego ‖ FIG (vx) pipiolo, novato, bisoño (novice) ‖ (p us) novatada *f*, patente (repas offert par un nouveau venu).

béké *m & f* criollo, lla de las Antillas Francesas.

bel *adj* ► **beau**.

bel *m* bel, belio (unité d'intensité sonore).

bélandre *f* balandra (péniche) ‖ MIL furgón *m* para el transporte de enfermos (ambulance).

bêlant, e *adj* balante.

Belém [belɛm] *n pr* GÉOGR Belém.

bêlement *m* balido (brebis, chèvre) ‖ FIG queja *f*.

bélemnite *f* belemnita (fossile).

bêler [4] *v intr* balar, dar balidos.

belette *f* ZOOL comadreja.

belge *adj* belga.

Belge *m & f* belga.

belgicisme *m* belgicismo.

Belgique *n pr f* GÉOGR la Belgique Bélgica.

Belgrade *n pr* GÉOGR Belgrado.

bélier *m* morueco, carnero padre (mâle de la brebis) ‖ ariete (ancienne machine de guerre) ‖ bélier hydraulique ariete hidráulico.

Bélier *m* ASTRON & ASTROL aries; être du Bélier ser Aries.

bélière *f* boquilla (du fourreau d'une arme) ‖ cencerro *m* (sonnette au cou du bélier) ‖ anillo *m*, anilla (anneau de suspension) ‖ tirante *m* de sable, biricú *m* (sabre).

bélinogramme *m* belinograma (document transmis par bélinographe).

bélinographe *m* belinógrafo.

Bélisaire *n pr* Belisario.

bélître *m* belitre, bellaco, bribón (cuistre).

Belize *n pr m* GÉOGR le Belize Belice.

bélizien, enne *adj* beliceño, ña, belicense.

Bélizien, enne *m & f* beliceño, ña, belicense.

belladone *f* BOT belladona.

bellâtre *adj & s m* lindo Don Diego, presumido.

belle ► **beau**.

Belle au bois dormant (la) la Bella durmiente del bosque.

belle-dame *f* BOT armuelle *m* (arroche) ‖ ZOOL mariposa del cardo (vanesse du chardon).
▫ OBSERV pl belles-dames.

belle-de-jour *f* BOT dondiego *m* de día.
▫ OBSERV pl belles-de-jour.

belle-de-nuit *f* BOT dondiego *m* de noche ‖ FAM mujer de vida galante.
▫ OBSERV pl belles-de-nuit.

belle-famille *f* familia política.
▫ OBSERV pl belles-familles.

belle-fille *f* nuera, hija política (bru) ‖ hijastra (fille dont on a épousé le père ou la mère).
▫ OBSERV pl belles-filles.

belle-maman *f* FAM ► **belle-mère**.
▫ OBSERV pl belles-mamans.

bellement *adv* amablemente, atentamente ‖ con tiento, suavemente, dulcemente (doucement).

belle-mère *f* madrastra (seconde épouse du père) ‖ suegra, madre política (mère du conjoint).
▫ OBSERV pl belles-mères.

belle-petite-fille *f* nieta política.
▫ OBSERV pl belles-petites-filles.

belles-lettres *f pl* bellas letras.

belle-sœur *f* cuñada, hermana política.
▫ OBSERV pl belles-sœurs.

bellicisme *m* belicismo.

belliciste *adj* belicista.

bellicosité *f* belicosidad.

bellifontain, e *adj* de Fontainebleau.

Bellifontain, e *m & f* nativo, va de Fontainebleau.

belligérance *f* beligerancia.

belligérant, e *adj & s* beligerante.

belliqueux, euse *adj* belicoso, sa; peuple belliqueux pueblo belicoso.

bellot, otte [belo, ɔt] *adj & s* FAM salado, da; monín, ina (joli).

belluaire *m* beluario ‖ domador (dompteur).

belon *f* tipo de ostra plana y redonda.

belote *f* un juego *m* de naipes.

bélouga; béluga *m* marsopa *f* (espèce de dauphin).

Béloutchistan ► **Baloutchistan**.

belvédère; belvéder *m* belvedere, mirador ‖ azotea *f*, terraza *f*.

Belzébuth; Belzébul *n pr* Belcebú.

béluga ► **bélouga**.

bémol *adj & s* MUS bemol; si bémol si bemol.

bémoliser [3] *v tr* MUS bemolar, hacer bemol.

ben *m* ben, hijo de; Hosaïn ben Ali Hosaín, hijo de Alí.
▫ OBSERV pl beni.

bénard *m* FAM pantalones *pl*.

bénarde *f* TECHN cerradura.

Bénarès *n pr* GÉOGR Benarés.

bene *adv l* FAM bien ‖ nota bene (n. b.) nota bene.
▫ OBSERV mot latin.

bénédicité *m* benedícite (prière).

bénédictin, e *adj & s* benedictino, na (religieux).

➤ **Bénédictine®** *f* benedictino *m* (liqueur).

bénédiction *f* bendición; bénédiction nuptiale bendición nupcial ‖ FAM c'est une bénédiction es una bendición de Dios ‖ donner la bénédiction echar a uno la bendición.

bénéfice *m* beneficio ‖ dispensa *f*, privilegio (privilège); bénéfice d'âge dispensa de edad ‖ beneficio eclesiástico (dignité ecclésiastique) ■ DR bénéfice d'inventaire beneficio de inventario ‖ bénéfices rapportés remanente de beneficios ■ au bénéfice de a causa de; au bénéfice de l'âge a causa de la edad; a favor de ‖ FIG sous bénéfice d'inventaire a beneficio de inventario.

bénéficiaire *adj* beneficiario, ria ‖ de beneficio; marge bénéficiaire margen de beneficio.
◇ *m & f* DR beneficiario, ria ‖ bénéficiaire de prestations beneficiario de prestaciones.

bénéficial, e *adj* beneficial; **des privilèges bénéficiaux** privilegios beneficiales.

bénéficier *m* beneficiado.

bénéficier [9] *v intr* ganar, sacar provecho (retirer un gain, un avantage) ‖ gozar del beneficio de, disfrutar, ser favorecido (d'une chose); **bénéficier d'un doute** gozar del beneficio de una duda; **il a bénéficié de circonstances atténuantes** ha sido favorecido por circunstancias atenuantes ‖ **bénéficiant de la loi** acogido, da a la ley.

▌ OBSERV Es galicismo decir beneficiar de una cosa, por aprovecharla.

bénéfique *adj* benéfico, ca.

Bénélux *n pr* GÉOGR **le Bénélux** el Benelux; **les pays du Bénélux** los países del Benelux.

benêt [bənɛ] *adj & s m* bendito, ta; pánfilo, la; inocente (niais).

Bénévent *n pr* GÉOGR Benevento.

bénévolat *m* voluntariado; **faire du bénévolat** ofrecerse voluntario, ria.

bénévole *adj & s* benévolo, la; indulgente (indulgent); **lecteur bénévole** lector benévolo ‖ benévolo, la; voluntario, ria (volontaire); **auditeur bénévole** oyente benévolo.

▌ OBSERV Bénévole sólo puede aplicarse a personas.

bénévolement *adv* como voluntario, ria.

Bengale [bɛ̃gal] *n pr m* GÉOGR **le Bengale** Bengala; **le golfe du Bengale** el golfo de Bengala ‖ **feu** *m* **de Bengale** bengala *f.*

bengali, e [bɛ̃gali] *adj* bengalí (du Bengale).
▶ **bengali** *m* LING bengalí ‖ bengalí (oiseau).

Bengali *m & f* bengalí.

bengaline *f* bengalina (étoffe).

Benghazi [bɛ̃gazi] *n pr* GÉOGR Bengazi.

beni *m pl* ▶ **ben.**

béni, e *adj* bendito, ta ■ FAM **être béni** ser afortunado ‖ **être béni des dieux** estar bendecido por los dioses.

bénigne *adj f* ▶ **bénin.**

bénignité *f* benignidad.

bénin, igne *adj* benigno, na; **maladie bénigne** enfermedad benigna.

Bénin *n pr m* GÉOGR **le Bénin** Bénin, Benin.

bénir [32] *v tr* bendecir; **bénir une église** bendecir una iglesia ■ **Dieu vous bénisse!** ¡Dios le bendiga! ‖ FIG **je bénis le jour où je t'ai connu** bendigo el día en que te conocí.

▌ OBSERV Tiene bénir dos participios pasados: bénit, ite, que se usa solamente como adjetivo al hablar de objetos consagrados por un sacerdote (pain bénit, eau bénite pan bendito, agua bendita), y béni, empleado con el auxiliar avoir que no lleva nunca t, salvo en algunos casos del pasivo (le prêtre a béni les drapeaux, les drapeaux ont été bénits par le prêtre). En los demás casos se dice béni, ie (cette image a été bénie esta imagen ha sido bendecida; une époque bénie una época bendita) y la preposición empleada es de (béni des dieux).

bénisseur, euse *m & f* bendecidor, ra.

bénit, e *adj* bendito, ta; **eau bénite** agua bendita ‖ FIG **eau bénite de cour** promesas vanas.

bénitier *m* pila *f* de agua bendita ‖ ZOOL concha *f* del género tridacne [usada a menudo como pila de agua bendita en las iglesias] ‖ **bénitier portatif** acetre.

benjamin, e *m & f* benjamín, el hijo menor ‖ el hijo predilecto.

Benjamin [bɛ̃ʒamɛ̃] *n pr* Benjamín.

benjamite *adj & s* benjamita (de la tribu de Benjamín).

benjoin *m* benjuí (résine aromatique).

benne *f* cesto *m*, canasta (panier) ‖ volquete *m* (caisse basculante) ‖ MIN jaula ‖ vagoneta (wagonnet) ‖ excavador *m* ■ **benne basculante** (vagoneta) volquete ‖ **benne butte** cuchara para desmonte ‖ **benne preneuse** cuchara autoprensora ‖ **camion à benne** volquete.

benoît, e *adj* (p us) bendito, ta; santo, ta (béni) ‖ (p us) benévolo, indulgente (indulgent) ‖ santurrón, ona; hipócrita (tartuffe).

Benoît *n pr* Benito.

benoîtement *adv* hipócritamente, santurronamente.

benthos *m* bentos, fauna *f* del fondo de los mares.

bentonite *f* bentonita.

benzène [bɛ̃zɛn] *m* CHIM benceno.

benzénisme ▶ **benzolisme.**

benzilique *adj* CHIM bencílico, ca.

benzine *f* CHIM bencina.

benzoate *m* CHIM benzoato.

benzoïque *adj* CHIM benzoico, ca.

benzol *m* CHIM benzol.

benzolisme; benzénisme *m* benzolismo.

benzonaphtol *m* CHIM benzonaftol.

Béotie *n pr* HIST **la Béotie** Beocia.

béotien, enne *adj* beocio, cia (de la Béotie) ‖ FIG beocio, cia; grosero, ra (grossier); torpe (lourd).

Béotien, enne *m & f* beocio, cia.

béotisme *m* beocismo, grosería *f* (grossièreté), torpeza *f* (lourdeur d'esprit).

BEP (abr de **brevet d'études professionnelles**) *m* diploma de estudios profesionales en Francia.

BEPC (abr de **brevet d'études du 1er cycle**) *m* diploma francés que antiguamente se concedía tras los cuatro primeros años de estudios secundarios.

béquée ▶ **becquée.**

béquet ▶ **becquet.**

béquillard, e [bekijar, ard] *adj & s* FAM impedido, da, con muletas.

béquille [bekij] *f* muleta ‖ patín *m* (de fusil mitrailleur) ‖ escora (étai) ‖ AVIAT patín *m* (d'atterrissage) ‖ FIG apoyo *m*, sostén *m* (appui) ‖ MAR puntal *m* de escora.

béquiller [3] *v intr* FAM andar con muletas ‖ MAR apuntalar con escoras.

ber *m* MAR basada *f* (navire).

berbère *adj* berberisco, ca.
◇ *m* LING berberisco.

Berbère *m & f* beréber.

berbéridacées *f pl* BOT berberidáceas.

bercail [bɛrkaj] *m* redil (bergerie) ‖ FIG seno de la Iglesia ‖ redil, hogar (foyer); **ramener au bercail une brebis égarée** volver al redil una oveja descarriada.

▌ OBSERV **1.** El francés bercail se usa sobre todo en sentido figurado, y no tiene plural.
2. Le mot espagnol redil s'emploie aussi bien au sens propre qu'au sens figuré.

berce *f* BOT branca, ursina, acanto *m* (plante).

berceau [bɛrso] *m* [▷ SYN] cuna *f* (lit d'enfant) ‖ cenador, glorieta *f* (charmille) ‖ rascador (de graveur) ‖ FIG niñez *f*, infancia *f* (enfance); **dès le berceau** desde la infancia ‖ cuna *f*, origen (origine); **le berceau de la civilisation** la cuna de la civilización ‖ MAR basada *f* (navire) ‖ MÉCAN soporte (moteur) ‖ MIL armón *m* ■ **au berceau** en mantillas ‖ **allée en berceau** alameda cubierta ‖ ARCHIT **voûte en berceau** bóveda de cañón.

▌ SYN bercelonnette cuna colgante; moïse moisés.

bercelonnette *f* cuna colgante (berceau suspendu).

bercement *m* cuneo, mecedura *f* (du berceau) ‖ balanceo (oscillation).

bercer [16] *v tr* mecer (balancer), cunear (dans un berceau) ‖ FIG arrullar (endormir avec des chansons, un bruit monotone) ‖ adormecer; **bercer un chagrin** adormecer una pena ‖ entretener, ilusionar (amuser); **bercer par des promesses** entretener con promesas.

◆ **se bercer** *v pr* mecerse ‖ FIG entretenerse, ilusionarse (se leurrer) ‖ **se bercer d'illusions** ilusionarse, forjarse ilusiones.

berceur, euse *adj* arrullador, ra (qui berce, qui endort).

◆ **berceuse** *f* mecedora (siège à bascule) ‖ canción de cuna, nana (chanson).

Bercy *n pr* Ministerio de Economía y Hacienda francés (ministère) ‖ estadio polideportivo y sala de concierto parisiense (stade).

BERD; Berd (abr de **Banque européenne pour la reconstruction et le développement**) *f* BERD *m.*

Bérengère *n pr* Berenguela.

Bérénice *n pr* Berenice.

béret [berɛ] *m* boina *f.*

▌ OBSERV Au Pays basque espagnol, il est assez fréquent de voir des bérets rouges, qui étaient l'un des signes distinctifs des carlistes.

Bergame *n pr* GÉOGR Bérgamo.

bergamote *f* bergamota (fruit).

bergamotier *m* bergamoto.

berge *f* orilla, ribera (d'un fleuve) ‖ ribazo *m* (talus).

Bergen *n pr* GÉOGR Bergen.

berger, ère *m & f* [▷ SYN] pastor, ra (de troupeau) ‖ FIG pastor (guide des âmes) ■ ZOOL **berger allemand** pastor alemán ■ **l'étoile du berger** el lucero del alba, Venus ‖ **l'heure du berger** la hora de los enamorados; el anochecer.

◆ **berger** *m* mastín (chien).

▌ SYN pastoureau pastorcillo, zagal; pâtre pastor [de ganado].

bergère *f* poltrona, butaca (fauteuil).

bergerie *f* aprisco *m*, majada (moutons).

◆ **bergeries** *f pl* FIG poesías pastoriles (poésie).

bergeronnette *f* aguzanieve *m* (oiseau).

berginisation *f* berginización (carburants).

bergsonien, enne *adj* bergsoniano, na.

bergsonisme *m* bergsonismo.

béribéri *m* beriberi (maladie tropicale).

Béring *n pr* GÉOGR le détroit de Béring el estrecho de Bering.

berk!; beurk! *interj* FAM ¡puf!, ¡pu! (qui exprime le dégoût, l'écœurement).

berkélium [bɛrkeljɔm] *m* berkelio, berquelio.

Berlin *n pr* GÉOGR Berlín; le mur de Berlin el muro de Berlín.

berline *f* berlina (voiture) ‖ MIN vagoneta.

Berlin-Est *n pr* HIST Berlín Este.

berlingot [bɛrlɛ̃go] *m* berlina *f* de dos asientos ‖ un berlingot de lait leche en envase de cartón.

berlinois, e *adj* berlinés, esa.

Berlinois, e *m & f* berlinés, esa.

Berlin-Ouest *n pr* HIST Berlín Oeste.

berlue *f* alucinación, encandilamiento *m* ‖ FAM avoir la berlue tener telarañas en los ojos.

berme *f* berma (fortification) ‖ sendero *m* (canal).

bermuda *m* bermudas *pl*, pantalones cortos *pl*.

Bermudes *n pr f pl* GÉOGR les Bermudes las Bermudas; le triangle des Bermudes el triángulo de las Bermudas.

bernache; bernacle *f* oca marina (oie) ‖ percebe *m* (pousse-pied).

Bernard *n pr* Bernardo.

bernardin, e *m & f* bernardo, da (religieux).

Bernardin *n pr* Bernardino.

bernard-l'ermite; bernard-l'hermite *m inv* paguro, ermitaño (crustacé).

berne *f* (p us) manteamiento *m* ‖ FIG & FAM burla (raillerie) ■ en berne a media asta (drapeau) ‖ MAR mettre en berne izar a media asta.

Berne *n pr* GÉOGR Berna.

berné, e *adj* manteado, da ‖ FIG burlado, da.

berner [3] *v tr* (p us) mantear (faire sauter dans une couverture) ‖ FIG burlarse de, engañar, dar el pego, dar gato por liebre (tromper).

bernique *f* lapa.
◇ *interj* FAM ¡naranjas!, ¡ni hablar!

bernoche ➡ **barnache**.

bernois, e *adj* bernés, esa (de Berne).

Bernois, e *m & f* bernés, esa, bernense.

berrichon, onne *adj* GÉOGR de Berry [región del centro de Francia].

Berrichon, onne *m & f* nativo, va de Berry.

Berry *n pr m* GÉOGR le Berry Berry.

bersaglier *m* bersagliero (soldat italien).

berthe *f* berta (collerette de lingerie sur un décolleté) ‖ lechera (pot au lait).

Berthe *n pr* Berta.

berthon *m* MIL bote plegadizo de lona (sous-marins).

bertillonnage *m* antropometría *f* (créé par Bertillon).

Bertrand *n pr* Beltrán.

béryl *m* berilo.

béryllium [beriljɔm] *m* berilio.

besace *f* alforjas *pl* ‖ FIG être réduit à la besace verse reducido a pedir limosna.

besaiguë [bəzɛgy]; **bisaiguë** [bizɛgy] *f* azuela de dos filos (de menuisier) ‖ martillo *m* de vidriero (de vitrier).

Besançon *n pr* GÉOGR Besançon, Besanzón.

besant *m* besante (monnaie) ‖ BLAS besante.

bésef ➡ **bézef**.

besicles; bésicles *f pl* quevedos *m*, antiparras.

bésigue *m* báciga *f* (jeu de cartes).

besogne [bəzɔɲ] *f* tarea (tâche), faena (labeur), trabajo *m* (travail) ■ abattre de la besogne trabajar mucho, darle duro al trabajo, cundirle a uno el trabajo ‖ aller vite en besogne despachar el trabajo (être expéditif), imaginar y las cosas hechas (imaginer) ‖ faire de la bonne, mauvaise besogne trabajar bien, mal ‖ se mettre à la besogne poner manos a la obra ‖ tailler de la besogne dar ou señalar tarea.

besogner [3] *v intr* atarearse, afanarse.

besogneux, euse *adj & s* necesitado, da ‖ apurado, da; menesteroso, sa (dans la gêne).
| OBSERV Necesitado indique simplement le besoin, menesteroso une gêne habituelle, apurado un état de gêne momentané.

besoin *m* necesidad *f*; besoin d'argent necesidad de dinero ‖ pobreza *f*, estrechez *f* (pauvreté) ‖ necesidad *f*, obligación (obligation) ‖ COMM persona a quien puede presentarse al cobro una letra en ausencia del librado ■ FIG besoin de gloire sed de gloria ‖ besoins énergétiques necesidades energéticas ‖ besoins internes necesidades internas ‖ au besoin si es preciso ‖ en cas de besoin por si acaso, en caso de necesidad ‖ pour les besoins de la cause por la causa ‖ si besoin est si es necesario ■ avoir besoin de necesitar, tener necesidad de (quelqu'un ou quelque chose), tener que (avec l'infinitif) ‖ avoir besoin que hacerle falta a uno que, necesitar que, tener necesidad que; j'ai besoin que tu me conseilles me hace falta que me aconsejes; je n'ai pas besoin de toi ici no necesito tu ayuda, no te necesito ‖ être dans le besoin estar necesitado ‖ vous aviez bien besoin de venir menuda ocurrencia tuvo usted al venir aquí.
➡ **besoins** *m pl* necesidades *f* naturales; faire ses besoins hacer sus necesidades.
| OBSERV El francés nécessité supone una necesidad más grave y urgente que el simple besoin.

Bessarabie *n pr f* GÉOGR la Bessarabie Besarabia.

bessemer *m* bessemer (métallurgie).

besson, onne *adj* (vx) mellizo, za (jumeau).

bestiaire *m* HIST bestiario ‖ colección *f* de fábulas (recueil de fables).

bestial, e *adj* bestial; instincts bestiaux instintos bestiales.

bestialement *adv* bestialmente.

bestialiser [3] *v tr* bestializar.

bestialité *f* bestialidad.

bestiaux *m pl* ganado *sing*, reses *f pl*.
| OBSERV El singular bestiau (res) pertenece al lenguaje vulgar campesino.

bestiole *f* bicho *m*, bichito *m*.

best-seller *m* best-seller, libro de más venta (succès de librairie).
| OBSERV pl best-sellers.

bêta *m* beta *f* (lettre grecque) ‖ rayons bêta rayos beta.

bêta, asse *adj & s* FAM bobalicón, ona; simplón, ona ‖ grand bêta tonto de capirote.

bêtabloquant, e *adj* MÉD betabloqueante, betabloqueador, ra.
➡ **bêtabloquant** *m* MÉD betabloqueante.

bétail [betaj] *m* ganado [(Amér) hacienda] ■ FIG bétail humain ganado humano (esclaves) ‖ gros bétail ganado mayor ‖ menu bétail ganado menor ‖ tête de bétail cabeza de ganado, res.
| SYN bestiaux ganado, reses; cheptel ganado.

bétaillère *f* vehículo *m* para transporte de ganado.

bêtatron *m* PHYS betatrón.

bête *f* animal *m* ‖ bestia (âne et mulet) ‖ bicho *m* (petite bête, insecte) ‖ pieza (gibier) ■ FAM bête à bon Dieu mariquita (insecte) ‖ FAM bête à concours empollón ‖ bête à cornes res vacuna (au pluriel: ganado vacuno) ‖ bête à feu luciérnaga, bicho de luz (ver luisant) ‖ bête carnassière fiera, animal carnicero ‖ bêtes de boucherie reses de matadero ‖ bête de somme bestia de carga, acémila ‖ bête de trait animal de tiro ‖ bêtes à laine ganado lanar ‖ bêtes aumailles ganado vacuno ‖ bêtes fauves ciervos y gamos ‖ bêtes noires jabalíes ‖ bêtes puantes zorros, garduñas, comadrejas, etc. ‖ bêtes rousses ou carnassières alimañas ‖ bêtes sauvages animales salvajes, fieras ■ FAM bonne bête bonachón, bendito de Dios ‖ mauvaise ou méchante bête mal bicho ■ FIG & FAM c'est sa bête noire es su pesadilla (personne) ‖ chercher la petite bête ser un chinche, buscarle pelos al huevo ‖ faire la bête hacerse el tonto ‖ morte la bête, mort le venin muerto el perro se acabó la rabia ‖ reprendre du poil de la bête remontar la pendiente.
| OBSERV Bestia s'applique généralement au gros bétail (bœuf, cheval); animal au petit bétail, au petit animal, domestique ou non; bicho à une très petite bête (ver, chenille, insecte, etc.), quoique familièrement ce mot puisse s'appliquer à un taureau de combat.

bête *adj* tonto, ta; bobo, ba ■ FAM pas si bête! ¡no tan tonto! ‖ c'est bête à pleurer es de una tontería que da lástima ‖ c'est bête, il est trop tard para es lástima, es demasiado tarde para.

bétel *m* BOT betel ‖ buyo (masticatoire).

bêtement *adv* tontamente ‖ tout bêtement simplemente, sencillamente.

Bethléem *n pr* GÉOGR Belén.

bêtifier [9] *v intr* hacerse el tonto, la tonta.

Bétique *n pr f* HIST Bética (ancien nom de l'Andalousie).

bêtise *f* tontería; dire une bêtise decir una tontería; faire des bêtises hacer tonterías ‖ majadería ‖ necedad (motif futile); se brouiller pour une bêtise enfadarse por una necedad ‖ tontería, futilidad (choses sans valeur).

dépenser son argent en bêtises gastar su dinero en futilidades ▌ **bêtise de Cambrai** caramelo de menta.

▌ SYN ânerie burrada; sottise tontería, sandez; stupidité estupidez; niaiserie necedad; bourde sandez.

bêtiser [3] *v intr* tontear, bobear, decir ou hacer tonterías.

bêtisier *m* disparatorio, colección *f* de disparates.

bétoine *f* BOT betónica.

bétoire *f* sumidero *m* (gouffre) ▌ aljibe *m* (puisard).

béton *m* hormigón ▌ cerrojo (football) ▪ béton armé hormigón armado ▌ béton banché hormigón entibado ▌ béton précontraint hormigón pretensado ou precomprimido.

bétonnage *m* hormigonado (maçonnerie en béton).

bétonner [3] *v tr* construir con hormigón ▌ FIG hacer el cerrojo (football).

bétonnière *f* hormigonera.

bette *f* BOT acelga ▌ barco *m* de recreo y de pesca [en Marsella].

betterave [bɛtʀav] *f* remolacha ▪ betterave à sucre remolacha azucarera ▌ betterave fourragère remolacha forrajera ▌ betterave rouge remolacha.

betteravier, ère *adj & s m* remolachero, ra.

bétulacées *f pl* BOT betuláceas.

bétyle *m* betilo.

beuglant, e [bøglɑ̃, ɑ̃t] *adj* bramante.
➤ **beuglant** *m* FAM (vieilli) cafetucho cantante.
➤ **beuglante** *f* FAM & PÉJ canción.

beuglement *m* mugido (des bovidés) ▌ bramido (du taureau).

beugler [5] *v intr* mugir (les bovidés) ▌ bramar (le taureau) ▌ FIG mugir (crier) ▌ FAM berrear, cantar a voz en cuello (chanter mal et fort).

beuh! *interj* ¡bah!

beur *adj & s* nacido en Francia de padres inmigrantes de origen magrebí.
➤ **Beur** *m & f* joven nacido en Francia de padres inmigrantes de origen magrebí.

▌ BEUR
Esta palabra "verlan" que significa "árabe" no es despectiva y se suele usar entre los árabes de segunda generación residentes en Francia.

beurk! ➤ **berk**.

beurre [bœʀ] *m* mantequilla *f*, manteca *f* de vaca ▌ manteca *f* (de cacao, etc.) ▌ FIG gusto, cosa *f* agradable ▪ beurre d'anchois, d'écrevisses etc. pasta de anchoas, de cangrejos, etc. (terme de cuisine) ▌ beurre de cacao manteca de cacao ▌ beurre fondu mantequilla derretida ▌ beurre frais, salé mantequilla fresca, salada ▌ beurre noir mantequilla requemada ▌ gants beurre frais guantes de color de avellana ▌ lait de beurre suero ▌ petit beurre galleta ▪ FAM avoir l'œil au beurre noir tener un ojo a la funerala ▌ battre le beurre mazar ▌ compter pour du beurre jugar de cascarilla ▌ entrer comme dans du beurre entrar como una seda ▌ faire son beurre hacer su agosto, ponerse las botas ▌ fondre comme du beurre derretirse como manteca ▌ mettre du beurre dans ses épinards mejorar

de situación ▌ promettre plus de beurre que de pain prometer el oro y el moro.

beurré, e *adj* FAM achispado, da (ivre).
➤ **beurré** *m* pera *f* de donguindo (poire).

beurrée *f* rebanada de pan con mantequilla.

beurrer [5] *v tr* untar con manteca.

beurrerie [bœʀʀi] *f* mantequería (fabrication de beurre), industria mantequera.

beurrier, ère *adj* mantequero, ra.
◇ *m & f* (vx) mantequero, ra (qui vend du beurre).
➤ **beurrier** *m* mantequera *f* (récipient).

beuverie *f* borrachera.

bévatron *m* PHYS bevatrón.

bévue *f* equivocación (erreur) ▌ FAM metedura de pata (gaffe) ▌ commettre une bévue meter la pata.

bey [bɛ] *m* bey (jadis souverain musulman).

beylical, e *adj* beylical.

beylicat *m* beylicato.

Beyrouth *n pr* GÉOGR Beirut.

bézef; bésef *adv* FAM mucho, bastante.

bézoard *m* bezoar.

Bhopal *n pr* GÉOGR Bhopāl, Bhopal.

Bhoutan *n pr m* GÉOGR le Bhoutan Bhután, Bután.

BHV (abr de Bazar de l'Hôtel de Ville) *m* grandes almacenes parisienses.

Bi (abr écrite de bismuth) Bi.

biacide *adj & s m* CHIM biácido, da.

biais *m* sesgo ▌ FIG rodeo, vuelta *f* (moyen détourné); prendre un biais dar un rodeo; aborder de biais une question abordar un asunto dando un rodeo ▌ ARCHIT esviaje ▌ bies (étoffe coupée en biais); tailler en biais cortar al bies ▌ cauce (voie) ▌ de ou en biais al sesgo, sesgado (obliquement), esviado (architecture), al bies (couture).

▌ OBSERV Bies est un gallicisme très employé.

biais, e [bjɛ, ɛz] *adj* sesgado, da ▌ ARCHIT esviado, da.

biaisé, e *adj* torcido, da; al bies ▌ résultat biaisé resultado sesgado.

biaiser [4] *v intr* torcer, torcerse (un chemin) ▌ FIG tergiversar, andar con rodeos, usar de doblez (user de moyens détournés); parler franchement à quelqu'un, sans biaiser hablar francamente, sin andar con rodeos.

biarticulé, e *adj* biarticulado.

biathlon *m* SPORTS biatlón.

biatomique *adj* CHIM biatómico, ca.

bibasique *adj* bibásico, ca.

bibelot [biblo] *m* bibelot, objeto artístico, menudencia *f* (d'étagère, etc.) ▌ fruslería *f* (objet futile) ▌ chuchería *f*, baratija *f* (objet sans valeur) ▌ FAM chirimbolo.

bibelotage *m* afición *f* a los bibelots.

bibeloter [3] *v intr* comprar ou vender bibelots.

bibeloteur *m* aficionado a los bibelots, coleccionador de bibelots.

biberon [bibʀɔ̃] *m* biberón; nourrir au biberon alimentar con biberón.

biberonner [3] *v tr* FAM pimplar, trincar, soplar (boire).

bibi *m* FAM sombrerito [de señora] ▌ FAM mi menda *f*, este cura (moi).

bibine *f* FAM cerveza de mala calidad, bebistrajo *m*.

Bible *f* Biblia ▌ papier bible papel biblia.

bibliobus *m* biblioteca itinerante.

bibliographe *m* bibliógrafo.

bibliographie *f* bibliografía.

bibliographique *adj* bibliográfico, ca.

bibliomancie *f* bibliomancía.

bibliomane *m & f* bibliómano, na.

bibliomanie *f* bibliomanía.

bibliophile *m & f* bibliófilo, la.

bibliophilie *f* bibliofilia.

bibliothécaire [biblijɔtekɛʀ] *m & f* bibliotecario, ria.

bibliothèque *f* biblioteca; Bibliothèque nationale de France biblioteca nacional francesa.

▌ LA BIBLIOTHÈQUE NATIONALE DE FRANCE
La Bibliothèque nationale de France o "BNF" es una inmensa biblioteca de depósito legal situada en París, rue de Richelieu (conservación de todo el patrimonio editorial francés) y rue de Tolbiac (salas de lectura para el público en general).

biblique *adj* bíblico, ca.

Bic® *m* boli, bic.

bicaméral, e *adj* bicameral; principes bicaméraux principios bicamerales.

bicamérisme; bicaméralisme *m* bicameralismo, sistema bicameral.

bicapsulaire *adj* BOT bicapsular (fruit qui a deux carpelles).

bicarbonate *m* CHIM bicarbonato.

bicarbonaté, e *adj* bicarbonatado, da.

bicarbure *m* bicarburo.

bicarré, e *adj* bicuadrado, da.

bicentenaire *adj* bicentenario, ria.
◇ *m* bicentenario.

bicéphale *adj & s* bicéfalo, la; aigle bicéphale águila bicéfala.

biceps [bisɛps] *adj m & s m* bíceps (muscle) ▌ FAM avoir des biceps tener musculatura.

biche *f* cierva (femelle du cerf) ▌ FAM querida (chérie) ▌ yeux de biche ojos rasgados.

bicher [3] *v intr* FAM estar contento, alegrarse ▌ FAM ir bien, marchar; ça biche? ¿van bien las cosas?

bichette *f* cervatilla (jeune biche) ▌ FAM querida, nena (terme d'affection).

bichlorure *m* CHIM bicloruro.

bichof; bischof *m* especie de sangría *f* alemana hecha con vino dulce.

bichon *m* perrito de lanas (chien) ▌ almohadilla *f* de terciopelo (pour chapeaux).

bichonner [3] *v tr* (p us) rizar el pelo (friser) ▌ FIG arreglar, ataviar (parer) ▌ acariciar (caresser) ▌ cepillar (brosser).
➤ **se bichonner** *v pr* arreglarse, ataviarse ▌ FAM emperejilarse.

bichromate *m* CHIM bicromato.

bichromaté, e *adj* bicromatado, da.

bichromie *f* IMPR bicromía.

bicipital, e *adj* bicipital (du biceps).

bicolore *adj* bicolor.

biconcave *adj* bicóncavo, va.

biconvexe *adj* biconvexo, xa.

bicoque *f* bicoca (fortification) ‖ casucha (maison).

bicorne *adj* bicorne, de dos picos ou cuernos; un chapeau bicorne un sombrero bicorne ou de dos picos. ◇ *m* bicornio (chapeau).

bicot *m* FAM chivo (chevreau) ‖ FAM & PÉJ (raciste) árabe, moro.

bicross *m* bicicleta de ciclocros, ciclocros.

biculturalisme *m* coexistencia *f* de dos culturas.

bicycle *m* biciclo.

bicyclette *f* bicicleta; aller à bicyclette ir en bicicleta ‖ cadre de bicyclette cuadro de bicicleta.

‖ **OBSERV** Es incorrecto decir aller en bicyclette.

bidasse *m* FAM quinto.

Bidassoa la Bidassoa el Bidasoa.

bide *m* FAM panza *f*, andorga *f* (gros ventre) ‖ THÉÂTR fracaso total ■ faire un bide dar un panzazo ‖ prendre un bide fracasar totalmente.

bident *m* bidente, bieldo (fourche à deux dents).

bidenté, e *adj* bidente, bidentado, da (à deux dents).

bidet *m* jaca *f* (petit cheval) ‖ bidé (salle de bains).

bidimensionnel, elle *adj* bidimensional.

bidoche *f* FAM pitraco *m*, piltrafa, carne mala ‖ carne en general.

bidon *m* bidón, lata *f*; un bidon d'essence un bidón de gasolina ‖ cantimplora *f* (gourde des soldats) ‖ cántaro (de lait) ‖ aceitera *f*, alcuza *f* (pour l'huile) ‖ FAM barriga *f*, panza *f* ‖ FAM ça c'est du bidon eso es un camelo.

bidonner [3] *v tr* sofisticar. ➤ **se bidonner** *v pr* FAM desternillarse de risa.

bidonville *m* chabolas *f pl*, barrio de las latas.

bidouillage *m* FAM chapucería *f*.

bidouiller [3] *v tr* bricolar.

bidule *m* cosa, chisme.

bief *m* saetín (de moulin) ‖ tramo (d'un canal).

bielle *f* biela (mécanique); couler une bielle fundir una biela.

biellette *f* MÉCAN balancín *m*.

Biélorussie *n pr f* GÉOGR la Biélorussie Bielorrusia.

bien *adj inv* bien; les gens bien la gente bien ■ ce n'est pas si bien que ça no es para tanto ‖ c'est bien? ¿está bien? ‖ c'est bien comme ça está bien así ‖ être bien estar bien ‖ être bien avec quelqu'un estar bien con alguien. ◇ *m* bien; il faut faire le bien hay que hacer el bien ‖ bien (ce qui est conforme au devoir); un homme de bien un hombre de bien ‖ [▷ SYN] caudal (capital), hacienda *f*, fortuna *f* (richesse); posséder du bien tener fortuna ‖ bien; biens d'équipement bienes de equipo ■ biens collectifs bienes colectivos ‖ biens communaux propiedades del municipio

‖ ÉCON biens de consommation bienes de consumo ‖ biens durables bienes duraderos ‖ biens immeubles bienes inmuebles ‖ biens meubles bienes muebles ‖ biens nonreproductibles bienes no renovables ‖ ÉCON les biens et les services los bienes materiales y los servicios ■ le bien public los bienes públicos ‖ pour le bien con buen fin, con buen objeto ‖ pour son bien para su provecho ■ avoir du bien au soleil tener, poseer tierras ‖ bien mal acquis ne profite jamais bienes mal adquiridos a nadie han enriquecido ‖ changer en bien cambiar para bien, mejorar ‖ dire du bien de hablar bien de ‖ en bien bien; parler en bien de quelqu'un hablar bien de uno ‖ en tout bien tout honneur con buena intención ‖ être du dernier bien avec quelqu'un estar a partir un piñón con uno ‖ faire du bien hacer bien, sentar bien (aliments, etc.) ‖ grand bien vous fasse! ¡buen provecho le haga! ‖ mener à bien llevar a cabo, a buen término ‖ ne voir que le bien en quelqu'un ver solamente el lado bueno en alguien ‖ penser du bien de quelqu'un pensar bien de alguien ‖ périr corps et biens perderse [un barco] completamente ‖ prendre une chose en bien tomar una cosa en buen sentido ‖ rendre le bien pour le mal devolver bien por mal ‖ vouloir du bien à querer el bien de. ◇ *adv* bien; bien agir obrar bien ‖ muy; c'est bien beau es muy bello; bien loin muy lejos ‖ mucho, cha *adj*; bien des choses muchas cosas ‖ bastante bien; il grossit bien engorda bastante bien ‖ bien; songez-y bien piénselo bien ‖ uno, una; unos, unas; aproximadamente (à peu près); il y a bien trois ans hace unos tres años ‖ mucho (beaucoup); ce malade est bien mieux es este enfermo está mucho mejor ‖ bien, perfectamente; elle parle bien l'espagnol habla bien el español ‖ con gusto, gustosamente; je le ferais bien, mais lo haría gustosamente, pero ‖ ya; on verra bien ya veremos; je le crois bien ya lo creo ‖ bien assez bastante, suficientemente ‖ bien au contraire todo lo contrario ‖ bien à vous suyo afectísimo (lettre) ‖ bien des gens bastante gente ‖ bien du temps bastante tiempo ‖ bien plus lo que es más, además, mucho más; bien plus grand que moi mucho más grande que yo ‖ bien portant de salud ‖ bien que aunque ‖ bien trop demasiado ■ bel et bien completamente (entièrement), aunque parezca imposible ‖ bien entendu desde luego ‖ bien sûr por supuesto ‖ eh bien! ¡vaya! ‖ nous voilà bien! ¡estamos arreglados! ‖ peut-être bien quizá sí ‖ si bien que de suerte que, de manera que ‖ tant bien que mal así, así, mal que bien, regular ■ aimer bien gustar mucho ‖ aller bien ir bien ‖ ça fait bien da buen tono ‖ c'est bien fait está bien hecho ‖ c'est bien lui eso, es muy de él ‖ c'est bien lui? ¿es verdaderamente él? ‖ croyant bien faire creyendo hacer bien ‖ faire bien de hacer bien en ‖ il a bien trente ans tendrá treinta años cumplidos ‖ il est bien de conviene que ‖ il faut bien le faire de todas formas hay que hacerlo ‖ il semble bien que parece claro que ‖ il s'en faut bien ni con mucho ‖ je crois bien que me parece que, casi estoy seguro de que ‖ j'espère bien y aller espero por supuesto ir allí ‖ je veux bien le faire ya lo hago yo ‖ nous arriverons bien à le convain-

cre seguramente llegaremos a convencerle ‖ qui aime bien châtie bien quien bien te quiere te hará llorar ‖ tu as bien eu raison de faire ça has hecho bien en hacerlo.

‖ **OBSERV 1.** Au sens de fortune, domaine, le substantif bien ne s'emploie plus en espagnol qu'au pluriel. **2.** Bien adverbe se place généralement aujourd'hui après le verbe.

SYN propriété propiedad; domaine tierras, hacienda; héritage herencia; patrimoine patrimonio; acquêts bienes gananciales.

bien-aimé, e *adj* & *s* querido, da; muy amado, da ‖ predilecto, ta; preferido, da (préféré).

‖ **OBSERV** pl bien-aimés, bien-aimées.

bien-dire *m inv* hablar bien, buen decir.

bien-être [bjɛ̃nɛtr] *m inv* bienestar.

bien-faire *m inv* obrar bien, hacer bien.

bienfaisance [bjɛ̃fəzɑ̃s] *f* beneficencia; bureau de bienfaisance sección de beneficencia ‖ de bienfaisance benéfico, ca; fête de bienfaisance fiesta benéfica.

bienfaisant, e *adj* benéfico, ca; bienhechor, ra (qui fait le bien) ‖ beneficioso, sa (profitable).

bienfait *m* beneficio, favor (faveur); combler de bienfaits colmar de favores ‖ ventaja *f* (avantage); les bienfaits de la civilisation las ventajas de la civilización ‖ buena *f* acción; les bienfaits d'une âme charitable las buenas acciones de un alma caritativa ‖ un bienfait n'est jamais perdu haz bien y no mires a quién.

bienfaiteur, trice *adj* & *s* bienhechor, ra.

bien-fondé *m* lo bien fundado, legitimidad *f*; le bien-fondé d'une réclamation lo bien fundado de una reclamación.

‖ **OBSERV** pl bien-fondés.

bien-fonds [bjɛ̃fɔ̃] *m* DR bienes raíces ou sedientes.

bienheureux, euse *adj* & *s* bienaventurado, da. ◇ *m* & *f* beato, ta (personne béatifiée).

bien-jugé *m* sentencia *f* justa, fallo justo.

‖ **OBSERV** pl bien-jugés.

biennal, e [bjenal] *adj* bienal; assolements biennaux rotaciones bienales. ➤ **biennale** *f* bienal (festival).

Bienne *n pr* GÉOGR Biel, Bienne.

bien-pensant, e *adj* & *s* bienpensante. ➤ **bien-pensants** *m pl* les bien-pensants la gente conformista.

bienséance *f* conveniencia (convenance), decoro *m* (décorum), decencia (décence).

bienséant, e *adj* conveniente, decente (décent), decoroso, sa.

bientôt *adv* pronto ■ à bientôt hasta pronto, hasta la vista, hasta luego ‖ bientôt après poco después ‖ c'est bientôt dit es fácil decirlo.

bienveillamment [bjɛ̃vejamɑ̃] *adv* benévolamente.

bienveillance *f* benevolencia ‖ grâce à la bienveillance de gracias a la amabilidad de ‖ j'ai l'honneur de solliciter de votre haute bienveillance tengo el honor de dirigirme a usted rogándole ou tengo el honor de solicitar de la reconocida bondad de usted.

bienveillant, e *adj* benévolo, la ‖ condescendiente; **paroles bienveillantes** palabras condescendientes.

bienvenir *v intr* acoger bien [úsase sólo en la locución: **se faire bienvenir** hacer el máximo para ser bien recibido].

bienvenu, e *adj & s* bienvenido, da; **être le bienvenu** ser bienvenido.

bienvenue *f* bienvenida; **souhaiter la bienvenue** dar la bienvenida ‖ FAM **payer sa bienvenue** pagar la novatada ou la patente.

bière *f* cerveza (boisson); **un demi de bière** una caña de cerveza ‖ ataúd *m*, caja de muerto (cercueil) ■ **bière à la pression** cerveza de barril, cerveza de grifo ‖ **bière blonde** cerveza dorada ‖ **bière brune** cerveza negra ■ FAM **ce n'est pas de la petite bière** no es grano de anís, no es moco de pavo.

bièvre *m* bíbaro (castor).

biface *m* bifaz (préhistoire).

biffage *m* borradura *f* (effaçage), tachadura *f*.

biffer [3] *v tr* borrar (effacer), tachar, rayar.

biffure *f* tachadura.

bifide *adj* BOT bífido, da (fendu).

bifidus *m* bífidus.

bifilaire *adj* bifilar.

bifocal, e *adj* bifocal.

bifteck; beefsteak *m* bistec, biftec, bisté.

bifurcation *f* bifurcación ‖ BOT horcadura.

bifurquer [3] *v intr* bifurcarse.

bigame *adj & s* bígamo, ma.

bigamie *adj & s* bigamia.

bigarade *f* naranja amarga.

bigaradier *m* bigaradio (arbre).

bigarré, e *adj* abigarrado, da (étoffe, etc.) ‖ berrendo (taureau).

bigarreau *m* cereza *f* gordal ou garrafal.

bigarrer [3] *v tr* abigarrar.

bigarrure *f* abigarramiento *m* (de couleurs) ‖ FIG mezcolanza (mélange confus).

big-bang; big bang *m* big bang.

bige *m* biga *f* (char romain).

Bige® [biʒ] (abr de **billet individuel de groupe étudiant**) *adj inv* **billet Bige** billete de tren de precio reducido para estudiantes.

bigle *adj & s* bisojo, ja; bizco, ca (loucheur).

bigler [3] *v intr* bizquear (loucher).
◇ *v tr* FAM echar el ojo a.

bigleux, euse *adj & s* cegato, ta ‖ bisojo, ja.

bignonia *m* güira *f* (arbre américain).

bignoniacées *f pl* BOT bignoniáceas.

bigophone *m* FAM teléfono.

bigophoner [3] *v intr* FAM llamar por teléfono, telefonear.

bigorne *f* bigornia (enclume) ‖ mazo *m* (maillet).

bigorneau *m* bígaro, bigarro, caracol de mar (mollusque) ‖ bigorneta *f* (petite bigorne).

bigorner [3] *v tr* forjar en la bigornia ‖ sobar las pieles (les peaux) ‖ FAM abollar; **bigorner une aile d'auto** abollar una aleta de au-

tomóvil ‖ FAM **bigorner quelqu'un** dar una soba ou una zurra a alguien.

bigot, e [bigo, ɔt] *adj & s* beato, ta; santurrón, ona.

> SYN **béat** beato; **cagot** mojigato; **cafard** gazmoño; **tartufe** camandulero, tartufo; FAM & PÉJ **bondieusard**, calotín tragasantos.

bigoterie *f*; **bigotisme** *m* beatería *f*, santurronería *f*.

bigoudi *m* bigudí (pour friser).

bigre! *interj* FAM ¡caramba!, ¡diantre!, ¡demonio!, ¡caracoles!

bigrement *adv* FAM muy, extremadamente, un rato; **c'est bigrement bon** está un rato bueno.

bigrille *adj* de doble rejilla (lampe TSF).

bigue *f* MAR cabria, caballete *m* de levantamiento, abanico *m* (chèvre).

biguine *f* baile *m* de las Antillas.

Bihar [biar] *n pr* GÉOGR Bihār.

bihebdomadaire *adj* bisemanal.

bihoreau *m* ZOOL garza *f* pequeña.

bijectif, ive *adj* MATH biyectivo, va.

bijection *f* MATH aplicación biyectiva.

bijou *m* joya *f*, alhaja *f* ‖ FIG alhaja, preciosidad *f*, joya *f* (personne ou chose charmante) ‖ bijou fantaisie bisutería.

> OBSERV 1. En francés **bijou** tiene un sentido menos elevado que **joyau**.
> 2. **Joya** en espagnol s'applique à n'importe quel bijou.

bijouterie *f* joyería ‖ joyas *pl*, alhajas *pl*, artículos *m pl* de joyería; **acheter de la bijouterie** comprar joyas ‖ **bijouterie fausse**, de fantaisie bisutería.

> OBSERV El francés **joaillerie** tiene un sentido de riqueza que no ofrece **bijouterie**. Orfèvrerie tiene también, como su sinónimo español **orfebrería**, un sentido más rico y artístico que **platería**.

bijoutier, ère *m & f* joyero, ra.

> SYN **joaillier** joyero; **orfèvre** platero, orfebre.

Bikini® *m* bikini (maillot de bain).

bilabial, e *adj & s f* bilabial.

bilabié, e *adj* BOT bilabiado, da.

bilame *m* termoelemento *m*.

bilan *m* COMM balance; **faire le bilan** hacer el balance ■ ÉCON **bilan annuel** balance de situación, balance general ‖ **bilan consolidé** balance consolidado ‖ **bilan d'ouverture** balance de apertura ‖ MÉD **bilan de santé** chequeo ‖ **déposer son bilan** declararse en quiebra.

bilatéral, e *adj* bilateral; **accords bilatéraux** acuerdos bilaterales.

bilatéralement *adv* bilateralmente.

bilboquet *m* boliche (jouet) ‖ dominguillo, tentetieso (poussah) ‖ FAM monigote ‖ IMPR pequeño trabajo tipográfico (cartes, faire-part, etc.).

bile *f* bilis ‖ FIG fastidio *m* (ennui), mal humor *m* (mauvaise humeur) ■ **bile noire** atrabilis ‖ FAM **se faire de la bile** preocuparse, quemarse la sangre.

biler [3]
➥ **se biler** *v pr* FAM quemarse la sangre.

bileux, euse *adj* FAM intranquilo, la; que se quema la sangre (qui s'inquiète facilement).

bilharzie; bilharzia *f* bilharzia.

bilharziose *f* MÉD bilharziosis.

biliaire [biljɛr] *adj* biliar, biliario, ria.

bilié, e *adj* biliado, da.

bilieux, euse *adj & s* bilioso, sa.

bilingue [bilɛ̃g] *adj & s* bilingüe.

bilinguisme *m* bilingüismo.

bilirubine *f* MÉD bilirrubina.

bill *m* bill (loi).

billard *m* billar (jeu); **queue de billard** taco de billar ‖ FAM hule (table d'opérations) ■ **billard électrique** millón, flipper ■ FAM **être sur le billard** estar en la mesa de operaciones ‖ **passer sur le billard** pasar por el quirófano ‖ FAM **c'est du billard** está tirado, es pan comido.

billarder [3] *v intr* ser corniabierto.

bille [bij] *f* bola de billar ‖ canica, bola (jouet d'enfants); **jouer aux billes** jugar a las canicas ‖ madero *m* (tronc de bois) ‖ MÉCAN bola; **roulements à billes** cojinetes de bolas ‖ FAM pelota, chola (tête) ‖ jeta (visage) ■ **la bille rouge** el mingo (billard) ‖ **stylo à bille** bolígrafo.

billet [bijɛ] *m* billete ‖ esquela *f*; **billet doux** esquela amorosa ‖ billete, entrada *f* [(Amér) boleto] (spectacle); **billet de théâtre** entrada de teatro ‖ billete [(Amér) boleto] (chemin de fer, loterie) ‖ tarjeta *f*; **billet d'invitation** tarjeta de invitación ‖ [▷ SYN] billete; **billet de banque** billete de banco ■ COMM **billet à ordre** pagaré ‖ **billet au porteur** billete al portador ‖ TRANSP **billet circulaire** billete circular ‖ **billet d'aller et retour** billete de ida y vuelta ‖ **billet de confession** cédula de confesión ‖ **billet d'admission à l'hôpital** alta en el hospital ‖ **billet de faire-part** parte de boda (mariage), esquela mortuoria (décès) ‖ **billet de faveur** pase de favor ‖ MIL **billet de logement** boleta de alojamiento ‖ **billet de quai** billete de andén ‖ **billet de santé** certificado de sanidad ‖ **billet simple** billete de ida ■ FAM **prendre un billet de parterre** coger una liebre (tomber).

> SYN **coupon** cupón; **papier monnaie** papel moneda; **devise** divisa; **assignat** asignado.

billette *f* leño *m*, tarugo *m* (bûcher) ‖ AGRIC rodillo *m* (rouleau) ‖ ARCHIT moldura (moulure) ‖ palanquilla (d'acier) ‖ MIN viga que sostiene el techo de una galería (poutre).

billetterie *f* cajero *m* automático (banque), taquilla (gare, théâtre, ...).

billevesée [bilvəze] *f* pamplina, cuento *m*.

billion *m* billón.

> OBSERV Autrefois, le **billón** espagnol correspondait au **trillion** français [un millón de millones] et le **billion** français équivalait à un **milliard** [mil millones].

billon *m* vellón (monnaie) ‖ calderilla *f* (monnaie de cuivre, nickel, etc.) ‖ AGRIC caballón, camellón (ados).

billonnage *m* tráfico ilegal de monedas defectuosas ‖ AGRIC labores en caballones, acaballonamiento de la tierra.

billonner [3] *v tr* AGRIC acaballonar, alomar (labourer en billons).

billot *m* tajo (d'échafaud) ‖ tajo (de boucher) ‖ tronco, tarugo (tronçon de bois) ‖ banquillo (de cordonnier) ‖ trangallo (pour les animaux) ‖ cepo (enclume).

bilobé, e *adj* bilobulado, da.

biloculaire *adj* bilocular.

biloquer [3] *v tr* AGRIC arar profundamente.

bimane *adj & s* bimano, na.

bimbeloterie *f* juguetería (de jouets) ‖ comercio *m* de baratijas (de bibelots).

bimbelotier, ère *m & f* fabricante ou vendedor de juguetes, de baratijas.

bimensuel, elle *adj* bimensual, quincenal.

bimestre *m* bimestre.

bimestriel, elle *adj* bimestral.

Bimétal® *m* bimetal.

bimétallique *adj* bimetálico, ca.

bimétallisme *m* bimetalismo.

bimétalliste *adj & s m* bimetalista.

bimillénaire *m* bimilenario.

bimoteur *adj & s m* bimotor.

binage *m* AGRIC bina *f*, binazón *f* ‖ ECCLÉS binación *f* (permission de biner).

binaire *adj* binario, ria.

binard *m* carro de cantero.

biner [3] *v tr* AGRIC binar (terre).
◇ *v intr* binar (dire deux messes le même jour).

binette *f* AGRIC binador *m*, binadera, escardillo *m* ‖ FIG & FAM jeta, cara ridícula ou poco agradable.

bineur *m*; **bineuse** *f* binadora *f*.

bing! *interj* ¡bumba!

bingo *m* bingo.

biniou *m* gaita *f* bretona.

binocle *m* binóculo (p us), quevedos *pl* (lorgnon).
➤ **binocles** *m pl* FAM lentes *f pl*.

binoculaire *adj* binocular.

binôme *m* binomio.

bin's [bins]; **binz** [binz] *m* FAM desorden.

bio *adj inv* biológico, ca.

biobibliographie *f* biobibliografía.

biocarburant *m* biocarburante.

biochimie *f* bioquímica, química biológica.

biochimique *adj* bioquímico, ca.

biochimiste *m & f* bioquímico, ca.

biodégradable *adj* biodegradable.

biodégradation *f* biodegradación.

biodiversité *f* biodiversidad.

bioénergie *f* bioenergética.

bioéthique *f* bioética.

biogenèse *f* biogénesis.

biogénétique *adj* biogenético, ca.

biogéographie *f* biogeografía.

biographe *m* biógrafo.

biographie *f* biografía.

biographique *adj* biográfico, ca.

biologie *f* biología.

biologique *adj* biológico, ca.

biologiste *m & f* biólogo, ga.

biomasse *f* biomasa.

biomécanique *f* biomecánica.

biométrie *f* biometría.

biophysique *f* biofísica.

biopsie *f* MÉD biopsia.

biorythme *m* biorritmo.

bioscope *m* bioscopio.

biosphère *f* biosfera.

biosynthèse *f* biosíntesis.

biotechnologie; biotechnique *f* biotecnología.

biothérapie *f* bioterapia.

biotite *f* biotita.

biotope *m* biotopo.

bioxyde *m* bióxido.

bip; bip-bip *m* busca busca.

bipale *adj* con dos paletas.

biparti, e; bipartite *adj* bipartido, da; feuille bipartite hoja bipartida ‖ bipartito, ta (de deux parties ou partis); accord bipartite acuerdo bipartito.

bipartisme *m* bipartidismo.

bipartite ➤ **biparti**.

bipartition *f* bipartición.

bipasse *m*; **by-pass** *m inv* by-pass.

bip-bip ➤ **bip**.
‖ OBSERV pl bips-bips.

bipède *adj & s m* bípedo, da.

bipenne; bipenné, e *adj* ZOOL bipennado, da.
➤ **bipenne** *f* bipenna.

biphasé, e *adj* ÉLECTR bifásico, ca.

bipied [bipje] *m* horquilla *f* (mitraillette).

biplace *adj & s m* biplaza, de dos plazas ou asientos; avion biplace avión de dos plazas ou asientos.

biplan *m* biplano.

bipolaire *adj* bipolar.

bipolarisation *f* bipolarización.

bipolarité *f* bipolaridad.

bique *f* FAM cabra (chèvre) ‖ FAM & PÉJ jamelgo *m* (cheval)‖vieille bique vejarrona.

biquet *m* chivo, cabrito, choto (chevreau) ‖ FAM mon biquet pichoncito mío.

biqueter [27] *v intr* parir [la cabra].

biquette *f* chiva ‖ma biquette mi pichón.

biquotidien, enne [bikɔtidjɛ̃, ɛn] *adj* dos veces por día.

birbe *m* PÉJ carcamal ‖ un vieux birbe un vejestorio, un carcamal.

BIRD (abr de Banque internationale pour la reconstruction et le développement) *f* BIRD *m*.

biréacteur *adj & s m* birreactor.

biréfringence *f* birrefringencia.

biréfringent, e *adj* birrefringente.

birème *f* birreme (vaisseau).

birman, e *adj* birmano, na.
➤ **birman** *m* LING birmano.

Birman, e *m & f* birmano, na.

Birmanie *n pr f* GÉOGR la Birmanie Birmania.

bis [bis] *adv* bis ‖ duplicado (numéro); 10 bis, Grande-Rue Calle Mayor, número 10 duplicado.
➤ **bis!** *interj* ¡otra vez!, ¡otra!, ¡que se repita! (spectacles).

bis, e [bi, biz] *adj* bazo, za (couleur) ‖ moreno, na; trigueño, ña (teint) ‖ pain bis pan moreno, pan bazo.

bisaïeul, e *m & f* bisabuelo, la.

bisaiguë [bizɛgy] ➤ **besaiguë**.

bisannuel, elle *adj* bienal (biennal) ‖ bisanuo, nua (plante).

bisbille *f* FAM pelotera, pique *m* ‖ FAM être en bisbille avec quelqu'un estar mosqueado con alguien.

biscaïen, enne *adj* vizcaíno, na.
➤ **biscaïen** *m* (ancien) fusil grande (fusil) ‖ casco de metralla (d'une boîte à mitraille).

Biscaïen, enne *m & f* vizcaíno, na.

Biscaye *n pr f* GÉOGR la Biscaye Vizcaya.

bischof ➤ **bichof**.

biscornu, e *adj* de forma irregular, deforme, extravagante ‖ estrafalario, ria (idée, raisonnement).

biscotin *m* bizcotela *f*.

biscotte [biskɔt] *f* "Pan *m* toast".

biscuit *m* bizcocho ‖ galleta *f* (gâteau sec) ‖ TECHN bizcocho, biscuit (porcelaine) ■ biscuit à la cuiller bizcocho de soletilla ‖ biscuit de marin galleta ‖biscuit glacé bizcotela.

biscuiter [3] *v tr* bizcochar, recocer; pain biscuité pan bizcochado.

biscuiterie [biskɥitri] *f* bizcochería.

bise *f* cierzo *m* ‖ FIG invierno *m* (hiver) ‖ FAM beso *m*, besito *m*; faire une bise dar un beso.

biseau *m* bisel ‖ chaflán (d'une maison) ‖ en biseau biselado, en bisel; glace taillée en biseau espejo biselado.

biseautage *m* biselado, abiselamiento.

biseauter [3] *v tr* tallar en bisel, biselar (tailler en biseau) ‖ señalar, marcar (les cartes à jouer) ‖carte biseautée naipe de tercio.

biser [3] *v tr* reteñir (reteindre) ‖ FAM besar (embrasser).
◇ *v intr* AGRIC atizonarse.

biset *m* paloma *f* zurita.

bisexualité *f* bisexualidad.

bisexué, e *adj* bisexual.

bisexuel, elle *adj & s* bisexual.

Bismarck [bismark] *n pr* Bismarck.

bismuth *m* bismuto.

bisoc *m* AGRIC arado bisurco, arado de dos rejas.

bison, onne *m & f* bisonte, bisonte hembra.

bisontin, e *adj* bisontino, na; de Besançon.

Bisontin, e *m & f* nativo, va de Bensanzón.

bisou; bizou *m* FAM besito.

bisque *f* CULIN sopa de cangrejos (soupe); bisque d'écrevisses sopa de cangrejos de río ‖ ventaja (au jeu de paume) ‖ bisque! bisque! rage! ¡rabia!, ¡rabiña!

bisquer [3] *v intr* FAM rabiar, picarse.

bissac *m* bizaza *f* (p us), alforja *f*, zurrón *m*.

bissecter [3] *v tr* GÉOM bisecar.

bissecteur, trice *adj* & *s f* GÉOM bisector, bisectriz.

bissection *f* GÉOM bisección.

bisser [3] *v tr* repetir (répéter) ▌bisar (au théâtre).

bissextet *m* día bisiesto.

bissextile *adj f* bisiesto *m*; année bissextile año bisiesto.

bissexué, e; bissexuel, elle *adj* bisexual.

bistorte *f* BOT bistorta.

bistouri *m* bisturí.

bistournage *m* castradura *f* (castration).

bistourner [3] *v tr* torcer (tordre) ▌VÉTÉR castrar (châtrer).

bistre *m* bistre.
◇ *adj inv* color de humo (couleur).

bistré, e *adj* muy moreno, na.

bistrer [3] *v tr* dar color bistre, ennegrecer.

bistrot; bistro *m* FAM bar, taberna *f*, tasca *f* (débit), restaurante (petit restaurant) ▌FAM (vieilli) tabernero (marchand de vin).

> BISTROT
> Este término puede designar un pequeño café o un restaurante de barrio frecuentado por clientes habituales. El "style bistrot" hace referencia a un estilo de decoración inspirado de las sillas, mesas y mostradores de zinc del "bistrot" tradicional.

bisulfate *m* CHIM bisulfato.

bisulfite *m* CHIM bisulfito.

bisulfure *m* CHIM bisulfuro.

bisulque *adj* ZOOL bisulco, ca; patihendido, da (fourchu).

bit *m* INFORM bit; bit d'information unidad *f* de información.

BIT (abr de Bureau international du travail) *m* OIT *f*.

bite; bitte *f* VULG polla, picha (pénis).

bitension *f* bitensión.

biterrois, e *adj* de Béziers.

Biterrois, e *m* & *f* nativo, va de Béziers.

Bithynie *n pr f* GÉOGR la Bithynie Bitinia.

bitord *m* MAR meollar (cordage).

bitte *f* MAR bita; bitte d'amarrage bita de amarre ▐► **bite**.

bitter *m* bitter (liqueur).

bitumage *m* asfaltado.

bitume *m* asfalto ▌bitume de Judée betún de Judea.

bitumer [3] *v tr* asfaltar.

bitumineux, euse *adj* bituminoso, sa.

biture *f* FAM borrachera, tajada, mona (ivresse).

bivalent, e *adj* CHIM bivalente.

bivalve *adj* & *s m* ZOOL bivalvo, va.

biveau *m* baibel (outil).

bivouac [bivwak] *m* vivaque, vivac.

bivouaquer [3] *v intr* vivaquear, acampar.

bizarre *adj* raro, ra; curioso, sa.

> OBSERV No tiene bizarre en francés el sentido español de valiente.
> SYN étrange extraño; insolite insólito; extraordinaire extraordinario; singulier singular; extravagant extravagante; fantasmagorique fantasmagórico; fantasque caprichoso, peregrino; baroque estrambótico; biscornu estrafa-

lario; fantastique fantástico; abracadabrant nunca visto, abracadabrante [galicismo].

bizarrement *adv* de forma extraña ou rara.

bizarrerie *f* rareza, extravagancia.

Bizerte *n pr* GÉOGR Bizerta.

bizou ▐► **bisou**.

bizut; bizuth [bizy] *m* FAM novato, pipiolo.

bizutage *m* FAM novatada *f*.

> BIZUTAGE
> En Francia, la ceremonia de iniciación tradicional llamada «bizutage» designa las bromas y novatadas que los "veteranos" gastan al principio del año escolar a los alumnos de primer año en las escuelas especializadas, "grandes écoles" y ciertas universidades. Esta práctica ha sido cuestionada por la opinión pública a raíz de varios incidentes graves.

bizuter [3] *v tr* FAM dar la novatada.

bizuth ▐► **bizut**.

bla-bla; bla-bla-bla *m* FAM charloteo, cuentos *pl* chinos.

black *adj* FAM negro, gra.

Black *m* & *f* FAM negro, gra.

blackboulage *m* derrota *f* (élections) ▌no admisión *f* por haberle echado bola negra (dans un club) ▌FAM suspenso (examen).

blackbouler [3] *v tr* derrotar (vote) ▌echar bola negra (dans un club) ▌FAM dar calabazas (examen).

black-out [blakaut] *m inv* oscurecimiento del alumbrado contra la aviación enemiga ▌FIG faire le black-out guardar el más absoluto silencio.

black-rot *m* black-rot (maladie de la vigne).
▌OBSERV pl black-rots.

blafard, e *adj* macilento, ta; pálido, da; une lumière blafarde una luz macilenta.

blague *f* petaca (à tabac) ▌FAM bola, cuento *m* (mensonge); tout cela c'est de la blague todo eso son cuentos ▌broma; faire une blague à un ami dar una broma a un amigo ▌gazapo (erreur) ▌metedura de pata; il a fait une blague ha sido una metedura de pata ▌chiste *m*, chascarrillo *m* (histoire drôle); raconter une blague contar un chiste ▌blague à part broma aparte, sin broma ▌sans blague! ¡no me digas!

blaguer [3] *v intr* bromear.
◇ *v tr* embromar, dar una broma; blaguer quelqu'un dar una broma a alguien.

blagueur, euse *m* & *f* FAM bromista, guasón, ona (railleur).
◇ *adj* de broma, en broma; paroles blagueuses palabras en broma.

blair *m* ARG napias *f pl* (le nez).

blaireau [blɛro] *m* tejón (animal) ▌brocha *f* de afeitar (pour se raser) ▌brocha *f*, pincel grande (pinceau).

blairer [4] *v tr* FAM tragar; ne pas pouvoir blairer quelqu'un no poder tragar a alguien.

Blaise *n pr* Blas.

blaisois, e ▐► **blésois**.

Blaisois, e ▐► **Blésois**.

blâmable *adj* censurable, vituperable.

blâme *m* censura *f*, reprobación *f* ▌voto de censura *f* (au parlement).

blâmer [3] *v tr* censurar, culpar.

blanc, blanche [blɑ̃, blɑ̃ʃ] *adj* blanco, ca; cano, na; canoso, sa; il a les cheveux blancs tiene el pelo canoso ■ cheveu blanc cana ▌d'une voix blanche con voz velada ▌vin blanc vino blanco ■ donner carte blanche dar carta blanca ▌passer une nuit blanche pasar una noche en blanco, pasar en claro la noche, pasar una noche toledana.
◇ *m* & *f* blanco, ca (de race blanche).
➤ **blanc** *m* blanco (couleur) ▌blanquete (fard) ▌blanco, claro (espace vide) ▌ropa *f* blanca (lingerie); magasin de blanc almacén de ropa blanca ■ blanc cassé blanco hueso ▌blanc d'argent ou de céruse ou de plomb albayalde, blanco de plomo ▌blanc de baleine esperma de ballena, espermaceti ▌blanc de bœuf vino de cepa de uva blanca ▌blanc de champignon micelio de setas ▌blanc de chaux lechada ▌blanc d'Espagne yeso mate, blanco de España, albayalde ▌blanc de l'œil blanco del ojo ▌blanc de poulet pechuga ▌blanc de tailleur jaboncillo, jabón de sastre ▌blanc d'œuf clara de huevo ■ cartouche à blanc cartucho sin bala, cartucho de fogueo, cartucho para salvas ▌chèque en blanc cheque en blanco ▌de but en blanc de buenas a primeras, de sopetón (tout à coup) ■ chauffer à blanc calentar al rojo blanco ▌dire blanc et noir decir dos cosas contradictorias ▌laisser un blanc dejar un espacio en blanco ▌regarder quelqu'un dans le blanc des yeux fijar la mirada en los ojos de alguien ▌saigner à blanc desangrar ▌tirer sur le blanc blanquear.

Blanc *n pr* GÉOGR le mont Blanc el Mont Blanc.

blanc-bec *m* FAM mocoso, barbilampiño.
▌OBSERV pl blancs-becs.

blanc-étoc; blanc-estoc *m* corte, tala *f* a ras de tierra.

blanchaille *f* boliche *m*, morralla (menus poissons).

blanchâtre *adj* blanquecino, na; blancuzco, ca.

blanche *f* MUS mínima, blanca (note) ▌bola blanca (billard) ▌FAM blanca (cocaïne).

Blanche *n pr* GÉOGR la mer Blanche el mar Blanco.

Blanche-Neige et les sept nains Blancanieves y los siete enanitos.

blanchet *m* blanqueta *f* (étoffe) ▌manga *f*, mangueta *f*, filtro (filtre) ▌IMPR mantilla *f*.

blancheur *f* blancura.

blanchiment *m* blanqueo (action de blanchir) ▌blanquición *f* (métaux).

blanchir [32] *v tr* blanquear (rendre blanc) ▌blanquear, encalar, enjalbegar (à la chaux); blanchi à la chaux blanqueado con cal, enjalbegado ▌lavar (le linge) ▌sancochar (cuisine) ▌cepillar (raboter) ▌FIG disculpar, rehabilitar (disculper) ▌IMPR espaciar, regletear (espacer) ▌blanquecer (métaux).
◇ *v intr* blanquear, encanecer; ses cheveux blanchissent sus cabellos encanecen ▌envejecer (dans un emploi).
➤ **se blanchir** *v pr* blanquearse ▌FIG justificarse, disculparse (se justifier), rehabilitarse (se réhabiliter).

blanchissage *m* lavado (action de nettoyer) ▌blanqueo (action de rendre blanc); le blanchissage du sucre el blanqueo del azúcar ▌blanqueo, encalado (à la chaux).

blanchissant, e *adj* que blanquea ▮ encanecido, da (cheveux) ▮ **produits blanchissants** productos para blanquear la ropa.

blanchisserie *f* taller *m* de lavado y planchado, lavandería.

blanchisseur, euse *m & f* lavandero, ra.

blanc-manger *m* manjar blanco (crème) ▮ gelatina *f* de carne blanca (gelée).
▮ OBSERV pl blancs-mangers.

blanc-seing [blãsɛ̃] *m* firma *f* en blanco.
▮ OBSERV pl blancs-seings.

blandices *f pl* (p us) encantos *m*, atractivos *m* (charmes).

blanquette *f* AGRIC albillo *m* (raisin) ▮ vino *m* blanco ▮ variedad de pera (poire) ▮ CULIN blanquette de veau guiso de ternera lechal con salsa de nata.

blasé, e *adj* hastiado, da.
◇ *m & f* desganado, da; **faire le blasé** hacerse el desganado.

blasement *m* hastío.

blaser [3] *v tr* hastiar, aburrir; **blasé de ou sur tout** hastiado de todo.
➡ **se blaser** *v pr* hastiarse, cansarse.

blason *m* blasón (armoiries) ▮ heráldica *f* (science) ■ **redorer son blason** redorar su escudo ▮ **ternir ou salir son blason** deshonrar su apellido.

blasonner [3] *v tr* blasonar.

blasphémateur, trice [blasfematœr, tris] *adj & s* blasfemador, ra; blasfemo, ma.

blasphématoire *adj* blasfematorio, ria; blasfemo, ma.

blasphème *m* blasfemia *f*.
▮ SYN juron reniego, taco; jurement juramento, voto; gros mot palabrota.

blasphémer [18] *v intr* blasfemar.
◇ *v tr* blasfemar contra, maldecir de.

blastoderme *m* BIOL blastodermo.

blastomère *m* blastómero.

blastomycètes *m pl* blastomicetos.

blastomycose *f* blastomicosis.

blastula; blastule *f* blástula.

blatérer [18] *v intr* balar (bélier) ▮ gritar (chameau).

blatte *f* cucaracha, curiana, blata (p us).

blazer *m* blazer (veste).

blé *m* trigo ■ **blé d'automne** trigo otoñal ▮ **blé de mars** trigo marzal ▮ **blé de Turquie** maíz ▮ **blé dur** trigo duro ou fanfarrón ▮ **blé en herbe** trigo en ciernes ▮ **blé ergoté** trigo atizonado ▮ **blé hérisson** trigo cuchareta ▮ **blé méteil** comuña ▮ **blé noir** alforfón, trigo sarraceno ▮ **blé tendre** trigo candeal ou tierno ▮ **blé trémois** trigo tremés, trechel ■ **champ de blé trigal** ▮ **crier famine sur un tas de blé** quejarse de vicio ▮ **battre le blé** trillar ▮ FAM **être fauché comme les blés** estar sin (una) gorda ▮ **manger son blé en herbe** gastar la renta antes de cobrarla.

bled [blɛd] *m* interior del país [en África del Norte] ▮ FAM poblacho perdido, poblacho aldeorrío.

blême *adj* descolorido, da; muy pálido, da.

blêmir [32] *v intr* palidecer, perder el color (pâlir).

blêmissement *m* lividez *f*, palidez *f* intensa.

blende [blɛ̃d] *f* MIN blenda.

blennorragie *f* MÉD blenorragia.

blennorragique *adj* blenorrágico, ca.

blépharite *f* MÉD blefaritis.

blèsement *m* seseo.

bléser [18] *v intr* sesear.
▮ OBSERV Bléser, en francés, es reemplazar por s o z otras consonantes: g, j, ch, en zerbe, seval, pizon (gerbe, cheval, pigeon). El español, que no posee los sonidos franceses de j-g, reemplaza igualmente por s estas letras al adoptar ciertos galicismos, como bisutería (bijouterie).

blésité *f* seseo *m*.

blésois, e; blaisois, e *adj* de Blois.

Blésois; Blaisois *m & f* nativo, va de Blois.

blessant, e *adj* ofensivo, va; injurioso, sa.

blessé, e *adj* herido, da; **blessé grièvement** herido de gravedad; **blessé à mort** herido de muerte ▮ lesionado, da (un sportif) ▮ FIG herido, da; ofendido, da; lastimado, da (outragé).
◇ *m & f* herido, da; **un blessé grave, un grand blessé** un herido grave.
▮ OBSERV Evítese el empleo de un blessé grave en vez de una personne grièvement blessée.

blesser [4] *v tr* [▷ SYN] herir ▮ hacer daño, lastimar (faire du mal); **mes chaussures me blessent** mis zapatos me hacen daño ▮ herir, hacer daño a, lastimar; **bruit qui blesse l'oreille** ruido que hace daño al oído ▮ lesionar (un sportif) ▮ FIG herir, ofender, agraviar (offenser); **des paroles qui blessent** palabras que ofenden; **blesser son amour-propre** herir su amor propio ▮ dañar, lesionar, perjudicar (porter préjudice); **blesser des intérêts** lesionar intereses ■ **blesser à l'endroit sensible** tocar en lo vivo ▮ **blesser les convenances** faltar a la cortesía ▮ **chacun sait où le bât le blesse** cada uno sabe dónde le aprieta el zapato.
➡ **se blesser** *v pr* herirse; **se blesser au pied** herirse en el pie ▮ FIG agraviarse, ofenderse.
▮ SYN estropier lisiar, baldar; FAM amocher estropear, desgraciar.

blessure [blɛsyr] *f* [▷ SYN] herida ▮ descalabradura (blessure à la tête) ▮ lesión (d'un sportif) ▮ FIG herida (offense) ■ DR coups et blessures lesiones ▮ **rouvrir une blessure** abrir de nuevo una herida.
▮ SYN plaie llaga; lésion lesión; traumatisme traumatismo.

blet, ette [blɛ, ɛt] *adj* modorro, rra; pasado, da; pocho, cha (fruit) ▮ FIG de aspecto amarillento.
➡ **blette** *f* BOT acelga, bledo *m*.

blettir [32] *v intr* pasarse, modorrarse (fruits).

blettissement *m* madurez *f* excesiva.

bleu, e [blø] *adj* [▷ SYN] azul ▮ terrible, enorme, tremendo, da; **colère bleue** cólera enorme; **une peur bleue** un miedo terrible ▮ **contes bleus** cuentos de hadas ▮ MÉD maladie bleue enfermedad azul ▮ AUTOM zone bleue zona azul.
➡ **bleu** *m* azul; **bleu ciel, foncé, électrique, de Prusse, d'outremer, layette, marine, nuit, roi** azul celeste, oscuro, eléctrico, de Prusia, de ultramar, pastel, marino, oscuro, turquí ▮

mono (vêtement de travail) ▮ telegrama ▮ TECHN azulete, añil (couleur pour le linge) ▮ FAM quinto, recluta, novato (soldat nouveau venu) ▮ cardenal; **avoir des bleus sur le bras** tener cardenales en el brazo (ecchymose) ■ **bleu (d'Auvergne)** queso tipo Roquefort, queso azul ▮ MÉD bleu de méthylène azul de metileno ■ FAM **en être bleu** quedarse patidifuso ▮ **n'y voir que du bleu** quedarse en ayunas ou in albis ▮ **passer au bleu** hacer desaparecer, escamotear.
▮ OBSERV Las palabras compuestas por bleu y otro nombre de color se escriben con un guión, y, empleadas como adjetivos, son invariables (des robes bleu clair).
▮ SYN azur azul celeste; bleuté azulado; céruléen cerúleo; indigo índigo, añil; pers garzo.

bleuâtre *adj* azulado, da; azulino, na.

bleuet [bløɛ] *m* BOT aciano.

bleuir [32] [bløir] *v tr* azular (rendre bleu) ▮ TECHN pavonar (métaux).
◇ *v intr* azulear (devenir bleu).

bleuissage *m* azuleo, azulado (action de rendre bleu) ▮ pavonado, empavonado, empavonamiento (métaux).

bleuissement *m* azulado (p us).

bleusaille *f* ARG MIL quinto *m*, soldado *m* novato (soldat).

bleuté, e *adj* azulado, da.

bleuter [3] *v tr* azulear, dar añil ou azulete a la ropa (le linge).

blindage *m* blindaje ▮ TECHN armazón *f*.

blindé, e *adj* blindado, da ▮ acorazado, da; **coffre blindé** cámara acorazada ▮ ÉLECTR aislado, da.
➡ **blindé** *m* MIL vehículo blindado.

blinder [3] *v tr* blindar ▮ acorazar (cuirasser) ▮ encontrar (une mine) ▮ ÉLECTR aislar ▮ FIG endurecer.

blini *m* blini [pequeño crepe ruso].

blizzard *m* ventisca *f* (vent d'Amérique du Nord).

bloc [blɔk] *m* bloque; **un bloc de marbre** un bloque de mármol ▮ montón; **un bloc de livres** un montón de libros ▮ taco (de calendrier) ▮ bloc, taco (pour écrire) ▮ conjunto, un todo; **idées qui forment un bloc** ideas que forman un todo ▮ FAM chirona *f* (prison); **fourrer au bloc** meter en chirona ▮ FIG bloque, grupo (politique) ■ **bloc à colonne** bloque de matrizar ▮ ÉLECTR bloc d'alimentation bloque de alimentación ▮ **bloc opératoire** quirófano ▮ **bloc sanitaire** conjunto sanitario ▮ **bloc sténo** bloc ▮ INFORM bloc mémoire bloque memoria; **bloc de contrôle** bloque de control ■ **à bloc** a fondo ▮ **gonfler à bloc** inflar a tope ▮ FAM **être gonflé à bloc** estar lleno de ánimo ▮ **faire bloc** solidarizarse.

blocage *m* bloqueo (action de bloquer) ▮ suspensión *f* (des importations) ▮ casquijo, cascote (débris de pierres, de briques) ▮ IMPR bloqueado, cabeza *f* de muerto ▮ TECHN ajuste; **vis de blocage** tornillo de ajuste ▮ FIG congelación *f*, bloqueo; **blocage des salaires** congelación de los salarios; **blocage des prix** congelación de los precios.

blocaille *f* casquijo *m*, cascote *m*.

bloc-cuisine *m* conjunto de cocina.
▮ OBSERV pl blocs-cuisines.

bloc-diagramme *m* bloque diagrama.
■ OBSERV pl blocs-diagrammes.

bloc-évier *m* fregadero.
■ OBSERV pl blocs-éviers.

blochet *m* ARCHIT lima *f* (d'une toiture).

block *m* TRANSP enclavamiento.

blockhaus [blɔkos] *m* MAR & MIL blocao.

bloc-moteur *m* AUTOM bloque del motor.
■ OBSERV pl blocs-moteurs.

bloc-notes *m* bloc, taco (pour écrire).
■ OBSERV pl blocs-notes.

blocus *m* MIL bloqueo.

blond, e *adj* & *s* rubio, bia.
➡ **blond** *m* rubio (couleur); **blond cendré** rubio ceniciento.

blondasse *adj* rubial, rubianco, ca.

blonde *f* blonda (dentelle).

blondeur *f* color *m* rubio.

blondin *m* TECHN transportador aéreo.

blondin, e *adj* & *s* rubio, bia; pelirrubio, bia.
➡ **blondin** *m* FAM boquirrubio, mozalbete presumido.

blondir [32] *v intr* amarillear ▮ dorarse (le blé) ▮**se faire blondir** teñirse el pelo de rubio.

bloody mary [blœdimeri] *m inv* bloody mary (cocktail).

bloom [blum] *m* TECHN bloom, desbaste.

bloquer [3] *v tr* reunir; **bloquer deux paragraphes** reunir dos párrafos ▮ bloquear ▮ rellenar con casquijo ou cascote (maçonnerie) ▮ tapiar, condenar (porte, fenêtre) ▮ apretar a fondo ▮IMPR volver una letra ▮frenar bruscamente (freiner) ▮ bloquear (football) ▮ FIG congelar, bloquear (crédits, salaires, etc.) ▮ MÉCAN agarrotar (gripper).

blottir [32]
➡ **se blottir** *v pr* acurrucarse, hacerse un ovillo ▮ **se blottir dans un fauteuil** arrellanarse en un sillón.
▮ SYN se tapir agazaparse, agacharse; s'accroupir acurrucarse, ponerse en cuclillas; se pelotonner arrebujarse, hacerse un ovillo.

blousant, e *adj* ablusado, da.

blouse *f* blusa (corsage) ▮ traje *m* de casa ▮ bata (de médecin, etc.), guardapolvo *m* (d'élève, d'ouvrier, etc.) ▮tronera (billard).

blouser [3] *v tr* (p us) hacer billa (billard) ▮FIG & FAM engañar.
➡ **se blouser** *v pr* FAM engañarse, caer en la trampa.

blouson *m* cazadora *f*, zamarra *f* ▮ **blouson noir** gamberro (mauvais garçon).

blousse *f* borra (déchets de laine).

blue-jean [bludʒin] *m* pantalón vaquero, blue-jean.
■ OBSERV pl blue-jeans.

blues [bluz] *m* blues (danse).

bluet *m* BOT aciano.

bluette *f* centella, chispa (étincelle) ▮ FIG obrita ingeniosa (petit ouvrage littéraire).

bluff [blœf] *m* bluff, exageración *f*, baladronada *f* ▮farol (au poker).

bluffer [3] *v tr & intr* farolear, echarse ou tirarse faroles, blufar (p us), exagerar ▮ tirarse un farol (au poker).

bluffeur, euse *adj* & *s* fanfarrón, ona; jactancioso, sa ▮farolero, ra.

blush [blœʃ] *m* colorete.

blutage *m* cernido.

bluteau *m* cedazo, tamiz.

bluter [3] *v tr* cerner.

bluterie *f* cernedero *m*.

blutoir *m* cedazo.

BN (abr de *Bibliothèque nationale*) *f* biblioteca nacional francesa.

BO (abr de *Bulletin officiel*) *m* boletín oficial.

boa *m* ZOOL boa *f* (reptile); **boa constricteur** boa constrictor ▮FIG boa *m* (fourrure).

boat people [botpipœl] *m inv* boat people.

bob *m* gorro flexible de fieltro (chapeau).

bobard *m* FAM bola *f*, guasa *f*, embuste, patraña *f* (mensonge).

bobèche *f* arandela (d'un bougeoir) ▮ alma (épée).

bobinage *m* devanamiento ▮ TECHN enrollamiento, bobinado, devanado; **bouton de bobinage** botón de enrollamiento.

bobine *f* carrete *m*, bobina (de fil à coudre, etc.) ▮ canilla (de tisseurs) ▮ TECHN bobina; **bobine d'accord** bobina de sintonía; **bobine d'induction** bobina de inducción; **bobine de self** bobina de auto-inducción ▮ AUTOM **bobine d'allumage** bobina de encendido ▮PHOT carrete ▮ FAM facha, cara ▮ **bobine de papier** rollo de papel.

bobineau *m* carrete, bobina *f*.

bobiner [3] *v tr* devanar (fil) ▮ TECHN enrollar, bobinar (enrouler), encanillar (tissage).

bobinette *f* aldabilla (portes).

bobineur, euse *m & f* devanador, ra.
➡ **bobineuse** *f* encarretador (machine à bobiner).

bobinoir *m* devanadera *f*.

bobinot *m* bobina *f* ou carrete pequeño.

bobo *m* pupa *f* (mal d'enfant) ▮ FAM **faire bobo** hacer daño.

bobonne *f* PÉJ maruja.

bobsleigh [bɔbslε] *m* bobsleigh (traîneau).

bocage *m* boscaje, soto, floresta *f* (petit bois) ▮bocage (paysage rural).

bocager, ère *adj* silvestre, campestre; **nymphe bocagère** ninfa silvestre ▮ boscoso, sa; arbolado, da; **vallée bocagère** valle boscoso.

bocal *m* bocal, tarro (vase en verre).

bocard *m* MIN bocarte, trapiche.

bocardage *m* MIN trituración *f*, troceado.

bocarder [3] *v tr* MIN machacar, triturar.

Boccace [bɔkas] *n pr* Boccaccio.

boche *adj* & *s* PÉJ (injur & vieilli) alemán, ana.

Bochimans; Bushmen *n pr m pl* bosquimanos.

bock *m* caña *f* pequeña (verre de bière) ▮irrigador, lavativa *f* (lavement).
■ OBSERV Il ne faut pas confondre ce mot avec le **bock** espagnol, appelé aussi **jarra**, qui correspond à **chope**.

body *m* body.

body-building *m* body-building (culturisme).
■ OBSERV pl body-buildings.

boer *adj* bóer.

Boers *n pr m pl* bóers.

boësse *f* grata (outil).

bœuf *m* buey ▮ vaca *f*, carne *f* de vaca (viande de bœuf) ■ **bœuf gras** buey gordo que se pasea por las calles en carnaval ▮ **bœuf marin** manatí ▮ **bœuf mode** estofado de vaca ▮ **nerf de bœuf** vergajo ■ **donner un œuf pour un bœuf** dar poco, querer mucho, dar aguja y sacar reja ▮ **être fort comme un bœuf** estar hecho un toro ▮**mettre la charrue avant les bœufs** comenzar por el fin, tomar el rábano por las hojas, empezar la casa por el tejado.
◇ *adj* FAM enorme, colosal ▮ **un succès bœuf** un exitazo.
■ OBSERV En el plural **bœufs** no se pronuncia la f en francés.

bof! *interj* ¡hombre! [para expresar duda e indiferencia].

bogie [bɔʒi]; **boggie** [bɔgi] *m* bogie, carretón (chemin de fer).

Bogotá; Santa Fe de Bogotá; Bogota *n pr* GÉOGR Bogotá, Santa Fe de Bogotá.

bogue *f* erizo *m* (enveloppe de la châtaigne) ▮pala para quitar el barro.

bogue *m* INFORM bug, error, bicho.

bohème *adj* & *s* bohemio, mia.
◇ *f* bohemia (ensemble de bohèmes).
■ OBSERV Se escribe en francés el nombre geográfico **Bohème** con ê, el adjetivo **bohème** con è y **bohémien** con é.

Bohême *n pr f* HIST **la Bohême** Bohemia.

bohémien, enne *adj* & *s* bohemio, mia (de la Bohême) ▮[▷ SYN] gitano, na; bohemio, mia.
▮ SYN romanichel, gitan gitano; tzigane cíngaro.

boïard ➡ **boyard**.

boire [108] *v tr & intr* [▷ SYN] beber; **boire de l'eau** beber agua ▮embeber (absorber); **ce papier boit** este papel embebe ▮FIG tragarse, aguantar (endurer); **boire une insulte** tragarse un insulto ■ **boire à la santé** beber a la salud, brindar por ▮**boire à un ami** beber por un amigo ▮**boire comme un trou, comme une éponge, comme un Polonais, comme un templier** beber como un cosaco ▮**boire d'un trait** beber de un trago, tomar una copa ▮ **boire le calice jusqu'à la lie** apurar el cáliz hasta las heces ▮ **boire les paroles de quelqu'un** estar pendiente de los labios de alguien ▮ **boire sec** beber mucho ▮**boire un coup** echar un trago, tomar una copa ■ **à boire** de beber; **verser à boire** echar de beber ▮ **chanson à boire** canción báquica ■ **faire boire la tasse** dar una ahogadilla ▮ **il y a à boire et à manger** hay sus más y sus menos ▮ **qui a bu boira** quien hace un cesto hace ciento.
■ OBSERV Boire suivi d'un complément bien défini en quantité peut se traduire indifféremment par beber ou beberse (bebió un vaso de vino ou se bebió un vaso de vino).
■ SYN se désaltérer apagar la sed; s'abreuver beber; absorber absorber; lamper beber a grandes tragos; trinquer brindar; sabler beber [de un trago]; FAM siroter paladear, saborear; FIG lever le coude empinar el codo; FIG (rare)

entonner envasar; FAM pomper echarse al coleto; FAM pinter, FAM chopiner copear; FAM picoler pimplar; FAM siffler chiflar, soplar.

boire *m* beber, bebida *f* (ce qu'on boit); **le boire et le manger** la bebida y la comida.

bois [bwa] *m* madera *f* [▷ SYN] bosque, monte (lieu planté d'arbres) ∎ asta *f* (d'une lance, d'un drapeau) ∎ astil (d'une flèche) ∎ cuernos *pl*, cornamenta *f* (du cerf) ∎ leña *f* (bois de chauffage) ∎ grabado en madera (gravure) ∎ **bois à brûler** ou **de chauffage** leña ∎ **bois blanc** madera blanca, madera de pino ∎ **bois canard** madera anegadiza ∎ **bois d'ébène** negros (esclaves) ∎ **bois de Campêche** palo de Campeche ∎ **bois de charpente** ou **de construction** madera de construcción ∎ **bois de fer** quiebrahacha, jabí (arbre) ∎ **bois de haute futaie** monte alto, oquedal ∎ **bois de justice** patíbulo, cadalso ∎ **bois de lit** caja, armadura de la cama ∎ **bois de Pernambouc** palo de Pernambuco ∎ **bois de rose** palo de rosa ∎ **bois de sciage** madera aserradiza ∎ **bois d'œuvre** madera de construcción ∎ **bois mort** madera seca, leña ∎ **bois sans nœud** madera limpia ∎ **bois sur pied** árboles en pie ∎ **bois taillis** monte tallar, monte bajo ∎ **bois vert** madera verde ∎ **éclat de bois** astilla ∎ **jambe de bois** pierna de palo, pata de palo ∎ **menu** ou **petit bois** leña menuda ∎ **morceau de bois** palo ∎ **aller au bois** ir al bosque, ir por leña (chercher du bois) ∎ FAM **avoir la gueule de bois** tener resaca, tener la lengua gorda ∎ **être du bois dont on fait les flûtes** ser de buena pasta ∎ **faire flèche de tout bois** no reparar en medios ∎ **il verra de quel bois je me chauffe** ya verá como las gasto ∎ **n'être pas de bois** no ser de madera, de palo ∎ FAM **toucher du bois** tocar madera (superstition).
◇ *pl* MUS madera *f sing*, instrumentos de madera ∎ esquíes (skis) ∎ **homme des bois** orangután, hombre rudo.

> OBSERV En París, la expresión **le bois** suele evocar el bosque de Bolonia.

> SYN boqueteau bosquecillo; bosquet bosquete, bosquecillo; bocage boscaje; forêt selva, bosque; futaie monte alto, oquedal (p us); taillis monte bajo; POÉT sylve selva, floresta.

boisage *m* maderaje, maderamen (soutènement en bois) ∎ MIN entibación *f*, entibado.

boisé, e *adj* poblado de árboles, arbolado, da.

boisement *m* plantación *f* de bosques, repoblación *f*.

boiser [3] *v tr* enmaderar, revestir de madera (garnir d'une boiserie) ∎ artesonar (un plafond) ∎ MIN entibar (exécuter un boisage) ∎ poblar de árboles (planter d'arbres).

boiserie *f* entablado *m*, revestimiento *m* de maderas (d'une pièce) ∎ artesonado *m* (du plafond) ∎ enmaderamiento *m*.

boiseur *m* MIN entibador.

boisseau *m* celemín (mesure de capacité) ∎ cañería *f* de barro (cheminée) ∎ válvula *f* (de robinet).

boisson *f* bebida; boisson alcoolisée bebida alcohólica; boisson non alcoolisée bebida no alcohólica ∎ **être pris de boisson** estar bebido ∎ **s'adonner à la boisson** darse a la bebida.

boîte *f* [▷ SYN] caja; **boîte de chocolats** caja de chocolatines ∎ bote *m*; **boîte de lait con-**centré bote de leche condensada ∎ lata (de métal); **boîte de sardines** lata de sardinas ∎ recipiente *m*; **boîte en plastique** recipiente de plástico ∎ cajón *m*; **boîte à outils** cajón de las herramientas ∎ FAM establecimiento (établissement) ∎ casa (maison) ∎ colegio *m* (entre étudiants) ∎ oficina (bureau) ∎ taller (atelier) ∎ cuartel (caserne) ∎ cárcel (prison) ∎ TECHN cubo *m* (des roues) ∎ morterete *m* (pièce de pyrotechnie) ∎ TECHN **boîte à feu** caja de combustión, hogar∎**boîte à fumée** cámara de humo ∎ **boîte à gants** guantera (automobile) ∎ TECHN **boîte à graisse** caja de engrase ∎ MIL **boîte à mitraille** bote de metralla ∎ **boîte à musique** caja de música ∎ **boîte à onglets** inglete ∎ **boîte à ordures** cubo de basura ∎ **boîte à sable** arenero (de locomotive), caja de arena (armes) ∎ **boîte aux lettres** buzón ∎ **boîte à violon** estuche de violín ∎ INFORM **boîte aux lettres électronique** buzó electrónico ∎ **boîte crânienne** cavidad ou bóveda craneana ∎ **boîte d'allumettes** caja de cerillas ∎ **boîte de conserve** lata de conservas ∎ **boîte de culasse** cajón de los mecanismos ∎ **boîte de fer-blanc** lata ∎ **boîte de jonction, de raccord** enchufe, empalme ∎ **boîte de nuit** sala de baile, club de noche ∎ FIG **boîte de Pandore** caja de Pandora ∎ AUTOM **boîte d'essieu** cubo de rueda ∎ **boîte de vitesses** caja de cambio de velocidades∎**boîte de vitesses automatique** caja de cambio automática ∎ AVIAT **boîte noire** caja negra ∎ **boîte postale** apartado de correos ∎ **aliments en boîte** alimentos enlatados, alimentos en conserva ∎ FAM **mettre en boîte** tomar el pelo.

> SYN caisse caja, cajón; coffre cofre, arca [de caudales]; coffret cofrecillo, arquilla; écrin joyero, escriño (p us); étui estuche.

boitement *m* cojera *f* (d'un homme) ∎ mal funcionamiento (d'une machine).

boiter [3] *v intr* cojear ∎ FIG renquear.

> SYN boitiller cojear ligeramente; clocher cojear; FAM clopiner renquear.

boiterie *f* cojera (des animaux).

boiteux, euse *adj & s* [▷ SYN] cojo, ja.
◇ *adj* FIG cojo, ja; **fauteuil boiteux** sillón cojo ∎ cojo, ja; defectuoso, sa (vers) ∎ poco sólido, da; poco equilibrado, da (paix, accord) ∎ desigual, malo, la (union, mariage) ∎ **arriver à un arrangement boiteux** llegar a una mala componenda.

> SYN éclopé cojo; bancal, FAM (VX) bancroche patituerto; FAM & PÉJ banban cojitranco; cagneux zambo, patizambo.

boîtier *m* caja *f* (montre) ∎ botiquín (pharmacie) ∎ MÉCAN cárter ∎ TECHN estuche, caja *f*, cajetín ∎ caja *f* (d'appareil photographique).

boitillement *m* cojera *f* ligera.

boitiller [3] *v intr* cojear ligeramente.

boit-sans-soif *m & f inv* FAM borrachín, ina; beodo.

boitte *f* bonitolera, cebo *m* (amorce).

bol [bɔl] *m* tazón, escudilla *f* (tasse) ∎ arcilla *f* ocre (argile) ∎ MÉD bolo (pilule) ∎ **bol alimentaire** bolo alimenticio ∎ **bol d'air** aire puro, bocanada de aire ∎ **bol d'Arménie** bolo arménico ∎ **bol de punch** ponchera ∎ FAM **en avoir ras le bol** estar hasta el gorro ou la coronilla ∎ FIG **prendre un bol d'air** tomar el aire, airearse.

bolchevique; bolchevik *adj & s* bolchevique.

bolchevisation *f* bolchevización.

bolcheviser [3] *v tr* dar carácter bolchevique, bolchevizar.

bolchevisme *m* bolchevismo, bolcheviquismo.

bolcheviste *adj & s* bolchevista, bolchevique.

bolduc [bɔldyk] *m* balduque (ruban).

bolée *f* tazón *m* (contenu).

boléro *m* bolero (danse et air) ∎ sombrero calañés (chapeau) ∎ bolero, torera *f* (veste de femme).

bolet [bɔlɛ] *m* boleto (champignon).

bolide *m* bólido; **comme un bolide** como un bólido.

bolivar *m* (ancien) sombrero de copa en forma de cono troncado (chapeau) ∎ bolívar (monnaie du Venezuela).

Bolivie *n pr f* GÉOGR la Bolivie Bolivia.

bolivien, enne *adj* boliviano, na.

Bolivien, enne *m & f* boliviano, na.

bollandistes *m pl* bolandistas.

Bologne *n pr* GÉOGR Bolonia.

bolomètre *m* bolómetro (thermomètre).

bolonais, e *adj* bolonés, esa.

Bolonais, e *m & f* bolonés, esa.

bombance *f* FAM jolgorio *m*, parranda, francachela ∎ **faire bombance** estar de parranda, correrse una juerga.

bombarde *f* bombarda.

bombardement *m* bombardeo; **bombardement en piqué** bombardeo en picado ∎ PHYS bombardeo.

bombarder [3] *v tr* bombardear; **bombarder une ville** bombardear una ciudad ∎ FAM bombardear, acosar; **bombarder de demandes** acosar con peticiones ∎ nombrar inesperadamente a uno para un cargo (nommer à un poste) ∎ PHYS bombardear.

bombardier *m* MIL bombardero (soldat) ∎ bombardero (avion) ∎ ZOOL escopetero (insecte).

bombardon *m* MUS bombardón.

Bombay *n pr* GÉOGR Bombay.

bombe *f* bomba; **bombe atomique, au cobalt, à retardement** bomba atómica, de cobalto, de efecto retardado ∎ FAM juerga (noce); **faire la bombe** ir de juerga, juerguearse ∎ MIL **bombe à neutrons** bomba de neutrones ∎ **bombe orbitale** bomba orbital ∎ **bombe glacée** helado en molde ∎ **à l'épreuve des bombes** a prueba de bombas ∎ FIG **arriver comme une bombe** llegar de sopetón, caer como una bomba.

bombé, e *adj* abombado, da (convexe) ∎ alabeado, da (planche) ∎ arqueado, da (dos) ∎ salido, da (poitrine).

bombement *m* bombeo (convexité) ∎ pandeo (mur) ∎ alabeo (planche).

bomber [3] *v tr* abombar, curvar (renfler) ∎ sacar, hinchar; **bomber le torse** sacar el pecho ∎ arquear (le dos).
◇ *v intr* pandearse (mur) ∎ alabearse (une planche).

bombyx [bɔ̃biks] *m* bómbice (insecte).

bôme *f* MAR botavara.

bon, bonne *adj* [▷ SYN] bueno, na ▐ bueno, na (conforme à la morale); **bonne conduite** buena conducta ▐ bueno, na; ingenioso, sa; fino, na (ingénieux) ▐ feliz, bueno, na (heureux); **bonne année!** ¡feliz año nuevo!; **bonne nuit** buenas noches ▐ agradable; **je te souhaite une bonne soirée** te deseo que pases una velada agradable ▐ bueno, na; **il est de bonne famille** es de buena familia ▐ bueno, na (favorable); **une bonne occasion** una buena ocasión ▐ bueno, na (grand, fort); **donner une bonne gifle** dar una buena bofetada ▐ bueno, na (habile); **bon ouvrier** buen obrero ▐ bueno, na (simple, brave); **une bonne femme** una buena mujer ▐ largo, ga (long); **deux bonnes lieues** dos leguas largas ▐ apto, ta; útil; **bon pour le service** apto para el servicio ▐ fuerte, adelantado, da; **il est bon en latin** está muy fuerte en latín; ■ **bon à** bueno para; **bon à quelque chose** bueno para algo; bueno de; **bon à boire** bueno para beber ▐ **bon anniversaire!** ¡feliz cumpleaños!, ¡felicidades! ▐ **bon à rien** que no sirve para nada, nulidad, inútil ▐ **bon à tirer** tírese, listo para imprimir (en imprimerie) ▐ **bon courage!** ¡ánimo!, ¡valor! ▐ **bon enfant** inofensivo, va; bienintencionado, da ▐ **bon Dieu** Dios ▐ **bon marché** barato, ta (adjectif), barato (adverbe) ▐ **bon mot** chiste ▐ **bon pour...** bueno para... ▐ **bon premier** sin discusión ou de lejos el primero; **il arriva bon premier** llegó sin discusión ou de lejos el primero ▐ **bon sens** sentido común, sensatez ▐ **bon vivant** vividor, ra ▐ **bon voyage!** ¡buen viaje! ▐ **bonne chance!** ¡suerte! ▐ **bonne sœur** monja ▐ **bonnes œuvres** buenas obras ▐ **bons baisers** cariñosos abrazos ▐ **le bon vieux temps!** los buenos tiempos; ■ **à la bonne heure!** ¡muy bien!, ¡magnífico! ▐ **à quoi bon?** ¿para qué? ▐ **au bon moment** en el instante preciso, en el momento propicio ou oportuno ▐ **bon an mal an** un año con otro ▐ **bon gré mal gré** quiera o no quiera, por las buenas o por las malas ▐ **de bon cœur** de buena gana ▐ **de bonne heure** temprano ▐ **tout de bon, pour de bon** de veras, de verdad ▐ **un bon nombre** un gran número, numerosos, sas ▐ **une bonne fois pour toutes, une bonne fois** de una vez para siempre, de una vez; ■ FIG **avoir bon dos** cargar con las culpas ▐ **avoir bon goût** tener buen gusto ▐ **c'est bon** está bien ▐ **c'est bon à savoir** no está nada mal saberlo ▐ **comme bon lui semble** como le viene en gana ▐ **en dire de bonnes** decir cuatro frescas ▐ **il est bon de** no está mal ▐ **il est bon de savoir que** no está nada mal saber que, es útil saber que ▐ **il est bien bon de vous écouter** demasiado ha hecho escuchándole.

➡ **bon** *m* bueno; **les bons et les méchants** los buenos y los malos ▐ lo bueno (le bien); **acheter du bon** comprar lo bueno ▐ bono, vale (billet); **un bon du trésor** un bono del tesoro; ■ **bon de caisse** bono de caja ▐ **bon de commande** bono (dans un journal), orden de pedido ▐ **bon de livraison** orden de expedición ▐ **bon de réduction** bono de reducción ▐ **bon d'essence** bono de gasolina ▐ **bon pour** vale por ▐ **il y a du bon dans cela** hay algo de bueno en ello ▐ **trouver du bon** encontrar algo de bueno.

➡ **bon** *adv* bueno ▐ bien; **cette fleur sent bon** esta flor huele bien; ■ **ah bon?** ¿ah sí? ▐ **il fait bon** hace buen tiempo (temps) ▐ **il fait bon** [seguido de un infinitivo] es grato, es agrada-ble; **il fait bon se reposer** es grato descansar ▐ **juger bon de faire quelque chose** juzgar ou estimar oportuno hacer algo ▐ **sentir bon** oler bien ▐ **tenir bon** aguantar, resistir ▐ **trouver bon** parecer bien.

➡ **bon!** *interj* ¡bueno!, ¡basta! ▐ **bon! bon!** ¡está bien!

▐ OBSERV Devant un substantif masculin on emploie l'adjectif **buen** au lieu de bueno: un bon père un buen padre.
SYN agréable agradable; bienveillant bondadoso, benévolo; bonasse buenazo, bonachón; excellent excelente; favorable favorable.

Bon [bɔ̃] *n pr* GÉOGR le cap Bon el cabo Bon.

bonace *f* MAR bonanza (de la mer).

bonapartisme *m* bonapartismo.

bonapartiste *adj & s* bonapartista.

bonasse *adj* bonachón, ona; buenazo, za.

bonassement *adv* bondadosamente.

bonasserie *f* carácter *m* bonachón, bonachonería (bienveillance).

Bonaventure *n pr* Buenaventura.

bonbon *m* caramelo.

▐ OBSERV Le bombón espagnol est toujours au chocolat. Le caramelo est fait avec du sucre fondu et durci. Dulce s'applique à toute sorte de sucreries, dont les confitures, les petits gâteaux, les pâtes de fruits.

bonbonne *f* bombona (en verre ou en grès, de grande taille), damajuana, castaña (dame-jeanne, grosse bouteille).

bonbonnière *f* bombonera (boîte) ▐ FIG bombonera (petite maison, petit théâtre, etc.).

bon-chrétien *m* especie de pera *f* gruesa.
▐ OBSERV pl bons-chrétiens.

bond [bɔ̃] *m* bote (d'un corps élastique); **les bonds d'une balle** los botes de una pelota ▐ salto, brinco; **faire un bond** dar un salto ▐ brinco, bote (du cheval) ▐ subida *f* (des prix, des valeurs) ▐ avance, progresión *f* ▐ **d'un bond** de un salto ▐ **faire faux bond** faltar a un compromiso ▐ **faire un bond en arrière** dar un salto atrás ▐ **saisir au bond** coger al vuelo ▐ **se lever d'un bond** levantarse como movido por un resorte (d'émotion), saltar fuera de la cama (du lit).

bonde *f* piquera, canillero *m* (trou d'un tonneau) ▐ botana, canilla (pour le fermer) ▐ desagüe *m*, vaciadero *m* (d'un étang) ▐ tapón *m* (bouchon).

bondé, e *adj* atestado, da; **salle bondée de spectateurs** sala atestada de espectadores ▐ abarrotado, da (marchandises).

bonder [3] *v tr* atestar (remplir) ▐ abarrotar (de marchandises).

bondérisation *f* bonderización (protection contre la rouille).

bondieusard, e *m & f* FAM tragasantos.

bondieuserie *f* FAM beatería, santurronería.

➡ **bondieuseries** *f pl* objetos *m* de culto.

bondir [32] *v intr* saltar, brincar ▐ FIG arrojarse, abalanzarse (s'élancer); ■ **bondir de colère** estallar de ira ou de rabia ▐ **bondir de joie** saltar de gozo, no caber en sí de gozo ▐ **cela fait bondir** eso indigna ou repugna.

bondissant, e *adj* brincador, ra; saltarín, ina ▐ **poitrine bondissante** con el pecho palpitante.

bondissement *m* salto, brinco (saut) ▐ estremecimiento (de colère, joie).

bondon *m* tapón, botana *f* (d'un tonneau) ▐ quesito cilíndrico de leche de cabra (fromage).

Bône *n pr* HIST Bona (ancien nom d'Annaba).

bon enfant *adj inv* bonachón, ona, inofensivo, va, bienintencionado, da ■ **avoir un air bon enfant** tener cara de bonachón ▐ **elle est bon enfant** es bienintencionada.

bongo *m* MUS bongo.

bonheur [bɔnœr] *m* [▷ SYN 1] felicidad *f*; **il a fait mon bonheur** me ha proporcionado la felicidad ▐ dicha *f*, gusto (joie); **j'ai le bonheur de vous voir** tengo la dicha de verle ▐ [▷ SYN 2] fortuna *f*, ventura *f*, suerte *f* (bonne chance); **les audacieux ont souvent du bonheur** los audaces tienen a menudo suerte ▐ éxito, acierto (succès); **le bonheur de nos armes** el éxito de nuestro ejército ▐ **porte-bonheur** amuleto; ■ **au petit bonheur** a la buena de Dios ▐ **par bonheur** por fortuna, por ventura ▐ **jouer de bonheur** tener suerte ▐ **porter bonheur** dar buena suerte ▐ **s'exprimer avec bonheur** explicarse acertadamente ou venturosamente.

▐ SYN 1. félicité felicidad; béatitude beatitud.
2. prospérité prosperidad; chance suerte; (VX) heur fortuna, ventura.

bonheur-du-jour *m* bargueño, escritorio, secreter.

▐ OBSERV 1. El bonheur-du-jour, muy usado en el siglo XVII, hacía al mismo tiempo las veces de escritorio y tocador para las mujeres.
2. pl bonheurs-du-jour.

bonhomie [bɔnɔmi] *f* bondad, sencillez (bonté) ▐ simplicidad, llaneza (simplicité) ▐ credulidad, ingenuidad (crédulité).

bonhomme [bɔnɔm] *m* buen hombre, buena persona *f*, bonachón ▐ FAM hombre; **un petit bonhomme** un hombrecillo ▐ tipo (type); **un drôle de bonhomme** un tipo raro [hace en femenino **bonne femme**] ▐ tío (rustre) ▐ monigote (dessin d'enfant); **dessiner des bonshommes** dibujar monigotes ▐ MÉCAN pitón; ■ **bonhomme de neige** muñeco de nieve ▐ **faux bonhomme** hipócrita ▐ FAM **un grand bonhomme** un gran tipo, un hombre de valor ▐ **un vieux bonhomme** un viejecito, un viejito; ■ **aller son petit bonhomme de chemin** ir por sus pasos contados, adelantar poco a poco, vivir sin pena ni gloria ▐ **petit bonhomme vit encore** sopla, vivo te lo doy (jeu)

◇ *adj* bonachón, ona; **un air bonhomme** un aspecto bonachón.

▐ OBSERV pl du nom bonshommes; pl de l'adjectif bonhommes.

boni *m* exceso, superávit, sobrante (excédent) ▐ beneficio, ganancia *f* (bénéfice) ▐ prima *f*, sobresueldo (prime) ▐ descuento, rebaja *f* (escompte).

boniche; bonniche *f* FAM & PÉJ chacha, criada (bonne).

Boniface *n pr* Bonifacio.

bonification *f* bonificación.

bonifié, e *adj* ÉCON bonificado, da; **prêt bonifié** préstamo bonificado.

bonifier [9] *v tr* bonificar, abonar; **bonifier des terres** bonificar tierras ▐ abonar; **bonifier des intérêts** abonar intereses.

se bonifier *v pr* mejorarse.

boniment *m* perorata *f*, cameleo (de marchand ambulant) ▌ bombo, reclamo (réclame) ▌ FAM palabrería *f*, cuentos *pl*, cameleo, música *f* celestial (discours artificieux) ▪ FAM faire du boniment camelar (une femme) ▌ faire le boniment presentar un espectáculo.

bonimenter [3] *v intr* contar cuentos ou camelos.

bonimenteur *m* presentador (dans un cirque), charlatán.

bonite *f* bonito *m* (poisson).

bonjour [bɔʒur] *m* buenos días; souhaiter le bonjour dar los buenos días ▌ saludo; tu lui diras bonjour de ma part dale saludos de mi parte ▌ FAM simple comme bonjour más claro que el agua, sencillísimo.

> OBSERV En espagnol, on dit buenos días jusqu'à 2 ou 3 heures de l'après-midi, on dit ensuite buenas tardes.

BONJOUR —————
En Francia se dice "bonjour" en cualquier momento del día, y "bonsoir" al anochecer. "Bonne nuit" se usa para despedirse antes de ir a acostarse.

bon marché *adj inv* barato, ta, barato *adv*.

Bonn *n pr* GÉOGR Bonn.

bonne *adj* ▬ bon.

bonne *f* criada [(*Amér*) mucama] (servante) ▪ bonne à tout faire criada ou chica para todo ▌ bonne d'enfant niñera.

Bonne-Espérance *n pr m* GÉOGR le cap de Bonne-Espérance el cabo de Buena Esperanza.

bonne-maman *f* FAM abuelita (grand-mère). ▌ OBSERV pl bonnes-mamans.

bonnement *adv* buenamente, ingenuamente (naïvement) ▌ tout bonnement simplemente, lisa y llanamente.

bonnet *m* gorro; bonnet de fourrure, de cuisinier gorro de pieles, de cocinero ▌ cofia *f*, toca *f*, gorro de mujer (de femme) ▌ bonete (d'ecclésiastiques) ▌ cazuela *f*, copa *f* (de soutien-gorge) ▌ ANAT bonete, redecilla *f* (des ruminants) ▪ MIL bonnet à poil gorra (des grenadiers) ▌ bonnet carré bonete de doctor ▌ bonnet d'âne bonete de asno ▌ bonnet de bain gorro de goma ▌ bonnet de nuit gorro de dormir ▌ bonnet de police gorra de cuartel ▌ bonnet phrygien gorro frigio ▌ FAM gros bonnet personaje, pez gordo ▪ avoir la tête près du bonnet tener un genio vivo, ser irascible ▌ avoir mis son bonnet de travers levantarse con el pie izquierdo ▌ c'est bonnet blanc et blanc bonnet lo mismo da atrás que a las espaldas, olivo y aceituno todo es uno ▌ jeter son bonnet par-dessus les moulins ponerse el mundo por montera ▌ opiner du bonnet inclinar la cabeza para afirmar ▌ parler à son bonnet decir para su capote, hablar al cuello de la camisa ▌ prendre sous son bonnet correr de la cuenta de uno, cargar con la responsabilidad (assurer une responsabilité).

BONNET PHRYGIEN —————
Este gorro rojo de forma cónica fue el emblema de la Revolución francesa y simbolizó la libertad del pueblo. Marianne siempre está representada con el gorro frigio.

bonneteau *m* trilis, juego de las tres cartas.

bonneterie [bɔntri] ou [bɔnɛtri] *f* (p us) bonetería (fabrique de bonnets) ▌ géneros *m pl* de punto (tricots) ▌ tienda de géneros de punto, mercería (magasin).

bonneteur *m* fullero (tricheur).

bonnetier, ère *m & f* (p us) bonetero, ra (vendeur de bonnets) ▌ vendedor ou fabricante de géneros de punto.

bonnette *f* gorrita (enfants) ▌ bonete *m* (fortification) ▌ PHOT lente suplementaria ▌ MAR boneta, ala, barredera (voile) ▌ bonnette d'approche lente de aproximación.

bonniche ▬ boniche.

bonnichon *m* FAM gorrito.

bon-papa *m* FAM abuelito (grand-père). ▌ OBSERV pl bons-papas.

bonsaï BOT bonsai.

bonsoir *m* buenas tardes ou noches ▌ souhaiter le bonsoir dar las buenas tardes ou noches.

> OBSERV On dit en espagnol buenas tardes jusqu'au coucher du soleil, puis buenas noches.

bonté *f* bondad ▪ plein de bonté bondadoso, sa ▪ ayez la bonté de haga el favor de, tenga la bondad de la amabilidad de.

> SYN bénignité benignidad; bienveillance benevolencia; cordialité cordialidad.

bonus *m inv* bonus (assurances).

bonze *m* bonzo. ▌ OBSERV El femenino es bonzesse o bonzelle.

bonzerie *f* monasterio *m* búdico.

bookmaker [bukmɛkœr] *m* bookmaker [corredor de apuestas].

booléen, enne; boolien, enne *adj* MATH de Boole.

boom [bum] *m* boom [alza súbita de precios, prosperidad].

boomer *m* (anglicisme) altavoz de graves.

boomerang [bumrãg] *m* bumerang (arme) ▌ FIG acto contraproducente.

booster *m* booster, acelerador.

Bootes *m* ASTRON Bootes, el Boyero (le Bouvier).

bootlegger [butlegər] *m* bootlegger [contrabandista de licores].

boots *m pl* botines.

bop ▬ be-bop.

boqueteau [bɔkto] *m* bosquecillo.

bora *f* bora (vent).

Bora Bora *n pr* GÉOGR Bora-Bora.

boraginacées ▬ borraginacées.

borassus *m* BOT palma *f* de abanico.

borate *m* CHIM borato.

boraté, e *adj* CHIM boratado, da.

borax [bɔraks] *m* CHIM bórax.

borborygme *m* borborigmo (bruit intestinal).

bord [bɔr] *m* borde; le bord d'une table el borde de una mesa ▌ [▷ SYN] orilla *f* (rive); les bords de la Seine las orillas del Sena ▌ ribete (bordure); mettre un bord à une veste poner un ribete a una chaqueta ▌ ala *f* (de chapeau) ▌ labio (d'une plaie) ▌ MAR bordo; commandant de bord comandante de a bordo; monter à bord subir a bordo ▌ borda; jeter par-dessus bord arrojar por la borda ▪ bord d'attaque,

de fuite borde de ataque, de salida (avion) ▌ bord de mer paseo marítimo ▌ le bord du trottoir el bordillo, el encintado ▌ les hommes du bord los hombres de a bordo ▪ au bord al borde; au bord d'un précipice al borde de un precipicio ▌ au ou sur le bord de la mer a orillas del mar ▌ au bord des larmes a punto de llorar ▌ bord à bord junto (tout près) ▌ FIG du même bord de la misma opinión, del mismo partido ▪ avoir le cœur sur le bord des lèvres estar a punto de vomitar ▌ être de son bord ser de la misma opinión ▌ être sur le bord de estar a punto de ▌ FAM être un peu fou sur les bords tener ribetes de locura ▌ virer de bord virar de bordo (bateau), mudar de parecer (changer d'opinion).

> SYN berge orilla, ribera; côte costa; grève playa (mar), arenal (río); littoral litoral; plage playa; rivage ribera; rive orilla.

bordage *m* MAR borda *f*, tablazón *f* (bateau) ▌ ribeteado (vêtements).

bordé *m* ribete (bordure) ▌ MAR tablazón *f*.

bordé, e *adj* ribeteado, da ▌ cercado, da; orlado, da (entouré).

bordeaux *m* burdeos (vin). ◇ *adj* rojo violáceo (couleur).

Bordeaux *n pr* GÉOGR Burdeos.

bordée *f* MIL andanada (décharge); lâcher une bordée soltar una andanada ▌ MAR bordada (distance) ▌ baterías *pl* de babor ou de estribor ▌ brigada (de marins) ▪ FIG & FAM bordée d'injures sarta de injurias ▌ courir ou tirer une bordée dar una bordada (maritime), correrse una juerga los marineros.

bordel *m* FAM burdel ▌ TFAM desorden, la casa de tócame Roque.

bordelais, e *adj* bordelés, esa.

Bordelais, e *m & f* bordelés, esa.

bordelaise *f* bordelesa (tonneau, futaille) ▌ botella para vino de Burdeos (bouteille).

bordélique *adj* FAM caótico, ca.

border [3] *v tr* ribetear (vêtements) ▌ cercar, orlar (entourer) ▌ cabecear (natte, tapis) ▌ remeter (le lit) ▌ arropar (une personne au lit) ▌ bordear, formar fila, orillar (tout le long) ▌ bordear, costear (longer).

bordereau *m* factura *f* (facture) ▌ minuta *f*, memoria *f* (effets de commerce) ▌ extracto de cuenta ▌ relación *f* detallada, lista *f* (détail des pièces d'un dossier) ▪ bordereau de caisse estado de caja ▌ bordereau de paye nominilla ▌ bordereau de prix nota de precios ▌ bordereau des salaires nómina de salarios.

bordier, ère *adj* costero, ra; mer bordière mar costero. ◇ *m & f* (vx) granjero.

bordigue *f* encañizada (pêche).

bordure *f* ribete *m* (de vêtements) ▌ reborde *m* (d'un objet) ▌ [▷ SYN] linde *m*, lindero *m* (d'un bois) ▌ orla, marco *m* (d'un tableau) ▌ cenefa (papier peint) ▌ bordillo, encintado *m* (de trottoir) ▌ BLAS orla ▌ MAR pujamen *m* (voiles) ▌ en bordure de a orillas de.

> SYN bord bordo, orilla; rebord reborde; marge margen; lisière linde, lindero; orée borde, orilla; confins confines.

bore *m* boro (métalloïde).

boréal, e *adj* boreal (septentrional).

borée *m* POÉT bóreas (vent del norte).

borgne [bɔrɲ] *adj* & *s* tuerto, ta ‖ FIG miserable, poco seguro, ra (hôtel, rue) ‖ sospechoso, sa (suspect) ‖ **au royaume des aveugles, les borgnes sont rois** en tierra de ciegos, el tuerto es rey.

borin, e *adj* & *s* minero, ra (d'une mine de houille).

borique *adj* CHIM bórico, ca.

boriqué, e *adj* CHIM boricado, da.

Boris Godounov [bɔrisgɔdunɔf] *n pr* Borís Godunov.

bornage *m* amojonamiento, deslinde ‖ MAR cabotage.

borne *f* mojón *m* (de route), hito *m* (pierre), coto *m* (d'une propriété) ‖ límite *m* (limite) ‖ guardacantón *m*, recantón *m* (bouteroue) ‖ ÉLECTR borne *m*, terminal *m*; **borne de batterie** terminal de batería ‖ ARCHIT arqueta (pour liaisons électriques, etc.) ‖ FAM kilómetro *m* ■ **borne d'appel** teléfono de urgencia (autoroute) ■ **sans bornes** sin límites ■ FIG **dépasser les bornes** extralimitarse, excederse, pasarse de la raya.

borné, e *adj* amojonado, da (délimité) ‖ limitado, da; poco extenso, sa (limité) ‖ [▷ SYN] de corto entendimiento, de cortos alcances; **esprit borné** persona de cortos alcances ‖ FIG corto, ta.

  SYN obtus obtuso; étroit estrecho; FAM bouché cerrado de mollera.

borne-fontaine *f* fuente (de columna).
  OBSERV pl bornes-fontaines.

Bornéo *n pr* GÉOGR Borneo.

borner [3] *v tr* limitar; **la mer et les Pyrénées bornent l'Espagne** el mar y los Pirineos limitan a España ‖ señalar los límites, la frontera (délimiter) ‖ amojonar, acotar (mettre des bornes) ‖ FIG limitar, poner límites, circunscribir; **borner ses désirs** poner límites a sus deseos.
  ➥ **se borner** *v pr* limitarse.

bornoyer [13] [bɔrnwaje] *v tr* dirigir visuales (viser) ‖ alinear, jalonar (jalonner).

Borodine [bɔrɔdin] *n pr* Borodín.

borraginacées; boraginacées *f pl* BOT borragináceas.

Borromées *f pl* GÉOGR îles Borromées islas Borromeas.

Bosch [bɔʃ] *n pr* Jérôme Bosch el Bosco.

boscot, otte *adj* & *s* FAM (vx) jorobeta (bossu).

bosniaque; bosnien, enne *adj* bosniaco, ca; bosnio, nia.

Bosniaque *m* & *f* bosnio, nia.

Bosnie *n pr f* GÉOGR la Bosnie Bosnia.

Bosnie-Herzégovine *n pr f* GÉOGR Bosnia Herzegovina.

bosnien, enne ➥ **bosniaque**.

Bosphore *n pr m* HIST le Bosphore el Bósforo; **le détroit du Bosphore** el estrecho del Bósforo.

bosquet *m* bosquete, bosquecillo.

boss *m* FAM jefe.

bossage *m* ARCHIT almohadilla *f*, almohadillado; **bossage à onglets** almohadillado achaflanado ‖ TECHN saliente, resalte (d'une pièce).

bossa-nova *f* bossa-nova.

bosse *f* joroba, giba; **les bosses du chameau** las jorobas del camello ‖ protuberancia; **les bosses du crâne** las protuberancias del cráneo ‖ chichón *m* (à la tête), bulto *m*, abolladura (sur un métal) ‖ realce *m* (dans la pierre) ‖ ondulación, montículo *m*; **terrain plein de bosses** terreno lleno de montículos ‖ relieve *m*; **dessiner d'après la bosse** dibujar con un modelo de yeso ou escayola en relieve ‖ ARCHIT almohadilla (ornement en relief) ‖ MAR boza (cordage) ■ FAM **avoir la bosse de** tener disposición para ‖ **ne rêver que plaies et bosses** soñar siempre con peleas ‖ **se faire ou se donner une bosse** darse una panzada, un reventón ‖ **rouler sa bosse** correr mundo, rodar por el mundo ‖ FAM (vx) **s'en payer une bosse** echar una cana al aire ‖ **se payer une bosse de rire** desternillarse de risa.

bosselage *m* labor *f* de relieve, de realce (vaisselle) ‖ repujado (cuir, argent).

bosselé, e *adj* abollado, da.

bosseler [24] *v tr* repujar (repousser) ‖ labrar en realce (vaisselle) ‖ abollar (déformer par des bosses).
  ➥ **se bosseler** *v pr* abollarse, bollarse.

bossellement *m*; **bosselure** *f* abolladura *f*, bolladura *f* (déformation) ‖ repujado *m* (sur métal).

bosser [3] *v tr* MAR abozar, sujetar con bozas ‖ FAM currelar, apencar (travailler).

bossettes *f pl* copas (d'un mors).

bosseur, euse *adj* & *s* FAM currante.

bossoir *m* MAR serviola *f* (de l'ancre) ‖ pescante (pour canots) ‖ polea *f* para botar una lancha.

bossu, e *adj* & *s* jorobado, da; giboso, sa; corcovado, da ‖ **rire comme un bossu** morirse de risa, reír como un condenado.

bossuer [3] *v tr* abollar, bollar.

boston *m* bostón (jeux et danse).

Boston [bɔstɔn] *n pr* GÉOGR Boston.

bostonner [3] *v intr* jugar al bostón (jouer) ‖ bailar el bostón (danser).

bostryche *m* ZOOL bóstrico (insecte).

bot, e [bo, ɔt] *m* zopo, pa; deforme, contrahecho, cha ‖ **avoir un pied bot** tener un pie bot, ser zopo.

botanique *adj* & *s f* botánico, ca.

botaniste *m* botanista, botánico.

bothriocéphale *m* ZOOL botriocéfalo.

Botnie *n pr f* GÉOGR la Botnie Botnia; **le golfe de Botnie** el golfo de Botnia.

Botswana *n pr m* GÉOGR le Botswana Botswana.

botswanais, e *adj* botswanés, esa.

Botswanais, e *m* & *f* botswanés, esa.

botte *f* bota (chaussure); **bottes de caoutchouc** botas de goma; **bottes de cavalier** botas de montar ‖ manojo *m* (de légumes); **botte de radis, d'asperges** manojo de rábanos, de espárragos ‖ [▷ SYN] ramo *m* (de fleurs); **une botte de roses** un ramo de rosas ‖ haz *m*, gavilla (de foin) ‖ paca *f* (de paille) ‖ estocada (escrime) ‖ FIG ataque *m* brusco e imprevisto ■ **à propos de bottes** sin ton ni son, sin venir a cuento ‖ **coup de bottes** puntapiés ou patadas ‖ **haut comme une botte** del tamaño de un perro sentado, retaco ■ FAM **avoir du foin dans ses bottes** estar forrado, tener el riñón bien cubierto, ser muy rico ‖ **lécher les bottes** dar la coba, adular ‖ FIG **porter, pousser une botte à quelqu'un** espetarle una pregunta a uno ‖ **porter une botte secrète** lanzar una estocada secreta (escrime).

  SYN bouquet ramillete; faisceau haz, manojo, lío; gerbe ramo (grande) de flores.

bottelage *m* agavillamiento (foin).

botteler [24] *v tr* amanojar, hacer manojos (lier en bottes) ‖ agavillar (le foin, la paille).

botteleur *m* el que amanoja ‖ agavillador.

botteleuse *f*; **botteloir** *m* agavilladora *f*.

botter [3] *v tr* calzar con botas, poner las botas (chausser de bottes) ‖ adaptarse al pie ‖ dar un puntapié; **botter le derrière** dar un puntapié en el trasero ‖ sacar, tirar (football); **botter un corner** tirar un saque de esquina ‖ AGRIC injertar los castaños ‖ FIG & FAM venir de perilla, chiflar (plaire); **ça me botte** esto me chifla ‖ **le chat botté** el gato con botas.
  ➥ **se botter** *v pr* calzarse, ponerse las botas.

bottier *m* zapatero a la medida.

bottillon *m* manojuelo, manojito (petite botte d'herbes) ‖ bota *f*, botín, botina *f* (chaussure).

Bottin® *m* guía telefónica.

bottine *f* botina, botín *m*.

botulisme *m* MÉD botulismo.

boubou *m* túnica *f* africana.

boubouler [3] *v intr* gritar, chillar (le hibou).

bouc *m* macho cabrío (mâle de la chèvre) ‖ perilla *f*, pera *f* (barbiche) ‖ **barbe de bouc** barbas de chivo ‖ **bouc émissaire** víctima propiciatoria, cabeza de turco, chivo expiatorio.

boucan *m* ahumadero, saladero (pour les viandes) ‖ FAM bochinche, trapatiesta *f*, jaleo (vacarme); **faire du boucan** armar un bochinche.

boucanage *m* acecinamiento.

boucaner [3] *v tr* acecinar, ahumar (fumer) ‖ ennegrecer, tostar (noircir); **une peau boucanée par le soleil** una piel tostada por el sol ‖ cazar búfalos ‖ **viande boucanée** cecina.

boucanier *m* cazador de búfalos (autrefois en Amérique) ‖ bucanero, pirata (pirate).

boucau *m* entrada *f* de un puerto, boca *f*, bocana *f*.

bouchage *m* taponado, taponamiento, encorchado; **le bouchage des bouteilles** el encorchado de las botellas ‖ tapadura *f*, tapón *m*; **bouchage solide** tapadura sólida ‖ atasco, atoramiento (d'un tuyau).

boucharde *f* escoda (marteau bretelé) ‖ rodillo *m* (rouleau).

boucharder [3] *v tr* escodar (pierre, etc.) ‖ pasar el rodillo.

bouche *f* [▷ SYN] boca ‖ boca; **la bouche d'un four** la boca de un horno ‖ FIG boca (personne); **bouche à bouche** boca a boca (respiration) ‖ **bouche à feu** boca de fuego (artillerie) ‖ **bouche bée** boquiabierto, embobado ‖ **bouche close, bouche cousue** en silencio, punto en boca ‖ **bouche d'arrosage, d'eau** boca de riego ‖ **bouche de chaleur, d'air** entrada de aire, manga de ventilación, rejilla ‖ **bouche d'égout** sumidero, alcantarilla bouche de métro boca de metro ▌ bouche d'incendie boca de incendio ▌ bouche d'or pico de oro ▌ bouche empâtée boca acorchada ▌ dépense de bouche gasto de alimentación ▌ fine bouche paladar delicado ▌ la déesse aux cent bouches la fama ▌ les bouches inutiles bocas que alimentar ▌ provisions de bouche vituallas ▌ une bouche à nourrir una boca que alimentar ▌ à bouche que veux-tu a butiplén ▌ à pleine bouche con toda la boca ▌ dans toutes les bouches de boca en boca ▌ de bouche à oreille de boca en boca, confidencialmente ▌ FAM ta bouche! ¡cierra el pico! ▪ avoir la bouche dure ser duro de boca (cheval) ▌ avoir quelqu'un constamment à la bouche estar hablando constantemente de alguien ▌ être dans toutes les bouches andar en boca de las gentes ▌ être sur sa bouche ser goloso ▌ FIG faire la bouche en cœur poner hociquito, poner boca de corazoncito ▌ faire la petite bouche hacer remilgos ▌ faire venir l'eau à la bouche hacérsele a uno la boca agua ▌ garder pour la bonne bouche guardar lo mejor para el fin ▌ manger à pleine bouche comer a dos carrillos ▌ ne pas ouvrir la bouche no decir ni pío ▌ parler par la bouche de quelqu'un hablar por boca de uno.

➥ bouches f pl bocas (d'un fleuve); les bouches du Rhône las bocas del Ródano.

▌ SYN bec pico; gueule boca (d'animal), fauces (des fauves), jeta, hocico (de l'homme).

bouché, e adj tapado, da ▌ taponado, da (une bouteille) ▌ interceptado, da (passage) ▌ atascado, da; atorado, da; tuyau bouché tubo atascado ▌ cerrado, da (fermé) ▌ FAM cerrado, da de mollera ▪ temps bouché cielo encapotado ▌ vin bouché vino embotellado ▪ avoir le nez bouché tener la nariz tapada ▌ FAM bouché à l'émeri tonto de capirote.

bouche-à-bouche m inv boca a boca; faire du bouche-à-bouche à qqn hacer el boca a boca a alguien.

bouchée f bocado m ▌ volován m, pastelillo m relleno (vol-au-vent); bouchée à la reine volován relleno de mollejas de ternera ▌ bombón m relleno (chocolat) ▪ d'une bouchée de un bocado, de un trago ▌ pour une bouchée de pain por una bicoca ▪ manger une bouchées tomar un piscolabis ▌ mettre les bouchées doubles trabajar por cuatro, darse un tute, hacer algo a marchas forzadas ▌ FIG ne faire qu'une bouchée de quelqu'un llevarse de calle a uno, comerse a uno en un dos por tres.

boucher [3] v tr tapar; boucher une fente tapar una hendidura ▌ taponar (une bouteille) ▌ [▷ SYN 1] interceptar; boucher un passage interceptar un camino ▌ rellenar (un trou) ▌ [▷ SYN 2] tapiar (la vue) ▌ cegar, tapiar (une fenêtre) ▌ cerrar (les pores) ▌ atascar, atorar (un tuyau) ▌ FIG cerrar; le chemin est bouché el camino está cerrado ▪ FAM boucher un trou tapar un agujero, pagar una deuda ▌ FAM en boucher un coin à quelqu'un tirar de espaldas a uno, quitarle el hipo (d'étonnement).

➥ se boucher v pr taparse, cubrirse, entoldarse (le ciel) ▌ FIG se boucher les oreilles taponarse los oídos, hacerse el sordo (ne pas vouloir entendre) ▌ se boucher les yeux hacer la vista gorda.

▌ SYN 1. obstruer obstruir; barrer atrancar (porte), interceptar (chemin) atajar (le pas-

sage), acordonar (avec des gardes).
▌ 2. obturer obturar; colmater colmatar.

boucher m carnicero (marchand de viande) ▌ matarife, jifero (tueur d'abattoir) ▌ FIG carnicero, hombre sanguinario.

bouchère f carnicera.

boucherie f carnicería (boutique) ▌ FIG carnicería, matanza, degollina.

boucherie-charcuterie f carnicería charcutería.

▌ OBSERV pl boucheries-charcuteries.

Bouches-du-Rhône [buʃdyron] n pr f pl GÉOGR Bouches-du-Rhône; dans les Bouches-du-Rhône en Bouches-du-Rhône.

bouche-trou m tapaagujeros, persona f ou cosa f de relleno (pour combler un vide) ▌ comodín (football, etc.).

▌ OBSERV pl bouche-trous.

bouchon m tapón ▌ corcho (de liège) ▌ taberna f (cabaret) ▌ manojo de paja (torchon de paille) ▌ corcho, flotador (pêche) ▌ chito, tángano (jeu d'adresse) ▌ tapabocas (d'un canon) ▌ clavija f; bouchon de contact clavija de contacto ▌ MAR zapata f (de l'ancre) ▌ FIG atasco, taponamiento (embouteillage) ▪ bouchon à vis tapón de rosca ▌ bouchon capsule tapón corona, chapa ▌ bouchon de carafe culo de vaso (gros diamant) ▌ bouchon doseur tapón dosificador ▪ goût de bouchon sabor acorchado ▪ à bon vin, il ne faut point de bouchon el buen paño en el arca se vende ▌ c'est plus fort que de jouer au bouchon es cosa nunca vista, es cosa de quitar el hipo.

bouchonné, e adj CULIN con sabor a corcho (vin).

bouchonner [3] v tr estregar, cepillar (un cheval) ▌ arrugar, ajar ▌ FIG mimar, acariciar.

bouchonnier, ère adj & s taponero, ra ▌ corchotaponero, ra.

bouchot m vivero para mariscos.

bouchoteur m el que cuida de un vivero de mariscos.

bouclage m ÉLECTR cierre de un circuito ▌ MIL acordonamiento ▌ FAM enchironamiento (emprisonnement).

boucle f hebilla; boucle de ceinture hebilla de cinturón ▌ lazada (de corde, de ruban) ▌ rizo m, bucle m (de cheveux) ▌ argolla, anilla (gros anneau) ▌ rizo m (avions); boucler la boucle rizar el rizo ▌ lazo m cerrado (chemin de fer) ▌ curva, meandro m (méandre) ▪ boucle d'oreille pendiente, zarcillo ▌ INFORM bucle, ciclo; boucle de programme bucle de programa ▌ boucle à auto-rétablissement ciclo de autorestauración ▌ boucle d'itération bucle iterativo ou de iteración ▌ FAM (vx) serrer la boucle apretarse el cinturón.

bouclé, e adj ensortijado, da; cheveux bouclés cabello ensortijado ▌ FAM cerrado, da (fermé).

Boucle d'Or et les trois ours Ricitos de oro y los tres ositos.

boucler [3] v tr sujetar con hebilla, hebillar ▌ FIG encerrar ▌ cerrar (les valises) ▌ concluir, terminar (finir) ▌ cerrar, terminar (un circuit) ▌ anillar (mettre un anneau) ▌ FAM meter en chirona (emprisonner) ▪ FAM boucle-la! ¡cierra el pico! ▌ boucler son budget equilibrar su presupuesto.

◇ v tr & intr rizar, ensortijar (les cheveux).

bouclette f hebillita (petite agrafe) ▌ lazadita (de ruban, etc.) ▌ buclecito m (cheveux).

bouclier m escudo ▌ adarga f (targe), rodela f (rondache) ▌ FIG amparo, defensa f ▌ GÉOL meseta f producida por la erosión ▪ AVIAT bouclier thermique blindaje térmico ▌ levée de boucliers indignación, protesta general ▌ il s'en fit un bouclier se escudó en ella.

bouddha m buda.

Bouddha n pr Buda.

bouddhique adj búdico, ca.

bouddhisme m budismo.

bouddhiste adj & s budista.

bouder [3] v intr poner mala cara ou cara larga, enfurruñarse, estar de morros (faire une moue) ▌ pasar (au domino).

◇ v tr hacer ascos a…, mirar con mal ojo; bouder un travail hacerle ascos a un trabajo.

bouderie f pique m, enfurruñamiento m, enojo m (fâcherie).

boudeur, euse adj & s picón, ona (qui boude) ▌ avoir une mine boudeuse poner cara larga.

boudin m CULIN morcilla f (de porc); boudin blanc morcilla blanca; boudin noir morcilla ▌ gurupetín, grupera f (coussin de selle) ▌ ARCHIT moldura f redonda, toro ▌ TECHN pestaña f, ceja f (d'une roue) ▌ muelle en espiral; ressort à boudin muelle en espiral ▌ mecha f (d'une mine) ▌ boudin d'étanchéité mecha de estanqueidad ▌ s'en aller en eau de boudin volverse agua de cerrajas.

boudinage m torcido del hilo.

boudiné, e adj embutido, da; boudinée dans une gaine embutida en una faja ▌ doigts boudinés dedos amorcillados.

boudiner [3] v tr torcer el hilo (le fil) ▌ embutir (serrer).

boudineuse f TECHN budinadora, máquina de extrusión, moldeadora.

boudoir m gabinete, camarín, saloncito (petit salon).

boue [bu] f [▷ SYN] lodo m, barro m; il était plein de boue estaba lleno de barro ▌ poso m (d'un liquide) ▌ borra (d'un encrier) ▌ lodo m (puits de pétrole) ▌ AGRIC limo m ▌ FIG fango m, cieno m; tirer quelqu'un de la boue sacar a uno del fango ▌ traîner quelqu'un dans la boue arrastrar a uno por los suelos.

▌ SYN fange fango; crotte barro; gadoue barro.

bouée f boya (balise) ▌ MAR bouée de sauvetage salvavidas ▌ bouée sonore boya sonora.

boueux, euse [buø, øz] adj cenagoso, sa; fangoso, sa; enlodado, da ▌ borroso, sa (pâteux); écriture boueuse escritura borrosa.

➥ boueux m FAM basurero.

bouffant, e adj hueco, ca; ahuecado, da ▪ cheveux bouffants pelo esponjado ▌ culotte bouffante pantalones bombachos ▌ manches bouffantes mangas de jamón ▌ papier bouffant papel de poco peso para su cuerpo ▌ robe bouffante vestido ahuecado.

bouffarde f FAM pipa, cachimba (pipe).

bouffe f FAM manduca, papeo (nourriture).

bouffe adj bufo, fa.

◇ m actor bufo.

bouffée f bocanada; bouffée de fumée bocanada de humo ▌ tufarada, tufo m (mauvaise odeur); **bouffée de vin** tufarada de vino ▌bocanada, calada, fumada (de cigarette) ▌arranque *m*, arrebato *m*, acceso *m*; **bouffée de colère, d'orgueil** arranque de cólera, de orgullo ▌ MÉD bochorno *m* ■ **bouffée de chaleur** tufarada de calor ▌**bouffée de fièvre** calenturón breve.

bouffer [3] *v intr* bufar (de colère) ▌ahuecarse, hincharse (se gonfler) ▌hincharse (se dit du plâtre).
◇ *v tr* FAM jalar, jamar (manger)▌comerse (de l'argent) ■ FAM **bouffer des briques** comerse los codos de hambre, comer adoquines ▌ FAM **se bouffer le nez** comerse los higadillos, tirarse los trastos a la cabeza.

bouffette *f* lazo *m* (ruban) ▌borlita (houppette).

bouffi, e *adj* [▷ SYN] abotargado, da (visage) ▌hinchado, da; entumecido, da (yeux) ▌hinchado, da; engreído, da (d'orgueil, de vanité) ▌hinchado, da (style).
◆ **bouffi** *m* arenque ahumado.
▌ SYN **joufflu** mofletudo; **mafflu, mafflé** carrilludo, carirredondo.

bouffir [32] *v tr* hinchar, abotargar.
◇ *v intr* hincharse, abotargarse.

bouffissure *f* hinchazón *m* ▌ FIG engreimiento *m* (vanité)▌**bouffissure du style** ampulosidad en el estilo, prosopopeya.

bouffon, onne *adj* & *s* [▷ SYN 1] bufón, ona ▌[▷ SYN 2] gracioso, sa (théâtre).
▌ SYN **1. farceur** farsante; **plaisantin** bromista, guasón; **loustic** jacarero; **baladin** pandulero.
▌ **2. histrion** histrión; **polichinelle** polichinela; **pasquin** bufón.

bouffonner [3] *v intr* hacer el bufón.

bouffonnerie *f* bufonada, payasada.

bougainvillée [buɡɛ̃vile] *f* BOT buganvilla.

bouge *m* tugurio ▌mala *f* tasca ▌comba *f*, teso (tonneau) ▌MAR curvatura *f* de los baos.

bougeoir [buʒwar] *m* palmatoria *f*.

bougeotte *f* FAM manía de moverse ▌FAM **avoir la bougeotte** tener culo de mal asiento, tener hormiguillo.

bouger [17] *v intr* moverse, menearse ▌FIG agitarse; **le peuple bouge** el pueblo se agita ▌**ne bougez pas!** ¡estese quieto!, ¡no se mueva!
◇ *v tr* cambiar de sitio (déplacer).
▌ OBSERV El empleo de **bouger** en su forma transitiva es familiar. Es preferible sustituirlo por **déplacer**.

bougie *f* vela; **une bougie de stéarine** una vela de estearina ▌bujía (unité d'intensité lumineuse) ▌filtro *m* de porcelana (filtre) ▌MÉD candelilla, sonda (sonde) ▌MÉCAN bujía; **bougie encrassée** bujía engrasada.

bougnat *m* FAM (vieilli) carbonero (charbonnier).
▌ OBSERV El **bougnat** francés no solamente vende carbón, sino que suele también tener un pequeño despacho de bebidas. En general es auvernés.

bougon, onne *adj* & *s* FAM gruñón, ona; regañón, ona.
▌ SYN **grognon, grognard, grogneur** refunfuñador, rezongón; FAM **ronchon, ronchonneur** protestón.

bougonnement *m* refunfuño, refunfuñadura *f*.

bougonner [3] *v intr* FAM refunfuñar, gruñir.

bougonneur, euse *adj* & *s* gruñón, ona; regañón, ona.

bougran *m* entretela *f* (étoffe).

bougre, esse *m* & *f* FAM bribón, ona ▌tipo *m*, tiparraco, ca; **c'est un bougre dont je me défie** es un tipo de quien desconfío ■ **bon bougre** buen muchacho, buena persona ▌**ce bougre de...** este pobre... ▌**pauvre bougre** pobre diablo ▌**sale bougre** pajarraco.
◇ *adj* so, pedazo de, especie de; **bougre d'imbécile!** ¡so imbécil!
◆ **bougre!** *interj* ¡diantre!, ¡demonio!

bougrement *adv* FAM sumamente.

boui-boui *m* FAM & PÉJ teatrucho, teatrucho ▌bochinche, cafetucho.
▌ OBSERV *pl* bouis-bouis.

bouif [bwif] *m* ARG remendón, tiracueros (cordonnier).

bouillabaisse *f* sopa de pescado, bullabesa (gallicisme).

bouillant, e *adj* hirviente, hirviendo; **huile bouillante** aceite hirviente; **eau bouillante** agua hirviendo ▌FIG ardiente, ardoroso, sa ■ **bouillant de colère** ardiendo de ira ▌**bouillant de jeunesse** en el ardor de la juventud.

bouille *f* vara con que los pescadores enturbian el agua (pêche) ▌cuévano *m* (hotte de bois) ▌FAM cara; **une bonne bouille** una cara simpática ▌**faire une drôle de bouille** poner mala cara.

bouillerie [bujri] *f* destilería.

bouilleur *m* destilador (distillateur) ▌hervidor (de chaudière) ■ **bouilleur atomique** reactor nuclear pequeño ▌**bouilleur de cru** cosechero destilador (distillateur).

bouilli [buji] *m* carne *f* hervida.

bouillie *f* [▷ SYN] gachas *pl*, puches *m ou f pl* ▌papilla (pour les enfants) ▌AGRIC caldo *m* para pulverizar ▌FIG papilla, gacha, cosa muy blanda; **réduire en bouillie** hacer papilla ▌TECHN pasta (à papier, à carton, etc.) ▌FIG & FAM **c'est de la bouillie pour les chats** es trabajo de balde.
▌ SYN **purée** puré; **brouet** caldo claro.

bouillir [48] *v intr* hervir; **l'eau bout à 100 °C** el agua hierve a 100 °C ▌cocer; **les légumes bouillent dans la marmite** las verduras cuecen en la olla ▌arder, bullir (de colère, d'impatience).
◇ *v tr* hervir.

bouilloire *f* hervidor *m*; **bouilloire électrique** hervidor eléctrico.

bouillon *m* borbotón; **l'eau sort à gros bouillons** el agua sale a borbotones ▌burbuja *f* (bulle d'un liquide) ▌[▷ SYN] caldo (aliment liquide) ▌bullón, pliegue ahuecado (d'une étoffe) ▌bochinche (restaurant) ▌remanente de ejemplares no vendidos (livres, journaux) ▌CHIM caldo; **bouillon de culture** caldo de cultivo ■ **bouillon déduit** edición vendida (livres, journaux) ▌**bouillon de légumes** caldo de verduras ▌FAM **bouillon d'onze heures** jicarazo (poison) ▌**bouillon gras** caldo ▌FIG **bouillon pointu** lavativa ■ FAM **boire un bouillon** hacer un mal negocio, pasar un mal trago (en affaires); tragar agua (de l'eau).
▌ SYN **consommé** caldo, consomé; **potage** sopa; **soupe** sopa.

bouillon-blanc *m* BOT gordolobo.

bouillonnant, e *adj* hirviente (qui bout) ▌burbujeante (qui bouillonne).

bouillonné *m* tejido afollado *ou* plisado.

bouillonnement *m* hervor, burbujeo (un liquide) ▌FIG efervescencia *f*, agitación *f*, hervidero *m*.

bouillonner [3] *v intr* borbotar, borbollar, burbujear (liquides) ▌tener ejemplares sin vender (livres, journaux) ▌espumear, hacer espumas (vagues) ▌FIG arder, hervir (s'agiter); **son sang bouillonnait** su sangre hervía.
◇ *v tr* ahuecar, afollar (une étoffe).

bouillotte *f* hervidor *m* pequeño ▌bolsa de agua caliente, calentador *m* (récipient) ▌cacho *m* [juego parecido a la berlanga] ▌FAM cara (visage).

bouillotter [3] *v intr* hervir a fuego lento.

boul. (abr écrite de **boulevard**).

boulaie *f* bosque *m ou* paseo *m* de abedules.

boulange *f* panadería (métier de boulanger).

boulanger [17] *v tr* amasar (el pan), panadear.

boulanger, ère *m* & *f* panadero, ra; tahonero, ra (dialectal).
◆ **boulangère** *f* (vx) bolanchera (danse) ▌camioneta de panadero.

boulangerie *f* panadería, tahona ▌**boulangerie industrielle** panadería industrial, panificadora.

boulangerie-pâtisserie *f* panadería bollería.
▌ OBSERV *pl* boulangeries-pâtisseries.

boulangisme *m* movimiento político del siglo XIX encabezado por el general Boulanger.
▌ BOULANGISME
Este movimiento antiparlamentario y antialemán fue impulsado por el General Boulanger quien tras haber planeado un golpe de Estado en 1886, tuvo que huir a Bruselas.

boulbène *f* tierra arcillosa y silícea.

boule *f* bola; **boule de neige** bola de nieve ▌bocha (jeu) ▌FAM chola, chaveta, cabeza (tête)▌jeta, cara (visage) ■ **boule d'eau chaude** bolsa de agua caliente ▌**boule de gomme** caramelo masticable ▌**boule de son** pan de munición ▌FAM **être ou se mettre en boule** estar ou ponerse histérico, ca ▌**jeu de boules** juego de bolos ■ **ceci va faire boule de neige** esto va a tener un efecto acumulativo, va a extenderse ▌**laisser rouler la boule** dejar que ruede la bola ▌FAM **perdre la boule** perder la chaveta▌**se rouler en boule** hacerse un ovillo ▌**se mettre en boule** cabrearse, mosquearse.

bouleau *m* BOT abedul.

boule-de-neige *f* BOT mundillo *m*, bola de nieve.
▌ OBSERV *pl* boules-de-neige.

bouledogue *m* bulldog (chien).

bouler [3] *v intr* rodar como una bola ▌hinchar el buche (pigeons) ▌hincharse (le pain, les semences), hincharse (p us) ▌FAM **envoyer bouler** mandar a paseo.
◇ *v tr* embolar (taureaux).

boulet *m* bala *f* de cañón ▌hierros *pl*, cadena *f* (des condamnés) ▌menudillo (cheval) ▌carbón de bola, aglomerado esférico (charbon) ▌FIG & FAM cadena *f* (chaîne), carga *f* (charge), cruz *f* (croix); **traîner son boulet** llevar la cruz a cuestas ■ MAR **boulet ramé** palanqueta, bala enramada ▌FIG **tirer à boulets rouges sur quelqu'un** hacer una guerra sin cuartel a alguien.

bouleté, e *adj* VÉTÉR emballestado, da (cheval).

boulette *f* bolita, bolilla (petite boule) ▌albóndiga (de viande) ▌bola, ovoide *m* (charbon) ▌masilla (pêche) ▌FIG & FAM torpeza, necedad, pifia (bévue); **faire une boulette** cometer una pifia.

boulevard *m* bulevar ▌MIL baluarte ▌**boulevard extérieur** camino de circunvalación, de ronda ▌THÉÂTR comedia *f* ligera.
➡ **de boulevard** *loc adj* THÉÂTR **pièce de boulevard** comedia ligera.

> THÉÂTRE DE BOULEVARD
> Este término se usaba antaño para calificar el estilo de las obras de teatro que se daban en los "Grands Boulevards" en el norte de París. Ahora se refiere a cualquier comedia ligera o de vodevil.

boulevardier, ère *m* & *f* persona que frecuenta los bulevares [en París].
◇ *adj* propio de los bulevares de París; ■ **commentaires boulevardiers** comentarios callejeros ▌**muse boulevardière** musa callejera.

bouleversant, e *adj* conmovedor, ra; turbador, ra; **récit bouleversant** relato conmovedor.

bouleversé, e *adj* emocionado, da.

bouleversement [bulvɛrsəmɑ̃] *m* trastorno, turbación *f* (trouble) ▌FIG conmoción *f* (émotion).

bouleverser [3] *v tr* trastornar, turbar (troubler) ▌desordenar, revolver (mettre en désordre) ▌cambiar completamente ou de arriba abajo (changer) ▌conmover, descomponer (émouvoir) ▌agitar violentamente, arruinar (ruiner) ▌desquiciar; **nous vivons dans un monde bouleversé** vivimos en un mundo desquiciado.

boulier *m* boliche (filet) ▌ábaco, marcador con bolas (abaque) ▌chinchorreo (filet).

boulimie *f* MÉD bulimia, hambre canina.

boulimique *adj* & *s* bulímico, ca.

boulin *m* almojaya *f* (pour soutenir un échafaudage) ▌mechinal (trou dans un mur) ▌hornilla *f* (trou de colombier).

bouline *f* MAR bolina; **aller à la bouline** ir ou navegar de bolina; **courir la bouline** correr la bolina ▌**nœud de bouline** nudo de guía.

boulingrin [bulɛ̃grɛ̃] *m* cuadro de césped.

boulisme *m* bolismo.

bouliste *m* jugador de bolos.

Boulle [bul] *n pr* **l'école Boulle** escuela parisiense de ebanistas y decoradores de interior.

boulocher [3] *v intr* formarse bolitas [en la lana].

boulodrome *m* bolera *f*.

bouloir *m* batidera *f* (de maçon).

boulon *m* perno (vis à écrou).

boulonnage *m* fijación *f* con pernos.

boulonner [3] *v tr* TECHN empernar, sujetar con pernos.
◇ *v intr* FAM currar, pringar (travailler) ▌empollar (potasser).

boulonnerie *f* fábrica de pernos.

boulot *m* FAM trabajo, tarea *f* (tâche) ▌**au boulot!** manos a la obra ▌**petits boulots** trabajitos.

boulot, otte *adj* FAM regordete, ta; rechoncho, cha.

boulotter [3] *v tr* FAM manducar, jamar (manger).
◇ *v intr* FAM ir viviendo, ir tirando.

boum *f* FAM guateque *m*.
➡ **boum!** *interj* ¡bang!, ¡pum!

boumer [3] *v intr* FAM carburar, pitar.

bouquet *m* ramo, ramillete; **bouquet de fleurs** ramo de flores ▌manojo (botte); **un bouquet de persil** un manojo de perejil ▌bosquecillo, grupo de árboles (bosquet) ▌castillo (feu d'artifice) ▌buqué (gallicisme), boca *f*, aroma (vin) ▌remate, coronamiento (couronnement, conclusion) ▌ZOOL camarón (crevette) ▌CULIN **bouquet garni** ramillete [puerro, laurel, tomillo, perejil, ajo, todo atado] ▌FAM **c'est le bouquet** es el colmo, es el acabóse.

bouquetier *m* florero, vendedor de flores.

bouquetière [buktjɛr] *f* ramilletera, florista (fleuriste).

bouquetin *m* ZOOL íbice, cabra *f* montés, capra *f* hispánica.

bouquin [bukɛ̃] *m* macho cabrío viejo (bouc) ▌liebre macho (lièvre) ▌boquilla *f* (d'une pipe) ▌FAM libro, libraco (livre) ▌MUS **cornet à bouquin** corneta.

bouquiner [3] *v intr* buscar libros de lance ▌FAM leer (lire).

bouquinerie *f* librería de viejo ou de lance ▌afición a los libros viejos.

bouquineur, euse *m* & *f* persona que busca libros viejos ▌persona a quien le gusta leer.

bouquiniste *m* & *f* librero, ra de lance; librero, ra de viejo.

> LES BOUQUINISTES
> En París, este término se aplica en especial a los vendedores de libros, grabados, postales, etc. instalados en los puestos de madera o metal a lo largo del muro que bordea las orillas del Sena.

bourbe *f* cieno *m*.

bourbeux, euse *adj* cenagoso, sa.

bourbier *m* cenagal, lodazal, barrizal ▌FIG lodazal, cenagal; **le bourbier du péché** el lodazal del pecado ▌atolladero; **se tirer d'un bourbier** salirse de un atolladero.

bourbillon *m* MÉD clavo, raíz *f* (d'un furoncle).

Bourbon *n pr* Borbón.

bourbon *m* bourbon (whisky).

bourbonien, enne *adj* borbónico, ca ▌**nez bourbonien** nariz borbónica.

bourbonnais, e *adj* borbonés, esa.

Bourbonnais *n pr m* GÉOGR **le Bourbonnais** el Borbonesado.

bourdaine *f* arraclán *m* (plante).

bourdalou *m* cintillo, trencillo (de chapeau).

bourde *f* FAM patraña, bola (mensonge) ▌sandez; **faire une bourde** cometer una sandez.

bourdon *m* abejorro (insecte) ▌campana *f* mayor ▌bordón (bâton) ▌IMPR olvido, bordón ▌MUS bordón ▌roncón (de cornemuse) ▌zumbido (bourdonnement) ■ **faux bourdon** zángano (animal), fabordón (musique) ▌FAM **avoir le bourdon** tener morriña.

bourdonnant, e *adj* zumbador, ra; zumbante.

bourdonnement *m* zumbido (des insectes) ▌zumbido (l'oreille) ▌FIG murmullo (des personnes).

bourdonner [3] *v intr* [▷ SYN] zumbar (insectes, oreilles) ▌FIG murmurar (murmurer).
◇ *v tr* FAM tararear, canturrear (chantonner).
■ SYN ronfler roncar; vrombir tronar.

bourdonnet *m* MÉD lechino (de charpie).

bourdonneur, euse *adj* & *s* zumbador, ra.

bourg [bur] *m* villa *f*, burgo ▌**bourg pourri** burgo podrido.
▌ SYN **bourgade** lugar, aldea; **village** pueblo; **hameau** caserío; FAM **trou** poblacho.

bourgade *f* lugar *m*, aldea.

bourgeois, e [burʒwa, az] *adj* burgués, esa ▌aburguesado, da (gallicisme) ▌confortable, cómodo, da; **appartement bourgeois** piso confortable ■ **cuisine bourgeoise** cocina casera ▌**habit bourgeois** traje de paisano ▌**maison bourgeoise** casa burguesa ▌HIST **milices bourgeoises** milicias concejiles ▌**pension bourgeoise** casa de huéspedes.
◇ *m* & *f* burgués, esa (personne aisée) ▌POP amo, ama; patrón, ona (patron) ▌**en bourgeois** de paisano.
➡ **bourgeoise** *f* FAM (vieilli) costilla, parienta, esposa (épouse).

bourgeoisement *adv* llanamente, con sencillez, burguesamente.

bourgeoisie *f* burguesía ▌**petite bourgeoisie** gente de medio pelo.

bourgeon *m* [▷ BOT [▷ SYN] botón, yema *f*, brote; **bourgeon adventif** yema adventicia ▌FIG espinilla *f*, grano (au visage).
▌ SYN pousse renuevo, brote; bouton botón, capullo.

bourgeonné, e [burʒɔne] *adj* lleno, na de brotes (plante) ▌granujiento, ta; espinilloso, sa (visage).

bourgeonnement [burʒɔnmɑ̃] *m* brote.

bourgeonner [3] *v intr* brotar, echar brotes (plantes) ▌FIG tener granos ou espinillas (le visage).

bourgeron *m* blusa *f* corta, chaquetón.

bourgmestre *m* burgomaestre.

bourgogne *m* vino de Borgoña (vin).

Bourgogne *n pr f* GÉOGR **la Bourgogne** Borgoña.

> BOURGOGNE
> Esta región administrativa comprende los departamentos de Nièvre, Côte-d'Or, Saône-et-Loire y Yonne. Capital: Dijon.

bourgueil *m* bourgueil [vino tinto de la región del Loira].

bourguignon, onne *adj* borgoñón, ona ▌CULIN **bœuf bourguignon** estofado de ternera al vino tinto.

Bourguignon, onne *m* & *f* borgoñón, ona.

bourguignotte *f* borgoñota (casque).

bourlinguer [3] *v intr* trabajar, fatigarse (bateau) ∥ FAM correr mundo, barloventear, llevar una vida aventurera.

bourlingueur, euse *adj et s* trotamundos *inv.*

bourrache *f* BOT borraja.

bourrade *f* golpe *m*, porrazo *m* ∥ empellón *m*, empujón *m* ∥ dentellada que da el perro a la liebre, mordisco *m* ∥ palmada en la espalda (tape amicale).

bourrage *m* relleno ∥ borra *f*, estopa *f* (garniture) ∥ tapón (mine) ∥ FAM bourrage de crâne cuento, trola (mensonge), propaganda falsa.

bourrasque *f* [▷ SYN] borrasca (vent) ∥ FIG ataque *m*; arrebato *m* (accès passager).

> SYN cyclone ciclón; grain temporal; tornade tornado; tourbillon torbellino; ouragan huracán; tempête tempestad; tourmente tormenta; orage tormenta; trombe tromba; typhon tifón; rafale ráfaga; simoun simún.

bourratif, ive *adj* que llena, empachoso, sa.

bourre *f* borra ∥ taco *m* (d'une arme, d'une mine) ∥ FIG relleno *m*, broza, nadería (chose sans valeur) ∥ bourre de soie adúcar ∥ FAM être à la bourre andar con prisas, ir pitando.

bourré, e *adj* FAM abarrotado, da (plein) ∥ borracho, cha (ivre), curda (*Amér*).

bourreau *m* verdugo ■ bourreau d'argent manirroto, despilfarrador ∥ bourreau des cœurs rompecorazones, castigador, Don Juan ∥ FIG être un bourreau de travail ser una fiera para el trabajo ∥ être un bourreau pour ses élèves ser un verdugo para sus alumnos.

bourrée *f* chamarasca, chamiza (bois menu et sec) ∥ baile *m* típico de Auvernia.

bourrelé, e ▬ bourreler.

bourrèlement *m* tormento, dolor fuerte (douleur) ∥ FIG tormento, tortura *m* (tourment moral).

bourreler [24] *v tr* FIG atormentar, atosigar, torturar; être bourrelé de remords estar torturado por el remordimiento.

bourrelet [burlɛ] *m* cojín, cojinete (coussin) ∥ cabecil, rodete (pour porter un fardeau sur la tête) ∥ burlete (de fenêtre) ∥ rodete, anillo (anneau) ∥ MIL bocel ∥ BOT anillo, collar ∥ bourrelets de graisse roscas, michelines FAM, rodajas.

bourrelier *m* guarnicionero, talabartero.

bourrellerie *f* guarnicionería, talabartería.

bourrer [3] *v tr* rellenar (rembourrer) ∥ atacar (une arme) ∥ cargar (une pipe) ∥ FAM atiborrar (faire manger avec excès) ∥ zurrar, maltratar (maltraiter) ∥ abarrotar (surcharger de connaissances) ■ bourrer de llenar de ∥ bourrer de coups hinchar a golpes ∥ FAM bourrer le crâne hinchar la cabeza ∥ être bourré estar a tope (bondé), estar mona, tener una merluza (ivre).

◇ *v intr* FAM correr (se dépêcher).

➤ **se bourrer** *v pr* FAM pelearse, pegarse (se battre) ∥ atiborrarse, atracarse (manger avec excès).

bourrette *f* cadarzo *m*, adúcar *m* (bourre de soie).

bourriche *f* banasta, cesta, cenacho *m* ∥ contenido *m* de la banasta.

bourrichon *m* FAM chola *f*, cabeza *f* ∥ FAM se monter le bourrichon hacerse ilusiones; calentarse los cascos (s'exciter).

bourricot *m* FAM borriquillo, rucho, pollino.

bourrin *m* FAM penco (cheval).

bourrique *f* borrica, burra (ânesse) ∥ FIG & FAM borrico *m*, asno *m* (personne ignorante) ∥ ARG polizonte *m* (policier) ∥ FAM faire tourner en bourrique volver tarumba.

bourriquet *m* borriquito, rucho, pollino (ânon) ∥ MIN cabria *f*, torno.

bourroir *m* TECHN atacadera *f* (mines).

bourru, e *adj* basto, ta; tosco, ca (grossier); fils bourrus hilos toscos ∥ FIG [▷ SYN] desabrido, da; huraño, ña (d'humeur brusque) ■ bourru bienfaisant persona brusca pero de buen corazón ∥ FAM moine bourru el coco, el bu ∥ vin bourru vino blanco nuevo.

> SYN renfrogné ceñudo, carilargo; brusque brusco.

bourse *f* bolsa, bolso *m* (petit sac) ∥ red para cazar conejos (filet) ∥ beca (d'études) ∥ ANAT les bourses escroto ∥ BOT cápsula ■ bourse bien garnie bolsa repleta ∥ FAM bourse plate bolsa vacía ■ FAM coupeur de bourses cicatero ∥ la bourse ou la vie! la bolsa o la vida ■ avoir, tenir la bourse tener los cuartos, manejar el dinero ∥ sans bourse délier sin soltar un cuarto.

Bourse *f* Bolsa ■ Bourse de commerce Bolsa de Comercio, lonja ∥ Bourse du travail Bolsa del Trabajo ∥ opérations de Bourse operaciones de Bolsa.

bourse-à-pasteur *f* BOT carraspique *m*.
▬ OBSERV pl bourses-à-pasteur.

boursicotage *m* juego de Bolsa de poca monta.

boursicoter [3] *v intr* jugar flojo a la Bolsa.

boursicoteur, euse *m & f* bolsista de pocos alcances.

boursier, ère *adj & s* de bolsa ∥ becario, ria (étudiant) ∥ bolsista (spéculateur à la Bourse) ∥ bolsero (fabricant de bourses) ■ élève boursier becario, alumno becado ∥ opération boursière operación de Bolsa.

boursouflage *m* hinchazón *f*, abotargamiento ∥ FIG ampulosidad *f*, pomposidad *f*, grandilocuencia *f* (style).

boursouflé, e *adj* hinchado, da (gonflé) ∥ abotargado, da (visage, peau) ∥ FIG ampuloso, sa; enfático, ca (style).

boursouflement *m* hinchazón *f*, abotargamiento *f* (gonflement) ∥ dilatación *f* (dilatation).

boursoufler [3] *v tr* hinchar (gonfler) ∥ abotargar (la peau) ∥ FIG envanecer, engreír; l'orgueil boursoufle les sots el orgullo engríe a los tontos.

➤ **se boursoufler** *v pr* hincharse.

boursouflure *f* hinchazón, abotargamiento *m* (de la peau) ∥ FIG énfasis *m*, ampulosidad, prosopopeya (style).

bousculade *f* atropello *m*, empujón, *m*, empellón *m* (poussée) ∥ bullicio *m*, tropel *m*; être pris dans une bousculade ser cogido en el bullicio.

bousculer [3] [buskyle] *v tr* revolver, trastornar; il a tout bousculé lo ha revuelto todo ∥

atropellar, empujar violentamente (pousser) ∥ MIL arrollar, poner en desorden ∥ zarandear, zamarrear; être bousculé par la foule ser zarandeado por la multitud ∥ FIG & FAM dar ou meter prisa (hâter) ∥ je suis un peu bousculé par le travail estoy ajetreado por el trabajo.

➤ **se bousculer** *v pr* atropellarse ∥ FAM darse prisa (se hâter).

bouse *f* boñiga, bosta (excrément des bovins).

bousier *m* escarabajo pelotero.

bousillage *m* CONSTR adobe ∥ FIG & FAM chapucería *f*, chapuz (ouvrage mal fait).

bousiller [3] *v tr* CONSTR fabricar con adobe ∥ FIG & FAM frangollar, chapucear; bousiller son travail frangollar su trabajo ∥ FAM apiolar, cepillar (tuer) ∥ destrozar, hacer polvo (détruire).

bousilleur, euse *m & f* FAM chapucero, ra; frangollón, ona (mauvais ouvrier).

bousin *m* FAM bulla *f*, trapatiesta *f* (tapage) ∥ turba *f* de mala calidad (tourbe).

boussole *f* brújula, aguja de marear; boussole affolée brújula loca ∥ FIG norte *m*, guía ∥ FAM perdre la boussole desnortarse, perder el norte.

boustifaille *f* FAM comilona, cuchipanda (festin) ∥ manducatoria, comida (aliment).

boustifailler [3] *v intr* FAM apiparse, atiborrarse (manger beaucoup) ∥ manducar (manger).

boustrophédon *m* bustrófedon (écriture).

bout [bu] *m* punta *m*, extremidad *f* (extrémité) ∥ cabo, final; le bout de l'année el final del año ∥ trozo, pedazo, fragmento; un bout de papier un trozo de papel ∥ contera *f*, regatón (canne, épée) ∥ yema *f*, punta *f* (doigts) ∥ mango (outil) ∥ botón (fleuret) ∥ MAR cabo (cordage) ∥ proa *f* (proue) ■ bout de chandelle cabo de vela ∥ FAM bout de chou chiquitín, pequeñito ∥ bout de cigarette colilla ∥ bout de l'an oficio fúnebre de aniversario ∥ bout de sein pezón (poitrine), pezonera (médecine) ∥ CINÉM bout d'essai prueba para un actor ∥ MAR bout de vergue penol ∥ FAM bout d'homme hombrecillo, renacuajo, chiquilicuatro ■ haut bout cabecera [de la mesa] ∥ un bout de pain un mendrugo; bout à bout a continuación, uno detrás del otro ■ à bout filtre emboquillado (cigarette) ∥ à bout portant a quemarropa, a boca de jarro ∥ à tout bout de champ a cada paso ∥ au bout de al cabo de; au bout de dix ans al cabo de diez años ∥ au bout de la rue al final de la calle ∥ au bout du compte después de todo, a fin de cuentas, al fin y al cabo ∥ au bout du monde en el fin del mundo ∥ de bout en bout ou d'un bout à l'autre de cabo a rabo ∥ jusqu'au bout hasta el fin ∥ jusqu'au bout des doigts hasta la punta de los dedos, de pies a cabeza ■ avoir ou tenir le bon bout tener la sartén por el mango ∥ avoir sur le bout de la langue tener en la punta de la lengua ∥ ce n'est pas le bout du monde no es nada del otro mundo ∥ être à bout no saber ya qué hacer (ne plus savoir que faire), estar cansado, no poder más (être très fatigué), estar agotado; ma patience est à bout mi paciencia está agotada; estar sin un céntimo (sans ressources) ∥ être à bout de quedarse sin, no tener ya; être à bout d'arguments no tener ya ou haber agotado los argumentos;

être à bout de forces no tener ya fuerzas ou estar sin fuerzas ▍ **être au bout de son rouleau** no saber ya qué decir ou hacer, acabársele a uno la cuerda (ne plus savoir que dire), estar en las últimas (près de mourir) ▍ **joindre les deux bouts** tener justo lo necesario para vivir, ir tirando, hacer equilibrios para vivir ▍ **mener à bout** poner cima, realizar, llevar a cabo ▍ FAM **mettre les bouts** tomar el portante, largarse ▍ **montrer le bout de l'oreille** enseñar la oreja ▍ **ne pas joindre les deux bouts** no llegarle a uno el dinero ▍ **ne pas voir plus loin que le bout de son nez** no ver más allá de sus narices ▍ **on ne sait pas par quel bout le prendre** no se sabe por qué lado tomarlo ▍ **pousser à bout** sacar de sus casillas (énerver), forzar a fondo, apurar (forcer à fond) ▍ **rire du bout des dents** reír de dientes afuera ▍ **savoir sur le bout des doigts** saber al dedillo ▍ **tenir le haut bout** ser dueño de la situación ▍ **toucher du bout des doigts** tocar con las puntas de los dedos ▍ **venir à bout de** conseguir, llevar a cabo, lograr; **venir à bout d'une affaire** llevar a cabo un negocio; acabar con, poner fin; **venir à bout d'une bouteille** acabar con una botella.

boutade f humorada, arranque m, capricho m súbito (caprice) ▍ ocurrencia, salida, rasgo m de ingenio (plaisanterie) ▍ salida de tono, desplante m (insolence).

boutargue f mojama, huevas pl (mets).

bout-dehors m MAR botalón.
▍ OBSERV pl bouts-dehors.

boute-en-train m & f inv animador, ra.

boutefeu m MIL botafuego ▍ FIG cizañero, botafuego (qui excite).

boute-hors m inv MAR botalón.

bouteille [butɛj] f botella; **boire à la bouteille** beber de la botella ▍ bombona (de butane) ▍ MAR beque m (latrines) ▍ FIG **aimer la bouteille** empinar el codo, gustarle a uno beber ▍ **avoir** ou **prendre de la bouteille** entrar en años ▍ **c'est la bouteille à l'encre** eso es un lío, un embrollo ▍ **mettre en bouteilles** embotellar.

bouteiller m copero mayor (officier de bouche chargé des vins), escanciador.

bouteillon m MIL marmita f metálica del soldado en campaña.

bouter [3] v tr botar, arrojar, expulsar (pousser).

bouterolle f contera (d'épée) ▍ martillo m de ojo (outil) ▍ sufridera, embutidera, doile m, mandril m (de rivets) ▍ muesca (de clef).

bouteroue m guardacantón, guardarruedas.

boute-selle m inv MIL botasilla.

boutillier m copero mayor.

boutique f [▷ SYN] tienda (magasin) ▍ escaparate m (éventaire) ▍ FAM taller m (atelier) ▍ herramientas pl (outils) ▍ negocio m (affaire) ▍ vivero m de un barco para conservar vivo el pescado (pêche) ■ COMM **boutique franche** tienda franca ou exenta de impuestos ▍ **fermer boutique** quitar la tienda ▍ **ouvrir boutique** abrir ou poner tienda.
▍ OBSERV Boutique es normalmente una tienda pequeña y de apariencia modesta, aunque actualmente se emplea para designar una tienda pequeña, pero elegante, sentido que

tiene cuando se da este nombre francés a un comercio español.
▍ SYN échoppe puesto; magasin almacén; bazar bazar.

boutiquier, ère [butikje, ɛr] m & f tendero, ra (marchand).

boutisse f ARCHIT tizón m, sillar m lleno ▍ **en boutisse** a tizón.

boutoir m pujavante (de maréchal) ▍ cuchillo (de corroyeur) ▍ hocico, jeta f de jabalí ▍ FIG **coup de boutoir** ataque brusco y violento.

bouton m botón (d'un vêtement) ▍ botón, yema f (arbres) ▍ botón, capullo (fleurs) ▍ botón, pulsador (d'un appareil électrique) ▍ tirador (de tiroir), pomo (de porte) ▍ zapatilla f, botón (de fleuret) ▍ MÉD grano (sur la peau), espinilla f (petit bouton sur le visage) ■ **bouton de col** pasador ▍ PHOT **bouton de déclenchement** disparador ▍ **bouton de feu** botón de fuego ▍ **bouton de fièvre** pupa, calentura ▍ **bouton de manchette** gemelo ▍ **bouton de mire** punto de mira ▍ RAD **bouton de recherche de station** botón de sintonización ▍ **bouton de réglage** botón de reglaje ou de reajuste ▍ **bouton de sonnette** pulsador del timbre ▍ **bouton quadrillé** botón espoleado ■ **garniture de boutons** botonadura ■ **tourner le bouton** dar al interruptor, encender la luz (la lumière), dar al botón (radio).

bouton-d'or m botón de oro, ranúnculo, francesilla f (fleur).
▍ OBSERV pl boutons-d'or.

boutonnage m abotonamiento, abotonado (action) ▍ abotonadura f (garniture).

boutonnant, e adj que se abotona, que se abrocha.

boutonné, e adj abotonado, da (qui boutonne).

boutonnement m brote, brotadura f (bourgeonnement).

boutonner [3] v intr echar brotes, abotonar (les plantes) ▍ abotonarse, abrocharse; **robe qui boutonne par derrière** vestido que se abotona por la espalda ▍ FAM tener granos ou espinillas.
◇ v tr abotonar, abotonarse, abrochar, abrocharse; **boutonner sa veste** abotonar ou abotonarse la chaqueta ▍ dar un botonazo (escrime).
◆ **se boutonner** v pr abotonarse, abrocharse.
▍ OBSERV Abotonar est étymologiquement plus exact, mais abrochar (proprement agrafer) le remplace couramment.

boutonneux, euse adj granujiento, ta; lleno de granos, espinilloso, sa.

boutonnier, ère m & f botonero, ra; **industrie boutonnière** industria botonera.
◆ **boutonnière** f ojal m; **une fleur à la boutonnière** con una flor en el ojal ▍ flor que se lleva en el ojal de la solapa ▍ FIG ojal m (blessure); **faire une boutonnière à quelqu'un** abrirle a uno un ojal.

bouton-poussoir m pulsador.
▍ OBSERV pl boutons-poussoirs.

bouton-pression m automático (bouton).
▍ OBSERV pl boutons-pression.

bouts-rimés m pl pies forzados (poésie).

bouturage m BOT desqueje, reproducción f por estacas.

bouture f BOT esqueje m (de fleur, d'arbuste) ▍ estaca (d'arbres) ▍ **faire des boutures** plantar por esquejes, desquejar.

bouturer [3] v tr BOT desquejar, reproducir por esquejes ou estacas.
◇ v intr brotar, echar renuevos ou pimpollos.

bouverie f boyera, boyeriza.

bouvet m acanalador (outil de menuisier).

bouvier, ère m & f boyero, ra; vaquero, ra.

Bouvier m ASTRON Boyero, Bootes (constellation).

bouvillon m boyezuelo, novillo.

bouvreuil [buvrœj] m pardillo (oiseau).

bouvril m boyera f (dans les abattoirs).

bovidés m pl ZOOL bóvidos.

bovin, e adj bovino, na; vacuno, na.
◆ **bovins** m pl bovinos, ganado sing vacuno.

bowling m juego de bolos ▍ bolera f (lieu).

bow-window [bowindo] m mirador (fenêtre).
▍ OBSERV pl bow-windows.

box m box, departamento de una cuadra para un solo caballo (écurie) ▍ jaula f, departamento de un garaje (garage) ▍ camarilla f (de dortoir).
▍ OBSERV pl box ou boxes.

box-calf [bɔkskalf]; **box** m box-calf, becerro curtido con cromo.
▍ OBSERV pl box-calf ou box-calfs ou box-calves (p us).

boxe f boxeo m.

boxer m alano (chien).

boxer [3] v intr boxear.
◇ v tr dar puñetazos; **boxer quelqu'un** dar puñetazos a alguien.

boxeur m boxeador, púgil (p us).

box-office m ▍ **être au box-office** ser taquillero, ra.
▍ OBSERV pl box-offices.

boy [bɔj] m boy, criado indígena (aux colonies) ▍ corista danzante (danseur).

boyard; boïard [bɔjar] m boyardo (noble slave).

boyau [bwajo] m tripa f ▍ manga f (de pompe) ▍ tubular (de bicyclette) ▍ FIG pasillo estrecho, camino estrecho (passage) ▍ MIL ramal de trinchera ■ **boyau de chat** tripa (guitare), catgut (opérations) ▍ **corde à boyau** cuerda de tripa ▍ FAM **racler le boyau** ser un rascatripas (mal jouer du violon).

boyauderie f fábrica de cuerdas de tripa.

boycott [bɔjkɔt]; **boycottage** m boicoteo, boicot, boycot.

boycotter [3] v tr boicotear.

boycotteur, euse m & f boicoteador, ra.

boy-scout m explorador, boy-scout.
▍ OBSERV pl boy-scouts.

BP (abr de boîte postale) f Apdo m.

BPAL (abr de base de plein air et de loisir) f terreno con instalaciones deportivas, juegos y animadores, destinado al recreo de niños y adultos.

BPF (abr écrite de bon pour francs) vale por francos.

brabançon, onne adj brabanzón, ona [de Brabante].

Brabançon, onne *m* & *f* brabanzón, ona.

Brabançonne (la) himno *m* nacional belga.

brabant *m* arado metálico (charrue).

Brabant [brabɑ̃] *n pr m* GÉOGR le Brabant Brabante.

➤ **Brabant flamand** *n pr m* GÉOGR le Brabant flamand Brabante flamenco.

bracelet [braslɛ] *m* correa *f*; le bracelet d'une montre la correa de un reloj ‖ pulsera *f*; une montre bracelet un reloj de pulsera ‖ ARCHIT anillo (anneau).

bracelet-montre *m* reloj de pulsera.
■ OBSERV pl bracelets-montres.

brachial, e [brakjal] *adj* braquial.

brachiopodes [brakjɔpɔd] *m pl* ZOOL braquiópodos (vers).

brachycéphale [brakisefal] *adj* braquicéfalo, la.

brachycéphalie [brakisefali] *f* braquicefalia, braquicefalismo *m*.

brachyoures *m pl* ZOOL braquiuros (crustacés).

braconnage *m* caza *f* ou pesca *f* furtiva.

braconner [3] *v intr* cazar ou pescar furtivamente.

braconnier *m* cazador furtivo (chasse) ‖ pescador furtivo (pêche).

braconnière *f* faldar *m* (pièce de l'armure).

bractée *f* BOT bráctea.

bradel *m* encuadernación *f* ligera, encartonado ligero (reliure).

brader [3] *v tr* vender saldos (solder) ‖ vender de segunda mano (d'occasion) ‖ FIG liquidar.

braderie *f* venta pública de mercancías de lance (d'occasion) ‖ venta de saldos (de soldes) ‖ baratillo *m* (marché) ‖ FIG liquidación, quema.

bradype *m* ZOOL perezoso (paresseux).

Bragance *n pr* GÉOGR Braganza.

braguette *f* bragueta (de pantalon).

Brahma *n pr* Brahmã, Brahma, Brama.

brahmane; brahme; brame *m* brahmán, bracmán, bramán.

brahmanique *adj* brahmánico, ca; bramánico, ca.

brahmanisme *m* brahmanismo, bramanismo.

Brahmapoutre *n pr m* GÉOGR le Brahmapoutre el Brahmaputra.

brahme ➤ **brahmane**.

brahmine *m* brahmín, bramín.

brai *m* brea *f*.

braie *f* (ancien) bragas *pl* [calzón de los antiguos galos] ‖ HIST pañal *m* (couche d'enfant) ‖ cerco *m* amurallado.

➤ **braies** *f pl* (p us) calzoncillos *m* (caleçons).

braillard, e [brajar, ard] *adj* FAM gritón, ona; chillón, ona.

braille [braj] *m* braille [sistema de escritura en relieve inventado por Braille] ‖ écrire en braille escribir braille ‖ lire le braille leer braille.

braillement [brajmɑ̃] *m* berrido, grito.

brailler [3] [braje] *v intr* FAM berrear, chillar (crier) ‖ berrear (chanter mal et fort).

braillerie [brajri] *f* berrido *m*.

brailleur, euse [brajœr, øz] *adj* & *s* gritón, ona; chillón, ona.

braiment *m* rebuzno (cri de l'âne).

brainstorming *m* reunión *f* creativa, brainstorming.

brain-trust *m* grupo de asesores de alto nivel.
■ OBSERV pl brain-trusts.

braire [112] *v intr* rebuznar (crier, se dit de l'âne) ‖ FAM berrear (crier).
‖ OBSERV Es verbo irregular defectivo que se emplea sólo en las terceras personas. Participio presente: brayant (p us).

braise *f* brasas *pl*, ascuas *pl* ‖ rescoldo *m* (sous la cendre) ‖ ARG (vieilli) pasta, dinero *m* (argent) ■ à la braise a la brasa, braseado, da ‖ être sur la braise estar en ascuas ‖ FAM être chaud comme braise ser apasionado y vehemente.
‖ OBSERV Braise es en français un collectif; una brasa, un ascua se traduisent par un charbon ardent. Ascua est le mot le plus courant en espagnol.

braiser [4] *v tr* asar, cocer a fuego lento ‖ CULIN bœuf braisé ternera braseada.

braisette [brɛzɛt] *f* cisco *m*.

braisière *f* apagador *m* (étouffoir) ‖ tartera, cacerola para cocer a fuego lento [con ascuas sobre la tapadera].

brame *f* paquete *m* (lingot aplati) ‖ brame brute llantón (lingote bruto).

brame *m* ➤ **brahmane**.

brame; bramement *m* bramido (du cerf).

bramer [3] *v intr* bramar.

bran *m* salvado grueso ■ bran d'agace resina del ciruelo o del cerezo ‖ bran de scie serrín, aserrín.

brancard [brɑ̃kar] *m* varal (de voiture) ‖ camilla *f*, parihuelas *f pl* (civière) ‖ parihuelas *f pl*, angarillas *f pl* (pour transporter des objets fragiles).

brancarder [3] *v intr* transportar en camilla.

brancardier *m* camillero.

branchage *m* ramaje.

branche *f* [▷ SYN] rama (d'arbre) ‖ brazo *m*, ramal *m* (d'un fleuve, d'une tranchée) ‖ pierna (d'un compas, des tenailles, etc.) ‖ gavilán *m* (d'une épée) ‖ brazo *m* (d'un chandelier) ‖ ramo *m* (subdivision) ‖ varilla (éventail) ‖ patilla (de lunettes) ‖ rama (secteur) ‖ ANAT ramificación ‖ FIG rama (famille) ‖ MATH rama (courbe) ■ FAM vieille branche! ¡hombre! ‖ ÉCON branche d'activité ramo ■ FIG avoir de la branche tener distinción ou elegancia, tener alcurnia ‖ être comme l'oiseau sur la branche estar con un pie en el aire.
‖ SYN branchage ramaje; rameau ramo; ramille ramilla; ramure ramaje, ramada; ramée ramada, enramada.

branché, e *adj* FAM al loro ‖ de moda, moderno, na.

branchement *m* acometida *f* (d'une conduite ou canalisation) ‖ enchufe (électricité) ‖ ramal, derivación *f*, ramificación *f*.
‖ OBSERV Branchement designa principalmente la acción de empalmar o acometer dos cañe-

rías o canalizaciones. Embranchement significa sobre todo el empalme o la ramificación.

brancher [3] *v tr* colgar de un árbol; brancher un voleur colgar de un árbol a un ladrón ‖ ramificar (ramifier) ‖ empalmar, acometer (une conduite d'eau, de gaz) ‖ enchufar, conectar (une prise de courant) ‖ FIG brancher quelque chose, quelqu'un sur orientar, dirigir algo o alguien hacia.
◇ *v intr* & *pr* posarse en las ramas; l'alouette ne branche pas la alondra no se posa en las ramas ‖ embarrarse (perdrix).

branchette *f* ramita, ramilla.

branchial, e [brɑ̃kjal] *adj* branquial; des organes branchiaux órganos branquiales.

branchies [brɑ̃ʃi] *f pl* branquias.

branchiopodes [brɑ̃kjɔpɔd] *m pl* ZOOL branquiópodos.

branchu, e *adj* ramoso, sa.

brandade *f* bacalao *m* a la provenzal.

brande *f* brezal *m* (broussailles) ‖ brezo *m* (bruyère) ‖ leña menuda impregnada de materia inflamable (bourrée).

brandebourg *m* alamar, trencilla *f* (galon).
‖ OBSERV La palabra brandebourg se utiliza generalmente en plural.

Brandebourg *n pr m* GÉOGR le Brandebourg el Brandeburgo ou Brandenburgo (land) ‖ Brandeburgo, Brandenburgo (ville).

brandebourgeois, e *adj* brandeburgués, esa.

Brandebourgeois, e *m* & *f* brandeburgués, esa.

brandir [32] *v tr* blandir, esgrimir; brandir un sabre blandir un sable ‖ FIG enarbolar, blandir; il brandissait un télégramme blandía un telegrama.

brandon *m* hachón, antorcha *f*, tea *f* (torche de paille) ‖ pavesa *f*, chispa *f* (d'un incendie) ‖ FIG allumer le brandon de la discorde provocar una disputa.

brandy *m* brandy, coñac (eau-de-vie).

branlant, e *adj* oscilante, bamboleante.

branle *m* ➤ **branlement** ‖ MAR hamaca, coy *m* (hamac) ■ mettre en branle, donner le branle poner en movimiento ‖ se mettre en branle ponerse en movimiento, en marcha.

branle-bas *m* MAR zafarrancho; branlebas de combat zafarrancho de combate ‖ FIG & FAM tráfago (agitation).

branlement; branle *m* bamboleo, oscilación *f*.

branler [3] *v tr* bambolear, menear; branler la tête menear la cabeza.
◇ *v intr* bambolearse, moverse; le plancher branle el piso se bambolea ‖ FIG & FAM branler dans le manche estar con un pie en el aire (en danger de perdre sa place).

branleur, euse *m* & *f* TFAM gandul, la, vago, ga.

braquage *m* giro, vuelta *f* del volante ‖ angle de braquage ángulo de giro.

braque *adj* & *s* FIG & FAM atolondrado, da; despistado, da; chiflado, da (étourdi).
◇ *m* perro perdiguero ou de muestra.

braquemart *m* (ancien) chafarote (sabre court).

braquement *m* puntería *f* (canon).

braquer [3] *v tr* asestar, dirigir, apuntar (une arme) ▌ clavar, fijar (les yeux) ▌ hacer girar las ruedas de un automóvil para efectuar un viraje ▌ AVIAT maniobrar; **braquer un aileron** maniobrar un alerón ▌ FIG predisponer; **être braqué contre quelqu'un** estar predispuesto contra alguien ▌ **braquer quelque chose sur** apuntar a ou hacia ▌ FAM **braquer quelqu'un** apuntar a alguien con un arma, atracar a alguien.
◇ *v intr* girar; **automobile qui braque bien** automóvil que gira bien.

braquet [brakɛ] *m* TECHN desmultiplicación *f* (bicyclette).

bras [bra] *m* brazo ▌ brazo (d'un fauteuil, d'un fleuve) ▌ brazo (de la balance) ▌ brazo (séculier) ▌ FIG brazo; **l'agriculture manque de bras** la agricultura está falta de brazos ▌ MAR braza *f* ▌ TECHN brazo (d'un outil, d'un levier) ■ **à bras-le-corps** por medio del cuerpo ▌ **à bras ouverts** con los brazos abiertos ▌ **à bras raccourcis** a brazo partido ▌ **à bras tendus** a pulso ▌ **à force de bras** a fuerza de brazos, a pulso ▌ **à tour de bras** con toda la fuerza ▌ FIG **bras de fer** mano de hierro ▌ **bras dessus, bras dessous** del brazo, dándose el brazo ▌ **bras d'honneur** corte de manga ▌ **en bras de chemise** en mangas de camisa ▌ FAM **les gros bras** los peces gordos, las personas influyentes ▌ **gros comme le bras** grande como una casa ■ FIG **avoir le bras long** tener mucha influencia ▌ **avoir les bras rompus** estar sin fuerzas ▌ **avoir sur les bras** tener a su cargo, tener encima, cargar con ▌ **baisser les bras** bajar los brazos ▌ **couper bras et jambes** desanimar completamente, dejar estupefacto, partir por la mitad ▌ FAM **les bras m'en tombent** me quedo de una pieza ▌ **donner le bras** dar el brazo ▌ **être le bras droit de quelqu'un** ser el brazo derecho de alguien ▌ JEUX **faire une partie de bras de fer** echar ou echarse un pulso ▌ **les bras croisés** con los brazos cruzados ▌ **vivre de ses bras** vivir de un trabajo manual.

brasage *m* soldadura *f* (soudure).

brasement *m* soldadura *f* (soudure).

braser [3] *v tr* soldar [con una aleación ligera].

brasero *m* brasero.

▌ OBSERV **1.** Le brasero espagnol est un appareil de chauffage domestique qui consiste en un large plat de cuivre rempli de braises et posé sur un support généralement placé sous une table recouverte d'un tapis. C'est le tandour des Orientaux.
2. El brasero francés es un recipiente cilíndrico de metal lleno de carbón encendido que se usa en los talleres y en las obras al aire libre.

brasier *m* hoguera *f*, ascuas *f pl*; **la maison était un véritable brasier** la casa era una verdadera hoguera.

Brasília *n pr* GÉOGR Brasília, Brasilia.

brasiller [3] *v intr* rielar (la mer) ▌ centellear (scintiller) ▌ fosforescer (être phosphorescent).

bras-le-corps
➦ **à bras-le-corps** *loc adv* por la cintura.

brasquage *m* revestimiento con brasca.

brasque *f* brasca (métallurgie).

brasquer [3] *v tr* revestir con brasca.

brassage *m* removido, mezcla *f* (mélange) ▌ braceaje (monnaie) ▌ mezcla *f* de la malta con el agua (bière) ▌ MAR braceo ▌ manejo (des affaires).

brassard [brasar] *m* brazalete, brazal.

brasse *f* braza (mesure) ▌ brazada (mouvement des bras) ▌ braza (nage); **brasse papillon** braza mariposa.

brassée *f* brazado *m*, brazada.

brassement *m* mezcla *f* (mélange) ▌ agitación *f*.

brasser [3] *v tr* fabricar cerveza (bière) ▌ bracear, batir, agitar (agiter) ▌ bracear (une vergue) ▌ FAM tramar; **brasser une intrigue** tramar una intriga ■ **brasser de l'argent** apalear dinero ▌ FIG **brasser des affaires** manejar negocios.

brasserie *f* cervecería ▌ fábrica de cervezas, cervecería (usine).

▌ OBSERV **1.** En Francia, la brasserie suele también servir comidas ligeras.
2. En España, la cervecería es un débit de bière où l'on vend généralement des fruits de mer.

brasseur, euse *m & f* cervecero, ra ▌ bracista (nage) ▌ FIG **brasseur d'affaires** hombre de negocios.

brassière *f* camisita, jersey *m* (nourrisson).

brassin *m* caldera *f*, cuba *f* (bière) ▌ calderada *f* (son contenu).

brasure *f* soldadura ▌ aleación para soldaduras.

Bratislava [bratislava] *n pr* Bratislava.

bravache *adj & s* bravucón, ona.

▌ SYN **matamore** matamoros; **rodomont** baladrón, fierabrás; **fier-à-bras** fierabrás, perdonavidas; **tranche-montagnes** rajabroqueles; **olibrius** fanfarrón.

bravade *f* bravata; **par bravade** por bravata.

brave *adj* valiente; valeroso, sa; bravo, va ▌ FAM bueno, na [en este sentido ha de preceder al sustantivo]; **brave homme** buen hombre; **braves gens** buena gente.
◇ *m* valiente; **faire le brave** dárselas ou echárselas de valiente ▌ **faux brave** bravucón ▌ FAM **mon brave** mi buen amigo, amigo mío [solamente puede emplearse esta expresión hablando a personas de condición inferior].

bravement *adv* valientemente.

braver [3] *v tr* [▷ SYN **1**] desafiar; **braver quelqu'un** desafiar a alguien ▌ [▷ SYN **2**] arrostrar, afrontar; **braver la mort** arrostrar la muerte.

▌ SYN **1. défier** desafiar, retar; **provoquer** provocar.
2. affronter arrostrar.

bravissimo! *interj* ¡bravísimo!

bravo! *interj* ¡bravo!, ¡muy bien!, ¡ole!
➦ **bravo** *m* bravo (applaudissement).

bravo *m* asesino pagado, sicario.
▌ OBSERV En este caso el plural hace bravi.

bravoure *f* valentía, arrojo *m* (intrépidité), bravura.

braye [brɛ] *f* greda.

brayer [breje] *m* correa *f* del badajo (cloche) ▌ correa *f* ▌ portaestandarte ▌ braguero (bandage) ▌ TECHN cuerda *f*, tiro para elevar materiales de construcción.

brayer [3] *v tr* MAR embrear.

Brazzaville *n pr* GÉOGR Brazzaville.

BRB (abr de **Brigade de répression du banditisme**) *f* cuerpo especial de la policía francesa para la lucha contra el crimen.

break [brɛk] *m* break (voiture).

bréant ➥ **bruant**.

brebis *f* oveja ▌ FIG cordero *m*, hombre *m* dócil ■ **brebis égarée** oveja descarriada ▌ **brebis galeuse** manzana podrida, oveja negra.

brèche *f* brecha ▌ mella, melladura (à un couteau) ▌ desportilladura (à une assiette) ▌ cortadura, tajo *m*; **la brèche de Roncevaux** el tajo de Roncesvalles ▌ FIG daño *m*, menoscabo *m* (tort) ▌ MIN brecha (pierre) ■ **battre en brèche** batir en brecha (reculer), criticar severamente ▌ **être toujours sur la brèche** estar siempre en la brecha ▌ **faire brèche** abrir brecha (dans une clôture) ▌ **faire une brèche à sa fortune** hacer mella en su fortuna ▌ **mourir sur la brèche** morir en la brecha.

brèche-dent *adj & s* mellado, da.
▌ OBSERV pl brèche-dents.

bréchet *m* quilla *f* (os d'oiseau).

bredouillage [brəduja3]; **bredouillement** [brədujmã] *m* farfulleo, farfulla *f*.

bredouille *adj* se emplea en la expresión: **rentrer ou revenir bredouille** volver de caza ou de pesca con el morral vacío; volver con las manos vacías (les mains vides).

bredouillement ➥ **bredouillage**.

bredouiller [3] *v tr & intr* hablar atropelladamente, farfullar.

bredouilleur, euse *m & f* farfullador, ra; farfulla.

bref, ève *adj* breve; **discours bref** discurso breve ▌ FIG conminatorio, ria; imperioso, sa; **ton bref** tono conminatorio.
➦ **bref** [▷ SYN] breve carta pontificia añalejo (calendrier ecclésiastique).
➦ **brève** *f* MUS breve (note) ▌ breve (syllabe).
▌ SYN **bulle** bula; **constitution** constitución; **mandement** carta pastoral.

bref [brɛf] *adv* total; **bref, je ne veux pas total**, que no quiero ▌ **pour resumir, en resumen, en pocas palabras** (en deux mots) ▌ **à bref délai** en breve plazo.
▌ SYN **en un mot** en una palabra; **en somme** en resumen.

bréhaigne *adj* estéril, yermo, ma.
◇ *f* machorra (femelle stérile).

breitschwanz [braitʃvants] *m* breitschwanz (variété d'astrakan).

Brejnev [brɛʒnɛf] *n pr* Brézhnev.

brelan *m* berlanga *f* (jeu de cartes) ▌ trío; **brelan d'as** trío de ases.

brêler [3] *v tr* amarrar con cuerdas.

breloque *f* dije *m*, dijecillo *m*, colgante *m* (petit bijou) ▌ MIL fajina (sonnerie militaire) ▌ FIG **battre la breloque** divagar, desatinar, desbarrar, hablar a tontas y a locas (déraisonner), andar irregularmente (une montre).

brème *f* ZOOL brema (poisson).

brême *f* ARG carta, naipe *m*.

Brême *n pr* GÉOGR Brema.

Brésil *n pr m* GÉOGR **le Brésil** (el) Brasil.

brésilien, enne *adj* brasileño, ña; brasilero, ra (en Amérique).

brésilien *m* LING brasileño.

Brésilien, enne *m* & *f* brasileño, ña, brasilero, ra (en Amérique).

brésiller [3] *v tr* teñir con brasil ▌ desmenuzar, hacer añicos (briser en menus morceaux). ◇ *v intr* desmenuzarse.

brésillet *m* brasil, palo brasil (bois de couleur rouge).

bressan, e *adj* bresano, na (de la Bresse).

Bressan, e *m* & *f* bresano, na.

Bresse *n pr f* GÉOGR la Bresse Bresse.

Bretagne *n pr f* GÉOGR la Bretagne (la) Bretaña.

> BRETAGNE
> Esta región administrativa comprende los departamentos de Côtes d'Armor, Finistère, Ille-et-Vilaine y Morbihan. Capital: Rennes.

bretèche; bretesse *f* MIL muralla almenada.

bretelle *f* correa (courroie) ▌ línea de comunicación, que une una vía con otra (transports) ▌ carretera de enlace ou de empalme (route) ▌ AUTOM bretelle de contournement vía de circunvalación ▌ bretelle de raccordement ramal de conexión (autoroute) ▌ bretelle de fusil portafusil.
➔ **bretelles** *f pl* tirantes *m* [(*Amér*) suspensores *m*] (pour le pantalon).

bretesse ➔ **bretèche**.

bretessé, e *adj* BLAS almenado, da.

breton, onne [brətɔ̃, ɔn] *adj* bretón, ona.
➔ **breton** *m* LING bretón.

Breton, onne *m* & *f* bretón, ona.

bretonnant, e *adj* que habla bretón ▌ que tiene apego a lo bretón.

brette *f* espadón *m*.

brettelé, e *adj* TECHN marteau brettelé escoda.

bretteler [24]; **bretter** [3] *v tr* escodar.

bretteur *m* esgrimidor.

> SYN escrimeur esgrimidor; spadassin espadachín, matachín; estafier (p us) matón; duelliste duelista.

bretzel *m* pastelillo alemán duro y salado en forma de ocho.

breuil [brœj] *m* coto de caza.

breuvage *m* bebida *f* (boisson) ▌ brebaje (boisson désagréable) ▌ VÉTÉR pócima *f*, poción *f*.

brève ➔ **bref**.

brevet *m* patente *f*; brevet d'invention patente de invención ▌ título; brevet de pilote título de piloto ▌ diploma, título, certificado (d'études) ▌ despacho (titre d'officier de l'armée) ■ brevet d'apprentissage diploma de aprendizaje ▌ brevet, brevet des collèges diploma del primer ciclo de enseñanza secundaria.

brevetable *adj* patentable; invention brevetable invento patentable.

breveté, e *adj* & *s* patentado, da ▌ diplomado, da; titulado, da; graduado, da; breveté d'état-major diplomado de Estado Mayor.

breveter [27] *v tr* patentar; breveter une invention patentar un invento ▌ conceder, otorgar una patente.

bréviaire *m* breviario.

brévipenne *adj* & *s* ZOOL brevipenne, de alas cortas.

brévirostre *adj* ZOOL de pico corto.

brévité *f* brevedad.

BRGM (abr de Bureau de recherches géologiques et minières) *m* organismo francés de investigaciones geológicas y mineras.

Briansk [briãsk] *n pr* GÉOGR Briansk.

briard, e *adj* de Brie [región de Francia].
➔ **briard** *m* mastín (chien).

Briard, e *m* & *f* briego, ga.

bribe *f* pizca, poquito *m* (petite quantité).
➔ **bribes** *f pl* migajas, sobras, restos *m* (restes d'un repas) ▌ fragmentos *m* (d'une conversation) ■ par bribes a trocitos ▌ savoir quelques bribes de latin saber algunos latinajos.

bric *loc adv* de bric et de broc de aquí y de allí, de cualquier modo, con cualquier cosa.

bric-à-brac *m* baratillo (magasin) ▌ mercancías *f pl* de lance, de ocasión (marchandises) ▌ FIG tópicos *pl* (lieux communs); le bric-à-brac romantique los tópicos románticos ▌ batiborrillo, mezcolanza *f* (confusion) ▌ marchand de bric-à-brac baratillero.

brick *m* bricbarca (bateau).

bricolage *m* chapuz, chapucería *f*; cette réparation, c'est du bricolage esta reparación es una chapucería ▌ bricolage, bricolaje, trabajo (petits travaux) ▌ aimer le bricolage gustarle a uno hacer trabajos menudos.

bricole *f* petral (harnais) ▌ menudencia, tontería (bagatelle) ▌ anzuelo *m* doble, potera (hameçon double), correón *m* (de portefaix) ▌ rebote *m*, rechazo *m* (bond) ▌ carambola por tabla ou banda (au billard) ▌ FIG & FAM chapuz *m*, chapuza, trabajillo *m*, apaño *m* (menu travail) ▌ de ou par bricole de rebote, de rechazo.
➔ **bricoles** *f pl* redes para cazar ciervos (filets).

bricoler [3] *v intr* jugar por tabla ou por la banda (billard) ▌ rebotar (rebondir) ▌ FAM hacer toda clase de oficios (faire tous les métiers) ▌ chapucear, hacer pequeños trabajos ▌ bricoler sa voiture preparar su coche. ◇ *v tr* chapucear, hacer pequeños trabajos, amañar (faire de menus travaux).

bricoleur, euse *m* & *f* FAM persona que hace toda clase de oficios, factótum, chapucero, ra (personne qui fait tous les métiers) ▌ persona mañosa, apañado, da (personne habile).

bride *f* brida (ensemble du mors et des rênes) ▌ rienda (rêne) ▌ cinta, barboquejo *m* (d'un chapeau) ▌ presilla (boutonnière) ▌ brida (adhérence) ▌ FIG rienda, freno *m*; lâcher la bride à ses passions soltar la rienda a sus pasiones ▌ MÉD adherencia ▌ TECHN brida, abrazadera ▌ tira; chaussures à brides zapatos con tiras ■ mettre la bride sur le cou dar rienda suelta ou libre ▌ rendre la bride aflojar la rienda ▌ FIG tenir en bride sujetar, contener ▌ tenir la bride haute mostrarse severo ▌ tourner bride volver grupas, volverse atrás.

> OBSERV La palabra bride en el sentido de rienda sólo se utiliza en locuciones como à bride abattue a rienda suelta; lâcher la bride dar rienda suelta; etc.

bridé, e *adj* embridado, da (cheval) ▌ oblicuo, cua; avoir des yeux bridés tener los ojos oblicuos ▌ FIG refrenado, da; apretado, da; une veste bridée una chaqueta apretada.

brider [3] *v tr* embridar, poner la brida (mettre la bride) ▌ FIG refrenar, enfrenar, contener (retenir) ▌ apretar, estar estrecho (en parlant des vêtements) ▌ atar (une volaille).

bridge *m* bridge (jeu) ▌ puente (dentier).

bridger [17] *v intr* jugar al bridge.

bridgeur, euse *m* & *f* jugador, ra, de bridge.

bridon *m* bridón, cabezón, filete.

brie *m* queso de Brie [región de Francia].

Brie *n pr f* GÉOGR la Brie Brie.

briefer [3] *v tr* FAM informar para dar instrucciones antes de pasar a la acción.

briefing [brifiŋ] *m* briefing.

brièvement *adv* brevemente.

brièveté *f* brevedad ▌ concisión.

brigade *f* MIL brigada ▌ destacamento *m*, escuadra (de police) ▌ equipo *m*, cuadrilla, brigada (d'ouvriers) ▌ brigade antigang brigada contra el crimen organizado ▌ brigade des mœurs brigada antivicio ▌ brigade des stupéfiants brigada de estupefacientes.

brigadier *m* cabo (de cavalerie, de police, de gendarmerie) ▌ FAM brigadier [general de brigada] ▌ MIL brigadier-chef cabo primera ▌ brigadier-fourrier cabo furriel ▌ brigadier-trompette cabo de trompetas.

brigand [brigã] *m* salteador, bandolero ▌ FAM tunante, pillo.

brigandage *m* bandidaje, bandolerismo.

brigander [3] *v intr* vivir como bandolero.

brigantin *m* MAR bergantín.

brigantine *f* MAR cangreja (voile).

Bright (mal de) [maldəbrait] *m* MÉD mal de Bright, nefritis *f*.

Brigitte *n pr* Brígida.

brigue *f* artimaña, maniobra; obtenir quelque chose par brigue conseguir algo por una artimaña ▌ intriga (intrigue).

briguer [3] *v tr* pretender; briguer une place de rédacteur pretender un puesto de redactor ▌ solicitar (solliciter). ◇ *v intr* intrigar (intriguer).

brillamment [brijamã] *adv* brillantemente.

brillance *f* brillantez.

brillant, e *adj* brillante (qui brille) ▌ FIG brillante; lucido, da ▌ suntuoso, sa (somptueux) ▌ atractivo, va; seductor, ra (séduisant) ▌ productivo, va; une brillante affaire un negocio productivo.
➔ **brillant** *m* [▷ SYN] brillo, brillantez *f* (éclat) ▌ brillante (diamant) ▌ FIG faux brillant falsas apariencias, relumbrón (oropel).

> SYN éclat brillo, resplandor; splendeur esplendor; lustre lustre; relief realce; clinquant relumbrón.

brillantage *m* abrillantado (apprêt des tissus).

brillanté, e *adj* abrillantado, da.

brillanter [3] *v tr* abrillantar (tailler) ▌ adornar.

brillantine *f* brillantina (pour les cheveux) ▌ lutina (étoffe).

briller [3] [brije] *v intr* [▷ **SYN**] brillar, relumbrar (luire) ▌**FIG** brillar, lucirse (se faire remarquer) ■ **briller par son absence** brillar por su ausencia ▌**faire briller** hacer relucir, sacar brillo a ▌**tout ce qui brille n'est pas or** no es oro todo lo que reluce.

> **SYN** luire lucir; reluire relucir, relumbrar; resplendir resplandecer, refulgir; éblouir deslumbrar; miroiter espejear; chatoyer tornasolar.

brimade *f* novatada (vexation imposée aux nouveaux) ▌**FIG** medida vejatoria e inútil.

brimbalement *m* balanceo, bamboleo (balancement).

brimbaler [3] *v tr* balancear, bambolear (secouer).
◇ *v intr* bambolearse (osciller).

brimborion *m* **FAM** chuchería *f*, baratija *f*.

brimer [3] *v tr* vejar ▌**FAM** molestar (maltraiter) ▌dar una novatada (aux nouveaux).

brin *m* brizna *f*; **un brin d'herbe, de paille** una brizna de hierba, de paja ▌ramita *f*; **un brin de muguet** una ramita de muguete ▌tallo (tige); **arbre d'un seul brin** árbol de un solo tallo ▌brin (tissu) ▌hebra *f* (d'une corde) ▌**FIG** chispa *f*, pizca *f* (petite partie) ▌**RAD** ramal ▌**TECHN** varilla *f* (d'éventail) ▌tiro de correa (courroie d'une poulie) ▌**FIG** momentito; **attendre un brin** esperar un momentito ▌**FAM** **un beau brin de fille** una real moza ▌**un brin mystérieux** una pizca ou un tanto misterioso.

brindille *f* ramita, ramilla (menue branche).

Brindisi *n pr* **GÉOGR** Brindisi, Brindis.

brinell *m* brinell (pour l'essai des métaux).

bringue *f* **FAM** juerga, jaleo *m*; **faire la bringue** irse de juerga ▌**FAM** mujer alta y desgarbada, espingarda.

bringuebale *f* **TECHN** guimbalete *m*.

bringuebaler; brinquebaler [3] *v tr & intr* bambolear.

brio *m* brío; **parler avec brio** hablar con brío.

brioche *f* bollo *m* de leche (pâtisserie) ▌**FIG & FAM** torpeza, necedad (bévue) ▌vientre *m*, curva de la felicidad; **avoir de la brioche** tener vientre.

brioché, e *adj* de brioche.

brique *f* ladrillo *m*; **brique creuse** ladrillo hueco ■ **brique crue** adobe ▌**FAM** **une brique** un millón (d'anciens francs: 10 000 F) ■ **four à briques** tejar ▌**ton de brique** color de ladrillo ■ **FAM** **bouffer des briques** comer adoquines, comer muy mal.

briquer [3] *v tr* frotar con asperón ▌lustrar, dar brillo; **briquer le parquet** lustrar el piso de madera.

briquet *m* eslabón (pièce d'acier pour faire du feu) ▌encendedor, mechero; **briquet à gaz** encendedor de gas ▌(ancien) sable corto (sabre court) ▌perro raposero (chien) ▌**battre le briquet** sacar chispa [con el eslabón].

briquetage *m* enladrillado, da ▌agramilado (enduit).

briqueté, e *adj* enladrillado, da ▌agramilado, da (qui imite la brique).

briqueter [27] *v tr* enladrillar (garnir de briques) ▌solar con ladrillos (paver) ▌agramilar (imiter la brique).

briqueterie *f* ladrillar *m*, fábrica de ladrillos.

briqueteur *m* enladrillador, solador.

briquetier *m* ladrillero.

briquette *f* briqueta (charbon).

bris [bri] *m* quebranto ▌fractura *f* ■ **DR** **bris de clôture** quebramiento de cerca ou coto ▌**bris de scellés** violación de sellos ou precintos ▌**AUTOM** **bris des glaces** seguro contra la rotura de lunas (assurances).

brisant, e *adj* frangente (p us) ▌**obus brisant** granada rompedora.
➡ **brisant** *m* **MAR** batiente, rompiente (écueil) ▌rompeolas (brise-lames).

briscard; brisquard [briskar] *m* veterano, soldado viejo.

brise *f* brisa; **brise de mer** brisa marina ▌**MAR** **brise folle** ventolina.

brisé, e *adj* quebrado, da ▌plegable; **porte brisée** puerta plegable ▌**ARCHIT** agudo, da (fronton, comble) ▌**FIG** molido, da; destrozado, da (rompu) ▌**ligne brisée** línea quebrada ▌**CULIN** **pâte brisée** masa de repostería ▌**voix brisée** voz entrecortada, quebrada.

brise-bise *m inv* visillo (petit rideau) ▌(p us) burlete (bourrelet).

brisées *f pl* ramas que rompe el cazador para señalar dónde está la caza ▌rastros *m pl*, huellas (d'un animal) ▌**FIG** huella *sing*, rastro *m sing* (trace); **suivre les brisées** seguir las huellas ▌**aller, marcher, courir sur les brisées de quelqu'un** competir con uno, pisar el terreno a uno, ser el rival de uno.

brise-fer ➡ **brise-tout**.

brise-glace *m inv* tajamar (pont) ▌rompehielos (bateau).

brise-jet [brizʒɛ] *m inv* tubo amortiguador colocado en un grifo.

brise-lames *m inv* rompeolas, escollera *f*.

brisement *m* rompimiento (rupture) ▌choque de las olas (vagues) ▌**FIG** **brisement de cœur** quebranto, dolor profundo.

brise-mottes *m inv* **AGRIC** rodillo de discos.

briser [3] *v tr* quebrar, hacer añicos ▌cortar; **briser un entretien** cortar una entrevista ▌domar; **briser des chaussures neuves** domar zapatos nuevos ▌**FIG** quebrantar (le courage) ▌moler, destrozar, fatigar (fatiguer) ▌**briser la carrière de quelqu'un** destrozar la carrera de alguien ▌**briser le cœur** destrozar el corazón ▌**briser une résistance** vencer una resistencia.
◇ *v intr* romper (les vagues) ■ **briser avec quelqu'un** romper con uno ▌**brisons là-dessus** doblemos la hoja, no hablemos más de ello, asunto concluido.
➡ **se briser** *v pr* estrellarse.

brise-tout; brise-fer *m inv* **FAM** rompelotodo, destrozón.

briseur, euse *m & f* rompedor, ra ▌**briseur de grève** esquirol ▌**HIST** **briseur d'images** iconoclasta.

brise-vent *m inv* **AGRIC** ➡ **abrivent**.

brisis *m* **ARCHIT** lima *f* tesa.

briska *m* birlocho *m* (calèche).

brisquard ➡ **briscard**.

brisque *f* brisca (jeux) ▌**MIL** galón *m* (chevron).

bristol *m* bristol, cartulina *f* ▌tarjeta *f* (carte de visite).

Bristol [bristɔl] *n pr* **GÉOGR** Bristol.

brisure *f* rotura, quiebra ▌juntura, articulación; **les brisures d'un volet** las junturas de una persiana ▌**BLAS** brisada.

Britannicus [britanikys] *n pr* Británico.

britannique *adj* británico, ca.

Britannique *m & f* británico, ca.

Britanniques *n pr* **GÉOGR** **les îles Britanniques** las islas Británicas.

brize *f* **BOT** cedacillo *m* ▌**BOT** brize temblante tembladera.

broc [brɔk] *m* jarro grande, pichel ▌jarro (contenu) ▌**de bric et de broc** de aquí y de allí, de cualquier modo, con cualquier cosa.

brocantage *m* comercio del chamarilero ▌compraventa *f* de lance ▌cambalache (échange).

brocante *f* chamarileo *m*, comercio *m* de lance.

brocanter [3] *v intr* chamarilear (acheter et vendre d'occasion) ▌cambalachear (troquer).
◇ *v tr* revender, chalanear.

brocanteur, euse *m & f* chamarilero, ra; cambalachero, ra (p us).

> **SYN** fripier prendero de viejo; marchand d'habits ropavejero; antiquaire anticuario.

brocard *m* **ZOOL** corzo [de un año].

brocard *m* **DR** aforismo, axioma legal ▌**FAM** pulla *f*, chacota *f*, chufleta *f* (raillerie).

brocarder [3] *v tr* lanzar pullas contra, chufletearse de, chacotearse de.

brocart *m* brocado (étoffe brochée).

brocatelle *f* brocatel *m* (marbre, étoffe).

brochage *m* encuadernación *f* en rústica.

brochant, e *adj* **BLAS** soldante ▌**FIG** **brochant sur le tout** agregándose a lo demás.

broche *f* asador *m*, espetón *m* (pour rôtir) ▌alfiler *m*, imperdible *m* (épingle ornée) ▌broche *m* (agrafe) ▌navaja, colmillo *m* (du sanglier) ▌**COMM** efecto *m* de comercio de poco valor ▌**MÉCAN** husillo *m* ▌**TECHN** tacha (clou sans tête) ▌brocha ▌broca (tissage) ▌mandril *m*, macho *m* (forge) ▌pasador *m* (goupille) ▌**mettre à la broche** espetar.
➡ **broches** *f pl* pitón *m* (du chevreuil).

broché, e *adj* en rústica (reliure).

brocher [3] *v tr* briscar (tisser) ▌encuadernar a la ou en rústica (livres) ▌clavar una herradura de caballo (ferrer) ▌**IMPR** **machine à brocher** máquina de alzado.

brochet [brɔʃɛ] *m* lucio (poisson).

brocheton *m* lucio pequeño.

brochette *f* **CULIN** broqueta, brocheta, pincho *m*, pinchito *m* ▌**FAM** sarta de condecoraciones.

brocheur, euse *m & f* encuadernador, ra en rústica.
➡ **brocheuse** *f* cosedora, máquina de coser libros ▌**MÉCAN** brochadora.

brochure *f* folleto *m* (petit ouvrage) ▌encuadernación en rústica (brochage) ▌dibujo *m* briscado (dessin broché sur une étoffe).

brocoli *m* brécol, bróculi, brecolera *f*.

brodequin *m* borceguí (chaussure) ‖ coturno (des acteurs de la comédie antique).

broder [3] *v tr* bordar; linge brodé ropa blanca bordada ‖ FIG embellecer, adornar (enjoliver un récit) ■ **broder à jour** bordar en calado ‖ **broder en relief** bordar de realce, recamar ‖ **broder sur un fait divers** hinchar un suceso ‖ **broder sur un thème** florear sobre un asunto ‖ **métier à broder** bastidor.

broderie *f* bordado *m* (ouvrage du brodeur) ‖ floritura (dans le chant) ‖ FIG adornos *m pl*, detalles *m pl* (dans un récit) ■ **broderie à jour** calado ‖ **broderie en relief** recamado.

brodeur, euse *m & f* bordador, ra.

broie [brwa] *f* agramadera (pour le chanvre).

broiement [brwamã] *m* trituración *f*.

bromate *m* CHIM bromato.

brome *m* BOT & CHIM bromo.

bromé, e *adj* bromado, da.

broméliacées *f pl* BOT bromeliáceas.

bromhydrique *adj* CHIM bromhídrico, ca.

bromique *adj* CHIM brómico, ca.

bromoforme *m* CHIM bromoformo.

bromure *m* CHIM bromuro.

bronche *f* ANAT bronquio *m*.

bronchectasie; bronchiectasie *f* MÉD broncoectasia.

broncher [3] *v intr* tropezar (trébucher) ‖ FIG moverse (bouger); que personne ne bronche! ¡que nadie se mueva! ‖ vacilar; réciter une leçon sans broncher decir una lección sin vacilar ‖ FAM ne pas broncher no chistar, no rechistar.

bronchiectasie ► bronchectasie.

bronchioles *f pl* ANAT bronquiolos *m pl*.

bronchique *adj* ANAT bronquial.

bronchite [brɔ̃ʃit] *f* MÉD bronquitis.

bronchitique *adj & s* bronquítico, ca.

broncho-pneumonie [brɔ̃kopnømɔni] *f* MÉD bronconeumonía.
■ OBSERV pl broncho-pneumonies.

bronchorrée [brɔ̃kɔre] *f* MÉD broncorrea.

bronchoscope [brɔ̃kɔskɔp] *m* broncoscopio.

bronchoscopie [brɔ̃kɔskɔpi] *f* broncoscopia.

bronchotomie [brɔ̃kɔtɔmi] *f* MÉD broncotomía.

brontosaure *m* brontosauro (fossile).

bronzage *m* bronceado, bronceadura *f* ‖ pavonado (une arme) ■ **huile de bronzage** bronceador (beauté).

bronzant, e *adj* bronceador, ra.

bronze *m* bronce (alliage) ‖ (vx) POÉT cañón (canon) ‖ (p us) campana *f* (cloche) ‖ FIG medalla *f* ou estatua *f* de bronce ‖ FIG cœur de bronze corazón de piedra.

bronzé, e *adj & s* del color del bronce ‖ bronceado, da; tostado, da (peau).
◇ *m & f* bronceado, da.

bronzer [3] *v tr* broncear ‖ pavonar (l'acier) ‖ broncear, tostar (la peau) ‖ FIG endurecer; l'egoïsme bronze le cœur el egoísmo endurece el corazón.
➤ **se bronzer** *v pr* broncearse, tostarse (se brunir) ‖ FIG endurecerse (s'endurcir).

bronzier; bronzeur *m* broncista (fondeur, fabricant).

brook [bruk] *m* foso [en la carrera de obstáculos].

broquette *f* tachuela, tabaque *m* (clou à tête plate).

brossage *m* cepillado, cepilladura *f*.

brosse *f* cepillo *m*; brosse à dents cepillo de dientes ‖ brocha (de peintre en bâtiment) ‖ pincel *m* (pinceau d'artiste peintre) ‖ bruza (de typographe) ‖ bruza (pour les chevaux) ■ **brosse à cheveux** cepillo del pelo ‖ **brosse à habits** cepillo de la ropa ‖ **cheveux en brosse** cabellos al cepillo ‖ **coup de brosse** cepillado (chaussures) ‖ **tapis-brosse** felpudo.
➤ **brosses** *f pl* matorral *m* (buisson).

brossée *f* cepillado *m* (coup de brosse) ‖ FAM tunda, paliza (volée).

brosser [3] *v tr* cepillar ‖ ARTS bosquejar, abocetar (ébaucher) ‖ FIG bosquejar; brosser un tableau de la situation bosquejar un cuadro de la situación.
➤ **se brosser** *v pr* cepillarse ‖ se brosser les dents lavarse los dientes ‖ FAM tu peux te brosser espérate sentado.

brosserie *f* brucería, fábrica de cepillos.

brossier, ère *m & f* brucero, ra.

brou *m* cáscara *f* (de noix, d'amande, etc.) ‖ brou de noix nogalina.

brouet [brue] *m* caldo claro ‖ FAM bodrio, comida *f* mala (mauvaise nourriture).

brouettage *m* acarreo (en brouette).

brouette *f* carretilla.

brouettée *f* carretada, carretillada.

brouetter [4] *v tr* acarrear.

brouhaha *m* FAM algazara *f*, algarabía *f*, ruido confuso, guirigay.

brouillage [brujaʒ] *m* RAD interferencia *f*.

brouillamini *m* FAM batiburrillo, lío.

brouillard *m* [▷ SYN] niebla *f*, neblina *f* ‖ COMM borrador (livre) ‖ FAM être dans le brouillard quedarse in albis, no enterarse.
◇ *adj* secante; papier brouillard papel secante.
‖ SYN brume bruma; brumaille bruma ligera; frimas escarcha.

brouillasse *f* FAM niebla meona, agua cortada.

brouillasser [3] *v intr* FAM lloviznar.

brouille [bruj]; **brouillerie** [brujri] *f* FAM desavenencia, disgusto *m*; brouille entre deux familles desavenencia entre dos familias.

brouillé, e *adj* il est brouillé avec son père (fâché) ha reñido con su padre; il est brouillé avec les mathématiques no le entran las matemáticas ‖ turbado, da (teint) ‖ ► œuf.

brouillement *m* mezcla *f* ‖ enredo, embrollo.

brouiller [3] *v tr* [▷ SYN 1] mezclar (mêler) ‖ revolver; œufs brouillés huevos revueltos ‖ enturbiar, alterar (liquide) ‖ FIG malquistar, sembrar la discordia entre (désunir des amis) ‖ confundir (embarrasser) ‖ trastornar (troubler); la métaphysique a brouillé bien des cerveaux la metafísica ha trastornado muchos cerebros ‖ RAD interferir; brouiller une émission interferir una emisión ■ **brouiller les cartes** barajar (sens propre), sembrar la confusión (sens figuré) ‖ FIG brouiller les pistes despistar ‖ FAM être brouillé avec estar reñido con.

➤ **se brouiller** *v pr* nublarse; ma vue se brouille mi vista se nubla ‖ encapotarse, nublarse, cubrirse (le ciel) ‖ enturbiarse, oscurecerse (les idées) ‖ enredarse, complicarse (les affaires) ‖ embarullarse, embrollarse (en parlant) ‖ reñir (se disputer) ‖ [▷ SYN 2] malquistarse (se fâcher) ‖ desavenirse (se désunir).
‖ SYN 1. emmêler enredar (entrelacer), enmarañar (entortiller); embrouiller embrollar.
2. se fâcher enfadarse, disgustarse.

brouillerie ► brouille.

brouilleur *m* INFORM distorsionador (de frecuencias).

brouillon, onne *adj* enredador, ra; lioso, sa ‖ desordenado, da (désordonné).
➤ **brouillon** *m* borrador (d'une lettre) ‖ cahier de brouillons borrador, borrón.

brouillonner [3] *v tr* escribir un borrador ‖ emborronar, escribir mal.

brouir [32] *v tr* quemar, ahornagar (les plantes).

brouissure *f* ahornagamiento *m* (des plantes).

broussaille [brusaj] *f* maleza, zarzal *m*, broza ■ **broussailles épineuses** monte bajo ‖ FIG sourcils, barbe en broussaille cejas, barbas en desorden, enmarañadas.
‖ OBSERV La palabra broussaille se usa muy poco en el singular.

broussailleux, euse *adj* cubierto, ta, de maleza ‖ FIG enmarañado, da.

broussard *m* persona que vive en las selvas.

brousse *f* maleza (broussaille) ‖ selva (forêt), monte *m*, sabana con matorrales ‖ FAM campo *m* ‖ requesón *m* (caillé).

broussin *m* BOT verruga *f* (dans le bois).

brout *m* brote.

broutage; broutement *m* TECHN ruido producido por un mal engranaje.

broutard *m* ZOOL ternera lechal criada con hierba.

broutement *m* ramoneo ‖ TECHN ► broutage.

brouter [3] *v tr* pacer (paître l'herbe) ‖ ramonear (les arbres) ‖ TECHN engranar mal (dents d'une roue) ‖ vibrar (outil coupant).

broutille *f* ramojo *m* (branchette) ‖ FIG nadería, pamplina, fruslería (sujet sans importance).

brownien *adj m* PHYS browniano (mouvement).

browning [brawniŋ] *m* browning *f* (pistolet).

broyage *m* trituración *f*, molienda *f*, molturación *f*.

broyer [13] [brwaje] *v tr* [▷ SYN] moler, triturar; broyer du blé moler trigo ‖ desleír (délayer les couleurs) ‖ FIG broyer du noir verlo todo negro.
‖ SYN concasser machacar; croquer morder; écraser aplastar; triturer triturar; FAM écrabouiller reventar, aplastar, despachurrar.

broyeur, euse [brwajœr, øz] *adj & s* moledor, ra.
➤ **broyeur** *m* triturador, machacadora *f*, desmenuzadora *f* (machine) ‖ **broyeur d'évier**, **broyeur d'ordures** triturador de basura.

brrr! *interj* ¡huy! [qué frío!, ¡ay! qué horror].

bru *f* nuera, hija política (belle-fille).

bruant; bréant *m* ZOOL verderón.

brucelles *f pl* bruselas, pinzas finas.

brucellose *f* MÉD brucelosis.

bruche *f* gorgojo *m* (insecte).

brucine *f* CHIM brucina.

brugeois, e *adj* brujense.

Brugeois, e *m & f* brujense.

Bruges *n pr* GÉOGR Brujas.

brugnon *m* nectarina *f*, griñón (fruit).

brugnonier *m* griñonero (pêcher).

bruine *f* llovizna, cernidillo *m* (pluie fine).

bruiner [3] [bʁɥine] *v intr* lloviznar.

bruineux, euse *adj* lloviznoso, sa.

bruir [32] *v tr* humedecer las telas.

bruire [105] *v intr* zumbar (machine, vent, insectes) ▌ murmurar, susurrar.

> OBSERV Este verbo sólo se conjuga en la 3ª persona del singular del presente del indicativo (il bruit), en la 3ª persona del singular y del plural del imperfecto del indicativo (il bruyait, ils bruyaient), y en infinitivo.

bruissage *m* humedecimiento de las telas.

bruissant, e *adj* zumbador, ra.

bruissement *m* zumbido ▌ rumor, susurro, murmullo.

bruit [bʁɥi] *m* ruido ▌ MÉD sonido ▌ FIG repercusión *f*, resonancia *f*; un discours qui a fait du bruit un discurso que ha tenido repercusión ▌ rumor; le bruit court cunde ou corre el rumor ▪ bruit de fond ruido de fondo ▌ INFORM bruit de fond ruido de fondo ▌ AUTOM bruit de roulement ruido de cojinete ou de rodamiento ▪ à grand bruit a bombo y platillos ▌ beaucoup de bruit pour rien mucho ruido y pocas nueces.

bruitage *m* efectos *pl* sonoros (théâtre, cinéma, radio).

bruiter [3] *v tr* producir efectos sonoros.

bruiteur *m* encargado de producir sonidos (théâtre, cinéma, radio).

brûlage *m* quema *f* (action de brûler) ▌ brûlage du café tostado del café.

brûlant, e *adj* ardiente ▌ FIG vivo, va; animado, da (vif) ▌ affaire brûlante asunto candente ▌ sujet brûlant tema delicado.

brûlé, e *adj & s* quemado, da ▌ FIG acabado, da; un politicien brûlé un político acabado ▪ FIG une tête brûlée una cabeza loca, un calavera ▪ sentir le brûlé oler a quemado, a chamusquina.

brûle-gueule *m inv* FAM pipa *f* corta de marinero.

brûle-parfum; brûle-parfums *m* pebetero, perfumador.
▌ OBSERV *pl* brûle-parfums.

brûle-pourpoint (à) *loc adv* a quemarropa, a boca de jarro ▌ FIG poser une question à brûle-pourpoint preguntar de sopetón.

brûler [3] *v tr* quemar; brûler des papiers quemar papeles ▌ tostar, torrefactar (café) ▌ consumir, gastar (chauffage, éclairage) ▌ abrasar (soleil) ▌ escaldar (eau bouillante) ▪ FIG brûler la cervelle de quelqu'un levantarle ou saltarle a uno la tapa de los sesos ▌ brûler la politesse despedirse a la francesa, marcharse bruscamente (partir), faltar a una cita (manquer un rendez-vous) ▌ brûler les étapes quemar etapas ▌ brûler les planches trabajar, actuar con ardor (théâtre) ▌ brûler ses vaisseaux quemar las naves ▌ brûler un feu rouge saltarse un semáforo, no detenerse en el disco rojo, pasar de largo un disco rojo (circulation) ▌ brûler une étape pasar por un punto sin detenerse ▌ brûler un véhicule adelantar un vehículo.
◇ *v intr* arder; la maison brûle la casa arde ▌ lucir, arder (lumière) ▌ FIG quemarse; tu brûles te quemas, caliente (jeu) ▌ CULIN pegarse (aliments) ▌ quemarse (rôti) ▪ brûler de... (suivi d'un infinitif) desear ardientemente; brûler de partir en vacances desear con ansia ou ardientemente salir de vacaciones ▌ brûler d'impatience consumirse de impaciencia.

brûlerie *f* destilería (eau-de-vie) ▌ tostadero *m* (café).

brûleur, euse *m & f* quemador, ra ▌ destilador, ra (distillateur).
➡ **brûleur** *m* mechero, quemador (gaz, mazout).

brûlis *m* AGRIC chamicera *f*.

brûloir *m* tostador (de café).

brûlot *m* aguardiente, destilado con azúcar ▌ FIG brûlot de contestation controversia, cizañero ▌ MAR brulote.

brûlure *f* quemadura ▌ escaldadura (eau bouillante) ▌ ardor *m*, ardentía, acedía (estomac).

brumaire *m* brumario (mois du calendrier républicain français allant du 23 octobre au 21 novembre).

> LE 18 BRUMAIRE (AN VIII)
> El 9 de noviembre de 1799, al regresar de su campaña de Egipto, Napoléon Bonaparte dio un golpe de Estado con el que puso fin al gobierno del Directorio y se nombró Primer cónsul.

brumasse *f* MAR neblina.

brumasser [3] *v impers* haber neblina.

brume *f* bruma ▌ FIG oscuridad, incertidumbre, tristeza.

brumer [3] *v impers* hacer ou haber bruma.

brumeux, euse *adj* brumoso, sa.

Brumisateur® *m* atomizador de agua mineral para la cara.

brun, e [bʁœ̃, bʁyn] *adj & s* pardo, da; ours brun oso pardo ▌ moreno, na (teint, cheveux) ▌ sombra *f* (peinture); brun d'os sombra de hueso ▌ brun-rouge ocre.

brunâtre *adj* pardusco, ca; moreno, na.

brune *f* anochecer *m*; à la brune al anochecer.

Brunei *n pr m* GÉOGR Brunei.

brunet, ette *m & f* morenito, ta; morenillo, lla.

bruni, e *adj* tostado, da; visage bruni rostro tostado.
➡ **bruni** *m* bruñido (d'un métal).

brunir [32] *v tr* dar color pardo ou moreno, embazar (rendre brun) ▌ poner moreno, atezar, tostar (la peau) ▌ TECHN bruñir, pulimentar, pulir (polir).
◇ *v intr* ponerse moreno (le teint).
➡ **se brunir** *v pr* ponerse moreno, tostarse (la peau) ▌ bruñirse.

brunissage *m* bruñido, pulimento (métaux).

brunissant, e *adj* pardusco, ca; que tira a moreno.

brunissement *m* tostadura *f*, ennegrecimiento.

brunisseur, euse *m & f* bruñidor, ra.

brunissoir *m* bruñidor (outil).

brunissure *f* bruñidura, bruñido *m* (métaux).

Brunswick [bʁœ̃zvik] *n pr* GÉOGR Brunswick.

Brushing® *m* secado a mano (cheveux).

brusque *adj* brusco, ca.

brusquement *adv* precipitadamente (soudainement) ▌ bruscamente (avec brusquerie).

brusquer [3] *v tr* atropellar, tratar bruscamente ▌ FIG precipitar, apresurar; brusquer une attaque precipitar un ataque.

brusquerie *f* brusquedad.

brut, e [bʁyt] *adj* bruto, ta; diamant brut diamante bruto ▌ sin refinar; bruto, ta; crudo, da; pétrole brut petróleo sin refinar ▌ muy seco, ca; champagne brut champaña muy seco ▌ FIG bruto, ta (sans culture).
➡ **brut** *m* crudo (pétrole).

brutal, e *adj* brutal.

brutalement *adv* brutalmente, con brutalidad (avec violence) ▌ bruscamente, de repente (soudainement).

brutaliser [3] *v tr* brutalizar.

brutalité *f* brutalidad.
> SYN sauvagerie salvajismo; cruauté crueldad; atrocité atrocidad; férocité ferocidad; inhumanité inhumanidad; sadisme sadismo.

brute *f* bruto *m* ▌ espèce de brute! ¡vaya tío bestia!, ¡so bestia!
> SYN brutal brutal; sauvage salvaje; bestial bestial.

Brutus [bʁytys] *n pr* Bruto.

Bruxelles [bʁyksɛl] ou [bʁysɛl] *n pr* GÉOGR Bruselas.

bruxellois, e *adj* bruselense.

Bruxellois, e *m & f* bruselense.

bruyamment [bʁɥijamɑ̃] *adv* ruidosamente.

bruyant, e *adj* ruidoso, sa.

bruyère [bʁɥijɛʁ] *f* brezo *m* (plante) ▌ brezal *m* (lieu couvert de bruyère).

bryologie *f* BOT briología.

bryone *f* BOT brionia, nueza.

bryophytes *f pl* BOT briofitas, muscíneas.

bryozoaires *m pl* BOT briozoarios.

BT *m* (abr de brevet de technicien) diploma técnico.
◇ *f* (abr de basse tension) BT.

BTA (abr de brevet de technicien agricole) *m* diploma técnico en agricultura.

BTP (abr de bâtiment et travaux publics) *m* construcción *f* y obras públicas.

BTS (abr de brevet de technicien supérieur) *m* diploma de técnico superior que se obtiene cursando dos años de estudios después del bachillerato.

BU (abr de bibliothèque universitaire) *f* biblioteca universitaria.

buanderie [bɥɑ̃dʁi] *f* lavandería, lavadero *m*.

bubale *m* ZOOL búbalo, la.

bubon *m* MÉD bubón.

bubonique *adj* MÉD bubónico, ca; **peste bubonique** peste bubónica.

bucarde *f* berberecho *m*, verderón *m* (mollusque).

Bucarest *n pr* GÉOGR Bucarest.

buccal, e *adj* bucal; **des muscles bucaux** músculos bucales ‖ **par voie buccale** por vía oral.

buccin *m* buccino (mollusque) ‖ bocina *f*.

buccinateur *m* ANAT buccinador (muscle de la joue).

Bucéphale *n pr* Bucéfalo.

bûche *f* leño *m* ‖ FAM tarugo *m*, adoquín *m* (stupide) ■ **bûche de Noël** bizcocho en forma de leño que se come en Nochebuena ‖ FAM **prendre** ou **ramasser une bûche** romperse la crisma, coger una liebre.

bûcher *m* hoguera *f*; **allumer un bûcher** encender una hoguera ‖ leñera *f* (pour garder le bois).

bûcher [3] *v tr* desbastar (une pièce de bois). ◇ *v intr* FAM trabajar intensamente (travailler) ‖ empollar (étudier).

bûcheron, onne *m* & *f* leñador, ra.

bûchette *f* támara, astilla, encendaja (morceau de bois).

bûcheur, euse *m* & *f* FAM trabajador, ra ‖ empollón, ona (étudiant).

bucolique *adj* & *s* bucólico, ca; pastoril.

bucrane *m* ARCHIT bucráneo.

Budapest *n pr* GÉOGR Budapest.

budget [bydʒɛ] *m* presupuesto.

budgétaire *adj* del presupuesto; presupuestario, ria.

budgétisation *f* presupuestación.

budgétiser [3] *v tr* hacer entrar en el presupuesto.

budgétivore *m* FAM presupuestívoro.

buée *f* vaho *m* (vapeur).

Buenos Aires *n pr* GÉOGR Buenos Aires.

buffer *m* (anglicisme) INFORM memoria intermedia *f*, memoria tampón, buffer (mémoire tampon).

buffet *m* aparador ‖ ambigú (dans une réunion) ‖ fonda *f* (dans les gares) ‖ MUS caja *f* (de l'orgue) ‖ CULIN **buffet campagnard** bufet de fiambres‖**buffet chaud** bufet caliente‖**buffet froid** bufet frío.

buffetier, ère *m* & *f* fondista (dans les gares).

buffle *m* búfalo.

buffleterie *f* correaje *m* (du soldat).

bufflon *m* ZOOL cría *f* de búfalo.

bufflonne *f* (p us) búfala.

buggy *m* buggy (voiture).

bugle *f* BOT pinillo *m*. ◇ *m* MUS cornetín de llaves, bugle (instrument).

buglosse *f* BOT buglosa, lengua de buey.

bugrane *f* BOT detienebuey *m*, gatuña.

building [bildiŋ] ou [byldiŋ] *m* building, edificio grande.

buire *f* jarro *m* (vase).

buis [bɥi] *m* boj (plante) ‖ pulidor (de cordonnier) ‖ **buis bénit** boj bendito.

■ OBSERV En Espagne, on bénit pour les Rameaux des palmes et des branches d'olivier.

buisson *m* [▷ SYN] matorral, zarzal ‖ (p us) bosquecillo (bosquet) ■ **buisson ardent** zarza ardiente (de la Bible) ‖ **buisson d'écrevisses** plato de cangrejos de río dispuestos en pirámide ■ **battre les buissons** batir el monte (parcourir), buscar, hacer diligencias.

■ SYN hallier breña; taillis soto, monte tallar; fourré espesura; broussailles maleza, broza.

buissonneux, euse *adj* breñoso, sa; cubierto, ta de matorrales.

buissonnier, ère *adj* (p us) de monte, montaraz; **lapin buissonnier** conejo de monte ‖ FIG **faire l'école buissonnière** hacer novillos, hacer rabona.

Bujumbura [buʒumbura] *n pr* GÉOGR Bujumbura.

Bulawayo [bulawajo] *n pr* GÉOGR Bulawayo.

bulbaire *adj* bulbar.

bulbe *m* BOT bulbo ‖ ANAT bulbo; **bulbe rachidien** bulbo raquídeo ‖ ARCHIT bulbo (d'une église russe).

bulbeux, euse *adj* BOT bulboso, sa.

bulgare *adj* búlgaro, ra. ◇ *m* LING búlgaro.

Bulgare *m* & *f* búlgaro, ra.

Bulgarie *n pr f* GÉOGR **la Bulgarie** Bulgaria.

bulldozer *m* topadora *f*, bulldozer.

bulle *f* burbuja (d'air) ‖ pompa; **faire des bulles de savon** hacer pompas de jabón ‖ sopladura (fonderie) ‖ ampolla (de l'épiderme) ‖ bula (du pape) ‖ bocadillo *m* (de bande dessinée) ‖ **papier bulle** ou **bulle** papel basto y amarillento.

buller [3] *v intr* FAM hacer el vago (rester oisif).

bulletin *m* boletín; **bulletin de l'institution** boletín de la institución ‖ parte; **bulletin météorologique** parte meteorológico ‖ papeleta *f* (de vote) ‖ talón, recibo (reçu) ■ **bulletin blanc** voto en blanco ‖ **bulletin de commande** pedido ‖ **bulletin de paie** hoja de paga ‖ **bulletin de salaire** hoja de nómina ‖ **bulletin de santé** parte facultativo ‖ **bulletin d'informations** boletín informativo ou de noticias.

bulletin-réponse *m* cupón de respuesta.
■ OBSERV pl bulletins-réponse.

bulleux, euse *adj* globuloso, sa; vesicular.

bull-terrier *m* perro ratonero (chien).

bulot *m* bocina *f* (coquillage).

bun *m* (mot anglais) CULIN bollito, panecillo.

bungalow [bœ̃galo] *m* bungalow.

bunker *m* MIL & SPORTS búnker.

Bunsen [bœ̃zɛn] *n pr* **bec Bunsen** mechero Bunsen.

bupreste *m* ZOOL bupresto, agrilo.

buraliste *m* & *f* (p us) cajero, ra; recaudador, ra (caissier) ‖ estanquero, ra (d'un bureau de tabac) ‖ lotero, ra (de billets de loterie).

bure *f* sayal *m*, buriel *m* (tissu) ‖ MIN pozo *m* ciego ‖ **robe de bure** sayal.

bureau *m* oficina *f*, despacho (lieu où l'on travaille) ‖ escritorio, despacho (d'un homme d'affaires, d'un écrivain) ‖ escritorio, mesa *f* de despacho (meuble) ‖ negociado (division d'une administration); **chef de bureau** jefe de negociado ‖ mesa *f* (d'une assemblée) ‖ despacho (pour vendre); **bureau de loterie** despacho de lotería ■ **bureau ambulant** estafeta móvil, ambulancia de correos ‖ **bureau d'assistance technique** Junta de Asistencia Técnica (O. N. U.) ‖ **bureau de change** agencia de cambio ‖ **bureau de location** taquilla, contaduría ‖ **bureau d'études** oficina de proyectos ‖ **bureau de placement** agencia de colocaciones ‖ **bureau de poste** oficina de correos ‖ **bureau de tabac** estanco, expendeduría de tabaco (nom officiel) ‖ **bureau d'état-major** sección de Estado Mayor ‖ **bureau de vote** mesa ou centro electoral ‖ **bureau d'inscription** registro ‖ **bureau électoral** mesa electoral ‖ **bureau international du travail** Oficina Internacional del Trabajo ‖ **bureau paysager** oficina decorada por separación de los espacios ‖ **bureau syndical** delegación sindical ■ **à bureaux fermés** con un lleno total.

bureaucrate *m* & *f* burócrata.
■ SYN employé de bureau oficinista; FAM scribouillard, gratte-papier chupatintas; rond-de-cuir oficinista, covachuelista; plumitif pendolista.

bureaucratie *f* burocracia.

bureaucratique *adj* burocrático, ca.

bureaucratisation *f* burocratismo *m*.

bureaucratiser [3] *v tr* burocratizar.

bureautique *f* automatización de oficinas, ofimática.

burèle; burelle *f* BLAS burel *m*.

burelé, e *adj* BLAS burelado, da.

burelle ➡ **burèle**.

burette *f* aceitera, alcuza (récipient) ‖ alcuzada (contenu) ‖ convoy *m*, angarillas *pl*, vinagreras *pl* (ménagère) ‖ CHIM bureta ‖ ECCLÉS vinajera.

burgau *m* burgao (nacre).

burgaudine *f* nácar *m* fino.

burgrave *m* burgrave.

burgraviat *m* burgraviato.

burin *m* buril (de graveur) ‖ escoplo, cortafrío (de mécanicien) ‖ grabado con buril (gravure).

burinage *m* burilado.

buriné, e *adj* marcado profundamente.

buriner [3] *v tr* burilar (graveur) ‖ escoplear, trabajar con el escoplo ‖ FIG esculpir (sculpter) ‖ marcar (marquer). ◇ *v intr* FAM (vx) trabajar sin levantar cabeza.

burineur *m* el que burila.

Burkina *n pr m* **le Burkina** Burkina.

Burkina Faso *n pr m* HIST (ancien nom du Burhina) **le Burkina Faso** Burkina Faso.

burlat *f* variedad de cereza.

burlesque *adj* burlesco, ca. ◇ *m* género burlesco.

burnous [byrnu] ou [byrnus] *m* albornoz ‖ FAM **faire suer le burnous** lucrarse a costa ajena.

buron *m* cabaña *f*.

Burundi *n pr m* GÉOGR **le Burundi** Burundi, Burundí.

bus *m* bus, autobús ‖ INFORM bus.

busard *m* dardabasí (oiseau de proie).

busc *m* ballena *f* (de corset) ǀ batiente (d'écluse).

buse *f* cernícalo *m* (oiseau) ǀ FIG cernícalo *m*, imbécil *m* ǀ TECHN tubo *m* (tuyau) ǀ saetín *m* (du moulin) ǀ conducto *m* de ventilación (dans une mine).

Bushmen ⯈ **Bochimans**.

business [biznɛs] *m* FAM (vx) trabajo ǀ FAM asunto complicado ǀ negocios *pl* (affaires).

busqué, e *adj* emballenado, da (corset) ǀ acarnerado, da (cheval) ǀ aguileño, ña (nez).

busquer [3] *v tr* emballenar (un corset) ǀ fruncir (froncer un tissu) ǀ arquear, encorvar (arquer) ǀ TECHN zampear.

busserole *f* BOT gayuba.

buste *m* busto.

bustier, ère *m* & *f* ARTS escultor, ra especializado, da en la ejecución de bustos.
⯈ **bustier** *m* sujetador, sostén de ou con cuerpo, sostén largo, ajustador.

but [byt] ou [by] *m* blanco (point où l'on vise); frapper au but dar en el blanco ǀ meta *f* (terme) ǀ SPORTS portería *f* ǀ gol, tanto (football) ǀ FIG fin, meta *f*, objetivo; suivre un but perseguir un objetivo ∎ dans le but de con el fin de ǀ de but en blanc de buenas a primeras ∎ FIG aller droit au but ir al grano ǀ avoir des buts élevés tener miras altas ou elevadas.

> SYN dessein designio; fin fin, finalidad; intention intención, intento; objectif objetivo; objet objeto; visées, vues miras.

butadiène *m* butadieno.

butane *m* butano.

bute *f* pujavante *m* (outil de maréchal-ferrant).

buté, e *adj* porfiado, da; terco, ca.

butée *f* tope *m* de retención (pour arrêter) ǀ estribo *m*, contrafuerte *m* (d'un pont).

buter [3] *v intr* apoyarse en, descansar en (s'appuyer) ǀ [⯈ SYN] tropezar con (se heurter).
◇ *v tr* apuntalar, estribar (étayer) ǀ FIG buter quelqu'un dar motivo para que alguien se obstine (entêtement), cargársele, matarle (tuer).
⯇ **se buter** *v pr* chocar con (se heurter à) ǀ FIG obstinarse, empeñarse, aferrarse (s'entêter).

> SYN broncher tropezar, trompicar; trébucher tropezar, dar un traspiés; FAM achopper tropezar.

buteur *m* SPORTS goleador.

butin *m* botín ǀ FIG cosecha *f*.

butiner [3] *v intr* libar (abeille) ǀ (p us) hacer botín (à la guerre).

butineur, euse *adj* que liba (abeille).

butoir *m* tope ǀ debó (couteau de pelletier).

butome *m* BOT junco florido.

butor *m* alcaraván (oiseau) ǀ FIG cernícalo, ganso.

buttage *m* AGRIC acolladura *f* (arbres) ǀ aporcadura *f* (légumes).

butte *f* [⯈ SYN] cerrillo *m*, loma, otero *m* ǀ colina (colline) ǀ MIL blanco *m* ∎ butte de tir espaldón de tiro ǀ FIG être en butte à ser el blanco de, estar expuesto a.

> SYN monticule montículo; motte mota; mamelon altozano; tertre cerro; dune duna.

butter [3] *v tr* AGRIC acollar (arbre) ǀ aporcar (légumes).

buttoir; butteur *m* AGRIC aporcadora, arado, aporcador, acollador.

butylène *m* CHIM butileno.

butyrate *m* butirato.

butyreux, euse *adj* butiroso, sa.

butyrine *f* butirina.

butyrique *adj* butírico, ca.

butyromètre *m* butirómetro.

buvable *adj* bebible ǀ FAM potable, pasable.

buvard *adj* & *s m* secante; papier buvard papel secante.
◇ *m* cartera *f*, cartapacio.

buvée *f* bebida (pour les bestiaux).

buvetier, ère *m* & *f* cantinero, ra.

buvette *f* cantina ǀ quiosco *m* de bebidas ǀ fuente de aguas termales (stations thermales).

buveur, euse *adj* & *s* bebedor, ra.

buxacées *f pl* BOT buxáceas.

BVA (abr de Brulé Ville Associés) *m* sociedad francesa de estudios de mercado y sondeos de opinión.

BVP (abr de Bureau de vérification de la publicité) *m* organismo francés que comprueba si los anuncios publicitarios respetan la deontología profesional.

by-pass *m inv* ⯈ **bipasse**.

byronien, enne *adj* byroniano, na.

byronisme *m* byronismo.

bysse; byssus *m* biso.

Byzance *n pr* HIST Bizancio (ancien nom de Constantinople).

byzantin, e *adj* bizantino, na.

Byzantin, e *m* & *f* bizantino, na.

byzantinisme *m* bizantinismo.

byzantiniste; byzantinologue *m* & *f* bizantinista.

BZH (abr écrite de Breizh) Bretaña [sigla del país en los coches].

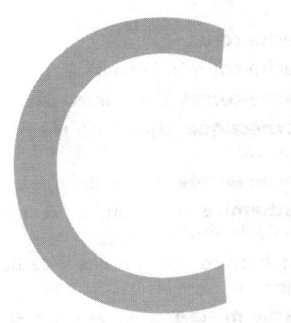

c; C [se] *m inv* (lettre) c *f*, C *f*.

➨ c' ➤ **ce**.

➨ c (abr écrite de **centime**) cént. ▌ (abr écrite de **centi**) c.

➨ C (abr écrite de **Celsius, centigrade**) C ▌ (abr écrite de **coulomb**) C ▌ (abr écrite de **code**) cód.

> **OBSERV** La c es una gutural sorda. Delante de a, o, u, de consonante o en final de palabra se pronuncia como en español; delante de e, i, y se pronuncia como s española. La c con cedilla (ç) se pronuncia como una s delante de a, o, u.

ça *pron dém* **FAM** contraction de cela esto, eso (correspond e a la vez a ceci [esto] y a cela [eso, aquello]); **prends ça** toma esto, toma eso ■ **c'est ça** eso es ▌**comme ça** así, de esta manera; **grand comme ça** así de grande; **je le ferai comme ça** lo haré así ▌ **comme ci, comme ça** así, así ▌ **comment ça va? ça va ¿qué tal? bien** ▌ **ça alors!** ¡pero, bueno!, ¿esto qué es?, ¡no me digas! ▌ **ça m'étonne que** me extraña que, me sorprende que ▌**ça y est!** ¡ya está! **➨ cela**.

çà *adv* (vx) acá; **venez çà** venga acá ▌ **çà et là** aquí y allá, acá y allá; **courir çà et là** correr aquí y allá.

çà! *interj* vamos, ea; **çà, travaillons!** ¡ea, trabajemos!, ¡vamos a trabajar! ▌ **ah çà! vamos; ah çà, finiras-tu?** vamos, ¿acabarás? ■ **or çà** ¡ea! ; **or çà, il faut déjeuner** ¡ea, hay que almorzar!

CA *m* (abr de **chiffre d'affaires**) volumen de negocios ▌ (abr de **conseil d'administration**) consejo de administración ▌ (abr de **corps d'armée**) cuerpo de ejército.
◇ *f* (abr de **chambre d'agriculture**) cámara agrícola.

ca (abr écrite de **centiare**) ca.

cab *m* cab (voiture anglaise).

cabale *f* ➤ **kabbale** ▌ cábala; **monter une cabale** armar una cábala.

cabaler [3] *v intr* intrigar, tramar cábalas.

cabaleur, euse *m & f* intrigante.

cabaliste *adj & s* cabalista.

cabalistique *adj* cabalístico, ca.

caban *m* chubasquero, chaquetón.

cabane *f* [▷ **SYN**] cabaña, chabola, tugurio *m* (maison misérable) ▌ (vx) camarote *m* (cabine) ▌ **cabane à outils** caseta ou barraca de aperos ▌ **cabane à lapins** conejera, conejar.

> **SYN** chaumière choza; chaume, chaumine choza, chamizo; hutte choza; cahute chabola; case choza, bohío (en Amérique); paillote, gourbi choza.

cabaner [3] *v tr* **TECHN** embojar (vers à soie).

cabanon *m* cabañuela *f* (petite cabane) ▌ calabozo (cachot) ▌ jaula *f*, loquera *f* (pour aliénés) ▌ casa *f* de campo.

cabaret *m* [▷ **SYN**] taberna *f* (débit de boissons) ▌ cabaret (boîte de nuit) ▌ licorera *f* (table, plateau pour servir les liqueurs) ▌ servicio de licor (service) ▌ **cabaret borgne** bodegón, taberna de mala fama.

> **OBSERV 1.** Le gallicisme cabaret désigne en Espagne exclusivement une **boîte de nuit**.
> **2.** Taverne, anticuado, designa hoy en francés ciertos restaurantes de categoría.
> **SYN** estaminet cafetín; caboulot cafetucho; bistro taberna; assommoir, bouge tasca, tabernucha; (ancien) taverne taberna.

cabaretier, ère *m & f* tabernero, ra ▌ encargado, da, de cabaret.

cabas [kaba] *m* capacho, capazo; **un cabas de figues** un capacho de higos ▌cenacho; **un cabas de légumes** un cenacho de legumbres ▌ cabás (petit panier).

> **OBSERV** Les récipients en sparterie sont beaucoup plus généralisés en Espagne qu'en France. Ils remplacent très souvent les seaux, les brouettes, etc. On distingue le capacho (cabas), l'espuerta, la sera (couffe), le serón, la sereta (couffin), le horón (grand couffin), le herpil (sorte de filet de sparterie tressée).

cabasset *m* capacete.

cabèche *f* **FAM** (vx) chola (tête); **couper la cabèche** cortar la chola.

cabestan *m* **MAR** cabrestante.

cabiai *m* capiraba (rongeur).

cabillaud [kabijo] *m* bacalao fresco.

cabillot [kabijo] *m* **MAR** cabilla *f*.

cabine *f* **MAR** camarote *m* ▌ jaula (ascenseur) ▌ caseta, cabina (de bain) ▌ cabina (d'interprète) ▌ locutorio *m* (téléphone) ■ **cabine d'aiguillage** cabina de cambio de agujas ▌ **cabine de grutier** cabina de grúa ▌ **CINÉM cabine de projection** cabina de proyección ▌ **cabine d'essayage** probador ▌ **cabine mère** nave nodriza (astronautique) ▌ **AVIAT cabine sous pression** cabina presurizada ▌ **cabine spatiale** cabina espacial.

cabinet *m* gabinete (petite chambre) ▌ gabinete, despacho (bureau) ▌ bufete (d'un avocat) ▌ notaría *f* (d'un notaire) ▌ consulta *f* (d'un médecin, d'un dentiste) ▌ consultorio (d'un ingénieur-conseil) ▌ agencia *f*, gestoría *f* (d'affaires) ▌ **POLIT** gabinete (gouvernement); **cabinet ministériel** gabinete ▌ **TECHN** bargueño (petit meuble) ▌ excusado, retrete (lavabos) [úsase generalmente en plural en francés] (lavabos) ■ **cabinet d'affaires** gestoría ▌ **cabinet de lecture** gabinete de lectura ▌ **cabinet des médailles** gabinete de medallas ▌ **cabinet de toilette** cuarto de aseo, aseo, tocador ▌ **cabinet de verdure** glorieta, cenador ▌ **cabinet fantôme** gabinete fantasma ▌ **cabinet noir** gabinete negro ▌ **cabinet particulier** gabinete particular.

> **CABINET**
> Observe que en Francia, este término se aplica al equipo de funcionarios que ejercen funciones administrativas y de asesoría para un ministro o un "préfet". El "cabinet" del Primer ministro no está formado por ministros sino por altos funcionarios, entre los cuales el "directeur de cabinet" quien desempeña un papel político en calidad de primer secretario privado del Primer ministro (puede representarlo) y el "chef de cabinet" cuya función es sobre todo administrativa.

câblage *m* cableado.

câble *m* cable, maroma *f* (cordage) ▌ cable (métallique, électrique) ▌ cablegrama (dépêche) ▌ **ARCHIT** cordón.

câblé, e *adj* retorcido, da; **fil câblé** hilo retorcido ▌ cableado, da; **fil de fer câblé** alambre cableado ▌ **ARCHIT** acordonado, da.
➨ câblé *m* torzal ▌ cordón grueso (gros cordon).

câbleau; câblot *m* **MAR** amarra *f*, estacha *f*.

câbler [3] *v tr* torcer, retorcer cuerdas ▌ cablear (des fils métalliques) ▌ acalabrotar (tordre neuf brins) ▌ cablegrafiar ▌ telegrafiar.

câblerie *f* cordelería (corderie) ▌ fábrica ou almacén de cables (de fils métalliques).

câblier [kablije] *m* clavero (navire).

câblogramme *m* cablegrama.

câblot ➨ **câbleau**.

cabochard, e *adj & s* **FAM** cabezota, testarudo, da.

caboche *f* broca, tachuela (petit clou) ▌ **FAM** chola (tête).

cabochon *m* calamón, cabujón (petit clou).
◇ *adj & s m* cabujón, cabuchón (pierre fine).

cabosse *f* (p us) chichón *m* (bosse) ▌ mazorca (du cacao).

cabosser [3] *v tr* abollar (bosseler) ▌ (p us) hacer chichones (faire des bosses) ▌ magullar; **un melon cabossé** un melón magullado.

cabot [kabo] *m* mújol, albur (poisson) ▌ **FAM** chucho (chien) ▌**FAM** comicastro (cabotin) ▌ **MIL & ARG** cabo.

cabotage *m* **MAR** cabotaje.

caboter [3] *v intr* **MAR** costear, hacer cabotaje.

caboteur *adj m* MAR de cabotaje, costeño, ña; bateau caboteur barco de cabotaje.
◇ *m* marino de cabotaje (marin) ‖ barco de cabotaje (bateau).

cabotin, e *m & f* comicastro ‖ (vx) cómico de la legua (comédien ambulant) ‖ FIG comediante, farsante.

cabotinage *m* actuación *f* mala (au théâtre) ‖ FAM fanfarronada *f*, farsa *f*.

cabotiner [3] *v intr* FAM fanfarronear, farolear.

caboulot [kabulo] *m* cafetucho.

cabrer [3] *v tr* hacer encabritarse (cheval) ‖ AVIAT hacer encabritarse ‖ FIG chocar, irritar, ofuscar; vous allez le cabrer le va a ofuscar.
➤ **se cabrer** *v pr* encabritarse ‖ FIG erguirse (une personne) ‖ FIG irritarse, montar en cólera; se cabrer devant les reproches irritarse ante los reproches.

cabri *m* cabrito.

cabriole *f* [▷ SYN] voltereta; cet enfant fait des cabrioles este niño da volteretas ‖ cabriola (du cheval) ‖ cabriola, voltereta (du danseur).
> SYN gambade brinco; pirouette pirueta; culbute trecha; bond bote, salto; FAM galipette voltereta.

cabrioler [3] *v intr* hacer cabriolas.

cabriolet *m* cabriolé, cabriolet (voiture) ‖ manilla *f* (de prisonnier) ‖ TECHN couteau à cabriolet navaja de varias hojas.

cabus [kaby] *adj m* repolludo, apretado ‖ chou cabus repollo.

CAC (abr de cotation assistée en continu) *f* l'indice CAC 40® el índice de referencia en la bolsa francesa, ≃ IBEX 35.

caca *m* FAM caca *f*; faire caca hacer caca ‖ FAM couleur caca d'oie color verdoso.

cacaber [3] *v intr* piñonear (la perdrix).

cacahouète; cacahuète *f* cacahuete *m*, maní *m* [(Amér) maní], cacahuate *m* (au Mexique).

cacao *m* cacao; beurre de cacao manteca de cacao ‖ poudre de cacao cacao en polvo.

cacaoté, e *adj* con cacao, que contiene cacao.

cacaotier ➤ cacaoyer.

cacaotière ➤ cacaoyère.

cacaoyer [kakaɔje]; **cacaotier** [kakaɔtje] *m* cacao (arbre).

cacaoyère; cacaotière *f* cacaotal *m*, cacahual *m*.

cacarder [3] *v intr* graznar (l'oie).

cacatoès *m* cacatúa *f* (perroquet).

cacatois *m* MAR mastelerillo de juanete ‖ juanete (voile).

cachalot *m* cachalote (cétacé).

cache *f* escondite *m*, escondrijo *m*.
◇ *m* IMPR viñeta *f* ‖ PHOT ocultador *m*.

caché, e *adj* tapado, da; cubierto, ta; oculto, ta.
> SYN secret secreto; occulte oculto; latent latente; ésotérique esotérico; clandestin clandestino; sibyllin sibilino; mystérieux misterioso; sourd sordo.

cache-cache *m inv* JEUX escondite; jouer à cache-cache jugar al escondite.

cache-cœur *m inv* camiseta *f* cruzada.

cache-col *m inv* bufanda *f*.

cache-corset *m inv* cubrecorsé.

cachectique [kaʃɛktik] *adj & s* MÉD caquéctico, ca.

cache-entrée *m inv* escudo (de serrure).

cachemire *m* casimir, cachemira *f* ‖ chal de Cachemira (châle).

Cachemire *n pr m* GÉOGR le Cachemire Cachemira.

cache-misère *m inv* FAM sobretodo [para ocultar un traje raído].

cache-nez *m inv* bufanda *f*, tapaboca.

cache-pot *m inv* cubretiestos.

cache-poussière *m inv* guardapolvo.

cache-prise *m* protegeenchufe.
▮ OBSERV pl cache-prises ou cache-prise.

cacher [3] *v tr* [▷ SYN] esconder; cacher une lettre dans un livre esconder una carta en un libro ‖ ocultar; cacher son visage dans ses mains ocultar el rostro entre las manos ‖ disimular; cacher sa joie disimular su alegría ‖ cubrir (recouvrir) ‖ tapar (masquer) ‖ FIG ocultar; cacher son jeu ocultar las intenciones ou el juego de uno.
➤ **se cacher** *v pr* esconderse (dans une cachette) ‖ ocultarse; le soleil se cache el sol se oculta ‖ apartarse; se cacher du monde apartarse del mundo ■ se cacher de quelque chose ocultar algo ‖ se cacher de quelqu'un ocultar a alguien lo que hace ‖ veux-tu te cacher! ¡quítate de mi vista!
> SYN dissimuler disimular; receler encubrir; voiler velar; couvrir cubrir; camoufler camuflar, disfrazar; masquer enmascarar; FAM planquer esconder.

cache-radiateur *m inv* cubrerradiador.

cachère ➤ kasher.

cache-sexe *m inv* taparrabo.

cachet *m* sello (timbre, sceau) ‖ matasellos (de la poste) ‖ remuneración *f*, retribución (d'un artiste) ‖ sello (pharmacie) ‖ tableta *f* (comprimé) ‖ precinto (de bouteille) ‖ FAM sello; un cachet d'élégance un sello de elegancia ‖ originalidad *f*, carácter; œuvre sans cachet obra sin originalidad ‖ (vx) tarjeta ou cédula de abono (leçons) ‖ ancien) lettre de cachet carta cerrada, sellada con el sello real, que exigía el encarcelamiento de una persona ■ cachet de contrôle marca de control, sello de calidad ■ courir le cachet buscar lecciones particulares, trabajo [para profesores, artistas].

cachetage *m* selladura *f*.

cache-tampon *m* zurriago escondido (jeu).
▮ OBSERV pl cache-tampon ou cache-tampons.

cacheter [27] *v tr* sellar (avec un cachet) ‖ cerrar (une enveloppe); sous pli cacheté bajo sobre cerrado ■ cire à cacheter lacre ‖ pain à cacheter barra de lacre ‖ vin cacheté vino en botellas lacradas ■ cacheter à la cire lacrar.

cachette *f* escondrijo *m*, escondite *m* ‖ en cachette a escondidas.

cachexie [kaʃɛksi] *f* MÉD caquexia (amaigrissement).

cachot [kaʃo] *m* calabozo (cellule) ‖ cárcel *f* (prison).

cachotterie *f* tapujo *m*, secretillo *m*; faire des cachotteries andar con tapujos.

cachottier, ère *adj & s* callado, da; amigo, ga de tapujos.

cachou *m* cato, cachú (extrait végétal) ‖ cachunde (pastille).
◇ *adj inv* marrón, castaño (couleur); une robe cachou un vestido marrón.

caciquat [kasika] *m* cacicazgo, cacicato.

cacique *m* cacique (chef) ‖ primer alumno de una promoción (élève).

caciquisme *m* caciquismo.

cacochyme [kakɔʃim] *adj* cacoquímico, ca; achacoso, sa.
◇ *m* cacoquimio, mia.

cacochymie [kakɔʃimi] *f* MÉD cacoquimia ‖ acritud (aigreur de caractère).

cacodylate *m* CHIM cacodilato.

cacographie *f* cacografía.

cacolet *m* artolas *f pl*.

cacologie *f* cacología (locution fautive).

cacophonie *f* cacofonía.
▮ SYN dissonance disonancia; charivari cencerrada; tintamarre estruendo.

cacophonique *adj* cacofónico, ca.

cactacées; cactées *f pl* BOT cactáceas, cácteas.

cactus [kaktys] *m* cactus *m inv*.

c-à-d (abr écrite de c'est-à-dire) es decir.

cadastral, e *adj* catastral; registres cadastraux registros catastrales.

cadastre *m* catastro.

cadastrer [3] *v tr* formar el catastro.

cadavéreux, euse *adj* cadavérico, ca; pâleur cadavéreuse palidez cadavérica.

cadavérique *adj* cadavérico, ca; rigidité cadavérique rigidez cadavérica.

cadavre *m* cadáver.

caddie; caddy *m* caddy, muchacho que lleva los palos en el juego de golf.

Caddie® [kadi] *m* carrito (chariot).

cade *m* enebro, cada (p us); huile de cade aceite de enebro ‖ barril (tonneau).

cadeau *m* regalo, obsequio; cadeau d'entreprise regalo de empresa ‖ faire cadeau de quelque chose regalar ou obsequiar algo.

cadenas [kadna] *m* candado.

cadenasser [3] *v tr* cerrar con candado.

cadence *f* MUS cadencia ‖ POÉT cadencia ‖ cadencia, compás *m*; marcher en cadence andar a compás ‖ FIG ritmo *m* ‖ cadence de fabrication cadencia ou ritmo de fabricación.

cadencé, e *adj* acompasado, da (mouvement, marche) ‖ MUS & POÉT cadencioso, sa ‖ au pas cadencé al paso.

cadencer [16] *v tr* dar cadencia (phrase, vers) ‖ llevar el compás (marche) ‖ MUS acompasar.

cadenette *f* (p us) trenza de cabello.

cadet, ette *adj* menor; la fille cadette la hija menor; il est mon cadet de deux ans es dos años menor que yo; branche cadette rama menor (d'une famille) ‖ segundogénito, ta (puîné).
➤ **cadet** *m* [▷ SYN] segundón, hijo menor (pour les parents), hermano menor (pour les enfants) ‖ (vx) cadete, alumno de una escuela militar ‖ infantil (sports) ‖ FIG c'est le

cadet de mes soucis es lo que menos me importa.

➤ **cadette** *f* hija ou hermana menor.

> OBSERV El sentido primitivo de **cadet**, palabra gascona que significa **caudillo** (jefe), fue el de "hidalgo gascón que servía al rey". Como por lo común eran segundones de familias nobles, su nombre sustituyó pronto al de **puîné** (segundogénito), y se extendió luego, como el segundón español, a designar cualquier hijo menor, acabando por aplicarse al último hijo de una familia.
> SYN **puîné** segundón; **benjamin** benjamín; **junior** junior.

cadi *m* cadí (juge musulman).

Cadix *n pr* GÉOGR Cádiz.

cadmiage *m* cadmiado.

cadmie *f* cadmia (dépôt).

cadmier [9] *v tr* cadmiar.

cadmium [kadmjɔm] *m* cadmio (métal).

cadogan ➤ **catogan**.

cadrage *m* PHOT & CINÉM enfoque, encuadre, encuadramiento (à la prise de vues) ‖ ajuste (à la projection) ‖ MIN entibación *f*.

cadran *m* esfera *f* (montre, horloge) ‖ limbo (d'un instrument de mesure) ‖ dial (d'un poste de radio) ■ **cadran d'appel** disco selector (téléphone) ‖ **cadran lumineux** cuadrante luminoso ‖ **cadran solaire** reloj de sol ‖ FAM **faire le tour du cadran** dormir doce horas de un tirón.

> OBSERV L'espagnol **cuadrante**, terme de géométrie, d'astronomie, de marine, se traduit en français par **quadrant**, quart de cercle. **Cuadrante** au sens de **cadran solaire** est peu usité.

cadrat [kadra] *m* cuadrado (typographie).

cadratin *m* cuadratín (typographie).

cadre *m* marco (de tableau, de raquette, etc.) ‖ FIG marco; **maison dans un cadre de verdure** casa en un marco de follaje‖coy de bastidor (couchette) ‖ bastidor (châssis) ‖ entibación *f* (d'une galerie de mine) ‖ cuadro (bicyclette) ‖ antena *f* de cuadro (radio) ‖ caja *f* de embalaje (d'emballage) ‖ ejecutivo, miembro del personal dirigente (employé) ‖ FIG ambiente; **vivre dans un cadre luxueux** vivir en un ambiente de lujo‖plan; **le cadre d'un roman** el plan de una novela‖escenario; **l'Espagne sert de cadre à ce film** España es el escenario de esta película ‖ MIL cuadro, mando; **les cadres d'un régiment** los cuadros de un regimiento ‖ escala *f*; **cadre de réserve** escala de reserva ‖ límites *pl*; **demeurer dans le cadre des conventions** quedarse en los límites del convenio ■ **cadres sociaux** acontecimientos que sirven como puntos de referencia cronológicos ‖ **cadre supérieur** ejecutivo ‖ **dans le cadre de** con arreglo a, en el ámbito de, en el marco de; **mesures prises dans le cadre d'un accord** medidas tomadas con arreglo a un acuerdo ‖**rayer des cadres** dar de baja.

> OBSERV L'espagnol **cuadro** a surtout le sens de **tableau**.

> CADRE
> En las empresas francesas, los empleados se dividen en dos categorías: los "employés" y los "cadres". Estos últimos tienen mejores sueldos, más ventajas sociales y prestigio. Se les pide también que trabajen más horas.

cadrer [3] *v intr* cuadrar, encajar; **cela cadre avec mes idées** esto cuadra con mis ideas.
> *v tr* cuadrar (tauromachie) ‖ entibar (une

galerie) ‖ PHOT encuadrar.

cadreur *m* CINÉM cámara.

caduc, que *adj* (vx) caduco, ca; **un homme caduc** un hombre caduco ‖ BOT caduco, ca; **feuilles caduques** hojas caducas ‖ DR caduco, ca (nul, annulé); **testament caduc** testamento caduco ‖**mal caduc** epilepsia, alferecía.

caducée *m* caduceo (attribut de Mercure).

caducité *f* caducidad; **la caducité d'une loi** la caducidad de una ley ‖ caduquez (âge caduc).

caduque *f* ANAT membrana caduca.

cæcal, e [sekal] *adj* ANAT cecal.

cæcum [sekɔm] *m* intestino ciego.

Caen *n pr* GÉOGR Caen.

caennais, e *adj* caenés, esa.

Caennais, e *m & f* caenés, esa.

cæsium ➤ **césium**.

CAF *adj inv* (abr de coût, assurance, fret) CIF *m*.
> *f* (abr de **Caisse d'allocations familiales**) organismo francés encargado de las ayudas familiares.

cafard, e [kafar, ard] *adj & s m* gazmoño, ña; **un moine cafard** un monje gazmoño ‖ hipócrita; **air cafard** aspecto hipócrita ‖ FAM chivato, acusica, soplón (rapporteur)‖morriña *f*, **ideas** *f pl* negras; **avoir le cafard** tener ou estar con morriña ‖ZOOL cucaracha *f*.

cafardage *m* FAM soplonería *f*, chivateo.

cafarder [3] *v intr* (p us) gazmoñear (faire le faux dévot) ‖ FAM chivarse, soplonear (rapporter).
> *v tr* FAM denunciar, chivar.

cafardeur, euse *m & f* FAM chivato, ta, soplón, ona.
> *adj* FAM soplón, ona.

cafardeux, euse *adj* FAM que tiene ideas negras, desalentado, da ‖ desalentador, ra; **triste** (décourageant).

café *m* café (fruit, boisson) ‖ [▷ SYN] café (établissement) ‖ (p us) cafeteo (caféier) ■ **café au lait** café con leche ‖ **café crème** café con leche ‖ **café en grains** café en grano ‖ **café en poudre ou moulu** café molido ‖ **café instantané** café instantáneo ‖**café liégeois** café frío con helado de café y nata montada ‖ **café noir** café solo ‖ **café décaféiné** descafeinado ‖**une robe café** un vestido color café.
> SYN **brasserie** cervecería; **taverne** fonda; **bar** bar.

> CAFÉ
> En París, los "cafés" (bares donde se toma café) siempre han desempeñado un papel importante en la vida intelectual y artística de la ciudad. Por ejemplo, el Café de Flore fue el lugar de reunión predilecto de los existencialistas.

> CAFÉ
> En los cafés franceses, para pedir una tacita de café fuerte se dice "un (petit) café", "un express" o de forma más familiar "un petit noir". El café puede ser "serré", muy fuerte, "léger" o "allongé" es decir un café largo de agua. Un "express" con una gota de leche se llama un "noisette"; una gran taza de café solo, un "grand café", un "double express" o "un grand noir". Un café con un poco de crema de leche se llama un "(grand/petit) crème". El término "café au lait" no se utiliza casi nunca en los cafés.

café-concert *m* café cantante.
> OBSERV pl cafés-concerts.
> SYN **cabaret** cabaret; **beuglant** cafetucho cantante; **boui-boui** buchinche.

caféier *m* BOT cafeto.

caféière; caférie *f* AGRIC cafetal *m* (plantation).

caféine *f* CHIM cafeína.

caféisme *m* cafeísmo (intoxication).

caférie ➤ **caféière**.

cafetan; caftan *m* caftán (vêtement turc).

cafétéria *f* cafetería.

café-théâtre *m* café-teatro.
> OBSERV pl cafés-théâtres.

cafetier, ère *m & f* cafetero, ra.

cafetière *f* cafetera; **cafetière électrique** cafetera eléctrica; **cafetière en argent** cafetera de plata.

cafouillage *m* FAM farfulla *f* ‖ rateo (d'un moteur).

cafouiller [3] *v intr* barbullar, farfullar, no dar pie con bola ‖ ratear, funcionar mal, fallar, tener fallos (moteur).

cafouillis [kafuji] *m* FAM desorden.

cafre *adj & s* cafre.

caftan ➤ **cafetan**.

cafter [3] *v intr & tr* FAM chivar.

cage *f* [▷ SYN] jaula (pour les animaux) ‖ casco *m* (d'une maison) ‖ portería (sports) ‖ ARCHIT caja, hueco *m* (d'ascenseur, d'escalier) ‖ FIG & FAM chirona (prison) ‖ MÉCAN cárter *m* ‖ MIN jaula ‖ FAM **cage à lapins** conejera (appartement) ‖ **cage aux fauves** jaula de fieras ‖ÉLECTR **cage d'écureuil** jaula de ardilla ‖**cage de laminoir** jaula de laminadores, portarrodillos ‖ **cage thoracique** caja torácica ■ **en cage** enjaulado.
> SYN **mue** pollera; **poulailler** gallinero; **volière** pajarera.

cageot [kaʒo] *m* jaulón (pour volailles) ‖ caja *f*, banasta *f* (pour fruits et légumes).

cagerotte *f* encella ‖(*Amér*) adobera (pour fromages).

cagette *f* caja.

cagibi *m* chiribitil, cuchitril.

cagna *f* hogar *m*, casa (foyer) ‖ MIL & FAM refugio *m*.

cagnard [kaɲar] *m* rincón soleado.

cagnardise *f* haraganería.

cagne *f* haragana (fainéante) ‖ ➤ **khâgne**.

cagneux, euse *adj & s* patizambo, ba; zambo, ba.
> *m & f* ➤ **khâgneux**.

cagnotte *f* hucha (tirelire) ‖ cantidad de dinero reunida en la hucha ‖ plato *m*, platillo *m*, banca, bote *m*, pozo *m* (aux cartes).

cagot, otte [kago, ɔt] *adj & s* mojigato, ta; santurrón, ona.

cagoterie *f*; **cagotisme** *m* santurronería *f*, mojigatería *f* (dévotion affectée).

cagoule *f* cogulla, cuculla (manteau de moine) ‖capirote *m* (de pénitent).

cahier [kaje] *m* [▷ SYN] cuaderno ‖memorias *f pl* (d'un auteur) ■ **cahier des charges** pliego de condiciones ‖ **cahier des doléances** libro de reclamaciones.

| **SYN** carnet libreta [de apuntes]; calepin cuadernillo; livret libreta, cartilla (caisse d'épargne); agenda agenda.

cahin-caha *adv* tal cual, así así; aller cahin-caha ir tal cual ou así así ▌ a trompicones, dando tumbos; la guimbarde avançait cahin-caha el cacharro avanzaba dando tumbos.

cahot [kao] *m* tumbo, traqueteo (d'un véhicule) ▌ bache (du terrain) ▌ **FIG** bache, traqueteo, meneo, dificultad *f*; les cahots de la vie los baches de la vida.

cahotant, e *adj* que traquetea (véhicule) ▌ lleno, na, de baches (chemin) ▌ **FIG** lleno, na, de baches ou de dificultades.

cahotement *m* traqueteo.

cahoter [3] *v tr* traquetear, dar tumbos ▌ **FIG** hacer pasar por altibajos; la fortune l'a cahoté la fortuna le ha hecho pasar por altibajos.
◇ *v intr* traquetear, dar tumbos ▌ renquear; les hommes avançaient en cahotant los hombres avanzaban renqueando.

cahoteux, euse *adj* lleno, na, de baches.

cahute *f* chabola, choza (cabane).

caïd [kaid] *m* caíd ▌ **FAM** jefe, cabecilla, capitoste.

caïeu; cayeu *m* **BOT** bulbillo.

caillage [kajaʒ] *m* cuajamiento, cuajadura *f*.

caillasse *f* guijarral *m*.

caille [kaj] *f* **ZOOL** codorniz.

caillé, e *adj* cuajado, da.
➤ **caillé** *m* cuajada *f*, requesón (lait caillé).

caillebotis [kajbɔti] *m* enrejado (grille d'aération) ▌ enjaretado, entramado (treillis) ▌ **MIL** enrejado de madera.

caillebotte *f* porción de cuajada.

caille-lait *m inv* **BOT** cuajaleche.

caillement [kajmɑ̃] *m* cuajamiento, cuajadura *f*.

cailler [3] [kaje] *v tr* cuajar (lait), coagular (sang).
◇ *v intr* **FAM** helarse (avoir froid).
➤ **se cailler** *v pr* cuajarse (lait), coagularse (sang) ▌ **FIG & FAM** se cailler les sangs quemarse la sangre.
◇ *v impers* **FAM** ça caille hace un frío que pela.

caillette [kajet] *f* **ANAT** cuajar *m* ▌ **FAM** cotorra (personne bavarde).

caillot [kajo] *m* cuajarón (mot courant), coágulo (mot savant).

caillou [kaju] *m* piedra *f*, china *f*, guija *f* ▌ **FIG** china *f* (obstacle) ▌ **MIN** piedra *f* ▌ **FAM** chola *f*, cabeza *f*; il n'a plus un cheveu sur le caillou no le queda un solo pelo en la chola.
▌ **OBSERV 1.** pl cailloux.
2. En espagnol piedra est le mot courant; guijarro, plus employé que guija, est le caillou gros ou moyen; china le petit caillou; canto rodado désigne plutôt un galet.

cailloutage [kajutaʒ] *m* enguijarrado, empedrado (empierrement) ▌ loza *f* fina (faïence) ▌ hormigón de cal hidráulica (béton) ▌ piedra *f* machacada, grava *f* (cailloutis).

caillouter [3] [kajute] *v tr* enguijarrar.

caillouteux, euse *adj* guijarroso, sa; pedregoso, sa; chemin caillouteux camino pedregoso.

cailloutis [kajuti] *m* guijo, grava *f* (graviers) ▌ firme de piedra machacada (empierrement) ▌ cailloutis glaciaire depósitos morrénicos.

caïman *m* **ZOOL** caimán.

Caïn [kaɛ̃] *n pr* Caín.

Caïphe *n pr* Caifás.

caïque *m* **MAR** caique.

Caire *n pr* **GÉOGR** Le Caire El Cairo.

cairn *m* túmulo céltico.

cairote *adj* cairota.

Cairote *m & f* cairota.

caisse *f* caja (emballage et contenu); une caisse de raisin una caja de uva ▌ caja (bureau de caissier) ▌ **FAM** caja (carrosserie) ▌ macetón *m* (plantes) ▌ **COMM** caja ▌ **MUS** tambor *m* ▌ **FAM** pecho *m* (poitrine) ▌ ▌ caisse à outils caja de herramientas ▌ caisse d'épargne caja de ahorros ▌ caisse de secours montepío ▌ caisse de dépôts et consignations depositaría general ▌ caisse de retraite caja de pensiones ▌ caisse de sortie caja central ▌ **ANAT** caisse du tympan caja del tímpano ▌ caisse enregistreuse caja registradora ▌ caisse noire fondillo, fondo ▌ caisse rapide caja rápida (supermarché) ▌ grosse caisse bombo ▌ livre de caisse libro de caja ■ battre la caisse tocar el tambor ▌ être à ou tenir la caisse ocuparse de la caja, ser cajero ou cajera ▌ faire sa caisse hacer el arqueo ▌ passer à la caisse ir a cobrar (être payé), retratarse (payer).

caisserie [kɛsri] *f* fábrica de cajas.

caissette *f* cajita.

caissier, ère *m & f* cajero, ra.

caisson *m* arcón (coffre des voitures) ▌ lagunar, artesón (de plafond) ▌ **MIL** arcón (chariot) ▌ **FAM** chola *f* (tête) ▌ **TECHN** cajón, campana *f* (travaux publics) ▌ **FAM** se faire sauter le caisson levantarse ou saltarse la tapa de los sesos.

Caïus [kajys] *n pr* Cayo.

cajeput [kaʒpyt] *m* **BOT** cayeputi.

cajoler [3] *v tr* mimar ▌ zalamear, engatusar (flatter).
◇ *v intr* (vx) charlar, hablar (bavarder).

cajolerie *f* mimo *m*, zalamería.

cajoleur, euse *adj* zalamero, ra.

cajou *m* cajú; noix de cajou nuez de cajú.

cajun *adj inv & s inv* cajún.

cake [kɛk] *m* cake, bizcocho.

cal *m* **MÉD** callo (durillon) ▌ callo (fracture).
▌ **OBSERV** pl cals.

calabrais, e *adj* calabrés, esa.

Calabrais, e *m & f* calabrés, esa.

Calabre *n pr f* **GÉOGR** la Calabre Calabria.

caladium [kaladjɔm] *m* **BOT** cala *f*.

calage *m* calce (avec une cale) ▌ apuntalamiento (étaiement) ▌ **AUTOM** calado, parada *f* brusca (d'un moteur) ▌ calage de l'allumage calado de encendido ▌ **ÉLECTR** calaje.

Calais *n pr* **GÉOGR** Calais.

calaisien, enne *adj* de Calais.

Calaisien, enne *m & f* natural ou habitante de Calais.

calaison *f* **MAR** calado *m* (tirant d'eau).

calamar; calmar *m* calamar (mollusque).

calambac; calambar; calambour *m* calambac (arbre et bois).

calame *m* cálamo.

calamine *f* calamina (mineral de zinc) ▌ carbonilla, calamina (encrassement).

calaminé, e *adj* calaminado, da.

calamistré, e *adj* rizado, da y engominado, da (cheveux).

calamite *f* calamita.

calamité *f* calamidad.

calamiteux, euse *adj* calamitoso, sa.

calandrage *m* calandrado (glaçage).

calandre *f* **TECHN** calandria (pour lisser et glacer) ▌ calandria, calandra, rejilla del radiador (d'une voiture) ▌ calandria (grosse alouette) ▌ gorgojo *m* (charançon).

calandrer [3] *v tr* **TECHN** calandrar.

calandreur, euse *m & f* calandrero, ra.

calanque *f* cala (crique).

calao *m* cálao (oiseau tropical).

calcaire [kalkɛr] *adj* calcáreo, a; calizo, za.
◇ *m* caliza *f* (roche).

calcanéum [kalkaneɔm] *m* **ANAT** calcáneo.

calcarone *m* **TECHN** calcarone (four).

calcédoine *f* calcedonia (pierre précieuse).

calcémie *f* **MÉD** calcemia.

calcéolaire *f* calceolaria (plante).

calcif ► **calecif**.

calcifère *adj* **CHIM** calcífero, ra.

calcification *f* calcificación.

calcifié, e *adj* calcificado, da.

calcifier [9] *v tr* calcificar.

calcimètre *m* **CHIM** calcímetro.

calcin *m* vidrio pulverizado (verre) ▌ incrustación *f*, sarro (dans les chaudières).

calcination *f* calcinación.

calciné, e *adj* calcinado, da (un corps) ▌ quemado, da (un rôti, etc.).

calciner [3] *v tr* calcinar.
➤ **se calciner** *v pr* calcinarse.

calcique *adj* **CHIM** cálcico, ca.

calcite *f* **MIN** calcita.

calcium [kalsjɔm] *m* calcio (métal).

calcul *m* cálculo ▌ **MÉD** cálculo ■ **MATH** calcul différentiel cálculo diferencial ▌ calcul intégral cálculo integral ▌ calcul mental cálculo mental ▌ **MÉD** calcul biliaire cálculo biliar ▌ calcul rénal cálculo renal ■ d'après mes calculs según mis cálculos ▌ si mon calcul est bon si no me equivoco en los cálculos.

calculable *adj* calculable.

calculateur, trice *adj & s* calculador, ra.
➤ **calculateur** *m* **INFORM** computadora, ordenador ▌ calculateur analogique computadora analógica, ordenador analógico ▌ calculateur électronique computadora electrónica, ordenador electrónico ▌ calculateur numérique computadora ou ordenador digital.
➤ **calculatrice** *f* calculadora; calculatrice de poche calculadora de bolsillo.

calculer [3] *v tr* calcular ■ machine à calculer máquina de calcular ▌ règle à calculer regla de cálculo.

calculette *f* minicalculadora.

calculeux, euse *adj* **MÉD** calculoso, sa.

Calcutta *n pr* **GÉOGR** Calcuta.

caldoche *adj* caldoche (de Nouvelle-Calédonie).

Caldoche *m & f* caldoche.

cale *f* [▷ SYN] calce *m* (pour caler) ∥ cofia (coiffe) ∥ IMPR cuña ∥ MAR cala, bodega (pour les marchandises) ∥ varadero *m* (pour mettre à sec les bateaux) ∥ cargadero *m* (pour embarquer des marchandises) ■ **cale de construction** grada ∥ **cale sèche** dique seco (bassin de radoub) ∥ FIG & FAM **être à fond de cale** estar uno sin blanca, quedarse sin un chavo *ou* céntimo.

SYN coin cuña; hausse alza.

calé, e *adj* FAM empollado, da, fuerte; instruido, da; **un élève calé** un alumno empollado; **calé en mathématiques** fuerte en matemáticas ∥ FAM (vx) acomodado, da (riche) ∥ FAM (vx) adinerado, da; que tiene pasta ∥ difícil; **un travail calé** un trabajo difícil.

calebasse *f* BOT calabaza [(*Amér*) güira] ∥ calabacino *m* (récipient) ∥ TECHN crisol *m* pequeño.

> OBSERV La calabaza espagnole est une plante cucurbitacée dont les variétés sont la citrouille, le potiron. La calebasse, fruit d'une bignoniacée très répandue en Amérique, y porte divers noms communs: calabaza, güira, tapara, cujete, jícara, mate, totuma. Les fruits du calebassier servent de récipients populaires dans divers pays.

calebassier *m* BOT taparo, güira *f*.

calèche *f* carreta, calesa.

calecif; calcif *m* TFAM calzoncillos, gayumbos.

caleçon [kalsɔ̃] *m* calzoncillos *pl* ∥ **caleçon de bain** pantalón de baño, bañador.

Calédonie [kaledɔni] *n pr f* HIST (la) Calédonie Caledonia (ancien nom de l'Écosse).

calédonien, enne *adj* caledonio, nia.

Calédonien, enne *m & f* caledonio, nia.

caléfaction *f* PHYS calefacción.

> OBSERV L'espagnol calefacción signifie surtout "chauffage".

calembour [kalɑ̃bur] *m* retruécano, calambur.

calembredaine *f* cuchufleta, chirigota (sornette) ∥ extravagancia.

calendes *f pl* calendas ∥ FAM **renvoyer aux calendes grecques** dejar para el día del juicio final.

calendos [kalɑ̃dos] *m* FAM camembert [queso].

calendrier *m* [▷ SYN] calendario ∥ programa; **le calendrier d'une classe** el programa de una clase ■ **calendrier à effeuiller** calendario de taco ∥ BOT **calendrier de Flore** calendario de Flora ∥ **calendrier julien, grégorien, républicain** calendario juliano, gregoriano, republicano ∥ **calendrier perpétuel** calendario perpetuo.

SYN almanach almanaque; agenda agenda; éphéméride efemérides; ordo añalejo, gallofa.

CALENDRIER RÉPUBLICAIN ─────────

El calendario republicano se usó por primera vez en 1793. El año empezaba el 22 de septiembre y se dividía en doce meses de treinta días, y los días restantes se dedicaban a la organización de celebraciones. Los nombres de los meses se inspiraban de las estaciones, el tiempo y las cosechas: vendémiaire, brumaire, frimaire, nivôse, pluviôse, ventôse, germinal, floréal, prairial, messidor,

thermidor, fructidor. Este calendario fue sustituido oficialmente por el calendario gregoriano en 1806.

cale-pied *m* rastral, calzapiés, rastrera *f* (de bicyclette).

▪ OBSERV *pl* cale-pieds.

calepin *m* (p us) calepino (dictionnaire latin) ∥ cuadernillo de apuntes ∥ FAM **mettez cela sur votre calepin** no lo eche Vd. en saco roto.

> OBSERV Calepin, dictionnaire, tire son nom d'Ambroise Calepin, auteur d'un gros dictionnaire latin au XVIᵉ siècle.

caler [3] *v tr* calzar (avec une cale) ∥ acuñar (avec un coin) ∥ apear (avec une pierre) ∥ calar (à la pêche) ∥ ÉLECTR calar ∥ MAR calar; **caler une voile** calar una vela.

<> *v intr* FAM rajarse (céder) ∥ volverse atrás (reculer) ∥ MAR calar; **ce navire cale trop** este buque cala demasiado ∥ MÉCAN pararse, calarse; **le moteur a calé** el motor se ha calado ∥ FAM estar ahíto, ta.

➤ **se caler** *v pr* arrellanarse; **se caler dans un fauteuil** arrellanarse en un sillón ∥ FAM **se caler les joues** hartarse, apiparse.

caleter [3]

➤ **se caleter** *v pr* FAM largarse, ahuecar el ala.

calf [kalf] (abr de box-calf) ➤ **box-calf**.

calfat [kalfa] *m* MAR calafate.

calfatage *m* MAR calafateo.

calfater [3] *v tr* MAR calafatear.

calfeutrage [kalføtraʒ] *m* acción de guarnecer de burlete.

calfeutrer [3] *v tr* guarnecer de burletes junturas y rendijas ∥ calafatear (clore hermétiquement) ∥ FIG encerrar (enfermer quelqu'un).

➤ **se calfeutrer** *v pr* encerrarse; **se calfeutrer chez soi** encerrarse uno en casa.

calibrage *m* calibración *f*, calibrado ∥ clasificación *f* (des fruits).

calibre *m* calibre (diamètre d'un cylindre creux); **le calibre d'un canon** el calibre de un cañón ∥ calibre (diamètre d'un projectile); **balle de calibre 7, 65** bala del calibre 7, 65 ∥ FIG calaña *f* (qualité d'une personne) ∥ TECHN calibrador (instrument pour calibrer).

calibrer [3] *v tr* calibrar ∥ clasificar (des fruits).

calibreur *m* clasificadora *f*, clasificador (trieuse) ∥ calibrador.

calice *m* cáliz (de fleur) ∥ cáliz (vase) ∥ **boire le calice jusqu'à la lie** apurar el cáliz hasta las heces.

caliche *m* caliche (nitrate du Chili).

calicot [kaliko] *m* calicó (toile de coton) ∥ dependiente (commis d'un magasin) ∥ hortera (gommeux).

caliculaire *adj* BOT calícular.

calicule *m* BOT calículo.

califat; khalifat [kalifa] *m* califato.

calife *m* califa (ancien souverain musulman).

> OBSERV L'espagnol jalifa, étymologiquement identique à califa, désignait le représentant du sultan dans l'ancien Maroc espagnol.

Californie *n pr f* GÉOGR **la Californie** California.

californien, enne *adj* califórnico, ca; californiano, na; californio, nia.

Californien, enne *m & f* californiano, na.

californium [kalifɔrnjɔm] *m* CHIM californio.

califourchon

➤ **à califourchon** *loc adv* a horcajadas (à cheval).

caligineux, euse *adj* caliginoso, sa.

Caligula [kaligyla] *n pr* Calígula.

câlin, e *adj* mimoso, sa ∥ **faire câlin** mimar.

câliner [3] *v tr* mimar.

câlinerie *f* mimo *m*.

caliorne *f* TECHN polipasto *m*, aparejo *m*.

calisson *m* pastelillo de turrón.

calleux, euse *adj* calloso, sa; encallecido, da; **mains calleuses** manos callosas ■ ANAT **corps calleux** cuerpo calloso ∥ **ulcère calleux** úlcera con callosidades.

call-girl [kolgœrl] *f* call-girl.

▪ OBSERV *pl* call-girls.

calligramme *m* POÉT caligrama.

calligraphe *m* calígrafo.

calligraphie *f* caligrafía.

calligraphier [9] *v tr & intr* caligrafiar.

calligraphique *adj* caligráfico, ca.

Calliope *n pr* MYTH Calíope.

callipyge [kalipiʒ] *adj* calipige.

callosité *f* callosidad, callo *m*.

calmant, e *adj & s m* calmante, sedante.

calmar ➤ **calamar**.

calme *adj* [▷ SYN] tranquilo, la; **une mer calme** un mar tranquilo; **un esprit calme** un espíritu tranquilo ∥ calmoso, sa (p us) ∥ encalmado, da (Bourse).

<> *m* calma *f*; **parler avec calme** hablar con calma; **sans perdre son calme** sin perder la calma ∥ calma *f* (absence de vent) ∥ FIG paz *f*, tranquilidad *f*; **rétablir le calme dans un pays** restablecer la paz en un país ∥ MAR calma *f*; **calme plat** calma chicha.

> OBSERV **1.** Tranquille, en francés, tiene además el sentido de quieto, que no se agita: **enfant qui reste tranquille** niño que se está quieto.
> **2.** Le terme espagnol peu usité, calmo, ma, signifie en friche. Calmoso, en espagnol, est le plus souvent employé dans sa seconde acception, à savoir: indolent, flegmatique.
> SYN tranquille tranquilo, quieto; serein sereno; paisible apacible, sosegado; placide plácido; PÉJ bonasse bonachón; FAM peinard tranquilo.

calmement *adv* sosegadamente, tranquilamente, con calma.

calmer [3] *v tr* calmar ∥ MÉD calmar, sedar.

➤ **se calmer** *v pr* calmarse; **la mer se calme** el mar se calma ∥ encalmarse, amainar (vent).

calmir [32] *v intr* MAR encalmarse, calmar; **le vent calmit** el viento se encalma ∥ abonanzar (mer).

calomel *m* CHIM calomelanos *pl*.

calomniateur, trice *adj & s* calumniador, ra.

calomnie *f* calumnia.

calomnier [9] *v tr* calumniar.

calomnieux, euse [kalɔmnjø, øz] *adj* calumnioso, sa.

caloporteur *adj* termoportador ∥ **fluide caloporteur** fluido de refrigeración.

calorie *f* PHYS caloría; **grande calorie** gran caloría; **petite calorie** pequeña caloría.

calorifère *adj* calorífero, ra.
◇ *m* calorífero (p us), estufa *f*.

calorification *f* calorificación.

calorifique *adj* calorífico, ca.

calorifuge *adj & s m* calorífugo, ga.

calorifugeage [kalɔrifyʒaʒ] *m* acción de calorifugar.

calorifuger [17] *v tr* cubrir con un calorífugo, calorifugar.

calorimètre *m* PHYS calorímetro.

calorimétrie *f* calorimetría.

calorimétrique *adj* calorimétrico, ca.

calorique *adj & s m* calórico, ca.

calot [kalo] *m* gorro de cuartel (coiffure) ‖ canica gruesa *f* (bille) ‖ calzo, calce (cale) ‖ ARG ojo.

calotin, e *adj & s* beato, ta; tragasantos (bigot).

calotte *f* gorro *m* (bonnet) ‖ solideo *m* (d'ecclésiastique) ‖ capelo *m* (de cardinal) ‖ ANAT bóveda, coronilla (du crâne) ‖ ARCHIT luquete *m* ‖ GÉOM casquete *m* (de sphère) ‖ FAM & PÉJ los curas *m pl*, el clero *m* (le clergé) ‖ pescozón *m* (tape sur le cou), cogotazo *m* (sur la nuque), bofetada, tortazo *m* (sur la figure) ■ **calotte glaciaire** casquete glaciar ‖ (vx) **la calotte des cieux** la bóveda celeste.

calotter [3] *v tr* FAM pegar un tortazo ‖ FAM birlar (dérober).

calquage [kalkaʒ] *m* calcado.

calque *m* calco (copie) ‖ papel de calco ou de calcar (papier-calque) ‖ FIG imitación *f* servil.

calquer [3] *v tr* calcar.

calter [3]
➥ **se calter** *v pr* FAM largarse, ahuecar el ala.

calumet *m* pipa de los indios norteamericanos.

calvados *m* calvados, aguardiente de sidra.

Calvados *n pr m* GÉOGR Calvados; **dans le Calvados** en Calvados.

calvaire *m* calvario ‖ FIG calvario, vía crucis (souffrance).

Calvaire *n pr m* **le Calvaire** el Calvario.

calville [kalvil] *f* camuesa (pomme).

Calvin; Cauvin *n pr* Calvino.

calvinisme *m* calvinismo.

calviniste *adj & s* calvinista.

calvitie [kalvisi] *f* calvicie.

camaïeu [kamajø] *m* camafeo ‖ **peinture en camaïeu** camafeo.

camail [kamaj] *m* muceta *f* (d'ecclésiastique) ‖ gocete (d'armure) ‖ collar (des oiseaux).
　 OBSERV pl camails.

camaldule *m* camaldulense (religieux).

camarade *m & f* compañero, ra; camarada (de travail, d'école) ‖ amigo, ga (ami) ‖ camarada (politique) ‖ **faire camarade** rendirse un soldado levantando los brazos.

camaraderie *f* camaradería (familiarité), compañerismo *m*; **prix de camaraderie** premio de compañerismo.

camard, e *adj & s* LITT chato, ta; desnarigado, da (au nez écrasé) ‖ **la Camarde** la pelona, la muerte.

camarguais, e *adj* de Camarga.

Camarguais, e *m & f* camargense, camargués, esa.

Camargue *n pr f* GÉOGR **la Camargue** la Camarga.

camarilla *f* camarilla.

cambial, e *adj* DR cambial.

cambiste *m* COMM cambista.

cambium [kãbjɔm] *m* BOT cambio.

Cambodge *n pr m* GÉOGR **le Cambodge** Camboya.

cambodgien, enne *adj* camboyano, na.
➥ **cambodgien** *m* LING camboyano.

Cambodgien, enne *m & f* camboyano, na.

cambouis [kãbwi] *m* grasa *f* sucia, lubricante ennegrecido por el uso ‖ alquitrán (goudron).

cambrage; cambrement *m* combadura *f*, arqueo, alabeo.

cambré, e *adj* combado, da; arqueado, da; alabeado, da ‖ arqueado, da; juncal; **corps cambré** cuerpo arqueado ‖ **avoir le pied très cambré** tener el pie muy arqueado.

cambrement ➥ **cambrage**.

cambrer [3] *v tr* combar (courber), arquear, alabear (arquer) ‖ **cambrer la taille** echar el busto hacia atrás, arquear el tronco.
➥ **se cambrer** *v pr* echar el busto hacia atrás, arquear el tronco (se redresser).

cambrien, enne *adj & s m* GÉOL cámbrico, ca; cambriano, na.

cambriolage *m* robo con efracción.

cambrioler [3] *v tr* robar con efracción.

cambrioleur, euse *m & f* atracador, ra; ladrón, ona [que roba con efracción].

cambrion *m* horma *f* adaptadora.

Cambronne [kãbrɔn] *n pr* **le mot de Cambronne** eufemismo usado en lugar de "merde", ≈ miércoles.

cambrousse; cambrouse *f* FAM campo *m* (campagne).

cambrure *f* combadura, arqueo *m*, alabeo *m* (gauchissement) ‖ talle *m* quebrado; **la cambrure d'une jeune fille** el talle quebrado de una muchachita ‖ **cambrure des reins** puente.

cambuse *f* MAR pañol *m* ‖ FAM cantina (réfectoire) ‖ casa descuidada (maison sale) ‖ habitación (chambre).

cambusier *m* MAR pañolero.

Cambyse *n pr* Cambises.

came *f* MÉCAN leva; **arbre à cames** árbol de levas ‖ FAM cocaína, mandanga.

camé, e *adj & s* TFAM drogata (drogué).

camée *m* camafeo (pierre gravée, peinture).

caméléon *m* camaleón (lézard, personne).

camélia *m* BOT camelia *f*.

camélidés *m pl* ZOOL camélidos.

caméline; cameline *f* camelina (plante).

camelot [kamlo] *m* camelote (étoffe) ‖ vendedor ambulante (vendeur ambulant) ‖ charlatán (bonimenteur) ‖ (vieilli) vendedor de periódicos ‖ **camelot du roi** militante monárquico y reaccionario [en Francia].

camelote *f* mercancía de mala calidad ‖ baratija (chose sans valeur) ‖ chapucería, frangollo *m* (ouvrage mal fait).

camembert *m* camembert [queso elaborado en Normandía].

caméra *f* cámara cinematográfica ou de televisión, tomavistas *m inv*.

cameraman *m* CINÉM cameraman, operador (cadreur).
　 OBSERV pl cameramans ou cameramen.

camérier *m* camarero del Papa.

camérière *f* (vx) doncella (femme de chambre).

camériste *f* camarista (au service des dames de qualité) ‖ FAM doncella (femme de chambre).

camerlingue *m* camarlengo (cardinal dignitaire).

Cameroun [kamrun] *n pr m* GÉOGR **le Cameroun** (el) Camerún.

Caméscope® *m* videocámara *f*.

Camille [kamij] *n pr* Camilo (homme), Camila (femme).

camion *m* camión (automobile) ‖ alfiler muy pequeño (épingle) ‖ cubo (de peinture) ■ **camion de cailloux** camión de piedras ‖ **camion d'enlèvement des ordures** camión de la basura ‖ **camion de sable** camión de arena.

camion-benne *m* camión volquete.
　 OBSERV pl camions-bennes.

camion-citerne *m* camión aljibe.
　 OBSERV pl camions-citernes.

camionnage *m* camionaje (transport et prix) ‖ **entreprise de camionnage** empresa de autotransporte ‖ **frais de camionnage** gastos de camionaje.

camionner [3] *v tr* transportar en camión.

camionnette *f* camioneta.

camionneur *m* camionero (chauffeur) ‖ transportista (entrepreneur).

camisole *f* blusa (de femme) ‖ **camisole de force** camisa de fuerza; chaleco de fuerza (en Amérique).

camomille [kamɔmij] *f* manzanilla (plante et infusion).

camouflage *m* enmascaramiento ‖ MIL camuflaje.

camoufler [3] *v tr* disimular ‖ disfrazar (déguiser) ‖ MIL camuflar.
　 OBSERV Le gallicisme camuflar est fréquemment employé.

camouflet [kamuflɛ] *m* FIG & FAM desaire, feo, afrenta *f* (affront) ‖ MIL hornillo de una contramina.

camp [kã] *m* [▷ SYN 1] campo; **camp retranché** campo atrincherado ‖ (vx) real (employé surtout au pl) ‖ [▷ SYN 2] campamento (campement) ‖ partido; **quitter le camp de l'opposition** abandonar el partido oposicionista ‖ campamento de gitanos (de nomades) ■ **camp de concentration** campo de concentración ‖ **camp de nudistes** campamento naturista ‖ **camp de vacances** campamento de vacaciones ‖ **camp volant** campamento volante ‖ **aide de camp** ayudante de campo, edecán ‖ **lit de camp** cama de campaña, catre ■ **être en camp volant** estar instalado provisionalmente ▮ FAM ficher ou foutre le camp largarse ▮ lever le camp levantar el campo.

▮ SYN **1.** cantonnement acantonamiento; quartier cuartel.
2. bivouac vivaque, vivac; camping campamento.

campagnard, e *adj* & *s* campesino, na.

campagne *f* [▷ SYN] campo *m*; les travaux de la campagne los trabajos del campo; maison de campagne casa de campo ▮ campiña (vaste plaine agricole); la campagne romaine la campiña romana ▮ campaña; campagne électorale campaña electoral; campagne de publicité ou publicitaire campaña de publicidad ou publicitaria ▮ MIL campaña (opération militaire); en campagne en campaña ■ de campagne rural, de aldea, de pueblo ▮ partie de campagne gira campestre ▮ rase campagne campo raso ■ faire campagne pour hacer campaña por ▮ se mettre en campagne hacer gestiones, ponerse en campaña ▮ MIL tenir la campagne resistir en campo raso.

▮ SYN champs campo; FAM & PÉJ cambrousse campo.

campagnol *m* campañol, ratón de campo.

campane *f* campana, campanilla.

Campanie *n pr f* GÉOGR (la) Campanie Campania.

campanile *m* ARCHIT campanil, campanario (clocher) ▮ linterna *f*.

campanulacées *f pl* BOT campanuláceas.

campanule *f* BOT campánula, farolillo *m*.

campé, e *adj* plantado, da; gallardo, da; bien campé bien plantado ▮ construido, da; récit bien campé relato bien construido; definido, da; caracterizado, da (personnage), hecho, cha; portrait bien campé retrato bien hecho.

campêche *m* BOT campeche; bois de campêche palo de campeche.

campement [kɑ̃pmɑ̃] *m* campamento.

camper [3] *v intr* acampar ▮ FAM instalarse provisionalmente ▮ hacer camping.
◇ *v tr* acampar; camper la troupe acampar la tropa ▮ hacer, esbozar (ébaucher) ▮ FAM ponerse, plantarse; camper son chapeau ponerse el sombrero (placer, poser) ▮ plantar (quitter quelqu'un brusquement).
➡ **se camper** *v pr* FAM plantarse; se camper devant quelqu'un plantarse ante uno ▮ instalarse.

campeur, euse *m* & *f* campista.

camphre [kɑ̃fr] *m* CHIM alcanfor.

camphré, e [kɑ̃fre] *adj* & *s* alcanforado, da.

camphrer [3] *v tr* alcanforar.

camphrier [kɑ̃frije] *m* BOT alcanforero.

camping *m* camping; faire du camping hacer camping ▮ faire du camping sauvage hacer acampada libre.

camping-car [kɑ̃piŋkar] *m* autocaravana *f*, caravana *f*.
▮ OBSERV *pl* campings-car.

camping-caravaning *m* caravaning.
▮ OBSERV *pl* camping-caravanings.

Camping-Gaz® [kɑ̃piŋgaz] *m inv* camping gas.

campos [kɑ̃po] *m* FAM asueto; donner campos aux écoliers dar asueto a los colegiales.

campus *m* campus (universitaire).

camus, e *adj* & *s* [▷ SYN] chato, ta (à nez court et plat) ▮ pasmado, da; corrido, da (penaud).
▮ SYN camard chato, desnarigado; épaté achatado.

Canaan; Chanaan *n pr* la terre de Canaan ou Chanaan la tierra de Canaán.

canada *f* AGRIC variedad de reineta (pomme).

Canada *n pr m* GÉOGR le Canada (el) Canadá.

Canadair® *m* hidroavión Canadair [avión cisterna].

canadianisme *m* palabra o giro propio del francés hablado en Canadá.

canadien, enne *adj* canadiense.
➡ **canadienne** *f* cazadora forrada de pieles, canadiense (vêtement) ▮ AGRIC canadiense (charrue) ▮ MAR piragua ligera.

Canadien, enne *m* & *f* canadiense.

canaille [kanaj] *f* chusma, canalla; mœurs de la canaille costumbres de la chusma ▮ canalla *m* (personne malhonnête); cet homme est une canaille este hombre es un canalla.
◇ *adj* chabacano, na; modales canailles modales chabacanos ▮ barriobajero, ra; chulesco, ca (faubourien) ▮ pícaro, ra (polisson).

canaillerie [kanajri] *f* canallada.

Canal + ≃ Canal +.

canal *m* canal ▮ canal (bande de fréquences) ▮ ANAT canal; canal médullaire canal medular ▮ ARCHIT acanaladura (de colonne) ▮ FIG conducto, medio (voie, moyen); par le canal d'un député por conducto de un diputado ▮ MÉCAN canal; le canal d'injection el canal de inyección ■ canal de distribution canal de distribución ▮ canal d'irrigation acequia, canal de riego ▮ PHYS rayons canaux rayos canales.

canalicule *m* ANAT canalillo.

canalisable *adj* canalizable (rivière).

canalisation *f* canalización (action) ▮ ÉLECTR línea eléctrica ▮ TECHN cañería (d'eau) ▮ tubería (de gaz, etc.) ▮ FIG encauzamiento *m*, encarrilamiento *m*, canalización.

canaliser [3] *v tr* canalizar (faire des canaux) ▮ canalizar (rendre navigable) ▮ transportar por canal; canaliser du pétrole transportar petróleo por canal ▮ FIG encauzar, encarrilar, canalizar; canaliser le mécontentement encauzar el descontento.

cananéen, enne *adj* cananeo, a.
➡ **cananéen** *m* LING cananeo.

Cananéen, enne *m* & *f* cananeo, a.

canapé *m* [▷ SYN] sofá, canapé (siège) ▮ CULIN "canapé" ▮ canapé convertible sofá cama.
▮ SYN divan diván; sofa sofá; causeuse confidente; ottomane otomana, turca.

canapé-lit *m* sofá cama.
▮ OBSERV *pl* canapés-lits.

canaque ➡ **kanak**.

Canaque; Kanak, e *m* & *f* canaco, ca.

canard [kanar] *m* pato, ánade (p us); canard sauvage pato silvestre ▮ FAM bulo (fausse nouvelle) ▮ periódico (journal), periodicucho (mauvais journal) ▮ terrón de azúcar mojado en café ou aguardiente ▮ MUS gallo (fausse note) ■ FAM canard boiteux persona inadaptada (per-

sonne), empresa de mala gestión con escaso porvenir (entreprise) ▮ canard siffleur silbón ▮ FAM mon petit canard mi gorrioncito.

canardeau *m* ZOOL anadón, anadino.

canarder [3] *v tr* FAM tirar a cubierto (tirer sur quelqu'un).
◇ *v intr* MUS pifiar (une flûte), soltar un gallo (un chanteur).

canardière *f* puesto *m* [para la caza de patos] ▮ charca para patos (mare à canards) ▮ escopeta (long fusil).

canari *m* canario (serin).

canarien, enne *adj* canario, ria.

Canarien, enne *m* & *f* canario, ria.

Canaries [kanari] *n pr f pl* GÉOGR les (îles) Canaries las (islas) Canarias.

canasson *m* FAM & PÉJ penco, jamelgo (mauvais cheval).

canasta *f* canasta (jeu).

Canaveral *n pr* GÉOGR (le) cap Canaveral cabo Cañaveral.

Canberra *n pr* GÉOGR Canberra.

cancale *f* ostra de Cancale (huître).

cancan *m* chisme (médisance) ▮ cancán (danse).

cancaner [3] *v intr* parpar (canard) ▮ FAM chismorrear, cotillear (médire).

cancanier, ère *adj* & *s* chismoso, sa; cotilla.

cancer *m* MÉD cáncer; il a un cancer tiene cáncer.

Cancer *m* ASTRON & ASTROL Cáncer; être Cancer ser Cáncer ▮ ASTRON tropique du Cancer trópico de Cáncer.

cancéreux, euse *adj* & *s* canceroso, sa; tumeur cancéreuse tumor canceroso.

cancérigène *adj* cancerígeno, na.

cancérisation *f* cancerización.

cancérologie *f* cancerología.

cancérologue *m* cancerólogo.

cancre *m* carramarro, cangrejo de mar (crabe) ▮ (vx) roñoso (avare) ▮ (vx) miserable (pauvre) ▮ FAM calamidad *f*, desastre, mal estudiante.

cancrelat *m* cucaracha *f*, curiana *f* (blatte).

cancroïde *m* MÉD cancroide.

candela *f* PHYS candela (unité d'intensité lumineuse).

candélabre *m* candelabro.

candeur *f* candor *m*.
▮ SYN ingénuité ingenuidad; naïveté sencillez, candidez; naturel naturalidad; innocence inocencia; crédulité credulidad.

candi *adj* candi, cande; sucre candi azúcar candi ▮ escarchado, da; fruit candi fruta escarchada.

candida *m* candida *f*.

candidat [kɑ̃dida] *m* candidato; candidat à un poste candidato para un puesto.

candidature *f* candidatura; poser sa candidature presentar su candidatura ▮ plaider la candidature de abogar por, defender a.

candide *adj* cándido, da (confiant, naïf) ▮ candoroso, sa; visage candide rostro candoroso.

candidement *adv* con candidez, cándidamente.

candidose *f* candidosis.

Candie *n pr* HIST Candía (ancien nom d'Iráklion).

candir [32]

➤ **se candir** *v pr* cristalizarse (le sucre) ‖ cubrirse de azúcar cristalizado (les fruits) ‖ faire candir escarchar; faire candir une poire escarchar una pera.

candisation *f* transformación del azúcar en azúcar candi ‖ escarchado (des fruits).

cane *f* ZOOL pata.

canebière [kanbjɛr]; **cannebière** cáñamar *m* (chènevière).

➤ **Canebière** *n pr f* la Canebière gran avenida de Marsella.

LA CANEBIÈRE
Este nombre se usa a menudo para referirse a la propia ciudad de Marsella: "tout le monde en parle sur la Canebière".

Canée *n pr* GÉOGR La Canée La Canea.

canéficier *m* BOT cañafístula *f*.

canepetière *f* sisón *m* (oiseau).

canéphore *f* canéfora.

canepin *m* cabritilla *f* (peau).

caner [3] *v intr* FAM (vieilli) tener canguelo ou jindama (avoir peur) ‖ rajarse, ceder (se dégonfler) ‖ hincar el pico, estirar la pata (mourir).

caneton [kantɔ̃] *m* patito, anadón, anadino.

canette *f* canilla (pour le fil) ‖ botella de cerveza ‖ lata (boisson) ‖ pata pequeña (petite cane) ‖ cerceta (sarcelle) ‖ canica (bille).

canevas [kanva] *m* cañamazo (pour broder) ‖ red *f* geodésica de primer orden ‖ FIG [▷ SYN] cañamazo, bosquejo, boceto (plan d'un ouvrage).

SYN ébauche bosquejo, boceto; esquisse esbozo, boceto; croquis croquis; schème esquema; maquette maqueta.

canezou *m* canesú (corsage).

cangue *f* canga (supplice chinois) ‖ traba (entrave).

caniche *m* perro de aguas ou de lanas, caniche.

caniculaire *adj* canicular.

canicule *f* canícula (époque) ‖ calor *m* tórrido, bochorno *m* (grande chaleur).

canidés *m pl* ZOOL cánidos.

canif *m* cortaplumas, navaja *f* ‖ coup de canif navajazo.

canin, e *adj* canino, na; race canine raza canina ‖ exposition canine exposición canina.

➤ **canine** *f* colmillo *m*, canino *m* (dent).

canisse ➤ cannisse.

canitie [kanisi] *f* canicie.

caniveau [kanivo] *m* arroyo, reguera *f* (d'une rue) ‖ cuneta *f* (d'une route) ‖ conducto (conduit).

canna *m* cañacoro (balisier).

cannabinacées *f pl* BOT cannabáceas.

cannabis [kanabis] *m* cannabis *m inv*.

cannage *m* asiento ou respaldo de rejilla (d'un siège) ‖ acción de poner asientos ou respaldos de rejilla.

cannaie [kanɛ] *f* cañaveral *m*.

canne *f* bastón *m* (pour s'appuyer) ‖ bastón *m* (gymnastique) ‖ cana (mesure ancienne) ‖ grifo *m* de distribución de gran dimensión (robinet) ‖ BOT caña; canne à sucre caña de azúcar ‖ TECHN puntel *m* (de verrier) ■ **canne à pêche** caña de pescar ‖ **canne blanche** bastón de ciego (bâton), ciego, ga (aveugle) ‖ **canne-épée**, **canne armée**, bastón de estoque (arme) ‖ PHYS **canne thermoélectrique** par termoeléctrico.

canné, e *adj* de rejilla (siège).

canneberge *f* BOT arándano *m* (airelle).

cannebière ➤ canebière.

cannelé, e *adj* acanalado, da.

canneler [24] *v tr* acanalar (garnir de cannelures); colonne cannelée columna acanalada.

cannelier *m* canelo, canelero (arbre).

cannelle *f* canilla (robinet) ‖ canela (épice) ‖ canilla (de tonneau).

cannelloni *m* canelones.

cannelure [kanlyr] *f* acanaladura, estría.

canner [3] *v tr* echar asiento de rejilla a una silla.

Cannes *n pr* GÉOGR Cannes; le festival de Cannes el festival de Cannes.

cannetille *f* cañutillo *m* (fil métallique).

cannette *f* TECHN canilla.

canneur, euse *m & f* sillero, ra; persona que pone asientos de rejilla.

cannibale *adj & s* caníbal.

cannibaliser [3] *v tr* canibalizar.

cannibalisme *m* canibalismo.

cannisse; canisse *f* caña [que se usa para hacer vallas].

cannois, e *adj* cannés, esa (de Cannes).

Cannois, e *m & f* cannés, esa.

canoë *m* canoa *f*.

canoéiste *m & f* piragüista.

canoë-kayac *m* canoa kayac *f* (bateau) ‖ piragüismo (discipline).

OBSERV pl canoës-kayacs.

canon *m* cañón (pièce d'artillerie) ‖ cañón (d'une arme à feu); canon lisse cañón liso; canon rayé cañón rayado ‖ cañón (partie du mors) ‖ cañón (plume d'oiseau) ‖ caña *f* (os de la jambe du cheval) ‖ caña *f* (mesure pour le vin de 1/8 de litre) ‖ barrita *f*; soufre en canons azufre en barritas ‖ canon (règle) ‖ cilindro, tubo; canon d'un arrosoir tubo de una regadera; canon d'une seringue cilindro de una jeringa ‖ sacra *f* (tableau de prières de l'autel) ‖ canon (partie de la messe) ‖ DR canon ‖ MUS canon (morceau répété par plusieurs voix) ‖ FAM chiquito, chato (verre de vin) ■ PHYS canon à électrons cañón electrónico ‖ canon à neige cañón de nieve ‖ MAR canon porte-amarre cañón lanzacabos ‖ FAM chair à canon carne de cañón (les soldats) ‖ coup de canon cañonazo.

canonial, e *adj* canónico, ca; heures canoniales horas canónicas ‖ canonical (du chanoine).

canonicat [kanɔnika] *m* canonicato (dignité) ‖ canonjía *f* (prébende de chanoine) ‖ FIG sinecura, canonjía.

canonique *adj* canónico, ca ‖ FIG & FAM católico, ca (convenable) ‖ âge canonique la cua-

rentena [así llamada por ser ésta la edad impuesta a las amas de los clérigos].

◇ *adj* canónico ‖ droit canonique derecho canónico ou eclesiástico.

canonisable *adj* canonizable.

canonisation *f* canonización.

canoniser [3] *v tr* canonizar.

canoniste *m* canonista.

canonnade *f* cañoneo *m*.

canonner [3] *v tr* cañonear.

canonnerie *f* fábrica de cañones.

canonnier *m* artillero (artilleur).

canonnière *f* cañonera, tronera (meurtrière) ‖ taco *m*, tirabala *m*, trabuco *m* (jouet d'enfant) ‖ MAR cañonero *m*, lancha cañonera (chaloupe armée de canons).

canope *m* canope (vase).

Canossa [kanɔsa] *n pr* GÉOGR & FIG aller à Canossa humillarse ante su adversario.

canot [kano] *m* bote, lancha *f*; canot pneumatique, à voile bote neumático, de vela; canot de sauvetage bote salvavidas ‖ canoa *f*; canot automobile canoa automóvil ‖ canot à moteur lancha motora, motora ‖ canot hors-bord lancha fuera borda.

OBSERV La canoa española, voz de origen caribe, ha dado su nombre al francés canot, pero corresponde a la palabra francesa de origen inglés canoé y, como forma, a la pirogue o piragua.

canotage *m* canotaje ‖ SPORTS remo.

canoter [3] *v intr* pasearse en bote (se promener), remar (ramer).

canotier *m* canoero, barquero (conducteur d'un canot) ‖ SPORTS remero (rameur) ‖ "canotié", sombrero de paja (chapeau).

Canson® [kɑ̃sɔ̃] *n pr* papier Canson papel de dibujo.

cantabile *m* MUS cantábile, cantable.

cantabre *adj & s* cántabro, bra.

Cantabres *n pr m pl* cántabros.

cantabrique *adj* cantábrico, ca.

Cantabrique *n pr f* GÉOGR la Cantabrique Cantabria.

cantal *m* queso de Cantal.

Cantal *n pr m* GÉOGR le Cantal Cantal.

cantaloup [kɑ̃talu] *m* variedad de melón redondo de pulpa anaranjada y costillas salientes.

cantate *f* cantata.

cantatrice *f* cantatriz.

canter *m* galope de prueba (galop d'essai).

cantharide *f* ZOOL cantárida.

cantharidine *f* cantaridina.

cantilène *f* cantilena.

cantilever *m* AUTOM suspensión *f* de hojas ‖ TECHN cantilever (d'un pont, d'une aile d'avion).

cantine *f* cantina (buvette) ‖ cantina, refectorio *m* (restaurant); cantine scolaire cantina escolar, refectorio ‖ baúl *m* metálico (malle de militaire).

cantinier, ère *m & f* cantinero, ra.

cantique *m* cántico ‖ le Cantique des Cantiques el Cantar de los Cantares.

canton *m* división administrativa de un distrito en Francia, cantón (région) ▮ tramo de vía férrea entre dos señales ▮BLAS cantón.

> **CANTON**
> Esta división administrativa del distrito está dirigida por los miembros locales del "Conseil général". Existen entre 11 y 70 "cantons" en cada departamento.

Canton *n pr* GÉOGR Cantón.

cantonade *f* THÉÂTR esquina del foro entre bastidores ▮ parler à la cantonade hablar al foro ou del foro.

cantonais, e *adj* cantonés, esa ▮ riz cantonais arroz cantonés.

Cantonais, e *m & f* cantonés, esa.

cantonal, e *adj* cantonal.

cantonnement *m* acantonamiento (des troupes) ▮ acotación *f*, acotamiento de un terreno (d'un terrain) ▮ coto (de pêche) ▮ DR limitación *f*.

cantonner [3] *v tr* acantonar ▮ instalar por separado, aislar (séparer).
◇ *v intr* estar acantonados, acantonarse.
➤ **se cantonner** *v pr* aislarse, retirarse; se cantonner dans un coin aislarse en un rincón ▮ FIG limitarse; il se cantonna à traiter des événements politiques se limitó a tratar los acontecimientos políticos ▮ encerrarse, encastillarse (s'abstraire).

cantonnier *m* peón caminero.

cantonnière *f* guardamalleta (pour lit, fenêtre) ▮ cantonera (coin de renforcement).

Cantorbéry [kɑ̃tɔrberi] *n pr* GÉOGR Cantorbery.

canulant, e *adj* FAM (vieilli) fastidioso, sa.

canular *m* FAM novata *f* (d'élèves) ▮ broma *f* (plaisanterie).

canule *f* MÉD cánula.

canuler [3] *v tr* FAM jeringar, fastidiar (ennuyer).

canut, use [kany, yz] *m & f* tejedor, ra de seda [en Lyon].

cañon *m* GÉOGR cañón.

CAO (abr de conception assistée par ordinateur) *f* CAD *m*.

caouane *f* ZOOL carey *m*.

caoutchouc [kautʃu] *m* caucho; caoutchouc vulcanisé, synthétique caucho vulcanizado, sintético ▮ goma *f*; des semelles en caoutchouc suelas de goma ▮ tira *f* de goma, elástico ▮ caoutchouc mousse gomespuma, goma espuma.

> OBSERV En Espagne on dit plutôt goma (gomme) que caucho, surtout lorsqu'on parle d'objets manufacturés: un ballon, une poire en caoutchouc un balón, una pera de goma.

caoutchoutage [kautʃutaʒ] *m* cauchutado.

caoutchouter [3] [kautʃute] *v tr* cauchutar.

caoutchouteux, euse *adj* gomoso, sa, blandujo, ja.

caoutchoutier, ère [kautʃutje, ɛr] *adj* relativo al caucho.

cap *m* GÉOGR cabo ▮ MAR proa *f* (proue) ▮ MAR & AVIAT rumbo; avoir, mettre le cap sur hacer rumbo a ▮ (vx) cabeza *f* (tête); de pied en cap de pies a cabeza ▮ changer de cap cambiar de rumbo ▮ FIG doubler le cap de la quarantaine pasar de los cuarenta, franquear la cuarentena (gallicisme).

> **CAPS**
> le cap Blanc el cabo Blanco;
> le cap Bon el cabo Bon;
> le cap de Bonne-Espérance el cabo de Buena Esperanza;
> cap Canaveral cabo Cañaveral;
> le cap de Creus el cabo Creus;
> le cap de Gata el cabo de Gata;
> le cap Horn el cabo de Hornos;
> le cap de la Nao el cabo de la Nao;
> le cap Nord el cabo Norte;
> le cap de Palos el cabo de Palos;
> le cap de Roca el cabo de Roca.

Cap *n pr* GÉOGR le Cap Ciudad de El Cabo.

CAP (abr de certificat d'aptitude professionnelle) *m* diploma técnico que se obtiene al finalizar dos años de formación profesional.

Cap. (abr écrite de capitaine) Capt.

capable *adj* capaz; capable de tout capaz de todo ▮ DR capacitado, da ▮ il est capable d'oublier es capaz de olvidar ▮ faire le capable dárselas de hábil.

capacimètre *m* ÉLECTR capacímetro.

capacitaire *m* capacitaire en droit graduado en derecho.

capacité *f* capacidad ▮ capacité d'accueil capacidad (salle), oferta hotelera (tourisme) ▮ capacité de chargement capacidad de carga ▮ DR capacité de contracter capacidad de contratar ▮ INFORM capacité de mémoire capacidad de memoria ▮ capacité de traitement capacidad de procesamiento ou de tratamiento ▮ capacité de transport capacidad de transporte ▮ capacité de travail capacidad de trabajo ▮ ANAT capacité thoracique capacidad torácica ▮ certificat de capacité en droit grado existente en las facultades de Derecho de Francia, inferior al de la licencia.

caparaçon *m* caparazón, gualdrapa *f* (housse de cheval).

caparaçonner [3] *v tr* encaparazonar (un cheval).
➤ **se caparaçonner** *v pr* vestirse ridículamente ▮ FIG endurecerse.

cape *f* capa (manteau sans manches) ▮ capa, capote *m* (tauromachie); cape de parade capote de paseo ▮ capa (du cigare) ▮ sombrero *m* hongo (chapeau melon) ▮ MAR capa ■ de cape et d'épée de capa y espada ▮ FAM sous cape solapadamente ■ rire sous cape reír para sus adentros.

capéer [15]; **capeyer** [11] *v intr* MAR capear.

capelage *m* MAR encapilladura *f*.

capelan [kaplɑ̃] *m* capelán (poisson).

capeler [24] *v tr* MAR encapillar.

capelet *m* VÉTÉR esparaván.

capeline [kaplin] *f* capellina.

CAPES (abr de certificat d'aptitude au professorat de l'enseignement du second degré) *m* título de profesor de enseñanza secundaria obtenido tras un examen del mismo nombre.

> **CAPES**
> Los candidatos que aprueban el examen del CAPES reciben el título de "professeurs certifiés" y pueden enseñar en la escuela secundaria.

capésien, enne [kapesjɛ̃, ɛn] *m & f* persona que tiene el certificado para ejercer como profesor en la enseñanza secundaria.

Capet *n pr* Capeto.

CAPET (abr de certificat d'aptitude au professorat de l'enseignement technique) *m* título de profesor de enseñanza profesional obtenido tras un examen del mismo nombre.

capétien, enne [kapesjɛ̃, ɛn] *adj* de los Capetos.

capeyer ➤ **capéer**.

capharnaüm [kafarnaɔm] *m* leonera *f*, chiribitil.

Capharnaüm [kafarnaɔm] *n pr* Cafarnaum.

Cap-hornier [kapɔrnje] *m* natural ou habitante del cabo de Hornos.
▮ OBSERV pl cap-horniers.

capillaire [kapilɛr] *adj* capilar (relatif aux cheveux) ▮ ANAT capilar (vaisseau) ▮ PHYS capilar (tube) ▮ COMM artiste capillaire peluquero ▮ institut capillaire instituto capilar.
◇ *m* BOT culantrillo.

capillarité [kapilarite] *f* capilaridad.

capilotade *f* capirotada (ragoût) ▮ FAM mettre en capilotade hacer trizas ou papilla.

capitaine *m* capitán ■ MAR capitaine au long cours capitán de altura ▮ capitaine des pompiers capitán de bomberos.

capitainerie *f* capitanía.

capital, e *adj* capital; peine capitale pena capital; points, péchés capitaux puntos, pecados capitales ▮ IMPR versal (lettre).
➤ **capital** *m* capital, caudal (biens, valeur, argent) ▮ ÉCON augmentation de capital ampliación de capital ▮ capital d'exploitation capital de explotación ▮ capital social capital social.
➤ **capitaux** *m pl* ÉCON capitaux propres capital propio ▮ capitaux flottants capital flotante.
➤ **capitale** *f* capital (ville) ▮ IMPR versal, mayúscula (lettre) ▮ petite capitale versalita.

capitalisable *adj* capitalizable.

capitalisation *f* capitalización.

capitaliser [3] *v tr & intr* capitalizar; capitaliser des intérêts capitalizar intereses.

capitalisme *m* capitalismo; capitalisme d'État capitalismo de Estado.

capitaliste *adj & s* capitalista.

capitan *m* fanfarrón, espadachín, matasiete (du théâtre ancien).

capitation *f* capitación, impuesto *m* por persona.

capiteux, euse *adj* embriagador, ra; espirituoso, sa; vin capiteux vino espiritoso ▮ atractivo, va; une femme capiteuse una mujer atractiva.

capitole *m* capitolio.

Capitole; Capitolin *n pr* GÉOGR le Capitole ou mont Capitolin el Capitolio ou monte Capitolino.

capitolin, e *adj* capitolino, na.

capiton *m* borra *f* de seda (bourre de soie) ▮ basta *f* de un tejido acolchado.

capitonnage *m* acolchado.

capitonner [3] *v tr* acolchar.
> OBSERV En espagnol, on emploie couramment l'expression un camión capitoné ou un capitoné pour désigner un camion de déménagement dont les parois intérieures sont capitonnées.

capitulaire *adj & s m* capitular.

capitulard *m* abandonista ‖ cobarde, que escurre el bulto (qui se dérobe).

capitulation *f* capitulación (reddition).

capitule *m* capítula *f* (prière) ‖ **BOT** cabezuela *f* (inflorescence).

capituler [3] *v intr* capitular.

capon, onne *adj & s* cobarde (poltron) ‖ soplón, ona (mouchard, à l'école) ‖ tahur (joueur habile) ‖ prestamista (prêteur) ‖ **MAR** capón.

caponner [3] *v intr* mostrarse cobarde, acobardarse ‖ hacer trampas (filouter au jeu). ◇ *v tr* **MAR** izar el ancla.

caponnière *f* caponera (fortifications).

caporal *m* tabaco picado en hebras (tabac) ‖ **MIL** cabo ■ caporal-chef cabo primera ‖ **FAM** le Petit Caporal Napoleón I.

caporal-chef *m* ≃ cabo primero.
‖ **OBSERV** pl caporaux-chefs.

caporaliser [3] *v tr* imponer un régimen militarista.

caporalisme *m* militarismo.

capot [kapo] *adj inv* zapatero (jeux de cartes); être capot quedarse zapatero ‖ **FIG** cortado, da, turbado, da (penaud) ■ faire capot dejar zapatero, dar capote ‖ rester capot llevar capote.
◇ *m* **AUTOM** capó, capot ‖ **MAR** tapacete, funda *f* (housse) ‖ escotilla *f* de acceso a un yate.

capotage *m* capotaje (avion), vuelco (voiture) ‖ capota *f* (disposition de la capote).

capote *f* capote *m* (manteau) ‖ capota (couverture d'un véhicule, chapeau) ‖ **FAM** capote anglaise condón.

capoter [3] *v intr* volcar, dar la vuelta de campana (voiture), capotar (avion). ◇ *v tr* poner una capota a.

Capoue [kapu] *n pr* **GÉOGR** Capua; délices de Capoue delicias de Capua.

Cappadoce [kapadɔs] *n pr f* **GÉOGR** (la) Cappadoce Capadocia.

cappuccino *m* capuchino.

câpre *f* alcaparra.

capricant, e *adj* **MÉD** arrítmico, ca.

caprice *m* [▷ **SYN 1**] capricho (amourette) ‖ [▷ **SYN 2**] capricho (inconstance) ‖ avoir un caprice pour estar encaprichado con ‖ faire des caprices tener caprichos ou antojos ‖ faire un caprice coger una rabieta.
‖ **SYN 1.** flirt flirt, flirteo, coqueteo; toquade chifladura; béguin encaprichamiento.
‖ **2.** extravagance extravagancia; inconséquence inconsecuencia.

capricieusement *adv* caprichosamente.

capricieux, euse *adj & s* caprichoso, sa.
‖ **SYN** bizarre raro, extravagante; fantasque antojadizo; lunatique lunático.

capricorne *m* **ZOOL** algavaro, capricornio.

Capricorne *m* **ASTRON & ASTROL** Capricornio; être Capricorne ser Capricornio ‖ **ASTRON** tropique du Capricorne trópico de Capricornio.

câprier *m* **BOT** alcaparro.

caprification *f* **AGRIC** cabrahigadura.

caprifoliacées *f pl* **BOT** caprifoliáceas.

caprin, e *adj* caprino, na; cabruno, na; race caprine raza caprina.

capron *m* **AGRIC** fresón.

caprylique *adj m* **CHIM** caprílico.

capsulage *m* capsulado.

capsulaire *adj* capsular.

capsulateur *m* capsuladora *f*.

capsule *f* cápsula ‖ cápsula, pistón *m*, mixto *m* (d'arme à feu) ‖ cápsula (d'une fusée); capsule spatiale cápsula espacial.

capsuler [3] *v tr* capsular, poner una cápsula.

captage *m* captación *f*, toma *f* (d'une source).

captateur, trice *m & f* captador, ra.

captation *f* **DR** captación; captation d'héritage captación de herencia.

captatoire *adj* **DR** captatorio, ria.

capter [3] *v tr* captar (une source) ‖ captar, coger (émission de radio) ‖ captar, ganarse, granjearse; capter la confiance de quelqu'un ganarse la confianza de uno ‖ hacerse con, conseguir (obtenir).

capteur *m* captador, sensor ‖ capteur solaire captador ou colector solar.

captieux, euse [kapsjø, øz] *adj* capcioso, sa (spécieux).

captif, ive *adj & s* cautivo, va.

captivant, e *adj* cautivador, ra; cautivante.

captiver [3] *v tr* cautivar.

captivité *f* cautiverio *m*, cautividad ‖ en captivité en cautividad.

capture *f* captura ‖ **GÉOGR** captura (rivière); un coude de capture un codo de captura.

capturer [3] *v tr* capturar.

capuce *m* capucha *f*, capilla *f* (de moine).

capuche *f* capucha.

capuchon *m* capuchón, capucha *f* ‖ sombrerete (de cheminée) ‖ capuchón (de stylo).

capuchonné, e *adj* con caperuza.

capucin, e *m & f* capuchino, na (religieux).
➨ **capucin** *m* liebre *f* (lièvre) ‖ capuchino (singe).
➨ **capucine** *f* capuchina (fleur) ‖ abrazadera (de fusil).

capucinade *f* sermón *m* enfadoso ‖ santurronería (bigoterie).

capulet [kapylɛ] *m* capuchón de mujer.

Capulet *n pr* Capuleto.

cap-verdien, enne *adj* caboverdiano, na, caboverdeño, ña.

Cap-Verdien, enne *m & f* caboverdiano, na, caboverdeño, ña.

Cap-Vert *n pr m* **GÉOGR** le Cap-Vert Cabo Verde; les îles du Cap-Vert el archipiélago de Cabo Verde.

caque *f* barril *m* de arenques ■ **FAM** être serrés comme harengs en caque estar como sardinas en lata ‖ la caque sent toujours le hareng cada cuba huele al vino que tiene.

caquelon *m* puchero.

caquer [3] *v tr* meter (arenques) en barril.

caquet [kakɛ] *m* cacareo (des poules) ‖ **FIG** charla *f*, cháchara *f*, pico (bavardage) ‖ cotorreo (commérage) ‖ **FAM** rabattre le caquet à

quelqu'un cerrar el pico a uno, bajar los humos a uno.

caquetage *m* cacareo (poules) ‖ **FIG** charla *f* (bavardage), chismorreo (critique).

caqueter [27] [kakte] *v intr* cacarear ‖ **FIG** charlar (bavarder) ‖ chismorrear (critiquer).

car *conj* pues, porque.

car *m* autocar (véhicule) ‖ furgoneta *f*; car de police furgoneta policial ‖ car de reportage coche de reportaje.

carabe *m* cárabo (insecte).

carabin *m* (ancien) soldado de caballería ligera ‖ **FAM** estudiante de medicina.

carabine *f* carabina (arme) ■ carabine à air comprimé carabina de aire comprimido ‖ carabine à canons superposés carabina de cañones superpuestos.

carabiné, e *adj* **FAM** endiablado, da; de aúpa.

carabinier *m* carabinero.

Carabosse [karabɔs] *n pr* la fée Carabosse el hada maléfica.

caracal *m* caracal (sorte de lynx).

Caracas *n pr* **GÉOGR** Caracas.

caraco *m* chambra *f* (vêtement féminin).

caracole *f* **ÉQUIT** caracol *m*.

caracoler [3] *v intr* caracolear (un cheval).

caractère *m* carácter ‖ carácter, índole *f* (nature) ‖ carácter, genio; bon, mauvais caractère buen, mal genio ‖ **INFORM** carácter; caractère de remplacement carácter de substitución ‖ caractères d'imprimerie letras de molde (écriture) ‖ caractères/seconde caracteres por segundo ‖ en caractère gras en negrita ‖ en petits caractères en letras minúsculas ■ avoir du caractère tener carácter.
‖ **OBSERV** Le mot espagnol carácter fait au pluriel caracteres et non carácteres.

caractériel, elle *adj* caracterial ‖ propio del carácter ‖ troubles caractériels trastornos del carácter.

caractérisant, e *adj* que caracteriza.

caractérisé, e *adj* caracterizado, da ‖ c'est une grippe caractérisée es una gripe característica.

caractériser [3] *v tr* caracterizar.
➨ **se caractériser** *v pr* caracterizarse ‖ se caractériser par caracterizarse por.

caractéristique *adj & s f* característico, ca ■ caractéristiques exigées características esenciales ‖ caractéristiques générales características generales.
◇ *f* **MATH** característica (d'un logarithme).

caractérologie *f* caracterología.

caracul [karakyl] *m* caracul (mouton) ‖ astracán superior (fourrure).

carafe *f* garrafa ‖ **FAM** rester en carafe esperar vanamente, quedarse plantado.

carafon *m* garrafita *f*.

caraïbe *adj & s* caribe.

Caraïbe *n pr f* **GÉOGR** la Caraïbe el Caribe; la mer de Caraïbe el mar Caribe.

Caraïbe *n pr f*; **Caraïbes** *n pr f pl* **GÉOGR** les Caraïbes el Caribe; la mer Caraïbe ou des Caraïbes el mar Caribe.

caraïtes *m pl* caraítas (sectarios juifs).

carambolage *m* carambola *f* (billard) ∥ serie de colisiones (véhicules), serie de circunstancias.

carambole *f* mingo *m* (boule rouge au billard).

caramboler [3] *v intr* hacer carambola.

carambouillage [karɑ̃bujaʒ] *m* estafa *f* del que vende lo que no ha pagado.

carambouilleur [karɑ̃bujœr] *m* estafador que vende lo que no ha pagado.

caramel *m* masticable, caramelo blando (bonbon), pastilla *f* de café con leche, toffee (au lait) ∥ caramelo ∥ **crème caramel** flan.
∥   **OBSERV** Le mot espagnol **caramelo** désigne les bonbons en général.

caramélisation *f* caramelización.

caramélisé, e *adj* CULIN acaramelado, da ; caramelizado, da.

caraméliser [3] *v tr* acaramelar, caramelizar.

carapace *f* concha (de tortue) ∥ caparazón *m* (de crustacé).

carapater [3]
➤ **se carapater** *v pr* FAM najarse, pirarse.

caraque *f* MAR carraca (navire ancien) ∥ porcelana antigua de Oriente (céramique) ∥ cacao *m* (de Caracas).

carassin *m* carasio, pez rojo (poisson).

carat [kara] *m* quilate (poids); **or à 18 carats** oro de 18 quilates ∥ diamante menudo vendido a peso.

Caravage *n pr m* **le Caravage** el Caravaggio.

caravane *f* caravana ∥ caravana, remolque *m* habitable ou de turismo.

caravanier *m* caravanero.

caravaning; caravanning *m* "caravaning".

caravansérail *m* caravanera *f*, caravanserrallo ∥ FIG lugar concurrido por extranjeros de distintas nacionalidades.

caravelle *f* MAR carabela (navire).

carbet [karbɛ] *m* bohío (aux Antilles).

carbochimie *f* carboquímica.

carbonade; carbonnade *f* carne asada en las brasas, carbonada.

carbonado *m* carbonado (diamant noir).

carbonarisme *m* carbonarismo.

carbonaro *m* carbonario.
∥   **OBSERV** Hace en pl **carbonari** en francés y **carbonarios** en español.

carbonatation *f* carbonatación.

carbonate *m* CHIM carbonato; **carbonate de soude** carbonato de sosa.

carbonater [3] *v tr* CHIM carbonatar.

carbone *m* CHIM carbono; **fibre de carbone** fibra de carbono ∥ **papier carbone** papel carbón.

carboné, e *adj* CHIM carbonado, da.

carbonifère; carboniférien, enne *adj & s m* carbonífero, ra.

carbonique *adj* CHIM carbónico, ca; **gaz carbonique** gas carbónico; **neige carbonique** nieve carbónica.

carbonisation *f* carbonización.

carbonisé, e *adj* carbonizado, da; **mourir carbonisé** morir carbonizado.

carboniser [3] *v tr* carbonizar.

carbonnade ➠ **carbonade**.

carbonyle *m* CHIM carbonilo.

Carborundum® [karbɔrɔ̃dɔm] *m* CHIM carborundo.

carburant, e *adj & s m* carburante.

carburateur, trice *adj & s m* carburador, ra ∥ **carburateur inversé** carburador invertido.

carburation *f* CHIM carburación.

carbure *m* CHIM carburo.

carburéacteur *m* carburante para reactores.

carburer [3] *v tr* carburar.
◇ *v intr* FAM empollar (travailler), cavilar (réfléchir).

carcailler [3] [karkaje] *v intr* cuchichiar [la codorniz].

carcajou *m* mapache (blaireau d'Amérique).

carcan *m* picota *f* (supplice) ∥ collar de hierro de los esclavos ∥ FAM rocín (mauvais cheval) ∥ FIG sujeción *f*, obligación *f*.

carcasse *f* [▷ **SYN**] armazón (charpente osseuse) ∥ caparazón *m* (volaille) ∥ pieza en canal (bétail) ∥ casquillo *m* (de porte-plume) ∥ FAM cuerpo *m*, osamenta (humain) ∥ armadura (de pneu) ∥ MAR casco *m* ∥ TECHN armazón; **carcasse d'abat-jour** armazón de pantalla ∥ FAM **vieille carcasse** vejestorio, carcamal.
∥   **SYN** squelette esqueleto; charpente, ossature armazón.

Carcassonne *n pr* GÉOGR Carcasona.

carcéral, e *adj* carcelario, ria.

carcinologie *f* MÉD carcinología.

carcinomateux, euse *adj* carcinomatoso, sa.

carcinome *m* carcinoma (cancer).

cardage *m* carda *f*, cardado.

cardamine *f* mastuerzo *m* (plante).

cardamome *f* cardamomo *m* (plante).

cardan *m* cardán.

carde *f* cardo *m* (cardon comestible) ∥ TECHN carda (pour peigner le drap).

carder [3] *v tr* cardar.

cardère *f* cardencha *f* (chardon à foulon).

cardeur, euse *m & f* cardador, ra (personne qui carde).
➤ **cardeuse** *f* cardadora, carda (machine).

cardia *m* ANAT cardias (de l'estomac).

cardialgie *f* MÉD cardialgia.

cardiaque *adj & s* cardiaco, ca.

cardigan *m* rebeca *f* (tricot).

cardinal, e *adj* cardinal; **points cardinaux** puntos cardinales; **vertus cardinales** virtudes cardinales ∥ **nombre cardinal** número cardinal.
➤ **cardinal** *m* cardenal (prélat) ∥ cardenal (oiseau).

cardinalat *m* cardenalato.

cardinalice *adj* cardenalicio, cia; **pourpre cardinalice** púrpura cardenalicia.

cardiogramme *m* MÉD cardiograma.

cardiographe *m* MÉD cardiógrafo.

cardiographie *f* MÉD cardiografía.

cardiologie *f* MÉD cardiología.

cardiologue *m & f* cardiólogo, ga.

cardiopathie *f* MÉD cardiopatía.

cardiotonique *m* MÉD cardiotónico.

cardio-vasculaire *adj* MÉD cardiovascular; **maladies cardio-vasculaires** enfermedades cardiovasculares.
∥   **OBSERV** pl cardio-vasculaires.

cardite *f* MÉD carditis (inflammation du cœur).

cardon *m* BOT cardo (comestible).

Carélie *n pr f* GÉOGR **la république de Carélie** la República de Carelia.

carême *m* cuaresma *f*; **faire carême** ayunar en cuaresma ∥ **visage ou face de carême** cara de viernes ■ **arriver comme marée en carême** caer como pedrada en ojo de boticario.

carême-prenant *m* carnestolendas *f pl*.

carénage *m* MAR carena *f* (action de caréner) ∥ carenero (lieu où l'on carène).

carence *f* carencia ∥ incomparecencia (absence) ∥ DR insolvencia; **procès-verbal de carence** certificación de insolvencia ∥ **carence vitaminique** carencia vitamínica ou de vitaminas ∥ **maladie par carence** enfermedad por carencia.

carencer [16] *v tr* DR notar la incomparecencia.

carène *f* MAR obra viva.

caréner [18] *v tr* MAR carenar (bateaux) ∥ carenar, dar forma aerodinámica (véhicules).

caressant, e *adj* cariñoso, sa; mimoso, sa (affectueux) ∥ acariciador, ra.

caresse *f* caricia.

caresser [4] *v tr* acariciar ∥ FIG alimentar, abrigar; **caresser une espérance** abrigar una esperanza ∥ **caresser du regard** mirar con codicia.

caresseur, euse *m & f* acariciador, ra.

caret [karɛ] *m* carey (tortue) ∥ TECHN devanadera *f* de cordelero.

carex [karɛks] *m* BOT carrizo.

car-ferry [karferi] *m* ferry.
∥   **OBSERV** pl car-ferries.

cargaison *f* cargamento *m*.

cargo *m* MAR buque de carga, carguero.

cargo-planeur *m* AVIAT planeador de cargo.

cargue *f* MAR briol *m*, candeliza.

carguer [3] *v tr* MAR cargar (les voiles).

cari *m* cari (épices).

cariatide *f* cariátide.

caribéen, enne *adj* caribeño, ña.

Caribéen, enne *m & f* caribeño, ña.

caribou *m* caribú (renne).

caricatural, e *adj* caricaturesco, ca; caricatural (p us).

caricature *f* caricatura.

caricaturer [3] *v tr* caricaturizar, caricaturar (p us).

caricaturiste *m & f* caricaturista.

carie [kari] *f* caries (des dents) ∥ BOT tizón *m*, caries (des plantes).

carié, e *adj* cariado, da.

carier [9] *v tr* cariar.

◆ **se carier** *v pr* cariarse.

carillon [karijɔ̃] *m* carillón (ensemble de cloches) ▌ reloj de pared con carillón (horloge) ▌campanilleo (sonnerie) ▌ FIG & FAM jaleo, guirigay (tapage) ▌ carillon électrique carillón eléctrico.

carillonné, e [karijɔne] *adj* sonado, da; fête carillonnée fiesta muy sonada.

carillonnement [karijɔnmɑ̃] *m* repique, repiqueteo.

carillonner [3] *v intr* repicar, repiquetear (les cloches) ▌ FIG campanillear (à une porte) ▌alborotar (faire du tapage).
◇ *v tr* dar; l'horloge carillonne les heures el reloj da las horas ▌FIG pregonar (une nouvelle) ▌FAM echar un rapapolvo a (semoncer).

carillonneur *m* campanero.

Carinthie *n pr f* GÉOGR la Carinthie Carintia.

carioca [karjɔka] *adj* carioca.
◆ **Carioca** *m & f* carioca.

cariste *m* conductor de carro elevador.

caritatif, ive *adj* benéfico, ca; association caritative asociación benéfica.

carlin *m* doguillo (chien).

carline *f* carlina, ajonjera (sorte de chardon).

carlingue *f* AVIAT carlinga ▌MAR contraquilla, sobrequilla.

carlisme *m* HIST carlismo.

carliste *adj & s* HIST carlista.

carmagnole *f* carmañola.

carme *m* carmelita (religieux) ▌ carmes déchaussés ou déchaux carmelitas descalzos.

Carmel *n pr m* (mont) le Carmel el Carmelo ▌(ordre religieux) le Carmel el Carmen.

carmeline *adj & s f* carmelina (laine).

carmélite *f* carmelita.

carmin *m* carmín (couleur).
◇ *adj inv* de color carmín.

carminatif, ive *adj & s m* MÉD carminativo, va.

carminé, e *adj* carmíneo, a; laque carminée laca carmínea ▌ carminoso, sa (tirant sur le carmin).

Carnac ► **Karnak**.

carnage *m* carnicería *f*, matanza *f*.
▌ SYN massacre matanza; boucherie carnicería; tuerie degollina; hécatombe hecatombe.

carnassier, ère *adj & s* carnicero, ra; le loup est carnassier el lobo es carnicero ▌carnívoro, ra; le chat est un carnassier el gato es un carnívoro.
◆ **carnassiers** *m pl* ZOOL carniceros.
◆ **carnassière** *f* morral *m* (de chasseur).
▌ OBSERV Carnassier se usa sólo para los animales.

carnation *f* encarnación.

carnaval *m* carnaval ▌FIG adefesio (personne ridicule).
▌ OBSERV pl carnavals.

carnavalesque *adj* carnavalesco, ca.

Carnavalet *n pr* le musée de Carnavalet museo histórico de la ciudad de París.
▌ LE MUSÉE CARNAVALET ————
▌ Situado en el barrio parisino del Marais, este

museo retraza la historia de París por medio de pinturas, documentos y objetos, muchos de los cuales se exponen en escenarios reconstituidos.

carne [karn] *f* TECHN esquina, ángulo *m* (d'une pierre, d'un meuble) ▌FAM piltrafa, carnaza (mauvaise viande) ▌FAM (vx) penco *m*, jamelgo *m*, matalón *m* (mauvais cheval).

carné, e *adj* encarnado, da (couleur) ▌a base de carne (nourriture).

carneau *m* TECHN conducto de humos.

carnèle; carnelle *f* grafila, gráfila.

carnet *m* libreta *f* de apuntes ▌ carnet à souches talonario ▌carnet d'adresses agenda de direcciones ▌carnet de chèques talonario de cheques ▌carnet de commandes cartera de pedidos ▌carnet de rendez-vous agenda de entrevistas ▌carnet de tickets de métro taco de billetes de metro.

carnier *m* morral (carnassière).

carnivore *adj & s* carnívoro, ra (qui se nourrit de viande); l'homme est carnivore, mais pas carnassier el hombre es carnívoro, pero no carnicero.
▌ OBSERV La palabra carnivore se emplea tanto para las personas como para los animales.

Caroline *n pr* Carolina.

Caroline du Nord [karolin] *n pr f* GÉOGR (la) Caroline du Nord Carolina del Norte.

Caroline du Sud [karolin] *n pr f* GÉOGR (la) Caroline du Sud Carolina del Sur.

Carolines [karolin] *n pr f pl* GÉOGR les (îles) Carolines las (islas) Carolinas.

carolingien, enne [karɔlɛ̃ʒjɛ̃, ɛn] *adj* carolingio, gia.

Caron ► **Charon**.

caronade *f* carronada (ancien canon).

caroncule *f* carúncula; caroncule lacrymale carúncula lagrimal.

carotène *m* caroteno.

carotide *adj f & s f* ANAT carótida.

carottage *m* FAM engaño, timo (tromperie), sisa *f* (vol) ▌TECHN extracción *f* de un testigo (mines).

carotte *f* zanahoria (plante et racine) ▌andullo *m* (tabac roulé pour chiquer) ▌ enseña en forma de puro y de color rojo en los estancos en Francia (des bureaux de tabac) ▌FAM engaño *m*, timo *m* (tromperie) ▌TECHN testigo *m*, muestra de perforación (échantillon) ▌FIG la carotte ou le bâton la zanahoria y el palo ▌FIG & FAM tirer une carotte à quelqu'un pegársela a uno, timar a uno.

carotter [3] *v tr* FAM engañar (tromper) ▌estafar, sisar (escroquer).

carotteur, euse; carottier, ère *adj* FAM estafador, ra (escroc) ▌ tramposo, sa (trompeur).

carottier *m* TECHN aparato ou herramienta *f* para sacar muestras del terreno.

caroube; carouge *f* BOT algarroba.

caroubier *m* BOT algarrobo.

carouge ► **caroube**.

carpaccio *m* CULIN carne *f* cruda servida en lonjas finísimas.

Carpates *n pr f pl* GÉOGR les Carpates los Cárpatos.

carpe *f* carpa (poisson) ▌ FAM muet comme une carpe más callado que un muerto ▌saut de carpe salto de la carpa ▌s'ennuyer comme une carpe aburrirse como una ostra.
◇ *m* ANAT carpo (poignet).

carpé, e *adj* en carpa; saut carpé salto en carpa (natation).

carpelle *m* BOT carpelo.

carpette *f* alfombrilla (tapis).

carpien, enne *adj* ANAT carpiano, na.

carpillon *m* carpa *f* muy pequeña.

carpologie *f* carpología (étude des fruits).

carquois [karkwa] *m* carcaj, aljaba *f* ▌ FIG avoir vidé son carquois haber agotado los improperios.

carrare *m* mármol de Carrara (Italie).

carre *f* esquina (coin) ▌grosor *m* ou espesor *m* de un objeto plano (épaisseur) ▌copa (de chapeau) ▌ espalda (d'un vêtement); avoir bonne carre ser ancho de espaldas.

carré, e *adj* cuadrado, da (forme) ▌MATH cuadrado, da; vingt pieds carrés veinte pies cuadrados; racine carrée raíz cuadrada ▌ franco, ca; leal (franc) ▌ fornido, da; cuadrado, da (FIG terminante, categórico, ca; rotundo, da (réponse) ■ mètre carré metro cuadrado ▌tête carrée cabezón, ona ■ avoir les épaules carrées ser ancho de espaldas.
◆ **carré** *m* cuadrado (quadrilatère) ▌meseta *f* de escalera (escalier) ▌ póquer, póker [reunión de cuatro cartas]; carré d'as póquer de ases; carré de rois póquer de reyes ▌AGRIC bancal, tablar ▌COMM marca *f* de papel (45 x 56 cm) ▌MAR cámara *f* de oficiales ▌MATH cuadrado (d'un nombre) ▌MIL cuadro ■ carré d'agneau brazuelo de cordero ▌carré d'eau alberca *f* ▌ carré de soie pañuelo de seda cuadrado ▌grand carré marca de papel (56 x 90 cm) ■ MATH élever un nombre au carré elevar un número al cuadrado.
◆ **carrée** *f* MUS cuadrada, breve ▌FAM habitación (chambre), casa (maison).

Carré [kare] *n pr* maladie de Carré moquillo; virus de Carré virus del moquillo.

carreau [karo] *m* baldosa *f*, ladrillo (pour pavage) ▌cristal de una ventana (fenêtre) ▌cuadro (de jardin) ▌BLAS escaque ▌diamante, "carreau" (jeu de cartes) ▌era *f* (d'une mine) ▌TECHN lima *f* rectangular de cerrajero (lime) ▌cojín cuadrado (coussin) ▌plancha *f* de sastre (fer à repasser) ▌cuadro; tissu à carreaux tela de cuadros ▌cuadrillo (d'arbalète) ■ carreau de faïence azulejo ▌le carreau des Halles puesto del mercado central de París ▌POÉT les carreaux de Jupiter los rayos de Júpiter ■ FIG & FAM demeurer sur le carreau quedar en el sitio (mal en point), quedar en la estacada (échouer) ▌FAM se tenir à carreau tener mucho cuidado.

carrefour [karfur] *m* [▷ SYN] encrucijada *f* ▌FIG punto de confrontación, plataforma *f*, tribuna *f*.
▌ SYN rond-point glorieta; croisée cruce; croisement cruzamiento; bifurcation bifurcación; patte-d'oie encrucijada.

carrelage [karlaʒ] *m* embaldosado, enlosado, enladrillado, solado.

carreler [24] *v tr* embaldosar, enlosar, enladrillar, solar.

carrelet [kaʁlɛ] *m* red cuadrada (filet) ▌ platija, acedía (poisson) ▌ aguja de enjalmar (grosse aiguille) ▌ cuadrado *m* (règle).

carreleur *m* embaldosador, enladrillador, solador.

carrément *adv* en ángulo recto, a escuadra ▌ FIG francamente, a escuadra ▌ parler carrément hablar francamente ▌ FIG decididamente, resueltamente (sans hésitation) ▌ y aller carrément lanzarse resueltamente.

carrer [3] *v tr* cuadrar ▌ GÉOM cuadrar ▌ MATH elevar al cuadrado.

➤ **se carrer** *v pr* arrellanarse; se carrer dans un fauteuil arrellanarse en un sillón.

carrier *m* cantero.

carrière *f* carrera (profession) ▌ cantera (de pierre) ▌ (vx) hipódromo *m* (des Romains) ▌ (vx) curso *m* de la vida ▌ la carrière la carrera diplomática ▌ militaire de carrière militar de carrera ■ faire carrière dans hacer carrera en ▌ donner carrière dar libre curso ou rienda suelta.

carriérisme *m* PÉJ arribismo.

carriériste *m & f* PÉJ arribista.

carriole *f* carreta (charrette) ▌ carricoche *m* (mauvaise voiture).

carrossable *adj* abierto al tránsito rodado, transitable.

carrossage *m* inclinación *f* de las ruedas sobre el eje ▌ carrozado (d'une auto).

carrosse *m* carroza *f* (voiture) ▌ rouler carrosse gastar coche, ser rico.

carrosser [3] *v tr* poner carrocería, carrozar.

carrosserie *f* carrocería; atelier de carrosserie taller de carrocería.

carrossier *m* carrocero.

carrousel *m* carrusel.

carroyage [kaʁwajaʒ] *m* cuadriculación *f*.

carroyer [13] [kaʁwaje] *v tr* cuadricular.

carrure *f* anchura de espaldas, de hombros ou de pecho.

carry *m* curry.

cartable *m* cartera *f* (d'écolier) ▌ cartapacio para dibujo (carton à dessin).

cartayer [11] [kaʁtɛje] *v intr* evitar las roderas.

carte *f* cartulina (carton mince) ▌ carta, naipe *m* (pour jouer) ▌ tarjeta (document) ▌ carta, lista de platos (restaurant) ▌ mapa (géographie), carta (marine) ■ INFORM carte à circuit imprimé tarjeta de circuito impreso ▌ carte graphique tarjeta gráfica; carte à mémoire tarjeta de memoria ou inteligente ▌ carte à puce tarjeta con chip, tarjeta con pastilla ▌ carte mère placa madre ▌ carte perforée ficha perforada ▌ Carte Bleue® tarjeta de crédito francesa ▌ carte d'adhérent tarjeta de socio ▌ carte de crédit tarjeta de crédito ▌ carte de famille nombreuse cartilla de familia numerosa ▌ carte de Noël christmas, postal navideña, tarjeta navideña (de vœux) ▌ carte de rationnement cartilla de racionamiento ▌ carte de séjour permiso de residencia ▌ carte d'état-major carta de estado mayor ▌ carte de travail permiso de trabajo ▌ carte de visite tarjeta de visita ▌ carte d'identité carnet de identidad, documento nacional de identidad ▌ carte grise título de propiedad de un automóvil ▌ carte orange bono de transporte mensual en París ▌ carte postale tarjeta postal, postal ▌ carte scolaire tarjeta escolar ▌ carte vermeil tarjeta de reducción en los trenes franceses para los mayores de 60 años ▌ jeu de cartes baraja ▌ la carte des vins la carta de vinos ▌ le dessous des cartes lo que se guarda secreto ▌ le jeu de la carte el carteo ■ abattre ses cartes descubrir el juego, mostrar sus cartas ▌ battre les cartes barajar ▌ brouiller les cartes embrollar un asunto ▌ donner carte blanche dar carta blanca ▌ faire les cartes dar las cartas ▌ filer ses cartes brujulear ▌ jouer aux cartes jugar a las cartas ▌ jouer cartes sur table poner las cartas boca arriba ▌ jouer sa dernière carte jugarse la última carta ▌ tirer les cartes echar las cartas.

▌▌ **CARTE DE SÉJOUR** —————
Los extranjeros residentes en Francia deben ser titulares de un documento de identidad expedido por la "préfecture" de la que dependen.

cartel *m* cartel (défi) ▌ tregua *f* (trève) ▌ cártel (accord entre politiciens, industriels, etc.) ▌ reloj de pared (pendule murale) ▌ caja *f* de un reloj de pared ▌ BLAS cartel.

carte-lettre *f* billete *m* postal.
▌ OBSERV pl cartes-lettres.

cartellisation *f* cartelización, agrupación en cártel.

carter [kaʁtɛʁ] *m* cárter (mécanique) ▌ cubrecadena (bicyclette).

carte-réponse *f* cupón *m* (de respuesta).
▌ OBSERV pl cartes-réponses.

cartésianisme *m* cartesianismo.

cartésien, enne *adj & s* cartesiano, na.

Carthage *n pr* GÉOGR Cartago.

Carthagène *n pr* GÉOGR Cartagena.

carthaginois, e *adj* cartaginés, esa.

Carthaginois, e *m & f* cartaginés, esa.

cartier *m* fabricante de naipes.

cartilage [kaʁtilaʒ] *m* ANAT cartílago.

cartilagineux, euse *adj* cartilaginoso, sa.

cartisane *f* cartulina (lame de parchemin).

cartographe *m* cartógrafo.

cartographie *f* cartografía.

cartographique *adj* cartográfico, ca.

cartomancie *f* cartomancia.

cartomancien, enne *m & f* cartomántico, ca.

carton *m* cartón; carton bitume cartón embreado; carton-pierre, carton-pâte cartón piedra ▌ cartapacio de dibujo (dessin) ▌ caja *f* de cartón (boîte) ▌ cartón (peinture) ▌ mapa pequeño (carte) ▌ blanco (cible); faire un carton tirar al blanco ▌ FAM goleada *f* (sports) ▌ IMPR encarte ▌ carton à chapeau sombrerera ▌ SPORTS carton jaune tarjeta amarilla ▌ carton rouge tarjeta roja.

cartonnage *m* cartonaje (de carton) ▌ encartonado, encuadernación *f* de cartón (livre).

cartonné, e *adj* de cartón ▌ en cartoné (livre).

cartonner [3] *v tr* encartonar ▌ livre cartonné libro en cartoné.

cartonnerie *f* cartonería.

cartonneux, euse *adj* acartonado, da.

cartonnier, ère *adj & s* cartonero, ra.
➤ **cartonnier** *m* clasificador (classeur).

carton-pâte *m* cartón piedra; de ou en carton-pâte de cartón piedra.
▌ OBSERV pl cartons-pâtes.

cartoon [kaʁtun] *m* dibujos *pl* animados.

cartophile; cartophiliste *m & f* coleccionista de postales.

cartophilie *f* afición del coleccionista de postales.

cartophiliste ➤ cartophile.

cartouche *f* cartón *m* (de cigarettes) ▌ recambio *m*, carga (de stylo, de briquet, etc.) ▌ MIL cartucho *m*; cartouche à blanc cartucho de fogueo.
◇ *m* ARCHIT tarjeta *f*.

cartoucherie *f* fábrica de cartuchos.

cartouchière *f* canana (des chasseurs) ▌ MIL cartuchera.

cartulaire *m* HIST cartulario.

carvi *m* BOT alcaravea *f*.

cary *m* curry.

caryatide *f* cariátide.

caryocinèse *f* BIOL cariocinesis.

caryophillacées *f pl* BOT cariofiláceas.

caryopse *m* BOT cariópside *f* (grain).

caryotype *m* BIOL cariotipo.

cas [ka] *m* caso (circonstance) ▌ lance (événement) ▌ GRAMM caso ▌ MÉD caso; un cas de méningite un caso de meningitis ■ cas de conscience caso de conciencia ▌ cas de force majeure caso de fuerza mayor ▌ cas limite caso límite ▌ cas social caso social ■ au cas ou dans le cas où en caso (de) que, por si acaso ▌ FAM au cas où por si las moscas, por si acaso ▌ dans ce cas en este caso ▌ en aucun cas en ningún caso ▌ en cas de en caso de ▌ en cas de besoin en caso de necesidad ▌ en cas d'urgence en caso de emergencia ▌ en ce cas en tal caso ▌ en tout cas de todos modos, en todo caso ■ faire cas hacer caso ▌ faire grand cas de hacer mucho caso de ▌ faire peu de cas de hacer poco caso de ▌ le cas échéant si llega el caso, llegado el caso, en caso de necesidad.
▌▌ SYN circonstance circunstancia; conjoncture coyuntura; occasion ocasión; occurrence ocurrencia.

Casablanca *n pr* GÉOGR Casablanca.

casanier, ère *adj & s* casero, ra; hogareño, ña.

casaque *f* casaca (vêtement) ▌ tourner casaque cambiarse de chaqueta, volver casaca, chaquetear.

casaquin *m* casaquilla *f*.

casbah [kazba] *f* alcazaba (citadelle mauresque).

cascade *f* cascada.

cascader [3] *v intr* caer en cascada (tomber) ▌ POP (vx) llevar vida de calavera.

cascadeur, euse *adj & s* acróbata (cirque) ▌ doble especial (cinéma) ▌ FAM calavera.

cascatelle *f* cascadita.

case *f* choza, cabaña; la case de l'oncle Tom la cabaña del tío Tom ▌ bohío *m* (aux Antilles) ▌ escaque *m*, casilla (de l'échiquier) ▌ casilla (du papier quadrillé, d'un tableau) **|** compartimiento m (d'un placard, d'une armoire).

caséation ➤ caséification.

caséeux, euse adj caseoso, sa.

caséification; caséation f caseificación.

caséine f CHIM caseína.

casemate [kazmat] f MIL casamata (de batterie).

casemater [3] v tr MIL acasamatar, construir casamatas en.

caser [3] v tr colocar; **caser les marchandises** colocar mercancías; **caser un employé** colocar a un empleado **|** FAM **se caser** encontrar una colocación (situation), conseguir casarse (mariage).

caserette f encella.

caserne f cuartel m **|** FIG caserón m (vaste bâtisse).

casernement m acuartelamiento **|** cuartel (bâtiments).

caserner [3] v tr acuartelar.
◇ v intr estar acuartelado.

cash [kaʃ] adv COMM a toca teja, al contado; **toucher, payer cash** cobrar, pagar al contado.

casher ➤ kasher.

casier m casillero **|** MAR nasa f (por crustacés) **■ casier à bouteilles** botellero **| casier judiciaire** registro central de penados y rebeldes (lieu), registro de antecedentes penales (bulletin).

casimir m casimir (tissu).

Casimir n pr Casimiro.

casing [keziŋ] m TECHN entubado.

casino m casino.

> OBSERV Le sens le plus courant de **casino** en espagnol est celui de **club** ou **cercle** dans une petite ville de province.

casoar [kazɔar] m casuario **|** FIG penacho de plumas de casuario [que adorna el quepis de los cadetes de la Academia militar de Saint-Cyr].

caspien, enne adj caspio, pia.

Caspienne n pr GÉOGR **la (mer) Caspienne** el (mar) Caspio.

casque m casco; **casque de protection** casco de protección **| casques bleus** cascos azules.

casqué, e adj con casco; **statue casquée** estatua con casco.

casquer [3] v intr FAM soltar la mosca, apoquinar, cascar (payer) **|** pagar (être puni).

casquette f gorra.

casquettier, ère [kaskɛtje, ɛr] adj & s gorrero, ra.

cassable adj quebradizo, za; rompible **|** DR anulable.

cassage m rompimiento (action) **|** rotura f (brisure) **|** TECHN trituración f (minerais, etc.).

Cassandre n pr MYTH Casandra.

cassant, e adj quebradizo, za (fragile) **|** FIG tajante, áspero, ra; **ton cassant** tono áspero.

cassation f casación **|** MIL degradación **|** DR **cour de cassation** Tribunal Supremo **| recours en cassation** recurso de casación **| se pourvoir en cassation** recurrir ou apelar ante el tribunal de casación.

casse f rotura (action et effet de casser) **|** destrozo m (dommages); **il y a eu de la casse** hubo destrozos **|** lo roto (ce qui est cassé); **payer la casse** pagar lo roto **|** reposadero f (fonderie) **|** copela (coupelle) **|** cazo m (des vitriers) **|** caldero m (de savonnerie) **|** casia (légumineuse) **|** BOT cañafístula **|** IMPR caja; **bas de casse** caja baja; **haut de casse** caja alta **|** desguace m (de véhicules); **mettre à la casse** dar al desguace.
◇ m ARG robo con efracción (cambriolage).

cassé, e adj roto, ta; quebrado, da (brisé) **|** achacoso, sa (vieillard) **|** cascado, da (voix) **|** DR casado, da (annulé).

cassé m grado de cochura del azúcar, que lo vuelve quebradizo en el agua fría.

casseau [kaso] m IMPR cajón (division de la casse) **|** viñetero (casse pour lettres d'ornement).

casse-cœur [kaskœr] m inv FAM tenorio, Don Juan.

casse-cou m inv resbaladero (chemin dangereux) **|** FAM persona f muy temeraria, suicida **|** **crier casse-cou à quelqu'un** advertir a alguien del peligro que corre.

casse-croûte m inv FAM refrigerio, tentempié.

casse-fonte m inv rompedora f de arrabio.

cassement m quebrantamiento **|** cansancio (fatigue) **| cassement de tête** quebradero de cabeza.

casse-noisettes; casse-noix m inv cascanueces, partenueces.

casse-pattes m inv FAM (vieilli) aguardiente muy fuerte (eau-de-vie).

casse-pieds m & adj inv FAM pesado, follón, pelmazo.

casse-pierres m inv BOT quebrantapiedras f, saxífraga f **|** TECHN almádena f (marteau).

casse-pipes m inv tiro al blanco **|** FAM guerra f.

casser [3] v tr romper; **casser une chaise** romper una silla **|** partir; **il cassait du bois** partía leña **|** quebrar (briser) **|** cascar, quebrantar (affaiblir) **|** dejar cesante (un employé) **|** DR casar, anular **|** MIL degradar, deponer (un officier) **■ casser bras et jambes** desanimar, dejar desmadejado ou sin fuerzas **|** FAM **casser du sucre sur quelqu'un** cortar un traje a uno **| casser la croûte** tomar un bocado **| casser les oreilles ou la tête** poner la cabeza bomba **| casser les pieds** dar la lata, dar el tostón ou el follón **| casser les prix** reventar ou romper los precios **|** FAM **casser sa pipe** estirar la pata (mourir) **|** FAM **à tout casser** a lo más (tout au plus), de mil demonios (formidable) **| ne rien casser** no ser nada del otro mundo, no valer nada **|** FIG **qui casse les verres les paie** quien rompe paga.
◇ v intr romperse.
➤ **se casser** v pr romperse, quebrarse (se briser) **|** cascarse, debilitarse (s'affaiblir) **|** FAM pirárselas (s'en aller) **■** FAM **ne pas se casser, ne pas se casser la nénette** no calentarse los cascos **|** FIG **se casser en deux** hacer zalemas ou mil reverencias **| se casser la tête** romperse los cascos **| se casser le nez** romperse las narices **| se casser net** romperse limpiamente.

casserole [kasrɔl] f cacerola, cazo m (en métal) **|** cazuela (en terre) **|** proyector m (théâtre) **|** cacharro m (mauvais instrument) **■** FAM **passer à la casserole** pasar un mal trago (situation pénible), ser follada (acte sexuel) **|** FAM **passer quelqu'un à la casserole** liquidar a alguien, dar el paseo (tuer).

casserolée f cacerola **|** cazolada.

casse-tête m inv rompecabezas (arme) **|** rompecabezas, quebradero de cabeza (difficulté).

cassetin m IMPR cajetín.

cassette f cofrecito m (coffret) **|** joyero m (à bijoux) **|** tesoro m particular (d'un roi) **|** TECHN casete m ou f, cassette m ou f; **cassette audionumérique** casete audionumérica **| payer de sa cassette** pagar de su bolsillo.

casseur, euse m & f rompedor, ra (celui qui casse) **|** persona que tiene las manos de trapo (maladroit) **|** chatarrero, ra (de vieux objets) **|** FAM camorrista (bagarreur) **|** ARG ladrón **■ casseur d'assiettes** alborotador, pendenciero **| casseur de pierres** picapedrero.

cassie [kasi] f; **cassier** m casia (arbre).

Cassin n pr m **le mont Cassin** (la colina de) Montecassino.

Cassiopée f ASTRON Casiopea.

cassis [kasis] m BOT grosellero negro (arbre) **|** grosella f negra (fruit) **|** casis (liqueur).

cassis [kasis] m badén (routes).

cassitérite f MIN casiterita.

Cassius [kasjys] n pr Casio.

cassolette f pebetero m, perfumador m.

casson m azúcar de quebrados.

cassonade f azúcar m terciado, semirrefinado [(Amér) chancaca, panela].

cassoulet m especie de fabada f (de Toulouse).

cassure f rotura **|** fractura (d'un os) **|** FIG ruptura.

castagnettes f pl castañuelas, palillos m pl.

caste f casta.

castillan, e [kastijã, an] adj castellano, na.
➤ **castillan** m LING castellano.

Castillan, e m & f castellano, na.

Castille n pr GÉOGR **la Castille** Castilla.

Castille-la Manche n pr f GÉOGR Castilla-la Mancha.

Castille-León n pr f GÉOGR Castilla y León.

castine f castina (fondant).

casting [kastiŋ] m CINÉM reparto **|** casting (sélection) **|** THÉÂTR audición f; **aller à un casting** presentarse a un casting, a una audición.

Castor n pr ASTRON Cástor.

Castor et Pollux n pr MYTH Cástor y Pólux.

castoréum [kastɔreɔm] m castóreo (substance).

castorine f castorina (étoffe).

castrat [kastra] m castrado.

castrateur, trice m & f castrador, ra.

castration f castración.

castrer [3] v tr castrar.

castrisme m castrismo (de Fidel Castro).

castriste *adj* & *s* castrista.

casualisme [kazɥalism] *m* casualismo.

casuel, elle *adj* casual (fortuit).
➤ **casuel** *m* provecho eventual ‖ pie de altar (d'un curé).

casuiste *m* casuista.

casuistique *f* casuística.

casus belli *m inv* casus belli.

catabolisme *m* BIOL catabolismo.

catachrèse [katakrɛz] *f* catacresis (extension du sens d'un mot).

cataclysmal, e; cataclysmique *adj* catastrófico, ca, desastroso, sa ‖ des tremblements de terre cataclysmaux terremotos de dimensiones catastróficas.

cataclysme *m* cataclismo.

cataclysmique ➤ **cataclysmal**.

catacombes *f pl* catacumbas.

catadioptre; Cataphote® *m* catafaro, catafoto.

catadioptrique *adj* & *s f* catadióptrico, ca.

catafalque *m* catafalco.

cataire [katɛr] *f* BOT nébeda.

catalan, e *adj* & *s* catalán, ana ‖ à la catalane a la catalana.
➤ **catalan** *m* LING catalán.

Catalan, e *m* & *f* catalán, ana.

catalanisme *m* catalanismo.

catalaniste *adj* & *s* catalanista.

catalauniques *adj m pl* cataláunicos.

catalectique *adj* cataléctico, ca (vers).

catalepsie *f* MÉD catalepsia.

cataleptique *adj* & *s* cataléptico, ca.

Catalogne *n pr f* GÉOGR la Catalogne Cataluña.

catalogue *m* catálogo.

cataloguer [3] *v tr* catalogar.

catalpa *m* catalpa *f* (arbre).

catalyse *f* catálisis.

catalyser [3] *v tr* CHIM catalizar.

catalyseur *adj* & *s m* catalizador, ra.

catalytique *adj* catalítico, ca ‖ AUTOM pot catalytique tubo de escape catalítico.

catamaran *m* MAR mosquito (bateau).

Catane *n pr* GÉOGR Catania.

Cataphote® ➤ **catadioptre**.

cataplasme *m* MÉD cataplasma *f*.

catapultage *m* lanzamiento de un avión con catapulta.

catapulte *f* catapulta (arme) ‖ AVIAT catapulta.

catapulter [3] *v tr* catapultar.

cataracte *f* catarata (cascade) ‖ MÉD catarata (de l'œil); opérer quelqu'un de la cataracte operar a alguien de las cataratas *pl*.

catarrhal, e *adj* MÉD catarral.

catarrhe *m* MÉD catarro.
  OBSERV Catarrhe désigne surtout en français une grosse inflammation, souvent chronique; catarro, en espagnol, s'applique à tout gros rhume de poitrine.

catarrheux, euse *adj* & *s* catarroso, sa.
  OBSERV L'espagnol acatarrado signifie "enrhumé".

catastrophe *f* catástrofe ‖ atterrir en catastrophe efectuar un aterrizaje de emergencia ‖ partir en catastrophe salir corriendo.
  SYN calamité calamidad; fléau azote; désastre desastre; cataclysme cataclismo.

catastrophé, e *adj* desalentado, da; abatido, da; hecho, cha, polvo.

catastropher [3] *v tr* FAM dejar sin resuello (étonner) ‖ hacer polvo (abattre).

catastrophique *adj* catastrófico, ca.

catch *m* catch (sport).

catcher [3] *v intr* SPORTS practicar el catch.

catcheur *m* luchador de catch.

catéchèse [katefɛz] *f* catequesis, catequismo *m*.

catéchisation [katefizasjɔ̃] *f* catequización.

catéchiser [3] [katefize] *v tr* catequizar.

catéchisme [katefism] *m* catecismo.

catéchiste [katefist] *m* & *f* catequista.

catéchistique [katefistik] *adj* catequístico, ca.

catéchuménat [katekymena] *m* catecumenado.

catéchumène [katekymɛn] *m* & *f* catecúmeno, na.

catégorématique *adj* PHILOS categoremático, ca (qui a une signification par lui-même).

catégorème *m* PHILOS categorema.

catégorie *f* categoría; morceaux de première, deuxième catégorie trozos de primera, segunda categoría (boucherie) ‖ modalidad.

catégoriel, elle *adj* categorial.

catégorique *adj* categórico, ca ‖ tajante; sa réponse a été catégorique su respuesta ha sido tajante.
  SYN clair claro; net limpio; précis preciso; explicite explícito.

catégoriquement *adv* categóricamente.

catégorisation *f* categorización.

catégoriser [3] *v tr* categorizar.

caténaire *adj* & *s f* catenario, ria ‖ suspension caténaire suspensión catenaria (chemin de fer).

catgut [katgyt] *m* MÉD catgut (corde en boyau).

cathare *adj* & *s* cátaro, ra.

catharsis *f* catarsis.

catharte [katart] *m* aura *f*, zamuro (vautour).

cathartique *adj* catártico, ca.

cathédrale *f* catedral.
  ◇ *adj* TECHN verre cathédrale vidrio de superficie granitada.

Catherine *n pr* Catalina ‖ coiffer sainte Catherine quedarse para vestir santos ‖ sainte Catherine santa Catalina.

catherinette *f* FAM soltera que celebra el día de santa Catalina el año en que cumple los veinticinco años.

cathéter [kateter] *m* MÉD catéter (sonde).

cathétérisme *m* MÉD cateterismo (sondage).

cathétomètre *m* PHYS catetómetro.

cathode *f* PHYS cátodo *m*.

cathodique *adj* PHYS catódico, ca ‖ écran cathodique pantalla catódica ‖ rayons catho-diques rayos catódicos ‖ tube cathodique tubo catódico.

catholicisme *m* catolicismo.

catholicité *f* catolicidad.

catholique *adj* & *s* católico, ca ‖ FAM regular, católico, ca (régulier) ‖ FIG pas très catholique no muy católico.

catholiquement *adv* católicamente.

cati *m* engomado, lustre (lustre), apresto (apprêt).

catimini
➤ **en catimini** *loc adv* FAM a escondidas, a hurtadillas (en cachette) ‖ de callado, callandito, a la chita callando (discrètement).

catin *f* FAM ramera, buscona.

cation [katjɔ̃] *m* PHYS catión (ion positif).

catir [32] *v tr* TECHN aprestar, lustrar (lustrer).

catissage *m* engomado (d'une étoffe), apresto (apprêt).

catogan; cadogan *m* coleta *f* (coiffure) ‖ cinta *f* [de pelo] (ruban).

Caton *n pr* Catón.

catoptrique *f* PHYS catóptrica.

cattleya *m* catleya *f* (orchidacée d'Amérique).

Catulle *n pr* Catulo.

Caucase *n pr m* GÉOGR le Caucase el Cáucaso.

caucasien, enne; caucasique *adj* caucásico, ca.
➤ **caucasien** *m* LING caucásico.

Caucasien, enne *m* & *f* caucasino, na, caucasiano, na.

cauchemar [kofmar] *m* pesadilla *f*.

cauchemardeux, euse [kofmardø, øz]; **cauchemardesque** [kofmardɛsk] *adj* FAM de pesadilla.

cauchois, e *adj* de la comarca de Caux.

Cauchois, e *m* & *f* natural ou habitante de la comarca de Caux.

caudal, e *adj* caudal (de la queue).
  OBSERV Ne pas confondre avec le substantif espagnol caudal qui signifie capital, fortune.

caudataire *m* caudatario.

caudines *adj f pl* caudinas.

Caudines [kodin] *n pr f pl* GÉOGR les fourches Caudines las horcas caudinas ‖ FIG passer sous les fourches Caudines pasar bajo las horcas caudinas.

caulescent, e [kolesɑ̃, ɑ̃t] *adj* BOT caulescente.

cauris *m* cauri.

causal, e *adj* causal.

causalité *f* PHILOS causalidad.

causant, e *adj* causante (qui est cause de) ‖ FAM hablador, ra (bavard) ‖ être peu causant ser poco hablador ou de pocas palabras.

cause *f* [▷ SYN] causa (principe, motif) ‖ causa; une causa juste una causa justa ‖ motivo *m*, razón ‖ DR causa ■ à cause de a causa de, con motivo de ‖ cause d'erreur causa de error ‖ en connaissance de cause sabiendo lo que se hace ‖ en désespoir de cause como último recurso ou última esperanza ‖ en tout état de cause de todas formas ‖ et pour cause y con razón, con su cuenta y razón ‖ pour cause de décès por defunción ‖ pour la bonne cause por motivo serio ■ **épouser la cause de quelqu'un** tomar el partido de alguien ▮ **être cause de** ser causa de ▮ **être en cause** ser el motivo de una discusión, el objeto de un debate, tratarse de; **c'est lui qui est en cause** se trata de él; **estar en juego, jugarse; ce qui est en cause, c'est l'avenir du régime** lo que está en juego es el porvenir del régimen; **estar en tela de juicio** (être douteux) ▮ **faire cause commune avec quelqu'un** hacer causa común con alguien ▮ **mettre en cause** acusar ▮ **mettre hors de cause** poner fuera de causa, dejar de lado ▮ **prendre fait et cause pour** tomar la defensa de.

▮ SYN mobile móvil; motif motivo; raison razón; prétexte pretexto; le pourquoi el porqué.

causer [3] *v tr* causar (être cause).
◇ *v intr* conversar, hablar [(*Amér*) platicar] ▮ **causer de choses et d'autres** hablar de todo un poco.
▮ OBSERV Es barbarismo decir causer à quelqu'un en vez de causer avec quelqu'un. Causer puede traducirse por hablar, pero siempre en el sentido de conversar.

causerie [kozri] *f* charla.

causette *f* charla, palique *m* ▮ FAM **faire la causette avec quelqu'un** charlotear con alguien ▮ **faire un brin de causette** echar un rato de palique.

causeur, euse *adj & s* conversador, ra; **c'est un fin causeur** es un ameno conversador.
➡ **causeuse** *f* confidente *m* (petit canapé).

causse *m* meseta *f* calcárea.

causticité *f* causticidad.

caustique *adj & s m* cáustico, ca.

cautèle *f* (p us) cautela (prudence, ruse).

cauteleux, euse [kotlø, øz] *adj* cauteloso, sa.

cautère *m* cauterio ▮ FAM **c'est un cautère sur une jambe de bois** es la carabina de Ambrosio.

cautérisation *f* cauterización.

cautériser [3] *v tr* MÉD cauterizar.

caution [kosjɔ̃] *f* fianza, caución (garantie); **déposer une caution** dar una fianza, prestar fianza ▮ fiador *m* (répondant) ▮ FIG garantía ■ **apporter sa caution** dar su aval ▮ **être ou se porter caution** de ser fiador de ▮ **être sujet à caution** ser poco seguro, deber ponerse en tela de juicio ou en duda.
▮ OBSERV Fianza et caución sont synonymes, mais caución appartient surtout au langage judiciaire.
▮ CAUTION _____
En Francia, el futuro inquilino debe pagar una cantidad de dinero (equivalente a dos meses de alquiler), reembolsable al final del arrendamiento si el local se encuentra en buen estado. La "caution solidaire" es un documento firmado por un tercero que se compromete a pagar el alquiler si el inquilino no lo hace. El término "caution parentale" se utiliza cuando el aval de la fianza es el padre o la madre del inquilino.

cautionnement *m* fianza *f*, afianzamiento (somme déposée) ▮ contrato de garantía.

cautionner [3] *v tr* garantizar, salir fiador de.

Cauvin ➤ **Calvin**.

Caux [ko] *n pr* GÉOGR **le pays de Caux** la comarca de Caux; **dans le pays de Caux** en la comarca de Caux.

cavaillon [kavajɔ̃] *m* AGRIC camellón.

cavalcade *f* cabalgata (défilé), cabalgada (gens à cheval).

cavalcader [3] *v intr* cabalgar.

cavalcadour *adj m & s m* caballerizo mayor.

cavale *f* POÉT yegua (jument) ▮ ARG fuga (fuite); **détenu en cavale** preso en fuga.

cavaler [3] *v intr* FAM correr (courir).
◇ *v tr* FAM aburrir, dar la lata.
➡ **se cavaler** *v pr* FAM pirárselas, huir (fuir).

cavalerie *f* caballería ▮ COMM papel *m* de colusión [letras de cambio ficticias] ■ **cavalerie de ligne, légère, lourde** caballería de línea, ligera, pesada ▮ **grosse cavalerie** cuerpo de coraceros.

cavaleur, euse *adj & s* FAM ligón, ona.

cavalier *m* jinete (homme à cheval) ▮ pareja *f* (danse), acompañante, galán (accompagnateur) ▮ caballo (échecs) ▮ caballero (ouvrage de fortification) ▮ TECHN papel de impresión de 0, 46 x 0, 62 m ▮ indicador de fichero (pour classement) ▮ grapa *f* (clou) ■ **cavalier ou chevalier servant** escudero (écuyer), galán (homme qui s'occupe d'une dame) ▮ **cavalier seul** solo (danse) ▮ FIG **faire cavalier seul** hacer rancho aparte, estar aislado.

cavalier, ère *adj* desenvuelto, ta (dégagé); **un air cavalier** un ademán desenvuelto ▮ brusco, ca; altivo, va; insolente (hautain); **réponse cavalière** respuesta insolente ▮ ligero de tono, subido de tono; **propos cavaliers** palabras ligeras de tono ■ **allée ou piste cavalière** camino de herradura, camino reservado a las caballerías ▮ MATH **perspective cavalière** perspectiva caballera.

cavalière *f* amazona (femme à cheval) ▮ pareja (danse).

cavalièrement *adv* bruscamente ▮ impertinentemente.

cavatine *f* MUS cavatina.

cave *adj* chupado, da; hundido, da (creux); **des joues caves** mejillas chupadas ▮ hundido, da (yeux) ▮ cava (veine) ▮ **mois cave** mes lunar.
◇ *f* sótano *m* (sous-sol) ▮ bodega, vinoteca (pour le vin) ▮ cueva (cabaret) ▮ cuarto *m* de los trastos [en el sótano] (débarras) ▮ resto *m* (au jeu).
◇ *m* FAM lelo, primo (niais).
▮ OBSERV Bodega correspond à la fois à cellier, chai, et à cave, caveau.

caveau *m* bodega *f* pequeña (cave) ▮ panteón (sépulture) ▮ teatro de humoristas (théâtre).

caveçon *m* cabezada *f*, cabezón, serreta *f*.

caver [3] *v tr & intr* socavar (creuser) ▮ apostar (parier).
➡ **se caver** *v pr* hundirse.

caverne *f* caverna (excavation) ▮ [▷ SYN] cueva (grotte) ▮ MÉD caverna (lésion au poumon) ■ **caverne de voleurs** cueva de ladrones ▮ **l'homme des cavernes** el hombre de las cuevas.
▮ SYN grotte gruta; antre antro.

caverneux, euse *adj* cavernoso, sa.

cavernicole *adj & s* cavernícola.

cavet *m* ARCHIT caveto (moulure).

caviar *m* caviar.

caviarder [3] *v tr* IMPR ennegrecer con tinta en un impreso un párrafo prohibido por la censura ▮ suprimir parte de un texto, censurar (censurer).

cavicorne *m* ZOOL cavicornio.

caviste *m* bodeguero.

cavitaire *adj* MÉD cavernoso, sa.

cavitation *f* cavitación, formación de cavidades.

cavité *f* cavidad.
▮ SYN anfractuosité anfractuosidad; fosse hoyo, fosa; excavation excavación.

Cayenne *n pr* GÉOGR Cayena.

cayeu ➤ **caïeu**.

CB *f* (abr de citizen band, canaux banalisés) CB.
◇ (abr écrite de Carte Bleue®) ≃ 4B.

cc (abr écrite de cuillère à café) cucharadita ▮ (abr écrite de charges comprises) gastos *m pl* de comunidad incluidos.

CC (abr écrite de compte courant) c/c ▮ (abr écrite de corps consulaire) CC.

CCE (abr de Commission des communautés européennes) *f* CCE.

CCI (abr de Chambre de commerce et d'industrie) *f* Cámara de Comercio e Industria.

CCP (abr de compte-chèque postal) *m* CCP *f*.

cd (abr écrite de candela) cd.

CD (abr de Compact Disc®) *m* CD; **CD audio** CD audio; **CD vidéo** CD vídeo ▮ (abr de corps diplomatique) CD.

CDD (abr de contrat à durée déterminée) *m* contrato temporal.

CdF (abr de Charbonnages de France) *m pl* empresa pública que controla y coordina las actividades de las minas de carbón francesas.

CDI *m* (abr de Centre de documentation et d'information) biblioteca de un centro de enseñanza secundaria ▮ (abr de contrat à durée indéterminée) contrato indefinido.

CD-I (abr de Compact Disc interactif) *m* CD-I.

CD-ROM (abr de compact disc read only memory) *m* CD-ROM.

CDS (abr de Centre des démocrates sociaux) partido político francés de centro.

CDU (abr de Classification décimale universelle) *f* UDC.

CDV (abr de Compact Disc Video) *m* CDV.

ce [sə] *adj dém m*; **cet** [sɛt] *adj dém m*; **cette** [sɛt] *adj dém f*; **ces** [sɛ] *adj dém pl* este, esta, estos, estas (désigne ce qui est le plus près de la personne qui parle), ese, esa, esos, esas (désigne ce qui est le plus près de la personne à qui l'on parle), aquel, aquella, aquellos, aquellas (désigne ce qui est également éloigné des deux interlocuteurs) ■ **cette question!** ¡qué pregunta!, ¡menuda pregunta!, ¡vaya pregunta! ▮ **il vous sort de ces grossièretés** suelta cada taco o unos tacos ▮ **j'ai eu une de ces frousses** me llevé un susto ▮ **que désirent ces dames?** ¿qué desean las señoras?
▮ OBSERV 1. Se precisa a menudo la significación en francés añadiendo los adverbios ci

(aquí), là (ahí), là-bas (allá); ce livre, ce livre-ci este libro; ce livre-là ese libro; cette femme-là esa mujer; ces maisons là-bas aquellas casas.
2. Cet se emplea en lugar de ce delante de un sustantivo masculino que empieza por vocal o h muda: cet ami, cet homme.
3. Il faut distinguer este, ese, aquel, adjectifs, sans accent, de éste, ése, aquél, pronoms accentués qui correspondent en français à celui-ci, celui-là (voir celui, cela). Ese, esa peuvent aussi avoir un sens péjoratif.

ce; c' [delante de una e] *pron dém*; lo; ce que je dis lo que digo ▪ ce dont de lo que ▪ ce que (combien), lo... que; ce qu'il est bon! ¡lo bueno que es!; cuanto; vous ne pouvez imaginer ce qu'ils me fatiguent no puede imaginarse cuánto me cansan; cuán, qué; ce que c'est beau! ¡cuán hermoso es!; ce qu'il est sot! ¡qué tonto es! ▪ c'est-à-dire es decir, o sea ‖ c'est ainsi que es así como ‖ c'est alors que es entonces cuando ‖ c'est à moi, à nous de... a mí me toca..., a nosotros nos toca...; c'est à toi d'écrire a ti te toca escribir; ce n'est pas à moi de le faire no me toca hacerlo, no me corresponde hacerlo ‖ c'est à mourir de rire es cosa de morirse de risa ‖ c'est ça eso es ‖ c'est ici que es aquí donde ‖ c'est l'affaire de es cosa de ‖ c'est moi, c'est toi, c'est nous soy yo, eres tú, somos nosotros ‖ c'est pourquoi por eso ‖ c'est que es que; c'est qu'il n'a pas faim es que no tiene hambre ‖ pour ce qui est de por lo que se refiere a ‖ qu'est-ce? ¿qué es? ‖ qui est-ce? ¿quién es? ‖ sur ce en esto.

> **OBSERV 1.** Se emplea en lugar de una 3ª persona de plural expresada por un sustantivo o un pronombre: ce sont ses amis qui l'ont perdu sus amigos son quienes le han perdido; ce sont mes enfants son mis hijos.
> **2.** Innumerables veces no hay que traducir ce, c'est es: c'est le facteur es el cartero; c'est une belle ville que Paris París es una ciudad bonita.

CE *m* (abr de **Comité d'entreprise**) comité de empresa ‖ (abr de **Cours élémentaire**) CE1 ≃ 2° de EGB; CE2 ≃ 3° de EGB.
◇ *f* (abr de **Communauté européenne**) CE.

CEA (abr de **Commissariat à l'énergie atomique**) *m* organismo oficial francés para la investigación y el desarrollo de la energía atómica, ≃ JEN *f*.

céans [seã] *adv* aquí, aquí dentro; sortez de céans! ¡salga usted de aquí! ‖ le maître de céans el señor de la casa.

cébiste *m & f* usuario de CB.

CECA (abr de **Communauté européenne du charbon et de l'acier**) *f* CECA.

ceci *pr dém* esto; retenez ceci retenga esto.

cécidie *f* BOT cecidia (galle).

Cécile *n pr* Cecilia.

cécilie *f* cecilia (batracien).

cécité *f* MÉD ceguera.

cédant, e *adj & s* cedente, cesionista.

céder [18] *v tr* ceder (laisser) ‖ vender, traspasar; céder son fonds vender su comercio ‖ ser inferior, tener menos; le céder en mérite à ser inferior en mérito a, tener menos mérito que ▪ céder le pas à dejar paso a ‖ ne le céder en rien à no ir a la zaga de.
◇ *v intr* ceder ‖ [▷ SYN] someterse, rendirse.
> **SYN** capituler capitular; acquiescer consentir; se rendre rendirse; déférer deferir; se soumettre someterse; se plier plegarse, doblegarse.

CEDEX® (abr de **courrier d'entreprise à distribution exceptionnelle**) *m* correo de empresa con reparto especial.

cédille *f* cedilla, zedilla.
> **OBSERV** La cedilla (usada antes en español) se conserva en francés para dar a la c el sonido de s ante a, o, u (façade, leçon, reçu).

cédraie *f* bosque *m* de cedros.

cédrat *m* cidro (arbre) ‖ cidra *f* (fruit).

cédratier *m* BOT cidro.

cèdre *m* BOT cedro.

cédulaire *adj* celular; impôt cédulaire impuesto cedular.

cédule *f* DR convocatoria, citación ‖ cédula, reconocimiento *m* de deuda.

CEE (abr de **Communauté économique européenne**) *f* CEE.

CEG (abr de **collège d'enseignement général**) *m* antiguamente, colegio de enseñanza secundaria, en Francia.

CEGEP [seʒɛp] (abr de **collège d'enseignement général et professionnel**) *m* establecimiento de enseñanza postescolar no universitaria (au Canada).

cégésimal, e *adj* cegesimal.

cégétiste *adj & s* cegetista (de la CGT).

CEI (abr de **Communauté des États Indépendants**) *f* CEI.

ceindre [81] *v tr* ceñir; ceindre une épée, une couronne ceñir una espada, una corona ‖ rodear (entourer).

ceint, e [sɛ̃, ɛ̃t] *adj* ceñido, da.

ceinturage *m* enllantado (d'une roue) ‖ anillado (d'un obus).

ceinture [sɛtyr] *f* cintura (du corps) ‖ cinturón *m*, pretina, ceñidor *m* (bande de cuir, etc.) ‖ liguero *m* (pour le bas) ‖ cintura (de murailles) ‖ llanta, cerco *m* (de roues) ‖ línea de circunvalación (autobus) ‖ cinturón *m*; ceinture noire cinturón negro (judo) ‖ presa de cintura (lutte) ‖ anillo *m* (d'un obus) ▪ ceinture de commandement faja de general ‖ ceinture de flanelle faja ‖ ceinture de grossesse faja de embarazo ‖ ceinture de la reine chapín de la reina ‖ ceinture de sauvetage cinturón salvavidas ‖ ceinture de sécurité cinturón de seguridad ‖ ceinture de sécurité à enrouleur cinturón de seguridad retráctil ‖ ceinture verte espacios verdes en los alrededores de una ciudad, cinturón verde ‖ FAM se mettre, se serrer la ceinture apretarse el cinturón, pasar privaciones.

ceinturer [3] *v tr* ceñir ‖ rodear, cercar (entourer) ‖ hacer presa en la cintura, agarrar por la cintura (lutte).

ceinturon *m* cinto (de militaire) ‖ cinturón (ceinture) ‖ talabarte (baudrier).

cela *pron dém* eso (ce qui est le plus près de la personne à qui l'on parle) ‖ aquello (ce qui est également éloigné des deux interlocuteurs) ‖ ése, ésa (sens péjoratif); cela vous fait l'important ése se las da de importante ▪ à cela près salvo esto ‖ cela ne fait rien no importa nada ‖ c'est cela eso es [▷ ceci] ‖ où cela? ¿dónde? ‖ quand cela? ¿cuándo?
> **OBSERV** Aquello indica aussi une chose que l'on a déjà indiquée: n'oubliez pas cela no olvide eso; te souviens-tu de cela? ¿te acuerdas de aquello?

céladon *adj inv & s m* verdeceledón (couleur).
◇ *m* FAM (vx) enamorado platónico (amoureux).

Célèbes *n pr f pl* GÉOGR Célebes.

célébrant *m* celebrante.

célébration *f* celebración.

célèbre *adj* célebre.

célébrer [18] *v tr* celebrar ‖ oficiar, celebrar (messe).

celebret *m* permiso de celebrar la misa dado a un sacerdote.

célébrité *f* celebridad.

celer [25] *v tr* ocultar, encubrir, callar.

céleri *m* BOT apio ▪ céleri rémoulade raíz del apio cortada en trozos y sazonada con una salsa hecha con mostaza ‖ céleri sauvage apio caballar ‖ céleri en branches apio entero.

célérifère *m* celerífero.

céleri-rave *m* apio nabo, raíz gruesa y redonda del apio.
> **OBSERV** pl céleris-raves.

célérité *f* celeridad.

celesta *m* MUS celesta.

céleste *adj* celeste; les espaces célestes los espacios celestes ‖ celestial (du paradis); musique céleste música celestial ‖ le Céleste Empire el Celeste Imperio.

célestin *m* celestino (moine).

Célestin *n pr* Celestino.

Célestine *n pr* Celestina [nombre].
> **OBSERV** No tiene en francés el sentido español de alcahueta.

célibat [seliba] *m* soltería *f*, celibato (p us).

célibataire *adj & s* soltero, ra; célibe (p us).
> **SYN** vieux garçon solterón; vieille fille solterona.

cella [sɛlla] *f* ARCHIT cella.

celle [sɛl] *pron dém f* ► **celui**.

cellérier [selerje] *m* RELIG cillerero.

celles [sɛl] *pron dém f pl* ► **celui**.

cellier *m* bodega *f*.

Cellophane® *f* celofán *m*.

cellulaire *adj* ANAT celular; tissu cellulaire tejido celular ‖ voiture cellulaire coche celular.

cellule *f* celda (couvent, prison) ‖ celdilla (des abeilles) ‖ BIOL célula ‖ FIG célula (politique) ‖ INFORM célula, celda ‖ TECHN estructura (d'avion) ▪ cellule photoélectrique célula fotoeléctrica ‖ cellule photovoltaïque célula fotovoltaica ‖ cellule solaire célula solar (photopile).

cellulite *f* MÉD celulitis.

Celluloïd® *m* celuloide.

cellulose *f* CHIM celulosa.

cellulosique *adj* celulósico, ca; vernis cellulosique barniz celulósico.

Celsius [sɛlsjys] *n pr* Celsius.

celte *adj* celta.

Celte *m & f* celta.

celtibères *m pl* celtíberos, celtiberos.

Celtibères *n pr m pl* celtíberos, celtiberos.

celtique *adj* céltico, ca.
◇ *m* LING céltico.

celtium [sɛlsjɔm] *m* CHIM celtio (hafnium).

celui [səlчi] *pron dém m*; **celle** [sɛl] *pron dém f*; **ceux** [sø] *pron dém m pl*; **celles** [sɛl] *pron dém f pl* el, la, los, las ■ celui de mon frère el de mi hermano ∥ celui du dessus el de arriba ∥ celui du salon el del salón ∥ celui dont je parle del que yo hablo ∥ celui qui vient el que viene ∥ celui-ci, celle-ci, ceux-ci, celles-ci éste, ésta, éstos, éstas ∥ celui-là, celle-là, ceux-là, celles-là ése ou aquél, ésa ou aquélla, ésos ou aquellos ► ce ∥ ceux, celles qui sont ici los, las que están aquí.

   OBSERV Éste, ése, aquél, ésta, ésa, aquélla, pronoms, prennent un accent écrit pour les distinguer des adjectifs de même forme. Aquello, n'existant pas comme adjectif, ne prend pas d'accent.

cément *m* cemento.

cémentation *f* TECHN cementación.

cémenter [3] *v tr* cementar.

cénacle *adj* RELIG cenáculo ∥ FIG [▷ SYN] cenáculo (cercle).
   SYN cercle círculo, casino; club club.

cendre [sãdr] *f* ceniza; réduire en cendres reducir a cenizas ■ mercredi des Cendres miércoles de ceniza ∥ CULIN sous la cendre a la brasa ■ renaître de ses cendres volver a la vida como el ave fénix.

cendré, e *adj* ceniciento, ta (couleur de cendre), cubierto de cenizas, de ceniza, cenizoso, sa (couvert de cendres) ■ blond cendré rubio ceniciento ∥ piste cendrée pista de ceniza.

   OBSERV El adjetivo cendré es invariable si va precedido de otro adjetivo de color (des cheveux blond cendré).

cendrée *f* escoria (métallurgie) ∥ mostacilla (plomb de chasse) ∥ pista de ceniza (courses) ∥ TECHN cendra, cendrada (ciment).

cendrer [3] *v tr* encenizar (couvrir de cendres) ∥ dar el color de ceniza (colorier) ∥ mezclar con ceniza (mélanger).

cendreux, euse *adj* cenizoso, sa (plein de cendres) ∥ ceniciento, ta (couleur).

cendrier [sãdrije] *m* cenicero.

cendrillon *f* cenicienta (jeune fille malheureuse) ∥ FAM maritornes (servante).

Cendrillon [sãdrijõ] *n pr* Cenicienta.

cène *f* RELIG cena.

Cène *f* la Cène la Última Cena.

cénesthésie *f* cenestesia.

cénesthésique *adj* cenestésico, ca.

cénobite *m* cenobita; vivre en cénobite vivir como cenobita.

cénobitique *adj* cenobítico, ca.

cénobitisme *m* cenobitismo, vida *f* cenobítica.

cénotaphe *m* cenotafio.

cens [sãs] *m* empadronamiento, censo.

censé, e *adj* considerado, da como; homme censé intelligent hombre considerado como inteligente ■ il est censé ne pas le savoir se supone que no lo sabe ∥ nul n'est censé ignorer la loi la ignorancia de la ley no excusa su cumplimiento.

censément *adv* FAM como si dijéramos, como si se dijera, virtualmente; il est censé-

ment le maître es como si dijéramos el amo.

censeur *m* censor ∥ subdirector, censor (lycée).

censier, ère *m & f* censualista (qui reçoit), censatario, ria (qui paye).

censitaire *m* censatario.
◇ *adj* censual.

censuel, elle *adj* censual.

censurable *adj* censurable.

censure *f* censura; motion de censure moción de censura.

censurer [3] *v tr* censurar.

cent [sã] *adj* ciento, cien.
◇ *m* ciento ∥ centenar (centaine) ∥ centavo (monnaie) ∥ FIG cent pour cent cien por cien ∥ FAM dans cent sept ans dentro de un siglo ∥ pour cent por ciento ■ faire les cent pas pasearse arriba y abajo ∥ gagner des mille et des cents ganar dinero a espuertas ∥ HIST les Cents-Jours los Cien días.

   OBSERV 1. La forme ciento ne s'emploie que lorsque ce numéral est seul ou suivi d'un autre numéral, de dizaines ou d'unités (ciento cent; ciento cinco cent cinq; ciento treinta cent trente). Il s'apocope obligatoirement en cien lorsqu'il est suivi d'un nom ou d'un numéral supérieur à la centaine (cien libros; cien casas; cien mil francos).
   2. Ciento espagnol prend toujours la marque du pluriel (doscientos cuarenta; página seiscientas dos). Les multiples de ciento s'écrivent en un seul mot.
   3. Cent toma la s del plural si le precede otro número (trois cents hommes); pero es invariable si le sigue otro número (deux cent quarante) o cuando se emplea como ordinal (page trois cent).
   LES CENT-JOURS
   Napoléon intentó recuperar el poder al regresar de la isla de Elba, el 20 de marzo de 1815, pero su derrota en Waterloo, el 18 de junio, le condujo a su segundo y último exilio en Santa Elena.

centaine *f* centena (dix fois dix); centaine de millions centena de millones ∥ centenar *m*; des centaines d'hommes centenares de hombres ∥ TECHN cuenda (d'un écheveau) ∥ par centaines por centenas, a centenares.

centaure [sãtɔr] *m* centauro.

centaurée *f* BOT centaura, centaurea.

centenaire [sãtnɛr] *adj & s* centenario, ria.

centenier *m* HIST centurión.

centennal, e [sãtenal] *adj* centenario, ria.

centésimal, e *adj* centesimal.

centiare *m* centiárea *f*.

centième *adj & s* centésimo, ma.
◇ *m* centésima *f* parte.

centigrade *adj & s m* centígrado, da.

centigramme *m* centigramo.
   OBSERV Ne pas accentuer le i de centigramo.

centilitre *m* centilitro.
   OBSERV Ne pas accentuer le premier i de centilitro.

centime *m* céntimo (monnaie) ∥ centimes additionnels suplemento de impuesto, calculado en tanto por ciento.

centimètre *m* centímetro; centimètre cube centímetro cúbico ∥ cinta *f* métrica (ruban).

centon *m* POÉT centón.

centrafricain, e *adj* centroafricano, na.

Centrafricain, e *m & f* centroafricano, na.

centrage *m* centrado.

central, e *adj* central; le point central d'un cercle el punto central de un círculo ∥ céntrico, ca; quartiers centraux barrios céntricos.
◆ **centrale** *f* central ■ NUCL centrale à accumulation central de acumulación ∥ COMM centrale d'achats central de compras ∥ centrale géothermique central geotérmica ∥ centrale hydro-électrique central hidroeléctrica ∥ centrale nucléaire central nuclear ∥ centrale ouvrière central obrera, organización obrera nacional ∥ centrale solaire central solar ∥ centrale syndicale central sindical ∥ centrale thermique central térmica.
◆ **central** *m* central *f*; un central téléphonique una central telefónica.

Centrale *n pr* escuela parisina de ingeniería.

centralien, enne *m & f* alumno de la Escuela superior de ingenieros "Centrale".

centralisateur, trice *adj & s* centralizador, ra.

centralisation *f* centralización.

centraliser [3] *v tr* centralizar.

centralisme *m* centralismo.

centraliste *m & s* centralista.

centraméricain, e [sãtramerikɛ̃, ɛn] *adj* centroamericano, na.

Centraméricain, e *m & f* centroamericano, na.

centre *m* centro ∥ centre aéré centro recreativo para niños ∥ centre commercial centro comercial ∥ centre culturel centro cultural ∥ centre d'apprentissage centro de aprendizaje ∥ PHYS centre d'attraction centro de atracción ∥ INFORM centre de calcul centro de cálculo ∥ centre de gravité centro de gravedad ∥ centre de tri centro de clasificación (postes) ∥ centre hospitalier centro hospitalario ∥ ANAT centre nerveux centro nervioso ∥ centre sportif centro deportivo.

Centre *n pr m* (le) Centre región administrativa en el centro de Francia.

   LE CENTRE
   Esta región administrativa comprende los departamentos de Cher, Eure-et-Loire, Indre, Indre-et-Loire, Loir-et-Cher y Loiret. Capital: Orléans.

centrer [3] *v tr* centrar.
◇ *v tr & intr* centrar (sports).

centreur *m* TECHN centrador.

centre-ville *m* centro de la ciudad.
   OBSERV pl centres-villes.

centrifugation [sãtrifygasjõ] *f* centrifugación.

centrifuge *adj* centrífugo, ga; force centrifuge fuerza centrífuga.

centrifuger [17] [sãtrifyʒe] *v tr* centrifugar, separar en una centrifugadora.

centrifugeur, euse [sãtrifyʒœr, øz] *adj & s* centrifugador, ra.

centrifugeuse *f* CULIN licuadora ∥ TECHN centrifugadora.

centripète *adj* centrípeto, ta; force centripète fuerza centrípeta.

centrisme *m* centrismo.

centriste *adj & s* centrista.

centrosome *m* BIOL centrósomo.

centumvir [sãtɔmvir] *m* HIST centunviro.

centuple *adj* & *s m* céntuplo, pla ◼ au centuple centuplicado ‖ rendre au centuple devolver ciento por ciento.

centupler [3] *v tr* centuplicar.

centurie [sãtyri] *f* HIST centuria.

centurion *m* HIST centurión.

cep *m* cepa *f* (de vigne) ‖ dental (de la charrue).

CEP (abr de **certificat d'études primaires**) *m* certificado que antes se obtenía al finalizar los estudios primarios franceses.

cépage *m* cepa *f*, vid *f*.

cèpe *m* seta *f*.

cépée *f* vástago *m*, renuevo *m*.

cependant *conj* [▷ SYN] sin embargo (néanmoins) ‖ LITT cependant que mientras que.
◇ *adv* entretanto (pendant ce temps).
    SYN pourtant sin embargo; néanmoins con todo; toutefois a pesar de eso; nonobstant no obstante.

céphalalgie *f* MÉD cefalalgia.

céphalée *f* MÉD cefalea.

céphalique *adj* cefálico, ca.

céphalopodes *m pl* cefalópodos (mollusques).

céphalo-rachidien, enne *adj* ANAT cefalorraquídeo, a.
    OBSERV pl céphalo-rachidiens, céphalo-rachidiennes.

céphalothorax *m* ZOOL cefalotórax.

céphéide *f* ASTRON cefeida.

cérame *adj* cerámico, ca; grès cérame gres cerámico.
◇ *m* vasija *f* de barro.

céramique *adj* & *s f* cerámico, ca.

céramiste *adj* & *s* ceramista.

céraste *m* cerasta *f* (vipère).

cérat [sera] *m* cerato (onguent).

Cerbère *n pr* MYTH Cerbero, Cancerbero.

CERC; Cerc (abr de **Centre d'étude des revenus et des coûts**) *m* institución francesa que estudia la distribución de la renta y el coste de la vida.

cerce *f* CONSTR cercha.

cerceau [serso] *m* aro (jouet) ‖ cerco (tonneau) ‖ tijera *f* (plume d'oiseau).

cerclage *m* acción de enarcar.

cercle *m* círculo (surface ronde) ‖ círculo (circonférence) ‖ círculo (de famille, d'amis, etc.) ‖ círculo, casino (club) ‖ fleje (tonneau) ‖ llanta *f* (roues) ◼ cercle polaire círculo polar ‖ FIG cercle vicieux círculo vicioso ‖ GÉOM grand cercle círculo máximo ‖ petit cercle círculo menor ◼ du vin en cercle vino embarrilado ‖ en círculo en círculo, en corro ‖ faire un cercle autour de quelqu'un formar un círculo ou un corro alrededor de alguien.

cerclé, e *adj* con montura.

cercler [3] *v tr* rodear, ceñir (entourer) ‖ enarcar; cercler un tonneau enarcar un tonel ‖ lunettes cerclées d'or gafas con una montura de oro.

cercopithèque *m* ZOOL cercopiteco.

cercueil [serkœj] *m* [▷ SYN] ataúd, féretro, caja *f* ‖ FIG sepulcro (tombe, mort).

    SYN bière caja [de muerto]; sarcophage sarcófago; catafalque catafalco; cénotaphe cenotafio.

Cerdagne *n pr f* GÉOGR la Cerdagne Cerdaña.

cerdan, e *adj* sardanés, esa [de Cerdaña].

Cerdan, e *m* & *f* sardanés, esa.

céréale *f* cereal *m*.

céréalier, ère *adj* & *s* cerealista.
    ⬌ **céréalier** *m* MAR granelero (bateau).

cérébelleux, euse *adj* cerebeloso, sa.

cérébral, e *adj* & *s* cerebral.

cérébro-spinal, e *adj* cerebroespinal.
    OBSERV pl cérébro-spinaux, cérébro-spinales.

cérémonial *m* ceremonial.

cérémonie [seremɔni] *f* ceremonia; en grande cérémonie con gran ceremonia ‖ ceremonial *m* (avec apparat) ◼ sans cérémonie sin cumplidos ‖ visite de cérémonie visita de cortesía ou de cumplido ◼ faire des cérémonies hacer cumplidos.

cérémoniel, elle *adj* ceremonial.

cérémonieusement *adv* ceremoniosamente.

cérémonieux, euse *adj* ceremonioso, sa.

Cérès *n pr* MYTH Ceres.

CERES (abr de **Centre d'études, de recherches et d'éducation socialiste**) *m* antiguo nombre de una corriente de orientación marxista del partido socialista francés.

cerf [ser] *m* ZOOL ciervo.

cerfeuil [serfœj] *m* perifollo, cerafolio (p us).

cerf-volant [servɔlɑ̃] *m* cometa *f* [(Amér) volatín] (jouet); jouer au cerf-volant jugar a la cometa ‖ ciervo volante (coléoptère).
    OBSERV pl cerfs-volants.

cérifère *adj* cerífero, ra.

cerisaie [sərize] *f* cerezal *m*.

cerise *f* cereza, guinda.
◇ *adj inv* de color cereza.

cerisette *f* cereza pasa (fruit sec) ‖ bebida de cerezas (boisson).

cerisier *m* BOT cerezo, guindo.

cérite *f* MIN cerita.

cérithe *m* cerites (mollusque fossile).

cérium [serjɔm] *m* CHIM cerio (métal rare).

CERN; Cern (abr de **Conseil européen de recherche nucléaire**) *m* CERN.

cerne *m* cerco (cercle) ‖ aréola *f* (d'une plaie, d'une pustule) ‖ ojera *f* (des yeux) ‖ contorno (d'un dessin) ‖ aureola *f* (de la Lune) ‖ cerco (d'une tache) ‖ BOT anillo (arbres).
    OBSERV L'espagnol cerne désigne le cœur d'un tronc d'arbre.

cerné, e *adj* cercado, da (encerclé) ‖ avoir les yeux cernés tener ojeras, estar ojeroso.

cerneau *m* carne *f* de nuez verde.

cerner [3] *v tr* [▷ SYN] cercar, poner cerco, sitiar (investir) ‖ rodear, cercar (entourer) ‖ cercar (bloquer) ‖ escueznar (les noix) ‖ contornear, siluetear (dessin) ‖ circunscribir, delimitar (un problème, une question) ‖ AGRIC hacer una incisión circular en la corteza de un árbol ‖ FIG asediar (soucis, etc.).
    SYN investir cercar; bloquer bloquear; assiéger asediar, sitiar; entourer rodear.

céroplastique *f* ceroplástica.

CERS (abr de **Commission européenne de recherches spatiales**) *f* CEIE.

certain, e [sertɛ̃, ɛn] *adj* cierto, ta; un fait certain un hecho cierto; un certain temps cierto tiempo ‖ seguro, ra (sûr) ‖ fijado, da (fixe) ◼ d'un certain âge de cierta edad ‖ sûr et certain absolutamente seguro ‖ un certain Durand un tal Durand ◼ il est certain que no hay duda que ‖ il faut préférer le certain à l'incertain hay que preferir lo cierto a lo dudoso.
    ⬌ **certains, es** *pron pl* algunos, nas (quelques-uns) ‖ certains disent algunos dicen, hay quien dice.
    OBSERV Un ne se traduit généralement pas lorsqu'il précède l'adjectif certain.

certainement *adv* ciertamente ‖ sin ninguna duda, por supuesto (bien sûr) ‖ certainement pas de ninguna manera.

certes [sert] *adv* por cierto, en verdad, claro es que (il est certain) ‖ sin duda alguna, desde luego (évidemment).

certif [sertif] (abr de **certificat d'études (primaires)**) *m* FAM certificado de fin de estudios primarios.

certificat [sertifika] *m* certificado ‖ FIG garantía *f*, seguridad *f* (garantie) ◼ certificat de complaisance certificado de favor ‖ certificat de conformité certificado de conformidad ‖ certificat de navigabilité permiso de navegar (avions) ‖ certificat d'études diploma de estudios primarios ‖ certificat de vie fe de vida ‖ AUTOM certificat d'immatriculation certificado de matriculación ‖ certificat d'investissement cédula de inversión ‖ certificat médical certificado médico.

certificateur *m* certificador (celui qui certifie) ‖ DR fiador responsable.

certification *f* certificación, comprobante *m*.

certifié, e *adj* & *s* apto para enseñar en los colegios de Segunda Enseñanza (professeur) ‖ professeur certifié profesor en posesión del CAPES.

certifier [9] *v tr* certificar (donner comme certain) ‖ responder, garantizar (garantir) ‖ certifier une caution responder de una fianza ‖ copie certifiée conforme copia legalizada.
    OBSERV Certifier no tiene en francés el sentido de certificar (cartas, etc.), que se traduce por recommander.

certitude *f* certeza; la certitude d'un événement la certeza de un suceso ‖ certidumbre; avoir la certitude du succès tener certidumbre del éxito ‖ firmeza (fermeté) ‖ veracidad, exactitud ‖ seguridad (sûreté).

céruléen, enne *adj* cerúleo, a.

cérumen *m* cerumen, cerilla *f* FAM.

cérumineux, euse *adj* ceruminoso, sa.

céruse *f* albayalde *m*, cerusa.

cérusite *f* CHIM cerusita.

Cervantès [servãtes] *n pr* Cervantes; Miguel de Cervantès Miguel de Cervantes.

cerveau [servo] *m* cerebro ◼ cerveau brûlé cabeza loca, calavera ‖ cerveau électronique cerebro electrónico ‖ rhume de cerveau coriza, romadizo ‖ avoir le cerveau fêlé estar chiflado ‖ se creuser le cerveau devanarse los

sesos ▌ tirer de son cerveau sacar de su cabeza ou magin.
▌ SYN cervelle sesos; encéphale encéfalo.

cervelas [sɛrvəla] *m* salchicha *f* corta y gruesa.

cervelet *m* ANAT cerebelo.

cervelle *f* sesos *m pl*; cervelle de veau sesos de ternera ▌ sesos *m pl*, sesada; de la cervelle sautée sesos fritos ▌ FIG seso *m*; homme sans cervelle hombre sin seso ▌ FIG & FAM cacumen *m*, mente, entendederas *pl* ▪ tête sans cervelle cabeza de chorlito ▪ brûler la cervelle saltar la tapa de los sesos ▌ cela me trotte dans la cervelle estoy dándole vueltas en la cabeza ▌ être sans cervelle ser ligero de cascos ▌ rompre la cervelle romper la cabeza ▌ se creuser la cervelle devanarse los sesos ▌ se faire sauter la cervelle levantarse la tapa de los sesos.

cervical, e *adj* ANAT cervical.

cervidés *m pl* ZOOL cérvidos.

Cervin *n pr m* GÉOGR le (mont) Cervin el (monte) Cervino.

cervoise [sɛrvwaz] *f* (ancien) cerveza.

ces *adj dém* ► ce.

CES (abr de collège d'enseignement secondaire) *m* antiguo nombre de los centros de enseñanza secundaria de primer ciclo.

César *n pr m* César (homme d'État romain); il faut rendre à César ce qui est à César, et à Dieu ce qui est à Dieu hay que dar a Dios lo que es de Dios y al César lo que es del César ▌ recompensa cinematográfica francesa (prix).

césarien, enne *adj* cesariano, na (relatif à Jules César) ▌ cesáreo, a (relatif à l'empereur, à l'Empire); majesté césarienne majestad cesárea ▌ cesarienne (de Césarée).
► **césarienne** *f* cesárea (opération).

césarisme *m* cesarismo.

césium; caesium [sezjɔm] *m* cesio (métal).

cessant, e *adj* cesante ▌ toutes affaires cessantes dejando a un lado todo lo demás, con exclusión de todo.
▌ OBSERV En espagnol, un cesante est une personne sans emploi.

cessation *f* cese *m*, cesación (arrêt); cessation des hostilités cese de las hostilidades ▌ suspensión; cessation de payements suspensión de pagos.

cesse [sɛs] *f* tregua, interrupción ▌ sans cesse sin cesar, siempre.
▌ OBSERV **1.** Úsase sólo en locuciones como n'avoir pas de cesse... no parar hasta que. **2.** Cesse nunca lleva artículo.

cesser [4] *v intr* cesar; l'orage a cessé cesó la tormenta.
◇ *v tr* suspender; cesser un travail suspender un trabajo ▌ acabar (mettre fin) ▌ abandonar (une action judiciaire) ▌ dejar de (arrêter); cesser de crier dejar de gritar ▌ faire cesser acabar, terminar.

cessez-le-feu *m inv* MIL alto el fuego.

cessibilité *f* cesibilidad.

cessible *adj* cesible.

cession *f* [▷ SYN] cesión; cession de biens cesión de bienes ▌ traspaso *m* (d'un commerce).
▌ SYN concession concesión; dessaisissement desasimiento.

cessionnaire *m & f* cesionario, ria.

c'est-à-dire [sɛtadir] *loc conj* es decir, o sea, a saber, verbigracia, verbi gratia.

ceste *m* cesto (gant de pugilat).

cestodes [sɛstɔd] *m pl* ZOOL cestodos.

césure *f* POÉT cesura.

cet; cette [sɛt] *adj dém* ► ce.

CET (abr de collège d'enseignement technique) *m* antiguamente, colegio de enseñanza profesional, en Francia.

cétacé *m* ZOOL cetáceo.

cétane *m* CHIM cetano.

cétène *m* CHIM ceteno (carbure).

cétérac *m* BOT doradilla *f* (fougère).
▌ OBSERV El acederaque español es en francés le cinnamome.

cétoine *f* ZOOL cetonia.

cétone *f* CHIM cetona.

cette *adj dém* ► ce.

ceux *pl* ► celui.

Cévennes *n pr f pl* GÉOGR les Cévennes Cevenas.

cévenol, e *adj* cevenol, la (des Cévennes).

Cévenol, e *m & f* cevenol, la.

Ceylan *n pr m* HIST Ceilán (ancien nom du Sri Lanka).

ceylanais, e *adj* cingalés, esa.

Ceylanais, e *m & f* cingalés, esa.

cf. (abr écrite de confer) cf., cfr.

CFA *f* (abr de Communauté financière africaine) franc CFA franco CFA.
◇ *m* (abr de centre de formation des apprentis) institución pública francesa para la formación de aprendices.

CFAO (abr de conception et fabrication assistées par ordinateur) *f* CAD/CAM.

CFC (abr de chlorofluorocarbone) *m* CFC.

CFDT (abr de Confédération française démocratique du travail) *f* organización sindical francesa de orientación socialdemócrata.

CFE-CGC (abr de Confédération française de l'encadrement-CGC) *f* organización sindical francesa que agrupa a contramaestres, viajantes, ingenieros y directivos.

CFES (abr de certificat de fin d'études secondaires) *m* certificado concedido al finalizar los estudios secundarios franceses.

CFF (abr de Chemins de fer fédéraux) *m pl* compañía ferroviaria suiza.

CFL (abr de Chemins de fer luxembourgeois) *m pl* compañía ferroviaria de Luxemburgo.

CFP *f* (abr de Compagnie française des pétroles) sociedad petrolífera francesa.
◇ *f pl* (abr de Colonies françaises du Pacifique) franc moneda utilizada en las antiguas colonias francesas del Pacífico.

CFTC (abr de Confédération française des travailleurs chrétiens) *f* organización sindical francesa que defiende los principios de la doctrina social cristiana.

CGC (abr de Confédération générale des cadres) *f* organización sindical francesa de directivos.

CGPME (abr de Confédération générale des petites et moyennes entreprises) *f* confederación francesa de la pequeña y mediana empresa, ≃ CEPYME.

CGT (abr de Confédération générale des travailleurs) *f* organización sindical francesa de orientación marxista.

ch (abr de cheval-vapeur) *m* CV, cv.

CH (abr écrite de Confédération helvétique) CH.

ch. (abr écrite de charges) gastos *m pl* de comunidad ▌ (abr écrite de cherche) busco ▌ (abr écrite de chauffage) cal.

chabichou *m* queso de cabra (fromage).

chabler [3] *v tr* AGRIC varear (avec la gaule).

chablis [ʃabli] *m* árbol derribado por el viento ▌ vino blanco de Chablis [Francia].

chabot [ʃabo] *m* japuta *f*, coto (poisson).

chacal *m* ZOOL chacal.
▌ OBSERV pl chacals.

cha-cha-cha *m inv* cha-cha-chá (danse).

chaconne *f* chacona (danse).

chacun, e [ʃakœ̃, yn] *pron indéf* cada uno, cada una; chacun de ces livres cada uno de estos libros ▌ cada cual; todos, das; chacun le dit todos lo dicen ▌ chacun avec sa chacune cada uno con su pareja ▌ chacun pour soi et Dieu pour tous cada uno en su casa y Dios en la de todos ▌ FAM tout un chacun cada hijo de vecino, cada quisque.

chadouf *m* cigoñal (appareil d'irrigation).

chafouin, e *adj* FAM de zorro, de garduña.

chagrin, e [ʃagrɛ̃, in] *adj* apenado, da; apesadumbrado, da (attristé) ▌ triste; esprit chagrin mentalidad triste.
➤ **chagrin** *m* [▷ SYN] pesadumbre *f*, pena *f*; gros chagrin gran pena ▌ tristeza *f*, zapa *f*; peau de chagrin piel de zapa ▌ avoir du chagrin tener pena ▌ se faire du chagrin apenarse.
▌ SYN tristesse tristeza; mélancolie melancolía; regret pesar; dépit despecho; FAM cafard morriña.

chagrinant, e *adj* entristecedor, ra; penoso, sa.

chagriner [3] *v tr* apenar, entristecer, apesadumbrar ▌ preparar [la piel de zapa] (cuir).

chah [ʃa] ► **Schah**.

chahut [ʃay] *m* FAM [▷ SYN] jaleo, escándalo; faire du chahut armar jaleo ▌ abucheo (cris d'hostilité).
▌ SYN chambard tiberio; sabbat aquelarre (p us).

chahuter [3] [ʃayte] *v intr* FAM armar jaleo.
◇ *v tr* FAM revolver (mettre en désordre) ▌ abuchear; chahuter un professeur abuchear a un profesor ▌ perturbar, trastornar (troubler).

chahuteur, euse *adj & s* alborotador, ra.

chai; chais [ʃɛ] *m* bodega *f*.

chaînage *m* CONSTR armadura *f* metálica ▌ medida *f* con cadena de agrimensor (mesure).

chaîne *f* cadena; chaîne d'arpenteur cadena de agrimensor ▌ urdimbre (tissus) ▌ cadena, lazo *m* (d'un chien) ▌ cadena perpetua (d'un bagnard) ▌ collar *m* (décoration) ▌ cadena, canal *m* (de télévision) ▌ ARCHIT cadena, encadenado *m*, tirante *m* (renforcement) ▌ CHIM cadena;

chaîne ouverte, fermée cadena abierta, cerrada ‖ FIG cadena (captivité) ‖ cadena (d'émetteurs, de journaux, etc.) ‖ serie (succession) ‖ MAR cadena (pour fermer un port) ‖ TECHN cadena, línea (de montage) ‖ equipo m; chaîne stéréophonique equipo estereofónico ■ chaîne alimentaire cadena alimentaria ‖ chaîne d'assemblage cadena de ensamblaje ‖ chaîne de fabrication cadena de fabricación ‖ chaîne de galériens cuerda de galeotes ‖ chaîne de manutention cadena de transporte ‖ chaîne de montage cadena de montaje ‖ chaîne de montagnes sierra, cordillera ‖ chaîne de montre leontina ‖ chaîne d'entraide cadena de ayuda mutua ‖ chaîne d'entrebâillement ou de sûreté cadena de seguridad, retenedor ‖ chaîne de solidarité cadena de solidaridad ‖ chaîne haute-fidélité ou hi-fi cadena, equipo de alta fidelidad ‖ AUTOM chaînes antidérapantes cadenas antideslizantes ■ FIG réactions en chaîne reacciones en cadena ‖ travail à la chaîne trabajo en cadena ■ briser ses chaînes romper las cadenas, libertarse ‖ faire la chaîne trabajar en cadena, hacer cadena ‖ mettre un chien à la chaîne encadenar a un perro.

chaîné, e adj eslabonado, da (formé de chaînons).

chaîner [4] v tr cadenear ‖ medir con la cadena de agrimensor (mesures) ‖ ARCHIT poner tirantes entre dos muros; poner una armadura metálica.

Chaînes Dinariques n pr f pl GÉOGR les Chaînes Dinariques los Alpes Dináricos.

chaînette f cadena ‖ esclava (bracelet) ‖ cadeneta (reliure) ‖ GÉOM catenaria (courbe) ‖ point de chaînette cadeneta.

chaîneur m agrimensor, cadenero.

chaînon m eslabón (maillon) ‖ estribación f, ramal (de montagnes) ‖ FIG eslabón, enlace.

chair [ʃɛr] f [▷ SYN] carne; en chair et en os de ou en carne y hueso ‖ carne; des bas chair ou couleur chair medias color carne (couleur) ‖ FIG carne; la chair est faible la carne es débil ‖ carne (pulpe de fruit) ■ chair à canon carne de cañón ‖ chair à saucisses carne picada de relleno ‖ chair de ma chair pedazo de mi alma, carne de mi carne ‖ chair de poule carne de gallina ‖ chair ferme, molle carne prieta, fofa ■ ni chair ni poisson ni carne ni pescado ■ être bien en chair estar metido en carnes ‖ hacher quelqu'un comme chair à pâté hacer a uno picadillo.
→ **chairs** f pl ARTS partes desnudas de las figuras esculpidas o pintadas.

‖ SYN viande carne; FAM carne piltrafa; FAM barbaque carnaza; FAM bidoche carnaza.

chaire f púlpito m (église) ‖ cátedra (d'un professeur) ‖ FIG púlpito m (éloquence religieuse) ‖ la chaire apostolique la cátedra ou la sede apostólica.

chaise f silla; s'asseoir sur une chaise sentarse en una silla ‖ TECHN chumacera, soporte m de cojinete ■ chaise à bascule mecedora ‖ chaise à porteurs silla de manos ‖ chaise curule silla curul ‖ chaise de poste silla de posta ‖ chaise électrique silla eléctrica ‖ chaise longue hamaca, tumbona ‖ chaise percée silla retrete ‖ chaise pliante silla de tijera ‖ coup de chaise silletazo ■ (vx) aller à la chaise ir al excusado ‖ porter quelqu'un en

chaise, faire la chaise à quelqu'un llevar en silla de manos a uno.

chaisier, ère m & f sillero, ra (fabricant) ‖ persona que alquila sillas.

chaland, e [ʃalɑ̃, ɑ̃d] m & f parroquiano, na (client) ‖ attirer des chalands aparroquiar.
→ **chaland** m chalana f (embarcation).

■ OBSERV L'espagnol chalán signifie maquignon.

chalaze f ANAT & BOT chalaza.

chalcographie [kalkɔgrafi] f calcografía (gravure).

chalcopyrite [kalkɔpirit] f MIN calcopirita.

Chaldée [kalde] n pr f HIST la Chaldée Caldea.

Chaldéen, enne [kaldeɛ̃, ɛn] adj caldeo, a.

Chaldéen, enne m & f caldeo, a.

châle [ʃɑl] m chal, mantón ■ châle de Manille mantón de Manila ‖ col châle cuello bufanda.

chalet [ʃalɛ] m chalet, chalé ‖ chalet de nécessité excusado público.

‖ OBSERV En espagnol, chalet a également le sens de "pavillon" et de "villa".

chaleur f calor m ‖ ardor; la chaleur de la jeunesse el ardor de la juventud ■ chaleur du style lo cálido del estilo ‖ NUCL chaleur résiduelle calor residual ■ avec chaleur calurosamente ‖ en chaleur en celo, salida (femelle d'animal).

chaleureusement adv calurosamente.

chaleureux, euse adj caluroso, sa ‖ expresivo, va; remerciements chaleureux agradecimientos expresivos.

châlit [ʃali] m armadura f de cama, cuja f (p us) ‖ catre.

challenge m trofeo, challenge (sports).

challenger m aspirante, candidato (sports).

challenger [17] v tr retar (défier en sport).

chaloir v intr importar.

‖ OBSERV Hoy sólo se usa en las locuciones: il ne m'en chaut no me importa; peu m'en chaut, peu me chaut me importa poco, no me interesa.

chaloupe f chalupa.

chaloupé, e adj avoir une démarche chaloupée andar contoneándose.

chaloupée f especie de vals o java popular.

chalouper [3] v intr contonearse.

chalumeau m canuto (paille, roseau) ‖ MUS caramillo ‖ TECHN soplete.

chalut [ʃaly] m traína f, red f barredera ‖ pêche au chalut pesca de arrastre.

chalutage m pesca f con traína.

chalutier m MAR bou.

chamade f llamada (sonnerie); battre la chamade tocar llamada ‖ FIG son cœur battait la chamade su corazón se le salía del pecho.

chamaille [ʃamaj]; **chamaillerie** [ʃamajri] f riña, pelotera.

chamailler [3]
→ **se chamailler** v pr reñir, pelearse.

chamaillerie ► chamaille.

chamailleur, euse adj & s peleón, ona; pendenciero, ra.

chamanisme m chamanismo.

chamarré, e adj con profusión de colores, con mucho colorido.

chamarrer [3] v tr recargar excesivamente ‖ engalanar (orner).

chamarrure f adorno m recargado.

chambard [ʃɑ̃bar] m FAM jaleo, alboroto, tiberio; faire du chambard armar jaleo ‖ confusión f, desbarajuste (bouleversement).

chambardement m desbarajuste, desorden.

chambarder [3] v tr desordenar, revolver, poner patas arriba.

chambellan m chambelán.

chambertin m chambertín [vino tinto de Borgoña].

chamboulement m FAM desmadre, gran cambio.

chambouler [3] v tr FAM poner patas arriba.

chambranle m chambrana f, marco (porte, fenêtre) ‖ faldón (cheminée).

chambre f cuarto m, habitación; chambre meublée cuarto amueblado, habitación amueblada ‖ cámara (royale) ‖ sala; chambre criminelle sala de lo criminal ‖ cámara; chambre syndicale cámara sindical; chambre des députés cámara de los diputados ‖ MAR cámara (d'un bateau), cabina (d'une embarcation) ‖ TECHN cámara ‖ recámara (armes à feu) ■ chambre à air cámara de aire ‖ chambre à coucher dormitorio, alcoba [(Amér) recámara] ‖ chambre à deux lits habitación doble ou de dos camas ‖ chambre à gaz cámara de gas ‖ GÉOL chambre à magma cámara magmática ‖ chambre apostolique cámara apostólica ‖ chambre à un lit habitación individual ‖ chambre claire habitación clara ‖ DR chambre d'accusation sala de acusación ‖ chambre d'agriculture cámara agrícola ‖ chambre d'ami cuarto de invitados ‖ AUTOM chambre de combustion cámara de combustión ‖ chambre de commerce et d'industrie cámara de comercio e industria ‖ MAR chambre des machines sala de máquinas ‖ chambre des métiers cámara de oficios ‖ chambre d'hôtel habitación de hotel ‖ chambre forte cámara acorazada ‖ chambre froide cámara frigorífica ‖ chambre noire cámara oscura ‖ chambre pour deux personnes habitación doble ou de matrimonio ‖ chambre pour une personne habitación individual ‖ des stratèges en chambre estrategas de café ‖ musique de chambre música de cámara ■ faire chambre à part dormir en habitaciones separadas ‖ garder la chambre no salir de su habitación ‖ travailler en chambre trabajar en su domicilio.
→ **chambres** f pl les Chambres las Cortes (en Espagne), el Parlamento (dans les autres pays).

LA CHAMBRE DES DÉPUTÉS
Ésta fue la denominación oficial de la asamblea parlamentaria francesa hasta 1946, año en que se adoptó el nombre "Assemblée nationale".

chambrée f dormitorio m de tropa ‖ dormitorio m (dortoir).

chambrer [3] v tr encerrar en un cuarto ■ chambrer une bouteille de vin poner una botella de vino a la temperatura ambiente ‖ FIG chambrer quelqu'un aislar a alguien para mejor convencerle ‖ FAM **chambrer** quelqu'un pitorrearse de alguien (se moquer de).

‖ OBSERV Se emplea frecuentemente vino "chambré".

chambrette f cuartito m.

chambrier m oficial mayor de la casa real.

chambrière f camarera (femme de chambre) ‖ látigo m (fouet) ‖ TECHN tentemozo m (véhicules).

chameau m camello ‖ FIG pajarraco, pájaro de cuenta, mal bicho (personne méchante) ‖ MAR camello (ponton).

chamelier m camellero.

chamelle f camella.

chamérops [kamerɔps] m BOT palmito.

chamois [ʃamwa] m ZOOL gamuza f ‖ peau de chamois piel de gamuza.
◇ adj inv gamuzado, da (couleur); une robe chamois un vestido gamuzado.

chamoisage m agamuzado (peaux).

chamoiser [3] v tr agamuzar (peaux).

chamoiserie f lugar donde se trabaja la gamuza ‖ gamuza (peau préparée).

chamoiseur m agamuzador, curtidor de gamuza.

chamotte f chamota (argile).

champ [ʃɑ̃] m campo ‖ FIG campo; le champ des hypothèses el campo de las hipótesis ‖ PHYS campo ‖ TECHN campo; champ d'une lunette campo óptico ■ champ clos palenque ‖ champ d'action campo de acción ‖ champ d'aviation campo de aviación ‖ champ de bataille, d'honneur campo de batalla, del honor ‖ champ de courses hipódromo ‖ champ de foire real de la feria ‖ MIL champ de manœuvres campo de maniobras ‖ champ de mines campo de minas ‖ champ de pétrole campo petrolífero ‖ champ de repos camposanto, última morada (cimetière) ‖ PHYS champ éloigné campo lejano ‖ MÉD champ opératoire campo operatorio ‖ champ proche campo próximo ‖ champ visuel campo visual ‖ PHOT profondeur de champ profundidad de foco ■ à tout bout de champ a cada momento ‖ à travers champs a campo traviesa ‖ en plein champ en campo raso ‖ sur-le-champ al instante, sobre la marcha, en el acto ■ avoir, laisser le champ libre tener, dejar el campo libre ‖ MIL battre aux champs tocar llamada y tropa ‖ poser de champ ➥ **chant** ‖ prendre du champ alejarse para ver ou comprender mejor ‖ prendre la clef des champs tomar las de Villadiego, poner los pies en polvorosa.

champagne m champaña, champán (vin); champagne frappé champaña helado ■ fine champagne coñac ‖ vin façon champagne vino estilo champán ou achampanado.
◇ f BLAS campaña.

Champagne n pr f GÉOGR la Champagne Champaña.

Champagne-Ardenne n pr f (la) Champagne-Ardenne Champaña Ardenas.

CHAMPAGNE-ARDENNE
Esta región administrativa comprende los departamentos de Ardennes, Aube, Haute-Marne y Marne. Capital: Châlons-en-Champagne.

champagnisation f acción de champañizar.

champagniser [3] v tr champañizar, achampanar, achampañar (vin).

champart [ʃɑ̃par] m AGRIC trigo candeal, cebada y centeno que se siembran mezclados ‖ impuesto feudal sobre las gavillas (impôt).

champenois, e adj de Champaña ‖ méthode champenoise método clásico de elaboración del champán.

Champenois, e m & f champenés, esa, champañés, esa, campanense.

champêtre adj campestre ‖ garde champêtre guarda rural.

‖ SYN rustique rústico; rural rural; agreste agreste; bucolique bucólico; pastoral pastoril.

champi, isse adj & s expósito, ta; niño abandonado en el campo.

champignon m BOT hongo, seta f, champiñón (gallicisme très employé) ‖ percha, f (pour habits) ‖ AUTOM & FAM acelerador; appuyer sur le champignon pisar el acelerador ■ champignon atomique hongo atómico, nube que forma la explosión nuclear ‖ champignon vénéneux seta venenosa ‖ ville-champignon ciudad de crecimiento rápido ■ pousser comme des champignons crecer como hongos.

‖ OBSERV Seta désigne particulièrement les champignons à chapeau; champiñón est plutôt un terme culinaire.

champignonner [3] v intr crecer y multiplicarse rápidamente, crecer como hongos.

champignonnière f criadero m de setas.

champignonniste m cultivador de setas.

champion, onne m & f campeón, ona ‖ FIG paladín, campeón, ona; il s'est fait le champion de la liberté se hizo el paladín de la libertad.

championnat m campeonato ‖ liga f (football).

champlever [19] v tr TECHN tallar en hueco.

chamsin [ramsin] ➥ **khamsin**.

Chanaan [kanaɑ̃] ➥ **Canaan**.

chançard, e adj & s FAM afortunado, da; potroso, sa ‖ FAM être chançard tener potra.

chance f [▷ SYN] suerte; bonne chance buena suerte ‖ posibilidad, oportunidad; il a une chance de s'en sortir tiene una posibilidad de salir de este mal paso; il a des chances de gagner tiene posibilidades de ganar ■ coup de chance suerte, chiripa ‖ bonne chance! ¡suerte! ■ avoir de la chance tener suerte ‖ courir la chance correr el albur, tentar la suerte ‖ donner sa chance à quelqu'un dar una oportunidad a alguien ‖ encore une chance que tu sois venu! ¡menos mal que has venido! ‖ il y a de fortes chances pour qu'il soit absent es muy probable que no esté ‖ je n'ai pas de chance no tengo suerte, tengo mala suerte ‖ la chance a tourné ha cambiado la suerte ‖ porter chance dar buena suerte ‖ tenter sa chance probar fortuna.

➥ **chances** f pl probabilidades, posibilidades; chances de réussite posibilidades de éxito.

‖ SYN aubaine ganga; bonheur felicidad; heur sino; veine potra, suerte.

chancelant, e adj vacilante, inseguro, ra; titubeante; d'un pas chancelant con paso inseguro ‖ delicado, da (santé).

chanceler [24] v intr [▷ SYN] vacilar (hésiter) ‖ bambolearse, tambalearse; je chancelais comme si j'avais bu me bamboleaba como si hubiese bebido.

‖ SYN vaciller vacilar; tituber titubear.

chancelier m canciller ‖ Chancelier de l'Échiquier ministro de Hacienda [inglés].

chancelière f folgo m (pour les pieds) ‖ esposa del canciller.

chancellerie f cancillería ‖ chancellerie romaine cancelaría romana.

chanceux, euse adj afortunado, da (qui a de la chance) ‖ dudoso, sa; incierto, ta (hasardeux).

chanci, e adj enmohecido, da (moisi).
➥ **chanci** m moho (moisissure).

chancir [32] v intr enmohecerse.

chancissure f moho m.

chancre m BOT cancro ‖ FIG cáncer ‖ MÉD chancro; chancre induré chancro duro.

chancrelle f MÉD chancro m blando.

chancreux, euse adj MÉD chancroso, sa.

chandail [ʃɑ̃daj] m jersey.

Chandeleur [ʃɑ̃dlœr] f Candelaria (fête).

chandelier m velero (fabricant de bougies) ‖ [▷ SYN] candelabro, candelero; un chandelier d'argent un candelabro de plata ‖ MAR candelero ‖ FAM biombo, tapadera f (paravent).

‖ SYN bougeoir palmatoria; flambeau antorcha; candélabre candelabro; torchère hachero.

chandelle f candela ‖ globo m, balón m alto, pelota bombeada (football), bote m neutro (par l'arbitre), voleo m bajo (cricket), volea alta (tennis) ‖ puntal m, codal m (étail) ‖ FAM velas pl (morve) ■ FAM économie de bouts de chandelle ahorros de chicha y nabo ou del chocolate del loro (économies ridicules) ■ brûler la chandelle par les deux bouts tirar la casa por la ventana (gaspiller sa fortune), jugar con la salud (user sa santé) ‖ devoir une fière chandelle à quelqu'un deberle a uno los ojos de la cara ‖ le jeu n'en vaut pas la chandelle la cosa no vale la pena, perdonar el bollo por el coscorrón ‖ AVIAT monter en chandelle encabritarse, elevarse verticalmente ‖ FIG; tenir la chandelle alumbrar con una vela (pour éclairer), llevar la cesta (pour accompagner) ‖ voir trente-six chandelles ver las estrellas.

chanfrein m testuz (d'un cheval), testera f (armure) ‖ TECHN chaflán (biseau).

chanfreiner [4] v tr TECHN achaflanar.

change m [▷ SYN] cambio (changement); perdre au change perder con el cambio ‖ cambio (Bourse) ■ agent de change agente de cambio y bolsa ‖ bureau de change agencia de cambio ‖ contrôle des changes control de cambio ‖ cours du change cotización ‖ lettre de change letra de cambio ‖ opérations de change operaciones de cambio ■ donner le change dar el pego, engañar ‖ gagner au change ganar al cambio ‖ perdre au change perder al cambio ‖ prendre le change dejarse engañar.

‖ SYN échange canje, cambio; troc trueque, cambalache; permutation permuta.

changeable *adj* cambiable.

changeant, e [ʃɑ̃ʒɑ̃, ɑ̃t] *adj* cambiante ‖ [▷ SYN] cambiadizo, za; tornadizo, za (personne) ‖ cambiante, tornasolado, da (tissu, couleur) ‖ inseguro, ra; variable (temps) ‖ mudable, movible, voluble.

 SYN ondoyant tornadizo; inconstant inconstante; léger ligero; volage voluble; versatile versátil; variable variable.

changement *m* [▷ SYN] cambio ‖ traslado (de poste, de résidence) ‖ THÉÂTR changement à vue mutación, cambio escénico ‖ changement de cap cambio de rumbo ‖ TECHN changement de vitesse cambio de velocidades.

 SYN innovation innovación; modification modificación; mutation mudanza; réforme reforma; revirement cambio brusco; variation variación; altération alteración; fluctuation fluctuación.

changer [17] *v tr* [▷ SYN] cambiar ■ changer en convertir en, transformar en ‖ changer quelque chose de place cambiar algo de sitio ‖ changer son fusil d'épaule volver la casaca, chaquetear, cambiarse la chaqueta ‖ changer un enfant mudar a un niño ■ cela me change de esto es un cambio para mí ‖ cette coiffure me change me encuentro cambiada con este peinado.
 ◇ *v intr* cambiar ■ changer d'idée ou de choses comme de chemise cambiar de idea ou de cosas cada dos por tres ‖ changer d'air cambiar de aires ‖ changer de couleur cambiar de color ‖ changer de direction cambiar de dirección ‖ changer de place avec quelqu'un cambiar el sitio con alguien ‖ changer de face cambiar de aspecto ‖ changer de route cambiar de rumbo ‖ changer de visage cambiar de cara ‖ AUTOM changer de vitesse cambiar de marcha ou de velocidad ‖ changer du tout au tout cambiar por completo ou completamente.
 ➙ **se changer** *v pr* cambiarse ‖ mudarse de ropa (linge) ‖ convertirse, transformarse.

 OBSERV Changer, en la forma intransitiva, puede tener como auxiliar el verbo être si se quiere insistir sobre el estado del cambio (les temps sont changés) y no sobre la acción (comme il a changé!).
 SYN échanger canjear; troquer trocar; permuter permutar.

changeur, euse *m & f* cambista.
 ➙ **changeur** *m* cambio automático (monnaie) ■ RAD changeur de fréquence convertidor de frecuencia ‖ changeur d'ondes botón del cambio de ondas.

Changhai ➙ Shanghai.

chanlate; chanlatte *f* TECHN ristrel *m*.

chanoine [ʃanwan] *m* canónigo.

chanoinesse *f* canonesa.

chanoinie *f* canonjía.

chanson *f* canción ‖ cantar *m*, canción *m*; chanson de geste cantar de gesta ‖ canto *m*; le chanson du vent el canto del viento ■ chanson à boire canción báquica ‖ chanson de Mío Cid cantar del Mío Cid ‖ chanson de route marcha ‖ chansons que tout cela! ¡eso son monsergas ou tonterías! ‖ toujours la même chanson siempre la misma cantinela ou el mismo estribillo ■ c'est une autre chanson! ¡ése es otro cantar! ‖ en avoir l'air et la chanson ser realmente lo que se parece ‖ l'air ne fait pas la chanson el hábito no hace al monje.

chansonner [3] *v tr* hacer canciones satíricas.

chansonnette *f* cancioncilla.

chansonnier, ère *m & f* cancionista ‖ humorista.
 ➙ **chansonnier** *m* cancionero (recueil).
 OBSERV 1. Hoy suele darse el nombre de chansonnier a los artistas que interpretan sus propias canciones satíricas.
 2. En Espagne, on emploie le mot français chansonnier avec le sens erroné de "chanteur de charme".

chant [ʃɑ̃] *m* canto; chant de victoire canto de victoria ‖ cante (chant populaire); chant « flamenco » cante flamenco, jondo ou hondo ‖ canto (côté); poser de chant colocar de canto ■ chant alléluiatique canto jubilatorio ou aleluiático ‖ chant de Noël villancico ‖ chant grégorien canto gregoriano ‖ plain-chant canto llano ■ au chant du coq al cantar el gallo ‖ posé de, sur chant asentado de canto.

 SYN air aria, tonada; chanson canción, copla; couplet cuplé; mélopée melopea.

chantable *adj* cantable.

chantage *m* chantaje; faire du chantage auprès de hacer chantaje a.

chantant, e *adj* cantante (qui chante) ‖ cantante; café chantant café cantante ‖ cantarín, ina; voix chantante voz cantarina ‖ melodioso, sa; musical.

chanteau *m* cantero, canto (de pain) ‖ retazo (tissu).

chantepleure [ʃɑ̃tplœr] *f* espita de tonel (robinet) ‖ embudo *m* largo (entonnoir) ‖ regadera de caño largo y estrecho (arrosoir) ‖ hendidura de desagüe (rigole).

chanter [3] *v tr & intr* [▷ SYN] cantar; chanter en mesure cantar a compás (cantar (célébrer en vers); chanter la gloire cantar la gloria ‖ ser cantarín, ina (langue) ‖ hablar con sonsonete (déclamer) ‖ FIG sonreír (plaire) ‖ FAM contar; que me chantes-tu là? ¿qué me cuentas? ■ pain à chanter oblea ■ chanter faux desentonar ‖ chanter juste tener buen oído (avoir une bonne oreille), cantar entonado (ne pas détonner) ■ cela ne me chante pas eso no me dice nada ou no me apetece ‖ c'est comme si je chantais es como quien oye llover ou como si hablara a la pared ‖ faire chanter quelqu'un hacerle chantaje a uno.

 SYN chantonner canturrear; fredonner tararear; roucouler arrullar; gazouiller gorjear; vocaliser vocalizar; psalmodier salmodiar; FAM bramer berrear.

chanterelle *f* prima, cantarela (corde de violon, guitare) ‖ reclamo *m* (oiseau quelconque) ‖ BOT mízcalo *m* (champignon) ‖ FIG & FAM appuyer sur la chanterelle insistir ou hacer hincapié en un punto importante.

chanteur, euse *m & f* [▷ SYN 1] cantor, ra; chanteur des rues cantor callejero ‖ [▷ SYN 2] cantante; chanteuse d'opéra cantante de ópera ‖ chanteur de charme cantor de melodías sentimentales ‖ chanteur de flamenco cantaor de flamenco ‖ chanteur d'orchestre vocalista ‖ maître chanteur chantajista [estafador por medio de amenazas] ‖ oiseau chanteur ave cantora.

 OBSERV Cantante s'applique surtout au chanteur de théâtre, canta(d)or est le chanteur de chant folklorique, andalou ou gitan.

 SYN 1. chansonnier cancionista, humorista; divette canzonetista, cupletista.
 2. cantatrice cantatriz; diva diva.

chantier *m* taller (atelier à l'air libre) ‖ MAR astillero ‖ depósito de maderas o de carbón (dépôt de bois ou de charbon) ‖ obra *f* de construcción (construction) ‖ borriquete (de menuisier) ‖ combo, poíno (pour tonneaux) ‖ FAM leonera *f*, cuarto desarreglado (lieu en désordre) ■ chef de chantier maestro en obras ‖ navire sur chantier buque en grada ■ aller au chantier ir al tajo ‖ mettre en chantier poner en marcha ‖ mettre un ouvrage en ou sur le chantier comenzar una obra, tener una obra en el telar.

chantignole *f* ladrillo delgado para chimeneas (brique) ‖ TECHN ejión *m* (charpente).

chantilly *f* chantillí *m* ‖ crème chantilly chantillí.

chantonnement *m* canturreo.

chantonner [3] *v tr & intr* canturrear.

chantoung *m* chantung [tejido de seda].

chantourner [3] *v tr* TECHN contornear, seguetear ‖ scie à chantourner segueta.

chantre *m* chantre ‖ FIG poeta, cantor.

chanvre *m* BOT cáñamo ‖ chanvre de Manille abacá, cáñamo de Manila.

chanvrier, ère *m & f* agramador, ra, de cáñamo.
 ◇ *adj* cañamero, ra.

chaos [kao] *m* caos.

chaotique [kaɔtik] *adj* caótico, ca.

chap. (abr écrite de *chapitre*) cap.

chapardage *m* FAM sisa *f*, hurto, latrocinio.

chaparder [3] *v tr* FAM sisar, birlar, hurtar.

chapardeur, euse *m & f* FAM ladronzuelo, la; mangante.

chape *f* capa protectora (revêtement) ‖ BLAS capa ‖ ECCLÉS capa ‖ MÉCAN horquilla ‖ soporte *m* (de poulie) ‖ caja protectora de una aguja de brújula ‖ banda de rodadura (d'une roue) ■ chape de fixation abrazadera de sujeción ‖ chape de moyeu de roue brida del eje de rueda.

chapeau *m* sombrero ‖ tapa *f* (couvercle) ‖ sombrerete (d'un champignon) ‖ copa *f* (d'un arbre) ‖ FIG sumario, breve introducción *f* (d'un article) ‖ MAR capa *f* ‖ TECHN pezonera *f* (de roue) ■ MUS chapeau chinois chinesco ‖ chapeau de cardinal capelo cardinalicio ‖ chapeau haut de forme sombrero de copa, chistera ‖ chapeau melon sombrero hongo, bombín FAM ‖ chapeau mou sombrero flexible ‖ coup de chapeau sombrerazo ■ démarrer sur les chapeaux de roue arrancar a toda velocidad ‖ enfoncer son chapeau calarse el sombrero ‖ mettre chapeau bas quitarse el sombrero, saludar, descubrirse ‖ ôter son chapeau quitarse el sombrero ‖ FIG tirer son chapeau descubrirse ‖ FIG & FAM travailler du chapeau estar tarumba.
 ➙ **chapeau!** *interj* FAM ¡bravo!, ¡hay que descubrirse!

chapeauté, e *adj* con el sombrero puesto.

chapeauter [3] *v tr* FAM poner un sombrero a alguien ‖ hacer una breve introducción ‖ respaldar, patrocinar (protéger) ‖ tener bajo su mando ou jurisdicción.

chapelain *m* capellán.

chapelet [ʃaplɛ] *m* rosario; dire un chapelet rezar un rosario; chapelet en ivoire rosario de marfil ▌ ristra *f* (aulx, oignons) ▌ serie *f*, sarta, *f*; un chapelet d'injures una serie de improperios ▪ chapelet hydraulique rosario hidráulico ▌ FIG & FAM défiler son chapelet desembuchar.
> **OBSERV 1.** El chapelet se compone de cinco decenas y el rosaire de quince.
> **2.** Le rosario se compose en réalité de quinze dizaines, mais on l'emploie couramment pour désigner le chapelet, qu'on devrait pourtant qualifier de parte del rosario.

chapelier, ère *adj* & *s* sombrerero, ra.
➠ **chapelière** *f* baúl *m* mundo (coffre).

chapelle *f* capilla; chapelle ardente capilla ardiente ▌ oratorio *m* (chapelle privée) ▌ FIG camarilla (clan).

chapellenie *f* capellanía.

chapellerie *f* sombrerería.

chapelure *f* pan *m* rallado.

chaperon [ʃaprɔ̃] *m* caperuza *f* ▌ capirote (faucon) ▌ muceta *f* (bourrelet) ▌ albardilla *f* (de mur) ▌ FIG carabina *f* FAM, señora *f* de compañía (dame de compagnie) ▌ le Petit Chaperon rouge Caperucita roja.

chaperonner [3] *v tr* poner albardilla (à un mur) ▌ poner un capirote (un faucon) ▌ FIG acompañar a una joven, servirle de carabina, llevar la cesta.

chapiteau *m* lona *f*, toldo de circo, carpa *f* (cirque) ▌ cornisa *f* (d'un meuble) ▌ montera *f* (d'alambic) ▌ ARCHIT capitel.

chapitral, e *adj* capitular.

chapitre *m* cabildo (des chanoines) ▌ capítulo (réunion) ▌ capítulo (d'un livre) ▌ partida *f*, asiento (d'un budget) ▌ materia *f*, tema (sujet) ▌ ne pas avoir voix au chapitre no tener ni voz ni voto, no tocar pito (en una cosa).

chapitrer [3] *v tr* llamar a capítulo (religieux) ▌ dividir en capítulos ▌ echar una bronca, reprender.

chapka *f* gorro *m* ruso.

chapon *m* capón (coq) ▌ pan untado con ajo (pain).

chaponnage *m* castración *f* de un pollo.

chaponneau *m* capón joven.

chaponner [3] *v tr* castrar un pollo.

chapska *f* MIL chascás *m* (casque).

chaptalisation *f* azucarado *m*.

chaptaliser [3] *v tr* agregar azúcar al mosto antes de que fermente.

chaque *adj* cada; chaque chose cada cosa ▌ FAM cada uno; cent francs chaque cien francos cada uno.

char *m* carro ▌ carroza *f* (de carnaval) ▪ (ancien) char à bancs charabán, faetón ▌ char d'assaut, de combat carro de asalto, de combate ▌ char funèbre coche fúnebre, carroza fúnebre.

charabia *m* galimatías, jerigonza *f*, algarabía *f*.

charade *f* charada ▌ FIG cosa poco inteligible.

charançon [ʃarɑ̃sɔ̃] *m* ZOOL gorgojo.

charançonné, e [ʃarɑ̃sɔne] *adj* agorgojado, da.

charbon *m* carbón ▌ carbonilla *f* (escarbille) ▌ carbón, carboncillo (fusain) ▌ dibujo al carbón (dessin) ▌ AGRIC tizón, carbón (maladie des plantes) ▌ MÉD carbunco ▪ charbon animal carbón animal ▌ charbon ardent ascua ▌ charbon de terre, de bois carbón de piedra, de leña ▌ FIG être sur des charbons ardents estar en ascuas.

charbonnage *m* mina *f* de hulla ▌ explotación *f* hullera.

charbonner [3] *v tr* carbonizar (réduire en charbon) ▌ pintar con ou al carbón (dessiner) ▌ tiznar (noircir); charbonner un mur tiznar una pared.
◇ *v intr* carbonizarse.

charbonnerie *f* carbonería (magasin) ▌ carbonarismo *m* (société politique).

charbonneux, euse *adj* carbonoso, sa (du charbon combustible) ▌ carbuncoso, sa; mouche charbonneuse mosca carbuncosa.

charbonnier, ère *adj* & *s* carbonero, ra (métier).
➠ **charbonnier** *m* HIST carbonario (conspirateur) ▌ MAR barco carbonero ▪ avoir la foi du charbonnier tener la fe del carbonero ▌ charbonnier est maître chez lui ou chez soi cada uno es rey en su casa.
➠ **charbonnière** *f* carbonera (dépôt) ▌ ZOOL paro *m* carbonero (oiseau).

charcuter [3] *v tr* despedazar, cortar mal la carne ▌ FAM hacer una carnicería (un chirurgien).

charcuterie [ʃarkytri] *f* productos *m pl* del cerdo, embutidos *m pl* (viande préparée) ▌ charcutería, tienda de embutidos *m pl*, salchichería [(*Amér*) chanchería] (boutique).
> **CHARCUTERIE**
> En las "charcuteries" se venden productos derivados del cerdo: salchichas, patés, jamón, etc. cuyo nombre genérico también es "charcuterie". También se vende comida preparada para llevar.

charcutier, ère *m* & *f* salchichero, ra; chacinero, ra.

chardon *m* BOT cardo ▪ chardon à foulon cardencha ▌ chardon argenté, chardon Notre-Dame cardo mariano ▌ chardon aux ânes cardo borriquero.
➠ **chardons** *m pl* barda ou púas de hierro (garniture de mur).

chardonneret *m* jilguero (oiseau).

charentais, e *adj* de Charente.
➠ **charentaise** *f* zapatilla (pantoufle).
> **CHARENTAISES**
> Estas zapatillas hechas con un tejido similar al fieltro simbolizan tradicionalmente en Francia un espíritu conformista, chapado a la antigua y amante del hogar.

Charentais, e *m* & *f* charentés, esa.

Charente *n pr f* GÉOGR la Charente el Charente (fleuve) ▌ la Charente Charente (département).

Charente-Maritime *n pr f* GÉOGR la Charente-Maritime Charente Marítimo.

Charenton *n pr* GÉOGR pueblo de los alrededores de París, donde hubo un manicomio importante ▌ FAM bon pour Charenton bueno para ir a Leganés.

charge *f* carga (poids) ▌ carga (fardeau) ▌ cargo *m* (emploi) ▌ cargo *m*; avoir quelqu'un à sa charge tener alguien a su cargo ▌ embes-

tida (taureau) ▌ broma (plaisanterie) ▌ carga, gravamen *m* (impôt) ▌ carga; charges sociales cargas sociales ▌ carga (munition) ▌ carga; pas de charge paso de carga ▌ TECHN carga; charge utile carga útil ▌ ARTS caricatura ▌ DR cargo *m*; témoin à charge testigo de cargo ▪ charge creuse carga hueca ▌ charge d'âmes cargo de almas ▌ charge de notaire notaría ▌ charge électrique carga eléctrica ▌ charges familiales cargas familiares ▌ charges locatives, les charges gastos de comunidad ▪ à charge de revanche en desquite ▌ à charge pour vous de a condición de que usted, siempre que usted ▌ enfants à charge niños a su cargo ▌ femme de charge criada de cuerpo de casa ▌ prise en charge bajada de bandera (taxi) ▪ avoir la charge de tener a cargo ▌ être à charge ser gravoso ou molesto ▌ être à la charge de correr a cargo de, de la cuenta de ou por la cuenta de, ser de la incumbencia de ▌ mettre à la charge de quelqu'un echar la culpa a alguien ▌ prendre à ou en charge hacerse cargo de ▌ revenir à la charge volver a la carga ▌ sonner la charge tocar paso de ataque ou de carga.
> **OBSERV** Charge no implica forzosamente un esfuerzo y puede aplicarse a personas o cosas; fardeau supone esfuerzo del que lo lleva.
> **CHARGES**
> Tanto los propietarios como los inquilinos de un edificio están obligados a pagar unas "charges", es decir, una contribución anual para el mantenimiento general del mismo. Las agencias inmobiliarias pueden incluir esta suma en el precio del alquiler (en este caso se habla de "charges comprises" o "cc") o bien excluirla (en cuyo caso se dice "hors charges" o "charges en sus"). A veces, las "charges" pueden incluir también los gastos de calefacción.

chargé, e *adj* cargado, da (d'un poids) ▌ encargado, da (de faire quelque chose) ▌ cargado, da (arme) ▌ recargado, da (excessif) ▌ MIL atacado, da (soumis à une charge) ▪ chargé d'affaires encargado de negocios ▌ chargé de cours encargado de curso, sustituto de cátedra, profesor adjunto ▌ chargé d'honneurs lleno de honores ▌ lettre chargée carta de valores declarados ▌ programme chargé programa apretado ▌ temps chargé cielo encapotado, cubierto.
> **CHARGÉ DE COURS**
> En las universidades francesas, los "chargés de cours" dan clases sin ser titulares del puesto de profesor a tiempo completo.

chargement *m* cargamento ▌ carga *f* (d'un four, d'une arme, etc.) ▌ INFORM carga *f* ▌ remesa *f* de valores declarados (paquet) ▌ carta *f* de valores declarados (lettre).

charger [17] *v tr* cargar; charger un âne cargar un burro; charger une valise sur ses épaules cargar una maleta en los hombros ▌ gravar; charger d'impôts gravar con impuestos ▌ cargar (arme, appareil photo); charger à balle cargar con bala ▌ cargar (attaquer) ▌ exagerar, recargar; charger un rôle exagerar un papel (théâtre) ▌ caricaturizar, ridiculizar ▌ embestir (taureau) ▌ DR declarar en contra; charger un accusé declarar en contra de un reo ▌ encargar; charger quelqu'un d'une affaire encargar un pleito a un abogado ▌ FIG cargar, llenar; charger de malédictions cargar de maldiciones ▌ pesar en; un péché qui charge sa conscience un pecado que pesa en su conciencia ▌atiborrar, recargar (la mémoire).

➡ **se charger** v pr encargarse; il s'est chargé de le prévenir se encargó de avisarle.

chargette f carga (de poudre) ▌ máquina para cargar (armes).

chargeur, euse adj & s m cargador, ra ▌ÉLECTR chargeur de batterie cargador de batería.

chariot [ʃarjo] m carretilla f, vagoneta f (pour transporter); chariot élévateur carretilla elevadora ▌ tacataca, pollera f (d'enfant) ▌ carro transbordador (chemin de fer) ▌ carro (d'un tour, d'une machine à écrire, etc.) ▌ travelling, plataforma f rodante (cinéma) ▪ ASTRON Chariot de David Carro, Osa Mayor ▌Petit Chariot Carro Menor, Osa Menor ▌ chariot de lancement carro de lanzamiento ▌ chariot d'hôpital camilla de ruedas.

chariotage m TECHN torneado, pasada f.

charioter [3] v tr TECHN cilindrar, tornear.

charismatique adj carismático, ca.

charisme [karism] m carisma.

charitable adj caritativo, va.

charitablement adv caritativamente.

charité f [▷ SYN] caridad ▌amabilidad, bondad (complaisance) ▪ bureau de charité junta de beneficencia ▌charité bien ordonnée commence par soi-même la caridad bien entendida comienza por uno mismo ▌ faire la charité dar limosna.

▌ SYN bienfaisance beneficencia; générosité generosidad; humanité humanidad; philanthropie filantropía; altruisme altruismo.

charivari m cencerrada f ▌ guirigay, jaleo (tapage).

charlatan m charlatán (imposteur) ▌ sacamuelas (arracheur de dents), curandero ambulante (guérisseur) ▌ matasanos (médecin ignorant).

charlatanerie f charlatanería.

charlatanesque adj charlatanesco, ca.

charlatanisme m charlatanismo.

Charlemagne n pr m Carlomagno ▌ faire Charlemagne alzarse en el juego con la ganancia sin ofrecer desquite.

Charleroi n pr GÉOGR Charleroi.

Charles n pr Carlos.

Charles Quint n pr Carlos Quinto.

charleston m charlestón (danse).

charlot m FAM payaso.

charlotte f carlota (dessert) ▌ carlota (chapeau) ▌charlotte russe plato de nata con bizcochos.

Charlotte n pr Carlota.

charmant, e adj encantador, ra ▌ le Prince charmant el príncipe azul.

▌ SYN séduisant seductor; ravissant arrebatador; enchanteur hechicero; ensorcelant embrujador; captivant cautivador; fascinant fascinador.

charme m [▷ SYN 1] encanto; rompre le charme romper el encanto; subir le charme de quelqu'un estar bajo el encanto de alguien ▌ séduction f; visite de charme visita de seducción ▌ carpe, ojaranzo (arbre) ▪ c'est ce qui en fait le charme en ello reside su en-

canto ▌FAM faire du charme coquetear ▌jeter un charme hechizar ▌ se porter comme un charme estar más sano que una manzana.

➡ **charmes** m pl atractivos, encantos.

▌ SYN 1. grâce gracia; élégance elegancia.

▌ 2. enchantement, incantation encantamiento; sortilège sortilegio; maléfice, envoûtement maleficio; sort mal de ojo; ensorcellement hechizo, embrujo.

charmer [3] v tr [▷ SYN 1] encantar; charmer le regard encantar los ojos ▌ encantar; charmé de vous voir encantado de verle ▌ [▷ SYN 2] fascinar; le serpent charme les oiseaux la serpiente fascina a los pájaros ▌ aliviar, calmar (adoucir une peine) ▌ hacer agradable, distraer, amenizar (les loisirs, etc.) ▌encantar (les serpents).

▌ SYN 1. enchanter encantar.

▌ 2. ensorceler hechizar; séduire seducir; ravir embelesar, arrobar.

charmeur, euse adj encantador, ra.

◇ m & f encantador, ra; charmeur de serpents encantador de serpientes ▌hipnotizador, ra ▌persona f encantadora.

charmille [ʃarmij] f cenador m de arbustos, enramada.

charnel, elle adj carnal; plaisirs charnels goces carnales.

charnellement adv carnalmente.

charnier m osario (dépôt d'ossements) ▌montón de cadáveres (cadavres).

charnière f TECHN bisagra, charnela ▌punto m de unión, eje m, centro m (point de jonction) ▌ charnela (des mollusques) ▌fijasellos m (philatélie).

charnu, e adj carnoso, sa ▌metido en carnes (personne).

charognard m buitre (vautour).

charogne f carroña.

charolais, e adj charolés, esa (du Charolais) ▌de raza charolesa (un taureau).

Charolais, e m & f charolés, esa.

Charon; Caron n pr MYTH Carón, Caronte.

Charonne n pr Charonne.

▌ CHARONNE

El 8 de Febrero de 1962, la policía de París arremetió contra un grupo de manifestantes comunistas que protestaban en contra de la OAS (organización clandestina opuesta a la independencia de Argelia, que organizó luego una campaña terrorista en París) empujándolos contra las puertas cerradas de la estación de metro "Charonne". Más de cien personas resultaron heridas y ocho murieron asfixiadas. Medio millón de personas asistió al funeral, y este suceso marcó un hito en la historia de la izquierda francesa.

charpentage [ʃarpɑ̃taʒ] m armazón f (assemblage) ▌ maderamen (des bois) ▌ carpintería f (métier).

charpente f maderamen m, maderaje m (boiserie) ▌ armadura, armazón (d'une maison) ▌ armazón (squelette) ▌ FIG armazón, estructura (d'un ouvrage d'esprit) ▌ bois de charpente madera de construcción.

charpenté, e adj constituido, da (homme) ▌ construido, da; estructurado, da (drame, etc.); un roman bien charpenté una novela bien construida ▌il est solidement charpenté es de complexión fuerte.

charpenter [3] v tr labrar la madera, escuadrar (le bois) ▌ FIG trazar el plan, estructurar.

charpenterie f carpintería de obra.

charpentier m carpintero de armar ou de obra (ouvrier) ▌ contratista de armaduras (entrepreneur).

▌ OBSERV Le carpintero est en espagnol le menuiser.

charpie f hilas pl (pour pansement) ▪ viande en charpie carne hecha un estropajo, carne deshilachada ▪ mettre en charpie hacer añicos, hacer picadillo.

charrée f cernada (cendres) ▌ residuos m pl de sosa bruta (engrais).

charretée [ʃarte] f carretada.

charretier, ère [ʃartje, ɛr] adj & s carretero, ra ▌chemin charretier camino carretero.

➡ **charretier** m carretero ▪ langage de charretier lenguaje de carretero (péjoratif) ▌ manières de charretier modales de carretero ▌ jurer comme un charretier blasfemar como un carretero.

charretin; charreton m carreta f pequeña sin adrales.

charrette f carreta ▌ charrette à bras carretón [de mano].

charriable adj acarreable.

charriage m acarreo ▌ GÉOL deslizamiento; corrimiento (des terres).

charrier m cernadero (pour la lessive).

charrier [9] v tr acarrear (transporter) ▌ arrastrar (entraîner) ▌ FAM pitorrearse de (se moquer).

◇ v intr FAM exagerar, pasar los límites, pasarse de la raya.

charroi m acarreo (transport).

charron m carretero, carpintero de carros.

charronnage m carretería f.

charronnerie f carretería.

charroyer [13] [ʃarwaje] v tr acarrear.

charroyeur [ʃarwajœr] m carretero.

charrue [ʃary] f arado m ▪ FIG mettre la charrue devant les bœufs empezar la casa por el tejado ▌tirer la charrue tirar del carro.

charrue-balance f arado m de balancín.

charte f carta ▪ École nationale des chartes Escuela Nacional de Archiveros Paleógrafos ▌Grande Charte Carta Magna.

charte-partie f MAR contrato m de flete.

charter m charter, vuelo afretado.

chartiste m alumno de la Escuela Nacional de Archiveros Paleógrafos [en Francia].

chartreuse f cartuja (couvent) ▌ FIG retiro m (retraite) ▌ chartreuse (liqueur) ▌ (vieilli) casita de campo aislada.

chartreux m cartujo (religieux) ▌ gato de pelo gris ceniciento (chat).

chartrier [ʃartrije] m cartulario, libro becerro (recueil de chartes) ▌ archivero de las cartas en un convento (gardien) ▌ archivo de cartas (local).

Charybde [karibd] n pr Caribdis ▌ tomber de Charybde en Scylla salir de Guatemala y entrar en Guatepeor, salir de Málaga y entrar en Malagón.

chas [ʃa] m ojo (d'une aiguille).

chasse f caza, cacería; aller à la chasse ir de caza ‖ cacería; chien de chasse perro de cacería ‖ cazadero m, coto m de caza (lieu) ‖ caza (gibier) ‖ caza (aviation défensive) ■ chasse à courre montería ‖ chasse à l'homme persecución ‖ chasse au faucon cetrería, halconería ‖ chasse aux chiens, au furet caza con perros, con hurón ‖ chasse d'eau cisternilla, tanque, descarga de agua ‖ chasse gardée ou réservée vedado, coto reservado ‖ chasse sousmarine pesca submarina ‖ la chasse est fermée ha terminado la temporada de caza ‖ ouverture de la chasse levantamiento de la veda ‖ prendre en chasse perseguir ‖ partie de chasse cacería ‖ permis de chasse licencia ou permiso de caza ■ FIG donner ou faire la chasse à dar caza a, perseguir ‖ ouvrir la chasse levantar la veda ‖ prendre en chasse perseguir ‖ qui va à la chasse perd sa place quien va a Sevilla pierde su silla ‖ tirer la chasse tirar de la cadena (chasse d'eau).

châsse f relicario m ‖ montura (encadrement) ‖ martillo m de carretero, destajador m ‖ paré comme une châsse hecho un brazo de mar.

chassé m paso de danza consistente en mover un pie empujándolo con el otro.

chasse-clou m TECHN punzón de clavo, botador de punta.
　　■ OBSERV pl chasse-clous.

chassé-croisé m cruzado (danse) ‖ FIG cambio de sitio, de empleo, etc., entre dos personas ‖ situación f de dos personas que se buscan sin encontrarse.
　　■ OBSERV pl chassés-croisés.

chasse-goupille; chasse-goupilles m TECHN sacaclavos.
　　■ OBSERV pl chasse-goupilles.

chasselas [ʃasla] m BOT uva f albilla.

chasse-marée m inv quechemarín, lugre (bâtiment côtier) ‖ (vx) carro de pescado (voiture).

chasse-mouches m inv mosqueador (éventail) ‖ espantamoscas (des chevaux) ‖ mosquero (filet).

chasse-neige m inv quitanieves (machine) ‖ viento fuerte de invierno (vent) ‖ SPORTS faire du chasse-neige hacer cuña.

chasse-pierres m inv salvavidas, quitapiedras de locomotora.

chassepot [ʃaspo] m chassepot [fusil antiguo del ejército francés].

chasser [3] v tr cazar; le chat chasse les souris el gato caza ratones; chasser la perdrix cazar perdices ‖ [▷ SYN] echar, expulsar; chasser un locataire echar a un inquilino ‖ despedir; chasser un domestique despedir a un criado ‖ desechar, ahuyentar, alejar; chasser de tristes pensées desechar los malos pensamientos ‖ ahuyentar; le feu chasse les bêtes sauvages el fuego ahuyenta las fieras ‖ sacar (un clou) ‖ sustituir (remplacer) ‖ disipar, despejar (une odeur) ‖ disipar (le brouillard) ‖ echar fuera (expulser) ‖ MAR & AVIAT dar caza ■ chasser la contagion hacer desaparecer la posibilidad de contagio ‖ chasser les mouches espantar las moscas ‖ FIG chasser sur les terres d'autrui meter la hoz en mies ajena.
　　◇ v intr cazar ‖ patinar (une roue) ‖ garrar (une ancre) ‖ venir, soplar; le vent chasse du Nord el viento viene del Norte.

SYN débusquer, déloger desalojar; expulser expulsar; refouler echar.

chasseresse f cazadora [forma poética de chasseuse]; Diane chasseresse Diana cazadora.

chasse-roue; chasse-roues m guardacantón, guardarruedas.
　　■ OBSERV pl chasse-roues.

chasseur, euse m & f cazador, ra.
　　◆ **chasseur** m botones (domestique) ‖ cazador; chasseur d'autographes cazador de autógrafos ‖ AVIAT avión de caza, caza ‖ piloto de caza ‖ MAR cazador (bâtiment) ‖ MIL cazador; chasseur alpin cazador de montaña ‖ chasseur de têtes cazatalentos ‖ chasseur d'images cazafotos.

chassie f legaña.

chassieux, euse adj legañoso, sa.

châssis [ʃasi] m bastidor ‖ bastidor (de tableau) ‖ chasis (photographie, radio) ‖ claraboya f (toiture vitrée) ‖ contramarco (portes, fenêtres) ‖ AGRIC cajonera f, cama f ‖ AUTOM chasis, bastidor ‖ IMPR rama f ‖ TECHN armazón f ‖ caja f de moldear (métallurgie) ‖ FAM buen cuerpo ‖ châssis dormant bastidor fijo.

châssis-presse m prensa f para copias.
　　■ OBSERV pl châssis-presses.

chaste adj casto, ta.
SYN continent continente; pur puro; sage juicioso; vertueux virtuoso.

chastement adv castamente.

chasteté f castidad.

chasuble f casulla.

chat m ZOOL gato ■ chat angora gato de angora ‖ chat de gouttière gato callejero ‖ chat de mer mielga (poisson) ‖ chat musqué gato de algalia ‖ chat perché, chat juego de muchachos en que se persiguen unos a otros, especie de pillapilla ‖ chat sauvage gato montés ‖ langueue-chat lengua de gato (gâteau) ‖ le Chat botté el gato con botas ‖ FAM mon chat cariño ■ acheter, vendre chat en poche comprar, vender a ciegas ‖ appeler un chat un chat llamar al pan pan y al vino vino ‖ avoir un chat dans la gorge tener carraspera ‖ chat échaudé craint l'eau froide gato escaldado del agua fría huye ‖ donner sa langue au chat darse por vencido, rendirse ‖ il ne faut pas réveiller le chat qui dort peor es menearlo ‖ il n'y a pas de quoi fouetter un chat no es para tanto, no es cosa del otro mundo ou del otro jueves ‖ il n'y a pas un chat no hay ni un gato ou ni un alma ‖ la nuit, tous les chats sont gris de noche todos los gatos son pardos ‖ vivre comme chien et chat vivir como perros y gatos.
SYN matou gato; mimi micho, mizo; minet minino; raminagrobis micifuz.

châtaigne [ʃatɛɲ] f castaña (marron) ‖ espejuelo m (chevaux) ‖ FAM castaña, puñetazo m (coup de poing) ■ châtaigne d'eau castaña de agua ‖ châtaigne de mer erizo de mar.

châtaigneraie f castañar m.

châtaignier m BOT castaño.

châtain, e adj castaño, ña; cheveux châtains cabellos castaños.
　　■ OBSERV Se emplea el adjetivo masculino con un sustantivo femenino cuando va seguido por otro adjetivo que lo modifica (une barbe châtain foncé).

château m [▷ SYN 1] castillo (demeure fortifiée) ‖ palacio (habitation royale ou seigneuriale) ‖ [▷ SYN 2] quinta f (belle maison de campagne) ‖ MAR castillo ■ château d'eau arca de agua ‖ château de cartes castillo de naipes ‖ château de sable castillo de arena ‖ château fort castillo, alcázar, fortaleza f ■ faire des châteaux en Espagne hacer castillos en el aire ‖ mener une vie de château llevar una vida de canónigo.
SYN 1. castel castillejo; forteresse fortaleza; châtelet castillete.
2. manoir casa solariega.

chateaubriand m solomillo de vaca asado.

Château-la-Pompe [ʃatolapɔ̃p] n pr m FAM agua f del grifo; accompagné d'un verre de Château-la-Pompe acompañado con un vaso de agua del grifo.

châtelain, e [ʃatlɛ̃, ɛn] m & f castellano, na (d'un château fort) ‖ dueño ou inquilino de una quinta lujosa (château moderne).
　　◆ **châtelaine** f cadena de señora de la que cuelgan varios dijes (chaîne de cou).

châtelet m castillete (petit château).

châtellenie f castellanía.

chat-huant [ʃaɥã] m autillo (oiseau).
　　■ OBSERV pl chats-huants.

châtier [9] v tr castigar ‖ FIG limar, pulir; châtier son style pulir su estilo ‖ qui aime bien châtie bien quien bien te quiere te hará llorar.

chatière f gatera (trou) ‖ ventanillo m de tejado, tragaluz m, gatera (combles).

châtiment m castigo; châtiment corporel castigo corporal.

chatoiement [ʃatwamã] m viso, tornasol, cambiante.

chaton m gatito (petit chat) ‖ engaste (d'une bague) ‖ chatón (pierre sertie) ‖ candelilla f, amento (fleurs).

chatonner [3] v tr engastar.
　　◇ v intr parir la gata ‖ BOT echar candelillas.

chatouillement m cosquillas f pl (action) ‖ cosquilleo (sensation) ‖ FIG sensación f agradable.

chatouiller [3] v tr cosquillear, hacer cosquillas ‖ FAM excitar ‖ FIG lisonjear; chatouiller la vanité lisonjear la vanidad ‖ producir una sensación agradable (les sens) ‖ chatouiller l'amour-propre tocar el amor propio (taquiner), adular (flatter).

chatouilles [ʃatuj] f pl FAM cosquillas; faire des chatouilles hacer cosquillas.

chatouilleux, euse adj cosquilloso, sa; que tiene cosquillas ‖ quisquilloso, sa (susceptible).

chatouillis m FAM pequeño cosquilleo.

chatoyant, e [ʃatwajã, ãt] adj tornasolado, da.

chatoyer [13] v intr tornasolar, hacer tonos irisados ‖ FIG brillar, atraer como un espejuelo.

châtré, e adj & s castrado, da.
SYN castrat castrado; eunuque eunuco; hongre castrado.

châtrer [3] v tr castrar, capar.

châtreur m castrador.

chatte f ZOOL gata ‖ FAM ma chatte querida.

chattemite *f* FIG mosquita muerta; faire la chattemite hacerse la mosquita muerta.

chatterie [ʃatri] *f* FAM golosina (friandise) ǁ zalamería, arrumaco *m* (câlinerie).

chatterton *m* ÉLECTR cinta *f* aislante.

chat-tigre *m* ZOOL ocelote.

chaud, e [ʃo, ʃod] *adj* [▷ SYN] caliente (eau, etc.) ǁ caluroso, sa; cálido, da (climat) ǁ abrigado, da; que abriga, de abrigo; un manteau bien chaud un gabán que abriga mucho ǁ FIG ardiente, apasionado, da; caluroso, sa; chaud partisan ardiente partidario ǁ caluroso, sa (chaleureux) ǁ acalorado, da (discussion) ǁ FIG & FAM fresquito, ta; reciente, nuevo, va; nouvelle toute chaude noticia fresquita ǁ angustioso, sa; apremiante; de chaudes alarmes alarmas angustiosas ǁ cálido, da; voix, amitié chaude voz, amistad cálida ǁ caliente, vivo, va (coloris) ǁ salida, en celo (femelles) ■ à chaudes larmes a lágrima viva ǁ avoir la tête chaude ser impulsivo, brusco ǁ il fait très chaud hace mucho calor ǁ ne pas être chaud pour no ser muy partidario de ǁ tenir chaud dar calor, abrigar ǁ vous avez eu chaud de buena se ha librado.
◆ **chaud** *m* calor ■ chaud et froid enfriamiento (rhume) ■ cela ne fait ni chaud ni froid esto no importa en lo más mínimo ou nada ǁ rester au chaud quedarse en casa ǁ souffler le chaud et le froid jugar a dos barajas ǁ tenir au chaud mantener caliente.
◆ **chaud** *adv* caliente ■ à chaud en caliente; opérer un malade à chaud operar a un enfermo en caliente ǁ manger chaud comer caliente ǁ se tenir chaud darse calor.

> SYN brûlant quemante, quemando; torride tórrido; ardent ardiente, ardiendo; bouillant hirviente, hirviendo; chaleureux caluroso.

chaude *f* fogarata, lumbrarada (feu vif) ǁ TECHN calda (métaux) ǁ (vx) à la chaude en seguida.

chaudeau *m* caldo caliente (bouillon) ǁ ponche de huevos (au lait et aux œufs).

chaudement *adv* con calor ǁ FIG calurosamente, con ardor, vivamente ǁ se vêtir chaudement vestirse con ropa de mucho abrigo.

chaud-froid *m* guisado de ave que se come fiambre con gelatina ou mayonesa.
ǁ OBSERV pl chauds-froids.

chaudière *f* caldera; chaudière à vapeur caldera de vapor; chaudière tubulaire caldera tubular ǁ calderada (son contenu).

chaudron *m* caldero ǁ FAM cascajo (mauvais instrument).

chaudronnée *f* calderada.

chaudronnerie *f* calderería.

chaudronnier, ère *m* & *f* calderero, ra.

chauffage *m* calentamiento, caldeamiento (action de chauffer) ǁ calefacción *f*; chauffage central calefacción central ■ chauffage au charbon calefacción de carbón ǁ chauffage au gaz calefacción de gas ǁ chauffage au mazout calefacción por fuel-oil ǁ chauffage électrique calefacción eléctrica ǁ chauffage par induction calefacción por inducción ǁ chauffage par le sol calefacción a través del suelo ǁ chauffage urbain sistema de calefacción alimentado por una central que suministra calor a una área urbana ǁ bois de chauffage leña.

chauffagiste *m* técnico de calefacción.

chauffant, e *adj* que calienta ǁ couverture chauffante manta termógena.

chauffard [ʃofar] *m* FAM chófer malo.

chauffe *f* fogón *m*, hogar *m* (foyer) ǁ calefacción, caldeo *m*; surface de chauffe superficie de caldeo ǁ destilación (distillation).

chauffe-assiettes *m inv* calientaplatos.

chauffe-bain *m* calentador de baño.
ǁ OBSERV pl chauffe-bains.

chauffe-biberon *m* calientabiberones *m inv*.
ǁ OBSERV pl chauffe-biberons.

chauffe-eau [ʃofo] *m inv* calentador de agua.

chauffe-lit *m* calentador de cama.
ǁ OBSERV pl chauffe-lits.

chauffe-pieds *m inv* calientapiés.

chauffe-plats *m inv* calientaplatos.

chauffer [3] *v tr* calentar; chauffer un four calentar un horno ǁ FIG activar; chauffer une affaire activar un negocio ǁ preparar intensamente (un élève) ǁ ARG birlar (voler) ǁ (vx) pescar (surprendre) ǁ chauffer les oreilles à quelqu'un calentar las orejas a alguien.
◇ *v intr* calentarse; le bain chauffe el baño se calienta ǁ prepararse a partir (vapeur, locomotive) ǁ FIG & FAM animarse (s'animer).
◆ **se chauffer** *v pr* calentarse; se chauffer au soleil calentarse al sol.

chaufferette *f* calientapiés *m*, estufilla, rejuela.

chaufferie *f* forja, fragua (d'une usine) ǁ MAR sala de máquinas, sala de fogoneros, cuarto *m* de calderas.

chauffeur *m* fogonero (de machine à vapeur), maquinista (de train) ǁ chófer, conductor (d'automobile) ǁ chauffeur de taxi taxista ǁ voiture avec chauffeur coche con chófer.

chauffeuse *f* silla baja para sentarse junto al fuego.

chauffoir *m* calefactorio.

chaufour *m* calera *f*.

chaufournier *m* calero.

chaulage *m* AGRIC encalado, encaladura *f*.

chauler [3] *v tr* encalar (enduire de chaux) ǁ abonar con cal (amender le sol).

chauleuse *f* máquina encaladora.

chaumard [ʃomar] *m* MAR pasteca *f*, guía *f*.

chaume *m* caña *f* de las gramíneas (tige) ǁ bálago (toit) ǁ choza *f* (chaumière) ǁ AGRIC rastrojo (tiges coupées) ǁ rastrojera *f* (champ).

chaumer [3] *v tr & intr* AGRIC rastrojar.

chaumière *f* choza.

chaumine *f* chamizo *m*.

chaussant, e *adj* que calza bien (soulier).

chausse *f* manga (filtre) ǁ BLAS calza.
◆ **chausses** *f pl* calzas (culottes), calzones *m pl* ■ bas de chausses medias calzas ǁ hauts de chausses calzas atacadas ǁ FAM tirer ses chausses tomar las de Villadiego.

chaussée *f* calzada (rue), piso *m*, firme *m* (route) ǁ malecón *m* de un río ou estanque (levée) ǁ MAR bajío *m* ■ chaussée glissante firme deslizante, suelo resbaladizo ǁ chaussée rétrécie estrechamiento de carretera.

chausse-pied [ʃospje] *m* calzador.
ǁ OBSERV pl chausse-pieds.

chausser [3] *v tr* calzar; je chausse du 37 calzo el 37 ǁ calarse (des lunettes); le nez chaussé de lunettes con las gafas caladas en la nariz ǁ calzar (des pneus) ǁ AGRIC ajorcar, arrojar (une plante).
◇ *v tr & intr* ir, sentar; chausser bien ir bien; chausser grand ir grandes [zapatos].
◆ **se chausser** *v pr* calzarse.

chausse-trape *f* trampa para alimañas (piège) ǁ FIG trampa, ardid *m* ǁ MIL abrojo *m*.
ǁ OBSERV pl chausse-trapes.

chaussette *f* calcetín *m*.

chausseur *m* zapatero.

chausson *m* [▷ SYN] zapatilla *f* ǁ patín, escarpín (de bébé) ǁ combate a puntapiés (combat) ǁ empanadilla *f* (pâtisserie).

> SYN pantoufle pantufla; mule chinela; babouche babucha; savate chancleta; espadrille alpargata.

chaussure *f* calzado *m* (industrie) ǁ [▷ SYN] zapato *m*; une paire de chaussures un par de zapatos ■ chaussures à semelle compensée zapatos tanque ǁ chaussures basses zapatos bajos ǁ chaussures de ski botas de esquí ǁ chaussures montantes botinas, botas ǁ trouver chaussure à son pied hallar la horma de su zapato.

> OBSERV Calzado désigne la chaussure en général. Une chaussure, des chaussures se traduisent par un zapato, zapatos (souliers), una bota, botas (bottes), etc.
> SYN soulier zapato; sandale sandalia; botte bota; bottine botina; brodequin borceguí; FAM godillot, godasse, croquenot zapatón.

chaut [ʃo] ➡ **chaloir**.

chauve *adj* calvo, va ǁ le Mont Chauve el Monte Pelado.

chauve-souris *f* ZOOL murciélago *m*.
ǁ OBSERV pl chauves-souris.

chauvin, e *adj & s* patriotero, ra; chauvinista (gallicisme).

chauvinisme *m* patriotería *f*, chauvinismo (gallicisme).

chauvir [32] *v intr* aguzar.

> OBSERV El verbo chauvir también sigue el modelo [3] en los plurales del presente de indicativo y del imperativo, en pretérito imperfecto, presente de subjuntivo y en participio presente.

chaux [ʃo] *f* cal; chaux vive, éteinte cal viva, apagada ■ lait de chaux lechada de cal ǁ pierre à chaux caliza ■ à chaux et à sable ou à ciment a cal y canto ǁ blanchi à la chaux encalado.

chavirement; chavirage *m* vuelco (voiture) ǁ MAR vuelco, zozobra *f*.

chavirer [3] *v intr* zozobrar (bateau) ǁ volcar (véhicule) ǁ ponerse en blanco (les yeux) ǁ dar vueltas, tambalearse (chanceler) ǁ FIG trastornar (bouleverser) ǁ son cœur chavira le dio un vuelco el corazón.
◇ *v tr* trastornar, revolver.

chébec; chebek *m* jabeque (embarcation).

chèche *m* turbante.

chéchia [ʃeʃja] *f* fez *m* de zuavo.

check-list *f* AVIAT check-list, lista de verificación ou de control.
ǁ OBSERV pl check-lists.

check-up [tʃɛkœp] *m inv* chequeo *m*.

cheddite f chedita (explosif).

cheeseburger [tʃizbœrgœr] m hamburguesa de queso, cheeseburger.

chef m cabeza f (tête) ‖ [▷ SYN] jefe; chef d'État jefe de Estado ‖ jefe, cabeza f; chef de famille cabeza de familia ‖ caudillo (fundador), jefe (fondateur) ‖ jefe de cocina, cocinero principal (cuisinier) ‖ BLAS jefe ‖ DR objeto principal, base f (d'accusation) ‖ capítulo, artículo (division) ■ DR chef d'accusation cargo de acusación ‖ chef d'atelier encargado de taller ‖ chef de clinique director de clínica ‖ chef de file gastador (soldat), dirigente, guía, mandamás FAM ‖ chef de gare jefe de estación ‖ chef d'entreprise empresario ‖ MIL chef de pièce cabo de cañón ‖ chef de produit jefe de producto ‖ chef de projet jefe de proyecto ‖ chef d'équipe capataz ‖ chef de rayon jefe de sección ‖ chef de service jefe de departamento ‖ chef des ventes jefe de ventas ‖ chef d'orchestre director de orquesta ‖ chef du personnel jefe de personal ■ commandant en chef comandante en jefe ‖ général en chef general en jefe ‖ rédacteur en chef redactor jefe ■ au premier chef en primer lugar, antes que nada, en el más alto grado ‖ de son chef, de son propre chef de motu propio, de por sí, por autoridad propia ‖ en chef como jefe.

| SYN commandant comandante; patron patrón; FAM manitou mandamás.

chef-d'œuvre [ʃedœvr] m obra f maestra.
‖ OBSERV pl chefs-d'œuvre.

chefferie f MIL mayoría de ingenieros.

chef-lieu [ʃefljø] m cabeza f de distrito (d'arrondissement), cabeza f de partido (de canton) ‖ capital f de un departamento (de département).
‖ OBSERV pl chefs-lieux.

cheftaine f jefa de exploradores.

chegros [ʃegro] m cabo encerado.

cheik [ʃɛk] m jeque (chef arabe).

chéilite [keilit] f inflamación de los labios.

chéiroptère [keiroptɛr]; **chiroptère** [kiroptɛr] m ZOOL quiróptero.

chelem [ʃlɛm] m capote (jeux de cartes) ‖ slam (bridge) ‖ être chelem no hacer baza.

chélidoine [kelidwan] f BOT celidonia.

chelléen, enne [ʃeleɛ̃, ɛn] adj & s m GÉOL chelense.

chéloniens [kelonjɛ̃] m pl quelonios (tortues).

chemin m camino ■ chemin battu camino frecuentado, camino trillado (routine) ‖ chemin creux cañada ‖ chemin de croix vía crucis ‖ chemin de fer de ceinture ferrocarril de circunvalación ‖ chemin de halage camino de sirga ‖ chemin de roulement carril ‖ chemin de table centro de mesa ‖ chemin de terre camino de tierra ‖ chemin de traverse atajo ‖ FIG & FAM chemin de velours senda florida, camino de rosas ‖ chemin forestier senda de bosque ‖ chemin muletier camino de herradura ‖ chemin vicinal camino vecinal ‖ grand chemin camino real ‖ INFORM chemin d'accès encaminador ■ à mi-chemin a medio camino ‖ en chemin, chemin faisant de paso, de camino ■ aller son chemin seguir su camino ‖ aller son petit bonhomme de chemin ir por sus pasos contados, vivir sin pena ni gloria ‖ c'est sur mon chemin me pilla de ca-

mino ‖ faire son chemin abrirse camino ou paso ‖ gagner du chemin ganar terreno ‖ ne pas y aller par quatre chemins no andarse con rodeos, ir al grano ‖ passer son chemin seguir su camino ‖ prendre le chemin des écoliers tomar el camino más largo ‖ rebrousser chemin volverse atrás ‖ remettre dans le droit chemin poner ou meter en cintura ‖ se frayer ou s'ouvrir un chemin abrirse camino ou paso ‖ tous les chemins mènent à Rome todos los caminos van a Roma, por todas partes se va a Roma.

| SYN allée alameda; avenue avenida; sentier sendero; piste pista; layon trocha.

chemin de fer m ferrocarril.
‖ OBSERV pl chemins de fer.

chemineau m vagabundo.

cheminée f chimenea ‖ tubo m (lampes) ‖ corredor m angosto entre dos peñascos (rochers) ‖ válvula (de parachute) ■ cheminée à hotte chimenea de campana ‖ cheminée à la prussienne chimenea estufa ‖ cheminée d'appel chimenea de tiro.

cheminement m marcha f, progreso ‖ camino seguido por (de la pensée) ‖ MIL trabajo de zapa.

cheminer [3] v intr caminar ‖ FIG progresar, avanzar ‖ MIL aproximarse lentamente a las posiciones enemigas.

cheminot m ferroviario.

chemise f [▷ SYN] camisa (vêtement); chemise de nuit camisa de dormir ‖ carpeta, subcarpeta (dossier) ‖ MIL camisa (fortification) ‖ TECHN camisa (moteur) ■ chemise à rabats camisa con alzacuello ou de cuello duro ‖ chemise de mailles cota de malla ‖ chemise longue camisón ■ FAM s'en ficher ou moquer comme de sa première chemise no importarle a uno un comino.
‖ SYN chemisette camiseta; camisole blusa.

chemiser [3] v tr TECHN revestir.

chemiserie f camisería.

chemisette f camiseta (d'homme), blusa (de femme) ‖ pechera almidonada (plastron).

chemisier, ère m & f camisero, ra.
➔ **chemisier** m blusa f (de femme) ‖ robe chemisier traje camisero.

chênaie [ʃɛnɛ] f encinar m.

chenal m caz de molino ‖ MAR canal.
‖ OBSERV pl chenaux.

chenapan m tuno, pillastre.

chêne m BOT roble (rouvre) ‖ FIG & FAM roble (homme vigoureux) ‖ chêne des garrigues coscoja, carrasca ‖ chêne vert encina (yeuse) ‖ petit chêne germandría.

chéneau m ARCHIT canalón (d'un toit).

chêne-liège m BOT alcornoque.
‖ OBSERV pl chênes-lièges.

chenet m morillo (de cheminée).

chènevis m cañamón (grain de chanvre).

chènevotte f arista, agramiza (du chanvre).

Chengdu n pr GÉOGR Chengdu, Ch'eng-tu.

chenil [ʃənil] ou [ʃəni] m perrera f (des chiens) ‖ FIG pocilga f (logement sale).

chenille [ʃənij] f oruga (larve de papillon) ‖ felpilla (passement de soie veloutée) ‖ TECHN oruga; véhicule à chenilles vehículo oruga.

chenillé, e adj provisto de orugas.

chenillette f alacranera (plante) ‖ MIL automóvil m oruga.

chénopode [kenopod] m BOT quenopodio.

chénopodiacées f pl quenopodiáceas.

chenu, e adj cano, na; canoso, sa; tête chenue cabeza cana ‖ FIG blanco, ca (blanc) ‖ nevado, da (couvert de neige).

cheptel [ʃeptɛl] m aparcería f de ganado (contrat) ‖ riqueza f pecuaria, riqueza f ganadera, cabaña f ‖ ganado (bétail) ■ cheptel mort aperos de labranza dados en arriendo ‖ cheptel vif bienes semovientes.

chèque m cheque; faire un chèque extender un cheque; toucher un chèque cobrar un cheque ■ chèque à ordre cheque nominativo ‖ chèque au porteur cheque al portador ‖ chèque barré cheque cruzado ‖ chèque de voyage cheque de viaje ou de viajero ‖ chèque en blanc cheque en blanco ‖ chèque en bois, chèque sans provision cheque sin fondos ‖ chèque postal cheque postal.

| CHÈQUE
En Francia el cheque es un medio de pago muy corriente que se usa diariamente entre los particulares (para cualquier compra de más de 100 francos) y las sociedades. Suelen ser cheques cruzados puesto que los cheques al portador ya no están autorizados. También existen los "chèques postaux", para los titulares de cuentas corrientes abiertas en los servicios bancarios de "La Poste".

chèque-cadeau m vale de regalo.
‖ OBSERV pl chèques-cadeaux.

chèque-repas m vale ou pase comida.
‖ OBSERV pl chèques-repas.

chèque-restaurant m vale ou pase restaurante.
‖ OBSERV pl chèques-restaurants.

chèque-service; chèque emploi-service m modo simplificado de pago por una persona física para empleos a corto plazo [canguro, quehaceres domésticos].
‖ OBSERV pl chèques-service; chèques emploi-service.

chéquier m talonario de cheques.

cher, ère adj caro, ra (en style soutenu) ‖ querido, da (aimé); mon cher, ma chère querido, querida; cher à sa famille querido por su familia ‖ caro, ra; apreciado, da (précieux) ‖ carero, ra; caro, ra (qui vend cher) ‖ caro, ra (d'un prix élevé) ■ Cher Monsieur Estimado Señor (lettre) ‖ formule chère à fórmula tan querida por, tan del gusto de ou grata a ‖ les désirs les plus chers los deseos entrañables ‖ mon cher mi querido amigo.
➔ **cher** adv caro; cela coûte cher esto es caro; vendre cher vender caro ‖ ne valoir pas cher no valer mucho.

Cher [ʃer] n pr m GÉOGR Cher (département); dans le Cher en Cher.

Cherbourg n pr GÉOGR Cherburgo.

chercher [3] v tr buscar; chercher un mot buscar una palabra ‖ traer; va me chercher ce livre ve a traerme ese libro ‖ llamar; va chercher le médecin ve a llamar al médico ‖ recoger; j'irai te chercher chez toi iré a recogerte a tu casa ‖ intentar recordar; je cherche un nom intento recordar un nombre ‖ FAM costar; cela va chercher dans les 100 francs eso cuesta unos 100 francos ■ chercher à procurar; chercher à deviner procurar adivinar; esforzarse por; chercher à plaire esforzarse por agradar ▌ chercher des ennuis buscársela ▌ chercher la bagarre buscar bronca ▌ chercher la petite bête ser un chinche, buscarle pelos al huevo ▌ chercher midi à quatorze heures buscar tres pies al gato ▌ **FAM** chercher quelqu'un buscar la boca a uno ▌ **FIG** chercher une aiguille dans une meule ou botte de foin buscar una aguja en un pajar.

▌ **OBSERV** Précédé des verbes envoyer, aller ou venir, chercher se traduit simplement en espagnol par la préposition por: envoyer chercher du vin mandar por vino.

chercheur, euse *m* & *f* buscador, ra (qui cherche quelque chose); chercheur de mines buscador de minas [(*Amér*) cateador]; chercheur d'or buscador de oro ▌ investigador, ra (dans le domaine scientifique).

chère *f* comida ■ maigre chère mala comida ■ aimer la bonne chère gustarle a uno comer bien ▌ faire bonne chère darse un banquetazo.

chèrement *adv* cariñosamente (avec tendresse) ▌ caro, ra; a alto precio; vendre chèrement sa vie vender cara su vida.

chéri, e *adj* & *s* querido, da.

▌ **OBSERV** Sólo se utiliza entre personas unidas por el amor. No debe confundirse con cher.

chérif *m* jerife (prince arabe).

chérifien, enne *adj* jerifiano, na.

chérir [32] *v tr* querer [tiernamente]; chérir ses enfants querer a sus hijos ▌amar (avoir de l'attachement); chérir sa patrie amar a su patria.

Chéronée [kerone] *n pr* **GÉOGR** Queronea.

cherry *m* aguardiente de cerezas.

▌ **OBSERV 1.** Ne pas confondre avec sherry, nom anglais du vin de Jerez.
2. pl cherrys ou cherries.

Chersonèse [kɛrsɔnɛz] *n pr f* **GÉOGR** la Chersonèse el Quersoneso.

cherté *f* alto *m* precio, carestía; la cherté de la vie la carestía de la vida.

▌ **OBSERV** Carestía, en espagnol, a le sens de prix élevé, mais il est plus employé dans celui de manque.

chérubin *m* querubín.

chervis *m* **BOT** escaravia *f*, chirivía *f* de cuaresma.

chester *m* queso de Chester.

chétif, ive *adj* endeble, enclenque, escuchimizado, da; enfant chétif niño enclenque ▌ pobre, escaso, sa; récolte chétive cosecha escasa.

cheval *m* [▷ **SYN**] caballo ▌ **FIG** caballo, espingarda *f* (grande femme) ■ cheval à bascule caballo de balancín ▌ cheval de bataille caballo de batalla ▌ cheval d'arçons ou cheval-arçons potro, potro con arzón ▌ cheval de course caballo de carreras ▌ cheval de frise caballo de frisa ▌ cheval de renfort encuarte ▌ **FAM** cheval de retour reincidente ▌ cheval de selle caballo de silla ou de montar ▌ cheval de trait caballo de tiro ▌ cheval fondu paso ▌ cheval hors d'âge caballo que ha cerrado ▌ **cheval-vapeur** ▌ chevaux de bois caballitos, tiovivo (manège) ▌ une 11 chevaux un coche de once caballos ■ à cheval sur a horcajadas (à califourchon), entre ▌ de cheval muy fuerte (fièvre, remède) ■ à cheval donné on ne regarde pas la bride a caballo regalado no hay que mirarle el diente ▌ être

à cheval sur ser muy estricto respecto a ▌ faire du cheval hacer equitación, montar a caballo ▌ monter sur ses grands chevaux subirse a la parra ▌ travailler comme un cheval trabajar como un mulo ▌ troquer son cheval borgne contre un aveugle salir de Guatemala y meterse en Guatepeor.

▌ **SYN** coursier corcel; palefroi palafrén; destrier caballo de batalla; poulain potro; roussin rocín; haridelle penco; rossinante rocinante; bidet jaca; rosse matalón; étalon semental; dada caballo (enfantin).

chevalement *m* **ARCHIT** apeo, apuntalamiento ▌ armazón *f* (puits) ▌ tour de chevalement torre de extracción.

chevaler [3] *v tr* **ARCHIT** apear, apuntalar.

chevaleresque [ʃəvalrɛsk] *adj* caballeresco, ca.

chevalerie [ʃəvalri] *f* caballería ▌ chevalerie errante caballería andante.

chevalet *m* caballete (de peintre) ▌ caballete (d'ouvrier) ▌ tijera *f* (pour scier du bois) ▌ potro (torture) ▌ **IMPR** chibalete ▌ **MUS** puente (d'un instrument).

chevalier *m* [▷ **SYN**] caballero; chevalier errant caballero andante ▌ chorlito (oiseau) ■ chevalier d'industrie caballero de industria, petardista ▌ chevalier servant galán ▌ le chevalier sans peur et sans reproche el caballero sin miedo y sin tacha.

▌ **OBSERV** Le mot caballero désigne couramment un homme distingué, un "gentleman". Aujourd'hui, il équivaut simplement à monsieur.

▌ **SYN** preux hombre de pro,· valiente; paladin paladín.

chevalière *f* sortija de sello (bague).

chevalin, e *adj* caballar, equino, na; race chevaline raza caballar ▌caballuno, na; profil chevalin perfil caballuno ▌ boucherie chevaline despacho de carne de caballo, carnicería hipofágica.

cheval-vapeur; cheval *m* caballo de vapor; 11 chevaux-vapeur 11 caballos de vapor.

chevauchant, e *adj* que montan unos sobre otros.

chevauchée *f* cabalgada ▌ gran paseo *m* a caballo ▌ distancia que puede recorrer una acémila sin pararse (bêtes de somme) ▌ cabalgata ▌ **FIG** desfile *m*, procesión.

chevauchement *m* imbricación *f*, traslapo (de deux objets) ▌ **FIG** conflicto, colisión *f*.

chevaucher [3] *v intr* cabalgar (aller à cheval) ▌ **TECHN** montar, imbricar, traslapar.
◇ *v tr* cabalgar, montar.
➧ **se chevaucher** *v pr* superponerse, sobreponerse.

chevau-léger *m* jinete de la antigua caballería ligera francesa.

▌ **OBSERV** pl chevau-légers.

chevêche *f* lechuza (chouette).

chevelu, e *adj* cabelludo, da; cuir chevelu cuero cabelludo ▌de pelo abundante.

chevelure *f* cabellera ▌ **ASTRON** cabellera, cola.

chevet *m* cabecera *f* (tête de lit) ▌ **ARCHIT** presbiterio (d'église) ■ lampe de chevet lámpara de cabecera ▌ au chevet de quelqu'un a la cabecera de alguien.

chevêtre *m* cabestro (du cheval) ▌cabestrillo (bandage) ▌**CONSTR** solera *f*, brochal.

cheveu *m* pelo, cabello ■ cheveu blanc cana ▌faux cheveux cabellos postizos ■ à un cheveu de a punto de, a dos dedos de ▌comme un cheveu sur la soupe de un modo inoportuno ■ avoir les cheveux courts llevar el pelo corto ▌avoir les cheveux en brosse llevar el pelo al cepillo ▌avoir mal aux cheveux tener resaca ▌couper ou fendre un cheveu ou les cheveux en quatre hilar muy fino ▌échapper d'un cheveu librarse por los pelos ▌faire dresser les cheveux poner los cabellos ou los pelos de punta, erizar los pelos ▌ il y a un cheveu hay un pelo ▌ne tenir qu'à un cheveu depender de un pelo, pender de un hilo ▌saisir l'occasion par les ou aux cheveux agarrar la ocasión por los cabellos ou los pelos ▌s'arracher les cheveux tirarse de los pelos, mesarse los cabellos ▌se faire couper les cheveux cortarse el pelo, pelarse ▌ **FAM** se faire des cheveux quemarse la sangre, preocuparse, inquietarse ▌se laver les cheveux ou la tête lavarse la cabeza ▌se prendre aux cheveux agarrarse del moño, andar a la greña ▌**FIG** tiré par les cheveux traído por los cabellos, rebuscado.

▌ **OBSERV** Le mot le plus usité en espagnol est pelo, qui est un collectif traduisant par cheveu aussi bien au singulier qu'au pluriel. Cabello est moins employé dans le langage courant.

▌ **SYN** chevelure cabellera; crinière melena; crins crines; perruque peluca; poil pelo, vello; tignasse greñas; toison greñas.

chevillard *m* carnicero al por mayor.

cheville *f* clavija (de métal ou de bois), tarugo *m* (de bois) ▌ **ANAT** tobillo *m*, espinilla ▌ **MAR** cabilla ▌**MUS** clavija (instrument à cordes) ▌**POÉT** ripio *m* ■ cheville à œillet cáncamo ▌cheville ouvrière clavija maestra; clave, alma (d'une entreprise) ▌vers pleins de chevilles versos ripiosos ■ être en cheville avec quelqu'un estar conchabado con alguien ▌ne pas arriver à la cheville de quelqu'un no llegarle a uno al tobillo ou a los talones ou a la suela del zapato ▌vendre à la cheville vender al por mayor carne cortada para el consumo.

cheviller [3] *v tr* enclavijar ▌**POÉT** llenar de ripios ▌avoir l'âme chevillée au corps tener siete vidas como los gatos.

chevillette *f* clavijilla.

chevillier *m* **MUS** clavijero.

cheviot [ʃəvjo] *m*; **cheviotte** [ʃəvjɔt] *f* cheviot *m* (tissu).

chèvre *f* cabra ▌**TECHN** cabria, trípode *m* de carga (de levage) ■ chèvre sauvage cabra montés ▌**FAM** faire devenir chèvre atacar los nervios ▌ménager la chèvre et le chou saber nadar y guardar la ropa.

chevreau *m* cabrito, chivo (petit de la chèvre) ▌cabritilla *f* (peau).

chèvrefeuille *m* **BOT** madreselva *f*.

chèvre-pied *adj* & *s m* **POÉT** caprípedo, da.

chevrette *f* corza (femelle du chevreuil) ▌cabrita, chiva (petite chèvre) ▌ camarón *m* (crevette) ▌trébede (trépied pour casseroles).

chevreuil *m* **ZOOL** corzo.

chevrier, ère *m* & *f* cabrero, ra.
➧ **chevrier** *m* especie de judía ou frijol.

chevrillard *m* corcino (petit chevreuil).

chevron *m* espiga *f*, espiguilla *f*; tissu à chevrons tela de espiguillas ▌ ARCHIT cabrio, cabio ▌ BLAS cheurón ▌ MIL galón de reenganche, sardineta *f* [en forma de V] ▌ TECHN à chevrons en forma de ángulo.

chevronné, e *adj* BLAS cheuronado, da ▌ FAM veterano, na ▌ FIG curtido, da (expérimenté).

chevronner [3] *v tr* ARCHIT encabriar.

chevrotain *m* almizclero (animal).

chevrotant, e *adj* tembloroso, sa; trémulo, la (voix).

chevrotement *m* temblor de la voz.

chevroter [3] *v intr* [▷ SYN] temblar la voz, hablar *ou* cantar con voz temblorosa (voix) ▌ parir [la cabra] (mettre bas) ▌ balar (le chevreau).

▌ SYN trembler temblar; trembloter temblequear.

chevrotin *m* cabritilla *f* (peau) ▌ queso de cabra (fromage) ▌ ZOOL almizclero (portemusc).

chevrotine *f* posta (plomb de chasse) ▌ volée de chevrotines perdigonada.

chewing-gum [ʃwiŋgɔm] *m* chicle.

▌ OBSERV pl chewing-gums.

Cheyenne *n pr* GÉOGR Cheyenne.

chez [ʃe] *prép* en casa de (au domicile de); chez mon oncle en casa de mi tío ▌ a casa de (mouvement); il s'en va chez lui se va a su casa ▌ a casa; venez chez moi venga usted a mi casa ▌ de casa de; je sors de chez lui salgo de su casa ▌ a; aller chez le dentiste ir al dentista ▌ en el país de, en tierra de (dans le pays de) ▌ entre (parmi); chez les Espagnols entre los españoles ▌ en; chez les Anciens en la Antigüedad; c'est chez moi une habitude en mí es una costumbre ■ chez moi, chez nous en mi casa, en nuestra casa, en casa ▌ avoir un chez-soi tener casa propia ▌ FAM bien de chez nous castizo, clásico.

chez-soi *m inv* hogar *m*.

chialer [3] [ʃjale] *v intr* FAM llorar.

chiant, e *adj* TFAM coñazo.

chianti *m* chianti (vin rouge italien).

chiasma *m* ANAT quiasma.

chiasme *m* quiasmo (en rhétorique).

chiasse [ʃjas] *f* VULG cagada de insecto (excrément) ▌ TECHN (vx) escoria (scorie) ▌ VULG (suisse, belgique) canguelo *m* (peur).

chibouk *m*; **chibouque** *f* chibuquí *m* (pipe).

chic *m* FAM facilidad *f* (adresse) ▌ distinción *f*, elegancia *f*, buen tono, buen gusto ■ avoir le chic de *ou* pour faire quelque chose tener el don de hacer algo.

◇ *adj* elegante, distinguido, da; chic; des robes chics vestidos distinguidos ▌ bueno, na; estupendo, da; un chic type una buena persona ▌ simpático, ca; generoso, sa ▌ agradable, cómodo, da.

◇ *adv* (vx) de chic con improvisación.

➥ **chic!** *interj* ¡tanto mejor!, ¡qué bien! ▌ chic alors! ¡estupendo!, ¡magnífico!

▌ OBSERV L'espagnol emploie parfois le gallicisme chic dans le sens d'élégance.

Chicago [ʃikago] *n pr* GÉOGR Chicago.

chicane *f* [▷ SYN] enredo *m*, lío *m* ▌ sutileza, ardid *m* (ruse) ▌ fallo *m* (cartes) ▌ FAM pleitos *m pl* (procès); aimer la chicane ser aficionado a pleitos ▌ MIL paso *m* en zigzag, través *m* (retranchements, routes, canalisations, etc.) ▌ TECHN deflector *m*.

▌ SYN chicanerie trapacería; bisbille pelotera; tracasserie triquiñuela, trapisonda.

chicaner [3] *v tr & intr* enredar, liar (embrouiller) ▌ trapacear (dans un procès) ▌ FAM disputar con mala fe ▌ buscar tres pies al gato (critiquer) ▌ dar pena (tourmenter) ▌ regatear (marchander).

chicanerie *f* trapacería, trapicheo *m*, trapisonda.

chicaneur, euse; chicanier, ère *adj & s* lioso, sa; trapacero, ra; trapisondista ▌ pleitista (dans un procès) ▌ quisquilloso, sa (pointilleux).

chiche *adj* tacaño, ña (avare) ▌ parco, ca; être chiche de compliments ser parco en cumplidos ▌ miserable; une chiche récompense una recompensa miserable ▌ pois chiche garbanzo ■ tu n'es pas chiche de lui parler! ¡no tienes narices de ir a hablar con él!

➥ **chiche!** *interj* FAM ¿a que no?

▌ SYN ladre roñoso; mesquin mezquino; parcimonieux parco; regardant mirado; serré agarrado; pingre roñico; sordide sórdido; FAM radin, rat roñoso; FAM rapiat piojoso; FAM chien ruin.

chichement *adv* humildemente.

chichi *m* cabellos *pl* rizados postizos (cheveux) ▌ alboroto (tapage) ▌ FAM cursilerías *f pl*, melindres *pl*, carantoñas *f pl* ■ faire des chichis hacer cursilerías, hacer dengues (faire des manières) ▌ faire du chichi hacer carantoñas (pour amadouer).

chichiteux, euse *adj* amanerado, da; cursi, melindroso, sa.

chiclé *m* chicle (latex).

chicon *m* lechuga *f* romana.

chicorée *f* BOT achicoria ▌ chicorée frisée escarola.

chicot *m* tocón (arbre cassé) ▌ FAM raigón (dent cassée).

chicotin *m* acíbar, tuera *f*; amer comme chicotin amargo como el acíbar.

chien, enne *m & f* [▷ SYN] perro, perra.

➥ **chien** *m* atractivo, gancho, ángel, salero; avoir du chien tener atractivo ▌ FAM flequillo (frange); porter des chiens llevar un flequillo ▌ gatillo (d'une arme à feu) ■ chien couchant *ou* d'arrêt perro de muestra ▌ chien courant perro corredor ▌ chien de berger perro ganadero ▌ chien de chasse perro de caza ▌ chien de garde perro guardián ▌ chien de manchon perro faldero ▌ chien de mer cazón (poisson) ▌ chien de race perro de casta ▌ chien de traîneau perro de trineo *ou* polar ▌ chien fou perro rabioso ▌ chien méchant! cuidado con el perro ▌ chien policier perro policía ▌ chien qui rapporte perro que cobra ▌ coup de chien trance difícil ▌ ASTRON Grand Chien, Petit Chien Can Mayor, Can Menor ▌ le chien du commissaire el secretario de un comisario de policía ▌ rubrique des chiens écrasés sucesos, noticias diversas ■ FAM chien de..., chienne de... perro, perra; quelle chienne de vie! ¡qué vida más perra! ▌ comme un chien dans un jeu de quilles

como los perros en misa ▌ de chien de perros, detestable, muy malo ▌ entre chien et loup entre dos luces, a boca de noche ▌ nom d'un chien! ¡caray! ■ bon chien chasse de race de casta le viene al galgo ser rabilargo ▌ donner *ou* jeter sa langue aux chiens renunciar a acertar algo, darse por vencido ▌ être chien en affaires ser poco generoso, ser agarrado ▌ être couché en chien de fusil estar acurrucado en la cama ▌ être malade comme un chien estar más malo que los perros ▌ je te promets un chien de ma chienne me las pagarás ▌ se donner un mal de chien partirse en cuatro, matarse ▌ se regarder en chiens de faïence mirarse de hito en hito y con hostilidad ▌ vivre comme chien et chat vivir como perros y gatos.

▌ SYN PÉJ roquet gozque; toutou guauguau; FAM cabot chucho; petit chien, chiot cachorro.

chien-assis *m* lucernario.

▌ OBSERV pl chiens-assis.

chiendent [ʃjɛ̃dɑ̃] *m* BOT grama *f* ▌ FIG & FAM intríngulis, dificultad *f* (difficulté).

chienlit [ʃjɑ̃li] *m & f* cagalaolla (masque) ▌ crier à la chienlit dar vaya, correr a uno.

chien-loup *m* perro lobo.

▌ OBSERV pl chiens-loups.

chienne *f* perra.

chiennerie *f* jauría (chiens) ▌ roñería (avarice) ▌ perrada, perrería.

chier [9] *v tr & intr* VULG cagar ▌ TFAM faire chier jorobar ▌ se faire chier aburrirse como una ostra.

chiffe *f* trapo *m*, tela mala ▌ FAM mou comme une chiffe débil de carácter.

chiffon *m* trapo; parler chiffons hablar de trapos ▌ chiffon antibuée gamuza antivaho ▌ chiffon de papier papel mojado.

chiffonnade *f* CULIN plato condimentado con mantequilla fundida y sazonada.

chiffonnage; chiffonnement *m* arrugamiento.

chiffonné, e *adj* arrugado, da (étoffe, papier, etc.) ▌ visage chiffonné semblante agraciado (piquant), cara arrugada (ridé).

chiffonnement ➥ chiffonnage.

chiffonner [3] *v tr* [▷ SYN] arrugar ▌ FAM molestar, fastidiar (ennuyer) ▌ preocupar (tracasser) ▌ ocuparse de trapos.

◇ *v intr* recoger trapos viejos.

▌ SYN friper ajar, chafar; froisser arrugar.

chiffonnier, ère *adj & s* trapero, ra.

➥ **chiffonnier** *m* costurero, "chiffonnier" (meuble).

chiffrable *adj* calculable.

chiffrage *m* escritura *f* cifrada, cifrado ▌ COMM evaluación *f* ▌ MUS numeración *f*.

chiffre *m* cifra *f*, número, guarismo (nombre) ▌ cantidad *f* (quantité) ▌ numeración *f*; chiffres romains, arabes numeración romana, arábiga ▌ importe, total; le chiffre des dépenses el importe de los gastos ▌ cifra *f* (écriture secrète) ▌ servicio encargado de la correspondencia en escritura cifrada ▌ clave *f* (clé) ▌ combinación *f* de una caja de caudales (coffre-fort) ▌ inicial *f* ▌ marca *f* de iniciales (linge, etc.) ▌ INFORM chiffre binaire dígito binario; chiffre codé en binaire dígito codificado en binario ■ chiffre d'affaires, de ventes facturación, volumen de negocios, de ventas ‖en chiffre rond en número redondo.

chiffré, e *adj* MUS basse chiffrée bajo cifrado.

chiffrement *m* cifrado, transcripción *f* en cifras de un texto claro ‖ INFORM encriptación, encriptamiento.

chiffrer [3] *v tr* cifrar (un message) ‖numerar (numéroter) ‖ marcar (initiales) ‖ COMM cifrar, evaluar ‖ FIG dar un número exacto de, evaluar (évaluer) ‖MUS numerar.
◇ *v intr* contar, calcular ‖ FAM adquirir un valor importante, contar; l'opération commence à chiffrer la operación va adquiriendo un valor importante ‖ chiffrer à, se chiffrer à sumar, ascender a.

chiffreur *m* calculador (calculateur) ‖ el que escribe en cifra (qui écrit des textes chiffrés).

chignole *f* taladradora de mano ‖ FAM cacharro *m*, coche *m* malo.

chignon *m* moño ‖FAM se crêper le chignon agarrarse ou tirarse del moño.

chihuahua *m* chihuahua.

chiite [ʃiit] *adj & s* chiíta.

chili [ʃili] ou [tʃili] *m* chili con carne.

Chili [ʃili] *n pr m* GÉOGR le Chili Chile.

chilien, enne *adj* chileno, na.

Chilien, enne *m & f* chileno, na.

Chimène *n pr* Jimena.

chimère *f* quimera ‖ se nourrir ou se repaître de chimères hacerse ilusiones, vivir de quimeras.

chimérique *adj* quimérico, ca.

chimie *f* química; chimie générale, minérale ou inorganique, organique, biologique química general, mineral ou inorgánica, orgánica, biológica.

chimiothérapie [ʃimjoterapi] *f* MÉD quimioterapia.

chimique *adj* químico, ca.

chimiquement *adv* químicamente.

chimisme *m* BIOL quimismo.

chimiste *m & f* químico, ca.

chimpanzé [ʃɛ̃pɑ̃ze] *m* chimpancé (singe).

chinage *m* teñido de un tejido en varios colores.

chinchilla [ʃɛ̃ʃila] *m* chinchilla *f* (rongeur, fourrure).

chine *m* papel de China.
◇ *f* porcelana de China ‖chamarileo *m*.

Chine *n pr f* GÉOGR la Chine China ‖ la mer de Chine méridionale el mar de China meridional ‖ la mer de Chine orientale el mar de China oriental.

chiné, e *adj* chiné [galicismo] de mezclilla, de varios colores.
➥ **chiné** *m* teñido de un tejido en varios colores.

chiner [3] *v tr* teñir un tejido en varios colores ‖ (vieilli) criticar (critiquer), burlarse, chunguearse de, tomar el pelo (se moquer).
◇ *v intr* chamarilear.

chineur, euse *m & f* (vieilli) chacotero, ra; chunguero, ra; burlón, ona (moqueur) ‖ POP chamarilero, ra (brocanteur).

chinois, e *adj* chino, na (de Chine) ‖ chinesco, ca; ombres chinoises sombras chinescas ‖FAM chino, na; raro, ra; complicado, da ‖chinchoso, sa; pajolero, ra (pointilleux).
➥ **chinois** *m* LING chino ‖ manga *f*, chino, colador de chino (passoire) ‖ FIG c'est du chinois es griego (incompréhensible).

Chinois, e *m & f* chino, na.

chinoiser [3] *v intr* ser quisquilloso, sa, incordiar.

chinoiserie *f* objeto *m*, mueble *m* chino ou chinesco ‖FIG medida complicada, engorro *m*, pejiguera (complication) ‖ chismorrería, tabarra (contrariété).

chinure *f* calidad de la tela chiné.

Chio [kjo] *n pr* GÉOGR Quío.

chiot [ʃjo] *m* cría *f* del perro, cachorro.

chiottes *f pl* VULG cagadero *m sing*.

chiourme *f* chusma (des galères).
‖ OBSERV La palabra chiourme no tiene el sentido de populacho que posee el vocablo español chusma.

chip ➥ **chips**.

chiper [3] *v tr* FAM birlar, mangar.

chipeur, euse *m & f* FAM ladronzuelo, la; mangante, raterillo, lla.

chipie [ʃipi] *f* FAM arpía, pécora.

chipolata *f* salchicha corta (saucisse) ‖(p us) encebollado *m* (ragoût).

chipotage *m* regateo (marchandage) ‖discusión *f* por naderías.

chipoter [3] *v intr* FAM comiscar (manger peu) ‖ FIG poner dificultades por naderías ou menudencias ‖regatear (marchander).
◇ *v tr* discutir mucho tiempo ‖ manosear (tripoter) ‖FAM molestar (ennuyer).

chipoteur, euse; chipotier, ère *adj & s* molesto, ta ‖regatón, ona (qui marchande).

chips [ʃips] *f pl*; **chip** *f* patatas fritas a la inglesa.

chique *f* buyo *m*, nigua (insecte) ‖ mascada (de tabac) ■ FIG & FAM avaler sa chique diñarla, hincar el pico (mourir) ‖ça ne vaut pas une chique eso no vale un pepino o un comino ‖couper la chique à quelqu'un interrumpir a uno, dejarle boquiabierto a uno ‖ mou comme une chique debilucho, sin sangre en las venas.

chiqué *m* FAM afectación *f* ‖ farol, tongo (bluff) ■ c'est du chiqué es un puro camelo, un farol ‖ faire du chiqué darse pisto ou aires.

chiquement *adv* FAM elegantemente, muy chic.

chiquenaude [ʃiknod] *f* papirotazo *m*, papirotada.
‖ SYN croquignole capirotazo; (vx) nasarde pulgarada [en las narices]; pichenette papirote.

chiquer [3] *v tr & intr* mascar tabaco ‖ POP (vx) manducar, jamar (manger).

chiqueur *m* mascador de tabaco.

chiragre *f* MÉD quiragra.

chiromancie [kiromɑ̃si] *f* quiromancia.

chiromancien, enne [kiromɑ̃sjɛ̃, ɛn] *m & f* quiromántico, ca ‖(Amér) palmista].

chiropracteur [kiropraktœr] *m* MÉD quiropráctico.

chiropractie; chiropraxie [kiropraksi] *f* MÉD quiropráctica.

chiropraticien, enne [kiropratisjɛ̃, ɛn] *m & f* quiropráctico, ca.

chiroptère ➥ **chéiroptère**.

chirurgical, e *adj* quirúrgico, ca.

chirurgie *f* cirugía; chirurgie esthétique cirugía estética.

chirurgien *m* cirujano.

chirurgien-dentiste *m* dentista, odontólogo.
‖ OBSERV pl chirurgiens-dentistes.

Chisinau [kiʃinao] Chisinau.

chistera *m* cesta *f*, chistera (pelote basque).

chitine [kitin] *f* CHIM quitina.

chitineux, euse [kitinø, øz] *adj* quitinoso, sa.

chiton [kitɔ̃] *m* quitón.

chiure *f* cagada; chiures de mouche cagadas de mosca.

ch-l (abr écrite de chef-lieu) capital *f* [de un departamento].

chlamyde [klamid] *f* clámide (vêtement grec).

chlamydia *f* BIOL chlamydia.
‖ OBSERV pl chlamydiae.

chleuh *m* dialectos *m pl* beréberes.
◇ *adj & s* FAM & PÉJ (injurieux) alemán (Allemand).

chlinguer ➥ **schlinguer**.

Chloé [kloe] *n pr* Cloe.

chloral [kloral] *m* CHIM cloral.

chlorate [klorat] *m* CHIM clorato (sel).

chlore [klor] *m* CHIM cloro.

chloré, e [klore] *adj* CHIM clorado, da.

chlorer [3] [klore] *v tr* CHIM clorurar.

chlorhydrate [kloridrat] *m* CHIM clorhidrato (sel).

chlorhydrique [kloridrik] *adj* CHIM clorhídrico, ca (acide).

chlorique [klorik] *adj m* CHIM clórico (acide).

chlorofluorocarbure *m* clorofluocarbono.

chloroforme [kloroform] *m* CHIM cloroformo.

chloroformer [3] [kloroforme] *v tr* cloroformizar.

chlorométrie [klorometri] *f* CHIM clorometría.

chlorophycées [klorofise] *f pl* clorofíceas (algues vertes).

chlorophylle [klorofil] *f* BOT clorofila.

chlorophyllien, enne [klorofiljɛ̃, ɛn] *adj* clorofílico, ca.

chloropicrine [kloropikrin] *f* CHIM cloropicrina.

chloroplaste [kloroplast] *m* BOT cloroplasto.

chlorose [kloroz] *f* MÉD clorosis.

chlorotique [klorotik] *adj & s* clorótico, ca.

chlorure [kloryr] *m* CHIM cloruro.

chloruré, e [kloryre] *adj* clorurado, da.

chlorurer [3] [kloryre] *v tr* clorurar.

chnoque ➥ **schnock**.

choc *m* choque; choc en retour choque de rechazo ▮ FIG conflicto; le choc des idées el conflicto de las ideas ■ choc nerveux shock nervioso ▮ MÉD choc opératoire choque ▮ état de choc estado de shock ▮ prix choc precio de choque ■ FIG subir un choc en retour salir el tiro por la culata.

chocolat [ʃɔkɔla] *m* chocolate; tablette de chocolat tableta de chocolate ▮bombón; une boîte de chocolats una caja de bombones ■ chocolat à croquer chocolate para crudo ▮chocolat à cuire chocolate a la taza ▮chocolat au lait chocolate con leche ▮chocolat en poudre chocolate en polvo ▮ FAM être chocolat quedar a la luna de Valencia, quedar con dos palmos de narices.
◇ *adj inv* de color de chocolate; ruban chocolat cinta de color de chocolate.

▮ OBSERV 1. El chocolate francés se perfuma con vainilla. Como bebida se hace generalmente con leche.
2. Le chocolat espagnol est parfumé à la cannelle. Il se boit généralement délayé dans de l'eau et très épais.

chocolaté, e *adj* con chocolate.

chocolaterie *f* chocolatería.

chocolatier, ère *adj & s* chocolatero, ra.
➥ **chocolatière** *f* chocolatera (récipient).

choéphore [kœfɔr] *m & f* coéforo, ra.

chœur [kœr] *m* coro (de chanteurs) ▮coro (partie de l'église) ▮ FIG coro ■ enfant de chœur monaguillo ■ chanter en chœur cantar a coro.

choir [72] *v intr* caer ▮fracasar (échouer) ▮FAM laisser choir abandonar.

choisi, e *adj* escogido, da; selecto, ta; société choisie sociedad selecta ▮ morceaux choisis trozos selectos ou escogidos, miscelánea.

choisir [32] [ʃwazir] *v tr* [▷ SYN] escoger; choisir un fruit escoger una fruta ▮ elegir; choisir un ami elegir a un amigo ■ choisir de faire quelque chose decidir hacer algo ▮ de deux maux, il faut choisir le moindre entre dos males hay que elegir el menor.

▮ OBSERV 1. Élire es menos general que elegir. Significa "escoger" oficial o administrativamente o "nombrar" después de una elección. Faire choix implica una reflexión previa.
2. Elegir a le même sens que escoger (choisir).

SYN élire, faire choix elegir; opter optar; adopter adoptar, prohijar (enfant); jeter son dévolu echar el ojo [la vista].

choix [ʃwa] *m* [▷ SYN] ▮ élection *f*; le choix d'un métier la elección de un oficio ▮surtido (assortiment); un choix de cravates un surtido de corbatas ▮alternativa, opción *f*; laisser le choix dejar una alternativa ▮ selección *f*; un choix de livres una selección de libros ■ au choix a escoger ▮ au choix de a elección de, al gusto de ▮ avancement au choix ascenso por méritos ▮ de choix escogido, de primera calidad (article), destacado, da (place) ▮ de mon, de son choix de mi, de su elección ▮de premier, de second choix de primera, de segunda calidad ■ avoir le choix tener donde escoger ▮ faire choix de elegir, escoger ▮n'avoir que l'embarras du choix no saber con cuál quedarse, tener donde escoger ▮ne pas avoir le choix no tener más remedio ▮occuper une place de choix ocupar un lugar preferente.

SYN cooptation cooptación; élection elección; option opción.

choke-bore [tʃɔkbɔr]; **choke** [tʃɔk] *m* estrangulamiento, choke-bore.

cholagogue [kɔlagɔg] *adj m & s m* MÉD colagogo.

cholécystectomie [kɔlesistɛktɔmi] *f* MÉD colecistectomía, ablación de la vesícula biliar.

cholécystite [kɔlesistit] *f* MÉD colecistitis, inflamación de la vesícula biliar.

cholécystographie [kɔlesistɔgrafi] *f* colecistografía.

cholécystotomie [kɔlesistɔtɔmi] *f* MÉD colecistotomía.

cholédoque [kɔledɔk] *adj m & s m* ANAT colédoco.

cholémie [kɔlemi] *f* MÉD colemia.

choléra [kɔlera] *m* cólera (maladie) ▮ FAM peste *f*, mala *f* persona ▮choléra-morbus cólera morbo.

cholériforme [kɔlerifɔrm] *adj* MÉD coleriforme.

cholérine [kɔlerin] *f* MÉD colerina.

cholérique [kɔlerik] *adj & s* MÉD colérico, ca.

cholestérol [kɔlesterɔl] *m*; **cholestérine** *f* ANAT colesterol *m* ou colesterina *f*.

cholïambe [kɔljɑ̃b] *m* POÉT coliambo.

choline [kɔlin] *f* colina.

cholurie [kɔlyri] *f* MÉD coluria.

chômable *adj* de fiesta, festivo, va; feriado, da; de descanso.

chômage *m* paro, desempleo; chômage saisonnier paro estacional ▮descanso (repos) ■ ÉCON chômage conjoncturel paro coyuntural ▮chômage déguisé paro encubierto ▮chômage des jeunes paro juvenil ▮chômage partiel paro parcial ▮ chômage structurel paro estructural ▮ chômage technique paro técnico ■ être au chômage estar en paro ▮mettre au chômage enviar al paro.

chômé, e *adj* de fiesta, festivo ▮inhábil; jour chômé día inhábil.

chômer [3] *v intr* estar en paro forzoso, estar parado (manquer de travail) ▮ descansar (suspendre le travail) ▮no funcionar (usine) ▮FAM parar (de travailler); je n'ai pas chômé aujourd'hui! no he parado un momento hoy ▮ FIG ser improductivo, no producir nada.
◇ *v tr* guardar las fiestas.

chômeur, euse *adj & s* parado, da; obrero en paro ■ ÉCON chômeur de longue durée trabajador parado desde hace mucho tiempo.

chondrome [kɔ̃drom] *m* MÉD condroma.

chope *f* jarra de cerveza, bock *m*.

choper [3] *v tr* FAM coger, agarrar (une maladie) ▮birlar, mangar (voler) ▮FAM je me suis fait choper me pescaron, me engancharon, me agarraron.

chopine *f* cuartillo *m* (mesure) ▮FAM botella.

chopiner [3] *v intr* FAM pimplar, beber, empinar el codo.

chopper [3] *v intr* tropezar.

choquant, e *adj* chocante.

choquer [3] *v tr* chocar, tropezar con ou contra (heurter) ▮chocar [disgustar] ▮lastimar (la vue, l'oreille) ▮estar en contra de; cela choque le bon sens esto está en contra del buen sentido ■ choquer les verres entrechocar los vasos, brindar ▮je suis choqué me choca.

choral, e [kɔral] *adj* coral.
➥ **chorale** *f* MUS coral (groupe).
➥ **choral** *m* coral *f* (composition).

▮ OBSERV El sustantivo masculino choral hace chorals en plural, mientras que el adjetivo masculino hace choraux.

chorée [kɔre] *m* coreo (poésie grecque).
◇ *f* corea, baile *m* de San Vito (maladie).

chorège [kɔrɛʒ] *m* corega, corego.

chorégraphe [kɔregraf] *m* coreógrafo.

chorégraphie [kɔregrafi] *f* coreografía.

chorégraphique [kɔregrafik] *adj* coreográfico, ca.

choréique [kɔreik] *adj & s* MÉD coreico, ca.

chorïambe [kɔrjɑ̃b] *m* coriambo (poésie).

chorion [kɔrjɔ̃] *m* ANAT corión (membrane de l'œuf).

choriste [kɔrist] *m* corista, vicetiple.

chorizo *m* chorizo.

chorographie [kɔrɔgrafi] *f* corografía (description d'un pays).

choroïde [kɔrɔid] *f* coroides (membrane de l'œil).

chorus [kɔrys] *m* coro ▮ faire chorus hacer coro.

chose *adj inv* raro, ra *adj*; être ou se sentir tout chose sentirse raro, no sentirse bien.
◇ *f* cosa; les personnes et les choses las personas y las cosas ■ grand-chose gran cosa ▮ la chose publique la cosa pública ▮ pas grand-chose poca cosa ▮quelque chose algo ▮quelque chose de bon, de grand, etc. algo bueno, grande, etc. ▮un petit quelque chose una cosilla ■ à peu de chose près aproximadamente, sobre, poco más o menos ▮avant toute chose antes que nada ▮de deux choses l'une una de dos ▮entre une chose et l'autre entre pitos y flautas ▮ aller au fond des choses analizar ou estudiar a fondo ▮à quelque chose malheur est bon no hay mal que por bien no venga ▮avoir quelque chose de tener ribetes de ▮c'est peu de chose no tiene importancia ▮ c'est une chose de dire que... et c'en est une autre... una cosa es que... y otra... ▮chose promise, chose due lo prometido es deuda ▮dire bien des choses dar muchos recuerdos, decir muchas cosas ▮être la chose de quelqu'un ser el esclavo de alguien ▮il y a quelque chose comme hay unos, hay aproximadamente (environ) ▮il y a quelque chose là-dessous hay gato encerrado ▮ les choses étant ce qu'elles sont, étant donné l'état des choses tal (y) como están las cosas ▮ parler de chose(s) et d'autre(s) hablar de todo y de nada ▮y être pour quelque chose tener algo que ver.
◇ *m* fulano (un tel) ▮le Petit Chose Fulanito.

▮ OBSERV Quelque chose es masculino cuando significa una cosa: quelque chose de nouveau algo nuevo. Es femenino cuando significa cualquiera que sea la cosa: quelque chose qu'il ait faite haya hecho lo que haya hecho.

Chostakovitch [ʃɔstakɔvitʃ] *n pr* Shostakóvich.

chott *m* lago salado, chott (en Afrique).

chou *m* col *f*, repollo, berza *f* (légume) ▌ lazo de cintas, moña *f* (nœud) ■ **chou à la crème** petisú ▌ **chou de Bruxelles** col de Bruselas ▌ **chou pommé, chou cabus** repollo ▌ **chou rouge** lombarda ■ **bête comme chou** tonto de capirote (niais), tirado, da (facile) ▌ **bout de chou** niño, niña; pequeño, ña ▌ **FIG feuille de chou** periodicucho, escrito malo ▌ **FAM mon chou** querido mío, amor mío ■ **aller planter ses choux** retirarse al campo ▌ **envoyer planter ses choux** mandar a paseo ▌ **être dans les choux** estar entre los últimos (à la queue), haberle dado a uno un patatús (être évanoui) ▌ **faire chou blanc** errar el tiro, fracasar, quedarse chasqueado ▌ **faire ses choux gras d'une chose** hacer sus delicias de una cosa (se régaler), sacar tajada ou provecho de una cosa (tirer profit) ▌ **FAM rentrer dans le chou de quelqu'un** embestir ou dar una arremetida a alguien.
◇ *adj* **FAM** mono, na (joli) ▌ encantador, ra (gentil).
▌ **OBSERV** pl choux.

chouan [ʃwã] *m* chuán [insurrecto del oeste de Francia durante la Revolución Francesa].

chouannerie *f* sublevación de los chuanes.

choucas [ʃuka] *m* chova *f* (corneille).

chouchou, oute *m & f* **FAM** querido, da; preferido, da; ojo derecho ▌ **être le chouchou** ser el ojito derecho.
➥ **chouchou** *m* coletero (dans les cheveux).

chouchoutage *m* **FAM** favoritismo.

chouchouter [3] *v tr* **FAM** mimar (choyer).

choucroute *f* **CULIN** sauerkraut, choucroute; **choucroute garnie** choucroute con carne de cerdo y patatas.

Chou En-Lai ➥ **Zhou Enlai**.

chouette *f* lechuza (rapace).
◇ *adj* **FAM** bonito, ta; gracioso, sa (joli) ▌ estupendo, da; macanudo, da (formidable).
➥ **chouette!** *interj* **FAM** ¡estupendo!, ¡tanto mejor!, ¡qué gusto!, ¡qué bien!

chouettement *adv* **FAM** (vieilli) estupendamente (gentiment, agréablement).

chou-fleur *m* **BOT** coliflor *f*.
▌ **OBSERV** pl choux-fleurs.

chou-palmiste *m* palmito, palmiche.
▌ **OBSERV** pl choux-palmistes.

chouquette *f* pastelillo *m* cubierto con granos de azúcar.

chou-rave *m* colinabo.
▌ **OBSERV** pl choux-raves.

chouriner [3] ➥ **suriner**.

chow-chow *m* chow-chow.
▌ **OBSERV** pl chows-chows.

choyer [13] [ʃwaje] *v tr* mimar (câliner) ▌ cuidar (veiller) ▌ **FIG** acariciar; **choyer une idée** acariciar una idea.

CHR (abr de centre hospitalier régional) *m* hospital regional, en Francia.

chrême [krɛm] *m* **ECCLÉS** crisma *f*.

chrémeau [kremo] *m* capillo de cristianar.

chrestomathie [krɛstomati] *f* crestomatía.

chrétien, enne [kretjɛ̃, ɛn] *adj & s* cristiano, na ▌ **FAM parler un langage chrétien** hablar como cristiano.

chrétiennement *adv* cristianamente.

chrétienté [kretjɛ̃te] *f* cristiandad.

Christ [krist] *m* Cristo ▌ **le Christ** Cristo, Jesucristo.

christe-marine [kristəmarin] *f* **BOT** hinojo *m* marino.

Christian [kristjɑ̃] *n pr* Cristián.

Christiane [kristjan] *n pr* Cristiana.

christiania [kirstjanja] *m* cristiania (ski).

christianisation *f* cristianización.

christianiser [3] [kristjanize] *v tr* cristianizar.
▌ **OBSERV** Le verbe espagnol cristianar signifie en français baptiser.

christianisme [kristjanism] *m* cristianismo.

Christine [kristin] *n pr* Cristina.

Christophe [kristɔf] *n pr* Cristóbal.

chromage [kromaʒ] *m* **TECHN** cromado.

chromate [kromat] *m* **CHIM** cromato.

chromatine [kromatin] *f* **BIOL** cromatina.

chromatique [kromatik] *adj* cromático, ca.

chromatisme [kromatism] *m* **PHYS** cromatismo.

chrome [krom] *m* cromo (métal).

chromé, e [krome] *adj & s m* cromado.

chromer [3] [krome] *v tr* cromar (métaux).

chromique [kromik] *adj* crómico, ca (acide, sel).

chromiste [kromist] *m* **IMPR** retocador de fotograbado ou offset.

chromo [kromo] *m* cromo (impression en couleurs).

chromolithographie [kromolitografi] *f* cromolitografía.

chromosome [kromozom] *m* **BIOL** cromosoma; **chromosome atypique** cromosoma atípico.

chromosomique *adj* cromosómico, ca.

chromosphère [kromosfɛr] *f* **ASTRON** cromosfera.

chronicité [kronisite] *f* cronicidad ▌ cronicismo (d'une maladie).

chronique [kronik] *adj & s f* crónico, ca ■ **la chronique locale** la crónica local ▌ **RAD la chronique sportive** la crónica deportiva ▌ **la chronique théâtrale** la crónica teatral.

chroniquement [kronikmɑ̃] *adv* crónicamente.

chroniqueur [kronikœr] *m* cronista.

chrono ➥ **chronomètre**.

chronographe [kronograf] *m* cronógrafo.

chronologie [kronoloʒi] *f* cronología.

chronologique [kronoloʒik] *adj* cronológico, ca.

chronologiquement [kronoloʒikmɑ̃] *adv* cronológicamente.

chronométrage [kronometraʒ] *m* cronometraje.

chronomètre [kronometr]; **chrono** [krono] *m* cronómetro.

chronométrer [18] [kronometre] *v tr* cronometrar.

chronométreur [kronometrœr] *m* cronometrador.

chronométrie [kronometri] *f* cronometría.

chronométrique [kronometrik] *adj* cronométrico, ca.

Chronopost® [kronopost] *n pr* servicio de correos francés que entrega los paquetes a la mañana siguiente ▌ **envoyer un colis en Chronopost** enviar un paquete por Chronopost®.

chrysalide [krizalid] *f* **ZOOL** crisálida.

chrysanthème [krizɑ̃tɛm] *m* crisantemo (fleur).
▌ **CHRYSANTHÈME** ——————
En Francia, los crisantemos están asociados a los funerales ya que se utilizan para decorar las tumbas, en particular el día de todos los Santos, la "Toussaint".

chryséléphantin, e [krizelefɑ̃tɛ̃, in] *adj* criselefantino, na (d'or et d'ivoire).

chrysobéryl [krizoberil] *m* crisoberilio (pierre fine).

chrysocale [krizokal]; **chrysocalque** [krizokalk] *m* crisocalco, similor (alliage doré).

chrysolithe [krizolit] *f* crisolita (pierre fine).

chrysomèle [krizomɛl] *f* crisomela (insecte).

chrysomélidés [krizomelide] *m pl* **ZOOL** crisomélidos.

chrysoprase [krizopraz] *f* crisoprasa, crisopacio, *m* (calcédoine verte).

chrysostome [krizostom] *adj* crisóstomo.

CHS (abr de centre hospitalier spécialisé) *m* hospital psiquiátrico, en Francia.

chu, e *p p* de choir.

CHU (abr de Centre hospitalo-universitaire) *m* hospital clínico.

chuchotement *m* cuchicheo, murmullo.

chuchoter [3] [ʃyʃote] *v tr & intr* cuchichear, bisbisear.

chuchoterie *f* cuchicheo *m*.

chuchoteur, euse *m & f* persona que cuchichea, murmurador, ra.

chuintant, e [ʃɥɛ̃tɑ̃, ɑ̃t] *adj & s f* **GRAMM** sibilante, fricativa [sonido peculiar de la j y la ch en francés, de sh en inglés].

chuintement *m* sonido sibilante.

chuinter [3] *v intr* silbar (la chouette) ▌ pronunciar las consonantes s o z con el sonido sibilante de la ch y la j francesas.

chut! *interj* ¡chito!, ¡chitón!

chute *f* caída (d'un objet) ▌ caída, pecado *m*; **la chute du premier homme** la caída del primer hombre [▷ **SYN 1**] caída, hundimiento, derrumbamiento (d'un empire) ▌ caída (des prix) ▌ vertiente, pendiente (d'un toit) ▌ cadencia (composition poétique) ▌ recorte *m* (déchet) ▌ **MÉD** descenso *m* (d'un organe) ▌ **MAR** caída (hauteur de la voile) ▌ **THÉÂTR** fracaso *m* (échec) ■ [▷ **SYN 2**] **chute d'eau** salto de agua ▌ **chute des cheveux** caída de los cabellos ▌ **chute des feuilles** deshoje, caída de las hojas ▌ **chute des reins** rabadilla, parte inferior de la región lumbar ▌ **chute du jour** caída de la tarde, atardecer ▌ **chute du rideau** bajada del telón (théâtre) ▌ **chute libre** caída libre (parachutiste) ▌ **chutes de neige** precipitaciones de nieve ▌ **chutes de pluie** precipitaciones de lluvia ▌ **de chute** de menos; **deux de chute** dos de menos (bridge) ▌ **faire une chute** caerse ▌ **faire une chute de 10 mètres** caer desde 10 metros.
SYN 1. renversement derribo; ruine ruina.
2. cascade cascada; cataracte catarata; saut salto.
▌ **CHUTES** ——————
les chutes du Niagara las cataratas del Niágara;

les chutes Victoria las cataratas Victoria; les chutes d'Iguaçu las cataratas de Iguazú.

chuter [3] *v intr* FAM caerse ▌ fracasar (pièce de théâtre) ▌FIG caer, salir mal.
◇ *v tr* sisear, abuchear (un acteur).

chyle *m* BIOL quilo.

chylifère *adj* ANAT quilífero, ra.

chylification *f* BIOL quilificación.

chyme *m* BIOL quimo.

Chypre *n pr* GÉOGR Chipre.

chypriote *adj* chipriota.

Chypriote *m & f* chipriota.

ci *adv* aquí ▪ ci-après a continuación ▌ ci-contre al lado, en la página de al lado ou de enfrente ▌ ci-dessous más abajo, más adelante ▌ ci-dessus arriba indicado, anteriormente mencionado, susodicho, cha; **les mots ci-dessus** las susodichas palabras; más arriba, antes; **vous trouverez ci-dessus** encontrará más arriba ▌ci-devant antes (avant), ex; **un ci-devant noble** un ex noble ▌ci-gît aquí yace ▌ci-présent aquí presente ▌par-ci, par-là por aquí y por allí.
◇ *pron dém* esto; **ci et ça** esto y aquello.
▌ OBSERV El adverbio ci se usa sobre todo con los sustantivos precedidos de ce, cet, cette, ces o con un pronombre demostrativo: ce livre-ci este libro; ces femmes-ci estas mujeres; celui-ci éste; ceux-ci éstos; ceci esto.

Ci (abr écrite de curie) Ci.

CIA (abr de Central Intelligence Agency) *f* CIA.

ci-après ▬ ci.

cibiste *m & f* radioaficionado, da.

cible *f* blanco *m*; **tirer à la cible** tirar al blanco; **atteindre la cible** dar en el blanco.

ciblé *adj* COMM dirigido a un sector de población restringido.

cibler [3] *v tr* dirigirse *v pr* a (un public, une clientèle).

ciboire *m* copón (vase sacré).

ciborium [sibɔrjɔm] *m* ciborio.

ciboule *f* BOT cebollino *m*.

ciboulette *f* BOT cebolleta.

ciboulot [sibulo] *m* FAM chola (tête).

cicadidés *m pl* cicádidos (insectes).

cicatrice *f* cicatriz (sens propre et figuré).
▌ SYN balafre costurón; stigmate estigma.

cicatriciel, elle *adj* cicatrizal.

cicatricule *f* cicatrícula, galladura (de l'œuf).

cicatrisable *adj* cicatrizable.

cicatrisant, e *adj & s* cicatrizante.

cicatrisation *f* cicatrización.

cicatriser [3] *v tr* cicatrizar.
➤ **se cicatriser** *v pr* cicatrizarse.

cicéro *m* IMPR cícero.

Cicéron *n pr* Cicerón.

cicérone *m* cicerone, guía.

cicéronien, enne *adj* ciceroniano, na.

cicindèle [sisɛ̃dɛl] *f* cicindela (insecte).

ci-contre ▬ ci.

CICR (abr de Comité international de la Croix-Rouge) *m* CICR.

cicutine *f* sicutina.

Cid *n pr* **le Cid** el Cid.

ci-dessous ▬ ci.

ci-dessus ▬ ci.

CIDEX (abr de courrier individuel à distribution exceptionnelle) *m* correo individual con reparto especial.

CIDJ (abr de Centre d'information et de documentation de la jeunesse) *m* centro de información y documentación para los jóvenes.

cidre *m* sidra *f*.
▌ OBSERV Le mot espagnol cidra signifie cédrat.

cidrerie *f* fábrica de sidra, sidrería.

CIDUNaTI [sidynati] (abr de Comité interprofessionnel d'information et de défense de l'union nationale des travailleurs indépendants) *m* organización francesa de artesanos, comerciantes y autónomos.

Cⁱᵉ (abr écrite de Compagnie) Cª.

ciel *m* cielo ▪ ciel de lit dosel ▌ciel variable cielo variable ▪ à ciel ouvert a cielo abierto (mines) ▌grâce au ciel gracias a Dios ▪ aide-toi, le ciel t'aidera a Dios rogando y con el mazo dando ▌élever au ciel poner por las nubes ou en los cuernos de la luna ▌être au septième ciel estar en el séptimo cielo ▌être suspendu entre ciel et terre quedarse colgado en el aire ▌remuer ciel et terre no dejar piedra por mover, revolver Roma con Santiago ▌tombé du ciel llovido del cielo (arrivé à propos), caído de un nido (très surpris) ▌voir les cieux ouverts ver el cielo abierto.
➤ **ciel!** *interj* ¡cielos! ▌au nom du ciel! ¡por Dios!
▌ OBSERV pl cieux, excepto en algunas expresiones como ciels de lit, de carrière, en términos de pintura, y cuando tiene el sentido de climat: les ciels brûlants des tropiques.
▌ SYN firmament firmamento; paradis paraíso; Olympe Olimpo; empyrée empíreo; Champs élysées Campos Elíseos; Walhalla Walhala; Éden edén.

CIEP (abr de Centre international d'études pédagogiques) *m* centro francés de estudios pedagógicos.

cierge *m* cirio; **cierge pascal** cirio pascual ▌BOT cirio ▪ être droit comme un cierge ser más derecho que un palo ou una vela ▌il lui doit un beau cierge le debe estar muy agradecido, le libró de buena.

cigale *f* ZOOL cigarra, chicharra.

cigalière *f* sitio *m* donde abundan las cigarras.

cigare *m* cigarro puro, puro.
▌ OBSERV Cigarro en espagnol désigne très souvent une cigarette et cigare se traduit par puro.

cigarette *f* cigarrillo *m*, cigarro *m*; **cigarette (à bout) filtre** cigarrillo con filtro ou emboquillado ▌rouler une cigarette liar un pitillo.

cigarière *f* cigarrera.

cigarillo [sigarijo] *m* purito.

ci-gît ▬ ci.

cigogne *f* cigüeña (oiseau) ▌TECHN cigüeña, manubrio *m* (levier coudé).

cigogneau *m* ZOOL cigoñino.

ciguë *f* BOT cicuta ▌petite ciguë cicuta menor.

ci-inclus, e *adj* incluso, sa.
➤ **ci-inclus** *adv* incluso.

▌ OBSERV 1. En francés, ci-inclus y ci-joint son invariables cuando empiezan la frase: ci-inclus ma facture inclusa mi factura; ci-joint les deux lettres adjuntas ambas cartas. 2. pl ci-inclus, ci-incluses.

ci-joint, e [siʒwɛ̃, ɛ̃t] *adj* adjunto, ta.
➤ **ci-joint** *adv* adjunto; **vous trouverez ci-joint une brochure** adjunto le remito un folleto ▌veuillez trouver ci-joint adjuntamos a la presente.
▌ SYN ci-annexe anejo; ci-inclus incluso.
▌ OBSERV pl ci-joints, ci-jointes.

cil *m* pestaña *f* ▌cils vibratiles cilios vibrátiles.
▌ OBSERV Ceja, de même étymologie, est la traduction du mot français sourcil.

ciliaire *adj* ANAT ciliar.

cilice *m* cilicio.

Cilicie *n pr f* GÉOGR la Cilicie Cilicia.

cilié, e *adj & s m* ciliado, da.

cillement [sijmã] *m* parpadeo.

ciller [3] *v tr & intr* parpadear, pestañear ▌FAM personne n'ose ciller devant lui nadie se atreve a chistar con él.

cimaise; cymaise *f* ARCHIT gola, cimacio *m*.

cimbrique *adj* HIST címbrico, ca.

cime *f* cima, cúspide.

ciment *m* cemento ▌cemento, argamasa *f*, hormigón (mortier) ▌ciment armé cemento ou hormigón armado.
▌ OBSERV Le mot espagnol cimientos désigne les fondations d'un édifice.

cimenter [3] *v tr* cementar ▌FIG cimentar, afirmar; **cimenter la paix** cimentar la paz.

cimenterie *f* fábrica de cemento.

cimentier *m* cementista (fabricant) ▌cementador (ouvrier).

cimeterre *m* alfanje (sabre arabe), cimitarra *f* (sabre turc).

cimetière *m* cementerio, camposanto ▌cimetière de voitures cementerio de coches.
▌ SYN nécropole necrópolis; columbarium columbario; ossuaire osario; catacombes catacumbas; crypte cripta; (ancien) charnier osario; champ de repos última morada.

cimier *m* cimera *f* (du casque).

cinabre *m* MIN cinabrio.

ciné *m* FAM cine.

cinéaste *m* cineasta.

ciné-club [sineklœb] *m* cine-club.
▌ OBSERV pl ciné-clubs.

cinéma *m* cine; **cinéma muet, parlant** cine mudo, sonoro ▌cinéma d'animation cine de animación ▌cinéma d'art et d'essai cine de arte y ensayo ▪ aller au cinéma ir al cine ▌FIG faire du cinéma hacer teatro.

CinémaScope® *m* cinemascope.

cinémathèque *f* cinemateca; **la Cinémathèque française** la filmoteca francesa.

LA CINÉMATHÈQUE FRANÇAISE
Fundada en 1936, la "Cinémathèque française" está especializada en la conservación y restauración de películas. También organiza proyecciones cinematográficas para el público.

cinématique *f* cinemática.

cinématographe *m* cinematógrafo.

cinématographie *f* cinematografía.
▮ **SYN** filmer filmar; tourner rodar.

cinématographique *adj* cinematográfico, ca.

cinématographiquement *adv* cinematográficamente; cinématographiquement parlant en términos cinematográficos.

cinémitrailleuse *f* **MIL** cámara cinematográfica adaptada a la ametralladora de un avión.

cinémomètre *m* cinemómetro.

cinéphile *m* & *f* amante del cine.

cinéphilie *f* cinefilia.

cinéraire *adj* cinerario, ria.
◇ *f* **BOT** cineraria.
◇ *m* urna *f* cineraria.

Cinérama® *m* cinerama ▮ en Cinérama en cinerama.

ciné-roman *m* novela *f* cinematográfica.

cinétique *adj* & *s* cinético, ca.

cinghalais, e [sɛ̃galɛ, ɛz] *adj* cingalés, esa.
➡ **cinghalais** *m* **LING** cingalés.

Cinghalais, e *m* & *f* cingalés, esa.

cinglage *m* **MAR** singladura *f*.

cinglant, e *adj* mordaz, áspero, ra; un ton cinglant un tono áspero ▮ azotador, ra (pluie, vent).

cinglé, e *adj* & *s* **FAM** chiflado, da; guillado, da.

cingler [3] *v intr* **MAR** singlar; cingler vers singlar hacia.
◇ *v tr* cimbrar, cruzar (fouetter) ▮ **FIG** azotar (pluie, neige) ▮ **TECHN** forjar (le fer).

cinnamique *adj m* **CHIM** cinámico.

cinnamome *m* **BOT** cinamomo.

cinq [sɛ̃k] ou [sɛ̃] *adj* & *s m* cinco ▮ quinto, ta (cinquième); Alphonse V Alfonso V [quinto] ■ cinq cents quinientos, tas ▮ en cinq sec en un dos por tres ▮ il est cinq heures son las cinco ▮ **FAM** il était moins cinq por poco.

cinquantaine *f* cincuentena ▮ los cincuenta; avoir la cinquantaine haber cumplido los cincuenta ▮ friser la cinquantaine andar por ou frisar en los cincuenta.

cinquante *adj* & *s m inv* cincuenta.

cinquantenaire [sɛ̃kɑ̃tnɛr] *m* & *f* cincuentón, ona (qui a 50 ans).
◇ *m* cincuentenario (anniversaire).

cinquantième *adj* & *s* quincuagésimo, ma.

cinquième *adj* & *s* quinto, ta.

cinquièmement *adv* en quinto lugar.

cintrage *m* cimbreo, combadura *f*.

cintre *m* cimbra *f*, cintra *f* (surface intérieure d'un arc) ▮ telar (théâtre) ▮ percha *f* (pour habits) ■ cintre de charpente cimbra ▮ cintre surhaussé, surbaissé cimbra peraltada, rebajada ▮ plein cintre medio punto.

cintré, e *adj* cimbrado, da (incurvé) ▮ ceñido, da; entallado, da (une veste) ▮ **FAM** (vieilli) chalado, da; chiflado, da; guillado, da.

cintrer [3] *v tr* cimbrar, cintrar (une voûte) ▮ combar (le bois) ▮ entallar, ajustar, ceñir (une veste).

cintreuse *f* **TECHN** curvadora.

CIO (abr de Comité international olympique) *m* COI.

cipaye [sipaj] *m* cipayo (soldat indien).

cipolin *m* cipolino (marbre).

cippe *m* cipo (stèle).

cirage *m* enceramiento (des parquets) ▮ betún, crema *f* para el calzado (produit) ▮ limpieza del calzado (des chaussures) ▮ **FIG** & **FAM** être dans le cirage estar achispado (ivre), estar atontolinado (abasourdi).

circaète *m* circaeto (sorte d'aigle).

Circassie *n pr f* **HIST** la Circassie Circasia.

circassien, enne *adj* circasiano, na.

Circassien, enne *m* & *f* circasiano, na.

Circé *n pr* **MYTH** Circe.

circoncire [101] *v tr* circuncidar.

circoncis, e *adj* & *s m* circunciso, sa.

circoncision *f* circuncisión.

circonférence *f* circunferencia.

circonflexe [sirkɔ̃flɛks] *adj* & *s m* circunflejo, ja.

circonlocution *f* circunloquio *m* ▮ rodeo *m* (détour).

circonscription *f* circunscripción; circonscription électorale circunscripción electoral.

circonscrire [99] *v tr* circunscribir; circonscrire un polygone circunscribir un polígono ▮ delimitar; circonscrire un sujet delimitar un tema ▮ localizar; circonscrire une maladie localizar una enfermedad ▮ limitar (limiter).

circonscrit, e *adj* circunscrito, ta.

circonspect, e [sirkɔ̃spɛ, ɛkt] *adj* circunspecto, ta.

circonspection *f* circunspección.
▮ **SYN** discrétion discreción; quant-à-soi reserva; réserve reserva; retenue recato, comedimiento; réticence reticencia.

circonstance *f* circunstancia; se plier aux circonstances adaptarse a las circunstancias ■ air ou tête de circonstance cara de circunstancias ▮ **DR** circonstances aggravantes, atténuantes circunstancias agravantes, atenuantes ▮ discours de circonstance discurso de circunstancias ■ pour la circonstance en esta circunstancia, con este motivo, por esta ocasión.

circonstancié, e *adj* circunstanciado, da ▮ detallado, da; con todos detalles.

circonstanciel, elle *adj* circunstancial ▮ **GRAMM** complément circonstanciel complemento circunstancial ▮ proposition circonstancielle proposición circunstancial.

circonstancier [9] *v tr* referir circunstancias de.

circonvallation *f* circunvalación.

circonvenir [40] *v tr* embaucar, engañar con artificios ▮ delimitar (cerner) ▮ rodear (entourer).

circonvoisin, e [sirkɔ̃vwazɛ̃, in] *adj* circunvecino, na.

circonvolution *f* circunvolución ▮ **FIG** rodeo *m* (détour).
➡ **circonvolutions** *f pl* **ANAT** circonvolutions cérébrales circunvoluciones cerebrales.

circuit [sirkɥi] *m* circuito ■ circuit administratif circuito administrativo ▮ circuit automobile circuito automovilístico ▮ **ÉCON** circuit de distribution circuito de distribución ▮ **ÉLECTR** circuit fermé circuito cerrado ▮ circuit

intégré circuito integrado ▮ **NUCL** circuit primaire circuito primario ▮ circuit primaire de refroidissement circuito primario de refrigeración ▮ **AUTOM** circuit scellé circuito precintado ▮ **FAM** être dans le circuit estar en el ajo ▮ mettre hors circuit dejar fuera.

circuiterie *f* **INFORM** circuitería.

circulaire *adj* & *s f* circular.

circulairement *adv* circularmente (marcher, rouler).

circulant, e *adj* circulante.

circularité *f* carácter *m* circular.

circulation *f* circulación (du sang) ▮ circulación, tráfico *m* (de véhicules) ■ circulation aérienne tráfico aéreo ▮ circulation au ralenti circulación lenta ▮ **ÉCON** circulation fiduciaire circulación fiduciaria ▮ circulation routière circulación rodada, tránsito rodado.

circulatoire *adj* circulatorio, ria ▮ **MÉD** avoir des troubles circulatoires tener problemas circulatorios.

circuler [3] *v intr* circular; le sang circule dans les veines la sangre circula por las venas ▮ circular, propagarse; une nouvelle qui circule una noticia que circula.

circumnavigation [sirkɔmnavigasjɔ̃] *f* circunnavegación.

circumpolaire [sirkɔmpɔlɛr] *adj* circumpolar.

cire *f* cera; cire vierge cera virgen ▮ cerumen *m* (des oreilles) ▮ cire à cacheter lacre.

ciré, e *adj* encerado, da (enduit de cire) ▮ embetunado, da; lustrado, da (chaussures) ▮ toile cirée hule.
➡ **ciré** *m* impermeable de hule (vêtement).

cirer [3] *v tr* encerar (parquet, tissus, etc.) ▮ embetunar, dar crema, sacar brillo (souliers) ▮ **FIG** cirer les bottes à quelqu'un dar coba a alguien.

cireur, euse *m* & *f* encerador, ra (parquets, tissus, etc.) ▮ limpiabotas, limpia (chaussures).
➡ **cireuse** *f* enceradora (machine).

cireux, euse [sirø, øz] *adj* ceroso, sa; teint cireux tez cerosa.

cirier, ère *adj* cerífero, ra (qui produit de la cire).
◇ *m* & *f* cerero, ra.
➡ **cirier** *m* **BOT** árbol de la cera.

ciron *m* **ZOOL** cresa *f*.

cirque *m* circo.

cirre *m* **BOT** zarcillo, tijereta *f* ▮ **ZOOL** cirro.

cirrhose *f* **MÉD** cirrosis; cirrhose alcoolique cirrosis alcohólica.

cirripèdes *m pl* **ZOOL** cirrópodos.

cirrus [sirys] *m* cirro (nuage).

cisaille [sizaj] *f* **TECHN** cizalla (machine et rognure de métal) ▮ cisaille à lames guillotina.
➡ **cisailles** *f pl* cizallas (ciseaux).

cisaillement [sizajmɑ̃] *m* cizalladura *f*.

cisailler [3] [sizaje] *v tr* cizallar ▮ encañonar (le linge).

cisalpin, e *adj* cisalpino, na.

ciseau *m* cincel (de sculpteur) ▮ formón (de menuisier) ▮ tijera *f*, tijereta *f* (catch) ■ ciseau à bois escoplo ▮ ciseau à froid cortafrío.
➡ **ciseaux** *m pl* tijeras *f* (à deux branches) ▮ coup de ciseaux tijeretazo ▮ saut en ciseaux salto de tijeras, tijereta (gymnastique).

ciseler [25] [sizle] v tr cincelar ▌ recortar con tijeras (découper) ▌ FIG cincelar (style).

ciselet [sizle] m TECHN cincelete, buril.

ciseleur [sizlœr] m cincelador.

ciselure [sizlyr] f cinceladura.

Cisjordanie n pr f GÉOGR la Cisjordanie Cisjordania.

cisoires f pl TECHN cizalla de banco.

cissoïde f GÉOM cisoide.

ciste m BOT jara f ▌ cesta f (Antiquité).

cistercien, enne adj & s cisterciense.

cistude f galápago m (tortue d'eau douce).

citadelle f ciudadela.

citadin, e m & f habitante de una ciudad ▌ urbano, na; de la ciudad; des paysages citadins paisajes urbanos.

citateur, trice m & f citador, ra.

citation f DR & MIL citación ▌ cita (texte cité).

cité f ciudad, urbe (ville) ▌ núcleo m antiguo [de una ciudad], casco m ▪ cité ouvrière, radieuse, universitaire ciudad obrera, radiante, universitaria ▌ droit de cité derecho de ciudadanía.

Cîteaux n pr ordre de Cîteaux orden de Cister ou Císter.

cité-dortoir f ciudad dormitorio.
▌ OBSERV pl cités-dortoirs.

cité-jardin f ciudad jardín.
▌ OBSERV pl cités-jardins.

citer [3] v tr citar; citer en justice citar ante la justicia ▌ [▷ SYN] citar (faire une citation) ▪ je ne veux citer personne no quiero citar nombres.
▌ SYN alléguer alegar; produire presentar; mentionner mencionar; rapporter referir.

citérieur, e adj citerior.

citerne f cisterna, aljibe m; wagon-citerne, camion-citerne vagón, camión cisterna; navire-citerne barco aljibe, buque cisterna.

cité U (abr de cité universitaire) f FAM ciudad universitaria.

cithare f MUS cítara.

citharède m & f citaredo (vx), citarista.

cithariste m citarista.

citoyen, enne [sitwajɛ̃, ɛn] m & f ciudadano, na.

citoyenneté [sitwajɛnte] f ciudadanía.

citrate m CHIM citrato.

citrin, e adj cetrino, na.

citrique adj CHIM cítrico, ca.

citron m limón (fruit) ▌ FAM chola f (tête) ▪ citron pressé limón natural (boisson) ▌ FAM presser quelqu'un comme un citron estrujar a uno como un limón ▌ FAM se presser le citron estrujarse los sesos.
◇ adj inv amarillo limón (couleur).

citronnade f limonada, refresco m de limón.

citronné, e adj perfumado, da con limón, al limón ▌ ce gâteau a un petit goût citronné este pastel sabe a un poquito a limón.

citronnelle f BOT cidronela (p us), toronjil m (fruit) ▌ licor m de corteza de limón (liqueur).

citronner [3] v tr echar limón, sazonar con limón.

citronnier m BOT limonero, limón.

citrouille [sitruj] f BOT calabaza ▌ FAM melón m, cabezota ▌ cernícalo m, ganso m, mastuerzo m, limón m (niais).

cive f BOT cebolleta (ciboulette).

civelle f angula (poisson).

civet [sive] m encebollado [de liebre, etc.].

civette f gato m de algalia, (p us) civeta (mammifère) ▌ algalia (parfum) ▌ BOT cebolleta (ciboulette).

civière f camilla (pour malades), parihuelas pl.
▌ SYN brancard camilla, parihuelas, angarillas; bard angarillas, andas, árgueñas.

civil, e adj civil ▌ cortés, afable (poli).
➤ civil m paisano (par opposition à militaire), seglar (par opposition au prêtre) ▌ vida f civil; réintégré dans la civil incorporado a la vida civil ▌ DR lo civil; au civil por lo civil ▌ en civil de paisano.

civilement adv civilmente.

civilisable adj civilizable.

civilisateur, trice adj civilizador, ra.

civilisation f civilización.

civilisé, e adj & s civilizado, da.
▌ SYN poli educado.

civiliser [3] v tr civilizar.

civiliste m civilista.

civilité f cortesía, urbanidad ▌ présenter ses civilités à quelqu'un saludar atentamente a uno.

civique adj cívico, ca ▌ instruction civique educación cívica (école).

civisme m civismo.

cl (abr écrite de centilitre) cl.

clabaud [klabo] m perro de caza que ladra a destiempo.

clabaudage m ladrido inoportuno (aboiement) ▌ FIG gritería f (criailleries).

clabauder [3] v intr ladrar fuera de la pista un perro de caza (chien) ▌ FIG gritar, chillar ▌ chismear (médire).

clabauderie f maledicencia, chisme m.

clabot [klabo]; **crabot** [krabo] m MÉCAN ensambladura f, pestaña f.

claboter [3] v tr ensamblar con pestaña.

clac! interj ¡clac!

clafouti; clafoutis m pastel de cerezas.

claie [klɛ] f zarzo m, cañizo m ▌ valla, encañizado m (de bambous), enrejado m (métallique) ▌ TECHN rejilla de tamizar (treillage).

clair, e adj [▷ SYN] claro, ra ▌ vivo, va (feu) ▌ transparente, desgastado, da; pantalon clair aux genoux pantalón desgastado en las rodillas ▪ clair comme de l'eau de roche ou comme le jour más claro que el agua, con una claridad meridiana ▌ clair et net con claridad meridiana, sin rodeos, bien claro ▌ pour être clair para que quede claro.
➤ clair m claro; le clair de lune el claro de luna ▪ en clair no codificado ▌ le plus clair de son temps la mayor parte de su tiempo ▪ mettre au clair poner en limpio ▌ mettre sabre au clair desenvainar la espada ▌ tirer quelque chose au clair sacar algo en claro.
➤ clair adv claro, claramente ▪ en clair con claridad, claramente ▌ il fait clair hay claridad ▌ voir clair ver bien ▌ y voir clair verlo claro.
➤ clairs m pl claros (peinture).
▌ OBSERV El adjetivo clair es invariable si sigue a un color cualquiera: une robe bleu clair.
▌ SYN évident evidente; manifeste manifiesto.

claire f criadero m de ostras.

Claire n pr Clara.

clairement adv claramente.

clairet, ette [klɛrɛ, ɛt] adj & s m clarete (vin).

clairette f uva albilla (raisin) ▌ vino m albillo (vin) ▌ canónigos m pl (mâche).

claire-voie f claraboya ▌ ventanales m pl, vidrieras pl (d'une église) ▌ empalizada (palissade) ▌ balaustrada (balustrade) ▌ MAR lumbrera ▌ à claire-voie calado, da (ajouré).
▌ OBSERV pl claires-voies.

clairière f claro m, calva, calvero m (dans un bois).

clair-obscur m claroscuro.
▌ OBSERV pl clairs-obscurs.

clairon m MIL corneta f ▌ MUS clarín m.

claironnant, e adj estrepitoso, sa; estruendoso, sa.

claironner [3] v tr pregonar, vocear; claironner une nouvelle pregonar una noticia.
◇ v intr desgañitarse (s'égosiller) ▌ FIG no caber en sí de gozo (exulter).

clairsemé, e adj ralo, la (cheveux) ▌ claro, ra (blé) ▌ escaso, sa; poco, ca (spectateurs).

clairvoyance [klɛrvwajɑ̃s] f clarividencia.
▌ SYN lucidité lucidez; pénétration penetración; finesse, subtilité sutileza; perspicacité perspicacia; sagacité sagacidad; acuité acuidad, agudeza; FAM flair olfato; nez pupila.

clairvoyant, e adj clarividente, perspicaz.

clam m especie f de almeja grande.

clamecer ➤ clamser.

clamer [3] v tr clamar.

clameur f clamor m, clamoreo m.

clampin, e adj & s rezagado, da (traînard) ▌ FAM remolón, ona (paresseux).

clamser [3]; **clamecer** [16] v intr TFAM palmarla (mourir).

clan m clan.

clandestin, e adj clandestino, na ▌ passager clandestin polizón.

clandestinement adv clandestinamente.

clandestinité f clandestinidad ▪ dans la clandestinité en la clandestinidad ▌ entrer dans la clandestinité pasar a la clandestinidad.

clapet [klapɛ] m MÉCAN chapaleta f (d'une pompe) ▌ válvula f (soupape) ▌ FAM pico, boca f.

clapier m conejera f (lapin domestique) ▌ madriguera f (lapin de garenne).

clapir [32] v intr chillar [el conejo].
➤ se clapir v pr agazaparse (se blottir).

clapotant, e ➤ clapoteux.

clapotement m chapoteo (agitation de l'eau).

clapoter [3] v intr chapotear.

clapoteux, euse; clapotant, e adj que chapotea.

clapotis [klapɔti] m chapoteo.

clappement m chasquido [de la lengua].

clapper [3] *v intr* chascar [con la lengua].

claquage *m* distensión *f* de un ligamento ou un músculo, tirón FAM.

claquant, e *adj* FAM fatigoso, sa (fatigant).

claque *f* guantada, manotada, bofetada (gifle) ▮ chanclo *m* (d'une chaussure) ▮ clac *m* (chapeau à ressort) ▮ THÉÂTR claque, conjunto *m* de alabarderos (applaudisseurs payés) ■ chapeau claque bicornio, clac ■ FAM avoir une tête à claques tener una torta ou un guantazo ▮ FAM en avoir sa claque estar hasta la coronilla ou hasta los pelos ▮ FIG prendre une claque estrellarse.

claqué, e *adj* FAM reventado, da (éreinté).

claquement *m* castañeteo (des dents) ▮ castañeta *f* (des doigts) ▮ palmada *f* (mains) ▮ chasquido (du fouet, de la langue) ▮ taconazo (choc des talons), taconeo (bruit des talons, danse) ▮ crujido (articulations) ▮ portazo (de porte).

claquemurer [3] *v tr* emparedar, encerrar entre cuatro paredes.
➤ **se claquemurer** *v pr* encerrarse en su casa.

claquer [3] *v intr* crujir (produire un bruit sec) ▮ castañetear, hacer castañetas (avec les doigts) ▮ chasquear, restallar, chascar (le fouet) ▮ flamear, ondear (un drapeau) ▮ tener una distensión, sufrir un tirón FAM (muscle) ▮ taconear (les talons) ▮ FAM espichar, hincar el pico (mourir) ▮ aplaudir, batir palmas ▮ irse a pique (échouer) ■ claquer des dents castañetear los dientes ▮ FAM claquer du bec tener carpanta.
◇ *v tr* abofetear (donner une claque) ▮ FAM pulverizar, despilfarrar (fortune) ▮ reventar, fatigar (éreinter) ■ claquer la porte dar un portazo ▮ claquer la porte au nez dar con la puerta en las narices ▮ claquer les talons dar un taconazo ▮ FIG & LITT faire claquer son fouet darse tono.
➤ **se claquer** *v pr* distenderse (un muscle) ▮ FAM reventarse (s'éreinter).

claquet *m* cítola *f*, tarabilla *f* (du moulin) ▮ FIG sa langue va comme un claquet habla como un descosido, suelta la tarabilla.

claqueter [27] [klakte] *v intr* cacarear (la poule) ▮ crotorar (la cigogne).

claquette *f*; **claquoir** *m* claquetas, tablillas *f pl* ▮ matraca *f* (crécelle) ▮ CINÉM claqueta ■ claquette de lépreux tablillas de San Lázaro.

claquettes *f pl* claqué *m*.

clarification *f* clarificación ▮ FIG aclaración, esclarecimiento *m*; clarification de la situation aclaración de la situación.

clarifier [9] *v tr* clarificar; clarifier du vin clarificar vino ▮ purificar (purifier) ▮ FIG esclarecer, aclarar; clarifier la situation esclarecer la situación.
▮ OBSERV En el sentido de esclarecer es preferible sustituir el verbo clarifier por el verbo éclaircir.

clarine *f* esquila, cencerro *m*.

clarinette *f* MUS clarinete *m* ▮ clarinetista (instrumentiste).

clarinettiste *m* clarinetista.

clarisse *f* clarisa (religieuse).

clarté *f* claridad ▮ transparencia, limpidez; la clarté de l'eau la limpidez del agua.
➤ **clartés** *f pl* luces (connaissances) ▮ aclaraciones (éclaircissements).

clash *m* FAM clash, conflicto.
▮ OBSERV pl clashs ou clashes.

classe *f* clase (catégorie) ▮ clase (importance) ▮ clase, curso *m* (scolaire); classe de 1ʳᵉ sexto curso; il est dans la classe des petits está en la clase de los pequeños; classes préparatoires curso de dos años de preparación a las oposiciones para ingresar en las grandes écoles ▮ aula, clase (salle de cours) ▮ BOT & ZOOL clase ▮ FAM categoría, clase, distinción ▮ MAR matrícula ▮ MIL quinta, reemplazo *m*; il est de la même classe que moi es de la misma quinta que yo ■ classe creuse grupo de población con un bajo índice de natalidad ▮ classe d'âge grupo de edad (démographie) ▮ classe de mer colonia escolar a la playa ▮ classe de neige semana blanca [escuela] ▮ classe ouvrière clase obrera ▮ classe sociale clase social ▮ classe touriste clase turista, clase económica ▮ classe verte colonia escolar al campo ■ de classe, de grande classe de primer orden ▮ lutte des classes lucha de clases ▮ rentrée des classes apertura de curso ▮ soldat de première, deuxième classe soldado de primera, raso ▮ MIL être de la classe estar a punto de haber cumplido el servicio militar ▮ faire la classe enseñar, dar clases [en las escuelas] ▮ faire ses classes à hacerse ou aprenderlo todo en ▮ faire ses classes avec ser compañero de curso ou de estudios de.

┌─────────────────────────────────┐
CLASSES PRÉPARATOIRES
Estas escuelas especializadas son muy competitivas y exigen mucho esfuerzo. Los estudiantes están completamente sumergidos en su trabajo y se dedican por entero a la preparación de las oposiciones para ingresar en las "Grandes Écoles". Si no aprueban, recibirán la convalidación del DEUG por sus dos años de "prépa" y proseguirán sus estudios en la universidad.
└─────────────────────────────────┘

classement *m* clasificación *f*, ordenación *f* ▮ SPORTS premier au classement général primero de la clasificación general.
▮ SYN catégorie categoría; ordre orden; sorte suerte.

classer [3] *v tr* clasificar ▮ FIG dar carpetazo a (une affaire) ▮ catalogar, encasillar (une personne) ▮ fichar (juger défavorablement) ▮ dar categoría (donner de la notoriété) ■ monument classé monumento declarado de interés artístico.
➤ **se classer** *v pr* clasificarse; se classer dernier clasificarse el último; se classer premier clasificarse el primero.

classeur, euse *m & f* clasificador, ra.
➤ **classeur** *m* archivador, archivo (meuble) ▮ carpeta de anillas (à feuillets mobiles).

classicisme *m* clasicismo.

classificateur, trice *adj & s* clasificador, ra.

classification *f* clasificación.

classifier [9] *v tr* clasificar.

classique *adj* clásico, ca ■ arme classique arma clásica ▮ études classiques estudios clásicos.

classiquement *adv* clásicamente.

clastique *adj* GÉOL clástico, ca.

Claude [klod] *n pr* Claudio (homme), Claudia (femme).

claudicant, e *adj* renqueante.

claudication *f* cojera.

Claudine *n pr* Claudina.

claudiquer [3] *v intr* cojear, renquear.

Claudius [klodjys] *n pr* Claudio.

clause [kloz] *f* cláusula ■ ÉCON clause de la nation la plus favorisée cláusula de la nación más favorecida ▮ DR clause résolutoire cláusula resolutoria ▮ clause statutaire cláusula estatutoria.
▮ OBSERV Cláusula a aussi le sens de phrase.

claustral *adj* claustral.

claustration *f* enclaustramiento *m*.

claustrer [3] *v tr* enclaustrar.
➤ **se claustrer** *v pr* encerrarse.

claustrophobe *adj* claustrofóbico, ca.
◇ *m & f* claustrófobo, ba.

claustrophobie *f* claustrofobia.

clavaire *f* clavaria (champignon).

claveau *m* ARCHIT clave (pierre taillée) ▮ VÉTÉR viruela *f* (des moutons).

clavecin *m* MUS clave, clavecín (gallicisme).

claveciniste *m* MUS tocador de clavicordio.

clavelée *f* VÉTÉR viruela (des moutons).

claveter [27] *v tr* TECHN acuñar con chavetas.
▮ OBSERV Le verbe espagnol clavetear signifie clouter.

clavette *f* TECHN chaveta, pasador *m*.

clavicule *f* ANAT clavícula.

clavier [klavje] *m* teclado (de piano, machine à écrire, etc.) ▮ INFORM teclado; clavier alphanumérique teclado alfanumérico; clavier étendu teclado expandido ▮ llavero (pour les clefs).

claviste *m & f* INFORM teclista.

clayère [klɛjɛr] *f* ostrero *m* (parc à huîtres).

clayette *f* caja (cageot) ▮ parrilla (de réfrigérateur).

clayon [klɛjɔ̃] *m* encella *f* (pour fromages) ▮ cerca *f* (clôture) ▮ batea *f* (panier).

clayonnage [klɛjɔnaʒ] *m* encañado.

clayonner [3] [klɛjɔne] *v tr* cercar con un encañado.

clé ➤ **clef**.

clean [klin] *adj* FAM c'est clean (lieu) es un sitio bien; il est clean (personne) es un niño bien.

clearing [kliriŋ] *m* COMM clearing, compensación *f*.

clef; clé [kle] *f* llave (d'une serrure); clef maîtresse llave maestra ▮ FIG clave (d'un écrit, d'un mystère) ▮ MUS clave; clef de sol clave de sol (llave d'un instrument à vent) ▮ TECHN llave; clef universelle llave universal ■ à la clé en juego ▮ clef à molette ou anglaise llave inglesa ▮ clef à tube llave de tubo ▮ clef à vis llave de tuerca ▮ AUTOM clé de contact llave de contacto ▮ clef de robinet llave de grifo ▮ clef de voûte clave, piedra angular, clave de arco ▮ contrat; clés en main contrato llaves en mano ▮ fausse clef llave falsa, ganzúa ▮ film à clé película con mensaje ▮ livre à clé libro con mensaje ▮ prix clés en main precio llaves en mano (d'une voiture) ■ fermer à clef cerrar con llave ▮ garder sous clef guardar bajo llave ▮ mettre sous clé cerrar bajo llave

prendre la clef des champs tomar las de Villadiego.

◇ *adj* clave, fundamental, esencial; **une position clef** una posición clave.

clématite *f* BOT clemátide.

clémence *f* clemencia.

Clémence *n pr* Clemencia.

Clément *n pr* Clemente.

clément, e *adj* clemente.

clémentine *f* clementina (mandarine).

Clémentine *n pr* Clementina.

clenche; clenchette *f* pestillo *m*.

Cléopâtre *n pr* Cleopatra.

clepsydre *f* clepsidra.

cleptomane *adj & s* cleptómano, na.

cleptomanie *f* cleptomanía.

clerc [klɛr] *m* clérigo (religieux) ∥ sabio, instruido (savant, lettré) ∥ pasante (d'avocat, d'avoué, de notaire) ■ **maître clerc ou premier clerc** primer oficial (d'un notaire) ∥ FIG **faire un pas de clerc** cometer una pifia ∥ **ne pas être grand clerc en la matière** no ser muy competente ou perito en la materia.

clergé *m* clero.

clergie *f* (vx) clerecía.

clergyman *m* clergyman, pastor protestante.

∥ OBSERV pl clergymans ou clergymen.

clérical, e *adj & s m* clerical.

cléricalisme *m* clericalismo.

cléricature *f* clericatura (clergé) ∥ pasantía (notaires, etc.).

Clermont-Ferrand *n pr* GÉOGR Clermont-Ferrand.

clermontois, e *adj* clermontés, esa (de Clermont-Ferrand).

Clermontois, e *m & f* clermontés, esa.

CLES; Cles (abr de contrat local emploi-solidarité) *m* contrato anual para jóvenes parados concedido por la oficina francesa de empleo.

clic! *interj* ¡clic!

clichage *m* IMPR estereotipado, clisado.

cliché *m* IMPR & PHOT cliché, clisé ∥ FIG & FAM tópico, lugar común, frase *f* estereotipada (lieu commun) ∥ **cliché trait** cincografía.

clicher [3] *v tr* IMPR estereotipar, clisar.

clicherie *f* taller *m* de grabado ou de estereotipia.

clicheur *m* IMPR estereotipador.

client, e *m & f* cliente, parroquiano, na (commerce) ∥ FAM tío, tía.

clientèle *f* clientela (d'un médecin, d'un avocat, etc.) ∥ clientela, parroquia (d'un café, etc.) ■ **accorder sa clientèle à** ser cliente habitual de ∥ **avoir la clientèle de** tener como cliente a ∥ **retirer sa clientèle à** dejar de ser cliente de.

clientélisme *m* clientelismo; clientélisme électoral clientelismo electoral.

client-serveur *m inv* INFORM cliente servidor.

clignement [kliɲmɑ̃] *m* guiño (volontaire) ∥ parpadeo (à cause du soleil...) ∥ **clignement d'œil** guiño.

cligner [3] *v tr* entornar; **cligner les yeux** entornar los ojos ∥ pestañear, parpadear (clignoter) ∥ **cligner de l'œil** guiñar (faire signe).

clignotant, e *adj* parpadeante, intermitente.

→ **clignotant** *m* AUTOM luz *f* intermitente, intermitente.

clignotement *m* pestañeo, parpadeo ∥ parpadeo (signalisation) ∥ FIG centelleo.

clignoter [3] *v intr* pestañear, parpadear.

climat [klima] *m* clima ∥ FIG ambiente, atmósfera *f*.

climatérique *adj* climatérico, ca.

climatique *adj* climático, ca.

climatisation *f* climatización.

climatisé, e *adj* climatizado, da (p us); acondicionado, da; con aire acondicionado.

climatiser [3] *v tr* climatizar, acondicionar.

climatiseur *m* acondicionador de aire.

climatologie *f* climatología.

climatologique *adj* climatológico, ca.

climax *m* clímax.

clin d'œil *m* guiño ∥ **en un clin d'œil** en un abrir y cerrar de ojos, en un santiamén, en un decir Jesús, en un dos por tres, en un quítame allá esas pajas.

∥ OBSERV pl clins-d'œil.

clinfoc *m* MAR petifoque.

clinicien [klinisjɛ̃] *m* clínico.

clinique *adj & s f* clínico, ca.

cliniquement *adv* clínicamente.

clinomètre *m* PHYS clinómetro.

clinquant *m* lentejuela, oropel *f* (paillette) ∥ FIG relumbrón, oropel (éclat trompeur).

→ **clinquant, e** *adj* de relumbrón, brillante.

Clio *n pr* MYTH Clío.

clip *m* clip [broche de resorte].

clipper [klipœr] *m* AVIAT & MAR clíper.

clique *f* pandilla, camarilla ∥ zueco *m* [dialectal] (sabot) ∥ MIL banda de trompetas y tambores ∥ **prendre ses cliques et ses claques** liar el petate, largarse.

cliquer [3] *v intr* INFORM pulsar el ratón, hacer clic.

cliquet *m* MÉCAN trinquete.

cliqueter [27] [klikte] *v intr* sonar, restallar, tabletear ∥ picar (moteur).

cliquetis [klikti] *m* ruido, choque (d'armes, etc.) ∥ picado (moteur).

cliquette *f* tarreñas *pl* (castagnettes) ∥ tablillas *pl* (de lépreux).

clisse *f* encella (pour fromages) ∥ funda de mimbre (pour bouteilles).

clisser [3] *v tr* enfundar en mimbres (bouteilles).

clitoridien, enne *adj* clitorídeo, a.

clitoris *m* ANAT clítoris.

clivage *m* crucero; **plan de clivage** plano de crucero ∥ FIG separación *f*, discrepancia *f*, divergencia *f*, desacuerdo (divergence).

cliver [3] *v tr* partir un mineral en el sentido de sus capas.

cloaque *m* [▷ SYN] cloaca *f* (égout) ∥ cenagal (eau croupie) ∥ FIG cloaca *f*, lugar sucio e infecto ∥ ZOOL cloaca *f*.

∥ SYN égout alcantarilla, albañal; sentine sentina.

clochard, e [klɔʃar, ard] *m & f* vagabundo, da; mendigo, ga.

cloche *f* campana (d'église) ∥ quesera (à fromage) ∥ sombrero *m* de campana (chapeau) ∥ CHIM & AGRIC campana de vidrio ∥ FAM tonto *m*, tonta ■ TECHN **cloche à plongeur** campana de buzo ■ **balle en cloche** balón bombeado ∥ **jupe cloche** falda acampanada ∥ FAM **la cloche** conjunto de mendigos ∥ **son de cloche** opinión, parecer ■ **à la cloche de bois** a cencerros tapados ∥ FAM **se taper la cloche** ponerse como el quico, ponerse las botas ∥ **sonner les cloches à quelqu'un** echar un rapapolvo ou una bronca a alguien.

cloche-pied

→ **à cloche-pied** *loc adv* a la pata coja, a la coxcojita ou coxcojilla.

clocher *m* [▷ SYN] campanario (d'une église) ∥ FIG pueblo (pays natal) ■ **course au clocher** carrera a campo traviesa ∥ **esprit de clocher** mentalidad pueblerina, espíritu localista ou exclusivista ou cerrado ∥ **rivalités de clocher** rivalidades de pueblos.

∥ SYN campanile campanil; beffroi atalaya.

clocher [3] *v intr* cojear (boiter) ∥ **il y a quelque chose qui cloche** hay algo que no va bien ou que falla.

clocheton *m* pequeño campanario, campanil (petit clocher) ∥ pináculo (ornement).

clochette *f* [▷ SYN] campanilla ∥ esquila, esquilón *m* (pour le bétail) ∥ campanilla (des fleurs).

∥ SYN sonnaille cencerro; timbre campanilla.

cloison [klwazɔ̃] *f* ANAT tabique *m* ∥ ARCHIT tabique *m* ∥ FIG separación absoluta, barrera ∥ MAR **cloison étanche** mamparo estanco.

cloisonnage; cloisonnement *m* tabiquería *f*.

cloisonné, e *adj* tabicado, da; **émail cloisonné** esmalte tabicado ∥ BOT alveolado, da ∥ FIG compartimentado, da; separado, da.

cloisonnement → cloisonnage.

cloisonner [3] *v tr* tabicar, separar por tabiques ∥ FIG compartimentar.

cloître *m* claustro ∥ [▷ SYN] monasterio.

∥ SYN couvent convento; monastère monasterio; abbaye abadía; prieuré priorato; (vx) moutier monasterio.

cloîtrer [3] *v tr* enclaustrar ∥ FIG & FAM encerrar, enclaustrar (enfermer); **vivre cloîtré** vivir encerrado ∥ **sœur cloîtrée** monja de clausura.

→ **se cloîtrer** *v pr* enclaustrarse, recluirse ∥ FIG & FAM encerrarse (s'enfermer).

clone *m* clon.

clonique *adj* MÉD clónico, ca.

clope *m* FAM colilla *f*, punta *f* (mégot).

clopin-clopant *loc adv* FAM cojeando, renqueando.

clopiner [3] *v intr* cojear, renquear.

cloporte *m* cochinilla *f* (crustacé terrestre).

∥ OBSERV Cochinilla signifie également cochenille.

cloque *f* ampolla de la piel, vejiga (boursouflure) ∥ BOT herrumbre *m*.

cloquer [3] *v intr* formarse ampollas ▌ **étoffe cloquée** tejido de cloqué [rizado en forma de ampollas].

clore [113] *v tr* cerrar, tapar; **clore les yeux** cerrar los ojos ▌ cercar, rodear; **clore un champ** cercar un campo ▌ FIG cerrar (un compte) ▌ cerrar, clausurar (une séance) ▌ concluir; **clore une affaire** concluir un negocio. ◇ *v intr* cerrar; **fenêtre qui clôt mal** ventana que cierra mal.

clos [klo] *m* cercado, huerta *f* cerrada, propiedad *f* cercada (terrain cultivé) ▌ pago (vignoble).

clos, e [klo, oz] *adj* cerrado, da; **la porte est close** la puerta está cerrada ▌ cercado, da (entouré) ■ **champ clos** estacada, palenque ▌ **nuit close** noche cerrada ■ DR **à huis clos** a puerta cerrada ▌ **la séance est close** se ha cerrado *ou* clausurado la sesión.

closeau *m*; **closerie** *f* alquería *f* pequeña (métairie) ▌ huerto *m* cercado (terrain).

Clotilde *n pr* Clotilde.

clôture *f* [▷ SYN] cerca, cercado *m*, valla (enceinte) ▌ tapia (de terre séchée) ▌ clausura (couvent) ▌ clausura (d'une séance) ▌ cierre *m* (de la Bourse) ▌ fin *m*, término *m* (fin) ▌ COMM liquidación (d'un compte) ▌ cierre *m* (d'un inventaire).

▌ SYN **barrière** barrera; **grillage** alambrera; **grille** verja, reja; **haie** seto; **palissade** palizada; **treillage** enrejado, rejilla.

clôturer [3] *v tr* cercar, cerrar (enclore) ▌ clausurar, terminar (une discussion) ▌ COMM liquidar, cerrar (un compte).

clou *m* clavo ▌ tachón (décoration) ▌ FIG atracción *f* principal, colofón, lo más saliente, lo mejor; **le clou de la soirée** la principal atracción de la velada ▌ FAM (vx) monte de piedad, peñaranda (mont-de-piété) ▌ cuartelillo de policía (poste de police), chirona *f* (prison) ▌ cafetera *f*, cacharro, máquina *f* vieja (vieil instrument) ▌ MÉD divieso, clavo (furoncle) ■ **clou à crochet** escarpia, alcayata ▌ **clou de girofle** clavo de especia ▌ **les clous** el paso de peatones ▌ **pneu à clous** neumático de clavos ■ FAM **des clous!** ¡ni hablar! (pas question), ¡nada! (rien du tout) ▌ FIG **être le clou de** ser la sensación ■ **être maigre comme un clou** estar en los huesos, estar como un fideo ▌ FAM **river son clou à quelqu'un** apabullar a uno.

clouage; clouement *m* clavado.

clouer [3] *v tr* clavar; **clouer au mur** clavar en la pared ▌ inmovilizar, clavar (immobiliser) ▌ fijar, asegurar con clavos (fixer) ■ **clouer au pilori** poner en la picota ▌ FAM **clouer le bec à quelqu'un** cerrarle el pico a uno.

cloutage *m* claveteado.

clouté, e *adj* con clavos ▌ **ceinture cloutée** cinturón de clavos ▌ **passage clouté** paso de peatones ▌ **pneu clouté** neumático de clavos, cubierta de nieve y hielo.

clouter [3] *v tr* clavetear, tachonar.

clouterie *f* fábrica *ou* comercio *m* de clavos.

cloutier *m* fabricante *ou* vendedor de clavos.

cloutière *f* clavera (moule à clous) ▌ caja de clavos (boîte à clous).

Clovis *n pr* Clodoveo.

clovisse *f* almeja (mollusque).

clown [klun] *m* payaso, clown (de cirque).

clownerie [klunri] *f* payasada.

clownesque *adj* relativo a un payaso.

cloyère [klwajɛr] *f* canasto *m* de ostras *ou* de pescado.

CLT (abr de Compagnie luxembourgeoise de télédiffusion) *f* compañía luxemburguesa de teledifusión.

club [klœb] *m* club ▌ círculo, casino, peña *f* ▌ palo (de golf).

clunisien, enne *adj* cluniacense (de Cluny).

Cluny *n pr* Cluny (ville) ▌ **l'hôtel et musée de Paris** el museo de Cluny (à Paris).

▌ **LE MUSÉE DE CLUNY** ─────────────

Este museo de la Edad Media se encuentra en un palacete del siglo XIV, en París. En su recinto se pueden ver las ruinas de antiguas termas romanas ("les thermes de Cluny").

cluse *f* corte *m*, paso *m* (gorge).

clystère *m* (vx) lavativa *f*, clister.

Clytemnestre *n pr* MYTH Clitemnestra.

CM (abr de chambre des métiers) *f* oficina de oficios. ◇ *m* (abr de cours moyen) CM1 ≃ 4° de EGB; CM2 ≃ 5° de EGB.

cm (abr écrite de centimètre) cm.

cm² (abr écrite de centimètre carré) cm².

cm³ (abr écrite de centimètre cube) cm³, cc.

CNAC (abr de Centre national d'art et de culture) *m* nombre oficial del centro Pompidou de París.

CNAM [knam] (abr de Conservatoire national des arts et métiers) *m* escuela superior francesa de ingenieros.

CNC *m* (abr de Conseil national de la cinématographie) centro nacional francés de cinematografía ▌ (abr de Conseil national de la consommation) organización oficial francesa de defensa del consumidor.

CNCL (abr de Commission nationale de la communication et des libertés) *f* antiguo organismo francés de control de la radio y de la televisión.

CNDP (abr de Centre national de documentation pédagogique) *m* centro nacional francés de documentación pedagógica.

CNE (abr de Caisse nationale d'épargne) *f* caja nacional de ahorros francesa.

CNEC (abr de Centre national d'enseignement par correspondance) *m* centro nacional francés de educación a distancia.

cnémide *f* canillera (jambière).

CNES; Cnes (abr de Centre national d'études spatiales) *m* centro nacional francés de investigación espacial.

Cnide; Gnide *n pr m* Cnido.

CNIL (abr de Commission nationale de l'informatique et des libertés) *f* institución pública que vela para que la informática respete la libertad e intimidad del ciudadano.

CNIT; Cnit (abr de Centre national des industries et des techniques) *m* recinto ferial situado en la Défense cerca de París.

CNJA (abr de Centre national des jeunes agriculteurs) *m* asociación francesa de jóvenes agricultores.

Cnossos; Knossós *n pr* GÉOGR Cnosos, Knósos.

CNPF (abr de Conseil national du patronat français) *m* consejo nacional de la patronal francesa.

CNR (abr de Conseil national de la Résistance) *m* organización central de la Resistencia francesa fundada en 1943.

CNRS (abr de Centre national de la recherche scientifique) *m* centro nacional de investigación científica.

▌ **CNRS** ─────────────
Esta institución pública está formada por intelectuales, científicos e ingenieros dedicados a la investigación y a sus campos de aplicación. Ser miembro del CNRS es casi siempre una garantía de una carrera prestigiosa y duradera.

CNTS (abr de Centre national de transfusion sanguine) *m* centro nacional francés de transfusiones sanguíneas.

CNUCED; Cnuced (abr de Conférence des Nations Unies pour le commerce et le développement) *f* UNCTAD.

coaccusé, e *m & f* coacusado, da.

coach [kotʃ] *m* coach.
▌ OBSERV pl **coachs** *ou* **coaches**.

coacquéreur *m* coadquiridor.

coacquisition *f* coadquisición.

coactionnaire *m & f* accionista.

coadjuteur *m* coadjutor.

coagulable *adj* coagulable.

coagulant, e *adj & s m* coagulante.

coagulateur, trice *adj* coagulador, ra.

coagulation *f* coagulación.

coaguler [3] *v tr* coagular.
➡ **se coaguler** *v pr* coagularse ▌ cuajarse (le lait).
▌ SYN **cailler** cuajar; **figer** cuajar, solidificar; **cailleboter** cuajar; **se grumeler** hacer grumos, agrumarse.

coagulum [kɔagylɔm] *m* MÉD coágulo (caillot).

coalisé, e *adj & s* coligado, da.

coaliser [3] *v tr* agrupar, mancomunar.
➡ **se coaliser** *v pr* coligarse, mancomunarse.

coalition *f* coalición, mancomunidad.
▌ SYN **ligue** liga; **faisceau** haz; **front** frente; **bloc** bloque.

coaltar *m* alquitrán de hulla.

coaltarer [3] *v tr* cubrir con alquitrán de hulla.

coassement *m* canto de la rana, croar.

coasser [3] *v intr* croar (grenouilles).

coassocié, e *m & f* consocio, cia.

coassurance *f* seguro *m* simultáneo.

coati *m* ZOOL coatí (mammifère d'Amérique) ▌ **coati roux** coatí rojo.

coauteur [kootœr] *m* coautor.

coaxial, e *adj* GÉOM & MÉCAN coaxial; **cylindres coaxiaux** cilindros coaxiales.

cob *m* ZOOL jaca fuerte.

COB; Cob (abr de **Commission des opérations de Bourse**) *f* comisión bursátil francesa encargada de velar por la legalidad de las operaciones de Bolsa, ≃ CNMV.

cobalt *m* cobalto (métal).

cobaye [kɔbaj] *m* conejillo de Indias, cobayo, cobaya *f* [(*Amér*) cuy] ▌ FIG servir de cobaye servir de conejillo de Indias.

cobéa *m*; **cobée** *f* BOT cobea *f*.

cobelligérant, e *adj* & *s m* MIL aliado, da.

COBOL; cobol *m* INFORM COBOL, cobol.

cobra *m* cobra, *f* (serpent).

coca *m* BOT coca *f*.
◇ *f* coca (cocaïne).

cocagne *f* mât de cocagne cucaña ▌ pays de cocagne jauja.

cocaïne *f* CHIM cocaína.

cocaïnisation *f* anestesia con cocaína.

cocaïnisme *m* cocainismo.

cocaïnomane *m* & *f* cocainómano, na.

cocaïnomanie *f* cocainomanía.

cocarde *f* escarapela ▌ divisa (taureaux).

cocardier, ère *adj* & *s* FAM patriotero, ra.

cocasse *adj* FAM chusco, ca; divertido, da.

cocasserie *f* FAM chuscada ▌ comicidad.

coccidie *f* coccidio *m*.

coccidiose *f* VÉTER coccidiosis.

coccinelle *f* mariquita (insecte).

coccyx [kɔksis] *m* ANAT cóccix.

coche *m* (ancien) diligencia *f* ▌ cerda *f*, cochina *f* (truie) ▌ TECHN muesca *f* ■ coche d'eau barco de pasajeros sirgado por caballos ▌ FAM manquer le coche perder la oportunidad, perder el salto.

cochenille *f* ZOOL cochinilla.

cocher *m* cochero.

cocher [3] *v tr* puntear (une liste), señalar con un trazo ▌ (vx) hacer una muesca.

Cocher *n pr m* ASTRON Auriga.

cochère *adj f* cochera; porte cochère puerta cochera.

cochet *m* gallo joven, gallito.

cochevis [kɔʃvi] *m* ZOOL cogujada *f* (oiseau); cochevis huppé cogujada moñuda.

Cochinchine *n pr f* GÉOGR la Cochinchine Cochinchina.

cochinchinois, e *adj* cochinchino, na.

Cochinchinois, e *m* & *f* cochinchino, na.

cochléaire [kɔkleɛr] *adj* ANAT coclear.

cochléaria [kɔklearja] *m* BOT coclearia *f*.

cochon *m* cochino, marrano, cerdo (porc) ▌ FAM cochino (malpropre, égrillard) ■ cochon de lait lechón, cochinillo ▌ cochon de mer marsopa ▌ ZOOL cochon d'Inde conejillo de Indias ▌ petit cochon cochinillo ▌ tour de cochon cochinada ▌ yeux de cochon ojos como cabezas de alfiler ■ nous n'avons pas gardé les cochons ensemble ¿en qué plato hemos comido juntos?
▌ OBSERV En el sentido familiar, el femenino de cochon es cochonne cochina.

cochonnaille *f* carne de cerdo (viande) ▌ embutido *m*, chacina (charcuterie).

cochonner [3] *v intr* parir la puerca.
◇ *v tr* FAM chapucear, ensuciar (travailler salement).

cochonnerie *f* FAM porquería, marranada.

cochonnet [kɔʃɔnɛ] *m* cochinillo, cerdito (petit porc) ▌ perinola *f* (dé) ▌ boliche, bolín (jeu de boules), boliche (pétanque) ▌ FAM cochinillo (enfant sale).

cochylis; conchylis *m* cochylis.

cocker *m* cocker [perrillo de caza de pelo largo].

cockpit *m* AVIAT carlinga *f*, cabina *f*, puesto de pilotaje ▌ MAR caseta *f* del timón.

cocktail [kɔktɛl] *m* cóctel.

coco *m* coco (noix) ▌ huevo [en el lenguaje infantil] (œuf) ▌ agua *f* de regaliz (boisson de réglisse) ▌ FAM monín, rico (terme d'affection) ▌ individuo.
◇ *f* FAM (vieilli) mandanga, cocaína.

cocon *m* ZOOL capullo [de gusano].

cocontractant, e *m* & *f* cocontratante.

cocooning [kɔkuniŋ] *m* estilo de vida hogareño; faire du cocooning hacer cocoon.

cocorico *m* quiquiriquí [canto del gallo].

cocoter; cocotter [3] *v intr* TFAM apestar, heder.

cocotier *m* BOT cocotero, coco.

cocotte *f* gallina (dans le langage enfantin, poule) ▌ pajarita (de papier) ▌ olla (marmite) ▌ FAM niña [expression cariñosa] ▌ mujer galante (femme légère) ▌ VÉTER fiebre aftosa.

Cocotte-Minute® *f* olla a presión ou exprés.
▌ OBSERV pl Cocottes-Minute.

cocotter ➤ **cocoter**.

coction *f* cocción.

cocu, e *adj* & *s* FAM cornudo, da ■ FAM avoir une chance ou une veine de cocu tener una suerte loca ou mucha potra ▌ cocu, battu et content tras cornudo apaleado.

cocufier [9] *v tr* FAM poner los cuernos.

coda *f* MUS coda.

codage *m* acción de poner en código o cifra un mensaje, codificación *f* ▌ INFORM codificación.

code *m* código; code de la route, postal código de la circulación, postal ■ INFORM code ASCII código ASCII; code (de) Gray código de Gray ▌ code à barres código de barras ▌ DR Code civil Código Civil ▌ BIOL code génétique código genético ▌ DR Code pénal Código Penal ▌ code secret código secreto ▌ AUTOM se mettre en codes poner las luces de cruce.

▌ CODE POSTAL
Las dos primeras cifras de los códigos postales franceses corresponden al número del departamento.

codé, e *adj* codificado, da.

code-barres *m* código de barras.
▌ OBSERV pl codes-barres.

codébiteur, trice *m* & *f* codeudor, ra.

codéine *f* MÉD codeína.

codemandeur, eresse *m* & *f* codemandante.

coder [3] *v tr* codificar, cifrar un texto.

codétenteur, trice *m* & *f* codetentor, ra.

codétenu, e *m* & *f* codetenido, da.

codeur *m* INFORM codificador.

codévi [kɔdevi] (abr de **compte pour le développement industriel**) *m* cuenta de ahorro francesa cuyos fondos se invierten en el desarrollo industrial.

codex [kɔdɛks] *m* códice ▌ farmacopea *f*.

codicillaire [kɔdisilɛr] *adj* codicilar.

codicille [kɔdisil] *m* codicilo (d'un testament).

codificateur, trice *adj* & *s* codificador, ra.

codification *f* codificación.

codifier [9] *v tr* codificar.

codirecteur, trice *adj* & *s* codirector, ra.

codirection *f* codirección.

codiriger [17] *v tr* codirigir.

coéditer [3] *v tr* coeditar.

coédition *f* coedición.

coéducation *f* coeducación.

coefficient *m* MATH coeficiente ▌ coeficiente, calificación *f* de una prueba (concours, examen) ▌ coefficient de trésorerie coeficiente ou ratio de tesorería.

▌ COEFFICIENT
En el "baccalauréat", la nota de cada asignatura se multiplica por un "coefficient", según el tipo de "baccalauréat" elegido. Para el "bac S", por ejemplo, que está orientado hacia asignaturas de ciencias, el "coefficient" de la prueba de matemáticas es superior al de la prueba de filosofía y al contrario si se realiza un "bac littéraire" orientado hacia las letras.

cœlacanthe [selakãt] *m* ZOOL celacanto.

cœlentérés [selɑ̃tere] *m pl* ZOOL celentéreos.

cœliaque [seljak] *adj* ANAT celíaco, ca.

coéquipier, ère *m* & *f* compañero, ra, de equipo, que forma equipo con otro ou con otros.

coercibilité *f* coercibilidad.

coercible *adj* coercible.

coercitif, ive *adj* coercitivo, va.

coercition *f* coerción.

coéternel, elle *adj* coeterno, na.

Coëtquidan [kɔetkidɑ̃] *n pr* importante base militar situada en Bretaña, alberga la escuela de Saint-Cyr.

cœur [kœr] *m* corazón (organe du corps) ▌ corazón (centre) ▌ corazón, centro (partie centrale d'une région) ▌ BOT cogollo; cœur de laitue cogollo de lechuga ▌ BLAS corazón ▌ corazón (cartes) ▌ FIG valor, osadía *f* (audace) ■ MÉD cœur artificiel corazón artificial ▌ FIG cœur d'artichaut corazón de melón (amour) ▌ FIG cœur du débat tema principal de un debate ▌ NUCL cœur du réacteur núcleo del reactor ▌ coup au cœur sofocón (surprise) ▌ joli cœur guapetón ■ au cœur de l'été en pleno verano ▌ cœur à cœur con franqueza ▌ de bon cœur de buena gana, gustoso ▌ de grand cœur, de tout cœur con toda el alma, de todo corazón ▌ FIG loin des yeux, loin du cœur ojos que no ven, corazón que no siente ▌ MÉD opération à cœur ouvert operación a corazón abierto ▌ par cœur de memoria ■ aller au cœur du problème ir al grano ▌ aller droit au cœur hablar al corazón, conmover ▌ avoir à cœur de tener empeño en ▌**avoir du cœur** tener buen corazón (bonté), tener estómago (courage) ▌**avoir le cœur à** tener el ánimo para, estar para ▌**avoir le cœur à l'ouvrage** tener mucho ánimo en el trabajo ▌**avoir le cœur gros** tener el corazón oprimido ou hecho polvo ▌**avoir le cœur sur la main** ser muy generoso, tener el corazón que se sale del pecho ▌**avoir le cœur sur les lèvres** tener el corazón que se sale del pecho (être généreux), tener ansias (vomir) ▌**avoir mal au cœur** estar mareado, tener náuseas ▌**barbouiller** ou **soulever le cœur** revolver el estómago ▌**crever** ou **fendre le cœur** partir el corazón ▌ FAM **dîner par cœur** acostarse sin cenar ▌**donner du cœur au ventre** dar ánimo ▌**en avoir le cœur net** saber a qué atenerse ▌**gagner le cœur de quelqu'un** granjearse el afecto ou la estima de alguien ▌**n'avoir pas de cœur** no tener corazón ▌**ne pas porter dans son cœur** no ser santo de su devoción ▌**parler à cœur ouvert** hablar con el corazón en la mano ▌**prendre à cœur** tomar a pecho ▌**s'en donner à cœur joie** pasarlo en grande, disfrutar mucho ▌**si le cœur vous en dit** si está usted de humor, si le parece ▌**tenir à cœur** tener un gran interés ▌**toucher les cœurs** emocionar, conmover.

coexistant, e *adj* coexistente.

coexistence *f* coexistencia, convivencia ▌**coexistence pacifique** coexistencia pacífica.

coexister [3] *v intr* coexistir.

COFACE (abr de **Compagnie française d'assurances pour le commerce extérieur**) *f* compañía francesa de seguros para el comercio exterior, ≃ CESCE.

coffin *m* AGRIC colodra *f* (de faucheur).

coffrage *m* entibación *f*, encofrado (béton).

coffre *m* [▷ SYN] cofre, arca *f* ▌caja *f* de caudales (coffre-fort) ▌arca *f* (trésor public) ▌AUTOM portaequipajes, maletero ▌MAR boya *f* de amarre ▌cofre (poisson) ▌FAM **avoir du coffre** tener mucha voz (en chantant), tener mucho aguante, mucho fuelle ou mucho pecho (du souffle), tener muchas agallas (du courage).

> SYN bahut arca, arcón; huche hucha; RELIG (VX) arche arca; malle baúl.

coffre-fort *m* caja *f* de caudales.
> OBSERV pl coffres-forts.

coffrer [3] *v tr* FAM meter en chirona, enjaular ▌TECHN encofrar (béton, mines, etc.).

coffret *m* cofrecito, arquilla ▌estuche de joyas (à bijoux).

cogérance *f* cogerencia.

cogérant, e *m & f* coadministrador, ra; cogerente.

cogérer [18] *v tr* llevar en cogestión.

cogestion *f* cogestión.

cogitation *f* cogitación.

cogiter [3] *v intr* FAM cogitar (p us), cavilar.

cognac *m* coñac.
> OBSERV Cet alcool reçoit toujours le nom de coñac en espagnol, mais très souvent l'étiquette des bouteilles qui le renferment porte le terme brandy, qui est l'équivalent anglais de cognac.

cognassier [kɔɲasje] *m* BOT membrillo.

cognat [kɔɡna] *m* cognado.

cognation [kɔɡnasjɔ̃] *f* DR cognación.

cogne [kɔɲ] *m* ARG (VX) poli, guindilla [policía].

cognée *f* hacha grande, destral *m* (hache) ▌FIG **jeter le manche après la cognée** echar la soga tras el caldero.

cognement *m* golpeo, golpeteo ▌TECHN picado, golpeteo (moteur).

cogner [3] *v tr* golpear (frapper) ▌meter, clavar (enfoncer) ▌FAM pegar, sacudir (battre). <> *v intr* llamar (à une porte) ▌latir violentamente (cœur) ▌TECHN picar, hacer un ruido (un moteur).

➡ **se cogner** *v pr* darse un golpe (se heurter) ▌FAM sacudirse, darse de palos, zurrarse (se battre) ▌FIG **se cogner la tête contre les murs** romperse la cabeza ou darse contra las paredes.

cognitif, ive [kɔɡnitif, iv] *adj* cognoscitivo, va.

cognition [kɔɡnisjɔ̃] *f* cognición.

cohabitation *f* convivencia *f* (de personas) ▌cohabitación (politique).

> **LA COHABITATION**
> Este término se aplica al período (1986-1988) durante el cual el Presidente socialista (François Mitterrand) ejerció el poder con un Primer ministro de derechas (Jacques Chirac), a consecuencia del triunfo del RPR en las elecciones legislativas y de la decisión de Mitterrand de no dimitir. Este término también se aplica al mismo tipo de situación que se produjo tras las elecciones de 1993 y 1997.

cohabiter [3] *v intr* cohabitar, vivir juntos.

cohérence *f* coherencia.

cohérent, e *adj* coherente ▌PHYS **lumière cohérente** luz coherente.

cohéreur *m* RAD cohesor.

cohériter [3] *v intr* coheredar, heredar con otros.

cohéritier, ère *m & f* coheredero, ra.

cohésif, ive *adj* cohesivo, va.

cohésion *f* cohesión.

cohorte *f* cohorte.

cohue [kɔy] *f* tropel *m*, barullo *m*, jaleo *m*, batahola.

coi, coite *adj* quieto, ta; callado, da ▌**demeurer, rester, ou se tenir coi** no chistar, no decir esta boca es mía.

coiffant *m* manera de ponerse un sombrero.

coiffe *f* toca, cofia (coiffure) ▌forro *m* (doublure) ▌funda (de képi) ▌mesenterio *m* de las reses (des animaux de boucherie) ▌amnios *m* (membrane) ▌cofia (de projectile) ▌piloriza; cofia (d'une plante) ▌ARCHIT concha.

coiffé, e *adj* peinado, da (cheveux); **bien, mal coiffé** bien, mal peinado ▌tocado, da; cubierto, ta; **coiffé d'une casquette** tocado con una gorra ■ **coiffé en arrière** peinado hacia atrás ▌**coiffé en brosse** peinado al cepillo ▌FAM **être né coiffé** haber nacido de pie ou con buena estrella.

coiffer [3] *v tr* cubrir la cabeza de ou con, poner; **coiffer un enfant d'un béret** poner una boina a un niño ▌sentar, ir; **ce béret vous coiffe bien** esta gorra le sienta bien ▌peinar (peigner) ▌ser el peluquero de (coiffeur) ▌cubrir, rematar; **maison coiffée de tuiles** casa cubierta con tejas ▌tener bajo su jurisdicción, reunir bajo su mando, depender (avoir sous sa coupe); **organisation qui en coiffe d'autres** organización de la que dependen otras ▌englobar, abarcar (renfermer) ▌TECHN encabezar ▌FAM emborrachar (enivrer) ■ FAM **coiffer d'une courte tête** ganar por una cabeza ▌**coiffer quelqu'un sur le poteau** vencer a alguien en los últimos metros (sports) ▌FAM **coiffer son mari** engañar ou poner los cuernos a su marido ▌MIL **coiffer un objectif** cubrir un objetivo ▌**il coiffe du 50** su sombrero es del número 50.

➡ **se coiffer** *v pr* peinarse (se peigner) ▌ponerse el sombrero (chapeau), cubrirse la cabeza de ou con, ponerse; **elle se coiffa d'un bonnet** se puso un gorro ▌FIG encapricharse; **se coiffer de quelqu'un** encapricharse por ou con uno.

coiffeur, euse *m & f* [▷ SYN] peluquero, ra ▌**aller chez le coiffeur** ir a la peluquería.

➡ **coiffeuse** *f* tocador *m*, coqueta (meuble).

> SYN (ancien) perruquier peluquero; barbier barbero; figaro fígaro; FAM (VX) merlan rapabarbas.

coiffure *f* tocado *m* (sur la tête) ▌peinado *m* (des cheveux) ▌[▷ SYN] sombrero *m* (chapeau) ▌**salon de coiffure** peluquería.

> SYN FAM bibi sombrerillo de señora; FAM galurin pavero, güito.

Coimbra; Coïmbre *n pr* Coimbra.

coin *m* esquina *f* (angle saillant), pico (d'un meuble) ▌rincón (angle rentrant) ▌rabillo (de l'œil) ▌comisura *f* (des lèvres) ▌rincón (lieu retiré) ▌FIG cuño, sello (poinçon) ▌pedazo (morceau) ▌TECHN cuña *f* (pour fendre le bois) ▌calzo (pour caler) ▌troquel (pour frapper la monnaie) ▌cantonera *f* (reliure) ▌rincón *f* (encoignure) ■ **coin repas** rincón de comer ■ **au coin de la rue** a la vuelta de la esquina ▌**au coin du feu** ou **de la cheminée** al amor de la lumbre ▌**aux quatre coins du monde** por todos los confines del mundo, en el mundo entero ▌**l'épicerie du coin** la tienda de ultramarinos ou de comestibles de la esquina ▌**les quatre coins** las cuatro esquinas (jeux) ▌**regard en coin** mirada de soslayo ▌**sourire en coin** sonrisa disimulada ■ **connaître les coins et les recoins** conocer al dedillo ▌**marquer au coin de marcar** con un sello de ▌**mettre au coin** castigar ou poner en el rincón (enfant) ▌**regarder du coin de l'œil** mirar de reojo ou con el rabillo del ojo.

coinçage *m* calzadura *f*, calce, acuñación *f*.

coincé, e *adj* FAM cortado, da (peu détendu).

coincement *m* atrancamiento, atascamiento.

coincer [16] *v tr* calzar, poner un calce, acuñar (fixer avec des coins) ▌atrancar, atascar (un mécanisme) ▌meter, introducir, encajar, encajonar (engager) ▌arrinconar, encajonar, acorralar a alguien (couper la retraite) ▌FAM coger, pillar, pescar (attraper) ▌**rester coincé** quedarse aprisionado, acorralado, sin salida.

➡ **se coincer** *v pr* atrancarse, atascarse (une machine).

coïncidence [kɔɛ̃sidɑ̃s] *f* coincidencia.

> SYN simultanéité simultaneidad; rencontre hallazgo, encuentro.

coïncident, e [kɔɛ̃sidɑ̃, ɑ̃t] *adj* coincidente.

coïncider [3] *v intr* coincidir.

coïnculpé, e m & f coinculpado, da.

coing [kwɛ̃] m membrillo (fruit) ‖ **pâte de coing** carne de membrillo.

cointéressé, e adj & s cointeresado, da.

coir m gachumbo (de la noix de coco).

coït [kɔit] m coito.

coitte; couette f colchón m de plumas (lit).

coke m coque, carbón de coque.

cokéfaction f TECHN coquización, transformación en coque, coquificación.

cokéfiable adj que puede ser transformado en coque.

cokéfier [9] v tr TECHN coquizar, coquificar.

cokerie f fábrica de coque, coquería.

col m ANAT cuello; **col du fémur** cuello del fémur ‖ cuello (d'un vêtement); **faux col, col cassé** cuello postizo, cuello de palomita ‖ [▷ SYN] puerto, paso (entre deux montagnes) ‖ gollete, cuello (d'une bouteille) ■ **col châle** cuello bufanda ‖ **col roulé** ou **rabattu** cuello vuelto ‖ FAM **faux col** espuma de un vaso de cerveza (bière).
> SYN port puerto; brèche brecha, quebrada; pas paso; défilé desfiladero; gorge garganta.

col. (abr écrite de **colonne**) columna.

Col. (abr écrite de **Colonel**) Col.

cola; kola m cola f, kola f (plante).

colature f coladura (filtrage).

col-bleu m FAM marino.
> OBSERV pl cols-bleus.

Colchide n pr f HIST la Colchide Cólquida.

colchique m BOT cólquico.

colcotar m colcótar.

cold-cream [kɔldkrim] m cold cream.
> OBSERV pl cold-creams.

col-de-cygne m TECHN grifo ou tubería f en forma de cuello de cisne.
> OBSERV pl cols-de-cygne.

colégataire m & f colegatario, ria.

coléoptère m ZOOL coléoptero.

colère f cólera, ira ‖ furor m; **la colère des vagues** el furor de las olas ‖ rabieta, berrinche m (d'un enfant) ■ **colère bleue** rabia imponente, cólera tremenda, furibunda, furiosa ‖ **sur un coup de colère** en un momento de irritación ou de rabia ■ **être en colère** estar furioso ou encolerizado ‖ **être fou de colère** estar hecho una furia ou un basilisco ‖ **passer sa colère sur** desahogar su ira, descargar uno la bilis ‖ **se mettre en colère** encolerizarse, ponerse furioso.
> adj (vx) colérico, ca; iracundo, da (furieux), enfadado, da (fâché).

coléreux, euse; colérique adj colérico, ca; iracundo, da.
> SYN irascible irascible; rageur rabioso, cascarrabias; courroucé enojado.

colibacille [kɔlibasil] m MÉD colibacilo.

colibacillose [kɔlibasiloz] f MÉD colibacilosis.

colibri m colibrí (oiseau).

colicitant adj & s m DR colicitante.

colifichet m baratija f, bujería f (babiole) ‖ perifollo, perendengue (ornement).

colimaçon [kɔlimasɔ̃] m ZOOL caracol ■ FIG **en colimaçon** de forma espiral ou de hélice ‖ **escalier en colimaçon** escalera de caracol.

colin m merluza f (poisson).

Colin n pr Colás.

colineau m merluza f pequeña.

colin-maillard [kɔlɛ̃majar] m gallina f ciega (jeu).
> OBSERV pl colin-maillards.

colin-tampon m (vx) batería f suiza ‖ **je m'en soucie comme de colin-tampon** no me importa un pito.
> OBSERV pl colin-tampons.

colique adj cólico, ca.
> f cólico m; **colique de miserere, de plomb, néphrétique** cólico miserere, de plomo ou saturnino, nefrítico ■ FAM **avoir la colique** morirse de miedo ‖ **quelle colique!** ¡qué tostón!

colis [kɔli] m paquete (paquet), cajón (caisse), bulto (ballot) ■ **colis de Noël** cesta de Navidad ‖ **colis postal** paquete postal [(Amér) encomienda postal].

Colisée n pr m **le Colisée** el Coliseo ou anfiteatro Flavio.

colistier m miembro de una misma candidatura.

colite f MÉD colitis.

colitigant, e adj & s DR colitigante.

coll. (abr écrite de **collection**) colección ‖ (abr écrite de **collaborateurs**) et coll. et al.

collabo m & f colaborador, ra [bajo la Ocupación alemana en Francia] (péjoratif).

collaborateur, trice m & f colaborador, ra ‖ colaboracionista (en politique).

collaboration f colaboración.

collaborationniste adj & s colaboracionista.

collaborer [3] v intr colaborar.

collage m encoladura f, pegadura f ‖ encolado (du papier) ‖ encolado, clarificación f (du vin) ‖ ARTS colaje ‖ FAM enredo, lío, apaño, amancebamiento.

collagène m CHIM colágeno.

collant, e adj pegajoso, sa (qui colle) ‖ ceñido, da (très ajusté) ‖ FIG & FAM pegajoso, sa; pesado, da ‖ **papier collant** papel engomado.
◆ **collante** f ARG SCOL convocatoria a un examen.
◆ **collant** m leotardo (bas).

collapsus m MÉD colapso.

Collargol® m CHIM colargol.

collatéral, e adj & s colateral.
◆ **collatéral** m nave f colateral (dans une église).

collateur m colador (ecclésiastique).

collation [kɔlasjɔ̃] f colación (d'un bénéfice) ‖ colación, cotejo m (comparaison) ‖ [▷ SYN] colación, merienda, tentempié m (repas léger).
> SYN goûter merienda; lunch lunch, refrigerio; réfection refacción.

collationnement m cotejo, confrontación f.

collationner [3] v tr cotejar, confrontar.
> v intr hacer una colación, merendar.

colle f cola, goma, pegamento m (pour coller), examen m parcial ‖ castigo m, privación de salida (retenue) ‖ FAM bola, embuste m (mensonge) ‖ pega (dans un examen) ‖ lata, rollo m, tostón m; **quelle colle!** ¡qué lata! ■ **colle**

de pâte engrudo ‖ **colle forte** cola fuerte ou de conejo ‖ **poser une colle** hacer una pregunta difícil, poner una pega.
> OBSERV En espagnol, on réserve généralement le terme cola pour le produit qui sert à coller le bois, alors que goma ou pegamento désignent toute autre sorte de colle, particulièrement celle qui est vendue en tube.

collecte f colecta ‖ recolección; **collecte d'informations statistiques** recolección de informaciones estadísticas ‖ **faire une collecte** hacer una colecta.

collecter [4] v tr recolectar, recaudar (des fonds) ‖ colectar (p us).

collecteur adj & s m colector.
> m colector (p us), recaudador (d'impôts, de cotisations) ‖ ÉLECTR colector ‖ **collecteur d'ondes** antena.

collectif, ive adj colectivo, va ‖ **immeuble collectif** edificio comunitario.
◆ **collectif** m GRAMM colectivo ‖ **pétition f de apertura, supresión f de créditos** ‖ **collectif budgétaire** presupuesto complementario.

collection f [▷ SYN] colección ‖ MÉD bolsa (de pus, etc.) ■ **pièce de collection** pieza de colección ‖ FIG **toute une collection de...** toda una colección de... ‖ **faire collection de** coleccionar, hacer colección de.
> SYN recueil colección, recopilación; compilation compilación.

collectionner [3] v tr coleccionar ‖ FIG reunir, coleccionar.

collectionneur, euse m & f coleccionista, coleccionador, ra.

collectivement adv colectivamente.

collectivisation f colectivización.

collectiviser [3] v tr colectivizar.

collectivisme m colectivismo.

collectiviste adj & s colectivista.

collectivité f colectividad ‖ **les collectivités locales** las colectividades locales.

collège m colegio; **le collège des cardinaux** el colegio cardenalicio ‖ colegio; **un collège de filles** un colegio de niñas ■ **le Collège de France** el Collège de France ‖ **collège d'enseignement secondaire** colegio de enseñanza secundaria ‖ **collège électoral** cuerpo electoral.
> OBSERV **1.** Collège tiene en francés un sentido más limitado que en español; designa un establecimiento estatal de segunda enseñanza menos importante que el lycée (instituto en España).
> **2.** Colegio désigne également un établissement d'enseignement primaire ou spécial et correspond au français école. Il a aussi le sens d'ordre (des médecins, des avocats).
> LE COLLÈGE DE FRANCE
> Este lugar de saber privilegiado, situado cerca de la Sorbona, organiza conferencias públicas dadas por universitarios y especialistas mundialmente conocidos. A pesar de que depende del Ministerio de Educación nacional, el "Collège de France" no es una universidad y no otorga diplomas.

collégial, e adj colegial.
◆ **collégiale** f colegiata.
> OBSERV pl del adjetivo: collégiaux.

collégialité f colegialidad.

collégien, enne adj colegial, escolar; **les habitudes collégiennes** las costumbres colegiales.

◇ *m & f* colegial, la.

collègue *m* colega.

coller [3] *v tr* pegar, encolar (fixer, faire adhérer) ‖ pegar; coller son front à la vitre pegar la frente al cristal ‖ encolar, clarificar; coller du vin encolar vino ‖ encolar (le papier) ‖ FAM catear, dar calabazas a, suspender (à un examen) ‖ coger, pescar; difficile à coller en géographie difícil de coger en geografía ‖ castigar (collégiens) ‖ dejar colado, tapar la boca, apabullar (faire taire) ‖ largar; coller une amende largar una multa ‖ pegar, largar; coller une gifle pegar un tortazo ‖ pegarse (importuner) ‖ FAM poner, colocar (placer) ‖ coller au mur poner en el paredón.
◇ *v intr* estar pegado (adhérer) ‖ ajustarse, ceñirse (vêtement) ‖ reflejar, reproducir; roman qui colle au réel novela que refleja la realidad ‖ pegarse; ce bonbon colle aux doigts este caramelo se pega a los dedos ‖ pegarse (sports) ‖ FAM pitar, carburar (marcher) ■ FIG & FAM ça colle entendido, de acuerdo, vale ‖ ça ne colle pas no pega, no conviene, no puede ser.

collerette *f* cuello *m* [de lienzo, de encaje] ‖ gorguera (encolure froncée) ‖ TECHN collar *m*, collarín *m*, brida de un tubo (d'un tuyau).

collet [kɔlɛ] *m* cuello (d'un vêtement); saisir quelqu'un au collet agarrar a uno del ou por el cuello ‖ esclavina *f* (pèlerine) ‖ alzacuello (des ecclésiastiques) ‖ codilla *f* (des avocats) ‖ lazo (pour la chasse); prendre au collet coger con lazo ‖ pescuezo (viande de boucherie) ‖ cuello (d'une dent) ‖ BOT cuello ‖ TECHN collar ‖ (vx) collet de buffle coleto ‖ FAM collet monté encopetado ‖ (vx) petit collet eclesiástico.

colleter [27] [kɔlte] *v tr* coger por el cuello, apercollar (p us).
➡ **se colleter** *v pr* agarrarse, pelearse; se colleter avec quelqu'un agarrarse con uno.

colleur, euse *m & f* empapelador, ra (de papiers) ‖ cartelero, ra (d'affiches).
➡ **colleur** *m* ARG SCOL examinador (examinateur).
➡ **colleuse** *f* encoladora (cinéma).

colley *m* ZOOL colley (chien).

collier *m* collar ‖ collera *f*, collar (harnais) ‖ cuello (boucherie) ‖ TECHN collar, abrazadera *f*; collier de serrage abrazadera ‖ sotabarba *f* (barbe) ■ collier à pointes carlanca ‖ collier de force collar con púas interiores [para domar perros] ‖ collier de misère cruz, vida penosa ■ à plein collier con todas las fuerzas ‖ coup de collier esfuerzo grande ou final, último esfuerzo ‖ franc du collier animoso ‖ reprendre le collier reanudar el trabajo.

colliger [17] *v tr* recopilar, hacer una recopilación de, (p us) colegir (réunir) ‖ seleccionar pasajes de un libro ‖ coleccionar (des livres).

‖ OBSERV Colegir en espagnol signifie aussi déduire.

collimateur *m* TECHN colimador ‖ FIG avoir quelqu'un, quelque chose, quelqu'un dans le collimateur tener algo, a alguien entre ceja y ceja ‖ être dans le collimateur de quelqu'un estar en el punto de mira de alguien.

collimation *f* TECHN colimación.

colline *f* colina.

‖ SYN coteau collado; éminence eminencia; haut alto; hauteur altura; côte cuesta.

collision *f* colisión, choque *m* ‖ FIG conflicto *m* (d'intérêts) ■ entrer en collision colisionar.

collocation *f* clasificación ‖ DR clasificación de los acreedores en el orden en que deben ser pagados.

‖ OBSERV En espagnol, colocación signifie placement et situation.

collodion *m* CHIM colodión.

colloïdal, e *adj* coloidal, coloideo, a; metalloïdes colloïdaux metaloides coloidales.

colloïde *adj* CHIM coloideo, a.
◇ *m* CHIM coloide.

colloque *m* coloquio.

colloquer [3] *v tr* inscribir [a los acreedores por el orden en que se les ha de pagar].

collusion *f* colusión.

collusoire *adj* colusorio, ria.

collutoire *m* MÉD colutorio.

collyre *m* MÉD colirio.

colmatage *m* taponamiento, relleno, atasco (obturation) ‖ AGRIC abono con légamo, entarquinamiento ‖ MIL taponamiento, cierre.

colmater [3] *v tr* taponar, rellenar, obstruir (un trou) ‖ AGRIC entarquinar ‖ FIG arreglar, remediar, resolver (arranger) ‖ MIL tapar una brecha en el frente.

colocase *f* BOT colocasia.

colocataire *m & f* coinquilino, na.

cologarithme *m* MATH cologaritmo.

Cologne *n pr* GÉOGR Colonia.

Colomb [kɔlɔ̃] *n pr* Colón.

colombage *m* CONSTR entramado.

colombe *f* paloma ‖ garlopa (varlope).

Colombie *n pr f* GÉOGR la Colombie Colombia.

Colombie-Britannique *n pr f* GÉOGR la Colombie-Britannique Colombia Británica.

colombien, enne *adj* colombiano, na.

Colombien, enne *m & f* colombiano, na.

colombier *m* palomar (pigeonnier) ‖ IMPR papel de 90 x 63 cm ‖ THÉÂTR gallinero, paraíso.

colombin, e *adj* columbino, na (couleur).
➡ **colombine** *f* palomina (excrément d'oiseau).
➡ **colombins** *m pl* colúmbidos (ordre d'oiseaux).

Colombine *n pr* Colombina.

colombo *m* colombo (racine).

colombophile *adj & s* colombófilo, la.

colombophilie *f* colombofilia.

colon *m* colono ‖ AGRIC colono, aparcero.

côlon *m* ANAT colon.

colonage *m* AGRIC aparcería *f*.

colonat *m* colonato.

colonel, elle *m & f* coronel, la.

colonial, e *adj* colonial ‖ denrées coloniales productos coloniales ou ultramarinos.
◇ *m & f* colono *m* (habitant d'une colonie).
➡ **coloniale** *f* MIL infantería colonial.

➡ **colonial** *m* soldado de la infantería colonial.

colonialisme *m* colonialismo.

colonialiste *adj & s* colonialista.

colonie [kɔlɔni] *f* colonia ‖ colonie de vacances colonia de verano.

COLONIE DE VACANCES ____
La "colonie de vacances" o "colo" es un elemento importante en la vida de muchos niños franceses. En la "colonie" no viven con sus padres sino con los "moniteurs" (monitores), que se encargan de organizar sus actividades y diversiones.

colonisable *adj* colonizable.

colonisateur, trice *adj & s* colonizador, ra.

colonisation *f* colonización.

coloniser [3] *v tr* colonizar.

colonnade *f* columnata.

colonne *f* ARCHIT [▷ SYN] columna ‖ FIG columna, pilar *m*, sostén *m* (appui, soutien) ‖ IMPR columna; cinq colonnes à la une a toda plana ‖ MIL columna ■ colonne composite columna compuesta ‖ AUTOM colonne de direction columna de dirección ‖ MIL colonne de secours columna de socorro ‖ colonne en balustre columna abalaustrada ‖ colonne engagée, adosée ou liée columna embebida, arrimada ou empotrada ‖ TECHN colonne montante canalización principal que, en un inmueble, lleva el agua, gas o electricidad a todos los pisos ‖ ANAT colonne vertébrale columna vertebral, espinazo ■ cinquième colonne quinta columna ‖ se mettre en colonne par deux, quatre ponerse en columna de a dos, de a cuatro.

‖ SYN pilier pilar; pilastre pilastra; contrefort contrafuerte; colonnette columnita.

colophane *f* colofonia.

coloquinte *f* BOT coloquíntida ‖ FAM melón *m*, coco *m* (tête).

Colorado [kɔlɔrado] *n pr m* GÉOGR le Colorado Colorado (État) ‖ le Colorado el Colorado (fleuve).

colorant, e *adj & s m* colorante.

coloration *f* coloración ‖ se faire faire une coloration hacerse una coloración.

coloré, e *adj* colorado, da ‖ style coloré estilo brillante, florido.

colorer [3] *v tr* colorear, iluminar (colorier) ‖ FIG embellecer, hermosear (embellir) ‖ teñir, matizar (nuancer) ‖ adornar (un mensonge).

coloriage *m* iluminación *f*.

colorier [9] *v tr* iluminar, colorear ‖ album à colorier álbum para colorear.

colorimètre *m* colorímetro.

coloris [kɔlɔri] *m* colorido.

colorisation *f* coloreado *m*.

coloriser [3] *v tr* colorear.

coloriste *m* colorista (peintre).
◇ *m & f* iluminador, ra (d'images).

colossal, e *adj* colosal; édifices colossaux edificios colosales.

‖ SYN gigantesque gigantesco; titanesque titanesco; titanique titánico; monumental monumental; cyclopéen ciclópeo.

colossalement *adv* de modo colosal.

colosse *m* coloso.

colostrum [kɔlɔstrɔm] *m* calostro.

colportage *m* buhonería *f*, oficio de buhonero ‖ venta *f* ambulante ‖ FIG divulgación *f*, propalación *f*.

colporter [3] *v tr* ejercer el oficio de vendedor ambulante ‖ FIG divulgar, propalar.

colporteur, euse *m & f* vendedor ambulante, buhonero, ra (marchand ambulant) ‖ FIG llevador, ra; propalador, ra (de nouvelles).

colt [kɔlt] *m* colt, revólver.

coltinage *m* oficio de mozo de cuerda (métier) ‖ acarreo, transporte a cuestas (transport).

coltiner [3] *v tr* llevar a cuestas (colporter) ‖ hacer el mozo de cuerda.

➤ **se coltiner** *v pr* FAM cargarse (un travail).

coltineur *m* mozo de cuerda.

columbarium [kɔlɔ̃barjɔm] *m* columbario.

colvert *m* ZOOL pato salvaje común.

colza *m* BOT colza *f*.

coma *m* MÉD coma ‖ être dans le coma estar en estado comatoso.

‖ OBSERV En espagnol coma, au féminin, désigne la "virgule".

Comanche; Comanches [kɔmɑ̃ʃ] *n pr m pl* comanches.

comateux, euse *adj* MÉD comatoso, sa.

combat *m* [▷ SYN] combate; engager le combat empeñar el combate ‖ duelo (émulation) ‖ FIG embate (des éléments) ■ combat de boxe combate de boxeo ‖ combat de coqs riña ou pelea de gallos ‖ combat de gladiateurs lucha de gladiadores ‖ combat de rue pelea callejera ‖ combat de taureaux lidia de toros ‖ combat singulier duelo ‖ hors de combat fuera de combate ‖ taureau de combat toro de lidia.

‖ SYN lutte lucha, pugna (style relevé); bataille batalla; mêlée refriega, pelea; baroud pelea, reyerta; affaire combate, pelea.

combatif, ive *adj* combativo, va; acometedor, ra.

‖ SYN agressif agresivo; batailleur batallador.

combativité *f* combatividad, acometividad ‖ bravura (d'un taureau).

combattant, e *adj & s* combatiente.

➤ **combattant** *m* pavo marino (oiseau) ‖ les anciens combattants los ex combatientes.

combattre [83] *v tr & intr* luchar, combatir; combattre un ennemi luchar contra un enemigo.

combe *f* cañada.

combien [kɔ̃bjɛ̃] *adv* cuánto ‖ cuán, qué, lo… que (devant un adjectif); combien il est travailleur cuán trabajador es ou lo trabajador que es ‖ tan; mais combien efficace pero tan eficaz ■ ça fait combien en largeur? ¿cuánto mide de ancho ou de anchura? ‖ combien coûte, pèse ceci? ¿cuánto cuesta, pesa esto? ‖ combien de cuánto, cuántos; combien de peine cuánto trabajo; combien de fleurs cuántas flores ‖ combien de temps? ¿cuánto tiempo? ‖ ô combien con mucho (de loin), muchísimo (beaucoup) ‖ tous les combien? ¿a cada cuánto? ‖ vous mesurez combien? ¿cuánto mide usted?

◇ *m* cuanto, cuantos; l'autobus passe tous les combien? ¿cada cuanto pasa el autobús?; le combien sommes-nous? ¿a cuánto ou a cuántos estamos? ‖ le combien êtes-vous? ¿qué puesto ocupa? (rang).

combientième *adj & s* FAM c'est le combientième? ¿qué número hace?

combinaison *f* combinación ‖ mono *m* (vêtement de travail) ‖ FIG combinación ‖ combinaison de plongée, vol traje de buzo, vuelo.

combinard [kɔ̃binar] *m* FAM amigo de combinas ou de tejemanejes.

combinat [kɔ̃bina] *m* combinado, complejo.

combinateur *m* combinador.

combinatoire *adj* MATH combinatorio, ria.

combine *f* FAM combina.

combiné, e *adj* combinado, da ‖ MIL opérations combinées operaciones combinadas.

➤ **combiné** *m* CHIM combinación *f* ‖ microteléfono, pesa *f* (du téléphone) ‖ prueba *f* mixta, combinado [esquí]; combiné alpin, nordique combinado alpino, nórdico.

combiner [3] *v tr* combinar ‖ FIG conjugar, compaginar; il peut combiner toutes ses activités puede compaginar todas sus actividades.

comble [kɔ̃bl] *adj* lleno, na; atestado, da (plein).

◇ *m* colmo (le dernier degré) ‖ remate, cumbre *f* (faîte) ‖ CONSTR armazón de un tejado (charpente) ‖ FIG [▷ SYN] cumbre *f*, cima *f* (sommet) ■ de fond en comble de arriba abajo, completamente ‖ pour comble de bonheur para colmo de bienes ‖ pour comble de malheur para colmo de desgracia ■ c'est un comble es el colmo ‖ habiter sous les combles vivir en el desván de una casa.

‖ SYN faîte cima; sommet cima, cumbre, cúspide; summum súmmum, lo sumo; apogée apogeo; zénith cenit; pinacle pináculo.

comblé, e *adj* colmado, da; satisfecho, cha plenamente.

comblement *m* terraplenamiento (remblai) ‖ relleno, acción de cegar ou colmar. •

combler [3] *v tr* llenar, colmar (remplir jusqu'au bord) ‖ rellenar, cegar (remplir un vide) ‖ cumplir, satisfacer; combler un désir cumplir un deseo ■ combler de bienfaits colmar de favores ‖ combler quelqu'un d'honneurs colmar a alguien de honores.

comburant, e *adj & s m* comburente.

combustibilité *f* combustibilidad.

combustible *adj & s m* combustible.

combustion *f* combustión ■ TECHN combustion externe combustión externa ‖ combustion interne combustión interna ‖ NUCL combustion nucléaire combustión nuclear.

‖ SYN ignition ignición.

COME; Come (abr de Commissariat à l'énergie solaire) *m* comisaría *f* para la energía solar.

Côme *n pr* Cosme (saint) ‖ GÉOGR Como.

come-back *m inv* retorno, vuelta *f*.

COMECON; Comecon (abr de Council for Mutual Economic Assistance) *m* COMECON.

comédie *f* comedia (pièce de théâtre) ‖ FIG comedia; la comédie du monde la comedia del mundo ‖ teatro, comedia; aller à la comédie ir al teatro ‖ FAM historia, lío *m*, gaita; c'est toute une comédie pour se garer là aparcar allí es una gaita ‖ FIG farsa, lata; cesse de faire la comédie deja de dar la lata

■ comédie musicale comedia musical ‖ secret de comédie secreto a voces ■ jouer la comédie representar una comedia (au théâtre), hacer teatro, representar una farsa, hacer la comedia (feindre).

Comédie-Française *n pr f* la Comédie-Française la compañía de teatro nacional francesa.

LA COMÉDIE-FRANÇAISE

Esta compañía, subvencionada por el Estado, fue creada en el siglo XVII. El teatro en sí mismo, llamado oficialmente "Théâtre Français" o "le Français", se encuentra en la calle Richelieu de París. Su repertorio, compuesto principalmente por obras clásicas, se extiende a veces a obras más modernas.

comédien, enne *m & f* comediante, ta; actor, actriz ‖ FIG comediante, farsante (hypocrite) ■ comédien ambulant cómico de la legua ‖ troupe de comédiens compañía de teatro.

comédon *m* MÉD comedón (sur le visage).

COMES; Comes [kɔmɛs] (abr de Commissariat à l'énergie solaire) *m* comisaría francesa para la energía solar.

comestible *adj & s m* comestible.

comète *f* ASTRON cometa *m*.

‖ OBSERV Le mot féminin cometa, en espagnol, désigne el "cerf-volant".

comice *m* comicio ‖ comices agricoles círculos de labradores.

comique *adj & s* cómico, ca; acteur comique actor cómico ‖ [▷ SYN] FIG cómico, ca (amusant).

◇ *m* lo cómico.

‖ SYN risible risible; plaisant gracioso; impayable graciosísimo, inconmensurable; bouffe, bouffon bufón; drôle gracioso, chistoso; cocasse chusco; désopilant festivo, jocoso; hilarant hilarante; burlesque burlesco; rigolo chistoso, divertido; bidonnant, crevant, gondolant, roulant, tordant, marrant mondante, de reventar.

comiquement *adv* cómicamente.

comité *m* comité, junta *f*, comisión *f* ■ comité d'autodéfense comité de autodefensa ‖ comité de lecture comité de lectura ‖ comité d'entreprise comité de empresa ‖ comité de quartier comité de barrio ‖ HIST Comité de salut public Comité de salvación pública ‖ comité des fêtes comisión de fiestas ‖ comité directeur comité director ‖ Comité économique et social comité económico y social ‖ petit comité reunión íntima.

COMITÉ D'ENTREPRISE

El "CE" es responsable del bienestar de los trabajadores de la empresa y sufraga actividades de ocio, excursiones, vacaciones, etc. También se ocupa de resolver problemas sociales.

comitial, e [kɔmisjal] *adj* comicial (relatif aux comices) ‖ mal comitial epilepsia.

comma *m* MUS coma *f*.

command *m* DR poderdante, mandante.

commandant *m* comandante ‖ commandant d'armes gobernador militar de una plaza ‖ commandant de bord comandante de a bordo.

commande *f* encargo *m*, pedido *m*; livrer, passer une commande entregar, hacer un encargo ou un pedido ‖ TECHN mando *m* (machine, auto, avion) ‖ accionamiento *m* (mise en marche), órgano *m* de transmisión ■ commande à distance mando a distancia ‖ IN-

FORM commande analogique mando analógico ▌commande numérique mando numérico ▌véhicule à double commande vehículo de doble mando ■ de commande indispensable, obligatorio (obligatoire), fingido, da; de cumplido (feint) ▌sur commande de encargo ▌tenir les commandes llevar las riendas.

commandement *m* [▷ SYN] mandato, orden *f* (ordre) ▌mando (pouvoir) ▌mando, transmisión *f* (d'une machine) ▌FIG mando, dominio, poder (puissance) ▌DR requerimiento ▌MIL mando ▌voz *f* de mando ▌RELIG mandamiento ■ à mon commandement! ¡atención! (commandement préparatoire) ▌poste de commandement puesto de mando.

> SYN mandat mandato; ordre orden; précepte precepto; prescription prescripción; sommation intimación, requerimiento; injonction orden terminante; ultimatum ultimátum; ukase ukase.

commander [3] *v tr* mandar; commander une armée mandar un ejército ▌ordenar, mandar, pedir (ordonner) ▌encargar, hacer el pedido de; commander un costume encargar un traje ▌dominar (un lieu) ▌dominar, gobernar (dominer) ▌imponer (imposer), impulsar, llamar ▌ordenar; commander à quelqu'un de se taire ordenar a alguien que se calle ▌MÉCAN poner en marcha ou en movimiento, accionar, hacer funcionar ▌regular (contrôler).
> *v intr* [▷ SYN] mandar en ▌refrenar; commander à ses désirs refrenar sus deseos ▌TECHN mandar (un mécanisme).
◆ **se commander** *v pr* dominarse, ser dueño de sí ▌comunicarse (deux salles) ▌le courage ne se commande pas el valor no depende de uno mismo.

> SYN dominer dominar; régner reinar; régenter regentar; régir regir.

commanderie *f* encomienda.

commandeur *m* comendador.

commanditaire *adj* comanditario, ria.
> *m* socio comanditario.

commandite *f* comandita ▌société en commandite sociedad en comandita.

commandité, e *m & f* socio *m* colectivo.

commanditer [3] *v tr* comanditar, financiar.

commando *m* MIL comando, cuerpo expedicionario ▌destacamento de prisioneros de guerra.

comme *conj* como; courageux comme un lion valiente como un león; un homme comme lui un hombre como él; comme il pleuvait... como llovía... ▌cuando; comme je dînais, il arriva cuando cenaba llegó.
> *adv exclamatif* cuán, qué; comme il fait chaud!, comme il est pénible! ¡qué calor hace!, ¡qué molesto es! ▌como, de qué modo; comme il me traite! ¡cómo me trata! ■ comme ça así ▌comme quoi de lo cual se deduce.
> *adv de quantité* casi, más o menos; il était comme muet estaba casi mudo ■ comme ci, comme ça así así, regular, tal-cualillo ▌comme de raison, comme de juste como es lógico, como es natural ▌comme qui dirait como si dijéramos; como quien dice ▌comme tout muy; il est gentil comme

tout es muy simpático ▌tout comme exactamente lo mismo.

commedia dell'arte *f* THÉÂTR commedia dell'arte, comedia del arte.

commémoraison *f* conmemoración.

commémoratif, ive *adj* conmemorativo, va.

commémoration *f* conmemoración; la commémoration des morts la conmemoración de los difuntos.

commémorer [3] *v tr* conmemorar.

commençant, e *adj & s* principiante, ta.

commencement *m* comienzo, principio; le commencement d'une fortune el comienzo de una fortuna; le commencement d'un règne el principio de un reinado ■ au commencement al principio ▌au commencement de a principios de; au commencement du mois a principios de mes ▌il y a un commencement à tout principio quieren las cosas.

> SYN naissance nacimiento; début principio; prémices primicias.

commencer [16] *v tr & intr* comenzar, empezar, principiar, dar comienzo; le monde a commencé dans le chaos el mundo principió en el caos; bien commencer sa journée comenzar bien el día; il a déjà commencé sa tâche ya tiene empezada su tarea; il commence à neiger está empezando a nevar ■ FAM ça commence à bien faire! ¡está bien! ▌ça commence bien! ¡empezamos bien! ▌commencer par faire quelque chose comenzar ou empezar por hacer algo ▌commencer par quelque chose comenzar ou empezar por algo.

> SYN entreprendre emprender; entamer empezar, iniciar; FIG attaquer atacar; préluder preludiar; amorcer entablar, iniciar.

commendataire *adj m* comendatario (ecclésiastique).

commende *f* encomienda ▌usufructo *m* (usufruit).

commensal, e *m & f* comensal.
> *adj* ZOOL que vive en simbiosis con otro.

commensalisme *m* vida *f* en simbiosis.

commensurabilité *f* conmensurabilidad.

commensurable *adj* conmensurable.

comment *adv* cómo; comment peut-il vivre ainsi? ¿cómo puede vivir así? ▌comment ça va? ¿qué tal? ▌comment faire? ¿cómo ou qué hacer? ▌comment se fait-il que? ¿cómo es que?
◆ **comment!** *interj* ¡cómo!; comment! te voilà? ¡cómo!, ¿estás ahí? ▌et comment! ¡ya lo creo!, ¡y de qué modo! ▌le comment el cómo ▌n'importe comment como sea.

commentaire *m* comentario ▌commentaire de texte comentario de texto ▌CINÉM commentaire sur image comentario de imagen.

commentateur, trice *m & f* comentador, ra (de textes) ▌comentarista (à la radio).

commenter [3] *v tr* comentar.

commérage *m* comadreo, chismorreo, cotilleo.

commerçant, e *adj & s* comerciante ■ commerçant en gros mayorista ▌petit

commerçant tendero ▌quartier commerçant barrio comercial ▌rue commerçante calle comercial.

commerce *m* comercio; chambre, code, tribunal de commerce cámara, código, tribunal de comercio ▌comercio; acheter un commerce de mercerie comprar un comercio de mercería; commerce de, ou en, gros, de détail, de demi-gros comercio al por mayor, al por menor, intermediario al por mayor ▌[▷ SYN] trato, comercio (comportement, fréquentation); être d'un commerce agréable ser de agradable trato ▌tienda *f*, comercio (établissement) ■ chambre de commerce cámara de comercio ▌commerce de proximité comercio cercano ▌commerce intérieur, extérieur comercio interior, exterior ▌fonds de commerce negocio, comercio ▌le petit commerce el pequeño comercio ▌livres de commerce libros de comercio ▌vendu dans le commerce vendido en el comercio ▌vendu hors commerce vendido fuera del comercio ■ être dans le commerce estar en el comercio (chose), ser comerciante (personne) ▌faire commerce de hacer negocio de ▌faire du commerce comerciar, negociar.

> SYN trafic tráfico; traite trata.

commercer [16] *v intr* comerciar.

commercial, e *adj* comercial ■ droit commercial derecho mercantil ▌la flotte commerciale la flota mercante.
◆ **commercial** *m* comercial; les commerciaux los comerciales.
◆ **commerciale** *f* furgoneta, vehículo *m* comercial.

commercialement *adv* comercialmente; commercialement parlant en términos comerciales.

commercialisable *adj* que puede comercializarse, comercializable.

commercialisation *f* comercialización, mercantilización ▌mercadeo *m* (marketing) ▌venta.

commercialiser [3] *v tr* comercializar, mercantilizar.

commercialité *f* comercialidad.

commère *f* comadre, cotilla.

commérer [18] *v intr* FAM comadrear, chismorrear, cotillear.

commettant *m* comitente.

commettre [84] *v tr* cometer; commettre un délit cometer un delito ▌nombrar, comisionar; commettre à une inspection nombrar para una inspección ▌comprometer (sa réputation) ▌MAR corchar (un câble).
◆ **se commettre** *v pr* comprometerse; se commettre avec des fripons comprometerse con bribones.

comminatoire *adj* conminatorio, ria; conminativo, va.

commis [kɔmi] *m* dependiente (employé) [úsase en este sentido el femenino commise empleada] ▌empleado, agente; commis des postes empleado de correos ■ commis voyageur viajante de comercio ▌grand commis de l'État alto funcionario.

commisération *f* conmiseración.

commissaire *m* comisario ▌juez (sports) ▌miembro de una comisión ▌delegado ■ commissaire adjoint comisario adjunto

▌commissaire aux comptes interventor de cuentas ▌commissaire de la République representante del Estado [en cada provincia francesa] ▌commissaire de police comisario de policía ▌MAR commissaire de bord comisario de a bordo ▌commissaire principal comisario principal (police).

commissaire-priseur m perito tasador, subastador.

▌ OBSERV pl commissaires-priseurs.

commissariat m comisaría f ▌Commissariat à l'énergie atomique Comisaría para la Energía Atómica ▌Commissariat au Plan Comisaría del Plan.

commission f [▷ SYN] comisión; toucher une commission cobrar una comisión ▌comisión; commission administrative comisión administrativa ▌comisión (achat pour autrui) ▌encargo m, mandado m; exécuter une commission ejecutar un encargo ▌recado m; je lui ferai la commission le daré el recado; faire faire une commission enviar un recado ▌commission paritaire tribunal mixto ▪ DR commission rogatoire exhorto ▌travailler à la commission trabajar con comisiones.

◆ **commissions** f pl mandados m pl, encargos m pl (pour autrui), compra (pour soi); faire ses commissions hacer los mandados, ir a la compra.

▌ SYN courtage corretaje; remise descuento.

commissionnaire m recadero, mandadero ▌mozo de cordel (colporteur) ▌COMM comisionista (qui achète pour autrui).

commissionner [3] v tr comisionar ▌mandar, delegar.

commissoire adj comisorio, ria.

commissure f comisura.

commodat [kɔmɔda] m DR comodato (prêt gratuit).

commodataire m & f comodatario, ria.

commode adj cómodo, da ▌cómodo, da; manejable (maniable) ▌fácil, cómodo, da (facile) ▌acomodaticio, cia; cómodo, da (accommodant) ▌indulgente, complaciente, tolerante; mère commode madre indulgente ▌de trato fácil, agradable (d'un caractère facile) ▌cet enfant n'est pas commode este niño es difícil de llevar.

◇ f cómoda (meuble).

commodément adv cómodamente.

commodité f comodidad ▌à votre commodité a su libre disposición (à votre disposition), a su convenencia, según le convenga (au moment opportun).

◆ **commodités** f pl (vieilli) excusado m, retrete m.

commodore m comodoro.

commotion f conmoción.

commotionné, e adj & s conmocionado, da.

commotionner [3] v tr conmocionar.

commuable [kɔmɥabl] adj conmutable.

commuer [7] v tr conmutar.

commun, e adj común; salle commune sala común; usage commun uso común ▌ordinario, ria; común (vulgaire) ▌corriente, común, ordinario, ria (répandu) ▌GRAMM común ▪ lieu commun tópico, lugar común ▪ maison commune casa consistorial, alcaldía,

ayuntamiento ▪ cela sort du commun eso se sale de lo normal ou de lo común ▌d'un commun accord de común acuerdo, por acuerdo común ▌il n'y a pas de commune mesure no hay ninguna proporción.

◆ **commun** m generalidad f, mayoría f; le commun des hommes la generalidad de los hombres ▌PÉJ (vx) vulgo ▌común; le commun des mortels el común de los mortales ▪ vivre en commun vivir en común [juntos] ▌vivre sur le commun vivir a costa ajena.

◆ **communs** m pl dependencias f (d'une maison).

communal, e adj municipal ▪ HIST milices communales milicias concejiles ▌terrain communal ejido.

◆ **communaux** m pl bienes de un municipio.

communaliser [3] v tr municipalizar.

communard, e m & f partidario de la Comuna de 1871, en Francia.

communautaire adj de la comunidad; colectivo, va.

communauté f [▷ SYN] comunidad ▌FIG identidad; communauté de vues identidad de pareceres ▪ communauté d'héritiers comunidad sucesoria ▌communauté urbaine comunidad urbana ▌la communauté scientifique los científicos.

▌ SYN congrégation congregación; ordre orden; confrérie cofradía.

commune f municipio m, término m municipal [(Amér) comuna] (division administrative) ▌HIST la Commune (de Paris) la Comuna de París.

◆ **communes** f pl Comunes m pl (Chambre des députés en Grande-Bretagne).

COMMUNE

Existen 38.000 "communes" o municipios en Francia, algunos con menos de 25 habitantes. Cada "commune" elige un alcalde y un concejo.

LA COMMUNE

Este gobierno revolucionario se instauró en París el 18 de marzo de 1871, al término de la guerra franco-prusiana y tras la caída de la ciudad. Fue derribado brutalmente por las tropas enviadas por el gobierno de Thiers instalado en Versalles. Fue un momento decisivo en la historia del socialismo europeo.

communément adv comúnmente.

communiant, e adj & s comulgante ▌premier, ère communiant, e muchacho, cha que hace la primera comunión.

communicable adj comunicable.

communicant, e adj comunicante.

communicateur, trice adj comunicador, ra.

communicatif, ive adj comunicativo, va.

▌ SYN expansif expansivo; exubérant exuberante.

communication f comunicación ▪ communication avec préavis conferencia personal ▌communication en PCV conferencia a cobro revertido ▌communication interurbaine conferencia telefónica interurbana ▌communication téléphonique comunicación ou llamada telefónica ▪ avoir la communication avec tener comunicación con ▌donnez-moi la communication avec póngame con ▌mettre quelqu'un en communication avec quelqu'un poner a alguien en comunicación

con alguien ▌vous avez la communication se puede poner en comunicación.

communier [9] v intr comulgar.

◇ v tr dar la comunión.

communion f comunión.

communiqué m comunicado, parte ▌remitido (réclame).

communiquer [3] v tr comunicar, facilitar.

◇ v intr comunicar; chambres qui communiquent cuartos que comunican ▌estar en comunicación, comunicarse (être en relations).

◆ **se communiquer** v pr propalarse (se propager) ▌contagiarse; bâiller se communique facilement bostezar se comunica fácilmente.

communisant, e adj & s comunistoide, comunizante.

communisme m comunismo.

communiste adj & s comunista.

commutable adj conmutable.

commutateur m ÉLECTR conmutador.

commutatif, ive adj conmutativo, va.

commutation f conmutación ▌INFORM commutation de messages conmutación de mensajes ▌commutation de paquets conmutación de paquetes.

commutativité f conmutatividad.

commutatrice f ÉLECTR rectificador m, convertidor m.

commuter [3] v tr conmutar.

Comores n pr f pl GÉOGR les Comores (las) Comores; les îles Comores las islas Comores.

comourants m pl DR conmorientes.

compacité f compacidad, lo compacto ▌tenacidad (du sol).

compact, e [kɔ̃pakt] adj compacto, ta.

compactage m apisonamiento ▌INFORM compresión; compactage de fichiers compresión de ficheros.

Compact Disc® m disco compacto.

▌ OBSERV pl Compact Discs.

compacter [3] v tr INFORM comprimir.

compagne f compañera.

compagnie f compañía (accompagnement) ▌[▷ SYN 1] compañía (réunion de personnes) ▌compañía; compagnie d'assurances compañía de seguros ▌[▷ SYN 2] colegio m (corporation) ▌bandada, banda (d'oiseaux) ▌MIL compañía ▌THÉÂTR compañía ▪ compagnie aérienne compañía aérea ▌compagnie d'affrètement compañía de fletamento ▌Compagnie de Jésus Compañía de Jesús ▪ bonne compagnie buena sociedad ▌dame de compagnie señora de compañía ▌la noble, l'illustre compagnie la Academia Francesa ▪ de bonne compagnie de buen tono ▌de ou en compagnie en compañía ▌COMM et compagnie y compañía; Dupont et compagnie, Dupont et Cie Dupont y compañía, Dupont y Cía ▌être en galante compagnie estar bien acompañado ▌fausser compagnie à quelqu'un dejar plantado a alguien ▌tenir compagnie acompañar, hacer compañía.

▌ SYN 1. assemblée asamblea; conseil consejo.
2. collège colegio; corps cuerpo; aréopage aréopago.

Compagnie des Indes occidentales *n pr f* HIST Compañía inglesa de las Indias occidentales.

Compagnie des Indes orientales *n pr f* Compañía inglesa de las Indias orientales.

compagnon *m* [▷ SYN] compañero, camarada; compagnon d'armes compañero de armas ‖ obrero (ouvrier).

⏐ SYN camarade camarada; acolyte acólito; condisciple condiscípulo; copain compinche.

compagnonnage *m* tiempo durante el cual un obrero trabajaba de oficial antes de ser maestro ‖ gremio de obreros (association) ‖ compañerismo, camaradería *f* (camaraderie).

comparable *adj* comparable.

comparaison *f* comparación ‖ en comparaison de en comparación con.

⏐ SYN parité paridad; similitude similitud; parallèle paralelo; collationnement cotejo; confrontation confrontación.

comparaître [91] *v intr* comparecer.

comparant, e *adj & s* DR compareciente.

comparateur *m* TECHN comparador.

comparatif, ive *adj & s m* comparativo, va.

comparativement *adv* en comparación, comparativamente.

comparé, e *adj* comparado, da.

comparer [3] *v tr* comparar.

⏐ SYN confronter confrontar; conférer conferir; collationner cotejar.

comparoir *v intr* DR comparecer.

⏐ OBSERV Úsase solamente en infinitivo y en participio presente comparant, e. Los demás tiempos son sustituidos por los del verbo comparaître, que también significa comparecer.

comparse *m & f* comparsa.

⏐ OBSERV Comparse no tiene en francés el sentido de "grupo de figurantes" que comparsa tiene en español.

compartiment *m* compartimiento ‖ departamento, compartimiento (d'un wagon) ‖ casilla *f* (casier, damier, etc.) ‖ corro (Bourse) ‖ MAR compartiment étanche compartimiento estanco.

compartimentage *m* ; **compartimentation** *f* división *f* en compartimientos.

compartimenter [3] *v tr* dividir en compartimientos ‖ FIG clasificar; compartimenter les idées clasificar las ideas.

comparution *f* DR comparecencia, comparición.

compas [kɔ̃pa] *m* compás (de dessin) ‖ FIG escala *f*, medida *f* (mesure) ‖ MAR compás, brújula *f* ‖ FAM remos (jambes) ▪ compas à balustre bigotera ‖ compas à quart de cercle compás de cuadrante ‖ compas à verge compás de vara ‖ compas de calibre compás de calibre ‖ compas d'épaisseur compás con espesores ‖ compas de réduction compás de reducción ‖ AVIAT compas magnétique compás magnético ▪ au compas con compás, con tiralíneas ▪ FAM (vieilli) allonger le compas apresurar el paso ▪ FIG & FAM avoir le compas dans l'œil tener buen ojo.

⏐ OBSERV Compas no tiene en francés el sentido musical de "medida", "ritmo" (mesure, rythme).

compassé, e *adj* estudiado, da; envarado, da.

compassement *m* acción de acompasar ‖ FIG afectación *f* ‖ mesura.

compasser [3] *v tr* medir con compás ‖ compasar (p us), disponer simétricamente ‖ FIG medir (phrases), dar carácter sobrio ou escueto a (style).

compassion *f* compasión, lástima.

compatibilité *f* compatibilidad ‖ INFORM compatibilidad.

compatible *adj* compatible ‖ INFORM compatible.

compatir [32] *v intr* compadecerse, compadecer; compatir à la douleur d'autrui compadecerse del ou con el dolor ajeno.

compatissant, e *adj* compasivo, va.

compatriote *m & f* compatriota.

⏐ SYN concitoyen conciudadano; FAM pays paisano.

compendieux, euse *adj* compendioso, sa; abreviado, da (abrégé).

compendium [kɔ̃pɛ̃djɔm] *m* compendio.

compénétration *f* compenetración.

compénétrer [18]

➤ se **compénétrer** *v pr* compenetrarse.

compensable *adj* compensable.

compensateur, trice *adj & s m* compensador, ra ‖ pendule compensateur péndulo compensador.

compensation *f* compensación ▪ chambre de compensation cámara de compensación (clearing house) ‖ compensation horaire compensación horaria ‖ en compensation en compensación.

⏐ SYN dédommagement resarcimiento; indemnité indemnización; contrepoids contrapeso; consolation consuelo, consolación; récompense recompensa.

compensatoire *adj* compensatorio, ria.

compensé, e *adj* compensado, da ‖ semelle compensée cuña, suela de zapatos tanque.

compenser [3] *v tr* compensar.

➤ se **compenser** *v pr* compensarse.

compérage *m* compadrazgo (entre deux compères) ‖ connivencia *f*, entendimiento secreto.

compère *m* cómplice, compinche ‖ compadre.

compère-loriot *m* MÉD orzuelo (orgelet).

⏐ OBSERV pl compères-loriots.

compétence *f* competencia, capacidad ‖ FAM persona competente ‖ relever de la compétence de caer dentro de ou ser de la competencia de.

compétent, e *adj* competente ‖ legal, requerido, da; âge compétent edad requerida.

compétiteur, trice *m & f* competidor, ra; rival, contrincante.

compétitif, ive *adj* competitivo, va.

compétition *f* competición; la compétition automobile la competición automovilística ‖ être en compétition avec competir.

⏐ SYN match partido, contienda; championnat campeonato; critérium criterio.

compétitivité *f* competitividad.

compilateur, trice *m & f* compilador, ra.

➤ **compilateur** *m* INFORM compilador *m*.

compilation *f* compilación ‖ INFORM compilación.

compiler [3] *v tr* compilar ‖ INFORM compilar.

complainte *f* endecha (chanson triste) ‖ DR querella.

complaire [110] *v intr* complacer, dar gusto.

➤ se **complaire** *v pr* complacerse.

complaisamment *adv* con complacencia.

complaisance *f* complacencia; basse complaisance complacencia servil ▪ pavillon de complaisance pabellón de conveniencia ▪ de complaisance de favor ‖ par complaisance por amabilidad ▪ avoir la complaisance de hacer el favor de, tener la bondad de.

complaisant, e *adj* complaciente.

⏐ SYN serviable servicial; prévenant solícito; obligeant servicial; empressé atento; déférent deferente.

complanter [3] *v tr* AGRIC plantar (planter), cubrir de plantaciones (couvrir de plantations).

complément *m* complemento ▪ GRAMM complément circonstanciel de lieu, temps complemento circunstancial de lugar, tiempo ‖ complément d'agent complemento agente ‖ complément de nom complemento del nombre ‖ complément d'objet direct complemento directo ‖ complément d'information complemento de información.

complémentaire *adj* complementario, ria; angles complémentaires ángulos complementarios.

complémentarité *f* complementariedad, compleción.

complet, ète [kɔ̃plɛ, ɛt] *adj* completo, ta; une étude complète un estudio completo ‖ completo, ta; lleno, na; autobus complet autobús completo ▪ complet no hay billetes (écriteau dans un théâtre), completo (hôtel) ▪ au complet ou au grand complet sin que falte ninguno, con todos sus miembros, en pleno ‖ pain complet pan integral ‖ temps complet plena dedicación ▪ FAM c'est complet! ¡lo que faltaba!

➤ **complet** *m* traje, terno (costume).

complètement *adv* íntegramente (entièrement) ‖ completamente (vraiment).

compléter [18] *v tr* completar.

➤ se **compléter** *v pr* completarse ‖ complementarse; caractères qui se complètent caracteres que se complementan.

complétif, ive *adj* GRAMM completivo, va.

complexe *adj* complejo, ja.

◇ *m* CHIM, MATH & PHILOS complejo ‖ complejo, combinado; un complexe industriel un complejo industrial ‖ CINÉM conjunto de decorados.

complexé, e *adj & s* acomplejado, da.

complexer [4] *v tr* acomplejar.

complexification *f* complicación.

complexifier [9] *v tr* complicar.

complexion *f* complexión, constitución ‖ humor *m*, temperamento *m* (caractère).

complexité *f* complejidad, complejidad (p us).

complication *f* complicación.

SYN contretemps contratiempo; **accroc** tropiezo; anicroche engorro.

complice *adj & s* cómplice.

SYN acolyte acólito; compère compadre.

complicité *f* complicidad; être de complicité avec quelqu'un estar en complicidad con alguien ‖ faire acte de complicité ser cómplice.

complies [kɔ̃pli] *f pl* completas (office religieux).

compliment *m* cumplido, cumplimiento (p us) ‖ parabién, enhorabuena *f* (félicitations); je vous fais mes compliments le doy la enhorabuena ‖ elogio *m*, alabanza, galantería (éloge) ‖ sans compliment sin cumplidos, con franqueza.
➡ **compliments** *m pl* expresiones *f*, recuerdos, memorias *f*; mes compliments à M. X memorias al Sr. X ‖ mes compliments! ¡te felicito!

OBSERV En espagnol cumplimiento signifie aussi accomplissement.

complimenter [3] *v tr* cumplimentar (faire des civilités) ‖ felicitar (faire des éloges).

complimenteur, euse *adj & s* cumplimentero, ra.

compliqué, e *adj* complicado, da; intrincado, da.

compliquer [3] *v tr* complicar.
➡ **se compliquer** *v pr* complicarse; se compliquer la vie complicarse la vida.

complot [kɔ̃plo] *m* complot, conspiración *f*.

comploter [3] *v tr & intr* conspirar, complotar ‖ tramar, maquinar, intrigar.

comploteur *m* conspirador, maquinador.

componction *f* compunción.

componé, e *adj* **BLAS** componado, da.

comporte *f* comporta (cuve).

comportement *m* comportamiento, conducta *f* ‖ actitud *f*.

comportemental, e, aux *adj* conductista.

comporter [3] *v tr* traer consigo, implicar, incluir, comportar [galicismo] (inclure) ‖ comprender, constar de, contar con (contenir) ‖ soportar, sufrir (supporter, admettre).
➡ **se comporter** *v pr* portarse, conducirse (se conduire) ‖ funcionar, portarse (voiture) ‖ desarrollarse (se dérouler).

composacées; composées *f pl* **BOT** compuestas.

composant, e *adj* componente.
➡ **composant** *m* **INFORM** componente.
➡ **composante** *f* componente *m*, factor *m* determinante.

composé, e *adj & s m* compuesto, ta ‖ de circunstancia; visage composé cara de circunstancia.
➡ **composée** *f* **MATH** compuesto *m*.

composées ➡ **composacées**.

composer [3] *v tr* componer (former un tout) ‖ integrar, componer; l'Assemblée est composée de la Asamblea está integrada por ‖ componer (créer, inventer) ‖ formar, marcar (un numéro de téléphone) ‖ adaptar a las circunstancias ‖ **IMPR** componer ‖ composer son visage poner cara de circunstancias.
◇ *v intr* arreglarse, componerse (s'arranger)

‖ acomodarse con ‖ transigir, contemporizar (transiger) ‖ hacer un ejercicio escolar.

OBSERV Componer, en espagnol, a aussi le sens de "arranger", "raccommoder" et componerse celui de "se parer".

composeuse *f* **IMPR** componedora (machine).

composite *adj & s m* **ARCHIT** compuesto, ta.

compositeur, trice *m & f* **DR** componedor, ra; amiable compositeur amigable componedor ‖ **IMPR** cajista ‖ **MUS** compositor, ra.

composition *f* [▷ **SYN**] composición ‖ prueba, ejercicio *m*; une composition d'anglais una prueba de inglés ‖ **IMPR** composición ■ composition d'une annonce ajuste de un anuncio ■ **DR** amiable composition composición amigable ‖ amener à ou entrer en composition prestarse a un compromiso, hacer posible un arreglo ou acuerdo ‖ être de bonne composition ser acomodaticio.

SYN constitution constitución; structure estructura; teneur contenido, tenor.

compost [kɔ̃pɔst] *m* **AGRIC** abono compuesto.

compostage *m* picado de billetes (dans les transports) ‖ **AGRIC** elaboración *f* de compost.

composter [3] *v tr* **AGRIC** beneficiar con abonos compuestos ‖ picar (billets).

COMPOSTER
Los usuarios del tren en Francia deben insertar su billete en una máquina especial ("composteur") situada en el andén, justo antes de emprender su viaje. Las palabras "à composter" impresas en el billete recuerdan al pasajero que debe picarlo antes de subir al tren.

composteur *m* sello de caracteres móviles (cachet) ‖ **IMPR** componedor (règle) ‖ cancelador, fechador (pour les billets).

compote *f* compota (de fruits) ‖ **FAM** en compote molido, hecho papilla, en compota (meurtri).

compotier *m* compotera *f* (pour compotes) ‖ frutero (pour fruits).

compound [kɔ̃pund] *adj inv* **TECHN** compound (machines à vapeur, etc.).

compoundage *m* expansión *f* múltiple.

compréhensibilité *f* comprensibilidad.

compréhensible *adj* comprensible.

SYN intelligible inteligible; accessible accesible.

compréhensif, ive *adj* comprensivo, va.

compréhension [kɔ̃preɑ̃sjɔ̃] *f* comprensión.

comprendre [79] *v tr* constar de, comprender (renfermer) ‖ incluir, abarcar (englober) ‖ [▷ **SYN**] comprender, entender (la signification) ■ comprendre à demi-mot entender con media palabra ‖ comprendre la plaisanterie saber tomar las bromas ‖ faire comprendre hacer comprender (expliquer), dar a entender (laisser entendre) ‖ je comprends! ¡ya lo creo!, ¡por supuesto!
➡ **se comprendre** *v pr* comprenderse, entenderse.

SYN concevoir concebir; saisir entender; entendre entender; réaliser darse cuenta; **FAM** piger chanelar.

comprenette *f* **FAM** ne pas avoir la comprenette facile ser duro de mollera.

compresse *f* compresa.

compresseur *adj & s m* compresor, ra; rouleau compresseur cilindro compresor.

compressibilité *f* compresibilidad.

compressible *adj* compresible.

compressif, ive *adj* compresivo, va.

compression *f* compresión ‖ **FIG** reducción, disminución; compression du budget, du personnel reducción del presupuesto, del personal ‖ opresión; mesures de compression medidas de opresión ‖ **INFORM** compactación; compression de fichiers compactación de ficheros.

comprimé, e *adj & s m* comprimido, da ‖ air comprimé aire comprimido.
➡ **comprimé** *m* tableta *f* (médicament).

comprimer [3] *v tr* comprimir ‖ **FIG** contener, reprimir, comprimir; comprimer ses larmes comprimir sus lágrimas.

compris, e [kɔ̃pri, iz] *adj* comprendido, da ■ compris? ¿entendido?, no hay más que hablar ■ bien compris bien concebido ‖ non compris sin incluir ■ à partir du 2 janvier jusqu'au 3 février compris a partir del 2 de enero hasta el 3 de febrero, ambos inclusive ‖ y compris incluso, sa; inclusive; y compris les enfants incluso los niños, los niños inclusive.

compromettant, e *adj* comprometedor, ra.

compromettre [84] *v tr* comprometer.
◇ *v intr* hacer un compromiso, aceptar un arbitraje.
➡ **se compromettre** *v pr* comprometerse.

OBSERV Compromettre no tiene en francés el sentido de "obligarse a", "s'engager à".

compromis [kɔ̃prɔmi] *m* compromiso, convenio (transaction) ‖ término medio.

compromission *f* compromiso *m*, comprometimiento *m* ‖ arreglo *m*, acomodo *m* (arrangement).

compromissoire *adj* **DR** compromisorio, ria.

comptabilisation *f* contabilización.

comptabiliser [3] *v tr* contabilizar.

comptabilité [kɔ̃tabilite] *f* contabilidad, teneduría de libros ‖ contaduría (bureau du comptable) ‖ comptabilité en partie double contabilidad por partida doble.

comptable *m* contable, tenedor de libros ‖ contador (de l'État) ‖ expert-comptable perito mercantil.
◇ *adj* responsable de; être comptable de ses actions ser responsable de sus acciones ‖ contable; machine comptable máquina contable.

comptage *m* cuenta *f*, acción *f* de contar.

comptant [kɔ̃tɑ̃] *adj* contante; argent comptant et trébuchant dinero contante y sonante ‖ **FIG** prendre pour argent comptant creer a pies juntillas.
◇ *adv* al contado; payer comptant pagar al contado ‖ au comptant al contado.

compte [kɔ̃t] *m* cuenta *f* ■ compte à part cuenta separada ‖ compte à rebours cuenta [hacia] atrás ‖ compte bloqué cuenta bloqueada ‖ compte chèque postal cuenta corriente postal ‖ compte client cuenta por cobrar (sur bilan) ‖ compte courant, bancaire cuenta corriente, bancaria ‖ INFORM compte d'accès Internet cuenta de acceso Internet ‖ compte d'apothicaire cuentas del Gran Capitán ‖ compte de dépôt cuenta de depósito ‖ compte de résultats cuenta de resultados ‖ compte de retour cuenta de resaca ‖ compte d'exploitation cuenta de explotación ‖ compte d'impayés cuenta de efectos impagados ‖ compte numéroté ou à numéro cuenta numerada ‖ compte rendu, compte-rendu informe (rapport), acta (d'une séance), reseña (d'une oeuvre artistique), información, crítica (d'une représentation) ‖ compte rond cuenta redonda ■ clôture des comptes cierre de ejercicio ‖ cour des comptes tribunal de Cuentas ‖ quantité à compte cantidad a buena cuenta ‖ titulaire d'un compte courant cuentacorrentista ‖ ■ à compte a cuenta [↦ acompte] ‖ à bon compte a buen precio (à bon marché) ‖ à ce compte-là en este caso ‖ au compte de según la opinión ou el parecer de ‖ compte tenu de teniendo en cuenta que, habida cuenta de ‖ de compte à demi a medias ‖ en compte a cuenta ‖ en fin de compte en resumidas cuentas ‖ pour le compte de por cuenta de ‖ pour son propre compte por su propia cuenta ‖ sur le compte de quelqu'un acerca de ou referente a ou sobre alguien ‖ tout compte fait finalmente, pensándolo bien ■ arrêter un compte cerrar una cuenta ‖ FAM avoir ou en avoir pour son compte recibir una tunda, tener lo que se merecía (être maltraité), estar como una cuba (être ivre) ‖ demander compte de pedir cuenta de ‖ demander son compte pedir la cuenta ‖ donner son compte à quelqu'un, despedir a un asalariado (renvoyer), dar una buena paliza ou lo que se merecía a uno, darle lo suyo (maltraiter) ‖ être loin de compte ou du compte estar equivocado ou muy lejos de la verdad ou de la realidad ‖ faire bon compte de hacer poco caso de, prestar poca atención a ‖ faire entrer en ligne de compte tomar en consideración ou en cuenta ‖ faire le compte de ir en beneficio de, traer cuenta a ‖ laisser pour compte dejar de cuenta ‖ le compte n'y est pas la cuenta sale mal ‖ les bons comptes font les bons amis las cuentas claras y el chocolate espeso ‖ mettre sur le compte de atribuir a, imputar, echar la culpa a ‖ ouvrir un compte abrir una cuenta ‖ prendre à son compte hacerse caso ou asumir la responsabilidad de ‖ recevoir son compte ser despedido ou recibir lo suyo ‖ régler son compte à quelqu'un ajustarle las cuentas a uno ‖ rendre compte dar cuenta ‖ rendre des comptes à quelqu'un rendir cuentas a alguien ‖ s'en tirer à bon compte escapar bien, salir del paso con poco daño ‖ se rendre compte darse cuenta, caer en la cuenta ‖ son compte est bon ya verá lo que le espera ‖ tenir compte de tener ou tomar en cuenta ‖ tenir les comptes llevar las cuentas ‖ travailler à son compte trabajar por su cuenta ou por cuenta propia ‖ trouver son compte à sacar provecho en, tener interés en, salir ganando ‖ FAM tu te rends compte? ¿te das cuenta?

compte-chèques *m* cuenta corriente con talonario.
‖ OBSERV pl comptes-chèques.

compte-fils [kɔ̃tfil] *m inv* TECHN cuentahílos.

compte-gouttes [kɔ̃tgut] *m inv* cuentagotas ‖ FIG & FAM au compte-gouttes con cuentagotas.

compter [3] [kɔ̃te] *v tr* [▷ SYN] contar (dénombrer) ‖ contar (contenir) ‖ contar; compter quelqu'un parmi ses amis contar entre sus amigos a alguien ‖ contar con; compter d'illustres ancêtres dans sa famille contar con antepasados ilustres en la familia ‖ cobrar ou cargar por; compter 30 centimes la bouteille vide cobrar 30 céntimos por el casco ‖ pagar (payer) ‖ contar (avoir l'intention de) ‖ tener en cuenta (tenir compte) ‖ contar con (tenir pour assuré) ■ compter réussir contar con tener éxito ‖ compter revenir pensar volver ‖ à pas comptés con pasos contados.
◇ *v intr* contar (calculer) ‖ contar, valer (équivaloir) ‖ contar (avoir quelque valeur) ‖ hacer números, calcular (calculer ses dépenses) ‖ estar, encontrarse (se trouver); il compte parmi les grands écrivains se encuentra entre los grandes escritores ■ compter avec quelque chose, quelqu'un contar con algo, alguien ‖ compter pour valer por ‖ compter sans no tener en cuenta ‖ compter sur contar con ■ à compter de a partir de ‖ sans compter que sin contar con que.
‖ SYN calculer calcular; dénombrer contar; inventorier inventariar; nombrer, énumérer enumerar.

compte rendu; compte-rendu ↦ **compte**.
‖ OBSERV pl comptes rendus; comptes-rendus.

compte-tours *m inv* cuentarrevoluciones.

compteur, euse [kɔ̃tœr, øz] *adj & s m* contador, ra ■ compteur d'images contador de imágenes (photo) ‖ compteur de vitesse velocímetro ‖ compteur kilométrique cuentakilómetros.

comptine [kɔ̃tin] *f* canción infantil para señalar a aquel a quien le toca hacer algo.

comptoir [kɔ̃twar] *m* mostrador (d'un marchand) ‖ barra *f* (café) ‖ [▷ SYN] factoría *f* (en pays étranger) ‖ sucursal *f* (d'une banque) ‖ cártel (de vente) ‖ establecimiento (possession) ‖ comptoir d'escompte banco de crédito.
‖ SYN établissement establecimiento; factorerie factoría.

compulser [3] *v tr* compulsar.

compulsif, ive *adj* compulsivo, va.

compulsoire *m* compulsión *f*.

comput [kɔ̃pyt] *m* cómputo.

computation *f* computación, cómputo *m*.

computer [3] *v tr* computar.

comtal, e *adj* condal.

comtat [kɔ̃ta] *m* condado.

comte [kɔ̃t] *m* conde.

comté *m* condado ‖ queso parecido al gruyère.

comtesse *f* condesa.

comtois, e *adj* del Franco Condado.
◆ **comtoise** *f* reloj *m* de pared de caja alta.

Comtois, e *m & f* nativo, va del Franco Condado.

con, conne *adj & s* TFAM jilipolla.
◆ **con** *m* VULG coño.

Conakry *n pr* GÉOGR Conakry.

concassage *m* TECHN machacado, trituración *f*.

concasser [3] *v tr* machacar, triturar.

concasseur *m* TECHN machacador, machacadora *f*, trituradora *f*.

concave *adj* cóncavo, va.

concavité *f* concavidad.

concéder [18] *v tr* conceder.
‖ SYN octroyer otorgar; accorder otorgar, conceder.

concélébrer [18] *v tr* concelebrar.

concentrateur *m* INFORM concentrador.

concentration *f* concentración ‖ reconcentración de la mente (tension d'esprit) PHYS concentración ‖ camp de concentration campo de concentración.

concentrationnaire *adj* relativo a los campos de concentración.

concentré, e *adj* [▷ SYN] concentrado, da ‖ FIG reconcentrado, da; ensimismado, da (absorbé) ‖ lait concentré leche concentrada.
◆ **concentré** *m* concentrado.
‖ SYN condensé condensado; réduit reducido; épais espeso.

concentrer [3] *v tr* concentrar ‖ reconcentrar (son esprit).
◆ **se concentrer** *v pr* concentrarse ‖ reconcentrarse, ensimismarse.

concentrique *adj* GÉOM concéntrico, ca.

concept [kɔ̃sɛpt] *m* concepto.

conceptacle *m* BOT conceptáculo.

concepteur, trice *m & f* diseñador, ra.

conception *f* BIOL concepción ‖ TECHN diseño *m* ‖ FIG [▷ SYN] concepción, comprensión (faculté de comprendre) ‖ concepto *m* (chose imaginée) ‖ INFORM conception assistée par ordinateur (CAO) diseño asistido por ordenador ‖ Immaculée Conception Inmaculada Concepción.
‖ SYN entendement entendimiento; intelligence inteligencia; intellect intelecto.

conceptisme *m* conceptismo (littérature).

conceptiste *adj & s* conceptista.

conceptualiser [3] *v tr* conceptualizar.

conceptualisme *m* conceptualismo.

conceptualiste *adj & s* conceptualista.

conceptuel, elle *adj* conceptual.

concernant *part prés* concerniente, referente a, relativo a.

concerner [3] *v tr* concernir a, atañer a; cette disposition ne me concerne pas esa disposición no me atañe a mí ‖ concernir a, referirse a, atañer a (avoir rapport à) ■ en ce qui concerne por ou en lo que se refiere a, en lo que concierne a ‖ être concerné par quelque chose concernirle a uno algo.

concert [kɔ̃sɛr] *m* concierto (séance musicale) ‖ FIG concierto (accord) ■ concert de louanges coro de alabanzas ‖ concert en plein air concierto al aire libre ‖ de concert de concierto, de común acuerdo.

concertant, e *adj & s* concertante (musique).

concertation *f* concertación.

concerter [3] *v tr* concertar.
◆ **se concerter** *v pr* concertarse, ponerse de acuerdo.

concertina *f* MUS concertina.

concertiste *m* concertista.

concerto *m* concierto.

concessif, ive *adj* GRAMM concesivo, va.

concession *f* concesión ∥ sepultura temporal ou perpetua que se contrata en un cementerio ∥ concesión, terreno *m* concedido a un colono, ou a un inmigrante ∥ MIN concesión ∥ sans concessions sin componendas, sin concesiones.

concessionnaire *adj* & *s m* concesionario, ria.

concetti *m pl* conceptos brillantes y afectados.

concevable *adj* concebible.

concevoir [52] *v tr* concebir ∥ maison bien, mal conçue casa bien, mal pensada.

conchoïdal, e [kɔ̃kɔidal] *adj* concoideo, a.

conchoïde [kɔ̃kɔid] *f* GÉOM concoide (courbe).

conchyliologie [kɔ̃kiljɔlɔʒi] *f* conquiliología.

conchylis ━ **cochylis**.

concierge *m* & *f* [▷ SYN] portero, ra ∥ conserje (d'une administration).

  OBSERV En français, le mot concierge est le plus commun, portier a un caractère plus relevé, tandis qu'en espagnol le mot le plus courant est portero.
  SYN portier portero; gardien guarda; (vx) suisse portero; cerbère cerbero; FAM pipelet portero.

  CONCIERGE
  En la mayoría de los edificios en Francia, hay un portero que se encarga de limpiar las escaleras, asegurarse de que no entre ninguna persona indeseable y entregar el correo a los vecinos. Suele vivir en un pisito ("la loge") situado en la entrada del edificio.

conciergerie *f* conserjería ∥ la Conciergerie la Conserjería [antigua prisión de París].

concile *m* concilio.

  SYN conciliabule conciliábulo; consistoire consistorio; synode sínodo.

conciliable *adj* conciliable.

conciliabule *m* conciliábulo.

conciliaire *adj* conciliar.

conciliant, e *adj* conciliador, ra.

  SYN conciliateur conciliador; arrangeant transigente; complaisant complaciente; accommodant acomodaticio; facile fácil; FAM coulant acomodadizo.

conciliateur, trice *adj* & *s* conciliador, ra.

conciliation *f* conciliación.

conciliatoire *adj* conciliatorio.

concilier [9] *v tr* conciliar ∥ FIG conjugar, compaginar; concilier les intérêts des deux parties compaginar los intereses de las dos partes.

  ━ **se concilier** *v pr* conciliarse, ganarse ∥ se concilier l'appui de quelqu'un conciliarse ou ganarse el apoyo de alguien ∥ se concilier quelqu'un ganarse a alguien.

concis, e [kɔ̃si, iz] *adj* conciso, sa.

concision *f* concisión.

concitoyen, enne *m* & *f* conciudadano, na.

conclave *m* cónclave, conclave.

conclaviste *m* conclavista.

concluant, e *adj* concluyente.

conclure [96] *v tr* concertar, convenir; conclure un traité concertar un tratado ∥ terminar, concluir, acabar; conclure une affaire terminar un asunto ∥ cerrar; conclure un marché cerrar un trato ∥ [▷ SYN] deducir, sacar [como consecuencia], inferir; conclure une chose d'une autre deducir una cosa de otra; j'en conclus que de ello deduzco que.

  ◇ *v intr* concluir, acabar ∥ conclure à llegar a la conclusión (déduire), pronunciarse por, acabar en (se prononcer).

  SYN induire inducir; inférer inferir; déduire deducir; arguer argüir.

conclusion *f* conclusión.

concocter [3] *v tr* FAM elaborar minuciosamente.

concombre *m* BOT pepino, cohombro (p us) ∥ ZOOL concombre de mer cohombro de mar.

concomitance *f* concomitancia.

concomitant, e *adj* concomitante (qui accompagne).

concordance *f* concordancia.

concordant, e *adj* concordante.

concordat *m* concordato (avec le pape) ∥ convenio (entre commerçants).

concordataire *adj* concordatario, ria.

concorde *f* concordia.

concorder [3] *v intr* concordar.

  SYN s'accorder estar de acuerdo; correspondre corresponder.

concourant, e *adj* concurrente.

concourir [45] *v intr* concurrir (converger) ∥ concurrir (coopérer) ∥ competir (être en concurrence) ∥ opositar, hacer oposiciones (se présenter à un concours) ∥ participar en un certamen (participer à un concours).

concours *m* concurso ∥ concurso, certamen (compétition); concours hippique concurso hípico ∥ oposición *f*, oposiciones *f pl* (examen); recrutement par voie de concours contratación por oposición; se présenter à un concours hacer oposiciones ∥ cúmulo; un concours de circonstances un cúmulo de circunstancias ∥ ayuda *f*, cooperación *f*; prêter son concours prestar su ayuda ∥ DR concurrencia *f* (de personnes) ■ concours financiers asistencia financiera ∥ hors concours fuera de serie.

concret, ète *adj* concreto, ta ∥ il n'y a rien de concret no hay nada (en) concreto.

  ━ **concret** *m* lo concreto.

concrètement *adv* en concreto, concretamente.

concréter [18] *v tr* solidificar, espesar ∥ FIG concretar.

concrétion *f* concreción.

concrétisation *f* materialización.

concrétiser [3] *v tr* concretar (un concept abstrait).

  ━ **se concrétiser** *v pr* plasmarse; ceci s'est concrétisé par une série de mesures ésto se ha plasmado en una serie de medidas.

concubin *m* concubinario (p us), querido.

concubinage *m* concubinato.

concubine *f* concubina.

concupiscence *f* concupiscencia.

concupiscent, e *adj* concupiscente.

concurremment [kɔ̃kyramɑ̃] *adv* conjuntamente, juntamente (ensemble) ∥ en competencia, en concurrencia (par concurrence) ∥ al mismo tiempo, a la vez, simultáneamente (à la fois).

concurrence *f* competencia ∥ DR igualdad de derechos ■ concurrence déloyale competencia desleal ∥ jeu de la concurrence juego de la competencia ■ faire concurrence à competir con, hacer competencia a ∥ jusqu'à concurrence de hasta un total de, hasta la suma de ou la cantidad de.

  OBSERV Concurrencia signifie normalement en espagnol assistance.

concurrencer [16] *v tr* competir con, hacer la competencia.

concurrent, e *adj* & *s* competidor, ra; rival.

  ◇ *m* & *f* concursante, participante (à un concours) ∥ opositor, ra (à un examen).

concurrentiel, elle *adj* competitivo, va; competidor, ra; rival; position concurrentielle situación competitiva.

concussion *f* concusión.

  SYN exaction exacción; malversation malversación; déprédation depredación; extorsion extorsión; forfaiture, prévarication prevaricación.

concussionnaire *adj* & *s* concusionario, ria.

condamnable [kɔ̃danabl] *adj* condenable.

condamnation [kɔ̃danasjɔ̃] *f* condenación (jugement) ∥ condena (châtiment) ∥ FIG desaprobación, condena; la condamnation d'un abus la desaprobación de un abuso.

condamnatoire [kɔ̃danatwar] *adj* condenatorio, ria.

condamné, e [kɔ̃dane] *adj* & *s* condenado, da; sentenciado, da ∥ desahuciado, da (malade).

condamner [3] [kɔ̃dane] *v tr* condenar, sentenciar (infliger une peine); condamner quelqu'un à 2 ans de prison condenar a alguien a 2 años de cárcel ∥ [▷ SYN] condenar, desaprobar (blâmer) ∥ condenar (une porte, etc.) ∥ desahuciar (un malade) ∥ condamner aux dépens condenar en costas ∥ condamner quelqu'un à faire quelque chose condenar a alguien a hacer algo ∥ condamner quelqu'un à une amende multar a alguien ∥ FIG condamner sa porte cerrar la puerta.

  SYN réprouver reprobar; maudire maldecir; stigmatiser estigmatizar; proscrire proscribir; anathématiser anatematizar.

condensable *adj* condensable.

condensateur *m* PHYS condensador.

condensation *f* condensación.

condensé *m* resumen, extracto, compendio.

condensé, e *adj* condensado, da.

condenser [3] *v tr* condensar.

condenseur *m* TECHN condensador ∥ proyector (optique).

condescendance [kɔ̃desɑ̃dɑ̃s] *f* condescendencia.

condescendant, e [kɔ̃desɑ̃dɑ̃, ɑ̃t] *adj* condescendiente.

condescendre [73] [kɔ̃desɑ̃dr] *v intr* condescender.

condiment *m* condimento.

condimenter [3] *v tr* condimentar, sazonar.

condisciple *m & f* condiscípulo, la.

condition *f* condición; mettre des conditions imponer condiciones ■ conditions de visibilité condiciones de visibilidad ▌ conditions requises requisitos ▌ la condition féminine la condición femenina ▌ à ou à la condition que ou de con tal que, con la condición de que, siempre que ▌ en bonne condition physique en buenas condiciones físicas ▌ sans conditions restrictives sin cortapisas ▌ sous condition que a condición de que ■ acheter à condition comprar a condición ▌ entrer en condition ponerse a servir ▌ mettre en condition poner en forma ou en condición ▌ remplir les conditions satisfacer los requisitos ▌ se rendre sans conditions rendirse sin condiciones.
▌ **SYN** clause cláusula; modalité modalidad.

conditionné, e *adj* condicionado, da; réflexe conditionné reflejo condicionado ▌ acondicionado, da; air conditionné aire acondicionado.

conditionnel, elle *adj* condicional.
➤ **conditionnel** *m* **GRAMM** potencial; conditionnel présent, passé potencial simple, compuesto.

conditionnellement *adv* condicionalmente.

conditionnement *m* acondicionamiento (de l'air, des denrées alimentaires, etc.); conditionnement d'une marchandise acondicionamiento de una mercancía ▌ embalaje, envase, envasado (emballage).

conditionner [3] *v tr* acondicionar ▌ embalar, envasar ▌ ser condición de una cosa, condicionar.

conditionneur, euse *adj & s* acondicionador, ra, de escaparates ▌ embalador, ra; persona encargada de embalar los productos para su presentación comercial ▌ conditionneur d'air acondicionador de aire.

condoléances *f pl* pésame *m sing*; présenter ses condoléances dar el pésame ▌ toutes mes condoléances, sincères condoléances mi más sentido pésame, le acompaño en su sentimiento.

condominium [kɔ̃dɔminjɔm] *m* condominio.

condor *m* cóndor (oiseau, monnaie).

condottiere *m* condotiero.
▌ **OBSERV** pl condottieri.

conductance *f* **ÉLECTR** conductancia.

conducteur, trice *adj & s* conductor, ra.
➤ **conducteur** *m* jefe de obras (construction) ▌ **IMPR** impresor, conductor de máquina de imprimir ▌ **PHYS** conductor ▌ conducteur des Ponts et Chaussées ayudante de Obras Públicas.

conductibilité *f* **PHYS** conductibilidad.

conductible *adj* **PHYS** conductible.

conduction *f* conducción.

conductivité *f* **ÉLECTR** conductividad.

conduire [80] *v tr* conducir, guiar [(Amér) manejar]; conduire une voiture conducir un coche ▌ conducir, llevar; conduire à l'autel llevar al altar ▌ acompañar, llevar (accompagner) ▌ conducir, dirigir (commander) ■ con-

duire quelqu'un à penser que hacer pensar a alguien que ■ bien conduire sa barque saber navegar ▌ permis de conduire permiso de conducción ou de conducir, carnet de conducir.
◇ *v intr* conducir.
➤ **se conduire** *v pr* conducirse, portarse; bien se conduire portarse bien.

conduit [kɔ̃dɥi] *m* conducto.

conduite *f* conducta, comportamiento *m* ▌ conducción [(Amér) manejo]; la conduite d'une voiture la conducción de un coche ▌ dirección, mando *m*; la conduite d'une entreprise la dirección de una empresa; sous la conduite de bajo la dirección de ▌ [▷ **SYN**] conducto *m*, cañería (tuyau de distribution) ■ **AUTOM** conduite à gauche conducción por la izquierda ▌ conduite en état d'ivresse conducción en estado de embriaguez ▌ conduite forcée conducción forzada (travaux publics) ▌ conduite intérieure coche ou automóvil cerrado ■ **FIG** acheter une conduite enmendarse ▌ **FIG** faire la conduite à quelqu'un acompañar a uno hasta la puerta (reconduire quelqu'un) ▌ **AUTOM** on l'a arrêté pour conduite sans permis lo han detenido por circular sin permiso de conducir.
▌ **SYN** canalisation canalización; collecteur colector; tuyauterie, tuyautage tubería; pipe-line oleoducto.

condyle *m* **ANAT** cóndilo.

cône *m* cono (géométrie); cône tronqué cono truncado ▌ cono, piña *f* (fruit des conifères) ▌ cono (mollusque) ▌ **AVIAT** cône du vent manga, veleta ▌ **GÉOL** cône volcanique cono volcánico.

conf. (abr écrite de confort) tout conf. con todas las comodidades.

confabulation *f* confabulación.

confection *f* confección ▌ hechura, confección (action de confectionner) ▌ ropa hecha (vêtement) ■ costume de confection traje de confección ▌ magasin de confection almacén de ropa blanca ou de confección.

confectionner [3] *v tr* confeccionar, hacer.

confectionneur, euse *m & f* confeccionador, ra; confeccionista, fabricante de ropa hecha.

confédéral, e *adj* confederal.

confédération *f* confederación.

confédéré, e *adj & s* confederado, da.

confédérer [18] *v tr* confederar.

confer [kɔ̃fɛr] ➤ **cf.**

conférence *f* conferencia; conférence au sommet conferencia en la cumbre ou de alto nivel; faire une conférence dar una conferencia ▌ entrevista, reunión; être en conférence asistir a ou estar en una reunión, celebrar una entrevista ▌ consulta (de médecins entre eux) ▌ conférence de presse rueda ou conferencia de prensa.

conférencier, ère *m & f* conferenciante.
➤ **conférencier** *m* carpeta que tiene lo necesario para tomar notas.

conférer [18] *v intr* conferenciar, tener una entrevista ou conferencia (tenir conférence).
◇ *v tr* conferir, conceder, otorgar (accorder) ▌ comparar, cotejar (comparer).

conferve *f* ajomate *m* (algue).

confesse *f* confesión.
▌ **OBSERV** Sólo se usa en las expresiones: aller à confesse ir a confesarse; revenir de confesse volver de la confesión.

confesser [4] *v tr* confesar.
➤ **se confesser** *v pr* confesarse.

confesseur *m* confesor.

confession *f* confesión; entendre en confession oír en confesión ▌ sous le sceau de la confession bajo secreto de confesión.

confessionnal *m* confesionario, confesonario.

confessionnel, elle *adj* confesional.

confetti *m pl* confeti *sing*, papelillos.

confiance *f* confianza ■ confiance en soi confianza en sí mismo ▌ vote de confiance voto de confianza (politique) ▌ en toute confiance con toda confianza ■ avoir la confiance de inspirar confianza a ▌ inspirer confiance à inspirar confianza a ▌ mettre quelqu'un en confiance dar confianza a alguien ▌ poser la question de confiance plantear la cuestión de confianza ▌ y aller de confiance ir sin miedo alguno ou con toda confianza.
▌ **OBSERV** Cuando confiance va seguido de un pronombre, la preposición empleada es en (confiance en soi), y si de un sustantivo dans (confiance dans sa parole).

confiant, e *adj* confiado, da.

confidence *f* confidencia ■ en confidence de modo confidencial ▌ être, mettre dans la confidence estar, meter en el secreto.

confident, e *adj & s* confidente.
▌ **OBSERV** En espagnol, confidente a le sens policier de "mouton", "indicateur".

confidentialité *f* carácter *m* confidencial [de una información].

confidentiel, elle *adj* confidencial.

confidentiellement *adv* confidencialmente.

confier [9] *v tr* [▷ **SYN** 1] confiar.
➤ **se confier** *v pr* [▷ **SYN** 2] confiarse; se confier à un ami confiarse a un amigo ▌ fiarse de (s'en remettre à).
▌ **SYN** 1. abandonner abandonar, encomendar; livrer entregar; laisser dejar; prêter prestar.
▌ 2. s'épancher desahogarse; s'ouvrir à abrirse con; se livrer entregarse; se fier fiarse.

configuration *f* configuración ▌ **INFORM** configuration minimale configuración básica ▌ configuration de système configuración de sistema.

configurer [3] *v tr* configurar ▌ **INFORM** configurar.

confiné, e *adj* encerrado; vivre confiné chez soi vivir encerrado en casa ▌ viciado, da (air).

confinement *m* confinamiento.

confiner [3] *v tr* confinar, encerrar; confiner quelqu'un dans un monastère confinar a alguien en un monasterio.
◇ *v intr* lindar con, limitar con, confinar con; l'Argentine confine au Chili Argentina confina con Chile ▌ **FIG** rayar en; cet acte confine à la folie este acto raya en la locura.
➤ **se confiner** *v pr* confinarse, retirarse ▌ limitarse; se confiner dans un rôle limitarse a hacer un papel.

confins *m pl* confines ▌ aux confins de en los confines de.

confire [101] *v tr* confitar (des fruits dans du sucre) ▌ encurtir (des légumes dans du vinaigre) ▌ conservar (des viandes dans de la graisse) ▌ TECHN adobar (des peaux).

confirmand, e *m & f* confirmando, da.

confirmatif, ive *adj* confirmativo, va.

confirmation *f* confirmación.

confirmer [3] *v tr* [▷ SYN] confirmar; confirmer quelqu'un dans une croyance confirmar a alguien en una creencia ▌ ratificar (se); confirmer quelqu'un dans ses fonctions ratificar a alguien en sus funciones.
➡ **se confirmer** *v pr* confirmarse.
▌ SYN vérifier comprobar, verificar; corroborer corroborar.

confiscable *adj* confiscable.

confiscation *f* confiscación.

confiserie [kɔ̃fizri] *f* confitería (de sucreries) ▌ dulce *m* (friandise) ▌ fábrica de conservas (conserverie).

confiseur, euse *m & f* confitero, ra.

confisquer [3] *v tr* confiscar, incautarse de ▌ quitar (ôter) ▌ DR comisar, decomisar.

confit, e [kɔ̃fi, it] *adj* confitado, da (dans le sucre); fruits confits frutas confitadas ▌ encurtido, da (dans du vinaigre) ▌ FIG impregnado por [alguna idea ou sentimiento] ▌ TECHN adobado, da (peaux).
➡ **confit** *m* CULIN carne *f* conservada en manteca, "confit" ▌ confit d'oie "confit" de oca [conservada en su grasa].

confiteor *m* confiteor (prière).

confiture *f* mermelada ▌ FAM en confiture en compota, hecho papilla.
▌ SYN marmelade mermelada; gelée jalea; compote compota.

confiturerie *f* fábrica de mermeladas ▌ confitería.

confiturier, ère *m & f* confitero, ra.
➡ **confiturier** *m* tarro de mermelada.

conflagration *f* conflagración.

conflictuel, elle *adj* conflictivo, va; situation conflictuelle situación conflictiva.

conflit [kɔ̃fli] *m* conflicto ▌ conflit social conflicto laboral ou social.

confluence *f* confluencia.

confluent, e *adj* confluente.
➡ **confluent** *m* confluencia *f* (de deux fleuves).

confluer [3] *v intr* confluir.

confondre [75] *v tr* confundir.
➡ **se confondre** *v pr* confundirse ▌ se confondre en excuses, en politesses deshacerse en excusas, en cumplidos.

conformateur *m* TECHN conformador (de chapelier) ▌ horma *f* extensora (pour souliers).

conformation *f* conformación ▌ vice de conformation defecto congénito, vicio de conformación.

conforme *adj* conforme; conforme au modèle conforme con el modelo ▪ copie certifiée conforme copia legalizada, certificación ▌ pour copie conforme para reproducción ou copia exacta del original ou con el original.

conformé, e *adj* conformado, da.

conformément *adv* conforme a, en conformidad con, de conformidad con.

conformer [3] *v tr* conformar, poner de acuerdo, ajustar; conformer sa conduite à ses paroles ajustar su conducta a sus palabras ▌ dar la forma de.
➡ **se conformer** *v pr* conformarse; se conformer aux règles conformarse con ou a las reglas ▌ acomodarse a, conformarse con (se soumettre).

conformisme *m* conformismo.

conformiste *adj & s* conformista.

conformité *f* conformidad; en conformité de en ou de conformidad con [conforme a] ▪ conformité à conformidad con ou entre ▌ conformité de conformidad ou igualdad en.

confort *m* comodidad *f*, bienestar material, confort (gallicisme très usité) ▪ avec tout le confort, tout confort con todas las comodidades ▌ biens de confort comodidades.

confortable *adj* confortable, cómodo, da ▌ FIG muy decente, apañado, da FAM revenu confortable ingreso muy decente ▌ respetable; gagner avec un avantage confortable ganar con una ventaja respetable.

confortablement *adv* cómodamente (installer) ▌ generosamente (payer).

conforter [3] *v tr* conforter qqn dans qqch confirmar a alguien en algo.

confraternel, elle *adj* confraternal.

confraternité *f* confraternidad.

confrère *m* cofrade, hermano (d'une confrérie) ▌ FIG colega (collègue) ▌ compañero (compagnon).

confrérie *f* cofradía, hermandad ▌ gremio *m* (corporation).

confrontation *f* confrontación, careo *m*; la confrontation des témoins el careo de los testigos ▌ confrontación, cotejo *m*; confrontation de textes cotejo de textos.

confronter [3] *v tr* confrontar, carear (personnes) ▌ confrontar, cotejar (choses).

confucéen, enne; confucianiste *adj & s* confucianista.

confucianisme [kɔ̃fysjanism] *m* confucianismo.

Confucius *n pr* Confucio.

confus, e [kɔ̃fy, yz] *adj* confuso, sa ▌ desordenado, da; revuelto, ta (en désordre) ▌ être confus estar avergonzado, estar confundido ou turbado ▌ être tout confus de sentir mucho.

confusément *adv* de manera confusa.

confusion *f* confusión ▌ DR confusion des pouvoirs, des peines confusión de los poderes, de las penas.
▌ SYN trouble desorden, turbación; remue-ménage trapatiesta, estropicio [(Amér) escorrozo, revolisco]; chaos caos, revoltillo; tohu-bohu confusión.

confusionnisme *m* confusionismo.

congaï; congaye [kɔ̃gaj] *f* mujer anamita.

conge *m* congio (mesure romaine).

congé *m* [▷ SYN 1] licencia *f*, permiso (permission de s'absenter) ▌ MIL licencia *f* absoluta (libération), permiso (permission) ▌ asueto; jour de congé día de asueto ▌ [▷ SYN 2] vacacio-

nes *f pl*; les congés payés las vacaciones retribuidas ou pagadas ▌ guía *f*, licencia *f* (titre de transport) ▌ despido (renvoi d'un salarié) ▌ desahucio (renvoi d'un locataire) ▌ ARCHIT caveto (moulure) ▪ congé dans les foyers permiso al país de origen (diplomate) ▌ congé de ou pour convenance personnelle excedencia ▌ congé de longue durée licencia por enfermedad ou ilimitada, permiso ilimitado ▌ congé de maladie baja por enfermedad ▌ congé de maternité descanso prenatal y postnatal ▌ congé sans solde situación de supernumerario sin sueldo (militaire), situación de excedencia (fonctionnaire) ▪ donner congé despedir (l'employeur), despedirse (l'employé), desahuciar (un locataire) ▌ être en congé estar de vacaciones (étudiant), no trabajar (employé), estar dado de baja (pour maladie) ▌ prendre congé despedirse.
▌ SYN 1. repos descanso, reposo; permission permiso, licencia.
2. vacances vacaciones; FAM campos asueto.

congédiable *adj* que puede ser despedido (salarié) ▌ MIL licenciable.

congédiement [kɔ̃ʒedimã] *m* despido ▌ MIL licenciamiento.

congédier [9] *v tr* [▷ SYN] despedir ▌ MIL licenciar.
▌ SYN donner congé despedir, desahuciar (locataire); chasser, renvoyer echar; donner son compte dar la cuenta; remercier despedir; mettre à la porte echar a la calle; FAM flanquer, ficher, foutre à la porte echar con cajas destempladas; balancer mandar a paseo; FAM envoyer paître mandar a freír espárragos; envoyer dinguer mandar a paseo.

congé-formation *m* licencia *f* de estudios.

congelable [kɔ̃ʒlabl] *adj* congelable.

congélateur *m* congelador.

congélation *f* congelación.

congeler [25] [kɔ̃ʒle] *v tr* [▷ SYN] congelar.
➡ **se congeler** *v pr* congelarse.
▌ SYN figer cuajar; prendre cuajar, helar.

congénère *adj & s* congénere.

congénital, e *adj* congénito, ta.

congénitalement *adv* de modo congénito.

congère *f* montón *m* de nieve formado por el viento, conchesta (en Aragón).

congestif, ive *adj* congestivo, va.

congestion *f* MÉD congestión; congestion pulmonaire congestión pulmonar.

congestionner [3] *v tr* congestionar ▌ FIG congestionar, obstruir (le trafic).
➡ **se congestionner** *v pr* congestionarse.

conglomérat *m* GÉOL & TECHN conglomerado.

conglomération *f* conglomeración.

conglomérer [18] *v tr* conglomerar.

conglutinant, e *adj & s m* conglutinante.

conglutinatif, ive *adj* conglutinativo, va.

conglutination *f* conglutinación.

conglutiner [3] *v tr* conglutinar.

Congo *n pr m* GÉOGR le Congo el Congo; la république démocratique du Congo la República democrática del Congo.

Congo-Kinshasa [kɔ̃gokinʃasa] *n pr m* GÉOGR Congo-Kinshasa.

congolais, e *adj* congoleño, ña; congolés, esa.

➤ **congolais** *m* pastelito de coco (gâteau).

Congolais, e *m & f* congoleño, ña; congolés, esa.

congratulateur, trice *adj* FAM congratulatorio, ria.

congratulation *f* congratulación ‖ se faire des congratulations congratularse.

congratuler [3] *v tr* congratular.

congre *m* congrio (poisson).

congréganiste *m & f* congregante, ta.

congrégation *f* congregación.

congrès [kɔ̃grɛ] *m* congreso.

congressiste *m & f* congresista.

congru, e *adj* congruo, ua ‖ MATH congruente ■ portion congrue porción congrua ■ FIG mettre à la portion congrue poner a régimen.

congruence *f* congruencia.

congruent, e *adj* congruente.

congruité *f* congruencia.

congrûment *adv* congruentemente.

conicité *f* conicidad.

conidie *f* BOT conidio *m*.

conifère *adj* BOT conífero, ra.

➤ **conifères** *m pl* coníferas *f*.

conique *adj & s f* GÉOM cónico, ca; section conique sección cónica.

conirostre *adj & s m* ZOOL conirrostro.

conjectural, e *adj* conjetural, de conjeturas.

conjecturalement *adv* conjeturalmente.

conjecture *f* conjetura.

conjecturer [3] *v tr* conjeturar.

conjoint, e [kɔ̃ʒwɛ̃, ɛ̃t] *adj* conjunto, ta; unido, da.

◇ *m* cónyuge, consorte.

‖ OBSERV Le mot espagnol conjunto signifie ensemble.

conjointement *adv* conjuntamente; conjointement avec quelqu'un conjuntamente con alguien.

conjoncteur *m* ÉLECTR cortacircuitos.

conjoncteur-disjoncteur [kɔ̃ʒɔ̃ktœr-disʒɔ̃ktœr] *m* ÉLECTR interruptor automático.

‖ OBSERV pl conjoncteurs-disjoncteurs.

conjonctif, ive *adj* conjuntivo, va.

conjonction *f* conjunción.

conjonctive *f* conjuntiva (muqueuse de l'œil).

conjonctivite *f* MÉD conjuntivitis.

conjoncture *f* coyuntura, ocasión ‖ la conjoncture économique la coyuntura económica.

conjoncturel, elle *adj* coyuntural.

conjugable *adj* conjugable.

conjugaison *f* conjugación.

conjugal, e *adj* conyugal; domicile conjugal domicilio conyugal.

conjugalement *adv* conyugalmente.

conjugué, e *adj & s* conjugado, da.

conjuguer [3] *v tr* aunar, mancomunar, conjugar (réunir) ‖ GRAMM conjugar.

conjungo *m* FAM coyunda *f*, matrimonio.

conjurateur *m* conjurador.

conjuration *f* conjuración, conjura ‖ conjuro *m* (sortilège) ‖ conjuro *m* (supplication).

conjuré, e *adj & s* conjurado, da.

conjurer [3] *v tr* conjurar.

➤ **se conjurer** *v pr* conjurarse.

connaissable *adj* conocible.

connaissance *f* [▷ SYN] conocimiento *m* ‖ conocido *m*, conocida (personne) ■ à ma connaissance que yo sepa ‖ en connaissance de cause con conocimiento de causa ‖ pays de connaissance país conocido (région), terreno conocido (matière) ‖ sans connaissance sin conocimiento, sin sentido ■ avoir des connaissances tener cultura (savoir), tener relaciones, estar relacionado (des relations) ‖ donner connaissance dar a conocer, hacer conocer ‖ faire la connaissance de conocer a ‖ perdre connaissance perder el conocimiento ‖ porter à la connaissance de poner en conocimiento de, hacer presente a, informar a ‖ prendre connaissance de informarse ou enterarse de ‖ reprendre connaissance recobrar el conocimiento ‖ venir à la connaissance llegar al conocimiento.

‖ SYN idée idea; notion noción.

connaissement *m* MAR conocimiento.

connaisseur, euse *adj & s* conocedor, ra; entendido, da.

connaître [91] *v tr* conocer; je l'ai connu en Espagne le conocí en España ‖ sufrir (subir) ‖ [▷ SYN] saber, dominar; connaître l'anglais saber inglés ‖ distinguir (différencier) ‖ tener en cuenta; ne connaître que son devoir no tener en cuenta más que su deber ‖ admitir; ne point connaître de maître no admitir ningún maestro ‖ conocer (en style biblique) ■ FAM connaître comme sa poche conocer como la palma de la mano‖connaître la musique ou la connaître conocer muy bien el percal, conocer el paño ou el asunto ‖ connaître son monde conocer bien a las gentes que se trata ‖ connaître toute l'histoire conocer todo el asunto, estar al cabo de la calle ‖ faire connaître hacer saber, informar (renseigner), presentar, hacer conocer (présenter), dar a conocer (vulgariser) ‖ je ne connais que cela estoy muy bien informado, es lo único que sé ‖ je ne le connais ni d'Ève ni d'Adam no le conozco ni por asomo.

◇ *v intr* DR entender en (être compétent).

➤ **se connaître** *v pr* conocerse ■ ne plus se connaître estar muy furioso, estar fuera de sí ‖ se connaître de nom, de vue conocerse de oídas, de vista ‖ se faire connaître darse a conocer ‖ s'y connaître conocer bien el paño, conocer el percal ou el asunto ‖ s'y connaître en, se connaître en entender de, ser entendido en.

‖ SYN posséder poseer, dominar; savoir saber.

connecté, e *adj* INFORM conectado, da.

connecter [4] *v tr* TECHN conectar.

connecteur *m* TECHN conectador.

Connecticut [kɔnɛktikœt] *n pr m* GÉOGR le Connecticut el Connecticut (fleuve).

connectif, ive *adj* conectivo, va.

connectique *f* INFORM conectores y sistemas de conexión.

connerie *f* TFAM jilipollada.

connétable *m* condestable.

connexe [kɔnɛks] *adj* afín, conexo, xa.

connexion *f* conexión (liaison).

connexité *f* conexión, enlace *m*.

connivence *f* connivencia ‖ être de connivence estar de connivencia, aconchabarse.

connivent, e *adj* connivente.

connotation *f* connotación.

connoter [3] *v tr* connotar.

connu, e *adj* conocido, da ■ chose connue cosa sabida ‖ être connu comme le loup blanc ser más conocido que la ruda ‖ ni vu ni connu ni visto ni oído.

➤ **connu** *m* lo conocido.

conoïde *adj* GÉOM conoideo, a.

◇ *m* GÉOM conoide.

conopée *m* dosel de tabernáculo (dais).

conque [kɔ̃k] *f* venus (mollusque) ‖ caracola (coquillage) ‖ caracol *m* (de l'oreille).

conquérant, e *adj & s* conquistador, ra.

conquérir [39] *v tr* conquistar ‖ FIG [▷ SYN] conquistar, cautivar ‖ conquérir les cœurs ou l'amitié ganar el ánimo, granjearse la amistad.

‖ SYN capter captar; captiver cautivar; séduire seducir; subjuguer subyugar; envoûter hechizar.

conquête *f* conquista ■ air de conquête aire de conquistador ‖ FAM faire une conquête hacer una conquista.

conquêts [kɔ̃kɛ] *m pl* DR bienes gananciales.

conquis, e *adj* conquistado, da.

conquistador *m* conquistador [se aplica solamente a los españoles que conquistaron América].

Conrad *n pr* Conrado.

consacrant *adj & s m* ECCLÉS consagrante.

consacré, e *adj* consagrado, da ‖ dedicado, da; destinado, da.

consacrer [3] *v tr* consagrar; consacrer une église consagrar una iglesia ‖ dedicar, consagrar (employer).

➤ **se consacrer** *v pr* consagrarse ‖ dedicarse, consagrarse; se consacrer à quelque chose, à faire quelque chose dedicarse a algo, a hacer algo.

consanguin, e *adj & s* consanguíneo, a ‖ frère consanguin hermano consanguíneo ‖ mariage consanguin matrimonio consanguíneo.

consanguinité *f* consanguinidad.

‖ SYN parenté parentesco, parientes, parentela.

consciemment [kɔ̃sjamɑ̃] *adv* conscientemente.

conscience *f* conciencia ■ conscience collective conciencia colectiva ‖ conscience professionnelle conciencia profesional ‖ liberté de conscience libertad religiosa ou de conciencia ‖ objecteur de conscience objetor de conciencia ■ en bonne conscience en honor a la verdad ‖ en conscience en conciencia ‖ en mon âme et conscience en el fondo de mi conciencia, con toda mi convicción ‖ la main sur la conscience con la mano en el corazón ‖ par acquit de conscience para mayor tranquilidad, en descargo de conciencia; para que no digan ■ **avoir bonne conscience** tener la conciencia limpia ‖ **avoir la conscience large** ser ancho de conciencia, tener la manga ancha FAM ■ **avoir quelque chose sur la conscience** tener un peso en la conciencia ‖ **perdre conscience** perder el conocimiento ‖ **prendre conscience de** darse cuenta de.

consciencieusement *adv* a conciencia, concienzudamente.

consciencieux, euse *adj* concienzudo, da.

> SYN scrupuleux escrupuloso; minutieux minucioso; méticuleux meticuloso; tâtillon reparón, puntilloso.

conscient, e *adj* conciente.

conscription *f* MIL quinta, reclutamiento *m* [(*Amér*.) conscripción (gallicisme)].

conscrit *m* quinto, recluta [(*Amér*.) conscripto (gallicisme)] ‖ FAM novato (novice).
◇ *adj m* conscripto; **père conscrit** padre conscripto (sénateur romain).

consécration *f* consagración.

consécutif, ive *adj* consecutivo, va ‖ debido a, consecuencia de (dû à).

consécution *f* consecución.

consécutivement *adv* consecutivamente; **notre équipe a subi consécutivement quatre défaites** nuestro equipo sufrió consecutivamente cuatro derrotas.
➤ **consécutivement à** *loc prép* como consecuencia de; **consécutivement à un incident technique** como consecuencia de un incidente técnico.

conseil [kɔsɛj] *m* consejo; **prendre conseil** pedir consejo ‖ asesoramiento ‖ consejero (conseiller) ‖ consultor, asesor (consultant) ‖ consejo (réunion); **tenir conseil** celebrar consejo ■ **conseil académique** claustro (universités) ‖ **Conseil constitutionnel** consejo constitucional francés ‖ **conseil d'administration** consejo de administración ‖ **conseil de classe** consejo de evaluación (école) ‖ **conseil de discipline** consejo de disciplina ‖ **conseil de famille** consejo de familia ‖ **conseil de guerre** consejo de guerra ‖ **conseil des prud'hommes** Magistratura de Trabajo ‖ **conseil de surveillance** consejo de vigilancia ‖ MIL **conseil de révision** junta de clasificación ou revisión ‖ **conseil des ministres** consejo de ministros franceses ‖ **conseil d'État** Consejo de Estado francés ‖ **conseil général** ≃ diputación *f* Provincial ‖ **conseil judiciaire** tutela judicial ‖ **conseil municipal** concejo, ayuntamiento ‖ **Conseil régional** Consejo Regional (administration) ‖ DR **Conseil supérieur de la magistrature** institución francesa que vela por la independencia del poder judicial ‖ **expert conseil en recrutement** experto en contratación ■ **demander conseil à quelqu'un** pedir consejo a alguien ‖ **donner un conseil** dar un consejo ‖ **être de bon conseil** ser buen consejero ‖ **la nuit porte conseil** ou **prendre conseil de son bonnet de nuit** hay que consultarlo con la almohada.

> LE CONSEIL CONSTITUTIONNEL
> El "Conseil constitutionnel" se compone de nueve miembros, elegidos por un periodo de nueve años, más los antiguos presidentes de la República Francesa. El Presidente de la República y los miembros del Parlamento pueden deferir leyes al "Conseil constitutionnel" para que éste las examine.

> LE CONSEIL D'ÉTAT
> El "Conseil d'État" francés se compone de doscientos miembros. Es al mismo tiempo el más alto tribunal que estudia los casos del Estado, y un organismo consultativo al que se someten los proyectos de ley y los decretos gubernamentales antes de ser examinados por el Consejo de ministros.

> LE CONSEIL GÉNÉRAL
> Este comité asesor instaurado a nivel del departamento está formado por los concejales de los "cantons". Controla el importante presupuesto social del departamento.

> LE CONSEIL DES MINISTRES
> El "Conseil des ministres" está presidido por el Presidente en persona, y se reúne tradicionalmente los miércoles por la mañana. Cuando los ministros se reúnen únicamente en presencia del Primer Ministro se suele llamar "Conseil du cabinet".

> LE CONSEIL SUPÉRIEUR DE LA MAGISTRATURE
> Esta institución cuenta con un presidente (el Presidente de la República), un vicepresidente (el Ministro de Justicia) y 16 miembros entre los cuales 4 nombrados respectivamente por el Presidente de la República, el presidente de la « Assemblée Nationale », el presidente del Senado y un consejero de Estado, y 12 elegidos por sus pares. Las competencias del « Conseil supérieur de la magistrature » son el nombramiento y disciplina de los magistrados así como la asistencia al Presidente de la República en su función de garante de la independencia del poder judicial.

> LE CONSEIL MUNICIPAL
> Es el concejo elegido en las elecciones municipales. Se encarga de la administración del municipio, en colaboración con el alcalde.

conseiller [4] [kɔseje] *v tr* aconsejar; **je vous conseille de parler** le aconsejo que hable ‖ asesorar.

conseiller, ère *m & f* consejero, ra ‖ asesor, ra; **conseiller juridique** asesor jurídico; **conseiller technique** asesor técnico ‖ **conseiller conjugal** consejero conyugal ‖ **conseiller d'orientation pédagogique** consejero de orientación pedagógica ‖ **conseiller matrimonial** consejero matrimonial ‖ **conseiller municipal** concejal.

> LE CONSEILLER MUNICIPAL
> Es el título que ostentan los miembros del "conseil municipal" y el propio alcalde. El número de concejales depende del tamaño de la ciudad (con un mínimo de seis). Los "concejales de París" son 162.

conseilleur, euse *m & f* consejero, ra.

> SYN conseiller consejero; inspirateur inspirador; guide guía; mentor mentor; assesseur asesor.

consensuel, elle *adj* DR consensual.

consensus [kɔsēsys] *m* consenso (accord).

consentant, e *adj* consentidor, ra ‖ DR consintiente.

consentement *m* consentimiento ‖ **du consentement de tous** según opinión de todos, con el consentimiento general.

consentir [37] *v tr & intr* consentir; **consentir à** consentir en ‖ otorgar, dar, conceder (accorder).

> OBSERV Consentir no tiene en francés el sentido de "mimar".
> SYN accepter aceptar; se prêter à prestarse a; acquiescer asentir; adhérer adherir; souscrire subscribir; accéder acceder.

conséquemment [kɔsekamū] *adv* consecuentemente, por consiguiente.

conséquence *f* consecuencia ‖ importancia; **une affaire de conséquence** un asunto de importancia ■ **en conséquence** en consecuencia ‖ **en conséquence de quoi** por consiguiente, como consecuencia de ello ‖ **tirer à conséquence** tener importancia.

> SYN corollaire corolario; conclusion conclusión.

conséquent, e *adj & s m* consecuente; **esprit conséquent** espíritu consecuente ‖ consiguiente; **fleuve conséquent** río consiguiente ‖ FAM importante, considerable; **une ville conséquente** una ciudad importante ■ **par conséquent** por consiguiente.

conservateur, trice *adj & s* conservador, ra ■ **conservateur de musée** conservador ou subdirector de museo ‖ **conservateur des hypothèques** registrador de la propiedad.

conservation *f* conservación ‖ registro *m* (bureau des hypothèques).

conservatisme *m* conservadurismo.

conservatoire *adj* conservatorio, ria ‖ **mesure conservatoire** medida precautoria.
◇ *m* conservatorio ‖ THÉÂTR Conservatoire national d'art dramatique Escuela Nacional Francesa de Arte Dramático ‖ MUS Conservatoire national supérieur de musique Conservatorio Nacional Superior Francés de Música.

conserve *f* conserva; **une boîte de conserve** una lata de conserva ■ **conserves de poisson** conservas de pescado ‖ **en conserve** en conserva, de lata ‖ **industrie des conserves** industria conservera ‖ MAR **naviguer de conserve** navegar en conserva ou juntos.

> OBSERV Es barbarismo el empleo de de conserve, en lugar de de concert, con el sentido de "en compañía", "conjuntamente".

conservé, e *adj* conservado, da; **une personne bien conservée** una persona bien conservada.

conserver [3] *v tr* conservar.
➤ **se conserver** *v pr* conservarse.

> SYN entretenir cuidar de; garder guardar; maintenir mantener; réserver reservar.

conserverie *f* conservería.

considérable *adj* considerable.

considérablement *adv* considerablemente.

considérant *m* considerado (motif).

considération *f* consideración ■ **de toute ma considération** de mi mayor consideración ‖ **en considération de** en consideración a ‖ DR **prise en considération d'une demande** estimación de una demanda ■ **avoir, faire entrer, mettre ou prendre en considération** tener en cuenta ou en consideración ‖ **ceci mérite considération** esto merece ser tenido en cuenta.

considérer [18] *v tr* considerar ‖ tener en cuenta ou en consideración; **cet exemple est bon à considérer** este ejemplo es digno de tenerse en cuenta ‖ estimar (estimer) ‖ **tout bien considéré** bien mirado ou considerándolo todo, pensándolo bien.

consignataire *m* consignatario.

consignation *f* consignación, depósito *m* judicial ‖ **caisse des dépôts et consignations** depositaría general, caja de depósitos y consignaciones.

consigne f consigna (instruction); consignes de sécurité consignas de seguridad ‖ consigna, depósito m de equipajes (bagages); consigne automatique consigna automática ‖ castigo m, sin salir el domingo (punition) ‖ señal, precio m ou importe m del casco (pour les bouteilles) ‖ MIL arresto m (arrêts) ‖ acuartelamiento m (des troupes) ▪ forcer la consigne quebrantar la orden ‖ manger la consigne violar la consigna.

consigné, e adj castigado, da; sin salir (interne), castigado, da, en el colegio (externe) ‖ MIL acuartelado, da; les troupes sont consignées las tropas están acuarteladas.

consigner [3] v tr consignar, sentar (citer) ‖ inscribir, anotar (inscrire) ‖ depositar, consignar, dejar en consigna (mettre en dépôt) ‖ castigar (écoliers) ‖ retener el importe del casco de (un emballage) ‖ MIL arrestar (un militaire) ‖ acuartelar (troupe) ▪ bouteille consignée casco pagado ou en depósito ‖ consigner par écrit hacer constar por escrito ‖ FIG consigner sa porte à quelqu'un negarse a recibir un persona en su casa.

consistance f consistencia ‖ prendre consistance tomar cuerpo ou consistencia.

consistant, e adj consistente ‖ FIG fundamentado, da (fondé).

consister [3] v intr consistir ‖ consister à ou dans ou en consistir en.

consistoire m ECCLÉS consistorio.

consistorial, e adj consistorial.

consœur [kɔsœr] f FAM colega, compañera.

consol m MAR consol.

consolable adj consolable.

consolant, e adj consolante, consolador, ra.

consolateur, trice adj & s consolador, ra.

consolation f consuelo m; votre présence est pour moi une consolation su presencia es para mí un consuelo ‖ consolación; épreuve, lot de consolation prueba, premio de consolación.

console f consola (meuble) ‖ consola (d'orgue, d'ordinateur) ‖ ARCHIT ménsula, repisa ▪ INFORM console graphique ou de visualisation consola gráfica ou de visualización.

consoler [3] v tr consolar.
➤ **se consoler** v pr consolarse.

consolidation f consolidación.

consolidé, e adj consolidado, da; bilan consolidé beneficio ou balance consolidado.

consolider [3] v tr consolidar.
➤ **se consolider** v pr consolidarse.

consommable adj que puede consumirse, consumible.

consommateur, trice m & f consumidor, ra.

consommation [kɔsɔmasjɔ̃] f consumo m (d'essence, d'eau, etc.) ‖ consumición (dans un café) ‖ perpetración, ejecución (d'un crime) ‖ consumación (du mariage) ▪ biens de consommation bienes de consumo ‖ AUTOM consommation aux 100 km consumo a los 100 km ‖ consommation des ménages consumo de las unidades familiares ‖ la consommation des siècles la consumación de los siglos.

consommé, e [kɔsɔme] adj consumado, da (parfait) ‖ consumido, da; produits consommés productos consumidos.
➤ **consommé** m consomé, caldo.

consommer [3] v tr consumir, gastar; consommer de l'essence gastar gasolina ‖ consumir (dans un café) ‖ consumar (le mariage) ‖ perpetrar, ejecutar, consumar (un crime) ‖ consumar, llevar a cabo (accomplir).
◇ v intr consumir.

consomptible adj consumible.

consomptif, ive adj consuntivo, va.

consomption f MÉD consunción.

consonance f consonancia ‖ nom à consonance étrangère nombre de sonido extranjero.
▓ SYN rime rima; assonance asonancia.

consonant, e adj consonante, aconsonantado, da.

consonantisme m consonantismo.

consonne f consonante (lettre).

consort [kɔsɔr] adj consorte; prince consort príncipe consorte.
➤ **consorts** m pl consortes (cointéressés) ‖ PÉJ et consorts y compañía (péjoratif).
▓ OBSERV Consorte a en outre en espagnol le sens de conjoint.

consortium [kɔsɔrsjɔm] m COMM consorcio.

consoude f BOT consuelda.

conspirateur, trice m & f conspirador, ra.

conspiration f conspiración (complot).

conspirer [3] v intr & tr conspirar ‖ conspirer à conspirar a (tendre à).

conspuer [7] v tr abuchear.

constamment adv constantemente.

constance f constancia.

Constance n pr Constancio (homme), Constancia (femme) ‖ GÉOGR le lac Constance el lago Constanza.

constant, e adj & s f constante.
▓ SYN ferme firme; inébranlable inquebrantable; inflexible inflexible.

Constant [kɔstɑ̃] n pr Constante.

Constantin n pr Constantino.

Constantine n pr GÉOGR Constantina.

Constantinople n pr HIST Constantinopla (anciennom d'Istanbul).

constat [kɔsta] m acta f; faire un constat levantar acta ‖ DR atestiguación f forense ▪ constat de police atestado ‖ dresser un constat d'échec constatar un fracaso.

constatable adj comprobable.

constatation f comprobación, prueba.

constater [3] v tr comprobar (vérifier) ‖ observar, darse cuenta, reconocer, advertir (observer) ‖ hacer constar (consigner).
▓ OBSERV Le verbe constatar et le substantif constatación sont des gallicismes parfois employés en espagnol, mais qu'il faut absolument éviter.

constellation f ASTRON & ASTROL constelación.

constellé, e adj estrellado, da; tachonado de estrellas (parsemé d'étoiles) ‖ FIG salpicado, da (parsemé) ‖ cubierto, ta; cuajado, da (couvert).

consteller [4] v tr estrellar, constelar ‖ FIG adornar, cubrir (orner).

consternant, e adj deprimente.

consternation f consternación; jeter la consternation producir consternación.

consterner [3] v tr consternar.

constipant, e adj astringente, que extriñe.

constipation f estreñimiento m.

constipé, e adj estreñido, da ‖ FAM & FIG avoir l'air constipé tener cara de pito.

constiper [3] v tr estreñir.
▓ OBSERV L'espagnol constipar a le sens d'enrhumer.

constituant, e adj & s m constituyente ‖ HIST Assemblée constituante Asamblea Constituyente.

Constituante f HIST la Constituante la asamblea francesa constituyente del 9 de julio de 1789.

constitué, e adj constituido, da ‖ colocado, da (argent) ‖ bien constitué de buena constitución.

constituer [7] v tr constituir ‖ constituir, formar (une société) ‖ colocar (argent) ‖ asignar (dot, rente) ‖ designar, nombrar (avoué).
➤ **se constituer** v pr constituirse ‖ DR se constituer partie civile constituirse parte civil ‖ se constituer prisonnier constituirse prisionero, entregarse a la justicia.

constitutif, ive adj constitutivo, va ‖ acte constitutif acta fundacional (d'une organisation).

constitution f constitución ▪ constitution d'avoué designación de procurador ‖ constitution de partie civile petición de daños y perjuicios.

constitutionnaliser [3] v tr constitucionalizar, dar carácter constitucional.

constitutionnalisme m constitucionalismo.

constitutionnalité f constitucionalidad.

constitutionnel, elle adj constitucional.

constitutionnellement adv constitucionalmente.

constricteur adj & s m constrictor, ra.

constrictif, ive adj constrictivo, va.

constriction f constricción.

constringent, e adj constringente (qui resserre).

constructeur, trice adj & s constructor, ra ‖ constructeur automobile fabricante de automóviles.

constructible adj destinado, da a edificar.

constructif, ive adj constructivo, va.

construction f construcción.

construire [98] v tr construir ‖ faire construire mandar construir una casa ‖ l'immeuble s'est construit très vite el edificio se construyó muy deprisa.

consubstantialité f consubstancialidad.

consubstantiation f RELIG consubstanciación.

consubstantiel, elle adj consubstancial.

consul m cónsul.

consulaire adj consular.

consulat [kɔsyla] m consulado.

consultable *adj* consultable, que puede consultarse.

consultant, e *adj* & *s* consultor, ra; médecin consultant médico consultor | consultante (qui demande conseil).

consultatif, ive *adj* consultivo, va.

consultation *f* consulta; consultation sur rendez-vous consulta previa petición de hora | MÉD heures de consultation horas de consulta | aller à la consultation ir a la consulta | être en consultation estar en consulta (délibération).

consulte *f* consulta | consulte sacrée sacra consulta (conseil du pape).

consulter [3] *v tr* consultar; consulter quelqu'un consultar con uno.
◇ *v intr* consultar, conferenciar | tener consulta (médecin).

consulteur *m* consultor; consulteur du Saint-Office consultor del Santo Oficio.

consumable *adj* consumible.

consumer [3] *v tr* consumir.
➡ **se consumer** *v pr* consumirse | FIG se consumer de chagrin, douleur consumirse de pena, dolor.

consumérisme [kɔ̃symerism] *m* consumerismo.

contact *m* contacto; prise de contact toma de contacto ■ entrer en contact entrar en contacto (fils, objets) | AUTOM mettre, couper le contact poner, quitar el contacto | RAD se mettre en contact avec ponerse en contacto con.

contacter [3] *v tr* FAM ponerse en, entrar en ou establecer contacto con, entrar en relación con.

contacteur *m* ÉLECTR contactor.

contactologie *f* contactología.

contactologiste; contactologue *m* & *f* contactólogo, ga.

contage *m* contagio (ce qui produit la contagion).

contagieux, euse *adj* & *s* contagioso, sa.

contagion *f* contagio *m*.

contagionner [3] *v tr* contagiar.

contagiosité *f* contagiosidad.

container ➤ **conteneur**.

contamination *f* contaminación.

contaminer [3] *v tr* contaminar.

conte *m* cuento; dire un conte contar un cuento ■ conte à dormir debout cuento de nunca acabar, cuento chino FAM | conte de bonne femme ou de ma mère l'oie cuento de viejas | conte de fées cuento de hadas.

contemplateur, trice *m* & *f* contemplador, ra.

contemplatif, ive *adj* & *s* contemplativo, va.

contemplation *f* contemplación.

contempler [3] *v tr* contemplar.

contemporain, e *adj* & *s* contemporáneo, a (de l'époque actuelle) | coetáneo, a (de la même époque).

contempteur, trice *adj* & *s* despreciador, ra.

contenance *f* [▷ SYN] cabida, capacidad (contenu) | superficie, extensión (étendue) | FIG actitud, continente *m*, compostura (attitude) | comportamiento *m* (manière d'être) ■ faire bonne contenance mostrar aplomo ou dominio de sí mismo | perdre contenance turbarse, perder los estribos ou el dominio de sí mismo | se donner ou se faire une contenance disimular, despistar, fingir serenidad, hacer algo.
│ SYN capacité capacidad; jauge arqueo; jaugeage aforo; tonnage tonelaje.

contenant *m* continente (qui contient); le contenant est plus grand que le contenu el continente es mayor que el contenido.

conteneur [kɔ̃tənœr]; **container** [kɔ̃tɛnœr] *m* contenedor, contáiner.

contenir [40] *v tr* [▷ SYN] contener | caber, tener capacidad, ser capaz para; cette salle contient deux mille personnes en esta sala caben dos mil personas, esta sala tiene una capacidad ou es capaz para dos mil personas.
➡ **se contenir** *v pr* contenerse, dominarse.
│ SYN comprendre comprender; embrasser abarcar, abrazar; englober englobar; receler ocultar, encubrir; renfermer encerrar, entrañar.

content, e *adj* contento, ta | alegre, contento, ta (joyeux) | [▷ SYN] satisfecho, cha; contento, ta; il n'est jamais content no está nunca satisfecho ■ content de contento de contento de sí con | content de soi pagado ou creído de sí mismo | vous voilà content se quedará ahora tranquilo, estará satisfecho.
➡ **content** *m* FAM avoir son content de hartarse de (se gaver), estar harto de, tener su ración de (être accablé).
│ SYN aise contento; béat satisfecho, plácido; heureux feliz, dichoso; ravi encantado; satisfait satisfecho.

contentement *m* contento, (p us) satisfacción *f*.

contenter [3] *v tr* contentar, satisfacer | agradar (faire plaisir).
➡ **se contenter** *v pr* contentarse; se contenter de peu contentarse con poco.

contentieux, euse *adj* contencioso, sa.
➡ **contentieux** *m* contencioso | punto litigioso; il n'y a plus de contentieux entre ces deux pays ya no hay punto litigioso entre estos dos países.

contentif, ive *adj* MÉD contentivo, va.

contention *f* aplicación (effort) | tensión | contención (action de maintenir).

contenu, e *adj* contenido, da.
➡ **contenu** *m* contenido.

conter [3] *v tr* contar ■ FAM conter fleurette requebrar, galantear | en avoir long à conter tener mucho que contar | en conter à quelqu'un engañar, tomar el pelo a uno | en conter de belles echarlas gordas (mentir) | en conter de biens bonnes contar chistes muy buenos | s'en laisser ou s'en faire conter dejarse liar, dejarse engañar ou embaucar.
│ SYN narrer narrar, relatar; raconter contar, referir; retracer recordar, traer a la memoria.

contestable *adj* discutible, controvertible, contestable (p us).
│ OBSERV L'adjectif espagnol contestable n'est pratiquement pas employé, alors que son contraire incontestable est très usité.

contestataire *adj* & *s* contestatario, ria.

contestation *f* disputa, polémica | [▷ SYN] conflicto *m*, oposición | DR discusión, impugnación, contestación | mettre en contestation poner en duda ou en tela de juicio.
│ OBSERV En francés contestation no significa nunca respuesta.
│ SYN conflit conflicto; démêlé altercado; différend diferencia, discrepancia, desavenencia; litige litigio.

conteste
➡ **sans conteste** *loc adv* indiscutiblemente, sin ningún género de duda, sin duda de ninguna clase.

contester [3] *v tr* poner en duda, impugnar, discutir; contester une succession, un juré impugnar una sucesión, un jurado; c'est un livre très contesté es un libro muy discutido | estar en litigio; un territoire contesté un territorio que está en litigio | controvertir; c'est un point contesté es un punto controvertido.
◇ *v intr* discutir, disputar.
│ OBSERV Le verbe espagnol contestar signifie surtout répondre. On l'emploie quelquefois dans le sens de mettre en doute, contester, mais c'est alors un gallicisme.

conteur, euse *adj* & *s* narrador, ra (narrateur) | autor de cuentos, cuentista (écrivain).

contexte *m* contexto.

contextuel, elle *adj* contextual.

contexture *f* contextura | estructura (d'un discours).

contigu, ë *adj* contiguo, gua.

contiguïté *f* contigüidad.

continence *f* continencia.

continent, e *adj* & *s m* continente.

continental, e *adj* continental.

contingence *f* contingencia.

contingent, e [kɔ̃tɛʒɑ̃, ɑ̃t] *adj* & *s m* contingente.
➡ **contingent** *m* ÉCON cupo, contingente; contingent individuel contingente individual | MIL quinta *f*, reemplazo, contingente.

contingentement [kɔ̃tɛʒɑ̃tmɑ̃] *m* contingentación *f*, fijación *f* de un cupo ou contingente | restricción *f*.

contingenter [3] *v tr* fijar un cupo ou un contingente de | limitar la distribución de.

continu, e *adj* continuo, nua.
│ SYN continuel continuo; incessant incesante; ininterrompu ininterrumpido.

continuateur, trice *m* & *f* continuador, ra.

continuation *f* continuación | FAM bonne continuation! ¡que la cosa siga bien!
│ SYN continuité continuidad, prosecución; suite sucesión; prolongement prolongamiento; prolongation prolongación.

continuel, elle *adj* continuo, nua.

continuellement *adv* continuamente, continuadamente, de continuo.

continuer [7] *v tr* [▷ SYN] continuar, seguir, proseguir; continuer à travailler, de parler sur le même ton seguir trabajando, hablando en el mismo tono | continuez! ¡siga usted!
◇ *v intr* continuar, proseguir; la séance continue la sesión continúa | continuar; la voi-

ture continua sur Paris el coche continuó hacia París.
| SYN poursuivre proseguir; persévérer perseverar; persister persistir.

continuité *f* continuidad | solution de continuité solución de continuidad, interrupción.

continûment *adv* continuamente.

continuum *m* continuum.

contondant, e *adj* contundente; arme contondante arma contundente.

contorsion *f* contorsión (des muscles) | mueca, contorsión (grimace).

contorsionner [3]
➤ **se contorsionner** *v pr* hacer contorsiones (membres), hacer muecas (visage).

contorsionniste *m* contorsionista (acrobate).

contour *m* contorno | FIG límite.

contourné, e *adj* contorneado, da; deformado, da; colonne contournée columna contorneada | rodeado, da | afectado, da; amanerado, da; style contourné estilo afectado | BLAS contornado, da.

contourner [3] *v tr* contornear (sculpture) | rodear, dar la vuelta; contourner une montagne dar la vuelta a una montaña | deformar; contourner la vérité deformar la verdad | retorcer (phrases, style) | evitar (une difficulté) | eludir, soslayar, esquivar (une loi).

contraceptif, ive *adj & s m* anticonceptivo, va; contraceptivo, va.

contraception *f* contracepción.

contractant, e *adj & s* contratante | contrayente (au mariage).

contracté, e *adj* nervioso, sa | GRAMM contracto, ta.

contracter [3] *v tr* contratar (par contrat) | contraer; le froid contracte les muscles el frío contrae los músculos | contraer; contracter une habitude contraer una costumbre | FIG [▷ SYN] contraer (maladies) | contraer (mariage, amitié, obligation).
➤ **se contracter** *v pr* contraerse (se resserrer).
| SYN gagner coger; attraper agarrar, atrapar.

contractile *adj* contráctil.

contractilité *f* contractilidad.

contraction *f* contracción.

contractuel, elle *adj* contractual | agent contractuel agente contractual.
◇ *m & f* empleado eventual del Estado [particularmente guardia] | auxiliar de policía encargado de aplicar las reglas de estacionamiento.

contractuellement *adv* de modo contractual.

contracture *f* tirón *m* (sports) | ARCHIT estrechamiento *m* (d'une colonne) | MÉD contracción.

contradicteur *m* contradictor.

contradiction *f* contradicción ■ apporter la contradiction à contradecir | avoir l'esprit de contradiction llevar siempre la contraria.

contradictoire *adj* contradictorio, ria | DR jugement contradictoire juicio entre partes ou contradictorio.
➤ **contradictoires** *m pl* antónimos, pro-

posiciones *f pl* contradictorias.

contradictoirement *adv* contradictoriamente.

contraignable [kɔ̃trɛɲabl] *adj* DR apremiable.

contraignant, e [kɔ̃trɛɲã, ãt] *adj* DR apremiante.

contraindre [80] *v tr* constreñir, forzar (obliger) | DR apremiar.
➤ **se contraindre** *v pr* forzarse, obligarse.

contraint, e [kɔ̃trɛ̃, ɛ̃t] *adj* FIG embarazado, da; violento, ta; molesto, ta (gêné) | forzado, da; sourire contraint sonrisa forzada | forzado, da; obligado, da.

contrainte *f* [▷ SYN] coacción | DR apremio *m*; porteur de contraintes comisionado de apremios | FIG molestia, fastidio *m* (gêne) | obligación; contraintes sociales obligaciones sociales | TECHN tensión | contrainte par corps prisión por deudas | sans contrainte sin coacción.
| SYN coercition coerción; pression presión.

contraire *adj* contrario, ria; opuesto, ta | adverso, sa; sort contraire suerte adversa | perjudicial; dañino, na; poco indicado; le vin vous est contraire el vino le es perjudicial | contraproducente; cette mesure a eu des effets contraires esta medida ha tenido efectos contraproducentes.
◇ *m* lo contrario ■ au contraire al contrario, por lo contrario | bien ou tout au contraire muy al contrario | sauf ou jusqu'à preuve du contraire salvo prueba en contrario ou en contra.
| OBSERV La palabra francesa contraire no tiene el sentido de adversario.

contrairement *adv* de manera opuesta, contrariamente, a la inversa de.

contralto *m* MUS contralto.

contrapontiste ➤ **contrapuntiste**.

contrapuntique *adj* MUS contrapuntístico, ca.

contrapuntiste; contrapontiste; contre-pointiste *m* MUS contrapuntista.

contrariant, e *adj* que lleva siempre la contraria (personne) | que contraría, enojoso, sa (fâcheux) | il n'est pas contrariant dice amén a todo.

contrarié, e *adj* contrariado, da; enfadado, da.

contrarier [9] *v tr* contrariar | [▷ SYN] oponerse a (aux paroles, aux actes, etc.) | contraponer (des couleurs) | invertir (tricot).
| SYN contredire contradecir; contrecarrer contrarrestar.

contrariété *f* contrariedad, disgusto *m* | esprit de contrariété manía de llevar la contraria.

contrastant, e *adj* contrastante.

contraste *m* contraste; produit de contraste producto de contraste.
| OBSERV Le mot espagnol contraste a aussi le sens de poinçon.

contrasté, e *adj* contrastado, da.

contraster [3] *v intr* [▷ SYN] contrastar, hacer contraste.
◇ *v tr* hacer contrastar; le peintre a su contraster les figures el pintor ha sabido hacer contrastar las figuras.

| SYN trancher resaltar; jurer chocar.

contrat *m* contrato; dresser un contrat hacer un contrato | escritura *f* (acte notarié) | contrato (bridge); honorer un contrat cumplir un contrato ■ contrat à durée déterminée, indéterminée contrato temporal, indefinido | MAR contrat à la grosse contrato a la gruesa | contrat clés en mains contrato llaves en mano | contrat de capitalisation contrato de capitalización | contrat de mariage capitulaciones | contrat de travail contrato de trabajo | contrat social contrato social.

contrat-type *m* contrato tipo.
| OBSERV pl contrats-types.

contravention *f* contravención, infracción | multa (amende) | dresser une contravention hacer un atestado, echar una multa.

contravis [kɔ̃travi] *m* contraorden *f* (contrordre).

contre *prép* contra (opposition); parler contre sa pensée hablar contra lo que se piensa | junto a (contact); sa maison est contre la mienne su casa está junto a la mía | por; dix citadins contre un cultivateur diez ciudadanos por cada labrador; troquer sa montre contre un bracelet canjear su reloj por una pulsera | al lado de, frente a (comparaison) | con (échange); acheter contre argent comptant comprar con dinero contante.
◇ *m* contra; le pour et le contre el pro y el contra | contra *f* (escrime) | doble (au bridge).
◇ *adv* en contra; voter contre votar en contra | être contra; parler contre quelqu'un hablar en contra de uno ■ ci-contre al lado | par contre en cambio, pero sí | tout contre cerquita (de).
| OBSERV En las palabras compuestas con contre-, sólo toma la forma del plural la segunda parte.

contre-alizé [kɔ̃tralize] *adj & s m* contraalisio.
| OBSERV pl contre-alizés.

contre-allée *f* contracalle, lateral *m*.
| OBSERV pl contre-allées.

contre-amiral *m* contraalmirante.
| OBSERV pl contre-amiraux.

contre-appel *m* segunda lista *f*.
| OBSERV pl contre-appels.

contre-assurance *f* contraseguro *m*.
| OBSERV pl contre-assurances.

contre-attaque *f* contraataque *m*.
| OBSERV pl contre-attaques.

contre-attaquer [3] *v tr* MIL contraatacar.

contrebalancer [16] *v tr* contrabalancear, contrapesar, contrarrestar.

contrebande *f* contrabando *m*, matute *m* FAM | faire la contrebande de dedicarse al contrabando de, hacer contrabando de.

contrebandier, ère *adj & s* contrabandista.

contrebas [kɔ̃trəba]
➤ **en contrebas** *loc adv* más abajo.

contrebasse *f* MUS contrabajo *m*, violón *m* (instrument et musicien).
| OBSERV Le mot français violon correspond au mot espagnol violín, l'alto à la viola, le violoncelle au violonchelo, et la contrebasse au violón ou contrabajo.

contrebassiste *m* MUS contrabajo (musicien).

contrebasson *m* MUS contrafagot.

contrebatterie *f* MIL contrabatería.

contre-bouter; contrebuter [3] *v tr* ARCHIT apuntalar (étayer).

contre-braquer [3] *v tr* AUTOM enderezar.

contrecarrer [3] *v tr* contrarrestar, oponerse a.

contrechamp *m* CINÉM secuencia filmada en dirección contraria de la precedente.

contre-chant *m* MUS contracanto.
  ▮ OBSERV pl contre-chants.

contre-châssis *m inv* contravidriera *f*.

contreclef [kɔ̃trəkle] *f* ARCHIT contraclave.

contrecœur *m* trashoguero (de cheminée) ▮ TRANSP contracorazón ▮ à contrecœur de mala gana, a regañadientes, a disgusto.

contrecoup *m* rechazo (rebondissement) ▮ FIG resulta *f*, repercusión *f*, consecuencia *f* (répercussion) ▮ par contrecoup de rechazo, por carambola.

contre-courant *m* ÉLECTR contracorriente *f* ▮ FIG marcha *f* en sentido inverso ▮ MAR contracorriente *f*, revesa *f*.
  ▮ OBSERV pl contre-courants.

contre-courbe *f* ARCHIT contracurva.
  ▮ OBSERV pl contre-courbes.

contredanse *f* contradanza ▮ FAM multa.

contre-dénonciation *f* DR contradenuncia.
  ▮ OBSERV pl contre-dénonciations.

contre-digue *f* contradique *m*.
  ▮ OBSERV pl contre-digues.

contredire [103] *v tr* contradecir, llevar la contraria a.
  ➥ **se contredire** *v pr* contradecirse.
  ▮ SYN dédire desdecir; démentir desmentir; réfuter refutar, confutar, impugnar.

contredisant, e *adj* contradicente.

contredit [kɔ̃trədi]
  ➥ **sans contredit** *loc adv* indiscutiblemente, sin disputa.

contrée *f* comarca, región.

contre-écrou *m* MÉCAN contratuerca *f*.
  ▮ OBSERV pl contre-écrous.

contre-emploi *m* papel que no corresponde al físico y carácter de un actor.
  ▮ OBSERV pl contre-emplois.

contre-empreinte *f* huella sacada de otra, contrahuella.
  ▮ OBSERV pl contre-empreintes.

contre-enquête *f* nueva información ou investigación.
  ▮ OBSERV pl contre-enquêtes.

contre-épaulette *f* MIL capona.
  ▮ OBSERV pl contre-épaulettes.

contre-épreuve *f* contraprueba ▮ votación comprobatoria.
  ▮ OBSERV pl contre-épreuves.

contre-espionnage *m* contraespionaje.
  ▮ OBSERV pl contre-espionnages.

contre-essai [kɔ̃trese] *m* contraprueba *f*, nuevo ensayo [en sentido contrario].
  ▮ OBSERV pl contre-essais.

contre-exemple *m* ejemplo contradictorio, excepción *f* a la regla.
  ▮ OBSERV pl contre-exemples.

contre-expertise *f* peritaje *m* de comprobación.
  ▮ OBSERV pl contre-expertises.

contrefaçon *f* falsificación, imitación fraudulenta.

contrefacteur *m* falsificador, imitador.

contrefaction *f* falsificación (monnaie).

contrefaire [109] *v tr* remedar, imitar (imiter) ▮ simular, fingir (feindre) ▮ falsificar (monnaies) ▮ desfigurar (la voix).

contrefait, e *adj* contrahecho, cha.

contre-fenêtre *f* contraventana.
  ▮ OBSERV pl contre-fenêtres.

contre-feu *m* contrafuego (forêt).
  ▮ OBSERV pl contre-feux.

contre-fiche *f* TECHN puntual *m*, jabalcón *m*.
  ▮ OBSERV pl contre-fiches.

contreficher [3]
  ➥ **se contreficher** *v pr* FAM se contreficher de qqch, de qqn importarle un pepino algo, alguien; je m'en contrefiche! ¡me importa un pepino! pitorrearse, importarle a uno un pepino.

contre-fil [kɔ̃trəfil] *m* contrahílo ▮ sentido contrario del normal ▮ à contre-fil al revés, a contrahílo.
  ▮ OBSERV pl contre-fils.

contre-filet *m* filete (boucherie).
  ▮ OBSERV pl contre-filets.

contrefort *m* contrafuerte (pilier) ▮ estribación *f* (montagnes).

contre-fugue *f* MUS contrafuga.
  ▮ OBSERV pl contre-fugues.

contre-haut [kɔ̃tro]
  ➥ **en contre-haut** *loc adv* de abajo arriba (de bas en haut), encima (en dessus).

contre-hermine *f* BLAS contraarmiños *m pl*.
  ▮ OBSERV pl contre-hermines.

contre-indication *f* MÉD contraindicación.
  ▮ OBSERV pl contre-indications.

contre-indiqué, e *adj* contraindicado, da.
  ▮ OBSERV pl contre-indiqués, contre-indiquées.

contre-indiquer [3] *v tr* contraindicar.

contre-interrogatoire *m* interrogatorio efectuado por la parte contraria.
  ▮ OBSERV pl contre-interrogatoires.

contre-jour *m* contraluz *f*.
  ▮ OBSERV pl contre-jours.

contre-la-montre *m inv* SPORTS contrarreloj *f*.

contre-lettre *f* contracédula, contraescritura.
  ▮ OBSERV pl contre-lettres.

contremaître, esse *m & f* contramaestre, encargado, da (d'atelier) ▮ capataz *m* (d'un chantier) ▮ MAR contramaestre *m*.

contre-manifestant, e *m & f* contramanifestante.
  ▮ OBSERV pl contre-manifestants, contre-manifestantes.

contre-manifestation *f* contramanifestación.
  ▮ OBSERV pl contre-manifestations.

contre-manifester [3] *v intr* contramanifestar.

contremarche *f* MIL contramarcha ▮ TECHN contrahuella, tabica (d'escalier).

contremarque *f* contramarca ▮ THÉÂTR contraseña.

contremarquer [3] *v tr* contramarcar.

contre-mesure *f* contramedida ▮ à contremesure fuera de compás, a contratiempo.
  ▮ OBSERV pl contre-mesures.

contre-mine *f* MIL contramina.
  ▮ OBSERV pl contre-mines.

contre-miner [3] *v tr* contraminar.

contre-mur *m* ARCHIT contramuro.
  ▮ OBSERV pl contre-murs.

contre-nature *adj inv* contranatural.

contre-offensive *f* MIL contraofensiva.
  ▮ OBSERV pl contre-offensives.

contrepartie *f* contrapartida ▮ lo contrario *m*, opinión opuesta ■ en contrepartie en cambio ▮ FIG soutenir la contrepartie llevar la contraria.

contre-pas *m inv* contrapaso.

contre-passer [3] *v tr* COMM devolver una letra de cambio al remitente (lettre de change) ▮ rectificar mediante contrapartidas (comptabilité).

contre-pente *f* contrapendiente (pente opposée).
  ▮ OBSERV pl contre-pentes.

contre-performance *f* mal resultado *m*.
  ▮ OBSERV pl contre-performances.

contrepèterie; contrepetterie *f* lapsus burlesco de contraposición de letras.

contre-pied *m* rastro a la inversa (à la chasse) ▮ FIG lo contrario ■ à contre pied al revés ▮ prendre le contre-pied d'une opinion defender la opinión contraria.
  ▮ OBSERV pl contre-pieds.

contreplacage *m* TECHN contrachapado, contrachapeado.

contreplaqué *m* TECHN madera *f* contrachapeada ou cruzada, contrachapado, contrachapeado.

contreplaquer [3] *v tr* contrachapar, contrachapear.

contre-plongée *f* CINÉM & PHOT contrapicado *m*.
  ▮ OBSERV pl contre-plongées.

contrepoids [kɔ̃trəpwɑ] *m* contrapeso; faire contrepoids hacer contrapeso.

contre-poil
  ➥ **à contre-poil** *loc adv* a contrapelo.

contrepoint *m* MUS contrapunto ▮ chanter en contrepoint contrapuntear.

contre-pointe *f* contrafilo *m* (armes).
  ▮ OBSERV pl contre-pointes.

contrepointiste ➥ **contrapuntiste**.

contrepoison *m* contraveneno.
  ▮ SYN antidote antídoto; alexipharmaque alexifármaco.

contre-porte *f* contrapuerta.
  ▮ OBSERV pl contre-portes.

contre-pouvoir *m* contrapoder.
  ▮ OBSERV pl contre-pouvoirs.

contre-préparation *f* MIL contrapreparación.
  ▮ OBSERV pl contre-préparations.

contre-projet *m* contraproyecto.
  ▮ OBSERV pl contre-projets.

contre-proposition *f* contraproposición.
  ▮ OBSERV pl contre-propositions.

contre-publicité *f* publicidad negativa (mauvaise publicité) ▮ réplica publicitaria (publicité offensive).
  ▮ OBSERV pl contre-publicités.

contrer [3] *v tr* doblar (aux jeux de cartes) ▮ jugar a la contra (sports) ▮ **FAM** oponerse a las opiniones ou actos de alguien.

contre-rail [kɔ̃trəraj] *m* contracarril, contrarriel.
▮ **OBSERV** pl contre-rails.

contre-réforme *f* contrarreforma.
▮ **OBSERV** pl contre-réformes.

contre-révolution *f* contrarrevolución.
▮ **OBSERV** pl contre-révolutions.

contre-révolutionnaire *adj & s* contrarrevolucionario, ria.
▮ **OBSERV** pl contre-révolutionnaires.

contrescarpe *f* contraescarpa.

contreseing [kɔ̃trəsɛ̃] *m* refrendata *f* ▮ contrafirma *f*.

contresens [kɔ̃trəsɑ̃s] *m* [▷ **SYN**] contrasentido ▮ contrahílo (d'une étoffe) ▮ à contresens en sentido contrario.
▮ **SYN** non-sens sinrazón, despropósito, disparate.

contresignataire *adj & s* refrendario, ria.

contresigner [3] [kɔ̃trəsiɲe] *v tr* refrendar.

contre-taille [kɔ̃trətaj] *f* contrarraya (gravure).
▮ **OBSERV** pl contre-tailles.

contretemps [kɔ̃trətɑ̃] *m* contratiempo ▮ à contretemps a destiempo.

contre-terrorisme *m* contraterrorismo.
▮ **OBSERV** pl contre-terrorismes.

contre-terroriste *adj & s* contraterrorista.
▮ **OBSERV** pl contre-terroristes.

contre-timbre *m* contrasello.
▮ **OBSERV** pl contre-timbres.

contre-tirer [3] *v tr* sacar una contraprueba de.

contre-torpilleur *m* **MAR** contratorpedero, cazatorpedero.
▮ **OBSERV** pl contre-torpilleurs.

contretype *m* contratipo.

contre-ut *m inv* **MUS** do de pecho.

contre-vair *m* **BLAS** contraveros *pl*.
▮ **OBSERV** pl contre-vairs.

contre-valeur *m* contravalor.
▮ **OBSERV** pl contre-valeurs.

contrevallation *f* **MIL** contravalación.

contrevenant, e *adj & s* contraventor, ra.

contrevenir [40] *v intr* contravenir.

contrevent *m* contraventana *f*, puertaventana *f*, postigo (volet) ▮ **ARCHIT** contraviento.

contreventement *m* **ARCHIT** refuerzo.

contrevérité *f* antífrasis, mentira.

contre-visite *f* **MÉD** contravisita.
▮ **OBSERV** pl contre-visites.

contre-voie *f* vía contigua a la que sigue un tren.
▮ **OBSERV** pl contre-voies.

contribuable *adj & s* contribuyente.

contribuer [7] *v intr* contribuir; contribuer pour un tiers contribuir en ou por una tercera parte.
▮ **SYN** concourir concurrir; participer participar.

contributif, ive *adj* contributivo, va.

contribution *f* contribución ▮ contributions directes, indirectes contribuciones directas, indirectas ▮ mettre quelqu'un à contribution echar mano de alguien.

contristant, e *adj* entristecedor, ra.

contrister [3] *v tr* contristar, entristecer.

contrit, e [kɔ̃tri, it] *adj* contrito, ta.

contrition *f* contrición.

contrôlable *adj* comprobable, controlable (gallicisme) ▮ contrastable (poids et mesures).

contrôle *m* registro, inspección *f*, control (bureau, inspection) ▮ verificación *f*, comprobación *f*, intervención *f*, fiscalización *f* (compte) ▮ sello (monnaie, bijoux) ▮ regulación *f* (des prix, des changes) ▮ vigilancia *f* (surveillance) ▮ contraste (poids et mesures) ▮ despacho (théâtres) ▮ autoridad *f*; territoire sous le contrôle des Nations Unies territorio bajo la autoridad de las Naciones Unidas ▮ escalafón, lista *f*, nómina *f* (personnel, cadres) ▮ dominio (maîtrise) ▮ dominación *f* ▮ revisión *f* (des billets) ▮ **FIG** crítica *f*, censura *f* ■ contrôle continu evaluación continua (école) ▮ **ÉCON** contrôle de la masse monétaire control de la masa monetaria ▮ contrôle des changes control de cambio ▮ contrôle des naissances regulación de nacimientos, limitación de la natalidad ▮ contrôle d'identité control de identidad ▮ **ÉCON** contrôle monétaire control monetario ▮ contrôle sanitaire inspección sanitaria ▮ **AVIAT** tour de contrôle torre de mandos ou de control ■ perdre le contrôle de ses actes perder el dominio de sí mismo, perder la brújula.

contrôler [3] *v tr* registrar, inspeccionar, controlar [galicismo] (inspecter) ▮ comprobar (vérifier) ▮ sellar (monnaies et bijoux) ▮ revisar (les billets) ▮ contrastar (poids et mesures) ▮ intervenir, comprobar, fiscalizar (compte) ▮ regular (les prix, les comptes) ▮ vigilar (surveiller) ▮ dominar, vigilar; les États-Unis contrôlent le canal de Panama los Estados Unidos dominan el canal de Panamá ▮ dominar; contrôler ses nerfs dominar sus nervios ▮ hacerse con, dominar (la balle) ▮ **FIG** criticar, censurar.
▮ **OBSERV** Bien que le verbe controlar et le substantif control aient été des gallicismes, ils sont maintenant admis et on peut les employer pour traduire presque toutes les acceptions françaises de ces mots.

contrôleur, euse *m & f* registrador, ra; inspector, ra (inspecteur) ▮ interventor, ra; verificador, ra (chemin de fer).
➥ contrôleur *m* aparato para verificar ▮ contraste (poids et mesures) ▮ **INFORM** controlador ▮ **FIG** censor, crítico ▮ contrôleur de la navigation aérienne controlador del tráfico aéreo.

contrordre *m* contraorden *f*; sauf contrordre salvo contraorden.

controuvé, e *adj* inventado, da; fraguado, da.

controversable *adj* controvertible.

controverse *f* controversia.

controversé, e *adj* causa de controversia.

controverser [3] *v tr* controvertir, discutir ▮ mantener una controversia.

controversiste *m & f* controversista.

contumace *f* contumacia ▮ **DR** rebeldía; condamné par contumace condenado en rebeldía.
▷ *adj & s* ➥ **contumax**.

contumax; contumace *adj & s* contumaz.

contus, e [kɔ̃ty, yz] *adj* contuso, sa; plaie contuse llaga contusa.

contusion *f* contusión.
▮ **SYN** meurtrissure magulladura; ecchymose equimosis; bleu cardenal, moretón.

contusionner [3] *v tr* contundir, magullar, producir contusiones.

conurbation *f* conurbación.

convaincant, e *adj* convincente.

convaincre [114] *v tr* convencer.
➥ se convaincre *v pr* convencerse.

convaincu, e *adj & s* convencido, da; d'un ton convaincu con un tono ou en tono convencido ▮ **DR** convicto, ta.

convalescence *f* convalecencia.
▮ **SYN** rétablissement restablecimiento.

convalescent, e *adj & s* convaleciente.

convecteur *m* convector.

convection; convexion *f* **PHYS** convección.

convenable *adj* conveniente (qui convient) ▮ decente, decoroso, sa (décent, correct).

convenablement *adv* convenientemente ▮ decentemente, decorosamente; se tenir convenablement comportarse decentemente ▮ acertadamente; faire un travail très convenablement hacer un trabajo muy acertadamente.

convenance [kɔ̃vnɑ̃s] *f* conveniencia ▮ à ma, votre convenance como yo, usted quiera ou desee.
▮ **SYN** bienséance decoro, decencia, compostura; honnêteté honradez; décorum decoro.

convenant, e [kɔ̃vnɑ̃, ɑ̃t] *adj* conveniente.

convenir [40] [kɔ̃vnir] *v intr* convenir, acordar; convenir d'un prix convenir un precio ▮ reconocer; convenir de ses torts reconocer sus faltas ▮ decidir, convenir; convenir de partir decidir marcharse ▮ convenir, agradar (plaire) ▮ **GRAMM** concordar (s'accorder) ▮ il a été convenu que se ha quedado en que, se ha convenido que.
▷ *v impers* ser conveniente; il convient de es conveniente.
▮ **OBSERV** Convenir tiene como auxiliar el verbo avoir cuando significa ser conveniente, agradar y être al querer decir estar de acuerdo, reconocer.

convent [kɔ̃vɑ̃] *m* congreso masónico.

convention *f* convenio *m*, convención ■ convention collective de travail convenio colectivo de trabajo ▮ convention sur l'honneur convención de honor ▮ de convention convencional ▮ **HIST** la Convention nationale la Convención Nacional.
▮ **SYN** arrangement arreglo; accord acuerdo, concierto; marché trato; contrat contrato; transaction transacción; traité tratado; pacte pacto, ajuste; alliance alianza; protocole protocolo.

conventionnalisme *m* convencionalismo.

conventionné, e *adj* vinculado por un convenio.

conventionnel, elle *adj* convencional.

conventionnellement *adv* convencionalmente.

conventuel, elle *adj* conventual.

convenu, e *adj* convencional, artificial ‖ convenido, da (décidé); **comme convenu** según lo convenido.
➥ **convenu** *m* lo convenido.

convergence *f* convergencia.

convergent, e *adj* convergente.

converger [17] *v intr* convergir, converger.

convers, e [kɔ̃vɛr, ɛrs] *m & f* lego, ga; converso, sa (d'un couvent).

conversation *f* conversación ■ **amener la conversation sur un thème intéressant** traer a colación un tema interesante ‖ **avoir de la conversation** tener mucha conversación.
> SYN entretien conversación; conférence conferencia; pourparlers tratos; colloque coloquio; conciliabule conciliábulo; tête-à-tête entrevista, conversación a solas; dialogue diálogo; causerie charla; causette palique; parlotte cháchara, parleta; interview interviú, entrevista.

conversationnel, elle *adj* INFORM conversacional; interactivo, va.

converser [3] *v intr* conversar.

conversion *f* conversión.

converti, e *adj & s* convertido, da; converso, sa.

convertibilité *f* convertibilidad.

convertible *adj* convertible.

convertir [32] *v tr* convertir.
➥ **se convertir** *v pr* convertirse.

convertissable *adj* convertible.

convertissage *m* conversión *f* (de la fonte en acier).

convertissement *m* conversión *f* (monnaies).

convertisseur *m* ÉLECTR transformador ‖ TECHN convertidor ‖ AUTOM convertisseur de couple convertidor de par ‖ INFORM convertisseur numérique mesa *f* digitalizadora.

convexe *adj* convexo, xa.

convexion ➥ **convection**.

convexité *f* convexidad.

convict [kɔ̃vikt] *m* presidiario.

conviction *f* convicción.
> SYN persuasion persuasión; certitude certidumbre, certeza; assurance seguridad.

convié, e *m & f* convidado, da.

convier [9] *v tr* convidar, invitar.

convive *m & f* convidado, da; comensal.
> SYN convié convidado; invité invitado; commensal comensal; hôte huésped; parasite parásito; pique-assiette gorrón.

convivial, e, aux *adj* amistoso, sa; sociable ‖ INFORM fácil, amigable, asequible.

convivialité *f* buena convivencia ‖ INFORM operabilidad, facilidad.

convocation *f* convocatoria, convocación ‖ MIL llamamiento *m* ‖ **convocation de l'assemblée générale** convocatoria de la Junta General.

convoi *m* cortejo (enterrement); **convoi funèbre** cortejo fúnebre ‖ MAR & MIL convoy ‖ tren.

convoiement; convoyage *m* escolta *f* (escorte) ‖ MAR convoy.

convoitable *adj* codiciable.

convoiter [3] *v tr* codiciar, ansiar.

> SYN vouloir querer; avoir envie tener gana; désirer desear, apetecer; souhaiter desear; soupirer après... anhelar, suspirar por...; guigner irse los ojos tras.

convoitise *f* codicia, ansia ‖ **regard de convoitise** mirada codiciosa.
> SYN avidité avidez; cupidité ansia, apetencia; rapacité rapacidad; concupiscence concupiscencia.

convoler [3] *v intr* FAM casarse (se marier) ‖ casarse de nuevo (se remarier) ‖ (vx ou par plaisanterie) **convoler en justes noces** contraer nupcias, desposarse.

convoluté, e *adj* BOT & ZOOL convoluto, ta (roulé en cornet).

convolvulacé, e *adj & s* BOT convolvuláceo, a.

convoquer [3] *v tr* convocar.
> SYN inviter invitar; appeler llamar; mander hacer venir; assigner emplazar.

convoyage ➥ **convoiement**.

convoyer [13] [kɔ̃vwaje] *v tr* escoltar, convoyar (escorter).

convoyeur, euse *adj* convoyante.
<> *m & f* persona *f* que acompaña un convoy ■ **convoyeur de fonds** transportador de fondos.
➥ **convoyeur** *m* MAR nave *f* de escolta ‖ TECHN transportador mecánico, cinta *f* transportadora, transportador de cinta.

convulsé, e *adj* convulso, sa.

convulser [3] *v tr* convulsionar.

convulsif, ive *adj* convulsivo, va.

convulsion *f* convulsión.

convulsionnaire *adj & s* convulsionario, ria.

convulsionner [3] *v tr* convulsionar.

convulsivement *adv* convulsivamente.

cooccupant, e *m & f* coocupante.

Cook [kuk] *n pr* **le détroit de Cook** el estrecho de Cook.

cool *adj* (mot anglais) FAM tranquilo, la; **un travail cool** un trabajo tranquilo.

coolie [kuli] *m* culi, coolí (travailleur hindou ou chinois).

coopérant, e *adj & s* cooperante.
➥ **coopérant** *m* MIL joven que realiza la prestación social substitutoria en el extranjero.

coopérateur, trice *adj & s* cooperador, ra ‖ miembro de una cooperativa.

coopératif, ive *adj & s f* cooperativo, va.

coopération *f* cooperación.

coopératisme *m* cooperativismo.

coopérative *f* cooperativa; **coopérative d'achat** economato *m*.

coopérer [18] *v intr* cooperar.

cooptation *f* cooptación.

coopter [3] *v tr* cooptar.

coordinateur, trice *adj & s* coordinador, ra.

coordination *f* coordinación.

coordonnateur, trice *adj & s* coordinador, ra.

coordonné, e *adj* coordinado, da ‖ **système coordonné de feux** sistema sincronizado de luces.
➥ **coordonnée** *f* GÉOM coordenada.

➥ **coordonnées** *f pl* señas (adresse, etc.) ‖ MATH coordenadas; **coordonnées cartésiennes** coordenadas cartesianas.

coordonner [3] *v tr* coordinar.

coordonnés *m pl* COMM artículos a juego.

copahu [kɔpay] *m* copaiba *f* (résine).

copain, copine *m & f* FAM camarada, amigote, ta ‖ **être copain avec** ser amigo de.

copal *m* copal (résine).

copartage *m* reparto.

copartageant, e *adj & s* copartícipe.

copartager [17] *v tr* repartir entre varios, compartir.

coparticipant, e *adj & s* copartícipe.

coparticipation *f* coparticipación.

copayer *m* BOT copayero.

copeau *m* viruta *f*.

Copenhague *n pr* GÉOGR Copenhague.

copépodes *m pl* ZOOL copépodos.

copermuter [3] *v tr* permutar.

Copernic *n pr* Copérnico.

copernicien, enne [kɔpɛrnisjɛ̃, ɛn] *adj* copernicano, na.

copiage *m* acción *f* de copiar en los exámenes.

copie *f* [▷ SYN] copia (reproduction) ‖ copia, calco *m*, persona que remeda a otra (personne) ‖ hoja (des écoliers) ‖ ejercicio *m* (exercice) ‖ FIG imitación, copia ‖ IMPR original *m*, texto *m* (manuscrit) ■ **copie blanche** hoja en blanco ‖ **copie certifiée conforme** copia certificada compulsada ‖ INFORM **copie papier** copia en papel; **copie d'écran sur papier** copia de pantalla impresa.
> SYN double duplicado; duplicata duplicado; ampliatif copia auténtica; grosse copia, traslado; calque calco.

copier [9] *v tr* copiar; **copier d'après nature** copiar del natural ‖ copiar (aux examens) ‖ FIG remedar (imiter) ‖ **machine à copier** copiadora.
> SYN transcrire transcribir; récrire escribir de nuevo; expédier despachar.

copieur, euse *m & f* copión, ona.
➥ **copieur** *m* fotocopiadora *f*.

copieusement *adv* copiosamente.

copieux, euse [kɔpjø, øz] *adj* copioso, sa; abundante.

copilote *m* copiloto.

copinage *m* PÉJ & FAM compadreo.

copiste *m* copista.

coplanaires *adj pl* MATH coplanarias; **des droites coplanaires** rectas coplanarias.

coposséder [18] *v tr* poseer en copropiedad.

copossesseur *m* coposesor.

copossession *f* coposesión.

copra; coprah *m* copra *f* (du coco).

coprin *m* BOT coprino (champignon).

co-processeur *m* INFORM coprocesador; **coprocesseur arithmétique** coprocesador matemático.

coproducteur *m & f* coproductor, ra.

coproduction *f* CINÉM coproducción.

coprolithe *m* coprolito.

coprophage *adj* ZOOL coprófago, ga.

copropriétaire *m* & *f* copropietario, ria.

copropriété *f* copropiedad ▌ propiedad horizontal, propiedad de casa por pisos, comunidad de propietarios (appartements) ▪ acheter en copropriété comprar en régimen de copropiedad.

copte *adj* & *s* copto, ta.
◇ *m* LING copto.

copulatif, ive *adj* & *s f* GRAMM copulativo, va.

copulation *f* cópula.

copule *f* GRAMM cópula.

copuler [3] *v intr* copular.

copyright [kɔpirajt] *m* derechos reservados, "copyright".

coq *m* gallo ▌ MAR cocinero (cuisinier) ▪ coq de bruyère urogallo ▌ FIG coq de clocher cacique, gallo de pueblo ▌ coq du village chulo del pueblo ▌ le coq gaulois el gallo galo ▪ au chant du coq al rayar el alba ▌ fier comme un coq muy engallado ▌ rouge comme un coq encendido como un pavo ▪ être comme un coq en pâte ser tratado a cuerpo de rey, estar a las mil maravillas, estar como las propias rosas ou como perita en dulce ▌ passer du coq à l'âne saltar de un tema a otro.
◇ *adj* poids coq peso gallo (boxe).

> **LE COQ GAULOIS**
> El gallo es el emblema de Francia. Su canto en francés, "Cocorico", se puede emplear como expresión irónica para simbolizar el orgullo nacional con los éxitos deportivos. Y así podremos leer: "trois médailles pour la France - Cocorico!"

coq-à-l'âne *m inv* FAM despropósito, patochada *f*, salida *f* de pata de banco.

coquard; coquart [kɔkar] *m* FAM ojo a la funerala.

coque *f* cascarón *m* (de l'œuf) ▌ cáscara (de noix, noisette, etc.) ▌ coca (coiffure) ▌ berberecho *m* (coquillage) ▌ AUTOM caja (de la carrosserie) ▌ AVIAT fuselaje *m* ▌ MAR casco *m* (d'un bateau) ▌ ZOOL capullo *m* (cocon) ▌ œuf à la coque huevo pasado por agua.

coquecigrue *f* (vx) pamplina, simpleza.

coquelet *m* gallo joven.

coqueleux, euse *m* & *f* criador, ra; [de gallos de pelea] gallero, ra.

coquelicot [kɔkliko] *m* amapola *f* (fleur).

coqueluche *f* tos ferina ▌ FIG être la coqueluche de ser el preferido de.

coquelucheux, euse *adj* & *s* que sufre la tos ferina.

coquemar *m* escalfador.

coquerelle *f* BLAS racimo *m* de tres avellanas.

coqueret *m* BOT alquequenje.

coquerico *m* quiquiriquí (chant du coq).

coquerie *f* MAR cocina de un navío.

coquet, ette *adj* & *s* presumido, da ▌ bonito, ta; lindo, da; un chapeau coquet un bonito sombrero ▌ coquetón, ona; appartement coquet piso coquetón.
➤ **coquette** *adj f* & *s f* coqueta.
▌ OBSERV L'adjectif espagnol coqueta n'a pas de masculin, mais l'augmentatif coquetón, ona, très coquet, est très usité.

coqueter [27] *v intr* coquetear.

coquetier [kɔktje] *m* recovero, huevero (marchand d'œufs) ▌ huevero, huevera *f* (petit godet) ▌ FIG & FAM gagner le coquetier lucirse, llevarse la palma.

coquettement [kɔkɛtmɑ̃] *adv* con coquetería, coquetamente ▌ être coquettement installé tener un piso muy mono.

coquetterie [kɔkɛtri] *f* coquetería (goût de la parure) ▌ coqueteo *m* (action de coqueter).

coquillage *m* marisco (comestible) ▌ concha *f* (coquille).

coquillard *m* mendigo (au Moyen Âge).

coquillart *m* piedra *f* calcárea conchífera.

coquille [kɔkij] *f* concha (de mollusque) ▌ cáscara (d'œuf, de noix, etc.) ▌ especie de parrilla vertical para asar (pour rôtir) ▌ taza (d'une épée) ▌ concha (de pèlerin) ▌ IMPR errata, gazapo *m* ▌ tamaño de papel de 56 x 44 cm ▌ coquille de beurre nuez de mantequilla en forma de concha ▌ MAR coquille de noix cascarón de nuez ▪ rentrer dans sa coquille meterse en el caparazón, en la concha ▌ sortir de sa coquille salir del cascarón.

coquiller [3] *v intr* olivarse (la croûte du pain).

coquillette *f* conchita.

coquillier, ère [kɔkije, ɛr] *adj* conchífero, ra.

coquin, e [kɔkɛ̃, in] *adj* & *s* pillo, a; tunante.

coquinerie *f* tunantería, tunantada, pillería, pillada.

cor *m* cuerna *f* (du cerf) ▌ [▷ SYN] callo (callosité) ▌ MUS trompa *f*, cuerno (de chasse), trompa *f*, corno (d'orchestre) ▪ cor anglais corno inglés ▌ cor à pistons trompa de llaves ou pistones ▌ cor d'harmonie trompa de mano ▪ à cor et à cri a voz en cuello, a grito limpio.

▌ SYN durillon callo; oignon juanete; œil-de-perdix ojo de gallo.

corail [kɔraj] *m* coral; coraux corales ▌ serpent corail coralillo.

Corail *n pr m* GÉOGR la mer de Corail el mar del Coral.

corailleur *adj* & *s m* coralero (pêcheur de corail).

corallien, enne *adj* coralino, na.

corallifère *adj* coralífero, ra.

corallin, e *adj* coralino, na (couleur).
➤ **coralline** *f* coralina (algue).

Coran *n pr m* Corán, Alcorán.

coranique *adj* coránico, ca.

corbeau *m* cuervo (oiseau) ▌ ARCHIT modillón ▌ FIG tiburón, buitre, negociante sin escrúpulos.

corbeille *f* canasta, canasto *m* (la canasta est plus large et moins haute que le canasto) ▌ cesto *m*; corbeille à papier cesto de los papeles ▌ canastillo *m*, macizo *m*; corbeille de géranium un canastillo de geranios ▌ corro *m* (à la Bourse) ▌ ARCHIT repisa, ménsula ▌ THÉÂTR piso *m* principal ▪ corbeille à ouvrage costurero ▌ corbeille à pain cesta de pan, panera ▌ corbeille de mariage canastilla de boda.

corbillard *m* coche ou carroza *f* fúnebre.

corbillat *m* corvato (petit du corbeau).

corbillon *m* canastillo ▌ juego de prendas (jeu).

corbin *m* (vx) cuervo ▌ en bec de corbin curvo, va; aguileño, ña.

corbleu! *interj* [alteración de cordieu cuerpo de Dios] ¡pardiez! (euphémisme pour por Dios).

cordage *m* medición *f* (du bois) ▌ MAR [▷ SYN] cordaje.
➤ **cordages** *m pl* MAR jarcias *f*.
▌ SYN câble cable, maroma; corde cuerda, soga; filin cabo.

corde *f* cuerda ▌ soga (de sparte) ▌ trama (d'une étoffe) ▌ comba (jeu de petites filles) ▌ ANAT cuerda; cordes vocales cuerdas vocales ▌ GÉOM cuerda ▌ MUS cuerda (d'un instrument) ▌ SPORTS límite interior de una pista ▌ FIG fibra, sentimiento (sentiments) ▪ corde à linge cuerda de tender ▌ SPORTS corde à nœuds, corde lisse cuerda de nudos, cuerda fija ▌ corde de bateleur, corde raide cuerda floja (cirque) ▌ échelle de corde escala de cuerda ▌ FIG la corde sensible la fibra sensible ▌ semelles de corde suelas de esparto ▌ FIG sur la corde raide en la cuerda floja ▪ avoir la corde au cou estar con la soga al cuello ▌ avoir plusieurs cordes à son arc ser hombre de recursos ▌ FIG être dans les cordes de quelqu'un dársele muy bien algo a uno ▌ mériter la corde merecer la horca ▌ ne pas parler de corde dans la maison d'un pendu no mentar la soga en casa del ahorcado ▌ FAM tenir la corde llevarse la palma, llevar ventaja a los demás ▌ tirer sur la corde tirar de la cuerda ▌ tomber des cordes llover a cántaros ▌ FIG usé jusqu'à la corde raído, da; desgastado, da; muy sobado.
➤ **cordes** *f pl* cuerdas (instruments) ▌ cuerdas (d'un ring).

cordé, e *adj* acorazonado, da (en forme de cœur) ▌ BLAS cordado, da.

cordeau *m* cordel; tiré au cordeau tirado a cordel ▌ tendel (de maçon) ▌ mecha *f* (explosifs) ▌ FIG tracé au cordeau bordado.

cordeau Bickford [bikfɔrd] *n pr* mecha Bickford.

cordée *f* haz *m* de leña (de bois), hato *m* ▌ cordel *m* (pêche) ▌ cordada (alpinisme); premier de cordée primero, cabeza ou jefe de cordada.

cordeler [24] *v tr* torcer, retorcer (tordre).

cordelette *f* cuerdecilla.

cordelier *m* franciscano.

cordelière *f* cíngulo *m* (religieux) ▌ ceñidor *m*, cordón *m* (ceinture) ▌ cordón *m* (architecture, cravate) ▌ IMPR cordoncillo *m*.

cordelle *f* MAR sirga (pour le halage).

corder [3] *v tr* torcer [para hacer cuerda] ▌ enrollar (rouler) ▌ acordelar, medir con cuerda (mesurer) ▌ atar con cuerda (lier) ▌ corder une raquette poner las cuerdas a una raqueta.

corderie *f* cordelería.

cordés *m pl* ZOOL cordados.

cordial *adj* & *s m* cordial.

cordialement *adv* cordialmente.

cordialité *f* cordialidad.

cordier *m* cordelero ▌ MUS cordal (queue d'un instrument).

cordiforme *adj* cordiforme.

cordillère *f* cordillera.

cordite *f* cordita (explosif).

cordon *m* cordón (petite corde) ‖ cordón; cordon sanitaire, de police cordón sanitario, de policía ‖ cordón (de souliers) ‖ tirador (de sonnette) ‖ banda *f* (décoration) ‖ cordoncillo (de monnaie) ‖ ANAT & ARCHIT cordón ■ GÉOGR cordon littoral cordón litoral ‖ ANAT cordon ombilical cordón umbilical ■ dénouer les cordons de la bourse aflojar la bolsa ‖ FAM tenir les cordons de la bourse manejar los cuartos ‖ tirer le cordon abrir la puerta.

cordon-bleu *m* buen cocinero *m*, buena cocinera *f*.
‖ OBSERV pl cordons-bleus.

cordonner [3] *v tr* torcer, retorcer.

cordonnerie [kɔrdɔnri] *f* zapatería.

cordonnet *m* cordoncillo ‖ torzal (de soie).

cordonnier, ère *m* & *f* zapatero, ra ‖ les cordonniers sont les plus mal chaussés en casa del herrero cuchara de palo.
‖ SYN bottier, chausseur zapatero; savetier remendón; ARG bouif remendón.

cordouan, e *adj* cordobés, esa.

Cordouan, e *m* & *f* cordobés, esa.

Cordoue *n pr* GÉOGR Córdoba.

Corée *n pr f* GÉOGR Corea ‖ la Corée du Nord Corea del Norte ‖ la Corée du Sud ou république de Corée Corea del Sur, la República de Corea.

coréen, enne *adj* coreano, na.
➧ **coréen** LING coreano.

Coréen, enne *m* & *f* coreano, na.

coreligionnaire *adj* & *s* correligionario, ria.

Corfou *n pr* GÉOGR Corfú.

coriace *adj* coriáceo, a; correoso, sa (dur) ‖ FIG tenaz (tenace) ‖ agarrado, da; avaro, ra (avare).

coriandre *f* BOT cilantro *m*.

coricide *m* MÉD callicida.

corindon *m* corindón.

Corinne *n pr* Corina.

Corinthe [kɔrɛ̃t] *n pr* GÉOGR Corinto.

corinthien, enne [kɔrɛ̃tjɛ̃, ɛn] *adj* corintio, tia.

Corinthien, enne *m* & *f* corintio, tia.

corme *f* serba (fruit).

cormier *m* serbal (arbre).

cormoran *m* ZOOL cormorán, mergo, cuervo marino.

cornac *m* cornaca ‖ FIG cicerone, guía (guide).

cornage *m* VÉTÉR huélfago.

cornaline *f* cornalina (pierre précieuse).

cornard *adj* & *s* cornudo, da (qui a des cornes) ‖ FAM (vieilli) cornudo (mari trompé) ‖ VÉTÉR que padece huélfago.

corne [kɔrn] *f* [▷ SYN] cuerno *m*, asta ‖ pico *m* doblado, esquina doblada de la hoja de un libro (pli d'un feuillet) ‖ ARCHIT ángulo *m* ‖ pico *m* (coin d'un objet) ‖ pico *m* (d'un chapeau) ‖ cuerno *m* (de la lune) ‖ FAM cuerno *m* (d'un mari trompé) ‖ MAR cangrejo *m* ‖ MUS bocina ‖ FAM suela de zapato (viande dure)

‖ asta, hueso *m* (peigne, etc.) ‖ ANAT cuerno *m* (de la moelle) ‖ TECHN cuerno *m* (matière) ‖ VÉTÉR casco *m* (sabot de solipèdes) ■ corne à chaussure calzador ‖ corne d'abondance cornucopia, cuerno de la abundancia ‖ corne d'auto bocina ‖ MAR corne de brume sirena de niebla ■ bouton en corne botón de hueso ‖ coup de corne cornada ‖ faire des cornes à un livre doblar las esquinas ou los picos de las páginas.
‖ SYN bois (cerf) cornamenta; andouiller mogote, candil.

corné, e *adj* córneo, a ‖ doblado, da (carte).

corned-beef [kɔrnbif] *m inv* corned-beef.

cornée *f* ANAT córnea.

cornéen, enne *adj* de la córnea.

corneille [kɔrnɛj] *f* corneja (oiseau).

cornélien, enne *adj* relativo, va a Corneille ‖ a semejanza de Corneille.

cornement *m* zumbido.

cornemuse *f* MUS gaita, cornamusa.

cornemuseur *m* gaitero.

corner [3] *v tr* tocar la bocina (klaxonner), llamar con la bocina (avertir) ‖ doblar el pico de (plier) ‖ pregonar, cacarear (annoncer).
◇ *v intr* tocar la bocina (une auto), tocar la trompa (sonner de la corne) ‖ zumbar (les oreilles) ‖ vociferar, vocear (parler très fort).

corner *m* saque de esquina, córner (football) ‖ COMM sindicato de especuladores.

cornet [kɔrnɛ] *m* corneta *f* ‖ cuerno, trompa *f* (corne, cor) ‖ corneta (cornettiste) ‖ cucurucho, cartucho (de papier) ‖ cucurucho (de glace) ‖ cubilete (pour les dés) ‖ apagador (éteignoir) ‖ ANAT cornete (du nez) ■ cornet à bouquin bocina ‖ cornet acoustique trompetilla ‖ cornet à pistons cornetín, corneta de pistones.

cornette *f* MIL corneta, especie de bandera (étendard) ‖ toca *f* de monja (de religieuse), cofia *f* (coiffe).
◇ *m* (ancien) abanderado.

cornettiste *m* corneta, cornetín (musicien).

corn flakes [kɔrnflɛks] *m pl* cereales, copos de maíz.

corniaud; corniot *m* perro callejero.

corniche *f* cornisa ‖ route de corniche carretera de cornisa.

cornichon *m* pepinillo (fruit) ‖ FAM gurrina *f*.
◇ *adj* & *s* majadero, bobo (niais).

cornier, ère *adj* angular, en la esquina.
➧ **cornière** *f* ángulo *m* recto (d'une ardoise) ‖ CONSTR canalón *m* ‖ TECHN codo *m* metálico, angular *m*.

corniot ➧ **corniaud**.

corniste *m* & *f* MUS trompa (joueur de cor).

cornouaillais, e [kɔrnwajɛ, ɛz] *adj* de Cornouaille (de la Cornouaille) ‖ de Cornualles (de la Cornouailles).
➧ **cornouaillais** *m* LING córnico.

Cornouaillais, e *m* & *f* córnico, ca.

Cornouaille [kɔrnwaj] *n pr f* GÉOGR (la) Cornouaille Cornouaille.

Cornouailles [kɔrnwaj] *n pr f* GÉOGR la Cornouailles Cornualles.

cornouille [kɔrnuj] *f* fruto *m* del cornejo.

cornouiller [kɔrnuje] *m* BOT cornejo.

cornu, e *adj* cornudo, da ‖ con picos (chapeau).

cornue [kɔrny] *f* CHIM retorta.

Corogne *n pr* GÉOGR La Corogne La ou A Coruña.

corollaire *m* corolario.

corolle *f* BOT corola.

Coromandel *n pr* GÉOGR la côte de Coromandel la costa de Coromandel.

coron *m* caserío de mineros [en el norte de Francia].

coronaire *adj* ANAT coronario, ria.

coronal, e *adj* ANAT coronal (os).

coronarien, enne *adj* MÉD coronario, ria.

coronarite *f* MÉD coronaritis.

coronille *f* BOT coronilla.

corossol *m* corojo, corozo, anona *f* (fruit).

corozo *m* corozo, tagua *f* (ivoire végétal).

corporal *m* corporal (linge bénit).

corporatif, ive *adj* corporativo, va.

corporation *f* corporación, gremio *m*.
‖ SYN corps cuerpo; ordre orden; confrérie cofradía; collège colegio.

corporatisme *m* corporativismo, sistema corporativo.

corporatiste *adj* & *s* corporatista.

corporel, elle *adj* corpóreo, a (qui a un corps) ‖ corporal; peine corporelle pena corporal.

corporellement *adv* corporalmente, con el cuerpo.

corps [kɔr] *m* cuerpo (d'un être animé) ‖ cadáver; faire l'autopsie d'un corps hacer la autopsia de un cadáver ‖ cuerpo (substance) ‖ MIL cuerpo; corps d'armée, de garde cuerpo de ejército, de guardia ‖ cuerpo, gremio (corporation) ‖ cuerpo (consistance) ‖ recopilación *f* (recueil) ‖ cuerpo (typographie) ■ corps à corps cuerpo a cuerpo ‖ corps céleste cuerpo celeste ‖ CHIM corps composé, simple cuerpo compuesto, simple ‖ corps constitués órganos constitucionales (politique) ‖ THÉÂTR corps de ballet cuerpo de baile ‖ ARCHIT corps de logis cuerpo ‖ corps de métier gremio, corporación ‖ TECHN corps de pompe cuerpo de bomba ‖ DR corps du délit cuerpo del delito ‖ corps enseignant cuerpo docente ‖ corps et âme en cuerpo y alma ‖ corps et biens bienes y personas ‖ MÉD corps étranger cuerpo extraño ‖ corps expéditionnaire cuerpo expedicionario ‖ corps franc partida de guerrilleros ‖ corps législatif cuerpo legislativo ‖ esprit de corps espíritu de cuerpo, solidaridad ‖ le corps consulaire el cuerpo consular ‖ le corps diplomatique el cuerpo diplomático ‖ le corps électoral el electorado ‖ le corps médical los médicos, la profesión médica ■ à bras-le-corps por la cintura ■ à corps perdu a cuerpo descubierto ‖ à mi-corps a medio cuerpo, por medio del cuerpo, por la cintura ‖ à mon corps défendant en defensa mía, en mi propia defensa (pour se défendre), de mala gana (à contrecœur) ■ faire corps avec confundirse con, formar bloque con, formar cuerpo con ‖ passer sur le corps atropellar ‖ prendre corps tomar consistencia ou cuerpo, plasmarse.

corps-mort *m* MAR cuerpo muerto.
‖ OBSERV pl corps-morts.

corpulence *f* corpulencia; de forte corpulence de gran corpulencia.

corpulent, e *adj* corpulento, ta.

corpus [kɔrpys] *m* cuerpo (recueil) ‖ Corpus Christi Corpus.

‖ **OBSERV** En francés se usa corrientemente el sinónimo Fête-Dieu en lugar de Corpus Christi.

corpusculaire *adj* corpuscular.

corpuscule *m* corpúsculo.

correct, e *adj* correcto, ta ‖ decente, decoroso, sa; un costume correct un traje decente ‖ razonable; un prix correct un precio razonable ‖ preciso, sa; exacto, ta; description correcte descripción exacta.

correctement *adv* correctamente (sans faute) ‖ aceptablemente (décemment).

correcteur, trice *adj & s* corrector, ra.

correctif, ive *adj* correctivo, va.
➡ **correctif** *m* correctivo ‖ **FIG** paliativo.

correction *f* corrección; correction des devoirs, des épreuves corrección de los ejercicios, de los exámenes ‖ enmienda (amendement) ‖ corrección (réprimande) ‖ paliza (châtiment corporel) ‖ corrección (qualité de ce qui est correct) ■ **INFORM** correction sur écran corrección en pantalla ‖ **DR** maison de correction reformatorio, correccional ‖ sauf correction salvo error u omisión.

correctionnel, elle *adj* correccional.
➡ **correctionnelle** *f* tribunal *m* correccional.

Corrège *n pr* le Corrège il Correggio.

corrélat *m* correlato.

corrélatif, ive *adj & s m* correlativo, va.

corrélation *f* correlación.

corrélativement *adv* correlativamente.

correspondance *f* correspondencia (rapport) ‖ correspondencia, empalme *m*, enlace *m* (communication) ‖ correspondencia, correo *m* (courrier) ‖ corresponsalía (d'un journal) ■ cours par correspondance enseñanza por correspondencia ‖ vente par correspondance venta por correo ■ en correspondance avec de acuerdo ou de conformidad con ■ ce train assure la correspondance avec l'avion de este tren empalma con el avión de ‖ être en correspondance cartearse con, mantener correspondencia con.

correspondancier, ère *m & f* empleado, da encargado del correo.

correspondant, e *adj* correspondiente; angles correspondants ángulos correspondientes.
◇ *m & f* corresponsal (journal) ‖ persona con quien uno se cartea, comunicante ‖ miembro correspondiente (académie) ‖ persona que atiende a un alumno interno durante sus salidas.

correspondre [75] *v intr* corresponder ‖ comunicar (pièces, etc.) ‖ corresponder, cartearse (s'écrire) ‖ **TRANSP** empalmar.

Corrèze *n pr f* **GÉOGR** la Corrèze el Corrèze (rivière) ‖ la Corrèze Corrèze (département).

corrézien, enne *adj* correciense, correcino, na (de Corrèze).

Corrézien, enne *m & f* correciense, correcino, na.

corrida *f* corrida.

corridor *m* corredor, pasillo.

corrigé *m* corrección-modelo *f*, modelo de corrección.

corriger [17] *v tr* corregir; corriger une épreuve corregir una prueba ‖ [▷ **SYN**] enmendar (amender) ‖ nivelar, compensar; corriger le déséquilibre de la balance commerciale nivelar el desequilibrio de la balanza comercial ‖ castigar (punir) ‖ dar una paliza (battre).
➡ **se corriger** *v pr* corregirse, enmendarse.

‖ **SYN** améliorer mejorar; amender enmendar; réformer reformar; régénérer regenerar; redresser, relever enderezar; rectifier rectificar.

corrigeur, euse *m & f* **IMPR** corrector, ra.

corrigible *adj* corregible.

corroboration *f* corroboración.

corroborer [3] *v tr* corroborar; corroborer par les faits corroborar con hechos.

corrodant, e *adj & s m* corrosivo, va.

corroder [3] *v tr* corroer.

corroi *m* zurra *f*, curtido (du cuir).

corroierie [kɔrwari] *f* **TECHN** zurra (art) ‖ taller *m* del zurrador, tenería (atelier).

corrompre [78] *v tr* corromper ‖ **FIG** deformar, alterar (un texte).

corrompu, e *adj* corrompido, da; eau corrompue agua corrompida ‖ corrupto, ta (surtout au sens figuré).

corrosif, ive *adj* corrosivo, va ‖ **FIG** corrosivo, va; virulento, ta.
➡ **corrosif** *m* corrosivo.

corrosion *f* corrosión.

corroyage [kɔrwajaʒ] *m* zurra *f*, curtido (du cuir) ‖ soldadura *f*, afino (métal) ‖ cepilladura *f* (bois) ‖ **CONSTR** mezcla *f*.

corroyer [13] [kɔrwaje] *v tr* zurrar, curtir (le cuir) ‖ cepillar (le bois) ‖ soldar (fer chaud) ‖ **CONSTR** mezclar.

corroyeur [kɔrwajœr] *m* zurrador.

corrupteur, trice *adj & s* corruptor, ra.

corruptible *adj* corruptible.

corruption *f* corrupción.

corsage *m* blusa *f* ‖ cuerpo (d'une robe).

corsaire *adj & s m* corsario, ria ‖ **FIG** pirata (homme cupide).

corse *adj & s* corso, sa.
◇ *m* **LING** corso.

Corse [kɔrs] *n pr f* **GÉOGR** la Corse Córcega; la Corse-du-Sud Córcega del Sur.

| **CORSE** |
| Esta región administrativa comprende los departamentos de Haute-Corse y Corse-du-Sud. Capital: Ajaccio. |

corsé, e *adj* fuerte; drap corsé sábana fuerte ‖ de cuerpo; vin corsé vino de cuerpo ‖ picante, fuerte; sauce corsée salsa picante ‖ opíparo, ra; repas corsé comida opípara ‖ fuerte, subido, da, de tono; escabroso, sa; histoire corsée historia escabrosa ‖ **FIG & FAM** menudo, da; fuerte; il m'a fait une semonce corsée menudo rapapolvo me ha echado.

Corse-du-Sud [kɔrsdysyd] *n pr f* **GÉOGR** Corse-du-Sud; en Corse-du-Sud en Corse-du-Sud.

corselet *m* coselete (cuirasse) ‖ corpiño (corsage) ‖ **ZOOL** coselete (des insectes).

corser [3] *v tr* dar fuerza, vida, cuerpo.
➡ **se corser** *v pr* complicarse (une affaire) ‖ ça se corse! ¡esto toma mal cariz!, ¡esto se complica!

corset *m* corsé ‖ **MÉD** corset orthopédique corsé ortopédico.

corseter [28] *v tr* encorsetar.

corsetier, ère *adj & s* corsetero, ra.

corso *m* paseo (en Italie) ‖ corso fleuri desfile de carrozas engalanadas.

cortège *m* comitiva *f*, cortejo, séquito.
‖ **SYN** escorte escolta; suite séquito; cour corte.

Cortes *f pl* Cortes (assemblée).

cortex *m* **ANAT** córtex, corteza *f*.

Corti *n pr* organe de Corti órgano de Corti.

cortical, e *adj* cortical.

corticoïde; corticostéroïde *adj & s m* **MÉD** corticoide, corticosteroide.

cortisone *f* **MÉD** cortisona.

coruscant, e *adj* **POÉT** coruscante.

corvéable *adj* **HIST** sujeto, sujeta a prestación personal.

corvée *f* **HIST** prestación personal ‖ **FIG** carga, trabajo *m* molesto, pejiguera, lata, incordio *m* ‖ **MIL** faena; tenue de corvée uniforme de faena.

corvette *f* **MAR** corbeta.

corvidés *m pl* **ZOOL** córvidos.

corybante *m* **HIST** coribante.

corymbe [kɔrɛ̃b] *m* **BOT** corimbo.

coryphée *m* corifeo.

coryza *m* **MÉD** coriza *f*.

COS [kɔs] (abr de coefficient d'occupation des sols) *m* coeficiente de aprovechamiento urbanístico.

cosaque *adj & s m* cosaco.

cosécante *f* **MATH** cosecante.

cosignataire *adj & s* que firma con otros, cofirmante.

cosinus [kɔsinys] *m* **MATH** coseno.

cosmétique *adj & s m* cosmético, ca.

cosmétologie *f* cosmetología.

cosmique *adj* cósmico, ca.

cosmobiologie *f* cosmobiología.

cosmogonie *f* cosmogonía.

cosmogonique *adj* cosmogónico, ca.

cosmographe *m* cosmógrafo.

cosmographie *f* cosmografía.

cosmographique *adj* cosmográfico, ca.

cosmologie *f* cosmología.

cosmologique *adj* cosmológico, ca.

cosmonaute *m & f* cosmonauta.

cosmopolite *adj & s* cosmopolita.

cosmopolitisme *m* cosmopolitismo.

cosmorama *m* cosmorama.

cosmos *m* cosmos.

cossard, e [kɔsar, ard] *adj & s* **FAM** holgazán, ana; haragán, ana; gandul, la.

cosse *f* vaina (de légume) ‖ **TECHN** guardacabo *m*, terminal *m* (d'un fil électrique) ‖ **FAM** avoir la cosse tener galbana.

cosser [3] *v intr* topetar (moutons) ‖ **FIG** luchar (lutter).

cossette *f* peladura (de betterave).

cossu, e *adj* FAM rico, ca; acaudalado, da; acomodado, da (personne) | acomodado, da; señorial (maison).

cossus [kɔsys] *m* ZOOL carcoma *f*, coso.

Costa Brava [kɔstabrava] *n pr f* GÉOGR la Costa Brava la costa Brava; sur la Costa Brava en la costa Brava.

Costa del Sol [kɔstadɛlsɔl] *n pr f* GÉOGR la Costa del Sol la costa del Sol; sur la Costa del Sol en la costa del Sol.

costal, e *adj* ANAT costal.

costard; costar *m* FAM traje | en costard cravate enchaquetado.

Costa Rica *n pr m* GÉOGR le Costa Rica Costa Rica.

costaricain, e *adj* costarriqueño, ña.

costaricien, enne *adj* costarricense.

Costaricien, enne *m & f* costarricense.

costaud, e [kɔsto, od] *adj & s* FAM forzudo, da; fuerte.
▌ OBSERV El femenino de costaud es costaud o costaude (p us).

costière *f* THÉÂTR escotillón *m*.

costume *m* traje; costume sur mesure, de confection traje a la medida, de confección ■ costume de bain traje de baño, bañador | costume de ville traje de calle | costume tailleur traje sastre (tailleur) | costumes vestuario, figurines (cinéma, théâtre) | en costume de cérémonie de etiqueta (civils), con uniforme de gala (militaires).

costumé, e *adj* vestido, da (habillé) | disfrazado, da (déguisé) | bal costumé baile de disfraces.

costumer [3] *v tr* vestir (habiller) | disfrazar (déguiser).

costumier, ère *m & f* sastre de teatros (tailleur) | guardarropa (celui qui garde les costumes).

cosy *m* cama *f* turca.

cotable *adj* cotizable.

cotangente *f* MATH cotangente.

cotation *f* cotización | ÉCON cotation en Bourse cotización de Bolsa.

cote [kɔt] *f* anotación, nota | cuota, parte (quote part) | signatura (bibliothèques) | altura, nivel *m* (d'un film) | clasificación (d'un film) | registro *m* (d'un inventaire) | ÉCON cotización | FIG cotización | GÉOM cota ■ cote d'alerte nivel de alerta (sens propre), nivel alarmante (sens figuré) | cote de popularité popularidad | cote mal taillée corte de cuentas | ÉCON cote officielle cotización oficial | inscrit à la cote cotizado en Bolsa | FIG la cote d'un candidat el nivel de popularidad de un candidato ■ FIG avoir la cote gozar de la mayor consideración ou del mayor crédito, estar cotizado.

côte [kɔt] *f* ANAT costilla | chuleta (de porc, de veau, etc.) | costa (rivage) | cuesta, pendiente (pente) | canelé *m* (chaussettes), borde *m* (tricot) | BOT vena, palillo *m* (tabac) | FIG costilla (protubérance); côte de melon raja de melón ■ côte à côte al lado uno de otro; juntos, tas | fausses côtes costillas falsas ■ à côtes acanalado, da | à mi-côte a la mitad de la cuesta | MAR aller ou se jeter à la côte encallarse, naufragar | avoir les côtes en long ser holgazán | caresser ou chatouiller les côtes medir las costillas | FAM être à la côte estar arruinado, estar sin un cuarto | longer la côte costear | rompre les côtes romper las costillas a uno | se tenir les côtes de rire desternillarse de risa.

▌ CÔTES
la Côte d'Amour litoral atlántico cerca de La Baule;
la Côte d'Argent litoral atlántico entre el Gironda y el estuario del Bidasoa;
la Côte d'Azur la costa Azul;
la Côte de Coromandel la costa de Coromandel;
la Côte d'Émeraude litoral de la Mancha cerca de Saint-Malo;
la Côte de Malabar la costa de Malabar;
la Côte d'Opale litoral de la Mancha entre Calais y Dieppe;
la Côte Vermeille litoral mediterráneo entre Collioure y Cerbère.
----

coté, e *adj* ARCHIT & GÉOM acotado, da | FAM cotizado, da; apreciado, da ■ FIG être bien coté ser apreciado, tener éxito, ser popular | être mal coté estar mal visto, tener mala fama | ÉCON être coté en Bourse cotizarse en Bolsa.

côté *m* costado; point de côté dolor de costado | lado (partie latérale) | canto; il a mis la brique sur le côté puso el ladrillo de canto | FIG aspecto, lado | lado (faction) | lado; du côté paternel por el lado paterno | GÉOM lado (d'un polygone), cateto (d'un triangle) | cara *f* (d'une page) ■ côté pair del lado de los números pares (stationnement) | le bon côté el lado bueno | le côté faible el punto flaco, el flaco ■ à côté al lado, junto; à côté de moi a mi lado; l'un à côté de l'autre uno junto al otro | à côté de al lado de (comparaison) | de côté de lado; se tourner de côté volverse de lado; aparte; j'ai mis tes affaires de côté puse tus cosas aparte; de soslayo; regarder de côté mirar de soslayo | de côté et d'autre por todos los lados | de mon côté por mi parte | de tous côtés, de tout côté de todas partes | du côté de a proximidad de, cerca de (auprès de), hacia, del lado de, en dirección de (vers), en lo que se refiere a (relativement à) | FAM du côté gauche por detrás de la iglesia, de contrabando ■ d'un autre côté, por otra parte ■ avoir des côtés comiques tener ribetes cómicos | couché sur le côté tendido de costado | mettre ou laisser de côté poner ou dejar a un lado | mettre de l'argent de côté ahorrar | ne pas savoir de quel côté se tourner no saber a qué carta quedarse | passer à côté d'une difficulté no ver una dificultad | voir le bon côté des choses ver el lado bueno ou lo bueno de las cosas.

coteau *m* ladera *f* (versant) | collado, otero (colline) | viñedo (vignoble).

Côte d'Argent *n pr f* GÉOGR litoral atlántico entre el Gironda y el estuario de Bidasoa.

Côte-de-l'Or [kotdəlɔr] *n pr f* HIST la Côte-de-l'Or costa de Oro (ancien nom du Ghana).

Côte d'Ivoire [kotdivwar] *n pr f* GÉOGR (la) Côte d'Ivoire costa de Marfil.

Côte-d'Or [kotdɔr] *n pr f* GÉOGR Côte-d'Or; en Côte-d'Or en Côte-d'Or.

Côte française des Somalis *n pr f* HIST Djibouti, Yibuti, Yibuti (ancien nom de la république de Djibouti).

côtelé, e *adj* de canutillo; velours côtelé pana de canutillo.

côtelette *f* chuleta.

coter [3] *v tr* numerar (numéroter) | acotar (topographie) | fijar (une quote-part, un impôt) | poner una nota, calificar (un devoir) | valorar (évaluer) | ÉCON cotizar | FIG apreciar, estimar, cotizar; employé bien coté empleado estimado.

coterie *f* camarilla, grupo *m*.
▌ SYN clan clan; clique pandilla; bande banda; gang pandilla; mafia mafia.

Côtes-d'Armor [kotdarmɔr] *n pr f pl* GÉOGR Côtes-d'Armor; dans les Côtes-d'Armor en Côtes-d'Armor.

côtes-du-rhône *m inv* vino del valle del Ródano.

cothurne [kɔtyrn] *m* coturno | FAM persona con quien se convive.

cotice *f* BLAS cotiza.

côtier, ère *adj* costanero, ra; costero, ra; navigation côtière navegación costera.
➥ **côtier** *m* costero | MAR barco de cabotaje.

cotignac *m* carne *f* de membrillo, codoñate.

cotillon *m* (ancien) refajo (jupon) | cotillón (danse) | (vieilli) courir le cotillon gustarle a uno las faldas, ser mujeriego.

cotinga *m* cotinga (oiseau).

cotir [32] *v tr* machucar (les fruits).

cotisant *adj & s* cotizante, contribuyente, socio, donante.

cotisation *f* cotización | cuota ■ ÉCON cotisations patronales cuotas patronales [(*Amér*) aporte(s) patronal(es)].

cotiser [3] *v intr* pagar su cuota, cotizar.
➥ **se cotiser** *v pr* pagar a escote.

côtoiement *m* trato.

coton *m* algodón (fibre); coton hydrophile, brut algodón hidrófilo, en rama | algodonero (plante) | pelusa *f*, vello (duvet) ■ avoir du coton dans les oreilles estar sordo (être sourd), hacer oídos de mercader (ne pas écouter) | avoir les jambes en coton flaquearle a uno las piernas | FAM c'est coton! ¡no es moco de pavo! | élever un enfant dans du coton criar a un niño entre algodones, mimar a un niño con exceso | filer un mauvais coton ir por mal camino.

cotonéaster *m* BOT cotoneaster.

cotonnade *f* cotonada (tissu).

cotonner [3] *v tr* rellenar de algodón, algodonar.
◇ *v intr* cubrirse de borra (tissu).
➥ **se cotonner** *v pr* acorcharse (fruits).

cotonnerie *f* algodonal (champ de coton) | cultivo *m* del algodón | algodonera (usine).

cotonneux, euse *adj* algodonoso, sa; velloso, sa (recouvert de duvet) | acorchado, da (fruits) | FIG fofo, fa; sin vigor | bruit cotonneux ruido apagado.

cotonnier, ère *adj & s m* algodonero, ra.

coton-poudre *m* algodón pólvora.
▌ OBSERV pl cotons-poudres.

Coton-Tige® *m* bastoncillo.
▌ OBSERV pl Coton-Tiges.

côtoyer [13] [kotwaje] *v tr* ir a lo largo de, seguir la orilla de, bordear (longer) ‖ codearse con (coudoyer) ‖ FIG rayar en, rozar, bordear; côtoyer le ridicule rayar en el ridículo.

cotre *m* MAR cúter, balandro.

cottage *m* casa *f* de campo.

cotte *f* saya, zagalejo *m* (jupe) ‖ [▷ SYN] mono *m* (de travail) ‖ cotte de mailles cota de mallas.

◇ *m* ZOOL coto (chabot).
‖ SYN combinaison, bleu mono; salopette mono de peto.

cotutelle *f* DR cotutela.

cotuteur *m* DR cotutor.

cotyle *m* ANAT cotila *f*.

cotylédon *m* BOT cotiledón.

cou *m* cuello (d'un corps) ‖ cuello (d'une bouteille) ‖ FAM prendre au cou apretar el cuello ‖ FAM prendre ses jambes à son cou poner los pies en polvorosa ‖ rompre le cou desnucar, romper la crisma (tuer) ‖ sauter au cou echar los brazos al cuello ‖ se rompre *ou* se casser le cou romperse la crisma ‖ tendre le cou poner el cuello ‖ tordre le cou retorcer el pescuezo.

couac *m* gallo; faire un couac soltar un gallo (en chantant).

couard, e [kwar, ard] *adj & s* cobarde.

couardise *f* cobardía.

couchage *m* lecho (lit) ‖ ropa *f* de cama (lingerie) ‖ FAM histoire de couchage asunto de cama ‖ sac de couchage saco de dormir.

couchant, e *adj* que se acuesta ‖ poniente; soleil couchant sol poniente ‖ FIG rastrero, ra (servile) ‖ chient couchant perro rastrero.

➤ **couchant** *m* poniente, ocaso (ouest) ‖ FIG vejez *f*, ocaso (vieillesse).

couche *f* lecho *m*, cama (lit) ‖ pañal *m*, metedor *m* (pour un bébé) ‖ capa, baño *m* (enduit) ‖ mano, capa (de peinture) ‖ capa, estrato *m* (sociale) ‖ AGRIC semillero *m* ‖ GÉOL capa, estrato *m* ‖ POÉT tálamo *m*; couche nuptiale tálamo nupcial ■ couche de roulement firme ‖ ANAT couche optique tálamo óptico ‖ fausse couche aborto natural (avortement), aborto, sietemesino (avorton) ■ FAM en tenir, en avoir une couche ser un tontaina.

➤ **couches** *f pl* parto *m sing*, alumbramiento *m sing*.

couché, e *adj* acostado, da ‖ tendido, da; echado, da (allongé) ‖ inclinado, da (penché) ‖ papier couché papel cuché.

couche-culotte *f* braga pañal, pañal *m*.
‖ OBSERV pl couches-culottes.

coucher [3] *v tr* acostar (dans un lit) ‖ tender; coucher par terre tender en el suelo ‖ tumbar; la foudre a couché les arbres el rayo ha tumbado los árboles ‖ inclinar (pencher) ‖ encamar (des épis) ‖ apostar (au jeu) ‖ inscribir, apuntar, sentar; coucher par écrit sentar por escrito ■ coucher en joue apuntar (viser) ‖ coucher quelqu'un par terre dejar a uno tendido en el suelo ‖ FIG coucher sur le carreau dejar en el sitio, matar.

◇ *v intr* [▷ SYN 1] acostarse ‖ dormir, pasar la noche (passer la nuit) ‖ MAR escharse, dar de quilla, tumbar, rendir ‖ FAM à coucher dehors estrafalario, ria; enrevesado, da; difícil de pronunciar (nom) ‖ chambre à coucher

dormitorio ■ coucher à la belle étoile dormir al raso ‖ coucher avec quelqu'un acostarse con alguien.

➤ **se coucher** *v pr* [▷ SYN 2] acostarse (dans un lit) ‖ tenderse, echarse, tumbarse (s'étendre) ‖ ponerse (un astre) ‖ FIG & FAM allez vous coucher! ¡váyase a paseo! ‖ se coucher comme les poules acostarse con las gallinas.

‖ SYN 1. s'allonger echarse; s'étendre tenderse. 2. se mettre au lit meterse en la cama; s'aliter encamarse; garder le lit guardar cama.

coucher *m* acción *f* de acostar *ou* acostarse ‖ cama *f* (lit) ‖ ASTRON puesta *f* ■ MÉD à prendre avant le coucher para tomar antes de acostarse (médicament).

coucherie *f* FAM & PÉJ asunto *m* de cama.

couche-tard *adj inv & s inv* trasnochador, ra.

couche-tôt *adj inv* que suele acostarse temprano.

◇ *m inv & f inv* persona que suele acostarse temprano.

couchette *f* litera (bateaux, trains).

coucheur, euse *m & f* hombre, mujer de cama ‖ mauvais coucheur persona de mal genio *ou* que tiene malas pulgas.

couci-couça [kusikusa] *adv* así, así; regular.

coucou *m* cuclillo, cuco ‖ reloj de cuco (pendule) ‖ antiguo coche de punto (voiture publique) ‖ BOT narciso silvestre ‖ FAM cacharro (vieil avion).

➤ **coucou!** *interj* FAM ¡hola!

coude *m* codo ‖ codillo (du cheval) ‖ codo (d'un tuyau) ‖ esquina *f* (d'un mur) ‖ recodo (d'un chemin) ‖ revuelta *f*, recodo (d'un fleuve) ■ coude à coude codeo (coudoiement), tocándose, codo a codo (tout près) ‖ donner un coup de coude, pousser du coude dar un codazo ‖ jouer des coudes abrirse paso a codazos ‖ FAM lever le coude empinar el codo (boire) ‖ FIG se tenir les coudes ayudarse mutuamente, echarse una mano, apoyarse.

coudé, e *adj* acodado, da; acodillado, da.

coudée *f* (ancien) codo *m* (mesure) ‖ avoir les coudées franches tener campo libre.

cou-de-pied *m* ANAT garganta *f* del pie.
‖ OBSERV pl cous-de-pied.

couder [3] *v tr* acodillar, acodar.

coudoiement [kudwamã] *m* trato, relación *f*, frecuentación *f*, codeo.

coudoyer [13] [kudwaje] *v tr* codearse; coudoyer des fripons codearse con tunantes ‖ dar con el codo (heurter) ‖ estar muy cerca de, rayar en, parecerse mucho a (être proche de).

coudraie [kudrε] *f* AGRIC avellanar *m*, avellaneda.

coudre [86] *v tr* coser ‖ FIG enjaretar, unir ‖ machine à coudre máquina de coser.

coudrier; coudre *m* BOT avellano ‖ coudrier sauvage nochizo.

Coué *n pr* méthode Coué coueísmo *m* [procedimiento de autosugestión].

couenne [kwan] *f* corteza de tocino (lard) ‖ FAM (vieilli) quelle couenne! ¡qué gaznápiro!

couenneux, euse [kwanø, øz] *adj* lardáceo, a ‖ angine couenneuse angina diftérica.

couette *f* ➤ coitte ‖ FAM coleta (de cheveux) ‖ MAR anguila ‖ TECHN rangua (crapaudine) ‖ ZOOL colita, rabito *m*.

couffe *f*; **couffin** *m* sera *f*, serón *m*.

couffin *m* cuco, capacho (berceau) ➤ couffe.

coufique *adj* cúfico, ca (écriture, caractère).

couguar [kugar] *ou* [kugwar]; **cougouar** [kugwar] *m* ZOOL puma.

couic *m* cui (onomatopée) ‖ FAM faire couic estirar la pata, morir.

couille *f* VULG cojón *m*.

couillon [kujɔ̃] *adj & s m* TFAM jilipolla.

couillonnade *f* TFAM jilipollada.

couillonner [3] *v tr* TFAM dar el pego.

couinement [kwinmã] *m* FAM chillido.

couiner [3] *v intr* chillar ‖ FAM lloriquear.

coulage *m* derrame (liquide) ‖ colada *f* (lessive) ‖ FIG desperdicio, despilfarro, derroche (gaspillage) ‖ TECHN vaciado (d'un métal).

coulant, e *adj* fluente, fluyente; encre coulante tinta fluente ‖ corredizo (nœud) ‖ FIG suelto, ta; ágil, fácil, natural (style) ‖ acomodadizo, za; de fácil avenencia (en affaires) ‖ être coulant tener la manga ancha, ser acomodadizo.

➤ **coulant** *m* pasador (de bourse, de collier) ‖ BOT estolón.

coule *f* cogulla (religieux) ‖ FAM despilfarro *m* (gaspillage) ■ FAM à la coule liso y llano (facile) ‖ être à la coule conocer el oficio, estar al tanto.

coulé *m* ligado (musique) ‖ carambola *f*, corrida (billard) ‖ obra *f* vaciada (fonderie).

coulée *f* colada, vaciado *m* (métal); trou de coulée orificio de colada ‖ corriente, río *m*; coulée de lave corriente de lava ‖ cursiva (écriture).

coulemelle *f* galamperna (champignon).

couler [3] *v tr* colar, vaciar (métal); couler une statue vaciar una estatua ‖ derramar, verter (verser) ‖ deslizar (glisser) ‖ pasar (le temps) ‖ FIG arruinar, echar a pique (une affaire) ‖ hundir, tirar a matar, cargarse (quelqu'un) ‖ MAR echar a pique, hundir ‖ MUS ligar ■ AUTOM couler une bielle fundir una biela ‖ couler des jours heureux disfrutar de una vida feliz ‖ faire couler beaucoup d'encre dar mucho que hablar, hacer gastar mucha tinta ‖ faire couler un bain preparar el baño.

◇ *v intr* fluir (fluer) ‖ correr (fleuve) ‖ correr, manar; le sang coule à flots la sangre corre *ou* mana a borbotones ‖ correr, transcurrir (le temps) ‖ derretirse, deshacerse (fondre) ‖ gotear (un robinet) ‖ [▷ SYN] salirse (laisser fuir un liquide) ‖ deslizarse (glisser) ‖ ser suelto, natural (style) ‖ FIG hundirse ‖ MAR hundirse, zozobrar; couler à pic irse a pique ‖ couler de source ser evidente, caer de su peso, ser de cajón FAM.

➤ **se couler** *v pr* introducirse ‖ hundirse ‖ se la couler douce tumbarse a la bartola.

‖ SYN s'écouler derramarse; fuir salirse, rezumarse; glisser resbalar, deslizarse; ruisseler chorrear; dégouliner chorrear.

couleur *f* [▷ SYN] color *m* ‖ palo *m* (cartes) ‖ colorido *m* (du style) ‖ FIG color *m*, opinión, tendencia; la couleur d'un journal el color de un periódico ■ couleur changeante viso cambiante (tissus) ▌FIG couleur locale color local; típico, ca ▌haut en couleur subido de color, de color subido ▌homme de couleur hombre de color ▌marchand de couleurs droguero ▌sous couleur de so capa de, so color de ▌télévision en couleurs televisión en color ▪ FIG annoncer la couleur descubrir su juego, poner las cartas boca arriba ▌en dire de toutes les couleurs sur poner verde a ▌en faire voir de toutes les couleurs hacer pasarlas moradas ▌en voir de toutes les couleurs pasarlas negras, pasar las de Caín, pasar las de Dios es Cristo ▌prendre couleur tomar un sesgo definitivo, perfilarse, definirse.

➤ **couleurs** f pl apariencia sing ▌bandera sing, pabellón m (drapeau) ▌FIG tintas; peindre quelqu'un avec des couleurs noires pintar a alguien con tintas negras.

▌ SYN coloris colorido; coloration coloración; nuance matiz; teinte tinte, matiz; ton tono; tonalité tonalidad; teint tinte, tez (visage).

couleuvre f ZOOL culebra ▪ FIG avaler des couleuvres tragar quina ▌être paresseux comme une couleuvre ser muy vago.

couleuvreau m culebrilla f, cría f de la culebra.

couleuvrine f MIL culebrina f.

coulis [kuli] m jugo obtenido por cocción lenta ▌argamasa f, mortero (mortier).
◇ adj m vent coulis aire colado.

coulissant, e adj corredizo, za; deslizable; corredero, ra; porte coulissante puerta corredera; toit coulissant techo corredizo.

coulisse f ranura (rainure) ▌corredera (pour fermer); porte à coulisse puerta corredera [(Amér) puerta corrediza] ▌ÉCON bolsín m (Bourse) ▌MAR paral m ▌MÉCAN articulación ▌MUS vara, sacabuche m (trombone) ▌THÉÂTR bastidor m ▌jareta (dans un vêtement) ▪ les coulisses de la politique los secretos ou arcanos de la política ▌FIG agir ou se tenir dans la coulisse obrar entre bastidores ▌FAM faire les yeux en coulisse mirar de soslayo, de reojo (à la dérobée), mirar con ternura ou con cariño (les yeux doux).

coulissé, e adj provisto, ta de ranuras ou de jaretas (couture).

coulisseau m corredera f pequeña ▌guía f, cursor.

coulissement m deslizamiento en una corredera.

coulisser [3] v tr poner correderas a ▌poner jaretas a (couture).
◇ v intr correr, deslizarse por una corredera.

couloir m corredor, pasillo ▌pasadizo (passage) ▌calle f (athlétisme) ▌transportador (de charbon) ▪ couloir aérien pasillo aéreo ▌MAR couloir de navigation canal de navegación ▪ bruits de couloir rumores de pasillo.

couloire f colador m.

coulomb [kulɔ̃] m ÉLECTR culombio.

coulommiers m queso de Coulommiers [Francia].

coulpe f (vx) culpa ▌FIG battre sa coulpe llorar con lágrimas de sangre.

coulure f flujo m, derrame (d'un liquide) ▌AGRIC caída de la flor ▌TECHN rebaba (d'un moule de fonderie) ▌coulure de peinture go-

teo, escurriduras pl ou escurrajas pl de pintura.

coup [ku] m [▷ SYN] golpe; recevoir un coup recibir un golpe ▌herida f (blessure); percé de coups acribillado de heridas ▌jugada f; réussir un beau coup lograr una buena jugada ▌disparo, tiro (d'une arme) ▌vez f (fois) ▌intento, esfuerzo; du premier coup al primer intento ▌FAM trago; boire un coup echar un trago ▌caso; expliquer le coup explicar el caso ▪ coup bas golpe bajo ▌coup d'air corriente de aire ▌coup d'arrêt parada (escrime) ▌coup d'audace acto de valentía ou de valor ▌coup d'autorité alcaldada ▌coup de bâton palo, bastonazo ▌coup de Bourse jugada de Bolsa ▌coup de chance suerte ▌coup de chapeau sombrerazo ▌coup de ciseaux tijeretazo ▌coup d'éclat proeza ▌FIG coup de collier esfuerzo final, último esfuerzo ▌coup de corne cornada ▌coup de coude codazo ▌coup de couteau cuchillada, navajazo, puñalada ▌coup de crayon trazo ▌coup de dent mordisco, dentellada ▌coup de désespoir momento de desesperación ▌coup de fer planchado ▌coup de feu disparo (un seul), tiroteo (plusieurs) ▌coup d'envoi saque del centro (sports) ▌coup d'épée estocada ▌coup d'essai ensayo, intento ▌coup de filet redada ▌coup de flèche flechazo ▌coup de folie momento de locura, acceso de locura, avenate ▌coup de force abuso de autoridad ▌coup de fortune casualidad, azar, suerte, golpe de fortuna ▌coup de foudre rayo (orage), flechazo (amour) ▌coup de fouet latigazo ▌FIG coup de fusil clavo ▌coup de grâce golpe de gracia ▌coup de griffe zarpazo ▌coup de grisou explosión de grisú ▌coup de Jarnac puñalada trapera, jugarreta ▌coup de l'étrier espuela, última copa ▌coup de maître acción magistral ▌coup de marteau martillazo ▌coup de mer golpe de mar ▌coup de pied patada, puntapié ▌coup de pied tombé botepronto (rugby) ▌coup de pinceau pincelada ▌coup de poignard puñalada ▌coup de poing puñetazo ▌coup de pouce empujón ▌coup de sang congestión ▌coup de sifflet silbido ▌coup de soleil quemadura del sol (brûlure), insolación ▌coup de sonnette llamada al timbre ▌coup de téléphone ou de fil llamada telefónica, telefonazo FAM ▌coup d'État golpe de Estado ▌coup de tête cabezazo (sens propre), cabezonada (décision irréfléchie) ▌coup de théâtre sorpresa, lance imprevisto ▌coup de tonnerre trueno ▌coup de vent ráfaga de viento ▌coup d'œil ojeada, vistazo ▌coup d'ongle arañazo ▌coup du lapin golpe en la nuca ▌coup du ciel suerte, lance milagroso ▌coup dur desgracia ▌coup fourré golpe doble (escrime), mala faena (mauvais tour) ▌coup franc golpe franco (sports) ▌coup manqué tiro errado ▌coup monté golpe preparado, montado ▌coups et blessures lesiones ▌coups et blessures involontaires lesiones involuntarias ▌fusil à deux coups escopeta de dos cañones ▌à coups de a base de, a fuerza de; à coups de dictionnaires a base de diccionarios ▌à coup sûr sobre seguro, de seguro, sin duda alguna ▌après coup después ▌à tout coup cada vez ▌coup sur coup sin parar, una vez tras otra, ininterrumpidamente ▌du coup por esto, de resultas, a causa de esto ▌du même coup al mismo tiempo ▌du premier coup a la primera (vez) ▌encore un coup otra vez ▌pour le coup por

una vez ▌sous le coup de con la impresión de, bajo el peso de ▌sur le coup en seguida, acto seguido, en el acto ▌sur le coup de al dar las, a eso de, sobre (heures) ▌tout à coup de repente ▌tout d'un coup, d'un seul coup de un solo golpe, de una sola vez (en une fois), de pronto, de improviso, de repente (soudain) ▪ FAM avoir le coup dársele bien algo a uno ▌c'est le coup de fusil ou de barre ahí te clavan ▌cela m'a donné un coup au cœur se me encogió el corazón ▌donner des coups d'épée dans l'eau echar agua en el mar, martillar en hierro frío ▌donner un coup de balai barrer, dar un barrido ▌donner un coup de chiffon limpiar el polvo ▌donner un coup de fer planchar ▌donner un coup de main echar una mano, ayudar ▌en mettre un coup dar un empujón, echar el resto, apretar ▌entrer en coup de vent irrumpir como un torbellino ▌en venir aux coups venir a las manos ▌être aux cent coups estar muy preocupado ▌être dans le coup estar en el ajo ▌faire d'une pierre deux coups, faire coup double matar dos pájaros de un tiro ▌faire les quatre cents coups hacer barrabasadas, armar la gorda ▌faire un coup dar un golpe ▌faire un mauvais coup hacer una mala jugada ▌manquer son coup errar el golpe, fallar ▌marquer le coup festejar (célébrer), acusar el golpe (accuser le coup), recordarlo (se souvenir) ▌monter le coup hacer creer, pegársela ▌prendre un coup de vieux envejecer ▌réussir son coup lograr su objetivo, salirse con la suya ▌sans coup férir sin combate, sin pegar un tiro, sin esfuerzo alguno ▌tenir le coup aguantar ▌tenter le coup intentarlo ▌tomber sous le coup de la loi ser de incumbencia legal ▌FAM valoir le coup valer ou merecer la pena.

▌ OBSERV Coup de, suivi d'un nom d'instrument, d'arme, se traduit en général par un composé en ada s'il s'agit d'un instrument pointu: coup de couteau cuchillada, coup de poignard puñalada, etc., ou en azo s'il s'agit d'un instrument contondant: coup de marteau martillazo; coup de sabre sablazo; coup de canne bastonazo. Il y a, bien sûr, des exceptions: coup de pierre pedrada, etc.
▌ SYN beigne trompazo, trompada; calotte pescozón, cogotazo; gnon mamporro; marron piña, castaña, puñetazo; ramponneau metido; taloche coscorrón, capirotazo; tape cachete; torgnole torniscón, manotazo.

coupable adj & s culpable.
▌ SYN délinquant delincuente; fautif culpable.

coupage m corte (action de couper) ▌mezcla f de vinos (de vin) ▌aguar (le vin).

coupailler [3] [kupaje] v tr FAM cortar mal.

coupant, e adj cortante ▌FIG tajante.
➤ **coupant** m filo, corte.

coup-de-poing [kudpwɛ̃] m llave f inglesa, manopla (arme de main).
▌ OBSERV pl coups-de-poing.

coupe f copa (pour boire) ▌copa (trophée) ▌taza, pilón m (vasque) ▌corte m; coupe de cheveux, d'un vêtement corte de pelo, de un traje ▌pausa (pause) ▌corte m, sección (d'un terrain, d'une machine, etc.) ▌corte m, siega (du blé) ▌corta, tala (d'arbres) ▌corte m (avec atout), fallo m (manque d'atout) ▌corte m (du visage) ▌BIOL coupe claire corta masiva ▌coupe sombre corta parcial de un bosque ▪ à la coupe a cala y cata ▌être sous la coupe de quelqu'un depender de alguien, estar bajo la autoridad **ou** la férula de alguien ▮ FIG **faire des coupes sombres** hacer serios recortes ▮ **il y a loin de la coupe aux lèvres de la mano a la boca se pierde la sopa.**

coupé, e *adj* cortado, da ▮ mezclado, da (mélangé) ▮ aguado, da (avec de l'eau) ▮ entrecortado, da (entrecoupé).

➤ **coupé** *m* cupé (voiture) ▮ corte (au tennis).

coupe-choux *m inv* FAM sable corto, machete.

coupe-cigares *m inv* cortapuros, cortacigarro.

coupe-circuit *m* ÉLECTR cortacircuitos. ▮ OBSERV pl coupe-circuit **ou** coupe-circuits.

coupe-cors [kupkɔr] *m inv* cortacallos.

coupe-coupe *m inv* machete.

coupée *f* MAR portalón *m*.

coupe-faim *m inv* bocado, tentempié FAM.

coupe-feu *m inv* cortafuego.

coupe-file *m* pase de libre circulación. ▮ OBSERV pl coupe-files.

coupe-gorge *m inv* sitio peligroso.

coupe-jarret *m* FAM matón, asesino. ▮ OBSERV pl coupe-jarrets.

coupe-légumes *m inv* cortalegumbres.

coupellation *f* TECHN copelación.

coupelle *f* copela (petit creuset).

coupement *m* corte (coupure) ▮ TRANSP cruce de dos vías en ángulo agudo.

coupe-ongles *m inv* cortauñas.

coupe-papier *m* plegadera *f*, cortapapel. ▮ OBSERV pl coupe-papier **ou** coupe-papiers.

couper [3] *v tr* [▷ SYN] cortar; **couper du pain, une robe** cortar pan, un vestido ▮ talar (arbres), segar (céréales) ▮ cortar, interrumpir (les communications) ▮ interceptar (une rue) ▮ suprimir, cortar (supprimer) ▮ aguar (le vin) ▮ entrecortar (style) ▮ fallar, cargar (avec un atout) ▮ cortar (les cartes) ▮ cortar las páginas (un livre) ▮ **couper à ou par la racine** cortar de raíz ▮ **couper bras et jambes** dejar patidifuso (par surprise), quitar las fuerzas (ôter toute force) ▮ **couper la parole** interrumpir, cortar la palabra ▮ **couper la poire en deux** partir la diferencia, repartir en partes iguales ▮ **couper l'appétit** cortar el apetito ▮ **couper la retraite** cortar la retirada ▮ AUTOM **couper le contact ou l'allumage** cortar el contacto, apagar el motor, desconectar el encendido ▮ **couper les ponts** cortar los puentes, quemar las naves ▮ FAM **couper le sifflet** dejar sin resuello, quitar el hipo (par surprise), dejar cortado (interrompre) ▮ **couper les vivres à quelqu'un** suprimir los subsidios a uno ▮ **couper l'herbe sous le pied** tomar la delantera, suplantar a uno, minar el terreno ▮ **se faire couper les cheveux** cortarse el pelo ■ **à couper au couteau** muy espeso.

➤ *v intr* cortar (trancher) ▮ atajar (aller sans détour) ▮ cortar (les cartes) ▮ FAM evitar, librarse de; **tu n'y couperas pas** no te librarás de ello ▮ **couper à travers champs** tomar a campo traviesa.

➤ **se couper** *v pr* cortarse ▮ contradecirse (se contredire) ▮ cortarse (la peau) ▮ **se couper en quatre pour quelqu'un** partirse el pecho por alguien.

▮ SYN [▷ SYN] découper recortar, trinchar (volailles, etc.); hacher picar; tailler tajar, cortar (étoffe); trancher cortar, rebanar (en tran-

ches), cercenar; tronçonner tronzar, hacer trozos; sectionner seccionar; taillader sajar.

coupe-racines *m inv* cortarraíces, cortadora *f* de raíces.

couper-coller *v tr & v intr* INFORM cortar y pegar.

couperet [kuprɛ] *m* cuchilla *f*.

couperose *f* CHIM caparrosa ▮ MÉD acné rosácea.

couperosé, e *adj* con la cara rojiza.

coupe-tube *m inv* cortatubos.

coupeur, euse *m & f* cortador, ra ▮ **coupeur de bourses** ratero, cicatero.

➤ **coupeuse** *f* cortadora.

coupe-vent *m inv* cortaviento.

couplage *m* MÉCAN acoplamiento.

couple *m* pareja *f* (de personnes ou animaux) ▮ yunta *f* (de bœufs) ▮ MAR & AVIAT cuaderna *f* ▮ TECHN par *m* [(*Amér*) cupla]; **couple de torsion** par de torsión; **couple thermo-électrique** par termoeléctrico ▮ **maître couple** cuaderna maestra.

◇ *f* traílla doble (de chiens), reata (pour chevaux).

couplé *m* apuesta *f* doble [en quinielas].

couplement *m* MÉCAN acoplamiento.

coupler [3] *v tr* acoplar ▮ atraillar (chiens de chasse) ▮ uncir (des bœufs) ▮ emparejar, aparear, juntar (des choses) ▮ ÉLECTR conectar.

couplet *m* copla *f*, estrofa *f* (stance), cuplé (chanson) ▮ FAM cantinela *f*. ▮ OBSERV Copla a surtout le sens de "chanson".

coupleur *m* combinador, acoplador; **coupleur acoustique** acoplador acústico.

coupoir *m* TECHN cortafrío, tajadera *f*.

coupole *f* ARCHIT cúpula ▮ MIL torreta blindada ▮ FAM **La Coupole** la Academia Francesa.

coupon *m* retal, retazo (de tissu) ▮ COMM cupón (d'un titre).

coupon-réponse *m* cupón respuesta. ▮ OBSERV pl coupons-réponse.

coupure *f* cortadura ▮ corte *m* (dans la peau, un texte) ▮ apagón *m*, corte *m* (de courant) ▮ recorte *m* (de presse) ▮ COMM billete *m* de banco ▮ **en petites coupures** en billetes pequeños.

cour *f* patio *m* (d'une maison) ▮ corral *m* (d'une ferme) ▮ corte (résidence royale) ▮ DR tribunal *m* [(*Amér*) corte] ■ **Cour céleste** corte celestial ▮ **Cour d'appel** Tribunal de Apelación ▮ **Cour d'assises** Audiencia, Sala de lo Criminal ▮ **Cour de cassation** Tribunal Supremo ▮ **cour de récréation** patio de recreo ▮ **Cour des comptes** Tribunal de Cuentas ▮ **cour des Miracles** patio de Monipodio ▮ **Cour martiale** tribunal militar ▮ THÉÂTR **côté cour** lado de la escena a la derecha del espectador ▮ **Haute Cour de Justice** Tribunal Supremo especial elegido por el Parlamento ▮ **homme, femme de cour** cortesano, na ▮ **la cour du roi Pétaud** la casa de tócame Roque ■ **faire la cour** hacer la corte, cortejar.

LA COUR D'ASSISES _____
Es el tribunal de lo penal. Está formado por un presidente, dos asesores y un jurado. El tribunal suele reunirse cada tres meses en cada departamento.
LA COUR DE CASSATION _____
Es el máximo tribunal de apelación en el

orden civil y penal en Francia. Puede anular los fallos de instancias inferiores cuando considera que la ley ha sido mal interpretada. No vuelve a abrir los casos sino que analiza simplemente qué uso se ha hecho de la ley.
LA COUR DES COMPTES _____
Esta entidad administrativa supervisa los asuntos financieros de los organismos públicos y de las instituciones locales. Además, controla la administración de los fondos públicos.

courage *m* valor, ánimo, entereza *f* (force d'âme) ■ **avoir le courage de** tener valor para ▮ **avoir le courage de ses opinions** no ocultar sus pensamientos ▮ **donner courage** animar, dar ánimo, infundir valor ▮ **perdre courage** desanimarse, desalentarse ▮ **prendre son courage à deux mains** sacar fuerzas de flaqueza, hacer de tripas corazón ▮ **reprendre courage** reanimarse, cobrar ánimo ▮ **se sentir le courage de** sentirse con ánimos de.

➤ **courage!** *interj* ¡ánimo!

▮ SYN bravoure valor, bravura, braveza (p us), arrojo, bizarría; cran hígados, agallas; crânerie arrojo, temple, brío; héroïsme heroísmo; vaillance valentía, denuedo; valeur valor.

courageusement *adv* valientemente, valerosamente.

courageux, euse [kuraʒø, øz] *adj & s* valiente ▮ animoso, sa; de mérito, que valga.

◇ *adj* arrojado, da; atrevido, da (hardi) ▮ **une femme courageuse** una mujer que vale mucho.

courailler [3] *v tr* FAM corretear, zascandilear, pindonguear ▮ ir de picos pardos.

couramment *adv* corrientemente, comúnmente ▮ **parler couramment une langue** hablar un idioma con soltura **ou** de corrido.

courant *m* corriente *f* (d'eau, d'air, électrique); **courant continu, alternatif, triphasé** corriente continua, alterna, trifásica ▮ corriente; **je lui écrirai fin courant** le escribiré a fines del corriente ▮ curso, transcurso; **dans le courant de la semaine, du mois** en el transcurso de la semana, del mes ▮ FIG corriente; **le courant de l'opinion** la corriente de la opinión ▮ curso; **le courant de l'histoire** el curso de la historia ▮ TECHN ramal *m* (d'un palan) ■ **courant en profondeur** mar de fondo ▮ ÉLECTR **courant monophasé, polyphasé** corriente monofásica, polifásica ■ **au courant de la plume** al correr de la pluma, a vuela pluma ▮ **être ou mettre au courant** estar, poner al tanto **ou** al corriente ▮ FIG **remonter le courant** ponerse a flote ▮ **se tenir au courant de l'actualité** mantenerse al corriente de la actualidad.

courant, e *adj* corriente ▮ en curso, pendiente; **affaires courantes** asuntos en curso ▮ normal; **dépenses courantes** gastos normales ■ **compte courant** cuenta corriente ▮ **d'une façon courante** normalmente ▮ FIG **écriture courante** letra cursiva ▮ **fin courant** a fin de mes ▮ **le 10 courant** el 10 del corriente **ou** de los corrientes (du mois) ▮ **main courante** barandilla (d'escalier) ▮ **mois courant** mes corriente **ou** en curso ▮ **titre courant** folio explicativo (imprimerie) ▮ **c'est monnaie courante** es moneda corriente **ou** común.

➤ **courante** *f* cursiva (écriture) ▮ VULG **avoir la courante** estar corriente FAM.

➤ **courant** *prép* en el transcurso.

courbaril [kurbaril] *m* BOT curbaril.

courbatu, e *adj* derrengado, da; lleno de agujetas ▮ cansado, da; aguado, da (chevaux).

courbature *f* cansancio *m*, derrengamiento *m* (fatigue) ▮ agujetas *pl* (douleurs) ▮ VÉTÉR aguadura, infosura.

courbaturé, e *adj* être courbaturé tener agujetas.

courbaturer [3] *v tr* dar ou llenar de agujetas; une position qui courbature una postura que da agujetas ▮ VÉTÉR aguar, enfosar (chevaux).

courbe *adj & s f* curvo, va; ligne courbe línea curva ■ PHYS courbe de charge gráfico de carga ▮ courbe de niveau curva de nivel ▮ courbe en cloche curva de campana, curva de probabilidad.

▮ SYN courbé encurvado, combado, doblado; recourbé encorvado, enroscado; arqué arqueado.

courbé, e *adj* encorvado, da.

courbement *m* encorvamiento, encorvadura *f*.

courber [3] *v tr* encorvar ▮ inclinar (la tête) ▮ doblar (plier); courber un bâton doblar un palo ■ courber le dos inclinarse, doblegarse ▮ courber le front bajar la cabeza, doblar la cerviz ▮ courber le genou doblar la rodilla.
◇ *v intr & pr* encorvarse ▮ inclinarse ▮ doblarse (ployer) ▮ FIG doblarse, doblegarse, ceder; se courber sous la volonté d'un autre doblegarse a la voluntad de otro.

courbette *f* corveta (du cheval) ▮ FIG zalema, reverencia obsequiosa; faire des courbettes hacer zalemas.

courbure *f* curvatura.

courcaillet [kurkajɛ] *m* reclamo de codorniz (appeau) ▮ canto de codorniz (cri).

courette *f* patinillo *m* (d'une maison), corralillo (d'une ferme).

coureur, euse *m & f* corredor, ra ▮ caballo de carreras (cheval) ▮ recadero (messager) ▮ callejero, ra; trotacalles, azotacalles (qui aime à vagabonder) ▮ asiduo, dua; coureur de cafés asiduo de los bares ■ coureur d'aventures aventurero ▮ coureur de dots cazador de dotes ▮ coureur de filles mujeriego, amigo de las faldas.
➥ **coureuse** *f* pendón *m* (femme libre).
➥ **coureurs** *m pl* (vieilli) ZOOL corredoras *f pl* (oiseaux).

courge *f* BOT calabacera (plante), calabaza (fruit) ▮ FIG & FAM calabacín *m*, imbécil *m & f*.

courgette *f* BOT calabacín *m*.

courir [45] *v intr* [▷ SYN] correr; courir à la poursuite de quelqu'un correr tras uno; courir à la recherche de correr en busca de ▮ darse prisa, correr (se dépêcher) ▮ precipitarse, correr en tropel, ir en masa, afluir (affluer) ▮ vagabundear, corretear ▮ correr, circular, propagarse (un bruit) ▮ pasar, transcurrir, correr (temps) ▮ correr, extenderse; la route court parmi les vignes la carretera corre entre las viñas ■ FIG courir après ir detrás, perseguir ▮ courir à sa perte ir hacia el abismo, ir a la ruina ▮ courir au plus pressé atender a lo más urgente ▮ courir comme un dératé, à toutes jambes, à fond de train, à perdre haleine correr como un descosido ▮ courir sur ou sus à perseguir ■ en courant corriendo, de prisa ▮ faire courir atraer (un

spectacle), hacer ir y venir (des démarches), hacer correr ou participar en una carrera (un coureur) ▮ laissez courir no se preocupe ■ le bruit court corre la voz ▮ par le temps qui court en estos tiempos, hoy en día ▮ par les temps qui courent en los tiempos que corremos ▮ FAM tu peux toujours courir espérate sentado.
◇ *v tr* correr; courir le cerf correr el ciervo ▮ correr, estar expuesto a; courir un danger correr un peligro ▮ frecuentar, ir a menudo a; courir les bals frecuentar los bailes ▮ buscar, ir detrás de; courir les honneurs buscar los honores ▮ disputar, correr; courir les cent mètres correr los cien metros ▮ recorrer; courir le monde recorrer el mundo ▮ encontrarse en, figurar en; cette nouvelle court les journaux esta noticia se encuentra en los periódicos ▮ FIG buscar planes con, ir detrás de (les filles) ▮ FAM jorobar, molestar (ennuyer) ■ FIG courir les rues ser corriente, encontrarse a la vuelta de la esquina ▮ courir le guilledou ou la prétentaine andar de picos pardos.

▮ SYN galoper galopar; FAM cavaler volar, ir a todo correr; se trotter ir a escape.

courlieu [kurljø]; **courlis** [kurli] *m* ZOOL zarapito, chorlito real.

couronne *f* [▷ SYN] corona (guirlande, diadème, monnaie) ▮ coronilla (tonsure) ▮ corona (prothèse dentaire) ▮ GÉOM & ARCHIT corona ▮ IMPR tipo de papel (36 x 46 cm) ▮ MAR zuncho *m* ▮ TECHN corona, cerco *m* (cercle métallique) ■ couronne d'épines corona de espinas ▮ couronne funéraire ou mortuaire corona fúnebre ▮ ASTRON couronne solaire corona solar.

▮ SYN diadème diadema; tiare tiara.

couronné, e *adj* coronado, da ▮ rodeado, da; cercado, da (entouré) ▮ dominado, da (surplombé) ▮ con una corona (dent) ▮ FIG galardonado, da; premiado, da; laureado, da; ouvrage couronné par obra galardonada por ▮ VÉTÉR herido, da; en la rodilla (cheval).

couronnement *m* coronamiento, coronación *f* (d'un souverain) ▮ ARCHIT remate, coronamiento ▮ FIG broche final, remate, colofón, fin; le couronnement d'une carrière el broche final de una carrera.

couronner [3] *v tr* coronar ▮ dominar; les montagnes couronnent la ville las montañas dominan la ciudad ▮ rodear, cercar (entourer) ▮ poner una corona (une dent) ▮ galardonar, premiar, laurear (un ouvrage, un artiste) ▮ ser el remate, el colofón, el broche final (être le point culminant) ▮ realizar, cumplir, satisfacer (vœux).
➥ **se couronner** *v pr* cubrirse; les arbres se couronnent de fleurs los árboles se cubren de flores ▮ VÉTÉR herirse en la rodilla (cheval).

courre *v tr & intr* (vx) correr ▮ chasse à courre caza de montería.

▮ OBSERV 1. Hoy sólo se usa como voz de montería en el sentido de "perseguir a la caza".
2. Este verbo se conjuga como el verbo courir [45], salvo el infinitivo.

courrier *m* correo; par retour du courrier a vuelta de correo ▮ correo (qui porte les lettres) ▮ propio, mensajero (messager) ▮ correspondencia *f*, correo; écrire, expédier le courrier escribir, enviar la correspondencia ▮ crónica

f (rubrique d'un journal); courrier théâtral crónica teatral ▮ INFORM courrier électronique correo electrónico, e-mail ■ courrier des lecteurs cartas de los lectores al director ou a la dirección, escriben los lectores ▮ courrier du cœur consultorio sentimental ▮ courrier électronique correo electrónico ▮ longcourrier avión de recorridos de larga distancia ou transcontinental ou moyen-courrier avión de distancias medias ou continental.

courriériste *m* cronista, gacetillero.

courroie [kurwa] *f* correa; courroie de transmission correa de transmisión; courroie de ventilateur correa de ventilador.

courroucé, e *adj* enfurecido, da.

courroucer [16] *v tr* enojar, irritar, enfurecer.

courroux [kuru] *m* ira *f*, furia *f*, indignación *f* ▮ irritación *f*, furia *f* (des éléments).

cours [kur] *m* curso (d'un astre, du temps, des événements, d'un fleuve) ▮ transcurso; au cours de l'année en el transcurso del año ▮ clase *f*; donner des cours particuliers dar clases particulares; prendre ou suivre des cours dar clases ▮ curso; faire un cours de chimie dar un curso de química ▮ apuntes *pl*, lección *f*; cours polycopié apuntes a multicopista ▮ academia *f*; cours de danse academia de baile ▮ precio, cotización *f*; cours des Halles precios del mercado central ▮ cotización *f* (Bourse) ▮ circulación *f*; des billets en cours billetes en circulación ▮ curso; avoir cours légal tener curso legal ▮ paseo, alameda *f* (promenade publique); le Cours-la-Reine, à Paris el paseo de la Reina, en París ▮ corriente *f*; suivre le cours d'un fleuve seguir la corriente de un río ▮ boga *f*, actualidad *f*, uso; cette mode n'a plus cours esta moda ha perdido actualidad ■ cours d'eau río ▮ cours d'ouverture, premier cours cotización inicial ▮ cours du change cambio ▮ cours du soir clase nocturna ▮ cours élémentaire segundo y tercer año de la escuela primaria [en España 2° y 3° de E.G.B.] ▮ cours moyen cuarto y quinto año de la escuela primaria [en España 4° y 5° de E.G.B.] ▮ cours par correspondance enseñanza por correspondencia ▮ cours préparatoire primer año de la escuela primaria [en España, 1° de E.G.B.] ▮ cours privé academia ■ au cours de durante, en el transcurso de ▮ au cours des siècles al correr de los siglos ▮ MAR au long cours de altura ▮ dernier cours, cours de clôture cotización al cierre ▮ en cours pendiente, en curso ▮ en cours de route en el camino ■ donner cours à dar crédito a, hacer caso de ▮ donner libre cours à dar rienda suelta a ▮ faire cours dar clase ▮ faire un cours de dar una clase de, enseñar la asignatura de ▮ prendre son cours nacer (fleuve), comenzar a usarse (mot) ▮ reprendre son cours volver a su cauce ▮ suivre des cours cursar estudios (faire des études) ▮ suivre son cours seguir su camino ▮ suivre un cours seguir un curso, cursar.

course *f* carrera (action, allure); prendre la course emprender la carrera ▮ carrera (sports) ▮ trayecto *m*, recorrido *m*, carrera (espace); une longue course una carrera larga ▮ mandado *m*, encargo *m*, compra; faire les courses hacer los mandados (commissions), ir de compras (achats) ▮ carrera (taxi) ▮ corrida (de taureaux) ▮ transcurso *m*, curso *m* (du temps)

‖ curso *m* (d'un astre) ‖ trayectoria (d'une balle) ‖ MAR corso *m*; **armer en course** armar en corso ‖ MÉCAN recorrido *m*, carrera; **la course d'un piston** el recorrido de un émbolo ■ **course aux armements** carrera de armamentos ‖ **course de marcheurs** competición de marcha ‖ **course de vitesse** carrera de velocidad ‖ **course d'obstacles** carrera de obstáculos ‖ **course par étapes** ou **d'étapes** carrera de etapas ‖ **champ de courses** hipódromo ‖ **garçon de courses** recadero ■ **à bout de course** sin poder más; reventado, da ‖ **au pas de course** a paso de carga ‖ **en fin de course** en el ocaso, al final ‖ **être dans la course** estar a la altura (à la hauteur), estar en el ajo ‖ **jouer aux courses** apostar en las carreras (hippisme) ‖ **n'être pas dans la course** no estar en el ajo.

courser [3] *v tr* perseguir.

coursier *m* corcel (cheval) ‖ saetín (moulins) ‖ canal de descarga (centrale électrique).

coursier, ère *m & f* recadero, ra.

coursive *f* MAR crujía.

court *m* pista *f* de tenis [(Amér) cancha *f*] (terrain) ‖ **court couvert** pista cubierta ‖ **court découvert** pista descubierta.

court, e [kur, kurt] *adj* [▷ SYN] corto, ta (de faible longueur, bref); **robe trop courte** vestido demasiado corto ‖ escaso, sa; **le repas va être un peu court** la comida va a resultar escasa ■ **courte honte** humillación *f* ‖ **courte paille** paja; **jouer à la courte paille** echar pajas ‖ CINÉM **court métrage** cortometraje ■ **avoir la mémoire courte** tener mala memoria; ser olvidadizo, za ‖ **avoir la vue courte** ser corto, ta de vista ‖ **faire la courte échelle à quelqu'un** hacerle la silla de la reina a alguien, hacer estribo con las manos, aupar a alguien.

◆ **court** *adv* corto ■ **pour faire court** para ser breve ‖ **tout court** a secas, solamente, nada más; **s'appeler Jean tout court** llamarse Juan a secas; muy corto; **cheveux coupés tout court** pelo cortado muy corto; en seco; **s'arrêter tout court** pararse en seco ■ **arrêter ou s'arrêter court, couper court** pararse en seco ‖ **ça fait court** no es suficiente ‖ **couper court à** poner término a, dar fin a, salir al paso de ‖ **demeurer ou rester ou se trouver court** quedarse cortado ‖ **être à court** estar apurado ou en un apuro ‖ **être à court de** ou **court de** andar escaso de, estar falto de ‖ **être à court d'argent** estar apurado ‖ **prendre de court** coger desprevenido ‖ **tourner court** volver bruscamente la esquina (changer de direction), pararse en seco (s'arrêter).

◆ **court** *m* **le plus court** lo más rápido.
‖ SYN concis conciso; bref breve; laconique lacónico; lapidaire lapidario; succinct sucinto; abrégé abreviado; sommaire sumario.

courtage *m* corretaje.

courtaud, e [kurto, od] *adj & s* FAM rechoncho, cha; retaco, ca (personnes) ‖ rabón y desorejado, da (animaux).

courtauder [3] *v tr* desorejar (les oreilles), desrabotar (la queue).

court-bouillon [kurbujɔ̃] *m* CULIN caldo corto, media salsa *f* para cocer pescado.
‖ OBSERV pl courts-bouillons.

court-circuit [kursirkɥi] *m* ÉLECTR cortocircuito.
‖ OBSERV pl courts-circuits.

court-circuiter [3] *v tr* ÉLECTR poner en cortocircuito ‖ FIG saltarse.

courtepointe *f* cubrecama *m*, colcha guateada.

courtier, ère *m & f* COMM corredor, ra; **courtier de change** corredor de cambio ‖ agente; **courtier d'assurances** agente de seguros.

courtilière *f* ZOOL cortón *m*, grillo real *m*, alacrán *m*, cebollero.

courtine *f* (vx) cortina (ameublement) ‖ MIL cortina.

courtisan *adj & s m* cortesano, na; palaciego, ga (de la cour) ‖ adulador, ra (flatteur) ‖ galanteador, ra (qui courtise).

courtisane *f* cortesana, ramera.

courtisanerie *f* adulación cortesana.

courtisanesque *adj* cortesanesco, ca.

courtiser [3] *v tr* cortejar ‖ hacer la corte, hacer el amor (faire la cour) ‖ FIG **courtiser les Muses** poetizar, componer versos.

court-jointé, e [kurʒwɛte] *adj* corto, ta de cuartillas (chevaux).
‖ OBSERV pl court-jointés, court-jointées.

court-jus *m* FAM cortocircuito.
‖ OBSERV pl courts-jus.

court-métrage; court métrage *m* CINÉM cortometraje, corto metraje, corto FAM.
‖ OBSERV pl courts-métrages; courts métrages.

courtois, e [kurtwa, az] *adj* cortés; atento, ta ‖ **littérature courtoise** literatura cortesana.

courtoisement *adv* cortésmente.

courtoisie *f* cortesía (politesse) ‖ cortesanía (civilité).

court-vêtu, e *adj* que lleva vestidos muy cortos.
‖ OBSERV pl court-vêtus, court-vêtues.

couru, e *adj* solicitado, da (sollicité) ‖ buscado, da (recherché) ‖ concurrido, da (spectacle, endroit) ‖ FIG & FAM **c'est couru** es cierto, está visto.
‖ OBSERV L'espagnol corrido a le sens de "honteux" et d'"expérimenté".

couscous [kuskus] *m* CULIN alcuzcuz.

cousette *f* FAM modistilla.

couseuse *f* costurera ‖ máquina de coser industrial, cosedora.

cousin, e *m & f* primo, ma; **cousin germain** primo hermano ou carnal; **cousin issu de germain** primo segundo ‖ FAM amigo, ga; compadre ‖ mosquito (moustique) ‖ **cousin à la mode de Bretagne** medio pariente, primo lejano.

cousinage *m* primazgo (entre cousins) ‖ parentela *f* (toutes sortes de parents).

cousiner [3] *v intr* entenderse bien, hacer buenas migas, congeniar.

coussin *m* cojín, almohadón (oreiller) ‖ mundillo (dentelle) ‖ TECHN almohadilla *f* ‖ TECHN **coussin d'air** cojín de aire.

coussinet *m* almohadilla *f* (petit coussin) ‖ rodete (pour la tête) ‖ ARCHIT almohadilla *f*, almohadón (d'un arc) ‖ TECHN cojinete.

cousu, e *adj* cosido, da; **cousu main** cosido a mano ■ **bouche cousue!** ¡punto en boca! ‖ **c'est cousu de fil blanc** es claro como el agua ‖ FIG **cousu d'or** forrado de oro, riquísimo.

coût *m* coste, costo (prix); **coût de production** coste de producción; **coût de la vie** coste de (la) vida ‖ precio; **le coût d'une imprudence** el precio de una imprudencia.

coûtant *adj m* **à prix coûtant** a precio de coste.

couteau *m* [▷ SYN] cuchillo; **couteau à dessert** cuchillo de postre ‖ navaja *f* (mollusque) ‖ cuchilla *f* (couperet) ‖ cuchillo (de la balance) ■ **couteau à cran d'arrêt** navaja de muelle ‖ **couteau à palette** espátula (de peintre) ‖ **couteau à papier** plegadera ‖ **couteau de chasse** cuchillo de monte ‖ **couteau de cuisine** cuchillo de cocina ‖ **couteau de poche** navaja ‖ **coup de couteau** cuchillada, navajazo, puñalada ■ **avoir le couteau sur la gorge** estar con el puñal en el pecho ‖ **être à couteaux tirés** estar a matar ‖ **être taillé au couteau** estar cortado con una cuchilla ‖ **jouer du couteau** andar a navajazos ‖ **retourner le couteau dans la plaie** avivar la herida, herir en carne viva.
‖ SYN coutelas cuchilla; ARG (VX) eustache, ARG surin navaja, faca.

couteau-scie *m* cuchillo de sierra.
‖ OBSERV pl couteaux-scies.

coutelas [kutla] *m* machete (sabre court) ‖ faca *f* (grand couteau) ‖ MAR ala *f* de gavias y de juanete.

coutelier *m* cuchillero.

coutellerie [kutɛlri] *f* cuchillería.

coûter [3] *v intr & tr* costar; **coûter cher** costar caro ‖ FIG ser penoso, costar; **un aveu qui coûte** una confesión que cuesta; **cette démarche lui a beaucoup coûté** le ha costado mucho dar este paso ■ **combien ça coûte?** ¿cuánto cuesta? ‖ FIG & FAM **coûte que coûte** cueste lo que cueste, a toda costa ‖ **coûter la vie** costar la vida ‖ FAM **coûter les yeux de la tête** costar un ojo de la cara, costar un sentido ou un riñón ‖ **il en coûte de** cuesta mucho.

coûteux, euse *adj* costoso, sa.
‖ SYN cher caro; onéreux oneroso; dispendieux dispendioso; ruineux ruinoso.

coutil [kuti] *m* cutí, cotí, terliz (tissu pour literie et ameublement) ‖ dril (pour vêtements).

coutre *m* AGRIC cuchilla *f* (de charrue) ‖ hocino (hache).

coutume *f* costumbre (habitude); **chaque pays a ses coutumes** cada país tiene sus costumbres ‖ DR derecho *m* consuetudinario ■ **de coutume** de costumbre, de ordinario, habitualmente ‖ **us et coutumes** usos y costumbres ■ **avoir coutume de** soler, tener la costumbre de ‖ **une fois n'est pas coutume** pase por una vez.

coutumier, ère *adj* acostumbrado, da (habituel) ‖ DR consuetudinario, ria ■ **coutumier du fait** reincidente ‖ **être coutumier d'une chose** acostumbrar hacer una cosa.

couture *f* costura (assemblage) ‖ costura; **la haute couture** la alta costura ‖ cicatriz, costurón *m* (cicatrice) ‖ MAR costura ■ **examiner sous** ou **sur toutes les coutures** examinar por todas partes, escudriñar ‖ **travailler dans la couture** trabajar de costurera ‖ FAM **battre à plate couture** derrotar por completo.

couturé, e *adj* lleno, na de costurones, de cicatrices; **avoir le visage tout couturé** tener el rostro lleno de cicatrices.

couturer [3] *v tr* llenar de costurones, de cicatrices; **avoir le visage tout couturé** tener el rostro lleno de cicatrices.

couturier *m* modista, modisto, sastre de señoras (tailleur pour dames) ▌sartorio (muscle).

▌ OBSERV Le barbarisme modisto pour couturier est à éviter, bien qu'il soit assez répandu.

couturière *f* modista (qui fait des vêtements pour dames) ▌costurera (qui coud).

▌ OBSERV Le mot français modiste équivaut en espagnol à sombrerera. Le mot espagnol costurera correspond habituellement à lingère.

couvain *m* ZOOL cresa *f*, carocha *f*, carrocha *f* (œufs d'insecte).

couvaison *f* incubación.

couvée *f* empolladura, pollazón, nidada (d'oiseaux) ▌pollada, parvada (de poussins) ▌nidada (nichée) ▌FIG & FAM prole, familia.

couvent [kuvã] *m* convento ▌colegio de monjas.

couventine *f* monja (religieuse) ▌niña educada en un convento.

couver [3] *v tr* empollar, incubar (les œufs) ▌alimentar, abrigar, cobijar; **couver une ambition démesurée** alimentar una ambición desmedida ▌FIG **couver des yeux ou du regard** comerse con los ojos, no quitar los ojos de ▌**couver une maladie** incubar una enfermedad, tener una enfermedad en estado de incubación ▌FAM **couver quelqu'un** rodear de atenciones a alguien, mimar a alguien.

◇ *v intr* prepararse en silencio, estar latente, incubarse; **complot qui couve** complot que se prepara en silencio ■ **il faut laisser couver cela** hay que dejar tiempo al tiempo, hay que dejar madurar ▌**le feu couve sous la cendre** aún quedan rescoldos.

couvercle *m* tapadera *f* (d'un récipient) ▌tapa *f* (d'un coffre, etc.).

couvert, e [kuver, ɛrt] *adj* cubierto, ta ▌abrigado, da (avec un vêtement) ▌arropado, da; tapado, da; **bien couvert dans son lit** muy arropado en su cama ▌con sombrero; cubierto, ta (le chapeau sur la tête) ▌arbolado, da (boisé) ▌empañada, tomada (voix) ▌cargado, da; lleno, na; **un arbre couvert de fruits** un árbol cargado de frutas ▌FIG defendido, da; protegido, da (protégé) ▌nublado, da; encapotado, da; cerrado, da (temps) ▌MAR protegido, da; **batterie couverte** batería protegida ■ **mots ou termes couverts** palabras encubiertas, indirectas ▌**restez couvert** no se quite el sombrero, no se descubra.

◆ **couvert** *m* cubierto (pour manger) ▌comida *f* (nourriture) ▌refugio, abrigo (refuge) ■ **à couvert** a cubierto ▌**le vivre et le couvert** casa y comida ▌**sous le couvert de** so capa de ▌**avoir son couvert mis chez quelqu'un** tener mesa franca en casa de uno ▌**être à couvert** estar a cubierto ▌**mettre, ôter le couvert** poner, quitar la mesa ▌COMM **vendre à couvert** vender en firme.

couverte *f* vidriado *m* (émail, céramique) ▌(vx) cubierta (couverture).

couverture *f* cubierta, cobertura (ce qui sert à couvrir) ▌tapa, cubierta, encuadernación (reliure) ▌forro *m* (pour protéger un livre) ▌portada (d'un magazine) ▌manta (de lit); **couverture chauffante** manta térmica ▌máscara, pretexto *m*; **sous couverture de** so pretexto

de ▌ARCHIT cubierta, techumbre (toiture) ▌COMM fianza (garantie) ▌cobertura (or garantissant le papier monnaie) ▌MIL cobertura; **troupes de couverture** tropas de cobertura ▌ZOOL cobija (plume) ■ **couverture sociale** protección de la Seguridad Social ▌**tirer la couverture à soi** barrer para adentro, arrimar el ascua a su sardina.

couveuse *f* clueca, llueca (poule) ▌ponedora; **cette poule est une bonne couveuse** esta gallina es una buena ponedora ▌incubadora (d'œufs, d'enfants).

couvi *adj* echado a perder, huero (œufs).

couvoir *m* nidal, cesta *f* ou nido para empollar (panier, nid) ▌sala *f* de incubación.

couvre-chef *f* FAM sombrero, toca *f*, chapeo.

▌ OBSERV pl couvre-chefs.

couvre-feu *m* queda *f* (heure); **sonner le couvre-feu** tocar a queda ▌cobertera *f*, tapadera *f* (de fourneau) ▌MIL toque de queda (signal).

▌ OBSERV pl couvre-feux.

couvre-joint *m* TECHN cubrejuntas, tapajuntas, enlistonado de tejado.

▌ OBSERV pl couvre-joints.

couvre-lit *m* colcha *f*, cubrecama.

▌ OBSERV pl couvre-lits.

couvre-nuque *m* cubrenuca, cogotera.

▌ OBSERV pl couvre-nuques.

couvre-pieds; couvre-pied *m* cubrepiés *m inv*.

▌ OBSERV pl couvre-pieds.

couvre-plat *m* cubreplatos.

▌ OBSERV pl couvre-plats.

couvre-radiateur *m* cubrerradiador.

▌ OBSERV pl couvre-radiateurs.

couvreur *m* techador ▌tejador (tuile) ▌pizarrero (ardoise) ▌plomero (zinc) ▌retejador (qui répare).

couvrir [34] *v tr* cubrir; **couvrir d'un voile** cubrir con un velo ▌tapar; **couvrir la marmite** tapar la olla ▌abrigar; **bien couvrir un enfant** abrigar bien a un niño ▌forrar (un livre) ▌recorrer; **couvrir une distance** recorrer una distancia ▌cubrir, compensar; **ses recettes couvrent les dépenses** los ingresos cubren los gastos ▌cubrir, sufragar (les frais) ▌cubrir, ahogar, dominar; **l'orchestre couvrait la voix des chanteurs** la orquesta cubría la voz de los cantantes ▌anular, borrar, suprimir (effacer) ▌proteger; **couvrir une frontière avec des troupes** proteger una frontera con tropas ▌encubrir, ocultar (cacher) ▌hacerse responsable de, justificar; **couvrir la faute d'un subordonné** hacerse responsable de la falta de un subordinado ▌aplicarse; **cette loi couvre tous les citoyens** esta ley se aplica a todos los ciudadanos ▌cubrir, poner un tejado (una maison) ▌FIG cubrir, colmar, llenar; **couvrir de gloire** cubrir de gloria ▌ZOOL cubrir (les animaux), pisar (le coq).

◆ **se couvrir** *v pr* cubrirse, ponerse el sombrero (la tête) ▌cubrirse; **se couvrir d'un risque par une assurance** cubrirse de un riesgo con un seguro ▌nublarse, encapotarse (le ciel) ▌abrigarse (avec des vêtements), taparse, arroparse (au lit).

covalent, e *adj* CHIM de la valencia entre dos átomos o iones.

covendeur, euse *m* & *f* persona que vende con otra.

cover-girl [kɔvœrgœrl] *f* cover-girl, modelo *m* publicitario, presentadora.

▌ OBSERV pl cover-girls.

cow-boy [kɔbɔj] ou [kawbɔj] *m* cow-boy, vaquero [(*Amér*) gaucho].

▌ OBSERV pl cow-boys.

cow-pox [kopɔks] *m* MÉD cowpox, vacuna *f*.

coxal, e *adj* ANAT coxal [de la cadera].

coxalgie *f* MÉD coxalgia.

coyau [kɔjo] *m* talón, ristrel (charpente).

coyote *m* coyote (loup américain).

CP (abr de cours préparatoire) *m* ≃ 1° de EGB.

CPAM (abr de caisse primaire d'assurance maladie) *f* institución pública que reembolsa los gastos médicos del ciudadano, ≃ INSALUD *m*.

cps (abr écrite de caractères par seconde) cps.

cpt (abr écrite de comptant) al contado.

CQFD (abr de ce qu'il fallait démontrer) *m* QED.

CR (abr écrite de compte rendu) informe.

crabe *m* ZOOL cangrejo de mar.

crabier *m* cangrejero (oiseau) ▌chacal de Guayana.

crabot [krabo] ► **clabot**.

crac! *interj* ¡crac! (bruit) ▌¡zas! (soudaineté).

crachat *m* escupitajo, gargajo, salivazo ▌MÉD esputo; **un crachat de sang** un esputo de sangre ▌FAM placa *f*, cruz *f*, medalla *f* (décoration).

craché, e *adj* FAM pintado, da; clavado, da; **c'est son père tout craché** es su padre clavado ▌**c'est son portrait tout craché** es su vivo retrato.

crachement *m* esputo, expectoración *f* ▌escupitajo [(*Amér*) escupida *f*] ▌chasquido, repiqueteo, tableteo (d'une mitrailleuse) ▌salida *f* de vapor (vapeur) ▌ÉLECTR chisporroteo, chispeo ▌MIL escape de gases por la culata (arme) ▌RAD chisporroteo.

cracher [3] *v tr* escupir; **cracher par terre** escupir al suelo ▌esputar; **cracher du sang** esputar sangre ▌arrojar; **volcan qui crache des laves** volcán que arroja lava ▌FAM escupir (débourser) ▌FIG soltar, largar, proferir; **cracher des injures** proferir injurias.

◇ *v intr* [► SYN] escupir, esputar ▌salpicar (éclabousser) ▌raspear (la plume) ▌FAM escupir, despreciar (mépriser) ▌RAD hacer ruido, chisporrotear.

▌ SYN expectorer expectorar; postillonner echar curas; cracholer escupitinear.

cracheur, euse *adj* & *s* que escupe mucho ▌**cracheur de feu** comefuegos.

crachin *m* llovizna *f*, calabobos, sirimiri, orvallo.

crachoir *m* escupidera *f* ▌FAM **tenir le crachoir à** charlotear con.

crachotement *m* acción de escupir frecuentemente ▌RAD chisporroteo.

crachoter [3] *v intr* escupitinear, escupir con frecuencia.

crack *m* crack, favorito (poulain favori aux courses) ▌FAM hacha, as; **c'est un crack en mathématiques** es un hacha en matemáticas ▌crack (cocaïne).

cracker *m* cracker *f*.

cracking *m* TECHN crácking, craqueo.

Cracovie *n pr* GÉOGR Cracovia.

cradingue *adj* FAM guarro, rra.

craie [krɛ] *f* tiza (pour tableau noir) ‖ jaboncillo *m* (de tailleur) ‖ MIN creta.

craignos *adj* TFAM cutre.
◇ *m & f* TFAM cutre, macarra.

crailler [3] *v intr* graznar (la corneille).

craindre [80] *v tr* [▷ SYN] temer; il craint que tu ne parles teme que hables; il craint que tu ne parles pas teme que no hables ‖ tener miedo; je crains certains plats épicés tengo miedo a ciertos platos fuertes ‖ craint l'humidité se altera con la humedad.
  SYN appréhender tener aprensión; redouter recelar.

crainte *f* temor *m*; dans la crainte de con el temor de ■ de crainte que ou de por temor de que, temiendo que ‖ par crainte de temiendo que, con el temor de.
  SYN appréhension aprensión, recelo; inquiétude inquietud; alarme alarma; peur miedo; phobie fobia; trac aprensión; FAM frousse canguelo; FAM trouille jindama.

craintif, ive *adj* temeroso, sa ‖ [▷ SYN] tímido, da.
  SYN timide tímido; timoré timorato; pusilánime pusilánime.

craintivement *adv* tímidamente (timidement) ‖ temerosamente (avec peur).

crambe; crambé *m* BOT col *f* marina.

cramer [3] *v tr & intr* quemar, chamuscarse.

cramoisi, e *adj & s m* carmesí.

crampe *f* calambre *m* (des muscles), tirón *m* ‖ dolor *m* (de l'estomac) ‖ FIG & FAM lata, rollo *m* (ennui), lapa, pelma (personne).

crampillon *m* horquilla *f*, grampillón, clavo curvado con dos puntas.

crampon *m* grapa *f*, laña *f* (pour unir) ‖ garfio, escarpia *f* (pour saisir) ‖ ramplón (du fer à cheval) ‖ crampón (montagne) ‖ BOT zarcillo adventicio ‖ FAM lapa *f*, pelma, latoso, sa; pesado, da ‖ SPORTS taco (de chaussures).

cramponnement *m* sujeción *f* con una grapa.

cramponner [3] *v tr* engrapar, enganchar, trabar (attacher) ‖ FAM fastidiar, molestar (importuner).
  ➡ **se cramponner** *v pr* agarrarse, aferrarse (s'accrocher) ‖ FAM pegarse como una lapa.

cran *m* muesca *f* (encoche) ‖ FIG punto, paso, división *f*; avancer, baisser d'un cran adelantar un paso, bajar un punto ‖ agujero (d'une ceinture) ‖ ondulación *f* (cheveux) ‖ FAM arrojo, hígados *pl*, agallas *f pl* (courage) ‖ IMPR cran (d'un caractère) ■ cran d'arrêt muelle ‖ cran de mire mira ‖ cran de sûreté seguro ‖ FAM être à cran no tenerse de nervios.

crâne *m* ANAT [▷ SYN] cráneo ‖ calavera *f* (de squelette) ‖ FAM bourrer le crâne à quelqu'un hincharle a uno la cabeza.
  SYN tête cabeza; FAM caillou chola; caisson tapa de los sesos, chola.

crâne *adj & s* arrogante, valiente; air crâne aspecto arrogante ‖ FAM magnífico, ca; estupendo, da (remarquable) ‖ faire le crâne dárselas de valiente, fanfarronear.

crânement *adv* valientemente.

crâner [3] *v tr* fanfarronear, darse importancia, chulearse, presumir.

crânerie *f* chulería, flamenquería.

crâneur, euse *adj & s* FAM fanfarrón, ona ‖ presumido, da; chulapón, ona; orgulloso, sa.

crânien, enne *adj* craneano, na; craneal; voûte crânienne bóveda craneana.

craniologie *f* craneología.

cranter [3] *v tr* hacer muescas.

crapahuter; crapater [3] *v intr* TFAM hacer una marcha.

crapaud [krapo] *m* sapo ‖ sillón bajo, poltrona *f* (fauteuil) ‖ jardín, defecto (d'une pierre précieuse) ‖ piano de cola pequeño (piano) ‖ MAR noray ‖ MIL cureña *f* (de mortier) ‖ VÉTÉR galápago (ulcère du cheval) ‖ laid comme un crapaud más feo que Picio.

crapaudière *f* lugar *m* donde abundan los sapos ‖ FIG zahúrda, pocilga (lieu sale).

crapaudine *f* estelión *m* (pierre) ‖ BOT siderita ‖ TECHN tejuelo (de gond) ‖ chumacera (à pivot) ‖ alcachofa (d'égout, de baignoire).

crapette *f* tip y tap *m*, solitario *m* jugado por dos personas.

crapouillot *m* MIL mortero de trinchera.

crapoussin, e *m & f* monigote *m*, renacuajo *m*.

crapule *f* crápula.

crapulerie *f* canallada, granujada, barrabasada.

crapuleux, euse *adj* crapuloso, sa ‖ indecente; c'est un bar crapuleux es un bar indecente.

craquage *m* TECHN crácking, craqueo; craquage catalytique craqueo catalítico.

craquant, e *adj* FAM encantador, a, mono, na.

craque *f* FAM bola, trola (mensonge).

craquelage *m* TECHN grieteado (céramique).

craquelé, e *adj & s* grieteado, da (céramique).

craqueler [24] *v tr* grietear, resquebrajar.

craquelin *m* bizcocho seco y crujiente.

craquelure *f* resquebrajadura (du vernis).

craquement *m* crujido.

craquer [3] *v intr* crujir ‖ deshacerse, romperse (se casser) ‖ reventarse (chaussures) ‖ abrirse, resquebrajarse (plafond) ‖ estallar (vêtement) ‖ FIG desmoronarse, tambalearse (une affaire, un régime) ‖ fallar, fracasar, venirse abajo ‖ frotar (allumette) ‖ plein à craquer lleno hasta los topes.
◇ *v tr* desgarrar, romper (déchirer) ‖ FAM malbaratar, despilfarrar (gaspiller).

craquètement *m* castañeteo ‖ grito de la cigüeña.

craqueter [27] *v intr* castañear ‖ chirriar (les oiseaux).

craqueur, euse *adj & s* FAM (vx) mentiroso, sa; cuentista.

crase *f* crasis.

crash [kraʃ] *m* AVIAT toma *f* de tierra forzosa de un avión en el que no funciona el tren de aterrizaje.

crassane *f* BOT variedad de pera de agua.

crasse *f* mugre, roña, churre *m* (saleté) ‖ porquería (objet de peu de valeur) ‖ FIG miseria, roñería, tacañería (avarice) ‖ niebla espesa (brouillard) ‖ FAM faena, jugarreta, jugada; faire une crasse à quelqu'un hacer una jugarreta a uno.
◇ *adj* craso, sa; ignorance crasse ignorancia crasa ‖ erreur crasse error garrafal.
  ➡ **crasses** *f pl* MIN grasas, granzas (scories).

crasseux, euse *adj & s* mugriento, ta (sale) ‖ miserable, pobretón, ona (pauvre) ‖ FIG & FAM tacaño, ña; roñica (avare).

crassier *m* TECHN escorial.

crassulacées *adj & s f pl* BOT crasuláceas.

cratère *m* cráter (volcans) ‖ crátera *f* (coupe antique).

cravache *f* fusta (de cavalier).

cravacher [3] *v tr* golpear ou azotar con la fusta.
◇ *v intr* darse una paliza, matarse (s'éreinter).

cravate *f* corbata (de drapeau) ‖ corbata (de cou) ‖ cuello *m* (de fourrure) ‖ MAR cabo *m* (cordage) ■ FIG cravate de chanvre la cuerda de la horca ‖ FAM s'en jeter un derrière la cravate echarse un trago al coleto.

cravater [3] *v tr* poner la corbata ■ cravaté con corbata ‖ être cravaté de soie llevar una corbata ou un pañuelo de seda.

crawl [krol] *m* crol (nage).

crawler [3] [krole] *v intr* nadar crol.

crayeux, euse *adj* cretáceo, a; gredoso, sa.

crayon [krɛjɔ̃] *m* lápiz, lapicero ‖ dibujo al lápiz (dessin) ‖ FIG manera *f* de dibujar ■ crayon à bille bolígrafo ‖ TECHN crayon à souder barrita ou varilla de soldar ‖ crayon d'ardoise pizarrín ‖ crayon de couleur lápiz de color ‖ crayon de rouge à lèvres lápiz ou barra de labios; crayon gras lápiz graso [(Amér) crayola] ‖ INFORM crayon optique lápiz óptico o fotosensible; crayon électronique ou lumineux lápiz electrónico ■ écrire au crayon escribir con lápiz.

crayon-feutre *m* rotulador.
  OBSERV pl crayons-feutres.

crayonnage *m* dibujo a lápiz (dessin).

crayonné *m* esbozo, bosquejo, esquema.

crayonner [3] *v tr* esbozar al lápiz, diseñar (ébaucher) ‖ llenar de trazos de lápiz, emborronar con lápiz (faire des traits) ‖ FIG bosquejar, esbozar.

crayonneur *m* FAM pintamonas.

CRDP (abr de **Centre régional de documentation pédagogique**) *m* centro regional francés de documentación pedagógica.

créance *f* crédito *m* (confiance); donner créance dar crédito ‖ creencia, fe (croyance) ‖ COMM crédito ■ créance irrécouvrable deuda incobrable ‖ lettres de créance credenciales, cartas credenciales ■ donner créance à quelque chose hacer que algo sea verosímil ‖ trouver créance auprès de ser creído por.

créancier, ère *m & f* acreedor, ra.

créateur, trice *adj & s* creador, ra ‖ inventor, ra ‖ le Créateur el Criador (Dieu).

OBSERV Criador, en espagnol, correspond aujourd'hui à **éleveur**. Il a gardé le sens de Créateur en parlant de Dieu.

créatif, ive *adj* creativo, va.

créatine *f* creatina.

création *f* creación. ■ **INFORM** création de fichier creación de fichero ‖ création d'emplois creación de puestos de trabajo ‖ création monétaire creación de dinero.

créativité *f* creatividad.

créature *f* criatura ‖ **FIG** paniaguado *m*, protegido *m* (protégé) ‖ mujer de la vida libre.

crécelle *f* carraca, matraca (moulinet) ‖ **FIG** chicharra (bavard) ■ crécelle de lépreux tablillas de San Lázaro ‖ voix de crécelle voz chillona.

crécerelle *f* **ZOOL** cernícalo *m*, mochete *m*.

crèche *f* pesebre *m* (mangeoire) ‖ nacimiento *m*, belén *m* (pour Noël) ‖ guardería infantil (pour enfants).

| **CRÈCHES** |
| Las guarderías para los hijos de las personas que trabajan tienen muy buena reputación en Francia, pues disponen de un profesional por cada tres niños. |

crécher [18] *v intr* **FAM** anidar.

crédence *f* credencia (église) ‖ aparador *m*, credencia (p us) (buffet).

crédibiliser [3] *v tr* dar credibilidad.

crédibilité *f* credibilidad.

crédible *adj* creíble.

CREDIF; Credif (abr de Centre de recherches et d'études pour la diffusion du français) *m* centro de investigaciones y estudios para la difusión del francés.

crédit *m* crédito (solvabilité) ‖ plazo, crédito; acheter à crédit comprar a plazos; crédit à court, long terme crédito a corto, largo plazo ‖ **COMM** haber (comptabilité) ‖ **FIG** crédito; accorder crédit dar crédito ■ crédit foncier crédito inmobiliario ‖ crédit hypothécaire crédito hipotecario ‖ crédit municipal denominación actual del Monte de Piedad ‖ crédit relais crédito de empalme, financiamiento transitorio ‖ encadrement du crédit restricciones de crédito ‖ lettre de crédit carta de crédito ‖ ouverture de crédit apertura de crédito ■ de crédit crediticio, cia ‖ faire crédit fiarse, dar crédito ‖ la maison ne fait pas de crédit no se fía ‖ porter au crédit abonar en cuenta.

crédit-bail *m* **ÉCON** leasing, arrendamiento financiero.

OBSERV pl crédits-bails.

créditer [3] *v tr* **COMM** abonar en cuenta (comptabilité).

créditeur, trice *adj & s* acreedor, ra.

credo *m inv* credo ‖ credo politique doctrina, credo ou pensamiento político.

crédule *adj & s* crédulo, la.

crédulité *f* credulidad.

créer [15] [kree] *v tr* crear.

crémaillère *f* llares *f pl* (de cuisine) ‖ **TECHN** cremallera; chemin de fer à crémaillère ferrocarril de cremallera ‖ **AUTOM** direction à crémaillère dirección por cremallera ‖ pendre la crémaillère inaugurar la casa [invitando a los amigos].

crémant *adj & s m* cierto champaña poco espumoso.

crémation *f* cremación.

crématoire *adj* crematorio, ria; four crématoire horno crematorio.

crématorium *m* crematorio.

crème *f* nata (du lait) ‖ natilla (entremets) ‖ crema (cosmétique) ■ crème à raser espuma de afeitar ‖ crème caramel, renversée flan ‖ crème Chantilly chantillí ‖ crème de cacao licor de cacao ‖ crème de jour crema de día ‖ crème de nuit crema de noche ‖ crème de tartre crémor tartárico ‖ crème fouettée nata batida ‖ crème fraîche nata ‖ crème glacée helado ■ café crème ou un crème café con leche ‖ la crème la crema, la flor y nata (le meilleur).
◇ *adj inv* crema (couleur).

crémer [18] *v intr* cubrirse de nata (le lait).
◇ *v tr* dar color de crema (couleur) ‖ incinerar (incinérer).

crémerie [kremri] *f* mantequería, lechería.

crémeux, euse *adj* cremoso, sa; mantecoso, sa.

crémier, ère *m & f* mantequero, ra; lechero, ra.

crémone *f* falleba (de fenêtre).

Crémone *n pr* **GÉOGR** Cremona.

créneau *m* almena *f* (dentelure d'un mur, d'un parapet) ‖ aspillera *f*, tronera *f* (meurtrière) ‖ **AUTOM** faire un créneau aparcar en cordón [(*Amér*) aparcar entre dos coches].

OBSERV pl créneaux.

crénelage *m* labrado del cordoncillo (des monnaies) ‖ gráfila *f*, grafila *f* (bord strié des monnaies).

crénelé, e *adj* almenado, da ‖ acordonado, da (monnaies) ‖ **BLAS** dentellado, da ‖ **FIG** dentado, da (dentelé).

créneler [24] *v tr* almenar ‖ acordonar (monnaies) ‖ **FIG** dentar (denteler).

crénelure *f* dentellado *m*, festón *m* (dentelure) ‖ **ARCHIT** crestería.

créner [18] *v tr* **IMPR** marcar el cran de.

créole *adj & s* criollo, lla (né aux colonies) ‖ lengua *f* criolla ‖ **CULIN** riz à la créole arroz en blanco.

créosol [kreozol] *m* aceite de creosota.

créosotage *m* **TECHN** creosotado.

créosote *f* **CHIM** creosota.

créosoter [3] *v tr* **TECHN** creosotar.

crêpage *m* aderezo del crespón (des tissus) ‖ cardado (des cheveux) ‖ crêpage de chignon riña entre mujeres.

crêpe *m* crespón (tissu) ‖ gasa *f* (de deuil) ‖ crepé, caucho laminado; semelles de crêpe suelas de crepé ‖ crêpe de Chine crespón de China.
◇ *f* tortita, hojuela, "pancake" [(*Amér*) panqueque]; filloa (Galice), crepe (galette mince).

crêpé *m* añadido, rizo postizo.

crêpelé, e; crêpelu, e *adj* crespo, pa.

crêpelure *f* encrespado *m*, cardado *m* (cheveux).

crêper [4] *v tr* encrespar ‖ cardar (cheveux) ‖ **FAM** se crêper le chignon agarrarse ou tirarse del moño.

crêperie *f* creperie.

crépi *m* revestimiento de argamasa (au ciment) ‖ enlucido, revoque (à la chaux).

crêpière *f* plancha (plaque électrique) ‖ sartén para hacer crepes (poêle).

Crépin *n pr* Crispín.

crépine *f* franja, cenefa (frange) ‖ redaño *m* (d'une bête) ‖ **TECHN** alcachofa (d'un filtre).

crépinette *f* salchicha aplastada ‖ **BOT** centinodia.

crépir [32] *v tr* revestir con argamasa ‖ enlucir, revocar, enjalbegar.

crépissage *m* acción de revestir con argamasa ‖ enlucido, revoque ‖ granulado (des peaux).

crépitation *f*; **crépitement** *m* crepitación *f*.

crépiter [3] *v intr* crepitar, restallar.

crépon *m* crespón (tissu) ‖ papier crépon papel crepé.

CREPS; Creps (abr de Centre régional d'éducation physique et sportive) *m* centro regional de educación física francés, ≃ INEF.

crépu, e *adj* crespo, pa (cheveux) ‖ **BOT** ondeado, da; rizado, da.

crépure *f* encrespado *m*, cardado *m*.

crépusculaire *adj* crepuscular.

crépuscule *m* crepúsculo.

SYN tombée du jour atardecer; brune al anochecer.

crescendo [kreʃendo] *m* **MUS** crescendo.
◇ *adv* en aumento, crescendo ‖ aller crescendo ir aumentando.

crésol *m* **CHIM** cresol.

cresson [kresɔ̃] *m* berro ■ cresson alénois mastuerzo ‖ cresson de fontaine berro de agua.

cressonnette *f* **BOT** cardamina, lepidio *m*.

cressonnière *f* berrizal *m*, plantío *m* de berros.

Crésus *n pr* Creso.

crésus *m* fúcar ‖ il est riche comme crésus tiene más millones que pesa.

crêt [kre] *m* escarpa *f*.

crétacé, e *adj & s m* cretáceo, a.

Crète *n pr f* **GÉOGR** la Crète Creta.

crête *f* cresta (oiseau) ‖ coronación (d'un barrage) ‖ crestería (fortification) ‖ **ARCHIT** crestería ‖ **FIG** cresta (d'une montagne, d'une vague) ‖ **MÉD** cresta (excroissance).

crêté, e *adj* crestado, da.

crête-de-coq *f* **BOT** gallocresta, rinanto *m*.

OBSERV pl crêtes-de-coq.

crételle *f* cola de perro (graminée).

crétin, e *adj & s* cretino, na.

crétinerie *f* **FAM** cretinismo *m*, estupidez.

crétiniser [3] *v tr* atontar, embrutecer.

crétinisme *m* cretinismo.

crétois, e *adj* cretense.

Crétois, e *m & f* cretense.

cretonne *f* cretona (tissu).

creusage; creusement *m* cavadura *f*, cavazón *f* (terres) ▌ construcción *f* (d'un tunnel) ▌excavación *f* (de tranchées).

creuser [3] *v intr & tr* cavar; creuser un puits cavar un pozo ▌ahondar (approfondir) ▌excavar, abrir (des tranchées) ▌ahuecar (faire un creux) ▌abrir (sillon) ▌surcar, llenar (de rides) ▌hundir, chupar (amaigrir) ▌FIG sondear (sonder) ▌profundizar, ahondar, calar hondo (une question) ▪ ça creuse abre el apetito ▌creuser l'estomac abrir el apetito ▌creuser sa fosse ou son tombeau abrir su tumba ▌creuser un abîme entre abrir un abismo entre.

◆ **se creuser** *v pr* ahuecarse (devenir creux) ▌hundirse (les yeux, etc.) ▌FIG se creuser la tête ou l'esprit ou le cerveau ou la cervelle devanarse los sesos, romperse la cabeza.

creuset [krøze] *m* crisol.

Creutzfeldt-Jacob [krøtsfɛltʒakɔb] *n pr* maladie de Creutzfeldt-Jacob enfermedad de Creutzfeldt-Jacob.

creux, euse [krø, øz] *adj* hueco, ca (qui a une cavité) ▌encajonado, da (chemin, vallée) ▌huero, ra; vacío, cía (idée) ▌hundido, da (yeux, joues) ▌ahuecado, da; cavernoso, sa (voix) ▌poco numeroso, sa; de un nivel inferior (réduit) ▪ assiette creuse plato hondo ▌MIL classe creuse quinta de efectivos reducidos ▌heure creuse hora de menor consumo (électricité), hora de poca actividad (autobus, usine), rato perdido, hora libre ou horas muertas (dans un horaire) ▌saison creuse temporada baja ▌son creux sonido hueco ▌tête creuse cabeza vacía, llena de pajaritos ▪ avoir le nez creux tener olfato ▌avoir le ventre creux tener el vientre vacío ▌il n'y en a pas pour la dent creuse no hay ni para una muela ▌sonner creux sonar a hueco.

◆ **creux** *m* hueco (cavité), hueco (vide) ▌cavidad *f* ▌depresión *f* ▌vaciado (moule) ▌lo más profundo, la parte *f* más profunda ▌MAR altura *f* (des vagues) ▌puntal ▪ creux de la main hueco de la mano ▌creux de l'estomac boca del estómago ▌gravure en creux huecograbado ▌MUS avoir un bon creux tener una buena voz de bajo ▌FAM avoir un creux dans l'estomac tener el estómago vacío, tener hambre.

crevaison *f* pinchazo *m* (d'un pneu) ▌POP (vieilli) muerte ▌gran cansancio *m*.

crevant, e *adj* FAM agobiante; reventador, ra (épuisant) ▌FAM (vieilli) para morirse de risa, mondante, desopilante (très drôle).

crevasse *f* grieta, hendidura (terres, glaciers) ▌grieta (de la peau).

crevasser [3] *v tr* agrietar.

crève *f* FAM muerte ▌enfermedad grave (maladie) ▌FAM avoir la crève tener un catarro de muerte.

crevé, e *adj* pinchado, da (pneus) ▌FAM reventado, da; muerto, ta (fatigue).

◆ **crevé** *m* cuchillada *f* (dans un vêtement) ▌(vieilli) petit crevé calavera (débauché).

crève-cœur [krɛvkœr] *m inv* desconsuelo ▌tormento, lástima *f*.

crève-la-faim *m inv* muerto de hambre.

crever [19] *v tr & intr* reventar, estallar (éclater) ▌saltar (les yeux) ▌pinchar (pneus) ▌FAM reventar, palmar, estirar la pata (mourir), apiolar (tuer) ▌descargarse (les nuages) ▪ crever de faim morirse de hambre ▌crever de honte

reventar de vergüenza ▌crever d'ennui morirse de aburrimiento, aburrirse como una ostra ▌crever de rire desternillarse ou morirse ou reventar de risa ▌crever le cœur partir el corazón ▌crever l'écran tener mucha presencia ▪ cela crève les yeux esto salta a los ojos.

◆ **se crever** *v pr* FAM reventarse, matarse (se fatiguer) ▌FIG se crever les yeux hacerse polvo la vista.

crevette *f* ZOOL camarón *m*, quisquilla (crevette grise) ▌gamba (crevette rose).

crevettier *m* camaronera *f* (filet).

crève-vessie *m inv* PHYS rompevejigas.

CRF (abr de Croix-Rouge française) *f* Cruz Roja francesa.

cri *m* grito; pousser un cri dar un grito ▌chirrido (grincement d'un outil, etc.) ▌voz *f* propia de los animales (animaux) ▌clamor (de réprobation) ▌voz *f* (appel) ▌pregón (d'un marchand) ▪ cri de la conscience voz de la conciencia ▌le dernier cri la última moda, el último grito, la última palabra ▪ à cor et à cri a grito pelado ▌à grands cris a voces ▌pousser ou jeter les hauts cris poner el grito en el cielo.

criaillement [kriajmɑ̃] *m* chillido (cri) ▌gritería *f* (confusion de cris).

criailler [3] [kriaje] *v intr* graznar (oiseaux) ▌FAM chillar, vociferar.

criaillerie [kriajri] *f* gritería, chillido *m*.

criailleur, euse [kriajœr, øz] *adj & s* chillón, ona; vocinglero, ra.

criant, e *adj* que grita, chillón, ona (qui crie) ▌FIG escandaloso, sa; irritante (révoltant); injustice criante injusticia escandalosa ▌patente, flagrante; vérité criante verdad patente ▌en criant gritando.

criard, e [krijar, ard] *adj & s* chillón, ona; gritón, ona ▌FIG [▷ SYN] chillón, ona; llamativo, va (couleur, voix) ▌escandaloso, sa (dettes).

▌ SYN aigu agudo; perçant penetrante; aigre agrio; strident estridente; glapissant chillón, vocinglero.

criblage *m* cribado, cernido.

crible *m* criba *f*, tamiz, cedazo ▌garbillo (de minerai) ▌passer au crible pasar por el tamiz.

criblé, e *adj* criblé de (troué de) acribillado de; criblé de (parsemé de) picado de; être criblé de dettes estar acribillado de deudas.

cribler [3] *v tr* cribar, cerner ▌FIG acribillar (remplir de blessures ou de trous) ▌picar, dejar huellas (le visage) ▪ cribler de questions acribillar a preguntas ▌être criblé de dettes estar acribillado de deudas ou empeñado hasta la camisa ▌être criblé de trous tener más agujeros que un colador.

cribleur, euse *m & f* cribador, ra.

◆ **cribleur** *m* separador de cereales, cribadora *f*.

criblure *f* cerniduras *pl*, cribadoras *pl*, ahechaduras *pl*.

cric *m* AUTOM gato.

cric crac! *interj* ¡cric crac!, ¡zis, zas!

cricket *m* criquet, cricket (jeu).

cricoïde *adj* ANAT cricoides.

cricri *m* grillo (grillon).

criée *f* subasta (vente publique aux enchères) ▌acheter à la criée comprar en pública subasta, al pregón.

crier [10] *v intr* gritar, chillar ▌pregonar (pour vendre) ▌chirriar, rechinar (grincer) ▌chirriar (les oiseaux) ▌FIG llamar, pedir; crier au secours pedir socorro ▌clamar; crier à l'injustice clamar contra la injusticia ▌ser chillón (couleurs) ▪ crier après quelqu'un reñir a alguien ▌crier à tue-tête ou comme un sourd ou comme un putois gritar desaforadamente, gritar a voz en cuello, dar grandes voces ▌crier au scandale poner el grito en el cielo ▌crier sur tous les toits divulgar a los cuatro vientos, pregonar a bombo y platillo.

◇ ▪ *v tr* [▷ SYN] gritar ▌proclamar (à haute voix) ▌pregonar (vente aux enchères) ▌FIG clamar; crier son innocence clamar su inocencia ▌quejarse; crier famine quejarse de hambre ▌exigir, pedir; crime qui crie vengeance crimen que exige venganza ▌denotar, poner de manifiesto; ses vêtements criaient misère su ropa denotaba su miseria ▪ crier casse-cou avisar de un peligro ▌crier famine sur un tas de blé quejarse de vicio ▌crier gare advertir ou poner en guardia de un peligro ▌crier grâce pedir merced ▌crier merveille, miracle admirarse, maravillarse ▌sans crier gare sin el menor aviso.

▌ SYN beugler mugir; brailler berrear; braire rebuznar, berrear (l'homme); bramer bramar; clamer clamar; criailler, piailler chillar; glapir gañir; gueuler dar voces; hurler aullar; rugir rugir; tonner, tonitruer atronar; ululer ulular; vociférer vociferar.

crieur, euse [krijœr, øz] *adj & s* chillón, ona; gritador, ra; voceador, ra ▪ crieur de journaux vendedor ambulante de periódicos ▌crieur des rues vendedor callejero ▌crieur public pregonero.

crime *m* crimen.

▌ SYN attentat atentado; forfait crimen, fechoría; homicide homicidio; assassinat asesinato.

Crimée *n pr f* GÉOGR la Crimée Crimea; la guerre de Crimée la guerra de Crimea.

criminaliser [3] *v tr* DR convertir en criminal una causa civil.

criminaliste *m* criminalista.

criminalité *f* criminalidad.

criminel, elle *adj & s* criminal; criminel de guerre criminal de guerra.

criminellement *adv* de manera criminal, criminalmente ▌DR por procedimiento judicial criminal.

criminologie *f* criminología.

criminologiste; criminologue *m & f* criminologista.

crin *m* crin *f*, cerda *f* ▪ crin végétal fibra vegetal (agave) ▪ à tous crins de tomo y lomo ▌FIG & FAM comme un crin, à crin huraño, ña.

crincrin *m* FAM mal violín, cacharro.

crinière *f* crines *pl* (du cheval, d'un casque) ▌melena (du lion) ▌FIG & FAM pelambrera, melena, greña, cabellera larga (cheveux longs).

crinoïdes *m pl* ZOOL crinoideos.

crinoline *f* miriñaque *m*, crinolina (gallicisme).

crique *f* MAR caleta, cala.

criquet *m* langosta *f* (grande sauterelle), saltamontes, cigarrón (petite) **FAM** mequetrefe, chiquilicuatro (homme malingre).

crise [kriz] *f* crisis; surmonter une crise vencer una crisis ■ **MÉD** crise cardiaque ataque cardíaco, ataque al corazón | crise de foie ataque hepático, crisis del hígado **FAM** | crise de larmes, de rage crisis de llanto, de furia | crise de nerfs, d'épilepsie ataque de nervios, epiléptico | crise ministérielle, économique, politique crisis ministerial, económica, política **FAM** piquer une crise montar en cólera, salir de sus casillas | travailler par crises trabajar a ratos.

crispant, e *adj* **FAM** irritante, horripilante.

crispation *f* crispamiento *m*, crispadura.

crispé, e *adj* crispado, da.

crisper [3] *v tr* crispar.

crispin *m* criado de comedia, gracioso | manopla *f* (manchette).

criss *m* cris (poignard malais).

crissement *m* rechinamiento, crujido.

crisser [3] *v tr* rechinar, crujir.

cristal *m* cristal; cristal de plomb cristal de plomo; cristal de roche cristal de roca.
➤ **cristaux** *m pl* cristalería *f* (objets de cristal) | (abusif) eaux de cristaux carbonato de sodio | cristaux de soude cristales de sosa.
| **OBSERV** En espagnol, cristal a également le sens de "vitre", "carreau", "verre".

cristallerie *f* cristalería.

cristallin, e *adj & s m* cristalino, na.

cristallisable *adj* cristalizable.

cristallisant, e *adj* cristalizador, ra.

cristallisation *f* cristalización.

cristallisé, e *adj* cristalizado, da.

cristalliser [3] *v tr & intr* cristalizar | **FIG** cristalizar, materializar, concretar.
➤ **se cristalliser** *v pr* cristalizar, cristalizarse.

cristallisoir *m* **CHIM** cristalizador.

cristallographie *f* cristalografía.

cristallographique *adj* cristalográfico, ca.

cristalloïde *adj* cristaloide; cristaloideo, a.
◇ *m* cristaloide.

critère *m* criterio | critères d'implantation criterios de implantación (usine).

critérium [kriterjɔm] *m* criterio (sports).

criticisme *m* criticismo.

criticiste *adj & s* criticista.

critiquable *adj* criticable.

critique *adj* crítico, ca.
◇ *f* crítica (blâme) | la critique est aisée mais l'art est difficile una cosa es enhebrar y otra cosa es dar puntadas.
◇ *m* crítico (artistique ou littéraire).

critiquer [3] *v tr* criticar.
| **SYN** censurer censurar; épiloguer epilogar; éreinter, esquinter hacer trizas; trouver à redire criticar, tener que decir.

critiqueur, euse *m & f* criticador, ra; criticón, ona.

croassement *m* graznido.

croasser [3] *v intr* graznar.

croate *adj* croata.
◇ *m* **LING** croata.

Croate *m & f* croata.

Croatie [krɔasi] *n pr f* **GÉOGR** la Croatie Croacia.

croc [kro] *m* gancho, garabato (pour suspendre) | garabato (de boucher) | colmillo (canine), diente (dent) | bichero (de marinier) ■ en croc con las puntas hacia arriba ou retorcidas (moustache); recurvado, da ■ **FIG** montrer les crocs enseñar los colmillos.

croc-en-jambe [krɔkɑ̃ʒɑ̃b] *m* zancadilla *f*; faire un croc-en-jambe echar ou poner la zancadilla.
| **OBSERV** pl crocs-en-jambe.

croche *f* **MUS** corchea ■ double-croche semicorchea | quadruple croche semifusa | triple croche fusa.

croche-patte *m* **FAM** zancadilla *f*.
| **OBSERV** pl croche-pattes.

croche-pied *m* zancadilla *f*.
| **OBSERV** pl croche-pieds.

crocher [3] *v tr* igualar (les mailles) | dar forma curva ou de gancho, retorcer (courber) | **FAM** enganchar | **MAR** enganchar con el bichero.

crochet *m* gancho | gancho, crochet (boxe) | colmillo (dent) | ganchillo, aguja *f* de gancho (aiguille), "crochet", labor de ganchillo, punto ou tejido de ganchillo, punto de Irlanda (travail au crochet) | escalerilla *f* de los mozos de cuerda (de portefaix) | caracol (des cheveux) **IMPR** corchete | **TECHN** ganzúa *f* (serrure) ■ crochet à bottines abrochador | crochet d'attelage gancho de tracción ■ clou à crochet escarpia, alcayata ■ **FIG** avoir quelqu'un à ses crochets tener a alguien viviendo a su costa, mantener a uno | faire un crochet dar un rodeo | vivre ou être aux crochets de quelqu'un vivir a expensas ou a costa de uno.

crochetage [krɔʃtaʒ] *m* forzamiento (d'une serrure).

crocheter [28] *v tr* forzar, abrir con ganzúa (une serrure) | hacer labor de ganchillo (tricoter) | enganchar (saisir) | **IMPR** poner entre corchetes.
➤ **se crocheter** *v pr* **FAM** agarrarse.

crocheteur *m* mozo de cuerda (portefaix) | ganapán (homme grossier) | crocheteur de portes ou de serrures ladrón de ganzúa.

crochu, e *adj* ganchudo, da; corvo, va; curvado, da; nez crochu nariz corva | **FIG** avoir les doigts crochus tener las uñas afiladas.

croco *m* **FAM** piel de cocodrilo.

crocodile *m* cocodrilo | **TECHN** paro automático de trenes | **FIG** larmes de crocodile lágrimas de cocodrilo.

crocodiliens *m pl* **ZOOL** cocodriloideos.

crocus [krɔkys] *m* **BOT** croco, azafrán.

croire [107] *v tr & intr* creer; à l'en croire si se le cree [▷ **SYN**] parecerle a uno; j'ai cru voir me ha parecido ver ■ croire à creer en | croire à quelque chose comme à l'Évangile creer algo a ciencia cierta, estar muy seguro de algo | croire dur comme fer creer a pie juntillas | croire sur parole creer bajo palabra | croyant que creyendo que, en la creencia de que ■ croyez-m'en créame ■ à ce que je crois según creo | c'est à croire que parece que, cualquiera diría que | c'est à ne

pas y croire parece mentira, es para no creérselo | je crois bien! ¡ya lo creo! | je crois bien que me parece que | je n'en crois pas mes yeux ou mes oreilles hay que verlo para creerlo | **FAM** je vous crois!, ¡ya lo creo!, ¡y usted que lo diga! | vous ne sauriez croire combien no podría imaginarse lo que.
➤ **se croire** *v pr* creerse | s'en croire creérselas.
| **SYN** penser pensar; juger juzgar; estimer estimar.

croisade *f* cruzada.

croisé, e *adj & s m* cruzado, da ■ étoffe croisée tejido asargado, tela cruzada | **MIL** feux croisés tiro convergente, fuegos cruzados, ataque simultáneo | mots croisés crucigrama, palabras cruzadas | rimes croisées rimas alternadas.

croisée *f* ventana (fenêtre) | encrucijada, cruce *m* (carrefour) | **FIG** à la croisée des chemins en la encrucijada | **ARCHIT** crucero *m*; croisée d'ogives arco crucero ou ojivo.

croisement *m* cruzamiento, cruce (de deux voitures) ■ cruce, intersección *f* (de deux voies) | **BIOL** cruce.

croiser [3] *v tr* cruzar ■ croiser la baïonnette cruzar la bayoneta | croiser le fer avec cruzar la espada con (se battre), medirse (se mesurer avec) | croiser les jambes cruzar las piernas.
◇ *v intr* patrullar (un navire de guerre).
➤ **se croiser** *v pr* cruzarse; se croiser les bras cruzarse de brazos; nos lettres se sont croisées nuestras cartas se han cruzado.

croisette *f* crucecita (petite croix).

Croisette *n pr f* **GÉOGR** (le boulevard de) la Croisette famoso paseo marítimo en Cannes.

croiseur *m* **MAR** crucero (navire de guerre).

croisière *f* crucero *m* (voyage d'agrément) | **MAR** crucero *m* (surveillance de côtes) | vitesse de croisière velocidad de crucero.

croisillon *m* travesaño | crucero (de fenêtre) | brazo (croix) | **ARCHIT** crucero (transept) | fenêtre à croisillons ventana de celosía.

croissance *f* crecimiento *m* | croissance économique crecimiento económico | croissance zéro crecimiento económico cero | **MÉD** maladie de croissance enfermedad del crecimiento | troubles de la croissance trastornos del crecimiento.

croissant, e *adj* creciente.
➤ **croissant** *m* media luna (lune) | medialuna *f*, "croissant" (petit pain) | podadera *f* (de jardinier) | **ARCHIT** apoyo semicircular | **HIST** Media Luna [Turquía].

croissanterie *f* bollería, croissantería.

Croissant-Rouge [krwasɑ̃ruʒ] *n pr m* le Croissant-Rouge la media luna roja.

croisure *f* asargado *m*, cruzado *m* (tissu) | disposición en rimas cruzadas (vers).

croît *m* aumento en un rebaño.

croître [93] *v intr* crecer | **FIG** desarrollarse ■ croître dans l'estime de quelqu'un ser cada día más apreciado por alguien | croître en beauté, en force, en vertu ser más bello, fuerte, virtuoso | croître en largeur ensancharse | croître en volume agrandarse | **FAM** ne faire que croître et embellir ir de mal en peor.

OBSERV En varias personas de su conjugación croître no se distingue de croire sino por el acento circunflejo.

croix [krwa] *f* cruz ■ chemin de croix calvario, vía crucis ▌ croix de Lorraine, de Saint-André, de Malte, gammée, grecque, latine, potencée cruz de Lorena, de San Andrés, de Malta, gamada, griega, latina, potenzada ▌ Croix Rouge Cruz Roja (insigne) ■ à chacun sa croix cada uno lleva su cruz ▌ en croix en cruz; les bras en croix los brazos en cruz ▌ signe de la croix señal de la cruz ▌ **FAM** c'est la croix et la bannière es la cruz y los ciriales ▌ faire une croix dessus ou sur despedirse de, decir adiós a.

Croix-Rouge *n pr f* la Croix-Rouge la Cruz Roja.

cromlech [krɔmlɛk] *m* crómlech (monument mégalithique).

cromorne *m* **MUS** lengüetería *f* del órgano (jeu d'anche) ▌ orlo (instrument ancien).

crooner *m* cantante melódico ou sentimental.

croquant, e *adj* crujiente.
◇ *m & f* piñonate *m*, almendrado *m*.

croquant, e *m & f* cateto, ta; paleto, ta.

croque au sel
➤ à la croque au sel *loc adv* sólo con sal de cocina.

croque-madame *m inv* sandwich caliente de jamón y queso con un huevo frito.

croquembouche *m* pastel cuscurroso.

croque-mitaine *m* **FAM** coco, bu.
▌ **OBSERV** pl croque-mitaines.

croque-monsieur *m inv* sandwich caliente de jamón y queso.

croque-mort *m* **FAM** enterrador (fossoyeur), pitejo (qui conduit le corbillard).
▌ **OBSERV** pl croque-morts.

croquenot [krɔkno] *m* **FAM** zapatón.

croquer [3] *v intr* cuscurrear ▌ croquer sous la dent crujir entre los dientes.
◇ *v tr* ronzar, cascar (broyer) ▌ comer (manger) ▌ mascar (mâcher) ▌ **ARTS** bosquejar, bocetar ▌ **FIG & FAM** dilapidar, derrochar ■ chocolat à croquer chocolate en tableta ▌ croquer le marmot quedarse plantado ▌ **MUS** croquer une note comerse una nota ▌ jolie à croquer como un bombón, para comérsela.

croquet [krɔkɛ] *m* croquet (jeu) ▌ pastel cuscurroso almendrado (gâteau).

croquette *f* **CULIN** albóndiga, albondiguilla, croqueta (de viande), bola de patatas (de pommes de terre) ▌ chocolatina, croqueta (de chocolat).

croqueur, euse *adj & s* **FAM** devorador, ra.

croquignole *f* bizcochito *m* muy duro (pâtisserie) ▌ capirote *m*, papirotada, papirotazo *m* (chiquenaude).

croquignolet, ette *adj* **FAM** mono, na.

croquis [krɔki] *m* croquis, bosquejo.

crosne [kron] *m* estáquide *f* (tubercule).

cross [krɔs] *m* **SPORTS** cross *m inv*.

cross-country [krɔskuntri] *m* cross-country, carrera *f* a campo traviesa, carrera *f* a campo través, campo través (course).
▌ **OBSERV** pl cross-countrys ou cross-countries.

crosse *f* cayado *m*, garrote *m* (bâton) ▌ báculo *m* (d'évêque) ▌ parte curva (bout recourbé) ▌ culata (de fusil) ▌ vilorta, cachava (jeux) ▌ palo *m*, "stick" *m* (de hockey) ▌ **MÉCAN** cruceta ■ **ANAT** crosse de l'aorte cayado de la aorta ■ coup de crosse culatazo ■ chercher des crosses à quelqu'un buscarle a uno las cosquillas ▌ **FAM** être en crosse avec estar enfadado con.

crossé, e *adj* mitrado, da (abbé).

crosser [3] *v tr* dar con un palo a (jeux) ▌ aporrear, apalear (battre) ▌ **FIG & FAM** maltratar, tratar de mala manera, vilipendiar.
◇ *v intr* jugar ou pegar a la pelota, apalear.
➤ se crosser *v pr* pelearse.

crossette *f* **AGRIC** injerto *m* ▌ **ARCHIT** acodo *m*.

crotale *m* crótalo, serpiente de cascabel ▌ **MUS** crótalo.

croton *m* **BOT** crotón tiglio.

crotte *f* cagarruta (excrément de chiens, de chèvres), gallinaza (de poules), cagajón *m* (de chevaux), caca, mojón *m* (d'un enfant) ▌ barro *m*, fango *m* (boue) ▌ **FIG** porquería (chose sans valeur) ▌ **FAM** crotte de bique porquería, cochambre ▌ **FIG** crotte de chocolat bombón ■ ce n'est pas de la crotte de bique no es moco de pavo.
➤ crotte! *interj* ¡cáscaras!, ¡córcholis!, ¡canastos!, ¡concho!, ¡carape!

crotté, e *adj* embarrado, da.

crotter [3] *v tr* manchar de barro, salpicar de barro, embarrar ▌ crotté jusqu'à l'échine, jusqu'aux oreilles, comme un barbet con barro hasta los ojos, perdido de barro.
➤ se crotter *v pr* embarrarse, enlodarse.

crottin *m* estiércol de caballo, cagajón.

croulant, e *adj* ruinoso, sa.
◇ *m & f* **FAM** vejestorio *m*, cascajo *m*, carcamal *m*.

croule *f* caza de la becada.

crouler [3] *v intr* [▷ **SYN**] desplomarse, hundirse (un édifice) ▌ **FIG** hundirse, venirse abajo; la salle croulait sous les applaudissements el teatro se venía abajo con los aplausos ▌ fracasar, venirse abajo (échouer) ▌ derrumbarse, venirse abajo (une théorie) ▌ faire crouler echar por tierra (anéantir).
▌ **SYN** s'ébouler derrumbarse; s'écrouler venirse abajo; s'effondrer hundirse, aplanarse.

croup [krup] *m* **MÉD** garrotillo, crup.

croupade *f* grupada, corcovo *m* (du cheval).

croupe *f* grupa; porter en croupe llevar a la grupa ▌ **GÉOGR** cima redondeada (d'une montagne).

croupetons
➤ à croupetons *loc adv* en cuclillas.

croupi, e *adj* corrompido, da; estancado, da (liquide).

croupier *m* "croupier" (d'une maison de jeux).

croupière *f* grupera ▌ **FIG** tailler des croupières à quelqu'un poner chinas en el camino a uno.

croupion *m* rabadilla *f*.

croupir [32] *v intr* corromperse, estancarse (les eaux) ▌ pudrirse (pourrir) ▌ **FIG** encenagarse, sumirse (dans le vice, l'ignorance).

croupissant, e *adj* corrompido, da; estancado, da (eaux) ▌ **FIG** encenagado, da; sumido, da (dans le vice, l'ignorance).

croupissement *m* corrupción *f*, estancamiento (des eaux) ▌ **FIG** encenagamiento.

croupon *m* cuero grueso.

CROUS (abr de **Centre régional des œuvres universitaires et scolaires**) *m* centro regional encargado de la distribución de becas, alojamiento, restaurantes universitarios, etc., en Francia.

croustade *f* empanada (pâté) ▌ picatoste *m* (croûton frit).

croustillant, e [krustijɑ̃, ɑ̃t] *adj* cuscurrante, crujiente; pain croustillant pan cuscurrante ▌ **FIG** picaresco, ca; picante, sabroso, sa.

croustiller [3] [krustije] *v intr* curruscar, cuscurrear, crujir.

croûte *f* corteza (de pain, de fromage, etc.) ▌ mendrugo *m* (morceau de pain) ▌ costra; croûte de sel costra de sal ▌ pastel *m* (de pâté, de vol-au-vent) ▌ **FAM** cernícalo *m* (sot) ▌ mamarracho *m* (mauvaise peinture) ▌ **MÉD** costra, postilla ▌ **POP** manduca, comida (nourriture) ■ **CULIN** croûte au fromage pastel hojaldrado de queso ▌ croûte aux champignons pastel hojaldrado de champiñones ▌ croûte au pot sopa con cuscurros fritos ▌ **GÉOL** croûte terrestre corteza terrestre ▌ **CULIN** en croûte empanado ▌ quelle croûte! ¡qué hombre chapado a la antigua!, ¡qué antigualla! ▌ **FAM** casser la croûte, casser une croûte tomarse un bocado, comer ▌ **FAM** gagner sa croûte ganarse el pan.

croûter [3] *v tr & intr* **FAM** manducar, jamar (manger).

croûteux, euse *adj* con postillas, costroso, sa.

croûton *m* mendrugo (morceau de pain) ▌ cuscurro, cuscurrón, pan frito (pain frit) ▌ pico (extrémité du pain) ▌ **FIG & FAM** antigualla *f*, rutinario.

croyable [krwajabl] *adj* creíble, verosímil.

croyance [krwajɑ̃s] *f* creencia; croyance au creencia in.
▌ **SYN** foi fe; opinion opinión.

croyant, e [krwajɑ̃, ɑ̃t] *adj* creyente ▌ être croyant ser creyente.
▌ **SYN** dévot devoto; mystique místico; pieux piadoso; religieux religioso.

CRS (abr de **Compagnie républicaine de sécurité**) *m* ≃ antidisturbios *m pl*; on a fait appel aux CRS ≃ llamaron a los antidisturbios.

▌ **CRS**
El cuerpo de policía del ministerio del Interior tiene como función principal la de garantizar el orden público durante manifestaciones y disturbios. Los CRS son conocidos por su aspecto intimidante y han sido criticados por recurrir a la mano dura.

cru *m* terruño, tierra (terroir) ▌ cosecha *f*, viñedo (vignoble) ▌ caldo, vino; les crus d'Alsace los caldos de Alsacia ▌ **FIG** cosecha *f*; cela est de mon cru esto es de mi cosecha ▌ etiqueta *f*; les divers crus politiques las diversas etiquetas políticas ■ grands crus vinos finos ▌ vin du cru vino local, de la tierra.

cru, e *adj* crudo, da ▌ directo, ta; langage cru lenguaje directo ▌ monter à cru montar a pelo.

OBSERV No se confunda con **cru, crue**, p p de **croire**, ni con **crû, crue**, p p de **croître**.

cruauté [kryote] *f* crueldad.

cruche *f* cántaro *m* (sans bec pointu), botijo *m* (à bec) ∥tant va la cruche à l'eau qu'à la fin elle se casse tanto va el cántaro a la fuente que al fin se rompe.
◇ *adj* & *s* FIG & FAM bodoque, ceporro, zoquete, mentecato, ta.

cruchon *m* cantarillo *m* ∥botijillo *m* (à bec).

crucial, e *adj* crucial; points cruciaux puntos cruciales.

crucifère *adj* & *s* BOT crucífero, ra.

crucifié, e *adj* crucificado, da.
➡ **crucifié** *m* el Crucificado (Jésus-Christ).

crucifiement [krysifimã] *m* crucifixión *f*.

crucifier [9] *v tr* crucificar.

crucifix [krysifi] *m* crucifijo *m*.

crucifixion *f* crucifixión.

cruciforme *adj* cruciforme.

cruciverbiste *m* & *f* cruciverbista, crucigramista.

crudité *f* crudeza.
➡ **crudités** *f pl* verduras y hortalizas aliñadas en crudo ∥FIG dire des crudités decir crudezas.

crue [kry] *f* crecida (d'un fleuve) ∥un fleuve en crue un río que está crecido ∥FIG crecimiento *m*.

cruel, elle *adj* & *s* cruel.

cruellement *adv* cruelmente.

cruenté, e *adj* cruento, ta.

cruiser [kruzœr] *m* yate de crucero.

crûment *adv* crudamente.

cruor *m* crúor (partie solide du sang).

crural, e *adj* ANAT crural.

crustacé, e *adj* & *s m* ZOOL crustáceo, a.

cryoconservation *f* conservación por el frío.

cryogène *m* PHYS criógeno.

cryolithe *f* MIN criolita.

cryomètre; cryoscope *m* PHYS crioscopio.

cryométrie; cryoscopie *f* PHYS criometría, crioscopia, método *m* crioscópico.

cryoscope ➡ **cryomètre**.

cryoscopie ➡ **cryométrie**.

cryothérapie *f* crioterapia (traitement par le froid).

cryptage *m* INFORM encriptación, encriptamiento.

crypte *f* cripta.

crypté, e *adj* cifrado, da, codificado, da.

cryptogame *adj* & *s m* BOT criptógamo, ma.

cryptogamique *adj* BOT criptogámico, ca.

cryptogramme *m* criptograma (écrit en chiffres).

cryptographie *f* criptografía (écriture secrète).

cryptographique *adj* criptográfico, ca.

crypton *m* CHIM criptón (gaz).

cs (abr écrite de **cuillère à soupe**) cucharada grande.

CSA (abr de **Conseil supérieur de l'audiovisuel**) *m* consejo superior de los medios audiovisuales, en Francia.

csardas *f* czarda (danse).

CSCE (abr de **Conférence sur la sécurité et la coopération en Europe**) *f* CSCE.

CSEN (abr de **Confédération des syndicats de l'éducation nationale**) *f* confederación francesa de los sindicatos de profesores de la educación pública.

CSG (abr de **Contribution sociale généralisée**) *f* impuesto general destinado a restablecer el equilibrio financiero de la Seguridad Social francesa.

CSP (abr de **catégorie socio-professionnelle**) *f* categoría socioprofesional.

Cte (abr écrite de **Comte**) Conde.

Ctesse (abr écrite de **comtesse**) condesa.

CUB [kyb] (abr de **Communauté urbaine de Bordeaux**) *f* comunidad urbana de Burdeos.

Cuba *n pr* GÉOGR Cuba.

cubage *m* cubicación *f*.

cubain, e *adj* cubano, na.

Cubain, e *m* & *f* cubano, na.

cubature *f* cubicación.

cube [kyb] *adj* cúbico, ca; mètre cube metro cúbico.
◇ *m* cubo ∥cubito (de glace) ■ MATH 2 au cube 2 al cubo ∥ élever au cube elevar al cubo ∥ (moto) gros cube moto de gran cilindrada.
∥ **OBSERV** La palabra francesa cube no tiene el sentido de recipiente.

cubèbe *m* cubeta *f* (plante).

cuber [3] *v tr* cubicar (mesurer) ∥MATH elevar al cubo ou a la tercera potencia, cubicar.

cubiculum [kybikylɔm] *m* cubículo.

cubilot *m* cubilote (creuset).

cubique *adj* & *s f* cúbico, ca; racine cubique raíz cúbica.

cubisme *m* cubismo (peinture, sculpture).

cubiste *adj* & *s* ARTS cubista.

Cubitainer® *m* recipiente de plástico para el transporte de líquidos.

cubital, e *adj* ANAT cubital.

cubitière *f* codal *m* (d'armure).

cubitus *m* ANAT cúbito.

cuboïde *adj* cuboides (os).

cucul; cucu *adj* FAM repipi.

cucurbitacé, e *adj* & *s f* BOT cucurbitáceo, a.

cucurbitain; cucurbitin *m* anillo de la tenia.

cucurbite *f* TECHN cucúrbita (d'alambic).

cucurbitin ➡ **cucurbitain**.

cueillage *m* AGRIC recolección *f*.

cueillaison [kœjɛzɔ̃]; **cueille** [kœj] *f* AGRIC recolección.

cueillette [kœjɛt] *f* recolección, cosecha (des fruits).

cueilleur, euse [kœjœr, øz] *adj* & *s* recolector, ra; cosechador, ra.

cueillir [41] [kœjir] *v tr* coger, cosechar, recoger (fruits, fleurs) ∥recoger (ramasser) ∥FAM pillar, coger; cueillir un voleur coger a un ladrón ∥recoger (aller chercher) ∥FIG cueillir des

lauriers conquistar, cosechar ou recoger laureles ∥cueillir un baiser robar un beso.

cueilloir [kœjwar] *m* cogedera *f* (pour arbres) ∥cuévano, cesta *f* (panier).

Cuenca [kwɛ̆ka] *n pr* GÉOGR Cuenca [ciudad].

cuiller; cuillère [kɥijɛr] *f* cuchara; cuiller à soupe ou à potage cuchara sopera; cuiller en bois cuchara de palo ∥cebo *m* artificial de cuchara (pour la pêche) ∥TECHN cuchara (d'une chargeuse) ■ cuiller à café cucharilla de café ∥cuiller à pot cazo, cucharón ∥petite cuiller cucharilla ■ en deux ou trois coups de cuiller à pot en menos que canta un gallo ∥être à ramasser à la petite cuiller estar hecho papilla.

cuillerée [kɥijere] ou [kɥijre] *f* cucharada ∥cuillerée à café cucharada de café ∥cuillerée à soupe cucharada de sopa ou sopera.

cuilleron [kɥijrɔ̃] *m* pala *f* de la cuchara.

cuir *m* cuero; cuir chevelu cuero cabelludo ∥cuero (peau tannée) ∥curtido; industrie des cuirs industria de curtidos ∥piel *f* (des animaux) ∥piel *f*; cuir de Russie piel de Rusia; articles de cuir artículos de piel ■ cuir à rasoir suavizador ∥cuir bouilli cuero lavable ∥entre cuir et chair entre cuero y carne ∥il a le cuir épais tiene una cara (dura) ∥tanner le cuir à quelqu'un zurrar la badana a alguien.

cuirasse *f* coraza (armure) ∥cubierta, capa (enveloppe) ∥FIG peto *m* cubierta ∥MAR coraza, blindaje *m* (blindage) ∥ZOOL coraza (carapace) ∥FIG défaut de la cuirasse punto débil ou flaco ou vulnerable (d'un homme, d'un écrit).

cuirassé, e *adj* & *s m* acorazado, da.

cuirassement *m* acorazamiento.

cuirasser [3] *v tr* acorazar.

cuirassier *m* coracero (soldat).

cuire [98] *v tr* cocer (à l'eau); cuire à petit feu cocer a fuego lento ∥freir (à la poêle), asar (au four, sur le gril) ∥cocer (des matériaux) ∥hacer (du pain) ∥quemar, tostar (la peau) ∥il est dur à cuire es duro de pelar.
◇ *v intr* cocerse; légumes qui cuisent mal legumbres que se cuecen mal ∥freírse (à la poêle), asarse (au four, sur le gril) ∥escocer (douleur) ■ cuire dans son jus morirse de calor (de chaleur), quedarse más solo que la una (par isolement) ∥en cuire costar caro, pesar.

cuisant, e *adj* de cocción fácil ∥agudo, da; punzante; douleur cuisante dolor agudo ou fuerte (piment) ∥FIG humillante; vergonzoso, sa; injuriante; défaite cuisante derrota vergonzosa ∥mordaz, mortificante; acerado, da; punzante.

cuiseur *m* caldera *f*.

cuisine *f* cocina (lieu, arts, mets); cuisine soignée cocina esmerada ∥FIG & FAM componendas *pl*, maniobras *pl*, pasteleo *m*, tejemanejes *m pl*, trapicheos *m pl*; cuisine électorale maniobras electorales *pl* ∥potingue *m*, porquería (mélange) ■ latin de cuisine latín macarrónico ∥faire la cuisine guisar, cocinar, hacer la cocina (chez soi), poner al gusto del público (journalisme).

cuisiné, e *adj* guisado, da; cocinado, da; preparado, da ∥plat cuisiné precocinado.

cuisiner [3] *v intr* guisar, cocinar.
◇ *v tr* cocinar, guisar, acomodar ∥FAM per-

geñar, fraguar (préparer) ‖ amañar (une élection, etc.) ‖ FIG & FAM sacar del cuerpo, interrogar insidiosamente, sonsacar, tirar de la lengua, meter los dedos.

cuisinier, ère adj & s [▷ SYN] cocinero, ra.
🠖 **cuisinière** f cocina; cuisinière électrique cocina eléctrica.
┃ SYN chef maestro de cocina; MAR coq cocinero; cordon-bleu buena cocinera; gâte-sauce pinche de cocina; marmiton marmitón; ARG MIL popotier, FAM cuistot ranchero.

cuissage m DR pernada f.

cuissard [kɥisar] m quijote (partie de l'armure) ‖ elástica f (sports).

cuissardes f pl botas.

cuisse f muslo m ‖ anca (de grenouille, de cheval) ‖ pierna (de mouton) ‖ FIG se croire sorti de la cuisse de Jupiter creerse descendiente de la pata del Cid, ser muy orgulloso.

cuisseau m pierna f de ternera.

cuisson f cochura, cocción, cocimiento m (coction) ‖ escozor m (douleur).

cuissot [kɥiso] m pernil [de caza mayor].

cuistance f MIL rancho m.

cuistot [kɥisto] m MIL & FAM cocinero, ranchero.

cuistre m FAM pedante ‖ grosero, patán (grossier).

cuistrerie f FAM pedantismo m ‖ grosería, chabacanería, patanería (grossièreté).

cuit, e [kɥi, it] adj cocido, da ‖ hecho, cha (viande) ‖ cocho, cha (matériaux) ■ bien cuit hecho ‖ cuit à point en su punto ‖ FAM cuit et recuit de tomo y lomo ‖ pas assez cuit poco hecho ‖ trop cuit demasiado hecho ■ apporter quelque chose tout cuit traer algo en bandeja ou en bandeja de plata ‖ FAM c'est du tout cuit está tirado ‖ FAM être cuit estar aviado ou perdido.
🠖 **cuite** f cochura (pain, brique, etc.) ‖ hornada (fournée) ‖ almíbar m (sirop) ‖ FAM tajada, curda, cogorza, turca; prendre une cuite coger una tajada.

cuiter [3]
🠖 **se cuiter** v pr FAM coger una tajada, una mona, una curda.

cuivrage m TECHN encobrado.

cuivre m cobre ‖ IMPR grabado en cobre (gravure) ‖ cuivre jaune latón, azófar ‖ cuivre rouge cobre rojo.
🠖 **cuivres** m pl cobres (objets en cuivre) ‖ MUS instrumentos de metal, cobres (instruments à vent).

cuivré, e adj cobrizo, za; encobrado, da (couleur) ‖ FIG metálico, ca (son).

cuivrer [3] v intr TECHN encobrar (couvrir de cuivre) ‖ dar color cobrizo ‖ MUS dar un sonido metálico.

cuivrerie f fábrica de cobre ou de objetos de cobre.

cuivreux, euse adj cobrizo, za (couleur) ‖ cobreño, ña (qui contient du cuivre) ‖ metálico, ca (son) ‖ CHIM cuproso, sa.

cuivrique adj CHIM cúprico, ca.

cul [ky] m ANAT & VULG culo ‖ culo (fonds d'un récipient); cul de bouteille culo de botella ■ VULG trou du cul ojete ■ FAM être comme cul et chemise ser como uña y carne ‖ FAM faire cul sec beberse el vaso de un tirón,

apurar un vaso ‖ avoir la bouche en cul de poule tener boca de pitiminí.

culasse f MIL culata (du canon)‖cerrojo m (du fusil) ‖ TECHN culata (moteur à explosion).

cul-blanc [kyblɑ̃] m petrel (pétrel) ‖ culiblanco (chevalier) ‖moscareta f (traquet).
▄ OBSERV pl culs-blancs.

culbute f voltereta, trecha (cabriole) ‖ caída violenta, costalada, costalazo m (chute) ‖ FIG & FAM ruina, caída, hundimiento (renversement) ‖ faire la culbute vender algo al doble de su precio (commerce), quebrar (faire faillite), perder su puesto (perdre sa place).

culbuter [3] v tr derribar, voltear (renverser) ‖ FIG vencer, derrotar (vaincre l'ennemi) ‖ vencer, destruir (venir à bout de) ‖ tout culbuter ponerlo todo patas por alto ou patas arriba.
◇ v intr [▷ SYN] dar trechas ou volteretas (faire des culbutes) ‖ caer de cabeza (tomber) ‖ FIG ser derribado.
┃ SYN basculer voltear, perder el equilibrio; capoter volcar; chavirer zozobrar; faire panache apearse por las orejas (cavalier), volcarse (voiture); verser volcarse.

culbuteur m TECHN balancín.

cul-de-basse-fosse [kydbasfos] m mazmorra f.
▄ OBSERV pl culs-de-basse-fosse.

cul-de-four [kydfur] m ARCHIT bóveda f de cascarón.
▄ OBSERV pl culs-de-four.

cul-de-jatte [kydʒat] m lisiado sin piernas.
▄ OBSERV pl culs-de-jatte.

cul-de-lampe [kydlɑ̃p] m IMPR viñeta f final de capítulo, libro, etc. ‖ ARCHIT pingante.
▄ OBSERV pl culs-de-lampe.

cul-de-sac [kydsak] m callejón sin salida.
▄ OBSERV pl culs-de-sac.

culée f ARCHIT estribo m (d'un pont) ‖ machón m, pilar m (d'un arc).

culer [3] v intr retroceder, recular.
◇ v tr dar un masculillo.

culeron m ojal de la baticola.

culière f ataharre m.

culinaire adj culinario, ria.

culminant, e adj culminante; point culminant punto culminante.

culmination f culminación.

culminer [3] v intr culminar.

culot [kylo] m casquillo, culote (de cartouche, d'ampoule électrique) ‖ residuo de tabaco en la pipa (tabac) ‖ benjamín (dernier-né) ‖ último, ma (dernier d'une compétition) ‖ FIG & FAM (vx) último polluelo de una nidada (dernier éclos) ‖ FAM caradura f, frescura f, descaro, desparpajo (aplomb).

culotte f [▷ SYN] calzón m (d'homme), pantalón corto (sports), taleguilla f (d'un toréador) ‖ bragas pl, braga (de femme) ‖ pérdida en el juego (échec) ‖ CULIN cuarto m trasero (du bœuf) ‖ FAM borrachera (cuite), fracaso m (échec) ‖TECHN tubo m bifurcado (tuyau) ■ culotte de cheval mollas, pistoleras [celulitis de los muslos y caderas] ‖ FAM culotte de peau militarote, militar obtuso ‖ porter la culotte llevar los pantalones ‖FAM prendre une culotte agarrar una curda (s'enivrer), fracasar (subir un échec).
▄ OBSERV Les mots calzón et braga sont généralement employés au pluriel.

SYN culotte bouffante bombachos; pantalon pantalón; chausses calzas; short short.

culotté, e adj FAM caradura; fresco, ca.

culotter [3] v tr poner los calzones ‖ FIG curar, quemar, ennegrecer (pipe).

culottier, ère m & f pantalonero, ra.

culpabilisant, e adj que hace sentir culpable.

culpabilisation f culpabilización, culpación.

culpabiliser [3] v tr culpabilizar.

culpabilité f culpabilidad.

culte m culto.

cultéranisme; cultisme m culteranismo.

cul-terreux [kytɛrø] m FAM destripaterrones, cateto.
▄ OBSERV pl culs-terreux.

cultisme 🠖 **cultéranisme**.

cultivable adj cultivable.

cultivateur, trice adj & s cultivador, ra (p us), labrador, ra (terme usuel).
🠖 **cultivateur** m cultivador (appareil) ‖cultivateur rotatif rotocultivador.

cultivé, e adj cultivado, da (sol) ‖ culto, ta (instruit).

cultiver [3] v tr cultivar.

cultuel, elle adj relativo, va al culto; litúrgico, ca.

culture f AGRIC cultivo m; culture en terrasse cultivo en bancales ou de terrazas; culture maraîchère cultivo de hortalizas ou verduras ‖ BIOL cultivo m; bouillon de culture caldo de cultivo ‖ FIG cultura (de l'esprit); culture générale cultura general ‖ cultivo m; la culture des lettres el cultivo de las letras ■ culture fruitière fruticultura, cultivo agrícola ‖ culture physique cultura física, gimnasia.

culturel, elle adj cultural.

culturellement adv de modo cultural.

culturisme m culturismo.

culturiste adj & s culturista.

cumin m BOT comino.

cumul m cúmulo, acumulación f ‖ cumul d'emplois, des fonctions pluriempleo, acumulación de funciones ‖ cumul de peines acumulación de penas ‖ cumul des salaires acumulación de salarios.

cumulable adj compatible (fonction) ‖ acumulable (intérêts, revenus).

cumulard [kymylar] m FAM pluriempleado, acumulador de cargos, acaparador.

cumulatif, ive adj DR acumulativo, va.

cumulativement adv cumulativamente.

cumuler [3] v tr acumular cargos ou empleos, acaparar.

cumulo-nimbus m inv cumulonimbo.

cumulo-stratus m inv estratocúmulo.

cumulus m cúmulo (nuage).

cunéiforme adj cuneiforme (écriture).

cuniculiculteur m cunicultor.

cuniculiculture f cunicultura.

cupide adj codicioso, sa (avide).

cupidement adv LITT con codicia.

cupidité f codicia (avidité).

Cupidon *n pr* Cupido.

cupressacées *f pl* BOT cupresáceas.

cuprifère *adj* cuprífero, ra.

cuprique *adj* CHIM cúprico, ca.

cupronickel *m* cuproníquel.

cupule *f* BOT cúpula, cascabillo *m*.

cupulifères *f pl* BOT cupulíferas.

curabilité *f* curabilidad.

curable *adj* curable.

curaçao [kyraso] *m* curasao (liqueur).

Curaçao [kyraso] *n pr* GÉOGR Curuçao, Curazao.

curage *m* limpia *f*, limpieza *f*.

curaillon; cureton *m* FAM curilla.

curare *m* curare (poison).

curatelle *f* DR curaduría, curatela.

curateur, trice *m & f* curador, ra.

curatif, ive *adj* curativo, va.

curcuma *m* BOT cúrcuma *f*.

cure *f* cura (traitement et guérison) ‖ curato *m* (fonction du curé) ‖ casa del cura (presbytère) ■ cure d'amaigrissement cura de adelgazamiento ‖ cure de sommeil cura de sueño ■ faire une cure de fruits comer mucha fruta ‖ faire une cure thermale tomar las aguas ‖ n'avoir cure de traerle a uno sin cuidado, no hacer caso de, importar poco.

> CURE THERMALE ─────
> Note que, en ciertos casos, el sistema de seguridad social francés sufraga el coste de las curas termales.

curé *m* cura (prêtre) ‖ párroco (chargé d'une paroisse) ‖ FAM bouffer du curé ser anticlerical.

cure-dent; cure-dents *m* palillo de dientes, mondadientes.
‖ OBSERV pl cure-dents.

curée *f* encarne *m*, encarna (chasse) ‖ FIG & FAM arrebatiña ■ âpre à la curée muy codicioso ‖ faire curée encarnar (les chiens).

cure-ongles [kyrɔ̃gl] *m inv* limpiaúñas.

cure-oreille *m* mondaoídos, escarbaorejas.
‖ OBSERV pl cure-oreilles.

cure-pipe; cure-pipes *m* limpiapipas.
‖ OBSERV pl cure-pipes.

curer [3] *v tr* limpiar, mondar.
➡ **se curer** *v pr* limpiarse; se curer les dents limpiarse los dientes [con un palillo].

curetage [kyrtaʒ]; **curettage** [kyrɛtaʒ] *m* MÉD raspado, legrado, legradura *f*.

cureter [27] *v tr* MÉD raspar ‖ legrar (un os).

cureton ➡ curaillon.

curettage ➡ curetage.

curette *f* MÉD legra, cureta ‖ TECHN raspador *m*, rascador *m*.

Curiaces *n pr m pl* MYTH les Curiaces los tres Curiacios.

curial, e *adj* parroquial ‖ HIST curial ‖ maison curiale casa del cura.

curie [kyri] *f* HIST curia.
> *m* PHYS curie (unité de radioactivité).

curiethérapie *f* MÉD curieterapia, radiumterapia.

curieusement *adv* curiosamente.

curieux, euse *adj* curioso, sa; être curieux de nature ser curioso por naturaleza ‖ sorprendente; une curieuse nouvelle una noticia sorprendente ‖ extraño, ña; peregrino, na (étrange) ■ regarder comme une bête curieuse mirar como un bicho raro ‖ regarder d'un œil curieux mirar con curiosidad.
> *m & f* curioso, sa ‖ curioso, sa; mirón, ona (badaud).
➡ **curieux** *m* lo curioso, lo extraño.

curiosité *f* [▷ SYN] curiosidad ‖ rareza (chose étrange).
➡ **curiosités** *f pl* antigüedades.
‖ SYN attention atención; intérêt interés.

curiste *m & f* MÉD agüista.

curium [kyrjɔm] *m* CHIM curio.

curling *m* curling (sports).

curriculum; curriculum vitae *m* currículum vitae, historial profesional.

curry *m* curry; poulet au curry pollo al curry.

curseur *m* TECHN cursor, corredera *f*.

cursif, ive *adj & s f* cursivo, va ‖ écriture cursive letra cursiva.

cursus *m* estudios universitarios.

curule *adj* HIST curul (chaise).

curviligne *adj* curvilíneo, a.

curvimètre *m* curvímetro.

CUS [kys] (abr de Communauté urbaine de Strasbourg) *f* comunidad urbana de Estrasburgo.

cuscute *f* BOT cuscuta.

cuspide *f* BOT cúspide.

custode *f* viril *m* (pour l'hostie) ‖ paño *m* de cáliz (du ciboire) ‖ cortina (rideau).
> *m* custodio (inspecteur religieux).
‖ OBSERV La custodia en espagnol es l'ostensoir.

cutané, e *adj* ANAT cutáneo, a.

cut-back *m* riego asfáltico, asfalto.

cuti *f* FAM cutirreacción, dermorreacción, cuti; virer sa cuti virar la dermorreacción.

cuticule *f* cutícula.

cuti-réaction *f* MÉD cutirreacción, dermorreacción.
‖ OBSERV pl cuti-réactions.

cutter [kœtœr] ou [kytɛr] *m* MAR cúter (cotre).

cuvage *m*; **cuvaison** *f* fermentación *f*.

cuve *f* cuba ‖ AGRIC tina (pour le raisin) ‖ TECHN tina ‖ NUCL cuve de réacteur tanque ou vasija de reactor.
‖ SYN cuvier tinaco; cuveau cubeta; bac cuba; baquet tina.

cuveau *m* cubeta.

cuvée *f* tina, cuba (contenu) ‖ cosecha (récolte); de la dernière cuvée de la última cosecha.

cuvelage *m* entibación *f*, entibado (mines).

cuveler [24] *v tr* entibar, encubar (puits).

cuver [3] *v intr* fermentar, cocer.
> *v tr* FIG cuver son vin dormir la mona ‖ cuver sa colère apaciguarse.

cuvette *f* palangana, jofaina (de toilette) ‖ taza (des w.-c.) ‖ guardapolvo *m*, tapa (d'une montre) ‖ hondonada (du terrain) ‖ cauce *m* (d'un canal) ‖ caja colectora (d'une gouttière) ‖ caja (d'un roulement à billes) ‖ GÉOGR depresión ‖ PHOT cubeta ‖ TECHN cubeta (de baromètre).

cuvier *m* tina *f*, tinaco, lebrillo.

CV (abr écrite de cheval fiscal) CV ‖ (abr de curriculum vitae) currículum.

CVS (abr de corrigées des variations saisonnières) *adj* données CVS datos desestacionalizados.

cyan [sjã] *adj & s m* cian.

cyanamide *m* ou *f* cianamida *f* (engrais).

cyanhydrique *adj* CHIM cianhídrico, ca; prúsico, ca.

cyanite *f* MIN cianita.

cyanogène *m* CHIM cianógeno.

cyanophycées *f pl* cianofíceas (algues).

cyanose *f* MÉD cianosis.

cyanosé, e *adj* MÉD que padece cianosis.

cyanuration *f* cianuración.

cyanure *m* CHIM cianuro.

Cybèle *n pr* Cibeles.

cybercafé *m* cyberbar.

cyberespace *m* cyber espacio, espacio cibernético.

cybernaute *m* cibernauta.

cybernétique *f* cibernética.

cyclable *adj* para ciclistas, para ciclos; piste cyclable pista para ciclistas.

Cyclades [siklad] *n pr f pl* GÉOGR les Cyclades las Cícladas.

cycladique *adj* cicládico, ca.

cyclamen *m* BOT ciclamen, ciclamino, pamporcino.

cyclane *m* ciclano.

cycle *m* ciclo ■ cycle court ciclo corto ‖ cycle d'orientation ciclo de orientación (enseignement) ‖ premier cycle primeros años de la enseñanza media ‖ second cycle últimos años de la enseñanza media.

cyclecar *m* cochecillo de tres ou cuatro ruedas.

cyclique *adj* cíclico, ca.

cyclisme *m* ciclismo; cyclisme derrière moto ciclismo tras moto.

cycliste *adj & s* ciclista.

cyclo-cross *m* SPORTS ciclocross.

cycloïdal, e *adj* cicloidal.

cycloïde *f* GÉOM cicloide.

cyclomoteur *m* ciclomotor.

cyclonal, e *adj* ciclonal, ciclónico, ca.

cyclone *m* ciclón ‖ TECHN aventador centrífugo.

cyclonique *adj* ciclonal, ciclónico, ca.

cyclope *m* cíclope.

cyclopéen, enne *adj* ciclópeo, a.

Cyclopes *n pr m pl* MYTH cíclopes, ciclopes.

cyclostomes *m pl* ciclóstomos (poissons).

cyclothymie *f* MÉD ciclotimia.

cyclothymique *adj* MÉD ciclotímico, ca.

cyclotourisme *m* cicloturismo.

cyclotron *m* PHYS ciclotrón.

cygne *m* ZOOL cisne ‖ FIG chant du cygne canto del cisne.

cylindrage *m* apisonamiento (d'une route) ‖ TECHN cilindrado.

cylindraxe *m* ANAT cilindroeje.

cylindre *m* rodillo (compresseur) ‖ GÉOM & TECHN cilindro.

cylindrée *f* TECHN cilindrada ‖ AUTOM une voiture de grosse cylindrée un coche de gran cilindrada.

cylindrer [3] *v tr* pasar el rodillo en, apisonar (une route) ‖ laminar (laminer) ‖ enrollar (papier).

cylindreur *m* cilindrador (de cylindre) ‖ apisonador (de rouleau compresseur).

cylindrique *adj* cilíndrico, ca.

cylindro-conique *adj* cilindrocónico, ca.

cylindroïde *adj* cilindroideo, a.

cymaise ➤ cimaise.

cymbalaire *f* BOT cimbalaria.

cymbale *f* MUS címbalo *m*, platillo *m*.

cymbalier *m* MUS cimbalero.

cyme *f* BOT cima.

cynégétique *adj* & *s f* cinegético, ca.

cynipidés *m pl* cinípidos.

cynips *m* cínife (insecte).

cynique *adj* & *s* cínico, ca.

cyniquement *adv* cínicamente, con cinismo.

cynisme *m* cinismo.

cynocéphale *m* cinocéfalo (singe).

cynodrome *m* canódromo, cinódromo.

cypéracées *f pl* BOT ciperáceas.

cyphose *f* MÉD cifosis (gibbosité).

cyprès *m* BOT ciprés.

Cyprien *n pr m* Cipriano.

cyprière *f* BOT cipresal *m*.

cyprin *m* ciprino (poisson).

cyprinidés *m pl* ciprínidos, ciprinos (poissons).

cypriote *adj* & *s* chipriota, cipriota; ciprio, pria; ciprino, na (de Chypre).

cyrénaïque *adj* cirenaico, ca; cireneo, a.

Cyrénaïque *n pr f* GÉOGR la Cyrénaïque Cirenaica.

Cyriaque *n pr* Ciriaco.

Cyrille [siril] *n pr* Cirilo.

cyrillique *adj* cirílico, ca (alphabet).

Cyrus II le Grand *n pr* Ciro II el Grande.

cysticerque *m* cisticerco (larve du ténia).

cystique *adj* cístico, ca.

cystite *f* MÉD cistitis.

cystographie *f* MÉD cistografía.

cystoscope *m* MÉD cistoscopio.

cystoscopie *f* MÉD cistoscopia.

cystotomie *f* MÉD cistotomía.

Cythère [siter] *n pr f* GÉOGR Citera ‖ MYTH Citeres.

cytise *m* BOT cítiso, codeso.

cytologie *f* BIOL citología.

cytoplasme *m* ANAT citoplasma.

czar [tsar] *m* zar.
‖ OBSERV Pour ce mot et ses dérivés ➤ **tsar**.

d; D *m* d *f* ▍ FAM système D maña, habilidad para salir del apuro.

▍ OBSERV La d, en final de dicción y precedida de una nasal, es muda (grand, il apprend), pero seguida de una voz que empieza por vocal o h muda suena como t (grand arbre, grantarbr; grand homme, grantom). En los nombres propios generalmente es muda (Gand, Chateaubriand, Roland, Fernand) excepto en algunos casos (Samarkand, Jutland, George Sand).

D (abr écrite de **dépression**) D.

da partícula que se añade a una afirmación o negación para darle mayor fuerza; oui-da si tal, ¡claro que sí!

DA (abr écrite de **dinar algérien**) DA.

da capo *loc adv* MUS da capo.

Dacca; Dhaka *n pr* GÉOGR Dhāhā, Dacca, Dhaka.

dace *adj & s* dacio, cia.

Dacie *n pr f* HIST la Dacie (ancien nom de la Roumanie) Dacia.

dactyle *m* POÉT dáctilo.

dactylique *adj* POÉT dactílico, ca.

dactylo (abr de **dactylographe**) *m & f* mecanógrafo, fa (personne).
◇ *f* mecanografía (procédé).

dactylographe *f* dactilógrafa (p us), mecanógrafa (mot usuel).

dactylographie *f* dactilografía (p us), mecanografía (mot usuel).

dactylographier [9] *v tr & intr* mecanografiar, escribir con máquina.

dactylographique *adj* dactilográfico, ca.

dactylologie *f* dactilología.

dactyloscopie *f* dactiloscopia.

dada *m* caballito (langage enfantin) ▍ dadaísmo (mouvement artistique) ▍ FIG & FAM manía *f*, capricho, tema.

dadais *m* bobo, papanatas, simple.

dadaïsme *m* dadaísmo.

dadaïste *adj & s* dadaísta.

Dagobert *n pr* Dagoberto.

dague *f* daga (épée) ▍ cerceta, mogote *m* (du cerf) ▍ navaja, colmillo *m* (du sanglier).

daguerréotype *m* daguerrotipo.

daguerréotypie *f* daguerrotipia.

daguet [dagɛ] *m* cervato, varetón (jeune cerf).

dahir *m* dahír (décret du roi du Maroc).

dahlia *m* dalia *f* (fleur).

dahoméen, enne *adj* dahomeyano, na (du Dahomey).

Dahoméen, enne *m & f* dahomeyano, na.

Dahomey *n pr m* HIST le Dahomey Dahomey (ancien nom du Bénin).

daigner [4] [deɲe] *v intr* dignarse.

daim [dɛ̃] *m* gamo (animal) ▍ ante (peau); souliers en daim zapatos de ante.

daimyo *m* daimio (prince féodal japonais).

daine *f* gama (femelle du daim).

dais [dɛ] *m* [▷ SYN] dosel ▍ palio (baldaquin mobile) ▍ sombrero de púlpito, tornavoz (de chaire) ▍ ARCHIT bóveda *f*, doselete (voûte) ▍ POÉT techumbre *f*; dais de feuillage techumbre de follaje.

▍ SYN baldaquin baldaquino; poêle palio; ciel, ciel de lit pabellón.

Dakar *n pr* GÉOGR Dakar.

Dakota du Nord [dakɔtadynɔr] *n pr m* GÉOGR le Dakota du Nord Dakota del Norte.

Dakota du Sud [dakɔtadysyd] *n pr m* GÉOGR le Dakota du Sud Dakota del Sur.

dal (abr écrite de **décalitre**) dal, Dl.

dalaï-lama *m* dalai-lama.

▍ OBSERV pl dalaï-lamas.

Dalécarlie *n pr f* GÉOGR la Dalécarlie Dalecarlia.

Dalila [dalila] *n pr* Dalila (Bible).

dallage *m* enlosado, embaldosado (de dalles) ▍ solería *f* (de carreaux).

dalle *f* losa, baldosa ▍ MAR dala ■ dalle armée losa armada ▍ FAM se rincer la dalle echarse un trago, mojar la canal maestra; avoir la dalle tener un hambre canina.

◆ que dalle; que dal *loc adv* FAM ni jota, ni pizca; ne comprendre que dalle no entender ni jota.

daller [3] *v tr* enlosar, embaldosar.

dalleur *m* enlosador, embaldosador, solador.

dalmate *adj* dálmata.

Dalmate *m & f* dálmata.

Dalmatie [dalmasi] *n pr f* GÉOGR la Dalmatie Dalmacia.

dalmatien, enne *m & f* dálmata *m* (chien).

dalmatique *f* dalmática (vêtement).

dalot [dalo] *m* desaguadero, imbornal (petit canal pour l'écoulement des eaux) ▍ MAR imbornal, dala *f*.

daltonien, enne *adj & s* daltoniano, na.

daltonisme *m* MÉD daltonismo.

dam [dam] *m* daño, perjuicio ▍ condenación *f* (damnation).

▍ OBSERV Úsase sólo en las expresiones à mon dam, à ton dam, à son dam, etc., en perjuicio o daño, mío, tuyo, suyo, etc.; au grand dam de con grave ou gran riesgo de.

damage *m* apisonado, apisonamiento.

daman *m* damán (marmotte).

damas *m* damasco (étoffe) ▍ sable damasquino (arme) ▍ ciruela *f*, damascena (prune).

Damas *n pr* GÉOGR Damasco.

Damase *n pr* Dámaso.

damasquinage *m* damasquinado, ataujía *f*.

damasquiner [3] *v tr* damasquinar.

damasquineur *m* damasquinador.

damassé, e *adj* adamascado, da (linge) ▍ damasquinado, da (métal).

◆ damassé *m* tela *f* adamascada.

damasser [3] *v tr* adamascar (linge) ▍ TECHN damasquinar.

damassure *f* adamascado *m*.

dame [dam] *f* dama ▍ señora (femme mariée) ▍ señora (femme); coiffeur pour dames peluquería de señoras ▍ HIST doña; Dame Françoise Doña Francisca ▍ FAM reina, dama (jeu de cartes, échecs) ▍ dama (jeu de dames) ▍ TECHN pisón *m* (demoiselle) ■ dame d'atour azafata de la reina ▍ dame de charité dama de la caridad ▍ dame de compagnie señora de compañía ▍ MAR dame de nage tolete ▍ FAM dame pipi señora de los lavabos ▍ grande dame gran señora ▍ les toilettes des dames los servicios de señoras ▍ Notre-Dame Nuestra Señora ■ aller à dame hacer dama (au jeu de dames), coger una liebre, caerse (tomber) ▍ courtiser ou taquiner la dame de pique gustarle a uno el juego ▍ faire la dame dárselas de señora.

◆ dames *f pl* damas; jeu de dames juego de damas.

▍ OBSERV Evítese el empleo de votre dame en vez de votre femme.

dame! *interj* ¡toma!, ¡vaya! ▍ dame, non! ¡hombre, no! ▍ dame, oui! ¡claro que sí!

dame-d'onze-heures *f* BOT leche de gallina.

▍ OBSERV pl dames-d'onze-heures.

dame-jeanne [damʒan] *f* damajuana, garrafón *m*.

▍ OBSERV pl dames-jeannes.

damer [3] *v tr* coronar [un peón]; hacer dama con (au jeu de dames) ▍ TECHN apisonar (tasser la terre) ▍ FIG damer le pion à quelqu'un ganar la partida a uno, ganarle a uno por la mano.

dameur, euse *adj* apisonador, ra.
- **dameuse** *f* apisonadora, pisón *m*.

Damien *n pr* Damián.

damier *m* tablero (dames, échecs) ‖ ARCHIT moldura *f* escaqueada, escaque ‖ tissu damier ou en damier tela a cuadros.

Damiette *n pr* GÉOGR Damietta.

damnable [danabl] *adj* condenable ‖ condenable, reprobable; **une entreprise damnable** una empresa reprobable.

damnation [danasjɔ̃] *f* condenación eterna.
- **damnation!** *interj* (p us) ¡maldición!

damné, e [dane] *adj & s* condenado, da; réprobo, ba ‖ FIG & FAM maldito, ta; dichoso, sa; condenado, da; **cette damnée voiture!** ¡ese maldito coche! ■ FIG âme damnée instrumento ciego, persona muy adicta a otra ‖ souffrir comme un damné sufrir ou padecer como un condenado.

damner [3] [dane] *v tr* condenar, reprobar ‖ FIG faire damner quelqu'un irritar, enfurecer a uno.
- **se damner** *v pr* condenarse.

Damoclès *n pr* Damocles.

damoiseau *m* (ancien) doncel ‖ FAM galancete.

damoiselle *f* (ancien) doncella, señorita (fille de qualité).

damper *m* TECHN amortiguador de vibraciones.

dan *m* dan (judo).

Danaïdes [danaid] *n pr f pl* MYTH les Danaïdes las Danaides ‖ tonneau des Danaïdes vaso de las Danaides ‖ c'est le tonneau des Danaïdes es un barril sin fondo.

dancing *m* dancing, sala *f* de baile.

dandin *m* FAM babieca, bobalicón (niais).

dandinement *m* contoneo.

dandiner [3]
- **se dandiner** *v pr* contonearse.

dandy *m* dandi, dandy.

dandysme *m* dandismo.

Danemark *n pr m* GÉOGR le Danemark Dinamarca *f*.

danger *m* [▷ SYN] peligro; **fuir le danger** huir del peligro ‖ MAR escollo (épave, écueil) ■ **en danger** en peligro ‖ **pas de danger!** ¡ni hablar! ■ **être en danger** peligrar ‖ mettre en danger poner en peligro, hacer peligrar.
‖ SYN péril peligro; hasard azar; risque riesgo.

dangereusement *adv* peligrosamente ‖ gravemente, de gravedad; **dangereusement blessé** herido gravemente.

dangereux, euse *adj* peligroso, sa; **il est dangereux de se pencher à la portière** es peligroso asomarse al exterior.

Daniel *n pr* Daniel.

danois, e *adj* danés, esa; dinamarqués, esa.
- **danois** *m* perro danés, alano (chien) ‖ LING danés.

Danois, e *m & f* danés, esa, dinamarqués, esa.

dans [dɑ̃] *prép* en (sans mouvement); **être dans la rue** estar en la calle ‖ dentro de, en; dans

un mois dentro de un mes ‖ durante, en; **dans la nuit du lundi** durante la noche del lunes ‖ alrededor de, poco más o menos, unos, unas; **cela coûte dans les cinq francs** eso cuesta alrededor de los cinco francos ‖ con; **dans le dessein de** con objeto de ‖ a (mouvement); **jeter dans le feu** arrojar al fuego ‖ por (mouvement); **se promener dans la rue** pasearse por la calle; **arriver dans l'après-midi** llegar por la tarde ‖ entre, en; **il l'a pris dans ses mains** lo cogió entre sus manos ‖ entre, de; **être dans les premiers** estar entre ou ser de los primeros ‖ **dans le temps** en otra época.

dansable *adj* bailable.

dansant, e *adj* bailador, ra (qui danse) ‖ danzante; **procession dansante** procesión danzante ‖ bailable (musique); **tango très dansant** tango muy bailable ■ **soirée dansante** baile, reunión con baile ‖ **thé dansant** té baile.

danse *f* baile *m*; **musique de danse** música de baile; **danse classique** baile clásico ‖ danza (danse ancienne ou religieuse) ‖ FAM (vieilli) felpa, soba (correction); **recevoir une danse** llevar una buena soba ■ MÉD **danse de Saint-Guy** baile de San Vito ‖ **danse du ventre** danza del vientre ■ **avoir le cœur à la danse** tener ganas de baile, de jaleo ‖ FIG **entrer dans la danse** ou en danse entrar en danza ‖ **mener la danse** llevar la voz cantante, dirigir el cotarro, manejar la batuta.

  OBSERV Baile est beaucoup plus employé en espagnol que danza, devenu un mot littéraire (la danza griega, la danse grecque, la danza de los muertos, la danse macabre, una danza sagrada, une danse sacrée); il s'emploie également au sens figuré et dans les locutions toutes faites. Baile a donc le sens de bal et celui du mot français danse dans son acception la plus courante.

danser [3] *v intr* bailar, danzar ■ **maître à danser** profesor de baile ■ **danser sur la corde raide** bailar en la cuerda floja ‖ **inviter à danser** sacar a bailar ‖ FIG **ne savoir sur quel pied danser** no saber a qué atenerse, no saber qué partido tomar.
◇ *v tr* bailar, danzar (p us); **danser un tango** bailar un tango ■ **faire danser l'anse du panier** sisar ‖ **faire danser quelqu'un** sacar a bailar a alguien (danser avec), maltratar a uno, pegarle a uno (malmener).

danseur, euse *adj & s* danzante (dans une procession) ‖ persona que baila; **c'est un bon danseur de twist** es una persona que baila muy bien el twist ‖ bailaor (de flamenco) ‖ bailarín, ina (danseur professionnel au théâtre); **un danseur de l'Opéra** un bailarín de la Ópera ‖ pareja *f* (personne avec qui l'on danse) ■ **danseur de claquettes** bailarín de claqué ‖ **danseur de corde** volatinero, funámbulo ‖ **en danseuse** de pie sobre los pedales (cyclisme).

dansotter [3] *v intr* FAM bailotear.

Dante [dɑ̃t] *n pr* Dante.

dantesque *adj* dantesco, ca.

Danube *n pr m* GÉOGR le Danube el Danubio.

danubien, enne *adj* danubiano, na.

DAO (abr de dessin assisté par ordinateur) *m* CAD.

Daphné [dafne] *n pr f* MYTH Dafne.
- **daphné** *m* adelfa *f*.

daphnie [dafni] *f* dafnia, pulga acuática (crustacé).

Daphnis *n pr* MYTH Dafnis.

daraise *f* desaguadero *m*.

dard [dar] *m* dardo (arme) ‖ lengua *f* résped, réspede (du serpent) ‖ aguijón (insectes) ‖ albur (poisson) ‖ ARCHIT dardo, punta *f* de flecha ‖ BOT rama *f* florida (poirier, pommier), pistilo (pistil) ‖ FIG dardo, flecha *f* ‖ **filer comme un dard** irse como una flecha.

Dardanelles *n pr f pl* GÉOGR le détroit des Dardanelles el estrecho de los Dardanelos.

darder [3] *v tr* lanzar, arrojar (lancer) ‖ FIG irradiar, radiar (soleil) ‖ clavar, lanzar (un regard) ‖ lanzar, disparar, asestar (des sarcasmes).

dare-dare *loc adv* FAM de prisa, a escape, volando.

dariole *f* gloria, pastelito *m* con crema (gâteau) ‖ molde *m* (moule).

Darios [darjos]; **Darius** [darjys] *n pr* Darío.

darique *f* (ancien) darico *m* (monnaie de Perse).

darne *f* rodaja, rueda (de poisson).

darse *f* MAR dársena (bassin).

darsonvalisation *f* MÉD arsonvalización.

dartois *f* pastel *m* de hojaldre y almendra (gâteau).

dartre *f* MÉD empeine *m*, herpes *m pl* (maladie cutanée).

dartreux, euse *adj* herpético, ca.

darwinien, enne [darwinjɛ̃, ɛn] *adj & s* darviniano, na.

darwinisme [darwinism] *m* darvinismo.

darwiniste [darwinist] *m & f* darvinista.

dasyure *m* dasiuro (marsupial).

DAT (abr de Digital Audio Tape) *f inv* cinta *f* de audio digital.

dataire *m* datario (officier du Vatican).

DATAR; Datar (abr de Délégation à l'aménagement du territoire et à l'action régionale) *f* delegación nacional francesa de ordenación rural y regional.

datation *f* fechado *m*, acción de poner una fecha ‖ INFORM datación.

datcha *f* dacha [casa de campo rusa].

date *f* fecha, data (p us) ■ DR **date certaine** fecha cierta ‖ **date d'échéance** fecha de vencimiento ‖ **date de naissance** fecha de nacimiento ‖ **date d'expiration** fecha de expiración ‖ **date limite** fecha límite ‖ **date limite de consommation** fecha de caducidad (d'un aliment) ■ **de fraîche date** de fecha reciente ‖ **de longue date** desde hace mucho tiempo, de muy antiguo ‖ **de vieille date** de antiguo ‖ **en date de** con fecha de ‖ **le dernier en date** el último ■ **être le premier en date** tener la prioridad, ser el primero ‖ **faire date** hacer época, dejar huella ‖ **prendre date** señalar fecha.

dater [3] *v tr* fechar, datar (p us) ‖ **dater une lettre** fechar una carta; **cette lettre est datée de lundi** esta carta está fechada el lunes.
◇ *v intr* datar; **cela date du XVIIIᵉ siècle** eso data del siglo XVIII ‖ hacer época (faire date) ‖ estar anticuado; **une robe qui date** un ves-

tido que está anticuado ■ **à dater de ce jour** a partir de hoy ‖ **cela ne date pas d'hier** es cosa antigua, no es cosa de ayer.

daterie f dataría (chancellerie du Vatican).

dateur m fechador.

datif, ive adj & s m DR & GRAMM dativo, va.

dation f DR dación.

datte f dátil m (fruit) ‖ FAM **des dattes!** ¡naranjas de la China!

dattier m BOT datilera f, palmera f (arbre) ‖ **palmier-dattier** palma datilera.

datura m BOT datura f.

daube f CULIN adobo m (préparation) ‖ adobado m, estofado m (viande en daube); **bœuf en daube** estofado de buey.

dauber [3] v tr golpear, apalear (battre). ◇ v tr & intr adobar, estofar (la viande) ‖ FIG burlarse; **dauber (sur) quelqu'un** burlarse de uno.

daubeur, euse adj & s burlón, ona; murmurador, ra.

daubière f cazuela para adobar.

dauphin [dofɛ̃] m delfín ‖ delfín (titre).

dauphine f delfina (épouse du dauphin).

Dauphiné n pr m GÉOGR le Dauphiné el Delfinado.

dauphinelle f BOT espuela de caballero [(Amér) espolón m de gallo].

dauphinois, e adj delfinés, esa; del Delfinado.

Dauphinois, e m & f delfinés, esa; nativo, va del Delfinado.

daurade [dorad] f besugo m, dorada (poisson).

davantage adv más; **je ne t'en dis pas davantage** no te digo más ‖ más tiempo (plus longtemps) ■ **bien davantage** mucho más ‖ **pas davantage** no más, basta (pas plus), tampoco (non plus).

David n pr m David.

davier m gatillo, tenazas f pl, alicates pl (de dentiste) ‖ MAR pescante (d'un navire).

Davis [devis] n pr **coupe Davis** copa Davis.

Dawha [dɔa] n pr GÉOGR Doha.

dB (abr écrite de **décibel**) dB.

DB (abr de **division blindée**) f división blindada.

DCA (abr de **défense contre avions**) f d.a.a., DCA.

DCT (abr de **diphtérie coqueluche tétanos**) m vacuna contra la difteria, tos ferina y tétanos.

DDA (abr de **Direction départementale de l'agriculture**) f delegación provincial de agricultura, en Francia.

DDASS; Ddass (abr de **Direction départementale d'action sanitaire et sociale**) f organismo que se encarga de la política sanitaria y social provincial y de la protección de la infancia; **un enfant de la DDASS** un niño abandonado o maltratado recogido por la DDASS.

DDD (abr de **digital digital digital**) DDD.

DDE (abr de **Direction départementale de l'Équipement**) f delegación provincial de obras públicas, en Francia.

DDT (abr de **dichlorodiphényltrichloréthane**) m DDT.

DDTAB (abr de **diphtérie, tétanos, typhoïde, paratyphoïde A**) m vacuna contra la difteria, tétanos, tifoideas y paratifoideas.

de [də] (Se abrevia en **d'** ante una vocal o h muda. Se une con el artículo **le, les**, dando los contractos **du del; des** de los, de las.)

1. PRÉPOSITION
2. MOT DE LIAISON
3. ARTICLE PARTITIF

1. PRÉPOSITION **a)** rendu par de. Indiquant: l'origine, le point de départ, dans l'espace ou dans le temps; **il vient de Paris** viene de París; **du soir au matin** de la noche a la mañana; un moment vaguement déterminé; **partir de jour** salir de día; la manière, l'agent, le moyen; **statue de bois** estatua de madera; **vivre de son travail** vivir de su trabajo; **d'un coup de pied** de un puntapié; la cause; **tomber de fatigue** caer de cansancio. De s'emploie aussi avec divers compléments; **digne d'éloges** digno de elogios; **âgé de quinze ans** de quince años de edad; **vingt mètres de long** veinte metros de largo; pour introduire le complément de nom; **une page du livre** una página del libro; **la femme de Paul** la mujer de Pablo; pour marquer certaines particularités; **journal du soir** diario de la noche; **chien de chasse** perro de caza **b)** rendu par d'autres prépositions; on emploie con (avec), pour indiquer la manière; **faire signe de la main** hacer seña con la mano; **d'un air irrité** con aire irritado; pour indiquer l'utilisation; **je ne sais que faire de ce livre** no sé qué hacer con ese libro; on le traduit par por; pour désigner le motif, la cause; **aimable de nature** amable por naturaleza; **louer quelqu'un de son courage** alabar a uno por su valor; pour rendre le français par; **aimé de tous** amado por todos; **50 francs de l'heure** 50 francos por hora; il équivaut parfois à en; **de ma vie** en mi vida; **du temps de Colomb** en tiempos de Colón; dans certains cas, notamment avec les verbes de mouvement, on le rend par a; **s'approcher du feu** acercarse al fuego; **de sang-froid** a sangre fría; il équivaut parfois à pour et se rend par para; **je n'ai pas le temps de manger** no tengo tiempo para comer; il se rend d'autres fois par entre; **choisis de lui ou de moi** escoge entre él y yo **c)** précédé d'un adverbe de quantité, de ne se traduit pas en espagnol, et l'adverbe se rend par l'adjectif correspondant; **beaucoup d'amis** muchos amigos; **peu de gens** pocas personas; **trop de bruit** demasiado ruido; l'adverbe seul se traduit; **de plus** más; **de moins** menos; **de plus en plus** más y más; est remplacé par une autre expression; **de moins en moins** cada día menos; **de plus en plus** cada día más, cada vez más
2. MOT DE LIAISON avec un infinitif sujet ou complément on le supprime en espagnol; **il est bon de dormir** es bueno dormir; **il craint de venir** teme venir; avec un verbe de prière ou de défense, on le supprime et on met le verbe au subjonctif; **je vous défends de parler** le prohíbo que hable; **je le priais de venir** le rogaba que viniese; l'infinitif historique français est rendu en espagnol par un temps personnel; ainsi dit le renard

et flatteurs d'applaudir así habló el zorro y los aduladores aplaudieron; on conserve la préposition de avec un infinitif complément d'un adjectif; **indigne de vivre** indigno de vivir; devant un nom en apposition, on conserve de; **la ville de Mexico** la ciudad de Méjico; **ce coquin de Louis** ese pillo de Luis; devant un adjectif ou un participe passé, on supprime de; **pas un moment de libre** ni un momento libre; **un grand pas de fait** un buen paso dado; il n'y en a pas d'aussi bon no lo hay tan bueno; **quelque chose de bon** algo bueno
3. ARTICLE PARTITIF en général on le supprime; **avoir du pain, des enfants** tener pan, hijos; **boire du vin** beber vino; mais avec un complément partitif défini on le conserve; **donne-moi du vin que tu as apporté** dame del vino que has traído; **manger de tous les plats** comer de todos los platos; lorsque de équivaut à quelques, on le rend par unos, unas; **des enfants jouent dans le jardin** unos niños juegan en el jardín (si le substantif est précédé d'un adjectif, on peut supprimer unos; **de grands arbres couronnaient la colline** grandes árboles coronaban la colina).

DE (abr de **diplômé d'État**) m que tiene un diploma oficial.

dé m dado (pour jouer); **dé pipé ou chargé** dado falso ou cargado ‖ dedal (pour coudre) ‖ **ficha** f (au domino) ‖ ARCHIT dado (de piédestal) ‖ TECHN dado ■ FIG **coup de dés** golpe de suerte, casualidad ■ FIG agir sur un coup de dés obrar al acaso ou a lo que salga ‖ **les dés sont jetés** la suerte está hechada.

DEA (abr de **diplôme d'études approfondies**) m diploma de tercer ciclo universitario, ≃ diploma de postgrado.

dead-heat [dɛdit] m ex aequo (sports). ‖ OBSERV pl dead-heats.

dealer [3] [dile] v intr FAM hacer de camello.

dealer [dilœr] m FAM camello [de droga].

déambulatoire m ARCHIT deambulatorio.

déambuler [3] v tr deambular, pasearse (se promener).

débâcher [3] v tr quitar la lona de, desentoldar.

débâcle [debakl] f deshielo m (dégel) ‖ FIG ruina, hundimiento m, derrumbamiento m, desastre m; **débâcle financière** desastre financiero ‖ derrota (défaite).

débâcler [3] v intr deshelarse (une rivière).

débâillonner [3] [debajɔne] v tr quitar la mordaza a.

déballage m desembalaje ‖ mercancías f pl vendidas a bajo precio ‖ tenderete (stand) ‖ exposición f de mercancías (étalage) ‖ FIG & FAM confesión f, confidencia f.

déballé, e adj FAM desanimado, da; alicaído, da.

déballer [3] v tr desembalar, desempaquetar ‖ FIG & FAM soltar (avouer).

débandade f desbandada ‖ **à la débandade** a la desbandada, en desorden.

débander [3] v tr aflojar (un arc) ‖ desvendar, quitar una venda (ôter un bandage) ‖ FIG **débander les yeux à quelqu'un** abrir los ojos a alguien.

➤ **se débander** v pr desbandarse, dispersarse.

débanquer [3] *v tr* desbancar (jeux).

débaptiser [3] [debatize] *v tr* desbautizar; débaptiser une rue desbautizar una calle.

débarbouillage [debarbujaʒ] *m* lavado, aseo.

débarbouiller [3] [debarbuje] *v tr* lavar.

débarcadère *m* MAR desembarcadero (jetée) ‖ andén (de chemin de fer), muelle, descargadero (pour les marchandises).

débardage *m* descarga *f* (d'un bateau) ‖ transporte (des arbres).

débarder [3] *v tr* descargar (un bateau) ‖ sacar (du bois).

débardeur *m* descargador.

débarqué, e *adj & s* desembarcado, da ‖ un nouveau débarqué un recién llegado.

débarquement *m* desembarco (des voyageurs) ‖ desembarque (des marchandises) ‖ MIL desembarco; le débarquement de Normandie el desembarco de Normandía.

débarquer [3] *v tr* desembarcar (un bateau), descargar (un train) ‖ FIG & FAM quitarse de encima, despachar (se débarrasser de).
◇ *v intr* desembarcar; il débarqua le matin desembarcó por la mañana ‖ FAM llegar, plantarse, descolgarse (arriver).

débarquer [3] *m* desembarco, desembarque (bateau) ‖ llegada *f* (train).

débarras [debara] *m* alivio, liberación *f* ‖ trastero, cuarto de los chismes (pièce) ■ FAM bon débarras! ¡buen viaje!, ¡adiós, muy buenas! (soulagement) ‖ il est parti, bon débarras! ¡menos mal que se ha ido!, ¡ya era hora de que se fuera!, ¡ya se fue, qué tranquilos nos hemos quedado!

débarrasser [3] *v tr* [▷ SYN] quitar; débarrasser un minerai de sa gangue quitar la ganga de un mineral; débarrasser quelqu'un d'un souci quitar a uno una preocupación; débarrasser la table quitar la mesa ‖ vaciar; débarrasser une pièce vaciar una habitación ‖ liberar, quitar; débarrasser les mains de leurs liens liberar las manos de sus ataduras ‖ eliminar, quitar de en medio, hacer desaparecer; il m'en a débarrassé me lo ha quitado de en medio ‖ quitar de encima; je croyais que je ne pourrais jamais m'en débarrasser creía que no podría nunca quitármelo de encima ‖ despejar, dejar libre; débarrasser la voie publique despejar la vía pública ‖ coger; débarrasser quelqu'un de son manteau coger el abrigo de alguien ■ FAM débarrasser le plancher largarse, ahuecar el ala ‖ vous pouvez débarrasser puede Ud. quitar la mesa.
➥ **se débarrasser** *v pr* desembarazarse, deshacerse; se débarrasser de vieux vêtements deshacerse de la ropa vieja ‖ quitarse; débarrassez-vous de votre chapeau quítese el sombrero ‖ quitarse de encima; il se débarrassa de ses dettes se quitó de encima las deudas ‖ cargarse; se débarrasser d'un importun cargarse a un importuno.
‖ SYN nettoyer limpiar; déblayer despejar; dégager librar, dejar libre; dépêtrer desenredar.

débat [deba] *m* debate ‖ débat budgétaire discusión del presupuesto ‖ débat télévisé teledebate.

débâter [3] *v tr* desalbardar (ôter le bât).

débâtir [32] *v tr* deshilvanar, descoser (découdre).

débâtissage *m* deshilvanado.

débattement *m* movimiento de un eje.

débattre [83] *v tr* [▷ SYN] debatir ‖ discutir (un prix) ‖ salaire à débattre sueldo a convenir.
➥ **se débattre** *v pr* forcejear, resistir (résister).
‖ SYN discuter discutir; parlementer parlamentar; délibérer deliberar.

débauchage *m* despido (licenciement) ‖ incitación *f* a la deserción (un militaire), a la huelga (un ouvrier), al libertinaje.

débauche *f* exceso *m* (de table) ‖ [▷ SYN] desenfreno *m*, disolución, relajación (de mœurs) ‖ FIG derroche *m*; faire une débauche d'énergie hacer un derroche de energía ■ inciter à la débauche corromper, viciar ‖ FAM faire une petite débauche echar una cana al aire.
‖ OBSERV No tiene débauche equivalente preciso en español. Etimológicamente viene de débaucher, despedir a un trabajador, distraerle de su trabajo, de donde los sentidos de holganza, juerga (que viene precisamente de huelga), desorden, orgía y finalmente el de desenfreno moral, libertinaje, liviandad, único que subsiste en el adjetivo débauché.
‖ SYN orgie orgía; bacchanale bacanal; libertinage libertinaje; dévergondage desvergüenza; dissolution disolución, relajación; relâchement relajamiento; FAM bombe juerga; FAM bringue jaleo, juerga; FAM foire jolgorio; FAM noce parranda; FAM (vieilli) ribouldingue farra.

débauché, e *adj* libertino, na; disoluto, ta; perdido, da ‖ corrompido, da; sobornado, da (corrompu) ■ femme débauchée mujer de vida airada, mujer de la vida ‖ vie débauchée vida disoluta.
◇ *m & f* libertino, na; perdido, da; juerguista.

débaucher [3] *v tr* despedir (renvoyer un ouvrier) ‖ lanzar al libertinaje, enviciar (jeter dans la débauche) ‖ corromper, pervertir (corrompre) ‖ FIG apartar del deber, corromper (détourner du devoir).

débaucheur, euse *m & f* depravador, ra; pervertidor, ra.

débenzoler [3] [debɛ̃zɔle] *v tr* desbenzolar.

débet [debɛ] *m* COMM debe, débito (solde débiteur).

débile *adj* débil ‖ endeble; delicado, da (santé) ‖ un débile mental un atrasado mental.

débilitant, e *adj* debilitante; debilitador, ra.

débilitation *f* (p us) debilitación.

débilité *f* debilidad; débilité mentale debilidad mental.

débiliter [3] *v tr* debilitar.

débillardement *m* desbastadura *f*.

débillarder [3] [debijarde] *v tr* desbastar (dégrossir).

débine *f* FAM miseria, pobreza; tomber dans la débine caer en la miseria.

débiner [3] *v tr* FAM criticar, hablar mal de, poner como un trapo, despellejar ‖ FAM débiner le truc descubrir el pastel.
➥ **se débiner** *v pr* FAM largarse, pirarse, najarse (partir).

débineur, euse *m & f* FAM mala lengua; criticón, ona.

débirentier, ère *m & f* deudor, ra de una renta.

débit [debi] *m* despacho, venta *f* (vente) ‖ despacho (magasin) ‖ rendimiento, producción *f* (production) ‖ caudal, gasto, régimen (d'eau, de gaz, d'électricité) ‖ capacidad *f* de tráfico (transport routier) ‖ caudal (d'un fleuve) ‖ cadencia *f* (d'une arme) ‖ corte (coupe) ‖ COMM debe, débito (compte), salida *f* de caja ‖ INFORM flujo, velocidad *f*; débit en bauds velocidad media de transferencia ‖ FIG elocución *f*, palabra *f*, habla *f*; avoir le débit facile tener la palabra fácil ■ débit de boisson despacho de bebidas ‖ débit de tabac estanco, expendeduría de tabaco ‖ débit de vins taberna, despacho de vinos ‖ indicateur de débit aforador ■ ÉCON au débit de votre compte cargado a su cuenta ‖ porter quelque chose au débit de quelqu'un cargar algo en la cuenta de alguien.

débitage *m* corte, aserrado, cuadratura *f* (de bois).

débitant, e *adj & s* vendedor, ra; tendero, ra ‖ estanquero, ra (de tabac) ‖ tabernero, ra (de vin).

débiter [3] *v tr* despachar, vender (vendre au détail) ‖ dar, suministrar (une quantité de liquide, de gaz, etc.) ‖ cortar, aserrar (le bois) ‖ cortar en trozos (la viande) ‖ producir, tener un rendimiento (produire) ‖ COMM cargar en cuenta, adeudar en cuenta (porter au débit d'un compte) ‖ FIG recitar, declamar ‖ decir, soltar; débiter des mensonges soltar mentiras ‖ propalar, contar por todos los sitios (répandre).

débiteur, euse *m & f* propalador, ra; difundidor, ra (de nouvelles) ‖ COMM dependiente (de la caisse) ‖ débiteur de mensonges mentiroso, sa.

débiteur, trice *adj & s* deudor, ra ‖ compte débiteur cuenta deudora.

débitmètre [debimɛtr] *m* caudalímetro, contador (de débit).

déblai *m* desmonte (enlèvement de terre) ‖ voie en déblai vía hecha en una zanja.
➥ **déblais** *m pl* escombros.

déblaiement; déblayement [deblamɑ̃] *m* limpia *f*, despejo, operaciones *f pl* de limpieza (nettoyage) ‖ nivelación *f*, desmonte (d'un terrain) ‖ FIG limpieza ■ travaux de déblaiement desescombro, obras de nivelación.

déblatérer [18] *v intr* FAM despotricar; déblatérer contre despotricar contra.
◇ *v tr* decir, soltar; déblatérer des sottises soltar tonterías.

déblayement ➥ **déblaiement**.

déblayer [11] [debleje] *v tr* quitar los escombros, descombrar, escombrar (débarrasser) ‖ desmontar, nivelar (un terrain) ‖ FIG despejar, limpiar (dégager) ‖ FIG déblayer le terrain despejar ou allanar el terreno.

déblocage *m* ÉCON desbloqueo, liberalización *f*; déblocage des prix liberalización de los precios ‖ MIL desbloqueo, levantamiento del bloqueo.

débloquer [3] *v tr* levantar el bloqueo, desbloquear (lever le blocus) ‖ liberar, desblo-

quear (des crédits) **IMPR** sustituir las letras vueltas **MÉCAN** desbloquear, desblocar.
◇ *v intr* **FAM** decir tonterías.

débobinage *m* desbobinado.

déboguer [3] *v tr* **INFORM** eliminar les errores.

déboire *m* sinsabor (contrariété), desengaño (déception).

déboisement [debwazmɑ̃] *m* desmonte **tala** *f* (coupe du bois).

déboiser [3] *v tr* desmontar **talar** (couper) **MIN** desentibar.
➤ **se déboiser** *v pr* estar quedándose sin árboles.

déboîtement [debwatmɑ̃] *m* dislocación *f*, desencajamiento (des os).

déboîter [3] [debwate] *v tr* dislocar, desencajar (un os) **desencajar.
◇ *v intr* salirse de la fila (une voiture).

débonder [3] *v tr* destapar (ôter la bonde) **FIG** (vieilli) desahogar (épancher).
◇ *v intr & pr* desbordar.

débonnaire *adj* buenazo, za; bonachón, ona **FAM** père débonnaire padrazo.

débonnairement *adv* bonachonamente.

débonnaireté *f* bonachombría, bondad excesiva.

débord *m* desbordamiento (crue) **reborde (d'une pièce) **ribete (d'un tissu) **MÉD** derrame.

débordant, e *adj* desbordante, rebosante, pletórico, ca; débordant d'enthousiasme desbordante de entusiasmo.

débordé, e *adj* agobiado, da; abrumado, da; être débordé de travail estar agobiado de trabajo.

débordement *m* desbordamiento (d'une rivière) **FIG** profusión *f*; débordement d'injures profusión de injurias **exceso, desenfreno (débauche) **MÉD** derrame (épanchement).

déborder [3] *v tr* desorillar, quitar el orillo (ôter la bordure) **repasar, sobrepasar (dépasser) **destapar (le lit) **invadir, abrumar (envahir) **FIG** agobiar, abrumar (accabler) **MAR** desabordar **MIL** flanquear, dejar atrás, rebasar (contourner) **faire déborder le vase hacer rebasar la copa.
◇ *v intr* desbordarse, salirse de madre; le fleuve a ou est débordé el río se ha desbordado **extenderse (s'étendre) **rebosar (un récipient) **MAR** desatracar (s'en aller) **desbordarse (se détacher d'un navire) **MÉD** derramarse (humeurs) **SPORTS** desbordar (football), adelantar (cyclisme) **déborder de joie rebosar de alegría **déborder d'injures proferir insultos.

débordoir *m* mazo (plombier) **apretador (tonnelier).

débosseler [24] *v tr* desabollar.

débosser [3] *v tr* **MAR** soltar las bozas de.

débotté; débotter *m* acto de descalzarse **llegada *f* (arrivée) **au débotté al llegar, a la llegada.

débotter [3] *v tr* descalzar, quitar las botas.

débouchage; débouchement *m* desatoramiento, desatascamiento (d'un tuyau), descorche (d'une bouteille).

débouché *m* desembocadura *f*, salida *f* (d'un défilé, d'une route) **FIG** salida *f*; les licenciés ès sciences trouvent beaucoup de débouchés los licenciados en ciencias tienen muchas salidas **llegada *f* (arrivée) **ÉCON & FIG** salida *f*, mercado (pour les marchandises); créer de nouveaux débouchés crear nuevos mercados.

débouchement ➤ **débouchage**.

déboucher [3] *v tr* destapar (ôter ce qui bouche) **descorchar, destaponar (ôter le bouchon) **desatascar, desatorar, desatrancar (dégorger) **déboucher une fusée colocar en una espoleta el mecanismo de explosión a tiempos.
◇ *v intr* desembocar (une rivière, une rue, un chemin, etc.) **llegar (arriver).

débouchoir *m* llave *f* (capsules) **sacacorchos (bouchons) **aguijada *f* (du soc) **desatascador, desatrancador (de tuyauterie).

déboucler [3] *v tr* desabrochar, soltar (une agrafe) **desrizar (cheveux).

débouilli [debuji]; **débouillissage** [debujisaʒ] *m* prueba *f* del tinte (d'une étoffe).

débouillir [48] [debujir] *v tr* **TECHN** probar un tinte en (sur une étoffe).

débouillissage ➤ **débouilli**.

déboulé; débouler *m* salida *f* de la liebre **escape, arranque (sports) **tirer un lièvre au déboulé tirar a una liebre a salto de mata.

débouler [3] *v intr* saltar (un lièvre) **rodar cuesta abajo (dans un escalier).
◇ *v tr* rodar abajo; débouler l'escalier rodar escaleras abajo.

déboulonnement; déboulonnage *m* acción de desempernar.

déboulonner [3] *v tr* desempernar (ôter les boulons) **desmontar (démonter) **FIG & FAM** echar abajo, deshacer; déboulonner une réputation echar abajo una reputación **derribar, echar abajo, cargarse (destituer).

débouquer [3] *v intr* **MAR** desembocar.

débourbage *m* deslío (de la bière) **MIN** lavado.

débourber [3] *v tr* quitar el fango, desembarrar, desenlodar (ôter la boue) **desatascar (une voiture) **desliar (la bière) **MIN** lavar (les minerais).

débourbeur *m* **MIN** lavador.

débourrage *m* limpieza *f* de la carda **acción de desborrar (la laine) **apelambrado (des peaux) **doma *f* (chevaux) **acción de desatacar (une arme).

débourrement *m* brote (des arbres).

débourrer [3] *v tr* desborrar, quitar la borra (ôter la bourre) **alijar (le coton) **desatacar (une arme) **apelambrar (les peaux) **vaciar, limpiar (une pipe) **desbravar (un cheval) **quitar la pólvora de (un trou de mine).

débours [debur] *m pl* desembolsos, gastos.

déboursement *m* desembolso.

débourser [3] *v tr* desembolsar.

déboussoler [3] *v tr* **FAM** desorientar.

debout [dəbu] *adv* de pie, en pie **levantado, da (levé); il est toujours debout de bonne heure siempre está levantado temprano **en pie; de nombreux monuments grecs sont encore debout numerosos monumentos griegos están todavía en pie **vivo, va (vivant) **MAR** aproado, da **MAR** avoir le vent debout tener viento contrario **dormir debout dormir de pie ou en pie **histoire à dormir debout historia que no tiene ni pies ni cabeza **mettre debout realizar, poner en pie **mourir debout morir con las botas puestas **ne pas tenir debout no tenerse en pie (être très fatigué), no tenerse en pie, no tener fundamento (ne pas être fondé) **se mettre debout ponerse de pie **se tenir debout tenerse en pie.
➤ **debout!** *interj* ¡arriba! **MIL** ¡en pie!

débouté *m* **DR** denegación *f*, desestima *f*, desestimación *f*.

déboutement *m* **DR** desestimación *f*.

débouter [3] *v tr* **DR** denegar, desestimar la demanda de; je suis débouté han desestimado mi demanda.

déboutonner [3] *v tr* desabrochar, desabotonar **FAM** manger à ventre déboutonné comer a dos carrillos **rire à ventre déboutonné reír como un descosido, reír a carcajadas.
➤ **se déboutonner** *v pr* desabrocharse, desabotonarse **FIG & FAM** abrir su corazón, franquearse, desahogarse.

OBSERV Desabrochar corresponde plutôt à dégrafer, mais remplace dans l'usage courant desabotonar.

débraillé, e [debraje] *adj* despechugado, da **FIG & FAM** desaliñado, da; descuidado, da (négligé).
➤ **débraillé** *m* indumentaria *f* descuidada, desaliño.

débrailler [debraje] [3]
➤ **se débrailler** *v pr* despechugarse **FIG** desaliñarse (être négligent).

débranchement *m* **TECHN** desconexión *f*, desconectación *f*, desenchufe **desenganche (des wagons).

débrancher [3] *v tr* **TECHN** desenchufar, desconectar **desenganchar (wagons).

débrayage [debrɛjaʒ]; **désembrayage** [dezɑ̃brɛjaʒ] *m* **TECHN** desembrague **FIG** paro, plante (dans une usine).

débrayer [debrɛje]; **désembrayer** [dezɑ̃brɛje] [11] *v tr* **TECHN** desembragar.
◇ *v intr* **FIG** parar, dejar el trabajo (dans une usine).

débridé, e *adj* desenfrenado, da; sin freno; appétits débridés apetitos desenfrenados **desbocado, da; imagination débridée imaginación desbocada.

débrider [3] *v tr* desembridar (bête de somme) **MÉD** desbridar (une hernie) **sans débrider de un tirón, sin interrupción **débrider les yeux à quelqu'un abrir los ojos a uno.

débris [debri] *m* pedazo (d'une chose brisée).
◇ *m pl* restos, ruinas *f*, vestigios **débris végétaux residuos vegetales.

débrocher [3] *v tr* desencuadernar (un livre) **CULIN** sacar del asador (retirer de la broche).

débrouillage [debrujaʒ]; **débrouillement** [debrujmɑ̃] *m* desenredo, desenmarañamiento.

débrouillard, e [debrujar, ard] *adj & s* **FAM** despabilado, da; listo, ta; desenvuelto, ta.

débrouillardise [debrujardiz] *f* FAM habilidad, maña, astucia, desenvoltura.

débrouillement ➤ **débrouillage**.

débrouiller [3] [debruje] *v tr* desenredar, desembrollar, desenmarañar (démêler) ‖ ordenar (mettre en ordre) ‖ FIG esclarecer, aclarar (éclaircir).
➤ **se débrouiller** *v pr* desenredarse, aclararse (s'éclaircir) ‖ FIG & FAM arreglárselas, desenvolverse ‖ defenderse (dans une langue, etc.) ‖ despabilarse (se tirer d'affaire).

débroussaillage ➤ **débroussaillement**.

débroussaillant, e *adj & s m* desbrozador, ra.

débroussaillement [debrusɔjmɑ̃]; **débroussaillage** [debrusajaʒ] *m* desbrozo.

débroussailler [3] [debrusaje] *v tr* desbrozar.

débucher; débuché *m* momento en que se desembosca la caza, salida *f* a descubierto.

débucher [3] *v tr* desalojar, hacer salir.
◇ *v intr* desemboscarse, salir a descubierto.

débusquement *m* desalojamiento.

débusquer [3] *v tr* desalojar, hacer salir del bosque ‖ FIG desalojar, apartar ‖ MIL desalojar; débusquer l'ennemi desalojar al enemigo.

début [deby] *m* principio, comienzo (commencement) ‖ salida *f*, primera *f* jugada (jeux) ▪ au début al principio ‖ dès le début desde el principio.
➤ **débuts** *m pl* THÉÂTR presentación *f sing* de un actor, debut (gallicisme très employé) ‖ entrada *f* en una carrera, primeras armas *f*, primeros pasos; faire ses débuts dans la diplomatie hacer sus primeras armas en la diplomacia ‖ début dans le monde puesta de largo, presentación en sociedad (d'une jeune fille).

débutant, e *adj & s* principiante (qui débute) ‖ novel, principiante; un peintre débutant un pintor novel ‖ THÉÂTR debutante (gallicisme), artista que se presenta por primera vez al público ‖ bal des débutantes baile de puesta de largo.

débuter [3] *v intr* principiar, comenzar (commencer) ‖ salir (jouer le premier) ‖ FIG dar los primeros pasos, hacer sus primeras armas; débuter au barreau hacer sus primeras armas en el foro ‖ THÉÂTR presentarse, debutar (gallicisme) ‖ débuter dans le monde ponerse de largo, presentarse en sociedad (une jeune fille), dar los primeros pasos, hacer sus primeras armas (faire ses premières armes).

déca- *préf* deca.

deçà [dəsa] *adv* de este lado, del lado de acá ▪ deçà delà de uno y de otro lado ‖ en deçà de de este lado (de ce côté), sin llegar a (sans arriver à) ‖ jambe deçà, jambe delà a horcajadas.

décachetage [dekaʃtaʒ] *m* apertura *f* de una carta.

décacheter [27] *v tr* abrir, desellar (une lettre, un paquet).

décadaire *adj* de un período de diez días.

décade *f* década.

décadence *f* decadencia.

décadent, e *adj* decadente.
◇ *adj & s* decadentes, decadentistas (écrivains, artistes de l'école symboliste).

décadi *m* último día de la década, en el año republicano francés.

décadrage *m* CINÉM desenfoque.

décaèdre *m* GÉOM decaedro.

décaféiné, e *adj* descafeinado, da.

décaféiner [3] *v tr* descafeinar, quitar la cafeína.

décagonal, e *adj* GÉOM decagonal.

décagone *m* GÉOM decágono.

décagramme *m* decágramo.

décaissement *m* COMM desembolso, salida *f* (déboursement).

décaisser [4] *v tr* COMM desembolsar, sacar de la caja (payer).

décalage *m* descalce (des cales) ‖ diferencia *f*; entre Paris et Washington il y a cinq heures de décalage entre París y Washington hay una diferencia de cinco horas ‖ FIG desfase ‖ ÉLECTR defasaje ▪ décalage horaire diferencia horaria.

décalaminage *m* TECHN descalaminado.

décalaminer [3] *v tr* TECHN descalaminar.

décalcification *f* MÉD descalcificación.

décalcifier [9] *v tr* descalcificar.

décalcomanie *f* calcomanía.

décaler [3] *v tr* descalzar (ôter une cale) ‖ decalar, defasar (électricité) ‖ retrasar (retarder), adelantar (avancer) [hora]; décaler un rendez-vous de 2 heures retrasar ou adelantar 2 horas una cita ‖ correr, desplazar, mover, cambiar de sitio (déplacer); décaler quelque chose de 10 cm desplazar algo 10 cm ‖ FIG desfasar.

décalitre *m* decalitro.

décalogue *m* decálogo.

décalotter [3] *v tr* desmochar.

décalquage; décalque *m* calco (résultat) ‖ calcado (action).

décalquer [3] *v tr* calcar.

décalvant, e *adj* MÉD que produce calvicie.

Décaméron [dekamerɔ̃] *n pr m* le Décaméron el Decamerón.

décamètre *m* decámetro (mesure) ‖ cadena *f* de agrimensor (chaîne d'arpenteur).

décampement *m* MIL levantamiento del campo.

décamper [3] *v intr* salir corriendo.

décan *m* ASTROL decanato.

décanal, e *adj* decanal, del decanato.

décanat [dekana] *m* decanato (dans une université) ‖ deanato, deanazgo (dans un chapitre, une église).

décaniller [3] *v intr* FAM largarse, pirarse, poner pies en polvorosa (s'en aller).

décantage *m*; **décantation** *f* decantación *f*.

décanter [3] *v tr* decantar, trasegar (un liquide) ‖ FIG decantar, aclarar (éclaircir).

OBSERV No tiene el verbo francés décanter el sentido de "celebrar", "ponderar", que tiene el verbo español decantar.

décanteur *m* decantadora *f* (appareil pour décanter).

décapage; décapement *m* TECHN decapado, desoxidación *f*; (désoxidation).

décapant, e *adj* decapante.
➤ **décapant** *m* TECHN decapante, desoxidante.

décapeler [24] *v tr* MAR desencapillar.

décapement ➤ **décapage**.

décaper [3] *v tr* decapar, desoxidar (les métaux) ‖ limpiar (un mur).

décapeuse *f* CONSTR traílla, excavadora superficial.

décapitation *f* decapitación.

décapité, e *adj & s* decapitado, da.

décapiter [3] *v tr* decapitar (trancher la tête), decapitar, desmochar (ôter l'extrémité) ‖ FIG decapitar, descabezar, privar de jefe.

décapodes [dekapɔd] *m pl* ZOOL decápodos.

décapotable *adj* descapotable.

décapoter [3] *v tr* descapotar.

décapsuler [3] *v tr* decapsular.

décapsuleur *m* abrebotellas.

décarbonater [3] *v tr* CHIM descarbonatar.

décarburation *f* descarburación (de la fonte).

décarburer [3] *v tr* TECHN descarburar.

décarcasser [3] *v tr* deshuesar (un poulet).
➤ **se décarcasser** *v pr* FAM partirse el pecho, deshacerse.

décarreler [24] *v tr* desenladrillar, desenlosar.

décartellisation *f* disolución legal de un cártel.

décasyllabe; décasyllabique *adj & s m* decasílabo, ba.

décathlon *m* decatlón (sports).

décati, e *adj* FIG & FAM deslustrado, da; deslucido, da (terne) ‖ ajado, da (fané).

décatir [32] *v tr* deslustrar (tissus) ‖ FIG deslucir.
➤ **se décatir** *v pr* FAM ajarse, perder su frescura (une personne).

décatissage *m* TECHN deslustrado, deslustre (tissu).

décavaillonner [3] [dekavajɔne] *v tr* AGRIC quitar los caballones.

décavaillonneur [dekavajɔnœr] *m*; **décavaillonneuse** [dekavajɔnøz] *f* arado *m* viñatero, desbancador *m*.

décavé, e *m & f* (vx) FAM persona *f* arruinada.
◇ *adj* (vx) FAM tronado, da, arruinado, da.

décaver [3] *v tr* desbancar (au jeu).

decca *m* decca.

Deccan; Dekkan [dekɑ̃] *n pr* GÉOGR le Deccan ou Dekkan Decán ou Dekkan.

décédé, e *adj* fallecido, da.

décéder [18] *v intr* fallecer.
OBSERV El verbo francés décéder se conjuga sólo con el auxiliar être (il est décédé hier).

décèlement *m* descubrimiento, revelación *f*.

déceler [25] [desle] *v tr* descubrir (découvrir)
❙descubrir, revelar (révéler).

décéleration *f* desaceleración ❙ **MATH** deceleración.

décélérer [18] *v intr* disminuir la velocidad
(moteur) ❙dejar de acelerar (conducteur).

décembre *m* diciembre; le 4 décembre el 4
de diciembre.

décemment [desamã] *adv* decentemente.

décemvir [desɛmvir] *m* decenviro, decenvir.

décemviral [desɛmviral] *adj* decenviral.

décemvirat [desɛmvira] *m* decenvirato.

décence *f* decencia, decoro *m*.
❙ **SYN** modestie modestia; pudeur pudor; pudicité pudicicia; retenue recato; honnêteté honestidad.

décennal, e *adj* decenal.

décennie *f* decenio *m*.

décent, e [desã, ãt] *adj* decente; decoroso,
sa.
❙ **SYN** bienséant conveniente; correct correcto;
convenable conveniente; séant conveniente;
honnête honesto, honrado.

décentrage; décentrement *m* descentramiento, descentrado.

décentralisateur, trice *adj* & *s* descentralizador, ra.

décentralisation *f* descentralización.
❙ LA DÉCENTRALISATION _____
El traspaso de una parte del poder administrativo de París a los organismos regionales,
en los años 70 y 80 en particular, ha sido un
aspecto fundamental de la política interior
de Francia.

décentraliser [3] *v tr* descentralizar.

décentrement ► **décentrage**.

décentrer [3] *v tr* descentrar.

déception *f* decepción, desengaño *m*.
❙ **SYN** désappointement contrariedad; désillusion
desilusión; désenchantement desencanto; déboire desengaño, sinsabor; désabusement desengaño; leçon escarmiento.

décercler [3] *v tr* quitar los aros a.

décérébré, e *adj* & *s* **MÉD** descerebrado,
da.

décerner [3] *v tr* otorgar, conceder; décerner un prix otorgar un premio ❙ **DR** extender
(ordonner juridiquement).

décerveler [24] *v tr* quitar los sesos.

décès [desɛ] *m* fallecimiento (mort), defunción *f* (terme administratif) ▪ acte de décès
partida de defunción ❙ faire-part de décès
esquela de defunción.
❙ **SYN** trépas tránsito; mort muerte; perte pérdida.

décevant, e [des(ə)vã, ãt] *adj* decepcio-
nante, que decepciona, desilusionante.

décevoir [52] [desəvwar] *v tr* decepcionar,
desilusionar; ces résultats nous déçoivent
estos resultados nos decepcionan ❙ defraudar, frustrar (les espérances) ❙ (vx) engañar
(tromper).

déchaîné, e *adj* desencadenado, da.

déchaînement *m* desencadenamiento; le
déchaînement des passions el desencadenamiento de las pasiones ❙ **FIG** desenfreno, desencadenamiento (emportement).

déchaîner [4] *v tr* desencadenar ❙ **FIG** desencadenar, desatar, dar rienda suelta a.

► **se déchaîner** *v pr* desencadenarse, desenfrenarse ❙ desencadenarse, enfadarse
(s'emporter) ❙ desencadenarse, desatarse
(otage).

déchant *m* **MUS** discante.

déchanter [3] *v intr* **MUS** discantar, cambiar
de tono ❙ **FIG** & **FAM** desengañarse, estar desencantado, desilusionarse.

déchaperonner [3] [deʃaprɔne] *v tr* descapirotar (un oiseau) ❙desalbardillar (un mur).

décharge *f* descarga (de chargement) ❙ desaguadero *m* (canal d'écoulement) ❙ **ARCHIT** descarga ❙ **COMM** descargo *m* (d'un compte), comprobante *m* (d'une dette) ❙ **DR** descargo *m*; témoin à décharge testigo de descargo ❙ **FIG**
descargo *m*, alivio *m* ❙ **MIL** descarga (d'arme à
feu) ❙ **ÉLECTR** descarga ▪ décharge publique
escombrera, vertedero ❙ décharge sauvage
vertedero ilegal ❙tuyau de décharge tubo de
desagüe ▪ à la décharge de a favor de.

déchargement *m* descarga *f*, descargue
❙ **INFORM** volcado.

déchargeoir [deʃarʒwar] *m* desaguadero
(d'un bassin) ❙desagüe (conduit, vanne).

décharger [17] *v tr* descargar (ôter la charge)
❙ descargar, disparar (tirer) ❙ descargar (retirer
la charge explosive) ❙ dispensar, liberar, descargar; décharger d'un devoir dispensar de
un deber ❙ descargar (une pile électrique)
❙ **COMM** descargar ❙ **DR** declarar en favor de
(un accusé) ❙ **FIG** descargar, aliviar (soulager);
décharger sa conscience descargar la
conciencia ❙ desahogar; décharger sa colère
sur desahogar su ira sobre.
◇ *v intr* desteñir (un tissu) ❙ correrse (encre,
couleur).

► **se décharger** *v pr* descargarse, liberarse (d'une obligation).

déchargeur *m* descargador.

décharné, e *adj* demacrado, da; descarnado, da ❙ **FIG** árido, da (style).

décharnement *m* descarnadura *f* ❙ demacración *f* ❙ **FIG** aridez *f*, sequedad *f* (style).

décharner [3] *v tr* descarnar ❙ demacrar,
enflaquecer (maigrir).

déchaumage *m* **AGRIC** arado del rastrojo.

déchaumer [3] *v tr* **AGRIC** rastrojar, levantar el rastrojo.

déchaumeuse *f* **AGRIC** arado *m*, rastrojero,
rastrojadora.

déchaussage; déchaussement *m* descalce (d'un arbre) ❙ descarnadura *f* (dents)
❙ excava *f* (d'une plante) ❙ acción *f* de descalzar ou descalzarse (chaussures) ❙ **CONSTR** descalce, socava *f*.

déchaussé; déchaux *adj* descalzo (religieux).

déchaussement ► **déchaussage**.

déchausser [3] *v tr* descalzar (les chaussures)
❙ descalzar, socavar (un arbre, un mur) ❙ excavar (une plante) ❙ descarnar (les dents).

► **se déchausser** *v pr* descalzarse ❙ descarnarse (dents).

déchausseuse *f* **AGRIC** arado *m* de viñador.

déchaussoir *m* descarnador (du dentiste)
❙ descalzador (pour déchausser les arbres).

déchaux ► **déchaussé**.

dèche *f* **FAM** miseria, pobreza ❙ **FAM** être
dans la dèche estar tronado.

déchéance *f* decaimiento *m*, decadencia,
ruina, degradación ❙ decadencia (morale) ❙ caducidad, decaimiento *m* (physique) ❙ deposición (d'un roi, ministre, etc.) ❙ caducidad, prescripción (d'un droit) ❙ inhabilitación (perte
d'une autorité) ❙ tomber en déchéance caducar
(périmer), venir a menos (une famille).

déchet [deʃɛ] *m* desperdicio, desecho (rebut)
❙ mengua *f*, pérdida *f* (perte, diminution) ❙ **FIG**
menoscabo, descrédito (discrédit).

► **déchets** *m pl* restos, residuos, sobras *f*
▪ déchets atomiques residuos atómicos ❙dé-
chets radioactifs residuos radioactivos ❙ déchets thermiques residuos térmicos ❙déchets
toxiques residuos tóxicos ❙ traitement des
déchets tratamiento de los residuos.

décheveler [24] [deʃəvle] *v tr* desgreñar,
despeinar (écheveler).

déchiffonner [3] *v tr* desarrugar.

déchiffrable *adj* descifrable.

déchiffrage *m* descifrado.

déchiffrement *m* desciframiento.

déchiffrer [3] *v tr* descifrar ❙ **MUS** leer a primera vista, repentizar.

déchiffreur, euse *adj* & *s* descifrador, ra.

déchiquetage *m* despedazamiento, destrozo.

déchiqueté, e *adj* despedazado, da; en
pedazos; desmenuzado, da (en morceaux)
❙ recortado, da (papiers) ❙ **BOT** recortado, da;
dentado, da; laciniado, da ❙ **FIG** desmenuzado, da (haché) ❙ **GÉOGR** recortado, da.

déchiqueter [27] *v tr* despedazar, hacer
trizas, desmenuzar (mettre en lambeaux)
❙ despedazar (un poulet) ❙ recortar (le papier)
❙ **FIG** desollar (critiquer).

déchiqueture *f* corte *m*, cortadura (dans
une étoffe) ❙ desportillamiento *m*, mella (d'un
objet).

déchirant, e *adj* desgarrador, ra.

déchirement *m* desgarramiento, desgarro
❙ rasgón (d'une étoffe) ❙ dilaceración *f*, desgarramiento (d'un muscle) ❙ **FIG** aflicción *f*, quebranto (affliction) ❙ división *f*, discordia *f*; les
déchirements internes d'un pays las divisiones internas de un país.

déchirer [3] *v tr* [▷ **SYN**] desgarrar, rasgar
(rompre en arrachant); déchirer un vêtement
desgarrar un vestido ❙romper, rasgar; déchirer un papier romper un papel ❙ romper,
anular; déchirer un contrat romper un
contrato ❙ **FIG** desgarrar, arrancar; la toux lui
déchirait la poitrine la tos le desgarraba el
pecho❙lastimar; déchirer les oreilles lastimar
los oídos❙destrozar, arrancar, partir; déchirer le cœur destrozar el corazón ❙ desollar,
despedazar; déchirer quelqu'un à belles
dents desollarle a uno vivo❙dividir, destrozar (diviser).

► **se déchirer** *v pr* desgarrarse; se déchirer un muscle desgarrarse un músculo.
❙ **SYN** déchiqueter desmenuzar, despedazar; lacérer lacerar; dilacérer dilacerar; mettre en pièces hacer pedazos, despedazar.

déchirure *f* rasgón *m*, desgarrón *m*, siete
m (accroc) ❙desgarrón *m* (musculaire).

déchlorurer [3] [deklɔryre] *v tr* **CHIM** quitar
cloruro a.

déchoir [71] *v intr* decaer, venir a menos ‖ FIG disminuir⎸perder; déchoir de son ancien courage perder su antiguo valor ‖ déchoir de son rang perder su rango.

déchristianisation [dekristjanizasjɔ̃] *f* descristianización.

déchristianiser [3] [dekristjanize] *v tr* descristianizar.

déchu, e *adj* caído, da; l'ange déchu el ángel caído ‖ decaído, da; venido, da a menos; une famille déchue una familia venida a menos ‖ destituido, da (destitué) ‖ desposeído, da; despojado, da; déchu de ses droits despojado de sus derechos.

décibel *m* decibel, decibelio (unité de puissance sonore).

décidé, e *adj* decidido, da (conclu) ‖ decidido, da; resuelto, ta (résolu) ‖ firme; d'un pas décidé con paso firme.

décidément *adv* decididamente ‖ sin duda alguna, desde luego (vraiment).

décider [3] *v tr* [▷ SYN] decidir; ils ont décidé de partir decidieron irse ‖ decidir, resolver, acordar; les congressistes décidèrent d'ajourner la séance los congresistas acordaron aplazar la sesión ‖ determinar; l'éducation décide le progrès des peuples la educación determina el progreso de los pueblos. ◇ *v intr* decidir ‖ décider de decidir.

se décider *v pr* decidirse, resolverse, acordar, determinarse ‖ tomar una decisión. ‖ SYN déterminer determinar; résoudre resolver; trancher zanjar, cortar; arrêter acordar, decidir; décréter decretar, declarar; destiner destinar; délibérer deliberar.

décideur *m* responsable.

décigrade *m* decigrado.

décigramme *m* decigramo.

décilitre *m* decilitro.

décimable *adj* diezmero, ra (sujet à la dîme).

décimal, e *adj* MATH decimal.

décimale *f* decimal *m*.

décimalité *f* carácter *m* decimal.

décimateur *m* diezmero.

décime *m* décimo. ◇ *f* décima, diezmo *m* (impôt).

décimer [3] *v tr* diezmar.

décimètre *m* decímetro ‖ double décimètre doble decímetro.

décintrage; décintrement *m* ARCHIT descimbramiento.

décintrer [3] *v tr* descimbrar.

décisif, ive *adj* decisivo, va. ‖ SYN crucial crucial; dogmatique dogmático; péremptoire perentorio; tranchant terminante, tajante; probant probante; concluant concluyente.

décision *f* decisión, resolución; la décision du gouvernement la decisión del gobierno ‖ resolución (dénouement) ‖ determinación ‖ fallo *m* (d'un jury) ■ ne pas avoir l'esprit de décision ser poco decidido, tener poca determinación ‖ prendre la décision de acordar, tomar la decisión de.

décisionnaire *m & f* les décisionnaires los que tienen el poder decisorio.

décisionnel, elle *adj* de decisión; pouvoir décisionnel poder de decisión.

décisoire [desizwar] *adj* DR decisorio, ria (serment).

déclamateur *adj & s* declamador.

déclamation *f* declamación.

déclamatoire *adj* declamatorio, ria.

déclamer [3] *v tr & intr* declamar ‖ despotricar; déclamer contre quelqu'un despotricar contra alguien.

déclarant, e *adj & s* declarante.

déclaratif, ive *adj* declarativo, va; declaratorio, ria.

déclaration *f* declaración; déclaration d'amour declaración de amor ‖ INFORM declaración ■ déclaration de faillite declaración de quiebra ‖ déclaration de guerre declaración de guerra ‖ déclaration de revenus, d'impôts declaración de la renta ‖ déclaration de sinistre declaración de siniestro ■ faire une déclaration d'amour declararse ‖ faire une déclaration d'impôts declarar los impuestos ‖ DR faire une déclaration sous la foi du serment prestar una declaración jurada ‖ Déclaration des droits de l'homme et du citoyen Declaración de los Derechos del Hombre y del Ciudadano.

LA DÉCLARATION DES DROITS DE L'HOMME ET DU CITOYEN

Este texto, adoptado por la Asamblea francesa el 4 de agosto de 1789, proclama el derecho natural e inalienable de todos los hombres a la libertad, condena la clase privilegiada del Ancien Régime y declara a todos los hombres iguales ante la ley. En 1793, el prefacio de la Constitución del año I añadió al texto de 1789 el derecho a la educación, al trabajo y a la libertad de reunión.

LA DÉCLARATION D'IMPÔTS

En Francia, los contribuyentes están obligados a declarar sus ingresos imponibles a comienzos de año. El sistema de los "tiers provisionnels" se basa en una estimación del impuesto anual. El contribuyente realiza dos primeros pagos calculados a partir de los impuestos pagados el año anterior y un tercer pago calculado en función de los ingresos reales del año en curso, una vez conocidos. También se pueden pagar los impuestos por mensualidades. Este sistema se llama la "mensualisation".

déclaratoire *adj* DR declaratorio, ria.

déclaré, e *adj* declarado, da; revenus non déclarés ingresos no declarados.

déclarer [3] *v tr* declarar ‖ déclarer la guerre declarar la guerra.

se déclarer *v pr* declararse ‖ se déclarer en faveur d'un candidat declararse a favor de uno que un candidato.

déclassé, e *adj* sacado, da de su esfera, de su clase; venido, da a menos.

déclassement *m* desclasificación *f*, desorden (dérangement) ‖ cambio de categoría ‖ cambio de clase (train) ‖ multa *f* por haber cambiado de clase en un tren ‖ FIG cambio de posición social ‖ desclasificación *f* (d'un sportif).

déclasser [3] *v tr* desclasificar, desordenar (déranger) ‖ hacer perder categoría, rebajar (rabaisser) ‖ MAR borrar de la matrícula (un bateau) ‖ desclasificar (un sportif).

se déclasser *v pr* bajar de clase (train).

déclaveter [27] *v tr* deschavetar, desenclavijar.

déclenche *f* resorte *m*, muelle *m*.

déclenchement *m* disparo (d'un mécanisme) ‖ FIG iniciación *f*, desencadenamiento; déclenchement d'une attaque iniciación de un ataque.

déclencher [3] *v tr* MÉCAN soltar (un ressort, un cliquet) ‖ poner en funcionamiento *ou* en marcha, hacer funcionar ‖ FIG iniciar, desencadenar (provoquer).

déclencheur *m* PHOT disparador; déclencheur automatique disparador automático.

déclic *m* trinquete (cliquet d'une montre) ‖ disparador (d'un mécanisme) ‖ gatillo, disparador (d'une arme).

déclin *m* decadencia *f*, ocaso; le déclin d'un empire la decadencia de un imperio; le déclin de l'Occident el ocaso de Occidente ■ déclin de la vie ocaso de la vida ‖ déclin du jour ocaso.

déclinabilité *f* declinabilidad.

déclinable *adj* declinable.

déclinaison [deklinɛzɔ̃] *f* ASTRON & GRAMM declinación.

déclinant, e *adj* decaído, da.

déclinatoire *adj & s m* DR declinatorio, ria.

décliner [3] *v intr* decaer, debilitarse; forces qui déclinent fuerzas que decaen ‖ ASTRON declinar. ◇ *v tr* GRAMM declinar ‖ declinar (gallicisme), rechazar, rehusar; décliner une invitation rehusar una invitación ‖ no reconocer, rehusar, negar; décliner la responsabilité de quelque chose rehusar la responsabilidad de algo ‖ FIG décliner son nom dar su nombre, darse a conocer.

déclinquer [3] *v tr* dislocar, desquiciar.

décliquer [3]; **décliqueter** [27] *v tr* TECHN disparar, soltar el disparador (d'une machine).

décliquetage *m* TECHN disparo (d'un cliquet).

décliqueter ▶ **décliquer**.

déclive *adj* en pendiente, en declive (en pente).

déclivité *f* declividad, declive *m* pendiente.

décloisonnement *m* liberalización *f*.

décloisonner [3] *v tr* liberalizar.

décloîtrer [3] *v tr* exclaustrar.

déclore [113] *v tr* quitar la cerca *ou* la valla de. ‖ OBSERV Este verbo es irregular. Sólo se usa en infinitivo y participio pasado.

déclouer [3] [deklue] *v tr* desclavar ‖ descolgar (un tableau).

déco *adj inv* decorativo, va [abreviatura de Arts déco] ‖ Arts déco Arts déco [estilo de principios del siglo XX en las artes decorativas].

décoaguler [3] *v tr* descoagular.

décochage *m* TECHN extracción *f* del molde, desmoldeo.

décochement *m* disparo (d'une flèche).

décocher [3] *v tr* disparar (une flèche) ‖ soltar, espetar (un compliment, une question) ‖ soltar, lanzar; décocher un coup de poing soltar un puñetazo ‖ FIG lanzar, echar (un regard).

décocté *m* decocción *f* (produit d'une décoction).

décoction [dekɔksjɔ̃] *f* decocción.

décodage *m* desciframiento ‖INFORM deco-dificación *f.*

décoder [3] *v tr* descifrar ‖INFORM decodificar.

décodeur *m* decodificador (télévision, informatique).

décoffrage *m* TECHN desencofrado.

décoffrer [3] *v tr* TECHN desencofrar, desencajonar.

décognoir *m* IMPR desacuñador.

décohérence *m* RAD descohesor.

décoiffé, e *adj* despeinado, da; elle est toute décoiffée está muy despeinada.

décoiffer [3] *v tr* quitar el sombrero ou el tocado (ôter la coiffure) ‖ [▷ SYN] despeinar (dépeigner) ‖destapar (ôter le bouchon) ‖decapsular (un projectile).
➡ **se décoiffer** *v pr* despeinarse.
‖ OBSERV Décoiffer y dépeigner son exactamente sinónimos, pero el primero es de uso más moderno.
SYN dépeigner despeinar; écheveler desgreñar; ébouriffer desgreñar.

décoincement [dekwɛ̃smɑ̃] *m* desencaje, liberación *f* (d'une pièce) ‖ levantamiento de los calzos ou las cuñas.

décoincer [16] [dekwɛ̃se] *v tr* desencajar, liberar (une pièce) ‖ descalzar, quitar los calzos.

décolérer [18] *v intr* desencolerizarse.

décollage *m* despegadura *f*, desencoladura *f* ‖ despegue (avions) ‖FIG despegue ■ AVIAT autorisation de décollage autorización de despegue ‖ piste de décollage pista de despegue.

décollation *f* degollación, decapitación, decolación (vx).

décollé, e *adj* despegado, da.

décollement *m* despegadura *f* ‖ MÉD desprendimiento; décollement de la rétine desprendimiento de la retina.

décoller [3] *v tr* despegar, desencolar ‖despegar (oreilles) ‖degollar, decapitar (décapiter) ‖cortar la cabeza de (la morue).
◇ *v intr* despegar (avions) ‖ despegarse (sports) ‖FIG arrancar (démarrer) ‖MÉD desprenderse (la rétine) ‖ FAM demacrarse ‖ FAM ne plus décoller d'un endroit eternizarse en un sitio, echar raíces en un sitio.
‖ OBSERV Despegar a un sens général; desencolar suppone un collage à la colle forte.

décolletage *m* escote, escotadura *f* (action), escote, descote (décolleté) ‖torneado, terrajado (de vis, boulons, etc.) ‖ BOT desmoche.

décolleté, e *adj* escotado, da (vêtement).
➡ **décolleté** *m* escote, descote.

décolleter [27] *v tr* escotar, descotar (un vêtement) ‖ aterrajar, terrajar, tornear (vis, boulons, etc.) ‖desmochar (les plantes).

décolleteur, euse *m & f* TECHN tornero, ra.
➡ **décolleteuse** *f* terraja, máquina para la fabricación de tornillos, pernos, etc.

décolleuse *f* máquina de despegar.

décolonisation *f* descolonización.
‖ LA DÉCOLONISATION
En la historia de Francia, la palabra se aplica al período comprendido entre los años 40 y 70, durante el cual las colonias se fue-ron independizando progresivamente del régimen colonial francés.

décoloniser [3] *v tr* descolonizar.

décolorant, e *adj & s m* descolorante.

décoloration *f* descoloramiento *m* ‖ decoloración (cheveux) ■ se faire faire une décoloration decolorarse el pelo (chez le coiffeur).

décoloré, e *adj* descolorido, da; style décoloré estilo descolorido ‖decolorado, da (cheveux).

décolorer [3] *v tr* descolorir, descolorar ‖decolorar (les cheveux).
➡ **se décolorer** *v pr* descolorirse, decolorarse.
‖ OBSERV Descolorar signifie surtout ôter la couleur, tandis que descolorir équivaut à diminuer l'intensité de la couleur.

décombres *m pl* escombros, cascotes, ripios ‖FIG ruinas *f pl.*

décommandement [dekɔmɑ̃dmɑ̃] *m* anulación *f.*

décommander [3] *v tr* dar contraorden, revocar una orden (donner contrordre) ‖ anular, cancelar (une commande, une invitation, etc.) ‖anular la invitación de (des invités).
➡ **se décommander** *v pr* excusarse [de no poder acudir a una cita aceptada].

décompensation *f* descompensación.

décomplexer [4] *v tr* quitar los complejos.

décomposable *adj* descomponible.

décomposé, e *adj* descompuesto, ta.

décomposer [3] *v tr* descomponer.
➡ **se décomposer** *v pr* descomponerse ‖FIG disgregarse; après le discours, la foule se décomposa después del discurso, la muchedumbre se disgregó.

décomposition *f* descomposición.

décompresser [4] *v intr* FAM relajarse *v pr.*

décompresseur *m* descompresor.

décompression *f* descompresión.

décomprimer [3] *v tr* descomprimir, disminuir la presión.

décomptage [dekɔ̃taʒ] *m* cuenta *f* hacia atrás.

décompte [dekɔ̃t] *m* descuento (déduction) ‖ detalle de una cuenta (détail d'une somme) ‖ recuento (dépouillement); décompte des voix recuento de votos ‖FIG decepción *f*; trouver du décompte sufrir una decepción ‖ faire le décompte hacer el descuento (déduction), hacer el balance (bilan).

décompter [3] [dekɔ̃te] *v tr* descontar (detallar (un compte).
◇ *v intr* sonar a destiempo (horloge) ‖contar hacia atrás (compter à rebours) ‖FIG perder las ilusiones, desengañarse.

déconcentration *f* descentralización ‖déconcentration des pouvoirs delegación de los poderes.

déconcentrer [3] *v tr* desconcentrar.
➡ **se déconcentrer** *v pr* desconcentrarse.

déconcertant, e *adj* desconcertante.

déconcerté, e *adj* desconcertado, da; turbado, da.
‖ SYN démonté desanimado; désemparé desconcertado; confondu confundido; consterné consternado; déconfit confuso; interdit atu-rrullado; penaud corrido; pantois azarado; désarçonné confundido, desconcertado; confus confuso.

déconcerter [3] *v tr* desconcertar.

déconfire [101] *v tr* (vx) desbaratar (l'ennemi).

déconfit, e [dekɔ̃fi, it] *adj* deshecho, cha ‖ descompuesto, ta (mine) ‖corrido, da; confuso, sa (personne).

déconfiture *f* derrota, aplastamiento *m* (déroute) ‖FIG & FAM derrota, hundimiento *m*; la déconfiture d'un parti la derrota de un partido ‖en déconfiture deshecho, cha; malparado, da (personne); hundido, da; arruinado, da (affaire).

décongélation *f* descongelación.

décongeler [25] *v tr* descongelar, deshelar.

décongestion *f*; **décongestionnement** *m* descongestión *f.*

décongestionner [3] *v tr* descongestionar.

déconnecter [4] *v tr* ÉLECTR desconectar.

déconner [3] *v intr* TFAM estar de cachondeo (dire des bêtises) ‖ descontrolar (fonctionner mal).

déconneur, euse *m & f* TFAM chorra, chorradero, ra.

déconnexion *f* INFORM desconexión.

déconseiller [4] *v tr* desaconsejar ‖ c'est à déconseiller no es de aconsejar, no es recomendable ‖ c'est déconseillé no es aconsejable ‖ déconseiller à quelqu'un de faire quelque chose desaconsejar a alguien que haga algo.

déconsidération *f* desconsideración (perte de la considération) ‖descrédito *m* (discrédit).

déconsidérer [18] *v tr* desacreditar.

déconsigner [3] *v tr* MIL levantar el arresto ‖ desacuartelar, salir de la situación de acuartelamiento ‖ sacar de la consigna (bagages).

décontamination *f* descontaminación.

décontaminer [3] *v tr* descontaminar.

décontenancer [16] *v tr* desconcertar, turbar.

décontracté, e *adj* relajado, da; suelto, ta ‖FIG & FAM muy tranquilo, la; nada nervioso, sa.

décontracter [3] *v tr* relajar (faire cesser la contraction) ‖ tranquilizar, quitar el nerviosismo ‖être décontracté no estar nada nervioso, estar tranquilo.
➡ **se décontracter** *v pr* relajarse.

décontraction *f* relajamiento *m*, relajación ‖tranquilidad, falta de nerviosismo.

déconvenue [dekɔ̃vny] *f* chasco *m*, desengaño *m*, contrariedad.

décor *m* decorado (d'une maison) ‖ THÉÂTR decoración *f*, decorado ‖ FAM apariencia *f*, aspecto exterior ‖ panorama ‖ ambiente, cuadro, marco (cadre) ■ changement de décor cambio de panorama, de situación ‖ l'envers du décor el lado opuesto, el reverso de la medalla ‖ FAM aller ou entrer ou rentrer dans le décor pegarse un tortazo con el coche, despistarse, salirse de la carretera

▌ envoyer dans les **décors** echar por alto, mandar a paseo.

décorateur, trice *adj* & *s* decorador, ra.

décoratif, ive *adj* decorativo, va ▌ **arts décoratifs** artes decorativas.

décoration *f* decoración (ornements) ▌ condecoración; **remettre une décoration à un militaire** imponer una condecoración a un militar ▌ **décoration d'intérieur** decoración de interiores, interiorismo.

décorder [3] *v tr* destorcer (une corde) ▌ desatar (détacher).

décoré, e *adj* decorado, da; adornado, da (orné) ▌ engalanado, da.
◇ *adj* & *s* condecorado, da; **soldat décoré** soldado condecorado.

décorer [3] *v tr* decorar, adornar (orner) ▌ condecorar; **décorer de la médaille militaire** condecorar con la medalla militar (conférer une décoration) ▌ conferir; **décorer quelqu'un du titre de comte** conferir a uno el título de conde.

décorner [3] *v tr* descornar (enlever les cornes) ▌ desdoblar el pico de (une feuille de papier) ▌ **vent à décorner les bœufs** viento de mil demonios.

décortication *f*; **décorticage** *m* descortezamiento *m* (des arbres) ▌ descorche *m* (du liège) ▌ descascarillado *m* (des grains) ▌ descerezado *m* (du café) ▌ MÉD descortezamiento *m*.

décortiquer [3] *v tr* descortezar (les arbres) ▌ descorchar (le chêne-liège) ▌ quitar la cáscara, pelar, descascarar (des fruits à coque) ▌ descascarillar (riz et grains) ▌ descerezar (le café) ▌ quitar el caparazón, pelar (un crustacé) ▌ FIG & FAM desmenuzar, mirar por los cuatro costados.

décorum [dekɔrɔm] *m* decoro ▌ etiqueta *f* ceremonial (étiquette) ▌ **observer le décorum** conducirse con decoro.
▌ OBSERV Esta palabra no tiene plural.

décote *f* exoneración (contribution) ▌ COMM quebranto *m*.

découcher [3] *v intr* dormir fuera de casa.

découdre [86] *v tr* descoser ▌ FIG destripar, abrir en canal (éventrer).
◇ *v intr* FAM **en découdre avec quelqu'un** venir a las manos con uno, pelearse con uno (en venir aux mains).

découler [3] *v intr* chorrear, manar, fluir (couler peu à peu) ▌ [▷ SYN] FIG derivarse, resultar, desprenderse; **il découle de cette analyse que** se desprende de este análisis que ▌ ser originado, da; **une série de réformes a découlé de tout cela** una serie de reformas ha sido originada por todo esto, todo esto ha originado una serie de reformas.
▌ SYN dériver derivarse; émaner emanar; provenir provenir; procéder proceder.

découpage *m* recorte, recortado (action de découper) ▌ trinchado (des viandes) ▌ CINÉM desglose, repartición *f* de un guión en escenas ▌ TECHN troquelado ▌ recortable (jeu) ▌ **découpage électoral** establecimiento de las circunscripciones electorales.

découpe *f* recorte *m*.

découpé, e *adj* recortado, da.

découper [3] *v tr* recortar (des images) ▌ [▷ SYN] descuartizar (la viande), trinchar (à table) ▌ dividir (un territoire, etc.) ▌ TECHN troquelar.
➡ **se découper** *v pr* recortarse, destacarse, perfilarse; **la montagne se découpe sur le ciel** la montaña se destaca en el cielo.
▌ SYN débiter cortar en trozos; équarrir descuartizar, destazar; dépecer despedazar.

découpeur, euse *m* & *f* recortador, ra; cortador, ra ▌ desglosador, ra (d'un film).
➡ **découpeuse** *f* máquina de cortar ou recortar, troqueladora *f*.

découple; découpler *m* desatraillamiento (des chiens de chasse).

découplé, e *adj* **bien découplé** bien plantado, airoso.

découpler *m* ▶ **découple**.

découpler [3] *v tr* desatraillar (les chiens) ▌ desenganchar (deux voitures) ▌ TECHN desacoplar ▌ FIG **découpler après** lanzar en persecución, echar tras (lancer à la poursuite).

découpoir *m* recortador ▌ sacabocados (emporte-pièce) ▌ cuchilla *f* (lame).

découpure *f* recortadura (action) ▌ recorte *m* (fragment découpé) ▌ festón *m* (étoffe ou papier découpé pour orner) ▌ corte *m* (entaille) ▌ GÉOGR quebradura, hendidura (de la côte).

découragé, e *adj* desalentado, da; desanimado, da; descorazonado, da.

décourageant, e [dekuraʒã, ãt] *adj* desalentador, ra; que desanima.

découragement [dekuraʒmã] *m* desaliento, desánimo, descorazonamiento.

décourager [17] *v tr* desalentar, desanimar, descorazonar; **ce temps me décourage** este tiempo me desanima ▌ quitar las ganas, disuadir, quitar la idea de; **je l'ai découragé de partir** le he quitado la idea de irse ▌ no fomentar; **cette politique a découragé les importations** esta política no ha fomentado las importaciones.
➡ **se décourager** *v pr* desalentarse, descorazonarse, desanimarse.

découronnement *m* descoronamiento ▌ desmoche (des arbres).

découronner [3] *v tr* descoronar (un monarque) ▌ desmochar (les arbres).

décours [dekur] *m* menguante *f*, decadencia *f* (de la lune) ▌ mejoría *f* (déclin d'une maladie).

décousu, e *adj* descosido, da ▌ deshilvanado, da; deslavazado, da; **style décousu** estilo deshilvanado.
➡ **décousu** *m* falta *f* de ilación.

décousure *f* descosido *m* ▌ herida, raja (faite à un chien par un sanglier).

découvert, e [dekuver, ert] *adj* descubierto, ta ▌ destapado, da (sans couvercle) ▌ despoblado, da de árboles; **pays découvert** país despoblado de árboles ▌ **ciel découvert** cielo raso ▌ **wagon découvert** batea ▌ **à découvert** al descubierto ▌ COMM **être à découvert** estar en descubierto ▌ **vendre à découvert** vender al descubierto.
➡ **découvert** *m* COMM descubierto ▌ sitio al aire libre (endroit découvert).

découverte *f* descubrimiento *m*; **la découverte de l'Amérique, de la pénicilline, d'une conspiration** el descubrimiento de América, de la penicilina, de una conspiración ▌ descubrimiento *m*, exploración; **aller à la découverte** descubrir, ir a explorar ▌ hallazgo *m*, descubrimiento *m* (trouvaille) ▌ MIN mina al aire libre.

découvreur, euse *m* & *f* descubridor, ra.

découvrir [34] *v tr* descubrir (un trésor, une statue, un vaccin) ▌ [▷ SYN] averiguar (après des recherches) ▌ destapar (ôter un couvercle) ▌ revelar, descubrir; **découvrir ses projets** revelar sus proyectos ▌ divisar (apercevoir) ▌ descubrir (aux échecs) ▌ MIL dejar al descubierto, desguarnecer ▌ FAM **découvrir le pot aux roses** descubrir el pastel ▌ **découvrir son jeu** descubrir su juego, enseñar la oreja.
➡ **se découvrir** *v pr* despejarse (le ciel) ▌ descubrirse, quitarse el sombrero (pour saluer) ▌ MIL descubrirse ▌ **se découvrir des talents** darse cuenta ou descubrir que se tiene un don ou talento.
▌ SYN deviner adivinar; déceler descubrir; détecter detectar; éventer descubrir; percer penetrar; dépister rastrear, descubrir.

décrassement; décrassage *m* desengrase (dégraissage) ▌ limpieza *f* ou lavado a fondo (nettoyage) ▌ FIG desbaste (de l'intelligence).

décrasser [3] *v tr* desengrasar, desgrasar (dégraisser) ▌ limpiar ou lavar a fondo, quitar la mugre de (nettoyer) ▌ FIG afinar, desbastar (une personne).
➡ **se décrasser** *v pr* limpiarse ▌ FIG afinarse.

décrassoir *m* peine espeso, caspera *f*.

décrédibiliser [3] *v tr* desacreditar.

décrément *m* MATH decremento.

décrêper [4] *v tr* alisar, desrizar.

décrépir [32] *v tr* quitar el enlucido ou el revoque (un mur) ▌ **mur décrépi** pared desconchada.
➡ **se décrépir** *v pr* desloncharse ▌ FIG hacerse viejo y decrépito.

décrépissage *m* eliminación *f* del enlucido.

décrépit, e [dekrepi, it] *adj* decrépito, ta.

décrépiter [3] *v tr* decrepitar.
◇ *v intr* crepitar.

décrépitude *f* decrepitud.

decrescendo *adv* & *s m inv* MUS decrescendo ▌ FIG **aller decrescendo** ir disminuyendo.

décret [dekrɛ] *m* decreto.

décrétale *f* decretal (décision du pape).

décréter [18] *v tr* decretar, ordenar ▌ decidir, declarar; **il décréta qu'il resterait** decidió quedarse.

décret-loi *m* decreto ley.
▌ OBSERV pl décrets-lois.

décreusage; décreusement ▶ **décrusage**.

décreuser ▶ **décruer**.

décri *m* banda *f* ou pregón de prohibición (interdit) ▌ depreciación *f* ▌ FIG descrédito (d'une personne).

décrié, e *adj* prohibido, da (interdit) ▌ desprestigiado, da; criticado, da; desacreditado, da (critiqué).

décrier [10] *v tr* prohibir (interdire) ▌ criticar, desprestigiar (discréditer) ▌ depreciar.

décrire [99] *v tr* describir (un pays) ‖ trazar, describir (une ellipse).

décrispation *f* relajamiento *m*.

décrisper [3] *v tr* calmar, tranquilizar.

décrochage; décrochement *m* descolgamiento, descolgadura *f* ‖ desenganche (d'un wagon) ‖ desencajamiento (de la mâchoire) ■ MIL ruptura *f* de contacto.

décrochement *m* GÉOL desnivel ‖ desenganche (action) ‖ ARCHIT entrada *f* [en una pared].

décrocher [3] *v tr* descolgar (ce qui est suspendu, le téléphone) ‖ desenganchar (ce qui est accroché) ‖ FIG & FAM sacar, conseguir, obtener, arrancar; il a décroché un diplôme ha sacado un diploma; l'équipe décrocha un point el equipo arrancó un punto‖ganar; décrocher le gros lot ganar el premio gordo. ◇ *v intr* MIL retirarse, rompiendo el contacto.
➤ **se décrocher** *v pr* descolgarse, desengancharse ‖ desengancharse, desabrocharse (une agrafe) ‖desencajarse (la mâchoire) ■ bâiller à s'en décrocher la mâchoire aburrirse como una ostra ‖ rire à s'en décrocher la mâchoire reír a mandíbula batiente.

décrochez-moi-ça *m inv* FAM prenda *f* de lance, ropa *f* de ocasión‖prendero, ropavejero (fripier).

décroisement [dekrwazmɑ̃] *m* descruzamiento.

décroiser [3] *v tr* descruzar.

décroissance *f* disminución, decrecimiento *m* (p us).

décroissant, e *adj* decreciente; par ordre décroissant por orden decreciente ‖ menguante (lune).

décroissement *m* decrecimiento, descenso.

décroît [dekrwa] *m* menguante *f* (de la lune).

décroître [94] *v intr* decrecer, menguar, disminuir ‖ disminuir; les jours décroissent los días disminuyen ‖ disminuir de caudal, bajar (fleuve) ‖menguar (la lune).

‖ OBSERV El verbo décroître no lleva acento en las formas siguientes: je décrois, tu décrois, je décrus, tu décrus, il décrut, ils décrurent, décru.

décrottage *m* limpieza *f*, acción *f* de desenlodar ou desembarrar (nettoyage) ‖ FIG desbaste (d'une personne).

décrotter [3] *v tr* quitar el barro, desenlodar, desembarrar ‖ limpiar (les chaussures) ‖FIG desbastar, pulir, afinar (une personne).

décrotteur *m* limpiabotas, betunero, limpia FAM ‖AGRIC limpiadora *f* de raíces.

décrottoir *m* limpiabarros ‖ grille-décrottoir rejilla para quitar el barro.

décrue [dekry] *f* descenso *m*, baja, decrecida (les eaux).

décruer; décreuser [3] *v tr* TECHN curar, lavar el hilo de seda.

décrusage; décreusage; décreusement *m* preparación *f* de la seda (soie).

décryptage; décryptement *m* desciframiento.

décrypter [3] *v tr* descifrar.

déçu, e [desy] *adj* decepcionado, da ‖ frustrado, da; defraudado, da; espoir déçu esperanza frustrada.

décubitus [dekybitys] *m* decúbito; décubitus dorsal, ventral decúbito supino, prono.

décuivrage *m* desencobrado.

de cujus [dekyʒys] *m* DR causante.

déculasser [3] *v tr* desculatar, quitar la culata de.

déculottée *f* FAM paliza.

déculotter [3] *v tr* quitar los calzones ou los pantalones.

déculpabilisation *f* disculpa, descargo *m*.

déculpabiliser [3] *v tr* disculpar, excusar.

décuple *adj & s m* décuplo, pla.

décuplement *m* multiplicación *f* por diez.

décupler [3] *v tr & intr* decuplicar, decuplar, aumentar diez veces ‖FIG centuplicar.

décurie [dekyri] *f* HIST decuria.

décurion *m* HIST decurión.

décurrent, e *adj* BOT decurrente.

décuscuteuse *f* dispositivo *m* para separar la cuscuta de la semilla.

décussé, e *adj* BOT decusado, da; entrecruzado, da (feuilles).

décuvage *m*; **décuvaison** *f* trasiego *m* (transvasement).

décuver [3] *v tr* trasegar (le vin).

dédaignable [dedɛɲabl] *adj* desdeñable, despreciable.

dédaigner [4] [dedɛɲe] *v tr* desdeñar, despreciar, hacer poco caso de ■ dédaigner de faire desdeñar hacer.

dédaigneusement *adv* con desdén, desdeñosamente.

dédaigneux, euse [dedɛɲø, øz] *adj & s* desdeñoso, sa ■ dédaigneux de que desprecia; dédaigneux de s'instruire que desprecia instruirse ‖ être dédaigneux de despreciar, desdeñar (méprise).

dédain *m* desdén, desprecio ‖ prendre en dédain despreciar.

dédale *m* FIG dédalo, laberinto (labyrinthe); dédale des lois laberinto de las leyes.

Dédale *n pr* MYTH Dédalo.

dédaléen, enne [dedaleɛ̃, ɛn]; **dédalien, enne** [dedaljɛ̃, ɛn] *adj* laberíntico, ca; inextricable; enmarañado, da.

dedans [dədɑ̃] *adv* dentro (sans mouvement), adentro (avec mouvement) ■ au-dedans dentro, por dentro ‖au-dedans de dentro de ‖de dedans de dentro ‖ en dedans por dentro, dentro, interiormente ‖ avoir, tourner les pieds en dedans tener, volver los pies hacia dentro ‖FAM mettre dedans dar el pego, pegársela a alguien, engañar (tromper), interior, parte *f* interior (l'intérieur) ‖ interioridades *f pl*; le dedans d'une affaire las interioridades de un negocio.

dédicace *f* dedicatoria (d'un livre) ‖ dedicación, consagración (d'une église).

dédicacer [16] *v tr* dedicar (un livre).

dédicatoire *adj* dedicatorio, ria.

dédié, e *adj* INFORM dedicado, da; ordinateur dédié ordenador dedicado.

dédier [9] *v tr* dedicar (un livre) ‖ [▷ SYN] dedicar, consagrar (une église).
‖ SYN consacrer consagrar; vouer, dévouer consagrar.

dédire [103] *v tr* desmentir.
➤ **se dédire** *v pr* desdecirse, retractarse ‖ no cumplir; se dédire de son engagement no cumplir su compromiso.

dédit [dedi] *m* retractación *f* ‖ indemnización *f* (somme).

dédommagement *m* indemnización *f*, resarcimiento ‖compensación *f* ‖en guise de dédommagement a guisa de desagravio (moral).

dédommager [17] *v tr* resarcir, indemnizar ‖compensar.
➤ **se dédommager** *v pr* resarcirse; se dédommager d'une perte resarcirse de una pérdida.

dédorage *m*; **dédorure** *f* eliminación *f* del dorado, desdorado *m*.

dédorer [3] *v tr* desdorar.

dédorure ➤ **dédorage**.

dédouanement [dedwanmɑ̃] *m* pago de los derechos de aduana.

dédouaner [3] *v tr* pagar los derechos de aduana (payer) ‖sacar de la aduana (sortir).
➤ **se dédouaner** *v pr* FIG enmendarse.

dédoublage *m* rebaja *f* (de l'alcool).

dédoublement *m* desdoblamiento; dédoublement de la personnalité desdoblamiento de la personalidad (psychologie) ■ TRANSP dédoublement des trains servicio complementario de trenes ‖ dédoublement d'une classe subdivisión de una clase en dos secciones.

dédoubler [3] *v tr* desdoblar (partager en deux) ‖ desplegar, desdoblar (déplier) ‖ quitar el forro, desaforrar (p us) (ôter la doublure) ‖subdividir en dos secciones (une classe) ‖rebajar (l'alcool) ‖ CHIM descomponer ‖ TRANSP dédoubler un train poner un tren suplementario.
➤ **se dédoubler** *v pr* desdoblarse.

dédramatiser [3] *v tr* desdramatizar.

déductible *adj* deducible; déductible de l'impôt deducible del impuesto.

déductif, ive *adj* deductivo, va.

déduction [dedyksjɔ̃] *f* deducción (conséquence) ‖ rebaja, deducción, descuento *m* (soustraction) ‖relación, exposición (exposé).

déduire [98] *v tr* deducir ‖deducir, descontar, rebajar (soustraire d'une somme) ■ déduire des impôts deducir de los impuestos.

déesse [deɛs] *f* diosa.

DEFA; Defa (abr de Diplôme d'état relatif aux fonctions d'animation) *m* diploma oficial francés para ejercer funciones de animador.

de facto *loc adv lat* de facto (de fait).

défaillance [defajɑ̃s] *f* desfallecimiento *m*, desmayo *m* (évanouissement) ‖ fallo *m*; défaillance de mémoire fallo de memoria ‖MÉD insuficiencia; défaillance cardiaque insuficiencia cardiaca ou cardíaca ‖ DR incumplimiento ‖ FIG debilidad, flaqueza (faiblesse) ‖tomber en défaillance desmayarse.

défaillant, e [defajɑ̃, ɑ̃t] *adj* desfalleciente ‖ que falla; mémoire défaillante memoria que falla ‖ claudicante (forces) ‖ extinguido,

da (disparu) **DR** que no comparece, contumaz.
◇ *m & f* **DR** rebelde, contumaz.

défaillir [47] [defajir] *v intr* (vx) faltar, hacer falta (manquer) **|** desfallecer (s'affaiblir), desmayarse (s'évanouir) **|** fallar (faiblir) **|** **DR** no comparecer, declararse en rebeldía **|** **FIG** desanimarse, desalentarse (se décourager).

défaire [109] *v tr* deshacer (détruire) **|** desatar (détacher) **|** **FIG** debilitar (affaiblir) **|** descomponer; **visage défait** rostro descompuesto **|** deshacer, derrotar (mettre en déroute) **|** librar, desembarazar; **défaire quelqu'un d'un imposteur** librar a alguien de un impostor **|** quitarse (enlever) **|** aflojar; **défaire sa cravate** aflojar la corbata.
➤ **se défaire** *v pr* deshacerse **|** deshacerse de (se débarrasser de) **|** desprenderse; **elle a dû se défaire de ses bijoux** ha tenido que desprenderse de sus joyas **|** marchitarse, ajarse (se faner) **|** **FIG** corregirse, quitarse de; **se défaire d'un vice** corregirse de un vicio.

défait, e [defɛ, ɛt] *adj* deshecho, cha **|** desatado, da (détaché) **|** descompuesto, ta; **visage défait** rostro descompuesto **|** deshecho, cha; extenuado, da (exténué).

défaite *f* [▷ **SYN**] **MIL** derrota; **essuyer une défaite** sufrir una derrota **|** derrota, fracaso *m* (échec) **|** (vx) **FIG** pretexto *m*, escapatoria (échappatoire).
| **SYN** déroute, débâcle derrota; débandade desbandada.

défaitisme *m* derrotismo **|** poca confianza *f* en sí mismo (manque de confiance en soi).

défaitiste *adj & s* derrotista, pesimista.

défalcation *f* deducción, rebaja (déduction).

défalquer [3] *v tr* deducir, descontar, rebajar (déduire).

défaufiler [3] *v tr* deshilvanar.

défausser [3] *v tr* **TECHN** enderezar (redresser).
➤ **se défausser** *v pr* descartarse (jeux).

défaut [defo] *m* [▷ **SYN**] defecto, falta *f*, tacha *f* (imperfection) **|** falta *f*, carencia *f* (manque) **|** imperfección *f*, defecto (imperfection) **|** fallo; **défaut de mémoire** fallo de memoria **|** falta *f* (lacune) **|** **FIG** flaco, punto débil (point faible) **|** **DR** vicio; **des défauts cachés** vicios ocultos **|** incomparecencia *f*, contumacia *f*, rebeldía *f*; **jugement par défaut** sentencia en rebeldía ■ **défaut de paiement** falta ou incumplimiento de pago **|** **le défaut de la cuirasse** el flaco de una persona, el punto débil **|** **le défaut de l'épaule** el codillo **|** **le défaut des côtes** la ijada, el vacío ■ **à défaut de** a falta de **|** **au défaut de** en lugar de, a falta de **|** **DR** **par défaut** en rebeldía ■ **être en défaut** caer en falta, fallar (personnes), perder la pista (chiens) **|** **faire défaut** faltar (manquer), no comparecer en juicio, declararse en rebeldía (ne pas comparaître) **|** **mettre en défaut** hacer caer en falta **|** **prendre en défaut** coger en falta.
| **SYN** défectuosité defectuosidad; imperfection imperfección; vice vicio; tare tara (gallicisme), desperfecto; tache borrón lunar; travers defecto.

défaveur *f* disfavor *m*, descrédito *m* **|** **tomber en défaveur** caer en desgracia.
| **SYN** disgrâce desgracia; discrédit descrédito.

défavorable *adj* desfavorable.
| **SYN** péjoratif despectivo, peyorativo; hostile hostil; ennemi enemigo; opposé opuesto.

défavorablement *adv* desfavorablemente.

défavoriser [3] *v tr* desfavorecer.

défécation *f* defecación.

défectif, ive *adj & s m* **GRAMM** defectivo, va.

défection [defɛksjɔ̃] *f* defección **|** retirada (d'un concurrent) **|** **faire défection** desertar.

défectueusement *adv* defectuosamente.

défectueux, euse *adj* defectuoso, sa.

défectuosité *f* defectuosidad, defecto.

défendable *adj* defendible.

défendeur, eresse *m & f* **DR** demandado, da.

défendre [73] *v tr* defender; **défendre sa patrie** defender la patria **|** prohibir; **il est défendu de cracher** se prohíbe escupir **|** proteger, preservar, defender; **les habits nous défendent du froid** los vestidos nos protegen del frío **|** **à son corps défendant** en defensa propia, en defensa suya (en luttant), de mala gana (à contrecœur).
➤ **se défendre** *v pr* defenderse **|** protegerse, preservarse (se préserver) **|** negar; **se défendre d'avoir fait quelque chose** negar haber hecho algo **|** il ne s'en défend pas no lo niega **|** guardarse; **se défendre de la tentation** guardarse de la tentación **|** rehusar (un cheval) **|** impedir, evitar; **il ne put se défendre d'être ému** no pudo evitar emocionarse **|** **FAM** defenderse, no dársele mal **|** **cela se défend** esto se justifica.
| **OBSERV** El infinitivo francés que sigue "défendre" se pone en español en subjuntivo: **je te défends de venir** te prohíbo que vengas.

défends ➤ **défens**.

défendu, e *adj* defendido, da **|** [▷ **SYN**] prohibido, da; **fruit défendu** fruta prohibida **|** **il est défendu de** está prohibido, se prohíbe.
| **SYN** interdit, prohibé prohibido, vedado; illicite ilícito.

défenestration *f* defenestración, lanzamiento *m* por la ventana.

défenestrer [3] *v tr* defenestrar.

défens; défends [defã] *m* **DR** prohibición *f* de tala ou de pastoreo.

défense [defãs] *f* defensa; **défense d'une ville, d'une idée** defensa de una ciudad, de una idea **|** prohibición (interdiction) **|** **DR** defensa **|** **MAR & MIL** defensa **|** **SPORTS** defensa, zaga (ligne), defensa *m*, zaguero *m* (joueur) ■ **sans défense** indefenso, sa ■ **défense absolue de** prohibido terminantemente **|** **défense d'afficher** prohibido fijar carteles **|** **défense de fumer** prohibido fumar **|** **défense d'entrer** se prohíbe la entrada **|** **défense de stationner** prohibido aparcar **|** **défense des consommateurs** defensa de los consumidores **|** **MÉD** **défense immunitaire** defensa inmunitaria **|** **la Défense nationale** la Defensa Nacional **|** **ministre de la Défense** Ministro de la Defensa ■ **jouer la défense** jugar a la defensiva (sports) **|** **prendre ou embrasser la défense de** defender a, tomar partido por **|** **se mettre en défense ou en état de défense** ponerse en guardia **|** **travailler à la défense de** trabajar en defensa de.
➤ **Défense** *f* **la Défense** barrio de negocios en París.
➤ **défenses** *f pl* defensas (fortifications) **|** colmillos *m*, defensas (de l'éléphant, du sanglier).

LA DÉFENSE ─────────────
Este barrio de negocios construido en las cuatro últimas décadas, en la alineación de los Campos Elíseos de París, es famoso por sus rascacielos y su bóveda de hormigón así como por la "Grande Arche" (gran arca) de más de 150 metros de altura. Allí están instaladas más de 700 empresas.

défenseur *m* defensor, ra **|** defensor, ra; partidario, ria (d'une idée) **|** **DR** abogado defensor, defensor **|** **se faire le défenseur de** abogar por, hacerse el abogado de.
| **OBSERV** La palabra *défenseur* no tiene forma femenina; se dice, por ejemplo: **elle a été un remarquable défenseur**.

défensif, ive *adj & s f* defensivo, va; **être ou se tenir sur la défensive** ponerse a la defensiva.

défensivement *adv* de modo defensivo.

déféquer [18] *v tr* defecar.

déférence *f* deferencia, consideración.

déférent, e [deferã, ãt] *adj* deferente (respectueux) **|** **ANAT** **canal déférent** canal deferente.

déférer [18] *v tr* **DR** deferir, encomendar, atribuir [a una jurisdicción]; **déférer une cause à un tribunal** deferir una causa a un tribunal **|** denunciar, citar en justicia (dénoncer) **|** (vx) conferir, conceder (décerner).

déferlage *m* despliegue (d'une voile).

déferlant, e *adj* rompiente; **vague déferlante** ola rompiente.

déferlement *m* rompimiento (des vagues) **|** marejada *f* (de la foule) **|** **FIG** desencadenamiento; **le déferlement des passions** el desencadenamiento de las pasiones.

déferler [3] *v intr* romper, estrellarse (les vagues) **|** **FIG** acudir en tropel, afluir **|** desencadenarse; **les applaudissements déferlèrent** los aplausos se desencadenaron.
◇ *v tr* **MAR** desplegar, largar, desaferrar (les voiles).

déferrage; déferrement *m* desherraje, acción *f* de quitar las herraduras (chevaux) ou los herrajes (meubles).

déferrer [4] *v tr* desherrar (cheval, prisonnier) **|** **FIG & FAM** desconcertar; dejar cortado, da (déconcerter).
➤ **se déferrer** *v pr* desherrarse, perder las herraduras.

défervescence [defɛrvɛsãs] *f* **MÉD** defervescencia, descenso *m* de la fiebre.

défet [defɛ] *m* **IMPR** defecto.

défeuillaison [defœjɛzɔ̃] *f* deshoje *m*, caída de las hojas.

défeuiller [5] [defœje] *v tr* deshojar.

défeutrage *m* batanado (d'un tissu).

défi *m* desafío, reto ■ **mettre quelqu'un au défi de** desafiar a uno que **|** **porter ou lancer un défi** lanzar un desafío, desafiar, retar **|** **relever un défi** aceptar un desafío ou el reto, recoger el guante, salir a la demanda.

défiance *f* desconfianza, recelo *m* **|** **vote de défiance** voto de censura.

défiant, e *adj* desconfiado, da; receloso, sa.

défibrage *m* TECHN desfibrado, desfibración *f*.

défibrer [3] *v tr* desfibrar.

défibreur *m* desfibrador (ouvrier) ‖ desfibradora *f* (machine).

défibrillation *f* desfibrilación.

déficeler [24] [defisle] *v tr* desatar, quitar la cuerda.

déficience *f* deficiencia ‖ MÉD déficience immunitaire deficiencia inmunitaria.

déficient, e [defisjã, ãt] *adj* deficiente.

déficit [defisit] *m* déficit ‖ ÉCON déficit budgétaire déficit presupuestario ‖ être en déficit estar en déficit.

déficitaire *adj* deficitario, ria; en déficit ‖ ÉCON entreprise déficitaire empresa deficitaria.

défier [9] *v tr* desafiar, retar (lancer un défi) ‖ FIG desafiar, arrostrar (braver) ‖ excluir, resistir a; ce prix défie toute concurrence este precio resiste a toda competencia ‖ je te défie de le faire apuesto a que no lo haces.
➤ **se défier** *v pr* desafiarse, retarse ‖ desconfiar, no fiarse de (se méfier).

défiger [17] *v tr* descuajar, descongelar.

défiguration *f* desfiguración.

défigurer [3] *v tr* desfigurar.

défilage *m* desguinzado (papier) ‖ deshilado (couture).

défilé, e *adj* MIL desenfilado, da.
➤ **défilé** *m* desfiladero (passage étroit) ‖ [▷ SYN] desfile (des troupes, etc.) ‖ défilé des Rois mages cabalgata de los Reyes Magos.
‖ SYN procession procesión; cavalcade cabalgata; mascarade mascarada.

défilement *m* MIL desenfilada *f*.

défiler [3] *v tr* desensartar, desenhebrar (ôter le fil) ‖ desguinzar (papier) ‖ MIL desenfilar, poner a cubierto ‖ défiler son chapelet pasar las cuentas del rosario (prier), vaciar el saco ou el costal (parler).
◇ *v intr* MIL desfilar.
➤ **se défiler** *v pr* desenhebrarse, desensartarse ‖ FAM esquivarse (se dérober), largarse, escabullirse (s'enfuir).

défileuse *f* TECHN desguinzadora.

défini, e *adj* definido, da; article défini artículo definido ‖ passé défini pretérito indefinido.
➤ **défini** *m* lo definido.
‖ OBSERV El pretérito indefinido (passé simple) se usa hoy poco en francés, y se le sustituye sobre todo en el lenguaje hablado por el pretérito perfecto (passé composé): ayer salí, je suis sorti hier.

définir [32] *v tr* definir ‖ determinar, precisar (fixer); définir le temps où telle chose se fera precisar el momento en que tal cosa se verificará.

définissable *adj* definible.

définiteur *m* definidor (religieux).

définitif, ive *adj* definitivo, va ‖ en définitive en definitiva, al fin y al cabo, finalmente.
➤ **définitif** *m* lo definitivo.

définition *f* definición ‖ TECHN definición, nitidez (télévision).

définitivement *adv* definitivamente.

définitoire *adj* definitorio, ria.

défiscaliser [3] *v tr* eximir de impuestos.

déflagrant, e *adj* deflagrante.

déflagrateur *m* TECHN deflagrador.

déflagration *f* deflagración.

déflagrer [3] *v intr* deflagrar.

déflation *f* ÉCON deflación ‖ GÉOGR deflacción.

déflationniste *adj* deflacionista.

déflecteur *m* deflector ‖ AVIAT disruptor.

défleurir [32] *v intr* desflorecer (perdre ses fleurs).
◇ *v tr* desflorar (faire tomber la fleur) ‖ FIG marchitar, ajar (faner).

déflexion *f* PHYS deflexión.

déflocage *m* CONSTR acción de quitar el flocking.

défloraison [deflɔrɛzɔ̃] *f* desflorecimiento *m*.

défloration *f* desfloración.

déflorer [3] *v tr* desflorar.

défoliant, e *adj* & *s m* defoliante.

défoliation *f* defoliación, deshoje *m*.

défonçage; défoncement *m* desfondamiento, desfonde; défoncement d'un tonneau desfondamiento de un tonel ‖ socavón (d'une rue) ‖ AGRIC desfonde.

défonce *f* FAM colocón *m* (état) ‖ acción de colocarse (usage de la drogue).

défoncé, e *adj* FAM colocado, da (drogué), colgado, da.

défoncement ▬ défonçage.

défoncer [16] *v tr* desfondar (ôter le fond de) ‖ llenar de baches (une route) ‖ hundir (enfoncer) ‖ AGRIC desfondar ‖ MIL aplastar, arrollar, derrotar completamente.
➤ **se défoncer** *v pr* FAM chutarse, colocarse (se droguer) ‖ afanarse (se donner à fond).

défonceuse *f* roturadora, arado *m* de desfonde, desterronadora (charrue) ‖ TECHN fresadora (à bois).

déforestation *f* desforestación, despoblación forestal.

déformable *adj* deformable.

déformant, e *adj* deformador, ra ‖ glace déformante espejo que deforma.

déformation *f* deformación; déformation professionnelle deformación profesional.

déformé, e *adj* deformado, da.
‖ SYN défraîchi ajado; fané marchito, ajado; avachi muy deformado; usé gastado.

déformer [3] *v tr* deformar, desformar.
➤ **se déformer** *v pr* deformarse, desformarse.

défoulement *m* liberación *f*.

défouler [3] *v tr* liberar.
➤ **se défouler** *v pr* liberarse (d'un complexe) ‖ desquitarse; en vacances il se défoule durante las vacaciones se desquita.

défournage; défournement *m* desenhornamiento, salida *f* del horno.

défourner [3] *v tr* desenhornar, deshornar.

défourneuse *f* TECHN deshornadora.

défraîchi, e *adj* ajado, da.

défraîchir [32] *v tr* ajar, descolorar; le soleil défraîchit les étoffes el sol descolora los tejidos ‖ FIG ajar (une personne).

défrayer [11] [defrɛje] *v tr* costear, pagar los gastos ‖ FIG alimentar ■ défrayer la chronique ser la comidilla ou el pasto de la actualidad, saltar frecuentemente a las páginas de los periódicos ‖ défrayer la conversation hacer el gasto de la conversación.

défrichable *adj* roturable.

défrichage; défrichement *m* AGRIC roturación *f*, desmonte (action) ‖ campo roturado (terrain défriché) ‖ FIG desbroce, desbrozo, primer trabajo.

défriche *f* terreno *m* roturado.

défrichement ▬ défrichage.

défricher [3] *v tr* AGRIC roturar ‖ FIG desbrozar; défricher un sujet desbrozar un tema.

défricheur, euse *m* & *f* roturador, ra.
➤ **défricheuse** *f* roturadora (charrue).

défriper [3] *v tr* desarrugar.

défrisement [defrizmã] *m* desrizamiento, estirado (les cheveux) ‖ FIG & FAM chasco (désappointement).

défriser [3] *v tr* desrizar, estirar (cheveux) ‖ FIG & FAM decepcionar, fastidiar.

défroisser [3] *v tr* desarrugar.

défroncer [16] *v tr* desfruncir, quitar los frunces de ‖ FIG défroncer les sourcils desarrugar el entrecejo.

défroque *f* ECCLÉS espolio *m* ‖ vestidos *m pl*, muebles *m pl*, trastos *m pl* sin valor dejados en herencia ‖ ropa vieja ou de desecho (vieux vêtements).

défroqué, e *adj* que ha colgado los hábitos.
➤ **défroqué** *m* fraile exclaustrado ou sacerdote que ha colgado los hábitos.
➤ **défroquée** *f* monja exclaustrada.

défroquer [3] *v intr* & *pr* colgar los hábitos.

défruiter [3] *v tr* coger la fruta de (cueillir) ‖ quitar el sabor a (enlever le goût du fruit).

défunt, e [defœ̃, œ̃t] *adj* & *s* difunto, ta; finado, da; son défunt père su difunto padre.

dégagé, e *adj* libre, desembarazado, da (débarrassé) ‖ libre; dégagé de toute responsabilité libre de toda responsabilidad ‖ FIG despejado, da; desenvuelto, ta; avoir un air dégagé tener un aire desenvuelto ‖ despejado, da; voie dégagée vía despejada; front dégagé frente despejada ‖ suelto, ta; holgado, da (vêtement) ‖ FIG suelto, ta; fácil (style).
➤ **dégagé** *m* dégagé (chorégraphie).

dégagement *m* desempeño (retrait d'un gage) ‖ FIG salida *f* excusada, pasadizo (sortie) ‖ liberación *f*, desbloqueo; dégagement d'un doigt pris dans un engrenage liberación de un dedo cogido en un engranaje ‖ CHIM desprendimiento, escape (de gaz) ‖ desprendimiento, emanación *f* (odeur) ‖ despejo (action de débarrasser) ‖ despejo (d'une route) ‖ apartamiento (retrait) ‖ FIG devolución *f* (d'une parole, d'une promesse) ‖ salida *f*; le dégagement de la tête du fœtus salida de la cabeza del feto ‖ desapego (détachement) ‖ cambio de filos (escrime) ‖ despejo (escrime) ‖ dégagement en sortie saque de puerta (football) ‖ dégagement en touche saque de banda (football) ‖ AUTOM itinéraire de dégagement itinerario alternativo ‖ **voie de dégagement** carril accesorio.

dégager [17] *v tr* desempeñar (retirer un gage) ‖ soltar, sacar, retirar; **dégager sa main** sacar su mano ‖ librar, liberar (délivrer) ‖ retirar (parole, promesse) ‖ despejar, dejar libre; **dégager la voie publique** despejar la vía pública ‖ dejar libre; **sa blouse dégageait son cou** su blusa dejaba libre el cuello ‖ despejar (front) ‖ FIG separar, extraer; **dégager la vérité de l'erreur** separar la verdad del error ‖ sacar; **dégager une conclusion** sacar una conclusión; **nous pouvons dégager trois groupes** podemos sacar tres grupos ‖ retirar (parole) ‖ liberar; **dégager quelqu'un d'une promesse** liberar a uno de una promesa ‖ poner de relieve ou de manifiesto, realzar (faire ressortir) ‖ exhalar, despedir, desprender (une odeur) ‖ CHIM separar ‖ MATH despejar (une inconnue) ‖ librar (escrime: l'épée) ‖ MÉD despejar, descargar (la tête), desahogar (la poitrine), aliviar (le ventre) ‖ apurar (coiffure) ‖ MIL liberar ‖ sacar (football, rugby).
◇ *v intr* hacer el saque de puerta (quand la balle est sortie) ‖ despejar (balle en jeu).
➥ **se dégager** *v pr* librarse, desembarazarse (se débarrasser) ‖ FIG salir de un compromiso (d'un engagement) ‖ liberarse, retirarse (d'un traité) ‖ desprenderse, resultar (émaner) ‖ ponerse en evidencia, desprenderse, resultar; **deux faits se dégagent** dos hechos se ponen en evidencia ‖ desprenderse (odeur) ‖ despejarse (temps), desencapotarse (ciel) ‖ MIL liberarse, romper el cerco ‖ MAR desencallarse.

dégageur [degaʒœr] *m* TECHN desgasificador.

dégaine *f* FAM facha (allure).

dégainer [4] *v tr* desenvainar (une arme).
◇ *v intr* desenvainar la espada.

déganté, e *adj* sin guantes.

déganter [3] *v tr* quitar los guantes.
➥ **se déganter** *v pr* quitarse los guantes, desenguantarse.

dégarni, e *adj* desguarnecido, da (privé de garniture) ‖ desguarnecido, da; **forteresse dégarnie** fortaleza desguarnecida ‖ despoblado, da; **front dégarni** frente despoblada ‖ desamueblado, da (pièce) ‖ desnudo, da; **un mur dégarni** una pared desnuda.

dégarnir [32] *v tr* desguarnecer ‖ desamueblar, desalojar; **dégarnir un appartement** desamueblar un piso ‖ AGRIC podar, desmochar (un arbre) ‖ MAR desguarnir.
➥ **se dégarnir** *v pr* despoblarse, estar quedándose calvo (perdre ses cheveux), tener entradas (le front) ‖ irse vaciando; **la salle se dégarnit** la sala se va vaciando.

dégât [dega] *m* daño, estrago; **les dégâts causés par la grêle** los daños causados por el granizo ‖ [▷ SYN] desperfecto (détérioration) ‖ estropicio; **cet enfant a fait beaucoup de dégâts** este niño ha hecho muchos estropicios ‖ daño, perjuicio; **la calomnie fait beaucoup de dégâts** la calumnia causa mucho daño ‖ FAM **limiter les dégâts** limitar el daño.

⬛ SYN **dégradation** deterioración; **déprédation** depredación; **avarie** avería.

dégauchir [32] *v tr* desalabear, enderezar (redresser) ‖ FIG desbastar, despabilar (ôter la timidité).

dégauchissage; dégauchissement *m* desalabeo.

dégauchisseuse *f* TECHN acepilladora de planear.

dégazage *m* TECHN desgasificación *f* ‖ limpiar fondos [los buques petroleros].

dégazonnage; dégazonnement *m* deshierba *f*, desyerba *f*.

dégazonner [3] *v tr* quitar el césped de, desherbar, desyerbar.

dégel [deʒɛl] *m* deshielo.

dégelée *f* FAM rociada de palos, paliza, tunda.

dégeler [25] *v tr* deshelar; **dégeler un tuyau** deshelar una cañería ‖ descongelar, desbloquear; **dégeler des crédits** descongelar créditos ‖ FIG animar, entonar; **cet artiste dégela les spectateurs** ese artista animó a los espectadores.
◇ *v intr* deshelarse ‖ deshelarse, fundirse (la neige).
➥ **se dégeler** *v pr* deshelarse ‖ FIG soltarse, cobrar confianza (perdre sa timidité).

dégénération *f* degeneración.

dégénéré, e *adj & s* degenerado, da.

dégénérer [18] *v intr* degenerar.

dégénérescence [deʒeneresɑ̃s] *f* degeneración.

dégermer [3] *v tr* desgerminar, quitar los gérmenes.

dégingandé, e [deʒɛ̃gɑ̃de] *adj* FAM desgarbado, da; desgalichado, da; desmadejado, da.

dégingandement [deʒɛ̃gɑ̃dmɑ̃] *m* desgarbo, desmadejamiento.

dégingander [deʒɛ̃gɑ̃de] [3]
➥ **se dégingander** *v pr* desmadejarse, desgarbarse.

dégîter [3] *v tr* sacar de la cama (lièvre).

dégivrage *m* AGRIC desescarchado ‖ AUTOM & AVIAT deshelamiento, deshielo.

dégivrer [3] *v tr* deshelar ‖ descongelar (réfrigérateur).

dégivreur *m* deshelador ‖ descongelador (d'un réfrigérateur) ‖ **dégivreur automatique** luneta térmica.

déglaçage [deglasaʒ]; **déglacement** [deglasmɑ̃] *m* limpia *f* del hielo (dans les rues) ‖ TECHN desglaseado, deslustre (du papier).

déglacer [16] *v tr* deshelar ‖ deslustrar, desglasar (du papier) ‖ FIG & FAM hacer entrar en calor.

déglaciation *f* desglaciación (des glaciers).

déglinguer [3] [deglɛ̃ge] *v tr* FAM desvencijar, descuajaringar, desbaratar.

dégluer [3] *v tr* quitar la liga.

déglutir [32] *v tr & intr* deglutir.
⬛ SYN **avaler** tragar; **ingurgiter** ingurgitar.

déglutition *f* deglución.

dégobiller [3] [degɔbije] *v tr & intr* FAM vomitar, cambiar la peseta.

dégoiser [3] *v intr* FAM charlotear, hablar sin ton ni son ‖ **dégoiser des injures** soltar una sarta de injurias.

dégommage *m* desengomado, desengomadura *f* ‖ FAM destitución *f*, cesantía *f*, despido (destitution).

dégommer [3] *v tr* desgomar, desengomar (ôter la gomme) ‖ FAM dejar cesante, destituir (destituer).

dégonflage *m* desinflado, desinflamiento ‖ FAM rajamiento, achicamiento.

dégonflé, e *adj* desinflado, da ‖ FIG & FAM rajado, da; acobardado, da.
◇ *m & f* FAM rajado, da.

dégonflement *m* desinflado, desinflamiento ‖ FIG rajamiento, acobardamiento, achicamiento.

dégonfler [3] *v tr* desinflar.
➥ **se dégonfler** *v pr* desinflarse ‖ FIG & FAM rajarse, acobardarse, desinflarse (flancher).

dégorgement *m* desatasco, desatoramiento (d'un tuyau) ‖ desagüe (écoulement d'eaux, d'immondices) ‖ derrame (épanchement) ‖ lavado (de la laine, la soie) ‖ vómito (vomissement).

dégorgeoir [degɔrʒwar] *m* degüello, martillo formón (du forgeron) ‖ desaguadero (d'un réservoir) ‖ desatascador (d'un tuyau) ‖ lavadero (des tissus).

dégorger [17] *v tr* desatascar, desatorar (un tuyau) ‖ lavar (des tissus), desgrasar (la laine) ‖ vomitar, devolver (vomir) ‖ verter, dar salida (déverser) ‖ FIG & FAM vomitar, escupir (restituer) ‖ MÉD desinfartar ■ **faire dégorger des concombres** poner a macerar los pepinos ‖ **faire dégorger des escargots** purgar los caracoles.
◇ *v intr* desaguar (se déverser).
➥ **se dégorger** *v pr* FIG desahogarse (s'épancher).

dégoter; dégotter [3] *v tr* FAM derribar (abattre avec un projectile) ‖ FAM (vx) desbancar (évincer) ‖ FAM (vieilli) dejar atrás, aventajar (surpasser) ‖ dar con, descubrir, encontrar; **dégoter une bonne place** dar con una buena colocación.
◇ *v intr* FAM tener buena facha ou pinta.

dégoudronner [3] *v tr* desalquitranar, desembrear.

dégoulinade *f*; **dégoulinement** (p us) *m* chorreo *m*.

dégouliner [3] *v intr* FAM chorrear, gotear.

dégoupiller [3] [degupije] *v tr* quitar el pasador ou la clavija (à une grenade).

dégourdi, e *adj & s* FIG & FAM [▷ SYN] listo, ta; vivo, va; despabilado, da (avisé).
➥ **dégourdi** *m* TECHN primera cochura *f* de la porcelana.

⬛ SYN **désinvolte** desenvuelto; **éveillé** despierto, despabilado; **dessalé** desenvuelto, avispado; **déluré** despejado, avispado; **dégagé** desenvuelto.

dégourdir [32] *v tr* desentumecer, desentorpecer (un membre) ‖ FIG despabilar, espabilar (une personne) ‖ entibiar, templar (tiédir) ‖ TECHN dar la primera cochura (porcelaine).
➥ **se dégourdir** *v pr* desentumecerse, desentorpecerse ‖ FIG despabilarse, espabilarse ‖ **se dégourdir les jambes** estirar ou desentumecer las piernas.

dégourdissement *m* (p us) desentumecimiento, desentorpecimiento ‖ FIG espabilamiento.

dégoût [degu] *m* asco; **causer du dégoût** dar asco; **ressentir du dégoût pour le vin** tomarle asco al vino; **avoir du dégoût pour la vie** tener asco de la vida ▌desgana *f* (manque d'appétit) ▌hastío, cansancio (fatigue); **avoir le dégoût d'un travail** sentir hastío de un trabajo ▌repugnancia *f*; **il faisait preuve d'un dégoût bien rare à son âge** demostraba una repugnancia pocas veces vista a su edad ▌**prendre en dégoût** coger ou cobrar asco a, estar asqueado de.

dégoûtamment *adv* FAM asquerosamente.

dégoûtant, e *adj* asqueroso, sa; **dégoûtant à voir** asqueroso de ver ▌repugnante, repelente, repulsivo, va; **c'est dégoûtant de travailler dans de telles conditions** es repugnante trabajar en estas condiciones ▌**c'est dégoûtant!** ¡da asco!, ¡qué asco!
→ **dégoûtant** *m* asqueroso.

dégoûtation *f* FAM asquerosidad.

dégoûté, e *adj* delicado, da ■ **être dégoûté** estar harto ou hastiado ▌**faire le dégoûté** hacerse el delicado ou el difícil ▌**prendre un air dégoûté** poner cara de asco.

dégoûter [3] *v tr* dar asco, asquear; **cette nourriture me dégoûte** este alimento me da asco ▌repugnar (répugner) ▌desganar, quitar el apetito (ôter l'appétit) ▌fastidiar, aburrir, cansar (ennuyer) ▌FIG quitar las ganas, desaficionar (ôter le goût de); **dégoûter de l'étude** desaficionar del estudio, quitar las ganas de estudiar ▌quitar las ganas, quitar de la cabeza, disuadir (dissuader) ▌**n'être pas dégoûté** contentarse ou conformarse con poco, no ser muy exigente.
→ **se dégoûter** *v pr* tomar asco a; **se dégoûter du tabac** tomar asco al tabaco ▌hastiarse, cansarse (se lasser).

dégouttant, e *adj* goteante, chorreante.

dégoutter [3] *v tr & intr* gotear; **l'eau qui dégoutte du toit** el agua que gotea del tejado ▌chorrear (couler en filet).

dégradant, e *adj* degradante.

dégradateur *m* desvanecedor (photographie).

dégradation *f* degradación; **dégradation militaire** degradación militar; **dégradation civique** degradación cívica ▌deterioro *m*; **dégradation du matériel** deterioro del material ▌CHIM degradación ▌FIG degradación, envilecimiento *m* (avilissement) ▌empeoramiento *m*, bajón *m* (d'une situation) ▌degradación, rebajamiento *m* (des couleurs).

dégradé *m* desvanecido (photo, cinéma) ▌escala *f* (tricot).

dégrader [3] *v tr* degradar; **dégrader un militaire** degradar a un militar ▌FIG deteriorar, estropear (endommager) ▌degradar, envilecer; **dégradé par la boisson** degradado por la bebida ▌degradar, rebajar (les couleurs).
→ **se dégrader** *v pr* degradarse ▌FIG deteriorarse, estropearse (se détériorer) ▌envilecerse, degradarse ▌empeorar, empeorar, dar un bajón, desmejorarse; **la situation s'est rapidement dégradée** la situación se ha empeorado rápidamente.

dégrafé, e *adj* desabrochado, da.

dégrafer [3] *v tr* desabrochar, desabrocharse.

dégraissage *m* desengrasado, desengrase ▌limpiado, limpieza (des vêtements); **dégrais**-

sage et nettoyage à sec limpieza de manchas de grasa y limpieza en seco.

dégraissant, e *adj* que quita la grasa.
→ **dégraissant** *m* desengrasante.

dégraisser [4] *v tr* desengrasar (ôter la graisse) ▌desgrasar (la laine) ▌quitar las manchas, limpiar (un vêtement) ▌espumar (le bouillon) ▌desbastar (le bois) ▌desustanciar (un terrain).

dégraisseur *m* quitamanchas ▌tintorero (teinturier) ▌tinte (boutique) ▌batán (foulon).

dégraveler [24]; **dégraver** [3] *v tr* quitar la grava.

dégravoiement [degravwamã] *m* socava *f* (d'un mur) ▌derrubio (d'un cours d'eau).

dégravoyer [13] [degravwaje] *v tr* socavar (un mur) ▌derrubiar (un cours d'eau).

degré *m* grado ▌grado, graduación *f*; **degré alcoolique d'un vin** graduación alcohólica de un vino; **ce vin a onze degrés** este vino tiene once grados ▌[▷ SYN] escalón, peldaño (marche) ▌grada *f* (d'autel, de trône) ▌(vx) grado (grade universitaire) ▌FIG grado; **cousin au troisième degré** primo en tercer grado ■ **à un degré tel** hasta tal punto ▌**au dernier degré** en último ou sumo grado ▌**jusqu'à un certain degré** hasta cierto punto ▌**par degrés** gradualmente, por grados, progresivamente ■ **alcool à 90 degrés** alcohol de 90 grados ▌**brûlure au premier, deuxième degré** quemadura de primer, segundo grado ▌**enseignement du second degré** enseñanza media, segunda enseñanza ▌**le plus haut degré** el súmmum ▌**le premier degré** enseñanza básica (enseignement).
▌ SYN marche peldaño; gradin grada; échelon escalón; marchepied estribo.

dégréer [15] *v tr* MAR desaparejar.

dégressif, ive *adj* decreciente (décroissant); **tarif dégressif** tarifa decreciente.

dégression *f* disminución, decrecimiento *m*.

dégrèvement *m* ÉCON desgravación *f*; **dégrèvement d'impôt** ou **fiscal** desgravación fiscal.

dégrever [19] *v tr* desgravar (d'un impôt).

dégriffé, e *adj* sin marca, sin etiqueta ▌**vêtement dégriffé** ropa de marca rebajada.

dégringolade *f* FAM caída, voltereta ▌FIG caída, descenso *m*, hundimiento *m*; **la dégringolade d'une entreprise** el hundimiento de una empresa.

dégringoler [3] *v intr* FAM caer rodando, rodar (descendre précipitamment) ▌FIG venirse abajo, hundirse (s'effondrer).
◇ *v tr* rodar por; **dégringoler un escalier** rodar por las escaleras.

dégrippant *m* antibloqueante.

dégripper [3] *v tr* desatascar, desbloquear (un mécanisme).

dégrisement *m* FIG desilusión *f*, desengaño.

dégriser [3] *v tr* desembriagar, quitar la borrachera ▌FIG desilusionar, desengañar; **dégrisé par un échec** desengañado por un fracaso.
→ **se dégriser** *v pr* desembriagarse, quitarse la borrachera ▌FIG desilusionarse, desengañarse.

dégrosser [3] *v tr* desbastar (les métaux).

dégrossir [32] *v tr* desbastar; **dégrossir une pierre** desbastar una piedra ▌bosquejar (faire une ébauche) ▌desembrollar, desenmarañar (une affaire) ▌FIG desbastar, afinar, pulir (une personne).

dégrossissage *m* desbaste.

dégrossisseur *m* desbastador (laminoir).

dégroupement *m* disgregación *f*, dispersión *f*.

dégrouper [3] *v tr* disgregar, dispersar.

déguenillé, e [degənije] *adj & s* haraposo, sa; harapiento, ta; desastrado, da; andrajoso, sa.
▌ SYN dépenaillé guiñaposo; loqueteux andrajoso; va-nu-pieds descamisado.

déguerpir [32] *v intr* largarse, salir pitando; **déguerpir d'un endroit** largarse de un sitio.

dégueulasse *adj* TFAM asqueroso, sa; cochino, na; repugnante.

dégueulasser [3] *v tr* TFAM pringar, poner perdido, da.

dégueuler [5] *v tr & intr* TFAM cambiar la peseta, echar las tripas (vomir) ▌TFAM vomitar (des injures).

dégueulis *m* TFAM vomitona *f*, pota *f*.

déguisé, e *adj* disfrazado, da ▌**bal déguisé** baile de disfraces.
◇ *m & f* máscara *f* (personne déguisée).

déguisement [degizmã] *m* disfraz ▌FIG disfraz, disimulo; **parler sans déguisement** hablar sin disimulo.

déguiser [3] *v tr* [▷ SYN] disfrazar ▌FIG disfrazar, desfigurar, cambiar; **déguiser sa voix** disfrazar la voz ▌disimular (cacher) ▌encubrir, enmascarar; **déguiser la vérité** encubrir la verdad.
→ **se déguiser** *v pr* disfrazarse; **se déguiser en arlequin** disfrazarse de arlequín.
▌ SYN travestir disfrazar; masquer enmascarar; camoufler disimular, encubrir; farder, maquiller maquillar, disfrazar.

dégustateur, trice *m & f* catador, ra.

dégustation *f* degustación.

déguster [3] *v tr* catar, probar; **déguster du vin** catar vino ▌saborear, paladear (savourer) ▌FAM cobrar (des coups).
▌ OBSERV Degustar est un gallicisme, mais degustación se trouve dans le dictionnaire de l'Académie espagnole.

déhaler [3] [deale] *v tr* MAR halar, sacar del puerto.

déhanché, e *adj* descaderado, da; derrengado, da (qui a les hanches disloquées) ▌FAM que anda contoneándose (qui se dandine en marchant).

déhanchement *m* contoneo.

déhancher [3] *v tr* descaderar, derrengar, dislocar las caderas (démettre les hanches).
→ **se déhancher** *v pr* contonearse; **les danseuses se déhanchaient** las bailarinas se contoneaban.

déharnacher [3] *v tr* desenjaezar (ôter le harnais).

déhiscence *f* BOT dehiscencia.

déhiscent, e [deisã, ãt] *adj* dehiscente.

dehors [dəɔr] *adv* fuera; **rester dehors** quedarse fuera ▌afuera; **allez dehors** váyase afuera ■ **au-dehors** fuera, al exterior ‖ de ou du dehors de fuera, desde fuera; vu du ou de dehors visto desde fuera ‖ **en dehors** desde fuera, por fuera (à l'extérieur) ‖ en dehors de fuera de, aparte de; **rester en dehors du sujet** quedar fuera del asunto; fuera de, aparte de (excepté), hacia fuera; **avoir les pieds en dehors** tener los pies hacia fuera ■ **avantage dehors** ventaja al saque (tennis) ‖ **toutes voiles dehors** a toda vela ■ **mettre ou jeter quelqu'un dehors** echar fuera ou a la calle.

◇ *m* exterior, parte *f* exterior; **le dehors de la maison** la parte exterior de la casa ‖ exterior; **des ouvriers venus du dehors** obreros venidos del exterior ‖ presencia *f*, presentación *f*, facha *f* (allure) ‖ **du dehors** exterior; **affaires du dehors** asuntos exteriores.

◇ *m pl* apariencias *f*; **garder les dehors** guardar las apariencias ‖ aspecto *sing*; **des dehors agréables** un aspecto agradable ‖ obras *f* exteriores (fortifications).

déhouiller [3] *v tr* extraer la hulla.

déhoussable *adj* desenfundable.

déicide *adj* & *s* deicida (meurtrier de Dieu).
◇ *m* deicidio (meurtre de Dieu).

déicole *adj* & *s* deícola.

déictique *adj* & *s m* GRAMM deíctico, ca.

déification *f* deificación.

déifier [9] *v tr* deificar ‖ FIG divinizar, endiosar.

déisme *m* deísmo.

déiste *adj* & *s* deísta.

déité *f* deidad, divinidad; **les déités de la Fable** las deidades de la Fábula.

déjà *adv* ya; **il est déjà là** ya está ahí; **il est déjà midi** son ya las doce ■ **c'est déjà pas mal** algo es algo ‖ **c'est déjà quelque chose** ya es algo ‖ **quel nom déjà?** ¿qué nombre era?

déjanter [3] [deʒɑ̃te] *v tr* desmontar la llanta de, sacar la llanta.

déjauger [17] *v tr* MAR flotar, boyar más de lo normal.

déjà-vu *m inv* ya visto (psychologie) ‖ FAM **c'est du déjà-vu** es algo ya muy visto.

déjection *f* deyección ‖ FIG desecho *m*, hez (rebut) ‖ GÉOL deyección (volcanique).

déjeté, e *adj* alabeado, da; **planche déjetée** tabla alabeada ‖ FIG torcido, da (le corps).

déjeter [27] *v tr* alabear (gauchir) ‖ FIG torcer (le corps).

déjettement [deʒɛtmɑ̃] *m* alabeo (gauchissement) ‖ FIG torcimiento, inclinación *f* (du corps).

déjeuner [5] *v intr* desayunar, desayunarse (prendre le petit déjeuner) ‖ almorzar, comer (prendre le repas de midi); **déjeuner d'une côtelette** almorzar una chuleta.

déjeuner *m* almuerzo, comida *f* (repas de midi) ‖ desayuno (petit déjeuner) ‖ servicio, bandeja *f* para el desayuno (petit plateau) ‖ juego de desayuno ■ **déjeuner à la fourchette** desayuno fuerte ‖ FAM **déjeuner de soleil** tejido poco sufrido (tissu), cosa efímera (chose éphémère) ‖ **petit déjeuner** desayuno ■ **prendre son petit déjeuner** desayunar, desayunarse.

déjouer [6] *v tr* desbaratar, hacer fracasar; **déjouer un projet** desbaratar un proyecto;

déjouer un complot hacer fracasar un complot.

déjucher [3] *v tr* echar del gallinero.
◇ *v intr* salir del gallinero.

déjuger [17]
➤ **se déjuger** *v pr* volverse atrás, cambiar de opinión ou de juicio.

de jure *loc adv lat* de jure, de derecho.

Dekkan ➤ **Deccan**.

delà *adv* allende, más allá de, del otro lado de ■ **au-delà** más allá, más lejos (plus loin), mucho más (beaucoup plus) ‖ **au-delà de** más allá de; **au-delà de mes désirs** más allá de mis deseos; al otro lado de; **au-delà du lac** al otro lado del lago ‖ **deçà et delà** de uno y otro lado ‖ **de delà** del otro lado ‖ **en delà** más lejos, más allá ‖ **par-delà** allende, del otro lado de; **par-delà les mers** allende los mares ■ **jambe deçà, jambe delà** a horcajadas ‖ **l'au-delà** el más allá, el otro mundo.

OBSERV Delà va generalmente precedido en francés de au, en, par: **au-delà des monts** allende los montes.

délabré, e *adj* ruinoso, sa.

délabrement *m* ruina *f*, deterioro; **le délabrement d'un bâtiment** la ruina de un edificio ‖ FIG estrago (de la santé) ‖ ruina *f* (moral).

délabrer [3] *v tr* hacer trizas ou pedazos (déchirer) ‖ deteriorar, arruinar, estragar (détériorer) ‖ echar a perder, estropear (abîmer).

➤ **se délabrer** *v pr* deteriorarse, arruinarse ‖ FIG estragarse, arruinarse (santé); venirse abajo, deteriorarse, empeorar; **son entreprise se délabre** su empresa se viene abajo.

délacer [16] *v tr* desatar (détacher) ‖ aflojar; **délacer son corset** aflojar el corsé.

délai *m* [▷ SYN 1] demora *f*, espera *f* (retard); **sans délai** sin demora ‖ [▷ SYN 2] plazo, término; **dans un délai d'un an** en el plazo de un año ■ **délai-congé, délai de préavis** plazo de despedida ‖ **délai de grâce** plazo de respiro ‖ **délai de paiement** moratoria ■ **à bref délai** en breve plazo ‖ **comptez un délai de livraison de 10 jours** el plazo de entrega es de 10 días, calcule unos 10 días para la entrega ‖ **user de délais** dar largas a un asunto, andar con dilatorias.

SYN **1.** répit respiro; trêve tregua; sursis prórroga.
2. remise aplazamiento; atermoiement, moratorium prórroga, moratoria.

délai-congé ➤ **délai**.
OBSERV pl délais-congés.

délaiement ➤ **délayage**.

délainage *m* deslanado.

délainer [4] *v tr* deslanar.

délaissé, e *adj* & *s* dejado, da; abandonado, da.

délaissement *m* abandono (abandon) ‖ desamparo (manque de secours) ‖ DR desistimiento, cesión *f*.

délaisser [4] *v tr* abandonar, dejar de lado (abandonner) ‖ desamparar (laisser sans secours) ‖ DR renunciar a, desistir de.

délaitage; délaitement *m* desuero.

délaiter [3] *v tr* desuerar, quitar el suero.

délaiteuse *f* desueradora.

délarder [3] *v tr* quitar el tocino [al cerdo] ‖ ARCHIT rebajar ‖ TECHN achaflanar, chaflanar (menuiserie).

délassant, e *adj* descansado, da; reposante (reposant) ‖ entretenido, da; recreativo, va; **une lecture délassante** una lectura entretenida.

délassement *m* descanso, recreo, solaz.

délasser [3] *v tr* descansar ‖ distraer, entretener, recrear (distraire).
➤ **se délasser** *v pr* descansar, solazarse, reposarse.

OBSERV Descansar est un verbe transitif. Délasser et reposer se traduisent tous deux par descansar, mais délasser évoque une idée de plaisir plus sensible encore dans solazar.

délateur, trice *m* & *f* delator, ra.

délation [delasjɔ̃] *f* delación.

délavage *m* deslavado.

délavé, e *adj* descolorido, da.

délaver [3] *v tr* deslavar ‖ lavar (une couleur vive) ‖ deslavazar (trop mouiller).

Delaware *n pr f* GÉOGR **la Delaware** el Delaware (fleuve).

délayage [delɛjaʒ]; **délayement** [delɛmɑ̃] *m* desleimiento, dilución *f* ‖ FIG estilo difuso (style).

délayer [11] [delɛje] *v tr* desleír, diluir ‖ FIG **délayer sa pensée** diluir su pensamiento.

Delco® *m* MÉCAN delco®.

deleatur *m* IMPR dele, deleátur.

délébile *adj* deleble.

délectable *adj* deleitoso, sa; deleitable.

délectation *f* deleite *m*, delectación.

délecter [4] *v tr* deleitar.
➤ **se délecter** *v pr* deleitarse; **se délecter à l'étude** deleitarse en el estudio.

délégataire *m* & *f* delegado, da (personne à qui l'on délègue).

délégateur, trice *m* & *f* delegatorio, ria.

délégation *f* delegación.

délégatoire *adj* delegatorio, ria.

délégué, e *adj* & *s* delegado, da; comisionado, da ■ **délégué du personnel** delegado del personal ‖ **délégué syndical** enlace sindical ‖ **ministre délégué** à ministro delegado de.

déléguer [18] *v tr* delegar ‖ comisionar ‖ **déléguer des pouvoirs à quelqu'un** apoderar a uno.

SYN députer diputar; mandater dar mandato; envoyer enviar.

délestage *m* deslastre, deslastradura *f* ‖ FAM desvalijamiento, desvalijo (vol) ‖ cortes *pl* intermitentes [en la circulación] ‖ AUTOM itinéraire de délestage itinerario alternativo.

délester [3] *v tr* quitar el lastre, deslastrar (ôter du lest) ‖ FAM desvalijar (voler) ‖ FIG aligerar, aliviar (alléger) ‖ cortar la circulación de modo intermitente.

délétère *adj* deletéreo, a.

Delhi *n pr* GÉOGR Delhi.

déliage *m* desatadura *f*.

déliaque *adj* & *s* delio, lia.

délibérant, e *adj* deliberante; **assemblée délibérante** asamblea deliberante.

délibératif, ive *adj* deliberativo, va ▌avoir voix délibérative tener voz y voto.

délibération *f* deliberación.

délibératoire *adj* DR deliberatorio, ria.

délibéré, e *adj* deliberado, da (prémédité) ▌FIG resuelto, ta; decidido, da; avoir un air délibéré tener un ademán resuelto ▌de propos délibéré de intento, a propósito, adrede, deliberadamente.

➤ **délibéré** *m* deliberación *f* (délibération) ▌fallo (jugement) ▌l'affaire a été mise en délibéré la causa ha quedado vista para sentencia.

délibérément *adv* deliberadamente.

délibérer [18] *v intr* deliberar.

délicat, e [delika, at] *adj* delicado, da; mets délicats manjares delicados ▌delicado, da; primoroso, sa; ouvrage délicat labor primorosa ▌delicado, da; situation délicate situación delicada ▌frágil, delicado, da (santé) ▌exquisito, ta; tierno, na; delicado, da; chair délicate carne exquisita ▌escrupuloso, sa (scrupuleux); conscience délicate conciencia escrupulosa ▌sensible; oreilles délicates oídos sensibles ■ attention délicate detalle ▌point délicat punto espinoso, difícil.
◇ *m & f* delicado, da.

délicatement *adv* delicadamente, con delicadeza.

délicatesse *f* delicadeza ▌primor *m*; broder avec délicatesse bordar con primor ▌exquisitez (de goût, d'un plat) ▌finura, exquisitez (d'un parfum).

délice *m* delicia *f*, deleite, placer ▌c'est un délice es delicioso.

➤ **délices** *f pl* delicias ■ lieu de délices lugar de ensueño ▌faire ou être les délices de quelqu'un ser el encanto ou la delicia de alguien.

> OBSERV 1. Délice en francés es masculino en singular y femenino en plural.
> 2. Delicia s'applique en général à ce qui flatte le goût, le regard; deleite corresponde plus souvent à ce qui enchante l'esprit ou encore à tout plaisir sensuel.

délicieusement *adv* deliciosamente.

délicieux, euse [delisjø, øz] *adj* delicioso, sa; rico, ca; un mets délicieux un manjar delicioso ▌exquisito, ta (parfum) ▌placentero, ra; c'est un jardin délicieux es un jardín placentero ▌deleitoso, sa; un songe délicieux un sueño deleitoso ▌encantador, ra; une personne délicieuse una persona encantadora ▌encantador, ra; agradable; un film délicieux una película encantadora.

délictueux, euse [deliktɥø, øz] *adj* delictivo, va.

délié, e *adj* [▷ SYN] delgado, da; fino, na; un fil délié un hilo fino ▌FIG sutil, penetrante; agudo, da; un esprit délié un espíritu sutil ▌suelto, ta (style) ▌FIG avoir la langue bien déliée no tener pelillos en la lengua, hablar por los codos.

➤ **délié** *m* perfil (calligraphie).

▌ SYN fin fino; subtil sutil; effilé aguzado.

déliement [delimɑ̃] *m* desatadura *f* ▌FIG desligadura *f*.

délien, enne *adj & s* delio, lia.

délier [9] *v tr* desatar (détacher) ▌absolver (absoudre) ▌FIG apartar, desunir, separar▌desligar, liberar; délier d'un serment desligar de un juramento ■ FAM délier la langue hacer hablar, soltar la lengua ▌il appartient aux évêques de lier et de délier corresponde a los obispos el atar y el desatar ▌FAM sans bourse délier sin echarse la mano al bolsillo, sin soltar un cuarto.

délimitation *f* delimitación, fijación (de frontières) ▌deslinde *m* (de terrain) ▌limitación, límites *m pl*, acotamiento *m* (des pouvoirs).

délimité, e *adj* delimitado, da.

délimiter [3] *v tr* delimitar, fijar; délimiter des frontières delimitar fronteras ▌deslindar; délimiter une propriété deslindar una heredad ▌FIG delimitar, definir; délimiter les attributions delimitar las atribuciones ▌circunscribir, delimitar, acotar (un sujet).

délinéament *m* contorno, delineación *f*.

délinéer [15] *v tr* delinear, trazar, dibujar; délinéer une figure delinear una figura.

délinquance *f* delincuencia; délinquance juvénile delincuencia juvenil.

délinquant, e *adj & s* delincuente; délinquant primaire delincuente sin antecedentes.

déliquescence [delikesɑ̃s] *f* delicuescencia ▌FIG decadencia ▌en déliquescence en delicuescencia.

déliquescent, e [delikesɑ̃, ɑ̃t] *adj* delicuescente ▌FIG decadente.

deliquium [delikɥijɔm] *m* CHIM deliquio.

délirant, e *adj* delirante; imagination, ovations délirantes imaginación, ovaciones delirantes ▌desbordante; joie délirante alegría desbordante.

délire *m* delirio; délire de la persécution delirio de la persecución ▌FIG delirio, desvarío ▌en délire en delirio, delirante.

> SYN divagation divagación; égarement devaneo; frénésie frenesí; transport transporte, avenine.

délirer [3] *v intr* delirar, desvariar.

delirium tremens [delirjɔmtremɛ̃s] *m* MÉD delirium tremens.

délissage *m* recorte de trapos (fabrication de pâte à papier).

délisser [3] *v tr* arrugar (chiffonner) ▌recortar trapos (des chiffons).

délit [deli] *m* delito; délit de fuite delito de fuga ▌veta *f* (d'une pierre) ■ délit de droit commun delito de derecho común ▌délit de presse delito de prensa ▌CONSTR en délit a contralecho ▌le corps du délit el cuerpo del delito ▌prendre en flagrant délit sorprender en flagrante delito ou in fraganti.

délitage; délitement *m* deslecho (des vers à soie) ▌ARCHIT colocación *f* de una piedra a contralecho.

déliter [3] *v tr* colocar a contralecho ▌dividir en capas (ardoises) ▌deslechar (les vers à soie).

➤ **se déliter** *v pr* desmoronarse, disgregarse (roches) ▌apagarse (chaux vive).

délitescence [delitesɑ̃s] *f* CHIM delitescencia.

délitescent, e [delitesɑ̃, ɑ̃t] *adj* delitescente.

délivrance *f* liberación; la délivrance d'un territoire la liberación de un territorio ▌expedición (d'un certificat, d'un passeport) ▌concesión; la délivrance d'un permis la concesión de un permiso ▌parto *m*, alumbra-miento *m* (accouchement) ▌expulsión de la placenta.

délivrer [3] *v tr* libertar (mettre en liberté) ▌liberar; délivrer un pays opprimé liberar un país oprimido ▌liberar, librar; délivrer d'un souci librar de una preocupación ▌expedir (un passeport) ▌conceder, otorgar (une licence) ▌entregar, remitir; délivrer une commande remitir un pedido ▌dar; délivrer un reçu dar un recibo ▌MÉD asistir a una parturienta.

➤ **se délivrer** *v pr* librarse, liberarse (se débarrasser) ▌MÉD parir (accoucher), echar las secundinas (se débarrasser du délivre).

déloger [17] *v tr* desalojar, desahuciar; déloger un locataire desalojar a un inquilino ▌desalojar, expulsar; déloger l'ennemi desalojar al enemigo.
◇ *v intr* marcharse, irse (s'en aller) ▌déloger sans tambour ni trompette marcharse a la chita callando.

Délos [delos] *n pr* GÉOGR Delos; à Délos en Delos.

délot [delo] *m* dedil (doigtier).

délover [3] *v tr* MAR desadujar (câble).

déloyal, e [delwajal] *adj* desleal; procédé déloyal procedimiento desleal; déloyal envers quelqu'un desleal con alguien.

> SYN infidèle infiel; perfide pérfido; scélérat malvado, alevoso; traître traidor; félon felón; renégat renegado; judas judas.

déloyalement *adv* deslealmente.

déloyauté [delwajote] *f* deslealtad.

Delphes [delf] *n pr* GÉOGR Delfos.

Delphin [delfɛ̃] *n pr* Delfín.

delta *m* delta *f* (lettre grecque) ▌delta (d'un fleuve).

deltaïque *adj* deltaico, ca; formation deltaïque formación deltaica.

Deltaplane®; Delta-plane® *m* SPORTS ala *f* delta.

deltoïde *adj & s m* deltoides (muscle).

déluge *m* diluvio ▌FIG diluvio, torrente, lluvia *f*; un déluge d'injures una lluvia de injurias ■ après moi le déluge tras mí, el diluvio; mientras dura, vida y dulzura ▌remonter au déluge remontarse a ou ser de los tiempos de Maricastaña.

déluré, e *adj & s* despejado, da; avispado, da; despabilado, da; espabilado, da; despierto, ta (dégourdi) ▌desvergonzado, da (effronté).

délurer [3] *v tr* despabilar, espabilar (éveiller), avispar (dégourdir).

délustrage *m* deslustre.

délustrer [3] *v tr* deslustrar (décatir).

délutage *m* deszulacamiento.

déluter [3] *v tr* deszulacar (ôter le lut).

démagnétisation *f* TECHN desmagnetización.

démagnétiser [3] *v tr* desmagnetizar, desimanar.

démagogie [demagɔʒi] *f* demagogia.

démagogique [demagɔʒik] *adj* demagógico, ca.

démagogue [demagɔg] *m* demagogo.

démaigrir [32] *v tr* desbastar (un tenon).

démaigrissement *m* TECHN desbaste.

démaillage [demaja3] *m* desmalladura *f* | carrerilla *f* (d'un bas) | deslabonamiento (d'une chaîne).

démailler [3] [demaje] *v tr* desmallar (défaire les mailles) | desenmallar (le poisson) | deslabonar (une chaîne) | être démaillé tener una carrerilla (bas).

démaillonner [3] [demajɔne] *v tr* desrodrigar (les vignes).

démailloter [3] [demajɔte] *v tr* quitar los pañales.

demain [dəmɛ̃] *adv & s m* mañana; viens demain ven mañana ■ demain en huit de mañana en ocho días | demain matin mañana por la mañana ■ à demain hasta mañana | après-demain pasado mañana | demain il fera jour mañana será otro día | en avoir jusqu'à demain tener para rato | remettre à demain dejar para mañana.

démanché, e *adj* desmangado, da; sin mango | FIG desgarbado, da; dislocado, da.
◆ **démanché** *m* MUS desmangue.

démanchement *m* desmangue | FIG dislocación *f* | MUS desmangue.

démancher; désemmancher [3] *v tr* quitar el mango, desmangar (ôter le manche) | dislocar, descoyuntar (disloquer).
◇ *v intr* MUS tocar en cuarta mano (violon, guitare).
◆ **se démancher** *v pr* FAM ajetrearse, afanarse, azacanarse (se démener).

demande *f* petición; faire une demande hacer una petición | instancia, petición, solicitud (requête) | pregunta; demande indiscrète pregunta indiscreta | pedido *m*, encargo *m* (commande) | COMM demanda; l'offre et la demande la oferta y la demanda | DR demanda; rejeter une demande rechazar una demanda ■ demande d'emploi solicitud de empleo | demande en mariage petición de mano | demande pressante ruego, súplica *f* ■ à la demande a petición | la belle demande! ¡vaya una pregunta! | sur demande por encargo, a petición ■ envoi d'échantillons sur demande solicítense muestras, se envían muestras a quien las solicite | sur sa demande a petición suya ■ à folle demande point de réponse a pregunta necia, oídos sordos ou de mercader.

┃ OBSERV Demanda n'a en espagnol qu'un sens technique (droit, économie); pedido a surtout un sens commercial; petición a un emploi un peu plus étendu que le mot français pétition. Dans l'usage courant, on se sert volontiers de solicitud.

demandé, e *adj* solicitado, da; très demandé muy solicitado.

demander [3] *v tr* [▷ SYN] preguntar (questionner) | pedir; demander des renseignements pedir informes; demander la parole pedir la palabra | pedir, solicitar (faire une requête, une commande) | desear, querer (désirer) | pedir la mano (en mariage) | requerir, necesitar (avoir besoin); demander réflexion requerir reflexión | llevar; ce travail m'a demandé deux heures este trabajo me ha llevado dos horas | llamar, preguntar por; on vous demande au téléphone le llaman por ou al teléfono | combien demandez-vous pour ce tableau? ¿cuánto pide Ud. por ese cuadro? | DR demandar (en justice) ■ demander à desear, solicitar | demander la main de

quelqu'un pedir la mano de alguien | demander pardon à quelqu'un pedir perdón a alguien | demander quelqu'un ou après quelqu'un preguntar por uno | je ne demande pas mieux no deseo otra cosa | je vous demande un peu me quiere usted decir | ne demander qu'à no pedir sino, desear sólo | on demande femme de ménage se precisa ou se necesita asistenta.
◆ **se demander** *v pr* preguntarse; cela ne se demande même pas eso ni siquiera se pregunta | je me demande pourquoi no sé por qué, yo me digo por qué | je me demande s'il viendra no sé si vendrá, ¿vendrá? | je me le demande! ¡yo qué sé!

┃ OBSERV Cuando el verbo demander va seguido de un infinitivo se tiene que emplear la preposición a si el sujeto efectúa las dos acciones, y la preposición de en caso contrario.
SYN questionner preguntar; interroger interrogar.

demandeur, euse *m & f* solicitante; solicitador, ra; peticionario, ria; que pide (qui fait une requête) | preguntón, ona; preguntador, ra (qui questionne) | pedigüeño, ña (quémandeur) | COMM comprador, ra; pedidor, ra | demandeur d'emploi solicitante de empleo.

demandeur, eresse *m & f* DR demandante.

démangeaison [demɑ̃ʒɛzɔ̃] *f* prurito *m*, comezón, picor *m*, picazón (picotement) | FIG gana, prurito *m* (grande envie).

démanger [17] *v intr* picar ■ FIG la langue lui démange tiene muchas ganas de hablar | la main lui démange las manos se le calientan (envie de battre).

┃ OBSERV Este verbo sólo se usa en el infinitivo y en las terceras personas.

démantèlement [demɑ̃tɛlmɑ̃] *m* desmantelamiento.

démanteler [25] [demɑ̃tle] *v tr* desmantelar.
┃ SYN démolir derribar; raser arrasar.

démantibuler [3] *v tr* desquijarar, desencajar | FIG desvencijar; démantibuler un fauteuil desvencijar un sillón | desbaratar, descomponer; démantibuler une horloge desbaratar un reloj.

démaquillage *m* desmaquillaje.

démaquillant *m* desmaquillador, demaquillador.

démaquiller [3] *v tr* quitar la pintura ou el maquillaje del rostro, desmaquillar, demaquillar.

démarcatif, ive *adj* demarcador, ra; ligne démarcative línea demarcadora.

démarcation *f* demarcación | FIG límite *m*, separación.

démarchage *m* venta *f* a domicilio.

démarche *f* paso *m*, modo *m* de andar, andares *m pl* (allure) | FIG gestión, paso *m*, trámite *m*, diligencia; faire des démarches hacer gestiones; faire des démarches auprès de quelqu'un hacer gestiones ou trámites dirigiéndose a alguien | fausse démarche gestión inútil, paso en falso, paso en balde.

démarcher [3] *v tr* vender a domicilio.

démarcheur *m* corredor (courtier) | gestor administrativo (d'administration).

démarier [9] *v tr* descasar | AGRIC aclarar, ralear, arralar (betteraves).

◆ **se démarier** *v pr* descasarse.

démarquage *m* supresión *f* de la marca | desmarcaje, desmarque (sports) | FIG plagio, fusilamiento (plagiat); le démarquage d'une invention el plagio de un invento.

démarque *f* descuento *m* de tantos ou puntos | precio *m* rebajado, saldo *m*.

démarqué, e *adj* sin marca | prix démarqués precios rebajados.

démarquer [3] *v tr* quitar la marca ou la señal de ou a, desmarcar; démarquer du linge quitar la marca de la ropa | plagiar, fusilar (plagier) | COMM saldar, rebajar de precio (solder).
◇ *v intr* cerrar (le cheval) | descontar (aux jeux).
◆ **se démarquer** *v pr* SPORTS desmarcarse.

démarrage *m* comienzo; le démarrage d'une expérience el comienzo de una experiencia | AUTOM arranque, puesta *f* en marcha | MAR desamarre, acción *f* de desamarrar | SPORTS arrancada *f* | TECHN arranque; un démarrage brusque un brusco arranque.

démarrer [3] *v tr* empezar, iniciar, lanzar, emprender (entreprendre) | MAR soltar las amarras, desamarrar.
◇ *v intr* zarpar (un bateau) | arrancar, ponerse en marcha (véhicule, machine) | arrancar (sports) | FIG ponerse en marcha; l'économie espagnole a démarré la economía española se ha puesto en marcha | démarrer au quart de tour arrancar rápidamente.

démarreur *m* TECHN arranque; tirer sur le démarreur dar al arranque.

démasclage *m* descasque (du liège).

démascler [3] *v tr* descortezar, escorchar (écorcer le chêne-liège).

démasquer [3] *v tr* desenmascarar | FIG desenmascarar; démasquer l'hypocrisie desenmascarar la hipocresía | MIL descubrir (une batterie) | démasquer ses batteries descubrir su juego.
◆ **se démasquer** *v pr* desenmascararse.

démastiquer [3] *v tr* quitar la masilla.

démâtage *m* MAR desarboladura *f*.

démâter [3] *v tr* MAR desarbolar | (p us) FIG desconcertar (déconcerter).
◇ *v intr* desarbolarse.

dème *m* demo (bourg de l'ancienne Grèce).

démêlage [demɛla3] *m* carmenadura *f* (de la laine).

démêlant, e *adj & m* suavizante | baume démêlant bálsamo suavizante | crème démêlante crema suavizante.

démêlé *m* altercado (querelle) | dificultad *f*, enredo, complicación *f* (avec la justice).

démêler [4] *v tr* desenredar, desenmarañar (les cheveux, les fils, etc.) | carmenar (la laine) | discernir, distinguir; démêler le vrai d'avec le faux discernir lo verdadero de lo falso | disputar (débattre); qu'ont-ils à démêler? ¿qué están disputando? | FIG desenmarañar, desembrollar, desenredar, aclarar (éclaircir).
◆ **se démêler** *v pr* FIG desenredarse (se débrouiller).

démêloir *m* batidor, escarpidor (peigne) | carmenador (pour la laine).

démembrement *m* desmembramiento, desmembración *f* ▌ desarticulación *f* (d'un parti).

démembrer [3] *v tr* desmembrar ▌ desarticular.

déménagement *m* mudanza *f* ▌ camion de déménagement camión de mudanza.

déménager [17] *v intr* mudarse (de logement) ▌ FAM irse, largarse, tomar el portante (s'en aller) ▌ FIG & FAM desbarrar, perder la chaveta (déraisonner) ▌ déménager à la cloche de bois marcharse a la chita callando. ◇ *v tr* mudar, trasladar; déménager une bibliothèque trasladar una biblioteca ▌ trasladar los muebles de; déménager une maison trasladar los muebles de una casa.

déménageur *m* mozo de mudanzas *ou* de cuerda ▌ empresario de mudanzas (entrepreneur).

démence *f* demencia ▌ FIG locura, conducta irrazonable ▌ MÉD démence sénile demencia senil.

démener [3]
→ **se démener** *v pr* agitarse, luchar, debatirse, forcejear (se débattre) ▌ FIG ajetrearse, moverse, menearse, bregar (se donner beaucoup de peine).

dément, e [demɑ̃, ɑ̃t] *adj & s* demente.

démenti *m* mentís, desmentida *f* (p us); donner un démenti dar un mentís ▌ (vx) FIG desaire, chasco; il en a eu le démenti ha sufrido un desaire, se ha llevado un chasco.

démentiel, elle [demɑ̃sjɛl] *adj* demente, de demente.

démentir [37] *v tr & intr* desmentir.
→ **se démentir** *v pr* desdecirse.

démerdard, e; démerdeur, euse *adj & s* TFAM espabilado, da, vivo, va.

démerder [3]
→ **se démerder** *v pr* TFAM buscarse la vida (se débrouiller).

démerdeur, euse → démerdard.

démérite *m* demérito, desmerecimiento.

démériter [3] *v intr* desmerecer.

démesure *f* desmesura, descomedimiento *m*.

démesuré, e *adj* [▷ SYN] desmedido, da; desmesurado, da; desaforado, da; ambition démesurée ambición desmedida ▌ FIG descomunal; desmedido, da; exagerado, da (excessif).
▌ SYN énorme enorme; immodéré inmoderado, descomunal; disproportionné desproporcionado; illimité ilimitado.

démesurément *adv* desmesuradamente.

Déméter [demetɛr] *n pr* MYTH Deméter.

Démétrios *n pr* Demetrio.

démettre [84] *v tr* dislocar, desencajar (un os) ▌ DR denegar, desestimar (débouter) ▌ FIG destituir (d'un emploi).
→ **se démettre** *v pr* dislocarse, desencajarse (un os); se démettre l'épaule dislocarse el hombro ▌ dimitir de, renunciar a; se démettre de son commandement renunciar a su mando ▌ se démettre de ses fonctions dimitir.

démeublé, e *adj* FIG & FAM desdentado, da; bouche démeublée boca desdentada.

démeubler [5] *v tr* desamueblar.

demeurant *m* (vieilli) sobreviviente (survivant) ▌ resto, lo sobrante (ce qui reste) ▌ au demeurant en resumen, a fin de cuentas, por lo demás, después de todo; au demeurant, c'est un bon garçon a fin de cuentas es un buen muchacho.

demeure [dəmœr] *f* [▷ SYN] morada, residencia (domicile) ▌ morada, vivienda, alojamiento *m* (logement) ▌ (vx) demora, retraso *m* (retard) ▌ DR mora ■ demeure céleste morada celeste ▌ dernière demeure última morada ▌ mise ■ en demeure intimación, requerimiento ■ à demeure fijo, ja; de manera estable ▌ il y a péril en la demeure nada se pierde por esperar ▌ mettre en demeure de intimar a que; mettre en demeure de payer intimar la orden de pago, intimar a que paguen.
▌ SYN domicile domicilio; adresse dirección; résidence residencia.

demeuré, e *adj & s* retrasado, da (enfant).

demeurer [5] *v intr* permanecer, quedarse (rester) ▌ residir, morar, vivir (habiter) ▌ quedar, seguir siendo; il est demeuré le champion sigue siendo campeón ▌ persistir; il demeura dans son idée persistió en su idea ■ demeurant à Madrid residente *ou* domiciliado en Madrid ▌ demeurer court cortarse, turbarse ▌ demeurer d'accord quedar de acuerdo, conformes ▌ demeurer en arrière quedarse atrás, rezagarse ▌ demeurons-en là no hablemos más ▌ en demeurer là quedarse así ▌ il demeure que resulta que.
▌ OBSERV Cuando el verbo demeurer significa "vivir", "residir", hace falta emplear el auxiliar avoir (j'ai demeuré un an à Paris), en cambio cuando significa "permanecer" es preciso emplear el auxiliar être (être demeuré à l'étranger).

demi, e *adj* medio, dia; un an et demi año y medio; une demi-heure media hora ▌ semi; un demi-dieu un semidiós.
→ **demi** *adv* medio; demi-folle medio loca ▌ semi; petits pois demi-fins guisantes semifinos ■ à demi a medias; faire les choses à demi hacer las cosas a medias; medio; à demi endormie medio dormida.
→ **demi** *m* mitad *f*, medio; deux demis valent un entier dos mitades valen un entero ▌ caña *f* (verre de bière) ▌ medio (sports) ▌ SPORTS demi de mêlée medio de melée ▌ demi d'ouverture medio de apertura.
→ **demie** *f* media (demi-heure); sonner la demie sonar la media ▌ une demie de rouge media botella de tinto.
▌ OBSERV 1. Demi es en francés invariable cuando precede al nombre; se une con él en este caso por medio de un guión: demi-deuil medio luto; demi-heure media hora. La segunda palabra lleva su plural normal (deux demi-heures) excepto en algunos casos que son invariables.
2. Independientemente de la capacidad en centilitros (a menudo variable), cuando se toma una cerveza en España se pide una caña y análogamente en Francia un demi.
3. L'adverbe espagnol semi est toujours accolé au mot qu'il modifie.

demi-bas *m inv* media *f* calcetín a media pierna.

demi-bosse *f* ARCHIT medio relieve *m*.
▌ OBSERV pl demi-bosses.

demi-botte *f* bota corta, bota de media caña.
▌ OBSERV pl demi-bottes.

demi-bouteille [dəmibutɛj] *f* media botella.
▌ OBSERV pl demi-bouteilles.

demi-brigade *f* media brigada.
▌ OBSERV pl demi-brigades.

demi-cercle *m* semicírculo.
▌ OBSERV pl demi-cercles.

demi-circonférence *f* semicircunferencia.
▌ OBSERV pl demi-circonférences.

demi-circulaire *adj* semicircular.
▌ OBSERV pl demi-circulaires.

demi-clef [dəmikle] *f* medio cote *m* (nœud).
▌ OBSERV pl demi-clefs.

demi-colonne *f* ARCHIT media columna.
▌ OBSERV pl demi-colonnes.

demi-couronne *f* media corona (monnaie anglaise).
▌ OBSERV pl demi-couronnes.

demi-déesse *f* semidiosa.
▌ OBSERV pl demi-déesses.

demi-deuil [dəmidœj] *m* medio luto; être en demi-deuil estar de medio luto.
▌ OBSERV pl demi-deuils.

demi-dieu *m* semidiós.
▌ OBSERV pl demi-dieux.

demi-douzaine *f* media docena.
▌ OBSERV pl demi-douzaines.

demi-fin, e *adj* semifino, na.
▌ OBSERV pl demi-fins, demi-fines.

demi-finale *f* semifinal (sports).
▌ OBSERV pl demi-finales.

demi-finaliste *adj & s* semifinalista.
▌ OBSERV pl demi-finalistes.

demi-fond *m inv* medio fondo (sports).

demi-frère *m* hermanastro, medio hermano (frère de père ou de mère seulement).
▌ OBSERV pl demi-frères.

demi-gros *m inv* comercio intermedio entre el por mayor y el por menor.

demi-grossiste *m* mayorista intermediario.
▌ OBSERV pl demi-grossistes.

demi-heure [dəmijœr] *f* media hora ▌ une petite demi-heure media horita.
▌ OBSERV pl demi-heures.

demi-jour *m inv* media luz *f* ▌ amanecer (lever du soleil).

demi-journée *f* media jornada.
▌ OBSERV pl demi-journées.

démilitarisation *f* desmilitarización.

démilitariser [3] *v tr* desmilitarizar.

demi-litre *m* medio litro.
▌ OBSERV pl demi-litres.

demi-longueur *f* medio largo *m*.
▌ OBSERV pl demi-longueurs.

demi-louis *m inv* antigua moneda de oro de medio luis.

demi-lune *f* media luna.
▌ OBSERV pl demi-lunes.

demi-mal *m* FAM mal menor, poco daño ▌ il n'y a que demi-mal el daño es poco.
▌ OBSERV pl demi-maux.

demi-mesure *f* media medida ▌ FIG término *m* medio.
▌ OBSERV pl demi-mesures.

demi-mondaine *f* mujer galante.
  ▪ OBSERV pl demi-mondaines.

demi-mot [dǝmimo]
  ➤ **à demi-mot** *loc adv* a medias palabras.

déminage *m* levantamiento *ou* limpieza *f* de minas de [un terreno].

déminer [3] *v tr* levantar un campo de minas en.

déminéralisation *f* desmineralización.

déminéraliser [3] *v tr* desmineralizar.

démineur *m* desactivador de minas [artificiero].

demi-pause *f* MUS media pausa, silencio *m* de mínima.
  ▪ OBSERV pl demi-pauses.

demi-pension *f* media pensión ‖ être en demi-pension estar a media pensión (école).
  ▪ OBSERV pl demi-pensions.

demi-pensionnaire *adj & s* medio pensionista.
  ▪ OBSERV pl demi-pensionnaires.

demi-pièce *f* media pieza (d'étoffe) ‖ medio *m* tonel (de vin).
  ▪ OBSERV pl demi-pièces.

demi-place *f* medio *m* billete (dans le train), media entrada (au spectacle).
  ▪ OBSERV pl demi-places.

demi-portion *f* FAM & PÉJ tapón *m*.
  ▪ OBSERV pl demi-portions.

demi-produit *m* semiproducto.
  ▪ OBSERV pl demi-produits.

demi-reliure *f* media pasta, encuadernación a la holandesa (reliure).
  ▪ OBSERV pl demi-reliures.

demi-ronde *f* TECHN mediacaña (lime).
  ▪ OBSERV pl demi-rondes.

démis, e [demi, iz] *adj* dislocado, da (os) ‖ destituido, da (fonctionnaire).

demi-saison *f* entretiempo *m*; un manteau de demi-saison un abrigo de entretiempo.
  ▪ OBSERV pl demi-saisons.

demi-sang [dǝmisɑ̃] *m inv* media sangre (cheval).

demi-sel *adj inv* medio salado, da.
  ◇ *m inv* requesón salado.

demi-sœur [dǝmisœr] *f* hermanastra, media hermana (sœur de père ou de mère seulement).
  ▪ OBSERV pl demi-sœurs.

demi-solde *f* medio *m* sueldo, media paga.
  ▪ OBSERV pl demi-soldes.
  ◇ *m inv* militar que no está en activo.

demi-sommeil [dǝmisɔmɛj] *m* sueño ligero, entre sueños.
  ▪ OBSERV pl demi-sommeils.

demi-soupir *m* MUS silencio de corchea.
  ▪ OBSERV pl demi-soupirs.

démission *f* dimisión.

démissionnaire *adj & s* dimitido, da; dimisionario, ria.

démissionner [3] *v intr* dimitir.

demi-tarif *m* media tarifa.
  ▪ OBSERV pl demi-tarifs.

demi-tasse *f* taza pequeña.
  ▪ OBSERV pl demi-tasses.

demi-teinte [dǝmitɛ̃t] *f* media tinta, medio *m* tono.
  ▪ OBSERV pl demi-teintes.

demi-ton *m* MUS semitono.
  ▪ OBSERV pl demi-tons.

demi-tour *m* media *f* vuelta; faire demi-tour dar media vuelta.
  ▪ OBSERV pl demi-tours.

démiurge *m* demiurgo.

demi-vérité *f* verdad a medias.
  ▪ OBSERV pl demi-vérités.

demi-vie *f* vida media.
  ▪ OBSERV pl demi-vies.

démo (abr de démonstration) *f* FAM demo.

démobilisateur, trice *adj* desmovilizador, ra.

démobilisation *f* desmovilización.

démobiliser [3] *v tr* desmovilizar.

démocrate *adj & s* demócrata.

démocrate-chrétien, enne *adj & s* demócrata cristiano, na.
  ▪ OBSERV pl démocrates-chrétiens, démocrates-chrétiennes.

démocratie *f* democracia.

démocratique *adj* democrático, ca.

démocratiquement *adv* democráticamente.

démocratisation *f* democratización.

démocratiser [3] *v tr* democratizar.

Démocrite *n pr* Demócrito.

démodé, e *adj* pasado, da de moda; robe démodée vestido pasado de moda ‖ anticuado, da; théorie démodée teoría anticuada.

démoder [3]
  ➤ **se démoder** *v pr* pasar *ou* pasarse de moda.

démodex *m* demódex (acarien).

démodulateur *m* ÉLECTR demodulador.

démographe *m* demógrafo.

démographie *f* demografía.

démographique *adj* demográfico, ca; poussée démographique presión demográfica.

demoiselle [dǝmwazɛl] *f* señorita ‖ soltera (célibataire); son nom de demoiselle su apellido de soltera ‖ damisela (ironique) ‖ TECHN pisón *m* (hie) ‖ ensanchador *m* (de gantier) ‖ ZOOL libélula (libellule) ‖ demoiselle d'honneur camarera de la reina, azafata (de la reine), dama de honor (à un mariage).

démolir [32] *v tr* demoler (p us) ‖ derribar, echar abajo; démolir un bâtiment derribar un edificio ‖ destrozar, hacer pedazos; ils démolirent le mobilier destrozaron los muebles ‖ FIG echar por tierra, arruinar; démolir une réputation arruinar una reputación ‖ echar abajo ou por tierra (une théorie) ‖ destrozar (la santé) ‖ poner por los suelos ou como un trapo, despellejar (critiquer) ‖ FAM moler a palos (rouer de coups).

démolissage *m* demolición *f*, derribo ‖ FIG descrédito, desprestigio.

démolisseur, euse *adj & s* demoledor, ra ‖ FIG demoledor, ra; destructor, ra; critique démolisseuse crítica demoledora.

démolition [demɔlisjɔ̃] *f* demolición, derribo *m*; entreprise de démolition empresa de derribo ou de demolición ‖ FIG derrumbamiento *m* (ruine).

➤ **démolitions** *f pl* derribos *m pl*, escombros *m pl* (décombres).

démon *m* demonio ‖ FIG demonio (personne méchante) ‖ demonio, diablo (enfant espiègle) ■ le démon des femmes la atracción de la mujer ‖ le démon du jeu el vicio del juego ‖ FIG & FAM petit démon diablillo ■ FAM faire le démon diablear, hacer diabluras.
  ▪ OBSERV La palabra démon no tiene femenino; se dice: cette enfant est un démon.

démonétisation *f* desmonetización ‖ FIG descrédito *m*.

démonétiser [3] *v tr* desmonetizar ‖ FIG desvalorar, desacreditar.

démoniaque *adj* demoníaco, ca.
  ◇ *m & f* demoníaco, ca; endemoniado, da (possédé du démon).

démonographe *m* demonógrafo.

démonographie *f* demonografía.

démonologie [demɔnɔlɔʒi] *f* demonología.

démonstrateur, trice *m & f* demostrador, ra.

démonstratif, ive *adj* demostrativo, va ‖ muy expresivo, va (caractère).

démonstration *f* demostración ‖ manifestación; démonstration d'amitié manifestaciones de amistad.

démonstrativement *adv* demostrativamente.

démontable *adj* desmontable, desarmable.

démontage *m* desmontaje, desarme (d'une machine).

démonté, e *adj* embravecido, da (mer, océan).

démonte-pneu [demɔ̃tpnø] *m* desmontable para neumáticos.
  ▪ OBSERV pl démonte-pneus.

démonter [3] *v tr* desmontar ‖ desmontar, desarmar (une machine) ‖ desmontar, quitar (couture) ‖ MIL desmontar (p us), quitar el mando ‖ desmontar, apear (faire descendre de sa monture) ‖ desengastar (un bijou) ‖ FIG desconcertar, desorientar, turbar (troubler) ‖ desanimar, desmoralizar (décourager) ‖ mer démontée mar embravecido, revuelto, encrespado.
  ➤ **se démonter** *v pr* desmontarse, desarmarse ‖ dislocarse (un os) ‖ FIG desconcertarse, turbarse (se troubler) ‖ alterarse, enfurecerse (en parlant d'une personne, des éléments).

démontrable *adj* demostable.

démontrer [3] *v tr* demostrar, probar; démontrer son ignorance demostrar su ignorancia ‖ MATH demostrar.

démoralisant, e *adj* desmoralizante.

démoralisateur, trice *adj & s* desmoralizador, ra.

démoralisation *f* desmoralización.

démoraliser [3] *v tr* desmoralizar, corromper (corrompre) ‖ desmoralizar, desalentar (décourager).

démordre [76] *v intr* FIG desistir, desdecirse, volverse atrás (se dédire) ‖ ne pas en démordre mantenerse en sus trece, no dar su brazo a torcer, no rajarse, aferrarse a una idea.

Démosthène [demɔstɛn] *n pr* Demóstenes.

démotique *adj* demótico, ca (écriture égyptienne).

démotivation *f* decaimiento *m* del ánimo, desaliento *m* (découragement) ▌ falta de motivación.

démotiver [3] *v tr* desalentar.

démoucheter [27] [demuʃte] *v tr* desbotonar (fleuret).

démoulage *m* vaciado.

démouler [3] *v tr* desmoldar (p us), vaciar (une statue), sacar del molde (un gâteau).

démultiplicateur *m* TECHN desmultiplicador.

démultiplication *f* MÉCAN desmultiplicación.

démultiplier [10] *v tr & intr* desmultiplicar.

démuni, e *adj* desprovisto, ta; démuni d'argent desprovisto de dinero.

démunir [32] *v tr* desproveer, despojar (dépouiller) ▌ MIL desproveer de víveres y municiones.

se démunir *v pr* despojarse (se dessaisir).

démurer [3] *v tr* destapiar.

démuseler [24] *v tr* quitar el bozal (ôter la muselière) ▌ FIG desencadenar, desatar (les passions).

démystification *f* desengaño *m*.

démystifier [9] *v tr* desengañar, deshacer un engaño.

démythification *f* desmitificación.

démythifier [9] *v tr* desmitificar.

dénaire *adj* denario, ria.

dénantir [32] *v tr* retirar la fianza del aval.

dénatalité *f* disminución de la natalidad.

dénationalisation *f* desnacionalización.

dénationaliser [3] *v tr* desnacionalizar.

dénatter [3] *v tr* destrenzar; dénatter ses cheveux destrenzar el pelo.

dénaturalisation *f* desnaturalización.

dénaturaliser [3] *v tr* desnaturalizar.

dénaturant, e *adj* desnaturalizador, ra.

dénaturation *f* desnaturalización.

dénaturé, e *adj* desnaturalizado, da; un fils dénaturé un hijo desnaturalizado.

dénaturer [3] *v tr* desnaturalizar (changer la nature de) ▌ FIG corromper, viciar (corrompre) ▌desfigurar (un fait)▌desvirtuar (la pensée).

dénazification *f* desnazificación, desnacificación.

dénazifier [9] *v tr* desnazificar, desnacificar.

dendrite [dɑ̃drit] ou [dɛ̃drit] *f* dendrita.

dendrographie [dɛ̃drografi] *f* dendrografía.

dendromètre [dɛ̃drɔmɛtr] *m* dendrómetro (appareil de mesure).

dénégation *f* denegación, negación.

dénégatoire *adj* denegatorio, ria.

déneigement *m* limpieza *f* de la nieve.

déneiger [23] *v tr* quitar ou limpiar la nieve.

dengue [dɑ̃g] ou [dɛ̃g] *f* MÉD dengue *m* (maladie).

déni *m* negativa *f* ▌DR denegación *f*; déni de justice denegación de justicia.

déniaiser [4] *v tr* despabilar, espabilar.

dénicher [3] *v tr* sacar del nido (enlever du nid) ▌ FIG & FAM hacer salir, desalojar; dénicher l'ennemi desalojar al enemigo▌dar con, encontrar, descubrir; dénicher un livre rare descubrir un libro raro.

◇ *v intr* abandonar el nido, desanidar ▌FAM alzar el vuelo (partir).

dénicheur, euse *m & f* buscador, ra de nidos ▌FAM descubridor, ra.

dénicotiniser [3] *v tr* desnicotinizar (tabac).

denier *m* denario (monnaie romaine) ▌dinero (monnaie ancienne) ▌suma *f* ▌ TECHN denier ■ denier de Saint-Pierre dinero de San Pedro ▌ denier du culte ofrenda para el culto [en Francia] ▌les deniers publics ou de l'État el caudal público, las rentas del Estado, los fondos públicos.

deniers *m pl* dinero *sing*, fondos (argent).

dénier [9] *v tr* denegar; dénier un droit denegar un derecho ▌negar (nier).

dénigrant, e *adj & s* denigrante.

dénigrement *m* denigración *f*.

dénigrer [3] *v tr* denigrar.

dénigreur, euse *adj & s* denigrante.

Denis [dəni] *n pr* Dionisio.

Denise [dəniz] *n pr* Dionisia.

dénitrification *f* desnitrificación.

dénitrifier [9] *v tr* desnitrificar.

dénivelée *f*; **dénivelé** *m* desnivel *m*.

déniveler [24] *v tr* desnivelar.

dénivellation *f*; **dénivellement** *m* desnivelación *f* (action de déniveler) ▌ desnivel *m* (différence de niveau).

dénombrement *m* [▷ SYN] enumeración *f*, recuento (énumération) ▌ empadronamiento, censo (recensement).

> SYN recensement censo; HIST cens censo; statistique estadística; inventaire inventario; énumération enumeración, recuento.

dénombrer [3] *v tr* enumerar, contar ▌empadronar, hacer el censo (recenser).

dénominateur *m* MATH denominador.

dénominatif, ive *adj* denominativo, va.

dénomination *f* denominación *f*.

dénommé, e *adj & s* llamado, da.

dénommer [3] *v tr* denominar ▌ designar por su nombre ▌ le dénommé Pierre el llamado Pedro.

dénoncer [16] *v tr* denunciar ▌ denunciar (un traité) ▌FIG revelar, indicar, denotar; tout dénonçait en lui une bonne culture todo revelaba en él una buena cultura.

dénonciateur, trice *adj & s* denunciador, ra; denunciante ▌revelador, ra; acusador, ra; delator, ra; lettre dénonciatrice carta reveladora.

dénonciation *f* denuncia, denunciación (p us) ▌ anulación, ruptura; dénonciation d'un armistice ruptura de un armisticio ▌dénonciation calomnieuse denuncia calumniosa.

dénotation *f* denotación.

dénoter [3] *v tr* denotar.

dénouement [denumɑ̃] *m* (p us) desatadura *f* (action de dénouer) ▌ FIG desenlace; le dénouement d'un drame el desenlace de un drama▌solución *f*; le dénouement d'une crise la solución de una crisis.

dénouer [6] *v tr* desatar, desanudar (détacher) ▌soltar (desserrer) ▌hacer flexible, soltar (assouplir) ▌FIG romper, poner fin; dénouer une liaison romper un enlace▌desenlazar (un drame, etc.), deshacer, desenredar (une intrigue, etc.)▌resolver, arreglar (résoudre)▌desatar (la langue).

dénoyage [denwajaʒ] *m* MIN achique, achicamiento ▌pompe de dénoyage bomba achicadora ou de achicamiento.

dénoyautage *m* deshuesado.

dénoyauter [3] [denwajote] *v tr* deshuesar, despepitar (ôter les noyaux) ▌ appareil à dénoyauter deshuesadora.

dénoyauteur [denwajotœr] *m* deshuesadora *f*.

dénoyer [13] [denwaje] *v tr* achicar.

denrée *f* producto *m*, género *m*, mercancía (marchandise) ■ denrées alimentaires productos alimenticios ou comestibles, artículos de consumo ▌ denrées coloniales ultramarinos ▌ denrées périssables productos perecederos ▌FIG une denrée rare una cosa rara de encontrar.

> SYN subsistance subsistencia; vivres víveres; comestibles comestibles.

dense [dɑ̃s] *adj* denso, sa.

densément *adv* densamente.

densimètre *m* PHYS densímetro.

densimétrie *f* densimetría.

densimétrique *adj* densimétrico, ca.

densité *f* densidad.

dent [dɑ̃] *f* [▷ SYN] diente *m*; se casser une dent romperse un diente; dent de lait diente de leche ▌ muela (molaire); dent de sagesse muela del juicio, muela cordal; rage de dents dolor de muelas ▌colmillo *m* (d'animal) ▌ pico *m*, diente *m* (montagne) ▌ bellote *m* (clou) ▌ diente *m* (scie, engrenage) ▌ púa (d'un peigne) ■ TECHN dent à brunir diente de lobo ▌ dent de l'œil colmillo de la mandíbula superior ▌ dent de serrure dentellón ▌ dent gâtée, dent creuse diente picado, muela dañada ▌ dents de devant dientes ▌ dents d'un timbre dentado de un sello ■ arracheur de dents sacamuelas ▌coup de dent dentellada, bocado, mordisco ▌ fausses dents dientes postizos ▌ mal de dents dolor de muelas ■ en dents de scie dentado, da; agacer les dents dar dentera; l'oseille agace les dents la acedera da dentera ▌FAM avoir la dent tener carpanta ou gazuza (faim) ▌avoir la dent dure tener los colmillos afilados (critiquer) ▌ avoir les dents longues tener hambre (avoir faim), picar muy alto (être ambitieux) ▌avoir ou garder une dent contre quelqu'un tener ojeriza ou tirria ou manía a alguien ▌ claquer des dents dar diente con diente, tiritar ▌FIG déchirer quelqu'un à belles dents poner a uno de vuelta y media, despellejar a alguien ▌être sur les dents andar de cabeza, estar reventado de trabajo, no dar de sí ▌FIG faire ses dents echar ou salirle los dientes (un enfant) ▌ manger du bout des dents comer sin

ganas ‖ FIG montrer les dents enseñar los colmillos ou los dientes, amenazar ‖ mordre à belles dents morder con fuerza ‖ n'avoir rien à se mettre sous la dent no tener qué llevarse a la boca ‖ ne pas desserrer les dents no despegar los labios ‖ parler entre ses dents hablar entre dientes, mascullar ‖ FAM quand les poules auront des dents cuando las ranas críen pelos ‖ rire du bout des dents reír de dientes afuera ‖ FIG se casser les dents sur romperse las narices con, estrellarse en.
‖ SYN croc colmillo; surdent sobrediente; chicot raigón; quenotte dientecillo.

dentaire adj dentario, ria ■ cabinet dentaire clínica dental ‖ école dentaire escuela de odontología ‖ prothèse dentaire prótesis dental.
◇ f BOT dentaria.

dental, e adj & s f dental.

dent-de-lion f diente m de león (plante).
‖ OBSERV pl dents-de-lion.

dent-de-loup f diente m menuiserie.
‖ OBSERV pl dents-de-loup.

denté, e adj dentado, da; roue dentée rueda dentada.

dentée f dentellada (d'un chien).

dentelaire f dentelaria, belesa (plante).

dentelé, e adj dentellado, da; dentado, da ‖ BLAS dentellado, da.
➡ **dentelé** m ANAT serrato (muscle); grand dentelé serrato mayor.

denteler [24] v tr dentar.

dentelle [dātɛl] f encaje m, puntilla; dentelle aux fuseaux encaje de bolillos ‖ IMPR orla ‖ guerre en dentelles guerra galana.

dentellerie [dātɛlri] f fabricación de encajes ‖ comercio m de encajes.

dentellier, ère m & f encajero, ra.
◇ adj del encaje; industrie dentellière industria del encaje.

dentelure f dentellada (découpure) ‖ recorte m en forma de dientes, festón m (feston) ‖ ARCHIT festón m ‖ BOT borde m dentado.

denter [3] v tr dentar.

denticule m dientecito (petite dent) ‖ ARCHIT dentículo.

denticulé, e adj denticulado, da.

dentier m dentadura f postiza (fausses dents) ‖ (p us) dentadura f (denture).

dentifrice adj dentífrico, ca.
◇ m crema f dental, dentífrico.

dentine f dentina (émail des dents).

dentirostres m pl ZOOL dentirrostros.

dentiste m & f dentista, odontólogo.
‖ SYN odontologiste odontólogo; stomatologiste estomatólogo; FAM arracheur de dents sacamuelas.

dentisterie f odontología.

dentition f dentición (formation des dents).

dento-labial; dentolabial [dātolabjal] adj & s f GRAMM labiodental.

dentu, e adj dentado, da.

denture f dentadura (ensemble de dents) ‖ engranaje m (d'une machine) ‖ dientes m pl (d'une scie).

dénucléarisation f desnuclearización.

dénucléarisé, e adj desnuclearizado, da.

dénucléariser [3] v tr desnuclearizar.

dénudation f descarnadura (d'une dent) ‖ descortezamiento m (d'un arbre) ‖ GÉOL denudación.

dénudé, e adj desnudo, da (corps, câble) ‖ descarnado, da (os) ‖ pelado, da; crâne dénudé cabeza pelada; plateau dénudé llanura pelada ‖ GÉOL denudado, da.

dénuder [3] v tr descarnar (os) ‖ desnudar (mettre à nu) ‖ descortezar (un arbre) ‖ quitar la funda de (un câble) ‖ GÉOL denudar.

dénué, e adj privado, da; dénué de raison privado de razón ‖ desprovisto, ta; falto, ta; dénué de tout desprovisto de todo.

dénuement [denymã] m indigencia f, inopia f (p us); être dans le plus complet dénuement estar en la indigencia más completa.

dénuer [3]
➡ **se dénuer** v pr privar, despojar, desposeer.

dénutri, e adj & s desnutrido, da.

dénutrition f desnutrición.

déodorant adj m & s m desodorante.

déontologie f deontología.

déontologique adj deontológico, ca.

dép. (abr écrite de **départ**) salida ‖ (abr écrite de **département**) dpto.

dépaillage [depajaʒ] m despajadura f.

dépailler [3] [depaje] v tr quitar la paja [de una silla].

dépaissance f pasto m, apacentamiento m.

dépalisser [3] v tr AGRIC quitar de la espaldera.

dépannage m reparación f, arreglo; atelier de dépannage taller de reparaciones ‖ AUTOM camion de dépannage grúa ‖ service de dépannage servicio de reparaciones, de remolque.

dépanner [3] v tr reparar, arreglar (réparer) ‖ FIG & FAM sacar de apuro, echar una mano.

dépanneur, euse adj & s m reparador, ra.
➡ **dépanneuse** f grúa remolque, coche m de auxilio en carretera.

dépaquetage m desempaquetado.

dépaqueter [3] v tr desempaquetar.

déparaffinage m desparafinación f, desparafinado.

dépareillé, e [deparɛje] adj descabalado, da; deshermanado, da.

dépareiller [deparɛje]; **désappareiller** [dezaparɛje] [4] v tr descabalar, desparejar, deshermanar.

déparer [3] v tr desadornar, despojar de sus adornos ‖ afear, deslucir; visage déparé par une cicatrice rostro afeado por una cicatriz.
‖ OBSERV Ne pas confondre avec l'espagnol deparar offrir.

déparier [9] v tr descabalar, desparejar ‖ desaparear (des animaux).

départ [depar] m salida f, partida f, marcha f (action de partir) ‖ salida f (d'un train, avion, bateau) ‖ salida f (sports) ‖ repartición f, separación f (des taxes) ‖ arranque (d'une chanson, d'une voiture, d'un escalier) ‖ FIG comienzo, principio ■ au départ al principio (au début)

‖ capital de départ capital inicial ‖ courrier au départ correo ou correspondencia a despachar ‖ faux départ paso en falso; salida nula (sports) ‖ point de départ punto de partida ou de arranque ■ être sur son départ estar a punto de partir.

départager [17] v tr desempatar (dans un vote) ‖ clasificar, eliminar (dans un concours).

département m división territorial en Francia, ≃ provincia f (territoire) ‖ departamento (administration) ‖ jurisdicción f, competencia f (attributions).

> DÉPARTEMENT
> Es la principal división administrativa en Francia. En total hay 95 departamentos y cada uno es administrado por un "Conseil général" y un "préfet".

départemental, e adj departamental, provincial ‖ secundario, ria; route départementale carretera secundaria.

départementalisation f atribución de competencias a un departamento provincial.

départir [32] v tr repartir (partager) ‖ deparar, conceder; Dieu départ ses faveurs Dios depara sus favores.
➡ **se départir** v pr desistir; se départir d'une demande desistir de una demanda ‖ abandonar; se départir de son calme abandonar su calma ‖ se départir de son devoir faltar a su deber.

départiteur m repartidor.

dépassant m vistas f pl, borde saliente, adorno que sobresale.

dépassé, e adj pasado, da de moda; desfasado, da.

dépassement m adelantamiento (véhicule); dépassement à gauche adelantamiento por la izquierda ‖ ÉCON rebasamiento; dépassement de crédit rebasamiento de crédito ‖ dépassement moral superación.

dépasser [3] v tr dejar atrás, adelantar, pasar; dépasser une voiture adelantar un coche ‖ ir más lejos que, ir más allá de, dejar atrás (aller au-delà de) ‖ aventajar a (surpasser); dépasser ses concurrents aventajar a sus competidores ‖ [▷ SYN] sobresalir (faire saillie) ‖ ser más alto (en hauteur) ‖ estar fuera de; cela dépasse sa compétence esto está fuera de su competencia ‖ superar; l'époque du colonialisme est dépassée la época del colonialismo está superada ‖ rebasar, sobrepasar, superar; le succès a dépassé nos prévisions el éxito ha rebasado nuestros pronósticos; les ventes ont dépassé de dix pour cent celles de l'année dernière las ventas han sobrepasado en un diez por ciento las del año pasado ‖ FAM extrañar, no caber en la cabeza; cela me dépasse! ¡esto no me cabe en la cabeza! ‖ FIG exceder, rebasar, sobrepasar (excéder) ‖ dépasser les bornes extralimitarse, pasarse de la raya.
‖ SYN déborder desbordar, rebosar; saillir sobresalir; surplomber dominar.

dépassionner [3] v tr desapasionar; dépassionner un débat desapasionar un debate.

dépavage m desadoquinado, desempedrado.

dépaver [3] v tr desadoquinar, desempedrar.

dépaysant, e *adj* exótico, ca; inhabitual, que desorienta, que desconcierta.

dépaysé, e [depeize] *adj* extrañado, da; desterrado, da (éloigné de son pays) ‖ FIG desorientado, da; despistado, da; descentrado, da (désorienté).

dépaysement [depeizmɑ̃] *m* extrañamiento (exil) ‖ FIG desorientación *f*, despiste.

dépayser [3] [depeize] *v tr* extrañar, desterrar (exiler) ‖ FIG desorientar, descentrar, despistar (désorienter).

dépeçage [depəsaʒ]; **dépècement** [depɛsmɑ̃] *m* despedazamiento (mise en pièces) ‖ descuartizamiento; le dépeçage d'un veau el descuartizamiento de un ternero ‖ desguace (bateau) ‖ desmembración *f* (d'un pays).

dépecer [29] *v tr* despedazar (mettre en pièces) ‖ descuartizar (volailles) ‖ desguazar (un bateau) ‖ parcelar, dividir en lotes (une terre) ‖ desmembrar (un pays).

dépeceur, euse *m & f* despedazador, ra.

dépêche *f* despacho *m*, parte *m*; dépêche diplomatique despacho diplomático ‖ telegrama *m* (télégramme) ‖ noticia (information).

dépêcher [4] *v tr* despachar, apresurar (hâter); dépêcher un travail despachar un trabajo ‖ despachar, enviar (envoyer); dépêcher un courrier despachar un correo ‖ FAM despachar, matar (tuer).

➡ **se dépêcher** *v pr* darse prisa, apresurarse (se hâter).

dépeigner [4] *v tr* despeinar.

dépeindre [81] [depɛ̃dr] *v tr* describir, pintar (décrire).

dépenaillé, e [depənaje] *adj* guiñaposo, sa; andrajoso, sa; harapiento, ta.

dépénaliser [3] *v tr* DR despenalizar.

dépendance *f* dependencia; être sous la dépendance de estar bajo la dependencia de ‖ FIG subordinación, dependencia.

➡ **dépendances** *f pl* dependencias; les dépendances d'un château las dependencias de un palacio.

⎸ SYN appartenance pertenencia; annexe anejo, anexo.

dépendant, e *adj* dependiente.

dépendeur, euse *m & f* descolgador ‖ FIG & FAM grand dépendeur d'andouilles zangolotino, larguirucho, inútil.

dépendre [73] *v intr* [▷ SYN] depender; dépendre de quelqu'un depender de alguien ‖ cela dépend esto depende.

◇ *v impers* depender; il dépend de vous que... de usted depende que...

◇ *v tr* descolgar; dépendre un tableau descolgar un cuadro.

⎸ SYN relever de depender de; ressortir à pertenecer a; être fonction de ser función de.

dépens [depɑ̃] *m pl* costas *f pl*; condamné aux dépens condenado en costas ■ aux dépens de a costa de, a expensas de, en detrimento de ‖ à ses dépens a costa suya.

dépense *f* [▷ SYN] gasto *m*; dépenses de représentation gastos de representación ‖ FIG gasto *m*; une dépense d'énergie un gasto de energía ‖ despensa (pour les provisions) ‖ derroche *m*; dépense d'esprit derroche de ingenio ■ dépense de temps pérdida de tiempo ‖ dépense physique desgaste físico ‖ ÉCON dépenses de fonctionnement gastos de funciona-

miento ‖ dépenses d'investissement gastos de inversión ‖ dépenses publiques gastos públicos ■ pousser quelqu'un à la dépense incitar a alguien a gastar ‖ se mettre en dépense meterse en gastos.

⎸ SYN frais gastos; débours desembolso; dépens costas.

dépenser [3] *v tr* [▷ SYN] gastar ‖ FIG prodigar, gastar; dépenser ses forces gastar sus fuerzas ‖ desperdiciar, pasar, disipar (du temps) ‖ FAM dépenser sa salive gastar saliva.

➡ **se dépenser** *v pr* desvivirse; se dépenser pour ses amis desvivirse por sus amigos ‖ se dépenser en vains efforts deshacerse en esfuerzos baldíos.

⎸ SYN prodiguer prodigar; dilapider dilapidar; dissiper disipar; gaspiller malgastar, despilfarrar, derrochar; débourser desembolsar.

dépensier, ère *adj & s* gastoso, sa (qui dépense).

◇ *m & f* despensero, ra (qui est chargé des provisions); la dépensière du couvent la despensera del convento.

déperdition *f* pérdida; déperdition de chaleur pérdida de calor.

dépérir [32] *v intr* desmejorarse, estar peor (un malade) ‖ decaer, debilitarse, languidecer; sa santé dépérit su salud decae; ce commerce dépérit este comercio decae ‖ estropearse, deteriorarse, estar en peor estado (bâtiment) ‖ marchitarse; cette fleur dépérit esta flor se marchita ‖ caducar (créance).

dépérissement *m* desmejoramiento (d'un malade), decaimiento, debilitación *f* (de la santé) ‖ decadencia *f* (décadence) ‖ deterioro (détérioration) ‖ marchitamiento (d'une fleur).

dépersonnalisation [depersɔnalizasjɔ̃] *m* despersonalización.

dépersonnaliser [3] *v tr* despersonalizar.

dépêtrer; désempêtrer [4] *v tr* (vx) destrabar (un animal) ‖ FIG librar, desembarazar (débarrasser) ‖ sacar del atolladero, sacar de apuro (tirer d'embarras).

➡ **se dépêtrer** *v pr* librarse, desembarazarse (se débarrasser) ‖ FIG salir del atolladero, salir de apuro.

dépeuplé, e *adj* despoblado, da.

dépeuplement *m* despoblación *f*, despoblamiento.

dépeupler [5] *v tr* despoblar.

déphasage *m* ÉLECTR defasaje.

déphasé, e *adj* desfasado, da.

déphaser [3] *v tr* defasar.

déphosphoration *f* TECHN desfosforación.

déphosphorer [3] *v tr* TECHN desfosforar.

dépiauter [3] *v tr* FAM despellejar, desollar.

dépilage *m* apelambrado (d'une peau).

dépilation *f* depilación.

dépilatoire *adj & s m* depilatorio, ria.

dépiler [3] *v tr* depilar (une personne) ‖ apelambrar, pelar (une peau) ‖ MIN desapuntalar, desentibar.

dépiquage *m* AGRIC trilla *f*, desgrane.

dépiquer [3] *v tr* descoser (une couture) ‖ AGRIC desplantar (déplanter) ‖ trillar, desgranar.

dépistage *m* MÉD examen médico preventivo, detección *f*, diagnóstico precoz [(Amér) chequeo]; dépistage du cancer detección de cáncer ‖ centre de dépistage clínica de medicina preventiva.

dépister [3] *v tr* rastrear, descubrir el rastro (la piste) ‖ despistar (faire perdre la trace) ‖ FIG descubrir (découvrir) ‖ MÉD establecer un diagnóstico precoz.

dépit [depi] *m* despecho ■ en dépit de a pesar de, a despecho de ‖ en dépit du bon sens en contra del sentido común, sin sentido común.

dépité, e *adj* chasqueado, da (contrarié).

dépiter [3] *v tr* despechar.

déplacé, e *adj* mudado, da; trasladado, da ‖ fuera de lugar; descentrado, da; elle se trouvait déplacée dans cette réunion se encontraba fuera de lugar en esta reunión ‖ dislocado, da; vertèbre déplacée vértebra dislocada ‖ FIG desterrado, da ‖ trasladado, da; employé déplacé empleado trasladado ‖ fuera de lugar, que no hace al caso; impropio, pia (inconvenant); propos déplacés palabras fuera de lugar ■ personne déplacée persona desplazada (expatriée) ■ être déplacé no pintar nada (ne pas être à sa place) ‖ se sentir ou se trouver déplacé no hallarse FAM, no encontrarse a gusto.

déplacement *m* desplazamiento, traslado, cambio de sitio ‖ desviación *f* (déviation) ‖ traslado, cambio (d'un fonctionnaire) ‖ viaje; être en déplacement estar de viaje ‖ MÉD desencajamiento, dislocación *f* (d'un os); déplacement de vertèbre dislocación de vértebra ‖ MAR desplazamiento ‖ déplacement d'air desplazamiento de aire.

⎸ OBSERV Desplazamiento, assez souvent employé en espagnol, est considéré comme gallicisme sauf en termes de marine.

déplacer [16] *v tr* [▷ SYN] desplazar, trasladar, mudar, cambiar de sitio ‖ trasladar (un fonctionnaire) ‖ FIG cambiar, desviar; déplacer la question cambiar la conversación ‖ MAR desplazar ‖ MÉD dislocar, desencajar (vertèbre).

➡ **se déplacer** *v pr* trasladarse, mudar de sitio, desplazarse (déménager) ‖ viajar, desplazarse (voyager).

⎸ OBSERV Desplazarse, considéré comme gallicisme, est cependant souvent employé en espagnol dans les sens de voyager et se déplacer.

⎸ SYN déranger desarreglar, descomponer; intervertir intervertir, trastocar; transposer transponer; inverser invertir.

déplafonnement *m* acción *f* de dejar de poner tope a los precios.

déplafonner [3] *v tr* dejar de poner tope a los precios.

déplaire [110] *v tr* desagradar, no gustar, disgustar; il cherche à nous déplaire trata de desagradarnos.

◇ *v impers* il me déplaît de me desagrada, me disgusta ‖ ne vous en déplaise mal que le pese.

➡ **se déplaire** *v pr* hallarse a disgusto, estar a disgusto; se déplaire à la campagne hallarse a disgusto en el campo.

⎸ OBSERV El participio pasado del verbo déplaire es déplu y queda siempre invariable.

déplaisance *f* desagrado *m*, disgusto *m*, descontento *m*.

déplaisant, e *adj* enfadoso, sa; desagradable, poco agradable; poco grato, ta; enojoso, sa; fastidioso, sa.

déplaisir *m* desagrado, disgusto, descontento.

déplantage *m* desplantación *f*, trasplante.

déplanter [3] *v tr* desplantar, trasplantar (plantes) ‖ desarmar (tente) ‖ FIG desarraigar (personnes).

déplantoir *m* AGRIC desplantador.

déplâtrage *m* desenyesado, desescayolado.

déplâtrer [3] *v tr* desenyesar, quitar el enyesado, desescayolar.

dépliage; dépliement *m* despliegue.

dépliant, e *adj* desplegable.
➥ **dépliant** *m* folleto, prospecto.

dépliement ➥ **dépliage**.

déplier [10] *v tr* desdoblar, desplegar.

déplissage *f* desfrunce.

déplisser [3] *v tr* desfruncir, desarrugar.

déploiement [deplwamɑ̃] *m* despliegue, desplegamiento ‖ FIG muestra *f*, ostentación *f* (de richesse, etc.) ‖ MIL despliegue, alarde, desfile (des forces).

déplombage *m* levantamiento de los plomos *ou* precintos ‖ desempaste (d'une dent).

déplomber [3] *v tr* quitar los plomos *ou* precintos ‖ desempastar (une dent).

déplorable *adj* lamentable, deplorable.

déplorablement *adv* deplorablemente.

déplorer [3] *v tr* lamentar, deplorar, sentir.

déployer [13] [deplwaje] *v tr* desplegar ‖ FIG mostrar, hacer alarde de, poner de manifiesto (étaler); déployer son zèle mostrar su celo ‖ rire à gorge déployée reír a carcajadas, a mandíbula batiente.

déplumer [3] *v tr* desplumar.
➥ **se déplumer** *v pr* FAM perder el pelo.

dépocher [3] *v tr* FAM desembolsar.

dépoétiser [3] *v tr* despoetizar.

dépointer [3] [depwɛ̃te] *v tr* desapuntar (arme) ‖ descoser las puntadas (pièce d'étoffe).

dépoitraillé, e [depwatraje] *adj* FAM despechugado, da; descamisado, da.

dépolarisant *adj* & *s m* despolarizador.

dépolarisation *f* despolarización.

dépolariser [3] *v tr* despolarizar.

dépoli, e *adj* deslustrado, da ‖ esmerilado, da (verre) ‖ mate (métal).

dépolir [32] *v tr* deslustrar, quitar el brillo (ôter l'éclat) ‖ esmerilar (le verre).

dépolissage *m* deslustrado, deslustre ‖ esmerilado (verre).

dépolitisation *f* despolitización.

dépolitiser [3] *v tr* quitar el carácter político a, despolitizar; dépolitiser un syndicat quitar el carácter político a un sindicato.

dépolluer [7] *v tr* descontaminar.

déponent, e *adj* & *s m* GRAMM deponente.

dépopulation *f* despoblación, despoblamiento *m*.

déport [depɔr] *m* recusación *f*, inhibición *f* ‖ demora *f*, retraso (délai) ‖ prima *f* pagada por el préstamo de títulos (Bourse) ‖ ÉCON déport négatif margen de cobertura negativo.

déportation *f* deportación.

déporté, e *adj* & *s* deportado, da.

déportements *m pl* excesos, extravíos.

déporter [3] *v tr* [▷ SYN] deportar ‖ desviar (auto, avion).
‖ SYN reléguer relegar; exiler desterrar.

déposant, e *adj* & *s* depositante (qui dépose de l'argent) ‖ deponente, declarante (qui dépose devant le juge).

dépose *f* desmontaje *m*, acción de quitar; la dépose d'un tuyau el desmontaje de un tubo.

déposé, e *adj* registrado, da; patentado, da; depositado, da.

déposer [3] *v tr* depositar (mettre en dépôt) ‖ soltar, dejar, descargar (décharger) ‖ dejar en, llevar a; je vous dépose à la gare le dejo en la estación ‖ dar (un baiser) ‖ descolgar (décrocher) ‖ desmontar (démonter) ‖ depositar, formar poso (les liquides) ‖ registrar, patentar, depositar (une marque de fabrique) ‖ depositar, presentar; déposer un projet de loi presentar un proyecto de ley ‖ deponer (les armes) ‖ renunciar a (renoncer à) ‖ quitarse; déposer le masque quitarse la máscara ‖ FIG deponer, destituir (destituer) ■ déposer ses hommages rendir pleitesía ‖ déposer son bilan declararse en quiebra ‖ déposer une plainte presentar una denuncia ‖ il est défendu de déposer des ordures prohibido verter *ou* arrojar basuras.
◇ *v intr* deponer, declarar, prestar declaración (témoigner en justice) ‖ formar un poso, asentarse (un liquide).

dépositaire *m* & *f* depositario, ria ‖ COMM dépositaire agréé agente autorizado.

déposition *f* deposición ‖ declaración, deposición (d'un témoin) ‖ déposition de Croix deposición de la Cruz (descente).

déposséder [18] *v tr* [▷ SYN] desposeer ‖ expropiar (par l'État).
‖ SYN dépouiller despojar; spolier expoliar, espoliar; FAM plumer desplumar; tondre pelar.

dépossession *f* desposeimiento *m* ‖ expropiación (par l'État).

dépôt [depo] *m* depósito, consignación *f* (d'une somme) ‖ poso, sedimento (des liquides) ‖ almacén (magasin) ‖ cochera *f*, depósito; dépôt d'autobus cochera de autobuses ‖ colocación *f* (pose) ‖ presentación *f*; dépôt de conclusions presentación de conclusiones ‖ prisión *f* preventiva ‖ GÉOL tierras *f pl* de aluvión ‖ MÉD absceso, tumor, bolsa *f* ‖ MIL depósito ■ dépôt de bilan declaración de quiebra ‖ dépôt de gerbe ofrenda floral ‖ dépôt de munitions pañol (dans un bateau) ‖ dépôt d'ordures basurero, vertedero de basura ‖ DR dépôt légal depósito legal ‖ ÉCON dépôt sur livrets depósito en libretas ‖ mandat de dépôt auto de prisión preventiva.

dépotage; dépotement *m* cambio de tiesto, trasplante (d'une plante) ‖ trasiego (des liquides).

dépoter [3] *v tr* cambiar de tiesto (plantes) ‖ trasegar (liquides).

dépotoir *m* planta *f* de transformación de residuos ‖ FAM vertedero, muladar, estercolero.

dépoudrer [3] *v tr* desempolvar, quitar el polvo.

dépouille [depuj] *f* despojo *m* ‖ camisa, piel (peau que perdent certains animaux) ‖ cosecha (récolte) ‖ botín *m*, despojos *m pl* ‖ dépouille mortelle restos mortales.

dépouillement [depujmɑ̃] *m* despojo ‖ desollamiento (d'un animal) ‖ examen, comprobación *f*, depuración *f* (d'un compte) ‖ examen detenido (de documents) ‖ recuento de votos, escrutinio (dans une élection) ‖ acción *f* de abrir el correo (du courrier) ‖ renunciación *f*; les religieuses font preuve d'un grand dépouillement las monjas dan prueba de una gran renunciación.

dépouiller [3] [depuje] *v tr* despojar ‖ [▷ SYN] desollar, quitar la piel (enlever la peau) ‖ quitar la ropa (ôter les vêtements) ‖ examinar, analizar (un compte, des documents, etc.) ‖ hacer el recuento de votos *ou* el escrutinio (après un vote) ‖ abrir (courrier) ‖ sacar papeletas, tomar notas (d'un livre, un auteur) ‖ despojar, desvalijar (voler) ‖ prescindir de, desembarazarse; dépouiller toute honte prescindir de toda vergüenza ‖ style dépouillé estilo sobrio, escueto.
➥ **se dépouiller** *v pr* sedimentar, aclararse (se dit du vin) ‖ mudar la piel (serpent) ‖ quitarse (ses vêtements) ‖ despojarse, desposeerse (se priver) ‖ FIG desembarazarse, librarse, prescindir de; se dépouiller d'un préjugé librarse de un prejuicio.
‖ SYN écorcher desollar; dépiauter despellejar; dénuder desnudar, denudar; tondre esquilar.

dépourvu, e *adj* desprovisto, ta; privado, da ‖ au dépourvu de improviso; desprevenido, da.

dépoussiérage *m* desempolvadura *f*, eliminación *f* del polvo.

dépoussiérer [18] *v tr* quitar el polvo, desempolvar.

dépoussiéreur *m* TECHN desempolvador, captador *ou* retractor de polvos.

dépravateur, trice *adj* & *s* pervertidor, ra; depravador, ra.

dépravation *f* depravación, perversión.

dépravé, e *adj* & *s* depravado, da; pervertido, da ‖ corrompido, da (goût).

dépraver [3] *v tr* depravar, pervertir ‖ alterar, estropear, corromper; dépraver le goût alterar el gusto.

déprécation *f* deprecación (prière).

déprécatoire *adj* deprecatorio, ria.

dépréciateur, trice *adj* & *s* depreciador, ra.

dépréciatif, ive *adj* & *s m* GRAMM despectivo, va.

dépréciation *f* depreciación ‖ FIG descrédito *m*.

déprécier [9] *v tr* depreciar, desvalorizar ‖ infravalorar (estimer au-dessous) ‖ FIG desdeñar, menospreciar.

déprédateur, trice *adj* & *s* depredador, ra ‖ malversador, ra (administration).

déprédation *f* depredación ‖ malversación (administration).

déprendre [79]
➥ **se déprendre** *v pr* desprenderse, despegarse.

dépressif, ive *adj* deprimente, depresivo, va.

dépression *f* depresión.

> **SYN** abattement abatimiento; alanguissement, langueur languidez; prostration postración; torpeur torpor; sidération anonadamiento, sideración.

dépressionnaire *adj* de bajas presiones (en météorologie).

dépressurisation *f* despresurización.

dépressuriser [3] *v tr* despresurizar.

déprimant, e *adj* deprimente, depresor, ra.

déprime *f* FAM depre.

déprimé, e *adj* deprimido, da.

déprimer [3] *v tr* deprimir.

déprogrammer [3] *v tr* desprogramar.

déprotégé, e *adj* INFORM desprotegido, da.

DEPS (abr de dernier entré premier sorti) último en entrar, primero en salir.

dépucelage *m* FAM desfloración, desvirgue.

dépuceler [24] *v tr* FAM desvirgar.

depuis [dəpɥi] *prép* desde, de (temps, lieu, ordre); depuis la création desde la creación; depuis le Rhin jusqu'à l'Océan desde el Rin hasta el Océano; depuis le premier jusqu'au dernier desde el primero hasta el último ▌ desde hace, desde hacía; je ne l'ai pas vu depuis trois jours no le he visto desde hace tres días; il ne lui avait pas parlé depuis un an no le había hablado desde hacía un año ■ depuis combien de temps? ¿cuánto tiempo hace?, ¿desde cuándo? ▌ depuis le début de l'année en lo que va de año ▌ depuis longtemps desde hace tiempo, desde hace mucho tiempo ▌ depuis lors desde entonces ▌ depuis peu desde hace poco ▌ depuis quand? ¿desde cuándo? ▌ depuis que desde que ▌ depuis toujours desde siempre. ◇ *adv* después, desde entonces; je ne l'ai pas vu depuis no le he visto después.

dépulper [3] *v tr* despulpar.

dépulpeur *m* despulpador, máquina *f* de despulpar.

dépurateur, trice *adj & s m* depurador, ra.

dépuratif, ive *adj & s m* depurativo, va; sirop dépuratif jarabe depurativo.

dépuration *f* (vx) depuración.

dépuratoire *adj* depuratorio, ria.

dépurer [3] *v tr* depurar (épurer).

députation *f* diputación ▌ briguer la députation codiciar ser diputado.

député *m* diputado.

député-maire *m* diputado que también ejerce como alcalde.

députer [3] *v tr* diputar.

déqualification *f* degradación.

déqualifier [9] *v tr* degradar.

déracinable *adj* desarraigable.

déraciné, e *adj* desarraigado, da ▌ FIG desarraigado, da; desterrado, da (exilé).

déracinement [derasinmã] *m* desarraigo ▌ FIG eliminación *f*, extirpación *f*.

déraciner [3] *v tr* desarraigar, descuajar ▌ sacar, arrancar (une dent) ▌ arrancar de cuajo; arbre déraciné par la tempête árbol arrancado de cuajo por la tormenta ▌ FIG extirpar, eliminar, desarraigar (arracher) ▌ desarraigar, exilar.

dérader [3] *v intr* MAR ser conducido, da fuera de la rada.

dérager [17] *v intr* dejar de rabiar, desencolerizarse.

déraidir; déroidir [32] *v tr* aflojar (un câble, une corde, etc.) ▌ quitar la rigidez (ôter de la raideur) ▌ desentumecer (un membre) ▌ FIG suavizar, dar soltura (assouplir).

déraillement [derajmã] *m* descarrilamiento ▌ FIG descarrío, desvío.

dérailler [3] [deraje] *v intr* descarrilar [se] (sortir des rails); faire dérailler un train descarrilar un tren ▌ FAM desvariar, decir despropósitos ▌ FIG cometer un desatino.

dérailleur [derajœr] *m* cambio de velocidades (d'une bicyclette).

déraison [derɛzɔ̃] *f* desatino *m*, sinrazón, despropósito *m*.

déraisonnable *adj* poco razonable, desrazonable.

> **SYN** irraisonnable irrazonable; irrationnel irracional.

déraisonnablement *adv* desrazonablemente, descabelladamente, insensatamente.

déraisonnement *m* desatino, disparate.

déraisonner [3] *v intr* desatinar, disparatar.

> **SYN** divaguer divagar; radoter chochear; perdre l'esprit perder la razón; délirer delirar, desvariar; FAM déménager desbarrar, perder la chaveta; battre le breloque desbarrar; battre la campagne desatinar.

dérangé, e *adj* trastornado, da ▌ avoir l'esprit dérangé no estar en su sano juicio.

dérangement [derãʒmã] *m* [▷ SYN] desorden, trastorno ▌ perturbación *f* (du temps, d'une machine, etc.) ▌ molestia *f*, trastorno (ennui, gêne) ■ dérangement du corps descomposición del vientre ▌ en dérangement averiado, no funciona (ascenseur, téléphone) ▌ spectacle qui vaut le dérangement espectáculo que vale la pena verlo.

> **SYN** dérèglement desarreglo; désorganisation desorganización; désordre desorden; perturbation perturbación; bouleversement trastorno; désarroi desconcierto; FAM chambardement desbarajuste; déclassement desclasificación.

déranger [17] *v tr* desarreglar, desordenar (changer de place) ▌ descomponer; déranger une montre descomponer un reloj ▌ perturbar, alterar (le temps, un plan) ▌ molestar (gêner); ne vous dérangez pas no se moleste ▌ FIG descomponer el vientre ▌ ça te dérangerait de faire...? ¿te molestaría hacer...? ▌ est-ce que cela vous dérange si...? ¿le molesta que...?

➤ **se déranger** *v pr* moverse de un sitio a otro (se déplacer) ▌ molestarse (faire un effort).

dérapage; dérapement *m* MAR desaferrado, acción *f* de levar anclas ou de desaferrarse ▌ AUTOM patinazo, resbalón, despiste (glissement), derrapaje (gallicisme).

déraper [3] *v intr* MAR levar anclas, desaferrarse ▌ AUTOM patinar, resbalar, despistarse, derrapar (gallicisme).

dérasement *m* rebajamiento del nivel, allanamiento (aplanissement).

déraser [3] *v tr* rebajar el nivel, allanar (aplanir).

dératé, e *m & f* FAM despabilado, da; vivo, va (alerte, vif) ▌ FAM courir comme un dératé correr como un galgo ou como un desesperado.

dérater [3] *v tr* quitar el bazo.

dératisation *f* desratización.

dératiser [3] *v tr* desratizar.

dérayer [11] [derɛje] *v tr* AGRIC trazar el surco divisorio [de dos campos].

dérayure [derɛjyr] *f* surco *m* divisorio.

derby *m* derby (course de chevaux) ▌ derby (voiture légère à quatre roues) ▌ partido de dos eternos rivales (match).

> **OBSERV** pl derbys ou derbies.

derechef [dərəʃɛf] *adv* de nuevo, nuevamente.

déréglé, e *adj* desarreglado, da; descompuesto, ta ▌ irregular; pouls déréglé pulso irregular ▌ desajustado, da; impreciso, sa (tir) ▌ FIG desordenado, da; vie déréglée vida desordenada.

dérèglement *m* desarreglo, desorden (désordre) ▌ alteración *f*, irregularidad *f* (du pouls) ▌ desajuste (tir) ▌ mal funcionamiento; dérèglement d'une pendule mal funcionamiento de un reloj ▌ FIG desenfreno, desbordamiento (désordre moral) ■ dérèglement de conduite conducta desordenada ▌ dérèglement du temps alteración del tiempo.

déréglementation *f* desreglamentación.

déréglementer [3] *v tr* desreglamentar.

dérégler [18] *v tr* descomponer, desarreglar (déranger) ▌ desarreglar, desordenar (mettre en désordre) ▌ desajustar (tir) ▌ alterar (pouls) ▌ FIG descarriar, apartar del deber (écarter du devoir).

déréliction [dereliksjɔ̃] *f* abandono *m*, desamparo *m*, dereliccíón.

dérider [3] *v tr* desarrugar ▌ hacer desfruncir el ceño, alegrar (égayer).

➤ **se dérider** *v pr* alegrarse, sonreír.

dérision *f* irrisión, burla, escarnio *m* ▌ tourner en dérision tomar a broma, hacer burla de.

dérisoire *adj* irrisorio, ria; offre dérisoire oferta irrisoria ▌ insignificante; irrisorio, ria.

dérisoirement *adv* irrisoriamente.

dérivateur *m* PHYS derivador.

dérivatif, ive *adj & s m* derivativo, va.

➤ **dérivatif** *m* distracción *f*.

dérivation *f* derivación ▌ desviación (tir, cours d'eau) ▌ MAR deriva.

dérive *f* MAR deriva, abatimiento *m* del rumbo ▌ desviación, desvío *m* (déplacement d'un véhicule) ▌ palanca de dirección, plano *m* de deriva (d'un avion) ▌ MIL corrección horizontal del tiro ■ GÉOL la dérive des continents la deriva de los continentes ▌ aller à la dérive ir a la deriva, irse al garete (un bateau), ir a la deriva, abandonarse a la corriente, perder el rumbo.

dérivé, e *adj & s* derivado, da.

dérivée *f* MATH derivada.

dériver [3] *v tr* desviar (détourner de son cours) ▌GRAMM derivar ▌MATH & ÉLECTR derivar ▌TECHN limar la robladura *ou* el remache.
◇ *v intr* derivar, desviarse del rumbo (dévier de sa route) ▌MAR alejarse de la orilla (s'éloigner du rivage) ▌desviarse (tir) ▌FIG derivarse, dimanar, provenir (provenir) ▌ir a la deriva, dejarse llevar por la corriente.

dériveter [27] [derivte] *v tr* desroblar, quitar los remaches.

dériveur *m* velero.

dermatite *f* MÉD dermatitis, dermitis.

dermato *m & f* FAM dermatólogo, ga.

dermatologie *f* MÉD dermatología.

dermatologiste; dermatologue *m & f* dermatólogo, ga.

dermatose *f* MÉD dermatosis.

derme *f* dermis *f*.

dermeste *m* dermesto (insecte).

dermique *adj* dérmico, ca.

dermite *f* dermitis, dermatitis.

dernier, ère *adj & s* [▷ SYN 1] último, ma ▌pasado, da; l'année dernière el año pasado ▌[▷ SYN 2] extremo, ma; último, ma; sumo, ma; au dernier degré de la misère en el grado extremo de la miseria ▌ce dernier, cette dernière este último, esta última ▌du dernier chic del último *ou* del máximo toque de elegancia, de lo más chic ▌le dernier cri el último grito ■ le dernier des... el peor de..., el mayor de... ▌le dernier des derniers el peor de todos, el acabóse ▌le dernier soupir el último suspiro ▌le petit dernier el benjamín ▌les derniers honneurs los últimos honores ■ en dernière analyse después de todo, en el fondo, mirándolo bien ▌en dernier lieu en último lugar ▌en dernier ressort en última instancia, como último recurso ■ avoir le dernier mot quedarse con la última palabra ▌être du dernier bien ser el súmmum, ser la última palabra ▌être du dernier bien avec quelqu'un ser uña y carne con alguien ▌mettre la dernière main dar la última mano, el último toque.
▌ SYN 1. final final; ultime postrero.
▌ 2. extrême extremado, supremo.

dernièrement *adv* últimamente.

dernier-né, dernière-née *m & f* el hijo último, la hija última.
▌ OBSERV pl derniers-nés, dernières-nées.

dérobade *f* ÉQUIT espantada, extraño *m* (du cheval) ▌FIG escapatoria, evasión (d'une difficulté).

dérobé, e *adj* hurtado, da; robado, da (volé) ▌FIG escondido, da (caché) ▌excusado, da; secreto, ta (porte, escalier); porte dérobée puerta falsa *ou* excusada ■ à la dérobée a hurtadillas, a escondidas.

dérober [3] *v tr* [▷ SYN] hurtar, robar (voler) ▌arrancar, sustraer, librar de; dérober à la mort librar de la muerte ▌FIG quitar, usurpar (extorquer)▌arrebatar, privar de (enlever) ▌FIG & FAM ocultar (cacher) ▌sacar (un secret) ▌robar (un baiser).
◆ **se dérober** *v pr* ocultarse, esconderse (se cacher) ▌sustraerse, librarse (d'un danger) ▌esquivar, eludir, zafarse (d'une obligation)

escurrir el bulto, hurtar el cuerpo; tu te dérobes toujours siempre que puedes escurres el bulto ▌flaquear, vacilar; mes genoux se dérobent mis rodillas flaquean ▌hundirse (la terre) ▌dar una espantada, hacer un extraño (un cheval).

▌ SYN subtiliser limpiar; soustraire sustraer; escamoter escamotear; chaparder rapiñar; marauder rapiñar; FAM barboter birlar, pulir; chiper afanar; faucher soplar.

dérobeur, euse *adj & s* (p us) ladrón, ona ▌espantadizo, za; resabiado, da (cheval).

dérochage *m* acción *f* de limpiar un metal, desoxidación *f*.

dérochement *m* arrancamiento de rocas en un canal, dragado.

dérocher [3] *v tr* arrancar las rocas de un terreno, canal, etc. ▌limpiar, desoxidar (métaux).
◇ *v intr* despeñarse (alpinisme).

déroder [3] *v tr* talar los árboles muertos.

dérogation *f* derogación.

dérogatoire *adj* derogatorio, ria.

dérogeance [derɔʒɑ̃s] *f* degradación.

déroger [17] *v intr* derogar (une loi) ▌ir contra, faltar; déroger à sa dignité ir contra su dignidad ▌rebajarse (s'abaisser).

déroidir ▷ **déraidir**.

dérouillement [derujmɑ̃] *m* desenmohecimiento, desoxidación *f*.

dérouiller [3] [deruje] *v tr* quitar el moho, desenmohecer, desherrumbrar, desoxidar ▌FIG desentumecer (dégourdir) ▌pulir, afinar, desbastar (polir les manières) ▌FAM dar una buena paliza.
◇ *v intr* FAM cobrar, recibir una buena paliza.
◆ **se dérouiller** *v pr* desoxidarse ▌afinarse ▌se dérouiller les jambes estirar las piernas.

déroulage *m* TECHN transformación *f* de la madera en chapa [para fabricación de contrachapa].

déroulé, e *adj* desenrollado, da.

déroulement *m* desarrollo ▌desenrollamiento; le déroulement d'une bobine el desenrollamiento de un carrete ▌déroulement de la pensée evolución del pensamiento.

dérouler [3] *v tr* desenrollar (une pelote de fil, un rouleau de papier) ▌mostrar, desplegar (étaler) ▌TECHN desenrollar, hacer chapa de madera.
◆ **se dérouler** *v pr* efectuarse, celebrarse, tener lugar, verificarse; la manifestation s'est déroulée sans incident la manifestación se efectuó sin incidentes ▌extenderse; un magnifique panorama se déroulait devant nos yeux un magnífico panorama se extendía ante nuestros ojos.

dérouleur *m* desenrollador ▌dérouleur de bandes magnétiques estación *ou* unidad de cintas magnéticas, bobinador de cintas magnéticas.

dérouleuse *f* desenrolladora ▌TECHN máquina de hacer chapa (bois).

déroutant, e *adj* desconcertante.

déroute [derut] *f* derrota (armée), fracaso *m* ▌FIG desorden *m*, desconcierto *m* (ruine)

mettre en déroute derrotar (armée), aturrullar (personnes).

déroutement *m* desorientación *f*.

dérouter [3] *v tr* descaminar (écarter de sa route) ▌desviar (changer l'itinéraire) ▌despistar; le lièvre déroute les chiens la liebre despista a los perros ▌FIG desconcertar, confundir (déconcerter).
◆ **se dérouter** *v pr* MAR cambiar de rumbo, desviarse.

derrick [derik] *m* torre *f* de perforación, derrick.

derrière *prép* detrás de, tras; derrière la table detrás de la mesa, tras la mesa ▌tras (audelà de); derrière les apparences tras las apariencias.
◇ *adv* detrás, atrás; allez devant, j'irai derrière vaya delante, yo iré detrás ■ derrière le dos por la espalda, a espaldas ■ de derrière trasero, ra; de atrás; roues de derrière ruedas traseras ▌porte de derrière puerta trasera (opposée à la façade), escapatoria (échappatoire) ▌sens devant derrière al revés.
◇ *m* parte *f* posterior ▌FAM [▷ SYN] trasero, asentaderas *f pl* (d'une personne) ▌grupa *f*, ancas *f pl*, cuartos traseros *m pl* (d'un animal) ▌trasera *f* (d'une voiture, d'une maison, etc.) ▌MAR popa *f* (poupe).
◆ **derrières** *m pl* MIL (vieilli) retaguardia *f sing*.
▌ OBSERV 1. Detrás indica simplemente la posición: je suis derrière estoy detrás. Atrás, qui équivaut en général à arrière, traduit parfois derrière au sens de "en arrière": rester derrière quedarse atrás. Tras, moins courant que detrás, ne s'emploie que comme préposition.
▌ 2. Hablando de un barco, un coche, se dice más generalmente arrière.
▌ SYN fesses nalgas; postérieur trasero; séant asentaderas, asiento; arrière-train nalgatorio; croupe grupa; FAM pétard traspuntín, tafanario; VULG cul culo; FAM fessier posaderas; FAM lune mapamundi.

derviche; dervis *m* derviche (religieux musulman).

des [de] *art* de los, de las.
◇ *art partitif* manger des prunes comer ciruelas.
◇ *art indéf pl* unos, as; algunos, as; je vois des enfants dans la cour veo unos niños en el patio.
▌ OBSERV 1. Contraction de de et de les.
▌ 2. El artículo partitivo francés no se traduce.

dès *prép* desde; dès l'aube desde el alba; dès sa source desde su origen ■ dès à présent desde ahora ▌dès avant desde antes, de mucho antes ▌je travaillerai dès demain trabajaré a partir de mañana; mañana mismo; vous partirez dès demain saldrá usted mañana mismo ▌dès lors desde entonces (temps), por lo tanto, y por eso (cause) ▌dès lors que en cuanto (temps), ya que (cause) ▌dès que tan pronto como, en cuanto ▌dès que possible cuanto antes ▌dès réception a su recibo.

désabonnement *m* baja *f* como abonado (théâtre, téléphone) *ou* como suscriptor (journal, revue), desabono.

désabonner [3] *v tr* desabonar, dar de baja.
◆ **se désabonner** *v pr* desabonarse, darse de baja.

désabriter [3] *v tr* desabrigar.

désabusé, e *adj & s* desengañado, da.

désabuser [3] *v tr* desengañar.

désaccord [dezakɔr] *m* desacuerdo ‖ discordancia *f*; désaccord entre les actes et les paroles discordancia entre las palabras y los hechos ‖ desavenencia *f* (entre personnes) ‖ MUS desafinación *f* (instrument), discordancia *f* desentono (voix) ‖ familles en désaccord familias desavenidas ‖ je suis en désaccord avec vous no estoy de acuerdo con usted.

désaccordé, e *adj* desafinado, da.

désaccorder [3] *v tr* MUS desafinar, desacordar, desentonar, destemplar (un instrument) ‖ FIG desavenir, disgustar, desunir (brouiller, fâcher).

désaccoupler [3] [dezakuple] *v tr* desaparear, desparejar (animaux, choses) ‖ MÉCAN desacoplar.

désaccoutumance *f* desuso *m*.

désaccoutumé, e *adj* desacostumbrado, a.

désaccoutumer [3] *v tr* desacostumbrar.
→ **se désaccoutumer** *v pr* perder la costumbre, desacostumbrarse.

désaclimater [3] *v tr* desaclimatar.

désacraliser [3] *v tr* desacralizar, quitar el carácter sagrado.

désactivation *f* desactivación.

désactiver [3] *v tr* desactivar.

désadaptation *f* desadaptación.

désadapter [3] *v tr* desadaptar.

désaérer [18] [dezaere] *v tr* quitar el aire.
‖ OBSERV L'espagnol desairar signifie faire un affront.

désaffectation *f* cambio de destino de un edificio público ‖ secularización (église, monastère).

désaffecté, e *adj* abandonado, da.

désaffecter [4] *v tr* cambiar de destino un edificio público ‖ désaffecter une église secularizar una iglesia.

désaffection *f* desafecto *m* ‖ desafición ■ désaffection d'un lieu public pérdida de favor, disminución de la asistencia del público ‖ désaffection pour le port du chapeau caída en desuso del sombrero.

désaffectionner [3] *v tr* hacer perder el afecto ou el cariño a (personne), hacer perder la afición a (chose), desaficionar de.
→ **se désaffectionner** *v pr* perder el afecto ou el cariño, la afición a, desaficionarse.

désagréable *adj* desagradable.
‖ SYN déplaisant enfadoso; malplaisant molesto, desapacible; fâcheux fastidioso; regrettable triste; désobligeant descortés; blessant ofensivo, chocante; saumâtre indigesto, difícil de tragar.

désagréablement *adv* desagradablemente, de manera desagradable.

désagrégation *f* desagregación, disgregación ‖ FIG descomposición, disgregación; la désagrégation de l'Empire romain la descomposición del Imperio Romano.

désagrégé, e *adj* desagregado, da; disgregado, da.

désagrégeant, e [dezagreʒɑ̃, ɑ̃t] *adj* desagregante, disgregante.

désagrègement [dezagreʒmɑ̃] *m* disgregación *f*, desagregación *f*.

désagréger [22] [dezagreʒe] *v tr* desagregar, disgregar.

désagrément *m* disgusto, desagrado, sinsabor.

désaimanter [3] *v tr* desimantar, desimanar.

désaimentation [dezɛmɑ̃tasjɔ̃] *f* desimantación, desimanación.

désajustement [dezaʒystəmɑ̃] *m* desajuste ‖ desarreglo.

désajuster [3] *v tr* desajustar (une machine, etc.) ‖ desarreglar (déranger).

désaltérant, e *adj* refrescante, que quita la sed.

désaltérer [18] *v tr* apagar ou quitar la sed; boisson qui désaltère bebida que apaga la sed.
→ **se désaltérer** *v pr* beber (boire).

désamidonner [3] *v tr* desalmidonar.

désamonceler [24] *v tr* desamontonar.

désamorçage [dezamɔrsaʒ] *m* descebadura *f* (d'une pompe) ‖ corte de la corriente (dans une dynamo) ‖ desactivado (d'une bombe).

désamorcer [16] *v tr* descebar (arme) ‖ desactivar (bombe) ‖ descebar, vaciar (pompe).

désamortir [32] *v tr* desamortizar.

désamortissement *m* desamortización *f* (des biens).

désamour *m* desamor.

désannexer [4] *v tr* desanexionar, desanexar.

désannexion *f* desanexión.

désappareiller ► **dépareiller**.

désapparier [9] *v tr* descabalar, desparejar.

désappointé, e [dezapwɛ̃te] *adj* contrariado, da; decepcionado, da; desengañado, da.

désappointement [dezapwɛ̃tmɑ̃] *m* contrariedad *f*, desencanto, desengaño, decepción *f*.

désappointer [3] *v tr* contrariar, desencantar, desengañar, decepcionar, chasquear ‖ despuntar (émousser la pointe).

désapprendre [79] *v tr* desaprender (p us), olvidar lo aprendido.

désapprobateur, trice *adj & s* desaprobador, ra.

désapprobation *f* desaprobación.

désapprouver [3] *v tr* desaprobar.
‖ SYN désavouer desaprobar, desautorizar; improuver improbar; réprouver reprobar; blâmer censurar; vitupérer vituperar.

désapprovisionnement [dezaprovizjɔnmɑ̃] *m* desabastecimiento.

désapprovisionner [3] *m* desabastecer ‖ descargar (une arme à feu).

désarçonner [3] [dezarsɔne] *v tr* desarzonar, desmontar (cavalier) ‖ FIG & FAM desarmar, confundir, desconcertar (déconcerter); cette question l'a désarçonné esta pregunta le desconcertó.

désargenté, e *adj & s* FAM sin dinero [(*Amér*) sin plata].

désargenter [3] [dezarʒɑ̃te] *v tr* desplatar (enlever l'argent mêlé à un autre métal) ‖ desplatear (enlever l'argent qui recouvre un objet) ‖ FAM privar de dinero.
→ **se désargenter** *v pr* FAM gastarse todo el dinero.

désarmant, e *adj* FIG desarmante.

désarmé, e *adj* desarmado, da, sin armas (sans arme) ‖ desarmado, da, impotente (affaibli).

désarmement *m* desarme.

désarmer [3] *v tr* desarmar ‖ desmontar (arme à feu) ‖ FIG desarmar, moderar, templar; désarmer la colère desarmar la cólera ‖ MAR desarmar.
◇ *v intr* deponer las armas ‖ FIG cesar, ceder; sa haine ne désarme pas su odio no cede.

désarrimage *m* MAR desarrumazón *f*, desestiba *f*.

désarrimer [3] *v tr* desarrumar, desestibar.

désarroi [dezarwa] *m* desconcierto, desasosiego ‖ en désarroi desconcertado, da; turbado, da.

désarticulation *f* desarticulación.

désarticulé, e *adj* desarticulado, da (pantin) ‖ descoyuntado, da (corps).

désarticuler [3] *v tr* desarticular (objet), descoyuntar (personne).

désassemblage; désassemblement *m* desensambladura *f*.

désassembler [3] *v tr* desensamblar.

désassimilation *f* desasimilación.

désassimiler [3] *v tr* desasimilar.

désassorti, e *adj* sin ou poco surtido; desparejo, ja; que no hace juego.

désassortiment *m* descabalamiento, desparejamiento ‖ desarmonía *f* (couleurs) ‖ falta *f* de surtido (magasin).

désassortir [32] *v tr* desemparejar, desparejar, descabalar, deshermanar ‖ dejar sin surtido (un magasin).

désastre *m* desastre (catastrophe).

désastreusement *adv* desastrosamente.

désastreux, euse [dezastrø, øz] *adj* desastroso, sa.

désavantage [dezavɑ̃taʒ] *m* desventaja *f*, inferioridad *f* (infériorité) ‖ desventaja *f*, inconveniente (désagrément) ■ à son désavantage en perjuicio suyo, en contra suya, en su desventaja ‖ se montrer à son désavantage dar una impresión desfavorable.

désavantager [17] [dezavɑ̃taʒe] *v tr* perjudicar, desfavorecer.

désavantageusement *adv* desventajosamente.

désavantageux, euse *adj* desventajoso, sa.

désaveu *m* desaprobación *f* ‖ denegación *f*; désaveu de paternité denegación de paternidad ‖ retractación *f* ‖ desautorización *f* (d'un mandataire) ‖ repudiación *f* (d'une doctrine) ‖ contradicción *f*.

désavouable [dezavwabl] *adj* desaprobable.

désavouer [6] *v tr* desaprobar, condenar; ce que la morale désavoue lo que la moral desaprueba ▌negar, denegar (nier, dénier); désavouer un livre negar haber escrito un libro ▌denegar ▌desautorizar; **désavouer un ambassadeur** desautorizar a un embajador ▌repudiar, rechazar; **désavouer une doctrine** repudiar una doctrina ▌retractar (rétracter) ▌desconocer, no reconocer por suyo (méconnaître) ▌estar en contradicción con ▌ne pas désavouer juzgar digno de sí, reconocer como suyo; des vers que ne désavouerait pas Hugo versos que Hugo juzgaría dignos de él.

désaxé, e *adj* descentrado, da; desviado del eje ▌FIG descentrado, da; desequilibrado, da.

désaxer [3] [dezakse] *v tr* descentrar, desviar del eje ▌FIG descentrar, desequilibrar, desquiciar; la guerre a désaxé bien des hommes la guerra ha desequilibrado muchos hombres.

Descartes *n pr* Descartes.

descellé, e [desele] *adj* desellado, da; despegado, da; arrancado, da ▌desempotrado, da.

descellement [deselmā] *m* deselladura *f* ▌desempotramiento.

desceller [4] *v tr* desellar, quitar el sello, el lacre (enlever le sceau) ▌arrancar, despegar (décoller) ▌desempotrar (arracher un scellement).

descendance *f* descendencia.

descendant, e *adj* descendente (en pente) ▌MIL garde descendante guardia saliente.
◇ *adj & s* descendiente (parent).

descenderie *f* galería inclinada (dans une mine).

descendeur, euse *m & f* especialista en descenso (cyclisme, ski).

descendre [73] *v intr* [▷ SYN] bajar, descender ▌descender (d'ancêtres, d'une famille) ▌bajarse, apearse; descendre de la voiture bajarse del coche ▌descender, tener una profundidad; mine qui descend à 1 500 m mina que tiene una profundidad de 1 500 m ▌estar en pendiente, en cuesta; chemin qui descend camino en pendiente ▌parar, hospedarse; descendre à l'hôtel parar en un hotel ▌bajar, ir; descendre en Espagne bajar o ir a España ▌FIG descendre dans la rue formar una manifestación, echarse a la calle (manifester) ▌descendre en soi-même hacer un examen de conciencia ▌descendre en ville ir a la ciudad ▌DR descendre sur les lieux personarse ▌dejar, depositar; la voiture vous descendra à la gare el coche le dejará en la estación ▌seguir la corriente, ir río abajo (d'une rivière) ▌FAM cargarse, apiolar (tuer)▌derribar, echar abajo (un avion) ▌FAM pimplar, soplar (boire).
◇ *v tr* bajar, descender.

▌OBSERV Cuando descendre es intransitivo los tiempos compuestos tienen como auxiliar être (je suis descendu à l'hôtel); y si es transitivo avoir (il a descendu l'escalier).
▌SYN dégringoler rodar; dévaler ir, correr, rodar cuesta abajo.

descenseur *m* descensor ▌ascensor de bajada.

descente *f* bajada, descenso *m* ▌bajada, pendiente (pente) ▌descenso *m* (ski, parachute)

desembarco *m* (débarquement), invasión, incursión (irruption) ▌llegada, instalación (à l'hôtel) ▌bajada de aguas, canalón *m* (tuyau d'écoulement pour les eaux) ▌DR visita, inspección ou diligencia ocular, investigación judicial ▌MÉD hernia, quebradura (hernie), descendimiento *m* (d'un organe) ▪ descente d'antenne bajada de antena, toma de antena ▌descente de croix descendimiento ▌descente de lit alfombra, alfombrilla de cama ▌descente de police operación policiaca ▪ FAM avoir une bonne descente tener buenas tragaderas ▌freinez dans les descentes frene en las bajadas.

déscolariser [3] *v tr* desescolarizar.

descripteur *m* descriptor.

descriptible *adj* descriptible, describible.

descriptif, ive *adj* descriptivo, va; géométrie descriptive geometría descriptiva.
➤ **descriptif** *m* documento descriptivo.

description *f* descripción (image).

Desdémone *n pr* Desdémona.

déséchouage [dezeʃwaʒ]; **déséchouement** [dezeʃumā] *m* MAR desencalladura *f*.

déséchouer [6] [dezeʃwe] *v tr* desencallar, poner a flote, desembarrancar.

désectoriser [3] *v tr* dejar de dividir ou de organizar en sectores.

désemballage *m* desembalaje.

désemballer [3] *v tr* desembalar, desempaquetar.

désembaumer [3] [dezābome] *v tr* desembalsamar.

désembourber [3] *v tr* desatascar, desatorar.

désembourgeoiser [3] [dezāburʒwaze] *v tr* quitar el carácter burgués.

désembouteiller [4] *v tr* despejar un atasco.

désembrayage ➤ **débrayage**.

désembrayer ➤ **débrayer**.

désembuage *m* eliminación del vaho.

désembuer [7] *v tr* desempañar.

désemmancher ➤ **démancher**.

désemparé, e *adj* desamparado, da; desconcertado, da ▌navire désemparé barco gravemente averiado.

désemparer [3] *v intr* FIG sans désemparer sin parar, sin interrupción.
◇ *v tr* MAR desamparar, desmantelar.

désempesage *m* desalmidonamiento.

désempeser [19] *v tr* desalmidonar.

désempêtrer ➤ **dépêtrer**.

désemplir [32] *v tr* (p us) vaciar.
◇ *v intr & pr* ne pas désemplir estar siempre lleno; la maison ne désemplit pas la casa está siempre llena.
▌OBSERV Como intransitivo úsase casi siempre con una negación.

désempoisonner [3] [dezāpwazone] *v tr* desemponzoñar, curar de un envenenamiento.

désempoissonner [3] *v tr* despoblar de peces (une rivière, un étang).

désemprisonner [3] *v tr* desencarcelar.

désencadrer [3] *v tr* sacar ou quitar del marco.

désencanailler [3] [dezākanaje] *v tr* desencanallar.

désenchaîner [4] *v tr* quitar las cadenas, desencadenar; desenchaîner un chien desencadenar un perro.

désenchanté, e *adj* desencantado, da.

désenchantement *m* desencanto, desilusión *f*, desengaño.

désenchanter [3] *v tr* desencantar ▌FIG desilusionar, desencantar, desengañar.

désenchanteur, eresse *adj & s* desencantador, ra.

désenchâsser [3] *v tr* desengastar (une pierre précieuse).

désenclaver [3] *v tr* poner fin a un enclave.

désenclouer [3] *v tr* desclavar, desenclavar.

désencombrement [dezākɔ̃bramā] *m* despejo (d'une rue, etc.).

désencombrer [3] *v tr* despejar, desembarazar (débarrasser).

désencroûter [3] *v tr* descostrar (enlever la croûte) ▌desincrustar (débarrasser des incrustations) ▌FIG pulir, desbastar (une personne).

désendettement *m* reducción *f* de una deuda.

désenfiler [3] *v tr* desengarzar, desensartar (un collier) ▌desenhebrar, desensartar (une aiguille).

désenflammer [3] *v tr* desinflamar.

désenfler [3] *v tr & intr* deshinchar.

désenflure *f* deshinchazón, deshinchamiento *m*.

désenfourner [3] *v tr* desenhornar, sacar del horno.

désenfumer [3] *v tr* desahumar.

désengagement *m* desempeño ▌rompimiento ou liberación *f* de un compromiso.

désengager [17] *v tr* liberar (délivrer d'un engagement) ▌desempeñar (parole).

désengorgement *m* desatasco, desatoramiento.

désengorger [17] *v tr* desatascar, desatrancar, desatorar.

désengrener [19] *v tr* desengranar.

désenivrer [3] [dezānivre] *v tr* desembriagar.

désenlacer [16] *v tr* desenlazar, desatar.

désenlaidir [32] *v tr* desafear.
◇ *v intr* desafearse, hacerse menos feo.

désennuyer [14] [dezānɥije] *v tr* distraer, entretener; la lecture désennuie la lectura distrae.
➤ **se désennuyer** *v pr* entretenerse, distraerse.

désenrayer [11] [dezāreje] *v tr* soltar, aflojar (mécanisme) ▌arreglar, componer (remettre en état de fonctionner) ▌desencasquillar (arme à feu).

désenrhumer [3] *v tr* curar el catarro.

désenrôlement *m* licencia *f* (soldat).

désenrouer [6] *v tr* curar la ronquera.

désensablement [dezāsablamā] *m* desencalladura *f*.

désensabler [3] *v tr* desencallar; désensabler un bateau desencallar un barco ▌dragar, desarenar; **désensabler un port** dragar un puerto.

désensibilisateur *m* desensibilizador.

désensibilisation *f* insensibilización, desensibilización.

désensibiliser [3] *v tr* insensibilizar, desensibilizar.

désensorceler [24] [dezɑ̃sɔrsəle] *v tr* deshechizar, desembrujar.

désentassement *m* desamontonamiento.

désentasser [3] *v tr* desamontonar.

désentêter [4] *v tr* desencaprichar.

désentoiler [3] *v tr* quitar el lienzo (d'un tableau).

désentortiller [3] [dezɑ̃tɔrtije] *v tr* desenredar, desenmarañar (démêler) ‖ FIG aclarar, desenredar (affaire).

désentraver [3] *v tr* destrabar.

désenvaser [3] *v tr* desencenegar.

désenvelopper [3] *v tr* desenvolver.

désenvenimer [3] [dezɑ̃vnime] *v tr* quitar el veneno ‖ FIG suavizar, dulcificar (rendre moins acerbe).

désenverguer ▸ **déverguer**.

désépaissir [32] *v tr* aclarar.

déséquilibre *m* desequilibrio ‖ **être en déséquilibre** estar en desequilibrio.

déséquilibré, e *adj & s* desequilibrado, da.

déséquilibrer [3] *v tr* desequilibrar.

désert, e [dezɛr, ɛrt] *adj* desierto, ta ‖ desierto, ta; poco frecuentado, da; **une rue déserte** una calle desierta.
▸ **désert** *m* desierto ‖ yermo; **les pères du désert** los padres del yermo ‖ FAM **prêcher dans le désert** predicar en el desierto.

> LES DÉSERTS
>
> **le désert d'Atacama** el desierto de Atacama;
> **le désert de Gobi** el desierto de Gobi;
> **le désert du Kalahari** el desierto del Kalahari;
> **le désert de Libye** el desierto de Libia;
> **le désert du Namib** el desierto de Namibia;
> **le désert de Nubie** el desierto de Nubia;
> **le désert du Sahara** el desierto del Sahara.

déserter [3] *v tr* abandonar, dejar (lieu, poste) ‖ FIG abandonar, traicionar (une cause).
◇ *v intr* desertar (un parti, une cause).
‖ OBSERV Le verbe desertar n'est pas transitif en espagnol.

déserteur *m* desertor.

désertification; désertisation *f* desertización.

désertifier [9]
▸ **se désertifier** *v pr* desertizarse, desertificarse.

désertion [dezɛrsjɔ̃] *f* MIL deserción ‖ DR **désertion d'appel** deserción, desamparo de apelación.

désertique *adj* desértico, ca.

désertisation ▸ **désertification**.

désescalade *f* disminución de la tensión, "desescalada".

désespéramment *adv* desesperadamente.

désespérance *f* desesperanza.

désespérant, e *adj* desesperante.

désespéré, e *adj & s* desesperado, da ‖ MÉD **état désespéré** estado desesperado.

désespérément *adv* desesperadamente.

désespérer [18] *v tr & intr* desesperar, tener pocas esperanzas, no tener esperanza; **désespérer du succès** tener pocas esperanzas en el éxito.
▸ **se désespérer** *v pr* desesperarse, desesperanzarse.

désespoir *m* desesperación *f* ■ **en désespoir de cause** en último extremo, como último recurso ‖ **être au désespoir** estar desesperado, desesperarse ‖ **être ou faire le désespoir de** ser la desesperación de ‖ **mettre ou pousser au désespoir** desesperar.

déshabillage [dezabijaʒ]; **déshabillement** *m* acción *f* de desnudar ou desnudarse ou desvestirse, desnudamiento.

déshabillé, e [dezabije] *adj* desvestido, da; desnudo, da (nu).
▸ **déshabillé** *m* traje de casa, "déshabillé" (vêtement) ‖ FIG **en déshabillé** en traje de casa, de trapillo.

déshabillement [dezabijmɑ̃] ▸ **déshabillage**.

déshabiller [3] *v tr* desvestir, quitar el vestido (ôter les habits) ‖ desnudar (mettre à nu) ‖ **déshabiller saint Pierre pour habiller saint Paul** desvestir a un santo para vestir a otro.
▸ **se déshabiller** *v pr* desnudarse, desvestirse.

déshabité, e *adj* deshabitado, da.

déshabituer [7] [dezabitɥe] *v tr* desacostumbrar, deshabituar (p us); **déshabituer de mentir** desacostumbrar de mentir.
▸ **se déshabituer** *v pr* desacostumbrarse, deshabituarse ‖ **se déshabituer de** quitarse el hábito de.

désharmonie *f* desarmonía.

désharmoniser [3] *v tr* desarmonizar.

désherbage *m* deshierba *f*, desyerba *f*.

désherbant *adj & s m* herbicida.

désherber [3] *v tr* desherbar, quitar la hierba.

déshérence *f* DR desherencia (absence d'héritiers); **tomber en déshérence** caer en desherencia.

déshérité, e *adj & s* desheredado, da ‖ **les déshérités** los desheredados (pauvres).

déshéritement *m* desheredamiento.

déshériter [3] *v tr* desheredar.

déshonnête *adj* deshonesto, ta (malséant).

‖ OBSERV Déshonnête y malhonnête, en el sentido de sin honradez, no tienen traducción exacta en español. Un homme malhonnête se traducirá por un tunante, un pillo, un bribón, un ladrón, etc. Des gens malhonnêtes son simplemente mala gente, bribones. Des procédés malhonnêtes son malas artes. En todo caso, honesto y honrado tienen dos sentidos diferentes que el francés ha confundido en una sola voz, honnête.

déshonnêteté *f* deshonestidad.

‖ OBSERV No es esta voz sinónima de malhonnêteté.

déshonneur *m* deshonor, deshonra *f*.

déshonorant, e *adj* deshonroso, sa; **acte déshonorant** acto deshonroso.

déshonorer [3] *v tr* deshonrar, deshonorar; **il a déshonoré sa famille** ha deshonrado a su familia ‖ FIG estropear, afear; **cette fenêtre mal placée déshonore la façade** esta ventana mal situada estropea la fachada.

déshuiler [3] [dezɥile] *v tr* desaceitar; **déshuiler des graines** desaceitar semillas.

déshuileur *m* TECHN separador de aceite.

déshumanisation *f* deshumanización.

déshumaniser [3] *v tr* deshumanizar, volver inhumano.

déshumidifier [9] *v tr* deshumedecer.

déshydratant, e *adj* deshidratante.

déshydratation *f* deshidratación.

déshydraté, e *adj* deshidratado, da ‖ FAM deshidratado, da, sediento, ta (assoiffé).

déshydrater [3] *v tr* deshidratar.

déshydrogénation *f* deshidrogenación.

déshydrogéner [18] *v tr* deshidrogenar.

desiderata *m pl* desiderata, deseos.

désidératif, ive *adj* GRAMM desiderativo, va.

design [dizajn] *m* diseño.

désignatif, ive [dezinatif] *adj* designativo, va.

désignation [dezinasjɔ̃] *f* designación, nombramiento *m*.

désigner [3] [dezine] *v tr* designar, señalar (signaler) ‖ escoger, nombrar; **désigner un arbitre** nombrar un árbitro ‖ significar, representar; **en latin « magister » désigne le maître** en latín "magister" significa maestro ■ **être tout désigné pour** ser el más indicado para ‖ **se désigner à l'attention du public** llamar la atención del público.

designer [dizajnœr] *m* diseñador, ra.

désiliciage *m* tratamiento de las aguas industriales para eliminar la sílice.

désillusion *f* desilusión, desengaño *m*.

désillusionner [3] *v tr* desilusionar.

désincarnation *f* desencarnación.

désincarné, e *adj* desencarnado, da.

désincarner [3] *v tr* desencarnar.

désincrustant *m* desincrustante.

désincrustation *f* desincrustación.

désincruster [3] *v tr* desincrustar.

désindustrialisation *f* desindustrialización.

désinence *f* desinencia.

désinentiel, elle *adj* desinencial.

désinfectant, e *adj & s m* desinfectante.

désinfecter [4] *v tr* desinfectar.

désinfection *f* desinfección.

désinflation *f* deflación.

désinformation *f* desinformación.

désinformer [3] *v tr* desinformar.

désinsectisation *f* desinsectación.

désinsectiser [3] *v tr* desinsectar.

désintégrateur *m* TECHN desintegradora *f*.

désintégration *f* desintegración.

désintégrer [18] *v tr* desintegrar.
▸ **se désintégrer** *v pr* desintegrarse, disgregarse.

désintéressé, e *adj* & *s* desinteresado, da.

désintéressement *m* desinterés ‖ reembolso, pago de una deuda ‖ indemnización *f*.

désintéresser [4] *v tr* resarcir, pagar una deuda, reembolsar.

➡ **se désintéresser** *v pr* desinteresarse, no ocuparse de.

désintérêt *m* desinterés, indiferencia *f*.

désintoxication *f* desintoxicación; **faire une cure de désintoxication** hacer una cura de desintoxicación.

désintoxiquer [3] *v tr* desintoxicar.

➡ **se désintoxiquer** *v pr* desintoxicarse.

désinvestir [32] *v tr* ÉCON suprimir ou reducir las inversiones.

désinvestissement *m* desinversión *f*.

désinviter [3] *v tr* desconvidar (p us), anular una invitación.

désinvolte *adj* desenvuelto, ta; desembarazado, da ‖ FIG descarado, da; impertinente.

désinvolture *f* desenvoltura ‖ FIG descaro *m*.

désionisation *f* desionización.

désir *m* deseo ‖ anhelo (désir vif).
‖ SYN envie gana; tentation tentación; démangeaison comezón; soif sed.

désirable *adj* deseable.

désiré, e *adj* deseado, da.

Désiré *n pr* Deseado, Desiderio.

Désirée *n pr* Deseada, Desideria.

désirer [3] *v tr* desear ‖ anhelar (désirer ardemment) ■ **désirer faire quelque chose** desear hacer algo ‖ **ne rien laisser à désirer** no dejar nada que desear ‖ **se faire désirer** hacerse desear.

désireux, euse *adj* deseoso, sa.

désistement *m* desestimiento.

désister [3]
➡ **se désister** *v pr* desistir de, renunciar a.

desman *m* desmán (mammifère).

désobéir [32] *v intr* desobedecer; **désobéir à un ordre** desobedecer una orden ‖ [▷ SYN] quebrantar, contravenir (loi).
‖ SYN enfreindre infringir; transgresser transgredir; violer violar.

désobéissance *f* desobediencia.

désobéissant, e *adj* & *s* desobediente.

désobligeamment [dezɔbliʒamã] *adv* descortésmente, desatentamente.

désobligeance [dezɔbliʒãs] *f* desatención (manque d'égard) ‖ descortesía (manque de courtoisie).

désobligeant, e [dezɔbliʒã, ãt] *adj* desatento, ta ‖ descortés (impoli) ‖ chocante, desagradable (désagréable).

désobliger [17] *v tr* contrariar, disgustar.

désobstructif, ive; désobstruant, e *adj* desobstructivo, va.

désobstruction *f* desobstrucción.

désobstruer [3] *v tr* desobstruir.

désodé, e *adj* sin sodio.

désodorisant, e *adj* & *s m* desodorante.

---

désodoriser [3] *v tr* desodorizar, suprimir el olor.

désœuvré, e [dezœvre] *adj* & *s* desocupado, da; ocioso, sa (oisif).

désœuvrement [dezœvrəmã] *m* holganza *f*, ociosidad *f*, ocio; desocupación *f*.

désolant, e *adj* desconsolador, ra; desolador, ra (qui afflige) ‖ fastidioso, sa (ennuyeux).

désolation *f* desolación ‖ LITT desolación, ruina.

désolé, e *adj* desolado, da; desconsolado, da (affligé) ‖ desolado, da; asolado, da (ravagé) ‖ **être désolé de** lamentar, sentir; **il était désolé de ne pas t'avoir vu** sintió muchísimo no haberte visto.

désoler [3] *v tr* afligir, desolar, desconsolar (affliger) ‖ (vx) desolar, asolar, destruir (ravager) ‖ FIG contrariar, disgustar (fâcher) ‖ **je suis désolé** lo siento mucho.

➡ **se désoler** *v pr* afligirse, desconsolarse.

‖ OBSERV Desolar et desconsolar sont synonymes, mais desolar ne s'emploie pas aux temps où le o devrait diphtonguer en ue (desuelo, desuele, etc.).

désolidariser [3] [desɔlidarize] *v tr* desolidarizar, desunir.

➡ **se désolidariser** *v pr* desolidarizarse.

désoperculer [3] *v tr* castrar (une ruche).

désopilant, e *adj* festivo, va; jocoso, sa; para morirse de risa ‖ MÉD desopilante (p us).

désopilation *f* MÉD desopilación.

désopiler [3] *v tr* MÉD desopilar ‖ FAM provocar la hilaridad, hacer desternillarse de risa.

➡ **se désopiler** *v pr* FAM reventar de risa, desternillarse de risa.

désordonné, e *adj* desordenado, da ‖ FIG desmedido, da; **colère désordonnée** cólera desmedida.

désordonner [3] *v tr* desordenar.

désordre *m* [▷ SYN] desorden, desarreglo ‖ desorden, trastorno (des organes) ‖ **désordres politiques** desórdenes políticos ‖ **en désordre** en desorden.

‖ SYN brouillement enredo; FAM brouillamini batiburrillo; imbroglio embrollo; fouillis revoltijo; fatras fárrago; pêle-mêle revoltijo; pagaille confusión, desbarajuste; capharnaüm leonera; bazar leonera.

désorganisateur, trice *adj* & *s* desorganizador, ra.

désorganisation *f* desorganización.

désorganiser [3] *v tr* desorganizar ‖ destruir, descomponer; **le chlore désorganise les tissus** el cloro destruye los tejidos.

désorientation *f* desorientación.

désorienté, e *adj* desorientado, da.

désorienter [3] *v tr* desorientar ‖ FIG desconcertar, desorientar.

désormais [dezɔrmɛ] *adv* en adelante, desde ahora, en lo sucesivo.

désossé, e *adj* & *s* deshuesado, da; desosado, da ‖ descoyuntado, da (une personne).

désossement *m* deshuesamiento.

désosser [3] *v tr* deshuesar, desosar (p us); **désosser un poulet** deshuesar un pollo ‖ quitar las espinas; **désosser un poisson** quitar

---

las espinas de un pescado ‖ FIG descomponer; **désosser une phrase** descomponer una frase.

désoxydant, e *adj* & *s m* desoxidante.

désoxydation *f* desoxidación.

désoxyder [3] *v tr* desoxidar.

désoxyribonucléique *adj* BIOL & CHIM desoxirribonucleico, ca; **acide désoxyribonucléique** ácido desoxirribonucleico.

desperado *m* forajido, bandido.

despote [dɛspɔt] *m* déspota.
◇ *adj* déspota; despótico, ca; mandón, ona; **un mari despote** un marido déspota.

despotique *adj* despótico, ca.
‖ SYN arbitraire arbitrario; tyrannique tiránico.

despotiquement *adv* despóticamente.

despotisme *m* despotismo.

desquamation [dɛskwamasjɔ̃] *f* MÉD descamación.

desquamer [3] [dɛskwame] *v tr* descamar, escamar.

desquels, desquelles [dekɛl] *pron rel* contracción de de lesquels, de lesquelles ➡ lequel.

DESS (abr de diplôme d'études supérieures spécialisées) *m* diploma de especialización profesional de tercer ciclo universitario que se obtiene tras cinco años de estudios superiores, ≃ licenciatura *f*.

dessablage; dessablement *m* desarenado.

dessabler [3] *v tr* desarenar.

dessaisir [32] *v tr* desposeer, despojar (retirer) ‖ DR declarar incompetente; **dessaisir un tribunal d'une affaire** declarar un tribunal incompetente en un asunto ‖ MAR desaferrar.

➡ **se dessaisir** *v pr* desasirse, desprenderse.

dessaisissement [desɛzismã] *m* desasimiento ‖ desposeimiento (dépossession) ‖ DR declaración *f* de incompetencia (d'un tribunal, d'un magistrat).

dessalage *m*; **dessalaison** *f*; **dessalement** *m* desaladura *f*.

dessalé, e *adj* desalado, da; sin sal (sans sel).
◇ *adj* & *s* vivo, va; avispado, da ‖ FAM desenvuelto, ta (dégourdi) ‖ verde (osé).

dessalement ➡ **dessalage**.

dessaler [3] *v tr* desalar, quitar la sal ‖ FIG & FAM avispar, despabilar (dégourdir).

dessangler [3] *v tr* descinchar.

dessaouler ➡ **dessoûler**.

Desse (abr écrite de duchesse) duquesa.

desséchant, e [deseʃã, ãt] *adj* desecante.

dessèchement [deseʃmã] *m* desecación *f* ‖ agostamiento (des plantes) ‖ consunción *f* (d'un organe) ‖ FIG falta *f* de sensibilidad.

dessécher [18] *v tr* desecar, secar (sécher) ‖ resecar; **lèvres desséchées** labios resecos ‖ agostar (les plantes) ‖ enflaquecer, consumir (amaigrir) ‖ FIG desecar, endurecer (rendre insensible).

dessein [desɛ] *m* [▷ SYN] designio (projet) ‖ propósito, intención *f*; **dans le dessein de**

tuer con el propósito de matar ‖ à dessein a propósito, adrede, aposta.

‖ SYN projet proyecto; entreprise empresa; plan plan; programme programa.

desseller [4] [desɛle] v tr desensillar.

desserrage m aflojamiento.

desserre f FAM aflojamiento m ‖ FAM être dur à la desserre ser muy agarrado.

desserrer [4] v tr aflojar ‖ soltar, aflojar (le frein) ‖ ne pas desserrer les dents no despegar los labios.

dessert [desɛr] m postre ‖ au dessert de postre.

desserte f trinchero m (meuble) ‖ servicio m de comunicación (moyen de communication); la desserte du village est assurée par autocar el autobús garantiza el servicio del pueblo ‖ servicio m (église) ‖ voie de desserte camino vecinal.

dessertir [32] v tr desengastar.

dessertissage m desengaste.

desservant m cura párroco.

desservi, e adj comunicado, da; un quartier bien desservi un barrio bien comunicado.

desservir [38] v tr quitar la mesa (débarrasser la table) ‖ comunicar, poner en comunicación; l'autocar dessert un grand nombre de villages el autocar pone en comunicación a muchos pueblos ‖ FIG causar perjuicio, perjudicar (nuire) ‖ RELIG servir en una parroquia ou capilla.

dessiccateur m desecador.

dessiccation f desecación.

dessiller [3] [desije] v tr separar los párpados ‖ FIG dessiller les yeux à ou de abrir los ojos a, desengañar a.

dessin [desɛ̃] m dibujo ‖ plano, diseño (plan d'un bâtiment) ‖ FIG contorno, perfil; le dessin d'un visage el contorno de una cara ■ dessin à la plume dibujo a pluma ‖ dessin à main levée dibujo a pulso ‖ dessin au fusain, au crayon dibujo al carbón, a lápiz ‖ dessin au lavis aguada ‖ dessin d'après nature dibujo del natural ‖ dessin d'imitation dibujo artístico ‖ dessin d'ornement dibujo de adorno ‖ dessin humoristique chiste gráfico ‖ dessin industriel diseño industrial ‖ dessin linéaire dibujo lineal ‖ CINÉM dessins animés dibujos animados ‖ dessins de mode figurines ‖ école de dessin academia de dibujo ■ apprendre le dessin aprender a dibujar.

dessinateur, trice adj & s dibujante ‖ dessinatrice de mode diseñadora de moda ‖ dessinateur industriel delineante.

dessiner [3] v tr [▷ SYN] dibujar, diseñar ‖ FIG resaltar, destacar, modelar; robe qui dessine les formes vestido que resalta las formas ‖ describir, pintar (un caractère) ‖ dessiner à la plume, au crayon dibujar con pluma, con lápiz.

➡ **se dessiner** v pr dibujarse, perfilarse, destacarse; sa taille se dessine bien su talle se destaca bien ‖ FIG precisarse, concretarse, tomar forma, perfilarse; la solution paraît se dessiner la solución parece concretarse.

‖ SYN croquer bosquejar; esquisser abocetar, esbozar; crayonner esbozar con lápiz.

dessolement m AGRIC alternación f de cultivos.

dessoler [3] v tr AGRIC alternar cultivos ‖ VÉTÉR despalmar (un cheval).

dessouder [3] v tr desoldar.

dessoûler; dessaouler; dessouler [3] v tr desemborrachar, desembriagar, quitar la borrachera.

◇ v intr dejar de estar borracho, desemborracharse, desembriagarse.

dessous [dəsu] adv debajo, abajo; il est dessous está debajo ‖ MAR a sotavento ■ au-dessous debajo, más abajo ‖ au-dessous de debajo de, bajo; cinq degrés au-dessous de zéro cinco grados bajo cero ‖ ci-dessous más abajo, más adelante, a continuación ‖ en dessous debajo, por debajo ■ être au-dessous de estar por debajo de ‖ être au-dessous de la vérité quedarse corto ‖ être au-dessous de tout ser lamentable ‖ faire quelque chose par en dessous hacer una cosa por bajines ‖ il y a quelque chose là-dessous algo hay, hay algo ‖ regarder en dessous mirar de soslayo.

dessous m la parte inferior de una cosa, los bajos, el fondo; le dessous d'un verre el fondo de un vaso ‖ revés (d'un tissu) ‖ FIG desventaja, f inferioridad f ‖ THÉÂTR foso ■ le dessous des cartes el intríngulis de un asunto ‖ les voisins du dessous los vecinos de abajo ■ avoir le dessous tener la peor parte ‖ connaître le dessous des cartes conocer las interioridades de un asunto, estar en el ajo ‖ FAM laisser ou prendre quelque chose pardessous la jambe traerle a uno (una cosa) sin cuidado ‖ FIG & FAM tomber dans le troisième dessous hundirse por completo ‖ FAM traiter quelqu'un par-dessous la jambe mirar a alguien por encima del hombro.

◇ pl ropa, f sing interior (lingerie) ‖ FIG intríngulis (d'une affaire).

dessous-de-bouteille; dessous-de-carafe m inv salvamantel.

dessous-de-bras m inv sobaquera f.

dessous-de-carafe ➡ **dessous-de-bouteille**.

dessous-de-plat m inv salvamantel.

dessous-de-table m inv guante, comisión f que se entrega bajo cuerda.

dessous-de-verre m inv salvamantel.

dessuintage [desɥɛ̃taʒ] m desengrasado (de la laine).

dessuinter [3] [desɥɛ̃te] v tr desgrasar (la laine).

dessus [dəsy] adv encima, arriba ■ au-dessus encima ‖ au-dessus de más arriba de, por encima de, sobre; vingt degrés au-dessus de zéro veinte grados sobre cero ‖ bras dessus bras dessous cogidos del brazo ‖ ci-dessus anteriormente mencionado, más arriba indicado, susodicho ‖ en dessus sobre, encima ‖ là-dessus en eso, sobre ese asunto; il est au courant là-dessus está al corriente sobre ese asunto; après ce dessus; là-dessus il s'en alla después de esto se fue; ahí encima; le livre est là-dessus el libro está ahí encima ‖ par dessus bord por la borda ‖ FAM par-dessus le marché para colmo, por añadidura ‖ par-dessus tout por encima de todo, ante todo ‖ sens dessus dessous en completo desorden, patas arriba (choses); trastornado, da (personnes) ■ en avoir par-dessus la tête estar hasta la coronilla ‖ être au-dessus de estar por encima de ‖ mettre la main dessus dar con una cosa (trouver), hacerse con una cosa (s'emparer de) ‖ mettre le doigt dessus poner el dedo en la llaga, dar en el clavo ‖ ne pas compter dessus ou là-dessus no contar con eso.

dessus m la parte superior, lo de encima ‖ dorso (de la main) ‖ derecho, cara f (d'un tissu) ‖ FIG superioridad, f ventaja f (avantage) ‖ MUS alto, tiple; voix de dessus voz de alto ou de tiple ‖ THÉÂTR telar ■ ARCHIT dessus de porte dintel ‖ les voisins du dessus los vecinos de arriba ‖ FIG le dessus du panier lo mejor, la flor y nata ■ avoir ou prendre le dessus aventajar, sobrepujar, llevarse el gato al agua ‖ prendre le dessus sur poder más que; l'amour prit le dessus sur la haine el amor pudo más que el odio ‖ reprendre le dessus rehacerse.

dessus-de-lit m inv colcha f.

dessus-de-table m inv centro de mesa, tapete.

déstabilisateur, trice; déstabilisant, e adj desestabilizador, ra.

déstabilisation f desestabilización.

déstabiliser [3] v tr desestabilizar.

déstalinisation f desestalinización.

destin m destino, sino, hado.

‖ SYN destinée destino; sort suerte; étoile estrella, sino; fatalité fatalidad.

destinataire m & f destinatario, ria ‖ aux risques et périls du destinataire por cuenta y riesgo del destinatario.

destination f destinación, destino m; la lettre est arrivée à destination la carta llegó a su destino ‖ empleo m, utilización (usage) ‖ à destination de con destino a.

destinée f destino m, suerte.

destiner [3] v tr destinar.

➡ **se destiner** v pr destinarse, pensar dedicarse.

destituable adj destituible.

destituer [7] v tr destituir; destituer quelqu'un de ses fonctions destituir a alguien de sus funciones.

‖ SYN révoquer revocar; relever suspender; se démettre dimitir; détrôner destronar; déposer deponer.

destitution f destitución ‖ DR destitution des droits civiques interdicción civil.

déstockage m utilización f de un stock.

déstocker [3] v tr utilizar un stock.

destrier m (ancien) caballo destrero ou de batalla.

destroyer [dɛstrwaje] ou [dɛstrwajœr] m MAR destructor, destroyer.

destructeur, trice adj & s destructor, ra.

destructible adj destruible, destructible.

destructif, ive adj destructivo, va.

destruction f destrucción.

‖ SYN dévastation devastación; ravage estrago.

destructivité f destructividad.

déstructuration f desorganización de una estructura.

déstructurer [3] v tr desorganizar una estructura.

désuet, ète [dezɥɛ, ɛt] adj desusado, da; caído en desuso; anticuado, da.

SYN démodé pasado de moda; archaïque arcaico; antédiluvien antediluviano; vieilli, vieillot anticuado.

désuétude *f* desuso *m*; **tomber en désuétude** caer en desuso.

désulfuration *f* desulfuración.

désulfurer [3] *v tr* desazufrar, desulfurar.

désuni, e [dezyni] *adj* desunido, da **‖ cheval désuni** caballo de galope desigual.

désunion *f* desunión.

désunir [32] *v tr* desunir, separar **‖ FIG** enemistar, desavenir.

➡ **se désunir** *v pr* perder el ritmo (sports).

désynchronisation *f* desincronización.

désynchroniser [3] *v tr* desincronizar.

désyndicalisation *f* disminución de la afiliación a los sindicatos.

détachable *adj* separable (amovible).

détachage *m* limpiado de manchas.

détachant, e *adj & s m* quitamanchas.

détaché, e *adj* suelto, ta; **morceaux détachés** trozos sueltos **‖** desatado, da **‖** destacado, da (coureur) **‖** destinado, da; agregado (dans un service) **‖** despegado, da; indiferente; despreocupado, da; **air détaché** aire indiferente **‖ MIL** destacado, da; **fort détaché** fuerte destacado **‖ MUS** note détachée nota picada.

détachement *m* despego, desapego, alejamiento (éloignement) **‖** indiferencia *f*, despego, poco apego, despreocupación *f* (indifférence) **‖** agregación *f*, destino provisional (administration) **‖ MIL** destacamento.

détacher [3] *v tr* desatar (délier) **‖** apartar, separar; **détacher le bras du corps** separar el brazo del cuerpo **‖** soltar, desatar; **détacher un chien, un lacet** soltar un perro, un cordón **‖** desprender, soltar (ôter ce qui attachait) **‖** despegar (décoller) **‖** arrancar (arracher) **‖** recalcar, separar (syllabe) **‖** limpiar, quitar las manchas a (dégraisser les taches) **‖** agregar, destinar provisionalmente (affecter provisoirement) **‖** enviar (dépêcher) **‖ FAM** soltar, largar; **détacher un coup de pied** soltar una patada **‖ FIG** apartar, alejar (éloigner) **‖ MIL** destacar (former un détachement) **‖ MUS** picar, desligar **‖** destacar (mettre en relief) **‖ détacher les yeux de** apartar la mirada de.

➡ **se détacher** *v pr* desapegarse, perder el apego, perder la afición; **se détacher de sa famille** perder el apego a su familia **‖** destacarse (coureur) **‖** desprenderse (tomber).

détacheur, euse *adj & s m* quitamanchas.

détail [detaj] *m* detalle, pormenor; **les détails d'une affaire** los pormenores de un asunto **‖** menudeo, venta *f* al por menor (vente) **■ commerçant au détail** detallista **‖** petits détails minucias **‖** point de détail detalle **‖** prix de détail precio al por menor **■ au détail** al por menor, al detalle, al detall **‖ en détail** detalladamente, con todo detalle **■ donner le détail de** hacer el desglose de **‖ faire le détail** vender al detalle (d'un article), vender por trozos (d'un tissu, etc.), hacer el desglose (d'un compte) **‖** raconter dans ses moindres détails contar con todos los detalles.

détaillant, e [detajɑ̃, ɑ̃t] *adj & s* comerciante al por menor, detallista, minorista.

détaillé, e *adj* detallado, da.

détailler [3] [detaje] *v tr* cortar en trozos (couper en pièces) **‖** vender al por menor, vender al por menor, vender al detall **‖ FIG** detallar, pormenorizar (raconter en détail) **‖** enumerar, exponer con todo detalle.

détaler [3] *v intr* **FAM** salir pitando, huir velozmente, salir a escape.

détartrage *m* desincrustación *f* (des chaudières).

détartrant *adj & s m* desincrustante.

détartrer [3] *v tr* desincrustar (une chaudière) **‖** quitar el tártaro *ou* sarro (les dents).

détaxation; détaxe *f* desgravación, detasa (p us).

détaxer [3] [detakse] *v tr* desgravar, reducir la tasa (réduire la taxe) **‖** suprimir la tasa (supprimer la taxe).

détectable *adj* detectable.

détecter [4] *v tr* detectar; **détecter des sous-marins** detectar submarinos **‖** descubrir (déceler).

détecteur, trice *adj & s m* detector, ra **‖** détecteur de mensonges detector de mentiras **‖** détecteur de mines detector de minas.

détection *f* detección **‖** descubrimiento *m*.

détective *m* detective; **détective privé** detective privado.

déteindre [81] [detɛ̃dr] *v tr* desteñir, despintar; **le chlore déteint les étoffes** el cloro destiñe los tejidos.

◇ *v intr & pr* desteñirse [perder el color]; **déteindre à l'usage** desteñirse con el uso **‖** dejar rastro; **cet échec a déteint sur toute son existence** este fracaso ha dejado rastro en toda su vida **‖ FIG** déteindre sur quelqu'un influir sobre uno, contagiar a uno.

déteint, e [detɛ̃, ɛ̃t] *adj* desteñido, da.

dételage *m* desenganche (chevaux) **‖** desuncido (bœufs).

dételer [24] *v tr* desenganchar (les chevaux) **‖** desuncir (les bœufs) **‖** desenganchar (des wagons) **‖ FAM** descansar, parar; **travailler sans dételer** trabajar sin parar.

détendeur *m* descompresor, reductor de presión, manorreductor.

détendre [73] *v tr* aflojar; **détendre un ressort** aflojar un muelle **‖** descomprimir, reducir la presión (diminuer la pression de) **‖ FIG** distraer, esparcir el ánimo (distraire) **‖** descansar (reposer) **‖** calmar, sosegar; **détendre les nerfs** calmar los nervios **‖** hacer cesar la tirantez (les relations).

➡ **se détendre** *v pr* aflojarse **‖** relajarse (se décontracter) **‖** perder presión (gaz) **‖** descansar (se délasser) **‖** volverse menos tenso (les relations) **‖** divertirse, distraerse (se distraire).

détendu, e *adj* descansado, da; sosegado, da; **un visage détendu** una cara descansada **‖ FAM** tan tranquilo, la; **il est détendu malgré tous ses malheurs** a pesar de todas sus desgracias está tan tranquilo.

détenir [40] *v tr* guardar, tener; **détenir un secret** guardar un secreto **‖** tener, estar en posesión de; **il détient le record des 110 mètres haies** tiene el récord de los 110 metros vallas **‖** detener, mantener preso (tenir en prison) **‖ DR** detentar.

détente *f* gatillo *m*, disparador *m* (d'une arme) **‖** distensión (politique) **‖** escape *m* trin-

quete (d'une montre) **‖** expansión (d'un gaz) **‖** resorte *m* (sports) **‖ FIG** esparcimiento *m*, descanso *m* (repos) **‖** tranquilidad, calma **‖** alivio *m*, respiro *m*, disminución *ou* relajación de la tensión (relâche) **‖ FIG & FAM** être dur à la détente ser agarrado *ou* tacaño.

détenteur, trice *adj & s* poseedor, ra; **le détenteur d'un record** el poseedor de un récord **‖** detentor, ra; tenedor, ra (qui détient) **‖ DR** detentador, ra.

détention *f* detención, prisión (emprisonnement) **‖ DR** detentación, retención **■** détention d'armes tenencia de armas **‖** détention préventive prisión *ou* detención preventiva.

détenu, e *adj & s* detenido, da; preso, sa.

détergent, e *adj & s m* detergente.

déterger [17] [deterʒe] *v tr* deterger (p us), limpiar (une plaie).

détérioration *f* deterioro *m*, deterioración **‖** empeoramiento *m*, agravación (d'une situation) **‖** envilecimiento *m* (des prix).

détériorer [3] *v tr* [▷ **SYN**] deteriorar, estropear.

➡ **se détériorer** *v pr* estropearse **‖** empeorar, deteriorarse (une situation) **‖** disminuir, retroceder; **les prix se détériorent** los precios disminuyen.

SYN dégrader degradar, deteriorar; endommager menoscabar, dañar; délabrer arruinar, estragar; abîmer estropear; détraquer descomponer; ébrécher mellar, desportillar; gâter echar a perder; saboter sabotear, cometer sabotaje; **FAM** esquinter estropear; déglinguer desvencijar; amocher estropear.

déterminable *adj* determinable.

déterminant, e *adj & s m* determinante **‖** un facteur déterminant un factor determinante.

déterminatif, ive *adj & s m* determinativo, va; **adjectif déterminatif** adjetivo determinativo.

détermination *f* determinación; **prendre une détermination** tomar una determinación **‖** resolución, determinación, decisión; **montrer de la détermination** mostrar decisión **‖** fijación (d'une position, d'une date).

déterminé, e *adj* determinado, da; **date déterminée** fecha determinada **‖** decidido, determinado; **soldat déterminé** soldado decidido.

déterminer [3] *v tr* determinar **‖** provocar, causar; **incident qui détermine une crise** incidente que provoca una crisis **‖** fijar, establecer (établir) **‖** decidir (décider).

➡ **se déterminer** *v pr* decidirse, determinarse.

déterminisme *m* determinismo.

déterministe *adj & s* determinista.

déterré, e *adj* desenterrado, da **‖ FAM** avoir une mine de déterré tener cara de muerto.

déterrement *m* desentierro, desenterramiento.

déterrer [4] *v tr* desenterrar **‖ FIG** desenterrar, sacar, descubrir.

déterreur, euse *m & f* descubridor, ra.

détersif, ive *adj & s m* detersivo, va; detersorio, ria; detergente.

détersion *f* detersión, limpieza; **la détersion d'une plaie** la detersión de una llaga.

détestable *adj* detestable; odioso, sa.
■ SYN antipathique antipático; haïssable aborrecible; odieux odioso.

détestablement *adv* detestablemente.

détester [3] *v tr* aborrecer, odiar, detestar.
■ OBSERV 1. Aborrecer est plus courant en español que detestar.
2. El verbo abhorrer en francés tiene el mismo sentido que aborrecer, pero se emplea mucho menos frecuentemente que su sinónimo détester.
■ SYN abhorrer aborrecer; exécrer execrar; abominer abominar; maudire maldecir.

détirer [3] *v tr* estirar.

détisser [3] *v tr* destejer.

détonant, e *adj* & *s m* detonante ▌ mélange détonant mezcla detonante, mezcla explosiva (sens figuré).

détonateur *m* detonador.

détonation *f* detonación.

détoner [3] *v intr* detonar (faire explosion).

détonner [3] *v intr* MUS desentonar ▌ FIG desdecir, no pegar, desentonar; deux couleurs qui détonnent dos colores que desdicen uno de otro ▌ chocar, desentonar; des manières qui détonnent modales que chocan.

détordre [76] *v tr* destorcer ▌ enderezar (redresser).

détors, e [detɔr, ɔrs] *adj* destorcido, da.

détorsion *f* destorcedura.

détortiller [3] [detɔrtije] *v tr* destorcer.

détour *m* rodeo; sans détour sin rodeos ▌ vuelta *f*, curva *f*, recodo; la Seine fait de nombreux détours el Sena tiene numerosos recodos ▌ recoveco, repliegue; les détours de l'âme humaine los recovecos del alma humana ▌ subterfugio, astucia *f* ■ au détour du chemin a la vuelta ou en un recodo del camino ■ parler sans détour hablar sin rodeos ▌ user de détours andar con rodeos.

détourer [3] *v tr* PHOT recortar ▌ TECHN afinar.

détourné, e *adj* apartado, da; poco frecuentado, da; lieu détourné sitio poco frecuentado, da; FIG alejado, da; détourné de son devoir alejado de su deber ▌ indirecto, ta; sentier détourné camino indirecto ▌ oculto, ta; encubierto, ta; sens détourné sentido oculto ■ somme détournée cantidad malversada ▌ FIG voie détournée rodeo, medio indirecto.

détournement *m* desvío, desviación *f* (rivière) ▌ malversación *f*, desfalco; détournement de fonds malversación de fondos ▌ secuestro; détournement d'avion secuestro de un avión ▌ corrupción *f* (corruption), rapto (enlèvement); détournement de mineur corrupción de menor.

détourner [3] *v tr* desviar; détourner une rivière desviar un río ▌ desviar; détourner la conversation desviar la conversación; détourner l'attention de quelqu'un desviar la atención de alguien, distraer a alguien ▌ FIG alejar, apartar de sí (un soupçon, une accusation) ▌ apartar; détourner les yeux apartar la mirada; détourner quelqu'un de son devoir apartar a alguien de su deber ▌ volver; il détourna la tête volvió la cabeza ▌ malversar, desfalcar (des fonds) ▌ apartar, desviar (écarter)

▌ corromper, pervertir; détourner un mineur corromper a un menor ▌ secuestrar, desviar (un avion) ▌ FIG disuadir, quitar de la cabeza; détourner d'un projet quitar de la cabeza un proyecto.

➡ **se détourner** *v pr* apartar la vista; il se détourna apartó la vista ▌ FIG abandonar; se détourner d'un dessein abandonar un proyecto.

détracter [3] *v tr* LITT (vieilli) detractar, denigrar.

détracteur, trice *adj* & *s* detractor, ra.

détraqué, e *adj* descompuesto, ta; montre détraquée reloj descompuesto ▌ trastornado, da; estropeado, da; avoir le foie détraqué tener el hígado estropeado.
◇ *adj* & *s* FIG desequilibrado, da; trastornado, da.

détraquement *m* descompostura *f*, desarreglo (dérangement) ▌ FIG desequilibrio, trastorno.

détraquer [3] *v tr* descomponer, estropear (déranger) ▌ descomponer (l'allure d'un cheval) ▌ FIG trastornar, perturbar (troubler l'esprit).

détrempe [detrãp] *f* temple *m* ▌ pintura al temple; peindre en détrempe pintar al temple ▌ destemple *m*, destemplado *m* (de l'acier).

détremper [3] *v tr* remojar, empapar; sol détrempé suelo empapado ▌ destemplar (acier) ▌ apagar, remojar (chaux) ▌ desleír (couleurs).

détresse *f* angustia, desamparo *m* (affliction) ▌ miseria, desamparo *m*, apuro *m* (infortune, misère) ▌ peligro *m*; bateau en détresse barco en peligro ▌ MAR signaux de détresse señales de socorro, SOS.

détresser [4] *v tr* destrenzar.

détriment [detrimã] *m* detrimento, perjuicio; agir au détriment de quelqu'un obrar en detrimento de uno.

détritique *adj* GÉOL detrítico, ca.

détritus [detrity] ou [detritys] *m* detritus, detrito ▌ desperdicios *pl*, basura *f*.

détroit *m* GÉOGR estrecho.
■ SYN pas paso; pertuis paso; manche canal; canal canal.

▌ LES DÉTROITS ─────────────
le détroit de Béring el estrecho de Bering ou Behring;
le détroit de Cook el estrecho de Cook;
le détroit des Dardanelles el estrecho de los Dardanelos;
le détroit de Gibraltar el estrecho de Gibraltar;
le détroit d'Hormuz ou d'Ormuz el estrecho de Ormuz;
le détroit de Magellan el estrecho de Magallanes;
le détroit de Malacca el estrecho de Malaca.

Detroit [detrwa] *n pr* GÉOGR Detroit.

détromper [3] *v tr* desengañar.
➡ **se détromper** *v pr* desengañarse; détrompez-vous desengáñese.

détrôné, e *adj* destronado, da.

détrônement *m* destronamiento.

détrôner [3] *v tr* destronar.

détroussement *m* atraco, salteamiento, desvalijamiento (vol).

détrousser [3] *v tr* saltear, atracar.

détrousseur, euse *m* & *f* salteador, ra de caminos; atracador, ra.

détruire [98] *v tr* [▷ SYN] destruir; détruire une ville destruir una población ▌ FIG détruire une légende destruir una leyenda.

➡ **se détruire** *v pr* FAM suicidarse, suprimirse.
■ SYN anéantir, annihiler aniquilar; exterminer exterminar; pulvériser pulverizar; défaire deshacer; consumer consumir.

dette [det] *f* deuda, débito *m*; acquitter une dette pagar una deuda ■ dette consolidée deuda consolidada ▌ dette flottante deuda flotante ▌ dette publique deuda pública, renta ▌ être en dette envers quelqu'un ser deudor de uno ▌ faire des dettes contraer deudas, endeudarse ▌ FIG payer sa dette à la nature morir ▌ FIG payer sa dette à la patrie hacer el servicio militar (faire le service militaire), tener muchos hijos ▌ qui paie ses dettes s'enrichit quien debe y paga no debe nada.

détumescence [detymesãs] *f* MÉD disminución de volumen de un tumor, de una inflamación ou de un órgano eréctil; deshinchazón.

DEUG; Deug (abr de diplôme d'études universitaires générales) *m* diploma que se obtiene tras dos años de estudios universitarios generales.

▌ DEUG, DEUST ─────────────
En las universidades francesas, se obtiene el "DEUG" o "DEUST" después de dos años de estudio. La carrera universitaria comprende luego la "licence", la "maîtrise" y el "DESS" (equivalente de la licenciatura).

deuil [dœj] *m* duelo; sa mort fut un deuil national su muerte fue un duelo nacional ▌ luto; porter le deuil llevar luto; prendre le deuil vestirse de luto ▌ duelo; suivre le deuil seguir el duelo ■ demi deuil, petit deuil medio luto, alivio de luto ▌ grand deuil luto riguroso ▌ en deuil de luto ▌ conduire ou mener le deuil presidir el duelo ▌ faire son deuil de decir adiós a, despedirse de ▌ porter le deuil de llevar luto por ▌ prendre le demideuil aliviar el luto ▌ prendre le deuil llevar luto, vestirse de luto.

deus ex machina *m inv* deus ex machina.

deusio *adv* FAM segundo.

DEUST; Deust (abr de diplôme d'études universitaires scientifiques et techniques) *m* diploma que se obtiene tras cursar dos años de estudios técnicos universitarios.

deutérium [døterjɔm] *m* CHIM deuterio.

deutérocanonique *adj* RELIG deuterocanónico, ca.

deutéron ➡ deuton.

Deutéronome *m* Deuteronomio (Bible).

deuton; deutéron *m* CHIM deutón.

deux [dø] *adj* & *s* dos; deux livres dos libros ▌ segundo, da; Philippe II Felipe segundo; tome deux tomo segundo; article deux artículo segundo ▌ dos de; le deux mai el dos de mayo ▌ FIG & FAM dos, algunos, pocos; à deux pas d'ici a dos pasos de aquí ■ deux à deux dos a dos ▌ deux contre un doble contra sencillo (pari) ▌ deux fois deux dos por dos ▌ deux par deux dos por dos, de dos en dos ▌ à deux mains con las dos manos ou ambas manos ▌ à eux deux ellos dos, entre los dos ▌ FAM à nous deux, maintenant! ¡y ahora vamos a ver!, ¡vamos a arreglar las cuentas! ‖ de deux choses l'une una de dos ‖ en moins de deux en un dos por tres ‖ jamais deux sans trois no hay dos sin tres ‖ les deux los, las dos; ambos, ambas; entrambos, entrambas; les deux sœurs ambas hermanas ‖ tous deux, tous les deux ambos, los dos ‖ tous les deux jours, un jour sur deux cada dos días, un día sí y otro no ■ FAM ça fait deux! eso es harina de otro costal, eso es otra cosa ‖ faire un travail à deux hacer un trabajo entre dos ‖ FAM je vais lui dire deux mots voy a decirle un par de palabras ‖ ne faire ni une ni deux no vacilar, no esperar ni un minuto ‖ piquer des deux hincar las espuelas (équitation).

deuxième adj & s segundo, da.
◇ m el segundo piso (le deuxième étage).

deuxièmement [døzjɛmmã] adv en segundo lugar, segundo.

deux-mâts [døma] m inv MAR nave de dos palos.

deux-pièces m inv conjunto de dos piezas, de falda y chaqueta ‖ bikini, dos piezas, bañador de dos piezas (maillot de bain).

deux-points [døpwɛ̃] m inv dos puntos.

deux-ponts [døpɔ̃] m inv avión de dos pisos.

deux-quatre m inv MUS compás de dos por cuatro.

deux-roues m inv vehículo de dos ruedas.

Deux-Sèvres [døsɛvr] n pr f pl GÉOGR Deux-Sèvres; dans les Deux-Sèvres en Deux-Sèvres.

deux-temps [døtã] m inv MUS compás mayor ‖ motor de dos tiempos.

deuzio adv FAM segundo.

dévaler [3] v tr bajar (descendre).
◇ v intr ir, correr, rodar cuesta abajo.

dévaliser [3] v tr desvalijar.

dévaliseur, euse m & f desvalijador, ra.

dévalorisant, e adj que desvaloriza.

dévalorisation f desvalorización.

dévaloriser [3] v tr desvalorizar.

dévaluation f devaluación (monnaie).

dévaluer [7] v tr devaluar (monnaies).

dévanâgari m devanagari (écriture sanscrite).

devancement [dəvãsmã] m adelanto, antelación f, adelantamiento.

devancer [16] v tr adelantar ‖ adelantarse, tomar la delantera (prendre les devants) ‖ FIG aventajar (surpasser) ‖ preceder; l'aurore devance le soleil la aurora precede al sol ■ MIL devancer l'appel alistarse como voluntario ‖ devancer son temps adelantarse a su época.

devancier, ère m & f antecesor, ra; predecesor, ra.
➤ **devanciers** m pl antepasados (ancêtres).

devant [dəvã] prép delante de; devant la table delante de la mesa ‖ ante (en présence de); comparaître devant le tribunal comparecer ante el tribunal.
◇ adv delante; passer devant la maison pasar delante de la casa ‖ marcher devant andar delante ‖ (vx) antes; riche comme devant rico como antes.
◇ m delantera f (partie antérieure) ‖ delantero

(tricot) ■ devant d'autel frontal ‖ devant derrière al revés (vêtement) ‖ devant d'une maison fachada ■ au-devant de al encuentro de; aller au-devant des critiques salir al paso de las críticas ‖ de devant delantero, ra; les pattes de devant las patas delanteras ‖ prendre les devants adelantarse, tomar la delantera (devancer), salir al paso (couper court).

devanture f escaparate m (étalage).

dévastateur, trice adj & s devastador, ra.

dévastation f devastación.

dévaster [3] v tr devastar.

déveine [devɛn] f FAM mala suerte ‖ porter la déveine ser un cenizo, traer mala suerte.

développable [devlɔpabl] adj MATH desarrollable.

développante [devlɔpãt] f GÉOM evolvente.

développé, e [devlɔpe] adj desarrollado, da.
➤ **développée** f evoluta (courbe).
➤ **développé** m levantada f (haltérophilie).

développement [devlɔpmã] m desarrollo; le développement de la science el desarrollo de la ciencia ‖ revelado (photographie) ‖ incremento; le développement des échanges commerciaux el incremento de los intercambios comerciales ‖ desenvolvimiento, despliegue (déploiement) ‖ desarrollo (bicyclette) ‖ GÉOM desarrollo ‖ Banque de développement Banco de Fomento ‖ pays en voie de développement país en (vías de) desarrollo.

développer [3] v tr desarrollar; développer l'intelligence desarrollar la inteligencia ‖ incrementar; développer les exportations incrementar las exportaciones ‖ fomentar (encourager) ‖ desenvolver; développer un paquet desenvolver un paquete ‖ desplegar (déployer), desenrollar (dérouler) ‖ revelar (photographie) ‖ desarrollar, ampliar, explicar (une pensée) ‖ MATH développer une fonction desarrollar una función.
➤ **se développer** v pr desarrollarse ‖ incrementarse; la production agricole s'est développée la producción agrícola se ha incrementado ‖ extenderse (usage, habitude) ‖ desarrollarse (corps).

devenir [40] [dəvnir] v intr volverse; devenir agréable volverse agradable; devenir taciturne volverse taciturno ‖ volverse, tornarse; devenir riche, pauvre tornarse rico, pobre ‖ hacerse; devenir athlète hacerse un atleta ‖ ponerse; devenir gras ponerse gordo; devenir triste ponerse triste ‖ llegar a; devenir ministre llegar a ministro ‖ quedarse; devenir sourd quedarse sordo ‖ ser; devenir la victime de ses passions ser víctima de sus pasiones ‖ convertirse en; devenir la providence des pauvres convertirse en la providencia de los pobres ‖ parar, acabar; que deviendront ses affaires? ¿en qué acabarán sus negocios? ■ il ne sait ce qu'il va devenir no sabe lo que va a ser de él ‖ que deviendrai-je? ¿qué será de mí? ‖ que devient un tel? ¿qué es de Fulano? ‖ qu'est-ce que tu deviens? ¿qué es de tu vida? ‖ qu'est devenu ton ami? ¿qué ha sido de tu amigo? ‖ que voulez-vous devenir? ¿qué piensa usted hacer?

⊩ OBSERV Volverse indique généralement un état relativement définitif; ponerse, un état passager; llegar a, une transformation qui implique un effort; quedarse, un changement involontaire; ser, une conséquence naturelle.

devenir m PHILOS devenir.

déverbal, e adj & s m GRAMM deverbal.

dévergondage m desvergüenza f ‖ FIG descomedimiento, desenfreno, exceso.

dévergondé, e adj & s desvergonzado, da.

dévergonder [3]
➤ **se dévergonder** v pr perder la vergüenza, desvergonzarse.

déverguer; désenverguer [3] v tr MAR desenvergar.

dévernir [32] v tr quitar el barniz, desbarnizar.

déverrouillage [devɛruja3] m desmontaje de un cierre ‖ desbloqueado (d'une arme).

déverrouiller [3] [devɛruje] v tr descorrer el cerrojo (verrou), quitar un cierre ‖ abrir la recámara, desbloquear el cierre (d'une arme à feu).

devers [dəvɛr]
➤ **par-devers** loc prép ante, en presencia de; par-devers le juge ante el juez ‖ garder par-devers soi guardar en su posesión ou poder.

dévers, e [devɛr, ɛrs] adj (vx) inclinado, da; torcido, da.
➤ **dévers** m alabeo (d'une surface) ‖ peralte (route, chemin de fer) ‖ AVIAT inclinación f lateral.

déversement m vertimiento, derrame ‖ desagüe (canal) ‖ inclinación f (inclinaison).

déverser [3] v intr combarse, alabearse (se gauchir) ‖ inclinarse (pencher).
◇ v tr verter, derramar (répandre, épancher) ‖ traer (amener) ‖ FIG déverser sa colère sur quelqu'un desahogar su ira contra uno.
➤ **se déverser** v pr verterse.

déversoir m vertedero, desaguadero ‖ aliviadero, vertedero (barrage) ‖ cuneta f (caniveau).

dévêtir [44] [devɛtir] v tr desvestir (p us), desnudar.
➤ **se dévêtir** v pr aligerarse de ropa, desnudarse.

déviance f desviación.

déviant, e adj & s marginal, que se aparta de las normas.

déviateur, trice adj desviador, ra.
➤ **déviateur** m AVIAT deflector (dispositif de freinage).

déviation f desviación ‖ desviación, desvío m, cambio m de dirección (route) ‖ FIG desvío m (écart) ‖ MÉD déviation de la colonne vertébrale desviación de la columna vertebral.

déviationnisme m desviacionismo.

déviationniste adj & s desviacionista.

dévidage m devanado, devanadura f.

dévider [3] v tr devanar; dévider un écheveau devanar una madeja ‖ pasar las cuentas (d'un rosaire).

dévideur, euse m & f devanador, ra.

dévidoir m devanadera f.

dévier [9] v tr desviar.
◇ v intr derivar (conversation).
◇ v intr & pr desviarse ‖ apartarse, dejar, separarse.

devin [dəvɛ̃] *m*; **devineresse** [dəvinrɛs] *f* adivino, na; adivinador, ra.

┃ SYN prophète profeta; sorcier brujo, zahorí; visionnaire visionario; voyant vidente; vaticinateur vaticinador; astrologue astrólogo; cartomancienne cartomántica; nécromancien nigromante, necromántico; augure augur, agorero; pythonisse pitonisa; pythie pitia.

devinable *adj* adivinable.

deviner [3] *v tr* adivinar ┃ penetrar, comprender; deviner la pensée d'un écrivain penetrar el pensamiento de un escritor ┃ descubrir, adivinar (découvrir) ┃ intuir, suponer, imaginar (supposer) ┃ saber, intentar saber (chercher à savoir) ■ deviner juste atinar, acertar, dar con ┃ je vous le donne à deviner usted no se lo puede imaginar ┃ je vous le laisse à deviner puede usted imaginar.
➡ **se deviner** *v pr* distinguirse, divisarse, adivinarse.

devineresse ➡ devin.

devinette *f* adivinanza, acertijo *m*.

dévirer [3] *v tr* destorcer (un câble) ┃ soltar (un treuil).

devis [dəvi] *m* (vx) plática *f* (conversation); aimable devis agradable plática ┃ presupuesto (estimation de dépenses); devis approximatif presupuesto aproximado; devis descriptif presupuesto descriptivo.

┃ OBSERV Presupuesto signifie également "budget".

dévisager [17] *v tr* mirar de hito en hito (regarder avec insistance) ┃ (vx) desfigurar, romper la cara (défigurer).

┃ OBSERV Dévisager se usa solamente tratándose de personas; para las cosas se usa examiner.

devise *f* divisa, lema *m*; la devise d'un drapeau la divisa de una bandera ┃ divisa (argent).

deviser [3] *v intr* platicar.

dévissage *m* destornillamiento.

dévisser [3] *v tr* destornillar, desatornillar.
◇ *v intr* FAM despeñarse (d'une montagne).

de visu [devizy] *loc adv* de visu.

dévitaliser [3] *v tr* desvitalizar (dents).

dévitaminé, e *adj* desvitaminado, da.

dévitrification *f* desvitrificación.

dévitrifier [9] *v tr* TECHN desvitrificar.

dévoiement [devwamɑ̃] *m* ARCHIT desviación *f* (d'un tuyau).

devoilement *m* revelación *f*, descubrimiento.

dévoiler [3] *v tr* quitar el velo, levantar el velo ┃ descubrir, descorrer la cortina que tapa; dévoiler une statue descubrir una estatua ┃ poner derecho, enderezar; dévoiler une roue poner derecha una rueda ┃ FIG descubrir, revelar; dévoiler un secret revelar un secreto.

devoir [53] *v tr* deber; devoir de l'argent deber dinero; devoir le respect deber respeto ┃ deber, tener que, haber de (obligation); il doit partir bientôt tiene que marcharse pronto ┃ deber de (probabilité); il doit être sorti debe de haber salido ┃ deber (supposition); c'est lui qui a dû faire cette sottise es él quien ha debido hacer esta tontería ■ cela devait arriver un jour tenía que ocurrir ┃ comme il se doit como debe ser ┃ dussé-je,

dusses-tu, etc. aunque debiera ou debiese de, aunque tuviera ou tuviese que; aunque debieras ou debieses de, aunque tuvieras ou tuvieses que, etc. ┃ il doit y avoir debe (de) haber ┃ il doit y avoir longtemps hace mucho tiempo ┃ on doit hay que.
➡ **se devoir** *v pr* deberse a; un père se doit à ses enfants un padre se debe a sus hijos.

devoir *m* deber; s'acquitter de faire ou remplir son devoir cumplir con su deber ┃ ejercicio, tarea *f*, deber; l'élève fait ses devoirs el alumno hace sus ejercicios ┃ obligación *f* ■ devoir pascal cumplimiento pascual ┃ devoirs de vacances deberes de vacaciones ■ croire de son devoir de creer su deber ┃ il est de mon devoir de es mi deber ┃ rentrer dans le devoir volver al buen camino ┃ se faire un devoir de creerse en la obligación de, tener a mucho ┃ se mettre en devoir de disponerse a, prepararse a.
➡ **devoirs** *m pl* (vieilli) respetos; rendre ses devoirs à quelqu'un presentar sus respetos a alguien ┃ devoirs conjugaux obligaciones matrimoniales ■ derniers devoirs honras fúnebres.

dévoltage *m* ÉLECTR disminución *f* del voltaje.

dévolter [3] *v tr* ÉLECTR disminuir el voltaje.

dévolteur *m* ÉLECTR transformador de reducción.

dévolu, e *adj* correspondiente por derecho; atribuido, da (échu par droit) ┃ destinado, da; reservado, da (réservé).
➡ **dévolu** *m* jeter son dévolu sur echar el ojo a, echar la vista a, poner sus miradas en.

dévolutif, ive *adj* DR devolutivo, va.

dévolution *f* DR devolución, transmisión.

devon *m* pez artificial de metal provisto de varios anzuelos.

dévonien, enne *adj* & *s m* GÉOL devónico, ca.

dévorant, e *adj* devorador, ra; devastador, ra; feu dévorant fuego devastador ┃ FIG devorador, ra; une passion dévorante una pasión devoradora ┃ voraz, insaciable; faim dévorante hambre voraz.

dévorateur, trice *adj* devorador, ra.

dévorer [3] *v tr* devorar ┃ consumir, devorar; le feu dévore tout el fuego lo devora todo ■ dévorer un livre devorar un libro, leer con avidez un libro ┃ dévorer des yeux devorar ou comerse con los ojos.

dévoreur, euse *m & f* devorador, ra.

dévot, e [devo, ɔt] *adj* & *s* devoto, ta.

dévotement; dévotieusement *adv* devotamente.

dévotion *f* devoción ■ avoir une dévotion pour tener adoración por ┃ faire ses dévotions cumplir con sus deberes religiosos ┃ être à la dévotion de quelqu'un estar a la disposición de uno.

dévoué, e *adj* adicto, ta; afecto, ta; un ami dévoué un amigo adicto ┃ adicto, ta; dévoué à la cause de sa patrie adicto a la causa de su patria ┃ servicial; sacrificado, da; c'est une personne très dévouée es una persona muy

sacrificada ┃ votre tout dévoué su afectísimo y seguro servidor, suyo afectísimo (lettre).

dévouement [devumɑ̃] *m* afecto, devoción *f*, adhesión *f* ┃ abnegación *f*; un bel exemple de dévouement un hermoso ejemplo de abnegación ┃ sacrificio (sacrifice) ┃ desvelo; le dévouement à la cause commune el desvelo por la causa común ┃ consagración *f*, dedicación *f*; le dévouement d'un peintre à son art la dedicación de un pintor a su arte.

dévouer [6] *v tr* consagrar (consacrer).
➡ **se dévouer** *v pr* dedicarse, consagrarse; se dévouer à la science dedicarse a la ciencia ┃ sacrificarse; se dévouer pour la patrie sacrificarse por la patria.

dévoyé, e [devwaje] *adj* descarriado, da; extraviado, da.
◇ *m & f* golfo, fa; perdido, da.

dévoyer [13] [devwaje] *v tr* descarriar, extraviar ┃ TECHN desviar (dévier) ┃ dévoyer l'opinion publique pervertir la opinión pública.
➡ **se dévoyer** *v pr* pervertirse.

dévrillage [devrijaʒ] *m* destorcimiento (des fils de pêche).

dévriller [3] [devrije] *v tr* destorcer.

dextérité [dɛksterite] *f* destreza, maña (habileté) ┃ FIG soltura, agilidad (aisance).

dextre *adj* (vx) diestro, tra (droit).
◇ *f* (vx) diestra (main droite).

dextrine *f* CHIM dextrina.

dextrocardie *f* MÉD dextrocardia, dexocardia.

dextrogyre *adj* PHYS dextrógiro, ra.

dextrorsum [dɛkstrɔrsɔm] *adj inv* dextrórsum; dextrorso, sa (qui va de gauche à droite).

dextrose *m* CHIM dextrosa *f*.

dey *m* dey (ancien souverain d'Alger).

dfc (abr écrite de désirée faire connaissance) desea conocer.

dg (abr écrite de décigramme) dg.

DG (abr de directeur général) *m* director general.

DGE (abr de dotation globale d'équipement) *f* asignación global recibida por los organismos públicos franceses destinada al equipamiento.

DGF (abr de dotation globale de fonctionnement) *f* asignación global recibida por los organismos públicos franceses destinada a su funcionamiento.

DGI (abr de Direction générale des impôts) *f* dirección general de Hacienda pública francesa.

DGSE (abr de Direction générale des services extérieurs) *f* servicio de inteligencia encargado de la seguridad del territorio francés, ≈ CESID.

DH (abr écrite de dirham) DH.

Dhaka ➡ Dacca.

DI (abr de division d'infanterie) *f* división de infantería.

dia! [dja] *interj* ¡ria! ■ n'entendre ni à dia ni à hue no atender a razones ┃ tirer l'un à dia l'autre à hue tirar cada uno por su lado.

┃ OBSERV La interjección dia! es usada por los carreteros para hacer el tiro hacia la izquierda.

diabase *f* GÉOL diabasa.

diabète *m* MÉD diabetes *f*.

diabétique *adj* & *s* diabético, ca.

diable *m* diablo ‖ FAM demonio, diablo (espiègle) ‖ carretilla *f* (chariot) ‖ caja *f* de sorpresa (jouet) ‖ tostador (récipient) ■ diable boîteux diablo cojuelo ‖ diable de mer pejesapo, rape (baudroie) ‖ pauvre diable pobre diablo, infeliz ‖ un grand diable un tío larguirucho ■ à la diable a la diabla, de cualquier modo, sin esmero ‖ au diable al diablo ‖ au diable, au diable vert, au diable vauvert, à tous les diables en el quinto infierno, en el quinto pino ‖ ce diable d'homme ese demonio de hombre ‖ FAM comment diable...? ¿cómo demonios...? ‖ comme un diable, comme un beau diable, comme tous les diables como un desesperado ‖ de tous les diables de todos los demonios ‖ diable! ¡diablos!, ¡demonios! ‖ du diable de órdago, de mil demonios, del diablo ‖ du diable si llévame el diablo si ‖ en diable atrozmente, de lo lindo; lourd en diable atrozmente pesado ‖ malin en diable la mar de listo ‖ où diable...? ¿dónde demonios...? ‖ que diable! ¡qué demonios! ‖ qui diable...? ¿quién demonios...? ‖ tout le diable et son train un sinfín de cosas ■ FAM allez au diable! ¡váyase al diablo!, ¡váyase al cuerno! ‖ avoir le diable au corps tener el diablo en el cuerpo, ser de la piel del diablo ‖ ce n'est pas le diable no es nada del otro jueves ou del otro mundo ‖ ce serait bien le diable si me extrañaría mucho que ‖ c'est un bon diable no es una mala persona ‖ envoyer au diable enviar al diablo, mandar a paseo ‖ être le diable en personne ser el mismísimo demonio ‖ être possédé du diable estar poseído por el demonio, estar endemoniado ‖ faire le diable hacer diabluras ou travesuras, travesear ‖ faire le diable à quatre armar la gorda, armar jaleo ‖ FAM loger le diable dans sa bourse no tener un cuarto, estar pelado ‖ ne craindre ni Dieu ni diable no temer a Dios ni al diablo ‖ quand le diable fut vieux, il se fit ermite harto de carne el diablo se metió a fraile ‖ que le diable m'emporte si...! ¡que me lleve el diablo si...!, ¡mal rayo me parta si...!, ¡que me muera si...! ‖ FIG tirer le diable par la queue estar ruche, estar tronado, no tener ni un céntimo.

diablement *adv* FAM endiabladamente, terriblemente, atrozmente; c'est diablement long es endiabladamente largo.

diablerie *f* diablura; les diableries des enfants las diabluras de los niños ‖ brujería, maleficio *m* (maléfice).

➤ **diableries** *f pl* escenas populares de diablos (pièces populaires).

diablesse *f* diabla, diablesa (p us) ‖ arpía (méchante femme).

diablotin *m* diablejo, diablillo ‖ MAR vela *f* de estay de sobremesana.

diabolique *adj* diabólico, ca.
‖ SYN infernal infernal; démoniaque demoniaco.

diaboliquement *adv* de manera diabólica, diabólicamente.

diabolo *m* diábolo (jouet) ‖ limonada *f* con jarabe; diabolo menthe limonada con jarabe de menta.

diachronie *f* GRAMM diacronía.

diachronique *adj* GRAMM diacrónico, ca.

diachylon [djaʃilɔ̃]; **diachylum** [djaʃilɔm] *m* MÉD diaquilón.

diacide *m* CHIM diácido.

diaclase *f* GÉOL diaclasa.

diacode *m* MÉD diacodión (sirop).

diaconal, e *adj* diaconal.

diaconat *m* diaconato, diaconado.

diaconesse *f* diaconisa.

diaconie *f* diaconía.

diacoustique *f* PHYS diacústica.

diacre *m* diácono; ordonner diacre ordenar de diácono.

diacritique *adj* GRAMM diacrítico, ca.

diadème *m* diadema *f*.

diadoque *m* diadoco (général grec).

diagnose [djagnoz] *f* MÉD diagnosis.

diagnostic [djagnɔstik] *m adj* diagnóstico ‖ diagnostic anténatal diagnóstico prenatal.

diagnostique [djagnɔstik] *adj* diagnóstico, ca; signe diagnostique signo diagnóstico.

diagnostiquer [3] [djagnɔstike] *v tr* diagnosticar.

diagonal, e *adj & s f* GÉOM diagonal ‖ lire en diagonale leer en diagonal.

diagonalement *adv* diagonalmente.

diagramme *m* diagrama (courbe graphique).

diagraphe *m* diágrafo.

dialectal, e *adj* dialectal.

dialecte *m* dialecto.
‖ OBSERV En francés se distingue el dialecte, variedad del idioma propio de una región extensa, que obedece a ciertas reglas fonéticas y en el que a menudo se escriben obras literarias, del patois (que algunos intentan traducir por patuá), que es más bien un modo tosco de hablar propio de los campesinos de una región reducida y que no tiene forma escrita.

dialecticien, enne *m & f* dialéctico, ca.

dialectique *adj* dialéctico, ca.
◇ *f* dialéctica.

dialectiquement *adv* de modo dialectal.

dialectologie *f* dialectología.

diallèle *m* dialelo, círculo vicioso.

dialogique *adj* dialogado, da; dialogístico, ca.

dialogue *m* diálogo; engager le dialogue iniciar el diálogo ‖ c'est un dialogue de sourds es un diálogo de sordos.

dialoguer [3] *v tr & intr* dialogar; scène dialoguée escena dialogada; dialoguer une fable dialogar una fábula ‖ INFORM dialogar.

dialoguiste *m & f* dialoguista.

dialypétale *adj & s f* BOT dialipétalo, la.

dialyse *f* CHIM diálisis.

dialysépale *adj* BOT dialisépalo, la.

dialyser [3] *v tr* CHIM dializar.

dialyseur *m* CHIM dializador.

diamagnétique [djamaɲetik] *adj* ÉLECTR diamagnético, ca.

diamagnétisme *m* ÉLECTR diamagnetismo.

diamant [djamɑ̃] *m* [▷ SYN] diamante; diamant brut, brillant, rose diamante en bruto, brillante, rosa ‖ DR regalo que hace el testador a su ejecutor testamentario ‖ édition diamant edición diamante ou miniatura.

‖ SYN brillant brillante; rose rosa; gemme gema.

diamantaire *adj* diamantino, na; pierres diamantaires piedras diamantinas.
◇ *m & f* diamantista (qui travaille ou vend des diamants).

diamanté, e *adj* diamantado, da; adiamantado, da ‖ ornado, da con diamantes (garni de diamants).

diamanter [3] *v tr* abrillantar, diamantar, adiamantar, dar el brillo del diamante.

diamantifère *adj* diamantífero, ra.

diamantin, e *adj* diamantino, na.

diamétral, e *adj* diametral.

diamétralement *adv* diametralmente ‖ opinions diamétralement opposées opiniones diametralmente opuestas.

diamètre *m* GÉOM diámetro.

diamidophénol; diaminophénol *m* diamidofenol (révélateur en photographie).

diane *f* MIL diana; battre, sonner la diane tocar diana.

Diane *n pr* MYTH Diana.

diantre! *interj* (vieilli) ¡diantre!, ¡demontre!, ¡demonio!

diantrement *adv* FAM terriblemente.

diapason *m* MUS diapasón ‖ FIG tono, altura *f*; se mettre au diapason de quelqu'un ponerse a tono con alguien.

diapédèse *f* MÉD diapédesis.

diaphane *adj* diáfano, na.
‖ SYN translucide translúcido; transparent transparente.

diaphanéité *f* diafanidad.

diaphanoscopie *f* diafanoscopia.

diaphorèse *f* MÉD diaforesis, sudor *m*, transpiración.

diaphragmatique *adj* MÉD diafragmático, ca; hernie diaphragmatique hernia diafragmática.

diaphragme *m* ANAT diafragma ‖ PHOT diafragma; diaphragme à iris diafragma iris; ouverture du diaphragme apertura del diafragma.

diaphragmer [3] *v tr* PHOT proveer de un diafragma.
◇ *v intr* diafragmar.

diaphyse *f* ANAT diáfisis.

diapo *f* FAM diapositiva.

diaporama *m* diaporama.

diapositive *f* PHOT diapositiva, transparencia.

diapré, e *adj* matizado, da; esmaltado, da; fleur diaprée flor matizada ‖ BLAS diapreado, da.

diaprée *f* diaprea (prune).

diaprer [3] *v tr* matizar, esmaltar, jaspear.

diaprure *f* matices *m pl*, variedad de colores; la diaprure des prairies los matices de los prados.

diarrhée *f* MÉD diarrea.

diarrhéique *adj* diarreico, ca.

diarthrose *f* ANAT diartrosis.

diascope *m* MIL diascopio, mirilla *f* blindada de los tanques.

diaspora *f* diáspora.

diastase *m* diastasa (ferment).

diastasique [djastazik] *adj* diastático, ca.

diastole *f* ANAT diástole.

diastolique *adj* diastólico, ca.

diathermane *adj* PHYS diatérmano, na.

diathermie *f* MÉD diatermia.

diathèse [djatɛz] *f* MÉD diátesis.

diatomées *f pl* BOT diatomeas.

diatomique *adj* CHIM diatómico, ca.

diatonique *adj* MUS diatónico, ca; **gamme diatonique** escala diatónica.

diatoniquement *adv* diatónicamente.

diatribe *f* diatriba.

diaule *f* diaula, flauta doble.
◇ *m* carrera *f* doble.

diazoïque *adj* CHIM diazoico, ca.

dichotome [dikɔtom] *adj* dicótomo, ma (bifurqué).

dichotomie [dikɔtɔmi] *f* ASTRON, BOT & PHILOS dicotomía (bifurcation) ▮ FIG dicotomía (partage d'honoraires entre médecins).

dichotomique [dikɔtɔmik] *adj* dicotómico, ca.

dichroïque [dikrɔik] *adj* PHYS dicroico, ca.

dichroïsme [dikrɔism] *m* PHYS dicroísmo.

dichromatique [dikrɔmatik] *adj* dicromático, ca; de dos colores.

dicline *adj* BOT diclino, na.

dico *m* FAM diccionario.

dicotylédone; dicotylédoné, e *adj* & *s* dicotiledóneo, a; dicotiledón.

dicrote *adj* MÉD dícroto.

dictame *m* díctamo, fresnillo (plante aromatique) ▮ FIG bálsamo (baume) ▮ **dictame de Crète** díctamo de Creta.

Dictaphone® *m* dictáfono.

dictateur *m* dictador.

dictatorial, e *adj* dictatorial; **pouvoirs dictatoriaux** poderes dictatoriales.

dictature *m* dictadura ▮ **dictature du prolétariat** dictadura del proletariado.

dicté, e *adj* dictado, da.
➥ **dictée** *f* dictado *m* ▮ **écrire sous la dictée** escribir al dictado ▮ **prendre sous dictée** escribir al dictado.

dicter [3] *v tr* dictar; **dicter une lettre** dictar una carta ▮ FIG inspirar, dictar (suggérer) ▮ dictar, imponer (imposer).

diction *f* dicción.
▮ OBSERV La palabra diction no tiene nunca en francés el sentido de "palabra" o "voz".

dictionnaire *m* diccionario; **dictionnaire géographique** diccionario geográfico ▮ FAM **être un dictionnaire vivant** ser una enciclopedia.
▮ SYN glossaire glosario; vocabulaire vocabulario; lexique léxico; encyclopédie enciclopedia.

dicton *m* dicho, refrán.

didactique *adj* didáctico, ca.
◇ *f* didáctica.

didactiquement *adv* didácticamente.

didactisme *m* didactismo.

didactitiel *m* INFORM programa ou software didáctico.

didactyle *adj* ZOOL didáctilo, la.

Didier *n pr* Desiderio.

Didon *n pr* Dido.

didyme *adj* BOT dídimo, ma (jumeau).
◇ *m* didimio (métal).

Didymes *n pr* GÉOGR Dídimo, Dídima.

dièdre *adj* & *s m* GÉOM diedro.

diélectrique *adj* & *s m* ÉLECTR dieléctrico, ca.

Diên Biên Phu *n pr* Diên Biên Phu, Dien Bien Phu.

diérèse [djerɛz] *f* GRAMM diéresis (séparation des voyelles d'une diphtongue) ▮ MÉD diéresis.

dièse [djɛz] *adj* & *s* MUS sostenido, diesi *f*; **« fa » dièse** fa sostenido.

diesel [djezɛl] *m* diesel (moteur).

diéser [18] *v tr* MUS anotar con sostenido ▮ **note diésée** nota sostenida.

diète [djɛt] *f* dieta (assemblée).

diète *f* MÉD dieta; **se mettre à la diète** ponerse a dieta.

diététicien, enne *m* & *f* especialista en dietética; bromatólogo, ga.

diététique *adj* dietético, ca ▮ **magasin diététique** tienda dietética.
◇ *f* dietética, bromatología.

dieu *m* [▷ SYN] dios ▮ FIG dios, santo de mi devoción ▮ **Dieu le Fils** dios Hijo ▮ **Dieu le Père** dios Padre ▮ **le Bon Dieu** Dios; **prier le Bon Dieu** rogar a Dios ▮ **les dieux de l'Olympe** los dioses del Olimpo ▮ **Dieu!, Grand Dieu!** ¡Dios!, ¡por Dios! ▮ **Dieu merci!** ¡gracias a Dios!, ¡a Dios gracias! ▮ FAM **Bon Dieu!** ¡Dios santo! ▮ FAM **du tonnerre de Dieu** de mil demonios ▮ **grâce à Dieu** gracias a Dios ▮ **pour l'amour de Dieu** por amor de Dios ▮ **à Dieu ne plaise!** ¡no quiera Dios! ▮ **à Dieu vat!** ¡a la gracia de Dios! ▮ **Dieu aidant** Dios mediante ▮ **Dieu le fasse, le veuille** Dios lo haga, lo quiera ▮ **Dieu me damne!** ¡Dios me confunda! ▮ **Dieu m'est témoin que, nous est témoin que** Dios es testigo que ▮ **Dieu sait** bien sabe Dios, Dios sabe ▮ **Dieu soit loué!** ¡alabado sea el Señor ou Dios! ▮ **Dieu tout-puissant** Dios todopoderoso ▮ **Dieu veuille** Dios quiera ▮ **Dieu vous bénisse, vous assiste, vous aide, vous garde** Dios le bendiga, le asista, le ayude, le ampare ▮ **Dieu vous le rende!** ¡Dios se lo pague! ▮ **Dieu y pourvoiera** Dios dirá ▮ TFAM **nom de Dieu!** ¡(me) cago en diez!; **plaise à Dieu!, plût à Dieu!** ¡quiera Dios!, ¡ojalá!, ¡plegue a Dios! ▮ **que Dieu ait son âme** que Dios lo tenga en la gloria ▮ **si Dieu le veut, si Dieu nous prête vie, s'il plaît à Dieu si Dieu quiere**, Dios mediante ▮ **chanter comme un dieu** cantar como los ángeles ▮ **être beau comme un dieu** ser hermoso como un ángel ▮ **faire son dieu de..., se faire un dieu de...** hacerse un ídolo de..., divinizar a... ▮ **il vaut mieux avoir à faire à Dieu qu'à ses saints** más vale irse al tronco, que no a las ramas ▮ **jurer ses grands dieux** jurar por todos los dioses ▮ **la voix du peuple est la voix de Dieu** voz del pueblo, voz del cielo ▮ **ne craindre ni Dieu ni Diable** no temer ni a Dios, ni al Diablo ▮ **on lui donnerait le Bon Dieu sans confession** parece que no ha roto un plato en su vida ▮ **porter le Bon Dieu** llevar el viático ▮ **recevoir le Bon Dieu** comulgar, recibir la comunión.
▮ SYN divinité divinidad; déité deidad; providence providencia.

Dieudonné *n pr* Deodato, Diosdado.

diffamant, e *adj* difamatorio, ria.

diffamateur, trice *adj* & *s* difamador, ra.

diffamation *f* difamación; **procès en diffamation** proceso por difamación ▮ **attaquer quelqu'un en diffamation** atacar a alguien por difamación.

diffamatoire *adj* difamatorio, ria.

diffamer [3] *v tr* difamar.

différé, e *adj* diferido, da; **télégramme différé** telegrama diferido ▪ **crédit différé** crédito diferido ▮ **émission en différé** emisión en diferido ▮ INFORM **traitement différé** tratamiento diferido.

différemment *adv* de otro modo.

différence *f* [▷ SYN] diferencia ▮ MATH resto *m*, diferencia ▪ **à la différence de** a diferencia de ▮ **à cette différence près** con la sola diferencia de que ▮ **faire ou sentir ou voir la différence** notar la diferencia.
▮ SYN nuance matiz; dissemblance desemejanza; diversité diversidad; variété variedad.

différenciation *f* diferenciación.

différencier [9] *v tr* diferenciar.
➥ **se différencier** *v pr* diferenciarse; **se différencier de** diferenciarse de.
▮ OBSERV Différenciation se usa en biología, filosofía, etc., différentiation, différentier en matemáticas. Différencier se usa indistintamente en todos los casos.

différend [diferɑ̃] *m* diferencia *f*; **partager le différend** partir la diferencia ▮ discrepancia *f*, desacuerdo, litigio, desavenencia *f*, controversia *f*; **régler un différend** arreglar un litigio.

différent, e *adj* diferente; distinto, ta.
▮ SYN distinct distinto; hétérogène heterógeneo.

différentiation *f* MATH diferenciación.

différentiel, elle *adj* MATH diferencial; **calcul différentiel** cálculo diferencial.
➥ **différentiel** *m* MÉCAN diferencial (auto) ▮ ÉCON diferencial; **différentiel d'inflation** diferencial inflacionario.
➥ **différentielle** *f* MATH diferencial.

différentier [9] *v tr* MATH diferenciar.

différer [18] *v tr* diferir, retardar, aplazar ▮ **sans différer** sin demora.
◇ *v intr* diferir, ser diferente ▮ disentir en, no estar de acuerdo con.

difficile *adj* [▷ SYN] difícil ▮ FIG delicado, da; **une mission difficile** una misión delicada ▮ **rendre difficile** dificultar, hacer difícil.
◇ *m* & *f* delicado, da ▮ **faire le difficile** ser exigente.
▮ SYN difficultueux dificultoso; délicat delicado; scabreux escabroso; épineux espinoso; ardu arduo, peliagudo; pénible penoso; dur duro; laborieux laborioso; rude rudo, duro; malaisé trabajoso.

difficilement *adv* difícilmente ▮ **difficilement compréhensible** difícil de entender.

difficulté *f* dificultad; **faire, surmonter des difficultés** poner, vencer dificultades ▪ **avoir de la difficulté à faire quelque chose** tener dificultades para hacer algo ▮ **avoir des difficultés d'argent** tener apuros de dinero ▮ **éprouver des difficultés** tener dificultades ▮ **faire des difficultés** poner dificultades ▮ sou-

lever des difficultés ocasionar dificultades ‖ trancher la difficulté cortar por lo sano.
‖ SYN gêne molestia; embarras embarazo, apuro; mal, peine trabajo.

difficultueux, euse adj dificultoso, sa; difícil; travail difficultueux trabajo dificultoso.

diffluence f GÉOGR división de un río en varios brazos.

diffluent, e adj MÉD difluente.

difforme adj [▷ SYN] deforme (disproportionné) ‖ disforme (défiguré).
‖ SYN informe informe; contrefait contrahecho; mal fait, mal bâti mal hecho.

difformité f deformidad (disproportion) ‖ disformidad, malformación (aspect difforme).

diffracter [3] v tr PHYS difractar.

diffraction f PHYS difracción.

diffus, e [dify, yz] adj difuso, sa ‖ style diffus estilo prolijo.
‖ SYN prolixe prolijo, nimio; redondant redundante (p us); verbeux verboso, farragoso; oiseux ocioso.

diffusément adv difusamente.

diffuser [3] v tr difundir; diffuser le son difundir el sonido ‖ radiar, emitir, difundir (par radio).

diffuseur m difusor, propagador; diffuseur de nouvelles difusor de noticias ‖ difusor (betterave, éclairage) ‖ pulverizador (pièce du carburateur, lance d'incendie) ‖ RAD altavoz.

diffusible adj difusible.

diffusion f difusión (d'un fluide, d'un son, de la lumière, des ondes) ‖ difusión (d'une nouvelle) ‖ prolijidad (style).

digérable [diʒerabl] adj digerible.

digérer [18] v tr digerir ‖ FAM digerir, tragar (endurer) ‖ FIG asimilar; digérer ses lectures asimilar sus lecturas.
◇ v intr cocer a fuego lento (cuire à petit feu).
◆ **se digérer** v pr digerirse ‖ FAM tragarse (être accepté) ‖ FIG asimilarse.

digest [diʒest] m selección f, resumen, compendio.

digeste m DR digesto.

digeste adj FAM digestible.

digesteur m digestor.

digestibilité adj digestibilidad.

digestible adj digerible, digestible.

digestif, ive adj digestivo, va.
◆ **digestif** m licor.

digestion f digestión.

digit m INFORM dígito.

digital, e, aux adj digital, dactilar; empreintes digitales huellas dactilares ‖ INFORM digital, numérique.

digitale f BOT digital, dedalera.

digitaline f MÉD digitalina.

digitaliser [3] v tr INFORM digitalizar.

digité, e adj digitado, da.

digitiforme adj digitiforme.

digitigrade adj & s m ZOOL digitígrado, da.

digne [diɲ] adj digno, na ■ digne de foi digno de fe; fidedigno, na; de sources dignes de foi de fuentes fidedignas ‖ être digne de ser digno ou merecedor de.

dignement adv con dignidad, dignamente.

dignitaire m dignatario.

dignité f dignidad.

digon m angazo, raño (pour la pêche) ‖ MAR asta.

digraphie f digrafía, contabilidad por partida doble.

digression f digresión.

digue f [▷ SYN] dique m; digue de retenue dique de retención ‖ malecón m (môle) ‖ FIG dique m, freno m; mettre une digue aux passions poner un dique a las pasiones.
‖ SYN jetée malecón; estacade estacada; brise-lames rompeolas, escollera.

diktat [diktat] m imposición f.

dilacération f dilaceración.

dilacérer [18] v tr dilacerar.

dilapidateur, trice adj & s dilapidador, ra.

dilapidation f dilapidación.

dilapider [3] v tr dilapidar.

dilatabilité f dilatabilidad.

dilatable adj dilatable.

dilatant, e adj & s m dilatador, ra.

dilatateur, trice adj & s m dilatador, ra.

dilatation f dilatación; dilatation thermique dilatación térmica ‖ expansión (de l'âme).

dilater [3] v tr dilatar; la chaleur dilate les corps el calor dilata los cuerpos ‖ FIG ensanchar, expansionar; la joie dilate le cœur la alegría ensancha el corazón.
◆ **se dilater** v pr dilatarse; l'eau se dilate en se congelant el agua se dilata al congelarse.
‖ OBSERV Dilatar a aussi en espagnol le sens de "différer", "retarder": dilatar su regreso retarder son retour, que l'on trouve seulement en français dans le mot dilatoire.

dilatoire adj DR dilatorio, ria.

dilatomètre m PHYS dilatómetro.

dilection f dilección.

dilemme m dilema.

dilettante adj & s diletante ‖ aficionado (amateur).
‖ OBSERV El plural francés es dilettanti o dilettantes.

dilettantisme m diletantismo.

diligemment [diliʒamã] adv LITT diligentemente.

diligence [diliʒãs] f diligencia (promptitude, zèle) ‖ diligencia (voiture publique) ‖ DR instancia (demande) ■ DR à la diligence de a instancia de ‖ faire diligence darse prisa.
‖ OBSERV Diligence n'a pas en français le sens de "démarche" qu'il a en espagnol: hacer diligencias faire des démarches.

diligent, e [diliʒã, ãt] adj diligente.
‖ SYN prompt pronto; expéditif expeditivo.

diluant m diluyente.

diluer [7] v tr diluir, desleír; diluer une solution diluir una solución ‖ FIG mitigar (atténuer).

dilution f disolución, dilución.

diluvial, e adj diluvial; sédiments diluviaux sedimentos diluviales.

diluvien, enne adj diluviano, na; pluie diluvienne lluvia diluviana.

diluvium [dilyvjɔm] m GÉOL aluvión de la era cuaternaria, diluvial.

dimanche m domingo; dimanche gras domingo de carnaval ■ dimanche de Pâques domingo de Resurrección ‖ dimanche des Rameaux domingo de Ramos ‖ dimanche dernier, prochain el domingo pasado, que viene ou próximo ■ FAM chauffeur du dimanche chófer inexperimentado, mal chófer ‖ habits du dimanche los trapitos de cristianar, el traje de los domingos ‖ j'irai dimanche iré el domingo.

dîme f diezmo m.

dimension f [▷ SYN] dimensión ‖ medida; prendre des dimensions tomar las medidas ‖ magnitud; dimension historique magnitud histórica.
‖ SYN mesure medida; grandeur tamaño, magnitud; proportion proporción; format formato (gallicisme), tamaño.

dimensionnel, elle adj dimensional.

dîmer [3] v intr HIST cobrar el diezmo.

diminué, e adj & s disminuido, da ‖ postrado, da; debilitado, da (physiquement).

diminuendo adv MUS diminuendo.

diminuer [7] v tr & intr [▷ SYN] disminuir; diminuer de poids disminuir de peso ‖ rebajar (rabaisser), menguar (tricot).
‖ SYN amoindrir aminorar, amenguar; abréger abreviar; raccourcir acortar; écourter acortar; rapetisser achicar; resserrer estrechar.

diminutif, ive adj & s m diminutivo, va.
‖ OBSERV Les diminutifs sont beaucoup plus fréquents en espagnol qu'en français. [☞ **diminutivo**]. Un certain nombre de mots prennent la terminaison diminutive -et, -ette, qui correspond en espagnol à la terminaison -ito, -ita: garçonnet muchachito; fillette niñita. En général, on peut rendre en espagnol les mots précédés de petit par un diminutif: petit livre librito; petit homme hombrecillo. Si petit suit le nom, il faut traduire par pequeño placé lui aussi après le nom: un homme petit un hombre pequeño.

diminution f [▷ SYN] disminución, descenso m ‖ diminution du coût de la vie abaratamiento ‖ diminution du pouvoir d'achat disminución del poder adquisitivo.
◆ **diminutions** f pl menguado m sing (tricot).
‖ SYN réduction reducción; baisse baja, merma; dévalorisation desvalorización; dévaluation devaluación; rabais rebaja; remise descuento; bonification bonificación; escompte descuento.

dimorphe adj CHIM dimorfo, fa.

dimorphisme m dimorfismo.

DIN (abr écrite de dinar) DIN.

DIN; Din (abr de Deutsche Industrie Norm) DIN.

dinanderie [dinãdri] f utensilio m de latón [de Dinant, ciudad de Bélgica donde se fabrican estos objetos].

dinandier m latonero.

dinar m dinar (monnaie).

dînatoire *adj* FAM que reemplaza la comida ou cena ■ **apéritif dînatoire** aperitivo
cena ▮ **goûter dînatoire** merienda fuerte.

dinde *f* pava ▮ FIG pava, mujer tonta (femme
sotte).

> OBSERV On emploie de préférence en espa-
> gnol le mot masculin **pavo** (dindon) là où le
> français utilise le terme **dinde** (pava): une
> dinde aux marrons un pavo con castañas.

dindon *m* pavo (oiseau) ▮ FIG pavo, ganso
(homme stupide) ▮ FAM **être le dindon** ou **le dindon de la farce** ser el que paga el pato.

dindonneau *m* pavipollo (petit dindon).

dindonner [3] *v tr* FAM engañar, timar.

dindonnier, ère *m & f* pavero, ra (gardien
de dindons).

dîner [3] *v intr* cenar ■ **dîner de** cenar, comerse; dîner d'un poulet cenar un pollo ▮ **dîner en ville** cenar fuera de casa ▮ **dîner par
cœur** quedarse sin cenar ▮ **dîner sur le pouce**
tomar un bocado a la ligera.

dîner *m* cena *f*; dîner d'affaires cena de negocios.

dînette *f* comidita ou cocinita de niños
▮ FIG comida ligera y familiar ■ **jouer à la dînette** jugar a las comiditas ou cocinitas.

dîneur, euse *m & f* convidado, da; comensal.

ding *interj* ¡tan! (cloche).

dinghy [diŋgi] *m* bote neumático de salvamento.

> ■ OBSERV pl dinghys ou dinghies.

dingo *m* dingo (chien d'Australie).
◇ *adj & s* FAM chiflado, da; majareta.

dingue [dɛ̃g] *adj & s* FAM majareta; chalado,
da; sin seso.

dinguer [3] *v intr* FAM envoyer dinguer mandar a paseo.

dinornis *m* dinornis (oiseau antédiluvien).

dinosaure; dinosaurien *m* dinosaurio.

dinotherium [dinɔterjɔm] *m* dinoterio (fossile).

diocésain, e [djɔsezɛ̃, ɛn] *adj & s* diocesano,
na.

diocèse [djɔsɛz] *m* diócesis *f*.

Dioclétien *n pr* Diocleciano.

diode *f* ÉLECTR diodo *m*.

Diodore *n pr* Diodoro.

Diogène *n pr* Diógenes.

dioïque *adj* BOT dioico, ca.

Diomède *n pr* Diomedes.

dionée *f* BOT dionea.

dionysiaque *adj* dionisíaco, ca.
➡ **dionysiaques** *f pl* dionisíacas.

dionysien, enne *adj* dionisíaco, ca.

dionysies *f pl* dionisíacas.

Dionysos [djɔnizɔs] *n pr* MYTH Dioniso, Dionisos.

dioptre *m* dioptra.

dioptrie [djɔptri] *f* PHYS dioptría.

dioptrique *adj & s f* PHYS dióptrico, ca.

diorama *m* diorama.

diorite *f* MIN diorita.

dioscoréacées *f pl* BOT dioscoreáceas.

dioxine *f* dioxina.

dioxyde *m* dióxido; dioxyde de carbone
dióxido de carbono.

dipétale *adj* BOT dipétalo, la.

diphasé, e *adj* difásico, ca (courant).

diphtérie *f* MÉD difteria.

diphtérique *adj & s* MÉD diftérico, ca.

diphtongaison [diftɔ̃gɛzɔ̃] *f* diptongación.

diphtongue [diftɔ̃g] *f* GRAMM diptongo *m*.

diphtonguer [3] [diftɔ̃ge] *v tr* GRAMM diptongar.

diplodocus [diplɔdɔkys] *m* diplodoco (fossile).

diplomate *adj & s m* diplomático.
◇ *m* CULIN pudding a base de bizcochos y
natillas relleno de frutas confitadas.

diplomatie [diplɔmasi] *f* diplomacia.

diplomatique *adj & s f* diplomático, ca.

diplomatiquement *adv* diplomática-
mente.

diplôme *m* diploma, título; diplôme de bachelier, de licencié título de bachiller, de licenciado.

diplômé, e *adj & s* diplomado, da; titulado, da.

diplômer [3] *v tr* dar un título, un diploma.

diplopie *f* MÉD diplopía.

dipneustes *m pl* ZOOL dipneos, dipnoos
(ordre de poissons).

dipsacées; dipsacacées *f pl* BOT dipsáceas.

dipsomane *m & f* dipsómano, na.

dipsomanie *f* dipsomanía.

diptère *adj & s* ZOOL & ARCHIT díptero, ra.

diptyque *m* díptico.

dire [102] *v tr*

---

1. AFFIRMER, ÉNONCER
2. DIVULGUER, ORDONNER, PRÉCISER
3. ASSURER
4. DÉCIDER
5. EMPLOYER
6. CRITIQUER
7. PARLER, RACONTER
8. PENSER
9. PLAIRE
10. RAPPELER
11. RESSEMBLER, SEMBLER
12. RÉCITER
13. SIGNIFIER
14. FAM
15. LOCUTIONS DIVERSES

---

1. AFFIRMER, ÉNONCER decir; cela va sans dire
ni que decir tiene ▮ rezar; le proverbe dit
reza el refrán ■ à ce qu'on dit por ou según
lo que se dice ▮ autrement dit dicho de otro
modo, o sea en otros términos ▮ ce n'est pas
pour dire no es para decir ▮ comme qui dirait
como quien dice ▮ dire ses quatre vérités ou
son fait à quelqu'un decirle a uno cuatro
frescas ou las verdades del barquero, cantarle las cuarenta ▮ il a beau dire por más
que diga ▮ il est dit dans le Coran se dice en
el Corán ▮ j'avais beau dire por mucho ou
por más que decía ▮ laisser dire quelqu'un
dejar hablar a uno ▮ le moins qu'on puisse
dire lo menos que puede decirse ▮ on le dit
riche se dice ou se cree que es rico ▮ pour

ainsi dire por decirlo así ▮ quoi qu'on dise digan lo que digan ▮ soit dit en passant dicho
sea de paso ▮ vous disiez? ¿qué decía?

2. DIVULGUER, ORDONNER, PRÉCISER divulgar,
ordenar, precisar; decir; à vrai dire a decir
verdad ■ dire un secret divulgar un secreto
■ à qui le dites-vous! ¡dígamelo a mí!, ¡a
quién se lo dice usted! ▮ je vous dis de partir
le ordeno que salga

3. ASSURER asegurar, confirmar, decir; il n'est
pas dit que no se puede asegurar ou decir
que ■ cela en dit long esto dice mucho
▮ c'est moi qui vous le dit se lo digo yo ▮ c'est
tout dire con esto está dicho todo, no hay
más que hablar ▮ je vous l'avais bien dit se lo
dije bien claro ▮ qui me dit que? ¿quién me
dice que?, ¿quién puede asegurarme que?

4. DÉCIDER decidir, decir; c'est dit decidido,
dicho ▮ disons la semaine prochaine? ¿digamos la semana próxima?

5. EMPLOYER emplear, utilizar, decir; ne dites
pas ce mot no emplee esta palabra ■ dire
tu, vous à quelqu'un tutear, hablar de tú,
hablar de usted a alguien

6. CRITIQUER criticar, objetar, reprochar, decir; dire quelque chose contre decir algo contra ou en contra

7. PARLER, RACONTER hablar, contar, decir;
c'est facile à dire es fácil decir; dire du bien
de quelqu'un hablar bien de alguien ■ dire
des sottises decir tonterías ▮ dire la bonne
aventure echar la buenaventura ▮ dire tout
haut decir en voz alta ▮ dites-moi comment
cela s'est passé cuénteme cómo ha ocurrido
esto ▮ elle sait ce qu'elle dit ya sabe lo que
se dice ▮ on le dit mort se dice que ha
muerto

8. PENSER pensar, opinar; qu'est-ce que vous
dites de ça? ¿qué piensa usted de esto? ▮ decir; qu'en diront les gens? ¿qué dirá la
gente?; qui l'eût dit? ¿quién lo hubiese dicho? ▮ se dire que pensar que

9. PLAIRE gustar, agradar, apetecer; si le cœur
vous en dit si le apetece; ça ne me dit rien
esto no me gusta ■ ça ne me dit rien de sortir no me apetece nada salir, tengo muy
pocas ganas de salir ▮ ça ne me dit rien qui
vaille poco me gusta eso

10. RAPPELER decir, recordar, llamar la atención; ça me dit quelque chose esto me dice
algo ■ ça ne me dit rien esto no me dice
nada ▮ ce nom me dit quelque chose este
nombre me suena

11. RESSEMBLER, SEMBLER parecer, decirse; on
dirait de la soie parece seda ■ comme qui dirait como quien dice ▮ on dirait que se diría
que

12. RÉCITER recitar, declamar, decir; dire un
poème recitar un poema ■ dire la messe decir ou celebrar (la) misa ▮ dire son chapelet
rezar el rosario

13. SIGNIFIER significar; qu'est-ce à dire? ¿qué
significa esto?

14. FAM dis-donc! ¡oye!, ¡dime! ▮ dis toujours
siga ▮ en dire de bonnes echar bolas ▮ il ne le
lui a pas envoyé dire se lo ha dicho cara a
cara ▮ il n'y a pas à dire digan lo que digan

15. LOCUTIONS DIVERSES aussitôt dit, aussitôt
fait dicho y hecho (fait immédiatement) ▮ avoir
son mot à dire dar su opinión ou su parecer
▮ à vrai dire a decir verdad ▮ bien faire et laisser dire obras sin amores, que no buenas
razones ▮ cela est bientôt dit ou facile à dire
esto se dice pronto, eso es fácil de decir

‖cela revient à dire eso quiere decir ‖cela va sans dire ni que decir tiene ‖c'est-à-dire es decir, a saber, o sea ‖c'est tout dire con eso está dicho todo, no hay más que hablar ‖comme qui dirait como quien dice ‖d'après les on-dit según los rumores ‖des on-dit habladurías, decires ‖dites-lui bien des choses de ma part déle muchos recuerdos míos ‖entendre dire oír ‖envoyer dire, faire dire anunciar, hacer saber ‖faire dire obligar a decir, hacer decir; je lui ai fait tout dire le obligué a decirlo todo ‖faire dire quelque chose à quelqu'un enviar decir algo a alguien ‖il ne se l'est pas fait dire deux fois no ha habido que repetírselo dos veces ‖inutile de dire ni que decir tiene, no hay que decir ‖je ne dis pas non no digo que no ‖le qu'en-dira-t-on el qué dirán ‖ne dire mot no decir ni jota, no decir ni una palabra ‖ou pour mieux dire o mejor dicho ‖pour tout dire para decirlo todo ‖pour ainsi dire por decirlo así ‖sans mot dire sin chistar, sin decir oxte ni moxte ‖se le faire dire hacérselo repetir ‖se le tenir pour dit darse por enterado ‖soit dit en passant dicho sea de paso ‖vouloir dire querer decir, significar; qu'est-ce que cela veut dire? ¿qué quiere decir esto? ◇ v intr hablar.
➥ **se dire** v pr pretenderse, darse de, hacerse pasar por; il se dit docteur se hace pasar por doctor ‖decirse, usarse; cela ne se dit pas eso no se dice ou no se debe decir ‖pensar, decirse.

dire m declaración f, afirmación f ‖parecer, decir, opinión f ■ dire d'experts juicio de peritos ■ au dire de según la opinión ou el parecer de.

direct, e adj directo, ta; train, bus direct tren, autobús directo.
➥ **direct** m SPORTS directo (boxe) ‖emisión en directo (radio et télévision).

directement adv directamente.

directeur, trice adj & s director, ra ‖directivo, va; rector, ra; principe directeur principio directivo ■ comité directeur comité directivo, directiva ‖roue directrice rueda directriz.
◇ m & f director, ra; directeur adjoint, commercial, général director adjunto, comercial, general ‖directeur de conscience director espiritual.
➥ **directrice** f GÉOM directriz.

directif, ive adj directivo, va; director, ra.
➥ **directives** f pl directivas, directrices.

direction f dirección; avoir la direction llevar la dirección ‖destino m; le train en direction de el tren con destino a ‖FIG rumbo m; il a changé de direction ha cambiado de rumbo ■ AUTOM direction assistée dirección asistida ‖MUS sous la direction de bajo la dirección de, dirigido, da por ‖AUTOM « toutes directions » "todas direcciones".

directionnel, elle adj direccional.

directivité f TECHN directividad.

directo adv FAM directamente.

directoire m directorio.

directorat m dirección f.

directorial, e adj directoral (d'un directeur) ‖directorial (d'un directoire).

dirham m dirham, dirha (monnaies).

dirigeable [diriʒabl] adj & s m dirigible.

dirigeant, e [diriʒã, ãt] adj & s dirigente.

diriger [17] v tr dirigir ‖conducir, guiar (une voiture, une barque) ‖[▷ SYN] mandar, gobernar (une nation) ■ diriger son arme contre quelqu'un dirigir el arma contra uno, apuntar a uno ‖diriger un colis sur dirigir un bulto a.
⎸ SYN conduire conducir; régenter regentar; administrer, gérer administrar; gouverner gobernar.

dirigisme m dirigismo, intervencionismo.

dirigiste adj & s dirigista, intervencionista.

dirimant, e adj DR dirimente.

disaccharide [disakarid] m CHIM disacárido.

discal, e adj MÉD que se refiere a un disco.

discale f (p us) merma de peso (déchet).
➥ **discales** f pl BOT discomicetos m.

discernable [disɛrnabl] adj discernible.

discernement [disɛrnəmã] m discernimiento.

discerner [3] [disɛrne] v tr discernir; discerner le bien du mal discernir el bien del mal ‖distinguir, diferenciar (couleur, objet).

disciple m discípulo.

disciplinable adj disciplinable.

disciplinaire adj & s m disciplinario, ria ‖mutation pour raison disciplinaire traslado por motivos disciplinarios.

disciplinairement adv disciplinadamente.

discipline f disciplina ‖disciplina, asignatura (matière); discipline olympique disciplina olímpica ‖disciplina, azote m (fouet).

discipliné, e adj disciplinado, da.

discipliner [3] v tr disciplinar.

disc-jockey m & f disc-jockey, pinchadiscos.
⎸ OBSERV pl disc-jockeys.

disco m ou f MUS música para bailar.
◇ f FAM discoteca.

discobole m discóbolo.

discographie f MUS discografía ‖MÉD radiografía de contraste de los discos vertebrales.

discographique adj discográfico, ca.

discoïde adj discoidal, discoideo, a.

discomycètes m pl BOT discomicetos.

discontinu, e adj discontinuo, nua.

discontinuation f discontinuación.

discontinuer [7] v tr & intr discontinuar, interrumpir ‖sans discontinuer sin interrupción, sin cesar.

discontinuité f discontinuidad.

disconvenance [diskɔ̃vnãs] f desacuerdo m, desproporción.

disconvenir [40] [diskɔ̃vnir] v intr desconvenir (p us), disentir, negar (nier); je ne disconviens pas que cela soit vrai no niego que eso sea cierto.
⎸ OBSERV Se emplea más a menudo con la negación.

discophile m & f discófilo, la.

discordance f discordancia, disonancia.

discordant, e adj discordante, disonante.

discorde [diskɔrd] f discordia.

discorder [3] v intr discordar ‖MUS disonar, desafinar.

discothèque f discoteca ‖discothèque de prêt organismo de préstamo de discos.

discount [diskawnt] ou [diskunt] m descuento.

discoureur, euse adj hablador, ra; parlanchín, ina; charlatán, ana.

discourir [45] v intr hablar, extenderse hablando.
⎸ OBSERV L'espagnol discurrir signifie réfléchir, couler (fleuve) et passer (le temps).
⎸ SYN disserter disertar; pérorer perorar; palabrer charlar; pontifier pontificar, perorar enfáticamente; FAM laïusser charlar.

discours [diskur] m [▷ SYN] discurso; Discours de la méthode Discurso del Método ‖plática f, conversación f (conversation) ‖elocuencia f (éloquence) ‖razonamiento (raisonnement) ‖FAM palabrería f, palabras f pl hueras (vains propos) ‖GRAMM oración f; les neuf parties du discours las nueve partes de la oración ‖discours direct, indirect estilo directo, indirecto.
⎸ SYN harangue arenga; adresse memorial; message mensaje; oraison oración; prosopopée prosopopeya; allocution alocución; laïus perorata; toast brindis; speech speech; FAM topo explicación.

discourtois, e adj descortés.

discourtoisement adv descortésmente.

discourtoisie f descortesía.

discrédit [diskredi] m descrédito ‖jeter le discrédit sur desacreditar a ‖tomber dans le discrédit desacreditarse.

discréditer [3] v tr [▷ SYN] desacreditar ‖desprestigiar.
⎸ SYN décrier desprestigiar; dénigrer denigrar; noircir manchar, tiznar; diffamer difamar; déconsidérer desacreditar; déshonorer deshonorar, deshonrar; POP débiner criticar.

discret, ète [diskrɛ, ɛt] adj discreto, ta.

discrètement adv discretamente, con discreción.

discrétion f discreción ■ à discrétion a discreción, a voluntad ‖à la discrétion de quelqu'un a merced de alguien, en manos de alguien ‖je m'en remets à votre discrétion me atengo a su voluntad.

discrétionnaire adj discrecional ‖DR pouvoir discrétionnaire potestad discrecional.

discriminant, e adj discriminante.
➥ **discriminant** m MATH discriminante.

discrimination f discriminación; discrimination raciale discriminación racial ‖sans discrimination sin discriminación.

discriminatoire adj discriminatorio, ria.

discriminer [3] v tr discriminar.

disculpation f disculpa.

disculper [3] v tr disculpar.

discursif, ive adj discursivo, va.

discussion f [▷ SYN] discusión ‖DR embargo m y venta de bienes ■ MATH discussion d'une équation discusión de una ecuación ‖être sujet à discussion ser discutible.
⎸ SYN débat debate; controverse controversia; palabres palabreo; dispute disputa; polémique polémica.

discutable adj discutible.

discutailler [3] [diskytaje] *v intr* FAM discutir por motivos fútiles.

discutailleur, euse *adj & s* FAM criticón, ona.

discuté, e *adj* controvertido, polémico, dudoso.

discuter [3] *v tr* discutir ■ discuter un débiteur investigar los bienes de un deudor con vistas al embargo ‖ discuter un prix regatear (marchander).
◇ *v intr* discutir.

discuteur, euse *adj & s* discutidor, ra.

disert, e [dizɛr, ɛrt] *adj* diserto, ta; elocuente.

disertement [dizɛrtəmã] *adv* LITT elocuentemente, articuladamente.

disette *f* carestía, escasez (manque) ‖ hambre (famine).

disetteux, euse *adj & s* necesitado, da.

diseur, euse [dizœr, øz] *adj & s* decidor, ra; hablador, ra ‖ recitador, ra (qui déclame) ■ diseuse de bonne aventure echadora de buenaventura, pitonisa ■ beau diseur hablista, purista.

disgrâce *f* desgracia ‖ tomber en disgrâce caer en desgracia.

disgracié, e *adj* caído en desgracia, habiendo perdido el favor, el valimiento (qui n'est plus en faveur) ‖ FIG desgraciado, da; desfavorecido, da (peu favorisé par la nature).
◇ *m & f* desgraciado, da; desheredado, da; les disgraciés de la fortune los desheredados de la fortuna.

disgracier [9] *v tr* retirar el favor ou la privanza a alguien.

disgracieux, euse *adj* poco agraciado, falto de gracia (sans grâce) ‖ FIG desagradable, descortés (désagréable).

disharmonie ► **dysharmonie**.

disjoindre [82] [disʒwɛ̃dr] *adj* desunir ‖ DR desglosar.

disjoint, e [disʒwɛ̃, ɛ̃t] *adj* desjuntado, da ‖ MUS degré disjoint disyunta.

disjoncter [3] *v tr* ÉLECTR disyuncir.

disjoncteur [disʒɔ̃ktœr] *m* ÉLECTR disyuntor.

disjonctif, ive *adj & s m* disyuntivo, va.

disjonction [disʒɔ̃ksjɔ̃] *f* disyunción ‖ DR desglose *m*.

dislocation *f* dislocación, disloque *m* ‖ FIG desmembramiento *m* (d'un empire).

disloquer [3] *v tr* dislocar ‖ FIG desmembrar.
➤ **se disloquer** *v pr* dislocarse; se disloquer l'épaule dislocarse el hombro.
‖ SYN démantibuler desquijarar; démettre dislocar; déboîter, luxer dislocar, desencajar; désarticuler desarticular.

disparaître [91] *v intr* desaparecer ‖ FAM disparaître de la circulation desaparecer del mapa ‖ faire disparaître hacer desaparecer.
‖ SYN s'éclipser eclipsarse; s'évanouir desvanecerse.

disparate *adj* disparatado, da; inconexo, xa (qui manque de suite, d'harmonie).
◇ *m ou f* disparidad, contraste *m* (contraste).
‖ OBSERV Disparate en espagnol signifie extravagance, sottise ou énormité FAM.

disparité *f* disparidad, desigualdad ‖ disparités régionales desnivel entre las regiones.

disparition *f* desaparición ‖ espèce en voie de disparition especie en vías de desaparición.

disparu, e *adj & s* desaparecido, da; porté disparu dado por desaparecido ‖ difunto, ta; ausente (mort).

dispatcher [3] *v tr* despachar, expedir, enviar.

dispatching [dispatʃiŋ] *m* organismo para la regulación del transporte aéreo y ferroviario ‖ despacho, expedición, envío.

dispendieux, euse *adj* dispendioso, sa.

dispensable *adj* dispensable, excusable.

dispensaire *m* dispensario, consultorio, ambulatorio, dispensaría *f* (au Pérou, au Chili).

dispensateur, trice *adj & s* dispensador, ra; distribuidor, ra.

dispensation *f* (vx) dispensación (distribution).

dispense [dispɑ̃s] *f* dispensa.
‖ SYN exemption exención; immunité inmunidad.

dispensé, e *adj* dispensado, da.

dispenser [3] *v tr* dispensar ‖ dispensar, eximir ‖ dar, prestar (donner).
➤ **se dispenser** *v pr* dispensarse, eximirse.

dispersant, e *adj & m* CHIM dispersante.

dispersé, e *adj* disperso, sa *adj*; dispersado, da *p p*; en ordre dispersé en orden disperso.

dispersement *m* dispersión *f*.

disperser [3] *v tr* [▷ SYN] dispersar ‖ dispersar, disolver (un attroupement) ‖ desperdiciar, desperdigar (forces, esprit).
‖ SYN éparpiller desparramar; disséminer diseminar; répandre esparcir, derramar.

dispersif, ive *adj* dispersivo, va.

dispersion *f* dispersión.

disponibilité *f* disponibilidad ‖ excedencia (d'un fonctionnaire) ■ en disponibilité excedente, disponible (civil), supernumerario, de reemplazo (militaire); être mis en disponibilité estar declarado excedente, etc.
➤ **disponibilités** *f pl* COMM disponibilidades.

disponible *adj* disponible ‖ disponible, excedente (fonctionnaire), supernumerario (militaire) ‖ DR de libre disposición (héritage).

dispos, e [dispo, oz] *adj* dispuesto, ta ‖ despierto, ta; alerta; esprit dispos espíritu despierto ‖ ágil, ligero (léger) ‖ frais et dispos repuesto y en forma.

disposant, e *m & f* DR disponente.

disposé, e *adj* dispuesto, ta ■ être bien disposé estar de buen humor ‖ être bien disposé envers ou à l'égard de quelqu'un estar bien dispuesto hacia alguien.

disposer [3] *v tr* disponer, preparar ‖ disponer, poner.
◇ *v intr* disponer de; disposer d'un ami disponer de un amigo ‖ emplear, utilizar (utiliser) ‖ vous pouvez disposer puede usted marcharse ou retirarse.
➤ **se disposer** *v pr* disponerse, prepa-

rarse; se disposer à partir disponerse a ou para marcharse.

dispositif *m* dispositivo (mécanique) ‖ parte *f* dispositiva, parte *f* resolutiva (d'une loi, ordonnance) ‖ plan, disposición *f* ■ dispositif d'alarme dispositivo de alarma ‖ MIL dispositif de combat despliegue de combate ‖ dispositif de sécurité ou de sûreté dispositivo de seguridad.

disposition *f* disposición; je suis à votre disposition estoy a la disposición de usted ou a su disposición ‖ intención, ánimo *m* (dessein) ‖ distribución (arrangement) ‖ posesión, goce *m* (possession).
➤ **dispositions** *f pl* preparativos *m*, disposiciones; prendre ses dispositions pour partir tomar sus disposiciones para irse ‖ disposiciones, aptitudes, predisposiciones, facultades; avoir des dispositions pour le dessin tener aptitudes para el dibujo ‖ dispositions légales disposiciones de la ley ‖ vu les dispositions de l'article... conforme a lo establecido en el artículo...

disproportion *f* desproporción.

disproportionné, e *adj* desproporcionado, da.

disproportionner [3] *v tr* desproporcionar.

disputailler [3] [dispytaje] *v intr* FAM disputar por menudencias, porfiar.

disputaillerie [dispytajri] *f* FAM disputa trivial, porfía.

disputailleur, euse [dispytajœr, øz] *adj & s* FAM disputador, ra; quisquilloso, sa.

dispute *f* disputa (altercation).
‖ SYN altercation altercado, contienda; noise camorra; querelle pendencia; FAM prise de bec agarrada; chamaillerie pelotera, riña; grabuge gresca, cisco, jollín.

disputer [3] *v tr* disputar; disputer un prix disputar un premio ‖ disputar, discutir (débattre) ‖ FAM reprender, reñir; disputer son fils reprender a su hijo ‖ un match très disputé un partido muy reñido.
◇ *v intr* rivalizar; disputer de zèle rivalizar en celo ‖ discutir, disputar.
➤ **se disputer** *v pr* reñir con.

disquaire [diskɛr] *m & f* vendedor, ra de discos.

disqualification *f* descalificación.

disqualifier [9] *v tr* descalificar.

disque *m* disco ■ INFORM disque amovible disco removible ‖ disque dur disco duro, disco rígido ‖ disque magnétique disco magnético ‖ disque optique disco óptico ‖ disque souple disco flexible ‖ disque système disco del sistema operacional ‖ disque virtuel disco de memoria virtual ‖ disque compact disco compacto ‖ AUTOM disque d'embrayage disco de embrague ‖ disque de stationnement disco de estacionamiento ou de control ‖ disque laser disco láser.

disquette *f* disquete *m*, disco *m* flexible.

dissecteur *m* disector.

dissection *f* disección.

dissemblable *adj* desemejante, diferente.

dissemblance *f* desemejanza, diferencia.

dissémination *f* diseminación.

disséminer [3] *v tr* diseminar.
➤ **se disséminer** *v pr* diseminarse.

dissension *f* disensión.

dissentiment *m* disentimiento (désaccord).

disséquer [18] *v tr* disecar, hacer la disección ▌FIG escudriñar, analizar.
▌ OBSERV Disecar a aussi en espagnol le sens d'"empailler" (un animal).

disséqueur, euse *m & f* disecador, ra.

dissertation *f* disertación ▌ redacción (exercice scolaire).

disserter [3] *v intr* disertar.

dissidence *f* disidencia.
▌ SYN scission escisión; schisme cisma; sécession secesión.

dissident, e *adj & s* disidente.

dissimilation *f* disimilación.

dissimiler [3] *v tr* disimilar.

dissimilitude *f* disimilitud.

dissimulateur, trice *adj & s* disimulador, ra.

dissimulation *f* disimulación (action de dissimuler) ▌ disimulo *m* (art de dissimuler) ▌ÉCON ocultación; dissimulation de bénéfices ocultación de beneficios; dissimulation de revenus ocultación de ingresos.
▌ SYN simulation simulación, doblez; feinte fingimiento; comédie comedia.

dissimulé, e *adj* disimulado, da.

dissimuler [3] *v tr* disimular ▌ encubrir, ocultar (cacher) ▌ sans dissimuler sin disimular, con toda franqueza.

dissipateur, trice *adj & s* disipador, ra ▌despilfarrador, ra.

dissipation *f* disipación, derroche *m* ▌falta de atención (d'un élève).

dissipé, e *adj* disipado, da ▌ distraído, da (un élève).

dissiper [3] *v tr* disipar ▌disipar, malgastar, derrochar (gaspiller) ▌distraer (un élève).
➤ **se dissiper** *v pr* disiparse ▌distraerse.

dissociabilité *f* disociabilidad.

dissociable *adj* disociable.

dissociation *f* disociación.

dissocier [9] *v tr* disociar ▌FIG desunir, desorganizar.
➤ **se dissocier** *v pr* disociarse; se dissocier de disociarse de.

dissolu, e *adj* disoluto, ta; licencioso, sa.

dissolubilité *f* disolubilidad.

dissoluble *adj* disoluble ▌CHIM soluble.

dissolution *f* disolución ▌ DR disolución; dissolution d'un mariage disolución del matrimonio ▌FIG relajación, corrupción.

dissolvant, e *adj & s m* disolvente.
➤ **dissolvant** *m* quitaesmalte (pour les ongles).

dissonance *f* disonancia.

dissonant, e *adj* MUS disonante.

dissoner [3] *v intr* MUS disonar.

dissoudre [87] *v tr* disolver ▌deshacer (fondre) ▌FIG disolver, suprimir (un parti, une association) ▌FIG disolver, anular (un mariage).

dissous, oute [disu, ut] *adj* disuelto, ta.

dissuader [3] *v tr* disuadir.

dissuasif, ive *adj* disuasivo, va.

dissuasion *f* disuasión ▌ MIL force de dissuasion fuerza de disuasión ou disuasiva.

dissyllabe *adj* disílabo, ba; bisílabo, ba.

dissyllabique *adj* disilábico, ca; bisilábico, ca.

dissymétrie *f* disimetría.

dissymétrique *adj* disimétrico, ca.

distance *f* distancia ▌ diferencia; une distance de dix ans entre deux événements una diferencia de diez años entre dos sucesos ■ à distance a distancia, de lejos (espace), con el tiempo (temps) ■ AUTOM distance de sécurité distancia de seguridad ▌ PHOT distance focale distancia focal ■ garder ses distances guardar las distancias ▌ prendre ses distances distanciarse (de) ▌ rapprocher les distances acortar las distancias ▌ tenir à distance tener a raya, mantener a distancia ▌FIG tenir la distance ser resistente, resistir.

distancer [16] *v tr* distanciar, adelantar ▌dejar atrás (surpasser).

distanciation *f* distanciamiento *m*.

distancier [9]
➤ **se distancier** *v pr* se distancier de qqch, de qqn distanciarse de algo, de alguien.

distant, e *adj* distante ▌FIG distante, reservado, da (réservé) ▌distant de 5 kilomètres a 5 kilómetros de distancia.

distendre [73] *v tr* distender, aflojar ▌ FIG relajar.
➤ **se distendre** *v pr* relajarse.

distension *f* distensión.

distillat [distila] *m* destilado, destilación *f*, producto de una destilación.

distillateur [distilatœr] *m* destilador ▌ fabricante de aguardiente, de licores.

distillation [distilasjɔ̃] *f* destilación; distillation sous vide destilación al vacío.

distillé, e *adj* destilado, da.

distiller [3] [distile] *v tr & intr* destilar ▌eau distillée agua destilada.

distillerie [distilri] *f* destilería.

distinct, e [distɛ̃, ɛ̃kt] *adj* distinto, ta ▌FIG claro, ra; neto, ta; termes distincts términos claros.
▌ OBSERV Distinto a surtout en espagnol le sens de "différent".

distinctement *adv* distintamente ▌ claramente; parler distinctement hablar claramente.

distinctif, ive *adj* distintivo, va ▌signe distinctif señal (passeport).

distinction [distɛ̃ksjɔ̃] *f* distinción.

distingué, e *adj* distinguido, da.
▌ SYN brillant brillante; remarquable notable; éminent eminente.

distinguer [3] *v tr* [▷ SYN] distinguir; distinguer une chose d'avec une autre distinguir una cosa de otra ▌escoger (faire un choix).
➤ **se distinguer** *v pr* distinguirse.
▌ SYN discerner discernir; démêler desenmarañar; débrouiller desenredar; discriminer discriminar; différencier diferenciar.

distinguo *m* distingo.

distique *m* POÉT dístico.

distomatose *f* MÉD distomatosis.

distordre [76] *v tr* retorcer, torcer ▌dislocar (une articulation).

distors, e [distɔr, ɔrs] *adj* torcido, da; retorcido, da ▌dislocado, da.

distorsion *f* distorsión, torcimiento *m* ▌PHYS distorsión.

distraction *f* distracción, entretenimiento *m* ▌ DR distraction des dépens reserva de costas.

distraire [112] *v tr* distraer ▌ entretener, distraer (amuser) ▌ distraer, apartar, sustraer (détourner).

distrait, e *adj & s* distraído, da ▌ entretenido, da (amusé).

distraitement *adv* distraídamente.

distrayant, e [distrɛjɑ̃, ɑ̃t] *adj* entretenido, da.

distribanque *f* cajero *m* automático.

distribuable *adj* distribuible, repartible.

distribué, e *adj* distribuido, da ▌ appartement bien distribué piso bien dispuesto ou bien planeado.

distribuer [7] [distribɥe] *v tr* distribuir ▌repartir; distribuer les prix repartir los premios ▌FAM distribuer des coups propinar golpes.
▌ SYN dispenser dispensar; partager partir, repartir, compartir; répartir repartir.

distributaire *adj & s* partícipe.

distributeur, trice *adj & s* distribuidor, ra ■ distributeur automatique distribuidor automático, cajero automático (banque) ▌distributeur de billets máquina expendedora de billetes (gare) ▌distributeur de cigarettes máquina expendedora de tabaco ▌distributeur de monnaie dispensador de monedas ▌doigt du distributeur pipa del distribuidor (auto).

distributif, ive *adj* distributivo, va.

distribution *f* distribución ▌reparto *m*; distribution des prix reparto de premios (à l'école) ▌entrega (concours) ▌reparto *m* (théâtre, cinéma) ▌AUTOM & IMPR distribución ■ COMM circuits de distribution canales de distribución.

district [distrikt] *m* distrito ▌ district urbain área metropolitana ou urbana.

dit, e [di, dit] *adj* dicho, cha ▌ llamado, da; alias (surnommé) ▌fijado, da; previsto, ta; à l'heure dite a la hora fijada.
➤ **dit** *m* (vx) dicho, máxima *f*, sentencia *f* ▌avoir son dit et son dédit no tener palabra.
▌ OBSERV Alias s'emploie surtout devant les surnoms de malfaiteurs.

dithyrambe *m* ditirambo.

dithyrambique *adj* ditirámbico, ca.

dito *adv* ídem (susdit, de même).

diurèse [djyrɛz] *f* MÉD diuresis.

diurétique *adj & s m* diurético, ca.

diurnal *m* ECCLÉS diurno (livre).

diurne [djyrn] *adj* diurno, na.

diva *f* THÉÂTR diva.

divagant, e *adj* divagador, ra ▌ incoherente; inconexo, xa.

divagation *f* divagación ▌desplazamiento *m* del curso de un río ▌AGRIC divagation des cultures cultivo migratorio.

divaguer [3] *v intr* divagar ▌errar, vagar (errer) ▌salirse de madre, desplazar su curso (fleuve).

divan *m* diván, sofá (canapé) ‖ diván (poésie orientale) ‖ diván (gouverneur turc).

dive *adj* (vx) diva, divina ‖ la dive bouteille la diosa botella.

divergence *f* divergencia ‖ FIG discrepancia; divergence des idées discrepancia de ideas.

divergent, e *adj* divergente ‖ FIG discrepante.

diverger [17] *v intr* divergir, apartarse ‖ FIG discrepar, disentir.

divers, e [diver, ɛrs] *adj* diverso, sa; vario, ria ‖ versátil, cambiante (changeant) ‖ « divers » "varios" (presse) ■ faits divers sucesos, crónica policial (presse) ‖ COMM frais divers gastos menores.

diversement *adv* de distinta manera.

diversification *f* diversificación.

diversifier [9] *v tr* diversificar.
‖ SYN changer cambiar; varier variar.

diversion *f* diversión, entretenimiento *m* ‖ MIL diversión.

diversité *f* diversidad, variedad.

diverticule *m* ANAT divertículo.

divertir [32] *v tr* divertir, distraer ‖ DR apartar, alejar, distraer (détourner).
➨ **se divertir** *v pr* divertirse, distraerse.

divertissant, e *adj* divertido, da; distraído, da.

divertissement *m* diversión *f* ‖ DR malversación *f* (détournement) ‖ THÉÂTR intermedio de baile ou de música.

divette *f* THÉÂTR cupletista, canzonetista.

dividende *m* MATH & COMM dividendo ‖ parte *f* de un acreedor (dans une faillite) ‖ ÉCON toucher des dividendes cobrar dividendos.

divin, e *adj* divino, na.
➨ **divin** *m* lo divino.

divinateur, trice *adj & s* adivinador, ra.

divination *f* adivinación.

divinatoire *adj* divinatorio, ria; adivinatorio, ria ‖ baguette divinatoire varilla de zahorí.

divinement *adv* divinamente.

divinisation *f* divinización.

diviniser [3] *v tr* divinizar.

divinité *f* divinidad.

divis, e [divi, iz] *adj* DR diviso, sa.
➨ **divis** *m* DR divisa *f*, partición *f*.
‖ SYN divisé dividido; partagé repartido.

diviser [3] *v tr* dividir ‖ FIG desunir, dividir.

diviseur, euse *m & f* persona que provoca la desunión.
◇ *adj* divisorio, ria.
➨ **diviseur** *m* MATH divisor ‖ plus grand commun diviseur máximo común divisor.

divisibilité *f* MATH divisibilidad.

divisible *adj* divisible.

division *f* MATH & MIL división; division par quatre división por cuatro ‖ FIG división, desunión ‖ departamento *m*, sección (administration).

divisionnaire *adj* divisionario, ria; divisional ‖ monnaie divisionnaire moneda fraccionaria.

◇ *m* general de división, inspector de división (police).

divisionnisme *m* ARTS divisionismo.

divorce *m* divorcio.
‖ SYN séparation de corps separación de cuerpos; répudiation repudiación, repudio.

divorcé, e *adj & s* divorciado, da.

divorcer [16] *v intr* divorciarse; divorcer d'avec sa femme divorciarse de su mujer ‖ FIG romper con, separarse.
‖ OBSERV Es galicismo usar este verbo como intransitivo en español, como en Juan y Teresa han divorciado.

divulgateur, trice *adj & s* divulgador, ra.

divulgation *f* divulgación.

divulguer [3] *v tr* divulgar.
‖ SYN publier publicar; révéler revelar; dévoiler descubrir; ébruiter divulgar; proclamer proclamar; trompeter pregonar; trahir traicionar, denunciar.

divulsion *f* divulsión.
‖ SYN avulsión avulsión; arrachement arrancamiento.

dix [di] ou [dis] ou [diz] *adj* diez; dix pesetas diez pesetas ‖ décimo; Pie X Pío X [décimo].
◇ *m* diez ‖ FAM valoir dix ser ou estar de rechupete.

dix-huit [dizɥit] *adj & s* dieciocho, diez y ocho ‖ le dix-huit mètres el área del portero (football).

dix-huitième *adj & s* decimoctavo, va.
◇ *m* decimoctava *f* parte.

dix-huitièmement *adv* en decimoctavo lugar.

dixième [dizjɛm] *adj & s* décimo, ma.
◇ *m* décima *f* parte ‖ décimo (loterie) ■ dixième de millimètre diezmilímetro.

dixièmement [dizjɛmmɑ̃] *adj* en décimo lugar.

dix-millième [dimiljɛm] *adj* diezmilésimo, ma.

dix-millionième *adj* diezmillonésimo, ma.

dix-neuf [diznœf] *adj* diecinueve, diez y nueve.

dix-neuvième *adj & s* decimonono, na; decimonoveno, na.
◇ *m* diecinueveavo.

dix-sept [disset] *adj & s* diecisiete, diez y siete.

dix-septième *adj & s* decimoséptimo, ma.
◇ *m* diecisieteavo.

dizain *m* POÉT décima *f* ‖ decenario (chapelet de dix grains) ‖ diez barajas *f pl* (cartes).

dizaine *f* decena, unas *pl* diez ‖ une dizaine de personnes una decena de ou unas diez personas ‖ decena (de chapelet).

DJ [didʒi] ou [didʒe] (abr de disc-jockey) *m* disc-jockey.

djaïn [dʒain]; **djaïna** [dʒaina] *m* yaina.

djaïnisme *m* yainismo.

Djakarta ➟ Jakarta.

djebel [dʒebel] *m* montaña *f*.

Djedda *n pr* GÉOGR Yidda, Yeddah.

djellaba *f* chilaba.

djemaa *f* asamblea de notables (en Kabylie).

Djerba *n pr* GÉOGR Djerba.

Djibouti *n pr* GÉOGR Djibouti, Yibāti, Yibuti (État); la République de Djibouti la República de Djibouti ou Yibūti ou Yibuti ‖ Djibouti, Yibūti, Yibuti (ville).

djihad *m* yihad [guerra santa].

djinn [dʒin] *m* genio (théologie arabe).

dm (abr écrite de décimètre) dm.

DM (abr écrite de Deutschemark) DM.

Dniepr; Dnipro *n pr m* GÉOGR le Dniepr ou Dnipro el Dniéper.

do *m* MUS do.

doberman *m* doberman (chien).

doc (abr de documentation) *f* documentación.

DOC [dɔk] (abr de disque optique compact) *m* CD-ROM.

doc. (abr écrite de document) doc., docum.

docile *adj* dócil.

docilement *adv* dócilmente.

docilité *f* docilidad.

docimasie *f* MIN & MÉD docimasia, docimástica.

dock *m* MAR dock, almacén, depósito (magasin d'entrepôt) ‖ ensenada *f*, dársena *f* (bassin entouré de quais) ‖ dique (cale pour construire les navires) ‖ dock flottant dique flotante.

docker *m* cargador ou descargador de puerto ou de muelle, docker.

docte *adj* docto, ta (savant).

doctement *adv* doctamente.

docteur *m* doctor; docteur en médecine doctor en medicina; docteur ès lettres doctor en letras ‖ médico; faire venir le docteur llamar al médico.

doctissime *adj* FAM doctísimo, ma.

doctoral, e *adj* doctoral.

doctoralement *adv* doctoralmente.

doctorat [dɔktɔra] *m* doctorado, grado de doctor en letras ‖ doctorat d'État doctorado superior del antiguo sistema universitario francés.

doctoresse *f* doctora ‖ médica (femme médecin).
‖ OBSERV Se usa en masculino docteur como tratamiento para hablar con una "doctora en medicina".

doctrinaire *adj & s m* doctrinario, ria ‖ RELIG doctrinero, padre de la doctrina.

doctrinal, e *adj* doctrinal; avis doctrinaux avisos doctrinales.

doctrinarisme *m* doctrinarismo.

doctrine *f* doctrina.

document *m* documento.

documentaire *adj & s m* documental.

documentaliste *m & f* documentalista.

documentariste *m & f* documentalista (pour le cinéma ou la télévision).

documentation *f* documentación.
‖ OBSERV En francés, la palabra documentation no tiene nunca el sentido de "papeles de identidad" que la palabra española documentación puede tener.

documenté, e *adj* documentado, da.

documenter [3] *v tr* documentar.

dodécaèdre *m* GÉOM dodecaedro.

dodécagonal, e *adj* dodecagonal.

dodécagone *m* GÉOM dodecágono.

Dodécanèse *n pr m* GÉOGR le Dodécanèse el Dodecaneso.

dodécaphonique *adj* dodecafónico, ca.

dodécaphonisme *m* dodecafonismo.

dodécasyllabe *adj* & *s m* dodecasílabo, ba.

dodelinement *m* cabezada *f*, cabeceo (de la tête) ‖ balanceo, mecimiento (balancement).

dodeliner [3] [dɔdline] *v intr* dar cabezadas, cabecear (de la tête).
◇ *v tr* balancear, mecer.

dodiner [3] *v intr* oscilar (balancier d'une pendule).

dodo *m* FAM cama *f* [lenguaje infantil] ■ FAM aller au dodo ir a la cama ‖ faire dodo dormir [lenguaje infantil].

dodu, e *adj* rollizo, za; regordete, ta ‖ cebado (animaux).

dogaresse *f* dogaresa.

dogat [dɔga] *m* dignidad de dux.

doge [dɔʒ] *m* dux.

dogmatique *adj* & *s* dogmático, ca.
◇ *f* dogmática (ensemble des dogmes).

dogmatiquement *adv* dogmáticamente, de manera dogmática.

dogmatiser [3] *v intr* dogmatizar.

dogmatisme *m* dogmatismo.

dogmatiste *m* dogmatista.

dogme *m* dogma.

dogue *m* dogo, alano (chien) ‖ FAM être d'une humeur de dogue estar de un humor de perros.

Doha Doha.

doigt [dwa] *m* dedo ‖ dedo (mesure) ■ doigt de pied dedo del pie ‖ FAM doigt du distributeur pipa del distribuidor (auto) ‖ doigt du milieu dedo de enmedio, del corazón ‖ doigt en caoutchouc dedil de goma ‖ bout du doigt yema ou punta del dedo ‖ petit doigt meñique, el dedo pequeño ‖ un doigt de vin un dedo de vino ■ au doigt et à l'œil puntualmente, con exactitud ‖ jusqu'au bout des doigts hasta la punta de los pelos ■ compter sur les doigts contar con los dedos, hacer la cuenta de la vieja ‖ être à deux doigts de estar a dos pasos de ‖ être comme les deux doigts de la main ser uña y carne, estar a partir un piñón ‖ mettre le doigt dessus dar en el clavo, en el hito ‖ FIG mettre le doigt sur la plaie poner el dedo en la llaga ‖ mon petit doigt me l'a dit me lo ha dicho un pajarito ‖ montrer du doigt señalar con el dedo ‖ ne faire œuvre de ses dix doigts no dar golpe, no mover un dedo de la mano ‖ savoir le bout du doigt saber al dedillo ‖ FAM se mettre le doigt dans l'œil llevarse un chasco, tirarse una plancha, equivocarse ‖ s'en mordre les doigts morderse los puños ‖ se prendre les doigts cogerse los dedos ‖ toucher du doigt tocar con el dedo, ver claramente, palpar.

doigté [dwate] *m* MUS digitación *f*, tecleo ‖ pulsación *f* ‖ FIG tino, habilidad *f*, tiento, tacto ‖ MUS avoir un bon doigté poner bien los dedos.

doigter [3] [dwate] *m* MUS indicar en la partitura el dedo con que se ha de tocar.
◇ *v intr* teclear.

doigtier [dwatje] *adj* dedil ‖ digital *f*, dedalera *f* (plante).

doit [dwa] *m* COMM debe; le doit et l'avoir el debe y el haber.

dojo *m* dojo (pour les arts martiaux).

dol *m* DR dolo (fraude).

dolage *m* chiflado (peaux) ‖ doladura *f*, desbastadura *f* (ébarbage, aplanissement).

Dolby® *m* Dolby; procédé Dolby Stéréo sistema Dolby Estéreo.

dolce *adv* dolce.

dolcissimo *adv* MUS dolcissimo.

doléances [dɔleɑ̃s] *f pl* quejas.

doleau *m* hachuela *f* de pizarrero.

dolent, e *adj* doliente ‖ triste, doliente.

doler [3] *v tr* dolar (bois, lingotière) ‖ chiflar (peaux).

dolic; dolique *m* BOT dólico [judía].

dolichocéphale [dɔlikosefal] *adj* & *s* dolicocéfalo.

doline *f* GÉOGR dolina.

dolique → **dolic**.

dollar *m* dólar.

dolman *m* dormán ‖ (*Amér*) dolmán].

dolmen [dɔlmɛn] *m* dolmen.

doloire *f* doladera (du tonnelier).

dolomie; dolomite *f* MIN dolomía.

Dolomites *n pr f pl* GÉOGR les Dolomites los Dolomitas.

dolomitique *adj* MIN dolomítico, ca.

dolosif, ive *adj* doloso, sa ‖ DR acte dolosif acción dolosa.

dom [dɔ̃] *m* ECCLÉS dom (titre).

DOM (abr de département d'outre-mer) *m* provincia de ultramar francesa.

domaine *m* dominio, posesión *f* (propriété) ‖ finca *f*, hacienda *f* (propriété rurale) ‖ campo, terreno, ámbito, esfera *f*; le domaine de l'art el campo del arte ‖ orden, ámbito, sector; problèmes posés dans le domaine économique problemas planteados en el orden económico ‖ asunto; passons à un domaine différent pasemos a un asunto distinto ‖ aspecto, terreno; les entretiens ont été fructueux dans plusieurs domaines las conversaciones han sido fructuosas en varios aspectos ‖ competencia *f*; ce n'est pas de mon domaine no es de mi competencia ■ domaine de la couronne ou royal patrimonio real ‖ domaine public bienes del dominio público ‖ domaine skiable pistas esquiables ■ dans tous les domaines en todos los campos ■ tomber dans le domaine public caer en el ou ser ya del dominio público.

domanial, e *adj* comunal ‖ nacional, del Estado, dominical (p us) ‖ patrimonial (appartenant au patrimoine ou héritage).

dôme *m* cúpula *f*, cimborrio, domo (p us) ‖ catedral *f*, iglesia *f* (en Italie) ‖ MAR tapacete (cabot) ‖ TECHN cúpula *f*, domo (locomotive) ‖ bóveda *f* (d'un fourneau).

domestication *f* domesticación.

domesticité *f* domesticidad ‖ servidumbre (ensemble des serviteurs d'une maison).

domestique *adj* doméstico, ca.
◇ *m & f* criado, da; doméstico, ca (p us).
➡ **domestiques** *m pl* servidumbre *f sing*.

domestiquer [3] *v tr* domesticar ‖ FIG sojuzgar, esclavizar (un peuple).

domicile *m* domicilio ■ domicile conjugal domicilio conyugal ‖ domicile légal domicilio legal ■ à domicile a domicilio; travailleur à domicile trabajador a domicilio ‖ sans domicile fixe sin domicilio fijo ■ élire domicile à fijar su domicilio en.

domiciliaire *adj* domiciliario, ria.

domiciliation *f* domiciliación.

domicilié, e *adj* domiciliado, da; residente; être domicilié à estar domiciliado en.

domicilier [9] *v tr* domiciliar (une traite).
➡ **se domicilier** *v pr* domiciliarse, instalarse, residir.

dominance *f* BIOL dominancia, predominio *m*, efecto *m* dominante.

dominant, e *adj* & *s* dominante.
➡ **dominante** *f* MUS dominante.

dominateur, trice *adj* & *s* dominador, ra; dominante.

domination *f* dominación ‖ FIG dominio *m*, imperio *m*; la domination du génie el dominio del genio.
➡ **dominations** *f pl* ECCLÉS dominaciones (anges).

dominer [3] *v tr* & *intr* dominar, señorear.

dominicain, e *adj* dominicano, na; dominico, ca (de l'ordre de Saint-Dominique) ‖ dominicano, na (de la république Dominicaine).

Dominicain, e *m & f* dominicano, na.

dominical, e *adj* dominical (du dimanche).

dominion *m* dominio.

Dominique *n pr* Domingo (homme), Dominga, Dominica (femme)
◇ *n pr f* GÉOGR la Dominique La Dominica.

domino *m* dominó (jeux et costume).

Domitien *n pr* Domiciano.

Dom Juan ➡ **Don Juan**.

dommage *m* [▷ SYN] daño, perjuicio ‖ desperfecto (détérioration) ‖ FIG lástima *f*; quel dommage! ¡qué lástima! ■ dommages corporels daños corporales ‖ dommages-intérêts, dommages et intérêts daños y perjuicios ■ FIG c'est dommage es lástima, es una pena.

⁝ SYN ravage estrago; détérioration deterioro; avarie avería; casse destrozo.

dommageable [dɔmaʒabl] *adj* dañoso, sa; perjudicial.

domotique *f* INFORM automatización doméstica, domótica.

domptable [dɔtabl] *adj* domable.

domptage [dɔtaʒ] *m* doma *f*, domadura *f* (cheval) ‖ domesticación *f*, amansamiento (animaux) ‖ amaestramiento (cirque) ‖ FIG dominio (des passions).

dompter [3] [dɔte] *v tr* domar (un cheval) ‖ amansar ‖ amaestrar (dans le cirque) ‖ FIG domeñar; dompter ses passions domeñar sus pasiones.

dompteur, euse [dɔ̃tœr, øz] *m* & *f* domador, ra.

dompte-venin [dɔ̃tvənɛ̃] *m* BOT vencetósigo.

DOM-TOM (abr de départements et territoires d'outre-mer) *m pl* provincias y territorios franceses de ultramar.

> **DOM-TOM**
> Entre las posesiones francesas en ultramar, Guadalupe, Martinica, la Guayana Francesa y La Reunión tienen el estatuto de departamento y sus habitantes son ciudadanos franceses. Wallis-y-Futuna, la Polinesia Francesa, Nueva Caledonia y los territorios polares tienen el estatuto de territorios independientes pero bajo la supervisión de un representante del gobierno francés.

don *m* [▷ SYN] don, dádiva *f*, donación *f* (donation) | DR donación *f*, dote *f*; le don de la parole el don de la palabra ■ don de plaire don de gentes | MÉD don d'organes donación de órganos | don en espèces donación en metálico ■ avoir des dons pour tener dotes para | faire don de regalar | faire un don hacer un donativo.

> | SYN présent presente, obsequio; étrennes aguinaldo; cadeau regalo; offrande ofrenda.

DON (abr de disque optique numérique) *m* disco óptico numérico.

Don *n pr m* GÉOGR le Don el Don.

Donat *n pr* Donato.

donataire *m* & *f* donatario, ria.

donateur, trice *adj* & *s* donador, ra; donante.

donation *f* donación; donation entre vifs donación entre vivos | donativo *m* (don).

donation-partage *f* DR partición por acto inter vivos.

> | OBSERV pl donations-partages.

donatisme *m* donatismo (hérésie).

donatiste *adj* & *s* donatista.

donc [dɔ̃k] *conj* pues, luego; je pense, donc je suis pienso, luego existo | así, pues; pues bien; donc, c'est entendu así, pues, está entendido | pero, pues; qu'as-tu donc? pero ¿qué tienes?; viens donc! ¡pues ven! | allons donc! ¡pero, vamos!, ¡vamos anda!, ¡anda ya!, ¡no me diga! | je disais donc que... como decía antes...

dondon *f* FAM muchachota gordinflona, jamona.

Don Giovanni [dɔ̃ʒjovani] *n pr* « Don Giovanni » Mozart "Don Giovanni" Mozart.

donjon *m* torre *f* del homenaje, torreón | MAR torreta *f* (d'un cuirassé).

Don Juan; Dom Juan [dɔ̃ʒɥɑ̃] *n pr* Don Juan.

> **don Juan** *m* FIG Tenorio.
> | OBSERV pl dons Juans.

donjuanesque [dɔ̃ʒɥanɛsk] *adj* donjuanesco, ca (d'un séducteur).

donjuanisme *m* donjuanismo.

donnant, e *adj* generoso, sa; dadivoso, sa | donnant donnant a toma y daca, de mano a mano, doy para que des.

donne *f* acción de dar las cartas (jeux); à vous la donne a usted le toca dar las cartas | fausse donne error en el reparto de las cartas | la nouvelle donne el nuevo orden internacional.

donné, e *adj* dado, da ■ étant donné que dado que | étant donné son âge dada su edad | c'est donné está regalado, ¡es un regalo!

> **OBSERV 1.** En la locución francesa étant donné, la concordancia de donné se hace sólo si sigue la palabra que modifica (une droite étant donnée).
> **2.** En espagnol, l'accord de dado est obligatoire.

donnée *f* base, tema *m* (idée fondamentale d'un ouvrage) | dato *m*, elemento *m*, antecedente *m* (renseignement) | circunstancia, situación (état de fait).

> **données** *f pl* MATH datos *m*; les données d'un problème los datos de un problema | INFORM données alphanumériques datos alfanuméricos | données analogiques datos analógicos | données de contrôle datos de control | données d'entrée datos de entrada | données virtuelles datos virtuales.

donner [3] *v tr*

1. OFFRIR	**13.** FOURNIR
2. ABOUTIR	**14.** PRESCRIRE
3. ACCORDER	**15.** REPRÉSENTER
4. ADMINISTRER	**16.** SOUHAITER
5. ASSIGNER	**17.** AGRIC
6. ATTRIBUER	**18.** COMM
7. CAUSER	**19.** DR
8. CÉDER	**20.** CHIM ET PHYS
9. CONFIER	**21.** MÉD
10. CONSACRER	**22.** ARG
11. DISTRIBUER	**23.** LOCUTIONS DIVERSES

1. OFFRIR dar, ofrecer, regalar; donner ses biens aux pauvres dar sus bienes a los pobres ■ donner à manger dar de comer | donner le bras, la main dar el brazo, la mano

2. ABOUTIR producir el efecto deseado, dar; cette photo ne donne rien esta foto no da nada

3. ACCORDER dar, conceder; donner la permission de dar permiso para | donner raison à dar la razón a

4. ADMINISTRER dar, administrar; donner un médicament dar una medicina | dar; donner un coup de pied dar una patada ou un puntapié

5. ASSIGNER fijar, dar; donner rendez-vous dar cita

6. ATTRIBUER atribuir, echar, suponer, dar; je lui donne vingt ans le echo veinte años; on donne ce tableau à Delacroix este cuadro se atribuye a Delacroix

7. CAUSER dar, producir, causar; donner de l'inquiétude, de la joie causar inquietud, alegría

8. CÉDER ceder, dar, ofrecer; donner sa place à une dame ceder el sitio a una señora

9. CONFIER dar, confiar; donner un poste à quelqu'un dar un puesto a alguien | dar; donner un message dar un encargo

10. CONSACRER consagrar, dedicar, emplear; donner sa vie à la recherche consagrar su vida a la investigación

11. DISTRIBUER dar, distribuir, repartir; donner les cartes dar las cartas

12. FAIRE PASSER considerar, dar; donner quelqu'un pour mort dar a alguien por muerto, considerar a alguien muerto

13. FOURNIR dar, proporcionar; donner des conseils dar consejos

14. PRESCRIRE dar; donner des ordres dar órdenes | dar, prescribir, recetar; donner des médicaments recetar medicinas

15. REPRÉSENTER dar, poner, representar; on donne « Faust » à l'Opéra dan "Fausto" en la Ópera

16. SOUHAITER dar, desear; donner le bonjour dar los buenos días

17. AGRIC producir, dar (fruits)

18. COMM producir, dar; donner des bénéfices producir beneficios

19. DR otorgar, conceder, dar; donner en mariage conceder en matrimonio

20. CHIM ET PHYS desprender, despedir (chaleur), emitir (lumière)

21. MÉD dar, producir, contagiar; donner la grippe à quelqu'un dar la gripe a alguien; donner des ampoules producir ampollas

22. ARG denunciar (un cómplice)

23. LOCUTIONS DIVERSES donner à penser, à réfléchir dar qué pensar | donner du fil à retordre dar mucho que hacer | donner la mort dar muerte, matar | donner la vie à un enfant dar a luz un niño | donner l'heure à quelqu'un dar la hora a alguien | donner libre cours à dar rienda suelta a, dar libre curso a | donner lieu à ser causa de, dar lugar a | donner prise dar lugar | FIG donner un coup de main à quelqu'un echar una mano a alguien | MIL faire donner l'infanterie dar orden de atacar a la infantería | je vous le donne en mille! ¡a que no lo acierta!

> *v intr* entregarse, darse; donner dans le luxe entregarse al lujo | combatir, luchar; les troupes n'ont pas donné las tropas no han combatido | dar, rendimiento; les blés ont beaucoup donné los trigos han dado mucho rendimiento | caer; donner dans le piège ou dans le panneau caer en la trampa | dar (avoir vue); cette fenêtre donne sur la rue esta ventana da a la calle | dar ou darse con, chocar; donner de la tête contre un arbre darse con la cabeza en un árbol ■ donner à rire hacer reír | il nous est donné de tenemos la posibilidad de | ne savoir où donner de la tête no saber por dónde empezar; no saber qué hacer.

> **se donner** *v pr* dedicarse, consagrarse (se consacrer) | entregarse (se livrer) ■ donnez-vous la peine d'entrer tenga la amabilidad de pasar | se donner à fond dar el do de pecho, entregarse (dans son travail) | se donner de la peine afanarse, trabajar mucho | se donner des airs darse importancia, presumir | se donner la peine de tomarse la molestia ou el trabajo de | se donner pour hacerse pasar por | s'en donner regocijarse | s'en donner à cœur joie entregarse de lleno.

donneur, euse *adj et s* donador, ra; donante | persona que da las cartas (jeux) | ARG chivato, ta | donneur de sang donador ou donante de sangre | COMM donneur d'ordre dador, librador.

don Quichotte *m* FAM Don Quijote.
> | OBSERV pl dons Quichottes.

donquichottisme *m* quijotismo, quijotería *f*.

dont [dɔ̃] *pron rel* equivale en francés a los relativos de qui, de quoi, duquel, de laquelle, desquels, desquelles, y se traduce en español

1. Por los pronombres correspondientes de quien, de quienes [para las personas], de que [para las cosas], del cual, de la cual, de los cuales, de las cuales; del que, de la que, de los que, de las que [delante de un adjetivo numeral, un pronombre indefinido, un nombre indeterminado o un adverbio]; les hommes dont je parle los hombres de quienes hablo; le livre dont je parle el libro del que hablo; les livres dont plusieurs sont neufs los libros de los que varios son nuevos

2. Por cuyo, ya; cuyos, yas [cuando establece una relación de posesión entre los dos sustantivos]; un arbre dont les feuilles sont vertes un árbol cuyas hojas son verdes; la femme dont j'ai pris le sac la mujer cuyo bolso he cogido ■ ce dont de lo que ‖ celle dont la de que, aquella de quien; celle dont tu te moques aquella cuyo te burlas; aquella cuyo, ya; celle dont vous admirez la robe aquella cuyo vestido admira usted ‖ celui dont el de que, aquel de quien; celui dont je vous parle el de que le hablo; aquel cuyo, ya; celui dont je connais la mère aquel cuya madre conozco.

> OBSERV **1.** Lorsque le pronom relatif dont relie à l'antécédent un nom précédé de l'article défini, cet article ne se traduit pas en espagnol.
> **2.** Le relatif espagnol cuyo doit être suivi immédiatement du nom qu'il détermine et s'accorder avec lui.

donzelle f FAM mocita, damisela.

> OBSERV Le mot doncella en espagnol signifie jeune fille ou domestique.

dopage [dɔpaʒ] m dopaje, drogado ‖ TECHN dopado.

dopant, e adj dopante.
◆ **dopant** m substancia dopante.

dope m aditivo, activante (produit).
◇ f FAM droga.

doper [3] v tr drogar, dar un excitante, dopar (sport).

doping [dɔpiŋ] m doping, drogado.

Doppler [dɔplɛr] n pr effet Doppler efecto Doppler.

Dora n pr Dora.

dorade f besugo m, dorada (poisson).

dorage m dorado, doradura f.

Dordogne n pr f GÉOGR la Dordogne Dordoña.

doré, e adj dorado, da ■ langue dorée lengua ou pico de oro ‖ livre doré sur tranches libro de cantos dorados.
◆ **doré** m dorado, doradura f (dorure).

dorénavant adv en adelante, desde ahora, desde ahora en adelante, en lo sucesivo.

dorer [3] v tr dorar ‖ cubrir de ou bañar en una capa de yema de huevo (une pâtisserie) ‖ FIG dorer la pilule dorar la píldora.

doreur, euse adj et s dorador, ra.

Doride n pr f HIST la Doride Dórida, Dóride.

dorien, enne adj et s dorio, ria.

dorique adj dórico, ca.

doris [dɔris] m barquilla de los pescadores de bacalao de Terranova.

dorlotement m mimo.

dorloter [3] v tr mimar (choyer).
◆ **se dorloter** v pr darse buena vida, cuidarse mucho.

dormant, e adj durmiente; la Belle au Bois dormant la Bella durmiente del Bosque ‖ estancado, da; les eaux dormantes sont peu saines el agua estancada es poco sana ‖ FIG fijo, ja; que no se abre; châssis dormant bastidor fijo; pont dormant puente fijo.
◆ **dormant** m CONSTR bastidor.

dormeur, euse adj et s durmiente (qui dort) ‖ dormilón, ona (qui aime dormir).
◆ **dormeuse** f dormilona (boucle d'oreille) ‖ (vx) dormilona, tumbona (chaise longue).
◆ **dormeur** m cámbaro, cangrejo de mar (crabe).

dormir [36] v intr dormir ■ dormir à la belle étoile dormir al raso ‖ dormir à poings fermés, dormir comme une souche ou comme un loir ou comme une marmotte dormir a pierna suelta, dormir como un tronco ou como una marmota ‖ dormir debout caerse de sueño ‖ dormir du sommeil du juste dormir el sueño de los justos, dormir con la conciencia tranquila ‖ dormir sur le dos dormir boca arriba ‖ dormir sur ses deux oreilles dormir con toda tranquilidad, dormir en paz ‖ dormir sur ses lauriers dormirse sobre los laureles ‖ dormir tout son soûl hartarse de dormir ■ c'est un conte à dormir debout es una patraña, un relato inverosímil ‖ il n'est pire eau que l'eau qui dort del agua mansa me libre Dios, que de la brava me libraré yo ‖ laisser dormir un capital dejar improductivo un capital ‖ laisser dormir une affaire descuidar un asunto, dejar dormir ‖ ne dormir que d'un œil dormir con un ojo abierto ‖ qui dort dîne quien duerme cena.

> OBSERV El participio pasado del verbo francés "dormir", dormi, es invariable.
> SYN reposer descansar; sommeiller dormitar; faire un somme echar un sueño; somnoler dar cabezadas, adormecerse; FAM pioncer, roupiller dormir; en écraser dormir como un tronco.

dormitif, ive adj & s m dormitivo, va.

dormition f (LITT ou vx) dormición ‖ tránsito m de la Virgen (mort de la Vierge).

Dorothée n pr Dorotea.

dorsal, e adj & s dorsal.
◆ **dorsale** f GÉOL dorsal ‖ dorsal (météorologie); dorsale barométrique dorsal barométrica.

dortoir m dormitorio común (pensionnat).

> OBSERV Dormitorio significa normalmente en español "chambre à coucher".

dorure f dorado m, doradura ‖ capa de yema de huevo (pâtisserie).

doryphore m dorífora f (insecte), escarabajo de la patata.

dos [do] m espalda f, espaldas f pl (de l'homme) ‖ lomo (d'un livre, d'un animal, d'un sabre) ‖ canto (d'un couteau) ‖ respaldo, espaldar (d'un siège) ‖ dorso, revés (de la main) ‖ caballete (du nez) ‖ dorso, reverso, respaldo (d'un écrit) ‖ forzal, canto (d'un peigne) ■ dos-d'âne badén ■ dos à dos de espaldas ■ à dos de montado en (sur le dos de) ‖ dans le dos detrás, en la espalda; les mains dans le dos las manos detrás; robe décolletée dans le dos vestido con escote en la espalda ‖ dans son dos a espalda suya ‖ de dos por detrás ‖ en dos d'âne en escarpa ■ agir dans le dos de quelqu'un actuar a espaldas de uno ‖ avoir bon dos tener correa, tener

anchas las espaldas ‖ avoir dans le dos tener detrás ‖ avoir le dos tourné volver las espaldas ‖ avoir l'ennemi à dos ser atacado por detrás ‖ avoir sur le dos tener encima (un vêtement), tener encima, tener que cargar con (une personne) ‖ FIG courber le dos bajar la cabeza ‖ FAM en avoir plein le dos estar hasta los pelos, hasta la coronilla, estar harto ‖ être sur le dos estar tendido de espaldas, estar boca arriba ‖ faire froid dans le dos causar escalofrío ‖ faire le gros dos arquear el lomo (chat) ‖ FIG darse tono ‖ TFAM l'avoir dans le dos salir rana ‖ mettre quelque chose sur le dos de quelqu'un cargar a uno una cosa, echarle la culpa ‖ FAM ne pas y aller avec le dos de la cuillère no andarse con chiquitas ‖ ne rien avoir à se mettre sur le dos no tener nada que ponerse ‖ porter sur le dos llevar a cuestas ‖ FIG renvoyer dos à dos no dar la razón a ninguna de las dos partes ‖ FAM scier le dos dar la lata ‖ se mettre quelqu'un à dos enemistarse con uno, acarrearse su enemistad ‖ tomber sur le dos caer de espaldas (faire une chute), caer encima ‖ tourner le dos à volver la espalda ‖ « voir au dos » "ver al dorso"

DOS; Dos (abr de Disc Operating System) m INFORM DOS.

dosage m dosificación f.

dos-d'âne m inv badén [firme irregular].

dose f dosis ‖ NUCL dose absorbée dosis absorbida ‖ FIG forcer la dose írsele la mano.

doser [3] v tr dosificar.

doseur adj m dosificador; bouchon doseur tapón dosificador.
◆ **doseur** m dosificador (appareil).

dosimétrie f dosimetría.

dossard [dosar] m dorsal (des coureurs).

dosse f costero m (d'un tronc scié) ‖ MIN puntal m, entibo m, ademe m.

dosseret m sobrelomo (d'une scie) ‖ ARCHIT saledizo que sostiene un arco o dintel, jamba f.

dossier m respaldo, espaldar (d'un siège) ‖ cabecera f (de lit) ‖ testera f (de voiture) ‖ autos pl (d'une affaire) ‖ actas f pl procesales, sumario, legajo de un proceso ‖ legajo (de documents) ‖ expediente; avoir un dossier à la police tener un expediente en la policía ‖ historial, historia f; dossier médical historia clínica ‖ expediente [académico] (universitaire) ‖ hoja f de servicios, cartilla f militar (militaire) ‖ documentación f laboral (d'un travailleur) ‖ carpeta f (contenant des documents) ‖ informe (rapport) ‖ causa f; plaider un dossier defender una causa.
◆ **dossiers** m pl asuntos (questions) ‖ le ministre a cette affaire dans ses dossiers el ministro tiene en cartera este asunto.

dossière f sufra (partie dun harnais) ‖ espaldar m (d'une cuirasse).

Dostoïevski [dɔstɔjefski] n pr Dostoievski.

dot [dɔt] m dote f.

dotal, e, aux adj DR dotal; biens dotaux bienes dotales.

dotation f dotación ‖ asignación (de crédits).

doté, e adj doté de dotado de.

doter [3] v tr dotar.

douaire [dwɛr] *m* viudedad *f*.

douairière [dwɛrjɛr] *f* viuda que goza de una pensión ou viudedad ‖ FAM señora anciana (vieille dame) ‖ viuda noble (veuve de qualité).

Douala *n pr* GÉOGR Duala, Douala.

douane [dwan] *f* aduana ■ droits de douane derechos arancelarios ‖ marchandises en douane mercancías pendientes de despacho ■ passer la douane pasar por la aduana.

douanier, ère *adj* aduanero, ra; arancelario, ria; union douanière unión aduanera.
◇ *m & f* aduanero, ra.

douar *m* aduar [división administrativa rural del Magreb].

doublage *m* forro, traca *f* (d'un navire) ‖ doblado, dobladura *f*, plegado (action de doubler) ‖ doblaje (d'un film).

double *adj* doble; comptabilité en partie double contabilidad por partida doble ‖ de marca mayor, dos veces; un double traître un traidor de marca mayor ■ AUTOM double carburateur doble carburador ‖ FIG double vue sexto sentido ‖ INFORM double densité doble densidad; double face doble cara ■ à double sens con ou de doble sentido ‖ à double tranchant de doble filo, de dos filos ‖ MÉD en double aveugle a doble ciego (test) ‖ en double exemplaire por duplicado, en dos ejemplares ‖ homme à double face hombre de dos caras ‖ serrure à double tour cerradura de dos vueltas ■ être garé en double file estar aparcado en doble fila ‖ faire coup double matar dos pájaros de un tiro ‖ faire double emploi ser repetido ‖ DR fait en double exemplaire à Paris hecho por duplicado en París ‖ jouer double jeu jugar con dos barajas.
◇ *m* doble, duplo; payer le double pagar el doble ‖ doble, duplicado; le double d'un acte el doble de un acta ‖ doble (cinéma), suplente (théâtre) ‖ SPORTS doble; double messieurs, mixte doble masculino, mixto (tennis) ‖ segundo ejemplar (d'un objet d'art) ‖ cosa *f* repetida ■ double menton sotabarba, papada FAM ‖ doubles de timbres sellos repetidos.
◇ *adv* doble; voir double ver doble ■ au double al doble de, duplicado ‖ en double dos veces, por duplicado, repetido; avoir des timbres en double tener sellos repetidos.

doublé, e *adj* duplicado, da ‖ redoblado, da (redoublé) ‖ doblado, da (plié) ‖ forrado, da; manteau doublé de fourrures abrigo forrado de pieles ‖ doublé de además de, a la par que; c'est un savant doublé d'un artiste es un sabio a la par que un artista.
◆ **doublé** *m* metal sobredorado, dublé (gallicisme) ‖ jugada *f* por banda (billard) ‖ pareja *f*, doblete (chasse) ‖ los dos primeros puestos (sports); faire un doublé copar los dos primeros puestos ‖ doble triunfo.

doubleau *m* ARCHIT solera *f*, viga *f* maestra ‖ arc-doubleau arco perpiaño.

double-blanc *m* blanca *f* doble (domino).
‖ OBSERV pl doubles-blancs.

double-croche *f* MUS semicorchea.
‖ OBSERV pl doubles-croches.

doublement *adv* doblemente ‖ con doble fuerza; ressentir doublement une douleur sentir un dolor con doble fuerza.

doublement *m* duplicación *f* ‖ redoblamiento (redoublement) ‖ doblamiento (pliage).

doubler [3] *v tr* doblar, duplicar (porter au double) ‖ redoblar, aumentar (redoubler) ‖ doblar (plier) ‖ pasar, adelantar, dejar atrás (dépasser un véhicule) ‖ doblar, franquear; doubler un cap doblar un cabo ‖ redoblar; doubler le pas redoblar el paso ‖ repetir; doubler une classe repetir un curso ‖ forrar; doubler un vêtement forrar un vestido ‖ sacar una vuelta de ventaja (sports) ‖ doblar (cinéma) ‖ poner doble; doubler un fil poner un hilo doble ‖ THÉÂTR sustituir a un actor ■ doubler sa vitesse redoblar la velocidad ■ défense de doubler prohibido adelantar (voitures).
◇ *v intr* doblar, duplicarse; la population a doublé en vingt ans la población se ha duplicado en veinte años.

doublet [dublɛ] *m* doblete (pierre fausse) ‖ GRAMM doblete ‖ TECHN dipolo (antenne).

doubleuse *f* TECHN máquina para encanillar varios hilos.

doublier *m* toalla *f* grande (essuie-main) ‖ comedero doble (bergerie).

doublon *m* doblón (monnaie) ‖ IMPR repetición *f*.

doublure *f* forro *m* (d'un vêtement) ‖ doble *m* (cinéma) ‖ THÉÂTR suplente *m*, sobresaliente *m*, actor *m* ou actriz de doblaje.

Doubs [du] *n pr m* GÉOGR Doubs (département); dans le Doubs en Doubs.

douce ► **doux**.

douce-amère *f* BOT dulcamara.
◇ *adj* ► **doux-amer**.
‖ OBSERV pl douces-amères.

douceâtre [dusatr] *adj* dulzón, ona.

doucement *adv* dulcemente (avec bonté) ‖ suavemente, con suavidad; l'aiguille est entrée doucement la aguja entró suavemente ‖ despacio, lentamente; marcher doucement andar despacio; parler doucement hablar despacio ‖ bajito, bajo, en voz baja (à voix basse) ‖ regular; así, así; le malade va tout doucement el enfermo está así, así.
◆ **doucement!** *interj* ¡poco a poco!, ¡despacio!

doucereusement [dusrøzmɑ̃] *adv* melosamente, con demasiada dulzura.

doucereux, euse [dusrø, øz] *adj* dulzón, ona; dulzarrón, ona; saveur doucereuse sabor dulzón ‖ [▷ SYN] FIG dulzón, ona; almibarado, da; empalagoso, sa; zalamero, ra (personnes).
‖ SYN douceâtre dulzón; mielleux meloso; sucré empalagoso, meloso; patelin, patelineur zalamero; papelard camandulero; chattemite mosquita muerta; benoît santurrón, hipócrita.

doucet, ette *adj* algo dulce.

doucette *f* BOT hierba de los canónigos (mâche).

doucettement *adv* FAM despacio, suavemente.

douceur *f* dulzura, dulzor *m*; la douceur du sucre el dulzor del azúcar ‖ suavidad (au toucher) ‖ benignidad (du climat) ‖ [▷ SYN] FIG dulzura, suavidad (du caractère) ‖ tranquilidad, calma (tranquillité) ■ FAM en douceur a la chita callando, como quien no quiere la cosa ‖ prendre une chose en douceur tomar una cosa con calma.
◆ **douceurs** *f pl* golosinas ‖ requiebros *m pl*, piropos *m pl* (propos galants).
‖ SYN mansuétude mansedumbre; onction unción.

douche *f* ducha ‖ FIG & FAM reprimenda, rociada (réprimande) ‖ chasco *m* (désappointement) ■ FAM douche écossaise ducha de agua fría ‖ FIG douche froide jarro de agua fría ‖ prendre une douche ducharse, tomar una ducha ‖ FAM quelle douche! ¡qué remojón! (pluie).

doucher [3] *v tr* duchar, dar una ducha ‖ FIG & FAM desilusionar, echar un jarro de agua fría (désappointer).

doucine *f* ARCHIT gola, cimacio *m* (moulure) ‖ TECHN cepillo *m* bocel.

doucir [32] *v tr* esmerilar, bruñir (dépolir).

doucissage *m* esmerilado, bruñido.

doudoune *f* plumón *m*.

doué, e *adj* dotado, da ‖ capaz; capacitado, da; competente; tu es le plus doué pour cela eres el más capacitado para eso ‖ être doué pour tener facilidad ou habilidad para.

douelle *f* ARCHIT dovela (d'un voussoir) ‖ duela (douve de tonneau).

douer [6] *v tr* dotar.

douille [duj] *f* mechero *m*, cañón *m* (d'un chandelier) ‖ cubo *m* (d'une baïonnette) ‖ casquillo *m*, casquete *m* (d'une balle, d'une ampoule électrique) ‖ cartucho *m* (de cartouche).

douillet, ette [dujɛ, ɛt] *adj* blando, da; muelle; mullido, da; lit douillet cama mullida ‖ confortable; cómodo, da (confortable).
◇ *adj & s* FIG delicado, da; sensible (délicat).

douillette [dujɛt] *f* abrigo *m* acolchado, dulleta (gallicisme).

douillettement [dujɛtmɑ̃] *adv* blandamente, muellemente.

douleur *f* dolor *m*; la douleur de perdre un ami el dolor por la pérdida de un amigo ‖ ressentir des douleurs sentir ou tener dolores.
◆ **douleurs** *f pl* reumatismo *m sing* (rhumatisme).

douloureusement *adv* dolorosamente.

douloureux, euse *adj & s* doloroso, sa.
◆ **douloureuse** *f* FAM dolorosa (note à payer).

douma *f* duma [asamblea legislativa en la Rusia zarista].

douro *m* duro (monnaie espagnole de 5 pesetas).

Douro *n pr m* GÉOGR le Douro el Duero.

doute *m* duda *f*; sans doute sin duda; hors de doute fuera de duda ■ nul doute que no hay duda que ‖ sans aucun doute sin duda alguna ■ il n'y a pas de doute no hay duda, no cabe duda ‖ mettre en doute poner en tela de juicio.

douter [3] *v tr* dudar; je doute qu'il accepte dudo que acepte ‖ no fiarse de; je doute de sa parole no me fío de su palabra ‖ ne douter de rien no temer nada, confiar demasiado en sí.
◆ **se douter** *v pr* sospechar, figurarse; je m'en doutais lo sospechaba, me lo figuraba.

OBSERV En las frases negativas o interrogativas el verbo douter suele ir seguido de la negación ne excepto cuando el hecho de que se trata es indudable (je ne doute pas qu'il ne vienne bientôt, je ne doute pas que cela soit vrai).

douteur, euse *m* & *f* incrédulo, la; desconfiado, da.

douteux, euse *adj* dudoso, sa ▌equívoco, ca; individu de mœurs douteuses individuo de costumbres equívocas ▌ambiguo, gua; incierto, ta; chemise de couleur douteuse camisa de un color incierto.

▌ **SYN** incertain incierto; aléatoire aleatorio; problématique problemático.

douvain *m* madera *f* de roble para fabricar duelas.

douve *f* duela (des tonneaux) ▌zanja (steeple-chase) ▌**AGRIC** zanja de desagüe (de drainage) ▌**BOT** ranúnculo *m* venenoso (renoncule) ▌**MIL** foso *m* (fossé) ▌duela (du foie).

douvelle *f* duela pequeña.

Douvres *n pr* **GÉOGR** Dover.

doux, douce [du, dus] *adj* dulce; douce comme le miel dulce como la miel ▌suave; peau douce cutis suave ▌suave; voix douce voz suave ▌dulce, agradable; grato, ta; doux souvenir recuerdo grato ▌dulce; regard doux mirada dulce ▌dulce; bondadoso, sa; afable; caractère doux carácter bondadoso ▌suave; pente douce cuesta suave ▌lento, ta; feux doux fuego lento ▌suave; templado, da; vent doux viento suave ▌templado, da; benigno, na (climat) ▌manso, sa (animaux) ▌**GRAMM** suave (consonne) ▌**TECHN** dulce, dúctil; fer doux hierro dulce ▌billet doux carta ou esquela amorosa ▌doux propos galanterías, requiebros ■ faire les yeux doux mirar con ternura ou cariño.

➤ **doux** *m* lo dulce, lo agradable.

➤ **doux** *adv* lentamente, poco a poco (lentement) ▌**FAM** en douce como quien no quiere la cosa, a la chita callando ▌tout doux despacito, poco a poco ■ filer doux someterse, obedecer ▌il fait doux hace un tiempo agradable, templado.

doux-amer, douce-amère *adj* que mezcla dulzura y amargura.

▌ **OBSERV** pl doux-amers, douces-amères.

douzain *m* antigua moneda *f* francesa ▌**POÉT** estrofa *f* de doce versos.

douzaine *f* docena ▌unos, unas doce; une douzaine d'heures unas doce horas ▌à la douzaine por docenas.

douze *adj* & *s* doce ▌les Douze los Doce (membres de la CEE).

douze-huit *m inv* **MUS** compás de doce por ocho.

douzième *adj* duodécimo, ma; dozavo, va.

◇ *m* dozavo (la douzième partie) ▌douzième provisoire duodécima parte *f* del presupuesto.

douzièmement [duzjɛmmɑ̃] *adv* en duodécimo lugar.

doxologie *f* **RELIG** doxología.

doyen, enne [dwajɛ̃, ɛn] *adj* & *s* decano, na (université).

➤ **doyen** *m* deán (supérieur d'un chapitre) ▌superior, prior (d'une abbaye).

doyenné [dwajɛne] *m* deanato (dignité et circonscription du doyen) ▌casa *f* del deán (habitation du doyen).

◇ *f* pera de agua.

doyenneté [dwajɛnte] *f* (vx) decanato *m* (qualité du doyen d'âge).

DP (abr de délégué du personnel) *m* delegado del personal.

DPLG (abr de diplômé par le gouvernement) *adj* un architecte DPLG un arquitecto diplomado por el gobierno francés.

DQ (abr écrite de dernier quartier de lune) cuarto menguante.

Dr (abr écrite de docteur) Dr. *m*, Dra. *f*.

DR (abr écrite de drachme) DR.

dr. (abr écrite de droite) dcha.

drachme [drakm] *f* dracma.

draconien, enne *adj* draconiano, na; drástico, ca.

drag *m* drag, coche inglés.

dragage; draguage *m* dragado, dragaje (gallicisme).

dragée *f* peladilla (bonbon) ▌gragea (pilule) ▌mostacilla, perdigones *m pl* (menu plomb de chasse) ▌tenir la dragée haute à quelqu'un hacer pagar caro un favor, hacer desear a alguien.

▌ **DRAGÉE** ───────

En los bautizos en Francia se suele regalar a los invitados un cucurucho de papel lleno de peladillas ("un cornet de dragées").

dragéifier [9] *v tr* dar forma de gragea a.

drageoir [draʒwar] *m* bombonera *f*.

drageon [draʒɔ̃] *m* gamonito, sierpe *f* (rejeton d'un arbre).

drageonnement [draʒɔnmɑ̃]; **drageonnage** [draʒɔnaʒ] *m* retoño por la raíz.

drageonner [3] *v intr* **BOT** retoñar por la raíz.

dragline [draglajn] *f* excavadora mecánica, dragalina.

dragon *m* dragón.

dragon, onne *adj* de dragón; dragontino, na.

dragonnades *f pl* **HIST** dragonadas.

dragonne *f* **MIL** dragona, correa (du sabre).

dragonnier *m* **BOT** drago.

draguage ➤ **dragage**.

drague *f* draga ▌red barredera (filet).

draguer [3] *v tr* dragar ▌pescar con red barredera ▌**FAM** ligar.

dragueur, euse *adj* & *s* dragador, ra ▌**FAM** ligón, ona; quel dragueur! ¡menudo ou vaya ligón! ▌dragueur de mines dragaminas.

➤ **dragueuse** *f* draga (bateau).

draille [draj] *f* **MAR** nervio *m*.

drain *m* tubo de desagüe, desaguadero, encañado ▌**MÉD** tubo de drenaje, cánula *f* ▌gros drain colector de drenaje.

drainage *m* avenamiento, drenaje (terrain) ▌**MÉD** drenaje.

draine ➤ **drenne**.

drainé, e *adj* avenado, da; encañado, da; desecado, da.

drainer [4] *v tr* drenar, desecar ▌**AGRIC** avenar, encañar ▌**FIG** arrastrar, absorber ▌**MÉD** drenar.

draineur *m* avenador, encañador, desecador.

draisienne *f* draisina (bicyclette primitive).

draisine [drɛzin] *f* vagoneta, carretilla de servicio (chemin de fer).

drakkar *m* barco de los piratas normandos.

dramatique *adj* dramático, ca.

◇ *m* dramatismo; c'est d'un dramatique excessif es de un dramatismo excesivo.

◇ *f* obra de teatro (à la télévision).

dramatiquement *adv* dramáticamente.

dramatisation *f* dramatización.

dramatiser [3] *v tr* dramatizar.

dramaturge [dramatyrʒ] *m* dramaturgo.

dramaturgie [dramatyrʒi] *f* dramaturgia.

drame *m* drama ▌drame familial drama familiar ▌drame lyrique drama lírico, ópera.

▌ **SYN** mélodrame melodrama; tragédie tragedia; tragi-comédie tragicomedia.

drap [dra] *m* paño (étoffe); gros drap paño basto ▌sábana *f* (de lit); drap de dessous sábana bajera; drap de dessus sábana encimera ■ drap de plage toalla de playa ▌drap d'or, d'argent tisú de oro, de plata ▌drap mortuaire paño fúnebre ▌drap vert el paño (billard) ■ **FAM** être dans de beaux draps estar metido en un lío, estar en un apuro ▌nous voilà dans de beaux draps! ¡estamos aviados ou frescos!

drapé *m* drapeado.

drapeau *m* [▷ **SYN**] bandera *f* ▌**SPORTS** banderín ▌bandera *f* (cirque) ▌**TAUROM** bandera *f* ▌**FIG** símbolo, bandera *f* (signe) ▌abanderado, símbolo (personne) ▌**IMPR** banderilla ▌**INFORM** drapeau de signalisation d'erreur bandera de señalización de error ■ **AVIAT** hélice en drapeau hélice con las palas paralelas al sentido de marcha ■ **MIL** être sous les drapeaux estar sirviendo en el ejército, estar haciendo el servicio militar ▌**FAM** planter un drapeau dejar una trampa, marcharse sin pagar ▌se ranger sous le drapeau de quelqu'un alistarse en el partido de alguien.

▌ **SYN** pavillon pabellón, bandera; couleurs colores; étendard estandarte; banderole banderola; bannière pendón; guidon banderín; oriflamme oriflama.

drapement *m* colocación *f* de paños ou cortinajes.

draper [3] *v tr* cubrir con un paño, revestir ▌colgar (orner de draperies) ▌poner un drapeado, drapear (un vêtement) ▌**ARTS** disponer los ropajes.

➤ **se draper** *v pr* envolverse, arrebujarse (dans son manteau), embozarse (dans une cape) ▌**FIG** envolverse, encastillarse, escudarse (dans sa dignité, sa vertu, etc.).

draperie [drapri] *f* fábrica de paños (fabrication) ▌oficio *m* de pañero (métier) ▌pañería (boutique) ▌**ARTS** ropaje *m*.

➤ **draperies** *f pl* colgaduras, tapices *m*, reposteros *m* (tentures).

drap-housse *m* sábana ajustable.

▌ **OBSERV** pl draps-housses.

drapier, ère *m* & *f* pañero, ra.

drastique *adj* & *s m* drástico, ca.

dravidien, enne *adj* dravídico, ca; littérature dravidienne literatura dravídica.
◇ *m & f* drávida.

drawback [drobak] *m* COMM drawback, reintegro de los derechos de aduana pagados por las materias primas que sirvieron para productos de exportación, prima *f* a la exportación.

drayage [drɛjaʒ] *m* zurra *f* (corroyage).

drayer [11] [drɛje] *v tr* zurrar (les cuirs, les peaux).

drayoire [drɛjwar] *f* escalpo *m*, cuchilla de curtidor (couteau des corroyeurs).

drêche *f* residuo *m* de la cebada utilizada en la fabricación de la cerveza.

drège; dreige *f* red barredera.

drelin *m* tilín, tilín; tintineo.

drenne; draine *f* ZOOL cagaaceite *m*, tordo *m* mayor.

Dresde *n pr* GÉOGR Dresde.

dressage *m* alzamiento, erección *f*, levantamiento (érection) ‖ doma *f* (de chevaux) ‖ amaestramiento, adiestramiento (de divers animaux) ‖ TECHN enderezamiento (fil métallique, surface plane).

dressé, e *adj* puesto, ta, preparado, da (une table) ‖ amaestrado, da, domado, da (un animal).

dresser [4] *v tr* poner derecho, enderezar (remettre droit); dresser un poteau enderezar un poste ‖ alzar, levantar, erguir (élever) ‖ erigir, levantar (statue, monument) ‖ armar, montar; dresser un lit armar una cama ‖ poner, preparar; dresser la table poner la mesa ‖ levantar, redactar, extender; dresser un acte levantar acta ‖ hacer (une liste, un contrat, etc.) ‖ redactar, elaborar (des statuts) ‖ trazar, alzar, levantar (un plan) ‖ levantar, hacer, trazar (une carte) ‖ establecer, preparar, idear (des plans) ‖ disponer (disposer), arreglar (arranger) ‖ amaestrar, adiestrar; dresser une puce amaestrar una pulga ‖ domar (chevaux) ‖ FAM hacer entrar en vereda, encauzar (faire obéir) ‖ instruir, formar (un enfant, un domestique, etc.) ‖ tender; dresser un piège tender un lazo ‖ levantar, tender (des embûches) ‖ aguzar; dresser l'oreille aguzar el oído ‖ aderezar (cuisine) ‖ FIG enfrentar con, oponer a, levantar contra; dresser une personne contre une autre enfrentar una persona con otra ‖ TECHN enderezar ■ dresser un constat levantar un atestado ‖ faire dresser les cheveux sur la tête erizar los cabellos, poner los pelos de punta.
➡ **se dresser** *v pr* ponerse en ou de pie, levantarse, erguirse (se lever) ‖ erizarse (cheveux) ‖ elevarse, alzarse (s'élever) ■ FIG se dresser contre rebelarse, sublevarse ‖ se dresser sur la pointe des pieds ponerse de puntillas ‖ se dresser sur ses ergots engallarse.

dresseur, euse *m & f* domador, ra.

dressing; dressing-room *m* guardarropa.
▨ OBSERV pl dressings, dressing-rooms.

dressoir *m* aparador, trinchero (vaisselier).

dreyfusard, e *adj & s* partidario, ria de Dreyfus.

DRH *m* (abr de directeur des ressources humaines) director de recursos humanos.
◇ *f* (abr de direction des ressources humaines) dirección de recursos humanos.

dribble; dribbling *m* regate, quiebro, finta *f*, gambeteo (football).

dribbler [3] *v tr* driblar, regatear, dar un quiebro, gambetear (football).

dribbling ➡ **dribble**.

drill [dril] *m* dril, mono cinocéfalo de África occidental.

drille *m* HIST soldado ■ FAM bon drille buen chico, buen muchacho ‖ joyeux drille gracioso ‖ pauvre drille pobre diablo, infeliz.
◇ *f* TECHN broca, parahúso *m* (porte-foret).
➡ **drilles** *f pl* trapos viejos (chiffons pour faire le papier).

drisse *f* MAR driza ‖ MAR fausse drisse contradriza.

drive [drajv] *m* SPORTS drive, derecho, golpe natural (tennis) ‖ drive, golpe largo (golf).

drive-in *m inv* drive-in, autocine.

driver [3] [drajve] *v tr* conducir un sulky ‖ SPORTS dar un golpe natural (tennis) ‖ dar un drive (golf).

driver [drajvœr] *m* conductor, ra de un sulky (jockey) ‖ SPORTS driver (club de golf) ‖ INFORM controlador.

drogman *m* drogmán, dragomán, trujamán (interprète).

drogue *f* droga; drogue douce, dure droga blanda, dura.

drogué, e *adj & s* drogadicto, ta.

droguer [3] *v tr* drogar.
◇ *v intr* FIG & FAM esperar mucho, aguardar, estar de plantón (se morfondre).
➡ **se droguer** *v pr* drogarse, abusar de medicinas ou drogas.

droguerie [drɔgri] *f* droguería.

droguet [drɔgɛ] *m* droguete (tissu).

droguiste *m* droguista, droguero.

droit *m* derecho; droit canon, civil, commercial, constitutionnel, coutumier derecho canónico, civil, mercantil, político, consuetudinario ‖ justicia; faire droit hacer justicia ■ DR droit de garde patria potestad ‖ droit d'entrée cuota de entrada ‖ droit de regard derecho de inspección ‖ droit de réponse derecho de respuesta ‖ droit de vote derecho de voto ‖ droit du plus fort derecho del más fuerte ‖ droit fiscal derecho fiscal ‖ droits acquis derechos adquiridos ‖ droits d'auteur derechos de autor ‖ droits de consommation impuesto sobre consumos ‖ droits de douane aranceles, derechos de aduana, derechos arancelarios ‖ droits de régale derecho de regalía ‖ droits d'inscription derechos de matrícula ‖ droits fiscaux tributos ■ à bon droit con razón ‖ à qui de droit a quien corresponda ‖ de droit de derecho ‖ de plein droit con pleno derecho ‖ avant faire droit antes del juicio definitivo ■ avoir droit de cité quelque part gozar de las prerrogativas de los ciudadanos de un lugar, ser aceptado (sens figuré) ‖ faire droit à une requête acoger favorablemente una demanda, satisfacer ou estimar una demanda ‖ faire son droit estudiar Derecho.

droit *adv* en pie (debout) ‖ directamente, derecho (directement) ‖ derecho; marcher droit ir derecho ‖ FIG rectamente, con rectitud; juger droit juzgar rectamente ■ tout droit dere-

chito, todo seguido ■ aller droit au but ir al grano.

droit, e [drwa, drwat] *adj* derecho, cha; le bras droit el brazo derecho ‖ GÉOM recto, ta; ligne droite línea recta; angle droit ángulo recto ‖ FIG recto, ta ■ droit comme un cierge derecho como una vela ■ FIG cœur droit corazón recto, sincero ‖ esprit droit conciencia recta ‖ le droit chemin el buen camino, el camino de la virtud ■ c'est tout droit es todo seguido (chemin).

droite *f* derecha, diestra (main) ‖ derecha (d'une assemblée) ‖ GÉOM recta ■ à droite a la derecha ‖ à droite et à gauche a diestro y siniestro.

droitement [drwatmã] *adv* rectamente.

droit-fil *m* couper dans le droit-fil cortar al hilo.
▨ OBSERV pl droits-fils.

droitier, ère *adj & s* persona que se sirve principalmente de la mano derecha.
➡ **droitier** *m* derechista, diputado de la derecha.

droiture *f* rectitud, derechura.
▨ SYN équité equidad; justice justicia.

drolatique *adj* chistoso, sa; divertido, da.

drôle *adj* gracioso, sa; chistoso, sa; chusco, ca; une anecdote très drôle una anécdota muy graciosa ‖ extraño, ña; curioso, sa; raro, ra (étrange) ‖ divertido, da (amusant); un film drôle una película divertida ■ drôle de extraño, ña; singular; peregrino, na; une drôle d'idée una idea peregrina ‖ drôle de temps! ¡vaya un tiempo! ‖ la drôle de guerre la guerra boba ■ ce n'est pas drôle maldita la gracia que tiene ‖ c'est drôle es extraño (c'est bizarre), me hace gracia; c'est drôle de te voir ici me hace gracia verte aquí ‖ c'est drôle! ¡tiene gracia! ‖ se sentir tout drôle sentirse raro.
◇ *m* (vx) bribón, truhán ‖ hombre gracioso y original, extravagante, cachondo.
◇ *adv* FAM ça me fait tout drôle me hace gracia (amuser), me hace una impresión rara ou extraña (étonner).

drôlement *adv* graciosamente, chistosamente ‖ extrañamente, curiosamente, de una manera singular (bizarrement) ‖ FAM tremendamente, enormemente ■ il fait drôlement froid hace un frío bestial ou polar.

drôlerie [drolri] *f* gracia ‖ extravagancia, singularidad (chose bizarre).

drôlesse *f* (vx) bribona, mujer desvergonzada (femme effrontée).

drôlet, ette [drolɛ, ɛt] *adj* gracioso, sa; divertido, da (assez drôle).

dromadaire *m* dromedario.

drome *f* MAR arboladura (mâture) ‖ armadía (bois flottant).

Drôme [drom] *n pr f* GÉOGR Drôme (département); dans la Drôme en Drôme.

drop; drop-goal *m* drop.
▨ OBSERV pl drops; drop-goals.

droppage *m* lanzamiento de hombres y material desde un avión.

drosera ➡ **drosère**.

droséracées *f pl* BOT doseráceas.

drosère *f*; **drosera** *m* BOT drosera *f*, cazamoscas *m*.

drosophile *f* drosófila (insecte).

drosse *f* MAR guardín *m* (du gouvernail) ‖ troza, boza (des vergues).

drosser [3] *v tr* MAR arrastrar, desviar (dévier).

dru, e *adj* tupido, da; blé dru trigo tupido ‖ recio, cia; pluie drue lluvia recia ‖ volandero, ra (oiseau).
➤ **dru** *adv* abundantemente, copiosamente (en grande quantité) ‖ la pluie tombe de plus en plus dru la lluvia arrecia.

drugstore [drœgstɔr] *m* drugstore.

druide, esse *m & f* druida, druidesa (prêtre, prêtresse celte).

druidique *adj* druídico, ca.

druidisme *m* druidismo.

drupacé, e *adj & s* BOT drupáceo, a.

drupe *m ou f* BOT drupa *f*.
‖ OBSERV Esta palabra se emplea sobre todo en femenino.

druses *m pl* drusos.

druze *adj* druso, sa.

dry [draj] *adj* seco, ca; Martini dry Martini seco.

dryade [drijad] *f* dríade, dríada (nymphe des bois).

dry-farming *m* cultivo de secano.

DST (abr de Direction de la surveillance du territoire) *f* servicio de inteligencia de la policía francesa fundado en 1934.

DT (abr de diphtérie-tétanos) *m* vacuna contra la difteria y el tétanos.

D.T.COQ (abr de diphtérie-tétanos-coqueluche) *m* vacuna *f* triple.

DTCP (abr de diphtérie-tétanos-coqueluche-polio) *m* vacuna contra la difteria, el tétanos, la tos ferina y la poliomielitis.

DTP (abr de diphtérie, tétanos, polio) *m* vacuna contra la difteria, tétanos y poliomielitis.

DTTAB (abr de diphtérie, tétanos, tiphoïde A et B) *m* vacuna contra la difteria, tétanos y tifoideas A y B.

DTU (abr de dinar tunisien) *m* DTU.

du [dy] *art* del ‖ du vivant de mon père en vida de mi padre.
‖ OBSERV 1. Contraction de de et de le.
2. Lorsque du est employé comme partitif, on le supprime en espagnol: donne-moi du fromage dame queso. On le traduit cependant lorsqu'il est déterminé: donne-moi du fromage d'hier dame del queso de ayer.

dû, due *adj* debido, da.
➤ **dû** *m* lo debido, lo que se debe; il ne veut que son dû sólo pide lo que se le debe ‖ FIG avoir son dû llevar su merecido ‖ réclamer son dû reclamar lo que se le debe a uno.

dual, e *adj* dual.

dualisme *m* dualismo.

dualiste *adj & s* dualista.

dualité *f* dualidad, dualismo *m*.

dubitatif, ive *adj* dubitativo, va.

dubitativement *adv* dubitativamente.

Dublin *n pr* GÉOGR Dublín.

duc *m* duque (titre); monsieur le duc el señor duque ‖ búho (hibou) ‖ (ancien) victoria *f* (voiture à quatre roues) ■ grand duc búho ‖ petit duc buharro.

ducal, e *adj* ducal.

ducasse *f* feria, fiesta patronal (dans le nord de la France).

ducat [dyka] *m* ducado (monnaie d'or).

ducaton *m* ducado de plata (monnaie).

duce *m* duce, jefe (chef).

duché *m* ducado (domaine ducal) ‖ duché-pairie ducado con dignidad de par.

duchesse *f* duquesa; madame la duchesse la señora duquesa ‖ (ancien) canapé *m* ‖ pera de agua (poire) ‖ FAM mujer presuntuosa (femme vaniteuse) ‖ FIG & FAM faire la duchesse dárselas de marquesa.

ducroire *m* COMM prima *f* dada al comisionista responsable ‖ comisionista responsable.
‖ OBSERV Úsase a veces el sinónimo italiano del credere.

ductile *adj* dúctil ‖ FIG dúctil; acomodadizo, za (maniable).

ductilité *f* ductilidad.

dudit *adj* susodicho, cha; antedicho, a.
‖ OBSERV pl desdits.

duègne *f* dueña ‖ (ancien) señora de compañía, carabina FAM ‖ FIG vieja desagradable (vieille femme revêche) ‖ THÉÂTR característica.

duel, elle *adj* dual.
➤ **duel** *m* [▷ SYN] duelo, desafío (combat) ‖ GRAMM dual.
‖ SYN rencontre desafío; affaire d'honneur lance de honor.

DUEL; Duel (abr de diplôme universitaire d'études littéraires) *m* antiguo título universitario de estudios literarios, en Francia.

duelliste *m* duelista.

DUES; Dues (abr de diplôme universitaire d'études scientifiques) *m* antiguo título universitario de estudios científicos, en Francia.

duettiste *m & f* duetista.

duetto *m* MUS dueto.

duffel-coat; duffle-coat *m* trenca *f*.
‖ OBSERV pl duffel-coats; duffle-coats.

dugong *m* dugong, vaca *f* marina (cétacé).

dulcification *f* dulcificación.

dulcifier [9] *v tr* dulcificar.

dulcinée *f* dulcinea, mujer amada.

Dulcinée *n pr f* Dulcinea del Toboso.

dulie *f* RELIG dulía (culte).

dum-dum [dumdum] *f* dum-dum, bala explosiva.

dûment *adv* debidamente, en debida forma ‖ dûment affranchi debidamente franqueado.

dumping [dœmpiŋ] *m* COMM dumping, inundación *f* del mercado con productos a bajo precio.

dundee [dœndi] *m* pequeño velero inglés.

dune *f* duna.

dunette *f* MAR toldilla, alcázar *m*, castillo *m* de proa.

Dunkerque [dœkerk] *n pr* GÉOGR Dunkerque.

duo *m* MUS dúo.

duodécimal, e *adj* duodecimal.

‖ OBSERV L'adjectif espagnol duodécimo se traduit par douzième.

duodénal, e *adj* ANAT duodenal.

duodénite *f* MÉD duodenitis.

duodénum [dyɔdenɔm] *m* ANAT duodeno.

duodi *m* duodi, segundo día de la década del calendario republicano francés.

dupe *adj & s f* engañado, da (trompé) ‖ fácil de engañar, inocente, primo POP ‖ FIG víctima ■ un jeu de dupes un timo ■ être dupe quedar burlado, chasqueado ‖ être dupe de... dejarse engañar por..., ser víctima de... ‖ faire des dupes timar, estafar ‖ faire une dupe engañar ‖ n'être pas dupe de quelqu'un, de quelque chose no dejarse engañar por, no hacerse ilusiones con alguien ou algo.

duper [3] *v tr* embaucar, engañar.

duperie *f* engaño *m*, engañifa, primada POP (tromperie) ‖ timo *m*, estafa (escroquerie).

dupeur, euse *m & f* engañador, ra; embaucador, ra ‖ timador, ra (escroc).

duplex *adj* doble, duplo.
◇ *m* TECHN dúplex (métallurgie et télécommunications); émission en duplex programa de televisión en dúplex [en directo desde dos sitios distintos] ‖ dúplex (appartement).

duplexage *m* enlace duplex.

duplexer [4] *v tr* establecer un enlace duplex en.

duplexeur *m* dispositivo para enlace duplex.

duplicata *m inv* duplicado ‖ en ou par duplicata duplicado, da; con copia.

duplicateur *m* duplicador ‖ multicopista *f*.

duplicatif, ive *adj* duplicativo, va.

duplication *f* duplicación ‖ enlace *m* duplex (télécommunications).

duplicité *f* duplicidad, doblez.

dupliquer [3] *v tr* duplicar.

duquel *pron rel* (forma contracta de de lequel) del cual.
‖ OBSERV pl desquels.

dur, e *adj* duro, ra; métal dur metal duro ‖ FIG difícil; penoso, sa; dur à croire difícil de creer ‖ duro, ra; resistente; sufrido, da; dur au travail resistente al trabajo ‖ severo, ra; duro, ra; dur pour ses élèves severo con sus alumnos ‖ turbulento, ta; difícil; cet enfant est très dur este niño es muy turbulento ‖ fuerte (consonne) ■ eau dure agua gorda, dura ‖ œuf dur huevo duro ‖ vin dur vino áspero ‖ FAM dur à avaler duro de roer; une matière dure à avaler una asignatura dura de roer; difícil de tragar; une offense dure à avaler una ofensa difícil de tragar; difícil de creer (incroyable) ‖ dur à cuire duro de pelar ‖ dur comme fer firmemente ■ avoir la tête dure ser duro de mollera ‖ avoir la vie dure llevar una vida difícil ‖ avoir l'oreille dure, être dur d'oreille ser tardo ou duro de oído, ser teniente POP ‖ FAM être dur à digérer ser duro de tragar ‖ être dur à la détente ser difícil de disparar, tener el gatillo duro (pistolet), ser poco decidido (peu résolu), ser tacaño (avare) ‖ le plus dur reste à faire queda el rabo por desollar.
➤ **dur** *adv* duramente, enérgicamente, mucho, de firme; il travaille dur trabaja mu-

cho ■ à la dure de manera dura ou ruda, severamente; élever un enfant à la dure educar a un niño severamente ‖ le soleil tape dur el sol aprieta de firme ‖ rendre ou faire la vie dure dar mala vida.

➤ **dur** m lo duro ■ FAM un dur un duro (mauvais garçon) ‖ ARCHIT construction en dur construcción de fábrica.

➤ **dure** f coucher sur la dure dormir en el suelo ‖ FAM en dire de dures poner de vuelta y media ‖ en voir de dures sufrir una dura prueba, pasar las moradas ou la negra FAM.

durabilité f durabilidad, duración.

durable adj duradero, ra; durable.

| SYN permanent permanente; constant constante; stable estable; pérenne perenne.

durablement adv de forma duradera.

dural, e adj ANAT dural.

Duralumin® [dyralymin] m Duraluminio.

duramen [dyramen] m BOT duramen.

Durandal ➤ **Durendal**.

durant prép durante; dix jours durant durante diez días.

| OBSERV Cette préposition se place toujours devant le nom en espagnol.

duratif, ive adj GRAMM durativo, va.

➤ **duratif** m GRAMM forma f durativa.

durcir [32] v tr endurecer ‖ durcir au feu endurecerse con ou en el fuego.
◇ v intr endurecerse.

durcissement m endurecimiento.

durcisseur m endurecedor.

durée f duración ■ durée de vie duración, vida útil (produit), vida (personne) ‖ durée d'immobilisation período de inmovilización (machines) ‖ durée du bail período de arrendamiento ■ de longue durée de larga duración; pile de longue durée pila de larga duración ‖ pour une durée illimitée por un período de tiempo ilimitado ‖ répit de courte durée corto respiro.

durement adv con fuerza (violemment) ‖ con rigor, con crudeza (péniblement) ‖ duramente (sévèrement).

dure-mère f ANAT duramáter, duramadre.

| OBSERV pl dures-mères.

Durendal; Durandal n pr Durindina.

durer [3] v intr [▷ SYN 2] durar ‖ conservarse; vin qui ne dure pas vino que no se conserva ‖ parecer largo; le temps lui dure el tiempo le parece largo ‖ FAM permanecer, estarse quieto (rester) ‖ durar, resistir, vivir (vivre) ‖ faire durer prolongar.

| SYN continuer continuar; persister persistir; se perpétuer perpetuarse.

Dürer n pr Durero.

dureté f dureza (du bois, du fer, d'une pierre, etc.) ‖ dureza, gordura, crudeza (de l'eau) ‖ FIG dureza (de l'oreille, des traits, de la voix, etc.).

➤ **duretés** f pl palabras duras, desagradables.

durham adj & s m durham (race bovine).

durillon [dyrijɔ̃] m dureza f, callosidad f.

Durit® [dyrit] f MÉCAN tubo m flexible; durita, racor m.

Düsseldorf n pr GÉOGR Düsseldorf.

DUT (abr de diplôme universitaire de technologie) m diploma técnico universitario obtenido tras dos años de estudios.

duumvir [dyɔmvir] m HIST duunviro.

duumviral, e [dyɔmviral] adj duunviral.

duumvirat [dyɔmvira] m duunvirato.

duvet [dyvε] m plumón (des oiseaux) ‖ colchón de plumas (matelas) ‖ bozo, vello (poils légers) ‖ BOT pelusa f, lanilla f (des fruits).

duveté, e; duveteux, euse adj velloso, sa.

dynamique adj & s f dinámico, ca.

dynamiquement adv enérgicamente, con dinamismo.

dynamiser [3] v tr dinamizar.

dynamisme m dinamismo.

dynamiste adj & s dinamista.

dynamitage m voladura f con dinamita, dinamitazo.

dynamite f dinamita.

dynamiter [3] v tr volar con dinamita, dinamitar.

dynamiterie f fábrica de dinamita.

dynamiteur, euse m & f dinamitero, ra.

dynamo f ÉLECTR dinamo, dínamo.

dynamoélectrique adj dinamoeléctrico, ca.

dynamographe m dinamógrafo.

dynamomètre m dinamómetro.

dynamométrie f dinamometría.

dynamométrique adj dinamométrico, ca.

dynaste m HIST dinasta (souverain).

dynastie [dinasti] f dinastía.

dynastique adj dinástico, ca.

dyne [din] f PHYS dina (unité de force).

dyscinésie ➤ **dyskinésie**.

dyscrasie f MÉD discrasia, cacoquimia.

dysenterie [disɑ̃tri] f MÉD disentería.

dysentérique adj & s disentérico, ca.

dysfonction f disfunción.

dysfonctionnement m disfunción f ‖ MÉD disfunción f, disergia f.

dysharmonie; disharmonie f falta de armonía, inarmonía.

dyskinésie; dyscinésie f MÉD disquinesia.

dyslalie f MÉD dislalia.

dyslexie f MÉD dislexia.

dyslexique m & adj disléxico, ca.

dysménorrhée f MÉD dismenorrea.

dysmnésie f MÉD dismnesia.

dysorthographie f MÉD disortografía.

dyspepsie f MÉD dispepsia.

dyspepsique; dyspeptique adj & s dispéptico, ca.

dysphagie f MÉD disfagia (difficulté à avaler).

dysphasie f MÉD disfasia (trouble du langage).

dyspnée [dispne] f MÉD disnea.

dysprosium [disprɔzjɔm] m CHIM disprosio.

dystrophie f MÉD distrofia.

dysurie f MÉD disuria.

dysurique adj disúrico, ca.

dytique m dítico (insecte).

dzêta m inv zeta.

E

e; E [ǝ] *m* e *f.*

> OBSERV En francés hay tres e: la e cerrada (é), la e abierta (è) y la e muda. La cerrada tiene el mismo sonido que la e española; la abierta, un sonido intermedio entre la e y a españolas, y la e muda no se pronuncia o, en los casos en que suena, tiene el sonido del diptongo francés eu. La è lleva un acento puramente etimológico que generalmente corresponde a la caída de una s enmudecida, como en **tête** (teste) cabeza, y se pronuncia como una è muy abierta y ligeramente prolongada.

E (abr écrite de est) E.

EAO (abr de enseignement assisté par ordinateur) *m* EAO *f.*

eau [o] *f* agua; l'eau el agua ‖ lluvia; le temps est à l'eau el tiempo está de lluvia ‖ aguas *pl* (brillant); diamant d'une belle eau diamante de hermosas aguas ‖ eaux aguas, balneario *m sing*; aller aux eaux ir a un balneario; prendre les eaux tomar las aguas ‖ estela *sing* (sillage) ‖ GÉOGR aguas; les eaux territoriales las aguas jurisdiccionales ‖ VÉTÉR aguaza *sing* ■ eau bénite agua bendita ‖ eau de Cologne agua de Colonia ‖ eau de fleur d'oranger agua de azahar ‖ eau de Javel lejía ‖ eau de pluie agua de lluvia, agua llovediza ‖ eau de roche agua de manantial ‖ eau de Seltz agua de Seltz ‖ eau de toilette agua de olor ‖ eau de vaisselle agua de fregar ‖ eau dormante agua estancada ‖ eau dure agua gorda ‖ eau gazeuse agua gaseosa ‖ eau lourde agua pesada ‖ eau plate agua natural ‖ eau régale agua regia ‖ eau rougie vino aguado ‖ eau seconde lejía potásica ‖ eaux d'égout, ménagères, résiduelles ou usées aguas residuales ou sucias ‖ eaux mères, minérales, thermales, vannes aguas madres, minerales, termales ou caldas, residuales ‖ Eaux et forêts administración de Montes ‖ grandes eaux los surtidores, las fuentes ‖ trombe d'eau tromba de agua ■ clair comme de l'eau de roche más claro que el agua ‖ comme un poisson dans l'eau como pez en el agua ‖ de la plus belle eau de lo mejorcito ‖ hors d'eau al cubrir aguas el edificio (construction) ‖ roman à l'eau de rose novela rosa ■ être en eau estar empapado de sudor ‖ MAR faire eau hacer agua ‖ faire ou lâcher de l'eau hacer aguada ‖ faire une promenade sur l'eau dar un paseo en barco ou barca ‖ FAM faire venir l'eau à la bouche hacérsele a uno la boca agua ‖ faire venir l'eau à son moulin barrer para dentro, arrimar el ascua a su sardina ‖ FIG il n'est pire eau que l'eau qui dort del agua mansa me libre Dios, que de la brava me guardaré yo ‖ il passera de l'eau sous le pont habrá llo-

vido para entonces ‖ mettre de l'eau dans son vin moderar sus pretensiones, bajársele a uno los humos ‖ FAM nager entre deux eaux nadar entre dos aguas ‖ FIG pêcher en eau trouble pescar en río revuelto ‖ porter de l'eau à la rivière ou à la mer arar en el mar, echar agua en el mar, hacer cosas inútiles ‖ prendre l'eau empaparse (chaussures, etc.) ‖ FAM rester le bec dans l'eau quedarse con dos palmos de narices ou en la estacada ‖ FIG se jeter à l'eau lanzarse ‖ s'en aller ou finir en eau de boudin volverse agua de borrajas ou de cerrajas ‖ se noyer dans un verre d'eau ahogarse en un vaso de agua ‖ se ressembler comme deux gouttes d'eau parecerse como dos gotas de agua ‖ FIG tomber à l'eau fracasar, irse al agua.

EAU (abr de Emirats arabes unis) *m pl* EAU.

eau-de-vie *f* aguardiente *m.*
> OBSERV pl eaux-de-vie.

eau-forte *f* agua fuerte (acide nitrique) ‖ aguafuerte (estampe).
> OBSERV pl eaux-fortes.

ébahi, e [ebai] *adj* boquiabierto, ta; pasmado, da (très surpris) ‖ mine ébahie cara de pasmado ou pasmada.

> SYN ébaubi atónito; abasourdi aturrullado; étourdi atolondrado; troublé turbado; sidéré atónito; médusé pasmado; interloqué sorprendido; éberlué atónito; pétrifié petrificado; ahuri atontado, atolondrado; estomaqué turulato; baba patidifuso; épaté pasmado; stupéfait estupefacto.

ébahir [32] *v tr* sorprender, asombrar, dejar pasmado, da.
→ **s'ébahir** *v pr* quedarse con la boca abierta, pasmarse.

ébahissement *m* estupefacción (étonnement) ‖ embeleso, embobamiento (émerveillement).

ébarbage *m* desbarbadura *f* (action) ‖ MÉCAN desbarbado.

ébarber [3] *v tr* desbarbar.

ébarbeuse *f* desbarbadora, desgranador *m* (machine).

ébarboir *m* desbarbador (outil).

ébarbure *f* rebaba (bavure).

ébardoir *m* raspador triangular (grattoir).

ébats [eba] *m pl* retozos, jugueteos (mouvements folâtres) ‖ se livrer à des ébats retozar, divertirse.

ébattre [83]
→ **s'ébattre** *v pr* juguetear, retozar (batifoler) ‖ divertirse, distraerse, recrearse (s'amuser).

ébaubi, e *adj* FAM atónito, ta; pasmado, da; embobado, da (étonné).

ébaubir [32]
→ **s'ébaubir** *v pr* quedarse atónito, ta; embobarse; quedarse pasmado, da.

ébauchage *m* esbozo, bosquejo ‖ TECHN desbaste.

ébauche *f* bosquejo *m*, esbozo *m*, boceto *m* (esquisse) ‖ FIG esbozo *m*, inicio *m* (d'un sourire) ‖ TECHN pieza desbastada.

ébaucher [3] *v tr* esbozar, bosquejar ‖ FIG esbozar, dibujar; ébaucher un sourire esbozar una sonrisa ‖ iniciar, comenzar; ébaucher une conversation iniciar una conversación ‖ TECHN desbastar (dégrossir).

ébaucheur *m* TECHN desbastador.

ébauchoir *m* desbastador ‖ palillo, espátula *f* (de sculpteur) ‖ formón (de charpentier).

ébaudir [32]
→ **s'ébaudir** *v pr* (vx) divertirse.

ébavurage *m* desbarbado.

ébavurer [3] *v tr* quitar la rebaba, desbarbar (enlever les bavures).

ébénacées *f pl* BOT ebenáceas.

ébène *f* ébano *m* (bois) ‖ ébano (couleur) ■ FIG bois d'ébène esclavos negros ‖ marchand de bois d'ébène negrero.

ébénier *m* ébano (arbre) ‖ faux ébénier cítiso, codeso (cytise).

ébéniste *m* ebanista.

ébénisterie *f* ebanistería.

éberlué, e *adj* asombrado, da; atónito, ta; pasmado, da (stupéfait).

éberluer [3] *v tr* asombrar, dejar atónito ou pasmado.

éblouir [32] [ebluir] *v tr* deslumbrar; la lumière des phares nous éblouit la luz de los faros nos deslumbra ‖ FIG maravillar, embelesar, cautivar (émerveiller) ‖ deslumbrar, cegar, hacer perder la cabeza; ses succès l'ont ébloui sus éxitos le han cegado.

éblouissant, e [ebluisᾱ, ᾱt] *adj* deslumbrante; deslumbrador, ra ‖ FIG resplandeciente; d'éblouissants feux d'artifice unos fuegos artificiales resplandecientes ‖ sorprendente; brillantísimo, ma; une éloquence éblouissante una elocuencia brillantísima.

éblouissement [ebluismᾱ] *m* deslumbramiento ‖ FIG turbación *f* ‖ admiración *f* ‖ MÉD vahído (évanouissement).

ébonite *f* ebonita.

éborgnage *m* AGRIC desyemadura *f.*

éborgner [3] *v tr* dejar tuerto, saltar un ojo ▌ AGRIC desyemar.

éboueur *m* basurero.

ébouillantage [ebujɑ̃taʒ] *m* escaldado al vapor.

ébouillanter [3] [ebujɑ̃te] *v tr* escaldar, pasar por agua hirviendo.
▌ SYN échauder escaldar; blanchir sancochar.

éboulement *m* derrumbamiento, desmoronamiento (d'un mur) ▌ desprendimiento (de terre) ▌ escombros *m pl* (matériaux).

ébouler [3] *v tr* derrumbar, derribar.
➤ **s'ébouler** *v pr* derrumbarse (un mur) ▌ desprenderse (terre).

éboulis [ebuli] *m* desprendimiento (de roches) ▌ escombros *pl* (matières éboulées).

ébourgeonnage [eburʒɔnaʒ]; **ébourgeonnement** [eburʒɔnmɑ̃] *m* desyemadura *f*.

ébourgeonner [3] [eburʒɔne] *v tr* desyemar.

ébouriffant, e *adj* FAM despampanante, espeluznante.

ébouriffé, e *adj* desgreñado, da; despeluznado, da ▌ erizado, da.

ébouriffer [3] *v tr* desgreñar, despeluznar, erizar (les cheveux) ▌ FIG espeluznar, pasmar (surprendre).

ébourrer [3] *v tr* desborrar (laine).

ébouter [3] *v tr* despuntar (couper le bout).

ébranchage; ébranchement *m* poda *f*, escamonda *f*, desrame (d'un arbre).

ébrancher [3] *v tr* desramar, podar, escamondar (un arbre).

ébranchoir *m* podadera *f*.

ébranlable *adj* que puede estremecerse, quebrantable ▌ FIG conmovible, sensible.

ébranlement *m* estremecimiento (tressaillement), conmoción *f* ▌ [▷ SYN] sacudida *f* (secousse); l'ébranlement causé par un tremblement de terre la sacudida causada por un terremoto ▌ FIG conmoción *f*, emoción *f*.
▌ SYN choc choque; secousse sacudida.

ébranler [3] *v tr* estremecer, sacudir violentamente (secouer) ▌ mover (agiter) ▌ poner en movimiento (une cloche) ▌ hacer vacilar, quebrantar; ébranler les convictions hacer vacilar las convicciones ▌ mover, agitar (exciter l'imagination) ▌ FIG quebrantar, socavar, desquiciar, trastornar; les institutions étaient ébranlées las instituciones estaban desquiciadas ▌ quebrantar (la santé) ▌ conmover (émouvoir) ▌ être ébranlé ser cuarteado, tambalearse; les structures de cette organisation ont été ébranlées las estructuras de esta organización han sido cuarteadas, se han tambaleado.
➤ **s'ébranler** *v pr* ponerse en movimiento; la voiture s'ébranle el coche se pone en movimiento ▌ FIG vacilar, quebrantarse; sa foi semble s'ébranler su fe parece vacilar.

ébrasement *m*; **ébrasure** *f* ARCHIT derrame *m*, ensanchamiento *m* (élargissement).

ébraser [3] *v tr* ARCHIT hacer un derrame en (élargir).

ébrasure ➤ **ébrasement**.

Èbre *n pr m* GÉOGR l'Èbre el Ebro.

ébrèchement *m* melladura *f*, mella *f* (d'un couteau) ▌ desportilladura *f* (d'une assiette).

ébrécher [18] *v tr* mellar, hacer una mella; ébrécher un couteau mellar un cuchillo ▌ desportillar; ébrécher une assiette desportillar un plato.

ébréchure *f* melladura, mella (d'un couteau) ▌ desportilladura (de la vaisselle).

ébriété *f* embriaguez, ebriedad; en état d'ébriété en estado de ebriedad ou embriaguez.

ébroïcien, enne *adj & s* de Évreux [Normandía].

ébrouement [ebrumɑ̃] *m* resoplido, bufido (cheval) ▌ estornudo (autres animaux).

ébrouer [3] *v tr* desbrozar, lavar (la laine) ▌ descascarar (les noix).
➤ **s'ébrouer** *v pr* resoplar, bufar (le cheval) ▌ estornudar (les autres animaux) ▌ chapotear (les oiseaux) ▌ sacudirse (en sortant de l'eau).

ébruitement *m* divulgación *f*, propalación *f*, difusión *f*.

ébruiter [3] *v tr* divulgar, propalar, extender, difundir; ébruiter une nouvelle divulgar una noticia.

ébulliomètre; ébullioscope *m* PHYS ebullómetro.

ébullition *f* ebullición, hervor *m* (liquide) ▌ FIG efervescencia, hervor *m* (des passions) ▪ porter à ébullition dar un hervor.

éburné, e; éburnéen, enne *adj* ebúrneo, a (de la couleur de l'ivoire).

écaillage [ekajaʒ] *m* escamadura *f* (du poisson) ▌ acción *f* de abrir, desbulla *f* (des huîtres) ▌ desconchado, desconchadura *f* (d'un mur, de la peinture).

écaille [ekaj] *f* escama (des poissons, serpent, etc.) ▌ caparazón *m*, concha, carey *m* (de tortue) ▌ valva (de moulue) ▌ desbulla, concha (d'huîtres) ▌ desconchón *m*; la peinture du mur fait des écailles la pintura de la pared tiene desconchones ▌ concha, carey *m*; un peigne en écaille un peine de concha ▌ BOT escama.
➤ **écailles** *f pl* orujo *m sing* ▌ FIG les écailles lui sont tombées des yeux se le cayó la venda de los ojos.

écaillé, e *adj* desconchado, da (un mur, la peinture) ▌ descascarillado, da (le vernis à ongles).

écaillement [ekajmɑ̃] *m* escamadura *f* ▌ desconchamiento (d'un mur).

écailler [3] [ekaje] *v tr* quitar las escamas, escamar (enlever les écailles) ▌ abrir, desbullar (les huîtres) ▌ desconchar (un mur, la peinture).
➤ **s'écailler** *v pr* escamarse (perdre ses écailles) ▌ desconcharse (peinture) ▌ descascarillarse (le vernis à ongles).

écailler, ère [ekaje, ɛr] *m & f* desbullador, ra (personne ou outil qui ouvre les huîtres) ▌ ostrero, ra (marchand d'huîtres).

écailleux, euse [ekajø, øz] *adj* escamoso, sa (qui a des écailles) ▌ que se desconcha (la peinture, les murs).

écaillure [ekajyr] *f* conjunto *m* de escamas (d'un poisson, etc.) ▌ desconchadura.

écale *f* cáscara (de la noix, de l'amande) ▌ vaina (des pois).

écaler [3] *v tr* descascarar, pelar (ôter l'écale) ▌ cascar (noix) ▌ abrir (moules) ▌ quitar la cáscara de (des œufs).

écalure *f* cascarilla, cáscara (des fruits, des graines).

écang *m*; **écangue** [ekɑ̃g] *f* agramadera *f*.

écanguer [3] *v tr* agramar (le lin, le chanvre).

écarlate *f* escarlata.
◇ *adj* escarlata ▌ FIG ruborizado, da; colorado, da.

écarquiller [3] *v tr* abrir desmesuradamente los ojos, abrirlos de par en par ou como platos, tenerlos desorbitados (les yeux).

écart [ekar] *m* desviación *f* (mouvement latéral) ▌ espantada *f*, reparada *f*, extraño (du cheval) ▌ caserío, aldea *f* ▌ descarte (au jeu de cartes) ▌ diferencia *f*; écart entre deux prix diferencia entre dos precios ▌ distancia *f* ▌ digresión *f* (digression) ▌ BLAS cuartel ▌ error (statistique) ▌ FIG extravío, descarrío (dans la conduite) ▌ MÉD esguince (relâchement des ligaments) ▌ MIL desvío (d'une balle) ▪ écart de conduite descarrío ▪ à l'écart aparte, en lugar apartado ▌ à l'écart de apartado de ▪ SPORTS faire le grand écart hacer un "grand écart" (danse), hacer el spagat (gymnastique) ▌ faire son écart descartarse (jeux) ▌ faire un écart echarse ou hacerse a un lado, apartarse (se mettre de côté), echar una cana al aire (dans sa conduite) ▌ mettre ou tenir à l'écart dejar ou poner a un lado, apartar (isoler), apartar, dejar fuera; tenir quelqu'un à l'écart de tous les avantages dejar a alguien fuera de todas las ventajas ▌ vivre à l'écart vivir aislado.

écarté, e *adj* apartado, da; aislado, da; endroit écarté lugar apartado ▌ apartado, da; alejado, da; personne écartée du pouvoir persona apartada del poder ▌ abierto, ta; les bras écartés los brazos abiertos; les jambes écartées las piernas abiertas ▌ descartado, da (jeux).
➤ **écarté** *m* écarté (jeu de cartes).

écartelé, e *adj* descuartizado, da ▌ BLAS acuartelado, da; cuartelado, da.

écartèlement *m* descuartizamiento.

écarteler [25] *v tr* descuartizar ▌ BLAS cuartelar ▌ FIG dividir cruelmente, luchar; il était écartelé entre le devoir et la passion el deber y la pasión luchaban en él.

écartelure *f* BLAS cuartel *m*.

écartement *m* separación *f* ▌ ancho (des roues, des voies de chemin de fer) ▌ distancia *f*; écartement des essieux distancia entre los ejes.

écarter [3] *v tr* [▷ SYN] apartar, separar ▌ abrir, separar; écarter les jambes abrir las piernas ▌ alejar, mantener a distancia (tenir à distance) ▌ apartar; écarter quelqu'un de son chemin apartar a uno de su camino ▌ apartar, desviar; écarter quelqu'un du droit chemin desviar a uno del buen camino ▌ dejar de lado, desechar; écarter certaines propositions dejar de lado ciertas propuestas ▌ quitarse de encima (un concurrent) ▌ FIG alejar, descartar; écarter les soupçons, la possibilité de alejar las sospechas, descartar la posibilidad de ▌ descartar (jeu) ▌ écarter toute restriction suprimir toda restricción.
◇ *v intr* bracear (le cheval) ▌ torear al cuarteo, capear (courses de taureaux).
➤ **s'écarter** *v pr* apartarse ▌ estar apar-

tado (être éloigné) ∥ **s'écarter de 5 %** diferir en un 5 % ∥ **s'écarter du sujet** salirse del tema. ∥ **SYN** éloigner alejar; mettre à l'écart dejar a un lado; séparer separar; isoler aislar; disjoindre desunir.

écarteur *m* capeador que esquiva al cuarteo (tauromachie) ∥ separador (de chirurgie).

écart-type *m* MATH desviación típica.

ecballium [ɛkbaljɔm] *m* BOT ecbalio.

ecce homo *m inv* eccehomo, Ecce Homo.

eccéité [ɛkseite] *f* PHILOS mismidad, identidad personal.

ecchymose [ekimoz] *f* MÉD equimosis, cardenal *m*.

ecclésia *f* HIST eclesia.

ecclésiastique *adj* & *s m* eclesiástico, ca.

écervelé, e *adj* atolondrado, da; sin seso, sin cabeza (sans jugement). ◇ *m* & *f* atolondrado, da; cabeza *f* de chorlito.

ECG (abr de électrocardiogramme) *m* ECG.

échafaud [eʃafo] *m* cadalso, patíbulo (pour les condamnés à mort) ∥ FIG guillotina *f* (guillotine) ∥ pena *f* de muerte (peine de mort) ∥ andamio (échafaudage) ∥ tablado, estrado (estrade).

échafaudage *m* andamiaje, andamio, andamios *pl*; échafaudage volant andamios suspendidos *ou* colgados ∥ montón, pila *f* (amas d'objets) ∥ cimientos *pl*, base *f*, fundamentos *pl*; l'échafaudage d'une fortune los cimientos de una fortuna ∥ sistema de ideas, tinglado, argumentación *f*.

échafauder [3] *v intr* levantar un andamio. ◇ *v tr* amontonar, apilar; échafauder des meubles amontonar muebles ∥ FIG trazar (des plans) ∥ bosquejar; échafauder un roman bosquejar una novela ∥ fundar, poner en pie, echar las bases de (un système, une doctrine).

échalas [eʃala] *m* rodrigón, estaca *f* (pieu) ∥ FIG & FAM espárrago, espátula *f*, persona alta y flaca (personne grande et maigre) ∥ se tenir droit *ou* raide comme un échalas ser más tieso que un huso.

échalasser [3] [eʃalase] *v tr* AGRIC arrodrigonar, arrodrigar, rodrigar.

échalier [eʃalje]; **échalis** [eʃali] *m* seto, vallado (haie) ∥ portillo, escala *f* (pour franchir une haie).

échalote *f* chalote *m* (plante).

échancré, e *adj* escotado, da (robe) ∥ BOT recortado, da.

échancrer [3] *v tr* escotar (une robe).

échancrure *f* escotadura, escote *m* (d'une robe) ∥ MUS escotadura (d'un instrument).

échange *m* cambio ∥ cambio (échecs) ∥ intercambio; échanges commerciaux intercambios comerciales; termes de l'échange términos del intercambio ∥ canje (de prisonniers, livres, journaux, etc.) ∥ FIG intercambio; échange de compliments, d'idées intercambio de cumplidos, de ideas ■ échange de correspondance intercambio de correspondencia ∥ échange de coups de feu tiroteo ∥ échange de vues cambio de impresiones, conversación ∥ échanges culturels intercambios culturales ∥ libre-échange libre cambio ∥ zone de libre-échange zona de libre cambio *ou* de libre comercio ■ en échange en cambio ∥ en échange de a cambio de ■ c'est un échange

de bons procédés le ha devuelto su cumplido.

échangeable *adj* cambiable ∥ intercambiable ∥ canjeable (prisonniers).

échanger [17] *v tr* cambiar; échanger une chose contre une autre cambiar una cosa por otra ∥ canjear (prisonniers, livres, journaux, etc.) ∥ intercambiar (s'envoyer réciproquement) ■ échanger des coups pegarse ∥ échanger des coups de feu tirotearse ∥ échanger quelques mots hablar un momento.

échangeur *m* PHYS intercambiador; échangeur de chaleur intercambiador de calor ∥ cruce a diferentes niveles (d'autoroutes).

échangisme *m* intercambio de parejas (de partenaire sexuel) ∥ ÉCON librecambio.

échangiste *m* cambista ∥ libre-échangiste librecambista.

échanson *m* copero (officier qui servait à boire); grand échanson copero mayor ∥ escanciador.

échantillon [eʃɑ̃tijɔ̃] *m* muestra *f* (d'une marchandise, de tissu); prélever des échantillons sacar muestras ∥ marco (mesure) ∥ FIG muestra *f*, ejemplo, señal *f*, indicio, prueba *f*; donner un échantillon de son talent dar una muestra de su talento ∥ MAR escantillón ∥ FIG un simple échantillon suffit para muestra basta un botón.

échantillonnage *m* preparación *f* de muestras ∥ muestrario (collection d'échantillons) ∥ muestreo (statistiques) ∥ FIG gama *f*, surtido, colección *f* (gamme) ∥ MAR escantillón, conjunto de las dimensiones de un navío.

échantillonner [3] *v tr* sacar *ou* preparar muestras (préparer des échantillons) ∥ contrastar, comprobar (des poids ou des mesures) ∥ TECHN recoger muestras (pour les analyser).

échappatoire *f* escapatoria, evasiva.

échappé *m* "échappé" (danse).

échappée *f* escapada, escapatoria (escapade) ∥ escapada (d'un cycliste) ∥ vista, punto *m* de vista (vue) ∥ ojo *m* (d'un escalier) ∥ pasaje *m* (pour une voiture) ∥ rato *m*, momento *m* (court instant) ∥ échappée de lumière golpe de luz (en peinture).

échappement *m* escape (d'un moteur, d'une montre) ■ roue d'échappement rueda catalina (horloge) ∥ tuyau d'échappement tubo de escape.

échapper [3] *v intr* escapar, escaparse ∥ escapar de, librarse de, evitar; échapper au danger escapar de un peligro ∥ irse de las manos; son autorité lui échappe su autoridad se le va de las manos ∥ no llegar a comprender, no entender; le sens de ce mot m'échappe no comprendo el sentido de esta palabra ∥ olvidarse, irse de la memoria; ce nom m'échappe este nombre se me ha ido de la memoria ∥ escapársele a uno (prononcer involontairement); ce mot m'a échappé esta palabra se me ha escapado ■ échapper à quelqu'un escapársele a alguien (détail, sens) ∥ échapper des mains de quelqu'un resbalársele de las manos a alguien ∥ laisser échapper dejar escapar ∥ l'échapper belle librarse de una buena.

◆ **s'échapper** *v pr* escaparse (s'enfuir) ∥ desvanecerse, perderse, espumarse; voir s'échapper son dernier espoir ver desvane-

cerse su última esperanza ∥ salirse (sortir) ∥ irse (maille) ∥ escaparse (sports).

écharde *f* astilla.

échardonnage *m* escarda *f* ∥ carda *f* (de la laine).

échardonner [3] *v tr* escardar (arracher les chardons) ∥ cardar (la laine).

échardonnoir; échardonnet *m* escarda *f*.

écharnage *m* descarnadura *f*, descarnado (des peaux).

écharner [3] *v tr* descarnar (les peaux).

écharnoir *m* pala *f* (couteau à écharner).

écharpe *f* faja (bande, bandoulière) ∥ fajín *m* (des généraux) ∥ bufanda (cache-col) ∥ chal *m*, écharpe *m* [galicismo] (foulard) ∥ cabestrillo *m*; avoir le bras en écharpe tener el brazo en cabestrillo ∥ en écharpe al sesgo (en travers), a la bandolera; cruzado, da (en bandoulière), en cabestrillo (bras blessé), de refilón (véhicule) ∥ prendre en écharpe chocar de refilón.

écharper [3] *v tr* acuchillar, despedazar (tailler en pièces) ∥ TECHN desbriznar (la laine) ∥ herir gravemente, mutilar (blesser grièvement) ∥ trinchar mal (une volaille).

échasse *f* zanco *m* (pour marcher) ∥ escantillón *m* (règle de maçon) ∥ zanca (d'échafaudage) ∥ zancuda (oiseau) ∥ FAM zanca (jambe) ∥ être monté sur des échasses ser zanquilargo, ser muy alto de estatura.

échassier *m* zancuda *f* (oiseau).

échauboulure *f* barros *m pl* (maladie de peau du cheval et du bœuf).

échaudage *m* escaldado, escaldadura *f*.

échaudé *m* especie de torta *f* (pâtisserie).

échaudé, e *adj* escaldado, da ∥ chat échaudé craint l'eau froide gato escaldado del agua fría huye.

échauder [3] *v tr* escaldar ∥ requemar, asolear (blé, grains) ∥ FIG servir de escarmiento, hacer escarmentar (faire pâtir) ■ FIG se faire échauder salir escaldado, escarmentar.

échaudoir *m* escaldadera *f* (vase pour échauder) ∥ peladero (dans un abattoir).

échauffement *m* calentamiento ∥ recalentamiento (frottement) ∥ fermentación *f* (céréales, farine) ∥ FIG acaloramiento ∥ MÉD irritación *f*.

échauffer [3] *v tr* calentar ∥ FIG acalorar, enardecer, irritar ∥ TECHN recalentar ∥ échauffer le sang *ou* la tête *ou* les oreilles calentar *ou* quemar la sangre, encolerizar.

◆ **s'échauffer** *v pr* calentarse ∥ FIG acalorarse, enardecerse, subir de tono (dispute, discussion) ∥ irritarse, inflamarse.

échauffourée *f* refriega, escaramuza (combat). ∥ **SYN** rencontre encuentro; choc choque.

échauguette *f* atalaya (pour guetter).

échéance *f* vencimiento *m* (date de paiement d'un billet, d'une dette, etc.); échéance de la prime vencimiento de la prima ∥ plazo *m*, término *m*; des effets commerciaux à courtes échéances efectos comerciales a corto plazo ■ à brève échéance en breve plazo, en breve, a corto plazo ∥ à longue échéance a largo plazo ∥ arriver à échéance vencer ∥ payer ses échéances pagar sus débitos.

échéancier *m* COMM registro de vencimientos.

échéant, e [eʃeɑ̃, ɑ̃t] *adj* que vence, pagadero, ra (qui échoit) | le cas échéant llegado el caso, si llega el caso.

échec [eʃɛk] *m* jaque (au jeu d'échecs) | FIG [▷ SYN] fracaso (insuccès); essuyer un échec sufrir un fracaso ■ JEUX échec au roi jaque al rey | échec et mat jaque mate | échec perpétuel jaque perpetuo | échec scolaire fracaso escolar | joueur d'échecs ajedrecista ■ être échec estar en jaque (au jeu) | faire échec à dar el traste con | mettre en échec hacer fracasar (faire échouer), dar jaque a (jeu d'échecs) | FIG tenir en échec tener en jaque, mantener a raya (dans une position difficile), empatar, igualar (sports).
➤ **échecs** *m pl* JEUX ajedrez *sing.*
| SYN revers revés; insuccès fracaso; fiasco fiasco; FAM veste calabaza.

échelette *f* albardilla de carga | adral *m* (ridelle de voiture) | TECHN escalerilla (petite échelle).

échelier *m* escalerón, espárrago.

échelle *f* escala (musicale, etc.); l'échelle d'une carte la escala de un mapa | escala, escalera de mano, escalera (métallique, en bois, etc.); échelle à crochets escalera de gancho | carrera, carrerilla (à un bas) | FIG escala, nivel *m*; à l'échelle internationale a escala internacional ■ à l'échelle de a escala de, a nivel de | échelle de corde escala de cuerda | MAR échelle de coupée escala real | MIN échelle de Mohs escala de dureza ou de Mohs | échelle de Richter escala de Richter | échelle des valeurs jerarquía de valores | échelle double escalera de tijera | échelle mobile escala móvil (salaires) | échelle sociale escala (gallicisme) ou jerarquía social | sur une grande, petite échelle en gran, pequeña escala ■ FAM après lui, il faut tirer l'échelle después de él, punto redondo | faire la courte échelle hacer estribo con las manos, aupar.

échelon [eʃlɔ̃] *m* escalón, peldaño (barreau de l'échelle) | escalafón, grado (grade) | MIL escalón (combat) ■ à l'échelon national, ministériel al nivel nacional, ministerial | gravir les échelons de la hiérarchie elevarse en la jerarquía.

échelonnement [eʃlɔnmɑ̃] *m* escalonamiento, espaciamiento | MIL escalonamiento.

échelonner [3] [eʃlɔne] *v tr* escalonar | espaciar, graduar; échelonner des paiements espaciar los pagos | MIL escalonar.

échenillage [eʃnijaʒ] *m* AGRIC descocamiento, desorugamiento.

écheniller [3] [eʃnije] *v tr* descocar, desorugar, limpiar de orugas (débarrasser des chenilles).

échenilloir [eʃnijwar] *m* AGRIC descocador, desorugador.

écheveau [eʃvo] *m* madeja *f*, ovillo (de fiol, de laine, etc.) | FIG enredo, lío (affaire embrouillée).

échevelé, e [eʃəvle] *adj* desgreñado, da; desmelenado, da | desenfrenado, da; danse échevelée baile desenfrenado | descabellado, da; disparatado, da; idée échevelée idea descabellada.

écheveler [24] *v tr* desgreñar, desmelenar.

échevin [eʃvɛ̃] *m* regidor (magistrat municipal).

échevinage *m* regiduría *f*, regidoría *f*.

échidné [ekidne] *m* equidna (mammifère).

échiffre *f* mur d'échiffre rampa donde se apoyan los peldaños de una escalera.

échine *f* espinazo *m*, espina dorsal | lomo *m* (des animaux) | ARCHIT equino *m* (moulure) ■ FIG & FAM avoir l'échine souple ou flexible ser muy servil | FIG courber l'échine doblar el espinazo ou la cerviz, humillarse | FAM frotter l'échine à quelqu'un sacudir el polvo, medir las costillas a alguno (rosser).

échiner [3] *v tr* deslomar, romper el espinazo (rompre l'échine) | FIG moler a palos (battre) | romper la crisma, matar (tuer).
➤ **s'échiner** *v pr* deslomarse, matarse, aperrearse (se fatiguer).

échinocactus [ekinokaktys] *m* BOT equinocacto.

échinocoque [ekinokok] *m* equinococo (larve).

échinoderme [ekinodɛrm] *m* ZOOL equinodermo.

échiqueté, e [eʃikte] *adj* BLAS jaquelado, da; escaqueado, da.

échiquier *m* tablero, damero (échecs) | DR tribunal (en Normandie) | FIG palestra *f*, tablero; l'échiquier parlementaire la palestra parlamentaria; l'échiquier politique el tablero político ■ chancelier de l'Échiquier ministro de Hacienda (en Angleterre) ■ en échiquier escaqueado, da; en cuatros alternados.

écho [eko] *m* eco (acoustique) | eco, gacetilla *f* (d'un journal) | FIG eco; se faire l'écho d'une nouvelle hacerse eco de una noticia | POÉT eco ■ à tous les échos a los cuatro vientos, públicamente | chambre d'écho cámara de resonancia | rester sans écho no obtener respuesta.

échographie *f* MÉD ecografía.

échoir [70] *v tr* tocar, caer en suerte; échoir en partage tocar en un reparto | vencer, cumplir (un délai); mon billet échoit demain mi pagaré vence mañana.
| OBSERV Échoir se emplea casi únicamente en la tercera persona del singular y del plural. En los tiempos compuestos se emplea con el auxiliar être.

écholalie [ekolali] *f* ecolalia.

écholocation; écholocalisation *f* ZOOL ecolocalización.

échoppe *f* puesto *m*, tenderete *m* (petite boutique) | TECHN buril *m* de grabador (burin).

échopper [3] *v tr* TECHN burilar, grabar con buril.

échotier [ekotje] *m* gacetillero.

échotomographie *f* MÉD ecotomografía.

échouage *m* MAR encalladero, escollo (accident) | varadero (pour carénage).

échouement *m* MAR encalladura *f*.

échouer [6] *v intr* MAR encallar, embarrancar, varar (accident) | ser suspendido (examen); elle a échoué à son examen ha sido suspendida en su examen | ser arrojado, da; divers objets ont échoué sur la plage varios objetos han sido arrojados a la playa | FAM ir a parar; sa montre échoua au Mont-de-Piété su reloj fue a parar en el Monte de Piedad | FIG [▷ SYN] fracasar, salir mal, frustrarse (une affaire, des plans); l'affaire échoua el negocio salió mal.
◇ *v tr* varar (un bateau).
➤ **s'échouer** *v pr* MAR encallar, embarrancarse.
■ SYN avorter abortar; rater fallar.

échu, e *adj* à terme échu a plazo vencido.

écimage *m* desmoche, descope (d'un arbre).

écimer [3] *v tr* desmochar, descopar.

éclaboussement *m* salpicadura *f*.

éclabousser [3] *v tr* salpicar | FIG manchar, mancillar; le scandale a éclaboussé sa famille el escándalo ha manchado a su familia | aplastar, deslumbrar, dar en las narices; le parvenu veut éclabousser tout le monde de son luxe el nuevo rico quiere aplastar con su lujo a todo el mundo.

éclaboussure *f* salpicadura (de boue, etc.) | FIG consecuencia, repercusión; les éclaboussures d'un scandale las consecuencias de un escándalo.

éclair *m* relámpago | FIG chispa *f*, rasgo; un éclair de génie una chispa de ingenio | relampagueo, centelleo; l'éclair des diamants el centelleo de los diamantes | pastelillo relleno de crema (gâteau) | PHOT fogonazo, relámpago, flash | FIG passer comme un éclair pasar como una exhalación ou un relámpago.
◇ *adj* relámpago; une guerre éclair una guerra relámpago.
| OBSERV Tanto en francés como en español el término corrientemente empleado en fotografía es flash.

éclairage *m* alumbrado, iluminación *f*; éclairage indirect iluminación indirecta; éclairage public alumbrado público | luces *f pl* (d'une auto) ■ gaz d'éclairage gas del alumbrado | voir sous un certain éclairage, donner un certain éclairage à enfocar de cierta manera.

éclairagiste *adj & s* luminotécnico, ca; técnico en iluminación | CINÉM ingeniero de luces.

éclairant, e *adj* luminoso, sa; pouvoir éclairant potencia luminosa.

éclaircie *f* claro *m* (endroit dégagé) | clara, escampada (interruption de la pluie) | FIG mejoría (amélioration).

éclaircir [32] *v tr* [▷ SYN] aclarar | FIG aclarar, esclarecer (rendre intelligible) | entresacar (rafraîchir les cheveux) | despejar; le vent a éclairci l'horizon el viento ha despejado el horizonte | AGRIC entresacar, aclarar.
➤ **s'éclaircir** *v pr* aclararse, despejarse; le temps s'éclaircit el tiempo se despeja | aclararse (la voix) | dispersarse, disminuir; le public s'éclaircit el público se dispersa.
| SYN démêler desenredar, desenmarañar; débrouiller, défricher desbrozar; élucider elucidar; clarifier clarificar.

éclaircissage *m* aclareo, aclaramiento (des plantes, des arbres).

éclaircissement *m* aclaración *f*, esclarecimiento (explication).

éclaire *f* BOT celidonia.

éclairé, e *adj* alumbrado, da | ilustrado, da; le despotisme éclairé el despotismo ilustrado.

éclairement *m* alumbrado ‖ PHYS iluminancia *f*.

éclairer [4] *v tr* alumbrar, iluminar ‖ alumbrar, dar luz; **je vais vous éclairer** voy a alumbrarle ‖ FIG instruir, ilustrar; **l'expérience nous éclaire** la experiencia nos instruye ‖aclarar; **cette explication éclaire le texte** esta explicación aclara el texto‖iluminar; **éclairer la conscience d'un juge** iluminar la conciencia de un juez.
◇ *v intr* alumbrar; **éclairer bien, mal** alumbrar bien, mal ‖ relumbrar, chispear, brillar (étinceler).
◆ **s'éclairer** *v pr* alumbrarse; **nous nous éclairons au gaz** nos alumbramos con gas ‖ iluminarse; **son visage s'éclaira** su cara se iluminó ‖ FIG aclararse, esclarecerse; **la situation s'est éclairée** la situación se ha aclarado.

éclaireur, euse *m & f* explorador, ra (scoutisme).
◆ **éclaireur** *m* MAR barco explorador (bâtiment) ‖ MIL explorador, batidor ‖ **partir en éclaireur** ir por delante, adelantarse.

éclampsie [eklɑ̃psi] *f* MÉD eclampsia.

éclanche *f* brazuelo *m* de carnero (épaule de mouton).

éclat [ekla] *m* pedazo, fragmento, casco (partie d'un morceau brisé); **des éclats de verre** cascos de vidrio ‖astilla *f* (de bois); **briser en éclats** hacer astillas ‖esquirla *f* (morceau d'os) ‖ brillo, resplandor, destello (lueur brillante) ‖ hendidura *f* (fente) ‖ FIG estrépito, fragor (fracas) ‖ resplandor; **l'éclat de la jeunesse** el resplandor de la juventud ‖ brillantez *f*, brillo; **l'éclat de la saison théâtrale** la brillantez de la temporada teatral ‖ escándalo ■ **éclat de rire** carcajada ‖ **éclat de voix** grito, voces ‖ **éclat d'obus** casco de granada, metralla ■ **action** ou **coup d'éclat** hazaña, proeza ‖ **sans éclat** apagado, deslucido, sin brillo ‖ **une vie sans éclat** una vida sin pena ni gloria ■ **faire un éclat** alborotar, armar un escándalo ‖ **rire aux éclats** reírse a carcajadas ‖voler en éclats hacerse astillas.

éclatant, e *adj* brillante, resplandeciente (qui brille) ‖ FIG brillante; **victoire éclatante** brillante victoria‖clamoroso, sa; **un succès éclatant** un éxito clamoroso‖manifiesto, ta; notorio, ria; patente; **vérité éclatante** verdad manifiesta ‖ estrepitoso, sa; ruidoso, sa (bruyant) ‖**éclatant de santé, de beauté** rebosante, resplandeciente de salud, de belleza.

éclatement *m* estallido; **l'éclatement d'une bombe** el estallido de una bomba ‖ reventón (d'un pneu) ‖astillado (du bois) ‖ FIG fragmentación *f* (d'un parti, d'une association).

éclater [3] *v intr* estallar, reventar (se rompre violemment) ‖ estallar (applaudissements) ‖ resplandecer, brillar; **la joie éclate dans ses yeux** la alegría resplandece en sus ojos ‖estallar, ocurrir; **un scandale a éclaté** ha estallado un escándalo ‖ FIG reventar (de colère)‖manifestarse (se manifester) ‖ prorrumpir; **éclater de rire** prorrumpir en risa ‖ **éclater en sanglots** romper a llorar, prorrumpir en llanto.
◆ **s'éclater** *v pr* FAM pasárselo pipa.

éclateur *m* ÉLECTR descargador ‖éclateur de mesure espinterómetro.

éclectique *adj & s* ecléctico, ca.

éclectisme *m* eclecticismo.

éclimètre *m* eclímetro.

éclipse *f* ASTRON eclipse *m*; **éclipse totale** eclipse total ‖FIG eclipse *m*, ausencia.

éclipser [3] *v tr* eclipsar ‖ FIG ocultar‖superar, quedar por encima, eclipsar (surpasser).
◆ **s'éclipser** *v pr* desaparecer, eclipsarse, escabullirse.

écliptique *adj* ASTRON eclíptico, ca.
◇ *m* eclíptica *f*.

éclisse *f* MÉD tablilla ‖ MUS armazón ‖ TECHN eclisa, mordaza (de rails).

éclisser [3] *v tr* entablillar; **éclisser un bras** entablillar un brazo ‖asegurar, fijar (fixer).

éclopé, e *adj & s* cojo, ja ‖lisiado, da (estropié).

éclore [113] *v intr* nacer, salir del huevo ou del cascarón (sortir de l'œuf) ‖ abrirse (fleurs, œufs) ‖ FIG nacer, despuntar (le jour); **le jour vient d'éclore** el día acaba de despuntar‖nacer, salir a luz, aparecer, surgir (se manifester).

éclosion *f* nacimiento *m*, salida del huevo ou del cascarón (d'un oiseau) ‖ abertura, desarrollo *m*, brote *m* (d'une fleur) ‖ despuntar; **l'éclosion du printemps** el despuntar de la primavera ‖ FIG aparición; **l'éclosion de jeunes talents** la aparición de nuevos talentos.

éclusage *m* cierre de esclusa.

écluse *f* esclusa (d'un canal) ‖ **écluses d'aérage** respiradero (d'une mine).

éclusée *f* esclusada, cantidad de agua que pasa entre la apertura y el cierre de una esclusa.

écluser [3] *v tr* dar paso a un barco por una esclusa (faire passer) ‖ cerrar mediante una esclusa (fermer) ‖ FAM pimplar (boire).

éclusier, ère *m & f* esclusero, ra (gardien).
◇ *adj* **porte éclusière** compuerta.

écobuage [ekɔbɥaʒ] *m* AGRIC artiga *f*, roza *f*.

écobuer [3] *v tr* AGRIC artigar, rozar.

écœurant, e [ekœrɑ̃, ɑ̃t] *adj* [▷ SYN] repugnante; asqueroso, sa; **odeur écœurante** olor repugnante ‖empalagoso, sa (trop sucré).
 ‖ SYN nauséabond, nauséeux nauseabundo.

écœurement [ekœrmɑ̃] *m* asco (dégoût) ‖ FIG hastío, asco (lassitude).

écœurer [5] [ekœre] *v tr* dar asco, asquear, repugnar ‖ empalagar (choses sucrées) ‖ FIG hastiar (lasser)‖desanimar, descorazonar (décourager).

écoinçon; écoinson [ekwɛ̃sɔ̃] *m* ARCHIT mocheta *f*, enjuta *f*‖rinconera *f*(meuble).

école *f* [▷ SYN] escuela; **école des beaux-arts** escuela de Bellas Artes ‖ colegio *m*; **les enfants doivent aller à l'école** los niños tienen que ir al colegio ‖ academia; **une école de langue** una academia de idiomas ‖instrucción (du soldat) ‖FIG escuela; **école rationaliste française** escuela racionalista francesa ■ **école communale** escuela municipal ‖**école de dessin, danse, musique** escuela de dibujo, baile, música ‖ **école de pilotage** escuela de pilotaje ‖ **école de secrétariat** escuela de secretariado ‖ **école hôtelière** escuela de hostelería ‖ **école maternelle** escuela de párvulos ‖ **école militaire** academia militar ‖ **école nationale d'agriculture** escuela de ingenieros agrónomos ‖ (ancien) **école normale (d'instituteurs) (ENI)** escuela universitaria de formación de los maestros de primera enseñanza ‖**école normale supérieure (ENS)** escuela universitaria de formación del profesorado ‖**école primaire** escuela primaria, escuela de primera enseñanza ‖ **école publique, privée** escuela pública, privada ‖ **école secondaire** escuela secundaria, escuela de segunda enseñanza ‖ **haute école** alta escuela (équitation) ‖ **une grande école** institución de enseñanza superior de gran prestigio cuyo acceso va precedido de unas difíciles oposiciones ■ **être à bonne école** tener buena escuela ‖ **faire école** formar escuela; **un artiste qui fait école** un artista que forma escuela; propagarse, difundirse, tener eco (se propager) ‖ **faire école a** dar clases ou enseñar a ‖ FIG **faire l'école buissonnière** hacer novillos, hacer rabona.

> OBSERV Le mot espagnol **escuela**, qui désigne surtout l'école primaire publique, est beaucoup moins employé que le terme français **école**; le mot le plus courant est **colegio**.

> SYN **lycée** liceo, instituto; **collège** colegio; **cours** curso; **académie** academia; **institut** instituto; **conservatoire** conservatorio; **gymnase** gimnasio.

> **L'ÉCOLE LAÏQUE**
> La separación de la Iglesia y del Estado, que refleja el ideal republicano y se estableció en 1905, es un aspecto importante de la cultura francesa. Desde esa fecha, la enseñanza pública es independiente de la Iglesia y excluye explícitamente la instrucción y las ceremonias religiosas.

> **GRANDE ÉCOLE**
> Las "grandes écoles" son escuelas no universitarias, relativamente pequeñas, que otorgan diplomas muy prestigiosos. El acceso a las mismas se realiza después de pasar dos años de preparación a unas oposiciones muy selectivas. La mayoría de estas escuelas mantienen estrechos lazos con el mundo empresarial. Las escuelas con mayor reputación son: la "École des Hautes Études Commerciales, HEC" (escuela de administración de empresas), la "École Polytechnique" (escuela de ingenieros), la "École Normale Supérieure" (forma a profesores e investigadores) y la "École Nationale d'Administration, ENA" (forma a altos funcionarios de Estado).

écolier, ère *m & f* alumno, na; colegial, escolar (p us) ‖ FIG novato, principiante (novice) ■ **papier écolier** papel pautado ‖ **prendre le chemin des écoliers** tomar por el camino más largo.

écolo *adj & s* FAM verde [ecologista].

écologie *f* ecología.

écologique *adj* ecológico, ca; ecologista.

écologiquement *adv* de modo ecológico.

écologisme *m* ecologismo.

écologiste *m & f* ecologista; ecólogo, ga.

écomusée *m* museo ecológico.

éconduire [98] [ekɔ̃dɥir] *v tr* despedir (congédier) ‖no recibir (refuser de recevoir) ‖rechazar, dar calabazas FAM (un soupirant).

économat [ekɔnɔma] *m* economato.

économe *adj* económico, ca; ahorrado, da; ahorrador, ra; ahorrativo, va ‖ FIG **être économe de...** ser parco en..., no prodigar.
◇ *m & f* ecónomo, ma (administrateur).

économétricien, enne *m & f* especialista en econometría.

économétrie *f* econometría.

économie f [▷ SYN] economía; économie politique economía política ■ économie dirigée economía planificada ■ FIG ahorro m; c'est une économie de temps es un ahorro de tiempo ▌ faire l'économie d'une explication ahorrarse una explicación ▌ faire des économies ahorrar ▌FAM faire des économies de bouts de chandelle hacer economías de chicha y nabo.
▌ SYN épargne ahorro; parcimonie parsimonia.

économique adj económico, ca.

économiquement adv económicamente ▌ économiquement faible persona de escasos recursos.

économiser [3] v tr economizar; ahorrar ▌ FIG ahorrar, reservar; économiser ses forces reservar sus fuerzas.

économiseur m aparato economizador ▌INFORM économiseur d'écran salvapantallas.

économiste m economista.

écope f achicador m (pour vider l'eau).

écoper [3] v tr achicar (vider de l'eau) ▌FAM (vx) pimplar (boire).
◇ v intr FAM pagar el pato, cobrar (subir les conséquences d'une chose) ▌ ganarse, cargarse; il a écopé de dix francs d'amende se ha cargado diez francos de multa.

écoperche f árgana ▌ alma (perche d'un échafaudage).

écoproduit m ecoproducto.

écorçage; écorcement m descortezamiento, descorche (du chêne-liège).

écorce f corteza (d'un arbre, de la terre) ▌cáscara, piel (d'un fruit) ▌FIG & LITT corteza, apariencia exterior (apparence).

écorcement ▶ **écorçage.**

écorcer [16] v tr descortezar ▌descorchar (le chêne-liège) ▌ pelar (un fruit).

écorceur m descortezador, descorchador (de liège).

écorceuse f descortezadora (machine).

écorché, e adj & s desollado, da; despellejado, da ▌écorché vif desollado vivo.
▶ **écorché** m figura f anatómica desollada (beaux-arts).

écorchement m desolladura f.

écorcher [3] v tr desollar, despellejar ▌desollar, rozar, arañar (égratigner) ▌FIG lastimar, dañar; voix qui écorche les oreilles voz que lastima los oídos ▌ hablar mal, chapurrear (une langue), deformar (un nom), estropear (un morceau de musique) ▌ crier comme si l'on vous écorchait gritar como si le estuvieran matando.
▶ **s'écorcher** v pr hacerse un arañazo; s'écorcher le genou hacerse un arañazo en la rodilla.

écorcheur m desollador (qui écorche les animaux).

écorchure f desolladura, desollón m, excoriación.
▌ SYN égratignure rasguño; griffure arañazo; éraflure, éraillure rasguño; excoriation excoriación.

écorecharge f recambio, recarga ecológica.

écorner [3] v tr descornar (briser, amputer les cornes) ▌ descantillar, desportillar (un objet) ▌doblar la punta (d'une page) ▌FIG disminuir, mermar, descantillar; écorner un capital mermar un capital.

écornifler [3] v intr FAM (vx) comer de gorra, gorronear (faire le pique-assiette) ▌dar sablazos, sablear (demander de l'argent).

écornifleur, euse m & f FAM gorrón, ona; parásito (pique-assiette) ▌ sablista (qui demande de l'argent).

écornure f lasca (éclat de pierre) ▌ desportilladura (d'une assiette) ▌astilla (d'une meuble).

écosphère f ecosfera.

écossais, e adj escocés, esa.
▶ **écossais** m LING escocés.

Écossais, e m & f escocés, esa.

Écosse n pr f GÉOGR l'Écosse Escocia.

écosser [3] v tr desvainar, desgranar.

écosseuse f desgranadora (machine).

écosystème m ecosistema.

écot [eko] m escote, cuota f, parte f; payer son écot pagar su escote, su parte ▌cuenta f (note) ▌tocón (tronc), rama f rota, garrancho (branche).

écoulé, e adj le 31 du mois écoulé el pasado día 31.

écoulement m derrame (d'un liquide) ▌ salida f, desagüe, flujo (des eaux) ▌ salida f, circulación f (des personnes) ▌ paso, transcurso, curso (du temps) ▌ salida f, venta f, despacho (d'une marchandise) ▌ MÉD derrame; écoulement muqueux derrame mucoso.

écouler [3] v tr dar salida a, vender, despachar (vendre) ▌deshacerse de (se débarrasser).
▶ **s'écouler** v pr correr, fluir (liquides) ▌desaguar, evacuarse (les eaux) ▌transcurrir, pasar (le temps) ▌ despacharse, venderse, encontrar salida (marchandises) ▌FIG irse, salir, retirarse (la foule) ▌irse, desaparecer; l'argent s'écoule vite el dinero desaparece pronto ▌MÉD derramarse (s'épancher).

écourter [3] v tr acortar ▌VÉTÉR cortar el rabo, desrabotar, desrabar (couper la queue).

écoute f escucha ▌MAR escota (cordage) ▌MIL escucha ■ écoutes téléphoniques escuchas telefónicas ▌heure d'écoute hora de audiencia ▌heure de grande écoute hora de gran audiencia ▌indice d'écoute índice de audiencia ▌sœur écoute escucha, escuchadera (religieuse) ▌table d'écoute estación de escucha ■ être aux écoutes estar a la escucha ▌vous êtes à l'écoute de están escuchando, sintonizan con (radio).
▶ **écoutes** f pl orejas (du sanglier).

écouter [3] v tr escuchar; écouter de la musique escuchar música ▌escuchar, dar oídos a, hacer caso a (tenir compte de) ▌ atender, acoger (exaucer) ▌dejarse llevar por; écouter sa colère dejarse llevar por la cólera ■ écoute! ¡oye!, ¡mira! ▌ écouter aux portes escuchar tras la puerta ▌ écouter son mal preocuparse excesivamente por sus males ▌ n'écouter que d'une oreille prestar poca atención ▌n'écouter que soi-même no atender ningún consejo.
▶ **s'écouter** v pr escucharse; s'écouter parler escucharse hablando ▌FAM ser muy aprensivo, cuidarse demasiado.

écouteur, euse m & f escuchador, ra; que escucha (qui écoute) ▌indiscreto, ta (indiscret).
▶ **écouteur** m auricular (téléphone).

écoutille [ekutij] f MAR escotilla (trappe).

écouvillon [ekuvijɔ̃] m MIL escobillón, lanada f (de canon) ▌ barredero (d'un four) ▌MÉD legra f (instrument de chirurgie).

écouvillonnage [ekuvijɔnaʒ] m limpieza f.

écouvillonner [3] [ekuvijɔne] v tr limpiar con escobillón (un canon) ou un barrendero (un four) ou un escobillón (une cavité naturelle).

écrabouillage [ekrabujaʒ]; **écrabouillement** [ekrabujmɑ̃] m FAM aplastamiento, despachurramiento.

écrabouiller [3] [ekrabuje] v tr FAM aplastar, despachurrar.

écran m pantalla f; écran panoramique pantalla panorámica ▌ abanico, pantalla f de chimenea (de cheminée) ▌ cortina f (barrage); écran de fumée cortina de humo ▌FIG pantalla f (protection) ▌ pantalla f, cine ■ écran acoustique ou antibruit pantalla acústica ou antirruido ▌écran cathodique pantalla católica ▌écran de contrôle monitor ▌INFORM pantalla, display ▌écran de visualisation pantalla de visualización ▌écran graphique visual gráfico ▌écran tactile pantalla táctil ▌MIL écran radar pantalla de radar ▌le petit écran la pequeña pantalla, la televisión ▌porter à l'écran llevar a la pantalla ou al celuloide.

écrasant, e adj abrumador, ra; agobiante; poids écrasant peso abrumador ▌FIG aplastante; une victoire écrasante una victoria aplastante.

écrasement m aplastamiento ▌ atropello (par une voiture).

écraser [3] v tr aplastar; écraser un insecte aplastar un insecto ▌atropellar (avec un véhicule) ▌pisar (le raisin) ▌machacar, majar; écraser de l'ail majar ajos ▌triturar (le grain) ▌anonadar, humillar, rebajar; écraser par son luxe humillar con su lujo ▌FIG destruir, aplastar; écraser l'ennemi aplastar al enemigo ▌abrumar, agobiar; être écrasé d'impôts estar agobiado por los impuestos ▌FAM en écraser dormir como un tronco.
▶ **s'écraser** v pr estrellarse; s'écraser contre un arbre estrellarse contra un árbol ▌FAM écrase-toi cierra el pico, cállate ▌FAM on s'écrase se amontona la gente.

écraseur, euse adj & s aplastador, ra ▌FAM atropellador, ra; mal conductor, ra (voiture).
▶ **écraseur** m aplastadora f.

écrémage m desnatado, desnate.

écrémer [18] v tr desnatar, quitar la nata de (le lait) ▌FIG escoger la flor y nata de.

écrémeuse f desnatadora.

écrêtement m MIL bombardeo de las crestas de un muro, fortaleza, etc.

écrêter [3] v tr (p us) descrestar (enlever la crête) ▌MIL batir la cresta de un muro, fortaleza, etc.

écrevisse f cangrejo m de río (crustacé) ▌TECHN tenaza (tenaille de forgeron) ▌rouge comme une écrevisse colorado ou encarnado como un cangrejo.

écrier [10]
▶ **s'écrier** v pr exclamar ▌gritar (crier).
▌ OBSERV Ce verbe ne se traduit jamais par un verbe pronominal en espagnol.

écrin m joyero, estuche (coffret).

écrire [99] *v tr* [▷ SYN] escribir ▮ inscribir, imprimir; la vertu était écrite sur son visage la virtud estaba impresa en su rostro ■ écrire comme un chat escribir como una cocinera, hacer garabatos ▮ écrire un mot poner unas letras ▮ machine à écrire máquina de escribir.

→ **s'écrire** *v pr* escribirse; ce mot s'écrit en trois lettres esta palabra se escribe con tres letras; ça s'écrit comment? ¿cómo se escribe? ▮ cartearse, escribirse (échange de lettres).

▮ SYN noter anotar, apuntar; marquer señalar; rédiger redactar; libeller libelar; composer componer; FAM pondre borronear; tartiner garabatear.

écrit, e [ekri, it] *adj & s m* escrito, ta ■ bien, mal écrit bien, mal escrito ▮ par écrit por escrito ■ ce qui est écrit est écrit lo escrito, escrito está ▮ c'était écrit estaba escrito.

écriteau *m* letrero, rótulo (inscription).
▮ SYN étiquette etiqueta, marbete; pancarte pancarta, cartel; plaque placa.

écritoire *f* escribanía (meuble) ▮ recado de escribir, escribanía (nécessaire).

écriture *f* escritura ▮ [▷ SYN] letra, escritura; avoir une jolie écriture tener buena letra ▮ escrito *m* ▮ Escritura (la Bible); l'Écriture sainte la Sagrada Escritura ▮ FIG estilo *m* literario.

→ **écritures** *f pl* libros *m*, cuentas (comptabilité); tenir les écritures llevar los libros ▮ asiento *m* (commerce) ▮ employé aux écritures escribiente, amanuense.
▮ SYN calligraphie caligrafía; graphe, graphisme grafía; FAM plume pluma.

écrivailler [3] [ekrivaje] *v intr* (p us) emborronar cuartillas, escribir mal (écrire mal).

écrivailleur, euse *m & f* FAM escritorzuelo, la.

écrivaillon *m* FAM escritorzuelo, escribidor.

écrivain *m* escritor (auteur) ■ écrivain public memorialista ▮ femme écrivain escritora.

écrivasser [3] *v tr* FAM emborronar cuartillas.

écrivassier, ère *m & f* FAM escritorzuelo, la.

écrou *m* tuerca *f*; écrou d'assemblage, à oreilles ou papillon, à encoches tuerca de fijación, de mariposa, entallada ▮ encarcelamiento (emprisonnement) ■ écrou de blocage tuerca de seguridad ▮ levée d'écrou puesta en libertad (d'un prisonnier) ▮ registre d'écrou registro ou asiento de encarcelamiento.

écrouelles [ekruɛl] *f pl* MÉD lamparones *m*, escrófulas (scrofule).

écrouer [3] *v tr* encarcelar (mettre en prison) ▮ registrar, inscribir en el registro de la cárcel (inscrire sur le registre d'une prison).

écrouir [32] *v tr* martillear, batir en frío (un métal).

écrouissage *m* martilleo, batido en frío (d'un métal).

écroulement *m* derrumbamiento, hundimiento (d'un édifice, d'un mur) ▮ FIG pérdida *f* (perte) ▮ derrumbamiento, hundimiento (d'un empire).

écrouler [3]
→ **s'écrouler** *v pr* venirse abajo, derrumbarse, hundirse (édifice, mur) ▮ desplomarse,

caerse al suelo; il s'écroula se desplomó ▮ FIG venirse abajo (plans, espoirs, empire).

écroûter [3] *v tr* descortezar, quitar la corteza ▮ AGRIC roturar (défricher).

écru, e *adj* crudo, da; soie écrue seda cruda.

ecstasy [ɛkstazi] *m & f* éxtasis *m* [droga].

ecthyma [ɛktima] *m* MÉD ectima, dermatosis *f* pustuloulcerosa.

ectoparasite *adj & s m* ZOOL ectoparásito, ta.

ectoplasme [ɛktɔplasm] *m* ectoplasma.

ectropion [ɛktrɔpjɔ̃] *m* MÉD ectropión (paupières).

ECU; écu [eky] (abr de European Currency Unit) *m* ECU, ecu.

écu [eky] *m* escudo (bouclier) ▮ escudo (monnaie) ▮ BLAS escudo, armas *f pl* (armoiries) ■ FAM avoir des écus à remuer à la pelle apalear las onzas de oro ▮ n'avoir pas un écu vaillant no tener una blanca ou un cuarto.

écubier *m* MAR escobén.

écueil [ekœj] *m* escollo.
▮ SYN récif arrecife; brisant rompiente.

écuelle [ekɥɛl] *f* escudilla (récipient) ▮ FIG manger à la même écuelle comer en el mismo plato.

écuellée [ekɥele] *f* escudilla (contenu).

écuisser [3] *v tr* rajar, partir (un arbre).

éculer [3] *v tr* destaconar, gastar el tacón (un soulier) ▮ FIG plaisanterie éculée chiste viejo, trasnochado.

écumage *m* espumado.

écumant, e *adj* espumante (qui écume) ▮ cubierto, ta de espuma; rochers écumants rocas cubiertas de espuma ▮ que echa espumarajos por la boca (cheval) ▮ FIG rabioso, sa; irritado, da ▮ écumant de colère rabioso de ira, echando espumarajos de cólera.

écume *f* espuma (mousse) ▮ escoria (scories des métaux) ▮ espumarajos *m pl* (bave) ▮ sudor *m* (transpiration du cheval) ▮ FIG hez, desecho *m*; l'écume de la société la hez de la sociedad ▮ écume de mer espuma de mar.

écumer [3] *v tr* espumar, quitar la espuma de (enlever l'écume) ▮ FIG pasar por un tamiz ▮ écumer les mers piratear.
◇ *v intr* espumar, hacer espuma (un liquide) ▮ echar espumarajos por la boca (cheval) ▮ FIG écumer de rage reventar de rabia, echar espumarajos de cólera.

écumeur, euse *m & f* espumador, ra (qui écume) ■ écumeur de mer pirata ▮ FIG & FAM écumeur de marmites ou de tables gorrón.

écumeux, euse *adj* espumoso, sa; vague écumeuse ola espumosa.

écumoire *f* espumadera (ustensile de cuisine) ▮ FAM être percé comme une écumoire tener más agujeros que un pasador ou un colador.

écurer [3] *v tr* limpiar.

écureuil [ekyrœj] *m* ZOOL ardilla *f* ■ écureuil volant guiguí, taguán ▮ vif comme un écureuil listo como una ardilla.

écureur, euse *m & f* limpiador, ra; pocero *m* (d'un puits).

écurie *f* cuadra, caballeriza (local) ▮ cuadra (ensemble de chevaux) ▮ FIG equipo (de cyclistes) ▮ escudería (d'autos, etc.) ▮ cuadra, pocilga (logement sale) ■ écuries d'Augias establos de Augias ▮ langage, manières d'écurie lenguaje, modales de carretero ■ cheval qui sent l'écurie caballo que tiene querencia.

écusson *m* escudete (petit écu) ▮ placa *f* calcárea (sur certains poissons) ▮ disposición *f* de los pelos alrededor de las ubres (vaches) ▮ AGRIC escudete, escudo; greffe en écusson injerto en escudete ▮ BLAS escudo (blason) ▮ MAR escudo ▮ MIL emblema, rombo ▮ TECHN escudo, escudete (d'une serrure).

écussonnage *m* AGRIC injerto en escudete.

écussonner [3] *v tr* AGRIC injertar en escudete ▮ adornar con un escudo (orner).

écussonnoir *m* navaja *f* de injertar.

écuyer [ekɥije] *m* jinete (cavalier) ▮ caballista (dans un spectacle) ▮ picador, domador (dresseur de chevaux) ▮ profesor de equitación ▮ escudero (gentilhomme) ■ écuyer du roi caballerizo del rey ▮ écuyer tranchant trinchante, repostero mayor ▮ grand écuyer caballerizo mayor.

écuyère [ekɥijer] *f* amazona, caballista (cavalière) ▮ artista ecuestre (dans un spectacle) ■ à l'écuyère a la amazona, a mujeriegas.

eczéma [ɛgzema] *m* MÉD eczema.

eczémateux, euse *adj* eczematoso, sa.

éd. (abr écrite de édition) ed.

Edda *f* Edda (conte scandinave).

edelweiss [edɛlvɛs] *m* BOT edelweiss.

éden [edɛn] *m* edén.

édénique *adj* edénico, ca.

édenté, e *adj & s* desdentado, da (personne) ▮ mellado, da (chose).

→ **édentés** *m pl* desdentados (mammifères).

édenter [3] *v tr* desdentar (une personne) ▮ mellar (chose).

EDF (abr de Électricité de France) *f* empresa nacional de electricidad francesa, ≃ ENDESA.

Edgar [ɛdgar] *n pr* Edgardo.

EDI [edei] (abr de échange de données informatisées) *m* INFORM IED.

édicter [3] *v tr* promulgar, dictar, decretar.

édicule *m* edículo (petit édifice).

édifiant, e *adj* edificante; lecture édifiante lectura edificante.

édification *f* edificación.

édifice *m* edificio.

édifier [9] *v tr* edificar ▮ être édifié sur la conduite de quelqu'un saber a qué atenerse sobre la conducta de alguien.

édile *m* edil (magistrat romain) ▮ concejal, edil (d'une ville).

édilitaire *adj* edilicio, cia.

édilité *f* edilidad.

Édimbourg [edɛ̃bur] *n pr* GÉOGR Edimburgo.

édit [edi] *m* edicto.

→ **Édit de Nantes** *m* l'Édit de Nantes el Edicto de Nantes.

▮ **L'ÉDIT DE NANTES** ───
Este edicto, firmado en 1598 por Enrique IV, marcó el fin de las guerras de religión y garantizó cierto número de derechos para los

hugonotes protestantes, entre los cuales la libertad de conciencia y la práctica de su religión en zonas determinadas. Su revocación en 1685 por Luis XIV dio lugar a una violenta represión que obligó a muchos hugonotes a emigrar a otros países europeos.

édit. (abr écrite de **éditeur**) ed.

éditer [3] *v tr* editar, publicar.

éditeur, trice *m* & *f* editor, ra.
➤ **éditeur** *m* INFORM editor; éditeur de textes editor de textos.

Édith; Édithe *n pr* Edita, Edit.

édition *f* edición; édition princeps edición príncipe ‖ INFORM edición, visualización; édition électronique edición electrónica; édition sur écran edición ou visualización en pantalla ■ édition brochée, compacte edición en rústica, diamante ‖ maison d'édition editorial, casa editorial ou edición.
‖ SYN tirage tirada; impression impresión.

édito *m* FAM editorial.

éditorial, e *adj* editorial.
➤ **éditorial** *m* editorial, artículo de fondo (d'un journal).

éditorialiste *m* editorialista (journaliste).

Edmond [ɛdmɔ̃] *n pr* Edmundo.

Édouard [edwar] *n pr* Eduardo.

édredon *m* edredón, flojel, plumón (duvet) ‖ edredón (couvre-pieds).

éducable *adj* educable.

éducateur, trice *adj* & *s* educador, ra ‖ éducateur spécialisé educador especializado.
◇ *adj* educativo, va; ouvrages éducateurs obras educativas.

éducatif, ive *adj* educativo, va.

éducation *f* educación; bonne, mauvaise éducation buena, mala educación ■ éducation physique educación física ‖ ministre de l'Éducation nationale Ministro de Educación Nacional ou de Instrucción Pública ‖ sans éducation sin educación.

édulcorant, e *adj* & *s m* edulcorante.

édulcorer [3] *v tr* endulzar, edulcorar ‖ FIG suavizar (atténuer).

éduqué, e *adj* educado, da; un enfant bien, mal éduqué un niño bien, mal educado.

éduquer [3] *v tr* educar.

Edwige [ɛdviʒ] *n pr* Eduvigis.

EEG (abr de **électroencéphalogramme**) *m* EEG.

éfaufiler [3] *v tr* deshilachar.

effaçable [efasabl] *adj* borrable.

effacé, e *adj* borrado, da ‖ desdibujado, da; borrado, da; des contours effacés contornos desdibujados ‖ FIG borrado, da; apagado, da (sans personnalité) ‖ sin relieve, de segundo plano (sans éclat) ‖ recogido, da (à l'écart).

effacement *m* borradura *f*, borrado (action d'effacer) ‖ desaparición *f* (disparition) ‖ recogimiento (d'une personne).

effacer [16] *v tr* [▷ SYN] borrar; gomme à effacer goma de borrar ‖ tachar, rayar (rayer) ‖ INFORM borrar ‖ FIG hacer olvidar, borrar (faire oublier) ‖ oscurecer, eclipsar (éclipser) ‖ effacer le corps, les épaules ponerse de perfil, echar los hombros hacia atrás.
➤ **s'effacer** *v pr* borrarse ‖ apartarse,

echarse a un lado (s'écarter).
‖ SYN rayer, barrer tachar; biffer rayar, tachar; sabrer cortar, suprimir; raturer tachar; gratter raspar; gommer borrar; oblitérer obliterar; radier rayar.

effaceur *m* borrador de tinta.

effarant, e *adj* espantoso, sa; pavoroso, sa (effrayant) ‖ pasmoso, sa (surprenant).

effaré, e *adj* pasmado, da; estupefacto, ta.

effarement [efarmɑ̃] *m* espanto, pavor (effroi) ‖ pasmo (surprise) ‖ turbación *f* (trouble).

effarer [3] *v tr* despavorir, espantar.

effarouchement *m* miedo, alarma *f*.

effaroucher [3] *v tr* asustar, amedrentar, espantar (effrayer) ‖ alarmar, infundir temor, asustar (intimider).

effarvatte *f* curruca (oiseau).

effectif, ive *adj* & *s m* efectivo, va ‖ effectif scolaire alumnado ‖ les effectifs los efectivos [militares], la plantilla [empleados] ‖ devenir effectif entrar en vigor.
‖ OBSERV La palabra francesa effectif no tiene nunca el sentido de dinero que tiene la palabra española efectivo.

effectivement *adv* efectivamente ‖ en efecto.

effectuer [7] *v tr* efectuar, llevar a cabo, realizar (mettre à exécution) ‖ hacer (faire) ‖ effectuer un paiement efectuar un pago.

efféminé, e *adj* & *s* afeminado, da.

efféminer [3] *v tr* afeminar.

efférent, e *adj* ANAT eferente; nerf, vaisseau efférent nervio, vaso eferente.

effervescence [efɛrvesɑ̃s] *f* efervescencia ‖ FIG efervescencia, agitación; en pleine effervescence en plena efervescencia.

effervescent, e [efɛrvesɑ̃, ɑ̃t] *adj* efervescente.

effet [efɛ] *m* efecto; il n'y a pas d'effet sans cause no hay efecto sin causa ‖ efecto, impresión *f*; faire un bel effet causar buen efecto ‖ efecto, picado (balle, boule) ■ COMM effet à vue pagaré a la vista ‖ effet de cavalerie ou de complaisance efecto de colusión ‖ effet négociable efecto negociable ‖ effet de couleur efecto de color ‖ effet de levier efecto de palanca ‖ effet de lumière efecto de luces ‖ effet de souffle onda expansiva (explosion) ‖ effet de style efecto estilístico ‖ effet induit efecto inducido ‖ MÉD effet secondaire efecto secundario ‖ effets de commerce, mobiliers, publics efectos de comercio, mobiliarios, públicos ‖ effets de voix efectos de voz ‖ ÉCON effets pervers efectos nocivos ‖ CINÉM effets spéciaux efectos especiales ■ à cet effet con este fin ‖ à l'effet de con objeto de ‖ à quel effet? ¿con qué objeto?, ¿para qué? ‖ DR avec effet rétroactif con efectos retroactivos ‖ du plus bel effet que causa gran efecto ‖ en effet en efecto ■ avoir pour effet tener por resultado ‖ SPORTS donner de l'effet à une balle dar efecto a una pelota (tennis) ‖ faire de l'effet surtir efecto (médicament), causar gran efecto ou sensación (faire impression) ‖ faire des effets de hacer alarde de, presumir de; faire des effets d'érudition hacer alarde de erudición; lucir; faire des effets de jambe lucir las piernas ‖ faire l'effet de parecer, dar la impresión de ‖ FAM faire un effet bœuf ha-

cer un efecto bárbaro ‖ prendre effet surtir efecto, entrar en vigor; cette loi prendra effet le mois prochain esta ley surtirá efecto a partir del mes que viene.
➤ **effets** *m pl* prendas *f*, efectos (vêtements).

effeuillage [efœjaʒ] *m* deshojadura *f*.

effeuillaison [efœjɛzɔ̃] *f* deshoje *m*, caída de la hoja.

effeuillement [efœjmɑ̃] *m* deshojamiento, deshoje.

effeuiller [5] [efœje] *v tr* deshojar, aclarar (une plante) ‖ hojear (un livre).
➤ **s'effeuiller** *v pr* deshojarse.

efficace *adj* [▷ SYN] eficaz; remède efficace remedio eficaz.
◇ *f* LITT eficacia.
‖ SYN efficient eficiente; effectif efectivo.

efficacement *adv* eficazmente.

efficacité *f* eficacia.

efficience *f* eficiencia.

efficient, e *adj* eficiente.

effigie *f* efigie; monnaie à l'effigie de l'empereur moneda con la efigie del emperador ‖ brûler quelqu'un en effigie quemar a alguien simbólicamente.

effilage *m* deshiladura *f*.

effilé, e *adj* afilado, da; delgado, da (doigts) ‖ aguzado, da (pointe) ‖ deshilado, da (tissu).
➤ **effilé** *m* franja *f*, flecos *pl*.

effilement *m* afilamiento, delgadez *f*.

effiler [3] *v tr* deshilar (tissu) ‖ atusar (les cheveux, la moustache) ‖ AGRIC ➤ **affiler**.
➤ **s'effiler** *v pr* estar deshilado, deshilarse (couture) ‖ deshilacharse (s'effilocher).

effileur, euse ➤ **effilocheur**.

effilochage *m* deshilachadura *f*, deshilachado.

effiloche *f* hilacha, hilacho *m*.

effilochement *m* deshilachadura *f*.

effilocher [3] *v tr* deshilachar.
➤ **s'effilocher** *v pr* deshilacharse.

effilocheur, euse; effileur, euse *m* & *f* deshilachador, ra.
➤ **effilocheuse** *f* máquina de deshilachar.

effilochure; effilure *f* hilacha, hilacho *m*.

efflanqué, e *adj* trasijado, da; flaco, ca (chevaux, chiens) ‖ FIG flaco, ca; enjuto, ta; desgarbado, da; chupado, da (personnes).

efflanquer [3] *v tr* enflaquecer, hacer adelgazar.

effleurage; effleurement *m* roce, rozamiento ‖ touche à effleurement tecla digital.

effleurer [5] *v tr* [▷ SYN] rozar, tocar ligeramente; la branche lui effleura le visage la rama le rozó la cara ‖ ocurrirse, venir a la mente, pasar por la cabeza; le soupçon ne l'effleura pas la sospecha no le vino a la mente ‖ tocar, tratar superficialmente (examiner légèrement).
‖ SYN caresser acariciar; frôler rozar.

effleurir [32] *v intr* & *pr* eflorecerse.

efflorescence *f* CHIM & MIN eflorescencia ‖ BOT cera vegetal.

efflorescent, e *adj* eflorescente ‖ BOT cubierto, ta de cera vegetal.

effluent, e [eflɥɑ̃, ɑ̃t] *adj* & *s m* efluente.

effluve *m* efluvio; **effluve électrique** efluvio eléctrico.
⎢ **SYN** émanation emanación; exhalaison exhalación; miasme miasma; effluence efluencia.

effondré, e *adj* abatido, da; postrado, da.

effondrement *m* hundimiento, desmoronamiento; **effondrement du sol** hundimiento del suelo ⎢ **FIG** caída *f*, hundimiento, derrumbamiento; **l'effondrement de l'Empire romain** la caída del imperio romano⎢depresión *f*, abatimiento, postración *f* (dépression) ⎢ hundimiento (des cours en Bourse) ⎢ caída *f* vertical (des prix) ⎢ desfondamiento (écroulement physique).

effondrer [3] *v tr* hundir, derrumbar (enfoncer) ⎢ romper, desfondar (briser) ⎢ **AGRIC** desfondar.
➥ **s'effondrer** *v pr* hundirse, derrumbarse (s'affaisser) ⎢ desplomarse, caerse (tomber) ⎢venirse abajo, bajar, descender bruscamente; **les exportations se sont effondrées** las exportaciones han bajado bruscamente ⎢ venirse abajo, derrumbarse; **ses projets se sont effondrés** sus proyectos se han venido abajo ⎢ caer, hundirse, derrumbarse (un empire) ⎢ **FIG** venirse abajo; **après l'examen il s'effondra** después del examen il se vino abajo.

efforcer [16]
➥ **s'efforcer** *v pr* esforzarse, intentar; **s'efforcer de lire** esforzarse por leer; **s'efforcer de plaire** esforzarse en agradar.
⎢ **OBSERV** El participio pasado concuerda siempre con el pronombre complemento que le precede: elles se sont efforcées de chanter.

effort *m* esfuerzo ⎢ distorsión *f* (des muscles), hernia *f*, quebradura *f* (hernie) ■ **sans effort** sin esfuerzo, sin trabajo, fácilmente ■ **effort constant pour être meilleur** empeño constante para mejorarse ⎢ **effort de volonté** esfuerzo de voluntad ■ **être partisan de la loi du moindre effort** ser partidario de la ley del mínimo esfuerzo ⎢ **faire porter tous ses efforts sur** poner gran empeño en ⎢ **faire tous ses efforts** hacer todos los esfuerzos posibles ⎢ **faire un effort** esforzarse, hacer un esfuerzo ⎢ **faire un effort de mémoire** esforzarse en recordar ⎢ **faire un effort sur soi-même** violentarse.

effraction *f* fractura, efracción (gallicisme); **vol avec effraction** robo con fractura ⎢ **DR** **s'introduire par effraction** entrar mediante efracción ou fractura.

effraie; effraye [efrɛ] *f* lechuza (chouette).

effranger [17] *v tr* desflecar.

effrayant, e [efrɛjɑ̃, ɑ̃t] *adj* horroroso, sa; pavoroso, sa; espantoso, sa; **un spectacle effrayant** un espectáculo horroroso ⎢ **FAM** espantoso, sa; tremendo, da; **un appétit effrayant** un apetito espantoso.

effraye ➥ **effraie**.

effrayer [11] [efrɛje] *v tr* asustar, espantar; **ce bruit m'a effrayé** ese ruido me ha asustado.

effréné, e *adj* desenfrenado, da; **course effrénée** carrera desenfrenada.

effritement *m* desmoronamiento, pulverización *f*; **effritement d'une roche** desmoronamiento de una roca ⎢ **FIG** debilitamiento, desmoronamiento.

effriter [3] *v tr* pulverizar, desmenuzar, desmoronar (réduire en poussière).
➥ **s'effriter** *v pr* pulverizarse, desmoronarse, deshacerse (les pierres) ⎢ **FIG** desmoronarse; **majorité qui s'effrite** mayoría que se desmorona.

effroi *m* pavor, terror, espanto (grande frayeur).

effronté, e *adj* & *s* descarado, da; desvergonzado, da; sinvergüenza.

effrontément *adv* descaradamente, de una manera descarada.

effronterie *f* descaro *m*, desfachatez, desvergüenza.

effroyable [efrwajabl] *adj* espantoso, sa; horroroso, sa; tremendo, da ⎢ **il est d'une laideur effroyable** es de un feo que asusta.
⎢ **SYN** effrayant horroroso, pavoroso; affreux horrendo; horrible horrible; épouvantable tremendo; dantesque dantesco; monstrueux monstruoso; atroce atroz; terrible terrible.

effroyablement *adv* horriblemente.

effusion *f* efusión, derramamiento *m*; **sans effusion de sang** sin derramamiento de sangre.

égaiement [egɛmɑ̃]; **égayement** [egɛjmɑ̃] *m* alegría *f*, animación *f*.

égailler [3] [egɛje]
➥ **s'égailler** *v pr* dispersarse.

égal, e *adj* igual ⎢[▷ **SYN**] **FIG** plano, na; liso, sa; **route égale** carretera lisa ⎢ uniforme, regular ■ **avoir des chances égales** tener las mismas oportunidades ⎢ **être d'humeur égale** tener buen talante ⎢**lutter à armes égales** luchar con las mismas armas ⎢ **FAM cela m'est égal** me da lo mismo ⎢ **c'est égal** no importa, lo mismo da, es igual ■ **partie égale** partida igualada
◇ *m* & *f* igual ■ **à l'égal de** tanto como, como, al igual que ⎢ **d'égal à égal** de igual a igual ⎢ **sans égal** sin igual, sin par ⎢ **n'avoir d'égal que** poder compararse sólo con ⎢ **n'avoir point d'égal** ser sin igual, ser el único.
⎢ **OBSERV** En la expresión sans égal, égal puede concordar con el femenino singular o plural, pero nunca con el masculino plural: une joie sans égale, des perles sans égales, y des élans sans égal.
⎢ **SYN** (vx) plain plano; uni liso; plat llano; ras raso; plan plano.

égalable *adj* igualable.

également *adv* con igualdad (avec égalité) ⎢también (aussi).

égaler [3] *v tr* [▷ **SYN**] igualar; **rien n'égale la beauté de ce paysage** nada iguala la belleza de este paisaje ⎢ (vx) emparejar; **égaler Racine à Corneille** emparejar a Racine con Corneille.
⎢ **SYN** contrebalancer contrabalancear; équivaloir equivaler; (vx) équipoller equipolar.

égalisateur, trice *adj* que iguala ⎢ del empate (but).

égalisation *f* igualación, igualamiento *m* ⎢empate *m* (sports).

égaliser [3] *v tr* igualar (rendre égal) ⎢ igualar, aplanar, nivelar, allanar, hacer uniforme; **égaliser un chemin** igualar un camino.
◇ *v intr* empatar, igualar (sports).

égalitaire *adj* & *s* igualitario, ria.

égalitarisme *m* igualitarismo.

égalité *f* igualdad ■ **égalité à 15** iguales ou empate a 15, 15 iguales (tennis) ⎢ **égalité de droits** igualdad de derechos ■ **à égalité de** en igualdad de ⎢**être à égalité** estar empatados (sports).

égard [egar] *m* [▷ **SYN**] consideración *f*; **il faut avoir égard aux mérites des autres** hay que tomar en consideración los méritos de los demás ■ **à l'égard de** con respecto a ⎢ **à mon égard** conmigo, para conmigo, para mí ⎢**eu égard à** en atención a, en consideración de ⎢ **par égard pour** en consideración a ⎢**sans égard pour** sin consideración para.
➥ **égards** *m pl* miramientos, atenciones *f*, consideraciones *f*; **avoir des égards pour les personnes âgées** tener miramientos con las personas de edad ■ **à certains égards** en ciertos aspectos, por varios motivos, desde cierto punto de vista ⎢**à tous égards** por todos conceptos ⎢ **manque d'égards** desconsideración, falta de consideración.
⎢ **OBSERV** La palabra francesa égard no se emplea en singular más que en varias excepciones.
⎢ **SYN** considération consideración; déférence deferencia; respect respeto, acato; attention atención; ménagement miramiento, reparo.

égaré, e *adj* perdido, da; extraviado, da; **il rencontra plusieurs personnes égarées** encontró a varias personas perdidas ⎢ engañado, da (trompé) ⎢ extraviado, da; **avoir un regard égaré** tener una mirada extraviada ⎢ **FIG** despistado, da; **avoir un air égaré** tener un aspecto despistado ⎢ **brebis égarée** oveja descarriada.

égarement *m* extravío, pérdida *f* (d'un objet) ⎢ extravío (de conduite) ⎢ yerro, error (erreur).

égarer [3] *v tr* extraviar, perder (un objet) ⎢ extraviar (une personne) ⎢ **FIG** desorientar, despistar; **la douleur nous égare** el dolor nos desorienta ⎢ engañar, confundir, inducir en error (tromper).
➥ **s'égarer** *v pr* extraviarse, perderse; **il s'égara dans un bois** se perdió en un bosque ⎢ caer en error, equivocarse (tomber dans l'erreur) ⎢ **FIG** extraviarse (la raison).

égayant, e [egɛjɑ̃, ɑ̃t] *adj* divertido, da; animado, da; entretenido, da.

égayement ➥ **égaiement**.

égayer [11] [egɛje] *v tr* alegrar, entretener, distraer (divertir) ⎢ **FIG** amenizar; **égayer une conversation, le style** amenizar una conversación, el estilo ⎢ alegrar; **des tableaux égayaient les murs** unos cuadros alegraban las paredes ⎢ **AGRIC** podar (un arbre) ⎢ **égayer le deuil** aliviar el luto.
➥ **s'égayer** *v pr* divertirse.

Égée *n pr* **MYTH** Egeo ⎢ **GÉOGR** **la mer Égée** el mar Egeo.

égéen, enne *adj* egeo, a.

égérie *f* egeria (conseillère) ⎢**être l'égérie de quelqu'un** ser la ninfa Egeria de alguien.

égermer [3] [eʒɛrme] *v tr* quitar el germen [a la cebada].

égide *f* **MYTH** égida ⎢ égida, auspicios *m pl*; **sous l'égide de** bajo la égida de.

Égine *n pr* **GÉOGR** Egina.

Égipan ➥ **Ægipan**.

Égisthe *n pr* Egisto.

églantier *m* BOT escaramujo, agavanzo.

églantine *f* gavanza (fleur de l'églantier) ‖ flor de oro (jeux floraux de Toulouse).

églefin *m* abadejo (poisson).

église *f* iglesia, templo ■ l'Église catholique la Iglesia católica ‖ se marier à l'église casarse por la iglesia.

> SYN temple templo; chapelle capilla; paroisse parroquia; oratoire oratorio; abbatiale abacial; prieuré priorato; collégiale colegiata; basilique basílica; cathédrale catedral; mosquée mezquita; synagogue sinagoga; sanctuaire santuario.

églogue *f* égloga (poème).

ego *m inv* ego.

égocentrique *adj & s* egocéntrico, ca.

égocentrisme *m* egocentrismo.

égoïne; égohine *f* serrucho *m* (petite scie).

égoïsme *m* egoísmo.

égoïste *adj & s* egoísta.

égoïstement *adv* con egoísmo.

égorgement [egɔrʒəmã] *m* degollación *f*, degüello.

égorger [17] *v tr* degollar, pasar a cuchillo (couper la gorge) ‖ matar, asesinar (tuer) ‖ FIG desollar.

égorgeur *m* degollador (qui égorge).

égosiller [3] [egozije]
➡ **s'égosiller** *v pr* desgañitarse.

égotisme *m* egotismo (orgueil).

égotiste *adj & s* egotista.

égout [egu] *m* goteo, escurrimiento (action d'égoutter) ‖ alcantarilla *f*, cloaca *f*, albañal (conduit) ‖ alero (avant-toit) ■ égout collecteur colector ‖ bouche d'égout sumidero ‖ tout-à-l'égout desagüe directo de las aguas evacuadas de una casa.
➡ **égouts** *m pl* alcantarillado *sing*.

égoutier *m* alcantarillero, pocero.

égouttage; égouttement *m* goteo, escurrimiento (action d'égoutter) ‖ desecación *f* (des terres) ‖ desuerado (du caillé).

égoutter [3] *v tr* escurrir, secar (débarrasser d'un liquide) ‖ gotear (tomber goutte à goutte).
➡ **s'égoutter** *v pr* gotear, escurrirse.

égouttoir *m* escurridero, escurridera *f* (en général) ‖ escurreplatos (pour les assiettes) ‖ TECHN secador.

égoutture *f* escurriduras *pl*.

égrainage ➡ **égrenage**.

égrappage *m* escobajo, despalillado.

égrapper [3] *v tr* descobajar, despalillar (le raisin).

égratigner [3] *v tr* arañar, rasguñar (déchirer la peau) ‖ arar superficialmente (labourer) ‖ arañar (érafler) ‖ FIG hacer rabiar a, picar a, burlarse de (blesser par des railleries).

égratignure *f* rasguño *m*, arañazo *m* ‖ arañazo *m* (sur un meuble) ‖ FIG herida en el amor propio.

égrenage; égrainage *m* desgrane, desgranamiento.

égrener [19] *v tr* desgranar (détacher le grain) ‖ desbagar, desgargolar (le lin) ‖ descobajar (le raisin) ‖ FIG pasar las cuentas de, desgranar (un chapelet).
➡ **s'égrener** *v pr* FIG transcurrir (heures,

etc.).

égreneuse *f* desgranadora, máquina de desgranar.

égrillard, e [egrijar, ard] *adj & s* festivo, va; jocoso, sa; chusco, ca (gai) ‖ FIG picante, verde; subido, da de color (histoire) ‖ chocarrero, ra (air, ton).

égrisage *m* labrado, pulimento (d'une pierre, d'un diamant).

égrisé *m*; **égrisée** *f* polvo *m* de diamante.

égriser [3] *v tr* labrar, tallar (le diamant) ‖ pulir, esmerilar (polir).

égrotant, e *adj* (p us) enfermizo, za.

égrugeage [egryʒaʒ] *m* molienda *f*, pulverización *f*.

égrugeoir [egryʒwar] *m* almirez, mortero (mortier).

égruger [17] *v tr* moler (réduire en poudre).

égueulé, e [egœle] *adj* GÉOGR cratère égueulé cráter de explosión.

égueuler [3] *v tr* desbocar, abocardar, romper la boca (d'un canon, d'un vase).

Égypte *n pr f* GÉOGR l'Égypte Egipto.

égyptien, enne *adj* egipcio, cia.
➡ **égyptien** *m* LING egipcio.

Égyptien, enne *m & f* egipcio, cia.

égyptologie *f* egiptología.

égyptologue *m & f* egiptólogo, ga.

eh! *interj* ¡eh!, ¡ah!; eh! malheureux que je suis! ¡ay!, ¡qué desgraciado soy! ■ eh!, eh! ¡ya!, ¡ya!; ¡vaya! ‖ eh bien! ¡pues bien!, ¡bueno!, ¡y bien!, ¿y qué? ‖ eh bien! ¿qué hay? ¿qué pasó? ‖ eh, là-bas! ¡eh!, ¡oiga! ‖ eh quoi! ¡cómo!

éhonté, e [eɔ̃te] *adj & s* desvergonzado, da; descarado, da ‖ mensonge éhonté mentira descarada.

eider [edɛr] *m* eider, pato de flojel (canard).

eidétique *adj* PHILOS eidético, ca.

Eiffel [efɛl] *n pr* la tour Eiffel la torre Eiffel.

> **LA TOUR EIFFEL**
> El mayor símbolo de la ciudad de París, construida en acero por Gustave Eiffel en el Champ de Mars para la Exposición de 1889, mide 320 metros de altura y fue durante medio siglo el edificio más alto del mundo. Ahora se utiliza como estación emisora de radio y televisión.

einsteinium [ajnʃtɛnjɔm] *m* CHIM einsteinio.

Eire [ɛr] *f* l'Eire Eire.

éjaculation *f* eyaculación.

éjaculer [3] *v tr* eyacular.

éjectable [eʒɛktabl] *adj* eyectable ‖ siège éjectable asiento lanzable, eyectable.

éjecter [4] *v tr* eyectar ‖ FAM echar a la calle, poner de patitas en la calle, expulsar (d'une entreprise).

éjecteur *m* TECHN eyector ‖ expulsor (d'une arme à feu).

éjection *f* eyección ‖ deyección (des excréments).

éjointer [3] [eʒwɛ̃te] *v tr* alicortar (rogner les ailes).

Ektachrome® *m* Ektachrome [Kodak].

élaboration *f* elaboración.

élaboré, e *adj* elaborado, da [sofisticado].

élaborer [3] *v tr* elaborar.

élæis ➡ **éléis**.

Élagabal; Héliogabale *n pr* Heliogábalo.

élagage *m* poda *f*, escamonda *f*, desrame (des arbres) ‖ FIG poda *f*, aligeramiento.

élaguer [3] *v tr* [▷ SYN] podar, escamondar, desramar, mondar (les arbres) ‖ FIG aligerar, podar (enlever ce qui est inutile).

> SYN émonder mondar, escamondar; tailler podar; ébrancher desramar; étêter desmochar, descopar.

élagueur *m* podador (personne) ‖ podadera *f*, podón (serpe).

élaïomètre *m* elayómetro, oleómetro.

élan *m* ZOOL alce, anta *f*.

élan *m* arranque, impulso (effort) ‖ impulso, salto; franchir un fossé d'un seul élan salvar un foso de un salto ‖ FIG impulso, arrebato; les élans du cœur los impulsos del corazón ‖ ímpetu, entusiasmo (enthousiasme) ‖ avance, progresión *f*; résistance qui brise leur élan resistencia que rompe su avance ‖ vuelo (de l'imagination) ■ PHILOS élan vital elan vital ‖ prendre de l'élan tomar carrerilla ‖ prendre son élan tomar impulso.

élancé, e *adj* esbelto, ta; espigado, da (les jeunes gens) ‖ alargado, da; largo, ga; alto, ta (choses) ‖ ahilado, da (les arbres).

élancement *m* punzada *f*, latido (douleur) ‖ MAR lanzamiento (de l'étrave).

élancer [16] *v intr* punzar, dar punzadas, latir (douleur); le doigt m'élance el dedo me da punzadas.
➡ **s'élancer** *v pr* [▷ SYN] lanzarse, abalanzarse; s'élancer dans les airs lanzarse al aire ‖ elevarse, alzarse (s'élever) ‖ afinarse, alargarse, ponerse esbelto (le corps) ‖ s'élancer sur lanzarse contra ou sobre.

> SYN se précipiter precipitarse; se ruer arrojarse, abalanzarse; foncer lanzarse.

élargir [32] *v tr* ensanchar (rendre plus large) ‖ agrandar, ampliar (agrandir) ‖ poner en libertad, soltar (un prisonnier) ‖ FIG extender, incrementar, ampliar, aumentar; élargir son influence extender su influencia ■ des perspectives élargies horizontes dilatados ‖ programme élargi d'assistance technique programa ampliado de asistencia técnica.

élargissement *m* ensanche, ensanchamiento ‖ liberación *f*, libertad *f* (d'un prisonnier) ‖ expansión *f*, extensión *f* (de l'influence) ‖ ampliación *f*, desarrollo (des connaissances) ‖ ampliación *f*; élargissement d'un accord ampliación de un acuerdo.

élasthanne *m* elastano.

élasticimètre *m* elasticímetro.

élasticimétrie *f* elasticimetría.

élasticité *f* elasticidad ‖ FIG agilidad, elasticidad, flexibilidad (souplesse) ‖ ÉCON l'élasticité de l'offre, de la demande la elasticidad de la oferta, de la demanda.

élastique *adj* elástico, ca.
◇ *m* elástico, goma *f* ‖ FAM les lâcher avec un élastique ser muy agarrado.

élastomère *m* elastómero.

élatéridés *m pl* elatéridos (coléoptères).

élavé, e *adj* desteñido, da (couleur).

Elbe *n pr* GÉOGR l'Elbe el Elba (fleuve) ‖ l'île d'Elbe la isla de Elba.

eldorado *m* eldorado (pays chimérique).
➤ **Eldorado** *n pr m* l'Eldorado El Dorado.
éléate *adj & s;* **éléatique** *adj* eleático, ca.
éléatisme *m* eleatismo.
électeur, trice *m & f* elector, ra.
➤ **électeur** *m* HIST elector ‖ grands électeurs colegio electoral que elige a los senadores en Francia (politique).
électif, ive *adj* electivo, va.
élection *f* elección; élection au suffrage universel elección por sufragio universal ‖ élection partielle elección parcial ‖ élections législatives elecciones legislativas ‖ d'élection de elección, escogido, da; predilecto, ta; terre d'élection tierra de elección.
‖ SYN choix elección, escogimiento; cooptation elección por designación propia; sélection selección; option opción.
ÉLECTIONS
Todos los ciudadanos franceses mayores de 18 años tienen derecho a votar en las elecciones que en general se realizan los domingos. Los colegios electorales suelen instalarse en las escuelas. Los electores entran en una cabina electoral y ponen en un sobre la papeleta con el nombre de su candidato, antes de salir e introducir el sobre en una urna ("urne") controlada por un "assesseur" quien entonces declara: "a voté!"
électivité *f* elegibilidad.
électoral, e *adj* electoral ‖ corps électoral censo electoral, electorado.
électoralisme *m* electoralismo.
électoraliste *adj* electoralista.
électorat *m* derechos *pl* electorales (droits d'électeur) ‖ electorado; l'électorat de Mayence el electorado de Maguncia ‖ electorado, censo electoral.
Électre *n pr* Electra.
électricien, enne *adj & s* electricista.
électricité *f* electricidad; électricité statique electricidad estática ‖ allumer, éteindre l'électricité encender, apagar la luz ‖ FIG il y a de l'électricité dans l'air hay tensión ou sobreexcitación en el ambiente.
électrification *f* electrificación.
électrifié, e *adj* electrificado, da.
électrifier [9] *v tr* electrificar.
électrique *adj* eléctrico, ca ‖ FIG tenso, sa; atmosphère électrique ambiente tenso.
électriquement *adv* eléctricamente; commandé électriquement accionado eléctricamente.
électrisable *adj* electrizable.
électrisant, e *adj* electrizante.
électrisation *f* electrización.
électriser [3] *v tr* electrizar ‖ FIG electrizar; électriser une assemblée par la parole electrizar una asamblea con la palabra.
électroacoustique *f* electroacústica.
électroaimant *m* electroimán.
‖ OBSERV *pl* électroaimants.
électrobiologie *f* electrobiología.
électrocardiogramme *m* electrocardiograma.
électrocardiographe *m* electrocardiógrafo.
électrocardiographie *f* electrocardiografía.

électrocautère *m* MÉD electrocauterio.
électrochimie *f* electroquímica.
électrochimique *adj* electroquímico, ca.
électrochoc *m* MÉD electrochoque.
électrocinétique *f* electrocinética.
électrocoagulation *f* electrocoagulación.
électrocuter [3] *v tr* electrocutar.
électrocution *f* electrocución.
électrode *f* electrodo *m*; électrode enrobée electrodo cubierto.
électrodynamique *adj & s f* electrodinámico, ca.
électrodynamomètre *m* electrodinamómetro.
électroencéphalogramme *m* electroencefalograma.
électroencéphalographie *f* electroencefalografía.
électrogène *adj* electrógeno, na; groupe électrogène grupo electrógeno.
électroluminescence *f* electroluminiscencia, electroluminescencia.
électrolyse *f* electrólisis.
électrolyser [3] *v tr* electrolizar.
électrolyseur *m* electrolizador.
électrolyte *m* electrólito.
électrolytique *adj* electrolítico, ca.
électromagnétique *adj* electromagnético, ca.
électromagnétisme *m* electromagnetismo.
électromécanicien *adj & s m* electromecánico, mecánico electricista.
électromécanique *adj* electromecánico, ca.
◇ *f* electromecánica.
électroménager *adj m* electrodoméstico; appareil électroménager aparato electrodoméstico.
électrométallurgie *f* electrometalurgia.
électromètre *m* electrómetro.
électrométrie *f* electrometría.
électromoteur, trice *adj & s m* electromotor, triz; force électromotrice fuerza electromotriz.
électron *m* electrón.
électronégatif, ive *adj* electronegativo, va.
électronicien *m* especialista en electrónica.
électronique *adj* electrónico, ca.
◇ *f* electrónica ‖ électronique grand public electrónica de gran consumo.
électroniquement *adv* por fenómenos electrónicos.
électronucléaire *adj* electronuclear; centrale électronucléaire central electronuclear.
◇ *m* técnica *f* electronuclear.
électronvolt *m* electrón-voltio.
électropathologie *f* MÉD electropatología, electropatía.
électrophone *m* electrófono, tocadiscos.
électrophorèse *f* electroforesis.

électropompe *f* electrobomba, bomba eléctrica.
électropositif, ive *adj* electropositivo, va.
électropuncture; électroponcture [elɛktropɔ̃ktyr] *f* MÉD electropuntura.
électroradiologie *f* electrorradiología.
électroradiologiste *m* electrorradiólogo.
électroraffinage *m* TECHN electrorrefinado, refinación *f* electrolítica.
électroscope *m* electroscopio; électroscope à feuilles d'or electroscopio de panes de oro.
électrostatique *adj & s f* electrostático, ca.
électrotechnicien, enne *m & f* electrotécnico, ca.
électrotechnique *adj* electrotécnico, ca.
◇ *f* electrotecnia.
électrothérapie *f* electroterapia.
électrothermie *f* electrotermia.
électrovalve *f* TECHN electroválvula.
électrum [elɛktrɔm] *m* electro (alliage).
électuaire *m* electuario.
Élée *n pr* HIST Elea.
élégamment *adv* elegantemente, con elegancia ‖ se conduire élégamment comportarse con caballerosidad (un homme), con dignidad (une femme).
élégance *f* elegancia.
élégant, e *adj & s* elegante.
‖ SYN petit-maître petimetre; gandin majo; gommeux gomoso, figurín; muguet currutaco; dandy dandy; petit crevé niño gótico; chic chic, airoso.
élégiaque *adj* elegíaco, ca.
élégie *f* elegía.
élégir [32] *v tr* TECHN rebajar, adelgazar (amincir).
éleis; élæis [eleis] *m* BOT palma *f* de aceite.
élément *m* elemento ‖ INFORM élément binaire elemento binario ‖ élément de commande transmisor de mando ‖ l'élément liquide el líquido elemento ‖ meuble à éléments mueble de módulos ‖ FIG être dans son élément estar en su elemento.
élémentaire *adj* elemental.
Éléonore *n pr* Eleonor, Leonor.
éléphant, e *m & f* elefante, ta ‖ éléphant de mer elefante marino, morsa.
‖ OBSERV En français comme en espagnol, le féminin d'éléphant ne s'emploie guère. Il vaux mieux dire en français un éléphant femelle et en espagnol un elefante hembra.
éléphanteau *m* elefantillo.
éléphantesque *adj* FAM colosal, enorme.
éléphantiasique *adj & s* elefantiásico, ca; elefancíaco, ca.
éléphantiasis [elefɑ̃tjazis] *m* MÉD elefantiasis *f*, elefancía *f* (maladie).
éléphantin, e *adj* elefantino, na.
Éleuthère *n pr* Eleuterio.
élevage [ɛlvaʒ] *m* ganadería *f*; un élevage de taureaux de combat una ganadería de toros de lidia ‖ cría *f*; l'élevage du bétail la cría del ganado ‖ zoogenética *f*, selección *f* animal

(génétique animale) ▌ **élevage extensif, intensif** cría extensiva, intensiva.

élévateur, trice *adj* elevador, ra.

➡ **élévateur** *m* elevador (muscle) ▌ TECHN elevador ▌ **élévateur à godets** noria.

élévation *f* elevación ▌ construcción, erección, levantamiento *m* (d'un mur, statue, etc.) ▌ alza, subida; **élévation du prix** alza de precio ▌ FIG ascenso *m*, promoción; **élévation aux fonctions de directeur** ascenso a las funciones de director ▌ nobleza, grandeza; **homme d'une grande élévation** hombre de una gran nobleza ▌ MATH potenciación (calcul) ▌ RELIG elevación.

élévatoire *adj* elevatorio, ria; elevador, ra.

élève *m & f* [▷ SYN] discípulo, la; alumno, na; **un élève de Raphaël** un discípulo de Rafael ▌ alumno, na (écolier) ▌ MIL cadete, alumno ▌ **élève infirmière** estudiante de enfermería ▌ MIL **élève tambour** educando de tambor.

▌ SYN écolier escolar; collégien, lycéen colegial; étudiant estudiante; disciple discípulo; FAM potache colegial; ARG SCOL bizut pipiolo, novato.

élevé, e [elve] *adj* [▷ SYN] elevado, da (haut, noble) ▌ criado, da (personnes, animaux, plantes) ▌ alto, ta; elevado, da; **lieu élevé** sitio elevado ▌ educado, da; criado, da; **personne bien, mal élevée** persona bien, mal educada.

▌ SYN grand grande; noble noble; sublime sublime; transcendant trascendental; héroïque heroico; épique épico.

élever [19] *v tr* [▷ SYN] elevar, alzar, levantar (mettre plus haut) ▌ hacer subir, elevar; **les pluies ont élevé le niveau de la rivière** las lluvias han hecho subir el nivel del río ▌ alzar, elevar (son âme) ▌ alzar, subir (le prix) ▌ elevar, erigir, alzar, levantar, construir (construire) ▌ FIG ascender, elevar (à une dignité, un poste) ▌ **élever quelqu'un au rang de** ascender a alguien al rango de ▌ exaltar, ensalzar (exalter) ▌ criar (enfants, animaux) ▌ educar, criar (éduquer) ▌ fundar, edificar; **élever un système** fundar un sistema ▌ elevar, suscitar, provocar; **élever des protestations** elevar protestas ▌ levantar, poner (des obstacles) ■ **élever des doutes** hacer dudar ▌ **élever jusqu'aux nues** ou **jusqu'au ciel** poner por las nubes ▌ **élever la voix** alzar, levantar la voz ▌ **élever la voix pour hablar en favor de** ▌ **élever le ton** alzar el tono ▌ MATH **élever un nombre au carré, au cube** elevar un número al cuadrado, al cubo.

➡ **s'élever** *v pr* elevarse (monter) ▌ alzarse (se dresser) ▌ subir; **les prix, la température s'élèvent** los precios, la temperatura suben ▌ elevar, despegar (avion) ▌ ascender; **l'addition s'élève à mille francs** la cuenta asciende a mil francos ▌ FIG elevarse (à un rang) ▌ ensalzarse; **celui qui s'élève sera abaissé** los que se ensalzan serán humillados ▌ levantarse (la voix) ▌ criarse (enfants, animaux) ▌ edificarse; **les grandes fortunes s'élèvent sur les bénéfices** las grandes fortunas se edifican en los beneficios ■ **s'élever au-dessus de** estar por encima de ▌ **s'élever contre** alzarse, levantarse, sublevarse contra ▌ **une voix s'éleva pour prendre sa défense** salió una voz en su defensa.

▌ SYN dresser alzar; ériger erigir; planter plantar; arborer enarbolar.

éleveur, euse [elvœr, øz] *m & f* ganadero, ra; criador, ra.

➡ **éleveuse** *f* incubadora, pollera (couveuse).

élevon *m* AVIAT elevón, alerón.

elfe [ɛlf] *m* MYTH elfo (génie).

élider [3] *v tr* GRAMM elidir.

Élie *n pr* Elías.

éligibilité *f* elegibilidad.

éligible *adj & s* elegible.

élimer [3] *v tr* raer, gastar (un tissu).

éliminateur, trice *adj* eliminador, ra.

élimination *f* eliminación.

éliminatoire *adj & s f* eliminatorio, ria.

éliminer [3] *v tr* eliminar ▌ MATH eliminar; **éliminer une inconnue** eliminar una incógnita ▌ MÉD eliminar, expeler (un calcul, etc.).

élingue [elɛ̃g] *f* MAR eslinga.

élinguer [3] *v tr* eslingar.

élire [106] *v tr* elegir; **élire aux voix, au sort** elegir por votación, por sorteo ▌ **élire domicile à** fijar domicilio en.

Élisabeth [elizabet] *n pr* Isabel.

élisabéthain, e [elizabetɛ̃, ɛn] *adj* elisabetiano, na; isabelino, na [relativo a Isabel I de Inglaterra]; **théâtre élisabéthain** teatro elisabetiano.

▌ OBSERV L'adjectif isabelino s'applique surtout à un style décoratif espagnol en vogue pendant le règne d'Isabel II, quelque peu semblable au style Empire en France.

Élise *n pr* Elisa.

Élisée *n pr* Eliseo.

élision *f* GRAMM elisión.

élite *f* élite (gallicisme), lo más selecto, selección; **l'élite de la société** lo más selecto de la sociedad ■ **d'élite** de primera; selecto, ta; escogido, da; **tireur d'élite** tirador de primera ▌ **sujet d'élite** persona excepcional, personalidad ▌ **troupe d'élite** tropa escogida.

▌ SYN choix lo escogido; fleur flor; crème nata; FAM dessus du panier la flor y nata; FAM gratin lo más florido, la flor, lo más granado.

élitisme *m* elitismo.

élitiste *adj & s* elitista.

élixir *m* elixir.

elle *pron pers f de la 3ᵉ pers* ella ▌ **d'elle-même** espontáneamente.

▌ OBSERV pl elles.

ellébore; hellébore *m* BOT eléboro ▌ **ellébore blanc** vedegambre.

ellipse *f* GÉOM elipse (courbe) ▌ GRAMM elipsis.

ellipsoïdal, e *adj* elipsoidal.

ellipsoïde *m* GÉOM elipsoide; **ellipsoïde de révolution** elipsoide de rotación.

elliptique *adj* GRAMM & GÉOM elíptico, ca ▌ **orbite elliptique** órbita elíptica.

elliptiquement *adv* elípticamente ▌ **parler elliptiquement** hablar con segundas.

Elme *m* **feu Saint-Elme** fuego de San Telmo.

élocution *f* elocución ▌ **défaut d'élocution** elocución defectuosa ▌ **avoir l'élocution facile** hablar con soltura.

▌ SYN diction dicción; parole palabra; style estilo.

élodée; hélodée *f* BOT elodea.

éloge *m* [▷ SYN] elogio, encomio; l'« **Éloge de la folie** » el "Elogio de la locura"; **couvrir quelqu'un d'éloges** deshacerse en elogios con uno ▌ panegírico (discours) ■ **éloge académique** elogio académico ▌ **éloge funèbre** oración fúnebre ▌ **être au-dessus de tout éloge** estar por encima de toda ponderación ▌ **faire l'éloge de** elogiar a ▌ **ne pas tarir d'éloges sur** cantar las alabanzas de.

▌ SYN louange alabanza; panégyrique panegírico; dithyrambe ditirambo.

élogieusement *adv* con elogios; **il a décrit élogieusement leur demeure** él describió con elogios su morada.

élogieux, euse *adj* elogioso, sa.

Éloi [elwa] *n pr* Eloy.

éloigné, e *adj* alejado, da; lejano, na; distante; **un endroit éloigné** un lugar alejado ▌ lejano, na; remoto, ta; **souvenirs éloignés** recuerdos lejanos; **causes éloignées** causas remotas ▌ lejano, na; **un parent éloigné** un pariente lejano.

éloignement *m* alejamiento, distancia *f*, lejanía *f*; **son affaibli par l'éloignement** sonido debilitado por la distancia ▌ alejamiento; **souffrir de l'éloignement d'un ami** sufrir por el alejamiento de un amigo ▌ tiempo; **souvenir qui s'estompe avec l'éloignement** recuerdo que se esfuma con el tiempo ▌ alejamiento, apartamiento; **l'éloignement de la politique** el alejamiento de la política.

éloigner [3] *v tr* alejar ▌ FIG alejar, apartar (écarter) ▌ diferir, aplazar, retardar (retarder) ▌ **éloigner les soupçons** alejar las sospechas.

➡ **s'éloigner** *v pr* alejarse ▌ apartarse; **doctrines qui s'éloignent l'une de l'autre** doctrinas que se apartan una de otra; **s'éloigner du sujet** apartarse del tema ▌ alejarse, apartarse; **s'éloigner de la politique** alejarse de la política.

élongation *f* ASTRON & MÉD elongación.

élonger [17] *v tr* MAR estirar, alargar (allonger).

éloquemment [elɔkamɑ̃] *adv* elocuentemente.

éloquence [elɔkɑ̃s] *f* elocuencia ■ **éloquence du barreau** elocuencia del foro ▌ **regard plein d'éloquence** mirada elocuente.

▌ SYN verbe brío; véhémence vehemencia; loquacité locuacidad; verbiage, verbosité verbosidad; faconde facundia; FAM bagout labia, pico; volubilité volubilidad; prolixité prolijidad.

éloquent, e [elɔkɑ̃, ɑ̃t] *adj* elocuente.

▌ SYN disert diserto; beau parleur pico de oro.

Elseneur [ɛlsənœr] *n pr* GÉOGR Elsinor.

Eltsine ➡ **Ieltsine**.

élu, e *adj & s* elegido, da ▌ electo, ta.

▌ OBSERV Electo s'applique au candidat élu qui n'a pas encore occupé son poste.

élucidation *f* elucidación.

élucider [3] *v tr* elucidar, dilucidar.

élucubration *f* lucubración, elucubración.

élucubrer [3] *v tr* lucubrar, elucubrar.

éluder [3] *v tr* eludir.

éluvial, e *adj* GÉOL eluvial.

éluvion *f* eluvión.

Elvire *n pr* Elvira.

Élysée *adj* elíseo, a; elisio, sia ◇ *n pr m* FIG l'Élysée el Elíseo.

> L'ÉLYSÉE ————————
> Este palacio del siglo XVIII está situado cerca de la avenida de los Campos Elíseos. Se utiliza a menudo el nombre de dicho palacio para referirse a la presidencia y es la residencia oficial del Presidente de la República francesa.

élyséen, enne *adj* elíseo, a.

élytre *m* élitro.

elzévir *m* elzevir, elzevirio (imprimerie).

elzévirien, enne *adj* elzeviriano, na.

émaciation *f* emaciación, demacración.

émacié, e *adj* emaciado, da; demacrado, da.

émacier [9] ➤ **s'émacier** *v pr* demacrarse, emaciarse (p us).

émail [emaj] *m* esmalte; les émaux transparents los esmaltes transparentes ▌ vidriado (faïence) ▌ émail cloisonné esmalte tabicado; l'émail des dents el esmalte de los dientes.

> OBSERV pl émaux sauf lorsqu'il s'agit de l'émail des dents (pl émails).

émaillage [emajaʒ] *m* esmaltado ▌ vidriado (faïence).

émaillé, e *adj* émaillé de salpicado de.

émailler [3] [emaje] *v tr* esmaltar ▌ FIG esmaltar, colorear (orner) ▌ salpicar, esmaltar (parsemer de); émailler un récit de citations salpicar con citas un relato.

émaillerie [emajri] *f* esmaltado *m* (art de l'émailleur) ▌ fábrica de esmaltes.

émailleur, euse [emajœr, øz] *m & f* esmaltador, ra.

émaillure [emajyr] *f* esmalte *m*, esmaltado *m*.

émanation *f* emanación; émanation de gaz emanación de gas ▌ être l'émanation de emanar de.

émanché *m* BLAS enclavado.

émancipateur, trice *adj & s* emancipador, ra; idées émancipatrices ideas emancipadoras.

émancipation *f* emancipación.

émancipé, e *adj & s* FAM libre; fresco, ca ▌ DR emancipado, da.

émanciper [3] *v tr* emancipar. ➤ **s'émanciper** *v pr* emanciparse.

émaner (de) [3] *v intr* emanar; le parfum qui émane d'une fleur el perfume que emana de una flor ▌ FIG proceder, dimanar; le pouvoir émane du peuple el poder dimana del pueblo.

émargement *m* nota *f* marginal, anotación *f* (écrit en marge) ▌ firma *f* al margen (signature en marge) ▌ feuille ou état d'émargement nómina.

émarger [17] *v tr* marginar, anotar al margen (écrire en marge) ▌ firmar al margen (signer en marge) ▌ émarger au budget d'une administration estar a cargo de una administración. ◇ *v intr* cobrar (toucher un traitement en l'acquittant).

émargité, e *adj* BOT emarginado, da.

émasculation *f* emasculación (castration) ▌ FIG debilitamiento *m*, decadencia.

émasculer [3] *v tr* emascular ▌ FIG disminuir, debilitar.

embâcle *m* barrera *f* de hielo (dans une rivière).

emballage [ɑ̃balaʒ] *m* embalaje; papier d'emballage papel de embalaje ▌ envase (des liquides); emballages en matière plastique envases de plástico ▌ emballage perdu envase no recuperable.

emballement [ɑ̃balmɑ̃] *m* aceleración *f* (d'un moteur) ▌ desbocamiento (d'un cheval) ▌ FIG & FAM arrebato, entusiasmo (emportement).

emballer [3] [ɑ̃bale] *v tr* embalar (mettre en caisse) ▌ envasar (les liquides) ▌ acelerar demasiado, embalar (un moteur) ▌ FAM pasaportar (faire partir) ▌ FIG entusiasmar, arrebatar, embalar (enthousiasmer) ▌ FAM (vx) echar una solfa (disputer). ➤ **s'emballer** *v pr* desbocarse (cheval) ▌ entusiasmarse, embalarse (s'enthousiasmer) ▌ irritarse, sulfurarse, arrebatarse (s'emporter) ▌ acelerarse, embalarse, dispararse (un moteur).

emballeur, euse [ɑ̃balœr, øz] *m & f* embalador, ra; empaquetador, ra (personne qui emballe).

embarbouiller [3] [ɑ̃barbuje] *v tr* (p us) embadurnar (barbouiller) ▌ FAM embrollar, embarullar (troubler).

embarcadère *m* embarcadero.

embarcation *f* embarcación.

> SYN canot bote; barque barca; chaloupe chalupa, lancha; raffiot carraca; esquif esquife; nacelle barquilla; nef nave; pirogue piragua; vedette canoa, lancha motora.

embardée *f* guiñada (d'un navire) ▌ bandazo *m*, despiste *m* (voiture) ▌ faire une embardée dar bandazo, despistarse.

embargo [ɑ̃bargo] *m* embargo (d'un navire) ▌ confiscación *f*, secuestro, decomiso (confiscation) ■ lever l'embargo desembargar ▌ mettre l'embargo embargar, decomisar.

embarqué, e *adj* embarcado, da; aviation embarquée aviación embarcada.

embarquement *m* embarco (de personnes) ▌ embarque (de marchandises).

embarquer [3] *v tr* embarcar (sur un navire) ▌ empezar (commencer) ▌ FIG liar, embarcar, meter; embarquer quelqu'un dans un procès liar a alguien en un pleito ▌ FAM detener, prender (arrêter). ◇ *v intr* embarcar, embarcarse (monter à bord) ▌ estar encapillado por las olas (bateau). ➤ **s'embarquer** *v pr* embarcar, embarcarse (monter à bord) ▌ FIG embarcarse, meterse, liarse; s'embarquer dans une affaire embarcarse en un negocio.

embarras *m* estorbo, obstáculo (obstacle), embarazo (p us) ▌ FIG apuro, aprieto (gêne) ▌ apuro, penuria *f*; se trouver dans l'embarras estar en la penuria (sans argent), estar en un apuro (ennui) ▌ confusión *f*, turbación *f* (trouble) ▌ atasco, embotellamiento, obstrucción *f* (embouteillage); embarras de la voie publique obstrucción de la vía pública ▌ dificultad *f*, traba *f*, molestia *f*; susciter des embarras poner dificultades ■ embarras gastrique empacho ▌ n'avoir que l'embarras du choix tener

---

de sobra donde escoger ▌ tirer quelqu'un d'embarras sacar a alguien de apuro.

embarrassant, e *adj* molesto, ta; un colis embarrassant un paquete molesto ▌ FIG embarazoso, sa; molesto, ta; une question embarrassante una pregunta embarazosa, molesta.

embarrassé, e *adj* embarazado, da; confuso, sa (gêné) ■ avoir un air embarrassé parecer apurado, estar violento ▌ être embarrassé de sa personne no saber qué postura tomar ▌ être embarrassé pour choisir no saber qué escoger.

> SYN gêné molesto; confus confuso; honteux avergonzado.

embarrasser [3] *v tr* embarazar, estorbar (gêner) ▌ [▷ SYN] embarazar, azorar, turbar (troubler) ▌ poner en un aprieto (par une question) ▌ inquietar, preocupar (inquiéter) ▌ embrollar, hacer confuso, enredar (rendre confus) ▌ empachar (l'estomac). ➤ **s'embarrasser** *v pr* embarazarse, cargarse; s'embarrasser de bagages cargarse de equipajes ▌ FIG preocuparse ▌ embarullarse, enredarse (s'empêtrer) ▌ turbarse (se troubler) ▌ trabarse (la langue) ▌ ne s'embarrasser de rien no apurarse por nada ▌ s'embarrasser de quelqu'un cargar con alguien.

> SYN dérouter confundir, despistar; désorienter, dépayser desorientar; emberlificoter enredar, liar.

embase *f* embase *m*, apoyo *m* (appui).

embasement *m* ARCHIT embasamiento.

embastillement [ɑ̃bastijmɑ̃] *m* prisión *f*, encarcelamiento (prison).

embastiller [3] [ɑ̃bastije] *v tr* aprisionar, encarcelar (mettre en prison) ▌ fortificar (fortifier).

embatage; embattage *m* fijación *f* del calce (d'une roue).

embatre; embattre [83] *v tr* calzar.

embattage ➤ **embatage**.

embattre ➤ **embatre**.

embauchage *m*; **embauche** *f* contratación *f*, ajuste *m*, contrata *f* (des travailleurs) ▌ bureau d'embauche oficina de empleo.

embaucher [3] *v tr* contratar, ajustar, dar trabajo, tomar (engager un ouvrier) ▌ reclutar (engager dans un parti).

embauchoir; embouchoir *m* horma *f* (pour les chaussures).

embaumement [ɑ̃bommɑ̃] *m* embalsamamiento.

embaumer [3] [ɑ̃bome] *v tr & intr* embalsamar ▌ embaumer la lavande oler a lavanda.

embaumeur [ɑ̃bomœr] *m* embalsamador.

embecquer [3] [ɑ̃bɛke] *v tr* dar de comer en el pico (les oiseaux) ▌ cebar (l'hameçon).

embéguiner [3] *v tr* tocar (coiffer d'un béguin). ➤ **s'embéguiner** *v pr* encapricharse (s'enticher).

embellie *f* MAR calma ▌ escampada, clara (éclaircie).

embellir [32] *v tr* embellecer, hermosear ▌ embellir une histoire adornar una historia. ◇ *v intr* ponerse más hermoso; l'enfant embellit tous les jours el niño se pone cada día más hermoso ▌ mejorar (le temps) ▌ FAM ça ne fait que croître et embellir va de mal en peor.

➤ **s'embellir** *v pr* embellecerse.

embellissement *m* embellecimiento, hermoseamiento ‖ FIG adorno, ornato (ornement).

emberlificoter [3] *v tr* FAM liar, enredar (tromper).

➤ **s'emberlificoter** *v pr* trabarse, enredarse.

emberlificoteur, euse *adj & s* FAM embarullador, ra; enredador, ra; lioso, sa.

embêtant, e *adj* FAM fastidioso, sa; molesto, ta; pesado, da; cargante (ennuyeux).

➤ **embêtant** *m* lo molesto.

embêtement *m* fastidio, molestia *f* (incommodité) ‖ complicación *f*, lío, problema; avoir des embêtements tener problemas.

embêter [4] *v tr* FAM fastidiar, molestar, dar la lata (importuner) ‖ aburrir (ennuyer).

➤ **s'embêter** *v pr* aburrirse (s'ennuyer) ■ FAM il ne s'embête pas! ¡cómo se pasa! (ironique) ‖ FIG & FAM ne pas s'embêter pasarlo bien, no aburrirse, no pasarlo mal ‖ **s'embêter à cent sous de l'heure** aburrirse como una ostra.

embiellage *m* embielado.

emblavage; emblavement *m* AGRIC siembra *f*.

emblave *f* sementera, sembrado *m*.

emblavement ➤ **emblavage**.

emblaver [3] *v tr* AGRIC sembrar de trigo.

emblavure *f* AGRIC sembrado *m*, superficie sembrada (terre emblavée) ‖ trigal *m*, campo *m* de mies (de blé).

emblée

➤ **d'emblée** *loc adv* de golpe, de entrada ‖ MIL emporter d'emblée tomar al asalto ou al primer empuje.

emblématique *adj* emblemático, ca.

emblème *m* emblema.

embobeliner [3] *v tr* FAM embaucar, engatusar, liar (enjôler).

embobiner [3] *v tr* liar en un carrete, encanillar (enrouler) ‖ FIG & FAM liar, embaucar, engatusar.

emboîtage *m* encajonamiento, puesta *f* en caja; l'emboîtage des bonbons la puesta en caja de los caramelos ‖ enlatado (des conserves) ‖ envoltura *f* (enveloppe) ‖ encartonado, tapas *f pl* (d'un livre relié).

emboîtement *m* encaje, ajuste ‖ ANAT encajadura *f* (d'un os).

emboîter [3] *v tr* encajar, ajustar (enchâsser) ‖ FIG encajar, estar ajustado (mouler) ‖ enlatar (conserves) ‖ encartonar (un livre) ‖ **emboîter le pas** pisarle a uno los talones.

➤ **s'emboîter** *v pr* encajar ‖ **s'emboîter dans** encajar en ‖ **s'emboîter l'un dans l'autre** encajar una cosa dentro de otra.

emboîture *f* empalme *m*, juntura ‖ cabio *m* (d'une porte ou fenêtre).

embole; embolus *m* MÉD émbolo.

embolie *f* MÉD embolia ‖ embolie gazeuse aeroembolismo.

embolisme *m* embolismo (intercalation d'un mois).

embolus ➤ **embole**.

embonpoint [ɑ̃bɔ̃pwɛ̃] *m* gordura *f* ■ perdre de l'embonpoint adelgazar ‖ prendre de l'embonpoint engordar, echar carnes, echar vientre.

embossage *m* MAR acoderamiento.

embosser [3] *v tr* MAR acoderar.

embossure *f* MAR codera.

embouche *f* engordadero *m*, engorde *m*, dehesa, pastizal *m* (pré) ‖ cría de bovinos (élevage).

embouché, e *adj* FAM mal embouché mal hablado, grosero (grossier).

emboucher [3] *v tr* embocar (p us), llevar a la boca (un instrument à vent) ‖ poner el bocado (un cheval) ‖ engordar, cebar (un animal) ‖ FIG emboucher la trompette darse mucho tono.

embouchoir *m* boquilla *f*, embocadura *f* (d'un instrument) ‖ boquilla *f*, abrazadera *f* (d'un fusil) ➤ **embauchoir**.

embouchure *f* boca (d'un port) ‖ desembocadura (d'un fleuve) ‖ bocado *m*, embocadura, asiento *m* (d'un cheval) ‖ FIG boca, entrada, abertura (ouverture) ‖ MUS embocadura (façon d'emboucher), boquilla, embocadura (embouchoir).

embouquement *m* MAR embocadura *f*.

embouquer [3] *v tr & intr* MAR embocar.

embourber [3] *v tr* encenagar, enlodazar ‖ atascar, empantanar; embourber une voiture atascar un coche ‖ FIG meter en un atolladero.

➤ **s'embourber** *v pr* atascarse, encenagarse ‖ FIG meterse en un atolladero (dans une mauvaise situation) ‖ enredarse, liarse (s'empêtrer) ‖ enfangarse, enlodarse, envilecerse (s'avilir).

embourgeoisé, e [ɑ̃burʒwaze] *adj* aburguesado, da.

embourgeoisement [ɑ̃burʒwazmɑ̃] *m* aburguesamiento.

embourgeoiser [3]

➤ **s'embourgeoiser** *v pr* aburguesarse, volverse burgués.

embourrer [3] *v tr* emborrar (garnir de bourre).

embourrure *f* forro *m* (toile).

embout [ɑ̃bu] *m* contera *f* (de canne ou de parapluie) ‖ regatón, contera *f* (tube).

embouteillage [ɑ̃buteja3] *m* embotellado ‖ FIG embotellamiento, atasco (véhicules).

embouteiller [4] [ɑ̃buteje] *v tr* embotellar (mettre en bouteilles) ‖ FIG embotellar, atascar, obstruir (une rue).

emboutir [32] *v tr* estampar, embutir, moldear a martillo, forjar (marteler une pièce de métal) ‖ ARCHIT emplomar (garnir de plomb une corniche) ‖ FIG chocar contra; emboutir une voiture chocar contra un coche.

emboutissage *m* moldeamiento, estampado, embutido, trabajo de los metales.

emboutisseur *m* forjador, moldeador (ouvrier).

emboutisseuse *f*; **emboutissoir** *m* embutidera *f*, máquina *f* ou martillo *m* para trabajar los metales en frío.

embranchement *m* ramificación *f* (d'un arbre) ‖ ramal, empalme (de chemin de fer) ‖ encrucijada *f*, cruce, bifurcación *f* (de chemins) ‖ distribución *f* (de tuyaux) ‖ ramal (de montagnes) ‖ tipo, rama *f*; l'embranchement des vertébrés el tipo de los vertebrados.

embrancher [3] *v tr* empalmar, unir.

embraquer [3] *v tr* MAR tesar.

embrasement *m* (vx) abrasamiento, incendio (incendie) ‖ FIG disturbios *pl*, desórdenes *pl* (troubles) ‖ iluminación *f* ‖ arrebol; le soleil couchant a de merveilleux embrasements el sol poniente tiene arreboles magníficos.

embraser [3] *v tr* LITT (abrasar (mettre en feu) ‖ FIG iluminar ‖ agitar, sembrar disturbios en (agiter, troubler) ‖ inflamar (exalter).

embrassade *f* abrazo *m*.

embrasse *f* alzapaño *m*.

embrassé, e *adj* BLAS écu embrassé escudo embrazado ‖ POÉT rimes embrassées rimas cruzadas.

➤ **embrassé** *m* BLAS división *f* de un escudo embrazado.

embrassement *m* abrazo.

embrasser [3] *v tr* abrazar (serrer dans ses bras) ‖ [▷ SYN] besar, dar un beso (donner un baiser) ‖ abarcar, contener; la philosophie embrasse tout la filosofía lo abarca todo ‖ abrazar, adoptar; embrasser une religion abrazar una religión ‖ FIG abrazar, rodear, ceñir (environner) ■ embrasser d'un coup d'œil abarcar de una sola mirada ‖ qui trop embrasse mal étreint quien mucho abarca poco aprieta.

▨ SYN baiser besar; FAM bécoter besuquear.

embrasseur, euse *m & f* besucón, ona.

embrasure *f* hueco *m*, vano (de fenêtre) ‖ marco *m* (d'une porte); dans l'embrasure de la porte en el marco de la puerta ‖ MIL tronera, cañonera (meurtrière).

embrayage [ɑ̃brɛja3] *m* embrague; embrayage hydraulique embrague hidráulico; embrayage monodisque embrague monodisco.

embrayer [11] [ɑ̃brɛje] *v tr & intr* embragar, conectar.

embrèvement *m* TECHN embarbillado.

embrever [25] *v tr* TECHN embarbillar.

embrigadement *m* alistamiento, enrolamiento, reclutamiento.

embrigader [3] *v tr* MIL formar brigadas ‖ FIG alistar, enrolar, reclutar.

embringuer [3] *v tr* FAM liar, engatusar; se laisser embringuer dans une affaire dejarse liar en un asunto.

embrocation *f* MÉD embrocación, linimento *m*.

embrochement *m* ensartamiento.

embrocher [3] *v tr* espetar, ensartar (mettre en broche) ‖ FAM ensartar, atravesar (transpercer).

embrouillage [ɑ̃bruja3]; **embrouillement** [ɑ̃brujmɑ̃] *m* lío, embrollo, complicación *f*, enredo.

embrouillamini [ɑ̃brujamini] *m* ➤ **brouillamini**.

embrouille *f* FAM embrollo *m*, enredo *m*.

embrouillement ➤ **embrouillage**.

embrouiller [3] [ɑ̃bruje] *v tr* embrollar, liar, enredar (emmêler) ▌trastornar (troubler).
→ **s'embrouiller** *v pr* embrollarse, enredarse; **s'embrouiller dans un discours** embrollarse en un discurso.

embroussaillé, e [ɑ̃brusaje] *adj* lleno de maleza ou de broza (couvert de broussailles) ▌FIG enmarañado, da; intrincado, da (emmêlé).

embruiné, e [ɑ̃brɥine] *adj* lloviznoso, sa.

embrumer [3] *v tr* nublar, anublar ▌FIG oscurecer, ensombrecer (assombrir).

embrun [ɑ̃brœ̃] *m* (p us) brumazón, bruma *f* (brouillard).
→ **embruns** *m pl* MAR rocío *sing* del mar, salpicaduras *f* (de las olas).

embryogénie; embryogenèse *f* embriogenia.

embryologie *f* embriología.

embryologique *adj* embriológico, ca.

embryologiste *m* embriólogo, ga.

embryon *m* embrión.
▌SYN fœtus feto; avorton engendro, abortón (p us).

embryonnaire *adj* embrionario, ria ▌FIG embrionario, ria; en cierne.

embryopathie *f* embriopatía.

embu, e *adj* apagado, da; embebido, da (couleur).
→ **embu** *m* tonalidad *f* apagada ou sombría ou mate (d'un tableau).

embûche *f* trampa, lazo *m*; **dresser** ou **tendre des embûches** tender los lazos, poner trampas ▌FIG asechanza, emboscada (piège) ▌obstáculo *m*, dificultad.

embué, e *adj* empañado, da; **yeux embués de larmes** ojos empañados de lágrimas.

embuer [7] *v tr* empañar (de buée).

embuscade *f* emboscada; **tendre une embuscade** tender una emboscada.

embusqué *m* MIL emboscado, enchufado (soldat).

embusquer [3] *v tr* emboscar ▌enchufar (soldat).
→ **s'embusquer** *v pr* emboscarse ▌FAM emboscarse, enchufarse (soldat).

éméché, e *adj* FAM achispado, da; alegre, piripi (un peu ivre).

émécher [18] *v tr* FAM achispar, alegrar.

émeraude [emrod] *adj & s f* esmeralda ▌POÉT **île d'émeraude** Irlanda.

émergé, e *adj* emergente.

émergement *m* emergencia *f*, emersión *f*.

émergence *f* emergencia; **point d'émergence** punto de emergencia.

émergent, e *adj* emergente.

émerger [17] *v intr* emerger, aparecer, surgir.

émeri [emri] *m* esmeril ■ **papier émeri** ou **d'émeri** papel esmerilado, papel de lija ▌FIG & FAM **être bouché à l'émeri** ser más tonto que una mata de habas, ser muy duro de mollera.

émerillon [emrijɔ̃] *m* esmerejón (oiseau, canon) ▌MAR gancho, eslabón giratorio.

émeriser [3] *v tr* esmerilar.

émérite *adj* emérito, ta; jubilado, da (en retraite) ▌FIG consumado, da; perfecto, ta; **danseur émérite** bailarín consumado.
▌OBSERV El empleo de la palabra **émérite** con el sentido de consumado es abusivo, pero está consagrado por la Academia Francesa.

émersion *f* emersión.

émerveillement [emɛrvɛjmɑ̃] *m* admiración *f*, maravilla *f*.

émerveiller [4] [emɛrveje] *v tr* maravillar.
→ **s'émerveiller** *v pr* maravillarse ▌**s'émerveiller de** maravillarse de ou con.
▌SYN éblouir deslumbrar; fasciner fascinar.

émétique *adj & s m* emético, ca (vomitif).

émetteur, trice *adj* emisor, ra; **poste émetteur** estación emisora.
→ **émetteur** *m* emisora *f* de radio.

émetteur-récepteur *m* transmisor-receptor.
▌OBSERV pl émetteurs-récepteurs.

émettre [84] *v tr* emitir, despedir; **émettre un rayonnement** emitir radiaciones ▌emitir, poner en circulación; **émettre de la fausse monnaie** poner en circulación moneda falsa ▌emitir (prononcer) ▌despedir (une odeur) ▌emitir; **émettre sur ondes courtes** emitir en onda corta.

émeu; émou *m* emú (oiseau).

émeute *f* motín *m*, tumulto *m*.
▌SYN sédition sedición; mutinerie motín; soulèvement sublevación, alzamiento; troubles disturbios; agitation agitación; pogrom pogrom.

émeutier, ère *adj & s* amotinador, ra; sedicioso, sa (provocateur) ▌amotinado, da (participant).

émiettement *m* desmenuzamiento ▌FIG desagregación *f* (d'un parti, etc.) ▌parcelación *f* ou fragmentación *f* excesiva (de la propriété) ▌desmembramiento (d'un empire).

émietter [4] *v tr* desmigajar, hacer migajas (le pain) ▌FIG desmenuzar, hacer migas (mettre en pièces) ▌desagregar, dispersar, dividir (un parti, etc.) ▌parcelar ou fragmentar excesivamente (des terres).

émigrant, e *adj & s* emigrante.

émigration *f* emigración ▌migración (populations, animaux).

émigré, e *adj & s* emigrado, da.

émigrer [3] *v intr* emigrar; **émigrer en Argentine** emigrar a la Argentina.

Émile *n pr* Emilio.

Émilie *n pr* Emilia.

Émilien *n pr* Emiliano.

Émilienne *n pr* Emiliana.

Émilie-Romagne *n pr f* GÉOGR (l')Émilie-Romagne Emilia-Romaña.

émincé *m* loncha *f* de carne.

émincer [16] *v tr* cortar en lonchas.

éminemment [eminamɑ̃] *adv* eminentemente.

éminence [eminɑ̃s] *f* eminencia ▌FIG **éminence grise** eminencia gris ▌**Son Eminence** Su Eminencia.

éminent, e [eminɑ̃, ɑ̃t] *adj* eminente.

eminentissime *adj* eminentísimo, ma.

émir *m* emir (chef arabe).

émirat [emira] *m* emirato.

émissaire *adj & s* emisario, ria (envoyé) ▌**bouc émissaire** cabeza de turco, víctima propiciatoria.
→ *m* desaguadero, emisario (canal de vidange).

émissif, ive *adj* emisivo, va.

émission *f* emisión ▌**émission des vœux** pronunciación solemne de votos.

emmagasinage [ɑ̃magazinaʒ]; **emmagasinement** [ɑ̃magazinmɑ̃] *m* almacenaje, almacenamiento ▌FIG acumulación *f*.

emmagasiner [3] [ɑ̃magazine] *v tr* almacenar ▌FIG acumular, almacenar; **emmagasiner des souvenirs** acumular recuerdos.

emmailler [3] [ɑ̃maje]
→ **s'emmailler** *v pr* enmallarse, enredarse en las mallas (se prendre dans les mailles).

emmaillotement [ɑ̃majɔtmɑ̃] *m* fajadura *f*.

emmailloter [3] [ɑ̃majɔte] *v tr* fajar, poner pañales (un bébé) ▌FIG envolver (envelopper).

emmanchement [ɑ̃mɑ̃ʃmɑ̃] *m* colocación *f* de un mango.

emmancher [3] [ɑ̃mɑ̃ʃe] *v tr* poner un mango, enmangar (un outil, un couteau) ▌enastar (une arme) ▌acoplar, ajustar (placer) ▌FIG emprender, iniciar, comenzar.
→ **s'emmancher** *v pr* FIG ponerse en marcha, estar iniciado ou emprendido, comenzar.

emmanchure [ɑ̃mɑ̃ʃyr] *f* sisa (des manches).

Emmanuel *n pr* Manuel.

Emmanuelle *n pr* Manuela.

Emmaüs *n pr* GÉOGR Emaús; **Emmaüs International** organización caritativa de ayuda a personas pobres y sin domicilio.

▌**EMMAÜS INTERNATIONAL**
Fundado por el abad Pierre, esta organización es financiada en parte por el trabajo de los "chiffonniers" que recolectan y venden objetos de segunda mano.

emmêlement [ɑ̃mɛlmɑ̃] *m* enmarañamiento, embrollo.

emmêler [4] [ɑ̃mɛle] *v tr* enmarañar, embrollar ▌FIG sembrar la confusión.

emménagement [ɑ̃menaʒmɑ̃] *m* mudanza *f* (déménagement) ▌instalación *f* (action de ranger ses meubles) ▌distribución *f*, instalación *f* (d'un navire).

emménager [17] [ɑ̃menaʒe] *v intr* instalarse (s'installer).
→ *v tr* distribuir (un navire) ▌mudar (transporter) ▌instalar.

emménagogue [emmenagɔg] *adj & s* MÉD emenagogo, ga.

emmener [19] [ɑ̃mne] *v tr* llevar, llevarse; **emmener quelqu'un au théâtre** llevarse a alguien al teatro ▌llevarse; **ce marchand a emmené toute la clientèle** este comerciante se ha llevado toda la clientela ▌llevar; **il sait emmener ses troupes** sabe llevar las tropas ou su gente.

emmenthal; emmental [emɛtal] ou [emɑ̃tal] *m* queso gruyère fabricado en Emmenthal [Suiza].

emmerdant, e *adj* TFAM coñazo.

emmerdement; emmerde *m* TFAM lío, problema, follón (souci).

emmerder [3] *v tr* TFAM jorobar, hacer la puñeta ▌ VULG je t'emmerde! ¡vete a la mierda!, ¡vete al cuerno!

➡ **s'emmerder** *v pr* TFAM aburrirse ▌TFAM joderse.

emmerdeur, euse *m & f* TFAM coñazo.

emmétrope [ãmetrɔp] *adj & s* MÉD emétrope, de vista normal.

emmétropie [ãmetrɔpi] *f* MÉD emetropía.

emmiellé, e [ãmjele] *adj* untado, da ou cubierto, ta con miel ▌FIG meloso, sa; empalagoso, sa.

emmieller [4] *v tr* untar ou endulzar con miel ▌FAM jorobar, chinchar (ennuyer).

▌ OBSERV Es eufemismo por emmerder [voz grosera].

emmitoufler [3] [ãmitufle] *v tr* arropar, abrigar.

emmurer [3] [ãmyre] *v tr* emparedar, encerrar entre paredes, sepultar; mineurs emmurés mineros sepultados ▌ amurallar; emmurer une ville amurallar la ciudad.

émoi *m* emoción *f* ▌en émoi sobresaltado.

émollient, e *adj & s m* MÉD emoliente; emplâtre émollient emplasto emoliente.

émoluments *m pl* emolumentos, sueldo *sing* (traitement).

émonctoire *m* ANAT emuntorio.

émondage; émondement *m* AGRIC escamonda *f*, desrame, poda *f* (des arbres).

émonder [3] *v tr* mondar, escamondar, podar, desramar (un arbre) ▌FIG desbrozar (ce qui est superflu).

émondes *f pl* escamonduras, ramas cortadas (branches coupées).

émondeur, euse *m & f* podador, ra.

émondoir *m* podadera *f*.

émorfilage *m* iguala *f* (métal, cuir).

émorfiler [3] *v tr* quitar la rebaba, igualar (métal, cuir).

émotif, ive *adj & s* emotivo, va ▌emocional; choc émotif choque emocional.

émotion *f* emoción ▪ sans émotion con indiferencia, fríamente ▪ FIG avoir des émotions estar inquieto, asustarse, impresionarse▌donner des émotions producir inquietud.

▌ SYN émoi emoción; saisissement sobrecogimiento; trouble turbación; désarroi desconcierto; agitation agitación; bouleversement trastorno.

émotionnable *adj* impresionable, emocionable.

émotionnel, elle *adj* emocional.

émotionner [3] *v tr* emocionar, conmover.

▌ OBSERV Se critica el uso en francés de este verbo y se aconseja su sustitución por su sinónimo émouvoir.

émotivité *f* emotividad, impresionabilidad.

émottage; émottement *m* AGRIC desterronamiento.

émotter [3] *v tr* AGRIC desterronar, destripar los terrones de.

émotteuse *f* AGRIC desterronadora, grada.

émou ➡ émeu.

émouchet [emuʃɛ] *m* cernícalo (oiseau).

émoucheter [27] *v tr* despuntar, desbotonar (une arme).

émouchette *f* mosquero *m* (filet).

émouchoir *m* mosquero (chasse-mouches).

émoudre [85] *v tr* amolar, afilar (aiguiser).

émoulage *m* afilado, amoladura *f*.

émouleur *m* amolador, afilador.

émoulu, e *adj* amolado, da; afilado, da (aiguisé) ▌FIG & FAM frais émoulu de... recién salido de...; frais émoulu de l'université recién salido de la Universidad.

émoussement *m* embotamiento.

émousser [3] *v tr* embotar (rendre moins aigu) ▌ FIG embotar, debilitar; l'oisiveté émousse le courage el ocio embota el ánimo.

➡ **s'émousser** *v pr* embotarse ▌FIG embotarse, mitigarse, debilitarse.

émoustillant, e [emustijã, ãt] *adj* que alegra; excitante.

émoustiller [3] *v tr* FAM excitar, alegrar; le champagne émoustille el champaña alegra.

émouvant, e *adj* emocionante; conmovedor, ra ▌ une manifestation émouvante de douleur una sentida manifestación de duelo.

▌ SYN touchant conmovedor; pathétique patético; dramatique dramático; tragique trágico.

émouvoir [55] *v tr* [▷ SYN] conmover, emocionar; ému par ses larmes emocionado con sus lágrimas ▌alterar (troubler).

➡ **s'émouvoir** *v pr* conmoverse, emocionarse.

▌ SYN attendrir enternecer; toucher conmover; remuer remover; impressionner impresionar; empoigner conmover; bouleverser trastornar; déchirer desgarrar, destrozar; FAM retourner trastornar; révolutionner revolucionar; émotionner emocionar.

empaillage [ãpajaʒ]; **empaillement** [ãpajmã] *m* disecación *f* (des animaux) ▌colocación *f* de un asiento ou de un respaldo de paja (à une chaise).

empaillé *m* FAM zoquete, melón (sot).

empaillement ➡ empaillage.

empailler [3] [ãpaje] *v tr* empajar, cubrir ou rellenar con paja (garnir ou envelopper de paille) ▌poner asiento ou respaldo de paja (à une chaise) ▌disecar (les animaux).

empailleur, euse [ãpajœr, øz] *m & f* sillero, ra (de chaises) ▌disecador, ra (d'animaux).

empalement *m* empalamiento (supplice).

empaler [3] *v tr* empalar (supplice).

empan *m* palmo, cuarta *f* (mesure).

empanacher [3] *v tr* empenachar ▌FIG engalanar, atildar.

empanner [3] *v tr* MAR poner a la capa, poner en facha (mettre en panne).

empaquetage [ãpaktaʒ] *m* empaquetamiento, empaquetado.

empaqueter [27] [ãpakte] *v tr* empaquetar.

emparer [3]

➡ **s'emparer de** *v pr* apoderarse de, adueñarse de ▌tomar, apoderarse de; s'emparer d'une ville tomar una ciudad ▌prender, detener, hacer prisionero.

▌ OBSERV Le verbe espagnol ampararse signifie se mettre à l'abri ou sous une protection.

empâté, e *adj* hinchado, da; grueso, sa; abotagado, da (traits, visage) ▌pastoso, sa; langue empâtée lengua pastosa ▌borroso, sa (écriture) ▌cebado, da (gavé).

empâtement *m* empaste, pastosidad *f*, (peinture) ▌cebado, cebadura *f*, engorde (gavage) ▌pastosidad *f* (de la langue) ▌hinchazón *f*, gordura *f*, abotargamiento (des traits, visage).

empâter [3] *v tr* empastar ▌cebar, engordar (gaver) ▌poner pastosa (la langue) ▌hinchar, engordar (visage).

➡ **s'empâter** *v pr* empastarse ▌hincharse, engordar, abotargarse (traits, visage).

empattement *m* asiento, base *f* (base) ▌pie de una grúa, maderos *pl* que sostienen una grúa (base d'une grue) ▌ARCHIT repisa *f*, ménsula *f* ▌AUTOM batalla *f*, distancia *f* entre ejes ▌IMPR grueso.

empatter [3] *v tr* asentar, sostener (un mur) ▌empalmar, unir (des pièces), ensamblar (du bois).

empaumer [3] *v tr* dar con la mano (à une balle) ▌esconder en la mano (prestidigitation) ▌FIG & FAM liar, engatusar, enredar; se laisser empaumer dejarse enredar.

empaumure *f* pala, cornamenta (du cerf) ▌palma (d'un gant).

empêché, e *adj* impedido, da ▌ocupado, da (occupé) ▌FAM empêché de sa personne muy molesto, muy violento, sin saber qué postura tomar.

empêchement *m* impedimento ▌DR empêchement dirimant impedimento dirimente.

▌ SYN entrave traba; obstacle obstáculo; barrière barrera; écueil escollo; traverse tropiezo, atolladero; digue valla.

empêcher [4] *v tr* impedir ▪ empêcher que quelque chose n'arrive impedir que algo ocurra ▌empêcher que quelqu'un ne fasse... impedir que alguien haga... ▌empêcher quelqu'un de faire... impedir a alguien hacer... ▌il n'empêche que, n'empêche que esto no impide que, lo que no quiere decir que, esto no quita que, aun así, ahora que.

➡ **s'empêcher** *v pr* dejar de, pasar sin, abstenerse de, no poder menos de; il ne peut s'empêcher de parler no puede pasar sin hablar.

▌ OBSERV **1.** Si le verbe empêcher de est suivi en français d'un infinitif, cet infinitif se traduit en espagnol par le subjonctif: il l'empêchait de venir le impedía que viniese.
2. Si le verbe empêcher que está en forma afirmativa, la preposición que le sigue tiene que ir en forma negativa (la pluie empêche qu'on aille se promener la lluvia impide que vayamos a pasear); en cambio, si está en forma negativa, la preposición que le sigue puede ir en forma negativa o en forma afirmativa.

empêcheur, euse *m & f* FAM impedidor, ra; persona que impide ▌FAM empêcheur de tourner ou de danser en rond aguafiestas.

Empédocle *n pr* Empédocles.

empeigne *f* empeine *m*, pala (du soulier).

empennage [ãpenaʒ] *m* planos *pl* de estabilización, estabilizador, empenaje (avion); empennage cruciforme empenaje cruciforme ▌aleta *f* (d'une bombe) ▌plumas *f pl* (d'une flèche).

empenne [ɑ̃pɛn] *f* plumas *pl* (d'une flèche).

empenner [3] *v tr* emplumar (flèches).

empereur [ɑ̃prœr] *m* emperador.
| **OBSERV** El femenino es **impératrice** emperatriz, emperadora.

emperler [3] *v tr* adornar con perlas ‖ FIG ornar, embellecer ‖ la sueur emperlait son front su frente estaba perlada de sudor.

empesage [ɑ̃pəzaʒ] *m* almidonado.

empesé, e [ɑ̃pəze] *adj* almidonado, da (linge) ‖ FIG afectado, da; empalagoso, sa; style empesé estilo afectado ‖ FIG & FAM tieso, sa; estirado, da (raide).

empeser [19] [ɑ̃pəze] *v tr* almidonar.

empester [3] *v tr & intr* contagiar la peste ‖ apestar (puer); empester le tabac apestar a tabaco ‖ FIG infestar, corromper.

empêtré, e *adj* encogido, da.

empêtrer [4] *v tr* trabar (un animal) ‖ FAM enredar, ensarzar ‖ FIG estorbar, embarazar (gêner).
◆ **s'empêtrer** *v pr* enredarse, embrollarse ‖ liarse, tropezar (s'emberlificoter).

emphase *f* énfasis *m* ‖ énfasis *m*, afectación; parler avec emphase hablar con afectación.

emphatique *adj* enfático, ca.

emphatiquement *adv* enfáticamente, con énfasis.

emphysémateux, euse *adj & s* MÉD enfisematoso, sa.

emphysème *m* MÉD enfisema (gonflement).

emphytéose *f* enfiteusis (bail à long terme).

emphytéote *m & f* DR enfiteuta.

emphytéotique *adj* enfitéutico, ca.

empiècement *m* canesú.

empierrement *m* empedrado, empedramiento (action) ‖ firme (macadam).

empierrer [4] *v tr* empedrar ‖ afirmar (route).

empiétement *m* usurpación *f*, intrusión *f* (usurpation) ‖ invasión *f*, avance, progresión *f* (de la mer).

empiéter [18] *v intr* montar, apoyarse; chaque tuile empiète sur les autres cada teja se apoya sobre las demás ‖ avanzar, invadir, ganar terreno; la mer empiète sur les terres el mar invade las tierras ‖ desbordar (déborder) ‖ FIG usurpar, hacer una intrusión; empiéter sur les droits d'autrui usurpar derechos ajenos.

empiffrer [3] *v tr* FAM apipar, atracar (gaver).
◆ **s'empiffrer** *v pr* FAM apiparse, atracarse.

empilable *adj* apilable.

empilage; empilement *m* apilado, apilamiento.

empile *f* sedal *m* (fil).

empilement ► empilage.

empiler [3] *v tr* apilar, amontonar ‖ FAM estafar, timar (duper) ‖ empiler des écus amontonar dinero.
◆ **s'empiler** *v pr* amontonarse.

empileur, euse *m & f* apilador, ra ‖ FAM estafador, ra; timador, ra.

---

empire *m* imperio ‖ FIG dominio, ascendiente ■ l'empire de la science el dominio de la ciencia ‖ saint Empire sacro Imperio ‖ sous l'empire de bajo el efecto de ■ avoir de l'empire sur soi-même dominarse, controlarse, contenerse ‖ cela vaut un empire eso vale todo el oro del mundo ou un Potosí ‖ ne pas faire une chose pour un empire no hacer algo por nada del mundo ou por todo el oro del mundo.
◇ *adj* imperio, estilo imperio.

Empire *n pr m* le Saint Empire romain germanique el Sacro Imperio romano germánico.

empirer [3] *v tr & intr* empeorar.

empirique *adj & s* empírico, ca.

empiriquement *adv* empíricamente ‖ PÉJ pragmáticamente (sans rigueur).

empirisme *m* empirismo.

empiriste *m* empírico.

emplacement *m* emplazamiento, sitio [(*Amér.*) ubicación *f*] ■ INFORM emplacement de mémoire emplazamiento de memoria.

emplafonner [3] *v tr* FAM chocar, golpear.

emplanture *f* MAR carlinga.

emplâtre *m* emplasto, emplastro, bizma *f* (onguent) ‖ FIG & FAM cataplasma *f*, zoquete (sot) ‖ FAM torta *f*, tortazo (gifle).

emplette *f* compra; faire des emplettes ir de compras; faire l'emplette de hacer la compra de.

emplir [32] *v tr* [▷ SYN] llenar ‖ FIG henchir, colmar, llenar; emplir de joie henchir de gozo.
◇ *v intr & pr* llenarse.
| SYN remplir llenar; garnir guarnecer; bourrer rellenar; combler colmar; bonder atestar, abarrotar; truffer trufar.

emplissage *m* llenado, relleno.

emploi *m* empleo ‖ empleo, uso (utilisation); d'emploi facile de fácil empleo ‖ [▷ SYN] trabajo, colocación *f*, puesto (occupation) ‖ función *f*, cargo (fonction) ‖ THÉÂTR papel (rôle) ■ emploi à mi-temps trabajo de media jornada ‖ emploi à plein temps trabajo de jornada entera ‖ emploi du temps programa de trabajo (programme), horario (horaire) ‖ demande d'emploi petición de empleo ‖ double emploi repetición inútil (répétition), asiento duplicado, doble cargo, partida doble (commerce) ‖ plein emploi pleno empleo ‖ sans emploi sin trabajo ■ faire double emploi ser contado por partida doble, haber doble asiento (commerce), estar repetido.
| SYN fonction función; attribution atribución; place colocación; poste destino, puesto; charge cargo; ministère ministerio.

employable [ɑ̃plwajabl] *adj* empleable, utilizable.

employé, e [ɑ̃plwaje] *adj & s* [▷ SYN] empleado, da (salarié) ‖ oficinista; empleado, da (de bureau) ‖ employé de maison sirviente, doméstico, criado.
| SYN agent agente; commis dependiente; fonctionnaire funcionario; préposé encargado.

employer [13] [ɑ̃plwaje] *v tr* emplear; employer à emplear en ‖ dar trabajo; il emploie un correcteur da trabajo a un corrector ‖ servirse de, utilizar, valerse de, hacer uso; employer ses protecteurs servirse de sus protec-

---

tores ‖ gastar, consumir (consommer) ‖ être employé à ou chez estar colocado en.
◆ **s'employer** *v pr* emplearse, usarse; ce mot ne s'emploie plus esta palabra no se emplea ya ‖ s'employer à ou pour ocuparse en, aplicarse a, esforzarse por.

employeur, euse [ɑ̃plwajœr, øz] *m & f* empresario, ria; empleador, ra ‖ patrono, na.

emplumer [3] *v tr* emplumar, adornar con plumas.

empocher [3] *v tr* meterse en el bolsillo, embolsar ‖ FIG & FAM cobrar, aguantar (subir).

empoignade *f* FAM agarrada, altercado *m*.

empoignant, e *adj* FAM conmovedor, ra; emocionante.

empoigne *f* agarrada ‖ FAM la foire d'empoigne el puerto de arrebatacapas.

empoigner [3] *v tr* empuñar ‖ FAM agarrar, echar el guante, apresar (arrêter) ‖ FIG conmover, emocionar.
◆ **s'empoigner** *v pr* agarrarse ‖ tener una agarrada, pelearse, llegar a las manos (se battre).

empointure *f* MAR empuñidura, puño *m* de boca.

empois [ɑ̃pwa] *m* engrudo (colle d'amidon) ‖ empois d'amidon almidón (amidon pour repasser).

empoisonnant, e [ɑ̃pwazɔnɑ̃, ɑ̃t] *adj* venenoso, sa ‖ FAM molesto, ta; latoso, sa; pesado, da; fastidioso, sa (embêtant).

empoisonnement [ɑ̃pwazɔnmɑ̃] *m* envenenamiento, emponzoñamiento ‖ FIG corrupción *f*, perversión *f*, envenenamiento ‖ FIG & FAM engorro, lata *f*, tostón, pega *f* (ennui).

empoisonner [3] [ɑ̃pwazɔne] *v tr* envenenar, emponzoñar ‖ intoxicar ‖ envenenar; ce cuisinier empoisonne ses clients este cocinero envenena a sus clientes ‖ [▷ SYN] infestar ‖ FIG amargar, envenenar; la jalousie empoisonne la vie los celos amargan la vida ‖ corromper, pervertir; doctrine qui empoisonne les mœurs doctrina que corrompe las costumbres ‖ FAM fastidiar, dar la lata (importuner) ‖ apestar, oler mal (sentir mauvais).
| OBSERV El verbo emponzoñar y sus derivés s'emploient surtout au sens figuré.
| SYN intoxiquer intoxicar; envenimer enconar; infecter infectar.

empoisonneur, euse [ɑ̃pwazɔnœr, øz] *adj & s* envenenador, ra ‖ FIG pervertidor, ra; corruptor, ra (qui corrompt) ‖ FAM tostón; pesado, da; latoso, sa (embêtant).

empoisser [3] *v tr* untar con pez, empegar (poisser) ‖ embadurnar, untar (barbouiller).

empoissonnement *m* repoblación *f*; población *f* (d'une rivière, d'un étang).

empoissonner [3] *v tr* poblar de peces.

emporium [ɑ̃pɔrjɔm] *m* emporio.

emport *m* carga *f*; capacité d'emport capacidad de carga.

emporté, e *adj* FIG iracundo, da; colérico, ca; violento, ta (irritable) ‖ arrebatado, da (irrité) ‖ desbocado (cheval).

emportement *m* arrebato; parler avec emportement hablar con arrebato.

emporte-pièce *m inv* sacabocados (outil) ■ FIG à l'emporte-pièce de manera terminante ou neta ▌caractère à l'emporte-pièce carácter entero ▌formule à l'emporte-pièce fórmula terminante.

emporter [3] *v tr* llevarse, llevar; il a tout emporté se lo ha llevado todo ▌arrancar; le boulet lui emporta le bras el obús le arrancó el brazo ▌arrastrar, llevarse (entraîner) ▌FIG tomar, apoderarse de (s'emparer de) ▌llevarse, arrebatar; une fièvre l'emporta una fiebre se lo llevó; les passions nous emportent las pasiones nos arrebatan ▌llevarse; emporter le prix, une affaire llevarse el premio, un negocio ▌lograr, obtener, ganar; emporter l'avantage lograr ventaja ■ boissons à emporter bebidas para llevar ■ emporter à la pointe de l'épée tomar por asalto ▌FAM emporter le morceau llevarse la palma, ganar, triunfar ▌emportez tous mes vœux que todo le vaya bien ■ avoir la bouche emportée picarle a uno mucho la boca ▌il ne l'emportera pas en paradis ya me las pagará ▌l'emporter vencer, ganar, conseguir un triunfo (gagner) ▌l'emporter de beaucoup sur dar quince y raya a, dar cien vueltas a ▌l'emporter sur poder más que, poder con, prevalecer, predominar; la pitié l'emporta sur l'orgueil la piedad prevaleció sobre el orgullo ▌que le diable vous emporte! ¡que se lo lleve el diablo! ▌se laisser emporter à dejarse llevar por, abandonarse a.
➡ **s'emporter** *v pr* enfurecerse, encolerizarse (s'irriter) ▌desbocarse (les chevaux).

empoté, e *adj & s* FAM zoquete; zopenco, ca.

empoter [3] *v tr* poner en un tiesto ou una maceta.

empourprer [3] *v tr* purpurar, enrojecer ▌FIG enrojecer, encender; visage empourpré par la colère rostro enrojecido de cólera.

empreindre [81] [ɑ̃prɛ̃dr] *v tr* estampar, imprimir ▌marcar, grabar ▌FIG impregnar; empreint de impregnado de.

▌OBSERV El verbo empreindre se emplea poco en sentido propio.

empreint, e *adj* empreint de impregnado de.

empreinte [ɑ̃prɛ̃t] *f* huella, impresión ▌huella (des pieds) ▌señal, marca (marque) ▌relieve *m* (relief) ▌FIG sello *m*, marca, marchamo *m*; l'empreinte du génie el sello del genio ▌IMPR molde *m* ▌empreinte digitale huella digital ou dactilar.

empressé, e *adj & s* apresurado, da (qui a hâte) ▌atareado, da; afanoso, sa (affairé) ▌solícito, ta; diligente (diligent) ▌salutations empressées saludos muy atentos.

empressement *m* diligencia *f*, celo (zèle) ▌apresuramiento, prisa *f* (hâte) ▌solicitud *f*, atención *f* (complaisance).

empresser [4]
➡ **s'empresser** *v pr* apresurarse, darse prisa (se hâter); s'empresser de parler apresurarse a hablar ▌[▷ SYN] afanarse, atarearse, obrar diligentemente (agir avec zèle) ▌mostrarse solícito ou obsequioso, tener atenciones (être très prévenant) ▌s'empresser auprès de mostrarse solícito con.

▌SYN s'affairer atarearse, afanarse; FAM se mettre en quatre multiplicarse; se démener bregar.

emprésurer [3] *v tr* cuajar, añadir cuajo.

emprise *f* influencia, dominio *m* (influence); sous l'emprise de bajo el dominio ou la influencia de ▌expropiación (de terrain).

emprisonnement *m* encarcelamiento, prisión *f* ▌emprisonnement à vie cadena perpetua.

▌SYN prison prisión; incarcération encarcelamiento; détention detención; réclusion reclusión.

emprisonner [3] *v tr* [▷ SYN 2] encarcelar ▌FIG encerrar (enfermer) ▌FIG être emprisonné dans ser prisionero de.
➡ **s'emprisonner** *v pr* FIG encerrarse, enclaustrarse.

▌SYN incarcérer encarcelar; écrouer encarcelar; FAM coffrer enjaular; boucler enjaular; ARG mettre en tôle, FAM mettre à l'ombre enchironar.

emprunt [ɑ̃prœ̃] *m* préstamo (privé); faire un emprunt hacer un préstamo ▌empréstito (d'un État, d'une compagnie); lancer un emprunt hacer un empréstito ▌FIG copia *f*, imitación *f* (copie) ▌palabra *f* cogida (mot emprunté) ■ ÉCON emprunt convertible empréstito convertible ▌emprunt forcé préstamo forzoso ▌emprunt public à 5 % empréstito público al 5 % ■ d'emprunt fingido, da; ficticio, cia; falso, sa; nom d'emprunt nombre fingido; prestado, da; des meubles d'emprunt muebles prestados ▌par emprunt de manera fingida, artificialmente ▌FAM vivre d'emprunt vivir de prestado ou de trampas.

▌OBSERV Le mot espagnol préstamo signifie à la fois le prêt et l'emprunt.

emprunté, e [ɑ̃prœ̃te] *adj* prestado, da; tomado en préstamo (prêté) ▌FIG falso, sa; supuesto, ta (feint) ▌ficticio, cia ▌forzado, da; artificioso, sa (qui n'est pas naturel) ▌embarazado, da; confuso, sa (embarrassé) ▌tomado, da; sacado, da; copiado, da; citation empruntée à un ouvrage cita sacada de una obra literaria.

emprunter [3] *v tr* pedir ou tomar prestado; emprunter de l'argent pedir dinero prestado ▌FIG recibir de, tomar de; la Lune emprunte sa lumière au Soleil la Luna recibe su luz del Sol ▌servirse de, recurrir a, valerse de, utilizar (se servir de) ▌adoptar, tomar; emprunter l'aspect de la vertu adoptar el aspecto de la virtud ▌tomar; emprunter le plus court chemin tomar el camino más corto ▌tomar de, sacar de; emprunter une citation à un ouvrage tomar una cita de una obra.

emprunteur, euse [ɑ̃prœ̃tœr, øz] *adj & s* prestatario, ria (p us); que pide prestado (qui emprunte) ▌FIG & FAM pedigüeño, ña.

▌OBSERV Il existe en espagnol un verbe emprestar, mais il est peu usité. De même, le dérivé français emprunteur pourrait se traduire par emprestador; toutefois, on dit surtout que pide prestado.

empuantir [32] [ɑ̃pɥɑ̃tir] *v tr* infestar.

empuantissement *m* fetidez *f*, pestilencia *f*, hedor.

empuse *f* BOT hongo *m*, parásito ▌ZOOL predicador *m* (mante religieuse).

empyème *m* MÉD empiema (amas de pus dans la plèvre) ▌toracentesis *f* (thoracentèse).

empyrée *m* empíreo (le ciel).

empyreumatique *adj* empireumático, ca.

empyreume *m* CHIM empireuma.

EMT (abr de éducation manuelle et technique) *f* trabajos *m pl* manuales.

ému, e [emy] *adj* conmovido, da; emocionado, da ▌ un hommage ému un emotivo homenaje ▌un souvenir ému un sentido recuerdo, un afectuoso recuerdo, un cariñoso recuerdo.

▌SYN agité agitado; troublé turbado.

émulateur *m* INFORM emulador.

émulation *f* emulación.

émule *m & f* émulo, la.

émuler [3] *v tr* emular.

émulseur *m* emulsor.

émulsif, ive *adj & s m* emulsivo, va.

émulsifiant, e *adj* emulsivo, va; agent émulsifiant agente emulsivo.
➡ **émulsifiant** *m* emulsionante.

émulsificateur; émulsifieur *m* emulsificador.

émulsifier ➡ **émulsionner**.

émulsine *f* CHIM emulsina.

émulsion *f* emulsión.

émulsionner; émulsifier [3] *v tr* emulsionar.

en [ɑ̃] *prép*

1. SITUATION, RÉSIDENCE
2. DIRECTION
3. TEMPS, ÉPOQUE
4. ÉTAT
5. OCCUPATION, MANIÈRE D'ÊTRE
6. VÊTEMENT, TENUE
7. MATIÈRE
8. FORME, DISPOSITION
9. SENS DIVERS
10. AVEC UN PARTICIPE PRÉSENT

1. SITUATION, RÉSIDENCE en; en prison en la cárcel; en voiture en coche; en France en Francia
2. DIRECTION a; aller en Espagne ir a España ▌hacia (vers); aller en arrière ir hacia atrás; regarder en l'air mirar hacia arriba
3. TEMPS, ÉPOQUE en; en hiver en invierno; en 1970 en 1970; d'aujourd'hui en huit de hoy en ocho días; faire quelque chose en cinq minutes hacer algo en cinco minutos ▌a; en même temps al mismo tiempo
4. ÉTAT en; en fleur en flor ▌en, con; en bonne santé en ou con buena salud
5. OCCUPATION, MANIÈRE D'ÊTRE de; en voyage de viaje; en visite de visita; en vacances de vacaciones; en deuil de luto ▌en; être en guerre estar en guerra; être en réparation estar en reparación
6. VÊTEMENT, TENUE en chemise en camisa; en caleçon en calzoncillos ▌de; en civil de paisano; en redingote de levita; se déguiser en médecin disfrazarse de médico
7. MATIÈRE de; montre en or reloj de oro; statue en bois estatua de madera
8. FORME, DISPOSITION en; en pente en pendiente; en cercle en círculo; en pointe en punta
9. SENS DIVERS en; docteur en médecine doctor en medicina; érudit en géographie erudito en geografía; partager en deux dividir en dos; de jour en jour de día en día; donner en échange dar en cambio; laisser en gage

dejar en prenda; **parler en vers** hablar en verso; **résumer en une phrase** resumir en una frase **|** peintre en bâtiment pintor de brocha gorda **|** al; **traduire en italien** traducir al italiano; **vente en gros** venta al por mayor **|** como; **traiter en ami** tratar como amigo; **partager quelque chose en frères** repartirse algo como hermanos **■** en amont río arriba **|** en aval río abajo **|** en bas abajo **|** en dépit de a pesar de **|** en faveur de en ou a favor de; **voter en faveur d'un candidat** votar a favor de un candidato; pro, en pro de; **campagne en faveur des sinistrés** campaña pro damnificados **|** en haut arriba **|** en tête a la cabeza

10. AVEC UN PARTICIPE PRÉSENT al (suivi d'un infinitif indiquant la simultanéité); **il s'assit en arrivant** se sentó al llegar **|** al (suivi d'un infinitif), gérondif; **il fume en marchant** fuma al caminar ou caminando **■** en attendant entretanto, mientras tanto **|** tout en (suivi d'un participe présent), sin dejar de (suivi de l'infinitif), mientras (suivi de l'imparfait); **tout en parlant** sin dejar de hablar, mientras hablaba.

en _pron pers de 3ᵉ pers_ Se remplace en espagnol par le pronom équivalent; **il en parle** habla de él, de ella, de ellos, de ellas, de ello; **en serons-nous plus heureux?** ¿seremos más felices con ello?; **j'ai beaucoup de livres, ma maison en est pleine** tengo muchos libros, mi casa está llena de ellos; **il aime sa femme et il en est aimé** ama a su mujer y es amado de ou por ella **|** Se traduit en espagnol par le possessif correspondant; **ce tableau est joli, j'en aime la couleur** este cuadro es bonito, me gusta su color **■** c'en est assez! ¡ya está bien!, basta con eso **|** FAM s'en faire preocuparse mucho **|** Avec un partitif, en se supprime en espagnol ou se remplace par les pronoms **lo, la, los, las,** par un numéral ou par un adverbe de quantité; **as-tu du pain? – j'en ai** ¿tienes pan? – tengo, tengo alguno; **as-tu de la patience? – j'en aurai** ¿tienes paciencia? – la tendré; **as-tu des livres? – j'en ai cinq** ¿tienes libros? – tengo cinco **|** il y en a los, las hay.

en _adv_ de allí, de allá, de ahí; **j'en viens** de allí vengo **|** en... autant ou tout autant otro tanto; **j'en ferais autant** haría otro tanto.

ENA; Ena (abr de Ecole nationale d'administration) _f_ prestigiosa escuela que forma a los futuros altos cargos de la administración francesa.

enamourer [35] [ᾱnamure]
➤ **s'enamourer** _v pr_ enamorarse.

énanthème _m_ MÉD enantema.

énanthrose _f_ ANAT enartrosis.

énarque _m & f_ alumno, na de la escuela nacional de administración francesa (ENA).

énatiotrope _adj_ CHIM enantiotropo, pa.

en-avant [ᾱnavᾱ] _m inv_ pase adelante (rugby).

encabanage _m_ embojo (vers à soie).

encabaner [3] _v tr_ embojar (vers à soie).

encablure _f_ MAR cable _m_ (120 brasses ou 200 m environ).

encadrement _m_ marco (cadre) **|** recuadro, cerco, orla _f_ (bordure) **|** encuadramiento, oficialidad _f_ (troupes) **|** FIG ambiente, medio, marco (ambiance) **■** ÉCON encadrement du crédit restricciones de crédito.

encadrer [3] _v tr_ poner en un marco, poner marco a, encuadrar (p us); **encadrer un tableau** poner un cuadro en un marco orlar, recuadrar, poner en un recuadro; **encadrer un article dans un journal** poner un artículo en un recuadro en un periódico **|** ceñir, rodear, cercar (entourer) **|** enmarcar; **des cheveux noirs encadraient son visage** unos cabellos negros enmarcaban su cara **|** escoltar, custodiar (un malfaiteur) **|** situar, poner; **encadrer un épisode dans un récit** situar un episodio en un relato **|** IMPR recuadrar **|** MIL encuadrar, incorporar (entourer) **|** proveer de mandos (pourvoir de cadres) **|** mandar, tener bajo sus órdenes (commander) **■** FIG à encadrer para poner en un marco **|** FAM ne pas pouvoir encadrer quelqu'un no poder tragar a uno.

encadreur _m_ fabricante ou montador de marcos.

encagement _m_ enjaulamiento.

encager [17] _v tr_ enjaular **|** FIG & FAM enjaular, meter en chirona (en prison).

encaissable _adj_ COMM cobrable (créance).

encaissage _m_ encajonamiento (d'une plante) **|** COMM ingreso en caja.

encaissant, e _adj_ que encajona; **roches encaissantes** rocas que encajonan.

encaisse _f_ COMM caja, fondos _m pl_ (valeurs en caisse) **|** reserva; **encaisse or** reserva de oro; **encaisse métallique** reserva en metálico.

encaissé, e _adj_ encajonado, da; **rivière encaissée** río encajonado **|** metido, da en una caja (dans une caisse) **|** COMM cobrado, da; ingresado, da en caja.

encaissement _m_ encajonamiento **|** colocación _f_ en caja (mise en caisse) **|** ARCHIT encajonado **|** COMM ingreso, cobro, cobranza _f_.

encaisser [4] _v tr_ encajonar **|** meter en cajones ou en cajas **|** COMM cobrar (un chèque) **|** FAM encajar, aguantar, soportar (boxe) **|** FAM llevarse, cargarse, cobrar; **il encaissa une gifle** se llevó una bofetada **|** tragar, aguantar (un affront) **|** tragar, poder con; **ne pas encaisser quelqu'un** no tragar a uno, no poder con uno.
➤ **s'encaisser** _v pr_ encajonarse (fleuve, route).

encaisseur _m_ cobrador **|** encajador (boxe).

encalminé, e _adj_ MAR detenido por la calma chicha; encalmado, da.

encan _m_ almoneda, subasta _f_, encante (p us) (vente aux enchères) **■** vente à l'encan subasta **|** mettre à l'encan subastar, vender en pública subasta.

encanaillement [ᾱkanajmᾱ] _m_ encanallamiento, envilecimiento.

encanailler [3] [ᾱkanaje] _v tr_ encanallar.
➤ **s'encanailler** _v pr_ encanallarse.

encapsulage _m_ INFORM encapsulado.

encapuchonner [3] _v tr_ encapuchar **|** encapirotar (faucons).
➤ **s'encapuchonner** _v pr_ encapucharse **|** encapotarse (cheval).

encaquement _m_ embarrilamiento, embarrilado (des harengs).

encaquer [3] _v tr_ embarrilar (mettre en caque) **|** FIG & FAM apiñar, amontonar (entasser).

encart _m_ folleto **|** encart publicitaire encarte.

encartage; encartonnage _m_ encartonado.

encarter [3] _v tr_ encartar.

encarteuse _f_ encartonadora.

encartonnage ➤ **encartage**.

en-cas; encas [ᾱka] _m_ piscolabis, colación _f_, tentempié (collation) **|** reserva _f_, provisión _f_ **|** antucá, sombrilla _f_ (ombrelle).

encaserner [3] _v tr_ acuartelar (soldats).

encastelure _f_ escarza (des chevaux).

encastrable _adj_ empotrable.

encastré, e _adj_ empotrado, da; **réfrigérateur encastré** frigorífico empotrado.

encastrement _m_ ajuste, encaje (une pièce), empotramiento (une statue) **|** TECHN muesca _f_, hueco (entaille).

encastrer [3] _v tr_ encastrar, empotrar, encajar; **encastrer quelque chose dans** empotrar ou encastrar algo en.
➤ **s'encastrer** _v pr_ empotrarse; **s'encastrer dans** empotrarse en.

encaustiquage _m_ encerado, enceramiento.

encaustique _f_ encáustico _m_, cera (cire) **|** encausto _m_; **peinture à l'encaustique** pintura al encausto.

encaustiquer [3] _v tr_ encausticar, encerar (cirer).

encavement _m_ embodegamiento.

encaver [3] _v tr_ embodegar, guardar en la bodega.

enceindre [81] [ᾱsᾱdr] _v tr_ ceñir, cercar, circundar, rodear (ceindre).

enceinte [ᾱsᾱt] _f_ recinto _m_; **l'enceinte d'un monument** el recinto de un monumento **|** murallas _pl_ (murailles) **|** cerco _m_, cercado _m_ (clôture) **|** casco _m_ (d'une ville) **|** TECHN pantalla acústica **■** NUCL enceinte de confinement recinto de confinamiento **|** enceinte de sécurité recinto de seguridad.
➤ _adj f_ embarazada, encinta (femme); **elle est enceinte de 6 mois** está embarazada de 6 meses.

encens [ᾱsᾱ] _m_ incienso **|** FIG incienso, cumplidos _pl_, flores _f pl_, alabanzas _f pl_ excesivas.

encensement _m_ incensación _f_.

encenser [3] _v tr_ incensar (agiter l'encensoir) **|** FIG incensar, adular, lisonjear, echar flores.
➤ _v intr_ engallarse (cheval).

encenseur _m_ turiferario.

encensoir _m_ incensario (pour brûler l'encens) **|** botafumeiro (à Saint-Jacques de Compostelle) **|** coup d'encensoir adulación, incienso.

encépagement _m_ encepe, repoblación _f_ de una viña.

encéphale _m_ ANAT encéfalo.

encéphalique _adj_ ANAT encefálico, ca.

encéphalite _f_ MÉD encefalitis.

encéphalogramme _m_ MÉD encefalograma.

encéphalographie _f_ encefalografía.

encéphalomyélite _f_ MÉD encefalomielitis.

encéphalopathie _f_ MÉD encefalopatía.

encerclement *m* cerco.

encercler [3] *v tr* cercar, rodear ‖ MIL copar (l'ennemi).

enchaîné *m* encadenado (cinéma).

enchaînement *m* encadenamiento ‖ FIG encadenamiento, enlace, eslabonamiento (de circonstances) ‖ concatenación *f*, coordinación *f*, enlace (idées, etc.).

enchaîner [4] *v tr* encadenar ‖ FIG encadenar (des passions, etc.) ‖ esclavizar (asservir) ‖ coordinar, enlazar; **enchaîner ses idées** coordinar sus ideas ‖ empalmar, proseguir (reprendre la suite d'un dialogue) ‖ encadenar (cinéma) ‖ **enchaînons!** ¡sigamos! (théâtre).
◆ **s'enchaîner** *v pr* encadenarse ‖ enlazar, encadenarse (des idées).

enchanté, e *adj* encantado, da ‖ **enchanté de vous connaître** encantado de conocerle, mucho gusto en conocerle.

enchantement *m* encanto, hechizo (charme) ■ **comme par enchantement** como por ensalmo *ou* por arte de magia ‖ **par enchantement** por arte de birlibirloque ■ FIG **être dans l'enchantement** estar en la gloria.

enchanter [3] *v tr* encantar ‖ hechizar (fasciner).

enchanteur, eresse *adj & s* encantador, ra.
◇ *m & f* hechicero, ra; mago, ga (magicien).

enchâssement *m* engaste, engarce; **enchâssement d'un diamant** engaste de un diamante ‖ encaje, empotramiento (encastrement).

enchâsser [3] *v tr* engastar, engarzar; **enchâsser un diamant** engastar un diamante ‖ poner en un relicario *ou* en una caja (dans une châsse) ‖ encajar, empotrar (encastrer) ‖ FIG intercalar, insertar; **enchâsser une citation** intercalar una cita.

enchemiser [3] *v tr* forrar, enfundar.

enchère *f* puja, licitación ■ **folle enchère** puja que no puede pagar el postor ‖ **vente aux enchères** subasta ■ FIG **être à l'enchère** venderse al mejor postor ‖ **être mis aux enchères** salir a subasta ‖ FIG **faire monter les enchères** aumentar las apuestas ‖ **faire une enchère** pujar ‖ **les enchères montent** las pujas aumentan ‖ **mettre aux enchères** sacar a subasta, subastar ‖ FIG; **payer la folle enchère** sufrir las consecuencias de su temeridad ‖ **vendre aux enchères** vender en pública subasta, subastar.

⎸ SYN **surenchère** mejora; **licitation** licitación; **criée** almoneda; **encan** encante (p us); **vente à l'encan**, **aux enchères** subasta.

enchérir [32] *v intr* pujar (aux enchères) ‖ encarecer (être plus cher) ‖ **enchérir sur** sobrepujar (une offre), ir más lejos (quelqu'un).

enchérissement *m* encarecimiento, aumento de precio, carestía *f*; **l'enchérissement du pain** el encarecimiento del pan.

enchérisseur *m* postor, licitador, pujador (aux enchères).

enchevalement [ãʃəvalmã] *m* ARCHIT apuntalamiento.

enchevaucher [3] [ãʃəvoʃe] *v tr* TECHN encabalgar, encaballar.

enchevauchure [ãʃəvoʃyr] *f* TECHN encabalgadura, encaballadura.

enchevêtrement *m* encabestramiento (chevaux) ‖ FIG enredo, embrollo, lío, enmarañamiento (emmêlement).

enchevêtrer [4] *v tr* encabestrar (les chevaux) ‖ ARCHIT embrochalar (des solives) ‖ FIG enredar, embrollar, enmarañar (embrouiller).
◆ **s'enchevêtrer** *v pr* encabestrarse (cheval) ‖ FIG embrollarse, enmarañarse.

enchevêtrure *f* ARCHIT embrochalado *m* ‖ encabestradura (d'un cheval).

enchifrené, e *adj* resfriado, da (du nez).

enchifrènement *m* obstrucción *f* nasal (due au rhume).

enclave *f* enclave *m*, territorio *m* enclavado.

enclavement *m* enclave, enclavado (d'un territoire) ‖ TECHN empotramiento, encaje (emboîtement).

enclaver [3] *v tr* enclavar, encerrar, incluir (un terrain, un territoire) ‖ insertar, colocar (insérer) ‖ TECHN empotrar, encajar (emboîter).

enclenche *f* trinquete *m*, enganche *m*.

enclenchement *m* armadura *f*, enganche.

enclencher [3] *v tr* enganchar, engranar, arrastrar.

enclin, e *adj* propenso, sa; inclinado, da; dado, da; **enclin à la colère** propenso a la ira.

encliquetage [ãkliktaʒ] *m* TECHN trinquete.

encliqueter [27] [ãklikte] *v intr* TECHN poner un trinquete a una rueda.

enclitique *adj & s m* enclítico, ca.

enclore [113] *v tr* cercar, vallar; **enclore un champ** cercar un campo ‖ encerrar, rodear (entourer) ‖ encerrar (enfermer).

enclos [ãklo] *m* cercado, vallado ‖ recinto (enceinte).

enclouage *m* clavadura *f* (canons) ‖ VÉTER enclavadura *f*, clavadura *f* (des chevaux).

enclouer [3] *v tr* clavar (un canon) ‖ FIG clavar, inmovilizar ‖ VÉTER enclavar (un cheval).

enclouure [ãkluyr] *f* VÉTER enclavadura, clavadura (chevaux).

enclume *f* yunque *m* ‖ horma (de cordonnier) ‖ ANAT yunque (osselet de l'oreille) ‖ FIG **entre l'enclume et le marteau** entre la espada y la pared ‖ **remettre un ouvrage sur l'enclume** retocar una obra, poner de nuevo una obra en el telar.

encoche *f* muesca, entalladura ‖ señal (marque) ‖ banco *m* (de sabotier).

encochement *m* incisión *f*, corte ‖ empulgadura *f* (d'une flèche).

encocher [3] *v tr* empulgar (un arc) ‖ hacer una muesca (en entailler).

encoder [3] *v tr* INFORM codificar.

encodeur, euse *m & f* codificador, ra.
◆ **encodeur** *m* INFORM codificador.

encoffrer [3] *v tr* embaular (mettre dans un coffre) ‖ FIG & FAM apropiarse de.

encoignure [ãkɔɲyr] *ou* [ãkwaɲyr] *f* CONSTR rincón *m*, rinconada (angle) ‖ rinconera (meuble).

encollage *m* encolado, engomado ‖ cola *f* (colle) ‖ apresto (dans un tissu).

encoller [3] *v tr* encolar, engomar ‖ aprestar (tissu).

encolleur, euse *adj & s* encolador, ra ‖ aprestador, ra (de tissus).
◆ **encolleuse** *f* encoladora (machine).

encolure *f* cuello *m* (du cheval) ‖ cuello *m*, medida del cuello (mesure du col) ‖ escote *m* (d'un vêtement) ‖ cabeza (aux courses).

encombrant, e *adj* embarazoso, sa; molesto, ta (gênant) ‖ voluminoso, sa; de mucho bulto, que abulta mucho (qui occupe de la place) ‖ FIG inoportuno, na; que estorba, pesado, da (importun).

encombre *m* **sans encombre** sin tropiezo, sin dificultad.

encombré, e *adj* atestado, da.

encombrement *m* estorbo, obstrucción *f* ‖ acumulación *f*, aglomeración *f*, amontonamiento ‖ atasco, embotellamiento; **un encombrement de voitures** un embotellamiento de coches ‖ dimensiones *f pl* totales *ou* exteriores, volumen (volume, dimensions) ‖ lugar ocupado (d'une machine).

encombrer [3] *v tr* atestar, llenar; **encombrer de meubles un appartement** atestar con muebles un piso ‖ ocupar mucho sitio, hacer mucho bulto (occuper trop de place) ‖ recargar; **il encombre sa mémoire** recarga su memoria ‖ estorbar, entorpecer (embarrasser) ‖ FIG molestar, estorbar (une personne) ‖ **encombrer le passage** obstruir *ou* estorbar el paso ‖ **une route encombrée** una carretera saturada.
◆ **s'encombrer** *v pr* FAM cargar *ou* cargarse con; **s'encombrer de quelqu'un** cargar con alguien.

encontre
◆ **à l'encontre de** *loc prép* en contra de, contra; **cela va à l'encontre de mes projets** esto va en contra de mis proyectos ‖ contrariamente a (contrairement).

encorbellement *m* ARCHIT salidizo, saledizo, voladizo; **fenêtre en encorbellement** ventana en saledizo *ou* voladizo.

encorder [3]
◆ **s'encorder** *v pr* encordarse (alpinisme).

encore *adv* todavía, aún; **il n'est pas encore venu** no ha venido todavía ‖ de nuevo, otra vez; **il viendra encore** vendrá otra vez ‖ más; **donnez-m'en encore** déme más ‖ más, todavía más; **le riche veut encore s'enrichir** el rico quiere enriquecerse todavía más ‖ además, encima; **il étudiait et on le faisait encore travailler** estudiaba y además le hacían trabajar ‖ al menos, a lo menos; **encore s'il s'était excusé** si al menos se hubiera excusado ‖ también; **non seulement elle est belle, mais encore elle est très riche** no sólo es guapa, sino también muy rica ■ **encore!** ¡otra vez!; **encore vous!** ¡otra vez usted!; ¡más! (pour réclamer) ‖ **encore que** (suivi du subjonctif), aunque (suivi de l'indicatif) ‖ **encore une fois** una vez más ‖ **encore un peu** un poco más ■ **des grossièretés et encore des grossièretés** groserías y más groserías ‖ **et encore** y quizá ni eso, y aún así ‖ FAM **et puis quoi encore?** y, ¿qué más quieres? ‖ **mais encore** y además (en plus), sino también ‖ **mais encore?** ¿y qué más? ‖ **pas encore** todavía no, aún no ‖ **si encore** si por lo menos, si tan siquiera ■ **c'est encore lui qui disait** fue él mismo quien decía ‖ **être encore** (sens de continuité), seguir; **il est encore malade** sigue enfermo.

OBSERV En poesía, encore se escribe a veces encor.

encorné, e *adj* encornado, da; cornudo, da (qui a des cornes) ▌ corneado, da; cogido, da (qui a reçu un coup de cornes) ▪ **bas encorné** cornigacho ▌ **haut encorné** corniveleto.

encorner [3] *v tr* cornear, dar cornadas (donner des coups de cornes) ▌ coger (torero) ▌ **FAM** (par plaisanterie) poner los cuernos (tromper).

encornet [ãkɔrnɛ] *m* calamar (calmar).

encourageant, e *adj* alentador, ra; animador, ra; **un sourire encourageant** una sonrisa alentadora ▌ alentador, ra; esperanzador, ra; **des résultats encourageants** resultados esperanzadores.

encouragement *m* estímulo, aliento, ánimo ▌ fomento; **encouragement à la production** fomento de la producción ▌ instigación *f*, incitación *f*; **encouragement au crime** incitación al crimen ▌ estímulo (fiscal) ▪ **société d'encouragement** sociedad de fomento ▪ **donner des encouragements** dar ánimos.

encourager [17] *v tr* [▷ **SYN**] alentar, animar, dar ánimo (donner du courage) ▌ incitar, instigar; **encourager à rester** incitar a quedarse ▌ **FIG** fomentar, favorecer, estimular; **encourager l'agriculture** fomentar la agricultura.

SYN enhardir infundir valor; animer animar; inciter incitar; exhorter exhortar; porter à, pousser à impulsar; aiguillonner aguijonear; piquer picar; stimuler estimular.

encourir [45] *v tr* incurrir en, caer en, exponerse a (s'exposer à).

encrage *m* **IMPR** entintado.

encrassement *m* enmugrecimiento, ensuciamiento ▌ engrasamiento (bougie d'un moteur) ▌ atascamiento, atoramiento (tuyauterie).

encrasser [3] *v tr* ensuciar, enmugrecer ▌ encostrar, atascar, atorar (tuyauterie).
➤ **s'encrasser** *v pr* enmugrecerse, ensuciarse (se salir) ▌ engrasarse (bougie de moteur) ▌ atascarse, atorarse (tuyaux).

encre *f* tinta; **encre de Chine, indélébile, sympathique** tinta china, indeleble, simpática ▪ **FIG bouteille à l'encre** lío, asunto embrollado ▌ **noir comme l'encre** negro como un tizón ▌ **tache d'encre** borrón ▪ **écrire à l'encre** escribir con tinta ▌ **faire couler beaucoup d'encre** dar mucho que hablar, hacer gastar mucha tinta.

encrer [3] *v tr* **IMPR** entintar, dar tinta.

encreur *adj m* **IMPR** entintador; **rouleau encreur** rodillo entintador.

encrier *m* tintero ▌**IMPR** depósito de tinta.

encrine *f* **ZOOL** encrina.

encroué, e *adj* enredado, da.

encroûté, e *adj* encostrado, da ▌ repellado, da (mur) ▌**FIG** embrutecido, da.

encroûtement *m* encostramiento, encostradura *f* ▌ incrustación *f* (du sol) ▌**FIG** embrutecimiento, embotamiento (intellectuel).

encroûter [3] *v tr* encostrar (recouvrir d'une croûte) ▌ repellar (un mur) ▌**FIG** embrutecer, dejar en la ignorancia.
➤ **s'encroûter** *v pr* encostrarse ▌**FIG & FAM**

---

embrutecerse, embotarse.

enculé *m* **VULG** maricón.

enculer [3] *v tr* **VULG** dar por el culo.

encuvage; encuvement *m* encubamiento.

encuver [3] *v tr* encubar.

encyclique *adj & s f* encíclico, ca.

encyclopédie *f* enciclopedia ▌**FIG** **encyclopédie vivante** enciclopedia en persona.

encyclopédique *adj* enciclopédico, ca.

encyclopédiste *m* enciclopedista.

endémie *f* **MÉD** endemia.

endémique *adj* endémico, ca.

endenter [3] *v tr* dentar (garnir de dents) ▌**MÉCAN** endentar.

endettement *m* deuda *f*, endeudamiento, adeudado, trampa *f* **FAM**.

endetter [4] *v tr* llenar de deudas, entrampar **FAM** (charger de dettes) ▌ **être endetté** tener deudas, estar entrampado **FAM**.

endeuiller [5] [ãdœje] *v tr* enlutar ▌**FIG** ensombrecer; **manifestation endeuillée par** manifestación ensombrecida por.

endêver [3] *v intr* **FAM** rabiar; **faire endêver** hacer rabiar.

endiablé, e *adj* endiablado, da; endemoniado, da (ardent, impétueux) ▌ encarnizado, da (acharné).

endiabler [3] *v intr* **FAM** rabiar, darse al diablo ▌**faire endiabler** hacer rabiar.

endiguement; endigage *m* construcción *f* de un dique ▌ encauzamiento (des eaux) ▌**FIG** contención *f*.

endiguer [3] *v tr* poner un dique a, encauzar ▌**FIG** atajar, poner un dique a, contener, refrenar (contenir).

endimanché, e *adj* endomingado, da.

endimancher [3] *v tr* endomingar, vestir de fiesta; **être endimanché** estar endomingado.

endive *f* endibia (espèce de chicorée).

endivisionner [3] *v tr* **MIL** formar por divisiones.

endoblaste; endoderme *m* **BIOL** endoblasto, endodermo.

endocarde *m* endocardio (membrane du cœur).

endocardiaque *adj* **MÉD** endocardiaco, ca.

endocardite *f* **MÉD** endocarditis.

endocarpe *m* **BOT** endocarpio.

endocrine *adj f* endocrina (glande).

endocrinien, enne *adj* endocrino, na.

endocrinologie *f* **MÉD** endocrinología.

endocrinologue; endocrinologiste *m & f* endocrinólogo, ga.

endoctrinement *m* adoctrinamiento.

endoctriner [3] *v tr* adoctrinar, doctrinar.

endoderme ➤ **endoblaste**.

endogame *adj* endogámico, ca.

endogamie *f* endogamia.

endogène *adj* endógeno, na.

endolori, e *adj* dolorido, da.

endolorir [32] *v tr* lastimar, hacer daño, causar dolor ▌**FIG** apesadumbrar, entristecer.

---

endolorissement *m* dolor, lastimadura *f*.

endomètre *m* **ANAT** endometrio.

endométrite *f* **MÉD** endometritis, inflamación del útero.

endommagement *m* daño, perjuicio (dommage).

endommager [17] *v tr* dañar, perjudicar, menoscabar (causer du dommage) ▌ deteriorar, estropear (abîmer).

endoparasite *adj & s m* **BIOL** endoparásito.

endophlébite *f* **MÉD** endoflebitis.

endophyte *adj & s m* endofito, ta.

endoplasme *m* endoplasma.

endoréique *adj* endorreico, ca.

endoréisme *m* **GÉOGR** endorreísmo.

endormant, e *adj* adormecedor, ra (qui endort) ▌**FIG** soporífero, ra; aburrido, da (ennuyeux).

endormeur, euse *adj & s* adormecedor, ra; soporífero, ra (personne ennuyeuse) ▌**FIG** embaucador, ra.

endormi, e *adj* dormido, da ▌ adormecido, da; entorpecido, da (engourdi) ▌**FIG** dormido, da; entumecido, da; **avoir les membres endormis** tener los miembros entumecidos ▌ perezoso, sa; indolente ▌ silencioso, sa; **campagne endormie** campo silencioso.
◇ *m & f* **FIG & FAM** dormido, da; parado, da (peu actif).

endormir [36] *v tr* dormir (faire dormir) ▌ adormecer, anestesiar (anesthésier) ▌**FIG** calmar, aplacar; **endormir la douleur** aplacar el dolor ▌**FIG & FAM** entretener, distraer; **endormir la vigilance** distraer la vigilancia ▌ aburrir, dar sueño; **ce discours endort** este discurso da sueño.
➤ **s'endormir** *v pr* dormirse ▌**FIG** distraerse, dormirse, descuidarse (manquer de vigilance) ▪ **s'endormir du sommeil du juste** dormir el sueño de los justos ▌ **s'endormir sur ses lauriers** dormirse en los laureles ▌**ne pas pouvoir s'endormir** no poder conciliar el sueño.

endormissement *m* adormecimiento.

endos [ãdo] *m* **COMM** endoso.

endoscope *m* **MÉD** endoscopio.

endoscopie *f* **MÉD** endoscopia.

endoscopique *adj* **MÉD** endoscópico, ca.

endosmose *f* **PHYS** endósmosis.

endosperme *m* **BOT** endosperma.

endospore *m* **BOT** endosporo.

endossable *adj* endosable.

endossataire *m* endosador, endosatario.

endossement *m* endoso.

endosser [3] *v tr* **COMM** endosar (un chèque) ▌ ponerse (un vêtement) ▌**FIG** endosar, cargar con, asumir la responsabilidad de ▌ **TECHN** enlomar (un livre) ▌ **endosser l'uniforme, la soutane** hacerse militar, sacerdote.

endosseur *m* **COMM** endosante.

endothélial, e *adj* del endotelio.

endothélium [ãdɔteljɔm] *m* **ANAT** endotelio.

endothermique *adj* **CHIM** endotérmico, ca.

endotoxine *f* endotoxina.

endroit [ɑ̄drwa] *m* sitio, lugar; **un endroit écarté** un sitio apartado ▌localidad *f*, lugar (localité) ▌punto, parte *f* (partie) ▌pasaje, parte *f* (passage d'un discours, d'un livre) ▌derecho (d'une étoffe), cara *f* (d'une pièce, d'une page), haz *f* (d'une feuille); **à l'endroit** al derecho ▌lado, punto de vista; **à considérer l'affaire par cet endroit** si consideramos el asunto desde este punto de vista ▪ **à l'endroit de...** para con..., con respecto a... ▌endroit faible punto débil ▌**endroit sensible** punto ou parte sensible ▌FAM **le petit endroit** el excusado, el retrete ▌**par endroits** en algunos sitios, en algunas partes.

enduire [98] *v tr* untar; **enduire de miel** untar con miel ▌dar una mano, embadurnar (appliquer une couche de) ▌enlucir, revocar (un mur) ▌recubrir (recouvrir); **enduire de recubrir** con ▌calafatear (bateaux).

enduit [ɑ̄dɥi] *m* baño, capa *f*, mano *f* (couche) ▌enlucido, revoque, revestimiento (en maçonnerie); **plâtre d'enduit** yeso de enlucido ▌FIG baño, barniz (vernis).

endurable *adj* sufrible, soportable, tolerable.

endurance *f* resistencia, aguante *m*; **endurance physique** resistencia física.

endurant, e *adj* sufrido, da; paciente (patient) ▌resistente (dur à la fatigue).

endurci, e *adj* endurecido, da (durci) ▌FIG inveterado, da; **haine endurcie** odio inveterado ▌empedernido, da (invétéré) ▌FIG avezado, da; curtido, da; **pêcheur endurci** pescador avezado ▌insensible; duro, ra; **cœur endurci** corazón insensible ▌**célibataire endurci** solterón.

endurcir [32] *v tr* endurecer (rendre dur) ▌endurecer, curtir (rendre résistant) ▌FIG endurecer, insensibilizar (rendre insensible). ◆ **s'endurcir** *v pr* acostumbrarse, avezarse (s'accoutumer) ▌FIG endurecerse, empedernirse (devenir insensible).

endurcissement *m* endurecimiento ▌FIG dureza *f*; **endurcissement du cœur** dureza de corazón.

endurer [3] *v tr* aguantar, soportar, resistir, tolerar, sobrellevar.

enduro *m* enduro (compétition).

endymion *m* BOT jacinto.

Endymion *n pr* Endimión.

Énée *n pr* MYTH Eneas.

Énéide *n pr f* Eneida.

énergétique *adj & s f* energético, ca ▌**politique énergétique** política energética.

énergie *f* energía ▪ **énergie calorifique** energía calorífica ▌**énergie de fission** energía de fisión ▌**énergie de fusion** energía de fusión ▌**énergie des océans** energía de los océanos ▌**énergie douce** energía blanda ▌**énergie éolienne** energía eólica ▌**énergie fossile** energía fósil ▌**énergie géométrique** energía geométrica ▌**énergie nucléaire** energía nuclear ▌**énergie solaire** energía solar ▪ **libération d'énergie** liberación de energía ▌**récupération de l'énergie** recuperación de la energía.

> SYN **courage** ánimo; **cœur** entereza; **fermeté** firmeza; **résolution** resolución; **volonté** voluntad; FAM **poigne** vigor.

énergique *adj* enérgico, ca.

énergiquement *adv* enérgicamente.

énergisant, e *adj & m* vigorizante.

énergumène *m* energúmeno, na.

énervant, e *adj* enervador, ra; enervante (qui abat); **chaleur énervante** calor enervante ▌FIG & FAM irritante; molesto, ta; que pone nervioso, sa (qui agace); **discussions énervantes** discusiones irritantes.

énervation *f* enervación.

énervé, e *adj & s* enervado, da; debilitado, da; abatido, da (alangui) ▌FIG & FAM nervioso, sa (agacé).

énervement *m* enervamiento, debilidad *f*, abatimiento (abattement) ▌FIG & FAM nerviosidad *f*, nerviosismo (agacement).

énerver [3] *v tr* enervar, debilitar, abatir (abattre) ▌[▷ SYN] poner nervioso, exasperar (agacer).

> SYN **impatienter** impacientar; **crisper** crispar; **agacer** cargar.

enfaîteau *m* ARCHIT cobija *f* (tuile).

enfaîtement *m* ARCHIT caballete (faîtage).

enfaîter [4] *v tr* cubrir con un caballete ou con cobijas.

enfance [ɑ̄fɑ̄s] *f* infancia, niñez; **il est tombé en enfance** ha vuelto a la infancia ▌FIG infancia, principio *m*; **l'enfance du monde** la infancia del mundo ▪ **ami d'enfance** amigo de la infancia ▌**petite enfance** tierna infancia ▌**souvenir d'enfance** recuerdo de infancia ▪ FAM **c'est l'enfance de l'art** está tirado ▌**retomber en enfance** volver a la infancia. ◆ **enfances** *f pl* mocedades (dans les chansons de geste).

enfant [ɑ̄fɑ̄] *m & f* [▷ SYN] niño, ña; **une charmante enfant** una niña encantadora ▌hijo, ja; niño, ña; **il a quatre enfants** tiene cuatro hijos ▌hijo, ja; descendiente; **les enfants d'Adam** los hijos de Adán ▌FIG hijo, resultado, producto (résultat) ▪ **enfant adoptif, légitime, naturel ou de l'amour** hijo adoptivo, legítimo, natural ▌**enfant de chœur** monaguillo (à l'église), angelito, inocentón (naïf) ▌**enfant de la balle** hijo que sigue la profesión de su padre [en el circo y en el teatro] ▌MIL **enfant de troupe** educando ▌**enfant gâté** niño mimado ▌**Enfant Jésus, Enfant Dieu** niño Jesús ▌**enfant prodige** niño prodigio ▌**enfant prodigue** hijo pródigo ▌**enfant terrible** niño mal criado, indiscreto (insupportable), persona indisciplinada ou rebelde ▌**enfant trouvé** expósito, inclusero ▌**enfant unique** hijo único ▌**les Enfants trouvés** la Inclusa (hospice) ▪ **bon enfant** bonachón, campechano; **un commissaire bon enfant** un comisario bonachón ▌**littérature pour enfants** literatura infantil ▌**petits enfants** nietos ▪ **faire l'enfant** hacer chiquilladas, hacer niñerías, niñear.

> OBSERV **Bon enfant**, empleado como epíteto, es invariable: **elle est bon enfant**.
> SYN **bambin** nene; **petit chico**, chiquillo, párvulo; **chérubin** querubín; FAM **gamin** rapaz; **marmot** crío, chaval; **gosse**, môme chaval; **loupiot** arrapiezo; **marmaille** chiquillería, gente menuda; **galopin** galopín; **bébé** bebé; FAM & PÉJ **morveux** mocoso.

enfantement *m* [▷ SYN] alumbramiento, parto ▌FIG concepción *f*, creación *f*, producción *f*.

> SYN **accouchement** parto; **délivrance** alumbramiento.

enfanter [3] *v tr* dar a luz, parir (un enfant) ▌FIG dar a luz, crear ▌poner en el mundo ▌**tu enfanteras dans la douleur** parirás con dolor.

enfantillage *m* chiquillada *f*, niñería *f*, niñada *f*.

enfantin, e *adj* infantil ▌infantil, pueril.

enfariné, e *adj* enharinado, da ▌FIG & FAM **la bouche enfarinée, le bec enfariné** con toda tranquilidad, tan tranquilo.

enfariner [3] *v tr* enharinar (couvrir de farine).

enfer [ɑ̄fɛr] *m* infierno; **aller en enfer** ir al infierno ▌MYTH averno ▪ **d'enfer** infernal, terrible ▌**l'enfer est pavé de bonnes intentions** el infierno está empedrado de buenas intenciones ▪ **aller à un train d'enfer** ir a un tren endemoniado ou endiablado.

enfermé *m* olor a cerrado.

enfermement *m* encerramiento.

enfermer [3] *v tr* [▷ SYN] encerrar ▌encerrar, contener, abarcar (contenir) ▌encerrar, guardar bajo llave (mettre sous clef) ▌esconder (cacher) ▌guardar (ranger) ▌poner, cercar (enserrer) ▌poner, meter (mettre) ▌FIG encarcelar ▌**enfermer à double tour** guardar con siete llaves. ◆ **s'enfermer** *v pr* encerrarse ▌encerrarse, aislarse, recluirse (s'isoler) ▪ **s'enfermer dans sa solitude** encerrarse en su soledad ▌**s'enfermer dans son mutisme** encerrarse en su mutismo.

> SYN **renfermer** encerrar; **resserrer** reducir, estrechar; **séquestrer** secuestrar; **reclure** recluir; **cloîtrer** claustrar; **claustrer** claustrar; **chambrer** encerrar en un cuarto; **claquemurer** encerrar entre cuatro paredes, emparedar; **parquer** acorralar; **calfeutrer** encerrar.

enferrer [4] *v tr* traspasar, atravesar (transpercer) ▌ensartar (embrocher). ◆ **s'enferrer** *v pr* arrojarse sobre la espada de un adversario ▌picar el anzuelo (poisson) ▌FIG enredarse, embrollarse, liarse.

enfeu *m* panteón.

enfièvrement *m* (p us) fiebre *f*, calentura *f*, febrilidad *f*.

enfiévrer [18] *v tr* dar calentura ou fiebre (donner de la fièvre) ▌FIG apasionar, inflamar, enardecer (passionner).

enfilade *f* hilera, fila; **une enfilade de voitures** una hilera de coches ▌crujía (de chambres) ▌FIG & FAM sarta, retahíla (de mensonges, d'injures) ▌MIL enfilada; **tir d'enfilade** tiro de enfilada ▌**prendre en enfilade** batir en enfilada (avec une arme).

enfilage *m* enhebrado, enhebramiento ▌ensarte, enfilado (perles).

enfiler [3] *v tr* enhebrar (une aiguille) ▌ensartar (des perles) ▌ensartar (transpercer) ▌meter, entrar (faire passer) ▌tomar, coger, meterse por (un chemin) ▌FIG ensartar (mensonges, insultes) ▌(vieilli) engañar, embaucar (tromper) ▌FAM ponerse; **enfiler son pantalon** ponerse el pantalón ▌MIL enfilar, batir por el flanco ▌FAM zampar, echarse entre pecho y espalda (avaler) ▌FIG **enfiler des perles** perder el tiempo en tonterías. ◆ **s'enfiler** *v pr* coger, meterse; **s'enfiler sur un chemin** meterse por un camino ▌FAM zamparse (absorber); **cargar ou cargarse con**; **s'enfiler tout le travail** cargar con todo el trabajo ▎ cela ne s'enfile pas comme des perles eso no es coser y cantar.

enfileur, euse *m & f* ensartador, ra; enhebrador, ra.

enfin *adv* por último (en dernier lieu) ▎al fin, por fin; **enfin il va mieux** por fin está mejor; **il s'est enfin décidé** al fin se decidió ▎en una palabra, en fin, es decir, para abreviar (bref) ▎enfin! ¡por fin!

▎ **OBSERV** En fin s'écrit toujours en deux mots en espagnol.

enflammé, e *adj* encendido, da; inflamado, da ▎FIG ardiente; excitado, da; entusiasmado, da.

enflammer [3] *v tr* [▷ SYN] inflamar, incendiar, prender fuego a (mettre le feu) ▎irritar (irriter) ▎FIG encender; **la fièvre enflamme les joues** la fiebre enciende las mejillas ▎inflamar, entusiasmar, excitar ▎acalorar, inflamar; **être enflammé par la passion** estar acalorado por la pasión ▎arrebolar; **l'aurore enflammait le ciel** la aurora arrebolaba el cielo.

▸ **s'enflammer** *v pr* incendiarse, inflamarse ▎FIG inflamarse, entusiasmarse, excitarse ▎encenderse; **regard qui s'enflamme** mirada que se enciende ▎MÉD inflamarse.

▎ SYN électriser electrizar; échauffer enardecer; embraser abrasar; galvaniser galvanizar; doper drogar.

enflé, e *adj* inflado, da; hinchado, da; inflamado, da; **avoir le visage enflé** tener la cara hinchada ▎FIG henchido, da; lleno, na; **enflé d'orgueil** henchido de orgullo ▎engreído, da; enorgullecido, da; **enflé par les succès** engreído por el éxito ▎hinchado, da; enfático, ca (style).

▷ *m & f* FAM tonto, ta; imbécil.

enfléchure *f* MAR flechaste *m* (d'une échelle).

enfler [3] *v tr* inflar, hinchar (gonfler) ▎FIG hinchar, abultar, exagerar ▎ahuecar (la voix) ▎volver enfático ou hinchado (le style) ▎hacer crecer (un fleuve) ▎MÉD hinchar, inflamar.

▷ *v intr & pr* hincharse; **sa jambe a enflé** su pierna se ha hinchado ▎crecer (fleuve) ▎FIG hincharse, inflarse, engreírse (s'enorgueillir).

enfleurage *m* extracción *f* de los perfumes.

enfleurer [3] *v tr* extraer [perfumes].

enflure *f* hinchazón, inflamación ▎FIG hinchazón, ampulosidad, énfasis *m* (style).

enfoncé, e *adj* hundido, da; **yeux enfoncés** ojos hundidos ▎profundo, da; hondo, da ▎FIG derrotado, da; vencido, da (vaincu).

enfoncement *m* hundimiento (action d'enfoncer) ▎introducción *f*, penetración *f*; **l'enfoncement d'un clou** la introducción de un clavo ▎hueco, vano (partie en retrait); **l'enfoncement d'une porte** el hueco de una puerta ▎entrante (partie enfoncée d'une façade) ▎profundidad *f* (profondeur) ▎el fondo, lo hondo, lo retirado (une rue, d'un paysage, etc.) ▎socavón (de la chaussée) ▎hondonada *f* (terrain enfoncé) ▎fractura *f* (du crâne).

enfoncer [16] *v tr* clavar (clou), hincar (piquet) ▎hundir ▎derribar, tirar abajo; **enfoncer une porte** derribar una puerta ▎forzar; **enfoncer un coffre-fort** forzar una caja de caudales ▎fracturar, romper; **enfoncer le crâne** fracturar el cráneo ▎deshacer, arrollar, derrotar; **enfoncer les bataillons ennemis** arrollar los batallones enemigos ▎sumergir (dans l'eau) ▎encajar (encastrer) ▎encasquetarse, calarse (le chapeau); **enfoncer son chapeau sur la tête** encasquetarse el sombrero en la cabeza ▎FAM derrotar, vencer (un adversaire) ▎FIG meter, hacer penetrar; **enfoncer une idée dans la tête de quelqu'un** meterle una idea en la cabeza a uno ▪ **enfoncer une porte ouverte** descubrir América ou la pólvora (démontrer une chose évidente), buscarle tres pies al gato (se donner du mal pour rien).

▷ *v intr & pr* hundirse ▎hundirse, irse a pique (aller au fond); **navire qui s'enfonce** buque que se hunde ▎arrellanarse (dans un fauteuil) ▎desaparecer, desvanecerse; **il s'enfonça dans la brume** desapareció en la niebla ▎arruinarse, hundirse (dans les affaires) ▎internarse, penetrar (pénétrer) ▎FIG entregarse (aux vices) ▎hundirse; **plus on perd au jeu, plus on s'enfonce** cuanto más uno pierde al juego, más se hunde uno ▎sumirse, absorberse; **il s'enfonça dans ses pensées** se sumió en sus pensamientos ▎adentrarse, penetrar; **s'enfoncer dans les difficultés du Droit** adentrarse en las dificultades del Derecho ▎avoir la tête enfoncée dans les épaules tener la cabeza muy metida entre los hombros.

enfonceur, euse *m & f* (p us) fanfarrón, ona.

enfonçure *f* hueco *m*, cavidad (cavité) ▎hundimiento *m* (dépression) ▎fondo (d'un tonneau).

enfouir [32] [ãfwir] *v tr* enterrar (mettre sous terre) ▎meter (mettre) ▎FIG esconder, ocultar (cacher, dissimuler).

▸ **s'enfouir** *v pr* enterrarse, refugiarse (se réfugier).

enfouissement *m* enterramiento; **enfouissement d'un trésor** enterramiento de un tesoro ▎FIG ocultación *f*, escondimiento (action de cacher) ▎enterrado (du fumier).

enfouisseur *m* enterrador, sepulturero ▎enterrador (insecte) ▎enterradora *f* (de fumier).

enfourchement *m* ARCHIT almohadón, ensambladura *f*, ángulo de bóveda, encabriamiento ▎TECHN horquilla *f*.

enfourcher [3] *v tr* atravesar con la horca (percer avec la fourche) ▎FAM montar a horcajadas en ou sobre; **enfourcher un cheval** montar a horcajadas en un caballo ▎FIG & FAM aferrarse a; **enfourcher une idée** aferrarse a una idea ▎FIG enfourcher son dada comenzar con su manía, con su tema.

enfournage; enfournement *m* enhornado.

enfourner [3] *v tr* enhornar, meter en el horno, poner al horno (mettre dans le four) ▎FIG introducir en gran cantidad, meter ▎meterse en el bolsillo (empocher) ▎FAM zamparse, engullir (avaler).

▸ **s'enfourner** *v pr* FIG meterse, zambullirse (dans le métro).

enfourneuse *f* fundidor *m* (métaux).

enfreindre [81] [ãfrɛ̃dr] *v tr* infringir, transgredir, violar, conculcar (transgresser).

enfuir [35] [ãfɥir]

▸ **s'enfuir** *v pr* fugarse, escaparse, huir ▎FIG desvanecerse, desaparecer, huir (s'effacer) ▎salirse, derramarse (s'écouler); **l'eau s'enfuit** el agua se sale.

enfumage *m* ahumado, ahumamiento.

enfumer [3] *v tr* ahumar.

enfumoir *m* ahumador.

enfûtage *m* entonelado, embarrilado.

enfutailler [3] [ãfytaje] *v tr* embarrilar, entonelar.

engagé, e [ãgaʒe] *m & f* voluntario, ria (soldat).

▷ *adj* contratado, da; **engagé à l'année** contratado por año ▎dado, da; empeñado, da (parole) ▎empeñado, da (bijou) ▎comprometido, da; **écrivain engagé** escritor comprometido, da; **pays non engagé** país no comprometido ▎metido, da; enredado, da (dans une affaire) ▎aconsejado, da (recommandé) ▎comenzado, da; entablado, da (un combat) ▪ **colonne engagée** columna entregada ▎navire engagé barco acostado.

engageant, e [ãgaʒã, ãt] *adj* atrayente; atractivo, va ▎prometedor, ra; incitante.

engagement *m* empeño (action d'engager) ▎papeleta *f* de empeño (récépissé) ▎alistamiento, enganche (de soldats) ▎ajuste, contrata *f* (d'employés, de domestiques) ▎compromiso, obligación *f*; **faire honneur à ses engagements** cumplir sus compromisos; **sans engagement de votre part** sin compromiso por su parte ▎aliento (encouragement) ▎fianza *f* (garantie) ▎hipoteca *f* ▎contrato (contrat) ▎inscripción *f* (d'un concurrent) ▎saque del centro (football) ▎MIL intervención *f*, acción *f* ▪ **engagement à vue** letras a la vista ▎DR engagement contractuel compromiso contractual ▎engagement sans contrepartie compromiso sin contrapartida ▎MIL engagement par devancement d'appel alistamiento voluntario antes de ser llamado a filas ▎l'engagement des réserves la entrada en acción ou en combate de las reservas ▎non-engagement neutralidad, actitud ou política sin compromisos ▪ prendre l'engagement de comprometerse a.

engager [17] *v tr* empeñar, dar en prenda (mettre en gage); **engager sa montre** empeñar su reloj ▎FIG empeñar, comprometer (l'honneur, la foi) ▎empeñar, dar (la parole) ▎comprometer, obligar, ligar, retener; **un serment nous engage** un juramento nos liga ▎comprometer, ligar; **cela ne vous engage à rien** eso no le compromete a usted a nada ▎[▷ SYN] contratar, ajustar; **engager un domestique** contratar un criado ▎tomar, contratar; **j'ai engagé deux employés de plus** he tomado dos empleados más ▎matricular (engager des marins) ▎inscribir (inscrire), reclutar, enrolar ▎aconsejar; **je vous engage à partir** le aconsejo que se vaya ▎FIG invitar, incitar; **le temps engage à ne rien faire** el tiempo invita a no hacer nada ▎incitar, inducir (encourager) ▎meter, introducir; **engager la clef dans la serrure** meter la llave en la cerradura ▎meter, colocar; **engager son capital dans une affaire** meter su capital en un negocio ▎poner, meter (une vitesse) ▎entablar (des poursuites) ▎ARCHIT entregar ▎FIG entablar, trabar; **engager un combat, une conversation** entablar un combate, una conversación ▎MAR encepar (ancre), enganchar, enredar (corde) ▎MIL hacer entrar en acción; **engager une division** hacer entrar en acción una división ▎inscribir; **cheval engagé dans une course** caballo inscrito en una carrera.

◇ *v intr* sacar del centro, hacer el saque (football).

→ **s'engager** *v pr* comprometerse (contracter un engagement) ▌ entablarse, comenzar (commencer) ▌ meterse, internarse; s'engager dans la forêt internarse en la selva ▌ ponerse, entrar (au service de quelqu'un) ▌ empeñarse, endeudarse (s'endetter) ▌ (p us) prometerse (se fiancer) ▌ participar, inscribirse; s'engager dans un championnat inscribirse en un campeonato ▌ comprometerse, tomar posición (un écrivain) ▌ FIG meterse, lanzarse; s'engager dans une affaire meterse en un negocio ▌ MIL alistarse, sentar plaza (un soldat) ▌ s'engager dans les ordres hacer votos religiosos.

▌ SYN embaucher contratar; enrôler alistar, enrolar; recruter reclutar; FAM racoler enganchar.

engainant, e *adj* BOT envainador, ra.

engainer [4] *v tr* envainar, enfundar.

engamer [3] *v tr* tragar; le poisson a engamé l'hameçon el pez tragó el anzuelo.

engazonnement *m* encespedamiento.

engazonner [3] *v tr* encespedar, sembrar césped en.

engeance [ãʒãs] *f* raza, casta (animaux) ▌ ralea, calaña (personnes); maudite engeance maldita ralea.

engelure [ãʒlyr] *f* sabañón *m*.

engendrement *m* engendramiento.

engendrer [3] *v tr* engendrar.

engerbage *m* AGRIC agavillamiento, agavilladura *f*.

engerber [3] *v tr* AGRIC agavillar.

engin *m* artefacto, máquina *f*, ingenio; engin explosif artefacto explosivo ▌ MIL proyectil; engin balistique proyectil balístico ▌ vehículo; engin blindé vehículo blindado ▌ arma *f*, cohete; engin sol-air arma tierra aire (fusée) ▌ engins spéciaux misiles ou proyectiles especiales.

engineering [ɛndʒinirɪŋ] ou [ɛnʒinirɪŋ] *m* ingeniería *f*.

englober [3] *v tr* englobar, reunir ▌ abarcar, englobar (contenir).

engloutir [32] *v tr* engullir, tragar, devorar (avaler) ▌ FIG enterrar, gastar; engloutir sa fortune dans une affaire enterrar su fortuna en un negocio ▌ tragarse, tragar, engullir; englouti par la mer tragado por el mar ▌ sepultar (faire disparaître).

engloutissement *m* engullimiento (action d'avaler) ▌ sumersión *f*, hundimiento, absorción *f* (par la mer, la terre) ▌ pérdida *f*, disipación *f* (d'une fortune).

engluement [ãglymã]; **engluage** [ãglyaʒ] *m* enviscamiento.

engluer [3] *v tr* enviscar, enligar ▌ FIG cazar con liga (prendre à la glu).

engobage *m* vidriado, barnizado (céramique).

engobe *m* barniz (céramique).

engober [3] *v tr* vidriar, barnizar (céramique).

engommage *m* engomadura *f*, engomado.

engommer [3] *v tr* engomar, dar goma.

engoncé, e *adj* envarado, da; être engoncé dans un vêtement estar envarado en una prenda.

engoncer [16] *v tr* envarar, molestar; cette veste l'engonce esta chaqueta le envara.

→ **s'engoncer** *v pr* hundir el cuello entre los hombros.

engorgement *m* atascamiento, atasco, atranco, atoramiento (d'un conduit) ▌ aglomeración *f* (accumulation) ▌ falta *f* de salida (des marchandises) ▌ INFORM disputa *f* ▌ FIG entorpecimiento, obstáculo ▌ MÉD infarto, obstrucción *f*.

engorger [17] *v tr* atascar, atorar (obstruer) ▌ entorpecer, estorbar (entraver) ▌ dar de comer con la boca (aux oiseaux) ▌ MÉD infartar, obstruir.

engouement [ãgumã] *m* atragantamiento (obstruction du gosier) ▌ obstrucción *f*, infarto (obstruction d'un organe) ▌ FIG entusiasmo, capricho, admiración *f*, pasión *f*.

engouer [3]

→ **s'engouer** *v pr* FIG entusiasmarse con ou por, aficionarse a, encapricharse con ou por.

engouffrement *m* precipitación *f* ▌ hundimiento.

engouffrer [3] *v tr* tragarse, sepultar (engloutir) ▌ sumir, hundir (faire écrouler) ▌ FIG tragar, comerse (fortune) ▌ zamparse, engullir (manger).

→ **s'engouffrer** *v pr* precipitarse, entrar con violencia (le vent, les eaux) ▌ FIG precipitarse, meterse; s'engouffrer dans le métro precipitarse en el metro.

engoulevent [ãgulvã] *m* chotacabras, zumaya *f* (oiseau).

engourdi, e *adj* entumecido, da (membre) ▌ FIG aletargado, da (esprit).

engourdir [32] *v tr* entumecer, adormecer (une partie du corps) ▌ FIG embotar, entorpecer (l'esprit).

engourdissement *m* entumecimiento, embotamiento, adormecimiento.

engrais [ãgrɛ] *m* abono, estiércol (fumier) ▌ abono, fertilizante; engrais azotés abonos nitrogenados ▌ pasto, pienso, cebo (engraissement) ▪ apport d'engrais abonado ▌ engrais chimique abono químico ▌ engrais inorganique abono inorgánico ▌ engrais organique abono orgánico.

engraissement; engraissage *m* engorde, ceba *f* (du bétail) ▌ gordura *f* (grosseur).

engraisser [4] *v tr* cebar, engordar (les animaux) ▌ AGRIC abonar, estercolar (la terre) ▌ FIG enriquecer (enrichir).

◇ *v intr* engordar, engrasar (grossir).

→ **s'engraisser** *v pr* engordar.

engraisseur *m* cebador, engordador (de bétail).

engrangement *m* entrojamiento.

engranger [17] *v tr* entrojar (mettre en grange).

engraver [3] *v tr* enarenar, cubrir con grava (recouvrir de gravier) ▌ encallar (bateau).

→ **s'engraver** *v pr* encallarse.

engrêlé, e *adj* BLAS angrelado, da; dentado, da.

engrêlure *f* puntilla (dentelle) ▌ BLAS orla angrelada.

engrenage [ãgrənaʒ] *m* MÉCAN engranaje ▌ FIG engranaje, enlace, encadenamiento.

engrènement *m* MÉCAN engranaje (engrenage) ▌ cibera *f* (de moulin).

engrener [19] [ãgrəne] *v tr & intr* MÉCAN engranar, endentar (des roues dentées) ▌ encastrar ▌ hacer arrancar, principiar, poner en marcha (une affaire) ▌ cebar (un moulin, les animaux).

engreneur [ãgrənœr] *m* engranador (ouvrier, machine).

engrenure [ãgrənyr] *f* engranaje *m* ▌ ANAT juntura serrátil.

engrois *m* cuña *f* de martillo.

engrosser [3] *v tr* FAM preñar.

engueulade [ãgœlad] *f* FAM bronca, broncazo *m*, filípica.

engueuler [5] [ãgœle] *v tr* FAM insultar, poner como un trapo (insulter) ▌ echar una bronca, regañar, poner de vuelta y media (gronder).

enguichure *f* cordón *m* (de cor) ▌ correa (du bouclier).

enguirlander [3] *v tr* enguirnaldar, poner guirnaldas a (orner de guirlandes) ▌ FAM echar una bronca ou un rapapolvo.

enhardir [32] *v tr* envalentonar, alentar, animar, infundir valor, dar ánimos, estimular.

→ **s'enhardir** *v pr* atreverse, envalentonarse.

enharmonie *f* MUS enarmonía.

enharmonique *adj* MUS enarmónico, ca.

enharnacher [3] *v tr* enjaezar, poner los arreos ou los arneses (un cheval) ▌ (VX) FAM emperifollar, vestir con pésimo gusto (affubler).

enherber [3] *v tr* [ãnɛrbe] *v tr* enyerbar, sembrar de hierba.

énième *adj & s*; **nième** *adj* enésimo, ma.

énigmatique *adj* enigmático, ca.

énigmatiquement *adv* enigmáticamente.

énigme *f* enigma *m*; le mot de l'énigme la clave del enigma.

enivrant, e [ãnivrã, ãt] *adj* embriagador, ra; embriagante ▌ FIG enajenador, ra.

enivrement [ãnivrəmã] *m* embriaguez *f*, embriagamiento, borrachera *f* ▌ FIG embriaguez *f*, enajenamiento, transporte (transport).

enivrer [3] [ãnivre] *v tr* [▷ SYN] embriagar ▌ FIG embriagar, enajenar; enivré de gloire embriagado por la gloria.

▌ SYN boire beber; se soûler emborracharse; se griser achisparse; FAM se cuiter ajumarse.

enjambée *f* zancada; faire de grandes enjambées dar grandes zancadas ▌ d'une enjambée en un salto.

enjambement *m* BOT cruzamiento intercromosómico ▌ POÉT encabalgamiento.

enjamber [3] *v tr* salvar, franquear; enjamber un ruisseau salvar un arroyo ▌ pasar por encima (passer par-dessus).

◇ *v intr* sobresalir; poutre qui enjambe sur le mur viga que sobresale del muro ▌ POÉT cabalgar.

enjaveler [24] [ãʒavle] *v tr* AGRIC agavillar.

enjeu *m* puesta *f*, postura *f* (jeux) ‖ FIG lo que se ventila, lo que está en juego, envite.

enjoindre [82] *v tr* ordenar, prescribir (ordonner).

enjôlement [ãʒolmã] *m* engatusamiento, embaucamiento.

enjôler [3] [ãʒole] *v tr* engatusar, embaucar.

enjôleur, euse [ãʒolœr, øz] *adj & s* engatusador, ra; embaucador, ra; zalamero, ra.

enjolivement *m* adorno, embellecimiento.

enjoliver [3] *v tr* adornar, hermosear (rendre plus joli) ‖ FIG adornar, engalanar; enjoliver un récit adornar una narración.

enjoliveur, euse *adj & s* adornista.
➤ **enjoliveur** *m* adorno, ornato ‖ AUTOM tapacubos (de roue), embellecedor (en général).

enjolivure *f* adorno *m* [de poco valor].

enjoué, e [ãʒwe] *adj* festivo, va; jovial, alegre.

enjouement [ãʒumã] *m* jovialidad *f*, alegría *f*.

enjuguer [3] *v tr* uncir (des bœufs).

enkysté, e *adj* MÉD enquistado, da.

enkystement *m* MÉD enquistamiento.

enkyster [3]
➤ **s'enkyster** *v pr* enquistarse (une tumeur).

enlacement *m* enlazamiento (action) ‖ enlace (liaison) ‖ abrazo (étreinte).

enlacer [16] *v tr* enlazar, hacer un lazo (cordons, lacets, etc.), atar (attacher) ‖ abrazar (embrasser), estrechar (étreindre); enlacer dans ses bras estrechar entre los brazos ‖ coger por el talle (danse).

enlaçure; enlassure *f* TECHN ensambladura.

enlaidir [32] *v tr* afear, desfigurar; le peintre a enlaidi son modèle el pintor ha desfigurado su modelo.
◇ *v intr* afearse, ponerse feo.
| OBSERV Afear a également en espagnol le sens très usité de reprocher: afear a uno su conducta reprocher à quelqu'un sa conduite.

enlaidissement *m* afeamiento, fealdad *f*.

enlassure ➤ **enlaçure**.

enlevage *m* decoloración *f* (sur tissu teint).

enlevé, e *adj* FIG acertado, da; ejecutado, da con soltura (œuvre d'art) ‖ despachado, da; concluido, da rápidamente (fini rapidement) ‖ style enlevé estilo ágil.

enlèvement *m* levantamiento (action de soulever) ‖ recogida *f* (ramassage); l'enlèvement des ordures ménagères la recogida de la basura ‖ eliminación *f*, supresión *f* ‖ retirada *f*, acción *f* de quitar; enlèvement de la neige retirada de la nieve ‖ rapto; l'enlèvement des Sabines el rapto de las Sabinas ‖ MIL toma *f* (prise).

enlever [19] *v tr* [▷ SYN] quitar; enlever le couvert quitar la mesa ‖ quitar, limpiar; enlever une tache quitar una mancha ‖ recoger, retirar, sacar; enlever le fumier sacar el estiércol ‖ quitar, sacar (extraire) ‖ quitarse; enlever sa veste quitarse la chaqueta ‖ raptar; enlever un enfant raptar un niño ‖ arran-

car (arracher) ‖ levantar (soulever) ‖ FIG llevarse, ganar; enlever tous les suffrages llevarse todos los sufragios ‖ ganar; enlever un match de football ganar un partido de fútbol ‖ entusiasmar, arrebatar; enlever son auditoire entusiasmar al auditorio ‖ llevarse; enlever une affaire llevarse un negocio ‖ llevarse, causar la muerte de; la peste enleva mille personnes la peste causó la muerte de mil personas ‖ despachar; enlever la besogne despachar la tarea ‖ vender rápidamente, quitar de las manos (vendre rapidement) ‖ bordar, ejecutar brillantemente; enlever un morceau de musique ejecutar brillantemente una pieza musical ‖ MIL tomar, conquistar (une place) ‖ s'enlever comme des petits pains venderse como rosquillas, como pan caliente.
| SYN arracher arrancar; ravir arrebatar; raffler arramblar; kidnapper secuestrar.

enlevure *f* relieve *m* (en sculpture) ‖ TECHN retal *m* (peaux).

enliasser [3] *v tr* hacer fajos de (de billets).

enlier [9] *v tr* CONSTR ajustar [los sillares].

enlisement [ãlizmã] *m* hundimiento en la arena ou en el fango, atasco, encenagamiento ‖ FIG estancamiento, atasco; enlisement des négociations estancamiento de las negociaciones.

enliser [3] [ãlize] *v tr* hundir, atascar.
➤ **s'enliser** *v pr* hundirse (s'enfoncer) ‖ atascarse, encenagarse (un véhicule) ‖ FIG llegar a un punto muerto, prolongarse inútilmente, estancarse (des négociations) ‖ enredarse, enmarañarse, liarse (s'emmêler).

enluminer [3] *v tr* iluminar (un livre) ‖ colorear (colorier) ‖ FIG & FAM sonrosar, colorear (le teint) ‖ adornar, engalanar (le style).

enlumineur, euse *m & f* iluminador, ra.

enluminure *f* iluminación (art) ‖ estampa, grabado *m* iluminado (estampe) ‖ sonrosado *m*, coloración (du teint) ‖ FIG relumbrón *m*, falso brillo *m*, galanura amanerada (du style).

ENM (abr de École nationale de la magistrature) *f* escuela nacional francesa de la magistratura.

ennéade *f* conjunto *m* de nueve cosas semejantes.
➤ **Ennéades** *pl* enéadas (de Plotin).

ennéagonal, e *adj* eneagonal.

ennéagone *adj & s m* GÉOM eneágono, na.

enneigé, e [ãnɛʒe] *adj* nevado, da; cubierto, ta de nieve.

enneigement [ãnɛʒmã] *m* estado y espesor de la nieve en un lugar ‖ bulletin d'enneigement estado de la nieve.

enneiger [23] [ãnɛʒe] *v tr* nevar, cubrir de nieve.

ennemi, e [ɛnmi] *adj & s* enemigo, ga; être ennemi de ser enemigo de; passer à l'ennemi pasarse al enemigo ‖ c'est autant de pris sur l'ennemi que me quiten lo bailado.
| SYN adversaire adversario; antagoniste antagonista; rival rival.

ennoblir [32] [ãnɔblir] *v tr* ennoblecer.

ennoblissement [ãnɔblismã] *m* ennoblecimiento.

ennuager [17] [ãnɥaʒe]
➤ **s'ennuager** *v pr* nublarse.

ennui [ãnɥi] *m* aburrimiento, fastidio, tedio (lassitude morale) ‖ molestia *f*; causer des ennuis causar molestias ‖ dificultad *f*, problema (difficulté) ‖ lo molesto; l'ennui c'est qu'il ne puisse pas venir lo molesto es que no pueda venir ■ avoir des ennuis tener problemas ou dificultades ‖ s'attirer des ennuis buscarse problemas.
➤ **ennuis** *m pl* penas *f* dificultades *f*; des ennuis mécaniques dificultades mecánicas ‖ achaques; ennuis de santé achaques de salud.

ennuyé, e *adj* en un aprieto.

ennuyer [14] [ãnɥije] *v tr* molestar, fastidiar (importuner, contrarier); si cela ne vous ennuie pas si no le molesta ‖ aburrir; ennuyer par un long discours aburrir con un largo discurso.
➤ **s'ennuyer** *v pr* aburrirse ‖ echar de menos; s'ennuyer de quelqu'un echar de menos a alguien ‖ s'ennuyer à mourir ou à mort ou comme un rat mort aburrirse como una ostra ou como un loco.
| SYN fatiguer molestar; lasser cansar; endormir aburrir; importuner importunar; embêter fastidiar; FAM assommer reventar; empoisonner, faire suer jorobar, atosigar; tanner moler; FAM seriner porfiar; FAM raser dar la lata, marear; FAM enquiquiner chinchar.

ennuyeux, euse *adj* fastidioso, sa; molesto, ta (contrariant, gênant) ‖ aburrido, da; homme ennuyeux un hombre aburrido.

énoncé *m* enunciado.

énoncer [16] *v tr* enunciar.
| SYN dire decir; exprimer expresar; émettre emitir; formuler formular; stipuler estipular; exposer exponer; déduire deducir.

énonciatif, ive *adj* enunciativo, va.

énonciation *f* enunciación.

énophtalmie *f* MÉD enoftalmia.

enorgueillir [32] [ãnɔrgœjir] *v tr* enorgullecer.
➤ **s'enorgueillir** *v pr* enorgullecerse, vanagloriarse; s'enorgueillir de son talent vanagloriarse de ou con su talento.

énorme *adj* enorme ‖ FIG inaudito, ta; tremendo, da; sorprendente.

énormément *adv* enormemente ■ énormément de gens muchísima ou gran cantidad de gente ‖ énormément de neige muchísima ou gran cantidad de nieve.

énormité *f* enormidad ‖ FIG burrada, disparate *m*, barbaridad; dire une énormité soltar una burrada.

énouer [3] *v tr* desmotar, descadillar (les étoffes, la laine).

enquérir [39]
➤ **s'enquérir** *v pr* inquirir, indagar, enterarse (s'informer) ■ s'enquérir auprès de preguntar a ‖ s'enquérir de preguntar por; s'enquérir de la santé de quelqu'un preguntar por la salud de uno; averiguar; s'enquérir de la vérité averiguar la verdad.
| SYN s'informer informarse; se renseigner averiguar.

enquerre
➤ **à enquerre** *loc adj* (vx) inquirir, indagar ‖ BLAS armes à enquerre armas falsas.

enquête *f* información [judicial] ‖ averiguación (privée) ‖ encuesta (dans un journal) ‖ investigación, pesquisa (policière) ‖ investigación, indagación (recherche) ▌ DR sumario *m* (dans les affaires criminelles) ▪ enquête administrative expediente administrativo ▌ enquête d'utilité publique encuesta de utilidad pública ▌ enquête par sondage encuesta por sondeo ▌ enquête publique encuesta pública.

enquêter [4] *v intr* inquirir, investigar, hacer una información ▌ hacer una encuesta (dans un journal).
➤ **s'enquêter** *v pr* (vx) informarse, averiguar.

enquêteur, euse ou **trice** *adj & s* DR investigador, ra; pesquisidor, ra ▌ juge enquêteur juez instructor.
◇ *f* entrevistadora, encuestadora (sondages).

enquiquinant, e [ɑ̃kikinɑ̃, ɑ̃t] *adj* FAM chinchoso, sa; pesado, da.

enquiquinement *m* FAM pesadez *f*, lata *f*.

enquiquiner [3] [ɑ̃kikine] *v tr* FAM chinchar, jeringar, fastidiar, dar la lata, hacer la santísima Pascua (ennuyer).

enquiquineur, euse *adj & s* FAM latoso, sa; pesado, da; chinche.

enracinement *m* arraigamiento, arraigo.

enraciner [3] *v tr* arraigar, enraizar (p us), arraigar, enraizar (plantes) ▌ FIG arraigar.
➤ **s'enraciner** *v pr* echar raíces.

enragé, e *adj* rabioso, sa; furioso, sa (irrité) ▌ rabioso, sa (atteint de la rage) ▌ FIG empedernido, da; joueur enragé jugador empedernido ▌ fanático, ca ▌ implacable; violento, ta (excessif) ▌ FAM manger de la vache enragée pasar las de Caín.

enrageant, e *adj* FAM irritante, exasperante.

enrager [17] *v intr* FIG rabiar, dar rabia; il enrage d'attendre le da rabia esperar ▌ faire enrager hacer rabiar.
◇ *v tr* dar rabia.

enraiement; enrayement [ɑ̃rɛjmɑ̃] *m* enrayamiento (d'une roue) ▌ MÉCAN parada *f*, entorpecimiento (d'un mécanisme).

enrayage [ɑ̃rɛjaʒ] *m* encasquillamiento (d'une arme).

enrayement ► enraiement.

enrayer [11] [ɑ̃rɛje] *v tr* enrayar (garnir une roue de ses rayons) ▌ frenar, calzar, engalgar (freiner une roue) ▌ [▷ SYN] FIG detener, cortar, atajar; enrayer une maladie cortar una enfermedad ▌ AGRIC labrar la besana en (tracer le premier sillon).
➤ **s'enrayer** *v pr* dejar de funcionar, descomponerse (mécanisme) ▌ encasquillarse (arme à feu).
▌ SYN étouffer ahogar; endiguer atajar; neutraliser neutralizar; réprimer reprimir; refréner refrenar; juguler vencer.

enrayoir [ɑ̃rɛjwar] *m* galga *f* (pour freiner une roue).

enrayure [ɑ̃rɛjyr] *f* AGRIC besana, surco *m* de cabecera (premier sillon) ▌ ARCHIT enrayado *m*.

enrégimenter [3] *v tr* incorporar a un regimiento, regimentar (incorporer dans un régiment) ▌ FIG agrupar en, incorporar a, alistar en (enrôler).

enregistrable *adj* registrable.

enregistrement *m* registro ▌ registro de la propiedad (bureau) ▌ inscripción *f* (inscription) ▌ registro, trazado gráfico ▌ grabación *f*, grabado (sur disque, bande magnétique, etc.) ▌ facturación *f* (de bagages) ▌ asiento (dans un livre de commerce) ▌ DR empadronamiento (recensement) ▌ INFORM grabación *f*, registro ▌ FIG anotación *f* (consignation par écrit) ▌ retención *f* (dans la mémoire) ▌ MAR matrícula.

enregistrer [3] *v tr* registrar (porter sur un registre) ▌ inscribir (inscrire) ▌ anotar, tomar nota (consigner par écrit) ▌ facturar (des bagages) ▌ asentar (livre de commerce) ▌ grabar, impresionar (disques, films sonores, etc.) ▌ apreciar; on a enregistré un excédent se ha apreciado un excedente ▌ acusar, experimentar; les exportations enregistrent une progression satisfaisante las exportaciones acusan una progresión satisfactoria ▌ DR empadronar (recenser) ▌ FIG grabar, retener; enregistrer dans sa mémoire grabar en la memoria ▌ MAR matricular ▌ FAM j'enregistre no lo olvidaré.

enregistreur, euse *adj* registrador, ra.
➤ **enregistreur** *m* registrador ▌ AVIAT enregistreur de vol registrador de vuelo.

enrêner [3] *v tr* tirar de las riendas, llevar a media rienda.

enrhumé, e *adj* resfriado, da.

enrhumer [3] *v tr* resfriar, acatarrar, constipar.
▌ OBSERV Constiper en francés tiene exclusivamente el sentido de estreñir.

enrichi, e *adj* enriquecido, da; combustible enrichi combustible enriquecido ▌ NUCL uranium enrichi uranio enriquecido.
◇ *m & f* ricacho, cha; ricachón, ona.

enrichir [32] *v tr* enriquecer.

enrichissant, e *adj* instructivo, va.

enrichissement *m* enriquecimiento ▌ enrichissement de l'uranium enriquecimiento del uranio.

enrobage; enrobement *m* envoltura *f* (enveloppe), revestimiento ▌ CULIN rebozo, rebozado (viande, friture) ▌ baño (de chocolat) ▌ AGRIC enrobage des semences semillas en píldoras.

enrobé, e *adj* FAM rellenito, ta (grassouillet).
➤ **enrobé** *m* revestimiento (travaux publics).

enrobement ► enrobage.

enrober [3] *v tr* envolver, cubrir con una capa de (médicaments, etc.) ▌ CULIN rebozar (viande, friture, etc.), bañar (d'une sauce, de chocolat, etc.).

enrochement *m* TECHN fondo de roca ▌ cimientos *pl* (blocs de béton).

enrocher [3] *v tr* TECHN echar cimientos de roca a.

enrôlé, e *adj* alistado, da; reclutado, da.
◇ *m & f* recluta *m*; alistado, da.

enrôlement *m* alistamiento, reclutamiento [(*Amér*) enrolamiento] ▌ certificado de alistamiento ▌ FIG alistamiento, afiliación *f*.

enrôler [3] *v tr* alistar, reclutar, enrolar (recruter) ▌ FIG alistar, afiliar (dans un parti).
➤ **s'enrôler** *v pr* alistarse, enrolarse, sentar plaza (un soldat) ▌ FIG alistarse, afiliarse.

enrôleur *m* (p us) MIL reclutador, alistador.

enroué, e *adj* ronco, a.

enrouement [ɑ̃rumɑ̃] *m* enronquecimiento, ronquera *f*.

enrouer [6] *v tr* enronquecer.
➤ **s'enrouer** *v pr* ponerse ronco, enronquecerse.

enroulement *m* arrollamiento, enrollamiento ▌ enroscamiento ▌ devanado (d'une bobine) ▌ ARCHIT roleo, voluta *f*.

enrouler [3] *v tr* enrollar (mettre en rouleau) ▌ arrollar, enroscar (rouler) ▌ envolver (envelopper).

enrouleur, euse *adj* enrollador, ra.

enrubanner [3] *v tr* adornar con cintas, poner cintas.

ENS (abr de École normale supérieure) *f* institución de enseñanza superior francesa especializada en humanidades.

ensablement *m* enarenamiento ▌ MAR encallamiento, encalladura *f* (d'un bateau).

ensabler [3] *v tr* enarenar (couvrir de sable) ▌ MAR encallar, varar en la arena (bateau).

ensachement; ensachage *m* ensacado.

ensacher [3] *v tr & intr* ensacar (mettre en sac), entalegar (argent).

ensacheuse *f* ensacadora.

ENSAD; Ensad (abr de École nationale supérieure des arts décoratifs) *f* centro de enseñanza pública francés dependiente del Ministerio de Cultura y que forma a futuros creadores.

ensaisinement *m* HIST enfeudación *f*, enfeudamiento.

ensaisiner [3] *v tr* HIST enfeudar.

ENSAM; Ensam (abr de École nationale supérieure d'arts et métiers) *f* centro de enseñanza pública francés que forma a ingenieros.

ensanglanté, e *adj* ensangrentado, da.

ensanglanter [3] *v tr* ensangrentar.

enseignant, e *adj* docente, enseñante; enseñador, ra ▌ le corps enseignant, les enseignants el cuerpo docente, el profesorado, el magisterio.
◇ *m & f* profesor, ra ▌ enseignant, e du supérieur profesor, ra de enseñanza superior.

enseigne *f* letrero *m*, rótulo *m*, muestra; enseigne lumineuse letrero ou rótulo luminoso ▌ insignia (étendard romain) ▌ bandera, estandarte *m* (drapeau); marcher enseignes déployées ir con las banderas desplegadas ▌ FIG seña, distintivo *m*, señal; la sincérité est l'enseigne de l'honnêteté la sinceridad es señal de honradez ▪ à bon vin, point d'enseigne el buen paño en el arca se vende ▌ à telle enseigne ou à telles enseignes que... la prueba es que..., de modo que... ▌ FAM être logé à la même enseigne estar en el mismo caso, remar en la misma galera.
◇ *m* (ancien) MIL abanderado (porte-drapeau) ▌ MAR enseigne de vaisseau alférez de navío.

enseignement *m* [▷ SYN] enseñanza *f* ▌ lección *f*; les enseignements de la vie las lecciones de la vida ▪ enseignement ménager enseñanza de las labores del hogar ▌ enseignement pré-élémentaire enseñanza preescolar ▌ enseignement primaire enseñanza primaria, primera enseñanza ▌ enseignement secondaire enseñanza media, segunda enseñanza ▌ enseignement technique enseñanza laboral ▪ être dans l'enseignement pertene-

cer al cuerpo docente ‖ une expérience pleine d'enseignements una experiencia aleccionadora.
‖ **SYN** doctrine doctrina; système sistema; discipline disciplina.

enseigner [4] *v tr* enseñar ‖ dar clases de, enseñar (donner des cours).

ensellé, e *adj* ensillado, da (cheval).

ensellure *f* ensilladura (défaut du cheval).

ensemble *m* conjunto; un ensemble décoratif un conjunto decorativo ‖ conjunto (vêtement) ‖ unidad *f*, conjunción *f* (unité) ■ avec un ensemble parfait muy conjuntado ‖ dans l'ensemble en conjunto, en términos generales ‖ dans son ensemble en conjunto ‖ d'ensemble general, de conjunto ■ ensemble musical conjunto musical ‖ ensemble vocal conjunto vocal ‖ grand ensemble gran conjunto ou grupo de viviendas, urbanización, conjunto urbanístico ‖ vue d'ensemble vista general, vista panorámica ■ pour l'ensemble du pays para todo el país.

ensemble *adv* juntos, tas *adj pl*; vivre ensemble vivir juntos ‖ al mismo tiempo, a una vez, simultáneamente; tomber ensemble caer al mismo tiempo ■ tous ensemble todos juntos, todos reunidos ‖ tout ensemble al mismo tiempo, a la vez (en même temps), todo junto (en masse); acheter tout ensemble comprarlo todo junto ■ aller ensemble ir bien ou pegar ou quedar bien juntos (s'harmoniser) ‖ bien aller ensemble ser tal para cual (deux vauriens, etc.).

ensemblier *m* decorador.

ensemencement [ɑ̃səmɑ̃smɑ̃] *m* siembra *f*, sementera *f*, sembradura *f*.

ensemencer [16] *v tr* sembrar.

enserrer [4] *v tr* apretar, estrechar (serrer étroitement) ‖ encerrar, contener (renfermer) ‖ ceñir, rodear, circundar (entourer) ‖ poner en un invernadero ou en una estufa (des plantes).

ENSET; Enset (abr de École nationale supérieure de l'enseignement technique) *f* centro de enseñanza pública francés que forma a los futuros profesores de asignaturas técnicas y científicas.

ensevelir [32] [ɑ̃səvlir] *v tr* amortajar (dans un linceul) ‖ sepultar, enterrar (enterrer) ‖ **FIG** sepultar; Pompéi fut ensevelie sous la cendre Pompeya fue sepultada por la ceniza ‖ ocultar, sepultar (cacher).
◆ **s'ensevelir** *v pr* sepultarse ‖ **FIG** sepultarse, enterrarse ‖ **FIG** s'ensevelir dans la retraite retirarse del mundo.

ensevelissement [ɑ̃səvlismɑ̃] *m* amortajamiento (dans un linceul) ‖ sepultura *f*, entierro (enterrement).

ensiforme *adj* ensiforme (en forme d'épée).

ensilage *m* **AGRIC** ensilaje, ensilado.

ensiler [3] *v tr* **AGRIC** ensilar.

ensileuse *f* ensiladora.

ensimage *m* **TECHN** ensimaje.

ensoleillé, e *adj* soleado, da.

ensoleillement [ɑ̃sɔlɛjmɑ̃] *m* sol, insolación ‖ durée d'ensoleillement tiempo de insolación ‖ jours d'ensoleillement días de sol.

ensoleiller [4] [ɑ̃sɔlɛje] *v tr* solear, llenar de sol (baigner de soleil) ‖ **FIG** iluminar, alegrar; ce

souvenir ensoleille ma vie este recuerdo ilumina mi vida ‖ ce balcon est toujours ensoleillé en este balcón siempre da el sol.

ensommeillé, e [ɑ̃sɔmeje] *adj* adormilado, da; adormecido, da; soñoliento, ta.

ensorcelant, e [ɑ̃sɔrsəlɑ̃, ɑ̃t] *adj* hechicero, ra; embelesador, ra.

ensorceler [24] [ɑ̃sɔrsəle] *v tr* hechizar, embelesar, embrujar.

ensorceleur, euse [ɑ̃sɔrsəlœr, øz] *adj & s* hechicero, ra; embelesador, ra; embrujador, ra.

ensorcellement [ɑ̃sɔrsɛlmɑ̃] *m* hechizo, embrujo, embrujamiento.

ensoufrer [3] *v tr* azufrar (soufrer).

ensouple *m* enjulio, enjullo (textile).

ensuite *adv* a continuación, luego, después.

ensuivre [89]
◆ **s'ensuivre** *v pr* seguirse, resultar ■ d'où il s'ensuit que de lo que resulta que ‖ et tout ce qui s'ensuit y toda la pesca ‖ il s'ensuit que resulta que.
‖ **OBSERV** S'ensuivre se emplea únicamente en infinitivo y en la tercera persona de los otros tiempos. S'ensuivre que va seguido del indicativo si la frase es afirmativa: il s'ensuit que vous avez raison resulta que tiene usted razón; y del subjuntivo si la frase es negativa o interrogativa: il ne s'ensuit pas que vous ayez raison no resulta que tenga usted razón; s'ensuit-il que vous ayez raison? ¿resulta que usted tiene razón?

entablement *m* **ARCHIT** entablamento, cornisamento.

entablure *f* punto *m* de unión, empalme *m* (de deux pièces de bois) ‖ clavillo *m*, eje *m* (d'une paire de ciseaux).

entacher [3] *v tr* mancillar, manchar; entacher l'honneur mancillar el honor ‖ **DR** tachar; acte entaché de nullité acto tachado de nulidad.

entaillage [ɑ̃tajaʒ] *m* corte.

entaille [ɑ̃taj] *f* cortadura, corte *m* (coupure, blessure); se faire une entaille hacerse un corte ‖ **CONSTR** entalla, entalladura ‖ **TECHN** [▷ **SYN**] corte *m*, cortadura ‖ muesca (encoche).
‖ **SYN** entaillure entalladura, cortadura; encoche, mortaise muesca; cran cran (typographie); rainure ranura.

entailler [3] [ɑ̃taje] *v tr* cortar.
◆ **s'entailler** *v pr* cortarse; s'entailler le doigt cortarse el dedo.

entame *f* extremo *m*, primer pedazo, primera tajada (d'un rôti, etc.), pico *m* (pain), encentadura.

entamer [3] *v tr* empezar, comenzar, decentar, encentar (une denrée alimentaire) ‖ mermar, empezar a gastar (une somme d'argent) ‖ hacer mella en (fortune, prestige...) ‖ cortar, herir ligeramente (faire une légère incision) ‖ emprender, iniciar (entreprendre) ‖ **FIG** empezar, iniciar, entablar; entamer une conversation entablar una conversación ‖ atacar (réfuter) ‖ mermar; entamer la réputation mermar la reputación ‖ **MIL** conquistar parte de ‖ **DR** entamer des poursuites entablar un proceso.

entartrage *m* incrustación *f*.

entartrer [3] *v tr* cubrir de sarro (couvrir de tartre) ‖ **TECHN** depositar incrustaciones en, mineralizar, depositar sarro (chaudière, etc.).

entassement *m* amontonamiento, apilamiento.

entasser [3] *v tr* [▷ **SYN**] amontonar, apilar ‖ apiñar, abarrotar, amontonar (des gens) ‖ multiplicar, amontonar (multiplier); entasser les citations multiplicar las citas ‖ **FIG** acumular.
‖ **SYN** amasser acopiar, hacer acopio; amonceler hacinar; accumuler acumular; empiler apilar.

ente *f* injerto *m* (greffe) ‖ árbol *m* injertado ‖ asta, mango *m* (d'un pinceau).

enté, e *adj* **BLAS** entado, da.

entéléchie [ɑ̃teleʃi] *f* **PHILOS** entelequia.

entendement *m* entendimiento, juicio.

entendeur *m* entendedor ‖ **FAM** à bon entendeur, salut al buen entendedor, pocas palabras bastan.

entendre [73] *v tr* oír; entendre un bruit oír un ruido ‖ oír, escuchar (écouter) ‖ entender (connaître); ne rien entendre à no entender nada de ‖ comprender; entendez-moi bien compréndame bien ‖ pensar, proponerse, estar resuelto a (avoir l'intention de) ‖ exigir, querer, desear; il entend qu'on lui obéisse exige que le obedezcan ‖ querer, tener intención de; j'entends partir en vacances tengo intención de irme de vacaciones ‖ esperar; j'entends changer de situation espero cambiar de situación ‖ querer, decir, significar; que faut-il entendre par cette expression? ¿qué quiere decir esa expresión? ‖ entender, interpretar; il y a plusieurs manières d'entendre ce discours hay varias maneras de interpretar ese discurso ‖ conocer, entender de, ser perito en; entendre son métier conocer su oficio ‖ parecer, placer; faites comme vous l'entendrez haga como le parezca ■ entendre à demi-mot entender a medias palabras ‖ entendre de travers oír mal, oír al revés ‖ entendre en confession confesar ‖ entendre la messe oír misa ‖ entendre la plaisanterie aguantar las bromas, tener correa ‖ entendre malices oír mal sentido a ‖ entendre raison entrar en razones, atenerse ou avenirse a razones, admitir ou aceptar razones ■ à l'entendre al oírle hablar así, si se fía uno de él, si se le cree ‖ donner à entendre ou dar a entender que ‖ faire entendre dejar oír (faire qu'on entende), decir (dire), cantar (chanter), tocar (jouer un air de musique) ‖ il n'est pire sourd que celui qui ne veut pas entendre no hay peor sordo que el que no quiere oír ‖ je vous entends très mal le oigo muy mal ‖ laisser entendre dar a entender ‖ n'entendre ni rime ni raison, ne pas vouloir entendre raison no atenerse ou no avenirse a razones ‖ n'entendre rien à rien, ne rien entendre à no saber ni jota, no entender ni pizca ou lo más mínimo de ‖ ne pas entendre de cette oreille-là no entender la cosa así, no estar de acuerdo con eso.
◇ *v intr* oír ‖ entender, comprender.
◆ **s'entendre** *v pr* [▷ **SYN**] entenderse, comprenderse (se comprendre) ‖ entenderse, ponerse de acuerdo (se mettre d'accord); entendons-nous entendámonos ‖ cela s'entend por supuesto ‖ je m'entends yo me entiendo, ya sé lo que digo ‖ se faire enten-

dre oírse; **une voix se fit entendre** se oyó una voz; **hacerse escuchar**; **je saurai bien me faire entendre** sabré hacerme escuchar ‖ **s'entend** por supuesto ‖ **s'entendre bien, mal** llevarse bien, mal ‖ **s'entendre comme larrons en foire** hacer buenas migas, estar a partir un piñón ‖**s'entendre en** ser un entendido ou un enterado en ‖ **s'y entendre** entender de, ser entendido en.

‖ SYN **s'accorder** concordar; **se concerter** concertarse; **sympathiser** simpatizar; **fraterniser** fraternizar.

entendu, e *adj* oído, da ‖ entendido, da; perito, ta; **entendu en musique** entendido en música ‖ entendido, da; comprendido, da; **orgueil mal entendu** orgullo mal comprendido ‖ decidido, da; convenido, da; concluido, da; **affaire entendue** asunto concluido ■ **entendu!** ¡de acuerdo!, ¡conforme! ■ **bien entendu, comme de bien entendu** por supuesto, desde luego, claro está ‖ **c'est entendu** de acuerdo ‖ **étant entendu que** quedando claro ou convenido que ‖ DR **la cause est entendue** la causa está vista ‖**prendre un air entendu** hacer como quien lo entiende todo ‖ **qu'il soit entendu que** que conste que.

◇ *m & f* PÉJ (vieilli) **faire l'entendu** dárselas de enterado.

‖ OBSERV Utilizado al principio de una frase y sin auxiliar **entendu** es invariable. Nótese la concordancia: **la femme que j'ai entendue chanter** (j'ai entendu la femme chantant); **la chanson que j'ai entendu chanter** (j'ai entendu chanter la chanson).

enténébrer [18] *v tr* entenebrecer.

entente *f* armonía, buena inteligencia, entendimiento, comprensión; **en bonne entente** en buena armonía ‖ acuerdo *m*, convenio *m*, alianza; **la Triple Entente** la Triple Alianza ‖ entendimiento *m*, conocimiento *m* (connaissance) ‖ sentido *m* (signification); **à double entente** con doble sentido ‖**l'Entente cordiale** la Entente Cordial.

enter [3] *v tr* AGRIC (vx) injertar (greffer) ‖TECHN empalmar, ensamblar.

entéralgie *m* MÉD enteralgia.

entérinement *m* DR ratificación *f*.

entériner [3] *v tr* ratificar, confirmar (ratifier) ‖ FIG aprobar, admitir, dar carácter definitivo.

entérique *adj* entérico, ca (intestinal).

entérite *f* MÉD enteritis.

entérocolite *f* MÉD enterocolitis.

entérocoque *m* enterococo.

entérovaccin *m* MÉD enterovacuna *f*.

enterrage *m* revestimiento de tierra.

enterrement *m* [▷ SYN] entierro; **enterrement de troisième classe** entierro de tercera ‖ FIG fin, entierro (renonciation) ■ **gai comme un enterrement** más triste que un entierro ■ **faire une tête d'enterrement** tener cara de alma en pena ou de duelo.

‖ SYN **convoi** comitiva; **funérailles** funeral; **obsèques** exequias.

enterrer [4] *v tr* [▷ SYN] enterrar ‖ ir al entierro de; **enterrer un ami** ir al entierro de un amigo ‖ FIG echar tierra sobre; **enterrer une affaire gênante** echar tierra sobre un asunto molesto‖despedirse de; **enterrer tous ses espoirs** despedirse de todas sus esperan-

zas; **enterrer sa vie de garçon** despedirse de la vida de soltero ‖**être mort et enterré** estar más que muerto.

◆ **s'enterrer** *v pr* FIG enterrarse (s'isoler).

‖ SYN **inhumer** inhumar; **ensevelir** sepultar; **enfouir** enterrar.

entêtant, e *adj* mareante, que se sube a la cabeza.

en-tête *m* membrete (du papier à lettres); **papier à en-tête** papel con membrete ‖encabezamiento (formule en tête d'une lettre).

entêté, e *adj* terco, ca; testarudo, da; cabezón, ona; **caractère entêté** carácter terco.

entêtement *m* terquedad *f*, testarudez *f*, cabezonería *f*(obstination).

entêter [4] *v tr* subir a la cabeza, encalabrinar, marear (par des odeurs, des émanations, etc.).

◆ **s'entêter** *v pr* empeñarse en, obstinarse en; **s'entêter à écrire** empeñarse en escribir.

enthousiasmant, e *adj* que entusiasma, estupendo, da.

enthousiasme *m* entusiasmo.

‖ SYN **admiration** admiración; **lyrisme** lirismo; **engouement** capricho; **exaltation** exaltación; FAM **emballement** arrebato.

◆ **s'enthousiasmer** [3] *v tr* entusiasmar.

◆ **s'enthousiasmer** *v pr* entusiasmarse; **s'enthousiasmer pour** entusiasmarse con.

enthousiaste *adj* [▷ SYN] entusiasta; **homme enthousiaste** hombre entusiasta ‖ entusiástico, ca; **exclamation enthousiaste** exclamación entusiástica.

◇ *m & f* entusiasta.

‖ SYN **fervent** ferviente, fervoroso; **passionné** apasionado; **zélé** celoso.

entiché, e *adj* encaprichado, da con (épris de) ‖ aferrado a; empeñado en (attaché à) ‖**être entiché de soi-même** estar imbuido de sí mismo.

entichement *m* encaprichamiento por, capricho por, afición *f* a.

enticher [3] *v tr* encaprichar por ou con, aficionar a (engouer).

◆ **s'enticher** *v pr* encapricharse; **s'enticher de quelqu'un** encapricharse con uno ‖ aferrarse; **s'enticher d'une idée** aferrarse a una idea.

entier, ère *adj* [▷ SYN] entero, ra ‖ completo, ta; **jouir d'une entière liberté** gozar de una libertad completa ■ **lait entier** leche completa ou entera ‖ MATH **nombre entier** número entero ■ **en entier** por entero, por completo, completamente ‖ **tout entier** entero, por completo ■ **se donner tout entier à quelque chose** entregarse por entero a algo.

◆ **entier** *m* entero.

‖ SYN **intact** intacto; **complet** completo; **total** total; **intégral** integral, íntegro; **plénier** plenario.

entièrement *adv* totalmente.

entité *f* PHILOS entidad.

entoilage *m* montaje sobre tela ‖ tela *f* que sirve para reforzar ‖ revestimiento con una lona.

entoiler [3] *v tr* pegar en tela (un papier, une carte, etc.) ‖ cubrir de una lona, entoldar (bâcher)‖ reforzar con tela (un vêtement).

entoir *m* navaja *f* para injertar.

entôlage *m* ARG timo, estafa *f*.

entôler [3] *v tr* ARG timar, estafar.

entomologie *f* entomología.

entomologique *adj* entomológico, ca.

entomologiste *m* entomólogo.

entomophage *adj & s m* entomófago, ga.

entomophile *adj* entomófilo, la.

entomostracés *m pl* entomostráceos.

entonnage; **entonnement** *m*; **entonnaison** *f* entonelamiento *m*, embarrilamiento *m*.

entonner [3] *v tr* entonelar, embarrilar (mettre dans un tonneau) ‖ MUS entonar (chanter) ‖ POÉT cantar; **entonner les gloires de quelqu'un** cantar las glorias de uno.

entonnoir *m* embudo ‖hoyo, agujero (d'un obus) ‖ FAM (vieilli) tragaderas *f pl* (gosier) ‖**en entonnoir** en forma de embudo.

entorse *f* MÉD esguince *m*; **se faire une entorse à la cheville, au poignet** hacerse un esguince en el tobillo, en la muñeca ‖ FIG alteración, infracción (altération) ‖ FIG & FAM **donner** ou **faire une entorse à...** hacer una excepción, hacer trampas (règlement, loi, etc.).

entortillage [ãtɔrtijaʒ]; **entortillement** [ãtɔrtijmã] *m* enroscadura *f*, envolvimiento (enroulement) ‖ FIG enredo, lío ‖ confusión *f*, retorcimiento, oscuridad *f* (du style).

entortiller [3] *v tr* [ãtɔrtije] *v tr* liar, envolver (envelopper) ‖ enredar, enmarañar (fils, laine) ‖ FIG enredar, embrollar (embrouiller) ‖ FAM liar, enredar (séduire par des paroles).

◆ **s'entortiller** *v pr* enroscarse, arrollarse (s'enrouler) ‖FIG enredarse, embarazarse, embrollarse.

entour *m* (vx) **à l'entour** en los alrededores ‖(vx) **à l'entour de** alrededor de.

◆ **entours** *m pl* (vx) alrededores (environs).

entourage *m* cerco, lo que rodea (ce qui entoure) ‖ FIG [▷ SYN] allegados *pl*, familiares *pl*, íntimos *pl*, relaciones *f pl* ‖ **dans l'entourage du roi** en los círculos ou medios allegados al rey.

‖ SYN **cercle** círculo; **milieu** medio; **compagnie** compañía.

entouré, e *adj* rodeado, da (enclos) ‖ FIG acompañado, da.

entourer [3] *v tr* [▷ SYN] rodear, cercar; **entourer de murs** rodear de tapias ‖ envolver (envelopper) ‖ FIG prodigar, atender, colmar; **entourer de soins** prodigar cuidados ‖ **une femme très entourée** una mujer muy agasajada.

◆ **s'entourer** *v pr* rodearse; **s'entourer de précautions** rodearse de precauciones.

‖ SYN **environner** circundar; **envelopper** envolver; **ceindre, enceindre** ceñir; **enfermer** encerrar; **renfermer** encerrar; **clore, enclore** cercar; **enclaver** enclavar; **clôturer** cercar.

entourloupette; **entourloupe** *f* FAM mala pasada, mala jugada, jugarreta, fechoría (mauvais tour).

entournure *f* sisa, escotadura (d'une manche) ‖ FIG & FAM **être gêné dans les** ou **aux entournures** estar a disgusto, incómodo (mal à l'aise), estar apurado (argent).

entracte *m* entreacto (au théâtre) ‖descanso (au cinéma) ‖intermedio (intermède) ‖interrupción *f*.

entraide *f* ayuda mutua.

entraider [4]
➡ **s'entraider** *v pr* ayudarse mutuamente.

entrailles [ãtraj] *f pl* entrañas.

entr'aimer [4]
➡ **s'entr'aimer** *v pr* amarse, quererse mutuamente.

entrain *m* animación *f*, ánimo (gaieté) ‖ vivacidad *f* ‖ ánimo, entusiasmo, ardor (au travail) ■ chanter avec entrain cantar con brío ‖ être plein d'entrain, avoir beaucoup d'entrain estar muy animado ‖ faire quelque chose sans entrain hacer algo con desgana.

entraînable *adj* arrastrable ‖ FIG influenciable ‖ seducible (qui peut être séduit).

entraînant, e *adj* que anima; animado, da (musique, rythme) ‖ FIG arrebatador, ra; irresistible.

entraînement *m* arrastre, tracción *f* (action de traîner) ‖ acarreo (action d'entraîner) ‖ entrenamiento, preparación *f* (sport) ‖ FIG incitación *f*; c'est un entraînement constant que d'avoir des amis el tener amigos es una incitación perpetua ‖ entraînement des troupes instrucción de las tropas ‖ INFORM entraînement par ergots arrastre por patillas (imprimante) ‖ entraînement par friction arrastre por fricción ■ TECHN d'entraînement de arrastre (auto) ■ manquer d'entraînement estar desentrenado, da.

entraîner [4] *v tr* arrastrar, tirar de (traîner avec soi) ‖ FIG acarrear, ocasionar, producir, causar, traer, traer aparejado, generar (avoir pour résultat) ‖ arrebatar, entusiasmar (emporter) ‖ llevar a la fuerza, llevarse (emmener de force) ‖ FIG arrastrar, atraer (attirer); entraîner à la guerre arrastrar a la guerra ‖ llevarse; entraîner quelqu'un au cinéma llevarse a uno al cine ‖ poner en movimiento (mettre en action) ‖ adiestrar, acostumbrar (habituer) ‖ entrenar, adiestrar, preparar (sports) ‖ MIL instruir ‖ se laisser entraîner dejarse llevar.
➡ **s'entraîner** *v pr* entrenarse; s'entraîner à faire... entrenarse en hacer...; prepararse; s'entraîner à quelque chose prepararse a algo ‖ SPORTS entrenarse.

entraîneur, euse *m & f* SPORTS entrenador, ra; preparador, ra ‖ ÉQUIT picador, adiestrador de caballos ‖ MÉCAN arrastrador ‖ entraîneur d'hommes caudillo, jefe, cabecilla.

entraîneuse *f* tanguista, gancho *m* (de boîte de nuit).

entrait [ãtrɛ] *m* CONSTR tirante ‖ petit entrait entrecinta.

entrant, e *adj & s* entrante; les entrants et les sortants los entrantes y los salientes.

entr'apercevoir; entrapercevoir [52] *v tr* entrever, percibir indistintamente.

entrave *f* traba; mettre des entraves à un cheval poner trabas a un caballo ‖ FIG traba, estorbo *m*, cortapisa, obstáculo *m* (gêne); mettre des entraves poner trabas ou cortapisas.

entraver [3] *v tr* trabar (mettre des entraves) ‖ FIG poner trabas, estorbar, obstaculizar (mettre obstacle à) ‖ ARG comprender; n'entraver que dalle no comprender ni jota, quedarse in albis.

entre *prép* entre ■ entre autres entre otras cosas, entre otras personas ‖ entre les bras, les mains de en los brazos, en manos de ‖ entre les deux ni bien ni mal, regular; así, así ‖ entre-temps entretanto, mientras tanto ‖ entre tous entre todos (parmi tous), más que a todos (par excellence) ■ d'entre de; l'un d'entre vous uno de vosotros ■ ceci entre nous ou entre nous soit dit dicho sea entre nosotros ‖ ils se battent entre eux se pelean entre sí.

entrebâillement [ãtrəbajmɑ̃] *m* resquicio, abertura *f* (d'une porte).

entrebâiller [3] [ãtrəbaje] *v tr* entreabrir ‖ entornar (fermer à moitié).

entrebâilleur [ãtrəbajœr] *m* retenedor, cadena *f* de seguridad (porte).

entrebattre [83]
➡ **s'entrebattre** *v pr* pelearse, pelear.

entrechat [ãtrəʃa] *m* trenzado (danse); faire des entrechats hacer trenzados.

entrechoquer [3]
➡ **s'entrechoquer** *v pr* chocar uno con otro, entrechocarse.

entrecolonne; entrecolonnement *m* ARCHIT intercolumnio, entrepaño.

entrecôte *f* lomo *m*, entrecote *m* (gallicisme).

entrecoupé, e *adj* entrecoupé de entrecortado por.

entrecouper [3] *v tr* entrecortar ‖ entrecortar, interrumpir (interrompre); entrecouper un récit de... entrecortar un relato con...
➡ **s'entrecouper** *v pr* entrecruzarse (traits, lignes).

entrecroisement *m* entrecruzamiento, cruce.

entrecroiser [3] *v tr* entrecruzar, cruzar.

entrecuisse *m* entrepierna *f*, entrepiernas *f pl* (entre-deux des cuisses), cruz (du pantalon).

entre-déchirer [3]
➡ **s'entre-déchirer** *v pr* desgarrarse unos a otros, destrozarse mutuamente ‖ FIG despellejarse, desollarse (médire l'un de l'autre).

entre-détruire [98]
➡ **s'entre-détruire** *v pr* destruirse mutuamente.

entre-deux *m inv* hueco, separación *f*, intervalo (espace entre deux choses) ‖ entredós (de dentelle) ‖ entredós (meuble) ‖ saque entre dos (basket-ball), bote neutro (football).

entre-deux-guerres *m ou f inv* período *m* entre las dos guerras mundiales.

Entre-deux-Mers *n pr m* GÉOGR Entre-deux-Mers; l'Entre-deux-Mers la región de Entre-deux-Mers.

entre-dévorer [3]
➡ **s'entre-dévorer** *v pr* devorarse mutuamente.

entrée *f* entrada; porte d'entrée puerta de entrada ‖ entrada, vestíbulo *m*, zaguán *m*, antesala (vestibule) ‖ principio *m*, entrada; à l'entrée de l'hiver al principio del invierno ‖ entrada (billet de spectacle) ‖ llegada (arrivée) ‖ derecho *m* de aduanas (droit de douane) ‖ entrada, principio *m* (dans un repas) ‖ ingreso *m*; examen d'entrée dans une école examen de ingreso en una escuela ‖ COMM ingreso *m*, entrada; entrées et sorties gastos

e ingresos ‖ INFORM entrada, input ‖ entrée des données entrada de datos ‖ entrée vocale entrada vocal ‖ système d'entrée-sortie sistema de entrada-salida ‖ TECHN ojo *m* (de la serrure) ‖ THÉÂTR salida (d'un acteur) ■ entrée d'air entrada de aire ‖ entrée dans le monde puesta de largo, presentación en sociedad ‖ entrée de ballet intermedio de baile ‖ entrée des artistes salida de los artistas ‖ entrée de service entrada de servicio ‖ entrée en matière principio, comienzo ‖ entrée interdite paso prohibido ‖ plat d'entrée entrada, primer plato, principio ■ d'entrée de entrada, desde un principio ‖ par ordre d'entrée en scène por orden de aparición ■ avoir ses entrées tener acceso ou entrada ou puerta abierta ou libre ‖ faire son entrée dans le monde presentarse en sociedad.

entrefaites *f pl* sur ces entrefaites en esto, en aquel momento.

entrefenêtre *f* entreventana.

entrefer *m* entrehierro.

entrefilet [ãtrəfilɛ] *m* suelto, recuadro, entrefilete (de journal).

entregent [ãtrəʒɑ̃] *m* FAM mundo, mundología *f*, don de gentes; avoir de l'entregent tener don de gentes.

entr'égorger [17]
➡ **s'entr'égorger** *v pr* degollarse unos a otros.

entre-haïr [33] [ãtraair]
➡ **s'entre-haïr** *v pr* odiarse mutuamente.

entre-heurter [3] [ãtrœrte]
➡ **s'entre-heurter** *v pr* chocar uno con otro.

entrejambe *m* entrepierna *f*, entrepiernas *f pl* (partie de la culotte entre les jambes), cruz *f* (du pantalon).

entrelacement *m* entrelazamiento, entretejido, enlace.

entrelacer [16] *v tr* entrelazar, enlazar, entretejer.

entrelacs [ãtrəla] *m* ARCHIT almocárabe, lazo ‖ rasgo, trazo (faits à la plume).

entrelardé, e *adj* mechado, da; entreverado, da.

entrelarder [3] *v tr* mechar (larder la viande) ‖ FIG & FAM entreverar, salpicar; entrelarder un discours de citations salpicar un discurso de citas.

entremêlement *m* mezcla *f* (mélange) ‖ intercalación *f*.

entremêler [4] *v tr* entremezclar (mêler) ‖ FIG entrecortar; paroles entremêlées de sanglots palabras entrecortadas de ou por sollozos ‖ intercalar en.

entremets [ãtrəmɛ] *m* dulce de cocina (gâteau) ‖ MUS entremés.

> OBSERV L'espagnol entremés signifie à la fois hors d'œuvre (aliment) et intermède ou entremets (théâtral).

entremetteur, euse *m & f* mediador, ra; intermediario, ria (intermédiaire) ‖ FAM [▷ SYN] alcahuete, ta (dans une intrigue galante).

SYN proxénète proxeneta; TFAM maquerelle celestina; FAM (VX) procureuse tercera.

entremettre [84]
➡ **s'entremettre** *v pr* intervenir, mediar, terciar ‖ entremeterse (se mêler).

entremise f mediación, interposición, intervención | par l'entremise de por conducto de, por mediación de.

entre-nœud m BOT entrenudo, internodio. | OBSERV pl entre-nœuds.

entrepas [ātrəpa] m ÉQUIT entrepaso (amble).

entrepont m MAR entrepuente, entrecubierta f; dans l'entrepont en el entrepuente, en entrecubierta.

entreposage m almacenamiento, depósito, almacenaje.

entreposer [3] v tr almacenar (déposer dans un entrepôt) | depositar (mettre en dépôt).

entreposeur m almacenista, guardalmacén.

entrepositaire adj & s depositario, ria; almacenista.

entrepôt [ātrəpo] m almacén (magasin), depósito (dépôt); entrepôt frigorifique almacén frigorífico | tercera f (de tabacs) | MAR puerto franco, de depósito.

entreprenant, e adj emprendedor, ra | atrevido, da; être entreprenant auprès des femmes ser atrevido con las mujeres.

entreprendre [79] v tr emprender; entreprendre un voyage emprender un viaje | emprender; entreprendre la défense de quelqu'un emprender la defensa de alguien | proponerse, tener intención de; il a entrepris de me convaincre se ha propuesto convencerme | acometer, emprender; entreprendre une réforme acometer una reforma | entretener; entreprendre quelqu'un sur un sujet entretener a alguien sobre un tema | FAM emprenderla con, tomarla con (railler une personne) | asediar (harceler) | galantear (une femme) | entreprendre de comenzar a, intentar.

entrepreneur, euse m & f empresario, ria | maestro de obras, contratista; entrepreneur de travaux publics contratista de obras públicas | entrepreneur de pompes funèbres empresario de la funeraria.

entreprise f empresa (projet, exécution) | tentativa, intento m (tentative) | empresa; entreprise privée empresa privada | contrata; entreprise d'un pont contrata de un puente | acción, acto m, maniobra; c'est une entreprise contre la liberté es una acción contra la libertad | solicitación, maniobra de seducción (sur une femme) ■ chef d'entreprise empresario ■ entreprise artisanale empresa artesanal | entreprise individuelle empresa familiar ou individual | petite entreprise pequeña empresa.

entrer [3] v intr entrar (passer à l'intérieur) | entrar, ingresar; entrer à l'Université, à l'hôpital ingresar en la Universidad, en el hospital | ingresar; entrer à l'Académie de l'histoire ingresar en la Academia de la Historia | pasar, entrar; prenez la peine d'entrer tenga la bondad de pasar | entrar, caber; c'est de l'argent qui entre es dinero que ingresa | entrar, caber; entrer dans un étui entrar en un estuche | abrazar (dans une carrière) | entrar, formar parte (faire partie de) | estar de acuerdo; ceci entre dans mes idées esto está de acuerdo con mis ideas | tener parte; cette circonstance n'entre pour rien dans ma décision esta circunstancia no tiene ninguna parte en mi decisión | meterse; entrer dans une discussion meterse en una discusión; entrer dans des explications inutiles meterse en explicaciones inútiles | participar; entrer dans une conspiration participar en una conspiración | salir (théâtre); entrer en scène salir a escena ■ entrer à l'hôpital ingresar en el hospital | entrer au couvent ingresar en un convento | entrer comme dans du beurre entrar limpiamente | entrer dans l'armée ingresar en el ejército | entrer dans le monde presentarse en sociedad | entrer dans les détails pormenorizar, entrar en detalles | entrer dans les faits contribuir a ou participar en los gastos | entrer dans les ordres abrazar el estado religioso | INFORM entrer dans le système entrar en el sistema | entrer en colère montar en cólera, encolerizarse | entrer en collision chocar | entrer en correspondance ponerse en correspondencia | entrer en coup de vent entrar como un torbellino | entrer en ébullition alzar ou levantar el hervor | entrer en fureur ponerse furioso, enfurecerse | entrer en jeu intervenir | entrer en lice salir a la palestra, entrar en liza | entrer en matière entrar en materia | entrer en ménage casarse | entrer en pourparlers entrar en conversaciones, entablar conversaciones | entrer en scène salir en escena | entrez! ¡adelante!, ¡pase! ■ cela ne m'entre pas dans la tête esto no me cabe en la cabeza | faire entrer invitar a entrar, introducir | faire entrer quelque chose dans la tête meter en la cabeza | faites entrer dígale que pase | je n'entre pas là-dedans no me meto en eso, eso no me incumbe, no tengo nada que ver en el asunto | laisser entrer quelqu'un dejar entrar a alguien | ne faire qu'entrer et sortir pasar rápidamente, estar sólo un momento, volver en seguida.
◇ v tr introducir | meter (mettre) | entrar; entrer la voiture au garage entrar el coche en el garaje | COMM dar entrada a, asentar en el libro de entradas.

entre-rail m entrevía f, enterrieles pl. | OBSERV pl entre-rails.

entresol m entresuelo (étage).

entretailler [3] [ātrətaje]
➤ **s'entretailler** v pr rozarse, alcanzarse (chevaux).

entre-temps m inv intervalo, intermedio.
◇ adv entre tanto, entretanto, en el intervalo, mientras tanto.

entretenir [40] v tr mantener, sustentar; entretenir une famille sustentar una familia | cuidar, entretener, mantener, conservar (tenir en bon état) | conservar, mantener; entretenir la paix mantener la paz | alimentar, mantener; entretenir le feu alimentar el fuego | sostener, mantener; entretenir une correspondance avec quelqu'un sostener una correspondencia con alguien | hablar, conversar con; entretenir quelqu'un de ses projets conversar con uno de sus proyectos | cultivar; entretenir l'amitié, ses pensées cultivar la amistad, los pensamientos | entretener; entretenir quelqu'un d'espérances entretener a alguien con esperanzas | tener en la cabeza; entretenir des idées fixes tener en la cabeza ideas fijas | entretenir une femme mantener a una mujer.
➤ **s'entretenir** v pr mantenerse, sustentarse | conservarse, mantenerse en buen estado | conversar, hablar (parler) | entrevis-

tarse (avoir une entrevue) ■ s'entretenir d'illusions vivir de ilusiones | s'entretenir par écrit escribirse.

| OBSERV Entretenir no tiene nunca el sentido del verbo español entretener, que significa amuser.

entretenu, e adj cuidado, da (maison, vêtements, etc.); bien, mal entretenu bien, mal cuidado | mantenido, da (personne) | ondes entretenues ondas continuas.
◇ m & f protegido, da.

entretien m conservación f, entretenimiento, cuidado, mantenimiento; l'entretien des routes la conservación de las carreteras | conservación f, mantenimiento; l'entretien de la paix el mantenimiento de la paz | sustento, mantenimiento, manutención f; l'entretien d'une nombreuse famille el sustento de una familia numerosa | FIG conversación f, entrevista f (conversation) | reunión f; le directeur a eu un entretien avec ses employés el director tuvo una reunión con sus empleados ■ frais d'entretien gastos de mantenimiento | produits d'entretien artículos de limpieza ■ avoir un entretien mantener una conversación, celebrar una entrevista.

entre-tisser [3] v tr entretejer.

entretoise f TECHN tirante m, riostra, casquillo m (d'une voiture) | travesaño m (de machines) | telera (artillerie).

entretoisement m TECHN sujeción f con tirantes ou riostras.

entretoiser [3] v tr atirantar, afirmar con tirantes.

entre-tuer [7]
➤ **s'entre-tuer** v pr matarse unos a otros.

entrevoie f entrevía (chemin de fer).

entrevoir [62] v tr entrever | FIG entrever, vislumbrar, columbrar.

entrevous [ātrəvu] m ARCHIT bovedilla f.

entrevue f entrevista.

entrisme m entrismo (politique).

entropie f PHYS entropía.

entropion m entropión.

entrouvert, e [ātruver, ert] adj entreabierto, ta; entornado, da.

entrouverture f abertura, resquicio m.

entrouvrir [34] v tr entreabrir | entornar, entreabrir (une porte, les yeux) | correr un poco, apartar, separar; entrouvrir les rideaux correr un poco los visillos.
➤ **s'entrouvrir** v pr entreabrirse | entornarse.

entuber [3] v tr FAM se faire entuber ser estafado.

enture f ingeridura (fente où l'on place une greffe) | empalme m (menuiserie).

énucléation f MÉD enucleación (d'un organe) | deshuese m (d'un fruit).

énucléer [15] v tr MÉD enuclear (extirper) | deshuesar, desosar (un noyau).

énumératif, ive adj enumerativo, va.

énumération f enumeración.

énumérer [18] v tr enumerar.

énurésie f MÉD enuresis.

env. (abr écrite de environ) aprox.

envahir [32] [ɑ̃vaiʀ] *v tr* invadir.

envahissant, e [ɑ̃vaisɑ̃, ɑ̃t] *adj* invasor, ra ‖ FIG pegajoso, sa; pesado, da (ennuyeux).

envahissement [ɑ̃vaismɑ̃] *m* invasión *f* ‖ FIG abuso; les envahissements du pouvoir los abusos del poder.

envahisseur [ɑ̃vaisœʀ] *m* invasor.

envasement *m* encenagamiento.

envaser [3] *v tr* encenagar, enlodar (remplir de vase) ‖ hundir en el fango (enfoncer dans la vase).
➤ **s'envaser** *v pr* cegarse (un canal).

enveloppant, e *adj* envolvente; ligne enveloppante línea envolvente ‖ FIG atrayente; cautivador, ra (qui charme, captive).
➤ **enveloppante** *f* MATH envolvente.

enveloppe [ɑ̃vlɔp] *f* [▷ SYN] envoltura; l'enveloppe d'un paquet, d'un fruit la envoltura de un paquete, de una fruta ‖ sobre *m* [(*Amér*) cubierta] (d'une lettre); mettre sous enveloppe poner en un sobre ‖ cubierta (d'un pneu) ‖ cámara (d'un ballon) ‖ funda (d'un traversin) ‖ FIG capa exterior, apariencia, cubierta (apparence) ■ enveloppe à fenêtre sobre ventana ou con ventana ‖ enveloppe autocollante sobre autoadhesivo ‖enveloppe budgétaire límites de los recursos presupuestarios.
‖ SYN étui estuche; fourreau vaina (d'une arme), funda (d'un parapluie, etc.); gaine vaina; housse funda.

enveloppé, e *adj* envuelto, ta (emballé) ‖ FAM metido, da en carnes (bien en chair).

enveloppée [ɑ̃vlɔpe] *f* MATH involuta.

enveloppement [ɑ̃vlɔpmɑ̃] *m* envolvimiento (action), envoltura *f* (ce qui enveloppe) ‖ MÉD paño caliente, fomento.

envelopper [3] *v tr* envolver (couvrir); envelopper de ou dans envolver en ‖ rodear (entourer) ‖ FIG velar, disfrazar, disimular (déguiser) ‖ comprender, incluir, abarcar (englober) ‖ MIL envolver, rodear, cercar; envelopper l'ennemi rodear al enemigo.
➤ **s'envelopper** *v pr* envolverse ‖ envolverse, embozarse (dans un manteau).

envenimement [ɑ̃vnimmɑ̃] *m* envenenamiento (par un poison) ‖ enconamiento (d'une plaie) ‖ FIG enconamiento, envenenamiento.

envenimer [3] *v tr* envenenar (empoisonner) ‖ enconar (une blessure) ‖ FIG enconar, emponzoñar, envenenar; envenimer une discussion enconar una discusión.

enverguer [3] *v tr* MAR envergar.

envergure *f* MAR cruzamen *m*, envergadura (longueur des vergues) ‖ envergadura, grátil *m* (des voiles) ‖ envergadura (d'un oiseau, d'un avion) ‖ FIG amplitud, vuelo *m*, envergadura (gallicisme); projet de grande envergure proyecto de gran amplitud ‖ talla, envergadura; l'envergure de ce ministre la talla de este ministro ‖ vuelo *m*; ne pas avoir assez d'envergure pour no tener suficiente vuelo para ‖ d'envergure de importancia, de envergadura, de talla, de gran trascendencia ‖FIG sans envergure de poco fuste.

envers *m* revés, vuelta *f*, envés, reverso (d'une étoffe) ‖ lo contrario, lo opuesto; l'envers de la vérité lo contrario de la verdad ‖ BOT envés, cara *f* dorsal (d'une feuille) ■ l'envers de la médaille el reverso de la medalla ‖ l'envers et l'endroit d'une question el haz y envés de una cuestión ■ à l'envers al revés ‖ avoir la tête à l'envers tener la cabeza trastornada ou loca.

envers [ɑ̃vɛʀ] *prép* con, para con; indulgent envers les pécheurs indulgente con ou para con los pecadores ‖ a; traître envers sa foi traidor a su fe ‖ envers et contre tous a pesar de todos, a despecho de todos, contra viento y marea.

envi
➤ **à l'envi** *loc adv* a porfía; se disputer à l'envi disputarse a porfía ‖ a cual más, a cual mejor (à qui mieux mieux).

enviable *adj* envidiable.

envie *f* envidia; l'envie est un péché capital la envidia es un pecado capital ‖ ganas *pl*, deseo *m*; avoir envie de rire tener ganas de reírse ‖ antojo *m* (désir de femme enceinte) ‖ MÉD padrastro *m* (autour des ongles) ‖ antojo *m* (tache naturelle) ■ avoir grande envie de tener muchas ganas de ‖ brûler, mourir d'envie de arder en deseos de, morirse de ganas de, tener unas ganas locas de, estar muerto por ‖ donner à quelqu'un l'envie de faire quelque chose dar a alguien las ganas de hacer algo ‖ faire ou donner envie dar envidia, dar deseos; ça lui fait envie eso le da envidia ‖ faire passer l'envie quitar las ganas ‖ il me prend envie de... me dan ganas de..., estoy por..., se me antoja... ‖ il vaut mieux faire envie que pitié más vale ser envidiado que compadecido, más vale ser envidiado que envidioso ‖ ne plus avoir envie de quitársele a uno las ganas de, no tener más ganas de ‖ passer son envie satisfacer su capricho.

envier [9] *v tr* envidiar; envier les heureux envidiar a los dichosos ‖ansiar, ambicionar, desear, codiciar; envier le pouvoir desear el poder ■ envier quelque chose à quelqu'un envidiar algo a alguien ‖ n'avoir rien à envier à no tener nada que envidiar a.

envieusement *adv* con envidia.

envieux, euse *adj & s* envidioso, sa; envieux du bonheur d'autrui envidioso de la felicidad ajena, del prójimo ‖ faire des envieux dar envidia.

environ *adv* cerca de, alrededor de, aproximadamente; il est environ neuf heures son cerca de las nueve ‖ unos, unas, poco más o menos, cosa de; il y aura environ deux cents invités habrá unos doscientos invitados.

environnant, e *adj* cercano, na; próximo, ma; que rodea (proche) ‖ circundante; circunvecino, na; lieux environnants lugares circunvecinos.

environnement *m* medio ambiente, entorno; défenseur de l'environnement defensor del medio ambiente ‖INFORM entorno.

environner [3] *v tr* rodear, cercar (encercler) ‖ FIG rodear, circundar, estar alrededor (être autour).

environs *m pl* alrededores, afueras *f*, cercanías *f*, proximidades *f* ‖ aux environs de cerca de, en los alrededores de; a eso de (temps).
‖ SYN alentours cercanías, contornos; abords afueras.

envisageable *adj* factible.

envisager [17] *v tr* considerar, examinar; envisager l'avenir considerar el porvenir ‖ enfocar; envisager un sujet du point de vue religieux enfocar un asunto desde el punto de vista religioso ‖ pretender; on n'envisage pas d'arriver à un accord no se pretende llegar a un acuerdo ‖ prever, tener en perspectiva (prévoir) ‖ tener presente, pensar en; il faut envisager cette possibilité hay que tener presente esta posibilidad ‖ proyectar, tener intención de, pensar en la mente; j'envisage de partir pour les États-Unis proyecto salir para los Estados Unidos ‖ pensar en; envisager le pire pensar en lo peor ‖ ver; il envisage toujours les choses d'une façon pessimiste siempre ve las cosas de una manera pesimista ‖ planear, programar; envisager une réforme programar una reforma.

envoi *m* envío ■ COMM envoi contre remboursement envío contra reembolso ‖ envoi en nombre envío en masa ‖ DR envoi en possession entrega de la posesión ■ SPORTS coup d'envoi saque del centro ‖ donner le coup d'envoi hacer el saque.

envoiler [3] *v tr* velar.
➤ **s'envoiler** *v pr* TECHN encorvarse, doblarse.

envol *m* vuelo (d'un oiseau) ‖ despegue (avion).

envolée *f* elevación, grandeza (esprit).

envoler [3]
➤ **s'envoler** *v pr* levantar ou tomar el vuelo, echar a volar (prendre son vol) ‖despegar (avion) ‖volar, volarse; les papiers se sont envolés los papeles se volaron ‖ irse, transcurrir (temps) ‖FIG fugarse, escaparse (s'enfuir) ‖ pasar rápidamente, volar, desvanecerse (passer rapidement) ‖ FAM l'oiseau s'est envolé el pájaro voló.

envoûtant, e *adj* que hechiza, que embruja.

envoûtement *m* hechizo, maleficio, embrujamiento.

envoûter [3] *v tr* hechizar, embrujar.

envoyé, e [ɑ̃vwaje] *m & f* enviado, da.
‖ SYN délégué delegado; représentant representante; député diputado; mandataire mandatario; ambassadeur embajador.

envoyer [30] [ɑ̃vwaje] *v tr* enviar, mandar (personne) ‖ [▷ SYN] enviar, mandar, remitir, expedir (chose) ‖ lanzar, arrojar, tirar; envoyer des pierres lanzar piedras ‖ tirar (une balle) ‖FAM dar, propinar, largar; envoyer une gifle à quelqu'un propinar una bofetada ‖tirar; envoyer à terre d'un coup de pied tirar al suelo de una patada ■ FAM envoyer au diable ou à tous les diables enviar al diablo ou a todos los diablos ‖ envoyer chercher mandar buscar, mandar por ‖ FAM envoyer coucher ou paître ou promener mandar a paseo ‖envoyer dans l'autre monde mandar al otro mundo ou al otro barrio, matar ‖ envoyer tout promener ou tout en l'air mandarlo todo a paseo, echarlo todo a rodar ‖ envoyer les couleurs izar banderas ‖ envoyer par le fond hundir un barco ■ FAM ça c'est envoyé! ¡toma!, ¡toma del frasco, Carrasco!, ¡anda! ‖ bien envoyé bien contestado (remarque, réponse).
◇ *v intr* MAR orzar.
➤ **s'envoyer** *v pr* FAM zamparse (absorber)

cargarse (assumer).

SYN adresser dirigir; **expédier** expedir; **dépécher** despachar; **exporter** exportar.

envoyeur, euse [ãvwajœr, øz] *m* & *f* remitente ‖ **faire retour à l'envoyeur** devuélvase al remitente.

enzootie *f* enzootia (épidémie locale).

enzyme *f* CHIM enzima (ferment soluble).

éocène *adj* & *s m* GÉOL eoceno.

Éole *n pr* MYTH Eolo.

Éolie; Éolide *n pr f* HIST l'Éolie ou Éolide Eolia, Eólida.

éolien, enne *adj* & *s* eolio, lia; eólico, ca (de l'Éolide); **pompe éolienne** bomba eólica. ◇ *adj* eolio, lia; **érosion éolienne** erosión eolia. ➠ **éolienne** *f* generador *m*, aeromotor *m*, motor *m* de viento.

Éoliennes *n pr f pl* GÉOGR **les (îles) Éoliennes** las (islas) Eolias; **aux Éoliennes** en las Eolias (situation), a las Eolias (direction).

éolipile; éolipyle *m* PHYS eolípilo.

éon *f* PHILOS eón.

EOR (abr de **élève officier de réserve**) *m* alumno de la escuela de oficiales de complemento.

éosine *f* CHIM eosina (colorant rouge).

épacte *f* epacta.

épagneul, e *adj* & *s m* podenco, ca (chien).

épair *m* aspecto de papel apreciado por transparencia.

épais, aisse [epɛ, ɛs] *adj* [▷ SYN] espeso, sa; denso, sa; **brouillard épais** niebla espesa ‖ grueso, sa; gordo, da; **étoffe épaisse** tela gruesa ‖ espeso, sa; tupido, da; **bois épais** bosque tupido ‖ ancho, cha; grueso, sa; **un mur épais** una pared ancha; **verres épais** cristales gruesos ‖ espeso, sa; **encre épaisse** tinta espesa ‖ denso, sa; **nuit épaisse** noche densa ‖ nutrido, da; cuantioso, sa; **une foule épaisse** una muchedumbre nutrida ‖ denso, sa; copioso, sa; **pluie épaisse** lluvia densa ‖ cargado, da; viciado, da; **air épais** ambiente cargado ‖ FIG basto, ta; grosero, ra; pesado, da (grossier) ‖ **langue épaisse** lengua pastosa, sucia. ➠ **épais** *m* espesor ‖ **au plus épais de** en medio de, en lo más profundo de. ➠ **épais** *adv* densamente, apretadamente (d'une façon serrée).

SYN dense denso; compact compacto; concret concreto.

épaisseur *f* espesor *m*; **épaisseur du sol** espesor del terreno ‖ espesor *m*, grueso *m*, grosor *m* (grosseur) ‖ densidad (densité) ‖ espesura; **l'épaisseur d'un bois** la espesura de un bosque ‖ densidad, negrura, oscuridad (de la nuit) ‖ FIG bastedad, torpeza, lentitud (lourdeur) ‖ **d'une grande épaisseur** muy grueso, de mucho espesor ‖ **il s'en est fallu de l'épaisseur d'un cheveu, d'un fil** por el canto de un duro, por poco.

épaissir [32] *v tr* espesar (rendre plus dense); **épaissir un sirop** espesar un jarabe ‖ hacer más grueso, ensanchar; **épaissir un mur** hacer una pared más gruesa ‖ ennegrecer, oscurecer (la nuit) ‖ FIG ampliar, engrosar (élargir). ◇ *v intr* espesarse; **le sirop épaissit** el jarabe

se espesa ‖ FIG engordar, engrosar (une personne) ‖ **faire épaissir** espesar (une sauce). ➠ **s'épaissir** *v pr* espesarse ‖ **ponerse pastosa** (langue) ‖ embastecerse (l'intelligence).

épaississant, e *adj* que espesa.

épaississement *m* espesado, espesamiento ‖ aumento (de la taille) ‖ embastecimiento (de l'esprit) ‖ oscurecimiento (de la nuit).

épamprage; épamprement *m* despampanadura *f*, despampano.

épamprer [3] *v tr* despampanar, despimpollar, desfollonar (la vigne).

épanchement *m* derramamiento (écoulement) ‖ FIG desahogo; **épanchement affectueux** desahogo afectivo ‖ MÉD derrame; **épanchement synovial ou de synovie** derrame sinovial.

épancher [3] *v tr* derramar (un liquide) ‖ FIG desahogar, expansionar, abrir; **épancher son cœur** desahogar su corazón ‖ dar libre curso a (ses peines). ➠ **s'épancher** *v pr* FIG desahogarse, expansionarse.

épandage *m* esparcimiento (d'engrais).

épandeur *m* AGRIC esparcidora *f* ou distribuidor de estiércol ou de abonos, abonadora *f*.

épandre [74] *v tr* esparcir, desparramar (répandre) ‖ AGRIC esparcir.

épanneler [24] *v tr* desbastar (pierre).

épanner [3] *v tr* allanar, aplanar (pierre).

épanoui, e [epanwi] *adj* abierto, ta (fleurs) ‖ alegre, risueño, ña (gai); **visage épanoui** rostro alegre ‖ desarrollado, da (développé) ‖ **jeunes gens épanouis** jóvenes granados ‖ **sourire épanoui** sonrisa de completa felicidad.

épanouir [32] [epanwir] *v tr* abrir (fleurs) ‖ FIG dilatar, ensanchar (cœur, esprit) ‖ despejar, serenar (esprit, visage) ‖ alegrar (rendre joyeux). ➠ **s'épanouir** *v pr* abrirse (fleurs) ‖ FIG desarrollarse, alcanzar su pleno desarrollo (se développer) ‖ alegrarse, regocijarse (se réjouir) ‖ dilatarse, ensancharse (cœur) ‖ alcanzar su plenitud (une personne).

épanouissant, e *adj* que permite la plena realización personal.

épanouissement [epanwismã] *m* abertura *f* (fleurs) ‖ FIG expansión *f*, dilatación *f* (esprit, cœur) ‖ alegría *f*, regocijo (joie) ‖ completo desarrollo (développement) ‖ granazón *f*, plenitud *f* (des personnes).

épar *m* tranca *f*, barra *f* (d'une porte).

éparchie *f* eparquía.

épargnant, e *adj* ahorrativo, va; ahorrador, ra. ◇ *m* & *f* ahorrador, ra.

épargne *f* ahorro *m* ‖ **caisse d'épargne** caja de ahorros ‖ ÉCON ‖ **gravure d'épargne** grabado de relieve ‖ **poire d'épargne** pera veraniega.

épargne-logement *f* ahorro-vivienda. ‖ OBSERV pl épargnes-logements.

épargner [3] *v tr* ahorrar (économiser) ‖ FIG escatimar; **épargner ses forces** escatimar sus energías ‖ mirar por; **épargner son bien** mirar por su hacienda ‖ proteger, salvar; **Paris a été épargné** París ha sido protegido [contra la

destrucción] ‖ ahorrar, evitar; **épargnons les paroles inutiles** ahorremos las palabras inútiles ‖ perdonar, tratar con indulgencia; **épargner les captifs** tratar con indulgencia a los cautivos ‖ dispensar; **épargner à quelqu'un d'inutiles prières** dispensar a uno de rezos inútiles ‖ **épargner sa peine** ahorrarse trabajo ‖ **épargner son temps** ahorrarse tiempo ‖ **être épargné par** salvarse de; **cette maison a été épargnée par l'incendie** esta casa ha sido salvada del incendio ‖ **n'épargner personne** no perdonar a nadie ‖ **ne pas épargner ses efforts** no escatimar sus esfuerzos ‖ **ne rien épargner pour** recurrir a todos los medios para, no escatimar nada para, no reparar en gastos para ‖ **que le sort vous épargne** que la suerte no le sea adversa.

éparpillement [eparpijmã] *m* dispersión *f*, esparcimiento, diseminación *f*, desparramamiento.

éparpiller [3] [eparpije] *v tr* desparramar, esparcir, diseminar (disperser) ‖ FIG dispersar ‖ derrochar (l'argent). ➠ **s'éparpiller** *v pr* desparramarse, esparcirse, diseminarse ‖ FIG dividirse, dispersarse.

éparque *m* eparca.

épars, e [epar, ars] *adj* disperso, sa; esparcido, da; **restes épars** restos dispersos ‖ suelto, ta; en desorden, revuelto, ta; **cheveux épars** cabellos en desorden ‖ confuso, sa; vago, ga; **des souvenirs épars** recuerdos confusos ‖ **averses éparses** chubascos dispersos ou aislados.

éparvin; épervin *m* esparaván (tumeur).

épatamment [epatamã] *adv* FAM estupendamente, bárbaramente [(Amér) macanudamente].

épatant, e *adj* FAM estupendo, da; colosal; bárbaro, ra [(Amér) macanudo, da].

épate *f* FAM faroleo *m*, fachenda ‖ FAM **faire de l'épate** farolear, dar el golpe, darse pisto.

épaté, e *adj* roto por el pie (verre) ‖ achatado, da; chato, ta; **nez épaté** nariz chata ‖ FIG & FAM patidifuso, sa; pasmado, da.

épatement *m* achatamiento, aplastamiento (aplatissement) ‖ FIG & FAM estupefacción *f*, asombro (étonnement).

épater [3] *v tr* romper el pie de; **épater un verre** romper el pie de una copa ‖ romper la pata a (un chien) ‖ achatar, aplastar (aplatir) ‖ FAM asombrar, dejar pasmado, causar sensación entre (étonner) ‖ **pour épater le bourgeois** para dejar estupefacta ou escandalizar a la gente bien. ➠ **s'épater** *v pr* achatarse (nez) ‖ FAM asombrarse, quedarse pasmado.

épateur, euse *adj* & *s* FAM farolero, ra; presuntuoso, sa; fachendoso, sa.

épaulard *m* orca *f* (cétacé).

épaule *f* hombro *m* (de l'homme); **avoir les épaules tombantes** tener los hombros caídos ‖ codillo *m*, paletilla, espaldilla; **épaule de mouton** codillo de cordero ‖ MAR espaldón *m* ‖ **courber, ployer les épaules** bajar la cabeza, humillar la cerviz ‖ FIG **donner un coup d'épaule** arrimar el hombro, echar una mano ‖ **faire quelque chose par-dessus l'épaule** hacer algo a la bartola ‖ **faire toucher les épaules** poner de espaldas ‖ **hausser**

les épaules alzar los hombros, encogerse de hombros ‖ **porter sur les épaules** llevar a hombros (transporter), llevar a cuestas (avoir à sa charge) ‖ **regarder par-dessus l'épaule** mirar por encima del hombro, tratar con desprecio.

épaulé *m* levantada *f* (haltère).

épaulée *f* empujón *m* con el hombro (pour pousser) ‖ espaldilla (du mouton).

épaulé-jeté *m* levantada y tierra.
‖ OBSERV pl épaulés-jetés.

épaulement *m* espaldón, parapeto (parapet) ‖ muro de carga ou de contención (mur de soutènement) ‖ espaldón (d'un navire, d'une pièce de bois) ‖ GÉOGR rellano.

épauler [3] *v tr* despaldillar; **épauler un sanglier** despaldillar un jabalí ‖ FIG echar una mano (aider) ‖ respaldar, proteger (appuyer) ‖ MIL parapetar ‖ encararse (fusil).

épaulette *f* hombrera (d'un vêtement) ‖ tirante *m* (d'une combinaison) ‖ charretera *f* (de militaires).

épaulière *f* hombrera, espaldarcete *m* (de l'armure).

épave *f* pecio *m*, derrelicto *m*, restos *m pl*, residuos *m pl* (d'un naufrage) ‖ cosa abandonada ‖ DR bien *m* mostrenco, res derelicta ‖ FIG resto *m* (d'une fortune, etc.) ‖ **épave automobile** chatarra de un automóvil ‖ **épave humaine** ruina, desecho.

épeautre *m* espelta *f*, escanda *f* común, escaña *f* mayor (sorte de blé).

épée *f* [▷ SYN] espada ‖ espadín *m* (d'un uniforme) ‖ estoque *m* (du matador) ‖ esgrimidor *m* (escrimeur) ■ **épée à deux tranchants** espada de dos filos ‖ **coup d'épée** estocada ‖ **gens d'épée** militares ‖ **plat d'épée** hoja de espada ■ **au fil de l'épée** a cuchillo ‖ **donner des coups d'épée dans l'eau** dar palos de ciego, arar en el mar ‖ **passer au fil de l'épée** pasar a cuchillo, entrar a degüello ‖ **poursuivre l'épée dans les reins** poner el puñal en el pecho ‖ **qui tue par l'épée périra par l'épée** quien a hierro mata a hierro muere ou quienes matan con la espada por la espada morirán ‖ **remettre l'épée dans son fourreau** envainar la espada ‖ **se battre à l'épée** batirse ‖ **tirer l'épée** desenvainar la espada.
‖ SYN sabre sable; fleuret florete; glaive espada; estoc estoque; rapière espadón; cimeterre cimitarra; yatagan yatagán; espadon espadón.

épeiche *f* picamaderos *m* (oiseau).

épeichette *f* pipo *m* (oiseau).

épeire [eper] *f* epeira (araignée).

épéiste *m* esgrimidor de espada.

épeler [24] *v tr* deletrear.

épellation [epɛllasjɔ̃] *f* deletreo *m*.

épendyme *m* epéndimo (membrane du cerveau).

épenthèse *f* epéntesis.

épenthétique *adj* epentético, ca.

épépiner [3] *v tr* despepitar.

éperdu, e *adj* perdido, da; loco, ca; **éperdu de joie** loco de alegría.

éperdument *adv* perdidamente.

éperlan *m* eperlano (poisson).

éperon [eprɔ̃] *m* espuela *f* (de cavalier) ‖ espolón (ergot) ‖ espolón (promontoire) ‖ FIG aci-

cate, aguijón, estímulo (stimulant) ‖ tajamar (d'un pont) ‖ espolón, tajamar (d'un navire) ‖ contrafuerte (contrefort) ‖ machón, pilar (appui d'une muraille) ■ **éperon à broche** acicate ■ **coup d'éperon** espolonazo, espolada ‖ **donner de l'éperon** picar ou dar espuelas.

éperonné, e *adj* calzado, da con espuelas (qui a des éperons) ‖ MAR armado, da de espolón (une embarcation).

éperonner [3] [eprɔne] *v tr* espolear (le cheval) ‖ poner espolones a (un coq) ‖ FIG espolear, aguijonear (stimuler) ‖ MAR arremeter, embestir con el espolón.

épervier [epɛrvje] *m* gavilán (oiseau) ‖ esparavel (filet).

épervière *f* vellosilla, oreja de ratón (plante).

épervin ▶ éparvin

épeuré, e *adj* amedrentado, da; asustado, da (apeuré).

éphèbe *m* efebo (adolescent).

éphébie *f* efebía.

éphédrine *f* efedrina.

éphélide *f* MÉD efélide *m*, peca (tache de rousseur).

éphémère *adj* efímero, ra.
◇ *m* efímera *f*, cachipolla *f* (insecte).

éphéméride *f* efemérides, efeméride.

Éphèse *n pr* GÉOGR Éfeso.

Éphésien, enne *m & f* efesio, sia.

éphod *m* efod (tunique sacerdotale des Hébreux).

éphore *m* éforo (magistrat grec).

épi *m* espiga *f* (du blé, de l'avoine, etc.) ‖ mazorca *f*, panoja *f* (du maïs) ‖ espiga *f*, racimo, panícula *f* (fleurs) ‖ remolino (de cheveux) ‖ CONSTR espigón (digue) ■ **épi de faîtage** remate ‖ **se ranger en épi** aparcar en batería (voitures).

épiage *m*; **épiaison** *f*; **épiation** *f* BOT granazón *f*, espigación *f* (formation de l'épi).

épiaire *m* BOT estáquide *f*.

épiaison ▶ épiage

épiation ▶ épiage

épicarpe *m* epicarpio (peau du fruit).

épice *f* especia (substance aromatique) ■ **armoire à épices** especiero, caja para especias ‖ **pain d'épice** alajú.

épicé, e *adj* picante (mets) ‖ FIG salpimentado, da; picante (grivois).

épicéa *m* picea *f*, abeto del Norte.

épicène *adj* GRAMM epiceno.

épicentre *m* epicentro.

épicer [16] *v tr* sazonar con especias, condimentar (assaisonner) ‖ FIG salpimentar, hacer picante.

épicerie *f* tienda de ultramarinos ou de comestibles, ultramarinos [(*Amér*) tienda de abarrotes] (boutique d'épicier) ‖ especiería [(*Amér*) abarrotes] (ensemble des épices) ■ **épicerie fine** ultramarinos de calidad.

épicier, ère *m & f* tendero, ra de ultramarinos; abacero, ra [(*Amér*) abarrotero, ra] (p us) ‖ FIG hortera (qui a mauvais goût) ‖ **garçon épicier** dependiente de ultramarinos.

épicrâne *m* epicráneo.

épicrânien, enne *adj* epicráneo, a.

Épictète *n pr* Epicteto.

Épicure *n pr* Epicuro.

épicurien, enne *adj & s* epicúreo, a.

épicurisme; épicuréisme *m* epicureísmo.

épicycle *m* ASTRON (ancien) epiciclo.

épicycloïdal, e *adj* epicicloidal.

épicycloïde *f* GÉOM epicicloide.

Épidaure *n pr* GÉOGR Epidauro.

épidémicité *f* epidemicidad, carácter *m* epidémico.

épidémie *f* epidemia ‖ FIG oleada; **une épidémie de suicides** una oleada de suicidios.

épidémiologie *f* epidemiología.

épidémique *adj* epidémico, ca.
‖ SYN endémique endémico; épizootique epizoótico; pandémique pandémico.

épiderme *m* ANAT epidermis *f* (peau) ‖ FIG **avoir l'épiderme sensible** ser quisquilloso, susceptible, picón.

épidermique *adj* epidérmico, ca.

épidiascope *m* epidiáscopo (cinéma).

épididyme *m* ANAT epidídimo.

épier [9] *v tr* espiar (espionner) ‖ acechar, atisbar (guetter) ‖ fisgar (observer secrètement) ‖ FIG estar a la caza ou al acecho ou pendiente de; **épier les défauts de quelqu'un** estar pendiente de los defectos de uno.
◇ *v intr* espigar, echar espigas (céréales).

épierrage; épierrement *m* desempedramiento.

épierrer [4] *v tr* desempedrar, despedregar (ôter les pierres).

épierreur *m*; **épierreuse** *f* TECHN desempedrador, ra; despedregadora *f*.

épieu [epjø] *m* venablo, chuzo.

épieur, euse *m & f* espía.

épigastre *m* ANAT epigastrio.

épigastrique *adj* epigástrico, ca.

épigé, e *adj* epigeo, a.

épigenèse *f* BIOL epigénesis.

épiglotte *f* ANAT epiglotis.

épigone *m* epígono.

épigrammatique *adj* epigramático, ca.

épigrammatiste *m* epigramatista, epigramatario.

épigramme *f* epigrama *m* ‖ CULIN **épigramme d'agneau** guisado de cordero.

épigraphe *f* epígrafe *m*.

épigraphie *f* epigrafía.

épigraphique *adj* epigráfico, ca.

épigraphiste *m & f* epigrafista.

épigyne *f* BOT epiginia.

épilateur *m* depiladora.

épilation *f*; **épilage** *m* depilación *f*.

épilatoire *adj* depilatorio, ria.

épilepsie *f* MÉD epilepsia.

épileptiforme *adj* epileptiforme.

épileptique *adj & s* epiléptico, ca.

épiler [3] *v tr* depilar (arracher le poil) ■ **crème à épiler** crema depilatoria ‖ **pince à épiler** pinzas de depilar ■ **se faire épiler** depilarse.

s'épiler *v pr* depilarse ▌s'épiler les jambes depilarse las piernas ▌s'épiler les sourcils depilarse las cejas.

épileur, euse *adj* & *s* depilador, ra; persona *f* que depila.

épillet [epijɛ] *m* BOT espiguilla *f.*

épilobe *m* BOT epilobio.

épilogue *m* epílogo.

épiloguer [3] *v tr* censurar, criticar (censurer).
◇ *v intr* comentar (faire des commentaires).

Épiménide *n pr* Epiménides.

épinaie *f* espinar *m.*

Épinal *n pr* GÉOGR Épinal ▌HIST image d'Épinal estampa de Epinal; FIG imagen estereotipada.

Epinal *n pr* GÉOGR Epinal.

épinard [epinar] *m* espinaca *f* (plante) ▌graine d'épinard canelones (ornement).

épinceter [27] *v tr* desmotar, desborrar (les étoffes).

épine *f* BOT espina; s'enfoncer une épine clavarse una espina ▌espino *m* (arbrisseau) ■ épine blanche espino blanco, majuelo, espino, albar ▌épine dorsale espina dorsal, espinazo ▌épine du Christ espina santa (plante) ▌épine du nez caballete de la nariz ▌BOT épine noire endrino ■ POÉT avoir une épine dans le cœur tener clavada una espina en el corazón ▌FIG & FAM être ou marcher sur des épines estar en ascuas ou con el alma en un hilo ▌être un fagot d'épines ser un cardo borriquero ▌hérissé d'épines lleno de abrojos ▌FIG & FAM tirer une épine du pied à quelqu'un quitar un peso de encima ou sacar del peligro ou sacar de apuro a uno.

épiner [3] *v tr* poner espinos, espinar.

épinette *f* MUS espineta (petit clavecin) ▌caponera (cage).

épineux, euse *adj* espinoso, sa ▌FIG peliagudo, da; espinoso, sa; une affaire épineuse un asunto peliagudo.

épine-vinette *f* agracejo *m*, bérbero *m* (arbrisseau).
▌ OBSERV pl épines-vinettes.

épinglage *m* sujeción *f* con alfileres, acción *f* de prender con alfileres.

épingle *f* alfiler *m* (couture, broche, bijou) ■ épingle à chapeaux alfiler de sombrero ▌épingle à cheveux horquilla ▌épingle à cravate alfiler de corbata ▌épingle à linge pinza para la ropa ▌épingle anglaise ou double ou de nourrice ou de sûreté imperdible ▌épingle neige horquilla ■ coup d'épingle alfilerazo, pinchazo ▌étui à épingles alfiletero ▌pelote à épingles acerico ▌virage en épingle à cheveux curva muy cerrada ▌chercher une épingle dans une meule de foin buscar una aguja en un pajar ▌FAM monter en épingle poner de manifiesto, poner a la vista, poner de relieve ▌FIG tiré à quatre épingles de punta en blanco, de tiros largos ▌tirer son épingle du jeu salir del apuro, salir bien ou adelante ou a flote.

épingler [3] *v tr* prender ou sujetar con alfileres, prender ▌FIG & FAM pescar, echar mano (voleur) ▌denunciar (abus).

épinglette *f* (ancien) pinzón *m*, aguja (artillerie) ▌insignia otorgada a los mejores tiradores.

épinglier, ère *m* & *f* (p us) alfilerero, ra.
épinglier *m* alfilerero, alfiletero (étui à épingles).

épinier *m* espinar, zarzal (fourré épineux).

épinière *adj f* espinal (moelle).

épinoche *f* picón *m* (poisson).

Épiphane *n pr* Epifanio.

Épiphanie *f* Epifanía.

épiphénomène *m* epifenómeno.

épiphonème *m* epifonema *f.*

épiphylle *m* BOT epifilo.

épiphyse *f* epífisis.

épiphyte *adj* & *s m* BOT epifito, ta.

épiphytie *f* epifitia (maladie des végétaux).

épiploon [epiplɔ̃] *m* ANAT epiplón.

épique *adj* épico, ca.

Épire *n pr f* GÉOGR l'Épire Epiro.

épirote *adj* & *s* epirota.

épiscopal, e *adj* episcopal; palais épiscopaux palacios episcopales.
◇ *m* & *f* episcopal *m* (de l'Église anglicane).

épiscopat [episkɔpa] *m* episcopado.

épiscope *m* episcopio.

épisiotomie *f* episiotomía.

épisode *m* episodio ▌episodio, jornada *f*; film à épisodes película en varias jornadas.

épisodique *adj* episódico, ca.

épisodiquement *adv* episódicamente.

épisser [3] *v tr* empalmar (fils électriques) ▌MAR ayustar (cordages).

épissoir *m*; **épissoire** *f* MAR pasador *m*, punzón *m.*

épissure *f* empalme *m* (fils électriques) ▌MAR ayuste *m* (cordages).

épistaxis *f* epistaxis (saignement de nez).

épistémologie *f* epistemología.

épistémologique *adj* epistemológico, ca.

épistémologiste; épistémologue *m* & *f* epistemólogo, ga.

épistolaire *adj* epistolar.

épistolier, ère *m* & *f* epistológrafo, fa (qui écrit beaucoup de lettres) ▌escritor célebre por sus cartas (écrivain).

épistyle *m* ARCHIT epistilo, arquitrabe.

épitaphe *f* epitafio *m.*

épite *f* MAR espiche *m* (cheville conique de bois).
▌ OBSERV La palabra española espita (de tonel) se llama en francés fausset.

épithalame *m* epitalamio.

épithélial, e *adj* epitelial; tissus épithéliaux tejidos epiteliales.

épithélioma *m* MÉD epitelioma.

épithélium [epiteljɔm] *m* MÉD epitelio.

épithème *m* epítema *f* (médicament).

épithète *adj m* epíteto.
◇ *f* epíteto *m.*

épitoge *f* epitoga, muceta.

épitomé *m* epítome.

épître *f* epístola (lettre).

épizootie *f* epizootia (maladie contagieuse).

épizootique *adj* epizoótico, ca.

éploré, e *adj* afligido, da; desconsolado, da; sa veuve éplorée su desconsolada esposa.

éployée *adj f* BLAS explayada, desplegada (l'aigle).

éployer [13] [eplwaje] *v tr* desplegar, explayar (déployer).

épluchage *m* monda *f*, mondadura *f*, peladura *f* (fruits, légumes, etc.) ▌limpia *f*, desmonte (tissus) ▌FIG espulgo, examen minucioso (examen minutieux).

épluche-légumes *m* pelador.

éplucher [3] *v tr* [▷ SYN] pelar, mondar (fruits, légumes) ▌limpiar, espulgar (le riz, les lentilles) ▌limpiar (poisson, volaille) ▌desmontar (les tissus) ▌FIG & FAM examinar cuidadosamente, espulgar (examiner minutieusement).
▌ SYN écosser desvainar; décortiquer descortezar; peler mondar.

éplucheur, euse *m* & *f* mondador, ra (légumes) ▌desmontador, ra (de tissus) ▌FIG & FAM escudriñador, ra; averiguador, ra; espulgador, ra.
éplucheur *m* máquina *f* de mondar legumbres, mondador, peladora *f* ▌éplucheur de pommes de terre pelapatatas.

épluchoir *m* aparato ou instrumento para mondar (légumes), desmotar, limpiar (tissus).

épluchure *f* mondadura, monda (pelure) ▌borra (des étoffes) ▌residuo *m*, desperdicio *m* (déchet, résidu).
▌ OBSERV Ce mot s'emploie au pluriel: des épluchures de pommes de terre.

épode *f* POÉT épodo *m*, époda (p us).

époi *m* candil (du cerf).

épointage; épointement *m* despuntadura *f*, despunte.

épointer [3] *v tr* despuntar (casser la pointe) ▌despuntar, afeitar (les cornes d'un taureau).
s'épointer *v pr* despuntarse ▌VÉTÉR descuadrillarse.

éponge *f* esponja ▌VÉTÉR codillera (tumeur) ▌callo *m* (du fer à cheval) ■ éponge métallique estropajo metálico ▌serviette-éponge toalla de felpa ▌tissu-éponge esponja, felpa ■ FIG boire comme une éponge beber como una cuba ▌jeter l'éponge tirar la toalla ▌passer l'éponge sur hacer borrón y cuenta nueva de, pasar la esponja por.

éponger [17] *v tr* enjugar (étancher un liquide) ▌limpiar en una esponja, pasar una esponja por, esponjar (nettoyer) ▌FIG enjugar (un déficit).
s'éponger *v pr* enjugarse (le front).

éponte *f* MIN costera, hastial *m.*

épontille [epɔ̃tij] *f* MAR puntal *m.*

éponyme *adj* & *s m* epónimo, ma.

épopée *f* epopeya.

époque *f* época; faire époque hacer época ▌la Belle Époque la "Belle Époque" ▌meuble d'époque mueble de época ■ à cette époque en esta época, en aquellos tiempos ▌à notre époque en nuestro tiempo ▌à pareille époque en la misma época ▌ah! quelle époque! ¡qué tiempos aquéllos! ▌marquer son époque dejar huella imperecedera ▌quelle époque nous vivons! ¡qué tiempos los actuales!

■ **SYN** moment, saison sazón, estación.

épouillage *m* despioje, espulgo.

épouiller [3] [epuje] *v tr* despiojar, espulgar.

époumoner [3] *v tr* dejar sin aliento; **ce discours l'a époumoné** este discurso le ha dejado sin aliento.

➤ **s'époumoner** *v pr* desgañitarse (à force de crier).

épousailles [epuzaj] *f pl* desposorio *m sing*, esponsales *m* (mariage).

épouse *f* esposa.

épousée *f* desposada.

épouser [3] *v tr* casarse con, contraer matrimonio con (se marier) ‖ adherirse a, abrazar (un parti, une opinion) ‖ **FIG** desposarse con; **épouser la misère** desposarse con la miseria ‖ adaptarse a, amoldarse a; **cette robe épouse la forme de son corps** este vestido se amolda a la forma de su cuerpo.

épouseur *m* **FAM** pretendiente, novio.

époussetage; époussètement *m* limpieza *f* del polvo, sacudimiento del polvo, desempolvadura *f*.

épousseter [27] [epuste] *v tr* desempolvar, quitar el polvo (ôter la poussière) ‖ limpiar, mandilar (un cheval) ‖ **FIG** remozar, quitar el polvo; **il faudrait épousseter tous ces systèmes moisis** habría que remozar todos estos sistemas enmohecidos.

époustouflant, e *adj* **FAM** pasmoso, sa; asombroso, sa.

époustoufler [3] *v tr* **FAM** pasmar, dejar con la boca abierta, dejar pasmado, da; **cette nouvelle m'a époustouflé** esta noticia me ha dejado pasmado.

épouvantable *adj* espantoso, sa; horroroso, sa; tremendo, da.

épouvantablement *adv* espantosamente, horriblemente, horrorosamente.

épouvantail [epuvãtaj] *m* [▷ **SYN**] espantapájaros, espantajo ‖ **FAM** esperpento, petardo, coco, visión *f* (personne laide) ‖ **FIG** espantajo, coco, fantasma (croquemitaine).

  ■ **OBSERV** *pl* épouvantails.
  SYN croque-mitaine coco; loup-garou tarasca.

épouvante *f* espanto *m*, terror *m* (effroi); **jeter dans l'épouvante** llenar de espanto ‖ **film d'épouvante** película de terror.

  SYN frayeur susto; effroi pavor; terreur terror; affolement enloquecimiento; panique pánico; horreur horror.

épouvanter [3] *v tr* espantar, horrorizar.

époux, ouse [epu, uz] *m & f* esposo, sa.

  SYN mari, femme marido, mujer; conjoint cónyuge, consorte; seigneur et maître dueño y señor; **FAM** homme hombre; compagne compañera; **FAM** bourgeoise costilla; moitié mitad, media naranja.

épreinte *f* **MÉD** pujos *m pl*, retortijón *m*.

éprendre [79]
➤ **s'éprendre de** *v pr* enamorarse de, prendarse de (aimer) ‖ apasionarse por (se passionner pour).

épreuve *f* [▷ **SYN**] prueba (essai) ‖ prueba (imprimerie, sports) ‖ examen *m* ‖ adversidad, infortunio *m*, sufrimiento *m* (chagrin) ■ **épreuve de force** conflicto (conflit), pugna de intereses ‖ **épreuve de résistance** prueba

de resistencia ‖ **SPORTS** épreuve de sélection prueba de selección ‖ **épreuve éliminatoire** prueba eliminatoria ■ **à l'épreuve** a prueba ‖ **à l'épreuve des balles** a prueba de balas ‖ **à l'épreuve du feu** a prueba de incendios ‖ **à toute épreuve** a toda prueba ‖ **faire l'épreuve de** probar ‖ **mettre à l'épreuve** poner a prueba.

  SYN expérience experiencia; essai ensayo; test test.

épris, e [epri, iz] *adj* enamorado, da; prendado, da (de quelqu'un) ‖ prendado, da; apasionado, da (de quelque chose).

EPROM [eprɔm] (abr de erasable programmable read only memory) *f inv* **INFORM** EPROM.

éprouvant, e *adj* agotador, ra.

éprouvé, e *adj* a toda prueba (sûr) ‖ sufrido, da ‖ afectado, da.

éprouver [3] *v tr* probar ‖ probar, ensayar, verificar (essayer) ‖ comprobar, experimentar (constater) ‖ sufrir, padecer; **éprouver une déception** sufrir una decepción ‖ dejar malparado; **cette maladie l'a éprouvé** esta enfermedad le ha dejado malparado ‖ afectar; **cette douleur l'a beaucoup éprouvé** este dolor le ha afectado mucho ‖ **FIG** experimentar, sentir (ressentir).

éprouvette *f* probeta ‖ muestra, pieza de ensayo (échantillon).

EPS (abr de éducation physique et sportive) *f* educación física y deportes.

epsilon *m* épsilon *f* (lettre grecque).

epsomite *f* epsomita, sal de Epsom de la Higuera, purgante *m* catártica (sel d'Epsom).

épucer [16] *v tr* quitar las pulgas, espulgar.

épuisable *adj* agotable.

épuisant, e *adj* agotador, ra.

épuisé, e *adj* agotado, da; extenuado, da (à bout de forces) ‖ **livre épuisé** libro agotado.

épuisement *m* agotamiento (liquide, etc.) ‖ **FIG** extenuación *f*, agotamiento (perte de forces) ‖ agotamiento; **l'épuisement des capitaux** el agotamiento de los caudales ‖ achicamiento, achique, achicadura *f* (action d'écoper l'eau) ‖ **COMM** jusqu'à épuisement des stocks hasta agotar las existencias.

épuiser [3] *v tr* agotar; **épuiser un tonneau** agotar un tonel ‖ **FIG** agotar, consumir, acabar (consommer) ‖ agotar, acabar (livre, édition) ‖ esquilmar, agotar (une terre) ‖ acabar con, agotar, extenuar (forces) ‖ agotar, acabar con (patience) ‖ achicar (écoper l'eau) ‖ tratar de modo exhaustivo, apurar (un sujet) ‖ **MIN** agotar, desvenar (un filon).

➤ **s'épuiser** *v pr* agotarse ‖ **FIG** consumirse, agotarse, extenuarse (en efforts).

épuisette *f* manguilla, sacadera (petit filet de pêche) ‖ **MAR** achicador *m*, cuchara (écope).

épulis *m*; **épulide** *f*; **épulie** *f* **MÉD** épulis *m* (tumeur aux gencives).

épulon *m* **HIST** epulón.

épulpeur *m* **TECHN** despulpador.

épurateur *adj m & s m* depurador.

épuration *f* depuración ‖ **station d'épuration** estación de depuración, depuradora [de aguas residuales].

  SYN épurement depuración; dépuration depuración; purification purificación; affinage afinación, afino; raffinage refinación, refino.

épuratoire *adj* depuratorio, ria.

épure *f* dibujo *m*, diseño *m* (dessin), plano (plan) ‖ dibujo acabado ou definitivo (dessin achevé).

épurement *m* depuración *f*.

épurer [3] *v tr* depurar ‖ refinar (raffiner) ‖ depurar, purgar, eliminar (une association) ‖ **FIG** depurar, purificar, acendrar.

épurge *f* **BOT** tártago *m*.

équarrir [32] [ekarir] *v tr* desollar (des animaux) ‖ escuadrar, labrar a escuadra (tailler à angle droit) ‖ agrandar [un agujero] (agrandir un trou).

équarrissage [ekarisaʒ]; **équarrissement** [ekarismã] *m* desolladura *f* (des animaux) ‖ corte a escuadra.

équarrisseur [ekarisœr] *m* descuartizador (d'animaux) ‖ cantero (de pierres).

équarrissoir [ekariswar] *m* cuchilla *f* de matarife (couteau pour découper les animaux) ‖ matadero (abattoir) ‖ escariador, taladro (outil).

Équateur [ekwatœr] *n pr m* **GÉOGR** l'Équateur Ecuador.

équation [ekwasjɔ̃] *f* **MATH** ecuación; racine d'une équation raíz de una ecuación ■ **équation à deux inconnues** ecuación con dos incógnitas ‖ **équation du premier, second degré** ecuación de primer, segundo grado ■ **mettre en équation** hacer una ecuación.

équato-guinéen, enne *adj* ecuatoguineano, na.

Équato-Guinéen, enne *m & f* ecuatoguineano, na.

équatorial, e [ekwatɔrjal] *adj & s m* ecuatorial.

équatorien, enne [ekwatɔrjɛ̃, ɛn] *adj* ecuatoriano, na.

Équatorien, enne *m & f* ecuatoriano, na.

équerrage [ekeraʒ] *m* ángulo, escuadría *f* (de deux plans adjacents).

équerre [eker] *f* escuadra ■ **équerre à 45°** cartabón ‖ **équerre à coulisse** escuadra de corredera ‖ **fausse équerre** falsarregla, falsa escuadra, escuadra móvil, baivel ■ **à fausse équerre** fuera de escuadra ‖ **d'équerre** a escuadra en ángulo recto ‖ **en équerre** a escuadra.

équerrer [3] *v tr* escuadrar.

équestre [ekɛstr] *adj* ecuestre.

équeutage *m* acción *f* de quitar el rabillo de la fruta.

équeuter [3] [ekøte] *v tr* quitar el rabillo [a las frutas].

équiangle [ekɥiãgl] *adj* **GÉOM** equiángulo, la.

équidés [ekide] *m pl* **ZOOL** équidos, equinos.

équidistance [ekɥidistãs] *f* equidistancia.

équidistant, e [ekɥidistã, ãt] *adj* equidistante.

équilatéral, e [ekɥilateral] *adj* equilátero, ra; triangles équilatéraux triángulos equiláteros.

équilibrage *m* equilibrado ‖ compensación *f*, nivelación *f*.

équilibrant, e *adj* equilibrante.

équilibration *f* equilibrio *m* (sens).

équilibre *m* equilibrio ‖ nivelación *f*, equilibrio; **l'équilibre de la balance des paiements**

el equilibrio de la balanza de pagos ‖ équilibre stable, instable, indifférent equilibrio estable, inestable, indiferente ■ équilibre budgétaire equilibrio presupuestario ‖ équilibre de la terreur equilibrio del terror ‖ équilibre naturel equilibrio natural ‖ équilibre nutritionnel equilibrio nutritivo ■ avoir le sens de l'équilibre tener sentido del equilibrio ‖ être en équilibre estar en equilibrio ‖ garder l'équilibre mantener el equilibrio ‖ mettre en équilibre poner en equilibrio ‖ perdre l'équilibre perder el equilibrio.

équilibré, e *adj* equilibrado, da; ponderado, da (esprit).

équilibrer [3] *v tr* equilibrar.
‖ SYN contrebalancer contrabalancear; pondérer ponderar.

équilibreur *m* equilibrador, estabilizador.

équilibriste *m & f* equilibrista; volatinero, ra.

équille [ekij] *f* aguja (poisson).

équimoléculaire [ekɥimɔlekylɛr] *adj* CHIM equimolecular.

équin, e [ekɛ̃, in] *adj* equino, na (chevalin).

équinoxe *m* ASTRON equinoccio.

équinoxial, e *adj* equinoccial.

équipage *m* tripulación *f*, dotación *f* (d'un navire, d'un avion) ‖ (vx) séquito, comitiva *f*, acompañamiento (cortège) ‖ (vx) carruaje de lujo, carroza *f* (voiture de luxe) ‖ (vx) indumentaria *f*, equipo (manière dont on est vêtu) ‖ (vx) MIL bagaje, impedimenta *f* (de voitures, chevaux, etc.) ‖ equipo de cazadores y jauría ‖ membre de l'équipage tripulante ■ en piteux équipage en estado lamentable ‖ être en grand équipage estar vestido de gala.
‖ OBSERV Le mot espagnol equipaje signifie bagage.

équipe *f* equipo *m*; équipe de collaborateurs, de football equipo de colaboradores, de fútbol ‖ cuadrilla (d'ouvriers) ‖ FIG banda, cuadrilla, pandilla; quelle équipe! ¡vaya pandilla! ■ équipe de chercheurs equipo de investigadores ‖ équipe de secours ou de sauvetage equipo de socorro ou de salvamento ■ faire équipe avec asociarse con ‖ travailler en équipe trabajar en equipo ‖ travailler par équipes trabajar por turnos.

équipé, e *adj* equipado, da.
➤ **équipée** *f* aventura (aventure) ‖ escapada (promenade).

équipée *f* calaverada, locura, desatino *m*.
‖ SYN fredaine, frasque calaverada.

équipement *m* equipo, pertrechos *pl* (d'un soldat) ‖ equipo; équipement électrique equipo eléctrico ‖ MAR armamento ■ biens d'équipement bienes de capital ■ dépenses d'équipement gastos de equipamiento ‖ équipements collectifs equipamientos colectivos ‖ équipements publics equipamientos públicos ‖ équipements sportifs equipamientos deportivos ‖ ministère de l'Équipement ministerio encargado de la infraestructura del país.

équipementier *m* fabricante de equipos de automóviles, de aviones, etc.

équiper [3] *v tr* equipar ‖ tripular, dotar de tripulación (un navire, un avion, etc.) ‖ MAR armar.

équipier *m* jugador, compañero de equipo (jeux).

équipollé; équipolé *adj m* BLAS equipolado, escaqueado.

équipollence *f* MATH equipolencia (équivalence).

équipollent, e *adj* equipolente.

équipotentiel, elle [ekɥipɔtɑ̃sjɛl] *adj* equipotencial.

équisétales [ekɥisetal] *f pl* BOT equisetáceas.

équitable *adj* equitativo, va; justo, ta.
‖ SYN juste justo; raisonnable razonable; légitime legítimo.

équitablement *adv* equitativamente.

équitation *f* equitación; faire de l'équitation practicar la equitación.

équité *f* equidad.

équivalence *f* equivalencia ‖ convalidación (d'un diplôme).

équivalent, e *adj & s m* equivalente ‖ PHYS équivalent mécanique de la chaleur equivalente mecánico del calor.

équivaloir [60] *v intr* equivaler.
‖ OBSERV El participio pasado del verbo équivaloir (équivalu) no tiene femenino.

équivoque *adj* equívoco, ca (à double sens). ◇ *f* equívoco *m*.

équivoquer [3] *v intr* usar equívocos.
‖ OBSERV Le verbe espagnol equivocarse signifie se tromper.

érable *m* arce (arbre).

éradication *f* erradicación, extirpación.

éradiquer [3] *v tr* erradicar; éradiquer un mal erradicar un mal.

éraflement *m* rasguño (égratignure) ‖ rozadura *f*, roce (action d'effleurer).

érafler [3] *v tr* rasguñar, arañar (égratigner) ‖ rozar, raspar (effleurer).
➤ **s'érafler** *v pr* arañarse; s'érafler les jambes arañarse las piernas.

éraflure *f* rasguño *m*, arañazo *m* (égratignure) ‖ chasponazo *m*, rozadura (laissée par une balle).

éraillé, e [eraje] *adj* cascada (voix) ‖ deshilachado, da; raído, da (tissus) ‖ arañado, da (éraflé) ‖ (vx) enrojecido, da (paupières, yeux).

éraillement [erajmɑ̃] *m* deshilachamiento, aflojamiento de los hilos de una tela (d'un tissu) ‖ ronquera *f* (voix) ‖ MÉD inversión *f* de los párpados hacia fuera, ectropión *f*.

érailler [3] [eraje] *v tr* enronquecer, cascar (la voix) ‖ deshilachar, aflojar los hilos (d'un tissu).
➤ **s'érailler** *v pr* rozarse, arañarse (érafler).

éraillure [erajyr] *f* rasgón *m*, rasgadura (d'une étoffe) ‖ rasguño *m*, roce *m* (éraflure).

Érasme *n pr* Erasmo.

Ératosthène *n pr* Eratóstenes.

erbium [ɛrbjɔm] *m* erbio (métal).

erbue [ɛrby] ➤ **herbue**.

ère *f* era ‖ FIG era, época; une ère de prospérité una era de prosperidad ‖ en l'an 1050 de notre ère en el año 1050 de nuestra era.
‖ SYN période período; cycle ciclo; époque época; temps tiempo.

Érèbe *n pr* MYTH Erebo, Érebo.

érectile *adj* eréctil.

érectilité *f* erectilidad.

érection *f* erección (d'un monument, d'un tissu organique) ‖ FIG constitución, establecimiento (d'un tribunal).

éreintant, e *adj* FAM matador, ra; reventante; fatigoso, sa.

éreinté, e *adj* extenuado, da.

éreintement *m* derrengamiento (action d'éreinter) ‖ FAM crítica *f* mordaz, vapuleo (critique malveillante).

éreinter [3] *v tr* (p us) desriñonar, derrengar (les reins) ‖ FIG & FAM reventar, desriñonar, derrengar (briser de fatigue) ‖ poner por los suelos, dar un palo, vapulear (critiquer).
➤ **s'éreinter** *v pr* deslomarse, derrengarse ‖ aperrearse (se fatiguer excessivement) ■ s'éreinter à quelque chose ou à faire quelque chose derrengarse ou deslomarse haciendo algo.

éreinteur *adj & s m* FAM crítico mordaz.

érémitique *adj* eremítico, ca.

érepsine *f* erepsina (diastase).

érésipèle ➤ **érysipèle**.

éréthisme *m* eretismo ‖ FIG exaltación *f*, violencia *f* (d'une passion).

Erevan Eriván.

erg [ɛrg] *m* PHYS ergio, erg (unité de travail).

ergastule *m* ergástula *f*, ergástulo (prison à Rome).

ergonomie *f* ergonomía.

ergonomique *adj* ergonómico, ca.

ergostérol *m* MÉD ergosterol.

ergot [ɛrgo] *m* espolón, garrón (des oiseaux) ‖ cornezuelo, tizón (des céréales) ‖ TECHN saliente, uña *f* (d'une pièce de fer) ‖ FIG & FAM dresser ou se lever ou monter sur ses ergots engallarse, gallear.

ergotage; ergotement *m* disputa *f*, porfía *f*.

ergoté, e *adj* provisto, ta de espolones; espolonado, da (qui a des ergots) ‖ AGRIC atacado, da de cornezuelo; atizonado, da.

ergotement ➤ **ergotage**.

ergoter [3] *v tr* FAM ergotizar; ser quisquilloso, sa ‖ discutir, porfiar.

ergoteur, euse *adj & s* ergotista, ergotizante (discuteur).

ergothérapie *f* ergoterapia.

ergotine *f* ergotina.

ergotisme *m* MÉD ergotismo.

éricacées *f pl* BOT ericáceas.

Éridan *m* ASTRON Erídano (constellation).

Érié *n pr* GÉOGR le lac Érié el lago Erie.

ériger [17] *v tr* erigir, levantar (une construction) ‖ crear, instituir; ériger un tribunal crear un tribunal; ériger quelque chose en principe, en loi instituir algo en principio, en ley ‖ FIG elevar, ascender (élever à une certaine condition).
➤ **s'ériger** *v pr* erigirse, constituirse, arrogarse la calidad de; s'ériger en arbitre arrogarse la calidad de árbitro.

érigne; érine *f* MÉD erina (pince).

Erik *n pr* Erik le Rouge Erik el Rojo.

Érin [erin] *n pr f* LITT Erín (nom poétique de l'Irlande).

Érinyes; Érinnyes [erini] *n pr f* MYTH Erinias.

éristique *adj* erístico, ca; controversista. ◇ *m* erístico, filósofo de la escuela de Megara. ◇ *f* erística, controversia.

érithrocyte *m* eritrocito.

erminette ➤ **herminette**.

ermitage *m* ermita *f* ‖ FIG lugar solitario, retiro (site écarté).

ermite *m* ermitaño ‖ **quand le diable fut vieux il se fit ermite** harto de carne, el diablo se metió a fraile. ▨ SYN solitaire solitario; anachorète anacoreta.

Ernest [ernest] *n pr* Ernesto.

Ernestine *n pr* Ernestina.

éroder [3] *v tr* corroer, desgastar ‖ erosionar (la roche).

érogène; érotogène *adj* erógeno, na.

Éros [eros] *n pr* Eros.

érosif, ive *adj* erosivo, va.

érosion *f* erosión ‖ ÉCON **érosion monétaire** quebranto de una moneda. ▨ SYN corrosion corrosión; abrasion abrasión.

Érostrate *n pr* Eróstrato.

érotique *adj* erótico, ca.

érotiquement *adv* de modo erótico.

érotisation *f* erotización.

érotiser [3] *v tr* erotizar.

érotisme *m* erotismo.

érotogène ➤ **érogène**.

érotomane; érotomaniaque *adj & s* erotómano, na.

érotomanie *f* erotomanía.

erpétologie; herpétologie *f* ZOOL herpetología.

erpétologique *adj* herpetológico, ca.

erpétologiste *m* herpetólogo.

errance *f* vagabundeo *m*.

errant, e *adj* errante; errabundo, da ‖ **chevalier errant** caballero andante ‖ **chien errant** perro vagabundo.

errata *m inv* fe *f* de erratas.

erratique *adj* GÉOL errático, ca ‖ MÉD errático, ca; intermitente.

erratum [eratɔm] *m* errata *f*. ▨ OBSERV pl errata.

erre *f* (vx) paso *m*, modo *m* de andar, andares *m pl* ‖ MAR velocidad de un barco que ha parado sus máquinas. ➤ **erres** *f pl* pisadas, huellas (traces de l'animal).

errements *m pl* hábitos, procedimientos rutinarios (routine) ‖ vagabundeo *sing* ‖ extravíos (égarements) ‖ **retomber dans ses anciens errements** volver a las andadas.

errer [4] *v intr* [▷ SYN] errar, vagar ‖ FIG errar, equivocarse (se tromper) ‖ **errer comme une âme en peine** andar como alma en pena. ▨ SYN vaguer vagar; divaguer divagar; vagabonder vagabundear; rôder rondar; tournoyer dar vueltas; FAM tournailler dar vueltas; FAM tourniquer dar vueltas.

erreur *f* [▷ SYN] error *m*, equivocación ‖ yerro *m*, extravío *m* (faute de jugement) ‖ fa-llo *m*; **c'est là une erreur de la nature** es un fallo de la naturaleza ‖ MATH error ■ **erreur de jugement** error de juicio ‖ INFORM erreur d'écriture, de lecture error de escritura, de lectura; **erreur de programmation** error de programación ‖ IMPR **erreur d'impression** errata ‖ **erreur judiciaire** error judicial ‖ **erreur matérielle** error material ‖ **erreur tactique** error táctico ■ **par erreur** por equivocación ‖ **sauf erreur** salvo error ■ **être dans l'erreur** estar equivocado ‖ **faire erreur** equivocarse ‖ **il n'y a pas d'erreur** no cabe la menor duda. ➤ **erreurs** *f pl* extravíos *m*, yerros *m* ‖ **retomber dans les mêmes erreurs** volver a las andadas ou a las mismas. ▨ SYN méprise equivocación, error; bévue descuido; maldonne equivocación, error; aberration aberración; FAM blague gazapo; gaffe metedura de pata, plancha; FAM boulette pifia.

erroné, e *adj* erróneo, a; equivocado, da; errado, da.

ers *m* yero (plante).

ersatz [erzats] *m inv* sucedáneo.

erse [ers] *adj & s m* erso (de la haute Écosse). ◇ *m* LING erso. ◇ *f* MAR estrobo *m*, salvachia (anneau de cordage).

erseau *m* MAR estrobo pequeño (petite erse).

érubescence [erybesɑ̃s] *f* MÉD erubescencia, rubor *m*.

érubescent, e *adj* erubescente.

éructation *f* eructo *m*.

éructer [3] *v intr* eructar. ◇ *v tr* FIG soltar, proferir; **éructer des injures** proferir injurias.

érudit, e [erydi, it] *adj & s* erudito, ta.

érudition *f* erudición.

érugineux, euse *adj* eruginoso, sa; herrumbroso, sa (rouillé).

éruptif, ive *adj* eruptivo, va.

éruption *f* erupción (d'un volcan, de boutons) ‖ salida (des dents, des bourgeons).

érysipèle; érésipèle *m* MÉD erisipela *f*.

érythème *m* eritema (rougeur cutanée).

Érythrée *n pr f* GÉOGR l'Érythrée Eritrea.

érythréen, enne *adj* eritreo, a.

Érythréen, enne *m & f* eritreo, a.

érythrine *f* eritrina.

érythroblaste *m* eritroblasto (cellule).

érythroblastose *f* MÉD eritroblastosis.

érythrosine *f* eritrosina (colorant rouge).

ès *prép* en; **docteur ès lettres** doctor en letras ‖ **ès qualités** en calidad ‖ **licencié ès lettres, sciences** licenciado en letras, ciencias. ▨ OBSERV Ès es síncopa de en les y no puede usarse sino con plural.

E/S (abr écrite de entrée/sortie) E/S.

ESA; Esa (abr de European Space Agency) *f* ESA.

Ésaïe ➤ **Isaïe**.

Ésaü *n pr* Esaú.

ESB (abr de encéphalopathie spongiforme bovine) *f* EEB.

esbigner [3] ➤ **s'esbigner** *v pr* FAM (vieilli) largarse, pirarse, darse el bote.

esbroufe; esbrouffe *f* FAM chulería, jactancia, farol *m*, faroleo *m*, fachenda ‖ **vol à l'esbroufe** robo con violencia ‖ FAM **faire de l'esbroufe** chulearse, darse pisto, farolear, echar faroles.

esbroufer; esbrouffer [3] *v tr* FAM darse pisto, farolear, fachendear.

esbroufeur; esbrouffeur, euse *adj & s* farolero, ra; fanfarrón, ona.

esbrouffe ➤ **esbroufe**.

esbrouffer ➤ **esbroufer**.

esbrouffeur ➤ **esbroufeur**.

escabeau *m* escabel ‖ taburete (tabouret) ‖ escalera *f* (petite échelle).

escabèche *f* CULIN escabeche *m*.

escabelle *f* (p us) escabel *m*.

escadre *f* escuadra.

escadrille [eskadrij] *f* escuadrilla (d'avions) ‖ flotilla (de bateaux).

escadron *m* escuadrón.

escalade *f* escalada, escalamiento *m*, escalo *m* ‖ **vol à escalade** robo por escalo.

escalader [3] *v tr* escalar, trepar.

Escalator® *m* escalera *f* mecánica, escalera *f* automática.

escale *f* escala; **faire escale à** hacer escala en ‖ **faire une escale technique** repostar.

escalier *m* escalera *f* ■ **escalier dérobé** escalera escusada ‖ **escalier de secours** escalera de emergencia ‖ **escalier en colimaçon** escalera de caracol ‖ **escalier roulant** escalera automática, mecánica ‖ **montée en escalier** paso de escalera ■ FAM **faire des escaliers dans les cheveux** hacer trasquilones en el pelo.

escalope *f* escalope *m*, filete *m* de ternera (de viande); **escalope panée** filete de ternera empanado.

escamotable *adj* escamotable.

escamotage *m* escamoteo.

escamoter [3] *v tr* escamotear, escamotar ‖ FIG hurtar, birlar (dérober) ‖ eludir, salvar (une difficulté) ‖ ahorrarse (esquiver) ‖ saltarse (un mot) ‖ AVIAT replegar (le train d'atterrissage).

escamoteur, euse *m & f* escamoteador, ra.

escampette *f* FAM **prendre la poudre d'escampette** tomar las de Villadiego, poner pies en polvorosa.

escapade *f* escapatoria, escapada; **faire une escapade** hacer una escapatoria ou escapada.

escape *f* fuste *m* (d'une colonne).

escarbille [eskarbij] *f* carbonilla.

escarbot [eskarbo] *m* escarabajo (insecte).

escarboucle *f* carbunclo *m*.

escarcelle *f* escarcela, bolsa (bourse) ‖ FIG **faire tomber dans l'escarcelle** barrer para casa (argent).

escargot [eskargo] *m* caracol ‖ **avancer comme un escargot** ir a paso de tortuga. ▨ SYN limaçon, colimaçon caracol; hélix hélice.

escargotière *f* vivero *m* ou criadero *m* de caracoles ‖ plato *m* para caracoles.

escarmouche *f* escaramuza.

escarmoucher [3] *v intr* tener una escaramuza.

escarole *f* escarola (chicorée).

escarotique *adj* & *s m* escarótico, ca; caterético, ca.

escarpe *f* escarpa (ouvrage fortifié).
◇ *m* (vx) bandido (bandit).

escarpé, e *adj* escarpado, da; des rives escarpées orillas escarpadas ▮ empinado, da; escarpado, da; chemin escarpé camino empinado ▮ FIG intrincado, da; difícil.

escarpement *m* escarpadura *f*, escarpa *f*, declive.

escarpin *m* escarpín (chaussure).

escarpolette *f* columpio *m*.

escarre; eschare *f* MÉD escara (croûte).

escarre; esquarre *f* BLAS escuadra.

escarrifier [9] *v tr* MÉD producir una escara en.

Escaut [ɛsko] *n pr m* l'Escaut el Escalda.

eschare ▬ **escarre**.

eschatologie *f* escatología.

eschatologique *adj* escatológico, ca.

esche [ɛʃ] *f* cebo *m* (pour la pêche).

escher [3] *v tr* anzolar.

Eschine *n pr* Esquines.

Eschyle *n pr* Esquilo.

escient [ɛsjɑ̃] *m* à bon escient a propósito, en el momento oportuno ▮ à son escient a sabiendas, a ciencia cierta.

esclaffer [3]
➡ **s'esclaffer** *v pr* reír a carcajadas.

esclandre *m* escándalo, alboroto ▮ faire de l'esclandre ou un esclandre armar un escándalo ou un escándalo.

esclavage *m* esclavitud *f* ▮ FIG esclavitud *f*, dependencia *f*, sujeción *f*.

esclavagisme *m* esclavismo.

esclavagiste *adj* & *s* esclavista.

esclave *adj* & *s* esclavo, va; être esclave de ser esclavo de.

esclavon, onne *adj* & *s* esclavón, ona; esclavonio, nia (d'Esclavonie).

Esclavonie *n pr* HIST l'Esclavonie Esclavonia (ancien nom de la Slavonie).

escogriffe *m* FAM espingarda *f*, zangolotino, grandullón.

escomptable [ɛskɔ̃tabl] *adj* descontable.

escompte [ɛskɔ̃t] *m* descuento ▮ ÉCON escompte de caisse descuento por pronto pago ▮ escompte en dedans descuento racional ou matemático ▮ escompte en dehors descuento comercial ▮ opérations d'escompte operaciones de descuento ▮ règle d'escompte regla de descuento.

escompter [3] [ɛskɔ̃te] *v tr* descontar (un effet) ▮ negociar (un crédit) ▮ (vieilli) gastar anticipadamente (dépenser d'avance) ▮ FIG confiar en, contar con.

escompteur [ɛskɔ̃tœr] *m* banquero que descuenta.

escopette *f* trabuco *m*.
▮ OBSERV Escopeta correspond au mot français fusil (de chasse).

escorte *f* escolta ▮ FIG cortejo *m*, acompañamiento *m*, séquito *m*; la guerre et son escorte d'horreurs la guerra y su séquito de horrores ▮ sous escorte escoltado, da ▪ faire escorte à escoltar a.

escorter [3] *v tr* escoltar.

escorteur *m* MAR escolta *f*, barco de escolta.

escouade *f* (ancien) MIL escuadra ▮ cuadrilla (groupe).

escourgeon *m* AGRIC cebada *f* de invierno ou temprana, alcacel.

ESCP (abr de École supérieure de commerce de Paris) *n pr f* escuela superior de empresariales de París.

escrime *f* esgrima; faire de l'escrime practicar la esgrima.

escrimer [3]
➡ **s'escrimer** *v pr* luchar con la espada (se battre) ▮ s'escrimer à... empeñarse en..., esforzarse en...
▮ OBSERV Le verbe esgrimir n'a pas de forme pronominale en espagnol, il est toujours transitif et équivaut au français brandir.

escrimeur, euse *m* & *f* esgrimidor, ra.

escroc [ɛskro] *m* estafador, timador.
▮ OBSERV La palabra escroc no tiene forma femenina (cette femme est un grand escroc).
▮ SYN filou timador; fripon bribón; larron ladrón; aigrefin petardista; chevalier d'industrie caballero de industria; FAM faisan estafador.

escroquer [3] *v tr* estafar, timar.

escroquerie *f* estafa, timo *m*.

escudo *m* escudo (monnaie).

Esculape *n pr* MYTH Esculapio.

esculine *f* CHIM esculina.

Escurial [ɛskyrjal] *n pr m* l'Escurial el Escorial.

ésérine *f* eserina (alcaloïde).

eskimo ▬ **esquimaud**.

eskuarien, enne; euscarien, enne; euskarien, enne; euskerien, enne *adj* éuscaro, ra.

Eskuarien, enne; Euscarien, enne; Euskarien, enne; Euskerien, enne *m* & *f* vasco, ca, vascongado, da.

Ésope *n pr* Esopo.

ésotérique *adj* esotérico, ca.

ésotérisme *m* esoterismo.

espace *m* espacio; espace vital espacio vital ▮ IMPR & MUS espacio ▪ espace aérien espacio aéreo ▮ espace publicitaire espacio publicitario ▮ espaces verts zonas verdes (dans une ville).
▮ OBSERV Los impresores franceses hacen femenina esta voz.

espace-adresse *m* INFORM espacio de dirección.

espacement *m* espaciamiento ▮ espacio (espace) ▮ INFORM espacement proportionnel espaciamiento proporcional (imprimante).

espacer [16] *v tr* espaciar.

espace-temps *m* espacio tiempo.
▮ OBSERV pl espaces-temps.

espadon *m* espadón, montante (grande épée) ▮ ZOOL pez espada (poisson).

espadrille [ɛspadrij] *f* alpargata.

Espagne *n pr f* GÉOGR l'Espagne España.

espagnol, e *adj* español, la.
➡ **espagnol** *m* LING español.

Espagnol, e *m* & *f* español, la.

espagnolade *f* españolada.

espagnolette *f* falleba (de fenêtre); fermé à l'espagnolette cerrado con falleba.

espagnoliser [3] *v tr* españolizar.

espalier *m* espaldera *f*, espaldar; arbre en espalier árbol en espaldera ▮ espalderas *f pl* (gymnastique) ▮ vigne en espalier viña en emparrado.

espar *m* MAR aparejo ▮ MIL palanca *f* de dirección.

esparcette *f* BOT esparceta (sainfoin).

espaulette ▬ **espolette**.

espèce *f* [▷ SYN] especie; espèce humaine especie humana ▮ clase, índole; des gens de toute espèce gente de toda clase ▮ ganado *m*; espèce chevaline, ovine, porcine ganado caballar, lanar, de cerda ▮ calaña, ralea (race) ▪ FAM espèce de so, pedazo de; espèce d'imbécile! ¡so imbécil! (en s'adressant à une personne), pedazo de imbécil (en parlant d'une troisième personne) ▪ cas d'espèce excepción, caso especial ▮ de la pire espèce de tomo y lomo, de siete suelas.
➡ **espèces** *f pl* metálico *m sing*, efectivo *m sing*, dinero *m sing* contante y sonante; payer en espèces pagar en metálico ▪ espèces sonnantes et trébuchantes dinero contante y sonante ▮ les saintes espèces las especies sacramentales.
▮ OBSERV Pagar en especie équivaut à l'expression française payer en nature.
▮ SYN sorte suerte, clase; genre género, índole; type tipo; manière manera, modo; nature naturaleza; FAM acabit calaña.

espérance *f* esperanza ▪ espérance mathématique, de vie esperanza matemática, de vida ▪ en espérance en perspectiva.
➡ **espérances** *f pl* herencia *sing* posible.

espérantiste *adj* & *s* esperantista.

espéranto *m* esperanto.

espérer [18] *v tr* esperar; espérer une récompense esperar una recompensa ▮ esperar, confiar en; j'espère que vous avez gagné espero que usted haya ganado.
◇ *v intr* esperar en, confiar en; espérer en l'avenir confiar en el porvenir.
▮ OBSERV 1. Esperar en espagnol a le sens d'espérer et celui d'attendre.
2. Espérer va seguido en francés del futuro o del condicional: j'espère qu'il viendra espero que venga; j'espérais qu'il viendrait esperaba que viniera. En la forma negativa se emplea con el subjuntivo: je n'espère pas qu'il vienne no espero que venga.
▮ SYN attendre esperar, aguardar; se promettre prometerse; compter sur, tabler sur contar con; escompter confiar en, contar con; se flatter de jactarse de.

esperluette *f* comercial.

espiègle *adj* & *s* travieso, sa.
▮ SYN FAM lutin diablillo; mutin revoltoso; coquin pícaro; fripon bribón; polisson tunantuelo; diable diablo, demonio.

espièglerie *f* travesura, diablura.

espingole *f* trabuco *m*, naranjero *m*.

espion, onne *adj* & *s* espía; avion espion avión espía.
➡ **espion** *m* espejito para mirar sin ser visto (petit miroir).

SYN agent secret agente secreto; **FAM** mouchard soplón; sycophante sicofanta; indicateur confidente, soplón; **ARG** mouton chivato.

espionnage *m* espionaje ‖ espionnage industriel espionaje industrial ‖ film, roman d'espionnage película, novela de espionaje.

espionner [3] *v tr* espiar.

esplanade *f* explanada.

espoir *m* esperanza *f*; avoir bon espoir tener muchas esperanzas ‖ promesa *f* (débutant qui promet); un espoir de la boxe, du ski una promesa del boxeo, del esquí ■ dans l'espoir de ou que con la esperanza de ou de que ‖ sans espoir sin esperanza ‖ l'espoir fait vivre de esperanza vive el hombre ‖ placer ses espoirs dans confiar en.

espolette; espoulette *f* (p us) **MIL** espoleta.

esponton *m* espontón, media *f* pica (arme).

espoulette ➤ espolette.

espressione
➥ **con espressione** *loc adv* **MUS** con expresión, de una manera expresiva.

espressivo *adj inv & adv* **MUS** expresivo.

esprit *m* espíritu, inspiración *f* divina ‖ espíritu, gracia *f*, don sobrenatural ‖ espíritu, ser incorporal ‖ les anges sont des esprits los ángeles son espíritus ‖ espíritu, alma *f* (principe immatériel) ‖ espíritu, aparecido (être imaginaire); croire aux esprits creer en los espíritus ‖ espíritu (mentalité); l'esprit militaire el espíritu militar ‖ ánimo, espíritu; présence d'esprit presencia de ánimo ‖ carácter, índole *f*, condición *f*; esprit timide carácter tímido; homme de mauvais esprit hombre de mala índole ‖ pensamiento, idea *f*, intención *f*; dans un esprit de justice con una idea de justicia ‖ ideas *f pl*; dans un esprit très voisin con ideas similares ‖ entendimiento, inteligencia *f*; enfant d'esprit borné niño de entendimiento limitado ‖ entendimiento (entendement) ‖ juicio, razón *f*; perdre l'esprit perder el juicio ‖ inteligencia *f*, mente *f*; cultiver son esprit cultivar su inteligencia ‖ ingenio, agudeza *f*; avoir de l'esprit tener ingenio ‖ mente *f*; son esprit est occupé à d'autres choses su mente está ocupada en otras cosas ‖ mentalidad *f*; avoir l'esprit ouvert tener mentalidad abierta ‖ memoria *f*, mente *f*; les souvenirs reviennent dans mon esprit los recuerdos vuelven a mi mente ‖ persona *f*, ser (personne, être); c'est un esprit juste es una persona justa ‖ conciencia *f*; émouvoir les esprits remover las conciencias ‖ mente *f*, cabeza *f*; mettre une idée dans l'esprit de quelqu'un meter una idea en la cabeza de uno; troubler l'esprit trastornar la cabeza ‖ sentido, disposición *f*; l'esprit d'imitation el sentido de la imitación ‖ espíritu, sentido; l'esprit de la loi el espíritu de la ley ‖ **CHIM** espíritu ‖ **GRAMM** espíritu (signe orthographique grec) ■ esprit chagrin carácter triste ‖ esprit-de-bois alcohol metílico ‖ esprit de compétition espíritu de competición ‖ esprit de corps sentido de solidaridad, espíritu corporativo ‖ esprit de famille espíritu de familia ‖ esprit d'équipe espíritu de equipo ‖ esprit-de-sel espíritu de sal ‖ esprit-de-vin espíritu de vino ‖ esprit fort incrédulo, descreído (incrédule), despreocupado (insouciant) ‖ esprit public la opinión pública ■ bel esprit hombre culto, instruido ‖ bon esprit buena

mentalidad, buenas intenciones ‖ état d'esprit estado de ánimo ‖ le Saint Esprit el Espíritu Santo ‖ les grands esprits las mentalidades ou los seres superiores ‖ l'esprit malin el espíritu maligno (le diable) ‖ mauvais esprit malas intenciones ‖ mot ou trait d'esprit rasgo ingenioso, dicho gracioso ou agudo, salida ingeniosa, agudeza *f* ‖ petit esprit persona de pocas entenderas, de pocos alcances ‖ présence d'esprit presencia de ánimo (dans les paroles), sangre fría, serenidad (dans la conduite) ■ d'esprit agudo, da ‖ en esprit en la mente ■ avoir de l'esprit jusqu'au bout des doigts tener gracia ou ingenio por arrobas ‖ avoir le bon esprit de tener la buena idea ou la ocurrencia de ‖ avoir l'esprit bouché ser corto de alcances, estar cerrado de molleras ‖ avoir l'esprit critique tener sentido crítico ‖ avoir l'esprit de contradiction ser el espíritu de la contradicción ‖ avoir l'esprit de suite ser perseverante ou consecuente ‖ avoir l'esprit mal tourné ser mal pensado, pensar mal ‖ entrer dans l'esprit de compenetrarse con (acteur) ‖ faire de l'esprit mostrarse ingenioso, ser gracioso, echárselas de ingenioso ou de gracioso ‖ rendre l'esprit dar el último suspiro, entregar el alma ‖ reprendre ses esprits volver en sí, recobrarse, recuperar el sentido ‖ venir à l'esprit venir a la mente, ocurrírsele a uno.

esq. (abr écrite de esquire) Sr. [título inglés].

esquarre ➤ escarre.

esquif [ɛskif] *m* esquife.

esquille [ɛskij] *f* esquirla (fragment d'un os).

esquimau, aude; eskimo *adj & s* esquimal; chien esquimau perro esquimal.
➥ **esquimau** *m* **LING** esquimal ‖ pelele (combinaison en tricot pour enfant).
➥ **Esquimau**® bombón (helado).

esquintant, e *adj* **FAM** reventador, ra; derrengador, ra (fatigant).

esquinter [3] *v tr* **FAM** reventar, hacer polvo, derrengar (éreinter) ‖ moler a palos, dejar mal parado, dejar molido (battre) ‖ escacharrar, estropear, cargarse (abîmer) ‖ hacer polvo (blesser) ‖ vapulear, poner de vuelta y media, dar un palo, criticar con violencia (un auteur, une pièce).
➥ **s'esquinter** *v pr* reventarse, matarse; s'esquinter à travailler reventarse trabajando.

esquire [ɛskwajœr] *m* señor [título inglés].

esquisse *f* esbozo *m*, bosquejo *m* (ébauche) ‖ boceto *m* (d'un tableau) ‖ resumen *m*, compendio *m* (aperçu général) ‖ inicio *m*, amago *m* (d'un sourire, d'un geste).

esquisser [3] *v tr* esbozar, bosquejar ‖ **FIG** iniciar, amagar, esbozar; esquisser un sourire esbozar una sonrisa.

esquive *f* finta, esquiva, regate *m*.

esquiver [3] *v tr* esquivar ‖ sortear, esquivar; esquiver ses adversaires sortear sus adversarios.
➥ **s'esquiver** *v pr* esquivarse, zafarse (s'enfuir).

essai *m* prueba *f*, ensayo ‖ ensayo (ouvrage littéraire) ‖ prueba *f*; essais nucléaires pruebas nucleares ‖ intento, tentativa *f* (tentative) ‖ ensayo (au rugby) ‖ **CHIM** ensayo, análisis *m* ■ ballon d'essai globo de ensayo ‖ banc d'essai banco de pruebas ‖ centre d'essais

centro de ensayos ‖ coup d'essai primer intento, tentativa ‖ **TECHN** essai de fatigue prueba de fatiga ‖ essai de qualité prueba de calidad ‖ **COMM** essai gratuit prueba gratuita ‖ période d'essai período de prueba ‖ pilote d'essai piloto de prueba ‖ tube à essais tubo de ensayo ■ à l'essai a prueba ‖ faire faire un essai probar, someter a prueba ‖ faire l'essai de probar, ensayar ‖ mettre à l'essai poner a prueba ‖ tourner un bout d'essai hacer una prueba (cinéma).

essaim [ɛsɛ̃] *m* enjambre.

essaimage [ɛsɛma3] *m* enjambrazón *f*.

essaimer [4] [ɛsɛme] *v intr* enjambrar ‖ **FIG** emigrar, dispersarse (émigrer).

essangeage [ɛsɑ̃ʒaʒ] *m* remojo (de linge sale).

essanger [17] *v tr* remojar, echar en remojo [la ropa sucia].

essanvage *m* **AGRIC** escarda *f* [de la mostaza silvestre].

essarder [3] *v tr* **MAR** lampacear.

essarmenter [3] *v tr* **AGRIC** despimpollar, despampanar.

essartage; essartement *m* roza *f*, desbroce, rozamiento.

essarter [3] *v tr* **AGRIC** rozar, desbrozar.

essarts [ɛsar] *m pl* rozas *f*, tierras *f* desbrozadas.

essayage [ɛsɛjaʒ] *m* ensayo, prueba *f* ‖ prueba *f* (d'un vêtement) ■ cabine d'essayage probador ‖ salon d'essayage salón de pruebas, probador.

essayer [11] [ɛsɛje] *v tr* [▷ **SYN**] probar, ensayar (faire l'essai) ‖ probar, probarse (un vêtement); essayer une veste probarse una chaqueta ‖ probar, poner a prueba (un avion, etc.) ‖ contrastar, analizar (métaux).
◇ *v intr* intentar, tratar de; essayer de nager intentar nadar ‖ essayez un peu! ¡inténtelo a ver! (menace) ‖ on peut toujours essayer con intentarlo no se pierde nada, probar no cuesta nada.
➥ **s'essayer** *v pr* ejercitarse; s'essayer à écrire ejercitarse en escribir ‖ ponerse a prueba; s'essayer sur un adversaire ponerse a prueba con un adversario ‖ intentar, probar; s'essayer dans un autre genre d'activité probar otra clase de actividad.

SYN chercher à procurar; tenter intentar; tâcher de hacer por; s'efforcer de esforzarse por; s'efforcer à esforzarse en; s'évertuer à desvelarse por.

essayeur, euse [ɛsɛjœr, øz] *m & f* probador, ra; persona que prueba (les vêtements).
➥ **essayeur** *m* contraste (de métaux).

essayiste [ɛsɛjist] *m* ensayista.

esse *f* ese (crochet double) ‖ **TECHN** escilla, alacrán *m* (agrafe), pezonera (d'un essieu).

ESSEC; Essec (abr de École supérieure des sciences économiques et commerciales) *f* centro privado de enseñanza superior francés que forma a los futuros directivos de la industria y del comercio.

essence *f* esencia; l'essence divine la esencia divina ‖ esencia; essence de roses esencia de rosas ‖ especie (arbre) ‖ gasolina, bencina [(Amér) nafta]; pompe à essence surtidor de gasolina; prendre de l'essence poner gasolina ▌FIG par essence por esencia, por definición.

essentiel, elle *adj* esencial ▌huile essentielle aceite volátil.
- ➤ **essentiel** *m* lo esencial; l'essentiel est d'être honnête lo esencial es ser honrado ▪ l'essentiel de la mayor parte de (la majeure partie) ▌l'essentiel d'une œuvre lo esencial de una obra ▪ c'est l'essentiel es lo esencial (ce qui importe) ▌emporter l'essentiel llevarse lo esencial.

essentiellement *adv* esencialmente.

esseulé, e *adj* solo, la; abandonado, da.

essieu *m* eje (d'une roue) ▌demi-essieu semieje.

Essonne *n pr f* GÉOGR Essonne (département); dans l'Essonne en Essonne.

essor *m* [▷ SYN] vuelo (vol); prendre son essor tomar el vuelo ▌FIG desarrollo, progreso, expansión *f*; l'essor de l'industrie el desarrollo de la industria ▪ plein essor auge ▪ donner essor à son imagination dar libre curso a su imaginación.
▌ SYN vol vuelo; volée volada; envol vuelo.

essorage *m* escurrido (à la main) ▌centrifugado (en machine).

essorer [3] *v tr* escurrir (à la main) ▌centrifugar (en machine).

essoreuse *f* secadora (appareil indépendant) ▌escurridor *m*, centrifugadora *f* (dans une machine à laver) ▌turbina centrífuga (dans une raffinerie de sucre).

essouchement; essouchage *m* AGRIC descepamiento, descuaje.

essoucher [3] *v tr* AGRIC descepar, descuajar, artigar.

essoufflé, e *adj* sin aliento; ahogado, da; sofocado, da; jadeante.

essoufflement *m* ahogo, sofoco ▌jadeo; les courses produisent l'essoufflement las carreras producen jadeo.

essouffler [3] *v tr* ahogar, sofocar, dejar sin aliento.
- ➤ **s'essouffler** *v pr* ahogarse, sofocarse, perder el aliento.

essuie-glace [esɥiglas] *m* limpiaparabrisas; essuie-glace arrière limpiaparabrisas trasero.
▌ OBSERV pl essuie-glaces.

essuie-mains *m inv* toalla *f*, paño de manos.

essuie-meubles *m inv* gamuza *f* para quitar el polvo a los muebles.

essuie-pieds *m inv* limpiabarros, felpudo, estera *f* para limpiarse los pies.

essuie-tout *m inv* bayeta *f*.

essuie-verres *m inv* trapo para secar los vasos.

essuyage [esɥijaʒ] *m* enjugamiento (avec une éponge), secado.

essuyer [14] [esɥije] *v tr* secar; essuyer un verre secar un vaso ▌secar, secarse; essuyer ses mains secarse las manos ▌enjugar (le front, les larmes) ▌quitar el polvo de, limpiar (nettoyer); essuyer les meubles quitar el polvo de los muebles ▌limpiar, limpiarse (les pieds) ▌FIG sufrir, experimentar; essuyer une défaite sufrir una derrota ▌aguantar, soportar (une tempête, un ouragan) ▪ essuyer des coups de feu sufrir un tiroteo, ser tiroteado ▌essuyer

la vaisselle secar los platos ▌essuyer les larmes enjugar las lágrimas ▌FAM essuyer les plâtres estrenar una casa ou un local (habiter une maison neuve), ser telonero (au théâtre), pagar la novatada (dans une affaire nouvelle) ▌essuyer un refus recibir una negativa (en général), recibir calabazas (un amoureux).

essuyeur, euse [esɥijœr, øz] *adj & s* enjugador, ra; secador, ra.

est [ɛst] *m* este ▪ (ancien) les pays de l'Est los países del Este ▌vent d'est viento del Este.

establishment *m* (mot anglais) establishment.

estacade *f* estacada.

estafette *f* estafeta (courrier).

estafier *m* (ancien) lacayo (laquais) ▌matón, espadachín (spadassin).

estafilade *f* cuchillada, tajo *m*, chirlo *m* (coupure au visage) ▌rasgón *m* (dans un vêtement).

estagnon *m* lata *f*, bidón (d'huile, d'essence).

estain [ɛstɛ̃] *m* MAR aleta *f*.

est-allemand, e *adj* de Alemania del Este.

estamet [ɛstamɛ] *m*; **estamette** [ɛstamɛt] *f* TECHN estameñete *m*.

estaminet [ɛstaminɛ] *m* café, cafetín (petit café).

estampage *m* estampado, estampación *f* (impression) ▌acuñación *f*, troquelamiento (frappe) ▌FAM timo, estafa *f* (escroquerie).

estampe *f* lámina, estampa ▌punzón *m*, cuño *m* (de graveur) ▌cabinet des estampes sección de estampas.
▌ OBSERV Estampa a aussi en espagnol le sens d'image.

estamper [3] *v tr* estampar (imprimer) ▌acuñar, troquelar (frapper) ▌herrar, marcar con hierro (marquer avec un fer chaud) ▌FAM sacar dinero, timar, estafar (soutirer de l'argent).

estampeur *m* estampador ▌FAM timador.

estampillage [ɛstɑ̃pijaʒ] *m* estampillado.

estampille [ɛstɑ̃pij] *f* estampilla, sello *m* (marque).

estampiller [3] [ɛstɑ̃pije] *v tr* estampillar.

estarie; starie *f* MAR estadía.

est-ce que? *loc adv interr* est-ce que tu viens? ¿vienes?; où est-ce que tu es? ¿dónde estás?

este ➤ **estonien**.

ester *v intr* DR promover acción en justicia.
▌ OBSERV Este verbo sólo se emplea en infinitivo.

ester [ɛster] *m* CHIM éster.

estérification *f* CHIM esterificación.

estérifier [9] *v tr* CHIM esterificar.

esterlin *m* esterlina.

Esther *n pr* Ester.

esthète *m & f* esteta.

esthéticien, enne *m & f* esteta (qui s'occupe d'esthétique).
- ➤ **esthéticienne** *f* esteticista, esthéticienne, especialista de un instituto de belleza (soins de beauté) ▌esthéticienne diplômée diplomada en belleza.

esthétique *adj & s f* estético, ca; chirurgie esthétique cirugía estética ▌esthétique industrielle diseño industrial.

esthétiquement *adv* estéticamente, de manera estética (de façon esthétique) ▌estéticamente, desde el punto de vista de la estética (d'un point de vue esthétique).

esthétisant, e *adj* PÉJ que da prioridad a los criterios estéticos.

esthétisme *m* estetismo.

estimable *adj* estimable.

estimateur *m* estimador, tasador.

estimatif, ive *adj* estimatorio, ria.

estimation *f* estimación, tasación, valoración (évaluation) ▌previsión; estimation des récoltes previsión de cosechas ▌d'après mes estimations según mis estimaciones ou previsiones.

estimatoire *adj* estimatorio, ria.

estime *f* estima, estimación, aprecio *m* ▌MAR estima ▪ à l'estime aproximadamente ▌succès d'estime éxito de prestigio ▪ avoir de l'estime pour quelqu'un tener aprecio ou estima a alguien ▌tenir en grande estime tener en mucho.

estimé, e *adj* estimado, da (apprécié) ▌estimado, da, valorado, da (évalué).

estimer [3] *v tr* [▷ SYN] estimar, valorar, apreciar, tasar (évaluer) ▌estimar, apreciar; j'estime beaucoup cette personne aprecio mucho a esta persona ▌suponer, considerar, juzgar; je l'estime fou le supongo loco ▌pensar, considerar, estimar; il estima que le moment était venu pensó que el momento había llegado.
- ➤ **s'estimer** *v pr* estimarse, considerarse ▌on peut s'estimer heureux si... y gracias si..., podemos dar las gracias si...
▌ SYN priser tasar; évaluer valorar, valuar; apprécier apreciar; supputer suputar; considérer considerar; jauger juzgar.

estivage *m* veranada *f*, agostadero (des troupeaux).

estival, e *adj* estival; veraniego, ga ▌station estivale estación estival ou veraniega.

estivant, e *m & f* veraneante.

estivation *f* letargo *m* de ciertos animales en verano.

estive *f* MAR estiba (lest).

estiver [3] *v tr* MAR estibar ▌llevar en verano a la montaña (les troupeaux).
- ◇ *v intr* veranear, pasar el verano en la montaña (le bétail).

estoc [ɛstɔk] *m* estoque (arme blanche) ▌cepa *f* (d'un arbre) ▪ coup d'estoc estocada ▌couper à blanc estoc cortar los árboles a flor de tierra ▌frapper d'estoc et de taille tirar tajos y estocadas.

estocade *f* estocada (coup d'estoc).

estomac [ɛstɔma] *m* estómago ▪ creux de l'estomac boca del estómago ▪ FIG avoir de l'estomac tener mucho estómago ou mucho corazón, tener agallas, ser atrevido ▌avoir l'estomac creux ou un creux dans l'estomac tener el estómago vacío, tener un vacío en el estómago ▌avoir l'estomac dans les talons tener el estómago en los pies, ladrarle a uno el estómago ▌FAM avoir quelque chose sur l'estomac no poder tragar ou digerir algo, atragantársele algo a uno| **avoir un estomac d'autruche** tener un estómago de piedra, digerir bien.

estomaqué, e *adj* pasmado, da.

estomaquer [3] *v tr* FAM dejar turulato, patitieso, pasmado.

estompage; estompement *m* difuminación *f*, esfumación *f*.

estompe *f* difumino *m*, esfumino *m* (objet pour estomper) ‖ dibujo al difumino (dessin).

estompement ➤ **estompage**.

estomper [3] *v tr* difuminar, esfumar (frotter avec l'estompe) ‖ difuminar, sombrear, desdibujar (couvrir d'une ombre légère) ‖ FIG esfumar, velar (voiler).

➤ **s'estomper** *v pr* FIG borrarse, difuminarse.

Estonie *n pr f* GÉOGR l'Estonie Estonia.

estonien, enne *adj* estonio, nia.
➤ **estonien; este** *m* LING estonio.

Estonien, enne *m & f* estonio, nia.

estouffade ➤ **étouffée**.

estourbir [32]
➤ **s'estourbir** *v pr* FAM despenar, cargarse (tuer).

estrade *f* [▷ SYN] estrado *m*, tarima ‖ (vx) **battre l'estrade** batir la estrada, reconocer el terreno.
| SYN chaire púlpito (église), cátedra (collège); tribune tribuna.

estragon *m* BOT estragón, dragoncillo.

estramaçon *m* (ancien) mandoble (épée).

estran *m* costa *f* arenosa baja.

estrapade *f* estrapada, tormento *m* de la garrucha (supplice) ‖ salto *m* de carnero (équitation).

estrapader [3] *v tr* dar el tormento de la estrapada.

estrapasser [3] *v tr* fatigar, cansar (un cheval).

Estrémadure *n pr f* GÉOGR l'Estrémadure Extremadura.

estrope *m* MAR gaza *f*, estrobo.

estroper [3] *v tr* MAR engazar.

estropié, e *adj & s* lisiado, da; tullido, da; **un mendiant estropié** un mendigo lisiado.

estropier [9] *v tr* lisiar, tullir (une personne) ‖ FIG estropear, desgraciar, desfigurar; **estropier un vers** estropear un verso.

estuaire [ɛstчɛr] *m* estuario, estero, desembocadura *f* (embouchure).

estudiantin, e *adj* estudiantil.

esturgeon [ɛstyrʒɔ̃] *m* esturión (poisson).

et [e] *conj* y ‖ **et alors?** y ¿qué? ‖ **et (puis) après?** y ¿qué?
| OBSERV La conjonction y est remplacée en espagnol par e devant les mots commençant par i ou hi lorsque ce i est une vraie voyelle et non une semi-consonne (Federico e Isabel, mais cobre y hierro). D'autre part, si cette conjonction a une valeur tonique dans l'interrogation, on doit la conserver sans aucune modification (¿y Isabel?).

ét. (abr écrite de **étage**) planta *f*.

ETA (abr de Euskadi ta Askatasuna) *f* ETA.

êta *m* eta *f* (lettre grecque).

étable *f* establo *m*.
| SYN écurie cuadra; bergerie aprisco; bercail redil; porcherie pocilga, porqueriza; bouverie boyera, boyeriza, boil; vacherie vaquería.

établer [3] *v tr* meter en el establo, estabular.

établi *m* banco (de menuisier, de serrurier, etc.) ‖ mesa *f* (du tailleur).

établir [32] *v tr* [▷ SYN] establecer, instalar (installer) ‖ fijar; **établir sa résidence à Paris** fijar su residencia en París ‖ establecer, instituir (instaurer) ‖ colocar, buscar un puesto, situar, establecer (procurer une situation) ‖ fijar, hacer (devis, compte) ‖ hacer constar; **établir ses droits** hacer constar sus derechos ‖ establecer, abrir (un établissement) ‖ asentar, establecer (un principe, un argument) ‖ MAR establecer, colocar, izar (une voile) ■ **établir sa suprématie** probar su supremacía ‖ **il est établi que** queda bien sentado que.

➤ **s'établir** *v pr* establecerse; **s'établir à Madrid** establecerse en Madrid ‖ fijar la residencia, domiciliarse, afincarse, radicarse (se domicilier) ‖ instalarse ‖ **s'établir à son compte** establecerse por su cuenta ‖ **s'établir boulanger** poner una panadería.
| SYN ériger erigir; fonder fundar; instaurer instaurar; instituer instituir; baser basar; implanter implantar; asseoir sentar, asentar; dresser alzar; appuyer apoyar.

établissement *m* [▷ SYN] establecimiento ‖ elaboración *f*, cálculo; **établissement du budget** elaboración del presupuesto ‖ fijación *f* de la residencia ‖ institución *f* ‖ **établissement de bains** balneario ‖ ÉCON **établissement de crédit** instituto ou entidad de crédito ou de financiación ‖ **établissement hospitalier** establecimiento hospitalario ‖ **établissement industriel** establecimiento industrial ‖ **établissement scolaire** establecimiento escolar.
| SYN maison casa; entreprise empresa; firme firma.

étage *m* piso, planta *f*; **immeuble de huit étages** casa de ocho pisos ‖ piso, capa *f*, estrato (division superposée) ‖ zona *f*, nivel (de compression, etc.) ‖ piso, capa *f* (couche géologique) ‖ cuerpo (d'une fusée) ‖ FIG estado, posición *f* social (classe sociale) ■ **à l'étage** en el primer piso ‖ **au 2e étage** en el segundo piso ‖ FIG **de bas étage** de baja categoría (médiocre) ‖ **gens de bas étage** gente de baja estofa, de escalera abajo.

étagement *m* escalonamiento.

étager [17] *v tr* escalonar.

étagère *f* estantería, estante *m* (meuble) ‖ anaquel *m*, plúteo *m*, estante *m*, entrepaño *m* (tablette).

étai *m* puntal (poutre de soutien) ‖ FIG sostén, apoyo, amparo (soutien) ‖ MAR estay (cordage) ‖ MAR **faux étai** contraestay.

étaiement [etɛmɑ̃]; **étayage** [etɛjaʒ] *m* apuntalamiento.

étain [etɛ̃] *m* estaño.

étal [etal] *m* tabla *f* de carnicero (de boucher) ‖ carnicería *f* (boutique de boucher) ‖ puesto (dans les marchés).
| OBSERV La palabra étal tiene dos formas en plural: étaux o étals.

étalage *m* [▷ SYN] escaparate (d'un magasin) ‖ muestrario (marchandises exposées) ‖ étalaje

(d'un fourneau) ‖ FIG gala *f*, ostentación *f* (exhibition) ‖ **faire étalage de** hacer alarde de.
| SYN montre, devanture, vitrine escaparate; éventaire escaparate, exterior.

étalager [17] *v tr* poner, exponer en el escaparate.

étalagiste *adj & s* escaparatista, decorador, ra de escaparates.

étale *adj* MAR quieto, ta; estacionario, ria; **mer étale** mar quieta ou estacionaria.
◇ *m* momento en que la marea no sube ni baja.

étalement *m* exposición *f*, presentación *f* ‖ escalonamiento; **étalement des vacances** escalonamiento de las vacaciones ‖ FIG ostentación *f*, alarde (ostentation).

étaler [3] *v tr* exponer ou poner en el escaparate, mostrar (exposer) ‖ desplegar, extender (déployer) ‖ extender (étendre) ‖ distribuir, repartir; **étaler une dépense sur cinq ans** repartir un gasto en cinco años ‖ escalonar; **étaler des paiements** escalonar los pagos ‖ FAM echar por tierra, tirar al suelo (faire tomber) ‖ FIG ostentar, hacer alarde ou hacer gala de; **étaler un grand luxe** hacer alarde de un gran lujo ‖ MAR aguantar, mantenerse contra la marea ‖ **étaler son jeu** enseñar las cartas, poner las cartas boca arriba.
➤ **s'étaler** *v pr* desplegarse, extenderse ‖ FAM recostarse, tenderse (s'étendre) ‖ caer cuan largo se es, caer por tierra (tomber).

étalier, ère *adj & s m* tablajero, ra; que trabaja para un carnicero.

étalinguer [3] *v tr* MAR entalingar.

étalingure *f* MAR entalingadura.

étalon *m* caballo padre, semental (cheval) ‖ marco, patrón de pesos y medidas (unité de référence) ‖ patrón; **étalon-or** patrón oro ‖ **âne étalon** garañón.

étalonnage; étalonnement *m* contraste.

étalonner [3] *v tr* contrastar (poids et mesures) ‖ marcar (marquer) ‖ cubrir (une jument).

étamage *m* estañado (des métaux) ‖ azogamiento (des miroirs).

étambot [etɑ̃bo] *m* MAR codaste.

étambrai *m* MAR fogonadura *f*.

étamer [3] *v tr* estañar (recouvrir d'étain) ‖ azogar (miroir).

étameur *m* estañador (de métaux) ‖ azogador (de miroirs).

étamine *f* estameña (tissu) ‖ tamiz *m*, cedazo *m* (butoir) ‖ BOT estambre *m* (de fleur) ‖ FIG **passer à ou par l'étamine** pasar por el cedazo.

étampage *m* estampado.

étampe *f* TECHN puntero *m*, punzón *m* de herrero (burin) ‖ cuño *m*, molde *m*, troquel *m* (coin, matrice).

étamper [3] *v tr* TECHN estampar, acuñar (les métaux) ‖ hacer claveras en (un fer à cheval).

étamperche; étemperche *f* alma [de andamio].

étampeur *m* estampador.

étampure *f* clavera (d'un fer à cheval).

étamure *f* estañado *m*, estañadura.

étanche *adj* estanco, ca; impermeable; **récipient étanche** recipiente estanco ‖ hermético, ca ▌MAR cloison étanche mamparo estanco ▌étanche à l'eau estanco al agua.

étanchéité [etɑ̃ʃeite] f calidad de estanco, estanquidad, hermeticidad, impermeabilidad ▌cierre m hermético; **segment d'étanchéité** segmento de cierre hermético.

étanchement m estancación f, estancamiento.

étancher [3] v tr estancar (un liquide) ▌restañar (le sang) ▌FIG apagar, quitar, aplacar (la soif) ▌enjugar (les larmes) ▌MAR achicar (vider l'eau), tapar (une voie d'eau), cerrar herméticamente (rendre étanche) ▌**étancher les larmes de quelqu'un** ser el paño de lágrimas de alguien.

étançon [etɑ̃sɔ̃] m puntal, asnilla f (maçonnerie) ▌AGRIC vilorta f (de charrue).

étançonnement m apuntalamiento (d'un mur).

étançonner [3] v tr apuntalar, jabalconar.

étang [etɑ̃] m estanque (artificiel) ▌[▷ SYN] albufera f (naturel).
▌ SYN lac lago; lagune laguna.

étape f etapa ■ **brûler les étapes** quemar etapas ▌**brûler l'étape** no detenerse en la etapa ▌**faire étape à** hacer etapa en.
▌ SYN halte alto; escale escala.

étarquer [3] v tr MAR izar a reclamar, tesar (raidir une voile).

état [eta] m [▷ SYN] estado; **blessé dans un état grave** herido en un estado grave; **bâtiment en bon état** edificio en buen estado ▌estado (liste énumérative, inventaire); **état du personnel** estado del personal ▌posición f (situation) ▌relación f, estado (compte); **état des dépenses** relación de gastos ▌profesión f, situación f profesional ▌Estado; **les États-Unis** Estados Unidos; **État républicain** Estado republicano ■ **état civil** estado civil ▌**état d'alerte** estado de alarma ▌**état d'âme** estado de ánimo, de alma ▌**état de choses** situación, estado de cosas ▌RELIG **état de grâce** estado de gracia ▌**état de guerre** estado de guerra ▌**état de la matière** estado de la materia ▌**état de nature** estado salvaje ▌**état de santé** estado de salud ▌**état de services** hoja de servicios ▌**état de siège** estado de sitio ▌**état des lieux** estado de la vivienda (d'un immeuble), estado del lugar de un suceso (d'un endroit) ▌**état d'esprit** estado de ánimo ▌**état de veille** estado de vigilia ▌**état-major** estado mayor ▌**État membre** Estado miembro ▌**état placé sous tutelle** estado en fideicomiso ▌**les États barbaresques** los Estados berberiscos ▌**les États du Golfe** los Estados del Golfo ▌HIST **les États généraux** los Estados Generales ■ **affaire d'État** asunto de Estado ▌**chef d'État** jefe de Estado ▌**coup d'État** golpe de Estado ▌**homme d'État** estadista ▌**le tiers état** el estado llano, la clase media ▌**raison d'État** razón de Estado ■ **de son état** de oficio; **être menuisier de son état** ser carpintero de oficio ▌**en état** en buen estado ▌**en état de** en condiciones de, en estado de, apto para ▌**en état de grâce** en estado de gracia ▌**en état de marche** en estado de funcionamiento ▌**en état d'ivresse** en estado de embriaguez ▌**en l'état** en estas condiciones, en la ocurrencia ▌**en mauvais état** en mal estado ▌**en tout état de cause** de todos modos, en todo caso ■ **être dans tous ses états** estar fuera de sí, estar frenético

▌**être dans un bel état** estar hecho una lástima, estar que da gusto verle a uno ▌**être hors d'état** estar inutilizable, fuera de uso ▌**faire état de** tener en cuenta (tenir compte), valerse de (se servir) ▌**l'État c'est moi** el Estado soy yo ▌**mettre en état** poner en condiciones (rendre propre à), arreglar, reparar (arranger) ▌**mettre hors d'état** imposibilitar, inutilizar ▌**remettre en état** reparar, poner en condiciones.
▌ SYN situation situación; condition condición; sort suerte; position posición.

LES ÉTATS GÉNÉRAUX ──────────────
Asamblea consultiva integrada por los representantes de los tres estados: clero, nobleza y Tercer Estado. Convocada por primera vez en 1302 por Felipe el Hermoso, mantuvo turbulentas relaciones con la monarquía que muchas veces intentó servirse de ella. Se reunió por última vez en mayo de 1789 en el "Jeu de Paume" de Versalles, donde los miembros del Tercer Estado juraron no separarse antes de conseguir establecer una constitución.

étatique adj estatal.

étatisation f nacionalización.

étatiser [3] v tr nacionalizar.

étatisme m estatismo.

étatiste adj & s partidario, ria del estatismo.

état-major m estado mayor; **les états-majors des partis** los estados mayores de los partidos ▌plana f mayor (d'un régiment).
▌ OBSERV pl états-majors.

états-unien, enne adj estadounidense.
▌ OBSERV pl états-uniens, états-uniennes.

États-Unien, enne n & f estadounidense.
▌ OBSERV pl États-Uniens, États-Uniennes.

États-Unis [etazyni] n pr m pl GÉOGR **les États-Unis** los Estados Unidos (de América).

étau m torno (d'établi) ▌FIG **être pris ou serré comme dans un étau** estar atenazado.

étau-limeur m limadora f.
▌ OBSERV pl étaux-limeurs.

étayage [etejaʒ]; **étayement** [etɛjmɑ̃] m apuntalamiento.

étayer [11] [eteje] v tr apuntalar (soutenir avec des étais) ▌FIG apoyar, sostener; **étayer de citations** apoyar con citas.

etc. (abr écrite de et cetera, et cætera) etc.

et cetera; et cætera loc adv etcétera.
▌ OBSERV Esta expresión se emplea casi exclusivamente en forma abreviada: etc.

été m verano, estío ▌**été de la Saint-Michel** veranillo de San Miguel ou del membrillo.

éteignoir [etɛɲwar] m apagador, apagavelas ▌FAM aguafiestas (trouble-fête) ▌FAM gorro de dormir (bonnet de nuit).

éteindre [81] [etɛ̃dr] v tr apagar, extinguir; **éteindre la lumière** apagar la luz ▌FIG apagar, aplacar, calmar (calmer la soif, la colère, etc.) ▌extinguir (anéantir) ▌amortizar (amortir) ▌amortiguar (le son, etc.) ▌destruir, disipar, borrar; **éteindre un souvenir** borrar un recuerdo ▌apagar (la couleur, le regard).
◆ **s'éteindre** v pr apagarse ▌FIG extinguirse, apagarse (mourir).

éteint, e [etɛ̃, ɛ̃t] adj apagado, da; **un regard éteint** una mirada apagada ▌**chaux éteinte** cal muerta ou apagada.

étemperche ⟶ **étamperche**.

étendage m tendido.

étendard [etɑ̃dar] m estandarte ▌FIG **il a levé l'étendard de la révolte** ha sido el abanderado de la revolución.

étendoir m tendedero (pour étendre le linge) ▌secadero (séchoir) ▌IMPR colgador.

étendre [73] v tr [▷ SYN] extender; **étendre les ailes** extender las alas ▌esparcir (répandre) ▌tender (étaler) ▌alargar, extender (allonger) ▌tender, acostar (coucher) ▌derribar (renverser) ▌colgar, tender (du linge) ▌aguar (en ajoutant de l'eau) ▌FAM catear, dar calabazas (à un examen); **je me suis fait étendre** me han cateado ▌FIG ampliar, extender; **étendre ses connaissances** ampliar sus conocimientos.
◆ **s'étendre** v pr extenderse ▌tenderse, acostarse (se coucher) ▌FIG extenderse, hablar extensamente; **s'étendre sur un sujet** hablar extensamente sobre un tema.
▌ SYN allonger estirar; déployer desplegar; étaler desplegar; étirer estirar; développer desarrollar.

étendu, e adj extenso, sa; amplio, plia; **des connaissances étendues** conocimientos muy amplios ▌extendido, da; desplegado, da; **les ailes étendues** las alas extendidas ▌extendido, da; tendido, da (allongé).

étendue f extensión, superficie (surface) ▌extensión, duración (durée) ▌amplitud, extensión; **l'étendue d'un désastre** la extensión de un desastre.

éternel, elle adj eterno, na.
◆ **éternel** m lo eterno ▌**l'Éternel** el Padre Eterno.
▌ SYN sempiternel sempiterno; immortel inmortal; perpétuel perpetuo; impérissable imperecedero; continuel continuo; pérenne perenne; perdurable perdurable.

éternellement adv eternamente.

éterniser [3] v tr eternizar.
◆ **s'éterniser** v pr eternizarse.

éternité f eternidad ■ **de toute éternité** de tiempo inmemorial, de siempre ▌**il y a une éternité que, depuis une éternité** hace siglos que, hace una eternidad que.

éternuement [etɛrnymɑ̃] m estornudo.

éternuer [7] [etɛrnɥe] v intr estornudar.

étésien adj m etesio (vent).

étêtage; étêtement m descabezamiento ▌desmoche, descope (d'un arbre).

étêter [4] v tr descabezar (un clou, une épingle) ▌desmochar, descopar (un arbre).

éteuf m (ancien) pelota f (balle).

éteule f rastrojo m.

éthane m CHIM etano.

éthanol adj etanol.

éther m éter.

éthéré, e adj etéreo, a ▌POÉT **la voûte éthérée** la bóveda etérea ou celeste.

éthérification f CHIM eterificación.

éthérifier [9] v tr CHIM eterificar.

éthérisation f MÉD eterización.

éthériser [3] v tr MÉD eterizar.

éthérisme m eterismo.

Ethernet m INFORM Ethernet.

éthéromane adj & s eterómano, na.

éthéromanie f eteromanía.

Éthiopie n pr f GÉOGR l'Éthiopie Etiopía.

éthiopien, enne adj etíope, etiope.
➤ **éthiopien** m LING etíope.

Éthiopien, enne m & f etíope.

éthique adj & s f ético, ca.

ethmoïdal, e adj etmoidal.

ethmoïde adj & s etmoides (os du crâne).

ethnarchie [ɛtnarʃi] f etnarquía.

ethnarque m etnarca.

ethnie f etnia (race).

ethnique adj étnico, ca.

ethnocentrique adj etnocéntrico, ca.

ethnocentrisme m etnocentrismo.

ethnographe m etnógrafo.

ethnographie f etnografía (étude des races).

ethnographique adj etnográfico, ca.

ethnologie f etnología.

ethnologique adj etnológico, ca.

ethnologue m etnólogo.

éthologie f etología (science des mœurs).

éthologique adj etológico, ca.

éthuse ➤ æthusa.

éthyle m CHIM etilo.

éthylène m CHIM etileno.

éthylénique adj etilénico, ca.

éthylique adj etílico, ca.

éthylisme m etilismo.

étiage m estiaje (d'une rivière).

Étienne n pr Esteban.

étier m canal de salida.

étincelant, e adj chispeante, centelleante, resplandeciente (qui étincelle) ‖ relumbrante, refulgente, deslumbrante, reluciente (brillant) ‖ FIG brillante (style) ‖ fulgurante (de joie) ‖ centelleante (de colère).

étinceler [24] v intr [▷ SYN] chispear, destellar (jeter des étincelles) ‖ relumbrar, relucir (briller) ‖ FIG centellear (de colère) ‖ chispear (de joie, d'esprit) ‖ brillar, resplandecer.
  SYN scintiller centellear, cintilar; pétiller chisporrotear, chispear.

étincelle f [▷ SYN] chispa ‖ fulgor m, brillo m (brillant éclat) ‖ FIG destello m, chispa ■ ÉLECTR étincelle de rupture chispa de ruptura ‖ jeter des étincelles echar chispas.
  SYN bluette centella; flammèche pavesa.

étincellement m centelleo, destello ‖ FIG resplandor, brillo.

étiolement m marchitamiento, marchitez f, ajamiento, ahilamiento (des plantes) ‖ descoloración f, palidez f (de la peau) ‖ FIG debilitamiento, debilitación f, marchitamiento (affaiblissement).

étioler [3] v tr ajar, marchitar (les plantes) ‖ descolorar, palidecer (la peau) ‖ FIG debilitar (affaiblir).

étiologie f etiología (science des causes).

étique adj ético, ca; hético, ca (décharné).

étiquetage [etiktaʒ] m acción f de poner etiquetas, etiquetado ‖ FIG clasificación f.

étiqueter [27] [etikte] v tr poner etiquetas, etiquetar ‖ FIG clasificar (classer).

étiqueteur, euse [etiktœr, øz] m & f persona que pone etiquetas.
➤ **étiqueteuse** f etiquetadora.

étiquette f etiqueta, membrete m, marbete m (petit écriteau) ‖ tejuelo m (au dos d'un livre) ‖ etiqueta (cérémonial) ‖ INFORM etiqueta.

étirable adj estirable.

étirage m estirado, estiraje (action d'étirer) ‖ laminado (laminage) ‖ banc d'étirage hilera de estirar.

étirement m estiramiento.

étirer [3] v tr estirar (étendre) ‖ bojar (le cuir).
➤ **s'étirer** v pr FAM desperezarse, estirarse.

étireur, euse m & f TECHN estirador, ra.
➤ **étireuse** f hilera de estirar, máquina estiradora.

étoc [etɔk] m MAR arrecife, escollo (tête de rocher).

étoffe f tela, tejido m (tissu); étoffe mélangée tela de mezclilla ‖ FIG materia, asunto m (sujet) ‖ FIG & FAM ralea, calaña, origen m; personne de basse étoffe persona de baja ralea ‖ madera (d'une personne); il a de l'étoffe tiene madera ‖ TECHN acero m común ■ avoir l'étoffe de tener pasta ou madera de ‖ tailler en pleine étoffe despacharse a su gusto.
➤ **étoffes** f pl IMPR gastos m generales.

étoffé, e adj lleno, na; henchido, da; rico, ca (plein de) ‖ grueso, sa; corpulento, ta (gros) ‖ sustancioso, sa (discours, etc.) ‖ potente, fuerte (voix).

étoffer [3] v tr forrar, tapizar (garnir d'étoffe) ‖ FIG vestir (garnir) ‖ dar consistencia a, dar cuerpo a (un roman, etc.).

étoile f ASTRON estrella ‖ lucero m, estrella (tache sur le front des chevaux) ‖ estrellón m (pièce d'artifice) ‖ estrella (artiste); danseur, danseuse étoile bailarín, bailarina estrella ‖ FIG estrella, hado m ‖ IMPR asterisco m, estrella ■ étoile de mer estrellamar, estrella de mar ‖ ASTRON étoile du berger ou du matin lucero del alba ‖ étoile du soir estrella vespertina ‖ étoile filante estrella fugaz ‖ étoile polaire estrella polar ■ à la belle étoile al raso, al sereno ‖ être né sous une bonne étoile haber nacido con buena estrella.

étoilé, e adj estrellado, da ■ la bannière étoilée la bandera estrellada (des États-Unis) ‖ la voûte étoilée la bóveda celeste.

étoilement m raja f, hendidura f (fêlure) ‖ chispas f pl (étincelles).

étoiler [3] v tr estrellar, constelar (semer d'étoiles) ‖ agrietar en forma de estrella (fêler).

étole f estola (ornement sacerdotal) ‖ estola, cuello m de pieles en forma de estola.

Étolie n pr f GÉOGR l'Étolie Etolia.

étolien, enne adj etolio, lia.

Étolien, enne m & f etolio, lia.

étonnamment adv asombrosamente.

étonnant, e adj [▷ SYN] asombroso, sa; sorprendente; une mémoire étonnante una memoria asombrosa ‖ extraño, ña (étrange).
➤ **étonnant** m lo extraño.
  SYN prodigieux prodigioso; sensationnel sensacional; surprenant sorprendente; FAM pyramidal portentoso; stupéfiant estupendo; ahurissant pasmoso; renversant dislocante; formidable formidable; énorme enorme; mirobolant mirífico; phénoménal fenomenal; faramineux extraordinario; époustouflant pasmoso; épatant estupendo.

étonnement m asombro, estupefacción f ■ au grand étonnement de con gran asombro de ‖ être saisi d'étonnement quedarse estupefacto.

étonner [3] v tr asombrar, dejar atónito, ta (stupéfier) ‖ extrañar, sorprender; cela m'étonne qu'il ne soit pas venu me extraña que no haya venido ‖ FIG agrietar, resquebrajar (lézarder) ‖ faire l'étonné hacerse el despistado.
➤ **s'étonner** v pr asombrarse, quedar atónito, ta ‖ extrañarse, sorprenderse ■ cela ne m'étonne pas no me extraña ‖ ne s'étonner de rien no asombrarse por nada.

étouffade ➤ étouffée.

étouffage m ahogo (des vers à soie) ‖ ahumado (des abeilles).

étouffant, e adj sofocante, ahogante (chaleur).

étouffe-chrétien m inv CULIN & FAM mazacote.

étouffée f CULIN estofado m ‖ cuire à l'étouffée estofar.

étouffement m ahogo, sofocación f (asphyxie) ‖ extinción f (d'un incendie) ‖ FIG sofocación f (d'une révolte, d'un scandale).

étouffer [3] v tr [▷ SYN 1] ahogar, asfixiar ‖ FIG echar tierra a un asunto, enterrar (une affaire) ‖ asfixiar; la misère étouffe bien des talents la miseria asfixia muchos talentos ‖ apagar, ahogar, extinguir; étouffer le charbon apagar el carbón ‖ FIG sofocar, reprimir (une révolte, des sanglots, etc.) ‖ amortiguar (un bruit) ‖ ce n'est pas la générosité qui l'étouffe no peca de generosidad.
◇ v intr ahogarse, asfixiarse ‖ FAM reventar; étouffer de rire reventar de risa ‖ on étouffe ici uno se ahoga aquí.
➤ **s'étouffer** v pr [▷ SYN 2] ahogarse, asfixiarse ■ atragantarse; s'étouffer en mangeant atragantarse comiendo ‖ reventar (de rire).
  SYN 1. suffoquer sofocar; asphyxier asfixiar.
  2. s'étrangler ahogarse.

étouffeur, euse m & f ahogador, ra.

étouffoir m MUS apagador (d'un piano) ‖ FIG & FAM horno, ahogadero.

étoupe f estopa ‖ FIG mettre le feu aux étoupes echar leña al fuego.

étouper [3] v tr llenar con estopas.

étoupille [etupij] f estopín m (dans l'artillerie) ‖ fulminante m (d'une mine).

étourderie f atolondramiento m, aturdimiento m (caractère, défaut) ‖ descuido m, distracción f (action étourdie) ‖ faute d'étourderie despiste m.

étourdi, e adj & s atolondrado, da; distraído, da ‖ à l'étourdie a la ligera, atolondradamente.
  SYN écervelé sin seso, desjuiciado; évaporé alocado; malavisé imprudente; imprudent imprudente; inconséquent inconsecuente; FAM étourneau atolondrado; tête de linotte cabeza de chorlito.

étourdiment adv atolondradamente.

étourdir [32] v tr aturdir, dejar sin sentido; ce coup de poing l'a étourdi este puñetazo le ha dejado sin sentido ▌FIG aturdir (importuner) ▌adormecer, atontar (un parfum) ▌atontar (la douleur).

◆ **s'étourdir** *v pr* aturdirse ▌atontarse.

étourdissant, e *adj* aturdidor, ra; ensordecedor, ra (bruit) ▌FIG & FAM asombroso, sa; sorprendente (surprenant), impresionante.

étourdissement *m* aturdimiento, mareo, desmayo (évanouissement) ▌asombro, estupefacción *f* (surprise).

étourneau *m* estornino (oiseau) ▌FIG atolondrado, cabeza *f* de chorlito (étourdi).

étrange *adj* extraño, ña; raro, ra (bizarre) ▌curioso, sa; **c'est une étrange façon de voir les choses** es una curiosa manera de ver las cosas.

étrangement *adv* de manera extraña, sorprendentemente.

étranger, ère *adj* extraño, ña; **il est étranger à la famille** es extraño a la familia ▌ajeno, na; extraño, ña; que no tiene nada que ver; **dissertation étrangère au sujet** disertación ajena al asunto ▌desconocido, da; **visage étranger** cara desconocida ■ MÉD **corps étranger** cuerpo extraño ▌**ministère des Affaires étrangères** Ministerio de Asuntos Exteriores.

◇ *adj & s* extranjero, ra (d'une autre nation) ▌forastero, ra (d'une autre ville) ▌profano, na; desconocedor, ra (qui ne connaît pas); **étranger aux mathématiques** profano en matemáticas.

◆ **étranger** *m* extranjero; **aller à l'étranger** ir al extranjero.

étrangeté *f* extrañeza ▌lo extraño, lo raro; **l'étrangeté d'un langage** lo extraño de un idioma.

étranglé, e *adj* angosto, ta; estrecho, cha (passage) ▌oprimido, da; ahogado, da; sofocado, da (voix) ▌MÉD estrangulado, da (hernie).

étranglement *m* estrangulación *f* ▌FIG angostura *f*, estrechamiento, estrechez *f* (rétrécissement) ▌MÉD estrangulación *f* ▌**goulot d'étranglement** estrangulamiento, tapón.

étrangler [3] *v tr* estrangular, ahogar (tuer) ▌FIG estrangular (une affaire, un projet) ▌estrechar, angostar (rétrécir) ▌ahogar, apretar, oprimir; **sa cravate l'étrangle** su corbata le ahoga ▌amordazar; **étrangler la presse** amordazar la prensa ▌MAR apagar.

◇ *v intr & pr* FIG ahogarse ▌atragantarse (en mangeant) ▌estrecharse; **une vallée qui s'étrangle** un valle que se estrecha.

étrangleur, euse *m & f* estrangulador, ra.

étrangloir *m* MAR mordaza *f*, estopor (de l'ancre) ▌carga *f*, apagapenol (cargue d'une voile).

étrave *f* MAR roda, estrave, *m.*

être [2] [etr] *v intr*

1. être SE TRADUIT PAR ser
2. être SE TRADUIT PAR estar
3. être AUXILIAIRE
4. être IMPERSONNEL
5. être SUIVI D'UNE PRÉPOSITION
6. être en train de
7. en être
8. y être
9. EMPLOIS DIVERS
10. SUBSTITUTS DE ser ET DE estar

1. « ÊTRE » SE TRADUIT PAR ser a) Lorsque l'attribut est un nom, un pronom, une proposition, un infinitif, ou un numéral; **le travail est mon devoir** el trabajo es mi deber; **la plus jolie est Anne** la más guapa es Ana; **un refus n'est rien** una negativa no es nada; **trouver le trésor est ce qui l'intéresse** encontrar el tesoro es lo que le interesa; **sa distraction préférée est chanter** su entretenimiento predilecto es cantar; **aujourd'hui nous sommes douze** hoy somos doce

b) Lorsque l'attribut, adjectif ou participe passé employé comme adjectif, exprime une caractéristique essentielle, inhérente au sujet; **cet enfant est méchant** este niño es malo; **la Méditerranée est bleue** el Mediterráneo es azul; **il est obstiné** es obstinado

c) Lorsqu'il s'agit d'une action effectivement accomplie par l'agent exprimé ou non (en particulier dans les temps de la voix passive); **il fut porté par quatre officiers** fue llevado por cuatro oficiales; **être aimée est l'idéal féminin** ser amada es el ideal femenino

d) Avec les adjectifs suivants: **heureux** (feliz, dichoso, venturoso), **malheureux** (infeliz, desdichado, desventurado, desgraciado), **certain** (cierto), **indubitable** (indubable), **notoire** (notorio), **évident** (evidente), **fréquent** (frecuente), **possible** (posible), **impossible** (imposible), **probable** (probable), **improbable** (improbable), **obligatoire** (preciso) et **nécessaire** (necesario); **je suis heureux** soy feliz; **la nouvelle est certaine** la noticia es cierta

e) Dans les formules de renforcement: **c'est... qui, c'est... que, etc.**; **c'est toi qui** eres tú quien; **c'est ici que** es aquí donde; **c'est en automne que les feuilles tombent** es en otoño cuando caen las hojas; **c'est ainsi qu'il faut faire** es así como hay que hacer

f) Lorsqu'il introduit un complément de cause ou de but; **cette arme est pour la défense** esta arma es para la defensa

2. « ÊTRE » SE TRADUIT PAR estar a) Lorsque l'adjectif ou le participe passé attribut expriment un état accidentel; **le linge est mouillé** la ropa está mojada; **l'enfant est triste à la fin des vacances** el niño está triste a fines de las vacaciones; **l'après-midi est ensoleillée** la tarde está soleada; **mon oncle est malade** mi tío está enfermo; **Isabelle est jolie aujourd'hui** Isabel está guapa hoy; **la soupe est trop salée** la sopa está demasiado salada

b) Pour exprimer une localisation dans l'espace ou dans le temps; **il est dans le jardin** está en el jardín; **nous sommes en automne** estamos en otoño; **nous sommes le trois mars** estamos a tres de marzo

c) Lorsqu'il s'agit d'un état ou du résultat d'une action, sans envisager l'action elle-même; **l'Espagne est séparée de la France par les Pyrénées** España está separada de Francia por el Pirineo; **le chêne est coupé** el roble está cortado

d) Avec les adjectifs suivants: **content** (contento), **mécontent** (descontento), **satisfait** (satisfecho), **insatisfait** (insatisfecho), **seul** (solo), **malade** (enfermo); **je suis content** estoy contento; **il est seul** está solo, etc

3. « ÊTRE » AUXILIAIRE a) Pour la formation

des temps composés traduit par **haber**; **nous sommes venus** hemos venido; **je m'étais promené** me había paseado; **elle se serait blessée** se hubiera herido (il faut remarquer que le participe passé est alors invariable en espagnol)

b) Pour la formation de la voix passive lorsque c'est la réalisation de l'action qui est envisagée, se traduit par **ser**; **elle a été blessée** ha sido herida; **Goya est admiré par tous** Goya es admirado por todos

4. « ÊTRE » IMPERSONNEL a) Avec un adverbe, une locution adverbiale, un complément de lieu ou de temps, lorsque le sujet est impersonnel, se traduit par **ser**; **entre, c'est ici** pasa, es aquí; **ce sera en été** será en verano; **il est une heure** es la una; **il était cinq heures** eran las cinco

b) Avec un adjectif faisant partie d'une expression impersonnelle, se traduit par **ser**; **il est fréquent de le voir** es frecuente verlo; **il est utile de réfléchir** es útil reflexionar (il faut remarquer cependant que "claro" se construit avec estar); **il est clair qu'il est ivre** está claro que está borracho

c) Traduit par **haber** dans l'expression "il est des" signifiant "il y a"; **il est des personnes dangereuses** hay personas peligrosas

d) Expressions impersonnelles; **comme si de rien n'était** como quien no quiere la cosa; **il l'a fait comme si de rien n'était** lo hizo como quien no quiere la cosa ▌**il en est de** los, las hay; **il en est de bêtes** los hay tontos; lo hay; **il n'en est pas de meilleur** no lo hay mejor; ocurre, pasa; **il en est de même pour lui** lo mismo le ocurre a él, lo mismo pasa con él ▌**il est encore temps** todavía hay tiempo ▌**il est temps de** ya es hora de ▌**il était temps!** ¡menos mal!, ¡ya era hora! ▌**il était une fois** érase una vez, érase que se era ▌**il ne m'est rien** no me toca nada (parenté) ▌**il n'en est rien** no hay nada de eso ▌**s'il en est ainsi** si así es ▌**toujours est-il que** lo cierto es que

5. « ÊTRE » SUIVI D'UNE PRÉPOSITION a) à; **être** estar en; **être à Paris** estar en París; **être au mois de décembre** estar en el mes de diciembre; **être à jeun** estar en ayunas ▌ser de; **il est à son père** son de su padre ▌ser (et un possessif); **la maison est à moi** la casa es mía ▌estar por; **tout cela est à faire** todo eso está por hacer ▌ser para; **cet argent est à donner** este dinero es para darlo; **c'est à devenir fou** es para volverse loco ▌estar a (exposé à) ou en (au milieu de); **être au soleil** estar al sol; **être au centre** estar en el centro ▌avec un infinitif, la préposition à ne se traduit pas et le verbe complément se met au gérondif; **être toute la journée à courir** estar todo el día corriendo

b) à même de; **être à même de** ser capaz de; **il est à même de faire cela** es capaz de hacer eso

c) après; **être après** estar después de ou que; **je suis après lui** estoy después de él ▌ocuparse en, dedicarse a; **je suis après ce travail** me ocupo en este trabajo ▌meterse con; **être après quelqu'un** meterse con uno

d) dans; **être dans** estar en, encontrarse en; **être dans une mauvaise situation** estar en mala situación ▌estar entre, ser de; **il est dans les premiers de sa classe** es de ou está entre los primeros de su clase ▌dedicarse a, estar metido en; **être dans les affaires** dedicarse a los negocios

e) de; **être de ser de; il est de Buenos Aires es de Buenos Aires** ∥ estar de; **être de garde** estar de guardia ∥ formar parte, estar en; **être de l'affaire** formar parte del negocio ∥ estar entre, ser de; **il est des meilleurs** está entre los mejores

f) en; **être en** estar en; **être en Espagne** estar en España; **être en chemise** estar en camisa ∥ estar de; **il est en promenade** está de paseo ∥ ser de; **ce portefeuille est en cuir** esta cartera es de cuero

g) pour; **être pour** ser para; **ceci est pour vous** esto es para usted ∥ ser partidario de, estar por; **je suis pour cette équipe** soy partidario de este equipo

6. ÊTRE EN TRAIN DE (suivi d'un infinitif) estar (suivi du gérondif); **il est en train de manger** está comiendo

7. EN ÊTRE ir; **où en êtes-vous?** ¿por dónde va usted?; **il ne sait plus où il en est** no sabe por dónde va ∥ estar; **où en sommes-nous?** ¿dónde estamos?, ¿en qué punto estamos? ∥ ocurrir, haber; **voilà ce qu'il en est** esto es lo que hay ∥ haber llegado; **il n'en est pas là** no ha llegado a ese extremo ∥ **il n'en est pas à ça près** él qué más le da ∥ **j'en suis** cuento conmigo

8. Y ÊTRE estar; **si l'on me demande, je n'y suis pas** si preguntan por mí, no estoy ∥ dar con ello, estar en ello, caer en ello, comprender; **y êtes-vous?** ¿cae usted en ello?; **j'y suis ya caigo, ya comprendo ∥ ça y est! ¡ya está! ∥ j'y suis, j'y reste** aquí estoy y aquí me quedo ∥ **nous y sommes?** ¿estamos? ∥ **n'y être pour rien** no tener nada que ver, no tener la culpa

9. EMPLOIS DIVERS **ainsi soit-il** así sea ∥ **c'est à** es para; **c'est à mourir de rire** es para morirse de risa; corresponder, tocar; **c'est à moi de faire ce travail** a mí me toca hacer este trabajo ∥ **ce n'est pas que** no es que ∥ **ce n'est pas tout** ça ou **ce n'est pas le tout, mais** con todo y con eso ∥ **ce que c'est que de** lo que ocurre por; **ce que c'est que de trop manger** lo que ocurre por comer demasiado ∥ **c'est à qui?, à qui est-ce?** ¿de quién es? (possession), ¿a quién le toca? (tour) ∥ **c'est à qui sera le plus malin** ya veremos quien será el más astuto ∥ **c'est moi** soy yo ∥ **c'est toujours ça de pris** peor es nada, menos da una piedra ∥ **en être de sa poche** poner de su bolsillo ∥ **est-ce que...?** ¿es que...? ∥ **est-il bête!** ¡qué tonto es! ∥ **être en reste** ser menos; **je ne veux pas être en reste** no quiero ser menos ∥ **être en train** estar animado ∥ **être sur le point de** estar a punto ou a pique de ∥ **être tenté ou d'avis de** estar por; **je suis tenté de dire qu'il a tort** estoy por decir que está equivocado ∥ **fût-ce** aunque fuese ∥ **fût-il** aun cuando fuera ∥ **le combien sommes-nous?** ¿a cuánto estamos? ∥ **ne pas être disposé à ou d'humeur à** no estar para ∥ **ne pas être en état de** no estar para; **je ne suis plus en état de danser** no estoy ya para bailar ∥ **n'est-ce pas?** ¿verdad?, ¿no es verdad? ∥ **n'eut été, n'était** si no hubiera sido, si no fuera ∥ **quoi qu'il en soit** sea lo que sea, sea lo que fuere ∥ **si j'étais vous** si yo fuera usted, si estuviese en su lugar ∥ **soit que** ∥ **soit... soit** ... soit ya sea... ora, ya... ya ∥ **tant que nous y sommes** ya que estamos ∥ **vous en êtes un autre!** ¡más lo es usted! ∥ **vous n'êtes pas sans savoir**

que usted no ignora que ∥ **vous n'y êtes pas du tout!** ¡está lejos de la cuenta!

10. SUBSTITUTS DE ser ET DE estar

On peut parfois remplacer ser et estar, dont l'emploi n'est pas toujours très facile, par des semi-auxiliaires

a) lorsque l'attribut indique la conséquence de faits antérieurs, par resultar, quedar; **il a été blessé dans un accident** resultó herido en un accidente; **il a été transformé par son voyage** quedó transformado por su viaje

b) Par ir; **il est très bien habillé** va muy bien vestido; andar; **il est toujours mécontent** anda siempre descontento; encontrarse, hallarse; **nous étions là à neuf heures** nos encontrábamos allí a las nueve; llegar; **les trains sont toujours à l'heure** los trenes siempre llegan a la hora

c) Lorsqu'il s'agit d'exprimer la persistance d'un état ou d'une qualité, par seguir, continuar; **il est encore malade** sigue enfermo; **il est toujours à l'université** continúa en la universidad

d) Les formes passives sont peu employées en espagnol, on leur préfère généralement la forme active si le complément d'agent est exprimé et l'emploi du réfléchi s'il ne l'est pas; **les blés sont coupés par les moissonneurs** los segadores siegan los trigales; **le musée est fermé à cinq heures** el museo se cierra a las cinco; **l'espagnol est parlé dans le monde entier** se habla español en el mundo entero.

être *m* ser; **les êtres vivants** los seres vivos ∥ PHILOS ente; **être de raison** ente de razón ∥ ser (l'existence) ∥ **l'être suprême** el Ser Supremo.

étrécir [32] *v tr* (vx) estrechar.

étreindre [81] *v tr* apretar, estrechar (serrer fortement) ∥ abrazar, estrechar (serrer dans les bras) ∥ ceñir (envelopper) ∥ FIG oprimir (opprimer) ∥ **qui trop embrasse mal étreint** quien mucho abarca poco aprieta.

étreinte [etrɛ̃t] *f* abrazo *m* ∥ apretón *m* (poignée de main) ∥ FIG opresión ∥ FIG **resserrer son étreinte autour de** asediar ou rodear estrechamente.

étrenne *f* estreno *m* (premier usage) ∥ regalo *m*, obsequio *m* (cadeau) ∥ **en avoir l'étrenne** estrenar.

➤ **étrennes** *f pl* regalo *m sing* de año nuevo, aguinaldo *m sing* (cadeau du jour de l'an); **donner des étrennes** dar el aguinaldo.

étrenner [4] *v tr* estrenar.

êtres *m pl* disposición *f sing* de una casa (aîtres).

étrésillon [etrezijɔ̃] *m* codal, entibo (étai).

étrésillonnement [etrezijɔnmɑ̃] *m* ARCHIT acodalamiento, entibación *f*.

étrésillonner [3] [etrezijɔne] *v tr* ARCHIT acodalar, entibar (étayer).

étrier *m* estribo (de cavalier) ∥ estribo (osselet de l'oreille) ∥ TECHN trepador (pour s'accrocher) ∥ collar (tuyaux, poutres) ∥ brida *f* de fijación ■ **à franc étrier** a rienda suelta, a todo galope ∥ **coup de l'étrier** la espuela, el último trago, el mate del estribo ■ **avoir le pied à l'étrier** tener el pie en el estribo ∥ FIG **tenir l'étrier à quelqu'un** ayudar a uno, echar una mano a uno ∥ **vider** ou **perdre les étriers** perder los estribos.

étrille [etrij] *f* almohaza, rascadera (brosse de fer) ∥ nécora (crabe).

étriller [3] [etrije] *v tr* almohazar (frotter avec l'étrille) ∥ FIG zurrar, sacudir a uno el polvo (malmener, battre) ∥ desollar, criticar duramente (un auteur) ∥ FIG & FAM desplumar, clavar (faire payer trop cher).

étripage *m* destripamiento (de poisson).

étriper [3] *v tr* destripar.

étriqué, e *adj* apretado, da; demasiado justo; estrecho, cha (qui manque d'ampleur) ∥ FIG mezquino, na; sucinto, ta (réduit).

étriquer [3] *v tr* estrechar, achicar, recortar; **étriquer une robe** estrechar un vestido ∥ FIG acortar, reducir (réduire).

étrive *f* MAR cruz.

étrivière *f* ación, estribera (courroie de l'étrier) ∥ FIG & FAM **donner les étrivières** azotar, zurrar la badana.

étroit, e [etrwa, at] *adj* [▷ SYN] estrecho, cha; **costume étroit** traje estrecho ∥ angosto, ta; estrecho, cha; **passage étroit** paso angosto ∥ FIG limitado, da; de pocos alcances; **esprit étroit** mentalidad limitada ∥ íntimo, ma; estrecho, cha; **une étroite amitié** una amistad íntima ∥ estricto, ta; riguroso, sa; **étroite obligation** obligación estricta ∥ **à l'étroit** estrechamente (dans peu d'espace).

> OBSERV Estrecho signifie simplement peu large. Angosto y ajoute une idée de resserrement, d'encaissement.
> SYN étriqué apretado, demasiado justo; rétréci estrecho.

étroitement *adv* estrechamente ∥ FIG estrictamente, rigurosamente ∥ estrechamente, muy de cerca; **surveiller étroitement un prisonnier** vigilar a un preso muy de cerca.

étroitesse *f* estrechez, estrechura ∥ FIG estrechez; **étroitesse d'esprit** estrechez de espíritu; **étroitesse de vues** estrechez de miras.

étron *m* mojón, zurullo.

Étrurie *n pr f* HIST l'Étrurie Etruria.

étrusque *adj* etrusco, ca.
◇ *m* LING etrusco.

Étrusques *n pr m pl* etruscos.

ETTD (abr de équipement terminal de traitement de données) *m inv* INFORM ETD.

étude *f* estudio *m* (salle de travail, application) ∥ bufete *m*, despacho *m* [(*Amér*) estudio] (d'un avocat, d'un notaire) ∥ estudio *m* (projet) ∥ carrera; **quelles études faites-vous?** ¿qué carrera hace usted?; **voyage de fin d'études** viaje de fin de carrera ■ **étude comparative** estudio comparativo ∥ **étude de cas** estudio de casos ∥ **étude de faisabilité** estudio de viabilidad ∥ **étude d'impact** estudio de impacto ∥ **étude d'opportunité** estudio de oportunidad ∥ **étude du marché** estudio ou investigación del mercado, mercadeo, comercialización ∥ **étude financière** estudio financiero ∥ **salle d'étude** sala de estudios, estudio ■ **à l'étude** en estudio ∥ **avoir étude** tener estudio.

➤ **études** *f pl* estudios ∥ **études secondaires** estudios secundarios ∥ **études supérieures** estudios superiores ∥ **faire ses études de médecine** estudiar para médico, estudiar medicina.

étudiant, e *m & f* estudiante.

étudié, e *adj* estudiado, da; pensado, da; concebido, da; **carrosserie bien étudiée** carrocería bien estudiada ‖ afectado, da; falso, sa (affecté) ‖ **prix étudié** precio alambicado ou estudiado.

étudier [9] *v tr & intr* estudiar.
➔ **s'étudier** *v pr* observarse, estudiarse (s'observer) ‖ **s'étudier à** ejercitarse en (s'appliquer à), esforzarse en (s'efforcer de).
┃ SYN apprendre aprender; s'instruire instruirse; FAM travailler trabajar, estudiar; bûcher, potasser empollar.

étui *m* estuche; **étui à lunettes** estuche de ou para gafas ‖ funda *f* (de fusil, violon, etc.) ‖ librillo (de papier à cigarettes) ▪ **étui à aiguilles** alfiletero ‖ **étui à cigarettes** petaca, pitillera ‖ **étui de cartouche** casquillo.

étuvage *m* secado [en la estufa].

étuve *f* estufa ‖ estufa, baño *m* turco (chambre de bain) ‖ FIG estufa, baño *m* turco; **cette chambre est une étuve** esta habitación es un baño turco.

étuvée ➤ **étouffée**.

étuver [3] *v tr* estofar (cuisine) ‖ MÉD lavar (une blessure ou une plaie) ‖ TECHN secar en la estufa.

étuveur *m*; **étuveuse** *f* estufa *f*.

étymologie *f* etimología.

étymologique *adj* etimológico, ca.

étymologiquement *adv* etimológicamente.

étymologiste *m & f* etimologista.

étymon *m* GRAMM étimo.

E-U (abr de États-Unis) *m pl* EE UU.

E-UA (abr de États-Unis d'Amérique) *m pl* EUA.

eubage *m* HIST sacerdote galo.

Eubée *n pr f* GÉOGR l'Eubée Eubea.

eucalyptol *m* eucaliptol.

eucalyptus [økaliptys] *m* eucalipto (arbre).

eucaryote *adj* BIOL eucariótico, ca.
◇ *m* eucariota.

eucharistie [økaristi] *f* eucaristía.

eucharistique [økaristik] *adj* eucarístico, ca.

Euclide *n pr* Euclides.

euclidien, enne *adj* euclidiano, na (d'Euclide).

eucologe *m* eucologio.

eudiomètre *m* PHYS eudiómetro.

eudiométrie *f* PHYS eudiometría.

eudiométrique *adj* eudiométrico, ca.

Eudoxie *n pr* Eudoxia.

Eugène *n pr* Eugenio.

eugénésie *f* BIOL eugenesia.

Eugénie *n pr* Eugenia.

eugénique *adj* eugenésico, ca.

eugénisme *m* eugenismo.

euh! *interj* ¡pues!; viendras-tu demain? - euh! Je ne sais pas ¿vendrás mañana? - pues no lo sé.

Eulalie *n pr* Eulalia.

Euloge *n pr* Eulogio.

Euménides *n pr f pl* Les Euménides Las Euménides.

eunecte *m* anaconda *f*, eunecte (espèce de boa).

eunuque *m* eunuco.

eupatoire *f* BOT eupatorio *m*.

Euphémie *n pr* Eufemia.

euphémique *adj* eufemístico, ca.

euphémisme *m* eufemismo.

euphonie *f* eufonía.

euphonique *adj* eufónico, ca.

euphoniquement *adv* de modo eufónico.

euphorbe *f* BOT euforbio *m*.

euphorbiacées *f pl* BOT euforbiáceas.

euphorie *f* euforia.

euphorique *adj* eufórico, ca.

euphorisant, e *adj & s m* euforizante.

euphraise *f* eufrasia (plante).

Euphrasie *n pr* Eufrasia.

Euphrate *n pr m* GÉOGR l'Euphrate el Éufrates ou Eufrates.

euphuisme *m* eufuismo (préciosité).

Eurasie *n pr f* GÉOGR l'Eurasie Eurasia.

eurasien, enne *adj* eurasiático, ca.

Eurasien, enne *m & f* euroasiático, ca.

EURATOM; Euratom (abr de European Atomic Energy Community) *f* EURATOM.

Eure *n pr f* GÉOGR Eure (département); **dans l'Eure** en Eure.

Eure-et-Loir *n pr m* GÉOGR Eure-et-Loir (département); **en Eure-et-Loir** en Eure-et-Loir.

eurêka! *interj* ¡eureka!

Euripide *n pr m* Eurípides.

euristique ➤ **heuristique**.

euro *m* euro.

eurocentrisme; européocentrisme *m* eurocentrismo.

eurochèque *m* eurocheque.

eurocommunisme *m* eurocomunismo.

eurodevise *f* eurodivisa.

eurodollar *m* eurodólar.

euromissile *m* euromisil.

Europe *n pr f* GÉOGR l'Europe Europa; **l'Europe centrale** Europa central; **l'Europe de l'Est** Europa del Este.

européaniser [3] *v tr* europeizar.

européen, enne *adj* europeo, a ‖ europeísta (favorable à l'Union européenne).

Européen, enne *m & f* europeo, a.

européocentrisme ➤ **eurocentrisme**.

eurosceptique *adj & s* euroescéptico.

Eurydice *n pr* MYTH Eurídice.

eurythmie *f* euritmia.

eurythmique *adj* eurítmico, ca.

euscarien, enne ➤ **eskuarien**.

Euscarien, enne ➤ **Eskuarien**.

Eusèbe *n pr* Eusebio.

Eusébie *n pr* Eusebia.

Euskadi [øskadi] Euskadi.

euskarien, enne ➤ **eskuarien**.

Euskarien, enne ➤ **Eskuarien**.

eustache *m* faca *f*, navaja *f* (couteau).

Eustache *n pr* Eustaquio.

eustatisme *m* GÉOL eustatismo.

eutectique *adj* eutéctico, ca (mélange).

euthanasie *f* eutanasia (mort sans douleur); **euthanasie active** eutanasia activa; **euthanasie passive** eutanasia pasiva.

euthanasier [9] *v tr* eutanasiar.

euthanasique *adj* eutanásico, ca.

Euthrope *n pr* Eutropio.

Euthyme *n pr* Eutimio.

eutrophisation *f* eutrofización (écologie).

eux [ø] *pron pers* 3ᵉ *pers du m pl* ellos.

eV (abr écrite de électronvolt) eV.

EV (abr écrite de en ville) ciudad [correo].

évacuant, e *adj & s* MÉD evacuante.

évacuateur, trice *adj* MÉD evacuante, evacuativo, va.
➔ **évacuateur** *m* **évacuateur de crues** aliviadero (de barrage).

évacuation *f* evacuación.

évacuer [7] *v tr* evacuar (vider) ‖ **faire évacuer les lieux** despejar el sitio, el lugar ou el local.

évadé, e *adj & s* evadido, da.

évader [3]
➔ **s'évader** *v pr* evadirse, escaparse.

évagination *f* evaginación.

évaluable *adj* apreciable, que se puede evaluar.

évaluation *f* valuación, valoración, estimación (appréciation) ‖ cálculo *m*; **évaluation des frais** cálculo de gastos.

évaluer [7] *v tr* valuar, evaluar (estimer, calculer le prix); **évaluer à cent mille francs** valuar en cien mil francos ‖ calcular, estimar; **évaluer la population** calcular la población ‖ estimar; **on évalue à 5 °C la température aujourd'hui** se estima que la temperatura de hoy es cinco grados ‖ valorizar; **il faut savoir évaluer les avantages et les inconvénients** hay que saber valorizar las ventajas y los inconvenientes ‖ valorar (fixer un prix).
┃ OBSERV Les dictionnaires donnent les mots valuar, evaluar, valorar, comme synonymes. Evaluar est une forme récente imitée du français et valorar signifie fixer, mettre un prix déterminé. Valuar se conjugue ainsi: valúo, valúas..., valúe, valúes... tout.

évanescence [evanɛsãs] *f* evanescencia, desaparición paulatina.

évanescent, e [avanɛsã, ãt] *adj* evanescente.

évangéliaire *m* evangeliario (livre).

évangélique *adj* evangélico, ca.

évangéliquement *adv* evangélicamente.

évangélisateur, trice *adj & s* evangelizador, ra.

évangélisation *f* evangelización.

évangéliser [3] *v tr* evangelizar.

évangélisme *m* evangelismo.

évangéliste *m* evangelista.

évangile *m* evangelio ‖ FIG **ce n'est pas l'Évangile** no es el Evangelio.

évanoui, e *adj* desvanecido, da (disparu) ‖ desmayado, da (qui a perdu connaissance).

évanouir [32]
➔ **s'évanouir** *v pr* desvanecerse (disparaî-

tre) ▌ desmayarse, perder el sentido (perdre connaissance).

évanouissement *m* [▷ **syn**] desvanecimiento, desmayo ▌desvanecimiento (disparition).

▐ **syn** syncope síncope; **défaillance** desfallecimiento, desmayo; **faiblesse** desmayo; **pâmoison** (ironique) soponcio, patatús.

évaporable *adj* evaporable.

évaporateur *m* evaporador.

évaporation *f* evaporación.

évaporatoire *adj* evaporatorio, ria.

évaporé, e *adj* evaporado, da.
◇ *adj & s* **fig** atolondrado, da; alocado, da.

évaporer [3] *v tr* evaporar.
➤ **s'évaporer** *v pr* evaporarse ▌ **fig** alocarse (se dissiper) ▌ desaparecer, disiparse, desvanecerse, evaporarse (disparaître).

Évariste *n pr* Evaristo.

évasé, e *adj* ensanchado, da; ancho, cha de boca (large) ■ **jupe évasée** falda acampanada, ligeramente ensanchada ▌ **verre évasé** vaso ancho de boca.

évasement *m* ensanche, ensanchamiento ▌anchura *f* (largeur).

évaser [3] *v tr* ensanchar; **évaser un tuyau** ensanchar un tubo ▌ abocardar (élargir une ouverture avec un outil).
➤ **s'évaser** *v pr* ensancharse.

évasif, ive *adj* evasivo, va; **réponse évasive** respuesta evasiva.

évasion *f* evasión, fuga ■ **évasion des capitaux** fuga de capitales ▌ **évasion fiscale** evasión de impuestos ▌littérature d'évasion literatura de evasión.

évasivement *adv* evasivamente, de modo evasivo.

évasure *f* ensanche *m*.

Ève *n pr* Eva ▌ **ne connaître ni d'Ève ni d'Adam** no conocer ni por asomo.

évêché *m* obispado.

évection *f* **astron** evección.

éveil [evɛj] *m* despertar; **à son éveil** a su despertar ■ **activités d'éveil** actividades para despabilar a los niños ▌ a su eveil alerta, sobre aviso, en vilo ■ **donner l'éveil** ou **mettre en éveil** poner en guardia, dar la alerta ▌ **être, se tenir en éveil** estar sobre aviso, estar alerta ▌tenir en éveil mantener en vilo.

éveillé, e [eveje] *adj* despierto, ta (réveillé) ▌**fig** despierto, ta; despabilado, da (vif).

éveiller [4] [eveje] *v tr* despertar (réveiller) ▌ **fig éveiller l'attention** despertar ou llamar la atención.
➤ **s'éveiller** *v pr* despertarse.

évènement; événement *m* acontecimiento, suceso ▌ acontecimiento; **la sortie de ce livre est un évènement** la salida de este libro es un acontecimiento ▌(vx) evento, resultado (résultat, issue) ▌ **à tout évènement** a todo evento.

événementiel, elle; évènementiel, elle [evenmɑ̃sjɛl] *adj* cronológico, ca (histoire).

évent [evɑ̃] *m* (vx) aire, aire libre, oreo (grand air) ▌ alteración *f*, descomposición *f* (à l'air) ▌ desbravación *f* (du vin) ▌ respiradero (conduit d'aération) ▌**fig tête à l'évent** cabeza a

pájaros ▌ **mettre à l'évent** ventilar, airear, exponer al aire libre.
➤ **évents** *m pl* albricias *f*, respiraderos (en fonte) ▌**zool** narices *f* (des cétacés).

éventail [evɑ̃taj] *m* abanico; **des éventails de toutes couleurs** abanicos de todos los colores ■ **éventail des prix** abanico de los precios, gama de precios ▌ **éventail des salaires** abanico de salarios ■ **en éventail** en abanico.

éventaire *m* cesta *f*, canasto [de los vendedores ambulantes] ▌escaparate exterior, mostrador (étalage) ▌ puesto (étal).

éventé, e *adj* ventilado, da; oreado, da; aireado, da (aéré) ▌picado, da; echado, da, a perder (altéré) ▌desbravado, da (le vin) ▌**agric** aventado, da (le grain) ▌**fig** descubierto, ta; divulgado, da (découvert).

éventer [3] *v tr* ventilar, airear, orear (exposer au vent) ▌abanicar (avec l'éventail) ▌destruir (une mine) ▌apagar (la mèche) ▌husmear (chien) ▌**agric** aventar, apalear (le grain) ▌**fig** descubrir (découvrir), husmear (deviner) ▌**mar** orientar una vela para que reciba el viento ■ **éventer la mèche** descubrir el pastel ▌**éventer un secret** descubrir, divulgar un secreto.
➤ **s'éventer** *v pr* abanicarse (avec l'éventail) ▌echarse a perder, alterarse al aire (un produit), desbravarse (le vin) ▌**fig** descubrirse (un secret).

éventration *f* **méd** eventración.

éventrer [3] *v tr* destripar (blesser au ventre) ▌**fig** romper, abrir, reventar (crever) ▌despanzurrar; **maison éventrée par les obus** casa despanzurrada por los obuses.

éventualité *f* eventualidad ▌posibilidad.

éventuel, elle *adj* eventual ▌ posible; **clients éventuels** posibles clientes.

éventuellement *adv* eventualmente ▌ si se tercia, llegado el caso (le cas échéant).

évêque *m* obispo.

Everest [evrɛst] *m* **l'Everest** el Everest.

Everglades *n pr m pl* **géogr les Everglades** Everglades.

évertuer [7]
➤ **s'évertuer** *v pr* desvelarse por, afanarse por (faire des efforts pour) ▌cansarse de; **je m'évertue à vous le dire** me canso de decírselo.

éviction *f* **dr** evicción ▌**fig** despojo *m*, desposesión ▌ **éviction scolaire** prohibición de asistir a un establecimiento escolar a causa de una enfermedad contagiosa.

évidage; évidement *m* vaciamiento, vaciado (action) ▌ cavidad *f*, hueco (creux) ▌ **méd** raspado (d'un os).

évidemment [evidamɑ̃] *adv* evidentemente (de façon évidente) ▌claro está, por supuesto, desde luego, naturalmente, cómo no (certainement).

évidence *f* evidencia; **démontrer une évidence** demostrar una evidencia ■ **de toute évidence** con toda evidencia, sin duda alguna, a todas luces ■ **c'est l'évidence même** es completamente evidente, está más claro que el agua ▌ **mettre en évidence** evidenciar, poner en evidencia (gallicisme) ▌ **nier l'évidence** negar la evidencia ▌se met-tre en évidence llamar la atención, ponerse

en evidencia ▌**se rendre à l'évidence** ver ou admitir las cosas como son.

évident, e *adj* evidente; patente, obvio, via.

▐ **syn** constant constante; **patent** patente; **positif** positivo; **formel** formal; **flagrant** flagrante.

évider [3] *v tr* vaciar, ahuecar (creuser) ▌recortar (découper) ▌escotar (échancrer) ▌**archit** calar ▌**méd** raspar.

évier *m* fregadero, pila *f* (d'une cuisine) ▌vertedero, sumidero (d'écoulement des eaux).

évincement *m* **dr** despojamiento, despojo, evicción *f* ▌ desposeimiento (dépossession) ▌**fig** eliminación *f*, exclusión *f*.

évincer [16] *v tr* **dr** despojar ▌ eliminar, excluir (éliminer) ▌ **fig** suplantar, desposeer (supplanter).

évitable *adj* evitable.

évitage *m* **mar** borneo.

évitement *m* evitación *f*, prevención *f* ▌ **réaction d'évitement** reacción de evitación (psychologie) ▌ **voie d'évitement** apartadero (chemin de fer).

éviter [3] *v tr* [▷ **syn**] evitar ▌evitar, procurar; **évite de lui en parler** procura no hablarle de esto.
◇ *v intr* **mar** bornear.

▐ **syn** fuir huir; **éluder** eludir; **esquiver** esquivar; **parer** parar, quitar; **prévenir** prevenir, precaver; obvier obviar.

évocable *adj* evocable.

évocateur, trice *adj* evocador, ra.

évocation *f* evocación; **évocation du passé** evocación del pasado ▌**dr** avocación.

évocatoire *adj* evocatorio, ria.

évohé!; évoé! *interj* ¡evohé! (exclamation en l'honneur de Bacchus).

évolué, e *adj* evolucionado, da (société, pays) ▌moderno, na (personne).

évoluer [7] *v intr* evolucionar ▌**fig** evolucionar; **maladie qui évolue** enfermedad que evoluciona ▌ transformarse, evolucionar, cambiar; **système qui évolue** sistema que se transforma ▌**fig** evolucionar, adelantar; **un peuple évolué** un pueblo adelantado ▌seguir su curso; **ça évolue normalement** sigue normalmente su curso ▌**mar** evolucionar, maniobrar; **escadre qui évolue** escuadra que evoluciona.

évolutif, ive *adj* evolutivo, va.

évolution *f* evolución ▌cambio *m*, transformación (changement).

évolutionnisme *m* **philos** evolucionismo.

évolutionniste *adj & s* **philos** evolucionista.

évoquer [3] *v tr* evocar ▌tratar, mencionar; **évoquer un problème** tratar un problema ▌**dr** avocar (une cause).

evzone *m* evzono, soldado de infantería (en Grèce).

ex *m & f* **fam** ex.

ex- *préf* ex; **ex-ministre** ex ministro.

ex abrupto *loc adv* ex abrupto, bruscamente.

exacerbation *f* exacerbación, exacerbamiento *m*.

SYN paroxysme paroxismo; redoublement redoblamiento, redoble; recrudescence recrudescencia.

exacerbé, e *adj* exacerbado, da.

exacerber [3] *v tr* exacerbar.

exact, e [ɛgzakt] ou [ɛgza, akt] *adj* exacto, ta; l'heure exacte la hora exacta ▌ exacto, ta; puntual; employé exact empleado exacto.

exactement *adv* exactamente.

exacteur *m* persona que comete una exacción.

exaction *f* exacción.

exactitude *f* exactitud ▌ [▷ SYN] puntualidad (ponctualité).

▌ **SYN** ponctualité puntualidad; régularité regularidad.

ex aequo [ɛgzeko] *loc adv & s m* ex aequo; classé premier ex aequo clasificado primero ex aequo.

exagération *f* exageración.

exagéré, e *adj* exagerado, da.
◆ **exagéré** *m* lo exagerado.

exagérément *adv* exageradamente.

exagérer [18] *v tr* [▷ SYN] exagerar; exagérer le maquillage des yeux exagerar el maquillaje de los ojos.
◇ *v intr* abusar, exagerar (abuser).

▌ **SYN** outrer extremar, desmedir; **FAM** bluffer hacer un bluff, farolear; **FAM** (vieilli) attiger exagerar.

exaltant, e *adj* exaltante; exaltador, ra.

exaltation *f* exaltación, exaltamiento *m*.

exalté, e *adj & s* exaltado, da.

exalter [3] *v tr* exaltar.

examen [ɛgzamɛ̃] *m* examen; examen de conscience examen de conciencia ■ examen blanc prueba de examen ▌ MÉD examen de la vue revisión de la vista, graduación de la vista (lunettes) ▌ examen médical reconocimiento médico ▌ libre examen libre examen ■ faire passer un examen examinar ▌ passer un examen sufrir un examen, examinarse.

examinateur, trice *m & f* examinador, ra.

examiner [3] *v tr* [▷ SYN] examinar (observer attentivement) ▌ examinar (interroger un candidat) ▌ MÉD reconocer, examinar.

▌ **SYN** inspecter inspeccionar; scruter escrutar; sonder sondear; visiter visitar.

ex ante *loc adj* ÉCON ex ante.

exanthématique *adj* MÉD exantemático, ca; typhus exanthématique tifus exantemático.

exanthème *m* MÉD exantema (éruption).

exarchat [ɛgzarka] *m* exarcado.

exarque *m* exarca (gouverneur byzantin).

exaspérant, e *adj* exasperante, irritante.

exaspération *f* exasperación ▌ agravación extrema (d'une maladie).

exaspérer [18] *v tr* exasperar.
◆ **s'exaspérer** *v pr* exasperarse.

exaucement [ɛgzosmɑ̃] *m* acogida *f* favorable, concesión *f*, otorgamiento ▌ cumplimiento, satisfacción *f* (d'une prière).

exaucer [16] [ɛkzose] *v tr* satisfacer a, atender, cumplir (satisfaire) ▌ conceder, otorgar (accorder).

ex cathedra *loc adv* ex cáthedra.

excavateur *m*; **excavatrice** *f* excavadora *f* (machine).

excavation *f* excavación.

excavatrice ➡ **excavateur**.

excaver [3] *v tr* excavar.

excédant, e *adj* excedente; sommes excédantes sumas excedentes ▌ FIG & FAM insoportable, cargante (qui importune).

excédent *m* excedente; excédents agricoles excedentes agrícolas ▌ superávit; l'excédent de la balance commerciale el superávit de la balanza comercial ▌ exceso (de poids); excédent de bagages exceso de equipaje.

▌ **OBSERV** Obsérvese la diferencia ortográfica con el adjetivo excédant.

excédentaire *adj* excedente, sobrante ▌ ÉCON balance commerciale excédentaire balanza comercial favorable.

excéder [18] *v tr* exceder, superar, sobrepasar (dépasser) ▌ abusar de, ir más allá de; excéder ses forces abusar de sus fuerzas ▌ extralimitarse de; excéder son pouvoir extralimitarse de su autoridad ▌ FIG agotar (fatiguer) ▌ ser superior a las fuerzas de uno, crispar ▌ être excédé estar harto.

excellemment [ɛksɛlamɑ̃] *adv* excelentemente.

excellence *f* excelencia ▌ par excellence por excelencia.

excellent, e *adj* excelente ▌ óptimo, ma; excelente; un excellent débouché una salida óptima ▌ inmejorable; une ambiance excellente un ambiente inmejorable ▌ en excellent état en perfecto estado.

excellentissime *adj* excelentísimo, ma.

exceller [4] *v intr* destacarse, sobresalir.

excentration *f* MÉCAN excentración.

excentré, e *adj* excéntrico, ca.

excentrer [3] *v tr* MÉCAN descentrar.

excentricité *f* excentricidad; l'excentricité d'une ellipse la excentricidad de una elipse ▌ FIG excentricidad, extravagancia.

excentrique *adj* excéntrico, ca.
◇ *m & f* FIG excéntrico, ca; extravagante, original.
◇ *m* MÉCAN excéntrica *f*.

excentriquement *adv* excéntricamente.

excepté *prép* excepto, menos, salvo, fuera de, exceptuando a; excepté les jeunes salvo los jóvenes.
◆ **excepté, e** *adj* exceptuado, da; les jeunes exceptés los jóvenes exceptuados.

▌ **OBSERV** La preposición excepté, delante del sustantivo, es siempre invariable, mientras que el adjetivo, colocado después del sustantivo, es variable (tous les habitants, excepté les femmes; tous les habitants, les femmes exceptées).

excepter [4] *v tr* exceptuar.

exception *f* excepción; faire exception à la règle ser una excepción a la regla ■ état d'exception estado de emergencia ■ à l'exception de con excepción de ▌ sans exception sin excepción ■ faire une exception exceptuar, hacer salvedad.

exceptionnel, elle *adj* excepcional.

exceptionnellement *adv* excepcionalmente.

excès [ɛksɛ] *m* exceso; excès de vitesse exceso de velocidad ▌ abuso; des excès de boisson abusos de bebida ■ excès de langage palabras mayores ▌ DR excès de pouvoir exceso de poder ■ à l'excès con ou en exceso ou demasía ▌ faire ou commettre des excès cometer abusos ou excesos ou desmanes ▌ faire excès de zèle tener demasiado celo ▌ tomber d'un excès dans l'autre pasar de un extremo a otro.

excessif, ive *adj* excesivo, va.

excessivement *adv* excesivamente.

exciper (de) [3] *v intr* DR alegar.

excipient *m* excipiente.

excise *f* impuesto *m* (en Grande-Bretagne et aux États-Unis).

exciser [3] *v tr* sacar cortando.

excision *f* excisión.

excitabilité *f* excitabilidad.

excitable *adj* excitable.

excitant, e *adj & s m* MÉD excitante.

excitateur, trice *adj & s* excitador, ra.
➡ **excitateur** *m* PHYS excitador.
➡ **excitatrice** *f* ÉLECTR excitadora.

excitation *f* excitación.

excité, e *adj* excitado, da.
◇ *m & f* exaltado, da.

exciter [3] *v tr* excitar ▌ azuzar (les chiens).

exclamatif, ive *adj* exclamatorio, ria; exclamativo, va.

exclamation *f* exclamación ▌ point d'exclamation signo de admiración.

exclamer [3]
◆ **s'exclamer** *v pr* exclamar.

exclu, e *adj & s* excluido, da.

exclure [96] *v tr* excluir ▌ ce n'est pas exclu es posible ▌ exclure d'un parti excluir de un partido ▌ il est exclu que está fuera de cuestión que.

exclusif, ive *adj* exclusivo, va ■ agent exclusif agente exclusivo ■ avec la mission exclusive con la misión exclusiva ▌ dans le but exclusif de con el fin exclusivo de.

exclusion *f* exclusión ▌ à l'exclusion de con exclusión de.

exclusive *f* exclusiva.

exclusivement *adv* en exclusiva, exclusivamente.

exclusivisme *m* exclusivismo.

exclusiviste *adj & s* exclusivista.

exclusivité *f* exclusividad, exclusiva ■ film en exclusivité película en exclusiva ▌ salle d'exclusivité cine de estreno ■ donner l'exclusivité à un éditeur dar la exclusiva a un editor.

excommunication *f* excomunión.

excommunié, e *adj & s* excomulgado, da.

excommunier [9] *v tr* excomulgar.

excoriation *f* excoriación.

excorier [9] *v tr* excoriar (écorcher).

excrément *m* excremento.

▌ **SYN** matière fécale materia fecal; fèces heces; déjection deyección; selles deposición; fiente excremento; crotte cagarruta; crottin cagajón; bouse boñiga, plasta; **FAM** caca caca; merde mierda.

excrémentiel, elle; excrémentitiel, elle adj excrementicio, cia; excrementoso, sa.

excréter [18] v tr excretar.

excréteur, trice; excrétoire adj ANAT excretor, ra; excretorio, ria.

excrétion f excreción.

excrétoire ► **excréteur**.

excroissance f excrecencia (tumeur).

excursion f excursión; faire une excursion hacer una excursión.

excursionner [3] v intr ir de excursión, hacer una excursión.

excursionniste adj & s excursionista.

excusable adj excusable, disculpable.

excuse f excusa ■ lettre d'excuses carta de disculpa ▮ mot d'excuse justificación de ausencia (collège) ▮ pas d'excuse! ¡nada de excusas!, ¡no hay pero que valga! ■ faire des excuses excusarse, disculparse ▮ FAM faites excuse dispense usted ▮ fournir des excuses dar excusas ou disculpas ▮ présenter des excuses pedir disculpas.

excuser [3] v tr excusar, disculpar (pardonner) ▮ dispensar; excusez-moi de vous interrompre dispénseme que le interrumpa ■ se faire excuser disculparse ▮ veuillez m'excuser tenga a bien disculparme.

► **s'excuser** v pr excusarse, disculparse, dispensarse.

exeat [ɛgzeat] m inv permiso de salida ▮ alta f (dans les hôpitaux) ▮ exeat, permiso, licencia f (à un prêtre) ■ donner l'exeat permitir la salida (aux fonctionnaires, prêtres, élèves, etc.), dar de alta (aux malades) ▮ FIG donner son exeat à quelqu'un despedir a alguien (donner congé).

exécrable adj execrable.

exécrablement adv de modo execrable.

exécration f execración.

exécrer [18] v tr execrar ▮ abominar, detestar, odiar; j'exècre l'odeur du tabac abomino el olor a tabaco.

exécutable adj ejecutable, realizable.

exécutant, e m & f ejecutante.

exécuter [3] v tr ejecutar, llevar a cabo; exécuter un projet ejecutar un proyecto ▮ cumplir; exécuter une promesse cumplir una promesa ▮ cumplir con; exécuter sa parole cumplir con su palabra ▮ ejecutar, ajusticiar (un condamné) ▮ tocar, ejecutar; exécuter une sonate tocar una sonata ▮ ejecutar, reclamar un pago (obliger à payer) ▮ poner en práctica, aplicar (une loi) ▮ ÉCON exécuter une commande ejecutar un pedido.

◇ v intr ejecutar; vous ordonnez et nous exécutons usted ordena y nosotros ejecutamos.

► **s'exécuter** v pr cumplir el mandato ou la orden, hacerlo, cumplir; il me pria de m'asseoir et je m'exécutai me invitó a que me sentara y cumplí la orden ou lo hice.

exécuteur, trice m & f ejecutor, ra ■ exécuteur des hautes œuvres ejecutor de la justicia ▮ exécuteur testamentaire ejecutor testamentario, albacea.

exécutif, ive adj & s m ejecutivo, va.

exécution f ejecución; exécution d'un plan ejecución de un proyecto ▮ ejecución (d'un débiteur) ▮ aplicación, puesta en práctica (d'une loi) ▮ ejecución, ajusticiamiento m (d'un condamné) ▮ fusilamiento m; exécutions en masse fusilamientos en masa ▮ cumplimiento m (d'une promesse) ▮ INFORM ejecución ■ non-exécution incumplimiento; non-exécution d'un ordre incumplimiento de una orden ▮ mettre à exécution poner en ejecución.

exécutoire adj ejecutorio, ria.
◇ m ejecutoria f.

exèdre f ARCHIT exedra.

exégèse f exégesis (interprétation des textes). SYN anagogie anagogía; herméneutique hermenéutica.

exégète m exegeta.

exégétique adj exegético, ca.

exemplaire adj & s m ejemplar ▮ en deux exemplaires ou en double exemplaire, en trois exemplaires por duplicado, triplicado.

exemplairement adv ejemplarmente, de un modo ou de manera ejemplar.

exemplarité f ejemplaridad.

exemple m [▷ SYN] ejemplo; un dictionnaire sans exemples est un squelette un diccionario sin ejemplos es un esqueleto ■ exemple à imiter ejemplo digno de imitación ■ à l'exemple de como, a ejemplo de ▮ par exemple por ejemplo, verbigracia ▮ par exemple! ¡no faltaba más! (protestation), ¡no es posible!, ¡no me diga!, ¡qué sorpresa!, ¡quién lo hubiera creído! (surprise) ▮ pour l'exemple para que sirva de ejemplo (punir) ▮ sans exemple sin precedente ■ donner l'exemple dar el ejemplo ▮ faire un exemple infligir un castigo para que sirva de ejemplo ▮ prêcher d'exemple predicar con el ejemplo ▮ servir d'exemple servir de ejemplo ou de escarmiento.

▮ SYN modèle modelo; règle regla; parangon parangón.

exemplifier [9] v tr ejemplificar.

exempt, e [ɛgzɑ̃, ɑ̃t] adj exento, ta; libre; exempt d'impôts exento de impuestos.
► **exempt** m exento (officier de justice).

exempté, e [ɛgzɑ̃te] adj & s exento, ta; eximido, da ▮ MIL exempté de service rebajado de servicio.

exempter [3] v tr eximir, exentar.

exemption [ɛgzɑ̃psjɔ̃] f exención ▮ exemption de droits de douane franquicia de derechos arancelarios.

exequatur [ɛgzekwatyr] m inv exequátur.

exerçant, e [ɛgzɛrsɑ̃, ɑ̃t] adj que ejerce, en ejercicio; médecins exerçants médicos en ejercicio.

exercé, e adj ejercitado, da.

exercer [16] v tr ejercitar; exercer sa mémoire ejercitar la memoria ▮ ejercer; exercer la médecine ejercer la medicina ▮ desempeñar; exercer des fonctions desempeñar funciones ▮ ejercer, hacer uso de (son autorité) ▮ inspeccionar (contrôler certaines industries) ▮ exercer la patience poner a prueba la paciencia ▮ exercer un droit ejercer un derecho.

► **s'exercer** v pr ejercitarse, adiestrarse; s'exercer à faire quelque chose ejercitarse en hacer algo ▮ manifestarse; les critiques qui se sont exercées contre lui las críticas que se han manifestado contra él.

exercice m ejercicio ▮ desempeño (d'une fonction) ▮ ejercicio, uso (de l'autorité) ▮ inspección f (vérification par les agents du fisc) ■ ÉCON exercice budgétaire ejercicio presupuestario ▮ exercice financier ejercicio ou año económico ▮ SPORTS exercices d'assouplissement ejercicios de flexibilidad ■ dans l'exercice de ses fonctions en el ejercicio de sus funciones ▮ en exercice en ejercicio, en activo ■ entrer en exercice entrar en vigor (loi), entrar en funciones (personnes).

► **exercices** m pl RELIG exercices spirituels ejercicios espirituales.

exerciseur m extensor (appareil de gymnastique).

exérèse [ɛgzerɛz] f exéresis (chirurgie).

exergue [ɛgzɛrg] m exergo ▮ mettre ou porter en exergue poner de relieve ou de manifiesto ou en epígrafe.

exfoliant adj exfoliante.

exfoliation f BOT & MÉD exfoliación.

exfolier [9] v tr exfoliar.

exhalaison [ɛgzalɛzɔ̃] f exhalación, emanación (odeur, gaz).

exhalation [ɛgzalasjɔ̃] f exhalación (action).

exhaler [3] [ɛgzale] v tr exhalar; exhaler son dernier soupir exhalar el último suspiro ▮ exhalar, despedir (une odeur) ▮ FIG exhalar, proferir; exhaler des plaintes proferir quejas ▮ dar libre curso, desfogar, desatar; exhaler sa colère dar libre curso a su cólera.

► **s'exhaler** v pr desprenderse (une odeur) ▮ s'exhaler en proferir, prorrumpir en; s'exhaler en menaces proferir amenazas.

exhaure [ɛgzɔr] f MIN achicamiento m.

exhaussement m elevación f.

exhausser [3] v tr elevar, levantar.

exhaustif, ive adj exhaustivo, va.

exhaustion f agotamiento m (épuisement).

exhaustivement adv exhaustivamente, de forma ou de manera exhaustiva.

exhaustivité f exhaustividad.

exhérédation f desheredación, exheredación.

exhéréder [18] v tr desheredar, exheredar (déshériter).

exhiber [3] v tr exhibir.
► **s'exhiber** v pr exhibirse, mostrarse en público.

exhibition f exhibición.

exhibitionnisme m exhibicionismo.

exhibitionniste m exhibicionista.

exhilarant, e adj hilarante.

exhortation f exhortación.

exhorter [3] v tr exhortar.

exhumation f exhumación.

exhumer [3] v tr exhumar (déterrer) ▮ FIG exhumar, desenterrar, sacar del olvido (tirer de l'oubli).

exigeant, e [ɛgziʒɑ̃, ɑ̃t] adj exigente.
▮ SYN difficile delicado; pointilleux puntilloso.

exigence f exigencia.

exiger [17] v tr exigir ▮ requerir, exigir; les circonstances l'exigent las circunstancias lo requieran.
▮ OBSERV Exiger que se emplea siempre con el subjuntivo: j'exige que vous soyez là.

exigibilité *f* exigibilidad.

exigible *adj* exigible.

exigu, uë [ɛgzigy] *adj* exiguo, gua.

exiguïté [ɛgzigɥite] *f* exigüidad.

exil *m* destierro, exilio.

exilé, e *m* & *f* desterrado, da; exiliado, da; exilado, da.

exiler [3] *v tr* desterrar, exiliar, exilar.

exinscrit, e [ɛgzɛ̃skri, it] *adj* GÉOM exinscrito, ta.

existant, e *adj* existente.

existence *f* existencia.

existentialisme *m* PHILOS existencialismo.

> **L'EXISTENTIALISME**
>
> Según esta filosofía cuyo mayor representante fue Jean-Paul Sartre (1905-1980), el conocimiento de la realidad se funda en la experiencia inmediata de la existencia propia. Los seres humanos son libres de elegir lo que son y totalmente responsables de esta elección. Después de la Segunda Guerra Mundial este movimiento dio origen a una moda entre los jóvenes, ya que les ofrecía una libertad de pensamiento y de conducta que se expresó en particular en los bares y locales nocturnos de Saint-Germain-des-Prés.

existentialiste *adj* & *s* existencialista.

existentiel, elle *adj* existencial; philosophie existentielle filosofía existencial.

exister [3] *v intr* existir.

exit [ɛgzit] *m* THÉÂTR salida *f*.

ex-libris [ɛkslibris] *m* ex libris.

ex nihilo *loc adv* ex nihilo.

exocet [ɛgzɔsɛ] *m* exoceto, pez volador (poisson volant).
> ➠ **Exocet®** *m* misil exoceto.

exocrine *adj* ANAT exocrino, na; glandes exocrines glándulas exocrinas.

exode *m* éxodo (émigration) ‖ exode de capitaux emigración de capitales ‖ exode rural éxodo rural.

exogame *adj* exógamo, ma.

exogamie *f* exogamia.

exogamique *adj* exogámico, ca.

exogène *adj* exógeno, na.

exonération *f* exoneración ‖ ÉCON exonération d'impôt exención tributaria ‖ exonération fiscale exención fiscal.

exonératoire *adj* ÉCON eximente; exonératoire d'impôt eximente de impuesto.

exonérer [18] *v tr* exonerar; exonéré de TVA exento de IVA.

exophtalmie [ɛgzɔftalmi] *f* exoftalmía (saillie de l'œil hors de son orbite).

exophtalmique [ɛgzɔftalmik] *adj* MÉD exoftálmico, ca (goitre).

exorbitant, e *adj* exorbitante ‖ FIG desorbitado, da; des prix exorbitants precios desorbitados.

exorbité, e *adj* desorbitado, da.

exorbiter [3]
> ➠ **s'exorbiter** *v pr* desorbitarse.

exorcisation *f* acción de exorcizar.

exorciser [3] *v tr* exorcizar.

exorciseur *m* exorcista.

exorcisme *m* exorcismo.
> SYN conjuration conjure; adjuration adjuración.

exorciste *m* & *f* exorcista (personne qui exorcise).
> ◇ *m* exorcista (clerc).

exorde *m* exordio.

exoréique *adj* exorreico, ca.

exoréisme *m* GÉOGR exorreísmo.

exosmose *f* PHYS exósmosis, exosmosis.

exosphère *f* exosfera.

exostose *f* MÉD exóstosis (tumeur).

exotérique *adj* exotérico, ca.

exothermique *adj* PHYS exotérmico, ca.

exotique *adj* exótico, ca.

exotisme *m* exotismo.

exotoxine *f* exotoxina.

expansé, e *adj* expandido, da.

expansibilité *f* expansibilidad.

expansible *adj* expansible.

expansif, ive *adj* expansivo, va.

expansion *f* expansion ‖ ensanche *m* (d'une ville); zone d'expansion zona de ensanche.

expansionnisme *m* expansionismo.

expansionniste *adj* & *s* expansionista.

expansivité *f* carácter *m* muy expansivo.

expatriation *f* expatriación, destierro *m*, exilio *m*.

expatrié, e *adj* & *s* expatriado, da.

expatrier [10] *v tr* desterrar, exiliar.
> ➠ **s'expatrier** *v pr* expatriarse ‖ desterrarse (subir l'exil).

expectant, e *adj* expectante.

expectation *f* expectación.

expectative *f* expectativa; être dans l'expectative estar a la expectativa.

expectorant, e *adj* & *s m* MÉD expectorante.

expectoration *f* expectoración.

expectorer [3] *v tr* expectorar (cracher).

expédient, e *adj* oportuno, na; il est expédient d'aller es oportuno ir ‖ conveniente (convenable).
> ➠ **expédients** *m pl* arbitrios ou recursos extremos ‖ vivre d'expédients vivir del cuento.
> OBSERV Expediente no tiene en francés el sentido de "dossier" [documentación] que tiene en español.

expédier [9] *v tr* enviar, despachar, expedir, remitir, mandar (envoyer) ‖ despachar (des marchandises) ‖ expedir, despachar (faire promptement) ‖ DR expedir, extender; expédier un contrat expedir un contrato ‖ FIG & FAM despachar; expédier le repas despachar la comida ‖ largar; expédier quelqu'un à l'étranger largar a uno al extranjero ‖ despedir, despachar (congédier) ‖ despachar (tuer).

Expédit [ɛkspedi] *n pr m* Expedito.

expéditeur, trice *adj* expedidor, ra.
> ◇ *m* & *f* remitente, expedidor, ra; retour à l'expéditeur devolución al remitente.

expéditif, ive *adj* expeditivo, va.

expédition *f* expedición, envío *m* (envoi) ‖ remesa (de marchandises) ‖ ejecución, despa-

cho *m*, expedición (d'une affaire) ‖ expedición (voyage, mission) ‖ DR copia auténtica.

expéditionnaire *adj* MIL expedicionario, ria; corps expéditionnaire cuerpo expedicionario.
> ◇ *adj* & *s* expedidor, ra; remitente ‖ escribiente (employé d'une administration) ‖ expedicionero (de la curie romaine).

expéditivement *adv* expeditamente.

expérience *f* experiencia; avoir de l'expérience tener experiencia ‖ experimento *m*, prueba; une expérience de physique un experimento de física ■ avoir l'expérience de tener la experiencia de ‖ faire l'expérience de experimentar.

expérimental, e *adj* experimental; réacteur expérimental reactor experimental; procédés expérimentaux procedimientos experimentales.

expérimentalement *adv* experimentalmente, mediante experimentos.

expérimentateur, trice *adj* & *s* experimentador, ra.

expérimentation *f* experimentación; l'expérimentation d'un procédé la experimentación de un procedimiento.

expérimenté, e *adj* experimentado, da.

expérimenter [3] *v tr* experimentar.

expert, e [ɛkspɛr, ɛrt] *adj* experto, ta; experimentado, da; ouvrier expert obrero experto.
> ➠ **expert** *m* perito, experto (connaisseur) ‖ especialista ■ expert en assurances perito de seguros ■ à dire d'expert a juicio de peritos.

expert-comptable *m* ≃ censor jurado de cuentas.
> OBSERV pl experts-comptables.

expertement *adv* expertamente, hábilmente.

expertise *f* informe *m* de peritos (rapport des experts) ‖ peritaje *m*, peritación, dictamen pericial (estimation de l'expert).

expertiser [3] *v tr* someter al juicio pericial, hacer una peritación de.

expiable *adj* expiable.

expiateur, trice *adj* expiativo, va.

expiation *f* expiación.

expiatoire *adj* expiatorio, ria.

expier [9] *v tr* expiar.

expirant, e *adj* expirante ‖ FIG moribundo, da; voix expirante voz moribunda.

expirateur *adj m* ANAT espirador (muscle).

expiration *f* espiración (de l'air) ‖ expiración; l'expiration d'une peine la expiración de una pena ‖ vencimiento *m* (échéance).

expiratoire *adj* expiratorio, ria.

expirer [3] *v intr* expirar (mourir) ‖ FIG expirar, vencer (un délai, une échéance).
> ◇ *v tr* espirar (expulser l'air).
> OBSERV Remarquez la différence d'orthographe entre espirar et expirar.

explétif, ive *adj* & *s m* expletivo, va.

explicable *adj* explicable.

explicateur, trice *adj* & *s* (p us) explicativo, va (explicatif).

explicatif, ive *adj* explicativo, va.

explication *f* explicación ▌altercado *m* (discussion) ▌explication de texte comentario de texto ▌avoir une explication avec quelqu'un tener una explicación con alguien, pedir cuentas a alguien.

explicite *adj* explícito, ta.

explicitement *adv* explícitamente.

expliciter [3] *v tr* hacer explícito, aclarar.

expliquer [3] *v tr* [▷ SYN] explicar ▌exponer; expliquer sa pensée exponer su pensamiento.

➨ **s'expliquer** *v pr* explicarse; je ne m'explique pas son retard no me explico su retraso ▌tener una explicación, explicarse; la chose s'explique la cosa tiene una explicación ▌explayarse (déclarer sa pensée) ▌pelearse (se battre).

▌ SYN interpréter interpretar; traduire traducir; développer desarrollar; commenter comentar.

exploit [ɛksplwa] *m* [▷ SYN] hazaña *f*, proeza *f* ▌DR mandato judicial ▪ exploit d'huissier embargo ▌FAM voilà un bel exploit! ¡vaya un disparate!, ¡buena la has hecho!

▌ SYN prouesse proeza; fait d'armes, haut fait hazaña; geste gesta.

exploitable *adj* explotable; exploitable par une machine explotable por una máquina.

exploitant *m* explotador ▌exhibidor, empresario (d'une salle de cinéma) ▌AGRIC cultivador, labrador, explotador.

exploitation *f* explotación ▌explotación, laboreo *m*; exploitation agricole explotación agrícola; exploitation minière à ciel ouvert explotación minera a cielo abierto ▌aprovechamiento *m*; exploitation des ressources agricoles aprovechamiento de los recursos agrícolas; exploitation d'un renseignement aprovechamiento de una información.

exploité, e *adj* explotado, da.

exploiter [3] *v tr* [▷ SYN] explotar ▌explotar, laborear (une mine) ▌sacar partido de, aprovecharse de, explotar; exploiter un sujet sacar partido de un tema.

◇ *v intr* DR notificar (signifier des exploits).

▌ SYN utiliser utilizar; faire valoir beneficiar, dar valor.

exploiteur, euse *m* & *f* explotador, ra.

explorable *adj* explorable.

explorateur, trice *m* & *f* explorador, ra.
◇ *adj* MÉD exploratorio, ria.

exploration *f* exploración.

exploratoire *adj* exploratorio, ria.

explorer [3] *v tr* explorar ▌FIG examinar detenidamente ▪ explorer du regard explorar con la vista ▌explorer une plaie examinar una llaga detenidamente.

exploser [3] *v intr* hacer explosión, estallar, explotar, volar ▌estallar; sa colère explosa su cólera estalló.

explosible *adj* explosivo, va; balle explosible bala explosiva.

explosif, ive *adj* & *s m* explosivo, va.

explosion *f* explosión ▪ explosion de joie, de colère explosión de alegría, de cólera ou rabia ▌explosion démographique explosión demográfica ▌moteur à explosion motor de explosión.

exponentiel, elle *adj* MATH exponencial.

exportable *adj* exportable.

exportateur, trice *adj* & *s* exportador, ra.

exportation *f* exportación.

exporter [3] *v tr* exportar; exporter en Allemagne exportar a Alemania.

exposant, e *m* & *f* expositor, ra (dans une exposition).

➨ **exposant** *m* MATH exponente.

exposé, e *adj* expuesto, ta; bien exposé bien expuesto; très exposé muy expuesto.

➨ **exposé** *m* exposición *f* (explication) ▌informe, ponencia *f* (compte rendu) ▌conferencia *f* ▪ exposé des motifs memoria explicativa ▌exposé d'un problème planteamiento de un problema.

exposer [3] *v tr* exponer; exposer un tableau dans un musée exponer un cuadro en un museo ▌orientar; maison exposée au sud casa orientada al Sur ▌abandonar, exponer (un enfant) ▌FIG exponer, explicar; exposer une théorie exponer una teoría ▌PHOT exponer ▪ exposer aux regards poner a la vista, exponer a las miradas ▌exposer quelque chose au grand jour hacer pública ou sacar a la luz una cosa ▌exposer sa vie exponer su vida.

➨ **s'exposer** *v pr* exponerse.

exposition *f* exposición; exposition de peinture exposición de pinturas ▌orientación, situación (orientation) ▌abandono *m* (d'un enfant) ▌feria; exposition agricole feria del campo ▌PHOT exposición.

exposition-vente *f* exposición venta.
▌ OBSERV pl expositions-ventes.

ex post *loc adj* ÉCON ex post.

exprès [ɛksprɛ] *adv* expresamente, adrede, a propósito, a posta (à dessein) ▪ FAM c'est un fait exprès, comme par un fait exprès como de intento, como por casualidad ▌faire exprès de faire quelque chose hacer algo a propósito ou queriendo ▌sans le faire exprès sin querer.

exprès, esse [ɛksprɛs] *adj* expreso, sa; explícito, ta (précis) ▌urgente; courrier exprès correo urgente ▌terminante (ordre).

express [ɛksprɛs] *adj* & *s m* expreso, sa; exprés (train, café).

expressément *adv* expresamente ▌terminantemente (catégoriquement).

expressif, ive *adj* expresivo, va.

expression *f* expresión ▪ MATH expression fractionnaire expresión impropia ▌expression toute faite ou consacrée frase hecha, frase acuñada ▌liberté d'expression libertad de expresión ▌moyens d'expression medios de expresión ▌au-delà de toute expression más de lo que se puede figurar ▌passez-moi l'expression perdone la expresión ▌FIG réduire à sa plus simple expression reducir a la mínima expresión.

expressionnisme *m* expresionismo.

expressionniste *m* expresionista.

expressivement *adv* expresivamente.

expressivité *f* expresividad.

expresso *m* café solo ou exprés.

exprimable *adj* expresable, decible; idée exprimable idea expresable.

exprimer [3] *v tr* exprimir; exprimer un citron exprimir un limón ▌FIG [▷ SYN] expresar, decir (manifester ses pensées).

➨ **s'exprimer** *v pr* expresarse ▌ser expresado; bonheur qui ne peut s'exprimer felicidad que no puede ser expresada.

▌ SYN manifester manifestar; traduire traducir; extérioriser exteriorizar.

expromission *f* expromisión.

expropriateur, trice *adj* & *s* expropiador, ra.

expropriation *f* expropiación ▌DR frapper d'expropriation expropiar.

exproprier [10] *v tr* expropiar.

expulsé, e *adj* & *s* expulsado, da.

expulser [3] *v tr* expulsar (les personnes) ▌desahuciar (un locataire) ▌MÉD expeler, expulsar (les humeurs).

expulsif, ive *adj* expulsivo, va.

expulsion *f* expulsión ▌expulsión, desahucio *m* (d'un locataire).

expurgation *f* expurgación, expurgo *m*.

expurgatoire *adj* expurgatorio, ria.

expurger [17] [ɛkspyrʒe] *v tr* expurgar.

exquis, e [ɛkski, iz] *adj* exquisito, ta.

exquisité *f* (p us) exquisitez.

exsangue [ɛksɑ̃g] *adj* exangüe.

exsudat [ɛksyda] *m* exudado.

exsudation [ɛksydasjɔ̃] *f* exudación.

exsuder [3] [ɛksyde] *v tr* & *intr* exudar.

extase [ɛkstaz] *f* éxtasis *m*, arrebato *m* ▌être dans l'extase estar embelesado, da.

extasié, e *adj* extasiado, da; arrebatado, da.

extasier [9]
➨ **s'extasier** *v pr* extasiarse.

extatique *adj* extático, ca.

extemporané, e *adj* preparado, y administrado en el acto; extemporáneo, a (pharmacie).

extenseur *adj m* & *s m* extensor.

extensibilité *f* extensibilidad.

extensible *adj* extensible.

extensif, ive *adj* extensivo, va ▌AGRIC culture extensive cultivo extensivo.

extension *f* extensión.

extenso [ɛkstēso]
➨ **in extenso** *loc adv* in extenso, íntegramente ▌compte rendu in extenso actas literales ou taquigráficas.

extensomètre *m* TECHN extensómetro.

exténuant, e [ɛkstenɥɑ̃, ɑ̃t] *adj* extenuante.

exténuation [ɛkstenɥasjɔ̃] *f* extenuación.

exténuer [7] [ɛkstenɥe] *v tr* extenuar.

extérieur, e *adj* & *s m* exterior ▪ angle extérieur ángulo externo ▌signes extérieurs de richesse signos externos de riqueza ▪ à l'extérieur exteriormente, por fuera.

➨ **extérieur** *m* apariencia *f* exterior.

➨ **extérieurs** *m pl* CINÉM exteriores.

extérieurement *adv* exteriormente, por fuera.

extériorisation *f* exteriorización.

extérioriser [3] *v tr* exteriorizar.

➨ **s'extérioriser** *v pr* exteriorizarse.

extériorité *f* exterioridad.

exterminateur, trice *adj* & *s* exterminador, ra.

extermination *f* exterminio *m*, exterminación.

exterminer [3] *v tr* exterminar.

externat [ɛkstɛrna] *m* externado.

externe *adj* & *s* externo, na.
▌ SYN extérieur exterior; extrinsèque extrínseco.

exterritorialité *f* extraterritorialidad.

extincteur, trice *adj* & *s m* extintor, ra; apagador, ra ▌extincteur d'incendie extintor de incendios.

extinction *f* extinción ▌extinction de voix afonía.

extirpable *adj* extirpable.

extirpateur *adj* & *s* extirpador, ra.

extirpation *f* extirpación.

extirper [3] *v tr* extirpar.

extorquer [3] *v tr* arrancar, arrebatar ▌sacar de mala manera (des fonds) ▌sacar (une approbation).

extorqueur, euse *m* & *f* persona que comete extorsiones.

extorsion *f* extorsión ▌extorsion de fonds extorsión de fondos ▌extorsion de signature falsificación de firma, apropiación indebida de firma.

extra *adj* extra, de primera.
◇ *m inv* extraordinario, extra (dépenses, repas, etc.) ▌doméstico suplementario.

extrabudgétaire *adj* fuera de presupuesto, extrapresupuestario, ria.

extraconjugal, e *adj* extraconyugal.

extracourant *m* ÉLECTR extracorriente *f*.

extracteur, trice *adj* & *s* extractor, ra.

extractible *adj* extraíble, que se puede extraer.

extractif, ive *adj* extractivo, va.

extraction *f* extracción ▌origen *m*, linaje *m*, extirpe, extracción; de basse extraction de bajo origen ▌MATH extraction de racine extracción de raíz, radicación.

extrader [3] *v tr* aplicar la extradición.

extradition *f* extradición (d'un criminel).

extrados [ɛkstrado] *m* ARCHIT extradós.

extrafin, e *adj* extrafino, na.

extrafort [ɛkstrafɔr] *m* cinta *f* de extrafort, galón (ruban résistant).

extraire [112] *v tr* extraer, sacar (une dent, l'or, une racine carrée, des citations) ▌sacar (un prisonnier) ▌extractar (faire un extrait).

extrait [ɛkstrɛ] *m* extracto ▌extracto, trozo (d'un livre) ■ **extrait de baptême** fe de bautismo ▌extrait de casier judiciaire certificado de penales ▌extrait de naissance partida de nacimiento.

extrajudiciaire *adj* extrajudicial.

extralégal, e *adj* extralegal; des moyens extralégaux medios extralegales.

extralucide *adj* & *s* clarividente ▌vidente (voyant).

extra-muros [ɛkstramyros] *loc adv* extramuros.

extranéité *f* DR extranjería.

extraordinaire *adj* extraordinario, ria ■ **ambassadeur extraordinaire** embajador extraordinario ▌**assemblée extraordinaire** junta general extraordinaria ■ **par extraordinaire** por casualidad.

extraordinairement *adv* muy (très) ▌extraordinariamente (bizarrement).

extraparlementaire *adj* extraparlamentario, ria.

extraplat, e *adj* extraplano, na.

extrapolation *f* extrapolación.

extrapoler [3] *v tr* extrapolar.

extrascolaire *adj* extraescolar.

extrasensible *adj* extrasensible.

extrasystole *f* MÉD extrasístole.

extraterrestre *adj* extraterreno, na; extraterrestre.

extra-utérin, e *adj* extrauterino, na.
▌ OBSERV pl extra-utérins, extra-utérines.

extravagance *f* extravagancia.

extravagant, e *adj* & *s* extravagante.

extravaguer [3] *v intr* decir extravagancias, disparatar (parler) ▌hacer extravagancias (agir).

extravaser [3]
◆ **s'extravaser** *v pr* extravasarse.

extraversion *f* extraversión.

extraverti, e; extroverti, e *adj* extravertido, da.

extrême *adj* [▷ SYN] extremo, ma ▌extremado, da (poussé à l'extrême) ▌FIG sumo, ma; c'est d'un intérêt extrême es de sumo interés ▌à l'extrême rigueur si es realmente necesario.
◇ *m* extremo ▌MATH extremo (d'une propor-

tion) ■ **extrême gauche, droite** extrema izquierda, derecha (au Parlement) ■ **extrême gauche, droit** extremo izquierda, derecha (football) ■ à l'extrême al extremo, en sumo grado ▌d'un extrême à l'autre de un extremo a otro ▌les extrêmes se touchent los extremos se tocan.
▌ SYN intense intenso; excessif excesivo; violent violento; désordonné desordenado.

extrêmement *adv* extremadamente ▌sumamente; extrêmement intéressant sumamente interesante.

extrême-onction *f* extremaunción (sacrement).
▌ OBSERV pl extrêmes-onctions.

Extrême-Orient *n pr m* GÉOGR l'Extrême-Orient el Extremo ou Lejano Oriente.

extrême-oriental, e *adj* de Extremo Oriente.
▌ OBSERV pl extrême-orientaux, extrême-orientales.

extrémisme *m* extremismo.

extrémiste *adj* & *s* extremista.

extrémité *f* extremidad ■ **en dernière extrémité** en el último extremo ▌être à l'extrémité ou à la dernière extrémité estar en las últimas ▌pousser à l'extrémité llevar al extremo.
◆ **extrémités** *f pl* extremidades (les pieds et les mains) ▌excesos *m*, violencias (actes de violence).

extrinsèque *adj* extrínseco, ca.

extrorse *adj* BOT extrorso, sa.

extroversion *f* extroversión.

extroverti, e ➡ **extraverti**.

extruder [3] *v tr* extrudir.
◇ *v intr* GÉOL producirse una extrusión.

extrusion *f* TECHN extrusión.

exubérance *f* exuberancia.

exubérant, e *adj* exuberante.

exulcérer [18] *v tr* MÉD exulcerar.

exultation *f* exultación.

exulter [3] *v intr* exultar, alegrarse mucho.

exutoire *m* MÉD exutorio ▌FIG derivativo.

ex vivo *loc adv* extracorpóreo.

ex-voto *m inv* exvoto.

eye-liner [ajlajnœr] *m* perfilador de ojos.
▌ OBSERV pl eye-liners.

eyra [ɛra] *m* eyrá, eirá (sorte de puma).

Ézéchias [ezekjas] *n pr* Ezequías.

Ézéchiel [ezekjɛl] *n pr* Ezequiel.

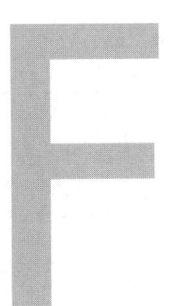

f; F *m* f f.

▌ **OBSERV** El sonido de la f francesa es el mismo que el de la f española. En final de palabra la f se pronuncia en francés, excepto en chef-d'œuvre, clef et nerf. Tampoco se pronuncia en los plurales œufs y bœufs.

F (abr écrite de **Fahrenheit**) F ▌(abr écrite de **féminin**) f ▌(abr écrite de **femme**) M ▌(abr écrite de **franc**) F.

F2 (abr écrite de **France 2**) segunda cadena televisiva pública francesa.

F3 (abr écrite de **France 3**) tercera cadena televisiva pública francesa.

fa *m inv* **MUS** fa.

FAB (abr de **franco à bord**) *adj* FOB.

Fabien *n pr* Fabián.

Fabienne *n pr* Fabiana.

Fabiola *n pr* Fabiola.

Fabius [fabjys] *n pr* Fabio.

fable *f* [▷ **SYN**] fábula ▌fábula, patraña (récit imaginaire) ▌ hazmerreír *m*, objeto *m* de burla; être la fable du quartier ser el hazmerreír del barrio.

▌ **SYN** apologue apólogo; parabole parábola; légende leyenda.

fabliau *m* cuento popular francés de los siglos XII y XIII, "fabliau", trova *f*.

fablier *m* fabulario, colección *f* de fábulas ▌(vx & p us) fabulista.

fabricant *m* fabricante.

fabricateur, trice *m & f* fabricador, ra (de calomnies, de mensonges, etc.).

fabrication *f* fabricación.

Fabrice *n pr* Fabricio [nombre].

fabricien *m* fabriquero (d'une église).

Fabricius [fabrisjys] *n pr* Fabricio [político romano].

fabrique *f* fábrica (entreprise industrielle); prix de fabrique precio de fábrica ▌ fábrica (revenus d'une église).

fabriquer [3] *v tr* fabricar ▌inventar, forjar (calomnies, histoires, etc.) ▌**FAM** hacer, trajinar; qu'est-ce que vous fabriquez là? ¿qué está usted trajinando por ahí? ▌fabriquer en série producir en serie.

fabulateur, trice *m & f* fantasioso, sa; cuentista; c'est un fabulateur es un cuentista.

fabulation *f* invención, fantasía.

fabuler [3] *v intr* fantasear.

fabuleusement *adv* fabulosamente (énormément).

fabuleux, euse *adj* fabuloso, sa.

fabuliste *m* fabulista.

FAC (abr de **franc d'avarie commune**) *adj* FAC.

façade *f* fachada ▌**FIG** fachada, apariencia ▌litoral *m*, costa (côte) ▌**FAM** cara (visage).

face *f* cara, semblante *m*, faz, rostro *m* (visage) ▌[▷ **SYN**] frente *m* (partie antérieure d'un objet) ▌cara, lado *m* (côté) ▌cara, anverso *m* (d'une monnaie) ▌**FIG** aspecto *m*, cariz *m* (d'une affaire) ▌**GÉOM** cara (d'un solide) ■ **FAM** face de carême cara de viernes ▌la Sainte Face la Santa Faz ■ à la face de en presencia de, a la faz de ▌de face de frente ▌en face enfrente ▌en face de enfrente de, frente a, frente de, delante de ▌face à face cara a cara, frente a frente ■ avoir le soleil en face tener el sol de cara ▌dire en face decir cara a cara ▌faire face hacer frente, arrostrar, hacer cara (affronter), estar enfrente (être vis-à-vis), satisfacer, hacer frente (dettes) ▌faire face à une dépense, asumir un gasto ▌jeter à la face echar en cara ▌jouer à pile ou face jugar a cara o cruz ▌perdre la face perder prestigio ▌regarder la mort en face mirar la muerte cara a cara ▌sauver la face salvar las apariencias ou el rostro ▌se voiler la face taparse el rostro.

▌ **SYN** façade fachada; frontispice frontispicio.

face-à-face *m inv* careo ▌face-à-face télévisé teledebate entre dos personalidades.

face-à-main *m* impertinente (binocle).

▌ **OBSERV** pl faces-à-main.

facétie [fasesi] *f* chiste *m*, gracia.

facétieusement [fasesjøzmū] *adj* chistosamente, jocosamente.

facétieux, euse [fasesjø, øz] *adj & s* chistoso, sa; gracioso, sa.

facette *f* faceta, aspecto *m* ▌faceta; diamant à facettes diamante con facetas.

facetter [4] *v tr* tallar ou labrar en facetas.

fâché, e *adj* disgustado, da; enfadado, da.

fâcher [3] *v tr* [▷ **SYN**] disgustar, enfadar (irriter) ▌sentir; je suis fâché que... siento mucho que... ■ je n'en suis pas fâché no me desagrada ▌je suis ou j'en suis fâché estoy francamente molesto, es muy enojoso ▌soit dit sans vous fâcher con perdón sea dicho, sin intención de molestar.

➡ **se fâcher** *v pr* disgustarse, enfadarse; se fâcher avec quelqu'un ou de tout enfadarse con uno ou por todo ▌**FAM** se fâcher tout rouge ponerse furioso, ponerse rojo de ira, echar rayos y centellas, echar chiribitas.

▌ **SYN** contrarier contrariar; mécontenter descontentar.

fâcherie *f* enfado *m*, disgusto *m*, desavenencia.

fâcheusement *adv* desgraciadamente; avoir fâcheusement tendance à tener desgraciadamente tendencia a.

fâcheux, euse *adj* enfadoso, sa; fastidioso, sa; enojoso, sa ▌c'est fâcheux es molesto, es de lamentar ▌de fâcheuses conséquences consecuencias nefastas.

◇ *adj & s* pesado, da; latoso, sa; cargante.

facho *adj & s* **FAM** facha.

facial, e *adj* facial; nerfs faciaux nervios faciales.

faciès [fasjes] *m* semblante, rostro (visage) ▌**MÉD** facies *f*.

facile *adj* fácil; sencillo, lla; problème facile problema sencillo ▌fácil; cómodo, da (caractère) ▌suelto, ta (gestes, style) ■ facile à ou de fácil de ■ avoir le rire ou les larmes faciles fácil de hacer reír ou de hacer llorar ▌ce n'est pas si facile que ça no se hace de tan fácil manera, no se hace así como así.

facilement *adv* fácilmente (avec facilité) ▌tranquilamente (au moins).

facilité *f* facilidad ▌ soltura; style d'une grande facilité estilo de gran soltura ■ facilité à facilidad para ▌facilité de langage soltura de palabra ▌**ÉCON** facilités de crédit facilidades de crédito ▌facilités de paiement facilidades de pago ■ il a beaucoup de facilité pour les langues tiene mucha facilidad para los idiomas.

▌ **OBSERV** Cuando esta palabra va seguida de la preposición a indica la aptitud de hacer una cosa, mientras que cuando va seguida de la preposición de se trata de la posibilidad de hacerla.

faciliter [3] *v tr* facilitar.

façon [fasɔ̃] *f* modo *m*, manera (manière); façon d'agir modo de obrar ▌hechura; complet d'une bonne façon traje de buena hechura ▌especie; il y avait une façon de gargote había una especie de bodegón ▌imitación; sac façon crocodile bolso imitación cocodrilo ▌estilo *m*; vin mousseux façon champagne vino espumoso estilo champán ▌**AGRIC** vuelta, labor, cava (labour) ▌**MAR** gálibos *m pl* de un buque ■ à la façon de como, como si fuera ▌de belle façon de lo lindo ▌de façon à de tal modo que ▌de façon que ou de telle façon que de manera que, de suerte que

| de la façon dont como **|** de sa façon a su manera **|** de toute façon de todos modos **|** d'une autre façon de otra manera **|** en aucune façon de ningún modo **|** en quelque façon en cierto modo **■** couturière à façon sastra, costurera que admite género **|** travail à façon trabajo a destajo **■** c'est une façon comme une autre de lo mismo da emplear un medio que otro para **|** c'est une façon de es una especie de **|** c'est une façon de parler esto es un decir **|** être sans façon ser campechano ou a la pata la llana **|** façon de faire manera de comportarse **|** recevoir sans façon recibir sin ceremonia, sin cumplidos, sin etiqueta **|** faire des façons andar con melindres, andarse con cumplidos.

➦ façons f pl maneras, modales m (conduite) **|** FIG & FAM [▷ SYN] melindres m, remilgos m (affectation).

⎸ SYN fam chichis carantoñas; flafla farolería; épate pisto.

faconde f facundia.

façonnage; façonnement m hechura f, confección f **|** trabajo, elaboración f.

façonner [3] v tr formar, dar forma (donner une certaine forme) **|** trabajar, labrar (pierre); **façonner le marbre** trabajar el mármol **|** tornear, trabajar (bois, argile) **|** AGRIC dar una labor [a la tierra]; labrar **|** FIG formar, educar (une personne) **|** acostumbrar (accoutumer); **façonner à la discipline** acostumbrar a la disciplina.

façonnier, ère adj & s ceremonioso, sa; cumplido, da (formaliste).
⟨◇⟩ m & f destajista.

fac-similé m facsímil, facsímile.
⎸ OBSERV pl fac-similés.

factage m porte, transporte (à domicile) **|** porte, transporte (prix de transport) **|** reparto (du courrier).

facteur m cartero (des postes) **|** factor, corredor (de commerce) **|** factor (de chemin de fer) **|** fabricante, constructor (d'instruments de musique) **|** factor (élément); **le facteur humain** el factor humano **|** MATH factor **|** MÉD facteur de risque factor de riesgo **|** facteur Rhésus factor Rhesus.

factice adj facticio, cia; artificial.
⎸ SYN artificiel artificial; postiche postizo; faux falso.

facticement adv de modo facticio.

factieux, euse [faksjø, øz] adj & s faccioso, sa; rebelde.

faction [faksjɔ̃] f facción **|** espera prolongada, plantón m (attente prolongée) **|** MIL guardia; **en faction** de guardia.

factionnaire [faksjɔnɛr] m centinela (sentinelle).
⎸ SYN sentinelle centinela; planton plantón.

factitif, ive adj factitivo, va (linguistique).

factorerie f factoría.

factoriel, elle adj MATH factorial; **analyse factorielle** análisis factorial.
➦ factorielle f MATH factorial.

factorisation f MATH factorización.

factotum [faktɔtɔm] m factótum.
⎸ OBSERV pl factotums.

factuel, elle adj factual.

factum [faktɔm] m escrito ou alegato de ataque ou de defensa, panfleto.
⎸ OBSERV pl factums.

facturation f facturación.

facture f factura; **facture « pro forma »** factura pro forma **|** factura, ejecución (d'une œuvre).

facturer [3] v tr facturar, extender la factura de.
⎸ OBSERV Facturer no tiene en francés el sentido de "enregistrer" que ofrece el español facturar.

facturier m COMM libro de facturas (livre) **|** facturador, empleado que hace facturas (employé).

facule f ASTRON fácula (Soleil).

facultatif, ive adj facultativo, va **|** arrêt facultatif parada discrecional (autobus).

facultativement adv facultativamente.

faculté f [▷ SYN] facultad (d'agir) **|** propiedad, virtud; **l'aimant a la faculté d'attirer le fer** el imán tiene la propiedad de atraer el hierro **|** derecho m, facultad (droit de faire une chose) **|** faculté (à l'Université) **|** la Faculté los médicos, el cuerpo facultativo, el cuerpo médico.

➦ facultés f pl facultades (aptitudes); **facultés intellectuelles** facultades intelectuales **|** posibles m (biens).
⎸ SYN puissance potencia; pouvoir poder.

fada m FAM chiflado, tonto.

fadaise f sandez, tontería, pamplinas pl.

fadasse adj muy soso, sosaina (personne) **|** soso, sa (sauce) **|** desvaído, da (couleur).

fade adj soso, sa **|** FIG [▷ SYN] soso, sa; sosaina; insulso, sa **|** sin gracia; insulso, sa; **traits fades** facciones sin gracia.
⎸ SYN insipide insípido; plat sin relieve, sosaina.

fader [3] v tr FAM & IRON poner, arreglar; **on l'a bien fadé** lo han arreglado bien.

fadeur f sosería, insipidez (d'un plat) **|** FIG sosería, insulsez (d'une conversation) **|** falta de gracia (d'un visage).

➦ fadeurs f pl cumplidos m insulsos, palabras insulsas (galanteries fades).

fading [fadiŋ] f RAD desvanecimiento, debilitamiento, "fading" (des ondes).

fado m fado.

faena f TAUROM faena.

fafiot [fafjo] m ARG billete de banco, pápiro.

fagne m pantano en lugar elevado (marais).

fagot [fago] m haz de leña, gavilla f (faisceau de menu bois) **■** FIG & FAM c'est un fagot d'épines es un erizo, es una persona intratable **|** FAM débiter ou conter des fagots decir simplezas, contar cuentos chinos **|** sentir le fagot oler a chamusquina, ser sospechoso de herejía **|** vin de derrière les fagots vino muy bueno.

fagotage m hacinamiento (travail du fagoteur) **|** FAM chapuza f, frangollo (travail mal fait) **|** FIG & FAM atavío ridículo (attifement).

fagoté, e adj FAM mal vestido, da; desaliñado, da; **il est drôlement fagoté** va mal vestido ou desaliñado.

fagoter [3] v tr hacinar (mettre en fagots) **|** FAM poner como un adefesio, vestir con mal gusto (mal habiller).

➦ se fagoter v pr FAM ponerse como un adefesio.

fagotier m obrero hacinador.

fagotin m hacecillo, haz pequeño (petit fagot) **|** (vx) mono (singe d'un charlatan) **|** FAM bufón (bouffon).

Fahrenheit [farɛnajt] ou [farənajt] n pr degré Fahrenheit grado fahrenheit.

faiblard, e [fɛblar, ard] adj FAM endeblucho, cha; debilucho, cha.

faible adj [▷ SYN] débil; **un enfant faible** un niño débil; **caractère faible** carácter débil **|** flojo, ja; **faible excuse** excusa floja; **faible en mathématiques** flojo en matemáticas **|** endeble (sans résistance); **corde** ou **étoffe faible** cuerda ou tela endeble **|** feble (monnaie trop légère) **|** corto, ta; poco, ca; **à faible distance** a corta distancia **|** reducido, da; **un rendement très faible** un rendimiento muy reducido **|** bajo, ja; **le chiffre le plus faible** la cifra más baja **|** escaso, sa (peu important).
⟨◇⟩ m & f débil (sans force) **|** faible d'esprit débil mental.
⟨◇⟩ m flaco, debilidad f, punto flaco (point vulnérable); **le faible d'un raisonnement** el flaco de un razonamiento; **avoir un faible pour** tener una debilidad por **■** le côté faible el flaco, el punto flaco **■** connaître le faible de quelqu'un conocer el flaco de alguien, saber de qué pie cojea.
⎸ SYN affaibli debilitado; débile débil, endeble; déficient deficiente; anémique anémico; anémié anémico; lymphatique linfático; asthénique asténico; adynamique adinámico; chétif enclenque; malingre canijo; FAM gringalet mequetrefe; mauviette alfeñique; avorton aborto, feto.

faiblement adv débilmente **|** escasamente.

faiblesse f debilidad (manque de forces) **|** endeblez (manque de résistance) **|** desmayo m (syncope); **tomber en faiblesse** tener un desmayo **|** poca resistencia ou solidez; **la faiblesse d'un pont** la poca resistencia de un puente **|** punto m flaco; **conclusion qui présente des faiblesses** conclusión que ofrece puntos flacos **|** escasez; **faiblesse des revenus** escasez de las rentas **|** FIG debilidad (penchant) **|** flaqueza, desliz m (faute) **■** faiblesse d'esprit debilidad mental **|** sa faiblesse en mathématiques est regrettable es desgraciadamente flojo en matemáticas.

faiblir [32] v intr ceder, aflojar (perdre ses forces) **|** debilitarse, flaquear (en parlant d'une personne) **|** flaquear; **mémoire qui faiblit** memoria que flaquea **|** amainar; **le vent faiblit** el viento amaina **|** FIG decaer; **son influence faiblit** su influencia decae.

faiblissant, e adj que se debilita, que decae, que flaquea (la mémoire) **|** que cede, que amaina (le vent).

faïence [fajɑ̃s] f loza **|** carreau de faïence azulejo.

faïencé, e [fajɑ̃se] adj que imita la loza.

faïencerie [fajɑ̃sri] f fábrica ou tienda de loza **|** objeto m de loza.

faïencier, ère [fajɑ̃sje, ɛr] m & f fabricante ou vendedor, ra, de loza ou de porcelana.

faignant, e ➥ feignant.

faille [faj] f falla (tissu) **|** fallo m (défaut); **les failles d'un système** los fallos de un sistema **|** GÉOL falla (crevasse).

faillé, e [faje] adj GÉOL afectado de fallas.

failler [3] [faje]
➦ se failler v pr GÉOL dislocarse.

failli, e [faji] *adj* COMM quebrado, da.
◇ *m & f* COMM comerciante quebrado, da.

faillibilité [fajibilite] *f* falibilidad.

faillible [fajibl] *adj* falible.

faillir [46] [fajir] *v intr* incurrir en falta, faltar (commettre une faute) ‖ fallar, flaquear; le cœur lui a failli el corazón le ha fallado ‖ faltar (manquer); faillir à son devoir faltar a su deber ‖ estar a punto de, estar a pique de, faltar poco para, por poco [seguido de un infinitivo]; j'ai failli me tuer he estado a punto de matarme, por poco me mato.

faillite [fajit] *f* COMM [▷ SYN] quiebra ‖ FIG fracaso *m* (échec) ‖ quiebra; la faillite des valeurs humaines la quiebra de los valores humanos ■ être en faillite estar en quiebra ‖ faire faillite quebrar ‖ se déclarer en faillite declararse en quiebra *ou* insolvente.

> SYN banqueroute bancarrota; liquidation liquidación.

faim [fɛ̃] *f* [▷ SYN] hambre; assouvir sa faim aplacar el hambre; avoir grand faim *ou* très faim tener mucha hambre ‖ FIG hambre, sed, deseo *m* ardiente; avoir faim de richesses tener sed de riquezas ■ faim de loup hambre canina, gazuza, carpanta POP ‖ la faim chasse le loup du bois *ou* hors du bois a la fuerza ahorcan, la necesidad obliga ■ FIG rester sur sa faim quedarse con las ganas ‖ tromper la faim engañar el estómago *ou* el hambre.

> SYN boulimie bulimia; fringale carpanta, gazuza; poliphagie polifagia.

faine *f* hayuco *m*, fabuco *m* (fruit du hêtre).

fainéant, e [feneɑ̃, ɑ̃t] *adj & s* holgazán, ana.

fainéanter [3] *v intr* FAM holgazanear.

fainéantise *f* holgazanería.

faire [109]

1. CRÉER, FABRIQUER, PRODUIRE
2. AGIR
3. FORMER, ARRANGER, NETTOYER
4. EN FAIRE, Y FAIRE
5. IMPERSONNEL
6. CONSTRUCTIONS
7. VERBE PRONOMINAL

1. CRÉER, FABRIQUER, PRODUIRE *v tr* hacer; Dieu a fait le monde Dios hizo el mundo; faire un gâteau hacer un pastel; vêtements tout faits ropa hecha ‖ formar; une femme bien faite una mujer bien formada ‖ FIG hacer; faire un miracle hacer un milagro; faire fortune hacer fortuna ‖ FAM limpiar (voler); faire sa montre à quelqu'un limpiarle el reloj a uno ‖ faire cadeau regalar ‖ faire de la fièvre tener fiebre ‖ faire de la peine causar *ou* dar pena ‖ faire de l'œil guiñar, timarse ‖ FAM faire des enfants procrear ‖ faire des petits parir (les animaux), multiplicarse ‖ faire des rayons à quelqu'un tratar a uno con rayos X ‖ faire eau hacer agua (avarie) ‖ faire peur dar miedo ‖ faire pitié dar lástima ‖ faire ses dents echar los dientes ‖ faire une maladie tener una enfermedad ‖ faire un métier tener un oficio ‖ faire un rêve tener un sueño ‖ ça ne me fait ni chaud ni froid ni me va ni me viene, me trae al fresco ‖ n'être pas fait pour quelque chose no servir para una cosa

2. AGIR *v tr* hacer; il y a beaucoup à faire hay mucho que hacer; ne savoir que faire no sa-

ber qué hacer ‖ formar; le chemin fait un coude el camino forma un recodo ‖ recorrer; faire toute la France recorrer toda Francia ‖ pronunciar (un discours) ‖ estudiar; faire son droit estudiar Derecho ‖ THÉÂTR representar, hacer el papel de ‖ fijar el precio de, valorar; combien faitesvous ce tableau ¿cuánto valora usted este cuadro? ‖ hacer, acostumbrar (habituer) ■ faire bien de hacer bien en ‖ faire chauffer de l'eau calentar agua ‖ faire contre mauvaise fortune bon cœur poner a mal tiempo buena cara, hacer de tripas corazón ‖ faire de la motocyclette montar en motocicleta ‖ faire démarrer un moteur arrancar un motor ‖ faire des excuses presentar excusas ‖ faire de son mieux pour hacer todo lo posible para, esmerarse en, esforzarse en ‖ faire deux années de droit cursar dos años de Derecho ‖ faire du 100 à l'heure hacer 100 kilómetros por hora ‖ faire d'une pierre deux coups matar dos pájaros de un tiro ‖ faire du piano tocar el piano ‖ faire du sport practicar los deportes ‖ faire erreur cometer un error, equivocarse ‖ RELIG faire et défaire atar y desatar ‖ faire faire mandar hacer, encargar ‖ faire faire une commission enviar un recado ‖ faire fonction de hacer de ‖ faire l'appel pasar lista ‖ faire le guet acechar ‖ faire les magasins ir de tiendas ‖ faire mal hacer daño ‖ faire parler hacer hablar, tirar de la lengua (quelqu'un), dar que hablar (provoquer des commentaires) ‖ faire sa prière rezar ‖ faire sensation causar efecto *ou* sensación ‖ faire traverser la rue hacer cruzar la calle ‖ MIL faire une sortie efectuar una salida ‖ FAM faire ses besoins hacer sus necesidades ‖ faire ses études estudiar, cursar la carrera ‖ faire ses frais recobrar sus gastos ‖ faire son chemin hacer fortuna, medrar (réussir) ‖ faire son devoir cumplir con su deber ‖ faire un bond dar un salto ‖ faire une conférence dar *ou* pronunciar una conferencia ‖ faire une faute cometer una falta ‖ faire une gaffe meter la pata ‖ faire un pas dar un paso ‖ faire un prix hacer una rebaja ‖ faire un procès poner un pleito ‖ faire un tour dar un paseo, una vuelta ‖ MAR faire voile hacerse a la vela ‖ faites comme chez vous está usted en su casa ‖ faites donc! hágalo, como usted guste ‖ faites vite aligere usted, apresúrese, dese prisa ■ avoir à faire avec tener algo que ver con ‖ avoir fort à faire tener mucho trabajo ‖ bonne à tout faire criada para todo ‖ cela fait dormir eso da sueño ‖ cela m'a fait du bien eso me ha sentado bien ‖ cela ne fait rien eso no importa ‖ c'est bien fait está bien hecho, le está bien empleado ‖ grand bien vous fasse buen provecho le haga [úsase más irónicamente] ‖ il m'a fait traverser la rue me hizo cruzar la calle ‖ il y aurait fort à faire habría mucho que hacer ‖ je n'ai rien à faire là-dedans no tengo nada que ver con eso ‖ je vous le fais 10 francs se lo dejo en 10 francos ‖ la faire à la vertu fingir virtud ‖ la faire à quelqu'un pegársela a uno ‖ laisser faire dejar las manos libres ‖ ne faire ni une ni deux no vacilar ‖ qu'est-ce que cela vous fait? ¿qué más le da?, ¿qué le importa a usted? ‖ se laisser faire no resistir, dejarse convencer ‖ voilà qui est fait ya está (hecho).
◇ *v intr* ir, hacer juego; ces objets font très bien ensemble estos objetos van bien juntos ‖ ser; deux et deux font quatre dos y dos son

cuatro ‖ decir; oui, fit-il sí, dijo ‖ FAM barajar y dar las cartas (aux cartes) ■ faire maigre comer de vigilia ‖ cela fait bien hace bonito (joli), va bien (s'harmonise), hace buen efecto (bon effet), da categoría (élégant) ‖ cela fait riche da aspecto rico ‖ faites comme chez vous está usted en su casa ‖ pour très bien faire para que esté perfecto ‖ qu'avez-vous fait de vos bagages? ¿dónde está su equipaje? ‖ sa robe fait vieux su vestido la envejece

3. FORMER, ARRANGER, NETTOYER *v tr* formar; ce maître a fait de bons élèves este maestro ha formado buenos discípulos ‖ arreglar; faire sa chambre arreglar su cuarto ‖ limpiar; faire les carreaux limpiar los cristales ‖ domar (assouplir); faire des chaussures neuves domar zapatos nuevos ■ faire de son fils un médecin hacer de su hijo un médico ‖ faire l'aimable mostrarse amable ‖ faire la vaisselle fregar los platos ‖ faire le malade, le mort fingirse enfermo, muerto ‖ faire le malin dárselas *ou* echárselas de listo

4. EN FAIRE, Y FAIRE obrar; il n'en fait qu'à sa tête no obra sino a su antojo ■ c'en est fait se acabó ‖ c'en est fait de lui está perdido ‖ en faire de même, en faire autant hacer otro tanto ‖ je ne puis rien y faire no puedo hacer nada, no puedo remediarlo ‖ n'en faites rien no lo haga usted ‖ rien n'y fit todo fue inútil ‖ que voulez-vous que j'y fasse? ¿qué quiere que le haga? ‖ savoir y faire saber siempre arreglárselas *ou* componérselas

5. IMPERSONNEL hacer; le temps qu'il fait el tiempo que hace ■ il fait beau hace buen tiempo ‖ il fait bon s'asseoir ici es agradable sentarse aquí ‖ il fait jour, nuit es de día, de noche ‖ il fait mauvais? non, il fait beau ¿hace mal tiempo? no, hace bueno ‖ il peut se faire que es posible que

6. CONSTRUCTIONS faire connaître *ou* savoir dar a conocer ‖ je vous le fais 10F se lo dejo en 10 francos ‖ maigre à faire pitié flaco que da lástima ‖ n'avoir que faire de no necesitar para nada, no hacerle falta a uno ‖ ne faire que no hacer sino *ou* más que, no parar de; il ne fait que crier no hace más que gritar ‖ ne faire que d'arriver acabar de llegar ‖ ne faire que passer estar sólo de paso ‖ qu'avez-vous fait de vos bagages? ¿dónde está su equipaje? ‖ quoi qu'il fasse por más que haga, haga lo que haga

7. VERBE PRONOMINAL hacerse; se faire prêtre hacerse sacerdote ‖ ponerse; se faire beau ponerse guapo ‖ estar formándose; son style se fait su estilo se está formando ‖ dárselas de (se donner pour) ‖ dar de sí (se prêter à la forme voulue) ‖ hacerse, madurarse; fromage qui se fait queso que se hace ‖ hacerse (devenir); le bruit se faisait trop fort el ruido se hacía demasiado fuerte ‖ FAM sacarse, hacerse; se faire cent cinquante francs par jour sacarse ciento cincuenta francos al día ■ se faire à acostumbrarse a, hacerse a ‖ se faire aider par quelqu'un dejarse ayudar por alguien ‖ se faire connaître darse a conocer ‖ se faire couper les cheveux cortarse el pelo ‖ se faire des amis hacer amigos, echarse amigos ‖ se faire du souci preocuparse ‖ se faire examiner la vue graduarse la vista (lunettes), hacerse una revisión de la vista ‖ se faire un vêtement encargarse una prenda de ropa ‖ se faire le champion de convertirse en campeón *ou* en paladín de ‖ se faire les ongles hacerse las uñas ‖ se faire les yeux pintarse los ojos ▌ **se faire opérer** operarse ▌ **se faire une jupe** hacerse una falda ▌ **se faire vieux** hacerse viejo, envejecer ▌ **cela ne se fait pas** eso no se hace ▌ **cela se fait beaucoup** eso se hace mucho ▌ **comment se fait-il que?** ¿cómo es que? ▌ **elle s'est fait expliquer le problème** le han explicado el problema ▌ **il peut se faire que es posible que** ▌ **il se fait tard** se hace tarde ▌ **il va se faire gronder** le van a regañar ▌ **il va se faire tuer** le van a matar ▌ **la nuit se fait** oscurece, se cierra la noche ▌ **ne pas se faire de bile** no preocuparse ▌ FAM **s'en faire** preocuparse, apurarse.

▌ OBSERV El participio pasado **fait** es invariable cuando le sigue un infinitivo o si está incluido en una construcción impersonal.

faire *m* ejecución *f*, estilo (d'un artiste); **le faire de Picasso** la ejecución de Picasso.

faire-part *m inv* esquela *f* de defunción (de décès) ▌ parte de boda (mariage).

faire-valoir *m inv* aprovechamiento (d'une propriété) ▌ **être le faire-valoir de quelqu'un** ser el valedor de alguien.

fair-play [fɛrplɛ] *m inv* juego limpio, juego franco.

faisabilité *f* factibilidad ▌ **étude de faisabilité** estudio de factibilidad ou de posibilidades.

faisable [fəzabl] *adj* hacedero, ra; factible.

faisan [fəzã] *m* faisán (oiseau) ▌ FIG estafador (escroc).

faisandage [fəzãdaʒ] *m* husmo (des viandes).

faisande ⟶ **faisane**.

faisandé, e [fəzãde] *adj* manido, da (gibier) ▌ pasado, da (avarié).

faisandeau [fəzãdo] *m* pollo de faisán.

faisander [3] [fəzãde] *v tr* manir (viandes).

faisanderie [fəzãdri] *f* faisanería.

faisane [fəzan]; **faisande** [fəzãd] *f* faisana.

faisceau [fɛso] *m* haz, manojo, lío ▌ FIG conjunto; **faisceau de preuves** conjunto de pruebas ▌ MIL pabellón; **faire ou rompre les faisceaux** armar ou desarmar pabellones ▌ **faisceau lumineux, électronique** haz luminoso, electrónico.
⟶ **faisceaux** *m pl* HIST fasces *f* (du licteur).

faiseur, euse [fəzœr, øz] *m & f* (p us) hacedor, ra ▌ (p us) artífice; artesano, na; fabricante ▌ FAM intrigante, embaucador, ra ▌ **bon faiseur, bonne faiseuse** buen, buena fabricante ▌ **faiseur d'embarras** ou **d'histoires** eterno descontento ▌ **faiseur de miracles** autor de milagros ▌ **faiseur de projets** forjador de proyectos.

faisselle *f* encella, escurridor *m* (pour le fromage).

fait [fɛ] *m* hecho; **un fait historique** un hecho histórico ▌ cosa *f*, obra *f*, manera *f* de obrar (manière d'agir); **c'est le fait de Jean** es cosa de Juan ▌ **fait accompli** hecho consumado ▌ **fait avéré** hecho probado ▌ **fait d'armes** hecho de armas ▌ **fait de société** hecho social ▌ **fait juridique** caso ▌ **faits divers** sucesos, gacetilla ▌ **faits et gestes** andanzas, hechos y milagros, comportamiento ▌ **hauts faits** hazañas ▌ **voies de fait** vías de hecho, actos de violencia ▌ **au fait** a propósito, por cierto ▌ **de ce fait** por esto ▌ **de fait** de hecho, de facto ▌ **du fait de** debido a, con motivo de ▌ **du fait que** por el hecho de

que, por lo mismo que ▌ **en fait** en realidad, realmente, de hecho ▌ **en fait de** en materia de, en lo tocante a, respecto a ▌ **si fait sí**, desde luego ▌ **tout à fait** completamente, por completo ▌ **aller au fait** ir al grano ▌ **avoir son fait** tener su merecido ▌ **ce n'est pas mon fait** no es cosa que me concierne, no es asunto mío ▌ **c'est un fait** es cosa probada, es un hecho ▌ **dire à quelqu'un son fait** decirle a uno cuatro verdades, cantarle a uno las cuarenta ▌ **être au fait** estar enterado ou al corriente ▌ **être sûr de son fait** estar seguro de lo que se dice ou afirma ▌ **le fait est que** es el caso es que ▌ **mettre quelqu'un au fait d'une chose** poner a uno en antecedentes, poner al tanto ou al corriente ▌ **prendre fait et cause pour** tomar el partido de, declararse por ▌ **prendre quelqu'un sur le fait** coger in fraganti, con las manos en la masa.

fait, e *adj* hecho, cha; **ouvrage bien fait** trabajo bien hecho ▌ concluido, da; acabado, da; **affaire faite** asunto concluido ▌ hecho, cha; fermentado, da (fromage) ▌ **fait à** acostumbrado a ▌ **fait pour** hecho para ▌ **fait sur mesure** hecho a la medida ▌ **à prix fait** a un precio convenido ▌ **c'en est fait** se acabó ▌ **ce qui est fait est fait** a lo hecho pecho ▌ **c'est bien fait pour lui** le está bien empleado ▌ **c'est fait de vous, c'en est fait de vous** está usted perdido ▌ **expression toute faite** expresión estereotipada, acuñada ▌ **phrase toute faite** frase hecha ▌ **tout fait** confeccionado (vêtements) ▌ **un homme fait** un hombre hecho.

faîtage *m* ARCHIT parhilera *f*, caballete ▌ cumbrera *f*.

faîte *m* techumbre *f*, remate (d'un bâtiment) ▌ copa *f* (d'un arbre) ▌ cima *f*, cumbre *f* (d'une montagne) ▌ ARCHIT caballete (d'un toit) ▌ FIG cima *f*, cumbre *f*, pináculo ▌ **ligne de faîte** línea divisoria (topographie).

faîteau *m* ARCHIT adorno del caballete de un tejado, remate.

faîtière *f* cobija (tuile) ▌ buhardilla, buharda (fenêtre de mansarde).

fait-tout *m inv* cacerola *f* marmita *f*.

faix [fɛ] *m* carga *f* peso; **courbé sous le faix** agobiado bajo el peso ▌ asentamiento (d'une construction) ▌ MÉD placenta ▌ MAR **faix de voile** relinga del grátil.

fakir *m* faquir, fakir.

falaise *f* acantilado *m* ▌ **en falaise** acantilado, da.

falbala *m* volante, faralá (couture) ▌ perifollos *pl*, faralá (ornements de mauvais goût).

falconidés *m pl* ZOOL falcónidos.

falerne *m* falerno (vin).

Falkland; Malouines *n pr f pl* GÉOGR **les îles Falkland** ou **Malouines** las islas Malvinas ou Falkland.

fallacieusement *adv* falazmente, de modo falaz, con falacia.

fallacieux, euse [falasjø, øz] *adj* falaz.

falloir [69] *v impers* haber que, ser preciso, ser menester, ser necesario (suivi d'un verbe); **il faut manger pour vivre** hay que ou es preciso ou es menester comer para vivir ▌ necesitar, necesitarse, hacer falta (suivi d'un nom); **il faut de l'argent** se necesita ou hace falta dinero; **il lui faut un livre** necesita ou le

hace falta un libro ▌ tener que (obligation personnelle); **il faut que je parte** tengo que irme ▌ **encore faut-il que si es que** ▌ **il faut le faire!** ¡tiene mérito! ▌ **il a fallu qu'il l'apprenne** ha tenido que enterarse ▌ **il faut qu'il ait oublié** lo ha debido de olvidar ▌ **il faut voir!** ¡hay que ver! ▌ **il le faut** es preciso, es necesario ▌ **il ne fallait pas!** ¡no tenía por qué! ▌ **il s'en est fallu de peu** poco faltó, por poco ▌ **il s'en faut bien** ou **de beaucoup** mucho dista, mucho falta, está muy lejos de, falta bastante ▌ **nous avons ce qu'il nous faut** tenemos lo que necesitamos ou lo que nos hace falta ▌ **ou peu s'en faut** o le falta poco ▌ **s'en falloir** faltar ▌ **tant s'en faut** ni mucho menos ▌ **tant s'en faut que** tan lejos está de ▌ **une personne comme il faut** una persona como es debido, como Dios manda, una persona bien.

▌ OBSERV El participio pasado **fallu** es invariable.

Fallope [falɔp] *n pr* **trompe de Fallope** trompa de Falopio.

falot [falo] *m* farol de mano.

falot, e [falo, ɔt] *adj* insustancial, insulso, sa (insignifiant) ▌ borroso, sa; difuso, sa (terne) ▌ (vx) ridículo, la; grotesco, ca.

falourde *f* hacina, haz *m* grande de leña (fagot).

falsificateur, trice *adj & s* falsificador, ra.

falsification *f* falsificación ▌ adulteración (denrées alimentaires).

▌ SYN altération alteración; corruption corrupción; adultération adulteración; contrefaçon imitación fraudulenta; imitation imitación.

falsifier [9] *v tr* falsificar (monnaie, documents) ▌ adulterar (un aliment).

▌ SYN fausser falsear; corrompre corromper; adultérer adulterar; frelater adulterar; FAM truquer amañar; maquiller maquillar.

falun [falœ̃] *m* marga *f* caliza.

faluner [3] [falyne] *v tr* AGRIC margar, abonar [tierras] con marga caliza.

falunière *f* margal *m*.

falzar *m* ARG pantalón, calzones *pl*.

famé, e *adj* reputado, da; afamado, da ▌ **mal famé** de mala fama.

▌ OBSERV El francés **affamé** significa hambriento.

famélique *adj & s* famélico, ca.

fameusement *adv* FAM terriblemente, enormemente.

fameux, euse *adj* famoso, sa; afamado, da ▌ perfecto, ta; **c'est un fameux imbécile** es un perfecto imbécil ▌ excelente; estupendo, da; **un vin fameux** un vino excelente ▌ cacareado, da; **tes fameux projets ne tiennent pas debout** tus planes tan cacareados no tienen ninguna base ▌ **ce n'est pas fameux** ou **pas fameux** no es muy bueno que digamos ▌ **recevoir une fameuse gifle** recibir una torta sonada ou de órdago ▌ **se rendre fameux** conquistar fama.

familial, e *adj* familiar ▌ hogareño, ña; **tradition familiale** tradición hogareña.
⟶ **familiale** *f* AUTOM furgoneta familiar.

familiarisation *f* familiarización.

familiariser [3] *v tr* familiarizar.
⟶ **se familiariser** *v pr* familiarizarse.

familiarité *f* familiaridad; il se glissa dans la familiarité de Pierre consiguió adquirir familiaridad con Pedro.
➤ **familiarités** *f pl* [▷ **SYN**] confianza *sing*, familiaridad *sing*.
▌ **SYN** privauté privanza, libertades.

familier, ère *adj* & *s* familiar ▌íntimo, ma; un familier du roi un íntimo del rey ■ ce mot m'est familier esta palabra me suena ou me es familiar ▌être familier avec serle familiar a uno ▌être familier avec quelqu'un tratar a uno con familiaridad.

familièrement *adv* familiarmente.

familistère *m* falansterio, familisterio.

famille [famij] *f* familia ■ air de famille parecido de familia ▌carte de famille nombreuse carnet de familia numerosa ▌famille nombreuse familia numerosa ■ il a de la famille à Paris tiene familia en París.
▌ **SYN** ménage matrimonio, familia; foyer hogar; maison casa; **FAM** maisonnée familia; nichée, couvée prole; tribu tribu.

famine *f* hambre ▌escasez, carestía de víveres (disette) ■ crier famine quejarse de hambre ▌crier famine sur un tas de blé quejarse de vicio ▌salaire de famine sueldo de muerto de hambre.

fan *m* & *f* hincha; partidario, ria.

fana *adj* & *s* **FAM** fanático, ca.

fanage *m* henaje, henificación *f*, secado del heno.

fanal *m* fanal ▌farola *f* (dans un port) ▌farol (d'une locomotive).

fanatique *adj* & *s* fanático, ca.
▌ **SYN** intolérant intolerante; sectaire sectario; séide secuaz.

fanatiquement *adv* fanáticamente, con fanatismo.

fanatisation *f* acción de fanatizar ▌efecto de fanatizar.

fanatiser [3] *v tr* fanatizar.

fanatisme *m* fanatismo.

fanchon *m* pañuelo de cabeza (fichu).

Fanchon *n pr* Frasquita, Paca, Paquita.

fan-club *m* club de fans.
▌ **OBSERV** pl fans-clubs.

fandango *m* fandango.

fane *f* mata (de pommes de terre, carottes, etc.) ▌hojarasca, hojas *pl* secas (feuilles sèches).

fané, e *adj* marchito, ta; ajado, da.

faner [3] *v tr* **AGRIC** hacer heno, henificar ▌marchitar (les fleurs) ▌ajar (les étoffes) ▌**FIG** marchitar (les personnes).
➤ **se faner** *v pr* marchitarse ▌ajarse.

faneur, euse *m* & *f* **AGRIC** forrajero, ra.
➤ **faneuse** *f* secadora de hierba, henificadora (machine).

fanfare *f* tocata, marcha militar (musique) ▌charanga, banda militar (musiciens) ▌**FIG** & **FAM** fanfarria (vantardise) ▌**FIG** faire un réveil en fanfare despertar con gran estruendo.

fanfaron, onne *adj* & *s* fanfarrón, ona ▌faire le fanfaron fanfarronear.
▌ **SYN** hâbleur charlatán; vantard jactancioso; fendant perdonavidas; tartarin baladrón; **FAM** gascon astuto; craqueur cuentista.

fanfaronnade *f* fanfarronada.

▌ **SYN** rodomontade rodomontada; forfanterie baladronada.

fanfaronner [3] *v intr* fanfarronear.

fanfaronnerie *f* fanfarronería.

fanfreluche *f* perendengue *m* (ornement, garniture).

fange [fãʒ] *f* fango *m* ▌**FIG** abyección ▌tirer quelqu'un de la fange sacar a uno del arroyo.

fangeux, euse *adj* fangoso, sa ▌**FIG** abyecto, ta.

fanion *m* banderín, guión ▌banderín (sports).

fanon *m* banderola *f* (de lance) ▌papada *f*, marmella *f* (du bœuf) ▌manípulo (des prêtres) ▌moco (du dindon) ▌cerneja *f* (des chevaux) ▌ballena *f*, barba *f* de ballena.
➤ **fanons** *m pl* ínfulas *f* (de la mitre épiscopale) ▌cintas *f*, colgantes (d'une bannière).

fantaisie *f* fantasía (imagination) ▌[▷ **SYN**] capricho *m*, antojo *m* (caprice) ▌antojo *m*; vivre à sa fantaisie vivir a su antojo ▌**MUS** fantasía ■ bijou de fantaisie alhaja de imitación ou de fantasía (gallicisme), bisutería ▌costume de fantaisie traje de fantasía ▌prendre la fantaisie de antojársele algo a uno ▌se passer une fantaisie satisfacer un capricho.
▌ **SYN** caprice capricho; humeur talante; **FAM** lubie antojo; toquade capricho.

fantaisiste *adj* caprichoso, sa ▌poco realista.
◇ *m* & *f* fantasista, artista de variedades, caricato *m* ▌fantoche *m*, cuentista (peu sérieux).

fantasia *f* ejercicio *m* ecuestre de los árabes, algarada ▌exécuter une fantasia correr la pólvora.

fantasmagorie *f* fantasmagoría.

fantasmagorique *adj* fantasmagórico, ca.

fantasmatique *adj* fantasmal.

fantasme *m* fantasma.

fantasmer [3] *v intr* fantasear.

fantasque *adj* antojadizo, za; caprichoso, sa (capricieux) ▌peregrino, na (bizarre).

fantassin *m* infante, soldado de infantería.

fantastique *adj* fantástico, ca.
◇ *m* lo imaginativo, lo fantástico.

fantastiquement *adv* fingidamente (irréel) ▌fantásticamente (avec fantaisie).

fantoche *m* títere, fantoche ▌**FIG** mamarracho, monigote, fantoche.

fantomatique *adj* fantástico, ca; fantasmal.

fantôme *m* [▷ **SYN**] fantasma ▌quimera *f*, ilusión *f* (chimère).
◇ *adj* fantasma, inexistente; un vaisseau fantôme un barco fantasma.
▌ **SYN** spectre espectro; simulacre simulacro; apparition aparición; revenant aparecido; esprit espíritu; ombre sombra; larve larva; fantasme, phantasme fantasma.

fanton; fenton *m* **TECHN** cuadradillo de hierro.

FAO *f* (abr de fabrication assistée par ordinateur) CAM ▌(abr de Food Agricultural Organisation) FAO.

faon [fã] *m* cervato, cervatillo (petit cerf) ▌corcino, corzo pequeño (chevrillard) ▌gamezno (petit daim).

FAP (abr de franc d'avarie particulière) *adj* FAP.

FAQ (abr de foire aux questions) INFORM FAQ, preguntas más frecuentes.

faquin *m* mozo de cuerda, faquín (p us) ▌**FIG** bellaco, bribón.

far *m* **CULIN** pastel bretón con pasas y ciruelas pasas.

farad [farad] *m* **ÉLECTR** faradio, farad.

faraday *m* **PHYS** faradio.
➤ **Faraday** *n pr* cage de Faraday caja de Faraday; échelle de Faraday escala (de) Faraday.

faradisation *f* faradización.

faramineux, euse *adj* **FAM** extraordinario, ria; asombroso, sa.

farandole *f* farándula (danse provençale).

farandoler [3] *v intr* bailar la farándula.

faraud, e [faro, od] *adj* & *s* **FAM** presumido, da.

farce *f* farsa (théâtre) ▌broma (plaisanterie); faire une farce gastar una broma ▌relleno *m* (cuisine) ▌magasin de farces et attrapes tienda de bromas y engaños ▌tourner à la farce perder su seriedad.
◇ *adj* (vx) **FAM** chistoso, sa; chusco, ca; ocurrente.

farceur, euse *m* & *f* (vx) **THÉÂTR** farsante, cómico, ca.
◇ *adj* & *s* bromista.

farci, e *adj* relleno, na; olives farcies aceitunas rellenas.

farcin *m* **VÉTÉR** muermo crónico (morve).

farcir [32] *v tr* rellenar (cuisine); farcir des aubergines rellenar berenjenas ▌**FIG** atestar, atiborrar (surcharger) ▌llenar (remplir).
➤ **se farcir** *v pr* **FAM** cargarse con; je me suis farci la vaisselle me he cargado con el fregado (de los platos).

fard [far] *m* pintura *f*, afeite (p us) ▌**FIG** disfraz, disimulo (déguisement) ▌**FAM** piquer un ou son fard ponerse como un tomate, subírsele a uno el pavo, ruborizarse.

fardage *m* engaño comercial consistente en cubrir la mercancía averiada por la que se encuentra en buen estado.

farde *f* **COMM** fardo *m* de 185 kg.

fardeau *m* carga *f* pesada, peso, bulto ▌**FIG** carga *f*, peso.

farder [3] *v tr* maquillar, pintar, afeitar (p us) (maquiller) ▌**COMM** cubrir la mercancía averiada ▌**FIG** encubrir, disfrazar (déguiser).
◇ *v intr* pesar, ser pesado (peser); charge qui farde carga que pesa ▌desplomarse (céder sous une charge).

fardier *m* narria *f* (chariot pour transporter des fardeaux).

farfadet [farfadɛ] *m* trasgo, duende.

farfelu, e *adj* extravagante; descocado, da; peregrino, na.

farfouillement [farfujmã] *m* **FAM** rebusca *f*, búsqueda *f*.

farfouiller [3] [farfuje] *v intr* **FAM** revolver, toquetear.

fargue _f_ MAR falca.

faribole _f_ pamplina, cuento _m_.

farigoule _f_ serpol _m_.

farinacé, e _adj_ farináceo, a.

farinage _m_ maquila _f_ (bénéfice du meunier).

farine _f_ harina ■ **farine blanche** harina blanca ▌**farine de blé** harina de trigo ▌**farine de maïs** harina de maíz ▌**farine lactée** harina lacteada ▌**fleur de farine** harina de flor ■ **de la même farine** de la misma calaña.

fariner [3] _v tr_ enharinar.

farineux, euse _adj_ harinoso, sa (qui contient de la farine) ▌farináceo, a (de la nature de la farine) ▌enharinado, da (couvert d'une poussière blanche).
➤ **farineux** _m_ farinácea _f_ (légume).

farlouse _f_ pipi _m_, pitpit _m_ (oiseau).

Farnèse _n pr_ Farnesio.

Farnésine _n pr f_ **villa Farnésine** villa Farnesina.

farniente [farnjɛnte] ou [farnjɛ̃t] _m_ farniente, ociosidad _f_.

faro _m_ farro, cerveza _f_ belga.

farouch; farouche [faruʃ] _m_ trébol encarnado.

farouche _adj_ feroz, salvaje; bravo, va (animaux) ▌feroz, cruel ▌FIG [▷ SYN] arisco, ca; esquivo, va; hosco, ca; huraño, ña (peu accueillant) ■ **bête farouche** animal feroz, fiera ▌**résistance farouche** resistencia violenta, feroz.
▌ SYN sauvage huraño; insociable insociable; misanthrope misántropo.

farouchement _adv_ ferozmente (fortement).

farrago _m_ (p us) fárrago.

fart [fart] _m_ cera _f_, pasta _f_ (pour les skis).

farter [3] _v tr_ encerar (les skis).

fasce [fas] _f_ BLAS faja, banda.

fascicule [fasikyl] _m_ hacecillo ▌IMPR fascículo, entrega _f_ (cahier) ▌MIL **fascicule de mobilisation** hoja de movilización.

fasciculé, e _adj_ BOT fasciculado, da.

fascié, e [fasje] _adj_ fajado, da; listado, da; rayado, da.

fascinage [fasinaʒ] _m_ IMPR conjunto de fascículos ▌MIL fajinada _f_.

fascinant, e _adj_ fascinante.

fascinateur, trice _adj & s_ fascinador, ra.

fascination _f_ fascinación.

fascine [fasin] _f_ MIL fajina.

fasciner [3] _v tr_ fascinar; **fasciner du regard** fascinar con la mirada ▌MIL cubrir con fajinas.

fascisant, e _adj_ fascistoide.

fascisme [faʃism] _m_ fascismo.

fasciste [faʃist] _adj & s_ fascista.

faseiller ➤ **faseyer**.

faséole _f_ frijol _m_, judía (haricot).

faseyer [12]; **faseiller** [3] [fazɛje]; **fasier** [9] [fazje] _v intr_ MAR flamear.

faste _adj_ fasto, ta ▌**c'est un jour faste** es un día de suerte.
◇ _m_ fausto, boato.
➤ **fastes** _m pl_ fastos.

fast-food _m_ restaurante de comida rápida, hamburguesería _f_, fast-food.
▌ OBSERV pl fast-foods.

fastidieusement _adv_ fastidiosamente.

fastidieux, euse _adj_ fastidioso, sa; pesado, da.

fastigié, e _adj_ fastigiado, da; de copa muy alta (arbre).

fastueusement _adv_ fastuosamente.

fastueux, euse [fastɥø, øz] _adj_ fastuoso, sa.

fat, e [fa, fat] _adj & s_ fatuo, tua.

fatal, e _adj_ fatal ▌**femme fatale** mujer fatal.
▌ OBSERV pl fatals, fatales.
▌ SYN funeste funesto; néfaste nefasto, aciago; fatidique fatídico.

fatalement _adv_ fatalmente.

fatalisme _m_ fatalismo.

fataliste _adj & s_ fatalista.

fatalité _f_ fatalidad.

fatidique _adj_ fatídico, ca; **date fatidique** fecha fatídica.

fatigant, e _adj_ fatigoso, sa; cansado, da (qui fatigue) ▌fastidioso, sa; cansino, na (ennuyeux).

fatigue _f_ cansancio _m_, fatiga ▌**fatigue du sol** agotamiento del terreno ▌**la fatigue du voyage** las fatigas del viaje, el cansancio del viaje.

fatigué, e _adj_ cansado, da; fatigado, da; **fatigué d'une longue marche** cansado por una larga caminata ▌gastado, da; usado, da (vêtement) ▌vencido, da (siège).

fatiguer [3] _v tr_ [▷ SYN] cansar, fatigar (causer de la fatigue) ▌FIG importunar, fastidiar, cansar (importuner) ▌soportar un peso (supporter un effort) ■ **fatiguer une salade** mover ou revolver la ensalada ▌FAM **votre voiture est fatiguée** su coche está ya medio muerto.
➤ **se fatiguer** _v pr_ cansarse, fatigarse; **se fatiguer à gémir** cansarse en gemir.
▌ SYN surmener agobiar; épuiser agotar; exténuer extenuar; FAM s'échiner deslomarse, aperrearse; s'éreinter derrengarse; se crever matarse.

fatimite _adj & s_ fatimita.

fatma _f_ PÉJ mujer musulmana.

fatras [fatra] _m_ fárrago.

fatuité _f_ fatuidad.

fatum [fatɔm] _m_ hado, destino.

faubert _m_ MAR lampazo, fregajo.

faubourg [fobur] _m_ arrabal, suburbio.
▌ OBSERV Tratándose de algunas calles de París, que antaño eran arrabales, no se traduce la palabra faubourg. Dícese _v gr_: el faubourg Saint-Germain, la calle del Faubourg-Montmartre. Por antonomasia, la palabra faubourg designa el barrio aristocrático de Saint-Germain.

faubourien, enne [foburjɛ̃, ɛn] _adj & s_ arrabalero, ra ▌FIG populachero, ra; barriobajero, ra.

faucard [fokar] _m_ guadaña _f_ de mango largo.

faucarder [3] _v tr_ guadañar.

fauchage [foʃaʒ] _m_ siega _f_; **fauchage hâtif** siega temprana ▌MIL **tir de fauchage** tiro abierto.

fauchaison _f_ siega (temps et action).

fauchard [foʃar] _m_ honcejo, hocino.

fauche _f_ siega (temps et produit du fauchage).

fauché, e _adj_ segado, da ▌FAM bollado, da; limpio, pia; pelado, da (sans argent).

fauchée _f_ tajo _m_, lo que siega un hombre en una vez.

faucher [3] _v tr_ segar, guadañar (couper) ▌derribar, abatir, segar (abattre) ▌alcanzar, arrollar, atropellar (renverser); **l'automobile a fauché le piéton** el coche alcanzó al peatón ▌cortar, degollar (couper) ▌FAM birlar, rapiñar (voler).
◇ _v intr_ cojear, falsear (cheval) ▌batir horizontalmente (canon, mitrailleuse).

fauchet [foʃe] _m_ AGRIC rastrillo para amontonar la hierba cortada.

fauchette _f_ hachuela.

faucheur, euse _m & f_ segador, ra; guadañador, ra.
➤ **faucheur** _m_ ZOOL ➤ **faucheux**.
➤ **faucheuse** _f_ segadora, guadañadora (machine) ▌**faucheuse mécanique** motosegadora.

faucheux; faucheur _m_ ZOOL segador (araignée).

faucille [fosij] _f_ hoz.

faucillon [fosijɔ̃] _m_ hoz _f_ pequeña.

faucon _m_ halcón (oiseau) ▌MIL falcón (canon).

fauconneau _m_ halconcillo (jeune faucon) ▌(ancien) MIL falconete (canon léger).

fauconnerie _f_ cetrería (dressage des oiseaux) ▌halconería (chasse).

fauconnier _m_ halconero.

faucre _m_ ristre (pièce de l'armure).

faufil [fofil] _m_ hilván, hilo de hilvanar (couture).

faufilage _m_ hilvanado, hilván (couture).

faufiler [3] _v tr_ hilvanar (coudre).
➤ **se faufiler** _v pr_ FIG colarse, deslizarse, escurrirse.

faufilure _f_ hilván _m_.

faune _m_ MYTH fauno.
◇ _f_ fauna (ensemble des animaux); **faune marine** fauna marina.

faunique _adj_ fáunico, ca (relatif à la faune).

faussaire _m & f_ falsario, ria.

faussement _adv_ falsamente.

fausser [3] _v tr_ doblar, torcer; **fausser une clef** torcer una llave ▌FIG torcer; **fausser l'esprit** torcer el espíritu ▌torcer, dar una falsa interpretación; **fausser la loi** dar una falsa interpretación a la ley ▌falsear, adulterar; **fausser la vérité** falsear la verdad ▌desvirtuar, viciar (détruire l'exactitude de) ▌MUS desafinar ▌**fausser compagnie** marcharse por las buenas.

fausset _m_ falsete; **voix de fausset** voz de falsete ▌bitoque, espita _f_ (d'un tonneau).

fausseté _f_ falsedad ▌[▷ SYN] doblez _m_, falsedad (hypocrisie) ▌MUS desafinamiento _m_ (instrument), desentono _m_ (voix).
▌ SYN duplicité duplicidad, doblez; hypocrisie hipocresía; fourberie trapacería; FAM tartuferie mojigatería; pharisaïsme fariseísmo; papelardise camandulería; patelinage zalamería.

Faust _n pr m_ Fausto.

Faustin *n pr* Faustino.

Faustine *n pr* Faustina.

faute *f* falta; une faute grave una falta grave; fautes d'orthographe faltas de ortografía ‖ culpa (culpabilité); à qui la faute? ¿de quién es la culpa?, ¿quién tiene la culpa? ∎ à faute de, faute de por falta de, a defecto de ‖ faute de, seguido de un infinitivo, equivale a **por no haber** o solamente **por no,** y, seguido de un sustantivo, equivale a **por falta de, en defecto de;** faute d'étudier por no haber estudiado ‖ faute d'exercice por falta de ejercicio ‖ faute de mieux a falta de otra cosa, por no tener nada mejor ‖ faute d'impression errata ‖ faute d'inattention falta de atención ‖ DR faute intentionnelle falta intencional ou premeditada ‖ faute lourde falta grave ‖ faute professionnelle falta profesional ∎ en faute culpable ‖ par la faute de por culpa de ‖ sans faute sin falta ∎ avoir faute de necesitar ‖ c'est la faute de la culpa es de ‖ c'est ma faute es culpa mía, es mi culpa ‖ faire faute faltar ‖ faire une faute cometer una falta ‖ ne pas se faire faute de no dejar de ‖ prendre quelqu'un en faute coger ou pillar a alguien.

fauter [3] *v intr* FAM faltar, tener un desliz (en parlant d'une femme).

fauteuil [fotœj] *m* sillón, butaca *f*; s'asseoir dans un fauteuil sentarse en un sillón ‖ butaca *f*; fauteuil d'orchestre butaca de patio ‖ FIG presidencia *f* (présidence) ∎ fauteuil à bascule mecedora ‖ fauteuil à oreilles sillón de orejeras ‖ fauteuil club sillón de cuero ‖ fauteuil roulant sillón de ruedas, cochecito de inválido ∎ FAM dans un fauteuil cómodamente, con facilidad, sin esfuerzo; gagner dans un fauteuil ganar sin esfuerzo.

fauteur, trice *m & f* fautor, ra; promotor, ra; un fauteur de troubles un promotor de disturbios.

fautif, ive *adj* falible; mémoire fautive memoria falible ‖ culpable; enfant fautif niño culpable ‖ defectuoso, sa; equivocado, da (erroné).
◇ *m & f* culpable.

fautivement *adv* equivocadamente, por error (par erreur) ‖ en falta (par faute).

fauve *adj* leonado, da; anteado, da (couleur) ‖ bêtes fauves caza mayor [ciervos, gamos, etc.] ‖ ARTS fauvista.
◇ *m* fiera *f* (bête féroce) ‖ color leonado ou rojizo (couleur) ‖ fauvista *m & f*.

> **LES FAUVES**
> Este grupo de pintores franceses de los años 1905-1907, entre los que figuraron Matisse y Derain, se caracterizó por el rechazo de las convenciones pictóricas y el empleo de colores vivos.

fauverie *f* sección de las fieras (dans une ménagerie).

fauvette *f* curruca (oiseau).

fauvisme *m* fauvismo (peinture).

faux [fo] *f* guadaña, dalle *m* (p us).

faux, fausse [fo, fos] *adj* [▷ SYN] falso, sa ‖ postizo, za; faux nez nariz postiza; fausses dents dientes postizos ‖ MUS desafinado, da; desentonado, da ‖ fausse joie falsa ilusión ‖ fausse queue pifia (billard) ‖ GRAMM faux ami falso amigo [galicismo] ‖ faux contact falso contacto ‖ faux frais gastos imprevistos ‖ FIG

faux frère traidor ‖ FAM faux jeton hipócrita ‖ faux mouvement mal movimiento ‖ faux nom nombre falso ‖ faux titre anteportada, portadilla (d'un livre) ‖ faux comme un jeton más falso que Judas ∎ à faux sin razón, injustamente (à tort), en vano (sans résultat) ∎ faire fausse route ir por mal camino, ir descaminado ‖ faire faux bond à quelqu'un faltar a una cita ou a un compromiso ‖ faire un faux numéro equivocarse de número de teléfono, marcar un número equivocado ‖ faire un faux pas dar un paso en falso, dar un tropezón ou un traspié ‖ porter à faux estar en falso (construction), no ser concluyente ou fundado (jugement), estar hecho en vano (action).

⬥ **faux** *adv* MUS desafinadamente, desentonadamente ‖ dire faux mentir, no decir verdad ‖ jouer, chanter faux desafinar.

⬥ **faux** *m* falsificación *f*; faux en écriture publique falsificación de escritura pública ‖ lo falso; distinguer le faux du vrai distinguir lo falso de lo verdadero ‖ error; être dans le faux estar en el error ∎ DR faux et usage de faux falsificación y uso de documentos falsificados ∎ à faux en falso ‖ faire un faux falsificar un documento ‖ plaider le faux pour savoir le vrai decir mentira para sacar verdad ‖ s'inscrire en faux atacar de falsedad.
‖ SYN feint fingido; pseudo seudo.

faux-bourdon *m* MUS fabordón ‖ zángano (apiculture).
‖ OBSERV pl faux-bourdons.

faux-cils *m pl* pestañas postizas *f pl*.

faux-filet *m* solomillo bajo.
‖ OBSERV pl faux-filets.

faux-fuyant [fofɥijã] *m* salida *f* falsa (porte) ‖ FIG pretexto, evasiva *f*, escapatoria *f*.
‖ OBSERV pl faux-fuyants.

faux-monnayeur [fomɔnɛjœr] *m* monedero falso.
‖ OBSERV pl faux-monnayeurs.

faux-semblant *m* pretexto falso.
‖ OBSERV pl faux-semblants.

faux-sens *m inv* equívoco *m*.

favela *f* favela.

faverole; féverole *f* haba panosa, haba menor.

faveur *f* favor *m* ‖ [▷ SYN] gracia, merced (grâce) ‖ preferencia ‖ lacito *m*, cinta estrecha de seda, chamberga (ruban) ∎ lettre de faveur carta de recomendación ‖ tour de faveur turno preferente ‖ traitement de faveur trato preferente ∎ à la faveur de a favor de, gracias a, aprovechando ‖ en faveur de en favor de, en beneficio de, en pro de ‖ être en faveur auprès de gozar de la estima ou del favor de.
‖ OBSERV La palabra francesa faveur no tiene nunca el sentido de servicio.
SYN crédit crédito; grâce gracia.

favorable *adj* favorable.
‖ SYN propice propicio; prospère próspero.

favorablement *adv* favorablemente.

favori, ite *adj & s* [▷ SYN] favorito, ta; predilecto, ta ‖ favorito, ta (sports).
⬥ **favori** *m* privado, valido (d'un roi).
⬥ **favorite** *f* favorita (d'un roi).
⬥ **favoris** *m pl* patillas *f*.
‖ SYN chouchou preferido, ojo derecho; préféré preferido.

favorisé, e *adj & s* favorecido, da.

favoriser [3] *v tr* favorecer ‖ régions favorisées comarcas dotadas, favorecidas.

favoritisme *m* favoritismo.

favus [favys] *m* MÉD favo.

fax [faks] (abr de Téléfax) *m* fax; par fax por fax.

faxer [3] *v tr* enviar por fax.

fayard [fajar] *m* haya *f* (hêtre).

fayot [fajo] *m* FAM frijol, judía *f*, prusiano (haricot sec) ‖ FIG pelota.

fayoter [3] *v intr* FAM hacer la pelota.

FB (abr écrite de franc belge) FB.

FBI (abr de Federal Bureau of Investigation) *m* FBI.

FC (abr de football club) *m* FC.

FCFA (abr écrite de franc C.F.A.) FCFA.

FCFP (abr écrite de franc C.F.P.) FCFP.

féal, e *adj* (vx) leal, fiel.

fébrifuge *adj & s m* MÉD febrífugo, ga.

fébrile *adj* febril ‖ ÉCON capitaux fébriles dinero caliente.

fébrilement *adv* febrilmente.

fébrilité *f* febrilidad.

fécal, e *adj* fecal; matière fécale materia fecal.

fèces [fɛs] *f pl* heces.

fécond, e [fekɔ̃, ɔ̃d] *adj* fecundo, da.

fécondable *adj* fecundable.

fécondant, e *adj* fecundante.

fécondateur, trice *adj & s* fecundador, ra.

fécondation *f* fecundación.

féconder [3] *v tr* fecundar.

fécondité *f* fecundidad.

fécule *f* fécula.

féculence *f* feculencia.

féculent, e *adj & s m* feculento, ta.

féculerie *f* fábrica de fécula.

féculier *m* fabricante de fécula.

fédéral, e *adj & s m* federal; les fédéraux los federales.

fédéraliser [3] *v tr* federalizar.

fédéralisme *m* federalismo.

fédéraliste *adj & s* federalista.

fédérateur, trice *adj & s* unificador, ra.

fédératif, ive *adj* federativo, va.

fédération *f* federación.

Fédération des Indes-Occidentales *n pr f* HIST Federación de las Indias occidentales.

fédéraux *m pl* HIST federales.

fédéré, e *adj & s* federado, da.

fédérer [18] *v tr* federar.
⬥ **se fédérer** *v pr* federarse.

fée [fe] *f* hada.

feed-back [fidbak] *m inv* feedback.

feeder [fidœr] *m* MÉCAN alimentador.

féerie [feri] ou [feeri] *f* magia, hechicería (art des fées) ‖ mundo *m* de las hadas ‖ cuento *m* de hadas (conte) ‖ THÉÂTR comedia de magia ‖ FIG espectáculo *m* maravilloso.

féerique [ferik] ou [feerik] *adj* mágico, ca; maravilloso, sa.

feignant, e; faignant, e *adj* & *s* FAM vago, ga; gandul, la; holgazán, ana.

feindre [81] [fɛ̃dr] *v intr* & *tr* [▷ SYN] fingir ‖ cojear ligeramente (cheval) ■ **feindre de** fingir, aparentar, hacer como si; **feindre de croire quelque chose** fingir creer algo ‖ **feindre que** suponer.

‖ SYN **simuler** simular; **faire semblant** hacer como si; **affecter** afectar.

feint, e [fɛ̃, ɛ̃t] *adj* fingido, da.

feinte [fɛ̃t] *f* fingimiento *m* ‖ ficción (fiction) ‖ finta (sports) ‖ IMPR fraile *m* (défaut d'impression).

feinter [3] [fɛ̃te] *v intr* fintar, regatear, dar un quiebro.

◇ *v tr* FAM engañar.

feld-maréchal *m* feldmariscal, mariscal de campo.

feldspath *m* MIN feldespato.

feldspathique *adj* feldespático, ca.

fêle; felle *f* caña, puntel, *m* (du souffleur de verre).

fêlé, e *adj* resquebrajado, da (assiette) ‖ FAM chiflado, da (personne).

◇ *m* & *f* FAM chiflado, da.

fêler [4] *v tr* cascar; **cloche, voix fêlée** campana, voz cascada ‖ astillar (un os), producir ou tener una fisura (crâne) ‖ FIG & FAM **avoir la tête fêlée** estar chiflado, faltarle a uno un tornillo.

félibre *m* felibre (écrivain en langue d'oc).

félibrige *m* felibrigio.

Félicie *n pr* Felisa.

Félicien *n pr* Feliciano.

félicitation *f* felicidad, felicitación; **recevoir de nombreuses félicitations** recibir numerosas felicitaciones ‖ enhorabuena; **présenter ses félicitations** dar la enhorabuena ‖ **avec les félicitations du jury** con matrícula de honor.

félicité *f* felicidad.

féliciter [3] *v tr* felicitar, dar la enhorabuena.

‖ SYN **complimenter** cumplimentar; **congratuler** congratular.

félidés *m pl* ZOOL félidos.

félin, e *adj* & *s m* ZOOL felino, na.

Félix *n pr* Félix.

fellaga; fellagha *m* HIST guerrillero argelino o tunecino sublevado contra la autoridad francesa.

fellah *m* felá, fellah (paysan égyptien).

fellation *f* felación.

felle ▬ **fêle**.

félon, onne *adj* & *s* felón, ona; traidor, ra.

félonie *f* felonía.

felouque *m* MAR falúa *f*, falucho.

fêlure *f* raja, cascadura ‖ fisura (du crâne) ‖ FIG & FAM chifladura, locura leve (folie légère).

f.é.m. (abr de force électro-motrice) *f* fem.

femelle *adj* & *s f* hembra.

◇ *f* TECHN hembra, hembrilla.

‖ OBSERV **Femelle** se usa solamente hablando de animales: **éléphant femelle**.

féminin, e *adj* & *s m* femenino, na.

féminisation *f* feminización.

féminiser [3] *v tr* afeminar (efféminer) ‖ GRAMM dar el género femenino a una voz.

➤ **se féminiser** *v pr* afeminarse ‖ feminizarse; **cette profession se féminise** esta profesión se feminiza.

féminisme *m* feminismo.

féministe *adj* & *s* feminista.

féminité *f* feminidad.

FEMIS [femis] (abr de Fondation européenne des métiers de l'image et du son) *f* centro de formación europeo de técnicos de sonido e imagen.

femme [fam] *f* mujer ‖ mujer, esposa (épouse) ■ **femme d'affaires** mujer de negocios ‖ **femme de chambre** doncella, camarera, camarista [de la reina] ‖ **femme de charge** ama de llaves ‖ **femme de journée, de ménage** asistenta ‖ **femme de lettres** escritora ‖ **femme de tête** mujer cerebral ‖ **femme d'intérieur** mujer de su casa ‖ **femme du monde** mujer de mundo ‖ **femme fatale** mujer fatal ■ **conte de bonne femme** cuento de viejas ‖ **remède de bonne femme** remedio casero ■ **chercher femme** buscar novia ‖ **cherchez la femme** hay mujeres de por medio, es cuestión de faldas ‖ **devenir femme** hacerse una mujer ‖ **être très femme** ser muy mujer ‖ **prendre femme** casarse, tomar mujer.

femmelette [famlɛt] *f* mujercilla ‖ FIG mujerzuela (homme efféminé, timide).

fémoral, e *adj* femoral.

fémur *m* ANAT fémur.

FEN (abr de Fédération de l'Éducation nationale) organización sindical francesa de los profesores y maestros de la enseñanza pública.

fenaison [fənɛzɔ̃] *f* siega del heno, henificación, henaje *m*.

fendage *m* hendimiento, hendidura *f*, rotura *f*.

fendant *m* hendiente, cuchillada *f*, tajo (coup du tranchant de l'épée) ‖ FAM (vx) perdonavidas ‖ FAM **faire le fendant** fanfarronear ‖ uva, vino blanco de Suiza.

➤ **fendant, e** *adj* FAM chusco, ca, chistoso, sa.

fendeur, euse *m* & *f* hendedor, ra; cortador, ra ‖ **fendeuse de bois, de bûches** astilladora, rompetroncos.

fendillement [fɑ̃dijmɑ̃] *m* resquebrajadura *f*, grieta *f*.

fendiller [3] [fɑ̃dije] *v tr* resquebrajar, agrietar.

➤ **se fendiller** *v pr* resquebrajarse, agrietarse.

fendoir *m* rajadera *f*, cuchilla *f*.

fendre [73] *v tr* rajar, hender ‖ partir; **fendre des bûches** partir leños ‖ resquebrajar, agrietar; **la sécheresse fend la terre** la sequedad agrieta la tierra ‖ FIG abrirse paso entre ou por entre, pasar entre, atravesar, hender (traverser) ‖ partir (le cœur) ‖ romper (la tête) ‖ hender, surcar (l'air).

➤ **se fendre** *v pr* henderse, partirse ‖ agrietarse, resquebrajarse ‖ tirarse a fondo (escrime) ‖ FAM desprenderse, soltar, largar; **se fendre de cinq cents francs** soltar quinientos francos ‖ arruinarse; **il s'est fendu** se ha arruinado.

fendu, e *adj* hendido, da; partido, da ‖ agrietado, da; resquebrajado, da; abierto, ta (crevassé) ‖ rasgado (œil) ‖ hendido, da; grande (bouche).

fenestrage ▬ **fenêtrage**.

fenestration *f* ARCHIT calado *m*, abertura, luz (jour) ‖ MÉD fenestración.

fenestré, e *adj* calado, da; agujereado, da.

fenêtrage; fenestrage *m* ventanaje.

fenêtre *f* ventana; **fenêtre à guillotine** ou à l'anglaise ventana de guillotina ■ **fenêtre géminée** ajimez, parteluz doble ‖ **se mettre à la fenêtre** asomarse a la ventana.

‖ SYN **croisée** ventana; **baie** vano, hueco.

fenêtrer [3] *v tr* abrir ventanas (ménager des fenêtres) ‖ agujerear, calar (pratiquer des trous).

fénian *m* feniano (rebelle irlandais).

fenil [fənil] ou [fəni] *m* henil.

fennec [fenɛk] *m* ZOOL zorro del Sáhara.

fenouil [fənuj] *m* BOT hinojo ‖ **fenouil marin** hinojo marino.

fenouillette [fənujɛt] *f* aguardiente *m* de hinojos.

fente [fɑ̃t] *f* [▷ SYN] hendidura, raja, hendedura (fendillement) ‖ abertura, ranura; **regarder par la fente de la porte** mirar por la ranura de la puerta ‖ ranura (d'une machine) ‖ grieta (fissure) ‖ fondo *m*, acción de tirarse a fondo (escrime) ‖ abertura, raja (d'une veste) ‖ MIL **fente de visée** mirilla (char de combat).

‖ SYN **fissure** fisura; **crevasse** grieta; **lézarde** cuarteo; **faille** falla.

fenton *m* ▬ **fanton** ‖ clavija *f* de madera (en bois).

fenugrec *m* BOT fenogreco, alholva *f*.

féodal, e *adj* feudal.

féodalement *adv* de modo feudal.

féodalisme *m* feudalismo.

féodalité *f* feudalidad.

fer *m* hierro (métal); **fer doux, rouge, forgé** hierro dulce, candente, forjado ‖ punta *f*, hierro, moharra *f* (d'une lance, etc.) ‖ acero, arma *f* blanca; **le fer homicide** el acero homicida ‖ herradura *f* (fer à cheval) ‖ FIG hierro; **volonté, santé de fer** voluntad, salud de hierro ■ **fer à double T** hierro de doble T ‖ **fer à friser** tenacillas de rizar, rizador para el pelo ‖ **fer à repasser** plancha ‖ **fer à souder** soldador ‖ **fer carré** hierro tocho ‖ FIG **fer de lance** lo más avanzado ou eficaz en un campo determinado ■ **coup de fer** planchado rápido ‖ **fil de fer** alambre ■ **de fer** de hierro, sólido ‖ **en fer à cheval** en forma de herradura, de herradura ■ FAM **avoir une santé de fer** tener una salud de hierro ‖ **briser le fer pour** romper una lanza en defensa de ‖ **croiser le fer** batirse ‖ **il faut battre le fer quand il est chaud** al hierro candente batir de repente.

➤ **fers** *m pl* hierros, grilletes, cadenas *f* ‖ FIG cautiverio *sing*, esclavitud *f* (captivité) ‖ MÉD fórceps *sing* ‖ FIG **briser ses fers** romper las cadenas ■ **jeter dans les fers** encarcelar ‖ **mettre aux fers** poner grilletes, cargar de cadenas ‖ **tomber les quatre fers en l'air** caer patas arriba.

féra *f* corégono *m*, farra (poisson).

feralies f pl ferales (fêtes en l'honneur des morts).

fer-blanc m hoja f de lata, hojalata f, lata f. ◼ OBSERV pl fers-blancs.

ferblanterie f hojalatería ▮ FAM & PÉJ chatarras pl (décorations).

ferblantier m hojalatero.

Ferdinand [ferdinã] n pr Fernando.

féria [ferja] f feria.

férial, e adj ferial.

férie [feri] f feria ▮ECCLÉS fiesta.

férié, e adj feriado, da.

férir v tr (vx) herir ▮ sans coup férir sin pegar un tiro, sin combate, sin violencia alguna (militaire), sin esfuerzo alguno (facilement). ▮ OBSERV Sólo se usan el infinitivo férir y el participio pasivo féru, e.

ferler [3] v tr MAR aferrar, plegar [velas].

fermage m arrendamiento rústico, arriendo (bail) ▮renta f (loyer).

fermail [fermaj] m HIST broche, presilla f, firmal.

fermant, e adj que cierra ▮ à jour fermant al anochecer.

ferme adj firme ▮ compacto, ta; consistente; duro, ra (compact) ▮ prieto, ta (chair) ▮ seguro, ra (assuré) ▮ enérgico, ca (énergique) ▮ entero, ra; recto, ta (caractère) ▮ firme (valeur en Bourse) ▮ severo, ra; categórico, ca (impératif) ▮ COMM en firme; vente ferme venta en firme ◼ de pied ferme a pie firme ▮ d'une main ferme con firmeza ▮ ferme! ¡ánimo!, ¡duro! ▮terre ferme tierra firme ◇ adv firme, firmemente, en firme ▮ mucho; travailler ferme trabajar mucho ▮ tenir ferme sujetarse bien (un clou), resistir mucho, aguantar, mantenerse firme (résister).

ferme f granja, finca, alquería, hacienda (en Amérique), cortijo m (en Andalousie) ▮ arriendo m, arrendamiento m (loyer); prendre à ferme tomar en arrendamiento ▮ contrata de recaudación de impuestos ▮ decorado m de teatro montado sobre bastidores, portante ▮ ARCHIT armadura (de toiture) ◼ ferme marine granja de mar ▮ferme collective granja colectiva ▮ ferme école ou modèle granja modelo.

fermement adv firmemente.

ferment m fermento. ▮ SYN levain, levure levadura.

fermentable adj fermentable.

fermentation f fermentación ▮ FIG fermentación, agitación, efervescencia (des esprits) ◼ fermentation aérobie fermentación aeróbica ▮ fermentation anaérobie fermentación anaeróbica.

fermenter [3] v intr fermentar ▮FIG fermentar, agitarse (les esprits).

fermentescible adj fermentescible.

fermer [3] v tr [▷ SYN] cerrar ▮ correr, cerrar; fermer les rideaux correr las cortinas ◼ fermer à clef cerrar con llave ▮ fermer au verrou cerrar con cerrojo ▮ fermer la porte à poner coto a ▮ fermer l'eau, l'électricité cortar el agua, la electricidad ▮ FIG fermer les yeux cerrar los ojos, hacerse el desentendido, hacer la vista gorda ▮ la chasse est fer-mée hay veda ▮ FAM la fermer cerrar el pico, callarse. ◇ v intr cerrar, cerrarse. ◆ **se fermer** v pr cerrarse.

▮ SYN clore cerrar; condamner condenar; bâcler atrancar [puerta], cerrar [puerto]; barrer cerrar (un chemin), interceptar (une rue); boucler cerrar; cadenasser cerrar con candado; verrouiller echar el cerrojo.

fermeté f firmeza, entereza; fermeté de caractère entereza de carácter ▮ consistencia, dureza (consistance) ▮ fermeté d'âme fortaleza de ánimo.

fermette f pequeña granja ▮ ARCHIT armadura pequeña.

fermeture f cierre m ▮ veda (de la chasse) ◼ fermeture à crémaillère cierre de cremallera, cremallera ▮ fermeture à glissière ou Eclair cierre de cremallera, cremallera ▮fermeture annuelle cerrado por vacaciones ◼ COMM heure de fermeture hora de cierre ▮jour de fermeture día de cierre.

fermi m PHYS fermi.

fermier, ère m & f arrendatario, ria (qui a un loyer) ▮ [▷ SYN] colono m, cortijero, ra; granjero, ra (exploitant) ▮ HIST fermier général recaudador de impuestos (sous l'Ancien Régime).

▮ SYN closier, métayer aparcero; tenancier terrazguero; colon colono.

fermium [fermjɔm] m CHIM fermio.

fermoir m manecilla f, broche (d'un livre) ▮ boquilla f (d'un sac à main) ▮ agujero, cierre (des skis) ▮formón (outil de menuisier).

Fernand [fernã] n pr m Fernán, Hernán, Hernando, Fernando.

Fernande n pr Fernanda.

féroce adj feroz.

férocement adv ferozmente.

férocité f ferocidad.

Féroé n pr f pl GÉOGR les (îles) Féroé las (islas) Feroe ou Faeroe ou Faroe; aux Féroé en las Feroe ou Faeroe ou Faroe (situation), a las Feroe ou Faeroe ou Faroe (direction).

ferrade f herradero m (marquage au fer rouge).

ferrage m herraje.

ferraille [fɛraj] f chatarra, hierro m viejo; bruit de ferraille ruido de chatarra ▮FAM calderilla (petite monnaie) ▮ FIG & FAM desguace m; mettre à la ferraille llevar al desguace.

ferrailler [3] [feraje] v intr chocar las espadas ▮ acuchillarse, darse de cuchilladas, batirse a sable ou espada ▮ no saber esgrimir (escrime) ▮FIG & FAM disputar vivamente.

ferrailleur [ferajœr] m chatarrero, vendedor de hierro viejo (marchand) ▮ espadachín (bretteur) ▮FIG & FAM discutidor, pendenciero.

ferrant adj maréchal-ferrant herrador.

Ferrare n pr GÉOGR Ferrara.

ferrate m CHIM ferrato.

ferré, e adj herrado, da (cheval), ferrado, da (canne), guarnecido de hierro ▮ empedrado, da; enguijarrado, da (chemin) ▮ voie ferrée vía férrea ◼ FIG & FAM être ferré ou ferré à glace sur une matière estar empollado ou ducho en una materia, conocer a fondo una asignatura.

ferrement [fermã] m (p us) herramienta f (outil) ▮ aherrojamiento, acción f de poner los grilletes a un preso. ◆ **ferrements** m pl herrajes (garnitures en fer).

ferrer [4] v tr herrar (les chevaux) ▮guarnecer de hierro (garnir de fer) ▮ herretear (les lacets, un ruban, etc.) ▮ sellar, marchamar (les tissus) ▮empedrar, enguijarrar (un chemin) ▮ferrer un poisson enganchar un pez con el anzuelo.

ferret [fɛrɛ] m herrete, cabete, contera f (d'un lacet) ▮ MIN gabarro (d'une pierre) ▮ hematites f roja (hématite).

ferretier [fɛrtje] m martillo de herrador.

ferreur m herrador.

ferreux, euse adj CHIM ferroso, sa.

ferricyanure m CHIM ferricianuro.

ferrifère adj ferrífero, ra.

ferrique adj CHIM férrico, ca.

ferrocérium [feroserjɔm] m ferrocerio.

ferrocyanure m CHIM ferrocianuro.

ferromagnétisme m ferromagnetismo.

ferromanganèse m ferromanganeso.

ferronickel m ferroníquel.

ferronnerie f ferretería ▮ ferronnerie d'art artesanía de hierro forjado, forja artística del hierro ou tienda de objetos de hierro forjado.

ferronnier, ère adj & s ferretero, ra ▮ ferronnier d'art artesano de hierro forjado. ◆ **ferronnière** f joya antigua que ceñía la frente.

ferrosilicium [ferosilisjɔm] m ferrosilicio.

ferroutage m transporte combinado por tren y carretera.

ferroviaire [ferɔvjɛr] adj ferroviario, ria.

ferrugineux, euse adj & s m ferruginoso, sa.

ferrure f herraje m.

ferry m ferry, transbordador. ◼ OBSERV pl ferries.

ferry-boat [feribot] m transbordador, "ferryboat" (bac). ◼ OBSERV pl ferry-boats.

ferté f (vx) fortaleza.

fertile adj fértil, feraz ▮ FIG fecundo, da; une imagination fertile una imaginación fecunda.

fertilisable adj fertilizable.

fertilisant, e adj fertilizante.

fertilisation f fertilización.

fertiliser [3] v tr fertilizar.

fertilité f fertilidad, feracidad.

féru, e adj herido, da (le cheval) ▮FIG enamorado, da; prendado, da (d'amour) ▮ apasionado, da; il est féru de littérature está apasionado por la literatura.

férule f férula, palmeta (baguette) ▮ palmetazo m (coup de baguette) ▮ férula, cañaheja (plante) ▮ être sous la férule de quelqu'un estar uno bajo la férula de otro.

fervent, e adj ferviente; fervoroso, sa.

ferveur f fervor m.

Fès; Fez [fɛz] n pr GÉOGR Fez.

fesse [fɛs] f nalga ▮anca (de cheval).

fessée *f* azotaina, azotina.

fesse-mathieu *m* FAM usurero, avaro.
▌ OBSERV pl fesse-mathieux.

fesser [4] *v tr* azotar, dar una azotaina ▌batir (les fils de laiton).

fesseur, euse *m & f* azotador, ra ▌batidor, ra (du laiton).

fessier, ère *adj & s m* ANAT glúteo, a.
➡ **fessier** *m* FAM posaderas *f pl*, trasero, nalgatorio.

fessu, e *adj* FAM nalgudo, da; culón, ona.

festif, ive *adj* festivo, va.

festin *m* festín.
▌ SYN régal regalo; noce juerga; ripaille comilona; FAM bombance jolgorio, parranda; buverie, beuverie borrachera; bamboche francachela, cuchipanda; bombe juerga; banquet banquete; FAM (vieilli) bâfre, FAM gueuleton comilona.

festiner [3] *v tr* agasajar, invitar a un festín (régaler).
◇ *v intr* banquetear.

festival *m* festival.
▌ OBSERV pl festivals.

festivalier, ère *adj & s* festivalero, ra.

festivité *f* fiesta.

festoiement [festwamɑ̃] *m* festejo, fiesta *f* (action de festoyer).

feston *m* festón (couture) ▌guirnalda *f* (de fleurs) ▌ARCHIT festón.

festonner [3] *v tr* festonear.
◇ *v intr* FAM (vx) andar haciendo eses (zigzaguer).

festoyer [3] [festwaje] *v tr* festejar.
◇ *v intr* festejarse, juerguearse (faire bombance).

fêtard [fɛtar] *m* FAM juerguista, jaranero.

fête *f* [▷ SYN] fiesta, festividad; le 14 Juillet est la fête nationale en France el 14 de julio es la fiesta nacional de Francia ▌fiesta, feria (foire) ▌santo *m*, día *m* onomástico; souhaiter à quelqu'un sa fête felicitar a uno por su santo ▌ FAM juerga, parranda (vie de plaisir) ■ fête carillonnée fiesta solemne ▌fête chômée ou fériée día feriado ▌fête de charité fiesta de caridad ▌fête des mères día de la madre ▌fête des morts día de los difuntos ▌fête d'obligation fiesta de precepto ou de guardar ▌fête du travail fiesta del trabajo ▌fête foraine feria, verbena ▌fête mobile fiesta móvil ▌la salle des fêtes la sala de fiestas ▌le comité des fêtes el comité de fiestas ▌les fêtes de fin d'année las fiestas de fin de año ■ air de fête aspecto festivo ▌FAM ça va être ta fête te van a echar una buena ▌faire fête festejar ▌faire la fête juerguearse, jaranear ▌se faire une fête de alegrarse de.
▌ SYN gala función de gala; pardon romería; kermesse kermesse, verbena.

▌ FÊTE
Los franceses desean "bonne fête" a la persona cuyo nombre coincide con el del Santo celebrado ese día.

Fête-Dieu *f* Corpus Christi, día del Corpus.
▌ OBSERV pl Fêtes-Dieu.

fêter [4] *v tr* celebrar (une fête) ▌festejar (une personne).
▌ SYN festoyer festejar; chômer guardar [las fiestas]; célébrer celebrar; sanctifier santificar;

solemniser solemnizar; commémorer conmemorar.

fétiche *m* fetiche.
▌ SYN mascotte mascota; porte-bonheur amuleto.

fétichisme *m* fetichismo.

fétichiste *adj & s* fetichista.

fétide *adj* fétido, da.

fétidité *f* fetidez, hedor *m*.

fétu *m* paja *f*, pajilla *f* (brin de paille) ▌comino (graine du cumin) ▌FIG ardite, cosa *f* de poco valor ▌cela ne vaut pas un fétu eso no vale un comino.

fétuque *f* BOT festuca, cañuela.

feu *m* fuego; feu doux fuego lento ou moderado ▌lumbre *f*, fuego; faire du feu encender fuego; demander du feu pedir lumbre ▌luz *f* (lumière) ▌descarga *f* (d'une arme) ▌familia *f*, hogar (famille); village de 300 feux pueblo de 300 familias ▌lucero (astre) ▌destello, reflejo; les feux d'un diamant los destellos de un diamante ▌escocedura *f* (produit par le rasoir) ▌hoguera *f*; condamné au feu condenado a la hoguera ▌señal *f* luminosa, luz *f* (signal lumineux) ▌disco; feu rouge, vert disco rojo, verde ▌FIG inspiración *f*, imaginación *f*; auteur plein de feu autor lleno de imaginación ■ feu arrière piloto, luz posterior (d'une voiture) ▌feu à volonté fuego a discreción ▌feu de Bengale luz de Bengala ▌feu de bois lumbre de leña ▌feu de camp fuego de campamento ▌feu de joie fogata ▌feu de paille llamarada ▌feu de position luz de situación (maritime), luz de posición, piloto (automobile) ▌feu de salve salva ▌feu du ciel rayo (foudre) ▌feu follet fuego fatuo [(Amér) luz mala] ▌feu grégeois fuego griego ▌MIL feu roulant fuego graneado ▌feu Saint-Elme fuego de San Telmo ▌feux d'artifice fuegos artificiales ▌AUTOM feux de croisement luces de cruce ▌feux de la rampe candilejas (théâtre) ▌AUTOM feux de détresse luces de emergencia ▌feux de navigation luces de navegación ▌AUTOM feux de route luces de carretera ▌feux de signalisation semáforo; les feux ne marcheront pas pendant la grève los semáforos no funcionarán durante la huelga ▌feux de stationnement luces de estacionamiento ▌feux tricolores semáforo ■ arme à feu arma de fuego ▌coup de feu tiro, disparo ▌couvre-feu toque de queda ▌à grand feu a fuego vivo ▌à petit feu a fuego lento ▌au coin du feu al amor de la lumbre ▌au feu! ¡fuego, fuego! ▌feu! ¡fuego! ▌sans feu ni lieu sin casa ni hogar ▌MAR & AUTOM tous feux éteints sin luces ■ aller au feu ir al combate ▌avoir la bouche en feu arderle a uno la boca ▌avoir le feu sacré pour quelque chose llevar algo en la masa de la sangre ▌FIG brûler à petit feu estar en ascuas ▌MIL cessez le feu alto el fuego ▌commander le feu ordenar hacer fuego ▌FIG donner le feu vert dar luz verde ▌en mettre sa main au feu poner las manos en el fuego ▌être entre deux feux estar entre dos fuegos ▌être tout feu, tout flamme estar entusiasmadísimo ▌faire feu hacer fuego ▌faire feu de tout bois no escatimar medios ▌faire long feu fallar (une arme), fracasar (une affaire) ▌faire mourir à petit feu matar a fuego lento ▌il n'y a pas de fumée sans feu cuando el río suena, agua lleva ▌jeter de l'huile sur le feu echar leña al

fuego ▌jeter feu et flammes echar fuego por los ojos, echar chispas ▌jouer avec le feu jugar con fuego ▌mettre à feu et à sang asolar (ravager) ▌mettre le feu à prender fuego a ▌mettre le feu aux poudres hacer saltar el polvorín ▌FIG ne pas faire long feu no durar mucho ▌n'y voir que du feu no comprender ou no enterarse de nada ▌prendre feu incendiarse.

feu, e *adj* difunto, ta; q. e. p. d.; feu mon père, mon feu père mi difunto padre, mi padre q. e. p. d. [que en paz descanse].

feudataire *m & f* feudatario, ria.

feudiste *m* feudista.

feuil *m* TECHN hoja *f*.

feuillage [fœjaʒ] *m* follaje ▌hojarasca *f* (feuilles mortes).
▌ SYN feuilles hojas; feuillée enramada; frondaison frondosidad.

feuillaison [fœjɛzɔ̃] *f* foliación.

feuillant [fœjɑ̃] *m* bernardo, religioso fuldense (religieux) ▌miembro de un club de la Revolución francesa.

feuillantine [fœjɑ̃tin] *f* bernarda, religiosa fuldense (religieuse) ▌pastel *m* de hojaldre (pâtisserie).

feuillard [fœjar] *m* vara *f* de castaño dispuesta para hacer aros de tonel ▌TECHN fleje, chapa *f* de hierro, llanta *f*.

feuille [fœj] *f* hoja (d'arbre, de papier, de métal) ▌periódico *m*, hoja (journal) ▌pétalo *m*, hoja; des feuilles de rose pétalos de rosa ▌país *m* (de l'éventail) ▌año *m*, hoja (pour le vin et le bois); vin de deux feuilles vino de dos hojas ou años ▌IMPR cuadernillo *m*, pliego *m* (d'un livre) ■ feuille anglaise hoja de caucho muy fina ▌feuille d'argent papel de plata ▌FAM feuille de chou periodicucho ▌feuille de maladie hoja donde figuran todas las asistencias dispensadas por la Seguridad Social ▌feuille de paye hoja de nómina ▌feuille de présence lista de asistencia ▌feuille de route ou de déplacement hoja de ruta, itinerario ▌TECHN feuille de sauge almendrilla (lime) ▌feuille d'étain papel de estaño ▌feuille de température gráfica de temperatura ▌feuille d'impôts impreso para la declaración de la renta ▌feuille de vigne hoja de vid, pámpano ▌feuille d'or pan de oro ▌feuille mobile ou volante hoja suelta ou volante ▌feuille morte hoja seca ■ FAM être dur de la feuille ser algo sordo ▌rendre feuille blanche entregar el examen en blanco ▌s'en aller avec les feuilles morirse al caer las hojas ▌trembler comme une feuille temblar como un azogado.

feuillé, e [fœje] *adj* frondoso, sa; cubierto de hojas.

feuillée [fœje] *f* enramada.
➡ **feuillées** *f pl* letrinas [en el campo].

feuille-morte [fœjmɔrt] *adv inv* del color de hoja seca, oro viejo.

feuiller [3] [fœje] *v intr* brotar las hojas.

feuilleret [fœjrɛ] *m* cepillo de carpintero.

feuillet [fœjɛ] *m* hoja *f*, pliego, folio (d'un livre) ▌hoja *f*; feuillet mobile hoja móvil ▌chapa *f*, hoja *f* delgada (de bois) ▌ZOOL libro (de l'estomac des ruminants).

feuilletage [fœjtaʒ] *m* hojaldrado, hojaldre.

feuilleté, e [fœjte] *adj* hojeado, da (livres) ▮ hojaldrado, da (pâtisserie) ▮ hojoso, sa; laminar (lamelleux).

◆ **feuilleté** *m* hojaldre (pâtisserie).

feuilleter [27] [fœjte] *v tr* hojear (un livre) ▮ hojaldrar (une pâtisserie).

feuilletis [fœjti] *m* arista *f* (d'un diamant taillé).

feuilleton [fœjtɔ̃] *m* folletín ▮ serial (télévision).

feuilletonesque *adj* propio, pia de una novela por entregas ou de un serial.

feuilletoniste [fœjtɔnist] *m* folletinista.

feuillette [fœjet] *f* tonelillo *m* de unos 125 litros.

feuillu, e [fœjy] *adj* hojoso, sa; frondoso, sa.

feuillure [fœjyr] *f* gárgol *m* (rainure) ▮ renvalso *m* (d'une porte).

feulement *m* bufido (des félins).

feuler [3] *v intr* dar bufidos (le tigre), hacer fu (le chat).

feutrage *m* enfurtido, preparación *f* del fieltro (opération) ▮ desgaste (usure).

feutre *m* fieltro (tissu) ▮ sombrero de fieltro ou flexible (chapeau).

feutré, e *adj* cubierto, ta con fieltro (garni de feutre) ▮ apelmazado, da (abîmé) ▮ amortiguado, da (bruit, pas), sordo, da.

feutrer [3] *v tr* enfurtir, hacer fieltro ▮ poner, cubrir con fieltro (garnir de feutre) ■ FIG à pas feutrés con mucho sigilo ▮ pas feutrés pasos quedos, silenciosos.

◇ *v intr* ponerse como el fieltro.

feutrier *m* obrero que trabaja en fieltros.

feutrine *f* fieltro *m* [tipo ligero muy compacto].

fève *f* haba ▮ sorpresa (galette des Rois) ▮ VÉTÉR haba (du cheval) ■ fève de Calabar fruto del hediondo (anagyre) ▮ fève tonka haba tonca ▮ gâteau de la fève roscón de Reyes.

féverole ➤ **faverole.**

février *m* febrero.

fez [fɛz] *m* fez [gorro turco].

Fez ➤ **Fès.**

FF (abr écrite de franc français) FF.

FFA (abr de Forces françaises en Allemagne) *f pl* fuerzas francesas de ocupación en Alemania.

FFI (abr de Forces françaises de l'intérieur) *f pl* fuerzas francesas de la Resistencia durante la 2ᵉ Guerra Mundial.

FFL (abr de Forces françaises libres) *f pl* fuerzas francesas libres durante la 2ᵉ Guerra Mundial.

FFR (abr de Fédération Française de Rugby) *f* federación francesa de rugby.

fg (abr écrite de faubourg).

FGA (abr de fonds de garantie automobile) *m* fondo de garantía automóvil que indemniza a los accidentados cuando se desconoce al responsable.

FGDS (abr de Fédération de la gauche démocrate et socialiste) *f* antiguo partido socialista francés.

FGEN (abr de Fédération générale de l'éducation nationale) *f* sindicato francés de la educación pública.

fi! *interj* ¡vaya!, ¡quita!, ¡fuera! [dícese también fi donc!] ▮ faire fi de desdeñar, despreciar, hacer poco caso de.

fiabilité *f* fiabilidad.

fiable *adj* fiable.

FIAC (abr de Foire internationale d'art contemporain) *f* feria internacional de arte contemporáneo, ≃ ARCO *m*.

fiacre *m* simón, coche de punto.

fiançailles [fjɑ̃saj] *f pl* petición *sing* de mano, esponsales *m*, dichos *m* ▮ noviazgo *m sing* (temps entre les fiançailles et le mariage) ▮ bague de fiançailles sortija de pedida.

  OBSERV **1.** En Espagne le noviazgo correspond à la période de temps indéterminée qui précède le mariage.
  2. En Francia se reserva el nombre de période des fiançailles al espacio de tiempo entre la petición de mano y la boda.
  3. En Espagne la pulsera de pedida (bracelet) remplace souvent la bague de fiançailles.
  SYN accordailles esponsales; bans amonestaciones.

fiancé, e *m & f* novio, via.

  SYN promis prometido; prétendu pretendiente; futur futuro.

fiancer [16] *v tr* desposar.

◆ **se fiancer** *v pr* prometerse, desposarse; se fiancer à ou avec desposarse con.

fiasco *m* fiasco, fracaso ▮ faire fiasco fracasar.

fiasque *f* garrafa.

Fibranne® *f* fibrana (textile).

fibre *f* fibra ▮ FIG vena; avoir la fibre militaire, maternelle tener la vena militar, maternal ▮ fibre de verre fibra de vidrio ▮ fibre optique fibra óptica ▮ fibre synthétique fibra sintética.

fibreux, euse *adj* fibroso, sa.

fibrillation *f* fibrilación ▮ MÉD fibrillation ventriculaire fibrilación ventricular.

fibrille [fibrij] *f* ANAT fibrilla.

fibrine *f* CHIM fibrina.

fibrineux, euse *adj* CHIM fibrinoso, sa.

fibrinogène *m* fibrinógeno.

fibrocartilage *m* fibrocartílago.

Fibrociment® *m* CONSTR fibrocemento.

fibromateux, euse *adj* MÉD fibromatoide.

fibrome *m* MÉD fibroma.

fibroscope *m* MÉD fibroscopio.

fibroscopie *f* MÉD fibroscopia.

fibule *f* fíbula (agrafe).

fic *m* VÉTÉR higo (grosse verrue).

ficaire *f* BOT ficaria.

ficelage *m* atado.

ficeler [24] *v tr* atar, encordelar, poner una cuerda delgada ou una guita ▮ FIG & FAM arreglar; être mal ficelé ir mal arreglado.

◆ **se ficeler** *v pr* FAM componerse, acicalarse, arreglarse.

ficelle *f* bramante *m*, guita, cuerda fina ▮ pistola, flauta, tornillo *m*, barra de pan muy delgada (pain) ▮ FIG & FAM recurso *m*, artificio *m* (truc) ■ FAM les ficelles du métier las triquiñuelas del oficio ▮ on voit la ficelle se ve la hilaza, se ve el plumero ▮ tenir ou tirer les ficelles manejar el tinglado, mover

los hilos ▮ FIG tirer sur la ficelle aprovecharse demasiado de una situación.

◇ *adj & s* FAM cuco, ca; astuto, ta; ladino, na.

ficellerie [fisɛlri] *f* cordelería.

fichage *m* acción *f* de fichar, fichaje.

fichant, e *adj* fijante (tir) ▮ FAM (vieilli) molesto, ta (contrariant).

fiche *f* papeleta, ficha (feuillet) ▮ MÉD protocolo *m* (cheville) ▮ ficha (au jeu) ▮ fija (outil de maçon) ▮ clavija (de standard téléphonique) ▮ piquete *m* (d'arpenteur) ▮ ÉLECTR enchufe *m* ■ fiche de paye hoja de paga ▮ MIL fiche de pointage varilla, jalón de puntería ▮ fiche d'état civil fe de vida ▮ ÉLECTR fiche femelle clavija hembra ▮ fiche mâle clavija macho ▮ fiche signalétique filiación (persona), descriptivo (cosa) ▮ fiche technique ficha técnica.

fiché, e *adj* fichado, da; être fiché estar fichado.

ficher [3] *v tr* fichar (répertorier) ▮ hincar, clavar (planter) ▮ clavar, fijar (fixer) ▮ FAM largar, soltar; ficher une gifle largar una bofetada ▮ echar, poner; ficher quelqu'un à la porte echar ou poner a alguien en la calle ▮ FAM hacer; qu'est-ce que tu fiches là? ¿qué haces ahí? ■ FAM ficher en l'air tirar por alto (jeter), echar a perder, malograr (gâcher) ▮ ficher le camp largarse ■ fiche-moi la paix! ¡déjame en paz! ▮ je t'en fiche! ¡qué más quisieras! (c'est faux), ¡ni hablar! pas question) ▮ va te faire fiche! ¡anda y que te zurzan!

◆ **se ficher** *v pr* hincarse, clavarse ▮ FAM meterse; se ficher une idée dans la tête meterse una idea en la cabeza ▮ reírse, burlarse; il se fiche du monde se ríe del mundo ▮ tomar a broma; se ficher de ses études tomar a broma los estudios ▮ FAM echarse, tirarse (se jeter) ■ FAM je m'en fiche me importa un bledo ▮ FAM se ficher dedans colarse, columpiarse, equivocarse ▮ se ficher par terre tirarse al suelo (se jeter), caerse (tomber) ▮ s'en ficher comme de l'an quarante importarle a uno un comino.

  OBSERV Dans ses acceptions populaires, l'infinitif prend souvent la forme fiche et le participe passé est fichu, e, au lieu de fiché, e.

fichier *m* fichero ■ INFORM fichier actif ou en cours d'utilisation fichero activo ou en uso ▮ fichier d'archives fichero de archivos ▮ fichier principal fichero principal ▮ fichier central registro central ▮ fichier d'adresses fichero de direcciones.

fichiste *m & f* encargado, da de un fichero, archivista.

fichoir *m* pinzas *f pl* de madera.

fichtre! *interj* ¡caramba!, ¡cáspita!, ¡caray!, ¡atiza!

fichtrement *adv* FAM en extremo, extremadamente.

fichu *m* pañuelo, toquilla *f*, pañoleta *f*.

  SYN châle chal; écharpe echarpe; pointe pañuelo, pico.

fichu, e; foutu, e *adj* FAM echado, da (chassé); fichu à la porte echado a la calle ▮ perdido, da (jeté); je suis fichu estoy perdido ▮ tirado, da (jeté) ▮ estropeado, da; echado a perder (détérioré) ▮ malgastado, da; tirado, da (l'argent) ▮ arruinado, da; hecho polvo (la santé) ▮ dichoso, sa; pijotero, ra (caractère) ▮ ridículo, la; mal arreglado, da ▮ pajolero, ra (fâcheux); un **fichu métier** un pajolero oficio ■ **fichu de** capaz de; **n'être pas fichu de** no ser capaz de ■ FAM **être fichu comme l'as de pique** ir hecho una facha ou un desastre | **être mal fichu** ir mal vestido (mal habillé), estar malucho, encontrarse mal (santé), estar mal hecho ou terminado (objet), estar mal hecho (personne).

fictif, ive *adj* ficticio, cia.

fiction *f* ficción.

fictivement *adv* de manera ficticia, ficticiamente.

ficus *m* BOT ficus.

fidéicommis [fideikɔmi] *m* DR fideicomiso.

fidéisme *m* fideísmo.

fidèle *adj* & *s* fiel.

fidèlement *adv* escrupulosamente.

fidélisation *f* fidelización.

fidéliser [3] *v tr* ganarse la confianza ou el aprecio de alguien; **fidéliser une clientèle** ganarse la confianza de la clientela, aparroquiar (se) clientela.

fidélité *f* fidelidad.

Fidji *n pr f pl* GÉOGR **les (îles) Fidji** las (islas) Fidji ou Fiji.

fiduciaire *adj* fiduciario, ria | ÉCON **société fiduciaire** gestoría, compañía fiduciaria.

fiducie *f* DR fiducia.

fief [fjɛf] *m* feudo; **fief lige** feudo ligio.

fieffé, e *adj* HIST enfeudado, da; dado, da en feudo (donné en fief) | FIG empedernido, da; redomado, da; de remate, de siete suelas; **fieffé ivrogne** borracho empedernido.

fieffer [4] *v tr* HIST enfeudar, dar en feudo.

fiel [fjɛl] *m* hiel *f* | FIG hiel *f*, amargura *f*.

fielleux, euse *adj* amargo, ga; como la hiel | FIG acerbo, ba; **des propos fielleux** palabras acerbas.

fiente [fjɑ̃t] *f* excremento *m* [sobre todo de aves].

fienter [3] [fjɑ̃te] *v intr* estercolar, expulsar los excrementos (les animaux).

fier [9] [fje]

◆ **se fier** *v pr* fiarse | **se fier à** fiarse de, confiar en, contar con.

fier, fière [fjɛr] *adj* [▷ SYN] altivo, va; altanero, ra (hautain) | orgulloso, sa; **être fier de son père** estar orgulloso de su padre | soberbio, bia (orgueilleux) | FAM tremendo, da; valiente; **un fier coquin** valiente bribón | FIG noble, elevado, da; **âme fière** alma noble | atrevido, da; intrépido, da (intrépide) ■ **avoir fière allure** tener un porte altivo ou majestuoso | **c'est un fier imbécile** es un grandísimo imbécil | **être fier de soi** estar prendado de sí mismo | **faire le fier** gallear, mostrarse orgulloso | **ne pas être fier** estar avergonzado ou abochornado (honteux), no tenerlas todas consigo (avoir peur).

> SYN **dédaigneux** desdeñoso; **orgueilleux** orgulloso; **superbe** soberbio; **hautain** altivo, ufano; **altier** altanero; FAM **faraud** presumido.

fier-à-bras [fjɛrabra] *m* fierabrás, matasiete.

> OBSERV pl **fier-à-bras** ou **fiers-à-bras**.

fièrement *adv* orgullosamente | audazmente, atrevidamente (audacieusement) | con dignidad | FAM en extremo, mucho, muy (extrêmement).

fiérot, e *adj* & *s* FAM fanfarrón, ona; fatuo, tua.

fierté *f* orgullo *m*, soberbia, altivez | dignidad, nobleza de sentimientos.

fiesta *f* FAM juerga, marcha.

fièvre [fjɛvr] *f* fiebre, calentura | FIG fiebre; **la fièvre électorale** la fiebre electoral; **la fièvre de l'or** la fiebre del oro ■ MÉD **fièvre algide** fiebre álgida | VÉTÉR **fièvre aphteuse** fiebre aftosa | **fièvre chaude** delirio, tabardillo | MÉD **fièvre de lait** fiebre láctea | **fièvre intermittente** fiebre intermitente | **fièvre jaune** fiebre amarilla, vómito negro | **fièvre quarte** cuartanas | **fièvre tierce** tercianas | **fièvre typhoïde** fiebre tifoidea ■ **avoir de la fièvre** estar con fiebre ou calentura ou temperatura, tener fiebre | **avoir 39 de fièvre** tener ou estar con 39 de fiebre | **avoir une fièvre de cheval** tener un calenturón, mucha fiebre | **avoir un peu de fièvre** tener destemplanza, tener décimas.

fiévreusement *adv* febrilmente.

fiévreux, euse *adj* calenturiento, ta; febril.

◇ *m* & *f* calenturiento, ta | FIG inquieto, ta; agitado, da.

FIFA (abr de **Fédération internationale de football-association**) *f* FIFA.

fifre *m* pífano (flûte et musicien).

fifrelin *m* FAM pito, bledo, comino; **ça ne vaut pas un frifrelin** eso no vale un pito.

fifty-fifty [fiftififti] *adj* a medias.

fig. (abr écrite de **figure**) fig.

figaro *m* FAM fígaro, rapabarbas | **Le Figaro** diario francés.

> LE FIGARO
>
> "Le Figaro" es un periódico francés de calidad. Es de tendencia derechista y sus lectores son conservadores en su mayoría.

figé, e *adj* cuajado, da; coagulado, da (coagulé) | estereotipado, da; **phrase figée** expresión estereotipada | FIG paralizado, da; petrificado, da; yerto, ta (immobilisé).

figement *m* cuajamiento, coagulación *f*.

figer [17] *v tr* cuajar, coagular | FIG paralizar, petrificar (immobiliser).

◆ **se figer** *v pr* cuajarse, coagularse | FIG helarse; **mon sang se fige** mi sangre se hiela.

fignolage *m* FAM esmero, refinamiento (grand soin) | acabado, acabamiento, último toque (finissage).

fignoler [3] *v tr* & *intr* FAM perfilar, refinar, dar el último toque.

figue *f* higo *m* ■ **figue de Barbarie** higo chumbo | **figue fleur** ou **figue d'été** breva | FIG **mi-figue mi-raisin** entre chanzas y veras ■ (vieilli) FAM **faire la figue à quelqu'un** hacer la higa, burlarse de alguien.

figuier [figje] *m* higuera *f* (arbre) ■ **figuier banian** balete (arbre d'Asie) | **figuier de Barbarie** ou **d'Inde** chumbera, tuna, nopal | **figuier infernal** higuera infernal, ricino | **figuier religieux** ou **des pagodes** higuera religiosa.

figuline *f* vasija ou estatua figulina.

figurant, e *m* & *f* figurante, comparsa (théâtre) | extra (cinéma).

figuratif, ive *adj* figurativo, va.

figuration *f* figuración | comparsa, figurantes *m pl* (théâtre) | extras *m pl* (cinéma) | **faire de la figuration** ser extra (cinéma).

figure *f* figura; **figure géométrique** figura geométrica | [▷ SYN] cara, rostro *m* (visage) | símbolo *m*; **la figure de l'Eucharistie** el símbolo de la Eucaristía ■ **cas de figure** ejemplo | **figure de rhétorique** figura retórica | SPORTS **figures imposées** ejercicios obligatorios | **figures libres** ejercicios libres ■ **faire bonne figure à quelqu'un** poner buena cara a uno | **faire bonne figure en société** hacer buen papel en la sociedad | **faire figure de** hacer papel de, estar considerado como; **faire figure de vainqueur** estar considerado como vencedor | **faire triste figure** estar cabizbajo (triste), hacer el ridículo (être ridicule) | **jeter à la figure** echar en cara | **ne savoir quelle figure faire** no saber qué cara poner.

> OBSERV L'espagnol **figura**, en dehors du sens de **ligne**, de **dessin**, a celui de **silhouette**.
>
> SYN **visage** rostro; **minois**, **frimousse** palmito, carita; **face** faz, semblante; **physionomie** fisonomía; **faciès** facies; FAM **tête** cabeza; **portrait** cara; FAM **gueule** jeta; FAM **trombine**, FAM **bille**, FAM **binette**, FAM **poire**, FAM **pomme** jeta; FAM **bouille**, FAM **bobine** cara.

figuré *m* sentido figurado; **au propre et au figuré** en sentido propio y en el figurado.

figurément *adv* figuradamente, en sentido figurado.

figurer [3] *v tr* figurar | representar.

◇ *v intr* figurar | hacer de comparsa (théâtre), de extra (cinéma) | constar; **cela figure dans le contrat** esto consta en el contrato.

◆ **se figurer** *v pr* figurarse, imaginarse; **figurez-vous que** figúrese usted que.

figurine *f* figurilla, figurita, estatuita.

figurisme *m* figurismo.

figuriste *m* figurero, vaciador de figuras de escayola | figurista (partisan du figurisme).

fil [fil] *m* hilo (de soie, etc.) | filo (tranchant) | alambre (de métal) | cordón, hilo (électrique) | hebra *f*, fibra *f*, filamento (des légumes, des plantes) | veta *f*, vena *f*, fibra *f* (fibre) | sentido de la fibra; **couper dans le fil du bois** cortar en el sentido de la fibra de la madera | FIG hilo; **le fil de la vie** el hilo de la vida; **le fil d'un récit** el hilo de un relato; **les fils d'une intrigue** los hilos de una intriga | curso, corriente *f*; **le fil de la rivière** el curso del río ■ **fil à coudre** hilo | **fil à plomb** plomada | **fil à souder** alambre de soldar | **fil barbelé** espino artificial, alambrada, alambre de púas | **fil d'archal** alambre | **fil d'argent** hilo de plata | MAR **fil de caret** filástica | **fil de cocon** hilo de seda | **fil de fer** alambre | **fil dentaire** hilo dental | **fil en quatre, en six** aguardiente | **fil machine** alambrón | **fil métallique** alambre | **fil retors** torzal | **fils de la Vierge** hilos de araña | **télégraphie sans fil** telegrafía sin hilos ■ **au fil de l'eau** con ou siguiendo la corriente | **au fil des années** con el correr ou en el transcurso de los años | **de fil en aiguille** de una cosa a otra (déduction) ■ **avoir quelqu'un au bout du fil** estar en comunicación telefónica con alguien | **avoir un fil à la patte** estar cogido, estar atado de pies y manos | FIG **c'est cousu de fil blanc** es más claro que el agua | **coudre en droit fil** coser al hilo | **donner du fil à retordre** dar que hacer, dar mucha guerra | **donner un coup de fil** dar un telefonazo, telefonear | il

n'a pas inventé le fil à couper le beurre no ha inventado la pólvora ▌ **ne tenir qu'à un fil** estar pendiente de un hilo ▌ **passer au fil de l'épée** pasar a cuchillo, acuchillar ▌ **perdre le fil** perder el hilo.

fil-à-fil *m inv* fil a fil, hilo a hilo.

filage *m* hilado (action de filer) ▌ estirado (métallurgie).

filaire *f* MÉD filaria (ver parasite).

filament *m* filamento.

filamenteux, euse *adv* filamentoso, sa.

filandière *f* hilandera ▌ **les sœurs filandières** las Parcas.

filandres *f pl* hebras, fibras duras (de la viande) ▌ VÉTÉR filandrias (vers parasites) ▌ flecos *m* (dans l'atmosphère).

filandreux, euse *adj* fibroso, sa; hebroso, sa ▌ FIG enrevesado, da (obscur); pesado, da (ennuyeux).

filant, e *adj* fluente (qui coule) ▌ fugaz; **étoile filante** estrella fugaz.

filanzane *f* silla de manos, palanquín *m* (à Madagascar).

filao *m* BOT casuarina *f* [árbol tropical].

filariose *f* MÉD filariosis.

filasse *f* estopa, hilaza, copo *m* (du lin, du chanvre) ▌ FAM estropajo *m* (viande filandreuse).
◇ *adj inv* rubio de estopa (des cheveux); **cheveux blond filasse** pelo rubio de estopa.

filateur *m* hilador, hilandero.

filature *f* fábrica de hilados, hilandería ▌ hilado *m* (action de filer) ▌ FIG vigilancia de la policía, acción *m* de seguir los pasos ou la pista; **prendre quelqu'un en filature** seguir a alguien ou los pasos de alguien.

fildefériste *m & f* equilibrista; funámbulo, la.

file *f* [▷ SYN] fila, hilera ▌ reata (chevaux, etc.) ▌ MAR hilada ■ **chef de file** guía, jefe de fila ▌ **feu de file** fuego graneado ▌ **file d'attente** cola ■ **à la file** en fila, en hilera ▌ **à la ou en file indienne** en fila india, en caravana ▌ MIL **par file à droite** desfilar a la derecha ■ **prendre la file** ponerse en cola ▌ **se mettre en file** ponerse en fila ▌ AUTOM **stationner en double file** estacionar(se) en doble fila.

▌ SYN rang fila; queue cola; procession procesión.

filé, e *adj* hilado, da ▌ entorchado, da (cordes d'instruments de musique).
➡ **filé** *m* hilado, hilo (fil) ▌ **hilo de oro ou de plata**.

filer [3] *v tr* hilar; **filer la laine** hilar la lana ▌ tejer; **l'araignée file sa toile** la araña teje su tela ▌ estirar, tirar (les métaux) ▌ entorchar (les cordes d'une guitare) ▌ pasar (le temps); **filer des jours heureux** pasar una vida feliz ▌ FAM seguir, seguir los pasos ou la pista, vigilar (suivre une personne) ▌ MAR largar, soltar (laisser glisser); **filer un câble** largar un cable ▌ hacer, marchar, navegar; **filer 12 nœuds** marchar a doce nudos ▌ hacerse una carrera ou una carrerilla en (bas) ▌ FAM dar (donner) ▌ **filer le parfait amour** quererse como tórtolos ▌ **filer un mauvais coton** ir por mal camino.
◇ *v intr* humear, echar humo (une lampe) ▌ ahilarse, formar hilos ou hebras (le vin) ▌ producir, formar hilos (fromage) ▌ fluir, salir lentamente (liquides) ▌ FAM marchar a gran velocidad, ir ou encaminarse rápidamente (aller vite) ▌ pasar rápidamente, pasar volando; **les jours filent** los días pasan volando ▌ gastarse con rapidez, irse de las manos; **l'argent file** el dinero se gasta con rapidez ▌ FIG & FAM largarse, irse (s'en aller) ■ **filer à l'anglaise** despedirse a la francesa ▌ FIG **filer doux** no replicar, someterse.

filet *m* (vx) hilillo, hilito (petit fil) ▌ red *f* (pour pêcher ou chasser) ▌ red *f*, malla *f*; **filet de tennis** red de tenis ▌ redecilla *f* (pour les cheveux ou les bagages) ▌ filete, solomillo (bœuf), lomo (porc) ▌ chorreoncito, poquito (un peu); **un filet de vinaigre** un chorreoncito de vinagre ▌ hilo, hilillo, chorrillo; **filet d'eau** chorrillo de agua ▌ hilo; **filet de lumière** hilo de luz ▌ hilo, hilillo; **un filet de voix** un hilo de voz ▌ ANAT filete (d'un nerf) ▌ frenillo (de la langue) ▌ ARCHIT filete, moldura *f* ▌ BOT filamento (partie de l'étamine) ▌ ÉQUIT bridón, filete ▌ IMPR filete (ornement) ▌ TECHN rosca *f*, filete (d'une vis) ▌ **filet à provisions** redecilla ▌ **filet d'air** soplo de aire ■ **coup de filet** redada ▌ **faux filet** solomillo bajo ■ **tendre un filet** hacer una redada, tender una celada (police) ▌ FIG **tomber dans le filet** caer en la trampa ou en la red.

filetage [filtaʒ] *m* aterrajado, fileteado, roscado (d'une vis) ▌ estirado (du métal) ▌ caza *f* furtiva [con red].

fileté, e *adj* aterrajado, da.

fileter [28] *v tr* aterrajar, filetear, roscar (écrou, vis) ▌ estirar (métal).

fileur, euse *m & f* hilandero, ra; hilador, ra.

filial, e *adj & s f* filial.

filialement *adv* filialmente.

filialiser [3] *v tr* dividir una empresa en filiales.

filiation *f* filiación ▌ FIG filiación, dependencia, ilación (liaison).

filibeg ➡ **philibeg**.

filicinées *f pl* BOT filicíneas.

filière *f* hilera (pour étirer le métal) ▌ terraja (pour fileter les vis) ▌ molde *m* (pour faire des pâtes) ▌ hilera (menuiserie) ▌ trámites *m pl*, tramitación (suite de formalités) ▌ COMM orden de entrega por endoso ▌ ramificaciones *pl*; **remonter la filière** seguir las ramificaciones ▌ ZOOL hilera (des insectes) ■ **suivre la filière** seguir todos los trámites ou reglas (formalités) ▌ **suivre la filière, passer par la filière** seguir el escalafón (profession).

filiforme *adj* filiforme.

filigrane *m* filigrana *f* ▌ FIG **en filigrane** insinuado, solapado.

filigraner [3] *v tr* afiligranar, hacer filigranas.

filin *m* MAR beta *f*, cabo.

filipendule *f* filipéndula (plante).

fille [fij] *f* hija; **la fille du roi** la hija del rey ▌ soltera; **rester fille** quedarse soltera ▌ [▷ SYN] muchacha, chica, niña ▌ mujerzuela, mujer de mala vida (prostituée) ■ **fille à marier** joven casadera ▌ **fille d'auberge, de ferme** moza de posada, de cortijo ▌ **fille de joie, des rues, perdue, publique, soumise** mujer pública, mujer de la vida, ramera ▌ **fille de salle** chica de servicio (hôpital) ▌ **fille de service** criada, moza ▌ **fille mère** madre soltera ■ **belle-fille** nuera, hija política (femme du fils), hijastra (fille de l'un des époux) ▌ **grande fille** chica mayorcita ▌ **jeune fille** muchacha, chica, joven (personne jeune), soltera (célibataire) ▌ **la fille aînée de l'Église** la hija predilecta de la Iglesia, Francia ▌ **les filles de Mémoire** las Musas ▌ **petite fille** niña ▌ **petite-fille** nieta ▌ **vieille fille** solterona ■ **rester vieille fille** quedarse para vestir santos ou imágenes.

▌ SYN jeune fille joven, muchacha, chica, moza; fillette niña, chiquilla; demoiselle señorita; FAM tendron pimpollo; donzelle mocita.

fillér *m* filler (monnaie hongroise).

fillette [fijɛt] *f* niña, chiquilla ▌ FAM media botella.

filleul, e [fijœl] *m & f* ahijado, da.

film *m* película *f*, film, filme, cinta *f* cinematográfica ▌ capa *f* (couche de liquide) ■ **film à épisodes** película en jornadas, de episodios ▌ **film annonce** avance, trailer ▌ **film d'animation** película de animación ▌ **film d'épouvante** película de terror ▌ **film muet** película muda ▌ **film parlant** película sonora ▌ **film publicitaire** película publicitaria ■ **tourner un film** rodar una película.

filmage *m* rodaje, filmación *f* (cinéma).

filmer [3] *v tr* poner una capa protectora de celuloide ou de colodión ▌ filmar, rodar (cinéma).

filmique *adj* cinematográfico, ca.

filmographie *f* historia cinematográfica, filmografía.

filmologie *f* filmología.

filmothèque *f* fichero *m* en microfilm [informática], filmoteca.

filoche *f* redecilla (filet).

filon *m* MIN filón ▌ FAM filón, ganga *f*, chollo (aubaine).

filoselle [filɔzɛl] *f* filadiz *m*.

filou *m* ratero, timador (voleur adroit) ▌ fullero, tramposo (tricheur).

filoutage *m* ratería *f* (vol) ▌ fullería *f*, trampa *f* (tricherie).

filouter [3] *v tr* escamotear, hurtar sutilmente (voler avec adresse) ▌ hacer trampas a (tricher).

filouterie *f* ratería (vol) ▌ fullería (tricherie) ▌ timo *m* (escroquerie).

fils [fis] *m* [▷ SYN] hijo, descendiente; **les fils des Romains** los descendientes de los romanos ▌ hijo, nativo, natural; **les fils d'Espagne** los hijos de España ■ **fils aîné** hijo mayor, primogénito ▌ FAM **fils à papa** señorito, señoritingo ▌ **fils cadet** hijo menor, segundón ▌ **fils de famille** hijo de buena familia, niño bien ▌ **fils puîné** segundogénito ■ **beau-fils** yerno (mari de la fille), hijastro (fils d'un seul des époux) ▌ **petit-fils** nieto ■ FIG **être le fils de ses œuvres** deber el triunfo en la vida a sí mismo.

▌ OBSERV ➡ **cadet**.

▌ SYN enfant niño; garçon niño, varón, muchacho; rejeton retoño, vástago; petit chiquillo, pequeño; FAM fiston hijito.

filtrage *m* filtración *f*, filtrado.

filtrant, e *adj* filtrante.

filtrat [filtra] *m* líquido filtrado, resultado de una filtración.

filtration *f* filtración.

filtre *m* filtro ▌ filtre à café maquinilla para hacer café, filtro.

filtré, e *adj* filtrado, da.

filtre-presse *m* filtro prensa.
▪ OBSERV pl filtres-presses.

filtrer [3] *v tr* filtrar ▌ controlar; filtrer l'accès d'une salle controlar la entrada a una sala.
◇ *v intr* filtrarse, penetrar.

fin *f* fin *m*, final *m*; la fin d'un livre el fin de un libro ▌ fin *m*, término *m*; toucher à sa fin acercarse a su fin ▌ fin *m*, objeto *m*, objetivo *m*; en venir à ses fins conseguir sus fines ▌ final *m* (mort) ■ fin courant, fin octobre a fines del corriente, de octubre ▌ fin de section fin de un sector en el recorrido de un autobús (ligne d'autobus) ▌ DR fin de non-recevoir inadmisibilidad, desestimación de una demanda, rechazo categórico ■ chaîne sans fin cadena sin fin ▌ chômeur en fin de droits parado al final de las prestaciones de desempleo ▌ la fin des fins ou de tout el acabóse ▌ ECCLÉS les fins dernières las postrimerías ▌ mot de la fin última palabra ■ à bonne fin con buen fin ▌ à cette fin para este fin, con este fin ▌ afin de a fin de, con objeto de ▌ à la fin al fin, al fin y al cabo ▌ à la fin du mois a fines de mes ▌ à seule fin de con el único fin de ▌ à toutes fins utiles para todos los efectos, por si hace falta ▌ en fin de compte en resumidas cuentas, al fin y al cabo ▌ jusqu'à la fin hasta el final ■ arriver à ses fins conseguir sus fines ▌ être sur sa fin estar a punto de acabarse (se terminer), estar en las últimas (à l'agonie) ▌ faire une bonne fin morir cristianamente ▌ FAM faire une fin sentar la cabeza, cambiar de vida (changer de vie), casarse (se marier) ▌ la fin couronne l'œuvre el fin corona la obra ▌ la fin justifie les moyens el fin justifica los medios ▌ mener à bonne fin llevar a buen término ▌ (vx) mettre à fin llevar a cabo ▌ mettre fin dar fin, poner fin, poner punto final, cerrar ▌ prendre fin acabarse, finalizarse ▌ qui veut la fin veut les moyens para conseguir un resultado no hay que escatimar los esfuerzos ▌ tirer à sa fin estar acabándose.

fin *m* fino, finura *f* ▌ ropa *f* fina (linge fin) ■ le fin des choses lo más fino de todo ▌ le fin du fin lo mejor de lo mejor.

fin, e *adj* fino, na ▌ buen, hábil; un fin renard un buen zorro ■ fines herbes hierbas finas ▌ fin mot quid, motivo secreto ▌ la fine fleur la flor y nata ▌ le fin mot de l'histoire el porqué de las cosas ▌ lingerie fine lencería fina ▌ nez fin olfato ▌ or fin oro de ley ▌ pierres fines piedras finas ou semipreciosas ▌ un fin gourmet alguien de buen paladar, un gastrónomo ▌ un fin tireur un tirador de primera ▌ vin fin vino generoso ■ avoir l'ouïe fine tener buen oído ▌ c'est fin! ¡qué tontería!, ¡qué vivo! IRON ▌ jouer au plus fin dárselas de enterado, dárselas de listo.
◆ **fin** *adv* finamente; écrire fin escribir finamente ■ fin soûl borracho perdido ■ être fin prêt estar listo ou dispuesto ou preparado.

finage *m* término, límite de un municipio.

final, e *adj & s* final ■ SPORTS demi-finale semifinal ▌ huitièmes, seizièmes de finale octa-

vos, dieciseisavos de final ▌ quarts de finale cuartos de final.

finalement *adv* finalmente.

finaliser [3] *v tr* dar una finalidad a ▌ finalizar, ultimar.

finaliste *adj & s* finalista.

finalité *f* finalidad.

finance *f* banca, mundo *m* financiero ▌ moyennant finance mediante dinero, con dinero ▌ entrer dans la finance dedicarse a financiero.
◆ **finances** *f pl* dinero *m sing*, fondos *m* (argent que l'on a) ▌ hacienda *sing* ▌ (*Amér*) finanzas]; ministère des Finances Ministerio de Hacienda ▌ hacienda pública, erario *m*, finanzas (gallicisme) ■ loi de finances ley de presupuestos.

financement *m* financiación *f*, financiamiento (gallicisme très employé), costeo.

financer [16] *v tr & intr* financiar, costear, sufragar.

financier, ère *adj & s m* financiero, ra; hacendista ▌ marché financier mercado de capitales ou financiero
◆ **financier** *m* financiero [pastel de polvos de almendra].

financière *adj f* CULIN con guarnición de champiñones, trufas y mollejas.
◇ *f* CULIN guarnición a base de champiñones, trufas y mollejas.

financièrement *adv* en términos financieros, económicamente.

finasser [3] *v intr* FAM trapacear, trampear (user de subterfuges).

finasserie *f* FAM trapacería, sutileza, triquiñuela.

finasseur, euse; finassier, ère *m & f* trapacero, ra; trapalón, ona.

finaud, e [fino, od] *adj & s* ladino, na; astuto, ta.

finauderie *f* astucia, sagacidad.

fine *f* aguardiente *m* fino (eau-de-vie fine) ▌ fine champagne coñac (cognac).

finement *adv* finamente (délicatement) ▌ hábilmente (adroitement) ▌ sutilmente (subtilement).

fines [fin] *f pl* hulla menuda.

finesse *f* tenuidad, delgadez, finura (qualité de ce qui est fin) ▌ fineza, finura (élégance) ▌ ARTS delicadeza ▌ FIG sutileza, agudeza (subtilité) ▌ esbeltez, elegancia (de la taille) ▌ agudeza (de l'ouïe) ▌ ardid *m* triquiñuela (ruse).

finette *f* muletón *m*, fineta (tissu).

fini, e *adj* acabado, da; terminado, da; concluido, da (achevé) ▌ finito, ta; limitado, da (limité) ▌ perfecto, ta; acabado, da (parfait) ▌ rematado, da; consumado, da; un fripon fini un bribón rematado ▌ FIG acabado, da; arruinado, da; perdido, da (usé physiquement ou moralement).
◆ **fini** *m* remate, último toque, acabado (dernière main) ▌ perfección *f*, acabamiento (perfection) ▌ lo finito, lo limitado; le fini et l'infini lo finito y lo infinito.

finir [32] *v tr* [▷ SYN] acabar (achever) ▌ finalizar (mettre un terme) ▌ perfeccionar, dar la última mano (mettre la dernière main) ▌ tout est bien qui finit bien acabó por arreglarse.

◇ *v intr* acabar; ce clocher finit en pointe este campanario acaba en punta ▌ terminar su vida, morir ▌ à n'en plus finir de nunca acabar, interminable ▌ c'est bientôt fini? ¿acabarás de una vez? (reproche) ▌ en finir acabar de una vez ▌ finir en beauté tener un final muy decoroso, terminar lucidamente ou brillantemente ▌ finir par faire quelque chose acabar haciendo algo ▌ il va mal finir va a acabar mal ▌ ne pas en finir no terminar nunca.
▌ SYN terminer terminar; conclure concluir; consommer consumar; achever acabar.

finish [finiʃ] *m* SPORTS sprint final, esfuerzo final.

finissage *m* última mano *f*, acabado, remate.

finissant, e *adj* que se acaba, que toca a su fin.

finisseur, euse *m & f* persona que da la última mano ou el último toque.
◆ **finisseur** *m* TECHN acabadora.

Finistère *n pr m* GÉOGR le Finistère Finistère.

Finisterre *n pr m* GÉOGR le cap Finisterre el cabo Finisterre.

finition *f* fin *m*, última mano, último toque *m*, acabado *m*.

finitude *f* PHILOS finitud.

finlandais, e *adj* finlandés, esa.
◆ **finlandais** *m* LING finlandés.

Finlandais, e *m & f* finlandés, esa.

Finlande *n pr f* GÉOGR la Finlande Finlandia.

Finn® *m* finn, velero monoplaza.

finnois, e *adj* finés, esa; finlandés, esa.
◆ **finnois** *m* LING finés.

Finnois, e *m & f* finés, esa.

finno-ougrien, enne *adj* ugrofinés, esa; finougrio, a ▌ langues finno-ougriennes lenguas ugrofinesas ou finougrias.
▪ OBSERV pl finno-ougriens, finno-ougriennes.

FINUL; Finul (abr de Forces intérimaires des nations unies au Liban) *f* FINUL.

fiole *f* frasco *m*, botella pequeña.

fion *m* FAM último toque, aspecto final de una cosa.

Fionie *n pr f* GÉOGR la Fionie Fionia.

fioriture *f* floreo *m*, adorno *m*, floritura.

fioul; fuel *m* aceite pesado, fuel, fueloil.

FIP (abr de France Inter Paris) *f* cadena de radio musical parisiense.

firmament *m* firmamento.

firman *m* firmán (ordre du sultan).

firme *f* firma, razón social.

Firmin *n pr* Fermín.

FIS (abr de Front islamique de Salut) *m* FIS; le FIS el FIS.

fisc *m* fisco, tesoro público, erario.

fiscal, e *adj* fiscal ▌ impositivo, va; tributario, ria; échelle fiscale progresividad impositiva.
▪ OBSERV 1. Fiscal no es nunca sustantivo en francés.
2. Le mot fiscal est également substantif en espagnol, et a le sens de "procureur".

fiscalement *adv* desde un punto de vista impositivo ou tributario.

fiscalisation *f* imposición.

fiscaliser [3] *v tr* sujetar al pago de impuestos.

fiscalité *f* sistema *m* de contribuciones, régimen *m* tributario, tributación, fiscalidad.

fish-eye *m* PHOT ojo de pez.
■ OBSERV pl fish-eyes.

fissile; fissible *adj* fisible, físil, fisionable, escindible ‖ matière fissile materia fisionable ou escindible.

fission *f* PHYS fisión, escisión, ruptura ‖ NUCL énergie de fission energía de fisión ‖ fission de l'atome fisión del átomo ‖ fission nucléaire fisión nuclear ‖ produit de fission producto de fisión.

fissuration *f* fisura.

fissure *f* grieta, hendidura, raja ‖ FIG fisura, ruptura, fallo *m* ‖ MÉD & MIN fisura.

fissurer [3] *v tr* agrietar, hender.
➡ **se fissurer** *v pr* agrietarse.

fiston *m* FAM hijito.

fistulaire *adj* fistular.

fistule *f* fístula ‖ fistule lacrymale rija, fístula lacrimal.

fistuleux, euse *adj* fistuloso, sa.

fistuline *f* fistulina, lengua de buey (champignon).

FIV (abr de fécondation in vitro) *f* FIV.

five-o'clock [fajvɔklɔk] *m* té de las cinco.

FIVETE; Fivete (abr de fécondation in vitro et transfert embryonnaire) *f* fecundación in vitro y transferencia embrionaria; une FIVETE un niño probeta.

fixable [fiksabl] *adj* fijable.

fixage *m* fijación *f*, fijado ‖ PHOT fijado.

fixateur, trice *adj & s m* fijador, ra.

fixatif, ive *adj* fijativo, va; fijador, ra.
➡ **fixatif** *m* ARTS fijador.

fixation *f* fijación ‖ atadura (des skis).

fixe *adj* fijo, ja ‖ à heure fixe a una hora determinada, a la misma hora ‖ menu à prix fixe menú a precio fijo.
◇ *m* sueldo fijo.
➡ **fixe!** *interj* MIL ¡firmes!

fixé, e *adj* fijado, da ‖ être fixé estar decidido ‖ être fixé (sur) saber a qué atenerse (con respecto a).
➡ **fixé** *m* miniatura *f* al óleo sobre un cristal.

fixement *adv* fijamente ‖ regarder fixement mirar fijamente, fijar la vista.

fixer [3] *v tr* fijar, hincar (rendre fixe) ‖ fijar, volver inalterable (photographie) ‖ fijar, dirigir la mirada (diriger ses regards) ‖ mirar de hito en hito, mirar fijamente (regarder fixement); fixer quelqu'un mirar de hito en hito a alguien ‖ fijar, quedar para (un jour, une heure) ‖ fijar, establecer; fixer sa résidence fijar su residencia, fijar un prix fijar un precio ‖ atraer, captar; fixer l'attention de quelqu'un captar la atención de alguien ‖ asentar, hacer estable (rendre constant); fixer une personne légère asentar a una persona ligera ■ fixer son choix escoger, elegir ‖ fixer un rendez-vous fijar una cita ■ être fixé saber; je ne suis pas fixé sur la décision que je vais prendre no sé qué decisión voy a tomar; saber a qué atenerse; maintenant je suis fixé

quant à lui ahora ya sé a qué atenerme con respecto a él.
➡ **se fixer** *v pr* establecerse, fijarse, radicarse; il s'est fixé en France se ha establecido en Francia.

fixité *f* fijeza, firmeza.

fjord [fjɔrd] *m* fiord, fiordo.

FJT (abr de foyer de jeunes travailleurs) *m* residencia para jóvenes trabajadores.

fl (abr écrite de fleuve) r.

FL (abr écrite de florin) FL.

fla *m inv* redoble del tambor.

flac! *interj* ¡zas! (onomatopée du bruit d'un choc) ¡plaf! (bruit de l'eau qui tombe).

flaccidité [flaksidite] *f* flacidez, flaccidez.

flache *f* bache *m* (inégalité dans le pavage) ‖ mella de un tronco descortezado (défaut d'une pièce de bois) ‖ fisura, grieta (fissure d'une roche) ‖ charca (mare).

flacherie [flaʃri] *f* enfermedad de los gusanos de seda.

flacheux, euse *adj* defectuoso, sa; que tiene mellas.

flacon *m* frasco ‖ flacon vaporisateur vaporizador.

flaconnage *m* conjunto de frascos.

fla-fla *m* FAM lujo, ostentación *f*, farolería *f* (ostentation) ‖ efectismo (en peinture) ‖ FAM faire du fla-fla ou des fla-flas darse pisto, farolear.
■ OBSERV pl fla-flas.

flagellant *adj & s* flagelante.

flagellateur, trice *m & f* flagelador, ra; flagelante.

flagellation *f* flagelación.

flagelle; flagellum *m* flagelo (filament mobile).

flagellé, e *adj & s m* ANAT & ZOOL flagelado, da.

flageller [4] *v tr* flagelar.

flagellum ➡ **flagelle.**

flageolant, e *adj* que flaquea, temblón, ona.

flageoler [3] [flaʒɔle] *v intr* flaquear, temblar (les jambes) ‖ flaquearle a uno las piernas (une personne).

flageolet [flaʒɔlɛ] *m* frijol, habichuela *f* verdosa, judía *f* pocha (haricot) ‖ MUS chirimía *f* flautín.

flagorner [3] *v tr* adular servilmente.

flagornerie *f* adulación servil.

flagorneur, euse *adj & s* adulón, ona; zalamero, ra.

flagrance *f* flagrancia.

flagrant, e *adj* flagrante ‖ en flagrant délit en flagrante delito, en flagrante, in fraganti ‖ DR procédure des flagrants délits procedimiento in fraganti ou infraganti.

flair *m* olfato, viento (odorat du chien) ‖ olfato (odorat) ‖ FIG & FAM buen olfato, buena vista *f*; avoir du flair tener buen olfato.

flairer [4] *v tr* olfatear, husmear ‖ FIG presentir, prever; flairer un danger presentir un peligro.

flaireur, euse *m & f* husmeador, ra.

flamand, e [flamã, ãd] *adj* flamenco, ca (de la Flandre).
➡ **flamand** *m* LING flamenco.

Flamand, e *m & f* flamenco, ca.

flamant [flamã] *m* flamenco (oiseau).

flambage *m* flameado, acción de pasar por el fuego ‖ TECHN deformación *f* lateral de las piezas trabajadas por compresión.

flambant, e *adj* llameante ‖ BLAS flamante ‖ FIG flamante ‖ flambant neuf flamante.

flambard, e [flãbar, ard]; **flambart** [flãbar] *adj & s* FIG & FAM fanfarrón, ona.

flambe *f* espada de hoja ondulada ‖ BOT lirio *m*.

flambé, e *adj* CULIN flameado, da.

flambeau *m* antorcha *f*, hacha *f* (torche); retraite aux flambeaux desfile con antorchas ‖ candelero, candelabro (chandelier) ‖ FIG antorcha *f*; le flambeau de la science la antorcha de la ciencia ‖ le flambeau de la nuit, du jour la Luna, el Sol.

flambée *f* fogarada, candela (feu de menu bois) ‖ FIG llamarada ■ ÉCON la flambée des prix el alza súbita de los precios ‖ la flambée du dollar el alza repentina del dólar.

flambement *m* llamarada *f*.

flamber [3] *v tr* soflamar, chamuscar (passer à la flamme) ‖ CULIN flamear; bananes flambées plátanos flameados ‖ FIG & FAM malgastar, quemar, tirar (gaspiller l'argent) ‖ MÉD flamear (les instruments) ‖ FIG être flambé estar perdido, arruinado.

flamberge *f* tizona, espada (épée) ‖ mettre flamberge au vent desenvainar la espada.

flambeur, euse *m & f* FAM tío, tía que se juega las pestañas.

flamboiement [flãbwamã] *m* brillo, resplandor.

flamboyant, e [flãbwajã, ãt] *adj* resplandeciente, brillante ‖ flameante (qui jette des flammes) ‖ arrebolado, da (nuages) ‖ ARCHIT flamígero, ra; florido, da; gothique flamboyant gótico flamígero.
➡ **flamboyant** *m* BOT ceibo, seibo, framboyán (arbre).

flamboyer [13] [flãbwaje] *v intr* llamear (jeter des flammes) ‖ FIG llamear, resplandecer.
■ SYN resplendir resplandecer; rutiler rutilar.

flamenco, ca *adj & s* flamenco, ca.

flamiche *f* CULIN tarta de puerros.

flamine *m* HIST flamen.

flamingant, e *adj* flamenco, ca.
◇ *m & f* nacionalista flamenco.

Flaminius [flaminjys] *n pr* Flaminio.

flamme *f* llama (feu) ‖ FIG ardor *m*, pasión; déclarer sa flamme declarar su pasión ‖ MAR grímpola, gallardete *m*, banderín *m* (pavillon) ‖ VÉTÉR fleme *m*, lanceta.
➡ **flammes** *f pl* fuego *m sing*; livrer aux flammes condenar al fuego; les flammes éternelles el fuego eterno.

flammé, e *adj* flameado, da (grès).

flammèche *f* pavesa.

flammerole *f* fuego *m* fatuo.

flan [flã] *m* flan (gâteau) ‖ IMPR molde de cartón ‖ TECHN cospel (monnaies) ■ FAM (vieilli) à la flan a la buena de Dios; faire une chose à

la flan hacer una cosa a la buena de Dios ▌rester comme deux ronds de flan quedarse patidifuso ▌une histoire à la flan un camelo.

flanc [flɑ̃] *m* costado (partie du corps) ▌flanco, costado (d'une chose) ▌ijada *f*, ijar (animal) ▌ladera *f*, falda *f*, pendiente *f* (d'une montagne); **à flanc de colline** por la ladera de la colina ▌BLAS & MIL flanco ▌POÉT seno; **le flanc maternel** el seno materno ■ FAM **être sur le flanc** estar encamado (alité), estar rendido (exténué) ▌prêter le flanc presentar blanco (à un adversaire), dar pie, dar pábulo, dar lugar (donner prise) ▌FIG **se battre les flancs** echar los bofes por nada ▌FAM **tirer au flanc** escurrir el bulto.

flanc-garde [flɑ̃gard] *f* MIL guardia de los flancos, flanqueador. ▌ OBSERV pl flancs-gardes.

flancher [3] *v intr* FAM flaquear, ceder.

flanchet [flɑ̃ʃɛ] *m* delgado, falda *f* (boucherie).

flanchis *m* BLAS flanquís.

flanconade *f* cornada, ataque *m* de cuarta al flanco (escrime).

Flandre; Flandres *n pr f* ou *f pl* GÉOGR les Flandres Flandes.

flandrin, e *adj* flamenco, ca [de Flandes]. ➤ **flandrin** *m* FAM larguirucho, cangallo.

flanelle *f* franela.

flâner [3] *v intr* [▷ SYN] vagar, callejear ▌gandulear, perder el tiempo, matar el tiempo (perdre son temps). ▌ SYN muser, musarder vaguear; badauder curiosear.

flânerie [flɑnri] *f* callejeo *m*.

flâneur, euse *adj* & *s* azotacalles, callejero, ra; paseante ocioso, mirón, ona. ▌ SYN badaud curioso, papanatas, mirón; bayeur bausán.

flanquement [flɑ̃kmɑ̃] *m* MIL flanqueo.

flanquer [3] *v tr* flanquear ▌estar al lado, rodear (entourer) ▌FAM echar; **flanquer à la porte** echar a la calle ▌tirar; **flanquer par terre** tirar al suelo ▌dar, meter; **flanquer la frousse à quelqu'un** meter miedo ou darle mieditis a alguien ▌MIL apoyar, sostener (appuyer) ▌FAM soltar, largar; **flanquer un coup de pied** soltar un puntapié ▌FAM **se flanquer par terre** dar un guarrazo (tomber).

flapi, e *adj* FAM reventado, da.

flaque *f* charco *m*.

flash [flaʃ] *m* flash (information concise transmise en priorité) ▌flash (cinéma) ▌fogonazo; **les flashes de l'actualité** los fogonazos de la actualidad ▌PHOT flash, luz *f* relámpago. ▌ OBSERV pl flashs ou flashes.

flash-back *m inv* flash-back ▌**faire un flash-back** volver hacia atrás.

flasher [3] *v intr* FAM flasher sur qqch/sur qqn flipar con algo/con alguien; **faire flasher qqn** alucinar a alguien.

flasque *adj* [▷ SYN] fofo, fa; flojo, ja; lacio, cia; fláccido, da ▌FIG sin vigor; insulso, sa (style). ➤ *m* brazo (d'une manivelle) ▌malla *f*, brida *f* (d'une chaîne) ▌AUTOM disco (d'une roue) ▌MIL gualdera *f* (canons) ▌MAR flasques de mât cacholas. ➤ *f* frasco *m*, cebador *m* (de poudre) ▌cantimplora (gourde).

▌ SYN mou blando; mollasse flojo; spongieux esponjoso; FAM cotonneux algodonoso.

flatter [3] *v tr* [▷ SYN 1] halagar, adular (louer) ▌acariciar, pasar la mano (caresser) ▌causar satisfacción, agradar, deleitar (affecter agréablement) ▌favorecer, embellecer (embellir); **flatter un portrait** favorecer un retrato ▌flatter quelqu'un d'un espoir hacerle a uno concebir una esperanza. ➤ **se flatter** *v pr* [▷ SYN 2] jactarse, preciarse. ▌ SYN 1. caresser acariciar; FAM cajoler, câliner mimar; amadouer ablandar, engatusar; louanger lisonjear; encenser incensar; aduler adular; flagorner adular servilmente; FAM (vieilli) peloter hacer la pelotilla; faire du plat dar la coba; vanter alabar, ensalzar; bouchonner mimar, acariciar (los niños). 2. se glorifier glorificarse; se prévaloir prevalerse; se targuer jactarse, hacer alarde; se vanter alabarse, vanagloriarse.

flatterie *f* halago *m*, lisonja, adulación ▌caricia (caresse).

flatteur, euse *adj* halagüeño, ña; lisonjero, ra. ➤ *m* & *f* adulador, ra; lisonjero, ra; halagador, ra; zalamero, ra.

flatteusement *adv* lisonjeramente.

flatulence *f* MÉD flatulencia.

flatulent, e *adj* flatulento, ta.

flatuosité *f* flato *m* flatuosidad.

flavescent, e *adj* flavescente; amarillento, ta (jaunâtre).

Flavien *n pr* Flaviano.

Flavius [flavjys] *n pr* Flavio.

FLB *adj inv* & *adv* (abr de franco long du bord) FAS. ➤ *m* (abr de Front de libération de la Bretagne) frente de liberación de Bretaña.

FLE (abr de français langue étrangère) *m* francés LE.

fléau [fleo] *m* AGRIC mayal ▌FIG azote, plaga *f*; **les fourmis sont un fléau** las hormigas son una plaga ▌calamidad *f*, peste *f*; **cet homme est un fléau** este hombre es una peste ▌TECHN astil (d'une balance) ▌aguilón (d'une grue) ▌barra *f* (pour fermer une porte) ▌**fléau d'armes** mangual (arme ancienne).

fléchage *m* señalización *f* mediante flechas.

flèche *f* [▷ SYN] flecha, saeta ▌fiel *m* (balance) ▌aguilón *m*, brazo *m*, pluma (d'une grue) ▌AGRIC guía (d'un arbre) ▌ARCHIT aguja (de clocher) ▌GÉOM sagita ▌MAR espiga (d'un bas-mât) ▌MÉCAN desviación, torcedura (d'une pièce) ▌TECHN lanza, cama (d'une charrue) ▌mástil *m* de cureña (d'un affût) ▌**flèche de lard** témpano, lonja de tocino ■ **attelage en flèche** enganche de reata ▌**faire flèche de tout bois** no reparar en medios ▌**filer ou partir comme une flèche** salir disparado ou como una flecha ou como una bala ■ **monter en flèche** subir rápidamente. ▌ SYN javelot jabalina, venablo; dard dardo; trait saeta; javeline jabalina; sagaie, zagaie azagaya (vx).

flécher [18] *v tr* señalar mediante flechas.

fléchette *f* flechilla.

fléchir [32] *v tr* doblar, doblegar (ployer); **fléchir le genou** doblar la rodilla ▌FIG ablandar,

conmover (attendrir); **fléchir ses juges** ablandar a sus jueces. ➤ *v intr* [▷ SYN] doblarse, doblegarse ▌flaquear, ceder (lâcher pied) ▌bajar, descender, disminuir; **les prix ont fléchi** los precios han bajado ▌FIG someterse (se soumettre). ▌ SYN céder ceder; plier plegarse, allanarse, avenirse; succomber sucumbir.

fléchissement [fleʃismɑ̃] *m* doblegamiento ▌flexión *f* (flexion) ▌sumisión *f* (soumission) ▌baja *f* (des prix) ▌repliegue (repli).

fléchisseur, euse *adj* & *s m* ANAT flexor, ra.

flegmatique *adj* flemático, ca; calmoso, sa.

flegmatiquement [flɛgmatikmɑ̃] *adv* de modo flemático.

flegme *m* flema *f*.

flegmon ➤ **phlegmon**.

flemmard, e [flemar, ard] *adj* & *s* FAM gandul, la; vago, ga.

flemmarder [3] *v intr* FAM vaguear, holgazanear.

flemme *f* FAM flojera, galbana, gandulería, pereza ▌**avoir la flemme de faire quelque chose** darle a uno flojera ou pereza hacer algo ▌**tirer sa flemme** no dar golpe, no hacer nada.

fléole; phléole *f* BOT fleo *m* (plante).

flet [flɛ] *m* fleso (poisson).

flétan *m* ZOOL especie *f* de rodaballo.

flétrir [32] *v tr* marchitar, ajar (les fleurs, le teint) ▌quitar la frescura, el color, el brillo (la fraîcheur, la couleur, l'éclat) ▌(ancien) marcar (a los criminales) con un hierro candente ▌FIG mancillar, manchar, infamar (la réputation) ▌debilitar, alterar (affaiblir) ▌condenar, reprobar.

flétrissement *m* ajamiento.

flétrissure *f* marchitez, ajamiento *m* (des fleurs, des plantes, du teint) ▌FIG mancha, deshonra, mancilla (atteinte à l'honneur).

fleur *f* BOT flor ▌FIG flor; **la fleur de la jeunesse** la flor de la juventud ▌flor, brillo *m* (éclat), frescura (fraîcheur) ■ **fleur de farine** harina de flor ▌**fleur de la Passion** pasiflora ▌**fleur de lis** flor de lis ▌**fleur d'oranger** azahar ▌**folles fleurs** candelas (du châtaignier) ▌FAM **la fine fleur** ou **la fleur de pois** la flor y nata ▌**la fleur de l'âge** la flor de la edad ▌**les quatre-fleurs** flores cordiales (pharmacie) ▌**les yeux à fleur de tête** los ojos saltones ▌**tissu à fleurs** tela estampada con flores ■ **à fleur de** a flor de ▌**à fleur d'eau** a flor de agua ▌**en fleur, en fleurs** en flor ▌**ni fleurs ni couronnes** no se admiten flores ni coronas ■ **être fleur bleue** ser sentimental ou romántico ▌**faire une fleur à quelqu'un** hacer un favor a alguien ▌FAM **jeter des fleurs** echar flores. ▌ OBSERV En la expresión en fleur, la palabra fleur toma la forma del plural sólo si se trata de diversas variedades de flores (un jardin en fleurs).

fleurage *m* moyuelo, salvado (résidu du gruau) ▌combinación *f* de flores, floreado.

fleuraison [flœrɛzɔ̃] *f* BOT floración, florescencia.

fleurant, e *adj* fragante, perfumado, da.

fleurdelisé, e *adj* flordelisado, da; ornado, da con flores de lis.

fleurdeliser [3] *v tr* BLAS flordelisar.

fleurer [5] *v tr* oler, despedir olor; **un drap qui fleure bon la lavande** una sábana que huele a lavanda.

fleuret [flœrɛ] *m* florete (escrime); **fleuret démoucheté** florete sin botón ‖ taladro, barreno (outil pour percer) ‖ florete (tissu).

fleurette *f* florecilla ‖ CULIN **crème fleurette** nata ligera ‖ FIG **conter fleurette** requebrar, galantear.

fleuri, e *adj* florido, da; florecido, da ■ **Pâques fleuries** Pascua florida ‖ FIG **style fleuri** estilo florido ‖ **teint fleuri** buen color.

fleurir [32] *v intr* florecer ‖ FIG prosperar, estar floreciente.
◇ *v tr* florear, adornar con flores (orner de fleurs).
➡ **se fleurir** *v pr* adornarse con flores.
‖ OBSERV El verbo francés *fleurir*, en el sentido propio de echar flores, es regular. En su sentido figurado de prosperar, hace en el part. pres. *florissant* y en el imperf. de indic. *florissais*, etc., que pertenecen al verbo p. us. *florir* florecer.

fleurissant, e *adj* floreciente; florido, da (couvert de fleurs).

fleuriste *m & f* floricultor, ra (jardinier) ‖ florista (marchand).

fleuron *m* florón (ornement) ‖ BOT flósculo ‖ FIG florón ‖ IMPR viñeta *f*, adorno (typographie).

fleuronner [3] *v tr & intr* adornar con florones ‖ BOT brotar flósculos ‖ IMPR poner viñetas.

fleuve [flœv] *m* río; **fleuve côtier** río costanero ■ **le fleuve de la vie** el curso de la vida ‖ **roman fleuve** novelón, "novela río".
‖ OBSERV En francés se reserva el nombre de *fleuve* para los ríos que desembocan en el mar y el de *rivière* a los que son afluentes de otros ríos.

flexibilité *f* flexibilidad.

flexible *adj & s m* flexible.

flexion *f* flexión.

flexionnel, elle *adj* GRAMM flexional.

flexueux, euse *adj* flexuoso, sa; ondulado, da.

flexuosité *f* flexuosidad.

flexure *f* GÉOL pliegue *m* monoclinal.

flibuste *f* filibusterismo *m*.

flibuster [3] *v intr* piratear, robar en el mar.
◇ *v tr* FAM hurtar, robar (voler).

flibusterie *f* filibusterismo *m*.

flibustier *m* filibustero (pirate) ‖ ladrón, bandido (voleur).

flic *m* FAM poli, polizonte.

flic flac *onomatopée* ¡zis, zas! ‖ ¡paf! (gifles) ‖ ¡tris, tras! (fouet) ‖ ¡tac, tac! (sabots d'un cheval).

flingot; flingue *m* FAM (vx) chopo (fusil), pistolón (pistolet).

flinguer [3] *v tr* FAM matar a tiros.

flint-glass; flint [flintglas] *m* flint-glass, flintglas.
■ OBSERV pl flint-glasses.

flipot [flipo] *m* chapa *f*, remiendo, tapa *f* (pour cacher une fente dans le bois).

flippant, e *adj* FAM acojonante, que acojona.

flipper [flipœr] *m* billar automático, flipper.

flipper [3] *v intr* FAM estar hecho polvo, estar como una moto ‖ FAM tener el mono [drogadictos].

fliquer [3] *v tr* FAM vigilar, espiar.

flirt [flœrt] *m* flirteo, coqueteo, flirt ‖ FAM pretendiente, cortejador (amoureux).

flirter [3] [flœrte] *v intr* flirtear, coquetear.

flirteur, euse [flœrtœr, øz] *adj & s* coqueto, ta; galanteador, ra.

FLN (abr de Front de libération nationale) *m* FLN.

FLNC (abr de Front de libération nationale corse) *m* movimiento independentista corso.

FLNKS (abr de Front de libération nationale kanak et socialiste) *m* movimiento independentista de los canacos en Nueva Caledonia.

floc! *interj* ¡plaf!

flocage *m* flocking [aplicación de fibras sobre un soporte adhesivo] (textile).

floche *adj* aterciopelado, da (velouté) ■ **quinte floche** escalera de color (poker) ‖ **soie floche** seda floja.
◇ *f* borlita (houppette).
◇ *m* escalera *f* de color (poker).

flocon *m* copo (de neige, de coton, d'avoine) ‖ vedija *f*, vellón (de laine) ‖ mechón (de chanvre).

floconner [3] *v intr* formarse copos.

floconneux, euse *adj* coposo, sa; en copos ‖ vedijoso, sa (laine).

floculant *m* CHIM agente de floculación, floculante.

floculation *f* CHIM precipitado *m* en forma de copos, floculación.

floculer [3] *v intr* CHIM precipitarse en forma de copos, flocular.

flonflon *m* FAM estribillo (refrain) ‖ chinchín, tachín tachín (air trivial) ‖ **les flonflons de la fanfare** el chinchín de la banda.

flop *m* FAM fracaso, chasco ‖ **faire un flop** ser un fiasco, fracasar.

flopée *f* FAM cáfila, caterva, enjambre *m*, porrada; **une flopée de** una porrada de, un enjambre de ‖ **il en arrive des flopées** llegan a manadas.

floraison *f* florescencia, floración.

floral, e *adj* floral; **jeux floraux** juegos florales.

floralies [flɔrali] *f pl* floralias.

flore *f* flora ‖ MÉD **flore intestinale** flora intestinal ‖ **flore microbienne** ou **bactérienne** flora microbiana ou bacteriana.

Flore *n pr* Flora.

floréal *m* HIST floreal.

florence *f* florencia, especie de tafetán ‖ sedal *m*, hilo *m* de pescar (pêche).

Florence *n pr f* Florencia.

Florent *n pr* Florencio.

florentin, e *adj* florentino, na.

Florentin, e *m & f* florentino, na.

florès [flɔrɛs]
➡ **faire florès** *loc verbale* FAM tener gran éxito, brillar en sociedad, estar en boga.

floricole *adj* florícola.

floriculture *f* floricultura.

Floride *n pr f* GÉOGR **la Floride** Florida.

floridées *f pl* BOT florídeas (algues).

florifère *adj* florífero, ra.

florilège *m* florilegio.

florin *m* florín (monnaie).

florissant, e *adj* floreciente ‖ resplandeciente; **mine florissante** cara resplandeciente ‖ **avoir une santé florissante** estar rebosante de salud.

flot [flo] *m* [▷ SYN] ola *f*, oleada *f* ‖ marea *f* ascendente, flujo (marée montante) ‖ FIG mar; **un flot de sang, de larmes** un mar de sangre, de lágrimas ‖ raudal, cantidad *f* grande, chorro; **des flots de lumière** raudales de luz ‖ multitud *f*, tropel, afluencia *f*; **des flots d'auditeurs** multitud de oyentes ‖ **les flots** el mar, la mar POÉT ‖ **à flot** a flote; **remettre à flot** sacar a flote; **se remettre à flot** ponerse a flote ‖ **à flots** a mares, a raudales, a torrentes; **couler à flots** correr a mares; **entrer à flots** entrar a raudales.
‖ SYN **lame** ola; **onde** onda; **vague** ola; **flux** flujo; **houle** marejada, mareta; **reflux** reflujo; **ressac** resaca; **mouton** cabrilla, borrego.

flot ➡ **flottage**.

flottabilité *f* flotabilidad.

flottable *adj* flotable.

flottage; flot *m* armadía *f*, transporte de madera flotante.

flottaison *f* MAR flotación; **ligne de flottaison** línea de flotación.

flottant, e *adj* flottante ‖ con vuelo; **robe flottante** vestido con vuelo ‖ flanqueante, poco firme (chancelant) ‖ FIG fluctuante; indeciso, sa (irrésolu) ‖ flotante (monnaies) ‖ **dette flottante** deuda flotante.

flottard [flɔtar] *m* ARG SCOL aspirante a la Escuela Naval francesa.

flottation *f* MIN flotación.

flotte *f* flota; **flotte aérienne** flota aérea ‖ veleta, corcho *m* (pêche) ‖ MAR flota, armada (ensemble de bateaux) ‖ boya, baliza (bouée) ‖ FAM agua (eau), lluvia (pluie).

flottement *m* flotación *f*, flotamiento ‖ FIG fluctuación *f*, vacilación *f* (hésitation) ‖ flotación *f* (monnaies).

flotter [3] *v intr* flotar (sur un liquide) ‖ flotar, ondear (dans les airs) ‖ FIG fluctuar, vacilar ‖ flotar (monnaies) ‖ FAM llover (pleuvoir).
◇ *v tr* **flotter des bois** conducir maderas en armadías.

flotteur *m* flotador ‖ veleta *f*, flotador, corcho (d'une ligne à pêche) ‖ almadiero, ganchero (de bois) ‖ **flotteur d'alarme** flotador de alarma.

flottille [flɔtij] *f* flotilla.

flou, e *adj* [▷ SYN] vago, ga; indistinto, ta; borroso, sa (peinture) ‖ movido, da; desenfocado, da; borroso, sa (photographie) ‖ vaporoso, sa (couture) ‖ FIG confuso, sa; impreciso, sa; vago, ga (idée).
➡ **flou** *m* ligereza *f*, suavidad *f* de toque, tono suave (peinture) ‖ traje ou vestido vaporoso (couture) ‖ PHOT & CINÉM imagen *f* deliberadamente borrosa, "flou".
■ SYN **vaporeux** vaporoso; **fondu** desvanecido.

flouer [3] *v tr* FAM estafar, engañar, timar.

flouve _f_ grama de olor, cerrillo _m_ (plante).

FLQ (abr écrite de **franco long de quai**) franco muelle.

fluage _m_ TECHN deformación _f_ de los metales sometidos a fuerte presión.

fluate _m_ (vx) CHIM fluato, fluoruro.

fluctuant, e [flyktɥɑ̃, ɑ̃t] _adj_ fluctuante ‖ MÉD blando, da; fluctuante; **tuméfaction fluctuante** tumefacción blanda.

fluctuation _f_ fluctuación; **fluctuation saisonnière** fluctuación estacional.

fluctuer [3] _v intr_ fluctuar.

fluent, e [flyɑ̃, ɑ̃t] _adj_ fluido, da; fluyente.

fluer [3] _v intr_ (p us) fluir.

fluet, ette [flyɛ, ɛt] _adj_ delgado, da; cenceño, ña (mince) ‖ delicado, da; débil, endeble (délicat).

fluide _adj_ [▷ SYN] fluido, da.
◇ _m_ fluido ‖ **fluide caloporteur** fluido termoportador ‖ **fluide électrique** fluido eléctrico.
‖ SYN liquide líquido; clair claro.

fluidifiant, e _adj_ & _s m_ MÉD fluidificante ‖ fluidificante, fluizante (pétrole).

fluidification _f_ fluidificación.

fluidifier [9] _v tr_ fluidificar.

fluidique _adj_ fluídico, ca.

fluidité _f_ fluidez.

fluor _m_ CHIM flúor ‖ **spath fluor** espato flúor, fluorina.

fluoré, e _adj_ fluorado, da.

fluorescéine [flyɔresein] _f_ CHIM fluoresceína.

fluorescence [flyɔresɑ̃s] _f_ fluorescencia.

fluorescent, e [flyɔresɑ̃, ɑ̃t] _adj_ fluorescente.

fluorhydrate _m_ CHIM fluorhidrato.

fluorhydrique _adj_ CHIM fluorhídrico, ca; **acide fluorhydrique** ácido fluorhídrico.

fluorine _f_ fluorina.

fluorite _f_ MIN fluorita.

fluoroscope _m_ fluoroscopio.

fluorure _m_ CHIM fluoruro.

flush [flœʃ] _m_ escalera _f_ de color (poker).
‖ OBSERV pl flushes.

flûte _f_ [▷ SYN] flauta (instrument à vent) ‖ flautista _m_ (flûtiste) ‖ copa (verre à pied long et étroit) ‖ barra larga de pan, panecillo _m_ (petit pain long) ‖ MAR urca (navire de transport) ■ **flûte à bec** flauta dulce, caramillo ‖ **flûte allemande** ou **traversière** flauta travesera ‖ FAM **flûte à l'oignon** matasuegras (mirliton) ‖ **flûte de Pan** ou **de berger** zampoña ‖ **flûte double** albogue, gargavero ‖ **petite flûte** flautín.
➤ **flûte!** _interj_ ¡cáspita!, ¡caramba!, ¡caracoles!
➤ **flûtes** _f pl_ FAM zancas (jambes) ‖ **jouer ou se tirer des flûtes** pirárselas, poner pies en polvorosa.
‖ SYN flageolet chirimía; fifre pífano; chalumeau caramillo; pipeau caramillo.

flûté, e _adj_ aflautado, da; atiplado, da; **voix flûtée** voz aflautada.

flûteau _m_ BOT junco florido ‖ pito (sifflet) ‖ llantén de agua (plantain d'eau).

flûter [3] _v intr_ tocar la flauta ‖ silbar (le merle).

flûtiau _m_ flautín.

flûtiste _m_ flautista.

fluvial, e _adj_ fluvial.

fluviatile _adj_ fluvial.

fluvio-glaciaire _adj_ GÉOL fluvioglacial.
‖ OBSERV pl fluvio-glaciaires.

fluviomètre _m_ fluviómetro.

fluviométrique _adj_ fluviométrico, ca.

flux [fly] _m_ flujo; **flux énergétique** flujo energético; **flux magnétique** flujo magnético ‖ FIG **flux d'information** flujo ou corriente de información.

fluxion _f_ fluxión ■ MÉD **fluxion de poitrine** pleuresía ‖ MATH **méthode des fluxions** cálculo diferencial.

fluxmètre [flymɛtr] _m_ ÉLECTR aparato para medir el flujo.

flysch _m_ GÉOL flysch.

FM (abr de **modulation de fréquence**) _f_ FM.

Fme (abr écrite de **femme**) M.

FMI (abr de **Fonds monétaire international**) _m_ FMI.

FN (abr de **Front national**) _m_ partido político francés de extrema derecha.

FNAC; Fnac (abr de **Fédération nationale des achats des cadres**) _f_ cadena de grandes almacenes especializados en la venta de libros, discos, material hi-fi, etc.

FNEF; Fnef (abr de **Fédération nationale des étudiants de France**) _f_ sindicato de estudiantes francés.

FNSEA (abr de **Fédération nationale des syndicats d'exploitants agricoles**) _f_ principal agrupación sindical de agricultores en Francia.

FO (abr de **Force ouvrière**) _f_ sindicato obrero en Francia.

FOB (abr de **free on board**) _adj_ FOB.

foc _m_ MAR foque ‖ MAR **petit foc** petifoque.

focal, e _adj_ PHYS & MATH focal.

focalisation _f_ enfoque _m_.

focaliser [3] _v tr_ enfocar ‖ FIG **focaliser l'attention** atraer la atención.

fœhn [føn] _m_ viento caliente y muy seco.

foëne; foène [fɔɛn]; **fouëne** [fwɛn] _f_ fisga, arrejaque, _m_ (harpon).

fœtal, e [fetal] _adj_ fetal; **vie fœtale** vida fetal.

fœtus [fetys] _m_ feto.

fofolle _adj_ & _s f_ FAM locuela, loquilla.

foi _f_ fe ‖ fidelidad (fidélité); **la foi des traités** la fidelidad de los tratados ■ **bonne** ou **mauvaise foi** buena o mala fe ‖ **profession de foi** profesión de fe ■ **digne de foi** fidedigno, na ‖ **en foi de quoi** en testimonio de lo cual ‖ **foi de a fe de**; **foi d'honnête homme a fe de caballero** ‖ **ma foi, par ma foi, sur ma foi** a fe mía ‖ **sous la foi du serment** bajo juramento ‖ **sur la foi de a fe de** ■ **ajouter foi** prestar fe, dar crédito ‖ **donner sa foi** dar su palabra ‖ **engager sa foi** empeñar su palabra ‖ **faire foi** dar fe, atestiguar, testimoniar (témoigner), hacer fe, probar (prouver) ‖ **n'avoir ni foi ni loi** no temer ni rey ni roque.

foie [fwa] _m_ hígado ‖ asadura _f_ (boucherie) ‖ **foie gras** "foie gras" [hígado de ganso hipertrofiado] ‖ FAM **avoir les foies** tener canguelo ou mieditis, miedo.
‖ OBSERV En Espagne, on appelle aussi "foie gras" le pâté en boîte.

foie-de-bœuf _m_ BOT lengua _f_ de buey.

foin _m_ heno ■ **foin d'artichaut** pelusa de la alcachofa ■ FAM **foin de...!** ¡maldito sea!, ¡mal haya! ‖ **rhume des foins** coriza, rinitis ■ **avoir du foin dans ses bottes** estar forrado, tener el riñón bien cubierto ‖ FIG **être bête à manger du foin** ser más tonto que una mata de habas ‖ FAM **faire du foin** armar jaleo ‖ **faire les foins** segar el heno (récolter) ‖ FAM **mettre du foin dans ses bottes** hacer dinero, forrarse de dinero, cubrirse el riñón.

foirade _f_ FAM cagalera ‖ canguelo _m_.

foirail [fwaraj]; **foiral** [fwaral] _m_ ferial.

foire _f_ feria; **foire agricole** feria del campo ‖ FAM tumulto _m_, confusión (tumulte) ‖ FAM jolgorio _m_, juerga; **faire la foire** irse de juerga ‖ VULG (vieilli) cagalera (diarrhée) ‖ **champ de foire** ferial, real de la feria.

foire-exposition _f_ feria de muestras.
‖ OBSERV pl foires-expositions.

foirer [3] _v intr_ pasarse de rosca (une vis) ‖ fallar (fusée) ‖ FIG fallar, fracasar, salir rana (échouer) ‖ VULG (vieilli) tener cagalera ‖ cagarse [de miedo].

foireux, euse _adj_ & _s_ FIG & TFAM cagueta (poltron) ‖ cagón, ona.

foirolle _f_ BOT mercurial.

fois [fwa] _f_ vez; **à la fois** a la vez; **plusieurs fois, bien des fois** muchas veces ■ **d'autres fois** otras veces ‖ **des fois** a veces ‖ **des fois et des fois** una y otra vez ‖ **deux fois plus vite** el doble; **il court deux fois plus vite que toi** corre el doble que tú ‖ **encore une fois** otra vez, una vez más, de nuevo ‖ **en une seule fois de un golpe** ‖ FAM **non mais des fois!** ¿qué te has creído?, ¡no faltaría más! ‖ **si des fois...** si en una de esas..., si acaso... ‖ **tout à la fois** de una vez ‖ **une fois pour toutes** de una vez para siempre, de una vez ‖ **une fois que** en cuanto ■ **il y avait une fois, il était une fois** érase una vez, érase que se era ‖ **une fois n'est pas coutume** una vez al año no hace daño ‖ **y regarder à deux fois** andar con mucho cuidado, mirarlo bien.

foison _f_ copia, abundancia ‖ **à foison** con profusión.

foisonnant, e _adj_ abundante; copioso, sa.

foisonnement _m_ abundancia _f_, copia _f_ (abondance) ‖ esponjamiento, aumento de volumen.

foisonner [3] _v intr_ abundar ‖ aumentar de volumen, crecer, cundir ‖ hincharse (chaux).

fol, folle ➤ **fou**.

folâtre _adj_ retozón, ona; juguetón, ona.

folâtrer [3] _v intr_ retozar, juguetear.
‖ SYN batifoler retozar; s'ébattre juguetear; papillonner mariposear; marivauder discretear; folichonner loquear.

folâtrerie _f_ retozo _m_, jugueteo _m_.

foliacé, e _adj_ BOT foliáceo, a.

foliaire _adj_ BOT foliar.

foliation _f_ BOT foliación.

folichon, onne _adj_ FAM retozón, ona; alocado, da; locuelo, la ‖ **ce n'est pas folichon** no es nada del otro mundo.

folie [fɔli] *f* locura ‖ (vx) casa de recreo ou de campo (maison de campagne) ■ **folie de la persécution** manía persecutoria ‖ **folie des grandeurs** manía de grandezas, megalomanía ‖ **grain de folie** vena de loco ■ **à la folie** con locura ‖ **faire des folies** hacer locuras.

folié, e *adj* BOT foliado, da.

folio *m* folio (page).

foliole *f* BOT folíolo *m*, hojuela.

foliotage *m* foliación *f* (action de folioter).

folioter [3] *v tr* foliar, paginar, numerar.

folk *adj & s m* MUS folk.

folklo *adj inv* FAM que no se puede tomar en serio.

folklore *m* folklore.

folklorique *adj* folklórico, ca.

folkloriste *adj* folklorista.

folksong *m* MUS folk.

folle *f* red de pescar de grandes mallas.

folle ► **fou**.

follement *adv* locamente.

follet, ette [fɔlɛ, ɛt] *adj* locuelo, la; alocado, da ‖ **feu follet** fuego fatuo ‖ **poil follet** bozo, vello.

◆ **follet** *m* duendecillo, trasgo (lutin).

folliculaire *m* foliculario, periodista malo.

follicule *m* BOT & ZOOL folículo.

folliculine *f* BIOL foliculina.

folliculite *f* MÉD foliculitis.

fomentation *f* fomentación, fomento *m* (encouragement) ‖ MÉD fomento *m*, fomentación.

| OBSERV L'espagnol *fomento* a surtout le sens d'encouragement, d'où le nom de Ministerio de Fomento qu'on appliquait au ministère des Travaux publics.

fomenter [3] *v tr* fomentar.

fonçage *m* excavación *f* (action de creuser) ‖ colocación *f* de un fondo (des tonneaux) ‖ extracción *f* (de l'ardoise) ‖ oscurecimiento (des couleurs).

◇ *v intr* lanzarse, abalanzarse, arremeter; **foncer sur l'ennemi** arremeter contra el enemigo ‖ FAM correr, volar.

fonceur, euse *m & f* luchador, ra.

foncier, ère *adj* relativo a las haciendas ou bienes raíces ‖ territorial ‖ hipotecario, ria; **crédit foncier** crédito hipotecario ‖ FIG fundamental; básico, ca; congénito, ta; innato, ta ■ **propriétaire foncier** propietario de bienes raíces, hacendado ‖ **propriété foncière** bienes raíces.

◆ **foncier** *m* impuesto territorial.

foncièrement *adv* profundamente, en el fondo, fundamentalmente, congénitamente.

fonction *f* función, empleo *m* ‖ CHIM & MATH función ■ **la fonction publique** la función pública ■ **en fonction** en ejercicio, en funciones, en activo ‖ **en fonction de** con

arreglo a ■ **entrer en fonction** tomar posesión de un empleo ou cargo ‖ **être fonction de** depender de (dépendre), ser función de (mathématiques) ‖ **faire fonction de** hacer las veces de.

fonctionnaire *m & f* funcionario, ria.

fonctionnaliser [3] *v tr* conferir un carácter práctico ou funcional.

fonctionnalisme *m* ARTS funcionalismo.

fonctionnalité *f* carácter funcional, potencial *m* ‖ INFORM funcionalidad, función, potencial *m*.

fonctionnariat *m* calidad de funcionario.

fonctionnariser [3] *v tr* transformar a alguien en empleado público ou funcionario, hacer funcionario.

fonctionnarisme *m* funcionarismo.

fonctionnel, elle *adj* funcional.

fonctionnellement *adv* de modo funcional.

fonctionnement *m* funcionamiento.

fonctionner [3] *v intr* funcionar.

fond [fɔ̃] *m* fondo ‖ fondo, culo FAM (d'une bouteille) ‖ asiento (d'une chaise) ‖ testera *f* (d'une voiture) ‖ fondillos *pl* (du pantalon) ‖ tablado (d'un lit) ‖ fondo (du caractère) ‖ témpano, fondo (d'un tonneau) ‖ fondo (ce qui reste) ‖ fondo (d'un tableau) ‖ THÉÂTR foro ■ **fond d'artichaut** corazón, cogollo de alcachofa ‖ MAR **fond de cale** bodega ‖ **fond de teint** maquillaje de fondo ‖ **fond musical** ambiente musical, hilo musical ‖ **fond sonore** fondo sonoro ■ **coureur de fond** corredor de fondo ‖ **le fin fond** el fondo (d'une affaire), lo más recóndito ou intricado (d'une province) ‖ **le fond de sa pensée** lo más íntimo de sus pensamientos ‖ **un fond de verre** lo que queda en un vaso ■ **à fond** a fondo ‖ **à fond de train** a todo correr ‖ **au fond, dans le fond** en el fondo ‖ **de fond en comble** de arriba abajo, enteramente, por completo ‖ **sans fond** sin fondo, insondable ■ MAR **aller au fond** irse a pique ‖ **aller au fond des choses** profundizar las cosas ‖ **couler à fond** echar a pique (un bateau), arruinar (ruiner) ‖ MAR **donner fond** fondear, dar fondo ‖ **envoyer par le fond** hundir [un barco] ‖ FIG **être à fond de cale** no tener ni un céntimo, estar sin blanca ‖ **faire fond sur quelqu'un** fiar en ou contar con una persona.

fondamental, e *adj* fundamental.

fondamentalement *adv* fundamentalmente.

fondamentaliste *adj & s* fundamentalista.

fondant, e *adj* fundente (qui sert à fondre) ‖ fusible (qui fond facilement) ‖ que se funde, que se deshace (qui fond) ‖ **poire fondante** pera de agua.

◆ **fondant** *m* CHIM & VÉTÉR fundente ‖ dulce [azúcar blando].

fondateur, trice *adj & s* fundador, ra.

fondation *f* fundación ‖ ARCHIT cimentación; **travail de fondation** obras de cimentación.

◆ **fondations** *f pl* ARCHIT cimientos *m*.

fondé, e *adj* fundado, da; **accusation fondée** acusación fundada ‖ autorizado, da; **être fondé à dire** estar autorizado para decir.

◇ *m & f* **fondé de pouvoir** apoderado.

fondement *m* [▷ SYN] fundamento ‖ cimientos *pl* (d'une maison) ‖ ANAT ano (anus) ‖ DR **fondement juridique** fundamento jurídico ‖ **sans fondement** sin fundamento.

| SYN base base; fondations cimientos; soubassement basamento; assise asiento.

fonder [3] *v tr* fundar ‖ cimentar, echar cimientos (d'une construction) ‖ FIG fundamentar, fundar; **fonder ses soupçons sur** fundar sus sospechas en.

fonderie [fɔ̃dri] *f* fundición.

fondeur *m* fundidor.

fondeuse *f* fundidora (machine).

fondis [fɔ̃di] ► **fontis**.

fondoir *m* grasería *f*, fundición *f* de sebo, sitio donde se separan los sebos.

fondre [75] *v tr* fundir (à haute température); **fondre le fer** fundir el hierro ‖ derretir (à basse température); **fondre du suif** derretir sebo ‖ fundir, vaciar (un canon, une cloche, etc.) ‖ disolver, deshacer (du sucre, du sel, etc.) ‖ mezclar (races, couleurs) ‖ degradar, disminuir la intensidad (diminuer l'intensité, adoucir) ‖ FIG refundir, combinar (combiner).

◇ *v intr* derretirse, deshacerse (devenir liquide) ‖ caer sobre, echarse encima, abatirse en (se précipiter sur) ‖ abalanzarse, calar (oiseaux de proie) ‖ FAM consumirse, adelgazar (maigrir) ‖ FIG derretirse, deshacerse (de tendresse) ‖ prorrumpir (en fleurs, en larmes, etc.) ‖ MÉD resolverse ■ **faire fondre (une pierre de sucre)** deshacer (un terrón de azúcar) ‖ **l'argent fond entre ses mains** el dinero se deshace entre sus manos.

◆ **se fondre** *v pr* derretirse ‖ mezclarse (se mêler).

fondrière *f* bache *m*, hoyo *m* ‖ terreno *m* pantanoso, marismas *pl* (terrain marécageux).

fonds [fɔ̃] *m* fundo, heredad *f*, finca *f* (terrain) ‖ fondos *pl*, capital (somme d'argent) ‖ comercio, establecimiento ‖ FIG fondo, caudal (de science, d'érudition, etc.) ■ **fonds de commerce** negocio, comercio ■ **fonds de roulement** fondo de operaciones ou de rotación ‖ **Fonds monétaire international** Fondo Monetario Internacional.

◇ *m pl* fondos; **être en fonds** estar en fondos ■ ÉCON **fonds communs de placement** fondos mutuos ‖ **fonds propres** fondos propios ‖ **fonds publics** fondos públicos ■ **biens-fonds** bienes raíces ‖ **mise de fonds** gastos de capital ■ **à fonds perdus** a fondo perdido ■ **rentrer dans ses fonds** recobrar nuestro dinero.

fondu, e *adj* derretido, da; **beurre fondu** mantequilla derretida ‖ fundido, da; **plomb fondu** plomo fundido ‖ deshecho, cha (sucre, sel) ‖ degradado, da; desvanecido, da (couleur) ‖ FIG incorporado, da; unido, da (uni, réuni) ‖ derrochado, da (l'argent) ‖ **neige fondue** aguanieve.

◆ **fondu** *m* difuminación *f*, degradación *f* (un dessin) ‖ CINÉM fundido; **fondu enchaîné** fundido encadenado.

fondue *f* CULIN plato *m* hecho con queso fundido ‖ **fondue bourguignonne** plato de trozos de carne que se sumergen en aceite hirviente ‖ **fondue savoyarde** plato a base de queso fundido, vino blanco y kirsch.

fongible *adj* DR fungible.

fongicide *adj & s m* fungicida (qui détruit les champignons parasites).

fongiforme *adj* fungiforme, en forma de hongo.

fongique *adj* relativo, va a los hongos; fúngico, ca.

fongosité *f* fungosidad.

fongueux, euse *adj* fungoso, sa.

fongus [fɔ̃gys] *m* MÉD fungo (excroissance).

fontaine *f* fuente, manantial *m* (source) ▍fuente (publique) ▍recipiente *m* para conservar el agua, lavamanos *m* (récipient) ▍ ne dites pas: fontaine, je ne boirai pas de ton eau nadie diga de esta agua no beberé ▍pleurer comme une fontaine llorar a lágrima viva.

fontainier *f* fontanero municipal [encargado de las fuentes públicas].

▍ OBSERV En espagnol fontanero s'emploie surtout pour désigner le plombier.

fontanelle *f* fontanela.

fontange [fɔ̃tɑ̃ʒ] *m* lazo de un tocado antiguo de señoras.

Fontarabie *n pr* GÉOGR Fuenterrabía.

fonte *f* fundición, hierro *m* en lingote, arrabio *m*, hierro *m* colado ▍fundición (fusión) ▍deshielo *m* (dégel) ▍derretimiento *m* (d'un métal) ▍funda de arzón, pistolera (pour les pistolets) ▍vaciado *m*, fundición (d'une statue) ▍IMPR fundición, casta, surtido *m* de caracteres ▪ fonte blanche, granulée, grise, truitée hierro colado blanco, perlítico, gris, atruchado ▪ canon de fonte cañón de bronce ▍remettre à la fonte refundir.

fontis [fɔ̃ti]; **fondis** [fɔ̃di] *m* socavón, hundimiento.

fonts [fɔ̃] *m pl* pila *f*, fuente *f* bautismal ▍tenir sur les fonts tener en la pila, sacar de pila.

foot *m* FAM fútbol.

football [futbol] *m* fútbol, balompié.

footballeur [futbolœr] *m* futbolista.

footing [futiŋ] *m* footing; faire du footing hacer footing, correr.

for *m* fuero, jurisdicción *f* ▍fuero (privilège) ▍le for intérieur el fuero interno, la conciencia.

FOR (abr écrite de forint) F.

forage *m* perforación *f*, horadamiento, taladro ▍perforación *f*, exploración, sondeo (d'un puits de pétrole); forage marin exploración submarina, sondeo submarino.

forain, e *adj & s* (vx) forastero, ra; foráneo, a (étranger) ▪ fête foraine feria, verbena ▍marchand forain feriante.

▸ **forain** *m* feriante ▍saltimbanqui.

foraminé, e *adj* ZOOL foraminado, da.

foraminifères *m pl* ZOOL foraminíferos.

forban *m* pirata ▍ FIG forajido, bandido (bandit) ▪ forban littéraire pirata, plagiario.

forçage *m* activation *f* del proceso de desarrollo (d'une plante).

forçat [fɔrsa] *m* forzado, galeote (condamné aux galères) ▍presidiario (condamné aux travaux forcés) ▍FIG esclavo ▍travail de forçat trabajo de esclavo.

force *f* [▷ SYN] fuerza ▍fuerza, vigor *m*; style plein de force estilo lleno de fuerza

▍resistencia, solidez (résistance) ▍capacidad, conocimientos *m pl* (connaissances) ▍categoría (aux jeux) ▍FIG fortaleza ▪ force ascensionnelle fuerza ascensional ▍force d'âme ánimo, valor, entereza ▍force de frappe fuerza de disuasión ou disuasoria, poder disuasivo ▍force de l'âge fuerza de la edad ▍force d'inertie fuerza de inercia ▍force hydraulique fuerza hidráulica ▍force majeure fuerza mayor ▍forces d'intervention fuerzas de intervención ▍force vive fuerza viva, energía ▍la force armée la tropa (les troupes) ▍la force publique la fuerza pública ▍attaque en force ataque violento y potente ▍d'importantes forces de police nutridas fuerzas policiales ▍la force du sang la fuerza de la sangre ▍les forces de l'ordre las fuerzas de orden público [abreviatura FOP] ▍maison de force cárcel, prisión ▍tour de force proeza, hazaña ▪ à force de a fuerza de, a golpe de; à force de dictionnaires a golpe de diccionarios; de tanto; à force de regarder de tanto mirar ▍à la force du poignet por sus propios méritos ▍à toute force por fuerza, a todo trance ▍de force a la fuerza ▍de gré ou de force por las buenas o por las malas ▍de toute sa force con todas sus fuerzas ▍de vive force a viva fuerza ▍par force por fuerza ▍par la force des choses por las circunstancias, por no haber otro remedio ▪ arriver en force llegar masivamente ou en gran número ▍avoir de la force tener fuerza, ser fuerte ▍être une force de la nature ser un coloso ou un titán ▍être à bout de forces estar agotado ▍être de force à ser capaz de ▍être de première force sobresalir en algo ▍être en force ser muchos ▍faire force de rames remar enérgicamente ▍faire force de rames, de voiles ir a todo trapo ou a toda vela ▍force nous est de nos es forzoso, estamos obligados a.

◇ *adv* mucho, cha; avec force détails con muchos detalles.

▸ **forces** *f pl* fuerzas (moyens militaires); les forces espagnoles las fuerzas españolas ▍forces nucléaires à portée intermédiaire fuerzas nucleares de alcance medio.

▍ SYN énergie energía; vigueur vigor; puissance potencia, poderío; potentiel potencial; dynamisme dinamismo; ressort resorte; verdeur verdor, lozanía; robustesse robustez.

forcé, e *adj* forzado, da; rire forcé, marche forcée risa forzada, marcha forzada ▍forzoso, sa; conséquence forcée consecuencia forzosa ▪ travaux forcés trabajos forzados ou forzosos ▪ c'est forcé! ¡es de cajón!, ¡era de prever!, ¡estaba visto!

forcement *m* forzamiento.

forcément *adv* forzosamente.

forcené, e *adj & s* furioso, sa ▍loco, ca.

forceps *m* MÉD fórceps.

forcer [16] *v tr* forzar (briser, obliger, faire céder) ▍infringir, quebrantar (enfreindre) ▍superar, vencer (surmonter) ▍acosar, acorralar [la caza] (réduire aux abois) ▍apresurar, acelerar (hâter) ▍activar la maduración (des fruits) ▍falsear (une serrure) ▍aumentar (augmenter) ▍desnaturalizar (dénaturer) ▍provocar ▪ forcer de ou à sortir obligar a salir ▍forcer la consigne no respetar la consigna ▍forcer l'admiration provocar la admiración ▍forcer la dose forzar la dosis, exagerar ▍forcer l'allure acelerar la marcha ou el ritmo ▍forcer la main

forzar la mano, obligar moralmente ▍ FIG forcer la nature abusar de sus fuerzas ▍forcer le pas forzar ou apretar ou apresurar el paso ▍forcer le respect suscitar el respeto, imponer respeto ▍forcer son talent pasarse de la raya, pasarse de rosca ▍forcer un cheval fatigar un caballo.

◇ *v intr* hacer un esfuerzo ▍MAR tesar.

▸ **se forcer** *v pr* esforzarse.

▍ OBSERV Se dice "forcer quelqu'un à faire quelque chose", pero "être forcé de faire quelque chose".

forcing *m* SPORTS acoso constante, "forcing".

forcipressure *f* MÉD forcipresión.

forcir [32] *v intr* FAM engordar (grossir).

forclore *v tr* privar de un derecho por prescripción.

▍ OBSERV Forclore no se usa sino en el infinitivo y el participio pasado (forclos).

forclos, e [fɔrklo, oz] *adj* dícese de la persona cuyo derecho ha prescrito.

forclusion *f* DR exclusión, prescripción, caducidad.

forer [3] *v tr* barrenar, horadar, taladrar (percer) ▍perforar, abrir (creuser).

foresterie *f* silvicultura.

forestier, ère *adj* forestal ▪ école forestière escuela de montes ▍garde forestier guardabosque, guarda forestal.

▸ **forestier** *m* guardabosque.

foret [fɔrɛ] *m* taladro (grand), barrena *f* (vrille) ▍TECHN broca *f*.

forêt [fɔrɛ] *f* bosque *m*; une forêt de pins un bosque de pinos; la forêt de Fontainebleau el bosque de Fontainebleau ▍selva; la forêt vierge, amazonienne la selva virgen, amazónica ▍FIG maraña, espesura, bosque *m* ▪ forêt domaniale patrimonio forestal del Estado ▍forêt tropicale humide selva tropical húmeda ▍Office national des forêts Servicio Nacional de Montes [Francia].

Forêt-Noire *n pr f* GÉOGR la Forêt-Noire la Selva Negra.

◇ *f* pastel a base de cacao, cubierto de una decoración de chocolate (gâteau).

foreur *m* taladrador, barrenero, horadador.

▸ **foreuse** *f* taladradora, barrenadora, perforadora.

forfaire [109] *v intr* prevaricar (un magistrat) ▍faltar a; forfaire à l'honneur, à ses engagements faltar al honor, a nuestros compromisos.

▍ OBSERV El verbo forfaire sólo se emplea en infinitivo y en los tiempos compuestos (j'ai forfait).

forfait *m* crimen, fechoría *f* ▍destajo, tanto alzado, ajuste (travail) ▍impuesto concertado (impôt) ▍indemnización *f* (hippisme) ▪ forfait hospitalier costo fijo por día de internación [clínica, hospital, etc.] ▍à forfait a destajo, a tanto alzado; travailler à forfait trabajar a destajo ▍voyage à forfait viaje todo comprendido ▪ déclarer forfait retirarse, renunciar ▍gagner par forfait ganar por abandono del adversario.

forfaitaire *adj* a tanto alzado, a destajo (travail) ▍global (prix).

forfaiture *f* prevaricación (d'un fonctionnaire) ▍felonía (d'un vassal contre son seigneur).

forfanterie _f_ baladronada, fanfarronada.

forficule _f_ forfícula, tijereta (insecte).

forge _f_ fragua, forja (fourneau) ▮ herrería, ferrería (établissement industriel) ▮ cerrajería (atelier du serrurier) ▮ herrería (atelier du maréchal-ferrant).

forgeable [fɔrʒabl] _adj_ forjable.

forgeage [fɔrʒaʒ] _m_ forja _f_, forjadura _f_, forjamiento.

forger [17] _v tr_ forjar, fraguar ▮ **FIG** forjar, labrar, fraguar, inventar ▮ falsificar (fabriquer des documents faux) ■ c'est en forgeant qu'on devient forgeron machacando se aprende el oficio ▮ être forgé de toutes pièces ser pura fantasía ou producto de la imaginación.

➤ **se forger** _v pr_ forjarse, imaginarse ▮ se forger des chimères fraguar quimeras.

forgeron _m_ herrero.

forgeur _f_ forjador ▮ **FIG** forgeur de nouvelles inventor de noticias.

forjeter [27] _v tr_ **ARCHIT** hacer voladizo.

forlancer [16] _v tr_ levantar la caza, aventar.

forligner [3] _v intr_ degenerar, bastardear ▮ **FAM** faltar al honor (forfaire à l'honneur).

forlonger [17]

➤ **se forlonger** _v pr_ alejarse la caza.

FORMA [fɔrma] (abr de **fonds d'orientation et de régularisation des marchés agricoles**) _m_ fondo de orientación y regularización de los mercados agrícolas.

formage _m_ formación _f_, confección _f_, hechura _f_.

formaldéhyde _m_ **CHIM** formaldehído.

formaline _f_ **CHIM** formalina.

formalisation _f_ formalización.

formaliser [3]

➤ **se formaliser** _v pr_ molestarse por, picarse, tomar en serio.

formalisme _m_ formalismo.

formaliste _adj & s_ formalista.

▮ **SYN** cérémonieux ceremonioso; façonnier cumplido.

formalité _f_ requisito _m_, formalidad, trámite _m_ (condition) ▮ formalidad (cérémonie) ■ ce n'est qu'une formalité es puro trámite ▮ remplir des formalités cumplir (con) los requisitos.

formariage _m_ **HIST** matrimonio de un siervo fuera de la jurisdicción de su señor.

format _m_ formato, tamaño (dimensions d'un livre) ▮ **INFORM** formato ■ format en largeur, en hauteur formato apaisado, vertical ▮ petit format formato pequeño.

formatage _m_ **INFORM** formateado.

formater [3] _v tr_ **INFORM** formatear.

formateur, trice _adj & s_ formador, ra; creador, ra.

formatif, ive _adj_ formativo, va.

formation _f_ formación ▮ alineación (d'une équipe sportive) ▮ **MIL** formación ■ formation accélérée formación intensiva ▮ formation de combat orden de combate ▮ formation du personnel capacitación del personal ▮ formation sur le tas formación en el lugar de trabajo ■ cours de formation professionnelle curso de formación ou de capacitación pro-

fesional ▮ la formation permanente ou continue la formación permanente ou continua.

forme _f_ [▷ **SYN**] forma ▮ hechura (configuration) ▮ **FIG** hechura; gouvernement de forme démocratique gobierno de hechura democrática ▮ exterior _m_ apariencia (apparence) ▮ horma (de cordonnier, de chapelier, etc.) ▮ encella (pour le fromage) ▮ forma (en sports) ▮ **DR** forma; vice de forme vicio de forma ▮ **IMPR** molde _m_ forma ▮ **MAR** dique _m_ de carena ■ en bonne forme ou en bonne et due forme en debida forma, como es debido, con todos los requisitos, como Dios manda ▮ en forme en forma, con todos los requisitos (selon les règles), en forma (dans de bonnes dispositions) ▮ en forme de en forma de, en figura de, a modo de ▮ pour la forme para cumplir, para que no se diga ▮ **FIG** sans autre forme de procès sin más ni más, sin ninguna formalidad ▮ sous forme de en forma de ■ donner forme à dar forma a, moldear ▮ être au mieux de sa forme estar en excelentes condiciones físicas ou en muy buena forma [galicismo] ▮ prendre forme tomar cuerpo, definirse.

➤ **formes** _f pl_ formas, aspectos _m_; la misère sous toutes ses formes la miseria en todos sus aspectos ▮ **FAM** modales _m pl_, maneras (manières polies) ■ dans les formes con arreglo a los usos, reglamentariamente ▮ y mettre les formes hacer las cosas como Dios manda, guardar las formas.

▮ **SYN** figure figura; configuration configuración; conformation conformado.

formé, e _adj_ formado, da; desarrollado, da (nubile) ▮ desarrollado, da (développé).

formel, elle _adj_ formal.

formellement _adv_ categóricamente (refuser).

former [3] _v tr_ [▷ **SYN**] formar ▮ instruir, formar ▮ **FIG** concebir; former un projet concebir un proyecto ▮ formular (des vœux) ▮ **MIL** formar la haie cubrir la cartera.

➤ **se former** _v pr_ formarse ▮ **MIL** formar (les troupes).

▮ **SYN** façonner dar forma; constituer constituir; composer componer.

formeret [fɔrmərɛ] _m_ **ARCHIT** formero (arc).

formiate _m_ **CHIM** formiato.

Formica® _m_ Formica, estratificado recubierto de resina.

formicant, e _adj_ formicante (pouls).

formication _f_ hormigueo _m_, formicación (fourmillement).

formidable _adj_ formidable, estupendo, da.

formidablement _adv_ formidablemente, estupendamente.

formique _adj m_ **CHIM** fórmico; aldéhyde formique aldehído fórmico.

formol _m_ **CHIM** formol.

formoler [3] _v tr_ someter a la acción del formol.

Formose _n pr f_ **HIST** Formosa (ancien nom de Taïwan).

formulable _adj_ formulable.

formulaire _m_ formulario.

formulation _f_ formulación.

formule _f_ fórmula ▮ formule de politesse fórmula de cortesía, antefirma (en fin de lettre) ▮ selon la formule consacrée según es costumbre, según la tradición.

formuler [3] _v tr_ formular (une objection, des griefs) ▮ **MÉD** recetar (une ordonnance).

fornicateur, trice _m & f_ fornicador, ra.

fornication _f_ fornicación.

forniquer [3] _v intr_ fornicar.

FORPRONU [fɔrprɔny] (abr de **Forces de protection des Nations unies**) _f_ UNPROFOR.

fors [fɔr] _prép_ (vx) fuera de, excepto, salvo, menos; tout est perdu fors l'honneur todo se ha perdido menos el honor.

forsythia [fɔrsisja] _m_ forsythia [planta oleácea de floración primaveral].

fort, e [fɔr, fɔrt] _adj_ [▷ **SYN**] fuerte; un homme fort un hombre fuerte ▮ poderoso, sa (puissant) ▮ fuerte; fortificado, da; place forte plaza fuerte ▮ grueso, sa; une femme forte una mujer gruesa ▮ grande, considerable, importante; une forte somme una cantidad considerable ▮ excesivo, va; exagerado, da (excessif) ▮ subido, da de tono ou de color (choquant) ▮ difícil ▮ acre, fuerte (odeur) ▮ sólido, da; une forte intelligence una sólida inteligencia ▮ diestro, tra; versado, da; entendido, da; être fort à tous les jeux ser diestro en todos los juegos ▮ fuerte; être fort en mathématiques estar fuerte en matemáticas ■ fort en gueule mal hablado, lengua larga, lengüilarga ▮ forte tête persona de gran capacidad (intelligent), testarudo, da (têtu) ■ chambre forte cámara acorazada ▮ cheval fort en bouche caballo duro de boca ▮ esprit fort incrédulo, la ▮ la manière forte los grandes medios ▮ prix fort precio fuerte ▮ tôle forte chapa gruesa ▮ une forte lunette un anteojo de largo alcance ■ à plus forte raison con mayor motivo, a mayor abundamiento ▮ cela est plus fort que moi no puedo con eso, eso es superior a mis fuerzas ▮ c'est fort!, c'est un peu fort!, c'est trop fort!, c'est plus fort que de jouer au bouchon! es excesivo, es exagerado, eso pasa de castaño oscuro ou de la raya, es duro de creer ▮ être fort comme un bœuf, comme un Turc ser fuerte como un toro ▮ être fort de componerse de (se composer), valerse de (l'influence) ▮ être fort en saber mucho de, estar fuerte ou empollado en ▮ être le plus fort de ser el más adelantado de, el primero de ▮ il n'est pas fort no es muy inteligente ▮ se faire fort de comprometerse a (s'engager à), estar seguro de (être sûr de) ▮ se porter fort pour quelqu'un salir fiador de ou garantizar a alguien.

▮ **SYN** puissant poderoso, potente; vigoureux vigoroso; robuste robusto; solide sólido; résistant resistente; dru recio; **FAM** costaud forzudo.

fort [fɔr] _m_ fuerte, potente; protéger le faible contre le fort proteger al débil contra el fuerte ▮ espesura _f_; le fort d'un bois la espesura de un bosque ▮ el lado fuerte; le fort et le faible d'une cause el lado fuerte y el débil de una causa ▮ el punto culminante, lo más recio (le plus haut degré); au fort du combat en lo más recio del combate ▮ cubil, madriguera _f_ (repaire) ▮ venadero (du cerf) ▮ **FIG** fuerte; la musique est mon fort es la música mi fuerte ▮ **MAR** fuerte ▮ **MIL** fuerte (forteresse)

fort des Halles mozo de cuerda, cargador del mercado central de París ■ **au fort de l'été** en pleno verano ▌ **au plus fort de** en pleno, en medio de.

fort [fɔr] *adv* fuerte; serrer fort apretar fuerte ▌muy, mucho; fort bien muy bien; se tromper fort equivocarse mucho ■ de plus en plus fort cada vez más difícil ■ FAM aller fort exagerar ▌ avoir fort à faire avec quelqu'un tener muchos problemas con alguien.

Fort-de-France *n pr* GÉOGR Fort-de-France.

forte [fɔrte] *adv & s m* MUS forte.

fortement *adv* fuertemente.

forteresse *f* fortaleza ▌ forteresse volante fortaleza volante (avion).
▌ SYN citadelle ciudadela; fortin fortín; blockhaus blocao.

fortifiant, e *adj & s m* fortificante.
▌ SYN corroborant corroborante; roboratif roborativo; réconfortant confortante; reconstituant reconstituyente; tonique tónico; remontant tonificador.

fortification *f* fortificación.

fortifier [9] *v tr* fortificar ▌ fortalecer, robustecer.

fortin *m* MIL fortín (petit fort).

fortissimo *adv* MUS fortísimo.

fortrait, e *adj* extenuado, da; cansado, da (cheval).

FORTRAN; fortran *m* INFORM FORTRAN (formula translation).

fortuit, e *adj* fortuito, ta.

fortuitement *adv* fortuitamente.

Fortunat *n pr* Fortunato.

fortune *f* fortuna, caudal *m* ▌ FAM dineral; coûter une fortune costar un dineral ■ fortune de mer riesgo de un navío no imputable al capitán ■ bonne fortune buena suerte ▌ bonnes fortunes aventuras galantes ▌ de fortune improvisado, da ▌ homme de bonnes fortunes hombre afortunado en amores ▌la roue de la fortune la rueda de la fortuna ▌ revers de fortune revés ■ courir fortune correr riesgo ▌ être en fortune estar de suerte ▌ faire contre mauvaise fortune bon cœur poner a mal tiempo buena cara ▌ faire fortune hacer fortuna (s'enrichir), tener éxito (être en vogue) ▌ inviter ou manger à la fortune du pot invitar ou comer a lo que salga, a lo que haya, a la pata la llana ▌ tenter fortune probar fortuna.

fortuné, e *adj* afortunado, da.

Fortunées *n pr f pl* les îles Fortunées las islas Afortunadas (ancien nom des îles Canaries).

forum [fɔrɔm] *m* foro.
▌ OBSERV pl forums.

forure *f* taladro *m*, agujero *m* ▌ hembra, hembrilla (d'une clef).

fosse *f* hoyo *m*, fosa ▌ foso *m* (d'un garage) ▌ fosa, hoyo *m* (sépulture); fosse commune fosa común ▌foso *m* (athlétisme) ▌ AGRIC zanja (tranchée) ▌ANAT fosa; fosses nasales fosas nasales ▌ MAR fosa submarina ■ fosse d'aisances letrina, pozo negro ▌ fosse de coulée foso de colada ▌ fosse d'orchestre orquesta ▌ fosse septique fosa séptica ■ avoir un pied dans la fosse tener un pie en la sepultura.

fossé *m* zanja *f*, foso ▌ cuneta *f* (route) ▌ MIL pozo.

fossette *f* hoyito *m*, hoyuelo *m* (sur la joue).

fossile *adj & s m* fósil.

fossilifère *adj* fosilífero, ra.

fossilisation *f* fosilización.

fossiliser [3] *v tr* fosilizar.

fossoir *m* azadón, azada *f* (houe).

fossoyeur [foswajœr] *m* sepulturero, enterrador.

fou [fu]; **fol; folle** [fɔl] *adj* [▷ SYN loco, ca ▌ FIG excesivo, va; exagerado, da (excessif) ▌TECHN loco, ca (une poulie, une machine, etc.) ■ folle avoine ballueca, avena loca ▌ folle enchère subasta loca ■ brise folle ventolina ▌cheveux fous pelo revuelto ▌ chien fou perro rabioso ▌ herbes folles hierbajos ▌ un monde fou un montón de gente ■ avoir le fou rire tener un ataque de risa ou tener risa nerviosa ▌dépenser un argent fou gastar una locura ▌être fou de estar loco por.

➡ **fou; folle** *m & f* loco, ca ■ fou à lier loco de atar ▌ fou furieux loco furioso ▌ FAM la folle du logis la imaginación ■ à chaque fou sa marotte cada loco con su tema ▌faire le fou hacer locuras ▌s'amuser comme un fou pasarlo bomba.

➡ **fou** *m* bufón (bouffon) ▌ alfil (aux échecs) ▌comodín (au jeu de cartes) ▌planga *f* (oiseau).
▌ OBSERV Fol se emplea cuando precede un sustantivo masculino que comienza por vocal o h muda: fol espoir.
▌ SYN dément demente; aliéné alienado; déséquilibré desequilibrado; FAM malade ido, enfermo mental; braque chiflado; détraqué desequilibrado; FAM cinglé guillado; loufoque louftingue chaveta, loco; marteau chaveta, barrenado; piqué chiflado; sonné mal de la cabeza; toc-toc mal de la cabeza; toqué tocado de la cabeza, tocado; dingo, dingue majareta.

fouace *f* pan *m* casero, hogaza.

fouage *m* humazga *f*, fogaje (tribut).

fouaille [fwaj] *f* despojos *m pl*, parte del jabalí que se da a los perros.

fouailler [3] [fwaje] *v tr* FAM zurrar, zumbar, vapulear (frapper) ▌ FIG acribillar (de reproches).

foucade *f* repente *m*, chifladura (élan passager).

fouchtra! *interj* ¡caramba!

foudre *f* [▷ SYN] rayo *m*; être frappé par la foudre ser alcanzado por el rayo ■ coup de foudre flechazo (d'amour) ▌ les foudres de l'Église la excomunión, los anatemas de la Iglesia ■ FIG comme la foudre como un rayo, como una centella, rápidamente ▌craindre quelqu'un comme la foudre temer a alguien como al rayo, tener un miedo imponente a alguien.

◇ *m* rayo (de Júpiter) ▌ cuba *f*, tonel grande, fudre ■ un foudre de guerre un gran capitán, un rayo de la guerra ▌un foudre d'éloquence un gran orador.
▌ SYN éclair relámpago; fulguration fulguración; tonnerre trueno.

foudroiement [fudrwamã] *m* fulminación *f*.

foudroyant, e [fudrwajã, ãt] *adj* fulminante ▌FIG aterrador, ra.

foudroyer [13] [fudrwaje] *v tr* fulminar, herir por el rayo (frapper de la foudre) ▌FIG matar súbitamente, fulminar ▌ fulminar, ate-

rrar; foudroyer du regard fulminar con la mirada ▌aniquilar; foudroyer une armée aniquilar un ejército.
◇ *v intr* disparar rayos.

fouée *f* caza con candil ▌haz *m* de leña (fagot).

fouet [fwɛ] *m* látigo ▌ zumbel (d'une toupie) ▌cola *f* de perro ▌ FIG tizón, tizonado, latigazo (douleur provoquée par une déchirure) ▌insulto, coz *f* (outrage) ▌ acicate, estímulo (stimulant) ■ fouet à crème batidor ▌fouet de l'aile articulación exterior del ala de los pájaros ■ coup de fouet latigazo (sens propre et figuré), tirón (d'un muscle) ▌de plein fouet de frente; les voitures se sont heurtées de plein fouet los coches chocaron de frente ▌donner le fouet azotar ▌faire claquer son fouet restallar ou chasquear el látigo.

fouettement [fwɛtmã] *m* azotamiento ▌batido (de la crème, des œufs).

fouetter [4] *v tr* dar latigazos (donner des coups de fouet) ▌ azotar, zurrar (frapper); fouetter un enfant azotar a un niño ▌ batir (la crème, les œufs) ▌ azotar, golpear; la pluie fouettait les vitres la lluvia azotaba los cristales ▌ FIG fustigar, excitar (exciter) ▌ FAM heder, oler mal (puer) ■ avoir d'autres chats à fouetter tener otra cosa que hacer ▌il n'y a pas de quoi fouetter un chat no es para tanto, no es cosa del otro mundo ou del otro jueves, no tiene importancia.

foufou *adj & s m* locuelo, alocado.

fougasse *f* barreno *m*, fogata (mine) ▌hogaza (pain).

fouger [17] *v intr* hozar (le sanglier).

fougeraie [fuʒrɛ] *f* helechal *m*.

fougère *f* helecho *m*.

fougerole *f* helecho *m* pequeño.

fougue [fug] *f* [▷ SYN] fogosidad ▌ fuga, ardor *m*, entusiasmo *m* (ardeur) ▌MAR fogada, ráfaga (rafale) ▌ mastelero *m* y verga de sobremesana.
▌ SYN impétuosité ímpetu, impetuosidad; véhémence vehemencia; emportement arrebato; violence violencia; virulence virulencia.

fougueusement *adv* fogosamente, impetuosamente, apasionadamente.

fougueux, euse [fugø, øz] *adj* fogoso, sa; cheval fougueux caballo fogoso.
▌ SYN bouillant ardiente, ardoroso; endiablé endiablado, endemoniado; enragé rabioso, empedernido.

fouille [fuj] *f* registro *m*, cacheo *m* (police) ▌excavación (archéologie) ▌ passer à la fouille registrar [objetos], cachear [a una persona].

fouillé, e *adj* FIG profundizado, da, minucioso, sa, detenido, da, trabajado, da.

fouille-au-pot [fujopo] *m inv* FAM marmitón, pinche (marmiton) ▌FIG meticuloso, minucioso (homme tatillon).

fouiller [3] [fuje] *v tr* hacer excavaciones, excavar (archéologie) ▌buscar ou rebuscar en, explorar (faire des recherches dans) ▌registrar, cachear (une personne) ▌ [▷ SYN] registrar, hurgar (un tiroir, les poches, etc.) ▌FIG detallar (détailler) ▌trabajar (son style) ▌MIL hacer un reconocimiento.
◇ *v intr* registrar, rebuscar; il fouillait dans l'armoire registraba en el armario (chercher) ▌escudriñar, indagar (fureter).

se fouiller *v pr* registrarse ‖ **FAM** tu peux te fouiller espérate sentado.
　SYN fureter escudriñar; **FAM** fouiner huronear; fourgonner hurgar; **FAM** farfouiller, trifouiller revolver.

fouilleur, euse [fujœr, øz] *m & f* persona que registra ‖ indagador, ra; escudriñador, ra (chercheur).
　fouilleuse *f* excavadora (charrue) ‖ matrona (douane).

fouillis [fuji] *m* revoltijo, desbarajuste, confusión *f*, batiborrillo.

fouinard, e [fwinar, ard] *adj & s* **FAM** fisgón, ona; escudriñador, ra; hurón (indiscret) ‖ cuco, ca; zorrastrón, ona (malin, rusé).

fouine [fwin] *f* garduña (mammifère) ‖ fisga (foëne) ‖ **AGRIC** horquilla, horca (fourche) ‖ **FIG** astuto, ta (rusé) ‖ hurón *m* (indiscret).

fouiner [3] *v intr* **FAM** meterse, huronear (se mêler des affaires d'autrui) ‖ **FAM** curiosear.

fouineur, euse *adj & s* **FAM** fisgón, ona; entrometido, da (qui se mêle de tout).

fouir [32] *v tr* escarbar, excavar, cavar.

fouisseur, euse *adj* excavador, ra; cavador, ra.
　fouisseur *m* cavador (animal).

foulage *m* acción de pisar, de hollar ‖ enfurtido, batanadura *f* (drap) ‖ soba *f*, adobamiento (des cuirs) ‖ pisa *f* (du raisin) ‖ **IMPR** relieve en el reverso de un impreso.

foulant, e *adj* que prensa ou comprime, compresor, ra ■ pompe foulante bomba impelente ■ **FAM** ce n'est pas foulant está tirado.

foulard [fular] *m* fular (étoffe) ‖ pañuelo para el cuello ou la cabeza.

Foulbé *n pr m pl* fulbé.

foule *f* [▷ **SYN**] muchedumbre, gentío *m*; il y a grande foule hay gran gentío ‖ multitud, infinidad, mar; une foule de choses una infinidad de cosas, la mar de cosas ‖ **FIG** vulgo *m*, plebe (le commun des hommes) ‖ en foule en tropel, en masa.
　SYN cohue tropel, barullo; tourbe turba; troupe tropa; troupeau rebaño; horde horda.

foulée *f* pisada, huella (trace) ‖ zancada, tranco *m* (sports) ‖ huella (d'un escalier) ■ rester dans la foulée seguir las zancadas ‖ tirer dans sa foulée tirar sobre la marcha (football).
　foulées *f pl* andadas (chasse).

fouler [3] *v tr* prensar, comprimir (presser) ‖ pisar, hollar; fouler le sol de la patrie hollar el suelo patrio ‖ torcer, producir un esguince (provoquer une entorse) ‖ rendir, fatigar (un cheval) ‖ **AGRIC** pisar (raisin) ‖ **FIG** oprimir (opprimer) ‖ pisotear (piétiner) ‖ **TECHN** enfurtir, abatanar (une étoffe) ‖ sobar, adobar (cuirs) ‖ fouler aux pieds hollar, pisotear (piétiner).
　se fouler *v pr* torcerse, hacerse un esguince (se faire une entorse) ‖ **FIG** matarse trabajando.

foulerie *f* batán *m* (pour les étoffes) ‖ sobadero *m* (pour les cuirs).

fouleur *m* lagarero, pisador (raisin) ‖ batanero (étoffes) ‖ sobador (cuirs).

fouloir *m* batán (étoffes) ‖ lagar (raisin) ‖ sobador (cuirs).

foulon *m* batán (machine) ‖ batanero (ouvrier) ■ moulin à foulon batán ‖ terre à foulon tierra de batán.

foulque *f* fúlica (oiseau).

foulure *f* **MÉD** esguince *m* (luxation).

four *m* horno; four à pain horno de panadero ‖ **FIG & FAM** fracaso, fiasco (échec) ■ four à briques tejar ‖ four à chaux calera ‖ four crématoire horno crematorio ‖ four de campagne horno portátil ‖ four solaire horno solar ‖ petits fours pastas ‖ plat allant au four fuente para horno ■ faire noir comme dans un four estar como boca de lobo.

fourbe *adj & s* trapacista; pérfido, da ‖ bribón, ona; pícaro, ra; trapacero, ra.

fourberie [furbəri] *f* picardía, engaño *m*, trapacería, bribonada.

fourbi *m* **FAM** avíos *pl*, trastos *pl*, bártulos *pl*.

fourbir [32] *v tr* bruñir, acicalar ‖ **FIG** fourbir ses armes preparar sus argumentos ou su defensa.

fourbissage; fourbissement *m* bruñido, acicaladura *f*.

fourbisseur *adj & s m* bruñidor, acicalador.

fourbu, e *adj* que padece infosura (cheval) ‖ **FIG** rendido, da; extenuado, da (harassé).

fourbure *f* **VÉTÉR** infosura, aguadura.

fourche *f* horca, horquilla ‖ horquilla (bicyclette) ‖ [▷ **SYN**] bifurcación (d'un chemin) ‖ horcadura (d'un arbre) ■ fourches patibulaires horca, patíbulo.
　SYN bifurcation bifurcación; embranchement empalme, ramal.

fourché, e *adj* ahorquillado, da ‖ bifurcado, da; hendido, da.

fourchée *f* horconada.

fourcher [3] *v intr* bifurcarse, ramificarse ‖ **FIG & FAM** enredarse, trabarse; la langue lui a fourché se le ha trabado la lengua; ma langue a fourché se me trabó la lengua.

fourchet *m* horcadura *f* (d'une branche) ‖ **AGRIC** horquilla *f* ‖ **VÉTÉR** inflamación *f* de las pezuñas del ganado ovino, panadizo epizoótico, mal de pezuña, horquilla *f*.

fourchette *f* tenedor *m* (pour manger) ‖ espoleta (oiseau) ‖ **MÉCAN** horquilla ‖ **VÉTÉR** ranilla ‖ **FIG** gama ■ **FAM** fourchette du père Adam los dedos ‖ fourchette des prix gama de precios ■ déjeuner à la fourchette desayuno fuerte ‖ **FIG** être une belle fourchette, avoir un bon coup de fourchette ser comilón, tener buen diente ou saque ‖ prendre en fourchette hacer la tenaza (cartes).

fourchon [furʃɔ̃] *m* diente de la horquilla ou del tenedor.

fourchu, e *adj* ahorquillado, da ‖ bifurcado, da; chemin fourchu camino bifurcado ‖ hendido, da (fendu); pied fourchu pie hendido.

fourgat ━ **fourgue**.

fourgon *m* furgón (voiture, wagon); fourgon postal furgón ou furgoneta postal ‖ hurgón, badila *f* (tisonnier).

fourgonner [3] *v intr* hurgonear, remover (le feu) ‖ **FAM** hurgar, revolver (fouiller).

fourgonnette *f* furgoneta.

fourgue [furg]; **fourgat** [furga] *m* **ARG** encubridor (receleur).

fourguer [3] *v tr* **FAM** deshacerse de *v pr*, liquidar.

fouriérisme *m* furierismo (système de Fourier).

fouriériste *adj & s* furierista.

fourme *f* tipo de queso.

fourmi *f* hormiga (insecte) ■ fourmi blanche hormiga blanca, comején ■ **FAM** avoir des fourmis sentir hormigueo.

fourmilier *m* hormiguero, torcecuello (oiseau) ‖ oso hormiguero (tamanoir).

fourmilière *f* hormiguero *m* ‖ **FIG** hormiguero *m*, hervidero *m* ‖ **VÉTÉR** hormiguillo *m*.

fourmi-lion *m* hormiga *f* león (insecte).
　OBSERV pl fourmis-lions.

fourmillement [furmijmɑ̃] *m* hormigueo, hormiguilla *f* (picotement) ‖ hormigueo (des gens).

fourmiller [3] [furmije] *v intr* estar lleno de, abundar (abonder), pulular de (pulluler) ‖ hormiguear, sentir hormigueo (éprouver du fourmillement); les pieds me fourmillent siento hormigueo en los pies.

fournaise *f* hoguera (feu ardent) ‖ horno *m* grande (grand four) ‖ **FIG** horno *m*, sartén (lieu très chaud).

fourneau *m* horno; haut fourneau alto horno ‖ hornillo, fogón (de cuisine) ‖ hornillo (de mine) ‖ cazoleta *f*, tabaquera *f* (de la pipe) ‖ **FAM** (vx) tontaina, imbécil (imbécile) ‖ fourneau portatif anafe.

fournée *f* hornada ‖ **FIG** hornada (ensemble de personnes).

fourni, e *adj* surtido, da; provisto, ta; magasin bien fourni almacén bien surtido ‖ poblado, da; tupido, da (touffu); barbe fournie barba poblada.

fournier *m* (ancien) hornero (ouvrier) ‖ hornero (oiseau).

fournil [furni] ou [furnil] *m* amasadero (lieu où l'on pétrit), horno (lieu où est le four).

fourniment *m* **MIL** fornitura *f* (équipement).

fournir [32] *v tr* suministrar, abastecer, proveer (approvisionner) ‖ proporcionar, facilitar (procurer) ‖ dar, alegar, aducir; fournir des explications dar explicaciones ‖ realizar, ejecutar; fournir un effort realizar un esfuerzo ‖ dar, producir (produire) ‖ **DR** garantizar (garantir).
　v intr abastecer ‖ servir (jeu de cartes) ‖ cundir; ce gigot fournit bien esta pierna de cordero cunde mucho.
　se fournir *v pr* abastecerse, proveerse.

fournisseur, euse *m & f* proveedor, ra; abastecedor, ra ‖ fournisseur d'accès (à l')Internet proveedor de acceso (al) Internet.

fourniture *f* suministro *m*, abastecimiento *m*, provisión ‖ aderezo *m* (de la salade) ‖ adornos *m pl*, guarnición (accessoires pour divers travaux) ■ fournitures de bureau objetos ou artículos de escritorio ‖ fournitures scolaires material escolar.

fourrage *m* forraje ‖ forro de piel (fourrure).

fourrager [17] *v intr* forrajear, buscar el forraje (aller au fourrage) ‖ **FIG & FAM** registrar, revolver, hurgar (fouiller).

fourragère *adj f* forrajera (plante).
◇ *f* tierra de pasto, campo *m* de forraje (pré) ▮ carro *m* de forraje (voiture) ▮ **MIL.** forrajera.

fourrageur *m* forrajeador ▮ merodeador (maraudeur).

fourré, e *adj* forrado, da de pieles (doublé) ▮ espeso, sa; tupido, da (touffu) ▮ engañoso, sa (trompeur) ▮ metido, da (introduit) ▮ relleno, na (bonbon, gâteau) ▮ coup fourré golpe doble (escrime), trampa (piège).
➡ **fourré** *m* espesura *f* (bois), maleza *f* (buissons).

fourreau *m* vaina *f* (de l'épée) ▮ funda *f*, envoltura *f*; le fourreau d'un parapluie la funda de un paraguas ▮ vestido tubo ou tubular (robe) ▮ **TECHN** manguito ■ jupe fourreau falda tubo ▮ tirer l'épée du fourreau desenvainar la espada.

fourrer [3] *v tr* forrar, guarnecer de pieles (garnir de fourrure) ▮ poner una funda (un câble) ▮ **FAM** meter (introduire) ▮ atiborrar, atracar (donner avec excès) ▮ atizar, plantificar, sacudir (un coup) ▮ **FAM** fourrer son nez partout meterse en todo.
➡ **se fourrer** *v pr* **FAM** meterse; se fourrer dans la tête meterse en la cabeza ▮ **FAM** se fourrer le doigt dans l'œil equivocarse de medio a medio, columpiarse.

fourre-tout [furtu] *m inv* trastera *f*, cuarto trastero, desván (cabinet de débarras) ▮ bolso grande de viaje (sac de voyage), maletín.

fourreur *m* peletero.

fourrier *m* **MIL** furriel ▮ **FIG & LITT** precursor (avant-coureur).

fourrière *f* perrera (pour les chiens) ▮ depósito *m* (véhicules, animaux, etc.).

fourrure *f* piel (peau d'animal) ▮ abrigo *m* de piel (manteau de fourrure) ▮ forro *m* de piel (doublure de fourrure) ▮ adornos *m pl* de piel (garniture de fourrure) ▮ **MAR** funda, forro *m* (gaine) ▮ **TECHN** relleno *m* (pour remplir des vides et des joints) ▮ magasin de fourrure peletería.

fourvoiement [furvwamã] *m* descarrío, extravío ▮ error, equivocación *f* (erreur).

fourvoyer [13] [furvwaje] *v tr* extraviar, descarriar, descaminar ▮ **FIG** equivocar, inducir al error (tromper).
➡ **se fourvoyer** *v pr* equivocarse, extraviarse.

foutaise *f* **FAM** bagatela, fruslería.

fouteau *m* (p us) haya *f* (hêtre).

foutoir *m* **FAM** leonera [lugar], desorden [(*Amér*) relajo].

foutre [116] *v tr* **FAM** meter, hacer ■ foutre quelque chose par terre tirar algo al suelo ▮ ne rien foutre no dar ni clavo, haraganear, mangonear ▮ **FAM** se foutre (royalement) de importar un comino ou un carajo [soez], pasar (ampliamente) de.

foutrement *adv* **MFAM** terriblemente, muy.

foutu, e ➡ **fichu**.

fox-terrier [fɔkstɛrje]; **fox** *m* fox-terrier, foxterrier, perro raposero.
▮ **OBSERV** pl fox-terriers; fox.

fox-trot [fɔkstrɔt] *m* fox-trot (danse).

foyard [fwajar] *m* haya *f* (hêtre).

foyer *m* [▷ **SYN**] hogar, fogón; éteindre un foyer apagar un fogón ▮ hogar (partie d'une chaudière) ▮ hogar (maison); trouver son foyer désert encontrar el hogar desierto ▮ hogar, centro; foyer du soldat hogar del soldado ▮ residencia *f*; foyer d'étudiants residencia de estudiantes ▮ **FIG** foco, centro; le foyer de la rébellion el centro de la rebelión ▮ **MÉD &** **PHYS MATH** foco ▮ **THÉÂTR** saloncillo, salón de descanso, "foyer" ■ foyer de jeunes residencia para jóvenes ▮ foyer de personnes âgées residencia para ancianos ou para la tercera edad ▮ foyer socio-éducatif hogar socioeducativo ▮ lunettes à double foyer gafas bifocales.
➡ **foyers** *m pl* **FIG** hogares, país natal; rentrer dans ses foyers volver a sus hogares.
▮ **SYN** cheminée chimenea; âtre hogar; calorifère calorífero; poêle estufa.

FP (abr écrite de franchise postale) franquicia postal.

FPA (abr de formation professionnelle pour adultes) *f* formación profesional para adultos, en Francia.

FPLP (abr de Front populaire de libération de la Palestine) *m* FPLP.

FR 3 (abr de France Région 3) tercera cadena televisiva pública francesa.

frac *m* frac (habit d'homme).

fracas [fraka] *m* estrépito, estruendo (bruit violent) ▮ **FAM** estropicio, trapatiesta *f* (tapage).

fracassant, e *adj* estruendoso, sa; des applaudissements fracassants aplausos estruendosos ▮ que hace mucho ruido ▮ estrepitoso, sa; une défaite fracassante una derrota estrepitosa ▮ triunfal; la rentrée fracassante d'une actrice la reaparición triunfal de una actriz ▮ resonante; un succès fracassant un éxito resonante.

fracassement *m* rompimiento.

fracasser [3] *v tr* romper (casser) ▮ estrellar (mettre en pièces).

fraction *f* rotura (action de briser) ▮ fracción (du pain) ▮ fracción, parte (partie) ▮ **MATH** fracción, quebrado *m*; fraction décimale fracción decimal.

fractionnaire *adj* **MATH** fraccionario, ria.

fractionnel, elle *adj* fraccionario, ria.

fractionnement *m* fraccionamiento.

fractionner [3] *v tr* fraccionar.

fracture *f* fractura, rotura ▮ fracture du crâne, de la jambe fractura del cráneo, de la pierna ▮ fracture ouverte fractura abierta.

fracturer [3] *v tr* fracturar, romper.

fragile *adj* [▷ **SYN**] frágil, quebradizo, za (cassant) ▮ delicado, da; un enfant de santé fragile un niño delicado de salud.
▮ **SYN** frêle endeble; délicat delicado; mièvre blando; périssable perecedero.

fragilisation *f* fragilización, debilitamiento.

fragiliser [3] *v tr* fragilizar, debilitar.

fragilité *f* fragilidad ▮ **FIG** debilidad.

fragment *m* fragmento.

fragmentaire *adj* fragmentario, ria.

fragmentairement *adv* de modo fragmentario.

fragmentation *f* fragmentación.

fragmenter [3] *v tr* fragmentar.

fragon *m* fragón, brusco (petit houx).

fragrance *f* fragancia (odeur agréable).
▮ **OBSERV** Mot moins courant en français qu'en espagnol, de même que l'adjectif fragrant.

fragrant, e *adj* (p us) fragante (parfumé).

frai *m* freza *f*, desove (des poissons) ▮ desgaste (des monnaies) ▮ **CULIN** huevas *f pl*, huevos *pl*.

fraîche *adj* ➡ **frais**.

fraîchement *adv* frescamente, al fresco (au frais) ▮ **FAM** fríamente; être reçu fraîchement ser recibido fríamente ▮ **FIG** recién, recientemente (récemment); fraîchement arrivé recién llegado.

fraîcheur *f* frescura; la fraîcheur de l'eau la frescura del agua ▮ fresco *m*, frescor *m*; la fraîcheur du soir el fresco de la tarde ▮ ventolina (vent très faible) ▮ **FIG** frescura, lozanía; la fraîcheur du visage la frescura del rostro.

fraîchir [32] *v intr & impers* refrescar.

frairie *f* francachela (bombance) ▮ fiesta patronal (fête).

frais *m pl* gastos (dépenses); frais généraux gastos generales ▮ **DR** costas *f pl* (dépenses d'un procès) ■ frais de bureau gastos de escritorio ▮ frais de déplacement gastos de viaje ▮ frais de dossier gastos iniciales de tramitación ▮ frais d'entretien gastos de mantenimiento ▮ **DR** frais de résiliation gastos de anulación ▮ frais de scolarité gastos de escolaridad ou de matrícula ▮ frais généraux gastos generales ■ faux frais gastos imprevistos, gastos accesorios ▮ menus frais gastos menudos ▮ à frais communs a escote, dividiendo los gastos ▮ à grands frais costosamente ▮ à mes frais a costa mía ▮ à peu de frais con poco gasto (bon marché), sin mucho esfuerzo (facilement) ▮ aux frais de a expensas de, a costa de ■ en être pour ses frais haber perdido el tiempo ▮ faire les frais hacer el gasto ▮ **FIG** faire les frais de la conversation llevar la voz cantante ▮ faire ses frais cubrir gastos ▮ rentrer dans ses frais amortizar la inversión ou los gastos, recuperar los gastos ▮ se mettre en frais meterse en gastos, hacer extraordinarios (dépenses), hacer extraordinarios (efforts).

frais, fraîche [frɛ, frɛʃ] *adj* fresco, ca ▮ fresco, ca; lozano, na (teint) ▮ tierno, na; reciente; pain frais pan tierno ▮ fresco, ca; poisson frais pescado fresco; œufs frais huevos frescos ▮ reciente, fresco, ca; nouvelles fraîches noticias frescas ▮ nuevo, va (neuf) ▮ frío, a (accueil); servir frais sírvase frío.
➡ **frais** *m* fresco; prendre le frais tomar el fresco ■ **FAM** mettre au frais poner a la sombra, encarcelar ▮ nous voilà frais! ¡estamos frescos!
➡ **fraîche** *f* fresca; sortir à la fraîche salir con la fresca.
➡ **frais** *adv* recién; frais émoulu du collège recién salido del colegio ■ aimer boire frais gustarle a uno las bebidas frías ou frescas ▮ il fait frais hace fresco.
▮ **OBSERV** El adverbio frais toma la forma del femenino fraîche cuando va con una palabra de este género.

fraisage *m* **TECHN** fresado, avellanado.

fraise *f* fresa (fruit); fraises des bois fresas silvestres ▮ fresón *m* (grosse fraise) ▮ asadura (de veau) ▌ gorguera, cuello *m* alechugado (collerette) ▌ torno *m*, fresa (dentiste) ▌estacada (palissade) ▌ MÉD antojo *m* (nævus) ▌ TECHN fresa, avellanador *m* ▌ ZOOL moco *m* (des dindons) ▌ fraise à bois lengüeta (menuiserie).

fraiser [4] *v tr* amasar, heñir (pétrir) ▌ TECHN fresar, avellanar.

fraiseur, euse *adj & s* fresador, ra; avellanador, ra.

➡ **fraiseuse** *f* fresadora (machine).

fraisier *m* fresa *f*, fresera *f* (plante).

fraisière *f* fresal *m* (terrain planté de fraisiers).

fraisil [frezi] *m* carbonilla *f*, ceniza *f* del carbón.

fraisoir *m* berbiquí de fresa (vilebrequin).

fraisure *f* abocardamiento *m*.

framboise *f* frambuesa (fruit).

framboisé, e *adj* perfumado con frambuesa.

framboisier *m* frambueso (plante).

framée *f* frámea (arme des Gaulois).

franc [frɑ̃] *m* franco (monnaie).

franc, franche [frɑ̃, frɑ̃ʃ] *adj* [▷ SYN] franco, ca ▌ libre (libre) ▌ franco, ca; exento de derechos (exempt de charges) ▌ verdadero, ra; completo, ta; **franc libertin** verdadero libertino ▌ cabal, completo; **cinq jours francs** cinco días cabales ▌ **franc CFA (Communauté financière africaine)** franco CFA (Confederación Francófona Africana) ▌ **franc de port** franco de porte.

➡ **franc** *adv* francamente; **parler franc** hablar francamente.

▌ OBSERV En la expresión **franc de port** el adjetivo queda invariable si precede el nombre (recevoir **franc de port** une marchandise) pero concuerda con él si le sigue (une marchandise **franche de port**).

SYN sincère sincero; FAM carré franco; cordial cordial; ouvert abierto; familier familiar; rond llano; sans-façons campechano.

franc, franque *adj & s* franco, ca.

français, e *adj* francés, esa ▌ **à la française** a la francesa.

➡ **français** *m* LING francés.

Français, e *m & f* francés, esa.

franc-alleu [frɑ̃kalø] *m* HIST alodio, heredad *f* exenta de tributo.

▌ OBSERV pl francs-alleux.

franc-bord [frɑ̃bɔr] *m* terreno libre en las riberas de un río ▌ MAR obra *f* muerta.

▌ OBSERV pl francs-bords.

franc-bourgeois *m* burgués exento de impuestos.

franc-comtois, e [frɑ̃kɔ̃twa, az] *adj* del Franco Condado.

▌ OBSERV pl francs-comtois, francs-comtoises.

Franc-comtois, e *m & f* francocontés, esa, francontés, esa.

▌ OBSERV pl Francs-comtois, Francs-comtoises.

France *n pr f* GÉOGR la France Francia.

France 2 segunda cadena televisiva pública francesa.

France 3 tercera cadena televisiva pública francesa con vocación regional.

France-Culture *n pr* emisora de radio nacional francesa con programación cultural.

France-Inter *n pr* radio nacional francesa que emite principalmente programas sobre temas de actualidad, entrevistas y debates.

franc-fief [frɑ̃fjɛf] *m* feudo alodial.

▌ OBSERV pl francs-fiefs.

Francfort; Francfort-sur-le-Main *n pr* GÉOGR Francfurt del Main ou Francfort del Main ▌ **saucisse de Francfort** salsicha de Francfort.

Francfort-sur-l'Oder *n pr* GÉOGR Francfurt del Oder ou Francfort del Oder.

Franche-Comté *n pr f* GÉOGR la Franche-Comté el Franco Condado.

▌ FRANCHE-COMTÉ
Esta región administrativa comprende los departamentos de Doubs, Jura, Saône y Territoire de Belfort. Capital: Besançon.

franchement *adv* francamente ▌ sin vacilación (sans hésitation).

franchir [32] *v tr* atravesar (traverser) ▌ salvar, saltar, franquear (gallicisme très employé); **franchir un fossé** salvar una zanja ▌ FIG salvar, vencer, superar; **franchir un obstacle** salvar un obstáculo ▌ **franchir le pas** tomar una decisión.

franchisage *m* trabajo bajo licencia, franquicia *f*.

franchise *f* franquicia, exención; **franchise postale** franquicia postal; **franchise de bagages** franquicia de equipaje ▌ FIG franqueza, sinceridad; **en toute franchise** con toda franqueza ▌ **en franchise douanière** en franquicia aduanera, exento de derechos de aduanas.

franchisé *m* COMM concesionario de una franquicia.

franchissable *adj* superable, salvable, franqueable (gallicisme).

franchissement [frɑ̃ʃismɑ̃] *m* paso, salto, franqueamiento (gallicisme).

francien *m* franco (langue).

francilien, enne *adj* de la región de Île-de-France [parisina].

Francilien, enne *m & f* nativo, va de la región de Île-de-France.

francique *adj & m* LING fráncico, ca.

francisation *f* afrancesamiento *m*.

franciscain, e *adj & s* franciscano, na.

franciser [3] *v tr* afrancesar.

francisque *f* francisca, segur (hache).

francité *f* condición de francés.

francium [frɑ̃sjɔm] *m* francio (métal).

franc-jeu *m* juego limpio, espíritu deportivo, "fair play".

▌ OBSERV pl francs-jeux.

franc-maçon [frɑ̃masɔ̃] *m* francmasón, masón.

▌ OBSERV pl francs-maçons.

franc-maçonnerie *f* francmasonería, masonería.

▌ OBSERV pl franc-maçonneries.

franc-maçonnique *adj* francmasónico, ca; masónico, ca.

▌ OBSERV pl francs-maçonniques.

franco *préf* franco (français); **franco-italien** francoitaliano; **franco-espagnol** francoespañol, etc.

franco *adv* COMM franco, libre de gastos ▪ **franco de bord** franco a bordo ▌ **franco de**

port et d'emballage franco de porte y embalaje.

franco-allemand, e *adj* francoalemán, ana.

franco-canadien, enne *adj* francocanadiense.

➡ **franco-canadien** *m* LING francés canadiense.

▌ OBSERV pl franco-canadiens, franco-canadiennes.

François *n pr* Francisco.

Françoise *n pr* Francisca.

François-Joseph *n pr* Francisco José.

francolin *m* francolín (oiseau).

Franconie *n pr f* GÉOGR la Franconie Franconia.

francophile *adj & s* francófilo, la.

francophilie *f* francofilia.

francophobe *adj & s* francófobo, ba.

francophobie *f* francofobia.

francophone *adj & s* de habla francesa; francófono, na; **pays francophones** países de habla francesa.

francophonie *f* francofonía.

▌ FRANCOPHONIE
La "francophonie" es un concepto cultural y político que designa al conjunto de países y personas de habla francesa de todo el mundo. Su objeto es promover la lengua y cultura francesas.

franco-polonais, e *adj* francopolaco, ca.

franc-parler [frɑ̃parle] *m* franqueza *f*, hablar claro ▌ **avoir son franc-parler** hablar con toda confianza (intimement), hablar sin rodeos (sans détours).

▌ OBSERV pl francs-parlers.

Francs *n pr m pl* francos [pueblo germánico].

franc-tireur *m* guerrillero, francotirador.

▌ OBSERV pl francs-tireurs.

frange *f* franja, fleco *m*, cairel *m* ▌ flequillo *m* (coiffure) ▌ fimbria (bord inférieur d'un vêtement) ▌ franja (d'interférences).

franger [17] *v tr* franjar, franjear, adornar con franjas ou flecos.

frangin, e [frɑ̃ʒɛ̃, in] *m & f* FAM hermano, na.

frangipane *f* franchipán (parfum) ▌ crema espesa perfumada con almendras (crème) ▌ pastel *m* de almendras (gâteau).

frangipanier *m* BOT amancayo, súchil.

franglais *m* mezcla de vocablos ingleses en el idioma francés, "franglés".

franquette *f* franqueza, llaneza ▌ FAM **à la bonne franquette** a la buena de Dios, a la pata la llana.

franquisme *m* franquismo.

franquiste *adj & s* franquista.

frappage; frappement *m* golpeo ▌ acuñación *f* (des monnaies).

frappant, e *adj* sorprendente, impresionante; **une ressemblance frappante** un parecido sorprendente ▌ patente, palpable; **preuves frappantes** pruebas patentes ▌ contundente; **un argument frappant** un argumento contundente ▌ llamativo, va; **un titre frappant** un título llamativo.

frappe *f* acuñación (des monnaies) ▌ marca, impresión, sello *m* (empreinte) ▌ tecleo *m* (dactylographie) ▌ impresión (d'une presse) ▌ pegada (boxe), toque *m* de balón (football) ▌ TFAM golfo (jeune voyou) ■ **faute de frappe** error de máquina ‖ **force de frappe** fuerza de disuasión ou disuasoria, poder disuasivo.

➡ **frappes** f pl IMPR matrices.

frappé, e adj golpeado, da ‖ acuñado, da (monnaies) ‖ herido, da; **frappé à mort** herido de muerte ‖ atacado, da por; aquejado, da de; víctima de (d'une maladie) ‖ alcanzado, da; **frappé par la foudre** alcanzado por el rayo ‖ azotado, da; **frappé de verges** azotado con varas ‖ gravado, da (d'un impôt) ‖ helado, da; refrescado, da (rafraîchi) ‖ FIG sorprendido, da; asombrado, da; impresionado, da (étonné) ‖ castigado, da (puni) ‖ FAM tocado, da; chiflado, da (fou) ‖ **frappé au bon coin** de buena marca, de buena ley.

frappement ➡ **frappage**.

frapper [3] v tr [▷ SYN] golpear, dar golpes (donner des coups) ‖ golpear, pegar (battre) ‖ llamar (à la porte) ‖ tocar, dar la hora (l'horloge) ‖ acuñar (monnaies) ‖ herir (blesser); **frapper à mort** herir mortalmente ‖ estampar (estamper) ‖ atacar (une maladie) ‖ dar en, herir; **la lumière qui frappe le mur** la luz que da en la pared ‖ enfriar, helar (glacer) ‖ afectar (toucher); **hypothèque qui frappe tous les biens** hipoteca que afecta a todos los bienes ‖ asolar, azotar (affecter); **la peste frappa tous le pays** la peste azotó todo el país ‖ afligir; **le malheur qui vous frappe** la desgracia que le aflige ‖ llamar la atención; **ce détail m'a frappé** este detalle me ha llamado la atención ‖ impresionar, sorprender (faire impression) ‖ gravar (établir un impôt) ‖ hacer resonar, herir (faire retentir); **frapper l'air de ses cris** hacer resonar el aire con sus gritos ‖ llegar, alcanzar (atteindre); **la mort frappe tous les hommes** la muerte les llega a todos los hombres ‖ FIG castigar (punir) ‖ amolejar, atar (un cordage) ‖ **frapper les regards, la vue** saltar a la vista ‖ FIG **frapper un grand coup** dar el golpe.

◇ v intr llamar; **frapper à la porte** llamar a la puerta ■ **frapper au but, frapper juste** dar en el blanco ‖ **frapper des pieds, des mains** patear, aplaudir ‖ **frapper du poing** dar muestras de autoridad, imponerse ‖ **frapper fort** dar de firme ‖ **le soleil frappe fort** el sol aprieta ■ **être frappé d'apoplexie** tener un ataque de apoplejía ‖ **être frappé de cécité** quedarse ciego ‖ **être frappé de rhumatismes** estar aquejado de reúma.

➡ **se frapper** v pr golpearse, darse golpes; **se frapper la poitrine** golpearse el pecho, darse golpes de pecho ‖ FIG & FAM impresionarse (s'inquiéter).

‖ SYN taper dar golpes; tapoter golpetear; tambouriner golpetear; heurter chocar.

frappeur, euse adj & s golpeador, ra ‖ acuñador, ra (des monnaies) ‖ **esprit frappeur** espíritu inquieto.

frasque f calaverada, travesura, extravagancia; **faire des frasques** hacer travesuras.

frater [fratɛr] m ECCLÉS lego, hermano.

fraternel, elle adj fraternal.

fraternellement adv fraternalmente, de manera fraternal, con fraternidad.

fraternisation f fraternización.

fraterniser [3] v intr fraternizar.

fraternité f fraternidad, hermandad.

fratricide adj & s fratricida.
◇ m fratricidio (meurtre d'un frère).

fratrie f hermandad.

fraude f fraude m; **fraude fiscale** fraude fiscal; **il y a eu fraude aux examens** ha habido un fraude en los exámenes ‖ contrabando m (contrebande); **passer quelque chose en fraude** pasar algo de contrabando ou fraudulentamente ‖ **en fraude** fraudulentamente.

frauder [3] [frode] v tr defraudar; **frauder le fisc** defraudar al fisco.
◇ v intr cometer fraude ‖ hacer trampas FAM.

fraudeur, euse m & f defraudador, ra.

frauduleusement adv fraudulosamente.

frauduleux, euse adj fraudulento, ta.

fraxinelle f BOT díctamo m blanco, fraxinela.

frayement [frɛjmɑ̃] m VÉTÉR rozadura f, matadura f.

frayer [11] [frɛje] v tr abrir; **frayer la voie à quelqu'un** abrir camino a alguien ‖ escodar (les cerfs).
◇ v intr desovar, frezar (les poissons) ‖ FAM congeniar, mantener buenas relaciones ‖ **frayer avec** relacionarse con.

➡ **se frayer** v pr abrirse; **se frayer un passage** abrirse paso, abrirse camino.

frayère [frɛjer] f sitio m donde los peces desovan.

frayeur [frɛjœr] f pavor m, espanto m.

fredaine f FAM calaverada.

Frédégonde n pr Fredegunda.

Frédéric n pr Federico.

Frédéric-Guillaume n pr Federico Guillermo.

Frédérique n pr Federica.

fredonnement m tarareo, canturreo.

fredonner [3] v tr & intr tararear, canturrear.

free-jazz m inv MUS free jazz.

free-lance adj inv & s freelance.
▢ OBSERV pl free-lances.

free-shop m free-shop, tienda libre de impuestos.
▢ OBSERV pl free-shops.

freesia m BOT freesia.

Freetown [fritawn] Freetown.

freezer [frizœr] m congelador (de réfrigérateur).

frégate m MAR fragata; **capitaine de frégate** capitán de fragata ‖ fragata, rabihorcado m (oiseau).

frein [frɛ̃] m bocado, freno (mors d'un cheval) ‖ frenillo (de la langue) ‖ freno (d'un mécanisme) ‖ galga f (chariot) ‖ FIG freno; **mettre un frein à ses ambitions** poner freno a sus ambiciones ■ **frein avant, arrière, à main, assisté, à disque, à tambour** freno delantero, trasero, de mano, asistido, de disco, de tambor ‖ **frein moteur** freno motor ■ **coup de frein** frenazo ‖ **mâcher ou ronger son frein** tascar el freno ‖ **sans frein** sin freno.

freinage m frenado, frenaje (action de freiner) ‖ frenos pl, sistema de frenos (système de freins) ‖ frenazo (coup de frein) ■ **distance de freinage** distancia de frenado ‖ **traces de freinage** marcas ou huellas de frenado.

freiner [4] v tr & intr frenar ‖ FIG frenar, moderar.

freinte f merma, mengua (perte, diminution).

frelatage [frəlataʒ] m adulteración f.

frelaté, e adj adulterado, da (vin) ‖ FIG corrompido, da (corrompu).

frelater [3] v tr adulterar, alterar.

frêle adj endeble, débil.

frelon m abejón (insecte).

freluquet m FAM chisgarabís, chiquilicuatro, mequetrefe.

frémir [32] v intr estremecerse, temblar ‖ picarse (la mer) ‖ empezar a hervir (l'eau) ‖ **c'est à faire frémir** es estremecedor.

frémissant, e adj tembloroso, sa; trémulo, la; **frémissant de colère** trémulo de cólera ‖ FIG estremecido, da; agitado, da.

frémissement m temblor (tressaillement) ‖ estremecimiento, agitación f violenta ‖ hervor (des liquides) ‖ FIG vibración f, temblor leve.

frênaie [frɛne] f fresneda.

french cancan m cancán.
▢ OBSERV pl french cancans.

frêne m BOT fresno.

frénésie f frenesí m.

frénétique adj frenético, ca.

frénétiquement adv frenéticamente (applaudir) ‖ con frenesí (aimer).

Fréon® m CHIM freón.

fréquemment [frekamɑ̃] adv frecuentemente.

fréquence [frekɑ̃s] f frecuencia ■ **fréquence du pouls** frecuencia de pulsación ‖ **fréquence porteuse** frecuencia transmisora ■ ÉLECTR **basse, haute fréquence** baja, alta frecuencia.

fréquencemètre m ÉLECTR frecuencímetro.

fréquent, e [frekɑ̃, ɑ̃t] adj frecuente.

fréquentable adj frecuentable, tratable ‖ **il est peu fréquentable** es poco recomendable.

fréquentatif, ive adj & s m GRAMM frecuentativo, va.

fréquentation f frecuentación, trato m ‖ relaciones f pl, compañías f pl; **les mauvaises fréquentations** las malas compañías.

fréquenté, e adj concurrido, da; frecuentado, da; **très fréquenté** muy frecuentado ou concurrido ‖ **un enfroit mal fréquenté** un lugar de concurrencia dudosa.

fréquenter [3] v tr frecuentar, ir a menudo a (aller souvent) ‖ tratar mucho, tener trato con, alternar con (voir souvent une personne) ‖ salir con [un muchacho o una muchacha]; hablarle a.

➡ **se fréquenter** v pr tratarse.

fréquentiel, elle adj frecuencial.

frère m hermano ‖ hermano, religioso, fraile (religieux) ‖ fray (devant le prénom); **frère François** fray Francisco ■ **frère aîné** primogénito, hermano mayor ‖ **frère cadet** hermano segundo, segundogénito ‖ **frère consanguin** hermano consanguíneo ou de padre ‖ **frère convers** donado ‖ **frère germain** hermano carnal ‖ **frère lai** lego ‖ **frère utérin**

hermano uterino ■ **frères d'armes** compañeros de armas ‖ **frères de lait** hermanos de leche ‖ **frères siamois** hermanos siameses ■ **faux frère** traidor ‖ **partis frères** partidos hermanos ‖ **pays frères** países hermanos.

frérot [frero] *m* FAM hermanito (petit frère).

fresque *f* fresco *m*, pintura al fresco ‖ FIG cuadro *m*, fresco *m*; **une vaste fresque historique** un vasto cuadro histórico.

fresquiste *m* fresquista (peintre).

fressure *f* asadura, despojos *m pl* (d'un animal).

fret [frɛ] ou [frɛt] *m* flete ‖ **fret aérien** flete aéreo.

fréter [18] *v tr* fletar ‖ FAM alquilar un vehículo.

fréteur *m* fletador [(*Amér*) fletante).

frétillant, e *adj* bullicioso, sa; vivaracho, cha (vif) ‖ vivito y coleando (poisson).

frétillement [fretijmɑ̃] *m* agitación *f*, bullicio.

frétiller [3] [fretije] *v intr* bullir, agitarse ‖ **frétiller de la queue** colear (animal).

frétillon [fretijɔ̃] *m* FAM bullebulle, persona *f* inquieta ou bulliciosa.

fretin *m* [▷ SYN] morralla *f*, pescado menudo (menu poisson) ‖ FIG morralla (chose sans valeur); **le menu fretin** la morralla.
| SYN alevin alevino; blanchaille boliche, morralla.

frettage [frɛtaʒ] *m* colocación *f* de zunchos.

frette [frɛt] *f* abrazadera, zuncho *m*, virola (cercle de métal) ‖ virolta, arandela (d'une roue) ‖ ARCHIT greca (grecque).

fretter [4] [frɛte] *v tr* poner un zuncho ou una abrazadera, enzunchar.

freudien, enne [frødjɛ̃, ɛn] *adj* freudiano, na (de Freud).

freudisme [frødism] *m* freudismo.

freux *m* ZOOL grajo.

friabilité *f* friabilidad.

friable *adj* friable, desmenuzable.

friand, e [frijɑ̃, ɑ̃d] *adj* riquísimo, ma; apetitoso, sa (appétissant) ‖ goloso, sa (gourmand) ‖ FIG **être friand d'une chose** ser muy aficionado a una cosa.
→ **friand** *m* empanada *f* (charcuterie).

friandise *f* golosina.
| SYN gourmandise golosina; sucrerie dulce; douceur dulce; FAM chatterie golosina.

Fribourg *n pr* GÉOGR Friburgo.

Fribourg-en-Brisgau *n pr* GÉOGR Friburgo de Brisgovia.

fric [frik] *m* FAM parné, pasta *f*.

fricadelle *f* CULIN especie de albóndiga [plato belga].

fricandeau *m* fricandó, carne *f* mechada (morceau de viande lardé).

fricassée *f* fricasé *m*, pepitoria (volaille) ‖ FIG & FAM **fricassée de museau** besuqueo.

fricasser [3] *v tr* guisar, saltear (cuisine) ‖ FIG & FAM derrochar (gaspiller).

fricatif, ive *adj* & *s f* fricativo, va (linguistique).

fric-frac *m* FAM (vieilli) robo con fractura.

friche *f* baldío *m*, erial *m* ‖ **en friche** erial, sin cultivo, yermo, ma.

frichti; fricot *m* FAM guisado de carne, estofado (ragoût) ‖ comida *f*, pitanza *f* (repas).

fricoter [3] *v tr* guisar, estofar (accommoder en ragoût) ‖ FAM maquinar, tramar (manigancer).
◇ *v intr* FAM hacer negocios sucios.

fricoteur, euse *adj* & *s* FAM caballero de industria, estafador, ra (escroc) ‖ merodeador, ra (maraudeur) ‖ comilón, ona; aficionado, da a comer bien (gourmand) ‖ MIL soldado que elude sus deberes.

friction *f* fricción ‖ fricción, friega (frottement sur le corps) ‖ FIG roce *m*, choque *m*.

frictionner [3] *v tr* friccionar, dar friegas ou fricciones.
| SYN masser dar masajes, amasar; FAM frotter fregar, frotar; oindre ungir.

Frigidaire® *m* armario frigorífico, nevera *f*, frigorífico.

frigidarium [friʒidarjɔm] *m* frigidario [en la antigüedad romana].

frigide *adj* MÉD frígido, da.

frigidité *f* frigidez, frialdad; **la frigidité du marbre** la frialdad del mármol ‖ MÉD frigidez.

frigo *m* FAM armario frigorífico, nevera *f* ‖ FAM carne *f* congelada (viande frigorifiée).

frigorie *f* PHYS frigoría.

frigorifié, e *adj* congelado, da ‖ FAM helado, da hasta los huesos.

frigorifier [9] *v tr* congelar, frigorizar; **frigorifier la viande** congelar la carne.
| SYN congeler congelar; réfrigérer refrigerar.

frigorifique *adj* & *s m* frigorífico, ca.

frigoriste *adj* & *s m* frigorista.

frileusement *adv* de modo friolero.

frileux, euse *adj* & *s* friolero, ra; friolento, ta.

frilosité *f* pusilanimidad.

frimaire *m* HIST frimario (troisième mois du calendrier républicain français).

frimas [frima] *m* escarcha *f*.

frime *f* FAM pamema, farsa ■ **pour la frime** para engañar, en broma ■ **c'est de la frime** son pamemas.

frimer [3] *v intr* FAM chulear, vacilar, fardar.

frimeur, euse *adj* & *s* FAM bacilón, ona; vacilón, ona.

frimousse *f* FAM palmito *m*, carita, cara.

fringale [frɛ̃gal] *f* FAM carpanta, gazuza (faim) ‖ **avoir la fringale** estar muerto de hambre.

fringant, e *adj* fogoso, sa; vivo, va (cheval) ‖ elegante; apuesto, ta (personne).

fringillidés [frɛ̃ʒilide] *m pl* ZOOL fringílidos.

fringuer [3] *v intr* caracolear, dar saltitos (danser, sautiller) ‖ **un cheval qui fringue sans cesse** un caballo que caracolea sin cesar.
◇ *v tr* FAM vestir (habiller).

fringues [frɛ̃g] *f pl* FAM vestidos *m pl*, ropa *f sing* (vêtements).

friper [3] *v tr* ajar, chafar, arrugar; **friper une robe** chafar un vestido ‖ arrugar (rider).

friperie *f* prendería, ropavejería (commerce de vieilleries) ‖ ropa vieja (vêtements usés) ‖ FIG trasto *m*, cacharro *m* (chose use, sans valeur).

fripes *f pl* FAM ropa *f* de segunda mano.

fripier, ère *m* & *f* prendero, ra; ropavejero, ra.

fripon, onne *adj* & *s* bribón, ona; pillo, lla ‖ picaresco, ca (air, regard) ■ **petit fripon** bribonzuelo, picaruelo.

friponnerie *f* bribonada, bribonería, picardía.

fripouille [fripuj] *f* FAM canalla *m*, granuja *m*, golfo *m*.

fripouillerie [fripujri] *f* granujería, canallada (canaillerie).

friquet [frikɛ] *m* gorrioncillo.

frire [115] *v tr* freír.
◇ *v intr* freírse ‖ **faire frire** freír.
| OBSERV Sólo se usa frire en presente de indicativo singular, je fris, tu fris, il frit; en futuro de indicativo, je frirai, etc.; en potencial, je frirais, etc.; en impersonal fris; en p. p. frit, e. En los demás tiempos se le sustituye con faire frire.

frisage *m* rizado.

frisant, e *adj* rizado, da (cheveux) ‖ **jour frisant, lumière frisante** luz de soslayo ou oblicua, trasluz.

Frisbee® [frizbi] *m* JEUX frisbi®.

frise *f* frisa (tissu) ‖ ARCHIT friso *m* ‖ MAR frisa ‖ THÉÂTR bambalina (décor) ■ **frise de lambris** tablero de artesonado ■ MIL **cheval de frise** caballo de frisa.

Frise *n pr f* GÉOGR **la Frise** Frisia.

frisé, e *adj* rizado, da (cheveux) ‖ frisado, da (tissu).
→ **frisée** *f* lechuga rizada.

friselis *m* ligero temblor (frémissement doux).

friser [3] *v tr* [▷ SYN] rizar (cheveux) ‖ frisar en, rayar en, acercarse a; **friser la trentaine** rayar en los treinta años ‖ FAM estar a dos dedos de (manquer de peu) ‖ FIG rozar, rasar (effleurer) ‖ **fer à friser** tenacillas, rizador.
◇ *v intr* rizarse, ensortijarse ‖ **se faire friser** rizarse el pelo.
| SYN boucler ensortijar; onduler ondular; (vx) calamistrer rizar; crêper cardar; mettre en plis marcar.

frisette *f* rizo *m*, rizadillo *m*.

frison, onne *adj* frisón, ona (de la Frise).
→ **frison** *m* rizo (de cheveux) ‖ LING frisón.

Frison, onne *m* & *f* frisón, ona.

frisotter [3] *v tr* ensortijar, rizar ligeramente (friser légèrement).
◇ *v intr* rizarse.

frisottis *m* rizo.

frisquet, ette [friskɛ, ɛt] *adj* FAM fresquito, ta; fresquete (un peu frais).

frisson *m* escalofrío, repeluzno, repeluco, tiritona *f* FAM ‖ FIG escalofrío, estremecimiento; **frisson d'effroi** escalofrío de espanto.

frissonnant, e *adj* que tiene escalofríos ‖ tembloroso, sa.

frissonnement *m* escalofrío.

frissonner [3] *v intr* tiritar [de frío], sentir escalofríos (avoir le frisson) ‖ FIG estremecerse, temblar (être fortement ému) ▐ agitarse, temblar, estremecerse (les choses).

frisure *f* rizado *m*, ensortijamiento *m*.

frit, e *adj* frito, ta ▐ FIG & FAM frito, ta; perdido, da.
- **frite** *f* patata frita (pomme de terre frite).

friterie [fritri] *f* freiduría.

friteuse *f* freidora.

fritillaire [fritilɛr] *f* BOT fritilaria, corona imperial (plante).

frittage *m* TECHN sinterización *f*.

fritte *f* TECHN frita, calcinación (du verre).

friture *f* freimiento *m*, freidura (action de frire) ▐ fritura, fritada (chose frite) ▐ pescado *m* frito ▐ aceite *m*, manteca (graisse) ▐ ruido *m* parásito, fritura (au téléphone).

friturier, ère *m & f* friturero, ra; vendedor, ra de frituras.

fritz [frits] *m* FAM & PÉJ (vieilli) soldado alemán.

frivole *adj* frívolo, la; fútil; ligero, ra de cascos.

frivolement *adv* frívolamente, con frivolidad.

frivolité *f* frivolidad.
- **frivolités** *f pl* encajes *m pl*, bordados *m pl*, adornos *m pl* de moda.

froc *m* (vieilli) hábito, cogulla *f* (vêtement de moine) ▐ (vx) capilla *f*, capucha *f* (capuche de moine) ▐ FAM pantalón ■ jeter le froc aux orties ahorcar ou colgar los hábitos ▐ prendre le froc tomar los hábitos, meterse a monje ou fraile.

frocard [frɔkar] *m* FAM & PÉJ (vx) frailuco (moine).

froid, e [frwa, frwad] *adj* [▷ SYN 1] frío, a ■ viandes froides fiambres ■ à froid en frío; opérer à froid operar en frío ▐ il fait très froid hace mucho frío.
- **froid** *m* [▷ SYN 2] frío ▐ frialdad *f*, indiferencia *f*; il est d'un froid glacial es de una frialdad glacial ■ pendant les grands froids durante los grandes fríos ▐ un froid de loup, de canard un frío de perros ■ avoir froid tener frío ▐ battre froid à quelqu'un tratar con frialdad a uno ▐ cela ne lui fait ni chaud ni froid eso no le va ni le viene, eso no le da ni frío ni calor ▐ être en froid avec quelqu'un estar tirante con alguien ▐ jeter un froid provocar una situación desagradable ou molesta ▐ FAM ne pas avoir froid aux yeux tener agallas ▐ prendre froid enfriarse, coger frío ▐ souffler le froid et le chaud jugar a dos paños.
  > SYN 1. frais fresco; glacé helado; glacial glacial.
  > 2. froidure frío; froideur frialdad.

froidement *adv* fríamente ▐ a sangre fría (sans émotion).

froideur *f* frialdad.

froidure *f* frío *m*, frialdad ▐ heladura (lésion produite par le froid) ▐ POÉT invierno *m* (l'hiver).

froissable *adj* arrugable.

froissement *m* arrugamiento ▐ distorsión *f*, magullamiento ▐ FIG disgusto, pique (mécontentement), antagonismo ▐ menoscabo (intérêts).

froisser [3] *v tr* arrugar, ajar, chafar (chiffonner) ▐ magullar, lastimar (meurtrir) ▐ FIG [▷ SYN] herir, ofender, picar.
- **se froisser** *v pr* arrugarse, ajarse, chafarse (se chiffonner) ▐ magullarse (un membre) ▐ FIG picarse, ofenderse; se froisser d'une plaisanterie picarse por una broma ▐ se froisser un muscle distenderse un músculo.
  > SYN désobliger contrariar; piquer zaherir; vexer vejar.

froissure *f* arruga, arrugamiento *m*.

frôlement *m* roce, rozamiento *m*.

frôler [3] *v tr* rozar con.
  > SYN effleurer rozar; friser frisar; caresser acariciar.

frôleur, euse *adj* rozador, ra; que roza ▐ FIG suave, acariciador, ra (voix).

fromage *m* queso ▐ FAM chollo, breva *f* (sinécure) ■ fromage blanc ou à la crème requesón ▐ fromage bleu queso estilo Roquefort ▐ fromage de cochon ou de tête queso de cerdo ▐ fromage de Hollande queso de bola ▐ fromage mou ou à pâte molle queso de pasta blanda ■ entre la poire et le fromage a los postres, al final de una comida.

fromagé, e *adj* con queso.

fromager, ère *adj* quesero, ra; industrie fromagère industria quesera.
- *m & f* quesero, ra.
- **fromager** *m* encella *f* (égouttoir à fromage) ▐ BOT ceiba *f* (arbre).

fromagerie [frɔmaʒri] *f* quesera (où l'on fait le fromage) ▐ quesería, mantequería (où l'on vend le fromage).

froment *m* trigo [particularmente el trigo candeal].

fromental, e *adj* frumenticio, cia.
- **fromental** *m* avena loca *f*.

fronce *f* frunce *m*, fruncido *m* (couture) ▐ arruga, pliegue *m* (pli).

froncement *m* fruncimiento, frunce.

froncer [16] *v tr* fruncir; froncer les sourcils fruncir el ceño ou el entrecejo.

froncis [frɔsi] *m* fruncido.

frondaison *f* frondosidad, fronda (feuillage) ▐ aparición de las hojas.

fronde *f* honda (arme) ▐ BOT fronda ▐ MÉD fronda, galápago *m* (bandage).
- **Fronde** *f* HIST la Fronde la Fronda.

fronder [3] *v tr* apedrear con la honda (p us) ▐ FIG criticar, censurar.

frondeur, euse *adj & s* hondero, ra ▐ HIST partidario de la Fronda ▐ FIG revoltoso, sa; descontento, ta; sedicioso, sa ▐ criticón, ona; censurador, ra (censeur).

front *m* frente *f* (partie du visage); front fuyant frente deprimida ▐ cara *f*, semblante (visage) ▐ frente *m* (partie antérieure) ▐ frente (groupement politique); le Front populaire el Frente Popular ▐ FIG descaro, cara *f*, atrevimiento (effronterie) ▐ MIL frente ■ de front de

frente (par-devant), al lado, juntos (côte à côte), simultáneamente, a la vez, al mismo tiempo (à la fois) ■ avoir le front de tener el descaro de ▐ faire front hacer frente, arrostrar ▐ front de mer paseo marítimo ▐ mener deux affaires de front llevar dos asuntos al mismo tiempo.

frontail [frɔ̃taj] *m* frontil (des bœufs) ▐ frontalera *f* (des chevaux).

frontal, e *adj* frontal.
- **frontal** *m* frontal (os) ▐ frontalera *f* (du cheval).

frontalier, ère *adj & s* fronterizo, za.

fronteau *m* frontal (des religieuses) ▐ frontalera *f* (du cheval) ▐ MAR frontón.

frontière *m* frontera.
- *adj* fronterizo, za; place frontière plaza fronteriza.
  > SYN limite límite; confin confín; marche marca.

frontignan *m* vino moscatel de Frontiñán.

frontispice *m* frontispicio, frontis.

fronton *m* frontón (jeu de pelote) ▐ ARCHIT frontón; fronton brisé frontón quebrado.

frottage *m* frotamiento ▐ enceramiento de los suelos (d'un parquet).

frottant, e *adj* frotante, que frota ▐ MÉCAN de rozamiento (surface).

frottée *f* rebanada untada con ajo y mantequilla (tartine) ▐ FAM (vx) friega, paliza (raclée).

frottement *m* frotamiento, frotación *f*, frote ▐ FIG roce, trato (contact) ▐ MÉCAN rozamiento, roce; à frottement dur de rozamiento duro.

frotter [3] *v tr* [▷ SYN] frotar, restregar ▐ encerar, lustrar (les parquets) ▐ friccionar, frotar (frictionner) ▐ FIG & FAM zurrar, sacudir el polvo (battre) ■ frotter les oreilles à quelqu'un calentarle a uno las orejas ▐ frotter une allumette rascar una cerilla ■ FIG être frotté de tener un barniz de.
- *v intr* rozar (un frottement).
- **se frotter** *v pr* frotarse ▐ rozarse ou tratarse con (fréquenter); se frotter aux savants tratarse con sabios ■ FAM qui s'y frotte s'y pique el que juega con fuego se quema ▐ se frotter à atacar, provocar ▐ FIG se frotter les mains frotarse las manos.
  > SYN polir pulir; astiquer bruñir, lustrar; fourbir acicalar; poncer apomazar.

frotteur *m* encerador de suelos (de parquets) ▐ TECHN frotador.

frotteuse *f* cepillo *m* para dar brillo a la cera.

frottis [frɔti] *m* MÉD frotis ▐ barniz, capa *f* ligera (glacis).

frottoir *m* frotador ▐ rascador (pour allumettes) ▐ cepillo (brosse) ▐ bayeta *f*, aljofifa *f*, trapo (chiffon) ▐ navajero (pour le rasoir).

frou-frou; froufrou *m* frufrú, crujido de la seda (de la soie) ▐ susurro (des feuilles).

▪ **OBSERV** pl frou-frous.

froufroutant, e *adj* crujiente, susurrante.

froufroutement *m* crujido.

froufrouter [3] *v intr* crujir [la seda].

froussard, e *adj* & *s* **FAM** cobarde, cagueta, gallina.

frousse *f* **FAM** canguelo *m*, jindama, mieditis (peur); avoir la frousse tener canguelo.

fructidor *m* **HIST** fructidor [duodécimo mes del año revolucionario francés].

fructifère *adj* fructífero, ra.

fructification *f* fructificación.

fructifier [9] *v intr* fructificar ▌ faire fructifier son capital hacer fructificar su capital.

fructose *m* **CHIM** fructosa *f* (sucre de fruit).

fructueusement *adv* fructuosamente, fructíferamente, de manera fructífera.

fructueux, euse [fryktɥø, øz] *adj* fructuoso, sa; fructífero, ra.

frugal, e *adj* frugal.

frugalement *adv* frugalmente, con frugalidad.

frugalité *f* frugalidad.

frugivore *adj* & *s* frugívoro, ra.

fruit [frɥi] *m* fruto; les fruits de la terre los frutos de la tierra ▌ fruta *f*; la poire est un fruit savoureux la pera es una fruta sabrosa; mettre des fruits sur la table poner fruta en la mesa ▌ fruto, producto; les fruits du travail los frutos del trabajo; travailler avec fruit trabajar con fruto ▌ **ARCHIT** desplome, inclinación *f* (des murailles) ▪ fruit défendu fruto prohibido ▌ fruit sec fruto seco (figues, etc.), estudiante ou hombre fracasado (personnes) ▌ sans fruit sin provecho.

➡ **fruits** *m pl* frutos, rentas *f pl* (revenus) ▌ fruits confits fruta escarchada ▌ fruits de mer mariscos, productos del mar ▌ fruits secs frutos secos ▌ **DR** fruits pendants par les racines cosechas en pie.

fruité, e [frɥite] *adj* con sabor de fruta (boissons, aliments) ▌ **BLAS** frutado, da.

fruiterie [frɥitri] *f* frutería (boutique) ▌maduradero *m* (lieu où l'on conserve les fruits).

fruitier, ère [frɥitje, ɛr] *adj* frutal; arbre fruitier árbol frutal.
◇ *m* & *f* frutero, ra (marchand).

➡ **fruitier** *m* maduradero (lieu pour conserver les fruits) ▌ frutero (récipient).

➡ **fruitière** *f* asociación ou consorcio *m* de queseros (en Franche-Comté, Savoie, Jura).

frumentaire *adj* frumentario, ria.

frusques [frysk] *f pl* **FAM** pingos *m pl*, trapos *m pl* (vieux vêtements).

fruste *adj* gastado, da; borroso, sa; usado, da (médaillon, sculpture, etc.) ▌ zafio, fia (grossier).

frustrant, e *adj* frustrante.

frustration *f* frustración, privación, defraudación.

frustratoire *adj* frustratorio, ria.

frustré, e *adj* & *s* frustrado, da.

frustrer [3] *v tr* frustrar, defraudar ▌ frustré dans ou de ses espérances frustrado en sus esperanzas, frustradas sus esperanzas.

frutescent, e [frytɛsɑ̃, ɑ̃t] *adj* **BOT** frutescente; fruticoso, sa (p us).

FS (abr écrite de franc suisse) FS.

FSE (abr de foyer socio-éducatif) *m* asociación socioeducativa que coordina las actividades extraescolares en los institutos de enseñanza secundaria franceses.

FTP *m* (abr de File Transfer Protocol) **INFORM** FTP.
◇ *m pl* (abr de francs-tireurs et partisans) resistencia comunista francesa durante la segunda Guerra Mundial.

fuchsia [fyʃja] ou [fyksja] *m* **BOT** fucsia *f*.

fuchsine [fyksin] *f* fucsina (matière colorante).

fucus [fykys] *m* **BOT** fuco (varech).

fuégien, enne *adj* fueguino, na; de la Tierra de Fuego.

Fuégien, enne *m* & *f* fueguino, na.

fuel [fjul]; **fuel-oil** [fjulɔjl] *m* fuel-oil, fuel.
▪ **OBSERV** pl fuels; fuel-oils.

fugace *adj* fugaz.

fugacité *f* fugacidad.

fugitif, ive *adj* & *s* fugitivo, va.

fugitivement *adv* fugazmente, de manera fugaz.

fugue *f* **FAM** fuga, escapatoria, escapada ▌ **MUS** fuga ▪ faire une fugue fugarse.

fugué, e *adj* **MUS** fugado, da.

fuguer [3] *v intr* fugarse.

fugueur, euse *adj* que tiene tendencia a fugarse.
◇ *m* & *f* niño que tiene tendencia a fugarse.

Führer [fyʀœʀ] *n pr m* le Führer el Führer.

fuie [fɥi] *f* palomar pequeño *m* (colombier).

fuir [35] *v intr* [▷ **SYN**] huir ▌alejarse; l'hiver a fui el invierno se ha alejado ▌salirse; ce récipient fuit este recipiente se sale; le gaz fuit el gas se sale ▌ esquivarse (se dérober) ▌extenderse; chaîne de montagnes qui fuit vers la mer cadena de montañas que se extiende hasta el mar ▌ **FIG** correr (s'écouler) ▌ faire fuir ahuyentar.
◇ *v tr* huir de, evitar; fuir le danger huir del peligro.

> **SYN** s'enfuir fugarse; s'échapper escaparse; s'esquiver esquivarse; s'évader evadirse; se sauver largarse; **FAM** lever le pied ahuecar el ala; détaler salir pitando; prendre ses jambes à son cou tomar las de Villadiego; **FAM** se carapater pirárselas, najarse.

fuite *f* [▷ **SYN** 1] huida, fuga ▌escape *m* (d'un gaz) ▌salida, derrame *m* (d'un liquide) ▌hendidura, ranura (fissure) ▌**FIG**[▷ **SYN** 2] evasiva, pretexto *m* (moyen dilatoire) ▌paso *m*, transcurso *m* (du temps) ▌**FIG** & **FAM** indiscreción, filtración ▌delación de informaciones secretas ▪ fuite d'eau gotera (dans le plafond) ▌**ÉCON** fuite des capitaux fuga de capitales ▌fuite en avant huida hacia adelante ▌point de fuite centro de perspectiva ▪ être en fuite ser prófugo ▌mettre en fuite hacer huir ▌prendre la fuite huir, darse a la fuga.

> **SYN 1.** débandade desbandada; sauve-qui-peut sálvese quien pueda.
> **2.** faux-fuyant pretexto; subterfuge subterfugio; refuge refugio; échappatoire escapatoria; évasion evasión.

Fuji-Yama *n pr m* **GÉOGR** le (mont) Fuji-Yama el (monte) Fuji-Yama ou Fuji-San ou Fusi Yama.

Fulbert [fylbɛr] *n pr* Fulberto.

Fulgence *n pr* Fulgencio.

fulgural, e *adj* fulgural.

fulgurance *f* fulgor *m*.

fulgurant, e *adj* fulgurante.

fulguration *f* fulgor *m*, resplandor *m* ▌fulguración, fucilazo *m* (éclair sans tonnerre).

fulgure *m* cocuyo (insecte).

fulgurer [3] *v intr* fulgurar (briller).

fuligineux, euse *adj* fuliginoso, sa (couleur de suie).

full [ful] *m* full (poker).

fulmicoton *m* algodón pólvora, fulmicotón (coton-poudre).

fulminant, e *adj* fulminante ▌ **FIG** fulminante, amenazador, ra; un regard fulminant una mirada fulminante.

fulminate *m* **CHIM** fulminato.

fulmination *f* fulminación.

fulminatoire *adj* fulminatorio, ria; fulminante.

fulminer [3] *v intr* estallar ▌ **FIG** prorrumpir en amenazas.
◇ *v tr* fulminar (des reproches, une excommunication).

fulminique *adj* **CHIM** fulmínico, ca.

fumable *adj* fumable.

fumage *m*; **fumaison** *f* ahumado *m* (des viandes) ▌ **AGRIC** estercoladura *f*, abono *m*.

fumagine *f* **AGRIC** fumagina.

fumaison ➡ **fumage**.

fumant, e *adj* humeante ▌ **FAM** bárbaro, ra; sensacional ▪ fumant de colère echando fuego por los ojos, bramando de cólera ▌fumant de sang bañado en sangre ▪ **CHIM** acide fumant ácido fumante ▌un coup fumant una buena jugada.

fumariacées *f pl* **BOT** fumariáceas.

fumé, e *adj* ahumado, da ▌ **AGRIC** estercolado, da.

➡ **fumé** *m* **IMPR** prueba *f* de un grabado.

fume-cigarette; **fume-cigare** *m inv* boquilla *f*.

fumée *f* humo *m* ▌ humos *m pl*, vanidad (vanité) ▪ il n'y a pas de fumée sans feu cuando el río suena agua lleva ▌s'en aller en fumée volverse agua de borrajas.

➡ **fumées** *f pl* vapores *m* (du vin) ▌cagarrutas (fiente du gibier).

fumer [3] *v intr* humear, echar humo (jeter de la fumée) ▌ fumar (être fumeur) ▌ **FIG** & **FAM** bufar de cólera, echar rayos ou chispas de cólera.
◇ *v tr* fumar (tabac) ▌ ahumar (les aliments) ▌**AGRIC** estercolar, abonar (engraisser les terres) ▪ fumer une pipe fumarse una pipa ▌fumer la pipe fumar en pipa.

fumerie [fymri] *f* fumadero *m*.

fumerolle [fymrɔl] *f* fumarola (volcans).

fumeron *m* tizón, tizo (bois incomplètement carbonisé) ▌**FAM** pierna *f*, pata *f* (jambe).

fumet [fymε] *m* olor (d'un mets) ‖ aroma, embocadura *f* (du vin) ‖ husmo, olor (du gibier).

fumeterre *f* fumaria (plante).

fumeur, euse *m* & *f* fumador, ra.

fumeux, euse *adj* humoso, sa; que despide humo ‖ confuso, sa; borroso, sa (peu clair).

fumier *m* estiércol (engrais) ‖ FIG basura *f*, porquería *f* (objet vil) ‖ FIG & TFAM (injur) canalla, sinvergüenza, charrán ‖ une perle dans un fumier una perla en un muladar.

fumière *f* estercolero *m*.

fumigateur *m* fumigador.

fumigation *f* fumigación.

fumigatoire *adj* fumigatorio, ria.

fumigène *adj* fumígeno, na.

fumiste *m* fumista, estufista ‖ deshollinador (ramoneur) ‖ FIG & FAM bromista, tramposo ‖ FAM camelista, cuentista (mystificateur).

fumisterie *f* fumistería ‖ FAM camelo *m*, cuento *m* (mensonge).

fumivore *adj* & *s m* fumívoro, ra.

fumoir *m* fumadero (local pour fumer) ‖ ahumadero (pour les aliments).

fumure *f* AGRIC estercoladura, abono *m*.

fun *m* tabla *f* de wind surfing.

funambule *m* & *f* funámbulo, la; volatinero, ra.

funambulesque *adj* funambulesco, ca.

Funchal *n pr* GÉOGR Funchal.

funèbre *adj* fúnebre ‖ pompes funèbres pompas fúnebres, funeraria.
‖ SYN funéraire funerario; mortuaire mortuorio.

funérailles [fyneraj] *f pl* funeral *m sing*, funerales *m pl*, exequias.

funéraire *adj* funerario, ria ‖ mortuorio, ria; drap funéraire paño mortuorio.

funérarium *m* tanatorio.

funeste *adj* funesto, ta.

funestement *adv* LITT funestamente.

funiculaire *adj* & *s m* funicular.

funicule *m* BOT funículo.

funin *m* MAR jarcia *f*, cabo sin embrear (filin).

FUNU; Funu (abr de Force d'urgence des Nations unies) *f* UNEF.

furax *adj inv* FAM hecho, cha una fiera.

furet [fyrε] *m* hurón (animal) ‖ anillo, sortija *f* (jeu) ‖ FIG hurón, fisgón (personne curieuse).

furetage [fyrtaʒ] *m* caza *f* con hurón (chasse) ‖ FIG escudriñamiento, registro.

fur et à mesure
➡ au fur et à mesure *loc adv* a medida, poco a poco ‖ au fur et à mesure que a medida que, conforme.

fureter [28] *v intr* huronear, cazar con hurón ‖ FIG huronear, escudriñar, fisgonear.

fureteur, euse *m* & *f* cazador, ra con hurón ‖ FIG fisgón, ona; hurón, ona.

fureur *f* [▷ SYN] furor *m* ‖ FIG furor *m*, pasión, manía; la fureur du jeu la pasión del juego) ‖ furia, furor *m* (violence) ■ à la fureur locamente ■ entrer en fureur enfurecerse, ponerse furioso ‖ être en fureur estar furioso ‖ faire fureur estar en boga, hacer furor (gallicisme) ‖ se mettre en fureur enfurecerse.
‖ SYN furie furia; emportement arrebato; acharnement encarnizamiento; rage rabia; passion pasión; frénésie frenesí.

furfuracé, e *adj* furfuráceo, a (qui ressemble au son).

furibard, e [fyribar, ard] *adj* & *s* FAM furibundo, da; que echa chiribitas; furioso, sa; frenético, ca.

furibond, e [fyribɔ̃, ɔ̃d] *adj* furibundo, da.

furie [fyri] *f* furia ‖ ímpetu *m*, ardor *m* (impétuosité) ‖ bestia corrupia, furia (méchante femme) ■ en furie desencadenado, da (déchaîné) ‖ entrer en furie enfurecerse, ponerse furioso.

Furies *f pl* MYTH Furias.

furieusement [fyrjøzmɑ̃] *adv* furiosamente ‖ FIG & FAM excesivamente, extraordinariamente (à l'excès).

furieux, euse *adj* [▷ SYN] furioso, sa ‖ FIG impetuoso, sa; furioso, sa ‖ terrible; violento, ta; avoir une furieuse envie de dormir tener un sueño terrible; un furieux coup de poing un violento puñetazo.
‖ SYN furibond furibundo; forcené furioso; possédé poseso.

furioso *adj* & *adv* MUS furioso.

furole; furolle *f* (p us) fuego *m* fatuo.

furoncle *m* MÉD furúnculo, divieso.
‖ SYN anthrax ántrax; FAM clou divieso, clavo.

furonculeux, euse *adj* MÉD furunculoso, sa.

furonculose *f* MÉD furunculosis.

furtif, ive [fyrtif, iv] *adj* furtivo, va.

furtivement *adv* furtivamente.

fusain [fyzɛ̃] *m* bonetero (arbrisseau) ‖ carboncillo (crayon) ‖ dibujo al carbón (dessin).

fusainiste [fyzɛnist]; **fusiniste** [fyzinist] *m* dibujante al carbón.

fusant, e *adj* deflagrante; deflagrador, ra ‖ MIL granada *f* que estalla en el aire (qui éclate en l'air).
➡ **fusant** *m* MIL granada *f* que estalla en el aire.

fuscine [fysin] *f* tridente *m*.

fuseau *m* huso (pour filer) ‖ rueca *f* (quenouille) ‖ bolillo, majaderillo (pour dentelle) ‖ canilla *f* (pour évider le fil) ‖ GÉOM huso ■ fuseau de parachute paño de paracaídas ‖ fuseau horaire huso horario ‖ AVIAT fuseau moteur bloque del motor ■ jambes en fuseau piernas de alambre ‖ pantalón fuseau pantalón tubo.

fusée [fyze] *f* husada (fil enroulé dans le fuseau) ‖ cohete *m* (de feu d'artifice) ‖ espiga (d'une épée) ‖ AVIAT cohete *m*, avión *m* cohete; fusée à étages cohete de varios cuerpos ‖ BLAS huso *m*, losange *m* ‖ MAR mecha (de cabestan) ‖ MIL espoleta (d'obus); fusée percutante espoleta de percusión ‖ TECHN rueda espiral (d'une montre) ‖ manga, mangueta (de l'essieu d'une voiture) ■ fusée à baguette cohete de varilla ‖ fusée d'alarme bengala de alarma ‖ fusée éclairante bengala ‖ fusée volante cohete volador.

fusel *m* producto que resulta de la fermentación alcohólica de los glúcidos.

fuselage [fyzlaʒ] *m* AVIAT fuselaje.

fuselé, e [fyzle] *adj* ahusado, da (en fuseau) ‖ BLAS fuselado, da ‖ FIG torneado, da; fino, na; afilado, da; doigts fuselés dedos finos.

fuseler [24] [fyzle] *v tr* ahusar, dar forma de huso.

fuser [3] *v intr* deflagrar (poudre) ‖ derretirse (bougie) ‖ crepitar (du sel sur les charbons) ‖ FIG estallar (rire) ‖ brotar (surgir) ‖ prorrumpir, llover, surgir; des critiques fusaient de tous côtés las críticas prorrumpían por todos lados.

fusette *f* carrete *m*, bobina (de fil).

fusibilité *f* fusibilidad.

fusible *adj* fusible (qui peut être fondu).
◇ *m* fusible, plomo (électricité).

fusiforme [fyziform] *adj* fusiforme; ahusado, da.

fusil [fyzi] *m* [▷ SYN] fusil (arme à feu) ‖ escopeta *f* (pour la chasse) ‖ chaira *f*, eslabón, afilón (pour aiguiser les couteaux) ■ fusil à air escopeta de aire comprimido ‖ fusil à deux coups escopeta de dos cañones ‖ fusil à lunette fusil con alza automática ‖ fusil à pierre fusil de chispa ‖ fusil à pompe fusil de percusión ou de pistón ‖ fusil à répétition, semi-automatique fusil de repetición, semiautomático ‖ fusil sous-marin fusil de pesca submarina ■ coup de fusil disparo, tiro (sens propre), clavo (addition excessive); ici, c'est le coup de fusil! ¡aquí le clavan a uno! ■ changer son fusil d'épaule chaquetear, volver casaca, cambiarse la chaqueta.
‖ SYN arquebuse arcabuz; carabine carabina; mitraillette metralleta; mousquet mosquete; mousqueton mosquetón, tercerola; rifle rifle; FAM flingot, flingue chopo.

fusilier [fyzilje] *m* fusilero ‖ fusilier marin soldado de infantería de marina.

fusillade [fyzijad] *f* descarga de fusilería ‖ tiroteo *m*, fuego *m* de fusilería (décharge de fusils).

fusiller [3] [fyzije] *v tr* fusilar ‖ FIG fusiller quelqu'un du regard fulminar a alguien con la mirada.

fusilleur [fyzijœr] *m* persona que fusila.

fusil-mitrailleur *m* fusil ametrallador.
‖ OBSERV pl fusils-mitrailleurs.

fusiniste ➡ fusainiste.

fusion *f* fusión ‖ NUCL fusion nucléaire fusión nuclear ‖ MUS tipo de música que asocia el rock, el funk, el rap o diversas músicas tradicionales.

fusionnement *m* fusión *f*.

fusionner [3] *v tr* fusionar.
◇ *v intr* fusionarse.

fustanelle *f* faldas *f pl*, enagüillas *f pl* (jupon du costume grec).

fustet [fystε] *m* BOT fustete.

fustigation *f* fustigación.

fustiger [17] *v tr* fustigar.

fût [fy] *m* pipa *f*, tonel (tonneau) ‖ caja *f* (d'une arme à feu) ‖ caja (de divers outils, rabots, etc.) ‖ armazón *f* (d'une malle, d'un coffre) ‖ tronco sin rama (tronc d'un arbre) ‖ ARCHIT fuste, caña *f*, afuste.

futaie [fytε] *f* oquedal *m*, monte alto.

futaille [fytaj] *f* tonel *m*.

futaine *f* fustán *m* (tissu).
futal *m* FAM pantalón.
futé, e *adj* sagaz; listo, ta ▌taimado, da; ladino, na.
futile *adj* fútil.
futilement *adv* de modo fútil.
futilité *f* futilidad.
futon *m* futón.

futur, e *adj* & *s m* futuro, ra ▌GRAMM futur antérieur futuro perfecto, antefuturo.
futurisme *m* futurismo.
futuriste *adj* & *s* futurista.
futurologie *f* futurología.
futurologue *m* & *f* futurólogo, ga.
fuyant, e [fµijā, āt] *adj* que huye, huidizo, za (qui fuit) ▌FIG huidizo, za ▌muy inclinado (très incliné) ▌ falso, sa (regard) ▌ deprimida [frente] ▌faux-fuyant pretexto, escapatoria.
➥ **fuyant** *m* perspectiva *f.*

fuyard, e [fµijar, ard] *adj* & *s* fugitivo, va ▌FAM rajado, da (lâche).

FV (abr de **fréquence vocale**) *f* frecuencia vocal.

Fātima; Fatima *n pr* Fátima.

g; G *m* g *f*; un petit g una g minúscula.
▌ **OBSERV** La g y la n que le sigue (gn) equivalen generalmente a la ñ española.

g. (abr écrite de **gauche**) izq.

G *m* (abr écrite de **gauss**) GS ▌ (abr écrite de giga-) G.

G7 (abr de groupe des 7 pays les plus industrialisés) *m* G7.

GAB (abr de guichet automatique de banque) *m* cajero automático.

gaba *m* gaba (neuromédiateur).

gabardine *f* gabardina.

gabare *f* MAR gabarra (bateau) ▌ especie de jábega (filet).

gabariage *m* TECHN comprobación *f* con una plantilla, con un escantillón ▌ ejecución *f* de una plantilla.

gabarier *m* gabarrero.

gabarier [9] *v tr* comprobar con una plantilla, con un escantillón.

gabarit [gabari] *m* escantillón, plantilla *f* (modèle) ▌ gálibo (pour wagons chargés) ▌ FIG & FAM importancia *f*, dimensión *f* ▌ MAR gálibo, vitola *f* ▌ FAM estatura *f*, tamaño.

gabegie [gabʒi] *f* engaño *m* ▌ FAM desbarajuste *m*, desorden *m*; **quelle gabegie!** ¡qué desbarajuste!

gabelle *f* HIST gabela (impôt) ▌ HIST alfolí *m* (entrepôt).

gabelou [gablu] *m* alfolinero ▌ FAM aduanero (douanier) ▌ consumero (d'octroi).

gabie *f* (ancien) MAR gavia.

gabier *m* MAR gaviero.

gabion *m* chozo, tonel para esconderse el cazador de patos (chasse) ▌ AGRIC espuerta *f* (panier) ▌ MIL gavión, cestón.

gabionnade *f*; **gabionnage** *m* (ancien) MIL cestonada.

gabionner [3] *v tr* MIL fortificar con gaviones.

gable; gâble *m* ARCHIT gablete.

Gabon *n pr m* GÉOGR le Gabon Gabón.

gabonais, e *adj* gabonés, esa.

Gabonais, e *m & f* gabonés, esa.

Gaborone *n pr* Gaborone.

Gabriel *n pr* Gabriel.

Gabrielle *n pr* Gabriela.

gâchage *m* mezcla *f*; **eau de gâchage** agua para hacer mezcla ▌ FIG desperdicio (gaspillage) ▌ chapuza *f* (travail mal fait).

gâche *f* TECHN cerradero *m* (serrure) ▌ escarpiador *m* (pour conduites) ▌ paleta (de maçon) ▌ espátula (de cuisinier).

gâcher [3] *v tr* amasar, hacer mezcla (plâtre, mortier) ▌ malgastar; **gâcher sa fortune** malgastar su fortuna ▌ arruinar, estropear; **il a gâché sa vie** ha arruinado su vida ▌ [▷ SYN] FIG echar a perder, chapucear (faire sans soin) ■ **gâcher le métier** estropear el oficio (travailler, vendre sans exiger le prix normal) ▌ **gâcher son plaisir à quelqu'un** aguarle la fiesta a uno.

▌ SYN **gâter** estropear; **galvauder** estropear; **gaspiller** desperdiciar; **bâcler** frangollar; **saboter** sabotear, hacer con los pies, hacer de mala gana.

gâchette *f* gacheta (d'une serrure) ▌ gatillo *m*, disparador *m* (d'une arme).

gâcheur *m* amasador (plâtre, mortier) ▌ peón de albañil (aide-maçon) ▌ FAM chapucero, frangollón, chafallón (qui travaille mal) ▌ el que estropea el oficio (qui travaille sans exiger le prix normal).

gâchis [gaʃi] *m* mortero, argamasa *f* (mortier) ▌ FIG lodazal (bourbier) ▌ mezcla *f*, montón de cosas echadas a perder ▌ estropicio (dégât) ▌ FIG & FAM atolladero, lío (situation embrouillée).

gade *m* gado (poisson).

gadget *m* gadget, enredo, enredillo (petit objet).

gadidés [gadide] *m pl* gádidos (poissons).

gadin *m* FAM leche *f*, hostia *f*; **se ramasser ou prendre un gadin** pegarse ou darse una leche, pegarse ou darse una hostia.

gaditain, e *adj* gaditano, na (de Cadix).

Gaditain, e *m & f* gaditano, na.

gadolinium [gadolinjɔm] *m* gadolinio (métal).

gadoue [gadu] *f* basuras *pl* (ordures ménagères) ▌ estiércol *m* (engrais) ▌ FAM barro *m* espeso (boue).

GAEC (abr de Groupement agricole d'exploitation en commun) *m* agrupación agrícola de explotación común.

gaélique *adj & s* gaélico, ca.

Gaétan *n pr* Cayetano.

Gaète *n pr* GÉOGR Gaeta.

gaffe *f* MAR bichero *m* (perche à crochet) ▌ FIG & FAM plancha, coladura, pifia, metedura de pata; **faire une gaffe** meter la pata, tirarse una plancha ▌ FAM **faire gaffe** tener cuidado, andar listo.

gaffer [3] *v tr* MAR aferrar con el bichero ▌ FAM meter la pata, tirarse una plancha, cometer una pifia.

gaffeur, euse *m & f* persona que mete la pata.

gag *m* CINÉM gag, efecto cómico e inesperado.

gaga *adj & s* FAM chocho, cha ▌ **devenir gaga** chochear, achocharse.

Gagarine *n pr* Iouri Gagarine Yuri Gagarin.

gage *m* prenda *f*; **donner un gage** dar una prenda ▌ prueba *f*, testimonio; **gage d'amitié** testimonio de amistad ▌ prenda *f* (jeux) ▌ DR pignoración ■ **gage immobilier** anticresis ■ DR **donner en gage** pignorar ▌ **laisser en gage** dejar en prenda ▌ **laisser pour gage** perder, abandonar ▌ **mettre en gage** empeñar.
➤ **gages** *m pl* sueldo *sing* (des domestiques) ■ **à gages** a sueldo ▌ **homme à gages** hombre vendido ▌ **prêteur sur gages** prestamista ▌ **tueur à gages** asesino pagado ou a sueldo ■ **prêter sur gages** prestar con fianza.

gager [17] *v tr* apostar ▌ asalariar (salarier) ▌ garantizar (garantir) ■ empeñar (laisser en gage) ■ **gageons que** te apuesto que ▌ **meubles gagés** muebles embargados.

gagerie [gaʒri] *f* embargo *m* ▌ **saisie-gagerie** embargo preventivo (saisie).

gageur, euse *adj & s* apostador, ra.

gageure [gaʒyr] *f* apuesta ▌ FIG & FAM **c'est une gageure** es increíble, parece imposible.

gagiste *adj & s* **créancier gagiste** acreedor con garantía de prenda ou fianza.

gagnable *adj* ganable.

gagnage *m* pastizal, herbazal.

gagnant, e *adj & s* ganador, ra; ganancioso, sa ▌ ganador, ra; **jouer gagnant, placé** jugar a ganador, a colocado ▌ premiado, da; ganador, ra; **billet gagnant** billete ganador ou premiado ▌ vencedor, ra; ganador, ra (concours de beauté) ▌ **heureux gagnants** agraciados, premiados.

gagne-pain [gaɲpɛ̃] *m inv* medio de sustento ▌ sostén; **il est le gagne-pain de sa famille** es el sostén de la familia.

gagne-petit *m inv* trabajador modesto ou de poca monta.

gagner [3] *v tr* ganar; **gagner de l'argent** ganar dinero; **gagner une course** ganar una carrera ▌ ganarse; **gagner son pain** ganarse el pan; **gagner sa vie à chanter** ganarse la vida cantando ▌ ganar, tocar; **j'ai gagné à la loterie** me ha tocado la lotería; **j'ai gagné un**

million à la loterie he ganado un millón en la lotería ‖ merecer, ganarse; **il l'a bien gagné** se lo ha ganado a pulso ‖ alcanzar; **gagner la frontière** alcanzar la frontera ‖ dirigirse; **il a gagné sa résidence en voiture** se ha dirigido a su residencia en coche ‖ FIG granjearse, captarse; **il gagna son affection** se granjeó su afecto⏐coger, contraer; **gagner un rhume** coger un resfriado⏐comprar, sobornar (corrompre); **gagner les témoins** sobornar a los testigos⏐extenderse, propalarse; **le feu gagne le toit** el fuego se extiende al tejado ‖ apoderarse; **le sommeil nous gagne** el sueño se apodera de nosotros⏐echarse encima; **la nuit nous gagne** la noche se nos echa encima ‖ **gagner à être connu** ganar con el trato ‖ **gagner de quoi vivre** ganar con qué vivir ‖ **gagner du chemin** ou **du terrain** ganar terreno ‖ **gagner du temps** ganar tiempo ‖ **gagner la porte** dirigirse hacia la puerta, marcharse ‖ **gagner le large** salir a alta mar (bateau), largarse (s'en aller) ‖ **gagner les devants** coger la delantera ‖ **gagner quelque chose sur quelqu'un** conseguir algo de alguien ‖ **gagner quelqu'un de vitesse** adelantarse a uno.

◇ *v intr* extenderse, ganar; **le feu gagne de proche en proche** el fuego se extiende cada vez más ‖ ganar (vaincre) ‖ (vx) AGRIC pacer (paître) ‖ mejorarse; **le vin gagne en bouteille** el vino se mejora embotellado ‖ **il y gagne** él sale ganando.

gagneur, euse *m* & *f* ganador, ra; vencedor, ra ‖ batallador (lutteur).

gai, e *adj* alegre ■ gai, gai! ¡qué bien! ‖ **gai comme un pinson** contento como unas Pascuas, alegre como unas castañuelas ■ **être un peu gai** estar alegre, achispado (un peu ivre).

> SYN badin jocoso; guilleret vivaracho; enjoué festivo; réjouissant regocijante; réjoui regocijado; joyeux gozoso; jovial jovial; bon vivant persona alegre, campechana; boute-en-train animador, jaranero.

gaïac [gajak] *m* BOT guayaco.

gaïacol [gajakɔl] *m* guayacol.

gaiement [gɛmã] *adv* alegremente.

gaieté; gaîté [gɛte] *f* alegría ■ **de gaieté de cœur** con agrado (faire une chose), deliberadamente, de intento ■ **être en gaieté** estar alegre ‖ **se mettre en gaieté** alegrarse, achisparse (en buvant).

> SYN joie júbilo, gozo; alacrité alacridad; hilarité hilaridad; allégresse alborozo; liesse regocijo.

gaillard, e [gajar, ard] *adj* gallardo, da; airoso, sa (hardi) ‖ FIG alegre; vivaracho, cha (gai) ‖ [▷ SYN] atrevido, da; **propos gaillards** dichos atrevidos.

◆ **gaillard** *m* FAM buen mozo ‖ MAR castillo (d'avant)⏐alcázar (d'arrière) ‖ **c'est un drôle de gaillard** ¡menudo pájaro! PÉJ.

◆ **gaillarde** *f* mujer libre (femme libre) ‖ real moza (femme bien plantée) ‖ gallarda (danse) ‖ IMPR gallarda (caractère).

> SYN égrillard verde; leste libre; guilleret ligero; grivois picaresco; gaulois libre.

gaillardement [gajardəmã] *adv* gallardamente (hardiment) ‖ alegremente (gaiement).

gaillardise [gajardiz] *f* FAM gallardía (hardiesse) ‖ desvergüenza, palabra atrevida (parole trop libre).

gaillet [gajɛ] *m* BOT galio, cuajaleche (caillelait).

gailletin [gajtɛ̃] *m* galletita *f*, galleta *f*, carbón de piedra del grueso de una nuez.

gain [gɛ̃] *m* [▷ SYN] ganancia *f* (bénéfice) ‖ FIG ventaja *f* (avantage) ‖ victoria *f*; **le gain d'une bataille** la victoria de una batalla ■ **l'appât du gain** el incentivo del lucro ■ **avoir gain de cause** ganar el pleito (dans un procès), salirse con la suya (dans une discussion) ‖ **donner gain de cause** dar la razón.

> SYN lucre lucro; bénéfice beneficio; profit provecho; émoluments emolumentos; boni ganancia, superávit, sobrante; FAM gratte sisa; produit producto; rendement rendimiento.

gaine *f* funda (d'un pistolet), vaina (d'une épée) ‖ faja (pour dames) ‖ ARTS estípite *m* ‖ BOT vaina foliar ‖ MIN **gaine d'aération** manga de ventilación ‖ TECHN **gaine isolante** funda aislante.

gaine-culotte *f* faja-pantalón.

▮ OBSERV pl gaines-culottes.

gainer [4] *v tr* envainar (une épée) ‖ enfundar; **gainée dans une robe étincelante** enfundada en un vestido resplandeciente ‖ forrar (un câble).

gainerie *f* oficio *m* del vainero ou estuchista.

gainier *m* vainero, estuchista ‖ BOT árbol de Judea.

gaîté ▶ **gaieté**.

Gaius [gajys] *n pr* Gayo.

gal *m* PHYS gal (unité d'accélération).

Gal (abr écrite de **général**) Gral.

gala *m* función *f* de gala, gala *f* ‖ fiesta *f* ‖ banquete, festín ■ **habit de gala** traje de gala ‖ **soirée de gala** fiesta de etiqueta.

Galaad [galaad] *n pr m* HIST Galaad.

galactique *adj* ASTRON galáctico, ca.

galactogène; galactagogue *adj* & *s* galactógeno, na.

galactose *m* galactosa *f*.

galalithe *f* galalita.

galamment *adv* galantemente, graciosamente ‖ FIG hábilmente (adroitement)⏐elegantemente (avec élégance).

galandage *m* ARCHIT tabique de pandirete.

galant, e *adj* [▷ SYN] (vx) galante; galano, na; **une phrase galante** una frase galana ‖ FIG caballeroso, sa; **galant homme** hombre caballeroso ‖ amoroso, sa; **mon expérience galante** mi experiencia amorosa ■ **femme galante** mujer galante ‖ **fêtes galantes** fiestas galantes ‖ **un homme galant** un galanteador ■ **agir, se conduire en galant homme** comportarse como un caballero ‖ **elle est en galante compagnie** va bien acompañada.

◆ **galant** *m* (vieilli) galán (prétendant) ‖ FAM **un vert galant** un viejo verde.

> SYN galantin galancete; godelureau currutaco; dameret lechuguino; damoiseau doncel; blondin boquirubio.

galanterie [galãtri] *f* galantería ‖ piropo *m*, requiebro *m* (compliment) ‖ búsqueda de intrigas amorosas ‖ intriga amorosa ■ **dire des galanteries** piropear.

galantin *m* galancete (amoureux ridicule).

galantine *f* galantina.

Galápagos *n pr f pl* GÉOGR **les (îles) Galápagos** (las islas de) los Galápagos, el archipiélago de Colón.

galapiat [galapja] *m* FAM pillo, tunante.

galate *adj* & *s* gálata.

Galatée *n pr* MYTH Galatea.

Galatie [galasi] *n pr f* HIST **la Galatie** Galacia.

galaxie *adj* & *s* ASTRON galaxia.

galbe *m* ARCHIT perfil (colonne) ‖ FIG perfil (profil)⏐forma *f* redondeada, curva *f*; **le galbe d'une jambe** la curva de una pierna.

galbé, e *adj* bien perfilado, da ‖ FAM torneado, da; **un corps bien galbé** un cuerpo bien torneado ‖ entallado, da (couture).

galber [3] *v tr* dar perfil ou forma elegante.

gale *f* sarna (maladie) ‖ roña, sarna (des moutons) ‖ FIG & FAM bicho *m* malo ‖ **méchant comme la gale** más malo que la quina.

galéace; galéasse [galeas] *f* MAR galeaza (bateau).

galée *f* IMPR galera.

galéjade *f* FAM burla, chanza, cuchufleta.

galéjer [18] *v intr* decir cuchufletas.

galène *f* MIN galena.

galénique *adj* MÉD galénico, ca.

galénisme *m* MÉD galenismo.

galéopithèque *m* ZOOL galeopiteco.

galère *f* galera (bateau) ‖ FIG infierno *m*; **c'est une vraie galère** es un verdadero infierno ‖ TECHN galera (four) ■ **et vogue la galère!** ¡y ruede la bola! ‖ **qu'allait-il faire dans cette galère?** ¿por qué se metió en tal berenjenal?, ¿quién le habrá mandado meterse en este lío?

◆ **galères** *f pl* galeras.

Galère *n pr* Galerio.

galerie [galri] *f* ARCHIT galería ‖ ARTS galería (collection) ‖ AUTOM baca, portaequipajes *m* en el techo de un automóvil ‖ FAM el público *m*, los espectadores *m pl* ‖ TECHN galería (mines) ‖ THÉÂTR galería ■ **galerie marchande** galería comercial ■ FAM **amuser la galerie** distraer al auditorio.

galérien *m* galeote (des galères) ‖ presidiario (forçat) ■ FIG **vie de galérien** vida de perros ‖ **travailler comme un galérien** trabajar como un condenado.

galerne *f* MAR galerna (vent).

galet [galɛ] *m* guijarro ‖ GÉOL canto rodado ‖ TECHN rodaja *f*, rodillo (rouleau); **roulement à galets** rodamiento de rodillos.

galetas [galta] *m* sotabanco, desván ‖ FIG zahurda *f*, zaquizamí (logement misérable).

galette *f* torta ‖ galleta (de marin) ‖ FAM tela, guita, parné *m* (argent) ‖ TECHN disco *m* ■ CULIN galette de blé noir torta de trigo negro ‖ **galette des Rois** roscón de Reyes.

galeux, euse *adj* & *s* sarnoso, sa ‖ infecto, ta; asqueroso, sa (sale) ■ FIG **brebis galeuse** oveja negra, perro sarnoso ‖ **qui se sent galeux se gratte** al que le pique que se rasque.

galhauban [galobã] *m* MAR. burda *f*, estay, brandal.

galibot [galibo] *m* minero joven.

Galice *n pr f* GÉOGR **la Galice** Galicia [en España].

Galicie *n pr f* GÉOGR la Galicie Galitzia, Galicia [en Europa central].

galicien, enne *adj* gallego, ga; galiciano, na (p us) (de la Galice) ‖ de la Galicia (de la Galicie).

➤ **galicien** *m* LING gallego.

Galicien, enne *m & f* gallego, ga.

Galien *n pr* Galeno.

Galilée *n pr f* Galileo.

◇ *n pr f* GÉOGR la Galilée Galilea.

galiléen, enne *adj* galileo, a.

Galiléen, enne *m & f* galileo, a.

galimatias [galimatja] *m* galimatías.
‖ SYN amphigouri guirigay; charabia jerigonza, algarabía; baragouin jerigonza; jargon jerga.

galion *m* MAR galeón.

galiote *f* MAR galeota (bateau) ‖ puntal *m* de escotilla.

galipette *f* voltereta, trecha; faire des galipettes dar trechas ‖ brinco (gambade).

galipot [galipo] *m* MAR galipote (résine).

galipoter [3] *v tr* MAR calafatear con galipote.

galle *f* agalla ‖ noix de galle agalla.

gallec ➤ **gallo**.

Galles *n pr m* GÉOGR le pays de Galles (el País de) Gales.

gallican, e *adj & s* galicano, na; Église gallicane Iglesia galicana.

gallicanisme *m* galicanismo.

gallicisme *m* galicismo.

Gallien *n pr* Galieno.

gallinacé, e *adj & s* ZOOL gallináceo, a.

gallique *adj* CHIM gálico, ca (de la galle).

gallium [galjɔm] *m* CHIM galio (métal).

gallo; gallot; gallec *adj* galo.
◇ *m* LING galo.

Gallo; Gallot; Gallec *m & f* galo.

gallois, e *adj* galés, esa (de Galles).
➤ **gallois** *m* LING galés.

Gallois, e *m & f* galés, esa.

gallomanie *f* galomanía, afrancesamiento *m*.

gallon *m* galón (mesure anglaise de 4, 5 litres).

gallophobe *adj & s* galófobo, ba.

gallophobie *f* galofobia.

gallo-romain, e *adj & s* galorromano, na.
‖ OBSERV pl gallo-romains, gallo-romaines.

gallo-roman, e *adj* galorrománico, ca.
➤ **gallo-roman** *m* galorrománico (dialecte).
‖ OBSERV pl gallo-romans, gallo-romanes.

gallot ➤ **gallo**.

gallup [galœp] *m* gallup, sondeo de la opinión pública.

galoche *f* galocha, zueco *m* ‖ MAR pasteca (poulie) ‖ menton en galoche barbilla prominente ou muy salida.

galon *m* galón, pasamano, trencilla *f* (couture) ‖ MIL galón ■ arroser ses galons remojar los galones, celebrar un ascenso ‖ prendre du galon ascender de categoría ‖ quand on prend du galon, on n'en saurait trop prendre no hay que quedarse corto en tomar y lograr.

galonner [3] *v tr* galonear, ribetear (vêtement) ‖ llenar de galones (personne).

galonnier *m* pasamanero.

galop [galo] *m* galope; au galop a galope ‖ latido anormal del corazón ■ au grand galop, au triple galop a galope tendido ‖ FIG galop d'essai test de prueba.

galopade *f* galopada ‖ galope *m* sostenido (galop d'école).

galopant, e *adj* galopante; phtisie galopante tisis galopante ■ démographie galopante demografía galopante ‖ inflation galopante inflación galopante.

galope *f* trazador *m* (des relieurs).

galoper [3] *v intr* galopar (le cheval) ‖ FAM correr, trotar.
◇ *v tr* hacer galopar, poner al galope (mettre au galop) ‖ perseguir, acosar (poursuivre) ‖ FAM atormentar; la peur me galope el miedo me atormenta.

galopeur, euse *adj* galopador, ra.

galopin *m* (p us) galopín, pinche (marmiton) ‖ recadero (garçon de courses) ‖ [➤ SYN] FAM galopín, pilluelo (garçon effronté).
‖ SYN polisson tunante; garnement bribón.

galoubet [galubɛ] *m* zampoña *f*, caramillo (de Provence).

galuchat *m* piel *f* de pescado curtida.

galurin; galure *m* FAM sombrero, güito.

galvanique *adj* galvánico, ca.

galvanisation *f* galvanización.

galvaniser [3] *v tr* galvanizar (zinc) ‖ FIG galvanizar, enardecer.

galvanisme *m* PHYS galvanismo.

galvano *m* FAM galvano, galvanotipo.

galvanocautère *m* MÉD galvanocauterio.

galvanomètre *m* galvanómetro.

galvanoplastie *f* galvanoplastia.

galvanoplastique *adj* galvanoplástico, ca.

galvanotype *m* IMPR galvano.

galvanotypie *f* galvanotipia.

galvaudage *m* malogro.

galvauder [3] *v tr* frangollar (saboter) ‖ FIG deshonrar, mancillar (déshonorer) ‖ prostituir, estropear; galvauder son talent prostituir su talento ‖ FIG expression galvaudée expresión trillada.
◇ *v intr* vagar, vagabundear.

galvaudeux, euse *m & f* FAM gandul, golfo (garçon), pendón *m* (fille).

gamba *f* langostino *m*.

gambade *f* brinco *m*; faire des gambades dar brincos.

gambader [3] *v intr* brincar, saltar, dar brincos.

gambe *f* MAR arraigadas *pl*.

gamberger [17] *v intr* FAM cavilar.

gambette *m* especie de agachadiza *f* (oiseau) ‖ FAM remo, pierna *f* (jambe).

Gambie *n pr f* GÉOGR la Gambie Gambia.

gambiller [3] [gãbije] *v intr* FAM brincar (sauter) ‖ pernear (agiter les jambes) ‖ bailar (danser).

gambit [gãbi] ou [gãbit] *m* gambito (aux échecs).

gamelle *f* escudilla (de soldat) ‖ fiambrera, tartera (de l'ouvrier) ‖ FIG rancho *m*; manger à la gamelle comer rancho ‖ FAM batacazo *m*, caída (chute).

gamète *m* BIOL gameto.

gamin, e *m & f* [➤ SYN] pilluelo, la ‖ rapaz; muchacho, cha; chiquillo, lla (enfant).
◇ *adj* FAM travieso, sa (espiègle); un geste gamin un ademán travieso.
‖ SYN gavroche pilluelo; titi golfillo.

gaminer [3] *v intr* FAM hacer chiquilladas.

gaminerie [gaminri] *f* chiquillada, niñería (enfantillage) ‖ travesura (espièglerie).

gamma *m* gamma (lettre grecque) ‖ PHYS rayons gamma rayos gamma.

gammaglobuline *f* BIOL gammaglobulina.

gammare *m* ZOOL gámbaro.

gamme *f* escala, gama (musique); faire des gammes au piano hacer gamas en el piano ‖ FIG gama (série) ■ gamme de fréquences gama de frecuencias ‖ produit haut de gamme producto de alta calidad ■ FIG changer de gamme cambiar de tono ‖ chanter sa gamme à quelqu'un decir a uno las verdades del barquero, cantar a uno las cuarenta.

gammé, e *adj* gamado, da ‖ croix gammée cruz gamada, esvástica.

gamopétale *adj* BOT gamopétalo, la.

gamosépale *adj* BOT gamosépalo, la.

gan [gan] *m* LING gan (dialecte chinois).

ganache *f* barbada (du cheval) ‖ FIG & FAM cernícalo *m*, zopenco *m* (sot).

Gand [gã] *n pr* GÉOGR Gante.

gandin *m* FAM pisaverde, currucato, pollo pera.

gandoura *f* gandura (blouse arabe).

gang [gãg] *m* gang, partida *f* de malhechores.

Gange *n pr m* GÉOGR le Gange el Ganges.

gangétique *adj* gangético, ca.

gangliforme *adj* ANAT gangliforme.

ganglion *m* ANAT ganglio ‖ MÉD ganglion lymphatique ganglio linfático.

ganglionnaire *adj* ganglionar.

gangrène *f* MÉD & BOT gangrena ‖ FIG gangrena, corrupción (corruption).

gangrener [19] *v tr* gangrenar.
➤ **se gangrener** *v pr* gangrenarse.

gangreneux, euse *adj* gangrenoso, sa.

gangster *m* gángster.

gangstérisme *f* gangsterismo.

gangue *f* MIN ganga.
‖ OBSERV Ganga significe surtout en espagnol aubaine, occasion, bonne affaire.

ganoïde *adj & s* ganoideo, a (poissons).

ganse *f* trencilla, cordón *m* ‖ MAR gaza.

ganser [3] *v tr* poner una trencilla ou un cordón.

gant *m* guante ■ gant de toilette manopla ‖ gants de boxe guantes de boxeo ‖ gants de caoutchouc guantes de goma ■ main de fer dans un gant de velours mano de hierro en guante de seda ‖ souple comme un gant más suave que un guante ■ aller comme un gant sentar como anillo al dedo ‖ jeter le gant arrojar el guante, desafiar, retar ‖ ne pas prendre de gants no andarse con paños calientes ▌ prendre des gants obrar con miramiento, tratar con guante blanco ▌relever le gant recoger el guante, aceptar el desafío ▌ FAM sans me donner des gants no es que quiera presumir.

ganté, e adj enguantado, da; ganté de blanc enguantado de blanco.

gantelet m guantelete, manopla f (armure) ▌manopla f (de cordonniers, etc.).

ganter [3] v tr enguantar, poner guantes ▌ FIG ganter du sept et demi tener el número siete y medio.

ganterie f guantería.

gantier, ère m & f guantero, ra.

gantois, e adj gantés, esa.

Gantois, e m & f gantés, esa.

Ganymède n pr Ganimedes.

GAO (abr de gestion assistée par ordinateur) f GAO.

garage m garaje, cochera f (pour automobiles) ▌apartadero (voie de garage) ▌ garage à vélos garaje de bicicletas ▌garage souterrain aparcamiento subterráneo ▌FIG sur la voie de garage dejado de lado ou puesto en vía muerta.

garagiste m garajista.

garance f rubia, granza (plante).
◇ adj inv rojo vivo, claro m (couleur).

garancer [16] v tr teñir de rojo [con la raíz de rubia].

garant, e adj & s fiador, ra; garante; se porter garant de quelqu'un hacerse fiador de uno.
➡ **garant** m garantía f, seguridad f ▌ MAR beta f (cordage).

garanti, e adj garantizado, da; appareil garanti un an aparato garantizado por un año ▌respaldado, da; dépôts garantis par l'or depósitos respaldados por el oro ▌garanti pure laine pura lana virgen.

garantie f [▷ SYN] garantía, fianza; laisser en garantie dejar como fianza ▌resguardo m (bancaire) ■ sans garantie du gouvernement sin garantía del Gobierno ▌sous garantie garantizado, con garantía.

| SYN assurance seguro; palladium paladión; caution caución, fianza; sauvegarde salvaguardia; sûreté seguridad, seguro.

garantir [32] v tr garantizar, garantir; je vous le garantis se lo garantizo ▌proteger.

| OBSERV Le verbe garantir, en espagnol, ne s'emploie que lorsqu'il y a un i dans la terminaison: garantimos, garantís; garantía, etc. garantiré, etc. garantid; garantiría, etc. garantiera, etc. garantiese, etc. garantiendo, garantido.

garbure f sopa de legumbres, tocino y pato.

garce f (vx) chica, muchacha ▌ FAM zorra (fille de mauvaise vie).
◇ adj f FAM perra, maldita; garce de vie vida perra.

garcette f garceta (coiffure) ▌ MAR azote m (fouet) ▌cajeta (cordage) ▌ MAR garcette de riz rizo.

garçon [garsɔ̃] m muchacho ▌varón (enfant mâle) ▌soltero (célibataire) ▌mozo, oficial; garçon boucher mozo de carnicero; garçon coiffeur oficial de peluquero ▌ mozo (jeune

homme), pollo FAM ■ garçon d'ascenseur ascensorista ▌ garçon de bureau ordenanza ▌garçon de café, d'hôtel camarero, mozo de café, de hotel ▌ garçon de courses recadero, mandadero ▌ garçon d'écurie mozo de cuadra ▌ garçon de recette cobrador (d'une banque) ▌ garçon d'étage camarero de piso (hôtel) ▌ garçon d'honneur amigo que acompaña al novio y le asiste durante el casamiento ▌ garçon épicier dependiente de una tienda de comestibles ■ beau garçon buen mozo, mozo guapo ▌ bon ou brave garçon buen muchacho, buen chico ■ école de garçons escuela de niños ▌ joli garçon guapo (beau), lindo mozo, buen punto IRON, buena pieza IRON ▌ petit garçon niño ▌vieux garçon solterón ■ enterrer sa vie de garçon despedirse de la vida de soltero ▌ rester garçon quedarse soltero.

garçonne f marimacho m (virago) ▌ mujer libre (femme libre).

garçonnet [garsɔnɛ] m niño, muchachito.

garçonnière [garsɔnjɛr] f virote m, marimacho m (femme) ▌ piso m de soltero, cuarto m de soltero (appartement).

Gard n pr m GÉOGR Gard (département); dans le Gard en Gard.

garde f guardia, custodia (surveillance) ▌ guardia (boxe, militari) ▌ guarda (d'un livre, d'une serrure) ▌ guarnición (de l'épée) ▌ enfermera (d'un malade) ■ garde au sol distancia del suelo ▌ garde basse guardia baja (boxe) ▌ garde civique guardia cívica ▌ garde d'enfants niñera ▌garde descendante guardia saliente ▌garde mobile guardia móvil ▌garde montante guardia entrante ▌ garde nationale milicia nacional ▌garde républicaine guardia republicana ■ corps de garde cuerpo de guardia ▌ feuille de garde hoja de guarda ▌ mise en garde advertencia ▌ pharmacie de garde farmacia de guardia ■ jusqu'à la garde hasta la empuñadura ▌ sous bonne garde a buen recaudo ▌ avoir la garde des enfants tener la custodia ou la tutela de los niños ▌ être de garde estar de guardia ▌faire bonne garde sur estar ojo avizor a, tener mucho cuidado con ▌ mettre en garde advertir ▌ mettre sous bonne garde poner a buen recaudo, en buenas manos ▌ mettre sous la garde de poner bajo la custodia de ▌ monter la garde hacer guardia ▌ prendre garde de tener cuidado con ▌ relever la garde relevar la guardia ▌ se mettre ou tomber en garde ponerse en guardia.
➡ **gardes** f pl guardias (serrurerie) ▌ guardas (d'une reliure) ▌se tenir sur ses gardes estar sobre aviso.

garde m guarda (gardien) ▌ guardia (agent) ■ garde champêtre guarda rural ▌garde de nuit guarda de noche, sereno ▌garde des archives archivero ▌garde des Sceaux Ministro de Justicia, guardasellos (p us) ▌ garde du corps guardaespaldas, guardia de corps ▌garde forestier guardabosque.

Garde n pr GÉOGR le lac de Garde el lago de Garda.

garde-à-vous m inv MIL posición f de firme ▌garde à vous! ¡firme! ▌être, se mettre au garde-à-vous estar, ponerse firme.

garde-barrière m & f guardabarrera.
▓ OBSERV pl gardes-barrière OU gardes-barrières.

garde-bœuf m picabuey (oiseau).
▓ OBSERV pl garde-bœufs OU garde-bœuf.

garde-boue m inv guardabarros.

garde-canal m vigilante de un canal.
▓ OBSERV pl gardes-canal OU gardes-canaux.

garde-chasse m guarda de caza, guardamonte.
▓ OBSERV pl gardes-chasse OU gardes-chasses.

garde-chiourme m (ancien) cómitre (galères) ▌PÉJ cabo de vara (prisons).
▓ OBSERV pl gardes-chiourme OU gardes-chiourmes.

garde-corps m inv MAR andarivel, barandilla f, guardamancebo ▌parapeto (parapet).

garde-côte; garde-côtes m MAR guardacostas inv.
▓ OBSERV pl garde-côtes.

garde-feu m alambrera f, pantalla f (de cheminée).
▓ OBSERV pl garde-feu OU garde-feux.

garde-fou m antepecho ▌pretil (parapet).
▓ OBSERV pl garde-fous.

garde-frein m guardafrenos [(Amér) brequero].
▓ OBSERV pl gardes-frein OU gardes-freins.

garde-magasin m guardalmacén militar.
▓ OBSERV pl gardes-magasin OU gardes-magasins.

garde-malade m & f enfermero, ra.
▓ OBSERV pl gardes-malade OU gardes-malades.

garde-manger m inv fresquera f.

garde-marine m guarda marina.
▓ OBSERV pl gardes-marine.

garde-meuble m guardamuebles inv.
▓ OBSERV pl garde-meubles.

garde-mites m inv FAM guardalmacén militar.

gardénia m BOT gardenia f.

garden-party f garden-party, fiesta en un jardín.
▓ OBSERV pl garden-partys OU garden-parties.

garde-pêche m guarda de pesca (agent) ▌guardapesca (bateau).
▓ OBSERV El plural es gardes-pêche para la primera acepción, y garde-pêche para la segunda.

garde-place m guardasitio (dans les trains).
▓ OBSERV pl garde-places.

garde-port [gardɔpɔr] m agente de puerto.
▓ OBSERV pl gardes-port OU gardes-ports.

garder [3] v tr guardar; garder un secret guardar un secreto; garder le silence guardar silencio ▌ vigilar; garder des enfants vigilar niños ▌ asistir; garder des malades asistir a enfermos ▌ conservar; garder un domestique conservar un doméstico ▌ quedarse con; garde ton manteau quédate con tu abrigo ▌ no quitarse; il avait gardé sa casquette no se había quitado la gorra ▌ FIG conservar; garder ses habitudes conservar sus costumbres ▌mantener; garder ses droits mantener sus derechos ▌reservar; ce que l'avenir nous garde lo que el futuro nos reserva ▌preservar; garde-moi de ce malheur presérvame de esta desgracia ▌proteger, amparar, guardar; que Dieu vous garde! que Dios le proteja! ▌retener; je te garde à déjeuner te retengo a almorzar ■ garder la chambre no salir de ou quedarse en su cuarto ▌ garder la ligne mantener la línea ▌ garder le lit guardar cama ▌garder quelqu'un à vue ponerle a uno guardias de vista ■ but(s) gardé(s) par un goal excellent portería defendida por un guardameta excelente ▌ chasse gardée coto vedado ou reservado de caza ▌ Dieu m'en garde! ¡líbreme Dios! ▌ passage à niveau gardé paso a nivel con guarda.

➤ **se garder** v pr evitar, abstenerse de; se garder de faire quelque chose abstenerse de hacer una cosa ▌(VX) FAM se garder à carreau estar alerta (sur ses gardes), ir con tiento (faire attention).

garderie f sitio m guardado ▌ guardería; garderie d'enfants guardería infantil.

garde-rivière m guarda de ribera.

▌ OBSERV pl gardes-rivière ou gardes-rivières.

garde-robe f guardarropa m, ropero m (armoire) ▌guardarropa m (vêtements) ▌excusado m (cabinet).

▌ OBSERV pl garde-robes.

gardeur, euse adj & s guardador, ra ▌gardeur de cochons, de chèvres, de vaches porquero, cabrero, vaquero.

garde-voie m guardavía.

▌ OBSERV pl gardes-voie ou gardes-voies.

garde-vue m inv visera f (pour les yeux) ▌pantalla f (abat-jour).

gardian m vaquero (en Camargue).

gardien, enne m & f guardián, ana ▌ guarda (jardin, promenades, etc.); gardien d'un musée guarda de un museo ▌depositario, ria (d'objets, etc.) ▌ portero, ra; conserje (concierge) ▌ FIG salvaguardia f; l'ONU est la gardienne de la paix la ONU es la salvaguarda de la paz ■ gardien de but portero, guardameta (football) ▌ gardien de la paix guardia del orden público (agent) ▌ gardien de nuit vigilante nocturno ▌ gardien de prison oficial de prisiones ▌ gardien d'un phare torrero ■ ange gardien Ángel de la Guarda.

gardiennage [gardjena3] m guardia f, guardería f.

gardois, e adj gardoniense.

Gardois, e m & f gardoniense.

gardon m gobio (poisson) ▌ frais comme un gardon fresco como una lechuga.

gare [gar] f estación (chemin de fer); l'autorail entre en gare el automotor entra en la estación ▌ atracadero m (rivière) ■ gare aérienne aeropuerto ▌ gare de triage estación de apartado ou de clasificación, apartadero ▌gare maritime estación marítima ▌gare routière estación de autobuses ▌ gare terminus estación terminal ■ FAM à la gare! ¡vete a paseo!

gare! [gar] interj ¡cuidado!, ¡ojo! ■ gare à ne pas tomber! ¡cuidado con caerte! ▌ gare à toi! ¡cuidado con lo que haces! ▌ gare à vous si pobre de usted si ▌sans crier gare sin avisar, sin el menor aviso, de golpe y porrazo.

garenne f vivar m, conejar m (de chasse) ▌vedado m ou coto m de pesca (de pêche).
◇ m conejo de vivar ou de monte (lapin).

garer [3] v tr apartar (mettre hors d'atteinte) ▌preservar, poner a cubierto ▌ entrar en la estación (un train) ▌llevar a una vía muerta (sur une voie de garage) ▌dejar un vehículo en su garage ou cochera ▌aparcar ▌garer sa voiture dans la rue aparcar su coche en la calle.

➤ **se garer** v pr apartarse ▌ guarecerse (s'abriter) ▌evitar, ponerse a cubierto; se ga-rer du danger ponerse a cubierto del peligro.

gargamelle f FAM gaznate m, garguero m.

Gargantua n pr Gargantúa.

➤ **gargantua** m tragaldabas, tragón.

gargantuesque adj pantagruélico, ca; repas gargantuesque comida pantagruélica.

gargariser [3]

➤ **se gargariser** v pr gargarizar, hacer gárgaras ▌ FIG & FAM relamerse, chuparse los dedos de gusto por una cosa.

gargarisme m gargarismo ▌ faire des gargarismes hacer gárgaras.

gargote f figón m, tasca, bodegón m.

gargotier, ère m & f FAM figonero, ra.

gargouillade [garguj ad] f FAM trino m, gorgorito m.

gargouille [garguj] f gárgola (d'un toit) ▌atarjea, canalón m (tuyau de descente).

gargouillement [gargujmɑ̃] m gorgoteo ▌borborigmo (intestinal).

gargouiller [3] [garguje] v intr hacer gorgoteos el agua (bruit de l'eau) ▌ FAM hacer ruido de tripas.

gargouillis [garguji] m gorgoteo.

gargoulette [gargulɛt] f alcarraza, botijo m.

gargousse f MIL saquete m (de poudre).

gari m fécula f de mandioca.

garibaldien, enne adj & s garibaldino, na.

garigue; garrigue monte m bajo, carrascal m.

garnement m bribón, pillo, granuja.

garni, e adj guarnecido, da ▌provisto, ta (muni) ▌adornado, da (orné) ▌amueblado, da (meublé) ▌lleno, na (rempli) ▌guarnecido, da; con guarnición; viande garnie carne con guarnición.

➤ **garni** m piso ou habitación f que se alquila amueblado.

garnir [32] v tr guarnecer ▌proveer (munir) ▌ guarnecer (harnacher) ▌ adornar (orner) ▌ amueblar (meubler) ▌ llenar (remplir) ▌ rellenar, rehenchir (rembourrer) ▌ reforzar (renforcer) ▌ surtir, abastecer (un magasin) ▌alimentar (le feu) ▌ CULIN guarnecer ▌ FIG llenar, ocupar; la foule garnit la place la gente llena la plaza ▌ MAR guarnir (un câble) ■ garnir de echar (pétrole, bois) ▌ garnir le poêle, le feu echar leña, carbón, combustible a la estufa, alimentar el fuego.

➤ **se garnir** v pr guarnecerse ▌llenarse (se remplir).

garnison f MIL guarnición.

garnissage m guarnición f (d'un vêtement) ▌adorno, aderezo (ornements) ▌ accesorios pl (accessoires) ▌relleno (d'un coussin).

garniture f guarnición (d'un vêtement) ▌ aderezo m, adorno m (parure) ▌ juego m, surtido m (de boutons) ▌ guarnición, aderezo m (d'un plat) ▌ IMPR imposición ▌ MAR guarnimiento m ▌forro m (de freins) ▌tapizado m (de voiture) ▌estopada, empaquetadura (pompes) ■ garniture de cheminée juego de chimenea ▌ AUTOM garniture de siège tapizado de asiento ▌garniture périodique compresa.

Garonne n pr f GÉOGR la Garonne el Garona.

garou m BOT torvisco ▌FIG coco (loup-garou).

garrigue ➥ **garigue**.

garrot [garo] m cruz f (des animaux) ▌garrote (supplice) ▌ MÉD torniquete, garrote ▌TECHN tarabilla f (d'une scie) ▌ hauteur au garrot alzada.

garrottage m agarrotamiento.

garrotte f garrote m (supplice).

garrotter [3] v tr agarrotar.

gars [ga] m FAM muchacho, mozo, zagal, chaval; écoute-moi, mon gars escúchame, chaval ▌beau gars buen mozo.

garzette f garceta (oiseau).

Gascogne n pr f GÉOGR la Gascogne Gascuña; le golfe de Gascogne el golfo de Vizcaya ou Gascuña, el (mar) Cantábrico.

gascon, onne adj gascón, ona ▌FIG astuto, ta (habile), fanfarrón, ona.

➤ **gascon** m LING gascón.

Gascon, onne m & f gascón, ona.

gasconnade f FAM fanfarronada.

gas-oil [gazɔjl] ou [gazwal] m gasoil, gasóleo.
▌ OBSERV pl gas-oils.

Gaspar; Gaspard n pr Gaspar.

gaspillage [gaspija3] m despilfarro, derroche.

gaspiller [3] [gaspije] v tr despilfarrar, derrochar, malgastar (l'argent) ▌ FIG desperdiciar; gaspiller son talent desperdiciar su talento ▌desperdiciar, perder (son temps).

gaspilleur, euse [gaspijœr, øz] adj & s despilfarrador, ra; derrochador, ra.

gastéromycètes m pl BOT gasteromicetos.

gastéropode; gastropode m gasterópodo (mollusque).

Gaston n pr Gastón.

gastralgie f MÉD gastralgia.

gastrectomie f MÉD gastrectomía.

gastrique adj ANAT gástrico, ca; suc gastrique jugo gástrico.

gastrite f MÉD gastritis.

gastro-entérite f MÉD gastroenteritis.
▌ OBSERV pl gastro-entérites.

gastro-entérologie f MÉD gastroenterología.

gastro-entérologue m gastroenterólogo.
▌ OBSERV pl gastro-entérologues.

gastro-intestinal, e adj gastrointestinal.
▌ OBSERV pl gastro-intestinaux, gastro-intestinales.

gastronome m gastrónomo.

gastronomie f gastronomía.

gastronomique adj gastronómico, ca; menu gastronomique menú gastronómico.

gastropode ➥ **gastéropode**.

gastroscope m MÉD gastroscopio.

gastrotomie f MÉD gastrotomía.

gâté, e adj echado a perder (détérioré); dañado, da (marchandise); podrido, da (fruit) ▌picado, da (dent) ▌FIG mimado, da; consentido, da (enfant) ▌mimado, da; gâté par la chance mimado por la suerte.

gâteau m pastel (pâtisserie), pastelillo (petit gâteau) ▌panal (miel) ▌TECHN torta f (de maïs) ■ gâteau à la crème, aux amandes pastel de crema, de almendras ▌gâteau d'anniversaire tarta de cumpleaños ▌ **gâteau de riz** pastel de arroz ▌ **gâteau de Savoie** saboyana ▌ **gâteau des Rois** roscón de Reyes ▌ **gâteau feuilleté** pastel de hojaldre ▌ **gâteau sec** galleta ▪ **papa, maman gâteau** padrazo, madraza ▪ FIG & FAM **avoir part au gâteau** sacar tajada ▌ **ce n'est pas du gâteau** no es moco de pavo, no es grano de anís ▌ **c'est du gâteau!** es factible, es pan comido, está tirado ▌ **partager le gâteau** repartir la ganancia.

gâter [3] v tr [▷ SYN] dañar, echar a perder (abîmer) ▌ picar (dents) ▌ estropear, deteriorar (détériorer) ▌ FIG mimar, consentir (un enfant) ▌ torcer, falsear (fausser) ▌ colmar de regalos ou de atenciones ▪ **gâter le métier** echar a perder el oficio ▌ **gâter le plaisir** amargar el placer.
➧ **se gâter** v pr echarse a perder ▌ emborrascarse, estropearse (le temps) ▌ **cela se gâte** eso se pone feo.

▏ SYN corrompre corromper; pourrir podrir; pervertir pervertir; dépraver depravar; gangrener gangrenar; perdre perder.

gâterie f mimo m ▌golosina (friandise).

gâte-sauce m pinche (marmiton) ▌ mal cocinero (mauvais cuisinier).

▏ OBSERV pl gâte-sauce ou gâte-sauces.

gâteux, euse adj chocho, cha.

gâtine f ciénaga.

gâtisme m chochez f ▌ **tomber dans le gâtisme** chochear.

GATT; Gatt (abr de General Agreement on Tariffs and Trade) m GATT.

gatte f MAR gata.

gattilier m BOT sauzgatillo.

Gaubert [gɔbɛʀ] n pr Gualberto.

gauche [goʃ] adj izquierdo, da; siniestro, tra (p us); **tournez à gauche** tuerza a la izquierda ▌ izquierdo, da; zurdo, da FAM; **main gauche** mano izquierda ou zurda ▌ torcido, da; tuerto, ta (de travers) ▌ FIG torpe, torpón, ona (maladroit) ▌ GÉOM alabeado, da (surface) ▪ MIL **à gauche, gauche!** ¡izquierda, mar! ▪ **frapper à droite et à gauche** golpear a diestro y siniestro ▌ FAM **mettre de l'argent à gauche** ahorrar ▌ **passer l'arme à gauche** irse al otro barrio ▌ **prendre à droite et à gauche** recibir de todos los lados.
◇ f izquierda (côté, direction) ▌ izquierda, zurda (main) ▪ **la gauche** la izquierda (politique) ▌ **un homme de gauche** un izquierdista, un hombre de izquierdas ▪ FAM **jusqu'à la gauche** hasta más no poder.

gauchement adv torpemente.

gaucher, ère adj & s zurdo, da; zocato, ta FAM.

gaucherie [goʃʀi] f FAM torpeza ▌ cortedad (timidité).

gauchir [32] v tr torcer, ladear ▌ alabear (surface, planche).
◇ v intr & pr torcerse, ladearse ▌alabearse.

gauchisant, e adj & s izquierdista.

gauchisme m izquierdismo.

gauchissement [goʃismɑ̃] m torcimiento, ladeo ▌ alabeo (surface) ▌ borneadura f (bois) ▌alabeo (aviation).

gauchiste adj & s izquierdista.

gaucho m gaucho.

gaude f BOT gualda.
➧ **gaudes** f pl poleadas, gachas de maíz (bouillie).

gaudeamus m gaudeamus.

gaudriole f FAM chocarrería, chiste m picante; **dire des gaudrioles** contar chistes picantes.

gaufrage m TECHN gofrado (gallicisme), estampado.

gaufre f panal m de miel (rayon) ▌ gofre m (pâtisserie).

gaufrer [3] v tr TECHN gofrar (gallicisme), estampar (papier) ▌ encañonar (étoffes).

gaufrette f especie de barquillo.

gaufreur, euse m & f estampador, ra.
➧ **gaufreuse** f máquina de gofrar ou de estampar, gofradora.

gaufrier [gofʀije] m barquillero, gofradora f (moule à gaufres).

gaufroir m estampador.

gaufrure f estampado m.

gaulage m AGRIC vareo, vareado.

gaule f vara (perche) ▌ caña [de pescar] (canne à pêche) ▪ MAR **gaule d'enseigne** asta de bandera ▪ **coup de gaule** varazo.

Gaule n pr f HIST **la Gaule** la Galia.

gaulée f vareo m.

gauleiter [gawlajtœʀ] m gauleiter.

gauler [3] v tr AGRIC varear.

gaulis [goli] m vardasca f, verdasca f ▌ mimbrera f (osier).

gaullisme m gaulismo.

▏ **GAULLISME**
Esta teoría política inspirada de las ideas del general de Gaulle ensalza el nacionalismo, la independencia frente a las potencias extranjeras y la fuerza del Ejecutivo.

gaulliste adj & s gaulista.

gaulois, e adj galo, la ▌ FIG algo libre, picante, picaresco, ca.
➧ **gaulois** m LING galo.
➧ **gauloise** f gauloise m [cigarro].

Gaulois, e m & f galo, la.

gauloisement adv de modo atrevido ou picante.

gauloiserie f broma atrevida, chiste m picante.

Gault et Millaut [goemijo] m **le Gault et Millaut** famosa guía francesa de restaurantes.

gaupe f FAM (vx) zorra, mujer perdida (prostituée) ▌ puerca (sale).

gauss [gos] m gauss (unité magnétique).

gausser [3]
➧ **se gausser** v pr burlarse, guasearse (se moquer).

Gautier n pr Gualterio.

gavache m extranjero [en Languedoc y Gascuña].

▏ OBSERV Le mot espagnol gabacho s'applique aux Français en général et il a un sens péjoratif.

gavage m cebadura f (action de gaver).

gave m torrente pirenaico.

gavé, e adj ahíto, ta; atiborrado, da.

gaver [3] v tr cebar, poner a cebo (les animaux) ▌ FAM atiborrar, atracar (de sucreries) ▌ **je suis gavé de lectures** estoy harto de lecturas.

gaveur, euse m & f cebador, ra de aves.

gavial m gavial (crocodile).

gavion; gaviot m POP (vx) gaznate.

gavotte f gavota (danse).

gavroche m pilluelo [de París], golfillo.

gay adj & s gay.

gayal m ZOOL gayal.
▏ OBSERV pl gayals.

gaz [gaz] m gas; **gaz de ville** gas de ciudad ▪ **gaz butane** gas butano ▌ **gaz carbonique** gas carbónico ▌ **gaz d'échappement** gas de escape ▌ **gaz de combat** ou **asphyxiant** gas de combate ou asfixiante ▌ **gaz des marais** gas de los pantanos, metano ▌ **gaz en bouteilles** gas en botellas ▌ **gaz hilarant** gas hilarante ▌ **gaz inerte** gas inerte ▌ **gaz lacrymogène** gas lacrimógeno ▌ **gaz liquéfié** gas licuado ▌ **gaz naturel** gas natural ▌ **gaz pauvre** ou **à l'eau** gas pobre ou de agua ▌ **gaz rare** gas raro, noble ▌ **bec de gaz** mechero de gas, farola (réverbère) ▌ **chambre à gaz** cámara de gas ▌ **masque à gaz** máscara de gas ▪ **marcher à plein gaz** andar a toda velocidad, a todo gas ▌ **mettre les gaz** acelerar un motor de explosión, dar gas.

Gaza n pr GÉOGR **la bande de Gaza** la franja de Gaza.

gazage m flameado (des fils).

gaze [gaz] f gasa (étoffe).

gazé, e adj & s gaseado, da; que ha sufrido la acción del gas asfixiante.

gazéifiable adj gasificable, que se puede gasificar.

gazéification f gasificación.

gazéifier [9] v tr gasificar.

gazelle f ZOOL gacela.

gazer [3] v tr flamear (les tissus) ▌ MIL atacar con gases asfixiantes.
◇ v intr ir de prisa un auto ▌ darse prisa ▌ aligerar el paso (se hâter) ▌ FAM pitar, carburar, funcionar; **cela gaze à merveille** esto pita de maravilla.

gazetier m (ancien) gacetero.

gazette f gaceta (journal) ▌ correveidile m, gaceta (bavard).

gazeux, euse adj gaseoso, sa ▌ **eau gazeuse** agua gaseosa.

gazier, ère adj & s gasero, ra (qui tisse de la gaze) ▌ gasista [(Amér) gasfitero] (employé du gaz) ▌ FAM (vieilli) **un gazier** un fulano.

gazinière f cocina de gas.

gazoduc [gazɔdyk] m gasoducto.

gazogène m TECHN gasógeno.

gazole m gasóleo.

gazoline f (p us) gasolina.
▏ OBSERV Gasolina est le mot employé couramment en Espagne pour désigner l'essence.

gazomètre m TECHN gasómetro.

gazométrie f gasometría.

gazon m césped ▌ hierba f; **hockey sur gazon** hockey sobre hierba.

gazonnage ➥ **gazonnement**.

gazonnée f (p us) cespedera, tepe m.

gazonnement; gazonnage *m* encespedado.

gazonner [3] *v tr* encespedar, cubrir de césped.

gazonneux, euse *adj* parecido al césped, cespitoso (p us).

gazouillant, e [gazujɑ̃, ɑ̃t] *adj* gorjeador, ra; gorjeante (oiseau) ▌ murmurador, ra (l'eau).

gazouillement [gazujmɑ̃] *m* gorjeo (oiseaux) ▌ balbuceo (enfants) ▌ murmullo (murmure).

gazouiller [3] [gazuje] *v intr* gorjear (oiseaux) ▌ balbucear (enfants) ▌ susurrar, murmurar (susurrer).

gazouilleur, euse [gazujœr, øz] *adj* gorjeador, ra.

gazouillis [gazuji] *m* gorjeo ▌ gazouillis des eaux murmullo de las aguas.

GB (abr écrite de Grande-Bretagne) GB.

gd (abr écrite de grand) g.

Gdánsk; Gdansk *n pr* Gdánsk, Gdansk.

GDF (abr de Gaz de France) *m* compañía nacional francesa de gas.

geai [ʒɛ] *m* arrendajo (oiseau).

géant, e *adj & s* gigante, ta ▌ à pas de géant a pasos agigantados.

géaster *m* BOT geaster.

gecko; gekko *m* ZOOL salamanquesa *f*.

Gédéon *n pr* Gedeón.

géhenne *f* gehena, tormento *m* ▌ FIG dolor *m* profundo, tormento *m*.

GEIE [ʒeəiə] (abr de groupement européen d'intérêt économique) *m* AEIE *f*.

Geiger [ʒɛʒɛr] *n pr* compteur (de) Geiger contador Geiger.

geignard, e [ʒɛɲar, ard] *adj & s* FAM quejumbrón, ona; quejica, plañidero, ra.

geignement *m* gimoteo, queja *f*.

geindre [81] [ʒɛ̃dr] *v intr* gemir, gimotear, quejarse.

geisha [gɛjʃa] ou [geʃa] *f* geisha (danseuse japonaise).

gekko ▬ **gecko**.

gel [ʒɛl] *m* helada *f* ▌ CHIM gel ▪ ÉCON gel des prix congelación de los precios ▌ gel des salaires congelación salarial.

gélatine *f* gelatina.

gélatiné, e *adj* gelatinado, da.

gélatineux, euse *adj* gelatinoso, sa.

gélatino-bromure *m* CHIM gelatinobromuro.
▌ OBSERV pl gélatino-bromures.

gelé, e *adj* helado, da ▌ FIG frío, ía ▌ congelado, da; bloqueado, da (crédits) ▌ FAM chalado, da (fou).

gelée *f* helada (action de geler) ▌ gelatina (de viande) ▌ jalea (de fruits) ▪ gelée blanche escarcha ▌ gelée royale jalea real.

geler [25] *v intr* helar ▌ helarse (avoir très froid) ▪ geler à pierre fendre hacer un frío que hiela las palabras ▌ geler blanc escarchar.
◇ *v tr* [▷ SYN] helar; le froid gèle l'eau des fontaines el frío hiela el agua de las fuentes ▌ congelar; crédit gelé crédito congelado.
➡ **se geler** *v pr* helarse.

▌ SYN glacer helar; congeler congelar; frapper enfriar.

gélif, ive *adj* que puede agrietarse con el frío, resquebrajadizo ▌ agrietado, da (pierre, bois).

gélifiant *m* gelatinizante.

gélification *f* CHIM gelificación.

gélifier [9] *v tr* CHIM gelificar.

gelinotte *f* ganga (oiseau) ▌ pollita cebada (poule).

gélivure *f* grieta, atronadura (par les gelées).

gélose *f* gelosa (agar-agar).

gélule *f* cápsula (médicament).

gelure *f* congelación.

gémeau *m*; **gémelle** *f* gemelo, la.

Gémeaux *m pl* ASTRON & ASTROL Géminis *m inv*; être Gémeaux ser Géminis.

gémellaire *adj* gemelo, la.

gémelle ▬ **gémeau**.

gemelliflore *adj* gemelífloro.

gémellipare *adj f* gemelípara.

gémellité *f* gemelaridad.

gémination *f* geminación ▌ GRAMM geminación.

géminé, e *adj* geminado, da ▪ école géminée escuela mixta ▌ fenêtre géminée ajimez.

gémir [32] *v intr* gemir, quejarse, lamentarse (se plaindre) ▌ arrullar (la colombe).

gémissant, e *adj* gimiente, quejumbroso, sa.

gémissement *m* gemido.

gémisseur, euse *m & f* FAM quejica, quejicoso, sa; gimoteador, ra; quejumbroso, sa.

gemmage *m* sangradura *f* de los pinos, resinación *f*.

gemmation *f* BOT gemación.

gemme [ʒɛm] *adj & s f* resina de pino ▌ BOT yema ▌ sel gemme sal gema.

gemmé, e [ʒeme] *adj* adornado, da con gemas.

gemmer [4] [ʒeme] *v tr* sangrar los pinos.

gemmeur *m* sangrador de pinos, resinero ▌ seringuero (de caoutchouc).

gemmifère *adj* BOT gemífero, ra.

gemmule *m* BOT gémula.

gémonies [ʒemɔni] *f pl* gemonías ▪ traîner aux gémonies cubrir de oprobio ▌ vouer quelqu'un aux gémonies poner a uno en la picota.

génal, e *adj* ANAT genal (des joues).

gênant, e *adj* molesto, ta.

gencive [ʒɑ̃siv] *f* ANAT encía.

gendarme *m* gendarme (en France), guardia civil (en Espagne) ▌ jardín, pelo (d'une pierre précieuse) ▌ roca *f* (dans la montagne) ▌ FAM guardia civil, sargento, marimacho (femme autoritaire) ▌ FAM arenque ahumado (hareng) ▪ dormir en gendarme dormir con los ojos abiertos ▌ faire le gendarme ser un guardia civil.

gendarmer [3]
➡ **se gendarmer** *v pr* irritarse, encolerizarse ▌ protestar con vehemencia.

gendarmerie *f* gendarmería (en France), guardia civil (en Espagne) ▌ cuartel *m* de los gendarmes.

gendre *m* yerno, hijo político.

gène *m* BIOL gen, gene (facteur héréditaire); insérer un gène introducir un gen ▪ gène récessif gen recesivo ▌ gène dominant gen dominante.

gêne *f* [▷ SYN] molestia, malestar *m* ▌ FIG apuro *m*, escasez (pauvreté); être dans la gêne estar en un apuro de dinero ▌ embarazo *m*, incomodidad (embarras) ▌ (vx) tormento *m*, tortura ▌ sans gêne sin miramientos ▬ sans-gêne.
▌ SYN contrainte fuerza; violence violencia.

gêné, e *adj* molesto, ta; gêné devant lui molesto ante él ▌ incómodo, da; molesto, ta; gêné dans son costume incómodo con su traje ▌ violento, ta (embarrassé); gêné en sa compagnie violento en su compañía ▌ fastidiado, da (ennuyé) ▌ apurado, da (sans argent).

généalogie *f* genealogía.

généalogique *m* genealógico, ca.

généalogiste *m* genealogista, linajista.

génépi; genépi *m* genepí.

gêner [4] *v tr* [▷ SYN] molestar, incomodar; votre attitude me gêne su actitud me molesta ▌ estorbar, entorpecer; gêner la circulation, un concurrent estorbar el tráfico, a un rival ▌ poner en un apuro económico ▌ fastidiar (ennuyer) ▌ si cela ne vous gêne pas si no le sirve de molestia.
➡ **se gêner** *v pr* molestarse ▪ FAM il ne se gêne pas! no se anda con chiquitas, ¡vaya una frescura! ▌ je vais me gêner! ¡me importa un bledo! ▌ ne vous gênez pas no se moleste ▌ si vous avez soif, ne vous gênez pas si tiene sed, está usted en su casa.
▌ SYN embarrasser embarazar, embargar; entraver poner trabas; désavantager perjudicar, favorecer a otro; handicaper dar desventaja.

général, e *adj & s* general ▌ à la satisfaction générale para satisfacción de todo el mundo.
➡ **général** *m* MIL general ▪ général d'armée capitán general ▌ général de corps d'armée teniente general.
➡ **générale** *f* THÉÂTR ensayo general (répétition générale).

généralat [ʒenerala] *m* generalato.

générale *f* generala (femme du général) ▌ ensayo *m* general (théâtre) ▌ MIL generala; battre la générale tocar generala.

généralement *adv* generalmente, por lo general.

généralisable *adj* generalizable.

généralisateur, trice *adj* generalizador, ra.

généralisation *f* generalización.

généraliser [3] *v tr* generalizar.
➡ **se généraliser** *v pr* generalizarse.

généralissime *m* generalísimo.

généraliste *adj & s* internista (médecin).

généralité *f* generalidad; s'en tenir à des généralités limitarse a generalidades.

générateur, trice *adj* generador, ra.
➡ **générateur** *m* TECHN generador; générateur atomique generador atómico ▌ généra-

teur à haute tension generador de alta tensión.

◆ **génératrice** f GÉOM generatriz.

génératif, ive adj generativo, va.

génération f generación ∎ INFORM génération de machines generación de máquinas ∎ la génération montante la generación que viene.

générer [18] v tr generar.

généreusement adv generosamente.

généreux, euse adj generoso, sa ∎ femme aux formes généreuses mujer rellenita, de formas generosas.

générique adj genérico, ca.
◇ m CINÉM ficha f técnica, créditos pl.

générosité f generosidad.
∎ SYN grandeur d'âme grandeza de alma; magnanimité magnanimidad.

Gênes [ɛn] n pr GÉOGR Génova.

genèse f génesis (d'une œuvre) ∎ la Genèse el Génesis (livre saint).

génésiaque adj genesiaco, ca.

génésique adj genésico, ca.

genet [ʒənɛ] m caballo berberisco.

genêt [ʒənɛ] m BOT retama f ∎ genêt d'Espagne retama de olor, gayomba ∎ genêt épineux aliaga, aulaga.

généthliaque adj genetliaco, ca.

généticien, enne m & f genetista, geneticista.

genêtière f AGRIC retamal m, retamar m.

génétique adj & s BIOL genético, ca.

génétiquement adv genéticamente.

genette f ZOOL jineta (mammifère) ∎ à la genette a la jineta.

gêneur, euse m & f estorbo m, obstáculo m, importuno, na (personne qui gêne).

Genève n pr f GÉOGR Ginebra.

Geneviève [ʒənvjɛv] n pr Genoveva.

genevois, e adj ginebrino, na.

Genevois, e m & f ginebrino, na.

genévrette; genevrette f licor m de enebro.

genévrier m BOT enebro.

Gengis Khan n pr Gengis Kan, Gengis Jan, Gengis Khan.

génial, e adj genial ∎ idée ou action géniale genialidad.

génialement adv genialmente, de manera genial.

génialité f genialidad.

génie m genio (divinité) ∎ genio (talent) ∎ FIG instinto, talento, disposición f; avoir du génie tener talento; il a le génie des affaires tiene instinto para los negocios ∎ carácter m, índole f; le génie d'une langue el carácter de una lengua ∎ cuerpo de ingenieros; génie militaire cuerpo de ingenieros militares; génie maritime cuerpo de ingenieros navales ∎ génie civil ingeniería ∎ génie génétique ingeniería genética ∎ génie rural ingeniería agrícola.

genièvre [ʒənjɛvr] m enebro (genévrier); baie de genièvre baya de enebro ∎ enebrina f (baie) ∎ ginebra f (alcool).

génisse f becerra, novilla.

génital, e adj genital; organes génitaux órganos genitales.

géniteur, trice adj & s genitor, ra.

génitif m GRAMM genitivo.

génito-urinaire adj genitourinario, ria.
∎ OBSERV pl génito-urinaires.

génocide m genocidio.

génois, e adj & s genovés, esa.

Génois, e m & f genovés, esa.

génoise f bizcocho m.

génome m BIOL genoma.

génope f MAR barbeta.

génotype m genotipo.

genou [ʒənu] m ANAT rodilla f ∎ MAR genol ∎ MÉCAN articulación f, rótula f ∎ les genoux d'un pantalon las rodilleras ∎ à deux genoux de rodillas, humildemente ∎ à genoux de rodillas (mot usuel), de hinojos (littéraire) ∎ FAM tener un genou agotado ∎ fléchir le genou doblar la rodilla, humillarse ∎ mettre un genou en terre hincar la rodilla ∎ se mettre à genoux arrodillarse, hincarse de rodillas ∎ sentir ses genoux fléchir flaquearle a uno las piernas.

genouillère [ʒənujɛr] f rodillera ∎ MÉCAN articulación, rótula.

genre [ʒɑr] m género, especie f, clase f, tipo; de quel genre de choses s'agit-il? ¿de qué clase de cosas se trata? ∎ tipo; comédie de genre américain comedia de tipo americano ∎ tableau de genre cuadro de costumbres ∎ avoir mauvais genre tener malas maneras ou mala catadura ∎ faire ou se donner un genre darse tono.

gens [ʒɑ] m ou f pl gente f sing; de braves gens buena gente; gens de guerre, de mer gente de guerra, de mar; gens d'affaires gente de negocios; beaucoup de gens le croient mucha gente lo cree ∎ gente; les gens de service la gente de servicio; réunir ses gens reunir su gente ∎ gente; gens de bas étage gente de baja estofa; gens de sac et de corde gente maleante; petites gens gente común, humilde, modesta ∎ DR gentes; droit des gens derecho de gentes ∎ gens de cour cortesanos ∎ gens d'Église clérigos, gente de Iglesia ∎ gens de lettres literatos ∎ gens de maison empleados domésticos ∎ gens d'épée militares (soldats), hidalgos (nobles) ∎ gens de robe togados ∎ jeunes gens jóvenes ∎ les gens du monde la gente de mundo ∎ vieilles gens ancianos.

∎ OBSERV 1. Gente s'emploie beaucoup moins souvent au pluriel en espagnol qu'en français. Les locutions buenas gentes, gentes de letras, etc. sont des gallicismes. Désignant un ensemble d'individus, gente se traduit par "monde"; hay mucha gente en la calle il y a beaucoup de monde dans la rue.
2. En francés se ponen en femenino los adjetivos y participios que preceden a gens y en masculino los que siguen (les vieilles gens sont soupçonneux los ancianos son recelosos). En cuanto al verbo, éste debe ir siempre en plural. Tous se pone en masculino cuando gens va seguido por un epíteto o cualquier otra palabra determinante (tous les gens sensés, tous ces gens-là). En el sentido de la gente de servicio o de cierto grupo de personas la palabra gens es siempre masculina.

gens [ʒɛs] f gente (famille romaine).
∎ OBSERV pl gentes.

gent [ʒɑ] f gente (nation) ∎ FAM raza, orden m de animales ∎ la gent ailée las aves ∎ la gent marécageuse las ranas.

gent, e adj gentil, apuesto, ta; gente demoiselle gentil señorita; gente dame apuesta señora.

gentiane [ʒɑsjan] f BOT genciana.

gentil, ille [ʒɑti, ij] adj [▷ SYN] gentil; gracioso, sa (gracieux); un geste gentil un ademán gracioso ∎ atento, ta; amable; simpático, ca; vous êtes très gentil es usted muy amable ∎ bueno, na (sage) ∎ placentero, ra; amable; un mot gentil una palabra amable ∎ mono, na; lindo, da (joli) ∎ FAM bueno, na; considerable; une gentille somme una buena cantidad ∎ ce n'est pas gentil no está bien, no es muy bonito ∎ c'est très gentil à vous d'être venu ha sido usted muy amable viniendo.

◆ **gentil** m gentil (païen).
∎ SYN mignon mono; gracieux gracioso; mignard remilgado; mièvre empalagoso, afectado.

gentilhomme [ʒɑtijɔm] m hidalgo, gentilhombre ∎ gentilhomme de bouche, de manche, de chambre gentilhombre de boca, de manga, de cámara.
∎ OBSERV pl gentilshommes.

gentilhommerie [ʒɑtijɔmri] f hidalguía ∎ conjunto m de hidalgos.

gentilhommière [ʒɑtijɔmjɛr] f casa solariega.

gentilité [ʒɑtilite] f gentilidad.

gentillesse [ʒɑtijɛs] f amabilidad, gentileza, atención, detalle m; il m'a fait mille gentillesses ha tenido miles de atenciones conmigo ∎ gracia, donaire m, gentileza (grâce) ∎ simpatía.

gentillet, ette [ʒɑtijɛ, ɛt] adj bastante amable; bonito, ta; monín, ina.

gentiment [ʒɑtimɑ] adv agradablemente, amablemente, atentamente ∎ por las buenas, amistosamente, amigablemente; traitons cela gentiment tratemos eso por las buenas ∎ graciosamente, monamente; la maison était gentiment arrangée la casa estaba arreglada monamente.

gentleman m gentleman, caballero.
∎ OBSERV pl gentlemans ou gentlemen.

gentry [dʒɛntri] f sing gentry [nobleza inglesa sin título].

génuflexion f genuflexión ∎ FIG adulación.

géocentrique adj ASTRON geocéntrico, ca.

géocentrisme m geocentrismo.

géode f GÉOL geoda.

géodésie f geodesia.

géodésique adj geodésico, ca.
◇ f geodésica.

Geoffroi; Geoffroy [ʒɔfrwa] n pr Godofredo.

géographe m geógrafo.

géographie f geografía.

géographique adj geográfico, ca.

géographiquement adv geográficamente.

géoïde m geoide.

geôle [ʒol] f cárcel, prisión.

geôlier [ʒolje] m carcelero.

geôlière [ʒoljɛr] f carcelera.

géologie [ʒeɔlɔʒi] f geología.

géologique adj geológico, ca.

géologue m geólogo.

géomagnétique adj geomagnético, ca.

géomagnétisme m geomagnetismo.

géomancie [ʒeomɑ̃si] f geomancia.

géomatique f INFORM geomática.

géométral, e adj geometral.

géomètre m geómetra ‖ agrimensor, perito topógrafo (arpenteur) ‖ falena (insecte).

géométrie f geometría; géométrie algébrique, différentielle, vectorielle geometría algebraica, diferencial, vectorial; géométrie dans l'espace, cotée geometría del espacio, por planos acotados ‖ FIG à géométrie variable de fácil adaptación.

géométrique adj geométrico, ca.

géométriquement adv geométricamente, por procedimientos geométricos (par la géométrie) ‖ geométricamente, de manera geométrica (régulièrement).

géomorphologie f geomorfología, geomorfía.

géophage adj & s geófago, ga.

géophagie f geofagia.

géophysicien, enne m & f geofísico, ca.

géophysique f geofísica.

géopolitique f geopolítica.

Georges [ʒɔrʒ] n pr Jorge.

Georgette [ʒɔrʒɛt] n pr Jorgina.

Géorgie n pr GÉOGR la Géorgie Georgia.

géorgien, enne [ʒɔrʒjẽ, ɛn] adj ARCHIT georgiano, na.

géorgien, enne adj georgiano, na.
➤ **géorgien** m LING georgiano.

Géorgien, enne m & f georgiano, na.

géorgique adj geórgico, ca (agricole).
➤ **géorgiques** f pl geórgicas (poème).

géosphère f geosfera.

géostationnaire adj geoestacionario, ria; satellite géostationnaire satélite geoestacionario.

géosynclinal m GÉOGR geosinclinal.

géothermie f geotermia.

géothermique adj geotérmico, ca.

géotropisme m BOT geotropismo.

gérance f gerencia.

géraniacées f pl BOT geraniáceas.

géranium [ʒeranjɔm] m BOT geranio.

gérant, e m & f gerente ‖ gérant de société gerente de una sociedad ‖ gérant d'immeubles administrador de fincas urbanas.

Gérard [ʒerar] n pr Gerardo.

gerbage m AGRIC agavillado, estiba f.

gerbe f gavilla, haz m (céréales) ‖ surtidor m, chorro m (d'eau) ‖ haz m, abanico m (de fusées) ■ FIG gerbe de feu manga de cohetes, haz de fuego ‖ gerbe de fleurs ramo de flores ■ dépôt de gerbe ofrenda floral.

gerber [3] v tr agavillar (les céréales) ‖ apilar barriles (tonneaux), cajas (caisses).
◇ v intr surgir ou salir un chorro (eau) ‖ TFAM echar la pota.

gerbier m AGRIC almiar (meule).

gerbière f AGRIC carreta para transportar las gavillas (charrette).

gerboise f gerbo m, jerbo m (rongeur).

gerce f grieta ‖ polilla (teigne).

gercé, e adj cortado, da.

gercement m agrietamiento.

gercer [16] v tr agrietar (la peau).
◇ v intr & pr cortarse, agrietarse ‖ resquebrajarse (pierre, etc.).

gerçure [ʒɛrsyr] f grieta, cortadura.

géré, e adj llevado, a; administrado, a (affaire, entreprise) ‖ INFORM administrado, a; manejado, a; géré par ordinateur administrado por ordenador; géré par le système administrado por el sistema.

gérer [18] v tr administrar ‖ llevar, manejar; gérer ses affaires llevar sus negocios ‖ se gérer créancier reclamar sus derechos de acreedor.

gerfaut [ʒɛrfo] m gerifalte (oiseau de proie).

gériatre m & f geriatra.

gériatrie f MÉD geriatría.

gériatrique adj geriátrico, ca.

Germain n pr Germán.

germain, e adj cousins germains primos hermanos ‖ cousins issus de germains primos segundos ‖ frères germains hermanos carnales.
◇ adj germano, na.

Germain, e m & f germano, na.

Germaine n pr Germana.

germandrée f BOT teucrio m, germandrina ■ germandrée blanche zamarrilla ‖ germandrée petit-chêne camedrio.

Germanicus n pr Germánico.

Germanie n pr f HIST la Germanie Germania.

germanique adj germánico, ca.
◇ m LING germánico.

Germanique m & f germánico, ca.

germanisant, e adj & s germanista.

germanisation f germanización.

germaniser [3] v tr germanizar; germaniser un nom propre germanizar un nombre propio.

germanisme m germanismo.

germaniste m & f germanista.

germanium [ʒɛrmanjɔm] m CHIM germanio (métal).

germanophile adj & s germanófilo, la.

germanophilie f germanofilia.

germanophobe adj & s germanófobo, ba.

germanophobie f germanofobia.

germanophone adj & s germanófono, na; de habla ou lengua alemana.

germe m [▷ SYN] germen ‖ galladura f (œuf) ■ en germe en germen (plante), en cierne (figuré).

‖ SYN semence simiente; grain grano; graine semilla.

germé, e adj que ha echado tallos.

germer [3] v intr germinar (mot littéraire), brotar (mot courant) ‖ FIG germinar, nacer.

germicide adj & s m germicida.

germinal, e adj BOT germinal.
➤ **germinal** m HIST germinal [séptimo mes del calendario republicano francés].

germinatif, ive adj BIOL germinativo, va; pouvoir germinatif potencial germinativo.

germination f germinación.

germoir m AGRIC semillero (pour semences) ‖ TECHN germinadero (de brasserie).

germon m bonito (thon).

gérondif m GRAMM gerundio.

Gérone n pr GÉOGR Gerona.

géronte m FAM vejestorio, carcamal, viejo gruñón y ridículo ‖ THÉÂTR geronte.

gérontisme m chochez f, senilidad f.

gérontocratie f gerontocracia.

gérontologie f MÉD gerontología.

gérontologue adj & s gerontólogo, ga.

Gers [ʒɛrs] n pr m GÉOGR Gers (département); dans le Gers en Gers.

Gertrude n pr Gertrudis.

Gervais n pr Gervasio.

Gervaise n pr Gervasia.

gésier [ʒezje] m ANAT molleja f.

gésine f (p us) parto m.

gésir [49] v intr yacer ‖ FIG encontrarse, residir (se trouver) ‖ ci-gît aquí yace.

‖ OBSERV Este verbo es irregular y sólo se usa en las personas siguientes: presente indicativo: il gît, nous gisons, vous gisez, ils gisent; imperfecto: je gisais, tu gisais, il gisait, nous gisions, vous gisiez, ils gisaient; gerundio: gisant.

gesse f BOT almorta, muela, guija.

Gestapo [ɡɛstapo] n pr f Gestapo.

gestation f BIOL gestación.

geste m [▷ SYN] ademán, gesto, movimiento ■ avoir un beau geste tener un buen detalle ‖ faire un geste de la main hacer una señal con la mano ‖ joindre le geste à la parole unir la acción a la palabra ‖ ne faites pas un geste! ¡no se mueva!
◇ f (vx) gesta (prouesse) ■ chanson de geste cantar de gesta ‖ les faits et gestes de quelqu'un la vida y milagros de uno.

‖ SYN attitude continente; mouvement movimiento.

gesticulation f ademanes m pl.

gesticuler [3] v intr hacer ademanes, gesticular.

gestion f gestión ■ gestion de la crise gestión de la crisis ‖ INFORM gestion de fichiers gestión ou manejo de ficheros ‖ gestion disques gestión de discos.

gestionnaire adj gestor, ra.
◇ m & f gerente; gestor, ra ‖ intendente (d'un hôpital militaire).
◇ m INFORM gestionnaire de fichiers gestor de ficheros; gestionnaire WWW gestor WWW.

gestuel, elle adj gestual.

Gètes n pr m pl Getas.

Gethsémani [ʒɛtsemani] n pr Getsemaní.

Gétules m pl HIST Getulos (peuplade africaine).

geyser [ʒezɛr] m géyser, géiser.

Ghana n pr m GÉOGR le Ghana Ghana.

ghanéen, enne adj ghanés, esa.

Ghanéen, enne *m & f* ghanés, esa, ghaneano, na.

ghazel *m* zéjel (poésie arabe).

ghetto *m* judería *f*, barrio judío, ghetto.

ghettoïsation [gɛtɔizasjɔ̃] *f* confinamiento en ghettos.

ghilde ➡ **guilde**.

GI *m inv* FAM GI, soldado raso de Tierra y Aire [en Estados Unidos].

giaour [ʒjaur] *m* infiel, cristiano (chez les mahométans).

gibbeux, euse *adj* gibado, da, giboso, sa; dos gibbeux espalda gibosa.

gibbon *m* gibón (singe).

gibbosité *f* giba, joroba.

gibecière [ʒibsjɛr] *f* [▷ SYN] zurrón *m*, morral *m* (sac de berger) ‖ bolsa, cartera (d'écolier) ‖ caja, bolsa (d'un escamoteur) ‖ **tour de gibecière** escamoteo, juego de manos.

⎸   SYN musette morral; sacoche bolsa, cartera; carnier, carnassière morral; panetière zurrón.

gibelet [ʒiblɛ] *m* TECHN barrena *f* (vrille).

gibelin, e [ʒiblɛ̃, in] *adj & s* gibelino, na.

gibelotte [ʒiblɔt] *f* estofado *m* de conejo.

giberne *f* MIL cartuchera.

gibet [ʒibɛ] *m* horca *f* (potence) ‖ patíbulo, cadalso (échafaud) ‖ cabria *f* (de puisatier) ‖ FIG cruz *f* (croix).

gibier *m* caza *f*; gros gibier caza mayor; menu gibier caza menor ■ gibier à plume, à poil aves ou caza de pluma, caza ou caza de pelo ‖ FAM gibier de potence carne de horca ‖ lever le gibier levantar la caza.

giboulée *f* chubasco *m*, aguacero *m*, chaparrón *m*.

giboyeux, euse [ʒibwajø, øz] *adj* abundante en caza.

Gibraltar *n pr* GÉOGR Gibraltar ‖ rocher/détroit de Gibraltar, peñón/estrecho de Gibraltar.

gibus [ʒibys] *m* clac (chapeau haut de forme).

GIC *m* (abr de Groupe interministériel de contrôle) grupo interministerial francés de control de escuchas telefónicas ‖ (abr de grand invalide civil) gran inválido civil.

giclée *f* chorro *m*.

giclement *m* salpicadura *f*, rociadura *f*.

gicler [3] *v intr* salpicar (éclabousser), saltar (jaillir), rociar (arroser).

gicleur *m* surtidor, pulverizador, chicler (de carburateur).

GIE (abr de groupement d'intérêt économique) *m* agrupación *f* de interés económico.

gifle *f* bofetada.

⎸   SYN soufflet bofetón; tape sopapo, cachete; baffe chuleta; FAM claque guantada; taloche pescozón; FAM (vieilli) mornifle soplamocos, revés; FAM calotte pescozón.

gifler [3] *v tr* abofetear.

GIG (abr de grand invalide de guerre) *m* gran inválido de guerra.

gigantesque *adj* gigantesco, ca.

gigantisme *m* gigantismo.

gigantomachie *f* gigantomaquia.

gigaoctet *m* INFORM gigabyte.

GIGN (abr de Groupe d'intervention de la gendarmerie nationale) *m* cuerpo de élite de la gendarmería francesa, ≃ GEO *pl*.

gigogne *adj* encajado, da ■ lits gigognes camas nido ‖ poupées gigognes muñecas rusas ‖ tables gigognes mesas nido, serie de mesas que encajan unas con otras.

➡   **Gigogne** *f* mère Gigogne mujer con muchos hijos.

gigolette *f* FAM mujerzuela.

gigolo *m* FAM chulo, "gigolo".

gigot [ʒigo] *m* pierna *f* de cordero ‖ anca *f* (du cheval) ‖ manches à gigot mangas de jamón.

gigotement *m* pataleo.

gigoter [3] *v intr* patalear, pernear.

gigue *f* giga (danse) ‖ pernil de corzo ‖ FAM (vx) zanca (longue jambe) ‖ FAM une grande gigue espingarda, palo de escoba.

Gilbert [ʒilbɛr] *n pr* Gilberto.

gilde ➡ **guilde**.

gilet [ʒilɛ] *m* chaleco; gilet rayé chaleco de rayas ‖ camiseta *f* (sous-vêtement) ■ gilet de sauvetage chaleco salvavidas ‖ gilet pareballes chaleco antibalas.

giletier, ère *m & f* chalequero, ra.

➡   **giletière** *f* leontina (chaîne de montre).

gille [ʒil] *m* bufón, payaso (bouffon) ‖ FIG & FAM memo, bobo ‖ faire le gille dárselas de payaso.

Gilles [ʒil] *n pr* Gil.

gimblette *f* rosquilla (pâtisserie).

gin [dʒin] *m* ginebra *f*.

gindre [ʒɛ̃dr] *m* oficial de panadero, amasador.

gin-fizz [dʒinfiz] *m inv* gin fizz.

gingembre [ʒɛ̃ʒɑ̃br] *m* BOT jenjibre.

gingival, e *adj* ANAT gingival.

gingivite *f* MÉD gingivitis.

ginguet, ette [ʒɛ̃gɛ, ɛt] *adj* FAM algo agrio (vin) ‖ FIG de poco valor.

➡   **ginguet** *m* vinucho, aguapié.

ginseng *m* ginseng.

giorno

➡   **a giorno** *loc adv* a giorno.

girafe *f* ZOOL jirafa ‖ jirafa (cinéma).

girafeau; girafon *m* ZOOL cría *f* de jirafa.

girandole *f* girándula (candélabre) ‖ arracada, pendiente *m* (bijou).

girasol *m* ópalo girasol.

giration *f* giro *m*.

giratoire *adj* giratorio, ria; sens giratoire sentido giratorio.

giravion *m* giravión.

girl [gœrl] *f* corista, vicetiple, bailarina de conjunto.

girofle *m* clavo (clou de girofle).

giroflée *f* BOT alhelí *m* ‖ FAM donner une giroflée à cinq feuilles llenarle a uno la cara con los cinco dedos, dar un bofetón.

giroflier *m* BOT clavero.

girolle *f* mízcalo *m* (champignon).

giron *m* regazo; le giron maternel el regazo materno ‖ BLAS jirón ‖ FIG seno; rentrer dans le giron de l'Église volver al seno de la Iglesia ‖ TECHN huella *f* (d'une marche).

girond, e *adj* FAM guapo, pa.

Gironde *n pr f* GÉOGR la Gironde el Gironda (fleuve).

girondin, e *adj* girondino, na.

Girondin, e *m & f* girondino, na.

⎸ **LES GIRONDINS** ‎
Este partido ocupó el ala derecha de la Convención de 1791 a 1793, frente al partido de izquierdas, la "Montagne". Bien implantado en el sur de Francia, se opuso a la ejecución del rey y abogó por una estructura federalista de Francia. Los girondinos fueron suplantados por los "Montagnards" y la mayoría de sus líderes fueron ejecutados durante el Terror.

gironné, e *adj & s* BLAS jironado, da.

girouette [ʒirwɛt] *f* veleta (pour le vent) ‖ FIG veleta *m* ou *f*, tornadizo, za (personne qui change d'opinion); c'est une vraie girouette es una verdadera veleta ‖ MAR cataviento *m*.

gisant, e *adj* yacente, tendido, da.

➡   **gisant** *m* estatua *f* yacente.

Gisèle *n pr* Gisela.

giselle *f* (p us) especie de muselina.

gisement *m* MAR demora *f*, arrumbamiento ‖ MIN yacimiento, criadero (de minerai).

gît [ʒi] ➡ **gésir**.

gitan, e *adj & s* gitano, na.

gîte [ʒit] *m* morada *f*, albergue (demeure) ‖ [▷ SYN] cama *f* (lièvre), madriguera *f* (animaux) ‖ MIN yacimiento ■ gîte à la noix codillo de vaca ‖ gîte rural hospedaje rural.

◇   *f* MAR donner de la gîte dar de banda.

⎸   SYN terrier madriguera; tanière cubil; repaire guarida.

gîter [3] *v tr* albergar ‖ alojar; gîter un voyageur alojar a un viajero.

◇   *v intr* albergarse ‖ encamarse (animal) ‖ MAR dar de banda.

➡   **se gîter** *v pr* albergarse.

givrage *m* capa de escarcha *f*.

givrant, e *adj* que produce escarcha ‖ brouillard givrant helada.

givre *m* escarcha *f*.

givré, e *adj* escarchado, da ‖ CULIN citron givré limón helado.

givrer [3] *v tr* escarchar.

givreux, euse *adj* resquebrajado, da (pierres précieuses).

Gizeh; Guizeh *n pr* GÉOGR Gizeh.

glabelle *f* ANAT entrecejo *m*.

glabre *adj* lampiño, ña; glabro, bra (imberbe) ‖ BOT desnudo, da (nu); liso, sa (lisse).

glaçage *m* glaseado (papier, pâtisserie).

glaçant, e *adj* glacial; vent glaçant viento glacial ‖ FIG frío, glacial.

glace *f* hielo *m* (eau congelée) ‖ helado *m*; glace au café, à la vanille helado de café, de mantecado ‖ CULIN escarchado *m* ‖ FIG frialdad (froideur) ‖ espejo *m* (miroir) ‖ luna; armoire à glace armario de luna ‖ cristal *m*, vidrio *m* (vitre, carreau) ‖ TECHN jardín *m*, paño *m* (d'un diamant) ‖ ventanilla, cristal *m* (d'une voiture) ■ glace de poche espejillo ■ être de glace ser como un pedazo de hielo ‖ FAM regarde-toi dans une glace! ¡anda que tú! ‖ rompre la glace romper el hielo ‖ rester de glace quedarse helado.

glacé, e *adj* [▷ SYN] helado, da (par le froid) ‖ escarchado, da (sucreries) ‖ glaseado, da (lustré) ‖ FIG frío, glacial.

   SYN glacial glacial; glaçant helado, frío.

glacer [16] *v tr* helar, congelar (le froid) ‖ escarchar (avec du sucre) ‖ FIG dejar helado ou frío, paralizar ‖ TECHN glasear, lustrar (lustrer).

glacerie *f* cristalería (de vitres).

glaceur *m* TECHN glaseador.

glaceux, euse *adj* TECHN empañado, da (diamants).

glaciaire *adj* glaciar; période glaciaire período glaciar.

glacial, e *adj* glacial.

   OBSERV pl glacials.

Glacial *adj* GÉOGR (vieilli) l'océan Glacial Arctique, Antarctique el océano Glacial Ártico, Antártico.

glaciation *f* GÉOL glaciación, formación de glaciares.

glacier *m* glaciar, helero (masse de glace) ‖ ventisquero (simple amas de neige et de glace) ‖ horchatero (limonadier) ‖ heladero (marchand de glaces) ‖ cristalero (vitrier).

glacière *f* [▷ SYN] nevera (garde-manger); glacière portative nevera portátil ‖ heladera (sorbetière) ‖ FIG nevera.

   OBSERV [▷ SYN] réfrigérateur refrigerador; frigorifique frigorífico; frigifère frigorífero.

glaciologie *f* glaciología, glaciarismo *m*.

glaciologue *m* glaciólogo.

glacis [glasi] *m* glacis, explanada *f* (fortification) ‖ veladura *f*, color transparente (couleur) ‖ ARCHIT vertiente para la caída del agua.

glaçon *m* témpano, carámbano ‖ cubito de hielo (pour les boissons) ‖ FIG témpano, persona *f* fría.

glaçure *f* TECHN vidriado *m*.

gladiateur *m* gladiador.

glaïeul [glajœl] *m* BOT gladíolo, estoque (p us).

glaire *f* clara (d'œuf) ‖ flema (sécrétion).

glairer [4] *v tr* enlustrar con clara de huevo.

glaireux, euse *adj* flemoso, sa; viscoso, sa.

glaise *f* greda, arcilla ‖ terre glaise tierra gredosa, barro (sculpture).

glaiser [3] *v tr* arcillar, engredar (enduire de glaise) ‖ AGRIC arcillar, abonar con greda (amender).

glaiseux, euse *adj* arcilloso, sa; gredoso, sa.

glaisière *f* gredal.

glaive *m* espada (épée) ‖ FIG guerra *f*; tirer le glaive declarar la guerra ‖ poder; le glaive des lois, le glaive spirituel el poder de las leyes, el poder de la Iglesia ‖ remettre le glaive dans le fourreau envainar la espada.

glamour *m* glamour, encanto.

glanage *m* rebusca *f*, espigueo.

gland [glɑ̃] *m* madroño, borla *f* (passementerie) ‖ ANAT glande, bálano ‖ BOT bellota *f*

gland de mer bálano, bellota de mar, pie de burro.

glandage *m* DR derecho de montanera.

glande *f* ANAT glándula ‖ FAM ganglio *m*, seca (ganglion enflammé).

glandée *f* AGRIC montanera, bellotera; aller à glandée ir a la montanera.

glander; glandouiller [3] *v intr* TFAM gandulear.

glandulaire; glanduleux, euse *adj* glandular.

glane *f* AGRIC espigueo *m*, rebusco *m* ‖ (p us) ristra (d'oignons).

glaner [3] *v tr* AGRIC espigar, rebuscar ‖ FIG rebuscar, sacar.

glaneur, euse *m & f* AGRIC espigador, ra.

glapir [32] *v intr* gañir, chillar (animaux) ‖ chillar (personnes).

glapissant, e *adj* chillón, ona; vocinglero, ra.

glapissement *m* gañido, aullido (animaux) ‖ FIG chillido (personnes).

glaréole *f* ZOOL glaréola, perdiz de mar.

Glaris [glaris] *n pr* GÉOGR Glaris; le canton de Glaris el cantón de Glaris.

glas [gla] *m* tañido fúnebre ■ sonner le glas doblar las campanas, tocar a muerto ‖ FIG sonner le glas des espérances acabar con las esperanzas.

Glasgow *n pr* GÉOGR Glasgow.

glatir [32] *v intr* chillar (l'aigle).

glaucome *m* MÉD glaucoma.

glauque *adj* glauco, ca.

glèbe *f* gleba; serf de la glèbe siervo de la gleba.

gléchome; glécome *m* BOT hiedra *f* terrestre.

glène *f* ANAT glena ‖ MAR aduja (d'un câble).

gléner [18] *v tr* MAR adujar.

glénoïdal, e; glénoïde *adj* ANAT glenoideo, a.

gliome *m* glioma (tumeur).

glissade *f* resbalón *m*; faire une glissade dar un resbalón ‖ patinazo *m* ‖ resbaladero *m*, deslizadero *m* (surface gelée) ‖ cupé *m*, paso *m* de lado (danse) ‖ FIG desliz *m*, patinazo *m* (faute).

glissage *m* arrastre de la leña por los resbaladeros del monte.

glissant, e *adj* resbaladizo, za; escurridizo, za ‖ FIG terrain, sentier glissant, pente glissante terreno resbaladizo, posición delicada ou peligrosa.

glisse *f* deslizamiento *m*.

glissement *m* deslizamiento ‖ resbalamiento ‖ desmoronamiento, corrimiento (de terrain) ‖ derrumbe (mines).

glisser [3] *v intr* resbalar, escurrirse (en général involontairement); glisser sur la glace resbalar en el hielo ‖ patinar (patiner) ‖ deslizarse (sur une surface lisse) ‖ rodar; glisser sous la table rodar debajo de la mesa ‖ dar un resbalón; le pied lui a glissé ha dado un resbalón ‖ FIG & FAM escurrirse ‖ escaparse (échapper); cela m'a glissé des mains se me ha escapado de las manos ‖ pasar por alto

(effleurer à peine un sujet) ‖ esbozar; un sourire glissa sur ses lèvres esbozó una sonrisa ‖ tener ou traer sin cuidado, no hacer la menor mella (ne pas faire impression); les critiques glissent sur lui las críticas le tienen sin cuidado.

  ◇ *v tr* deslizar, decir; je lui en glisserai un mot le diré dos palabras ‖ echar, deslizar; glisser une lettre sous la porte echar una carta bajo la puerta ‖ insinuar ‖ tout lui glisse entre les doigts tiene manos de trapo.

  → **se glisser** *v pr* [▷ SYN] deslizarse, escurrirse, colarse; se glisser parmi les buissons escurrirse entre los matorrales ‖ meterse; se glisser au lit meterse en la cama.

   SYN s'insinuer insinuarse; se faufiler meterse; s'infiltrer infiltrarse.

glissière *f* TECHN corredera; fermeture à glissière cierre de corredera ‖ guía (mécanique) ‖ AUTOM glissière de sécurité barrera de seguridad.

glissoir *m* pasador (d'une chaîne) ‖ resbaladero (pour le bois).

glissoire *f* patinadero *m*.

global, e *adj* global ‖ méthode globale método global (lecture).

globalement *adv* globalmente.

globalisant, e; globalisateur, trice *adj* globalizante; vision globalisante visión globalizante.

globalisation *f* globalización (d'un marché).

globaliser [3] *v tr* globalizar.

globalité *f* carácter global.

globe [glɔb] *m* globo; globe terrestre globo terráqueo ‖ fanal de cristal (pour horloges, fleurs); mettre sous globe meter en un fanal ‖ bomba *f* (de lampe) ‖ ANAT globe oculaire globo ocular.

globe-trotter *m* trotamundos, "globetrotter".

   OBSERV pl globe-trotters.

globigérine *f* globigerina.

globulaire *adj* globular.

  ◇ *f* BOT globularia, corona de rey.

globule *m* glóbulo ‖ MÉD globule blanc glóbulo blanco ‖ globule rouge glóbulo rojo.

globuleux, euse *adj* globuloso, sa ‖ œil globuleux ojo saltón.

globulin *m* MÉD plaqueta, *f*.

globuline *f* globulina.

gloire *f* gloria ‖ aureola (d'un saint) ■ à la gloire de en honor de ■ se faire gloire de vanagloriarse de, enorgullecerse de ‖ se faire une gloire de tener a mucha honra ‖ FAM travailler pour la gloire trabajar por amor al arte, trabajar para el obispo.

   OBSERV Gloire peut avoir, quoique rarement, le sens espagnol de "gloria" (ciel, paradis).

glome *m* pulpejo (de chevaux).

glomérule *m* glomérulo.

gloria *m* Gloria [patri] (messe) ‖ FAM (vx) café ou té con aguardiente.

gloriette *f* glorieta, cenador *m*.

glorieusement *adv* gloriosamente.

glorieux, euse [glɔrjø, øz] *adj* glorioso, sa.

  ◇ *m & f* fanfarrón, ona; vanidoso, sa ‖ HIST les Trois Glorieuses las Tres Gloriosas.

glorificateur, trice *adj* glorificador, ra.

glorification f glorificación.

glorifier [9] v tr [▷ **SYN**] glorificar.

➤ **se glorifier** v pr vanagloriarse, gloriarse; **se glorifier de ses richesses** vanagloriarse de sus riquezas.

┃ **SYN** magnifier magnificar; exalter exaltar, ensalzar; diviniser divinizar; déifier deificar; louer celebrar, alabar, loar.

gloriole f vanagloria, ufanía.

glose f glosa (commentaire) ┃ **FAM** crítica, interpretación maligna.

gloser [3] v tr & intr glosar (commenter) ┃ **FAM** censurar, criticar.

glossaire m glosario.

glossateur m glosador.

glossine f glosina, mosca tse-tsé.

glossite f **MÉD** glositis.

glosso-pharyngien, enne adj **ANAT** glosofaríngeo, a.

glossotomie f glosotomía.

glottal, e adj de la glotis.

glotte f **ANAT** glotis.

glottique adj **ANAT** glótico, ca.

glouglou m glogló (d'une bouteille) ┃ clo, clo [del pavo] (du dindon).

glouglouter [3] v intr hacer glogló ┃ graznar, cloquear (le dindon).

gloussant, e adj que cloquea.

gloussement m cloqueo ┃ **FAM** risa f contenida.

glousser [3] v intr cloquear (poules) ┃ **FAM** reír ahogadamente.

glouteron m **BOT** bardana f, lampazo (bardane).

glouton, onne adj & s [▷ **SYN**] glotón, ona; tragón, ona.

➤ **glouton** m glotón (mammifère).

┃ **SYN** vorace voraz; **FAM** goulu, goinfre tragón; avide ansioso; **FAM** bâfreur tragaldabas.

gloutonnement adv glotonamente, con glotonería.

gloutonnerie f glotonería.

glu [gly] f liga ┃ **FIG** atractivo m (séduction) ┃ **collant comme la glu** pegado como una lapa.

gluant, e [glyɑ̃, ɑ̃t] adj [▷ **SYN**] viscoso, sa; pegajoso, sa (collant) ┃ **FIG** pegajoso, pesado, pelmazo.

┃ **SYN** collant pegajoso; visqueux viscoso; poisseux peguntoso.

gluau [glyo] m vareta f.

glucide m **CHIM** glúcido.

glucine f **CHIM** glucina.

glucinium [glysinjɔm] m glucinio (métal).

glucomètre m glucómetro.

glucose m **CHIM** glucosa f.

glucosé, e adj **CHIM** glucosado, da.

glucoserie f glucosería.

glucoside m **CHIM** glucósido.

glui m **AGRIC** paja f centenaza, bálago.

glume f **BOT** gluma.

glumelle f **BOT** glumilla, glumela.

glutamate m **CHIM** glutamato.

gluten m gluten.

glutineux, euse adj glutinoso, sa ┃ viscoso, sa; pegajoso, sa (gluant).

glycémie f **MÉD** glucemia, glicemia.

glycéré m **CHIM** glicerato.

glycéride m **CHIM** glicérido.

glycérie f **BOT** gliceria.

glycérine f **CHIM** glicerina.

glycériner [3] v tr untar con glicerina.

glycérique adj glicérico, ca.

glycérol m glicerina f.

glycérolé m **CHIM** glicerolato.

glycérophosphate m **CHIM** glicerofosfato.

glycine f **BOT** glicina.

glycocolle m **CHIM** glicocola.

glycogène m **BIOL** glicógeno.

glycogénèse; glycogénie f **BIOL** glicogénesis, glicogenia.

glycogénique adj **BIOL** glicogénico, ca.

glycol m **CHIM** glicol.

glyconien; glyconique adj m gliconio.

glycosurie f **MÉD** glucosuria.

glycosurique adj glucosúrico, ca.

glyphe m glifo.

glyptique f glíptica.

glyptodon; glyptodonte m gliptodonte.

glyptographie f gliptografía.

glyptothèque f gliptoteca.

GMT (abr de Greenwich Mean Time) GMT.

gnangnan adj & s inv **FAM** flojo, ja; fofo, fa; llorón, ona.

gneiss [gnɛs] m gneis (roche).

gnète m **BOT** gneta.

Gnide ➤ **Cnide**.

gniole ➤ **gnole**.

GNL (abr de gaz naturel liquéfié) m gas natural licuado.

gnocchi [nɔki] m **CULIN** ñoqui, gnocchi.

┃ **OBSERV** pl gnocchi ou gnocchis.

gnognote; gnognotte [nɔnɔt] f **FAM** fruslería, cosa sin valor ┃ **ce n'est pas de la gnognote** no es moco de pavo.

gnole; gnôle; gniole f **FAM** aguardiente, matarratas.

gnome [gnom] m gnomo.

gnomon [gnɔmɔ̃] m gnomón (cadran solaire).

gnomonique [gnɔmɔnik] adj & s f gnomónico, ca.

gnon [nɔ̃] m **FAM** porrazo.

gnose [gnoz] f **PHILOS** gnosis.

gnosticisme [gnɔstisism] m **PHILOS** gnosticismo.

gnostique adj & s m **PHILOS** gnóstico, ca.

gnou [gnu] m **ZOOL** ñu.

go
➤ **tout de go** loc adv de sopetón, de buenas a primeras.

go m inv **JEUX** go.

GO f pl (abr de grandes ondes) OL.

◇ m (abr de gentil organisateur) animador del Club Méditerranée.

goal [gol] m **SPORTS** guardameta, portero (gardien de but).

goal-average [golaveradʒ] m gol average, cociente.

┃ **OBSERV** pl goal-averages.

gobelet [gɔblɛ] m cubilete ■ **gobelet en carton** vaso de papel ┃ **joueur de gobelets** jugador de cubilete, cubiletero, prestidigitador.

gobeleterie [gɔblɛtri] f cubiletería.

gobeletier [gɔblɔtje] m cubiletero.

gobelin m duende.

Gobelins m pl **les Gobelins** la manufactura de los Gobelinos.

> **LES GOBELINS**
> El nombre de la manufactura nacional de tapices debe su nombre a una familia de artistas del siglo XV que contribuyeron a introducir la técnica flamenca en Francia. Hoy en día, en sus locales del distrito 13 de París, sigue realizando tapices para edificios públicos.

gobe-mouches [gɔbmuʃ] m inv papamoscas (oiseau) ┃ **FIG** papanatas (niais, crédule).

gober [3] v tr sorber (avaler); **gober un œuf** sorber un huevo ┃ **FIG & FAM** tragarse; **il gobe tout** se lo traga todo ┃ tragar; **je ne peux pas le gober** no puedo tragarle ┃ **FAM** **gober les mouches** papar moscas.

➤ **se gober** v pr (vx) estar muy creído de sí mismo, creérselo; **il se gobe** se lo cree.

goberger [17]
➤ **se goberger** v pr regodearse (se divertir) ┃ repantigarse (se prélasser) ┃ burlarse de uno (se moquer).

gobeur, euse adj & s **FAM** tragón, ona ┃ **FIG** bobalicón, ona (crédule).

Gobi n pr m **GÉOGR** **le désert de Gobi** el desierto de Gobi.

gobie m gobio (poisson).

gobille [gɔbij] f bola de piedra ou de bronce.

godage m pliegue falso, fuelle (soufflet), arruga f (pli).

godailler [3] [gɔdaje] v intr **FAM** (vx) comer y beber con exceso (commettre des excès de table).

godasse f **FAM** zapato m.

Godefroi [gɔdfrwa] n pr Godofredo.

godelureau [gɔdlyro] m pisaverde, currutaco.

goder [3] v intr abolsarse, arrugarse, hacer pliegues.

godet [gɔdɛ] m cubilete, cortadillo (verre à boire) ┃ cangilón, arcaduz (auge) ┃ salserilla f (de peintre) ┃ cascabillo (du gland) ┃ tabaquera f (d'une pipe) ┃ pliegue (pli) ┃ **TECHN** engrasador (graisseur) ┃ **godet de dragage** cangilón de draga.

godiche; godichon, onne adj & s **FAM** torpe; ganso, sa.

godille [gɔdij] f **MAR** espadilla, pagaya (aviron) ┃ **aller à la godille** echarse a perder, equivocarse de camino, coger una mala senda.

godiller [3] v intr **MAR** cinglar, remar con la espadilla (ramer).

godilleur m **MAR** cinglador.

godillot [gɔdijo] m borceguí de soldado ┃ **FAM** zapatón.

godiveau m albóndiga f (boulette) ┃ picadillo de relleno (farce).

godron *m* cangilón, lechuga *f* (pli arrondi) ‖ tenacillas *f pl* de encañonar (fer à godronner) ‖ alechugado de gorguera (de jabot) ‖ **ARCHIT** gallón, moldura *f* ovalada.

godronnage *m* encañonado, afolladura *f* ‖ abollonado (de vaisselle, orfèvrerie, architecture).

godronner [3] *v tr* alechugar, afollar, encañonar (le linge) ‖ adornar con molduras ovaladas, con gallones, abollonar (orner de godrons).

goéland [ɡɔelɑ̃] *m* **ZOOL** gaviota *f*.

goélette *f* **MAR** goleta (bateau).

goémon *m* fuco (algue).

Goethe [ɡøt] *n pr* Johann Wolfgang von Goethe Johann Wolfgang von Goethe.

gogo *m* **FAM** primo, tonto (niais) ‖ **FAM** à gogo a voluntad, a porrillo, a pedir de boca.

goguenard, e [ɡɔɡnar, ard] *adj* guasón, ona; burlón, ona.

goguenardise *f* **FAM** sorna, guasa, chanza.

goguenot [ɡɔɡno] *m* orinal.
➡ **goguenots** *m pl* **TFAM** letrina *f* (latrines).

goguette *f* **FAM** chanza, broma ‖ être en goguette estar achispado (éméché), estar de juerga (s'amuser).

goï [ɡɔj] ➤ **goy**.

goinfre *m* **FAM** glotón, tragón, comilón.

goinfrer [3] *v intr* **FAM** zampar, tragar.
➡ **se goinfrer** *v pr* **FAM** engullir.

goinfrerie *f* **FAM** glotonería.

goitre *m* **MÉD** papera *f*, bocio [(Amér) coto].
‖ **OBSERV** Le pluriel espagnol paperas désigne surtout les oreillons.

goitreux, euse *adj* & *s* **MÉD** que tiene bocio [(Amér) cotudo, da].

Golan *n pr m* **GÉOGR** le Golan el Golán; le plateau du Golan los altos *ou* la meseta del Golán.

Goldberg *n pr* « les Variations Goldberg » Bach "las variaciones Goldberg" Bach.

golden *f* golden (pomme).

golf *m* **SPORTS** golf ‖ golf miniature minigolf (jeu).

golfe *m* golfo.
‖ **SYN** baie bahía; anse ensenada; crique caleta; conche concha; calanque cala; fjord fiordo, ría.

LES GOLFES
‖ le golfe d'Aden el golfo de Adén;
‖ le golfe du Bengale el golfo de Bengala;
‖ le golfe de Botnie el golfo de Botnia;
‖ le golfe de Cadix el golfo de Cádiz;
‖ le golfe de Californie el golfo de California;
‖ le golfe de Campeche el golfo de Campeche;
‖ le golfe de Gascogne el golfo de Vizcaya;
‖ le golfe du Lion el golfo de León;
‖ le golfe du Mexique el golfo de México;
‖ le golfe de Panama el golfo de Panamá;
‖ le golfe Persique el golfo Pérsico;
‖ le golfe de Thaïlande el golfo de Siam;
‖ le golfe de Valence el golfo de Valencia.

Golfe *n pr m* **GÉOGR** le Golfe el Golfo; les États, la guerre du Golfe los países, la guerra del Golfo.

golfeur, euse *adj* & *s* **SPORTS** golfista.

Golgotha *n pr m* **GÉOGR** le Golgotha el Gólgota.

Goliath *n pr* Goliat.

gommage *m* engomado.

gomme *f* goma; gomme élastique goma de borrar ■ boule de gomme caramelo de goma ‖ gomme adragante tragacanto ‖ gomme arabique goma arábiga ■ **FAM** à la gomme de chicha y nabo, de tres al cuarto ‖ **FAM** mettre la gomme darse prisa, ir a todo gas (moteur).

gommé, e *adj* engomado, da; papier gommé papel engomado ‖ borrado, da.

gomme-gutte *f* gutagamba.
‖ **OBSERV** pl gommes-guttes.

gomme-laque *f* goma laca.
‖ **OBSERV** pl gommes-laques.

gommer [3] *v tr* engomar (enduire de gomme) ‖ borrar con goma (effacer).

gomme-résine *f* gomorresina.
‖ **OBSERV** pl gommes-résines.

gommette *f* trozo de papel de cola.

gommeux, euse *adj* & *s* gomoso, sa; lechuguino, na.

gommier *m* gomero (arbre).

gommifère *adj* **BOT** gomífero, ra.

Gomorrhe *n pr* **GÉOGR** Gomorra.

gonade *f* **BIOL** gónada.

gond [ɡɔ̃] *m* gozne ■ mettre hors de ses gonds sacar de sus casillas ‖ **FIG** & **FAM** sortir de ses gonds salir de sus casillas *ou* de quicio.

gondolage *m* alabeo, combadura *f*.

gondolant, e *adj* **FAM** divertido, da; para morirse de risa, mondante.

gondole *f* góndola.

gondoler [3] *v tr* alabear, combar.
➡ **se gondoler** *v pr* alabearse, combarse ‖ **FAM** desternillarse de risa (rire).

gondolier *m* gondolero.

gonfalon; gonfanon *m* gonfalón, confalón.

gonfalonier; gonfanonier *m* gonfalonero, confalonero.

gonfanon ➤ **gonfalon**.

gonfanonier ➤ **gonfalonier**.

gonflable *adj* inflable.

gonflage *m* hinchado, inflado.

gonflé, e *adj* [▷ **SYN**] hinchado, da (enflé) ‖ inflado, da (rempli d'air) ‖ **FIG** henchido, da; gonflé de vanité henchido de vanidad ‖ lleno, na; atestado, da (un sac, etc.) ‖ **FAM** valiente; resuelto, ta; atrevido, da; fresco, ca ‖ gonflé à bloc con gran moral, entusiasmado.
‖ **SYN** enflé hinchado; soufflé lleno de aire, inflado, hueco; rempli henchido; boursouflé hinchado; ballonné hinchado; bouffant hueco; tuméfié tumefacto; bouffi hinchado, abotargado.

gonflement *m* inflamiento, inflado (action de gonfler) ‖ hinchazón *f* (enflure).

gonfler [3] *v tr* hinchar (enfler) ‖ inflar, hinchar; gonfler un ballon inflar un globo ‖ hacer crecer (un cours d'eau) ‖ **FIG** llenar de (de colère) ‖ ahuecar (la voix) ‖ rellenar, meter paja en (un article).
◇ *v intr* & *pr* hincharse ‖ **FIG** ensoberbecerse, engreírse.

gonflette *f* **FAM** faire de la gonflette sacar bola.

gonfleur *m* bomba *f* para hinchar *ou* inflar.

gong [ɡɔ̃ɡ] *m* gong.

gongorisme *m* gongorismo.

gongoriste *adj* & *s* gongorista.

goniomètre *m* goniómetro.

goniométrie *f* goniometría.

gonococcie [ɡɔnɔkɔksi] *f* **MÉD** gonococia.

gonocoque *m* **MÉD** gonococo.

gonocyte *m* gonocito, gonócito.

gonorrhée *f* **MÉD** gonorrea.

Gonzalve *n pr* Gonzalo.

gonzesse *f* **FAM** gachí.

Gorbatchev [ɡɔrbatʃɛf] *n pr* Mikhaïl Gorbatchev Mijaíl Gorbachov.

gord [ɡɔr] *m* estacada *f* para pescar en los ríos.

gordien *adj m* gordiano.

goret [ɡɔrɛ] *m* gorrino, cerdito (cochon) ‖ **FIG** & **FAM** gorrino, guarro (personne sale).

gorge [ɡɔrʒ] *f* **ANAT** garganta; avoir mal à la gorge dolerle a uno la garganta ‖ cuello *m* (cou); couper la gorge cortar el cuello ‖ pechos *m pl* (seins); gola (fortification) ‖ **ARCHIT** mediacaña (moulure) ‖ degolladura (du balustre) ‖ **GÉOGR** garganta, quebrada, desfiladero *m* ‖ **TECHN** garganta (de roue, poulie, etc.) ■ avoir la gorge serrée tener un nudo en la garganta ‖ crier à gorge déployée gritar a voz en cuello ‖ **FIG** faire des gorges chaudes burlarse ‖ faire rentrer à quelqu'un les mots dans la gorge obligar a uno a que se trague las palabras ‖ prendre à la gorge agarrarse a la garganta (odeur, goût) ‖ **FIG** rendre gorge vomitar (vomir), restituir (restituer) ‖ rire à gorge déployée reír a carcajadas *ou* a mandíbula batiente ‖ saisir à la gorge agarrar por la garganta ‖ tendre la gorge alargar el cuello (pour être égorgé), darse por vencido (s'avouer vaincu).

gorgé, e *adj* ahíto, ta; harto, ta; saciado, da; gorgé de plaisir ahíto de placeres ‖ impregnado, da (de); empapado, da (en); terre gorgée d'eau tierra impregnada de agua.

gorge-de-pigeon *adj inv* tornasolado, da ‖ tissu gorge-de-pigeon tela con visos tornasolados.

gorgée *f* trago *m*, sorbo *m* ‖ boire à petites gorgées beber a sorbos.

gorger [17] *v tr* cebar (gaver les animaux) ‖ **FIG** hartar, atracar (gaver de nourriture) ‖ colmar, saciar (combler).
➡ **se gorger** *v pr* hartarse, atiborrarse (s'empiffrer).

gorgerin *m* gola *f*, gorjal (armure) ‖ gorguera *f* (collerette) ‖ **ARCHIT** collarino.

gorget [ɡɔrʒɛ] *m* **TECHN** cepillo de molduras, cepillo bocel (rabot).

gorgone *f* **ZOOL** gorgona.

Gorgones *n pr f pl* **MYTH** Gorgonas.

gorgonie *f* **ZOOL** gorgonia.

gorgonzola *m* gorgonzola (fromage).

gorille [ɡɔrij] *m* gorila (singe) ‖ **FAM** guardaespaldas (garde du corps).

Gorki *n pr* Maxime Gorki Máximo Gorki.

gosier *m* gaznate, garguero ■ FAM avoir le gosier sec tener seco el gaznate | chanter à plein gosier cantar a voz en grito | rire à plein gosier reír a carcajadas.

⎸ SYN gorge garganta; pharynx faringe; arrière-bouche istmo de las fauces; arrière-gorge fauces; FAM gaviot gaznate; avaloir tragadero.

gospel *m* gospel.

gosse *m* & *f* FAM chiquillo, lla; chaval, la.

Göteborg [gøtəbɔrg] *n pr* GÉOGR Göteborg.

goth [go] *m* godo.

Gotha almanaque de Gotha, anuario nobiliario y político publicado en Gotha [Alemania].

gothique *adj* & *s m* gótico, ca; gothique flamboyant gótico flamígero.
◇ *f* letra gótica.

gotique *m* gótico.

goton *f* FAM maritornes (fille de champagne) | zorra (femme dissolue).

gouache [gwaʃ] *f* aguada, pintura a la aguada.

gouacher [3] *v tr* pintar a la aguada.

gouaille [gwaj] *f* guasa, chungueo *m*, chunga.

gouailler [3] [gwaje] *v tr* & *intr* pitorrearse, guasearse, chunguearse.

gouaillerie [gwajri] *f* FAM guasa, chunga, burla.

gouailleur, euse [gwajœr, øz] *adj* FAM guasón, ona; chunguero, ra.

gouape [gwap] *f* FAM granuja *m*, vago *m*.

gouda *m* CULIN gouda, queso holandés ou de bola.

goudron *m* alquitrán (de houille).

goudronnage *m* asfaltado, alquitranado.

goudronner [3] *v tr* alquitranar (couvrir de goudron), asfaltar (asphalter).

goudronneur *m* asfaltador, alquitranador.

goudronneux, euse *adj* alquitranado, da; asfaltado, da.

➤ **goudronneuse** *f* alquitranadora, máquina de alquitranar ou asfaltar.

gouet [gwɛ] *m* hocino (serpe) ■ BOT aro, cala *f*.

gouffre *m* sima *f*, precipicio | remolino, vorágine *f* (en mer) ■ FIG abismo | pozo sin fondo.

gouge *f* gubia, escoplo *m* de media caña (ciseau).

gougère *f* CULIN masa con queso gruyere cocida al horno.

gouine *f* VULG tortillera (lesbienne).

goujat [guʒa] *m* patán, grosero (mal élevé), granuja (voyou) | aprendiz de albañil.

goujaterie [guʒatri] *f* grosería | granujada.

goujon *m* gobio (poisson) ■ TECHN clavija *f*, pasador, espárrago (cheville) | tarugo (de bois).

goujonner [3] *v tr* TECHN enclavijar, engrapar.

goulache; goulasch *m* CULIN gulás.

goulag *m* gulag.

goulasch ➤ **goulache**.

goule *f* (p us) vampiro *m*.

goulée *f* FAM bocado *m* (bouchée), trago *m* (gorgée).

goulet [gulɛ] *m* bocana *f* (d'un port) | paso estrecho ou angosto.

goulette ➤ **goulotte**.

gouleyant, e *adj* FAM que entra bien (vin).

goulot [gulo] *m* gollete | FIG estrangulamiento, tapón | boire au goulot beber a morro.

goulotte; goulette *f* AGRIC reguera pequeña, canalillo *m*, canaleta ■ ARCHIT canalón *m*.

goulu, e *adj* & *s* tragón, ona (glouton) | codicioso, sa (avide).

goulûment *adv* glotonamente, vorazmente.

goupil [gupi] *m* raposo (renard).

goupille [gupij] *f* pasador *m* de bisagra (charnière) | clavija, chaveta (pour assembler) | goupille fendue pasador.

goupiller [3] *v tr* TECHN enclavijar, enchavetar, sujetar ou fijar con pasador (assembler) | FIG & FAM arreglar, preparar.

➤ **se goupiller** *v pr* arreglarse; cela se goupille bien la cosa se arregla bien.

goupillon *m* hisopo (pour l'eau bénite) | limpiatubos (pour verre de lampe) | escobilla *f*, limpiabotellas (pour nettoyer les bouteilles).

goura *m* gura (oiseau).

gourbi *m* chabola *f*, choza *f* árabe.

gourd, e [gur, gurd] *adj* arrecido, da; yerto, ta; entumecido, da (de froid).
⎸ OBSERV Se dice sobre todo de los dedos y manos.

gourde *f* cantimplora (flacon) ■ BOT calabaza.
◇ *adj* & *s f* FIG & FAM zoquete, cernícalo; tonto, ta.

gourdin *m* garrote, porra *f*.

gourer [3]
➤ **se gourer** *v pr* FAM colarse, equivocarse | tu te goures! ¡te equivocas!

gourgandine *f* FAM pelandusca.

gourmade *f* FAM (vx) puñetazo *m*, trompazo *m*.

gourmand, e *adj* & *s* [▷ SYN] goloso, sa; enfant gourmand niño goloso | glotón, ona (glouton) | FIG goloso, sa; ansioso, sa (avide).
➤ **gourmand** *m* AGRIC chupón (rameau inutile).
⎸ SYN gourmet sibarita, gastrónomo; gastronome gastrónomo.

gourmander [3] *v tr* reprender, reñir (réprimander) | (vx) contener, dominar (contenir).

gourmandise *f* golosina (friandise) | gula, glotonería (vice) | FIG ansia (avidité).

gourme *f* MÉD impétigo *m* (croûtes de lait) | VÉTÉR muermo *m* | FIG & FAM jeter sa gourme hacer calaveradas [un joven]; correrla.

gourmé, e *adj* tieso, sa; estirado, da; envarado, da.

gourmet [gurmɛ] *m* gastrónomo, sibarita (gastronome) | catador (dégustateur).

gourmette *f* barbada (du cheval) | pulsera, esclava (bracelet) | cadena (d'une montre).

gournable *f* MAR cabilla.

gournabler [3] *v tr* MAR fijar con cabillas.

gourou; guru *m* guru, gurú.

gousse *f* BOT vaina | gousse d'ail diente de ajo.

gousset [gusɛ] *m* bolsillo del chaleco (gilet) ou del reloj | bolsa *f* chica (petite bourse) | repisa *f*, consola *f* pequeña (meuble) ■ ANAT sobaco (aisselle) ■ BLAS gocete | FIG & FAM sobaquina *f* (odeur) ■ TECHN cartela *f* (pièce d'assemblage).

goût [gu] *m* gusto (sens), sabor (saveur); goût de miel sabor a miel | gusto; bon goût, mauvais goût buen gusto, mal gusto | afición *f* (penchant); avoir du goût pour la lecture tener afición a la lectura ■ à chacun selon son goût al gusto del consumidor | au goût du client a gusto del cliente | dans le goût de al estilo de ■ avoir du goût pour l'aventure tener afán de aventuras | avoir le goût de tener gusto a, saber a | avoir un goût de renfermé tener gusto a rancio | des goûts et des couleurs il ne faut pas disputer, tous les goûts sont dans la nature sobre gustos no hay nada escrito | ne pas avoir de goût pour no tener placer en | prendre goût à quelque chose empicarse en ou aficionarse a alguna cosa | reprendre goût à recuperar las ganas de.
⎸ OBSERV Goût n'a pas le sens espagnol de "plaisir": dar gusto faire plaisir; con mucho gusto avec grand plaisir.

goûter [3] *v tr* probar, saborear; goûter un vin probar un vino | [▷ SYN] FIG gustar; ce discours a été fort goûté este discurso fue muy apreciado; je goûte fort cet auteur me gusta mucho este autor | experimentar, gozar de; goûter son bonheur gozar de su dicha.
◇ *v intr* merendar (repas dans l'après-midi).
⎸ OBSERV Goûter, en français, n'a pas souvent le sens espagnol de "gustar" (plaire, aimer): esto me gusta ceci me plaît; me gusta la música j'aime la musique.
⎸ SYN aimer gustar; se plaire à complacerse en; raffoler de tener afición a; être fou de estar loco por.

goûter *m* merienda *f*; goûter d'anniversaire merienda de cumpleaños.

goûteur, euse *m* & *f* catador *m*.

goûteux, euse *adj* sabroso, sa.

goutte *f* gota; goutte à goutte gota a gota | poquito *m*, gota; verser une goutte de vin echar un poquito de vino | copita [de licor] ■ ARCHIT gota ■ FAM aguardiente *m* ■ MÉD gota ■ se ressembler comme deux gouttes d'eau parecerse como dos gotas de agua | suer à grosses gouttes sudar la gota gorda | tomber goutte à goutte caer gota a gota.
◇ *adv* nada, jota; n'y voir goutte no ver nada, no ver ni jota.

goutte-à-goutte *m inv* MÉD transfusión *f* gota a gota | recipiente con que se verifica esta transfusión, gotero; alimenter au goutteà-goutte alimentar con el gotero.

gouttelette [gutlɛt] *f* gotita.

goutter [3] *v intr* gotear.

goutteux, euse *adj* & *s* MÉD gotoso, sa.

gouttière *f* canalón *m*, canal *m* (du toit) | MÉD entablillado *m* ■ TECHN canal *m* (d'un livre).

gouvernable *adj* gobernable.

gouvernail [guvɛrnaj] *m* AVIAT timón; gouvernail de profondeur timón de profundidad ▌FIG riendas *f pl*, dirección *f*; le gouvernail de l'État las riendas del Estado ▌MAR timón, gobernalle (p us); tenir le gouvernail llevar el timón.
▌ OBSERV pl gouvernails.

gouvernant, e *adj* gobernante.
➡ **gouvernante** *f* [▷ SYN] aya (éducatrice) ▌ama de llaves (d'un foyer).
➡ **gouvernants** *m pl* gobernantes (d'un État).
▌ SYN nurse nurse; duègne dueña; chaperon carabina, rodrigón FAM.

gouverne *f* gobierno *m*, norma; je vous dis cela pour votre gouverne se lo digo a usted para su gobierno ▌AVIAT timón *m*; gouverne de direction, de profondeur, latérale timón de dirección, de profundidad, lateral.
➡ **gouvernes** *f pl* AVIAT timonería *sing*, mecanismo *m sing* de dirección.

gouvernement *m* gobierno.
▌ SYN régime régimen; administration administración.

gouvernemental, e *adj* gubernamental.

gouverner [3] *v tr* gobernar ▌GRAMM regir (cas, préposition).
➡ **se gouverner** *v pr* gobernarse ▌se gouverner sagement obrar con sensatez, portarse con prudencia.
◇ *v intr* MAR obedecer al timón.

gouverneur *m* gobernador (qui gouverne) ▌gobernador, director (de la Banque de France) ▌ ayo, preceptor (précepteur) ▌HIST alcaide (vx), director (prison).

goy; goï [gɔj] *m* para un hebreo, pueblo no judío.
▌ OBSERV pl goys ou goyim; goïs ou goïm [gɔjim].

goyave [gɔjav] *f* BOT guayaba (fruit).

goyavier *m* BOT guayabo (arbre).

GPL (abr de gaz de pétrole liquéfié) *m* gas de petróleo licuado.

GPS (abr de Global Positioning System) *m* sistema americano de navegación y localización por vía satélite.

GQG (abr de grand quartier général) *m* gran cuartel general.

gr (abr écrite de grade) gr.

GR (abr de sentier de grande randonnée) *m* ruta *f* principal.

Graal *m* grial.

grabat [graba] *m* camastro, jergón (lit).

grabataire *adj & s* enfermo encamado.

grabuge *m* FAM gresca *f*, cisco, jollín; faire du grabuge meter gresca, armar cisco ▌il y a du grabuge se arma la de San Quintín ou la gorda.

grâce *f* [▷ SYN 1] gracia ▌favor *m*, gracia (faveur, service); de grâce por favor; demander en grâce pedir por favor; être en grâce auprès de gozar favor cerca de; faire la grâce de hacer el favor de ▌faire grâce de perdonar, condonar, dispensar de; faire grâce d'une dette perdonar una deuda ▌ne pas faire grâce d'un détail no perdonar ni un detalle ▌[▷ SYN 2] gracia, indulto *m* (à un prisonnier); grâce amnistiante indulto ▌ gana; de bonne grâce de buena gana; de mauvaise grâce de mala gana ▌ état de grâce estado

de gracia ▌recours en grâce petición de gracia ▌ grâce à gracias a, merced a ▌ à la grâce de Dieu a la buena de Dios ▌de grâce por favor ▌ demander grâce pedir perdón ou piedad ▌donner le coup de grâce rematar.
➡ **grâce!** *interj* ¡piedad!
➡ **grâces** *f pl* gracias (prières) ▌MYTH gracias ▌ être dans les bonnes grâces de quelqu'un gozar del favor de uno ▌gagner les bonnes grâces de quelqu'un congraciarse con alguien, granjearse la simpatía de alguien ▌rendre grâces dar gracias.
▌ OBSERV Grâce no tiene en francés el sentido español de "gracia" (plaisanterie).
▌ SYN 1. charme encanto; faveur favor; service servicio.
2. amnistie amnistía; pardon perdón.

Grâces *n pr f pl* MYTH les Grâces las Gracias.

gracier [9] *v tr* indultar.

gracieusement *adv* con gracia (avec grâce) ▌graciosamente (gratuitement).

gracieuseté *f* atención ▌obsequio *m*, agasajo *m*.

gracieux, euse *adj* gracioso, sa; gentil ▌ gratuito, ta; gracioso, sa (gratuit) ▌à titre gracieux gratuitamente.
➡ **gracieux** *m* THÉÂTR (vx) gracioso.
▌ OBSERV Gracieux no tiene en francés el sentido español de "gracioso" (amusant, drôle o spirituel).

gracile *adj* grácil.

gracilité *adj* gracilidad.

gracioso *m* THÉÂTR gracioso (personnage).
◇ *adj m* MUS gracioso.
◇ *adv* graciosamente.

Gracques *n pr m pl* les Gracques los Gracos.

gradation *f* gradación.

grade *m* [▷ SYN] grado (hiérarchie) ▌ grado (diplôme) ▌GÉOM grado centesimal ▌ MIL grado, empleo ▌TECHN grado (huile) ▌ accéder au grade de capitaine ascender a capitán ▌ FAM il en a pris pour son grade le han dicho las verdades del barquero, le pusieron verde.
▌ OBSERV 1. Grado désigne en espagnol aussi bien le grade que le degré; en géométrie comme en physique, l'adjectif est nécessaire pour éviter les confusions.
2. Tratándose de temperatura, degré se traduce por grado.
▌ SYN degré grado, graduación; échelon escalafón.

gradé *adj m & s m* MIL suboficial.

gradient *m* gradiente.

gradin *m* grada *f*; en gradins dispuesto en gradas.
➡ **gradins** *m pl* gradería *f* (stade), tendido (arènes).

graduat *m* diploma de estudios técnicos preuniversitarios [Bélgica].

graduation *f* graduación.

gradué, e *adj* graduado, da.

graduel, elle *adj* gradual.
➡ **graduel** *m* gradual (liturgie).

graduellement *adv* gradualmente.

graduer [7] *v tr* graduar.

gradus [gradys] *m* gradus (dictionnaire poétique).

graffiteur, euse *m & f* grafitero, ra.

graffiti *m* graffito, inscripción *f* [hecha a mano en los monumentos antiguos]; les graffiti de Pompéi los graffiti de Pompeya ▌pintada *f*, graffiti.
▌ OBSERV pl graffiti ou graffitis.

graillement [grajmɑ̃] *m* ronquera *f*, carraspera *f*.

grailler [3] [graje] *v intr* carraspear (parler d'une voix enrouée) ▌tocar la trompa de caza.

graillon [grajɔ̃] *m* olor a grasa quemada (odeur) ▌restos *pl*, sobras *f pl* ▌gargajo (crachat).

graillonner [3] [grajɔne] *v intr* oler a grasa quemada (sentir la graisse) ▌gargajear (cracher).

grain [grɛ̃] *m* grano (petite parcelle); grain de sable grano de arena ▌grano (rugosité du cuir) ▌ (vx) grano (poids) ▌cuenta *f* (du chapelet) ▌ BOT grano ▌FIG tono; le grain du texte el tono del texto ▌MAR turbonada *f*, vendaval ▌chaparrón (averse) ▌ grain de beauté lunar ▌ FAM grain de folie vena de loco ▌grain de plomb perdigón ▌grain de poivre grano de pimienta ▌grain de poussière grano de polvo ▌grain de raisin uva ▌ en avoir un grain estar chiflado ▌ mettre son grain de sel echar su cuarto a espadas ▌veiller au grain estar sobre aviso.
➡ **grains** *m pl* cereales.

grainage [grɛnaʒ] *m* producción *f* de huevos de gusanos de seda.

graine [grɛn] *f* pepita (des fruits, melons, etc.) ▌grano *m* (pour nourrir la volaille) ▌BOT semilla (semence) ▌ZOOL simiente, granito *m* (du ver à soie) ▌FIG mauvaise graine mala hierba ▌ FIG en prendre de la graine tomar por modelo, servir de ejemplo ▌être une graine de voyou ser de mala calaña ▌monter en graine entallecerse, dar grana (plantes), crecer, espigar (grandir).

graineterie *f* comercio *m* de granos (commerce) ▌tienda de granos (magasin).

grainetier, ère *adj & s* comerciante en granos.

grainier, ère *m & f* tratante en granos.
➡ **grainier** *m* AGRIC colección *f* de semilla.

graissage *m* engrasado, engrase.

graisse *f* grasa ▌ graisse de porc manteca de cerdo, sebo ▌tourner à la graisse ahilarse (vin).

graisser [4] *v tr* engrasar; graisser une machine engrasar una máquina ▌manchar de grasa (tacher) ▌FIG graisser la patte untar la mano, dar un guante.
◇ *v intr* ahilarse (vin).

graisseur, euse *adj & s* engrasador, ra.

graisseux, euse *adj* [▷ SYN] grasiento, ta ▌graso, sa (substance).
▌ SYN gras graso; huileux aceitoso; onctueux untuoso.

Gram *n pr* coloration de Gram solución de Gram.

gramen *m* BOT nombre genérico de las gramíneas, grama.

graminacées; graminées *f pl* BOT gramíneas.

grammage *m* TECHN gramaje.

grammaire *f* gramática ▌ grammaire générative gramática generativa ▌ grammaire

transformationnelle gramática transformacional.

grammairien, enne adj & s gramático,
ca.

grammatical, e adj gramatical; **exemples
grammaticaux** ejemplos gramaticales.

grammaticalement adv gramaticalmen-
te.

grammatiste m HIST profesor de gramática ‖ mal gramático (mauvais grammairien)
‖ pedante (pédant).

gramme m gramo.

gramophone m gramófono.

grand, e [grɑ̃, ɑ̃d] adj grande; **en grand** en
grande ‖ alto, ta; **il est grand pour son âge** es
alto para su edad ‖ mayor; **grand écuyer** caballerizo mayor; **les grandes personnes** las
personas mayores; **la Grande Ourse** la Osa
Mayor; **son grand frère** su hermano mayor
‖ magno; **Alexandre le Grand** Alejandro
Magno ‖ largo, ga; **deux grands mois** dos
meses largos ■ **grand électeur** compromisario (politique) ‖ **grand ensemble** conjunto de
bloques de viviendas ‖ COMM **grand livre** libro mayor ‖ **grand malade** enfermo grave
‖ **grand officier** oficial mayor ‖ **grand public**
para todos los públicos, de gran consumo
‖ **grande couronne** gran cinturón (région parisienne) ‖ **grande personne** persona mayor
‖ **grande surface** hipermercado ‖ **grandes lignes** largos recorridos ‖ **grandes vacances** vacaciones de verano ‖ **grands magasins** grandes almacenes ■ **des grands mots** palabras
mayores ‖ **le grand air** el aire libre ‖ **le grand
écart** despatarrada ‖ **les grands blessés** los
heridos graves ‖ **les grands brûlés** los quema-
dos graves ‖ **un grand buveur** un gran bebedor ‖ **un grand homme** un gran hombre ■ **à
grand bruit** a bombo y platillo ‖ **au grand
jour** en plena luz, con toda claridad ‖ **de
grand matin** de buena mañana ‖ **plus grand**
mayor, más grande, más alto ■ **avoir grand
besoin de** tener gran necesidad de ‖ **être assez grand pour** ser mayorcito para ‖ **il est
grand temps de** ya es hora de.
➤ **grand** m adulto, mayor (adulte) ‖ grande
(d'Espagne) ‖ **seul, comme un grand** solo,
como una persona mayor.
➤ **grand** adv **avoir les yeux grand ouverts**
tener los ojos muy abiertos ‖ **faire quelque
chose en grand** hacer algo por lo alto ‖ **ouvrir tout grand** abrir de par en par ‖ **voir
grand** ver en grande.

  OBSERV **1.** L'adjectif espagnol grande perd sa
  dernière syllabe devant un substantif au singulier: une grande maison una gran casa, una
  casa grande.
  2. En algunas expresiones antiguas y que se
  siguen empleando, grand no toma forma femenina: grand-mère abuela; grand-route carretera; grand-messe misa mayor. Antes se
  indicaba con un apóstrofo (') esta supresión;
  hoy se unen las dos palabras con un guión
  (-).
  3. Grand, empleado como adverbio, no
  queda invariable, sino que concuerda con el
  participio que le sigue (ej. bouche grande
  ouverte).

grand-angle; grand-angulaire m PHOT
gran angular.

  OBSERV pl grands-angles; grands-angulaires.

Grand Canyon [grɑ̃kaɲõ] m **le Grand Canyon** el Gran Cañón del Colorado.

grand-chose m inv gran cosa, poca cosa
[úsase sólo con la negación cuando tiene el sentido de poca cosa]; **il ne vaut pas grand-chose**
vale poca cosa, no vale gran cosa ‖ **un, une,
des, pas-grand-chose** un don nadie, una
cualquiera, gente de poca importancia.

grand-croix f inv gran cruz de una orden
(grade).
◇ m condecorado con la gran cruz (décoré).

  OBSERV pl grands-croix.

grand-duc m gran duque (titre) ‖ ZOOL búho
[suele usarse, en este sentido, sin guión] (hibou).

  OBSERV pl grands-ducs.

grand-ducal, e adj gran ducal.

  OBSERV pl grand-ducaux, grand-ducales.

grand-duché m gran ducado.

  OBSERV pl grands-duchés.

Grande Barrière n pr f GÉOGR **la Grande
Barrière** la Gran Barrera.

Grande-Bretagne n pr f GÉOGR **la Grande-
Bretagne** Gran Bretaña.

Grande Canarie n pr f GÉOGR **la Grande Canarie** Gran Canaria.

grande-duchesse f gran duquesa.

  OBSERV pl grandes-duchesses.

grandelet, ette [grɑ̃dle, ɛt] adj grandecito,
ta; grandecillo, lla.

grandement adv grandemente ‖ ampliamente ‖ **faire les choses grandement** hacer
las cosas con grandeza.

grandesse f grandeza.

grandet, ette [grɑ̃dɛ, ɛt] adj grandecito, ta.

grandeur f [▷ SYN] tamaño m; **la grandeur
d'une boîte** el tamaño de una caja ‖ magnitud; **la grandeur d'une tâche** la magnitud de
una empresa ‖ grandor m (moins usité) ‖ FIG
grandeza; **grandeur de caractère** grandeza
de carácter ‖ grandeza, prestigio m (prestige)
‖ grandeza (dignité) ‖ ilustrísima (d'un évêque);
sa Grandeur su ilustrísima ‖ grandiosidad; **la
grandeur de sa poésie** la grandiosidad de su
poesía ■ **grandeur d'âme** magnanimidad,
nobleza de sentimientos ‖ ASTRON **grandeur
d'une étoile** magnitud de una estrella ‖ **grandeur nature** de tamaño natural ■ FIG **du haut
de sa grandeur** con orgullo, desdeñosamente.

  SYN **dimension** dimensión; **élévation** elevación.

grand-guignolesque [grɑ̃giɲɔlɛsk] adj rocambolesco, ca.

  OBSERV pl grand-guignolesques.

grandiloquence f grandilocuencia, prosopopeya.

grandiloquent, e adj grandilocuente.

grandiose adj grandioso, sa.
◇ m grandiosidad f, lo grandioso.

grandir [32] v tr agrandar, aumentar (rendre
plus grand) ‖ FIG amplificar ‖ abultar (grossir)
‖ engrandecer (rendre plus élevé).
◇ v intr crecer (devenir grand); **enfant qui a
grandi vite** niño que ha crecido rápidamente ‖ FIG crecer (prendre de l'importance)
‖ **grandir d'un coup** dar un estirón.
➤ **se grandir** v pr engrandecerse, parecer
más alto; **elle mit des talons pour se grandir**
se puso tacones para parecer más alta.

grandissant, e adj creciente; **la clameur
grandissante** el clamor creciente ‖ **que crece,
que está creciendo** (enfant).

grandissement m engrandecimiento
‖ crecimiento (d'un enfant) ‖ aumento,
ampliación f (optique).

grandissime adj FAM grandísimo, ma.

grand-livre m COMM libro mayor.

  OBSERV pl grands-livres.

grand-maman f FAM abuelita.

  OBSERV pl grand-mamans OU grands-mamans.

grand-mère f abuela.

  OBSERV pl grand-mères OU grands-mères.

grand-messe f misa mayor.

  OBSERV pl grand-messes OU grands-messes.

grand-oncle [grɑ̃tõkl] m tío abuelo.

  OBSERV pl grands-oncles.

grand-papa m FAM abuelito.

  OBSERV pl grands-papas.

grand-peine
➤ **à grand-peine** loc adv a duras penas.

grand-père m abuelo.

  OBSERV pl grands-pères.

grand-rue f calle mayor.

  OBSERV pl grand-rues.

grands-parents m pl abuelos.

grand-tante f tía abuela.

  OBSERV pl grand-tantes OU grands-tantes.

grand-voile f MAR vela mayor.

  OBSERV pl grand-voiles OU grands-voiles.

grange [grɑ̃ʒ] f troje, granero m, hórreo m.

  OBSERV El español granja corresponde al
  francés ferme.

granit; granite [granit] m granito, piedra f
berroqueña (roche) ‖ FIG **cœur de granit** corazón de piedra.

granité, e adj parecido al granito.
➤ **granité** m granillo (tissu) ‖ helado granizado (glace).

graniter [3] v tr pintar imitando granito.

graniteux, euse; granitique adj granítico, ca.

granito m terrazo (revêtement de sol).

granitoïde adj granitoideo, a.

granivore adj granívoro, ra.

granny-smith f inv manzana granny-
smith [manzana verde].

granulaire adj granular.

granulat m granulado.

granulation f granulación.

granule m gránulo.

granulé, e adj granulado, da.
➤ **granulé** m MÉD granulado.

granuler [3] v tr granular.

granuleux, euse adj granuloso, sa.

granulie f MÉD granulia, tuberculosis miliar.

granulite f MIN granulita.

granulome m MÉD granuloma.

grape-fruit [grɛpfrut] m pomelo (pamplemousse).

  OBSERV pl grape-fruits.

graphe m MATH grafo; **théorie des graphes**
teoría de grafos.

grapheur *m* INFORM software ou programa gráfico.

graphie *f* grafismo *m*.

graphique *adj* & *s m* gráfico, ca.

graphiquement *adv* gráficamente.

graphisme *m* grafismo.

graphiste *m* & *f* grafista.

graphite *m* grafito ▌fonte à graphite fundición de grafito.

graphiteux, euse; graphitique *adj* grafítico, ca (avec du graphite).

graphologie *f* grafología.

graphologique *adj* grafológico, ca.

graphologue *adj* & *s* grafólogo, ga.

graphomanie *f* grafomanía.

graphomètre *m* grafómetro (d'arpenteur).

graphométrie *f* grafometría.

grappe *f* racimo *m* (de raisin, de fleurs) ▌ristra (d'oignons, etc.) ▌VÉTÉR grapa (plaie) ▌FIG racimo *m*, ramillete *m*; une grappe de jeunes gens sur le marchepied un racimo de muchachos en el estribo ▪ FIG en grappe en racimo.

grappillage [grapijaʒ] *m* rebusca *f* ▌FIG & FAM ventajilla *f* (petit profit illicite).

grappiller [3] [grapije] *v intr* rebuscar uvas (raisins).

◇ *v tr* & *intr* FIG & FAM sacar provecho, sisar (tirer de petits profits) ▌sacar; il avait grappillé ces renseignements dans des magazines había sacado esas informaciones de unas revistas.

grappilleur, euse [grapijœr, øz] *adj* & *s* rebuscador, ra (de raisin) ▌FIG & FAM sisón, ona.

grappillon [grapijɔ̃] *m* gajo, racimillo ▌parte *f* de un racimo.

grappin *m* MAR rezón (ancre) ▌gancho (aux pieds) ▌mettre le grappin sur quelqu'un echar el guante a uno, apoderarse del ánimo de uno, dominarlo.

gras, grasse [gra, gras] *adj* graso, sa; corps gras cuerpo graso ▌[▷ SYN] gordo, da (qui a beaucoup de graisse); porc gras cerdo gordo ▌graisiento, ta; pringoso, sa (graisseux, sale) ▌AGRIC fértil, feraz, ubérrimo ▌FIG resbaladizo, za (glissant) ▌grueso, sa (dessin, typographie) ▌abundante; grasses moissons cosechas abundantes ▪ IMPR caractère gras negrilla ▌charbon gras carbón graso ou de gas ou bituminoso ▌eaux grasses agua sucia de fregar, lavazas ▌jour gras día de carne ▌le gras du bras, de la jambe parte carnosa del brazo, de la pierna ▌les jours gras los días de carnaval, carnestolendas ▌les vaches grasses las vacas gordas ▌Mardi gras martes de carnaval ▌matière grasse materia grasa ▌BOT plante grasse planta carnosa ▌soupe grasse sopa de puchero ▌terrain gras campo pesado ▪ cette viande est très grasse esta carne tiene mucho gordo ▌faire la grasse matinée pegársele a uno las sábanas.

➡ **gras** *m* gordo (de la viande).

➡ **gras** *adv* con gordura ▪ faire gras comer carne ▌parler gras decir groserías.

▌ SYN FAM grasset gordete; grassouillet regordete; rondelet rollizo; rondouillard rollizo; plein relleno; replet repleto; potelé regordete; rebondi cachigordo; dodu rollizo; plantureux corpulento, metido en carne.

gras-double *m* callos *pl* (tripes).
▌ OBSERV pl gras-doubles.

grassement *adv* con comodidad (confortablement); vivre grassement vivir con comodidad ▌largamente, generosamente (généreusement).

grasset [grasɛ] *m* gordetillo (du cheval).

grasset, ette [grasɛ, ɛt] *adj* FAM gordete.

grasseyement [grasɛjmɑ̃] *m* pronunciación *f* gutural de la letra r.

grasseyer [12] [grasɛje] *v intr* pronunciar guturalmente la letra r.
▌ OBSERV Toma una i después de la y en las dos primeras personas del plural del imperfecto de indicativo y del presente de subjuntivo: nous grasseyions, que vous grasseyiez.

grassouillet, ette [grasujɛ, ɛt] *adj* FAM regordete, ta.

graticulation *f* cuadriculación.

graticuler [3] *v tr* cuadricular.

Gratien [grasjɛ̃] *n pr* Graciano.

gratifiant, e *adj* gratificante.

gratification *f* gratificación.
▌ SYN pourboire propina; denier à Dieu gratificación a la portera; pot-de-vin guante, mamela; dessous-de-table, rallonge gratificación oculta.

gratifier [9] *v tr* gratificar; gratifier quelqu'un d'un pourboire, d'un sourire gratificar a alguien con una propina, con una sonrisa.

gratin *m* lo pegado de un guisado (attaché au fond) ▌CULIN gratén, gratín; gratin de courgettes gratín de calabacines; gratin dauphinois patatas al gratén con nata ▌FAM la flor y nata, lo mejorcito, la crema, la elite; tout le gratin parisien toda la elite parisina.

gratiné, e *adj* FAM fenomenal; une bêtise gratinée un disparate fenomenal ▌menudo, da; prix gratiné! ¡menudo precio! ▌FAM il est gratiné! ¡menudo tío!, ¡menudo gachó!

➡ **gratinée** *f* sopa de cebolla gratinada.

gratiner [3] *v tr* guisar al gratén, gratinar (gallicisme).

gratiole *f* BOT graciola.

gratis [gratis] *adv* gratis, de balde.

gratitude *f* gratitud.

gratouiller [3] *v tr* FAM rascar, picar.

grattage *m* raspadura *f*.

gratte *f* AGRIC escardillo *m* ▌FAM sisa (petit profit illicite) ▌MAR rasqueta (outil) ▌FAM sarna (gale).

gratte-ciel [gratsjɛl] *m inv* rascacielos.

gratte-cul [gratky] *m inv* BOT tapaculo (fruit de l'églantier).

gratte-dos [gratdo] *m inv* rascador.

grattelle *f* MÉD (vx) sarna.

grattement *m* rascadura *f*.

gratte-papier *m inv* FAM chupatintas.

gratte-pieds *m inv* limpiabarros, raspador de pies.

gratter [3] *v tr* [▷ SYN] raspar (avec un outil) ▌rascar (avec l'ongle) ▌raspear (une plume) ▌FIG & FAM chupar, raspar (faire un petit profit illicite) ▌FAM trabajar ▌adelantar (dépasser) ▪ gratter de la guitare rascar la guitarra ▌gratter le sol escarbar el suelo.

◇ *v intr* llamar suavemente (à la porte).

➡ **se gratter** *v pr* rascarse.
▌ SYN racler raspar, rascar; ratisser rastrillar.

gratteur *m* el que raspa ou rasca ▌gratteur de papier escritorzuelo, emborronador de cuartillas.

grattoir *m* raspador (canif) ▌raedera *f*, rascador (outil).

gratture *f* raspadura.

gratuiciel *m* INFORM programa gratuito.

gratuit, e [gratɥi, it] *adj* gratuito, ta ▌FIG afirmation, supposition gratuite afirmación, suposición gratuita.

gratuité *f* gratuidad.
▌ SYN gratis gratis; gracieusement graciosamente; FAM à l'œil de balde, de bóbilis.

gratuitement *adv* gratis, gratuitamente (sans payer) ▌gratuitamente (sans raison).

grau *m* MAR canal de una albufera (chenal) ▌laguna *f* salobre (lac).
▌ OBSERV Le mot espagnol grao correspond dans la région de Valencia au port.

gravats [grava] *m pl* cascajos, cascotes, escombros.

grave *adj* grave; maladie grave enfermedad grave ▌grave, de gravedad; un blessé grave un herido de gravedad ▌FIG grave (sérieux) ▌MUS grave (voix, ton) ▪ GRAMM accent grave acento grave ▪ ce n'est pas grave! ¡no pasa nada!

◇ *m* grave; du grave au frivole de lo grave a lo frívolo ▌MUS grave (ton).

gravelage *m* revestimiento con grava ou guijos.

graveleux, euse *adj* guijoso, sa; un terrain graveleux un terreno guijoso ▌FIG indecente; escabroso, sa.

gravelle *f* MÉD arenilla, cálculos *m pl* urinarios.

gravelure *f* obscenidad.

gravement *adv* gravemente ▌seriamente; ils ont gravement compromis l'équilibre han comprometido seriamente el equilibrio ▌gravement malade enfermo de gravedad ou de cuidado, gravemente enfermo.

graver [3] *v tr* grabar; graver au burin, en demi-teinte, en relief, en clair-obscur, sur bois grabar con buril, a media tinta, en relieve, al claroscuro, en madera ▌FIG grabar (dans la mémoire).

graves *f pl* pedregal *m sing*, terreno *m sing* pedregoso y arenoso.
◇ *m* vino, especialmente el blanco originario de los pedregales bordeleses.

graveur *m* grabador.

gravide *adj* grávido, da.

gravidique *adj* MÉD gravídico, ca.

gravier *m* grava *f*, guijo ▌MAR arena *f* gruesa.

gravillon [gravijɔ̃] *m* gravilla *f*, almendrilla *f*, grava *f* menuda, guijo pequeño.

gravillonnage *m* esparcido de gravilla.

gravillonner [3] [gravijɔne] *v tr* cubrir con gravilla (une route).

gravillonneur [gravijɔnœr] *m* TECHN gravilladora *f*.

gravimétrie *f* PHYS gravimetría.

gravir [32] *v intr* escalar, subir (monter) ▌trepar (alpinisme) ▌ **gravir son calvaire** tener ou sufrir su calvario.

gravissime *adj* gravísimo, ma.

gravitation *f* PHYS gravitación.

gravitationnel, elle *adj* PHYS gravitacional ▌ ASTRON **écroulement ou effondrement gravitationnel** colapso gravitacional.

gravité *f* gravedad ▌ FIG gravedad; **la gravité d'une faute** la gravedad de una falta ▌[▷ SYN] gravedad (d'un personnage) ▌ MUS gravedad (d'un son).

▌ SYN **sérieux** seriedad; **componction** compunción; **dignité** dignidad; **majesté** majestad.

graviter [3] *v intr* PHYS gravitar ▌ FIG gravitar; **il gravite dans l'entourage du ministre** gravita entre los familiares del ministro.

gravois *m pl* cascajos, cascotes, escombros.

gravure *f* grabado *m*; **gravure à l'eau-forte, au pointillé, en creux, en demi-teinte, en taille-douce** grabado al agua fuerte, punteado, en hueco ou huecograbado, a media tinta, en dulce.

gray *m* gray (unité de mesure).

grazioso *adv* MUS gracioso.

GRE (abr de garantie contre les risques à l'exportation) *f* garantía contra los riesgos de exportación.

gré *m* grado; **bon gré mal gré, de gré ou de force** de grado o por fuerza, por las buenas o por las malas, quieras que no quieras; **de son gré, de bon gré** de grado, de buen grado ▌ voluntad *f*; **se marier contre le gré de ses parents** casarse contra la voluntad de sus padres ■ **au gré de…** a merced de…, al capricho de…; **au gré des flots** a merced de las olas ▌ **contre son gré** mal de su grado, a pesar suyo ▌ **de gré à gré** amistosamente, con acuerdo recíproco, de común acuerdo ▌ **de son plein gré** por su propia voluntad ■ **agir à son gré** hacer lo que uno quiere ▌ **savoir gré de quelque chose** agradecer algo, estar agradecido de algo ▌ **savoir mauvais gré** no agradecer.

grèbe *m* ZOOL somorgujo (oiseau); **grèbe huppé** somorgujo moñudo.

grébiche; grébige *f* encuadernación volante (reliure) ▌ pie *m* de imprenta (nom de l'imprimeur) ▌ número *m* de orden de un manuscrito ▌ adorno *m* de rectangulillos metálicos a la orilla de un objeto (ornement).

grec, grecque *adj* griego, ga.
➤ **grec** *m* LING griego.

Grec; Grecque *m & f* griego, ga.

Grèce *n pr f* GÉOGR **la Grèce** Grecia.

gréciser [3] *v tr* helenizar, grecizar.

grécité *f* helenismo *m* ■ **basse grécité** griego postalejandrino ▌ **haute grécité** griego clásico.

Greco *n pr* **le Greco** el Greco; **un tableau du Greco** un cuadro del Greco.

gréco-latin, e *adj* grecolatino, na.
▌ OBSERV pl gréco-latins, gréco-latines.

gréco-romain, e *adj* grecorromano, na.
▌ OBSERV pl greco-romains, gréco-romaines.

grecque *f* ARCHIT greca ▌ sierra de encuadernador (scie).
◇ *m & f* ➤ **grec**.

Grecque ➤ **Grec**.

gredin, e [grədɛ̃, in] *m & f* pillo, lla; bribón, ona.

gredinerie *f* bribonería, pillería.

gréement [gremɑ̃] *m* MAR aparejo.

green [grin] *m* SPORTS green (golf).

Greenwich *n pr* GÉOGR Greenwich; **méridien de Greenwich** meridiano de Greenwich.

gréer [15] *v tr* MAR aparejar, enjarciar.

gréeur *m* MAR aparejador.

greffage *m* AGRIC injerto.

greffe [gref] *m* DR escribanía *f* y archivo de un tribunal ▌ **greffe du tribunal de commerce** escribanía del tribunal de comercio.
◇ *f* AGRIC injerto *m*, púa; **greffe en couronne, en écusson, en fente, par approche** injerto de corona, de escudete, de púa, de aproximación ▌ MÉD injerto *m*, trasplante *m*; **greffe de la cornée** injerto de la córnea ▌ trasplante *m* (d'un organe); **greffe du cœur** trasplante de corazón.

greffé, e *m & f* trasplantado, da; **les greffés du coeur** los trasplantados del corazón.

greffer [4] *v tr* injertar ▌ trasplantar (un organe) ▌ FIG incorporar.
➤ **se greffer** *v pr* incorporarse; **sur cette affaire s'en greffe une autre** a tal asunto se incorpora otro.

greffeur *m* AGRIC injertador.

greffier *m* DR escribano forense.

greffoir *m* navaja *f* ou cuchilla *f* de injertar.

greffon *m* AGRIC injerto, púa *f* ▌ MÉD injerto ▌ MÉD **rejet de greffon** rechazo de órgano.

grégaire *adj* gregario, ria.

grégarisme *m* gregarismo.

grège *adj f* cruda (soie).

grégeois [greʒwa] *adj m* (vx) griego.
▌ OBSERV Úsase sólo en la locución **feu grégeois** fuego griego.

Grégoire *n pr* Gregorio.

grégorien, enne *adj* gregoriano, na.

grègues *f pl* gregüescos *m* (haut-de-chausses) ▌ **tirer ses grègues** tomar las de Villadiego.

grêle *adj* delgaducho, cha; canijo, ja; **jambes grêles** piernas delgaduchas ▌ menudo, da (menu) ▌ ANAT delgado, da; **intestin grêle** intestino delgado ▌ agudo, da (voix).
◇ *f* granizo *m* ▌ FIG granizada, lluvia; **une grêle de coups** una lluvia de golpes ▌ **chute de grêle** granizada.

grêlé, e *adj* dañado, da por el granizo ▌ picado, da de viruelas; cacarañado, da.

grêler [4] *v impers* granizar (intémperie).
◇ *v tr* dañar el granizo (gâter).

grêleux, euse *adj* de granizo.

grelin *m* MAR beta *f*, calabrote (corde).

grêlon *m* granizo.

grelot [grəlo] *m* cascabel ▌ FIG **attacher le grelot** poner el cascabel al gato.

grelottant, e *adj* aterido, da; tiritando.

grelottement *m* temblor de frío.

grelotter [3] *v intr* tiritar, temblar de frío ▌ tintinear (une sonnette).

grémil [gremil] *m* BOT onoquiles *f*, orcaneta *f*.

grémille [gremij] *f* variedad de perca (poisson).

grenache *m* garnacha *f* (vin).

grenade *f* granada (fruit) ▌ MIL granada; **grenade à main, lacrymogène, sous-marine** granada de mano, lacrimógena, de profundidad.

Grenade *n pr* GÉOGR Granada (en Espagne).
◇ *n pr f* GÉOGR **la Grenade** Granada (aux Antilles).

grenader [3] *v tr* MIL atacar con granadas.

grenadier *m* granado (arbre) ▌ MIL granadero (soldat).

grenadière *m* MIL granadera (giberne) ▌ abrazadera (du fusil).

grenadille [grenadij] *f* BOT pasionaria.

grenadin, e *adj* granadino, na (de Grenade).
➤ **grenadin** *m* fricandó (plat) ▌ ave *f* rellena.
➤ **grenadine** *f* granadina (sirop) ▌ granadina (étoffe).

Grenadin, e *m & f* granadino, na.

grenadine *f* granadina.

grenage *m* graneado (poudre) ▌ cristalización *f* (sucre).

grenaille [grənaj] *f* granalla (de métal, de charbon) ▌ granos *m pl* de desecho.

grenailler [3] [grənaje] *v tr* TECHN granear.

grenaison [grənɛzõ] *f* BOT granazón.

grenat [grəna] *adj inv & s m* granate (pierre, couleur).

grené, e *adj* graneado, da (granulé) ▌ punteado, da (dessin).

greneler [24] *v tr* granear ▌ puntear (dessin).

grener [25] *v intr* BOT granar.
◇ *v tr* granear (greneler).

grènetis [grenti] *m* gráfila *f*.

grenier *m* granero ▌ FIG granero (pays à blé) ▌ desván (d'une maison) ■ **grenier à foin** henil ▌ **grenier d'abondance ou public** pósito.

Grenoble *n pr* GÉOGR Grenoble.

grenoblois, e *adj* grenoblés, esa.

Grenoblois, e *m & f* grenoblés, esa.

grenouillage *m* FAM chanchullos *pl*.

grenouille [grənuj] *f* rana (batracien); **cuisses de grenouille** ancas de rana ▌ FAM **grenouille de bénitier** beatón, rata de sacristía.

grenouiller [3] *v intr* andar en chanchullos.

grenouillère [grənujɛr] *f* charca de ranas.

grenouillette [grənujɛt] *f* BOT ranúnculo *m* ▌ MÉD ránula.

grenu, e *adj* granado, da (épi) ▌ granoso, sa (cuir, etc.).

grenure *f* graneado *m* (gravure).

grès [grɛ] *m* asperón, arenisca *f*, gres (gallicisme) ▌ gres (céramique) ▌ **grès cérame, flammé** gres cerámico, flameado.

gréser [18] *v tr* TECHN pulir con asperón (polir) ▌ crujir (le verre).

gréseux, euse *adj* arenisco, ca.

grésil *m* granizo menudo y duro.

grésillement [grezijmɑ̃] *m* chirrido (cri du grillon) ‖ chirrido (bruit strident) ‖ chisporroteo (crépitement).

grésiller [3] [grezije] *v impers* granizar (grêler).
◇ *v intr* chisporrotear ‖ chirriar (produire un bruit strident).

grésillon [grezijɔ̃] *m* cisco (charbon) ‖ harina *f* basta (farine).

grésoir *m* TECHN grujidor.

gressin *m* pico, colín (pain).

GRETA (abr de groupement d'établissements pour la formation) *m* organismo público francés de formación permanente.

grève *f* playa arenosa (de la mer) ‖ arenal *m* (d'un fleuve) ‖ huelga (arrêt du travail); **faire grève** estar en huelga; **se mettre en grève** declararse en huelga ‖ **grève bouchon** huelga parcial ‖ **grève de la faim** huelga del hambre ou de hambre ‖ **grève de solidarité** huelga de solidaridad ‖ **grève du zèle** huelga de celo ‖ **grève perlée** huelga intermitente, obstrucción concertada de la producción ‖ **grève sauvage** huelga salvaje ‖ **grève sur le tas** huelga de brazos caídos ‖ **grève surprise** huelga sin previo aviso ‖ **grève tournante** huelga escalonada ou alternativa ou por turno.

grever [19] *v tr* gravar; **grever un pays de lourds impôts** gravar un país con impuestos pesados ‖ **grever le budget** cargar ou recargar el presupuesto, ser un censo (fam).

gréviste *adj & s* huelguista.

GRH (abr de gestion des ressources humaines) *f* gestión de recursos humanos.

gribouillage [gribujaʒ] *m* FAM mamarracho (peinture) ‖ garabateo, garabato (écriture).

Gribouille [gribuj] *n pr* FAM fin comme Gribouille más tonto que Abundio.
‖ OBSERV Gribouille es el personaje popular francés que representa el grado máximo de estupidez y de simpleza.

gribouiller [3] [gribuje] *v intr* pintarrajear (peindre) ‖ garrapatear (écrire).

gribouilleur, euse [gribujœr, øz] *m & f* FAM pintamonas, mamarrachista (peintre) ‖ garrapateador, ra (qui écrit mal).

gribouillis [gribuji] *m* garrapatos *pl*, letra *f* ilegible.

grièche *adj* (vx) griego, ga.

grief [grijɛf] *m* queja *f* (plainte) ‖ (vx) perjuicio (dommage) ‖ **faire grief de quelque chose à quelqu'un** reprochar algo a uno, quejarse de algo a uno.

grièvement *adv* gravemente, de gravedad; **grièvement blessé** herido de gravedad.

griffade *f* arañazo *m*, zarpazo *m* (d'un animal).

griffe *f* uña (ongle d'un animal) ‖ garra, zarpa, pata (patte armée d'ongles) ‖ firma, rúbrica (signature) ‖ estampilla, sello *m* (cachet) ‖ etiqueta (dans un vêtement) ‖ ARCHIT zarpa ‖ BOT raíz (d'une plante) ‖ FAM garra (main); **sous la griffe de quelqu'un** entre las garras de uno ‖ garras *pl* (rapacité) ‖ TECHN uña, diente *m* (mécanique) ‖ ■ **griffe d'oblitération** matasellos ■ **coup de griffe** zarpazo ‖ **montrer les griffes** mostrar las garras.

griffé, e *adj* de marca (vêtement).

griffer [3] *v tr* arañar (égratigner) ‖ agarrar (avec les griffes).

griffeur, euse *m & f* arañador, ra.

griffon *m* grifo (animal fabuleux) ‖ grifón (chien).

griffonnage *m* garabatos *pl*, garambainas *f pl*.

griffonner [3] *v intr* garabatear, garrapatear (écrire) ‖ bosquejar, apuntar (dessiner) ‖ FIG & FAM escribir de prisa y corriendo.

griffonneur, euse *m & f* garabateador, ra ‖ emborronador, ra de cuartillas.

griffu, e *adj* que tiene garras.

griffure *f* arañazo *m*, rasguño *m*.

grigne *f* pliegue *m* (plissement) ‖ surco *m* a lo largo de un pan (pain).

grigner [3] *v intr* hacer pliegues ou fuelles (goder).

grignon *m* cantero, cuscurro (de pain) ‖ orujo (d'olive).

Grignon *n pr* escuela francesa de ingenieros agrónomos (Institut National Agronomique).

grignotage; grignotement *m* destrucción *f* lenta ‖ roedura *f*.

grignoter [3] *v intr & tr* roer (ronger) ‖ comisquear, comiscar (manger) ‖ comer poco a poco la ventaja ‖ tirar pellizcos a (argent) ‖ FIG & FAM pellizcar, sacar ventaja (tirer profit).

grigou *m* FAM roñoso, sa; tacaño, ña.

gri-gri; grigri *m* grisgrís (amulette).
‖ OBSERV *pl* gris-gris; grigris.

gril [gril] *m* parrilla *f* ‖ enrejado, rejilla *f* (d'une vanne) ‖ THÉÂTR telar ‖ FIG **être sur le gril** estar en ascuas.

grill ➤ **grill-room**.

grillade [grijad] *f* carne asada en parrilla.

grillage [grijaʒ] *m* tostado (torréfaction) ‖ asado (de la viande, du poisson, des fruits) ‖ alambrera *f* (treillis métallique) ‖ reja *f* (d'une fenêtre) ‖ TECHN tostado, calcinación *f* (du minerai) ‖ chamuscado, flameado (textiles).

grillager [17] *v tr* enrejar (grille), alambrar (grillage).

grille [grij] *f* reja (d'une fenêtre) ‖ verja (clôture) ‖ cancela (d'une porte) ‖ casillas *pl*, encasillado *m* (mots croisés) ‖ clave (écriture) ‖ TECHN rejilla (d'un foyer) ‖ RAD rejilla ‖ rejilla (égout) ‖ rejilla (de cheminée) ‖ parrilla (armes) ‖ locutorio *m* (d'un parloir) ‖ carta de ajuste (télévision) ‖ escalafón *m* (du personnel) ‖ **grille des salaires** tabla de salarios ‖ **grille de statistiques** red de estadísticas.

grille-pain [grijpɛ̃] *m inv* tostador de pan.

griller [3] *v tr* tostar (torréfier); **pain grillé** pan tostado ‖ asar (viande, poisson, fruits) ‖ enrejar (une fenêtre) ‖ fundirse *v pr* (ampoule); **l'ampoule a grillé** la bombilla se fundió ‖ abrasar (chauffer trop fort) ‖ AGRIC quemar (brûler par le soleil ou la gelée) ‖ FAM quemar (brûler) ‖ echar; **griller une cigarette** echar un cigarrillo ‖ PHOT velar (un film) ‖ TECHN tostar, calcinar (les minerais) ‖ fundir, fundirse (une lampe, une bielle) ‖ **griller un feu rouge** pasar sin detenerse ante un disco rojo.
◇ *v intr* tostarse ‖ FIG achicharrarse, asarse, tostarse (par la chaleur) ‖ ■ **griller d'envie de** saltar por, arder en deseos de ■ FIG **être grillé** estar quemado.

grilloir [grijwar] *m* tostadero, tostador.

grillon [grijɔ̃] *m* grillo (insecte).

grillotte [grijɔt] *f* guinda garrafal (cerise).

grill-room [grilrum]; **grill** *m* parrilla *f* (restaurant).
‖ OBSERV *pl* grill-rooms; grills.

grimaçant, e *adj* gesticulante; gestero, ra; que hace muecas.

grimace *f* [▷ SYN] gesto *m*, mueca, cara, mohín *m*, visaje *m*; **faire des grimaces** hacer muecas ou visajes ‖ FIG disimulo *m*, fingimiento *m* (feinte) ‖ arruga (faux pli) ‖ **faire la grimace** poner mal gesto ou mala cara ‖ INFORM emoticón.
‖ SYN moue mohín; FAM lippe morro, jeta, puchero; rictus rictus, risa, risilla; tic tic; contorsion contorsión.

grimacer [16] *v intr* gesticular (lorsqu'on parle), hacer gestos (de douleur), hacer muecas (burlesques) ‖ FIG andarse con remilgos ‖ hacer pliegues (faire des faux plis).

grimacier, ère *adj & s* que hace muecas ou gestos, gestero, ra; gesticulador, ra ‖ FIG hipócrita ‖ remilgado, da (minaudier).

grimage *m* maquillado (maquillage).

grimaud [grimo] *m* PÉJ (vx) escritorzuelo (écrivain) ‖ PÉJ (vx) estudiantón (étudiant).

grime *m* (p us) THÉÂTR actor de carácter, barba, característico.

grimer [3] *v tr* maquillar.

grimoire *m* libro mágico ‖ FIG & FAM galimatías, logogrifo (discours confus) ‖ escrito ilegible (écriture).

grimpant, e *adj* trepador, ra; **plante grimpante** planta trepadora.

grimpe *f* SPORTS & FAM escalada.

grimpée *f* subida.

grimper [3] *v tr* escalar (montagne).
◇ *v intr* trepar; **grimper aux arbres** trepar a los árboles ‖ subirse; **grimper sur une chaise** subirse a una silla ‖ subir, estar empinado ou en pendiente; **sentier qui grimpe dur** sendero que está muy empinado ‖ FAM subir, montar; **elle grimpa dans un taxi** subió a un taxi.

grimper *m* trepa *f* (exercice à la corde).

grimpereau *m* ZOOL trepatroncos.

grimpette *f* repecho *m*.

grimpeur, euse *m & f* trepador, ra.
➤ **grimpeur** *m* escalador (cycliste).
➤ **grimpeurs** *m pl* (vieilli) trepadoras *f* (oiseaux).

grinçant, e *adj* chirriante.

grincement *m* chirrido, rechinamiento ‖ il y aura des pleurs et des grincements de dents allí será el llorar y el crujir de dientes.

grincer [16] *v intr* rechinar; **grincer des dents** rechinar los dientes ‖ chirriar; **roue qui grince** rueda que chirría.

grincheux, euse *adj & s* gruñón, ona; cascarrabias (acariâtre).

gringalet, ette [grɛ̃galɛ, ɛt] *m & f* mequetrefe, alfeñique.
‖ OBSERV Ces deux mots espagnols n'ont pas de forme féminine: c'est une gringalette es un alfeñique.

griotte *f* guinda (cerise) ‖ mármol *m* de manchas rojas (marbre).

griottier *m* BOT guindo garrafal.

grip *m* SPORTS grip (golf, tennis).

grippage; grippement *m* TECHN agarrotamiento.

grippal, e *adj* gripal.

grippe *f* gripe (maladie) ▌ FIG tirria, ojeriza; avoir quelqu'un en grippe tener tirria a alguien; prendre quelqu'un en grippe tomar tirria ou ojeriza a uno.

grippé, e *adj* MÉD agripado, da; griposo, sa ▌ TECHN agarrotado, da; moteur grippé motor agarrotado ▌ être grippé estar con gripe.

gripper [3] *v intr* agarrotarse (un moteur). ◇ *v tr* (vx) agarrar.
➤ **se gripper** *v pr* agarrotarse (moteur) ▌ MÉD coger la gripe.

grippe-sou *m* FAM roñoso, agarrado.
▌ OBSERV pl grippe-sou ou grippe-sous.

gris, e [gri, iz] *adj* gris (couleur) ▌ cubierto, ta; nublado, da (temps); il fait gris está nublado ▌ canoso, sa; tempes grises sienes canosas ▌ FAM achispado, da (ivre) ▌ FIG sombrío, a; triste; des pensées grises pensamientos sombríos ■ faire grise mine poner mala cara ▌ faire grise mine à quelqu'un poner cara larga a alguien.
➤ **gris** *m* gris (couleur) ■ gris cendré, de fer, perle gris ceniciento, pardo oscuro, perla ▌ gris miroité bellorio (cheval) ▌ gris pommelé tordillo rucio (cheval).
▌ OBSERV En espagnol, pardo désigne surtout le gris-brun.

grisaille [grizaj] *f* grisalla (peinture).

grisailler [3] [grizaje] *v tr* pintar de gris (peindre en gris) ▌ pintar grisallas (peindre en grisaille). ◇ *v intr* volverse grisáceo.

grisant, e *adj* embriagador, ra.

grisard [grizar] *m* tejón (blaireau) ▌ gaviota *f* (mouette) ▌ BOT álamo.

grisâtre *adj* grisáceo, a; pardusco, ca ▌ entrecano, na (cheveux) ▌ sombrío, a (sombre).

grisbi *m* ARG moni, parné (argent).

grisé, e *adj* achispado, da (légèrement ivre) ▌ FIG embriagado, da (étourdi).
➤ **grisé** *m* matiz gris de un cuadro ou dibujo (peinture, dessin) ▌ retícula *f*.

griser [3] *v tr* dar color gris ▌ achispar (émécher), emborrachar (enivrer) ▌ FIG embriagar (moralement).
➤ **se griser** *v pr* achisparse (s'enivrer) ▌ FIG embriagarse (moralement).

griserie *f* embriaguez.

griset [grize] *m* tiburón (requin) ▌ jilguerito (oiseau).

grisette *f* griseta (tissu) ▌ modistilla, costurera (couturière).

Gris-Nez *n pr* GÉOGR le cap Gris-Nez el cabo Gris-Nez.

grisoller [3] *v intr* cantar la alondra.

grison, onne *adj* GÉOGR grisón, ona ▌ canoso, sa (à cheveux blancs).
➤ **grison** *m* rucio (âne).

Grison, onne *m & f* grisón, ona.

grisonnant, e *adj* entrecano, na; que encanece.

grisonnement *m* encanecimiento (cheveux).

grisonner [3] *v intr* encanecer.

Grisons *n pr m pl* GÉOGR les Grisons Grisones.

grisotte *f* calado *m* (couture).

grisou *m* grisú; coup de grisou explosión de grisú.

grisoumètre *m* grisúmetro.

grisouteux, euse *adj* que contiene grisú.

grive *f* tordo *m*, zorzal *m* (oiseau) ■ grande grive tordo mayor, cagaceite (draine) ■ faute de grives, on mange des merles a falta de pan, buenas son tortas ▌ ivre comme une grive borracho como una cuba.

grivelé, e [grivle] *adj* tordillo, lla.

griveler [24] *v intr & tr* consumir sin tener con qué pagar (ne pouvoir payer au restaurant).

grivèlerie [grivelri] *f* consumición no pagada (consommation non payée).

grivois, e *adj* picaresco, ca; verde, subido de tono; contes grivois cuentos verdes.

grivoiserie *f* broma picaresca, cosa verde.

grizzli; grizzly *m* ZOOL oso gris, grizzli.

grœnendael [grɔnɛndal] *m* ZOOL groenendael (chien).

Groenland [grɔenlɑ̃d] *n pr m* GÉOGR le Groenland Groenlandia.

groenlandais, e *adj* groenlandés, sa.

Groenlandais, e *m & f* groenlandés, esa.

grog *m* grog, ponche.

groggy *adj* groggy (boxe).

grognard [grɔɲar] *m* veterano, soldado viejo.

grogne *f* FAM queja, descontento *m*.

grognement *m* gruñido (d'un animal) ▌ gruñido, refunfuño (de mécontentement).

grogner [3] *v intr* gruñir (crier) ▌ refunfuñar (grommeler). ◇ *v tr* FIG mascullar (murmurer).

grognerie *f* gruñido *m*, refunfuño *m*.

grogneur, euse *adj & s* gruñón, ona (grognon).

grognon, onne *adj & s* gruñón, ona.
▌ OBSERV Como sustantivo, grognon se emplea tanto para el masculino como para el femenino.

grognonner [3] *v intr* gruñir ▌ FIG gruñir, rezongar, refunfuñar.

groin [grwɛ̃] *m* jeta *f*, hocico (du cochon) ▌ FIG & FAM morro, jeta *f* (visage).

grommeler [24] *v tr* mascullar. ◇ *v intr* refunfuñar.

grommellement *m* refunfuño.

grondant, e *adj* gruñidor, ra (chien, etc.) ▌ rugiente (lion, etc.) ▌ regañador, ra (qui réprimande) ▌ bramante (de colère).

grondement *m* gruñido (chien, chat, etc.) ▌ rugido (lion, etc.) ▌ FIG fragor, tronido, estruendo (orage, tempête, etc.) ▌ zumbido (du vent).

gronder [3] *v intr* gruñir (chien, etc.) ▌ FIG rugir (tigre, etc.) ▌ bramar (les éléments) ▌ retumbar (canon, tempête) ▌ gruñir, refunfuñar (grogner). ◇ *v tr* regañar, reñir; gronder un enfant pa-

resseux reñir a un niño perezoso ▌ murmurar (bougonner).

gronderie *f* regañina, regaño *m*, reprimenda.

grondeur, euse *adj & s* regañón, ona. ◇ *adj* gruñón, ona.

grondin *m* rubio, trigla *f* (poisson).

Groningue *n pr* GÉOGR Groninga.

groom [grum] *m* botones (chasseur).

gros, osse [gro, gros] *adj* [▷ SYN] grueso, sa; gordo, da (fam); un gros morceau un pedazo grueso; le gros bout el extremo grueso; un homme gros un hombre gordo ▌ fuerte, grueso; une grosse voix una voz fuerte; du gros fil hilo grueso ▌ tosco, ca; basto, ta; burdo, da; de gros souliers zapatos toscos; du gros drap paño burdo ▌ FIG fuerte; agitado, da (mer) ▌ fuerte, grave; grosse fièvre calentura fuerte ▌ importante, de bulto; une grosse somme una cantidad importante; une grosse affaire un negocio importante ou de bulto ▌ rico, ca (riche); un gros marchand un tendero rico ■ gros bonnet, grosse légume pez gordo ▌ gros gibier caza mayor ▌ gros lot premio gordo ▌ gros mot palabrota ▌ CINÉM gros plan primer plano ▌ FAM gros rouge tintorro (mauvais vin) ▌ grosse caisse bombo (instrument) ▌ gros sel sal gorda ▌ grosse plaisanterie broma pesada ▌ grosse voix vozarrón ▌ gros temps temporal ▌ gros titre grandes titulares ■ cœur gros corazón oprimido ▌ femme grosse mujer embarazada ▌ mer grosse mar gruesa ▌ un gros lard un gordinflón ▌ un gros rire una risa estrepitosa ■ FAM c'est une grosse tête es un sabihondo ▌ en avoir gros sur le cœur estar con el corazón entristecido ou muy triste; estar hecho polvo, no poder más ▌ faire le gros dos arquear el lomo ▌ faire les gros yeux mirar con gesto enfurruñado.
➤ **gros** *m* grueso; le gros de l'armée el grueso del ejército ▌ lo más duro; faire le plus gros hacer lo más duro ▌ COMM comercio al por mayor; prix de gros precio al por mayor ▌ gro (tissu) ■ le gros de l'été la canícula ▌ le gros de l'hiver lo más crudo del invierno ▌ marchand en gros comerciante al por mayor, mayorista ▌ FAM les gros los pudientes.
➤ **gros** *adv* grueso; écrire gros escribir grueso ▌ mucho; gagner gros ganar mucho; risquer gros arriesgar mucho ▌ en líneas generales; en gros, voilà ce que je voulais vous dire esto es, en líneas generales, lo que quería decirle ▌ en gros al por mayor (commerce) ▌ je donnerais gros pour daría un ojo de la cara por ▌ jouer gros jugar fuerte.

▌ SYN corpulent corpulento; obèse obeso; fort grueso; FAM mastodonte mastodonte; pansu panzudo; ventripotent barrigón; ventru barrigudo; boulot regordete, rechoncho.

gros-bec *m* piñonero (oiseau).
▌ OBSERV pl gros-becs.

groschen *m* groschen (monnaie autrichienne).

groseille [grozɛj] *f* BOT grosella; groseille à maquereau ou épineuse grosella espinosa.

groseillier [grozeje] *m* grosellero.

gros-grain [grogrɛ̃] *m* gros-grain (couture).
▌ OBSERV pl gros-grains.

Gros-Jean *n pr* Juan Lanas ▌il est Gros-Jean comme devant para ese viaje no se necesitan alforjas.

gros-plant *m* vino francés de la región de Nantes.
▌ OBSERV pl gros-plants.

gros-porteur *m* avión gigante.
▌ OBSERV pl gros-porteurs.

grosse *f* gruesa (12 douzaines) ▌letra gruesa ou gorda (écriture) ▌DR copia, traslado *m* (copie) ▌MAR gruesa; **contrat à la grosse** préstamo a la gruesa.

grosserie *f* vajilla de plata.

grossesse *f* embarazo *m*; **grossesse extra-utérine** embarazo extrauterino; **grossesse nerveuse** embarazo psicológico.

grosseur *f* grueso *m*, tamaño *m* ▌gordura (embonpoint) ▌FAM bulto *m* (bosse, tumeur).

grossier, ère *adj* grosero, ra; tosco, ca; basto, ta; burdo, da; **une étoffe grossière** una tela basta ▌burdo, da; **un mensonge grossier** una mentira burda ▌grosero, ra; soez (impoli); **esprit grossier** mentalidad grosera ▌**quel grossier personnage!** ¡qué tipo más grosero!

grossièrement *adv* groseramente, toscamente; **parler grossièrement** hablar groseramente.

grossièreté *f* grosería (impolitesse) ▌tosquedad, rudeza (rudesse).

grossir [32] *v tr* engordar (rendre gros) ▌hacer gordo, da; **ce manteau me grossit** este abrigo me hace gordo ▌engrosar (p us), aumentar; **grossir son héritage** engrosar su herencia ▌aumentar, amplificar; **le microscope grossit les objets** el microscopio aumenta los objetos ▌FIG exagerar (exagérer).
◇ *v intr* engordar ▌crecer; **le fleuve grossit** el río crece ▌FIG aumentar; **la somme a grossi** la cantidad ha aumentado.

grossissant, e *adj* creciente (qui croît) ▌de aumento; **verres grossissants** lentes de aumento.

grossissement *m* crecimiento, aumento ▌aumento, amplificación *f* (optique) ▌engrosamiento (personnes), engorde (animaux).

grossiste *m* COMM mayorista.

grosso modo *loc adv* grosso modo, de un modo sumario, aproximadamente.

grossoyer [13] [grɔswaje] *v tr* DR extender una copia ou un traslado.

grotesque *adj & s* grotesco, ca; **un personnage grotesque** un personaje grotesco.
➡ **grotesques** *f pl* grutescos (dessins), arabescos.

grotte *f* gruta, cueva.

grouillant, e [grujɑ̃, ɑ̃t] *adj* hormigueante, que hormiguea; **grouillant de vers** hormigueante de gusanos.

grouillement [grujmɑ̃] *m* hormigueo, bullicio; **le grouillement de la foule** el hormigueo de la muchedumbre.

grouiller [3] [gruje] *v intr* hormiguear, bullir, hervir (fourmiller) ▌(vx) moverse (bouger) ▌rebosar; **une rue qui grouille de monde** una calle que rebosa de gente ▌**ça grouillait** aquello era un hormigueo ou hervidero.
➡ **se grouiller** *v pr* FAM moverse, menearse, darse prisa.

grouillot *m* FAM recadero, chico de los recados.

group [grup] *m* saco de dinero que se expide precintado.

groupage *m* agrupamiento.

groupe *m* grupo ▪ INFORM **groupe de discussion** grupo de discusión ▌**groupe de presse** grupo de prensa ▌**groupe de pression** grupo de presión ▌**groupe électrogène** grupo electrógeno ▌**groupe industriel** grupo industrial ▌**groupe parlementaire** grupo parlamentario ▌**groupe politique** grupo político ▌MÉD **groupe sanguin** grupo sanguíneo▌**groupe tissulaire** grupo tisular▌**thérapie de groupe** terapia de grupo.

groupé, e *adj* INFORM agrupado, da.

groupement *m* agrupamiento; **groupement de commandes** agrupamiento de pedidos ▌agrupación *f*; **un groupement politique** una agrupación política ▌**groupement d'intérêt économique (GIE)** agrupación de interés económico.
▌ SYN rassemblement congregación, reunión; réunion reunión; assemblage conjunto; ensemble conjunto; bloc bloque; agglomération aglomeración; groupe grupo.

grouper [3] *v tr* agrupar.
➡ **se grouper** *v pr* agruparse.

groupie *m & f* MUS & FAM grupi.

groupuscule *m* grupúsculo.

grouse *f* ZOOL grulla.

gruau [gryo] *m* sémola *f* (de blé) ▌tisana *f* de sémola (tisane) ▌harina *f* de flor (fleur de farine); **pain de gruau** pan de harina de flor ▌ZOOL pollo de la grulla (petit de la grue) ▪ **gruau d'avoine** avena mondada ▪ **bouillie de gruau** gachas.

grue *f* grulla (oiseau) ▌FIG & FAM zorra (femme légère) ▌TECHN grúa; **grue à béquilles, de cale** grúa de caballete, de grada; **grue mobile** grúa móvil; **grue tournante** grúa giratoria ▌FIG **faire le pied de grue** estar de plantón.

gruerie *f* privilegio *m* forestal.

grugeoir [gryʒwar] *m* TECHN grujidor (de vitrier).

gruger [17] *v tr* partir con los dientes ▌sorber (une huître) ▌grujir (les vitres) ▌FIG **gruger quelqu'un** timar, embaucar a alguien.

grume *f* tronco *m* ▌**bois de grume** ou en grume madera sin desbastar.

grumeau *m* grumo.

grumeler [24]
➡ **se grumeler** *v pr* formar grumos, engrumecerse (se mettre en grumeaux).

grumeleux, euse *adj* grumoso, sa ▌granujiento, ta (surface).

grumelure *f* falla, grano *m* (dans un métal).

gruppetto *m* MUS grupeto.
▌ OBSERV pl gruppettos ou gruppetti.

grutier *m* conductor de una grúa, grúista.

gruyère [gryjɛr] *m* queso de Gruyère (Suiza).

Guadeloupe [gwadlup] *n pr f* GÉOGR la Guadeloupe Guadalupe [en las Pequeñas Antillas].

guadeloupéen, enne *adj* guadalupeño, ña.

Guadeloupéen, enne *m & f* guadalupeño, ña.

guais [gɛ] *adj m* desovado (hareng).

guanaco [gwanako] *m* ZOOL guanaco.

guano *m* guano (engrais).

guarani *adj* guaraní.
◇ *m* LING guaraní.

Guarani *m & f* guaraní.

Guatemala *n pr m* GÉOGR le Guatemala Guatemala (État).
◇ *n pr* GÉOGR Guatemala (ville).

guatémalien, enne; guatémaltèque *adj* guatemalteco, ca.

GUD; Gud (abr de Groupe union défense) *m* grupo francés de estudiantes de extrema derecha.

gué [ge] *m* vado ▌**passer à gué** vadear.

guéable *adj* vadeable.

guèbre *adj & s* guebro, bra.

guède *f* BOT glasto *m*, hierba pastel (pastel).

guéer [15] [gee] *v tr* vadear (passer à gué).

guéguerre *f* FAM greña; **jouer à la guéguerre** andar a la greña.

Gueldre [gɛldr] *n pr f* GÉOGR la Gueldre Güeldres.

guelfe *adj & s* güelfo, fa.

guelte *f* COMM comisión, porcentaje *m*.

guenille [gənij] *f* [▷ SYN] andrajo *m*, harapo *m* (vieux vêtement) ▌FIG guiñapo *m*, miseria (chose méprisable).
▌ SYN haillon harapo; oripeau guiñapo; loque andrajo.

guenilleux, euse [gənijø, øz] *adj* guiñaposo, sa; andrajoso, sa; harapiento, ta.

guenon [gənɔ̃] *f* ZOOL mono *m* ▌FAM mona (singe femelle) ▌FIG adefesio *m*, mujer fea (femme laide).
▌ OBSERV On ne peut absolument pas employer le mot mona dans le sens figuré de femme laide puisque mona en espagnol signifie jolie.

guépard *m* onza *f* (félin).

guêpe *f* avispa (insecte) ▌FIG **taille de guêpe** cintura de avispa.

guêpier *m* avispero (nid de guêpes) ▌abejaruco (oiseau) ▌FIG avispero (situation difficile).

guêpière *f* corsé *m*.

guère *adv* casi, apenas, poco [úsase con una negación]; **il n'a guère d'amis** casi no tiene amigos ▌**cela ne vaut guère mieux** ésto no vale mucho más ▌**il ne gagne guère** no gana casi nada ▌**il ne s'en est guère fallu** poco ha faltado para ello ▌**il n'y a guère que lui pour le croire** casi nadie lo cree sino él.
▌ OBSERV Úsase también la forma guères, en poesía.

guéret [gere] *m* AGRIC barbecho.
➡ **guérets** *m pl* (p us) POÉT los campos y las cosechas (champs et moissons).

guéridon *m* velador.

guérilla [gerija] *f* guerrilla.

guérillero [gerijero] *m* guerrillero.

guérir [32] *v tr* curar (sens propre et figuré).
◇ *v intr* sanar, curarse.

guérison *f* curación.

guérissable *adj* curable.

guérisseur, euse *m & f* curandero, ra.
▌ SYN bailleul ensalmador, saludador; rebouteux algebrista.

guérite *f* garita ▌MAR cenefa de cofa.

Guernesey *n pr* GÉOGR Guernsey, Guernesey.

guernesiais, e *adj* de Guernesey.

Guernesiais, e *m* & *f* natural ou habitante de Guernesey.

guerre *f* guerra; guerre civile guerra civil; conseil de guerre consejo de guerra ■ guerre atomique guerra atómica ‖ guerre de position guerra de posiciones ‖ guerre des étoiles (IDS) guerra de las galaxias (SDI) ‖ guerre de tranchées guerra de trincheras ‖ guerre d'usure guerra de desgaste ‖ guerre froide guerra fría ‖ guerre sainte guerra santa ■ la drôle de guerre la guerra boba ‖ la guerre du Golfe la guerra del Golfo ‖ nom de guerre seudónimo ■ à la guerre comme à la guerre cual el tiempo tal el tiento ‖ de bonne guerre en buena lid ‖ de guerre lasse cansado de luchar, harto de lidiar ■ c'est de bonne guerre es normal, es natural, es legítimo, es lógico ‖ être en guerre estar en guerra ‖ faire la guerre hacer la guerra, guerrear ‖ FIG faire la guerre à quelqu'un dar guerra a alguien ‖ faire la guerre à une chose combatir algo, declarar la guerra a algo ‖ jouer à la petite guerre jugar a los soldados (enfants) ‖ obtenir les honneurs de la guerre salir con todos los honores.

║ SYN campagne campaña; conflagration conflagración; conflit conflicto; guérilla guerrilla; hostilité hostilidad.

guerrier, ère *adj* & *s* guerrero, ra.
║ SYN belliciste belicista; belliqueux belicoso; martial marcial.

guerroyant, e [gɛrwajɑ̃, ɑ̃t] *adj* belicoso, sa; guerreante.

guerroyer [13] [gɛrwaje] *v intr* guerrear.

guet [gɛ] *m* acecho; être au ou faire le guet estar en ou al acecho ‖ ronda *f*, patrulla *f* (ronde) ■ la tour de guet la atalaya ‖ mot de guet santo y seña ■ avoir l'œil au guet estar ojo avizor.

guet-apens [gɛtapɑ̃] *m* emboscada *f* ‖ FIG asechanza *f*, celada *f*.
║ OBSERV pl guets-apens.

guête ➤ **guette**.

guêtre *f* polaina, antipara ‖ FAM tirer ses guêtres tomar el portante.

guêtrer [4] *v tr* calzar las polainas.
➤ **se guêtrer** *v pr* ponerse las polainas.

guette; guête *f* atalaya ‖ acecho *m*.

guetter [4] *v tr* acechar ‖ guetter l'occasion acechar la ocasión, buscar la coyuntura.

guetteur *m* vigía, atalaya *f* (p us) ‖ centinela, escucha.

gueulante *f* FAM bocinazo *m*; pousser une gueulante dar un bocinazo, echar una bronca.

gueulard, e [gœlar, ard] *adj* & *s* FAM gritón, ona; vocinglero, ra (criard) ‖ tragón, ona (glouton) ‖ chillón, ona; llamativo, va (couleur).
➤ **gueulard** *m* MAR bocina *f* (porte-voix) ‖ TECHN tragante, cebadero (fourneaux).

gueule [gœl] *f* hocico *m* ‖ boca (des animaux), fauces *pl* (des fauves) ‖ FAM jeta (visage) ‖ buena pinta, buen aspecto *m*; cela a de la gueule eso tiene buena pinta ■ MIL boca; la gueule du canon la boca del cañón ‖ FAM boca (de l'homme) ‖ TECHN boca (orifice) ■ gueule cas-

sée mutilado [herido en la cara] ‖ gueule de bois resaca ‖ fine gueule gastrónomo ‖ FAM ta gueule! ¡calla!, ¡cierra el pico! ■ FAM avoir une sale gueule tener una cara de pocos amigos ‖ FAM casser la gueule romper las narices ‖ FAM être fort en gueule ser deslenguado (qui parle mal), ser vocinglero (qui parle fort) ‖ faire la gueule poner mala cara ‖ fermer la gueule à quelqu'un cerrar el pico a alguien ‖ se jeter dans la gueule du loup meterse en la boca del lobo ‖ tu fais une gueule! ¡pones una cara!

gueule-de-loup [gœldəlu] *f* BOT dragón *m*, becerra (muflier).
▐ OBSERV pl gueules-de-loup.

gueuler [5] *v intr* FAM gritar, vocear, vociferar.

gueules *m* BLAS gules *pl*.

gueuleton *m* FAM comilona *f*, francachela *f*.

gueuletonner [3] *v intr* FAM estar de comilona.

gueuloir *m* FAM garganta *f*.

gueuse [gøz] *f* picote *m* (tissu) ‖ MAR lingote *m* ‖ TECHN lingote *m* de arrabio, goa ‖ lingotera.

gueuser [3] [gøze] *v tr* & *intr* pordiosear, mendigar.

gueuserie [gøzri] *f* miseria, pordiosería.

gueux, euse *adj* & *s* pordiosero, ra; mendigo, ga (indigent) ‖ pícaro, ra; bribón, ona (coquin).

gugusse *m* FAM augusto, payaso.

gui *m* muérdago ‖ MAR botavara *f*.

Gui; Guy [gi] *n pr* Guido, Vito.

guibolle *f* FAM zanca (jambe).

guibre *f* MAR tajamar *m*.

guiches *f pl* patillas (cheveux).

guichet [giʃɛ] *m* portillo, postigo (petite porte dans une autre) ‖ taquilla *f*, ventanilla *f* (d'un bureau); guichet de la poste taquilla del correo ‖ celosía *f* (d'un confessionnal) ■ guichet automatique cajero automático ■ scie à guichet serrucho ■ à guichets fermés completo (spectacles) ‖ jouer à guichets fermés actuar con el teatro lleno ou con el cartel de no hay billetes.

guichetier [giʃtje] *m* taquillero ‖ carcelero, llavero (prison).

guidage *m* conducción *f* ‖ dirección *f*, guiado (d'un projectile) ‖ TECHN guidage astronomique guiado celeste.

guide *m* guía (personne) ‖ lazarillo (d'aveugles) ‖ guía *f* (livre); guide technique guía técnica ‖ guía *f* (pièce).
▷ *f* rienda (du cheval) ‖ FIG à grandes guides a todo tren.

guide-âne *m* añalejo, burrillo (recueil) ‖ falsilla *f* (pour écrire) ‖ instrucciones *f pl*, manual (dans un travail).
▐ OBSERV pl guide-ânes.

guideau *m* mangueta *f*.

guide-fil [gidfil] *m inv* guiahílos.

guider [3] *v tr* [▷ SYN] guiar; guider quelqu'un dans la vie guiar a alguno en la vida.
➤ **se guider** *v pr* guiarse.

║ SYN conduire conducir; mener dirigir, llevar; FAM piloter pilotar.

guiderope *m* cuerda *f* guía (de ballon).

guidon *m* (ancien) MIL guión (étendard) ‖ guía *f* (jeux) ‖ manillar, guía *f* (bicyclette) ‖ punto de mira, guión (de fusil) ‖ MAR gallardete (pavillon) ‖ MIL banderín.

guignard, e *adj* FAM desafortunado, da; que tiene mala pata (malchanceux).
➤ **guignard** *m* morinelo (oiseau).

guigne *f* cereza mollar (cerise) ‖ FAM mala potra, negra, cenizo *m*, mala suerte (mauvaise chance).

guigner [3] *v intr* mirar de reojo (du coin de l'œil).
▷ *v tr* mirar de soslayo (regarder sans en avoir l'air) ‖ FIG codiciar, irse los ojos tras; il guigne un plat de pâtisseries se le van los ojos tras la fuente de pasteles.
▐ OBSERV L'espagnol guiñar signifie cligner de l'œil.

guignette *f* AGRIC escardillo *m*, almocafre *m*.

guignier *m* guindo (arbre).

guignol *m* guiñol ‖ FAM faire le guignol hacer el tonto ou el payaso.

guignolet [giɲɔlɛ] *m* licor de guindas.

guignon *m* FAM mala suerte *f*, mala pata *f*, desgracia *f*.

guignonnant, e *adj* (vieilli) irritante, que trae mala suerte.

guilde; gilde; ghilde *f* guilda (association).

guildive *f* tafia, aguardiente *m* de caña.

guillaume *m* TECHN guillame (rabot).

Guillaume [gijom] *n pr* Guillermo.

guilledou [gijdu] *m* courir le guilledou andar de picos pardos.

guillemet [gijmɛ] *m* comilla *f* ■ guillemets de répétition comillas de repetición ■ entre guillemets entre comillas; ouvrir ou fermer les guillemets abrir ou cerrar comillas.

guillemeter [27] [gijmɛte] *v tr* entrecomillar, poner entre comillas.

guillemot [gijmo] *m* ZOOL pájaro bobo (oiseau); guillemot d'Europe pájaro bobo de Europa.

guilleret, ette [gijrɛ, ɛt] *adj* FAM vivaracho, cha; alegre (vif et gai); un air guilleret un aire alegre ‖ libre; ligero, ra; des propos guillerets palabras ligeras ‖ être tout guilleret bailarle a uno los ojos de alegría.

guilleri [gijri] *m* pío del gorrión (piaillement) ‖ gorrión (moineau).

guillochage [gijoʃaʒ] *m* labor *f* de líneas entrecruzadas.

guillocher [3] [gijoʃe] *v tr* grabar adornos de líneas entrecruzadas.

guillochis [gijoʃi] *m* grabado ou dibujo de líneas entrecruzadas.

guillochure [gijoʃyr] *f* líneas *pl* entrecruzadas grabadas en hueco.

guillotine [gijɔtin] *f* guillotina (instrument) ‖ pena de muerte (peine) ‖ fenêtre à guillotine ventana de guillotina.

guillotiné, e *adj* & *s* guillotinado, da.

guillotiner [3] *v tr* guillotinar.

guillotineur *m* verdugo.

guimauve *f* malvavisco *m* ‖ pâte de guimauve melcocha.

guimbarde *f* baile *m* popular antiguo ‖ FAM carricoche *m*, cacharro *m*, cascajo *m* (mauvaise voiture) ‖ MUS birimbao *m* (instrument) ‖ TECHN guimbarda (rabot) ‖ galera (chariot).

guimpe [gɛ̃p] *f* griñón *m* (de religieuse) ‖ camisolín *m* bordado (chemisette).

guindage *m* guindaje.

guindant *m* MAR guinda *f*.

guindé, e *adj* FIG tieso, sa; estirado, da; afectado, da (affecté) ‖ enfático, ca; ampuloso, sa (style).

guindeau *m* MAR maquinilla *f*, molinete, guindaste (treuil).

guinder [3] *v tr* guindar, izar (lever) ‖ volver afectado (affecter).
 ➥ **se guinder** *v pr* entonarse, darse tono.

guinderesse [gɛ̃drɛs] *f* MAR guindaleza, virador *m* (cordage).

guinée *f* guinea (monnaie anglaise) ‖ guinea (tissu).

Guinée *n pr f* GÉOGR la Guinée Guinea; la Guinée Équatoriale Guinea Ecuatorial.

Guinée-Bissau *n pr f* GÉOGR la Guinée-Bissau Guinea-Bissau.

guinéen, enne *adj* guineano, na.

Guinéen, enne *m & f* guineano, na.

guingois [gɛ̃gwa] *m* irregularidad *f*, desviación *f* ‖ de guingois de soslayo.

guinguette *f* ventorrillo *m*, merendero *m*.

guipage *m* TECHN revestimiento (d'un câble).

guiper [3] *v tr* hacer guipure en ou sobre (façon de guipure) ‖ ÉLECTR enfundar, revestir.

guipoir *m* ganchillo.

guipon *m* MAR escobilla *f* para extender el alquitrán.

guipure *f* guipure *m*, encaje *m* de malla ancha.

guirlande *f* guirnalda; guirlande de Noël, lumineuse guirnalda de Navidad, luminosa ‖ MAR buzarda.

guisarme *f* guja (hallebarde).

guise *f* guisa, modo *m*; agir à sa guise obrar a su guisa ou a su modo; en guise de a guisa de, a manera de ‖ chacun à sa guise cada cual a su antojo.

guitare *f* MUS guitarra; guitare hawaïenne guitarra hawaiana ‖ guitare électrique guitarra eléctrica ‖ guitare sèche guitarra clásica.

guitariste *m* guitarrista.

guitoune *f* FAM casucha (maison) ‖ MIL & FAM tienda de campaña.

guivre *f* BLAS bicha, sierpe (serpent).

Guizeh [gizɛ] ➥ **Gizeh**.

gulden *m* florín holandés.

Gulf Stream *n pr m* le Gulf Stream la corriente *f* del Golfo.

gummifère *adj* BOT gumífero, ra.

guru ➥ **gourou**.

gus; gusse *m* FAM tío, tipo.

gustatif, ive *adj* gustativo, va.

gustation *f* gustación.

Gustave [gystav] *n pr* Gustavo.

gutta-percha [gytaperka] *f* gutapercha.
 ▨ OBSERV pl guttas-perchas.

guttural, e *adj & s f* gutural; voix gutturale voz gutural.

Guy ➥ **Gui**.

guyanais, e [gɥijanɛ, ɛz] *adj* guyanés, esa.

Guyanais, e *m & f* guyanés, esa.

Guyane [gɥijan] *n pr f* GÉOGR la Guyane (la) Guayana.

Guyenne *n pr f* GÉOGR la Guyenne Guyena.

guzla *f* MUS guzla.

gym *f* FAM gimnasia.

gymkhana *m* gymkhana *f*; gymkhana motocycliste gymkhana motociclista.

gymnase *m* SPORTS gimnasio ‖ gimnasio (collège en Allemagne) ‖ escuela *f* (Grèce antique).

gymnasiarque *m* gimnasiarca ‖ gimnasta profesional.

gymnaste *m & f* gimnasta ‖ profesor de gimnástica.

gymnastique *adj* gimnástico, ca.
 ◇ *f* gimnasia; gymnastique aux agrès gimnasia con aparatos; gymnastique suédoise gimnasia sueca.

gymnique *adj & s f* gímnico, ca.

gymnosperme *f* BOT gimnosperma.

gymnote *m* gimnoto (poisson).

gynécée *m* gineceo ‖ BOT gineceo, pistilo.

gynécologie *f* MÉD ginecología.

gynécologique *adj* ginecológico, ca.

gynécologue *m & f* ginecólogo, ga.

gynérium [ʒinerjɔm] *m* BOT paja *f* brava, hierba *f* de las pampas.

gypaète *m* quebrantahuesos (oiseau).

gypse *m* yeso.

gypseux, euse *adj* yesoso, sa.

gyrin *m* bailarín, girino (insecte).

gyrophare *m* faro giratorio.

gyropilote *m* AVIAT giropiloto.

gyroscope *m* giroscopio; gyroscope directionnel giroscopio direccional.

gyroscopique *adj* giroscópico, ca.

gyrostat [ʒirɔsta] *m* giróstato.

h; H *m* h *f.*
◇ *m inv* h ‖ à l'heure H a la hora H ‖ bombe H bomba H.

OBSERV Existen en francés dos h: la h muda, que no se tiene en cuenta para la pronunciación (l'homme [lɔm], les hommes [lezɔm]) y la h mal llamada aspirada, que sólo sirve para impedir la elisión de la vocal final de la palabra anterior o el enlace de la consonante final de dicha palabra con la voz siguiente (le hasard, la honte, trop haut [tro o]). Indicamos con un colocado al principio aquellas palabras en que se aspira la h. Muchas que tienen h en francés la han perdido en español: harpe arpa; hareng arenque. Por otra parte, las voces que han conservado en francés la f del latín la han reemplazado en español por una h: fil hilo; fils hijo; feuille hoja; farine harina. En fin, tanto en francés como en español, las voces que principian con uno de los diptongos ue, ui tomaron la h inicial en la época en que la u se representaba por la v, para evitar confusión entre la u vocal y la u consonante como, en francés, huile óleo, aceite; huître ostra, y en español, huevo œuf; hueso os.

H (abr écrite de **homme**) H ‖ (abr écrite de **hydrogène**) H.

ha (abr écrite de **hectare**) ha.

ha! *interj* ¡ah!; ha! vous êtes fatigué? ¿ah? ¿conque está usted cansado? [expresa la sorpresa algo irónica, el asombro] ‖ ha! ha! que c'est drôle! ¡ja! ¡ja! ¡qué divertido!

hab. (abr écrite de **habitant**) hab.

habile [abil] *adj & s* hábil; habile à dessiner hábil para dibujar ‖ **DR** habilitado, da; capacitado, da; habile à succéder capacitado para suceder.

habilement *adv* hábilmente.

habileté [abilte] *f* habilidad; avoir une grande habileté tener mucha habilidad.
■ **SYN** adresse destreza; dextérité maña.

habilitation *f* **DR** habilitación.

habilité *f* **DR** capacidad; l'habilité à succéder la capacidad para suceder.

habiliter [3] *v tr* **DR** habilitar, capacitar ‖ facultar.

habillable [abijabl] *adj* vestible.

habillage [abijaʒ] *m* el vestir; l'habillage me prend deux heures par jour el vestir me toma dos horas diarias (vêtements) ‖ preparación *f* de un animal para guisarlo (cuisine) ‖ **IMPR** recorrido, disposición *f* del texto en torno a la ilustración.

habillé, e [abije] *adj* vestido, da; être très habillé estar muy vestido ■ un costume ha-billé un traje de vestir ‖ **FAM** un habillé de soie un cerdo.

habillement [abijmɑ̃] *m* vestido, ropa *f;* les différentes pièces d'un habillement las varias partes de un vestido ‖ indumentaria *f;* un curieux habillement una indumentaria curiosa ‖ vestir; l'habillement d'une adolescente est difficile el vestir a una adolescente es difícil ‖ **MIL** vestuario ■ magasin d'habillement tienda de confección ‖ syndicat de l'habillement sindicato de la confección.

habiller [3] *v tr* vestir ‖ preparar (cuisine) ‖ poner, cubrir; habiller un fauteuil d'une housse poner una funda a un sillón ‖ sentar, ir, vestir; cette robe vous habille parfaitement este vestido le sienta perfectamente ‖ poner el mecanismo (à une montre) ‖ **IMPR** hacer un recorrido.
➤ **s'habiller** *v pr* vestirse; s'habiller en civil vestirse de paisano.

habilleur, euse [abijœr, øz] *m & f* encargado, da del vestuario; camarero, ra (au théâtre).

habit [abi] *m* vestido (costume), traje (vêtement); habit de ville traje de calle ‖ frac (frac) ‖ hábito (de religieux) ■ habit de cérémonie traje de gala ‖ habit de lumière traje de luces ‖ habit de soirée traje de etiqueta ‖ habit du dimanche traje de fiestas, los trapitos de cristianar ‖ habit vert traje de los académicos franceses ■ l'habit ne fait pas le moine el hábito no hace al monje ‖ prendre l'habit tomar el hábito.
➤ **habits** *m pl* ropa *f sing;* ôter ses habits quitarse la ropa.

habitabilité *f* habitabilidad.

habitable *adj* habitable.

habitacle *m* (p us) puesto de pilotaje, cabina *f* (d'une fusée) ‖ **MAR** bitácora *f* (de la boussole) ‖ **POÉT** habitáculo.

habitant, e *adj & s* habitante; ville de cent mille habitants ciudad de cien mil habitantes ‖ vecino, na; habitante; les habitants de Madrid los vecinos de Madrid ■ les habitants d'une ville el vecindario de una ciudad ‖ loger chez l'habitant alojarse en una casa particular.

habitat *m* habitación *f,* área *f* que habita una especie animal o vegetal ‖ condiciones *f pl* de alojamiento ‖ vivienda *f,* modo de vivir ‖ hábitat, conjunto de datos geográficos relativos a la residencia humana [forma, emplazamiento, etc.].

habitation *f* vivienda ■ habitations à bon marché casas baratas ‖ habitations à loyer modéré (HLM) viviendas de protección oficial.

OBSERV Habitation no tiene en francés el sentido español de "cuarto" (pièce, chambre).
SYN maison casa; logis vivienda; demeure morada; résidence residencia.

habité, e *adj* habitado, da.

habiter [3] *v tr & intr* vivir, habitar (p us) (demeurer) ‖ vivir en, ser vecino de (une ville).

OBSERV El régimen del verbo habiter puede ser indistintamente como citamos en los siguientes ejemplos: j'habite Paris o à Paris, la province o en province, le XIVᵉ o dans le XIVᵉ. En español siempre ha de ponerse la preposición en.

habitude *f* costumbre, hábito *m* ■ comme d'habitude como de costumbre ‖ d'habitude de ordinario, habitualmente, generalmente ■ avoir l'habitude de tener la costumbre de, acostumbrar, soler ‖ perdre l'habitude de perder la costumbre de ‖ prendre l'habitude de tomar la costumbre de.

OBSERV 1. Lorsqu'il s'agit d'objets inanimés, d'habitude se traduit par le verbe "soler": d'habitude, cette porte est fermée esta puerta suele estar cerrada.
2. Hábito, en espagnol, moins employé que costumbre, désigne surtout une habitude, une tendance, souvent morale, acquise par la répétition de certains actes (accoutumance).
SYN coutume costumbre; pratique práctica; mœurs costumbres; rite rito; usage uso.

habitué, e *adj* acostumbrado, da; habituado, da (p us).
◇ *m & f* cliente *m;* parroquiano, na (d'un café) ‖ familiar; amigo, ga de casa (visiteur habituel); asiduo, dua; contertulio, lia (d'une réunion d'amis).

habituel, elle *adj* acostumbrado, da; habitual.

habituellement *adv* habitualmente, de costumbre.

habituer [7] *v tr* acostumbrar, habituar.
➤ **s'habituer** *v pr* acostumbrarse, habituarse.

hâblerie ['ɑbləri] *f* **FAM** fanfarronada, bravata, habladuría presuntuosa.

hâbleur, euse ['ɑblœr, øz] *adj & s* **FAM** fanfarrón, ona; hablador presuntuoso, habladora presuntuosa.

Habsbourg *n pr* Habsburgo.

hachage ['aʃaʒ]; **hachement** ['aʃmɑ̃] *m* picadura *f,* picado.

hache ['aʃ] *f* hacha ‖ segur (cognée) ■ hache à main destral *m* ‖ hache d'armes hacha de armas ■ coup de hache hachazo.

haché, e [ʃe] *adj* picado, da; viande hachée carne picada ‖ destrozado, da (détruit, déchiqueté) ‖ plumeado, da (dessin) ‖ FIG style haché estilo cortado.

hache-légumes [ʃlegym] *m* picadora *f* de legumbres.

hachement ➡ **hachage**.

hache-paille [ʃpaj] *m inv* AGRIC instrumento para cortar la paja.

hacher [3] [ʃe] *v tr* picar; hacher la viande picar la carne ‖ despedazar (déchiqueter) ‖ destruir (récoltes) ‖ plumear (dessin) ‖ entrecortar (entrecouper); un discours haché d'interruptions un discurso entrecortado por interrupciones ‖ hacher menu hacer picadillo (viande), picar.

hachereau [ʃro]; **hachette** [ʃɛt] *f* hachuela, destral *m*.

hache-viande [ʃvjɑ̃d] *m inv* máquina de picar carne.

hachis [ʃi] *m* picadillo de carne, de pescado, etc. ‖ hachis parmentier pastel de carne picada con puré de patatas.

hachisch; haschisch [ʃiʃ] *m* hachís.

hachoir [ʃwar] *m* tajo, picador (planche) ‖ tajadera *f* (couteau) ‖ máquina *f* de picar carne.

hachurer [3] [ʃyre] *v tr* plumear (rayer) ‖ sombrear con trazos (carte, plans, etc.).

hachures [ʃyr] *f pl* plumeado *m* (dessin) ‖ trazos *m pl* (rayures).

hacquebute ➡ **haquebute**.

haddock [adɔk] *m* especie *f* de bacalao ahumado, truchuela.

Hadès *n pr* MYTH Hades.

hadj [adʒ] *m* hayi (pèlerin musulman).

Hadrien *n pr* Adriano.

Haendel ➡ **Händel**.

hagard, e [agar, ard] *adj* despavorido, da; azorado, da; un enfant hagard un niño despavorido ‖ extraviado, da; despavorido, da; des yeux hagards mirada extraviada ‖ (p us) huraño, ña; salvaje (sauvage) ‖ zahareño, ña (oiseau de proie).

hagiographe *m* hagiógrafo.

hagiographie *f* hagiografía (vie des saints).

hagiographique *adj* hagiográfico, ca.

Hague *n pr* GÉOGR la Hague La Hague.

LA HAGUE
Note que la Hague es una península en Normandía conocida por su planta de recuperación de los residuos radioactivos. No se debe confundir con "La Haye" (La Haya, en los Países Bajos).

haie [ɛ] *f* seto *m*; haie vive seto vivo ‖ hilera, fila; une haie de soldats una hilera de soldados ‖ haie d'honneur guardia de honor ‖ SPORTS 110 mètres haies 110 metros vallas ‖ course de haies carrera de obstáculos (chevaux) ‖ faire la haie hacer calle (former un passage), cubrir carrera (pour protéger).

Haïfa; Haiffa *n pr* GÉOGR Haifa.

haïk *m* almalafa *f*.

haïku *m* POÉT haiku.

haillon [ajɔ̃] *m* harapo, andrajo ‖ en haillons andrajoso, sa; con la ropa hecha jirones.

haillonneux, euse [ajɔnø, øz] *adj* andrajoso, sa; harapiento, ta.

Hainaut [ɛno] *n pr m* GÉOGR le Hainaut Henao.

haine [ɛn] *f* odio *m*; j'ai la haine du mensonge tengo odio a la mentira ‖ en haine de, par haine de por odio a ‖ avoir en haine tener odio a ‖ prendre en haine tomar odio a.

haineusement [ɛnøzmɑ̃] *adv* con odio.

haineux, euse [ɛnø, øz] *adj & s* rencoroso, sa.
◇ *adj* de odio; regard haineux mirada de odio.

▌ OBSERV L'espagnol odioso correspond au français odieux.

hainuyer, ère; hennuyer, ère *adj* hainuyero, ra.

Hainuyer, ère; Hennuyer, ère *m & f* hainuyero, ra.

Haiphong *n pr* GÉOGR Haiphong.

haïr [33] [air] *v tr* odiar; haïr à mort odiar a muerte.

▌ OBSERV Pierde la diéresis en el singular del indicativo y en el imperativo: je hais, hais.

haire [ɛr] *f* cilicio *m*.

haïssable [aisabl] *adj* aborrecible; odioso, sa.

Haïti *n pr* GÉOGR Haití.

haïtien, enne *adj* haitiano, na.

Haïtien, enne *m & f* haitiano, na.

halage [alaʒ] *m* sirga *f* ‖ chemin de halage camino de sirga.

halbran [albrɑ̃] *m* pato silvestre del año.

halbrené, e [albrəne] *adj* VÉTÉR aliquebrado, da (faucon).

hâle [al] *m* bronceado, tostado; le hâle du visage el bronceado del rostro.

hâlé, e [ale] *adj* bronceado, da; tostado, da (bruni).

▌ SYN bronzé bronceado; cuivré cobrizo.

haleine *f* aliento *m*; avoir mauvaise haleine tener mal aliento ‖ hálito *m* (mot littéraire) ‖ aliento *m*, respiración; perdre haleine perder el aliento ‖ courte haleine respiración entrecortada, ahogo, sofocación ‖ longueur d'haleine capacidad pulmonar ‖ à perdre haleine hasta no poder más ‖ de longue haleine de larga duración, de mucho trabajo ‖ d'une haleine de un tirón ‖ hors d'haleine jadeando, jadeante; sin aliento, sin respiración ‖ tout d'une haleine de un tirón, de una sentada ‖ mettre en haleine alentar ‖ reprendre haleine recobrar ou tomar aliento, respirar ‖ tenir en haleine tener en vilo.

haler [3] [ale] *v tr* MAR halar, jalar ‖ sirgar (remorquer).

hâler [3] [ale] *v tr* broncear, tostar (brunir la peau) ‖ marchitar, asolanar (plantes).

haletant, e [altɑ̃, ɑ̃t] *adj* jadeante (essoufflé) ‖ FIG anhelante; il attendait, haletant, le cadeau promis esperaba, anhelante, el regalo prometido.

halètement [alɛtmɑ̃] *m* jadeo.

haleter [28] [alte] *v intr* jadear.

halette [alɛt] *f* cofia lorenesa.

haleur, euse [alœr, øz] *adj & s* sirgador, ra.

half-track [alftrak] *m* vehículo blindado.
▌ OBSERV *pl* half-tracks.

halieutique [aljøtik] *adj & s* haliéutico, ca (de la pêche).

haliotide *f*; **haliotis** *m* ZOOL haliótide *f*.

hall [ol] *m* hall (maison) ‖ vestíbulo (édifice public) ‖ nave *f* (usine).

hallage [alaʒ] *m* derecho de mercado.

hallali [alali] *m* toque de acoso, alalí (gallicisme).

halle [al] *f* mercado *m*, plaza *f* (marché couvert) ‖ halle des marées lonja del pescado.

hallebarde [albard] *f* alabarda ‖ pleuvoir des hallebardes llover a cántaros, caer chuzos de punta.

hallebardier [albardje] *m* alabardero.

halles *f pl* mercado *m* de abastos.
➡ **Halles** *f pl* les Halles mercado de mayoristas en París hasta 1968 [ahora centro comercial] ‖ fort des Halles cargador del mercado.

LES HALLES
El mercado de abastos de París se creó durante el Segundo Imperio. En el siglo XX, se convirtió en una atracción turística que ocasionaba continuos problemas de tráfico en la zona. Por eso se trasladó en los años 60 a las afueras de la ciudad, a Rungis, cerca de Orly. Después de muchas demoras y polémicas, se construyó en los años 70 un centro comercial moderno con estación de metro, denominado el "Forum des Halles".

hallier [alje] *m* guarda de mercado (gardien) ‖ breña *f* (buissons).

hallucinant, e *adj* alucinante.

hallucination *f* alucinación.

hallucinatoire *adj* alucinador, ra.

halluciné, e *adj & s* alucinado, da.

halluciner [3] *v tr* alucinar.

hallucinogène *adj & s m* alucinógeno, na.

halo [alo] *m* halo (météore) ‖ PHOT halo.

halogène *adj & s m* CHIM halógeno, na ‖ lampe (à) halogène lámpara halógena.

hâloir [alwar] *m* secadero (de fromage).

halophile *adj* BOT halófilo, la.

halte [alt] *f* alto *m*, parada (arrêt) ‖ TRANSP apeadero *m* ‖ faire halte pararse, detenerse.
➡ **halte!** *interj* ¡alto!; halte-là! ¡alto ahí! ‖ FIG ¡basta!

halte-garderie *f* guardería infantil.
▌ OBSERV *pl* haltes-garderies.

haltère *m* pesa *f*, haltera *f*, peso (de gymnastique).

haltérophile *adj & s* halterófilo, la.

haltérophilie *f* halterofilia.

halva *m* halva [dulce oriental a base de sésamo].

hamac [amak] *m* hamaca *f* ‖ MAR coy.

hamadryade *f* MYTH hamadríada, hamadría.

hamamélis [amamelis] *m* BOT hamamelis.

Hambourg [ɑ̃bur] *n pr* GÉOGR Hamburgo.

hambourgeois, e *adj* hamburgués, esa.

Hambourgeois, e *m & f* hamburgués, esa.

hamburger [ɑ̃bœrgœr] *m* hamburguesa *f*.

hameau [amo] *m* caserío, aldehuela *f*.

hameçon [amsɔ̃] *m* anzuelo ‖ FIG & FAM mordre à l'hameçon picar en el anzuelo, tragar.

hammam ['amam] *m* baño turco.

hampe ['ɑ̃p] *f* asta (de hallebarde, drapeau, etc.) ‖ mango *m*, astil *m* (de pinceau) ‖ trazo *m* vertical (d'une lettre) ‖ BOT bohordo *m* (tige) ‖ delgados *m pl* (viande).

hamster ['amster] *m* hámster (rongeur).

Han *n pr* GÉOGR les grottes de Han las cuevas de Han.

han! ['ɑ̃] *interj* ¡ah!

hanap ['anap] *m* copa *f* medieval.

hanche ['ɑ̃ʃ] *f* cadera (de l'homme) ‖ anca (des animaux) ‖ MAR aleta ■ les poings sur les hanches en jarras ‖ tour de hanches perímetro de caderas.

hancher [3] ['ɑ̃ʃe] *v intr* contonearse.

hand-ball; handball ['ɑ̃dbal] *m* balonmano.

handballeur, euse *m & f* SPORTS balonmanista.

Händel; Haendel ['ɛndel] *n pr* Händel ou Haendel.

handicap ['ɑ̃dikap] *m* SPORTS handicap; avoir un handicap sufrir un handicap ‖ FIG desventaja *f*.

handicapant, e *adj* desventajoso, sa, que pone en situación de inferioridad.

handicapé, e ['ɑ̃dikape] *adj & s* minusválido, da; imposibilitado, da (personne); handicapé des deux jambes imposibilitado de las dos piernas ‖ con desventaja (en général). ◇ *m & f* minusválido, da; handicapé moteur minusválido motor ‖ handicapé mental disminuido mental ‖ handicapé physique impedido físico.

handicaper [3] ['ɑ̃dikape] *v tr* disminuir las posibilidades ‖ dificultar (rendre difficile) ■ être handicapé tener desventajas; être handicapé par une blessure tener la desventaja de estar herido; estar desfavorecido; les orphelins sont particulièrement handicapés los huérfanos están particularmente desfavorecidos; estar en condiciones de inferioridad.

handisport *adj* relativo a los deportes practicados por minusválidos.

hangar ['ɑ̃gar] *m* cobertizo (agricole) ‖ cobertizo (remise) ‖ hangar (pour avions) ‖ cochera *f* (de voitures).

hanneton ['antɔ̃] *m* abejorro, escarabajo sanjuanero (insecte) ‖ FIG & FAM atolondrado (étourdi).

hannetonnage ['antɔnaʒ] *m* destrucción *f* de los abejorros.

Hannibal; Annibal *n pr* Aníbal.

Hanoi *n pr* GÉOGR Hanoi.

Hanovre *n pr* GÉOGR Hannover, Hannóver.

hanovrien, enne ['anɔvrijɛ̃, ɛn] *adj* hannoveriano, na.

Hanovrien, enne *m & f* hannoveriano, na.

hansart ['ɑ̃sar] *m* cuchilla *f* (boucherie).

hanse ['ɑ̃s] *f* hansa.

Hanse *n pr f* (la) Hanse (Teutonique) la Hansa teutónica.

hanséatique ['ɑ̃seatik] *adj & s* hanseático, ca.

hanté, e ['ɑ̃te] *adj* encantado, da; visitado por duendes; maison hantée casa encantada ‖ FIG obsesionado, da; atormentado, da; hanté par un souvenir atormentado por un recuerdo.

hanter [3] ['ɑ̃te] *v tr* frecuentar; hanter quelqu'un frecuentar a uno; hanter les bibliothèques frecuentar las bibliotecas ‖ FIG atormentar (obséder), asediar (assiéger) ‖ aparecerse en un lugar (revenants) ■ dis-moi qui tu hantes, je te dirai qui tu es dime con quien andas y te diré quién eres.

hantise ['ɑ̃tiz] *f* obsesión.

hapax; apax *m* hápax (linguistique).

haploïde *adj* BIOL haploide.

happement ['apmɑ̃] *m* dentellada *f* ‖ picotazo (oiseaux).

happening *m* happening.

happer [3] ['ape] *v tr* atrapar de un bocado ‖ FIG agarrar bruscamente.

haquebute; hacquebute ['akbyt] *f* arcabuz *m* primitivo.

haquenée ['akne] *f* (ancien) hacanea.

haquet ['akɛ] *m* carromato.

hara-kiri ['arakiri] *m* harakiri, haraquiri.
‖ OBSERV pl hara-kiris.

harangue ['arɑ̃g] *f* arenga ‖ FAM sermón *m*, soflama (discours quelconque)‖sermoneo *m* (réprimande).

haranguer [3] ['arɑ̃ge] *v tr* arengar ‖ FAM sermonear.

harangueur, euse ['arɑ̃gœr, øz] *m & f* arengador, ra ‖ FAM sermoneador, ra (qui réprimande).

Harare *n pr* GÉOGR Harare.

haras ['ara] *m* acaballadero ‖ MIL remonta *f*.

harassant, e ['arasɑ̃, ɑ̃t] *adj* abrumador, ra; agobiador, ra; agotador, ra; travail harassant trabajo agotador.

harasse ['aras] *f* caja para embalar.

harassé, e ['arase] *adj* abrumado, da; agobiado, da; harassé de travail abrumado de ou por el trabajo; cansado, da; agotado, da; air harassé aspecto cansado.

harassement ['arasmɑ̃] *m* agotamiento.

harasser [3] ['arase] *v tr* abrumar, agobiar ‖ agotar (fatiguer).

harcelant, e ['arsɑ̃lɑ̃, ɑ̃t] *adj* hostigador, ra ‖ atormentador, ra; importuno, na ‖ FAM agobiante.

harcèlement ['arsɛlmɑ̃] *m* hostigamiento; tir de harcèlement tiro de hostigamiento ‖ acoso, acosamiento (d'un importun).

harceler [25] ['arsəle] *v tr* hostigar ‖ acosar (talonner).
‖ OBSERV La e de ce toma un acento grave delante de una sílaba muda: je harcèle.

hard ['ard] *m inv* FAM & INFORM hardware.

hard ['ard] *adj* FAM fuerte; un film hard una película fuerte ‖ musique hard rock duro. ◇ *m* rock duro.

harde ['ard] *f* manada (troupeau, bande) ‖ traílla (chiens).

harder [3] ['arde] *v tr* atraillar (les chiens).

hardes ['ard] *f pl* trapos *m*, pingajos *m* ‖ DR vestuario *m*.

hardi, e ['ardi] *adj* [▷ SYN 1] intrépido, da; audaz; un pilote hardi un piloto intrépido ‖ [▷ SYN 2] atrevido, da; descarado, da (effronté); un enfant hardi un niño atrevido ‖ entreprise hardie empresa osada.
➤ **hardi!** *interj* ¡ánimo!, ¡adelante!
SYN 1. entreprenant emprendedor; osé osado; casse-cou arriscado; andacieux audaz, osado; téméraire temerario; décidé decidido; résolu resuelto; déterminé determinado.
2. insolent insolente; FAM culotté caradura, descarado, fresco.

hardiesse ['ardjɛs] *f* [▷ SYN 1] atrevimiento *m*, audacia ‖ intrepidez, valor *m* (courage) ‖[▷ SYN 2] insolencia.
SYN 1. intrépidité intrepidez; témérité temeridad.
2. effronterie desfachatez, descaro; FAM culot caradura, desparpajo; FAM toupet tupé, frescura.

hardiment ['ardimɑ̃] *adv* atrevidamente, intrépidamente.

hard-rock ['ardrɔk] *m* hard rock, rock duro.

hardware *m* hardware (d'un ordinateur).

harem ['arɛm] *m* harén.
‖ SYN sérail serrallo; gynécée gineceo.

hareng ['arɑ̃] *m* arenque; hareng saur arenque ahumado ‖ FIG être serrés comme des harengs estar como sardinas en lata ou en banasta.

harengaison ['arɑ̃gɛzɔ̃] *f* pesca y época de la pesca de arenque.

harengère ['arɑ̃ʒɛr] *f* vendedora de arenques ‖ FIG & FAM verdulera (femme grossière).

haret ['arɛ] *m* gato montés.

harfang ['arfɑ̃] *m* lechuza *f* blanca del Ártico.

hargne ['arɲ] *f* mal humor *m*, hosquedad *f* ‖ rabia, coraje *m*; jouer avec hargne jugar con coraje.

hargneusement ['arɲøzmɑ̃] *adv* agresivamente, bruscamente, rudamente.

hargneux, euse ['arɲø, øz] *adj* arisco, ca; huraño, ña (peu sociable) ‖ corajudo, da (avec rage) ‖malhumorado, da (de mauvaise humeur) ‖ladrador, ra (chien).

haricot ['ariko] *m* judía *f*, habichuela *f*, alubia *f*, frijol ■ haricot blanc judía (blanca), pocha, alubia ‖ haricot de mouton guiso de carnero con nabos y patatas ‖ haricot rouge frijol, judía pinta ‖ haricot vert judía ou habichuela verde ‖ FAM c'est la fin des haricots es el acabóse.
‖ OBSERV Le haricot commun s'appelle frijol dans diverses régions d'Amérique, poroto en Argentine et au Pérou. Le haricot vert s'appelle ejote au Mexique et en Amérique centrale, chaucha en Amérique du Sud.

haridelle ['aridɛl] *f* matalón *m*, penco *m*.

harissa *f* harissa [condimento norteafricano a base de pimiento].

harki, e ['arki] *adj* familiar de "harki".
➤ **harki** *m* argeliano alistado en el ejército francés de 1954 a 1962.

harle ['arl] *m* mergo (oiseau).

harmonica *m* MUS armónica *f* (instrument).

harmonicorde *m* MUS armonicordio.

harmonie *f* armonía; l'harmonie des couleurs la armonía de los colores.

harmonieusement *adv* armoniosamente, con armonía.

harmonieux, euse *adj* armonioso, sa.

harmonique *adj* & *s m* armónico, ca; **sons harmoniques** sonidos armónicos; **division harmonique** división armónica.

harmoniquement *adv* MUS de modo armónico.

harmonisation *f* armonización.

harmoniser [3] *v tr* armonizar.

harmoniste *m* MUS armonista.

harmonium [armɔnjɔm] *m* MUS armonio.

harnachement [ˈarnaʃmɑ̃] *m* enjaezamiento (action) ‖ arreos *m pl* (harnais) ‖ FAM atavío, compostura *f* ridícula (accoutrement).

harnacher [3] [ˈarnaʃe] *v tr* enjaezar (cheval) ‖ FIG ataviar (accoutrer).

➤ **se harnacher** *v pr* FIG ataviarse.

harnais [ˈarnɛ] *m* arreos *pl*, arneses *pl*, guarniciones *f pl*, jaeces *pl*.

> OBSERV Arreos est le terme le plus employé pour les chevaux. Arnés a signifié d'abord l'armure du guerrier; au pluriel, il est synonyme de arreos. Guarniciones a plutôt un sens technique. Jaeces désigne surtout les ornements du cheval attelé ou monté.

harnois [ˈarnwa] *m* (vx) arnés (armure) ‖ vieilli ou blanchi sous le harnois encanecido en el oficio.

haro! [ˈaro] *interj* (vx) ¡justicia!, ¡amparo! ■ (ancien) clameur de haro grito de indignación ‖ crier haro sur le baudet aplastar al más débil ‖ crier haro sur quelqu'un protestar ou gritar contra alguien.

Harold *n pr* Harold.

harpagon *m* FIG avaro, tacaño.

harpail *m*; **harpaille** [ˈarpaj] *f* manada *f* de ciervos y cervatos.

harpe [ˈarp] *f* arpa; **pincer de la harpe** tocar el arpa; **harpe éolienne** arpa eolia ‖ ARCHIT adaraja (pierre d'attente).

harpie [ˈarpi] *f* arpía (monstre) ‖ arpía (oiseau) ‖ FIG arpía (femme méchante).

Harpies; Harpyes [ˈarpi] *n pr f pl* MYTH arpías.

harpiste [ˈarpist] *m* & *f* MUS arpista.

harpon [ˈarpɔ̃] *m* arpón ‖ ARCHIT grapa *f*.

harponnage [ˈarpɔnaʒ]; **harponnement** [ˈarpɔnmɑ̃] *m* arponeo.

harponner [3] [ˈarpɔne] *v tr* arponear, arponar (avec le harpon) ‖ FAM echar el guante, trincar (arrêter); **la police l'a harponné** la policía le ha echado el guante.

harponneur [ˈarpɔnœr] *m* arponero.

Harpyes [ˈarpi] ➤ **Harpies**.

hart [ˈar] *f* cuerda de mimbre (lien) ‖ dogal *m* (pour pendre des criminels) ■ être condamné à la hart ser condenado a la horca ‖ sentir la hart oler a patíbulo.

haruspice; aruspice *m* HIST arúspice, aurúspice, adivino.

hasard [ˈazar] *m* azar, acaso, casualidad *f* (mot usuel); **un pur hasard** una verdadera casualidad ‖ [▷ SYN] fortuna *f*, suerte *f* (chance); **un coup de hasard** un golpe de suerte ■ **jeux de hasard** juegos de azar ■ **à tout hasard** por si acaso, a todo evento ‖ **au hasard** al azar ‖ **au hasard de** con riesgo de

comme par hasard! ¡qué casualidad! ‖ **par hasard** por casualidad ‖ **par le plus grand des hasards** por milagro.

> SYN fortune fortuna; chance suerte; sort suerte.

hasardé, e [ˈazarde] *adj* arriesgado, da (risqué) ‖ atrevido, da (hardi); inseguro, ra (incertain); **proposition hasardée** proposición atrevida.

hasarder [3] [ˈazarde] *v tr* arriesgar, exponer; **hasarder sa fortune** arriesgar la propia fortuna ‖ aventurar; **hasarder une théorie** aventurar una teoría ‖ intentar (tenter).

➤ **se hasarder** *v pr* arriesgarse (se risquer), aventurarse, atreverse (oser).

> SYN risquer arriesgar; aventurer aventurar; compromettre, commettre comprometer.

hasardeux, euse [ˈazardø, øz] *adj* arriesgado, da; aventurado, da.

has been [azbin] *m* & *f inv* FAM venido, da a menos.

haschisch [ˈaʃiʃ] ➤ **hachisch**.

hase [ˈaz] *f* ZOOL liebre [hembra].

hast; haste [ast] *m* (p us) lanza *f* ‖ **arme d'hast** arma de asta.

hastaire *m* astero.

haste ➤ **hast**.

hasté, e *adj* BOT astado, da.

hâte [ˈat] *f* prisa ■ **à la** ou **avec** ou **en hâte** de prisa ‖ **en toute hâte** a toda prisa ‖ **quelle hâte de** que prisa en ■ **avoir hâte de** tener prisa por ou en.

hâtelet [ˈatlɛ] *m* asador pequeño, broqueta *f* (broche).

hâtelle [ˈatɛl] *f* broqueta.

hâter [3] [ˈate] *v tr* apresurar, dar ou meter prisa ‖ adelantar, apresurar; **il a fait hâter son exécution** ha adelantado su ejecución ‖ **hâter le pas** apresurar el paso.

➤ **se hâter** *v pr* apresurarse, darse prisa; **se hâter de** apresurarse a, darse prisa en.

hatereau [ˈatro] *m* albóndiga *f* de hígado de cerdo.

hâtier [ˈatje] *m* CULIN asnico.

hâtif, ive [ˈatif, iv] *adj* [▷ SYN] temprano, na (fruits, légumes) ‖ hecho de prisa; **un travail hâtif** un trabajo hecho de prisa ‖ apresurado, da; **conclusion hâtive** conclusión apresurada.

> SYN précoce precoz; prématuré prematuro.

hâtiveau [ˈativo] *m* pera *f* sanjuanera ou temprana.

➤ **hâtiveaux** *m pl* guisantes tempranos.

hâtivement [ˈativmɑ̃] *adv* apresuradamente (en hâte).

hauban [ˈobɑ̃] *m* obenque (d'un mât) ‖ brandal (d'une échelle) ‖ tirante de fijación.

haubanage [ˈobanaʒ] *m* atirantamiento, obencadura *f*.

haubaner [3] [ˈobane] *v tr* atirantar.

haubert [ˈobɛr] *m* (ancien) cota *f* de malla.

hausse [ˈos] *f* alza (armes); **angle de hausse** alza de elevación ‖ calzo *m* (meubles) ‖ subida (des eaux, des prix) ‖ COMM alza; **jouer à la hausse** jugar al alza ‖ IMPR alza ‖ **être en hausse** estar en alza.

hausse-col [ˈoskɔl] *m* gola *f* (uniforme).

> OBSERV *pl* hausse-cols.

haussement [ˈosmɑ̃] *m* elevación *f*, levantamiento; **haussement de la voix** elevación de la voz; **haussement des sourcils** levantamiento de las cejas ‖ elevación *f*; **haussement d'un mur** elevación de un muro ‖ **haussement d'épaules** encogimiento de hombros.

hausser [3] [ˈose] *v tr* [▷ SYN] alzar; **hausser la tête** alzar la cabeza ‖ levantar, hacer más alto; **hausser un bâtiment** levantar un edificio ‖ FIG subir, elevar (les prix), aumentar (augmenter) ‖ alzar, levantar; **hausser le ton** alzar la voz ■ FAM **hausser le coude** empinar el codo ‖ **hausser les épaules** encogerse de hombros.

◇ *v intr* subir; **le prix du coton a haussé** el precio del algodón ha subido.

➤ **se hausser** *v pr* alzarse ‖ **se hausser sur la pointe des pieds** empinarse.

> SYN exhausser elevar, levantar; rehausser realzar.

haussier [ˈosje] *m* alcista (Bourse).

haussière [ˈosjɛr]; **aussière** *f* MAR guindaleza (cordage) ‖ adral *m* (charrette).

Haussmann **un immeuble Haussmann** un edificio diseñado por el barón Haussmann.

> **HAUSSMANN**
> Georges Eugène Haussmann (1809-1891) fue durante el Segundo Imperio el promotor de las reformas urbanísticas del centro de París. Derrumbó grandes zonas ocupadas por viviendas vetustas y creó los "boulevards" que se ven actualmente en la ciudad.

haut, e [ˈo, ˈot] *adj* alto, ta; elevado, da; **un mur haut** una pared alta; **un mur haut de 4 m** una pared que tiene cuatro metros de alto; **à haute voix** en voz alta ‖ subido, da; **haut en couleur** subido de color ‖ agudo, da (ton) ‖ crecido, da; **rivière dont les eaux sont hautes** río cuyas aguas han crecido ‖ elevado, da; **des hautes pensées** pensamientos elevados ‖ FIG superior; alto, ta; **la haute magistrature** la magistratura superior; **la haute société** la alta sociedad ‖ altanero, ra (hautain) ■ **haute trahison** alta traición ‖ **hauts lieux** sitios más relevantes ou destacados ‖ **la haute Antiquité** la remota Antigüedad ‖ **la haute coiffure** la alta peluquería ‖ **la haute couture** la alta costura ‖ **la haute Égypte** el Alto Egipto ‖ **la haute finance** las altas finanzas ‖ **la haute mer** la alta mar ‖ **le haut Rhin** el Alto Rhin ‖ **messe haute** misa mayor ■ **de haute lutte** con gran esfuerzo personal ‖ **en haute montagne** en alta montaña ‖ **en haut lieu** el las altas esferas, en las esferas superiores ■ **avoir la haute main sur** ou **dans** tener mucha influencia en, ser el que hace y deshace en, llevar la voz cantante en ‖ **avoir le verbe haut** hablar muy fuerte (d'une voix forte), hablar imperativamente (d'un ton impératif) ‖ **marcher la tête haute** ir con la cabeza derecha.

➤ **haut** *m* alto, altura *f*; **un pylône de 10 mètres de haut** un pilón de diez metros de altura ‖ cima *f* (arbre) ‖ cima *f*, cumbre *f* (montagne) ■ **haut de casse** caja alta (typographie) ‖ **le haut du pavé** la acera ‖ **les hauts et les bas** los altibajos, los altos y bajos ‖ **le Très-Haut** el Altísimo ■ **du haut de** desde lo alto de ‖ **du haut en bas, de haut en bas** de arriba abajo ■ **regarder de son haut** mirar olímpicamente ‖ **tenir le haut du pavé** ocupar una elevada posición social ‖ **tomber de son haut** caerse de espaldas (être stupéfait), caerse redondo (faire une chute).

haut [o] *adv* alto ■ haut et clair lisa y llanamente ‖ haut la main con facilidad ‖ haut les mains! ¡manos arriba! ■ d'en haut de arriba ‖ en haut arriba ‖ là-haut arriba, allá arriba, en lo alto (au ciel) ‖ plus haut más alto ‖ tout haut alto, en voz alta (parler) ■ dire quelque chose bien haut decir lo que se piensa ‖ le prendre de haut tomar a mal ‖ monter de haut subir mucho (être très cher) ‖ tomber de haut caerse de espaldas (être stupéfait), caerse redondo (faire une chute) ‖ voir plus haut véase más arriba.

hautain, e ['otɛ̃, ɛn] *adj* altivo, va; altanero, ra.

hautbois ['obwa] *m* MUS oboe (instrument).

hautboïste ['obɔist] *m* oboe (musicien).

haut-commissaire ['okɔmisɛr] *m* alto comisario.
■ OBSERV pl hauts-commissaires.

haut-commissariat ['okɔmisarja] *m* alta comisaría *f*.
■ OBSERV pl hauts-commissariats.

haut-de-chausses ['odʃos] *m* (ancien) calzas *f pl*.
■ OBSERV pl hauts-de-chausses.

haut-de-forme ['odfɔrm] *m* sombrero de copa alta, chistera *f*.
■ OBSERV pl hauts-de-forme.

haute ['ot] *f* FAM alta sociedad.

haute-contre ['otkɔtr] *f* MUS contralto *m*.
■ OBSERV pl hautes-contre.

Haute-Corse ['otkɔrs] *n pr f* GÉOGR la Haute-Corse Alta Córcega.

haute-fidélité *f* alta fidelidad.
■ OBSERV pl hautes-fidélités.

Haute-Garonne ['otgarɔn] *n pr f* GÉOGR Haute-Garonne; en Haute-Garonne en Haute-Garonne.

Haute-Loire ['otlwar] *n pr f* GÉOGR Haute-Marne; en Haute-Marne en Haute-Marne.

Haute-Marne ['otmarn] *n pr f* GÉOGR Haute-Marne; en Haute-Marne en Haute-Marne.

hautement ['otmɑ̃] *adv* altamente (vivement) ‖ abiertamente, claramente; se déclarer hautement pour quelqu'un declararse abiertamente por alguien ‖ extremadamente, en sumo grado, muy; personne hautement qualifiée persona calificada en sumo grado.

Haute-Normandie ['otnɔrmɑ̃di] *n pr f* GÉOGR Haute-Normandie; en Haute-Normandie en Haute-Normandie.

▎ HAUTE-NORMANDIE ────────────
Esta región administrativa comprende los departamentos de Eure y Seine-Maritime. Capital: Rouen.

Hautes-Alpes ['otzalp] *n pr f pl* GÉOGR Hautes-Alpes; dans les Hautes-Alpes en Hautes-Alpes.

Haute-Saône ['otson] *n pr f* GÉOGR Haute-Saône; en Haute-Saône en Haute-Saône.

Haute-Savoie ['otsavwa] *n pr f* GÉOGR Haute-Savoie; en Haute-Savoie en Haute-Savoie.

Hautes-Pyrénées ['otpirene] *n pr f pl* GÉOGR Hautes-Pyrénées; dans les Hautes-Pyrénées en Hautes-Pyrénées.

hautesse ['otɛs] *f* (p us) alteza.

hauteur ['otœr] *f* altura ‖ FIG altura, grandeza, alteza; hauteur des idées grandeza de ideas; hauteur des sentiments alteza de sentimientos ‖ elevación; hauteur de vues elevación de puntos de vista ‖ altanería, altivez (arrogance) ■ hauteur au garrot alzada (d'un animal) ‖ saut en hauteur salto de altura ■ à hauteur d'appui a la altura del pecho ou del antepecho (mur, balustrade, etc.) ‖ à hauteur des yeux a la altura de los ojos ‖ à la hauteur de de altura; un programme à la hauteur un programa de altura ■ être à la hauteur de estar a la altura de ‖ prendre de la hauteur tomar altura, ascender ‖ tomber de sa hauteur caer cuan largo se es (tomber), quedar anonadado, caerse de espaldas, aterrado (très surpris).

Haute-Vienne ['otvjɛn] *n pr f* GÉOGR Haute-Vienne; en Haute-Vienne en Haute-Vienne.

Haute-Volta *n pr f* HIST la Haute-Volta el Alto Volta (ancien nom du Burkina).

haut-fond ['ofɔ̃] *m* MAR bajo, bajo fondo, bajío.
■ OBSERV pl hauts-fonds.

haut-fourneau ['ofurno] *m* alto horno.
■ OBSERV pl hauts-fourneaux.

haut-le-cœur ['olkœr] *m inv* náusea *f*, basca *f* ‖ FIG náusea *f*.

haut-le-corps ['olkɔr] *m inv* sobresalto (sursaut) ‖ bote (cheval).

haut-parleur ['oparlœr] *m* altavoz [(Amér) altoparlante].
■ OBSERV pl haut-parleurs.

haut-relief ['orəljɛf] *m* alto relieve (sculpture).
■ OBSERV pl hauts-reliefs.

Haut-Rhin ['orɛ̃] *n pr m* GÉOGR Haut-Rhin; dans le Haut-Rhin en Haut-Rhin.

Hauts-de-Seine ['odsen] *n pr m pl* GÉOGR Hauts-de-Seine; dans les Hauts-de-Seine en Hauts-de-Seine.

hauturier, ère ['otyrje, ɛr] *adj* MAR de altura; navigation hauturière navegación de altura.

havage ['avaʒ] *m* MIN corte por capas paralelas a la estratificación.

havanais, e ['avanɛ, ɛz] *adj* habanero, ra.
➤ **havanais** *m* cierto perrillo de pelo blanco, largo y sedoso (chien).

Havanais, e *m & f* habanero, ra.

havane ['avan] *m* habano (cigare).
◇ *adj inv* habano, na (couleur).

Havane ['avan] *n pr* GÉOGR La Havane La Habana.

hâve ['av] *adj* macilento, ta (pâle).

haveneau ['avno]; **havenet** ['avnɛ] *m* red *f* pequeña con copo.

Havers ['avers] *n pr* Havers ‖ ANAT canaux de Havers canales de Havers.

haveur ['avœr] *m* minero especializado en el arranque por capas.

haveuse ['avøz] *f* MIN rozadura (machine).

havir [32] ['avir] *v tr* quemar, tostar (sans cuire).
◇ *v intr & pr* quemarse, tostarse.

havrais, e *adj* havrés, esa.

Havrais, e *m & f* havrés, esa.

havre ['avr] *m* MAR abra *f* ‖ remanso; havre de paix remanso de paz.

Havre ['avr] *n pr* GÉOGR Le Havre El Havre.

havresac ['avrəsak] *m* mochila *f*, macuto (de soldat) ‖ morral, talego, saco (sac).

Hawaii; Hawaï *n pr* GÉOGR Hawai, Hawaii.

hawaiien, enne; hawaïen, enne *adj* hawaiano, na.

Hawaiien, enne; Hawaïen, enne *m & f* hawaiano, na.

Haydn [ajdən] *n pr* Haydn.

Haye ['ɛ] *n pr* GÉOGR La Haye La Haya.

hayon ['ajɔ̃] *m* puerta *f* del maletero.

hdb; HB (abr écrite de heures de bureau) horas de oficina.

hdr; HR (abr écrite de heures des repas) aux hdr ou HR a la hora de comer.

hé! ['e] *interj* ¡eh!

heaume ['om] *m* yelmo.

hebdo *m* FAM semanario, revista *f* semanal.

hebdomadaire *adj* semanal; hebdomadario, ria (p us).
◇ *adj & s m* semanario ‖ journal hebdomadaire semanario.

hebdomadairement *adv* semanalmente, cada semana.

hebdomadier, ère *m & f* hebdomadario, ria (religieux).

hébéphrénie *f* MÉD hebefrenia.

héberge *f* línea divisoria de una medianería.

hébergement *m* hospedaje, alojamiento.

héberger [17] *v tr* albergar, hospedar, alojar.

hébété, e *adj & s* embrutecido, da; estúpido, da; alelado, da; un air hébété un aire alelado.

hébétement *m* embrutecimiento, alelamiento.

hébéter [18] *v tr* embrutecer, entorpecer, alelar.

hébétude *f* embotamiento *m*, entorpecimiento *m*.

hébraïque *adj* hebraico, ca.

hébraïsant, e; hébraïste *adj & s* hebraizante, hebraísta.

hébraïser [3] *v intr* hebraizar.

hébraïsme *m* hebraísmo.

hébraïste ➤ **hébraïsant**.

hébreu *adj m & s m* hebreo ‖ FIG c'est de l'hébreu eso es chino ou griego para mí.
◇ *n* LING hebreo.
■ OBSERV Hébreu como adjetivo tiene por femenino hébraïque y como sustantivo femenino juive o israélite.

Hébrides *n pr f pl* GÉOGR les (îles) Hébrides las (islas) Hébridas.

Hébron *n pr* GÉOGR Hebrón.

HEC (abr de École des Hautes Études Commerciales) *n pr* prestigioso centro de enseñanza de empresariales.

hécatombe *f* hecatombe ‖ FIG hecatombe, matanza; Hiroshima fut une véritable hécatombe Hiroshima fue una verdadera matanza.

hectare *m* hectárea *f*.

hectique *adj* MÉD héctico, ca.

hecto [ɛkto] *m* FAM (abr de **hectogramme**) hectogramo ‖ (abr de **hectolitre**) hectolitro.

hectogramme *m* hectogramo.

hectolitre *m* hectolitro.

hectomètre *m* hectómetro.

hectométrique *adj* hectométrico, ca.

Hector *n pr* MYTH Héctor.

hectowatt [ɛktowat] *m* ÉLECTR hectovatio.

Hécube [ˈekyb] *n pr* MYTH Hécuba.

hédonisme *m* hedonismo (doctrine du plaisir).

hédoniste *adj & s* PHILOS hedonista.

hédonistique *adj* relativo al hedonismo.

Hegel [egəl] *n pr* Hegel.

hégélianisme *m* PHILOS hegelianismo (doctrine de Hegel).

hégélien, enne *adj* hegeliano, na.

hégémonie *f* hegemonía, heguemonía (p us).

hégémonique *adj* hegemónico, ca.

hégémonisme *m* hegemonismo.

hégire *f* hégira (fuite de Mahomet).

heiduque *m* heiduco (soldat d'infanterie hongrois) ‖ criado francés vestido a la húngara.

heimatlos [ˈajmatlos] *m & f* apátrida.

hein! [ˈɛ̃] *interj* FAM ¡eh!, ¿eh?, ¿cómo? ■ hein? trois heures de retard! ¿cómo? ¡tres horas de retraso! (sollicitant une explication) ‖ hein! c'est lui qui a gagné? ¿cómo? o ¿qué? ¿ha ganado él? (exprimant la surprise) ‖ tu es d'accord, hein? estás de acuerdo, ¿no? ¿verdad? (sollicitant l'approbation).

Heine [ain] *n pr* Heinrich, Henri Heine.

hélas! [ˈelas] *interj* ¡ay! ‖ desgraciadamente, desafortunadamente, por desgracia; vas-tu en vacances cette année? hélas! non ¿vas a ir de vacaciones este año? por desgracia no iré ‖ hélas, quel malheur! ¡ay! ¡qué desgracia!

Hélène *n pr f* Elena (sainte) ‖ Helena (princesse grecque).

héler [18] [ˈele] *v tr* llamar [desde lejos]; dar una voz.

hélianthe *m* BOT helianto, girasol (tournesol).

hélianthème *m* BOT heliantemo.

hélianthine *f* CHIM heliantina.

héliaque *adj* ASTRON heliaco, ca.

hélice *f* hélice; **hélice bipale** hélice de dos palas.

héliciculture *f* heliicultura (élevage des escargots).

hélico *m* FAM helicóptero.

hélicoïdal, e *adj* helicoidal; des engrenages hélicoïdaux engranajes helicoidales.

hélicoïde *adj* helicoidal.
◇ *m* helicoide (surface).

hélicon *m* MUS helicón.

Hélicon *n pr m* GÉOGR l'Hélicon el Helicón.

hélicoptère *m* AVIAT helicóptero ‖ **hélicoptère d'assaut** helicóptero de asalto.

héligare *f* estación terminal de helicópteros.

hélio *f* FAM heliograbado *m*.

héliocentrique *adj* ASTRON heliocéntrico, ca.

Héliogabale ► **Élegabal**.

héliographe *m* heliógrafo.

héliographie *f* heliografía.

héliograveur *m* IMPR heliograbador.

héliogravure *f* IMPR huecograbado *m*, heliograbado *m*.

héliomarin, e *adj* heliomarino, na.

hélion *m* PHYS helión.

Hélios; Hêlios *n pr* MYTH Helios.

héliothérapie *f* MÉD helioterapia.

héliotrope *m* BOT heliotropo.

héliotropine *f* CHIM heliotropina.

héliport [elipɔr] *m* helipuerto.

héliportage *m* transporte por helicóptero, helitransporte.

héliporté, e *adj* transportado, da por helicóptero.

hélium [eljɔm] *m* CHIM helio.

hélix *m* ANAT & ZOOL hélice.

hellébore ► **ellébore**.

hellène *adj & s* heleno, na (grec).

hellénique *adj* helénico, ca.

hellénisant, e *adj & s* helenista.

hellénisation *f* helenización.

helléniser [3] *v tr & intr* helenizar, grecizar.

hellénisme *m* helenismo.

helléniste *m* helenista.

hellénistique *adj & s* helenístico, ca.

helminthe *m* ZOOL helminto.

helminthiase *f* MÉD helmintiasis.

hélodée ► **élodée**.

Héloïse *n pr* Eloísa.

Helsinki *n pr* GÉOGR Helsinki.

helvète *adj* helvecio, cia.

Helvète *m & f* helvecio, cia.

Helvétie [ɛlvesi] *n pr f* HIST l'Helvétie Helvecia.

helvétien, enne [ɛlvesjɛ̃, ɛn] *adj & s* helvecio, cia.

helvétique *adj* helvético, ca (de la Suisse).

helvétisme *m* helvetismo.

hem! [ˈɛm] *interj* ¡hum!

hémarthrose *f* MÉD hemartrosis, derrame *m* sanguíneo en una articulación.

hématémèse *f* MÉD hematemesis.

hématie [emati] *f* ANAT hematíe *m* (globule rouge du sang).

hématine *f* ANAT hematina.

hématite *f* MIN hematites.

hématologie *f* MÉD hematología.

hématologiste; hématologue *m* MÉD hematólogo.

hématome *m* MÉD hematoma.

hématopoïèse *f* MÉD hematopoyesis.

hématose *f* ANAT hematosis.

hematozoaire *m* ZOOL hematozoario.

hématurie *f* MÉD hematuria.

héméralopie *f* MÉD hemeralopia.

hémérocalle *f* BOT hemerocala.

hémicycle *m* hemiciclo.

hémicylindrique *adj* semicilíndrico, ca; hemicilíndrico, ca (p us).

hémièdre *adj* hemiedro, dra.

hémine *f* hemina (mesure grecque).

hémione *m* hemíono (mammifère).

hémiplégie *f* MÉD hemiplejía.

hémiplégique *adj* MÉD hemipléjico, ca.

hémiptère *adj & s m* ZOOL hemíptero, ra.

hémisphère *m* hemisferio; **hémisphère nord, sud** hemisferio norte, sur.

hémisphérique *adj* hemisférico, ca.

hémistiche [emistiʃ] *m* POÉT hemistiquio.

hémitropie *f* PHYS hemitropía.

hémoculture *f* hemocultivo *m*.

hémoglobine *f* ANAT hemoglobina.

hémogramme *m* hemograma.

hémolyse *f* MÉD hemolisis.

hémolytique *adj* hemolítico, ca.

hémopathie *f* hemopatía.

hémophile *adj & s* hemofílico, ca; enfermo de hemofilia.

hémophilie *f* MÉD hemofilia.

hémoptysie *f* MÉD hemoptisis.

hémoptysique *adj & s* hemoptísico, ca.

hémorragie *f* MÉD hemorragia; **hémorragie cérébrale** hemorragia cerebral; **hémorragie interne** hemorragia interna ‖ FIG sangría (d'argent).

hémorragique *adj* hemorrágico, ca.

hémorrhée *f* MÉD hemorrea.

hémorroïdaire *adj* hemorroidal.

hémorroïdal, e *adj* hemorroidal.

hémorroïdes *f pl* MÉD hemorroides, almorranas.

hémostase *f* MÉD hemostasis.

hémostatique *adj* MÉD hemostático, ca.

hémovigilance *f* hemovigilancia.

hendécagone [ɛ̃dekagɔn] *m* GÉOM endecágono.

hendécasyllabe [ɛ̃dekasillab] *adj & s m* endecasílabo, ba.

henné [ˈene] *m* alheña *f* (arbuste).

hennin [ˈenɛ̃] *m* (ancien) capirote femenino (Moyen Âge).

hennir [32] [ˈenir] *v intr* relinchar.

hennissement [ˈenismɑ̃] *m* relincho; pousser des hennissements dar relinchos.

hennuyer ► **hainuyer**.

Hennuyer, ère ► **Hainuyer**.

Henri [ɑ̃ri] *n pr* Enrique.

Henriette *n pr* Enriqueta.

henry *m* PHYS henrio (unité).

hep! [ˈɛp] *interj* ¡eh!

héparine *f* heparina.

hépatalgie *f* MÉD hepatalgia.

hépatique *adj & s* MÉD hepático, ca.
◇ *f* BOT hepática (fleur).

hépatisation *f* MÉD hepatización.

hépatisme *m* MÉD hepatismo.

hépatite *f* MÉD hepatitis; hépatite virale hepatitis viral.

hépatologie *f* MÉD hepatología.

Héphaïstos *n pr* MYTH Hefesto, Hefaistos, Hefestos.

heptaèdre *m* GÉOM heptaedro.

heptaédrique *adj* GÉOM heptaédrico, ca.

heptagonal, e *adj* GÉOM heptagonal.

heptagone *adj & s m* heptágono, na.

heptamètre *m* POÉT heptámetro.

heptarchie *f* heptarquía.

heptasyllabe *adj & s m* heptasílabo, ba.

Héra *n pr* MYTH Hera.

Héraclès *n pr* Heracles.

Héraclides *adj & s* Heraclidas.

Héraclion ► Iráklion.

Héraclite *n pr* Heráclito.

Héraclius *n pr* Heraclio.

Hêraklês ► Héraclès.

Héraklion ► Iráklion.

héraldique *adj & s f* heráldico, ca.

héraldiste *m* heraldista.

Hérault ['ero] *n pr m* GÉOGR Hérault (département); dans l'Hérault en Hérault.

heraut ['ero] *m* heraldo ‖ FIG paladín.

herbacé, e *adj* BOT herbáceo, a.

herbage *m* AGRIC herbaje, pasto, herbazal, pastizal.

herbager, ère *m & f* AGRIC herbajero, ra; pastor, ra.

herbager [17] *v tr* AGRIC herbajar, apacentar.

herbageux, euse *adj* AGRIC herboso, sa.

herbe *f* hierba, yerba; brin, touffe d'herbe brizna, ramillete de hierba ‖ césped *m* (gazon); se reposer sur l'herbe descansar sobre el césped ▪ herbe aux chantres sisimbrio, jaramago ‖ herbe-aux-chats maro ‖ herbe aux gueux hierba de los pordioseros (clématite) ‖ herbe aux verrues celidonia (éclaire) ‖ herbe d'amour miosotis ‖ herbe de la Saint-Jean hierba de San Juan, corazoncillo ‖ herbes marines hierbas marinas ‖ herbes médicinales hierbas medicinales ‖ herbes potagères hortalizas, legumbres ▪ en herbe en cierne; médecin en herbe médico en cierne ‖ CULIN fines herbes finas hierbas ‖ FIG mauvaise herbe mala hierba, tuno, bribón ▪ couper l'herbe sous le pied ganar por la mano, tomar la delantera ‖ manger son blé en herbe gastar por anticipado ‖ mauvaise herbe croît toujours bicho malo nunca muere.

   ■ OBSERV L'orthographe hierba est aujourd'hui la plus courante.

herber [3] *v tr* tender la ropa sobre la hierba.

herberie *f* tendedero *m* de ropa.

Herbert [ɛrbɛr] *n pr m* Herberto, Heriberto.

herbette *f* FAM hierbecilla.

herbeux, euse *adj* herboso, sa.

herbicide *adj & s m* herbicida.

herbier *m* herbario (collection de plantes) ‖ henil (grange).

herbivore *adj & s m* herbívoro, ra.

herborisation *f* herborización.

herboriser [3] *v intr* herborizar.

herboriste *m & f* herbolario, ria.

herboristerie *f* tienda del herbolario.

herbu, e [ɛrby] *adj* herboso, sa.

herbue; erbue *f* AGRIC tierra magra ‖ TECHN fundente *m* arcilloso (fondant).

herchage ['ɛrʃaʒ] *m* MIN empuje manual de vagonetas.

hercher [3] ['ɛrʃe] *v intr* MIN empujar vagonetas.

hercheur, euse ['ɛrʃœr, øz] *m & f* MIN obrero, ra que empuja las vagonetas.

hercule *m* FAM hércules (homme fort) ‖ atleta de feria (forain) ‖ un travail d'Hercule un trabajo de Hércules.

Hercule *n pr* Hércules.

herculéen, enne [ɛrkyleɛ̃, ɛn] *adj* hercúleo, a.

hercynien, enne *adj* GÉOL herciniano, na.

herd-book ['œrdbuk] *m* libro genealógico de una raza bovina.

   ■ OBSERV pl herd-books.

hère ['ɛr] *m* cervato (cerf) ‖ desgraciado, miserable ‖ pauvre hère pobre diablo.

héréditaire *adj* hereditario, ria; maladie, tare héréditaire enfermedad, tara hereditaria.

héréditairement *adv* por herencia, de manera hereditaria.

hérédité *f* DR & MÉD herencia.

hérésiarque *m* heresiarca.

hérésie *f* herejía.

hérétique *adj* herético, ca.

   ◇ *m & f* hereje.

hérissé, e ['erise] *adj* erizado, da ‖ de punta; erizado, da (cheveux) ‖ FIG erizado, da; une version hérissée de pièges una traducción erizada de trampas.

hérissement ['erismɑ̃] *m* erizamiento ‖ MÉD horripilación *f*.

hérisser [3] ['erise] *v tr* erizar.

   ☛ se hérisser *v pr* erizarse, ponerse de punta; mes cheveux se hérissent sur ma tête el pelo se me pone de punta ‖ FAM indignarse, enfadarse.

hérisson ['erisɔ̃] *m* erizo (mammifère) ‖ FIG erizo, puerco espín (personne revêche) ‖ deshollinador (du ramoneur) ‖ MIL erizo ‖ TECHN púas *f pl*, pinchos *pl*, erizo (clôture) ‖ erizo (mécanique).

hérissonne *f* erizo hembra (femelle du hérisson) ‖ BOT asiento *m* de pastor (genêt).

héritage *m* herencia *f* (ce dont on hérite); faire un héritage heredar ‖ heredad *f* (domaine).

hériter [3] *v intr* heredar; hériter d'un oncle heredar a ou de un tío.

   ◇ *v tr* heredar; hériter une maison de sa mère heredar una casa de su madre.

héritier, ère *m & f* heredero, ra ▪ héritier présomptif heredero presunto ‖ héritier réservataire heredero forzoso.

hermaphrodisme *m* hermafroditismo.

hermaphrodite *adj & s* hermafrodita ‖ (*Amér*) manflorita].

Herménégilde *n pr* Hermenegildo.

herméneutique *adj & s f* hermenéutico, ca.

hermès [ɛrmɛs] *m* herma (buste).

Hermès *n pr* MYTH Hermes.

herméticité *f* hermeticidad, carácter *m* hermético.

hermétique *adj* hermético, ca.

hermétiquement *adv* herméticamente.

hermétisme *m* hermetismo.

hermine *f* armiño *m* (mammifère).

herminette; erminette *f* azuela (hachette).

herniaire [ɛrnjɛr] *adj* MÉD herniario, ria.

hernie ['ɛrni] *f* MÉD hernia, quebradura FAM.

hernié, e [ɛrnje] *adj* herniado, da.

hernieux, euse *adj & s* MÉD herniado, da; hernioso, sa; quebrado, da FAM.

Hérode *n pr* Herodes ‖ FIG vieux comme Hérode más viejo que Matusalén.

Hérodiade; Hérodias *n pr* Herodías.

Hérodote *n pr* Heródoto, Herodoto.

héroï-comique *adj* heroicoburlesco, ca; heroicocómico, ca.

   ■ OBSERV pl héroï-comiques.

héroïde *f* POÉT heroida.

héroïne *f* heroína; Jeanne d'Arc est une héroïne Juana de Arco es una heroína ‖ FIG protagonista (poème, roman) ‖ MÉD heroína (alcaloïde).

héroïnomane *adj & s* heroinómano, na.

héroïque *adj* heroico, ca; soldat héroïque soldado heroico ▪ aux temps héroïques en tiempos de Maricastaña ‖ MÉD remède héroïque medicamento heroico.

héroïquement *adv* heroicamente.

héroïsme *m* heroísmo.

héron ['erɔ̃] *m* ZOOL garza *f* (oiseau); héron cendré garza real.

héronneau ['erɔno] *m* garceta *f* (oiseau).

héronnier, ère ['erɔnje, ɛr] *adj* garcero, ra.

   ☛ héronnière *f* sitio *m* donde anidan las garzas.

héros ['ero] *m* héroe ‖ FIG héroe, protagonista, personaje principal de una obra.

herpe ['ɛrp] *f* MAR brazal *m*.

herpès [ɛrpɛs] *m* MÉD herpes *f pl* ou *m*.

herpétique *adj* MÉD herpético, ca.

herpétisme *m* MÉD herpetismo.

herpétologie ► erpetología.

hersage ['ɛrsaʒ]; **hersement** ['ɛrsmɑ̃] *m* AGRIC gradeo, rastrillaje.

herse ['ɛrs] *f* AGRIC grada, rastro *m*, rastra ‖ THÉÂTR rastrillo *m*, caja del alumbrado superior ‖ MIL rastrillo *m*.

hersement ► hersage.

herser [3] ['ɛrse] *v tr* AGRIC rastrillar, gradar.

herseur ['ɛrsœr] *adj & s m* rastrillador, ra.

hertz *m* hertz, hertzio, hercio.

hertzien, enne *adj* PHYS hertziano, na.

Hésiode *n pr* Hesíodo, Hesiodo.

hésitant, e *adj* vacilante; indeciso, sa; carácter hésitant carácter indeciso.

hésitation *f* vacilación, indecisión; parler avec hésitation hablar con indecisión.

hésiter [3] *v intr* vacilar, titubear ■ hésiter à ou de ou sur vacilar en ▌hésiter à reconnaître quelque chose no decidirse a reconocer algo.

▌ SYN balancer balancear, estar perplejo; osciller oscilar, fluctuar; tâtonner tantear; tergiverser tergiversar.

Hespérides *n pr f pl* MYTH Hespérides.

Hesse *n pr f* GÉOGR (la) Hesse Hesse.

hétaïre [etair] *f* hetaira, hetera (courtisane).

hétéro *adj* FAM heterosexual.

hétéroclite *adj* heteróclito, ta.

hétérodoxe *adj* heterodoxo, xa.

hétérodoxie *f* heterodoxia.

hétérodyne *adj & s m* ÉLECTR heterodino, na.

hétérogamie *f* BIOL heterogamia.

hétérogène *adj* heterogéneo, a.

hétérogénéité *f* heterogeneidad.

hétéromorphe *adj* heteromorfo, fa.

hétéronome *adj* heterónomo, ma.

hétéronomie *f* heteronomía.

hétérosexualité *f* heterosexualidad.

hétérosexuel, elle *adj & s* heterosexual.

hétérozygote *adj* BIOL heterocigótico, ca. ◇ *m & f* heterocigoto.

hetman *m* atamán, hetmán.

hêtraie ['ɛtrɛ] *f* hayal *m*, hayedo *m*.

hêtre ['ɛtr] *m* haya *f* (arbre).

heu! [ø] *interj* ¡oh!, ¡eh!, ¡bah! (doute, étonnement, etc.) ▌pues (hésitation) ▌heu!, heu! ¡así!, ¡así!

heur [œr] *m* suerte *f* ■ heur et malheur suerte y desgracia ■ avoir l'heur de plaire caer en gracia.

heure *f* hora; l'heure du dîner la hora de la cena ▌instante *m*, momento *m*; j'ai vu l'heure où il allait tomber he visto el momento en que se iba a caer ▌actualidad; les problèmes de l'heure los problemas de la actualidad ■ heure d'été hora de verano ▌heure H hora H, hora fijada para una operación (militaire) ▌heure légale hora oficial ▌heures canoniales horas canónicas ▌heures de bureau horas de oficina ▌heures de loisir tiempo libre ▌heures de pointe horas punta ▌heures supplémentaires horas extraordinarias ■ dernière heure última hora (journal) ▌deux heures, trois heures du matin, du soir las dos, las tres de la mañana, de la tarde ▌la dernière heure la hora de la muerte, la última hora ▌l'heure du berger el momento oportuno ▌livre d'heures libro de horas (religion) ▌petites heures horas menores (liturgie) ▌une bonne heure, une heure d'horloge una hora larga ▌une petite heure una hora escasa ■ à cette heure ahora ▌à la bonne heure muy bien, magnífico ▌à l'heure a la hora; manger à l'heure comer a la hora; en hora; mettre à l'heure poner en hora (montre), por horas; travailler à l'heure trabajar por horas; por hora; cent kilomètres à l'heure cien kilómetros por hora ▌à l'heure actuelle en la actualidad ▌à l'heure où en el

momento que ▌à tout à l'heure ¡hasta luego! ▌à toute heure a todas horas ▌à vos heures perdues a ratos perdidos ▌de bonne heure temprano ▌d'heure en heure a medida que el tiempo pasa ▌d'une heure à l'autre de un momento a otro ▌pour l'heure por ahora ▌sur l'heure al instante ▌tout à l'heure hace poco (il n'y a pas longtemps), dentro de poco (dans un instant) ■ à l'heure qu'il est actuellement, hoy en día ▌c'est l'heure es ou llegó la hora ▌chercher midi à quatorze heures buscar tres pies al gato ▌être à l'heure ser puntual ▌il est cinq heures précises son las cinco en punto ▌il est une heure es la una ▌n'avoir pas une heure à soi no tener una hora libre ▌FIG & FAM passer un mauvais quart d'heure pasar un mal rato ▌pourriez-vous me donner l'heure, s'il vous plaît? ¿podría decirme la hora, por favor? ▌quelle heure est-il? ¿qué hora es? [(Amér) ¿qué horas son?].

heureusement *adv* felizmente; terminer heureusement une affaire acabar felizmente un negocio ▌por suerte, afortunadamente; heureusement un renfort arriva por suerte llegaron refuerzos.

heureux, euse *adj* feliz; dichoso, sa ▌afortunado, da (au jeu) ▌feliz, favorable (présage) ▌feliz (expression) ▌acertado, da; une heureuse répartie una respuesta acertada ■ encore heureux que... menos mal que... ▌heureux comme un roi más feliz que nadie ■ avoir la main heureuse tener buena mano ▌être heureux comme un poisson dans l'eau sentirse como el pez en el agua ▌être heureux de alegrarse de, tener mucho gusto en, satisfacerle ou serle agradable a uno de ▌être né sous une heureuse étoile tener muy buena estrella ▌faire un heureux hacer a alguien feliz ▌s'estimer heureux darse por contento.

➔ **heureux** *m pl* afortunados, dichosos.

heuristique; euristique *adj* heurístico, ca.

heurt [œr] *m* [▷ SYN] golpe, tropezón ▌FIG choque (opposition) ▌contraste (couleurs), desacuerdo, choque (opinions) ▌sans heurts sin tropiezos.

▌ SYN choc choque; collision colisión; percussion percusión; impact impacto.

heurté, e ['œrte] *adj* FIG contrariado, da; lastimado, da (contrarié) ▌contrastado, da; duro, ra (style, couleur).

heurter [3] ['œrte] *v tr* [▷ SYN] chocar, tropezar; heurter un passant tropezar con ou contra un transeúnte ▌dar en ou contra; la branche heurta son front la rama le dio en la frente ▌oponerse a, enfrentarse a, encararse con; lorsque le pouvoir heurte l'opinion, il tombe cuando el poder se opone a la opinión cae ▌entrecortar; cet orateur a un débit heurté este orador tiene una elocución entrecortada ▌FIG contrariar, chocar (contrarier) ▌heurter de front afrontar, encararse con (affronter), chocar de frente (dans une collision). ◇ *v intr* chocar, tropezar, dar; heurter de la tête dar con la cabeza; heurter contre une pierre tropezar con una piedra.

➔ **se heurter** *v pr* chocar, toparse; se heurter à un mur chocar contra una pared ▌enfrentarse, encararse, afrontarse; leurs re-

gards se heurtèrent sus miradas se enfrentaron.

▌ SYN choquer chocar; cogner golpear, pegar; emboutir chocar; percuter percutir; tamponner topar.

heurtoir ['œrtwar] *m* aldaba *f* (porte) ▌TRANSP tope.

hévéa *m* hevea, jebe (arbre).

hexachlorure *m* CHIM hexacloruro.

hexacorde *m* MUS hexacordo.

hexadécimal, e *adj* hexadecimal; des chiffres hexadécimaux cifras hexadecimales.

hexaèdre *m* GÉOM hexaedro.

hexaédrique *adj* GÉOM hexaédrico, ca.

hexagonal, e *adj* GÉOM hexagonal.

hexagone *m* GÉOM hexágono.

hexamètre *adj & s m* hexámetro (vers).

hexapode *adj & s m* ZOOL hexápodo, da.

HF (abr écrite de Hautes Fréquences) AF.

hiatal, e *adj* MÉD diafragmático, ca; hernie hiatale hernia diafragmática.

hiatus [jatys] *m* hiato ▌FIG discontinuidad *f*, interrupción *f*, laguna *f*.

hibernal, e *adj* hibernal, invernal.

hibernant, e *adj* hibernante, invernante.

hibernation *f* hibernación.

hiberner [3] *v intr* MÉD hibernar ▌ZOOL invernar.

hibiscus *m* BOT majagua *f*.

hibou ['ibu] *m* búho, mochuelo (oiseau) ▌FIG hombre huraño, hurón. ▌ OBSERV pl hiboux.

hic ['ik] *m* quid, busilis ▌voilà le hic ahí está el quid, ésa es la dificultad.

hic et nunc *loc adv* hic et nunc, inmediatamente.

hidalgo *m* hidalgo. ▌ OBSERV pl hidalgos.

hideur ['idœr] *f* fealdad horrible, horror *m*.

hideusement ['idøzmɑ̃] *adv* horrorosamente.

hideux, euse ['idø, øz] *adj* horroroso, sa; horrible ▌repelente (repoussant).

hie ['i] *f* pisón *m* (demoiselle).

hièble; yèble *f* yezgo *m* (sureau).

hiémal, e *adj* hiemal, invernal.

hier [ijɛr] *adv* ayer ■ hier matin, hier soir ayer por la mañana, anoche ■ avant-hier anteayer ▌avant-hier soir anteanoche ▌depuis hier desde ayer ▌FAM né d'hier nacido ayer, bisoño, novicio (sans expérience) ▌toute la journée d'hier todo el día de ayer ▌toute la matinée d'hier toda la mañana de ayer.

hiérarchie ['jerarʃi] *f* jerarquía.

hiérarchique ['jerarʃik] *adj* jerárquico, ca ▌par la voie hiérarchique por conducto reglamentario.

hiérarchiquement ['jerarʃikmɑ̃] *adv* jerárquicamente, de manera jerárquica, según la jerarquía.

hiérarchisation ['jerarʃizasjɔ̃] *f* jerarquización.

hiérarchiser [3] ['jerarʃize] *v tr* jerarquizar.

hiérarque *m* jerarca.

hiératique *adj* hierático, ca.

hiératiquement *adv* LITT de modo hierático.

hiératisme *m* hieratismo (didactique).

hiéroglyphe *m* jeroglífico.

hiéroglyphique *adj* jeroglífico, ca.

hiéronymite *m* jerónimo (religieux).

hiérophante *m* hierofante, hierofanta.

high-tech *adj inv* de alta tecnología.
◇ *m inv* alta tecnología *f*.

Hilaire *n pr* Hilario.

hilarant, e *adj* hilarante.

hilare *adj* risueño, ña.

hilarité *f* hilaridad.

hile ['il] *m* BOT pezón, cabillo.

hiloire *f* MAR brazola.

Himalaya *n pr m* GÉOGR l'Himalaya el Himalaya.

himalayen, enne *adj* himalayense.

hindou, e *adj & s* indio, dia; hindú (de l'Inde) hindú (adepte de l'hindouisme).
OBSERV Hindú est employé pour désigner un habitant de l'Inde afin d'éviter la confusion que fait naître le mot indio qui s'applique aussi bien à un indigène de l'Amérique qu'à un ressortissant de l'Inde.

hindouisme; indouisme *m* RELIG hinduismo.

Hindoustan ► **Indoustan**.

hindoustani; hindi *m* LING hindi.

hinterland *m* tierras *f pl* del interior, trastierra *f* (arrière-pays).

hip-hop *adj inv & s m inv* hip hop.

hipparion *m* hiparión.

Hipparque *n pr* Hiparco.

hippiatre *m* veterinario de caballos.

hippiatrique *adj & s f* hipiátrico, ca.

hippie; hippy ['ipi] *adj & s* hippy.
OBSERV pl hippies.

hippique *adj* hípico, ca.

hippisme *m* hipismo, deporte hípico.

hippocampe *m* hipocampo, caballo marino (poisson).

hippocastanacées *f pl* BOT hipocastáneas.

Hippocrate *n pr* Hipócrates.

hippocratique *adj* hipocrático, ca.

hippocratisme *m* hipocratismo.

hippodrome *m* hipódromo.

hippogriffe *m* hipogrifo.

hippologie *f* hipología.

hippologique *adj* hipológico, ca.

Hippolyte *n pr* Hipólito.

Hippomène *n pr* MYTH Hipómenes.

hippomobile *adj* hipomóvil.

hippophagie *f* hipofagia.

hippophagique *adj* hipofágico, ca boucherie hippophagique despacho de carne de caballo.

hippopotame *m* ZOOL hipopótamo.

hippotechnie *f* hipotecnia.

hippurique *adj* hipúrico, ca.

hippy ► **hippie**.

hircin, e *adj* cabruno, na; odeur hircine olor cabruno.

hirondeau *m* ZOOL golondrino.

hirondelle *f* ZOOL golondrina; FAM (ancien) mellizo *m* (agent) ■ hirondelle de mer golondrina de mar une hirondelle ne fait pas le printemps una golondrina no hace verano.

Hiroshima *n pr* GÉOGR Hiroshima.

hirsute *adj* hirsuto, ta (hérissé) FIG rudo, da (bourru); áspero, ra (grossier).

hirsutisme *m* MÉD hirsutismo, hipertricosis *f*.

hirudinées *f pl* hirudíneas.

Hispaniola *n pr f* HIST Hispaniola (ancien nom d'Haïti).

hispanique *adj* hispánico, ca.

hispanisant, e; hispaniste *m & f* hispanista.

hispanisme *m* hispanismo.

hispaniste ► **hispanisant**.

hispano-américain, e *adj & s* hispanoamericano, na.
OBSERV pl hispano-américains, hispano-américaines.

hispano-arabe; hispano-moresque *adj* hispanoárabe.
OBSERV pl hispano-arabes; hispano-moresques.

hispanophone *adj, m & f* hispanohablante.

hispide *adj* BOT híspido, da.

hisser [3] ['ise] *v tr* izar; hisser un drapeau izar una bandera FIG subir.
► **se hisser** *v pr* subirse; se hisser sur un cheval subirse en un caballo.

histamine *f* BIOL histamina.

histogenèse *f* BIOL histogénesis.

histogramme *m* histograma.

histoire *f* historia; les leçons de l'histoire las lecciones de la historia; l'Histoire de France la Historia de Francia historia, cuento *m*; raconter une histoire contar una historia, relatar un cuento chiste *m* (plaisanterie) enredo *m*, lío, lío *m*; c'est une femme à histoires es una mujer que siempre se mete en líos lío *m*, follón *m* FAM; il a fait toute une histoire pour rien du tout ha armado un lío de miedo por algo sin importancia lío *m*, rollo *m*, cosa; ce sont des histoires de femmes son cosas de mujeres cosa; porter un tas d'histoires à la boutonnière llevar un montón de cosas en el ojal monserga; ce ne sont là que des histoires todo eso no son más que monsergas FAM cuento *m*; une histoire à dormir debout un cuento chino cuento *m*, bola, mentira (mensonge) ■ histoire naturelle historia natural histoire sainte historia sagrada la petite histoire la pequeña historia ■ histoire de con objeto de; histoire de tuer le temps con objeto de pasar el tiempo; exclusivement ou únicamente para; il agit ainsi histoire de m'ennuyer ha actuado así únicamente para fastidiarme ■ ça c'est une autre histoire eso es harina de otro costal, esas son otras mangas ce n'est pas la peine d'en faire toute une histoire! ¡no es para tanto! c'est toute une histoire es largo de contar, es un cuento de nunca acabar chercher des histoires à quelqu'un buscarle las cosquillas a uno

en faire toute une histoire armar un escándalo faire des histoires poner dificultades le plus beau de l'histoire lo mejor del caso histoire de voir a ver si ne me racontez pas d'histoires no me venga con cuentos pas d'histoire nada de cuentos taquiner quelqu'un, histoire de rire meterse con alguien en plan de broma.

histologie *f* histología.

histologique *adj* histológico, ca.

histologiste *m & f* histólogo, ga.

histolyse *f* histolisis.

historicité *f* historicidad, autenticidad.

historié, e *adj* historiado, da.

historien, enne *m & f* historiador, ra.

historier [9] *v tr* historiar, adornar.

historiette *f* historieta, cuentecillo *m*.

historiographe *m* historiógrafo.

historiographie *f* historiografía.

historique *adj* histórico, ca.
◇ *m* reseña *f* histórica (exposé); faire l'historique de hacer la reseña histórica de historial (évolution).

historiquement *adv* históricamente.

historisme *m* historicismo, historismo.

histrion *m* histrión FIG farsante.

hitlérien, enne *adj & s* hitleriano, na.

hitlérisme *m* hitlerismo.

hit-parade ['itparad] *m* hit-parade.
OBSERV pl hit-parades.

hittite *adj* hitita.
◇ *m* LING hitita.

HIV (abr de human immunodeficiency virus) *m* VIH, HIV.

hiver [iver] *m* invierno; hiver tardif invierno tardío.

hivernage *m* invernada *f* (saison) temporada *f* de lluvias (régions tropicales) invernadero (endroit pour passer l'hiver) AGRIC labor *f* de invierno.

hivernal, e *adj* invernal; invernizo, za.

hivernant, e *adj & s* invernante.

hiverner [3] *v intr* invernar.
◇ *v tr* AGRIC dar la labor de invierno.

hl (abr écrite de hectolitre) hl.

HLM (abr de Habitation à Loyer Modéré) *m* ou *f* ≃ VPO.
HLM
Las viviendas financiadas por fondos públicos en Francia se reservan teóricamente a las personas que tienen un nivel de ingresos bajo, pero muchas veces han suscitado polémicas ya que algunos funcionarios y directivos de sociedades públicas pueden acceder a ellas o concederlas a sus protegidos haciendo uso de su influencia.

hm (abr écrite de hectomètre) hm.

Hme (abr écrite de homme) H.

HO (abr de hors œuvre) *adj* prix HO precio mano de obra no incluida.

ho! *interj* ¡oh! (d'étonnement) ¡eh! (d'appel).

hobby ['ɔbi] *m* hobby, entretenimiento (passe-temps favori).
OBSERV pl hobby ou hobbies.

hobereau ['ɔbro] *m* baharí, tagarote (faucon) FAM tagarote, hidalgüelo (gentilhomme).

hocco ['ɔko] *m* guaco (oiseau).

hochement [ɔʃmɑ̃] *m* meneo ‖ hochement de tête cabeceo.

hochepot [ɔʃpo] *m* CULIN guiso de carne con castañas o nabos.

hochequeue [ɔʃkø] *m* aguzanieves *f*, nevatilla *f* (oiseau).

hocher [3] [ɔʃe] *v tr* menear (remuer) ‖ sacudir (secouer) ‖ hocher la tête mover la cabeza.

hochet [ɔʃɛ] *m* sonajero ‖ FIG juguete, futilidad *f*.

Hô Chi Minh-Ville *n pr* GÉOGR Ciudad Ho Chi Mihn.

hockey [ɔkɛ] *m* SPORTS hockey; hockey sur gazon hockey sobre hierba; hockey sur glace hockey sobre hielo.

hockeyeur [ɔkejœr] *m* jugador de hockey.

Hodgkin [ɔdʒkin] *n pr* maladie de Hodgkin enfermedad de Hodgkin.

Hoggar *n pr m* GÉOGR le Hoggar el Ahaggar, Hoggar.

hoir *m* DR heredero directo.

hoirie *f* herencia; hoirie vacante herencia yacente.

Hokkaido *n pr* GÉOGR Hokkaido.

holà! [ɔla] *interj* ¡hola!; ¡oiga! (pour interpeller) ‖¡eh!, ¡tranquilo! (pour arrêter).
➡ **holà** *m* mettre le holà poner coto a, poner fin a (mettre fin à), parar los pies a (empêcher de continuer).

| OBSERV ¡Hola! espagnol est aussi une interjection de salut.

holding [ɔldiŋ] *m* holding, concierto de varias sociedades, trust *m*.

hold-up [ɔldœp] *m* atraco a mano armada.

hollandais, e [ɔlɑ̃dɛ, ɛz] *adj* holandés, esa.

Hollandais, e [ɔlɑ̃dɛ, ɛz] *m & f* holandés, esa.

hollande [ɔlɑ̃d] *f* holanda (tissu) ‖ patata holandesa.
◇ *m* papel de Holanda (papier) ‖ queso de bola (fromage).

Hollande [ɔlɑ̃d] *n pr f* GÉOGR la Hollande Holanda.

holmium [ɔlmjɔm] *m* CHIM holmio.

holocauste *m* holocausto.

hologramme *m* holograma.

holographie *f* holografía.

holothurie [ɔlɔtyri] *f* holoturia, cohombro *m* de mar.

homard [ɔmar] *m* bogavante ‖ rouge comme un homard rojo como un cangrejo.

homarderie [ɔmardri] *f* vivero *m* de bogavantes.

home [om] *m* hogar.

homélie *f* homilía ‖ FIG sermón *m*, plática.

homéopathe *adj & s* MÉD homeópata.

homéopathie *f* MÉD homeopatía.

homéopathique *adj* MÉD homeopático, ca.

Homère *n pr* Homero.

homérique *adj* homérico, ca.

homicide *adj & s* homicida (meurtrier).
◇ *m* homicidio (meurtre) ‖ homicide involontaire homicidio involuntario.

hominidé *m* hombre fósil [homínidos].

hominien *m* homínido.

hommage *m* homenaje ‖ ofrenda *f*, regalo (don) ■ hommage de l'auteur obsequio ou cortesía del autor ‖ hommage lige, simple feudo ligio, recto ■ faire hommage d'une chose regalar una cosa ‖ prêter hommage rendir vasallaje ‖ rendre hommage rendir culto ou homenaje.
➡ **hommages** *m pl* respetos (civilités) ‖ présenter ses hommages saludar respetuosamente.

hommasse *adj* hombruno, na.

homme [ɔm] *m* hombre ■ homme à femmes hombre mujeriego ‖ homme à poigne hombre enérgico ‖ homme à tout faire chico para todo ‖ homme d'affaires hombre de negocios ‖ homme d'armes hombre de armas ‖ homme d'Église eclesiástico ‖ homme de guerre guerrero ‖ homme de la rue hombre de la calle ‖ homme de lettres literato ‖ homme de loi legista, abogado ‖ homme de main secuaz ‖ homme de mer marino ‖ homme de paille testaferro ‖ homme de peine peón ‖ homme de robe togado ‖ homme des bois orangután ‖ homme des cavernes hombre de las cavernas ‖ homme d'État estadista ‖ homme du monde hombre de mucho mundo ■ bon homme bonachón, buen hombre ‖ bout d'homme hombrecillo ‖ brave homme buena persona, buen hombre ‖ galant homme caballero ‖ (ancien) honnête homme discreto ‖ jeune homme joven ‖ pauvre homme pobre hombre, infeliz ‖ petit homme hombrecito ■ agir en homme portarse como un hombre ‖ être homme à… ser persona ou hombre capaz de… ‖ l'homme propose et Dieu dispose el hombre propone y Dios dispone ‖ MAR un homme à la mer! ¡hombre al agua! ‖ un homme averti en vaut deux hombre prevenido vale por dos.

homme-grenouille *m* hombre rana.
| OBSERV pl hommes-grenouilles.

homme-orchestre *m* hombre orquesta.
| OBSERV pl hommes-orchestres.

homme-sandwich *m* hombre anuncio.
| OBSERV pl hommes-sandwichs.

homo *adj* FAM homosexual.

homocentre *m* GÉOM homocentro.

homocentrique *adj* GÉOM homocéntrico, ca.

homocerque [omosɛrk] *adj* homocerco, ca.

homochromie [omokromi] *f* BIOL homocromía.

homogène *adj* homogéneo, a.

homogénéisation *f* homogeneización.

homogénéisé, e *adj* homogeneizado, da.

homogénéiser [3] *v tr* homogeneizar.

homogénéité *f* homogeneidad.

homographe *adj* GRAMM homógrafo, fa.

homographie *f* homografía.

homogreffe *f* MÉD homoinjerto *m*, homotransplante *m*.

homologation *f* homologación.

homologie *f* homología.

homologue *adj* CHIM & GÉOM homólogo, ga.
◇ *m & f* colega.

homologuer [3] *v tr* homologar.

homoncule ➡ homuncule.

homonyme *adj & s m* homónimo, ma.

homonymie *f* homonimia.

homophobe *adj & s* homofobo, ba.

homophobie *f* homofobia.

homophone *adj & s* homófono, na.

homophonie *f* homofonía.

homosexualité *f* homosexualidad.

homosexuel, elle *adj & s* homosexual; invertido, da.

homothétie *f* GÉOM homotecia.

homothétique *adj* GÉOM homotético, ca.

homozygote *adj* BIOL homocigótico, ca.
◇ *m & f* homocigoto.

homuncule; homoncule *m* homúnculo.

honchets [ɔ̃ʃɛ] *m pl* palillos para jugar.

Honduras *n pr m* GÉOGR le Honduras Honduras ‖ HIST le Honduras britannique Honduras británica (ancien nom du Bélize).

hondurien, enne *adj* hondureño, ña.

Hondurien, enne *m & f* hondureño, ña.

Hongkong; Hong Kong *n pr* GÉOGR Hong Kong.

hongre [ɔ̃gr] *adj m & s m* castrado (cheval).

hongrer [3] [ɔ̃gre] *v tr* castrar [un caballo].

hongreur [ɔ̃grœr] *m* capador, castrador [de caballos].

Hongrie [ɔ̃gri] *n pr f* GÉOGR la Hongrie Hungría.

hongrois, e [ɔ̃grwa, az] *adj* húngaro, ra.
➡ **hongrois** *m* LING húngaro.

Hongrois, e *m & f* húngaro, ra.

hongroyer [13] [ɔ̃grwaje] *v tr* TECHN adobar pieles a la húngara.

hongroyeur [ɔ̃grwajœr] *m* zurrador de pieles a la húngara.

honnête *adj* [▷ SYN] honrado, da (probe); honnête en affaires honrado en negocios; un homme honnête un hombre honrado ‖ honesto, ta; decente; une femme honnête una mujer honesta ‖ conveniente, razonable (satisfaisant); prix honnête precio razonable ‖ (ancien) honnête homme hombre de bien, discreto ‖ c'est honnête está bien.
◇ *m* lo honrado; préférer l'honnête à l'utile preferir lo honrado a lo útil.
| SYN intègre íntegro; probe probo; vertueux virtuoso.

honnêtement *adv* honradamente ‖ honestamente, decentemente ‖ sinceramente; honnêtement, je ne vous le conseille pas sinceramente no se lo aconsejo.

honnêteté [ɔnɛte] *f* honradez (probité), honestidad (décence) ‖ decoro *m*, recato *m* (bienséance).

honneur *m* honor, honra *f*; être l'honneur de son pays ser la honra del país ‖ honor (pudeur) ■ affaire d'honneur duelo, lance de honor ‖ champ d'honneur campo de honor ‖ garçon, demoiselle d'honneur amigo, amiga de la corte de honor de una boda ‖ légion d'honneur legión de honor ‖ membre d'honneur miembro de honor ‖ parole d'honneur palabra de honor ‖ point d'honneur cuestión de honor, pundonor ‖ table d'honneur mesa de honor ‖ tour d'honneur vuelta de honor ■ en l'honneur de en honor de ‖ FAM en quel honneur? ¿a cuento de qué? ‖ pour l'honneur desinteresadamente ‖ sur mon honneur por mi honor ■ à qui ai-je l'honneur? ¿con quién tengo el honor de hablar? ‖ c'est tout à son honneur esto le honra ‖ c'est une affaire d'honneur es un lance de honor ‖ faire honneur à honrar a ‖ faire honneur à ses engagements cumplir con su palabra ‖ faire honneur à un repas hacer honor a una comida ‖ faites-moi l'honneur de tenga la bondad de ‖ il y va de mon honneur mi honor está en juego ‖ j'ai l'honneur de... tengo el honor de... ‖ l'honneur lui revient le corresponde el honor ‖ se faire honneur d'une chose alabarse, gloriarse de algo ‖ s'en tirer avec honneur salir airoso ‖ FIG se piquer d'honneur excitar el amor propio ‖ tout est perdu, fors l'honneur todo está perdido menos el honor.

➤ honneurs m pl honores, cargos, dignidades f (charges, dignités) ‖ triunfos (jeux de cartes) ‖ MAR salvas f de artillería (salves) ■ honneurs de la guerre honores de guerra ‖ honneurs funèbres honras fúnebres ‖ honneurs militaires honores militares ■ avec les plus grands honneurs con todos los honores ‖ faire les honneurs d'une maison hacer los honores de una casa ‖ rendre les honneurs rendir honores.

| OBSERV Honor significa en español virtud, probité, gloria, renommée. Honra significa estime, respect, bonne réputation.

honnir [32] ['ɔnir] v tr deshonrar, deshonorar ‖ honni soit qui mal y pense vergüenza para quien piense mal, malhaya el que mal piense.

Honolulu n pr GÉOGR Honolulu, Honolulú.

honorabilité f honorabilidad, honradez.

honorable adj honorable (digne d'estime); honroso, sa (qui fait honneur) ■ amende honorable retractación pública ‖ honorable correspondant académico correspondiente.

honorablement adv honradamente.

honoraire adj honorario, ria; membre honoraire miembro honorario ‖ professeur honoraire profesor emérito.

➤ honoraires m pl honorarios (d'un médecin, d'un avocat); honoraires et frais de justice honorarios y gastos judiciales.

honorariat [ɔnɔrarja] m cargo honorario.

Honorat [ɔnɔra]; Honoré n pr Honorato.

honorer [3] v tr [▷ SYN] honrar, honorar; honorer de sa présence honrar con su presencia; honorer son pays honrar al país ‖ hacer honor a; honorer sa signature hacer honor a la firma ‖ pagar; honorer un chèque pagar un cheque ‖ satisfacer; honorer une dette satisfacer una deuda ■ honorer son père et sa mère honrar padre y madre ‖ très honoré de muy honrado con ou por ‖ votre honorée du 25 août su atenta del (día) 25 de agosto (lettre).

| SYN respecter respetar; vénérer venerar; révérer reverenciar; adorer adorar; rendre un culte rendir culto.

honorifique adj honorífico, ca.

Honorine n pr Honorina.

honoris causa loc adj honoris causa, por razón de honor; docteur honoris causa doctor honoris causa.

Honorius [ɔnɔrjys] n pr Honorio.

honte ['ɔ̃t] f vergüenza ■ courte honte humillación ‖ fausse honte vergüenza mal entendida, respeto humano ■ à sa grande honte con gran vergüenza suya ■ avoir honte tener vergüenza, avergonzarse ‖ couvrir de honte cubrir de oprobio ‖ essuyer la honte recibir la afrenta ‖ faire honte avergonzar, dar vergüenza ‖ rougir de honte ruborizarse, enrojecer de vergüenza.

| SYN déshonneur deshonra; ignominie ignominia; opprobre oprobio; infamie infamia.

honteusement ['ɔ̃tøzmɑ̃] adv vergonzosamente.

honteux, euse ['ɔ̃tø, øz] adj vergonzoso, sa; fuite honteuse huida vergonzosa ‖ avergonzado, da; honteux de sa conduite avergonzado por ou de su proceder ‖ FIG vergonzante; vergonzoso, sa (timide); pauvre honteux pobre vergonzante ■ c'est honteux! ¡es una vergüenza ou un escándalo! ‖ n'êtes-vous pas honteux? ¿no le da a Vd. vergüenza?

hooligan; houligan m & f hooligan.

hop! ['ɔp] interj ¡aúpa! (pour faire sauter) ‖¡hala!, ¡vamos! (pour stimuler).

hôpital m hospital ‖ hôpital de campagne hospital de sangre ‖ hôpital de jour hospital diurno.

| SYN infirmerie enfermería; hospice hospicio; maison de santé clínica, sanatorio psiquiátrico; clinique clínica.

hoplite m MIL hoplita (fantassin grec).

hoquet ['ɔkɛ] m hipo; avoir le hoquet tener hipo.

hoqueter [27] ['ɔkte] v intr tener hipo, hipar (p us).

Horace n pr Horacio.

horaire adj & s m horario, ria; horaire flexible ou mobile ou à la carte ou souple horario flexible ‖ salaire horaire salario por hora.

horde [ɔrd] f horda (peuplade) ‖ horda, cuadrilla (brigands).

hordéacé, e [ɔrdease] adj BOT hordáceo, a (relatif à l'orge).

horion [ɔrjɔ̃] m puñetazo, porrazo.

horizon m horizonte ‖ AVIAT horizon artificiel horizonte artificial ■ à l'horizon a la vista; un navire à l'horizon un barco a la vista ‖ faire un tour d'horizon pasar revista.

horizontal, e adj & s f horizontal ‖ FAM une vue horizontale una instantánea, una horizontal.

horizontalement adv horizontalmente.

horizontalité f horizontalidad.

horloge f reloj m ■ horloge mère reloj piloto ‖ horloge parlante reloj parlante ■ FIG réglé comme une horloge puntual como un reloj ‖ remonter une horloge dar cuerda a un reloj.

| OBSERV La palabra horloge sólo se aplica a los relojes de torre y de pared; los de bolsillo y de pulsera se llaman montre, los que están encima de una mesa o de una chimenea pendule.

horloger, ère adj & s relojero, ra.

horlogerie f relojería; pièces d'horlogerie piezas de relojería.

hormis [ɔrmi] adv excepto, salvo, menos.

hormonal, e adj hormonal.

hormone f ANAT hormona.

hormonothérapie f hormonoterapia.

Hormuz ➤ Ormuz.

Horn n pr m GÉOGR le cap Horn el cabo de Hornos.

hornblende ['ɔrnblɛ̃d] f MIN hornablenda.

horodateur m fechador.

horokilométrique adj horokilométrico, ca.

horométrie f horometría.

horoscope m horóscopo.

horreur f horror m ‖ lo horroroso, lo horrible; l'horreur de ma situation lo horroroso de mi situación ‖ FAM horror m, callo m (personne laide) ■ quelle horreur! ¡qué horror! ■ avoir horreur de, avoir en horreur horrorizarse de, tener horror a ‖ c'est une horreur es horrendo, es repelente ‖ être en horreur à repugnar a, dar horror a ‖ être saisi d'horreur estar horrorizado ‖ faire horreur horrorizar.

➤ horreurs f pl horrores m; les horreurs de la guerre los horrores de la guerra ‖ dire des horreurs decir horrores, barbaridades.

horrible adj horrible; horrendo, da ‖ horroroso, sa (très laid).

◇ m lo horroroso.

horriblement adv horriblemente.

horrifiant, e adj horripilante.

horrifier [9] v tr horrorizar, horripilar, causar horror.

horrifique adj horrífico, ca; horrendo, da.

horripilant, e adj FAM horripilante, exasperante.

horripilation f horripilación, carne de gallina ‖ FIG horripilación (agacement).

horripiler [3] v tr horripilar, poner los pelos de punta ‖ exasperar.

hors ['ɔr] prép fuera de; hors série fuera de serie ■ hors concours fuera de concurso ‖ hors de fuera de; hors de chez soi fuera de casa ‖ hors d'eau al cubrir aguas [el edificio] ‖ hors de combat fuera de combate ‖ hors de danger fuera de peligro ‖ hors de portée fuera de alcance ‖ hors de prix inapreciable, incalculable (inestimable), inabordable, carísimo (très cher) ‖ hors (de) service fuera de servicio ‖ hors d'haleine sin aliento, sin respiración ‖ hors d'ici! ¡fuera de aquí! ‖ hors du commun fuera de lo normal ‖ hors d'usage fuera de uso ‖ hors ligne excepcional, superior ‖ hors pair sin igual, sin par ‖ hors saison fuera de temporada (hôtels), de temporada baja (avions) ‖ hors statut no reglamentado ‖ hors taxes impuestos no incluidos, tasas no incluidas, IVA no incluido (prix), libre de impuestos (boutique) ■ dimensions hors tout dimensiones exteriores ‖ MAR longueur hors tout eslora total, longitud máxima ■ être hors de soi estar fuera de sí.

hors-bord ['ɔrbɔr] m inv fuera borda (bateau).

hors-d'œuvre ['ɔrdœvr] m inv CULIN entremeses pl.

◇ m pl FIG accesorios.

horse-power ['ɔrspɔwœr] m inv MÉCAN caballo de vapor.

hors-jeu ['ɔrʒø] *m inv* SPORTS fuera de juego, orsay; **hors-jeu de position** en posición de fuera de juego (football).

hors-la-loi ['ɔrlalwa] *m inv* persona *f* fuera ou al margen de la ley.

hors-piste; hors-pistes ['ɔrpist] *m inv* esquí *m* fuera de pista.

hors-série *adj inv* & *s m* fuera de serie.
▨ OBSERV pl hors-séries.

hors-texte ['ɔrtekst] *m inv* IMPR lámina *f* fuera de texto.

Hortense *n pr* Hortensia.

hortensia *m* hortensia *f* (plante).

horticole *adj* hortícola.

horticulteur *m* horticultor.

horticulture *f* horticultura.

hortillonnage *m* huerta *f* de regadío.

hosanna *m* hosanna (hymne).

hospice *m* hospicio.

hospitalier, ère *adj* & *s* hospitalario, ria ▨ ordre hospitalier orden hospitalaria.

hospitalisation *f* hospitalización ▨ hospitalisation à domicile hospitalización a domicilio.

hospitaliser [3] *v tr* hospitalizar.

hospitalité *f* hospitalidad.

hospitalo-universitaire *adj* universitario, ria; de enseñanza [clínica, hospital] (centre, CHU).
▨ OBSERV pl hospitalo-universitaires.

hospodar *m* hospodar (prince).

host [ɔst] *m* hueste *f*.

hostellerie ► hôtellerie.

hostie *f* hostia.

hostile *adj* hostil.

hostilement *adv* hostilmente.

hostilité *f* hostilidad.

hôte, esse [ot, otɛs] *m* & *f* huésped, da (personne reçue) ▨ invitado, da; ce ministre est l'hôte de la France este ministro es el invitado de Francia ▨ [▷ SYN] hospedero, ra (qui reçoit) ▨ anfitrión *m* ■ hôte payant pensionista ▨ hôtesse d'accueil recepcionista, azafata ▨ hôtesse de l'air azafata ▨ table d'hôte mesa redonda.
▍ SYN maître de maison amo de casa; amphitryon anfitrión.

hôtel *m* hotel (demeure) ▨ [▷ SYN] hotel; descendre dans un hôtel alojarse en un hotel ■ Hôtel de la Monnaie Casa de Moneda, la Ceca ▨ hôtel de ville ayuntamiento ▨ hôtel particulier palacete ▨ maître d'hôtel maestresala (p us), jefe de comedor, "maître d'hôtel".
▍ SYN pension de famille casa de huéspedes; hôtellerie hospedería; auberge posada, venta; FAM cambuse ventorro.
▍ L'HÔTEL DE LA MONNAIE
En el "Hôtel de la Monnaie" de París ya sólo se fabrican medallas. La moneda de curso legal se acuña en Pessac cerca de Bordeaux.

hôtel-Dieu *m* (ancien) antiguamente, hospital principal de ciertas ciudades.
▨ OBSERV pl hôtels-Dieu.

hôtelier, ère *adj* & *s* hotelero, ra.

hôtellerie; hostellerie *f* hostelería, industria hotelera ▨ hospedería ▨ hostal *m* ▨ parador *m*.

hôtel-restaurant *m* hotel restaurante.
▨ OBSERV pl hôtels-restaurants.

hotte ['ɔt] *f* cuévano *m* (osier) ▨ campana (de cheminée) ▨ hotte aspirante campana extractora.

hottée ['ɔte] *f* cuévano *m* (contenu).

hottentot, e ['ɔtɑ̃to, ɔt] *adj* hotentote, ta.

Hottentots *n pr m pl* hotentotes.

hotter [3] ['ɔte] *v tr* transportar en cuévanos.

hottereau ['ɔtro] *m* cuévano ou banasta *f* pequeños.

hou! ['u] *interj* ¡hu!, ¡ju!

houache ['waʃ] *f* MAR estela.

houblon ['ublɔ̃] *m* BOT lúpulo.

houblonnage ['ublɔnaʒ] *m* lupulización *f*.

houblonner [3] ['ublɔne] *v tr* echar lúpulo.

houblonnier, ère ['ublɔnje, ɛr] *adj* del lúpulo; culture houblonnière cultivo del lúpulo.
◇ *m* & *f* cultivador, ra de lúpulo.
► **houblonnière** *f* campo *m* de lúpulo.

houe ['u] *f* AGRIC azada, azadón *m*.

houer [3] ['we] *v tr* AGRIC cavar, azadonar.

houille ['uj] *f* hulla; houille blanche, bleue hulla blanca, azul.

houiller, ère ['uje, ɛr] *adj* hullero, ra; carbonífero, ra ▨ bassin houiller cuenca minera.
► **houillère** *f* mina de hulla.

houle ['ul] *f* MAR oleaje *m*, marejada.

houlette ['ulɛt] *f* cayado *m* de pastor ▨ báculo *m* (d'évêque) ▨ AGRIC almocafre *m* (outil) ▨ sous la houlette de bajo la batuta de.

houleux, euse ['ulø, øz] *adj* agitado, da; encrespado, da (mer) ▨ FIG agitado, da; tumultuoso, sa; une session houleuse una sesión tumultuosa.

houligan ► hooligan.

Hou-nan ► Hunan.

houp! ['up] *interj* ¡hup!, ¡arriba!, ¡alza!, ¡vamos!

houppe ['up] *f* borla (touffe de soie, de duvet) ▨ copete *m* (huppe) ▨ copete *m*, machón *m* (cheveux) ▨ copa (arbres) ▨ Riquet à la houppe Riquete el del copete.

houppelande ['uplɑ̃d] *f* hopalanda.

houpper [3] ['upe] *v tr* hacer borlas ▨ cardar, peinar (laine).

houppette ['upɛt] *f* borla (poudre) ▨ mechón *m* (cheveux).

hourd ['ur] *m* tribuna *f* ▨ matacán (fortification).

hourdage ► hourdis.

hourder [3] ['urde] *v tr* CONSTR rellenar ou cubrir con cascotes.

hourdis ['urdi]; **hourdage** ['urdaʒ] *m* CONSTR relleno de cascotes ▨ trabajo tosco de albañilería ▨ MAR bovedilla *f*.

houri ['uri] *f* hurí.

hourque ['urk] *f* MAR urca (bateau).

hourra!; hurrah! ['ura] *interj* ¡hurra!
► **hourra; hurrah** *m* hurra.

hourvari ['urvari] *m* gritería *f* (des chasseurs) ▨ alboroto (vacarme).

housard ['uzar] *m* (p us) húsar.

house [aws] *f* MUS house.

houseau ['uzo] *m* polaina *f* de cuero.

houspiller [3] ['uspije] *v tr* FAM zarandear, sacudir (maltraiter) ▨ FIG regañar, reñir (gronder).

houssaie ['usɛ] *f* BOT acebedo *m*, acebeda.

housse ['us] *f* funda (de meuble) ▨ gualdrapa (de cheval).

housser [3] ['use] *v tr* sacudir el polvo, desempolvar.

houssine ['usin] *f* vara, verdasca.

houssiner [3] ['usine] *v tr* varear.

houssoir ['uswar] *m* escobilla *f*, plumero.

houx ['u] *m* acebo (plante) ▨ petit houx brusco (fragon).

hovercraft *m* aerodeslizador.

hoyau ['ɔjo] *m* AGRIC almocafre (houe).

HP (abr écrite de haut-parleur) altavoz.
◇ *m* (abr de hôpital psychiatrique) hospital psiquiátrico.

HPA (abr de heure probable d'arrivée) *f* hora prevista de llegada.

HPD (abr de heure probable de départ) *f* hora prevista de salida.

HR ► hdr.

HS (abr de hors service) *adj* FAM estropeado, da (appareil); la télé est complètement HS la tele está estropeada ▨ hecho, cha polvo (personne); il est HS está hecho polvo.

HT *adj* (abr de hors taxe) IVA no incluido, sin IVA; 300 F HT 300 F, sin IVA.
◇ *f* (abr de haute tension) AT.

HTLM (abr de Hypertext Markup Language) *m* INFORM HTLM.

HTTP (abr de Hypertext Transfer Protocol) *m* INFORM HTTP [protocolo de transporte de hipertexto]; langage HTTP lenguaje HTTP.

Huang He *n pr m* GÉOGR le Huang He el Huang He ou Hoang-ho.

Hubert *n pr* Huberto.

hublot ['yblo] *m* MAR ojo de buey, portilla *f*, ventanilla *f* ▨ ventanilla *f* (avion).

huche ['yʃ] *f* hucha, arca (coffre) ▨ huche à pain artesa.

hucher [3] ['yʃe] *v tr* & *intr* huchear.

huchet ['yʃɛ] *m* cuerno, corneta *f* de caza.

Hudson *n pr* GÉOGR l'Hudson el Hudson; la baie d'Hudson la bahía de Hudson.

hue! ['y] *interj* ¡arre! ▨ à hue et à dia cada cual por su lado, en sentido opuesto.

Huê; Hué ['ɥe] *n pr* GÉOGR Huê.

huée ['ɥe] *f* grita (à la chasse).
► **huées** *f pl* abucheo *m* sing; il sortit sous les huées salió bajo un abucheo (cris réprobateurs).

huer [7] ['ɥe] *v tr* [▷ SYN] patear, abuchear, sisear.
◇ *v intr* graznar (hibou).
▍ SYN conspuer abuchear; siffler silbar, patear.

huguenot, e ['ygno, ɔt] *adj* & *s* hugonote, ta.
► **huguenote** *f* olla de barro.

Hugues [yg] *n pr* Hugo.

huilage [ɥilaʒ] *m* aceitado, engrase.

huile [ɥil] *f* aceite *m* ▮ óleo *m* (en peinture et religion) ▪ **huile à brûler** aceite de quemar ▮ **huile d'arachide** aceite de cacahuete ou de maní ▮ **huile de foie de morue** aceite de hígado de bacalao ▮ **huile de lin** aceite de linaza ▮ **huile de ricin** aceite de ricino ▮ **huile de table** aceite de mesa ▮ **huile de vidange** aceite de vacuum ▮ **huile d'olive** aceite de oliva ▮ **huile essentielle** aceite esencial ▮ **huile lampante** petróleo lampante ▮ **huile lourde** aceite pesado ▮ **huile solaire** aceite solar ▮ **huiles usagées** aceites usados ▮ **huile volatile** esencia ▪ **les huiles** los peces gordos ▮ **les saintes huiles** los santos óleos ▮ **une mer d'huile** una balsa de aceite ▪ FAM **à base d'huile de coude** a base de clavar los codos (étudier), a fuerza de puño (travailler) ▮ **à l'huile** con aceite (cuisine), al óleo (peinture) ▪ FIG **faire tache d'huile** extenderse como una mancha de aceite ▮ **jeter ou verser de l'huile sur le feu** echar leña al fuego.

huiler [3] [ɥile] *v tr* aceitar, poner aceite ▮ FIG engrasar.

huilerie *f* aceitería (magasin) ▮ fábrica de aceite (fabrique).

huileux, euse [ɥilø, øz] *adj* aceitoso, sa.

huilier [ɥilje] *m* angarillas *f pl*, vinagreras *f pl*, aceiteras *f pl*.
▸ **huilier, ère** *adj & s m* aceitero.

huis [ɥi] *m* (vx) puerta *f*; **à huis clos** a puerta cerrada ▮ **demander le huis clos** pedir que la audiencia sea a puerta cerrada.

huisserie *f* ARCHIT marco *m* de puerta o ventana.

huissier *m* ujier ▮ ordenanza *f* (dans un ministère) ▮ portero de estrados (tribunaux).

huit [ɥit, ɥi devant une consonne] *adj & s m inv* ocho ▮ octavo, va; **Alphonse VIII** (huitième) Alfonso VIII (octavo) ▪ **dans huit jours** dentro de ocho días ▮ **samedi en huit** de sábado en ocho días.

huitain [ɥitɛ̃] *m* POÉT octava *f*.

huitaine [ɥiten] *f* unos ocho *m*; **une huitaine d'enfants** unos ocho niños; **dans une huitaine de jours** dentro de unos ocho días ▮ DR ocho días; **remettre à huitaine** aplazar para dentro de ocho días.

huitante [ɥitãt] *adj & s m* ochenta.

huitième [ɥitjɛm] *adj & s* octavo, va; **le huitième jour** el octavo día.
◇ *m* octavo, octava *f* parte (fraction).

huitièmement [ɥitjɛmmã] *adv* en octavo lugar.

huître *f* ostra ▮ FIG & FAM cernícalo *m*; zopenco, ca; estúpido, da ▮ **huître perlière** madreperla.

huit-reflets [ɥirəflɛ] *m inv* sombrero de copa, chistera *f*.

huîtrier, ère *adj* ostrero, ra.
▸ **huîtrier** *m* ostrero (oiseau).
▸ **huîtrière** *f* ostrero *m*, ostral *m* (banc d'huîtres).

hulotte [ylɔt] *f* autillo *m* (chat-huant).

hululation [ylylasjɔ̃] *f* ululato *m*.

hululer [ylyle] ➤ **ululer**.

hum! [œm] *interj* ¡hum! (marquant le doute) ▮ ¡ejem! (pour attirer l'attention).

humage [ymaʒ] *m* sorbo ▮ aspiración *f*.

humain, e *adj & s* humano, na ▮ **les humains** el género humano.

humainement *adv* humanamente (matériellement) ▮ con humanidad (avec bonté).

humanisation *f* humanización.

humaniser [3] *v tr* humanizar.

humanisme *m* humanismo.

humaniste *adj & s* humanista.

humanitaire *adj* humanitario, ria; **action humanitaire** acción humanitaria.

humanitarisme *m* humanitarismo.

humanité *f* humanidad ▮ **faire ses humanités** estudiar humanidades ▮ **l'Humanité** diario francés.

L'HUMANITÉ
El periódico socialista fundado en 1904 por Jean Jaurès se convirtió más tarde en el órgano del partido comunista francés. Se le llama popularmente "L'Huma".

humanoïde *adj & s* hominoide.

Humbert [œbɛr] *n pr m* Humberto.

humble [œbl] *adj & s* humilde; **à mon humble avis** a mi humilde parecer ▮ modesto, ta; humilde; **mes humbles fonctions** mis modestas funciones ▮ **votre (très) humble serviteur** su seguro servidor.

humblement *adv* con humildad, humildemente.

humecter [4] *v tr* humedecer, humectar (p us) ▮ mojar (le linge).
▸ **s'humecter** *v pr* humedecerse ▪ **s'humecter les lèvres** humedecerse los labios ▮ FAM **s'humecter le gosier** mojarse el gaznate.

humecteur *m* humedecedor, humectador.

humer [3] [yme] *v tr* sorber; **humer un œuf** sorber un huevo ▮ aspirar, inhalar (aspirer); **humer l'air** aspirar el aire ▮ oler (sentir).

huméral, e *adj* ANAT humeral.

humérus [ymerys] *m* ANAT húmero.

humeur *f* humor *m*, talante *f*; **bonne, mauvaise humeur** buen, mal humor; **avoir de l'humeur** estar de mal talante ▮ MÉD humor ▪ **incompatibilité d'humeur** incompatibilidad de carácter ▮ **ne pas être d'humeur à** no tener humor para, no estar para, no tener ganas de.
▸ **humeurs** *f pl* **humeurs froides** escrófula, lamparones.

humide *adj* húmedo, da.

humidificateur *m* humectador.

humidification *f* humedecimiento *m*.

humidifier [9] *v tr* humedecer, humectar (p us).

humidité *f* humedad.

humiliant, e *adj* humillante.

humiliation *f* humillación.

humilié, e *adj* humillado, da.

humilier [9] *v tr* humillar.
▸ **s'humilier** *v pr* humillarse.
▮ SYN **abattre** abatir; **mortifier** mortificar.

humilité *f* humildad ▮ **en toute humilité** con toda modestia ou humildad.

humoral, e *adj* humoral.

humoriste *adj & s* humorista.

humoristique *adj* humorístico, ca.

humour *m* humor, humorismo; **humour noir** humor negro ▮ **avoir de l'humour** tener humor ▮ **faire de l'humour** bromear.

humus [ymys] *m* AGRIC humus, mantillo (terreau).

Hunan; Hou-nan *n pr m* GÉOGR **le Hunan ou Hou-nan** Hunan ou Hu-nan.

hune ['yn] *f* MAR cofa; **grande hune** cofa mayor.

hunier ['ynje] *m* MAR gavia *f* (voile).

Huns ['œ̃] *n pr m pl* hunos.

huppe ['yp] *f* moño *m*, copete *m* (toupet) ▮ abubilla (oiseau).

huppé, e ['ype] *adj* moñudo, da; **oiseau huppé** ave moñuda ▮ FIG & FAM encopetado, da; de alto copete; empingorotado, da.

hure ['yr] *f* cabeza cortada de algunos animales (sanglier, saumon) ▮ FAM (vx) chola (tête).

hurlant, e ['yrlɑ̃, ɑ̃t] *adj* aullador, ra.

hurlement ['yrləmɑ̃] *m* aullido, aúllo ▮ FIG alarido (cri) ▮ rugido (du vent).

hurler [3] ['yrle] *v intr* aullar (animaux) ▮ FIG aullar, dar alaridos, vociferar (personnes) ▮ rugir (vent) ▮ cantar muy fuerte ▮ FIG darse bofetadas (détonner) ▪ FIG & FAM gritar (crier) ▪ **hurler à la mort** ladrar a la Luna ▮ **hurler avec les loups** bailar al son que tocan.
◇ *v tr* gritar, cantar muy fuerte.

hurleur, euse ['yrlœr, øz] *adj & s* aullador, ra.
▸ **hurleur** *m* aullador (singe).

hurluberlu *m* FAM extravagante, chiflado.

huron, onne ['yrɔ̃, ɔn] *adj & s* hurón, ona (Indien d'Amérique du Nord) ▮ FIG & FAM patán; grosero, ra (grossier).

Huron *n pr m* GÉOGR **le lac Huron** el lago Hurón.

hurrah! ['ura] ➤ **hourra!**

hussard ['ysar] *m* MIL húsar.

hussarde ['ysard] *f* danza húngara ▮ **à la hussarde** bruscamente, sin miramientos.

hussite ['ysit] *m* husita.

hutinet ['ytinɛ] *m* mazo de tonelero.

hutte ['yt] *f* choza, chabola.

hyacinthe *f* BOT jacinto *m* ▮ MIN jacinto, circón (pierre précieuse).

Hyacinthe *n pr* Jacinto.

Hyades [jad] *f pl* ASTRON Híades.

hyalin, e [jalɛ̃, in] *adj* MIN hialino, na.

hyaloïde *adj* hialoideo, a.

hybridation *f* hibridación.

hybride *adj & s m* híbrido, da.

hybrider [3] *v tr* proceder a una hibridación.

hybridisme *m*; **hybridité** *f* hibridismo *m*, hibridez *f*.

hydarthrose *f* MÉD hidartrosis.

hydatide *f* hidátide.

hydatique *adj* MÉD hidatídico, ca.

hydne *m* BOT hidno.

hydracide *m* CHIM hidrácido.

hydrargyre *m* CHIM hidrargiro.

hydrargyrique *adj* hidrargírico, ca.

hydrargyrisme *m* MÉD hidrargirismo.

hydratable *adj* hidratable.

hydratant, e *adj* hidratante; crème hydratante crema hidratante.

hydratation *f* CHIM hidratación.

hydrate *m* CHIM hidrato.

hydrater [3] *v tr* CHIM hidratar.

hydraulicien *m* hidráulico (ingénieur).

hydraulique *adj & s f* hidráulico, ca; presse hydraulique prensa hidráulica.

hydravion *m* hidroavión.

hydrazine *f* CHIM hidracina.

hydre *f* hidra ‖ FIG hidra, peligro *m* que renace sin cesar.

Hydre [idr] *n pr f* MYTH l'Hydre de Lerne la Hidra de Lerna.

hydrémie *f* MÉD hidremia.

hydrique *adj* hídrico, ca; diète hydrique dieta hídrica.

hydrobase *f* base para hidroaviones.

hydrocarbonate *m* hidrocarbonato.

hydrocarbure *m* hidrocarburo.

hydrocèle *f* MÉD hidrocele.

hydrocéphale *adj & s* MÉD hidrocéfalo, la.

hydrocéphalie *f* MÉD hidrocefalia.

hydrocuté, e *m & f* persona que ha sufrido una hidrocución.

hydrocution *f* hidrocución.

hydrodynamique *adj & s f* PHYS hidrodinámico, ca.

hydroélectricité *f* hidroelectricidad.

hydroélectrique *adj* ÉLECTR hidroeléctrico, ca.

hydrofoil *m* hidroala.

hydrofuge *adj* hidrófugo, ga.

hydrofuger [17] *v tr* hacer hidrófugo.

hydrogel *m* CHIM hidrogel.

hydrogénation *f* hidrogenación.

hydrogène *m* hidrógeno; hydrogène lourd hidrógeno pesado.

hydrogéné, e *adj* hidrogenado, da.

hydrogéner [8] *v tr* hidrogenar.

hydroglisseur *m* MAR hidroplano, aerodeslizador.

hydrographe *adj & s m* hidrógrafo.

hydrographie *f* hidrografía.

hydrographique *adj* hidrográfico, ca.

hydrolat [idrɔla] *m* hidrolato.

hydrolithe *f* CHIM hidrólito.

hydrologie *f* hidrología.

hydrologique *adj* hidrológico, ca.

hydrologiste; hydrologue *adj & s m* hidrólogo.

hydrolyse *f* CHIM hidrólisis.

hydrolyser [3] *v tr* CHIM hidrolizar.

hydromécanique *adj* hidromecánico, ca.

hydromel *m* aguamiel *f*, hidromel.

hydromètre *f* hidrómetro *m*.

hydrométrie *f* hidrometría.

hydrométrique *adj* hidrométrico, ca.

hydrophile *adj & s m* hidrófilo, la; coton hydrophile algodón hidrófilo.

hydrophobe *adj & s* hidrófobo, ba.

hydropique *adj & s* hidrópico, ca.

hydropisie *f* MÉD hidropesía.

hydropneumatique *adj* hidroneumático, ca.

hydroptère *m* hidróptero.

hydroquinone *f* CHIM hidroquinona.

hydrosilicate *m* hidrosilicato.

hydrosoluble *adj* hidrosoluble.

hydrosphère *f* GÉOL hidrosfera.

hydrostatique *adj & s* PHYS hidrostático, ca.

hydrothérapie *f* MÉD hidroterapia.

hydrothérapique *adj* hidroterápico, ca.

hydrothorax *m* hidrotórax.

hydrotimétrie *f* hidrotimetría.

hydroxyde *m* CHIM hidróxido.

hydroxyle *m* CHIM hidróxilo.

hydrozoaires *m pl* hidrozoarios.

hydrure *m* CHIM hidruro.

hyène *f* hiena; hyène rayée hiena rayada ‖ FIG hiena, persona feroz y cobarde.

Hygiaphone® *m* ventanilla *f*.

hygiène *f* higiene ■ hygiène alimentaire higiene alimenticia ‖ hygiène intime higiene íntima.

hygiénique *adj* higiénico, ca.

hygiéniquement *adv* higiénicamente.

hygiéniste *m* higienista.

Hygin *n pr* Higinio.

hygroma *m* MÉD higroma.

hygromètre *m* higrómetro.

hygrométrie *f* higrometría.

hygrométrique *adj* higrométrico, ca ‖ degré hygrométrique de l'air grado higrométrico del aire.

hygroscope *m* higroscopio.

hygroscopie *f* higroscopia.

hygroscopique *adj* higroscópico, ca.

hymen [imɛn] *m* MÉD himen.

hymen; hyménée *m* POÉT himeneo.

hyménium [imenjɔm] *m* himenio (chez les champignons).

hyménomycètes *m pl* himenomicetos (champignons).

hyménoptère *adj & s m* ZOOL himenóptero, ra.

hymne *m* himno; l'hymne national el himno nacional.
◇ *f* himno *m* (ode sacrée).

hyoïde [jɔid] *adj & s m* ANAT hioides.

hyoïdien, enne [jɔidjɛ̃, ɛn] *adj* hioideo, a.

hypallage *f* GRAMM hipálage.

hyper *m* FAM hiper.

hyperacousie *f* MÉD hiperacusia.

hyperbole *f* GÉOM hipérbola ‖ hipérbole (rhétorique).

hyperbolique *adj* hiperbólico, ca.

hyperboloïde *m* GÉOM hiperboloide.

hyperboréen, enne *adj* hiperbóreo, a; hiperboreal (proche du pôle Nord).

hypercalcémie *f* MÉD hipercalcemia.

hyperchlorhydrie *f* MÉD hiperclorhidria.

hypercompresseur *m* TECHN supercompresor.

hyperdulie *f* RELIG hiperdulía (culte de la Vierge).

hyperémotif, ive *adj* hiperemotivo, va.

hyperémotivité *f* hiperemotividad.

hyperesthésie *f* MÉD hiperestesia.

hyperfocal, e *adj* hiperfocal.

hyperfréquence *f* hiperfrecuencia.

hyperglycémie *f* MÉD hiperglucemia.

hypermarché *m* hipermercado.

hypermédia *adj* INFORM hipermedia.

hypermétrope *adj & s* MÉD hipermétrope.

hypermétropie *f* MÉD hipermetropía.

hypermnésie *f* MÉD hipermnesia.

hypernerveux, euse *adj & s* hipernervioso, sa.

hyperréalisme *m* ARTS hiperrealismo.

hypersécrétion *f* MÉD hipersecreción.

hypersensibilité *f* hipersensibilidad.

hypersensible *adj & s* hipersensible.

hypersonique *adj* hipersónico, ca.

hypertendu, e *adj & s* MÉD hipertenso, sa.

hypertension *f* MÉD hipertensión.

hypertexte *m* INFORM hipertexto.

hyperthermie *f* hipertermia.

hypertonique *adj* hipertónico, ca.

hypertrophie *f* MÉD hipertrofia.

hypertrophié, e *adj* hipertrofiado, da.

hypertrophier [9] *v tr* ANAT hipertrofiar.

hypertrophique *adj* ANAT hipertrófico, ca.

hypervitaminose *f* hipervitaminosis.

hypne *f* BOT hipno (mousse).

hypnose [ipnoz] *f* MÉD hipnosis.

hypnotique *adj & s m* hipnótico, ca.

hypnotiser [3] *v tr* hipnotizar.

hypnotiseur *m* hipnotizador.

hypnotisme *m* hipnotismo.

hypo *préf* hipo.

hypoallergénique *adj* hipoalergénico, ca.

hypoallergique *adj* hipoalergénico, ca.
◇ *m* sustancia *f* hipoalergénica.

hypocalcémie *f* MÉD hipocalcemia.

hypocalorique *adj* hipocalórico, ca.

hypocauste *m* hipocausto.

hypocentre *m* hipocentro (séisme).

hypochloreux, euse [ipɔklɔrø] *adj* hipocloroso, sa.

hypochlorhydrie [ipɔklɔridri] *f* MÉD hipochlorhidria.

hypochlorite [ipɔklɔrit] *m* CHIM hipoclorito.

hypocondre *m* ANAT hipocondrio.

hypocondriaque *adj & s* MÉD hipocondríaco, ca ‖ FIG hipocondríaco, ca; triste.

hypocondrie *f* MÉD hipocondría.

hypocras [ipɔkras] *m* hipocrás.

hypocrisie *f* hipocresía.

hypocrite *adj & s* hipócrita.

hypocritement *adv* hipócritamente.

hypoderme *m* hipodermis *f.*

hypodermique *adj* ANAT hipodérmico, ca; subcutáneo, a; injection ou piqûre hypodermique inyección hipodérmica ou subcutánea.

hypodermose *f* VÉTÉR hipodermosis.

hypogastre *m* ANAT hipogastrio.

hypogastrique *adj* ANAT hipogástrico, ca.

hypogé, e *adj* BOT hipogénico, ca.

hypogée *m* hipogeo (construction souterraine).

hypoglosse *adj* & *s m* ANAT hipogloso, sa.

hypoglycémie *f* MÉD hipoglucemia.

hypokhâgne [ipɔkaɲ] *f* primer curso que prepara a la oposición para ingresar en la École Normale Supérieure.

hypophosphite *m* CHIM hipofosfito.

hypophyse *f* ANAT hipófisis.

hyposodé, e *adj* MÉD hiposódico, ca (régime).

hypostase *f* ECCLÉS hipóstasis.

hypostasier [9] *v tr* hipostasiar.

hypostatique *adj* hipostático, ca.

hypostyle *adj* ARCHIT hipóstilo, la (à plafond soutenu par des colonnes).

hyposulfite *m* CHIM hiposulfito.

hypotendu, e *adj* & *s* MÉD hipotenso, sa.

hypotenseur *adj m* & *s m* MÉD hipotensor.

hypotension *f* MÉD hipotensión.

hypoténuse *f* GÉOM hipotenusa.

hypothalamus *m* ANAT hipotálamo.

hypothécable *adj* hipotecable.

hypothécaire *adj* hipotecario, ria ■ garantie hypothécaire garantía hipotecaria ‖ prêt hypothécaire préstamo hipotecario.

hypothèque *f* hipoteca ■ bureau des hypothèques registro de la propiedad ‖ conservateur des hypothèques registrador de la propiedad ■ FIG lever une hypothèque levantar una hipoteca ‖ prendre une hypothèque sur l'avenir disponer de una cosa antes de poseerla.

hypothéqué, e *adj* hipotecado, da.

hypothéquer [18] *v tr* hipotecar (terre, propriété) ‖ garantizar (créance) ‖ FIG hipotecar ‖ FAM bien hypothéqué muy enfermo, muy apurado.

hypothermie *f* MÉD hipotermia.

hypothèse *f* hipótesis ■ dans l'hypothèse où suponiendo que ‖ bâtir des hypothèses hacer conjeturas ou hipótesis.

hypothétique *adj* hipotético, ca.

hypothétiquement *adv* hipotéticamente.

hypotonie *f* MÉD hipotonía.

hypotonique *adj* hipotónico, ca.

hypotypose *f* hipotiposis (rhétorique).

hypsomètre *m* PHYS hipsómetro.

hypsométrie *f* PHYS hipsometría.

hypsométrique *adj* hipsométrico, ca.

Hyrcanie *n pr f* GÉOGR l'Hyrcanie Hircania.

hysope *f* BOT hisopo *m.*

hystérectomie *f* MÉD histerectomía.

hystérésis *f* PHYS histéresis.

hystérie *f* MÉD histerismo *m*, histeria; hystérie collective histeria colectiva.

hystérique *adj* & *s* histérico, ca.

hystéroscopie *f* MÉD histeroscopia.

Hz (abr écrite de hertz) Hz.

i; I *m* i *f;* un « i » majuscule una i mayúscula ■ droit comme un « I » derecho como una vela, tieso como un huso ▌mettre les points sur les « i » poner los puntos sobre las íes.

IA (abr de intelligence artificielle) *f* IA.

IAC (abr de insémination artificielle entre conjoints) *f* inseminación artificial intramarital.

IAD (abr de insémination artificielle par donneur extérieur) *f* inseminación artificial con intervención de donante exterior.

Iago *n pr m* Yago.

Iakoutie; Yakoutie *n pr f* HIST la Iakoutie Yakutia (ancien nom de la Sakha).

Ialta ► **Yalta**.

ïambe; iambe [jɑ̃b] *m* POÉT yambo.

ïambique; iambique *adj & s* POÉT yámbico, ca.

IAO (abr de ingénierie assistée par ordinateur) *f* CAO.

iatrogène *adj* MÉD iatrógeno, na.

ibère *adj* ibero, ra; ibérico, ca.
◇ *m & f* íbero, ra.
◇ *m* LING ibero.

Ibères *m pl* HIST iberos.

Ibérie *n pr f* HIST Iberia.

ibérien, enne *adj & s* ibero, ra; ibérico, ca.

ibérique *adj* ibérico, ca.
◇ *m & f* ibero, ra.

ibex [ibɛks] *m* ZOOL íbice.

ibid. (abr écrite de ibidem) ibíd., ibid.

ibidem *adv* lat ibídem, allí mismo, en el mismo lugar.
▌ OBSERV mot latin.

ibis *m* ibis (oiseau).

ibsénien, enne *adj* ibseniano, na (de Ibsen).

icaque *f* hicaco, icaco (fruit).

icaquier *m* hicaco, icaco (arbre).

Icare *n pr* MYTH Ícaro.

icarien, enne *adj* icario, ria; icáreo, a; jeux icariens juegos icarios.

ICBM (abr de Intercontinental Ballistic Missile) *m inv* ICBM.

iceberg [ajsbɛrg] ou [isbɛrg] *m* iceberg.

ice-cream [ajskrim] *m* helado.

icefield [ajsfild] *m* icefield.

Icelui, Icelle [isəlɥi, isɛl] *adj & pron dém* (vx) aqueste, aquesta.
▌ OBSERV pl Iceux, Icelles.

ichneumon [iknømɔ̃] *m* ZOOL icneumón.

ichor [ikɔr] *m* MÉD ícor.

ichthus [iktys] *m* monograma griego de Cristo.

ichtyocolle [iktjɔkɔl] *f* ictiocola, cola de pescado (colle de poisson).

ichtyoïde [iktjɔid] *adj & s* ictoideo, a.

ichtyol [iktjɔl] *m* CHIM ictiol (huile sulfureuse).

ichtyologie [iktjɔlɔʒi] *f* ictiología (étude des poissons).

ichtyologique [iktjɔlɔʒik] *adj* ictiológico, ca.

ichtyologiste [iktjɔlɔʒist] *m* ictiólogo.

ichtyophage [iktjɔfaʒ] *adj & s* ictiófago, ga.

ichtyosaure [iktjɔzɔr] *m* ictiosauro.

ichtyose [iktjoz] *f* MÉD ictiosis (maladie de la peau).

ici *adv* aquí, acá ■ ici et là aquí y allí ■ d'ici à demain de aquí a mañana ▌d'ici là hasta entonces ▌d'ici peu dentro de poco.

ici-bas *adv* en este mundo (sur la terre).

icône *f* icono *m*.

iconique *adj* icónico, ca.

iconoclasme *m* iconoclasia *f*.

iconoclaste *adj & s* iconoclasta.

iconographe *m* iconógrafo.

iconographie *f* iconografía.

iconographique *adj* iconográfico, ca.

iconologie *f* iconología.

iconologiste; iconologue *m & f* iconólogo, ga.

iconoscope *m* PHOT iconoscopio.

iconostase *f* iconostasio *m*.

icosaèdre *m* GÉOM icosaedro (à 20 faces).

ictère *m* MÉD ictericia *f* (jaunisse).

ictérique *adj & s* MÉD ictérico, ca.

ictus [iktys] *m* MÉD ictus, acceso ▌ictus (vers).

id. (abr écrite de idem) id.

Idaho *n pr m* GÉOGR l'Idaho Idaho.

idéal, e *adj & s m* ideal.
▌ OBSERV pl idéaux o idéals.

idéalement *adv* idealmente.

idéalisateur, trice *adj & s* idealizador, ra.

idéalisation *f* idealización.

idéaliser [3] *v tr* idealizar.

idéalisme *m* idealismo.

idéaliste *adj & s* idealista.

idéalité *f* idealidad.

idéation *f* ideación, formación de las ideas.

idée *f* [▷ SYN] idea ▌ opinión; avoir une haute idée de tener una gran opinión de ▌antojo *m*, capricho *m*, fantasía; vivre à son idée vivir a su antojo ■ FAM idée creuse idea vacía ▌idée fixe idea fija, tema ▌idées noires ideas negras ▌ idées reçues prejuicios ■ à mon idée a mi parecer ■ avoir de l'idée tener idea, ser ingenioso ▌avoir des idées larges, étroites ser amplio, estrecho de miras ▌ avoir idée de... tener el propósito de... ▌avoir l'idée de ocurrírsele a uno ▌avoir une idée derrière la tête tener una idea en la cabeza ▌en voilà des idées! ¡esas sí que son ideas! ▌j'ai dans l'idée que... estoy convencido de que... ▌je n'en ai pas la moindre idée no tengo ni la más remota idea ▌on n'a pas idée de a nadie se le ocurre ▌quelle drôle d'idée! ¡qué ocurrencia! ▌ se faire des idées hacerse ilusiones ▌ se faire une idée de... darse cuenta de... ▌venir à l'idée ocurrirse; cela m'est venu à l'idée hier esto se me ocurrió ayer.
▌ SYN conception concepción; concept concepto.

idée-force *f* idea eje.
▌ OBSERV pl idées-forces.

idem [idɛm] *adv* ídem, lo mismo.

identifiable *adj* identificable.

identification *f* identificación; numéro d'identification número de identificación.

identifier [9] *v tr* identificar.
► **s'identifier** *v pr* identificarse con.

identique *adj* idéntico, ca.

identiquement *adv* idénticamente, de manera idéntica, por igual.

identité *f* identidad; carte d'identité carnet de identidad; pièce d'identité documento de identidad ▌ identité judiciaire persona jurídica.

idéogramme *m* ideograma.

idéographie *f* ideografía.

idéographique *adj* ideográfico, ca.

idéologie *f* ideología.

idéologique *adj* ideológico, ca.

idéologue *m* ideólogo.

ides [id] *f pl* idus *m* (du calendrier romain).

id est *loc* id est.

IDHEC (abr de Institut des Hautes Études Cinématographiques) *m* antigua escuela francesa de cinematografía.

idiolecte *m* idiolecto.

idiomatique *adj* idiomático, ca; **expression idiomatique** expresión idiomática, modismo.

idiome *m* idioma.

▌ OBSERV En espagnol **idioma** es plus courant que **lengua**.

idiopathie *f* idiopatía.

idiopathique *adj* idiopático, ca.

idiosyncrasie *f* idiosincrasia.

idiot, e [idjo, ɔt] *adj & s* idiota ▌ **faire l'idiot** hacer el tonto, ponerse tonto.

idiotement *adv* idiotamente; **ricaner idiotement** reír burlona e idiotamente.

idiotie [idjɔsi] *f* idiotez ▌ **faire, dire des idioties** hacer, decir tonterías, idioteces.

idiotiser [3] [idjɔtize] *v tr* idiotizar, volver idiota.

idiotisme *m* GRAMM idiotismo, modismo.

idoine [idwan] *adj* idóneo, a.

idolâtre *adj & s* idólatra ▌ **être idolâtre de** idolatrar a.

idolâtrer [3] *v tr* idolatrar.

idolâtrie *f* idolatría.

idolâtrique *adj* idolátrico, ca.

idole *f* ídolo *m*.

idonéité *f* idoneidad.

IDS (abr de Initiative de défense stratégique) *f* IDE.

Idumée *n pr* HIST **l'Idumée** Idumea.

idylle *f* idilio *m*.

idyllique *adj* idílico, ca.

Ieltsine; Eltsine [ɛltsin] *n pr* Boris Ieltsine ou Eltsine Borís Yeltsin ou Eltsin.

Iéna *n pr* GÉOGR Jena.

Ienisseï *n pr m* GÉOGR **l'Ienisseï** el Yeniséi.

if *m* tejo (arbre) ▌ escurrebotellas (de bouteilles) ▌ luminaria *f* triangular (pour cierges).

IFOP; Ifop (abr de Institut français d'opinion publique) *m* instituto de sondeos a través del cual se introdujeron en Francia los sondeos de opinión.

Ifremer (abr de Institut français de recherche pour l'exploitation de la mer) *m* organismo francés que se ocupa de oceanografía.

IGF (abr de impôt sur les grandes fortunes) *m* impuesto que grava las grandes fortunas en Francia.

IGH (abr de immeuble de grande hauteur) *m* edificio de gran altura.

igloo [iglu] *m* iglú, igloo (cabane esquimaude).

IGN (abr de Institut géographique national) *m* instituto geográfico nacional francés.

▌ IGN

Creado en 1940, este organismo se encarga de realizar todos los mapas oficiales de Francia y de mantener una base de datos geográficos. Tiene varias delegaciones regionales así como una escuela que forma a 200 estudiantes al año.

Ignace *n pr* Ignacio.

igname [iɲam] *f* ñame *m*, aje *m* (plante).

ignare *adj & s* ignaro, ra; ignorante.

igné, e [igne] *adj* ígneo, a.

ignifugation [ignifygasjɔ̃] ou [iɲifygasjɔ̃] *f*; **ignifugeage** [ignifyʒaʒ] ou [iɲifyʒaʒ] *m* ignifugación *f*.

ignifuge [ignifyʒ] ou [iɲifyʒ] *adj & s* ignífugo, ga (incombustible).

ignifugeage ➤ **ignifugation**.

ignifuger [17] [ignifyʒe] ou [iɲifyʒe] *v tr* ignifugar.

ignipuncture [ignipɔ̃ktyr] ou [iɲipɔ̃ktyr] *f* ignipuntura.

ignition [ignisjɔ̃] ou [iɲisjɔ̃] *f* ignición.

ignivome [ignivɔm] ou [iɲivɔm] *adj* ignívomo, ma (qui vomit du feu).

ignoble *adj* innoble.

ignoblement *adv* de modo innoble.

ignominie *f* ignominia.

ignominieusement *adv* LITT ignominiosamente.

ignominieux, euse *adj* ignominioso, sa.

ignorance *f* ignorancia, desconocimiento *m*; **ignorance crasse** ignorancia crasa ou supina ▌ **dans l'ignorance de** en la ignorancia de.

ignorant, e *adj & s* ignorante ■ **être ignorant d'une chose** desconocer una cosa ▌ **faire l'ignorant** hacerse el tonto.

▌ SYN **illettré** iletrado; **analphabète** analfabeto; **ignare** ignaro; FAM **âne** burro, asno.

ignorantin *adj & s m* hermano de San Juan de Dios.

ignorantisme *m* ignorantismo.

ignoré, e *adj* ignorado, da; desconocido, da; **ignoré de tous** desconocido de ou para todos ▌ **terres ignorées** tierras ignotas.

ignorer [3] *v tr* ignorar, desconocer; **j'ignore complètement vos intentions** desconozco por completo sus intenciones ▌ **n'ignorer rien** estar al corriente de todo, saberlo todo.

➤ **s'ignorer** *v pr* ignorarse, no conocerse.

IGPN (abr de Inspection générale de la police nationale) *m* organismo de inspección de la policía nacional francesa.

IGS (abr de Inspection générale des services) *m* departamento de la policía nacional francesa que controla la totalidad de los servicios policiales.

Iguaçu [igwasu] *n pr* GÉOGR **les chutes d'Iguaçu** las cataratas del Iguazú.

iguane [igwan] *m* iguana *f* (reptile).

iguanidés [igwanide] *m pl* iguánidos.

iguanodon [igwanɔdɔ̃] *m* iguanodonte (fossile).

igue [ig] *f* pozo *m* airón.

IHS (abr de Iesus, Hominum Salvator) *m* IHS.

ikebana *m* ikebana.

il *pron pers masc de la 3e pers du singulier* él.

◇ *pron impers* [nunca se traduce]: **il pleut** llueve.

▌ OBSERV **1.** Il neutro se suprime como sujeto: **il est vrai** es cierto. Il en est se traduce por lo, la, los, las: **il en est de même** lo mismo sucede con. **2.** pl ils.

ilang-ilang [ilɑ̃ilɑ̃] *m* BOT ilang ilang.

Ildephonse *n pr* Ildefonso.

île *f* isla ▌ GÉOGR **l'île de Beauté** Córcega *f* (Corse).

▌ LES ÎLES

les îles Aléoutiennes las islas Aleutianas;
les îles Anglo-Normandes las islas Anglonormandas;
les îles Australes las islas Tubuai ou Australes;

les îles Bahrayn ou Bahreïn las islas Bahrein;
les îles Baléares las islas Baleares;
les îles Britanniques las islas Británicas;
les îles Canaries las islas Canarias;
les îles du Cap Vert las islas de Cabo Verde;
les îles Carolines las islas Carolinas;
l'île Christmas la isla Christmas;
les îles Comores las islas Comores;
l'île d'Elbe la isla de Elba;
les îles Éoliennes las islas Eolias ou Lípari;
les îles Falkland las islas Malvinas;
les îles Féroé las islas Feroe;
les îles Fidji las islas Fidji;
les îles Galápagos las islas Galápagos;
les îles Hébrides las islas Hébridas;
les îles Ioniennes las islas Jónicas;
les îles Kouriles las islas Kuriles;
les îles Maldives las islas Maldivas;
les îles Malouines las islas Malvinas;
l'île de Man la isla de Man;
les îles Mariannes las islas Marianas;
les îles Marquises las islas Marquesas;
les îles Marshall las islas Marshall;
l'île Maurice la isla Mauricio;
les îles Moluques las islas Molucas;
l'île du Nord la isla del Norte;
l'île d'Ouessant la isla de Ouessant;
l'île de Pâques la isla de Pascua;
l'île du Prince-Édouard la isla Príncipe Eduardo;
les îles Salomon las islas Salomón;
l'île de Sein la isla Sein;
les îles Shetland las islas Shetland;
les îles de la Sonde el archipiélago de la Sonda;
les îles Sorlingues las islas Scilly ou Sorlingas;
les îles Sous-le-Vent las islas de Sotavento;
l'île du Sud la isla del Sur;
l'île de la Trinité Trinidad;
les îles Turks et Caicos las islas Turcas y Caicos;
l'île Vancouver la isla Vancouver;
les îles du Vent las islas de Barlovento;
les îles Vierges las islas Vírgenes;
l'île de Wight la isla de Wight.

Île-de-France *f* **l'Île-de-France** Ile-de-France.

▌ ÎLE-DE-FRANCE

Esta región administrativa comprende los departamentos de Essonne, Seine-Saint-Denis e Yvelines. Capital: París.

iléo-cæcal, e [ileosekal] *adj* ANAT ileocecal.

iléon; iléum *m* íleon (intestin).

îlet [ile] *m*; **îlette** [ilɛt] *f* isleta *f*.

iléum ➤ **iléon**.

iléus [ileys] *m* MÉD íleo (colique).

Iliade *n pr f* Ilíada.

iliaque *adj* ANAT iliaco, ca; **os iliaque** hueso iliaco.

ilicacées; ilicinées *f pl* BOT ilicíneas.

îlien, enne *adj & s* habitante de ciertas islas bretonas (Ouessant, Sein, île aux Moines).

ilion *m* íleon.

Ille-et-Vilaine [ilevilɛn] *n pr f* GÉOGR Ille-et-Villaine; **en Ille-et-Villaine** en Ille-et-Villaine.

illégal, e [illegal] *adj* ilegal.

illégalement *adv* ilegalmente, de manera ilegal.

illégalité [illegalite] *f* ilegalidad; **être dans l'illégalité** estar en la ilegalidad.

illégitime [illeʒitim] *adj* ilegítimo, ma.

illégitimement *adv* ilegítimamente, sin legitimidad (illégalement) ▌ indebidamente, injustificadamente (de façon injustifiée).

illégitimité [illeʒitimite] *f* ilegitimidad ▌gouverner dans l'illégitimité gobernar sin legitimidad.

illettré, e [illetre] *adj & s* analfabeto, ta; iletrado, da.

illettrisme *m* analfabetismo.

illicite [illisit] *adj* ilícito, ta.

illicitement *adv* ilícitamente.

illico *adv* al punto, en el acto, inmediatamente.

illimité, e *adj* ilimitado, da.

Illinois *n pr m* GÉOGR l'Illinois Illinois.

illisibilité *f* ilegibilidad.

illisible [illizibl] *adj* ilegible (indéchiffrable).

illisiblement *adv* de modo ilegible.

illogique [illoʒik] *adv* ilógico, ca.

illogiquement *adv* de modo ilógico.

illogisme *m* ilogismo, falta *f* de lógica.

illumination *f* iluminación.

illuminé, e *adj & s* iluminado, da.

illuminer [3] *v tr* iluminar.

illuminisme *m* iluminismo.

illusion *f* [▷ SYN] ilusión; illusion d'optique ilusión óptica ▌prestidigitación (prestidigitation) ■ faire illusion dar el pego ▌se faire des illusions sur forjarse ou hacerse ilusiones con ▌se nourrir d'illusions vivir de ilusiones.

⏐ SYN chimère quimera; rêve, songe sueño; rêverie ensueño; utopie utopía; imagination imaginación.

illusionné, e *adj & s* iluso, sa; ilusionado, da.

illusionner [3] *v tr* engañar, inducir a error.
➤ **s'illusionner** *v pr* ilusionarse, forjarse ilusiones.

illusionnisme *m* ilusionismo.

illusionniste *m* ilusionista (prestidigitateur).

illusoire *adj* ilusorio, ria.

illusoirement *adv* ilusoriamente, de manera ilusoria.

illustrateur *m* ilustrador.

illustratif, ive *adj* ilustrativo, va.

illustration *f* ilustración ▌FIG notabilidad, persona notable (personnage illustre).

illustre *adj* ilustre.

⏐ SYN célèbre célebre; fameux famoso; renommé reputado, renombrado.

illustré, e *adj* ilustrado, da; illustré de gravures ilustrado con grabados.
➤ **illustré** *m* revista *f* ilustrada.

illustrer [3] *v tr* ilustrar; illustrer de dessins ilustrar con dibujos.
➤ **s'illustrer** *v pr* ilustrarse, hacerse ilustre.

illustrissime *adj* ilustrísimo, ma.

Illyrie *n pr f* GÉOGR Iliria.

illyrien, enne *adj* ilirio, ria; ilírico, ca.

Illyrien, enne *m & f* ilirio, ria.

ILM [iɛlɛm] (abr de immeuble à loyer moyen) *m* ≃ edificio de protección oficial.

ILN [iɛlɛn] (abr de immeuble à loyer normal) *m* edificio para familias que no pueden acceder a viviendas de protección oficial.

îlot [ilo] *m* islote, isla *f* pequeña ▌manzana *f* [(*Amér*) cuadra] (de maisons) ▌torre de mando (portaviones) ▌un îlot de verdure un espacio verde.

ilote *m* ilota (esclave à Sparte).

îlotier *m* policía encargado de vigilar una manzana.

ilotisme *m* ilotismo.

il y a *loc impers* ➤ avoir.

IMA (abr de Institut du monde arabe) *m* centro de difusión de la cultura árabe en París.

image *f* imagen; image religieuse imagen religiosa ▌ (ancien) ARTS imagen (statue) ▌estampa (petite estampe); livre d'images libro con estampas ▌ [▷ SYN] FIG imagen (symbole, métaphore) ■ MÉD image de contraste imagen contrastada ▌image de marque imagen de marca, imagen pública ▌image de synthèse imagen de síntesis ▌image pieuse imagen piadosa ■ sage comme une image bueno como un ángel.

⏐ SYN description descripción; tableau cuadro; peinture pintura.

imagé, e *adj* lleno, na de imágenes ▌gráfico, ca; il m'a fait une description très imagée me hizo una descripción muy gráfica.

imager [17] *v tr* FIG adornar con imágenes (orner de gravures) ▌llenar de imágenes (style).

imagerie *f* estampería ▌imaginería; imagerie chrétienne imaginería cristiana ▌imagerie médicale diagnóstico por imágenes.

imagier, ère *m & f* vendedor, ra de estampas; estampero, ra.
➤ **imagier** *m* (ancien) imaginero, escultor (sculpteur).

imaginable *adj* imaginable; difficilement imaginable difícil de imaginar.

imaginaire *adj* imaginario, ria.
◇ *m* lo imaginario ▌imaginaire collectif representaciones imaginarias colectivas.

⏐ SYN chimérique quimérico; utopique utópico; fantastique fantástico.

imaginatif, ive *adj & s* imaginativo, va.

imagination *f* imaginación; avoir de l'imagination tener imaginación.

imaginative *f* FAM imaginativa, inventiva.

imaginer [3] *v tr* imaginar, idear ■ imaginer de tener la idea de ▌j'imagine qu'il a voulu plaisanter me imagino ou supongo que quería bromear.
➤ **s'imaginer** *v pr* imaginarse, figurarse ■ qu'est-ce que vous vous imaginez? ¿qué se ha figurado usted? ▌s'imaginer à 60 ans imaginarse uno a los 60 años ▌s'imaginer pouvoir faire quelque chose imaginarse poder hacer algo.

imago *m* imago (de l'insecte).

imam [imam]; **iman** [iman] *m* imán (prêtre musulman).

imamat [imama]; **imanat** [imana] *m* imanato.

iman ➤ imam.

imanat ➤ imamat.

imbattable *adj* invencible ▌insuperable.

imbécile *adj & s* imbécil, idiota.

imbécillité *f* imbecilidad.

imberbe *adj* imberbe (sans barbe).

imbiber [3] *v tr* empapar, embeber; imbibé d'eau, de sang empapado en agua, en sangre.
➤ **s'imbiber** *v pr* empaparse, embeberse.

imbibition *f* imbibición, empapamiento *m*.

imbrication *f* imbricación ▌entrelazamiento *m*; de subtiles imbrications d'intérêts sutiles entrelazamientos de intereses.

imbriqué, e *adj* imbricado, da.

imbriquer [3] *v tr* imbricar.

imbroglio *m* embrollo, lío.

imbrûlable *adj* incombustible.

imbrûlé, e *adj* no quemado.

imbu, e *adj* imbuido, da; penetrado, da; imbu de son importance imbuido de su importancia ▌lleno, na; imbu de préjugés lleno de prejuicios ▌imbu de soi-même muy creído de sí mismo.

imbuvable *adj* imbebible, no potable ▌FIG & FAM insoportable (personne).

imitable *adj* imitable; facilement imitable fácil de imitar.

imitateur, trice *adj & s* imitador, ra.

imitatif, ive *adj* imitativo, va.

imitation *f* imitación; à imitation de... a imitación de...; bijoux en imitation joyas de imitación; sac imitation cuir bolso de imitación cuero.

imiter [3] *v tr* imitar.

⏐ SYN copier copiar; pasticher remedar; contrefaire contrahacer; mimer mimar; plagier plagiar; parodier parodiar; FAM pirater piratear; singer remedar.

immaculé, e [immakyle] *adj & s* inmaculado, da ▌l'Immaculée Conception la Inmaculada Concepción.

immanence [immanɑ̃s] *f* inmanencia.

immanent, e [immanɑ̃, ɑ̃t] *adj* inmanente.

immanentisme [immanɑ̃tism] *m* inmanentismo.

immangeable [ɛ̃mɑ̃ʒabl] *adj* incomible, incomestible.

immanquable [ɛ̃mɑ̃kabl] *adj* infalible, indefectible.

immanquablement [ɛ̃mɑ̃kabləmɑ̃] *adv* sin falta, infaliblemente, indefectiblemente.

immarcescible [immarsesibl] *adj* inmarcesible, inmarchitable.

immariable [ɛ̃marjabl] *adj* incasable.

immatérialiser [3] [immaterjalize] *v tr* inmaterializar, hacer inmaterial.

immatérialisme *m* inmaterialismo.

immatérialiste *adj & s* inmaterialista.

immatérialité *f* inmaterialidad.

immatériel, elle *adj* inmaterial.

immatriculation *f* matriculación, matrícula ▌AUTOM plaque d'immatriculation placa de matrícula, matrícula.

⎜**L'IMMATRICULATION**
En Francia, los dos últimos números que figuran en la matrícula de un vehículo hacen referencia al departamento en el que éste ha sido matriculado. Por ejemplo, los vehículos matriculados en el "Val-de-Marne" llevan el número 94.

immatriculer [3] *v tr* matricular ▌registrar, inscribir ■ faire immatriculer son véhicule

matricular su vehículo ▌voiture immatriculée dans la Gironde vehículo con matrícula de la Gironde.
▌ OBSERV Matricularse en la universidad se dice en francés s'inscrire y la matrícula es l'inscription.

immature adj inmaduro, ra [persona].

immaturité f inmadurez, falta de madurez.

immédiat, e [immedja, at] adj inmediato, ta ▌dans le voisinage immédiat de en las inmediaciones de.
◆ **immédiat** m lo inmediato ▌dans l'immédiat por ahora.

immédiatement adv inmediatamente.
▌ SYN sur-le-champ al punto, en el acto; aussitôt, tout de suite en seguida; à l'instant al instante.

immédiateté f PHILOS inmediación, carácter m inmediato.

immémoré, e [immemɔre] adj olvidado, da (oublié).

immémorial, e adj inmemorial.

immense adj inmenso, sa.

immensément adv inmensamente.

immensité f inmensidad.

immensurable adj inmensurable.

immergé, e adj inmerso, sa (p us); sumergido, da.

immerger [17] v tr inmergir (p us), sumergir.

immérité, e adj inmerecido, da.

immersif, ive adj inmersivo, va (p us); por inmersión.

immersion f inmersión.

immettable adj que no se puede poner (vêtement).

immeuble adj inmueble.
◇ m [▷ SYN] casa f, edificio (maison) ▌DR inmueble ■ immeuble de rapport inmueble ou casa de renta ou alquiler ▌immeuble locatif casa de alquiler.
▌ OBSERV Le substantif inmueble es en espagnol un gallicisme peu usité.
▌ SYN building building, edificio; gratte-ciel rascacielos.

immigrant, e [imigrã, ãt] adj & s inmigrante.

immigration f inmigración.

immigré, e adj & s inmigrado, da.

immigrer [3] v intr inmigrar.

imminence f inminencia.

imminent, e adj inminente.
▌ SYN instant instante; proche próximo.

immiscer [16] [imise] ·
◆ **s'immiscer** v pr inmiscuirse, meterse; s'immiscer dans les affaires d'autrui inmiscuirse en asuntos ajenos.

immixtion [imiksjɔ̃] f intromisión.

immobile [immɔbil] adj inmóvil; rester ou se tenir immobile permanecer ou mantenerse inmóvil.

immobilier, ère adj inmobiliario, ria.
◆ **immobilier** m bienes pl inmuebles.

immobilisation f inmovilización ▌DR conversión en bien inmueble.

immobiliser [3] v tr inmovilizar ▌dar (a un bien mueble) la condición de inmueble.

immobilisme m inmovilismo.

immobiliste adj & s inmovilista.

immobilité f inmovilidad.

immodéré, e [immɔdere] adj inmoderado, da; desmesurado, da.

immodérément adv inmoderadamente, sin moderación.

immodeste [immɔdɛst] adj inmodesto, ta.

immodestie f inmodestia, falta de pudor.

immodifiable adj inmodificable.

immolateur [immɔlatœr] m inmolador.

immolation [immɔlasjɔ̃] f inmolación ▌FIG sacrificio m.

immoler [3] v tr inmolar; immoler des agneaux inmolar corderos; immoler son intérêt au bien public inmolar sus intereses en favor de la colectividad ▌FIG sacrificar, inmolar.

immonde [immɔ̃d] adj inmundo, da ▌l'esprit immonde el espíritu inmundo, el demonio.

immondices f pl inmundicia sing.

immoral, e [immɔral] adj inmoral.

immoralement adv de modo inmoral.

immoralisme [immɔralism] m inmoralismo.

immoraliste [immɔralist] adj & s inmoralista.

immoralité [immɔralite] f inmoralidad.

immortaliser [3] [immɔrtalize] v tr inmortalizar.

immortalité [immɔrtalite] f inmortalidad.

immortel, elle [immɔrtɛl] adj & s inmortal.
◇ m & f FAM miembro de la Academia Francesa [de la lengua].
◆ **immortelle** f BOT perpetua, siempreviva.

immotivé, e adj inmotivado, da.

immuabilité [immɥabilite] f inmutabilidad.

immuable adj inmutable ▌immuable dans ses convictions inflexible en sus convicciones.

immuablement adv de manera inmutable, constantemente.

immunisant, e adj inmunizador, ra.

immunisation f inmunización.

immunisé, e adj inmunizado, da.

immuniser [3] v tr inmunizar.

immunitaire adj inmunitario, ria.

immunité f inmunidad; immunité diplomatique, parlementaire inmunidad diplomática, parlamentaria.

immunodéficience f MÉD inmunodeficiencia.

immunodéficitaire adj MÉD inmunodeficitario, ria, con déficit inmunitario.

immunodépresseur; immunosuppresseur m MÉD inmunodepresor.

immunodéprimé, e adj & s MÉD sin respuesta inmunitaria.

immunoglobuline f inmunoglobulina.

immunologie f MÉD inmunología.

immunologique adj inmunológico, ca.

immunosuppresseur ➡ **immunodépresseur**.

immunothérapie f MÉD inmunoterapia.

immutabilité f inmutabilidad.

impact [ɛ̃pakt] m impacto ■ étude d'impact estudio de impacto ▌impact écologique impacto ecológico ▌l'impact de la publicité el impacto de la publicidad ou propaganda ▌point d'impact impacto.

impair, e adj impar ▌jouer à pair ou impair jugar a pares o nones.
◆ **impair** m FAM torpeza f, equivocación f, plancha f (bévue) ▌FAM commettre un impair meter la pata, tirarse una plancha.

impala m ZOOL impala (antilope).

impalpable adj impalpable.

impaludation f inoculación del paludismo.

impanation f impanación.

imparable adj ineludible, inevitable, insoslayable.

impardonnable adj imperdonable; vous êtes impardonnable d'avoir fait cela es imperdonable que haya hecho usted eso.

imparfait, e adj imperfecto, ta.
◆ **imparfait** m lo imperfecto, imperfección f ▌GRAMM pretérito imperfecto.

imparfaitement adv insuficientemente.

imparidigité, e adj ZOOL imparidígito, ta.

imparipenné, e adj BOT pinada impar.

imparisyllabique adj GRAMM imparisílabo, ba.

imparité f imparidad (caractère de ce qui est impair) ▌desigualdad (inégalité).

impartageable adj indivisible, impartible.

impartial, e adj imparcial.

impartialement adv imparcialmente, con imparcialidad.

impartialité f imparcialidad.

impartir [32] v tr impartir (p us), conceder, otorgar; dans les délais impartis en el plazo concedido ▌impartir quelque chose à quelqu'un asignar algo a alguien.

impassable adj infranqueable.

impasse f callejón m sin salida (rue sans issue) ▌FIG callejón m sin salida, atolladero m (difficulté) ▌déficit m presupuestario (budgétaire) ▌impase m, impás m (bridge) ▌punto m muerto; les pourparlers sont dans une impasse las conversaciones están en un punto muerto ▌estancamiento m; l'impasse dans laquelle se trouve la conférence el estancamiento de la conferencia ▌FIG faire une impasse sur un chapitre saltar un capítulo.

impassibilité f impasibilidad.

impassible adj impasible.
▌ SYN flegmatique flemático; imperturbable imperturbable; froid frío; calme tranquilo; impavide impávido.

impassiblement adv impasiblemente, con impasibilidad, imperturbablemente.

impatiemment [ɛ̃pasjamɑ̃] adv impacientemente.

impatience [ɛ̃pasjɑ̃s] f impaciencia.

impatient, e [ɛ̃pasjɑ̃, ɑ̃t] adj impaciente; impatient de sortir impaciente por salir.

impatienter [3] [ɛ̃pasjɑ̃te] v tr impacientar.
◆ **s'impatienter** v pr impacientarse.

impatronisation f toma de posesión.

impatroniser [3]
→ **s'impatroniser** *v pr* imponerse, implantarse (s'imposer).

impavide *adj* impávido, da.

impayable [ɛ̃pɛjabl] *adj* impagable, inapreciable ‖ FIG & FAM graciosísimo, ma ‖ FAM il est impayable! ¡es inconmensurable!, ¡es la monda!

impayé, e [ɛ̃pɛje] *adj* no pagado, da; impagado, da [(*Amér*) impago, ga].
→ **impayé** *m* COMM impagado.

impeccable *adj* impecable.
> OBSERV En français comme en espagnol, le sens propre d'impeccable (qui ne peut pécher) est aujourd'hui vieilli. Seul le sens de irréprochable est aujourd'hui usité.

impeccablement *adv* impecablemente, de manera impecable ou irreprochable.

impécunieux, euse *adj* sin pecunio (pauvre).

impécuniosité *f* escasez de recursos, falta ou carencia de dinero.

impédance *f* PHYS impedancia; impédance acoustique impedancia acústica ‖ impédance de sortie impedancia de salida ‖ à faible impédance de baja impedancia.

impedimenta [ɛ̃pedimɛ̃ta] *m pl* impedimenta *f sing.*

impénétrabilité *f* impenetrabilidad.

impénétrable *adj* impenetrable.

impénitence *f* impenitencia.

impénitent, e *adj* impenitente.

impensable *adj* increíble, inimaginable.

impenses *f pl* DR impensa *sing*, gasto *m*.

imper [ɛ̃pɛr] *m* FAM impermeable.

impératif, ive *adj* & *s m* imperativo, va.

impérativement *adv* obligatoriamente.

impératrice *f* emperatriz, emperadora ‖ BOT diaprea.

imperceptibilité *f* imperceptibilidad.

imperceptible *adj* imperceptible.

imperceptiblement *adv* imperceptiblemente.

imperdable *adj* imperdible.

imperfectible *adj* imperfectible.

imperfectif, ive *adj* GRAMM imperfectivo, va.
→ **imperfectif** *m* GRAMM aspecto verbal imperfectivo (aspect) ‖ verbo imperfectivo (verbe).

imperfection *f* imperfección ‖ desperfecto *m* (petit défaut matériel).

imperforation *f* MÉD imperforación.

impérial, e *adj* imperial; protocoles impériaux protocolos imperiales.
→ **impériale** *f* imperial (d'une voiture, etc.) ‖ pera, perilla (barbe) ‖ autobus à impériale autobús de dos pisos.

impérialement *adv* majestuosamente, con majestad.

impérialisme *m* imperialismo.

impérialiste *adj* & *s* imperialista.

impérieusement *adv* imperiosamente ‖ avoir impérieusement besoin de tener necesidad imperiosa de.

impérieux, euse *adj* imperioso, sa.
> SYN absolu absoluto; impératif imperativo; autoritaire autoritario.

impérissable *adj* imperecedero, ra; perdurable.

impéritie [ɛ̃perisi] *f* impericia.

imperméabilisant, e *adj* impermeabilizante.

imperméabilisation *f* impermeabilización.

imperméabiliser [3] *v tr* impermeabilizar.

imperméabilité *f* impermeabilidad.

imperméable *adj* & *s* impermeable.

impersonnalité *f* impersonalidad.

impersonnel, elle *adj* impersonal.

impersonnellement *adv* impersonalmente, de manera impersonal.

impertinence *f* impertinencia.

impertinent, e *adj* & *s* impertinente.

imperturbabilité *f* imperturbabilidad.

imperturbable *adj* imperturbable.

imperturbablement *adv* impertubablemente.

impétigo *m* MÉD impétigo.

impétrant, e *adj* & *s* impetrante.

impétration *f* impetración.

impétrer [18] *v tr* impetrar.

impétueusement *adv* impetuosamente, con ímpetu, con impetuosidad.

impétueux, euse *adj* impetuoso, sa; arrebatado, da.

impétuosité *f* impetuosidad; l'impétuosité d'une attaque la impetuosidad de un ataque ‖ ímpetu *m* (violence) ‖ FIG impetuosidad, ímpetu *m* (fougue).

impie *adj* & *s* impío, a.

impiété *f* impiedad.

impitoyable [ɛ̃pitwajabl] *adj* despiadado, da.

impitoyablement *adv* despiadadamente.

implacabilité *f* implacabilidad.

implacable *adj* implacable.

implacablement *adv* implacablemente, inexorablemente, de modo inexorable.

implant *m* MÉD implante.

implantable *adj* MÉD que puede implantarse.

implantation *f* implantación, establecimiento *m*.

implanter [3] *v tr* implantar, establecer.

implexe *adj* de enredo (œuvre littéraire).

implication *f* implicación.

implicite *adj* implícito, ta.

implicitement *adv* implícitamente.

impliquer [3] *v tr* implicar.

implorant, e *adj* implorante, suplicante.

imploration *f* imploración.

implorer [3] *v tr* implorar.

imploser [3] *v intr* implosionar.

implosif, ive *adj* & *s* GRAMM implosivo, va.

implosion *f* implosión.

impluvium [ɛ̃plyvjɔm] *m* impluvio.

impoli, e *adj* & *s* descortés; mal educado, da.
> SYN malpoli desatento; malappris malcriado; malhonnête mal educado; discourtois descortés; incivil incivil.

impoliment *adv* descortésmente.

impolitesse *f* descortesía, falta de cortesía, mala educación.

impolitique *adj* impolítico, ca.

impondérabilité *f* imponderabilidad.

impondérable *adj* & *s* imponderable.

impopulaire *adj* impopular.

impopularité *f* impopularidad.

import *m* COMM importación *f*; importe (montant).

importable *adj* importable.

importance *f* importancia; avoir de l'importance tener importancia ‖ importancia, amplitud; l'importance de la publicité la amplitud de la publicidad ■ de la plus haute importance de gran ou mucha importancia ‖ d'importance importante, de mucha importancia (important), mucho, extremadamente (beaucoup) ‖ quelle importance? ¿qué importa? ‖ sans importance sin importancia ■ attacher de l'importance dar importancia ‖ se donner des airs d'importance dárselas de importante.

important, e *adj* importante ‖ FAM considerable, grande (grand).
→ **important** *m* lo importante, lo esencial ‖ faire l'important dárselas de importante, echárselas de personaje, darse tono.

importateur, trice *adj* & *s* importador, ra; pays importateur de blé país importador de trigo.

importation *f* importación; volume des importations volumen de las importaciones.

importer [3] *v tr* importar; importer des marchandises importar mercancías.
◇ *v intr* importar, tener importancia ■ il importe de le dire es importante decirlo ‖ il importe que tu le dises es importante que lo digas ‖ importer à quelqu'un importar algo a alguien, ser importante para alguien ‖ n'importe no tiene importancia ‖ n'importe comment de cualquier modo ‖ n'importe où dondequiera, en cualquier sitio ‖ n'importe quand cuando quiera, en cualquier momento ‖ n'importe qui cualquiera, quienquiera ‖ n'importe quoi cualquier cosa, lo que sea ‖ peu importe tiene poca importancia; peu importe le prix el precio tiene poca importancia ‖ peu importe que poco importa que ‖ peu m'importe me importa poco.

import-export *m* COMM importación y exportación *f*.
> OBSERV pl imports-exports.

importun, e [ɛ̃pɔrtœ̃, yn] *adj* [▷ SYN] importuno, na; molesto, ta.
◇ *m* & *f* impertinente.
> SYN 1. fâcheux pesado, latoso; intempestif intempestivo.
> 2. gêneur estorbo; intrus intruso; FAM crampon lapa, machacón; FAM poison chinche.

importunément *adv* LITT importunamente, importunadamente.

importuner [3] *v tr* importunar.

importunité *f* inoportunidad.

imposable *adj* imponible, sujeto a imposición.

imposant, e *adj* imponente.
▌ **SYN** auguste augusto; majestueux majestuoso; grandiose grandioso; solennel solemne.

imposé, e *adj* impuesto, ta ▌ sujeto a contribución ou impuesto.
◇ *m & f* contribuyente.

imposer [3] *v tr* imponer; imposer sa volonté imponer su voluntad ▌ gravar ou cargar a uno con un impuesto, someter a uno a un impuesto ▌ imponer un gravamen ▌ **IMPR** ajustar, imponer ■ en imposer infundir respeto ▌ **RELIG** imposer les mains imponer manos.
➡ **s'imposer** *v pr* imponerse ▌ ça s'impose es obligatorio.

imposeur *m* **IMPR** tipógrafo ajustador, impositor.

imposition *f* imposición ▌ impuesto *m*, contribución ▌ **IMPR** ajuste *m*, imposición ■ **ÉCON** avis d'imposition aviso impositivo ▌ imposition sur le chiffre d'affaires impuesto sobre el volumen de negocios ou de ventas.

impossibilité *f* imposibilidad; être dans l'impossibilité de estar en la imposibilidad de.

impossible *adj* imposible ▌ imposible, intratable, insoportable (caractère) ■ il m'est impossible de le faire me es imposible hacerlo ▌ impossible à faire imposible de hacer ▌ rendre impossible imposibilitar.
◇ *m* lo imposible ■ à l'impossible nul n'est tenu nadie puede hacer lo imposible ▌ par impossible por si acaso ■ faire l'impossible pour que hacer lo imposible para que.

imposte *f* **ARCHIT** imposta ▌ montante *m* (menuiserie).

imposteur *m* impostor, ra.
▌ **OBSERV** Imposteur no tiene en francés forma femenina, como en español: cette femme est un imposteur esta mujer es una impostora.

imposture *f* impostura.

impôt [ɛpo] *m* impuesto, contribución *f*; frapper d'un impôt gravar con un impuesto ■ impôt cédulaire impuesto cedular ▌ impôt direct, indirect impuesto directo, indirecto ▌ **LITT** impôt du sang servicio militar ▌ impôt foncier contribución territorial ▌ impôt retenu à la source impuesto raíz ou deducido en origen ▌ impôts locaux impuesto municipal ▌ impôt sur la fortune impuesto sobre el patrimonio ▌ impôt sur le chiffre d'affaires impuesto sobre el volumen de negocio ou de ventas ▌ impôt sur le revenu des personnes physiques impuesto sobre la renta de las personas físicas ▌ impôt sur les bénéfices impuesto sobre beneficios ▌ impôt sur les plus-values impuesto de plusvalías ▌ impôt sur les sociétés impuesto sobre ou de sociedades ■ déclaration d'impôts declaración de la renta ▌ des impôts tributario, ria; réforme des impôts reforma tributaria.
▌ **SYN** imposition imposición; taxe tasa; cote cuota; tribut tributo; contribution contribución.
LES IMPÔTS LOCAUX
Son impuestos recaudados para financiar las administraciones locales, departamentales o regionales. Los más conocidos son la "taxe d'habitation" (pagada por los inquilinos), la "taxe foncière" (propietarios) y la "taxe pro-fessionnelle" (empresas y autónomos). El importe de cada impuesto es fijado por las autoridades locales.

impotence *f* impotencia [falta de poder].

impotent, e *adj* impedido (qui se meut avec difficulté) ▌tullido, da; lisiado, da (estropié).

impraticabilité *f* impracticabilidad.

impraticable *adj* impracticable ▌ intransitable, impracticable (chemin).

imprécateur, trice *m & f* imprecador, ra.

imprécation *f* imprecación.

imprécatoire *adj* imprecatorio, ria.

imprécis, e [ɛpresi, iz] *adj* impreciso, sa; sin precisión.

imprécision *f* imprecisión, falta de precisión.

imprégnable *adj* impregnable.

imprégnation *f* impregnación.

imprégner [18] *v tr* impregnar.
➡ **s'imprégner** *v pr* impregnarse; s'imprégner de impregnarse de ou con.

imprenable *adj* inexpugnable, inatacable, inconquistable ▌avec vue imprenable sin servidumbre de luces ou de vistas.

impréparation *f* falta de preparación.

imprésario *m* empresario (d'un artiste) ▌apoderado (d'un torero).

imprescriptibilité *f* imprescriptibilidad.

imprescriptible [ɛpreskriptibl] *adj* imprescriptible.

impression *f* impresión; faire impression causar impresión; échanger des impressions cambiar impresiones ▌ estampación (textile) ▌**ARTS** imprimación ▌**IMPR** impresión, estampado ■ impressions de voyage impresiones de viaje ■ donner l'impression que causar la impresión de que ▌ donner une impression de dar una impresión de ▌ faire bonne impression producir buena impresión.

impressionnabilité *f* impresionabilidad.

impressionnable *adj* impresionable.

impressionnant, e *adj* impresionante.

impressionner [3] *v tr* impresionar.

impressionnisme *m* impresionismo.

impressionniste *adj & s* impresionista.

imprévisibilité *f* carácter *m* de lo imprevisible.

imprévisible *adj* imprevisible.

imprévision *f* imprevisión.

imprévoyance [ɛprevwajɑ̃s] *f* imprevisión.

imprévoyant, e [ɛprevwajɑ̃, ɑ̃t] *adj & s* imprevisor, ra.

imprévu, e *adj & s* imprevisto, ta; l'imprévu a dominé ma vie lo imprevisto ha dominado mi vida ▌en cas d'imprévu si ocurre algo imprevisto, por si acaso ▌sauf imprévu salvo imprevisto.
▌ **SYN** inattendu inesperado; inespéré inesperado; inopiné inopinado.

imprimable *adj* imprimible.

imprimant, e *adj* impresor, a.

imprimante *f* **INFORM** impresora ■ imprimante à jet d'encre impresora por chorros de tinta▌imprimante à marguerite impresora de margarita▌imprimante laser impresora láser▌imprimante matricielle impresora matri-cial ▌ imprimante thermique impresora térmica.

imprimatur *m inv* imprimátur.

imprimé, e *adj* impreso, sa ▌ estampado, da (tissu); imprimé à fleurs, à pois estampado de flores, de lunares.
➡ **imprimé** *m* impreso.

imprimer [3] *v tr* [▷ **SYN**] imprimir (un livre), estampar (une lithographie) ▌ estampar (tissu) ▌**ARTS** imprimar (une toile, un panneau) ▌ dar, comunicar, imprimir (un mouvement) ▌ **FIG** imprimir, infundir; imprimer le respect infundir respeto.
▌ **SYN** empreindre estampar; graver grabar; estamper estampar; marquer marcar; tirer tirar.

imprimerie [ɛprimri] *f* imprenta ■ l'Imprimerie nationale la imprenta nacional francesa.
L'IMPRIMERIE NATIONALE
La "Imprimerie nationale" imprime los documentos oficiales de la República francesa. Los particulares también pueden, mediante un acuerdo especial y a costa suya, encargarle trabajos en alfabetos extranjeros en particular, o cuando necesiten técnicas de imprenta especiales.

imprimeur, euse *adj & s m* impresor, ra.

impro (abr de improvisation) *f* **FAM** improvisación.

improbabilité *f* improbabilidad.

improbable *adj* improbable.

improbateur, trice *adj* desaprobador, ra.

improbatif, ive *adj* reprobatorio, ria.

improbation *f* desaprobación, reprobación.

improbité *f* improbidad, falta de probidad.

improductif, ive *adj* improductivo, va.

improductivité *f* improductividad.

impromptu [ɛprɔ̃pty] *m* improvisación *f*, obra *f* improvisada.
◇ *adv* improvisadamente, sin preparación, de repente.
➡ **impromptu, e** *adj* improvisado, da; repentino, na.

imprononçable *adj* impronunciable.

impropre *adj* impropio, pia.

improprement *adv* impropiamente, de manera impropia, con impropiedad.

impropriété *f* impropiedad.

improuvable *adj* indemostrable.

improvisateur, trice *adj & s* improvisador, ra.

improvisation *f* improvisación.

improvisé, e *adj* improvisado, da.

improviser [3] *v tr & intr* improvisar ▌avec des moyens improvisés con medios improvisados.
➡ **s'improviser** *v pr* ingeniárselas; s'improviser cuisinier ingeniárselas de cocinero.

improviste
➡ **à l'improviste** *loc adv* de improvisto ou improviso, de repente.

imprudemment [ɛprydamɑ̃] *adv* imprudentemente.

imprudence *f* imprudencia.

imprudent, e *adj & s* imprudente.

impubère *adj* & *s* impúber; impúbero, ra.

impubliable *adj* impublicable.

impudemment [ɛ̃pydamɑ̃] *adv* impudentemente.

impudence *f* impudencia, desvergüenza.

impudent, e *adj* & *s* impudente; desvergonzado, da.

   SYN **effronté** descarado; **éhonté** desvergonzado; **cynique** cínico.

impudeur *f* impudor *m*, falta de pudor.

impudicité *f* impudicia.

impudique *adj* & *s* impúdico, ca.

impudiquement *adv* impúdicamente.

impuissance *f* impotencia; **être réduit à l'impuissance** estar reducido a la impotencia ‖ incapacidad, imposibilidad, ineficacia ‖MÉD impotencia.

impuissant, e *adj* & *s* impotente; **gouvernement impuissant contre la rébellion** gobierno impotente contra la rebelión ‖ ineficaz, incapaz (inefficace).
  ⬦ *adj* & *s* MÉD impotente.

impulser [3] *v tr* impulsar.

impulsif, ive *adj* & *s* impulsivo, va.

impulsion *f* impulso *m*, impulsión (p us).

impulsivement *adv* impulsivamente.

impulsivité *f* impulsividad.

impunément *adv* impunemente.

impuni, e *adj* impune.

impunité *f* impunidad.

impur, e *adj* impuro, ra.

impureté [ɛ̃pyrte] *f* impureza.

imputabilité *f* imputabilidad.

imputable *adj* imputable.

imputation [ɛ̃pytasjɔ̃] *f* imputación.

imputer [3] *v tr* imputar ‖ÉCON **imputer une dépense sur un chapitre du budget** cargar un gasto en un capítulo del presupuesto.
  ‖ SYN **attribuer** atribuir; **prêter** prestar.

imputrescibilité [ɛ̃pytresibilite] *f* imputrescibilidad.

imputrescible [ɛ̃pytresibl] *adj* imputrescible.

in *adj inv* FAM in, en la onda.

INA (abr de Institut national de l'audiovisuel) *m* organismo público francés de archivos e investigación audiovisual.

inabordable *adj* inabordable, inaccesible ‖ FIG inaccesible; inasequible; carísimo, ma; **prix inabordable** precio carísimo.

inabouti, e *adj* inacabado, da; inconcluso, sa; malogrado, da.

inabrité, e *adj* desabrigado, da; sin protección.

inabrogeable [inabrɔʒabl] *adj* inabrogable.

inaccentué, e [inaksɑ̃ɥte] *adj* inacentuado, da.

inacceptable [inakseptabl] *adj* inaceptable.

inacceptation [inakseptasjɔ̃] *f* negativa, no aceptación (refus).

inaccessibilité [inaksesibilite] *f* inaccesibilidad.

inaccessible [inaksesibl] *adj* inaccesible ‖ insensible; **inaccessible à la pitié** insensible a la piedad.

inaccompli, e *adj* incumplido, da; no cumplido, da ‖no consumado, da.

inaccomplissement *m* incumplimiento, falta *f* de cumplimiento.

inaccordable *adj* que no puede concederse, inconcedible ‖ inconciliable, incompatible (qu'on ne peut mettre d'accord).

inaccoutumé, e *adj* inacostumbrado, da; insólito, ta; desusado, da (inhabituel) ‖ sin mucha costumbre; desacostumbrado, da (non habitué à).

inachevé, e [inaʃve] *adj* sin acabar; no acabado, da; inconcluso, sa ‖ **la Symphonie inachevée** la Sinfonía incompleta.

inachèvement *m* falta *f* de conclusión, estado incompleto.

inactif, ive *adj* inactivo, va.

inactinique *adj* PHYS inactínico, ca.

inaction [inaksjɔ̃] *f* inacción.
  ‖ SYN **inactivité** inactividad; **inertie** inercia; **désœuvrement** holganza; **inoccupation** desocupación; **oisiveté** ociosidad; **farniente** farniente; **loisir** ocio.

inactiver [3] *v tr* MÉD inactivar.

inactivité *f* inactividad ‖ **congé d'inactivité** excedencia, cesantía.

inactuel, elle *adj* inactual, no actual.

inadaptable *adj* inadaptable.

inadaptation *f* inadaptación.

inadapté, e *adj* & *s* inadaptado, da.

inadéquat, e [inadekwa, at] *adj* inadecuado, da.

inadéquation *f* inadecuación.

inadmissibilité *f* inadmisibilidad.

inadmissible *adj* inadmisible.

inadmission *f* inadmisión.

inadvertance *f* inadvertencia, descuido *m* ‖ **par inadvertance** por inadvertencia.

inajournable *adj* inaplazable.

INALCO [inalko] (abr de Institut national des langues et civilisations orientales) *m* instituto nacional francés de lenguas y civilizaciones orientales.

inaliénabilité *f* inalienabilidad.

inaliénable *adj* inalienable, no enajenable.

inaliénation [inaljenasjɔ̃] *f* inalienación.

inaliéné, e [inaljene] *adj* no enajenado, da; inalienado, da.

inalliable *adj* que no puede alearse (métaux) ‖ FIG inconciliable, incompatible (inconciliable).

inaltérabilité *f* inalterabilidad.

inaltérable *adj* inalterable; **couleur inaltérable** color inalterable.

inaltéré, e *adj* inalterado, da; sin alteración.

inamical, e *adj* inamistoso, sa; hostil.

inamissible *adj* inamisible.

inamovibilité *f* inamovilidad.

inamovible *adj* inamovible ‖ vitalicio, cia (à vie).

inanimé, e *adj* inanimado, da.

inanité *f* inanidad.

inanition [inanisjɔ̃] *f* inanición ‖ **tomber d'inanition** morirse de inanición.

inapaisable *adj* imposible de aplacar ‖soif **inapaisable** sed inextinguible.

inapaisé, e *adj* no aplacado, da; insatisfecho, cha.

inapercevable [inapɛrsəvabl] *adj* inadvertible, imperceptible (gallicisme).

inaperçu, e [inapɛrsy] *adj* inadvertido, da; desapercibido, da; no visto, ta; inapercibido, da (gallicisme); **passer inaperçu** pasar desapercibido ou inadvertido.

inapparent, e *adj* no aparente.

inappétence *f* inapetencia.

inapplicable *adj* inaplicable.

inapplication *f* desaplicación (d'un élève) ‖inaplicación (d'un système).

inappliqué, e *adj* desaplicado, da (un élève) ‖inaplicado, da (un système).

inappréciable *adj* inapreciable.

inapprécié, e *adj* no apreciado, da.

inapprivoisable *adj* indomesticable, indomable.

inapprivoisé, e *adj* indomado, da; indómito, ta; no domesticado, da.

inapprochable [inaprɔʃabl] *adj* inaccesible.

inapproprié, e *adj* inapropiado, da.

inapte *adj* no apto; inepto, ta; **inapte à certains travaux** inepto para determinados tipos de trabajo ‖ **inapte aux affaires** no apto para los negocios ‖ **rendre inapte au travail** incapacitar para el trabajo.
  ‖ OBSERV **Inapto** es en espagnol un gallicisme; la forme étymologique est **inepto**.

inaptitude *f* ineptitud, incapacidad, inaptitud.
  ‖ SYN **incapacité** incapacidad; **insuffisance** insuficiencia; **impéritie** impericia.

inarrangeable [inarɑ̃ʒabl] *adj* que no se puede arreglar.

inarticulé, e *adj* inarticulado, da.

in articulo mortis *adv* in artículo mortis, en el artículo de la muerte.

inassimilable *adj* inasimilable.

inassorti, e *adj* descabalado, da.

inassouvi, e *adj* no saciado, da; insatisfecho, cha; **vengeance inassouvie** venganza insatisfecha.

inassouvissement *m* falta de saciedad, insaciabilidad.

inattaquable *adj* inatacable.

inattendu, e *adj* inesperado, da.

inattentif, ive *adj* desatento, ta; distraído, da ‖descuidado, da.

inattention *f* descuido *m*, falta de atención, desatención ∎ **faute d'inattention** falta de atención ‖ **une minute d'inattention** un minuto de descuido ∎ **par inattention** por descuido.

inaudible *adj* inaudible.

inaugural, e *adj* inaugural; **discours inauguraux** discursos inaugurales.

inauguration *f* inauguración ‖ descubrimiento *m* (d'une statue) ‖ **discours, cérémonie d'inauguration** discurso, ceremonia inaugural.

inaugurer [3] *v tr* inaugurar ‖ descubrir (une statue) ‖ FIG introducir, iniciar, inaugurar.

inauthenticité [inotɑ̃tisite] *f* falta de autenticidad.

inauthentique *adj* no auténtico, ca.

inavouable [inavwabl] *adj* inconfesable ‖ vergonzoso, sa (honteux).

inavoué, e *adj* no confesado, da.

INC (abr de Institut national de la consommation) *m* organismo público francés que se ocupa del consumo.

inca *adj & s* inca.

incalculable *adj* incalculable, incontable; un nombre incalculable de un número incalculable de.

incandescence [ɛ̃kɑ̃desɑ̃s] *f* incandescencia ‖ FIG ardor *m*, incandescencia, efervescencia ■ lampe, manchon à incandescence lámpara, mecha incandescente ‖ porter à incandescence llevar a incandescencia.

incandescent, e [ɛ̃kɑ̃desɑ̃, ɑ̃t] *adj* incandescente ‖ FIG incandescente, candente, ardiente.

incantation *f* encantamiento *m*, hechizo *m*.

incantatoire *adj* formule incantatoire encantamiento, invocación mágica.

incapable *adj & s* incapaz.

incapacité *f* incapacidad ■ incapacité électorale incapacidad electoral ‖ incapacité de travail incapacidad laboral ■ être dans l'incapacité de estar en la incapacidad de.

incarcération *f* encarcelamiento *m* ‖ incarcération préventive prisión preventiva.

incarcérer [18] *v tr* encarcelar.

incarnadin, e *adj* encarnadino, na.

incarnat, e [ɛ̃karna, at] *adj & s m* encarnado, da; rosicler.

> OBSERV Incarnat francés es menos general que rouge y designa un encarnado entre el color rosa y el de cereza.

incarnation *f* encarnación *m*.

incarné, e *adj* encarnado, da; ongle incarné uña encarnada ‖ FIG & FAM c'est le diable incarné el diablo en persona.

incarner [3] *v tr* encarnar.
➤ **s'incarner** *v pr* MÉD encarnarse.

incartade *f* [▷ SYN] despropósito *m*, salida de tono (insulte brusque) ‖ locura, extravagancia (extravagance) ‖ inconveniencia (parole blessante) ‖ espantada, extraño *m* (écart d'un cheval) ‖ faire une incartade echar una cana al aire.

> SYN algarade escándalo; FAM sortie salida.

Incas *n pr m pl* incas.

incasique *adj* incásico, ca; incaico, ca.

incassable *adj* irrompible.

incendiaire *adj & s* incendiario, ria.

incendie [ɛ̃sɑ̃di] *m* incendio, quema *f* ■ incendie criminel incendio criminal ‖ incendie de forêt incendio forestal.

> SYN feu fuego; embrasement abrasamiento; conflagration conflagración; sinistre siniestro.

incendié, e *adj* incendiado, da.
> *m & f* damnificado, da por un incendio.

incendier [9] *v tr* incendiar ‖ FIG caldear, inflamar (enflammer) ‖ FAM colmar de injurias.

incertain, e [ɛ̃sɛrtɛ̃, ɛn] *adj* incierto, ta ‖ inseguro, ra; irresoluto, ta (irrésolu) ‖ inconstante, incierto (temps) ■ être incertain de no estar seguro de.
➤ **incertain** *m* lo incierto, lo inseguro ‖ cotización *f* (de la monnaie).

incertitude *f* incertidumbre.

incessamment *adv* inmediatamente, en seguida, de un momento a otro (au plus tôt) ‖ incesantemente, sin cesar (sans cesse).

incessant, e *adj* incesante, incesable.

incessibilité *f* intransmisibilidad.

incessible *adj* intrasmisible, intransmisible.

inceste *m* incesto.

incestueux, euse *adj & s* incestuoso, sa.
> *m & f* incestuoso, sa (coupable d'inceste).

inchangé, e *adj* no cambiado, da; sin cambiar, igual; son état est inchangé su estado continúa ou sigue igual.

inchangeable [ɛ̃ʃɑ̃ʒabl] *adj* incambiable, que no puede cambiarse.

inchantable *adj* incantable.

inchavirable *adj* MAR que no puede zozobrar.

inchoatif, ive [ɛ̃kɔatif, iv] *adj* GRAMM incoativo, va.

incidemment [ɛ̃sidamɑ̃] *adv* incidentemente, incidentalmente ‖ accesoriamente, accidentalmente (accessoirement).

incidence *f* incidencia; angle, point d'incidence ángulo, punto de incidencia ‖ FIG repercusión, consecuencias *pl*, incidencia (répercussion).

incident *m* incidente ■ incident de frontière incidente fronterizo ‖ incident de parcours contratiempo ‖ incident de tir incidente de tiro ‖ incident technique incidente técnico.

incident, e *adj* incidente ‖ FIG incidental; remarque incidente observación incidental ‖ DR incidental.
> *adj & s f* GRAMM incidental.

incinérateur *m* incinerador.

incinération *f* incineración; incinération des déchets incineración de basuras.

incinérer [18] *v tr* incinerar.

incipit [ɛ̃sipit] *m inv* principio de una obra.

incirconcis, e [ɛ̃sirkɔ̃si, iz] *adj & s m* incircunciso, no circuncidado.

incise *f* inciso *m*; en incise a modo de inciso.

inciser [3] *v tr* hacer una incisión en, entallar (un arbre), sajar (la peau).

incisif, ive *adj* incisivo, va.
➤ **incisive** *f* incisivo *m* (dent).

incision *f* incisión, corte *m* ‖ entalladura (d'arbre).

incitant, e *adj* incitante.

incitateur, trice *adj & s* incitador, ra.

incitatif, ive *adj* incitativo, va.

incitation *f* incitación.

inciter [3] *v tr* incitar, instigar.

incivil, e *adj* descortés, incivil.

incivilité *f* descortesía, incivilidad.

incivique *adj* falto, ta de civismo.

incivisme *m* falta *f* de civismo.

inclassable *adj* inclasificable.

inclémence *f* inclemencia, rigor *m* (rigueur).

inclément, e *adj* inclemente; riguroso, sa.

inclinable *adj* abatible; siège à dossier inclinable asiento abatible.

inclinaison *f* inclinación.

inclination [ɛ̃klinasjɔ̃] *f* inclinación; inclinations égoïstes, altruistes inclinaciones egoístas, altruistas ‖ afecto *m*, cariño *m* (affection) ■ mariage d'inclination casamiento de amor ■ il me salua d'une légère inclination me saludó con una leve inclinación ‖ montrer de l'inclination pour les sciences sentir inclinación hacia las ciencias.

incliner [3] *v tr* inclinar ‖ MAR tumbar (un bateau).
> *v intr & pr* inclinarse ‖ incliner à droite inclinarse a ou hacia la derecha.

inclure [96] *v tr* incluir, insertar.

inclus, e [ɛ̃kly, yz] *adj* incluso, sa; incluido, da; inclusive ■ ci-inclus, e adjunto, ta ‖ jusqu'à octobre inclus hasta octubre inclusive.

inclusif, ive *adj* inclusivo, va.

inclusion *f* inclusión.

inclusivement *adv* inclusive, inclusivamente.

incoagulable *adj* incoagulable.

incoercibilité *f* incoercibilidad.

incoercible *adj* incoercible.

incognito [ɛ̃kɔɲito] *adv* de incógnito; voyager incognito viajar de incógnito.
> *m* incógnito; garder l'incognito guardar el incógnito.

incohérence *f* incoherencia.

incohérent, e *adj* incoherente.

incollable *adj* que no se pega ‖ que no se le puede meter ningún gol.

incolore *adj* incoloro, ra.

incomber [3] *v intr* incumbir.

incombustibilité *f* incombustibilidad.

incombustible *adj* incombustible.

income-tax [inkɔmtaks] *m* impuesto sobre la renta (en Angleterre).

incommensurabilité *f* inconmensurabilidad.

incommensurable *adj* inconmensurable.

incommensurablement *adv* infinitamente (très) ‖ MATH inconmensurablemente.

incommodant, e *adj* molesto, ta; incómodo, da.

incommode *adj* incómodo, da; position incommode postura incómoda ‖ molesto, ta; voisin incommode vecino molesto.

incommodément *adv* incómodamente.

incommoder [3] *v tr* incomodar, molestar ‖ indisponer, poner enfermo (rendre un peu malade).

> OBSERV Incomodarse a aussi en espagnol le sens plus fort de "se fâcher".

incommodité *f* incomodidad, molestia (défaut de commodité) ▌ indisposición (légère maladie).

incommunicabilité *f* incomunicabilidad.

incommunicable *adj* incomunicable.

incommutabilité *f* inconmutabilidad.

incommutable *adj* inconmutable.

incomparable *adj* incomparable.

incomparablement *adv* incomparablemente.

incompatibilité *f* incompatibilidad; incompatibilité d'humeur incompatibilidad de carácter.

incompatible *adj* incompatible ▌ INFORM incompatible.

incompétence *f* incompetencia (d'un tribunal) ▌ incompetencia, falta de conocimientos.

incompétent, e *adj & s* incompetente.

incomplet, ète [ɛ̃kɔplɛ, ɛt] *adj* incompleto, ta.

incomplètement *adv* de manera incompleta.

incomplétude *f* calidad de incompleto ▌ incompletitud; l'incomplétude de l'arithmétique la incompletitud de la aritmética ▌ sentiment d'incomplétude sensación de no haberse realizado uno plenamente.

incompréhensibilité [ɛ̃kɔpreɑsibilite] *f* incomprensibilidad.

incompréhensible *adj* incomprensible.
▌ SYN inconcevable inconcebible; inintelligible ininteligible.

incompréhensiblement *adv* incomprensiblemente.

incompréhensif, ive *adj* incomprensivo, va; poco comprensivo, va.

incompréhension *f* incomprensión.

incompressibilité *f* incompresibilidad.

incompressible *adj* incompresible.

incompris, e *adj & s* incomprendido, da.

inconcevable *adj* inconcebible.

inconcevablement *adv* de modo inconcebible.

inconciliable *adj* inconciliable.

inconditionné, e *adj* incondicional.

inconditionnel, elle *adj & s* incondicional.

inconditionnellement *adv* incondicionalmente.

inconduite *f* mala conducta.

inconfort *m* incomodidad *f*, falta de confort.

inconfortable *adj* inconfortable; incómodo, da.

inconfortablement *adv* incómodamente ▌ être installé inconfortablement estar incómodo, da.

incongelable *adj* incongelable.

incongru, e *adj* incongruente.

incongruence *f* MÉD incongruencia.

incongruité [ɛ̃kɔgrɥite] *f* incongruencia, inconveniencia.

incongrûment *adv* de manera incongruente, incongruentemente.

inconnaissable *adj* incognoscible.

inconnu, e *adj & s* [▷ SYN] desconocido, da ▌ FAM inconnu au régiment es un ilustre desconocido.
➡ **inconnu** *m* lo desconocido.
➡ **inconnue** *f* MATH incógnita; dégager l'inconnue despejar la incógnita.
▌ SYN ignoré ignorado; méconnu mal apreciado; obscur oscuro; oublié olvidado.

inconsciemment [ɛ̃kɔsjamɑ] *adv* inconscientemente.

inconscience [ɛ̃kɔsjɑs] *f* inconsciencia.
▌ OBSERV Remarquez que le s n'existe pas dans conciencia.

inconscient, e [ɛ̃kɔsjɑ, ɑt] *adj & s* inconsciente.

inconséquemment [ɛ̃kɔsekamɑ] *adv* LITT inconsecuentemente.

inconséquence [ɛ̃kɔsekɑs] *f* inconsecuencia.

inconséquent, e [ɛ̃kɔsekɑ, ɑt] *adj & s* inconsecuente.

inconsidéré, e *adj* inconsiderado, da ▌ desconsiderado, da.

inconsidérément *adv* inconsideradamente, desconsideradamente.

inconsistance *f* inconsistencia.

inconsistant, e *adj* inconsistente.

inconsolable *adj* inconsolable.

inconsolé, e *adj* desconsolado, da.

inconsommable *adj* no consumible.

inconstance *f* inconstancia.

inconstant, e *adj & s* inconstante.

inconstatable *adj* que no se puede comprobar.

inconstitutionnalité [ɛ̃kɔstitysjɔnalite] *f* inconstitucionalidad.

inconstitutionnel, elle *adj* inconstitucional.

inconstitutionnellement *adv* inconstitucionalmente.

inconstructible *adj* inconstruible.

incontestable *adj* incontestable ▌ indiscutible; droit, preuve incontestable derecho, prueba indiscutible.

incontestablement *adv* indiscutiblemente.

incontesté, e *adj* incontestado, da ▌ indiscutible; indiscutido, da; inconcuso, sa; vérité incontestée verdad indiscutible ou inconcusa.

incontinence *f* incontinencia.

incontinent, e *adj* incontinente.
➡ **incontinent** *adv* (vx) incontinenti, incontinente.

incontournable *adj* ineludible.

incontrôlable *adj* incomprobable, incontrolable, imposible de comprobar (invérifiable) ▌ incontrolable (non maîtrisable).

incontrôlé, e *adj* no comprobado, da; no controlado, da (non vérifié) ▌ no controlado, da.

inconvenance [ɛ̃kɔvnɑs] *f* inconveniencia.

inconvenant, e [ɛ̃kɔvnɑ, ɑt] *adj* inconveniente.

inconvénient *m* inconveniente ■ parer aux inconvénients precaverse contra las dificultades ▌ si vous n'y voyez pas d'inconvénient si no tiene usted inconveniente ▌ y a-t-il un inconvénient à...? ¿hay algún inconveniente en...?

inconvertible; inconvertissable *adj* inconvertible.

incoordination *f* incoordinación.

incorporable *adj* incorporable.

incorporation *f* incorporación.

incorporé, e *adj* incorporado, da.

incorporéité *f* incorporeidad.

incorporel, elle *adj* incorpóreo, a; incorporal ▌ DR biens incorporels bienes incorporales.

incorporer [3] *v tr* incorporar; incorporer une chose à ou dans une autre incorporar una cosa con otra.
▌ OBSERV Incorporarse en espagnol signifie aussi se mettre sur son séant, se redresser.

incorrect, e [ɛ̃kɔrɛkt] *adj* incorrecto, ta.

incorrectement *adv* incorrectamente.

incorrection *f* incorrección.
▌ SYN inconvenance inconveniencia; incongruité incongruencia.

incorrigible *adj* incorregible.

incorrigiblement *adv* incorregiblemente, de modo incorregible ▌ elle est incorrigiblement bavarde es una charlatana empedernida.

incorruptibilité *f* incorruptibilidad.

incorruptible *adj* incorruptible.

incrédibilité *f* incredibilidad.

incrédule *adj & s* incrédulo, la.
▌ SYN sceptique escéptico; incroyant descreído.

incrédulité *f* incredulidad.

incréé, e *adj* increado, da ▌ la sagesse incréée la sabiduría increada, el Verbo divino.

incrément *m* INFORM incremento.

incrémenter [3] *v tr* incrementar.

incrémentiel, elle *adj* INFORM incremental.

increvable *adj* que no se pincha (pneu) ▌ FAM incansable, infatigable.

incriminable *adj* incriminable.

incrimination *f* incriminación.

incriminer [3] *v tr* incriminar.

incristallisable *adj* incristalizable.

incrochetable *adj* infracturable, inviolable (porte, coffre).

incroyable [ɛ̃krwajabl] *adj* increíble.
◇ *m* petimetre de la época del Directorio [en Francia].

incroyablement *adv* increíblemente.

incroyance *f* incredulidad, descreimiento.

incroyant, e [ɛ̃krwajɑ, ɑt] *adj & s* descreído, da; incrédulo, la.

incrustant, e *adj* incrustante.

incrustation *f* incrustación.

incruster [3] *v tr* incrustar; incruster d'or incrustar con oro.
➡ **s'incruster** *v pr* incrustarse ▌ FAM pegarse.

incubateur, trice *adj* incubador, ra.

➡ **incubateur** *m* incubadora *f* (couveuse).

incubation *f* incubación.

incube *adj* & *s m* íncubo (démon).

incuber [3] *v tr* incubar.

inculcation *f* inculcación.

inculpabilité *f* inculpabilidad.

inculpable *adj* que puede ser culpado.
‖ OBSERV En espagnol, inculpable signifie qui ne peut être accusé.

inculpation *f* inculpación.

inculpé, e *adj* & *s* culpado, da; inculpado, da ‖ procesado, da (dans une cause civile); el reo, la reo (dans un procès criminel).

inculper [3] *v tr* inculpar, culpar.

inculquer [3] *v tr* inculcar.

inculte *adj* inculto, ta; personne inculte persona inculta ‖ descuidado, da (négligé) ‖ barbe inculte barba enmarañada.

incultivable *adj* incultivable.

incultivé, e *adj* inculto, ta; no cultivado, da.

inculture *f* incultura.

incunable *adj* & *s m* incunable (livre).

incurabilité *f* incurabilidad.

incurable *adj* & *s* incurable (inguérissable).

➡ **Incurables** *m pl* (vx) hospital de incurables.

incurablement *adv* incurablemente.

incurie [ɛ̃kyri] *f* incuria, abandono *m*.

incurieux, euse *adj* falto, ta de curiosidad; indiferente.
‖ OBSERV Incurioso en espagnol signifie négligent.

incuriosité *f* falta de curiosidad ou interés, falta de empeño en aprender.

incursion *f* incursión.
‖ SYN raid correría, raid; razzia algara, razzia; irruption irrupción; invasion invasión; envahissement invasión.

incurvation *f* encorvamiento *m*, encorvadura.

incurvé, e *adj* curvado, da.

incurver [3] *v tr* encorvar, curvar, incurvar.

incus, e *adj* & *s* incuso, sa (monnaie ou médaille).

inde *m* índigo (couleur) ‖ Inde, bois d'Inde palo de Campeche.

Inde [ɛ̃d] *n pr* GÉOGR l'Inde (la) India.

indéboulonnable *adj* FAM il est indéboulonnable de ahí no hay quien lo saque.

indébrouillable *adj* imposible de desenredar.

indécachetable [ɛ̃dekaʃtabl] *adj* que no puede abrirse (lettre).

indécemment *adv* descaradamente, ostentosamente.

indécence *f* indecencia.

indécent, e *adj* & *s* indecente (obscène) ‖ (vieilli) descortés (discourtois).

indéchiffrable *adj* indescifrable.

indéchirable *adj* que no puede romperse ou rasgarse, irrompible.

indécis, e [ɛ̃desi, iz] *adj* indeciso, sa; indécis sur ce qu'on doit dire indeciso acerca de lo

que ha de decirse ‖ borroso, sa (vague) ‖ dudoso, sa; victoire indécise victoria dudosa.

indécision *f* indecisión.
‖ SYN indétermination indeterminación; irrésolution irresolución; hésitation vacilación; scrupule escrúpulo; perplexité perplejidad.

indéclinabilité *f* GRAMM indeclinabilidad.

indéclinable *adj* GRAMM indeclinable.

indécollable *adj* que no puede despegarse, indespegable.

indécomposable *adj* indescomponible.

indécrottable *adj* que no se puede limpiar ‖ FIG incorregible, de tomo y lomo; paresseux indécrottable perezoso incorregible.

indéfectibilité *f* indefectibilidad.

indéfectible *adj* indefectible.

indéfectiblement *adv* siempre, eternamente; être indéfectiblement attaché à ses principes ser siempre fiel a sus principios.

indéfendable *adj* indefendible.

indéfini, e *adj* & *s m* indefinido, da ‖ (vx) passé indéfini pretérito perfecto.

indéfiniment *adv* indefinidamente.

indéfinissable *adj* indefinible.

indéformable *adj* indeformable.

indéfrichable *adj* incultivable, que no se puede roturar.

indéfrisable *adj* & *s f* permanente (coiffure).

indéhiscence [ɛ̃deisɑ̃s] *f* BOT indehiscencia.

indéhiscent, e [ɛ̃deisɑ̃, ɑ̃t] *adj* BOT indehiscente.

indélébile *adj* indeleble.

indélébilité *f* indelebilidad (p us), carácter *m* indeleble.

indélicat, e [ɛ̃delika, at] *adj* & *s* falto, ta de delicadeza; indelicado, da.

indélicatement *adv* indelicablemente.

indélicatesse *f* falta de delicadeza, indelicadeza.

indémaillable [ɛ̃demajabl] *adj* indesmallable, que no puede tener carreras (bas).

indemne [ɛ̃dɛmn] *adj* indemne; ileso, sa; sano y salvo.

indemnisable [ɛ̃dɛmnizabl] *adj* indemnizable.

indemnisation [ɛ̃dɛmnizasjɔ̃] *f* indemnización ‖ indemnisation de chômage subsidio de desempleo.

indemniser [3] [ɛ̃dɛmnize] *v tr* indemnizar ‖ se faire indemniser cobrar una indemnización.

indemnitaire [ɛ̃dɛmniter] *m* & *f* indemnizado, da.

indemnité [ɛ̃dɛmnite] *f* indemnidad ‖ indemnización, dieta (allocation) ▪ indemnité de cherté de la vie plus de carestía de vida ‖ indemnité de départ compensación en metálico ‖ indemnité de déplacement dieta ‖ indemnité de licenciement indemnización por despido ‖ indemnité de logement subsidio de vivienda ‖ indemnité de séjour dieta, per diem ‖ indemnité journalière subsidio ‖ indemnité parlementaire emolumentos de los parlamentarios, dieta.

indémodable *adj* que no pasa de moda.

indémontable *adj* indesmontable, que no se puede desmontar, no desmontable, no desarmable.

indémontrable *adj* indemostrable.

indéniable *adj* innegable.

indéniablement *adv* innegablemente, indiscutiblemente.

indénombrable *adj* innumerable.

indentation *f* escotadura.

indépassable *adj* infranqueable; limite indépassable límite infranqueable.

indépendamment de *loc prép* independientemente de, con independencia de ‖ además de (outre).

indépendance *f* independencia.

indépendant, e *adj* & *s* independiente ‖ travailleur indépendant trabajador independiente.

indépendantisme *m* independentismo.

indépendantiste *adj* & *s* independentista.

indéracinable *adj* que no se puede desarraigar, indesarraigable.

indéraillable [ɛ̃derajabl] *adj* que no se puede descarrilar.

indéréglable *adj* que no se puede descomponer.

Indes *n pr f pl* Indias.

indescriptible [ɛ̃deskriptibl] *adj* indescriptible.

indésirable *adj* & *s* indeseable.

Indes occidentales *n pr f pl* HIST Indias occidentales (ancien nom de l'Amérique).

Indes orientales *n pr f pl* HIST Indias orientales, Indias neerlandesas, Indias holandesas (ancien nom de l'Indonésie).

indestructibilité *f* indestructibilidad.

indestructible *adj* indestructible.

indétectable *adj* indetectable.

indéterminable *adj* indeterminable.

indétermination *f* indeterminación.

indéterminé, e *adj* indeterminado, da.

indéterminisme *m* indeterminismo.

indéterministe *adj* & *s* indeterminista.

indétrônable *adj* inamovible.

index [ɛ̃dɛks] *m* índice (d'un livre) ‖ RELIG índice; mettre à l'Index poner en el Índice ‖ aguja *f* indicador (aiguille mobile) ‖ índice, dedo índice (doigt).

indexation [ɛ̃dɛksasjɔ̃] *m*; **indexage** *f* indización *f* (d'un livre) ‖ ajustamiento *m* a la variación de (un prix); indexation sur le coût de la vie ajustamiento a la variación del coste de la vida ‖ INFORM indexación.

indexé, e [ɛ̃dɛkse] *adj* ajustado, da a la variación de precios.

indexer [4] *v tr* incluir en un índice alfabético ▪ indexer sur hacer variar en función de, ajustar a la variación de ‖ indexer un emprunt sur l'or valorar un empréstito con arreglo al oro.

Indiana *n pr m* GÉOGR l'Indiana Indiana.

Indianapolis *n pr* GÉOGR Indianápolis.

indianisme *m* indianismo.

indianiste *adj* & *s* indianista.

indic *m* FAM soplón, confidente.

indican [ɛ̃dikɑ̃] *m* MÉD indicán.

indicateur, trice *adj* indicador, ra; poteau indicateur poste indicador; tableau indicateur indicador.

➤ **indicateur** *m* indicador (appareil) ▌guía *f* (de chemin de fer, des rues) ▪ indicateur de débit aforador ▌indicateur de police confidente, policía secreto ▌indicateur de pression indicador de presión ▌ÉCON indicateur de tendance indicador de tendencia ▌indicateur de vitesse velocímetro ▌indicateur économique indicador económico ▌indicateur immobilier directorio de bienes inmuebles.

indicatif, ive *adj* indicativo, va; à titre indicatif a título indicativo.

➤ **indicatif** *m* GRAMM indicativo ▌RAD sintonía *f* (d'une émission) ▌prefijo, código territorial, indicativo (téléphone) ▌indicatif d'appel signos convencionales (télégraphe, radio).

indication *f* indicación. ▌COMM indication d'origine indicación de procedencia.

indice *m* indicio (indication) ▌MATH & PHYS índice ▌índice (des prix) ▪ indice d'écoute índice de audiencia ▌indice des prix à la consommation índice de precios al consumo ▌indice d'octane índice de octano (essence) ▌indice du coût de la vie índice del coste de la vida.

indicible *adj* indecible, inefable.

indiciblement *adv* indeciblemente.

indiciel, elle *adj* relativo, va al índice.

indiction *f* indicción.

indien, enne *adj & s* indio, dia (Indes orientales et occidentales).
◇ *adj* índico, ca (Indes orientales).

Indien *n pr m* l'océan Indien el océano Índico.

indienne *f* indiana (toile de coton).

indifféremment *adv* con indiferencia (avec froideur) ▌sin distinción (sans faire de différence).

indifférence *f* indiferencia.

indifférenciation *f* indiferenciación.

indifférencié, e *adj* indiferenciado, da.

indifférent, e *adj & s* indiferente ▌il m'est indifférent que me es indiferente que.
▌SYN blasé saciado; détaché desprendido.

indifférentisme *m* indiferentismo.

indifférer [18] *v intr* FAM dejar indiferente.

indigénat [ɛ̃diʒena] *m* calidad *f* de indígena, indigenismo ▌conjunto de indígenas de una región ▌derecho de ciudadanía en un país, carta *f* de naturaleza.

indigence *f* indigencia; être dans l'indigence estar en la indigencia.

indigène *adj & s* indígena.
▌SYN naturel nativo; aborigène aborigen; autochtone autóctono.

indigent, e [ɛ̃diʒɑ̃, ɑ̃t] *adj & s* indigente.

indigeste *adj* indigesto, ta ▌FIG confuso, sa; indigesto, ta (confus).

indigestion *f* indigestión, empacho *m* ▌FIG saciedad, indigestión ▌atracón *m*; avoir une indigestion de cinéma haberse dado un atracón de cine.

indigète *adj* indigete.

indignation *f* indignación.

indigne *adj* indigno, na.

indigné, e *adj* indignado, da.

indignement *adv* indignamente, con indignidad.

indigner [3] *v tr* indignar.

➤ **s'indigner** *v pr* indignarse; s'indigner de ou de ce que ou contre indignarse con ou contra.

indignité *f* indignidad.

indigo [ɛ̃digo] *m* añil, índigo.

indigotier *m* añil, índigo (plante).

indigotine *f* CHIM indigotina.

indiqué, e *adj* indicado, da; n'être pas très indiqué no ser muy indicado; le chemin n'est pas très bien indiqué el camino no está muy bien señalizado.

indique-fuites [ɛ̃dikfit] *m inv* indicador de escapes de gas.

indiquer [3] *v tr* [▷ SYN] indicar, señalar; indiquer du doigt señalar con el dedo ▌FIG denotar, indicar (dénoter) ▌pourriez-vous m'indiquer l'heure? ¿podría usted decirme la hora?
▌SYN montrer mostrar; signaler señalar; désigner designar; marquer marcar.

indirect, e *adj* indirecto, ta.
▌SYN détourné desviado; oblique oblicuo.

indirectement *adv* indirectamente.

indiscernable *adj* indiscernible, que no puede discernirse.

indisciplinable *adj* indisciplinable.

indiscipline *f* indisciplina.

indiscipliné, e *adj* indisciplinado, da.

indiscret, ète [ɛ̃diskrɛ, ɛt] *adj* indiscreto, ta.
▌SYN curieux curioso; fureteur fisgador; FAM fouineur escudriñador, hurón.

indiscrètement *adv* indiscretamente.

indiscrétion *f* indiscreción.

indiscutable *adj* indiscutible.

indiscutablement *adv* indiscutiblemente.

indiscuté, e *adj* indiscutido, da.

indispensable *adj* indispensable, imprescindible; se rendre indispensable hacerse imprescindible.

indisponibilité *f* indisponibilidad.

indisponible *adj & s* indisponible.

indisposé, e *adj* indispuesto, ta.

indisposer [3] *v tr* indisponer.

indisposition *f* indisposición.

indissociable *adj* indisociable.

indissolubilité *f* indisolubilidad.

indissoluble *adj* indisoluble.

indissolublement *adv* indisolublemente.

indistinct, e [ɛ̃distɛ̃, ɛ̃kt] *adj* indistinto, ta.

indistinctement *adv* indistintamente.

indium [ɛ̃djɔm] *m* indio (métal).

individu *m* individuo ▌tipo, individuo (péjoratif) ▌FAM son individu su propia persona.

individualisation *f* individualización.

individualisé, e *adj* individualizado, da.

individualiser [3] *v tr* individualizar.

individualisme *m* individualismo.

individualiste *adj & s* individualista.

individualité *f* individualidad.

individuation *f* individuación, individualidad, especificación individual.

individuel, elle *adj* individual; chambre individuelle habitación individual.

individuellement *adv* individualmente.

indivis, e [ɛ̃divi, iz] *adj* indiviso, sa ▌DR par indivis pro indiviso.

indivisaire *m & f* persona que se encuentra en una indivisión.

indivisément *adv* pro indiviso.

indivisibilité *f* indivisibilidad.

indivisible *adj* indivisible.

indivision *f* indivisión.

in-dix-huit; in-18 [ɛ̃dizɥit] *adj inv & s m inv* en dieciochavo, en 18° (livre).

Indochine *n pr f* GÉOGR l'Indochine Indochina; la guerre d'Indochine la guerra de Indochina.

> **LA GUERRE D'INDOCHINE**
> Las operaciones militares francesas en Indochina de 1940 a 1954 fueron dirigidas primero contra Japón y Tailandia, y luego contra el movimiento revolucionario Vietminh (a partir de 1946). Tras la derrota de las fuerzas francesas en Diên Biên Phu en 1954, una conferencia en Ginebra de las potencias envueltas en el conflicto puso fin a la guerra al dividir Vietnam en dos estados independientes, el del Norte y el del Sur.

indochinois, e *adj* indochino, na.

Indochinois, e *m & f* indochino, na.

indocile *adj* indócil.
▌SYN indisciplinable indisciplinable; récalcitrant recalcitrante, reacio; regimber díscolo; indomptable indómito, indomable; rétif reacio; rebelle rebelde; réfractaire refractario.

indocilité *f* indocilidad.

indo-européen, enne *adj & s* indoeuropeo, a.
➤ **indo-européen** *m* LING indoeuropeo.
▌OBSERV pl indo-européens, indo-européennes.

indo-germanique *adj & s* indogermánico, ca.
▌OBSERV pl indo-germaniques.

indole *m* CHIM indol.

indolemment [ɛ̃dɔlamɑ̃] *adv* indolentemente.

indolence *f* indolencia.

indolent, e *adj & s* indolente.

indolore *adj* indoloro, ra.

indomptable [ɛ̃dɔ̃tabl] *adj* indomable.

indompté, e [ɛ̃dɔ̃te] *adj* indómito, ta; indomado, da ▌FIG incontenible, irreprimible.

Indonésie *n pr f* GÉOGR l'Indonésie Indonesia.

indonésien, enne *adj* indonesio, sia.
➤ **indonésien** *m* LING indonesio.

Indonésien, enne *m & f* indonesio, sia.

indoor [indɔr] *adv* athlétisme in-door atletismo en pista cubierta.

indophénol *m* CHIM indofenol.

indouisme ➤ hindouisme.

in-douze; in-12 [induz] *adj inv & s m inv* en dozavo, en 12° (livre).

Indre *n pr f* GÉOGR Indre (département); dans l'Indre en Indre.

Indre-et-Loire *n pr f* GÉOGR Indre-et-Loire; en Indre-et-Loire en Indre-et-Loire.

indri *m* indri (lémurien).

indu, e *adj* indebido, da ‖ à une heure indue a deshora.
➡ **indu** *m* DR lo indebido.

indubitable *adj* indudable, indubitable.

indubitablement *adv* indudablemente.

inductance *f* ÉLECTR inductancia.

inducteur, trice *adj & s m* inductor, ra.

inductif, ive *adj* inductivo, va.

induction *f* inducción.

induire [98] *v tr* inducir; induire en erreur inducir en error ‖ deducir, inducir (déduire) ‖ÉLECTR inducir.

induit, e [ɛ̃dɥi, it] *adj & s m* inducido, da.

indulgence *f* indulgencia.

indulgencier [9] *v tr* conceder indulgencia, indulgenciar.

indulgent, e *adj* indulgente ‖ indulgent pour ou envers indulgente con ou hacia.
‖ SYN clément clemente; tolérant tolerante.

induline *f* CHIM indulina.

indult [ɛ̃dylt] *m* indulto (du pape).
‖ OBSERV Indulto a en espagnol le sens juridique plus étendu de "grâce".

indûment *adv* indebidamente.

induration *f* MÉD endurecimiento *m*, induración.

induré, e *adj* indurado, da ‖ MÉD chancre induré chancro duro.

indurer [3] *v tr* MÉD endurecer, indurar.

Indus [ɛ̃dys] *n pr m* GÉOGR l'Indus el Indo ou Indos.

industrialisation *f* industrialización.

industrialiser [3] *v tr* industrializar.
➡ **s'industrialiser** *v pr* industrializarse.

industrialisme *m* industrialismo.

industrie *f* industria; industrie clé industria clave ▪ industrie aéronautique industria aeronáutica ‖ industrie automobile industria del automóvil ‖industrie du spectacle industria del espectáculo ‖ industrie pharmaceutique industria farmacéutica ‖industrie textile industria textil ▪ chevalier d'industrie caballero de industria, estafador ‖ vivre d'industrie vivir de malas artes.

industriel, elle [ɛ̃dystrjɛl] *adj & s* industrial ‖ FAM en quantité industrielle en gran cantidad, en gran escala.

industriellement *adv* industrialmente.

industrieux, euse *adj* industrioso, sa ‖mañoso, sa (adroit).

induvie *f* BOT induvia.

inébranlable *adj* inquebrantable, inconmovible, firme.

inébranlablement *adv* de modo inquebrantable.

inéchangeable *adj* incambiable, introcable.

INED; Ined (abr de Institut national d'études démographiques) *m* institución pública francesa dedicada a la realización de estudios demográficos.

inédit, e [inedi, it] *adj & s m* inédito, ta ‖ de l'inédit algo inédito.

inéducable *adj* ineducable.

ineffabilité *f* inefabilidad.

ineffable *adj* inefable.

ineffablement *adv* inefablemente (indiciblement).

ineffaçable *adj* imborrable, indeleble (indélébile).

inefficace *adj* ineficaz.

inefficacement *adv* ineficazmente, de manera ineficaz, inadecuadamente.

inefficacité *f* ineficacia.

inégal, e *adj* desigual.

inégalable *adj* inigualable, sin par.

inégalé, e *adj* inigualado, da.

inégalement *adv* desigualmente.

inégalitaire *adj* no igualitario, ria.

inégalité *f* desigualdad ‖ inégalités de terrain irregularidades del terreno.
‖ SYN disparité disparidad; disproportion desproporción.

inélastique *adj* falto, ta de elasticidad; no elástico, ca; inflexible.

inélégamment *adv* inelegantemente, sin elegancia.

inélégance *f* inelegancia.

inélégant, e *adj* inelegante, poco elegante ‖FIG descortés, poco elegante; procédé inélégant procedimiento descortés.

inéligibilité *f* inaptitud para ser elegido.

inéligible *adj* inelegible, no elegible.

inéluctable *adj* ineluctable.

inéluctablement *adv* ineluctablemente.

inemployable [inɑ̃plwajabl] *adj* inservible.

inemployé, e [inɑ̃plwaje] *adj* sin empleo; inempleado, da; sin emplear.

inénarrable *adj* inenarrable.

inepte [inɛpt] *adj* tonto, ta; necio, cia; inepto, ta.

ineptie [inɛpsi] *f* necedad, inepcia, ineptitud.

inépuisable *adj* inagotable.

inépuisablement *adv* infatigablemente, sin descanso.

inépuisé, e *adj* inagotado, da.

inéquation [inekwasjɔ̃] *f* MATH inecuación.

inéquitable [inekitabl] *adj* no equitativo, va.

inéquitablement [inekitabləmɑ̃] *adv* sin equidad.

inerme *adj* inerme.

inerte *adj* inerte.
‖ SYN inactif inactivo; passif pasivo; atone átono.

inertie [inɛrsi] *f* inercia ‖ MÉCAN force d'inertie fuerza de inercia.

inescomptable [inɛskɔ̃tabl] *adj* indescontable.

inespéré, e *adj* inesperado, da.

inesthétique *adj* inestético, ca.

inestimable *adj* inestimable.

inévitable *adj* [▷ SYN] inevitable ‖ consabido, da; l'inévitable discours d'ouverture el consabido discurso inaugural.

‖ SYN fatal fatal; forcé forzoso; obligatoire obligatorio; inéluctable ineluctable.

inévitablement *adv* inevitablemente.

inexact, e [inɛgzakt] ou [inɛgza, akt] *adj* inexacto, ta.

inexactement *adv* inexactamnte, erróneamente.

inexactitude *f* inexactitud.

inexaucé, e [inɛgzose] *adj* insatisfecho, cha; une prière inexaucée una súplica insatisfecha.

inexcitable *adj* no excitable.

inexcusable *adj* inexcusable.

inexécutable [inɛgzekytabl] *adj* inejecutable.

inexécuté, e *adj* no ejecutado, da.

inexécution *f* inejecución, incumplimiento *m*.

inexercé, e [inɛgzɛrse] *adj* que no está ejercitado, da; inexperto, ta.

inexhaustible *adj* inexhaustible.

inexigibilité *f* inexigibilidad.

inexigible *adj* inexigible.

inexistant, e *adj* inexistente.

inexistence *f* inexistencia.

inexorabilité *f* inexorabilidad.

inexorable *adj* inexorable.

inexorablement *adv* inexorablemente.

inexpérience *f* inexperiencia.

inexpérimenté, e *adj* inexperto, ta; inexperimentado, da; sin experiencia.

inexpiable *adj* inexpiable.

inexpié, e *adj* inexpiado, da.

inexplicable *adj* inexplicable.

inexplicablement *adv* inexplicablemente, por arte de magia.

inexpliqué, e *adj* inexplicado, da.

inexploitable *adj* inexplotable.

inexploité, e *adj* inexplotado, da.

inexplorable *adj* inexplorable.

inexploré, e *adj* inexplorado, da.

inexplosible *adj* que no puede explotar ou estallar.

inexpressif, ive *adj* inexpresivo, va.

inexprimable *adj* indecible, inexpresable.

inexprimé, e *adj* inexpresado, da.

inexpugnable [inɛkspyɲabl] *adj* inexpugnable.

inextensibilité *f* inextensibilidad.

inextensible *adj* inextensible.

in extenso [inɛktɛ̃so] *adv* in extenso, por entero ‖ procès-verbal in extenso actas literales ou taquigráficas.

inextinguible [inɛkstɛ̃gɥibl] ou [inɛkstɛ̃gibl] *adj* inextinguible.

inextirpable *adj* inextirpable.

in extremis [inɛkstremis] *adv* in extremis, en el último momento.

inextricable *adj* inextricable.

inextricablement *adv* inextricablemente.

infaillibilité [ɛ̃fajibilite] *f* infalibilidad.

infaillible [ɛ̃fajibl] *adj* infalible.

infailliblement [ɛ̃fajibləmū] *adv* infallible-ment, indefectiblemente.

infaisable [ɛ̃fəzabl] *adj* imposible, que no puede hacerse.

infalsifiable *adj* infalsificable.

infamant, e *adj* infamante.

infâme *adj* & *s* infame.

infamie *f* infamia.

infant, e *m* & *f* infante, ta.
▌ OBSERV Infante en espagnol signifie aussi fantassin et enfant (en bas âge).

infanterie *f* infantería ▌ infanterie portée infantería motorizada.

infanticide *m* infanticidio (meurtre d'un enfant).
◇ *m* & *f* infanticida (meurtrier d'un enfant).

infantile *adj* infantil.
▌ OBSERV No se debe confundir este adjetivo con su parónimo enfantin, e en la expresión maladie infantile.

infantilisant, e *adj* que infantiliza.

infantiliser [3] *v tr* infantilizar.

infantilisme *m* infantilismo.

infarctus [ɛ̃farktys] *m* MÉD infarto.

infatigable *adj* infatigable, incansable.

infatigablement *adv* incansablemente, sin cesar.

infatuation *f* infatuación, engreimiento *m*.

infatué, e *adj* PÉJ engreído, da.

infatuer [7] *v tr* infatuar (p us), engreír ▌infatué de sa personne engreído por ou creído de sí mismo.
➦ **s'infatuer** *v pr* infatuarse (p us), engreírse, creerse.

infécond, e [ɛ̃fekɔ̃, ɔ̃d] *adj* infecundo, da ▌infecundo, da; yermo, ma.

infécondité *f* infecundidad (stérilité).

infect, e [ɛ̃fɛkt] *adj* infecto, ta; fétido, da ▌FAM asqueroso, sa; repugnante; une boisson infecte una bebida asquerosa.

infectant, e *adj* infeccioso, sa.

infecté, e *adj* infectado, da.

infecter [4] *v tr* infectar, inficionar; la chaleur infecte les eaux stagnantes el calor infecta las aguas estancadas ▌infectar, inficionar; plaie infectée llaga infectada ▌FIG inficionar, corromper (les mœurs).
◇ *v intr* apestar (sentir mauvais).
➦ **s'infecter** *v pr* infectarse, enconarse.

infectieux, euse [ɛ̃fɛksjø, øz] *adj* infeccioso, sa; maladie infectieuse enfermedad infecciosa.

infection [ɛ̃fɛksjɔ̃] *f* infección ▌ [▷ SYN] peste, mal olor *m* (grande puanteur) ▌FIG contaminación, contagio *m* (contagion morale).
▌ SYN puanteur hediondez; fétidité fetidez; pestilence pestilencia.

inféodé, e *adj* enfeudado, da ▌adherido, da; afiliado, da; inféodé à un parti adherido a un partido.

inféoder [3] *v tr* enfeudar.
➦ **s'inféoder** *v pr* adherirse, afiliarse (s'affilier).

infère *adj* BOT ínfero, ra (ovaire).

inférence *f* inferencia (raisonnement).

inférer [18] *v tr* inferir.

inférieur, e *adj* & *s* inferior.
▌ SYN subordonné subordinado; subalterne subalterno.

inférieurement *adv* inferiormente (moins bien).

inférioriser [3] *v tr* tener en menos, infravalorar.

infériorité *f* inferioridad; infériorité en nombre inferioridad numérica.

infernal, e *adj* infernal.

infertile *adj* infecundo, da; estéril; yermo, ma.

infertilité *f* esterilidad.

infestation *f* MÉD infestación.

infesté, e *adj* infestado, da; plagado, da; région infestée de moustiques región plagada de mosquitos.

infester [3] *v tr* infestar.

infeutrable *adj* inenfieltrable.

infibulation *f* infibulación.

infichu, e *adj* FAM incapaz; être infichu de faire quelque chose ser incapaz de hacer algo.

infidèle *adj* & *s* infiel ▌infidèle à infiel a, con, para ou para con.

infidèlement *adv* infielmente ▌le journaliste avait infidèlement rapporté les faits el periodista no había presentado fielmente los hechos.

infidélité *f* infidelidad.

infiltrat [ɛ̃filtra] *m* MÉD infiltrado, infiltrador.

infiltration *f* infiltración.

infiltré, e *adj* infiltrado, da.

infiltrer [3]
➦ **s'infiltrer** *v pr* infiltrarse ▌FIG colarse.

infime *adj* ínfimo, ma.
▌ OBSERV Es incorrecto decir le plus infime ya que infime es superlativo.

infini, e *adj* infinito, ta.
➦ **infini** *m* infinito ▌à l'infini infinitamente, sin límites, a lo infinito.
▌ SYN absolu absoluto; illimité ilimitado.

infiniment *adv* infinitamente ▌MATH infiniment grand, petit infinitamente grande, pequeño.

infinité *f* infinidad, infinitud.

infinitésimal, e *adj* infinitesimal.

infinitif, ive *adj* & *s m* infinitivo, va.

infinitude *f* infinitud.

infirmable *adj* DR invalidable, anulable (témoignage).

infirmatif, ive *adj* DR que infirma.

infirmation *f* DR invalidación, infirmación, anulación.

infirme *adj* & *s* achacoso, sa (maladif) ▌lisiado, da; baldado, da; impedido, da (estropié) ▌infirme du travail incapacitado laboral ▌infirme mental deficiente mental ▌infirme moteur minusválido motor.
▌ OBSERV El español enfermo equivale sólo al francés malade.

infirmer [3] *v tr* DR invalidar, infirmar (annuler) ▌FIG quitar valor a, disminuir (un témoignage, l'autorité).

infirmerie *f* enfermería.

infirmier, ère *m* & *f* enfermero, ra ■ élève infirmière alumna de enfermería ▌infirmière chef jefa de enfermería ▌infirmière diplômée enfermera diplomada.
■ SYN garde-malade enfermera; nurse nurse.

infirmité *f* lisiadura ▌achaque *m*, dolencia (maladie) ▌FIG imperfección; l'infirmité humaine la imperfección humana.

inflammabilité *f* inflamabilidad.

inflammable *adj* inflamable.

inflammation *f* inflamación.

inflammatoire *adj* inflamatorio, ria.

inflation *f* inflación ▌ÉCON inflation galopante inflación galopante ▌inflation larvée ou latente inflación encubierta ou latente ▌inflation par la demande inflación de demanda ▌inflation par les coûts inflación de costes ▌inflation rampante inflación reptante.

inflationnisme *m* inflacionismo.

inflationniste *adj* inflacionista.

infléchi, e *adj* combado, da; encorvado, da ▌FIG modificado, da ▌flexional (phonétique).

infléchir [32] *v tr* doblar, encorvar (courber) ▌desviar; infléchir un rayon lumineux desviar un rayo luminoso ▌FIG modificar, influir en; infléchir la politique d'un État influir en la política de un Estado.
➦ **s'infléchir** *v pr* encorvarse, desviarse.

infléchissement *m* inflexión *f*, alteración *f*.

inflexibilité *f* inflexibilidad, firmeza.

inflexible *adj* inflexible.

inflexiblement *adv* inflexiblemente, rigurosamente, a rajatabla.

inflexion *f* inflexión ▌MATH point d'inflexion punto de inflexión ▌saluer d'une inflexion de la tête saludar con una inclinación de cabeza.

infliger [17] *v tr* infligir ▌infliger une amende de infligir una multa de, multar con.

inflorescence *f* BOT inflorescencia.

influençable *adj* que se deja influir.

influence *f* influencia.
▌ SYN ascendant ascendiente; prestige prestigio; crédit crédito; mainmise dominio; tyrannie tiranía; emprise influencia.

influencer [16] *v tr* ejercer influencia sobre ou en, influir sobre ou en, influenciar.
▌ OBSERV Influenciar est un gallicisme très employé.

influent, e *adj* influyente.

influenza *f* MÉD influenza, gripe.

influer [3] *v intr* influir sobre ou en.

influx [ɛ̃fly] *m* influjo ▌influx nerveux transmisión nerviosa.

info *f* FAM información.

Infographie® *f* INFORM infografía, grafimática.

in-folio *adj inv* & *s m inv* infolio, en folio ▌grand, petit in-folio en folio mayor, menor.

infondé, e *adj* infundado, da.

informateur, trice *m* & *f* informador, ra ▌confidente (police).

informaticien, enne *m* & *f* informático, ca.

information *f* información, noticia (nouvelles) ‖ informe *m*, noticia (renseignement) ■ aller aux informations tomar informes, informarse ‖ DR ouvrir une information judiciaire abrir una instrucción judicial.

informatique *f* informática ■ informatique distribuée informática distribuida ‖ informatique grand public informática familiar.

informatisation *f* computadorización, informatización.

informatisé, e *adj* informatizado, da.

informatiser [3] *v tr* computadorizar, informatizar.

informe *adj* informe; une masse informe una masa informe ‖ DR que presenta un vicio de forma.

informé *m* DR informe, información *f* ‖ DR jusqu'à plus ample informé para mejor proveer.

informel, elle *adj* informal.

informer [3] *v tr* informar, avisar (avertir). ◇ *v intr* informar, hacer ou abrir una información. ➡ **s'informer** *v pr* informarse.

informulé, e *adj* no formulado, da.

infortune *f* infortunio *m*, desgracia.

infortuné, e *adj & s* infortunado, da; desventurado, da; desgraciado, da.

infra *adv* infra.

infraction *f* infracción ‖ être en infraction cometer una infracción.

infranchissable *adj* infranqueable ‖ FIG insuperable.

infrangible *adj* infrangible, irrompible.

infrarouge *adj & s m* PHYS infrarrojo, ja; ultrarrojo, ja ‖ chauffage à infrarouge calefacción infrarroja.

infrason *m* PHYS infrasonido.

infrastructure *f* infraestructura.

infréquentable *adj* intratable.

infroissable *adj* inarrugable.

infructueusement *adv* infructuosamente.

infructueux, euse [ɛ̃fryktɥø, øz] *adj* infructífero, ra; champ infructueux campo infructífero ‖ FIG infructuoso, sa; effort infructueux esfuerzo infructuoso.

infule *f* ínfula (bandelette des prêtres romains). ‖ OBSERV En espagnol ínfulas signifie familièrement vanité, présomption.

infumable *adj* infumable, que no puede fumarse.

infundibuliforme [ɛ̃fɔ̃dibylifɔrm] *adj* infundibuliforme (en entonnoir).

infundibulum [ɛ̃fɔ̃dibylɔm] *m* ANAT infundíbulo.

infus, e [ɛ̃fy, yz] *adj* infuso, sa; science infuse ciencia infusa.

infuser [3] *v tr* hacer una infusión (faire une infusion) ‖ MÉD inyectar ‖ infundir; infuser du courage infundir valor ‖ laisser infuser dejar en infusión.

infusibilité *f* infusibilidad.

infusible *adj* infusible.

infusion *f* infusión.

infusoires *m pl* ZOOL infusorios.

ingagnable *adj* que no se puede ganar.

ingambe [ɛ̃gɑ̃b] *adj* FAM ágil, ligero de piernas.

ingénier [9] ➡ **s'ingénier** *v pr* ingeniarse en ou para, darse maña en ou para.

ingénierie [ɛ̃ʒeniri] *f* ingeniería.

ingénieur *m* ingeniero ■ ingénieur agronome ingeniero agrónomo ‖ ingénieur chimiste ingeniero químico ‖ ingénieur civil ingeniero civil ‖ ingénieur des eaux et forêts ingeniero de montes ‖ ingénieur des ponts et chaussées ingeniero de caminos, canales y puertos ‖ ingénieur du génie maritime ingeniero naval ou de la armada ‖ ingénieur du son ingeniero de sonido ‖ INFORM ingénieur système ingeniero de sistemas ‖ ingénieur technico-commercial ingeniero técnicocomercial.

ingénieur-conseil *m* ingeniero consultor. ‖ OBSERV pl ingénieurs-conseils.

ingénieusement *adv* ingeniosamente, con ingenio.

ingénieux, euse *adj* ingenioso, sa. ‖ OBSERV Ingenioso a aussi en espagnol le sens de "spirituel".

ingéniosité *f* ingeniosidad; l'ingéniosité d'un mécanisme la ingeniosidad de un mecanismo ‖ ingenio *m*; l'ingéniosité d'un inventeur el ingenio de un inventor.

ingénu, e *adj & s* ingenuo, nua. ➡ **ingénue** *f* dama joven, ingenua (théâtre).

ingénuité *f* ingenuidad.

ingénument *adv* ingenuamente.

ingérable *adj* incontrolable (situation).

ingérence *f* injerencia; ingérence dans les affaires intérieures injerencia en los asuntos internos.

ingérer [18] *v tr* ingerir (introduire). ➡ **s'ingérer** *v pr* ingerirse.

ingestion *f* ingestión.

in globo *adv* en globo, globalmente.

ingouvernable *adj* ingobernable, que no puede gobernarse.

ingrat, e [ɛ̃gra, at] *adj & s* ingrato, ta (infructueux) ‖ ingrato, ta; desagradecido, da (non reconnaissant); fils ingrat hijo ingrato ‖ poco afortunado, da; un visage ingrat una cara poco afortunada ■ âge ingrat edad del pavo ‖ ingrat envers ses parents ingrato con, para ou para con sus padres.

ingratitude *f* ingratitud, desagradecimiento *m*; payer d'ingratitude mostrar ingratitud.

ingrédient [ɛ̃gredjɑ̃] *m* ingrediente.

inguérissable *adj* incurable.

inguinal, e [ɛ̃gɥinal] *adj* inguinal; inguinario, ria; canal inguinal canal inguinal.

ingurgitation *f* ingurgitación.

ingurgiter [3] *v tr* ingurgitar (p us), engullir.

inhabile *adj* inhábil; inhabile à inhábil en ‖ DR incapaz.

inhabileté [inabilte] *f* inhabilidad.

inhabilité *f* DR incapacidad legal.

inhabitable *adj* inhabitable.

inhabité, e *adj* deshabitado, da; inhabitado, da (p us); maison inhabitée casa deshabitada. ‖ SYN désert desierto, despoblado; solitaire solitario; sauvage silvestre.

inhabitué, e *adj* no habituado, da; inhabituado, da.

inhabituel, elle *adj* inhabitual, no habitual.

inhalateur, trice *adj & s m* inhalador, ra.

inhalation *f* inhalación.

inhaler [3] *v tr* inhalar.

inharmonieux, euse *adj* inarmónico, ca; sin armonía.

inhérence *f* inherencia.

inhérent, e *adj* inherente.

inhibé, e *adj* inhibido, da.

inhiber [3] *v tr* inhibir.

inhibitif, ive; inhibiteur, trice *adj* inhibitorio, ria.

inhibition *f* inhibición.

inhibitoire *adj* inhibitorio, ria.

inhospitalier, ère *adj* inhospitalario, ria.

inhumain, e *adj* inhumano, na. ‖ SYN impitoyable despiadado; implacable implacable; inflexible inflexible; inexorable inexorable; dur duro.

inhumainement [inymɛnmɑ̃] *adv* inhumanamente.

inhumanité *f* falta de humanidad, inhumanidad.

inhumation *f* inhumación.

inhumer [3] *v tr* inhumar.

inimaginable *adj* inimaginable.

inimitable *adj* inimitable.

inimité, e *adj* que no ha sido imitado, da.

inimitié *f* enemistad.

ininflammabilité *f* ininflamabilidad.

ininflammable *adj* ininflamable.

inintelligemment [inɛ̃teliʒamɑ̃] *adv* ininteligentemente, sin inteligencia.

inintelligence *f* falta de inteligencia, ininteligencia.

inintelligent, e *adj* falto, ta de inteligencia, ininteligente.

inintelligibilité *f* ininteligibilidad.

inintelligible *adj* ininteligible.

inintelligiblement *adv* ininteligiblemente.

inintéressant, e *adj* sin interés, falto, ta de interés.

inintérêt *m* desinterés.

ininterrompu, e *adj* ininterrumpido, da; no interrumpido, da.

inique *adj* inicuo, cua.

iniquement *adv* LITT inicuamente.

iniquité *f* iniquidad.

initial, e [inisjal] *adj & s f* inicial; mots initiaux palabras iniciales.

initialement *adv* inicialmente, en un principio, al principio.

initialisation *f* INFORM inicialización.

initialiser [3] *v tr* INFORM inicializar.

initiateur, trice [inisjatœr, tris] *adj* & *s* iniciador, ra.

initiation [inisjasjɔ̃] *f* iniciación.

initiatique *adj* iniciático, ca; **rite initiatique** rito iniciático.

initiative [inisjativ] *f* iniciativa ‖ **syndicat d'initiative** oficina de turismo ■ **à ou sur l'initiative de quelqu'un** por iniciativa de alguien ‖ **de sa propre initiative** por iniciativa propia ■ **avoir de l'initiative** tener iniciativa ‖ **avoir l'esprit d'initiative** tener espíritu de iniciativa ‖ **prendre l'initiative de faire quelque chose** tomar la iniciativa de hacer algo.

initié, e [inisje] *adj* & *s* iniciado, da.

initier [9] [inisje] *v tr* iniciar; **initier à** iniciar en.

➥ s'initier *v pr* iniciarse.

injectable *adj* inyectable.

injecté, e *adj* inyectado, da; **yeux injectés de sang** ojos inyectados en sangre ‖ encendido, da (face).

injecter [4] *v tr* inyectar; **injecter de l'eau** inyectar agua.

➥ s'injecter *v pr* inyectarse ‖ congestionarse (yeux).

injecteur, trice *adj* & *s* inyector, ra.

injection *f* inyección; **moteur à injection** motor de inyección.

‖ **OBSERV** Le premier sens de inyección en espagnol est celui de "piqûre".

injoignable *adj* **elle est injoignable** no se la puede localizar.

injonctif, ive [ɛ̃ʒɔ̃ktif, iv] *adj* terminante; conminatorio, ria.

injonction [ɛ̃ʒɔ̃ksjɔ̃] *f* orden terminante, orden formal, conminación, exhortación ‖ **DR injonction de payer** mandamiento de pago.

injouable [ɛ̃ʒwabl] *adj* irrepresentable, que no puede representarse (théâtre) ‖ inejecutable (musique).

injure *f* injuria ■ **injures du sort** reveses de la fortuna ‖ **injures et voies de fait** injurias y actos de violencia ‖ **FIG l'injure des ans** los estragos de los años ■ **faire injure** injuriar.

‖ **SYN** invective invectiva; **insulte** insulto; **vilenie** denuesto, dicterio; **FAM pouilles** escarnio; **FAM engueulade** bronca.

injurier [9] *v tr* injuriar, agraviar.

injurieusement *adv* injuriosamente.

injurieux, euse *adj* injurioso, sa; afrentoso, sa.

injuste *adj* & *s* injusto, ta.

‖ **SYN partial** parcial; **inique** inicuo.

injustement *adv* injustamente.

injustice *f* injusticia.

injustifiable *adj* injustificable.

injustifié, e *adj* injustificado, da.

inlandsis [inlɑ̃dsis] *m* casquete glaciar.

inlassable *adj* incansable.

inlassablement *adv* incansablemente, infatigablemente.

inlay *m* **MÉD** incrustación *f*.

innavigable *adj* innavegable.

inné, e *adj* innato, ta.

‖ **SYN naturel** natural; **congénital** congénito.

innéisme *m* **PHILOS** innatismo.

innéité *f* calidad de innato, lo innato *m*.

innervation *f* inervación.

innerver [3] *v tr* inervar.

innocemment [inɔsamɑ̃] *adv* inocentemente.

innocence *f* inocencia.

innocent, e [inɔsɑ̃, ɑ̃t] *adj* & *s* inocente ■ **les Saints Innocents** los Santos Inocentes ■ **faire l'innocent** hacerse el inocente.

‖ **OBSERV** Le jour des **Saints Innocents** en Espagne est l'équivalent du 1er avril en France.

Innocent [inɔsɑ̃] *n pr* Inocencio.

innocenter [3] *v tr* declarar inocente, reconocer la inocencia de.

innocuité *f* innocuidad.

innombrable *adj* innumerable.

innomé, e; innommé, e *adj* innominado, da.

innominé, e *adj* innominado, da.

innommable *adj* innominable, que no puede nombrarse ‖ **FIG** que no tiene nombre, despreciable (vil).

innommé, e ➥ **innomé**.

innovateur, trice *adj* & *s* innovador, ra.

innovation *f* innovación.

innover [3] *v tr* & *intr* innovar; **innover en matière d'art** innovar en materia de arte.

Innsbruck *n pr* **GÉOGR** Innsbruck.

inobservable *adj* inobservable.

inobservance *f* inobservancia.

inobservation *f* incumplimiento *m*, inobservancia (p us).

inobservé, e *adj* inobservado, da.

inoccupation *f* desocupación.

inoccupé, e *adj* desocupado, da.

in-octavo; in-8°; in-8 [inɔktavo] *adj inv* & *s m inv* en octavo, en 8° (livre).

inoculable *adj* inoculable.

inoculation *f* inoculación ‖ **FIG** transmisión, propagación (d'opinions).

inoculer [3] *v tr* [▷ **SYN**] inocular ‖ **FIG** transmitir, contagiar.

‖ **SYN vacciner** vacunar; **immuniser** inmunizar.

inodore *adj* inodoro, ra.

inoffensif, ive *adj* inofensivo, va.

‖ **SYN anodin** anodino; **bénin** benigno.

inondable *adj* inundable.

inondation *f* inundación, riada.

‖ **SYN débordement** desbordamiento; **déluge** diluvio; **cataclysme** cataclismo.

inondé, e *adj* inundado, da ‖ **inondé de larmes** anegado en llanto.

◇ *m* & *f* damnificado por la inundación.

inonder [3] *v tr* inundar.

‖ **SYN noyer** anegar; **submerger** sumergir.

inopérable *adj* **MÉD** inoperable, que no puede operarse.

inopérant, e *adj* inoperante, sin efecto; nulo, la (sans effet).

inopiné, e *adj* inopinado, da.

inopinément *adv* inopinadamente.

inopportun, e [inɔpɔrtœ̃, yn] *adj* & *s* inoportuno, na.

inopportunément *adv* **LITT** inoportunamente, de manera inoportuna.

inopportunité [inɔpɔrtynite] *f* inoportunidad.

inopposable *adj* no oponible.

inorganique *adj* inorgánico, ca.

inorganisation *f* falta de organización.

inorganisé, e *adj* desorganizado, da.

inoubliable *adj* inolvidable.

inouï, e [inwi] *adj* inaudito, ta.

Inox® *m* **FAM** acero inoxidable.

inoxydable *adj* inoxidable.

in-pace; in pace [inpatʃe] *m* in pace, calabozo, mazmorra *f* subterránea.

in partibus [inpartibys] *loc adj* in partibus.

in petto [inpeto] *adv* in péctore (cardinal) ‖ in péctore, para sus adentros (à part soi).

in-plano [inplano] *adj* & *s m inv* en folio atlántico (papier, livre).

inqualifiable *adj* incalificable.

inquart [ɛ̃kar] *m*; **inquartation** *f* encuartación *f* (de l'or).

in-quarto; in-4°; in-4 [inkwarto] *adj* & *s m inv* en cuarto, en 4° (livre).

inquiet, ète [ɛ̃kjɛ, ɛt] *adj* inquieto, ta; preocupado, da ‖ **inquiet de ou sur** inquieto, preocupado con ou por.

‖ **OBSERV** Inquiet nunca tiene el sentido español de falta de quietud o tranquilidad.

inquiétant, e *adj* inquietante.

‖ **SYN menaçant** amenazador; **sinistre** siniestro; **sombre** sombrío.

inquiéter [18] *v tr* inquietar ‖ **MIL** hostigar [al enemigo] (harceler).

➥ s'inquiéter *v pr* inquietarse ■ **ne s'inquiéter de rien** no preocuparse por nada ‖ **s'inquiéter de quelque chose** inquietarse por algo.

inquiétude *f* inquietud, preocupación ■ **avoir des inquiétudes au sujet de quelque chose** estar preocupado por algo ‖ **donner de l'inquiétude ou des inquiétudes à quelqu'un** causar inquietud a alguien.

inquisiteur *adj* & *s m* inquisidor, ra.

inquisitif, ive *adj* inquisitivo, va.

inquisition *f* inquisición.

inquisitoire *adj* inquisitorio, ria.

inquisitorial, e *adj* inquisitorial.

INR (abr de **Institut national de radiodiffusion**) *m* organismo público belga de radiodifusión.

INRA; Inra (abr de **Institut national de la recherche agronomique**) *m* organismo público francés que se ocupa de investigaciones agrarias.

inracontable *adj* incontable.

I.N.R.I. *m* Inri (d'un crucifix).

insaisissabilité *f* inembargabilidad, carácter *m* de lo no embargable.

insaisissable *adj* que no puede cogerse, inasequible ‖ **DR** inembargable (qu'on ne peut saisir) ‖ **FIG** imperceptible; **différence insaisissable** diferencia imperceptible ‖ incomprensible; **idées insaisissables** ideas incomprensibles.

insalissable *adj* que no puede ensuciarse.

insalivation *f* insalivación.

insalubre *adj* insalubre.

insalubrité *f* insalubridad.

insane *adj* loco, ca; demente; insano, na (p us).

insanité *f* locura, insania (folie) ‖ sandez, locura (parole).

insatiabilité [ɛ̃sasjabilite] *f* insaciabilidad.

insatiable [ɛ̃sasjabl] *adj* insaciable.

insatiablement [ɛ̃sasjabləmɑ̃] *adv* insociablemente.

insatisfaction *f* insatisfacción, falta de satisfacción.

insatisfaisant, e *adj* insatisfactorio, ria.

insatisfait, e *adj* insatisfecho, cha.

inscriptible [ɛ̃skriptibl] *adj* inscribible.

inscription *f* [▷ SYN] inscripción ‖ matrícula; inscription maritime matrícula de mar ‖ matrícula (université) ‖ asiento *m*, registro *m* (commerce) ‖ DR registro *m* ■ inscription au registre du commerce inscripción en el registro mercantil ‖ inscription de faux alegación de falsedad ■ prendre ses inscriptions matricularse.

⎸ SYN épitaphe epitafio; exergue exergo; épigraphe epígrafe.

inscrire [99] *v tr* inscribir ‖ matricular (marine, université) ‖ asentar, registrar (commerce) ‖ incluir; inscrire une question au programme incluir un tema en el programa ‖ MATH inscribir.

➤ **s'inscrire** *v pr* inscribirse ‖ situarse; tout ceci s'inscrit au terme de... todo eso se sitúa en virtud de... ‖ entrar; ceci s'inscrit dans le cadre de... eso entra en el marco de... ‖ matricularse (université) ‖ s'inscrire en faux tachar de falso (un document, une affirmation).

inscrit, e *adj* inscrito, ta; inscrit sur un registre inscrito en un registro ‖ matriculado, da (université) ‖ MAR alistado, da; matriculado, da (personne) ‖ MATH inscrito, ta; polygone inscrit polígono inscrito.
◇ *m & f* inscrito, ta.
➤ **inscrits** *m pl* inscritos (élections).

inscrivant, e *m & f* DR suscriptor, ra; hipotecario, ria.

insculper [3] *v tr* grabar.

INSEAD (abr de Institut européen d'administration des affaires) *m* centro europeo de enseñanza de empresariales en Francia.

insécable *adj* insecable.

insectarium [ɛ̃sɛktarjɔm] *m* insectario.

insecte *m* insecto; insecte nuisible insecto dañino; insecte prédateur insecto predador.

insecticide *adj & s m* insecticida.

insectivore *adj & s m pl* insectívoro, ra.

insécurité *f* inseguridad.

INSEE; Insee (abr de Institut national de la statistique et des études économiques) *m* instituto nacional de estadística francés.

in-seize; in-16 [insɛz] *adj inv & s m inv* en dieciseisavo, en 16° (livre).

inselberg [inselbɛrg] *m* inselberg (butte).

insémination *f* inseminación ‖ MÉD insémination artificielle inseminación artificial.

inséminer [3] *v tr* inseminar.

insensé, e *adj & s* insensato, ta.

insensibilisateur, trice *adj & s m* insensibilizador, ra.

insensibilisation *f* insensibilización ‖ MÉD anestesia local.

insensibiliser [3] *v tr* insensibilizar ‖ MÉD anestesiar.

insensibilité *f* insensibilidad.

insensible *adj* insensible.

insensiblement *adv* poco a poco, insensiblemente.

inséparable *adj* inseparable.

inséparablement *adv* inseparablemente.

insérable *adj* insertable, incluible.

insérer [18] *v tr* insertar (mettre dans) ‖ incluir, adjuntar (inclure) ‖ prière d'insérer comunicado a la prensa, ruego de inserción.

INSERM; Inserm (abr de Institut national de la santé et de la recherche médicale) *m* organismo público francés para el fomento y la coordinación de la investigación francesa.

insermenté *adj m* no juramentado.

insert *m* CINÉM & RAD inserto.

insertion [ɛ̃sɛrsjɔ̃] *f* inserción; insertion sociale inserción social.

insidieux, euse *adj* insidioso, sa.

insidueusement *adv* insidiosamente.

insigne *adj* insigne.
◇ *m* insignia *f*, emblema *f* ‖ distintivo (d'une association) ‖ insigne de grade distinción de empleo.

insignifiance *f* insignificancia.

insignifiant, e *adj* insignificante.
⎸ SYN falot insustancial.

insincère *adj* poco sincero, ra; insincero, ra.

insincérité *f* falta de sinceridad, insinceridad.

insinuant, e *adj* insinuante.

insinuation *f* insinuación, indirecta ‖ introducción; l'insinuation d'une sonde la introducción de una sonda.
⎸ OBSERV Le mot espagnol insinuación a souvent le sens d'"observación".

insinuer [7] *v tr* insinuar ‖ introducir con habilidad (introduire adroitement).
➤ **s'insinuer** *v pr* [▷ SYN] insinuarse.
⎸ SYN s'ingérer ingerirse, meterse; s'immiscer inmiscuirse; se mêler meterse, entremeterse; s'impatroniser imponerse.

insipide *adj* insípido, da; soso, sa.

insipidité *f* insipidez.

insistance *f* insistencia.

insistant, e *adj* insistente, que insiste.

insister [3] *v intr* insistir, hacer hincapié en; insister sur un point insistir en un punto ‖ insister auprès d'un ami instar a un amigo.
⎸ SYN appuyer apoyar; accentuer acentuar.

in situ *loc adv* in situ.

insociabilité *f* insociabilidad.

insociable *adj* insociable.

insolation *f* insolación.

insolemment [ɛ̃sɔlamɑ̃] *adv* insolentemente.

insolence *f* insolencia.

insolent, e *adj & s* insolente.
⎸ SYN impertinent impertinente; arrogant arrogante; cassant altanero; rogue altivo, áspero; cavalier fresco, desenvuelto.

insoler [3] *v tr* insolar, exponer al sol, solear.

insolite *adj* insólito, ta.

insolubiliser [3] *v tr* insolubilizar, tornar insoluble.

insolubilité *f* insolubilidad.

insoluble *adj* insoluble.

insolvabilité *f* insolvencia.

insolvable *adj* insolvente.

insomniaque *adj & s* insomne.

insomnie *f* insomnio *m* ‖ FIG desvelos *pl*; insomnio.

insomnieux, euse *adj* insomne.

insondable *adj* insondable.

insonore *adj* insonoro, ra.

insonorisation *f* insonorización.

insonoriser [3] *v tr* insonorizar.

insonorité *f* insonoridad.

insouciance *f* despreocupación, descuido *m*.

insouciant, e *adj* despreocupado, da; indiferente.

insoucieux, euse *adj* despreocupado, da.

insoumis, e *adj* insumiso, sa.
➤ **insoumis** *m* MIL prófugo (soldat insoumis).

insoumission *f* insumisión ‖ MIL rebeldía.

insoupçonnable *adj* insospechable ‖ FIG intachable (irréprochable).

insoupçonné, e *adj* insospechado, da.

insoutenable *adj* insostenible.

inspecter [4] *v tr* inspeccionar.

inspecteur, trice *m & f* inspector, ra ■ inspecteur d'Académie inspector académico ‖ inspecteur de l'enseignement primaire inspector de la enseñanza primaria ‖ inspecteur de police inspector de policía.

inspection *f* inspección ‖ Inspection générale des Finances Inspección general de Hacienda.

inspectorat [ɛ̃spɛktɔra] *m* cargo ou tiempo de función de inspector.

inspirant, e *adj* inspirador, ra.

inspirateur, trice *adj & s* inspirador, ra.

inspiration *f* inspiración.

inspiré, e *adj & s* inspirado, da ‖ FAM être bien, mal inspiré hacer bien, mal; ocurrírsele a uno una buena, una mala idea (être bien, mal avisé).

inspirer [3] *v tr* [▷ SYN] inspirar ■ ça ne m'inspire pas no me inspira ‖ inspirer du courage dar ánimo.
➤ **s'inspirer** *v pr* inspirarse; s'inspirer de inspirarse en.
⎸ SYN suggérer sugerir; insinuer insinuar; souffler apuntar, soplar; persuader persuadir; dicter dictar.

instabilité *f* inestabilidad.

instable *adj & s* inestable.

installateur *m* instalador.

installation *f* instalación (d'un appareil, etc.) ‖ toma de posesión (d'un professeur, etc.).

installer [3] *v tr* instalar ‖ dar posesión (d'une fonction) ‖ montar (une machine).

➥ **s'installer** *v pr* instalarse ‖ instalarse, arrellanarse (dans un fauteuil).

instamment *adv* insistentemente, encarecidamente.

instance *f* instancia; introduire une instance presentar una instancia ‖ insistencia, encarecimiento *m* (insistance) ■ affaire en instance asunto pendiente ‖ courrier en instance correo pendiente ‖ train en instance de départ tren a punto de salir ‖ DR tribunal de première instance tribunal de primera instancia ‖ tribunal de seconde instance tribunal de segunda instancia ■ être en instance de divorce estar en trámites de divorcio ‖ prier avec instance rogar encarecidamente, instar.

instant, e *adj* perentorio, ria; apremiante; besoin instant necesidad apremiante ‖ angustioso, sa; prières instantes súplicas angustiosas.

➥ **instant** *m* instante (moment) ■ à chaque instant a cada instante ‖ à l'instant al instante, al momento ‖ à l'instant même ahora mismo ‖ à tout instant en cualquier momento ‖ dans un instant dentro de un momento ‖ de tous les instants constante ‖ dès l'instant que en el momento en que ‖ par instants a ratos, a veces, por momentos ‖ pour l'instant por el momento, de momento, por ahora, por lo pronto.

instantané, e *adj* instantáneo, a.

➥ **instantané** *m* instantánea *f* (photo) ‖ faire de l'instantané sacar instantáneas.

instantanéité *f* instantaneidad.

instantanément *adv* instantáneamente.

instar [ɛstar]

➥ **à l'instar de** *loc adv* a ejemplo de, a semejanza de, a la manera de.

instaurateur, trice *m & f* instaurador, ra.

instauration *f* instauración.

instaurer [3] *v tr* instaurar.

insti; instit *m & f* FAM maestro, tra de escuela.

instigateur, trice *adj & s* instigador, ra.

instigation *f* instigación ‖ sur l'instigation de a instigación de.

instillation [ɛstilasjɔ̃] *f* instilación.

instiller [3] [ɛstile] *v tr* instilar.

instinct [ɛstɛ̃] *m* instinto ■ instinct de conservation instinto de conservación ‖ instinct grégaire instinto gregario ‖ d'instinct, par instinct por instinto.

instinctif, ive [ɛstɛ̃ktif, iv] *adj* instintivo, va.

instinctivement *adv* instintivamente.

instit ➥ **insti**.

instituer [7] *v tr* instituir (établir) ‖ nombrar (un héritier).

institut [ɛstity] *m* instituto ■ institut de beauté instituto de belleza ‖ institut de recherche centro de investigación ‖ institut médico-légal instituto forense, depósito de cadáveres ‖ institut universitaire de technolo-

gie (IUT) instituto universitario de tecnología.

➥ **Institut (de France)** *n pr m* l'Institut de France, l'Institut reunión de las cinco Academias francesas.

➥ **Institut Pasteur** *n pr m* l'Institut Pasteur el Instituto Pasteur.

> **OBSERV** Le mot espagnol instituto a surtout le sens de "lycée".

> **L'INSTITUT DE FRANCE** _____
> El "Institut de France", también conocido como "L'Institut", es un círculo intelectual que agrupa a las cinco "Académies" (entre las cuales se encuentra la "Académie Française"). Su sede se sitúa en el edificio del mismo nombre que se encuentra a orillas del Sena, en París.

> **L'INSTITUT PASTEUR** _____
> Este famoso establecimiento de investigación y de enseñanza prosigue la obra de Pasteur en el campo de la microbiología y la bacteriología. Su sede está en París, pero tiene delegaciones en el mundo entero.

institutes *f pl* DR institutas.

instituteur, trice *m & f* maestro, maestra de escuela ‖ (vx) fundador ‖ les instituteurs el magisterio.

➥ **institutrice** *f* institutriz (à domicile).

institution *f* institución ‖ nombramiento *m* (d'un héritier) ‖ institutions spécialisées organismos especializados (de l'ONU).

institutionnalisation *f* institucionalización.

institutionnaliser [3] *v tr* institucionalizar.

institutionnel, elle [ɛstitysjɔnɛl] *adj* institucional.

instructeur, trice *adj & s* instructor, ra ■ DR juge instructeur juez de instrucción ‖ MIL sergent instructeur sargento instructor.

instructif, ive *adj* instructivo, va.

instruction *f* [▷ SYN 1] instrucción ‖ [▷ SYN 2] enseñanza; instruction primaire, secondaire primera, segunda enseñanza ou enseñanza media ‖ sumario *m* (procès) ‖ INFORM instrucción ■ instruction civique educación cívica ‖ instruction judiciaire sumario ‖ instruction publique instrucción pública ‖ instruction religieuse educación religiosa ‖ juge d'instruction juez de instrucción.

➥ **instructions** *f pl* instrucciones, reglas.

> **SYN 1.** directive directiva; consigne consigna; ordre orden.
> **2.** éducation educación; enseignement enseñanza.

instruire [98] [ɛstrɥir] *v tr* instruir (enseigner) ‖ informar, hacer saber, dar aviso de; instruire de ce qui se passe informar de lo que pasa ‖ amaestrar, adiestrar (dresser) ‖ DR incoar, instruir.

➥ **s'instruire** *v pr* instruirse.

instruit, e [ɛstrɥi, it] *adj* instruido, da; culto, ta.

> **SYN** éclairé ilustrado; FAM calé enterado, empollado; cultivé culto.

instrument *m* instrumento; instrument de musique, à vent, à cordes instrumento músico, de viento, de cuerda; instrument de mesure, de travail instrumento de medida, de trabajo ‖ FIG instrumento; servir d'instrument à la vengeance de quelqu'un servir de instrumento para la venganza de uno.

> **SYN** outil herramienta, apero, útil; ustensile utensilio.

instrumentaire *adj* DR instrumental; preuve instrumentaire prueba instrumental.

instrumental, e *adj* instrumental.

instrumentalisme *m* PHILOS instrumentalismo.

instrumentation *f* MUS instrumentación.

instrumenter [3] *v intr* DR extender un contrato, levantar acta, escriturar ‖ actuar (des procès verbaux) ‖ MUS instrumentar.

instrumentiste *m & f* MUS instrumentista.

insu *m* ignorancia *f* ■ à l'insu de a espaldas de, detrás de ‖ à mon, à ton, à notre insu sin saberlo yo, tú, nosotros.

insubmersibilité *f* calidad de insumergible.

insubmersible *adj* insumergible.

insubordination *f* insubordinación.

insubordonné, e *adj* insubordinado, da.

insubstantiel, elle *adj* insubstancial.

insuccès [ɛsyksɛ] *m* fracaso, revés.

insuffisamment *adv* insuficientemente.

insuffisance *f* insuficiencia.

insuffisant, e *adj* insuficiente.

insufflateur *m* insuflador, inhalador.

insufflation *f* insuflación.

insuffler [3] *v tr* insuflar.

insula *f* HIST ínsula.

insulaire *adj & s* insular; isleño, ña.

insularité *f* insularidad, calidad de isla.

Insulinde *n pr f* GÉOGR l'Insulinde Insulindia.

insuline [ɛsylin] *f* MÉD insulina.

insulinothérapie *f* MÉD insulinoterapia.

insultant, e *adj* insultante; ofensivo, va.

insulte *f* insulto *m* ■ faire insulte à insultar a ‖ relever l'insulte aceptar el reto, recoger el guante.

insulté, e *adj & s* insultado, da.

insulter [3] *v tr* insultar.

◇ *v intr* FIG insultar.

insulteur *m* insultador, ofensor.

insupportable *adj* insoportable, inaguantable, insufrible.

insupporter [3] *v tr* FAM poner negro, gra.

insurgé, e *adj & s* insurrecto, ta; insurgente; sublevado, da.

insurger [17]

➥ **s'insurger** *v pr* sublevarse, insurreccionarse.

insurmontable *adj* invencible, infranqueable, insalvable (invincible).

insurpassable *adj* insuperable, inmejorable.

insurrection *f* insurrección, motín *m*.

insurrectionnel, elle *adj* intacto, ta.

intact, e [ɛtakt] *adj* intacto, ta.

intaille [ɛtaj] *f* piedra preciosa grabada en hueco.

intailler [3] [ɛtaje] *v tr* grabar, tallar en hueco.

intangibilité *f* intangibilidad.

intangible *adj* intangible.

intarissable *adj* inagotable, inextinguible.

intarissablement *adv* sin cese, incesantemente ‖ répéter intarissablement la même chose no dejar de repetir lo mismo.

intégrable *adj* MATH integrable.

intégral, e *adj* íntegro, gra; entero, ra (entier) ‖ MATH integral (calcul).

➤ **intégrale** *f* MATH integral (fonction).

intégralement *adv* íntegramente, enteramente.

intégralité *f* integridad ‖ totalidad; dans son intégralité en su totalidad.

intégrant, e *adj* integrante; faire partie intégrante de formar parte integrante de.

intégrateur *adj & s m* integrador.

intégration *f* integración; intégration raciale integración racial.

intègre *adj* íntegro, gra; recto, ta; un juge intègre un juez íntegro.
‖ OBSERV Intègre nunca tiene en francés el sentido de "entero", "total" que tiene el español íntegro.

intégré, e *adj* integrado, da; circuit intégré circuito integrado.

intégrer [8] *v tr* integrar.
◇ *v tr* integrarse, encuadrarse.

intégrisme *m* integrismo (doctrine).

intégriste *adj & s* integrista.

intégrité *f* integridad; intégrité territoriale integridad territorial.

intellect [ɛtɛlɛkt] *m* intelecto.

intellection *f* intelección, entendimiento *m*.

intellectualiser [3] *v tr* intelectualizar.

intellectualisme *m* intelectualismo.

intellectualiste *adj & s* intelectualista.

intellectualité *f* intelectualidad.

intellectuel, elle *adj & s* intelectual.

intellectuellement *adv* intelectualmente.

intelligemment [ɛteliʒamɑ̃] *adv* inteligentemente.

intelligence [ɛteliʒɑ̃s] *f* inteligencia; faire montre d'intelligence dar pruebas de inteligencia ‖ comprensión; pour l'intelligence de ce qui va suivre para la comprensión de lo que sigue ‖ INFORM intelligence artificielle inteligencia artificial ■ être d'intelligence avec quelqu'un estar en inteligencia o de acuerdo con alguien ‖ vivre en bonne intelligence vivir en buena inteligencia, llevarse bien.

intelligent, e [ɛteliʒɑ̃, ɑ̃t] *adj* inteligente; listo, ta.

intelligentsia *f* intelligentsia.

intelligibilité [ɛteliʒibilite] *f* inteligibilidad.

intelligible [ɛteliʒibl] *adj* inteligible.

intelligiblement *adv* inteligiblemente.

intello *adj & s* PÉJ intelectualoide.

intempérance *f* intemperancia ‖ FIG excesos *m pl*.

intempérant, e *adj* intemperante.

intempérie [ɛtɑ̃peri] *f* inclemencia, intemperie; braver les intempéries afrontar las inclemencias del tiempo.

intempestif, ive *adj* intempestivo, va.

intempestivement *adv* intempestivamente.

intemporalité *f* intemporalidad.

intemporel, elle *adj* intemporal.

intenable [ɛtnabl] *adj* insostenible, indefendible ‖ imposible.

intendance *f* intendencia ‖ dirección, administración (direction, administration).

intendant, e *m & f* intendente, ta ‖ administrador, ra (d'un lycée).

intense *adj* intenso, sa.

intensément *adv* intensamente.

intensif, ive *adj* intensivo, va; cours intensif curso intensivo ‖ PHYS grandeur intensive magnitud intensiva.

intensification *f* intensificación.

intensifier [9] *v tr* intensificar.

intensité *f* intensidad.

intensivement *adv* intensivamente, de manera intensiva ‖ il s'est entraîné intensivement siguió un entrenamiento intensivo.

intenter [3] *v tr* intentar, entablar; intenter un procès entablar un proceso.
‖ OBSERV Intentar a surtout le sens de tenter de, essayer de.

intention *f* intención ■ à cette intention con esta intención o con este propósito ‖ à l'intention de en honor de o por ‖ dans l'intention de con intención de, con ánimo de ■ agir dans une bonne intention actuar con buena intención ‖ avoir l'intention de faire quelque chose tener la intención de hacer algo ‖ faire quelque chose sans mauvaise intention hacer algo sin mala intención ‖ je l'ai fait à ton intention lo he hecho por ti ‖ l'intention suffit con la intención basta.

intentionnalité *f* intencionalidad.

intentionné, e *adj* intencionado, da.

intentionnel, elle *adj* intencional.

intentionnellement *adv* intencionalmente, intencionadamente, de intento, adrede.

inter- *préf lat* inter, entre.
➤ **inter** *m* FAM conferencia *f* interurbana; demander l'inter pedir una conferencia interurbana ‖ teléfono interurbano; avoir l'inter tener el teléfono interurbano ‖ interior (football).

interactif, ive *adj* interactivo, va; de influencia recíproca ‖ INFORM interactivo, va; conversacional.

interaction *f* interacción.

interactivité *f* INFORM interactividad.

interallié *adj* interaliado, da.

interarmées *adj inv* MIL general.

interarmes [ɛterarm] *adj inv* MIL general [relativo a diversas armas del ejército] ‖ École interarmes Academia General Militar.

interatomique *adj* interatómico, ca.

interattraction *f* atracción mutua.

interbancaire *adj* interbancario, ria.

intercalaire *adj* intercalar; jour intercalaire día intercalar ‖ interpuesto, ta; feuillet, page intercalaire cuartilla, página interpuesta.

intercalation *f* intercalación.

intercaler [3] *v tr* intercalar.
‖ SYN interposer interponer; interpoler interpolar.

intercéder [8] *v intr* interceder, mediar; intercéder auprès de quelqu'un interceder cerca de uno.

intercellulaire *adj* intercelular.

intercepter [4] *v tr* interceptar.

intercepteur *m* MIL interceptador (avion).

interception *f* interceptación, intercepción ‖ MIL avion d'interception avión de interceptación (intercepteur).

intercesseur *m* intercesor.

intercession *f* intercesión.

interchangeabilité [ɛterʃɑ̃ʒabilite] *f* carácter *m* de intercambiable.

interchangeable [ɛterʃɑ̃ʒabl] *adj* intercambiable.

interclasse *m* intervalo entre dos clases.

interclasser [3] *v tr* INFORM intercalar.

interclasseuse *f* clasificadora.

interclubs *adj* SPORTS interclubes.

intercommunal, e *adj* de dos ou diversas comunas.

intercommunautaire *adj* intercomunitario, ria.

intercommunication *f* intercomunicación.

interconnecter [4] *v tr* INFORM interconectar.

interconnexion *f* interconexión.

intercontinental, e *adj* intercontinental.

intercostal, e *adj* ANAT intercostal; muscles intercostaux músculos intercostales.

intercourse *f* MAR derecho *m* recíproco de fondeo.

interculturel, elle *adj* intercultural.

intercurrent, e [ɛterkyrɑ̃, ɑ̃t] *adj* intercurrente.

interdépartemental, e *adj* interdepartamental, común a varios departamentos, interprovincial.

interdépendance *f* interdependencia, mutua dependencia.

interdépendant, e *adj* interdependiente.

interdiction *f* interdicción, prohibición ‖ DR inhabilitación ‖ incapacidad ‖ suspensión de funciones (suspension de fonctions) ■ interdiction de fumer se prohíbe fumar, prohibido fumar ‖ interdiction de séjour interdicción de residencia ou de lugar ‖ interdiction légale interdicción civil.

interdigital, e *adj* interdigital, interdactilar.

interdire [103] *v tr* prohibir, vedar; je t'interdis d'y aller te prohíbo que vayas allí ‖ impedir (empêcher) ‖ rehusar (se refuser); il s'interdit d'y penser rehúsa pensar en ello ‖ DR incapacitar (ôter la libre disposition des biens d'une personne) ‖ inhabilitar ‖ FIG dejar cortado, desconcertar, asombrar (étonner) ‖ sobrecoger (troubler) ‖ RELIG poner en entredicho ‖ cerrar al culto (une église).

interdisciplinaire *adj* interdisciplinario, ria.

interdisciplinarité *f* interdisciplinariedad, carácter *m* interdisciplinario.

interdit, e *adj* prohibido, da; vedado, da (défendu); interdit aux moins de 18 ans prohibido a menores de 18 años ‖ **DR** incapacitado, da; sujeto, ta a interdicción ‖ **FIG** desconcertado, da; sobrecogido, da; cortado, da; demeurer interdit quedarse desconcertado ‖ **RELIG** en entredicho ‖ cerrada al culto (une église) ‖ interdit de, il est interdit de prohibido, se prohíbe ■ interdit de chéquier persona a quien se le prohíbe usar el talonario ‖ sens interdit dirección prohibida ‖ stationnement interdit aparcamiento ou estacionamiento prohibido.

➡ **interdit** *m* **DR** incapacitado ‖ desterrado (banni d'un endroit) ‖ **RELIG** entredicho, interdicto ‖ jeter l'interdit sur quelqu'un poner en entredicho a alguien.

interentreprises *adj* interempresas.

intéressant, e *adj* [▷ **SYN**] interesante ‖ digno de tomarse interés por; une personne intéressante una persona digna de tomarse interés por ella ■ **FAM** dans un état intéressant en estado interesante (future maman) ‖ faire l'intéressant hacerse el interesante.

‖ **SYN** captivant cautivador; passionnant apasionante.

intéressé, e *adj* & *s* interesado, da.

‖ **SYN** mercenaire mercenario; vénal venal.

intéressement *m* participación *f* en los beneficios.

intéresser [4] *v tr* interesar ‖ provocar el interés de; intéresser le public provocar el interés del público ‖ tener importancia para (importer à) ‖ intéresser le jeu dar interés al juego.

➡ **s'intéresser** *v pr* interesarse ‖ importar; ce qui m'intéressait en lui c'était... lo que más me importaba de él era... ‖ s'intéresser à interesarse por.

intérêt [ɛ̃tere] *m* interés ‖ interés, rédito; intérêt simple, composé interés simple, compuesto ■ dommages et intérêts daños y perjuicios ‖ intérêt, commissions, agios intereses y comisiones ‖ intérêts de retard intereses de demora ‖ intérêts moratoires intereses moratorios ‖ un intérêt à 10 % un interés del ou de un 10 % ■ dans l'intérêt de en beneficio de ■ agir par intérêt actuar por interés ‖ attacher un intérêt tout particulier à prestar especial interés a ‖ avoir de l'intérêt dans ou pour tener interés en ou por, interesarse por ‖ **COMM** avoir des intérêts dans tener intereses en ‖ avoir intérêt à convenir ‖ placer de l'argent à intérêt colocar dinero a interés ‖ porter intérêt à interesarse por, tomar interés por.

interethnique *adj* interétnico, ca.

interface *f* **INFORM** interfaz.

interférence *f* **PHYS** interferencia.

interférent, e *adj* interferente.

interférer [18] *v intr* interferir, producir interferencias.

interféromètre *m* interferómetro.

interféron *m* interferón (protéine).

interféroscope *m* interferoscopio.

interfolier [9] *v tr* interfoliar (un livre).

intergalactique *adj* intergaláctico, ca.

interglaciaire *adj* interglaciar.

intergouvernemental, e *adj* intergubernamental.

intergroupe *m* comisión *f* parlamentaria.

intérieur, e *adj* [▷ **SYN**] interior ‖ for intérieur fuero interno.

➡ **intérieur** *m* interior ‖ piso, casa *f*, hogar (foyer, maison); un intérieur coquet un piso coquetón ‖ interior (football) ■ ministère de l'Intérieur Ministerio de la Gobernación (en Espagne) ‖ vêtement d'intérieur ropa de casa ■ à l'intérieur dentro, en el interior ‖ dans l'intérieur tierras adentro (d'un pays) ‖ **CINÉM** en intérieur en interiores ‖ une femme d'intérieur una mujer de su casa.

‖ **SYN** intime íntimo; interne interno; intrinsèque intrínseco.

Intérieure *n pr f* **GÉOGR** la mer Intérieure el mar Interior.

intérieurement *adv* interiormente.

intérim [ɛ̃terim] *m* interinidad *f*, ínterin ‖ par intérim interino, interinamente, provisionalmente ‖ assurer l'intérim de sustituir ou reemplazar a.

intérimaire *adj* & *s* interino, na; personnel intérimaire personal interino.

intériorisation *f* interiorización.

intérioriser [3] *v tr* interiorizar.

intériorité *f* interioridad.

interjectif, ive *adj* interjectivo, va.

interjection *f* interjección ‖ **DR** interposición, recurso *m*.

interjeter [27] *v tr* **DR** apelar ‖ interjeter appel interponer apelación, recurrir.

interlignage *m* interlineación *f*, interlineado ‖ **IMPR** regleteo, regleteado.

interligne *m* intérlinea, entrerrenglones (espace entre deux lignes) ‖ espacio (musique et dactylographie); interligne simple, double interligne un, doble espacio.
◇ *f* **IMPR** regleta, interlínea.

interligner [3] *v tr* entrerrenglonar, interlinear (écrire dans les interlignes) ‖ **IMPR** regletear (séparer par des interlignes).

interlinéaire [ɛ̃terlineer] *adj* interlineal.

interlocuteur, trice *m* & *f* interlocutor, ra.

interlocutoire *adj* & *s m* **DR** interlocutorio, ria.

interlope *adj* intérlope; fraudulento, ta; commerce interlope comercio intérlope ‖ **FIG** equívoco, ca; sospechoso, sa (suspect) ■ bateau interlope barco de contrabandistas.

interloquer [3] *v tr* desconcertar, confundir, sorprender, dejar patidifuso ‖ **DR** formar auto interlocutorio.

interlude *m* interludio, intermedio musical.

intermède *m* intermedio ‖ **THÉÂTR** entremés.

intermédiaire *adj* & *s* intermediario, ria ‖ par l'intermédiaire de por mediación de, por intermedio de, por conducto de, a través de.

‖ **SYN** commissionnaire comisionista; courtier corredor; mandataire mandatario.

intermezzo *m* **MUS** intermezzo.

interminable *adj* interminable, inacabable.

interminablement *adv* siempre, sin cesar; raconter interminablement la même histoire contar siempre la misma historia.

interministériel, elle *adj* interministerial.

intermission *f* intermisión, intermitencia.

intermittence *f* intermitencia ‖ par intermittence con intermitencia, a ratos.

intermittent, e *adj* intermitente.
◇ *m* & *f* intermitente.

intermoléculaire *adj* intermolecular.

intermusculaire *adj* intermuscular.

internat [ɛ̃terna] *m* internado, colegio de internos ‖ faire son internat ser interno en un hospital.

international, e *adj* & *s* internacional.

➡ **Internationale** *n pr f* **GÉOGR** l'Internationale la Internacional (chant) ‖ l'Internationale la Internacional (groupement).

internationalisation *f* internacionalización.

internationaliser [3] *v tr* internacionalizar.

internationalisme *m* internacionalismo.

internationaliste *adj* & *s* internacionalista.

internationalité *f* internacionalidad.

internaute *m* & *f* **INFORM** internauta.

interne *adj* & *s* interno, na ‖ interne des hôpitaux interno.

interné, e *adj* & *s* internado, da; recluido, da.

internement [ɛ̃ternəmɑ̃] *m* internamiento, internación *f*, reclusión *f*.

interner [3] *v tr* internar, recluir.

internonce *m* internuncio.

interocéanique *adj* interoceánico, ca.

interosseux, euse *adj* interóseo, a.

interpellateur, trice *adj* & *s* interpelador, ra.

interpellation *f* interpelación.

interpeller [26] [ɛ̃terpəle] ou [ɛ̃terpele] *v tr* interpelar.

‖ **SYN** apostropher apostrofar; appeler llamar; héler llamar de lejos, dar una voz.

interpénétration *f* interpenetración.

interpénétrer [18]
➡ **s'interpénétrer** *v pr* penetrarse mutuamente.

interphase *f* **BIOL** interfase.

Interphone® *m* intercomunicador (maison), teléfono interior (de char d'assaut).

interplanétaire *adj* interplanetario, ria.

Interpol (abr de International Criminal Police Organization) *f* Interpol.

interpolateur, trice *m* & *f* interpolador, ra.

interpolation *f* interpolación.

interpoler [3] *v tr* interpolar.

interposer [3] *v tr* interponer ‖ **FIG** hacer intervenir ‖ par personne interposée por un intermediario.

➡ **s'interposer** *v pr* interponerse ‖ mediar (entre deux).

interposition *f* interposición ‖ DR interposición de personnes intervención de interpósita persona.

interprétable *adj* interpretable.

interprétariat [ɛ̃tɛrpretarja] *m* interpretariado, estudio, función *f* ou profesión *f* de intérprete.

interprétatif, ive *adj* interpretativo, va.

interprétation *f* interpretación.

interprète *m & f* intérprete.

interpréter [18] *v tr* interpretar.

interprofession *f* gremio.

interprofessionnel, elle *adj* interprofesional.

interracial, e *adj* interracial.

interrégional, e *adj* interregional.

interrègne *m* interregno.

interrogateur, trice *adj & s* interrogante; interrogador, ra ‖ examinador, ra (à un examen).

interrogatif, ive *adj* interrogativo, va.

interrogation *f* interrogación ‖ pregunta (examen) ‖ **point d'interrogation** signo de interrogación.

> OBSERV **1.** En francés no se pone el signo ? sino al final de la pregunta, pues la construcción (sujeto antes del verbo) indica siempre que la frase es una pregunta.
> **2.** En espagnol, il faut mettre un point d'interrogation renversé (¿) au début de l'interrogation et un point d'interrogation à la fin comme en français.

interrogativement *adv* interrogativamente.

interrogatoire *m* interrogatorio.

interrogeant, e [ɛ̃terɔʒɑ̃, ɑ̃t] *adj* interrogante.

interroger [17] *v tr* interrogar; interroger sur interrogar acerca de ‖ preguntar; sur quoi as-tu été interrogé à l'examen? ¿qué te preguntaron en el examen?; interroger du regard preguntar con la mirada ‖ FIG consultar, examinar.

interroi *m* interrex (à Rome).

interrompre [78] *v tr* [▷ SYN] interrumpir; interrompre par une question interrumpir con una pregunta ‖ cortar, interrumpir; interrompre le courant cortar la corriente.

➤ **s'interrompre** *v pr* interrumpirse.

‖ SYN cesser cesar; arrêter parar, detener; discontinuer discontinuar; suspendre suspender.

interrompu, e *adj* interrumpido, da.

interrupteur, trice *adj* interruptor, ra.

➤ **interrupteur** *m* interruptor, conmutador ‖ INFORM interrupteur à bascule flip-flop ‖ interrupteur à levier interruptor de palanca.

interruption *f* [▷ SYN] interrupción ‖ corte *m* (de courant, etc.) ■ interruption de grossesse interrupción del embarazo ‖ interruption volontaire de grossesse (IVG) interrupción voluntaria del embarazo (IVE) ‖ sans interruption sin interrupción.

‖ SYN intermittence intermitencia; intermission intermisión.

intersaison *f* entretiempo.

intersecté, e *adj* ARCHIT entrelazado, da; entrecruzado, da ‖ GÉOM cortado, da; intersecado, da.

intersection *f* intersección (de deux lignes) ‖ cruce *m*, intersección (de routes).

intersession *f* intermedio *m* (au Parlement) ‖ pendant l'intersession entre los períodos de sesiones.

intersidéral, e *adj* ASTRON intersideral.

intersigne *m* signo premonitorio.

interspécifique *adj* interespecífico, ca.

interstellaire *adj* interestelar.

interstice *m* intersticio.

intersticiel, elle *adj* MÉD intersticial.

intersubjectivité *f* intersubjetividad.

intersyndical, e *adj* intersindical.

intertextualité *f* intertextualidad.

intertitre *m* encabezamiento.

intertrigo *m* MÉD intertrigo.

intertropical, e *adj* intertropical.

interurbain, e *adj* interurbano, na; appel interurbain conferencia interurbana (téléphone).

➤ **interurbain** *m* teléfono interurbano, central *f* interurbana.

intervalle *m* intervalo ■ à deux mois d'intervalle con un intervalo de dos meses ‖ à intervalles rapprochés con intervalos cortos ‖ dans l'intervalle en el ínterin ‖ par intervalles a intervalos.

intervenant, e *adj* que interviene.

◇ *m & f* interventor, ra ‖ DR la parte interesada (procès).

intervenir [40] *v intr* intervenir, terciar; intervenir auprès de quelqu'un, en faveur de quelqu'un intervenir cerca de alguien, en favor de alguien ‖ DR ser parte (procès) ‖ sobrevenir, ocurrir (se produire incidemment) ■ la police a dû intervenir la policía tuvo que intervenir ‖ les médecins ont dû intervenir los médicos tuvieron que operar.

intervention *f* intervención ■ intervention chirurgicale intervención quirúrgica ‖ intervention de la banque centrale intervención del banco central.

interventionnisme *m* intervencionismo.

interventionniste *adj & s* intervencionista.

interversion *f* inversión, interversión.

intervertébral, e *adj* intervertebral.

intervertir [32] *v tr* invertir, intervertir (modifier).

> OBSERV Invertir a en espagnol à la fois les sens français d'invertir et d'intervertir, celui d'employer, mettre du temps, et également celui d'investir.

interview [ɛ̃tɛrvju] *f* interviú, entrevista; faire une interview hacer una entrevista.

interviewé, e *adj* entrevistado, da.

interviewer [ɛ̃tɛrvjuvœr] *m* periodista que celebra una interviú.

interviewer [3] [ɛ̃tɛrvjuve] *v tr* hacer una interviú a, entrevistarse con.

intestat [ɛ̃tɛsta] *adj & s* intestado, da ‖ ab intestat abintestato, sin testamento ‖ DR décéder intestat fallecer (ab) intestato.

intestin, e *adj* intestino, na.

➤ **intestin** *m* intestino ■ gros intestin intestino grueso ‖ intestin grêle intestino delgado.

‖ SYN boyau tripa; tripe tripa; entrailles entrañas; viscères vísceras.

intestinal, e *adj* intestinal; vers intestinaux lombrices intestinales.

inti *m* inti (monnaie péruvienne).

intifada *f* intifada.

intimation *f* intimación ‖ DR citación, convocación.

intime *adj & s* íntimo, ma.

intimé, e *adj* intimado, da ‖ DR demandado, da; citado, da; en apelación; requerido, da.

intimement *adv* íntimamente.

intimer [3] *v tr* intimar, conminar; intimer à quelqu'un l'ordre de faire quelque chose intimar a alguien a que haga algo ‖ DR citar, convocar.

intimidable *adj* intimidable.

intimidant, e *adj* que intimida.

intimidateur, trice *adj* que intimida.

intimidation *f* intimidación.

intimider [3] *v tr* intimidar; intimider par des menaces intimidar con amenazas.

‖ SYN troubler turbar; faire peur asustar.

intimisme *m* intimismo.

intimiste *adj* intimista (poésie).

intimité *f* intimidad.

intitulé *m* título (d'un livre), encabezamiento (d'une lettre) ‖ titular (d'un compte) ‖ intitulé d'inventaire relación de interesados.

intituler [3] *v tr* titular, intitular; comment a-t-il intitulé son livre? ¿cómo tituló su libro?

➤ **s'intituler** *v pr* titularse, intitularse.

intolérable *adj* intolerable, inaguantable.

intolérance *f* intolerancia.

intolérant, e *adj & s* intolerante.

intolérantisme *m* (p us) intolerantismo.

intonation *f* entonación.

intouchable *adj & s* intocable; intangible.

◇ *m & f* parias (secte).

intox *f* FAM intoxicación (politique), matraqueo *m*, comedura de coco ‖ faire de l'intox intoxicar.

intoxicant, e *adj* tóxico, ca.

intoxication *f* intoxicación; intoxication alimentaire intoxicación alimentaria.

intoxiqué, e *adj & s* intoxicado, da.

intoxiquer [3] *v tr* intoxicar.

intra-atomique *adj* intraatómico, ca.

‖ OBSERV pl intra-atomiques.

intracellulaire *adj* intracelular.

intradermique *adj* intradérmico, ca.

intradermo-réaction *f* intradermorreacción.

‖ OBSERV pl intradermo-réactions.

intrados [ɛ̃trado] *m* ARCHIT & AVIAT intradós.

intraduisible *adj* intraducible.

intraitable *adj* intratable ‖ [▷ SYN] intransigente ‖ inflexible.

‖ SYN intransigeant intransigente; irréductible irreductible.

intra-muros [ɛ̃tramyros] *loc adv lat* intramuros.

intramusculaire *adj* intramuscular.

intransférable *adj* intransferible.

intransigeance [ɛ̃trãziʒãs] *f* intransigencia.

intransigeant, e [ɛ̃trãziʒã, ãt] *adj & s* intransigente.

intransitif, ive *adj & s m* intransitivo, va.

intransitivement *adv* de manera intransitiva.

intransmissibilité *f* intransmisibilidad.

intransmissible *adj* intransmisible.

intransportable *adj* intransportable.

intrant *m* delegado para la elección del rector de la Universidad de París.

intranucléaire *adj* intranuclear.

intra-utérin, e *adj* intrauterino, na.
| OBSERV pl intra-utérins, es.

intraveineux, euse *adj* intravenoso, sa.
➥ **intraveineuse** *f* inyección intravenosa.

intrépide *adj & s* intrépido, da.

intrépidement *adv* intrépidamente, con intrepidez.

intrépidité *f* intrepidez.

intrigant, e *adj & s* intrigante.
| SYN arriviste arribista, arrivista; aventurier aventurero; condottiere condotiero; faiseur intrigante.

intrigue *f* [▷ SYN] intriga; intrigues de palais intrigas palaciegas; nouer des intrigues tramar intrigas | amorío *m*; avoir une intrigue avec tener amoríos con | comédie d'intrigue comedia de enredo.
| SYN agissements conducta, acción; menées manejos; pratiques prácticas; machinations maquinaciones; manœuvres maniobras; manèges manejos; manigances tejemaneje; cabale cábala.

intriguer [3] *v intr* intrigar.
◇ *v tr* intrigar, preocupar (inquiéter) | intriguer quelqu'un excitar, despertar la curiosidad de alguno.

intrinsèque *adj* intrínseco, ca.

intrinsèquement *adv* intrínsecamente, de un modo intrínseco.

introducteur, trice *adj & s* introductor, ra; introducteur des ambassadeurs introductor de embajadores.

introductif, ive *adj* introductorio, ria; introductivo, va.

introduction *f* introducción | presentación (d'une personne) | DR presentación (d'une demande) ■ introduction en Bourse introducción de un título en el mercado bursátil ■ chapitre d'introduction capítulo introductorio | lettre d'introduction carta de presentación.

introductoire *adj* introductorio, ria.

introduire [98] *v tr* [▷ SYN] introducir | presentar (une personne).
➥ **s'introduire** *v pr* introducirse.
| SYN glisser deslizar; insérer insertar; inclure incluir; encarter encartar; FAM fourrer meter.

introït [ɛ̃trɔit] *m* introito (messe).

intromission *f* intromisión.

intronisation *f* entronización, entronizamiento *m*.

introniser [3] *v tr* entronizar.

introspectif, ive *adj* introspectivo, va.

introspection *f* introspección.

introuvable *adj* que no se puede encontrar, imposible de encontrar.

introversion *f* introversión.

introverti, e *adj & s* introvertido, da.

intrus, e [ɛ̃try, yz] *adj & s* intruso, sa.

intrusion *f* intrusión.

intubation *f* entubado *m*, intubación.

intuber [3] *v tr* MÉD intubar.

intuitif, ive *adj & s* intuitivo, va.

intuition *f* intuición ■ avoir de l'intuition tener intuición, ser intuitivo | avoir l'intuition que tener la intuición de que | avoir une intuition tener una intuición.

intuitionnisme *m* intuicionismo.

intuitivement *adv* intuitivamente.

intumescence *f* intumescencia, hinchazón (enflure).

intumescent, e [ɛ̃tymesã, ãt] *adj* intumescente.

intussusception *f* BIOL intususcepción.

inuit *adj* inuit.

inule *f* BOT ínula, énula, beleño *m*.

inuline *f* CHIM inulina.

inusable *adj* que no se puede desgastar ou romper con el uso.

inusité, e *adj* inusitado, da; desusado, da.

in utero *loc adv* in utero.

inutile *adj & s* inútil | inutile de vous dire que huelga decirle que, ni que decir tengo que.
| SYN vain vano; superflu superfluo; oiseux ocioso.

inutilement *adv* inútilmente.

inutilisable *adj* inutilizable, inservible.

inutilisé, e *adj* inutilizado, da, sin utilizar.

inutiliser [3] *v tr* inutilizar.

inutilité *f* inutilidad.

inv. (abr écrite de invariable) inv., invar.

invagination *f* MÉD invaginación.

invaginer [3] *v tr* invaginar.
➥ **s'invaginer** *v pr* invaginarse.

invaincu, e [ɛ̃vɛ̃ky] *adj* invicto, ta.

invalidant, e *adj* que invalida.

invalidation *f* invalidación.

invalide *adj* inválido, da.
◇ *m & f* inválido, da; invalide de guerre inválido de guerra | invalide du travail inválido ou incapacitado laboral.

invalider [3] *v tr* invalidar | invalider un député anular la elección de un diputado.

invalidité *f* invalidez | nulidad (d'un acte).

Invar® *m* invar (métal).

invariabilité *f* invariabilidad.

invariable *adj* invariable.

invariablement *adv* invariablemente.

invariance *f* MATH & PHYS invariancia.

invariant *adj* invariable.
➥ **invariant** *m* invariante.

invasif, ive *adj* MÉD invasivo, va.

invasion *f* invasión.

invective *f* invectiva.

invectiver [3] *v tr & intr* increpar, denostar, decir invectivas; invectiver quelqu'un ou contre quelqu'un decir invectivas a ou contra alguien.
| SYN tempêter echar chispas; tonner tronar; FAM pester echar pestes, recriminar; fulminer fulminar.

invendable *adj* invendible.

invendu, e *adj* sin vender, no vendido, da; invendido, da.
➥ **invendu** *m* artículo sin vender.

inventaire *m* inventario ■ bénéfice d'inventaire beneficio de inventario | vente après inventaire venta postbalance ■ sous bénéfice d'inventaire a beneficio de inventario ■ dresser, faire l'inventaire hacer el inventario.

inventer [3] *v tr* inventar | il n'a pas inventé la poudre ou le fil à couper le beurre no inventó la pólvora, es el que asó la manteca.
| SYN imaginer imaginar, idear; découvrir descubrir; trouver hallar, encontrar; forger forjar; fabriquer fabricar; FAM broder ampliar, embellecer.

inventeur, trice *m & f* inventor, ra | descubridor, ra (qui découvre).

inventif, ive *adj* inventivo, va.

invention *f* invención, invento *m* | descubrimiento *m* (découverte) | invention de la Sainte Croix invención de la Santa Cruz ■ brevet d'invention patente de invención.

inventivité *f* inventiva.

inventorier [9] *v tr* hacer inventario, inventariar.

invérifiable *adj* incomprobable, que no puede comprobarse.
| OBSERV Verificar, en español, a surtout le sens d'"effectuer".

inversable *adj* que no puede volcarse.

inverse *adj* inverso, sa; contrario, ria ■ dans le sens inverse des aiguilles d'une montre en el sentido inverso al ou del de las manecillas del reloj | en proportion inverse en proporción inversa | en sens inverse en sentido opuesto.
◇ *m* lo contrario, lo inverso ■ à l'inverse a la inversa, al revés, al contrario | faire l'inverse hacer lo contrario.

inversement *adv* a la inversa | MATH inversamente; inversement proportionnel inversamente proporcional.

inverser [3] *v tr* invertir.

inverseur *m* PHYS inversor; inverseur de poussée inversor de empuje.

inversible *adj* inversible.

inversif, ive *adj* inversivo, va.

inversion *f* inversión; inversion de température inversión térmica.

invertébré, e *adj & s m* ZOOL invertebrado, da.

inverti, e *adj* dícese del azúcar transformado en glucosa.
◇ *m & f* (vieilli) invertido, homosexual.

invertine *f* CHIM invertina (sucrase).

invertir [32] *v tr* invertir.
| OBSERV En francés no tiene el sentido de "emplear fondos".

investigateur, trice *adj & s* investigador, ra.

investigation *f* investigación (recherche).

investir [32] *v tr* investir, conferir (une dignité) ▌ invertir, colocar, emplear (placer des fonds) ▌ FIG conceder, otorgar (de la confiance) ▌ MAR bloquear (un port) ▌ MIL cerco, sitio (d'une place).

investissement *m* inversión *f* ▌ MIL sitio.

investisseur *m* inversionista, inversor institucional.

investiture *f* investidura, toma de posesión.

invétéré, e *adj* inveterado, da; empedernido, da.

invétérer [18]
➡ **s'invétérer** *v pr* echar raíces, arraigar, inveterarse; laisser s'invétérer une mauvaise habitude dejar que arraigue una mala costumbre.

invincibilité *f* invencibilidad.

invincible *adj* invencible; l'Invincible Armada la Armada Invencible ▌ irrefutable; argument invincible argumento irrefutable.

invinciblement *adv* invenciblemente, de modo invencible.

inviolabilité *f* inviolabilidad; inviolabilité parlementaire inviolabilidad parlamentaria.

inviolable *adj* inviolable.

inviolé, e *adj* inviolado, da.

invisibilité *f* invisibilidad.

invisible *adj* invisible.

invisiblement *adv* invisiblemente.

invitant, e *adj* que invita, que convida.

invitation *f* invitación ▌ convite *m* (à un repas) ■ carte ou lettre d'invitation tarjeta ou carta de invitación ▌ à ou sur l'invitation de quelqu'un por invitación de alguien.

invitatoire *m* ECCLÉS invitatorio (antienne).

invite [ɛ̃vit] *f* envite *m* (jeux) ▌ FIG indirecta, apelación (incitation).

invité, e *adj & s* invitado, da; convidado, da.

inviter [3] *v tr* invitar, convidar (à un repas) ▌ sacar, invitar; inviter à danser sacar a bailar ▌ FIG incitar, invitar ▌ je vous invite à vous taire le ruego que se calle.
◇ *v intr* envidar, hacer un envite (jeux).
▌ SYN prier de rogar que, suplicar que; engager invitar, convidar; induire inducir; convier convidar.

in vitro *loc adv* in vitro.

invivable *adj* insoportable.

in vivo *loc adv* in vivo.

invocateur, trice *adj & s* invocador, ra.

invocation *f* invocación ▌ advocación; sous l'invocation de la Vierge bajo la advocación de la Virgen.

invocatoire *adj* invocatorio, ria.

involontaire *adj* involuntario, ria.

involontairement *adv* involuntariamente.

involucelle *m* BOT involucro pequeño.

involucre *m* BOT involucro.

involucré, e *adj* involucrado, da.

involuté, e *adj* BOT arrollado, da.

involution *f* embrollo *m*, enredo *m* (embarras) ▌ BOT arrollamiento *m* ▌ MÉD involución.

invoquer [3] *v tr* invocar ▌ invoquer la clémence de quelqu'un implorar la clemencia de alguien.

invraisemblable *adj* inverosímil ▌ c'est invraisemblable que... parece mentira que...
▌ SYN inimaginable inimaginable; incroyable increíble; inouï inaudito; paradoxal paradójico; rocambolesque fantástico; ébouriffant espeluznante.

invraisemblablement *adv* inverosímilmente, de modo inverosímil, increíblemente.

invraisemblance *f* inverosimilitud.

invulnérabilité *f* invulnerabilidad.

invulnérable *adj* invulnerable.

iodate *m* CHIM yodato.

iode *m* CHIM yodo (métalloïde).

iodé, e *adj* CHIM yodado, da.

ioder [3] *v tr* dar yodo, yodar.

iodhydrique *adj m* CHIM yodhídrico (acide).

iodique *adj m* CHIM yódico (acide).

iodisme *m* MÉD intoxicación *f* por el yodo.

iodoforme *m* MÉD yodoformo.

iodure *m* CHIM yoduro.

ioduré, e *adj* yodurado, da.

IOM (abr de indice d'octane moteur) *m* IOM.

ion [jɔ̃] *m* CHIM ion.

Ionie *n pr f* HIST l'Ionie Jonia.

ionien, enne *adj* jonio, nia; jónico, ca.
➡ **ionien** *m* LING jonio.

Ionien, enne *m & f* jonio, nia.

Ioniennes *n pr f* GÉOGR les îles Ioniennes las islas Jónicas.

ionique *adj* jónico, ca ▌ iónico, ca (des ions).

ionisation *f* CHIM ionización (électrolyse).

ioniser [3] *v tr* ionizar.

ionomètre *m* ionómetro.

ionone *f* CHIM ionona.

ionosphère *f* ionosfera.

IOR (abr de indice d'octane recherche) *m* IOI.

iota *m* iota *f* (lettre grecque) ▌ FIG & FAM ápice; il n'y manque pas un iota no le falta un ápice.

iotacisme *m* GRAMM iotacismo.

iouler; jodler [3] *v intr* cantar haciendo gorgoritos como los tiroleses.

iourte ➡ **yourte**.

Iowa *n pr m* GÉOGR l'Iowa Iowa.

IPC (abr de indice des prix à la consommation) *m* IPC.

ipéca; ipécacuana *m* ipecacuana *f* (plante).

IPES [ipɛs] (abr de Institut de préparation aux enseignements du second degré) *m* passer les IPES FAM cursar los estudios de magisterio; avoir les IPES FAM sacar el diploma de magisterio.

Iphigénie *n pr* MYTH Ifigenia.

ipomée *f* BOT campanillas *pl*.

ipso facto *loc lat* ipso facto.

ipso jure [ipsoʒyre] *loc lat* ipso jure.

Ipsos [ipsos] *n pr m* GÉOGR Ipso.

IR (abr de infrarouge) *adj* IR.

IRA (abr de Irish Republican Army) *f* IRA.

irade *m* iradé (décret du sultan).

Irak; Iraq l'Iraq ou Irak Iraq, Irak.

irakien, enne; iraquien, enne *adj* iraqués, esa; iraquí.

Irakien, enne; Iraquien, enne *m & f* iraquí; iraqués, esa.

Iráklion; Héraklion; Héraclion *n pr* Hêrakliôn, Iráklion, Heraclión.

Iran *n pr m* GÉOGR l'Iran Irán.

iranien, enne *adj & s* iranio, nia; iraniano, na (persan) ▌ iraní (de l'État actuel)
➡ **iranien** *m* LING iraní.

Iranien, enne *m & f* iranio, nia, iraniano, na (persan) ▌ iraní (de l'État actuel).

Iraq ➡ **Irak**.

Iraquien ➡ **Irakien**.

irascibilité *f* irascibilidad, iracundia.

irascible *adj* irascible; iracundo, da.

IRBM (abr de Intermediate Range Ballistic Missile) *m* IRBM.

IRCAM [irkam] (abr de institut de recherche et de coordination acoustique-musique) *m* instituto francés de investigación y coordinación de acústica y música.

ire [ir] *f* ira (colère).
▌ OBSERV En francés ire pertenece a la lengua poética.

Irène *n pr* Irene.

Irénée *n pr* Ireneo.

iridacées *f pl* BOT iridáceas.

iridectomie *f* MÉD iridectomía.

iridescent, e *adj* iridescente.

iridié, e *adj* iridiado, da.

iridium [iridjɔm] *m* iridio (métal).

iris [iris] *m* iris, arco iris (arc-en-ciel) ▌ ANAT iris (de l'œil) ▌ BOT lirio (plante) ■ iris sauvage lirio hediondo ■ PHOT diaphragme iris diafragma de iris.

irisable *adj* que puede irisarse.

irisation *f* irisación.

irisé, e *adj* irisado, da.

iriser [3] *v tr* irisar.

irish-coffee *m* café irlandés, irish-coffee.

iritis [iritis] *f* MÉD iritis (inflammation de l'iris).

irlandais, e *adj* irlandés, esa
➡ **irlandais** *m* LING irlandés.

Irlandais, e *m & f* irlandés, esa.

Irlande *n pr f* GÉOGR l'Irlande Irlanda ▌ l'Irlande du Nord Irlanda del Norte ▌ la mer d'Irlande el mar de Irlanda ▌ la république d'Irlande la República de Irlanda.

irone *f* CHIM irona (essence d'iris).

ironie *f* ironía.

ironique *adj* irónico, ca.

ironiquement *adv* irónicamente.

ironiser [3] *v intr* ironizar, mostrar ironía.

ironiste *m & f* ironista (personne ironique).

iroquois, e [irɔkwa, az] *adj & s* iroqués, esa ▌ FAM salvaje; bárbaro, ra; excéntrico, ca ▌ (vx) c'est de l'iroquois eso es chino ou griego.

Iroquois *n pr m pl* iroqueses.

IRPP (abr de impôt sur le revenu des personnes physiques) *m* IRPF.

irrachetable [iraʃtabl] *adj* irredimible, irrescatable.

irracontable *adj* que no puede contarse.

irradiant, e *adj* irradiante.

irradiation *f* irradiación ▌ PHYS irradiation externe, totale irradiación externa, total.

irradier [9] *v intr* & *tr* irradiar.

irraisonné, e *adj* no razonado, da; irrazonable; descabellado, da.

irrationalisme *m* irracionalismo.

irrationaliste *adj* & *s* irracionalista.

irrationalité *f* irracionalidad.

irrationnel, elle *adj* irracional.

irrattrapable *adj* irrecuperable.

irréalisable *adj* irrealizable.

irréalisme *m* irrealismo.

irréaliste *adj* & *s* iluso, sa.

irréalité *f* irrealidad.

irrecevabilité *f* inadmisibilidad.

irrecevable *adj* inadmisible, inaceptable.

irréconciliable *adj* irreconciliable.

irrécouvrable *adj* irrecuperable, incobrable.

irrécupérable *adj* irrecuperable.

irrécusable *adj* irrecusable.

irrédentisme *m* irredentismo.

irrédentiste *adj* & *s* irredentista.

irréductibilité *f* irreductibilidad.

irréductible *adj* irreductible; fraction irréductible fracción irreductible ▌ irreducible; fracture irréductible fractura irreducible.

irréductiblement *adv* irreductiblemente.

irréel, elle *adj* irreal.

irréfléchi, e *adj* irreflexivo, va.

irréflexion *f* irreflexión.

irréformable *adj* no reformable.

irréfragable *adj* irrefragable.

irréfutabilité *f* irrefutabilidad.

irréfutable *adj* irrefutable, irrebatible.

irrégularité *f* irregularidad.

irrégulier, ère *adj* irregular.
➜ **irrégulier** *m* soldado irregular.

irrégulièrement *adv* de manera irregular, irregularmente.

irréligieux, euse *adj* irreligioso, sa.
▌ SYN incrédule incrédulo; athée ateo; libre penseur librepensador; mécréant descreído; libertin libertino; antireligieux antirreligioso; impie impío.

irréligion *f* irreligión.

irrémédiable *adj* irremediable.

irrémédiablement *adv* sin remedio, irremediablemente.

irrémissible *adj* irremisible.

irrémissiblement *adv* LITT irremisiblemente.

irremplaçable *adj* irreemplazable, irremplazable, insustituible.

irréparable *adj* irreparable.

irréparablement *adv* irreparablemente (définitivement).

irrépréhensible [irrepreɑ̃sibl] *adj* irreprensible.

irrépressible *adj* irreprimible, que no se puede reprimir.

irréprochable *adj* irreprochable, intachable.
▌ SYN irrépréhensible irreprensible; impeccable impecable.

irréprochablement *adv* irreprochablemente.

irrésistible *adj* irresistible.

irrésistiblement *adv* irresistiblemente.

irrésolu, e *adj* irresoluto, ta; irresuelto, ta ▌ no resuelto, ta (problème, question, etc.).

irrésolution *f* irresolución.

irrespect [irrespɛ] *m* falta *f* de respeto, irreverencia *f*.

irrespectueusement *adv* irrespetuosamente.

irrespectueux, euse [irrespɛktyø, øz] *adj* irrespetuoso, sa.

irrespirable *adj* irrespirable.

irresponsabilité *f* irresponsabilidad ▌ DR irresponsabilité mentale irresponsabilidad mental.

irresponsable *adj* irresponsable.

irrétractable *adj* que no puede retractarse.

irrétrécissable [irretresisabl] *adj* inencogible, que no puede encoger.

irrévélé, e *adj* irrevelado, da; no revelado.

irrévérence *f* irreverencia.

irrévérencieusement *adv* irreverentemente.

irrévérencieux, euse *adj* irreverente ▌ irrespetuoso, sa.

irrévérent, e *adj* irreverente.

irréversibilité *f* irreversibilidad.

irréversible *adj* irreversible.

irréversiblement *adv* irreversiblemente, definitivamente.

irrévocabilité *f* irrevocabilidad.

irrévocable *adj* irrevocable.

irrévocablement *adv* improrrogablemente, irrevocablemente, definitivamente.

irrigable *adj* irrigable, regable, de regadío; terres irrigables tierras de regadío.

irrigateur *m* irrigador, regadera *f* (pompe) ▌ MÉD irrigador, lavativa *f*.

irrigation *f* irrigación ▌ riego (jardin).

irriguer [3] *v tr* irrigar, regar ▌ culture de terrains non irrigués cultivo de secano.

irritabilité *f* irritabilidad.

irritable *adj* irritable.

irritant, e *adj* irritante ▌ DR anulador, ra (qui annule).

irritatif, ive *adj* que irrita, irritante.

irritation *f* irritación.

irriter [3] *v tr* irritar.
➜ **s'irriter** *v pr* irritarse ■ s'irriter contre irritarse con ou contra ▌ s'irriter de irritarse con ou por.
▌ SYN exacerber exacerbar; exaspérer exasperar; horripiler horripilar.

irruption *f* irrupción ▌ faire irruption dans irrumpir en.

Isaac *n pr* Isaac.

Isabeau *n pr* (vx) Isabel.

isabelle *adj* & *s* isabelino, na; de color blanco amarillento ▌ bayo, overo (cheval).

Isabelle *n pr* Isabel.

Isaïe; Esaïe [izai] *n pr* Isaías.

isard [izar] *m* ZOOL gamuza *f*, rebeco, bicerra *f*, sarrio (chamois).

isatis [izatis] *m* zorro azul (renard bleu) ▌ BOT glasto (pastel).

Isaure *n pr* Isaura.

isba *f* isba, choza rusa.

ISBN (abr de International Standard Book Number) *m* ISBN.

Iscariote *n pr* Iscariote.

ischémie [iskemi] *f* MÉD isquemia.

ischiatique [iskjatik] *adj* isquiático, ca.

ischion [iskjɔ̃] *m* ANAT isquion (os).

Isère *n pr f* GÉOGR Isère (département); dans l'Isère en Isère.

Iseut; Iseult [izø] ou [izøt] *n pr* Isolda, Iseo.

ISF (abr de impôt de solidarité sur la fortune) *m* impuesto patrimonial francés.

isiaque *adj* isiaco, ca (d'Isis).

Isidore *n pr* Isidro.

Isidore de Séville *n pr* Isidoro de Sevilla.

Isis [izis] *n pr* Isis.

islam [islam] *m* islam.

Islamabad *n pr* GÉOGR Islāmābad, Islamabad.

islamique *adj* islámico, ca.

islamisation *f* islamización.

islamiser [3] *v tr* islamizar.

islamisme *m* islamismo.

islandais, e *adj* islandés, esa; islándico, ca.
➜ **islandais** *m* LING islandés.

Islandais, e *m* & *f* islandés, esa.

Islande *n pr f* GÉOGR l'Islande Islandia.

Ismaël *n pr* Ismael.

ismaélien, enne; ismaïlien, enne *adj* & *s* ismailí.

ismaélisme *m* ismaelismo.

ismaélite *adj* & *s* ismaelita.

ismaïlien, enne ➜ ismaélien.

ISMH (abr de inventaire supplémentaire des monuments historiques) *m* château classé ISMH castillo declarado de interés histórico y artístico.

ISO *adj inv* PHOT échelle ISO escala iso.

isobare *adj* isobárico, ca (de même pression barométrique); lignes isobares líneas isobáricas.
◇ *f* isobara, línea isobárica.

isobarique *adj* isobárico, ca.

isobathe *adj* & *s f* isobata.

isocarène *adj* isocarenado, da.

isocèle *adj* GÉOM isósceles.

isochimène [izokimɛn] *adj* isoquímeno, na.
◇ *f* línea isoquímena.

isochromatique *adj* isocromático, ca.

isochrone *adj* isócrono, na (de même durée); oscillations isochrones oscilaciones isócronas.

isochronique *adj* isocrónico, ca.

isochronisme *m* isocronismo.

isoclinal, e *adj* isoclino, na.

isocline *adj* isoclino, na (de même inclinaison).

Isocrate *n pr* Isócrates.

isodynamie *f* isodinamia.

isodynamique *adj* isodinámico, ca.

isoédrique *adj* isoédrico, ca (à faces égales).

isogame *adj* BOT isógamo, ma.

isogamie *f* BOT isogamia.

isoglosse *adj* isogloso, sa (langue).

isogone *adj* isógono, na (à angles égaux).

isohyète *adj* isohieta (d'égale pluviosité). <> *f* línea isohieta.

isoïonique *adj* con la misma cantidad de iones.

isolable *adj* aislable.

isolant, e *adj* & *s m* aislador, ra; aislante ‖ langue isolante lengua monosilábica.

isolat *m* aislador.

isolateur, trice *adj* & *s m* aislador, ra.

isolation *f* aislamiento *m*; isolation acoustique, thermique aislamiento acústico, térmico.

isolationnisme *m* aislacionismo.

isolationniste *adj* & *s* aislacionista.

isolé, e *adj* aislado, da.

　SYN écarté apartado; retiré retirado.

isolement [izɔlmɑ̃] *m* aislamiento ‖ apartamiento; le « splendide isolement » el "espléndido aislamiento".

isolément *adv* aisladamente.

isoler [3] *v tr* aislar.
➝ **s'isoler** *v pr* apartarse.

isoloir *m* aislador ‖ cabina *f* electoral [para preparar el boletín de voto].

isomère *adj* & *s m* CHIM isómero, ra.

isomérie *f* CHIM isomería.

isomérique *adj* isomérico, ca.

isomérisation *f* isomerización.

isométrique *adj* isométrico, ca.

isomorphe *adj* CHIM isomorfo, fa.

isomorphisme *m* isomorfismo.

isonomie *f* CHIM isonomía.

isopode *adj* & *s m* ZOOL isópodo, da.

isostasie *f* isostasia.

isostatique *adj* isostático, ca.

isotherme *adj* & *s f* isotermo, ma (de même température) ‖ wagon isotherme vagón isotérmico (à température constante).

isotonie *f* CHIM isotonía.

isotonique *adj* isotónico, ca.

isotope *adj* & *s m* isótopo ‖ isotope radioactif isótopo radioactivo.

isotrope *adj* & *s m* isótropo, pa.

isotropie *f* BOT & PHYS isotropía.

Ispahan *n pr* GÉOGR Isfahān, Ispahān, Isbahan, Ispahán.

Israël [israɛl] *n pr m* GÉOGR Israel.

israélien, enne [israeljɛ̃, ɛn] *adj* & *s* israelí.

israélite [israelit] *adj* & *s* israelita.
　SYN hébreu hebreo; israélien israelí (habitant d'Israël); sémite semita; juif judío.

issant, e *adj* BLAS naciente, saliente.

issu, e [isy] *adj* nacido, da; salido, da ‖ descendiente; elle était issue d'une noble lignée era descendiente de una familia linajuda ‖ FIG procedente, resultante, que proviene ■ cousins issus de germains primos segundos ‖ issu de sang royal de estirpe real.

issue *f* salida; les issues cachées las salidas ocultas ‖ FIG fin *m*, final *m*; à l'issue de la réunion al final de la reunión ‖ resultado *m*, desenlace *m*; l'issue d'un procès el resultado de un pleito ‖ salida; se ménager des issues procurarse salidas ■ issue de secours salida de emergencia ‖ l'issue fatale el fatal desenlace ‖ rue sans issue calle sin salida ■ à l'issue de después de, al terminar, al final de.
➝ **issues** *f pl* echaduras, afrecho *m sing*, salvado *m sing* (mouture) ‖ despojos *m* (de boucherie).

Istanbul *n pr* GÉOGR Estambul, Estanbul.

isthme [ism] *m* istmo.

isthmiques [ismik] *adj pl* ístmicos (jeux).

Istrie *n pr f* GÉOGR l'Istrie Istria.

itague *f* MAR ostaga (cordage).

italianisant, e *m* & *f* italianista ‖ italianizante.

italianiser [3] *v tr* & *intr* italianizar.

italianisme *m* italianismo.

Italie *n pr f* GÉOGR l'Italie Italia.

italien, enne *adj* italiano, na ‖ à l'italienne a la italiana (à la manière italienne); apaisado, da (dessin, livre, etc.).
➝ **italien** *m* LING italiano.

Italien, enne *m* & *f* italiano, na.

italique *adj* itálico, ca. <> *m* itálica *f*, bastardilla *f*, cursiva *f* (écriture).

item [item] *adv* item, además (en outre).
　OBSERV mot latin.

itératif, ive *adj* iterativo, va (p us); reiterado, da; repetido, da.

itération *f* iteración ‖ INFORM iteración.

itérativement *adv* de modo iterativo.

Ithaque *n pr f* GÉOGR l'Ithaque Itaca.

itinéraire *adj* & *s m* itinerario, ria.

itinérant, e *adj* & *s m* ambulante, itinerante; ambassadeur itinérant embajador ambulante ‖ volante; équipes itinérantes equipos volantes.

itou *adv* FAM también, igualmente (aussi).

ITP (abr de ingénieur des travaux publics) *m* ingeniero de obras públicas.

IUFM (abr de institut universitaire de formation des maîtres) *f* escuela de prácticas para la formación de profesores, en Francia.

iule *m* escolopendra *f*, yulo (mille-pattes).

IUP (abr de institut universitaire professionnalisé) *m* escuela universitaria francesa de formación profesional a la cual se accede tras haber cursado un año universitario.

IUT (abr de institut universitaire de technologie) *m* escuela técnica universitaria.

Ivan *n pr* Ivan le Grand Iván el Grande; Ivan le Terrible Iván el Terrible.

ive; ivette [iv, ivɛt] *f* cebolleta.

IVG (abr de interruption volontaire de grossesse) *f* interrupción voluntaria del embarazo.

ivoire *m* marfil ‖ objeto de marfil (objet en ivoire) ■ ivoire végétal marfil vegetal, corojo ‖ noir d'ivoire negro de marfil ‖ FIG tour d'ivoire torre de marfil ‖ vieil ivoire marfil cansado.

ivoirien, enne *adj* de la Costa de Marfil.

Ivoirien, enne *m* & *f* de la Costa de Marfil.

ivoirin, e *adj* marfileño, ña; ebúrneo, a (poétique).

ivraie [ivrɛ] *f* cizaña (plante) ‖ FIG cizaña, disensión, enemistad ‖ séparer le bon grain de l'ivraie separar lo bueno de lo malo.

ivre *adj* [▷ SYN] ebrio, a; embriagado, da; beodo, da (pris de boisson) ‖ FIG ebrio, a; loco, ca; embriagado, da; ivre de joie loco de alegría ‖ ivre mort borracho perdido.
　SYN soûl, saoul borracho, mamado (américanisme); FAM éméché achispado; FAM gris negro, tajada; pompette piripi; blindé ajumado; noir negro; rond como una cuba.

ivresse *f* embriaguez ‖ FIG arrebato *m*, entusiasmo *m*, transporte *m*.
　SYN ébriété ebriedad; enivrement embriaguez, borrachera; FAM cuite tajada, merluza.

ivrogne, esse *adj* & *s* borracho, cha.
　SYN alcoolique alcohólico, alcoholizado; éthylique etílico; dipsomane dipsómano; FAM pochard, poivrot, soûlaud, soûlard borrachín, borracho.

ivrognerie *f* embriaguez, borrachera.

ixia; ixie *f* BOT ixia.

ixode *m* ixodes, ixoda, garrapata *f* (tique).

ixtle *m* istle, pita *f* (agave).

Izmir *n pr* GÉOGR Izmir.

Izvestia [izvɛstja] *n pr* Izviesta (presse).

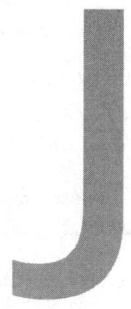

J

j; J *m* j *f.*

J (abr écrite de joule) J ‖ (abr écrite de jour) le jour J el día D.

jabiru *m* jabirú, yabirú (oiseau).

jable *m* TECHN jable, gargol.

jabler [3] *v tr* TECHN hacer jables, ruñar.

jabloir *m;* **jabloire** *f* TECHN jabladera *f,* doladera *f.*

jaborandi *m* jaborandi (arbre).

jabot [ʒabo] *m* buche (des oiseaux) ‖ chorrera *f* (de chemise) ▪ VÉTÉR jabot œsophagien papada ‖ FAM se remplir le jabot llenar el buche, hincharse de comer.

jaboter [3] *v intr* & *tr* FAM charlotear, cotorrear ‖ piar (les oiseaux).

jaboteur, euse *m* & *f* FAM charlatán, ana; parlanchín, ina.

JAC; Jac (abr de Jeunesse Agricole Chrétienne) *f* organización de jóvenes agricultores cristianos.

jacamar *m* jacamar (oiseau).

jacaranda *m* jacarandá (arbre).

jacasse *f* urraca (pie) ‖ FAM cotorra, charlatana (bavarde).

jacassement *m* charla *f,* cotorreo.

jacasser [3] *v intr* chirriar la urraca (la pie) ‖ FAM cotorrear, parlotear (babiller).

jacasserie *f* charla, cotorreo *m.*

jacasseur, euse; jacassier, ère *adj* & *s* FAM parlanchín, china.

jacée *f* cabezuela (plante).

jacent, e *adj* DR yacente (succession).

jachère *f* AGRIC barbecho *m;* en jachère en barbecho.
‖ SYN guéret barbecho, rastrojo; friche erial.

jacinthe [ʒasɛ̃t] *f* jacinto *m* (plante) ‖ jacinto *m* (pierre précieuse).

jack *m* TECHN conmutador telefónico.

jaco *m* ZOOL jaco, jamelgo.

Jacob [ʒakɔb] *n pr* Jacob.

jacobée *f* BOT hierba cana (séneçon).

jacobin, e *adj* (vx) dominico, ca ‖ HIST jacobino, na.
➤ **Jacobin** *m* HIST jacobino.

LES JACOBINS

Este club revolucionario (1789-1794) celebraba sus reuniones en el antiguo monasterio de los Jacobinos en París. Más tarde se convirtió en el órgano principal de los "Montagnards", abogando por un régimen centralizado fuerte.

---

jacobinisme *m* jacobinismo.

Jacobite *m* & *f* Jacobita.

jaconas [ʒakɔna] *m* chaconada *f* (étoffe).

jacquard [ʒakar] *m* TECHN telar de jacquard (métier).

Jacqueline *n pr* Jacoba (p us).

jacquemart *m* jacquemart (automate).

jacquerie *f* motín *m,* levantamiento *m* de campesinos [en recuerdo de una rebelión de los campesinos de la Isla de Francia contra la nobleza en 1358].

Jacques [ʒak] *n pr* Santiago, Diego ‖ Jaime (en Aragon, Catalogne et Baléares) ‖ Jacobo (roi d'Écosse) ‖ FAM faire le Jacques hacer el tonto.

Jacques Bonhomme *m* FAM el campesino, el pueblo.

jacquet [ʒakɛ] *m* chaquete (jeu) ‖ ZOOL ardilla *f* (écureuil).

jacquier; jaquier *m* BOT árbol del pan.

Jacquot; Jaquot [ʒako] *m* (diminutif familier de Jacques) Santiaguito ‖ papagayo gris de África (perroquet gris) ‖ FAM loro, papagayo (perroquet).

jactance *f* FAM jactancia.

jacter [3] *v intr* FAM rajar (parler).

jaculatoire *adj* jaculatorio, ria.

Jacuzzi® [ʒakuzi] *m* jacuzzi.

jade *m* jade (pierre).

jadis [ʒadis] *adv* antiguamente, antaño ‖ au temps jadis en otro tiempo, en tiempos lejanos.

Jaffa; Yafo *n pr* GÉOGR Jaffa, Yafo.

jaguar [ʒagwar] *m* ZOOL jaguar, yaguar.

jaillir [32] [ʒajir] *v intr* (▷ SYN) brotar (sourdre) ‖ saltar; des étincelles jaillirent saltaron chispas ‖ FIG desprenderse (se dégager).
‖ SYN rejaillir resaltar; gicler saltar, salpicar; saillir surtir.

jaillissant, e [ʒajisɑ̃, ɑ̃t] *adj* que brota.

jaillissement [ʒajismɑ̃] *m* brote, surgimiento.

Jaipur [ʒaipur] *n pr* GÉOGR Jaipur.

jais [ʒɛ] *m* MIN azabache; noir comme du jais negro como el azabache.

Jakarta; Djakarta *n pr* GÉOGR Yakarta, Jakarta, Djakarta.

jalap [ʒalap] *m* jalapa *f* (plante).

jale *f* (p us) lebrillo *m* (jatte), barreño *m* (baquet).

jalon *m* jalón (topographique) ‖ hito; c'est un jalon dans l'histoire es un hito en la historia; dernier jalon hito final ▪ jalon-mire jalón de mira ‖ FIG poser des jalons preparar ou abonar el terreno.

jalonnement *m* jalonamiento.

jalonner [3] *v tr* & *intr* jalonar, amojonar ‖ FIG jalonar ‖ marcar.

jalonneur *m* mojonero ‖ soldado de guía (soldat).

jalousement *adv* celosamente (en amour) ‖ envidiosamente (envieusement).

jalouser [3] *v tr* envidiar, tener envidia de (être envieux); jalouser quelqu'un tener envidia a ou de uno.

jalousie *f* celos *m pl* (en amour) ‖ envidia (envie); la jalousie le ronge la envidia le carcome ‖ celosía, persiana (persienne).

jaloux, ouse [ʒalu, uz] *adj* celoso, sa (en amour) ‖ envidioso, sa (envieux) ‖ ansioso, sa; deseoso, sa (désireux de) ▪ être jaloux estar celoso, tener celos ‖ rendre jaloux dar celos (amour), provocar la envidia, dar envidia (envie).

jamaïquain, e; jamaïcain, e *adj* jamaicano, na; jamaiquino, na.

Jamaïquain, e; Jamaïcain, e *m* & *f* jamaicano, na; jamaiquino, na.

Jamaïque *n pr f* GÉOGR la Jamaïque Jamaica.

jamais [ʒamɛ] *adv* nunca, jamás; je ne l'ai jamais vu no le he visto nunca, jamás le he visto ▪ jamais de la vie nunca jamás ‖ jamais deux sans trois no hay dos sin tres ▪ à jamais, pour jamais para siempre ‖ à tout jamais por ou para siempre, para siempre jamás ‖ au grand jamais nunca jamás, jamás de los jamases ‖ si jamais... si algún día...; si jamais tu le rencontres si algún día le encuentras; como; si jamais tu recommences! ¡como lo hagas otra vez! ▪ mieux vaut tard que jamais más vale tarde que nunca.

jamais-vu *m inv* c'est du jamais-vu es lo nunca visto.

jambage *m* jamba *f* (de cheminée) ‖ palo, trazo (de lettre) ‖ TECHN jamba *f,* montante (montant).

jambart [ʒɑ̃bar] *m* canillera *f.*

jambe *f* (▷ SYN) ANAT pierna ‖ pernil *m* (de pantalon) ‖ ARCHIT jamba ▪ jambe de bois pata de palo ‖ jambe de force jabalcón ‖ jambe d'une maille hilo de una malla ▪ à toutes jambes a todo correr ‖ jambe deçà, jambe delà a horcajadas ‖ par-dessous la jambe sin cuidado, a lo loco, al desgaire, a lo que salga, por las buenas ▪ cela donne

des jambes esto da fuerzas para andar ‖ cela lui fait une belle jambe valiente negocio, ¡pues sí que le sirve de mucho!, ¿de qué le sirve? ‖ prendre ses jambes à son cou, jouer des jambes tomar las de Villadiego, poner pies en polvorosa ‖ tenir la jambe dar la lata ‖ tirer les jambes de quelqu'un echar la zancadilla a alguien ‖ traiter quelqu'un pardessous la jambe mirar a uno por encima del hombro.
‖ SYN patte pata; guibole zanca; FAM quille zanca; flûte canilla.

jambette f piernecita (petite jambe) ‖ zancadilla (croc-en-jambe) ‖ cortaplumas m (couteau) ‖ ARCHIT péndola.

jambier, ère adj ANAT de la pierna.
➡ **jambière** f canillera, greba (armure) ‖ polaina (guêtre); espinillera.

jambon m jamón; jambon à l'os, de montagne ou de pays jamón con hueso, serrano ‖ FAM (vx) mandolina f.

jambonneau m codillo de jamón, lacón ‖ perna f (mollusque) ‖ FAM (vx) guitarra.

jamboree [ʒãbɔri] m jamboree, reunión f internacional de exploradores.

jambose f pomarrosa (fruit).

jambosier; jamerosier m yambo (arbre).

James [dʒɛms] n pr GÉOGR la baie de James la bahía de James.

jan m tablero (table de trictrac) ‖ lance (coup au jeu) ‖ BOT aulaga f (ajonc).

jangada f jangada (bateau).

janissaire m jenízaro (soldat turc).

janotisme m anfibología f (phrase vicieuse).

jansénisme m jansenismo.

> LE JANSÉNISME
> Esta doctrina creada en el seno de la Iglesia católica por Jansenio, obispo de Iprés, se fundamentaba en un concepto de la gracia y la predestinación comparable al de los calvinistas. La abadía de religiosas de Port-Royal se convirtió en su baluarte en el siglo XVII. Hoy en día esta doctrina se asocia con un énfasis moral austero en materia religiosa.

janséniste adj & s jansenista.
◇ adj en pasta; reliure janséniste encuadernación en pasta.

jante f llanta.

jantille [ʒãtij] f álabe m (d'une roue hydraulique).

Janus [ʒanys] n pr MYTH Jano.

janvier m enero.

Japhet [ʒafe] n pr Jafet.

japhétique adj jafético, ca.

japon m porcelana f japonesa (porcelaine) ‖ papel japonés (papier) ‖ marfil japonés (ivoire).

Japon n pr m GÉOGR le Japon (el) Japón.

japonais, e adj japonés, esa.
➡ **japonais** m LING japonés.

Japonais, e m & f japonés, esa.

japonerie; japonaiserie f objeto m del Japón.

japonisant, e adj & s que se dedica al estudio de la cultura o filología japonesas.

japonisme m afición f a lo japonés.

japoniste m aficionado a los objetos artísticos del Japón.

jappement m ladrido, gañido.

japper [3] v intr ladrar, gañir.

jappeur, euse adj ladrador, ra ‖ FIG chillón, ona.

jaque m (p us) jaco m (justaucorps).

jaquemart [ʒakmar] m autómata que da la hora en algunos relojes ‖ juguete de herreros (jouet).

jaquette f chaqué m (d'homme) ‖ chaqueta (de dame) ‖ sobrecubierta, forro m ilustrado (d'un livre).

jaquier ➡ jacquier.

Jaquot ➡ Jacquot.

jar; jard; jarre m arena f guijosa de los ríos.

jar; jars m (vx) germanía f (argot).

jard ➡ jar.

jarde f; **jardon** m VÉTÉR lerdón m.

jardin m jardín (de fleurs), huerto (potager) ‖ FIG región f fértil ‖ THÉÂTR derecha del actor en el escenario ■ jardin d'acclimatation invernadero ‖ jardin d'enfants colegio de párvulos ‖ jardin des plantes jardín botánico ‖ jardin d'hiver invernadero ‖ jardin fruitier huerto, vergel ‖ jardin potager huerto, huerta ‖ jardin public parque público ‖ jardin suspendu jardín colgante ou pensil.

jardinage m jardinería f (art), horticultura f ‖ hortalizas f pl (légumes) ‖ jardín (des émeraudes) ‖ mancha f (des diamants).

jardiner [3] v intr entretenerse trabajando en jardinería.
◇ v tr jardiner un bois escamondar un bosque.

jardinet [ʒardinɛ] m jardinillo (de fleurs) ‖ huertecillo (potager).

jardineux, euse adj que tiene manchas ou jardines (pierres précieuses).

jardinier, ère m & f jardinero, ra (fleuriste) ‖ hortelano, na (maraîcher).
◇ adj del jardín ‖ hortense; hortelano, na.

jardinière f jardinera, macetero m (meuble) ‖ menestra, macedonia de legumbres (mets) ‖ carro m de los hortelanos (véhicule) ‖ ZOOL cárabo m, escarabajo m dorado.

jardiniste m ARCHIT dibujante de jardines.

jardon ➡ jarde.

jargon m jerga f, jerigonza f ‖ argot; jargon médical argot médico ‖ MIN jergón (diamant jaune).

jargonner [3] v intr FAM hablar en jerga ‖ graznar [el ganso].

Jarnac [ʒarnak] n pr coup de Jarnac cuchillada f traidora, puñalada f trapera.

jarni!; jarnibleu!; jarnicoton!; jarnidieu! interj (abr de je renie..., reniego de) ¡voto a Dios!, ¡voto a bríos!

jarosse f BOT arveja.

jarre f jarra, tinaja (vase).
◇ m ZOOL lana churra f (poil).

jarre ➡ jar.

jarret m corva f (de l'homme) ‖ jarrete, corva f, corvejón m (de l'animal) ‖ CONSTR pandeo, comba f (saillie) ■ avoir du jarret tener buenas piernas ‖ couper les jarrets desjarretar.

jarreté, e adj estrecho de corvejones ‖ CONSTR pandeado.

jarretelle [ʒartɛl] f liga.

jarreter [27] v intr CONSTR hacer pandeos.

jarretière f liga, jarretera (pour les bas) ‖ jarretera (ordre anglais).

jars [ʒar] m ganso, ánsar (oiseau).

jars ➡ jar.

jas [ʒa] m MAR cepo del ancla.

jaser [3] v intr charlar, parlotear (parler) ‖ cotillear, cotorrear (avec médisance) ‖ cotorrear (les perroquets, etc.) ‖ FAM desembuchar (en justice) ‖ jaser à tort et à travers hablar a troche y moche.

jaseran m cadenita f de medallas (chaîne).

jaseur, euse adj & s charlatán, ana; hablador, ra; picotero, ra (babillard) ‖ FIG murmurador, ra (l'eau).

jasmin m jazmín (fleur).

Jason n pr MYTH Jasón.

jaspe [ʒasp] m jaspe (pierre) ‖ jaspeado (livre).

jaspé, e adj jaspeado, da.

jasper [3] v tr jaspear.

jaspiner [3] v intr ARG rajar, chamullar.

jaspure f jaspeado m, jaspeadura f.

jatte f cuenco m (coupe).

jattée f cuenco m (contenu).

jauge [ʒoʒ] f cabida (capacité) ‖ medida (mesure) ‖ aforo m (d'un récipient) ‖ varilla graduada, aspilla (règle graduée) ‖ arqueo m (d'un bateau) ‖ galga (de filetage) ‖ AGRIC zanja para renuevos ‖ AUTOM jauge de niveau d'huile indicador de nivel del aceite.

jaugeage [ʒoʒaʒ] m aforo ‖ arqueo (bateaux).

jauger [17] v tr aforar ‖ calar (futailles) ‖ arquear (bateaux) ‖ FIG calibrar, juzgar.

jaugeur m aforador ‖ arqueador.

jaumière f MAR limera (du gouvernail).

jaunâtre adj amarillento, ta; une lumière jaunâtre una luz amarillenta ‖ cetrino, na; un teint jaunâtre una tez cetrina.

jaune adj & s amarillo, lla ‖ PÉJ esquirol, rompehuelgas (briseur de grève) ■ jaune d'œuf yema de huevo ‖ jaune paille pajizo, za ‖ rire jaune reír de dientes para afuera, reír con risa de conejo.

Jaune n pr GÉOGR le fleuve Jaune el río Amarillo; la mer Jaune el mar Amarillo.

jaunet, ette [ʒonɛ, ɛt] adj amarillejo, ja; tirando a amarillo.
➡ **jaunet** m FAM (vx) moneda f de oro.

jaunir [32] v tr & intr amarillear, ponerse amarillo.

jaunissant, e adj que amarillea; amarillento, ta.

jaunisse f MÉD ictericia (ictère) ‖ FAM en faire une jaunisse ponerse enfermo (être contrarié).

jaunissement m amarilleo.

java f java (danse).

Java n pr GÉOGR Java.

javanais, e adj javanés, esa.
➡ **javanais** m lenguaje convencional que se forma anteponiendo a cada sílaba francesa una de las sílabas av o va, jerigonza f.

Javanais, e m & f javanés, esa.

javart [ʒavar] *m* VÉTÉR gabarro (tumeur).

javeau *m* isla *f* de aluvión.

Javel *n pr* eau de Javel lejía, hipoclorito *m* de sosa usado como decolorante y desinfectante.

javelage [ʒavlaʒ] *m* ·AGRIC agavillamiento.

javeler [24] [ʒavle] *v tr* AGRIC agavillar.
◇ *v intr* amarillear las mieses agavilladas (jaunir).

javeleur, euse *m & f* AGRIC agavillador.
➡ **javeleuse** *f* agavilladora (machine).

javeline *f* jabalina (dard).

javelle *f* montoncito *m* de sal ‖ AGRIC gavilla.

javellisation *f* esterilización del agua con lejía, con hipoclorito de sosa.

javelliser [3] *v tr* esterilizar el agua con lejía, con hipoclorito de sosa.

javelot [ʒavlo] *m* venablo (arme) ‖ SPORTS jabalina *f*.

jazz [dʒaz]; **jazz-band** [dʒazbɑ̃d] *m* jazz, jazz band.
▨ OBSERV pl jazz; jazz-bands.

jazzman *m* jazzman, músico de jazz.
▨ OBSERV pl jazzmans ou jazzmen.

jazz-rock [dʒazrɔk] *m* jazz rock.

J-C (abr écrite de Jésus-Christ) JC.

JCR (abr de Jeunesse communiste révolutionnaire) *f* movimiento de jóvenes comunistas.

je *pron pers* yo.
▨ OBSERV **1.** Je se emplea solamente como elemento del grupo verbal (je suis venu); en los otros casos hay que decir moi (mon père et moi serons contents de vous voir). **2.** Il n'est nécessaire de traduire je en espagnol que si l'on veut insister.

jean; jeans *m* vaqueros, tejanos.

Jean [ʒɑ̃] *n pr* Juan ‖ Jean-Baptiste Juan Bautista.

Jean-Baptiste; Jean *n pr* saint Jean-Baptiste ou Jean san Juan Bautista.

jean-foutre *m* FAM Juan Lanas, mamarracho.

Jeanne [ʒan] *n pr* Juana.

Jeanne d'Arc *f* Juana de Arco.

jeannette *f* collar *m* con cruz de oro ‖ tabla pequeña para planchar (à repasser).

Jeannette; Jeannine *n pr* Juanita.

Jeannot [ʒano] *n pr* Juanito [(*Amér*) Juancito].

JEC; Jec (abr de Jeunesse Étudiante Chrétienne) *f* organización de jóvenes estudiantes cristianos.

jectisse; jetisse *adj f* echadiza, cavadiza (terre) ‖ pierre jectisse mampuesto (construction).

Jeep® [dʒip] *f* AUTOM jeep *m*, todo terreno *m* [(*Amér*) coche campero].

Jéhovah *n pr* Jehová.

jéjunum [ʒeʒynɔm] *m* ANAT yeyuno.

je-m'en-fichisme; je-m'en-foutisme *m inv* FAM despreocupación *f*, indiferencia *f*, pasotismo *m*.

je-m'en-fichiste; je-m'en-foutiste *m inv* FAM viva la Virgen, pasota.

je-m'en-foutisme ➡ **je-m'en-fichisme**.

je-m'en-foutiste ➡ **je-m'en-fichiste**.

je-ne-sais-quoi [ʒənsekwa] *m inv* un no sé qué.

jennérien, enne *adj* jenneriano, na.

jenny [dʒeni] *f* jenny, máquina de hilar algodón.

jérémiade *f* jeremiada, lloriqueo *m*.

Jérémie *n pr m* Jeremías.

Jéricho [ʒeriko] *n pr* GÉOGR Jericó.

jéroboam *m* botella *f* gigante [de cava o vino].

Jérôme *n pr* Jerónimo.

jerrican; jerrycan [ʒerikan] ou [dʒerikan] *m* jerrycan, bidón cuadrangular de 20 litros para gasolina.

jersey [ʒerse] *m* tejido de punto (tissu) ‖ jersey (vêtement).

Jersey *n pr* GÉOGR Jersey.

jersiais, e *adj* de Jersey.

Jersiais, e *m & f* habitante ou natural de Jersey.

Jérusalem [ʒeryzalɛm] *n pr* GÉOGR Jerusalén.

je-sais-tout *m inv* sabelotodo, sabihondo.

jésuite *adj & s* jesuita.

jésuitique *adj* jesuítico, ca.

jésuitiquement *adv* de modo jesuítico.

jésuitisme *m* jesuitismo.

Jésus [ʒezy] *m* Jesús; le petit Jésus, l'Enfant Jésus el niño Jesús ‖ Niño Jesús; un jésus de cire un niño Jesús de cera ‖ TECHN papel de 56 x 72 cm ‖ double-jésus papel de 70 x 100 cm.

Jésus-Christ [ʒezykri] *n pr* Jesucristo.

jet [ʒɛ] *m* lanzamiento, tiro; un jet de 55 mètres un lanzamiento de 55 metros (sports) ‖ rayo, chorro (de lumière) ‖ chorro (d'un fluide); jet de vapeur chorro de vapor ‖ chorro (d'un avion) ‖ vaciado (d'un métal en fusion) ‖ cabio bajo, travesaño inferior (d'une fenêtre) ‖ mazarota *f* (masselotte) ‖ BOT vástago, retoño ‖ MAR echazón *f* ■ jet d'eau surtidor ‖ jet de filet redada ■ arme de jet arma arrojadiza ‖ premier jet bosquejo (peinture) ■ à un jet de pierre a tiro de piedra ‖ d'un seul jet de un tirón, de una sola vez ‖ du premier jet del primer golpe, de primera mano.

jet *m* avión de reacción, reactor.

jetable *adj* desechable, de usar y tirar; rasoir, briquet jetable maquinilla de afeitar, encendedor desechable.

jetage *m* VÉTÉR moquillo, muermo.

jeté, e *adj* echado, da ‖ tirado, da (lancé) ‖ tirado, da (gaspillé).
➡ **jeté** *m* tejido de lado (danse) ‖ tapete (de table) ‖ tierra *f* (haltères).

jetée *f* escollera, espigón *m*, muelle *m*, malecón *m*.

jeter [27] *v tr* echar; jeter les bras autour du cou de quelqu'un echar los brazos al cuello de alguien; jeter un regard de haine echar una mirada de odio ‖ [▷ SYN tirar]; jeter une pierre tirar una piedra; jeter par ou à terre tirar al suelo ‖ lanzar (lancer) ‖ echar, poner (mettre) ‖ emitir, lanzar (émettre) ‖ tirar (se débarrasser de) ‖ echar (des bourgeons) ‖ poner en; jeter dans l'embarras poner en un apuro ‖ meter; jeter en prison meter en la cárcel ‖ dar, soltar, emitir; jeter un cri dar un grito ‖ echar, hacer, poner; jeter les fondements d'une maison poner los cimientos de una casa ‖ construir, tender (un pont) ‖ echar, tender (des filets) ‖ FIG infundir, hacer nacer, inspirar; une nouvelle qui nous jette dans la joie una noticia que nos infunde alegría ‖ echar, sentar (les bases) ‖ llevar (conduire) ■ jeter à la figure ou à la face ou au nez echar en cara ‖ FIG jeter à la tête de quelqu'un meter por los ojos a alguien ‖ jeter bas echar abajo, derribar ‖ jeter de la poudre aux yeux engañar con falsas apariencias, deslumbrar ‖ jeter de l'huile sur le feu echar leña al fuego ‖ MAR jeter l'ancre echar el ancla, anclar, fondear ‖ FIG jeter la pierre à quelqu'un echar la culpa a uno ‖ jeter l'argent par les fenêtres tirar el dinero por la ventana, tirar o despilfarrar el dinero ‖ jeter l'effroi parmi sembrar el terror entre ‖ FIG jeter l'éponge arrojar ou tirar la toalla, darse por vencido ‖ jeter les hauts cris poner el grito en el cielo ‖ jeter un coup d'œil echar un vistazo ou una ojeada ‖ jeter un sort à quelqu'un hechizar ou echar el mal de ojo a alguien.
➡ **se jeter** *v pr* tirarse, arrojarse, echarse ‖ desembocar (un fleuve) ‖ FIG meterse (s'engager) ■ se jeter à la tête de quelqu'un insinuarse (faire des avances) ‖ FIG se jeter à l'eau liarse la manta a la cabeza ‖ se jeter par la fenêtre tirarse por la ventana.
▨ SYN lancer lanzar; projeter proyectar; flanquer tirar; précipiter precipitar; rejeter echar, desechar.

jeteur, euse *m & s* echador, ra ‖ jeteur de sort brujo, hechicero.

jetisse ➡ **jectisse**.

jeton *m* ficha *f* (jeux) ‖ ficha *f* (du téléphone) ■ jeton de présence ficha de asistencia ■ FAM faux jeton hipócrita ‖ vieux jeton vejestorio, anciano decrépito ■ FAM faux comme un jeton más falso que Judas.

jet-stream [dʒɛtstrim] *m* jet-stream [corriente a chorro].
▨ OBSERV pl jet-streams.

jeu *m* juego ‖ juego, surtido completo; un jeu de clés un juego de llaves ‖ juego (mouvement) ‖ juego, holgura *f* (de deux pièces) ‖ funcionamiento, ejercicio, práctica *f* (pratique) ‖ regla *f* del juego (règle) ‖ apuesta, lo que se juega (enjeu) ‖ manejo (maniement) ‖ FIG fantasía *f* ‖ juego (de lumière) ‖ MUS ejecución *f*, el tocar, manera *f* de tocar ‖ THÉÂTR interpretación *f*, actuación *f*, modo de representar ■ jeu de boules juego de bolos; bolera (lieu) ‖ jeu de cartes baraja (paquet de cartes), juego de naipes ‖ jeu d'échecs juego de ajedrez ‖ jeu de construction juego de construcción ‖ COMM jeu d'écritures operación contable puramente formal ‖ jeu de dames juego de damas ‖ MUS jeu de flûtes flautado (de l'orgue) ‖ jeu de hasard juego de azar ‖ jeu de l'oie juego de la oca ‖ jeu de mots juego de palabras ‖ jeu de patience rompecabezas ‖ jeu de paume juego de pelota ‖ jeu de physionomie juego de mímica ■ jeu de piste juego de pista ‖ jeu de rôles juego de dramatizaciones ‖ jeu de société juego de salón ou sociedad ‖ jeu d'esprit acertijo, adivinanza ‖ MUS jeu d'orgue registro ‖ jeux de mains, jeux de vilains juegos de manos, juegos de villanos ‖ jeux floraux juegos florales ‖ mise en jeu puesta en obra ■ d'entrée de jeu de entrada, desde el principio ou el comienzo ‖ par jeu por juego ■ abattre son jeu poner las cartas boca arriba ▌ avoir beau jeu tener buen juego (aux cartes), serle fácil a uno alguna cosa ▌ cacher son jeu disimular sus intenciones ▌ cela n'est pas le jeu, ce n'est pas de jeu esto no está permitido, no hay derecho FAM ▌ FIG c'est un jeu d'enfant! ¡es un juego de niños! ▌ entrer dans le jeu entrar en el juego ▌ entrer en jeu entrar en juego ▌ être vieux jeu estar chapado a la antigua ▌ faire le jeu de quelqu'un hacer el juego a alguien, hacer el caldo gordo a alguien ▌ jouer franc jeu jugar limpio ▌ jouer gros jeu jugar fuerte ▌ le jeu n'en vaut pas la chandelle la cosa no vale la pena ▌ FIG les jeux sont faits la suerte está echada ▌ mettre en jeu poner en juego ▌ remettre en jeu volver a poner en juego ▌ se faire un jeu d'une chose hacer una cosa jugando ▌ se piquer au jeu FAM picarse [en el juego].

LE JEU DES MILLE FRANCS _____
Este programa de radio se difundió por primera vez en los años 50 y se ha convertido en una institución nacional. El concurso, cuyo premio inicial era de mil francos, se basa en una serie de preguntas formuladas por los propios auditores.

jeudi m jueves; jeudi dernier el jueves pasado ■ Jeudi saint Jueves Santo ▌ semaine des quatre jeudis la semana que no traiga viernes, cuando las ranas críen pelos.

jeun [ʒœ̃]
➤ à jeun loc adv en ayunas; être à jeun estar en ayunas.

jeune adj joven, juvenil ▌ nuevo, va; un jeune talent un nuevo valor (neuf) ▌ pequeño, ña (petit) ▌ juvenil; un costume jeune un traje juvenil ■ jeune fille chica, muchacha, joven, moza ▌ jeune homme muchacho, joven ▌ FIG jeune loup joven arribista, trepador ▌ jeune premier galán joven ▌ jeune première dama joven ▌ jeunes gens jóvenes ▌ ma jeune sœur mi hermana menor ■ faire jeune parecer joven.
◇ m & f joven (jeune personne).

jeûne m ayuno.
▌ SYN diète dieta; inanition inanición; abstinence abstinencia, vigilia; carême cuaresma; à jeun en ayunas.

jeunement adv juvenilmente.

jeûner [3] v intr ayunar.

jeunesse f [▷ SYN] juventud ▌ FAM (vieilli) joven (jeune personne) ▌ la jeunesse du Cid las mocedades del Cid ▌ la jeunesse du monde los principios del mundo ■ il faut que jeunesse se passe hay que aceptar lo propio de la juventud.
▌ SYN adolescence adolescencia; juvénilité aspecto juvenil.

jeunet, ette adj & s FAM jovencito, ta.

jeûneur, euse m & f ayunador, ra.

jeunot [ʒœno] adj & s m jovencito.

JF; jf (abr écrite de jeune fille) chica.

JH (abr écrite de jeune homme) chico.

JI (abr de juge d'instruction) m juez de instrucción.

Jiang Jieshi; Tchang Kaï-chek [tʃjɑ̃ŋkaj-tʃek] n pr Chang Kai-shek, Chiang Kai-shek.

jigger [dʒigœr] m ÉLECTR transformador.

jingle [dʒiŋgœl] m jingle, cuña publicitaria.

jiu-jitsu [ʒyʒitsy] m inv jiu-jitsu.

Jivaro m & f Jívaro ou Jíbaro; les Jivaros los Jívaro ou Jíbaro.

JMF (abr de Jeunesses musicales de France) f pl asociación francesa que fomenta la música entre los jóvenes.

JO m pl (abr de Jeux Olympiques) JJOO.
◇ m (abr de Journal officiel) ≃ BOE.

Joachim [ʒɔakim] n pr Joaquín.

joaillerie [ʒɔajri] f joyería.

joaillier, ère [ʒɔaje, er] adj & s joyero, ra.

job [dʒɔb] m FAM trabajo.

Job n pr Job ▌ pauvre comme Job más pobre que Job ou las ratas.

jobard [ʒɔbar] adj & s m FAM tonto, pánfilo.

jobarder [3] v tr FAM (vx) engañar, pegársela a uno.

jobarderie; jobardise f FAM tontería (paroles) ▌ credulidad, candidez (crédulité).

JOC (abr de Jeunesse ouvrière chrétienne) f JOC.

jocasse f zorzal m (oiseau).

Jocaste n pr MYTH Yocasta.

jockey [ʒɔke] m jockey.

Joconde n pr f la Joconde la Gioconda.

jocrisse m simplón, bragazas.

Jodhpur n pr GÉOGR Jodhpur.

jodhpurs m pl pantalones de montar.

jodler [3] ➤ iouler.

jogging m joggin ▌ faire du jogging corretear.

Johannesbourg [ʒɔanesbur] n pr GÉOGR Johannesburgo.

joie [ʒwa] f [▷ SYN] gozo m, alegría; trépignant de joie saltando de gozo ▌ júbilo m (joie très vive); ne pas se sentir de joie no caber en sí de júbilo ▌ alegría; il était ma joie era mi alegría ▌ feu de joie fogata ▌ fille de joie mujer de la vida ■ être tout à la joie de estar lleno de alegría con ▌ faire la joie de ser la alegría de ▌ la joie de lire el placer de la lectura ▌ ne pas se tenir de joie no caber en sí de gozo ▌ s'en donner à cœur joie pasársela en grande ▌ vive la joie! ¡viva la Pepa!
▌ SYN plaisir placer, gusto; contentement contento; satisfaction satisfacción; allégresse alegría; liesse alborozo; jubilation jubilación.

joignable adj localizable.

joignant, e adj contiguo, gua; rayano, na.
➤ joignant prép junto a.

joindre [82] v tr [▷ SYN] juntar ▌ reunir, unir, poner en comunicación; une rue qui joint les deux autres una calle que reúne las otras dos ▌ reunirse con (une personne) ▌ dar con, entrar en contacto, localizar (se mettre en rapport) ▌ añadir, sumar (ajouter) ▌ adjuntar, incluir (mettre avec) ▌ FIG unir, juntar (allier) ■ joindre les deux bouts tener justo lo necesario para vivir, ir tirando, hacer equilibrios para vivir ▌ joindre les mains juntar ou unir las manos ▌ ne pas joindre les deux bouts no llegarle a uno el dinero.
◇ v intr ajustar, encajar; ces fenêtres ne joignent pas bien estas ventanas no encajan bien.
➤ se joindre v pr juntarse ▌ unirse, reunirse ▌ añadirse ▌ sumarse (à une conversation).

SYN accoupler acoplar; abouter enchufar; aboucher enchufar; raccorder enlazar; rattacher relacionar; annexer anexar.

joint m juntura f ▌ coyuntura f (des os) ▌ FIG punto delicado, coyuntura f ▌ TECHN junta f; joint de culasse junta de culata ▌ FAM porro (cigarette de marihuana) ■ joint de cardan junta universal, cardán ▌ joint de dilatation junta de dilatación ▌ joint de robinet arandela ▌ joint d'étanchéité junta de estanqueidad ou hermética ▌ joint universel junta universal ■ trouver le joint encontrar la coyuntura.

joint, e [ʒwɛ̃, ɛ̃t] adj junto, ta; à mains jointes con las manos juntas ▌ ajustado, da; fenêtres mal jointes ventanas mal ajustadas ■ ci-joint adjunto, ta ▌ pièce jointe anexo, documento anexo ▌ sauter à pieds joints saltar a pies juntillas.
▌ **OBSERV** El participio joint en ci-joint es invariable al comienzo de una frase (ci-joint votre lettre) y en una oración en que el sustantivo va a continuación sin que sea precedido de un artículo o de un adjetivo determinado (vous trouverez ci-joint quittance). En los otros casos hay concordancia (les pièces ci-jointes).

jointé, e adj court-jointé, long-jointé corto, largo de cuartillas (cheval).

jointif, ive adj unido, da; contiguo, gua; adherente ▌ TECHN unido por los bordes.

jointoiement [ʒwɛ̃twamɑ̃] m mampostería f.

jointoyer [13] [ʒwɛ̃twaje] v tr mampostear, llaguear.

jointure f juntura (joint) ▌ ANAT coyuntura (des os) ▌ nudillo m (des doigts).

joker [ʒɔker] m mono, comodín (carte).

joli, e adj bonito, ta; mono, na; lindo, da (utilisé surtout en Amérique en parlant d'une personne) ▌ bonito, ta (style, situation, fortune) ▌ menudo, da; il était dans un joli état! ¡en menudo estado estaba! ▌ bueno, na; ils t'ont joué un joli tour te han hecho una buena jugada ■ elle est jolie à croquer ou jolie comme un cœur es un bombón, está para comérsela ▌ faire le joli cœur dárselas de guapetón ▌ tout ça, c'est bien joli mais... todo eso está muy bien, pero...
➤ joli m lo bonito ▌ c'est du joli! ¡muy bonito! ▌ le plus joli est que lo más bonito (beau) ou lo más gracioso (drôle) es que.

joliesse f monería, lo bonito m, preciosidad.

joliet, ette adj bonito, ta; mono, na.

joliment adv preciosamente, bonitamente ▌ perfectamente ▌ FAM mucho, muy (beaucoup, très) ▌ muy mal (très mal).

Jonas [ʒɔnas] n pr Jonás.

Jonathan n pr m Jonatás, Jonatán.

jonc [ʒɔ̃] m junco (plante) ▌ junquillo, junco (canne) ▌ anillo (bague) ▌ FIG être droit comme un jonc ser más tieso que un huso.

joncacées f pl juncáceas (plantes).

jonchaie f BOT juncal m, juncar m, junqueral m.

jonchée f alfombra de flores ou ramas en una calle (tapis de fleurs) ▌ quesito m fresco (fromage) ▌ FIG multitud de cosas sembradas por el suelo.

joncher [3] *v tr* cubrir, alfombrar, tapizar; joncher la rue de fleurs cubrir la calle de flores.

joncheraie; jonchère *f* BOT juncal *m*.

jonchets [ʒɔ̃ʃɛ] *m pl* palillos (jeux).

jonction *f* unión, reunión, junción ∎ faire la jonction reunirse, unirse ∎ point de jonction confluencia.

jongler [3] [ʒɔ̃gle] *v intr* hacer juegos malabares (tours d'adresse) ∎ hacer juegos de manos (tours de passe-passe) ∎ FIG jongler avec les chiffres, avec les difficultés hacer malabarismos con los números, burlarse de las dificultades.

jonglerie [ʒɔ̃gləri] *f* malabarismo *m*, juegos *m pl* malabares (tours d'adresse) ∎ juego de manos (tours de passe-passe) ∎ (vx) juglaría ∎ FIG charlatanería (charlatanisme) ∎ disimulo *m*, hipocresía (hipocrisie).

jongleur, euse [ʒɔ̃glœr, øz] *m & f* malabarista (cirque).
➤ **jongleur** *m* juglar (trouvère).

jonker [ʒɔ̃kɛr]; **jonkheer** *m* hidalgo holandés.

jonque [ʒɔ̃k] *f* junco *m* (bateau chinois).

jonquille [ʒɔ̃kij] *f* BOT junquillo *m*.
➤ *adj inv & s m* color amarillo y blanco.

Jordanie *n pr f* GÉOGR la Jordanie Jordania.

jordanien, enne *adj* jordano, na.

Jordanien, enne *m & f* jordano, na.

j'ordonne (Monsieur, Madame, Mademoiselle) *m & f* FAM mandamás *m*, marimandona *f*; mandón, ona.

jordonner [3] *v intr* FAM mangonear, mandar imperiosamente y con frecuencia.

Josaphat [ʒɔzafat] *n pr* Iosafat.

José *n pr* Pepe, Pepito.

joseph *adj & s m* papier joseph papel de filtro, papel tela.

Joseph [ʒɔzɛf] *n pr* José.

Joséphine *n pr* Josefina, Josefa.

Josette *n pr* Pepita.

Josué *n pr* Josué.

jottereau *m* MAR cachola *f* (des mâts).

jouable *adj* representable (théâtre) ∎ jugable (jeu) ∎ ejecutable (musique).

jouailler [3] [ʒuaje] *v intr* MUS & FAM tocar mal un instrumento.

joual *m* habla popular de los canadienses francófonos.

joubarbe *f* BOT jusbarba, siempreviva mayor.

joue [ʒu] *f* mejilla, carrillo *m* (du visage) ∎ papada (viande) ∎ carrillo *m* (du cheval) ∎ CONSTR carrillo *m* ∎ MAR cachete *m* ∎ MÉCAN cara ∎ TECHN pestaña ∎ en joue! ¡apunten!, ¡armas! ∎ coucher ou mettre en joue apuntar hacia, encarar a ∎ FAM se caler les joues comer a dos carrillos.

jouée *f* ARCHIT derrame *m* (de fenêtre), pared lateral (cloison).

jouer [6] *v intr* jugar (se divertir) ∎ jugar (prendre à la légère); jouer avec sa santé jugar con su salud ∎ jugar (Bourse); jouer à la hausse, à la baisse jugar al alza, a la baja ∎ actuar (intervenir) ∎ ser aplicable (une loi) ∎ MÉCAN andar, funcionar (fonctionner) ∎ tener juego ou holgura (avoir du jeu) ∎ THÉÂTR trabajar FAM,

actuar en un teatro, ser intérprete de una película ∎ MUS tocar; jouer du violon tocar el violín ∎ jouer à l'homme important dárselas de hombre importante ∎ jouer au plus fin dárselas de listo ∎ jouer aux courses jugar a las carreras ∎ jouer d'adresse obrar con habilidad ∎ FAM jouer de la prunelle guiñar el ojo ∎ jouer de malheur tener mala suerte ∎ jouer des coudes abrirse paso con los codos ∎ jouer des jambes poner pies en polvorosa ∎ jouer faux desafinar ∎ jouer serré jugar con tiento ∎ jouer sur apostar a (miser) ∎ jouer sur les mots andar con equívocos, jugar del vocablo ∎ à toi de jouer a ti te toca ∎ en jouant bromeando, en ou de broma, burla burlando; j'ai dit cela en jouant he dicho esto en broma ∎ faire jouer ses influences servirse de ou mover sus influencias ∎ il reste peu de temps à jouer queda poco tiempo de juego.
◇ *v tr* jugar ∎ jugarse; jouer son capital jugarse el capital ∎ imitar (imiter) ∎ hacerse, fingirse (simuler) ∎ fingir; un étonnement parfaitement joué un asombro perfectamente fingido ∎ burlar, engañar (duper) ∎ MUS tocar; jouer une sonate tocar una sonata ∎ THÉÂTR representar ∎ hacer el papel de, interpretar (un rôle) ∎ jouer double jeu jugar con dos barajas ∎ jouer du couteau manejar la navaja ∎ jouer franc jeu jugar limpio ∎ jouer la comédie ser actor de teatro (acteur), hacer teatro (faire des histoires) ∎ jouer le jeu actuar honradamente ∎ jouer le jeu de quelqu'un hacer el juego de alguien ∎ jouer le rôle de dupe hacer el papel de hombre engañado ∎ jouer le tout pour le tout jugar el todo por el todo ∎ jouer plusieurs jeux à la fois jugar varias cartas a la vez ∎ FAM jouer rip ou la fille de l'air largarse ∎ jouer sa situation poner en juego su situación ∎ jouer sa vie jugarse la vida ∎ jouer une farce dar una broma ∎ jouer un rôle desempeñar un papel ∎ jouer un tour hacer una mala pasada ou una jugarreta.
➤ **se jouer** *v pr* jugarse ∎ no hacer caso de (ne faire nul cas de) ∎ disputarse; la succession du trône se jouera entre eux deux la sucesión del trono se disputará entre los dos ∎ ventilarse; demain se joue son avenir mañana se ventila su porvenir ∎ burlarse, reírse (se moquer) ∎ ocurrir (avoir lieu) ∎ MUS tocarse ∎ THÉÂTR representarse ∎ faire une chose en se jouant hacer una cosa como quien juega.

jouet [ʒwɛ] *m* juguete ∎ FIG être le jouet de ser el juguete de.

joueur, euse *adj & s* jugador, ra (jeux) ∎ tocador, ra (d'un instrument) ∎ juguetón, ona (enfant) ∎ joueur de gobelets cubiletero, jugador de cubiletes, prestidigitador ∎ joueur de guitare, de flûte, de harpe, de piano, de violon guitarrista, flautista, arpista, pianista, violinista.

joufflu, e *adj* mofletudo, da.

joug [ʒu] *m* yugo ∎ FIG sous le joug bajo el yugo.

jouir [32] [ʒwir] *v intr* gozar; jouir d'une bonne santé gozar de buena salud ∎ disfrutar; jouir d'une grosse fortune disfrutar de una gran fortuna.

jouissance *f* goce *m*, disfrute *m*.

SYN possession posesión; propriété propiedad; usufruit usufructo; usage uso.

jouissant, e *adj* DR que goza de un derecho.

jouisseur, euse *m & f* gozador, ra ∎ egoísta; regalón, ona (qui ne cherche que le plaisir).

jouissif, ive *adj* regocijante.

joujou *m* FAM juguete ∎ faire joujou jugar, juguetear.
∎ OBSERV pl joujoux.

joule *m* julio (unité de travail).

jour *m* día; jour et nuit día y noche ∎ claridad *f*, luz *f*; le jour bleuâtre de la lune la luz azulada de la luna ∎ hueco, vano (porte, fenêtre) ∎ calado (broderie, etc.) ∎ ARCHIT calado ∎ FIG aspecto, apariencia *f*; présenter cela sous son jour le plus favorable presentar esto bajo el aspecto más favorable ∎ jour artificiel día artificial ∎ jour astronomique día astronómico ∎ jour civil día civil ∎ jour d'abstinence día de vigilia ∎ jour de congé día de asueto ∎ jour de fête día de fiesta ∎ jour de l'an día de año nuevo ∎ jour de plomb luz cenital ∎ jour de réception día de recibo ∎ jour des morts día de difuntos ∎ jour du jugement dernier día del juicio final ∎ jour férié día feriado ou festivo ∎ jour franc día civil ∎ jour frisant trasluz, luz oblicua ∎ jour gras día de carne ∎ jour J día D ∎ jour maigre día de vigilia ou de viernes ou de pescado ∎ jour moyen día medio ∎ jour ouvrable día laborable ∎ bonheur d'un jour dicha fugitiva ∎ carnet du jour ecos de sociedad (dans un journal) ∎ demi-jour media luz ∎ faux jour luz engañosa ∎ grand jour la luz del día ∎ les beaux jours el buen tiempo ∎ les jours gras los días de carnaval, carnestolendas ∎ un grand jour un gran día, un día señalado ∎ à jour calado, da; con huecos (ouvertures), al día (au courant) ∎ à la pointe du jour, au petit jour, au point du jour al despuntar ou romper el día ou al alba ∎ à pareil jour en igual fecha ∎ à tant de jours de vue ou de date a tantos días vista ou fecha ∎ au grand jour con toda claridad, en plena luz ∎ au jour le jour al día ∎ au petit jour al alba, de madrugada ∎ au premier jour desde el principio ∎ clair comme le jour claro como el agua ∎ dans ses beaux jours en sus mejores días ∎ de jour de día ∎ de jour en jour de día en día ∎ de nos jours en nuestros días, hoy en día ∎ de tous les jours de diario; diario, ria ∎ du jour au lendemain de la noche a la mañana ∎ d'un jour à l'autre de un día a otro ∎ en plein jour a la luz del día ∎ par jour al día, por día, diariamente; diario, ria ∎ tous les deux jours cada dos días ∎ tous les jours a diario ∎ un beau jour cierto día, un buen día, el mejor día, el día menos pensado ∎ un jour ou l'autre tarde o temprano ∎ apparaître sous son vrai jour mostrarse como es ∎ FIG c'est le jour et la nuit es la noche y el día ∎ donner le jour dar a luz ∎ donner ses huit jours despedir, despedirse ∎ être à son dernier jour estar en las últimas ∎ être beau comme le jour ser más hermoso que el sol ∎ faire jour ser de día (commencer à faire jour) ∎ faire le jour et la nuit hacer y deshacer a su antojo ∎ il fait grand jour es muy de día ∎ le jour baisse oscurece, anochece ∎ le jour se lève sale el sol ∎ les jours se suivent et ne se ressemblent pas no todos los días son iguales ∎ mettre à jour poner al día ∎ percer ou mettre au grand jour descubrir, sacar a luz ∎ prendre jour fijar el día ∎ se faire jour abrirse paso, salir a la luz

‖ vivre au jour le jour vivir al día ‖ voir le jour salir a luz.

➡ **jours** *m pl* días (vie).

Jourdain *n pr m* GÉOGR le Jourdain el Jordán.

journal *m* [▷ SYN] diario, periódico (mot le plus courant); les journaux du matin los periódicos de la mañana ‖ diario (registre où l'on inscrit au jour le jour) ‖ COMM diario (comptabilité) ■ MAR journal de bord diario de a bordo ‖ INFORM journal de bord diario de servicio, bitácora ‖ journal filmé noticiario ‖ journal parlé diario hablado, informaciones radiofónicas ‖ journal télévisé telediario ‖ le Journal Officiel (de la République française) el boletín oficial del Estado francés.

> OBSERV Périodique no tiene en francés el sentido español de diario.
> SYN gazette gaceta; organe órgano; feuille hoja; FAM feuille de chou periodicucho; FAM canard periodicucho.
> LE JOURNAL OFFICIEL
> Este boletín publica informaciones sobre las nuevas leyes y resúmenes de los debates parlamentarios. También figuran en él todas las decisiones importantes que toma el Estado así como los anuncios oficiales de creación de empresas, tal como lo requiere la ley.

journalier, ère *adj* diario, ria ‖ FIG tornadizo, za; cambiante.
◇ *m & f* jornalero, bracero (ouvrier).

journalisme *m* periodismo.

journaliste *m* periodista; journaliste sportif periodista deportivo.

> SYN rédacteur redactor; publiciste publicista; nouvelliste noticiero, gacetillero; reporter reportero.

journalistique *adj* periodístico, ca.

journée *f* jornada (période de temps) ‖ jornal *m* (paye) ‖ día *m*; une journée ensoleillée un día soleado; passer la journée à chanter pasar el día cantando ■ à la journée a jornal; travailler à la journée trabajar a jornal; al día; louer une chambre à la journée alquilar una habitación al día ‖ à longueur de journée, toute la sainte journée todo el santo día ‖ journée continue jornada continua.

> OBSERV Jour, que tiene un sentido absoluto, expresa principalmente una unidad de tiempo empleada en medir la vida del hombre (la semaine se compose de sept jours). Journée tiene un sentido relativo y se aplica preferentemente al empleo que se hace de ese día, al conjunto de sucesos que ocurren (la journée de huit heures).

journellement *adv* diariamente.

joute *f* justa ‖ lidia (combat) ‖ lucha (lutte) ‖ torneo *m* (tournoi) ‖ FIG lucha, lid, rivalidad ■ joute oratoire torneo oratorio ‖ joute poétique justa poética ‖ joute sur l'eau, joute lyonnaise justa acuática.

jouter [3] *v intr* justar, luchar ‖ FIG disputar con, luchar contra.

jouteur *m* justador (p us) ‖ FIG rival, luchador, contrario, adversario.

jouvence *f* (vx) juventud.

Jouvence *n pr* MYTH Juventa; fontaine de Jouvence fuente de Juventud ‖ Juvencio (nombre).

jouvenceau [ʒuvãso] *m* jovencito, mozalbete.

jouvencelle *f* jovencita.

jouxte [ʒukst] *prép* (vx) junto a, lindante con.

jouxter [3] [ʒukste] *v intr* lindar con, tocar.

jovial, e *adj* jovial; une personne joviale una persona jovial ‖ festivo, va; une histoire joviale un chiste festivo.

> OBSERV El adjetivo jovial tiene dos plurales, jovials y joviaux, pero el primero es mucho más empleado.

jovialement *adv* jovialmente.

jovialité *f* jovialidad.

jovien, enne *adj* jupiterino, na; joviano, na (de Júpiter).

joyau [ʒwajo] *m* joya *f* (bijou).

joyeusement *adv* alegremente.

joyeuseté [ʒwajøzte] *f* FAM chiste *m*, jocosidad.

joyeux, euse [ʒwajø, øz] *adj & s* alegre; gozoso, sa ‖ feliz; une nouvelle joyeuse una noticia feliz ‖ joyeux anniversaire! ¡feliz cumpleaños!, ¡cumpleaños feliz! ‖ joyeux Noël! ¡feliz Navidad!

joystick *m* joystick.

JT (abr de journal télévisé) *m* telediario.

jubarte *f* yubarta (cétacé).

jubé *m* ARCHIT galería *f* que separa el coro del trascoro.

jubilaire *adj* jubilar.

jubilant, e *adj* regocijado, da; jubiloso, sa.

jubilation *f* FAM júbilo *m*, regocijo *m*.

jubilé *m* jubileo ‖ bodas *f pl* de oro (cinquantième année de mariage).

jubiler [3] *v intr* FAM mostrar júbilo.

juchée *f* percha.

jucher [3] *v intr* posarse [las aves] ‖ FAM vivir en un piso alto.
◇ *v tr* FAM encaramar (mettre en haut).
➡ **se jucher** *v pr* FAM encaramarse.

juchoir *m* percha *f*, palo, aseladero (volailles) ‖ alcándara *f* (fauconnerie).

Juda *n pr* Judá.

judaïque *adj* judaico, ca.

judaïsant, e *adj & s* judaizante.

judaïser [3] *v intr* judaizar.

judaïsme *m* judaísmo.

judaïté ➡ **judéité**.

judas [ʒyda] *m* judas (traître) ‖ mirilla *f* (de porte).

Judas [ʒyda] *n pr* Judas.

Judée *n pr f* HIST la Judée Judea.

judéité; judaïté *f* identidad judía.

judéo-chrétien, enne *adj* judeocristiano, na.

> OBSERV pl judéo-chrétiens, judéo-chrétiennes.

judéo-christianisme *m* judeocristianismo.

> OBSERV pl judéo-christianismes.

judicature *f* judicatura.

judiciaire *adj* judicial.

judiciairement *adv* judicialmente.

judicieusement *adv* juiciosamente.

judicieux, euse *adj* juicioso, sa ‖ atinado, da; acertado, da; juicioso, sa; remarque judicieuse observación atinada.

Judith [ʒydit] *n pr* Judit.

judo *m* judo, yudo.

judoka *m* judoka, yudoka.

jugal, e *adj* ANAT malar.

juge *m* juez; juge de paix juez de paz; juge d'instruction juez de instrucción ■ SPORTS juge à l'arrivée juez de llegada ou de meta ou de raya ‖ juge botté juez lego ‖ DR juge consulaire juez consular ‖ juge de l'application des peines juez competente para la ejecución y seguimiento de las penas ‖ juge des référés juez de los recursos de urgencia ‖ juge des tutelles juez tutelar ‖ juge d'instance juez de primera instancia ‖ juge de ligne juez de silla (tennis) ‖ juge de touche juez de línea (football) ‖ juge pour enfants juez de menores ‖ le Souverain Juge el Juez Supremo ‖ on ne peut pas être juge et partie nadie puede ser juez en causa propia.

> SYN magistrat magistrado; justicier justiciero; ministère public fiscal.

jugé, e *adj* juzgado, da ■ au jugé a ojo de buen cubero, al buen tuntún ‖ le bien ou le mal jugé lo acertado ou desacertado.

jugeable [ʒyʒabl] *adj* juzgable.

jugement *m* juicio (faculté de l'entendement) ‖ DR juicio ‖ [▷ SYN] sentencia *f*, fallo (sentence) ■ jugement en premier ressort fallo en primera instancia ‖ jugement exécutoire sentencia ejecutoria ‖ jugement par défaut juicio ou sentencia en rebeldía ■ au jugement de según el parecer de ‖ en jugement en juicio ‖ le jugement de Dieu el juicio de Dios ‖ le jugement dernier el juicio final ‖ mettre quelqu'un en jugement encausar a uno, enjuiciar ‖ passer en jugement ser juzgado ‖ porter un jugement sur quelqu'un emitir un juicio sobre alguien ‖ prononcer un jugement fallar, sentenciar.

> SYN arrêt fallo, laudo; verdict veredicto; ordonnance ordenanza; sentence sentencia.

jugeote [ʒyʒɔt] *f* FAM sentido *m* común, entendederas *pl*, caletre *m*, cacumen *m* FAM.

juger [17] *v intr & v tr* juzgar; juger un accusé juzgar a un reo; juger d'un fait juzgar un hecho; juger sur les apparences juzgar por las apariencias ‖ [▷ SYN] sentenciar, fallar (émettre un jugement) ‖ enjuiciar, juzgar; juger la conduite de quelqu'un enjuiciar la conducta de alguien ‖ figurarse, imaginarse, juzgar (imaginer); vous pouvez juger de ma joie puede usted imaginarse mi alegría ■ juger bon juzgar oportuno ‖ juger satisfaisant parecer satisfactorio ■ à en juger d'après a juzgar por ou según.

> SYN décider decidir; prononcer pronunciar; statuer estatuir; arbitrer arbitrar.

juger *m* au juger a ojo de buen cubero.

jugeur, euse *m & f* juez de pocas entendederas ‖ FIG criticón, ona.

juglandacées *f pl* BOT yunglandáceas.

jugulaire *adj & s f* ANAT yugular (veine).
◇ *f* MIL barboquejo *m*, carrillera (du casque, képi, etc.).

juguler [3] *v tr* vencer, yugular, contener; juguler l'inflation yugular la inflación.

juif, ive [ʒɥif, iv] *adj & s* judío, a.
➡ **juif** *m* (vx) usurero (usurier) ‖ PÉJ judío (diffamatoire).

juillet [ʒɥijɛ] *m* julio (mois); la fête du 14 Juillet fiestas del 14 de julio; la monarchie de

Juillet régimen de Francia durante el reinado de Luis Felipe I.

> **LA MONARCHIE DE JUILLET**
> Este régimen (1830 - 1848) fue el del "rey ciudadano" Luis Felipe I quien subió al trono después de abdicar el rey borbón Carlos X. Fue la primera y última monarquía constitucional de Francia durante la que se observó la ascensión de la burguesía a expensas de la nobleza. Fue derrocado por la revolución de 1848.
>
> **LA FÊTE DU 14 JUILLET**
> Los actos que marcan el aniversario de la toma de la Bastilla comienzan el 13 de julio por la noche con bailes al aire libre y continúan el 14 con un desfile militar y unos fuegos artificiales.

juin m junio (mois).

juiverie [ʒɥivri] f HIST judería (quartier) ‖ PÉJ (injur) judiada (action).

jujitsu; ju-jitsu [jyjitsy] m jujitsu, yiu-yitsu.

jujube m azufaifa f (fruit).

jujubier m azufaifo (arbuste).

juke-box [dʒukbɔks] m juke-box [tocadiscos automático].
‖ **OBSERV** pl juke-box ou juke-boxes.

julep [ʒylɛp] m MÉD poción f, julepe (p us).

Jules [ʒyl] n pr Julio.

Julie n pr Julia.

julien, enne adj juliano, ana; ère julienne era juliana.

Julien n pr Julián.

juliénas m vino francés de la región de Beaujolais.

Julienne n pr Juliana.

julienne f juliana (plante) ‖ sopa juliana (soupe).

Juliette n pr Julieta.

jumbo m TECHN carro de perforadoras.

jumeau, elle [ʒymo, ɛl] adj & s gemelo, la; mellizo, za.
➧ **jumeaux** m pl gemelos (muscles).
‖ **SYN** besson mellizo, mielgo; **gémeaux** géminis (constellation).

jumelage m emparejamiento ‖ convenio de hermandad, hermanamiento (de villes).

jumelé, e adj emparejado, da ‖ hermanado, da (villes) ‖ en ajimez (fenêtres) ‖ MAR enjimelgado, da ■ colonnes jumelées columnas gemelas ‖ pari jumelé apuesta hípica por el primer y segundo caballo ‖ roues jumelées ruedas gemelas.

jumeler [24] v tr emparejar (coupler), acoplar (accoupler), reforzar (renforcer) ‖ MAR enjimelgar ‖ hermanar (des villes).

jumelles f pl MAR jimelgas, chapuz m sing ‖ gemelos m (lorgnette double) ‖ piernas (de la presse) ‖ gemelas (blason) ‖ jumelles à prismes prismáticos.

jument f ZOOL yegua.
> **OBSERV** Jumento en espagnol signifie âne.
> **SYN** pouliche potra; haquenée hacanea; POÉT cavale yegua.

jumping [dʒœmpiŋ] m concurso hípico.

jungle [ʒœ̃gl] ou [ʒɔ̃gl] f jungla, selva (forêt de l'Inde).

junior adj & s junior (sports) ‖ menor (fils).

Junon n pr MYTH Juno.

junonien, enne adj de Juno.

junte [ʒœ̃t] f junta.

jupe f falda [(Amér) pollera) (femmes); **jupe plissée** falda tableada ou plisada ‖ MÉCAN faldón m (piston) ‖ MIL faldón m.

jupe-culotte f falda pantalón.
‖ **OBSERV** pl jupes-culottes.

jupette f faldilla.

jupière f costurera que hace faldas.

Jupiter [ʒypitɛr] n pr ASTRON & MYTH Júpiter.

jupitérien, enne adj & s jupiterino, na; jupiteriano, na.

jupon m enaguas f pl, refajo ‖ FAM coureur de jupons mujeriego, aficionado a las faldas.

juponner [1] v tr poner enaguas.

Jura n pr m GÉOGR le Jura el Jura (montagnes).

jurançon m vino francés de los Pirineos Atlánticos.

jurande f cofradía, gremio m de maestros [de un oficio] ‖ veeduría, oficio de veedor m de un gremio.

jurassien, enne; jurassique adj & s jurásico, ca.

juratoire adj f DR juratorio, ria (caution).

juré, e adj & s jurado, da ‖ ennemi juré enemigo jurado.

jurement m juramento (serment) ‖ (vx) voto (juron).

jurer [3] v tr jurar ■ jurer ses grands dieux jurar por lo más sagrado ■ Dieu en vain tu ne jureras no jurar el santo nombre de Dios en vano ‖ il ne faut jurer de rien nadie diga de esta agua no beberé ‖ j'en jurerais lo juraría.
◇ v intr renegar, jurar, blasfemar (blasphémer); jurer comme un charretier blasfemar como un carretero ‖ hacer fu (le chat) ‖ FIG chocar, no ir, darse patadas; le vert jure avec le bleu lo verde choca con lo azul ‖ Pierre ne jure que par son père para Pedro no hay más que su padre.

jureur m sacerdote juramentado.

juridiction f jurisdicción ‖ cela n'est pas de votre juridiction esto no es de su incumbencia.

juridictionnel, elle adj jurisdiccional.

juridique adj jurídico, ca; conflit juridique conflicto jurídico.

juridiquement adv jurídicamente.

jurisconsulte m jurisconsulto.

jurisprudence f jurisprudencia; faire jurisprudence sentar jurisprudencia.

juriste m jurista.

juron m juramento, voto, reniego, taco FAM.

jury m jurado (justice) ‖ tribunal (examens).

jus [ʒy] m jugo; jus de viande jugo de carne ‖ zumo [(Amér) jugo]; jus de citron zumo de limón ‖ FAM corriente f eléctrica (courant) ‖ salsa f; peu d'idées, beaucoup de jus pocas ideas, mucha salsa ‖ FAM café solo ■ FAM jus de chapeau aguachirle ‖ c'est du jus de chaussette este café está muy aguado ‖ FAM jeter du jus hacer un efecto bárbaro.

jusant m MAR yusante f, reflujo, bajamar f.

jusée f agua de casca (tanneries).

jusqu'au-boutiste adj & s FAM extremista, radical.
◇ m & f político de línea dura.
‖ **OBSERV** pl jusqu'au-boutistes.

jusque prép hasta; jusque-là hasta ahí ■ jusqu'à maintenant hasta ahora ‖ jusqu'ici hasta ahora, hasta aquí (temps) ‖ FAM j'en ai jusque-là estoy hasta la coronilla.
> **OBSERV** La e final se elide delante de una palabra que empieza por vocal: jusqu'à demain hasta mañana. A veces en el mismo caso se agregaba una s: jusques à quand? ¿hasta cuándo?

jusquiame f beleño m (plante).

jussion f yusión.

Just [ʒyst] n pr Justo.

justaucorps [ʒystokɔr] m casaca f, jubón ‖ ajustador, armador (de femme).

juste adj justo, ta (équitable) ‖ certero, ra; acertado, da; trouver le mot juste encontrar la palabra acertada ‖ entonado, da (voix) ‖ afinado, da (piano) ‖ estrecho, cha (serré) ■ à juste titre con razón ou derecho, debidamente ‖ au juste exactamente ‖ juste assez justo lo suficiente ‖ il est juste que justo es que ‖ se tenir dans un juste milieu mantenerse en el término medio.
◇ m justo.
◇ adv justamente, justo; juste au-dessus justo por encima ‖ exactamente, precisamente, en el momento en que (au moment où) ■ comme de juste como es lógico ou debido ‖ tout juste! ¡eso es!, ¡exactamente! ‖ c'était tout juste! poco faltó ‖ être tombé juste estar en lo cierto, haber acertado, haber dado en el clavo ‖ frapper juste dar en el blanco ‖ pouvoir tout juste faire no poder hacer más que.

justement adv justamente, precisamente ‖ c'est justement ce qu'il fallait faire es justo lo que había que hacer ‖ con razón (à juste titre).

juste-milieu m justo medio, término medio.
‖ **OBSERV** pl justes-milieux.

justesse f precisión, exactitud ‖ rectitud (du jugement, des idées) ‖ justicia (justice) ‖ afinado m (d'un instrument) ■ justesse de la voix timbre perfecto de la voz ‖ FAM de justesse por los pelos, por escaso margen; sauvé de justesse salvado por los pelos.

justice f justicia; justice de paix justicia de paz ■ Ministère de la Justice Ministerio de Justicia ■ aller en justice poner pleito, ir a los tribunales, ir por justicia ‖ avoir le sens de la justice tener espíritu justiciero ‖ faire justice à quelqu'un tratar a uno como se merece ‖ justice est faite justicia cumplida, se ha hecho justicia ‖ rendre justice hacer justicia ‖ se faire justice suicidarse (se suicider), tomarse la justicia por su mano (se venger) ‖ traduire en justice demandar ou llevar a alguien ante la justicia ou los tribunales.

justiciable adj justiciable ‖ justiciable de la Haute Cour sometido a la jurisdicción del Tribunal Supremo.

justicier, ère adj & s justiciero, ra ‖ haut justicier señor de horca y cuchillo.

justifiable adj justificable.

justifiant, e adj justificante.

justificateur, trice adj & s justificador, ra.

justificatif, ive *adj* justificativo, va.
➤ **justificatif** *m* justificante, justificativo.

justification *f* justificación ▮IMPR justificación, anchura, ancho *m* ▮INFORM justification
automatique justificación automática.

justifié, e *adj* justificado, da ▮IMPR justifié à
droite, à gauche justificado a la derecha, a
la izquierda ▮non justifié no justificado.

justifier [9] *v tr* justificar.
➤ **se justifier** *v pr* justificarse.

▮ SYN disculper disculpar; **décharger** declarar en
favor, descargar; **innocenter** absolver, declarar inocente; FAM **blanchir** limpiar, disculpar;
laver limpiar, disculpar, lavar.

Justinien *n pr* Justiniano.

jute *m* yute (plante et fibre).

juter [3] *v intr* soltar jugo.

juteux, euse [ʒytø, øz] *adj* jugoso, sa.
➤ **juteux** *m* ARG & MIL brigada (sous-
officier).

Juvénal *n pr* Juvenal.

juvénile *adj* juvenil.

juvénilité *f* carácter *m* juvenil.

juxtalinéaire [ʒykstalineer] *adj* yuxtalineal.

juxtaposé, e [ʒykstapoze] *adj* yuxtapuesto,
ta.

juxtaposer [3] [ʒykstapoze] *v tr* yuxtaponer.

juxtaposition [ʒykstapozisjɔ̃] *f* yuxtaposición.

Jylland *n pr m* GÉOGR le Jylland Jutlandia.

K

k; K *m* k *f.*
▮ **OBSERV** Se pronuncia como en español.

K (abr écrite de **kilo-octet**) K.

K2 *n pr m* GÉOGR le K2 el K2.

K7 (abr écrite de **cassette**) casete *m o f.*

kabbale; cabale *f* (vx) cábala (doctrine).

Kaboul; Kabul *n pr* GÉOGR Kabul.

kabuki *m* kabuki (drame japonais).

Kabul ▬ **Kaboul.**

kabyle *adj* cabila.
◇ *m* LING cabila.

Kabyle *m & f* cabila.

Kabylie *n pr f* GÉOGR (la) Kabylie Cabilia, Kabilia.

kafkaïen, enne [kafkajɛ̃, ɛn] *adj* kafkiano, na.

kaïnite *f* kainita (sel).

Kaiser [kajzɛr] *n pr m* le Kaiser el Káiser.

kakatoès [kakatɔɛs] *m* cacatúa *f* (oiseau).

kaki *adj inv & s m* caqui, kaki (couleur).
◇ *m* caqui (fruit).

kala-azar *m* MÉD kala-azar.

Kalahari *n pr m* GÉOGR le (désert du) Kalahari el (desierto de) Kalahari.

kaléidoscope *m* calidoscopio.

kali *m* sosa *f*, barrilla *f*, kali (plante).

Kalinine [kalinin] *n pr* Kalinin (homme politique).

kalmouk *adj & s* calmuco, ca.

kamala *m* kamala *f* (plante).

Kama-sutra *n pr m* le Kama-sutra el Kāma-sūtra.

kami *m* kami (titre japonais).

kamichi *m* kamichí (oiseau).

kamikaze *m* kamikaze (avion suicide).

Kampala *n pr* GÉOGR Kampala.

Kampuchéa *n pr m* HIST le Kampuchéa Kampuchea (ancien nom du Cambodge).

kampuchéen, enne [kɑ̃putʃeɛ̃, ɛn] *adj* camboyano, na.

kan [kɑ̃] *m* caravasar, kan (lieu) ▮ kan, mercado público.

kanak, e; canaque *adj & s* canaco, a [de Nueva Caledonia].

Kanak, e ▬ **Canaque.**

Kandinsky *n pr* Kandinsky.

kandjar; kanglar *m* canglar (poignard).

Kandy *n pr* GÉOGR Kandy.

kangourou *m* canguro (mammifère).

Kansas [kɑ̃sas] *n pr m* GÉOGR le Kansas Kansas (État) ▮ el Kansas (rivière).

kantien, enne [kɑ̃sjɛ̃, ɛn] *adj* PHILOS kantiano, na.

kantisme *m* PHILOS kantismo.

kaolin *m* caolín.

kaolinisation *f* caolinización.

kapok *m* capoc, miraguano (fibre textile).

kapokier *m* capoquero, miraguano (arbre).

kappa *m* kappa *f* (lettre grecque).

karabau ▬ **karbau.**

Karachi *n pr* GÉOGR Karāchi.

Karakorum; Karakoram *n pr m* GÉOGR le Karakorum ou Karakoram el Karakoram ou Karakorum.

karakul *m* caracul.

Karaoké® *m* karaoke®.

karaté *m* SPORTS kárate.

karatéka *m & f* SPORTS karateca.

karbau; karabau *m* carabao (buffle).

karité *m* BOT árbol mantequero.

karma; karman *m* karma.

Karnak; Carnac *n pr* GÉOGR Karnak, Carnac.

karpatique *adj* carpático, ca.

kart [kart] *m* kart (véhicule).

karting *m* karting, carrera *f* de karts.

kasher; casher; cachère [kaʃɛr] *adj inv* permitido por la religión judía (nourriture).

Katanga *n pr m* HIST le Katanga Katanga (ancien nom du Shaba).

Katar ▬ **Qatar.**

Katmandou *n pr* GÉOGR Katmandú, Kātmāndū.

Katowice [katɔvitse] *n pr* GÉOGR Katowice.

Kawasaki *n pr* GÉOGR Kawasaki.

kayak [kajak] *m* kayac (embarcation).

kayakiste *m & f* SPORTS piragüista.

Kazakhstan *n pr m* GÉOGR le Kazakhstan Kazajstán.

KCS (abr écrite de **couronne tchécoslovaque**) KR.

kéfir; képhir *m* kéfir (eau-de-vie de lait).

kelvin [kɛlvin] *m* kelvin (unité de mesure).

kendo *m* kendo (art martial).

kénotron *m* ÉLECTR kenotrón (tube).

Kentucky *n pr m* GÉOGR le Kentucky Kentucky.

Kenya *n pr m* GÉOGR le Kenya Kenya, Kenia (État).

kenyan, e *adj & s* keniano, na.

képhir ▬ **kéfir.**

képi *m* quepis.

kératine *f* queratina.

kératinisé, e *adj* queratinizado, da.

kératite *f* MÉD queratitis.

kératoplastie *f* MÉD queratoplastia.

kératose *f* queratosis.

kératotomie *f* MÉD queratotomía.

Kerguelen [kɛrgelɛn] *n pr f pl* GÉOGR les (îles) Kerguelen las (islas) Kerguelen.

kermès [kɛrmɛs] *m* quermes (insecte).

kermesse *f* kermesse, quermese.

kérosène *m* queroseno.

ketch *m* queche (voilier).

ketchup *m* ketchup.

keuf *m* FAM madero.

keum *m* FAM tío.

Key West [kiwɛst] *n pr* GÉOGR Cayo Hueso.

KF (abr écrite de **kilofranc**) mil francos ▮ (abr écrite de **café**) café.

kg (abr écrite de **kilogramme**) kg.

KGB *m* KGB *f.*

khâgne; cagne *f* FAM en los institutos franceses, clase de preparación para la Escuela Normal Superior de letras.

khâgneux, euse [kaɲø, øz] *m & f* ARG SCOL estudiante de "Khâgne".

khalifat ▬ **califat.**

khalife *m* califa.

khan [kɑ̃] *m* kan (prince).
▮ **OBSERV** Khan, título oriental, no lleva mayúscula.

khanat [kana] *m* kanato.

Khaniá *n pr* GÉOGR La Canea.

Kharkiv *n pr* GÉOGR Járkov.

Khartoum *n pr* GÉOGR Jartúm, Jartum.

Khatchatourian [katʃaturjɑ̃] *n pr* Jachaturián.

khédive *m* jedive.

Kheops *n pr* Keops.

khmer, ère *adj & s* jemer.
➤ **khmer** *m* LING jemer.

khôl; kohol *m* kohl [polvillos negros que se usan para pintarse los ojos].

Khrouchtchev [krutʃef] *n pr* **Nikita Khrouchtchev** Nikita Jrushchov.

kibboutz *m* kibutz.
◾ **OBSERV** pl kibboutz ou kibboutzim.

kick *m* pedal de arranque.

kidnapper [3] *v tr* secuestrar.

kidnappeur, euse *m & f* secuestrador, ora; raptor, tora.

kidnapping *m* secuestro, rapto.

kieselguhr [kizɛlgur] *m* kieselgur, trípoli silíceo.

kiesérite [kizerit] *f* kieserita (sulfate).

Kiev [kiɛf] *n pr* GÉOGR Kíev, Kiev.

kif *m* kif.

kif-kif *adv inv* FAM lo mismo; c'est kif-kif ídem de ídem.

Kigali Kigali.

Kilimandjaro *n pr m* GÉOGR le Kilimandjaro el Kilimanjaro ou Kilimandjaro.

kilo *m* kilo (kilogramme).

kilocalorie *f* caloría grande, kilocaloría.

kilocycle *m* kilociclo.

kilofranc *m* mil francos.

kilogramme *m* kilogramo.

kilométrage *m* kilometraje.

kilomètre *m* kilómetro; kilomètre heure ou à l'heure kilómetro por hora.

kilométrer [18] *v tr* kilometrar.

kilométrique *adj* kilométrico, ca ‖ compteur kilométrique cuentakilómetros.

kilovolt *m* kilovoltio.

kilowatt [kilowat] *m* kilovatio.

kilowattheure [kilowatœr] *m* kilovatiohora.

kilt *m* falda *f* escocesa, kilt.

kimono *m* quimono, kimono.

kinésithérapeute *m & f* kinesiterapeuta, masajista.

kinésithérapie *f* kinesiterapia.

king-charles *m* perrito faldero de lanas, king charles.

Kingston [kiŋstɔn] Kingston.

kinkajou *m* cuchumbé (mammifère).

Kinshasa [kinʃasa] *n pr* GÉOGR Kinshasa.

kiosque *m* quiosco, kiosco.

kip *m* kip (monnaie lao).

kippa *f* solideo *m* que usan los judíos religiosos.

kir *m* mezcla de licor de grosella negra y de vino blanco (apéritif).

Kirghizistan; Kirghizstan *n pr m*; **Kirghizie** *n pr f* GÉOGR le Kirghizistan ou Kirghizstan, la Kirghizie Kirguizistán.

Kiribati [kiribati] *n pr f* GÉOGR Kiribati.

kirsch *m* kirsch (eau-de-vie de cerises).

kit *m* kit.

kitchenette *f* kitchenette.

kitsch; kitch *adj inv* kitsch, cursi, de mal gusto, extemporáneo, nea; recargado, da.
◇ *n m inv* cursilería *f*.

kiwi *m* kiwi (animal).

Klaxon® *m* claxon, bocina (avertisseur).

klaxonner [3] *v intr* tocar el claxon.

kleptomane *m* cleptómano.

kleptomanie *f* cleptomanía.

km (abr écrite de kilomètre) km.

km/h (abr écrite de kilomètre par heure) km/h.

knock-out [nɔkawt] *m inv* fuera de combate, knock-out (boxe).

Knossós ▶ **Cnossos**.

knout [knut] *m* knut (fouet russe).

Knud [knyd]; **Knut** [knyt] *n pr* Canuto.

Ko (abr écrite de kilo-octet) Kb.

koala *m* koala (mammifère).

Kobe [kɔbe] *n pr* GÉOGR Kōbe.

Koch [kɔk] *n pr* MÉD bacille de Koch bacilo de Koch.

kohol ▶ **khôl**.

koinè *f* LING koiné.

kola ▶ **cola**.

kolkhoze *m* koljós.

kolkhozien, enne *adj & s* koljosiano, na.

Kondratiev [kɔ̃dratjef] *n pr* ÉCON cycles Kondratiev ciclos de Kondrátiev.

kopeck *m* kopeck (monnaie de l'ex-U.R.S.S.).

korrigan *m* duende (en Bretagne).

Kosovo *n pr m* GÉOGR le Kosovo Kosovo.

kouglof *m* CULIN pastel alsaciano.

koulak *m* kulak, terrateniente ruso.

koumis; koumys *m* kumis (boisson).

Kourou *n pr* GÉOGR Kourou.

Koweït; Koweit *n pr* GÉOGR Kuwayt, Kuwait (ville)‖le Koweït ou Koweit Kuwayt, Kuwait (État).

koweïtien, enne *adj* kuwaití.

Koweïtien, enne *m & f* kuwaití.

krach [krak] *m* quiebra *f*, crac (financier).
◾ **OBSERV** pl krachs.

kraft *m* kraft, papel fuerte de embalaje (papier).

kramérie *f* BOT krameria.

KRD (abr écrite de couronne danoise) KRD.

Kremlin *n pr m* le Kremlin el Kremlin.

KRN (abr écrite de couronne norvégienne) KRN.

kronprinz [kronprints] *m* kronprinz.

KRS (abr écrite de couronne suédoise) KRS.

krypton *m* criptón, kriptón (gaz).

Kuala Lumpur [kwalalumpur] *n pr* GÉOGR Kuala Lumpur.

Ku Klux Klan [kyklyksklɑ̃] *n pr m* le Ku Klux Klan el Ku Klux Klan.

kummel *m* cúmel, kummel (liqueur).

kumquat *m* BOT naranja asiática, naranjita *f* china, quinoto.

kung-fu *m* kung fu (art martial).

kurde *adj* kurdo, da.
◇ *m* LING jyrdi.

Kurde *m & f* kurdo, da.

Kurdistan *n pr m* GÉOGR le Kurdistan (el) Kurdistán.

kvas ▶ **kwas**.

kW (abr écrite de kilowatt) kw, Kw.

kwas; kvas *m* kwas, kvas (boisson slave).

kWh (abr écrite de kilowatt-heure) kw/h, Kw/h.

Kyoto *n pr* GÉOGR Kyōto, Kioto, Kyoto.

Kyrie [kirie] *m* kirie ‖ Kyrie eleison kirieleison.

kyrielle *f* FAM letanía, sarta, retahíla.

kyste *m* MÉD quiste (tumeur).

kystique *adj* quistoso, sa.

Kyushu [kjuʃu] *n pr* GÉOGR Kyūshū.

l; L *m* L *f*.

◼ **OBSERV** Se pronuncia como la l española.

L (abr écrite de **licence**) diploma universitario que se concede a los alumnos que han aprobado los tres primeros cursos de la carrera.

la *m* MUS la; « la » dièse la sostenido ▮ **donner le « la »** dar el la, llevar la voz cantante.

là *adv* allí (loin), ahí (près); **je viens de là** vengo de allí ▮ esto, ello (cela); **restons-en là** quedemos en esto; **en venir là** venir a parar en esto; **c'est là tout ce que vous savez?** ¿es eso todo lo que sabéis? ◼ **à ce moment-là** en aquel momento ▮ **çà et là** aquí y allá, de uno y otro lado ▮ **de là** de ahí, de eso ▮ **d'ici là** de aquí a entonces, hasta entonces ▮ **jusque-là** hasta aquí, hasta allá, hasta entonces ▮ **par-ci par-là** acá y allá (en divers endroits), de vez en cuando (de temps en temps) ▮ **par là** por ahí, por allí, por allá (par ce lieu), con eso, de ese modo (par ce moyen) ◼ **est-ce que Jean est là?** ¿está Juan? ▮ FAM **être un peu là** estar siempre tan campante.

➤ **là!** *interj* là, là! ¡ya! ¡ya!, ¡vaya! ¡vaya!

▮ **OBSERV 1.** Ahí désigne en espagnol ce qui est plus près de la personne à qui l'on parle que de celle qui parle; allí désigne ce qui est éloigné des deux interlocuteurs.
2. Là se emplea a menudo y abusivamente con el sentido de ici (aquí).
3. Là suele usarse con los demostrativos ce, cette, ces, celui, celle, ceux, celles y se pone después del sustantivo, al que se une por medio de guión: cet homme-là ese hombre; ces livres-là esos libros; celui-ci et celle-là éste y ésa.
4. Là se junta con varios adverbios y forma en algunos casos una sola palabra: là-dedans ahí dentro; là-auprès ahí al lado.

L-A (abr écrite de **Loire-Atlantique**) departamento francés.

labadens [labadɛ̃s] *m* FAM compañero, amigo de colegio.

labarum [labarɔm] *m* lábaro.

là-bas [laba] *loc adv* allá lejos (loin).

labdanum ➤ **ladanum**.

label *m* label, marca *f* de fábrica, etiqueta *f*, sello; **label de qualité** sello de calidad.

labelle *m* BOT labelo *m*.

labeur *m* labor *f* trabajo.

labiacées *f pl* BOT labiadas.

labial, e *adj* & *s f* labial.

labié, e *adj* & *s f* BOT labiado, da.

labile *adj* CHIM lábil.

laborantin, e *m* & *f* ayudante de laboratorio.

laboratoire *m* laboratorio ◼ **laboratoire d'analyses** laboratorio de análisis ▮ **laboratoire de langues** laboratorio de idiomas ▮ **laboratoire de recherche** laboratorio de investigación.

laborieusement *adv* laboriosamente.

laborieux, euse *adj* laborioso, sa; trabajador, ra; **classes laborieuses** clases trabajadoras; **homme laborieux** hombre trabajador ▮ laborioso, sa; penoso, sa; trabajoso, sa (difficile) ◼ **ça a été laborieux** le costó trabajo ◼ **l'affaire a été laborieuse** la cosa ha sido difícil.

labour *m* labor *f*, labranza *f*; **instruments de labour** instrumentos de labranza ▮ **cheval de labour** caballo de tiro.

➤ **labours** *m pl* tierra *f sing* labrada (terre labourée).

labourable *adj* arable; labrantío, tía; **terres labourables** tierras arables, de labrantío.

labourage *m* labranza *f*.

labourer [3] *v tr* arar (avec la charrue), labrar (la terre), cavar (avec la bêche) ▮ socavar, levantar la tierra; **champ labouré par les taupes** campo socavado por los topos ▮ lacerar, arañar (le visage) ▮ MAR **labourer le fond** rastrear el fondo con la quilla; garrar (avec l'ancre).

laboureur *m* arador, labrador, labriego.

▮ **OBSERV** El francés laboureur designa especialmente al arador. La palabra española labrador corresponde al francés paysan, cultivateur.

labour-party [labərparti] *m* partido laborista.

labrador *m* ZOOL labrador (chien).

Labrador *n pr m* GÉOGR **le Labrador** el Labrador.

labradorite *f* MIN labradorita.

labre *m* ANAT labro, labio (d'insectes) ▮ budión, labro (poisson).

labyrinthe *m* laberinto.

labyrinthique *adj* laberíntico, ca.

labyrinthodonte *m* laberintodonte (fossile).

lac [lak] *m* lago; **les Grands Lacs** los Grandes Lagos ▮ **lac de barrage** pantano, embalse ▮ **tomber ou être dans le lac** fracasar, venirse abajo (échouer).

LES LACS
le lac Baïkal el lago Baikal;
le lac Balaton el lago Balatón;
le lac de Côme el lago Como;
le lac de Constance el lago Constanza;
le lac Érié el lago Erie;
le lac de Garde el lago de Garda;
le lac de Genève ou Léman el lago de Ginebra;
le lac Huron el lago Hurón;
le lac Ladoga el lago Ladoga;
le lac Léman el lago Lemán;
le lac Majeur el lago Mayor;
le lac Malawi el lago Malawi;
le lac Michigan el lago Michigan;
le lac Mobutu el lago Mobutu;
le lac Nasser el lago Nasser;
le lac Ontario el lago Ontario;
le lac Supérieur el lago Superior;
le lac Tanganyika el lago Tanganyika;
le lac Tchad el lago Chad;
le lac de Tibériade el lago Tiberíades;
le lac Titicaca el lago Titicaca;
le lac Victoria el lago Victoria;
le lac Winnipeg el lago Winnipeg;
le lac de Zoug el lago Zug;
le lac de Zurich el lago de Zurich.

laçage *m* lazo, lazada *f*, atadura *f*.

laccolite; laccolithe *m* GÉOL lacolito.

Lac de l'Ours *n pr m* GÉOGR **le Grand Lac de l'Ours** el gran lago del Oso.

lacé; lacer *m* colgante (des lustres).

Lacédémone *n pr* GÉOGR Lacedemonia.

lacédémonien, enne *adj* & *s* lacedemonio, nia.

lacer [16] *v tr* atar con lazos ou cordones ▮ MAR abotonar.

lacer *m* ➤ **lacé**.

lacération *f* laceración, desgarramiento *m*.

lacérer [18] *v tr* lacerar (blesser), desgarrar (déchirer), romper (rompre).

lacerie *f* pleita.

lacertiens; lacertiliens *m pl* ZOOL lacértidos, lagartos.

lacet [lasɛ] *m* cordón (cordon); **chaussures à lacets** zapatos de cordones ▮ lazo (lacs) ▮ curva *f*, revuelta *f*, recodo, zigzag (d'un chemin) ▮ vaivén (mouvement d'oscillation d'un train) ▮ **route en lacets** carretera llena de curvas ou en zigzag ou que serpentea.

laceur, euse *m* & *f* redero, ra.

lâchage *m* suelta *f* (action de lâcher) ▮ lanzamiento; **lâchage de parachutistes** lanzamiento de paracaidistas ▮ FIG & FAM abandono.

lâche *adj* flojo, ja; **nœud lâche** nudo flojo; **tissu lâche** tela floja ▮ sin nervio, poco suelto (style) ▮ FIG cobarde (poltron) ▮ vil, ruin; **action lâche** acción ruin.

◇ *m* & *f* [▷ **SYN**] cobarde.

▮ **SYN** pleutre mandria, blanco; couard cobarde; FAM (vieilli) jean-foutre pendejo; FAM dégonflé rajado; poule mouillée gallina.

lâché, e *adj* suelto, ta ‖ descuidado, da (sans soin) ‖ dejado, da atrás (sports).

lâchement *adv* cobardemente (avec poltronnerie) ‖ vilmente (honteusement); **il nous a lâchement abandonnés** nos abandonó vilmente.

lâcher [3] *v tr* soltar (laisser échapper) ‖ lanzar (une bombe) ‖ aflojar (desserrer) ‖ fallar (faire défaut) ‖ abrir (une vanne) ‖ dejar atrás a, despegarse de (sports) ‖ FIG soltar (une sottise) ‖ FIG & FAM abandonar, dejar (un ami) ‖ disparar (un coup de feu) ∎ **lâcher les amarres** soltar amarras ‖ **lâcher pied** huir (s'enfuir), renunciar, abandonar (renoncer) ‖ **lâcher prise** soltar la presa (animal), soltar prenda (céder) ‖ **lâcher une bordée** soltar una andanada ∎ **il ne faut pas lâcher la proie pour l'ombre** más vale pájaro en mano que ciento volando. <> *v intr* soltarse, aflojarse.

lâcher *m* suelta *f* (pigeons, ballons, etc.) ‖ lanzamiento (de parachutistes).

lâcheté [laʃte] *f* cobardía ‖ villanía, bajeza; **commettre une lâcheté** cometer una bajeza.

lâcheur, euse *m & f* FAM amigo, amiga infiel.

lacinié, e *adj* BOT laciniado, da.

lacis [lasi] *m* red *f*, rejilla (réseau de fils).

Laconie *n pr f* HIST la Laconie Laconia.

laconique *adj* lacónico, ca; **réponse laconique** respuesta lacónica.

laconiquement *adv* lacónicamente.

laconisme *m* laconismo.

La Corogne *n pr* La Coruña.

lacrima-christi *m* lácrima christi.

lacrymal, e *adj* ANAT lacrimal, lagrimal; **sac lacrymal** saco lagrimal.

lacrymatoire *adj & s m* lacrimatorio, ria.

lacrymogène *adj* lacrimógeno, na; **gaz lacrymogène** gas lacrimógeno; **grenade lacrymogène** granada de gases lacrimógenos.

lacs [la] *m* lazo, nudo corredizo (nœud coulant) ‖ FIG trampa *f* (piège) ‖ MÉD lazo ‖ **tomber dans le lacs** caer en la trampa (dans le piège).

lactaire *adj* lácteo, a. <> *m* lactario (champignon).

Lactance *n pr* Lactancio.

lactarium [laktarjɔm] *m* centro de recogida de leche materna, gota *f* de leche.

lactase *f* lactasa.

lactate *m* CHIM lactato.

lactation *f* lactación, lactancia ‖ lactancia (période d'allaitement).

lacté, e *adj* lácteo, a; **régime lacté** dieta láctea ‖ lacteado, da; **farine lactée** harina lacteada ∎ ANAT **veines lactées** venas lácteas ‖ ASTRON **voie lactée** vía láctea, camino de Santiago.

lactescence *f* lactescencia.

lactescent, e *adj* lactescente.

lactifère *adj* ANAT lactífero, ra.

lactique *adj* CHIM láctico, ca.

lacto-densimètre *m* lactodensímetro, pesaleche.

lactoflavine *f* lactoflavina (vitamine B_2).

lactomètre *m* lactómetro.

lactone *f* CHIM lactona.

lactose *m* CHIM lactosa *f*, lactina *f*.

lactosérum *m* suero lácteo.

lacunaire *adj* incompleto, ta.

lacune *f* cavidad, hueco *m* (dans un corps) ‖ laguna, blanco *m* (dans un texte) ‖ parte inferior del casco de un caballo ‖ FIG laguna; **les lacunes d'une éducation** las lagunas de una educación.

lacuneux, euse *adj* lagunoso, sa.

lacustre *adj* lacustre (plante, cité); **habitation lacustre** vivienda lacustre.

lad [lad] *m* mozo de cuadra de carreras.

ladanum [ladanɔm]; **labdanum** *m* BOT ládano, resina *f* de jaro.

là-dedans *adv* ahí dentro; **quel est son rôle là-dedans?** ¿qué hace en todo esto?

là-dessous *loc adv* debajo de esto, debajo de eso, ahí debajo.

là-dessus *loc adv* sobre eso; en esto ‖ dicho esto; **là-dessus il partit** dicho esto se marchó.

ladin *m* LING ladino, retorromano, romanche.
   OBSERV Ladino en espagnol a aujourd'hui surtout le sens de "rusé", "madré".

Ladislas *n pr* Ladislao.

ladite *adj f* susodicha.
   OBSERV Femenino de ledit.

Ladoga *n pr* GÉOGR **le lac Ladoga** el lago Ladoga.

ladre *adj & s* leproso, sa; gafo, fa (lépreux) ‖ FIG & FAM roñoso, sa; tacaño, ña (avare) ‖ VÉTÉR triquinoso, sa (porc). <> *m* taches de lèpre (du porc) ‖ piel del caballo sin color en la nariz y en los ojos.

ladrerie *f* lepra ‖ leprosería, malatería (hôpital pour les lépreux) ‖ FIG & FAM roñosería, roñería, cicatería (avarice) ‖ triquinosis, cisticercosis muscular (maladie du porc ou du bœuf).

lady [lɛdi] *f* lady.
   OBSERV pl ladys ou ladies.

Laërte [laɛrt] *n pr* MYTH Laertes.

Lætitia [letisja] *n pr* Leticia.

La Fayette *n pr* **marquis de La Fayette** marqués de La Fayette.

lagan *m* DR pecio.

lagon *m* laguna *f* (dans un atoll), albufera *f* (entre un récif-barrière et la côte).

lagopède *m* lagópedo, perdiz *f* blanca.

Lagos *n pr* GÉOGR Lagos.

lagothriche; lagotriche *m* caparro (singe laineux d'Amérique du Sud).

laguis [lagi] *m* MAR balso.

lagunaire *adj* lagunero, ra.

lagune *f* laguna.

là-haut *loc adv* allá arriba ‖ en el cielo.

lai, e *adj & s* ECCLÉS lego, ga; **frère lai** hermano lego.
   → **lai** *m* lay, endecha *f* (petit poème).

laïc [laik] *adj m & s m* laico.
   OBSERV Esta palabra francesa se escribe también laïque tanto en la forma masculina como en la forma femenina (habit laïque, les laïques et les religieux).

laïcat *m* laicado.

laîche *f* BOT carrizo *m* (carex), cañavera.

laïcisation *f* laicización.

laïciser [3] *v tr* dar carácter laico, laicizar ‖ suprimir la enseñanza religiosa de los programas escolares.

laïcisme *m* laicismo.

laïcité *f* laicidad, laicismo *m*.

laid, e [lɛ, lɛd] *adj & s* feo, a ‖ feo, a; **une action laide** una acción fea ∎ **laid comme un pou** ou **comme les sept péchés capitaux** más feo que Picio ∎ **il est laid de mentir** es feo mentir.

laidement *adv* feamente.

laideron *m* callo, petardo.
   OBSERV Aunque esta palabra francesa sea del género masculino, sólo se emplea para chicas o mujeres, lo mismo que las palabras españolas correspondientes.

laideur *f* fealdad.

laie [lɛ] *f* jabalina (femelle du sanglier) ‖ vereda, senda (chemin dans la forêt) ‖ TECHN escoda, martillo de cantero (marteau) ‖ MUS
   → **laye**.

lainage *m* tejido de lana, lana *f* ‖ prenda *f* de lana, jersey ‖ vellón, lana *f* (toison des moutons) ‖ cardado, cardadura *f* del paño.

laine *f* lana ‖ tejido *m* de lana ‖ **laine à tricoter** lana para tejer ‖ **laine de verre** lana de vidrio ‖ **laine peignée** lana peinada ‖ **laine vierge** lana virgen ∎ **bêtes à laine** ganado lanar ∎ FIG **manger la laine sur le dos de quelqu'un** explotar a uno, esquilmarle a uno.

lainer [4] *v tr* cardar, carduzar (les étoffes). <> TECHN lo afelpado, lo aterciopelado (d'une étoffe).

laineur, euse *m & f* pelaire, cardador, cardadora de paños.
   → **laineuse** *f* cardadora, perchadora (machine).

laineux, euse *adj* lanoso, sa; lanudo, da (couvert de laine) ‖ BOT velloso, sa.

lainier, ère *adj & s* lanero, ra; **industrie lainière** industria lanera.

laïque *adj* laico, ca; **école laïque** escuela laica ‖ seglar; **un habit laïque** un traje seglar. <> *m & f* laico, ca.

lais [lɛ] *m* resalvo (baliveau) ‖ tierra *f* de aluvión, médano.

laisse *f* correa (d'un chien), traílla (chasse) ‖ espacio *m* de playa descubierta con la bajamar (espace), línea alcanzada por el mar en una playa (ligne) ‖ médano *m* (d'une rivière) ‖ tirada (d'une chanson de geste) ∎ **en laisse** atado, da ‖ **tenir** ou **mener en laisse** llevar atado (un chien), manejar a su antojo (une personne).

laissé-courre → **laisser-courre**.

laissées *f pl* estiércol *m sing*, fimo *m sing*.

laissé-pour-compte *m* deje de cuenta, mercadería *f* rechazada ‖ FAM persona *f* despreciada, víctima; **les laissés-pour-compte de la reprise économique** las víctimas de la recuperación económica.
   OBSERV pl laissés-pour-compte.

laisser [4] *v tr* [▷ SYN] dejar; **laisser un objet sur la table** dejar un objeto en la mesa ‖ olvidar, dejar (oublier) ‖ entregar, confiar (confier à charge de remettre) ‖ costar; **il y a laissé sa santé** le ha costado la salud ∎ **lais-**

ser à désirer, à penser dejar que desear, dejar que pensar ‖ **laisser de côté** dar de lado, dejar a un lado ‖ **laisser dire** dejar hablar, no preocuparse de lo que dice el prójimo ‖ **laisser entendre** dar a entender ‖ **laisser faire** dejar ‖ **laisser faire le temps** dejar tiempo al tiempo ‖ **laisser pour compte** dejar de cuenta, rechazar una mercancía pedida ‖ **laisser quelqu'un tranquille** dejarle a uno en paz ‖ **laisser sa vie** costarle a uno la vida ‖ **laisser ses illusions** dejarse de ilusiones ‖ **laisser tomber** ou **choir** abandonar, dejar, dar de lado (affaire), dejar plantado, plantar (ami), bajar (la voix) ‖ **laisser tout aller** dejar todo de la mano ‖ **laisser voir** dejar ver, mostrar ■ **FAM laisse tomber!** ¡déjalo! ‖ **laissez venir à moi les petits enfants** dejad que los niños se acerquen a mí ■ **cela ne laisse pas de** esto no deja de ‖ **c'est à prendre ou à laisser** lo toma o lo deja ‖ **il faut en prendre ou en laisser, il y a à prendre et à laisser** de dinero y calidad la mitad de la mitad, hay de todo ‖ **rien ne laisse penser que** nada hace pensar que.

➡ **se laisser** v pr **se laisser aller** abandonarse, dejarse llevar por ‖ **se laisser dire** dejarse contar ‖ **se laisser entraîner** dejarse llevar ‖ **se laisser faire** dejarse tentar (tenter), dejarse manejar, ceder.

> **SYN** quitter marcharse de, separarse de, alejarse de, dejar; **prendre congé** despedirse; **FAM planter, plaquer** plantar, dejar plantado.

laisser-aller m inv abandono, descuido (dans la tenue, les manières).

laisser-courre m inv; **laissé-courre** m acto de desatraillar los perros.

laisser-faire; laissez-faire m inv **ÉCON** laisser-faire m, laissez-faire m.

laissez-passer m inv pase, salvoconducto.

> **SYN passe** pase; **sauf-conduit** salvoconducto; **passavant** guía; **coupe-file** salvoconducto; **passeport** pasaporte; **visa** visado.

lait m leche f; **le lait tourne** la leche se corta ■ **lait caillé, cru** ou **bourru, concentré** ou **condensé, écrémé, en poudre, entier, homogénéisé, UHT** leche cuajada, sin desnatar, concentrada (non sucré) ou condensada (sucré), descremada ou desnatada, en polvo, entera, homogeneizada, uperisada ‖ **lait de chaux** lechada de cal ‖ **lait démaquillant, de beauté** leche desmaquilladora ‖ **lait de poule** yema mejida ‖ **lait maternel** leche materna ■ **dents de lait** dientes de leche ‖ **frère, sœur de lait** hermano, hermana de leche ‖ **petit-lait** suero ■ **FAM boire du petit-lait** no caber de contento, bailarle a uno de los ojos ‖ **FIG faire Perrette et le pot au lait** hacer las cuentas de la lechera ‖ **monter comme une soupe au lait** subirse uno a la parra.

laitage m leche f, producto lácteo.

laitance; laite f lecha, lechaza (des poissons).

laité, e adj que tiene lecha.

laiterie f lechería (magasin) ‖ central lechera (coopérative).

laiteron m **BOT** cerraja f.

laiteux, euse adj lechoso, sa ‖ **MÉD maladie laiteuse** lactumen.

laitier, ère adj & s lechero, ra ‖ **produits laitiers** productos lácteos.

➡ **laitier** m escoria f (scorie).

➡ **laitière** f vaca lechera (vache laitière).

laiton m latón.

laitue [lɛty] f lechuga; **laitue romaine** lechuga romana.

laïus [lajys] m **FAM** perorata f, discurso; **faire un laïus** echar una perorata.

Laïus [lajys] n pr m **MYTH** Layo.

laize f ancho m de una tela ‖ blonda, encaje m (sorte de guipure).

lakiste adj & s lakista.

lallation ➡ **lambdacisme**.

lama m llama f (mammifère) ‖ **RELIG** lama (prêtre bouddhiste) ‖ **grand lama, dalaï-lama** dalai-lama.

lamaïsme m **RELIG** lamaísmo.

lamaïste m **RELIG** lamaísta.

lamanage m pilotaje práctico.

lamaneur m piloto práctico.

lamantin m manatí (mammifère).

lamaserie f lamasería (couvent de lamas).

Lambada® f lambada (danse).

lambda m lambda f (lettre grecque).

lambdacisme m; **lallation** f lambdacismo m.

lambeau m jirón, colgajo ‖ **MÉD** colgajo ‖ **mettre en lambeaux** despedazar, hacer jirones, trizas, pedazos.

lambel m **BLAS** lambel.

Lambert [lɑ̃bɛr] n pr Lamberto.

lambic m cerveza fuerte de Bélgica.

lambin, e adj & s **FAM** calmoso, sa; tardo, da; remolón, ona.

lambiner [3] v tr **FAM** remolonear; ser calmoso, sa [(Amér) canchear].

lambourde f piedra calcárea, caliza ‖ **BOT** dardo m, lombardo m ‖ **CONSTR** carrera, travesaño m (solive).

lambrequin [lɑ̃brəkɛ̃] m friso, frontal ‖ penacho (d'un casque).

➡ **lambrequins** m pl **BLAS** lambrequín.

lambris [lɑ̃bri] m revestimiento, entablado (d'un mur) ‖ tendido, capa de yeso (de plâtre) ‖ artesonado (d'un plafond).

lambrissage m revestimiento, artesonado (d'un plafond).

lambrisser [3] v tr revestir ‖ estucar, tender, dar una capa de yeso a una pared ou tabique ‖ artesonar (un plafond).

lambruche; lambrusque f labrusca (vigne).

lambswool m lambswool, lana de cordero.

lame f lámina, hoja, plancha delgada (de métal) ‖ hoja (d'une épée, d'un couteau, d'un ressort, etc.) ‖ cuchilla (de machines-outils) ‖ tabla (de parquet) ‖ ola (vague) ‖ **BOT** lámina ‖ **TECHN** viadera (contre-lame) ■ **lame de fond** mar de fondo ‖ **lame de rasoir** hoja ou cuchilla de afeitar ‖ **ressort à lames** ballesta ■ **FIG une fine lame** una buena espada (personne) ‖ **visage en lame de couteau** rostro afilado.

lamé, e adj laminado, da ‖ **tissu lamé d'or, d'argent** tisú de oro, de plata; **lamé oro**, lamé plata.

➡ **lamé** m lamé.

lamellaire [lamɛlɛr] adj laminar.

lamelle f laminilla, lámina ‖ **couper en lamelles** cortar en tiritas ou en láminas.

lamellé, e; lamelleux, euse adj laminoso, sa.

lamellibranches [lamɛlibrɑ̃ʃ] m pl **ZOOL** lamelibranquios.

lamellicornes [lamelikɔrn] m pl **ZOOL** lamelicornios.

lamelliforme [lamelifɔrm] adj lameliforme.

lamellirostre [lamelirɔstr] adj & s m lamelirrostro.

lamentable adj lamentable.

lamentablement adv lamentablemente.

lamentation f lamento m, lamentación.

lamenter [3]

➡ **se lamenter** v pr lamentarse; **se lamenter sur** lamentarse de ou por; **se lamenter sur son sort** lamentarse de su suerte.

lamento [lamento] m (p us) lamento (chant).

lamie f lamia.

lamier m **BOT** ortiga f muerta.

lamifié, e adj & s m laminado, da.

laminage m laminado, laminación f; **laminage à froid** laminado en frío.

laminaire f laminaria (algues).

◇ adj laminar; foliáceo, a.

laminectomie f **MÉD** laminectomía.

laminer [3] v tr **TECHN** laminar ‖ estirar (étirer).

lamineur adj m & s m laminador.

lamineux, euse adj **ANAT** laminoso, sa.

laminoir m laminador (machine) ‖ **FIG passer au laminoir** someter a duras pruebas, pasar por el tamiz, hacer sudar tinta.

lampadaire m lámpara f de pie ‖ farol, farola f (de rue).

lampant, e adj que arde ‖ lampante; flamígero, ra (huile, pétrole).

lamparo m farol.

lampas [lɑ̃pa] ou [lɑ̃pas] m **VÉTÉR** haba f, tolanos pl, lamparón ‖ lampote, china f (tissu).

lampe f lámpara ‖ velón m (à huile) ‖ lámpara de petróleo, quinqué m (à pétrole) ‖ **TECHN** lámpara, válvula (radio) ■ **lampe à alcool** lámpara de alcohol ‖ **lampe à arc** lámpara de arco ‖ **lampe à bronzer** lámpara ultravioleta ‖ **lampe à grille** válvula de rejilla ‖ **lampe à incandescence** lámpara de incandescencia ‖ **lampe infrarouge** lámpara de rayos infrarrojos ‖ **lampe à souder** soplete ‖ **lampe à ultraviolets** lámpara de rayos ultravioleta ‖ **lampe de poche** ou **portative** linterna ‖ **lampe de sûreté** lámpara de seguridad ou de minero ‖ **lampe électrique** bombilla (ampoule) ‖ **lampe témoin** lámpara indicadora, piloto ‖ **lampe torche** linterna de mano ‖ **FAM s'en mettre plein la lampe** darse una panzada, ponerse las botas.

lampée f **FAM** trago m, lingotazo m; **une lampée de vin** un trago de vino.

lamper [3] v tr **FAM** beber a tragos ou ávidamente.

lampe-tempête f linterna, farol.

▮ **OBSERV** pl lampes-tempêtes.

lampion m farolillo (de kermesse) ‖ lamparilla f (d'une lampe) ‖ sombrero de tres picos (tricorne) | FIG sur l'air des lampions clamorosamente.

lampiste *m* lamparista, lamparero, lampista | FAM empleado subalterno, el último mico.

lampisterie *f* lamparería, lampistería.

lampourde *f* BOT arzolla, bardana menor.

lamprillon [lɑ̃prijɔ̃] *m* lampreílla, larva de lamprea.

lamproie [lɑ̃prwa] *f* lamprea (poisson).

Lampsaque *n pr* HIST Lámpsaco.

lampyre *m* ZOOL lampíride *f*, lampiro, luciérnaga *f* (ver luisant).

Lancastre *n pr* GÉOGR Lancaster.

lance *f* lanza (arme) | lancero (lancier) | lanza, boquilla, boca de la manga (d'un tuyau de pompe) | asta (d'un drapeau) ■ lance à eau lanza pulverizadora | lance d'arrosage manga de riego | lance d'incendie manga de incendio | lance en arrêt lanza en ristre ■ coup de lance lanzada, lanzazo | fer de lance moharra, punta de la lanza | FIG rompre une lance avec quelqu'un romper una lanza con alguien | rompre une lance en faveur de quelqu'un romper lanzas por alguien.

lance-bombes *m inv* lanzabombas.

lancée *f* impulso *m* (élan), arranque | continuer sur sa lancée seguir por el impulso adquirido.

lance-flammes *m inv* lanzallamas.

lance-fusées *m inv* lanzacohetes.

lance-grenades *m inv* lanzagranadas.

Lancelot [lɑ̃slo] *n pr* Lancelote, Lanzarote.

lancement *m* lanzamiento; lancement du disque lanzamiento del disco | botadura *f*, varadura *f* (d'un bateau) | tendido (pont) | FIG lanzamiento (journal, artiste, etc.).

lancéolé, e *adj* BOT lanceolado, da.

lance-pierres *m inv* tirador, tirachinos, tiragomas, tirabeque (jouet) | FAM manger avec un lance-pierres comer a todo correr.

lancer [16] *v tr* [▷ SYN] lanzar | lanzar, tirar, arrojar | botar, varar (un bateau) | echar, lanzar (regards) | soltar, dar; les chevaux lançaient des ruades los caballos soltaban coces | FIG dar a conocer, poner a la moda, lanzar (faire connaître); lancer un artiste dar a conocer un artista | lanzar, poner en marcha; lancer une affaire lanzar un negocio | soltar (phrase) | hacer públicamente (accusation) | tender (un pont) | soltar (les chiens) | lanzar (sports) | publicar (publier) ■ lancer une grève provocar una huelga | lancer une invitation invitar | lancer un mandat d'arrêt dar una orden de detención | INFORM lancer un programme lanzar o iniciar un programa.
➡ **se lancer** *v pr* lanzarse | abalanzarse | tirarse | empezar (à parler) ■ se lancer à la poursuite de lanzarse en persecución de | FIG se lancer dans le monde lanzarse en el gran mundo | se lancer dans les affaires lanzarse en los negocios | se lancer dans le théâtre dedicarse al teatro.
| SYN décocher disparar; darder disparar, asestar.

lancer *m* momento de levantar una pieza (chasse) | lanzamiento (disque, poids) | suelta *f*

(de pigeons) | pêche au lancer pesca con caña de lanzar ou al lanzado.

lance-roquettes *m inv* lanzaproyectiles, tubo antitanque.

lance-torpilles *adj & s m inv* lanzatorpedos.

lancette *f* lanceta (instrument de chirurgie) | ARCHIT ojiva alargada.

lanceur, euse *m & f* lanzador, ra | FIG promotor, ra (affaires).

lancier *m* MIL lancero | quadrille des lanciers, les lanciers lanceros (danse).

lanciforme *adj* lanciforme.

lancinant, e *adj* lancinante, punzante; douleur lancinante dolor lancinante | obsesivo, va; lancinante (musique, pensée) | FAM pesado, da; cargante (ennuyeux).

lanciner [3] *v intr* dar punzadas, punzar (douleur) | obsesionar, lancinar (musique, pensée) | FAM dar la lata (ennuyer).

lançon *m* ZOOL amodita *f* (équille).

Land *m* (mot allemand) land.
| OBSERV pl Länder.

landais, e *adj & s* landés, esa (des Landes).

landammann [lɑ̃daman] *m* primer magistrado (Suisse).

land art *m* land art.

landau *m* landó (voiture à cheval) | landó, coche de niño (voiture d'enfant).
| OBSERV pl landaus.

landaulet *m* landó pequeño.

lande *f* landa.
| SYN garrigue carrascal; maquis monte; brousse maniigua.

Landes [lɑ̃d] *n pr f* GÉOGR Landas.

landgrave *m* landgrave.

landgraviat [lɑ̃dgravja] *m* landgraviato.

landier *m* morillo grande | BOT ambaga *f*.

landtag *m* landtag, Asamblea *f* (dans les États germaniques).
| OBSERV pl Landtage.

langage *m* lenguaje; langage chiffré lenguaje cifrado | estilo, lenguaje; c'est un langage bien à lui es un estilo muy suyo | lengua *f*; le beau langage la lengua culta ■ INFORM langage d'assemblage lenguaje ensamblador | langage de programmation lenguaje de programación | langage évolué lenguaje de alto nivel | langage machine lenguaje de ordenador o de máquina | langage procédural lenguaje orientado al procedimiento.

langagier, ère *adj* lingüístico, ca; relativo, va al lenguaje.

lange *m* mantillas *f pl* | pañal *m* (couche) | dans les langes en mantillas.

langer [17] *v tr* poner los pañales, las mantillas.

langoureusement *adv* lánguidamente.

langoureux, euse *adj* lánguido, da.

langouste *f* langosta (crustacé).
| OBSERV Langosta en español designe aussi la sauterelle.

langoustier *m* langostero (bateau) | red *f* para pescar langostas.

langoustine *f* cigala.

| OBSERV Langostino en espagnol désigne une grosse crevette.

langue [lɑ̃g] *f* lengua (organe buccal) | lengua (de terre) | lengua (glacier), lengüeta [de una balanza] | [▷ SYN] lengua, idioma *m* (langage) | lenguaje *m*; la langue des poètes el lenguaje de los poetas ■ langue de belle-mère matasuegras (jouet) | langue de bois lenguaje estereotipado | langue de vipère, mauvaise langue lengua viperina | langue d'oc lengua de oc (du Midi de la France) | langue d'oïl lengua de oíl (du Nord de la France) | langue maternelle lengua materna ou nativa | langue mère lengua madre | langue morte lengua muerta | langue pâteuse lengua pastosa ou gorda | langue pendante con la lengua fuera ou de un palmo | langue verte caló, germanía | langue vivante lengua viva, idioma ■ coup de langue lengüetazo; calumnia (sens figuré) ■ avaler sa langue tragarse la lengua | avoir la langue bien pendue ou bien affilée tener mucha labia, no tener pelos en la lengua | avoir la langue trop longue tener la lengua suelta ou mucha lengua | avoir le don des langues tener don de lenguas | avoir un mot sur le bout de la langue ou sur la langue tener una palabra en la punta de la lengua | bien posséder une langue dominar una lengua | FIG délier ou dénouer sa langue ponerse a hablar, soltar la lengua | donner ou jeter sa langue aux chats darse por vencido, rendirse, renunciar a adivinar una cosa | être mauvaise langue tener mala lengua | il faut tourner sept fois sa langue dans sa bouche avant de parler hay que darle siete vueltas a la lengua antes de hablar | la langue m'a fourché se me ha trabado la lengua | lier la langue atar la lengua | ne pas avoir la langue dans la poche no tener pelillos en la lengua | ne pas savoir tenir sa langue no poder guardar silencio, no poder callarse, írsele a uno la lengua | ne pas tenir sa langue írsele a uno la lengua | se mordre la langue morderse la lengua | FIG tenir sa langue callarse | tirer la langue sacar la lengua (moquerie), estar muy apurado (dans la gêne).

| SYN langage lenguaje; idioma idioma; parler habla.

langue-de-bœuf [lɑ̃gdəbœf] *f* BOT lengua de buey.
| OBSERV pl langues-de-bœuf.

langue-de-chat [lɑ̃gdəʃa] *f* lengua de gato (biscuit).
| OBSERV pl langues-de-chat.

Languedoc [lɑ̃gdɔk] *n pr m* GÉOGR le Languedoc Languedoc.

languedocien, enne [lɑ̃gdɔsjɛ̃, ɛn] *adj* languedociano, na.
➡ **languedocien** *m* LING languedociano.

Languedocien, enne [lɑ̃gdɔsjɛ̃, ɛn] *m & f* languedociano, na.

Languedoc-Roussillon *m* le Languedoc-Roussillon Languedoc-Rosellón.

| LANGUEDOC-ROUSSILLON —————
| Esta región administrativa comprende los departamentos de Aude, Gard, Hérault, Lozère y Pyrénées-Orientales. Capital: Montpellier.

languette *f* lengüeta | fiel *m*, lengüeta (d'une balance) | MUS lengüeta.

langueur f languidez, decaimiento m ‖ maladie de langueur enfermedad de postración.

langueyer [12] [lãgeje] v tr VÉTÉR examinar la lengua de los cerdos ‖ poner lengüetas (orgues).

languide adj lánguido, da.

languier [lãgje] m lengua f ahumada de cerdo.

languir [32] [lãgir] v intr languidecer ‖ FIG consumirse, desperecer (prisonnier) ‖ marchitarse (fleur, plante) ‖ FIG faire languir hacer esperar, tener en suspenso.
◇ v tr languir de ou que ansiar, suspirar por; je languis de la voir ansío verla.

languissamment adv LITT lánguidamente.

languissant, e adj lánguido, da.

lanice adj lanicio, cia ‖ bourre lanice curesca, borra lanicia.

lanière f correa, tira de cuero [(Amér) guasca].

lanifère; lanigère adj lanífero, ra.

laniste m HIST lanista (à Rome).

lanlaire
◄ envoyer faire lanlaire loc FAM mandar a paseo, mandar a freír monas ou espárragos.

lanoline f lanolina.

lansquenet [lãskənɛ] m lansquenete (soldat).

lantanier m lantana f (arbre).

lanterne f farol m ‖ ARCHIT linterna, cupulino m ‖ AUTOM faro m (phare), luz de población (feu de ville) ‖ TECHN linterna (pignon) ■ ZOOL lanterne d'Aristote linterna de Aristóteles ‖ lanterne magique linterna mágica ‖ lanterne rouge farolillo rojo, colista de una prueba ‖ lanterne sourde linterna sorda ‖ lanterne vénitienne farolillo de papel ou veneciano ■ éclairer la lanterne de quelqu'un poner a alguien al corriente ou al tanto ‖ oublier d'éclairer sa lanterne no hacerse comprender.
◄ **lanternes** f pl (vx) necedades, sandeces (sottises) ‖ prendre des vessies pour des lanternes confundir la gimnasia con la magnesia, confundir la velocidad con el tocino.

lanterneau; lanternon m ARCHIT linternilla f, lucernaria f.

lanterner [3] v intr FAM perder el tiempo ‖ faire lanterner quelqu'un hacer esperar a alguien.
◇ v tr FAM dar largas, entretener (tenir en suspens).

lanternon ► lanterneau.

lanthane m CHIM lantano.

lanthanides m pl CHIM lantánidos.

lanugineux, euse adj BOT lanuginoso, sa.

lao m LING lao.

Laocoon n pr MYTH Laocoonte.

Laodicée n pr GÉOGR Laodicea.

Laomédon n pr Laomedonte.

Laos [laos] n pr m GÉOGR le Laos Laos.

laotien, enne adj laosiano, na.
◄ **laotien** m LING laosiano.

Laotien, enne m & f laosiano, na.

La Palice; La Palisse n pr La Palice ‖ vérité de La Palisse perogrullada.

lapalissade f perogrullada, verdad de Perogrullo.

> LAPALISSADE —
> Esta palabra procede de La Palice, el nombre de un mariscal francés del siglo XV. Cuando murió, sus soldados compusieron una canción en su honor que decía: "un quart d'heure avant sa mort, il était encore en vie".

La Palisse ► La Palice.

laparotomie f MÉD laparotomía.

La Paz n pr GÉOGR La Paz [en Bolivia].

lapement m lengüetada f, lengüetazo.

laper [3] v tr beber a lengüetadas.

lapereau [lapro] m gazapo (jeune lapin).

lapidaire adj lapidario, ria; style lapidaire estilo lapidario.
◇ m lapidario (ouvrier) ‖ lapidario (meule).

lapidation f lapidación, apedreamiento m.

lapider [3] v tr lapidar (Bible), apedrear ‖ FIG vapulear, injuriar, maltratar (maltraiter).

lapidification f lapidificación.

lapidifier [9] v tr lapidificar, petrificar (pétrifier).

lapilli [lapili] m pl GÉOL lapilli (pierres volcaniques).

lapin, e m & f conejo, ja (animal); lapin domestique conejo casero ou doméstico; lapin de garenne conejo de campo ou de monte ‖ FIG & FAM perro viejo, zorro, a (rusé) ■ FAM chaud lapin cachondo ‖ coup du lapin golpe en la nuca ‖ mon petit lapin amor mío, mi vida ■ courir comme un lapin correr como una liebre ou como un gamo ‖ FAM poser un lapin dar un plantón.

lapiner [3] v intr parir la coneja.

lapinière f conejera.

lapis [lapis]; **lapis-lazuli** [lapislazyli] m; **lazulite** [lazylit] f MIN lazulita, lapislázuli m (pierre bleue).

La Plata n pr GÉOGR La Plata [en Argentina].

lapon, e adj & s lapón, ona.
◄ **lapon** m LING lapón.

Laponie n pr f GÉOGR la Laponie Laponia.

laps, e [laps] adj & s RELIG (vx) lapso, sa.
◄ **laps** m lapso (espace de temps).

lapsus [lapsys] m lapsus ■ lapsus calami lapsus calami (erreur d'écriture) ‖ lapsus linguæ lapsus linguae (erreur de parole).

laptot [lapto] m marinero senegalés ‖ descargador senegalés.

laquage m acción de dar laca.

laquais [lakɛ] m lacayo ‖ FIG persona servil, lacayo.

laque f laca ‖ laca (vernis).
◇ m laca f (vernis) ‖ laca (meuble, objet laqué).

laqué, e adj lacado, da (meuble) ‖ con laca (cheveux).

laquer [3] v tr dar laca, maquear ‖ poner laca en (les cheveux).

laqueur m TECHN maqueador, operario que trabaja con laca.

laqueux, euse [lakø, øz] adj de laca; vernis laqueux barniz de laca.

laraire m lararo.

larbin m FAM criado, sirviente.

larcin m hurto, ratería ‖ FIG plagio (plagiat).

lard [lar] m tocino (lard maigre), lardo (gras du lard) ■ FAM gros lard gordinflón (personne forte) ‖ gros lard, lard gras tocino gordo ‖ petit lard, lard maigre tocino entreverado ■ omelette au lard tortilla de torreznos ■ n'être ni lard ni cochon no ser carne ni pescado ‖ FAM faire du lard echar carne.

larder [3] v tr CULIN mechar, lardear ‖ FIG acribillar, coser a estocadas (cribler de coups) ‖ sembrar, llenar de citas (remplir de citations).

lardoire f mechera, aguja mechera, mechador m.

lardon m mecha f, lonja f de tocino ‖ FAM pituso, niño (enfant) ‖ lardon frit torrezno.

lardonner [3] v tr cortar mechas ou lonjas de tocino.

lares [lar] adj & s m pl lares; les lares paternels los lares paternos; les dieux lares los dioses lares.

largable adj que se puede largar, soltar ‖ eyectable (avion).

largage m largamiento.

large adj ancho, cha; une large bouche una boca ancha ‖ amplio, a (vaste); un large espace un amplio espacio ‖ amplio, a; holgado, da; ancho, cha (ample); un vêtement large un vestido holgado ‖ FIG ancho, cha; tolerante; avoir la conscience large ser ancho de conciencia ‖ amplio, a (idées) ‖ considerable, grande (grand) ‖ liberal; espléndido, da (généreux) ■ des idées larges amplitud de ideas ‖ large d'esprit amplio de miras.
◇ m ancho, anchura f (largeur); un mètre de large un metro de ancho ‖ MAR mar adentro, alta mar; gagner ou prendre le large hacerse mar adentro, navegar en alta mar ■ au large con anchura, holgadamente; être au large dans un endroit estar holgadamente en un sitio ‖ au large! ¡largo!, ¡fuera! ‖ au large de a la altura de ‖ de long en large de un lado para otro, de acá para allá ‖ en long et en large a lo largo y a lo ancho, en toda la extensión ‖ FIG & FAM prendre le large largarse, escaparse (fuir).
◇ adv holgado ‖ generoso, espléndido ■ calculer large calcular de más ou de sobra ou ampliamente ‖ FAM ne pas en mener large no llegarle a uno la camisa al cuerpo, no tenerlas todas consigo ‖ voir large prever de sobra.

largement adv ampliamente, abundantemente, con creces; avoir largement de quoi vivre tener ampliamente con qué vivir ‖ generosamente, liberalmente (généreusement) ‖ con mucho; vos revenus dépassent largement les miens sus ingresos rebasan con mucho los míos.

largesse f largueza, esplendidez, generosidad.

largeur f anchura, ancho m ‖ FIG amplitud, altura de miras, elevación ‖ MAR manga (d'un bateau) ‖ FAM dans les grandes largeurs rotundamente.

larghetto [largeto] adv & s m MUS larghetto.

largo adv & s m MUS largo.

largue adj MAR largo, ga; suelto, ta.
◇ m MAR largo (allure).

largué, e *adj* FAM être largué estar perdido [no comprender].

larguer [3] *v tr* AVIAT & MAR largar, soltar, aflojar; larguer les voiles largar las velas; larguer les amarres soltar las amarras ‖ lanzar (des parachutistes) ‖ FIG dejar, abandonar.

larigot [larigo] *m* chirimía *f*, pífano (flûte ancienne) ‖ nasardo (jeu d'orgue) ‖ boire à tire-larigot beber sin tasa.

larme *f* lágrima; verser des larmes derramar lágrimas; les larmes aux yeux con las lágrimas en los ojos ‖ BOT lágrima (de la vigne) ‖ FAM gota, lágrima (petite quantité de liqueur) ■ larme batavique ou de verre lágrima de Batavia ‖ larmes de crocodile lágrimas de cocodrilo ■ en larmes, tout en larmes lloroso, deshecho en llanto, llorando ■ avoir des larmes dans la voix tener la voz ahogada en llanto ‖ avoir la larme à l'œil estar a punto de llorar ‖ avoir toujours la larme à l'œil ser un llorón ‖ essuyer ou sécher les larmes de quelqu'un enjugar las lágrimas ou ser el paño de lágrimas de alguien, consolar a alguien ‖ essuyer ses larmes secarse las lágrimas ‖ être ému jusqu'aux larmes llorar de emoción ‖ faire venir les larmes aux yeux hacer saltar las lágrimas, hacer llorar ‖ fondre en larmes, être tout en larmes prorrumpir en sollozos, deshacerse en lágrimas ‖ les larmes lui montèrent aux yeux se le humedecieron los ojos ‖ pleurer à chaudes larmes llorar a lágrima viva ‖ rire aux larmes ou jusqu'aux larmes llorar de risa.

larme-de-Job *f* BOT lágrima de Job ou de David.
   OBSERV pl larmes-de-Job.

larmier *m* lagrimal (de l'œil) ‖ carúncula lagrimal (cerf) ‖ ARCHIT goterón, salidizo.

larmoiement [larmwamā] *m* lagrimeo.

larmoyant, e [larmwajā, āt] *adj* lacrimoso, sa; lagrimoso, sa; lloroso, sa.

larmoyer [13] [larmwaje] *v intr* lagrimear, lloriquear.

larron, onne (p us), **onnesse** (vx) *m & f* ladrón, ona ■ larron d'honneur seductor ‖ le bon et le mauvais larron el buen y el mal ladrón ‖ le troisième larron el tercero en discordia ‖ l'occasion fait le larron la ocasión hace al ladrón ‖ s'entendre comme larrons en foire hacer buenas migas, estar a partir un piñón.
   ➤ **larron** *m* IMPR lardón ‖ ladrón, ladronera (dans un canal, un ruisseau).

larsen *m* efecto Larsen (microphone).

larvaire *adj* larval.

larve *f* MYTH larva ‖ ZOOL larva.

larvé, e *adj* larvado, da.

larvicole *adj* larvícola.

laryngé, e [larēʒe]; **laryngien, enne** [larēʒjē, ɛn] *adj* laríngeo, a.

laryngectomie [larēʒektɔmi] *f* laringectomía.

laryngien, enne ➥ **laryngé**.

laryngite [larēʒit] *f* MÉD laringitis.

laryngologie [larēgɔlɔʒi] *f* laringología.

laryngologiste [larēgɔlɔʒist]; **laryngologue** [larēgɔlɔg] *m* laringólogo.

laryngoscope [larēgɔskɔp] *m* laringoscopio.

laryngoscopie [larēgɔskɔpi] *f* laringoscopia.

laryngotomie [larēgɔtɔmi] *f* laringotomía.

larynx [larēks] *m* ANAT laringe *f*.

las! [las] *interj* ¡ay!

las, asse [la, las] *adj* [▷ SYN] cansado, da ‖ FIG cansado, da; harto, ta; il est las de vous entendre está harto de oírle ‖ de guerre lasse por agotamiento, por cansancio.
   SYN fatigué fatigado, cansado; harassé agobiado; brisé molido, destrozado; fourbu despeado; rompu molido; excédé cansado; rendu rendido; épuisé agotado; exténué extenuado; éreinté derrengado; FAM flapi, FAM vanné, FAM claqué, FAM crevé, FAM pompé reventado.

lasagne *f* lasaña.
   ➤ **lasagne; lasagnes** *f pl* lasañas.

lascar *m* FAM perillán, barbián ‖ un drôle de lascar un punto filipino.

lascif, ive [lasif, iv] *adj* lascivo, va.

lasciveté [lasivte]; **lascivité** [lasivite] *f* lascivia.

laser *m* laser (source lumineuse) ■ platine laser platina láser ‖ disque laser disco láser.

Las Palmas *n pr* GÉOGR Las Palmas de Gran Canaria.

Lassa *n pr* fièvre de Lassa fiebre de Lassa.

lassant, e *adj* cansado, da; pesado, da; que cansa.

lasser [3] *v tr* cansar ‖ FIG agotar (excéder); lasser la patience agotar la paciencia.
   ➤ **se lasser** *v pr* cansarse ■ se lasser à cansarse en ‖ se lasser de cansarse de.

lassitude *f* lasitud (p us), cansancio *m* (fatigue) ‖ FIG fastidio *m*, hastío *m* (ennui).

lasso *m* lazo ‖ lasso à boules boleadoras (en Amérique) ‖ prendre au lasso lazar, sujetar con lazo.

Lastex® *m* lástex.

lasting [lastiŋ] *m* tela *f* ligera de lana.

Las Vegas *n pr* GÉOGR Las Vegas.

lat. (abr écrite de **latitude**) lat.

latanier *m* latania *f* (palmier).

latence *f* estado *m* latente ‖ période de latence período de latencia (psychanalyse).

latent, e *adj* latente.

latéral, e *adj* lateral.

latéralement *adv* lateralmente.

latéralisation *f* lateralización (psychologie).

latéralisé, e *adj* lateralizado, da (psychologie).

latéralité *f* lateralidad (psychologie).

latérite *f* laterita (espèce d'argile rougeâtre).

latex *m* BOT látex.

lathyrisme *m* MÉD latirismo.

laticifère *adj & s m* BOT laticífero.

laticlave *m* laticlavia *f*.

latifolié, e *adj* BOT latifoliado, da; de hojas anchas.

latifundium [latifɔ̃djɔm]; **latifondo** *m* latifundio.
   OBSERV pl latifundia o latifondi.

latin, e *adj & s* latino, na; la déclinaison latine la declinación latina ‖ l'Amérique latine América Latina ‖ le Quartier latin el Barrio Latino [barrio de los estudiantes en París].
   ➤ **latin** *m* LING latín ■ latin de cuisine latín

macarrónico, latinajo ‖ latin populaire latín vulgar, sermo rusticus ■ bas latin bajo latín ■ c'est du latin es griego ‖ en ou y perdre son latin no comprender nada de una cosa ‖ quand les ânes parleront latin cuando las ranas críen pelo.

latinisant, e *adj & s* que practica el culto latino ‖ latinista (langue).

latinisation *f* latinización.

latinisé, e *adj* latinizado, da.

latiniser [3] *v tr* latinizar.

latinisme *m* latinismo.

latiniste *m* latinista.

latinité *f* latinidad ‖ basse latinité baja latinidad.

latino *adj & s* latino, na; hispano, na.

latino-américain, e *adj* latinoamericano, na.
   OBSERV 1. Pour traduire le mot latino-américain, on doit préférer à latinoamericano, terme fréquemment employé en Amérique et rarement en Espagne, iberoamericano ou hispanoamericano.
   2. pl latino-américains, latino-américaines.

latitude *f* latitud ‖ latitud (climat); l'homme peut vivre sous toutes les latitudes el hombre puede vivir bajo todas las latitudes ‖ FIG libertad; je vous laisse toute latitude le dejo toda libertad ■ à 40° de latitude nord a 40° de latitud norte ‖ sous toutes les latitudes en todas las latitudes ■ avoir toute latitude de quedar en libertad para.

latitudinaire *adj & s* latitudinario, ria.

latitudinarisme *m* latitudinarismo (doctrine).

Latium [lasjɔm] *n pr m* GÉOGR le Latium Lacio.

latomie *f* latomia (prison à Syracuse).

Latone *n pr* MYTH Latona.

lato sensu *loc adv* en sentido lato.

Latran *n pr m* GÉOGR le Latran Letrán.

latrie *f* latría.

latrines *f pl* letrinas.

lattage *m* entablado, enlatado (de bois).

latte *f* lata (p us), tabla delgada, listón *m* ‖ traviesa (de toit) ‖ listón (sports) ‖ sable *m* de caballería (sabre).
   OBSERV Lata en espagnol signifie fer-blanc ou boîte métallique, et ennui.

latter [3] *v tr* TECHN entarimar, entablar [(*Amér*) enlatar].

lattis [lati] *m* armazón *f* de tablas de un tejado ‖ encañado, enrejado de listones (pour les plantes).

laudanum [lodanɔm] *m* láudano.

laudateur, trice *m & f* ensalzador, ora.

laudatif, ive *adj* laudatorio, ria.

laudes [lod] *f pl* RELIG laudes.

lauracées *f pl* BOT lauráceas.

laure *f* laura, monasterio griego.

Laure *n pr* Laura.

lauré, e *adj* laureado, da.

lauréat, e [lɔrea, at] *adj & s* laureado, da; galardonado, da; triunfador, ra.

Laurence *n pr* Lorenza.

Laurent [lɔrā] *n pr* Lorenzo.

Laurien *n pr* Laureano.

laurier *m* BOT laurel.

➤ **lauriers** *m pl* FIG laureles (gloire) ■ FIG cueillir ou moissonner des lauriers cosechar laureles ou victorias ‖ être chargé de lauriers, se couvrir de lauriers cargarse de laureles ‖ flétrir ses lauriers empañar su gloria, mancillar sus laureles ‖ s'endormir ou se reposer sur ses lauriers dormirse en los laureles.

laurier-cerise *m* lauroceraso, laurel cereza ou real.
▮ OBSERV pl lauriers-cerises.

laurier-rose *m* adelfa *f*.
▮ OBSERV pl lauriers-roses.

laurier-sauce *m* laurel.
▮ OBSERV pl laurier-sauce.

laurier-tin *m* durillo.
▮ OBSERV pl lauriers-tins.

Lausanne *n pr* GÉOGR Lausana.

LAV (abr de lymphadenopathy associated virus) *m* LAV.

lavable *adj* lavable.

lavabo *m* lavabo, lavamanos (appareil sanitaire) ‖ lavabo, cuarto de aseo (salle d'eau) ‖ ECCLÉS lavatorio (prière de la messe) ‖ FAM les lavabos los servicios.

lavage *m* lavado ‖ fregado (de la vaisselle) ‖ lava *f* (de métaux) ‖ lavaje (de laine) ‖ baldeo (des ponts des navires) ■ FIG & FAM lavage de cerveau lavado de cerebro ‖ MÉD lavage d'estomac lavado de estómago ‖ lavage gastrique lavado gástrico.

lavallière *f* chalina (cravate).
◇ *adj* de color de hoja seca; cobrizo, za.

lavande *f* BOT lavanda, espliego *m*.
▮ OBSERV Le mot espagnol lavanda est beaucoup plus courant qu'espliego, surtout lorsqu'il s'agit d'eau de toilette.

lavandière *f* lavandera (qui lave) ‖ ZOOL arandillo *m*, aguzanieves (bergeronnette).

lavaret *m* tímalo (poisson).

lavasse *f* FAM calducho *m*, caldo *m* muy claro, aguachirle *m*.

lavatory [lavatɔri] *m* retrete.

lave *f* lava.

lave-glace *m* AUTOM lavaparabrisas.
▮ OBSERV pl lave-glaces.

lave-linge *m inv* lavadora *f*.

lave-mains *m inv* lavamanos.

lavement *m* lavamiento, lavado (action de laver) ‖ MÉD lavativa, ayuda *f* ‖ ECCLÉS lavement des pieds lavatorio.

laver [3] *v tr* [▷ SYN] lavar ‖ fregar (la vaisselle) ‖ limpiar (plaie) ‖ baldear (un bateau) ‖ lavar, dar color con aguadas (dessin) ‖ laver à grande eau lavar a fondo ‖ FAM laver la tête à quelqu'un dar un jabón a alguien, reprenderle ‖ laver le linge lavar la ropa ‖ laver les cheveux lavar la cabeza ‖ laver quelqu'un d'une accusation desagraviar a alguien ‖ FIG laver une injure dans le sang lavar una injuria con sangre ‖ machine à laver lavadora ‖ machine à laver la vaisselle máquina lavaplatos, lavavajillas, lavaplatos.

➤ **se laver** *v pr* lavarse ‖ FIG s'en laver les mains lavarse las manos de algo, desentenderse de algo.
▮ SYN lessiver lavar con lejía; rincer aclarar; blanchir lavar.

laverie [lavri] *f* lavadero *m* ‖ laverie automatique lavandería.

lavette *f* cepillo *m* para fregar platos ‖ FIG & FAM Juan Lanas (chiffe).

laveur, euse *m & f* lavador, ra ‖ lavaplatos (plongeur) ■ laveur de vitres lavacristales ‖ laveur de voitures lavacoches.

➤ **laveuse** *f* lavandera (de linge).

➤ **laveur** *m* lavador ‖ depurador (dépoussiéreur).

lave-vaisselle *m inv* lavavajillas, lavaplatos.

Lavinie *n pr* MYTH Lavinia.

lavis [lavi] *m* aguada *f*, lavado (dessin) ‖ au lavis a la aguada, lavado, da; dessin au lavis dibujo a la aguada, lavado.

lavoir *m* lavadero (du linge) ‖ lavadero (du minerai, du charbon).

lavure *f* lavazas *pl*, lavadura, agua sucia (eau sale).

➤ **lavures** *f pl* partículas de metales preciosos.

Lawrence d'Arabie *n pr* Lawrence de Arabia.

laxatif, ive *adj & s m* laxante.

laxisme *m* laxismo.

laxiste *adj & s* laxista.

laxité *f* laxitud, flojedad.

laye; laie *f* MUS fuelle (orgue).

layer [11] [lɛje] *v tr* trazar un sendero (en forêt) ‖ marcar los árboles ‖ escodar (la pierre).

layetier [lɛjtje] *m* cofrero, baulero.

layette [lɛjɛt] *f* canastilla, ropita de niño.

layon [lɛjɔ̃] *m* sendero, trocha *f* (en forêt).

Lazare [lazar] *n pr* Lázaro.

lazaret [lazarɛ] *m* lazareto.

lazariste *m* lazarista (prêtre).

lazulite ➤ **lapis**.

lazzarone [ladzarɔne] *m* lazzarone (vagabond napolitain).
▮ OBSERV pl lazzaroni.

lazzi [ladzi] ou [lazi] *m* bromas *f*, burlas *f* (plaisanteries); sous les lazzis de la foule entre las burlas de la muchedumbre.
▮ OBSERV pl lazzi ou lazzis.

le, la *art* el, la; le frère et la sœur el hermano y la hermana.
◇ *pron pers de 3ᵉ pers* lo, le, la; je l'ai dénoncé lo denuncié; je l'ai prise la he tomado.
▮ OBSERV Bien que l'Académie de la langue espagnole conseille l'emploi du pronom lo pour traduire le pronom personnel masculin complément direct, le pronom le est fréquemment employé en Espagne à sa place (je l'ai vu, le he visto ou lo he visto).

lé [le] *m* paño, ancho de una tela (largeur d'une étoffe) ‖ ancho de un rollo de papel pintado (papier peint) ‖ une jupe à lés una falda de varios paños.

LEA (abr de langues étrangères appliquées) *f pl* carrera en la que se compagina el estudio de dos lenguas extranjeras con su aplicación en el campo comercial o de la traducción.

leader [lidœr] *m* líder, jefe (chef de parti) ‖ editorial, artículo de fondo (d'un journal) ‖ AVIAT avión de cabeza ‖ el primero (sports).

leadership [lidœrʃip] *m* jefatura *f*, liderazgo, liderato.

Léandre *n pr* Leandro.

leasing *m* ÉCON leasing, alquiler con opción a compra.

lebel *m* lebel, fusil de repetición del ejército francés.

Le Cap *n pr* Ciudad del Cabo.

léchage *m* lamido, lameteo, lamida *f*, acción de lamer ‖ FAM coba *f*, lameteo (adulation).

lèche *f* rebanada (de pain), loncha (de viande) ‖ lamido ‖ lameteo *m* (action de lécher) ‖ FAM faire de la lèche dar coba, hacer la pelotilla.

léché, e *adj* lamido, da; demasiado bien acabado ‖ ours mal léché persona mal educada ou grosera.

lèche-bottes *m inv* FAM pelotillero, cobista.

lèchefrite *f* CULIN grasera, recipiente *m* para recoger la grasa.

lécher [18] *v tr* lamer ‖ pulir, limar, acabar con detalles (finir avec soin) ■ FAM lécher les pieds ou les bottes de quelqu'un hacer la pelotilla, dar coba ‖ lécher les vitrines mirar los escaparates.

➤ **se lécher** *v pr* lamerse ‖ c'est bon à s'en lécher les doigts ou les babines es cosa para chuparse los dedos, es para relamerse.

lécherie [lɛʃri] *f* golosina, gula (gourmandise).

lécheur, euse *adj & s* goloso, sa (gourmand) ‖ FAM cobista; pelotillero, ra; adulador, ra (flatteur) ‖ besucón, ona (qui aime embrasser).

lèche-vitrines [lɛʃvitrin] *m inv* FAM faire du lèche-vitrines mirar los escaparates.

lécithine *f* CHIM lecitina.

leçon [ləsɔ̃] *f* lección ■ leçon particulière clase privada ou particular ‖ leçons de conduite prácticas de conducción ■ donner une bonne leçon dar una buena lección ‖ FIG faire la leçon leer la cartilla (reprendre), aleccionar (expliquer) ‖ servir de leçon servir de lección ou de escarmiento ‖ tirer la leçon de sacar fruto ou utilizar la experiencia de ‖ tirez-en la leçon aplíquese el cuento.

lecteur, trice *m & f* lector, ra.

➤ **lecteur** *m* TECHN lector; lecteur optique lector óptico ■ lecteur laser lector láser ‖ INFORM lecteur de bandes lector de cintas ‖ lecteur de cassettes casete ‖ INFORM lecteur de disquette(s) disquetera, unidad de discos, lectora ‖ lecteur de nouvelles lector de noticias.

lectionnaire *m* ECCLÉS leccionario.

lecture *f* lectura ‖ INFORM lectura ■ tête de lecture cabeza sonora (magnétophone) ■ (vx) avoir de la lecture haber leído mucho, ser instruido.

LED (abr de light emitting diode) *f* LED.

Léda [leda] *n pr* MYTH Leda.

ledit [lədi] *adj* susodicho.

légal, e *adj* legal.

légalement *adv* legalmente.

légalisation *f* legalización.

légaliser [3] *v tr* legalizar.

légalisme *m* legalismo.

légaliste *adj & s* legalista.

légalité *f* legalidad; rester dans la légalité no salirse de la legalidad.

légat [lega] *m* legado ‖ legado pontificio (du pape) ‖ légat « a latere » legado a látere.

légataire *m* & *f* DR legatario, ria; légataire universel legatario universal.

légation *f* legación.

legato *adv* MUS ligado.

lège *adj* MAR boyante.

légendaire *adj* legendario, ria.
◇ *m* autor de leyendas (compilateur de légendes) ‖ colección *f* de leyendas (recueil de légendes).

légende *f* [▷ SYN] leyenda ‖ pie *m*, texto *m* (d'une carte, d'un dessin, etc.).
‖ SYN mythe mito; tradition tradición.

léger, ère *adj* ligero, ra; liviano, na (très employé en Amérique); métal léger metal ligero ‖ leve (pas grave); blessure légère herida leve ‖ libre; atrevido, da; propos légers palabras atrevidas ‖ fino, na; un drap léger una sábana fina ‖ ligero, ra (repas, café, etc.) ■ FIG esprit léger espíritu superficial ‖ faute légère falta leve ‖ femme légère mujer ligera ou frívola ‖ repas léger comida frugal ou ligera ‖ un fardeau léger un bulto que pesa poco ‖ à la légère a la ligera ‖ d'un cœur léger sin preocupaciones ‖ d'un pas léger con paso rápido ■ avoir la main légère tener las manos largas (être prompt à frapper), ser hábil de manos (chirurgien) ‖ dessiner d'une main légère dibujar con soltura ‖ être plus léger que pesar menos que ‖ prendre quelque chose à la légère echar algo a humo de pajas ‖ que les heures sont légères en votre compagnie! ¡qué pronto pasan las horas en su compañía!

légèrement *adv* ligeramente ‖ levemente (blessé).

légèreté *f* ligereza (poids) ‖ agilidad ‖ levedad (d'une blessure, d'une faute, etc.) ‖ finura (sveltesse) ‖ soltura (du style) ‖ FIG ligereza, liviandad (de caractère).

legging *f* polaina, legui *m* (jambière).

leghorn [legɔrn] *f* leghorn (race de poules).

légiférer [18] *v intr* legislar.

légion *m* legión ■ Légion d'honneur Legión de Honor ‖ légion étrangère legión extranjera.

légionnaire *m* legionario ‖ caballero de la Legión de Honor (de la Légion d'honneur).

législateur, trice *adj* & *s* legislador, ra.

législatif, ive *adj* legislativo, va; Assemblée législative Asamblea legislativa.

législation *f* legislación.

législativement *adv* por vía legislativa.

législature *f* legislatura ‖ cuerpo de legisladores.

légiste *m* legista ‖ médecin légiste médico forense.
‖ SYN juriste jurista; jurisconsulte jurisconsulto; homme de loi letrado, hombre de leyes.

légitimation *f* legitimación.

légitime *adj* legítimo, ma; en état de légitime défense en estado de legítima defensa ‖ fundado, da; justificado, da; crainte légitime temor fundado.
◇ *f* FAM costilla, mujer, media naranja (épouse).

légitimement *adv* legítimamente.

légitimer [3] *v tr* legitimar ‖ justificar (justifier).

légitimisme *m* legitimismo.

légitimiste *adj* & *s* legitimista.

légitimité *f* legitimidad.

legs [lɛg] ou [lɛ] *m* legado, manda *f*.

léguer [18] *v tr* legar.

légume *m* verdura *f*, hortaliza *f* (vert) ‖ legumbre *f* (sec) ‖ vaina *f* (cosse).
◇ *f* FAM grosse légume pez gordo, personaje (personnage).

légumier, ère *adj* leguminoso, sa.
➤ **légumier** *m* fuente *f* para legumbres.

légumine *f* CHIM legumina.

légumineux, euse *adj* & *s f* leguminoso, sa.

lei *m pl* lei (monnaie roumaine).

Leipzig *n pr* GÉOGR Leipzig.

leishmaniose *f* MÉD leishmaniosis.

leitmotiv [lɛtmɔtiv] ou [lajtmɔtif] *m* leitmotiv, tema.
‖ OBSERV pl leitmotivs ou leitmotive.

Léman *n pr* GÉOGR le lac Léman el lago Lemán ou Léman.

lemme *m* MATH lema.

lemming *m* ZOOL lemming, ratón campestre.

lemnacées *f pl* BOT lemnáceas.

lemnien, enne *adj* & *s* lemnio, nia.

lemniscate *f* GÉOM lemniscata.

lémures [lemyr] *m pl* MYTH lémures (âmes des morts).

lémuriens *m pl* ZOOL lemúridos.

Lena *n pr f* GÉOGR la Lena el Lena.

lendemain [lɑ̃dmɛ̃] *m* el día siguiente, el día después, el otro día; le lendemain fut un lundi el día siguiente fue lunes; il mourut le lendemain se murió al día siguiente ‖ FIG porvenir, futuro, mañana *f*; sans lendemain sin futuro ou porvenir; se préoccuper du lendemain preocuparse por el porvenir ■ au lendemain de la guerre inmediatamente después de la guerra ‖ des lendemains qui chantent un futuro prometedor ‖ du jour au lendemain de la noche a la mañana, de un día para otro, de un día a otro ‖ il ne faut pas remettre au lendemain ce qu'on peut faire le jour même no hay que dejar para mañana lo que se puede hacer hoy ‖ le lendemain matin a la mañana siguiente ‖ le lendemain soir a la noche siguiente ‖ triste comme un lendemain de fête más triste que un entierro.

lendit [lɑ̃di] *m* feria medieval de Saint-Denis (Paris) ‖ fiesta estudiantil.

lénifiant, e *adj* calmante (calmant).

lénifier [9] *v tr* calmar, aliviar, lenificar (p us).

Lénine [lenin] *n pr* Lenin.

Leningrad [leningrad] *n pr* HIST Leningrado (ancien nom de Saint-Petersbourg).

léninisme *m* leninismo.

léniniste *adj* & *s* leninista.

lénitif, ive *adj* & *s m* lenitivo, va.

lent, e [lɑ̃, lɑ̃t] *adj* lento, ta ‖ lent à lento en ou para.
‖ SYN tardif tardío; long lento, tardo; FAM lambin calmoso; gnangnan remolón; traînard tardo.

lente *f* liendre (œuf de pou).
‖ OBSERV L'espagnol lente signifie lentille, loupe, lunette.

lentement *adv* lentamente, despacio ‖ lentement mais sûrement poco a poco se va a Roma.
‖ SYN insensiblement insensiblemente; doucement despacio; FAM piano piano.

lenteur *f* lentitud ‖ FIG lentitud, torpeza de entendimiento (d'esprit).

lenticulaire; lentiforme *adj* lenticular ‖ os lenticulaire hueso lenticular.

lenticule *f* BOT lentícula (lentille d'eau).

lentiforme ➤ **lenticulaire.**

lentigo *m* MÉD lentigo, peca *f*, efélide *f* (tache de rousseur).

lentille [lɑ̃tij] *f* lenteja (légume) ‖ lente (optique) ■ lentille cornéenne ou de contact lente ou lentilla de contacto ‖ lentille d'eau lenteja de agua ‖ lentille de mise au point lente de enfoque ‖ lentille grossissante lente de aumento ■ champ de lentilles lentejar.
➤ **lentilles** *f pl* pecas (taches de rousseur).

lentisque *m* lentisco (arbuste).

lento [lento] *adv* MUS lento.

Lentulus [lɛ̃tylys] *n pr* Léntulo.

Léon [leɔ̃] *n pr* León.

Léonard [leɔnar] *n pr* Leonardo.

Léonard de Vinci *n pr* Leonardo da Vinci.

léonin, e *adj* leonino, na.

léontine *f* leontina, cadena de reloj.

léonure *m* BOT agripalma *f*.

léopard [leɔpar] *m* leopardo ‖ BLAS león heráldico.

léopardé, e *adj* manchado, da como la piel del leopardo.

Léopold [leɔpɔld] *n pr* Leopoldo.

Léopoldine *n pr* Leopoldina.

Léovigild [leɔviʒild]; **Liuvigild** *n pr* Leovigildo.

LEP (abr de lycée d'enseignement professionnel) *m* antiguo nombre de los institutos de formación profesional.

Lépante *n pr* GÉOGR Lepanto.

Lépide *n pr* Lépido.

lépidodendron [lepidɔdɛdrɔ̃] *m* lepidodendro (arbre fossile).

lépidolite *m* MIN lepidolita *f* (mica).

lépidoptères *m pl* ZOOL lepidópteros.

lépidosirène *m* ZOOL lepidosirena *f*.

lépidostée *m* lepidosteido (poisson).

lépiote *f* lepiota (champignon).

lépisme *m* lepisma *f* (insecte).

léporidé *m* lepórido (hybride de lièvre et de lapin).

lèpre *f* lepra.

lépreux, euse *adj* & *s* leproso, sa.

léproserie *f* leprosería, hospital de leprosos.

leptocéphale *m* leptocéfalo.

leptospire *m* leptospira (protozoaire).

leptospirose *m* MÉD leptospirosis.

lequel [ləkɛl], **laquelle, lesquels, lesquelles** [lakɛl, lɛkɛl] *pron rel* el cual, la cual, los cuales, las cuales, que, el que, la que, los que, las que; **la chaise sur laquelle il est assis** la silla en que está sentado; **la date à laquelle nous faisons allusion** la fecha a la que aludimos ‖ quien, quienes, el cual (et tous les précédents); **j'ai vu Françoise, laquelle est très malade** he visto a Paquita, quien está muy enferma; **ceux avec lesquels je parle** aquellos con quienes hablo. ◇ *pron interr* cuál, cuáles; **lequel est ton ami?** ¿cuál es tu amigo?; **à laquelle de ces dames avez-vous parlé?** ¿a cuál de estas señoras habló usted?

> OBSERV Con las preposiciones à y de, este pronombre forma en francés los compuestos auquel, auxquels, auxquelles, duquel, desquels, desquelles que se traducen al español por la preposición y el pronombre separados: **les livres desquels vous me parlez** los libros de los que me habla.

lerche *adv* TFAM pas lerche ninguna gran cosa; **il n'en reste pas lerche** no queda gran cosa; **50 francs, c'est pas lerche** ou **ça fait pas lerche** 50 francos, no es gran cosa ou no hace gran cosa.

Lermontov [lɛrmɔ̃tɔf] *n pr* Lérmontov.

lérot [lero] *m* lirón gris (loir gris).

les [le] *art m pl* & *f* los, las; **les règles et les crayons** las reglas y los lápices ‖ **les uns et les autres** unos y otros. ◇ *pron pers* 3e personne du pluriel des deux genres les, los, las; **je les ai vus** los he visto, **les he visto**; **je les ai prises** las he tomado.

> OBSERV Les pronoms espagnols les, los et las sont enclitiques lorsqu'ils sont compléments d'un verbe à l'impératif, à l'infinitif ou au gérondif: **donne-les dalas**; **les voir** verlos; **en les mangeant** comiéndolos.

lès [lɛ] ► **lez**.

> OBSERV Esta preposición se emplea únicamente en los nombres toponímicos: Joué-lès-Tours.

lesbien, enne *adj* & *s* lesbiano, na; lesbio, bia; de Lesbos. ► **lesbienne** *f* lesbiana.

lesdits, lesdites [ledi, dit] *adj pl* los susodichos, las susodichas.

lèse *adj* f lesa; **crime de lèse-majesté** crimen de lesa majestad.

lèse-majesté *f inv* lesa majestad f.

léser [18] *v tr* perjudicar, lesionar, dañar.

lésine; lésinerie *f* tacañería, roñería.

lésiner [3] *v intr* escatimar en (épargner), tacañear, cicatear.

lésinerie ► **lésine**.

lésineur, euse *adj* & *s* tacaño, ña; roñoso, sa; cicatero, ra ‖ escatimador, ra.

lésion *f* lesión ‖ DR lesión, perjuicio *m*.

lésionnaire *adj* DR lesivo, va; perjudicial.

lésionnel, elle *adj* que se refiere a una lesión.

L ès L (abr écrite de licencié ès lettres) persona que ha obtenido una "licence" en letras.

Lesotho *n pr m* GÉOGR le Lesotho el Lesotho.

---

lessivable *adj* lavable.

lessivage *m* colada *f* (de linge), lavado con lejía (lavage à la lessive) ‖ FIG & FAM pérdida de dinero (au jeu) ‖ jabón, rapapolvo (réprimande).

lessive *f* detergente *m* (liquide) ‖ colada (du linge); **faire la lessive** hacer la colada ‖ FIG limpia, limpieza ‖ FAM pérdida en el juego.

lessivé, e *adj* FAM hecho, cha polvo, hecho, cha migas (très fatigué) ‖ puesto, ta de patitas en la calle (expulsé).

lessiver [3] *v tr* hacer la colada, echar en lejía (le linge) ‖ lavar, limpiar (nettoyer) ‖ FAM poner de patitas en la calle, dar el bote (expulser) ‖ FIG & FAM être lessivé estar hecho polvo (être fatigué).

lessiveuse *f* recipiente *m* para la colada.

lest [lɛst] *m* lastre ‖ fibra *f* (aliment du bétail) ■ **sur lest** en lastre ■ FIG **jeter du lest** soltar ou echar ou largar lastre.

lestage *m* lastrado.

leste *adj* ligero, ra; ágil (agile) ‖ (vx) FIG listo, ta; decidido, da (décidé) ‖ libre; ligero, ra (grivois) ‖ **avoir la main leste** tener las manos largas, ser ligero de manos.

lestement [lɛstəmɑ̃] *adv* con presteza, con ligereza (promptement) ‖ ágilmente, diestramente (agilement) ‖ **agir lestement** obrar sin escrúpulos.

lester [3] *v tr* lastrar. ► **se lester** *v pr* lastrarse ‖ FIG & FAM llenar el buche.

let *m* SPORTS let, dejada (tennis).

létal, e *adj* mortífero, mortal, letal (p us).

létalité *f* mortalidad, letalidad (p us).

letchi ► **litchi**.

léthargie *f* letargo *m* ‖ FIG letargo, modorra (torpeur, nonchalance) ‖ **tomber en léthargie** caer en estado de letargo.

léthargique *adj* letárgico, ca.

Léthé *n pr m* MYTH le Léthé el Leto ou Leteo.

lette; letton, onne *adj* & *s* letón, ona. ◇ *m* LING letón.

letton, onne ou **one** *adj* letón, ona. ► **letton; lette** *m* LING letón *m*.

Letton, onne ou **one** *m* & *f* letón, ona.

Lettonie *n pr f* GÉOGR la Lettonie Letonia.

lettrage *m* acción de marcar con letras.

lettre *f* [▷ SYN] letra; **lettre armoriée, bâtarde, capitale, italique, majuscule, minuscule, moulée, ornée, ronde** letra blasonada, bastardilla, versalita, itálica, mayúscula, minúscula, de molde, florida, redondilla ‖ carácter *m*, tipo *m* (imprimerie) ‖ carta; **poster une lettre** echar una carta; **mettre une lettre à la boîte** echar una carta al buzón ■ **lettre circulaire** circular ‖ **lettre chargée** carta de valores declarados ‖ **lettre d'avis, ouverte, recommandée** carta de aviso, abierta, certificada ‖ **lettre de cachet** carta cerrada con el sello real que exigía el encarcelamiento ou el destierro de una persona ‖ **lettre de change** letra de cambio (traite) ‖ **lettre de condoléances** carta de pésame ‖ **lettre de crédit** carta de crédito ‖ **lettre de demande** instancia ‖ **lettre de faire part** esquela de defunción (décès), parte ou participación de boda (avis de mariage) ‖ **lettre de marque** patente de

---

corso ‖ **lettre de mer** patente de navegación ‖ **lettre de naturalisation** carta de naturaleza ‖ **lettre de remerciement** carta de agradecimiento (de reconnaissance), carta de despido (de congé) ‖ DR **lettre de voiture** carta de porte, recibo de expedición, resguardo, manifiesto de carga ‖ **lettre d'introduction** carta de presentación ‖ **lettre dominicale** letra dominical ‖ FIG **lettre morte** letra muerta, papel mojado; **rester lettre morte** ser papel mojado ‖ **lettre piégée** carta bomba ■ **à la lettre, au pied de la lettre** al pie de la letra, literalmente ‖ **avant la lettre** prueba de un grabado impresa sin pie (imprimerie), antes de tiempo, por adelantado, anticipadamente (sens figuré) ‖ **en toutes lettres** con todas sus letras ■ **la lettre tue mais l'esprit vivifie** la letra mata mientras que el espíritu vivifica ‖ FAM **passer comme une lettre à la poste** pasar fácilmente ‖ **protester une lettre de change** protestar una letra ‖ **s'attacher à la lettre** atenerse a la letra.

⟶ **lettres** *f pl* letras; **faculté des lettres** facultad de Letras ■ **lettres de créance** cartas credenciales ‖ **lettres de noblesse** ou **d'annoblissement** cartas de nobleza, ejecutoria ‖ **lettres patentes** real despacho ■ **homme de lettres, femme de lettres, gens de lettres** literato, ta; hombre ou mujer de letras ‖ **les belles-lettres** las bellas letras.

> SYN épître epístola; missive misiva; message mensaje; pli pliego; billet esquela, billete; FAM mot cuatro letras, unas letras.

lettré, e *adj* & *s* letrado, da; docto, ta.

lettrine *f* IMPR letra de llamada (pour indiquer un renvoi) ‖ letra volada (en haut des pages d'un dictionnaire) ‖ letra florida (majuscule décorative).

lettrisme *m* letrismo (mouvement littéraire).

leu *m* (vx) lobo (loup) ‖ leu (monnaie roumaine) ‖ **à la queue leu leu** en fila india, uno tras otro.

> OBSERV pl lei.

Leucade [løkad] *n pr* GÉOGR Leucas, Leucade, Léucade.

leucanie *f* leucania (papillon).

leucémie *f* MÉD leucemia.

leucémique *adj* & *s* MÉD leucémico, ca.

leucine *f* CHIM leucina.

Leucippe *n pr* Leucipo.

leucite *m* BOT leucito, leucoplasto.

leucoblaste *m* leucoblasto (cellule).

leucocytaire *adj* leucocitario, ria; **formule leucocytaire** fórmula leucocitaria.

leucocyte *m* leucocito (globule blanc).

leucocythémie *f* leucocitemia.

leucocytose *f* MÉD leucocitosis.

leucoderme *adj* & *s* leucodermo, ma.

leucodermie *f* leucoderma.

leucomaïne *f* BIOL leucomaína.

leucome *m* MÉD leucoma.

leucopénie *f* MÉD leucopenia.

leucoplasie *f* MÉD leucoplasia, leucoplaquia.

leucorrhée *f* MÉD leucorrea.

leucose *f* leucosis.

Leuctres *n pr* GÉOGR Leuctras.

leude *m* leude (sous les Mérovingiens).

leur *pron pers* (pluriel de **lui** et de **elle**) les; il leur dit les dijo ▌ se (lorsque le verbe a deux compléments); je la leur rendrai se la devolveré; je les leur ai demandés se los he pedido.

> OBSERV Les pronoms espagnols **les** et **se** sont enclíticos lorsqu'ils sont compléments d'un verbe à l'impératif, à l'infinitif ou au gérondif: dis-le-leur díselo; il faut leur apporter quelque chose hay que traerles algo; en leur chantant une berceuse cantándoles una nana.

leur, leurs *adj poss* su, sus; leur foyer su hogar; leurs filles sus hijas.

◇ *pron poss* el suyo, la suya, los suyos (le leur, la leur, les leurs); notre vie et la leur nuestra vida y la suya; nos malheurs sont plus graves que les leurs nuestras desgracias son más graves que las suyas; el, la, los, las de ellos, de ellas (lorsqu'il y a dans la même proposition une opposition entre son et leur); il préférait sa situation à la leur prefería su situación a la de ellos.

⟶ **leur** *m* lo suyo; ils y mettent du leur ponen de lo suyo.

⟶ **leurs** *m pl* los suyos; ils ont passé une semaine avec tous les leurs pasaron una semana con todos los suyos.

leurre [lœr] *m* señuelo, añagaza *f* (chasse) ▌ cebo artificial *f* (pêche) ▌ FIG añagaza *f*, engañifa *f*, cebo.

leurrer [5] *v tr* adiestrar, amaestrar (le faucon) ▌embaucar, engañar (tromper, abuser).

lev *m* lev (unité monétaire bulgare).
▌ OBSERV pl leva.

levage *m* levantamiento ▌ appareil de levage torno elevador.

levain *m* levadura *f* ▌ FIG semilla *f*, germen; levain de haine germen de odio.

levant *adj m* naciente; maison tournée au soleil levant casa orientada al sol naciente.

Levant *n pr m* GÉOGR le Levant el Levante.

levantin, e *adj & s* levantino, na.

lève *f* MÉCAN leva, palanca (came).

levé, e *adj* levantado, da ▪ à main levée a mano alzada (vote) ▌au pied levé sin preparación, de improviso ▌tête levée con la cabeza alta ▪ voter par assis et levés votar por "levantados" y "sentados".

levé *m* levantamiento, trazado (d'un plan).

levée *f* levantamiento *m* ▌levantamiento *m* (d'une séance, d'un siège, des troupes) ▌percepción, recaudación (d'impôts) ▌baza (aux jeux de cartes); levée sûre, de chute baza firme, de menos ▌carrera, recorrido *m* (d'un piston) ▌marejada (soulèvement des lames) ▌dique *m* (digue) ▌cosecha (de grains) ▌recogida (courrier) ▌suspensión; levée de l'immunité parlementaire suspensión de la inmunidad parlamentaria ▌MIL leva, reclutamiento *m* ▌TECHN terraplén *m*, ribero *m* (remblai) ▪ levée d'arrêts levantamiento de arresto ▌FIG levée de boucliers protesta airada contra una autoridad (protestation), ataque violento, oposición (attaque) ▌levée d'écrou acto de liberación ▌levée de jugement expedición de testimonio de sentencia ▌levée des scellés desembargo ▌levée du corps levantamiento del cadáver ▪ à la levée de la séance al levantarse ou acabarse la sesión.

lève-glace; lève-vitre *m* AUTOM elevalunas.

▌ OBSERV pl lève-glaces; lève-vitres.

lever [19] *v tr* [▷ SYN] levantar (mettre plus haut) ▌levantar, erguir (redresser); lever la tête levantar la cabeza ▌percibir, recaudar (impôts) ▌reclutar, hacer una leva (troupes) ▌levantar, alzar (un siège) ▌levantar, alzar (dessin) ▌levantar (gibier) ▌levar, levantar (ancre) ▌recoger, hacer la recogida (le courrier) ▌FIG cercenar (couper une partie) ▌quitar (enlever) ▌desaparecer; les obstacles sont levés los obstáculos han desaparecido ▌AGRIC levantar (terre) ▌FAM seducir (une femme) ▪ lever la lettre levantar letra, componer (imprimerie) ▌lever la main sur quelqu'un levantarle ou alzarle la mano a uno (frapper) ▌lever la séance levantar la sesión ▌FAM lever le coude empinar el codo ▌lever le couvert quitar la mesa ▌lever le masque quitarse la máscara ▌lever le pied levantar el campo, poner pies en polvorosa ▌lever le rideau subir ou levantar el telón ▌lever les épaules alzar los hombros, encogerse de hombros ▌lever les yeux ou le regard levantar ou alzar la mirada ▌lever les yeux au ciel levantar los ojos al cielo ▌lever les yeux sur tener miras en, aspirar a, pretender ▌lever le voile descubrir ▌lever un acte levantar acta ▌lever un corps levantar el cadáver ▌lever une difficulté allanar ou hacer desaparecer una dificultad ▌lever une option levantar una opción ▪ faire lever levantar ▌je n'ai qu'à lever le petit doigt con solo abrir la boca ▌n'oser lever les yeux devant quelqu'un no atreverse a mirar de frente a alguien.

◇ *v intr* BOT nacer, brotar ▌fermentar la masa, leudar (fermenter).

⟶ **se lever** *v pr* levantarse ▌salir (les astres) ▌nacer (le jour) ▌aclararse (le temps) ▌se lever de bonne heure ou de bon matin madrugar, levantarse temprano.

▌ SYN élever elevar; enlever levantar; hisser izar; redresser enderezar; relever alzar; soulever levantar.

lever *m* levantamiento, subida *f* ▌momento de levantarse (du lit); à son lever al levantarse ▌salida *f*, aparición *f* (d'un astre, du soleil) ▌levantamiento, alzado, trazado (d'un plan) ▪ THÉÂTR lever de rideau sainete, juguete, pieza de entrada ▌lever du jour el amanecer ▌THÉÂTR lever du rideau subida del telón ▪ du lever au coucher du soleil de sol a sol.

lève-tard *m inv & f inv* dormilón, ona.

lève-tôt *m inv & f inv* madrugador, ra.

lève-vitre ⟶ **lève-glace**.

Lévi *n pr* Leví.

Léviathan *n pr* Leviatán.

levier *m* palanca *f*; levier de commande, de réglage, de vitesse palanca de mando, de regulación, de cambio ▌FIG incentivo; l'intérêt est un puissant levier el interés es un incentivo potente ▪ ÉCON effet de levier efecto de palanca ▌FIG levier de commande mando.

lévigation *f* levigación.

léviger [17] *v tr* levigar.

lévirat [levira] *m* levirato.

lévitation *f* levitación.

lévite *m* levita (de la tribu de Lévi).
◇ *f* (vx) levitón *m*, levita (redingote).

Lévitique *n pr m* le Lévitique el Levítico (Bible).

lévogyre *adj* CHIM levógiro, ra.

levraut [ləvro] *m* lebrato (jeune lièvre).

lèvre *f* [▷ SYN] labio *m* ▌BOT labio *m* (lobes) ▌GÉOL pared de una falla ▌belfo *m* (du cheval) ▪ du bout des lèvres con la punta de la lengua (boire), con altivez, con desdén (avec dédain), con desgana (à contrecœur) ▪ avoir le cœur sur les lèvres tener el estómago revuelto, tener náuseas ou ansias, sentir bascas (avoir des nausées), tener el corazón que se sale del pecho (être généreux) ▌avoir quelque chose sur le bout des lèvres tener algo en la punta de la lengua ▌être suspendu aux lèvres de estar pendiente de los labios de ▌ne pas desserrer les lèvres no despegar los labios, no decir ni pío ▌pincer les lèvres apretar los labios ▌se mordre les lèvres contener la risa, comerse la risa (s'empêcher de rire) ▌s'en mordre les lèvres morderse los labios ou los nudillos ou las manos, arrepentirse (se repentir) ▌sourire du bout des lèvres sonreír de dientes afuera.

⟶ **lèvres** *f pl* labios, borde (d'une plaie) ▌ANAT labios (vulve); petites, grandes lèvres labios internos, externos.

▌ SYN lippe jeta; labre labio.

levrette *f* galga.

levretté, e *adj* agalgado, da; galgueño, ña.

levretter [3] *v intr* parir la liebre.

lévrier *m* galgo, lebrel.

levron, onne *m & f* galgo, ga joven.

lévulose *f* CHIM levulosa.

levure *f* levadura; levure chimique levadura química; levure de bière levadura de cerveza ▌raedura (du lard).

lexical, e *adj* relativo, va al léxico.

lexicalisation *f* acción de añadir una palabra en un diccionario.

lexicographe *m* lexicógrafo.

lexicographie *f* lexicografía.

lexicographique *adj* lexicográfico, ca.

lexicologie *f* lexicología.

lexicologique *adj* lexicológico, ca.

lexicologue *m* lexicólogo.

lexique *m* léxico.

Leyde *n pr* GÉOGR Leyden.

lez [lɛ]; **lès** [lɛ] *prép* (vx) junto a, cerca a; Plessis-lez-Tours Plessis junto a Tours.
▌ OBSERV Esta preposición se emplea únicamente en los nombres toponímicos.

lézard [lezar] *m* lagarto ▪ petit lézard lagartija ▪ FAM faire le lézard tomar el sol.

lézarde *f* grieta, cuarteo *m*, resquebrajadura ▌MIL galón *m*.

lézardé, e *adj* agrietado, da; cuarteado, da.

lézarder [3] *v tr* agrietar, cuartear.
◇ *v intr* FAM tostarse al sol (paresser au soleil).

⟶ **se lézarder** *v pr* agrietarse, cuartearse.

Lhassa *n pr* GÉOGR Lhassa, Lhasa.

liage *m* ligadura *f*, atadura *f*.

liais [ljɛ] *m* GÉOL piedra *f* caliza.

liaison [ljɛzɔ̃] *f* [▷ SYN] enlace *m*, unión (union) ▌relación, conexión, ilación (connexion) ▌unión, relación (attachement, union) ▌enlace *m* (dans la prononciation) ▌rela-

ciones *pl* amorosas ilícitas, enredo *m* FAM, lío *m* FAM; **avoir une liaison avec une femme** tener relaciones amorosas ilícitas con una mujer ‖ ligado *m*, perfil *m* (en calligraphie) ‖ contacto *m*, conexión; **liaisons radiophoniques** contactos radiofónicos ‖ CHIM enlace *m*, unión de dos átomos en una combinación; **liaison covalente** enlace covalente ‖ CONSTR aparejo *m*, juntura ‖ tendel *m* (mortier) ‖ CULIN trabazón (d'un mélange, d'une sauce) ‖ MAR ligazón ‖ MIL comunicación, enlace *m*; **agent de liaison** agente de enlace ‖ MUS ligado *m*, ligadura ■ **liaison coaxiale** conexión coaxial (télécommunications) ‖ INFORM **liaison (de transmission)** de données enlace (para transmisión) de datos ‖ **être en liaison** estar en comunicación, en conexión, estar conectado.
→ **liaisons** *f pl* relaciones, amistades.
‖ SYN **lien** lazo; **affinité** afinidad; **connexité** conexidad; **connexion** conexión.

liaisonner [3] *v tr* enlazar, trabar (los sillares o ladrillos de una pared).

liane *f* BOT bejuco *m*.
‖ OBSERV Liana est un gallicisme très répandu.

liant, e *adj* flexible; elástico, ca; maleable ‖ FIG comunicativo, va; sociable (caractère).
→ **liant** *m* elasticidad *f*, flexibilidad *f* (élasticité) ‖ CONSTR argamasa *f* (mortier) ‖ FIG afabilidad *f*, carácter sociable.

liard [ljar] *m* ochavo (ancienne monnaie) ‖ álamo negro (peuplier noir) ■ FAM **couper un liard en quatre** ser muy tacaño ‖ **n'avoir pas un rouge liard** no tener un cuarto, un céntimo, un ochavo, un centavo.

liarder [3] *v intr* tacañear, regatear (lésiner).

lias [ljas] *m* GÉOL liásico, lías (terrain).

liasique *adj* GÉOL liásico, ca.

liasse *f* fajo *m* (de papiers, de billets) ‖ legajo *m*, rollo *m*.

libage *m* piedra *f* sin labrar, mampuesto.

Liban [libã] *n pr m* GÉOGR **le Liban** (el) Líbano.

libanais, e *adj & s* libanés, esa.

libation *f* libación.

Libé (abr de Libération) *m* diario francés a la izquierda del espectro político.

libelle *m* libelo.

libellé, e *adj* redactado, da (rédigé) ‖ extendido, da; **un chèque mal libellé** un cheque mal extendido.
→ **libellé** *m* redacción *f*, texto (rédaction).

libeller [4] *v tr* redactar (rédiger) ‖ extender (un chèque).

libelliste *m* libelista.

libellule *f* libélula, caballito *m* del diablo (insecte).

liber [libɛr] *m* BOT líber.

libérable *adj* redimible, exonerable, que puede ser libertado ‖ eximido ‖ licenciable, que puede ser licenciado (soldat).

libéral, e *adj & s* liberal; **libéraux envers tous** liberales con todos ‖ **profession libérale** profesión liberal.

libéralement *adv* liberalmente, con liberalidad (avec libéralité) ‖ con tolerancia (avec libéralisme).

libéralisation *f* liberalización.

libéraliser [3] *v tr* liberalizar, volver liberal.

libéralisme *m* liberalismo.

libéralité *f* liberalidad.
‖ SYN **largesse** largueza; **munificence** munificencia; **magnificence** magnificencia; **prodigalité** prodigalidad; **profusion** profusión.

libérateur, trice *adj & s* libertador, ra; liberador, ra.

libération *f* liberación ‖ licenciamiento *m* (d'un soldat) ‖ exoneración, exención (d'un impôt) ‖ desprendimiento *m* (de chaleur) ‖ ÉCON liberalización; **libération des échanges** liberalización del comercio; **libération des prix** liberalización de los precios ‖ **libération conditionnelle** libertad condicional ‖ **vitesse de libération** velocidad de escape (pour échapper à l'attraction d'un astre).
→ **Libération** *f* HIST **la Libération** liberación de los territorios franceses ocupados por los alemanes durante la Segunda Guerra Mundial ‖ diario francés (journal).

> **LIBÉRATION**
> Este diario de calidad, llamado popularmente "Libé", tiene un formato tabloide. Sus lectores son de izquierdas en su mayoría, y es famoso por su estilo poco convencional.

libératoire *adj* liberatorio, ria.

Libère *n pr* Liberio.

libéré, e *adj* libertado, da; liberado, da (libre); **être libéré sous caution** ser liberado bajo fianza; **être libéré sur parole** ser liberado bajo palabra ou bajo promesa ‖ exonerado, da; exento, ta (exempté) ‖ licenciado (soldat).

libérer [18] *v tr* poner en libertad, libertar (un prisonnier), liberar (d'une domination) ‖ liberar (d'une dette) ‖ exonerar, eximir (exempter) ‖ licenciar (un soldat) ‖ desprender; **phénomène qui libère de l'énergie** fenómeno que desprende energía.
→ **se libérer** *v pr* liberarse, libertarse, eximirse.
‖ SYN **se décharger** descargarse; **se dégager** zafarse; **s'acquitter** cumplir con, satisfacer; **se délivrer** librarse.

Libéria *n pr m* GÉOGR **le Libéria** Liberia.

libérien, enne *adj* BOT del líber.
◇ *adj* liberiano, na (du Libéria).

Libérien, enne *m & f* liberiano, na.

libéro-ligneux, euse *adj* BOT liberoleñoso, sa.

libertaire *adj & s* libertario, ria.

liberté *f* libertad; **en liberté** en libertad; **en toute liberté** con toda libertad ■ **liberté d'association** libertad de asociación ‖ **liberté de conscience** libertad de conciencia ‖ **liberté de la presse** libertad de prensa ou de imprenta ‖ **liberté de réunion** libertad de reunión ‖ **liberté d'esprit** despreocupación ‖ **liberté d'expression** libertad de expresión ‖ **liberté du culte** libertad de cultos ‖ **liberté sous conditions** libertad condicional ‖ **liberté surveillée** libertad vigilada ‖ **liberté syndicale** libertad sindical ■ **libertés individuelles** libertades individuales ‖ **libertés municipales** fueros municipales ‖ **libertés publiques** libertades públicas ■ **en liberté provisoire** en libertad provisional ■ **être, mettre en liberté** estar, poner en libertad ‖ **prendre des libertés** extralimitarse.
‖ SYN **droit** derecho; **licence** licencia; **permission** permiso.

liberticide *adj* liberticida.

libertin, e *adj & s* libertino, na.

libertinage *m* libertinaje, desenfreno ‖ (vieilli) incredulidad *f* religiosa.

liberum veto [liberɔmveto] *m* libre veto.

libidineux, euse *adj & s* libidinoso, sa.

libido *f* libido (désir sexuel).

libouret [liburɛ] *m* palangre (ligne).

libraire *m & f* librero, ra.

libraire-éditeur *m* editor.
‖ OBSERV pl libraires-éditeurs.

librairie *f* librería (magasin) ‖ editorial (maison d'édition).

libration *f* libración (de la Lune).

libre *adj* libre ■ **libre arbitre** albedrío, libre albedrío, libre arbitrio ‖ **libre concurrence** libre competencia ‖ **libre de taxes** exento de impuestos ‖ **libre pensée** librepensamiento ■ **libre à vous de** es usted libre de, es usted muy libre de, allá usted si ‖ **libre comme l'air** más libre que un pájaro ‖ **libre sur parole** libre bajo palabra ■ **les cheveux libres** con el pelo suelto ‖ **papier libre** papel no sellado ‖ **place libre** plaza vacante; sitio desocupado (véhicule) ■ **à l'air libre** al aire libre ‖ **en vente libre** en venta libre ■ **avoir ses entrées libres chez quelqu'un** tener entrada libre ou fácil acceso en casa de alguien ‖ **être libre de son temps** disponer del tiempo que se desea ‖ **vous êtes libre d'accepter, de refuser** es usted muy dueño de ou está en su mano aceptar, rehusar.
‖ SYN **franc** franco; **autonome** autónomo; **indépendant** independiente; **léger** ligero, liviano.

libre-échange [librefãʒ] *m* librecambio, libre cambio, libre comercio.
‖ OBSERV pl libres-échanges.

libre-échangisme *m* librecambismo.
‖ OBSERV pl libre-échangismes.

libre-échangiste *adj & s* librecambista; **politique libre-échangiste** política librecambista.
‖ OBSERV pl libre-échangistes.

librement *adv* libremente.

libre-penseur *m* librepensador.
‖ OBSERV pl libres-penseurs.

libre-service *m* autoservicio.
‖ OBSERV pl libres-services.

librettiste *m* MUS libretista.

libretto *m* MUS libreto.

Libreville *n pr* GÉOGR Libreville.

Libye *n pr f* GÉOGR **la Libye** Libia.

libyen, enne [libjɛ̃, ɛn] *adj* libio, bia.

Libyen, enne *m & f* libio, bia.

libyque *adj* líbico, ca.

lice *f* liza, palestra, palenque *m* (champ clos); **entrer en lice** entrar en liza, salir a la palestra ou al palenque ‖ FIG lid, combate *m*, contienda (combat) ‖ TECHN ► **lisse**; **basse lice** lizo bajo ‖ perra de caza (chienne).

licence *f* licencia, permiso *m*; **licence d'exportation** licencia de exportación ‖ **licence (grande liberté)** ‖ COMM patente, cédula ‖ licenciatura, licencia (grade universitaire) ‖ **licence poétique** licencia poética.

licencié, e *adj & s* licenciado, da; **licencié ès sciences** licenciado en ciencias.

licenciement [lisãsimã] *m* despido, licencia-miento; **licenciement économique** despido por razones económicas.

licencier [9] *v tr* despedir, licenciar.

licencieux, euse *adj* licencioso, sa.

lichen [liken] *m* BOT liquen. ‖ MÉD liquen.

licher [liʃe] *f* FAM (vx) chupar, soplar (boire); jalar, manducar (manger).

lichette [liʃɛt] *f* FAM poco *m*.

licier ► **lissier**.

licitation *f* DR licitación.

licite *adj* lícito, ta.

licitement *adv* lícitamente.

liciter [3] *v tr* vender en subasta.

licol ► **licou**.

licorne *f* unicornio *m* (animal fabuleux) ‖ ZOOL **licorne de mer** narval.

licou; licol *m* cabestro, ronzal, jáquima *f*.

licteur *m* lictor.

lido *m* albufera *f*, laguna *f* a orillas de la costa.

lie [li] *f* heces *f pl*, poso *m* (résidu des liquides) ‖ FIG hez, lo más vil y despreciable; **la lie du peuple** la hez del pueblo ‖ **boire le calice jusqu'à la lie** apurar el cáliz hasta las heces. ‖ **SYN** sédiment sedimento, asiento; précipité precipitado; résidu residuo; dépôt depósito.

lié, e *adj* atado, da (attaché); **pieds et poings liés** atado de pies y manos; **liés deux à deux** atados de dos en dos ‖ FIG ligado, da ‖ **avoir partie liée avec quelqu'un** estar de acuerdo con alguien ‖ **être très lié avec quelqu'un** intimar mucho con alguien.

Liechtenstein *n pr m* GÉOGR **le Liechten-stein** Liechtenstein.

lied [lid] *m* lied, romanza *f*. ‖ **OBSERV** pl lieds o lieder.

lie-de-vin *adj inv* burdeos (couleur).

liège *m* corcho (écorce) ‖ flotador, boya *f* (de filet) ‖ **chêne-liège** alcornoque.

Liège *n pr* GÉOGR Lieja.

liégé, e *adj* acorchado, da; recubierto, ta de corcho.

liégeois, e [ljeʒwa, az] *adj & s* liejés, esa; de Lieja ‖ **café liégeois** café helado con nata.

liégeux, euse *adj* acorchado, da; corchoso, sa.

liement [limã] *m* atadura *f*, ligamento, ligadura *f*.

lien [ljɛ̃] *m* ligadura *f*, atadura *f* (ce qui sert à lier) ‖ FIG lazo, vínculo (ce qui lie) ‖ **lien de parenté** lazo de parentesco ‖ MAR zuncho, abrazadera *f* ‖ INFORM **lien hypertexte** hiper-renlace ou enlace de hipertexto.

► **liens** *m pl* cadenas *f pl* (d'un prisonnier); **il brisa ses liens** rompió sus cadenas.

lier [9] *v tr* atar, amarrar (attacher) ‖ unir, juntar, trabar (joindre) ‖ vincular, unir (unir) ‖ enlazar, ligar (relier) ‖ agavillar (en gerbes) ‖ FIG ligar, sujetar (assujettir), comprometer; **lié par un contrat** ligado por un contrato ‖ espesar, ligar, trabar, dar consistencia a (sauce) ‖ trabar; **lier amitié** trabar amistad ‖ entablar (conversation) ‖ MUS ligar (les notes) ‖ **lier la langue** atar la lengua ‖ **lier les idées** encadenar, enlazar las ideas ‖ **lier les mains** atar de manos, maniatar ‖ **lier les mots** hacer el enlace de las palabras ‖ **fou à lier** loco de atar ou de remate ‖ **l'Église a le pouvoir de lier et de délier** la Iglesia tiene el poder de atar y de desatar.

► **se lier** *v pr* atarse ‖ espesarse, tomar consistencia (sauce) ‖ encadenarse (s'enchaî-ner) ‖ intimar con (d'amitié) ‖ liarse, tener re-laciones amorosas (avoir une liaison avec quelqu'un) ‖ FIG ligarse, enlazarse, unirse ‖ li-garse, comprometerse (s'engager); **se lier par serment** comprometerse bajo ou con ou por juramento.

lierne *f* ARCHIT nervadura [de la bóveda por arista] ‖ CONSTR entramado *m*.

lierre *m* BOT hiedra *f*, yedra *f*.

liesse *f* alborozo *m* ‖ **en liesse** entusias-mado, alborozado, regocijado.

lieu *m* merluza *f* (poisson).

lieu *m* [▷ SYN] lugar ‖ casa *f* (maison); **sans feu ni lieu** sin casa ni hogar ‖ localidad *f*, si-tio; **un lieu charmant** un sitio encantador ‖ GÉOM lugar ■ **lieu commun** tópico, lugar común ‖ **lieu d'asile** sagrado ‖ **lieu de nais-sance** lugar de nacimiento ‖ **lieu de plaisance** lugar de recreo ‖ **lieu de rendez-vous** lugar de la cita ‖ **lieu de travail** lugar de trabajo ■ **chef-lieu** capital de departamento ou de provincia ‖ **haut lieu** lugar destacado, sitio privilegiado ‖ **mauvais lieu** lugar de perdi-ción ■ **au lieu de** en lugar de, en vez de ‖ **au lieu que** mientras que ‖ **en dernier lieu** por último, en último lugar ‖ **en haut lieu** en las altas esferas ‖ **en lieu sûr** en lugar seguro, a buen recaudo ‖ **en premier lieu** en primer lu-gar ‖ **en temps et lieu** en tiempo y lugar oportunos ‖ **en tout lieu, en tous lieux** en cualquier lugar ■ **avoir lieu** efectuarse, veri-ficarse, tener lugar (se tenir), ocurrir, suceder (arriver) ‖ **avoir lieu de** tener razones ou moti-vos para ‖ **donner lieu à** dar lugar a, dar moti-vos para ‖ **il n'y a pas lieu de** no hay por qué ‖ **il y a lieu de** conviene que, es lógico que, es oportuno que ‖ **s'il y a lieu** si pro-cede, si es conveniente ‖ **tenir lieu de** hacer las veces de, servir de.

► **lieux** *m pl* FAM casa *f sing*, sitio *sing*; vi-der les lieux desocupar la casa, irse de un si-tio ■ **lieux d'aisance** retrete ■ **les Lieux saints** los Santos Lugares ‖ **être, arriver, se rendre sur les lieux** hacer una inspección ocular, desplazarse *in situ*, personarse. ‖ **SYN** endroit sitio; place puesto, sitio; occasion ocasión; sujet motivo.

lieu-dit; lieudit [ljødi] *m* el lugar llamado ‖ **un lieu-dit** un lugar. ‖ **OBSERV** pl lieux-dits o lieudits.

lieue *f* legua (mesure itinéraire) ‖ FIG **j'étais à cent lieues de croire** estaba muy lejos de creer.

lieur, euse *m & f* agavillador, ra; gavillero, ra.

lieuse *f* agavilladora, máquina de agavillar, empacadora.

lieut. (abr écrite de **lieutenant**) Tte.

lieut.-col. (abr écrite de **lieutenant-colonel**) Tte. Col.

lieutenance *f* tenencia, tenientazgo *m* ‖ lugartenencia.

lieutenant [ljøtnã] *m* teniente (officier au-dessous du capitaine); **lieutenant de vaisseau** teniente de navío ‖ lugarteniente (celui qui se-conde un chef).

lieutenant-colonel *m* teniente coronel. ■ **OBSERV** pl lieutenants-colonels.

lièvre *m* liebre *f* ‖ ASTRON Liebre *f* ■ **lièvre de mer** liebre marina ‖ **mémoire de lièvre** memoria mala ‖ **ragoût de lièvre** lebrada ■ **courir ou chasser deux lièvres à la fois** per-seguir dos objetivos al mismo tiempo ‖ **le-ver le lièvre** levantar la liebre.

LIFO [lifo] (abr de **last in first out**) *m* LIFO.

lift *m* SPORTS liftado, efecto de avance, bola rápida, golpe liso (tennis).

lifter [3] *v tr* SPORTS cortar (une balle).

liftier, ère *m & f* ascensorista.

lifting *m* estirado (de la peau).

ligament *m* ligamento.

ligamentaire *adj* ligamentoso, sa.

ligamenteux, euse *adj* ligamentoso, sa.

ligature *f* ligadura ‖ ligadura (horticulture) ‖ IMPR signo *m* doble ‖ MÉD **ligature des trom-pes** ligadura de trompas.

ligaturer [3] *v tr* hacer una ligadura, ligar.

lige *adj* HIST ligio; adicto, ta (féodalité).

light [lajt] *adj* light.

lignage *m* HIST linaje, alcurnia *f*, estirpe *f* ‖ IMPR número de líneas.

lignard [liɲar] *m* FAM soldado de infantería.

ligne *f* línea; **ligne droite, brisée** línea recta, quebrada ‖ línea, renglón *m* (d'un écrit) ‖ fila, línea (rangée) ‖ raya, línea (de la main) ‖ plo-mada (de maçon, de charpentier) ‖ sedal *m*, cuerda (pour pêcher) ‖ caña; **pêcher à la ligne** pescar con caña ‖ línea; **ligne de tramways, télégraphique** línea de tranvías, telegráfica ‖ línea, frente *m*; **ligne de bataille** línea de batalla ‖ FIG línea, regla; **ligne de conduite** lí-nea de conducta ‖ línea, esbeltez (silhouette fine) ‖ INFORM línea ‖ MAR cabo *m* ‖ MIL infan-tería de línea ■ **la ligne, la ligne équinoxiale** la línea equinoccial, el ecuador; **le passage de la ligne** el paso del ecuador ‖ ÉLECTR **ligne à haute tension** línea de alta tensión ‖ **ligne d'arrivée** meta, línea de llegada ‖ TECHN **ligne de balayage** línea de exploración ‖ SPORTS **li-gne de but** línea de gol ‖ **ligne de faîte** ou de **partage des eaux** línea divisoria de las aguas, línea de cresta ‖ **ligne de flottaison** lí-nea de flotación ‖ **ligne de fond** espinel (cor-dée) ‖ SPORTS **ligne d'envoi** línea de saque ‖ MIL **ligne de mire** línea de mira ‖ **ligne de sonde** sondaleza ‖ SPORTS **ligne de touche** lí-nea de banda ‖ **ligne d'horizon** línea del ho-rizonte ‖ **ligne directrice** directrices ‖ **ligne médiane** línea mediana ‖ INFORM **ligne d'état** línea de estado; **en ligne** on-line ‖ **ligne privée** línea privada ‖ **ligne spécialisée** línea especia-lizada ■ **bâtiment de ligne** buque de línea ‖ **grandes lignes** largos recorridos (trains) ■ **à la ligne** en párrafo aparte ‖ **dans les grandes lignes** a grandes rasgos ‖ MIL **en ligne** en fila ‖ **en ligne droite** en línea recta ‖ **en ligne sur deux rangs** en línea de a dos ‖ **hors ligne** fuera de lo corriente, excepcional, extraor-dinario, sobresaliente ‖ **point à la ligne** punto y aparte ‖ **sur toute la ligne** en toda la línea, en general ‖ **aller à la ligne** hacer pá-rrafo aparte, poner punto y aparte ‖ FAM (vieilli) **avoir de la ligne** tener buena facha ‖ **entrer en ligne de compte** entrar en cuenta

| faire entrer en ligne de compte tener en cuenta **|** garder la ligne conservar la línea **|** lire entre les lignes leer entre líneas.

ligné, e *adj* rayado, da; **papier ligné** papel rayado.

lignée *f* descendencia, prole **|** casta, raza (des animaux) **|** FIG alcurnia, linaje *m* (lignage) **|** de haute lignée linajudo.

ligner [3] *v tr* rayar, linear.

lignette *f* hilo delgado para hacer redes.

ligneul *m* cabo de zapatero.

ligneux, euse *adj* leñoso, sa.

lignicole *adj* lignícola.

lignification *f* BOT lignificación.

lignifier [9]
➡ **se lignifier** *v pr* lignificarse (se changer en bois).

lignine *f* CHIM lignina.

lignite [liɲit] *m* lignito (charbon).

lignomètre *m* liniómetro (typographie).

ligot [ligo] *m* pequeño haz de astillas para encender el fuego.

ligotage *m* atadura *f*.

ligoter [3] *v tr* amarrar, atar **|** maniatar (attacher les mains) **|** FIG atar (empêcher).

ligue *f* liga.

liguer [3] *v tr* ligar, coaligar.

ligueur, euse *m & f* miembro de una liga.

ligule *f* BOT lígula.

ligulé, e *adj* ligulado, da.

liguliflore *adj & s* BOT ligulifloro, ra.

ligures [ligyr] *m pl* ligures.

Ligurie *n pr f* GÉOGR la Ligurie Liguria.

ligurien, enne *adj & s* ligur.

lilas [lila] *m* lila *f sing* (arbuste).
◇ *adj & s m* lila (couleur); **étoffe lilas** tela lila.

liliacé, e *adj & s f* BOT liliáceo, a.

lilial, e *adj* de azucena.

Lille [lil] *n pr* GÉOGR Lila.

Lilliput [lilipyt] *n pr m* Liliput.

lilliputien, enne [lilipysjɛ̃, ɛn] *adj & s* liliputiense.

lillois, e [lilwa, az] *adj* de Lila.

Lillois, e [lilwa, az] *m & f* natural o habitante de Lila.

Lima Lima.

limace *f* babosa, limaza (mollusque) **|** POP camisa **|** FAM cachazudo, da (personne lente et molle).

limaçon *m* caracol (mollusque) **|** ANAT caracol (de l'oreille) **|** caracol (de montre).

limage *m* limado, limadura *f*.

limaille [limaj] *f* limalla, limaduras *pl*; **limaille de fer** limaduras de hierro.

limande *f* gallo *m*, platija, acedía (poisson) **|** CONSTR pieza de madera lisa de refuerzo **|** MAR precinta.

limbaire *adj* BOT limbario, ria; del limbo.

limbe *m* limbo.
➡ **limbes** *m pl* limbo *sing*; **être dans les limbes** estar en el limbo **|** FIG limbes de la pensée estado de pensamiento vago.

Limbourg [lɛ̃bur] *n pr m* GÉOGR le Limbourg Limburgo.

lime *f* lima (outil d'acier) **|** lima (fruit) **|** ZOOL variedad de almeja **■** **lime à ongles** lima de uñas ou para las uñas **|** **lime demi-ronde** mediacaña **|** **lime sourde** lima sorda **■** **passer la lime** limar.

limer [3] *v tr* limar **|** FIG limar, pulir (polir), retocar.

limestre *m* limiste (drap).

limette *f* lima (fruit).

limettier *m* limero (arbre).

limeur, euse *adj & s* limador, ra.

limier *m* perro rastreador ou sabueso (chien) **|** FIG detective, policía, sabueso (détective) **|** espía, sabueso (espion).

liminaire *adj* preliminar, liminar.

limitable *adj* limitable.

limitatif, ive *adj* limitativo, va **|** **clause limitative** cláusula restrictiva.

limitation *f* limitación **■** **limitation de vitesse** limitación de velocidad **|** **limitation des naissances** limitación de la natalidad, regulación de nacimientos **|** **sans limitation de temps** sin límite de tiempo.

limitativement *adv* limitativamente, limitadamente.

limite *f* límite *m*; **limite d'âge** límite de edad **|** frontera, límite *m* (d'un pays, d'une province, etc.) **|** lindero *m* (d'un champ, d'une propriété, etc.) **■** **à la limite** en última instancia **|** **dans la limite de** en la medida de **|** **d'une bêtise sans limites** de una imbecilidad que no tiene nombre.
◇ *adj* límite, tope, máximo, mínimo; **cas limite** caso límite; **vitesse, prix limite** velocidad, precio tope **|** **date limite de vente, de consommation** fecha de caducidad **|** **dates limites** fechas últimas.

limité, e *adj* limitado, da.

limiter [3] *v tr* limitar, poner límites.
| SYN restreindre restringir.

limiteur *m* TECHN limitador.

limitrophe *adj* limítrofe **|** lindante, colindante (une maison, une propriété, etc.).

limnée *f* limnea (mollusque).

limnologie *f* limnología (science relative aux lacs).

limogeage [limoʒaʒ] *m* FAM destitución *f*.

limoger [17] *v tr* FAM destituir, privar a uno de su cargo, dejar cesante.

Limoges *n pr* GÉOGR Limoges.

limon *m* [▷ SYN] limo, légamo (boue) **|** limón, limonera *f* (d'une voiture) **|** limón (sorte de citron) **|** zanca *f*, limón (d'un escalier).
| SYN vase cieno, légamo; **bourbe** cieno.

limonade *f* gaseosa **|** comercio *m* de bebidas **|** limonade gazeuse gaseosa.

limonadier, ère *m & f* cafetero, ra; botillero, ra (qui tient un café) **|** vendedor de refrescos.
➡ **limonadier** *adj m* (vx) garçon limonadier mozo de café, camarero.

limonage [limonaʒ] *m* AGRIC entarquinamiento, abono de las tierras con limo.

limonaire *m* MUS orquestrión, órgano automático.

limonène *m* CHIM limoneno.

limoneux, euse *adj* limoso, sa; cenagoso, sa.

limonier *m* limero (arbre) **|** caballo de varas, limonero (cheval).

limonière *f* limonera (d'une voiture).

limonite *f* limonita (minerai de fer).

Limousin *n pr m* GÉOGR le Limousin Lemosín.

limousin, ine *adj & s* lemosín, ina (du Limousin).
➡ **limousin** *m* (vx) albañil (maçon) **|** LING lemosín.

Limousin, ine *m & f* lemosín, ina.

limousinage *m* mampostería *f* (maçonnerie).

limousine *m* capa *f*, capote (manteau) **|** limusina (automobile).

Limoux *n pr* GÉOGR Limoux; **blanquette de Limoux** vino de Limoux.

limpide *adj* límpido, da **|** FIG nítido, da; límpido, da; claro, ra.

limpidité *f* limpidez, nitidez **|** FIG claridad meridiana, limpidez; **expliquer quelque chose avec limpidité** explicar algo con claridad meridiana.

lin *m* lino (plante) **|** **huile de lin** aceite de linaza.

Lin *n pr* Lino.

linacé, e *adj* lináceo, a **|** parecido, da al lino.

linacées *f pl* BOT lináceas.

linaigrette *f* BOT lino silvestre *m*.

linaire *f* linaria (plante).

linceul *m* mortaja *f*, sudario **|** FIG capa *f*, manto; **un linceul de neige** una capa de nieve.

linçoir [lɛ̃swar] *m* viga *f* maestra.

lindor *m* siete de diamante ou "carreau" (cartes).

linéaire *adj* lineal.

linéal, e *adj* lineal.

linéament *m* lineamento.

liner [lajnœr] *m* transatlántico (paquebot).

linette *f* linaza, simiente de lino (grain de lin).

linge [lɛ̃ʒ] *m* ropa *f* blanca (d'une maison) **|** ropa *f* interior (d'une personne); **changer de linge** mudarse de ropa interior **■** **linge de corps** ropa interior **|** **linge de maison** ropa blanca **|** **linge de table** mantelería *f* **|** **linge de toilette** ropa de baño **|** **linge sale** ropa sucia **■** FIG **blanc comme un linge** blanco como el papel **|** **laver son linge sale en famille** lavar la ropa sucia en casa.

linger, ère *adj & s* (vx) lencero, ra (qui vend du linge).
➡ **lingère** *f* costurera, encargada de la ropa blanca.

lingerie [lɛ̃ʒri] *f* lencería **|** ropa blanca (de maison), ropa interior (d'une femme) **|** ropero donde se guarda la ropa blanca (armoire).

lingot [lɛ̃go] *m* lingote (barre de métal) ‖ posta *f* (balle cylindrique) ‖ lingote, blanco (typographie).

lingotière *f* lingotera, rielera.

lingua franca *f inv* lengua franca.

lingual, e [lɛ̃gwal] *adj* & *s* lingual.

linguatule *f* linguátula (arachnide).

lingue *f* ZOOL maruca (poisson).

linguiste [lɛ̃guist] *m* lingüista.

linguistique [lɛ̃guistik] *adj* & *s f* lingüístico, ca.

linguistiquement *adv* lingüísticamente.

linier, ère *adj* del lino; industrie linière industria del lino.

linière *f* linar *m*.

liniment *m* linimento.
▪ SYN embrocation embrocación; onguent ungüento.

links [liŋks] *m pl* campo *sing* de golf.

Linné *n pr* Linneo.

linnéen, enne *adj* relativo, va a Linneo.

lino *f* FAM linotipia (machine).
◇ *m* FAM linotipista (ouvrier) ‖ FAM linóleo.

linoléum [linɔleɔm] *m* linóleo.

linon *m* linón [batista fina].

linotte *f* ZOOL pardillo *m* ‖ FIG & FAM tête de linotte cabeza de chorlito.

Linotype® *f* IMPR linotipia (machine à composer).

linotypie *f* IMPR linotipia (travail à la linotype).

linotypiste *m* & *f* IMPR linotipista.

linteau *m* ARCHIT dintel.

linter *m* pelusa *f* del algodón.

Linz *n pr* GÉOGR Linz.

lion, lionne *m* & *f* león, ona.
➤ lion *m* BLAS león ▪ ZOOL lion de mer ou marin león marino ▪ FIG brave comme un lion valiente como un león ‖ se tailler la part du lion llevarse la mejor parte, sacar la mejor tajada.

lionceau *m* cachorro de león.

lipase *f* lipasa (ferment soluble).

lipémie *f* lipemia (graisse).

lipide *m* lípido (gras).

lipidique *adj* lipídico, ca.

lipoïde *adj* lipoideo, a (graisseux).
◇ *m* lipoide.

lipomatose *f* MÉD lipomatosis.

lipome *m* MÉD lipoma (tumeur).

lipoprotéine *f* lipoproteína.

liposoluble *adj* liposoluble.

lipothymie *f* lipotimia (espèce de syncope).

lippe *f* belfo *m*, bezo *m*, morro *m* ‖ FAM faire la lippe hacer pucheros (les enfants), estar de morros (bouder).

lippée *f* (p us) bocado *m* (bouchée) ‖ FAM franche lippée comilona de gorra.

lippu, e *adj* hocicón, ona; bezudo, da.

liquation [likwasjɔ̃] *f* licuación.

liquéfacteur *adj* licuefactor.

liquéfaction *f* licuefacción.

liquéfiable *adj* licuable, liquidable, licuefactible.

liquéfiant, e *adj* licuante; licuefactivo, va.

liquéfier [9] *v tr* licuefacer (rendre liquide) ‖ licuar (métaux).

liquette *f* FAM camisa (chemise).

liqueur [likœr] *f* licor *m* (boisson alcoolisée) ‖ líquido *m* (liquide) ▪ coffret à liqueurs licorera ‖ vins de liqueur vinos generosos.

liquidable *adj* liquidable.

liquidambar *m* ozocol (arbre) ‖ liquidámbar (baume).

liquidateur, trice *adj* & *s* liquidador, ra; liquidateur judiciaire liquidador judicial.

liquidation *f* liquidación; liquidation de l'impôt liquidación del impuesto ‖ DR liquidation judiciaire liquidación judicial.

liquide *adj* & *s m* líquido, da ▪ argent liquide metálico, efectivo ‖ en liquide en efectivo.

liquider [3] *v tr* liquidar ‖ liquidar (une dette) ‖ resolver, liquidar; liquider une situation difficile resolver una situación difícil ‖ FAM suprimir, liquidar; liquider un adversaire politique suprimir un adversario político ‖ deshacerse de; liquider un importun deshacerse de un importuno.

liquidien *adj m* líquido.

liquidité *f* liquidez.

liquoreux, euse *adj* licoroso, sa ‖ generoso, sa (vin).

liquoriste *m* licorista.

lire *f* lira (monnaie italienne).

lire [106] *v tr* [▷ SYN] leer; lire d'un trait leer de un tirón ‖ comprender (une lange étrangère) ‖ INFORM leer ‖ lire à haute voix ou tout haut leer en voz alta ‖ lire couramment leer de corrido ‖ lire des yeux leer con la vista ‖ lire tout bas leer en voz baja ‖ lisez léase (dans les errata) ‖ lu et approuvé conforme, leído y conforme.
▪ SYN FAM dévorer devorar; parcourir recorrer; FAM bouquiner leer.

lis [lis] *m* azucena *f* (fleur) ‖ BLAS lis; fleur de lis flor de lis ‖ blanc comme un lis blanco como la nieve ou como una azucena.
▪ OBSERV Le lirio espagnol est l'iris. Cependant, on utilise parfois lirio blanco pour azucena.

lisage *m* paso al cartón de un dibujo para tejido ‖ bastidor (métier).

lisbonnais, e *adj* lisboeta, lisbonense.

Lisbonnais, e *m* & *f* lisboeta, lisbonense.

Lisbonne *n pr* GÉOGR Lisboa.

lise *f* arena movediza (sable mouvant).

Lise [liz] *n pr* Lisa.

liserage *m* ribeteado (en broderie).

liseré [lizre]**; liséré** [lizere] *m* ribete, orla *f* (bordure).

liserer [18] *v tr* ribetear (border d'un liséré).

liseron *m* enredadera *f* (plante).

Lisette *n pr* Lisa.

liseur, euse *m* & *f* lector, ra (lecteur) ‖ aficionado, da a leer (qui aime à lire).
➤ liseuse *f* plegadera (pour marquer une page) ‖ lámpara para leer (lampe) ‖ cubierta (d'un livre) ‖ mañanita (vêtement féminin d'intérieur).

lisibilité *f* legibilidad.

lisible *adj* legible, leíble.

lisiblement *adv* de manera legible.

lisière *f* orillo *m*, orilla, vendo *m* (bordure d'un tissu) ‖ lindero *m*, linde *m* (d'un terrain, d'un bois) ‖ FIG límite *m*, extremidad (limite).
➤ lisières *f pl* (vx) andadores *m* (pour apprendre à marcher) ‖ tenir en lisières tutelar, mantener a raya.

LISP [lisp] (abr de list processing) *m* INFORM LISP.

lissage *m* alisadura *f*, alisado.

lisse *adj* liso, sa.
▪ SYN uni igual, parejo; poli pulido.

lisse *f* MAR cinta ‖ barandal *m*, batayola *m*, galón *m* (barre d'appui) ‖ lisse de bastingage costado, borda ‖ lisse de hourdis yugo principal.

lisse; lice *f* TECHN lizo *m* (d'un métier à tisser).

lisser [3] *v tr* alisar, pulir (poli) ‖ alisar (cheveux) ‖ acaramelar (le sucre).

lisseuse *f* TECHN máquina alisadora.

lissier; licier *m* obrero que monta los lizos.

lissoir *m* alisador, pulidor (outil).

listage *m* INFORM listado.

liste *f* lista; liste noire lista negra; figurer sur une liste figurar en una lista ‖ INFORM lista ▪ liste civile presupuesto de la casa real ou del jefe del Estado ‖ liste de mariage lista de boda ou de casamiento ‖ liste des employés nómina de los empleados ‖ liste des victimes relación de víctimas ‖ liste électorale lista ou padrón electoral ‖ INFORM liste de diffusion lista de difusión ‖ liste privilégiée lista privilegiada ▪ être inscrit sur une liste d'attente estar inscrito en una lista de espera ‖ dresser une liste elaborar una lista.
▪ SYN nomenclature nomenclatura; rôle rol; tableau cuadro; matricule matrícula; état estado; mémoire memoria, relación; inventaire inventario.

listeau; listel *m* listón, listel (moulure) ‖ grafila *f*, gráfila *f* (des monnaies).

lister [3] *v tr* poner en una lista, inscribir, catalogar ‖ INFORM listar.

listing *m* (anglicisme) INFORM listado.

lit [li] *m* [▷ SYN] cama *f*, lecho (meuble); s'allonger sur son lit echarse en la cama ‖ tálamo nupcial (lit nuptial) ‖ matrimonio; enfant du premier lit hijo del primer matrimonio ‖ lecho (d'une pierre) ‖ capa *f*, lecho, cama *f* (couche de sable, de pierres, etc.) ‖ cauce, lecho, madre *f*; le lit d'un fleuve el lecho de un río; le fleuve est sorti de son lit el río se salió de madre ‖ MAR dirección *f*; lit du vent dirección del viento ▪ lit à deux places, grand lit cama de matrimonio, cama camera ‖ lit-cage, lit pliant cama plegable ‖ lit clos cama bretona (cerrada) ‖ lit de camp cama de campaña, catre de tijera ‖ TECHN lit de coulée lecho de colada ‖ lit de justice asiento real en una sesión solemne de las Cortes; la misma sesión ‖ lit d'enfant cama de niño, cuna ‖ lit de parade lecho mortuorio ‖ lit de plume cama con colchón de plumas ‖ lit de repos tumbona ‖ lit de sangle catre ‖ lit escamotable cama abatible ‖ lit majeur extensión del lecho de un río durante la crecida ‖ lit mineur extensión del lecho de un río durante el estiaje ‖ lits gigognes camas nido ▌ lits jumeaux camas separadas ▌ lits superposés literas ■ bois de lit armadura de la cama ▌ tête du lit cabecera de la cama ■ sur son lit de mort de cuerpo presente ■ au saut du lit al saltar de la cama ▌ comme on fait son lit on se couche como cebas así pescas ▌ être au lit estar en la cama ou acostado (couché), estar en cama (malade) ▌ faire lit à part dormir en camas separadas (couple) ▌ garder le lit guardar cama, estar enfermo ▌ prendre le lit encamarse ▌ se mettre au lit meterse en la cama.

> **OBSERV** Lecho est plutôt employé dans le langage figuré.
> **SYN** couche lecho, tálamo; couchette litera (dans un train ou dans un bateau); grabat camastro; **FAM** dodo cama; **ARG** pageot, padoque, **FAM** pieu, **FAM** plumard piltra.

LIT (abr écrite de lire italienne) LIT.

litanies [litani] f pl letanía sing, letanías.
➡ **litanie** f sing **FIG** & **FAM** letanía, retahíla, sarta (énumération) ▌ c'est toujours la même litanie es siempre la misma cantinela.

lit-cage m cama plegable.
> **OBSERV** pl lits-cages.

litchi; letchi; lychee m **BOT** litchi (fruit).

liteau m lista f, raya f (raie du linge de table) ▌ listón de madera (baguette de bois) ▌ lobera, guarida del lobo (du loup).

litée f camada.

literie f cama, ropa de cama (tout ce qui compose un lit) ▌ tienda de camas (magasin).

litharge m litargirio (protoxyde de plomb).

lithiase f **MÉD** litiasis.

lithine f **CHIM** litina.

lithiné, e adj & s m **MÉD** litinado, da.

lithium [litjɔm] m litio (métal).

litho f **FAM** litografía.

lithodome m litódomo (mollusque).

lithogenèse f litogenesia.

lithographe m & f litógrafo.

lithographie f litografía.

lithographier [9] v tr litografiar.

lithographique adj litográfico, ca.

lithologie f litología (science des pierres).

lithologique adj litológico, ca.

lithophage adj litófago, ga (qui ronge la pierre).

lithophanie f litofanía.

lithopone m **CHIM** litopón.

lithosphère f **GÉOL** litosfera.

lithotypographie f litotipografía.

litière f litera (véhicule ancien) ▌ cama de paja, pajaza (dans les écuries) ▌ **FIG** faire litière de no hacer caso de, hacer caso omiso de.

litige m litigio ▌ être en litige litigar, estar en litigio.

litigieux, euse adj litigioso, sa.

litispendance f **DR** litispendencia.

litorne f zorzal m (grive).

litote [litɔt] f lítote.

litre m litro (mesure) ▌ casco de una botella de un litro.
◇ f colgadura fúnebre (d'un défunt).

litron m (ancien) medio cuartillo ▌**FAM** litro de vino.

littéraire adj literario, ria ▌ le monde littéraire el mundo de las letras.

littérairement adv literariamente.

littéral, e adj literal.

littéralement adv literalmente ▌**FAM** completamente, absolutamente, literalmente; la voiture était littéralement détruite el coche estaba completamente destrozado.

littéralité f literalidad.

littérateur m literato.

littérature f literatura; la littérature française la literatura francesa ▌ se lancer dans la littérature dedicarse a la literatura.
> **SYN** lettres letras; philologie filología.

littoral, e adj & s m litoral.

littorine f bígaro m, bigarro m (mollusque).

Lituanie; Lithuanie n pr f **GÉOGR** la Lituanie Lituania.

lituanien, enne adj lituano, na.
➡ **lituanien** m **LING** lituano.

Lituanien, enne m & f lituano, na.

liturgie f liturgia.

liturgique adj litúrgico, ca.

liure f cuerda que ata una carga ▌ **MAR** ligadura, trincadura.

Liuvigild ➡ **Léovigild**.

livarot [livaro] m queso de Livarot (Calvados).

Liverpool n pr **GÉOGR** Liverpool.

livet [live] m **MAR** línea f de contorno de cubierta.

livide adj lívido, da.

lividité f lividez.

living-room [liviŋrum] m cuarto de estar, sala f de estar.
> **OBSERV** pl living-rooms.

Livonie n pr f **HIST** la Livonie Livonia.

Livourne n pr **GÉOGR** Liorna.

livrable adj a entregar, disponible, entregable; livrable le 2 mai a entregar el 2 de mayo.

Livrade n pr Liberata, Librada.

livraison f entrega (action de livrer) ▌ reparto m; voiture de livraison coche de reparto ■ livraison à domicile servicio ou reparto a domicilio ■ en livraison por entregas (publication) ▌ prendre livraison recoger, recibir.

livre m libro; livre broché, relié libro en rústica, encuadernado ■ livre blanc libro blanco ■ **MAR** livre de bord libro ou registro de a bordo ▌ livre de caisse libro de caja ▌ livre de comptes libro de cuentas ▌ livre de cuisine libro de cocina ▌ livre de messe libro de misa ▌ livre de poche libro de bolsillo ▌ livre de prières ou de dévotion devocionario ▌ livre d'heures libro de horas ▌ livre d'inventaire libro de inventario ▌ livre d'or libro de honor ▌ livre du maître clave f ▌ livres saints libros sagrados ■ grand-livre libro mayor ■ à livre ouvert a libro abierto, de corrido, sin preparación ▌ **FIG** parler comme un livre hablar como un libro ▌ tenir les livres llevar los libros, las cuentas.
> **SYN** volume volumen; tome tomo; ouvrage obra; écrit escrito; **FAM** bouquin libro.

livre f libra (poids et monnaie).

livré, e adj être livré à estar entregado a; être livré à soi-même verse abandonado a su suerte.

livre-cassette m libro cassette.
> **OBSERV** pl livres-cassettes.

livrée f librea (de domestique) ▌ servidumbre (classe des domestiques) ▌ **FIG** características pl, señales pl exteriores, sello m, signo m distintivo (marques extérieures) ▌ **ZOOL** pelaje m (pelage), plumaje m (plumage).

livrer [3] v tr entregar (mettre en possession); livrer une commande entregar un pedido ▌ remitir, enviar, mandar (envoyer) ▌ repartir; livrer le lait repartir la leche ▌ entablar, dar, librar, presentar (une bataille, etc.) ▌ [▷ **SYN**] abandonar (abandonner) ▌ revelar, confiar (un secret) ■ livrer bataille pour librar combate por, reñir por, batallar por, defender ▌ livrer passage dar ou abrir paso ■ être livré recibir un pedido (recevoir), ser entregado (être remis).
➡ **se livrer** v pr entregarse ▌ entregarse, dedicarse (se consacrer) ▌ hacer, llevar a cabo (effectuer) ▌ echarse en brazos de, entregarse (s'abandonner à) ▌ confiarse (confier ses sentiments) ▌ descubrir el pensamiento, traicionarse (trahir sa pensée).
> **SYN** abandonner abandonar; céder ceder; lâcher soltar; laisser dejar.

livresque adj libresco, ca.

livret [livrɛ] m libreta f, librito ▌ cartilla f; livret militaire, de famille nombreuse cartilla militar, de familia numerosa ▌ catálogo de una colección (catalogue) ▌ **MUS** libreto (d'un opéra) ■ livret de caisse d'épargne cartilla de ahorros ▌ livret scolaire libro escolar.

livreur, euse m & f repartidor, ra ▌ garçon livreur repartidor.

lixiviation f **CHIM** lixiviación.

Lizard n pr **GÉOGR** (le) cap Lizard el cabo Lizard.

Ljubljana n pr **GÉOGR** Ljubljana.

lm (abr écrite de lumen) lm.

LO (abr de Lutte Ouvrière) f partido político francés de extrema izquierda.

lob m volea f, lob (au tennis).

lobaire adj lobular.

lobby m camarilla f, lobby (au Parlement).
> **OBSERV** pl lobbys ou lobbies.

lobe m **ANAT** lóbulo.

lobé, e adj lobulado, da.

lobectomie f **MÉD** lobectomía.

lobélie f **BOT** lobelia, quibey m.

lober [3] v intr pasar la pelota por encima del adversario, volear (tennis) ▌ dar una volea.

lobotomie f **MÉD** lobotomía.

lobulaire adj lobular.

lobule m lobulillo (petit lobe).
> **OBSERV** Lóbulo es la traducción de lobe.

lobulé, e adj lobulado, da.

lobuleux, euse adj lobuloso, sa.

local, e adj & s m local; des locaux bien aérés locales muy aireados.

localement adv localmente.

localisable adj localizable.

localisation *f* localización [(*Amér*) ubicación].

localiser [3] *v tr* localizar (déterminer la place) ‖ localizar, limitar (circonscrire). ‖ **SYN** limiter limitar; borner limitar; circonscrire circunscribir.

localité *f* localidad, lugar *m*.

locataire *m & f* inquilino, na (d'une maison, d'un appartement) ‖ arrendatario, ria; colono (de terres) ‖ sous-locataire subarrendatario.

locatif *m* GRAMM locativo.

locatif, ive *adj* locativo, va; relativo, va al arrendamiento ■ impôt locatif impuesto de inquilinato ‖ prix locatif precio del alquiler (maison), del arrendamiento (terres) ‖ réparations locatives reparaciones a cuenta del inquilino ‖ valeur locative renta de una finca urbana.

location *f* alquiler *m* (d'une maison), arriendo *m* (de terres), locación (p us) ‖ reserva (réservation) ‖ THÉÂTR contaduría (bureau) ‖ venta de localidades (vente) ■ location de voitures alquiler de coches ‖ en location de alquiler (à louer), se alquila (écriteau), en contaduría (théâtre) ‖ sous-location subarriendo.

location-vente *f* alquiler *m* con opción a compra.
‖ **OBSERV** pl locations-ventes.

locatis *m* FAM alquilón (cheval, voiture de louage) ‖ casa *f*, habitación *f* amueblada de alquiler.

loc. cit. (abr écrite de loco citato) loc. cit.

loch [lɔk] *m* MAR corredera *f* ‖ lago (Écosse) ■ bateau de loch barquilla de la corredera, guíndola ‖ ligne de loch cordel de la corredera.

loche *f* locha (poisson) ‖ babosa (limace).

locher [3] *v intr* chacolotear (en parlant d'un fer à cheval).
◇ *v tr* sacudir (secouer).

lochies *f pl* MÉD loquios *m pl*.

lock-out [lɔkawt] *m inv* cierre patronal de una fábrica, lock-out.

locomobile *adj & s f* locomóvil, locomovible.

locomoteur, trice *adj & s f* locomotor, ra; locomotriz.

locomotion *f* locomoción.

locomotive *f* locomotora.

locotracteur *m* locotractor, locomotora (de mines).

Locride *n pr* HIST la Locride Lócrida.

locrien, enne *adj* locrense.

Locrien, enne *m & f* locrense.

loculaire *adj* BOT locular.

loculé, e; loculeux, euse *adj* BOT loculado, da.

locus *m inv* BIOL locus.

locuste *f* langosta (criquet).

Locuste *n pr* Locusta.

locuteur, trice *m & f* emisor, ra.

locution *f* frase, locución.

loden *m* loden, tejido de lana impermeable.

lods [lo] *m pl* DR & HIST lods et ventes laudemio.

lœss [løs] *m* GÉOL loess (limon fin).

lof [lɔf] *m* MAR barlovento ‖ virer lof pour lof virar en redondo ou con viento en popa.

lofer [3] [lɔfe] *v intr* MAR orzar.

loft *m* estudio grande [taller transformado en vivienda].

loganiacées *f pl* BOT loganiáceas.

logarithme *m* MATH logaritmo; logarithme naturel ou népérien d'un nombre logaritmo natural ou neperiano de un número; logarithme vulgaire ou décimal d'un nombre logaritmo vulgar ou ordinario de un número.

logarithmique *adj* logarítmico, ca.

loge *f* galería descubierta, loggia (du Vatican) ‖ portería, conserjería (du concierge) ‖ logia (francs-maçons) ‖ sala, estudio *m* (école des Beaux-Arts) ‖ cabaña, choza (bûcheron) ‖ casilla (chiens) ‖ BOT celdilla (des fruits) ‖ THÉÂTR palco *m* (spectateurs), camerino *m*, camarín *m* (acteurs) ■ loge d'avant-scène proscenio, palco de proscenio ‖ FIG entrer en loge entrar en celda (pour préparer un concours) ‖ être aux premières loges estar en primera fila ou bien situado.

logeable [lɔʒabl] *adj* habitable.

logement *m* [▷ SYN] vivienda *f*, alojamiento; construire des logements bon marché construir viviendas baratas ‖ MIL alojamiento (des troupes); billet de logement boleta de alojamiento ■ logement de fonction vivienda oficial ‖ logement garni ou meublé piso amueblado ■ crise du logement crisis de la vivienda.
‖ **SYN** appartement piso, apartamento; studio estudio; garçonnière piso de soltero; pied-à-terre apeadero; logis casa, vivienda; FAM taudis tugurio.

loger [17] *v intr* vivir, habitar (p us) ‖ vivir, alojarse, hospedarse; loger à l'hôtel vivir en un hotel ‖ caber (trouver place), meter, poner (mettre); tout logea dans une valise cupo todo en una maleta ■ FIG & FAM loger à la belle étoile dormir a campo raso ou al raso, dormir al aire libre ‖ loger chez l'habitant alojarse en una casa particular ■ FIG être logé à la même enseigne estar en el mismo caso, remar en la misma galera.
◇ *v tr* alojar, dar alojamiento, hospedar (donner logement) ‖ meter, poner, colocar (mettre) ‖ meter (une balle).

logeur, euse *m & f* aposentador, ra; hospedero, ra; posadero, ra ‖ inquilino, na (locataire).

loggia [lɔdʒja] *f* ARCHIT loggia, galería sin columnas.

logiciel *m* INFORM software, programa ■ logiciel d'application aplicativo, software de aplicación ‖ logiciel d'exploitation software operativo ‖ logiciel de navigation programa de navegación ‖ logiciel intégré software ou programa integrado.

logicien, ienne *m & f* lógico, ca.

logicisme *m* logicismo (doctrine).

logique *adj* lógico, ca.
◇ *f* lógica ‖ lógica, razonamiento, método (raisonnement) ■ avoir beaucoup de logique ser muy lógico ‖ manquer de logique no ser muy lógico ou nada lógico ou poco lógico.

logiquement *adv* lógicamente.

logis [lɔʒi] *m* casa *f*, vivienda *f* (logement) ‖ morada (demeure) ■ corps de logis cuerpo de un edificio ‖ la folle du logis la imaginación ‖ le maître du logis el dueño de la casa ‖ un sans-logis persona sin vivienda, sin techo.

logiste *m* candidato, opositor a los premios de Roma (Beaux-Arts).

logisticien, enne *adj & s* lógico que utiliza la lógica matemática.

logistique *adj & s f* logístico, ca.

logo *m* FAM logotipo.

logographe *m* logógrafo.

logogriphe *m* logogrifo.

logomachie [lɔgɔmaʃi] *f* logomaquia (dispute de mots).

logorrhée *f* verbosidad, verborrea.

logos [logos] *m* PHILOS logos.

logotype *m* IMPR logotipo.

loi *f* [▷ SYN] ley; se soumettre à la loi someterse a la ley; loi en vigueur ley vigente ‖ ley (des monnaies) ‖ dominación, autoridad; tenir quelqu'un sous sa loi tener a alguien bajo su dominación ‖ regla; les lois de la grammaire las reglas de la gramática ■ loi agraire, ancienne, atomique, civile, de la guerre, divine, martiale, morale, nouvelle ley agraria, antigua (de Moïse), atómica, civil, de la guerra, divina, marcial, moral, nueva; loi salique ley sálica ‖ loi des grands nombres ley de los grandes números ‖ ÉCON loi du marché ley del mercado ‖ loi sur les sociétés anonymes ley sobre las sociedades anónimas ‖ INFORM loi sur l'informatique et sur les libertés ley sobre informática y libertades [ley francesa sobre tratamiento de datos personales] ■ gens de loi togados ‖ homme de loi jurista ‖ projet de loi proyecto de ley ‖ proposition de loi proposición de ley ■ en dehors ou en marge de la loi al margen de la ley ■ avoir force de loi, faire loi tener fuerza de ley ‖ c'est la loi et les prophètes esto va al cielo, esto es el evangelio ‖ faire la loi dictar la ley (la dicter); mandar, llevar la batuta (commander) ‖ force est restée à la loi la ley acabó por triunfar ‖ n'avoir ni foi ni loi no temer ni a Dios ni al diablo ‖ nul n'est censé ignorer la loi la ignorancia de la ley no excusa su cumplimiento ‖ se faire une loi imponerse como una obligación, hacerse una regla.
‖ **SYN** décret decreto; ordonnance ordenanza; décret-loi decreto ley; édit edicto.

LA LOI SALIQUE
Este código de leyes de los francos salios (pueblo germánico) contenía una disposición que impedía a las mujeres heredar la tierra. En 1328, los legistas invocaron esta disposición de derecho privado para excluir a las mujeres de la sucesión a la corona francesa.

loi-cadre *f* DR ley de bases.
‖ **OBSERV** pl lois-cadres.

loin [lwɛ̃] *adv* lejos ■ loin de lejos de; loin de Paris lejos de París; loin de moi l'idée de estoy lejos de pensar en; apartado, da; lejos de; vivre loin du monde vivir apartado del mundo; fuera de (en dehors de) ‖ loin de là ni mucho menos ‖ loin d'ici lejos de aquí, fuera de aquí ‖ loin des yeux, loin du cœur ojos que no ven, corazón que no siente ‖ loin que lejos de, en lugar que ■ au loin a lo lejos, en la lejanía ‖ d'aussi loin que, du plus loin que por más lejos que; d'aussi loin que je puisse voir por más lejos que pueda ver; por mucho que; **du plus loin que je me souvienne** por mucho que me acuerde ‖ **de loin** de lejos (d'une grande distance), con gran diferencia, con mucho, de lejos; **il est de loin le meilleur** es con mucho ou de lejos el mejor ‖ **de loin en loin** de tarde en tarde ‖ **et de loin!** y con creces, y con mucho; **il a gagné, et de loin!** ha ganado, ¡y con creces! ‖ **pas loin de casi**, cerca de; **il n'est pas loin de deux heures** son casi las dos ■ **aller au loin** irse lejos ‖ FIG **aller loin** ir ou llegar lejos, hacer fortuna ou situación ‖ **aller plus loin que** ir más lejos ou más allá que ‖ **aller trop loin** pasar de castaño oscuro ‖ **ça ne va pas plus loin** y pare usted de contar ‖ **il est loin d'être** dista mucho de ser, está lejos de ser ‖ **il y a loin de... à** hay mucho camino entre... y; hay una gran diferencia entre... y, varía mucho ‖ **mener loin** llevar lejos ‖ **ne pas aller loin** no ir ou no llegar muy lejos ‖ **revenir de loin** librarse de una buena, escapar de una enfermedad ou situación grave ‖ **tout ceci est déjà loin** todo esto queda ya atrás ‖ FIG **voir de loin** ver venir las cosas, ser muy previsor ‖ **voir loin** tener mucha vista, ver muy lejos.

lointain, e [lwɛ̃tɛ̃, ɛn] *adj* lejano, na; remoto, ta ‖ **avoir l'air** ou **le regard lointain** parecer ausente, tener la mirada perdida.

　➥ **lointain** *m* lontananza *f*, lejanía *f* ‖ **dans le lointain** a lo lejos, en la lejanía.

loi-programme *f* DR ley programática.
　■ OBSERV pl lois-programmes.

loir *m* ZOOL lirón ‖ **dormir comme un loir** dormir como un lirón.

Loir *n pr m* GÉOGR le Loir el Loir.

Loire *n pr f* GÉOGR la Loire el Loira.

Loire-Atlantique *n pr f* GÉOGR Loire-Atlantique; **en Loire-Atlantique** en Loire-Atlantique.

Loiret *n pr m* GÉOGR Loiret; **dans le Loiret** en Loiret.

Loir-et-Cher *n pr m* GÉOGR Loir-et-Cher; **dans le Loir-et-Cher** en Loir-et-Cher.

loisible *adj* lícito, ta; permitido, da (permis) ‖ **possible** ‖ **il vous est loisible de...** le está permitido..., tiene la posibilidad de...

loisir *m* ocio ‖ tiempo disponible, tiempo libre, ratos *pl* libres ou de ocio (temps libre) ‖ descanso (repos) ‖ distracción *f* ■ **heures de loisir** ratos de ocio, tiempo libre ‖ **à loisir, tout à loisir** con tiempo, con toda tranquilidad, a gusto ‖ **avoir loisir** ou **le loisir de** tener oportunidad ou ocasión ou tiempo de ou para ‖ **laisser le loisir de** dar la oportunidad ou el tiempo de ou para.

lolita *f* FAM ninfa.

lombago ➥ **lumbago**.

lombaire *adj* ANAT lumbar.

lombalgie *f* MÉD dolor *m* de riñones.

lombard, e [lɔ̃bar, ard] *adj & s* lombardo, da.

Lombardie *n pr f* GÉOGR la Lombardie Lombardía.

lombes [lɔ̃b] *m pl* ANAT lomos.

lombric [lɔ̃brik] *m* lombriz *f* (ver de terre).

lombricoïde *adj* lombricoide.

Lomé *n pr* GÉOGR Lomé.

lompe ➥ **lump**.

londonien, enne *adj* londinense.

Londonien, enne *n m & f* londinense.

Londres [lɔ̃dr] *n pr* GÉOGR Londres.

long, longue [lɔ̃, lɔ̃g] *adj* largo, ga; **rue très longue** calle muy larga (distance); **un long voyage** un viaje largo (durée) ‖ alto, ta; largo, ga (taille) ‖ tardo, da; lento, ta; **qu'il est long à s'habiller!** ¡qué lento es vistiéndose! ‖ mucho, cha; largo, ga; **de longs mois sans nouvelles** muchos meses sin noticias ■ **de longue date** desde hace tiempo, de toda la vida ‖ **de longue haleine** de larga duración, de mucho trabajo ‖ **de longue main** desde hace tiempo ‖ **long de...** que tiene... de largo; **un pont long de 100 mètres** un puente que tiene 100 metros de largo ‖ **long regard** mirada detenida ‖ **sauce longue** salsa clara ‖ **syllabe, voyelle longue** sílaba, vocal larga ■ **être long** extenderse, ser demasiado extenso ‖ **faire long feu** fallar (une arme), fracasar (une affaire) ‖ FIG **ne pas faire long feu** no durar mucho.

long *adv* **en dire long** decirlo todo; **un regard qui en dit long** una mirada que lo dice todo ‖ **en dire long sur** indicar claramente; **cette phrase en dit long sur ses intentions** esta frase indica claramente sus intenciones ‖ **en savoir long** saber un rato ‖ **ne pas vouloir en dire plus long** no querer hablar más.

　➥ **long** *m* largo, longitud *f*; **deux mètres de long** dos metros de largo ‖ **au long, tout au long, tout du long** a lo largo; con todo detalle (en détail) ‖ **de long en large, en long et en large** de un lado a otro, a lo largo y a lo ancho, en todos los sentidos ‖ **en long** a lo largo ‖ FAM **en long, en large et en travers** con pelos y señales (explication), con todo detalle (examiner) ‖ **tout au long de** a lo largo de ■ **de tout son long** cuan largo es uno ‖ **le long de** a lo largo de ‖ **tout le long de** durante todo el..., toda la... (pendant), a lo largo (le long de) ■ MIL **coudes le long du corps** codos pegados al cuerpo ‖ **prendre le chemin le plus long** tomar el camino más largo.

long. (abr écrite de longitude) long.

longanimité *f* longanimidad (patience) ‖ indulgencia.

long-courrier [lɔ̃kurje] *adj* MAR de altura ‖ de larga distancia (avion).
　◇ *m* barco de altura ‖ avión de larga distancia ‖ alumno de náutica.
　■ OBSERV pl long-courriers.

long drink *m* long drink, bebida larga.
　■ OBSERV pl long drinks.

longe *f* ronzal *m*, cabestro *m* (courroie) ‖ correa (petite lanière) ‖ lomo *m* (de veau).

longer [17] *v tr* costear, ir por la orilla de, ir a lo largo de (marcher le long de) ‖ extenderse a lo largo de (s'étendre le long de).

longeron *m* TECHN travesaño, larguero.

longévité *f* longevidad.

longicorne *adj & s* ZOOL longicornio, nia.

longiligne *adj* longilíneo, a.

longimétrie *f* longimetría.

Longin *n pr* Longino.

longitude *f* longitud; **40° de longitude est** 40° longitud Este.

longitudinal, e *adj* longitudinal.

longitudinalement *adv* longitudinalmente.

long-jointé, e [lɔ̃ʒwɛ̃te] *adj* cuartilludo, da (cheval).
　■ OBSERV pl long-jointés, long-jointées.

longotte *f* calicó *m* de Ruán (tissu de coton).

longrine *f* traviesa (de chemin de fer) ‖ larguero *m* (poutre).

longtemps [lɔ̃tɑ̃] *adv & s m* largo tiempo, mucho tiempo ■ **de longtemps, depuis longtemps** desde hace mucho tiempo ■ **il n'en a plus pour longtemps** no le queda mucho tiempo (pour terminer), no le queda mucho tiempo de vida (mourir) ‖ **il y a longtemps** hace mucho tiempo, hace mucho tiempo ‖ **mettre longtemps à faire quelque chose** tardar mucho en hacer algo.

longue *f* GRAMM & MUS largo *m* ‖ **à la longue** a la larga, con el tiempo.

longuement *adv* largamente, mucho tiempo (longtemps) ‖ detenidamente (en détail).

longuet, ette [lɔ̃gɛ, ɛt] *adj* FAM larguillo, lla; algo largo.
　➥ **longuet** *m* pico (pain).

longueur [lɔ̃gœr] *f* longitud (dimension) ‖ largo *m*; **deux mètres de longueur** dos metros de largo ‖ extensión; **la longueur d'une lettre** la extensión de una carta ‖ duración, extensión; **la longueur des jours** la duración de los días ‖ MAR eslora (d'un bateau) ‖ FIG lentitud (lenteur) ‖ cuerpo (de caballo); **gagner d'une demi-longueur** ganar por medio cuerpo (cheval); **à deux longueurs** a dos largos ■ **longueur de foyer d'une lentille** distancia focal de una lente ‖ RAD **longueur d'onde** longitud de onda ‖ MAR **longueur hors tout** eslora total ■ **saut en longueur** salto de longitud [(Amér) salto largo] ■ **à longueur de journée** durante el día entero, todo el santo día ‖ **en longueur** a lo largo ‖ **sur une longueur de 10 mètres** a lo largo de 10 metros ■ **avoir des longueurs** hacerse largo; **ce film, ce roman a des longueurs** esta película, esta novela se hace larga ‖ **éviter les longueurs** evitar ser demasiado largo (discours, etc.) ‖ **la longueur des mains passe pour un signe de distinction** el tener las manos largas se considera como un signo de distinción ‖ **tirer, traîner en longueur** ir para largo, no acabar nunca (progresser peu) ‖ **traîner** ou **faire traîner une affaire en longueur** dar largas a ou ir dilatando un asunto (faire durer).

longue-vue *f* anteojo *m* de larga vista, catalejo *m*.
　■ OBSERV pl longues-vues.

Longus [lɔ̃gys] *n pr* Longo.

looch [lɔk] *m* MÉD poción.

look *m* aspecto, pinta *f* (péjoratif), look.

looping [lupiŋ] *m* AVIAT looping, rizo (acrobatie aérienne) ‖ **faire un looping** rizar el rizo.

lophophore *m* ZOOL lofóforo.

lopin *m* pedazo, trozo ‖ **lopin de terre** rodal, parcela, haza.

loquace [lɔkas] *adj* locuaz.

loquacité [lɔkasite] *f* locuacidad.

loque *f* andrajo *m*, jirón *m* (lambeau d'étoffe) ‖ enfermedad de las abejas ‖ FIG andrajo *m*, pingajo *m*, pingo *m* (personne molle) ‖ **en loques** hecho jirones.

loquet [lɔkɛ] *m* picaporte, pestillo.

loqueteau [lɔkto] *m* picaporte pequeño, pestillo.

loqueteux, euse [lɔktø, øz] *adj* andrajoso, sa; harapiento, ta; haraposo, sa.

loran *m* MAR & AVIAT loran.

lord [lɔrd] ou [lɔr] *m* lord; premier lord de l'Amirauté primer lord del Almirantazgo.
┃ OBSERV **1.** En espagnol, le pluriel s'écrit lores. **2.** En francés, el plural de esta palabra es lords.

lord-maire *m* alcalde de Londres, lord mayor.
┃ OBSERV pl lords-maires.

lordose *f* MÉD lordosis.

lorette *f* (ancien) dama galante.

Lorette *n pr* GÉOGR Loreto.

lorgner [3] *v tr* mirar de reojo ou con el rabillo del ojo ou de soslayo, echar una ojeada (regarder du coin de l'œil) ┃ mirar con gemelos ou anteojos (regarder avec une lorgnette) ┃ FIG & FAM tener miras a una cosa, echarle el ojo, codiciar (convoiter).

lorgnette *f* anteojos *m pl* ┃ gemelos *m pl* (jumelles de théâtre) ■ FIG regarder par le gros bout de la lorgnette verlo todo en pequeño ┃ regarder par le petit bout de la lorgnette verlo todo de una manera exagerada.

lorgnon *m* quevedos *pl*, lentes *pl*.
┃ SYN pince-nez quevedos; binocle binóculo; face-à-main impertinente.

lori *m* lori, papagayo (oiseau).

loricaire *m* ZOOL loricaria *f*.

loriot *m* MÉD orzuelo ┃ ZOOL oropéndola *f*.

loris [lɔris] *m* ZOOL loris.

lorrain, e *adj* lorenés, esa; de Lorena.
➤ **lorrain** *m* LING lorenés.

Lorrain, e *m* & *f* lorenés, esa.

Lorraine *n pr* GÉOGR la Lorraine Lorena.
┌─ LORRAINE ────────────
Esta región administrativa comprende los departamentos de Meurthe-et-Moselle, Meuse, Moselle y Vosges. Capital: Metz.

lorry [lɔri] *m* vagoneta *f* ┃ cangrejo, zorra *f* (chemin de fer).
┃ OBSERV pl lorrys ou lorries.

lors [lɔr] *adv* entonces ■ depuis lors desde entonces ┃ dès lors desde entonces (dès ce temps-là), desde ese momento, y entonces (conséquemment) ┃ dès lors que desde que, puesto que ■ lors de cuando, en el momento de, durante ┃ lors même que aun cuando, aunque.

lorsque *conj* cuando, en el momento que.
┃ OBSERV La e de lorsque se elide delante de il, elle, en, on, un, une: lorsqu'il viendra cuando venga.

losange *m* GÉOM rombo ┃ BLAS losange ┃ figure en losange figura romboidal ou en forma de rombo.

losangé, e *adj* BLAS distribuido, da en losanges.

Los Angeles [lɔsɑ̃dʒələs] Los Ángeles.

loser [luzœr] *m* FAM fracasado, perdedor, desgraciado.

lot [lo] *m* lote, parte *f* (part) ┃ lote (quantité de choses, terrain) ┃ partida *f*; un lot de meubles una partida de muebles ┃ premio (dans une loterie) ┃ INFORM lote; traitement par lots tratamiento por lotes, procesamiento batch ┃ FIG

destino (sort), suerte *f* ┃ patrimonio; gloires qui sont le lot des vieilles nations glorias que son el patrimonio de las naciones antiguas ■ le gros lot el premio gordo, el gordo ┃ lot de consolation premio de consolación ┃ petits lots pedrea (loterie).

Lot [lɔt]; **Loth** *n pr* Lot.

lote ➤ lotte.

loterie *f* lotería (de l'État), rifa (privée); loterie nationale lotería nacional ┃ FIG lotería, cosa azarosa (affaire de hasard).

Lot-et-Garonne [lɔtegarɔn] *n pr m* GÉOGR Lot-et-Garonne; dans le Lot-et-Garonne en Lot-et-Garonne.

Loth ➤ Lot.

Lothaire [lɔter] *n pr* Lotario.

loti, e *adj* repartido, da (divisé) ┃ agraciado, da; favorecido, da ■ bien loti favorecido ┃ mal loti desfavorecido ┃ nous sommes bien lotis avec ces collaborateurs! ¡arreglados estamos con estos colaboradores!, ¡vamos dados con estos colaboradores!, ¡menudos colaboradores nos han caído encima!

lotier *m* BOT loto.

lotion [lɔsjɔ̃] *f* loción; lotion après-rasage loción para después del afeitado; lotion capilaire loción capilar.

lotionner [3] *v tr* dar una loción ┃ lavar (laver).

lotir [32] *v tr* repartir, distribuir en lotes (partager par lots) ┃ parcelar (un terrain) ┃ dar posesión de un lote (mettre en possession d'un lot) ┃ escoger, seleccionar (trier).

lotissement *m* distribución *f*, repartición *f* por lotes ou parcelas, parcelación *f* (d'un terrain).

loto *m* bingo *m* casero; loto national ≃ lotería primitiva ┃ loto sportif quiniela *f*; jouer au loto sportif jugar a las quinielas.
┌─ LE LOTO
La "Loto" francesa es un juego de azar muy practicado en el que se puede ganar grandes cantidades de dinero. Los recuadros impresos (llamados "bulletins") se venden en las expendedurías de tabaco y en los quioscos especializados. El jugador compra un impreso y marca siete números. El sorteo se realiza dos veces por semana y es retransmitido por televisión. El "Loto sportif" es una variante de la "Loto" en la que se apuesta sobre los resultados de los partidos de fútbol.

lotte; lote *f* lota, rape *m* (poisson) ┃ lotte de mer pejesapo.

lotus [lɔtys] *m* BOT loto.

louable *adj* laudable, loable; intention louable intención loable.

louage *m* alquiler (maisons, voitures, meubles); voiture de louage coche de alquiler ┃ arrendamiento, arriendo (terres, etc.).

louange [lwɑ̃ʒ] *f* alabanza, loor *m*, encomio *m* ■ à la louange de en loor de, en elogio de ■ chanter, célébrer les louanges de ensalzar, encomiar ┃ combler de louanges cubrir de alabanzas.

louanger [17] *v tr* alabar, ensalzar.

louangeur, euse *adj* encomiástico, ca; elogiador, ra (qui loue).
◇ *adj* & *s* lisonjero, ra; adulador, ra (flatteur).

loubard; loubar *m* FAM gamberro, macarra.

louche *adj* bizco, ca; bisojo, ja (p us) ┃ FIG turbio, bia; equívoco, ca; oscuro, ra (trouble) ┃ sospechoso, sa ┃ hôtel louche hotel de mala fama.
◇ *f* cucharón *m*, cacillo *m* (pour servir la soupe) ┃ FAM serrer la louche dar un apretón de manos.

louchement *m*; **loucherie** *f* bizquera *f*, estrabismo *m*.

loucher [3] *v intr* bizquear, ser bizco ┃ FIG & FAM loucher sur írsele a uno los ojos tras de (convoiter).

loucherie ➤ louchement.

louchet [luʃe] *m* laya *f* (sorte de bêche).

loucheur, euse *adj* & *s* bizco, ca; bisojo, ja.

louer [6] *v tr* alquilar (maison, meubles, etc.); louer à l'heure alquilar por horas ┃ arrendar (terres) ┃ tomar, ajustar (un domestique, un employé) ┃ reservar (place de théâtre, de train) ┃ alabar, celebrar, elogiar, loar (vanter le mérite) ┃ alabar (Dieu); Dieu soit loué! ¡alabado sea Dios! ┃ à louer se alquila.
➤ **se louer** *v pr* alabarse ┃ congratularse, felicitarse por; nous nous louons du bon résultat nos congratulamos del buen resultado ┃ se louer de estar satisfecho de.

loueur, euse *adj* & *s* alquilador, ra; arrendador, ra (qui loue).

louf; loufoque [lufɔk]; **louftingue** [luftɛ̃g] *adj* & *s* FAM chaveta; chiflado, da; extravagante.

loufoque *adj* & *m* FAM guillado, da.

loufoquerie [lufɔkri] *f* FAM chifladura.

louftingue ➤ louf.

lougre *m* MAR lugre (bateau).

louis *m* luis (monnaie).

Louis [lwi] *n pr* Luis.

Louise *n pr* Luisa.

louise-bonne *f* cierta pera de agua.
┃ OBSERV pl louises-bonnes.

Louisette *n pr* Luisita.

Louisiane *n pr f* GÉOGR la Louisiane Luisiana.

Louis-Philippe Ier *n pr* Luis Felipe I.

louis-quatorzien, enne *adj* relativo, va a Luis XIV y a su época.

loukoum [lukum] ➤ rahat-loukoum.

loulou *m* lulú, perrito faldero ┃ FAM gamberro, golfo (voyou).

loulou, louloutte *m* & *f* FAM querido, da (terme d'affection).

loup [lu] *m* lobo (animal) ┃ antifaz, máscara *f* (masque) ┃ error, falta *f*, pifia *f* (dans l'industrie) ┃ TECHN mazo (outil du relieur) ┃ sacaclavos (arrache-clous) ■ loup de mer lubina, róbalo (poisson), lobo marino (phoque), lobo marino (vieux marin) ■ faim de loup hambre canina ┃ froid de loup frío de perros ┃ jeune loup joven arribista, trepador ┃ le grand méchant loup el lobo feroz ┃ tête-de-loup escobón, deshollinador ┃ FIG vieux loup perro viejo ■ à pas de loup de puntillas ┃ FIG entre chien et loup entre dos luces, al atardecer, al anochecer ┃ être connu comme le loup blanc ser más conocido que la ruda ┃ hurler avec les loups bailar al son que tocan ‖ le loup mourra dans sa peau genio y figura hasta la sepultura ‖ les loups ne se mangent pas entre eux un lobo a otro no se muerden ‖ quand on parle du loup on en voit la queue hablando del rey de Roma por la puerta asoma ‖ se mettre dans la gueule du loup meterse en la boca del lobo ‖ tenir le loup par les oreilles coger al lobo por las orejas.

loup-cervier [lusɛrvje] *m* lince, lobo cerval (lynx).

‖ **OBSERV** pl loups-cerviers.

loupe *f* lupa, lente *m* (lentille); regarder à la loupe mirar con lupa ‖ **BOT** nudo *m* (des arbres) ‖ **MÉD** lobanillo *m*, lupia (tumeur) ‖ **VÉTÉR** lobado *m*.

louper [3] *v tr* **FAM** hacer mal, chapucear (mal exécuter), faltar (rater) ‖ perder (manquer); louper un train perder un tren ‖ ne jamais rien louper no fallar nunca nada, no tener nunca un fallo.

loup-garou *m* fantasma, coco, duende ‖ **FIG** insociable, huraño.

‖ **OBSERV** pl loups-garous.

loupiot [lupjo] *m* **FAM** chaval, crío, arrapiezo (enfant).

loupiote *f* **FAM** lamparilla (petite lampe).

Louqsor; Louxor *n pr* Luxor, Luqsor.

lourd, e [lur, lurd] *adj* pesado, da ‖ **FIG** cargado, da; bochornoso, sa (temps) ‖ pesado, da (aliment) ‖ pesado, da (style, sommeil) ‖ pesado, da (qui manque de finesse); une plaisanterie lourde una broma pesada ‖ torpe (lourdaud) ‖ gravoso, sa; fuerte; excesivo, va (charges) ‖ cargado (yeux) ‖ grave; accident lourd de conséquences accidente de consecuencias graves ‖ pesado (boxe); poids lourd peso pesado ‖ pesado (terrain) ■ lourde besogne trabajo rudo, difícil, duro ‖ lourde erreur ou faute error grave, falta garrafal ‖ artillerie lourde artillería pesada ‖ eau lourde agua pesada ‖ franc lourd franco fuerte ‖ industrie lourde industria pesada ■ avoir la main lourde pegar fuerte, tener la mano pesada.

➤ **lourd** *adv* mucho; il n'y en avait pas lourd no había mucho ‖ il ne vaut pas lourd no vale mucho ■ comme il fait lourd! ¡qué bochorno hace! ‖ peser lourd pesar mucho.

lourdaud, e [lurdo, od] *adj* torpe; tosco, ca. ◇ *m & f* pesado, da; zafio, fia.

lourde [lurd] *f* **FAM** puerta, portante *m*.

lourdement [lurdəmã] *adv* pesadamente; tomber lourdement caer pesadamente ‖ gravosamente, excesivamente; augmenter lourdement les impôts aumentar excesivamente los impuestos ‖ torpemente; marcher lourdement andar torpemente ‖ con demasía, caro; payer lourdement une faute pagar caro una falta.

Lourdes *n pr* **GÉOGR** Lourdes; à Lourdes en Lourdes (situation) ‖ a Lourdes (direction).

lourdeur *f* pesadez; lourdeur d'estomac pesadez de estómago ‖ gravedad; la lourdeur d'une faute la gravedad de una falta ‖ torpeza (de la marche) ‖ lo gravoso (des impôts).

loure *f* **MUS** gaita ‖ danza bailada al son de la gaita.

lourer [3] *v tr* **MUS** ligar.

loustic *m* **FAM** gracioso, sa; chusco, ca.

loutre *f* **ZOOL** nutria ‖ loutre marine nutria marina, lataz.

Louvain *n pr* **GÉOGR** Lovaina.

louve *f* loba (femelle du loup) ‖ buitrón (filet de pêche) ‖ **TECHN** palanca (levier).

louver [3] *v tr* apalancar.

louvet, ette [luvɛ, ɛt] *adj* lobuno, na; bayo oscuro (cheval).

louveteau [luvto] *m* lobezno, cachorro de lobo ‖ scout joven, joven explorador.

louveter [27] *v intr* parir la loba.

louveterie [luvtri] *f* caza de lobos ‖ lieutenant de louveterie jefe de loberos.

louvetier *m* cazador de lobos, montero mayor ‖ jefe de loberos.

louvoiement *m* rodeos *pl*, zigzagueo.

louvoyer [13] *v intr* **MAR** bordear, voltejear ‖ **FIG** andar con rodeos ‖ zigzaguear.

Louvre *m* le (palais) du Louvre el Louvre; l'école du Louvre escuela de historia de arte en París.

LE LOUVRE

Este antiguo palacio real se convirtió en museo en 1791-1793. Alberga una de las pinacotecas más ricas del mundo.

L'ÉCOLE DU LOUVRE

En esta prestigiosa escuela situada en los locales del museo del Louvre se dan clases de historia del arte y de arqueología y se forma a especialistas en museología.

Louxor ➤ **Louqsor**.

lover [3] *v tr* **MAR** adujar (un câble).

➤ **se lover** *v pr* enroscarse, enrollarse (s'enrouler).

loxodromie *f* **MAR** loxodromia.

loxodromique *adj* loxodrómico, ca.

loyal, e [lwajal] *adj* leal; des serviteurs loyaux servidores leales ‖ à la loyale limpiamente.

‖ **SYN** droit recto; vrai veraz; fidèle fiel; féal leal, fiel.

loyalement *adv* con lealtad, lealmente.

loyalisme *m* lealtad, fidelidad.

loyaliste *adj & s* leal ‖ legitimista (en Angleterre).

loyauté *f* lealtad; loyauté au roi lealtad al rey ‖ honradez, rectitud (honnêteté).

loyer *m* alquiler (logement) ‖ arriendo (terres, magasin) ‖ interés (de l'argent) ‖ vencimiento (terme).

Lozère *n pr* **GÉOGR** le mont Lozère el monte Lozère.

LP (abr de lycée professionnel) *m* instituto de formación profesional.

LPO (abr de ligue française pour la protection des oiseaux) *f* liga francesa para la protección de las aves.

LSD (abr de Lysergsäurediäthylamid) *m* LSD.

LSI (abr de large scale integration) *f* LSI.

lu, lue *adj* leído, da ‖ lu et approuvé conforme, leído y conforme.

Luanda *n pr* **GÉOGR** Luanda.

Lübeck *n pr* **GÉOGR** Lübeck.

lubie *f* **FAM** antojo *m*, capricho *m*, chifladura ‖ **FAM** avoir la lubie de encapricharse por, antojársele a uno.

lubricité *f* lubricidad.

lubrifiant, e *adj & s m* lubrificante, lubricante, lubricativo, va.

lubrificateur, trice *adj* lubrificador, ra.

lubrification *f* lubrificación, lubricación.

lubrifier [9] *v tr* lubrificar, lubricar (graisser).

‖ **OBSERV** Lubrificar a été longtemps repoussé car considéré comme un gallicisme.

lubrique *adj* lúbrico, ca.

lubriquement *adv* de modo lúbrico.

Luc *n pr* Lucas.

Lucain [lykɛ̃] *n pr* Lucano.

lucane *m* **ZOOL** lucano.

Lucanie *n pr f* **HIST** la Lucanie Lucania.

lucanien, enne *adj* lucano, na.

Lucanien, enne *m & f* lucano, na.

lucarne *f* (▷ **SYN**) tragaluz *m*, buhardilla, lumbrera ‖ escuadra (dans les buts au football).

‖ **SYN** œil-de-bœuf ojo de buey; tabatière tragaluz; vasistas ventanillo.

Lucayes [lykaj] *n pr f pl* **HIST** les îles Lucayes las islas Lucayas (ancien nom des Bahamas).

Luce *n pr* Lucía (femme) ‖ Lucio (homme).

lucernaire *m* lucernario, oficio de tinieblas.

Lucerne *n pr* **GÉOGR** Lucerna.

lucide *adj* lúcido, da.

lucidement *adv* con lucidez, lúcidamente.

lucidité *f* lucidez.

Lucie *n pr* Lucía.

Lucien *n pr* Luciano.

Lucienne *n pr* Luciana.

lucifer *m* **FIG** diablillo, persona soberbia, demonio.

Lucifer *n pr* Lucifer.

luciférien, enne *adj & s* luciferino, na.

lucifuge *adj* lucífugo, ga (qui fuit la lumière).

Lucile *n pr* Lucila.

lucilie *f* moscarda, mosca de la carne.

Lucilius [lysiljys] *n pr* Lucilio.

lucimètre *m* **TECHN** lucímetro.

luciole *f* luciérnaga (insecte).

Lucius [lysjys] *n pr* Lucio [santo].

Lucques *n pr* **GÉOGR** Luca.

lucratif, ive *adj* lucrativo, va ‖ à but non lucratif sin fines de lucro.

lucrativement *adv* de modo lucrativo.

lucre *m* lucro (gain).

Lucrèce *n pr* Lucrecio (homme) ‖ Lucrecia (femme).

Lucullus [lykylys] *n pr* Lúculo.

lucumon *m* lucumón.

ludiciel *m* **INFORM** programa ou software de juegos.

ludion *m* **PHYS** ludión.

ludique *adj* lúdico, cra (relatif au jeu).

ludothèque *f* ludoteca.

Ludovic *n pr* Ludovico.

luette *f* **ANAT** campanilla, úvula, galillo *m*.

lueur [lɥœr] *f* luz, resplandor *m*, fulgor *m* (lumière faible) ‖ **FIG** rayo *m*, vislumbre *m*, viso *m*, chispa (légère apparence).

luffa *m* esponja *f* vegetal.

Lugano *n pr* GÉOGR Lugano.

luge *f* pequeño trineo *m*.

luger [17] *v intr* ir en trineo.

lugeur, euse *m & f* patinador, patinadora en trineo.

lugubre *adj* lúgubre; plaintes lugubres quejas lúgubres ▌ tétrico, ca; lóbrego, ga; une chambre lugubre un cuarto tétrico.

lugubrement *adv* lúgubremente.

lui [lɥi] *pron pers* (3ᵉ personne du singulier des deux genres) le; je lui parlerai le hablaré; parle-lui háblale ▌ se; je le lui dirai se lo diré; dis-le-lui díselo; je les lui ai donnés se los he dado.
◇ *pron pers* (3ᵉ personne du singulier du masculin) él (sujet); lui, il le sait él lo sabe ▌ él; je travaille pour lui trabajo para él; c'est à lui que je parle es a él a quien hablo ▌ le; la première occasion qui s'est présentée à lui la primera ocasión que se le presentó ▌ sí; ce garçon parle toujours de lui este chico siempre está hablando de sí; il se dit à part lui se dijo entre sí; il laisse des enfants derrière lui deja hijos tras sí ▌ lui-même él mismo; il l'a fait lui-même lo hizo él mismo (lui ne se traduit pas s'il accompagne un nom); le professeur lui-même l'a dit el profesor mismo ou el mismo profesor lo dijo ■ à lui suyo, ya (possession); ce cahier est à lui este cuaderno es suyo ▌ avec lui consigo; il m'emmène avec lui me lleva consigo ▌ chez lui a su casa (mouvement), en su casa (sans mouvement).

> OBSERV Les pronoms le et se sont enclitiques lorsqu'ils sont compléments d'un verbe à l'impératif, à l'infinitif ou au gérondif: donne-lui dale; le lui dire decírselo; en lui chantant quelque chose cantándole algo.

luire [97] *v intr* alumbrar, dar luz (éclairer) ▌ relucir, brillar, resplandecer ▌ FIG apuntar, manifestarse ▌ faire luire hacer relumbrar.

luisance *f* brillo *m*, resplandor *m* (éclat).

luisant, e *adj* reluciente, brillante; lustroso, sa ▌ ver luisant luciérnaga, gusano de luz [(Amér) cocuyo].
➦ **luisant** *m* lustre, brillo; le luisant d'une étoffe el lustre de una tela.

lullisme *m* lulismo (système philosophique).

lulliste *adj & s* lulista (partisan du lullisme).

lumachelle [lymaʃɛl] *f* GÉOL lumaquela (marbre).

lumbago [lœbago]; **lombago** [lɔbago] *m* MÉD lumbago.

lumen [lymɛn] *m* lumen (unité de flux lumineux).

lumière *f* [▷ SYN] luz ▌ luz (lampe, etc.) ▌ luces *pl* (intelligence) ▌ FIG lumbrera (homme éminent) ▌ inteligencia, sabiduría (savoir) ▌ oído *m*, fogón *m* (d'une arme) ▌ lumbrera, canal *m* de vapor (d'une locomotive) ▌ agujero *m*, ojo *m* (trou dans un outil) ▌ MUS toma de viento (d'un orgue) ▌ TECHN lumbrera (du rabot) ■ ASTRON année-lumière, année de lumière año luz ▌ habit de lumières traje de luces (torero) ■ à la lumière de a la vista ou a la luz de ▌ FAM ce n'est pas une lumière no es una lumbrera ▌ faire la lumière sur esclarecer, aclarar ▌ fermer les yeux à la lumière cerrar los ojos a la evidencia ▌ mettre en lumière poner en evi-

dencia, evidenciar, hacer resaltar, publicar ▌ perdre la lumière quedarse ciego ▌ porter la lumière sur ou dans iluminar ▌ que la lumière soit! ¡hágase la luz! ▌ voir la lumière ver la luz, nacer.
➦ **lumières** *f pl* le siècle des lumières el siglo de las luces.

> OBSERV Es pleonástico decir allumer la lumière en vez de donner la lumière (encender la luz). SYN clarté claridad; lueur resplandor; rayon rayo; éclat resplandor, brillo; splendeur esplendor.

LE SIÈCLE DES LUMIÈRES _____
El movimiento reformista y racionalista del siglo XVIII fundado por los "philosophes" y "encyclopédistes", encontró su máxima expresión en la "Encyclopédie" publicada por Diderot y, por un tiempo, por D'Alembert, entre 1751 y 1765. Los trabajos de los "philosophes" ponían en tela de juicio los valores del Ancien Régime, reivindicaban la felicidad del pueblo como objetivo de gobierno, y sentaron las bases de las ideas democráticas e igualitarias del siglo posterior, y en gran medida, del movimiento socialista.

lumignon *m* pabilo ▌ cabo de vela (bout de bougie).

luminaire *m* luminaria *f* (cierge) ▌ alumbrado (éclairage).

luminescence *f* luminescencia.

luminescent, e *adj* luminescente.

lumineusement *adv* luminosamente.

lumineux, euse *adj* luminoso, sa ▌ FIG luminoso, sa; excelente; idée lumineuse idea luminosa.

luministe *m* pintor de la luz.

luminosité *f* luminosidad.

Lumitype® *f* IMPR Lumitipia.

lump; lompe *m* œufs de lump sucedáneo de caviar.

lunaire *adj* lunar ▌ redondo, da; mofletudo, da; visage lunaire cara mofletuda.
◇ *f* BOT lunaria.

lunaison *f* ASTRON lunación.

lunatique *adj & s* antojadizo, za; raro, ra (d'humeur changeante).

> OBSERV Lunático s'applique en espagnol à une personne atteinte de folie légère et passagère.

lunch [lœnʃ] ou [lœʃ] *m* lunch, almuerzo.
▌ OBSERV pl lunchs ou lunches.

lundi [lœdi] *m* lunes; il est venu lundi vino el lunes; lundi matin el lunes por la mañana ▌ lundi de Pâques lunes de Pascua ▌ lundi de Pentecôte lunes de Pentecostés ■ à lundi! ¡hasta el lunes! ■ FAM faire le lundi no trabajar el lunes, hacer lunes.

lune *f* luna ▌ FIG manía, lunatismo *m*, capricho *m* (caprice) ▌ FAM cara redonda ou de luna ou mofletuda (visage rond) ▌ trasero *m* (postérieur) ■ lune d'eau nenúfar blanco (plante) ▌ lune de miel luna de miel ▌ lune rousse luna de abril ■ clair de lune claro de luna ▌ FAM con comme la lune tonto rematado, de capirote ▌ demi-lune media luna ▌ nouvelle lune luna nueva ▌ pleine lune plenilunio, luna llena ▌ ZOOL poisson-lune rueda (poisson) ■ aboyer à la lune ladrar a la Luna ▌ demander la lune pedir la Luna ▌ être dans la lune estar en la Luna, estar distraído ▌ faire un trou à la lune irse sin pagar ▌ FIG

vouloir prendre la lune avec ses dents desear lo imposible.

Lune *f* Luna (planète).

luné, e *adj* lunado, da; en forma de media luna (en forme de croissant) ■ bien, mal luné de buen, mal humor ou talante.

lunetier, ère [lyntje, ɛr] *adj & s* óptico, ca.

lunette *f* [▷ SYN] anteojo *m*; lunette de Galilée anteojo de Galileo ▌ anteojo *m* de larga vista, catalejo *m* (d'approche) ▌ ARCHIT luneto *m* ▌ tragaluz *m*, ventanillo *m* (petite fenêtre dans un toit) ▌ agujero *m* (des waters) ▌ abertura de la guillotina para pasar la cabeza ▌ entrepechuga (bréchet d'oiseau) ▌ bisel *m*, aro *m* de reloj (de montre) ▌ calibrador *m* (de projectiles) ▌ media luna (fortification) ■ lunette arrière ventanilla posterior, cristal trasero (voiture) ▌ MAR lunette d'étambot tubo de codaste ▌ lunette de visée visor telescópico.
➦ **lunettes** *f pl* gafas, lentes *m*, anteojos *m*, antiparras (p us); mettre ses lunettes ponerse las gafas ▌ anteojeras (d'un cheval) ■ lunettes de soleil gafas de sol ▌ TECHN lunettes de soufflets ventilador doble ▌ lunettes noires gafas oscuras, anteojos oscuros ▌ serpent à lunettes naja.
▌ SYN télescope telescopio; lorgnette catalejo; lorgnettes gemelos; jumelles gemelos.

lunetterie *f* tienda de óptico ▌ profesión de óptico.

luni-solaire *adj* ASTRON lunisolar.
▌ OBSERV pl luni-solaires.

lunule *f* lúnula (géométrie) ▌ lúnula, blanco de las uñas (tache blanche à la base de l'ongle) ▌ viril *m* (de l'ostensoir).

lunure *f* nudosidad, resquebrajadura circular (défaut dans le bois).

lupanar *m* lupanar.

lupercales [lypɛrkal] *f pl* lupercales (fêtes romaines).

lupin *m* BOT altramuz, lupino (p us).

lupulin *m* lupulino.

lupuline *f* BOT lupulina.

lupus [lypys] *m* MÉD lupus.

lurette *f* il y a belle lurette hace un siglo, hace muchísimo tiempo.

luron, onne *m & f* FAM barbián, ana ▌ un gai luron un jaranero, un gran barbián.
▌ SYN gaillard mocetón; lascar punto, filipino, caradura; loustic chusco, guasón; drille (bon o joyeux) buen muchacho, buena persona; FAM (vieilli) bougre tunante.

Lusaka *n pr* GÉOGR Lusaka.

Lusiades [lyzjad] *m pl* : Les Lusiades Los Lusiadas (poèmes).

lusin *m* MAR piola *f*, merlín.

lusitain, e ➦ **lusitanien**.

Lusitains ➦ **Lusitaniens**.

Lusitanie *n pr f* HIST la Lusitanie Lusitania.

lusitanien, enne; lusitain, e *adj* lusitano, na; luso, sa.

Lusitaniens; Lusitains *n pr m pl* lusitanos, lusos.

lusophone *adj & s* de habla portuguesa.

lustrage *m* lustrado.

lustral, e *adj* lustral (qui purifie) ▌ eau lustrale agua lustral (de baptême).

lustration *f* lustración (sacrifice des païens).

lustre *m* lustre, brillo ‖ araña *f* (lampe suspendue) ‖ lustro (cinq ans) ‖ FIG brillo, esplendor (éclat).

lustré, e *adj* lustroso, sa ‖ vêtement lustré traje con brillo.

lustrer [3] *v tr* lustrar, dar brillo.

lustrerie *f* fabricación de arañas y lámparas.

lustrine *f* lustrina (tissu).

lut [lyt] *m* TECHN zulaque, betún de estopa y cal.

Lutèce *n pr* HIST Lutecia (ancien nom de Paris).

lutécium [lytesjɔm] *m* CHIM lutecio (métal).

lutéine *f* BIOL luteína.

luter [3] *v tr* zulacar.

luth [lyt] *m* MUS laúd ‖ ZOOL laúd, tortuga marina (tortue).

Luther [lytɛr] *n pr* Lutero.

luthéranisme *m* luteranismo.

lutherie *f* comercio de instrumentos músicos de cuerda ‖ oficio del fabricante de instrumentos músicos de cuerda.

luthérien, enne *adj & s* luterano, na.

luthier *m* fabricante de instrumentos músicos de cuerda.

luthiste *m* tañedor de laúd.

lutin, e *adj* vivo, va; despabilado, da; travieso, sa (éveillé, espiègle).

➡ **lutin** *m* [▷ SYN] duende, trasgo (démon familier) ‖ FIG diablillo, muchacho travieso.

‖ SYN elfe elfo; gnome gnomo; farfadet trasgo; génie genio; korrigan duende (breton).

lutiner [3] *v tr* bromear, dar bromas, fastidiar.

lutrin *m* atril, facistol ‖ coro (ensemble de chanteurs au lutrin).

lutte *f* [▷ SYN] lucha ‖ FIG guerra, conflicto *m* ■ lutte de classes lucha de clases ■ de haute lutte en reñida lucha ■ entrer en lutte avec quelqu'un entablar lucha con alguien.

‖ SYN pugilat pugilato; pancrace pancracio; jiujitsu jiu-jitsu, lucha japonesa; boxe boxeo; catch catch, lucha libre.

lutter [3] *v intr* [▷ SYN] luchar ‖ disputar, pugnar, combatir.

‖ SYN rivaliser rivalizar; disputer disputar.

lutteur, euse *m & f* luchador, ra.

lux *m* lux (unité d'éclairement).

‖ OBSERV pl lux ou luxes.

luxation *f* MÉD luxación.

luxe *m* lujo, fasto, suntuosidad *f*, boato ‖ FIG lujo, alarde; un grand luxe de précautions un gran alarde de precauciones ‖ s'offrir le luxe de permitirse el lujo de.

‖ SYN faste fasto, fausto; magnificence magnificencia; somptuosité suntuosidad; splendeur esplendor.

luxé, e *adj* MÉD dislocado, da.

Luxembourg [lyksɑ̃bur] *n pr m* GÉOGR le Luxembourg Luxemburgo (pays) ‖ Luxembourg (ville).

luxembourgeois, e [lyksɑ̃burʒwa, az] *adj* luxemburgués, esa.

➡ **luxembourgeois** *m* LING luxemburgués.

Luxembourgeois, e [lyksɑ̃burʒwa, az] *m & f* luxemburgués, esa.

luxer [3] *v tr* dislocar.

luxmètre *m* instrumento para medir la iluminación.

luxueusement *adv* lujosamente.

luxueux, euse *adj* lujoso, sa.

luxure *f* lujuria.

luxuriance *f* frondosidad ‖ FIG exuberancia (du style).

luxuriant, e *adj* frondoso, sa; lujuriante ‖ FIG exuberante; rico, ca; fastuoso, sa.

luxurieux, euse *adj* lujurioso, sa.

‖ SYN lascif lascivo; voluptueux voluptuoso; sensuel sensual; lubrique lúbrico; FAM paillard cachondo; salace salaz.

luzerne *f* BOT alfalfa.

luzernière *f* AGRIC alfalfar, alfalfal.

luzule *f* BOT luzula.

lx (abr écrite de lux) lx.

lycanthrope *m* MÉD licántropo.

lycanthropie *f* MÉD licantropía.

lycaon [likaɔ̃] *m* licaón (mammifère d'Afrique).

Lycaon [likaɔ̃] *n pr* MYTH Licaón.

lycée *m* Liceo (gymnase hors d'Athènes) ‖ instituto de segunda enseñanza, liceo (p us) ‖ lycée technique instituto de enseñanza técnica.

‖ OBSERV Le mot liceo, inusité en Espagne sauf pour le Liceo Francés de quelques villes, est par contre employé dans certains pays latino-américains.

lycéen, enne *m & f* alumno de un instituto de segunda enseñanza.

lychee ➡ **litchi**.

lychnis [liknis] *m* BOT licnis, clavellina *f*, neguilla *f*.

lyciet *m* BOT cambronera *f*.

Lycomède *n pr* MYTH Licomedes.

lycope *m* BOT licopodio.

lycoperdon *m* BOT licoperdón, licoperdo.

lycopode *m* licopodio.

lycopodinées *f pl* BOT licopodíneas.

lycose *f* licosa (araignée).

Lycra® *m* lycra® *f*.

Lycurgue *n pr* Licurgo.

lyddite *f* lidita (explosif).

Lydie *n pr f* HIST la Lydie Lidia.

lydien, enne *adj & s* lidio, dia.

lymphangite [lɛ̃fɑ̃ʒit] *f* MÉD linfagitis.

lymphatique [lɛ̃fatik] *adj & s* linfático, ca.

lymphatisme *m* linfatismo.

lymphe *f* linfa.

lymphocyte *m* linfocito.

lymphocytose *f* MÉD linfocitosis.

lymphogranulomatose *f* MÉD granulomatosis maligna, linfogranuloma *m*.

lymphoïde *adj* linfoide.

Lyncée *n pr* MYTH Linceo.

Lynch *n pr* loi de Lynch ley de Lynch.

lynchage [lɛ̃faʒ] *m* linchamiento.

lyncher [3] [lɛ̃fe] *v tr* linchar.

lynx [lɛ̃ks] *m* ZOOL lince ‖ yeux de lynx ojos de lince.

Lyon *n pr* GÉOGR Lyon, Lyón.

lyonnais, aise *adj & s* lionés, esa (de Lyon).

lyophilisat *m* producto liofilizado.

lyophilisation *f* liofilización.

lyophilisé, e *adj* liofilizado, da.

lyophiliser [3] *v tr* liofilizar.

lyre *f* MUS lira ‖ lira (nom usuel du "ménure") ‖ FIG lira, genio poético ‖ FAM toute la lyre toda la gama, toda la pesca.

lyrique *adj & s m* lírico, ca ■ artiste lyrique artista lírico ‖ comédie lyrique comedia lírica ‖ théâtre lyrique teatro lírico.

lyriquement *adv* de modo lírico.

lyrisme *m* lirismo.

lys [lis] *m* lis (fleur héraldique).

Lysandre *n pr* Lisandro.

Lysias [lizjas] *n pr* Lisias.

lysimaque *f* BOT lisimaquia.

Lysimaque *n pr* Lisímaco.

Lysistrata *n pr* Lisístrata.

lythracé, e *adj & s f* BOT litráceo, a; litrarieo, a.

M

m; M *m* m *f*.

OBSERV **1.** La m francesa se pronuncia como la m española en principio de sílaba: mari marido; dominer dominar. En medio de una palabra y seguida de b o p, toma el mismo sonido nasal que n: remplir [rãplir] llenar, sembler [sãble] parecer.
2. La m seguida de n conserva su sonido propio salvo en automne, automnal, damner, damnable, damnation donde la m es muda. La m doble se pronuncia generalmente en las palabras cultas y como m sola en las palabras muy usuales. Después de a no se duplica su pronunciación en los adverbios terminados en amment ni en las voces épigramme epigrama; enflammer inflamar. Después de e inicial la m nasaliza la e; emmener [ãməne] llevar, pero no en Emma, Emmaüs. Tras una i se pronuncia la primera m muy levemente en immense inmenso; immobile inmóvil, etc. Después de o se pronuncia una sola m en comment como; hommage homenaje; pommade pomada; somme suma; sommeil sueño; nommer nombrar; sommer intimar y sus compuestos; commotion conmoción; commander mandar; commuer conmutar; communiquer comunicar, y algunos otros.

M (abr écrite de maxwell) M ‖ (abr écrite de mile (marin)) m ‖ (abr écrite de méga-) M ‖ (abr écrite de Major) M ‖ (abr écrite de Monsieur) Sr. ‖ (abr écrite de million) m ‖ (abr écrite de masculin) m.

m² (abr écrite de mètre carré) m².

m³ (abr écrite de mètre cube) m³.

ma *adj poss f sing* mi.

MA (abr de maître auxiliaire) *m* profesor auxiliar.

Maastricht; Maëstricht *n pr* GÉOGR Maastricht, Maëstricht ‖ traité de Maastricht tratado de Maastricht.

maboul, e *adj & s* FAM chiflado, da; guillado, da.

mac *m* ARG chulo.

Macabées ► Maccabées.

macabre *adj* macabro, bra; fúnebre; danse macabre danza macabra.

macache *adv* TFAM (vieilli) no jota ni pizca.

macadam [makadam] *m* macadán, macadam.

macadamisage *m*; **macadamisation** *f* pavimentado *m* con macadán.

macadamiser [3] *v tr* macadamizar.

Macaire *n pr* Macario.

Macao *n pr* GÉOGR Macao.

macaque *m* macaco (singe) ‖ FIG macaco, feo.

macareux *m* frailecillo (sorte de pingouin).

macaron *m* mostachón, macarrón (pâtisserie) ‖ insignia *f* ‖ rodete (coiffure).

macaroni *m inv* CULIN macarrones *pl*; macaroni au gratin macarrones al gratén ‖ (injur) italiano.

macaronique *adj* macarrónico, ca.

macassar *m* ébano de Macasar (ébène) ‖ aceite de Macasar (huile).

Maccabées; Macabées; Macchabées [makabe] *n pr m pl* Macabeos.

maccartisme; maccarthysme *m* macartismo.

macchabée [makabe] *m* FAM fiambre, cadáver (cadavre).

Macchabées ► Maccabées.

macédoine *f* CULIN macedonia; macédoine de fruits macedonia ou ensalada de frutas; macédoine de légumes macedonia ou menestra de verduras ‖ FIG batiborrillo *m*, mezcla.

Macédoine *n pr f* GÉOGR la Macédoine Macedonia.

macédonien, enne *adj* macedonio, nia (personnes) ‖ macedónico, ca (choses).
➤ **macédonien** *m* LING macedónico.

Macédonien, enne *m & f* macedonio, nia.

macérateur *adj & s m* macerador.

macération [maserasjɔ̃] *f* maceración, maceramiento *m*.
➤ **macérations** *f pl* RELIG maceración *sing* (mortification).

macérer [18] *v tr & intr* macerar, remojar (faire tremper) ‖ FIG macerar, mortificar (mortifier).

maceron *m* BOT apio caballar.

macfarlane *m* macfarlán, macferlán (manteau sans manches).

Mach [mak] *n pr* PHYS nombre de Mach número de Mach.

machaon [makaɔ̃] *m* macaón (papillon).

mâche *f* milamores (plante).

mâchefer *m* cagafierro [escoria de hierro].

mâcher [3] *v tr* [▷ SYN] masticar, mascar ‖ tascar (le mors) ‖ cortar groseramente (un outil) ‖ FIG mascullar (mal prononcer) ■ mâcher de haut comer sin ganas ‖ FIG mâcher la besogne à quelqu'un darle el trabajo a alguien

frito y cocido, darle el trabajo a alguien mascado ‖ mâcher ou ronger son frein contenerse, retenerse ‖ FAM ne pas mâcher ses mots no morderse la lengua, no andarse con rodeos, no tener pelos en la lengua.
▮ SYN mastiquer masticar; mâchonner mascujar.

machette *f* machete *m*.

Machiavel [makjavel] *n pr* Maquiavelo.

machiavélique [makjavelik] *adj* maquiavélico, ca.

machiaviélisme [makjavelism] *m* maquiavelismo.

mâchicoulis *m* matacán (fortification).

Machin, e *m & f* FAM éste, ésta; Fulano, na (personne); j'ai vu Machin he visto a éste.

machin *m* FAM chisme, trasto (objet).

machinal, e *adj* maquinal; des gestes machinaux gestos maquinales.
▮ SYN automatique automático; mécanique mecánico; involontaire involuntario; instinctif instintivo; inconscient inconsciente.

machinalement *adv* automáticamente.

machinateur, trice *m & f* maquinador, ra.

machination *f* maquinación.

machine *f* [▷ SYN] máquina; machine comptable máquina contable ‖ tramoya (de théâtre) ‖ FAM chisme *m*, cosa (machin) ■ machine à coudre, à écrire, à calculer máquina de coser, de escribir, de calcular ‖ machine à laver lavadora, máquina de lavar ‖ machine à plier plegadora ‖ machine à sous tragaperras ‖ machine à tricoter máquina de hacer punto, tricotosa ‖ machine à vapeur, électrique máquina de vapor, eléctrica ‖ machine de théâtre tramoya ‖ machine infernale máquina infernal ‖ machines agricoles maquinaria agrícola ■ FIG faire machine arrière dar marcha atrás, echarse atrás ‖ tapé à la machine escrito a máquina.
▮ SYN mécanique maquinaria; mécanisme mecanismo; engin artefacto; appareil aparato.

machine-outil *f* máquina herramienta ‖ machine-outil à commande numérique máquina herramienta de control numérico.
▮ OBSERV pl machines-outils.

machiner [3] *v tr* maquinar, tramar, urdir.

machinerie [maʃinri] *f* maquinaria ‖ sala de máquinas (d'un navire).

machinisme *m* maquinismo.

machiniste *m* [▷ SYN] maquinista ‖ maquinista, tramoyista (théâtre).
▮ SYN conducteur conductor; mécanicien mecánico; FAM mécano mecánico.

machisme *m* machismo.

machiste *adj* & *s m* machista.

macho *adj* & *s m* FAM macho.

mâchoire *f* mandíbula, maxilar *m* (os) ▌ quijada ▌ zapata (freins) ▌ TECHN mordaza (d'un étau) ▌ boca (des pinces, etc.) ▌ roldana (d'une poulie) ■ **bâiller à se décrocher la mâchoire** bostezar mucho ▌ FAM **jouer des ou travailler des ou remuer les mâchoires** manducar, comer.

mâchon *m* restaurante lionés donde se sirven comidas típicas de la región.

mâchonnement *m* masticación *f* dificultosa, mascujada *f* ▌mascullamiento.

mâchonner [3] *v tr* mascar, mascujar, masticar mal (mâcher) ▌ mascullar, hablar entre dientes (parler) ▌mordisquear; **mâchonner son crayon** mordisquear el lápiz.

mâchouiller [3] *v tr* FAM mascar, mascujar.

Machu Picchu *n pr* GÉOGR Machu Picchu.

mâchure *f* chafadura (du velours) ▌maca (des lainages) ▌magullamiento *m* (meurtrissure).

mâchurer [3] *v tr* tiznar, manchar de negro (barbouiller de noir) ▌ desgarrar, hacer trizas; **mâchurer son mouchoir** hacer trizas su pañuelo ▌IMPR mosquear.

macis [masi] *m* macis *f* (de la noix muscade).

mackintosh [makintɔʃ] *m* trinchera *f*.

maclage *m* TECHN chocleo (du verre).

macle *f* BLAS & MIN macla ▌BOT trapa.

maclé, e *adj* MIN con maclas.

macler [3] *v tr* choclear (le verre).

mâcon *m* vino de Mâcon.

maçon [masɔ̃] *m* albañil ▌ masón (francmaçon) ■ **aide-maçon** peón de albañil ▌ **maître maçon** oficial albañil, maestro de obras.
◆ **maçon, onne** *adj* albañila; **abeille maçonne** abeja albañila.

maçonnage [masɔnaʒ] *m* albañilería *f*.

maçonner [3] [masɔne] *v tr* mampostear, fabricar, construir; **maçonner un mur** construir un muro ▌ revestir con mampostería; **maçonner les parois d'une citerne** revestir con mampostería las paredes de una cisterna ▌tapar, tabicar (boucher).

maçonnerie [masɔnri] *f* fábrica, mampostería, obra de albañilería ▌ masonería (francmaçonnerie).

maçonnique [masɔnik] *adj* masónico, ca.

macouba *m* macuba *f* (tabac).

macque *f* agramadera.

macramé *m* macramé, agremán, pasamanería *f*.

macre; macle *f* BOT trapa (plante aquatique).

macreuse *f* negreta (oiseau) ▌ espaldilla (viande).

macro *f* INFORM macro.

macrobiotique *adj* & *s f* macrobiótico, ca.

macrocéphale [makrosefal] *adj* MÉD macrocéfalo, la.

macrocéphalie [makrosefali] *f* MÉD macrocefalia.

macrocosme *m* macrocosmo (univers).

macroéconomie *f* macroeconomía.

macroinstruction; macro-instruction *f* INFORM macroinstrucción.

macromoléculaire *adj* macromolecular.

macromolécule *f* macromolécula.

macro-ordinateur *m* macroordenador.
▢ OBSERV *pl* macro-ordinateurs.

macrophage [makrofaʒ] *adj* & *s m* macrófago, ga (destructeur de cellules).

macrophotographie [makrofotografi] *f* macrofotografía.

macropode *adj* & *s m* ZOOL macrópodo.

macroscélide [makroselid] *m* ZOOL macroscélido.

macroscopique *adj* macroscópico, ca.

macrosporange *m* BOT macrosporangio.

macrospore *f* macrospora.

macroure *adj* & *s m* ZOOL macruro, ra.

macula *f* mácula, mancha amarilla (yeux).

maculage *m*; **maculation** *f* acción *f*, efecto de macular ou de manchar.

maculature *f* IMPR maculatura ▌ costera (d'une rame de papier).

macule *f* mácula, mancha.

maculer [3] *v tr* & *intr* macular, manchar.

Madagascar *n pr* GÉOGR Madagascar.

madame *f* Señora; **Madame est servie** la señora está servida; **s'occupe-t-on de vous, Madame?** ¿la atienden, señora? ▌título usado en la corte de Francia por las hijas del rey y del delfín y por la cuñada del rey ■ **Madame Gross** la señora de Gross ▌ **Madame Isabelle Ibarra née Martin** Señora doña Isabel Martín de Ibarra (lettre) ▌ **Madame la comtesse** la señora condesa ▌**Madame Unetelle** la señora de tal ▌ **mesdames, messieurs** señoras y señores ▌ **affectueux souvenirs à madame votre mère** cariñosos recuerdos a su madre ▌ **jouer à la madame** dárselas de señora.
▢ OBSERV *pl* mesdames.

madeleine *f* magdalena (gâteau).

Madeleine *n pr* Magdalena ▌ FIG & FAM **pleurer comme une Madeleine** llorar como ou estar hecho una Magdalena.

Madelon *n pr* Magdalena.

madelonnette *f* arrepentida (religieuse).

mademoiselle *f* Señorita ▌título de la hija mayor del hermano del rey de Francia ▌**Mademoiselle déjeune-t-elle ici?** ¿come aquí la señorita? ▌ **mademoiselle, on vous demande** señorita, la llaman ▌ **Mademoiselle Isabelle Chevalier** Señorita doña Isabel Chevalier ■ **la Grande Mademoiselle** la duquesa de Montpensier.
▢ OBSERV *pl* mesdemoiselles.

madère *m* madera, vino de Madera (vin).

Madère *n pr f* GÉOGR Madeira.

Madianites *n pr m pl* madianitas (ancien peuple d'Arabie).

madone *f* madona (la Vierge).

madrague *f* almadraba (pour la pêche du thon).

madras [madras] *m* madrás (étoffe légère).

Madras *n pr* GÉOGR Madras, Madrás.

Madre *n pr* GÉOGR **la sierra Madre** Sierra Madre.

madré, e *adj* veteado, da (bois).
◇ *adj* & *s* LITT lagarto, ta; ladino, na; astuto, ta; **un madré compère** un tío astuto.

madréporaires *m pl* ZOOL madreporarios.

madrépore *m* madrépora *f*.

madréporique; madréporien, enne *adj* madrepórico, ca.

madréporite *f* madreporita (fossile).

Madrid *n pr* GÉOGR Madrid.

madrier *m* madero, tablón (pièce de bois) ▌ aguilón (de charpente) ▌ **gros madrier** alcaceña.

madrigal *m* requiebro; **dire des madrigaux** decir requiebros ▌POÉT madrigal.

madrigalesque *adj* madrigalesco, ca.

madrilène *adj* & *s* madrileño, ña.

madrure *f* veta (du bois) ▌ pinta, mancha (d'un animal).

maelström [malstrøm]; **malstrom** [malstrɔm] *m* maelstrom.

maërl [maerl]; **merl** [merl] *m* GÉOGR arena *f* calcárea (sable marin).

maestoso [maestozo] *adv* MUS maestoso, majestuoso.

maestria [maestrija] *f* maestría.

Maëstricht ▬ Maastricht.

maestro [maestro] *m* MUS maestro, compositor ▌músico.

maffia ▬ mafia.

maffioso ▬ mafioso.

mafflé, e; mafflu, e *adj* & *s* mofletudo, da; carrilludo, da (joufflu).

mafia; maffia *f* mafia.

mafioso; maffioso *m* mafioso.
▢ OBSERV *pl* maf(f)iosi.

magasin *m* almacén, tienda *f*; **magasin d'antiquités** tienda de antigüedades; **magasin d'alimentation** tienda de comestibles ▌almacén, depósito; **magasin à blé** depósito de trigo ▌ carga *f* (photographie) ▌ recámara *f*, depósito (d'une arme) ▌ barrilete (d'un revolver) ■ **magasin général** almacén público ■ **compagnie magasin** compañía de intendencia ■ **employé de magasin** dependiente ▌**grands magasins** grandes almacenes ■ **en magasin** en almacén ▌ **courir** ou **faire les magasins** ir de tiendas.

magasinage *m* almacenaje.

magasinier *m* almacenero.

magazine *m* revista *f*.

magdalénien, enne *adj* & *s* magdaleniense.

Magdebourg *n pr* GÉOGR Magdeburgo.

mage *m* mago ■ HIST & DR **juge mage** justicia mayor (magistrat) ▌ **les Rois mages** los reyes Magos.

Magellan *n pr* Magallanes ▌ GÉOGR **le détroit de Magellan** el estrecho de Magallanes.

magenta *adj inv* & *s m* magenta.

Maghreb *n pr m* GÉOGR **le Maghreb** el Mogreb ou Magreb.

maghrébin, e *adj* magrebí.

Maghrébin, e *m* & *f* magrebí.

▌ MAGHRÉBIN
▌ Este término se aplica a las personas procedentes de Argelia, Marruecos y Túnez así como a los libios y mauritanos. Hoy en día, tiene una connotación particular en Francia, donde los inmigrantes de estos países siguen siendo víctimas de prejuicios raciales.

maghzen [magzɛn] *m* majzén, gobierno marroquí.

magicien, enne *m* & *f* [▷ **SYN**] mago, ga; hechicero, ra ▌ilusionista (théâtre).

▌**SYN** sorcier brujo, hechicero; thaumaturge taumaturgo; mage mago; nécromancien, nécromant nigromante; devin adivino; astrologue astrólogo.

magie *f* magia; magie blanche, noire magia blanca, negra.

Maginot *n pr* la ligne Maginot la línea Maginot.

LA LIGNE MAGINOT
Obra de ingeniería tan espléndida como inútil, estas fortificaciones subterráneas en su mayor parte fueron construidas entre 1927 y 1936, en la frontera franco-alemana, pero no a lo largo de la frontera belga por la que las fuerzas alemanas pasaron en 1940.

magique *adj* mágico, ca ▌baguette magique varita de las virtudes ou encantada ou mágica.

magiquement *adv* mágicamente.

magister *m* (vx) magíster, dómine, maestro de escuela ▌**FAM** pedante.

magistère *m* magisterio ▌maestrazgo (d'un ordre religieux).

magistral, e *adj* magistral; ton magistral tono magistral ▌cours magistral clase ex cátedra.

magistralement *adv* de manera magistral, magistralmente.

magistrat [maʒistra] *m* magistrado.

MAGISTRAT
El término "magistrat" se aplica a un juez o a cualquier funcionario que ejerce un poder jurisdiccional o administrativo: los alcaldes y el Presidente de la República francesa son "magistrats". El término "magistrat municipal" califica a un miembro de un concejo.

magistrature *f* magistratura ■ magistrature assise ou du siège los jueces y magistrados ▌magistrature debout los fiscales.

magma *m* magma.

magmatique *adj* magmático, ca.

magnan *m* gusano de seda (ver à soie) ▌hormiga *f* africana (fourmi).

magnanarelle *f* criadora de gusanos de seda.

magnanerie [maɲanri] *f* criadero *m* ou cría de gusanos de seda.

magnanier, ère [maɲanje, ɛr] *adj* criador, ra de gusanos de seda.

magnanime *adj* magnánimo, ma.

magnanimement [maɲanimmã] *adv* magnánimamente.

magnanimité *f* magnanimidad.

magnat [magna] *m* magnate, prócer; magnat du pétrole magnate del petróleo.

magner [3]
➤ **se magner** *v pr* **FAM** darse prisa, menearse, apurarse.

magnésie *f* **CHIM** magnesia.

magnésien, enne *adj* magnesiano, na.

magnésifère *adj* magnesífero, ra.

magnésique *adj* magnésico, ca.

magnésite *f* magnesita, espuma de mar.

magnésium [maɲezjɔm] *m* magnesio (métal).

magnétique *adj* magnético, ca.

magnétisable *adj* magnetizable.

magnétisant, e *adj* magnético, ca.

magnétisation *f* magnetización.

magnétiser [3] *v tr* magnetizar.

magnétiseur, euse *m* & *f* magnetizador, ra.

magnétisme *m* magnetismo ▌magnétisme animal magnetismo animal, hipnotismo.

magnétite *f* magnetita.

magnéto *f* magneto.

magnétocassette *m* casete [aparato].

magnéto-électrique *adj* magnetoeléctrico, ca.

▌ **OBSERV** pl magnéto-électriques.

magnétomètre *m* magnetómetro.

magnétophone *m* magnetófono ▌un magnétophone à cassettes un casete [aparato].

magnétoscope *m* vídeo, magnetoscopio.

magnicide *m* magnicidio (crime) ▌magnicida (auteur).

magnificat [maɲifikat] ou [magnifikat] *m inv* magníficat.

magnificence *f* magnificencia.

magnifier [9] *v tr* magnificar.

magnifique *adj* magnífico, ca.

magnifiquement *adv* magníficamente.

magnitude *f* magnitud.

magnolia *m* magnolia *f* (fleur).

magnoliacées *f pl* **BOT** magnoliáceas.

magnolier *m* magnolia *f*, magnolio (arbre).

magnum [magnɔm] *m* botella *f* de dos litros.

magot [mago] *m* mona *f* de Gibraltar (singe) ▌monigote, figura *f* grotesca de porcelana ▌**FAM** gato, hucha *f*, ahorros *pl* (argent caché) ▌**FIG** mamarracho, hombre feo.

magouillage *m*; **magouille** *f* **FAM** chanchullos *m pl*; magouilles politiciennes chanchullos políticos.

magouiller [3] *v intr* **FAM** andar en chanchullos.

magouilleur, euse *adj* & *s* **FAM** chanchullero, ra.

magret *m* **CULIN** filete de pato.

magyar *adj* magiar.

Magyar *m* & *f* magiare.

mahaleb *m* mahaleb (espèce de cerisier).

maharajah; maharadjah [maaradʒa] *m* maharajá.

mahatma *m* mahatma.

mahdi *m* mahdí, mehedí.

mahdisme *adj* mahdismo, mehedismo.

mah-jong; ma-jong *m* **JEUX** mah-jong (jeu chinois).

▌ **OBSERV** pl mah-jongs; ma-jongs.

Mahmud; Mahmoud *n pr* Mahmud.

Mahomet [maɔmɛ] *n pr* Mahoma.

mahométan, e *adj* & *s* mahometano, na.

mahométisme *m* mahometismo.

mahonia *m* **BOT** mahonia *f*.

mahonne *f* mahona, galera turca ▌chalana (péniche) ▌barco de cabotaje.

mahratte ➤ marathe.

mai *m* mayo (mois) ▌mayo, árbol adornado que se plantaba el primer día de este mes (arbre) ▌le 1er Mai el Primero de Mayo, la Fiesta del Trabajo; les événements de) mai 1968 mayo del 68.

MAI 1968
Los acontecimientos de Mayo del 68 tuvieron lugar cuando la revuelta estudiantil se vio apoyada por un descontento generalizado entre la clase obrera. Esto desembocó en una huelga general y una serie de tumultos. El gobierno del general de Gaulle sobrevivió a esa crisis pero debido a las cuestiones que puso sobre la mesa, Mayo del 68 marcó un viraje decisivo en la historia social de Francia.

maïa *m* araña *f* de mar.

maie [mɛ] *f* arca, artesa, amasadera (huche, pétrin) ▌tabla de prensa (table du pressoir).

maïeur *m* burgomaestre.

maïeutique *f* **PHILOS** mayéutica.

maigre *adj* [▷ **SYN**] flaco, ca; delgado, da; avoir les jambes maigres tener las piernas delgadas ▌magro, gra; sin grasa; viande maigre carne magra ▌de vigilia, de viernes; jour maigre día de vigilia ▌poco fértil; seco, ca; árido, da (terre) ▌fino, na; une écriture maigre una caligrafía fina ▌**ARTS** seco, ca; sin ornamentos ▌**FIG** malo, la; pobre; maigre chère mala comida ▌pobre; un maigre bilan un pobre balance ▌escaso, sa; poco abundante; maigre récompense escasa recompensa ▌raquítico, ca; poco frondoso; un maigre gazon un césped raquítico ■ c'est bien maigre es muy poco ▌rendre un maigre service causar perjuicio.

◇ *m* magro, carne *f* sin grasa ▌estiaje (fleuve) ▌comida *f* de vigilia ou de viernes ▌faire maigre comer de vigilia ou de viernes ▌une fausse maigre una mujer delgada sólo en apariencia.

▌**SYN** décharné descarnado; étique ético; **FAM** maigrelet delgaducho; grande bringue espingarda.

maigrelet, ette [mɛgrəlɛ, ɛt] *adj* & *s* delgaducho, cha; flacucho, cha.

maigrement *adj* pobremente, malamente.

maigreur *f* flacura, delgadez ▌**FIG** escasez, poca abundancia (manque d'abondance) ▌sequedad, aridez (sécheresse).

maigrichon, onne; maigriot, otte *adj* delgaducho, cha; flacucho, cha.

maigrir [32] *v intr* adelgazar, enflaquecer, ponerse delgado (devenir maigre).

◇ *v tr* adelgazar, poner delgado (amincir) ▌adelgazar, hacer parecer más delgado; sa barbe le maigrit su barba le hace parecer más delgado ▌**TECHN** rebajar, desbastar.

▌**OBSERV** El verbo francés maigrir se conjuga con el auxiliar avoir cuando expresa la acción (elle a maigri en deux mois); y con el auxiliar être para expresar el resultado (cet enfant est bien maigri).

mail [maj] *m* mazo (maillet) ▌mallo (jeu) ▌paseo público, explanada *f*.

mail-coach [mɛlkotʃ] *m* mail-coach, berlina *f* inglesa.

▌ **OBSERV** pl mail-coachs ou mail-coaches.

mailing *m* circular *f*.

maille [maj] *f* malla (d'un filet) ▌punto *m* (d'un tricot); laisser tomber une maille escapársele a uno un punto ▌eslabón *m*, anillo *m* (d'une chaîne) ▌nube, mancha, granizo *m* (dans les yeux) ▌mosqueadura, pinta (chasse) ▌mancha (d'un melon, d'un oiseau) ▌ **FAM** blanca, cuarto *m*; **ça ne vaut pas une maille** no vale un cuarto ■ **maille à côte** punto elástico ▌**maille ajoutée** punto crecido ▌**maille à l'endroit, à l'envers** punto del derecho, del revés ▌**maille fantaisie** punto de fantasía ■ **cotte de mailles** cota de malla (armure) ■ **avoir maille à partir avec** andar en dimes y diretes con, disputarse con ▌**avoir maille à partir avec la justice** estar de malas con la justicia ▌**glisser entre les mailles du filet** escaparse por un boquete, escapar al cerco ou a la persecución ▌ **FAM** **n'avoir ni sou ni maille** no tener blanca ▌**reprendre une maille** coger un punto.

maillé, e *adj* mallado, da ▌mosqueado, da; pintado, da; pinto, ta (perdreau) ▌arcilloso, sa; **terre maillée** tierra arcillosa ▌oiseau, poisson maillé pájaro, pez capturado con red.

maillechort [majʃɔr] ou [majʃɔrt] *m* metal blanco, alpaca *f*, plata *f* alemana (alliage).

mailler [3] *v tr* mallar, hacer malla ▌**MAR** amarrar (voile).
◇ *v intr* mosquearse (perdreaux) ▌**BOT** echar brotes, abotonar (bourgeonner).
● **se mailler** *v pr* entrar en la red (poisson).

maillet [majɛ] *m* mazo (marteau en bois) ▌malleto (de papetier).

mailleton *m* **BOT** esqueje, yema *f*, botón.

mailloche [majɔʃ] *m* mazo, machote (gros maillet de bois) ▌**MUS** maza *f*, mazo (de grosse caisse).

maillon *m* malla *f* pequeña ▌eslabón, anillo (d'une chaîne) ▌**FIG** **être le maillon d'une chaîne** ser una parte de un todo.

maillot *m* envoltura *f*, mantillas *f pl* (d'un enfant) ▌pañal (lange) ▌traje, vestido de punto (vêtement de tricot) ▌jersey, camiseta *f* de punto (tricot) ▌**SPORTS** maillot (galicismo), camiseta *f* ▌calzón de punto (pantalon en tricot) ■ **maillot de bain** bañador, traje de baño ▌**maillot de corps** camiseta ▌**maillot deux pièces** bañador de dos piezas, biquini ▌**SPORTS** **maillot jaune** maillot amarillo, ganador de la vuelta ciclista a Francia (Tour de France) ■ **FAM** **ne pas être sorti du maillot** estar todavía en mantillas.

maillotin *m* macillo ▌trujal, prensa *f*, molino de aceite (pressoir à olives).

maillure *f* mancha, lunar *m*, pinta.

main *f* mano (partie du corps) ▌mano, *m* el primero que juega (cartes); **avoir la main** ser mano ▌baza (levée au jeu) ▌(vieilli) letra, escritura; **avoir une belle main** tener buena letra ▌**COMM** librador *m* (pelle pour servir certaines denrées) ▌**FIG** mano, trabajo *m*, poder *m*, autoridad ▌**IMPR** mano ▌manecilla (signe typographique) ■ **main chaude** adivina quién te dio (jeu) ▌**main courante** borrador (livre de commerce), baranda, pasamano (d'un escalier, d'une rambarde) ▌**main de justice** mano de marfil del cetro real (symbole), mano dura ▌**main gauche** daga ■ **coup de main** golpe de mano (action militaire), mano, ayuda (secours) ▌**homme de main** hombre de armas tomar ▌**petite main** oficiala de modista (couture) ▌**première main** oficiala de costura, primera obrera (couture) ■ **à deux mains** con las dos manos, con ambas manos ▌**à la main** a

mano; **cousu à la main** cosido a mano ▌**à main armée** a mano armada ▌**à main levée** a mano alzada ▌**à pleines mains** a manos llenas ▌**cousu main** cosido a mano ▌**de la main à la main** de mano a mano ▌**de longue main** desde hace mucho tiempo ▌**de main de maître** con ou de mano maestra ▌**de main d'homme** artificial ▌**de main en main** de mano en mano ▌**de première, de seconde main** de primera, de segunda mano ▌**de sa main** de su propia mano, de su puño y letra ▌**des deux mains** con ambas manos ▌**en bonnes mains** en buenas manos ▌**en main propre, en mains propres** en propia mano ▌**en mains tierces** a un tercero ▌**en sous-main** bajo mano, bajo cuerda ▌**en un tour de main** en un periquete, en un santiamén ▌**haut la main** sin gran trabajo ▌**haut les mains!** ¡manos arriba! ▌**la main dans la main** cogidos de la mano ▌**sous la main** a mano ■ **avoir des mains de beurre** ser torpe, ser manazas ▌**avoir en main** tener entre manos, conocer bien, gobernar bien su negocio ▌**avoir la haute main sur une affaire** tener vara alta, mandar en un negocio ▌**avoir la main heureuse** tener buena mano ou buena suerte ▌**avoir la main légère** ser hábil de manos (chirurgien), tener las manos largas (être prompt à frapper) ▌**avoir la main leste** tener las manos largas ▌**avoir la main lourde** castigar severamente ▌**avoir la main rompue à** estar acostumbrado a ▌**avoir les mains liées** estar atado de manos, tener las manos atadas ▌**avoir sous la main** tener a mano ▌**avoir une bonne main** tener buena mano ▌**ÉQUIT** battre à la main cabecear ▌**battre des mains** aplaudir, tocar las palmas ▌**changer de main** cambiar de manos ▌**demander la main d'une personne** pedir la mano de una persona ▌**donner à pleines mains** dar a manos llenas ▌**donner la main** ou **un coup de main** ayudar, echar una mano ▌**écrire à la main** escribir de puño y letra ▌**en venir aux mains** llegar ou venir a las manos ▌**être entre les mains de quelqu'un** depender de alguien, estar en las manos de alguien ▌**faire main basse sur** apoderarse de, meter mano a ▌**faire quelque chose par ses mains** ou **de sa main** hacer algo por sí mismo ▌**forcer la main** obligar, forzar ▌**gagner de la main** ganar por la mano ▌**les mains lui démangent** no se contiene, se le va la mano ▌**lever la main sur quelqu'un** alzarle la mano a uno ▌**FIG** **lier les mains** atar las manos ▌**mettre la dernière main** dar la última mano ou el último toque ▌**mettre la main à la pâte** poner manos a la obra, ponerse a trabajar ▌**mettre la main à la plume** coger la pluma ▌**mettre la main à l'épée** echar mano a la espada ▌**FIG** **mettre la main au feu** meter las manos en el fuego ▌**mettre la main sur ce qu'on cherchait** encontrar lo que se buscaba ▌**mettre la main sur une chose** echar mano ou el guante a una cosa, apoderarse de una cosa ▌**ne pas y aller de main morte** no andarse con chiquitas ▌**passer la main** transmitir sus poderes a otros ▌**perdre la main** perder la práctica ▌**prendre la main dans le sac** coger con las manos en la masa ▌**reprendre en main** coger de nuevo las riendas, restablecer la situación ▌**savoir donner la main** estar de acuerdo (être de connivence), ser tal para cual (se ressembler) ▌**se faire la main** ejercitarse, entrenarse ▌**se frot-**

ter les mains frotarse las manos ▌**FIG** **s'en laver les mains** lavarse las manos como Pilatos ▌**serrer la main** estrechar la mano ▌**tendre la main** dar la mano (saluer), pedir limosna, tender la mano (mendier) ▌**tenir de première main** saber de primera mano, de buena tinta ▌**tenir la main à quelqu'un** ayudar a alguien ▌**tenir un enfant par la main** coger a un niño de la mano ▌**tomber aux mains de** ou **sous la main de** caer en las manos de.

Main; Mein [mɛ̃] *n pr m* **GÉOGR** le Main ou Mein el Main ou Meno.

main-d'œuvre [mɛ̃dœvr] *f* mano de obra.
▌ **OBSERV** pl mains-d'œuvre.

Maine *n pr m* Maine (en France) ▌Maine (aux États-Unis).

Maine-et-Loire [mɛnelwar] *n pr m* **GÉOGR** Maine-et-Loire; **dans le Maine-et-Loire** en Maine-et-Loire.

main-forte *f* ayuda, auxilio *m*, mano; **prêter main-forte** prestar ayuda, echar una mano.
▌ **OBSERV** pl mains-fortes.

mainlevée *f* desembargo *m*, levantamiento *m* de embargo ▌**donner mainlevée** desembargar.

mainmise [mɛ̃miz] *f* embargo *m* (saisie), requisa, confiscación ▌**FIG** dominio *m*, poder *m*, influencia ▌**avoir la mainmise sur** tener poder efectivo sobre.

mainmortable *adj* **DR** sujeto, sujeta a caer en manos muertas ▌inalienable, no enajenable (inaliénable).

mainmorte *f* **DR** manos muertas *pl* ▌**biens de mainmorte** bienes inalienables.

maint, e *adj pl* varios, rias; muchos, chas ■ **mainte fois, maintes fois** más de una vez, muchas veces ■ **je vous l'ai dit maintes et maintes fois** se lo he dicho millones de veces.

maintenance [mɛ̃tnɑ̃s] *f* mantenencia, mantenimiento *m*.

maintenant *adv* ahora.

mainteneur *m* mantenedor (jeux floraux).

maintenir [40] *v tr* mantener ▌sostener; **la poutre maintient le toit** la viga sostiene el tejado.
● **se maintenir** *v pr* mantenerse, sostenerse.

maintien *m* conservación *f*, mantenimiento; **le maintien de l'ordre** el mantenimiento del orden ▌conservación *f*, salvaguardia *f* (des lois) ▌sostenimiento, conservación *f* (d'un niveau) ▌[▷ **SYN**] compostura *f*, porte, actitud *f* (contenance) ■ **maintien sous les drapeaux** prolongación de tiempo de permanencia en filas ▌**perdre son maintien** desconcertarse, perder el aplomo.
▌ **SYN** port porte, prestancia; contenance continente; tenue modales; présentation presentación; tournure talante; **FAM** touche facha, pinta.

maïolique *f* mayólica (faïence).

maire *m* alcalde ■ **maire du palais** mayordomo de palacio ■ **adjoint au maire** teniente alcalde.

▌ **LE MAIRE** _____
En Francia, el alcalde tiene obligaciones no sólo ante a la comunidad sino también ante el poder central. Es el encargado de promul-

gar la ley nacional, de supervisar la policía local y de oficiar en ciertas celebraciones como los matrimonios. Los alcaldes son elegidos por un mandato de seis años por el "conseil municipal" (e indirectamente por los ciudadanos).

mairesse f alcaldesa.

mairie f ayuntamiento m, alcaldía.
> **SYN** hôtel de ville ayuntamiento; maison commune casa consistorial, consistorio; municipalité municipalidad, municipio.

> **LA MAIRIE**
> También llamado "hôtel de ville", es el órgano de la administración municipal. La "mairie" es una fuente de información vital para los ciudadanos. La gente acude a la "mairie" para pedir información sobre los impuestos, para casarse, para matricularse en cursos financiados por el ayuntamiento, etc.

mais [mε] conj pero, mas; il est joli mais cher es bonito pero caro ‖ sino; il n'est pas blond mais brun no es rubio sino moreno ‖ mais aussi pero por lo tanto ‖ mais non claro que no, de ninguna manera ‖ mais oui claro que sí ‖ non mais! ¡pero bueno! ‖ non seulement... mais encore no sólo... sino que.
> ◇ adv más (plus); n'en pouvoir mais no poder más.
> ◇ m pero; il n'y a pas de mais qui tienne no hay pero que valga.

> **OBSERV** Il ne faut pas confondre la conjonction de coordination mas (sans accent) et l'adverbe más (qui porte un accent écrit).

maïs [mais] m maíz.

maison f [▷ **SYN**] casa ■ maison centrale prisión de estado ‖ maison d'arrêt ou de force cárcel, prisión ‖ maison de campagne casa de campo, hotelito, chalet, quinta ‖ maison de charité hospicio ‖ maison de chasse pabellón de caza ‖ maison de commerce casa comercial ‖ maison de correction ou de redressement casa de corrección, correccional, reformatorio ‖ maison de Dieu, du Seigneur casa de Dios, iglesia, templo ‖ maison de fous casa de locos, manicomio ‖ maison de la culture casa de la cultura ‖ maison de passe casa de citas ‖ maison de plaisance casa de recreo ‖ (vieilli) maison de rapport casa de vecindad, casa de vecinos, de alquiler ‖ maison de repos casa de reposo ‖ maison de retraite asilo de ancianos ‖ maison de santé casa de salud, sanatorio ‖ maison de tolérance ou close casa de trato ‖ maison de vacances casa de verano ‖ maison de ville ou commune Casa Consistorial, Ayuntamiento ‖ maison du roi casa real ‖ maison forte casa fortificada ‖ maison mère casa central, casa matriz ‖ maison meublée ou garnie casa amueblada ‖ maison militaire casa militar ‖ maison mortuaire casa mortuoria ‖ maison religieuse convento ‖ **FAM** la maison du bon Dieu una casa muy acogedora ‖ (vx) petite maison casa de locos, manicomio [en París] ■ à la maison en casa (être), a casa (aller) ‖ ami de la maison amigo de la casa ou de la familia ‖ de bonne maison de buena familia (de bonne famille), de casa particular (domestique) ‖ gens de maison criados, servidumbre ■ être de la maison ser de la familia ‖ être en maison ser doméstico ‖ **FIG** faire maison nette ou neuve despedir a todos los criados ‖ garder la maison guardar la casa (la surveiller), no salir de casa (ne pas sortir).

◇ adj **FAM** casero, ra; propio, pia de la casa, de fabricación casera; une tarte maison una tarta de fabricación casera ‖ **FAM** & **IRON** bárbaro, ra; de miedo; un exposé maison una exposición de miedo.
> **SYN** foyer hogar; ménage casa; intérieur casa; pénates penates; lares lares; home casa, hogar.

> **LA MAISON DE LA CULTURE**
> Proyecto ambicioso impulsado por André Malraux en los años 60, para establecer centros culturales por toda Francia y difundir la cultura en provincias. Desgraciadamente, se enfrentó a mucha oposición y sólo sobrevivieron once instituciones de este tipo.

Maison-Blanche f la Maison-Blanche la Casa Blanca.

maisonnée f familia, casa, toda la gente de casa.

maisonnette f casita.

maistrance f **MAR** maestranza.

maître [mεtr] m dueño, amo (propriétaire) ‖ amo (patron) ‖ señor; le maître de la maison est sorti el señor de la casa ha salido ‖ amo, señor (souverain) ‖ señor; Dieu est le maître du monde Dios es el señor del mundo ‖ dueño; être maître de ses passions ser dueño de sus pasiones ‖ [▷ **SYN**] maestro; maître d'école maestro de escuela ‖ profesor (de musique, de gymnastique, etc.) ‖ maestro; s'inspirer des maîtres inspirarse en los maestros ‖ maestro (dans certains métiers); maître maçon maestro albañil ‖ maestro (dans la marine) ‖ título que se da en Francia a los abogados, procuradores y notarios ‖ maestre; le maître de Santiago el maestre de Santiago ‖ maese; maître Pierre maese Pedro ■ maître à danser maestro de baile ‖ maître armurier maestro armero ‖ maître auxiliaire profesor no titular ‖ maître berger mayoral ‖ maître chanteur chantajista ‖ maître clerc primer pasante ‖ **MAR** maître couple cuaderna maestra ‖ maître d'armes maestro de armas, de esgrima ‖ maître de ballet maestro de baile ‖ maître de cérémonies maestro de ceremonias ‖ maître de chapelle maestro de capilla ‖ maître de conférences profesor de conferencias ‖ maître de forges propietario de un establecimiento siderúrgico ‖ maître de l'ouvrage licitador, adjudicador (propriétaire) ‖ maître de maison amo de casa ‖ maître d'équipage cazador mayor (chasse), contramaestre (marine) ‖ maître des requêtes relator ‖ maître d'hôtel jefe de comedor, maestresala (p us), "maître d'hôtel" ‖ maître d'œuvre contratista, adjudicatario (directeur de projet), maestro de obras, capataz (en construction), artífice (d'une réforme, etc.) ‖ maître Jacques factótum ‖ petit-maître petimetre ‖ seigneur et maître dueño y señor ‖ tel maître, tel valet de tal palo tal astilla ■ en maître como dueño y señor, como amo ‖ être le maître de ser dueño y señor de ‖ être maître de ser dueño de; il est maître de faire ce qu'il veut es dueño de hacer lo que le plazca ‖ être maître de soi dominarse ‖ être son maître ser dueño de sí mismo, no depender de nadie ‖ **FAM** passé maître en fourberie pícaro redo-

mado ‖ passer maître recibirse maestro en un oficio (dans un métier), ser maestro, llegar a dominar (dans un art) ‖ prendre pour maître tomar como ejemplo ‖ se rendre maître hacerse dueño, apoderarse (s'emparer), dominar, sofocar (étouffer) ‖ trouver son maître dar con la horma de su zapato.
◇ adj cabal, todo, capaz, de valor; un maître homme un hombre cabal ‖ capital, clave; maestro, tra; le maître mot des temps modernes la palabra clave de los tiempos modernos ‖ **FAM** grande; consumado, da; un maître fripon un gran bribón ‖ dominante, principal, esencial; sa maîtresse qualité su cualidad dominante ■ maître de son sort dueño de su suerte ‖ atout maître triunfo mayor.
> **SYN** instituteur maestro de escuela; professeur profesor catedrático; précepteur preceptor; gouverneur ayo; magister dómine; pédagogue pedagogo.

maître-assistant, e m & f ≃ profesor m asociado, profesora f asociada.
> **OBSERV** pl maîtres-assistants, maîtres-assistantes.

maître-autel [mεtrotεl] m altar mayor.

maître-chien m adiestrador de perro policía.
> **OBSERV** pl maîtres-chiens.

maître de conf' [mεtrdəkɔf] (abr de maître de conférences) m **FAM** ≃ PNN.

maîtresse f ama, dueña; maîtresse de maison ama de casa ‖ señora; je vous présente la maîtresse de la maison le presento la señora de la casa ‖ maestra; maîtresse de piano maestra de piano ‖ querida, amante (concubine) ■ maîtresse d'école maestra de escuela ‖ petite-maîtresse petimetra.
◇ adj toda; une maîtresse femme toda una mujer ‖ poutre maîtresse viga maestra.

maîtrisable adj dominable, reprimible.

maîtrise f dominio m; maîtrise de ses passions dominio de nuestras pasiones; maîtrise de l'air, de la mer, de l'énergie dominio del aire, del mar, de la energía ‖ habilidad (habileté) ‖ magisterio m (dignité et autorité de maître) ‖ maestría (qualité de maître) ‖ diploma obtenido al final del segundo ciclo universitario después de cuatro años de estudio ‖ maestrazgo m (dans certains ordres militaires) ‖ mandos m pl intermedios, conjunto de los capataces de una empresa ‖ **MUS** escuela de música sacra ‖ coro m de una iglesia ‖ dignidad de maestro de capilla ‖ agent de maîtrise contramaestre.
> **LA MAÎTRISE**
> Este diploma se obtiene después de un año de estudios consecutivo a la "licence". Los estudiantes deben asistir a seminarios y preparar una tesina llamada "mémoire".

maîtriser [3] v tr señorear, dominar (dominer); maîtriser un incendie dominar un incendio ‖ dominar, reprimir (une rébellion) ‖ domar; maîtriser un cheval domar un caballo.
➡ se **maîtriser** v pr dominarse, contenerse.

Maixent n pr Majencio.

majesté f majestad ‖ majestuosidad; la majesté de son visage la majestuosidad de su cara ■ Sa Majesté catholique su Majestad Católica, el rey de España ‖ Sa Majesté très chrétienne su Majestad Cristianísima, el rey de Francia ‖ Sa Très Gracieuse Majesté su Graciosa Majestad, la reina de Inglaterra.

majestueusement adv majestuosamente.

majestueux, euse *adj* majestuoso, sa.

majeur, e *adj* mayor; cas de force majeure caso de fuerza mayor ‖ importante, capital; affaire majeure asunto importante ‖ superior; un intérêt majeur un interés superior ‖ mayor de edad; une fille majeure una muchacha mayor de edad ‖ en majeure partie en su mayor parte.

◆ **majeur** *m* dedo medio ou del corazón (doigt).

◆ **majeure** *f* mayor (proposition d'un syllogisme).

Majeur *n pr* GÉOGR le lac Majeur el lago Mayor.

majolique *f* mayólica (faïence).

ma-jong ▬ mah-jong.

major *adj & s m* MIL mayor, teniente coronel mayor ‖ médico militar ‖ FAM alumno primero de una promoción.

majorat [maʒoʀa] *m* mayorazgo.

majoration [maʒoʀasjɔ̃] *f* aumento *m*, recargo *m*; la majoration des impôts el recargo de los impuestos ‖ DR sobreestimación, valuación excesiva.

majordome *m* mayordomo.

majorer [3] *v tr* sobreestimar, valuar una cosa en más de su valor ‖ [▷ SYN] aumentar, recargar, subir de precio; majorer le prix d'une marchandise aumentar el precio de una mercancía.

 SYN augmenter aumentar; hausser alzar; valoriser valorizar; revaloriser revalorizar.

majorette *f* majorette [(*Amér*) bastonera].

majoritaire *adj* mayoritario, ria ‖ de la mayoría; motion majoritaire moción de la mayoría ‖ gouvernement majoritaire gobierno que se apoya en la mayoría.

majorité *f* mayoría, mayor parte; en majorité en su mayoría ‖ mayoría de edad (âge) ‖ majorité absolue, qualifiée ou renforcée, relative ou simple, silencieuse mayoría absoluta, cualificada ou reforzada, relativa ou simple, silenciosa.

Majorque *n pr f* GÉOGR Mallorca.

majorquin, e *adj* mallorquín, ina.

Majorquin, e *m & f* mallorquín, ina.

majuscule *adj & s f* mayúsculo, la.

 SYN capitale mayúscula; petite capitale versalita; initiale inicial; lettrine letra de llamada.

maki *m* ZOOL ayeaye.

makila *f* maquila (canne).

mal *m* mal ‖ dolor; souffrir de maux de tête padecer dolores de cabeza ‖ daño; il s'est fait mal se ha hecho daño ‖ perjuicio, daño; les gelées font du mal à la vigne las heladas causan perjuicio a los viñedos ‖ mal; dire du mal de quelqu'un hablar mal de alguien ‖ enfermedad *f* (maladie) ‖ maledicencia *f* (médisance) ‖ pena *f* (peine) ‖ trabajo; j'ai eu du mal à l'obtenir me costó trabajo conseguirlo ‖ lo malo; le mal est qu'il s'absente souvent lo malo es que se ausenta a menudo ■ mal au cœur náuseas, ansias, mareo ‖ mal au ventre dolor de vientre ‖ mal blanc ou d'aventure panadizo ‖ mal de dents dolor de muelas ‖ mal de la route, de l'air, de mer mareo ‖ mal d'enfant dolores de parto ‖ mal de Saint-Lazare lepra ‖ mal des ardents fuego de San Antón ‖ mal des montagnes vértigo [en las ascensiones]; soroche, puna (americanismos)

‖ mal de tête ou à la tête dolor de cabeza ‖ mal du pays nostalgia, morriña ■ chaud mal tabardillo ‖ haut mal epilepsia ■ au plus mal muy malo, muy mal, grave ■ aller de mal en pis ir de mal en peor ou cada vez peor ‖ avoir du mal à marcher costar trabajo andar, tener dificultad para ou en andar ‖ avoir le mal de l'air marearse (en avión) ‖ avoir le mal de mer marearse (en barco) ‖ avoir mal à la tête, au ventre, aux dents dolerle a uno la cabeza, el vientre, las muelas ‖ avoir mal au cœur marearse, revolverse el estómago, tener náuseas ‖ avoir mal aux cheveux dolerle a uno la cabeza después de una borrachera, tener resaca ‖ avoir très mal dolerle a uno mucho ‖ ce n'est pas la peine de vous donner tant de mal no merece la pena molestarse tanto ‖ de deux maux il faut choisir le moindre del mal el menos ‖ dire du mal de quelqu'un hablar mal de alguien ‖ FAM écouter son mal ser aprensivo, escucharse ‖ être en mal de tener ganas de ‖ faire du mal hacer daño ‖ faire mal hacer daño; cette chaleur me fait mal este calor me hace daño; lastimar; ces souliers me font mal estos zapatos me lastiman; hacer mal; vous faites mal en agissant ainsi hace usted mal obrando así; doler; la tête me fait mal me duele la cabeza; dar pena (faire pitié); spectacle qui fait mal espectáculo que da pena ‖ mettre à mal echar a perder, poner en un estado lastimoso ‖ penser à mal pensar mal, tener mala intención ‖ prendre mal enfermar ‖ prendre une chose en mal tomar a mal, ofenderse ‖ FAM sans se faire du mal sin tomarse mucho trabajo ‖ se donner du mal darse ou tomarse trabajo ‖ se donner un mal de chien darse un trabajo loco, hacer esfuerzos inauditos ‖ se faire mal au pied hacerse daño en el pie ‖ se mettre mal vestirse sin gusto ‖ tourner, prendre ou voir une chose en mal tomar en mala parte, dar mal sentido a algo, tomar a mal, ver el lado malo de las cosas ‖ vouloir du mal à quelqu'un desear mal ou tener entre ojos a alguien, tener ojeriza a uno.

◇ *adv* mal, malamente FAM il a mal parlé ha hablado mal ■ mal à propos poco a propósito, inoportunamente ‖ pas mal bastante bien (adjectif); il a pas mal d'amis tiene bastantes amigos ■ FAM être au plus mal estar malo (malade), estar en situación apurada (en difficulté) ‖ mal tourner salir ou acabar mal ‖ prendre mal quelque chose tomar algo a mal ‖ se mettre mal avec quelqu'un ponerse de malas ou enfadarse con alguien ‖ se trouver mal encontrarse mal, desmayarse ‖ se trouver mal de sentir, arrepentirse de ‖ tomber mal venir ou caer mal ‖ tant bien que mal mal que bien, más o menos bien.

◇ *adj inv* (p us) malo, la ■ bon an, mal an un año con otro ‖ bon gré, mal gré de grado o por fuerza.

 OBSERV 1. Cuando el sustantivo francés mal se emplea con un artículo o va seguido de un complemento, la preposición usada es necesariamente de (avoir un mal de reins terrible), pero si se emplea sin artículo la preposición que le sigue es forzosamente à (avoir mal aux dents).

 2. pl maux.

Mal (abr écrite de **maréchal**) Mariscal.

MAL; Mal (abr de maison d'animation et des loisirs) *f* ≃ centro *m* cultural.

malabar; malabre *adj & s* malabar ‖ FAM grande, fuerte (grand).

Malabar *n pr* GÉOGR la côte de Malabar la costa de Malabar ou Malābār.

Malabo *n pr* GÉOGR Malabo.

malabre ▬ malabar

Malacca ▬ Melaka.

Malachie [malaʃi] ou [malaki] *n pr* Malaquías.

malachite [malakit] *f* MIN malaquita.

malacia; malacie *f* MÉD malacia (appétit dépravé).

malacoderme *adj & s m* ZOOL malacodermo.

malacologie *f* malacología (étude des mollusques).

malacoptérygien, enne *adj & s* malcopterigio, gia (poissons).

malade *adj* [▷ SYN] enfermo, ma; malo, la ‖ malo, la; une dent malade un diente malo ‖ FAM en mal estado, en mala situación; une industrie malade una industria en mal estado ‖ estropeado, da (abîmé) ‖ FAM chiflado, da; chalado, da ■ malade à mourir muy enfermo, muy grave, fatal ‖ malade imaginaire enfermo de aprensión ■ gravement malade enfermo de gravedad ‖ imagination malade imaginación enfermiza ■ être malade du cœur estar enfermo del corazón ‖ faire le malade fingirse enfermo ‖ rendre malade poner enfermo ‖ tomber malade enfermar, caer ou ponerse enfermo.

◇ *m & f* enfermo, ma; malade mental enfermo mental; grand malade enfermo grave.

 OBSERV El francés infirme tiene el sentido de achacoso, enfermizo, lisiado, baldado, cojo, manco.

 SYN souffrant malo; indisposé indispuesto; dolent doliente; FAM mal fichu, mal foutu malucho.

maladie *f* [▷ SYN] enfermedad, dolencia ‖ FIG manía, pasión; avoir la maladie de la vitesse tener la manía de la velocidad ■ maladie bleue enfermedad azul, cianosis ‖ maladie de peau enfermedad de la piel ‖ maladie de commande enfermedad fingida ‖ maladie héréditaire enfermedad hereditaria ‖ maladie professionnelle enfermedad laboral ‖ maladie sexuellement transmissible enfermedad de transmisión sexual ■ FAM c'est une maladie es una manía ‖ être rongé par la maladie estar consumido por la enfermedad ‖ faire une maladie caer enfermo, tener una enfermedad (être malade), ponerse enfermo, atormentarse, estar muy contrariado, enfadarse mucho (être contrarié) ‖ relever de maladie salir de una enfermedad, estar en convalecencia.

 SYN affection afección; mal mal.

maladif, ive *adj* enfermizo, za.

 SYN infirme lisiado achacoso; souffreteux achacoso.

maladivement *adv* de manera enfermiza.

maladrerie *f* leprosería.

maladresse *f* torpeza.

maladroit, e *adj & s* torpe; desmañado, da; inhábil.

 SYN malhabile torpe, desmañado; inhabile inhábil; mazette porro, ganso; gauche torpe.

maladroitement *adv* torpemente.

malaga *m* málaga (vin).

Málaga; Malaga *n pr* GÉOGR Málaga.

mal-aimé, e *adj* & *s* malquisto, ta.
¶ OBSERV pl mal-aimés, mal-aimées.

malaire *adj* ANAT malar.

malais, e *adj* malayo, ya.
➤ **malais** *m* LING malayo.

Malais, e *m* & *f* malayo, ya.

malaise *m* malestar, indisposición *f* ¶ estrechez *f*, falta *f* de medios **ou** de recursos (manque d'argent); vivre dans le malaise vivir con estrechez ¶ FIG malestar, desazón *f*, desasosiego, inquietud *f* (tourment) ¶ éprouver un malaise, être pris de malaise sentirse indispuesto **ou** mareado.

malaisé, e *adj* difícil; trabajoso, sa; penoso, sa; chemin malaisé camino penoso ¶ (vx) apurado, da; escaso; de medios escasos (gêné, peu fortuné).

malaisément *adv* difícilmente, penosamente.

Malaisie *n pr f* GÉOGR la Malaisie Malasia.

malandre *f* grapa, esparaván *m* (des chevaux) ¶ BOT nudo *m* podrido (dans le bois).

malandrin *m* malandrín, salteador.

malappris, e *adj* & *s* malcriado, da; grosero, ra; mal educado, da.

malard ➤ **malart**.

malaria *f* MÉD malaria, paludismo *m*.

malart; malard [malar] *m* lavanco, pato silvestre.

malavisé, e *adj* & *s* imprudente; indiscreto, ta.

Malawi *n pr m* GÉOGR le lac Malawi el lago Malawi.

malawite [malawit] *adj* malawí.

Malawite *m* & *f* malawí.

malaxage *m*; **malaxation** *f* amasado *m*; amasamiento *m*; malaxación *f*.

malaxer [3] *v tr* amasar, malaxar ¶ dar masaje.

malaxeur *adj* & *s m* TECHN máquina *f* de amasar, amasadora *f* ¶ hormigonera *f*, mezcladora *f* (de mortier).

malbâti, e *adj* mal hecho, cha; contrahecho, cha.

Malbrough *n pr* Mambrú; Malbrough s'en va-t-en-guerre Mambrú se fue a la guerra.

malchance *f* mala suerte, desgracia, desventura ■ par malchance por desgracia, por mala suerte ¶ quelle malchance! ¡qué mala suerte! ■ jouer de malchance tener mala suerte, tener la negra.
¶ SYN FAM déveine mala suerte; FAM guigne mala pata, mala potra.

malchanceux, euse *adj* & *s* que tiene mala suerte; desgraciado, da; desafortunado, da.

malcommode *adj* incómodo, da.

malcontent, e *adj* & *s* descontento, ta.

Maldives *n pr f pl* GÉOGR les (îles) Maldives las (islas) Maldivas.

maldonne *f* cartas mal dadas, error *m*, equivocación, pifia; il y a eu maldonne ha habido error.

mâle *m* macho (animaux) ¶ varón (hommes) ¶ TECHN macho (pièce entrant dans une autre).
◇ *adj* varonil, viril; masculino, na ¶ FIG enérgico, ca; viril; une mâle beauté una belleza viril.

Malé *n pr* GÉOGR Mālé.

malédiction *f* [▷ SYN] maldición; lancer une malédiction proferir una maldición ¶ desgracia, infortunio *m* (malheur).
¶ SYN imprécation imprecación; exécration execración.

maléfice *m* maleficio, encantamiento, embrujo.

maléficié, e *adj* maleficiado, da; hechizado, da; embrujado, da.

maléfique *adj* maléfico, ca.

malembouché, e *adj* & *s* FAM malhablado, da.

malemort *f* muerte trágica, muerte cruel.
¶ OBSERV De mala muerte signifie en espagnol de rien du tout, insignifiant.

malencontreusement *adv* desgraciadamente, malhabladamente, desdichadamente.

malencontreux, euse *adj* poco afortunado, da; desgraciado, da; malhadado, da ¶ un jour malencontreux un día aciago.

mal-en-point; mal en point *loc adv* en mal estado, en mala situación ¶ être mal-en-point estar malo (malade), estar en situación apurada (en difficulté).

malentendant, e *adj* & *s* sordo, da [que oye mal].

malentendu *m* [▷ SYN] error, equivocación *f* ¶ equívoco, quid pro quo, malentendido.
¶ OBSERV No confundir malentendu con mal entendido, mal oído.
¶ SYN mécompte equivocación; confusion confusión.

mal-être *m* (p us) malestar (malaise).

Malevitch *n pr* Malevich.

malfaçon [malfasɔ̃] *f* defecto *m* de fabricación ¶ FIG fraude, *m*.

malfaisance [malfəzɑ̃s] *f* maleficencia (p us), malignidad, maldad, malos instintos *m pl*.

malfaisant, e [malfəzɑ̃, ɑ̃t] *adj* maléfico, ca; malhechor, ra; maligno, na ¶ dañino, na; perjudicial (nuisible) ¶ homme malfaisant hombre de malos instintos.

malfaiteur, trice *m* & *f* malhechor, ra.
¶ SYN rôdeur merodeador, malhechor; apache apache; gangster gángster.

malfamé, e; mal famé, e *adj* de mala fama, de mala reputación.

malformation *f* malformación, deformación congénita ¶ MÉD malformation cardiaque malformación cardíaca.

malfrat *m* FAM mangante, granuja.

malgache *adj* malgache (de Madagascar).
◇ *m* LING malgache.

Malgache *m* & *f* malgache.

malgracieux, euse *adj* grosero, ra; descortés.

malgré *prép* a pesar de ■ malgré lui a pesar suyo ¶ malgré que a pesar de que ¶ malgré tout a pesar de todo, así y todo, con todo.

¶ OBSERV Sólo es correcto emplear malgré que con el verbo avoir (tener).
¶ SYN contre contra, en contra de; en dépit de pese a, a despecho de; nonobstant no obstante.

malhabile *adj* torpe, inhábil; desmañado, da; poco diestro, tra.

malhabilement *adv* torpemente.

malheur *m* desgracia *f*, infortunio, desdicha *f*; tomber dans le malheur ser perseguido por la desgracia ■ de malheur dichoso, maldito; cet individu de malheur ese maldito individuo ¶ par malheur por desgracia, desgraciadamente ¶ pour comble de malheur para colmo de desdichas ¶ quel malheur! ¡qué desgracia! ■ à quelque chose malheur est bon no hay mal que por bien no venga ¶ faire son propre malheur labrarse la propia desgracia ¶ faire un malheur ocasionar una desgracia ¶ porter malheur traer mala suerte, tener mala sombra ¶ un malheur ne vient jamais seul las desgracias nunca vienen solas.
➤ **malheur!** *interj* ¡maldición!, ¡mal haya!, ¡qué desgracia! ¶ malheur à ou sur...! ¡ay de...!; malheur aux vaincus! ¡ay de los vencidos!
¶ SYN adversité adversidad; détresse peligro; disgrâce desfavor; épreuve prueba; infortune infortunio; misère miseria; tribulation tribulación.

malheureusement *adv* desgraciadamente, de manera desgraciada; tomber malheureusement caerse de manera desgraciada ¶ por desgracia, desgraciadamente; malheureusement il n'est pas venu por desgracia no vino.

malheureux, euse *adj* desgraciado, da; desdichado, da; infeliz ¶ aciago, ga; circonstance malheureuse circunstancia aciaga ¶ desafortunado, da; un joueur malheureux un jugador desafortunado ¶ poco afortunado, da; un mot malheureux una palabra poco afortunada; une initiative malheureuse una iniciativa poco afortunada ¶ infausto, ta; funesto, ta; desastroso, sa; une nouvelle malheureuse una noticia infausta ¶ pobre; desgraciado, da; ce malheureux député ese pobre diputado ¶ maldito, ta; dichoso, sa; cette malheureuse clef! ¡esta maldita llave! ¶ poco agraciado, da; une physionomie malheureuse una fisonomía poco agraciada ¶ mísero, ra; miserable (insignifiant) ■ candidat malheureux candidato fracasado ou vencido ou derrotado (aux élections) ou suspendido ou no ingresado ou no aprobado (à un examen) ¶ mari malheureux marido engañado ■ avoir la main malheureuse tener poca fortuna ¶ c'est malheureux! ¡es lástima! ¶ être malheureux comme les pierres ser el rigor de las desdichas.
◇ *m* & *f* desgraciado, da; desdichado, da; infeliz.

malhonnête *adj* sin ou falto de ou con poca probidad; sin ou falto de ou con poca honradez ¶ grosero, ra; descortés (grossier) ¶ deshonesto, ta; indecente ¶ procédés malhonnêtes malas artes.

malhonnêtement *adv* sin honradez, sin probidad ¶ groseramente, descortésmente (grossièrement).

malhonnêteté [malɔnɛtte] *f* falta de probidad ou de honradez ‖ grosería, descortesía (grossièreté).

Mali *n pr m* GÉOGR le Mali Malí, Mali.

malice *f* [▷ SYN] malicia ‖ FIG & FAM travesura, picardía (espièglerie) ■ par malice por maldad ‖ sans malice sin malicia ■ entendre malice à dar sentido torcido a ‖ ne pas entendre malice à une chose hacer una cosa inocentemente.

  ‖ SYN malignité malignidad; méchanceté maldad; FAM rosserie perrería.

malicieusement *adv* maliciosamente.

malicieux, euse *adj & s* malicioso, sa ‖ FAM travieso, sa (espiègle).

malien, enne *adj* malí.

Malien, enne *m & f* malí.

malignement *adv* malignamente.

malignité *f* malignidad ‖ lo maligno *m*.

malin, igne [malɛ̃, iɲ] *adj* maligno, na; une fièvre maligne una fiebre maligna ‖ FAM malicioso, sa; travieso, sa (espiègle) ‖ listo, ta; vivo, va; astuto, ta (fin, rusé) ‖ FAM ce n'est pas bien malin no es muy difícil que digamos (facile), no es muy inteligente ou astuto (stupide) ‖ il est malin comme un singe es más listo que Cardona, sabe más que Merlín ‖ éprouver un malin plaisir à experimentar un placer malévolo en ‖ vouloir être trop malin pasarse de listo.
  ◇ *m & f* [▷ SYN] tunante; taimado, da; vivo, va (homme rusé) ‖ à malin, malin et demi a pícaro, pícaro y medio ‖ FAM faire le malin echárselas ou dárselas de listo.
  ▶ **malin** *adj m & s m* le malin, l'esprit malin el demonio, el espíritu maligno.

  ‖ SYN malicieux malicioso; futé sagaz, taimado; rusé astuto, pícaro; astucieux astuto; narquois socarrón, bellaco; roué maulero; finaud ladino; retors marrullero; FAM ficelle cuco; madré, matois lagarto; renard zorro; débrouillard despabilado, mañoso; roublard tunante; FAM zigoto, FAM mariole listo.

malines *f* malinas (dentelles).

Malines *n pr* GÉOGR Malinas.

malingre [malɛ̃gʀ] *adj* enclenque; canijo, ja; encanijado, da.

malintentionné, e *adj* malintencionado, da.

malique *adj m* CHIM málico (acide).

mallarméen, enne *adj* propio, pia de Mallarmé.

malle *f* [▷ SYN] baúl *m*, mundo *m* (à couvercle arrondi), cofre *m* [(*Amér*) petaca] (coffre) ‖ mala, valija (de la poste) ‖ correo *m* (paquebot postal) ‖ FAM faire sa malle ou ses malles hacer las maletas, preparar sus bártulos, liar el petate.

  ‖ OBSERV En Espagne, petaca est une blague à tabac.

  ‖ SYN marmotte maleta; valise maleta [(*Amér*) valija]; mallette maletín.

malléabiliser [3] *v tr* maleabilizar, hacer maleable.

malléabilité *f* maleabilidad ‖ lo maleable *m* (caractère).

malléable *adj* maleable.

malléolaire *adj* maleolar.

malléole *f* ANAT maléolo *m* (cheville).

malle-poste *f* correo *m*, coche *m* correo.

  ‖ OBSERV pl malles-poste.

malletier *adj & s m* baulero, maletero, cofrero.

mallette *f* baulito *m* ‖ maletín *m* (petite valise).

mal-logé, e *adj & s* mal alojado, da [persona que ocupa un alojamiento precario].

  ‖ OBSERV pl mal-logés, mal-logées.

malmener [19] [malmǝne] *v tr* [▷ SYN] maltraer, maltratar, tratar duramente ‖ dejar maltrecho; malmener l'ennemi dejar maltrecho al enemigo.

  ‖ SYN maltraiter maltratar; houspiller zarrandear; molester molestar; lapider lapidar, apedrear; brutaliser brutalizar; rudoyer atropellar; villipender vilipendiar; FAM tarabuster molestar; étriller zurrar.

malnutrition *f* desnutrición.

malodorant, e *adj* maloliente.

  ‖ SYN puant hediondo, apestoso; fétide fétido.

malotru, e *adj* (vx) FAM tosco, ca; contrahecho, cha (mal bâti) ‖ FIG grosero, ra; patán.

malouin, e [malwɛ̃, in] *adj* de Saint-Malo.

Malouin, e *m & f* natural ou habitante de Saint-Malo.

Malouines [malwin] ▶ **Falkland**.

malpighie [malpigi] *f* malpigia (plante).

malpoli, e *adj & s* maleducado, da.

malpropre *adj & s* [▷ SYN] desaseado, da; sucio, cia (sale) ‖ grosero, ra; mal hecho, cha; un travail malpropre un trabajo mal hecho ‖ FIG indecente; sucio, cia; indecoroso, sa; une action malpropre una acción indecente ‖ sin honradez, indecente (malhonnête); une conduite malpropre una conducta indecente.

  ‖ SYN sale sucio; dégoûtant asqueroso; sordide sórdido; immonde inmundo; crasseux mugriento; FAM cochon cochino; FAM sagouin gorrino; VULG salaud salaud, TFAM saligaud puerco.

malproprement *adv* suciamente.

malpropreté *f* suciedad, desaseo *m* ‖ FIG indecencia, porquería, deshonestidad.

malsain, e [malsɛ̃, ɛn] *adj* malsano, na; nocivo, va; dañino, na ‖ MAR peligroso, sa (dangereux).

malséant, e *adj* inconveniente; inoportuno, na; indecoroso, sa; impropio, pia; incorrecto, ta.

malsonnant, e *adj* malsonante.

malstrom ▶ **maelström**.

malt [malt] *m* malta *f* (orge germée).

maltage *m* TECHN maltaje, malteado, preparación *f* de la malta.

maltais, e *adj* maltés, esa; de Malta.
  ▶ **maltais** *m* LING maltés.

Maltais, e *m & f* maltés, esa.

Malte *n pr* GÉOGR Malta.

malter [3] *v tr* TECHN maltear.

malterie *f* fábrica de malta, maltería.

malteur *m* obrero que fabrica malta, maltero.

malthusianisme *m* maltusianismo.

malthusien, enne *adj & s* maltusiano, na.

maltose *f* CHIM maltosa.

maltôte *f* HIST exacción, impuesto *m* ‖ percepción ou cobro *m* de un impuesto.

maltraiter [4] *v tr* maltratar, dejar malparado.

malus *m inv* malus [recargo de la prima por exceso de siniestros].

malvacées *f pl* BOT malváceas.

malveillance [malvɛjɑ̃s] *f* malevolencia, mala voluntad.

malveillant, e [malvɛjɑ̃, ɑ̃t] *adj* [▷ SYN] malévolo, la; malintencionado, da.
  ◇ *m & f* persona malévola.

  ‖ SYN malintentionné malintencionado; venimeux envenenado, venenoso.

malvenu, e; mal venu, e *adj* sin derecho ou motivo para, inoportuno, na; il est malvenu à se plaindre no tiene motivo para ou es inoportuno quejarse.

malversation *f* malversación.

malvoisie [malvwazi] *f* malvasía (vin).

malvoyant, e *adj & s* invidente.

mamamouchi *m* FAM archipámpano (titre ridicule).

maman *f* mamá ■ belle-maman suegra, madre política ‖ FAM bonne-maman, grand-maman abuelita ‖ maman gâteau madraza ‖ petite maman mamita, mamaíta [(*Amér*) mamacita].

Mambrin *n pr* Mambrino.

mamelle *f* mama (mot savant), teta (familier) ‖ ubre (de la vache) ‖ pecho *m*, seno *m* ‖ FIG seno *m* nutricio, alimento *m* ■ bout de mamelle pezón ‖ enfant à la mamelle niño de pecho ou de teta ‖ être à la mamelle estar mamando.

mamelon [mamlɔ̃] *m* pezón (bout de la mamelle) ‖ cerro, montecillo (éminence de terrain) ‖ protuberancia *f*; le mamelon d'une pêche la protuberancia de un melocotón.

mamelonné, e *adj* apezonado, da ‖ lleno de protuberancias ‖ ondulado, da (terrain).

mamelouk ▶ **mameluk**.

mamelu, e *adj* tetudo, da.

mameluk [mamlyk]; **mamelouk** [mamluk] *m* mameluco.

  ‖ OBSERV No tiene en francés el sentido americano de prenda de vestir de niño, que corresponde a combinaison, barboteuse (en español, pelele).

Mamert [mamɛʀ] *n pr* Mamerto.

m'amie; ma mie *f* FAM amiga, amiguita.

mamie; mammy; mamy abuela [lenguaje infantil].

mamillaire [mamilɛʀ] *adj* mamilar.
  ◇ *f* BOT peyote *m*, mamilaria.

mammaire *adj* ANAT mamario, ria; glandes mammaires glándulas mamarias.

mammalogie *f* ZOOL mamalogía.

mammée *f* mamey *m* (fruit américain).

mammifère *adj & s m* mamífero, ra.

mammite *f* MÉD mamitis.

mammographie *f* MÉD mamografía.

Mammon *n pr* Mammón.

mammouth *m* ZOOL mamut (fossile).

  ‖ OBSERV Le mot espagnol mamut a deux pluriels: mamuts, qui est le plus employé, et mamutes.

mammy ➤ mamie.

m'amours; mamours *m pl* FAM carantoñas *f*, caricias *f*, arrumacos ‖ zalamerías *f* (flatteries).

mam'selle; mam'zelle *f* FAM (contracción de mademoiselle) señorita.

mamy ➤ mamie.

Man *n pr f* GÉOGR l'île de Man la isla de Man.

mana *m* RELIG mana.

manade *f* manada [en Provenza].

management *m* gestión *f* de empresas.

manager [manadʒœr] ou [manadʒɛr] *m* empresario, gerente (d'un établissement) ‖ apoderado, empresario (d'un sportif), manager (d'un boxeur).

Managua *n pr* GÉOGR Managua.

manant *m* HIST villano (vilain) ‖ PÉJ (vieilli) campesino, palurdo (paysan) ‖ (vx) patán, grosero (grossier).

Manassé *n pr* Manasés.

manceau, celle *adj* & *s* de Le Mans ‖ del Maine [provincia francesa].

mancelle *f* cejador *m* (d'un cheval).

mancenille [mɑ̃snij] *f* manzanilla (fruit).
   ‖ OBSERV Le mot espagnol manzanilla désigne également la camomille et un vin blanc andalou.

mancenillier [mɑ̃snije] *m* manzanillo (arbre).

manche *m* mango; manche de couteau mango de cuchillo ‖ esteva *f*, mancera *f* (d'une charrue) ‖ hueso (os des côtelettes) ‖ mástil (de la guitare) ‖ FAM zopenco, gaznápiro (stupide) ■ manche à balai palo de escoba (d'un balai), palanca de mando (d'un avion) ‖ manche-de-couteau navaja (mollusque) ■ FIG branler dans le manche no estar seguro en su empleo ‖ jeter le manche après la cognée tirar la soga tras el caldero ‖ FAM se débrouiller ou s'y prendre comme un manche hacer las cosas con los pies ‖ se mettre du côté du manche ponerse de parte del que gana, arrimarse al sol que más calienta ‖ s'endormir sur le manche no dar ni golpe, estar mano sobre mano, no hacer nada ‖ FAM tomber sur un manche llevarse un chasco, dar en hueso.
   ◇ *f* manga; en manches de chemise en mangas de camisa ‖ manga, manguera, tubo *m* (tuyau) ‖ partida, mano *m*, manga (au jeu) ‖ GÉOGR canal *m*, brazo *m* de mar ■ manche à air manguera de ventilación, manga veleta ‖ manche à vent manga ‖ manche d'Hippocrate manga (pour filtrer) ‖ manche à gigot manga de jamón, manga afarolada ■ fausse manche manguito, mangote ■ avoir quelqu'un dans sa manche tener a alguien en el bolsillo, tener influencia con alguien ‖ FAM c'est une autre paire de manches eso es harina de otro costal, esos son otros López ‖ être dans la manche de quelqu'un estar enchufado con alguien, ser santo de la devoción de alguien ‖ être manche à manche estar empatados (au jeu) ‖ FAM faire la manche alargar la mano, pedir ‖ mettre quelque chose dans sa manche apoderarse de algo ‖ retrousser ses manches arremangarse ‖ tirer la manche à quelqu'un tirar a uno de la manga ou de la levita, solicitar a uno.

Manche *n pr f* GÉOGR la Manche (el canal de) la Mancha (mer) ‖ la Manche la Manche ou Mancha (département français) ‖ la Manche la Mancha (région d'Espagne) ‖ le tunnel sous la Manche el túnel de la Mancha.

mancheron *m* esteva *f*, mancera *f* (de charrue).

Manchester *n pr* GÉOGR Manchester.

manchette *f* puño *m*, vuelta (d'une chemise) ‖ manguito *m*, mangote *m* (pour protéger les manches) ‖ FAM esposas *pl* (menottes) ‖ golpe *m* dado con el antebrazo (coup) ‖ IMPR ladillo *m*, nota marginal (note marginale) ‖ titular *m*, cabecera (titre de journal).

manchon *m* manguito (fourrure pour les mains) ‖ CONSTR golilla *f* ‖ MÉCAN manguito (d'accouplement), embrague ‖ TECHN camisa *f*, manguito (gaine incandescente) ‖ envoltura *f* (enveloppe).

manchot, e [mɑ̃ʃo, ɔt] *adj* manco, ca ‖ FIG & FAM ne pas être manchot no ser manco, ser listo.
   ➤ **manchot** *m* ZOOL pájaro bobo.

manchou, e ➤ mandchou.

mancipation [mɑ̃sipasjɔ̃] *f* DR mancipación.

Mandalay *n pr* GÉOGR Mandalay.

mandant *m* mandante, poderdante.

mandarin, e *adj* mandarino, na.
   ➤ **mandarin** *m* mandarín.

mandarinat [mɑ̃darina] *m* mandarinato.

mandarine *f* mandarina (fruit).

mandarinier *m* mandarino, mandarinero (arbre).

mandarinisme *m* mandarinismo.

mandat [mɑ̃da] *m* mandato, poder, procuración *f* ‖ mandato, diputación *f* (d'un député) ‖ mandamiento judicial, auto, orden *f*; mandat de comparution, d'amener, d'arrêt, de perquisition orden de comparecencia, de comparecer, de detención, de registro ‖ orden *f* de pago, libranza *f* (ordre de payer) ‖ mandato, misión *f*, cometido, función *f* delegada (fonctions déléguées) ‖ mandato (souveraineté) ‖ giro; mandat postal, télégraphique giro postal, telegráfico ■ mandat de dépôt auto de prisión ‖ territoire sous mandat territorio bajo fideicomiso ou mandato.

mandataire *m* mandatario, representante (intermédiaire) ‖ mandataire aux Halles asentador.

mandat-carte *m* giro postal en forma de tarjeta postal.
   ‖ OBSERV pl mandats-cartes.

mandat-contributions *m* giro especial para pagar las contribuciones.
   ‖ OBSERV pl mandats-contributions.

mandatement *m* orden *f* de pago, libramiento.

mandater [3] *v tr* librar una orden de pago (payer) ‖ dar poder ou mandato, comisionar, acreditar (déléguer).

mandat-lettre *m* giro postal.
   ‖ OBSERV pl mandats-lettres.

mandchou, e; manchou, e *adj* manchú; manchuriano, na; de Manchuria.

Mandchou, e; Manchou, e *m* & *f* manchú; manchuriano, na.

Mandchoukouo *n pr m* HIST le Mandchoukouo Manchukuo (ancien nom de la Mandchourie).

Mandchourie *n pr f* HIST la Mandchourie Manchuria.

mandement [mɑ̃dmɑ̃] *m* mandamiento, orden *f* escrita, instrucción *f* (ordre écrit) ‖ carta *f* pastoral (d'un évêque).

mander [3] *v tr* mandar, ordenar (ordonner par lettre) ‖ hacer saber, anunciar (faire savoir par lettre) ‖ hacer venir, llamar, convocar (donner ordre de venir).
   ‖ OBSERV L'espagnol mandar signifie surtout commander, ordonner oralement ou par écrit et envoyer.

mandibulaire *adj* mandibular.

mandibule *f* mandíbula, maxilar *m* ‖ (p us) pico *m* (des oiseaux).

mandille [mɑ̃dij] *f* (vx) casaca de lacayo.

mandingue *adj* mandinga (race africaine).
   ◇ *m* LING mandinga.

mandoline *f* mandolina ‖ mandoline espagnole bandurria.
   ‖ OBSERV La mandolina a quatre cordes doubles, la bandurria en a six, également doubles.

mandoliniste *m* & *f* persona *f* que toca la mandolina.

mandore *f* MUS mandora, bandola.

mandorle *f* gloria oval, aureola en forma de almendra colocada en torno a ciertas imágenes de Cristo.

mandragore *f* mandrágora.

mandrill [mɑ̃dril] *m* mandril (singe).

mandrin *m* mandril (de tourneur) ‖ parahúso, broca *f* taladro (outil pour percer) ‖ FIG & FAM malandrín, bandido (bandit) ‖ mandrin à coulisseau mandril de ranuras.

manducation [mɑ̃dykasjɔ̃] *f* manducación.

manécanterie *f* escuela de canto de una parroquia; masa coral, escolanía.

manège *m* doma *f*, ejercicios *pl* de equitación, manejo ‖ picadero (lieu où l'on dresse les chevaux) ‖ AGRIC noria *f* ‖ FIG manejo, tejemaneje, maniobra *f* (conduite artificieuse) ‖ TECHN malacate (machine) ■ manège d'avions tiovivo volador ‖ manège de chevaux de bois tiovivo, caballitos ‖ manège galant cortejo, flirteo ■ faire un tour de manège darse una vuelta en un tiovivo.

manéger [22] *v tr* amaestrar, domar en el picadero (les chevaux).

Manès [manes] ➤ Mani.

mânes [man] *m pl* manes (âmes des morts).

maneton *m* TECHN manecilla *f*, brazo de manivela.

manette *f* palanca, manecilla (petit levier); manette de jeu manecilla de mando de juego.

Manfred *n pr* Manfredo.

manga *m* cómic [japonés y coreano].

manganate *m* CHIM manganato.

manganèse *m* manganeso (métal).

manganeux, euse *adj* manganoso, sa; manganésico, ca.

Manganine® *f* manganina [aleación de cobre, manganeso y níquel].

manganique *adj m* mangánico.

manganite *f* manganita.

mangeable [mɑ̃ʒabl] *adj* comible, comestible.

mangeaille [mɑ̃ʒaj] *f* pienso *m*, comida (des animaux) ▌ FAM manduca, jamancia, condumio *m* (aliments).

mange-disque *m* comediscos.
▌ OBSERV pl mange-disques.

mangeoire [mɑ̃ʒwar] *f* comedero *m* ▌ pesebre *m* (pour le gros bétail).

mangeotter [3] [mɑ̃ʒɔte] *v tr* FAM comer sin gana ou sin apetito ▌ comisquear (grignoter).

manger [17] *v tr & intr* [▷ SYN] comer; manger à la carte comer a la carta ▌ comer, comerse; j'ai mangé un poulet me he comido un pollo; donner à manger dar de comer ▌ comer (flétrir) ▌ devorar (animaux) ▌ FIG carcomer (ronger) ▌ tragarse, consumir, gastar (consumer) ▌ comerse, disipar; manger le capital comerse el capital ▪ manger à sa faim comer hasta hartarse ▌ manger à tous les râteliers sacar partido ou tajada de todas partes ▌ manger comme quatre tener un buen saque, comer como un regimiento ▌ manger comme un goinfre comer a dos carrillos ▌ manger de baisers comerse a besos ▌ manger de bon appétit comer con muchas ganas ▌ manger de la prison estar encarcelado ▌ FAM manger de la vache enragée pasarlas negras, pasar privaciones ▌ FIG manger des yeux comerse con los ojos ▌ manger du bout des dents comer sin ganas ▌ manger du curé, du communiste ser violentamente anticlerical, anticomunista ▌ FAM manger la consigne violar la consigna ▌ FAM manger le morceau confesar, irse del pico, delatar a los cómplices ▌ manger les pissenlits par la racine estar mascando tierra, criar malvas ▌ FIG manger quelqu'un encolerizarse mucho contra alguien ▌ manger ses mots mascullar, comerse las palabras ▌ manger son pain blanc le premier empezar por los postres ▪ bon à manger comestible ▌ il y a à boire et à manger hay para todos los gustos ▌ on en mangerait está para comérselo ▌ FAM se manger le nez comerse las narices, pelearse, reñir.
▌ SYN dévorer devorar; FAM s'empiffrer apiparse; goinfrer tragar; grignoter roer; TFAM becqueter, FAM boulotter, FAM bouffer, FAM casser la croûte jamar, manducar; FAM bâfrer zampar, engullir.

manger *m* comida *f* (nourriture), comer (action de manger); le boire et le manger la bebida y la comida ▌ garde-manger despensa.

mange-tout *m inv* FAM derrochador, despilfarrador (gaspilleur) ▌ tirabeque, guisante mollar (pois) ▌ judía *f* verde crecida (haricot).

mangeur, euse *adj & s* comedor, ra ▌ FIG derrochador, ra; manirroto, ta ▪ gros mangeur comilón, tragón ▌ mangeur de feu tragafuego ▌ FAM mangeurs de grenouilles los franceses ▌ mangeurs de rosbif los ingleses.

mangeure [mɑ̃ʒyr] *f* roedura (partie mangée) ▌ picadura (des mites).

mangle *m* mangle (fruit).

manglier *m* mangle (arbre).

mangonneau *m* HIST manganel, almajaneque (machine de guerre).

mangoustan *m* mangostán (fruit).

mangoustanier *m* mangostán (arbre).

mangouste *f* mangosta (mammifère).

mangrove *f* manglar *m*.

mangue [mɑ̃g] *f* mango *m* (fruit).

manguier *m* mango (arbre).

Mani; Manès *n pr* Manes, Maniqueo.

maniabilité *f* manejabilidad.

maniable *adj* manejable ▌ FIG tratable, flexible (souple) ▌ moldeable (malléable).

maniaco-dépressif, ive *adj & s* MÉD maníaco depresivo, va.
▌ OBSERV pl maniaco-dépressifs, maniaco-dépressives.

maniaque *adj & s* maniático, ca; maníaco, ca.

maniaquerie *f* comportamiento maniático, manía.

manichéen, enne [manikeɛ̃, ɛn] *adj & s* maniqueo, a.

manichéisme [manikeism] *m* maniqueísmo (hérésie).

manicle ▬ **manique**.

manicordion [manikɔrdjɔ̃]; **manicorde** [manikɔrd] *m* MUS monacordio, manicordio.

manie [mani] *f* manía ▌ manie de la persécution manía persecutoria.
▌ SYN tic tic; marotte capricho, tema; FAM toquade, tocade chifladura; dada manía.

maniement [manimɑ̃] *m* manejo ▌ tacto (toucher) ▌ cordura *f*, protuberancia *f* de grasa en ciertos puntos del cuerpo de un animal de carnicería.

manier [9] *v tr* manejar ▌ (vx) tocar, apreciar por el tacto ▪ au manier al tacto ▌ manier l'or à la pelle apalear el oro.
➡ **se manier** *v pr* ▬ **magner**.
▌ SYN manipuler manipular; FAM tripoter manosear; FAM tripatouiller, patouiller sobar.

manière *f* manera, modo *m* ▌ FAM especie de, algo así como (sorte de); une manière de professeur una especie de profesor ▌ FIG estilo *m* (d'un écrivain, d'un artiste, etc.) ▪ manière d'être manera de ser, modo de ser ▌ manière de parler modo de hablar, decir; c'est une manière de parler es un decir ▪ adverbe de manière adverbio de modo ▪ à la manière de en el estilo peculiar de, al estilo de, como ▌ FAM de la belle manière de mala manera, sin miramiento ▌ de manière à con objeto de, para ▌ d'une manière ou d'une autre de una manera o de otra ▌ de manière que de modo que, de manera que ▌ de telle manière que de modo que, de tal modo que ▌ de toute manière de todas maneras, de todos modos ▌ en quelque manière en cierto sentido ▌ en voilà des manières! ¡vaya modales! ▌ la manière dont la manera como ▌ la manière forte la mano dura, la fuerza ▌ par manière d'acquit por cumplir ▌ utiliser la manière forte forzar.
➡ **manières** *f pl* modales *m*, maneras, modos *m*; manières distinguées modales distinguidos ▌ FAM remilgos *m*, melindres *m*, cumplidos *m* (compliments affectés, cérémonies); faire des manières andar con remilgos ▌ belles manières modales finos.

maniéré, e *adj* amanerado, da; rebuscado, da.

maniérisme *m* amaneramiento ▌ manierismo (art).

maniériste *adj & s* (p us) amanerado, da ▌ manierista (art).

manieur *m* manipulador ▌ el que maneja.

manif *f* FAM mani.

manifestant, e *m & f* manifestante.

manifestation *f* manifestación ▌ manifestación, acto *m* (cérémonie) ▌ manifestación, desfile *m* (défilé).

manifeste *adj* manifiesto, ta ▌ manifiesto, ta; declarado, da; un menteur manifeste un mentiroso declarado ▌ [▷ SYN] manifiesto, ta; claro, ra; evidente ▌ MAR manifeste de douane declaración de carga, sobordo.
◇ *m* manifiesto.
▌ SYN évident evidente; notoire notorio; public público.

manifestement *adv* manifiestamente.

manifester [3] *v tr* manifestar, poner de manifiesto.
◇ *v intr* manifestar, hacer una manifestación ▌ asistir a una manifestación.
➡ **se manifester** *v pr* manifestarse.

manifold [manifɔld] *m* talonario de facturas con calco.

manigance *f* FAM manejo *m*, artimaña, tejemaneje *m*.

manigancer [16] *v tr* FAM tramar, maquinar, urdir, trapichear.

maniguette *f* malagueta (piment).

manille *f* argolla, anilla (d'une chaîne) ▌ manilla, grillete *m* (d'un forçat) ▌ malilla, mala (jeu de cartes) ▌ trompetilla (cigare de Manille) ▌ sombrero *m* de paja de Manila, jipijapa *m* (chapeau de paille).

Manille [manij] *n pr* GÉOGR Manila.

manillon *m* as (au jeu de manille).

manioc *m* mandioca *f*, yuca *f* (plante).

manip; manipe *f* FAM mangoneo *m*.

manipulateur, trice *m & f* manipulador, ra ▌ ilusionista *m* (prestidigitateur).
➡ **manipulateur** *m* ÉLECTR manipulador.

manipulation *f* manipulación ▌ FIG manejo *m*, manoseo *m*, manipulación (tripotage) ▌ experiencia, trabajo *m* práctico; cahier de manipulations cuaderno de trabajos prácticos ▌ ilusionismo *m* ▌ BIOL manipulation génétique manipulación genética.

manipule *m* manípulo.

manipuler [3] *v tr* manipular ▌ FIG manejar (tripoter) ▌ hacer experiencias de química.

manique; manicle *f* guante *m* de cuero, manopla ▌ mango *m* (manche).

Manitoba *n pr m* GÉOGR le lac Manitoba el lago Manitoba.

manitou *m* manitú (divinité des Indiens d'Amérique du Nord) ▌ FAM grand manitou gran personaje, mandamás, capitoste.

manivelle *f* manivela, manubrio *m* ▌ biela (de bicyclette).

manne *f* maná *m* (aliment) ▌ canasta (panier) ▌ manne d'enfant cuna de mimbre, moisés.

mannequin *m* maniquí ▌ modelo *f*, maniquí *f* (personne) ▌ FIG pelele, maniquí, muñeco, hombre sin carácter ▌ cesto, canasto (panier long) ▌ espantapájaros (épouvantail).

mannequiner [3] *v tr* ARTS colocar [los personajes de una pintura como si fueran maniquíes].

mannite *f* CHIM manita, azúcar *m* de maná.

manodétendeur *m* TECHN manodescompresor.

manœuvrabilité [manœvrabilite] *f* maniobrabilidad.

manœuvrable [manœvrabl] *adj* maniobrable, manejable.

manœuvre [manœvr] *f* manejo *m*, maniobra ‖ maniobra; **manœuvres frauduleuses** maniobras fraudulentas ‖ FIG manejos *m pl*, trapicheo *m*, tejemaneje *m* (intrigues) ‖ MAR jarcia, maniobra, aparejo *m* (cordage) ‖ maniobra, faena (corvée) ‖ MIL maniobra, ejercicio *m* táctico; **terrain de manœuvres** campo de maniobras ‖ TECHN puesta en marcha.
◇ *m* bracero, peón (ouvrier) ‖ FIG chapucero [mal trabajador, mal escritor, mal artista].

manœuvrer [5] [manœvre] *v tr & intr* maniobrar ‖ manejar.

manœuvrier, ère [manœvrije, er] *adj* maniobrero, ra ‖ FIG político hábil ‖ FAM maniobrista.

manoir *m* casa *f* solariega (d'une famille) ‖ casa *f* de campo ‖ POÉT (vx) morada *f*, casa *f* (demeure).

manomètre *m* manómetro.

manométrique *adj* manométrico, ca.

manoque *f* manojo *m* (de tabac) ‖ MAR ovillo *m* de meollar.

manostat [manɔsta] *m* manostato.

manouche *adj & s* cíngaro, ra; gitano, na.

manouvrier, ère *m & f* HIST jornalero, ra; bracero, ra; peón *m*.

manquant, e *adj* que falta, faltante; **la somme manquante** la cantidad que falta.
◇ *m & f* ausente ‖ **manquant à l'appel** ausente [al pasar lista].

manque *m* [▷ SYN] falta *f*; **le manque de temps** la falta de tiempo ‖ carencia *f*, escasez *f*; **manque de moyens** carencia de medios; **manque de main-d'œuvre** escasez de mano de obra ‖ lo que falta (ce qui manque) ‖ fallo, insuficiencia *f* ■ **manque à gagner** lucro cesante, beneficio previsto no obtenido ‖ **manque de chance** mala suerte ‖ **manque et passe** falta y pasa ■ FAM **à la manque** camelista, de camelo ‖ **par manque de** por falta de.

   SYN **absence** ausencia; **carence** carencia; **défaut** defecto; **déficience** deficiencia; **disette** escasez; **faute** falta, defecto; **pénurie** penuria; **privation** privación.

manqué, e *adj* fracasado, da; malogrado, da; frustrado, da; **affaire manquée** asunto fracasado ‖ fallido, da; frustrado, da; **un coup manqué** un golpe fallido ‖ perdido, da; **une occasion manquée** una ocasión perdida ‖ que ha salido mal; **une glace manquée** un helado que ha salido mal ‖ defectuoso, sa (défectueux) ‖ **un garçon manqué** marimacho, muchacha con maneras y aficiones masculinas.
  ➤ **manqué** *m* bizcocho *f* (sorte de biscuit) ‖ **moule à manqué** molde de bizcocho.

manquement *m* falta *f*; **manquement à la charité** falta de caridad ‖ infracción *f*, transgresión *f* (infraction) ‖ incumplimiento; **manquement à la parole donnée** incumplimiento de la palabra dada.

manquer [3] *v intr* faltar; **un bras lui manque** le falta un brazo ‖ faltar (être absent) ‖ faltar, incurrir en falta; **manquer à son devoir** faltar a su deber ‖ fallar, fracasar; **affaire qui manque** negocio que fracasa; **la voix lui manqua** le falló la voz ‖ faltar al respeto; **manquer à la vieillesse** faltar al respeto a la vejez; **manquer à la politesse** carecer de cortesía ‖ fallar; **manquer à ses amis** fallar a sus amigos ‖ fallar, errar; **le coup manqua** falló el tiro ‖ no venir, no acudir, faltar; **manquer à un rendez-vous** no acudir a una cita ‖ omitir, dejar de, olvidar; **ne manque pas de venir** no dejes de venir ‖ carecer de, no tener, estar falto de; **manquer d'argent** carecer de dinero ‖ fallar, flaquear, desfallecer; **le cœur lui a manqué** el corazón le ha fallado ‖ estar a punto de, estar a pique de, faltar poco para; **il a manqué de tomber** ha estado a punto de caer, faltaba poco para que se cayera ■ **manquer à sa parole** faltar a su palabra ■ **cette personne me manque beaucoup** echo mucho de menos a esta persona ‖ **il s'en manque de peu, de beaucoup** falta poco, mucho ‖ **le pied lui a manqué** se le han ido los pies ‖ **ne pas manquer de** no dejar de ‖ **sans manquer** sin falta.
◇ *v tr* echar a perder, haberle a uno salido mal, fallar; **manquer un plat** echar a perder un guiso ‖ dejar escapar, perder; **manquer une occasion** perder una ocasión ‖ no conseguir, no alcanzar, fallar; **manquer le but** no conseguir el objetivo ‖ errar; **manquer son coup** errar el golpe ou el tiro ‖ ejecutar mal, hacer mal, no acertar (mal exécuter) ‖ malograr (sa vie) ‖ no ver, no encontrar; **manquer un voyageur** no ver a un viajero ‖ no acudir a, faltar a; **manquer un rendez-vous** no acudir a una cita ‖ perder; **manquer le train** perder el tren ‖ marrar el tiro a; **manquer un lièvre** marrar el tiro a una liebre ■ **manquer le coche** perder una buena ocasión ■ FAM **il ne manquait plus que ça!** ¡sólo faltaba eso!, ¡lo que faltaba! ‖ **je n'y manquerai pas** no fallaré ‖ **la manquer belle** perder una buena ocasión (perdre), librarse de una buena (échapper) ‖ **ne pas manquer quelqu'un** no olvidar de darle su merecido ou no dejar escaparse a alguien (châtier) ‖ **se manquer** fallar al suicidio, salir rana el suicidio.
◇ *v impers* faltar; **il manque dix élèves** faltan diez alumnos.

Mans [mã] *n pr* GÉOGR **Le Mans** Le Mans ‖ **les 24 Heures du Mans** las veinticuatro horas de Le Mans.

mansarde *f* buhardilla.
   SYN **combles** desván; **galetas** sotabanco, zaquizamí; **grenier, débarras** desván.

mansardé, e *adj* abuhardillado, da.

mansion *f* mansión.

mansuétude [mãsɥetyd] *f* mansedumbre.

mante *f* manto *m*, capa ‖ **mante religieuse** predicador, santateresa (insecte).

manteau *m* [▷ SYN] abrigo, gabán [(*Amér*) tapado] (pardessus) ‖ abrigo (de femme); **manteau de fourrure** abrigo de pieles ‖ capote (d'un militaire) ‖ FIG manto, capa *f*; **le manteau de l'indifférence** el manto de la indiferencia ‖ ZOOL manto (des mollusques) ‖ campana *f*, manto (de cheminée) ■ THÉÂTR **manteau d'Arlequin** segunda embocadura ■ **le blanc manteau de la neige** la blanca alfombra de la nieve ‖ **se draper dans son manteau** embozarse ou arrebujarse en un abrigo ‖ **sous le manteau** a escondidas, bajo cuerda, solapadamente (clandestinement).

   SYN **pardessus** abrigo, sobretodo; **paletot** gabán; **pelisse** pelliza; **cape** capa; **capote** capote; **caban** chubasquero.

mantelé, e *adj* ZOOL albardado, da ‖ BLAS mantelado, da.
  ➤ **mantelée** *f* xantia (papillon).

mantelet [mãtlɛ] *m* manteleta *f*, esclavina *f* (manteau court) ‖ mantelete (fortification) ‖ BLAS mantelete ‖ MAR porta *f*, tronera *f*.

mantelure *f* pelo *m* del lomo de un perro.

mantille [mãtij] *f* mantilla.

Mantinée *n pr* GÉOGR Mantinea.

mantique *f* adivinación.

mantisse *f* mantisa (d'un logarithme).

mantouan, e [mãtwã, an] *adj* mantuano, na; de Mantua.

Mantoue *n pr* GÉOGR Mantua.

Manuce *n pr* Manuzio, Manucio.

manucure *m & f* manicuro, ra.
◇ *f* manicura.

manuel, elle *adj & s m* manual.

manuélin *adj m* manuelino (style).

manuellement *adv* manualmente.

manufacturable *adj* manufacturable.

manufacture *f* manufactura ‖ fábrica, manufactura.

manufacturé, e *adj* manufacturado, da.

manufacturer [3] *v tr* manufacturar.

manufacturier, ère *adj* fabril.
◇ *adj & s* manufacturero, ra.
◇ *m & f* fabricante.

manu militari [manymilitari] *loc adv* manu militari, por la fuerza armada, por la fuerza de las armas.

manumission *f* manumisión.

manuscrit, e [manyskri, it] *adj* manuscrito, ta.
  ➤ **manuscrit** *m* original, manuscrito.

manutention [manytãsjɔ̃] *f* manipulación, manutención, manipulado *m* (de marchandises) ‖ intendencia militar (intendance militaire).

manutentionnaire [manytãsjɔnɛr] *m* manipulador.

manutentionner [3] [manytãsjɔne] *v tr* manipular ‖ confeccionar, preparar.

manuterge *m* ECCLÉS cornijal.

maoïsme *m* maoísmo.

maoïste *adj & s* maoísta.
   OBSERV pl du mot espagnol: maoríes.

Maori *m & f* maorí.

Mao Zedong [maodzedɔ̃g]; **Mao Tsö-tong; Mao Tsé-toung** *n pr* Mao Zedong, Mao Tsé-tung.

mappemonde *f* mapamundi *m*.

Maputo *n pr* GÉOGR Maputo.

maque *f* agramadera.

maquer [3] *v tr* TFAM chulear.

maquereau [makro] *m* caballa *f*, sarda *f* (poisson) ‖ TFAM chulo, rufián.

maquerelle [makrɛl] *f* TFAM patrona de una casa de trato.

maquette *f* maqueta, boceto *m*, proyecto *m* ▌ IMPR maqueta.

maquettiste *m* & *f* proyectista, autor, ra de una maqueta.

maquignon *m* chalán, tratante de caballos ▌ FIG & FAM zurcidor de voluntades.

maquignonnage *m* chalanería *f*, chalaneo ▌ manejos *pl* comerciales fraudulentos ▌ FIG & FAM intriga *f*, manejos *pl*.

maquignonner [3] *v tr* chalanear, vender caballos (vendre des chevaux) ▌ FIG chalanear con, andarse con trapicheos con.

maquillage [makijaʒ] *m* maquillaje.

maquillé, e [makije] *adj* maquillado, da; pintado, da ▌ FIG disfrazado, da; un crime maquillé en suicide un crimen disfrazado de suicidio.

maquiller [3] [makije] *v tr* maquillar, pintar (farder) ▌ FIG alterar, encubrir, disfrazar, maquillar (altérer) ▌ maquillar, falsificar.

➡ **se maquiller** *v pr* maquillarse, pintarse.

maquilleur, euse [makijœr, øz] *m* & *f* maquillador, ra (de théâtre) ▌ FIG falsario, ria (faussaire) ▌ tramposo, sa (tricheur).

maquis [maki] *m* monte bajo, matorral (en Corse) ▌ resistencia *f* de los franceses contra los alemanes en la segunda guerra mundial, maquis (gallicisme), guerrilla *f* ▌ FIG complicación *f*, laberinto inextricable, embrollo ▌ prendre le maquis echarse ou irse al monte.

maquisard [makizar] *m* guerrillero, resistente.

marabout [marabu] *m* morabito (religieux musulman) ▌ hervidor panzudo (bouilloire) ▌ marabú (oiseau) ▌ marabú (plume) ▌ MIL tienda *f* de campaña cónica.

marabunta *f* marabunta.

maraîchage *m* labores *f pl* de huerta.

maraîcher, ère *adj* hortense, de huerta ▪ culture maraîchère cultivo de hortalizas ▌ production maraîchère productos de la huerta.

◇ *m* & *f* hortelano, na.

maraîchin, e *adj* & *s* hortelano, na [de la Vendée].

marais [marɛ] *m* [▷ SYN] pantano, zona *f* pantanosa, ciénaga *f* ▌ marisma *f* (en bordure de mer ou de fleuve) ▌ huerta *f* (terrain pour la culture des légumes) ▪ marais salant salina ▪ fièvre des marais paludismo ▌ gaz des marais gas de los pantanos, metano.

▌ SYN marécage ciénaga; maremme marisma; palud, palus palud, paúl.

Marais *m* le Marais el Marais [barrio antiguo de París].

▌ **LE MARAIS** _____

Este barrio castizo de París abarca la "place des Vosges" y el barrio judío situado en torno a la "rue des Rosiers"; se alzan palacios residenciales de los siglos XVI y XVII, llamados "hôtels" entre los que hay que destacar el "hôtel Carnavalet" y el "hôtel de Sully". También se encuentran castizos edificios con "poutres apparentes" (vigas vistas) y "tommettes" (baldosas hexagonales de color rojo).

maranta *f* maranta (plante d'Amérique).

marasme *m* marasmo.

marasque *f* marasca, cereza amarga.

marasquin *m* marrasquino (liqueur).

marathe; mahratte; marathi *m* LING marathi.

marathon *m* maratón (course).

Marathon *n pr* GÉOGR Maratón.

marathonien, enne *m* & *f* maratoniano, na.

marâtre *f* madrastra.

maraud, e [maro, od] *adj* & *s* pícaro, ra; tunante; bribón, ona.

maraudage *m*; **maraude** *f* merodeo *m* ▌ FIG taxi en maraude taxi que circula en busca de clientes.

marauder [3] *v intr* merodear ▌ FIG circular lentamente en busca de clientes (taxi).

maraudeur, euse *m* & *f* merodeador, ra.
◇ *adj* que circula lentamente en busca de clientes (chauffeur de taxi).

maravédis *m* maravedí (monnaie).

▌ OBSERV *pl* du mot espagnol: maravedís, maravedises ou maravedíes.

Marbourg ➡ **Marburg**.

marbre *m* mármol (pierre) ▌ monumento ou estatua *f* de mármol (monument) ▌ FIG mármol, frialdad *f*, dureza *f* (froideur) ▌ IMPR platina *f*; rester sur le marbre quedarse en la platina ▌ TECHN jaspeado (marbrure d'un livre) ▌ FIG rester de marbre quedarse frío como el mármol.

marbré, e *adj* jaspeado, da (jaspé) ▌ amoratado, da (par le froid).

marbrer [3] *v tr* jaspear, vetear ▌ amoratar, acardenalar (la peau).

marbrerie [marbrəri] *f* marmolería.

marbreur, euse *m* & *f* jaspeador, ra.

marbrier, ère [marbrije, ɛr] *adj* del mármol, referente a la industria del mármol.
➡ **marbrier** *m* marmolista.
➡ **marbrière** *f* cantera de mármol.

marbrure *f* jaspeado *m*, jaspeadura (d'un livre) ▌ mancha amoratada de la piel (de la peau).

Marburg; Marbourg *n pr* GÉOGR Marburgo.

marc [mark] *m* marco (ancien poids de 244, 75 g) ▌ marco (monnaie) ▌ au marc le franc a prorrateo, a prorrata.

marc [mar] *m* orujo, pie (du raisin) ▌ orujo, erraj (des olives pressées) ▌ hez *f*, poso (lie) ▌ zurrapa *f*, madre *f* (du café) ▌ aguardiente de orujo (eau-de-vie) ▌ faire le marc de café adivinar el porvenir por los posos del café.

Marc [mark] *n pr* Marcos (saint) ▌ Marco (prénom).

marcasite ➡ **marcassite**.

marcassin *m* jabato (petit sanglier).

marcassite; marcasite *f* MIN marcasita, marquesita.

Marc Aurèle [markorɛl] *n pr* Marco Aurelio.

marcel *m* camiseta *f* sin mangas.

Marcel *n pr* Marcelo.

Marcelle *n pr* Marcela.

Marcellin *n pr* Marcelino.

Marcelline *n pr* Marcelina.

Marcellus [marselys] *n pr* Marcelo.

marcescent, e [marsesɑ̃, ɑ̃t] *adj* BOT marcescente.

marcescible [marsesibl] *adj* marchitable, marcesible (flétrissable).

marchand, e *m* & *f* [▷ SYN] vendedor, ra; marchand de journaux vendedor de periódicos ▌ comerciante; mercader, ra; le Marchand de Venise el Mercader de Venecia ▌ marchante, ta; traficante *m*, negociante *m* (négociant) ▌ (*p us*) comprador, ra (acheteur) ▪ marchand ambulant vendedor ambulante, buhonero ▌ marchand de bestiaux tratante en ganado ▌ marchand de biens corredor de fincas ▌ marchand de canons fabricante de armas ▌ marchand de charbon carbonero ▌ marchand de couleurs droguero ▌ marchand de cycles vendedor de bicicletas ▌ marchand de journaux vendedor de periódicos ▌ marchand de sable sueño; le marchand de sable est passé se está cayendo de sueño ▌ marchand de sommeil hotelero abusivo ▌ FAM marchand de soupe director de un colegio de internos, dueño de restaurante abusivo ▌ marchand de tableaux marchante de cuadros ▌ FIG marchand de tapis regatón ▌ marchand de vins tratante de vinos ▌ marchand d'habits ropavejero ▌ marchand d'orviétan charlatán ▌ marchand forain feriante ▪ marchande à la toilette prendera ▌ marchande de(s) quatre-saisons verdulera, vendedora ambulante ▪ les marchands du Temple los mercaderes del Templo ▪ être le mauvais marchand d'une chose no sacar ningún beneficio de una cosa ▌ il y a marchand hay comprador.

◇ *adj* mercante, mercantil; marine marchande marina mercante; navire, vaisseau marchand barco mercante ▌ comercial; valeur marchande valor comercial ▌ comercial, de mucho tráfico ou comercio; rue, ville marchande calle, ciudad comercial ▪ denrée marchande artículo comercial ou de fácil venta ▌ prix marchand precio corriente.

▌ SYN vendeur vendedor; commerçant comerciante; négociant negociante; débitant tendero; traficant traficante; FAM margoulin, mercanti mercachifle.

marchandage *m* regateo ▌ ajuste a destajo (à forfait) ▌ FIG negociaciones *f pl* ▌ comercio (dans un sens péjoratif).

marchander [3] *v tr* & *intr* regatear, discutir el precio de (débattre) ▌ ajustar ou hacer a destajo (exécuter à forfait) ▌ FIG escatimar, ser avaro de, regatear; marchander les éloges escatimar los elogios.
◇ *v intr* vacilar, titubear; il n'y a pas à marchander no hay que vacilar.

marchandeur, euse *adj* & *s* regateador, ra (qui marchande).
➡ **marchandeur** *m* CONSTR destajista (entrepreneur à forfait).

marchandise *f* [▷ SYN] mercancía, mercadería (*p us*); train de marchandises tren de mercancías ▌ género *m* (se dit surtout des tissus), artículo *m* (denrée) ▌ FIG faire valoir sa marchandise, vanter sa marchandise hacer el artículo.

▌ SYN denrée producto alimenticio, comestible; produit producto; FAM camelote buhonería; pacotille pacotilla.

marchant, e *adj* en marcha ∥ que marcha ∥ **FIG** activo, va; aile marchante d'un parti el ala activa de un partido.

marche *f* marcha ∥ marcha, andar *m*, manera de caminar (allure); une marche gracieuse un andar gracioso ∥ camino *m*; ce village est à une heure de marche este pueblo está a una hora de camino ∥ peldaño *m*, escalón *m* (degré) ∥ marcha (sport) ∥ funcionamiento *m* (fonctionnement) ∥ paso *m*, curso *m* (du temps) ∥ desarrollo *m*, progreso *m* (évolution) ∥ movimiento *m* (des astres) ∥ **HIST** marcha, frontera (frontière) ∥ cárcola (d'un métier à tisser) ∥ huella (du pied du cerf) ∥ **FIG** marcha, proceder *m*, conducta ∥ curso *m*, desarrollo *m*; la marche des événements el curso de los acontecimientos ∥ **IMPR** muestra ∥ **MIL** & **MUS** marcha ■ marche arrière marcha atrás (voiture), retroceso (d'une machine à écrire) ∥ marche à suivre camino que hay que seguir, método ∥ marche forcée marcha forzada ■ fausse marche marcha fingida ■ dans le sens de la marche en el sentido de marcha (train) ∥ en état de marche en estado de funcionamiento ■ **FIG** faire marche arrière dar marcha atrás ∥ faire une heure de marche andar durante una hora ∥ hâter la marche apretar ou apresurar el paso ∥ mettre en marche poner en marcha ∥ ouvrir, fermer la marche abrir, cerrar la marcha ∥ ralentir la marche aflojar el paso ∥ remettre en marche volver a poner en marcha ∥ se mettre en marche ponerse en marcha.

∥ **OBSERV** Hay que evitar el uso del pleonasmo marche à pied.

Marche *n pr f* **HIST** la Marche la Marca.

marché *m* [▷ **SYN**] mercado, plaza *f*; aller au marché ir a la plaza ∥ mercado; marché au poisson mercado de pescado ∥ trato, transacción *f*; faire un marché avantageux ou un marché d'or hacer un trato ventajoso; rompre un marché deshacer un trato ∥ mercado (débouché) ∥ contrato, convención *f* (convention) ∥ **FIG** mercado (ville très commerçante) ■ marché à forfait compra ou mercado a tanto alzado ∥ marché à option mercado de opción ∥ marché à prime operación de prima ∥ marché à règlement mensuel mercado de liquidación mensual ∥ marché à terme operación a plazo ∥ marché au comptant operación al contado ∥ **FAM** marché aux puces mercado de cosas viejas, el Rastro (à Madrid) ∥ marché de gré à gré contratación por común acuerdo ou adjudicación directa ∥ marché de dupe mal negocio, engañifa, pacto leonino ∥ marché du travail bolsa del trabajo ∥ marché ferme operación en firme ∥ marché financier mercado financiero ∥ marché gris mercado gris ∥ marché hors cote operaciones sobre títulos no admitidos a la cotización oficial ∥ marché monétaire mercado monetario ∥ marché noir estraperlo, mercado negro; au marché noir de estraperlo ∥ marché obligataire mercado de obligaciones ∥ marché parallèle mercado paralelo ∥ marché soutenu, calme, en retrait mercado sostenido, encalmado, en retroceso ■ bon marché barato, a buen precio; acheter à bon marché comprar barato; tissus bon marché tejidos baratos; lo bon marché coûte toujours cher lo barato sale siempre caro ∥ meilleur marché más barato ∥ par-dessus le marché además, por añadidura, aparte de eso, para colmo

■ avoir bon marché de quelque chose sacar provecho de algo ∥ **FIG** avoir bon marché de quelqu'un dar buena cuenta de alguien ∥ en être quitte à bon marché salir bien librado [de un apuro] ∥ faire bon marché de despreciar, hacer poco caso de, tener a menos, tener en poco ∥ faire son marché ir al mercado, ir a la compra, hacer la compra ∥ mettre à quelqu'un le marché en main obligar a uno a tomar una decisión.

∥ **SYN** halle mercado, plaza; foire feria; braderie baratillo; bazar bazar; souk zoco.

marchepied [marʃəpje] *m* estribo (d'une voiture) ∥ grada *f*, escalón (degré d'une estrade) ∥ tarima *f* (estrade) ∥ escabel, taburete (escabeau) ∥ **FIG** escalón, trampolín (moyen de parvenir) ∥ **MAR** marchapié ∥ servitude de marchepied servidumbre de andén (sur le chemin de halage).

marcher [3] *v intr* pisar; marcher sur le pied de quelqu'un pisar el pie de alguien ∥ [▷ **SYN**] andar, marchar; marcher sur les mains, sur les genoux andar con las manos, de rodillas ∥ ir, estar, ocupar; marcher en tête d'un cortège ir a la cabeza de un cortejo ∥ ir, caminar; il marchait au trot iba al trote ∥ ir, marchar, hacer; cette voiture marche à 150 km à l'heure este coche hace 150 km por hora ∥ moverse, desplazarse; les rivières sont des chemins qui marchent los ríos son caminos que se mueven ∥ funcionar, andar, marchar; auto qui marche bien auto que funciona bien ∥ transcurrir, pasar (s'écouler); les siècles marchent los siglos pasan ∥ ir, prosperar, marchar; affaire qui marche negocio que prospera ∥ ir; marcher à sa ruine ir a su ruina ∥ desarrollarse, ir bien; tout a marché todo ha ido bien ∥ **FAM** cuajar; si mon projet marche si mi proyecto cuaja ∥ aceptar, consentir, estar de acuerdo; il n'a pas marché no aceptó ∥ creerse, tragarse; elle a marché se lo creyó ■ marcher à grands pas andar con pasos largos ou a zancadas (marcher vite), progresar mucho (prospérer) ∥ marcher à quatre pattes andar a gatas ∥ **MIL** marcher au pas ir al paso (en cadence), ser obediente (être discipliné) ∥ marcher avec ou ensemble ir bien, ser compatibles ∥ **FIG** & **FAM** marcher avec quelqu'un estar con alguien, estar de acuerdo con alguien ∥ marcher droit ir derecho, proceder con rectitud ∥ marcher du même pas marchar ou progresar al mismo tiempo, obrar de concierto ∥ marcher en avant ou devant ir delante; marcher devant quelqu'un ir delante de alguien; llevar la delantera, ser más importante que ∥ marcher sous estar a las órdenes de ∥ marcher sur des œufs andar pisando huevos ∥ marcher sur les pas ou sur les traces de quelqu'un seguir a alguien, seguir las huellas ou los pasos de alguien, seguir el ejemplo de alguien ∥ marcher sur les pieds de quelqu'un pisar a uno (sens propre), pisotear ou atropellar a uno (sens figuré) ∥ marcher sur les talons de quelqu'un pisarle a uno los talones ∥ **FIG** marcher sur quelqu'un encontrar a alguien a cada paso ■ ça marche? ¿todo va bien? ∥ en avant, marche! ¡adelante ou de frente, mar! ∥ faire marcher la maison sacar la casa adelante ∥ faire marcher quelqu'un hacer obedecer (obtenir l'obéissance), tomar el pelo a uno, pegársela, engañarle (berner), mover a alguien ou manejar a alguien a su antojo (manier à son gré)

∥ lève-toi et marche! ¡levántate y anda! ∥ **MIL** marche! ¡marchen!

∥ **SYN** arpenter andar a grandes zancadas; cheminer caminar; déambuler deambular; se promener pasearse; trottiner pasear; **FAM** vadrouiller callejear; se balader darse un garbeo.

marcher *m* andares *pl*, modo de andar, paso ∥ suelo (sol).

marcheur, euse *adj* & *s* andador, ra; andarín, ina.
◇ *m* & *f* **SPORTS** deportista que practica la marcha como deporte.
➡ **marcheuse** *f* figurante (théâtre).

Marcomans *n pr m pl* Marcomanos.

marcottage *m* **AGRIC** acodadura *f*.

marcotte *f* **AGRIC** acodo *m*.

marcotter [3] *v tr* acodar.

mardi *m* martes; mardi dernier, prochain el martes pasado, próximo ou que viene ∥ mardi gras martes de carnaval.
∥ **OBSERV** El martes 13 corresponde al viernes 13 en Francia (día de mala o buena suerte).

Mardochée *n pr* Mardoqueo.

mare *f* charca ∥ charco *m*; mare de sang charco de sangre.

marécage *m* ciénaga *f*, terreno pantanoso, pantano.

marécageux, euse *adj* pantanoso, sa; cenagoso, sa.

maréchal *m* **MIL** mariscal; il y a peu de maréchaux hay pocos mariscales ∥ herrador (maréchal-ferrant) ■ maréchal de camp mariscal de campo ∥ maréchal des logis sargento de caballería ou de artillería ou de cuerpo de tren ∥ maréchal des logis-chef sargento mayor de caballería.

maréchalat [mareʃala] *m* mariscalato, mariscalía *f*.

maréchale *f* esposa de un mariscal, mariscala ∥ hulla (houille).

maréchalerie *f* herrería.

maréchal-ferrant *m* herrador.
∥ **OBSERV** pl maréchaux-ferrants.

maréchaussée *f* gendarmería ∥ (ancien) jurisdicción de un mariscal de Francia.

marée *f* marea ∥ pescado *m* fresco de mar (poisson) ∥ **FIG** oleada, marejada (masse considérable) ■ marée basse marea baja, bajamar ∥ marée descendante reflujo, marea saliente ∥ marée haute pleamar ∥ marée montante flujo, marea entrante ∥ marée noire marea negra ■ contre vent et marée contra viento y marea ∥ grande marée marea viva ∥ raz de marée maremoto, marejada alta ■ **FIG** arriver comme marée en carême llegar como pedrada en ojo de boticario, venir como el agua de mayo.

marégraphe *m* mareógrafo.

marelle *f* piso *m*, infernáculo *m*, rayuela, tres *m* en raya (jeu d'enfant).

marémoteur, trice *adj* maremotor, triz; mareomotor, triz ■ énergie marémotrice energía mareomotriz ∥ usine marémotrice central mareomotriz.

marengo [marɛ̃go] *adj* & *s m* marengo (couleur) ∥ à la marengo en pepitoria, a la marengo (cuisine).

mareyage [marɛjaʒ] *m* trabajo de pescadero ou de marisquero.

mareyeur, euse [marɛjœr, øz] *m* & *f* pescadero, ra; marisquero, ra.

margarine *f* margarina.

margarinerie *f* fábrica de margarina.

margauder [3] *v intr* gritar (la caille).

margay [margɛ] *m* marguay, caucel (félin d'Amérique).

marge *f* margen *m* ‖ margen (rive) ‖ **FIG** tiempo *m*, espacio *m* ‖ **ÉCON** marge bénéficiaire ou de bénéfices ganancia, beneficio, margen de ganancias ‖ marge brute d'autofinancement margen bruto de financiación ‖ marge commerciale margen comercial ‖ **FIG** marge de manœuvre margen de maniobra ‖ marge de sécurité margen de seguridad ‖ en marge al margen.

> **OBSERV** Le mot espagnol margen est tantôt masculin, tantôt féminin; il est masculin lorsqu'il correspond à la "marge" d'une feuille, et féminin dans le sens de "rivage".

margelle *f* brocal *m* (d'un puits).

marger [17] *v tr* **IMPR** marcar ‖ marginar (réserver une marge).

margeur, euse *adj* & *s m* **IMPR** marcador, ra; marginador, ra.

marginal, e *adj* marginal ‖ **ÉCON** coûts marginaux coste marginal.

marginalement *adv* marginalmente.

marginalisation *f* marginación.

marginaliser [3] *v tr* marginar.

marginalisme *m* marginalismo.

marginaliste *adj* & *s* marginalista.

marginalité *f* marginalidad.

marginer [3] *v tr* poner notas marginales.

margis [marʒi] *m* **ARG MIL** sargento de caballería.

Margot [margo] *n pr* Margarita.

margoter [3] *v intr* gritar (la caille).

margotin *m* encendajas *f pl*, manojo de hornija (fagot).

margouillis [marguji] *m* **FAM** estercolero (d'ordures), lodazal (de boue).

margoulette *f* **FAM** quijada, mandíbula (mâchoire) ‖ boca, jeta, hocico *m* (bouche) ‖ **FAM** casser la margoulette à quelqu'un romperle la jeta ou los hocicos a uno.

margoulin *m* **FAM** mercachifle.

margrave *m* margrave.
◇ *f* mujer del margrave.

margraviat [margravja] *m* margraviato.

marguerite *f* margarita (fleur) ‖ **MAR** margarita ■ **INFORM** imprimante à marguerite impresora de margarita ■ effeuiller la marguerite deshojar la margarita.

Marguerite *n pr* Margarita.

marguillier [margije] *m* mayordomo [de una parroquia].

mari *m* marido.

mariable *adj* casadero, ra (en âge de se marier).

mariage *m* [▷ **SYN**] matrimonio (union et sacrement); mariage civil, religieux matrimonio civil, religioso ‖ boda *f*, casamiento (noce); aller au mariage d'un ami ir a la boda de un amigo ‖ tute (jeu de cartes) ‖ **FIG** unión *f*, asociación *f*, maridaje, lazo ‖ **MAR** ligadura *f*

■ mariage blanc matrimonio rato ‖ mariage de raison matrimonio de conveniencia ou de interés ‖ mariage en détrempe ou de la main gauche matrimonio por detrás de la iglesia ‖ mariage par procuration matrimonio por poderes ‖ mariage sous la cheminée matrimonio secreto ■ acte de mariage partida de casamiento ‖ bans de mariage amonestaciones ‖ le Mariage de Figaro el Casamiento de Fígaro (Beaumarchais), las Bodas de Fígaro (Mozart) ■ faire un mariage casar ‖ faire un mariage d'amour casarse por amor ‖ faire un mariage d'argent casarse por interés ‖ promettre le mariage dar palabra de casamiento.

> **SYN** alliance alianza; épousailles esponsales; hymen, hyménée himeneo; union unión.
> **LE MARIAGE**
> En Francia, el matrimonio se celebra en el ayuntamiento en una ceremonia civil oficiada por el alcalde. Las parejas que lo deseen pueden luego casarse por la iglesia. En una boda tradicional, se organiza un largo y suntuoso banquete en el que se sirve la tarta nupcial señoreada por un pirámide de petisús cubiertos con caramelo.

marial, e *adj* mariano, na; marial (de la Vierge Marie).

marianiste *adj* & *s m* marianista (religieux).

Marianne *n pr* Mariana (prénom) ‖ **HIST** personificación de la República francesa.

> **MARIANNE**
> "Marianne" es el apodo de la República Francesa, que está representada por un busto de mujer con un gorro frigio. Esta imagen decora todos los ayuntamientos franceses y aparece en los sellos. Desde hace algunos años, actrices famosas ofrecen su cara para que se realicen nuevos bustos de "Marianne" a partir de su imagen.

Mariannes [marjan] *n pr f pl* **GÉOGR** les îles Mariannes las islas Marianas.

Marie *n pr* María.

marié, e *adj* & *s* casado, da ‖ novio, via; la robe de la mariée el traje de la novia ■ la jeune mariée la novia ‖ les mariés los novios ‖ les nouveaux ou jeunes mariés los recién casados ‖ rimes mariées versos pareados ■ se plaindre ou trouver que la mariée est trop belle quejarse de vicio ou sin motivo.

marier [9] *v tr* casar ‖ **FIG** unir, juntar, maridar (unir) ‖ casar, armonizar (assortir) ‖ **MAR** unir [dos cabos] ‖ être bon à marier ser casadero ‖ être marié de la main gauche estar casado por detrás de la iglesia.
◆ **se marier** *v pr* casarse; se marier à la mairie, par procuration casarse por lo civil, por poderes.

marie-salope *f* gánguil *m* (bateau pour enlever la vase) ‖ draga de vapor (drague).
■ **OBSERV** pl maries-salopes.

Marie-Thérèse *n pr* Marie-Thérèse d'Autriche María Teresa de Austria.

marieur, euse *m* & *f* casamentero, ra.

marigot [marigo] *m* brazo de río ‖ marisma *f* (terre inondable).

marihuana; marijuana *f* marihuana, marijuana, mariguana.

marin, e *adj* marino, na; brise marine brisa marina ‖ marinero, ra; navire marin navío

marinero ‖ náutico, ca; carte marine mapa náutico ‖ avoir le pied marin no marearse en los barcos (ne pas être malade), saber navegar (savoir se tirer d'affaire).
◆ **marin** *m* [▷ **SYN**] marino, marinero; les Phéniciens étaient un peuple de marins los fenicios eran un pueblo de marineros ■ costume marin traje de marinero ‖ marin d'eau douce marinero de agua dulce ‖ marin de commerce marino mercante.

> **OBSERV** En espagnol, on réserve le terme de marinero aux membres subalternes (matelots) de l'équipage ou aux amateurs.
> **SYN** marinier lanchero, barquero; matelot marinero; mousse grumete; loup de mer lobo de mar; batelier batelero, lanchero.

marina *f* puerto *m* deportivo ou náutico.

marinade *f* escabeche *m* (pour le poisson); marinade de thon atún en escabeche ‖ adobo *m*, salmuera (pour les viandes) ‖ conserva (viande marinée).

marinage *m* adobo (viande) ‖ escabechado (poisson).

marine *f* marina; marine à voiles, marchande, militaire ou de guerre marina de vela, mercante, de guerra ‖ marina (peinture).
◇ *m* soldado de infantería de marina.
◇ *adj inv* bleu marine azul marino.

mariner [3] *v tr* escabechar, marinar (le poisson) ‖ adobar (la viande) ‖ **FIG** laisser mariner esperar que madure, dejar en remojo.
◇ *v intr* estar en escabeche ou en adobo.

maringouin [marɛ̃gwɛ̃] *m* mosquito (moustique).

marinier, ère *adj* (p us) marinero, ra.
◆ **marinier** *m* barquero, lanchero.
◆ **marinière** *f* blusón *m* (de femme) ‖ marinera (d'enfant) ‖ **CULIN** marinera; moules à la marinière mejillones a la marinera.

marinisme *m* marinismo (style affecté).

mariole; mariolle; mariol *adj m* & *s m* **FAM** listo, pillín ‖ faire le mariole hacerse el interesante, dárselas de listo.

Marion *n pr* Mariquita, Maruja.

marionnette *f* títere *m*, marioneta ‖ **FIG** títere *m*, marioneta, pelele *m*, muñeco *m* (personne sans caractère) ‖ **TECHN** canilla (bobine) ‖ polea vertical giratoria.
◆ **marionnettes** *f pl* teatro *m sing* de marionetas.

marionnettiste *m* & *f* titiritero, ra.

mariste *adj* & *s m* marista (religieux).

marital, e *adj* marital; autorisation maritale autorización marital.

maritalement *adv* maritalmente ‖ vivre maritalement vivir maritalmente, hacer vida marital.

maritime *adj* marítimo, ma ‖ arsenal maritime arsenal marítimo, astillero.

maritorne *f* **FAM** maritornes.

Marius [marjys] *n pr* Mario.

marivaudage *m* discreteo, galanteo.

marivauder [3] *v intr* discretear, galantear ‖ andarse con floreos, andarse con exquisiteces.

marjolaine *f* **BOT** mejorana.

mark [mark] *m* marco (monnaie).

marketing *m* marketing, investigación *f* de mercados, mercadotecnia *f*, comercialización *f*, mercadeo.

marli; marly *m* randa *f* (broderie) ‖ borde, filete (d'une assiette, d'un plat).

marlou *m* FAM chulo, rufián.

marly ➡ **marli**.

marmaille [marmaj] *f* FAM chiquillería, gente menuda, prole.

Marmara *n pr* GÉOGR la mer de Marmara el mar de Mármara.

marmelade *f* mermelada ‖ FIG & FAM en marmelade hecho papilla, hecho migas.

marmenteau *m* monte que no puede cortarse, arbolado.

marmitage *m* FAM bombardeo de artillería, lluvia *f* de obuses (bombardement).

marmite *f* olla, marmita ‖ FAM pepino *m*, obús *m* de grueso calibre ■ marmite de Papin autoclave ‖ FIG faire bouillir ou faire aller la marmite pagar el cocido, calentar el puchero, ganar la subsistencia de una familia.

marmitée *f* olla ‖ ARG MIL cascos *m pl* de metralla (éclats d'obus).

marmiter [3] *v tr* FAM bombardear.

marmiton *m* pinche, marmitón.

marmonnement *m* murmullo, bisbiseo.

marmonner [3] *v tr* mascullar, refunfuñar.

marmoréen, enne *adj* marmóreo, a ‖ FIG marmóreo, a; frío, a; glacial (froid).

marmoriser [3] *v tr* transformar en mármol.

marmot [marmo] *m* FAM crío, chaval, arrapiezo ‖ FIG croquer le marmot estar de plantón, esperar mucho.

marmotte *f* marmota (animal); dormir comme une marmotte dormir como una marmota ‖ pañoleta (coiffure de femme) ‖ maleta (malle) ‖ muestrario *m*, maletín *m* de muestras (boîte à échantillons).

marmottement *m* refunfuño, mascullamiento.

marmotter [3] *v tr* hablar entre dientes, mascullar.

marmotteur, euse *adj & s* refunfuñador, ra; murmurador, ra; rezongón, ona.

marmouset [marmuzɛ] *m* monigote, mamarracho (figure grotesque) ‖ FAM chiquillo, monigote (petit enfant) ‖ renacuajo, hombre pequeño (homme de petite taille).

marnage *m* subida *f* del mar con la marea ‖ AGRIC enmargado, abono con marga.

marne *f* marga.

Marne *n pr f* GÉOGR Marne *m* ‖ HIST la bataille de la Marne la batalla del Marne.

──── LA BATAILLE DE LA MARNE ────
Esta campaña exitosa conducida por Joffre contra las fuerzas alemanas invasoras, en septiembre de 1914, es famosa por los "taxis de la Marne", taxis parisinos que se requisaron para llevar las tropas al frente.

marner [3] *v* AGRIC margar, abonar con marga.
◇ *v intr* subir el nivel del mar.

marneur *m* marguero.

marneux, euse *adj* margoso, sa.

marnière *f* margal *m*, marguera (carrière).

Maroc *n pr m* GÉOGR le Maroc Marruecos.

marocain, e *adj* marroquí.

Marocain, e *m & f* marroquí.

maroilles [marwal] *m* queso de Maroilles.

maronite *adj & s* maronita.

maronner [3] *v intr* FAM rabiar ‖ FAM rezongar, gruñir.

maroquin *m* marroquín, tafilete (peau tannée) ‖ FAM cartera *f* de ministro (portefeuille ministériel).

maroquinage *m* marroquinería *f*, tafiletería *f* (préparation du cuir).

maroquiner [3] *v tr* tafiletear, preparar el tafilete.

maroquinerie *f* marroquinería, tafiletería (préparation et commerce du cuir).

maroquinier *m* marroquinero, zurrador de tafilete; tafiletero ‖ comerciante en artículos de cuero (marchand de maroquinerie).

marotique *adj* marótico, ca; jocoserio, ria [dícese del estilo del poeta francés Marot].

marotte *f* manía, capricho *m*, monomanía (idée fixe) ‖ cetro *m* de locura (attribut de la folie) ‖ fraustina (tête en bois ou en carton) ‖ TECHN banco *m* de tonelero ‖ FIG à chacun sa marotte cada loco con su tema.

marouette *f* BOT manzanilla hedionda (maroute) ‖ especie de fúlica (oiseau).

marouflage *m* encolado de una pintura.

maroufle *m* pícaro, pillo (fripon) ‖ patán, grosero (grossier).
◇ *f* cola fuerte (pour les peintures).

maroufler [3] *v tr* encolar (une peinture).

maroute *f* BOT manzanilla hedionda.

marquage *m* acción *f* de marcar, marca *f*, marcación *f*, marcado ‖ marcaje (sports).

marquant, e *adj* notable; destacado, da ‖ que se destaca, que llama la atención, que se señala; couleurs marquantes colores que se destacan ‖ cartes marquantes cartas que puntúan.

marque *f* marca, señal ‖ marca (d'un produit) ‖ señal; mettre une marque dans un livre poner una señal en un libro ‖ señal (au lieu d'une signature) ‖ [▷ SYN] sello *m* (cachet) ‖ marchamo *m* (de la douane) ‖ mancha, antojo *m* (sur la peau) ‖ señal, huella (trace d'une lésion, d'un coup) ‖ rastro *m*, huella (empreinte) ‖ signo *m*; les marques extérieures de la richesse los signos exteriores de riqueza ‖ signo *m* distintivo, insignia ‖ señal, cruz (signature) ‖ hierro *m*, marca; marque au fer rouge marca con hierro candente ‖ picadura, señal (de la variole) ‖ FIG indicio *m*, signo *m* (indice); marque de joie signo de alegría ‖ prueba, señal, testimonio *m*; marque d'affection prueba ou señal de afecto; marques d'amitié pruebas de amistad ‖ estilo *m*, sello *m*; ses œuvres portent sa marque sus obras llevan su sello ‖ ficha, tanto *m* (jeton au jeu) ‖ tanteo *m* (score), marcador *m* (sports); mener à la marque ir por delante en el marcador ‖ tarja (de boulanger) ‖ vitola (des cigares) ■ marque de fabrique marca de fábrica ‖ marque déposée marca registrada ■ SPORTS à vos marques! ¡a sus puestos! ‖ de marque notable, insigne, relevante; destacado, da; personne de marque persona notable; de marca; produit de marque producto de

marca. ■ MAR arborer la marque enarbolar la insignia.

│ SYN cachet sello; timbre timbre; sceau sello; estampille estampilla; poinçon contraste, punzón; griffe firma; label marca sindical; repère señal.

marqué, e *adj* marcado, da; señalado, da ‖ acentuado, da; une différence marquée una diferencia acentuada ‖ gastado, da; desgastado, da; estropeado, da; marqué par l'âge gastado por los años ‖ envejecido, da (vieilli) ■ marqué au bon coin de buen cuño, excelente ‖ marqué de petite vérole picado de viruelas ‖ papier marqué papel sellado ‖ rôles marqués papeles de carácter (au théâtre) ■ être marqué au front, à la joue tener una señal en la frente, en la mejilla.

marquer [3] *v tr* señalar, marcar ‖ marcar, poner una marca (le linge), grabar (l'argenterie) ‖ anotar, inscribir; marquer ses dépenses anotar sus gastos ‖ SPORTS marcar, tantear (au jeu) ‖ señalar (une pendule) ‖ sellar (du papier) ‖ dejar huellas (laisser des traces) ‖ acentuar, señalar, hacer resaltar (accentuer) ‖ FIG indicar, revelar; ses paroles marquent sa générosité sus palabras revelan su generosidad ‖ venir a ser, indicar, representar; ce voyage marque le point culminant de ese viaje viene a ser la culminación de ‖ señalar; cet événement marqua le commencement de la révolution este suceso señaló el comienzo de la revolución ‖ mostrar, dejar ver (témoigner) ■ marquer d'une pierre blanche señalar con una piedra blanca ‖ marquer le coup acusar el golpe ‖ MIL marquer le pas marcar el paso ‖ marquer quelqu'un de son empreinte marcar a alguien con su impronta ‖ marquer un temps d'arrêt hacer una pausa, detenerse, pararse.
◇ *v intr* distinguirse, señalarse (se distinguer) ‖ dejar sus huellas, ser un hito; fait qui marquera dans l'histoire hecho que dejará sus huellas en la historia ‖ ser digno de ser señalado; livre où l'on ne trouve rien qui marque libro donde no se encuentra nada digno de ser señalado ‖ FAM marquer mal tener mala facha ou mala pinta ‖ crayon qui ne marque pas lápiz que no marca ou que no escribe.

marqueter [27] *v tr* [▷ SYN] motear, pintar manchas en ‖ TECHN taracear, adornar con marquetería.

│ SYN diaprer matizar; jasper jaspear; moucheter salpicar; tacheter motear; taveler manchar.

marqueterie [markətri] *f* marquetería, taracea, embutido *m*.

marqueteur *m* taraceador.

marqueur, euse *m & f* marcador, ra.
➡ **marqueur** *m* goleador (buteur) ‖ rotulador (crayon) ‖ BIOL marqueur biologique marcador biológico.

marquis [marki] *m* marqués; monsieur le marquis el señor marqués ‖ marquis de Carabas falso noble.

marquisat [markiza] *m* marquesado.

marquise *f* marquesa (titre de noblesse) ‖ variedad de pera (poire) ‖ sortija de lanzadera (bague) ‖ marquesa (fauteuil) ‖ ARCHIT marquesina (auvent) ‖ faire la marquise dárselas de marquesa, hacer remilgos.

Marquises *n pr f pl* GÉOGR les (îles) Marquises las (islas) Marquesas.

marquoir *m* marcador, letras *f pl* para marcar la ropa ▌ruleta *f*, rodillo trazador (de tailleur).

marraine *f* madrina.

Marrakech *n pr* GÉOGR Marrakech.

marrane *m* HIST marrano.

marrant, e *adj* FAM gracioso, sa; divertido, da▌sorprendente, extraño, ña ■ ce n'est pas marrant tiene muy poca gracia, menuda gracia tiene ▌tu n'es pas marrant eres un pesado, no tienes ni pizca de gracia.

marre [mar] *f* especie de azada con dientes.

marre *adv* FAM en avoir marre estar harto, estar hasta las narices.

marrer [3]
➡ **se marrer** *v pr* FAM divertirse, desternillarse de risa.

marri, e *adj* pesaroso, sa; mohíno, na.

marron *m* castaña *f* (fruit) ▌petardo (pétard) ▌ficha *f* para comprobar la presencia de un obrero, de un guarda nocturno, etc. ▌marrón [galicismo empleadísimo], castaño, color de castaña ▌castaña *f*, moño (cheveux noués par un ruban) ▌grumo (grumeau) ▌FAM castaña *f*, cate, mojicón, puñetazo; flanquer un marron à quelqu'un pegarle un puñetazo a uno ▌TECHN piedra *f* de cal mal cocida (biscuit) ■ marron d'eau castaña de agua, trapa ▌marron d'Inde castaña de Indias ▌marron sauvage castaña regoldana ▌marrons glacés castañas confitadas ■ chauds les marrons! ¡castañas calentitas! ▌FIG tirer les marrons du feu sacar las castañas del fuego.
◇ *adj inv* marrón.

marron, onne *adj* cimarrón, ona (animal sauvage) ▌HIST cimarrón, ona [esclavo refugiado en la selva para recobrar su libertad] ▌FIG clandestino, na; falso, sa; sin título; avocat marron abogado clandestino ▌marrón (sportif) ▌FAM être marron quedarse con dos palmos de narices.

marronnier *m* castaño; marronnier d'Inde castaño de Indias ▌tablero donde colocan sus fichas los obreros (tableau).

marrube *m* marrubio (plante).

mars [mars] *m* marzo (mois); le 5 mars el 5 de marzo ▌arriver comme mars en carême venir como agua de mayo, llegar como pedrada en ojo de boticario.

Mars [mars] *n pr* ASTRON & MYTH Marte.

marsault; marseau [marso] *m* sauce cabruno (saule).

marseillais, e [marsɛjɛ, ɛz] *adj* marsellés, esa.
➡ **Marseillaise** *f* Marsellesa (hymne national français).

> **LA MARSEILLAISE** ──────
> El himno nacional francés, escrito por Rouget de Lisle, fue entonado por primera vez en 1792 por un grupo de revolucionarios cuando llegaron a París desde Marsella. Se convirtió en el himno nacional en 1795.

Marseillais, e *m & f* marsellés, esa.

Marseille [marsɛj] *n pr* GÉOGR Marsella.

marsouin [marswɛ̃] *m* marsopa *f*, marsopla *f* (cétacé) ▌FAM soldado de infantería de marina ▌MAR toldo del castillo de proa ▌lobo de mar (marin).

marsupial, e *adj & s m* ZOOL marsupial.

martagon *m* martagón (plante).

marte ➡ **martre**.

marteau *m* martillo (outil) ▌martillo (osselet de l'oreille) ▌macillo, martinete (d'un piano) ▌martillo (d'horloge) ▌pez martillo, martillo (poisson) ▌SPORTS martillo ▌martillo (d'un président de séance) ▌martillo (arme à feu) ▌aldaba *f*, aldabón (heurtoir) ■ marteau à dame pisón ▌marteau à dent martillo de orejas ▌marteau à sertir tas ▌marteau brettelé escoda, pica ▌marteau d'armes hacha de armas ▌marteau de forge martillo de fragua ▌marteau piqueur ou pneumatique martillo neumático, perforadora neumática ■ coup de marteau martillazo ■ FAM avoir un coup de marteau, être marteau estar chiflado, faltarle a uno un tornillo (être fou) ▌être entre le marteau et l'enclume estar entre la espada y la pared, encontrarse entre dos fuegos.

marteau-pilon *m* martillo pilón.
▌ OBSERV *pl* marteaux-pilons.

martel *m* se mettre martel en tête quemarse la sangre, preocuparse ou inquietarse mucho.

martelage *m* martilleo ▌marca *f* [en los árboles por derribar].

martèlement *m* martilleo.

marteler [25] *v tr* martillar, martillear, batir (frapper avec le marteau) ▌recalcar [las palabras o las sílabas] ▌pulir, limar (des vers) ▌FIG pegar, golpear (frapper)▌inquietar, preocupar ▌MUS destacar [las notas].

marteleur *m* martillador.

martensite *f* martensita (métal).

Marthe *n pr* Marta.

martial, e [marsjal] *adj* marcial; des airs martiaux portes marciales ■ cour martiale consejo de guerra, tribunal militar ▌pyrite martiale pirita marcial (qui contient du fer).

martien, enne [marsjɛ̃, ɛn] *adj & s* marciano, na [del planeta Marte].

martin *m* estornino (oiseau).

Martin *n pr* Martín.

martin-chasseur *m* martín cazador (oiseau).
▌ OBSERV *pl* martins-chasseurs.

Martine *n pr* Martina.

martinet [martinɛ] *m* martinete (marteau mécanique) ▌vencejo, avión (oiseau) ▌disciplinas *f pl* (pour fouetter) ▌zorros *pl*, sacudidor (pour dépoussiérer) ▌palmatoria *f* (chandelier) ▌MAR amantillo.

martingale *f* gamarra, amarra (courroie du cheval) ▌trabilla, martingala (languette d'étoffe) ▌martingala, combinación (au jeu) ▌MAR moco *m* del bauprés ▌fausse martingale media gamarra.

Martini® *m* martini.

martiniquais, e *adj* martiniqués, esa.

Martiniquais, e *m & f* martiniqués, esa.

Martinique *n pr f* GÉOGR la Martinique la Martinica.

martin-pêcheur *m* martín pescador.
▌ OBSERV *pl* martins-pêcheurs.

martre; marte *f* ZOOL marta; martre zibeline marta cibelina.

martyr, e *adj & s* mártir; ce fut une martyre fue una mártir ▌le commun des martyrs el común de mártires.

martyre *m* martirio ▌FIG souffrir le martyre sufrir atrozmente.

martyriser [3] *v tr* martirizar.

martyrium [martirjɔm] *m* capilla *f* de mártires.

martyrologe *m* martirilogio.

marxisme *m* marxismo.

marxisme-léninisme *m sing* marxismoleninismo.

marxiste *adj & s* marxista.

marxiste-léniniste *adj & s* marxista leninista.
▌ OBSERV *pl* marxistes-léninistes.

maryland *m* tabaco de Maryland.

Maryland [marilɑ̃d] *n pr m* GÉOGR le Maryland Maryland.

mas [ma] ou [mas] *m* masía *f*, masada *f*.

mascara *m* mascarilla *f*.

mascarade *f* mascarada, mojiganga ▌disfraz *m* (déguisement) ▌FIG hipocresía, superchería, bufonada, carnavalada, comedia.

mascaret [maskarɛ] *f* MAR macareo *m*, barra.

mascaron *m* mascarón.

mascarpone *m* mascarpone.

Mascate Mascate.

mascotte *f* FAM mascota, talismán *m*.

masculin, e *adj & s m* masculino, na.

masculiniser [3] *v tr* masculinizar.

masculinité *f* masculinidad.

maso *adj & s* FAM masoca.

masochisme [mazɔsism] *m* masoquismo.

masochiste [mazɔsist] *adj & s* masoquista.

masquage *m* INFORM enmascaramiento.

masque *m* máscara *f*, careta *f* (faux visage) ▌antifaz (loup) ▌máscara *f* (personne masquée) ▌máscara *f* (accessoire du théâtre antique) ▌mascarilla *f* (d'anesthésiste, de beauté, mortuaire); masque de beauté mascarilla de belleza ▌careta *f*, máscara *f*; masque à gaz careta *f* contra gases ou antigás ▌careta *f* (d'escrime, d'apiculteur, d'ouvrier, de sportif) ▌FIG fisonomía *f*, rostro, expresión *f* (visage) ▌máscara *f*, apariencia *f*, disfraz (apparence) ▌INFORM máscara; masque de saisie máscara de pantalla ▌MAR guardahumo ■ masque de (la) grossesse paño ▌masque de plongée gafas submarinas ▌masque respiratoire máscara respiratoria ■ FAM je vous connais, beau masque ya te veo; te conozco, bacalao, aunque vengas disfrazado; que te veo venir ▌lever ou jeter le masque quitarse la máscara, desenmascararse ▌ôter ou arracher le masque desenmascarar ▌sous le masque de bajo el disfraz de.
◇ *f* (vx) pícara, picaruela (fille malicieuse) ▌bruja (sorcière).

masqué, e *adj* enmascarado, da; bandit masqué bandido enmascarado ▌FIG oculto, ta; escondido, da; maison masquée par des buissons casa oculta por matorrales ■ bal masqué baile de máscaras ou de disfraces ▌MIL tir masqué tiro desde una posición oculta.

masquer [3] *v tr* enmascarar, poner una careta ▌ disfrazar (déguiser) ▌ ocultar, esconder, tapar, encubrir (cacher) ▌ disimular; une odeur qui en masque une autre un olor que disimula otro ▌ rebozar (cuisine).
◇ *v intr* MAR tomar por avante.

Massachusetts [masaʃysɛts] *n pr m* GÉOGR le Massachusetts Massachussetts.

massacrant, e *adj* FIG & FAM insoportable, atroz; humeur massacrante humor insoportable.

massacre *m* matanza *f* (tuerie), carnicería *f* (boucherie), degüello (égorgement) ▌ estrago, destrozo (ravage) ▌ BLAS cabeza *f* descarnada ▌ FIG mala ejecución *f*; le massacre d'un opéra la mala ejecución de una ópera ▌ chapucería *f* ▌ jeu de massacre pim pam pum (jeu forain) ▌ massacre des Innocents degollación de los Santos Inocentes.

massacrer [3] *v tr* degollar (égorger), hacer una carnicería o matanza, matar, exterminar (tuer) ▌ FIG destrozar, estropear (abîmer) ▌ ejecutar mal ▌ destrozar; massacrer un ouvrage destrozar una obra.

massacreur, euse *m & f* degollador, ra (égorgeur); asesino, na (meurtrier) ▌ FAM chapucero, ra; chafallón, ona (mauvais travailleur).

massage *m* masaje; massage cardiaque masaje cardíaco.

Massagètes [masaʒɛt] *n pr m pl* Masagetas.

massaliote *adj & s* marsiliense; marsellés, esa.

masse *f* masa ▌ masa; le parti des masses el partido de las masas ▌ mole, bulto *m*, cuerpo *m* informe ▌ COMM junta (des créanciers) ▌ ÉLECTR tierra, masa; câble de masse cable de tierra; mettre à la masse dar salida a tierra ▌ FIG caudal *m*, bienes *m pl* (d'une société, d'une succession) ▌ MÉCAN masa ▌ MIL masita (fonds pour l'habillement) ▌ maza (de dignitaire) ▌ masse d'eau espadaña (massette) ▌ ÉCON masse monétaire masa monetaria ▌ masse salariale masa salarial ▌ FAM des masses montones; avoir des masses d'argent tener montones de dinero ▌ en masse en conjunto, en masa, todos juntos (ensemble); a montones, en aluvión (en grande quantité) ▌ MIL formation en masse orden cerrado ▌ FAM il n'y en a pas des masses no hay toneladas ▌ levée en masse movilización general ▌ production en masse producción masiva ▌ tomber comme une masse caer como un plomo.

massé *m* massé (billard).

masselotte *f* TECHN mazarota.

massepain [maspɛ̃] *m* mazapán.

masser [3] *v tr* amontonar (entasser), concentrar (concentrer), agrupar (grouper) ▌ dar masaje, frotar (faire un massage) ▌ picar [la bola verticalmente] (billard) ▌ MIL agrupar; masser les troupes agrupar las tropas.
◇ *v intr* ARTS combinar las figuras de un cuadro.
→ **se masser** *v pr* congregarse, agruparse.

masséter [masetɛr] *adj m & s m* ANAT masetero (muscle).

massette *f* espadaña, anea (plante) ▌ martillo de picapedrero, almádena (marteau pour casser les pierres) ▌ maza (arme) ▌ aplanadera (de maçon).

masseur, euse *m & f* masajista.

massicot [masiko] *m* CHIM masicote ▌ TECHN guillotina *f* (pour couper le papier).

massicoter [3] *v tr* IMPR guillotinar.

massier *m* macero.

massif, ive *adj* macizo, za; de l'or massif oro macizo ▌ en masa, masivo, va; manifestation massive manifestación en masa ▌ masivo, va; máximo, ma; dose massive dosis masiva ▌ total; vente massive venta total ▌ FIG pesado, da; amazacotado, da; tosco, ca; esprit massif mentalidad tosca.
→ **massif** *m* macizo (maçonnerie) ▌ macizo (montagnes) ▌ macizo (fleurs).

Massif central *n pr m* GÉOGR le Massif central el Macizo Central.

massique *m* másico (vin ancien).

massique *adj* PHYS de la masa.

massivement *adv* masivamente.

mass media *m pl* mass media, medios de comunicación de masa.

massorète *m* masoreta (docteur juif).

massue [masy] *f* porra, maza, cachiporra, clava ▌ argument massue argumento contundente ▌ FIG coup de massue mazazo.

▌ OBSERV Porra est le mot le plus usuel; cachiporra est familier; clava ne se dit guère qu'en parlant de la massue d'Hercule.

mastaba *m* mastaba (tombeau égyptien).

mastic *m* almáciga *f* (résine) ▌ masilla *f* (pour boucher des trous) ▌ IMPR empastelamiento.

masticage *m* enmasillamiento, enmasillado.

masticateur *adj m & s m* masticador.

mastication [mastikasjɔ̃] *f* masticación.

masticatoire *adj & s* masticatorio, ria.

mastiff [mastif] *m* perro dogo.

mastigadour *m* mastigador (harnais).

mastiquer [3] *v tr* masticar ▌ fijar con masilla, poner masilla a, enmasillar (avec du mastic).

mastite *f* MÉD mastitis.

mastoc *m* FAM mazacote (homme lourd et gauche).
◇ *adj inv* FAM pesado, da; tosco, ca; basto, ta.

mastodonte *m* mastodonte.

mastoïde *adj* ANAT mastoides.

mastoïdien, enne *adj* ANAT mastoideo, a.

mastoïdite *f* MÉD mastoiditis.

mastroquet [mastrɔkɛ] *m* FAM (vieilli) tabernero.

masturbation [mastyrbasjɔ̃] *f* masturbación.

masturber [3] *v tr* masturbar.

m'as-tu-vu [matyvy] *m inv* cómico, actor fatuo ▌ presumido (prétentieux).

masure *f* casucha, choza, chabola ▌ ruina, casa en ruinas (ruine).

mat [mat] *m* mate (aux échecs); faire mat dar mate ▌ faire échec et mat dar jaque mate.

mât [ma] *m* palo, mástil (d'un bateau) ▌ asta *f* (drapeau) ▌ palo, poste (support) ▌ MAR mât d'artimon palo de mesana, mesana ▌ mât de beaupré palo de bauprés ▌ mât de cacatois de hune mastelerillo de juanete de popa ou mayor ▌ mât de cacatois de misaine mastelerillo de juanete de proa ▌ mât de cocagne cu-

caña ▌ MAR mât de fortune bandola ▌ mât de misaine palo de trinquete ▌ mât de pavillon asta de bandera ▌ mât de perroquet de fougue mastelero de sobremesana ▌ mât de perroquet de hune mastelero de gavia ▌ mât de perruche mastelero de perico ▌ mât de rechange mastelero de respeto ▌ mât militaire mastelero de señales (sur un navire de guerre) ▌ MAR grand mât palo mayor ▌ grand mât de hune mastelero mayor ou de gavia ▌ petit mât de hune mastelero de velacho ▌ un trois-mâts un velero de tres palos.

mat, e [mat] *adj* mate (sans éclat) ▌ sentado, da; pain mat pan sentado ▌ sordo, da; apagado, da; son mat sonido sordo.

Matabélé; Matabeleland [matabelelɑ̃d] *n pr m* GÉOGR le Matabélé ou Matabeleland Matabélé ou Matabeleland.

matador *m* matador, espada, diestro (tauromachie) ▌ variedad de juego de dominó y del chaquete ▌ matador (carte) ▌ (p us) FAM potentado, capitoste.

matage *m* bruñido.

matamore *m* matamoros.

match [matʃ] *m* partido, encuentro, contienda *f*, match (épreuve sportive) ▌ combate (de boxe) ▌ partida *f* (d'échecs, de cartes, de billard) ▌ match à domicile partido en casa ▌ match à l'extérieur ou en déplacement partido fuera de casa ▌ match nul empate (football, etc.), combate nulo (boxe), tablas (échecs) ▌ match retour partido de vuelta.

▌ OBSERV pl matches ou matchs.

matcher [3] *v intr* disputar un partido, una partida, un combate.

maté *m* mate, hierba *f* mate (plante) ▌ mate, té del Paraguay (boisson).

▌ OBSERV En Amérique de langue espagnole, mate désigne surtout la calebasse où l'on fait infuser l'herbe à maté (sorte de houx).

matelas [matla] *m* colchón; matelas à ressorts colchón de muelles; matelas pneumatique colchón neumático ou de goma ▌ FAM fajo de billetes.

matelassé, e *adj* acolchado, da; acolchonado, da ▌ enguatado, da; guatado, da; une robe de chambre matelassée una bata enguatada.

matelasser [3] *v tr* acolchar, acolchonar ▌ enguatar ▌ rellenar; matelasser un coussin rellenar un cojín.

matelassier, ère *m & f* colchonero, ra.

matelassure *f* relleno *m* de un colchón.

matelot [matlo] *m* marinero ▌ matalote, barco de una formación con relación al que le precede o le sigue (bateau) ▌ traje de marinero (vêtement d'enfant).

matelotage *m* marinería *f*.

matelote *f* caldereta, guiso *m* de pescado (mets de poissons) ▌ à la matelote a la marinera.

mater [3] *v tr* dar mate (aux échecs) ▌ remachar (écraser avec un marteau) ▌ apelmazar (rendre compact) ▌ FIG dominar, someter, meter en cintura, hacer entrar por el aro (soumettre).

mâter [3] *v tr* MAR arbolar, poner la arboladura.

Mater dolorosa *n pr f* La Dolorosa, Nuestra Señora de los Dolores, Mater Dolorosa.

mâtereau *m* MAR mastelerillo.

matérialisation *f* materialización.

matérialiser [3] *v tr* materializar.

matérialisme *m* materialismo.

matérialiste *adj & s* materialista.

matérialité *f* materialidad.

matériau *m* material.

➤ **matériaux** *m pl* materiales; matériaux de construction materiales de construcción ▌documentos, documentación *f sing*; rassembler des matériaux pour écrire un livre reunir documentación para escribir un libro.

▌ OBSERV Úsase en singular matériau para designar un material de construcción.

matériel, elle *adj* material ▌ FIG materialista ▌ FAM le temps matériel de el tiempo necesario ou material para.

➤ **matériel** *m* material ▌lo esencial, lo indispensable ▪ ÉCON matériel d'exploitation material de explotación ▌ AGRIC matériel de labour ou agricole aperos de labranza ▌matériel roulant material móvil ▌ INFORM hardware.

matériellement *adv* materialmente.

maternage *m* conjunto de cuidados que dispensa una madre a su hijo ▌cuidados excesivos.

maternel, elle *adj* materno, na; maternal; langue maternelle lengua materna.

➤ **maternelle** *f* escuela de párvulos, parvulario *m*.

maternellement *adv* maternalmente.

materner [3] *v tr* mimar, papachar (*Amér*).

maternité *f* maternidad ▌casa de maternidad (hôpital).

➤ **maternités** *f pl* partos *m pl*, alumbramientos *m pl*; maternités répétées partos repetidos.

mateur *m* TECHN deslustrador.

math; maths *n f pl* FAM mates.

mathématicien, enne *m & f* matemático, ca.

mathématique *adj & s f* matemático, ca.

mathématiquement *adv* matemáticamente.

matheux, euse *m & f* FAM dotado, da para las ciencias.

Mathias [matjas] *n pr* Matías ▌ ➤ **Matthias** (saint).

Mathilde *n pr* Matilde.

maths ➤ **math**.

mathurin *m* religioso, redentor del orden de los trinitarios.

mathurin *m* FAM (vieilli) marinero ▌Mathurin Popeye Popeye.

Mathusalem [matyzalɛm] *n pr* Matusalén.

matico *m* matico (arbuste).

matière *f* materia ▌ [▷ SYN] causa, motivo *m*, pretexto *m* (cause) ▌tema *m* (sujet) ▌disciplina, asignatura; le latin est une matière difficile el latín es una asignatura difícil; les langues sont une matière compliquée pour les personnes âgées los idiomas son una disciplina complicada para los ancianos ▪ matière à critique motivo de crítica ▌matière fécale heces fecales ▌matière fissile o fissible materia escindible ou fisible ▌matière grasse grasa ▌matière grise materia ou sustancia gris ▌matière imposable líquido imponible ▌matière plastique materia plástica, plástico ▌matière première materia prima ▌matière purulente pus ▌matières d'or et d'argent oro y plata en barras ou en lingotes ▌DR matière sommaire asunto tratado por vía sumaria ▌table des matières índice ▪ en matière de en materia de, tratándose de, en lo tocante a ▪ donner matière à dar lugar a ▌il n'y a pas matière à rire no es cosa de risa, no hay motivo para reír.

▌ SYN fond fondo; sujet asunto; propos propósito; chapitre capítulo; article artículo; point punto; chef capítulo.

MATIF; Matif [matif] (abr de Marché à terme international de France) *m* mercado a plazo internacional de Francia.

matifiant, e *adj* que provoca matidez, que vuelve mate.

Matignon *n pr* (l'hôtel) Matignon residencia oficial del primer ministro francés; les accords (de) Matignon los acuerdos de Matignon.

▌ MATIGNON ——————
El "hôtel Matignon", situado en la rue de Varenne, en París, acoge las oficinas del Primer Ministro. El término "Matignon" hace a menudo referencia al propio Primer Ministro y a su equipo. De este modo, se podrá ver escrito por ejemplo: "Matignon no parece estar de acuerdo con el Élysée".

▌ LES ACCORDS DE MATIGNON ——————
Estos acuerdos, que fijan sueldos mínimos y reconocen los derechos sindicales, fueron firmados durante el mandato de Léon Blum, tras el triunfo del Frente Popular en 1936.

matin *m* mañana *f*; il travaille le matin trabaja por la mañana ▌madrugada *f*, mañana *f*; à deux heures du matin a las dos de la madrugada ▪ de bon ou de grand matin de madrugada, muy de mañana ▌du matin au soir todo el día, de sol a sol, de la mañana a la noche ▌du soir au matin de la noche a la mañana, toda la noche ▌le matin de la vie la juventud ▌le petit matin el alba, la madrugada ▌l'étoile du matin el lucero del alba ▌un beau matin, un de ces matins un día, un buen día, uno de estos días.

◇ *adv* temprano; se lever matin levantarse temprano ▌por la mañana; hier matin ayer por la mañana; demain matin mañana por la mañana.

mâtin, e [matɛ̃, in] *adj & s* FAM tunante, ta; bribón, ona (fripon) ▌arisco, ca; desabrido, da (revêche).

➤ **mâtin** *m* mastín (chien).

➤ **mâtin!** *interj* (vx) ¡caramba!

matinal, e *adj* matutino, na; matinal ▌madrugador, ra; mañanero, ra (qui se lève tôt).

matinalement *adv* de mañana, de madrugada.

mâtiné, e *adj* cruzado, da (chien).

matinée *f* mañana; une belle matinée una hermosa mañana ▌ (vieilli) chambra (vêtement de femme) ▌función de la tarde (spectacle d'après-midi) ▪ faire la grasse matinée pegársele a uno las sábanas, levantarse tarde.

mâtiner [3] *v tr* cruzar (chien).

matines [matin] *f pl* maitines *m* (office religieux) ▌dès matines desde por la mañana.

matineux, euse *adj & s* (vx) madrugador, ra; mañanero, ra; madrugón, ona.

matinier, ère *adj* LITT matutino, na; étoile matinière estrella matutina, lucero del alba (Vénus).

matir [32] *v tr* TECHN poner mate, quitar el brillo a (rendre mat) ▌quitar la rebaba (d'une soudure).

matité *f* falta de brillo, calidad de mate, color *m* mate ▌sonido *m* apagado ou sordo (son).

Mato Grosso *n pr m* GÉOGR le Mato Grosso Mato Grosso ▌le Mato Grosso do Sul Mato Grosso do Sol.

matoir *m* TECHN cincel para quitar brillo a los metales (ciseau) ▌martillo para remachar (marteau).

matois, e *adj & s* astuto, ta; lagarto, ta ▌un fin matois un tunante rematado, un perillán, un buen maula.

maton, onne *m & f* ARG carcelero, ra.

matou *m* gato, morrongo (chat) ▌FIG & FAM hombre desagradable, antipático.

matraquage *m* aporreamiento ▌matraquage publicitaire propaganda machacona.

matraque *f* garrote *m* (gros bâton) ▌porra, cachiporra (arme contondante).

▌ OBSERV Le mot espagnol matraca signifie crécelle et familièrement ennui ou raillerie.

matraquer [3] *v tr* aporrear ▌FIG tratar duramente.

matras [matra] *m* CHIM matraz.

matriarcal, e *adj* matriarcal.

matriarcat [matriarka] *m* matriarcado.

matriçage [matrisaʒ] *m* estampado de una pieza en una matriz.

matricaire *f* matricaria (plante).

matrice *f* matriz, molde *m* (moule) ▌cuño *m* (de monnaie) ▌matriz, registro *m* original (registre) ▌ANAT matriz, útero *m* ▌IMPR matriz ▌MATH matriz.

matricer [16] *v tr* estampar, dar forma con una matriz.

matricide *adj & s* matricida (assassin).
◇ *m* matricidio (crime).

matriciel, elle *adj* de las matrices.

matricule *f* matrícula, registro *m* (liste) ▌matrícula (inscription) ▌certificado *m* de inscripción (extrait d'inscription).
◇ *m* número de registro, número de foliación (numéro d'inscription) ▌FAM en prendre pour son matricule oír las verdades del barquero.
◇ *adj* matriz ▌livret matricule cartilla militar.

matrilinéaire *adj* matrilineal.

matrimonial, e *adj* matrimonial.

matrone *f* matrona ▌matrona, comadrona (sage-femme).

matronyme *m* matronimio.

matte *f* TECHN mata.

Matthias; Mathias *n pr* saint Matthias ou Mathias san Matías.

Matthieu *n pr* Mateo.

matthiole *f* alhelí *m* (giroflée).

maturation *f* maduración, maduramiento *m*.

mature *adj* maduro, ra.

mâture *f* MAR arboladura.

maturité *f* madurez, sazón.

matutinal, e *adj* (vx) matutino, na; mañanero, ra.

maubèche *f* becada, chocha (oiseau).

maudire [104] *v tr* maldecir.

maudissable *adj* execrable.

maudit, e [modi, it] *adj* maldito, ta ■ ce maudit homme ese condenado ‖ maudit soit maldito sea, mal haya.
◇ *m & f* persona maldita.
➥ **maudit** m el demonio.

maugréer [15] [mogree] *v intr* renegar, echar peste ou votos ou reniegos (pester) ‖ mascullar, refunfuñar (grommeler) ‖ en maugréant a regañadientes, refunfuñando.

maure [mor]; **more** [mɔr] *adj* moro, ra ‖ tête-de-maure color pardo oscuro.

Maure; More *m & f* moro, ra.

maurelle *f* tornasol *m* de tintoreros.

mauresque; moresque *adj & s* morisco, ca; moruno, na.

Maurétanie ➥ **Mauritanie**.

Maurice *n pr* Mauricio.
◇ *n pr f* GÉOGR l'île Maurice la isla Mauricio.

Mauricette *n pr* Mauricia.

mauricien, enne *adj* mauricio, cia.

Mauricien, enne *m & f* mauricio, cia.

Mauritanie [moritani]; **Maurétanie** *n pr f* GÉOGR la Mauritanie ou Maurétanie Mauritania.

mauritanien, enne *adj* mauritano, na.

Mauritanien, enne *m & f* mauritano, na.

mauser *m* máuser (fusil).

Mausole *n pr* Mausolo.

mausolée *m* mausoleo.

maussade *adj* [▷ SYN] huraño, ña; desapacible (hargneux) ‖ desagradable, desabrido, da; malhumorado, da (désagréable) ‖ desapacible (temps).
│ SYN morose taciturno; renfrogné hosco, ceñudo; chagrin mohíno.

maussaderie *f* aspereza, mal carácter *m*, mal humor *m*, desabrimiento *m*.

mauvais, e *adj & s* malo, la ■ mauvais coucheur persona de mal genio ou que tiene malas pulgas ‖ mauvais coup mala pasada, trastada ‖ mauvaise langue mala lengua ‖ mauvais passe período difícil ‖ mauvaise plaisanterie broma pesada ‖ mauvaises herbes maleza ‖ mauvais esprit mal pensado ‖ mauvaise tête cabezón, terco ‖ mauvais pas mal paso, paso difícil ‖ mauvais plaisant bromista pesado, persona de mala sombra ‖ mauvais sujet individuo de cuidado ‖ mauvais traitements malos tratos ‖ mauvais vouloir mala voluntad ■ les mauvais anges los ángeles malos ■ mer mauvaise mar agitada ■ avoir mauvaise mine tener mala cara ‖ FAM être mauvais comme une teigne ser más bravo que un miura ‖ faire mauvais visage à quelqu'un poner mala cara a alguien ‖ faire quelque chose de mauvaise grâce hace algo de mal grado ou con poca gana ‖ FAM la trouver mauvaise no hacerle a uno ninguna gracia ‖ prendre en mauvaise part tomar a mal.
➥ **mauvais** *m* lo malo, el mal.
➥ **mauvais** *adv* mal; sentir mauvais oler mal ‖ il fait mauvais hace mal tiempo.
│ OBSERV On emploie en espagnol mal avant un substantif masculin et malo après celui-ci: un mal hombre, un hombre malo.

mauve *f* malva (plante).
◇ *m* color malva.
◇ *adj* malva *inv*.

mauvéine *f* CHIM malveína.

mauviette *f* alondra (alouette) ‖ FIG & FAM alfeñique *m*, escuchimizado, da; persona enclenque ou débil (chétif), gallina *m* (peureux) ‖ manger comme une mauviette comer como un pajarito.

mauvis [movi] *m* malvís (espèce de grive).

Max *n pr* Máximo.

max. (abr de maximum) *m* máx.

Maxence *n pr* Majencio.

maxi *adj inv* FAM máximo, ma.
◇ *m* abrigo maxi (manteau maxi).
◇ *adv* FAM como máximo; cent francs maxi cien francos como máximo.

maxillaire [maksilɛr] *adj & s* ANAT maxilar.

maxille *m* mandíbula *f* (des insectes et des crustacés).

maxima *adj pl* máxima; températures maxima temperaturas máximas.
◇ *m pl* máxima; thermomètre à maxima termómetro de máxima.
│ OBSERV Aunque muy empleados, el adjetivo y el sustantivo plural francés maxima no son correctos y deben por lo tanto ser sustituidos por el adjetivo maximaux, maximales y por el sustantivo maximums.

maximal, e *adj* máximo, ma.

maximaliser ➥ **maximiser**.

maximaliste *adj & s* maximalista, bolchevique.

maxime *f* máxima.

Maxime *n pr* Máximo.

Maximien *n pr* Maximiano.

Maximilien *n pr* Maximiliano.

Maximin *n pr* Maximino.

maximiser; maximaliser [3] *v tr* maximizar.

maximum [maksimɔm] *m* máximo, lo máximo, máximum; faire le maximum hacer lo máximo ‖ atteindre son maximum alcanzar su punto máximo ‖ au maximum como máximo.
◇ *adj* máximo, ma.
│ OBSERV [▷ OBSERV maxima].

maxwell *m* maxwell, maxvelio.

maya *adj* maya.
◇ *m* LING maya.
◇ *f* maya.

Maya *m & f* maya.

maye [maj] *f* pila para recoger el aceite de la prensa.

Mayence *n pr* GÉOGR Maguncia.

Mayenne *n pr f* GÉOGR la Mayenne Mayenne (département).

mayonnaise [majɔnɛz] *f* mayonesa.

Mayotte *n pr f* GÉOGR Mayotte.

mazagran *m* café frío, mazagrán.

Mazarin *n pr* Mazarino.

mazarinade *f* folleto *m* contra Mazarino.

Mazarine *n pr* la bibliothèque Mazarine en París, biblioteca pública.
│ LA BIBLIOTHÈQUE MAZARINE
│ Esta biblioteca, abierta al público en 1643, es la más antigua de Francia. La mayor parte de sus obras tratan la historia de Francia.

mazdéisme *m* mazdeísmo (religion).

mazette *f* caballejo *m*, penco *m*, caballo *m* malo (cheval) ‖ FAM remolón, ona (peu actif) ‖ FAM porro *m*, ganso *m* (qui manque d'adresse).
➥ **mazette!** *interj* ¡caramba!

mazout *m* fuel-oil, fuel, mazut ‖ chaudière, poêle à mazout calentador ou estufa de fuel-oil.

mazouter [3] *v intr* repostarse, llenar los depósitos de fuel-oil ou de mazut.

mazurka *f* mazurca (danse, musique).

Mbabane *n pr* GÉOGR Mbabane.

McDo [makdo] *n pr m* FAM Mc Donalds.

MDM (abr de Médecins du monde) *m pl* ≃ Médicos del Mundo.

me [mə] *pron pers de la 1ʳᵉ pers du sing* me; il me le donna me lo dio, diómelo ‖ me voici aquí estoy yo, heme aquí.
│ OBSERV 1. Generalmente, el pronombre personal francés me se pone delante del verbo, y sólo va detrás de él cuando éste se encuentra en forma imperativa seguida de en o y en una oración afirmativa (donnez-m'en, conduisez-m'y). De lo contrario se emplea la forma tónica moi (embrassez-moi).
│ 2. Le pronom espagnol me est toujours placé devant le verbe dans la langue parlée sauf à l'impératif (dame), à l'infinitif (darme), au gérondif (dándome) et lorsque le verbe vient en tête de la proposition (seguíame un detective).

Me (abr écrite de Maître) Lic.

mea-culpa *m inv* mea culpa ‖ faire son mea-culpa arrepentirse, decir ou entonar su mea culpa.

méandre *m* meandro ‖ ARCHIT meandro ‖ FIG rodeo, artificio (détour).

méandrine *f* meandrina (polypier).

méat [mea] *m* ANAT meato; méat urinaire ou uretral meato urinario.

mec *m* FAM gachó, tío, individuo.

mécanicien, enne *adj & s* mecánico, ca.
◇ *m & f* AVIAT mécanicien navigant ou de bord mecánico de a bordo.
➥ **mécanicien** *m* maquinista (d'un train) ‖ chófer (chauffeur).
➥ **mécanicienne** *f* (vx) costurera a máquina.

mécanique *adj* mecánico, ca; ennui mécanique problema mecánico.
◇ *f* mecánica (science); mécanique quantique ou ondulatoire mecánica cuántica ou ondulatoria ‖ mecanismo *m*, funcionamiento *m*, maquinaria; la mécanique d'une montre la maquinaria de un reloj ■ mécanique de précision mecánica de precisión ‖ s'y connaître en mécanique saber de mecánica.

mécaniquement *adv* mecánicamente.

mécanisation *f* mecanización.

mécaniser [3] *v tr* mecanizar.

mécanisme *m* mecanismo; mécanisme de détente, d'éjection mecanismo de disparo ou de expulsión.

mécaniste *adj & s* PHILOS mecanicista.

mécano *m* FAM mecánico.

mécanographe [mekanɔgraf] *adj & s* mecanógrafo, fa.

mécanographie [mekanɔgrafi] *f* mecanografía (dactylographie) ‖ mecanización contable, contabilidad mecanizada ‖ machines de mécanographie máquinas computadoras.

⏸ OBSERV Mécanographie designa en francés sobre todo el arte de manipular máquinas de calcular, de establecer estadísticas, de reproducir textos, etc.

mécanographique [mekanɔgrafik] *adj* mecanizado, da.

mécanothérapie [mekanɔterapi] *f* MÉD mecanoterapia.

mécénat [mesena] *m* mecenazgo.

mécène *m* mecenas.

Mécène *n pr* Mecenas.

méchage *m* azufrado (des tonneaux).

méchamment *adv* con maldad, con mala intención.

méchanceté *f* maldad ‖ maldad, mala intención ‖ agir avec méchanceté obrar con mala intención ‖ jugarreta, mala pasada (tour) ■ dire des méchancetés decir cosas desagradables ‖ faire des méchancetés cometer maldades.

méchant, e *adj & s* [▷ SYN] malo, la; malvado, da (sens littéraire) ‖ desagradable (désagréable) ‖ malintencionado, da (nuisible) ‖ avieso, sa; regard méchant mirada aviesa ■ chien méchant cuidado con el perro ‖ un méchant discours un discurso pobre ‖ un méchant poète un poetastro ■ être de méchante humeur estar de mal talante ‖ faire le méchant mostrarse duro.

⏸ SYN mauvais malo, malvado; sans cœur desalmado; pervers perverso; FAM rosse malo.

mèche *f* mecha ‖ mecha, torcida (d'une lampe) ‖ mechón *m* (de cheveux) ‖ pabilo *m*, mecha (d'une bougie) ‖ mecha (d'une mine) ‖ tralla (de fouet) ‖ raíz, clavo *m* (d'un furoncle) ‖ broca, taladro *m*, barrena (pour percer des trous) ‖ MAR madre (du gouvernail, du cabestan) ‖ MÉD mecha ‖ TECHN eje *m* (axe) ■ mèche lente mecha lenta ‖ mèche soufrée azufrín, pajuela ■ être de mèche estar de connivencia, estar conchabado, estar en el ajo ‖ FIG & FAM éventer ou découvrir la mèche descubrir el pastel ‖ FAM il n'y a pas mèche no hay nada que hacer ‖ se faire faire des mèches darse mechas (coiffure) ‖ vendre la mèche revelar un secreto, irse de la lengua.

mécher [18] *v tr* azufrar (tonneaux).

mécheux, euse *adj* mechoso, sa; que forma ou tiene mecha (laine).

méchoui *m* mechoui, cordero asado entero a la manera árabe.

Mecklembourg [meklɛbur] *n pr m* HIST le Mecklembourg Mecklemburgo.

mécompte [mekɔt] *m* equivocación *f*, trabacuenta *f* (erreur) ‖ FIG desengaño, chasco.

méconium [mekɔnjɔm] *m* meconio, alhorre (des bébés).

méconnaissable *adj* irreconocible, imposible de reconocer, desfigurado, da.

méconnaissance *f* desconocimiento *m* ‖ desagradecimiento *m*, ingratitud (ingratitude) ‖ olvido *m* voluntario.

méconnaître [91] *v tr* desconocer, ignorar ‖ no apreciar en su valor, quitar importancia (ne pas apprécier) ‖ negar, no reconocer (désavouer) ‖ no agradecer, desagradecer (être ingrat).

méconnu, e *adj & s* desconocido, da; ignorado, da; mal apreciado, da; un génie méconnu un genio mal apreciado.

mécontent, e *adj & s* descontento, ta; disgustado, da.

mécontentement *m* descontento, disgusto, enojo.

⏸ SYN déplaisir disgusto; désagrément desagrado, sinsabor; dépit despecho.

mécontenter [3] *v tr* descontentar, disgustar, enojar (fâcher).

Mecque *n pr f* GÉOGR La Mecque La Meca.

mécréant, e *m & f* infiel; impío, pía (qui n'est pas chrétien) ‖ descreído, da; incrédulo, la (qui ne croit pas).

méd. (abr écrite de *médecin*) méd.

médaille [medaj] *f* medalla; décerner une médaille conceder una medalla, premiar con una medalla ‖ placa (plaque-insigne de certaines professions) ‖ ARCHIT medallón *m* ‖ FIG le revers de la médaille el reverso de la medalla.

médaillé, e [medaje] *adj & s* condecorado, da ou galardonado, da ou premiado, da con una medalla.

médailler [3] [medaje] *v tr* condecorar con una medalla (militaire), premiar ou galardonar con una medalla (sportifs, exposants).

médailleur [medajœr] *m* medallista, grabador de medallas.

médaillier [medaje] *m* colección *f* de medallas ‖ mueble para guardar las medallas (meuble, vitrine).

médaillon [medajɔ] *m* medallón (bijou, basrelief, cuisine).

mède *adj & s* medo, da.

médecin [medsɛ] *m* médico; médecin de campagne médico rural ■ médecin accoucheur tocólogo ‖ médecin consultant médico consultor ou de apelación ou de consulta ‖ médecin conventionné médico vinculado a un convenio de seguro ‖ médecin de famille médico de cabecera ou de familia ‖ médecin des âmes médico espiritual, confesor ‖ médecin du travail médico laboral ou del trabajo ‖ médecin généraliste médico de medicina general ‖ médecin légiste médico forense ‖ médecin-major médico militar ou castrense ‖ médecin traitant médico de cabecera ■ femme médecin médica (doctoresse).

⏸ SYN docteur doctor; chirurgien cirujano; practicien facultativo; clinicien clínico; thérapeute terapeuta; PÉJ (VX) médicastre medicastro; FAM toubib galeno.

médecin-conseil *m* consejero médico.

⏸ OBSERV pl médecins-conseils.

médecine *f* medicina; étudiant en médecine estudiante de medicina ■ médecine de groupe medicina de equipo ‖ médecine douce medicina natural ‖ médecine du travail

medicina laboral ‖ médecine infantile medicina infantil ‖ médecine légale medicina forense ‖ médecine parallèle medicina paralela ‖ médecine préventive medicina preventiva ■ faire sa médecine estudiar medicina.

Médée *n pr* MYTH Medea.

medersa *f* medersa, escuela superior musulmana.

média *m pl* media, medios de comunicación de masa.

médial, e *adj & s f* medio, dia; medial.

médian, e *adj & s f* mediano, na.

⏸ OBSERV Le mot espagnol mediano signifie surtout moyen, médiocre.

médianoche [medjanɔf] *m* (VX) cena *f* de medianoche.

médiante *f* MUS mediante.

médiastin *m* ANAT mediastino.

médiat, e [medja, at] *adj* mediato, ta.

médiateur, trice *adj & s* mediador, ra.

médiathèque *f* mediateca.

médiation [medjasjɔ] *f* mediación.

médiatique *adj* popular ‖ paysage médiatique panorama audiovisual.

médiatisation *f* mediatización.

médiatiser [3] *v tr* mediatizar.

médiator *m* púa *f*, plectro, pulsador (pour jouer de certains instruments à cordes).

médiatrice *f* GÉOM mediatriz.

médical, e *adj* médico, ca; medical (gallicisme) ■ ordonnance médicale receta médica ‖ personnel médical cuadro facultativo ou médico ‖ visite médicale reconocimiento médico ‖ visiteur ou délégué médical visitador médico.

médicalement *adv* medicalmente.

médicalisation *f* acción de otorgar carácter médico a cuestiones naturales o sociales.

médicaliser [3] *v tr* dotar un país de infraestructura médica.

médicament *m* medicamento, medicina *f* (mot courant).

⏸ SYN remède remedio; spécifique específico; potion pócima; drogue droga; panacée panacea.

médicamenteux, euse *adj* medicamentoso, sa.

médicastre *m* medicastro, medicucho.

médication [medikasjɔ] *f* medicación.

médicinal, e *adj* medicinal.

medicine-ball *m* SPORTS balón medicinal.

⏸ OBSERV pl medicine-balls.

médicinier *m* piñón (arbre).

Médicis *n pr* le prix Médicis premio literario francés.

⏸ **LE PRIX MÉDICIS**

Este premio, creado en 1956, se concedía inicialmente a un autor relativamente desconocido por una novela o recopilación de novelas cortas; desde 1985 se otorga por un ensayo.

médico-légal, e *adj* medicolegal.

⏸ OBSERV pl médico-légaux, médico-légales.

médico-pédagogique *adj* dícese de una institución pedagógica bajo control médico para adolescentes deficientes mentales.

⏸ OBSERV pl médico-pédagogiques.

médico-social, e *adj* médico social.

◼ **OBSERV** pl médico-sociaux, médico-sociales.

Médie *n pr f* HIST la Médie Media.

médiéval, e *adj* medieval, medioeval.

médiévisme *m* medievalismo.

médiéviste *adj & s* medievalista.

médina *f* medina, morería.

Médine *n pr* GÉOGR Medina.

médiocre *adj* mediocre, mediano, na; inferior; une intelligence médiocre una inteligencia mediocre.

◇ *m* lo mediocre ‖ ouvrage au-dessous du médiocre obra menos que mediocre.

◼ **OBSERV** Mediocre a un sens plus négatif que mediano (moyen).

médiocrement *adv* mediocremente, medianamente ‖ être médiocrement satisfait estar satisfecho a medias (très peu).

médiocrité *f* mediocridad, medianía ‖ pobreza (insuffisance d'esprit).

médique *adj* médico, ca; de los medos.

médire [103] *v intr* denigrar, murmurar de, hablar mal de.

◼ **OBSERV** La segunda persona del plural del presente del indicativo es vous médisez.

SYN calomnier calumniar; FAM cancaner chismear; commérer comadrear; déblatérer murmurar; ragoter, potiner chismorrear; FAM bêcher desollar; (vieilli) clabauder chismear; FAM éreinter poner por los suelos.

médisance *f* maledicencia, murmuración.

médisant, e *adj & s* maldiciente; murmurador, ra; mala lengua FAM.

méditatif, ive *adj* meditabundo, da (mot usuel), meditativo, va.

méditation [meditasjɔ̃] *f* meditación.

méditer [3] *v tr & intr* meditar; méditer sur le passé meditar sobre el pasado ◼ méditer de sortir proponerse salir ‖ méditer une évasion planear una evasión.

Méditerranée *n pr f* GÉOGR la (mer) Méditerranée el (mar) Mediterráneo.

méditerranéen, enne *adj* mediterráneo, a.

Méditerranéen, enne *m & f* mediterráneo, a.

médium [medjɔm] *m* médium, medio (spiritisme) ‖ MUS registro intermedio de la voz.

◼ **OBSERV** pl médiums.

médiumnique [medjɔmnik] *adj* propio de los médium.

médius [medjys] *m* dedo medio, del corazón *ou* cordial.

médullaire *adj* medular.

médulleux, euse *adj* meduloso, sa.

méduse *f* ZOOL medusa.

Méduse *n pr* MYTH Medusa.

médusé, e *adj* FAM estupefacto, ta; pasmado, da; patidifuso, sa.

méduser [3] *v tr* FAM dejar estupefacto *ou* patidifuso, pasmar.

meeting [mitiŋ] *m* mitin, reunión *f* ‖ festival (d'aviation) ‖ SPORTS encuentro, manifestación *f*.

méfait [mefɛ] *m* mala *f* acción, fechoría *f* ‖ daño, perjuicio (résultat pernicieux).

méfiance *f* desconfianza, recelo *m*; avec une certaine méfiance con cierto recelo.

méfiant, e *adj* desconfiado, da; receloso, sa.

SYN défiant receloso; ombrageux asustadizo, receloso; soupçonneux suspicaz, sospechoso; cauteleux cauteloso.

méfier [9]

➤ **se méfier** *v pr* desconfiar ◼ méfiez-vous! ¡ojo!, ¡cuidado!, ¡no se fíe usted! ‖ méfiez-vous des imitations desconfíe de las imitaciones.

méga *m* INFORM mega.

méga- *préf* FAM super-.

mégabit *m* INFORM megabit.

mégacéros [megaserɔs] *m* megaceros.

mégacôlon *m* MÉD megacolon.

mégaflops *m* INFORM megaflops [millón de operaciones con coma flotante por segundo].

mégahertz *m* megahercio.

mégalithe *m* megalito.

mégalithique *adj* megalítico, ca.

mégalo *adj & s* FAM megalómano, na.

mégalomane *adj & s* megalómano, na.

mégalomanie *f* megalomanía.

mégalopole; mégalopolis; mégapole *f* megápolis *inv*.

mégaoctet *m* INFORM megabyte.

mégaphone *m* megáfono.

mégapole ➤ **mégalopole**.

mégaptère *m* megáptero.

mégarde *f* descuido *m*, inadvertencia; par mégarde por inadvertencia ‖ se blesser par mégarde herirse por descuido.

Mégare *n pr* GÉOGR Megara.

mégathérium [megaterjɔm] *m* megaterio (fossile).

mégatonne *f* megatón *m*.

mégère [meʒɛr] *f* FAM arpía, furia, tarasca.

SYN furie furia; harpie arpía; sorcière bruja; bacchante bacante; FAM chipie demonio, urraca; poison mal bicho.

Mégère *n pr f* MYTH Megera ‖ la Mégère apprivoisée la Fierecilla domada, la doma de la bravía.

mégir [32] *v tr* curtir en blanco; veau, mouton mégis becerro, piel de carnero curtida en blanco.

mégis [meʒi] *m* baño para curtir en blanco.

mégisser [3] *v tr* curtir en blanco.

mégisserie *f* peletería (magasin) ‖ industria del curtimiento en blanco.

mégissier *m* curtidor en blanco ‖ comerciante de artículos curtidos en blanco (marchand).

mégohm [megɔm] *m* PHYS megohmio (unité de résistance).

mégot [mego] *m* FAM colilla *f* ‖ ramasseur de mégots colillero.

mégoter [3] *v intr* FAM cicatear, escatimar.

méhari *m* dromedario blanco.

◼ **OBSERV** pl méharis *ou* méhara.

méhariste *m* meharista, soldado montado en camello.

meilleur, e [mɛjœr] *adj* mejor ◼ bien meilleur mucho mejor ‖ de meilleure heure más temprano, antes ‖ la meilleure part la mejor parte ‖ meilleur marché más barato ◼ devenir meilleur mejorar ‖ il fait meilleur hace mejor tiempo (meilleur temps), se está más a gusto (on est mieux), más vale (il est préférable).

◇ *m & f* mejor; le meilleur des hommes el mejor de los hombres ◼ FAM la meilleure de toutes lo mejor del caso ‖ pour le meilleur et pour le pire para bien y para mal, en el bien y en el mal, en la suerte y en la desgracia ◼ avoir le meilleur tener la mejor parte ◼ le meilleur est de se taire lo mejor es callarse ‖ prendre le meilleur sur aventajar, llevar la ventaja, ganar.

meillure ➤ **miellée**.

Mein [mɛ̃] ➤ **Main**.

méiose *f* BIOL meiosis.

méjanage *m* clasificación *f* de la lana.

méjuger [17] *v tr & intr* juzgar mal *ou* equivocadamente.

Meknès [mɛknɛs] *n pr* GÉOGR Mequínez.

Mékong *n pr m* GÉOGR le Mékong el Mekong.

melaena; méléna *m* MÉD melena *f*.

Melaka; Malacca *n pr* GÉOGR Malaca.

mélampyre *m* melampiro (plante).

mélancolie *f* melancolía; sombrer dans la mélancolie caer en un estado de melancolía ‖ FAM ne pas engendrer la mélancolie ser más alegre que unas pascuas.

mélancolique *adj & s* melancólico, ca.

SYN neurasthénique neurasténico; nostalgique nostálgico; ténébreux tenebroso.

mélancoliquement *adv* melancólicamente.

Mélanésie *n pr f* GÉOGR la Mélanésie Melanesia.

mélanésien, enne *adj* melanesio, sia.

➤ **mélanésien** *m* LING melanesio.

Mélanésien, enne *m & f* melanesio, sia.

mélange *m* [▷ SYN] mezcla *f*, mezcolanza *f*; opérer un mélange hacer una mezcla ‖ mezcla *f* (de races) ◼ AUTOM mélange pauvre mezcla pobre ‖ mélange riche mezcla rica ◼ bonheur sans mélange felicidad *f* sin nubes.

➤ **mélanges** *m pl* misceláneas (littéraire).

SYN combinaison combinación, compuesto; composition composición, compuesto; alliage aleación; mixture mixtura; mixtion mixtión; amalgame amalgama; magma magma; pêle-mêle entrevero; promiscuité promiscuidad; FAM méli-mélo mezcolanza; salade ensalada, lío, revoltillo; salmigondis revoltijo; cocktail cóctel; macédoine batiborrillo; pot-pourri popurrí.

mélangé, e *adj* étoffe mélangée tela de mezclilla.

mélanger [17] *v tr* mezclar ‖ barajar (les cartes).

mélangeur, euse *m & f* mezclador, ra.

Mélanie *n pr* Melania.

mélanine *f* melanina (biochimie).

mélanite *f* MIN melanita.

mélanoderme *adj* melanoderma.

mélanose *f* MÉD melanosis.

mélasse *f* melaza (dans l'industrie) ‖ FIG & FAM tomber dans la mélasse caer en la miseria, andar a la cuarta pregunta, estar en apuros.

mélastomacées *f pl* BOT melastomáceas.

Melba *adj inv* CULIN pêche, fraises Melba melocotón, fresones con helado de vainilla, puré de frambuesa y chantillí.

Melbourne [melburn] *n pr* GÉOGR Melbourne.

Melchior [melkjɔr] *n pr* Melchor.

Melchisédech [melkisedek] *n pr* Melquisedec.

melchite; melkite [melkit] *m & f* melquita.

mêlé, e *adj* mezclado, da; confuso, sa; entreverado, da ‖ confuso, sa; des sentiments mêlés sentimientos confusos ‖ enmarañado, da (cheveux) ‖ mêlé de mezclado con.

Méléagre *n pr* MYTH Meleagro.

méléagrine *f* meleagrina, madreperla.

mêlé-cassis [melekasis]; **mêlé-cass** [melekas] *m* FAM (vieilli) aguardiente con casis ‖ voix de mêlé-cass voz aguardentosa.

mêlée *f* pelea, refriega, contienda; se jeter dans la mêlée lanzarse a la pelea ‖ barahúnda, desbarajuste *m* (confusion) ‖ melé (au rugby) ‖ FIG lucha, conflicto *m*; mêlée d'intérêts lucha de intereses.

méléna ► melaena.

mêler [4] *v tr* [▷ SYN 1] mezclar ‖ entremezclar (entremêler) ‖ [▷ SYN 2] enredar, enmarañar; mêler ses cheveux enmarañar sus cabellos ‖ unir, juntar; mêler l'utile à l'agréable unir lo útil a lo agradable ‖ mezclar, desordenar, revolver (embrouiller) ‖ FIG implicar, complicar, meter; mêler quelqu'un à une accusation implicar a uno en una acusación; mêle-toi de tes affaires! ¡métete en tus asuntos! ‖ unir; mêler l'amabilité à la brutalité unir la amabilidad con la brutalidad ‖ mêler le ciel à la terre mezclar lo divino con lo humano.

► **se mêler** *v pr* mezclarse ‖ acompañar, agregarse, añadirse; à sa fermeté se mêle une douceur certaine a su firmeza se agrega una dulzura indudable ‖ unirse a, incorporarse a, juntarse con, confundirse con; se mêler à la foule confundirse con la multitud ■ de quoi te mêles-tu? ¿por qué te metes en lo que no te importa? ‖ le diable s'en mêle en ello anda el diablo ‖ se mêler à la conversation echar su cuarto a espadas, meter baza en la conversación ‖ se mêler de ou à meterse en; se mêler d'une affaire meterse en un asunto ‖ se mêler des affaires d'autrui meterse en las cosas ajenas, inmiscuirse.

| SYN **1.** mélanger mezclar.
2. confondre confundir; brouiller embrollar; emmêler enredar.

mélèze *m* alerce (arbre).

mélia *m* melia *f* (arbre).

méliacées *f pl* BOT meliáceas.

mélilot [melilo] *m* meliloto (plante).

méli-mélo *f* FAM mezcolanza *f*, revoltillo, batiburrillo.

| OBSERV *pl* mélis-mélos.

mélinite *f* melinita (explosif).

mélique *adj* POÉT mélico, ca.

mélique *f* especie de mijo *m*, mielga.

mélisse *f* toronjil *m*, melisa (p us) ‖ eau de mélisse agua de melisa.

mélitte *f* BOT melisa silvestre.

melkite ► melchite.

mellah *f* barrio *m* judío en Marruecos, judería.

mellifère [melifɛr] *adj* melífero, ra.

mellification [melifikasjɔ̃] *f* melificación.

mellifique [melifik] *adj* melífico, ca.

melliflue [melifly] *adj* melifluo, flua; un langage melliflue un lenguaje melifluo.

mellite [melit] *m* melito (médicament).

mélo *m* FAM melodrama.

mélodie [melɔdi] *f* melodía.

| SYN romance romanza, aria; ariette arieta; cantate cantata; cantilène cantinela; complainte endecha, lamento; barcarolle barcarola; lied lied.

mélodieusement *adv* melodiosamente.

mélodieux, euse *adj* melodioso, sa.

mélodique *adj* melódico, ca.

mélodiste *m* melodista, compositor de melodías.

mélodramatique *adj* melodramático, ca.

mélodramatiser [3] *v tr* hacer melodramático.

mélodrame *m* melodrama.

méloé *m* meloe, carraleja *f* (insecte).

mélomane *adj & s* melómano, na.

melon [məlɔ̃] *m* melón (fruit) ■ melon d'eau (pastèque), sandía, melón de agua ■ chapeau melon sombrero hongo, bombín [Madrid].

mélongène; mélongine *f* berenjena (aubergine).

mélonide *adj* BOT de forma de manzana, manzanil.

melonné, e *adj* de forma de melón, amelonado, da.

► **melonnée** *f* calabacino *m*.

melonnière *f* melonar *m*.

mélopée *f* melopea, melopeya.

mélophage *m* melófago (parasite des moutons).

melting-pot *m* HIST amalgama ou mezcla de gente [Estados Unidos] ‖ crisol (endroit).

| OBSERV *pl* melting-pots.

mélusine *f* fieltro *m* de largos pelos ‖ BLAS melusina, sirena con cola de serpiente.

Mélusine *n pr* Melusina.

membrane *f* membrana.

membraneux, euse *adj* membranoso, sa.

membraniforme *adj* membraniforme.

membranule *f* membranilla.

membre [mɑ̃br] *m* miembro (du corps) ‖ miembro (d'une assemblée, etc.) ‖ [▷ SYN] socio (d'une société, d'un club) ‖ componente (d'une organisation) ‖ individuo (d'une académie) ‖ vocal; membre d'un comité, d'une commission vocal de un comité, de una comisión ‖ GRAMM un membre de phrase un período de frase.

◇ *adj & s m* partícipe, miembro; État membre Estado partícipe, Estado miembro.

| SYN recrue recluta; adhérent adherente; sociétaire socio.

membré, e *adj* BLAS membrado, da ‖ bien, mal membré bien, mal conformado ou constituido.

membron *m* ARCHIT lima *f* de cumbrera, mediacaña *f*.

membru, e *adj* membrudo, da; fornido, da (robuste).

membrure *f* miembros *m pl* (corps humain) ‖ CONSTR larguero *m*, armazón, armadura ‖ MAR conjunto *m* de las cuadernas, armazón.

même *adj* mismo, ma; c'est la même voiture es el mismo coche ■ de lui même, de soi-même por sí mismo, de suyo, espontáneamente ‖ en soi-même de por sí, en sí mismo ‖ moi-même, toi-même, elle-même yo mismo, tú mismo, ella misma ‖ par la même occasion aprovechando la ocasión, al mismo tiempo ‖ pour la même raison por lo mismo ■ c'est la même chose es lo mismo, lo mismo da ‖ voir du même œil ver con los mismos ojos.

◇ *adv* hasta, incluso, aun; je vous dirai même incluso le diré ■ à même de en condiciones de, en estado de, capaz de; être à même d'accomplir une tâche ser capaz de realizar una tarea ‖ à même la peau directamente sobre la piel ‖ à même le sol en el mismo suelo ‖ de même lo mismo, del mismo modo, asimismo, igualmente ‖ de même que lo mismo que, así como ‖ en même temps al mismo tiempo ‖ même pas, pas même ni siquiera ‖ quand même! ¡vaya! (indignation, surprise) ‖ quand même, même quand, même si aun cuando ‖ quand même, tout de même sin embargo, a pesar de todo (malgré tout) ■ boire à même la bouteille beber en la misma botella ou directamente de la botella ‖ faire de même hacer lo mismo ‖ il en est de même lo mismo ocurre ‖ il n'en est pas de même pour no podríamos decir lo mismo de ‖ manger à même le plat comer en la misma fuente ‖ rester soi-même no cambiar nada.

◇ *m & f* mismo, ma; être toujours la même ser siempre la misma ‖ cela revient au même es lo mismo, es exactamente igual, eso viene a ser lo mismo, lo mismo da.

mémé *f* abuelita (grand-mère), mamá grande (*Amér*) ‖ PÉJ abuela (vieille femme).

mêmement [memmɑ̃] *adv* (vx) igualmente, del mismo modo.

mémento [memɛ̃to] *m* agenda *f*, libro de apuntes ‖ compendio, manual (livre); mémento de chimie compendio de química ‖ señal *f* para recordar algo (marque) ‖ recordatorio (souvenir d'un mort) ‖ RELIG memento.

mémère *f* FAM vieja, viejecita ‖ abuela (grand-mère).

mémoire *f* [▷ SYN] memoria; n'avoir aucune mémoire no tener ninguna memoria ‖ recuerdo *m* (souvenir) ‖ INFORM memoria ■ INFORM mémoire auxiliaire memoria auxiliar ‖ mémoire centrale memoria central ou principal ‖ mémoire d'extension memoria extendida ‖ mémoire de masse memoria de masa ou masiva ‖ mémoire de régénération memoria de regeneración ou de refrescamiento ‖ mémoire magnétique memoria magnética ‖ mémoire morte memoria muerta, memoria ROM, memoria de sóla lectura ‖ mémoire programmable memoria progra-

mable‖**mémoire rémanente** memoria no volátil‖**mémoire statique** memoria estática‖**mémoire tampon** memoria intermedia, buffer, memoria tampón‖**mémoire virtuelle** memoria virtual‖**mémoire vive** memoria RAM, memoria de accesso aleatorio ou de accesso directo ■ **à la mémoire de** en memoria de, en recuerdo de‖**de fâcheuse mémoire** de triste recuerdo‖**de mémoire de memoria**; **répéter de mémoire** repetir de memoria‖**de mémoire d'homme** desde tiempo inmemorial‖**mise en mémoire de** l'information almacenamiento de datos‖**pour mémoire** a título de indicación ou de información ■ **avoir la mémoire des visages** ser buen fisonomista‖**avoir mémoire de** acordarse de, recordar‖**si j'ai bonne mémoire** si mal no recuerdo, si bien recuerdo, si la memoria no me falla.
| **SYN** ressouvenir recordación; réminiscence reminiscencia; souvenance recuerdo.

mémoire _m_ memoria _f_, informe, relación _f_; **présenter un mémoire** presentar un informe‖tesina _f_ (à l'université)‖**COMM** cuenta _f_, estado de deudas; **régler un mémoire** pagar una cuenta‖**FAM mémoire d'apothicaire** las cuentas del Gran Capitán.
➥ **mémoires** _m pl_ memorias _f_.

mémorable _adj_ memorable.

mémorandum [memɔrɑ̃dɔm] _m_ memorándum‖anotación _f_, reseña _f_ (note)‖nota _f_ (diplomatique)‖**COMM** memorándum, nota _f_ de pedidos.

mémorial _m_ memorial‖libro de asientos (commerce)‖monumento conmemorativo.

mémorialiste _m_ memorialista, autor de memorias históricas.

mémorisable _adj_ **INFORM** memorizable.

mémorisation _f_ memorización, ejercicio _m_ de memoria‖fijación en la memoria.

mémoriser [3] _v tr_ memorizar.

Memphis [mɛmfis] _n pr_ **GÉOGR** Menfis.

memphite [mɛ̃fit] _adj_ menfita, de Menfis.

Memphite _m & f_ menfita.

menable _adj_ manejable, conducible.

menaçant, e [mənasɑ̃, ɑ̃t] _adj_ amenazador, ra.

menace [mənas] _f_ amenaza; **user de menaces** valerse de amenazas‖amenaza, amago _m_, indicio _m_; **des menaces de tempête** amagos de tempestad ■ **agir sous la menace** obrar bajo ou ante la amenaza‖**menaces en l'air** amenazas vanas ou que se las lleva el viento.

menacé, e _adj_ amenazado, da; en peligro.

menacer [16] _v tr_ amenazar; **menacer d'une arme** amenazar con un arma‖poner en peligro; **sa vie dissolue menace sa santé** su vida disoluta pone en peligro su salud‖**FIG** amagar ■ **la pluie menace** parece que va a llover‖**menacer ruine** amenazar ruina.

ménade _f_ **MYTH** ménade (bacchante).

ménage _m_ gobierno de la casa (direction de la maison)‖menaje, ajuar (meubles et ustensiles)‖limpieza _f_, cuidado de la casa, quehaceres _pl_ domésticos; **faire le ménage** hacer la limpieza‖ahorro, economía _f_, arreglo; **vivre de ménage** vivir con ahorro‖familia _f_, casa _f_ (famille); **heureux en ménage** feliz en familia; **ménage de sept personnes** familia de siete personas‖matrimonio (mari et femme); **un jeune ménage** un matrimonio joven ■ **FAM ménage a trois** triángulo‖**ménage de poupée** vajilla de juguete ■ **de ménage** casero, ra; doméstico, ca‖**femme de ménage** asistenta ■ **bien tenir son ménage** llevar muy bien la casa y su marido‖**faire bon, mauvais ménage** llevarse bien, mal, hacer, no hacer buenas migas, vivir en buena, mala inteligencia‖**faire des ménages** hacer horas de limpieza‖**l'intelligence peut faire bon ménage avec la beauté** la inteligencia no está reñida con la belleza‖**monter son ménage** comprar su ajuar, montar su casa‖**se mettre en ménage** vivir juntos (un couple).

ménagement [menaʒmɑ̃] _m_ miramiento, deferencia _f_, consideración _f_, reserva _f_; **il a beaucoup de ménagements pour ses employés** tiene muchos miramientos con sus empleados‖precaución _f_, tacto, cuidado; **apprendre une mauvaise nouvelle avec ménagement** dar una mala noticia con cuidado ■ **sans ménagement** sin contemplaciones, sin miramientos‖**user de ménagements avec** tratar con miramientos a.

ménager [17] _v tr_ tener cuidado con, cuidar, no abusar‖[▷ **SYN**] ahorrar, economizar, escatimar (économiser)‖**FIG** aprovechar, no perder, emplear bien; **ménager son temps** no perder el tiempo‖cuidar de, mirar por, velar por; **ménager sa santé** cuidar de ou mirar por su salud‖tratar con miramientos ou consideración ou contemplaciones; **ménager quelqu'un** tratar con consideración a alguien‖tratar con tino; **ménager son directeur** tratar con tino a su director‖llevar bien ou con tiento ou con precaución; **ménager une négociation** llevar con tiento una negociación‖procurar, facilitar; **ménager une entrevue** facilitar una entrevista‖reservar, dejar sitio para; **ménager une sortie** reservar una salida‖no cansar, no exponer; **ménager ses troupes** no exponer sus tropas‖no malgastar, no abusar de, no exponer; **ménager ses forces** no abusar de sus fuerzas‖regatear, escatimar (efforts)‖preparar, reservar; **ménager une surprise à quelqu'un** preparar una sorpresa a uno‖no herir, no molestar; **ménager la susceptibilité de quelqu'un** no herir la susceptibilidad de uno ■ **ménager la chèvre et le chou** nadar entre dos aguas‖**ménager les intérêts de quelqu'un** velar por los intereses de uno‖**ménager les petits esprits** ir con tiento‖**ménager ses expressions, ses termes** medir ou moderar las expresiones, las palabras‖**ménager ses paroles** ser parco en el hablar‖**n'avoir rien à ménager** no tener cortapisas.
➥ **se ménager** _v pr_ cuidarse, mirar por la salud, reservarse‖**FIG** reservarse para una ocasión; **se ménager pour la fin** reservarse para el fin‖**ne pas se ménager dans** darse por entero a.
| **SYN** épargner ahorrar; économiser economizar; thésauriser atesorar.

ménager, ère _adj_ casero, ra; doméstico, ca; **appareil ménager** aparato doméstico; **arts ménagers** artes domésticas‖(vieilli) **FIG** poco pródigo, ga; parco, ca; **un critique ménager de ses éloges** un crítico parco en elogios.

ménagère _f_ ama de casa (qui s'occupe des soins du ménage)‖servicio _m_ de cubiertos, caja de guardar los tenedores, las cucharas y los cuchillos de plata‖**une très bonne ménagère** una mujer muy de su casa.

ménagerie [menaʒri] _f_ casa de fieras (dans un zoo)‖exhibición de fieras (dans un cirque).

Ménandre _n pr_ Menandro.

Mendel [mɛndɛl] _n pr_ **lois de Mendel** leyes de Mendel.

mendélévium [mɛ̃delevjɔm] _m_ **CHIM** mendelevio.

mendélien, enne _adj_ mendeliano, na.

mendélisme _m_ mendelismo.

mendiant, e _adj & s_ mendigo, ga; pordiosero, ra‖**RELIG ordre mendiant** orden mendicante.
➥ **mendiants** _m pl_ **les quatre mendiants** higos, pasas, avellanas y almendras.
| **SYN** gueux pordiosero; **FAM** mendigot pordiosero.

mendicité _f_ mendicidad, pordioseo _m_, pordiosería _f_.

mendier [9] _v tr_ mendigar, pordiosear.
◇ _v intr_ mendigar, pordiosear, pedir limosna.

mendigot, e [mɑ̃digo, ɔt] _m & f_ **FAM** (vx) pordiosero, ra; mendigo, ga.

mendigoter [3] _v tr & intr_ **FAM** pordiosear, mendigar.

meneau _m_ **CONSTR** crucero (de fenêtre)‖bastidor, montante (châssis)‖**fenêtre à meneaux** ajimez.

menée _f_ ida, rastro _m_, camino _m_ (d'un cerf)‖**FIG** manejo _m_, tejemaneje _m_‖intriga (intrigue), ardid _m_ (astuce)‖**menées secrètes** maquinación secreta.

Ménélas [menelas] _n pr_ **MYTH** Menelao.

mener [9] [məne] _v tr_ conducir, guiar, llevar, acompañar (conduire, guider); **mener le bétail à l'abreuvoir** llevar el ganado al abrevadero‖transportar, llevar (transporter); **il nous a menés en voiture** nos transportó en el coche‖dirigir, estar a la cabeza (être à la tête de); **mener la danse** dirigir el baile‖**GÉOM** trazar (tracer); **mener une perpendiculaire** trazar una perpendicular‖**FIG** llevar; **mener une vie déréglée** llevar una vida disoluta‖dirigir, llevar; **bien mener ses affaires** dirigir bien sus negocios‖guiar; **l'intérêt le mène** le guía el interés‖conducir, manejar (un véhicule)‖llevar a cabo (réaliser)‖ir en cabeza de, encabezar; **mener le peloton** ir en cabeza del pelotón‖llevar la delantera, ir ganando por; **mener par trois buts à un** ir ganando por tres tantos a uno ■ **mener à bien** llevar a bien ou a cabo, sacar adelante‖**mener à bonne fin** llevar a cabo ou a buen término‖**mener à la baguette** tratar a la baqueta, tener bajo su férula‖**mener de front** llevar conjuntamente, simultanear‖**FAM mener en bateau** liar a uno (tromper)‖**mener en terre** llevar a enterrar‖**mener grand bruit** meter mucho ruido, dar mucho jaleo‖**mener grand train** gastar sin contar, llevar un gran tren de vida‖**mener la bande** ser el jefe‖**mener le deuil** conducir ou presidir el duelo‖**mener loin** llevar lejos, tener graves consecuencias‖**mener quelqu'un par le bout du nez** llevar por las narices, manejar a uno a su antojo ■ **ne pas en mener large** no llegarle a uno la camisa al cuerpo ▌ **tous les chemins mènent à Rome** por todas partes se va a Roma, todos los caminos van a Roma.

ménestrel [menɛstrɛl] *m* trovador, ministril.

ménétrier *m* violinista de pueblo.

meneur, euse *m & f* acompañante (qui accompagne) ▌ FIG conductor, ra; cabecilla; jefe, fa; dirigente; instigador, ra (chef); **meneur d'hommes** líder ▌ animador, ra (d'émission de radio) ▌ **meneur de jeu** animador, el que dirige una empresa política ou de otra índole.

menhir [menir] *m* menhir.

menin *m* HIST menino (en Espagne) ▌ caballero al servicio del delfín de Francia.

ménine *f* menina.

méninge [menɛ̃ʒ] *f* ANAT meninge ▌ FIG **se fatiguer les méninges** devanarse los sesos.

méningé, e *adj* meníngeo, a.

méningite *f* MÉD meningitis.

méningocoque *m* meningococo (microbe).

Ménippe *n pr* Menipo.

ménippée *f* menipea.

ménispermacées *f pl* BOT menispermáceas.

ménisque *m* PHYS & ANAT menisco.

mennonite *m* menonita (anabaptiste).

ménologe *m* menologio.

ménopause *f* MÉD menopausia.

ménorragie *f* MÉD menorragia.

menotte *f* FAM manita, manecita (petite main).

→ **menottes** *f pl* esposas (des prisonniers); ils lui ont passé les menottes le pusieron las esposas ▌ FIG **mettre** ou **passer les menottes à quelqu'un** atar a alguien de manos y pies, maniatar a alguien.

menotter *v tr* esposar.

mense [mɑ̃s] *f* mesa, renta eclesiástica.

mensonge *m* mentira *f*, embuste ▌ fábula *f*, ficción *f* (fiction) ▌ FIG engaño, falsedad *f*, quimera *f* (illusion) ■ **pieux mensonge** mentira piadosa ▌ **un tissu de mensonges** una sarta de embustes.

mensonger, ère *adj* mentiroso, sa ▌ falso, sa (faux) ▌ engañoso, sa; falaz (décevant).

mensongèrement *adv* mentirosamente.

menstruation *f* menstruación.

menstruel, elle *adj* menstrual.

menstrues [mɑ̃stry] *f pl* menstruación *sing*, menstruo *m sing*.

▌ SYN **ménorrhée** menorrea; **règles** reglas.

mensualisation *f* mensualización.

mensualiser [3] *v tr* mensualizar.

mensualité *f* mensualidad.

mensuel, elle *adj* mensual.

→ **mensuel** *m* empleado pagado mensualmente.

mensuellement *adv* mensualmente.

mensuration *f* medida, mensuración.

mental, e *adj* mental.

mentalement *adv* mentalmente.

mentalité *f* mentalidad, modo *m* de pensar ▌ FAM **sale mentalité** manera de pensar canallesca, vergonzosa, desalmada.

menterie *f* FAM embuste *m*.

menteur, euse *adj & s* mentiroso, sa; embustero, ra ▌ engañoso, sa ■ **argument du menteur** argumento falso (sophisme) ▌ FAM **il est menteur comme un arracheur de dents** miente más que la Gaceta, miente más que habla, miente como un sacamuelas.

menthe [mɑ̃t] *f* menta, hierbabuena (plante).

menthol *m* mentol.

mentholé, e *adj* mentolado, da.

mention [mɑ̃sjɔ̃] *f* mención; **mention honorable** mención honorífica ■ **mention assez bien** ou **bien** notable ▌ **mention passable** aprobado ▌ **mention très bien** sobresaliente ■ **faire mention de** mencionar, hacer mención de ▌« **rayer la mention inutile** » "táchese lo que no proceda".

mentionner [3] [mɑ̃sjɔne] *v tr* mencionar, hacer mención de, mentar.

mentir [37] *v intr* mentir ■ **mentir comme un arracheur de dents** mentir como un sacamuelas ■ **a beau mentir qui vient de loin** de luengas tierras, luengas mentiras ▌ **il ment comme il respire** miente más que habla ▌ **sans mentir, pour ne pas mentir** a decir verdad, sin mentir.

menton *m* barbilla *f*, mentón ■ FAM **double menton** papada ▌ **menton en galoche** barbilla prominente ou muy salida.

mentonnet [mɑ̃tɔne] *m* nariz *f* de picaporte (du loquet) ▌ TECHN trinquete, pestaña *f*.

mentonnière *f* babera, barbote *m* (d'une armure) ▌ barbuquejo *m*, barboquejo *m* (de casque, de shako, etc.) ▌ IMPR botador *m*, taco *m*.

mentor *m* mentor.

Mentor *n pr* MYTH Mentor.

menu, e [məny] *adj* [▷ SYN] menudo, da ■ **menu bétail** ganado menor ▌ **menue monnaie** dinero suelto, calderilla ▌ **menu gibier** caza menor ▌ **menu peuple** clase humilde ou modesta ▌ **menu plomb** mostacilla ▌ **menus frais** gastos menudos ▌ **menus plaisirs** caprichos, distracciones.

→ **menu** *m* carta *f*, lista *f* de platos (carton) ▌ cubierto; **menu touristique** cubierto turístico ▌ menú, minuta *f*; **faire le menu d'un repas** hacer el menú de una comida ▌ comida *f* (repas) ▌ picón, cisco (charbon) ▌ INFORM menú; **menu déroulant** menú desplegable ou desenvolvente ▌ **par le menu** detalladamente, punto por punto ▌ **raconter les choses par le menu** contar las cosas detalladamente.

→ **menu** *adv* en pedacitos, en trozos (en morceaux) ■ **hacher menu** hacer picadillo (viande), picar (oignons, tabac, etc.).

▌ SYN **fluet** cenceño; **ténu** tenue; **grêle** tenue; **gracile** grácil.

menuet [mənɥe] *m* minué (danse).

menuise [mənɥiz]; **menuisaille** [mənɥizaj] *f* perdigones *m pl*, mostacilla (plomb) ▌ boquerones *m pl*, sardinillas *pl* inferiores (poissons).

menuiser [3] *v tr* carpintear, trabajar como carpintero ▌ adelgazar, afinar (amincir).

menuiserie *f* carpintería ▌ trabajo *m* de carpintería (ouvrage).

menuisier *m* carpintero.

ménure *m* menuro, ave lira (oiseau-lyre).

menu-vair [mənyver] *m* gris, petigrís ▌ BLAS veros *pl* (vair).

→ OBSERV *pl* menus-vairs.

ményanthes [menjɑ̃t] *m pl* menianto *sing* (plante).

Méphistophélès [mefistofelɛs] *n pr* Mefistófeles.

méphistophélique *adj* mefistofélico, ca.

méphitique *adj* mefítico, ca.

méphitisme *m* mefitismo.

méplat, e [mepla, at] *adj* chato, ta; más ancho que grueso; plano, na.

→ **méplat** *m* cara *f* plana de un cuerpo plano.

méprendre [79]

→ **se méprendre sur** *v pr* confundirse respecto a, equivocarse en, engañarse en lo tocante a ▌ **à s'y méprendre** hasta el punto de confundirse ▌ **se méprendre à** dejarse engañar por.

mépris [mepri] *m* desprecio, menosprecio; **encourir le mépris public** ganarse ou granjearse el desprecio general; **avoir du mépris pour** sentir desprecio por ▌ **au mépris de** sin tener en cuenta, con desprecio ou desdeño de, ignorando voluntariamente.

méprisable *adj* despreciable, menospreciable.

méprisant, e *adj* despreciativo, va; **un regard méprisant** una mirada despreciativa.

méprise *f* error *m*, equivocación; **par méprise** por error, por equivocación; **lourde méprise** error mayúsculo.

mépriser [3] *v tr* despreciar, menospreciar.

▌ SYN **dédaigner** desdeñar, menospreciar; **faire fi de** no hacer caso de.

mer [mɛr] *f* mar *m & f* ■ **mer démontée** mar enfurecido ou alborotado ▌ **mer d'huile** balsa de aceite ▌ **mer fermée** mar cerrada ▌ **mer houleuse** mar agitado ▌ **mer moutonnée** mar rizado ou picado ■ **basse mer** bajamar ▌ **haute mer, pleine mer** alta mar, pleamar ■ **coup de mer** golpe de mar, oleada ▌ **droit de la mer** derecho marítimo ▌ **gens de mer** marinos ▌ **mal de mer** mareo ▌ **un homme à la mer!** ¡hombre al agua! ▌ FAM **ce n'est pas la mer à boire** no es cosa del otro mundo ou del otro jueves ▌ **il avalerait la mer et les poissons** tiene un hambre canina (faim), tiene mucha sed (soif) ▌ **mettre à la mer** echar al agua ▌ **prendre la mer** hacerse a la mar.

▌ OBSERV **Mar** en espagnol est masculin dans le langage courant, mais il est féminin dans le langage des marins et des pêcheurs. Il l'est aussi dans les locutions comme alta mar, bajamar, la mar de cosas (un tas de choses).

MERS
la mer Adriatique el mar Adriático;
la mer des Antilles el mar de las Antillas;
la mer d'Aral el mar de Aral;
la mer Baltique el mar Báltico;
la mer de Barents el mar Barents;
la mer de Béring el mar de Bering ou Behring;
la mer Blanche el mar Blanco;
la mer Caraïbe ou des Caraïbes el mar Caribe;
la mer Caspienne el mar Caspio;
la mer de Célèbes el mar Célebes;
la mer de Chine el mar de la China;
la mer de Corail el mar del Coral;
la mer de Crète el mar de Creta;
la mer Égée el mar Egeo;
la mer de Galilée el mar de Galilea;
la mer Intérieure el mar Interior;

la mer Ionienne el mar Jónico; la mer d'Irlande el mar de Irlanda; la mer du Japon el mar del Japón; la mer Jaune el mar Amarillo; la mer de Marmara el mar de Mármara; la mer Méditerranée el mar Mediterráneo; la mer Morte el mar Muerto; la mer Noire el mar Negro; la mer du Nord el mar del Norte; la mer de Norvège el mar de Noruega; la mer d'Oman el mar Arábigo ou de Omán; la mer Rouge el mar Rojo; la mer des Sargasses el mar de los Sargazos; la mer de Tasman el mar Tasman; la mer Tyrrhénienne el mar Tirreno; la mer des Wadden el mar Wadden.

mercanti *m* mercader (en Orient) **|** FAM mercachifle (commerçant malhonnête).

mercantile *adj* mercantil.

mercantilisme *m* mercantilismo.

mercantiliste *m* mercantilista.

mercenaire *adj & s* mercenario, ria.

mercerie *f* mercería.

mercerisage *m* mercerización *f*, mercerizado.

merceriser [3] *v tr* mercerizar.

merci *f* merced, gracia, favor *m*; demander, crier, implorer merci pedir gracia, implorar merced **|**merced (ordre) **■** sans merci sin piedad; homme sans merci hombre sin piedad; sin cuartel; lutte sans merci lucha sin cuartel **■** à la merci de a (la) merced de **|** à merci a discreción, a voluntad.
◇ *m* gracias *f pl* **■** merci bien, merci beaucoup! ¡muchas gracias! **|** merci de ou pour gracias por **■** Dieu merci a Dios gracias, gracias a Dios **|** grand merci mil gracias **■** dire merci dar las gracias.

mercier, ère *adj & s* mercero, ra.

mercredi *m* miércoles; mercredi dernier, prochain el miércoles pasado, que viene **|**mercredi des cendres miércoles de ceniza.

mercure *m* mercurio, azogue (métal).

Mercure *n pr* ASTRON & MYTH Mercurio.

mercureux *adj m* CHIM mercurioso, sa.

mercuriale *f* mercurial (plante) **|**discurso *m* de apertura de los tribunales **|**reprimenda, represión, amonestación (remontrance) **|** precio *m*, hoja ou lista de precios, cotización, tarifa (état des prix, des denrées sur un marché).

mercuriel, elle *adj* mercurial.

mercurique *adj* mercúrico, ca.

merde *f* VULG mierda **|**VULG merde de chien una pura mierda.
➤ **merde!** *interj* TFAM ¡coño!

merdeux, euse *adj* TFAM lleno, na de mierda; sucio, cia **|**VULG bâton merdeux persona desagradable ou de trato imposible.
◇ *m & f* FIG & TFAM mequetrefe, individuo sin importancia.

merdier *m* TFAM follón.

mère *f* [▷ SYN] madre; mère de famille madre de familia **|**madre (religieuse) **|**principal, central, esencial; idée mère idea central ou esencial **|**puro, ra (pur) **|**FAM tía, seña; la mère Joséphine la tía Pepa **|**TECHN madre (vinaigre) **■** mère abbesse madre superiora, abadesa **|**mère branche rama ou ramo principal **|**mère célibataire madre soltera **|**mère

goutte vino de lágrima **|**mère nourrice ama, nodriza **|**mère patrie madre patria **■** belle-mère suegra (mère du conjoint), madrastra (seconde femme du père) **|**fêtes des mères día de la Madre **|**fille-mère madre soltera **|**grand-mère abuela **|**langue mère lengua madre **|**maison mère casa ou sociedad matriz ou central **|**reine mère reina madre.
▪ SYN maman mamá; marâtre madrastra.

méreau *m* tejo, ficha *f* (pour le jeu de marelle).

mère-grand [mɛrgrɑ̃] *f* FAM abuela.
▪ OBSERV pl mères-grand.

merguez *f inv* salchicha picante que acompaña al cuscús.

▪ MERGUEZ
Esta salchicha picante se suele asar a la parrilla y vender en las afueras de los conciertos, acontecimientos deportivos y mítines políticos etc. Está por tanto asociada con ambientes populares y desenfadados.

mergule *m* pájaro bobo (oiseau marin).

méridien, enne *adj* meridiano, na.
➤ **méridien** *m* ASTRON meridiano.
➤ **méridienne** *f* ASTRON & GÉOM meridiana **|**siesta (sieste) **|**tumbona (chaise-longue).

méridional, e *adj & s* meridional.

meringue *f* merengue *m* (pâtisserie).

meringuer [3] *v tr* cubrir de merengue, merengar.

mérinos [merinos] *m* merino, na (mouton et tissu).

merise *f* BOT cereza silvestre.

merisier *m* BOT cerezo silvestre.

méritant, e *adj* meritorio, ria; merecedor, ra; benemérito, ta.

mérite *m* mérito; personne de grand mérite persona de gran mérito **■** le mérite lui revient el mérito le corresponde **|**se faire un mérite d'une chose vanagloriarse de algo, honrarse con algo.

mériter [3] *v tr* merecer, merecerse; il l'a bien mérité se lo ha merecido **|**valer; tout cela lui a mérité ce curieux sobriquet todo esto le valió este apodo extraño **■** avoir ce qu'on mérite tener su merecido **|**bien mériter de sa patrie hacerse digno de la patria **|**mériter de merecer la pena de.

méritoire *adj* meritorio, ria.
▪ OBSERV Le meritorio es en espagnol le stagiaire sans solde.

merl ➤ **maërl.**

merlan *m* pescadilla *f* (poisson) **|** FAM (VX) peluquero, rapabarbas **|**faire des yeux de merlan frit poner los ojos en blanco.

merle *m* mirlo (oiseau) **■** FIG merle blanc mirlo blanco, cosa rara **■** FAM fin merle hombre fino, astuto **|**vilain ou beau merle bicho malo, bicharraco, pajarraco **■** faute de grives, on mange des merles a falta de pan, buenas son tortas.

merleau *m* mirlo pequeño (oiseau).

merlette *f* mirla (oiseau) **|** BLAS merleta.

merlin *m* maza *f* de jifero, hacha *f* para rajar madera (hache) **|** MAR merlín, cuerda *f* (corde).

Merlin *n pr* Merlin l'Enchanteur el mago Merlín.

merlon *m* merlón (fortification).

merlu *m*; **merluche** *f* merluza *f*, pescada *f* (Andalousie) **|** bacalao *m* seco sin salar (morue).
▪ OBSERV La merluche se vende bajo el nombre de colin.

Mérope *n pr* Merope.

mérostomes [merɔstom] *m pl* ZOOL meróstomos.

mérou *m* mero (poisson).

Mérovée *n pr* Meroveo.

mérovingien, enne *adj* merovingio, gia.

merrain *m* tabla *f* de roble ou de castaño para duelas (planche) **|**asta *f* principal de un ciervo.

Mers el-Kébir *n pr* GÉOGR Mazalquivir.

merveille [mɛrvɛj] *f* [▷ SYN] maravilla, portento *m* **|** especie de pestiño *m* (pâtisserie) **■** à merveille de maravilla, a las mil maravillas, divinamente **■** aller à merveille ir de maravilla, venir que ni pintado **|**dire des merveilles de decir maravillas de **|**faire merveille ou des merveilles hacer maravillas (faire des exploits), producir un efecto maravilloso (faire bel effet) **|**promettre monts et merveilles prometer el oro y el moro **|**tomber à merveille venir de perlas ou de maravilla.
▪ SYN miracle milagro; prodige prodigio, portento.

merveilleusement *adv* maravillosamente.

merveilleux, euse [mɛrvɛjø, øz] *adj* maravilloso, sa; portentoso, sa; asombroso, sa.
➤ **merveilleux** *m* lo maravilloso, lo asombroso **|**lo sobrenatural (dans un poème).

méryscisme *m* MÉD mericismo (rumination).

mes [me] *adj poss pl* de mon et ma mis (avant un substantif), míos, mías (après un substantif); mes frères sont plus âgés que moi mis hermanos son mayores que yo; mes fils sont allés saluer deux de mes amis mis hijos han ido a saludar a dos amigos míos.

mésair; mezair *m* braceo (du cheval).

mésalliance [mezaljɑ̃s] *f* casamiento *m* desigual, mal casamiento *m* **|**unión ou asociación desacertada.

mésallier [9] *v tr* malcasar.
➤ **se mésallier** *v pr* malcasarse.

mésange *f* paro *m* (oiseau) **■** mésange bleue alionín **|**mésange charbonnière paro carbonero.

mésangette *f* jaula con armadijo ou trampa.

mésaventure *f* contratiempo *m*, desventura, desgracia, malaventura, malandanza.
▪ SYN déconvenue chasco; malencontre desgracia; FAM tuile percance.

mescal *m* mezcal.

mescaline *f* mezcalina, alcaloide *m* de peyote.

mesdames [medam] *f pl* señoras.
▪ OBSERV pl de madame.

mesdemoiselles [medmwazɛl] *f pl* señoritas.
▪ OBSERV pl de mademoiselle.

mésentente [mezɑ̃tɑ̃t] *f* desacuerdo *m*, desavenencia, mala inteligencia.

mésentère *m* ANAT mesenterio, redaño.

mésentérique *adj* mesentérico, ca.

mésestimation *f* desestimación, apreciación errónea, infravaloración.

mésestime *f* menosprecio *m*, desestimación.

mésestimer [3] *v tr* menospreciar, desestimar, infravalorar, no apreciar como es debido.

mésintelligence [mezɛ̃teliʒɑ̃s] *f* desavenencia, mala inteligencia, desacuerdo *m*.

> SYN désunion desunión; zizanie cizaña; désaccord desacuerdo; dissentiment disentimiento; dissension disensión; divison división; discorde discordia; rupture ruptura; brouillerie disensión; FAM pique pique.

mesmérien, enne [mɛsmerjɛ̃, ɛn] *adj & s* mesmeriano, na; de Mesmer.

mesmérisme *m* PHYS mesmerismo.

mésocarpe *m* BOT mesocarpio.

mésocéphale *adj* ANAT mesocéfalo, la.

mésoderme *m* ANAT mesodermo.

mésolithique *adj & s m* GÉOL mesolítico, ca.

méson *m* CHIM mesón, mesotrón.

Mésopotamie [mezopotami] *n pr f* HIST la Mésopotamie Mesopotamia.

mésopotamien, enne *adj* mesopotámico, ca; mesopotamio, mia.

Mésopotamien, enne *m & f* mesopotamio, mia.

mésosphère *f* mesosfera.

mésothérapie *f* MÉD mesoterapia.

mésothorax *m* ZOOL mesotórax.

mésothorium [mezotɔrjɔm] *m* CHIM mesotorio.

mésozoïque *adj* GÉOL mesozoico, ca.

mesquin, e [mɛskɛ̃, in] *adj* mezquino, na; ruin.

mesquinement *adv* mezquinamente.

mesquinerie [mɛskinri] *f* mezquindad, tacañería, ruindad.

mess [mɛs] *m* MIL imperio, comedor de oficiales ou suboficiales de una misma arma.

message *m* mensaje; message publicitaire mensaje publicitario ▌recado, encargo (commission) ■ INFORM message d'erreur mensaje de error ▌message téléphoné aviso telefónico.

message-guide *m* INFORM mensaje guía.

> OBSERV pl messages-guide.

messager, ère *m & f* [▷ SYN] mensajero, ra; enviado, da ▌ordinario *m*, cosario *m*, recadero *m*, trajinero *m* (service de marchandises) ■ les messagères du printemps las golondrinas ▌messager du malheur pájaro de mal agüero.

> SYN envoyé enviado; émissaire emisario; commissionnaire recadero, mandadero; courrier correo, propio; exprès estafeta; estafette estafeta.

messagerie *f* mensajería, servicio *m* de transporte ▌despacho *m* de diligencias ■ INFORM messagerie électronique correo electrónico ▌messagerie rose servicio de minitel para mensajes de encuentros sentimentales ▌messageries aériennes, maritimes compañía de transportes aéreos, marítimos ▌messageries de presse agencia distribuidora.

> OBSERV Se emplea a menudo en plural.

Messaline *n pr* Mesalina; une Messaline una mesalina.

messe *f* misa; aller à la messe ir a misa; dire la messe decir misa ■ messe basse misa rezada ▌messe de funérailles misa de cuerpo presente ▌messe de minuit misa del gallo ▌messe des morts misa de difuntos ▌messe noire misa negra ▌messe pontificale misa pontifical ■ grand-messe misa cantada, misa mayor ▌honoraires de messe estipendio ▌livre de messe devocionario ■ dire la première messe cantar misa (après l'ordination) ▌entendre la messe oír misa ▌FIG faire des messes basses andar con secreteos ▌servir la messe ayudar a misa.

Messénie *n pr f* HIST la Messénie Mesenia.

messeoir [67] [mɛswar] *v intr & impers* sentar mal, venir mal, ir mal.

> OBSERV Se emplea sobre todo en la tercera persona del presente, pretérito imperfecto y futuro de indicativo, así como del potencial simple.

messianique *adj* mesiánico, ca.

messianisme *m* mesianismo.

messidor *m* mesidor (dixième mois du calendrier républicain français).

messie [mɛsi] *m* mesías.

messieurs [mɛsjø] *m pl* señores.

> OBSERV pl de monsieur.

messin, e [mɛsɛ̃, in] *adj* de Metz.

Messin, e *m & f* natural ou habitante de Metz.

Messine *n pr* GÉOGR Mesina.

messire *m* HIST señor, don (titre d'honneur).

> OBSERV L'espagnol a employé aussi dans un sens analogue micer et maese (maître).

mestre *m* (ancien) maestre; mestre de camp maestre de campo.

mesurable *adj* mensurable, que se puede medir.

mesurage *m* medición *f*, medida *f*.

mesure *f* medida; la mesure du temps la medida del tiempo ▌medida; prendre des mesures draconiennes tomar medidas drásticas ▌medida (couture) ▌ponderación; cela dépasse toute mesure esto sobrepasa toda ponderación ▌moderación, mesura, reserva, tino *m* (retenue); parler avec mesure hablar con mesura ▌MUS compás *m*; aller en mesure, suivre la mesure llevar ou guardar el compás ■ mesure à deux temps compás de dos por cuatro ▌mesure à quatre temps compasillo, compás menor ▌mesure à trois temps compás de tres por cuatro ▌ÉCON mesures d'accompagnement ou de soutien medidas de incentivación ■ commune mesure medida común, común rasero ▌unité de mesure unidad de medida ■ à mesure, au fur et à mesure a medida que, conforme, al mismo tiempo que ▌dans la mesure de en relación con, según ▌dans la mesure du possible dentro de lo que cabe, en la medida de lo posible ▌dans la mesure où en la medida en que ▌dans une certaine mesure en cierta medida ▌outre mesure más de la cuenta, demasiado ▌sur mesure a la medida; pantalon sur mesure pantalón hecho a la medida ▌agir sans mesure obrar sin moderación, desmedidamente ▌avoir deux poids et deux mesures medir con distinto rasero, aplicar la ley del embudo ▌battre la mesure

marcar ou llevar el compás ▌cela passe toute mesure esto pasa de la raya ou de la medida ▌combler la mesure llegar al último límite, llevar las cosas al extremo ▌dépasser la mesure salirse de los límites, pasarse de la raya ▌donner sa mesure mostrar de lo que uno es capaz ▌être en mesure de hallarse en estado de, estar en condiciones de, poder, ser capaz de ▌faire bonne mesure dar más de la medida ▌FIG garder la mesure ser comedido ▌manquer de mesure ser descomedido.

mesuré, e *adj* medido, da; proporcionado, da ▌FIG mesurado, da; moderado, da; comedido, da.

mesurer [3] *v tr* medir; mesurer au litre medir por litros ▌proporcionar, armonizar, ajustar (proportionner) ▌escatimar (répartir avec parcimonie) ▌FIG evaluar, hacer estimar, dar valoración (servir à apprécier) ■ mesurer du regard, par la pensée medir con la vista, en la mente ▌mesurer le sol medir el suelo con las espaldas ▌mesurer son coup medir los pasos, calcular bien lo que uno va a hacer.

➤ **se mesurer** *v pr* medirse ▌ser comedido, moderado ▌se mesurer avec quelqu'un competir, luchar, rivalizar, medirse con uno.

mesureur *m* medidor, mensurador.

mésuser (de) [3] *v intr* LITT abusar ou hacer mal uso de.

Méta® *m* metaldehído.

métabolique *adj* metabólico, ca.

métabolisme *m* BIOL metabolismo.

métacarpe *m* ANAT metacarpo.

métacarpien, enne *adj* ANAT metacarpiano, na.

métacentre *m* PHYS metacentro.

métacentrique *adj* PHYS metacéntrico, ca.

métairie *f* finca en aparcería ▌alquería, cortijo *m*, granja (ferme).

métal *m* metal.

métaldéhyde *m* CHIM metaldehído.

métalepse *f* metalepsis.

métallier *f* ferrallista.

métallifère *adj* metalífero, ra.

métallique *adj* metálico, ca.

métallisation [metalizasjɔ̃] *f* metalización.

métallisé, e *adj* metalizado, da.

métalliser [3] *v tr* metalizar.

métallo *m* FAM obrero metalúrgico, metalúrgico.

métallochromie *f* metalocromía.

métallographie *f* metalografía.

métallographique *adj* metalográfico, ca.

métalloïde *m* metaloide.

métallurgie *f* metalurgia; métallurgie de transformation metalurgia de transformación.

métallurgique *adj* metalúrgico, ca.

métallurgiste *m* metalúrgico, metalurgista.

métamère *adj* metámero, ra.

métamorphique *adj* GÉOL metamórfico, ca.

métamorphiser [3] *v tr* metamorfosear.

métamorphisme *m* GÉOL metamorfismo.

métamorphosable *adj* metamorfoseable.

métamorphose *f* metamorfosis, metamórfosis.

> **SYN** transformation transformación; avatar avatar; transmutation transmutación.

métamorphoser [3] *v tr* metamorfosear.

métaphase *f* metafase.

métaphore *f* metáfora.

métaphorique *adj* metafórico, ca.

métaphoriquement *adv* metafóricamente.

métaphosphorique *adj* CHIM metafosfórico, ca.

métaphysicien, enne *m & f* metafísico, ca.

métaphysique *adj & s f* metafísico, ca.

métaphysiquement *adv* metafísicamente.

métaplasme *m* GRAMM metaplasmo.

métapsychique [metapsiʃik] *adj & s f* metapsíquico, ca.

métastase *f* MÉD metástasis.

Métastase *n pr* Metastasio.

métastaser [3] *v tr* producir metástasis.

métatarse *m* ANAT metatarso.

métatarsien, enne *adj & s* metatarsiano, na.

métathèse *f* GRAMM metátesis.

métathorax *m* metatórax (des insectes).

métayage [meteʒaʒ] *m* aparcería *f*.

métayer, ère [meteje, ɛr] *m & f* aparcero, ra; colono, na ‖ cortijero, ra (fermier).

métazoaires *m pl* ZOOL metazoarios.

méteil [metej] *m* comuña *f*, morcajo, tranquillón.

Métellus [metɛlys] *n pr* Metelo.

métempsycose; métempsychose [metɑ̃psikoz] *f* metempsicosis.

météo *f* FAM meteorología.

météore *m* meteoro.

Météores *n pr m pl* GÉOGR les Météores los Meteoros.

météorique *adj* meteórico, ca.

météorisation *f*; **météorisme** *m* meteorismo *m*.

météoriser [3] *v tr* meteorizar.

météorisme ► **météorisation**.

météorite *f* meteorito *m*.

météorologie *f* meteorología.

météorologique *adj* meteorológico, ca; bulletin météorologique parte meteorológico.

météorologiste; météorologue *m* meteorólogo, meteorologista.

métèque *m* meteco ‖ FAM advenedizo, extranjero.

méthane *m* CHIM metano.

méthanier *m* metanero (bateau).

► **méthanier, ère** *adj* relativo a la industria y al transporte de metano.

méthode *f* método *m*.

> **SYN** technique técnica; système sistema; théorie teoría.

méthodique *adj* metódico, ca; encyclopédie méthodique enciclopedia metódica.

méthodiquement *adv* metódicamente.

méthodisme *m* metodismo.

méthodiste *adj & s* metodista.

méthodologie *f* metodología.

méthodologique *adj* metodológico, ca.

méthyle *m* CHIM metilo.

méthylène *m* CHIM metileno ‖ bleu de méthylène azul de metileno.

méthylique *adj* CHIM metílico, ca.

méticuleusement *adv* meticulosamente.

méticuleux, euse *adj* meticuloso, sa.

méticulosité *f* meticulosidad.

métier *m* oficio; avoir un bon métier tener un buen oficio ‖ profesión, carrera *f*; le métier des armes la carrera de las armas; un métier d'avenir una profesión con futuro ‖ bastidor (à broderie) ‖ papel (rôle) ◼ métier à tisser telar ◼ arts et métiers artes y oficios ‖ corps de métier corporación, gremio ‖ homme de métier especialista, hombre enterado ‖ jalousie de métier celos profesionales ‖ l'armée de métier el ejército profesional ◼ apprendre à quelqu'un son métier darle a uno una lección ‖ avoir du métier tener mucho oficio ‖ avoir le cœur au métier trabajar con ahínco ‖ chacun son métier, les vaches seront bien gardées zapatero a tus zapatos, cada cual a lo suyo ‖ être boulanger de son métier ser de oficio panadero ‖ être du métier ser del oficio ‖ faire métier de tener la profesión de ‖ faire son métier cumplir con su obligación ‖ gâcher le métier echar a perder el oficio ‖ il n'est de si petit métier qui ne nourrisse son maître quien ha oficio, ha beneficio ‖ il n'est point de sot métier no hay oficio malo ‖ FIG mettre une chose sur le métier poner algo en el telar, emprender algo.

métis, isse [metis] *adj & s* [▷ **SYN**] mestizo, za ‖ mezclado, da (mélangé).

> **SYN** hybride híbrido; bâtard bastardo; mulâtre mulato; quarteron cuarterón; octavon ochavón; sang-mêlé cruzado, mulato; créole criollo.

métissage *m* mestizaje.

métisser [3] *v tr* cruzar razas, mestizar.

métonomasie *f* metonomasia.

métonymie *f* metonimia.

métonymique *adj* metonímico, ca.

métope *f* ARCHIT metopa.

métrage *m* medición *f* por metros ‖ metros *pl*, largo en metros (d'une pièce de tissu); quel métrage vous faut-il? ¿cuántos metros le hacen falta? ◼ CINÉM court-métrage cortometraje ‖ long-métrage largometraje.

mètre *m* metro; mètre carré, cube metro cuadrado, cúbico ‖ metro (en poésie) ◼ mesurer en mètres, au mètre medir por metros, con metro ‖ mètre à ruban cinta métrica.

métré *m* medición *f* por metros (mesure) ‖ descripción *f* de una obra de construcción (devis).

métrer [8] *v tr* medir por metros ‖ valuar en metros.

métreur *m* medidor, agrimensor.

métricien *m* especialista en métrica.

métrique *adj* métrico, ca; système métrique sistema métrico.

métrique *f* POÉT métrica.

métrite *f* MÉD metritis.

métro *m* metro, metropolitano (chemin de fer); prendre le métro coger el metro.

métrologie *f* metrología.

métrologique *adj* metrológico, ca.

métrologiste *m* metrologista.

métromanie *f* metromanía (manie de faire des vers).

métronome *m* MUS metrónomo.

métropole *f* metrópoli.

métropolitain, e *adj & s m* metropolitano, na.

métropolite *m* metropolita.

métrorragie *f* MÉD metrorragia.

mets [mɛ] *m* plato, manjar.

mettable *adj* que puede llevarse ou ponerse; ce vêtement n'est plus mettable este vestido no puede ya ponerse.

metteur *m* ponedor, colocador (placeur) ◼ ARTS metteur au point desbastador ‖ metteur en œuvre engastador ‖ metteur en ondes director de emisión ‖ IMPR metteur en pages confeccionador, compaginador (rédaction), compaginador, ajustador (imprimerie) ◼ metteur en scène escenógrafo, director de teatro (théâtre), director, realizador (cinéma).

mettre [84] *v tr*

---

1. PLACER
2. INTRODUIRE
3. VERSER, MÊLER
4. HABILLER, REVÊTIR
5. DÉPENSER
6. PASSER DU TEMPS
7. SUPPOSER, IMAGINER
8. USER DE
9. SUIVI D'UNE PRÉPOSITION
10. EXPRESSIONS

---

1. PLACER poner, colocar; mettre une assiette sur la table poner un plato en la mesa; mettre un enfant en pension poner a un niño interno

2. INTRODUIRE meter; mettre la clef dans la serrure meter la llave en la cerradura

3. VERSER, MÊLER echar; mettre du sel dans la soupe echar sal en la sopa

4. HABILLER, REVÊTIR poner, ponerse; il met toujours les mêmes vêtements siempre se pone la misma ropa; mettre une robe à une enfant poner un vestido a una niña

5. DÉPENSER gastar; mettre dix mille francs dans une automobile gastar diez mil francos en un automóvil

6. PASSER DU TEMPS tardar, echar; mettre une heure pour faire son travail tardar una hora en hacer su trabajo

7. SUPPOSER, IMAGINER suponer, imaginar; mettons que je n'aie rien dit imaginemos que no he dicho nada; mettez que vous avez raison supongamos que usted tiene razón

8. USER DE usar de, emplear; mettre beaucoup de patience dans ce qu'on fait usar de mucha paciencia en lo que se hace

9. SUIVI D'UNE PRÉPOSITION a) À mettre à bas derribar ‖ mettre à bout sacar de sus casillas, hacer salir de quicio ‖ **mettre à feu et à sang** poner a fuego y a sangre ‖ **mettre à flot** poner a flote ‖ **mettre à jour** poner al día, actualizar ‖ **mettre à l'amende** imponer una multa ‖ **mettre à la porte** echar a la calle ‖ **mettre à la poste** echar al correo ‖ **mettre à la raison** hacer entrar en razón ‖ **mettre à la voile** hacerse a la vela ‖ **mettre à l'épreuve** poner a prueba ‖ **mettre à même de** poner en condiciones de, dar medios para ‖ **mettre à même le sol** poner en el mismo suelo ‖ **mettre à mort** dar muerte, matar ‖ **mettre à pied** despedir ‖ **mettre à sac** saquear ‖ **mettre à sec** secar, desecar, desaguar ‖ **mettre au clair** poner en claro, sacar en limpio, aclarar ‖ **mettre au courant** poner al corriente ou al tanto ‖ **mettre au fait** informar, hacer saber, dar conocimiento ‖ **mettre au jour** dar ou sacar a luz, publicar ‖ **mettre au lit** meter en la cama, acostar ‖ **mettre au monde** dar a luz ‖ FIG & FAM **mettre au pas** meter en cintura ou en vereda ‖ **mettre au pied du mur** poner entre la espada y la pared ‖ **mettre au point** poner a punto, ultimar, dar el último toque (perfectionner), desbastar (le marbre), enfocar (photo), puntualizar (préciser) ‖ **mettre au secret** aislar, incomunicar ‖ **mettre aux voix** someter, poner a votación ‖ **mettre la baïonnette au canon** calar la bayoneta ‖ **mettre pied à terre** poner pie a tierra, apearse

b) DE **mettre de côté** ahorrar (économiser) ‖ **mettre de son côté** poner de su lado, atraer como partidario ‖ **mettre du soin à** tener ou poner cuidado en, esmerarse en ‖ **y mettre du sien** poner de su parte

c) EN **mettre en batterie** entrar en posición ‖ **mettre en bouteille, en sac** embotellar, embolsar ‖ **mettre en chantier** (un travail), emprender un trabajo ‖ **mettre en croix** crucificar ‖ **mettre en déroute** derrotar ‖ **mettre en gage** empeñar ‖ **mettre en joue** apuntar, encarar ‖ **mettre en morceaux** ou **en pièces** hacer pedazos ou trizas ‖ **mettre en œuvre** poner en ejecución ou en práctica, emplear (employer), establecer ‖ **mettre en ordre** ordenar ‖ **mettre en pages** confeccionar (rédaction), compaginar, ajustar (imprimerie) ‖ **mettre en perce** abrir (tonneau) ‖ **mettre en question** poner en tela de juicio ‖ **mettre en route** poner en marcha, dar el impulso ‖ **mettre en terre** enterrar ‖ **mettre en train** poner en marcha

d) SUR **mettre sur la voie** encaminar, encauzar, poner en camino, orientar ‖ **mettre sur le dos de quelqu'un** cargar a uno la responsabilidad de ‖ **mettre sur pied** organizar, poner en pie

10. EXPRESSIONS **mettre bas** parir ‖ **mettre bas les armes** deponer las armas ‖ FAM **mettre dedans** engañar ‖ **mettre dehors** echar a la calle ‖ **mettre le feu** prender fuego, incendiar ‖ FAM **mettre les voiles** ou **les bouts, les mettre** ahuecar el ala ‖ **mettre quelqu'un en boîte** tomar el pelo a alguien, burlarse de alguien ■ **en mettre un coup** hacer un gran esfuerzo, echar el resto. ◆ **se mettre** v pr ponerse, colocarse ■ **se mettre à couvert** ponerse a cubierto, guardarse de contratiempos ‖ **se mettre à genoux** ponerse ou hincarse de rodillas, arrodillarse ‖ **se mettre à jour** ponerse al día ‖ **se mettre à la place de quelqu'un** ponerse en el lugar de uno ‖ **se mettre à la raison** entrar en razón ‖ **se mettre à l'eau** meterse en el agua ‖ **se**

mettre à parler romper a hablar ‖ **se mettre à pleurer** romper a llorar ‖ **se mettre à rire** echarse a reír ‖ **se mettre à son aise** ponerse cómodo ou a sus anchas ‖ **se mettre à table** sentarse a la mesa (pour manger), cantar (un accusé) ‖ **se mettre au courant** ponerse al corriente ou al tanto ‖ **se mettre au régime** ponerse a régimen ‖ **se mettre bien avec quelqu'un** ponerse a bien con alguien ‖ **se mettre de la partie** participar ‖ **se mettre en colère** montar en cólera, enojarse, encolerizarse ‖ **se mettre en frais** meterse en gastos ‖ **se mettre en peine** de inquietarse por, darse el trabajo de ‖ **se mettre en quatre** multiplicarse, desvivirse, hacer todo lo posible ‖ **se mettre en rapport** ponerse en relación ou en contacto ‖ FAM **se mettre en rogne** ou **en boule** enojarse, encolerizarse ‖ **se mettre en route** ponerse en camino ‖ **se mettre en tête** meterse en la cabeza ‖ FAM **se mettre le doigt dans l'œil** equivocarse ‖ **se mettre quelqu'un à dos** ganarse la enemistad de alguien ‖ **se mettre sur son trente et un** ponerse a tiros largos ‖ **s'en mettre jusque-là** hartarse de comer, ponerse como el quico ‖ **s'y mettre** ponerse a trabajar ‖ **n'avoir rien à se mettre** no tener qué ponerse, no tener con qué vestirse ‖ **n'avoir rien à se mettre sous la dent** no tener qué llevarse a la boca.

Metz n pr GÉOGR Metz.

meublant, e adj que amuebla bien, que decora, decorativo, va ‖ DR **meubles meublants** mobiliario.

meuble [mœbl] adj mueble; **biens meubles** bienes muebles ‖ **terre meuble** tierra blanda, mollar. ◇ m mueble; **meuble en noyer** mueble de nogal ‖ BLAS mueble ‖ FIG **meuble inutile** trasto viejo. ◆ **meubles** m pl mobiliario sing, moblaje sing (mobilier) ‖ **meubles-lits** muebles cama ■ **être dans ses meubles** estar en su casa ‖ **se mettre dans ses meubles** poner casa.

meublé, e adj amueblado, da ‖ **non meublé** desamueblado. ◆ **meublé** m piso amueblado (appartement meublé) ‖ **vivre en meublé** vivir en una habitación amueblada ou en un piso amueblado.

meubler [5] v tr amueblar ‖ decorar, adornar (orner) ‖ producir buen efecto ‖ FIG rellenar, llenar ‖ FIG **meubler sa mémoire** enriquecer la memoria ‖ **meubler son esprit** enriquecer sus conocimientos. ◆ **se meubler** v pr instalarse, comprarse muebles.

meuglement m mugido, bramido (beuglement).

meugler [5] v intr mugir, bramar (beugler).

meulage m amolado, amoladura f.

meule [møl] f almiar m, hacina (tas de foin, de blé, etc.) ‖ carbonera (pour faire le charbon) ‖ rueda, muela (de moulin) ‖ piedra de afilar ou de amolar (pour aiguiser) ‖ AGRIC cama (de champignons) ‖ **meule courante** corredera ‖ **meule de fromage** pan ou rueda de queso ‖ **meule gisante** solera, yusera.

meuler [5] v tr amolar, afilar (aiguiser) ‖ moler (broyer).

meulier, ère adj molar; moleño, ña. ◆ **meulier** m molero (ouvrier).

◆ **meulière** f moleña, pedernal m (pierre) ‖ cantera (carrière).

meulon m montón de paja ‖ montón ou pila de sal.

meunerie [mønri] f molinería.

meunier, ère m & f molinero, ra. ◆ **meunier** m pez de río (chevaine). ◆ **meunière** f paro m de cola larga (oiseau).

meurt-de-faim [mœrdəfɛ̃] m & f inv muerto de hambre; hambriento, ta.

Meurthe-et-Moselle [mœrtemozɛl] n pr f GÉOGR Meurthe-et-Moselle; **en Meurthe-et-Moselle** en Meurthe-et-Moselle.

meurtre [mœrtr] m homicidio, asesinato; **meurtre avec préméditation** homicidio con premeditación ■ FIG **c'est un meurtre!** ¡es un crimen ou una atrocidad! ‖ **crier au meurtre** pedir auxilio ou socorro.

meurtrier, ère [mœrtrije, ɛr] m & f [▷ SYN] homicida; asesino, na. ◇ adj mortífero, ra; mortal; **épidémie meurtrière** epidemia mortífera ‖ FIG sangriento, ta; homicida (combat, bataille, etc.) ‖ destructor, ra; dañino, na; peligroso, sa.

SYN **assassin** asesino; **criminel** criminal; **homicide** homicida; **escarpe** bandido; **tueur** pistolero; **sicaire** sicario; **scélérat** desalmado, fascineroso; **spadassin** espadachín.

meurtrière f tronera, aspillera, saetera (fortification).

meurtrir [32] v tr magullar, contusionar (une personne) ‖ dañar, machucar (les fruits) ‖ FIG herir, lastimar, afligir; **meurtri dans son cœur** herido en su corazón.

meurtrissant, e adj que magulla; magullador, ra ‖ FIG que hiere el alma ou el corazón.

meurtrissure f magulladura, contusión, magullamiento m, cardenal m (bleu) ‖ machucadura (des fruits) ‖ FIG herida.

Meuse [møz] n pr f GÉOGR **la Meuse** el Mosa.

meute f jauría; **une meute de chiens, de créanciers** una jauría de perros, de acreedores ‖ manada, banda; **une meute d'envieux** una manada de envidiosos.

mévente f venta inferior en cantidad y precio.

mexicain, e adj mexicano, na; mejicano, na.

OBSERV L'orthographe avec x, archaïque en espagnol, est considérée comme officielle au Mexique. L'orthographe avec j est la forme courante en Espagne. Mais la prononciation de ces deux formes est identique.

Mexicain, e m & f mexicano, na; mejicano, na

Mexico n pr GÉOGR México, ciudad de México ou Méjico.

Mexique n pr m GÉOGR **le Mexique** México, Méjico [país].

mézail [mezaj] m ventalle (d'armure).

mezair ▶ **mésair**.

mezzanine [medzanin] f entresuelo m (entresol) ‖ ARCHIT tragaluz m, ventana pequeña (petite fenêtre).

mezza voce [medzavɔtʃe] loc adv MUS a media voz.

mezzo forte [medzofɔrte] *loc adv* MUS moderado.

mezzo-soprano [medzosɔprano] *m* MUS mezzo-soprano.
░ OBSERV pl mezzo-sopranos.

mezzo-tinto [medzotinto] *m inv* media tinta *f* (gravure en demi-teinte).

MF *f* (abr de **modulation de fréquence**) FM.
◇ (abr écrite de **mark finlandais**) FM.
◇ *m pl* (abr de **millions de francs**) millones de francos.

Mflops (abr de **mégaflops**) *m* Mflop.

Mgr (abr écrite de **Monseigneur**) Mons.

mi prefijo invariable que significa medio y se une con un guión al término siguiente; étoffe mi-soie tela mezclada de seda; à la mi-août a mediados de agosto; à mi-jambe a media pierna; mi-mort medio muerto.
◇ *adv* medio; mi-mort medio muerto.
◇ *m* MUS mi (note musicale).

Miami *n pr* GÉOGR Míami.

miaou *m* miau (cri du chat).

miasmatique *adj* miasmático, ca.

miasme *m* miasma.
░ OBSERV Le mot espagnol miasma est du masculin bien qu'il soit parfois employé abusivement au féminin.

miaulement [mjolmã] *m* maullido.

miauler [3] *v intr* maullar.

miauleur, euse *adj* maullador, ra.

mi-bas *m inv* calcetín de media.

mi-bois [mibwa] *m inv* assemblage à mi-bois ensamblaje machihembrado de dos piezas de madera perpendiculares que se prolongan.

mica *m* MIN mica *f*.

micacé, e *adj* micáceo, a.

mi-carême *f* mediados de cuaresma, jueves *m* de la tercera semana de cuaresma.
░ OBSERV pl mi-carêmes.

micaschiste [mikaʃist] *m* MIN micacita *f*.

micellaire *adj* miceliario, ria.

micelle *f* micela.

miche *f* pan *m* hogaza.

Michel *n pr* Miguel.

Michel-Ange *n pr* Miguel Ángel.

Michèle *n pr* Micaela.

micheline *f* automotor *m*, autovía *m*.

mi-chemin
➥ **à mi-chemin** *loc adv* a la mitad del camino, a medio camino.

Michigan *n pr m* GÉOGR le Michigan Michigan; le lac Michigan el lago Michigan.

mi-clos, e [miklo, oz] *adj* entornado, da; medio cerrado, da; les paupières mi-closes los párpados entornados.

micmac *m* FAM intriga *f* ░ chanchullo, tejemaneje, enjuague (pratique secrète et blâmable) ░ embrollo, lío (désordre).

micocoule *f* almeza (fruit).

micocoulier *m* almez, almecino (arbre).

mi-corps [mikɔr]
➥ **à mi-corps** *loc adv* por la mitad del cuerpo, a medio cuerpo; être dans l'eau jusqu'à mi-corps estar en el agua hasta medio cuerpo.

mi-côte
➥ **à mi-côte** *loc adv* a media cuesta, en la mitad de la cuesta; s'arrêter à mi-côte pararse a media cuesta.

mi-course
➥ **à mi-course** *loc adv* en mitad de la carrera.

micro *m* FAM micro (microphone) ░ au micro monsieur Vidal al habla ou al micrófono el señor Vidal.

microanalyse *f* microanálisis.

microbalance *f* microbalanza.

microbe *m* microbio.
░ SYN bactérie bacteria; bacille bacilo.

microbicide *adj & s m* microbicida.

microbien, enne *adj* microbiano, na.

microbiologie *f* microbiología.

microbiologique *adj* microbiológico, ca.

microbiologiste *m* microbiólogo.

microcéphale *adj & s* microcéfalo, la.

microcéphalie *f* microcefalia.

microchirurgie *f* microcirugía.

microclimat [mikroklima] *m* microclima.

microcline *f* MIN feldespato *m* potásico.

micrococcus ➥ **microcoque**.

microcopie *f* microcopia.

microcoque; micrococcus *m* micrococo.

microcosme *m* microcosmo.

microcosmique *adj* microcósmico, ca.

micro-cravate *m* micrófono de solapa.
░ OBSERV pl micros-cravates.

microédition *f* INFORM microedición.

microélectronique *adj* microelectrónico, ca.
◇ *f* microelectrónica.

microfiche *f* INFORM microficha.

microfilm *m* microfilme.

microfilmer [3] *v tr* fotocopiar, microfilmar.

micrographe *m* micrógrafo.

micrographie *f* micrografía.

microhm [mikrom] *m* ÉLECTR microhmio, microhm (unité électrique de résistance).

micro-informatique *f* microinformática.
░ OBSERV pl micro-informatiques.

microlite *m* microlito.

microlitique *adj* microlítico, ca.

micromanipulateur *m* micromanipulador.

micromètre *m* micrómetro.

micrométrique *adj* micrométrico, ca.

micron *m* micra *f*, micrón.

Micronésie *n pr f* GÉOGR la Micronésie Micronesia.

micro-onde *f* microonda.
░ OBSERV pl micro-ondes.

micro-ondes *m inv* microondas (four à micro-ondes).

micro-ordinateur *m* INFORM microordenador.
░ OBSERV pl micro-ordinateurs.

micro-organisme; microrganisme *m* microorganismo.
░ OBSERV pl micro-organismes; microrganismes.

microphone *m* micrófono.

microphotographie *f* microfotografía.

microphysique *f* microfísica, física del átomo.

microprocesseur *m* INFORM microprocesador, microplaqueta *f*.

microprogrammation *f* INFORM microprogramación.

microprogramme *m* INFORM microprograma.

micropyle *m* BOT micrópilo.

microrganisme ➥ **micro-organisme**.

microscope *m* microscopio.

microscopie *f* microscopia.

microscopique *adj* microscópico, ca.

microsillon *m* microsurco (disque).

microsporange *m* BOT microsporangio.

microtome *m* micrótomo.

miction [miksjɔ̃] *f* micción.

Midas *n pr* MYTH Midas.

MIDEM (abr de **Marché international du disque et de l'édition musicale**) *m* feria internacional francesa del disco y de la edición musical.

midi *m* mediodía ░ las doce [del día]; il est midi vingt son las doce y veinte; midi sonne dan las doce ░ mediodía, sur (sud); cet appartement donne au midi este piso da al sur ░ países *pl* meridionales ou del sur ■ le repas de midi el almuerzo, la comida ░ tous les midis todos los días al mediodía ■ à midi sonnant ou juste a las doce en punto ░ en plein midi en pleno día ■ FIG chercher midi à quatorze heures buscarle tres pies al gato.

Midi *n pr m* le Midi el mediodía francés.

midinette *f* FAM modistilla.
░ SYN cousette costurerilla; petite main oficiala de costura.

Midi-Pyrénées *n pr* GÉOGR Midi-Pyrénées; la région Midi-Pyrénées la región de Midi-Pyrénées.
░ MIDI-PYRÉNÉES
Esta región administrativa comprende los departamentos de Ariège, Aveyron, Gers, Haute-Garonne, Lot y Tarn-et-Garonne. Capital: Toulouse.

midshipman [midʃipman]; **midship** [midʃip] *m* guardia marina, guardiamarina.

Midwest [midwest]; **Middle West** [midəlwest] *n pr m* le Midwest ou Middle West el Medio Oeste.

mie [mi] *f* miga (du pain) ░ (vx) partícula negativa que significa lo mismo que point o pas; je ne veux mie no quiero ░ (vx) FAM amiga; ma mie amiga mía ░ n'y voir mie no ver ni jota ou ni pizca.

miel *m* miel *f*; rayon de miel panal de miel ■ lune de miel luna de miel ░ mouches à miel abejas ░ être tout miel ser muy amable ou muy meloso.

miellé, e *adj* melado, da; meloso, sa.

miellée; meillure *f* zumo *m* dulce de algunas plantas.

mielleusement *adv* de manera melosa.

mielleux, euse *adj* meloso, sa; almibarado, da; dulzón, ona ░ FIG meloso, sa; empalagoso, sa (douceureux, hypocrite).

mien, enne [mjɛ̃, mjɛn] *adj & pron poss* mío, mía; ce n'est pas la mienne no es la mía ‖ j'y mets du mien yo aporto mi esfuerzo, hago lo que puedo.

➤ **mien** *m* lo mío ‖ (vx) je ne demande que le mien no pido más que lo mío.

➤ **miens** *m pl* los míos, mi familia *f sing*.

miette *f* migaja; une miette de pain una migaja de pan ■ la vitre est en miettes el vidrio está hecho trizas, añicos ‖ mettre en miettes hacer trizas ou pedazos ou añicos.

➤ **miettes** *f pl* restos *m*; les miettes d'une fortune los restos de una fortuna.

mieux [mjø] *adv* mejor; mieux vivre vivir mejor ■ à qui mieux mieux a cual mejor, a cual más ‖ d'autant mieux con mayor razón, con tanta más razón ‖ en attendant mieux en espera de algo mejor ‖ faute de mieux a falta de otra cosa mejor ‖ tant mieux mejor, tanto mejor, mucho mejor ‖ tout au mieux en el mejor de los casos ■ aimer mieux gustarle a uno más, preferir ‖ aller mieux estar ou encontrarse mejor; le malade va mieux el enfermo está mejor; ir mejor; nos affaires vont mieux nuestros negocios van mejor ‖ faire mieux hacer mejor (mieux agir), ser mejor; je ferais mieux d'y aller sería mejor que fuese ‖ ne pas demander mieux no pedir ou no querer otra cosa ‖ ne pas demander mieux que de no pedir más que, no querer otra cosa que, no querer más que ‖ on ne peut mieux no se puede hacer mejor ‖ pour mieux dire mejor dicho ‖ trouver mieux encontrar algo mejor ‖ valoir mieux valer mucho más, ser mejor (avoir plus de valeur), valer más; il vaut mieux s'en aller más vale irse; mieux vaut tard que jamais más vale tarde que nunca.

◇ *adj* mejor; être mieux estar mejor.

◇ *m* lo mejor ‖ mejoría *f* (amélioration) ■ au mieux lo mejor posible, en las mejores condiciones, en la mejor hipótesis ‖ au mieux de ses intérêts de la manera más ventajosa ‖ de mieux en mieux cada vez mejor ‖ de mon mieux, de ton mieux, du mieux possible, du mieux qu'on peut lo mejor que puedo, lo mejor que puedes, de la mejor manera posible, lo mejor posible ‖ la mieux, le mieux, les mieux la mejor, el mejor, los mejores ‖ le mieux du monde lo mejor del mundo, a las mil maravillas ■ c'est ce qu'il y a de mieux es lo mejor que hay ‖ en mettant les choses au mieux en el mejor de los casos ‖ être du mieux avec quelqu'un estar en relaciones excelentes con alguien ‖ faire de son mieux hacer cuanto se pueda ou todo lo posible ‖ faire pour le mieux obrar lo mejor posible ‖ il y a du mieux hay mejoría ‖ tout est pour le mieux todo va a pedir de boca.

OBSERV Con le mieux el artículo concuerda únicamente si hay una comparación entre varias cosas (elle était la mieux habillée).

mieux-être [mjøzɛtr] *m inv* mayor bienestar, mejor estado.

mièvre *adj* amanerado, da; afectado, da; empalagoso, sa (prétentieux) ‖ FIG delicado, da; débil, enclenque (chétif).

mièvrement *adv* con afectación, amaneradamente, empalagosamente.

mièvrerie *f* afectación, amaneramiento *m*, remilgo *m*, cursilería.

mignard, e [miɲar, ard] *adj* remilgado, da; melindroso, sa; afectado, da.

mignardise *f* gracia, delicadeza, preciosidad (grâce délicate) ‖ mimo *m*; faire des mignardises hacer mimos ‖ agremán *m* (galon) ‖ clavellina, clavelito *m* (petit œillet) ‖ FAM melindres *m pl*, remilgos *m pl*, afectación.

mignon, onne *adj* amable; atento, ta; mono, na (gentil) ■ argent mignon ahorrillos ‖ péché mignon vicio favorito, punto flaco, debilidad.

◇ *adj & s* mono, na; monín, ina; bonito, ta; lindo, da; gracioso, sa; precioso, sa; rico, ca; une fillette très mignonne una niña muy mona.

➤ **mignon** *m* HIST favorito, valido (favori).

mignonnet, ette *adj & s* monín, ina; mono, na.

mignonnette *f* puntilla (dentelle) ‖ pimienta molida (poivre) ‖ achicoria silvestre ‖ clavellina, clavelito *m* (œillet) ‖ grava fina, guijarros *m pl* menudos (graviers) ‖ IMPR miñona.

mignoter [3] *v tr* FAM mimar.

migraine *f* jaqueca, dolor *m* de cabeza.

migraineux, euse *adj & s* que tiene jaqueca ‖ referente a la jaqueca.

migrant, e *adj & s* emigrante.

migrateur, trice *adj & s m* migratorio, ria; que va de paso, emigrante ‖ oiseaux migrateurs aves de paso.

migration [migrasjɔ̃] *f* migración.

migratoire *adj* migratorio, ria.

migrer [3] *v intr* emigrar.

mi-hauteur

➤ **à mi-hauteur** *loc adv* a media altura.

mihrab *m* mihrab (d'une mosquée).

mi-jambe

➤ **à mi-jambe** *loc adv* a media pierna.

mijaurée *f* remilgada, cursilona.

mijoter [3] *v tr & intr* cocer a fuego lento (cuire doucement) ‖ FIG preparar poco a poco, tramar, maquinar.

mi-journée *f* les informations de la mi-journée las noticias de mediodía.

mikado *m* micado (empereur du Japon).

mil *m* maza *f* de gimnasia ‖ BOT ➤ millet.

mil ➤ mille.

milady [milɛdi] *f* miladi (dame anglaise).

mi-laine *m* tela *f* mezclada de lana.
◇ *adj* mezclado, da, de lana.

milan *m* milano (oiseau).

Milan *n pr* GÉOGR Milán.

milanais, e *adj* milanés, esa.

Milanais, e *m & f* milanés, esa.

➤ **Milanais** *n pr m* GÉOGR le Milanais el Milanesado.

mildiou *m* mildiu, mildeu (de la vigne).

mildiousé, e *adj* atacado por el mildiu.

mile *m* milla (mesure anglaise).

Milet [milɛ] *n pr* GÉOGR Mileto.

miliaire *adj & s f* MÉD miliar; fièvre miliaire fiebre miliar.

milice *f* milicia ‖ HIST milices bourgeoises ou communales milicias concejiles.

milicien, enne *m & f* miliciano, na.

milieu [miljø] *m* medio, centro ‖ mitad *f*; au milieu du roman en la mitad de la novela ‖ FIG medio, ambiente, medio ambiente (sphère sociale) ‖ término medio; il n'y a pas de milieu no hay término medio ‖ ambiente especial de la gente de mal vivir, hampa (les gens du milieu) ■ SPORTS milieu de terrain centrocampista ■ au beau milieu en el mismísimo centro, justo en medio de ‖ au beau milieu de la fête en lo mejor de la fiesta, en plena fiesta ‖ au milieu de en medio de ‖ au milieu de la foule por entre la muchedumbre ‖ en plein milieu en pleno centro, justo en medio ‖ juste milieu justo medio ‖ vers le milieu de l'année hacia mediados de año ■ tenir le milieu entre estar equidistante de, estar en el centro (au centre), ser el término medio (moyen terme).

➤ **milieux** *m pl* los medios; les milieux bien informés los medios bien informados ‖ círculos, centros; milieux diplomatiques círculos diplomáticos.

militaire *adj & s m* militar; école militaire academia militar; service militaire servicio militar.

militairement *adv* militarmente ‖ con resolución, rápidamente (résolument).

militant, e *adj & s* militante.

militantisme *m* militancia *f*.

militarisation *f* militarización.

militariser [3] *v tr* militarizar.

militarisme *m* militarismo.

militariste *adj & s* militarista.

militer [3] *v intr* militar ‖ FIG combatir, luchar.

milk-bar [milkbar] *m* cafetería *f*.
▌ OBSERV *pl* milk-bars.

milk-shake *m* batido.
▌ OBSERV *pl* milk-shakes.

mille; mil [mil] *adj num inv* mil; mille francs mil francos ■ FAM des mille et des cents miles de millares, a millares ‖ je vous le donne en mille me apuesto lo que usted quiera.

◇ *m* millar; un mille d'épingles un millar de alfileres ‖ milla *f* (mesure itinéraire) ‖ FAM mettre dans le mille acertar, dar en el blanco.

▌ OBSERV Mille adjetivo numeral es invariable; sólo toma la s en plural cuando significa medida itineraria. En las fechas se usa en francés tanto mil como mille.

mille-feuille [milfœj] *f* milenrama (plante).
◇ *m* milhojas (gâteau).
▌ OBSERV *pl* mille-feuilles.

millénaire *adj* milenario, ria.
◇ *m* milenario, milenio (mille ans).

millénarisme *m* milenarismo.

mille-pattes [milpat] *m inv* ZOOL ciempiés.

millepertuis [milpɛrtɥi] *m* BOT corazoncillo, hipérico.

millépore *m* polípero (hydrozoaire).

milleraies [milrɛ] *m inv* milrayas, rayadillo (tissu).

millerandage *m* falta *f* de granazón de la uva.

millésime *m* fecha *f* de acuñación de una moneda ‖ año de cosecha de un vino.

millésimé, e *adj* con el año de la cosecha (bouteille de vin).

millet [mijɛ]; **mil** *m* BOT mijo.

milli- [mili] *préf* mili; millimètre milímetro.

milliaire *adj* miliar (pierre).

milliampère *m* ÉLECTR miliamperio.

milliampèremètre *m* miliamperímetro.

milliard [miljar] *m* mil millones.

milliardaire *adj & s* multimillonario, ria; archimillonario, ria.

milliardième *m* mil millonésima parte.

milliasse *f* (vx) millón *m* de millones, billón *m* ‖ sinnúmero *m*, gran cantidad ‖ torta de maíz.

millibar *m* PHYS milibar.

millième *adj & s* milésimo, ma.
◇ *m* milésima *f* parte.

millier [milje] *m* millar ‖ des milliers et des milliers millares y millares, miles de miles.

milligramme *m* miligramo.

millilitre *m* mililitro.

millimètre *m* milímetro.

millimétré, e *adj* milimetrado, da.

millimétrique *adj* milimétrico, ca.

million *m* millón ‖ riche à millions persona llena de millones ou muy rica.

millionième *adj* millonésimo, ma.
◇ *m* millonésima *f* parte.

millionnaire *adj & s* millonario, ria.

millivolt *m* PHYS milivoltio.

milord [milɔr] *m* milord (titre anglais) ‖ milord (voiture) ‖ FIG & FAM ricachón, milord (très riche).

milouin *m* lavanco, pato salvaje (canard).

Miltiade [miltjad] *n pr* Milcíades.

Milvius [milvjys] *n pr* Milvio.

mime *m* mimo, imitador (acteur) ‖ THÉÂTR mimo (pièce bouffonne).

mimer [3] *v tr* remedar, imitar, mimar (imiter) ‖ expresar con gestos y ademanes, mimar.

mimétique *adj* mimético, ca.

mimétisme *m* mimetismo.

mimi *m* mino, micho, gato (chat) ‖ FAM mon petit mimi cariño mío.
◇ *adj* FAM mono, na; bonito, ta (mignon).

mimique *adj & s* mímico, ca.

mimodrame *m* mimodrama.

mimographe *m* mimógrafo (auteur de mimes).

mimolette *f* queso de origen holandés de color naranja.

mimologie *f* mimología.

mimosa *m* mimosa *f* (fleur).

mimosacées *f pl* mimosáceas (fleurs).

min (abr écrite de minute) min ‖ (abr écrite de minimum) mín.

MIN (abr de marché d'intérêt national) *m* mercado de interés nacional, en Francia.

minable *adj* FIG & FAM calamitoso, sa; lastimoso, sa; lamentable; avoir un aspect minable tener una facha lamentable.

minablement *adv* lastimosamente (pauvrement) ‖ lamentablemente (lamentablement); ils ont échoué minablement han fracasado lamentablemente.

minage *m* minado, colocación *f* de minas ‖ barrenado (d'une carrière).

minahouet [minawɛ] *m* MAR paleta *f* de aforrar.

minaret [minarɛ] *m* alminar, minarete (gallicisme).

minauder [3] *v intr* hacer melindres ou carantoñas ou zalamerías.

minauderie *f* monería, monada, melindre *m*, zalamería, carantoña.
 ▪ SYN simagrée gatería, mueca; mine gesto.

minaudier, ère *adj & s* melindroso, sa; zalamero, ra.

Minaudière® *f* polvera.

minbar *m* almimbar, púlpito de mezquita.

mince [mɛ̃s] *adj* [▷ SYN] delgado, da ‖ fino, na; ligero, ra (étoffe) ‖ FIG pobre; mince consolation pobre consuelo ‖ escaso, sa; corto, ta; un mince salaire un salario escaso ▪ ce n'est pas un mince mérite no es poco mérito.
➔ **mince!** *interj* FAM ¡diablos!, ¡caray!, ¡caramba!
 ▪ SYN élancé espigado, cenceño; svelte esbelto; FAM flandrin larguirucho, cangallo, estantigua.

minceur *f* delgadez, esbeltez.

mincir [32] *v intr* adelgazar.

mine [min] *f* cara, semblante *m*, aspecto *m* (visage, air); avoir bonne mine tener buena cara (personne), tener buen aspecto (plat) ‖ FAM mine de rien como quien no quiere la cosa ‖ mine rébarbative cara de pocos amigos ▪ avoir la mine longue tener la cara larga ‖ faire des mines hacer caritas ou melindres ou muecas ‖ faire grise mine poner mala cara ‖ faire la mine poner mala cara, estar de mal talante ‖ faire mine de hacer como si ‖ juger quelqu'un sur la mine juzgar a uno por su linda cara ‖ ne pas payer de mine tener mal aspecto.

mine [min] *f* mina; une mine de charbon una mina de carbón ‖ mina (de crayon) ‖ barreno *m* (explosif) ‖ mina, mineral *m* (minerai) ‖ mina (monnaie grecque ancienne) ‖ MIL mina ▪ mine à ciel ouvert mina a cielo abierto ‖ MIL mine antichar, antipersonnel mina anticarro, contra personal ‖ mine à retardement mina de acción retardada ‖ FIG mine d'information venero de información ‖ mine flottante mina flotante ▪ chambre, fourneau, trou de mine cámara de mina, hornillo de mina, barreno ‖ dragueur de mines dragaminas ‖ mouilleur ou poseur de mines minador ▪ draguer les mines rastrear las minas ‖ FIG être une mine d'or ser una mina de oro.

miné, e *adj* minado, da.

miner [3] *v tr* minar, socavar (creuser) ‖ minar, poner minas; miner une plage poner minas en una playa ‖ poner barrenos, barrenar (pour détruire un édifice) ‖ FIG minar, consumir; la fièvre le mine la fiebre le consume ‖ destruir, zapar, desbaratar.

minerai [minrɛ] *m* mineral.

minéral, e *adj & s m* mineral.

minéralisateur, trice *adj & s m* CHIM mineralizador, ra.

minéralisation *f* mineralización.

minéralisé, e *adj* mineralizado, da.

minéraliser [3] *v tr* mineralizar.

minéralogie *f* mineralogía.

minéralogique *adj* mineralógico, ca ▪ numéro minéralogique número de matrícula (d'une auto) ‖ plaque minéralogique matrícula.

minéralogiste *m* mineralogista.

minerve *f* MÉD minerva.

Minerve® *f* IMPR Minerva.

Minerve *n pr* Minerva.

minerviste *adj & s* IMPR minervista.

minestrone [minɛstron] *m* sopa *f* milanesa.

minet, ette [minɛ, ɛt] *m & f* FAM gatito, ta; minino, na (chat) ‖ monín, ina (personne).

minette *f* mineta, mina de hierro de Lorena ‖ BOT alfalfa lupulina.

mineur *m & adj m* minero (ouvrier d'une mine); mineur de fond minero de extracción ‖ minador zapador (soldat).

mineur, e *adj* menor ‖ de poca importancia ‖ RELIG ordres mineurs órdenes menores.
◇ *adj & s* menor de edad, menor.

mineure *f* menor (d'un syllogisme).

Minho *n pr m* GÉOGR le Minho el Miño.

mini *adj inv* mini.

miniature *adj & s f* miniatura.

miniaturisation *f* miniaturización.

miniaturiser [3] *v tr* miniaturizar.

miniaturiste *adj & s* miniaturista.

minibus *m* microbús.

Minicassette® *m & f* minicasete.

minichaîne *f* minicadena.

minier, ère *adj* minero, ra; industrie, zone minière industria, zona minera.

minière *f* minera, mina a cielo raso poco profunda.

minijupe *f* minifalda.

minima
➔ **a minima** *loc adv* DR appel a minima apelación fiscal.
 ▪ OBSERV Úsase en francés el latinismo minima como femenino de minimum en vez de minimale: température minima temperatura mínima.

minimal, e *adj* mínimo, ma [en el grado más ínfimo]; température minimale temperatura mínima.

minimaliste *adj & s* minimalista.

minime *adj & s* mínimo, ma.
◇ *m & f* infantil (sportif de 13 à 15 ans).
◇ *m* mínimo (religieux franciscain).

minimiser [3] *v tr* minimizar, reducir al mínimo, quitar importancia ‖ menospreciar; sans minimiser l'importance d'un événement sin menospreciar la importancia de un acontecimiento.

minimum [minimɔm] *m* mínimo, mínimum ▪ au minimum a lo mínimo, por lo menos ‖ minimum vital salario mínimo vital.
 ▪ OBSERV pl minimums ou minima.

mini-ordinateur *m* INFORM miniordenador.
 ▪ OBSERV pl mini-ordinateurs.

ministère *m* ministerio; sous le ministère de en el ministerio de ‖ intervención *f*, concurso; offrir son ministère ofrecer su concurso ▪ ministère de la Construction ministerio de la Vivienda ‖ ministère de la Santé publique ministerio de Sanidad ‖ ministère de l'Éducation nationale ministerio de Educación nacional ‖ ministère de l'Information ministerio de Información ‖ ministère de l'Intérieur ministerio del Interior ‖ ministère des Affaires étrangères ministerio de Asuntos Exteriores (Espagne), ministerio de Relaciones Exteriores (Amérique) ‖ ministère de la Défense nationale ministerio de la Guerra ‖ ministère des Finances ministerio de Hacienda (Espagne), ministerio de Hacienda ou de Finanzas (Amérique latine) ‖ (ancien) ministère des PTT ministerio de Comunicaciones ‖ ministère des Travaux publics ministerio de Obras Públicas ‖ ministère public ministerio público, fiscal (procureur).

ministériel, elle adj ministerial.

ministrable adj & s FAM ministrable.

ministre m ministro ■ ministre de tutelle ministro encargado de los medios de control de las colectividades públicas ‖ Premier ministre primer ministro, jefe del Gobierno ou presidente del Consejo de ministros.

Minitel® m terminal de consulta de bancos de datos.

> **LE MINITEL**
>
> El servicio telemático de France Télécom se ha convertido en un elemento de la vida cotidiana francesa. El aparato, compuesto de una pantalla y un teclado plegable, es gratuito, de modo que el abonado sólo paga los servicios "Minitel" junto con su factura telefónica. El "Minitel" tiene una función de guía de teléfonos electrónica a la que se accede marcando el 3611. El acceso a los demás servicios se realiza marcando en general 3615 y el nombre de un código. Algunos son puramente informativos: boletín meteorológico, estado de las carreteras, noticias, etc. Otros son interactivos y permiten a los usuarios hacer transacciones bancarias o reservas de billetes. El "Minitel Rose" (Minitel Rosa), red de líneas de llamadas de carácter erótico, permite a los abonados dialogar y conocerse.

minitéliste m & f usuario de Minitel.

minium [minjɔm] m minio (peinture).

minivague f permanente ligera y suave.

Minneapolis n pr GÉOGR Minneapolis.

minnesänger [minesɛŋɛr]; **minnesinger** [minesiŋɛr] m minnesinger, trovador alemán.

Minnesota n pr m GÉOGR le Minnesota Minnesota.

minoen, enne [minɔɛ̃, ɛn] adj minoano, na.

minois [minwa] m FAM cara f, carita f, palmito.

minorer [3] v tr valorar a bajo precio, infravalorar ‖ quitar importancia.

minoritaire adj minoritario, ria; de la minoría.

minorité f minoría (dans une assemblée, dans un pays) ‖ minoría de edad, minoridad (p us) (d'âge) ■ être en minorité ser minoría ‖ mettre en minorité poner en minoría.

Minorque n pr GÉOGR Menorca.

minorquin, e adj menorquín, ina.

Minorquin, e m & f menorquín, ina.

minot [mino] m medida f antigua de capacidad y de superficie ‖ MAR arbotante de trinquete.

Minotaure n pr MYTH Minotauro.

minoterie f almacén m, fábrica ou comercio m de harinas.

minotier m harinero.

Minsk n pr GÉOGR Minsk.

minuit [minɥi] m medianoche f ‖ las doce de la noche; il est minuit vingt son las doce y veinte de la noche ‖ messe de minuit misa del gallo.

minuscule adj & s f minúsculo, la.

minus habens [minysabɛ̃s]; **minus** m inv FAM retrasado, deficiente, débil mental.

minutage m cálculo de tiempo, cronometraje (en minutos).

minute f minuto m (temps, angle) ■ la minute de vérité la hora de la verdad; entrecôte ou steak minute filete a la plancha poco hecho ■ à la minute al instante, en seguida, al minuto ‖ d'une minute à l'autre de un momento a otro, dentro de un momento ‖ je reviens dans une minute vuelvo dentro de un minuto.

➤ **minute!** interj ¡espere un momento!, despacio, poco a poco.

minute f minuta (d'un acte).

minuter [3] v tr cronometrar, calcular el tiempo que dura una operación (spectacle, discours) ‖ minutar.

minuter [3] v tr hacer la minuta ou el borrador.

minuterie f minutero m (d'une horloge) ‖ interruptor m eléctrico automático, minutería, contacto m de tiempo.

minuteur m minutero (appareil ménager).

minutie [minysi] f minucia, nimiedad, menudencia, minuciosidad.

minutier [minytje] m minutario (d'un notaire).

minutieusement adv minuciosamente.

minutieux, euse [minysjø, øz] adj minucioso, sa; meticuloso, sa.

miocène adj & s m GÉOL mioceno.

mioche [mjɔʃ] m FAM chaval, chico, crío.

mi-parti, e adj mitad mitad, mitad y igual; dividido, da en dos partes iguales y distintas; robe mi-partie de gris et de blanc vestido gris y blanco mitad mitad.

█ OBSERV pl mi-partis, mi-parties.

mi-partition f división en dos partes iguales.

mir m mir [comunidad agrícola en la Rusia zarista].

mirabelle f ciruela mirabel, variedad de ciruela pequeña y amarilla.

mirabellier m ciruelo mirabel, ciruelo de fruto amarillo.

mirabilis [mirabilis] m BOT dondiego (belle-de-nuit).

miracle m milagro ‖ THÉÂTR milagro (au Moyen Âge) ■ crier miracle ou au miracle maravillarse, extasiarse ‖ par miracle por ou de milagro ‖ tenir du miracle ser milagroso, sa.

miraculé, e adj & s curado, da, milagrosamente.

miraculeusement adv milagrosamente.

miraculeux, euse adj milagroso, sa ‖ FIG maravilloso, sa (merveilleux).

mirador m mirador, cierro (en Andalousie) ‖ bienteveo, candelecho (à la campagne) ‖ MIL torre f de observación.

mirage m espejismo ‖ FIG ilusión f, espejismo ‖ mirage des œufs mirado de los huevos al trasluz.

miraud, e ➤ miro.

mirbane f essence de mirbane esencia de mirbán.

mire f mira ‖ carta de ajuste (télévision) ‖ colmillo m (du sanglier) ■ cran de mire muesca de mira ‖ FIG point de mire punto de mira, blanco de las miradas ‖ point, ligne de mire punto, línea de mira.

mire-œufs [mirø] m inv aparato, lámpara f para mirar los huevos al trasluz, mirahuevos.

mirepoix [mirpwa] f salsa de cebollas, zanahorias, hierbas aromáticas y tocino magro.

mirer [3] v tr mirar a través, al trasluz (un œuf) ‖ apuntar (la cible) ‖ reflejar (refléter) ‖ FIG echar el ojo, codiciar (convoiter) ‖ POP diquelar, mirar (regarder) ‖ mirer du drap mirar paño a contraluz.

➤ **se mirer** v pr mirarse; se mirer dans la glace mirarse al espejo ‖ reflejarse; la lune se mirait dans la rivière La Luna se reflejaba en el río ‖ FIG contemplarse; Narcisse se mirait dans l'eau Narciso se contemplaba en el agua.

mirette f nivel m (de paveur), palustre m (truelle).

➤ **mirettes** f pl FAM sacáis m, luceros m (yeux).

mirifique adj mirífico, ca; maravilloso, sa.

mirlicoton m variedad f de melocotón de otoño.

mirliflore m FAM currutaco, lindo don Diego, pisaverde.

mirliton m flauta f de caña, pito (flûte) ‖ semáforo de aviso (chemin de fer) ‖ FAM vers de mirliton aleluyas.

mirmillon [mirmijɔ̃] m mirmillón, gladiador romano.

miro; miraud, e adj & s FAM cegato.

mirobolant, e adj FAM maravilloso, sa; mirífico, ca; estupendo, da.

miroir [mirwar] m espejo ‖ FIG espejo, dechado ‖ MAR espejo de popa ■ miroir aux alouettes señuelo, espejuelo, cimbel; chasser au miroir aux alouettes cazar con señuelo ‖ miroir ardent espejo ustorio ‖ MIN miroir d'âne espejuelo de asno [yeso cristalizado] ‖ miroir d'eau estanque cuadrado ‖ miroir rétroviseur espejo retrovisor ■ œufs au miroir huevos al plato ‖ les yeux sont le miroir de l'âme los ojos son el espejo del alma.

miroitant, e adj reluciente, reverberante, espejeante, que refleja.

miroité, e adj atabanado, da (cheval) ‖ tornasolado, da (tissu).

miroitement m espejeo, reflejo, reverberación f, brillo ‖ FIG espejuelo, atractivo.

miroiter [3] v tr espejear, relucir, resplandecer, reflejar ‖ POÉT rielar ‖ FIG faire miroiter hacer brillar, seducir con, atraer con el señuelo de.

miroiterie f taller m ou tienda de espejos, espejería (magasin).

miroitier, ère m & f fabricante ou vendedor de espejos; espejero, ra.

mironton; miroton m ropa f vieja (ragoût).

mis, e [mi, miz] adj (part pas de **mettre**) puesto, ta; colocado, da.

Mis (abr écrite de **Marquis**) marqués.

misaine f MAR trinquete m; mât de misaine palo de trinquete.

> OBSERV La misaine francesa es el trinquete español y la mesana española es el artimón francés.

misandrie f misandria.

misanthrope adj & s m misántropo.

misanthropie f misantropía.

misanthropique adj misantrópico, ca.

miscellanées [miselane] f pl miscelánea sing.

miscibilité [misibilite] f miscibilidad.

miscible [misibl] adj miscible, mezclable.

mise f postura, puesta, apuesta (pari) ‖ dinero m aportado, aportación de fondos (capital placé dans une affaire) ‖ puja, subasta (enchère) ‖ colocación, acción de poner ‖ porte m, vestimenta, traje m (vêtements) ■ **mise à feu** encendido ‖ **mise à jour** puesta al día ou al corriente ‖ **mise à la retraite** jubilación (civil), retiro m (militaire) ‖ **mise à l'eau** botadura (d'un bateau) ‖ TAUROM **mise à mort** tercio de muerte ‖ **mise à pied** suspensión de un empleado, destitución, despido ‖ **mise à prix** tasación, fijación de precio ‖ RAD **mise à la terre** toma de tierra ‖ **mise au point** puesta a punto, preparación esmerada de algo, elaboración (élaboration), enfoque (photographie), acabamiento, arreglo final, última mano ou toque (dernière main), aclaración periodística (explication, rectification) ‖ **mise au tombeau** sepultura ‖ **mise aux enchères** subasta, venta pública ‖ **mise aux voix** votación ‖ **mise bas** parto ‖ **mise de fonds** aportación ou inversión de fondos ‖ **mise en accusation** acusación ‖ MIL **mise en batterie** entrada en posición ‖ **mise en bouteilles** embotellado ‖ DR **mise en cause** auto de demanda ‖ **mise en chantier** puesta en astillero (maritime), iniciación ou apertura ou comienzo de obras (d'un travail) ‖ **mise en chiffre** cifrado ‖ **mise en conserve** conservación, fabricación de conservas ‖ **mise en demeure** requerimiento, emplazamiento ‖ **mise en disponibilité** cesantía (fonctionnaire), situación de reserva (militaire) ‖ **mise en garde** puesta en guardia (escrime), advertencia, aviso (avertissement) ‖ **mise en jeu** entrada en el juego, empleo, uso ‖ **mise en jugement** enjuiciamiento ‖ **mise en liberté** liberación, libertad ‖ **mise en marche** arranque, puesta en marcha (démarrage), comienzo (commencement) ‖ **mise en œuvre** puesta en marcha (début), aplicación (application), operaciones preliminares de la tirada (imprimerie) ‖ RAD **mise en ondes** realización ‖ IMPR **mise en pages** compaginación, ajuste (à l'imprimerie), confección (à la rédaction) ‖ **mise en place** colocación, montaje ‖ **mise en plis** marcado (coiffure) ‖ DR **mise en possession** ejecución del acto posesorio ‖ **mise en pratique** puesta en marcha ‖ **mise en route** iniciación ‖ **mise en scène** escenificación, escenografía, dirección escénica (au théâtre), dirección, realización (au cinéma), montaje

(apparat) ‖ **mise en service** puesta en servicio, funcionamiento ‖ **mise en terre** sepultura, enterramiento ‖ **mise en train** comienzo (commencement), animación ‖ **mise en valeur** aprovechamiento, revalorización, mejoramiento (d'une région grâce aux travaux d'aménagement) ‖ **mise en vente** venta ‖ **mise hors cause** declaración de no culpabilidad ‖ **mise hors la loi** declaración fuera de la ley ‖ **mise sur pied** creación, establecimiento (création), montaje (préparation) ■ **être de mise** ser admisible ou de recibo (une raison), ser presentable (une personne), estar de moda (un vêtement), ser correcto (un comportement), ser apropiado ou oportuno (être opportun).

Mise (abr écrite de **Marquise**) marquesa.

miser [3] v tr & intr hacer una postura, una puesta (faire une mise), apostar (parier) ‖ jugarse, miser tout sur une carte jugárselo todo a una carta ‖ depositar (déposer) ‖ pujar (aux enchères) ■ **miser sur deux tableaux** jugar con dos barajas ‖ **miser sur quelque chose** especular en algo ‖ **miser sur quelqu'un** contar con uno (se ménager sa faveur), poner las esperanzas en uno (escompter sa réussite).

misérabilisme m gusto sistemático por la miseria humana.

misérabiliste adj & s que se complace por la miseria humana.

misérable adj & s miserable.

> SYN pauvre pobre; indigent indigente; malheureux desgraciado, infeliz, desdichado; FIG piètre pobre; minable lastimoso, lamentable; miteux mísero; pouilleux piojoso; déshérité desheredado; besogneux necesitado, apurado, menesteroso; paria paria; miséreux desvalido, pordiosero; pauvre diable pobre diablo; fauché bollado; panné limpio, sin recursos; meurt-de-faim, crève-la-faim muerto de hambre.

misérablement adv miserablemente.

misère f miseria; misère noire gran miseria ‖ desgracia, calamidad (malheur) ■ **dans la misère** en la miseria ‖ **un salaire de misère** un sueldo miserable ■ **crier misère** lamentarse de su pobreza ‖ **crier misère sur un tas de blé** quejarse de vicio.
◇ adj miserable.
→ **misère!** interj misère de ma vie! ¡qué vida más desgraciada! ‖ misère de moi! ¡pobre de mí!, ¡qué desgraciado soy!
→ **misères** f pl FAM pequeñeces, minucias (choses peu importantes) ‖ cosas desagradables ‖ FAM faire des misères contrariar, hacer rabiar, causar dificultades.

miserere m inv miserere ‖ colique de miserere cólico miserere.

miséreux, euse adj & s desvalido, da; menesteroso, sa; pordiosero, ra.

miséricorde f misericordia; crier miséricorde pedir misericordia ‖ misericordia, coma (d'une stalle d'église) ‖ (ancien) puñal m, misericordia (poignard).

miséricordieux, euse adj & s misericordioso, sa.

misogyne adj & s misógino, na.

misogynie f misoginia.

misonéisme m misoneísmo (haine de la nouveauté).

misonéiste adj & s misoneísta.

mispickel m MIN mispíquel [sulfarseniuro de hierro].

miss f miss, señorita.
■ OBSERV pl miss ou misses.

missel m misal.

missi dominici m pl HIST missi dominici.

missile m MIL misil, cohete ■ missile de croisière misil de crucero ‖ missile intercontinental misil intercontinental ‖ missile tactique misil táctico.

mission f misión; partir en mission ir en misión; remplir, accomplir une mission cumplir, llevar a cabo una misión; mission accomplie misión cumplida.

missionnaire m misionero.
◇ adj misionero, ra.

Mississippi n pr m GÉOGR le Mississippi el Mississipi ou Misisipí (fleuve) ‖ le Mississippi Mississipi, Misisipí (État).

missive f misiva, epístola, carta.

Missolonghi n pr GÉOGR Missolonghi, Misolongi.

Missouri n pr m GÉOGR le Missouri el Missouri ou Misuri (fleuve) ‖ le Missouri Missouri, Misuri (État).

mistelle f mistela.

misti; mistigri m sota f de trébol (valet de trèfle au jeu) ‖ FAM micifuz, minino, morrongo (chat).

mistoufle f FAM (vx) miseria (misère).

Mistra n pr GÉOGR Mistra.

mistral m mistral (vent).

mitaine f mitón m.

mitard m ARG trullo (prison).

mite f polilla (teigne) ‖ arador m, acárido m (arachnide microscopique) ‖ piojillo m (des oiseaux).

mité, e adj apolillado, da.

mi-temps [mitã] f tiempo m (au football); première mi-temps, deuxième mi-temps primer tiempo, segundo tiempo ‖ descanso m (temps d'arrêt) ‖ travailler à mi-temps trabajar a media jornada.

miter [3]
→ **se miter** v pr apolillarse.

miteux, euse adj FAM mísero, ra; lastimoso, sa; astroso, sa.

Mithra n pr Mitra.

mithracisme; mithriacisme m mitracismo.

Mithradate → Mithridate.

mithridate m mitridato.

Mithridate; Mithradate n pr Mitrídates.

mithridatisation → mithridatisme.

mithridatiser [3] v tr mitridatizar, acostumbrar al veneno.

mithridatisme m; mithridatisation f mitridatismo m.

mitigation [mitigasjɔ̃] f mitigación.

mitigé, e adj atenuado, da; moderado, da.

mitiger [17] v tr mitigar, moderar ‖ suavizar (adoucir) ‖ alternar con; elle mitige ses études par la peinture alterna los estudios con la pintura.

mitigeur m grifo mezclador.

miton _m_ (ancien) manguito ‖ FAM onguent miton-mitaine la carabina de Ambrosio.

mitonner [3] _v intr_ cocer a fuego lento. ◇ _v tr_ preparar cuidadosamente; mitonner une affaire preparar cuidadosamente un asunto.

mitose _f_ BIOL mitosis.

mitotique _adj_ mitósico, ca.

mitoyen, enne [mitwajɛ̃, ɛn] _adj_ medianero, ra; intermedio, dia ■ maisons mitoyennes casas adosadas ‖ mur mitoyen pared medianera, medianería.

mitoyenneté [mitwajɛnte] _f_ medianería (condition).

mitraillade [mitrajad] _f_ descarga de metralla, ametrallamiento _m_.

mitraillage [mitrajaʒ] _m_ MIL ametrallamiento.

mitraille [mitraj] _f_ metralla; grenade à mitraille granada de metralla ‖ FAM calderilla, chatarra (argent).

mitrailler [3] [mitraje] _v tr_ ametrallar.

mitraillette [mitrajɛt] _f_ pistola ametralladora, metralleta.

mitrailleur [mitrajœr] _m_ soldado ametrallador. ◇ _adj m_ fusil mitrailleur fusil ametrallador.

mitrailleuse [mitrajøz] _f_ ametralladora; mitrailleuse jumelée ametralladora gemela.

mitral, e _adj_ ANAT mitral.

mitre _f_ mitra (des prélats) ‖ CONSTR capuchón _m_, sombrerete _m_ (de cheminée).

mitré, e _adj_ mitrado, da; abbé mitré abad mitrado.

mitron _m_ mozo de panadero ou de pastelero ‖ CONSTR apoyo del capuchón de una chimenea.

mi-voix [mivwa] ➡ à mi-voix _loc adv_ a media voz.

mixage _m_ CINÉM mezcla _f_ de sonidos [palabras, música, ruidos varios].

mixer; mixeur [miksœr] _m_ batidora _f_ (appareil de cuisine).

mixité _f_ carácter mixto.

mixte _adj_ mixto, ta; train mixte tren mixto ‖ conjunto, ta; la base mixte de Torrejón la base conjunta de Torrejón ■ cuisinière mixte cocina mixta ‖ équipe mixte equipo mixto ‖ à usage mixte de múltiples usos. ◇ _m_ mixto.

mixtion [mikstjɔ̃] _f_ mixtión, mezcla.

mixtionner [3] [mikstjɔne] _v tr_ mixturar, mezclar.

mixture [mikstyr] _f_ mixtura, mezcolanza.

MJC (abr de maison des jeunes et de la culture) _f_ casa de la juventud y de la cultura.

ml (abr écrite de millilitre) ml.

MLF (abr de Mouvement de libération des femmes) _m_ movimiento francés de liberación de la mujer.

Mlle (abr écrite de Mademoiselle) Srta.

Mlles (abr écrite de Mesdemoiselles) Srtas.

mm (abr écrite de millimètre) mm.

MM. (abr écrite de Messieurs) Sres.

Mme (abr écrite de Madame) Sra.

mn (abr écrite de minute) min.

MNEF (abr de Mutuelle nationale des étudiants de France) _f_ mutual de estudiantes, en Francia.

mnémonique _adj_ mnemónico, ca. ◇ _f_ mnemotecnia, mnemónica.

mnémotechnique _adj_ & _s f_ mnemotécnico, ca.

MNS (abr de maître nageur sauveteur) _m_ socorrista.

Mo (abr écrite de méga-octet) Mb.

moabite _adj_ & _s_ moabita.

mobile _adj_ móvil; fête mobile fiesta móvil ‖ inestable, cambiante (inconstant) ‖ suelto, ta (feuille). ◇ _m_ soldado de la guardia móvil ‖ FIG móvil (motif) ‖ PHYS móvil ‖ ARTS móvil.

mobile home _m_ autocaravana. ▪ OBSERV pl mobile-homes.

mobilier, ère _adj_ mobiliario, ria ■ valeurs mobilières valores mobiliarios ‖ vente mobilière venta mobiliaria.

mobilisable _adj_ movilizable. ◇ _m_ mobiliario, mueblaje, muebles _pl_.

mobilisateur, trice _adj_ movilizador, ra.

mobilisation [mɔbilizasjɔ̃] _f_ movilización.

mobiliser [3] _v tr_ movilizar ‖ DR declarar mueble [un bien inmueble].

mobilité _f_ movilidad; mobilité professionnelle movilidad profesional.

Mobutu _n pr_ GÉOGR le lac Mobutu el lago Mobutu (Sese Seko).

Mobylette® _f_ ciclomotor (cyclomoteur).

mocassin _m_ mocasín (chaussure).

moche _adj_ FAM feo, fea; feúcho, cha (laid) ‖ malo, la (mauvais) ‖ c'est moche está mal, está feo (c'est mal), es desagradable ou molesto (c'est ennuyeux).

mocheté _f_ FAM fealdad, birria; quelle mocheté! ¡qué birria! ‖ asquerosidad.

moco _m_ ARG marinero provenzal.

M-octet (abr écrite de méga-octet) Mb.

modal, e _adj_ modal.

modalité _f_ modalidad; modalités de paiement modalidades de pago ‖ modo _m_ de ser.

mode _m_ modo (manière); mode de vie modo de vida ‖ GRAMM & MUS modo ‖ mode d'emploi instrucciones para el uso, modo de empleo ‖ INFORM mode texte modalidad de texto. ◇ _f_ moda; la mode est capricieuse la moda es caprichosa ■ CULIN bœuf mode guiso de carne de vaca con tocino, cebolla y zanahorias ■ à l'ancienne mode a la antigua usanza ‖ à la mode de moda, a la moda ‖ à la mode de Bretagne lejano (parents) ‖ magasin de mode sombrerería de señoras (modiste), tienda de modas (boutique) ■ il est de mode de está de moda ‖ être habillé à la mode ir vestido de moda ‖ passer ou être passé de mode no estar de moda ‖ travailler dans la mode trabajar en la moda. ◇ _adj_ de moda, a la moda; tissu mode tejido de moda.

modelage [mɔdlaʒ] _m_ modelado.

modèle _adj_ modelo; un enfant modèle un niño modelo. ◇ _m_ modelo ‖ modelo _m_ & _f_ (mannequin)

■ modèle courant ou de série modelo corriente ou de serie ‖ modèle déposé modelo registrado ‖ modèle réduit modelo a escala reducida ‖ modèle vivant modelo vivo.

▌ SYN type tipo; prototype prototipo; patron patrón; gabarit plantilla; maquette maqueta.

modelé _m_ modelado.

modeler [25] [mɔdle] _v tr_ modelar ‖ FIG amoldar, conformar, ajustar; modeler sa conduite sur ajustar su conducta a ‖ moldear; la vie modèle les hommes la vida moldea a los hombres.

➡ **se modeler** _v pr_ amoldarse, ajustarse; se modeler sur quelqu'un amoldarse a uno.

modeleur, euse _adj_ & _s_ modelista; modelador, ra (artiste) ‖ fabricante ou vendedor de estatuillas ‖ TECHN modelista.

modélisme _m_ modelismo.

modéliste _adj_ & _s_ modelista; diseñador, ra (couture).

modem _m_ INFORM modem.

modénature _f_ ARCHIT proporción en el modelado de una cornisa.

Modène _n pr_ GÉOGR Módena.

modérantisme _m_ moderantismo.

modérantiste _adj_ & _s_ moderado, da; partidario, ria del moderantismo.

modérateur, trice _adj_ & _s_ moderador, ra ‖ ticket modérateur porcentaje de los gastos de una enfermedad que corresponde pagar al asegurado social. ➡ **modérateur** _m_ regulador (d'un mécanisme).

modération [mɔderasjɔ̃] _f_ moderación, comedimiento _m_; parler avec modération hablar con comedimiento ‖ templanza.

moderato _adv_ MUS moderato.

modéré, e _adj_ & _s_ moderado, da ‖ razonable, decente (prix) ‖ moderado, da; conservador, ra.

modérément _adv_ con moderación (sans excès) ‖ un poco (moyennement).

modérer [18] _v tr_ moderar. ➡ **se modérer** _v pr_ moderarse.

▌ SYN tempérer templar; mitiger mitigar; atténuer atenuar; pallier paliar; amortir amortiguar; freiner frenar.

modern dance _f_ modern dance, danza moderna. ▪ OBSERV pl modern dances.

moderne _adj_ moderno, na; le goût moderne, la littérature moderne el arte moderno, la literatura moderna. ◇ _m_ lo moderno; en art, nous aimons le moderne en arte nos gusta lo moderno.

modernisation [mɔdɛrnizasjɔ̃] _f_ modernización.

moderniser [3] _v tr_ modernizar. ➡ **se moderniser** _v pr_ modernizarse.

modernisme _m_ modernismo.

moderniste _adj_ & _s_ modernista.

modernité _f_ modernidad, modernismo _m_.

modern style _adj inv_ modernista. ◇ _m inv_ modernismo.

modeste _adj_ modesto, ta.

▌ SYN réservé reservado, recatado; effacé oscuro, recatado; humble humilde; bonhomme buena persona, bonachón; bonasse buenazo, bonachón.

Modeste *n pr* Modesto.

modestement *adv* con modestia, modestamente.

modestie [mɔdɛsti] *f* modestia; **fausse modestie** falsa modestia.

modicité *f* modicidad.

modifiable *adj* modificable.

modifiant, e *adj* modificante; modificador, ra.

modificateur, trice *adj* modificador, ra.

modification [mɔdifikasjɔ̃] *f* modificación.

modifier [9] *v tr* modificar.

modillon [mɔdijɔ̃] *m* ARCHIT modillón, canecillo.

modique *adj* módico, ca.

modiquement *adv* módicamente (rétribuer).

modiste *f* sombrerera.

> OBSERV L'espagnol modista correspond au français couturier, ère.

modulable *adj* modulable.

modulaire *adj* ARCHIT compuesto, ta; **architecture modulaire** orden compuesto.

modulateur, trice *adj & s m* modulador, ra.

modulation [mɔdylasjɔ̃] *f* modulación ■ RAD **en modulation de fréquence** en frecuencia modulada ▮ **taux de modulation** porcentaje de modulación.

module *m* módulo ▮ **module lunaire, solaire** módulo lunar, solar ▮ **modules d'enseignement** conjuntos de materiales didácticos.

moduler [3] *v tr* modular ▮ matizar (des sons).

◇ *v intr* MUS & RAD modular.

modus vivendi [mɔdysvivēdi] *m* modus vivendi.

moelle [mwal] *f* medula, médula; **moelle épinière** medula espinal ▮ tuétano *m* (substance comestible) ■ BOT medula, médula, pulpa ▮ FIG medula, médula, meollo *m*, lo más substancioso de una cosa ▮ **moelle allongée** medula oblonga, bulbo raquídeo ▮ **moelle de sureau** medula de saúco ▮ **moelle osseuse** medula ósea ▮ FIG **trempé jusqu'à la moelle** mojado ou calado hasta los huesos ou hasta los tuétanos.

moelleusement [mwaløzmɑ̃] *adv* blandamente, muellemente.

moelleux, euse [mwalø, øz] *adj* meduloso, sa; de la naturaleza de la medula ▮ FIG blando, da; mullido, da; **un lit moelleux** una cama blanda ou mullida ▮ suave (tissu, vin).

moellon [mwalɔ̃] *m* morrillo (maçonnerie).

moellonnage [mwalɔnaʒ] *m* construcción *f* con morrillo.

moere [mwɛr] ou [mur] *f* albufera desecada y cultivada (en Belgique).

mœurs [mœr] ou [mœrs] *f pl* costumbres, hábitos *m*; **un homme de bonnes mœurs** un hombre de buenas costumbres ▮ conducta *sing* (conduite) ▮ **attentat aux mœurs** atentado a las buenas costumbres ▮ **une fille de mauvaises mœurs** una mujer de la vida ▮ **passer dans les mœurs** pasar a ser un hecho habitual.

mofette *f* mofeta (gaz irrespirable) ▮ mofeta (mammifère).

Mogadiscio [mɔgadiʃjo] *n pr* Mogadiscio.

moghol; mogol *adj* mogol.

Moghol *m & f* mogol.

mohair *m* mohair, tela *f* de pelo de angora.

mohican, e *adj* mohicano, na (indien).

Mohican *m & f* mohicano, na; mohicán.

moi *pron pers de la 1ʳᵉ pers du sing des deux genres* yo (sujet); **moi qui vous aime tant** yo que tanto le quiero; **moi non plus** yo tampoco; **c'est moi qui vous le dis** soy yo quien se lo digo ▮ mí (complément); **tu me l'as donné à moi** me lo has dado a mí; **pour moi** para mí; **il nous a accompagnés, mon frère et moi** nos ha acompañado a mi hermano y a mí ▮ me (complément précédé de l'impératif); **dites-moi** dígame; **donnez-moi** déme ■ **moi-même** yo mismo (sujet), mí mismo (complément); **c'est moi-même** soy yo mismo; **par moi-même, de moi-même** por mí mismo ■ **à moi** mío, mía; **cette montre est à moi** este reloj es mío; a mí; **il vint à moi** vino a mí ▮ **à moi!** ¡a mí!, ¡socorro! ▮ **autour de moi** a mi alrededor, en derredor mío ▮ **avec moi** conmigo ▮ **chez moi** en mi casa ▮ **de vous à moi** entre nosotros ▮ **en moi-même** para mis adentros ▮ **pour moi** para mí ▮ **quant à moi** en cuanto a mí, por lo que a mí respecta ■ **c'est à moi** es mío ▮ **c'est à moi de** a mí me toca ou me corresponde.

◇ *m* yo; **le culte du moi** el culto del yo.

moie [mwa]; **moye** *f* parte blanda de una piedra.

moignon *m* muñón ▮ garrón (de branche).

moindre [mwɛ̃dr] *adj* menor ■ **la moindre des choses** la más mínima cosa, lo menos ■ **c'est le moindre mal** es el mal menor ▮ **je n'en ai pas la moindre idée** no tengo la menor idea.

◇ *m & f* último, ma.

moindrement

➤ **pas le moindrement** *loc adv* ni por asomo, de ninguna forma, en lo más mínimo; **je ne suis pas le moindrement surpris** no estoy sorprendido ni por asomo.

moine *m* fraile, monje ▮ calentador, mundillo (bassinoire pour le lit) ▮ IMPR fraile [parte mal impresa de un texto] ▮ ZOOL variedad *f* de foca ■ FAM **moine bourru** coco, bu ■ **gras comme un moine** sumamente gordo.

moineau *m* gorrión (oiseau) ■ FIG & FAM **vilain moineau** mala persona, bicho malo, pajarraco ■ **manger comme un moineau** comer como un pajarito ▮ **tirer ou brûler sa poudre aux moineaux** gastar pólvora en salvas.

moinerie *f* frailería, conjunto *m* de frailes.

moinillon [mwanijɔ̃] *m* FAM frailecillo, frailezuelo.

moins [mwɛ̃] *adv* menos; **moins bon** menos bueno; **moins d'hommes** menos hombres ▮ **le moins, la moins** el menos, la menos (superlatif de l'adverbe peu); **il est le moins intelligent** es el menos inteligente ■ **à moins** por menos; **je ne travaille pas à moins** no trabajo por menos ▮ **à moins de a** ou por menos de a, por bajo de (suivi d'un nom); **à moins de cent francs** a menos de cien francos; a menos de, excepto si (suivi d'un infinitif); **à moins**
d'être fou a menos de estar loco, excepto si está loco ▮ **à moins que** a menos que, a no ser que; **à moins que vous ne travailliez mieux** a menos que usted trabaje mejor ▮ **au moins, du moins, tout au moins** al menos, por lo menos ▮ **d'autant moins que** menos aun cuando ▮ **de moins** menos ▮ **de moins en moins** cada vez menos ▮ **en moins** menos, excepto, salvo; **je lui paye tout, le transport en moins** se lo pago todo, excepto el transporte ▮ **en moins de deux** en un dos por tres, en un santiamén ▮ **en moins de rien** en menos de nada ▮ **moins... moins** mientras menos..., menos ▮ **moins... plus** mientras menos..., más ▮ **ne... pas moins** no... sin embargo ▮ **ne... pas moins que de** no... más que de ▮ **ni plus ni moins** ni más ni menos, poco más o menos ▮ **non moins** también, no menos ▮ **pas le moins du monde** de ningún modo, de ninguna manera, ni por asomo, en lo más mínimo ▮ **rien moins que** todo menos (sens négatif), nada menos que (sens affirmatif) ■ FAM **il était moins une** ou **moins cinq** por poco, ha faltado muy poquito ▮ **il n'en sera ni plus ni moins** será poco más o menos lo mismo ▮ **n'en être pas moins...** no ser por eso menos...

◇ *m* menos; **le plus et le moins** el más y el menos ▮ **lo menos**; **c'est le moins qu'on puisse faire** es lo menos que se puede hacer ▮ MATH signo menos.

moins-perçu *m* lo cobrado de menos, cantidad no cobrada, lo no percibido.

> OBSERV pl moins-perçus.

moins-value [mwēvaly] *f* disminución ou pérdida de valor, depreciación.

> OBSERV pl moins-values.

moirage *m* visos *pl*, aguas *f pl*, cambiantes *pl*, tornasolado (d'une étoffe) ▮ reflejos *pl* (du fer-blanc ou du zinc).

moire *f* muaré *m*, moaré *m* (tissu) ▮ reflejo *m*, aguas *pl*, visos *m pl*.

moiré, e *adj* tornasolado, da; que tiene reflejos ou aguas.

➤ **moiré** *m* aguas *f pl*, reflejos *pl*, visos *pl*, cambiantes *pl* ▮ hojalata *f* ou zinc con reflejos.

moirer [3] *v tr* tornasolar, dar reflejos, visos ou aguas [a una tela].

Moires [mwar] *n pr f pl* MYTH Moiras.

moirure *f* reflejos *m pl* ou aguas *pl* ou visos *m pl* de lo tornasolado.

mois [mwa] *m* mes; **au mois de mai** en el mes de mayo ▮ mensualidad *f*, mes, sueldo mensual (salaire); **toucher son mois** cobrar su mensualidad ■ **mois double** (mes de) doble paga ▮ **treizième mois** paga extraordinaria ■ COMM **à trois mois** a noventa días ▮ FAM **tous les trente-six du mois** de higos a brevas ■ **louer une chambre au mois** alquilar una habitación al ou por mes ▮ **oublier les mois de nourrice** dejar los años que se anduvo a gatas ▮ **payer toutes les fins de mois** pagar a fines de mes.

moïse *m* moisés, cuna *f* de mimbre (berceau).

Moïse [mɔiz] *n pr* Moisés.

moise [mwaz] *f* TECHN crucero *m*, riostra.

moiser [3] *v tr* TECHN poner cruceros, apuntalar.

moisi, e *adj* enmohecido, da; mohoso, sa.
➤ **moisi** *m* moho; avoir un goût de moisi saber a moho ‖ FIG sentir le moisi oler a moho, estar (una cosa) pasada de vieja.

moisir [32] *v tr & intr* enmohecer, cubrirse de moho; ponerse mohoso, sa ‖ FIG & FAM moisir (quelque part) criar moho; il moisit dans ce bureau depuis trois ans está criando moho en este despacho desde hace tres años.

moisissure *f* moho *m*.

moissine *f* cabillo *m* de sarmiento.

moisson *f* mies, siega, cosecha, recolección de las mieses (récolte) ‖ época de la siega (époque) ▪ faire la moisson segar (faucher), cosechar (récolter) ‖ FIG une moisson de lauriers una cosecha de laureles.

moissonnage *m* siega *f*, recolección *f*, cosecha *f*.

moissonner [3] *v tr* segar (faucher) ‖ recoger, recolectar, cosechar (récolter) ‖ FIG segar; la guerre moissonna des millions de vies la guerra segó millones de vidas.

moissonneur, euse *m & f* segador, ra.
➤ **moissonneuse** *f* segadora (machine).

moissonneuse-batteuse *f* cosechadora.
▨ OBSERV pl moissonneuses-batteuses.

moissonneuse-lieuse *f* segadora agavilladora.
▨ OBSERV pl moissonneuses-lieuses.

moite [mwat] *adj* sudoroso, sa; avoir les mains moites tener las manos sudorosas ‖ húmedo, da (humide).

moiteur *f* trasudor *m* (de la peau) ‖ humedad.

moitié *f* mitad ‖ FAM costilla, mitad, media naranja (épouse) ▪ à moitié a la mitad; à moitié chemin a la mitad del camino; medio; une bouteille à moitié pleine una botella medio llena; il est à moitié fou está medio loco; mitad de; à moitié prix a mitad de precio; a medio; une porte à moitié fermée una puerta a medio cerrar; a medias; vous faites toujours les choses à moitié usted hace siempre las cosas a medias ‖ de moitié a medias; être ou se mettre de moitié dans une affaire ir a medias en un negocio; doblemente, dos veces; discours trop long de moitié discurso dos veces demasiado largo ‖ moitié moins grand la mitad más pequeño ‖ moitié plus long la mitad más largo.

▨ OBSERV Cuando se emplea la palabra moitié en su sentido colectivo el verbo siguiente se pone en singular si este vocablo representa una cantidad determinada (la moitié de six est trois) y en plural en el caso contrario (la moitié des concurrents abandonnèrent).

moitié-moitié *adv* mitad y mitad (à parts égales); faire moitié-moitié (dans une affaire) compartir mitad y mitad ‖ FAM a medias (ni bien ni mal); elle est contente? — moitié-moitié ¿está contenta? — a medias.

moitir [32] *v tr* humedecer.

moka *m* moka (café) ‖ pastel de bizcocho con crema de café.

mol, molle ➤ **mou**.

molaire *adj* molar (des dents) ‖ PHYS molecular.
◇ *f* muela, molar *m*.

molasse; mollasse *f* asperón *m* (pierre).

moldave *adj* moldavo, va.
◇ *m* LING moldavo.

Moldave *m & f* moldavo, va.

Moldavie *n pr f* GÉOGR la république de Moldavie la República de Moldavia.

mole *f* PHYS mol.
▨ OBSERV pl moles (en espagnol).

môle *m* malecón, muelle (de port) ‖ escollera *f*, malecón, rompeolas (brise-lames).
◇ *f* pez *m* luna (poisson-lune) ‖ MÉD mola.

moléculaire *adj* molecular; poids moléculaire peso molecular.

molécule *f* molécula.

molécule-gramme *f* molécula gramo.
▨ OBSERV pl molécules-grammes.

molène *f* BOT gordolobo *m*, verbasco *m*.

moleskine *f* moleskín *m*, molesquín *m*.

molester [3] *v tr* molestar, importunar ‖ maltratar, tratar mal.

moletage [mɔltaʒ]; **molettage** [mɔlɛtaʒ] *m* TECHN adornado con la moleta.

moleter [27] *v tr* TECHN adornar ou pulir con la moleta ou ruleta estriada, moletear ‖ grafilar; bague moletée aro grafilado.

molettage ➤ **moletage**.

molette *f* estrella, rodaja (d'éperon) ‖ moleta (pierre pour écraser les couleurs) ‖ TECHN ruleta estriada, rueda dentada, moleta ▪ clef à molette llave inglesa ‖ molette d'extraction castillete de extracción.

Molière *n pr* les Molières premios franceses que se conceden a actores y obras de teatro.

moliéresque *adj* de Molière.

molinisme *m* molinismo (doctrine religieuse de Luis Molina).

moliniste *m & f* molinista.

molinosisme *m* molinosismo, quietismo (doctrine religieuse de Miguel de Molinos).

molinosiste *m & f* molinosista, quietista.

mollah; mulla; mullah *m* mullah.

mollasse *adj* blanducho, cha; blandengue; fofo, fa (mou).
◇ *m & f* FAM persona blandengue, de poco carácter.
◇ *f* ➤ **molasse**.

mollasserie *f* blandenguería, carácter *m* blandengue, falta de carácter.

mollasson, onne *adj & s* muy blandengue.

mollé *m* BOT turbinto, molle.

mollement [mɔlmɑ̃] *adv* muellemente, cómodamente; mollement étendu muellemente tendido ‖ suavemente ‖ tranquilamente ‖ blandamente, flojamente ‖ con remolonería, flojamente, sin vigor ‖ con molicie.

mollesse *f* blandura ‖ suavidad (douceur) ‖ flojera, desidia (paresse) ‖ molicie (amour de ses aises) ‖ FIG flojedad (du style) ‖ pastosidad (peinture).

mollet, ette *adj* blando, da ‖ mollete (pain) ‖ pasado por agua (œuf).
➤ **mollet** *m* pantorrilla *f* (de la jambe).
▨ OBSERV El œuf mollet tiene la yema blanda y la clara dura, mientras que el œuf à la coque tiene la yema y la clara blandas.

molletière [mɔltjɛr] *adj & s f* polaina (guêtre) ‖ bande molletière venda de paño haciendo de media polaina.

molleton [mɔltɔ̃] *m* muletón (étoffe).

molletonné, e [mɔltɔne] *adj* forrado, da; guarnecido, da con muletón; enguatado, da.

molletonner [3] *v tr* forrar con muletón, enguatar.

molletonneux, euse [mɔltɔnø, øz] *adj* de aspecto de muletón; enguatado, da.

mollir [32] *v intr* flojear, flaquear (devenir moins dur) ‖ reblandecerse, ablandarse (fruits) ‖ aflojar (devenir moins tendu) ‖ retroceder, ceder (les troupes) ‖ flaquear, disminuir, debilitarse; sa volonté a molli su voluntad se ha debilitado ‖ FIG aflojar, ceder ‖ MAR amainar (en parlant du vent).
◇ *v tr* MAR arriar (cordage).

mollo *adv* FAM tranqui; y aller mollo ir tranqui.

molluscum [mɔlyskɔm] *m* MÉD tumor fibroso de la piel.

mollusque [mɔlysk] *m* ZOOL molusco.

moloch *m* ZOOL moloc.

Moloch [mɔlɔk] *n pr* Moloc.

molosse *m* moloso (gros chien de garde).

Molotov *n pr* cocktail Molotov cóctel Molótov ou Molotov.

molto *adv* MUS molto, mucho.

Moluques [mɔlyk] *n pr f pl* GÉOGR les (îles) Moluques las (islas) Molucas.

moly *m* variedad *f* de ajo.

molybdène *m* molibdeno (métal).

môme *m & f* FAM muchacho, cha; chico, ca; chaval, la.

moment *m* momento, rato; je reviens dans un moment vuelvo dentro de un momento ‖ momento, oportunidad *f*, ocasión *f* (occasion, instant); saisir le moment favorable escoger el momento favorable ‖ PHYS momento; moment d'une force momento de una fuerza ▪ à ce moment là en aquel momento, entonces (temps), en este caso (conséquence) ‖ à ses moments perdus a sus ratos perdidos ‖ à tout moment a cada momento ‖ au moment de en el acto de, en el momento de, al ir a ‖ bon moment momento oportuno ‖ du moment que desde el momento (dès que), puesto que, ya que (puisque) ‖ d'un moment à l'autre de un momento a otro, dentro de un momento ‖ en ce moment ahora, ahora mismo, de momento ‖ en un moment en un instante ‖ par moments a veces, de vez en cuando ‖ pour le moment por ahora, por el momento, actualmente ‖ sur le moment al principio, en un principio ‖ un bon moment un buen rato, un rato libre ▪ avoir de bons moments tener buenos momentos ‖ ce n'est pas le moment no está el horno para bollos ‖ ne pas avoir un moment à soi no tener ni un momento libre.

momentané, e *adj* momentáneo, a.

momentanément *adv* momentáneamente.

momerie *f* mojiganga (mascarade) ‖ FIG comedia, falsedad, superchería (comédie).

momie *f* momia ‖ FIG avoir l'air d'une momie estar hecho una momia.

momification *f* momificación.

momifier [9] *v tr* momificar.

➤ **se momifier** *v pr* momificarse.

momordique *f* BOT momórdiga.

mon, ma, mes *adj poss de la 1re pers du sing* mi, mis (précède le substantif en espagnol); **mon livre** mi libro; **ma plume** mi pluma; **mes amis** mis amigos ‖ mío, mía, míos, mías (vient après le substantif en espagnol); **mon père!** ¡padre mío!; **mes enfants!** ¡hijos míos! ■ **un de mes amis** uno de mis amigos, un amigo mío ■ **mes chers enfants!** ¡queridos hijos míos! ‖ **mon Dieu!** ¡Dios mío!

> OBSERV En francés, delante de un nombre femenino que empieza por vocal o por h muda, se emplea mon en vez de ma: mon amie mi amiga; mon heure mi hora.

monacal, e *adj* monacal.

monachisme [mɔnaʃism] *m* monacato, monaquismo.

Monaco *n pr* GÉOGR (la principauté de) Monaco (el principado de) Mónaco.

monade *f* PHILOS mónada.

monadelphe *adj* BOT monadelfo, fa.

monadisme *m* PHILOS monadismo.

monadiste *adj & s* monadista.

monadologie *f* PHILOS monadología.

monandre *adj* BOT monandro, dra.

monarchie [mɔnaʃi] *f* monarquía.

monarchique [mɔnaʃik] *adj* monárquico, ca.

monarchisme [mɔnaʃism] *m* monarquismo.

monarchiste [mɔnaʃist] *adj & s* monárquico, ca.

monarque *m* monarca.

> SYN roi rey; prince príncipe; potentat potentado; empereur emperador; césar césar; autocrate autócrata; dynaste dinasta.

monastère *m* monasterio.

monastique *adj* monástico, ca.

> SYN monacal monacal; monial monjil.

monazite *f* MIN monacita.

monceau *m* montón; un monceau de documents un montón de documentos.

mondain, e *adj & s* mundano, na; de sociedad; vie mondaine vida mundana ‖ mundanal (terrestre) ■ demi-mondaine mujer galante ‖ la brigade mondaine la brigada antivicio ■ avoir des relations mondaines tener relaciones en la alta sociedad.

mondanité *f* mundanalidad, mundanería.

➤ **mondanités** *f pl* ecos *m* de sociedad (dans les journaux) ‖ convencionalismos *m pl* (politesses).

monde *m* mundo; le Nouveau, l'Ancien Monde el Nuevo, el Antiguo Mundo ‖ gente *f*; se moquer du monde burlarse de la gente ‖ gente, gentío; il y avait un monde! ¡había un gentío!, ¡había una de gente! ‖ mundo, sociedad *f*; aimer le monde gustarle a uno la sociedad ‖ multitud *f*, montón, gran número; se faire un monde d'ennemis hacerse una multitud de enemigos ‖ personal doméstico; renvoyer tout son monde despedir a todo el personal doméstico ‖ gente *f*, familia *f*; tout mon monde est là toda mi

gente está aquí ‖ FIG mundo; c'est un monde que cette entreprise esta empresa es un mundo ■ FAM le beau monde la buena sociedad ‖ le grand monde la alta sociedad, el gran mundo ‖ le monde des affaires el mundo de los negocios ‖ le monde des lettres el mundillo literario ‖ le monde savant, le monde lettré los sabios, los escritores ou literatos ‖ le meilleur... du monde el mejor... del mundo ‖ le petit monde la gente menuda, los niños ■ femme du monde mujer del mundo ‖ monsieur el hombre de la calle ‖ tout le monde todos, todo el mundo ‖ vieux comme le monde más viejo que andar para adelante ■ au bout du monde al fin del mundo, donde Cristo dio las tres voces ‖ de par le monde en todas partes, en el mundo entero ‖ du même monde del mismo mundo ‖ pas le moins de monde para nada, en absoluto ‖ pour rien au monde por todo el oro del mundo, ni a la de tres ■ aller ou passer dans l'autre monde irse al otro mundo ou al otro barrio, morir ‖ ce n'est pas le bout du monde no es cosa del otro mundo ou del otro jueves ‖ c'est le monde renversé es el mundo al revés ‖ connaître son monde conocer muy bien a la gente ‖ faire le tour du monde dar la vuelta al mundo ‖ mettre au monde dar a luz, traer al mundo ‖ passer dans un monde meilleur pasar a mejor vida ‖ se faire un monde de dar demasiada importancia a, hacerse una montaña de ‖ venir au monde ver la luz ‖ Le Monde diario francés.

> LE MONDE ————————————
> Fundado en 1944, Le Monde es uno de los diarios con mayor tirada y más prestigio en Francia.

monder [3] *v tr* mondar; orge mondé cebada mondada ‖ limpiar; monder des amandes limpiar almendras.

mondial, e *adj* mundial.

mondialement *adv* por el mundo entero, mundialmente; produit mondialement connu producto conocido por el mundo entero.

mondialisation *f* universalización.

mondialiser [3] *v tr* universalizar.

mondovision *f* mundovisión.

monégasque *adj & s* monegasco, ca (de Monaco).

Monel® *m* aleación *f* de níquel, hierro y cobre.

monère *f* BIOL mónera.

moneron *m* calderilla *f*, moneda *f* de vellón (Révolution de 1789).

monétaire *adj* monetario, ria; la masse monétaire la masa monetaria ‖ accord monétaire acuerdo monetario.

monétarisme *m* monetarismo.

Monétique® *f* banca electrónica.

monétisation [monetizasjɔ̃] *f* monetización.

monétiser [3] *v tr* monetizar.

mongol, e *adj* mongol; mongólico, ca (de Mongolie).

➤ **mongol** *m* LING mongol.

Mongol, e *m & f* mongol.

Mongolie *n pr f* GÉOGR la Mongolie Mongolia.

mongolien, enne *adj & s* mongólico, ca; que padece mongolismo.

mongolique *adj & s* mongólico, ca.

mongolisme *m* MÉD mongolismo.

mongoloïde *adj* mongoloide.

monial, e *m & f* monje *m*, monja *f*.

Monique *n pr* Mónica.

monisme *m* PHILOS monismo.

moniste *adj & s* monista.

moniteur, trice *m & f* maestro, tra; monitor, ra; profesor, ra; maestro de esgrima; moniteur d'auto-école profesor de autoescuela ‖ instructor, ra; monitor, ra (gymnastique).

➤ **moniteur** *m* TECHN monitor ‖ INFORM monitor; moniteur en couleur monitor en color ‖ MÉD moniteur cardiaque monitor cardíaco.

monition [monisjɔ̃] *f* DR admonición, monición.

monitoire *adj & s m* monitorio, ria.

monitor *m* MAR monitor (navire).

monitorage; monitoring *m* monitoring, control de calidad, comprobación ‖ MÉD monitoring.

monitorat *m* formación de monitor ‖ función de monitor.

monitoring ➤ **monitorage**.

monnaie [monɛ] *f* moneda ‖ vuelta; rendre la monnaie dar la vuelta ‖ dinero *m* suelto; je n'ai pas de monnaie no tengo dinero suelto ‖ cambio *m*; donnez-moi la monnaie de cent francs déme el cambio de cien francos ■ monnaie blanche moneda de plata ‖ monnaie convertible moneda convertible ‖ monnaie de compte moneda imaginaria ‖ monnaie de papier moneda de papel ‖ monnaie de référence moneda patrón ‖ monnaie fiduciaire moneda fiduciaria ‖ monnaie flottante moneda flotante ‖ monnaie légale moneda de curso legal ‖ monnaie scripturale moneda en depósito ou en cuenta, moneda bancaria ■ fausse monnaie moneda falsa ‖ Hôtel de la Monnaie ou des Monnaies, la Monnaie la Casa de la Moneda, la Ceca ‖ papier monnaie papel moneda ‖ pays à monnaie faible, forte país de moneda débil, fuerte ‖ petite ou menue monnaie calderilla, dinero suelto, moneda suelta ■ battre monnaie acuñar moneda ‖ FIG c'est monnaie courante es moneda corriente ‖ faire de la monnaie cambiar ‖ payer en monnaie de singe pagar con promesas vanas ‖ rendre à quelqu'un la monnaie de sa pièce pagar a uno en ou con la misma moneda ‖ servir de monnaie d'échange servir de moneda de cambio ‖ faire ou donner la monnaie de 20 francs dar el cambio ou la vuelta de 20 francos ‖ rendre la monnaie sur 20 francs dar cambio de 20 francos.

monnaie-du-pape *f* BOT lunaria, doblescudo *m*.

> OBSERV pl monnaies-du-pape.

monnayable *adj* acuñable; métal monnayable metal acuñable ‖ del, de la que se puede sacar dinero.

monnayage [monɛjaʒ] *m* monedaje ‖ acuñación *f* de moneda.

monnayer [11] [monɛje] *v tr* amonedar ‖ FIG sacar dinero de (tirer de l'argent de), sacar partido de (tirer parti de).

monnayeur [mɔnɛjœr] *m* monedero ‖ faux-monnayeur monedero falso.

mono *m* FAM monitor.
◇ *f* FAM monofonía.

monoacide *adj* CHIM monoácido, da.

monoatomique *adj* CHIM monoatómico, ca.

monobase *adj* & *s f* CHIM monobase.

monobloc *adj* & *s m* TECHN monobloque [de una sola pieza].

monocamérisme; monocaméralisme *m* monocamerismo, sistema unicameral.

monochlamydées [mɔnɔklamide] *f pl* BOT monoclamídeas.

monochromatique [mɔnɔkrɔmatik] *adj* monocromático, ca.

monochrome [mɔnɔkrom] *adj* & *s m* monocromo, ma; de un solo color.

monochromie [mɔnɔkrɔmi] *f* monocromía.

monocle *m* monóculo.

monoclinal, e *adj* GÉOL monoclinal.

monoclinique *adj m* monoclínico.

monocoque *adj m* monocasco (avion, wagon, etc.).

monocorde *m* monocordio.
◇ *adj* monocorde; monótono, na.

monocotylédone *adj* & *s f* BOT monocotilédoneo, a.

monoculaire *adj* monocular.

monoculture *f* monocultivo *m*.

monocylindrique *m* BIOL monocilíndrico, ca.

monocyte *m* BIOL monocito.

monodie *f* MUS monodia.

monœcie [mɔnesi] *f* BOT carácter *m* monoico, monoecia.

monogame *adj* & *s* monógamo, ma.

monogamie *f* monogamia.

monogamique *adj* monógamo, ma.

monogénisme *m* monogenismo.

monogramme *m* monograma.

monographie *f* monografía.

monographique *adj* monográfico, ca.

monoï *m inv* aceite perfumado de origen tahitiano.

monoïdéisme *m* monoideísmo.

monoïque *adj* BOT monoico, ca.

monolingue *adj* & *s* monolingüe.

monolinguisme *m* monolingüismo.

monolithe *m* monolito.
◇ *adj* monolítico, ca.

monolithique *adj* monolítico, ca.

monolithisme *m* monolitismo.

monologue *m* monólogo; monologue intérieur monólogo interior.
‖ SYN soliloque soliloquio; aparté aparte.

monologuer [3] *v intr* monologar.

monologueur *m* THÉÂTR recitador de monólogos.

monomane; monomaniaque *adj* & *s* monomaníaco, ca; monomaniático, ca.

monomanie *f* monomanía.

monôme *m* monomio ‖ FAM manifestación *f* estudiantil después de un examen.

monomère *adj* & *s m* CHIM monómero.

monométallisme *m* monometalismo.

monométalliste *adj* & *s* monometalista.

monomètre *adj* & *s m* POÉT monómetro.

monomoteur *adj* & *s m* AVIAT monomotor.

mononucléaire *adj* & *s m* mononuclear.

mononucléose *f* MÉD mononucleosis.

monoparental, e *adj* monoparental [con uno de los padres sólo].

monophasé, e *adj* ÉLECTR monofásico, ca.

monophonie *f* monofonía.

monophysisme *m* monofisismo.

monophysite *m* monofisita (hérétique).

monoplace *adj* & *s m* AVIAT monoplaza [de un solo asiento].

monoplan *m* AVIAT monoplano.

monoplégie *f* MÉD monoplejía.

monopole *m* monopolio.

monopoleur, euse *adj* & *s* monopolizador, ra.

monopolisation *f* monopolización.

monopoliser [3] *v tr* monopolizar ‖ FIG monopolizar, acaparar.

monopolistique *adj* monopolístico, ca.

monoptère *adj* & *s m* ARCHIT monóptero, ra.

monorail [mɔnɔraj] *adj* & *s* monocarril, monorriel, monorrail.

monorime *adj* & *s m* POÉT monorrimo, ma.

monosaccharides [mɔnɔsakarid] *m pl* CHIM monosacáridos.

monosépale *adj* BOT monosépalo, la.

monoski *m* monoesquí.

monosoc *adj* AGRIC de una sola reja.

monosperme *adj* BOT monospermo, ma.

monostyle *adj* ARCHIT de fuste único, único de fuste.

monosyllabe *adj* & *s* monosílabo, ba.

monosyllabique *adj* monosilábico, ca.

monosyllabisme *m* monosilabismo.

monotâche *adj* INFORM monotarea.

monothéisme *m* RELIG monoteísmo.

monothéiste *adj* & *s* monoteísta.

monothélisme *m* monotelismo (hérésie).

monothélite *adj* & *s* monotelita.

monotone *adj* monótono, na.

monotonie *f* monotonía.

monotrèmes *m pl* ZOOL monotremas.

Monotype® *f* IMPR monotipo *m* (machine à composer).
◆ **monotype** *m* monotipia *f* (procédé d'impression).

monovalent, e *adj* & *s m* CHIM monovalente.

monozygote *adj* BIOL monocigótico, ca.

monseigneur [mɔ̃sɛɲœr] *m* monseñor ‖ su ilustrísima (en parlant à un évêque) ‖ ilustrísimo señor (en écrivant à un évêque) ‖ pince-monseigneur palanqueta de ladrón, ganzúa.

OBSERV En francés se usa el plural messeigneurs para dirigirse a varias personas que tienen este título. En cambio cuando se habla de estas mismas personas sin estar delante de ellas se emplea el plural nosseigneurs.

monsieur [mɔsjø] *m* señor (suivi du nom); monsieur Dupont señor Dupont, el señor Dupont (style indirect) ‖ Señor Don, Don (devant un prénom); monsieur Louis Durand Señor Don Luis Durand (familièrement on se contente parfois du prénom s'il n'y a pas de confusion possible: monsieur Louis (Don Luis)) ‖ señor, caballero (pour appeler quelqu'un sans dire son nom: écoutez, monsieur escuche usted, caballero) ‖ monseñor [título que se daba en Francia a los príncipes de la familia real] ‖ el señor (titre qu'emploient les domestiques pour parler à leurs maîtres, et plus familièrement el señorito); monsieur veut-il sortir? ¿quiere salir el señor? ‖ señor; monsieur le ministre des Affaires étrangères a la parole el señor ministro de Asuntos Exteriores tiene la palabra; qu'en pensez-vous, monsieur le ministre? ¿qué le parece, señor ministro? ‖ caballero, señor, señorito [hombre de clase superior a la común]; s'habiller comme un monsieur vestir como un señor ■ monsieur Tout-le-monde ciudadano de a pie ■ ces messieurs los señores ‖ cher monsieur muy señor mío (correspondance) ‖ faire le monsieur dárselas de gran señor ‖ FAM mon petit ou mon beau monsieur muy señor mío, ¡caballerito! ‖ FIG un gros monsieur un señorón, un personaje ‖ un vilain monsieur un tío, un pajarraco, un descarado.

OBSERV 1. Le mot français monsieur est beaucoup plus employé que son équivalent espagnol señor. Pour les domestiques señorito est le fils du maître, ou même le jeune maître. Ce mot, au sens péjoratif, qualifie le "fils à papa", le jeune bourgeois oisif.
2. pl messieurs.

monsignore *m* monseñor, monsignore (prélat italien).

monstrance *f* ECCLÉS custodia.

monstre *m* monstruo.
◇ *adj* un banquet monstre un banquete monstruo.

monstrueusement *adv* monstruosamente.

monstrueux, euse [mɔ̃stryø, øz] *adj* monstruoso, sa.

monstruosité *f* monstruosidad.

mont [mɔ̃] *m* monte ■ par monts et par vaux por todos lados, de la Ceca a la Meca ‖ promettre monts et merveilles prometer el oro y el moro.

SYN montagne montaña; pic pico, picacho; puy cumbre en Auvernia; ballon morro, cumbre redondeada.

LES MONTS _____

les monts Appalaches el macizo de los Apalaches;
le mont Ararat el monte Ararat;
le mont Athos el monte Athos;
le mont Aventin el monte Aventino;
le mont Blanc el Mont Blanc;
les monts Cantabriques la cordillera Cantábrica;
le mont Capitolin el monte Capitolino;
le mont Cassin Montecassino;
le mont Cervin el monte Cervino;
le mont Etna el volcán Etna;
le mont Everest el monte Everest;

le mont Fuji-Yama la montaña Fuji Yama; le mont des Oliviers el monte de los Olivos; le mont Olympe el monte Olimpo; le mont Palatin el monte Palatino; le mont Parnasse el monte Parnaso; le mont Quirinal el monte Quirinal; le mont Vésuve el volcán Vesubio; le mont Whitney el monte Whitney.

montage *m* subida *f* (action de monter) ‖ subida *f* (du lait) ‖ TECHN montaje, instalación *f* (d'une machine) ‖ montaje (d'un film) ‖ THÉÂTR montage d'une pièce escenografía, puesta en escena de una obra.

montagnard, e [mɔ̃taɲaʀ, aʀd] *adj* & *s* montañés, esa (gens) ‖ HIST de la Montaña.
➡ **Montagnard** *m* HIST les Montagnards los miembros de la Montaña.
▫ OBSERV Le montañés est aussi l'homme originaire de La Montaña (Santander).
LES MONTAGNARDS
1. Este movimiento político intentó dar una realidad nacional a la revolución francesa. Después de conseguir el apoyo del pueblo, de los sans-culottes, la Comuna de París y de los jacobinos, se convirtieron en los únicos líderes tras eliminar a los girondinos. Crearon el Comité de Salud Pública, el futuro órgano central del gobierno, y el Tribunal Revolucionario en 1793. Sus dirigentes fueron Danton, Marat y Robespierre.
2. Una de las dos asambleas de la Tercera República se proclamó heredera de la tradición jacobina, abogando por un régimen centralizado fuerte.

montagne *f* montaña ‖ FIG montaña, montón *m*; des montagnes de paperasses montañas de papeluchos ■ montagne à vache montaña poco escarpada ‖ montagnes russes montañas rusas ■ chaîne de montagnes cadena de montañas, sierra, cordillera ‖ école de haute montagne escuela de montañeros ou de montañismo ‖ mal des montagnes soroche (americanismo) ■ la montagne accouche d'une souris es el parto de los montes ‖ passer ses vacances à la montagne pasar las vacaciones en la sierra ‖ se faire une montagne d'une chose hacerse una montaña (de algo); imaginarse dificultades insalvables (acerca de algo).

montagneux, euse *adj* montañoso, sa.

Montaigus *n pr m pl* les Montaigus los Montesco.

montaison *f* viaje río arriba, para el desove de los salmones ‖ época de desove.

Montana *n pr m* GÉOGR le Montana Montana.

montanisme *m* montañismo (hérésie).

montaniste *adj* & *s* montanista.

montant, e *adj* montante, cuesta arriba, ascendente; chemin montant camino ascendente, camino cuesta arriba ‖ que viene; la génération montante la generación que viene ‖ ascendente (train) ‖ MUS ascendente (gamme) ■ MIL garde montante guardia entrante ‖ marée montante marea creciente ‖ robe montante vestido sin escote ou alto ou cerrado.
➡ **montant** *m* quijera *f* (de la bride) ‖ larguero (d'échelle) ‖ fuerte sabor de un manjar, de un vino; ce vin a du montant este vino tiene fuerte sabor ‖ ÉCON importe; le montant d'une note d'hôtel el importe de una cuenta de hotel ‖ montante; montants compensatoires montantes compensatorios

‖ CONSTR larguero, montante ‖ TECHN montante, larguero (d'une machine).

mont-blanc [mɔ̃blɑ̃] *m* pastel de puré de castañas con nata.
▫ OBSERV pl monts-blancs.

Mont-Carmel *n pr m* Monte Carmelo.

mont-de-piété [mɔ̃dpjete] *m* monte de piedad, montepío, monte FAM.
▫ OBSERV **1.** Hoy se llama en francés crédit municipal.
2. pl monts-de-piété.

mont-dore [mɔ̃dɔʀ] *m* variedad de quesos de Auvernia.

monte *f* monta, manera de montar a caballo ‖ apareamiento *m* de caballo y yegua, monta ‖ emboजo *m*, subida de los gusanos de seda a las ramas.

monté, e *adj* provisto, ta; être bien monté en vêtements estar bien provisto de trajes ‖ montado, da; une maison montée una casa montada ‖ subido, da; monté en couleur subido de color ‖ engastado, da; montado, da (bijoux) ‖ montado, da (police) ‖ MUS acordado, da ■ coup monté artimaña, golpe preparado ■ FIG être monté contre quelqu'un estar irritado contra alguien, tener ojeriza a alguien.

Monte-Carlo [mɔ̃tekaʀlo] *n pr* GÉOGR Montecarlo [en Mónaco].

monte-charge *m inv* montacargas, elevador.

montée *f* subida, ascensión; une montée difficile una ascensión penosa ‖ ascensión, elevación (d'un avion) ‖ subida (des prix) ‖ [▷ SYN] cuesta (côte) ‖ ARCHIT montea (d'un arc) ‖ la montée de la sève la subida de la savia.
▫ SYN rampe rampa, pendiente; raidillon costanilla; grimpette repecho.

monte-en-l'air [mɔ̃tɑ̃lɛʀ] *m inv* FAM (vieilli) ladrón ou caco que escala las casas.

monténégrin, e *adj* montenegrino, na.

Monténégrin, e *m* & *f* montenegrino, na.

Monténégro *n pr m* GÉOGR le Monténégro Montenegro.

monte-plats [mɔ̃tpla] *m inv* montaplatos.

monter [3] *v tr* subir; monter du bois subir leña ‖ subir, escalar; monter la côte subir la cuesta ‖ subir; monte un peu le tableau sube un poco el cuadro ‖ montar, armar (une machine) ‖ poner, instalar, montar (une maison) ‖ montar, organizar (une affaire) ‖ tramar, preparar (un complot) ‖ montar, estar; monter la garde estar de guardia ‖ montar; monter un cheval montar un caballo ‖ engastar, montar; monter une pierre engastar una piedra ‖ montar, poner en escena (théâtre) ‖ soliviantar, poner en contra (exalter) ‖ batir (une mayonnaise) ‖ avivar, reforzar (la couleur) ‖ elevar; monter le ton elevar la voz ‖ montar, acaballar (un étalon) ‖ MUS acordar ■ FIG monter la tête à quelqu'un excitar a uno ‖ FAM monter le coup à quelqu'un pegársela a uno, engañar a uno ‖ monter un coup preparar un golpe ■ faire monter quelqu'un contribuir al ascenso de alguien.
◇ *v intr* montar; monter à cheval, à bicyclette, en auto, en avion, sur un âne montar a caballo, en bicicleta, en coche, en avión, en un burro ‖ subir; monter sur la table, sur le trône, en chaire subir en la mesa, al

trono, al púlpito ‖ subir, trepar; monter sur un arbre trepar a un árbol ‖ subir; cet avion monte à 10 000 mètres este avión sube a diez mil metros ‖ ascender (s'élever) ‖ crecer (la rivière), subir (la marée) ‖ llegar; il est monté plus haut que je ne croyais ha llegado más alto de lo que creía ‖ crecer (les plantes) ‖ crecer, aumentar; leur curiosité montait su curiosidad crecía ‖ elevarse, importar, alcanzar, ascender; les frais montaient à 3 millions los gastos se elevaban a ou importaban tres millones ‖ subir, aumentar (les prix) ‖ elevarse, subir; le soleil monte à l'horizon el sol sube en el horizonte ‖ elevarse, tener una altura de; la tour Eiffel monte à plus de 300 mètres la Torre Eiffel se eleva a más de trescientos metros ‖ elevarse; des clameurs montèrent de la foule se elevaron clamores de la muchedumbre ‖ llegar; la pitié monte au cœur la compasión llega al corazón ‖ subir, llegar; génération qui monte generación que llega ‖ subir de categoría; un quartier qui monte un barrio que sube de categoría ‖ echar una carta superior (au jeu) ‖ MIL ir; monter au front ir al frente ■ monter à bord subir a bordo ‖ monter à l'assaut lanzarse al asalto ‖ monter à la tête subirse a la cabeza ‖ monter en grade ascender ‖ monter en graine granar ‖ monter sur les planches pisar las tablas ■ le rouge lui monta au visage se ruborizó, se puso colorado, enrojeció.
➡ **se monter** *v pr* poner casa, instalarse (un particulier), montar (un médecin, etc.) ‖ proveerse, equiparse; se monter en linge proveerse de ropa blanca ‖ hacer un total de, ascender a, llegar a, importar (une somme) ‖ subir, elevarse (se hausser) ‖ encolerizarse, irritarse ■ se monter la tête forjarse ilusiones (se faire des illusions), montar en cólera, subírsele la sangre a la cabeza (s'irriter) ‖ FAM se monter le coup hacerse ideas falsas, forjarse ilusiones.
▫ OBSERV Monter se conjuga con el auxiliar avoir cuando expresa una acción, y con être cuando expresa un estado.

monteur, euse *m* & *f* autor, amigo de; aficionado a; monteur de farces amigo de bromas ‖ CINÉM montador, ra ‖ IMPR & MÉCAN montador, ra; obrero montador, obrera montadora ■ monteur d'affaires organizador de negocios ‖ monteur de coups embustero, trapisondista.

monteur-électricien *m* montador mecánico electricista.
▫ OBSERV pl monteurs-électriciens.

monteur-mécanicien *m* ajustador, obrero montador.
▫ OBSERV pl monteurs-mécaniciens.

Montevideo *n pr* GÉOGR Montevideo.

montgolfière *f* montgolfiera, montgolfier *m*.

monticole *adj* montícola.

monticule *m* montículo.

mont-joie [mɔ̃ʒwa] *f* hito *m*, mojón *m*.
▫ OBSERV pl monts-joie.

montmartrois, e *adj* de Montmartre.

Montmartrois, e *m* & *f* natural ou habitante de Montmartre.

montmorency [mɔ̃mɔʀɑ̃si] *f* variedad de cereza agridulce.

montoir *m* montador, poyo (pour cavaliers) ■ côté hors du montoir ou hors montoir lado derecho del caballo ‖ côté montoir lado izquierdo del caballo.

Montparnasse *n pr* Montparnasse.

> **MONTPARNASSE**
> Este barrio de París se hizo famoso en el período de entreguerras porque lo frecuentaban la bohemia cosmopolita así como numerosos artistas y escritores. Ahora es conocido por su animada vida nocturna y su centro comercial al pie de la torre Montparnasse de 200 metros de altura.

Montpellier *n pr* GÉOGR Montpellier.

montrable *adj* mostrable.

montre *f* muestra (action de montrer) ‖ escaparate *m* (étalage, devanture) ■ **pour la montre** de lucimiento, de adorno ■ **faire montre de** mostrar, hacer ver (montrer), hacer alarde de, dar pruebas ou muestras de (faire preuve).

montre *f* reloj *m*; **montre à quartz** reloj de cuarzo; **montre à répétition** reloj de repetición; **montre de plongée** reloj sumergible ‖ SPORTS **contre la montre** contra reloj ‖ **montre en main** reloj en mano.

Montréal *n pr* GÉOGR Montreal.

montre-bracelet *f* reloj *m* de pulsera.
‖ OBSERV pl montres-bracelets.

montrer [3] *v tr* [▷ SYN] enseñar, hacer ver (faire voir) ‖ mostrar, manifestar; **montrer de l'intérêt** mostrar interés ‖ mostrar; **montrer la vie en rose** mostrar la vida de color de rosa ‖ demostrar, mostrar; **sa réponse montre qu'il est intelligent** su contestación demuestra que es inteligente ‖ presentar (présenter) ‖ señalar, indicar; **montrer du doigt** señalar con el dedo ‖ enseñar (apprendre) ‖ dar a conocer, hacer saber; **je vous montrerai qui je suis** le haré saber quien soy yo ‖ dar; **montrer l'exemple** dar el ejemplo ■ **montrer les dents** enseñar los dientes ‖ **montrer patte blanche** demostrar que uno tiene carta blanca, darse a conocer.
se montrer *v pr* mostrarse; **se montrer généreux** mostrarse generoso ‖ aparecer (paraître) ‖ hacerse ver, dejarse ver; **le coupable n'ose plus se montrer** el culpable (ya) no se atreve a hacerse ver ‖ exhibirse; **cette personne aime se montrer** a esta persona le gusta exhibirse.

> SYN étaler ostentar; exhiber exhibir; exposer exponer; parader fachendear; présenter presentar; prodiguer prodigar.

montreur, euse *m & f* presentador, ra; exhibidor, ra ‖ **montreur de marionnettes** titiritero.

Mont-Saint-Michel *n pr m* GÉOGR **le Mont-Saint-Michel** el Mont-Saint-Michel.

montueux, euse *adj* montuoso, sa; **terrain montueux** terreno montuoso.

monture *f* cabalgadura, montura (cheval, etc.) ‖ montura, engaste *m*, engastado *m* (d'une pierre fine) ‖ TECHN armazón, armadura (outil) ‖ caja (d'un fusil) ‖ **qui veut voyager loin ménage sa monture** a camino largo, paso corto.

monument *m* monumento ‖ FIG **un monument d'érudition** un monumento de erudición.

monumental, e *adj* monumental ‖ gigantesco, ca; colosal ‖ FIG & FAM fenomenal; **il est d'une bêtise monumentale** es de una estupidez fenomenal.

---

moque *f* especie de taza (pot) ‖ MAR vigota (poulie).

moquer [3]
se moquer *v pr* burlarse, reírse, hacer burla, mofarse ‖ importarle a uno poco, traerle a uno sin cuidado, darle igual a uno, reírse; **je me moque de ce qui peut arriver** me importa poco lo que pueda ocurrir ■ FAM **s'en moquer** traerle a uno sin cuidado, darle a uno igual ‖ **s'en moquer comme de l'an quarante** importarle a uno un comino ou un bledo ou un pepino.

moquerie [mɔkri] *f* burla, mofa.

moquette *f* moqueta (tapis) ‖ reclamo *m*, cimbel *m* (chasse).

moquetter [4] *v tr* enmoquetar.

moqueur, euse *adj & s* burlón, ona; **rire moqueur** risa burlona.
moqueur *m* sinsonte (oiseau).

moracées *f pl* BOT moráceas.

morailles [mɔraj] *f pl* VÉTÉR acial *m sing*.

moraillon [mɔrajɔ̃] *m* aldabilla *f* (de coffre ou de malle).

moraine *f* morrena, morena (de glacier).

moral, e *adj* moral; **qualités morales** cualidades morales.
moral *m* espíritu, mentalidad *f*; **le physique influe sur le moral** el cuerpo influye en el espíritu ‖ ánimo, moral *f*; **avoir mauvais moral** tener la moral baja ■ **avoir bon moral** estar animado (plein d'entrain), ser optimista (un malade) ‖ FAM **avoir le moral à zéro** tener el ánimo por los suelos ‖ **remonter le moral à quelqu'un** levantar el ánimo ou la moral a alguien.
morale *f* moral ‖ moraleja (d'une fable); **la morale de l'histoire** la moraleja del asunto ‖ **faire la morale à quelqu'un** dar una lección de moral a uno, reprender ou reconvenir ou sermonear a uno.

moralement *adv* moralmente.

moralisant, e *adj* moralizante.

moralisateur, trice *adj & s* moralizador, ra.

moralisation *f* moralización.

moraliser [3] *v tr & intr* moralizar.

moralisme *m* moralismo.

moraliste *adj & s* moralista.

moralité *f* moralidad; **un homme d'une moralité irréprochable** un hombre de moralidad irreprochable ‖ moraleja (d'une fable) ‖ moralidad (théâtre du Moyen Âge).

morasse *f* IMPR última prueba de página (d'un journal).

moratoire *adj* moratorio, ria ‖ ÉCON **intérêts moratoires** intereses moratorios.
◇ *m* moratoria *f*.

morave *adj* moravo, va.

Morave *m & f* moravo, va.

Moravie *n pr f* GÉOGR **la Moravie** Moravia.

morbide *adj* mórbido, da.

morbidesse *f* morbidez.

morbidité *f* carácter *m* mórbido ‖ morbosidad.

morbier *m* queso francés de Franco Condado.

Morbihan *n pr m* GÉOGR **dans le Morbihan** en Morbihan.

morbilleux, euse [mɔrbijø, øz] *adj* MÉD relativo al sarampión.

morbleu! *interj* ¡demonios!, ¡diantre!, ¡diablos!

morceau *m* [▷ SYN] pedazo, trozo, cacho; **un morceau de pain** un pedazo de pan; **un morceau de bois** un trozo de madera ‖ tajada *f* (morceau coupé) ‖ terrón (sucre) ‖ trozo, fragmento (d'un ouvrage); **morceaux choisis** trozos escogidos; **un morceau de musique** un fragmento de música ‖ haza *f* (de terre) ■ **bas morceaux despojos ‖ pour un morceau de pain** por un mendrugo de pan ‖ **un morceau de bravoure** una obra efectista ‖ **un morceau de prince** ou **de roi** un bocado de cardenal ■ **aimer les bons morceaux** gustarle a uno los trozos escogidos ‖ **casser, couper, mettre en morceaux** hacer añicos ou pedazos ou trizas ‖ FAM **casser le morceau** descubrir el pastel ‖ **emporter le meilleur morceau** llevarse la mejor tajada ‖ **emporter le morceau** arrancar el bocado, sacar la tajada (mordre), llevarse el gato al agua (enlever une affaire) ‖ **être fait de pièces et de morceaux** estar hecho con remiendos ‖ FAM **gober** ou **avaler le morceau** tragar la píldora ‖ **mâcher les morceaux à quelqu'un** dárselo todo mascado a uno ‖ FAM **manger le morceau** desembuchar, cantar de plano, denunciar a un cómplice ‖ FAM **manger un morceau** comer un bocado ‖ **s'ôter les morceaux de la bouche** quitarse el pan de la boca ‖ **tomber en morceaux** caerse a pedazos.

> SYN bout cabo, cacho; bribe pizca; miette migaja; débris restos, sobra; tesson tiesto, casco; pièce pedazo, pieza; lambeau jirón; parcelle partícula; quignon mendrugo.

morcelable *adj* troceable, divisible ‖ parcelable (terrain).

morcelé, e *adj* dividido, da en trozos ‖ parcelado, da (terrain).

morceler [24] *v tr* dividir, partir en trozos ‖ parcelar (terrain).

morcellement *m* división *f*, partición *f* ‖ parcelación *f* (d'un terrain) ‖ fragmentación *f*.

mordache *f* mordaza, tenaza, boca.

mordacité *f* mordacidad.

mordançage [mɔrdɑ̃saʒ] *m* mordentado, aplicación *f* de un mordiente (tissu).

mordancer [16] *v tr* mordentar, aplicar un mordiente.

mordant, e *adj* que muerde, mordiente ‖ cortante (coupant) ‖ mordiente, penetrante ‖ FIG mordaz; cáustico, ca (satirique).
mordant *m* mordiente (acide, teinturerie) ‖ sisa *f* (dorure) ‖ FIG [▷ SYN] mordacidad *f* (critique) ‖ acometividad *f* (des soldats) ‖ MUS mordente.

> SYN piquant punzante, zaheridor; cuisant acre, que escuece; caustique cáustico; corrosif corrosivo; satirique satírico; incisif incisivo; acéré acerado.

mordicus [mɔrdikys] *adv* con tesón, obstinadamente, erre con erre; **soutenir mordicus une opinion** sostener con tesón una opinión.
‖ OBSERV mot latin.

mordieu! *interj* ¡demonios!

mordillage [mɔrdijaʒ] *m* mordisqueo.

mordiller [3] [mɔrdije] *v tr* mordisquear.

mordoré, e *adj* doradillo, lla (châtain doré).

mordorer [3] *v tr* teñir de doradillo.

mordorure *f* doradillo *m*.

mordre [76] *v tr* morder; **mordre un morceau de pain** morder un pedazo de pan ‖ morder, picar; **les poissons mordent à l'hameçon** los peces muerden el anzuelo ‖ picar; **un insecte m'a mordu** un insecto me ha picado ‖ picar (le froid, le soleil) ‖ morder (lime) ‖ corroer (ronger) ‖ entrar en, penetrar en (vis) ‖ morder, atacar (critiquer) ‖ **FIG** corroer (tourmenter) ■ **mordre à belles dents** morder a dentelladas *ou* con toda la boca *ou* con toda la fuerza ‖ **mordre la ligne** pasar la raya (athlétisme) ‖ **mordre la poussière** morder el polvo ‖ **je ne sais pas quel chien l'a mordu** no sé qué mosca le ha picado ‖ **se faire mordre** ser mordido.
◇ *v intr* morder ‖ morder (eau-forte) ‖ estar superpuesto, cabalgar, imbricarse, ir imbricado; **ardoises qui mordent les unes sur les autres** pizarras que cabalgan unas sobre otras ‖ **FAM** picar (se laisser prendre) ‖ **FIG** darse bien, interesarse por; **il mord aux mathématiques** se le dan bien las matemáticas ‖ tomar gusto *ou* afición (prendre goût à) ‖ **MAR** agarrar al fondo (ancre) ‖ **MÉCAN** engranar, agarrar (un pignon) ■ **FIG** **mordre à l'hameçon** picar el anzuelo ■ **FAM** **ça ne mord pas** no traga, no pica.
➡ **se mordre** *v pr* morderse; **se mordre la langue** morderse la lengua ‖ **FIG** **s'en mordre les doigts** morderse las manos *ou* los dedos, roerse los puños.

mordu, e *adj & s* **FAM** chiflado, da; apasionado, da ‖ **FAM** **être mordu pour quelqu'un, de quelque chose** estar chalado *ou* entusiasmado por *ou* con alguien, por *ou* con algo.
◇ *m & f* forofo, fa; fanático, ca; **les mordus du football** los hinchas del fútbol; **un mordu du jazz** un fanático del jazz.

more ➡ **maure**.

More ➡ **Maure**.

moreau, elle *adj* negro, gra; morcillo, lla; **jument morelle** yegua morcilla.

Morée *n pr f* **HIST** la Morée Morea.

morelle *f* patín *m* (oiseau) ‖ **BOT** hierba mora.

moresque ➡ **mauresque**.

morfil *m* rebaba *f*, filván (d'un rasoir, d'un couteau).

morfondre [75]
➡ **se morfondre** *v pr* (vx) enfriarse ‖ aburrirse esperando, cansarse de esperar (s'ennuyer à attendre) ‖ estar aburrido, aburrirse (s'ennuyer).

morganatique *adj* morganático, ca.

morganatiquement *adv* de manera morganática.

morgue *f* altivez, altanería (fierté) ‖ depósito *m* de cadáveres, morgue (gallicisme).

morgué!; morguenne! *interj* ¡diantre!

moribond, e [mɔribɔ̃, ɔ̃d] *adj & s* [▷ **SYN**] moribundo, da ‖ **FIG** mortecino, na (feu, lumière).

▌ **SYN** agonisant agonizante; mourant moribundo.

moricaud, e [mɔriko, od] *adj & s* **FAM** & **PÉJ** (raciste) morenillo, lla; morenucho, cha (très brun).

morigéner [18] *v tr* reprender, amonestar.

morille [mɔrij] *f* cagarria, morilla (champignon).

morillon [mɔrijɔ̃] *m* especie de uva *f* negra (raisin) ‖ **ZOOL** ganso negro, lavanco negro ‖ esmeralda *f* en bruto.

morion *m* morrión (casque).

morisque *adj & s* morisco, ca.

mormon, e *adj & s* mormón, ona.

mormonisme *m* mormonismo.

morne *adj* triste; taciturno, na; sombrío, a; **un regard morne** una mirada triste ‖ oscuro, ra; apagado, da (couleur) ‖ lúgubre; tétrico, ca (lugubre) ‖ desapacible (temps).
◇ *m* morro, cerro (montagne arrondie).
◇ *f* borne *m* (de lance).

morné, e *adj* provisto, ta de borne (armes de joute) ‖ **BLAS** sin garras; moznado, da.

mornifle *f* **FAM** (vieilli) revés *m*, soplamocos *m*.

Moroni *n pr* **GÉOGR** Moroni.

morose *adj* taciturno, na; sombrío, a; **humeur morose** humor taciturno ‖ moroso, sa (qui s'attarde).

morosité *f* melancolía, taciturnidad ‖ **DR** morosidad.

Morphée *n pr* **MYTH** Morfeo.

morphème *m* morfema.

morphine *f* morfina.

morphinisme *m* morfinismo.

morphinomane *adj & s* morfinómano, na.

morphinomanie *f* morfinomanía.

morphologie *f* morfología.

morphologique *adj* morfológico, ca.

morphologiquement *adv* morfológicamente.

morphose *f* morfosis.

morpion [mɔrpjɔ̃] *m* **FAM** ladilla *f* (insecte) ‖ lapa *f*, ladilla *f* (collant) ‖ escupitajo, chiquilicuatro (gamin) ‖ carro (jeu).

mors [mɔr] *m* bocado, freno (du cheval) ‖ **FIG** freno (gêne) ‖ **TECHN** parte *f* cortante *ou* sujetadora de las pinzas y tenazas ‖ tenazas *f pl* (d'étau) ‖ ceja *f*, cajo (reliure) ‖ **prendre le mors aux dents** desbocarse (le cheval), montar en cólera, perder los estribos (s'emporter), partirse el pecho (faire preuve d'énergie).

morse *m* **ZOOL** morsa *f*.

morse *m* morse (alphabet télégraphique).

morsure *f* mordedura, mordisco *m*, bocado *m* ‖ picadura (d'un serpent) ‖ picotazo *m*, picadura (d'un insecte).

mort [mɔr] *f* muerte; **mort subite** muerte repentina ‖ muerte, ruina, desaparición; **la mort du petit commerce** la ruina del pequeño comercio ■ **MÉD** **mort cérébrale** muerte cerebral ‖ **mort clinique** muerte clínica ■ **mise à mort** muerte, tercio de muerte (tauromachie) ‖ **petite mort** muerte chiquita ‖ **silence de mort** silencio sepulcral ‖ **souffle de la mort** aleteo de la muerte ■ **à la vie et à la mort** a vida y a muerte, hasta la muerte ‖ **à mort!** ¡muera! ‖ **entre la vie et la mort** entre la vida y la muerte ‖ **mort aux tyrans!** ¡abajo los tiranos!, ¡mueran los tiranos! ■ **avoir la mort dans l'âme** estar con lágrimas en los ojos *ou* con lágrimas de sangre ‖ **ce n'est pas la mort d'un homme** no es cosa del otro mundo ‖ **c'est ma mort** me mata ‖ **être à deux doigts de la mort** estar a dos pasos de la muerte ‖ **être à mort** estar in artículo mortis ‖ **être à son lit de mort** estar en peligro de muerte ‖ **être à l'article de la mort** estar en su lecho de muerte ‖ **être blessé à mort** estar herido de muerte ‖ **être pâle comme la mort** *ou* **plus pâle que la mort** estar más pálido que un muerto ‖ **faire une guerre à mort** hacer una guerra a muerte ‖ **il y a eu plusieurs morts** hubo varios muertos ‖ **la mort n'attend pas** la muerte está siempre acechando ‖ **mourir de sa belle mort** morir de muerte natural ‖ **se donner la mort** suicidarse.

mort, e *adj & s* [▷ **SYN**] muerto, ta ■ **mort de peur, de fatigue** muerto de miedo, de cansancio ‖ **mort ou vif** muerto o vivo ■ **aux morts** por los caídos ‖ **balle morte** bala fría *ou* muerta ‖ **bois mort** madera seca ‖ **eau morte** agua muerta *ou* mansa *ou* estancada ‖ **fête ou jour des morts** día de los difuntos ‖ **feuilles mortes** hojas secas, hojarasca ‖ **ivre mort** borracho perdido ‖ **langue morte** lengua muerta ‖ **messe des morts** misa de difuntos ‖ **nature morte** bodegón, naturaleza muerta ‖ **MAR** **œuvres mortes** obra muerta ‖ **poids mort** peso propio, tara ‖ **point mort** punto muerto ‖ **sonnerie aux morts** toque de difuntos ‖ **temps mort** tiempo muerto, horas muertas (moment d'inactivité), tiempo (sports) ‖ **tête de mort** calavera ■ **FAM** **c'est mort** se acabó ‖ **faire le mort** hacerse el muerto ‖ **rester lettre morte** ser papel mojado *ou* letra muerta.
➡ **mort** *m* muerto (cartes).
▌ **SYN** défunt difunto; cadavre cadáver; dépouille mortelle restos mortales; charogne carroña.

mortadelle *f* mortadela.

mortaisage *m* **TECHN** escopleadura *f*, entalladura *f*, ranura *f*.

mortaise *f* **TECHN** muesca, mortaja.
▌ **OBSERV** Le sens habituel du mot mortaja est celui de suaire.

mortaiser [4] *v tr* **TECHN** escoplear, hacer muesca.

mortaiseuse *f* **TECHN** escopleadora.

mortalité *f* mortalidad, mortandad; **taux de mortalité** índice de mortalidad.

mort-aux-rats [mɔrora] *f inv* matarratas *m*.

mort-bois [mɔrbwa] *m* zarzas *f pl*, leña *f* menuda (broussailles).
▌ **OBSERV** pl morts-bois.

Morte *n pr* **GÉOGR** la mer Morte el mar Muerto.

morte-eau [mɔrto] *f* marea baja.
▌ **OBSERV** pl mortes-eaux.

mortel, elle *adj* mortal; **un danger mortel** un peligro mortal.
◇ *m & f* mortal, ser humano; **heureux mortel** feliz mortal.

mortellement *adv* mortalmente, de muerte; **mortellement blessé** herido de muerte.

morte-saison *f* **COMM** temporada mala, período *m* de venta reducida.
▌ **OBSERV** pl mortes-saisons.

mort-gage *m* deuda *f* inamortizable.
 OBSERV pl morts-gages.

mortier *m* mortero, almirez (récipient) ▌ birrete (bonnet) ▌CONSTR mortero (agglomérant), argamasa *f* (de chaux et de sable) ▌MIL mortero.

mortifère *adj* mortífero, ra.

mortifiant, e *adj* mortificante.

mortification [mɔrtifikasjɔ̃] *f* mortificación.

mortifier [9] *v tr* ablandar (la viande) ▌disciplinar, reprimir, mortificar; **mortifier ses passions** disciplinar sus pasiones ▌FIG mortificar, humillar.
 OBSERV Mortificar a aussi le sens d'ennuyer.

mortinatalité *f* mortinatalidad, natimortalidad.

mort-né, e [mɔrne] *adj & s* mortinato, ta; nacido muerto, nacida muerta.
 OBSERV pl mort-nés, mort-nées.

mortuaire [mɔrtɥer] *adj* mortuorio, ria; **maison mortuaire** casa mortuoria ■ **chapelle mortuaire** capilla mortuoria ▌**couronne mortuaire** corona mortuoria ▌ **drap mortuaire** mortaja ▌**extrait mortuaire** partida de defunción.

morue [mɔry] *f* bacalao *m*, abadejo *m* ▌(injur & vieilli) zorra, mujer de mala vida.

morutier, ère *adj & s m* bacaladero, ra.

morve *f* moco *m* ▌muermo *m* (du cheval).

morveux, euse *adj & s* mocoso, sa ▌muermoso, sa (cheval).

MOS [mɔs] (abr de métal oxyde semiconducteur) *m* MOS; **MOS à canal N** NMOS; **MOS à canal P** PMOS.

mosaïque *adj* mosaico, ca (de Moïse); **la loi mosaïque** la ley mosaica.
◇ *f* mosaico *m*.

mosaïsme *m* mosaísmo (de Moïse).

mosaïste *adj & s* que trabaja en mosaicos.

mosan, e *adj* del Mosa.

Moscou *n pr* GÉOGR Moscú.

moscouade [mɔskwad] *f* azúcar *m* mascabado, azúcar mascabada.

Moscovie *n pr f* HIST **la Moscovie** Moscovia.

moscovite *adj* moscovita.

Moscovite *m & f* moscovita.

mosellan, e *adj* moselano, na (de Moselle).

Mosellan, e *n & f* moselano, na.

Moselle *n pr f* GÉOGR **la Moselle** el Mosela.

Moskova *n pr f* GÉOGR **la Moskova** el Moscova.

mosquée *f* mezquita.

Mossoul; Mosul *n pr* GÉOGR Mosul.

mot [mo] *m* [▷ SYN] palabra *f*; **un mot de trois syllabes** una palabra de tres sílabas ▌palabra *f*, voz *f*, vocablo, término; **« ouïr » est un mot ancien** "ouïr" es una voz antigua ▌sentencia *f*, dicho, frase *f*; **un mot de Socrate** una sentencia de Sócrates ▌líneas *f pl*, letras *f pl*; **je vous ai écrit un mot** le he escrito unas líneas ou dos letras ▌clave *f* (d'une énigme) ■ **mot d'esprit, bon mot, mot pour rire** ocurrencia, gracia, agudeza, dicho gracioso, chiste ▌**mot d'ordre ou de passe** consigna, santo y seña, contraseña ▌**mots couverts** medias palabras, palabras encubiertas

▌**mots croisés** crucigrama, palabras cruzadas ■ **grand mot** palabra altisonante ou rimbombante (terme emphatique), palabra clave (parole capitale) ▌**gros mot** palabrota, taco ▌**jeu de mots** juego de palabras, retruécano ▌**le fin mot d'une affaire** la clave ou el quid ou el busilis de un asunto ▌**le mot de la fin** la última palabra ▌**maître mot** palabra clave ▌**un petit mot** unas líneas ou letras, dos palabras ■ **à ce mot, à ces mots** con estas palabras, dichas estas palabras ▌**à demi-mot** con medias palabras; **entendre à demi-mot** comprender con medias palabras ▌**au bas mot** por lo menos, a lo menos, tirando ou calculando por bajo ▌**du premier mot** a las primeras palabras ▌**en un mot** en una palabra, en fin ▌**mot à mot** palabra por palabra, literalmente ▌**pas un mot!** ¡ni una palabra! ▌**plus un mot!** ¡ni una palabra más! ■ **avoir des mots avec quelqu'un** tener unas palabras con alguien ▌**avoir le dernier mot** tener la última palabra, salirse con la suya ▌**avoir le mot** estar en el ajo ▌**avoir son mot à dire** tener algo que decir ▌**avoir toujours le mot pour rire** ser muy ocurrente ▌**ce ne sont que des mots** esto es hablar por hablar ▌**c'est un bien grand mot** es una expresión grandilocuente, es mucho decir ▌**compter ou peser ses mots** sopesar ou medir las palabras ▌**dire ou mettre ou placer son mot** meter baza ▌**dire son dernier mot** decir su última palabra ▌**dire un mot** decir dos palabras ▌**faire du mot à mot** traducir literalmente ▌**jouer sur les mots** jugar del vocablo, andarse con equívocos ▌**ne pas mâcher ses mots** no tener pelos en la lengua, no morderse la lengua ▌**ne pas savoir le premier mot de** no saber ni jota de, estar in albis en ▌**ne pas souffler ou ne pas dire mot** no decir ni palabra, no decir ni pío ▌**prendre quelqu'un au mot** coger a uno la palabra ▌**qui ne dit mot consent** quien calla otorga ▌**rapporter mot pour mot** contar palabra por palabra ▌**sans mot dire** sin decir esta boca es mía ▌**se donner le mot** entenderse, ponerse de acuerdo ▌**trancher le mot** hablar claro.

▌ SYN terme término; expression expresión; vocable voz, vocablo; saillie, trait agudeza; mot d'esprit agudeza; pointe pulla.

motard [mɔtar] *m* FAM motorista de la policía.

mot-clef *m* palabra clave ▌INFORM palabra clave [clave de entrada].
 OBSERV pl mots-clés.

motel *m* motel (hôtel).

motet [mɔte] *m* MUS motete.

moteur, trice *adj & s* motor, triz ■ **force motrice** fuerza motriz ▌**muscles moteurs** músculos motores.
➡ **moteur** *m* motor; **moteur à explosion, à réaction** motor de explosión, de reacción; **moteur turbo** motor turbo ▌FIG causa *f*, motor; **le moteur de l'action** la causa de la acción ▌INFORM **moteur de recherche** motor de búsqueda de información.

motif *m* motivo ▌motivo, dibujo (peinture) ▌MUS tema, asunto, motivo ■ **agir pour le bon motif** obrar con buena intención.

motilité *f* motilidad.

motion [mɔsjɔ̃] *f* moción; **motion de censure** moción de censura.

motivant, e *adj* incitativo, va.

motivation [mɔtivasjɔ̃] *f* motivación.

motiver [3] *v tr* motivar, explicar, justificar; **rien ne motive cette attitude** nada explica esta actitud.

moto *f* FAM moto, motocicleta.

motobatteuse *f* AGRIC trilladora autopropulsora.

motocross *m* motocross.

motoculteur *m* AGRIC motocultivadora *f*, motocultor.

motoculture *f* motocultivo *m*.

motocycle *m* motociclo.

motocyclette *f* motocicleta.

motocyclisme *m* motociclismo, motorismo.

motocycliste *m & f* motociclista, motorista FAM.

motofaucheuse *f* AGRIC motosegadora, motoguadañadora.

motonautique *adj* motonáutico, ca.

motonautisme *m* motonáutica *f*.

motoneige *f* moto de nieve.

motopompe *f* motobomba, bomba de motor.

motorisation *f* motorización.

motorisé, e *adj* motorizado, da.

motoriser [3] *v tr* motorizar, mecanizar; **division motorisée** división motorizada ou mecanizada.

motorship [mɔtɔrʃip] *m* MAR barco de motor.

mototracteur *m* AGRIC mototractor, motoarado.

motrice *f* motriz ▌TRANSP automotriz.

motricité *f* motricidad.

motte *f* terrón *m* (de terre) ▌pella (de beurre) ▌montículo *m* de tierra (éminence).

motter [3]
➡ **se motter** *v pr* esconderse detrás de los montículos de tierra [la caza].

motteux *m* moscareta *f* (oiseau).

motu proprio *loc adv* motu propio [de modo espontáneo, por iniciativa propia].
◇ *m inv* motu propio [decisión del Sumo Pontífice].

motus! [mɔtys] *interj* ¡silencio!, ¡punto en boca!, ¡mutis!; **motus et bouche cousue** ¡chitón!

mou; mol, molle *adj* blando, da; muelle; **ce matelas est mou** este colchón es blando ▌suave; **de molles fourrures** pieles suaves ▌blando, da; **main molle** mano blanda ▌flácido, da; fofo, fa; **visage mou** cara fofa; **avoir les jambes molles** tener las piernas fofas ▌bochornoso, sa; **temps mou** tiempo bochornoso ▌flojo, ja (corde) ▌poco enérgico, ca (style) ▌impreciso, sa; difuso, sa; desvaído, da (couleurs) ▌[▷ SYN] flojo, ja; poco enérgico, ca; lánguido, da; sin carácter (sans vigueur) ▌FIG muelle; **la vie molle** la vida muelle.
◇ *m* bofes *pl* (poumons du bétail) ▌FAM blandengue, lacio (personne) ▌**donner du mou** aflojar (une corde).
 OBSERV Delante de una vocal el adjetivo masculino singular mou se transforma en mol.

SYN veule pasivo, desidioso; **aboulique** abúlico; **apathique** apático; **amorphe** amorfo; **soliveau** zoquete; **FAM** nouille pelmazo, alcornoque; (VX) flandrin pasmarote.

moucharabieh [muʃarabje] *m* celosía *f* (jalousie).

mouchard, e [muʃar, ard] *m* & *f* **FAM** soplón, ona; chivato, ta; delator, ra.

mouchardage *m* **FAM** soplonería *f*, chivatazo.

moucharder [3] *v tr* **FAM** soplonear, dar el chivatazo, chivar, delatar.

mouche *f* mosca (insecte) ‖ lunar *m* postizo (sur le visage) ‖ mosca, perilla (barbe) ‖ zapatilla, botón *m* (de fleuret) ‖ diana (d'une cible) ‖ mosca (pour la pêche) ‖ **FAM** espía *m* (espion, mouchard) ■ mouche à miel abeja ‖ mouche à viande ou bleue moscón ‖ mouche tsé-tsé mosca tse-tsé ‖ mouche volante chiribita ■ fine mouche persona astuta; lagarto, ta; buena pieza ‖ pattes de mouche patas de mosca, garabatos ‖ comme des mouches como moscas ■ faire mouche dar en el blanco ‖ gober des mouches papar moscas ‖ ne pas faire de mal à une mouche no matar ni una mosca ‖ on entendrait une mouche voler no se oye ni una mosca ‖ on prend plus de mouches avec du miel qu'avec du vinaigre más moscas se cazan con miel que con vinagre ‖ prendre la mouche amoscarse, picarse ‖ quelle mouche vous a piqué? ¿qué mosca le ha picado? ‖ tomber comme des mouches caer como moscas ou como chinches.

moucher [3] *v tr* sonar [las narices], limpiar los mocos ‖ despabilar (la chandelle) ‖ corregir, castigar, dar una lección; je l'ai mouché le he dado una lección ‖ echar por las narices; moucher du sang echar sangre por las narices.
➥ **se moucher** *v pr* sonarse, limpiarse las narices ■ **FAM** ne pas se moucher du pied tener muchos humos (être prétentieux), darse la gran vida (ne pas se priver) ‖ qui se sent morveux se mouche quien se pica, ajos come.

moucheron *m* mosca *f* pequeña ‖ pabilo (de chandelle) ‖**FAM** monigote, chiquillo.

moucheronner [3] *v intr* atrapar moscas [los peces]; moscardear.

moucheté, e [muʃte] *adj* moteado, da (animaux) ‖ **BLAS** mosqueado, da ■ blé moucheté trigo atizonado ‖ fleuret moucheté florete con zapatilla.

moucheter [27] *v tr* poner lunares, motear; moucheter du satin motear el satín ‖ salpicar, ensuciar (salir) ‖ embotonar, poner zapatilla (fleuret).

mouchetis [muʃti] *m* **CONSTR** blanqueo con escobilla.

mouchette *f* mocheta (moulure) ‖ cepillo *m* bocel (outil).
➥ **mouchettes** *f pl* despabiladeras (pour moucher la chandelle).

moucheture [muʃtyr] *f* mancha, mota, pinta (d'une fourrure) ‖ moteado *m* (d'un tissu) ‖ salpicadura (tache).

mouchoir *m* pañuelo ■ grand comme un mouchoir de poche tan grande como un pañuelo ‖ faire un nœud à son mouchoir hacer un nudo en el pañuelo ‖ mouchoir de cou, de tête pañuelo de cuello, para la cabeza.

mouchure *f* moco *m*, mocarrera **FAM** ‖ pabilo *m* (de chandelle).

mouclade *f* **CULIN** plato de mejillones con vino blanco y nata.

moudre [85] *v tr* moler.

moue [mu] *f* mohín *m*, mueca de displicencia ‖ faire la moue hacer hocico, poner mala cara.

mouette [mwɛt] *f* gaviota (oiseau).

mouffette; moufette *f* mofeta (animal).

moufle *f* aparejo *m* (de poulies) ‖ manopla (gant).
◇ *m* **CHIM** recipiente de barro para calentar ‖ **TECHN** mufla *f* (sorte de four).

mouflet, ette *m* & *f* **FAM** chiquillo, lla.

mouflon *m* **ZOOL** musmón.

mouflu, e *adj* mofletudo, da.

mouillage [mujaʒ] *m* remojo (action de tremper) ‖ aguado, adición *f* de agua ‖ **MAR** fondeadero (lieu), fondeo (action) ‖ être au mouillage fondear.

mouillant, e [mujɑ̃, ɑ̃t] *adj* que moja.

mouille [muj] *f* manantial *m* en un prado ‖ mojadura.

mouillé, e [muje] *adj* mojado, da ‖ empañado, da; empapado, da ‖ aguado, da (vin) ‖ palatalizado, da (consonne) ‖ **MAR** fondeado, da ‖ **FIG & FAM** une poule mouillée un gallina.

mouillement [mujmɑ̃] *m* mojadura *f*, acción *f* de mojar.

mouiller [3] [muje] *v tr* mojar; mouiller du linge mojar la ropa blanca ‖ humedecer, rociar, espurrear (humecter) ‖ bañar; la figure mouillée de larmes con la cara bañada de lágrimas ‖ cortar, aguar, **FAM** bautizar [le vin] ‖ bañar; l'Atlantique mouille le littoral portugais el Atlántico baña el litoral portugués ‖ **CULIN** añadir líquido [para componer una salsa] ‖ **GRAMM** palatizar [pronunciar ill o gn como la ll o la ñ españolas] ■ mouiller des mines sembrar minas ‖ **MAR** mouiller l'ancre fondear, echar el ancla.
◇ *v intr* **MAR** fondear.
➥ **se mouiller** *v pr* mojarse ‖ **FIG & FAM** comprometerse, liarse, enredarse.

‖ **OBSERV** La pronunciación de la ill palatizada, normal aún en francés a principios del siglo XIX, queda actualmente limitada al sur de Francia.

mouillère [mujer] *f* prado *m* encharcado, marjal *m*, almarjal *m*.

mouillette [mujet] *f* sopita, barquito *m*, trozo *m* largo y estrecho de pan para comer los huevos pasados por agua.

mouilleur [mujœr] *m* mojador, esponjero, humectador (appareil pour mouiller) ‖ disparador (d'ancre) ‖ **MAR** mouilleur de mines minador (bâtiment de guerre).

mouilloir [mujwar] *m* mojador.

mouillure [mujyr] *f* mojadura ‖ **GRAMM** palatalización.

mouise [mwiz] *f* **FAM** miseria, apuro *m* (gêne) ‖ être dans la mouise estar a la cuarta pregunta.

moujik *m* mujic, campesino ruso.

moulage *m* moldeado, moldeamiento ‖ vaciado (d'une figure en plâtre), fusión *f* (en métal) ‖ molienda *f* (mouture).

moulant, e *adj* ajustado, da.

moule *f* mejillón *m* (mollusque) ‖ **FIG & FAM** zoquete *m*, tonto, ta.

moule *m* molde (pour mouler) ‖ hormilla *m* (pour faire les boutons) ■ moule à gâteau, à gaufre, à tarte molde de bizcocho, de gofre, de tarta ‖ ils sortent du même moule están cortados por el mismo patrón.

moulé, e *adj* de molde, hecho en molde; lettre moulée letra de molde ‖ une femme bien moulée una mujer bien torneada.

mouler [3] *v tr* moldear (une statue, un caractère) ‖ vaciar, echar en molde (couler) ‖ sacar un molde ‖ ajustar, ceñir; le corsage moule le buste la blusa ciñe el busto ‖ un vêtement moulant un traje ceñido.
➥ **se mouler** *v pr* amoldarse, ajustarse, ceñirse.

mouleur *m* **TECHN** vaciador, moldeador.

moulière *f* criadero *m* de mejillones, mejillonera.

moulin *m* molino ‖ devanadera *f* (textile) ‖ **FAM** motor ‖ molinillo; moulin à café, à poivre molinillo de café, de pimienta ■ moulin à bras molino de sangre ‖ moulin à eau molino de agua, aceña ‖ moulin à foulon batán ‖ moulin à huile molino de aceite, almazara ‖ moulin à légumes pasapuré ‖ **FIG & FAM** moulin à paroles sacamuelas, cotorra (bavard) ‖ moulin à vent molino de viento ■ faire venir l'eau à son moulin arrimar el ascua a su sardina, barrer para dentro ‖ jeter son bonnet par-dessus les moulins soltarse el pelo, ponerse el mundo por montera ‖ lieu où l'on entre comme dans un moulin lugar donde se entra como Pedro por su casa ‖ on ne peut être à la fois au four et au moulin no se puede repicar y andar en la procesión, no se puede estar en misa y repicando.

moulinage *m* torcedura *f* (de la soie).

mouliner [3] *v tr* torcer (la soie) ‖ carcomer (ronger le bois) ‖ moler (moudre) ‖ pulimentar (polir) ‖ batir (brasser) ‖ **FAM** dar a los pedales (pédaler) ‖ cotorrear, charlar (bavarder).

moulinet [mulinɛ] *m* molinete, molinillo ‖ carrete (de canne à pêche) ‖ torniquete (tourniquet) ‖ molinete (mouvement) ‖ faire des moulinets avec une canne hacer molinetes con un bastón.

Moulinette® *f* minipimer® *m*; passer qqch à la Moulinette pasar algo por el minipimer; passer qqn à la Moulinette **FAM** poner verde a alguien.

moulineur; moulinier *m* obrero torcedor (soie).

moult [mult] *adv* (VX) mucho.

moulu, e *adj* molido, da.

moulure *f* moldura ‖ ataire *m* (de fenêtre) ■ moulure plate listel, filete ‖ pousser une moulure sacar una moldura.

moulurer [3] *v tr* moldurar; moulurer un plafond moldurar un techo.

moulurier *m* moldurero.

moumoute *f* **FAM** peluca.

mourant, e *adj* & *s* moribundo, da ‖ aller en mourant ir disminuyendo ou menguando ‖ **FIG** voix mourante voz lánguida ou desfallecida.

mourir [42] *v intr* morir, morirse ▪ mourir à la peine ou à la tâche matarse trabajando, morir al pie del cañón ▌mourir à petit feu morir a fuego lento, morir de consunción ▌mourir dans sa peau genio y figura hasta la sepultura ▌mourir de faim, de fatigue, de peur, de rire, de vieillesse morirse de hambre, de cansancio, de miedo, de risa, de viejo ▌mourir d'envie morirse de ganas ▌mourir de sa belle mort morir de muerte natural ▌mourir sur un tas de fumier morir en la miseria ▪ bien mourir morir habiendo recibido los santos sacramentos ▌être bête à mourir ser tonto de remate ▌faire mourir matar, causar la muerte ▌il est mort assassiné lo asesinaron ▌je veux mourir si..., que je meure si... que me muera si..., que me maten si...

se mourir *v pr* morirse, estar muriéndose.

> SYN décéder fallecer; s'éteindre fenecer, finar; expirer expirar; périr perecer; rendre l'âme entregar el alma; rendre le dernier soupir exhalar, dar el último suspiro; trépasser finar; succomber sucumbir; FAM casser sa pipe estirar la pata, diñarla; claquer liar el petate.

Mourmansk *n pr* GÉOGR Múrmansk.

mouroir *m* PÉJ cementerio.

mouron *m* álsine *f* (pour les oiseaux) ▪ mouron d'eau pamplina de agua ▌mouron des champs murajes ▌FAM se faire du mouron quemarse la sangre.

mourre *f* morra (jeu).

mousmé; mousmée *f* musmé (jeune japonaise).

mousquet [muskɛ] *m* mosquete.

mousquetaire *m* mosquetero ▪ à la mousquetaire con revés; vuelto, ta (gants, bottes) ▌poignets mousquetaire puños vueltos.

mousqueterie [muskətri] ou [musketri] *f* mosquetería.

mousqueton *m* mosquetón, tercerola *f* (de cavalier) ▌mosquetón (ressort).

moussaillon [musajɔ̃] *m* MAR & FAM grumetillo.

moussaka *f* CULIN mousaka, plato griego o turco a base de berenjenas y carne.

moussant, e *adj* espumeante, espumante ▌bain moussant espuma de baño.

mousse *adj* romo, ma; embotado, da; pointe mousse punta roma.
◇ *m* MAR grumete.
◇ *f* musgo *m* ▌espuma; mousse de champagne, de savon espuma de champaña, de jabón ▌crema batida; mousse au chocolat crema batida de chocolate ▪ mousse à raser crema de afeitar ▌mousse carbonique espuma de gas carbónico líquido ▌mousse de nylon espuma de nylon ▌CHIM mousse de platine esponja de platino ▌bas mousse media de espuma ▌caoutchouc mousse goma espuma ▪ se faire de la mousse quemarse la sangre.

mousseline [muslin] *f* muselina.
◇ *adj inv* pommes mousseline puré ligero de patatas ▌sauce mousseline salsa holandesa con nata batida ▌verre mousseline vidrio muy fino.

mousser [3] *v intr* hacer espuma, espumar ▪ FIG faire mousser hacer rabiar (mettre en co-

lère), elogiar, alabar, ensalzar (faire valoir) ▌FAM se faire mousser darse importancia, darse autobombo.

mousseron *m* mucerón, mojardón (champignon).

mousseux, euse [musø, øz] *adj* & *s m* espumoso, sa ▌vin mousseux vino espumoso.

moussoir *m* molinillo (de chocolatière).

mousson *f* monzón *m* (vent).

Moussorgski [musɔrski] *n pr* Músorgski.

moussu, e *adj* musgoso, sa; cubierto, ta de musgo; banc moussu banco cubierto de musgo.

moustache *f* bigote *m*.

moustachu, e *adj* bigotudo, da.

moustérien, enne; moustiérien, enne *adj* & *s m* musteriense (préhistoire).

moustiquaire *f* mosquitero *m*.

moustique *m* mosquito.

moût [mu] *m* mosto ▌jugo [de ciertos vegetales].

moutard [mutar] *m* FAM crío, chaval, chiquillo.

moutarde *f* mostaza ▌FIG la moutarde me monte au nez se me están hinchando las narices.

moutardier *m* tarro de la mostaza, mostacera *f* (pot à moutarde) ▌fabricante de mostaza ▌FAM se croire le premier moutardier du pape creerse el archipámpano de Sevilla (dignité imaginaire), dárselas de gran personaje.

moutier *m* (vx) monasterio.

mouton *m* borrego (de 1 à 2 ans), carnero (animal) ▌cordero (viande); une côtelette de mouton una chuleta de cordero ▌piel *f* de carnero; veste en mouton chaqueta de piel de carnero ▌FAM cordero (personne) ▌chivato, soplón [compañero que se da a un preso para que le saque confidencias] ▌TECHN martinete, maza *f* (pour enfoncer des pieux) ▌yugo (d'une cloche) ▪ chercher un mouton à cinq pattes buscar un mirlo blanco ▌être frisé comme un mouton tener el pelo muy rizado.

moutons *m pl* cabrillas *f* (des vagues dans la mer) ▌FAM pelotillas *f* de polvo (poussière) ▪ comme des moutons como borregos ▌revenons à nos moutons volvamos a nuestro asunto ou a lo que íbamos.

moutonnant, e *adj* que cabrillea (vague) ▌encrespado, da (mer, cheveux).

moutonné, e *adj* aborregado, da; ciel moutonné cielo aborregado ▌muy rizado, da; ensortijado, da (cheveux) ▌roches moutonnées rocas acanaladas por la erosión.

moutonnement *m* cabrilleo (des vagues).

moutonner [3] *v tr* rizar, ensortijar (les cheveux).
◇ *v intr* MAR cabrillear (les vagues), encresparse (la mer).

se moutonner *v pr* aborregarse (le ciel).

moutonnerie *f* FAM aborregamiento *m*, espíritu *m* borreguil ou gregario ▌tontería, simpleza (stupidité).

moutonneux, euse *adj* aborregado, da (ciel) ▌encrespado, da (mer).

moutonnier, ère *adj* carneruno, na; profil moutonnier perfil carneruno ▌ovejuno, na;

manso, sa (très doux) ▌borreguil; imitador, ra; gregario, ria.

mouture *f* molienda, molturación (action de moudre) ▌mezcla de harinas ▌FIG refrito *m* (sujet déjà traité et présenté différemment).

mouvance *f* HIST dependencia de un feudo ▌esfera de influencia; être dans la mouvance de estar en la esfera de influencia de.

mouvant, e *adj* motor, ra; moviente (qui meut) ▌movedizo, za; sables mouvants arena movediza ▌BLAS & PHILOS moviente ▌FIG inestable.

mouvement [muvmɑ̃] *m* movimiento; le mouvement du pendule el movimiento del péndulo; des mouvements de culture physique movimientos de cultura física ▌gesto (du visage) ▌arrebato; il a fait cela dans un mouvement de colère hizo esto en un arrebato de cólera ▌tráfico (d'une rue, d'un port) ▌movimiento; un mouvement populaire un movimiento popular ▌agrupación *f* (de jeunesse) ▌accidentes *pl* (du sol) ▌mecanismo, maquinaria *f* (d'une montre) ▌variación *f*; le mouvement des prix la variación de los precios ▌MUS movimiento ▪ mouvement d'affaires conjunto de operaciones ▌mouvement d'humeur arranque de cólera ▌mouvement de la population evolución demográfica ▌mouvement d'opinion movimiento de opinión ▌mouvement perpétuel movimiento continuo ou perpetuo ▪ de son propre mouvement por su propio impulso ▌en mouvement en movimiento ▪ être dans le mouvement estar al tanto ou al día ▌mettre quelque chose en mouvement poner algo en movimiento.

mouvementé, e [muvmɑ̃te] *adj* animado, da; movido, da ▌FIG agitado, da; tormentoso, sa; une journée mouvementée un día agitado ▌terrain mouvementé terreno quebrado ou accidentado.

mouvementer [3] *v tr* animar, dar movimiento.

mouvoir [54] *v tr* [▷ SYN] mover ▌impulsar; le moteur meut le camion el motor impulsa el camión.

se mouvoir *v pr* moverse.

> SYN actionner accionar; animer animar.

Moviola® *f* moviola, aparato *m* para montar películas.

moxa *m* MÉD moxa *f*.

moye [mwa] ➤ **moie**.

moyen [mwajɛ̃] *m* medio; au moyen de por medio de ▌posibilidad *f*, medio (possibilité); moyen de locomotion, d'expression medio de locomoción, de expresión ▌facultad *f*; cela m'ôtait mes moyens eso me restaba facultades ▌medio, recurso; avoir les moyens tener recursos ▌DR causa *f* ▌MATH medio ▪ dans la mesure de leurs moyens en la medida de sus posibilidades ▌par tous les moyens por todos los medios ▪ employer les grands moyens recurrir a procedimientos decisivos ▌employer les moyens du bord utilizar los medios de que se dispone ▌en pleine possession de ses moyens con pleno dominio de sus facultades ▌il n'y a pas moyen no es posible, no hay posibilidad ou medio ▌il n'y a pas moyen de no hay manera ou modo ou forma de ▌manquer de moyens intellectuels ser corto de alcances ‖ **prendre le moyen pour la fin** confundir el fin con el medio.

moyen, enne [mwajɛ̃, ɛn] *adj* medio, dia; **un homme de taille moyenne** un hombre de estatura media ‖ mediano, na; mediocre; **une intelligence moyenne** una inteligencia mediana ‖ común; ordinario, ria ▪ PHILOS **moyen terme** término medio ‖ **moyenne entreprise** mediana empresa ▪ **le Français moyen** el francés corriente.

Moyen Âge [mwajɛnaʒ] *m* **le Moyen Âge** la Edad Media.

moyenâgeux, euse [mwajɛnaʒø, øz] *adj* medieval, medioeval.

moyen-courrier [mwajɛ̃kurje] *m* avión de transporte de distancias medias.
▪ OBSERV pl moyen-courriers.

moyennant [mwajɛnɑ̃] *prép* mediante, con; **moyennant finances** mediante dinero, con dinero ‖ **moyennant quoi** mediante lo cual, gracias a lo cual.

moyenne [mwajɛn] *f* media, cantidad media; **moyenne proportionnelle** media proporcional ‖ término *m* medio (moyen terme) ‖ media, promedio *m*; **la moyenne des exportations** el promedio de las exportaciones ‖ nota media, calificación media (note) ▪ **moyenne d'âge** media de edad ‖ **moyenne de vitesse** promedio de velocidad ▪ **au-dessous de la moyenne** por debajo de lo normal ‖ **en moyenne** por término medio, un promedio de.

moyennement [mwajɛnmɑ̃] *adv* medianamente ‖ por término medio.

Moyen-Orient *n pr m* GÉOGR **le Moyen-Orient** el Oriente Medio.

moyette [mwajɛt] *f* AGRIC hacina.

moyeu [mwajø] *m* cubo (de roue) ‖ yema *f* de huevo (jaune d'œuf) ‖ cascabelillo en dulce (prune).

Mozambique *n pr m* GÉOGR **le Mozambique** Mozambique.

mozarabe *adj & s* mozárabe.

Mozart *n pr* Mozart.

mozette *f* muceta.

mozzarelle *f* mozzarella (fromage).

MRAP (abr de Mouvement contre le racisme, l'antisémitisme et pour la paix) *m* agrupación francesa de lucha contra el racismo y el antisemitismo.

MRBM (abr de Medium Range Ballistic Missile) *m* MRBM.

MRG (abr de Mouvement des Radicaux de Gauche) *m* partido político francés de izquierdas.

MRP (abr de Mouvement républicain populaire) *m* partido político francés de centroderecha.

ms (abr écrite de manuscrit) m.s.

MSBS (abr de mer-sol balistique stratégique) *m* MSBS.

MSF (abr de Médecins sans frontières) *m pl* MSF.

MST *f* (abr de maladie sexuellement transmissible) ETS ‖ (abr de maîtrise de sciences et techniques) diploma francés obtenido después de cuatro años de estudios universitarios técnicos y científicos.

MT (abr écrite de moyenne tension) TM.

mu *m* PHYS muón.

mû, mue [my] *adj* movido, da; **être mû par l'intérêt** estar movido por el interés.

muance *f* muda (de la voix d'un enfant) ‖ MUS mudanza.

mucilage *m* BOT mucílago.

mucilagineux, euse *adj* mucilaginoso, sa.

mucor *m* BOT múcor, moho.

mucoracées *f pl* mucoríneas, mohos *m*.

mucosité *f* mucosidad.

mucron *m* BOT mucrón.

mucroné, e *adj* mucronato, ta.

mucus [mykys] *m* mucosidad *f*, moco.

mudéjar [mydeʒar] *adj & s* mudéjar.

mue [my] *f* muda (des animaux, de la voix) ‖ caponera (cage pour les oiseaux à engraisser) ‖ pollera.

mue [my] *adj f* **rage mue** rabia muda.

muer [7] *v intr* pelechar, mudar (être en mue) ‖ mudar (changer la voix).
➥ **se muer** *v pr* cambiarse, transformarse.

muesli [mysli] *m* muesli.

muet, ette [mɥɛ, ɛt] *adj & s* mudo, da; **muet de naissance** mudo de nacimiento ▪ **carte muette** mapa mudo ‖ **cinéma muet** cine mudo ‖ **jeu muet** mímica ‖ **lettre muette** letra muda ▪ **demeurer muet** enmudecer, no decir palabra ‖ **être muet comme une carpe** ser más callado que un muerto.

muette *f* pabellón *m* de caza.

muezzin [mɥedzin] *m* almuédano, almuecín.

muffin *m* especie de buñuelo.

mufle *m* jeta *f*, hocico, morro.
◇ *adj m & s m* FIG & FAM patán, grosero, chabacano.

muflerie *f* grosería, patanería, chabacanería.

muflier *m* BOT dragón, becerra *f*.

mufti; muphti *m* muftí, jurisconsulto musulmán.

muge *m* mújol (poisson).

mugir [32] *v intr* mugir, berrear ‖ FIG bramar (le vent, l'océan); **l'océan mugit** el océano brama.

mugissant, e *adj* mugiente.

mugissement *m* mugido, bramido.

muguet [mɥgɛ] *m* muguete, lirio de los valles ‖ (vx) lechuguino, currutaco ‖ MÉD muguete, estomatitis micósica *f*.

> ⎸ **LE MUGUET**
> En Francia, el día de la fiesta del trabajo, que tiene lugar el 1 de mayo, se venden ramilletes de "muguet" en las calles, y se regalan para que den buena suerte.

Muhammad *n pr* Muhammad.

muire *f* agua salobre.

mulard, e [mylar, ard] *adj* cruzado, da.
◇ *m & f* pato cruzado, pata cruzada.

mulassier, ère *adj* mulero, ra; mular ‖ **production mulassière** producción mular.

mulâtre *adj* mulato, ta.

mulâtre, mulâtresse *m & f* mulato, ta.

mule *f* mula (animal) ‖ chinela, babucha (chaussure de femme) ‖ mula (chaussure du pape)

‖ **têtu comme une mule** testarudo como una mula.

mule-jenny [mylʒeni] *f* telar *m* devanador de algodón.
▪ OBSERV pl mule-jennys.

mulet [mylɛ] *m* mulo (bête de somme) ‖ mújol (poisson).

muleta [muleta] ou [myleta] *f* muleta.

muletier, ère *adj* mulatero, ra; muletero, ra ‖ **chemin muletier** camino de herradura.
◇ *m & f* arriero, mulero, mulatero, muletero.

mulette *f* almeja de río (mollusque).

mulla; mullah ➥ **mollah**.

Müller [mylɛr] *n pr* **canaux de Müller** conductos de Müller.

mulon *m* montón de sal (dans les marais salants).

mulot [mylo] *m* ratón campesino.

mulsion *f* ordeño *m*.

multibroche *adj* MÉCAN de varios árboles ou cilindros (tour).

multicellulaire *adj* multicelular.

multicolore *adj* multicolor.

multifilaire *adj* de varios hilos.

multiflore *adj* multifloro, ra.

multifonction; multifonctions *adj inv* multifunción.

multiforme *adj* multiforme.

multilatéral, e *adj* multilateral.

multilobé, e *adj* multilobulado, da.

multiloculaire *adj* BOT multilocular.

multimédia *adj* multimedia *adj & s f*; **un groupe multimédia** una multimedia ou sociedad de medios múltiples.

multimillionnaire *adj & s* multimillonario, ria.

multinational, e *adj & s f* multinacional.

multipare *adj & s* multípara.

multiparité *f* multiparidad.

multiple *adj* múltiple; **système multiple** sistema múltiplo ‖ MATH múltiplo, pla.
◇ *m* MATH múltiplo; **9 es un multiple de 3** 9 es múltiplo de 3; **le plus petit commun multiple** el mínimo común múltiplo ‖ cuadro (télécommunications).

multiplex *adj & s m inv* múltiplex (télégraphe).

multiplexeur *m* TECHN multiplexor.

multipliable *adj* multiplicable.

multiplicande *m* MATH multiplicando.

multiplicateur, trice *adj & s m* multiplicador, ra.

multiplicatif, ive *adj* multiplicativo, va.

multiplication [myltiplikasjɔ̃] *f* multiplicación ‖ **table de multiplication** tabla de multiplicar.

multiplicité *f* multiplicidad.

multiplier [10] *v tr* multiplicar.
◇ *v intr & pr* multiplicarse.

multipolaire *adj* multipolar.

multiposte *adj & s m* INFORM multiusuario, multipuesto.

multiprocesseur *m* INFORM multiprocesador.

multiprogrammation *f* INFORM multiprogramación.

multipropriété *f* multipropiedad.

multiracial, e *adj* multirracial.

multirisque *adj* multirriesgo; assurance multirisque seguro multirriesgo.

multitâche *adj* INFORM multitarea.

multitube *adj* multitubular.

multitubulaire *adj* multitubular.

multitude *f* [▷ SYN 1] multitud, muchedumbre (foule) ‖ [▷ SYN 2] multitud; une multitude d'événements una multitud de acontecimientos.

> OBSERV Después de la multitude de se pone el verbo en singular, y después de une multitude de en plural.
> SYN 1. légion legión; masse masa; régiment regimiento.
> 2. multiplicité multiplicidad, tropel; concours concurso; affluence afluencia; FIG nuée nube; essaim enjambre; fourmilière hormiguero.

Munich *n pr* GÉOGR Munich.

munichois, e [mynikwa, az] *adj* muniqués, esa; de Munich.

Munichois, e [mynikwa, az] *m & f* muniqués, esa.

municipal, e *adj* municipal ‖ conseiller municipal concejal.

➤ **municipal** *m* (vx) guardia municipal de París.

➤ **municipales** *f pl* les municipales las elecciones municipales francesas.

> LES MUNICIPALES
> Son las elecciones en las que los ciudadanos eligen a su concejo quien a su vez elige al alcalde. Los electores votan por una lista de concejales; el primero de la lista, la "tête de liste", será alcalde.

municipaliser [3] *v tr* municipalizar.

municipalité *f* municipalidad, municipio *m*.

municipe *m* municipio.

munificence *f* munificencia.

munificent, e *adj* munífico, ca.

> OBSERV Le mot munificente est un barbarisme en espagnol.

munir [32] *v tr* proveer, suministrar (pourvoir) ‖ abastecer, pertrechar (fournir des munitions) ‖ dar (donner) ‖ poner, guarnecer; munir sa canne d'un bout de fer guarnecer su bastón con una punta de hierro ■ ECCLÉS munir des sacrements administrar los santos sacramentos ■ être muni de estar provisto de, contar con ‖ il est mort muni des derniers sacrements murió habiendo recibido los santos sacramentos.

➤ **se munir** *v pr* proveerse ‖ se munir de patience armarse de paciencia.

munition [mynisjɔ̃] *f* munición, municionamiento *m*; munitions de guerre municiones de guerra ■ dépôt de munitions pañol (d'un navire) ‖ pain de munition pan de munición.

munitionnaire *m* proveedor, abastecedor, suministrador.

munster [mœstɛr] *m* munster, queso de Munster.

muphti ➤ **mufti**.

muqueux, euse [mykø, øz] *adj* mucoso, sa.

➤ **muqueuse** *f* mucosa.

mur *m* pared *f* (d'une maison); mur de briques pared de ladrillos ‖ muro; mur en ailes, coupe-feu muro de ala, cortafuegos ‖ tapia *f*; mur en pisé tapia de adobes ‖ muralla *f*, muro (de fortification, d'une ville) ‖ FIG obstáculo, barrera *f* ‖ barrera (football); faire le mur formar barrera ■ mur d'appui pretil ‖ mur de clôture tapia ‖ mur d'enceinte recinto ‖ mur de refend pared intermedia ‖ mur de soutènement muro de contención ‖ mur du son barrera del sonido ‖ mur mitoyen medianería, pared medianera ■ entre quatre murs entre cuatro paredes ‖ gros mur pared maestra ■ coller au mur llevar al paredón, fusilar ‖ être dans ses murs estar en casa propia ‖ faire le mur formar una barrera (football), saltar la tapia, escaparse de noche (pensionnat, caserne) ‖ l'ennemi est dans nos murs el enemigo está en nuestra ciudad ‖ les murs ont des oreilles las paredes oyen ‖ mettre quelqu'un au pied du mur ponerle a uno entre la espada y la pared ‖ se cogner la tête contre les murs darse contra las paredes ‖ se heurter à un mur estrellarse contra la resistencia de alguien ‖ être le dos au mur estar entre la espada y la pared.

mûr, e *adj* maduro, ra (fruits, etc.) ‖ detenido, da; après mûre délibération después de una deliberación detenida ‖ pasado, da; gastado, da (usé, en parlant d'une étoffe, etc.) ‖ FIG a punto; la situation n'est pas encore mûre las cosas no están aún a punto ■ un esprit mûr una inteligencia madura ‖ un homme d'âge mûr un hombre de edad madura.

murage *m* tapiado, amurallamiento.

muraille [myraj] *f* muralla ‖ parte superior del casco del caballo ‖ parte del casco de un barco encima de la línea de flotación.

➤ **murailles** *f pl* murallas, recinto *m sing* amurallado.

Muraille *n pr f* GÉOGR la Grande Muraille la Gran Muralla.

mural, e *adj* mural; carte murale mapa mural ‖ peinture murale mural, pintura mural.

Murcie *n pr* GÉOGR Murcia.

Mur des lamentations *n pr m* le Mur des lamentations el Muro de las lamentaciones.

mûre *f* mora (fruit) ‖ mûre sauvage mora silvestre, zarzamora (muron).

mûrement *adv* detenidamente.

murène *f* morena, murena (poisson).

murer [3] *v tr* amurallar, murar (entourer de murs) ‖ tapiar, tabicar; murer une fenêtre tapiar una ventana ‖ emparedar (une personne) ‖ FIG aislar, encerrar.

muret [myrɛ] *m*; **murette** [myrɛt] *f*; **muretin** [myrtɛ̃] *m* murete *m*, tapia *f* muy baja, muro poco elevado.

murex *m* múrice (mollusque).

muriate *m* CHIM (vx) muriato.

muridés *m pl* múridos (rongeurs).

mûrier *m* morera *f*.

mûrir [32] *v intr & tr* madurar.

mûrissage; mûrissement *m* maduración *f*, maduramiento.

mûrissant, e *adj* que madura.

mûrissement ➤ **mûrissage**.

mûrisserie *f* maduradero *m*.

murmurant, e *adj* murmurante; murmurador, ra.

murmure *m* murmullo (des personnes), susurro, susurreo (du vent).

murmurer [3] *v tr & intr* murmurar, susurrar; le vent murmure entre les feuilles el viento susurra entre las hojas ‖ murmurer contre quelqu'un hablar mal de alguien.

> SYN chuchoter cuchichear; grogner gruñir; gronder rezongar; bougonner refunfuñar; grommeler, marmonner mascullar; maugréer mascullar; maronner rabiar; FAM ronchonner, FAM grognasser refunfuñar.

mûron *m* mora *f* silvestre, zarzamora *f* (fruit).

murrhin, e [myrɛ̃, in] *adj* múrrino, na (vases).

Mururoa *n pr* GÉOGR Mururoa.

musacées *f pl* BOT musáceas.

musagète *adj m* musageta.

musaraigne *f* musaraña (mammifère).

musard, e [myzar, ard] *adj & s* FAM distraído, da; remolón, ona; un écolier musard un alumno distraído.

musarder [3] *v intr* FAM distraerse ou entretenerse con tonterías, perder el tiempo ‖ vagar, callejear distraídamente, zascandilear (vagabonder).

musardise *f* FAM distracción, entretenimiento *m* ‖ vagabundeo *m*, zascandileo *m*, callejeo *m*.

musc *m* almizcle ‖ almizclero (animal) ‖ musc végétal abelmosco.

muscade *adj & s f* moscada; noix muscade nuez moscada ‖ bolita (de prestidigitateur) ‖ passez muscade! fórmula de los escamoteadores al realizar un juego.

muscadelle *f* pera mosqueruela.

muscadet [myskadɛ] *m* tipo de vino blanco seco francés.

muscadier *m* mirística *f* (arbre).

muscadin *m* petimetre [en tiempos de la Revolución francesa].

muscardin *m* muscardino, lirón almizclero (rongeur).

muscardine *f* muscardina (maladie du ver à soie).

muscari *m* BOT muscari, almizcleña *f*.

muscarine *f* CHIM muscarina (alcaloïde).

muscat [myska] *adj & s m* moscatel; raisin muscat uva moscatel.

muscidés [myside] *m pl* ZOOL múscidos.

muscinées [mysine] *f pl* BOT muscíneas.

muscle *m* ANAT músculo ‖ FIG avoir du muscle tener músculos, tener musculatura.

musclé, e *adj* musculoso, sa.

muscler [3] *v tr* desarrollar los músculos ou la musculatura.

musculaire *adj* muscular.

musculation *f* musculación; exercices de musculation ejercicios de musculación.

musculature *f* musculatura.

musculeux, euse *adj* musculoso, sa.

muse *f* musa.

museau *m* [▷ SYN] hocico ▌FAM jeta *f* ▌museau de veau morros de ternera (cuisine).
▌ SYN mufle morro; boutoir hocico (du sanglier).

musée *m* museo.
▌ SYN muséum museo; cabinet gabinete; galerie galería; pinacothèque pinacoteca; glyptothèque gliptoteca; conservatoire conservatorio.

museler [24] *v tr* poner bozal, abozalar (mettre une muselière) ▌tapar la boca, amordazar (faire taire).

muselet [myzlɛ] *m* precinto de alambre [champaña, etc.].

muselière [myzəljɛr] *f* bozal *m*.

musellement [myzɛlmɑ̃] *m* amordazamiento, abozalamiento.

muséographie; muséologie *f* museografía, museología.

muser [3] *v intr* vagar, barzonear.

muserolle *f* muserola (harnais).

musette *f* gaita (instrument de musique) ▌morral *m* (sac) ▌cartera (d'écolier) ▌ZOOL musaraña ▌bal musette baile popular ou de candil.

muséum [myzeɔm] *m* museo ▌muséum d'histoire naturelle museo de Historia Natural.

musical, e *adj* musical.

musicalement *adv* musicalmente.

musicalité *f* musicalidad.

music-hall [myzikol] *m* music-hall, espectáculo de variedades.
▌ OBSERV pl music-halls.

musicien, enne *adj & s* músico, ca.
▌ SYN compositeur compositor; maestro maestro; virtuose músico consumado, virtuoso (gallicisme).

musicographe *m & f* musicógrafo, fa.

musicographie *f* musicografía.

musicologie *f* musicología.

musicologue *m & f* musicólogo, ga.

musique *f* música ▌banda (fanfare) ■ musique de chambre música de cámara ■ boîte à musique caja de música ▌chef de musique director de banda ▌papier musique papel pautado ■ en avant la musique adelante con los faroles ■ FIG & FAM c'est une autre musique eso es otro cantar ▌je connais la musique conozco el paño ou el percal ou el asunto ▌jouer sans musique tocar sin partitura ▌mettre en musique poner música a.

musiquer [3] *v tr* FAM tocar música.
◇ *v tr* poner música.

musiquette *f* musiquilla.

musmon *m* ZOOL musmón.

musoir *m* morro de un rompeolas.

musqué, e *adj* almizclado, da (parfumé au musc) ▌almizcleño, ña (fruits) ▌almizclero, ra (rat).

musser [3]
➡ **se musser** *v pr* (vx) agazaparse.

mussif, ive *adj* CHIM musivo, va (or).

mussitation *f* musitación.

must *m* FAM lo imprescindible.

mustang [mystɑ̃g] *m* mustango, mustang, mesteño (cheval).

mustélidés [mystelide] *m pl* ZOOL mustélidos.

musulman, e *adj & s* musulmán, ana.

mutabilité *f* mutabilidad.

mutable *adj* mudable.

mutage *m* azufrado de los toneles de vino.

mutant, e *adj & s* mutante.

mutation *f* mudanza, cambio *m*, permuta, traslado *m*; mutation de personnel cambio de personal ▌BIOL mutación; mutation chromosomique mutación cromosómica ▌droits de mutation derechos de transmisión de herencia.

mutationnisme [mytasjɔnism] *m* BIOL mutacionismo, teoría de las mutaciones de De Vries.

mutationniste [mytasjɔnist] *adj & s* mutacionista, partidario de la teoría de las mutaciones.

muter [3] *v tr* cambiar de destino, trasladar; muter un fonctionnaire trasladar a un funcionario ▌être muté ser destinado.

mutilant, e *adj* mutilador, ra.

mutilateur *m* mutilador.

mutilation *f* mutilación ▌deterioro *m* (d'une œuvre d'art).

mutilé, e *adj & s* mutilado, da; mutilé de guerre mutilado de guerra.

mutiler [3] *v tr* mutilar.
▌ SYN amputer amputar; estropier estropear, lisiar; tronquer truncar.

mutin, e *adj* travieso, sa; revoltoso, sa (espiègle) ▌FAM picaresco, ca; vivaracho, cha (vif, éveillé); un regard mutin una mirada picaresca.
➡ **mutin** *m* amotinado, rebelde.

mutiner [3]
➡ **se mutiner** *v pr* amotinarse; les prisonniers se mutinèrent los prisioneros se amotinaron.

mutinerie [mytinri] *f* motín *m*, sublevación ▌insubordinación, desobediencia (désobéissance) ▌gracia, picardía (d'un visage).

mutisme *m*; **mutité** *f* mutismo *m*, silencio *m*; garder un complet mutisme guardar un silencio absoluto ▌MÉD mudez.

mutualisme *m* mutualismo.

mutualiste *adj & s* mutualista.

mutualité *f* mutualidad.

mutuel, elle *adj* mutuo, tua.
➡ **mutuelle** *f* mutualidad, mutua.

▌ MUTUELLES
Compañías que ofrecen seguros sociales complementarios al de la "Securité sociale". Muchas veces están organizadas por profesiones: existe una "mutuelle" para estudiantes, otra para profesores, para autónomos, etc.

mutuellement *adv* mutuamente.

mutule *f* ARCHIT mútula.

myalgie *f* MÉD miodinia, mialgia.

myasthénie *f* MÉD miastenia.

myatonie *f* MÉD miatonía.

mycélien, enne *adj* BOT micelial; miceliano, na.

mycélium [miseljɔm] *m* BOT micelio.

Mycènes [misɛn] *n pr* GÉOGR Micenas.

mycénien, enne *adj* micénico, ca.
➡ **mycénien** *m* LING micénico.

Mycénien, enne *m & f* HIST micénico, ca.

Mycéniens *n pr m pl* micenos.

mycoderme *m* micodermo.

mycologie *f* micología.

mycologique *adj* micológico, ca.

mycologue *m & f* micólogo, ga.

mycoplasme *m* MÉD micoplasma.

mycorhize *f* micorriza.

mycose *f* MÉD micosis.

mydriase *f* MÉD midriasis.

mydriatique *adj* midriático, ca.

mye [mi] *f* coquina (mollusque).

myéline *f* mielina.

myélite *f* MÉD mielitis.

myélographie *f* MÉD mielografía.

mygale *f* ZOOL migala, migale.

myocarde *m* ANAT miocardio.

myocardite *f* MÉD miocarditis.

myodinie *f* MÉD miodinia, mialgia.

myogramme *m* miograma, gráfico de miógrafo.

myographe *m* miógrafo.

myographie *f* miografía.

myologie *f* BIOL miología.

myome *m* MÉD mioma.

myopathe *adj* miopático, ca.

myopathie *f* MÉD miopatía.

myope [mjɔp] *adj & s* miope, corto, ta de vista ▌FIG & FAM être myope comme une taupe no ver tres en un burro.

myopie *f* MÉD miopía.

myopotame *m* coipo, coipu (rongeur).

myorelaxant, e *adj & s m* miorrelajante.

myosis *m* MÉD miosis.

myosotis [mjɔzɔtis] *m* BOT miosota *f*, raspilla *f*.

myriade *f* miríada.

myriapode *adj & s m* ZOOL miriápodo.

myriophylle *m* BOT miriófilo.

myrmidon *m* mirmidón ▌FAM chisgarabís, hombrezuelo, chiquilicuatro.

myrobalan; myrobolan *m* BOT mirobálano.

myrosine *f* mirosina, diástasis de la mostaza.

myrrhe *f* mirra.

myrtacées [mirtase] *f pl* BOT mirtáceas.

myrte *m* BOT mirto, arrayán.

myrtiforme *adj* mirtiforme.

myrtille [mirtij] *f* arándano *m*, mirtillo *m*.

mystagogie *f* RELIG mistagogia, actividad del mistagogo.

mystagogue *m* RELIG mistagogo.

mystère *m* misterio ▌THÉÂTR auto sacramental, misterio.

mystérieusement *adv* misteriosamente.

mystérieux, euse *adj* misterioso, sa.

mysticisme *m* misticismo.

mysticité *f* carácter *m* místico.

mystifiable *adj* que puede ser engañado, da; burlable.

mystificateur, trice *adj* & *s* bromista; embaucador, ra.

mystification *f* engaño *m*, mixtificación (tromperie), broma (plaisanterie), burla (moquerie).

mystifier [9] *v tr* burlar, engañar, pegársela.

mystique *adj* & *s* místico, ca.
<> *f* mística.

mystiquement *adv* místicamente.

mythe *m* mito.

mythifier [9] *v tr* mitificar.

mythique *adj* mítico, ca.

mytho [mito] (abr de **mythomane**) *adj* FAM il est complètement mytho es mitómano.

mythographe *m* mitógrafo.

mythologie *f* mitología.

mythologique *adj* mitológico, ca.

mythologue *m* mitólogo.

mythomane *m* & *f* mitómano, na.

mythomanie *f* mitomanía.

Mytilène *n pr* GÉOGR Mitilene.

mytiliculteur *m* mitilicultor, criador de mejillones.

mytiliculture *f* mitilicultura, cría de los mejillones ou las almejas.

myxœdème *m* MÉD mixedema *f*.

myxomatose *f* VÉTÉR mixomatosis.

myxomycètes [miksɔmisɛt] *m pl* BOT mixomicetos.

n; N *m* n *f.*

▪ **OBSERV** La n en final de palabra no es en francés más que el signo de la nasalización de la vocal que la precede. Hacen excepción las palabras de forma latina: lichen liquen, pollen polen, hymen himen, **spécimen**, abdomen, etc. salvo **examen**, en que hay nasalización. Tampoco existe ésta en los nombres propios extranjeros: Aden, Barmen, Niemen, etc. Las finales en la n seguida de c, g, t, d, s, son nasales, excepto las terceras personas del plural (en que es muda la t) y las palabras inglesas en ing (marketing). En el cuerpo de una palabra, la n, seguida de consonante, tiene sonido nasal; sentier sendero, contenter contentar, néanmoins sin embargo, infini infinito; en année año, solennel solemne, anniversaire aniversario, anneau anillo, innocent inocente, se oye una sola n; se dejan sentir dos en annale anal, biennal bienal, connivence connivencia, innover innovar, innombrable innumerable, inné innato. La n final de dicción enlaza con la voz siguiente que principia por vocal o h muda; mon ami, un homme. Las voces terminadas por an o ein no enlazan nunca, con excepción de plein lleno; plein air (plener) aire libre. Tampoco hay en general enlace con las palabras terminadas en en, ien, in, ion, ain, oin, on.

N (abr écrite de **newton**) N ▐ (abr écrite de **nord**) N.

n° (abr écrite de **numéro**) núm., n°.

na! *interj* FAM ¡que no!, ¡pues sí! [sirve para afirmar o negar y es de uso infantil].

nabab *m* nabab.

nabatéen, enne *adj* nabateo, a.

Nabatéen, enne *m & f* nabateo, a.

nabi *m* nabí, profeta.

nable *f* MAR orificio *m* de desagüe (d'un canot) ▐ tapón *m* del orificio, espiche *m*.

nabot, e [nabo, ɔt] *m & f* retaco *m*; enano, na; tapón *m*.

Nabuchodonosor *n pr* Nabucodonosor.

nacarat [nakara] *adj inv & s m* nacarado, da.
▪ **OBSERV** Nacarat adjetivo es invariable: des robes nacarat.

nacelle *f* navecilla, barquilla (petit bateau) ▐ barquilla (d'un ballon) ▐ barco *m* (de vaisseau spatial) ▐ ARCHIT nacela (moulure).

nacre *f* nácar *m*.

nacré, e *adj* nacarado, da; anacarado, da.

nacrer [3] *v tr* nacarar, anacarar.

nadir *m* ASTRON nadir.

nævus [nevys] *m* nevo, antojo.
▪ **OBSERV** pl nævi.

nafé *m* nafé.

Nagasaki *n pr* GÉOGR Nagasaki.

nage *f* natación, nado *m*; doué pour la nage dotado para la natación; se sauver à la nage salvarse a nado ▐ modo *m* de nadar; une nage rapide un modo de nadar rápido ▐ MAR boga ▐ SPORTS equipo *m* de remeros ■ nage indienne braza india ▐ nage libre estilo libre ▐ nage papillon mariposa ■ chef de nage patrón (aviron) ▐ les quatre cents mètres quatre nages los cuatrocientos metros estilos (natation) ■ à la nage a nado, nadando; traverser un fleuve à la nage cruzar un río a nado ▐ FIG en nage sudando a mares.

nageant, e *adj* BOT flotante.

nageoire *f* ZOOL aleta ▐ tapadera (d'un seau) ▐ AVIAT flotador *m* (d'un hydravion) ▐ FAM remo *m* (bras).

nageoter [3] *v intr* FAM nadar como los perros.

nager [17] *v intr* nadar; nager sur le dos nadar de espalda ▐ flotar, nadar; le bois nage sur l'eau la madera flota en el agua ▐ FAM bailar, nadar; mes pieds nagent dans ces chaussures mis pies bailan en los zapatos ▐ MAR bogar, remar (ramer) ■ FAM nager complètement estar pez ▐ FIG nager dans la joie rebosar de alegría ▐ nager dans l'opulence nadar en la opulencia ▐ nager entre deux eaux nadar entre dos aguas, jugar con dos barajas ▐ savoir nager saber nadar y guardar la ropa ou bandearse, ser habilidoso ou astuto.
◇ *v tr* nadar; nager le crawl nadar el crawl.

nageur, euse *m & f* nadador, ra ▐ MAR remero, ra (rameur) ▐ nageur de combat hombre rana ■ maître nageur bañero (d'une piscine, d'une plage).
◇ *adj* nadador, ra (oiseaux).

naguère [nagɛr] *adv* poco ha, hace poco, no hace mucho.

naïade [najad] *f* MYTH náyade ▐ BOT náyade.

naïf, ive [naif, iv] *adj & s* ingenuo, nua; simple, inocente; cándido, da; faire le naïf hacerse el ingenuo.

nain, e [nɛ̃, nɛn] *adj & s* enano, na.
▪ **SYN** nabot retaco; gnome gnomo; pygmée pigmeo; mirmidon mirmidón; lilliputien lilliputiense.

Nairobi *n pr* GÉOGR Nairobi.

naissain *m* ostra *f* o mejillón nuevo.

naissance *f* [▷ SYN 1] nacimiento *m*; lieu de naissance lugar de nacimiento; contrôle des naissances regulación de nacimientos ▐ linaje *m*, cuna, extracción, condición; de basse

---

naissance de baja condición ▐ ARCHIT arranque *m* (d'un arc, d'une voûte) ▐ [▷ SYN 2] FIG nacimiento *m*, comienzo *m*, origen *m* ■ acte de naissance partida de nacimiento ▐ donner naissance dar origen (provoquer), dar a luz (enfanter) ▐ prendre naissance nacer [un río].
▪ **SYN 1.** nativité natividad, navidad.
2. origine origen; extraction extracción.

naissant, e *adj* naciente; jour naissant día naciente ▐ reciente; nuevo, va (récent) ▐ en naissant al nacer.

naître [92] *v intr* nacer (une personne, un fleuve, une plante) ■ être né coiffé ou sous une bonne étoile haber nacido de pie ou con buena estrella ▐ être né de ser hijo de ▐ être né pour être poète haber nacido para poeta ▐ FIG faire naître provocar, producir, originar (causer), engendrar ▐ n'être pas né d'hier no haber nacido ayer.
▪ **OBSERV** El verbo naître se conjuga con el auxiliar être en los tiempos compuestos (je suis né, il était né, etc.).

naïvement *adv* ingenuamente.

naïveté [naivte] *f* ingenuidad, candidez.

naja *m* ZOOL naja *f*, cobra *f*, serpiente *f* de anteojos.

Namib *n pr m* GÉOGR le désert du Namib el desierto de Namib.

Namibie *n pr* GÉOGR la Namibie Namibia.

Namur *n pr* GÉOGR Namur.

nana *f* FAM tía.

nanan *m* FAM golosina *f* [voz del lenguaje infantil] (friandise) ▐ FAM c'est du nanan es canela fina, es de rechupete.

nancéien, enne *adj* de Nancy.

Nancéien, enne *m & f* natural ou habitante de Nancy.

Nancy *n pr* GÉOGR Nancy.

nandou *m* ZOOL ñandú.

nanisme *m* MÉD enanismo.

nankin *m* nanquín (tissu).

Nankin *n pr* GÉOGR Nankín.

nansouk *m* nansú (tissu).

nantais, e *adj* nantés, esa.

Nantais, e *m & f* nantés, esa.

Nantes *n pr* GÉOGR Nantes.

nanti, e *adj* pudiente.
◇ *m & f* pudiente les nantis la gente pudiente.

nantir [32] *v tr* garantizar, dar una garantía (garantir) ▐ FIG proveer (pourvoir); nanti d'une fortune provisto de una fortuna.

→ se nantir *v pr* proveerse, procurarse; **se nantir de garanties** procurarse garantías.

nantissement *m* fianza *f*, prenda *f*, garantía *f*.

naos *m* ARCHIT naos.

NAP (abr de **Neuilly Auteuil Passy**) *m & f* nombre dado a los pijos de los barrios de Neuilly, Auteuil y Passy en París.

napalm *m* napalm.

napée *f* MYTH napea.

napel *m* BOT anapelo, acónito, matalobos.

naphta *m* nafta *f* (distillat du pétrole).

naphtalène *m* CHIM naftaleno.

naphtaline *f* naftalina; **boules de naphtaline** bolas de naftalina.

naphte [naft] *m* nafta *f* (pétrole brut).

naphtol [naftɔl] *m* CHIM naftol.

Naples *n pr* GÉOGR Nápoles.

napoléon *m* napoleón (monnaie).

Napoléon *n pr* Napoleón; **Napoléon Bonaparte** Napoleón Bonaparte.

napoléonien, enne *adj & s* napoleónico, ca.

napolitain, e *adj* napolitano, na ‖ **tranche napolitaine** helado al corte.

→ napolitaine *f* (vieilli) tela lisa de lana (tissu).

Napolitain, e *m & f* napolitano, na.

nappage *m* mantelería *f*.

nappe *f* mantel *m* (de table) ‖ GÉOL estrato *m*, capa ‖ capa (d'eau, de gaz) ‖ GÉOM casco *m* (surface courbe) ■ **nappe d'autel** sabanilla ‖ **nappe de brouillard** capa de niebla ‖ **nappe d'huile** mancha de aceite ‖ **nappe de pétrole** mancha de petróleo (pollution), capa de petróleo (gisement) ‖ **nappe phréatique** capa freática ■ **mettre la nappe** poner la mesa.

napper [3] *v tr* cubrir con un mantel, poner un mantel en ‖ CULIN **napper de sauce** cubrir con una salsa.

napperon [naprɔ̃] *m* mantel individual (petite nappe) ‖ salvamantel (pour les verres) ‖ tapete; **il faut mettre un napperon sous le vase** hay que poner un tapete debajo del florero.

narbonnais, e *adj* narbonense.

Narbonnais, e *m & f* narbonense.

Narbonne *n pr* GÉOGR Narbona.

narcéine *f* CHIM narceína.

narcisse *f* BOT narciso ‖ FIG narciso.

Narcisse *n pr* MYTH Narciso.

narcissique *adj* narcisista.

narcissisme *m* narcisismo.

narco-analyse *f* MÉD narcoanálisis *m*.
▨ OBSERV pl narco-analyses.

narcodollar *m* narcodólar.

narcolepsie *f* MÉD narcolepsia.

narcose *f* MÉD narcosis.

narcotine *f* CHIM narcotina.

narcotique *adj & s m* MÉD narcótico, ca.
▨ SYN soporifique soporífico; somnifère somnífero; hypnotique hipnótico.

nard [nar] *m* BOT nardo (plante et parfum).
▨ OBSERV Nardo signifie également tubéreuse.

narghilé; narguilé *m* narguile (pipe orientale).

narguer [3] *v tr* provocar con insolencia, dar en los ojos, mofarse de, hacer befa de.

narguilé → **narghilé**.

narine *f* ventana de la nariz (orifice) ‖ aleta (aile).

narquois, e [narkwa, az] *adj* burlón, ona; socarrón, ona; **sourire narquois** sonrisa socarrona.

narrateur, trice *m & f* narrador, ra; relator, ra.

narratif, ive *adj* narrativo, va.

narration *f* narración, relato *m* ‖ **présent de narration** presente histórico.

narrer [3] *v tr* narrar, relatar, describir.

narthex [nartɛks] *m* ARCHIT nártex.

narval *m* ZOOL narval.
▨ OBSERV pl narvals.

NASA [naza] (abr de **National Aeronautics and Space Administration**) *f* NASA.

nasal, e *adj & s f* nasal; **os nasaux** huesos nasales ■ GRAMM consonne, voyelle nasale consonante, vocal nasal ‖ ANAT **fosses nasales** fosas nasales.

nasalisation *f* nasalización.

nasaliser [3] *v tr* nasalizar, dar sonido nasal.

nasalité *f* nasalidad.

nasard, e [nazar, ard] *adj* gangoso, sa (nasillard).

→ nasard *m* MUS nasardo (jeu d'orgue).

→ nasarde *f* (vx) papirotada, papirotazo *m*, pulgarada en las narices (chiquenaude) ‖ FIG pulla indirecta; **recevoir une nasarde** sufrir una pulla.

nase *m* ARG napias *f pl* (nez).

naseau *m* ollar, ventana *f* de la nariz (de certains quadrupèdes).

nasillard, e *adj* nasal, gangoso, sa.

nasillement [nazijmɑ̃] *m* nasalización *f*, gangueo.

nasiller [3] [nazije] *v intr* ganguear, nasalizar ‖ parpar (le canard) ‖ hozar, arruar (le sanglier).

nasilleur, euse [nazijœr, øz] *adj & s* gangoso, sa.

nasique *m* násico (singe).

nasitort [nazitɔr] *m* BOT mastuerzo.

nasonnement *m* gangueo.

Nassau *n pr* Nassau.

nasse *f* nasa, garlito *m* (panier) ‖ buitrón *m* (filet de chasse) ‖ FIG trampa, ratonera, garlito *m*; **tomber dans la nasse** caer en la trampa.

Nasser *n pr m* GÉOGR **le lac Nasser** el lago Nasser.

natal, e *adj* natal.
▨ OBSERV pl natals.

Natal *n pr* GÉOGR Natal.

nataliste *adj* natalista ‖ **politique nataliste** política que tiende a favorecer la natalidad.

natalité *f* natalidad; **taux de natalité** índice de natalidad.

natation *f* natación.

natatoire *adj* natatorio, ria.

Nathalie *n pr* Natalia.

Nathan *n pr* Natán.

natif, ive *adj & s* nativo, va; natural.
▨ SYN originaire oriundo; né nacido.

nation [nasjɔ̃] *f* nación ‖ **les Nations Unies** las Naciones Unidas **→ ONU**.
▨ SYN État Estado; patrie patria.

national, e [nasjɔnal] *adj* nacional.
→ nationale *f* carretera nacional.

nationalisation [nasjɔnalizasjɔ̃] *f* nacionalización.

nationaliser [3] [nasjɔnalize] *v tr* nacionalizar.

nationalisme [nasjɔnalism] *m* nacionalismo.

nationaliste [nasjɔnalist] *adj & s* nacionalista.

nationalité [nasjɔnalite] *f* nacionalidad; **de nationalité française** de nacionalidad francesa.

national-socialisme [nasjɔnalsɔsjalism] *m* nacionalsocialismo.
▨ OBSERV pl national-socialismes.

national-socialiste [nasjɔnalsɔsjalist] *adj & s* nacionalsocialista.
▨ OBSERV pl nationaux-socialistes.

nationaux *m pl* nacionales (citoyens).

nativisme *m* nativismo, innatismo.

nativiste *adj & s* nativista.

nativité *f* natividad ‖ Navidad (Noël).

natron; natrum [natrɔm] *m* CHIM natrón.

nattage *m* esterado ‖ trenzado (tressage).

natte *f* estera (tissu) ‖ pleita (tresse de fibres) ‖ trenza (cheveux, soie, etc.) ‖ coleta (des Chinois, etc.).

natter [3] *v tr* entretejer ‖ cubrir con esteras, esterar (couvrir d'une natte) ‖ hacer pleita (tresser des nattes) ‖ trenzar (tresser).

nattier, ère *m & f* esterero, ra.

naturalisation *f* naturalización (personnes, mots) ‖ aclimatación (de plantes, d'animaux) ‖ disecación (empaillage).

naturalisé, e *adj & s* naturalizado, da.

naturaliser [3] *v tr* naturalizar ‖ aclimatar (plantes) ‖ disecar, embalsamar (animaux) ‖ **se faire naturaliser** naturalizarse.

naturalisme *m* naturalismo.

naturaliste *m & f* naturalista (versé en histoire naturelle) ‖ taxidermista; disecador, ra (empailleur).
◇ *adj* naturalista.

nature *f* naturaleza; **les trois règnes de la nature** los tres reinos de la naturaleza; **nature divine** naturaleza divina ‖ [▷ SYN] naturaleza, temperamento *m*, natural *m*; **une nature bilieuse** un temperamento bilioso ‖ especie; **payer en nature** pagar en especie ‖ clase, naturaleza; **objets de différente nature** objetos de naturaleza diferente ■ **nature morte** bodegón, naturaleza muerta (peinture) ‖ **une petite nature** un debilucho, una debilucha ■ **de nature** innato ‖ **de nature à** encaminado, da; que pueda, con miras a, capaz de; inclinado, da a ‖ **de toute nature** de toda clase; **des intérêts de toutes natures** intereses de todas clases ■ **payer son tribut à la nature** fallecer, morir ‖ **peindre d'après nature** pintar del natural.
◇ *adj inv* al natural, solo; **café nature** café solo ‖ FAM natural; francote, ta; sin artificio; **personne très nature** persona muy natural

‖ **grandeur nature** tamaño natural; **portrait grandeur nature** retrato de tamaño natural.

> **OBSERV 1.** No debe confundirse la expresión francesa en espèces en metálico, con la española en especie, que se traduce al francés por en nature.
> **2.** Nature empleado como adjetivo es invariable: des cafés nature, des pommes nature.
> **SYN** constitution constitución; complexion complexión; tempérament temperamento; trempe temple.

naturel, elle *adj* natural; **phénomène naturel** fenómeno natural; **bonté naturelle** bondad natural ■ besoins naturels necesidades ‖ **enfant, père naturel** hijo, padre natural ‖ **MATH logarithme naturel** logaritmo natural ou neperiano.
◇ *m & f* (vieilli) nativo, va; natural (d'un pays).
➧ **naturel** *m* [▷ **SYN**] natural, temperamento, naturaleza *f*, índole *f*; **un homme de bon naturel** un hombre de buen natural ‖ naturalidad *f*; **langage qui manque de naturel** lengua falta de naturalidad ■ **au naturel** al natural; **thon au naturel** atún al natural ‖ **chassez le naturel il revient au galop** genio y figura hasta la sepultura ‖ **trouver tout naturel** parecerle a uno muy natural ou lo más natural del mundo.
> **SYN** caractère carácter; nature naturaleza.

naturellement *adv* naturalmente ‖ por naturaleza (de façon innée).

naturisme *m* naturalismo (système, littérature) ‖ naturismo, desnudismo.

naturiste *adj* naturalista (système, littérature) ‖ naturista.
◇ *m & f* naturalista ‖ naturista, nudista.

naturopathe *m & f* naturópata.

naucore *f* naucóride (insecte).

naufrage *m* naufragio ‖ **FIG** hundimiento, ruina *f* ‖ **faire naufrage** naufragar.

naufragé, e *adj & s* náufrago, ga.
◇ *adj* naufragado, da (bateau).

naufrager [17] *v intr* naufragar.

naufrageur, euse *m & f* provocador, ra de naufragios.
> **OBSERV** Aplícase a quienes desde la costa y con falsas señales provocaban un naufragio para adueñarse de los restos.

naumachie [nomaʃi] *f* naumaquia (combat naval).

nauplius [noplijys] *m* **ZOOL** nauplio.

nauséabond, e [nozeabɔ̃, ɔ̃d] *adj* nauseabundo, da ‖ **FIG** repugnante; nauseabundo, da.

nausée *f* náusea, arcada, basca; **avoir des nausées** sentir náuseas ‖ **FIG** asco *m*; **cela donne la nausée** eso da asco.
> **OBSERV** En espagnol ce mot s'emploie presque toujours au pluriel: sentir náuseas.

nauséeux, euse *adj* nauseabundo, da.

Nausicaa *n pr* **MYTH** Nausica, Nausícaa.

nautile *m* nautilo (mollusque).

nautique *adj* náutico, ca ‖ **ski nautique** esquí acuático.

nautisme *m* **SPORTS** deportes náuticos.

nautonier *m* **POÉT** nauta, barquero.

navaja [navaʒa] *f* navaja.

navajo [navaro] *adj* navajo.

Navajo *m & f* navajo; **les Navajos** los navajo.

naval, e *adj* naval ‖ **chantier naval** astillero.
▨ **OBSERV** pl navals.

navarin *m* guisado de carnero, nabos y patatas.

navarque *m* **MAR** navarca, nearca.

navarrais, e *adj* navarro, rra.

Navarrais, e *m & f* navarro, rra.

Navarre *n pr f* **GÉOGR** la Navarre Navarra.

navel *f* **BOT** naranja nável.

navet [navɛ] *m* **BOT** nabo ‖ **FAM** birria *f*, churro, mamarracho (livre, tableau), tostón (film) ‖ primo (niais) ‖ **avoir du sang de navet** tener sangre de horchata.

navette *f* naveta (pour l'encens) ‖ lanzadera (de tisserand) ‖ canilla (de machine à coudre) ‖ vehículo *m* que va y viene de un punto a otro ■ **navette aérienne** puente aéreo ‖ **navette spatiale** lanzadera ou transbordador espacial ■ **FIG faire la navette** ir y venir entre dos puntos.

navicert [navisɛrt] *m* navicert, licencia *f* de navegación en tiempo de guerra.

naviculaire *adj* navicular.

navicule *f* navícula (algue).

navigabilité *f* navegabilidad ‖ **certificat de navigabilité** certificado de navegación.

navigable *adj* navegable.

navigant, e *adj & s* navegante ‖ **AVIAT personnel navigant, navigants** personal de vuelo.
> **OBSERV** Navigant es adjetivo verbal de naviguer, y navigant, el participio presente.

navigateur *m* navegante ‖ **navigateur aérien** navegante ‖ **INFORM** navegador, browser; **navigateur en mode texte** navegador en modo texto.

navigation [navigasjɔ̃] *f* navegación ■ **navigation aérienne, fluviale** ou **intérieure, sous-marine** navegación aérea, fluvial, submarina ‖ **AVIAT navigation inertielle** navegación inercial ‖ **navigation au long cours** navegación de altura ‖ **navigation côtière** navegación de cabotaje ou costera ‖ **navigation estimée** ou **observée** navegación de estima ■ **compagnie de navigation** compañía de navegación ‖ **école de navigation** escuela de náutica.

naviguer [3] *v intr* navegar ‖ pilotar (un avion).

navire *m* buque, navío; **navire amiral** buque insignia ou almirante ‖ **navire transbordeur** transbordador, trasbordador.

navire-citerne *m* buque cisterna, aljibe, tanque.
▨ **OBSERV** pl navires-citernes.

navire-école *m* buque escuela.
▨ **OBSERV** pl navires-écoles.

navire-jumeau [navirʒymo] *m* **MAR** buque gemelo.
▨ **OBSERV** pl navires-jumeaux.

navire-usine *m* buque factoría.
▨ **OBSERV** pl navires-usines.

navrant, e *adj* lastimoso, sa; desconsolador, ra.

navré, e *adj* afligido, da; desconsolado, da.

navrement *m* aflicción *f*, desconsuelo.

navrer [3] *v tr* afligir, desconsolar ‖ **je suis navré** lo siento muchísimo, lo siento en el alma.

nazaréen, enne *adj & s* nazareno, na.

Nazareth *n pr* **GÉOGR** Nazaret.

nazi, e [nazi] *adj & s* nazi, naci.

nazisme [nazism] *m* nazismo, nacismo.

NB (abr écrite de nota bene) NB.

NBC (abr de nucléaire, bactériologique, chimique) *adj* NBC.

nbreuses (abr écrite de nombreuses) numerosas.

nbrx (abr écrite de nombreux) numerosos.

nc (abr écrite de non communiqué) no comunicado ‖ (abr écrite de non connu) desconocido.

nd (abr écrite de non daté) s.f. ‖ (abr écrite de non disponible) no disponible.

N-D (abr écrite de Notre-Dame) Nª Sª.

NDA (abr écrite de note de l'auteur) NDA.

NDE (abr écrite de note de l'éditeur) NDE.

N'Djamena *n pr* **GÉOGR** N'Djamena, Yamena.

NDLR (abr écrite de note de la rédaction) NDLR.

NDT (abr écrite de note du traducteur) NDT.

ne [nə] *adv* no; **ne dire ni oui ni non** no decir que sí ni que no ‖ no [ante un adverbio de negación]; **il ne vient jamais** no viene nunca (si l'adverbe de négation précède le verbe, l'adverbe ne ne se traduit pas: jamais je n'irai nunca iré) ‖ si no; **n'eût été son grand âge** si no hubiese sido por su edad avanzada ■ **ne... guère** no... casi; **ne parler guère** no hablar casi ‖ **ne... pas** no...; **il ne parle pas beaucoup** no habla mucho ‖ **ne... que** no... más que; **il ne veut que son plaisir** no quiere más que su placer; no... sino; **il ne fait que des sottises** no hace sino tonterías; sólo; **je ne veux que votre bien** sólo quiero su bien ‖ **que ne** por qué no; **que ne l'avez-vous dit hier?** ¿por qué no lo dijo ayer?
> **OBSERV** Cuando la negación ne se emplea en una proposición subordinada de manera únicamente explicativa, no se traduce en español: je crains qu'il ne vienne me temo que venga; il faut éviter qu'il ne le dise hay que evitar que lo diga; il est moins intelligent qu'il n'en a l'air es menos inteligente de lo que parece; avant qu'on ne vous appelle antes de que le llamen. El imperativo francés con negación se traduce por el subjuntivo; ne dis rien no digas nada.

né, e *adj* nacido, da; **être né à Paris** haber nacido en París ‖ de nacimiento; **aveugle-né** ciego de nacimiento ‖ nato, ta; **ennemi-né** enemigo nato ‖ originado, da; **une crise née de una crisis** originada por ■ **dernier-né** benjamín ‖ **nouveau-né** recién nacido ‖ **premier-né** primogénito ■ **être né coiffé** haber nacido de pie ‖ **Mme Boidin, née Leblanc** la señora de Boidin, nacida Leblanc ou de soltera Leblanc.

N-E (abr écrite de Nord-Est) NE.

Néandertal *n pr* **homme de Néandertal** hombre de Neanderthal ou Neandertal.

néandertalien, enne *adj* de Neanderthal ou Neandertal.

néandertalien *m* hombre de Neanderthal ou Neandertal.

néanmoins [neãmwἓ] *loc adv* sin embargo, con todo, no obstante; ce sacrifice est pénible, néanmoins il est nécessaire este sacrificio es doloroso, sin embargo es necesario.

néant [neã] *m* nada *f*; tirer du néant sacar de la nada ∥ poco valor; le néant de la gloire el poco valor de la gloria ∥ nulidad *f* (nullité) ∥ ninguno, na; signes particuliers, néant señales particulares, ninguna ∥ réduire à néant deshacer, reducir a nada, venirse abajo, aniquilar.

Nebraska *n pr m* GÉOGR le Nebraska Nebraska.

nébuleuse *f* nebulosa.

nébuleux, euse *adj* nebuloso, sa ∥ FIG oscuro, ra; nebuloso, sa.

nébulosité *f* nebulosidad ∥ FIG nebulosidad, oscuridad.

nécessaire *adj* necesario, ria; preciso, sa.
◇ *m* lo necesario, lo indispensable; manquer du nécessaire carecer de lo necesario, de lo indispensable ∥ neceser (trousse) ■ nécessaire d'armes caja de útiles y accesorios ∥ nécessaire de couture costurero ∥ nécessaire de toilette neceser, estuche de tocador ∥ nécessaire de voyage neceser de viaje ■ le strict nécessaire lo estrictamente necesario ∥ faire le nécessaire hacer lo necesario.

nécessairement *adv* necesariamente.

nécessitant, e *adj* necesitado, da ∥ necesitante (grâce).

nécessité *f* necesidad; articles de première nécessité artículos de primera necesidad ■ nécessité fait loi la necesidad carece de ley ■ de toute nécessité necesariamente, forzosamente ∥ par nécessité forzosamente, por necesidad ■ faire de nécessité vertu apechugar de buena gana con lo que se impone, hacer de la necesidad virtud ∥ se trouver dans la nécessité de faire quelque chose verse en la necesidad de hacer algo.
◆ **nécessités** *f pl* (vx) necesidades (besoins naturels).

nécessiter [3] *v tr* necesitar.

nécessiteux, euse *adj & s* necesitado, da; menesteroso, sa.

nec plus ultra (le) *m inv* el non plus ultra, el no va más.

nécrobie *f* necrobia (insecte).

nécrologe *m* necrología *f* (liste).

nécrologie *f* necrología.

nécrologique *adj* necrológico, ca; rubrique nécrologique sección necrológica ∥ notice nécrologique esquela mortuoria.

nécrologue *m* autor de necrologías.

nécromancie *f* nigromancia.

nécromancien, enne; nécromant, e *m & f* nigromante; nigromántico, ca.
▌ SYN devin adivino; magicien mago, mágico.

nécrophage *adj* necrófago, ga.

nécrophilie *f* necrofilia.

nécrophore *m* necróforo, enterrador (insecte).

nécropole *f* necrópolis.

nécropsie *f* necropsia, autopsia.

nécrose *f* MÉD necrosis.

nécroser [3] *v tr* MÉD producir necrosis.

nectaire *m* BOT nectario.

nectar *m* néctar.

nectarifère *adj* nectáreo, a.

nectarine *f* nectarina (fruit).

néerlandais, e *adj* neerlandés, esa; holandés, esa.
◆ **néerlandais** *m* LING neerlandés.

Néerlandais, e *m & f* neerlandés, esa; holandés, esa.

nef [nἓf] *f* nave, nao (navire) ∥ ARCHIT nave.

néfaste *adj* nefasto, ta ∥ fatal; aciago, ga; funesto, ta.

Néfertiti *n pr* Nefertiti.

nèfle *f* níspero *m* (fruit) ∥ FAM des nèfles! ¡naranjas de la China!

néflier [neflije] *m* níspero (arbre).

négateur, trice *adj & s* negador, ra.

négatif, ive *adj* negativo, va.
◆ **négatif** *m* PHOT negativo.
◆ **négative** *f* negativa, denegación (refus) ∥ proposición negativa ∥ répondre par la négative responder negativamente.

négation [negasjɔ̃] *f* negación.

négativement *adv* negativamente.

négativisme *m* negativismo.

négativité *f* negatividad.

négaton *m* PHYS negatón, electrón.

négligé, e *adj* descuidado, da; desaliñado, da (tenue, style) ∥ desatendido, da.
◆ **négligé** *m* descuido, desaliño ∥ (vx) traje ou bata *f* de casa (costume d'intérieur) ∥ être en négligé estar poco arreglado ou de trapillo.

négligeable [neɡliʒabl] *adj* despreciable, desdeñable ∥ despreciable; une erreur négligeable un error despreciable.

négligemment [neɡliʒamã] *adv* descuidadamente ∥ con indiferencia, con desidia.

négligence [neɡliʒãs] *f* negligencia, desidia, descuido *m*, dejadez ∥ desaliño *m* (style).
▌ SYN laisser-aller abandono, descuido; abandon abandono; incurie incuria.

négligent, e [neɡliʒã, ãt] *adj & s* negligente; descuidado, da; dejado, da.

négliger [17] *v tr & intr* descuidar, desatender; négliger ses études desatender sus estudios ∥ ignorar; on ne peut négliger la force matérielle de ce pays no se puede ignorar la fuerza material de ese país ∥ desperdiciar, pasar; négliger l'occasion desperdiciar la ocasión ∥ despreciar, desdeñar, hacer poco caso de; négliger les conseils despreciar los consejos ∥ MATH despreciar ■ négliger de faire quelque chose olvidarse ou dejar de hacer algo ∥ négliger une personne hacer poco caso de una persona.
◆ **se négliger** *v pr* descuidarse.

négoce [neɡɔs] *m* negocio.

négociabilité *f* negociabilidad.

négociable *adj* negociable.

négociant, e *m & f* negociante.

négociateur, trice *m & f* negociador, ra ∥ intermediario, ria.

négociation [neɡɔsjasjɔ̃] *f* negociación.

négocier [9] [neɡɔsje] *v tr* negociar; négocier un traité negociar un tratado ∥ négocier un virage tomar un viraje ou una curva, sortear una curva.
◇ *v intr* negociar, comerciar, traficar; négocier avec l'Amérique negociar con América.

négondo ► negundo.

négous ► négus.

négoush ► négus.

nègre *adj* negro, gra; tribu nègre tribu negra.

nègre, négresse *m & f* PÉJ (raciste) negro, gra.
◆ **nègre** *m* FAM negro (collaborateur) ∥ parler petit nègre hablar como los indios ou como los moros.
▌ OBSERV Le mot negro, negra n'a aucune valeur péjorative.

négrerie *f* negrería, mercado de negros.

négrier *adj & s m* negrero.

négrillon, onne [neɡrijɔ̃, ɔn] *m & f* PÉJ (raciste) negrito, ta.

négrito(s) *m* negrito (pygmée océano-asiatique).

négritude *f* negritud, condición de las personas de raza negra.

Negro *n pr m* GÉOGR le río Negro el río Negro.

négro-africain, e *adj* negroafricano, na.
▌ OBSERV pl négro-africains, négro-africaines.

négroïde *adj* negroide.

Néguev *n pr m* GÉOGR Néguev.

negundo; négondo *m* negundo (érable).

négus [neɡys]; **négous; négoush** *m* negus.

neige [nἓʒ] *f* nieve; flocon de neige copo de nieve ∥ ARG mandanga, cocaína ■ canon à neige cañón de nieve ∥ chute de neige nevada ∥ neige carbonique nieve carbónica ∥ neige fondue aguanieve ∥ neige poudreuse nieve polvorienta ■ blanc comme neige blanco como la nieve ■ œufs en neige huevos a punto de nieve.

neigeoter *v impers* nevar despacio y suavemente.

neiger [23] *v impers* nevar.

neigeux, euse *adj* nevoso, sa; nevado, da.

nélombo; nelumbo *m* BOT nelumbio.

némathelminthes *m pl* nematelmintos (vers).

nématocyste *m* nematocisto.

nématodes *m pl* ZOOL nematodos.

Némée *n pr* MYTH Nemea.

néméens *adj m pl* nemeos (jeux).

Némésis *n pr* MYTH Némésis.

NEMI [nemi] (abr de nouvelle échelle métrique de l'intelligence) *m* nueva escala métrica de inteligencia.

ne-m'oubliez-pas [nɔmubliepa] *m inv* BOT nomeolvides, miosota *f*.

nénies [neni] *f pl* nenias (chants funèbres).

nenni *adv* FAM no, nones, ¡que no!

nénuphar [nenyfar] *m* nenúfar (plante).

néo-calédonien, enne *adj* neocaledonio, nia.
▌ OBSERV pl néo-calédoniens, néo-calédoniennes.

Néo-Calédonien, enne *m* & *f* neocaledonio, nia.

néoceltique *adj* & *s m* neocéltico, ca.

néoclassicisme *m* neoclasicismo.

néoclassique *adj* & *s* neoclásico, ca.

néocolonialisme *m* neocolonialismo.

néocolonialiste *adj* & *s* neocolonialista.

néocomien *adj* & *s m* GÉOL neocomiense.

néocriticisme *m* neocriticismo.

néodarwinisme [neodarwinism] *m* neodarwinismo.

néodyme *m* GÉOL neodimio.

néofascisme *m* neofascismo.

néogène *m* GÉOL neógeno.

néogothique *adj* & *s* neogótico, ca.

néogrec, ecque *adj* neogriego, ga.

néo-guinéen, enne *adj* de Nueva Guinea.
◼ OBSERV pl néo-guinéens, néo-guinéennes.

Néo-Guinéen, enne *m* & *f* natural ou habitante de Nueva Guinea.
◼ OBSERV pl Néo-Guinéens, Néo-Guinéennes.

néohébreu *m* hebreo moderno.

néo-hébridais, e *adj* de las Nuevas Hébridas.
◼ OBSERV pl néo-hébridais, néo-hébridaises.

Néo-Hébridais, e *m* & *f* natural ou habitante de las Nuevas Hébridas.
◼ OBSERV pl Néo-Hébridais, Néo-Hébridaises.

néo-impressionnisme *m* neoimpresionismo.
◼ OBSERV pl néo-impressionnismes.

néokantien, enne *adj* & *s* neokantiano, na.

néokantisme *m* neokantismo.

néolatin, e *adj* neolatino, na.

néolibéralisme *m* neoliberalismo.

néolithique *adj* & *s m* neolítico, ca.

néologie *f* neología.

néologisme *m* neologismo.

néomalthusianisme *m* neomaltusianismo.

néoménie; nouménie *f* neomenia (de la Lune).

néomycine *f* neomicina (antibiotique).

néon *m* neón (gaz).

néonatal, e *adj* neonatal.
◼ OBSERV pl néonatals.

néophyte [neɔfit] *m* & *f* neófito, ta.

néoplasie *f* BIOL neoplasia.

néoplasme *m* MÉD neoplasma.

néoplatonicien, enne *adj* & *s* neoplatónico, ca.

néoplatonisme *m* neoplatonismo.

néopositivisme *m* neopositivismo.

Néoprène® *m* neopreno (caoutchouc).

néo-québécois, e *adj* de Nuevo Quebec.
◼ OBSERV pl néo-québécois, néo-québécoises.

Néo-Québécois, e *m* & *f* natural ou habitante de Nuevo Quebec.
◼ OBSERV pl Néo-Québécois, Néo-Québécoises.

néoréalisme *m* neorrealismo.

néoréaliste *adj* & *s* neorrealista.

néoromantique *adj* & *s* neorromántico, ca.

néoromantisme *m* neorromanticismo.

néoténie *f* BIOL neotenia.

néothomisme *m* neotomismo.

néo-zélandais, e *adj* neocelandés, esa.
◼ OBSERV pl néo-zélandais, néo-zélandaises.

Néo-Zélandais, e *m* & *f* neocelandés, esa.
◼ OBSERV pl Néo-Zélandais, Néo-Zélandaises.

néozoïque *adj* GÉOL neozoico, ca.

Népal *n pr m* GÉOGR le Népal Nepal.

népalais, e *adj* nepalés, esa.

Népalais, e *m* & *f* nepalés, esa.

nèpe *f* escorpión *m* de agua, nepa.

népenthès [nepɛtɛs] *m* nepente (boisson).

népérien, enne *adj* neperiano, na; logarithme népérien logaritmo neperiano.

néphélémétrie *f* CHIM nefelometría.

néphélion [nefeljɔ̃] *m* MÉD nefelión (à l'œil).

néphrectomie [nefrɛktɔmi] *f* MÉD nefrectomía.

néphrétique [nefretik] *adj* MÉD nefrítico, ca.

néphrite [nefrit] *f* MÉD nefritis.

néphrologie *f* MÉD nefrología.

néphrologue *m* & *f* MÉD nefrólogo, ga.

néphrose [nefroz] *f* MÉD nefrosis.

népotisme *m* nepotismo.

Neptune *n pr* ASTRON & MYTH Neptuno.

neptunien, enne *adj* neptúnico, ca.

néréide *f* ZOOL nereida, escolopendra (néréis).
◆ **Néréide** *n pr* ASTRON Nereida.
◆ **Néréides** *n pr f pl* MYTH les Néréides las Nereidas.

nerf [nɛr] *m* nervio ▮ ARCHIT nervadura *f* (moulure) ▮ FAM tendón ▮ FIG nervio, factor preponderante; l'argent est le nerf de la guerre el dinero es el nervio de la guerra ▮ nervio, fuerza *f*, energía *f*; avoir du nerf tener energía ▮ TECHN nervura *f*, nervio (reliure) ▮ nerf de bœuf vergajo ◼ avoir les nerfs à vif ou en boule ou en pelote estar hecho un manojo de nervios ▮ avoir une crise de nerfs tener un ataque de nervios ▮ être ou vivre sur les nerfs estar ou vivir con los nervios de punta ▮ être à bout de nerfs estar al borde del ataque de nervios ▮ passer ses nerfs sur quelqu'un descargar los nervios en alguien ▮ taper ou porter sur les nerfs atacar los nervios, poner nervioso.

nérite *f* nerita (mollusque).

néritique *adj* GÉOL nerítico, ca.

néroli *m* esencia *f* de azahar.

Néron *n pr* Nerón.

néronien, enne *adj* neroniano, na.

nerprun [nɛrprœ] *m* aladierna *f* (arbuste).

nervation *f* BOT nervadura.

nerveusement *adv* nerviosamente; il est très fragile nerveusement está delicado de los nervios.

nerveux, euse *adj* & *s* nervioso, sa ▮ FIG vigoroso, sa; enérgico, ca; style nerveux estilo vigoroso.
▮ OBSERV Ponerse, estar nervioso se dice s'énerver, être énervé.

nervin [nɛrvɛ̃] *adj m* MÉD nervino.

nervosité *f* nerviosismo *m*, nerviosidad.
◼ SYN fébrilité febrilidad; agitation agitación.

nervure *f* nervadura ▮ vivo *m* (couture) ▮ ARCHIT nervadura (moulure) ▮ TECHN nervio *m* (reliure) ▮ AVIAT nervure de bord d'attaque costilla de borde de ataque.

n'est-ce pas? *adv interr* ¿verdad?

nestorianisme *m* nestorianismo.

nestorien, enne *adj* & *s* nestoriano, na.

net, nette [nɛt] *adj* nítido, da; un teint net una tez nítida ▮ limpio, pia; linge net ropa limpia ▮ límpido, da (limpide) ▮ neto, ta; claro, ra; une victoire nette una victoria clara ▮ neto, ta; prix net precio neto; revenu net renta neta; poids net peso neto ▮ claro, ra; écriture, idée nette escritura, idea clara ▮ puro, ra; nítido, da (voix) ▮ nítido, da (image) ▮ bueno, na; vue nette buena vista ▮ FIG sin dudas; preciso, sa; réponse nette respuesta precisa ▮ limpio, pia (conscience) ◼ net d'impôt exento ou libre de impuestos ◼ en avoir le cœur net saber a qué atenerse ▮ être net ser muy claro ▮ faire place nette despejar.
◆ **net** *m* limpio; mettre au net poner en limpio.
◆ **net** *adj inv* "net" (tennis).
◆ **net** *adv* de un golpe, de una vez; casser net romper de un golpe ▮ limpio; gagner un million net ganar un millón limpio ▮ en seco, de pronto; s'arrêter net pararse en seco ▮ FIG francamente, rotundamente; refuser net negarse rotundamente ◼ tout net rotundamente, categóricamente ◼ parler net hablar claro ou con claridad.

nétiquette *f* INFORM etiqueta, netiquette.

nettement [nɛtmɑ̃] *adv* distintamente, claramente; apercevoir nettement un objet percibir distintamente un objeto ▮ claramente, con toda sinceridad ou franqueza (sans détours) ▮ de lejos; il est nettement le plus fort es de lejos el más fuerte ▮ mucho; il chante nettement mieux canta mucho mejor.

netteté [nɛtte] *f* limpieza, nitidez ▮ franqueza, claridad.

nettoiement [netwamɑ̃] *m* limpieza *f*.

nettoyage [netwajaʒ] *m* limpieza *f* ▮ limpiado (d'un costume) ▮ nettoyage à sec limpieza en seco.

nettoyant *m* limpiador.

nettoyer [13] [netwaje] *v tr* limpiar ▮ FAM nettoyer quelqu'un dejar a uno limpio ou desplumado ou sin dinero.
▮ SYN décrasser desengrasar; essuyer limpiar; balayer barrer; curer mondar; écurer limpiar; récurer fregar; FAM torcher limpiar.

nettoyeur, euse [netwajœr, øz] *m* & *f* limpiador, ra.

Neuchâtel [nøʃatɛl] *n pr* GÉOGR Neuchâtel; le canton de Neuchâtel el cantón de Neuchâtel.

neuf [nœf] *adj* & *s m inv* nueve ▮ noveno; Charles IX (neuvième) Carlos IX [noveno] ◼ Pie IX Pío IX [nono] ◼ il était 9 heures eran las nueve.

neuf, euve [nœf, nœv] *adj* nuevo, va; maison neuve casa nueva ◼ tout battant ou flambant neuf flamante ▮ tout neuf completamente nuevo ◼ être neuf dans les affaires ser novato en los negocios ■ **quoi de neuf?** ¿qué hay de nuevo?

→ **neuf** *m* nuevo; **être habillé de neuf** estar vestido de nuevo ‖ **y a-t-il du neuf?** ¿hay algo de nuevo? ‖ **mettre à neuf** renovar ‖ **remettre à neuf** dejar como nuevo ‖ **repeindre à neuf** pintar de nuevo.

neume *m* MUS neuma.

neurasthénie *f* MÉD neurastenia.

neurasthénique *adj & s* neurasténico, ca.

neurobiologie *f* BIOL neurobiología.

neurochirurgie *f* MÉD neurocirugía.

neurochirurgien, enne *m & f* MÉD neurocirujano, na.

neuroleptique *adj & s m* neuroléptico, ca.

neurologie *f* MÉD neurología.

neurologique *adj* neurológico, ca.

neurologiste; neurologue *m & f* MÉD neurólogo *m*.

neuromusculaire *adj* ANAT neuromuscular.

neurone *m* ANAT neurona *f*.

neuropathie *f* MÉD neuropatía.

neuropathologie *f* MÉD neuropatología.

neuropsychiatre *m & f* MÉD neuropsiquiatra.

neuropsychiatrie *f* MÉD neuropsiquiatría.

neurotropisme *m* MÉD neurotropismo.

neurovégétatif, ive *adj* neurovegetativo, va.

neutralisant, e *adj & s m* neutralizador, ra; neutralizante.

neutralisation *f* neutralización.

neutraliser [3] *v tr* neutralizar.

neutralisme *m* neutralismo.

neutraliste *adj & s* neutralista.

neutralité *f* neutralidad ‖ **rester dans la neutralité** permanecer neutral, mantener la neutralidad.

neutre *adj & s* neutro, tra; **couleur neutre** color neutro ‖ neutral; **nation neutre** nación neutral.

neutrino *m* PHYS neutrino.

neutron *m* PHYS neutrón; **bombe à neutrons** bomba de neutrones.

neutronique *adj* neutrónico, ca ‖ NUCL **bombardement neutronique** bombardeo de neutrones.

neuvaine *f* novena.

neuvième *adj & s* noveno, na.
◇ *m* **le neuvième** la novena parte.

neuvièmement [nœvjɛmmɑ̃] *adv* en noveno lugar.

Nevada *n pr* GÉOGR **la sierra Nevada** Sierra Nevada.
◇ *n pr m* GÉOGR **le Nevada** Nevada.

ne varietur *loc adv* ne varietur.

névé *m* nevero.

neveu *m* sobrino ‖ **neveu à la mode de Bretagne** sobrino segundo.

névralgie *f* MÉD neuralgia.

névralgique *adj* neurálgico, ca.

névrite *f* MÉD neuritis.

névritique *adj* MÉD neurítico, ca.

névrome *m* MÉD neuroma.

névropathe *adj & s* MÉD neurópata.

névropathie *f* MÉD neuropatía.

névroptères *m pl* neurópteros.

névrose *f* MÉD neurosis.

névrosé, e *adj & s* MÉD neurótico, ca.

névrotique *adj* MÉD neurótico, ca.

névrotomie *f* MÉD neurotomía.

New Delhi *n pr* GÉOGR Nueva Delhi.

New Hampshire [njuɑ̃pʃœr] *n pr m* GÉOGR **le New Hampshire** New Hampshire.

New Jersey *n pr m* GÉOGR **le New Jersey** Nueva Jersey.

new-look [njuluk] *m inv* nuevo aspecto *ou* estilo.

newton [njutɔn] *m* PHYS newton, neutonio.

newtonien, enne [njutɔnjɛ̃, ɛn] *adj & s* neutoniano, na; newtoniano, na.

new wave [njuwɛv] *f* new wave.

New York [nujɔrk] *n pr* GÉOGR Nueva York.

nez [ne] *m* nariz *f*; **nez aquilin, retroussé, camus, écrasé** nariz aquilina *ou* aguileña, respingona, chata, aplastada ‖ pico, punta *f* (angle) ‖ olfato; **ce chien a du nez** ese perro tiene buen olfato ‖ proa *f* (d'un navire, d'un avion), morro (d'un avion) ‖ GÉOGR cabo, promontorio (cap) ■ **nez à nez** cara a cara ■ **au nez de** en las narices de ‖ **à vue de nez** a ojo de buen cubero ‖ MAR **sur le nez** inclinado sobre la proa ■ **allonger le nez, avoir le nez long, faire un nez** poner cara larga ‖ **avoir du nez** tener olfato ‖ **avoir le nez fin** *ou* **creux** ser un lince, tener buen olfato ‖ **avoir quelqu'un dans le nez** tener a alguien entre ceja y ceja *ou* entre ojos ‖ **baisser le nez** bajar la cabeza ‖ **jeter quelque chose au nez de quelqu'un** echar algo en cara a alguien ‖ FAM **mener par le bout du nez** dominar, manejar a su antojo *ou* como un títere ‖ **mettre** *ou* **fourrer le nez dans une affaire** meter las narices en un negocio ‖ **montrer son nez** asomarse, hacer acto de presencia ‖ FIG **ne pas voir plus loin que le bout de son nez** no ver más allá de sus narices ‖ **parler du nez** nasalizar, ganguear ‖ **passer sous le nez** pasar por debajo de las narices ‖ **piquer du nez** hocicar (tomber) ‖ **rire au nez de quelqu'un** reírse en las barbas *ou* en las narices de uno ‖ **saigner du nez** echar sangre por las narices ‖ FAM **se casser le nez** encontrar cerrada la puerta (la porte close), romperse las narices, quedarse con dos palmos de narices (échouer) ‖ FAM **se manger le nez** tirarse de los pelos (disputer) ‖ **se piquer le nez** coger una pítima ‖ **tirer les vers du nez** sonsacar, tirar de la lengua ‖ **se trouver nez à nez avec quelqu'un** darse de narices con alguien ‖ **vous l'avez sous le nez!** lo tiene delante de sus narices.

NF (abr de norme française) *f* NF.

ni *conj* ni; **ni pauvre ni riche** ni pobre ni rico.
OBSERV Después de ni... ni el verbo se pone en singular si sólo uno de los dos sujetos puede realizar la acción (ni Pierre ni Paul ne devait être le premier); en los demás casos se puede poner en singular o en plural (ni Pierre ni Paul ne le savaient o ne le savait).

niable [njabl] *adj* negable.

Niagara *n pr m* GÉOGR **le Niagara** el Niágara; **les chutes du Niagara** las cataratas del Niágara.

niais, e [njɛ, njɛz] *adj & s* bobo, ba; necio, cia; **faire le niais** hacer el necio.
SYN **naïf** simple, inocente; **simple** simple; **innocent** inocente; **nigaud** memo; **dadais** pavitonto, pasmarote; **bebête** tontaina, lila; **jobard** tonto, pánfilo; **dindon** pavitonto; **serin** papanatas; FAM **cornichon** mastuerzo; FAM **gourde** roquete; FAM **pigeon** palomino; FAM **poire** primo.

niaisement *adv* tontamente.

niaiserie [njɛzri] *f* necedad, bobería.

Niamey *n pr* GÉOGR Niamey.

nib *adv* ARG nada ‖ **nib d'argent** nada de dinero, ni un cuarto.

Nibelungen [nibəluŋən] *m pl* MYTH Nibelungos.

Nicaise *n pr* Nicasio.

NICAM [nikam] (abr de near instantaneously companded audio multiplex) *m* NICAM.

Nicaragua *n pr m* GÉOGR **le Nicaragua** Nicaragua.

nicaraguayen, enne *adj* nicaragüense.

Nicaraguayen, enne *m & f* nicaragüense.

Nice [nis] *n pr* GÉOGR Niza.

Nicée *n pr* HIST Nicea (ancien nom d'Izmuk).

niche *f* hornacina, nicho *m* ‖ perrera, casilla (chiens) ‖ FAM travesura, diablura.

nichée *f* nidada, pollada (oiseaux) ‖ camada (autres animaux) ‖ FAM chiquillos *m pl*, prole, grupo *m* de niños de la misma familia.

nicher [3] *v intr* anidar (oiseaux) ‖ FAM vivir (habiter).
◇ *v tr* meter, colocar (placer); **qui vous a niché là?** ¿quién le ha colocado ahí?

→ **se nicher** *v pr* anidar (les oiseaux) ‖ meterse (se placer), esconderse (se cacher).

nichet [niʃɛ] *m* nidal (de pondoir).

nicheur, euse *adj* anidador, ra.

nichoir *m* nidal, pollera *f*.

nichons *m pl* TFAM limones (seins).

Nichrome® *m* cicromo (alliage).

nickel *m* níquel (métal).

nickelage [niklaʒ] *m* niquelado.

nickeler [24] *v tr* niquelar ‖ FAM **avoir les pieds nickelés** ser un holgazán.

Nicodème *n pr* Nicodemo.
◇ *m* LITT (vieilli) bobo, memo.

niçois, e [niswa, az] *adj* de Niza; nizardo, da.

Niçois, e [niswa, az] *m & f* natural *ou* habitante de Niza.

nicol *m* nicol.

Nicolas [nikɔla] *n pr* Nicolás.

Nicole *n pr* Nicolasa.

Nicomède *n pr* Nicomedes.

Nicosie *n pr* GÉOGR Nicosia.

nicotine *f* nicotina.

nicotinique *adj* nicotínico, ca.

nicotinisme *m* nicotismo, nicotinismo.

nictation; nictitation *f* nictación, parpadeo *m* (clignotement).

nictitant, e *adj* parpadeante ‖ nictitante (paupière).

nictitation ► nictation.

nid [ni] *m* nido ‖ nidada *f* (nichée) ■ ‖ **nid d'ange** nana ‖ **nid de guêpes** avispero ‖ MIL

nid de mitrailleuses nido de ametralladoras; petit à petit l'oiseau fait son nid poco a poco hila la vieja el copo.

nidation *f* BIOL nidación.

nid-d'abeilles *m* nido de abejas (tissu) ■ TECHN en nid d'abeilles en forma de panal. ▮ OBSERV pl nids-d'abeilles.

nid-de-pie *m* nido de urraca (fortification). ▮ OBSERV pl nids-de-pie.

nid-de-poule *m* bache, hoyo. ▮ OBSERV pl nids-de-poule.

nidification *f* nidificación.

nidifier [9] *v intr* nidificar, hacer nidos.

nièce *f* sobrina ▮ nièce à la mode de Bretagne sobrina segunda [de primo hermano].

nielle *f* BOT neguilla (nigelle) ▮ añublo *m*, tizón *m* (maladie du blé). ◇ *m* TECHN niel (incrustation).

nieller [4] *v tr* TECHN nielar (incruster). ➡ **se nieller** *v pr* atizonarse (les céréales).

nielleur *m* grabador de nieles.

niellure *f* AGRIC añublo *m*, atizonamiento *m* (maladie) ▮ TECHN nielado *m* (incrustation).

nième ➡ **énième**.

nier [9] [nje] *v tr* negar; nier un fait negar un hecho.
▮ OBSERV El verbo que sigue nier que se pone en subjuntivo si la negación es categórica y en indicativo si no lo es.
▮ SYN dénier denegar; refuser rehusar; contester impugnar, contestar; contredire contradecir; réfuter refutar.

nietzschéen, enne *adj & s* nietzscheano, na.

Nièvre *n pr f* GÉOGR Nièvre (département); dans la Nièvre en Nièvre.

nifé *m* GÉOL nife.

nigaud, e [nigo, od] *adj & s* memo, ma; bobo, ba; lelo, la.

nigauderie [nigodri] *f* necedad, bobada, memez.

nigelle [niʒɛl] *f* BOT arañuela.

Niger *n pr m* GÉOGR le Niger el (río) Níger (fleuve) ▮ le Niger Níger (État).

Nigeria *n pr m* GÉOGR le Nigeria Nigeria.

nigérian, e *adj* nigeriano, na.

Nigérian, e *m & f* nigeriano, na.

nigérien, enne *adj* nigerio, ria.

Nigérien, enne *m & f* nigerio, ria.

night-club *m* night club, club nocturno. ▮ OBSERV pl night-clubs.

nihilisme *m* nihilismo.

nihiliste *adj & s* nihilista.

Nijinski *n pr* Nijinski, Nizhhinski.

Nil [nil] *n pr m* GÉOGR le Nil el Nilo; le Nil Blanc/Bleu el Nilo Blanco/Azul.

nilgaut [nilgo] *m* nilgó, nilgáu (antilope).

nille [nij] *f* TECHN manija (de manivelle).

nilotique *adj* relativo al Nilo.

nimbe [nɛ̃b] *m* nimbo (auréole).
▮ SYN auréole aureola; gloire gloria; diadème diadema.

nimbé, e *adj* nimbado, da; aureolado, da.

nimber [3] *v tr* nimbar, aureolar.

nimbo-stratus [nɛ̃bostratys] *m inv* nimboestrato.

nimbus [nɛ̃bys] *m* nimbo (nuage).

Nimègue *n pr* GÉOGR Nimega.

Nîmes *n pr* GÉOGR Nimes.

nîmois, e *adj* de Nimes.

Nîmois, e *m & f* natural ou habitante de Nimes.

ninas [ninas] *m inv* purito (cigare).

Ninive *n pr* HIST Nínive.

niobite *f* niobita, columbita.

niobium [njɔbjɔm] *m* niobio (métal).

nipper [3] *v tr* FAM trajear, ataviar; être bien nippé estar bien trajeado.

nippes [nip] *f pl* FAM ropa vieja, pingos *m*, trapos *m* (vêtements usés).

nippon, e *adj* nipón, ona.

Nippon, e *m & f* nipón, ona.

nique *f* gesto *m*, mueca ▮ faire la nique hacer una mueca de desdén, burlarse (se moquer).

niquer *v tr* VULG joder, follar, chorizar ▮ TFAM timar.

nirvana *m* RELIG nirvana.

nitouche *f* hipócrita ▮ sainte nitouche mosquita muerta; avoir des airs de sainte nitouche parecer una mosquita muerta.

nitratation [nitrataʒjɔ̃] *f* nitratación.

nitrate *m* CHIM nitrato.

nitrater [3] *v tr* CHIM nitratar.

nitration [nitrasjɔ̃] *f* CHIM nitración.

nitre *m* nitro, salitre (salpêtre).

nitré, e *adj* nitrado, da.

nitreux, euse *adj* nitroso, sa.

nitrière *f* nitrería, salitral *m*.

nitrifiant, e *adj* nitrificador, ra.

nitrification *f* CHIM nitrificación.

nitrifier [9] *v tr* nitrificar.

nitrile *m* CHIM nitrilo.

nitrique *adj* CHIM nítrico, ca.

nitrite *m* CHIM nitrito.

nitrobacter *m*; **nitrobactérie** *f* nitrobacteria *f*.

nitrobenzène [nitrobɛ̃zɛn] *m* nitrobenceno.

nitrocellulose *f* nitrocelulosa.

nitrogène *m* nitrógeno.

nitroglycérine *f* nitroglicerina.

nitrophile [nitrofil] *adj* BOT nitrófilo, la.

nitrosation [nitrozasjɔ̃] *f* CHIM nitrosación.

nitrosomonas *m* CHIM nitrosomonas.

nitrosyle *m* CHIM nitrosilo.

nitrotoluène *m* CHIM nitrotolueno.

nitruration [nitryrasjɔ̃] *f* TECHN nitruración.

nitrure *m* CHIM nitruro.

nitruré, e *adj* nitrurado, da.

nival, e *adj* de las nieves.

nivéal, e *adj* BOT que florece en invierno.

niveau *m* nivel ■ niveau à bulle d'air nivel de aire ▮ niveau d'eau nivel de agua ▮ niveau de langue nivel de lengua ▮ niveau de vie nivel de vida ▮ niveau sonore nivel de sonido ■ angle à niveau ángulo de nivel ▮ au niveau de a nivel de (à la même hauteur, au même

échelon) ▮ de niveau, au niveau de nivel, a nivel ▮ passage à niveau paso a nivel.

nivelage [nivlaʒ] *m* nivelación *f*.

nivélateur, trice *adj* nivelador, ra.

niveler [24] *v tr* nivelar ▮ explanar (un terrain) ▮ FIG nivelar, igualar (égaliser).

nivelette *f* TECHN niveleta, tablilla de mira, mira de disco (voyant).

niveleur, euse *adj & s* nivelador, ra. ➡ **niveleuse** *f* niveladora, motoniveladora.

nivelle *f* nivel *m* de aire.

nivellement [nivɛlmɑ̃] *m* nivelación *f* ▮ nivelación *f*, explanación *f* (terrains) ▮ FIG nivelación *f*, nivelamiento.

nivéole *f* BOT nevadilla (perce-neige).

nivernais, e *adj & s* de Nevers, del Nivernais ou Neversado.

nivôse *m* nivoso [mes del calendario republicano francés].

nixe *f* nix, ninfa de las aguas.

nizeré *m* esencia *f* de rosas blancas.

NL (abr écrite de **nouvelle lune**) luna nueva.

NN (abr écrite de **nouvelles normes**) nuevas normas de clasificación de hoteles.

nô *m* no [drama lírico japonés].

N-O (abr écrite de **Nord-Ouest**) NO.

Nobel *n pr m* prix Nobel premio Nobel.

nobélisable *adj & s* que se pueda recompensar con un premio Nobel.

nobélium [nɔbeljɔm] *m* nobelio (métal).

nobiliaire *adj & s m* nobiliario, ria.

noblaillon, onne [nɔblajɔ̃, ɔn] *m & f* hidalgüelo, la.

noble *adj & s* noble ▮ FIG grande, elevado; style noble estilo elevado ▮ père noble barba (théâtre).

noblement *adv* noblemente.

noblesse *f* nobleza ▮ FIG elevación (du style) ■ noblesse de robe nobleza de toga ▮ noblesse oblige nobleza obliga ■ avoir ses quartiers de noblesse ser de rancio abolengo, tener sus títulos de nobleza.

nobliau *m* hidalgüelo, hidalgo de gotera.

noce *f* boda; le jour des noces el día de la boda ▮ nupcias *pl*; se marier en secondes noces contraer segundas nupcias ▮ FAM juerga (bombance) ■ noces d'argent, de diamant, d'or bodas de plata, de diamantes, de oro ▮ premières noces primeras nupcias ▮ repas de noce banquete de bodas ■ aller à la noce ir a una boda (festin) ▮ FAM faire la noce ir de juerga ou francachela, andar de picos pardos ▮ ne pas être à la noce estar pasándolas negras ou canutas.

noceur, euse *m & f* FAM juerguista.

nocher *m* POÉT nauclero ▮ le nocher des Enfers Caronte.

nocif, ive *adj* nocivo, va; dañino, na.

nocivité *f* nocividad.

noctambule *adj & s* noctámbulo, la; trasnochador, ra.

noctambulisme *m* noctambulismo.

noctiluque *f* ZOOL noctiluca.

noctuelle *f* ZOOL noctua (papillon).

noctuidés *m pl* noctuidos (insectes).

noctule *f* noctilio *m* (chauve-souris).

nocturne *adj* nocturno, na; match de football en nocturne partido de fútbol por la noche ou nocturno.

◇ *m* MUS nocturno.

nodal, e *adj* nodal.

nodosité *f* nudosidad.

nodulaire *adj* nodular.

nodule *m* nódulo.

noduleux, euse *adj* noduloso, sa.

Noé *n pr* Noé.

noël [nɔɛl] *m* Navidad *f*, Pascua *f* de Navidad, Natividad *f* del Señor ‖ MUS villancico, canción *f* de Navidad (cantique) ▪ arbre de Noël árbol de Navidad ‖ carte de Noël christmas, tarjeta de felicitación de Navidad ‖ fête de Noël Navidad ‖ joyeux Noël felices Pascuas ‖ nuit de Noël nochebuena, noche de Navidad (fête) ‖ père Noël papá Noël ‖ petit Noël regalo de Navidad ▪ de Noël navideño, ña; de Navidad; vacances de Noël vacaciones navideñas ‖ présenter ses vœux à Noël felicitar las Pascuas.

‖ OBSERV Aunque Noël sea masculino se dice à la Noël, pour la Noël, formas elípticas de à la fête de Noël, pour la fête de Noël.

nœud [nø] *m* nudo (de corde, de cravate, d'un arbre) ‖ nudo (d'un roman, d'une pièce de théâtre) ‖ ANAT nudo, nódulo ‖ nudillo (articulations des doigts) ‖ ASTRON nodo ‖ FIG lazo, vínculo; le nœud du mariage los lazos del matrimonio ‖ MAR nudo (unité de vitesse) ‖ ZOOL anillo; les nœuds de la couleuvre los anillos de la culebra ▪ nœud coulant nudo corredizo ‖ nœud de communications ou ferroviaire nudo de comunicaciones ou ferroviario ‖ nœud gordien nudo gordiano ‖ nœud papillon pajarita ▪ FIG le nœud de l'action el nudo de la acción ‖ le nœud de la question el nudo de la cuestión ▪ avoir un nœud à la gorge tener un nudo en la garganta.

noir, e *adj* negro, gra; cheveux noirs cabellos negros; race noire raza negra ‖ FIG oscuro, ra; nuit noire noche oscura ‖ negro, gra; sucio, cia; mains noires manos sucias ‖ perverso, sa; âme noire alma perversa ‖ profundo, da; négro, gra; misère noire miseria profunda ‖ magullado, da (meurtri) ▪ noir comme un four oscuro como boca de lobo ‖ bête noire pesadilla ‖ chambre noire cámara oscura ‖ liste noire lista negra ‖ marché noir mercado negro, estraperlo ‖ travail au noir trabajo clandestino ▪ FAM être noir estar morado ou ciego (ivre) ‖ il fait noir está oscuro, ya es de noche.

◇ *m & f* negro, gra (individu de race noire).

➥ **noir** *m* negro (couleur); teindre en noir teñir de negro ‖ oscuridad *f*; avoir peur du noir tener miedo a ou de la oscuridad; dans le noir en la oscuridad ‖ CHIM negro; noir de fumée negro de humo ‖ MIL blanco (centre de la cible) ‖ FAM café solo ▪ noir sur blanc con pelos y señales, con todo detalle ‖ sous des couleurs noires con negros colores ▪ FIG broyer du noir tener ideas negras ‖ mettre noir sur blanc poner por escrito ‖ porter du noir vestir de luto ‖ voir tout en noir verlo todo negro.

➥ **noir** *adv* peindre noir pintar en ou de negro.

➥ **noire** *f* MUS negra (note).

noirâtre *adj* negruzco, ca.

noiraud, e [nwaro, od] *adj & s* moreno, na.

noirceur [nwarsœr] *f* negrura ‖ mancha negra (tache) ‖ FIG maldad, perfidia (méchanceté).

noircir [32] *v tr* ennegrecer, tiznar; noircir une étoffe ennegrecer una tela ‖ FIG manchar la reputación de, calumniar, difamar (diffamer) ‖ ensombrecer, hacer más negro; noircir la situation ensombrecer la situación ‖ noicir du papier emborronar papel.

◇ *v intr & pr* ennegrecerse (devenir noir) ‖ oscurecerse (s'obscurcir).

noircissement *m* ennegrecimiento.

noircissure *f* tiznón *m*, mancha negra.

Noire *n pr* GÉOGR la mer Noire el mar Negro.

noise *f* camorra, pelea, gresca; chercher noise buscar camorra.

noiseraie [nwazrɛ] *f* nogueral *m*, avellanal *m*, avellaneda.

noisetier [nwaztje] *m* avellano (arbre).

‖ SYN coudrier nochizo; coudre avellano silvestre.

noisette *f* avellana (fruit).

◇ *adj inv* color de avellana (couleur).

noix [nwa] *f* nuez (fruit); écaler des noix cascar nueces ‖ ANAT rótula (rotule) ‖ TECHN engranaje *m*, piñón *m* (moulin à café) ‖ aislador *m* de porcelana ou vidrio ‖ mediacaña (rainure) ‖ llave, nuez (d'un fusil) ▪ noix de cajou nuez de caoba ‖ noix de coco coco ‖ noix de cyprès agalla de ciprés ‖ noix de galle agalla ‖ noix de veau landrecilla de ternera ‖ noix muscade nuez moscada ‖ noix vomique nuez vómica ▪ une noix de beurre una cucharadita de mantequilla ‖ FAM vieille noix lila, mamarracho ▪ à la noix, à la noix de coco de chicha y nabo, de tres al cuarto.

noli-me-tangere *m inv* noli me tángere ‖ BOT hierba *f* de Santa Catalina, balsamina *f* (balsamine).

nolis [nɔli] *m* MAR flete.

nolisement [nɔlizmɑ̃] *m* MAR fletamento, flete (affrètement).

noliser [3] *v tr* MAR fletar (affréter).

nom [nɔ̃] *m* [▷ SYN] nombre, sustantivo; nom commun, propre nombre común, propio ‖ apellido (nom de famille); donnez-moi vos nom et prénom déme su nombre y apellido ‖ nombre (prénom) ‖ FIG título; d'architecte il n'a que le nom de arquitecto sólo tiene el título ▪ TFAM nom de Dieu! ¡me cago en diez! ‖ nom de guerre apodo, sobrenombre ‖ FAM nom de nom!, nom d'une pipe!, nom d'un chien! ¡caramba!, ¡canastos!, ¡caracoles! ‖ INFORM nom de domaine nombre de dominio ‖ nom d'utilisateur nombre de usuario ▪ au nom de en nombre de, de parte de ‖ de nom de nombre; roi de nom rey de nombre ‖ du nom de este nombre; Philippe, quatrième du nom Felipe, cuarto de este nombre ‖ FAM le petit nom ou nom de baptême el nombre ou nombre de pila ‖ sans nom incalificable; un crime sans nom un crimen incalificable ‖ appeler les choses par leur nom llamar las cosas por su nombre ‖ c'est un grand nom es un apellido célebre ‖ décliner son nom decir su nombre ‖ mettre un nom sur un visage caer en el nombre de

una persona ‖ se faire un nom hacerse un nombre.

‖ SYN appellation apelación; dénomination denominación; substantif sustantivo.

nomade *adj & s* nómada.

‖ SYN romanichel gitano; forain feriante, forastero.

nomadisme *m* nomadismo.

no man's land [nomanslɑ̃d] *m* tierra *f* de nadie.

nomarque *m* HIST nomarca.

nombrable *adj* numerable.

nombre *m* [▷ SYN] número; nombre abstrait, concret número abstracto, concreto ‖ GRAMM número; nombre singulier, pluriel número singular, plural ▪ PHYS nombre atomique número atómico ‖ nombre cardinal número cardinal ‖ nombre décimal número decimal ‖ AVIAT nombre de Mach número de Mach ‖ ARCHIT nombre d'or áureo número ‖ nombre entier número entero ‖ nombre fractionnaire número mixto ‖ nombre ordinal número ordinal ‖ nombre premier número primo ‖ nombre simple número dígito ‖ la loi des grands nombres la ley de los grandes números ▪ le grand nombre, le plus grand nombre la mayoría, la mayor parte de la gente (personnes), la mayor parte ou el mayor número de las cosas (choses) ‖ le pouvoir du nombre el gobierno ou el poder de los más ▪ au nombre de en total (en tout), entre; mettre quelqu'un au nombre de ses amis contar a alguien entre sus amigos ‖ bon nombre de, nombre de numerosos, sas; muchos, chas ‖ dans le nombre en el conjunto, entre ellos ‖ depuis nombre d'années desde hace muchos años ‖ en nombre en gran número ‖ sans nombre innumerable, sin número, sin cuento ▪ avoir le nombre pour soi tener la mayoría consigo ‖ être du nombre de formar parte de, pertenecer a la categoría de ‖ faire nombre hacer bulto.

‖ OBSERV 1. L'espagnol nombre correspond à nom ou prénom. Número correspond à nombre, mais aussi à chiffre.

2. Con le plus grand nombre o un petit nombre se pone el verbo en singular, con un grand nombre de se pone el verbo sea en singular, sea en plural.

‖ SYN numéro número; chiffre cifra, guarismo, número.

nombrer [3] *v tr* (LITT ou VX) enumerar, contar.

nombreux, euse *adj* numeroso, sa.

nombril [nɔ̃bri] ou [nɔ̃bril] *m* ombligo ▪ nombril-de-Vénus ombligo de Venus (plante) ‖ nombril marin ombligo marino (coquillage) ‖ se prendre pour le nombril du monde creerse el ombligo del mundo.

nombrilisme *m* egocentrismo.

nome *m* nomo.

nomenclateur *m* nomenclátor, nomenclador.

nomenclature *f* nomenclatura.

nominal, e *adj* nominal; valeur nominale valor nominal.

nominalement *adv* nominalmente (par son nom) ‖ GRAMM como sustantivo.

nominalisme *m* PHILOS nominalismo.

nominaliste *adj & s* nominalista.

nominatif, ive *adj* & *s m* nominativo, va.

nomination [nɔminasjɔ̃] *f* nombramiento *m*.

nominativement *adv* nominalmente.

nommé, e *adj* & *s* nombrado, da ‖ llamado, da; tal (appelé); le nommé Michel el llamado Miguel ■ bien, mal nommé bien, mal llamado ■ à jour nommé el día convenido, el día señalado ‖ à point nommé a propósito, en el mejor momento, muy oportunamente.

nommément *adv* señaladamente, especialmente ‖ citer nommément llamar por su nombre.

nommer [3] *v tr* nombrar, designar (à un poste) ‖ llamar; comment vous nommez-vous? ¿cómo se llama usted? ‖ llamar, poner de nombre; mes parents m'ont nommé Michel mis padres me pusieron de nombre Miguel ‖ dar un nombre; nommer un golfe récemment découvert dar un nombre a un golfo recién descubierto ‖ designar; nommer ses héritiers designar sus herederos ‖ llamar, dar un nombre (appeler); nommer par son nom llamar por su nombre ‖ decir el nombre; il a nommé ses complices ha dicho el nombre de sus cómplices ‖ llamar, calificar; on ne peut nommer une telle action no se puede calificar una acción parecida.

nomogramme *m* nomograma, ábaco (abaque).

nomographie [nɔmɔgrafi] *f* nomografía.

non *adv* no ■ non alcoolisé sin alcohol ‖ non certes no por cierto ‖ non loin de no lejos de ‖ FAM non mais! pero, ¿esto qué es? ‖ non mais des fois! ¡hay que ver! ‖ non pas pero no ‖ non pas que no es que ‖ non plus tampoco ‖ non que no porque ‖ non seulement no sólo ■ dire non decir que no; je ne dis pas non digo que no ■ il se trouve que non resulta que no ‖ je pense que non creo que no ‖ répondre par oui ou par non contestar sí o no.
◇ *m inv* no; répondre par un non contestar con un no.

non-activité [nɔnaktivite] *f* cesantía, excedencia (fonctionnaire) ‖ situación de disponible, reemplazo *m* (militaires) ‖ en non-activité cesante, excedente (fonctionnaire), disponible (militaire).
■ OBSERV pl non-activités.

nonagénaire *adj* & *s* nonagenario, ria.

non-agression [nɔnagresjɔ̃] *f* no agresión; pacte de non-agression pacto de no agresión.
■ OBSERV pl non-agressions.

non-aligné, e [nɔnaliɲe] *adj* & *s* no alineado, da.
■ OBSERV pl non-alignés, non-alignées.

non-alignement [nɔnaliɲəmɑ̃] ou [nɔnaliɲmɑ̃] *m* no alineación *f*.
■ OBSERV pl non-alignements.

nonante *adj* noventa.
■ OBSERV Esta voz, de uso corriente en Suiza, Bélgica y Canadá, ya no se emplea en Francia, donde ha sido reemplazada por quatre-vingt-dix.

nonantième [nɔnɑ̃tjɛm] *adj* nonagésimo, ma.

non-assistance [nɔnasistɑ̃s] *f* falta de asistencia ‖ DR non-assistance à personne en danger denegación de auxilio.

■ OBSERV pl non-assistances.

non-belligérance *f* no beligerancia.
■ OBSERV pl non-belligérances.

non-belligérant, e *adj* & *s* no beligerante.
■ OBSERV pl non-belligérants, non-belligérantes.

nonce *m* nuncio.

nonchalamment *adv* indolentemente.

nonchalance *f* indolencia, dejadez, descuido *m*.

nonchalant, e *adj* & *s* indolente; descuidado, da.

nonchalemment *adv* indolentemente.

nonciature *f* nunciatura.

non-combattant *m* no combatiente.
■ OBSERV pl non-combattants.

non-comparant, e *m* & *f* DR no compareciente.
■ OBSERV pl non-comparants, non-comparantes.

non-comparution *f* DR incomparecencia.
■ OBSERV pl non-comparutions.

non-conciliation *f* DR falta de conciliación.
■ OBSERV pl non-conciliations.

non-conformisme *m* no conformismo.
■ OBSERV pl non-conformismes.

non-conformiste *adj* & *s* no conformista.
■ OBSERV pl non-conformistes.

non-conformité *f* no conformidad, disconformidad.
■ OBSERV pl non-conformités.

non-convertibilité *f* inconvertibilidad.
■ OBSERV pl non-convertibilités.

non-croyant, e *adj* & *s* no creyente.
■ OBSERV pl non-croyants, non-croyantes.

non-directif, ive *adj* no dirigido, da; entretien non directif entrevista no dirigida.
■ OBSERV pl non-directifs, non-directives.

non-dit *m* lo no dicho.
■ OBSERV pl non-dits.

none *f* nona (heure canonique).
➤ **nones** *f pl* nonas (du calendrier romain).

non-engagé, e *adj* & *s* no comprometido, da.
■ OBSERV pl non-engagés, non-engagées.

non-engagement *m* neutralidad *f*, actitud ou política sin compromisos.

non-être [nɔnɛtr] *m sing* no ser, lo que no tiene existencia.

non-exécution [nɔnɛgzekysjɔ̃] *f* no ejecución, incumplimiento *m*.
■ OBSERV pl non-exécutions.

non-existence [nɔnɛgzistɑ̃s] *f* no existencia, inexistencia.
■ OBSERV pl non-existences.

non-fumeur, euse *adj* & *s* no fumador, ra; compartiment non-fumeur compartimento de no fumadores.
■ OBSERV pl non-fumeurs, non-fumeuses.

nonidi *m* noveno día de la década [en el calendario republicano francés].

non-ingérence *f* no injerencia.
■ OBSERV pl non-ingérences.

non-inscrit, e *adj* & *s* diputado no adscrito a un grupo parlamentario.
■ OBSERV pl non-inscrits, non-inscrites.

non-intervention *f* no intervención.
■ OBSERV pl non-interventions.

non-interventionniste *adj* & *s* no intervencionista.
■ OBSERV pl non-interventionnistes.

non-jouissance *f* DR privación de un derecho ou de un usufructo.
■ OBSERV pl non-jouissances.

non-lieu *m* DR sobreseimiento; ordonnance de non-lieu auto de sobreseimiento; il y a eu non-lieu ha habido sobreseimiento.
■ OBSERV pl non-lieux.

non-moi *m inv* PHILOS el no yo, lo que es distinto de mí.

nonne *f* monja (religieuse).

nonnette *f* monjita (religieuse) ‖ pastelillo *m* redondo de alajú (pain d'épice).

nonobstant *prép* no obstante, a pesar de (malgré).
◇ *adv* sin embargo, no obstante.

non-paiement; non-payement [nɔ̃pemɑ̃] *m* falta *f* de pago.
■ OBSERV pl non-paiements; non-payements.

nonpareil, eille *adj* sin igual, sin par, impar.

non-payement ➤ **non-paiement**.

non-prolifération *f* no proliferación.
■ OBSERV pl non-proliférations.

non-recevoir *m inv* DR fin de non-recevoir denegación ou desestimación de demanda (droit), negativa categórica (négative).

non-résident *m* no residente.
■ OBSERV pl non-résidents.

non-respect *m* incumplimiento.
■ OBSERV pl non-respects.

non-retour *m* sin retorno; point de non-retour punto sin retorno.
■ OBSERV pl non-retours.

non-sens *m inv* disparate, absurdo, sinrazón *f*.

non-spécialiste *adj* & *s* no especialista.
■ OBSERV pl non-spécialistes.

non-stop *adj inv* non stop, sin interrupción.

non-usage [nɔnyzaʒ] *m* desuso.
■ OBSERV pl non-usages.

non-valeur *f* valor *m* improductivo (qui ne rapporte rien) ‖ deuda incobrable (dette) ‖ FIG persona inútil, nulidad; c'est une non-valeur es una nulidad.
■ OBSERV pl non-valeurs.

non-viabilité *f* falta de viabilidad.
■ OBSERV pl non-viabilités.

non-viable *adj* no viable.
■ OBSERV pl non-viables.

non-violence *f* acción sin violencia.
■ OBSERV pl non-violences.

non-voyant, e *m* & *f* invidente.

nopal *m* nopal, chumbera *f* (plante grasse).

Norbert *n pr* Norberto.

nord [nɔr] *adj* & *s m* norte ‖ MAR nord du compas norte de brújula ‖ du nord del Norte; norteño, ña ‖ perdre le nord perder el rumbo, desorientarse (s'écarter), perder el norte ou la brújula ou la cabeza (s'affoler).

Nord *n pr* GÉOGR la mer du Nord el mar del Norte.

nord-africain, e [nɔrafrikɛ̃, ɛn] *adj* norteafricano, na.
■ OBSERV pl nord-africains, nord-africaines.

Nord-Africain, e *m* & *f* norteafricano, na.

nord-américain, e [nɔramerikɛ̃, ɛn] *adj* norteamericano, na; estadounidense.

OBSERV pl nord-américains, nord-américaines.

Nord-Américain, e *m* & *f* norteamericano, na; estadounidense.

nord-coréen, enne *adj* norcoreano, na.

OBSERV pl nord-coréens, nord-coréennes.

Nord-Coréen, enne *m* & *f* norcoreano, na.

nord-est [nɔrɛst] ou [nɔrdɛst] *m* nordeste.

nordique *adj* & *s* nórdico, ca.

nordir [32] *v intr* MAR nortear (le vent).

nordiste *adj* & *s* HIST nordista (guerre de Sécession américaine).

nord-ouest [nɔrwɛst] ou [nɔrdwɛst] *adj* & *s m* noroeste.

Nord-Pas-de-Calais [nɔrpadkalɛ] *n pr m* GÉOGR Nord-Pas-de-Calais; dans le Nord-Pas-de-Calais en Nord-Pas-de-Calais.

NORD-PAS-DE-CALAIS
Esta región administrativa comprende los departamentos de Nord y Pas-de-Calais. Capital: Lille.

Nord Viêtnam; Nord Vietnam; Nord Viêt-nam *n pr m* GÉOGR le Nord Viêt Nam ou Nord Vietnam ou Nord Viêt-nam Vietnam del Norte.

nord-vietnamien, enne *adj* GÉOGR norvietnamita.

Nord-Vietnamien, enne *m* & *f* norvietnamita.

OBSERV pl nord-vietamiens, nord-vietnamiennes.

noria *f* noria.

normal, e *adj* normal; être dans son état normal estar en su estado normal ■ école normale primaire escuela Normal del Magisterio Primario ■ c'est normal es lógico ou normal.

➞ **normale** *f* MATH normal, perpendicular ▌ lo normal; supérieur à la normale superior a lo normal.

normalement *adv* normalmente (habituellement) ▌ en circunstancias normales (selon les prévisions).

normalien, enne *m* & *f* normalista (élève).

normalisation [nɔrmalizasjɔ̃] *f* normalización.

normaliser [3] *v tr* normalizar.

normalité *f* normalidad.

normand, e [nɔrmɑ̃, ɑ̃d] *adj* normando, da ▌ FIG marrajo, ja; astuto, ta ▌ FAM faire une réponse normande dar una respuesta ambigua ou evasiva, no decir ni sí ni no.

➞ **normand** *m* LING normando.

Normand, e [nɔrmɑ̃, ɑ̃d] *m* & *f* normando, da.

Normandie *n pr f* GÉOGR la Normandie Normandía.

normatif, ive *adj* normativo, va.

norme *f* norma.

norois; norrois *m* LING normánico [lengua noruega antigua].

noroît; norois [nɔrwa] *m* viento noroeste.

norrois ➞ norois.

Norvège *n pr f* GÉOGR la Norvège Noruega.

norvégien, enne *adj* noruego, ga.

➞ **norvégien** *m* LING noruego.

➞ **norvégienne** *f* MAR bote *m* de proa alta y puntiaguda.

Norvégien, enne *m* & *f* noruego, ga.

nos [no] *adj poss* nuestros, tras; nos soucis nuestras preocupaciones.

nosographie *f* MÉD nosografía.

nosologie *f* MÉD nosología.

nostalgie *f* nostalgia, añoranza.

nostalgique *adj* nostálgico, ca.

nostoc *m* nostoc (algue).

nostras [nɔstras] *adj* MÉD nostras.

nota; nota bene *m inv* nota bene *f*.

notabilité *f* notabilidad.

notable *adj* notable.

◇ *m* notable, ciudadano importante; assemblée des notables asamblea de notables.

notablement *adv* notablemente.

notaire *m* notario ■ clerc de notaire pasante de notario ▌ étude de notaire notaría.

notairesse *f* mujer del notario.

notamment *adv* particularmente, especialmente, entre otras cosas ▌ sobre todo, principalmente.

notarial, e *adj* notarial; actes notariaux actas notariales.

notariat [nɔtarja] *m* notaría *f* (charges) ▌ notariado (corporation).

notarié, e *adj* notariado, da; notarial; acte notarié escritura notarial.

notation [nɔtasjɔ̃] *f* notación.

note *f* [▷ SYN] nota; prendre note d'un rendez-vous tomar nota de una cita ▌ apunte *m*, nota; prendre des notes tomar apuntes ▌ cuenta, factura; une note élevée una cuenta crecida ▌ nota; ces fleurs donnent une note de gaieté estas flores ponen una nota de alegría ▌ nota, calificación; élève qui a de bonnes notes alumno que tiene buenas notas ▌ MUS nota; fausse note nota falsa ■ note de service nota de servicio ▌ note diplomatique nota diplomática ■ changer de note mudar de canción, mudar de tono ▌ chanter toujours sur la même note repetir siempre la misma canción ▌ être ou rester dans la note estar a tono, no desentonar ▌ forcer la note pasarse de la raya, forzar la nota, cargar las tintas.

SYN annotation apunte, anotación; glose glosa; apostille apostilla; scolie escolio.

noté, e *adj* être bien, mal noté estar bien, mal considerado; ARG SCOL être bien, mal noté estar bien, mal puntuado.

noter [3] *v tr* tomar nota, anotar, apuntar (sur un calepin) ▌ calificar, poner nota a (un devoir) ▌ señalar, marcar; noter un passage d'une croix señalar un trozo con una cruz ▌ observar, advertir, notar (remarquer) ▌ decir; notons en passant que de paso diremos que ▌ MUS anotar, escribir ■ noter d'infamie poner una nota infamante ▌ il est à noter que mencionemos ▌ FIG être bien, mal noté estar bien, mal considerado.

notice *f* reseña, nota, noticia; notice bibliographique reseña bibliográfica ■ notice d'entretien instrucciones [para el uso o conservación de aparatos diversos] ▌ notice explicative

folleto explicativo ▌ notice nécrologique nota necrológica.

notificatif, ive *adj* informativo, va; notificativo, va.

notification *f* notificación.

notifier [9] *v tr* notificar.

SYN signifier significar; intimer intimar.

notion *f* noción.

notoire *adj* destacado, da; notorio, ria.

notoirement *adv* notoriamente.

notonecte *m* notonecta (insecte).

notoriété *f* notoriedad ▌ être de notoriété publique ser público y notorio.

notre *adj poss* nuestro, tra; notre pays nuestro país.

OBSERV pl nos.

nôtre (le, la) *pron poss* nuestro, tra; leurs droits et les nôtres sus derechos y los nuestros.

◇ *m* nuestra parte *f*.

➞ **nôtres** *m* & *f pl* nuestros, tras; êtes-vous des nôtres? ¿es usted de los nuestros?

Notre-Dame *f inv* Nuestra Señora.

notule *f* notita, apostilla.

notus [nɔtys] *m* noto (vent).

nouage *m* anudamiento.

Nouakchott *n pr* GÉOGR Nouakchott, Nuwāšot, Nuakchott.

nouba *f* nuba (musique des tirailleurs nord-africains) ▌ FAM jaleo *m*, juerga; faire la nouba estar de juerga.

noue [nu] *f* AGRIC prado *m* pantanoso, almarjal *m* ▌ ARCHIT lima hoya (angle du toit) ▌ canal (tuile).

noué, e *adj* anudado, da ▌ escogido, da; avoir l'estomac noué tener el estómago encogido ▌ AGRIC cuajado, da (fruits) ▌ FIG raquítico, ca.

nouement [numɑ̃] *m* anudamiento.

nouer [6] *v tr* anudar (faire des nœuds), atar, trabar (lier) ▌ agarrotar (les muscles) ▌ FIG trabar, contraer (amitié, rapports) ▌ tramar, urdir; nouer une intrigue tramar una intriga ▌ trabar, entablar (relations); nouer la conversation trabar la conversación.

➞ **se nouer** *v pr* anudarse; ma gorge se noua se me anudó la garganta.

nouet [nuɛ] *m* muñequilla *f* para infusiones.

noueux, euse [nuø, øz] *adj* & *s* nudoso, sa; sarmentoso, sa; des mains noueuses manos sarmentosas.

nougat [nuga] *m* especie de turrón francés.

nouille [nuj] *f* tallarín *m*, cinta ▌ FAM ganso *m*, lelo *m*.

noulet [nulɛ] *m* canalón del tejado.

Nouméa *n pr* GÉOGR Numea.

noumène *m* PHILOS nóumeno.

nouménie ➞ néoménie.

nounou *f* FAM ama, nodriza.

Noureïev [nurejɛf] *n pr* Nuréiev.

nourrain *m* freza *f*, alevín (fretin) ▌ lechón, cochinillo (jeune porc).

nourri, e *adj* alimentado, da; nutrido, da ▌ criado, da (allaité) ▌ FIG criado, da; educado, da (élevé) ▌ alimentado, da; nutrido, da; fortificado, da ▌ hermoso, sa (fruits) ▌ granado, da;

blé nourri trigo granado ‖ nutrido, da (abondant); applaudissements nourris aplausos nutridos ‖ graneado, da; feu nourri fuego graneado ‖ denso, rico; style nourri estilo rico.

nourrice *f* nodriza, ama de cría *ou* de leche ‖ TECHN nodriza (automobile) ■ **mère nourrice** madre que cría ‖ **mettre en nourrice** dar a criar fuera ‖ **nourrice agréée** nodriza habilitada ‖ **nourrice sèche** ama seca.

nourricier, ère *adj* nutricio, cia; alimenticio, cia; nutritivo, va ‖ que asegura la subsistencia (père, terre) ‖ **père nourricier** padre putativo.

nourrir [32] *v tr* [▷ SYN] alimentar, nutrir; **la sang nourrit le corps** la sangre nutre el cuerpo ‖ criar, amamantar, dar el pecho (allaiter); **nourrir un enfant** amamantar a un niño; **nourrir au biberon** criar con biberón ‖ alimentar, dar de comer (donner à manger) ‖ FIG alimentar, nutrir (l'esprit) ‖ conservar, abrigar, acariciar, mantener; **nourrir de grands espoirs** abrigar muchas esperanzas ■ **logé nourri** pensión completa ‖ **nourrir au sein** amamantar, criar al pecho.

se nourrir *v pr* alimentarse ‖ **se nourrir de** alimentarse de *ou* con ‖ FIG **se nourrir d'illusions** vivir de ilusiones.

│ SYN alimenter alimentar; sustenter sustentar; restaurer restaurar.

nourrissage *m* cría *f* de ganado.

nourrissant, e *adj* alimenticio, cia; nutritivo, va.

│ SYN nutritif nutritivo; nourricier nutricio; substantiel substancial.

nourrisseur *m* encargado de cebar el ganado.

nourrisson *m* niño de pecho.

nourriture *f* alimento *m*, comida (aliment), sustento *m* ‖ FIG alimento; **la nourriture de l'esprit** el alimento del espíritu.

nous [nu] *pron pers pl* nosotros, tras (sujet); **nous sommes bons** nosotros somos buenos; **nous sommes belles** nosotras somos hermosas ‖ nos (complément direct ou indirect); **il nous voit et il nous parle** nos ve y nos habla ‖ nos (sujet, désignant un haut personnage); **nous, archevêque de Paris** nos, arzobispo de París ■ **nous autres** nosotros, tras ■ **à nous** nuestro, tra; **cette maison est à nous** esta casa es nuestra ‖ **chez nous** en nuestro país (pays), en nuestra casa (maison); en nuestra sociedad, entre nosotros (parmi nous) ■ **c'est nous** somos nosotros, nosotras ‖ **c'est nous qui** somos nosotros, nosotras quienes *ou* los que, las que.

│ OBSERV En espagnol on n'emploie le pronom sujet que si l'on veut insister (nous partons demain nos vamos mañana; nous, nous partons demain nosotros nos vamos mañana).

nouveau; nouvel, elle *adj* nuevo, va; **un film nouveau** una nueva película ‖ novicio, cia; novato, ta; **nouveau dans les affaires** novicio en los negocios ■ **nouveau riche** nuevo rico ‖ **nouveau roman** nouveau roman ‖ **nouveau venu, nouvelle venue** recién llegado, da ‖ **nouveaux philosophes** nuevos filósofos ‖ **nouveaux visages** caras nuevas ‖ **nouvel an, nouvelle année** Año Nuevo ‖ **nouvelle cuisine** nueva cocina ‖ **nouvelle lune** luna nueva ■ **de nouvelle date** reciente ‖ **il y a du nouveau** hay algo nuevo, hay novedad.

nouveau *m* lo nuevo; **le nouveau plaît toujours** lo nuevo gusta siempre ‖ novato, ta (dans une école) ■ **à nouveau** de nuevo; **reprendre à nouveau un projet** comenzar de nuevo un proyecto ‖ **de nouveau** de nuevo, otra vez.

nouveau *adv* recién; **nouveau-né, nouveaux-mariés** recién nacido, recién casados.

│ OBSERV Nouvel se emplea en francés ante palabras que empiezan con vocal o h muda (un nouvel avion). Nouveau cambia de sentido según vaya colocado antes o después del sustantivo: robe nouvelle vestido de modelo reciente; nouvelle robe vestido comprado hace poco.

Nouveau-Brunswick *n pr m* GÉOGR **le Nouveau-Brunswick** Nuevo Brunswick.

Nouveau-Mexique *n pr m* GÉOGR **le Nouveau-Mexique** Nuevo México.

nouveau-né, e *adj & s* recién nacido, da.
│ OBSERV pl nouveau-nés, nouveau-nées.

Nouveau-Québec *n pr m* GÉOGR **le Nouveau-Québec** Nuevo Quebec.

nouveauté *f* novedad; **magasin de nouveautés** almacén de novedades ‖ obra nueva (livre).

nouvelle *f* noticia (mot le plus courant), nueva; **apporter des nouvelles** traer noticias ‖ novela corta (récit) ■ **nouvelles à la main** gacetilla ■ **fausse nouvelle** bulo ‖ **la Bonne Nouvelle** la Buena Nueva ‖ **pas de nouvelles, bonnes nouvelles** las malas noticias llegan las primeras ‖ **première nouvelle!** ¡ahora me entero! ■ **demander** *ou* **prendre des nouvelles de** preguntar por ‖ **envoyer quelqu'un aux nouvelles** enviar a alguien a buscar noticias ‖ **je suis sans nouvelles de lui** estoy sin noticias de él ‖ **vous aurez de mes nouvelles** ya oirá hablar de mí ‖ **vous m'en direz des nouvelles** ya me dirá usted, ya verá usted lo que es bueno.

Nouvelle-Angleterre *n pr f* GÉOGR **la Nouvelle-Angleterre** Nueva Inglaterra.

Nouvelle-Bretagne *n pr f* GÉOGR **la Nouvelle-Bretagne** Nueva Bretaña.

Nouvelle-Calédonie *n pr f* GÉOGR **la Nouvelle-Calédonie** Nueva Caledonia.

Nouvelle-Castille *n pr f* GÉOGR **la Nouvelle-Castille** Castilla la Nueva.

Nouvelle-Écosse *n pr f* GÉOGR **la Nouvelle-Écosse** Nueva Escocia.

Nouvelle-Galles du Sud *n pr f* GÉOGR **la Nouvelle-Galles du Sud** Nueva Gales del Sur.

Nouvelle-Guinée *n pr f* GÉOGR **la Nouvelle-Guinée** Nueva Guinea.

Nouvelle-Irlande *n pr f* GÉOGR **la Nouvelle-Irlande** Nueva Irlanda.

nouvellement *adv* desde hace poco, recientemente, recién.

Nouvelle-Orléans *n pr f* GÉOGR **la Nouvelle-Orléans** Nueva Orleans.

Nouvelles-Hébrides *n pr f pl* HIST **les Nouvelles-Hébrides** Nuevas Hébridas (ancien nom du Vanuatu).

Nouvelle-Zélande *n pr f* GÉOGR **la Nouvelle-Zélande** Nueva Zelanda.

Nouvelle-Zemble *n pr f* GÉOGR **la Nouvelle-Zemble** Nueva Zembla.

nouvelliste *m* autor de novelas cortas.

nova *f* ASTRON nova.

novateur, trice *adj & s* novador, ra; innovador, ra.

novation *f* DR novación.

novatoire *m* DR novatorio, ria.

novelle *f* DR novela.

novembre [nɔvɑ̃br] *m* noviembre.

nover [3] *v tr* DR novar.

novice *adj & s* novicio, cia (religieux) ‖ [▷ SYN] novato, ta; novel (débutant) ‖ MAR grumete.

│ SYN néophyte neófito; débutant principiante; apprenti aprendiz; FAM béjaune pipiolo, novato; blanc-bec mocoso; bleu quinto, recluta, bisoño.

noviciat [nɔvisja] *m* noviciado (religieux) ‖ FIG aprendizaje (apprentissage).

Novossibirsk *n pr* GÉOGR Novosibirsk.

noyade [nwajad] *f* ahogamiento *m* ‖ **noyade de trois enfants** tres niños se ahogan.

noyau [nwajo] *m* hueso (d'un fruit) ‖ núcleo; **noyau atomique** núcleo atómico ‖ noyó (liqueur) ‖ macho, alma *f* (fonderie) ‖ ARCHIT nabo, eje (d'escalier) ‖ BIOL & CHIM núcleo; **noyau cellulaire** núcleo celular ‖ ÉLECTR núcleo (d'une bobine) ‖ FIG núcleo (d'une association) ‖ FIG **noyau dur** los duros.

noyautage [nwajɔtaʒ] *m* infiltración *f* *ou* organización *f* de células de partidarios entre las fuerzas adversas.

noyauter [3] [nwajɔte] *v tr* establecer núcleos *ou* células en el seno de una colectividad.

noyé, e [nwaje] *adj & s* ahogado, da ‖ sumergido, da (immergé); anegado, da ■ FIG **noyé dans la multitude** sumergido entre la muchedumbre ‖ **noyé de larmes** bañado *ou* anegado en llanto.

noyer [nwaje] *m* nogal (arbre et bois).

noyer [13] [nwaje] *v tr* ahogar; **noyer un chien** ahogar un perro ‖ anegar, inundar (un terrain) ‖ inundar, ahogar (le carburateur, le moteur) ‖ diluir (les couleurs) ‖ remachar (un clou) ‖ cubrir, envolver; **une épaisse brume noie la vallée** una espesa niebla cubre el valle ‖ FIG anegar, bañar (les larmes) ‖ aclarar; **noyer une sauce** aclarar una salsa ‖ aguar (le vin) ‖ ahogar, acallar; **noyer son chagrin dans le vin** ahogar su pena embriagándose ‖ despistar (un candidat) ‖ FIG & FAM **noyer le poisson** dar largas a un asunto.

se noyer *v pr* ahogarse; **se noyer dans un lac** ahogarse en un lago ‖ FIG perderse; **se noyer dans les détails** perderse en detalles ‖ ahogarse; **se noyer dans un verre d'eau** ahogarse en un vaso de agua.

N/Réf. (abr écrite de Notre référence) N/Rfa.

NRF (abr de Nouvelle Revue française) *f* revista literaria mensual francesa (revue) ‖ movimiento literario del mismo nombre (mouvement).

N-S (abr écrite de Notre-Seigneur) NS.

N-S J-C (abr écrite de Notre-Seigneur Jésus-Christ) N.S.J.C.

NSP (abr écrite de Notre Saint Père) NSP.

nu *m* desnudo (peinture, sculpture); **nu intégral** desnudo integral ‖ ARCHIT alineación *f*.

nu *m* ny *f* (lettre grecque).

nu, nue *adj* desnudo, da ‖ desnudo, da; sin adornos (sans ornements) ‖ yermo, ma (sans végétation) ‖ escueto, ta; llano, na (style) ‖ desenvainado, da (épée) ■ **arbre nu** árbol sin hojas ‖ **cheval nu** caballo no enjaezado ‖ **la vérité toute nue** la verdad escueta ‖ **roche à nu** roca viva ‖ **tout nu** en cueros, totalmente desnudo ■ **à l'œil nu** a simple vista ‖ **à mains nues** sin guantes ‖ **à nu** al descubierto ‖ **nu comme un ver** completamente desnudo, en cueros, en cueros vivos ■ **mettre à nu** desnudar ‖ **mettre son cœur à nu** hablar con toda franqueza, abrir el corazón ‖ **monter à nu** montar a pelo (équitation).

> **OBSERV** Nu es invariable cuando precede un sustantivo y se une con éste mediante un guión para formar una palabra compuesta: nu-tête con la cabeza descubierta; nu-pieds descalzo, con los pies desnudos. Pero se escribe: tête nue y pieds nus pues en este caso el adjetivo sigue al nombre. (Excepciones: nue-propriété nuda propiedad y nus-propriétaires nudos propietarios.).

nuage [nɥaʒ] *m* nube *f* ‖ FIG sombra *f* de tristeza, nube *f*, pena *f* (trouble, chagrin) ■ **nuage de lait** gota de leche [en café o té] ‖ **nuage de poussière** nube de polvo, polvareda ‖ NUCL **nuage radioactif** nube radioactiva ■ FIG **être dans les nuages** estar en las nubes *ou* en Babia ‖ **mon avenir est chargé de nuages** mi porvenir se presenta negro, mi porvenir está lleno de amenazas.

> **OBSERV** Nuage es la palabra usual; nue pertenece a la lengua literaria.
> **SYN** nuée nublado, nubarrón; nue nube.

nuageux, euse *adj* nublado, da; **le ciel est nuageux** el cielo está nublado ‖ nubloso, sa; **une journée nuageuse** un día nubloso ‖ FIG nebuloso, sa; vago, ga; oscuro, ra; **une pensée nuageuse** un pensamiento nebuloso.

nuance [nɥɑ̃s] *f* matiz *m* (couleur, son, opinion) ‖ rasgo *m*, un algo *m*, matiz *m*; **il n'y a pas de génie sans une nuance de folie** no hay genio sin un rasgo de locura.

nuancé, e *adj* matizado, da.

nuancement *m* matización *f*.

nuancer [16] *v tr* matizar (couleurs, opinions).

Nubie *n pr f* GÉOGR la Nubie Nubia; **le désert de Nubie** el desierto de Nubia.

nubien, enne *adj* nubiense.

nubile *adj* núbil.

nubilité *f* nubilidad.

nucelle *m* BOT nucela *f*.

nucléaire *adj* nuclear; **physique nucléaire** física nuclear ■ **essai nucléaire** ensayo nuclear ‖ **arrêt des essais nucléaires** interrupción de los ensayos nucleares ■ **miser sur le nucléaire** apostar por la energía nuclear.

nucléariser [3] *v tr* nuclearizar.

nucléé, e *adj* nucleado, da.

nucléique *adj* **acides nucléiques** ácidos nucleicos.

nucléole *m* BIOL nucléolo.

nucléon *m* PHYS nucleón.

nucléonique *adj & s f* nucleónico, ca.

nucléoprotéine *f* nucleoproteína.

nudisme *m* nudismo, desnudismo.

nudiste *adj & s* nudista, desnudista.

nudité *f* desnudez.

nue [ny] *f* nube (nuage) ■ FIG **porter aux nues** poner por las nubes ‖ **tomber des nues** caer de las nubes.

nuée [nɥe] *f* nubarrón *m* (gros nuage) ‖ nube ‖ FIG nube, bandada; **nuée de sauterelles** nube de langostas ‖ vaguedad (idée obscure) ‖ **nuée ardente** nube ardiente *ou* peleana (volcan).

nue-propriété *f* DR nuda propiedad.

> **OBSERV** pl nues-propriétés.

nuer [3] *v tr* armonizar los colores al tejer.

nuire [97] *v tr* perjudicar, ser nocivo, hacer daño ‖ **ne pas nuire** no venir nada mal, no estar nada mal.

> **OBSERV** El participio pasado nui es siempre invariable: ils se sont nui.
> **SYN** desservir causar perjuicio; léser lesionar.

nuisance *f* daño *m*, perjuicio *m*, molestia ■ **nuisances sonores** ruido ambiental ‖ **seuil de nuisance** límite de nocividad al medio ambiente ‖ **protection contre les nuisances** protección contra los daños al medio ambiente.

nuisette *f* camisón *m* corto, picardía.

nuisibilité *f* nocividad.

nuisible *adj* perjudicial; dañino, na; nocivo, va; **un oiseau nuisible** un pájaro dañino.

> **SYN** malfaisant dañino; pernicieux pernicioso; dangereux, périlleux peligroso; nocif nocivo, dañino; délétère deletéreo; méphitique mefítico; mauvais malo.

nuit [nɥi] *f* noche; **il fait nuit** es de noche; **nuit blanche** noche toledana, noche en blanco *ou* en claro *ou* en vela; **nuit noire** noche cerrada ■ **la nuit dernière** anoche, la noche anterior ‖ **les oiseaux de nuit** las aves nocturnas ■ **à la nuit tombante, à la tombée de la nuit** al anochecer, a la caída de la tarde ‖ **bonne nuit** buenas noches ■ **c'est le jour et la nuit** es la noche y el día ‖ **être de nuit** trabajar por la noche ‖ **il se fait nuit** anochece ‖ **la nuit porte conseil** es conveniente consultar con la almohada ‖ **la nuit tous les chats sont gris** de noche todos los gatos son pardos.

nuitamment *adv* durante la noche, por la noche.

nuitée *f* noche pasada en un hotel por una persona [por oposición a journée día].

nul, nulle *adj indéf* [antes del nombre] ninguno, na; **nul espoir** ninguna esperanza ‖ **nulle part** en ninguna parte.

◇ *adj qualif* [después del nombre] nulo, la; sin valor; **testament nul** testamento nulo; **homme nul** hombre nulo ■ **nul et non avenu** nulo y sin valor ■ **match nul** empate (sports), combate nulo [boxeo] ■ **être nul** ser una nulidad, ser negado, da; estar pez; **être nul en géographie** estar pez en geografía ‖ **faire partie nulle** hacer tablas.

◇ *pr indéf* nadie; **nul n'est prophète en son pays** nadie es profeta en su tierra.

> **OBSERV** 1. L'adjectif indéfini ninguno s'apocope en ningún devant un nom masculin singulier (ningún hombre).
> 2. Nul, pronombre, exige la partícula negativa ne en la construcción de la frase.

nullard *adj & s* FAM calamidad, nulo, la.

nullement *adv* de ningún modo, en modo alguno, de ninguna manera.

nullité *adv* nulidad ‖ FAM nulidad, cero *m* a la izquierda (personne).

nûment *adv* desnudamente, lisa y llanamente; **dire nûment la vérité** decir la verdad lisa y llanamente.

numéraire *adj* numerario, ria.
◇ *m* numerario, metálico (argent).

numéral, e *adj* numeral.

numérateur *m* MATH numerador.

numération [nymerasjɔ̃] *f* numeración; **numération décimale** numeración decimal; **numération binaire** numeración binaria ‖ MÉD **numération globulaire** recuento de glóbulos.

numérique *adj* numérico, ca ‖ INFORM digital, numérico, ca.

numériquement *adv* numéricamente.

numérisation *f* INFORM digitalización.

numériser [3] *v tr* INFORM digitalizar.

numéro *m* número (chiffre, revue, loterie, spectacle); **numéro gagnant** número premiado ‖ **matrícula** *f* (d'une voiture) ‖ ejemplar, número suelto (revue) ‖ FIG tipo curioso, tipo raro ■ **numéro de téléphone** número de teléfono ‖ **numéro d'identification personnel** número de identificación ‖ **numéro d'immatriculation (minéralogique)** número de matrícula ‖ **numéro spécial** número especial ‖ **numéro vert** número de teléfono gratuito ‖ **numéro zéro** número cero ■ **l'ennemi public numéro un** el enemigo público número uno ■ **faire** *ou* **composer un numéro** marcar un número ‖ FIG **avoir tiré le bon numéro** haber nacido de pie ‖ **c'est un numéro** es un caso.

numérotage *m* numeración *f*.

numérotation *f* numeración; **numérotation téléphonique** numeración telefónica.

numéroter [3] *v tr* numerar.

> **SYN** folioter foliar; paginer paginar; coter acotar.

numéroteur *m* numerador (appareil).

numerus clausus *m inv* numerus clausus.

numide *adj* númida.

Numide *m & f* númida.

Numidie *n pr f* HIST la Numidie Numidia.

numismate *m & f* numismático, ca.

numismatique *adj & s* numismático, ca.

nummulite *f* numulita (fossile).

nummulitique *adj & s m* numulítico, ca.

nuoc-mâm *m inv* nuoc-man [salsa vietnamita a base de pescado].

nu-pieds *m inv* sandalia *f*.

nu-propriétaire, nue-propriétaire *adj & s* DR nudo propietario.

> **OBSERV** pl nus-propriétaires, nues-propriétaires.

nuptial, e [nypsjal] *adj* nupcial ‖ **lit nuptial** tálamo.

nuptialité [nypsjalite] *f* nupcialidad; **taux de nuptialité** tasa de nupcialidad.

nuque *f* ANAT nuca, cogote *m* FAM.

Nuremberg *n pr* GÉOGR Nuremberg.

nurse [nœrs] *f* niñera, nurse.

nursery [nœrsəri] *f* cuarto *m* *ou* guardería de los niños.

> **OBSERV** pl nurserys *ou* nurseries.

nutation [nytasjɔ̃] *f* ASTRON & BOT nutación ‖cabeceo *m* (oscillation de la tête).

nutriment *m* nutrimiento.

nutritif, ive *adj* nutritivo, va.

nutrition [nytrisjɔ̃] *f* nutrición.

nutritionniste *m* & *f* MÉD especialista en nutrición.

Nyassaland *n pr m* HIST le Nyassaland Nyasalandia, Nyassalandia (ancien nom du Malawi).

nyctaginacées *f pl* BOT nictagináceas.

nyctalope *adj* & *s* MÉD nictálope.

nyctalopie *f* MÉD nictalopía.

Nylon® [nilɔ̃] *m* nylon, nilón, nailon.

nymphal, e [nɛ̃fal] *adj* ninfal.

nymphe [nɛ̃f] *f* ninfa.
‖ SYN naïade náyade; dryade dríade, dríada; hamadryade hamadríade, hamadríada; oréade oréade.

nymphéa [nɛ̃fea] *m* BOT ninfea, nenúfar.

nymphéacé, e [nɛ̃fease] *adj* & *s* BOT ninfeáceo, a.

nymphée [nɛ̃fe] *m* MYTH lugar consagrado a las ninfas.

nymphette *f* ninfa.

nymphomane [nɛ̃fɔman] *f* MÉD ninfómana, ninfomaníaca.

nymphomanie [nɛ̃fɔmani] *f* MÉD ninfomanía.

nymphose [nɛ̃foz] *f* ninfosis.

nystagmus [nistagmys] *m* MÉD nistagmo, parpadeo espasmódico.

o; O *m* o *f.*

OBSERV La o es muda en paon (pavón), faon (cervato), taon (tábano) y Laon. La letra doble œ equivale a e y el diptongo œu a eu.

ô! *interj* ¡oh! (úsase sólo como vocativo); ô mon Dieu! ¡oh, Dios mío!

O (abr écrite de ouest) O.

OAA (abr de Organisation des Nations unies pour l'alimentation et l'agriculture) *f* Organización de las Naciones Unidas para la Agricultura y la Alimentación.

OACI (abr de Organisation de l'aviation civile internationale) *f* ICAO.

OAS (abr de Organisation de l'armée secrète) *f* movimiento clandestino francés opuesto a la independencia de Argelia.

oasien, enne *adj* relativo, va a los oasis.

Oasien, enne *m* & *f* habitante de los oasis.

oasis [ɔazis] *f* oasis *m.*

Ob *n pr m* GÉOGR l'Ob el Ob, Obi.

obédience *f* obediencia ‖ lettres d'obédience letras obedenciales.

obéir [32] [ɔbeir] *v intr* obedecer; obéir à un ordre obedecer a una orden; obéir à la force obedecer a la fuerza.

> **SYN** se soumettre someterse; obtempérer obtemperar.

obéissance *f* obediencia; obéissance du navire au gouvernail obediencia del barco al timón.

> **SYN** soumission sumisión; obédience obediencia; servilité servilismo.

obéissant, e *adj* obediente.

obélisque *m* obelisco.

obérer [18] *v tr* endeudar (endetter) ‖ abrumar ou cargar de deudas (surcharger de dettes).

obèse *adj* & *s* obeso, sa.

obésité *f* obesidad.

obi *f* faja de seda japonesa.

obier *m* BOT mundillo, sauquillo.

obit [ɔbit] *m* misa *f* de aniversario.

obituaire *adj* & *s m* obituario (registre d'une église) ‖ depósito de cadáveres (morgue).

objecter [4] *v tr* objetar ‖ reprochar, echar en cara; on lui objecte son jeune âge se le echa en cara su poca edad.

objecteur *m* objetante ‖ objecteur de conscience objetor de conciencia.

objectif, ive *adj* & *s m* objetivo, va ■ PHOT objectif à focale variable objetivo de distancia focal variable ‖ objectif à grand angle objetivo gran angular ‖ objectif à immersion objetivo de inmersión.

objection *f* objeción, reparo *m*; il fait toujours des objections à tout pone siempre reparos a todo ‖ objection de conscience objeción de conciencia.

objectivation *f* objetivación.

objectivement *adv* objetivamente.

objectiver [3] *v tr* objetivar, hacer objetivo.

objectivisme *m* objetivismo.

objectivité *f* objetividad.

objet [ɔbʒɛ] *m* objeto ‖ INFORM objeto ■ objets de toilette artículos de tocador ■ bureau des objets trouvés depósito de objetos perdidos ‖ GRAMM complément d'objet complemento directo ‖ sans objet sin objeto ■ avoir pour objet tener por objeto ‖ être l'objet, faire l'objet de ser objeto de ‖ remplir son objet conseguir su propósito.

objurgation [ɔbʒyrgasjɔ̃] *f* censura, reproche *m*, reprobación.

oblat, e [ɔbla, at] *m* & *f* oblato, ta (religieux).

oblation *f* oblación.

obligataire *m* & *f* obligacionista.

obligation *f* obligación (devoir) ‖ obligación (titre) ‖ compromiso *m*; contracter, s'acquitter d'une obligation contraer un compromiso, deshacerse de un compromiso ‖ deuda de gratitud (motif de reconnaissance) ■ ÉCON obligation d'État obligación del Estado ‖ obligation de réserve obligación de discreción ou de secreto (administration) ‖ obligations familiales obligaciones familiares ‖ obligations militaires deberes militares ■ d'obligation obligatorio, ria; de obligación ‖ fête d'obligation fiesta de precepto ou de guardar ■ sans obligation d'achat sin compromiso de compra ■ être dans l'obligation de estar obligado a ‖ faire honneur à ses obligations cumplir con sus obligaciones, cumplir con sus compromisos.

obligatoire *adj* obligatorio, ria.

obligatoirement *adv* obligatoriamente.

obligé, e *adj* obligado, da; être obligé de sortir estar obligado a salir ‖ agradecido, da (reconnaissant) ‖ necesario, ria; c'est une conséquence obligée es una consecuencia necesaria ‖ FAM inevitable ■ c'est obligé! ¡es de cajón!, ¡era de prever!, ¡estaba visto! ‖ je vous serais très obligé de le estaría muy agradecido por, le agradecería mucho que.

◇ *m* & *f* agradecido, da ■ il est mon obligé

en cette affaire me tiene que estar muy reconocido ou agradecido en este asunto.

obligeamment [ɔbliʒamɑ̃] *adv* complacientemente, servicialmente, atentamente.

obligeance [ɔbliʒɑ̃s] *f* complacencia, cortesía ■ un homme d'une extrême obligeance un hombre extremadamente cortés ■ ayez l'obligeance de haga el favor de, tenga la bondad ou la amabilidad de.

obligeant, e [ɔbliʒɑ̃, ɑ̃t] *adj* complaciente, servicial ‖ atento, ta; amable; dire des paroles obligeantes decir palabras amables.

obliger [17] *v tr* obligar (à faire quelque chose) ‖ [▷ SYN] forzar; tu vas l'obliger à partir le vas a forzar a que se vaya ‖ servir, complacer (rendre service); obliger ses amis complacer a sus amigos ■ être obligé de tener que, verse obligado a ‖ vous m'obligeriez beaucoup en me laissant votre voiture le estaría muy agradecido si me dejara el coche ‖ vous n'obligerez pas un ingrat sabré reconocerle ou agradecerle lo que usted haga por mí.

> **OBSERV** Es preferible emplear obliger à en la forma activa y obliger de en la pasiva: je vous oblige à faire cela y je suis obligé de le faire.
> **SYN** astreindre obligar, astringir; contraindre compeler, constreñir; forcer forzar; violenter violentar.

oblique *adj* oblicuo, cua ‖ FIG torcido, da ‖ regard oblique mirada de soslayo.
◇ *m* ANAT oblicuo (muscle).
◇ *f* MATH oblicua.

obliquement *adv* de refilón, de soslayo (de biais) ‖ hipócritamente (hypocrite); il agit toujours obliquement se comporta siempre hipócritamente.

obliquer [3] *v intr* torcer a un lado.

obliquité *f* oblicuidad.

oblitérateur, trice *adj* MÉD obliterador, ra.
➡ **oblitérateur** *m* matasellos (pour les timbres).

oblitération *f* matado *m*, inutilización (d'un timbre) ‖ matasellos *m* (marque) ‖ MÉD obliteración.

oblitérer [18] *v tr* MÉD obliterar, obstruir ‖ matar, poner el matasellos (timbre) ‖ borrar (effacer) ‖ anular (annuler).

oblong, gue [ɔblɔ̃, ɔ̃g] *adj* oblongo, ga.

obnubilation *f* obnubilación.

obnubiler [3] *v tr* obnubilar, obsesionar.

obole *f* óbolo *m*; verser son obole dar su óbolo.

obombrer [3] *v tr* (p us) dar sombra ‖ FIG cobijar, proteger.

obscène *adj* obsceno, na.
> SYN indécent indecente; impudique impúdico; impur impuro; licencieux licencioso; graveleux, ordurier indecente; grivois picaresco, verde; pornographique pornográfico; pimenté salado; sale sucio.

obscénité *f* obscenidad.

obscur *adj* oscuro, ra; sombrío, ía.
> OBSERV L'Académie espagnole admet aussi l'orthographie obscuro.
> SYN nébuleux nebuloso; confus confuso; embrouillé enredado, embrollado; inextricable inextricable; entortillé enmarañado; touffu embrollado; ténébreux tenebroso; mystérieux misterioso; hermétique hermético; fumeux borroso.

obscurantisme *m* oscurantismo.

obscurantiste *adj & s* oscurantista.

obscurcir [32] [ɔbskyrsir] *v tr* [▷ SYN] oscurecer.
> ◆ **s'obscurcir** *v pr* oscurecerse, nublarse (temps).
> SYN offusquer ofuscar; éclipser eclipsar; obnubiler obnubilar.

obscurcissement *m* oscurecimiento.

obscurément *adv* oscuramente ‖ vagamente (sans clarté).

obscurité *f* oscuridad, obscuridad.
> SYN ténèbres tinieblas; nuit noche.

obsécration *f* obsecración.

obsédant, e *adj* obsesivo, va.

obsédé, e *adj & s* obseso, sa; obsesionado, da; obsédé sexuel obseso sexual ‖ maníaco, ca; les obsédés du volant los maníacos del volante.

obséder [18] *v tr* atormentar, importunar, asediar (importuner) ‖ FIG obsesionar (occuper l'esprit).

obsèques [ɔbsɛk] *f pl* exequias, funerales *m*.
> OBSERV Ne pas confondre avec l'espagnol obsequio qui signifie cadeau, présent.

obséquieusement *adv* obsequiosamente.

obséquieux, euse [ɔbsekjø, øz] *adj* obsequioso, sa.

obséquiosité [ɔbsekjozite] *f* obsequiosidad.

observable *adj* observable.

observance *f* observancia ‖ acatamiento *m*, respeto *m* y aplicación de las reglas.

observateur, trice *adj & s* observador, ra ‖ cumplidor, ra (des lois, des règles).

observation *f* observación ‖ advertencia (réprimande) ‖ observancia, cumplimiento *m* (des règles) ‖ malade en observation enfermo en observación.

observatoire *m* observatorio ‖ MIL puesto de observación.

observer [3] *v tr* observar ‖ [▷ SYN] cumplir, observar (la loi, une règle) ‖ faire observer hacer notar, advertir (avertir).
> ◆ **s'observer** *v pr* ser circunspecto, dominarse ‖ observarse, espiarse (des ennemis).
> SYN garder guardar; accomplir cumplir.

obsession *f* obsesión ‖ avoir l'obsession de estar obsesionado con.
> SYN psychose psicosis.

obsessionnel, elle *adj* obsesivo, va.

obsidienne *f* MIN obsidiana.

obsidional, e *adj* obsidional; couronne obsidionale corona obsidional (dans l'armée romaine).

obsolète *adj* obsoleto, ta (p us); anticuado, da; arcaico, ca.

obstacle *m* obstáculo; course d'obstacles carrera de obstáculos ■ MIL obstacles antichars obstáculos contracarros ‖ entreprise semée d'obstacles empresa llena de obstáculos ■ faire obstacle à, mettre un obstacle à obstaculizar, poner obstáculos a.
> SYN barrage vallado; barrière barrera; barricade barricada; cordon cordón (police).

obstétrical, e *adj* MÉD de obstetricia; procédé obstétrical procedimiento de obstetricia.

obstétricien, enne *m & f* MÉD tocólogo, ga; obstetra (courant).

obstétrique *adj* obstétrico, ca.
> ◇ *f* MÉD obstetricia.

obstination *f* obstinación, empeño *m*.

obstiné, e *adj* obstinado, da; terco, ca.

obstinément *adv* obstinadamente.

obstiner [3]
> ◆ **s'obstiner** *v pr* obstinarse en, empeñarse en, empecinarse en; s'obstiner à parler obstinarse ou empeñarse en hablar.

obstructif, ive *adj* MÉD obstructor, ra.

obstruction *f* obstrucción ■ faire de l'obstruction hacer obstrucción (assemblée, parlement) ‖ faire obstruction à obstruir (empêcher).

obstructionnisme *m* obstruccionismo.

obstructionniste *adj & s* obstruccionista.

obstruer [3] [ɔbstrye] *v tr* obstruir.

obtempérer [18] *v intr* obtemperar (p us), obedecer (obéir); obtempérer à un ordre obedecer una orden.

obtenir [40] *v tr* obtener, conseguir, lograr (parvenir à); obtenir des résultats conseguir ou lograr resultados; obtenir un diplôme conseguir un diploma ■ obtenir de pouvoir faire quelque chose conseguir hacer algo ‖ obtenir de quelqu'un qu'il fasse quelque chose lograr de alguien que haga algo ‖ obtenir gain de cause salirse con la suya.
> SYN acquérir adquirir; gagner ganar; conquérir conquistar; soutirer sonsacar; décrocher descolgar.

obtention *f* obtención, consecución, logro *m*.

obturateur, trice *adj* obturador, ra.
> ◆ **obturateur** *m* PHOT & TECHN obturador ‖ obturateur à iris, à rideau obturador iris, de cortina (photographie).

obturation *f* obturación ‖ MÉD empaste *m* (dents) ‖ PHOT vitesse d'obturation velocidad de obturación.

obturer [3] *v tr* obturar ‖ MÉD empastar, obturar.

obtus, e [ɔbty, yz] *adj* MATH obtuso, sa ‖ FIG obtuso, sa; tardo, da de comprensión.

obtusangle [ɔbtyzɑ̃gl] *adj m* GÉOM obtusángulo; triangle obtusangle triángulo obtusángulo.

obus [ɔby] *m* obús, granada *f* (projectile); obus incendiaire obús incendiario ‖ trou d'obus embudo de granada.

obusier *m* obús (canon).

obvenir [40] *v intr* corresponder a alguien una sucesión.

obvers [ɔbver] *m* anverso de moneda, medalla, etc. (avers).

obvie *adj* (p us) obvio, via.

obvier [19] *v intr* obviar, evitar; obvier à un inconvénient obviar un inconveniente.
> OBSERV Obvier se construye siempre con la preposición à.

oc *m* oc ‖ langue d'oc lengua de oc, el provenzal.

OC (abr écrite de ondes courtes) OC.

ocarina *m* ocarina *f*.

occase *f* ASTRON amplitud, occidua ‖ FAM chollo *m*, ganga, ocasión.

occasion *f* ocasión, oportunidad; à la première occasion en la primera ocasión; profiter de l'occasion aprovechar la oportunidad ‖ mercancía de lance, ocasión ‖ motivo *m*, causa; occasion de dispute motivo de disputa ■ à l'occasion si llega el caso, si se tercia ‖ à l'occasion de con motivo de ‖ à plusieurs occasions en varias ocasiones ‖ dans les grandes occasions en los casos excepcionales, en las grandes ocasiones ‖ d'occasion de lance, de segunda mano, de ocasión (voiture, livres, etc.) ■ l'occasion fait le larron la ocasión hace al ladrón ‖ avoir l'occasion de tener la oportunidad de ‖ être l'occasion de ser la ocasión de ‖ ne pas laisser passer l'occasion no dejar escapar la oportunidad ‖ perdre l'occasion no aprovechar la oportunidad ‖ prendre ou saisir l'occasion aux ou par les cheveux a la ocasión la pintan calva, asir la ocasión por los cabellos.

occasionnalisme; occasionalisme *m* ocasionalismo.

occasionnel, elle *adj* ocasional.

occasionnellement *adv* ocasionalmente.

occasionner [3] *v tr* ocasionar, causar.
> SYN causer causar; entraîner acarrear; déterminer determinar; procurer procurar; amener engendrar; créer crear; produire producir; attirer atraer; provoquer provocar; susciter suscitar; déchaîner desencadenar.

occident [ɔksidɑ̃] *m* occidente.
> SYN ouest oeste; ponant, couchant poniente.

occidental, e [ɔksidɑ̃tal] *adj* occidental.

Occidental, e *m & f* occidental.

occidentalisation [ɔksidɑ̃talizasjɔ̃] *f* occidentalización.

occidentaliser [3] [ɔksidɑ̃talize] *v tr* occidentalizar.

occidentaliste *adj & s* occidentalista.

occipital, e [ɔksipital] *adj & s m* ANAT occipital.

occiput *m* ANAT occipucio ‖ FAM cogote.

occire [ɔksir] *v tr* (vx ou par plaisanterie) matar.
> OBSERV Hoy sólo se usan el infinitivo, el participio occis, e, y con sentido más bien irónico.

Occitanie *n pr f* GÉOGR l'Occitanie Occitania.

occlure [96] *v tr* MÉD ocluir.

occlusif, ive *adj* oclusivo, va; consonne occlusive consonante oclusiva.

occlusion f MÉD oclusión (obstruction); occlusion intestinale oclusión intestinal.

occultation [ɔkyltasjɔ̃] f ASTRON ocultación ‖ oscurecimiento m (d'une source de lumière).

occulte adj oculto, ta; sciences occultes ciencias ocultas.

occulter [3] v tr ASTRON ocultar.

occultisme m ocultismo.

occultiste adj & s ocultista.

occupant, e adj & s ocupante ‖ inquilino, na (locataire).

occupation f ocupación (place, emploi), trabajo m (travail) ‖ quehacer m, ocupación (affaire) ‖ ocupación (d'un pays, d'un logement, etc.) ‖ l'Occupation la Ocupación [de Francia durante la Segunda Guerra Mundial].

> **L'OCCUPATION**
> La ocupación militar de una parte de Francia tras el armisticio franco-alemán del 22 de junio de 1940, se extendió a la totalidad del país en 1942. Según los términos del armisticio, Francia debía contribuir económicamente al mantenimiento de las tropas alemanas y dar trabajo a las empresas alemanas. Durante este período miles de judíos franceses fueron deportados por el gobierno de Vichy.

occupationnel, elle adj MÉD ocupacional; thérapie occupationnelle terapia ocupacional.

occupé, e adj ocupado, da ■ c'est occupé está comunicando (téléphone) ‖ la ligne est occupée la línea está ocupada (téléphone).

occuper [3] v tr [▷ SYN 1] ocupar, emplear; occuper ses heures creuses à ocupar sus horas libres en ‖ ocupar, tener, desempeñar; occuper un poste important ocupar un puesto importante ‖ ocupar, apoderarse de (un pays) ‖ ocupar; cela occupe beaucoup de place esto ocupa mucho sitio ‖ emplear, dar trabajo, ocupar (des employés) ‖ ocupar, vivir en (un appartement) ‖ tomar; les démarches ont occupé une journée las gestiones han tomado un día ‖ dedicar, consagrar (consacrer) ‖ entretener (distraire) ‖ llenar; elle lisait pour occuper ses heures d'attente leía para llenar sus horas de espera.
◇ v intr DR correr con la defensa.

➡ **s'occuper** v pr [▷ SYN 2] ocuparse en, dedicarse a ‖ hacer, dedicarse a; de quoi t'occupes-tu? ¿qué haces?, ¿a qué te dedicas? ‖ encargarse de, estar encargado; je m'occupe de la bibliothèque me encargo de la biblioteca ‖ dedicarse a; s'occuper d'œuvres charitables, de politique dedicarse a obras de caridad, a la política ‖ atender; on s'occupe de vous? ¿le atienden? (vendeuse) ‖ entretenerse en (se distraire) ‖ hacer algo, estar ocupado; j'aime bien m'occuper me gusta estar ocupado ‖ hacer caso de; ne t'occupe pas de ce qu'il dit no hagas caso de lo que dice ‖ tomarse interés por, preocuparse por; il s'occupe beaucoup de son travail se toma mucho interés por su trabajo ‖ tratar; la botanique s'occupe de l'étude des plantes la botánica se ocupa del estudio de las plantas ■ FAM je vais m'occuper de lui! ¡ya me encargaré yo de él! ‖ occupe-toi de tes oignons no te metas en camisa de once varas ou en lo que no te importa.

▌ OBSERV Occuper avec es un barbarismo. No debe decirse: je suis occupé avec quelqu'un, sino je suis avec quelqu'un.

▌ SYN **1.** remplir llenar; employer emplear.
2. s'adonner à dedicarse a.

occurrence f caso m, circunstancia, coyuntura ‖ en l'occurrence en este caso.

occurrent, e [ɔkyrɑ̃, ɑ̃t] adj ECCLÉS fêtes occurrentes fiestas coincidentes.

OCDE (abr de Organisation de coopération et de développement économiques) f OCDE.

océan [ɔseɑ̃] m océano; l'océan Indien el océano Índico ‖ FIG océano; un océan de sable, de lumière un océano de arena, de luz.

océane adj f LITT la mer océane el mar océano.

océanide f oceánida.

Océanie n pr GÉOGR l'Océanie Oceanía.

océanien, enne adj de Oceanía.

Océanien, enne m & f natural ou habitante de Oceanía.

océanique adj oceánico, ca.

océanographe m & f oceanógrafo, fa.

océanographie f oceanografía.

océanographique adj oceanográfico, ca.

ocelle m ocelo (œil simple des insectes) ‖ pinta f (du pelage, du plumage).

ocellé, e [ɔsɛle] adj ocelado, da; de piel manchada.

ocelot [ɔslo] m ocelote (félin).

ochracé, e [ɔkrase] adj de color amarillo pálido, de color ocre.

ocre [ɔkr] f MIN ocre m; ocre jaune ocre amarillo ‖ ocre rouge ocre rojo, almagre.
◇ adj inv & s m de color ocre, ocre.

ocrer [3] v tr dar color ocre a.

ocreux, euse adj de naturaleza, del color del ocre.

octaèdre m GÉOM octaedro.

octaédrique adj octaédrico, ca.

octane m CHIM octano; indice d'octane índice de octano.

octant [ɔktɑ̃] m MAR & GÉOM octante.

octante adj (vx) ochenta.
▌ OBSERV Hoy sólo se emplea esta voz en Suiza, Bélgica y Canadá. En Francia se emplea quatre-vingts.

octave f octava (musique).

Octave n pr Octavio.

Octavie n pr Octavia.

octavier [9] v tr & intr MUS octavar.

octavin m MUS octavín, flautín.

octet m INFORM octeto, byte.

octidi m octavo día del calendario republicano francés.

octobre m octubre; Paris, le 17 octobre 1991 París a 17 de octubre de 1991.

octocoralliaires [ɔktokɔraljer] m pl ZOOL octocoralarios, alcionarios.

octogénaire adj & s octogenario, ria.

octogonal, e adj GÉOM octogonal.

octogone adj & s m GÉOM octógono, na.

octopode adj & s m ZOOL octópodo.

octostyle adj ARCHIT octóstilo, la (à huit colonnes).

octosyllabe; octosyllabique adj & s octosílabo, ba; octosilábico, ca.

octroi m concesión f, otorgamiento (concession); l'octroi d'un privilège la concesión de un privilegio ‖ consumos pl, arbitrios pl municipales (droit d'entrée) ‖ fielato, oficina f de arbitrios (bureau) ‖ employé d'octroi consumero.

octroyer [13] [ɔktrwaje] v tr conceder, otorgar.

octuor [ɔktɥɔr] m MUS octeto.

oculaire adj & s m ocular; témoin oculaire testigo ocular ‖ oculaire de visée visor.

oculariste m especialista en prótesis ocular.

oculiste m & f oculista m.

oculus [ɔkylys] m ojo de buey (œil-de-bœuf).

odalisque f odalisca.

ode f oda (poésie).

odelette [ɔdlet] f oda corta.

odéon m odeón.

Odessa n pr GÉOGR Odessa, Odesa.

odeur f olor m; en odeur de sainteté en olor de santidad.
➡ **odeurs** f pl (vx) perfumes m, buenos olores m.
▌ SYN senteur olor; parfum perfume; relent tufo.

odieusement adv odiosamente.

odieux, euse [ɔdjø, øz] adj odioso, sa; se rendre odieux hacerse odioso.
➡ **odieux** m lo odioso.

odomètre m odómetro (compteur de parcours).

odontalgie f MÉD odontalgia (mal de dents).

odontalgique adj MÉD odontálgico, ca.

odontologie f MÉD odontología.

odontologiste m & f odontólogo, ga.

odorant, e adj oloroso, sa ‖ odorífero, ra; fragante.

odorat [ɔdɔra] m olfato; avoir l'odorat fin tener buen olfato.
▌ SYN olfaction olfación; nez nariz; flair olfato.

odoriférant, e adj odorífero, ra.

odyssée f odisea.

OEA (abr de Organisation des États américains) f OEA.

OECE (abr de Organisation européenne de coopération économique) f OECE.

œcuménicité [ekymenisite] ou [økymenisite] f ecumenicidad, carácter m ecuménico.

œcuménique [ekymenik] ou [økymenik] adj ecuménico, ca; concile œcuménique concilio ecuménico.

œcuménisme [ekymenism] ou [økymenism] m ecumenismo.

œdémateux, euse [edematø, øz] ou [ødematø, øz] adj MÉD edematoso, sa.

œdème [edɛm] ou [ødɛm] m MÉD edema

Œdipe [edip] ou [ødip] n pr Edipo.

œdipien, enne adj MÉD edípico, ca; phase œdipienne fase edípica.

œil [œj] m ojo; des yeux bleus ojos azules; les yeux fermés con los ojos cerrados ‖ ojo, mirada f (regard) ‖ vista f; avoir l'œil à echar la vista a ‖ mirada f, ojo; jeter les yeux sur echar una mirada a, poner el ojo en ‖ ojo (pain, fromage, bouillon) ‖ oriente, aguas f pl (éclat des pierreries) ‖ mirilla f (judas) ‖ AGRIC botón, yema f (bourgeon) ‖ IMPR ojo ‖ MAR gaza f (boucle d'un filin) **TECHN** ojo (ouverture pour recevoir le manche d'un outil, d'une aiguille) ■ **FAM** œil au beurre noir ou poché ojo a la funerala (hématome) **œil de verre** ojo de cristal **RAD** œil magique ojo mágico **yeux cernés** ojeras **yeux creux** ojos hundidos ■ **coup d'œil** ojeada, vistazo (regard rapide), vista, perspectiva (panorama) **mauvais œil** aojo, aojamiento ■ **à l'œil a ojo FAM à l'œil** de balde, de gorra, gratis **à l'œil nu** a simple vista **au doigt et à l'œil** sin chistar **aux yeux de** a los ojos de, para **à vue d'œil** a ojos vistas **FAM** entre quatre yeux entre dos, a solas, mano a mano **en un clin d'œil** en un abrir y cerrar de ojos, en un santiamén **loin des yeux, loin du cœur** ojos que no ven, corazón que no siente **FAM** mon œil! ¡quia!, ¡narices!, ¡ni hablar! **œil pour œil, dent pour dent** ojo por ojo, diente por diente **FAM pour ses beaux yeux** por su linda cara ■ **avoir bon œil** tener buena vista **avoir bon pied bon œil** estar más sano que una manzana, estar a las mil maravillas **avoir de bons yeux** tener muy buen ojo **avoir de l'œil** tener buena pinta ou presentación **FAM avoir le compas dans l'œil ou l'œil américain** tener ojo de buen cubero, tener buen ojo **avoir le mauvais œil** atraer la mala suerte, ser gafe, hacer mal de ojo **avoir les yeux bouchés** tener los ojos vendados **avoir les yeux de travers** tener mala vista, tener muy poca vista **avoir les yeux plus grands que le ventre** llenar antes el ojo que la tripa **avoir l'œil** tener cuidado **avoir l'œil aux aguets** estar ojo avizor **avoir l'œil sur quelqu'un** vigilar a alguien, no quitar ojo a alguien **avoir ou tenir quelqu'un à l'œil** no quitarle los ojos de encima a uno **FAM avoir un œil qui dit zut à l'autre** ser bizco, tener un ojo aquí y el otro en Pekín **coûter les yeux de la tête** costar un ojo de la cara ou un riñón **couver ou dévorer ou manger quelqu'un des yeux** comerse a alguien con los ojos **crever les yeux, sauter aux yeux** saltar a la vista, ser evidente **être tout yeux** ser todo ojos ■ **FAM faire de l'œil** guiñar **faire les gros yeux** mirar con ojos terribles **faire les yeux doux** echar miradas cariñosas, mirar con ternura **fermer les yeux sur** hacer la vista gorda **jeter les yeux sur** echar el ojo a **lever les yeux au ciel** alzar los ojos al cielo **mettre sous les yeux** poner delante de los ojos **FIG ne dormir que d'un œil** ser muy vigilante, nadar y guardar la ropa **ne pas avoir froid aux yeux** tener más valor que un torero **ne pas avoir les yeux dans sa poche** no tener telarañas en los ojos, ver todo muy claro **ne pas en croire ses yeux** no dar crédito a sus ojos **ne pas fermer l'œil** no pegar ojo **ne pas oser lever les yeux** no atreverse a levantar la vista **ouvrez l'œil!** ¡ojo! **ouvrir de grands yeux** mirar con asombro **FIG ouvrir ou dessiller les yeux** abrir los ojos, quitar la venda de los ojos **ouvrir l'œil et le bon** tener mucho cuidado **regarder avec des yeux de merlan frit** mirar con ojos de carnero degollado **regarder du coin de l'œil** mirar de reojo ou de soslayo ou con el rabillo del ojo **regarder quelqu'un dans les yeux ou dans le blanc des yeux** mirar en los ojos ou fijamente **se faire de l'œil** timarse **FAM se mettre le doigt dans l'œil ou jusqu'au coude** tirarse una plancha, meter la pata hasta el corvejón, cogerse los dedos **FAM**

s'en battre l'œil importarle a uno un pepino **se rincer l'œil** regodearse ou recrearse viendo algo **taper dans l'œil** hacer tilín, caer en gracia (personnes), entrar por los ojos (choses) **tourner de l'œil** darle a uno un patatús, desmayarse (s'évanouir), hincar el pico, estirar la pata (mourir) **voir du même œil** abundar en la misma opinión, ver del mismo modo **voir d'un bon, d'un mauvais œil** ver con buenos, malos ojos **voir d'un certain œil** ver de cierta forma ou cierto modo.

□ **OBSERV** El plural es yeux, pero los compuestos de œil forman su plural con œils.

œil-de-bœuf [œjdəbœf] *m* ojo de buey, tragaluz ou claraboya *f* circular.
□ **OBSERV** pl œils-de-bœuf.

œil-de-chat [œjdəʃa] *m* ojo de gato (variété de quartz).
□ **OBSERV** pl œils-de-chat.

œil-de-perdrix [œjdəperdri] *m* ojo de gallo (cor) **ojo de perdiz** (tissu).
□ **OBSERV** pl œils-de-perdrix.

œil-de-pie [œjdəpi] *m* **MAR** ollao (des voiles).
□ **OBSERV** pl œils-de-pie.

œillade [œjad] *f* guiñada, mirada.

œillard [œjar] *m* ojo de muela.

œillère [œjɛr] *f* anteojera (harnais) **lavaojos** (coupe pour baigner l'œil) **ANAT** canino *m* superior (dent) **FAM avoir des œillères** no ver más que lo que se quiere, tener anteojeras.

œillet [œjɛ] *m* clavel (plante et fleur) **ojete** (pour lacet d'une chaussure, etc.) **MAR** gaza *f*, ollao ■ **œillet de poète** clavellina **œillet d'Inde** cempoal, clavel de las Indias.

œilleton [œjtɔ̃] *m* **BOT** retoño, renuevo (rejeton) **borde del ocular** (dans une lunette au microscope) ■ **œilleton de hausse** orificio de mira del alza **œilleton de visée** orificio de mira.

œilletonnage [œjtɔnaʒ] *m* **AGRIC** multiplicación *f* de las plantas por división de los retoños.

œilletonner [3] [œjtɔne] *v tr* **AGRIC** plantar por retoños.

œillette [œjɛt] *f* **BOT** adormidera (pavot) **aceite** *m* de adormidera.

œkoumène *m* ecúmene.

œnanthe [enɑ̃t] ou [ønɑ̃t] *f* **BOT** enante.

œnanthique [enɑ̃tik] ou [ønɑ̃tik] *adj* **CHIM** enántico, ca.

œnilisme [enilism] ou [ønilism] *m* enilismo, alcoholismo producido por el vino.

œnolique [enɔlik] ou [ønɔlik] *adj* enólico, ca.

œnologie [enɔlɔʒi] ou [ønɔlɔʒi] *f* enología.

œnologique [enɔlɔʒik] ou [ønɔlɔʒik] *adj* enológico, ca.

œnométrie [enɔmetri] ou [ønɔmetri] *f* enometría, determinación de la graduación alcohólica de un vino.

œnothère [enɔter] ou [ønɔter] *m* **BOT** onagra *f*.

œrsted [œrsted] *m* **PHYS** œrsted, oerstedio.

œsophage [øzɔfaʒ] ou [ezɔfaʒ] *m* **ANAT** esófago.

œsophagien, enne [øzɔfaʒjɛ̃, ɛn] ou [ezɔfaʒjɛ̃, ɛn]; **œsophagique** [øzɔfaʒik] ou [ezɔfaʒik] *adj* **ANAT** esofágico, ca.

œsophagite [øzɔfaʒit] ou [ezɔfaʒit] *f* **MÉD** esofagitis.

œsophagoscopie [øzɔfagɔskɔpi] ou [ezɔfagɔskɔpi] *f* **MÉD** esofagoscopia.

œstral, e [ɛstral] *adj* **BIOL** cycle œstral ciclo menstrual ou oestral.

œstre [ɛstr] *m* rezno, estro (insecte).

œstrogène [ɛstrɔʒɛn] *adj* & *s m* estrógeno, na; **hormones œstrogènes** hormonas estrógenas.

œstrus [ɛstrys] *m* estro, celo (chez les animaux).

□ **OBSERV** Estro en espagnol a surtout le sens figuré d'inspiration poétique.

œuf [œf, pl ø] *m* huevo **hueva** *f* (de poisson) **FAM** bobo, mentecato ■ **œuf à la coque** huevo pasado por agua (trois minutes) **œuf à la neige** monte nevado, natilla con claras de huevo **œuf à repriser** huevo de madera para zurcir **œuf de Pâques** huevo de Pascuas **œuf dur** huevo duro **œuf mollet** huevo pasado por agua (six minutes) **œuf poché** huevo escalfado **œufs brouillés** huevos revueltos **œufs en neige** huevos batidos a punto de nieve **œufs sur le plat** huevos al plato ou estrellados ■ **l'œuf de Colomb** el huevo de Colón **plein comme un œuf** repleto, ta; de bote en bote (une chose); ahíto, ta; atiborrado, da (repu) **FIG étouffer ou tuer dans l'œuf** cortar de raíz, hacer abortar **être encore dans l'œuf** estar aún en proyecto **marcher sur des œufs** andar pisando huevos **mettre tous ses œufs dans le même panier** jugárselo todo a una carta **qui vole un œuf vole un bœuf** quien hace un cesto hace ciento **sortir de l'œuf** salir del cascarón.

œufrier [œfrije] *m* huevero, huevera *f*.

œuvre [œvr] *f* obra, trabajo *m*; entreprendre une œuvre délicate emprender una obra delicada **obra**; les œuvres de Molière las obras de Molière **obra, buena acción**; les œuvres de miséricorde las obras de misericordia **engaste** *m* (d'une pierre précieuse) ■ **œuvre de bienfaisance** ou pie obra de beneficencia ou pía **MAR œuvres vives, mortes** obras vivas, muertas ■ **bonnes œuvres** buenas obras, obras pías **l'exécuteur des hautes œuvres** el verdugo ■ **à chacun selon ses œuvres** a cada uno su merecido **à l'œuvre!** ¡manos a la obra! **à l'œuvre on connaît l'artisan** por la muestra se conoce el paño **être à l'œuvre ou en œuvre** estar manos a la obra **faire œuvre de** obrar como **faire œuvre de ses dix doigts** no estar mano sobre mano, no estar con las manos cruzadas **mettre à l'œuvre** emplear, a trabajar (des personnes) **mettre en œuvre** poner en práctica ou en ejecución, emplear (des moyens), establecer; **mettre en œuvre la coopération économique** establecer la cooperación económica **mettre tout en œuvre** poner todos los medios **se mettre à l'œuvre** ponerse manos a la obra.
◇ *m* obra *f* (ensemble des ouvrages); **l'œuvre peint de Michel-Ange** la obra pictórica de Miguel Ángel **CONSTR** obra *f* **MUS** obra *f* (opus) ■ **gros œuvre** conjunto de paredes maestras **hors-d'œuvre** entremeses (repas) **le grand œuvre** la piedra filosofal **maître d'œuvre** maestro de obras, sobrestante ■ **à pied d'œuvre** a pie de obra **dans œuvre, hors d'œuvre** en el cuerpo del edificio, al

exterior ▌ en sous-œuvre por debajo de los cimientos.

œuvrer [5] [œvre] *v intr* trabajar, laborar, obrar; œuvrer pour le bien public laborar por el bien público.

OFCE (abr de Observatoire français des conjonctures économiques) *m* organismo francés que analiza la coyuntura económica.

off *adj inv* CINÉM off, fuera, fuera de campo ▌ voix off voz en off.

offensant, e [ɔfɑ̃sɑ̃, ɑ̃t] *adj* ofensivo, va; injurioso, sa.

offense *f* ofensa, agravio *m* ▌ DR injuria ▌ faire une offense ofender.

> SYN insulte insulto; outrage ultraje; affront afrenta; avanie afrenta; camouflet desaire; blessure herida; brimade novatada.

offensé, e *adj & s* ofendido, da.

offenser [3] *v tr* [▷ SYN 1] ofender; offenser quelqu'un ofender a alguien ▌ FIG maltratar; offenser la grammaire maltratar la gramática ▌ lastimar, herir; ce spectacle offense la vue ese espectáculo lastima los ojos ▪ offenser Dieu ofender a Dios, pecar ▌ offenser le goût, la morale faltar a las reglas del gusto, de la moral ▌ soit dit sans vouloir vous offenser perdone la expresión, sin que le sirva de molestia, con perdón sea dicho.

> ➡ **s'offenser** *v pr* [▷ SYN 2] ofenderse, picarse; FAM s'offenser d'un rien ofenderse por poca cosa.

> SYN 1. blesser zaherir; froisser ofender; vexer vejar, molestar, mosquear; scandaliser escandalizar.
> 2. se formaliser molestarse, picarse.

offenseur *m* ofensor.

offensif, ive *adj* ofensivo, va; arme, alliance offensive arma, alianza ofensiva.

> ➡ **offensive** *f* ofensiva; prendre l'offensive pasar a la ofensiva.

offensivement *adv* ofensivamente.

offertoire *m* ofertorio (messe).

office *m* oficio, función *f*, cargo; remplir l'office de secrétaire desempeñar las funciones de secretario ▌ oficio, cargo (d'avoué) ▌ oficina *f*, delegación *f* (bureau) ▌ office de tourisme oficina ou delegación de turismo ▌ office de la main-d'œuvre oficina de colocación ▌ oficio, servicio (service); les bons offices los buenos oficios ▌ ECCLÉS oficio; office des morts oficio de difuntos ▌ Office des changes Instituto de Moneda Extranjera ▌ Office du blé Servicio Nacional del Trigo ▌ Office du logement Instituto de la Vivienda ▌ petit office oficio parvo ▌ Saint-Office Santo Oficio ▪ d'office de oficio ▌ faire office d'interprète hacer las veces de intérprete.
<> *m* ou (vx) *f* antecocina *f*, oficio, office (local attenant à la cuisine).

official [ɔfisjal] *m* provisor, oficial (juge ecclésiastique).

officialisation *f* oficialización.

officialiser [3] *v tr* oficializar, dar carácter oficial.

officialité *f* provisorato (siège).

officiant, e *adj & s* celebrante.

officiel, elle *adj* oficial.

> ➡ **officiel** *m* funcionario; un officiel du Ministère a déclaré un funcionario del Ministerio declaró ▌ les officiels qui accompa-

gnent le chef de l'État las autoridades que acompañan al Jefe del Estado.

officiellement *adv* oficialmente.

officier [ɔfisje] *m* MIL oficial; officier général oficial general ▪ officier à la retraite, d'active, de réserve, subalterne oficial retirado, de la escala activa, de complemento, subalterno ▌ officier de l'état civil alcalde, teniente alcalde ▌ officier de police policía ▌ officier de santé oficial de Sanidad ▌ officier ministériel curial, escribano ▌ officier supérieur jefe.

officier [9] *v intr* ECCLÉS oficiar, celebrar.

officière *f* oficiala (de l'Armée du Salut).

officier-marinier *m* MAR suboficial del cuerpo de auxiliares.

> ▬ OBSERV pl officiers-mariniers.

officieusement *adv* oficiosamente.

officieux, euse *adj* servicial (serviable) ▌ oficioso, sa (sans caractère officiel).

officinal, e *adj* MÉD oficinal; composition, plante officinale composición, planta oficinal.

officine *f* oficina, laboratorio *m*.

> ▬ OBSERV Oficina s'emploie surtout dans l'acception de bureau. Pour les autres acceptions, on dira plutôt farmacia et laboratorio, comme en France.

offrande *f* ofrenda.

offrant *adj m & s m* postor; vendre au plus offrant vender al mayor ou mejor postor.

offre *f* oferta; la loi de l'offre et de la demande la ley de la oferta y la demanda; offre ferme oferta en firme ▌ ofrecimiento *m*; j'accepte votre offre désintéressée acepto su ofrecimiento desinteresado ▌ proposición (de paix) ▪ offre d'emploi oferta de empleo ▌ offre publique d'achat (OPA) oferta pública de adquisición (OPA) ▌ « offres d'emploi » "ofertas de empleo" (presse).

offrir [34] *v tr* regalar, ofrecer; offrir un livre regalar un libro ▌ ofrecer, obsequiar con; offrir un vin d'honneur ofrecer un vino de honor; on a offert un souvenir à chaque visiteur cada visitante ha sido obsequiado con un recuerdo ▌ ofrecer (une cigarette) ▌ convidar a, invitar a; je t'offre un verre te convido a tomar una copa ▌ ofrecer (sa maison, un emploi) ▌ presentar, ofrecer; cette situation offre des avantages esta situación presenta ventajas; cette région offre des paysages variés esta región presenta paisajes variados ▌ presentar; offrir des nouveautés presentar novedades ▌ ofrecer (une récompense, un sacrifice, des holocaustes) ▌ ofrendar; offrir son âme a Dieu ofrendar su alma a Dios ▌ proponer (un prix, une augmentation, de faire quelque chose) ▌ brindar; je vous offre la possibilité de le brindo la oportunidad de ▌ deparar; offrir l'occasion deparar la ocasión ▪ offrir de (suivi de l'infinitif) proponer; offrir de se rendre à Madrid proponer ir a Madrid ▌ offrir ses hommages saludar respetuosamente ▌ offrir ses vœux felicitar ▌ offrir son bras ofrecer el brazo ▌ offrir un exemple de ser un ejemplo de.

> ➡ **s'offrir** *v pr* ofrecerse ▌ comprarse; s'offrir une voiture comprarse un coche ▌ presentarse (l'occasion) ▌ ofrecerse, proponer; s'offrir à faire un travail ofrecerse para hacer un trabajo ▪ s'offrir à la vue de ofrecerse a la vista de ▌ s'offrir aux regards exponerse a

las miradas ▌ s'offrir de belles vacances costearse ou tirarse unas buenas vacaciones ▌ s'offrir la satisfaction de darse el gusto de ▌ FAM s'offrir un gueuleton darse una comilona ▪ pouvoir s'offrir quelque chose permitirse el lujo de comprar algo.

offset [ɔfsɛt] *m* IMPR offset.

offshore; off shore *adj inv* offshore, costa afuera (prospection de pétrole) ▌ offshore, extraterritorial (banque).
<> *m inv* hidroplano (bateau).

offusquer [3] *v tr* chocar, ofender ▌ (vieilli) ofuscar, deslumbrar.

> ➡ **s'offusquer** *v pr* ofenderse, disgustarse.

ogival, e *adj* ojival.

ogive *f* ARCHIT ojiva ▌ MIL ojiva (d'un projectile); ogive nucléaire ojiva nuclear ▌ en ogive ojival.

ognette [ɔɲet] *f* uñeta (oiseau).

ogre, esse *m & f* ogro, ogresa ▌ FIG malvado, da; cruel (personne méchante) ▌ manger comme un ogre comer como un ogro, como un caballo, como una lima.

oh! *interj* ¡oh! ▌ oh là là! ¡adiós!, ¡jo! ▌ pousser des oh! et des ah! lanzar ou proferir exclamaciones de asombro.

ohé! *interj* ¡eh! (sert à appeler).

Ohio *n pr m* GÉOGR l'Ohio Ohio.

ohm [om] *m* ÉLECTR ohmio, ohm (unité).

ohmique [omik] *adj* ÉLECTR óhmico, ca.

ohmmètre [ommetr] *m* ÉLECTR ohmiómetro.

OHQ (abr de ouvrier hautement qualifié) *m* obrero muy cualificado.

oïdium [ɔidjɔm] *m* BOT oidio.

oie [wa] *f* ZOOL ganso *m*, ánade *m*, oca ▌ ánsar *m* ▌ FIG & FAM ganso (stupide) ▪ oie blanche pavitonta, pava (jeune fille candide) ▪ jeu de l'oie juego de la oca ▌ les oies du Capitole los gansos del Capitolio ▌ pas de l'oie paso de la oca (pas de parade dans l'armée allemande) ▌ patte-d'oie encrucijada (carrefour), pata de gallo (aux yeux) ▪ bête comme une oie más tonto que una mata de habas.

> ▬ OBSERV El ganso macho se llama jars y el ansarón oison.

oignon [ɔɲɔ̃] *m* BOT cebolla *f*; un chapelet d'oignons una ristra de cebollas ▌ juanete (durillon) ▌ reloj de bolsillo antiguo ▌ bulbo (des fleurs) ▪ pelure d'oignons tela de cebolla (pellicule du bulbe), clarete (vin) ▌ FAM aux petits oignons a cuerpo de rey, a las mil maravillas ▌ en rang d'oignons en fila, uno tras otro ▌ FAM ce n'est pas tes oignons, occupe-toi de tes oignons no te metas en camisa de once varas ▌ c'est ses oignons con su pan se lo coma.

oignonade [ɔɲɔnad] *f* CULIN encebollado *m*.

oignonière [ɔɲɔnjer] *f* AGRIC cebollar *m* (champ).

oïl [ɔjl] *adv* (vx) sí ▌ langue d'oïl lengua de oïl [la que se habla en el norte de Francia, por oposición a la lengua de oc, que se habla en el Sur o Languedoc].

oille [ɔj] *f* CULIN olla a la española.

oindre [82] [wɛ̃dr] *v tr* untar (frotter d'huile) ▌ ungir (d'huile consacrée).

oing; oint *m* unto, sebo, manteca.

oint [wɛ̃] *adj & s m* ungido (consacré).

Oise *n pr f* GÉOGR Oise (département); **dans l'Oise** en Oise.

oiseau [wazo] *m* ave *f*; les oiseaux appartiennent à l'embranchement des vertébrés las aves pertenecen al subtipo de los vertebrados ▌ave *f* (grand); le vautour est un oiseau el buitre es un ave ▌[▷ SYN] pájaro (petit); le moineau est un oiseau el gorrión es un pájaro ▌CONSTR artesilla *f* para llevar la argamasa▌caballetes (de couvreur) ■ oiseau chanteur ave canora ▌FIG oiseau de malheur ou de mauvais augure ave de mal agüero ▌oiseau de nuit ave nocturna ▌oiseau de passage ave de paso ▌oiseau de proie ave de rapiña ▌oiseau du paradis ave del paraíso ▌oiseau migrateur ave migratoria ▌oiseau nageur palmípedo ▌FIG oiseau rare mirlo blanco, rara flor ▌FIG & FAM un vilain oiseau, un drôle d'oiseau un pájaro de cuenta, un pajarraco, un bicho raro ■ à vol d'oiseau en línea recta ▌être comme l'oiseau sur la branche estar en el aire, estar por poco tiempo en un sitio ▌la belle plume fait le bel oiseau el hábito hace al monje ▌FAM l'oiseau s'est envolé el pájaro voló ▌manger comme un oiseau comer como un pajarito ▌petit à petit, l'oiseau fait son nid poco a poco hila la vieja el copo.
▌ SYN oisillon, oiselet pajarillo; volatile volátil.

oiseau-lyre *m* ave *f* lira, menuro.
▌ OBSERV pl oiseaux-lyres.

oiseau-mouche *m* ZOOL pájaro mosca, colibrí (colibri).
▌ OBSERV pl oiseaux-mouches.

oiseler [24] [wazle] *v intr* pajarear con redes y trampas (chasser).

oiselet [wazlɛ] *m* ZOOL pajarito, pajarillo.

oiseleur [wazlœr] *m* pajarero, cazador de pájaros ▌Henri Iᵉʳ l'Oiseleur Enrique I el Pajarero.

oiselier [wazəlje] *m* pajarero (éleveur ou vendeur d'oiseaux).

oiselle *f* FAM bobalicona.

oisellerie [wazɛlri] *f* pajarería.

oiseux, euse *adj* ocioso, sa (inutile); **des propos oiseux** palabras ociosas.

oisif, ive *adj & s* ocioso, sa; desocupado, da (désœuvré) ▌improductivo, va; **capitaux oisifs** capitales improductivos.

oisillon [wazijɔ̃] *m* ZOOL pajarillo, avecilla *f*, cría *f* de pájaro.

oisivement [wazivmɑ̃] *adv* ociosamente.

oisiveté [wazivte] *f* ociosidad, ocio *m*; **l'oisiveté est la mère de tous les vices** la ociosidad es madre de todos los vicios.

oison *m* ansarón ▌FIG & FAM ganso, estúpido.

OIT (abr de Organisation internationale du travail) *f* OIT.

OJD (abr de Office de justification de la diffusion des supports de publicité) *f* asociación francesa cuyo objetivo es calcular la difusión real de la publicidad.

O.K. [ɔke] *interj* FAM ¡vale!, ¡de acuerdo!, ¡O.K.! (*Amér*) oqué.

Oka *n pr m* fromage d'Oka queso elaborado por los monjes trapenses en Canadá.

okapi *m* okapí (mammifère).

Oklahoma *n pr m* GÉOGR l'Oklahoma Oklahoma.

okoumé *m* okume, ocume (arbre africain).

Olav *n pr* Olar.

olé! *interj* FAM ¡olé!, ¡ole!
➤ **olé olé** *adj inv* FAM ligero, ra (qui manque de retenue); **une femme olé olé** una mujer ligera ▌atrevido, da (osé).

oléacées *f pl* BOT oleáceas.

oléagineux, euse *adj & s m* oleaginoso, sa.

oléandre *m* BOT adelfa *f*, laurel rosa.

oléate *m* CHIM oleato.

olécrane *m* ANAT olécranon.

oléfiant, e *adj* oleífero, ra; **une plante oléfiante** una planta oleífera.

oléfines *m pl* hidrocarburos etilénicos.

oléicole *adj* oleícola.

oléiculteur *m* oleicultor, olivocultor.

oléiculture *f* oleicultura, olivicultura.

oléifère *adj* oleífero, ra.

oléiforme *adj* oleiforme.

oléine *f* CHIM oleína.

oléique *f* CHIM oleico, ca.

oléoduc *m* oleoducto.

oléolat [ɔleɔla] *m* CHIM oleolato.

oléomètre *m* oleómetro, elaiómetro.

oléonaphte *m* oleonafta *f*.

oléorésine *f* oleorresina.

Oléron *n pr* GÉOGR (l'île d') Oléron (la isla de) Oléron; **à Oléron** en Oléron (situation), a Oléron (direction).

oléum [ɔleɔm] *m* CHIM óleum, ácido sulfúrico de Nordhausen, ácido sulfúrico deshidratado.

olfactif, ive *adj* olfativo, va; olfatorio, ria; **le nerf olfactif** el nervio olfativo.

olfaction *f* olfacción (p us), olfateo *m*.

olibrius [ɔlibrijys] *m* FAM excéntrico, figurón.

olifant; oliphant *m* olifante (cor).

oligarchie *f* oligarquía; **l'oligarchie financière** la oligarquía financiera.

oligarchique *adj* oligárquico, ca.

oligarque *m* oligarca.

oligiste *adj & s m* MIN oligisto.

oligocène *adj & s* GÉOL oligoceno, na.

oligochètes [ɔligɔkɛt] *m pl* oligoquetos (annélides).

oligoclase *f* MIN oligoclasa.

oligo-élément *m* BIOL oligoelemento.
▌ OBSERV pl oligo-éléments.

oligophrénie *f* oligofrenia.

oligurie *f* MÉD oliguria.

oliphant ➤ **olifant**.

olivacé, e *adj* aceitunado, da; oliváceo, a.

olivaie [ɔlivɛ] *f* olivar *m*.

olivaire *adj* olivario, ria.

olivaison *f* cosecha de la aceituna.

olivâtre *adj* aceitunado, da.

olive *f* aceituna, oliva (fruit); **olive farcie** aceituna rellena; **huile d'olive** aceite de oliva ▌ARCHIT oliva (motif).
◇ *adj inv* color verde oliva; aceitunado, da (couleur).

oliveraie [ɔlivrɛ] *f* olivar *m*.

olivet *m* queso francés de leche de vaca fabricado en la región de Orleáns.

olivétain *m* olivetano (religieux).

olivette *f* olivar *m* (plantation) ▌uva *f* de grano en forma de oliva (raisin) ▌perla *f* falsa en forma de oliva.

olivier *m* olivo, aceituno (arbre) ▌olivo (bois) ■ **olivier sauvage** acebuche ■ **jardin des Oliviers** Huerto de los Olivos ▌**mont des Oliviers** Monte Oliveto, Monte de los Olivos ▌**rameau d'olivier** ramo de olivo.

Olivier [ɔlivje] *n pr* Oliverio.

olivine *f* MIN peridoto *m* olivina, olivino *m*.

ollaire *adj* ollar; **pierre ollaire** piedra ollar.

Olof *n pr* Olof.

olographe *adj* ológrafo, fa (testament).

OLP (abr de Organisation de libération de la Palestine) *f* OLP.

Oluf *n pr* Olaf.

Olympe [ɔlɛ̃p] *n pr m* MYTH Olimpo ▌FIG l'Olympe el Cielo.

Olympia *f* l'Olympia famosa sala de concierto parisiense.

olympiade [ɔlɛ̃pjad] *f* olimpiada.

Olympie [ɔlɛ̃pi] *n pr* GÉOGR Olimpia.

olympien, enne [ɔlɛ̃pjɛ̃, ɛn] *adj* olímpico, ca (de l'Olympe); **Zeus Olympien** Júpiter Olímpico; **regard olympien** mirada olímpica.

olympique [ɔlɛ̃pik] *adj* olímpico, ca; **jeux Olympiques** Juegos Olímpicos.

Olynthe [ɔlɛ̃t] *n pr* HIST Olinto.

OM (abr de Olympique de Marseille) *m* club de fútbol de Marsella.

Oman *n pr* GÉOGR Omán; **la mer d'Oman** el mar de Omán.

ombelle *f* BOT umbela.

ombellé, e *adj* BOT umbelado, da.

ombelliféracées *f pl* BOT umbeliferáceas.

ombellifère *adj & s f* umbelífero, ra.

ombellule *f* BOT umbélula.

ombilic *m* ombligo (nombril) ▌FIG ombligo (point central) ▌BOT ombligo de Venus.

ombilical, e *adj* ANAT umbilical; **cordon ombilical** cordón umbilical.

ombiliqué, e *adj* umbilicado, da.

omble [ɔ̃bl]; **omble-chevalier** *m* farra *f*, variedad *f* sedentaria de salmón (poisson).

ombrage *m* umbría *f*, enramada *f* ▌FIG desconfianza *f*, sospecha *f*, sombra *f*; **porter** ou **faire** ou **donner ombrage** hacer sombra, inspirar desconfianza ▌**prendre ombrage** sentirse celoso, quedar resentido.

ombragé, e *adj* umbrío, a; sombreado, da; umbroso, sa.

ombrager [17] [ɔ̃braʒe] *v tr* sombrear, dar sombra (faire de l'ombre) ▌cubrir (recouvrir).
➤ **s'ombrager** *v pr* (p us) ponerse a la sombra.

ombrageux, euse [ɔ̃braʒø, øz] *adj* espantadizo, za (chevaux) ▎FIG desconfiado, da; receloso, sa (personnes).

ombrant, e *adj* sombreador, ra (en peinture).

ombre *f* sombra; l'ombre d'un arbre la sombra de un árbol ▎FIG apariencia, sombra; l'ombre d'un doute la sombra de una duda ▎[▷ SYN] oscuridad, tinieblas *pl* ▎sombreado *m* (d'un dessin) ▎POÉT alma; l'ombre d'Achille el alma de Aquiles ■ ombre à paupières sombra de ojos ▎ombre portée esbatimento, sombra proyectada ▎ombres chinoises sombras chinescas ▎terre d'ombre tierra de Siena (couleur) ■ FAM à l'ombre a la sombra, en chirona (en prison) ▎à l'ombre de al amparo de ▎pas l'ombre de ni pizca de, ni sombra de ▎pas l'ombre d'un doute sin duda alguna, sin la menor duda, sin el menor asomo de duda ▎sous l'ombre, sous l'ombre de so pretexto de ■ avoir peur de son ombre tener miedo hasta de la sombra de sí mismo ▎FIG courir après son ombre soñar con quimeras ▎faire de l'ombre à quelqu'un hacer sombra a alguien ▎il n'y a pas l'ombre d'un doute no cabe la menor duda ▎il y a une ombre au tableau en este asunto hay un punto oscuro ou negro ▎laisser dans l'ombre dejar en la incertidumbre ▎les causes restent dans l'ombre las causas no están todavía muy claras ▎n'être que l'ombre de soi-même no ser más que la sombra de sí mismo ▎passer comme une ombre pasar como una nube de verano ▎rester ou se tenir dans l'ombre mantenerse apartado.
▎ SYN pénombre penumbra, media luz.

ombre *m* tímalo (poisson).

ombré, e *adj* sombreado, da.

ombrelle *f* sombrilla, quitasol *m* ▎umbrela (des méduses) ▎umbrela (mollusque).

ombrer [3] *v tr* ARTS sombrear ▎poner a la sombra, cubrir (mettre à l'ombre).

ombrette *f* ombreta (oiseau).

ombreux, euse *adj* umbroso, sa; umbrío, a.

Ombrie *n pr f* GÉOGR l'Ombrie Umbría.

ombrien, enne [ɔ̃brijɛ̃, ɛn] *adj* umbrío, a [de Umbría].
➠ **ombrien** *m* dialecto de Umbría.

Ombrien, enne *m & f* umbrío, a.

ombrine *f* ombrina (poisson).

OMC (abr de Organisation Mondiale du Commerce) *f* OMC.

oméga *m* omega *f* (lettre grecque) ▎l'alpha et l'oméga el principio y el fin.

omelette *f* tortilla; omelette au fromage, aux herbes, au jambon, aux pommes de terre ou **parmentier** tortilla de queso, de finas hierbas, de jamón, de patatas; omelette baveuse tortilla poco hecha; omelette nature tortilla a la francesa ▎omelette norvégienne helado cubierto con un suflé caliente.

omettre [84] *v intr* omitir ▎omettre une formalité pasar por alto ou hacer caso omiso de un trámite.

Omeyyades; Umayyades *n pr m pl* Omeyas.

OMI (abr de Organisation maritime internationale) *f* OMI.

omicron *m* ómicron *f* (lettre grecque).

omis, e [ɔmi, iz] *adj & s* omitido, da; olvidado, da.
➠ **omis** *m* mozo no alistado por omisión.

omission *f* omisión.
▎ SYN prétérition preterición; lacune laguna, blanco.

OMM (abr de Organisation météorologique mondiale) *f* OMM.

omnibus [ɔmnibys] *m* ómnibus.
◇ *adj inv* train omnibus tren ómnibus.

omnicolore *adj* multicolor.

omnidirectionnel, elle *adj* RAD omnidireccional; antenne omnidirectionnelle antena omnidireccional.

omnipotence *f* omnipotencia.

omnipotent, e *adj* omnipotente; todopoderoso, sa.

omniprésence *f* omnipresencia.

omniprésent, e *adj* omnipresente.

omniscience *f* omnisciencia.

omniscient, e *adj* omnisciente.

omnisports *adj inv* salle omnisports polideportivo.

omnium [ɔmnjɔm] *m* COMM ómnium, compañía *f* que se dedica a toda clase de negocios ▎ómnium, carrera *f* en la que se admiten todos los caballos (course) ▎ómnium ciclista.

omnivore *adj* omnívoro, ra.

omoplate *f* ANAT omóplato, omoplato *m*.

OMS (abr de Organisation mondiale de la santé) *f* OMS.

on [ɔ̃] *pr indéf* Ce pronom n'ayant pas d'équivalent en espagnol, il faut le traduire par différentes tournures:
1. Par la forme pronominale
a) quand le complément est un nom de chose qui devient alors sujet du verbe; on dit tant de choses! ¡se dicen tantas cosas!
b) quand le complément est un nom de personne indéterminé ou que le verbe ne permet pas l'équivoque; on demande bonnes à tout faire se necesitan criadas
2. Par se
a) quand le complément représente une personne déterminée; on remercia l'organisateur se dieron las gracias al organizador; on les appellera se les llamará
b) quand le verbe est intransitif; on y mange très bien allí se come muy bien
3. Par uno, una lorsque l'emploi de se peut donner à la phrase un sens ambigu; on a ses petites habitudes uno tiene sus costumbres; on n'entend pas ce qu'on dit no oye uno lo que se dice
4. Par la 3e personne du pluriel ou par la forme pronominale
a) quand le sujet représente une collectivité; au siècle dernier on voyageait peu en el siglo pasado viajaban poco (ici on pourrait également employer la forme pronominale)
b) dans certaines locutions; on dit dicen, se dice; on raconte cuentan, se cuenta
5. Par la 3e personne du pluriel quand le sujet est indéfini; on frappe à la porte llaman a la puerta
6. Par uno, una si le pronom on représente en réalité la première personne du singulier; on se porte encore bien uno, una se encuentra todavía bien

7. Par le verbe à la 1re personne du pluriel si le pronom on représente le pronom français nous; on est tous allé en vacances todos hemos ido de vacaciones
8. Par un nom collectif s'il précède un verbe pronominal de sens réciproque; on s'entraide dans cette ville la gente se ayuda mutuamente en esta ciudad.
▎ OBSERV Por razones de eufonía, on puede ser sustituido por l'on cuando viene después de et, ou, où, que, à, qui, quoi, si: si l'on nous voit, à l'heure où l'on ne voit plus rien.

onagre *m* onagro (âne sauvage) ▎MIL onagro (machine) ▎BOT onagra *f*, enotera *f*.

onanisme *m* onanismo.

onaniste *adj* onanista.

onc ➠ **oncques**.

once *f* onza (poids) ▎ZOOL onza.
▎ OBSERV L'espagnol onza correspond au français guépard; en Amérique on donne parfois ce nom au jaguar.

oncial, e *adj & s f* uncial (écriture).

oncle *m* tío ■ oncle à la mode de Bretagne tío segundo ■ grand-oncle tío abuelo.
▎ OBSERV El femenino es tante tía.

Oncle Sam *n pr* Tío Sam (appellation ironique des États-Unis).

oncologie *f* MÉD oncología

oncques; onc; onques [ɔ̃k] *adv* (vx) nunca jamás; oncques ne vit plus remarquable triomphe! ¡nunca jamás se vió más extraordinario triunfo!

onction [ɔ̃ksjɔ̃] *f* unción (application d'huile) ▎fervor *m*, unción ▎extrême-onction extremaunción.

onctueux, euse *adj* untuoso, sa; liquide onctueux líquido untuoso ▎lleno de unción.

onctuosité *f* untuosidad.

ondatra *m* ZOOL rata *f* almizclera, ondatra.

onde *f* onda ▎ola (vague) ■ onde de choc onda de choque ▎onde de polarisation onda de polarización ▎onde électromagnétique onda electromagnética ▎onde sonore, amortie, porteuse onda acústica, amortiguada, portadora ▎onde stationnaire onda estacionaria ■ RAD grandes ondes, ondes longues (OL) onda larga (OL); ondes courtes (OC) onda corta (OC); petites ondes, ondes moyennes (OM) onda media (OM) ▎longueur d'ondes lontigud de onda ▎POÉT l'onde amère el mar ■ sur les ondes en las ondas ▎être sur la même longueur d'onde estar en la misma onda ▎mettre en ondes poner en onda ou en antena.

ondé, e *adj* ondeado, da ▎ondulado, da (cheveux) ▎de aguas, con visos (tissus).

ondée *f* aguacero *m*, chaparrón *m*.

ondemètre *m* ondímetro.

ondine *f* MYTH ondina.

on-dit [ɔ̃di] *m inv* habladuría *f*, hablilla *f*.

ondoiement [ɔ̃dwamɑ̃] *m* ondeo, ondulación *f* (des vagues) ▎ECCLÉS agua *f* de socorro (baptême).

ondoyant, e [ɔ̃dwajɑ̃, ɑ̃t] *adj* ondeante, ondulante ▎FIG tornadizo, za (inconstant).

ondoyer [13] [ɔ̃dwaje] *v intr* ondear, ondular.
◇ *v tr* dar el agua de socorro (baptiser).

ondulant, e *adj* ondulante.

ondulation *f* ondulación; ondulation permanente ondulación permanente.

ondulatoire *adj* ondulatorio, ria; mécanique ondulatoire mecánica ondulatoria.

ondulé, e *adj* ondulado, da.
▌ **SYN** ondulant ondulante; onduleux onduloso; ondoyant ondeante.

onduler [3] *v intr* ondular (les moissons).
◇ *v tr* ondular, hacer ondas en (les cheveux).

onduleux, euse *adj* onduloso, sa; sinuoso, sa (qui forme des ondulations).

one-man-show *m inv* espectáculo de variedades centrado en un solo artista.

onéreux, euse *adj* oneroso, sa (p us); costoso, sa; muy caro, ra ▌à titre onéreux pagando de su propio bolsillo.

onérosité *f* carácter *m* oneroso.

ONF (abr de Office national des forêts) *m* organismo público francés que se ocupa de la política forestal.

ONG (abr de organisation non gouvernementale) *f* ONG.

ongle [ɔ̃gl] *m* uña *f* (du doigt); il ronge ses ongles se muerde las uñas ▌[▷ **SYN**] garra *f* (des animaux) ■ ongle incarné uñero ▌ongles en deuil uñas de luto ou sucias ■ coup d'ongle arañazo ▌jusqu'au bout des ongles hasta el tuétano, de la cabeza a los pies ■ à l'ongle on connaît le lion por la uña se conoce al león, por el hilo se saca el ovillo ▌rogner les ongles à quelqu'un cortarle a uno los vuelos ▌se faire les ongles arreglarse las uñas, hacerse la manicura.
▌ **SYN** griffe garra; serre garra; ergot espolón.

onglé, e *adj* armado de uñas.

onglée *f* entumecimiento *m* de los dedos ▌avoir l'onglée tener los dedos helados.

onglet [ɔ̃glɛ] *m* inglete, bisel (biseau) ▌ **GÉOM** inglete (angle) ▌ **BOT** base *f* de pétalo ▌ **TECHN** cartivana *f* (reliure) ▌uñero (d'une page) ▌uña *f*, muesca *f* (couteaux) ▌ **MÉD** uña *f* (de l'œil).

onglette *f* uñeta, punzón *m* de grabador.

onglier *m* estuche de uñas (nécessaire).
➡ **onglier** *m*; **ongliers** *m pl* tijeras *f* para las uñas (ciseaux).

onglon *m* pesuño, carnicol (sabot).

onguent [ɔ̃gɑ̃] *m* ungüento.

onguicule *m* uña *f* pequeña, uñita *f*.

onguiculé, e *adj* unguiculado, da.

ongulé, e *adj & s m* **ZOOL** ungulado, da.

onguligrade *adj & s m* **ZOOL** ungulígrado, da.

ONI (abr de Office national d'immigration) *m* instituto nacional francés de inmigración.

onirique *adj* onírico, ca (du rêve).

onirisme *m* onirismo.

oniromancie *f* oniromancia.

oniromancien, enne *adj* de la oniromancia.
◇ *m & f* especialista en oniromancia.

ONISEP (abr de Office national d'information sur les enseignements et les professions) *m* órgano público francés encargado de proporcionar documentación para la información y orientación de alumnos y estudiantes.

ONM (abr de Office national de météorologie) *m* instituto nacional francés de meteorología.

onomastique *adj & s f* onomástico, ca.
▌ **OBSERV** Le día onomástico ou la onomástica est le jour de la fête d'une personne.

onomatopée *f* onomatopeya.

onques ➡ **oncques**.

Ontario *n pr* le lac Ontario el lago Ontario.

ontogenèse; ontogénie *f* ontogenia.

ontologie *f* ontología.

ontologique *adj* ontológico, ca.

ontologisme *m* ontologismo.

ONU; Onu (abr de Organisation des Nations unies) *f* ONU.

ONUDI; Onudi (abr de Organisation des Nations unies pour le développement industriel) *f* ONUDI.

onusien, enne *adj* de la ONU.

onychophagie [ɔnikɔfaʒi] *f* onicofagia.

onyx [ɔniks] *m* ónice.

onyxis [ɔniksis] *m* uñero.

onzain [ɔ̃zɛ̃] *m* estrofa *f* de once versos.

onze [ɔ̃z] *adj num & s m* once ▌ **FAM** (vieilli) prendre le train onze coger el cochecito de San Fernando.
◇ *m* once (équipe de football).
▌ **OBSERV** El artículo que precede a onze no se elide (le onze) salvo en la expresión bouillon d'onze heures (jicarazo).

onzième *adj num ord & s* undécimo, ma; onceno, na ▌onzavo, va (fraction).

onzièmement *adv* en undécimo lugar.

oocyte ➡ **ovocyte**.

oogone [ɔɔgɔn] *f* **BOT** oogonio *m*.

oolithe [ɔɔlit] *m* **GÉOL** oolito.

oolithique [ɔɔlitik] *adj* **GÉOL** oolítico, ca.

oosphère [ɔɔsfɛr] *f* **BOT** oosfera.

oospore [ɔɔspɔr] *f* **BOT** oospora.

oothèque [ɔɔtɛk] *f* ooteca (des insectes).

OP (abr de ouvrier professionnel) *m* operario diplomado ou titulado.

OPA (abr de offre publique d'achat) *f* OPA.

opacifier [9] *v tr* volver opaco.

opacité *f* opacidad ▌sombra oscura.

opale *f* **MIN** ópalo *m* ▌color *m* de ópalo.
◇ *adj* opalino, na.

opalescence [ɔpalesɑ̃s] *f* opalescencia.

opalescent, e [ɔpalesɑ̃, ɑ̃t] *adj* opalescente.

opalin, e *adj* opalino, na.
➡ **opaline** *f* opalina.

opaliser [3] *v tr* opalizar, desvitrificar.

opaque *adj* opaco, ca.

op art *m* **ARTS** op-art.

op. cit. (abr écrite de opere citato) op. cit.

OPCVM (abr de organisme de placements collectifs en valeurs mobilières) *m* **ÉCON** OICVM.

ope *m* **CONSTR** mechinal (trou).

OPE (abr de offre publique d'échange) *f* oferta pública de intercambio de valores.

open *adj inv* **SPORTS** open, abierto ▌billet open billete abierto.

OPEP (abr de Organisation des pays exportateurs de pétrole) *f* OPEP.

opéra *m* **MUS** ópera *f*.

▌ **SYN** opéra-comique ópera cómica; opérette opereta.

opérable *adj* operable.

opéra-bouffe *m* ópera *f* bufa.
▌ **OBSERV** pl opéras-bouffes.

opéra-comique *m* ópera *f* cómica.
▌ **OBSERV** pl opéras-comiques.

opérande *m* **INFORM** operando.

opérateur, trice *m & f* operador, ra ▌ **INFORM** operador, ra ▌ **CINÉM** opérateur de prise de vues tomavistas (appareil), operador de fotografía ou de tomas (personne).
➡ **opérateur** *m* opérateur arithmétique, logique operador aritmético, lógico.

opération *f* operación; opération d'arithmétique operación aritmética; opération chirurgicale operación quirúrgica; opération de Bourse operación de Bolsa ■ opération à cœur ouvert operación a corazón abierto ▌opération de sauvetage operación de rescate ■ **FAM** par l'opération du Saint-Esprit por obra y gracia del Espíritu Santo, por arte de magia ▌salle d'opération quirófano ▌table d'opération mesa de operaciones ▌théâtre d'opérations teatro de operaciones, campo de batalla.

opérationnel, elle *adj* operacional; operativo, va (stratégie).

opératoire *adj* operatorio, ria ■ bloc opératoire bloque quirúrgico ▌choc opératoire choque quirúrgico ou operatorio ▌médecine opératoire cirugía.

operculaire *adj* opercular.

opercule *m* opérculo.

operculé, e *adj* operculado, da.

opéré, e *adj & s* operado, da.

opérer [18] *v tr* operar, producir (produire) ▌operar; opérer un cancéreux operar a un canceroso ▌hacer, realizar, efectuar; opérer des miracles hacer milagros; opérer une soustraction hacer ou efectuar una resta ▌opérer une arrestation efectuar una detención, detener ▌se faire opérer operarse; se faire opérer des amygdales operarse de las amígdalas.
◇ *v intr* obrar, operar, producir su efecto; le remède commence à opérer el remedio empieza a obrar.
➡ **s'opérer** *v pr* producirse; il s'est opéré un profond changement se ha producido un profundo cambio.

opérette *f* opereta.
▌ **OBSERV** La zarzuela est également un genre dramatique où les couplets chantés alternent avec le parlé mais on réserve ce terme aux œuvres espagnoles, comme La Revoltosa, La Verbena de la Paloma, etc. Lorsque l'on cite des opérettes étrangères, de Jacques Offenbach, de Strauss ou de Franz Lehár par exemple, on emploie toujours le terme opereta.

Ophélie [ɔfeli] *n pr* Ofelia.

ophicléide *m* **MUS** figle (instrument).

ophidien, enne *adj & s m* ofidio, dia (serpent).

ophioglosse *m* **BOT** ofioglosa *f*.

ophiographie ➡ **ophiologie**.

ophiolâtrie *f* ofiolatría.

ophiologie; ophiographie *f* ofiología.

ophite *m* ofita *f* (secta) ▌ofita *f* (marbre).

ophiure f ZOOL ofiuro m.

ophrys [ɔfris] m BOT ofris.

ophtalmie f MÉD oftalmía.

ophtalmique adj oftálmico, ca.

ophtalmologie f MÉD oftalmología.

ophtalmologique adj oftalmológico, ca.

ophtalmologiste; ophtalmologue m oftalmólogo.

ophtalmomètre m oftalmómetro.

ophtalmoscope m oftalmoscopio.

ophtalmoscopie f oftalmoscopia.

opiacé, e adj opiáceo, a; opiado, da.

opiacer [16] v tr mezclar con opio.

opiat [ɔpja] m MÉD opiata f.

opilion m ZOOL segador (faucheur).

opime adj opimo, ma ‖ dépouilles opimes despojos opimos, rico botín.

opinant m opinante.

Opinel® m navaja con empuñadura de madera y virola.

opiner [3] v tr & intr opinar ‖ opiner du bonnet asentir con la cabeza.

opiniâtre adj pertinaz; porfiado, da; obstinado, da; des combattants opiniâtres combatientes pertinaces ‖ tesonero, ra; travail opiniâtre labor tesonera ‖ rebelde, tenaz; toux opiniâtre tos rebelde.

opiniâtrement adv porfiadamente (avec entêtement) ‖ tenazmente (avec ténacité).

opiniâtrer [3]
➡ **s'opiniâtrer** v pr obstinarse, empeñarse, emperrarse FAM; s'opiniâtrer dans son erreur obstinarse en el error.

opiniâtreté f tesón m, porfía, obstinación (fermeté, constance), tenacidad, testarudez (entêtement).

opinion f opinión; braver l'opinion publique desafiar a la opinión pública ‖ [▷ SYN] parecer m, juicio m, opinión; mon opinion est que mi parecer es que; dire son opinion expresar su juicio ■ opinion préconçue prejuicio ‖ partage d'opinions división de opiniones, desacuerdo ‖ sondage d'opinion sondeo de la opinión pública ■ avoir bonne, mauvaise opinion de tener buena, mala opinión de.

| SYN sentiment sentimiento; pensée pensamiento; avis parecer; thèse tesis.

opiomane adj & s opiómano, na.

opiomanie f opiomanía.

opisthobranches m pl ZOOL opistobranquios.

opisthodome m ARCHIT opistódomo.

opium [ɔpjɔm] m opio.

OPJ (abr de officier de police judiciaire) m oficial de policía judicial.

oponce [ɔpɔ̃s]; **opuntia** [ɔpɔ̃sja] m opuncia f, chumbera f (cactacée).

opopanax [ɔpɔpanaks]; **opoponax** [ɔpɔpɔnaks] m BOT opopanax, opopónace f, pánace f ‖ opopónaco, opopanax (gomme-résine).

opossum [ɔpɔsɔm] m ZOOL zarigüeya f (sarigue).

opothérapie f MÉD opoterapia.

oppidum m HIST oppidum [poblado fortificado].

opportun, e [ɔpɔrtœ̃, yn] adj oportuno, na; arrivée opportune llegada oportuna ‖ conveniente; il est opportun de partir d'ici es conveniente irnos de aquí ‖ acertado, da; oportuno, na; pertinente; réflexion très opportune reflexión muy acertada.

opportunément adv oportunamente.

opportunisme m oportunismo.

opportuniste adj & s oportunista ‖ pancista (en politique).

opportunité f oportunidad; saisir l'opportunité aprovechar la oportunidad ‖ conveniencia, oportunidad; l'opportunité d'une démarche la conveniencia de una gestión.

opposabilité f oponibilidad.

opposable adj oponible.

opposant, e adj & s opositor, ra ‖ oposicionista (membre de l'opposition).

opposé, e adj ‖ [▷ SYN] opuesto, ta ‖ contrario, ria (intérêts) ‖ BOT & GÉOM opuesto, ta.
➡ **opposé** m lo contrario, lo opuesto; c'est tout à fait à l'opposé es todo lo contrario ■ à l'opposé al contrario ‖ à l'opposé de en oposición con, por el contrario.

| SYN adverse adverso; inverse inverso; contraire contrario; contradictoire contradictorio; à l'opposite enfrente.

opposer [3] v tr oponer (de bonnes raisons, une résistance) ‖ poner frente a frente.
➡ **s'opposer** v pr oponerse; s'opposer à un mariage oponerse a una boda.

opposite m à l'opposite enfrente (vis-à-vis).

opposition f oposición; l'opposition politique la oposición política ‖ ASTRON & ASTROL oposición ■ par opposition por contraste ‖ par opposition à en contraste con, a la inversa de ■ entrer en opposition avec quelqu'un entrar en oposición con alguien ‖ être en opposition avec estar en oposición ou en désaccord con ‖ faire opposition à un paiement oponerse legalmente a un pago.

| SYN contraste contraste; antithèse antítesis; antagonisme antagonismo.

oppressant, e adj oprimente.

oppresser [4] v tr oprimir ‖ FIG atormentar ■ respiration oppressée respiración ahogada ■ être oppressé respirar con ahogo.

oppresseur adj & s m opresor.

oppressif, ive adj opresivo, va.

oppression f opresión.

opprimant, e adj opresivo, va; oprimente.

opprimé, e adj & s oprimido, da; les peuples opprimés los pueblos oprimidos.

opprimer [3] v tr oprimir.

| SYN subjuguer subyugar; asservir avasallar; soumettre someter; oppresser oprimir; assujettir sujetar; courber doblar, doblegar; fouler pisotear; tyranniser tiranizar; dominer dominar.

opprobre f oprobio m.

optatif, ive adj & s m optativo, va.

opter [3] v intr optar.

opticien m óptico.

optimal, e adj óptimo, ma.

optimaliser; optimiser [3] v tr optimizar, optimar.

optimisme m optimismo.

optimiste adj & s optimista.

optimum [ɔptimɔm] adj & s m óptimo, ma.
■ OBSERV pl optimums ou optima.

option [ɔpsjɔ̃] f opción ‖ matière à option, option asignatura facultativa ‖ en option opcional ‖ prendre une option sur suscribir una opción para.

optionnel, elle adj opcional, facultativo, va.

optique adj & s óptico, ca.
◇ f óptica ‖ FIG enfoque m, óptica ■ illusion d'optique ilusión óptica ■ avoir une autre optique tener distinto punto de vista, enfocar las cosas de distinta manera.

optométrie f PHYS optometría.

opulence f opulencia ‖ vivre dans l'opulence vivir en la opulencia, nadar en la abundancia.

opulent, e adj opulento, ta.

opuntia [ɔpɔ̃sja] ➡ **oponce**.

opus [ɔpys] m MUS opus.

opuscule m opúsculo.

OQ (abr de ouvrier qualifié) m obrero cualificado.

or conj ahora bien.

or m oro; une montre en or un reloj de oro; cheveux d'or cabellos de oro ■ or blanc oro blanco ‖ or en feuilles oro en panes ‖ or moulu oro molido ‖ FIG or noir oro negro (pétrole) ■ une affaire en or un negocio magnífico ‖ dollar-or, franc-or dólar oro, franco oro ‖ l'âge d'or la edad de oro ‖ livre d'or libro de oro ‖ personne en or pedazo de pan ‖ plaqué or chapado de oro ‖ pour tout l'or du monde por todo el oro del mundo ‖ règle d'or regla de oro ■ acheter à prix d'or comprar carísimo ou a peso de oro ‖ avoir un cœur d'or tener un corazón de oro ‖ c'est de l'or en barre es oro en barras ‖ cette affaire est une mine d'or este negocio es una mina de oro ‖ être cousu d'or, marcher ou rouler sur l'or apalear el oro ‖ faire un pont d'or hacer ou tender un puente de plata ‖ parler d'or hablar en plata ‖ payer au poids de l'or pagar a peso de oro ‖ rouler ou marcher sur l'or estar forrado ‖ tout ce qui brille n'est pas or no es oro todo lo que reluce ‖ valoir son pesant d'or valer su peso en oro.
| OBSERV Or se emplea en plural únicamente cuando se trata de diferenciar dos matices de oro: une boîte de deux ors.

oracle m oráculo ‖ ton d'oracle tono sentencioso.

orage m tormenta f, tempestad f ‖ FIG borrasca f, tormenta f (colère) ‖ revés, calamidad f; les orages de la vie los reveses de la vida ‖ pluie d'orage aguacero ‖ FIG tenir tête à l'orage hacer frente a la tormenta, capear el temporal.

orageusement adv tempestuosamente.

orageux, euse adj tempestuoso, sa; borrascoso, sa ‖ bochornoso, sa; une chaleur orageuse un calor bochornoso ‖ FIG borrascoso, sa; agitado, da; movido, da.

oraison f oración ■ oraison dominicale oración dominical, padre nuestro ‖ oraison funèbre oración fúnebre ■ être en oraison, faire oraison orar, rezar.

oral, e adj & s m oral; tradition orale tradición oral; examens oraux exámenes orales ‖ par voie orale por vía oral.

oralement *adv* oralmente.

Oran *n pr* GÉOGR Orán.

Oranais *n pr m* GÉOGR l'Oranais el Oranesado.

orange [ɔrɑ̃ʒ] *f* naranja; un jus d'orange un zumo de naranja ■ orange amère naranja agria ▌ orange pressée zumo de naranja natural ▌ orange sanguine naranja sanguina. ◇ *adj inv & s m* anaranjado, da; naranja (couleur); un orange clair, un tissu orange un naranja claro, un tejido anaranjado ▌ ámbar; feu orange disco ámbar.

Orange *n pr* GÉOGR Orange.

orangé, e *adj & s m* anaranjado, da (couleur).

orangeade [ɔrɑ̃ʒad] *f* naranjada.

orangeat [ɔrɑ̃ʒa] *m* mermelada *f* de naranjas.

oranger [ɔrɑ̃ʒe] *m* BOT naranjo ■ eau de fleur d'oranger agua de azahar ▌ fleur d'oranger azahar.

orangeraie [ɔrɑ̃ʒrɛ] *f* naranjal *m*.

orangerie [ɔrɑ̃ʒri] *f* invernadero *m* de naranjos.

orangette [ɔrɑ̃ʒet] *f* naranjilla.

orangiste [ɔrɑ̃ʒist] *m* HIST orangista, partidario de un príncipe de la casa de Orange.

orang-outan [ɔrɑ̃utɑ̃] *m* ZOOL orangután.
▌ OBSERV pl orangs-outans.

orant, e *m & f* estatua *f* orante.

orateur *m* orador.
▌ OBSERV Orateur se emplea tanto para los hombres como para las mujeres: sa mère est un grand orateur. El femenino oratrice se emplea muy poco.
▌ SYN tribun tribuno; rhéteur retórico; déclamateur declamador; prédicateur predicador; prédicant predicante; prêcheur predicador.

oratoire *adj* oratorio, ria; geste oratoire gesto oratorio ▌ l'art oratoire la oratoria. ◇ *m* oratorio (petite chapelle).

oratorien *m* oratoriano (religieux).

oratorio *m* oratorio (musique).

orbe *m* orbe (surface).

orbe *adj* ARCHIT sin aberturas [una pared].

orbicole *adj* orbícola, universal.

orbiculaire *adj* orbicular.

orbitaire *adj* orbitario, ria.

orbital, e *adj* orbital; station orbitale estación orbital; vol orbital vuelo orbital.

orbite *f* ANAT órbita, cuenca (des yeux) ▌ ASTRON órbita; mise sur orbite puesta en órbita; orbite géostationnaire órbita geoestacionaria ■ FIG dans l'orbite de bajo el área de influencia ou, en la órbita de ▌ placer ou mettre sur orbite poner en órbita.

Orcades *n pr f pl* GÉOGR les îles Orcades las islas Orcadas.

orcanette *f* BOT orcaneta, onoquiles.

orchestral, e [ɔrkestral] *adj* MUS orquestal.

orchestration [ɔrkestrasjɔ̃] *f* MUS orquestación.

orchestre [ɔrkestr] *m* MUS orquesta *f* ▌ patio de butacas (théâtre) ▌ fauteuil d'orchestre butaca de patio.

orchestrer [3] [ɔrkestre] *v tr* MUS orquestar; orchestrer une partition orquestar una partitura.

orchidacées [ɔrkidase] *f pl* BOT orquidáceas.

orchidée [ɔrkide] *f* BOT orquídea.

orchis [ɔrkis] *m* BOT órquide.

orchite [ɔrkit] *f* MÉD orquitis.

ord, e [ɔr, ɔrd] *adj* (vx) sucio, cia.

ordalie *f* ordalías *pl*, juicio *m* de Dios.

ordinaire *adj* [▷ SYN] ordinario, ria (conforme à l'ordre établi) ▌ común (commun) ▌ habitual; ordinario, ria; corriente (habituel) ▌ ordinario, ria; del montón, vulgar (médiocre) ▌ corriente; du vin ordinaire vino corriente. ◇ *m* lo corriente, lo ordinario, lo común; un film qui sort de l'ordinaire una película que se sale de lo corriente ou que es fuera de lo común ▌ ordinario (autorité ecclésiastique, courrier) ■ ordinaire de la messe ordinario de la misa ▌ à l'ordinaire, d'ordinaire comúnmente, de ordinario, generalmente.
▌ SYN accoutumé acostumbrado; habituel habitual, acostumbrado; courant corriente.

ordinairement *adv* ordinariamente.

ordinal, e *adj* ordinal; adjectifs numéraux ordinaux adjetivos numerales ordinales.

ordinand *m* ordenando (religieux).

ordinant *adj & s m* ordenante.

ordinateur *m* INFORM ordenador, computador, computadora *f*; ordinateur central ordenador central; ordinateur domestique, individuel ou personnel ordenador doméstico, personal; ordinateur de bureau ordenador de mesa, de despacho ▌ mettre sur ordinateur pasar al ordenador.

ordination *f* ECCLÉS ordenación.

ordo *m* ECCLÉS añalejo, ordo (calendrier).

ordonnable *adj* ordenable.

ordonnance *f* [▷ SYN] ordenación, disposición (arrangement) ▌ ARCHIT ordenación, orden *m* ▌ COMM orden de pago, libramiento *m* ▌ DR mandato *m* ou mandamiento *m* judicial (du juge), ordenanza (de l'exécutif) ▌ MÉD prescripción facultativa (prescription), receta (écrit) ▌ MIL ordenanza, reglamento *m* (règlement) ▌ asistente *m*, ordenanza *m* (d'un officier) ■ ordonnance royale real orden ▌ officier d'ordonnance ayudante de campo.
▌ OBSERV Ordonnance en el sentido de asistente, ordenanza (militar) se emplea también en masculino.
▌ SYN arrangement arreglo; disposition disposición.

ordonnancement *m* orden *f* de pago, libramiento ▌ ordonnancement du travail planificación del trabajo, programa de trabajo.

ordonnancer [16] *v tr* dar orden de pago.

ordonnancier *m* recetario.

ordonnateur, trice *adj & s* ordenador, ra.
➤ **ordonnateur** *m* ordenador de pago ▌ maestro de ceremonias (dans une fête) ▌ ordonnateur des pompes funèbres encargado de pompas fúnebres.

ordonné, e *adj* ordenado, da.
➤ **ordonnée** *f* MATH ordenada.

ordonner [3] *v tr* ordenar, disponer (ranger) ▌ ordenar, mandar (imposer) ▌ prescribir, recetar (un médecin) ▌ ECCLÉS ordenar (un prêtre)

▌ FAM monsieur, madame, mademoiselle J'ordonne mandón, mandona.
▌ OBSERV Ordonner se construye generalmente con el subjuntivo: ordonner qu'il vienne. Pero cuando no se puede discutir la orden se puede emplear el indicativo o el condicional: la cour a ordonné que ce témoin serait entendu.

ordre *m* orden *f*; mettre des papiers en ordre poner papeles en orden ▌ orden *f* (commandement) ▌ orden (discipline, calme); troubler l'ordre alterar el orden ▌ orden *f* (de la Légion d'honneur, national du Mérite) [creadas para recompensar el mérito personal] colegio (des avocats, des médecins, etc.) ▌ categoría *f*, orden; un écrivain de premier ordre un escritor de primer orden ▌ ARCHIT & BOT ZOOL orden; ordre dorique orden dórico; ordre des coléoptères orden de los coleópteros ▌ COMM orden *f*, pedido (commande) ▌ ECCLÉS orden (sacrement), orden *f* (institut religieux) ▌ orden (hiérarchie entre les anges) ▌ ordre chronologique orden cronológico ▌ ordre de bataille orden de batalla ▌ ordre de grève convocatoria de huelga ▌ MIL ordre de mission permiso administrativo de ausencia ▌ ordre de succession orden de sucesión ▌ MIL ordre dispersé formación abierta ▌ ordre du jour orden del día ▌ ordre public orden público ▌ MIL ordre serré orden cerrado ▌ ECCLÉS ordres majeurs, mineurs órdenes mayores, menores ■ billet à ordre pagaré ▌ clause à ordre endoso ▌ mot d'ordre consigna, santo y seña ▌ rappel à l'ordre llamada de atención ou al orden ▌ sous-ordre subalterno ■ à l'ordre du jour al orden del día ▌ MIL à vos ordres! ¡a sus órdenes!, ¡a la orden! ▌ dans le même ordre d'idées de manera análoga, de la misma manera ▌ d'ordre pratique de orden práctico ▌ jusqu'à nouvel ordre hasta nuevo aviso ▌ par ordre de grandeur por orden de tamaño ▌ par ordre d'entrée en scène por orden de aparición ou de salida a escena ▌ sans aucun ordre sin orden ni concierto ■ avoir de l'ordre ser ordenado ▌ MIL citer à l'ordre du jour citar en la orden del día ▌ être à l'ordre du jour ser de actualidad ▌ être aux ordres ou sous les ordres de quelqu'un estar a las ou bajo las órdenes de alguien ▌ mettre de l'ordre ordenar ▌ payer à l'ordre de páguese a la orden de ▌ procéder par ordre proceder por orden.
▌ OBSERV Orden est masculin en espagnol dans le sens d'arrangement, disposition, style architectural et sacrement. Dans les autres cas il est féminin.

ordure *f* [▷ SYN] basura; boîte à ordures cubo de la basura ▌ porquería (immondices) ▌ FIG indecencia, porquería, grosería ▌ tipo *m* asqueroso, marrano *m*, guarro *m* (personne abjecte) ■ ordures ménagères basura ▌ tas d'ordures muladar.
▌ SYN immondices inmundicia; détritus detrito; balayures barreduras.

ordurier, ère *adj* indecente; puerco, ca; licencioso, sa.

oréades *f pl* MYTH oréades.

orée *f* lindero *m*, linde *m & f*; à l'orée d'un bois en la linde de un bosque.

Oregon *n pr m* GÉOGR l'Oregon Oregón.

oreillard, e [ɔrejar, ard] *adj & s* orejudo, da.
➤ **oreillard** *m* orejudo (chauve-souris).

oreille [ɔrɛj] *f* **ANAT** oreja (partie externe); avoir de grandes oreilles tener grandes orejas; oreilles dressées, tombantes orejas tiesas, gachas ▌ oído *m* (ouïe); j'ai mal aux oreilles me duele el oído ▌ oído *m* (aptitude à apprécier les sons); avoir l'oreille fine tener buen oído ▌ asa (anse) ▌ oreja (d'ancre) ▌ orejera (de charrue, de fauteuil); fauteuil à oreilles sillón de orejeras ■ à l'oreille al oído ■ avoir l'oreille basse, baisser l'oreille tener las orejas gachas ▌ avoir les oreilles délicates tener el oído delicado ▌ avoir les oreilles rebattues ou battues d'une chose estar harto de oír una cosa ou estar hasta la coronilla ▌ avoir l'oreille de quelqu'un ser escuchado por alguien ▌ avoir l'oreille fine ser fino de oídos ▌ casser les oreilles à quelqu'un dar la lata ou el tostón a alguien ▌ **FAM** cela me sort par les oreilles estoy hasta la coronilla de esto ▌ dire deux mots à l'oreille de quelqu'un decirle a uno cuatro palabras ▌ dormir sur ses deux oreilles dormir a pierna suelta ou tranquilo ▌ dresser, ouvrir, tendre l'oreille aguzar el oído, escuchar con interés ▌ échauffer les oreilles calentar los cascos, quemar la sangre ▌ écorcher l'oreille ou les oreilles lastimar el oído ▌ écouter de toutes ses oreilles ser todo oídos ▌ faire la sourde oreille, se boucher les oreilles hacerse el sordo, no darse por enterado, hacer oídos de mercader ▌ fermer l'oreille à no querer escuchar a, no dar oídos a (refuser d'écouter), negarse a (refuser d'accéder) ▌ frotter ou couper ou tirer les oreilles de quelqu'un calentarle a uno las orejas, pegarle ▌ les murs ont des oreilles las paredes oyen ▌ montrer ou laisser passer ou laisser voir le bout de l'oreille enseñar la oreja, vérsele a uno el plumero ▌ n'écouter que d'une oreille escuchar a medias ▌ ne pas en croire ses oreilles no dar crédito a nuestros oídos ▌ ne pas entendre de cette oreille-là no ver de la misma manera ▌ ne pas tomber dans l'oreille d'un sourd no caer en saco roto ▌ prêter l'oreille prestar oído, estar atento ▌ se faire tirer l'oreille hacerse de rogar ▌ tendre l'oreille prestar oídos ▌ ventre affamé n'a point d'oreilles al buen hambre no hay pan duro.

oreille-de-mer *f* **ZOOL** oreja de mar.
▌ **OBSERV** pl oreilles-de-mer.

oreille-de-souris [ɔrɛjdəsuri] *f* **BOT** nomeolvides *m* (myosotis).
▌ **OBSERV** pl oreilles-de-souris.

oreiller [ɔrɛje] *m* almohada *f*.

oreillette [ɔrɛjɛt] *f* **ANAT** aurícula (du cœur) ▌ orejera (d'un bonnet).

oreillons [ɔrɛjɔ̃] *m pl* orejeras *f* (d'un casque, d'une casquette) ▌ **MÉD** paperas *f*, parotiditis *f sing.*

orémus [ɔremys] *m* oración *f*.

Orénoque *n pr m* **GÉOGR** l'Orénoque el Orinoco.

ores [ɔr] *adv* (vx) ahora ▌ d'ores et déjà desde ahora, de aquí en adelante.

Oreste *n pr* **MYTH** Orestes.

Orestie *n pr f* Orestia.

orfèvre *m* platero (mot le plus usité), orfebre, orifice (qui travaille l'or) ▌ être orfèvre en la matière estar ducho en la materia.

orfèvrerie *f* orfebrería, platería.

orfraie *f* quebrantahuesos *m*, pigargo *m* (oiseau) ▌ pousser des cris d'orfraie chillar como una rata, gritar como un descosido.

orfroi *m* orifrés (ruban).

organdi *m* organdí (mousseline).

organe *m* órgano ▌ voz *f*; avoir un bel organe tener buena voz ▌ **INFORM** organe d'entrée, de sortie órgano de entrada, de salida.
▌ **OBSERV** Órgano a tiene en español el sens d'orgue.

organeau *m* arganeo (de l'ancre).

organicien, enne *adj & s* organicista.

organicisme *m* **MÉD & PHILOS** organicismo.

organiciste *adj & s* organicista.

organier *m* organero (facteur d'orgues).

organigramme *m* organigrama (graphique).

organique *adj* orgánico, ca.

organiquement *adv* orgánicamente.

organisable *adj* organizable.

organisant, e *adj* organizador, ra.

organisateur, trice *adj & s* organizador, ra.

organisation *f* organización ▌ Organisation des Nations unies (ONU) Organización de las Naciones Unidas ▌ **ANAT** constitución.

organisé, e *adj* organizado, da.

organiser [3] *v tr* organizar.
➤ **s'organiser** *v pr* organizarse.

organisme *m* organismo.

organiste *m & f* **MUS** organista.

organite *m* organito (élément de la cellule).

organologie *f* organología.

organothérapie *f* organoterapia.

organsin [ɔrgɑ̃sɛ̃] *m* seda *f* torcida dos veces.

organsiner [3] *v tr* retorcer la seda.

orgasme *m* orgasmo.

orge [ɔrʒ] *f* **BOT** cebada *f*; eau d'orge agua de cebada ■ champ d'orge cebadal ▌ **MÉD** grain d'orge orzuelo (orgelet) ▌ sucre d'orge pirulí, caramelo largo en forma de palito.
◇ *m* orge mondé, orge perlé cebada mondada, cebada perlada.
▌ **OBSERV** Sólo es masculino en estos dos casos.

orgeat [ɔrʒa] *m* horchata *f* ▌ sirop d'orgeat horchata.
▌ **OBSERV** En Francia se suele hacer con almendras (amandes) y en España con chufas (souchets).

orgelet [ɔrʒəlɛ] *m* **MÉD** orzuelo.

orgiaque *adj* orgiaco, ca; orgiástico, ca.

orgie *f* orgía.

orgue [ɔrg] *m* **MUS** órgano; souffler l'orgue entonar el órgano ▌ **MAR** cañería *f* de desagüe ▌ **MIL** cañón multitubular (canon), rastrillo (fortification) ■ **GÉOL** orgues basaltiques basaltos prismáticos ▌ orgue de Barbarie organillo ■ buffet d'orgue caja de órgano ▌ **MUS** point d'orgue calderón.
▌ **OBSERV** Orgue es masculino en el singular y en el plural (si designa varios instrumentos). En cambio es femenino en el plural cuando designa un solo instrumento.

orgueil [ɔrgœj] *m* [▷ **SYN**] orgullo; cet enfant est l'orgueil de la famille ese niño es el orgullo de la familia ▌ soberbia *f*; l'orgueil est un péché la soberbia es un pecado ▌ (p us) fulcro (d'un levier) ▌ crever d'orgueil no caber en sí de orgullo, reventar de orgullo.
▌ **SYN** amour-propre amor propio; superbe soberbia; morgue altivez, altanería; vanité vanidad; gloriole ufanía; présomption presunción; prétention pretensión; fatuité fatuidad; suffisance suficiencia; outrecuidance presunción; ostentation ostentación.

orgueilleusement [ɔrgœjøzmɑ̃] *adv* orgullosamente.

orgueilleux, euse [ɔrgœjø, øz] *adj & s* orgulloso, sa.

oribus [ɔribys] *m* vela *f* de resina.

orichalque [ɔrikalk] *m* auricalco, latón.

orient [ɔrjɑ̃] *m* [▷ **SYN**] oriente (point cardinal) ▌ oriente (d'une perle) ■ Extrême-Orient Extremo ou Lejano Oriente ▌ Grand Orient Gran Oriente [institución central masónica] ▌ Moyen-Orient Oriente Medio ▌ Proche-Orient Próximo ou Cercano Oriente.
▌ **SYN** levant levante; est este.

orientable *adj* orientable.

oriental, e *adj & s* oriental; des pays orientaux países orientales.

orientaliser [3] *v tr* orientalizar.

orientalisme *m* orientalismo.

orientaliste *adj & s* orientalista.

orientation *f* orientación; orientation professionnelle orientación profesional ■ course d'orientation carrera de orientación ▌ sens de l'orientation sentido de la orientación.

orienté, e *adj* orientado, da (position); appartement bien, mal orienté apartamento bien, mal orientado ▌ tendencioso, sa (idéologie) ▌ journal orienté à gauche periódico de izquierdas.

orienter [3] *v tr* orientar ▌ **FIG** dirigir, guiar.
➤ **s'orienter** *v pr* orientarse, dirigirse.

orienteur, trice *adj & s* orientador, ra.

orifice *m* orificio.

oriflamme *f* oriflama.

origami *m* (mot japonais) origami, papiroflexia.

origan *m* orégano (plante).

Origène *n pr* Orígenes.

originaire *adj* oriundo, da; originario, ria; natural; être originaire de ser natural ou oriundo de ▌ originario, ria.

originairement *adv* originariamente, primitivamente.

original, e *adj & s* [▷ **SYN 1**] original; textes originaux textos originales ▌ [▷ **SYN 2**] extravagante; estrafalario, ria.
▌ **OBSERV** Original signifie aussi en espagnol manuscrit (copie, en terme d'imprimerie).
SYN 1. inédit inédito.
2. excentrique excéntrico; type tipo; olibrius excéntrico.

originalement *adv* originalmente, extravagantemente.

originalité *f* originalidad ▌ extravagancia, singularidad.

origine *f* origen *m*; d'origine française de origen francés ■ à l'origine al principio dans l'origine en su origen, en el principio ‖ dès l'origine desde el origen, desde el principio ‖ d'origine de origen, genuino (produit) ‖ tirer son origine de proceder de.

> SYN provenance procedencia; germe germen; racine raíz.

originel, elle *adj* original; péché originel pecado original.

originellement *adv* originalmente, desde su nacimiento ou origen.

orignal *m* alce del Canadá (élan).

orillon [ɔrijɔ̃] *m* asa *f* (d'écuelle) ‖ orejón (de bastion).

orin *m* MAR orinque.

Orion *n pr* ASTRON & MYTH Orión.

oripeaux *m pl* atavíos (vêtements).

ORL *f* (abr de oto-rhino-laryngologie) ORL. <> *m & f* (abr de otorhino-laryngologiste) ORL

orle *m* ARCHIT & BLAS orla *f*.

orléanisme *m* orleanismo.

orléaniste *adj & s* orleanista.

Orléans [ɔrleɑ̃] *n pr* Orleáns (ville) ‖ les Orléans los Orléanes (famille).

> **LES ORLÉANS** ——————
> Esta familia de pretendientes al trono de Francia reivindica su descendencia directa del último rey de Francia, Luis Felipe I. El jefe actual de la familia es Henri d'Orléans, Conde de París.

Orly *n pr* GÉOGR Orly; aéroport d'Orly aeropuerto de Orly.

ormaie [ɔrmɛ]; **ormoie** [ɔrmwa] *f* olmeda, olmedo *m*.

orme *m* BOT olmo ‖ FAM attendez-moi sous l'orme espéreme sentado.

ormeau *m*; **ormille** *f* olmo *m* pequeño.

ormoie ⟶ ormaie.

ormole *f* ⟶ ormaie.

Ormuz; Hormuz *n pr m* GÉOGR le détroit d'Ormuz ou d'Hormuz el estrecho de Ormuz ou Ormaz.

orne *f* AGRIC surco *m* de viñedo ‖ BOT fresno *m* del maná (frêne).

Orne *n pr* GÉOGR Orne (département); dans l'Orne en Orne.

orné, e *adj* adornado, da; orné de adornado de.

ornemaniste *m* CONSTR adornista, estuquista.

ornement *m* ornamento, adorno, ornato (architecture, style, etc.) ‖ ornamento, paramento (habit sacerdotal).

ornemental, e *adj* ornamental.

ornementation *f* ornamentación, ornato *m*, adorno *m*.

ornementer [3] *v tr* ornamentar, adornar.

orner [3] *v tr* adornar, ornar ‖ enriquecer (l'esprit).

> SYN parer engalanar; décorer decorar; embellir embellecer; enjoliver adornar; garnir guarnecer.

ornière *f* carril *m*, carrilada, rodada (des roues) ‖ FIG hábito *m*, costumbre inveterada, camino *m* trillado, carril *m* ‖ sortir de l'ornière salir del atolladero.

ornithogale *f* BOT ornitógala, leche de gallina.

ornithologie *f* ornitología.

ornithologique *adj* ornitológico, ca.

ornithologiste; ornithologue *m & f* ornitólogo, ga.

ornithomancie *f* ornitomancia.

ornithorynque *m* ornitorrinco (animal).

orobanche *f* BOT orobanca, hierba tora.

orogenèse *f* orogénesis.

orogénie *f* orogenia.

orogénique *adj* orogénico, ca.

orographie *f* orografía.

orographique *adj* orográfico, ca.

oronge *f* BOT oronja ■ oronge vineuse oronja vinosa ou rojiza ‖ oronge vraie amanita ■ fausse oronge falsa oronja, matamoscas.

Orose *n pr* Orosio.

orpaillage [ɔrpajaʒ] *m* lavado del oro.

orpailleur [ɔrpajœr] *m* buscador de pepitas de oro.

Orphée *n pr* MYTH Orfeo.

orphelin, e [ɔrfəlɛ̃, in] *m & f* huérfano, na; orphelin de père, de mère huérfano de padre, de madre.

orphelinat [ɔrfəlina] *m* orfanato, asilo de huérfanos, orfelinato (gallicisme) ‖ inclusa *f* (enfants abandonnés).

orphéon *m* MUS orfeón.

orphéoniste *m* orfeonista.

orphique *adj & s* órfico, ca.

orphisme *m* orfismo.

orpiment *m* MIN oropimente.

orpin *m* BOT telefio.

orque *m* ZOOL orca (épaulard).

Orsay [ɔrsɛ] *n pr* le musée d'Orsay museo de arte en París.

> **LE MUSÉE D'ORSAY** ——————
> Este museo, instalado en la antigua estación de Orsay, a orillas del Sena, contiene obras de arte de mediados del siglo XIX y de principios del XX.

ORSEC (abr de organisation des secours) *adj* plan ORSEC plan de emergencia en caso de catástrofe.

> **LE PLAN ORSEC** ——————
> El plan ORSEC se pone en marcha cuando se producen catástrofes naturales tales como una crecida o un incendio forestal. Este plan permite movilizar todos los medios de lucha, públicos o privados, para detener la catástrofe.

ORSECRAD; Orsecrad (abr de Orsec en cas d'accident nucléaire) *adj* plan ORSECRAD plan de emergencia en caso de catástrofe nuclear.

orseille [ɔrsɛj] *f* BOT urchilla, orchilla.

orteil [ɔrtɛj] *m* dedo del pie ‖ gros orteil dedo gordo del pie.

ORTF (abr de Office de radiodiffusion télévision française) *m* antigua empresa de radiotelevisión francesa.

orthocentre *m* GÉOM ortocentro.

orthochromatique *adj* PHOT ortocromático, ca.

orthodontie *f* MÉD ortodoncia.

orthodontiste *m & f* MÉD ortodontista.

orthodoxe *adj & s* ortodoxo, xa.

orthodoxie *f* ortodoxia.

orthodromie *f* ortodromia (navigation).

orthodromique *adj* ortodrómico, ca.

orthoépie [ɔrtoepi] *f* ortoepía.

orthogenèse [ɔrtoʒənez] *f* ortogénesis.

orthognathisme [ɔrtognatism] *m* ortognatismo.

orthogonal, e *adj* GÉOM ortogonal.

orthogonalement *adv* de modo ortogonal.

orthographe *f* ortografía; faire une faute d'orthographe cometer una falta de ortografía.

orthographie *f* ARCHIT ortografía.

orthographier [9] *v tr* ortografiar ‖ mal orthographié escrito con faltas de ortografía.

orthographique *adj* ortográfico, ca (signe, dessin).

orthopédie *f* ortopedia.

orthopédique *adj* ortopédico, ca.

orthopédiste *adj & s* ortopédico, ca. <> *m & f* ortopedista; ortopédico, ca.

orthophonie *f* ortofonía.

orthophoniste *m & f* MÉD ortofonista.

orthoptère *adj & s m* ZOOL ortóptero.

orthoptie; orthoptique *f* ortóptica.

orthoptiste *m & f* especialista en ortóptica.

orthorhombique *adj* GÉOM ortorrómbico, ca.

orthoscopique *adj* ortoscópico, ca.

orthose *f* MIN ortosa.

orthostatique *adj* MÉD ortoestático, ca.

orthotrope *adj* BOT ortótropo.

ortie *f* BOT ortiga ■ ortie blanche ortiga muerta (lamier) ‖ ZOOL ortie de mer ortiga de mar ■ FIG & FAM jeter son froc aux orties ahorcar ou colgar el hábito.

ortolan *m* hortelano (oiseau).

orvale *f* BOT orvalle *m*, gallocresta.

orvet [ɔrvɛ] *m* lución (reptile).

orviétan *m* antídoto, electuario ‖ droga *f* de charlatán ‖ marchand d'orviétan charlatán.

oryctérope *m* ZOOL orictéropo.

os [ɔs, pl o] *m* ANAT hueso ■ os à moelle hueso con tuétano ou médula ‖ os de seiche jibión ■ en chair et en os en carne y hueso, en persona ■ chasser les os à quelqu'un romper a uno las costillas ‖ FAM il y a un os hay un pero ou una pega ‖ TFAM l'avoir dans l'os salirle a uno el tiro por la culata ‖ n'avoir que les os et la peau estar en los huesos ‖ ne pas faire de vieux os no llegar a viejo ‖ FAM tomber sur un os dar un hueso ‖ trempé jusqu'aux os calado hasta los huesos.

> OBSERV En plural no se pronuncia la s final.

OS (abr de ouvrier spécialisé) *m* obrero especializado.

Osaka *n pr* GÉOGR Ōsaka, Osaka.

oscabrion *m* quitón, chitón (mollusque).

oscar *m* ZOOL oscar (récompense).

oscillant, e [ɔsilɑ̃, ɑ̃t] *adj* oscilante.

oscillateur [ɔsilatœr] *m* PHYS oscilador.

oscillation [ɔsilasjɔ̃] *f* oscilación.

oscillatoire [ɔsilatwar] *adj* oscilatorio, ria.

osciller [3] [ɔsile] *v intr* oscilar.

oscillogramme [ɔsilɔgram] *m* oscilograma.

oscillographe [ɔsilɔgraf] *m* ÉLECTR oscilógrafo.

oscillomètre [ɔsilɔmɛtr] *m* oscilómetro.

osculateur, trice [ɔskylatœr, tris] *adj* GÉOM osculador, ra.

oscule [ɔskyl] *m* ZOOL & BOT poro.

osé, e *adj* osado, da; atrevido, da.

Osée *n pr* Oseas.

oseille [ozɛj] *f* BOT acedera ǀ FAM parné *m*, mosca, pasta (argent) ▪ **oseille-épinard** hierba de la paciencia ǀ CHIM sel d'oseille sal de acederas ▪ POP la faire à l'oseille dar el pego, engañar.

oser [3] *v tr & intr* atreverse, osar; je n'ose pas le faire no me atrevo a hacerlo ǀ si j'ose dire, si j'ose m'exprimer ainsi y perdone la expresión.

　OBSERV En forma negativa y seguido de un infinitivo oser puede emplearse sin pas: je n'ose venir, je n'ose pas venir.

oseraie *f* mimbreral *m*, mimbral *m*.

osier *m* mimbre ǀ osier blanc sarga.

osiériculture *f* cultivo *m* del mimbre.

Osiris [ɔziris] *n pr* Osiris.

Oslo *n pr* GÉOGR Oslo.

osmique *adj* CHIM ósmico, ca.

osmium [ɔsmjɔm] *m* osmio (métal).

osmomètre *m* osmómetro.

osmonde *f* osmunda, helecho *m* real (fougère).

osmose *f* PHYS ósmosis.

osmotique *adj* osmótico, ca.

osque *adj & s* osco, ca (peuple d'Italie).

Osques *n pr m pl* oscos.

ossature *f* esqueleto *m*, osamenta (squelette) ǀ FIG armazón.

osséine *f* oseína.

osselet [ɔslɛ] *m* huesecillo (petit os) ǀ taba *f* (jeu) ǀ VÉTÉR porrilla *f* (tumeur du cheval).

ossements [ɔsmɑ̃] *m pl* huesos, osamenta *f sing*.

osseux, euse *adj* óseo, a (tissu); huesoso, sa (relatif à l'os) ǀ huesudo, da; des mains osseuses manos huesudas.

Ossian *n pr* Osián.

ossianisme *m* osianismo.

ossification *f* osificación.

ossifier [9] *v tr* osificar.
　➡ **s'ossifier** *v pr* osificarse.

ossu, e *adj* huesudo, da.

ossuaire [ɔsɥɛr] *m* osario.

ost [ɔst] *m* HIST hueste (armée) ǀ correría *f*, expedición *f* militar.

ostéalgie *f* MÉD ostealgia.

ostéite *f* MÉD osteítis.

Ostende *n pr* GÉOGR Ostende.

ostensible *adj* ostensible.

ostensiblement *adv* ostensiblemente.

ostensoir *m* custodia *f*.

ostentateur, trice *adj* (vx) ostentador, ra.

ostentation *f* ostentación ǀ faire ostentation de hacer alarde ou gala de.

ostentatoire *adj* ostentatorio, ria.

ostéoblaste *m* osteoblasto.

ostéogenèse *f* osteogénesis, osificación.

ostéologie *f* osteología.

ostéologique *adj* osteológico, ca.

ostéome *m* MÉD osteoma (tumeur).

ostéomyélite *f* MÉD osteomielitis.

ostéopathe *m & f* MÉD osteópata.

ostéopathie *f* MÉD osteopatía.

ostéoplastie *f* MÉD osteoplastia.

ostéoporose *f* osteoporosis.

ostéosarcome *m* MÉD osteosarcoma.

ostéosynthèse *f* MÉD osteosíntesis *m*.

ostéotomie *f* MÉD osteotomía.

ostiaque; ostyak *m* LING ostiaco (langue finno-ougrienne).

Ostie *n pr* GÉOGR Ostia.

ostracé, e *adj* en forma de concha.

ostracisme *m* ostracismo.

ostréicole *adj* ostrícola.

ostréiculteur *m* ostricultor.

ostréiculture *f* ostricultura.

ostrogoth; ostrogot, e [ɔstrɔgo, ɔt] *adj & s* ostrogodo, da ǀ FIG bárbaro, ra; animal, salvaje (sauvage) ǀ FAM un drôle d'ostrogoth un tipo curioso.

Ostrogoths *n pr m pl* ostrogodos.

ostyak ➡ **ostiaque**.

otage *m* rehén ǀ prendre quelqu'un en otage retener como rehén a alguien, secuestrar a alguien.

otalgie *f* MÉD otalgia.

otalgique *adj* otálgico, ca.

OTAN; Otan (abr de Organisation du traité de l'Atlantique Nord) *f* OTAN.

otarie *f* ZOOL león *m* marino, otaria.

OTASE (abr de Organisation du traité de l'Asie du Sud-Est) *f* OTASE.

ôté *prép* excepto, salvo; livre excellent, ôté deux ou trois pages libro excelente, salvo dos o tres páginas.

ôter [3] *v tr* [▷ SYN] quitar; ôter un rideau, une tache quitar una cortina, una mancha ǀ quitarse, despojarse de; ôter son chapeau quitarse el sombrero ǀ restar, quitar; ôter un de trois quitar uno de tres ǀ sacar (tirer du doute, de l'inquiétude) ǀ suprimir; ôtez deux paragraphes à cet article suprima dos párrafos a este artículo.
　➡ **s'ôter** *v pr* quitarse; ôtez-vous de là! quítese de ahí.

　SYN enlever quitar, remover; retirer retirar; confisquer confiscar; supprimer suprimir.

Othon *n pr* Otón (empereur romain).

otique *adj* del oído.

otite *f* MÉD otitis.

otolithe *f* otolito *m* (concrétion minérale).

otologie *f* MÉD otología.

oto-rhino-laryngologie [ɔtorinolarɛ̃golɔʒi] *f* MÉD otorrinolaringología.

　OBSERV pl oto-rhino-laryngologies.

oto-rhino-laryngologiste [ɔtorinolarɛ̃golɔʒist]; **oto-rhino** *m & f* MÉD otorrinolaringólogo, ga; otorrino.

　OBSERV pl oto-rhino-laryngologistes; oto-rhinos.

otorragie *f* MÉD otorragia.

otorrhée *f* MÉD otorrea.

otoscope *m* otoscopio.

Ottawa *n pr* GÉOGR Ottawa.

ottoman, e *adj & s* otomano, na.
　➡ **ottoman** *m* otomán (tissu).
　➡ **ottomane** *f* otomana (canapé).

ou *conj* o, u.

　OBSERV En espagnol u remplace o devant les mots commençant par o (blanc ou noir blanco o negro; l'un ou l'autre uno u otro), même lorsqu'il s'agit de chiffres qui ne sont pas écrits en toutes lettres (7 u 8). O portait autrefois un accent aigu, ó, qu'il a conservé uniquement lorsqu'il sépare deux chiffres afin d'éviter la confusion possible avec un zéro (3 ó 4).

où? *adv interr* dónde, en dónde; où habites-tu? ¿dónde vives? ǀ adónde, a dónde; où allez-vous? ¿adónde va usted? ǀ por dónde; je ne sais pas où j'en suis no sé por dónde voy ▪ d'où de dónde ǀ jusqu'où hasta dónde ǀ par où por dónde ▪ où en est l'affaire? ¿cómo van las cosas?, ¿cómo va el asunto? ǀ où en sont les choses? ¿cómo van las cosas?

◇ *adv* donde; la où tu es allí donde estás ǀ adonde, a donde; là où nous allons ahí adonde vamos ▪ d'où de donde; d'où il s'ensuit que de donde resulta que ǀ n'importe où donde sea, en cualquier sitio ǀ par où por donde.

◇ *pron rel* donde, en donde, en que, en el cual, en la cual, en los cuales, en las cuales; la ville où je suis né la ciudad en que nací ǀ adonde, a donde, al que, al cual, a la cual, a los cuales, a las cuales; l'endroit où je vais el sitio adonde voy ǀ en que; le jour où tu es venu el día en que viniste ǀ au cas où, pour le cas où en caso de que.

　OBSERV Donde et adonde prennent un accent aigu dans les phrases interrogatives ou exclamatives.

OUA (abr de Organisation de l'unité africaine) *f* OUA.

Ouagadougou *n pr* GÉOGR Ouagadougou, Uagadugu.

ouailles [waj] *f pl* RELIG fieles *m*, grey *sing*.

ouais! [wɛ] *interj* FAM ¡bueno!, ¡hombre!, ¡ya!

ouate [wat] *f* algodón *m* en rama, guata.

　OBSERV Se dice de l'ouate o de la ouate, pero siempre d'ouate en frases negativas: je n'ai pas d'ouate.

ouaté, e *adj* enguatado, da; acolchado, da (garniture) ǀ acogedor, ra; envolvente (atmosphère).

ouater [3] *v tr* enguatar.

ouatine [watin] *f* forro *m* algodonado.

ouatiner [3] *v tr* poner forro de algodón a.

Oubangui *n pr m* GÉOGR l'Oubangui el Ubangui.

oubli *m* olvido; **tomber dans l'oubli** caer en el olvido ‖ **oubli de soi** desprendimiento, abnegación.

oubliable *adj* olvidable.

oublie *f* (ancien) barquillo *m* ‖ **marchand d'oublies** barquillero.

oublié, e *adj* & *s* olvidado, da.

oublier [10] *v tr* olvidar ‖ **oublier de** olvidarse, descuidarse de ■ **feindre d'oublier** hacerse el olvidadizo ‖ **le passé est oublié** el pasado pasado está.

➠ **s'oublier** *v pr* olvidarse ‖ **olvidarse de uno mismo**; **s'oublier, c'est penser aux autres** olvidarse de sí mismo es pensar en los demás ‖ **faltar al respeto**, desmandarse (être insolent) ‖ **ne pas s'oublier** no descuidar sus intereses.

oubliette *f* mazmorra.

oublieux, euse *adj* olvidadizo, za.

ouche *f* AGRIC vergel *m* casero, huerto *m* (verger) ‖ tierra propia para cultivos variados.

oued [wɛd] *m* curso de agua, ued [en el desierto].
‖ OBSERV El plural de esta palabra árabe es *ouadi*, pero se puede escribir *des oueds*.

Ouessant [wɛsɑ̃] *n pr* GÉOGR (l'île d') Ouessant (la isla de) Ouessant; **à Ouessant** en Ouessant (situation), a Ouessant (direction).

ouest [wɛst] *adj* & *s m* oeste ■ **à l'ouest** al oeste ‖ **vent d'ouest** viento del oeste, poniente.

ouest-allemand, e [wɛstalmɑ̃, ɑ̃d] *adj* & *s* alemán, alemana del Oeste.
‖ OBSERV pl ouest-allemands, ouest-allemandes.

ouf! *interj* ¡uf!

Ouganda *n pr m* GÉOGR l'Ouganda Uganda.

ougandais, e *adj* ugandés, sa.

Ougandais, e *m* & *f* ugandés, sa.

ougrien, enne *adj* ugriano, na.

➠ **ougrien** *m* LING ugriano.

Ougrien, enne *m* & *f* ugriano, na.

oui [wi] *adv* sí; **ne dire ni oui ni non** no decir ni que sí ni que no ‖ **mais oui** claro que sí, sí hombre FAM.
◇ *m inv* sí ‖ **pour un oui, pour un non** por una pequeñez, por un quítame allá esas pajas.
‖ OBSERV **1.** Sí, adverbe ou pronom, porte un accent écrit en espagnol pour le distinguer de *si* conjonction.
2. El español *sí* se traduce en francés por *si* cuando responde a una interrogación, una pregunta interrogativa, una duda: vous ne voyez pas? – si, je vois, il ne sera pas au rendez-vous – si, il y sera.

ouiche! *interj* FAM ¡ca!, ¡quia!, ¡bah!

oui-da *adv* (vieilli) ya lo creo, claro que sí, ¡que sí!

ouï-dire *m inv* rumor, voz *f* que corre ‖ **par ouï-dire** de oídas.

ouïe [wi] *f* oído *m* (le sens); **être tout ouïe** ser todo oídos.

➠ **ouïes** *f pl* agallas (des poissons) ‖ eses, efes (d'un violon) ‖ AUTOM persiana, abertura para la aeración.

ouillage [ujaʒ] *m* relleno, atestamiento (d'un tonneau de vin).

ouiller [3] [uje] *v tr* atestar, rellenar (les tonneaux).

ouïr [51] [wir] *v tr* oír.
‖ OBSERV Sólo se emplea en el infinitivo, en el participio pasado y en los tiempos compuestos, y aun en estos tiempos es poco corriente, salvo en la locución ouï-dire; en los demás casos se emplea el verbo entendre.

ouistiti *m* ZOOL tití.
‖ OBSERV Es preferible decir le ouistiti que l'ouistiti.

oukase *m* ucase.

Oulan-Bator; Ulan-Bator *n pr* GÉOGR Ulan Bator.

ouléma *m* ulema.

oullière [uljɛr] *f* AGRIC almanta, entreliño *m*.

Ouolof ➠ **Wolof**.

Our; Ur *n pr* GÉOGR Ur.

ouragan *m* huracán ‖ FIG **arriver comme un ouragan** llegar en tromba.

Oural *n pr m* GÉOGR l'Oural el Ural (fleuve) ‖ l'Oural los Urales (montagnes).

ouralien, enne *adj* & *s* uraliano, na; urálico, ca.

ouralo-altaïque *adj* uraloaltaico, ca.
‖ OBSERV pl ouralo-altaïques.

ourdir [32] *v tr* urdir ‖ FIG urdir, tramar.
‖ SYN tramer tramar; machiner maquinar; brasser manejar, tratar; manigancer trapichear; combiner combinar.

ourdissage *m* urdidura *f*, urdidumbre *f*.

ourdisseur, euse *m* & *f* urdidor, ra.

ourdissoir *m* TECHN urdidera *f*, urdidora *f* (machine).

ourdou; urdu *m* LING urdu.

Ouréa ➠ **Uréa**.

ourler [3] *v tr* dobladillar.

ourlet [urlɛ] *m* dobladillo (couture) ‖ borde.

ourlien, enne *adj* de la parótida ‖ **fièvre ourlienne** paperas.

ours [urs] *m* ZOOL oso; **ours blanc, brun, fourmilier, marin, noir** oso blanco, pardo, hormiguero, marino, negro ‖ FIG oso, cardo setero, persona *f* insociable ■ **ours en peluche** oso de peluche ‖ FAM **un ours mal léché** un oso, un hurón.

ourse *f* ZOOL osa.

Ourse *n pr f* ASTRON Osa; **la Grande Ourse** la Osa Mayor; **la Petite Ourse** la Osa Menor.

oursin *m* ZOOL erizo de mar ‖ piel *f* de oso.

ourson *m* ZOOL osezno.

oust!; ouste! [ust] *interj* FAM ¡fuera!, ¡oxte! (p us), ¡largo de aquí! (pour chasser quelqu'un) ‖ ¡de prisa!, ¡pronto! (pour obliger à se hâter).

out [awt] *adv* out (tennis) ‖ fuera de combate (boxe).
◇ *adj inv* FAM fuera de combate; eliminado, da (éliminé) ‖ FAM **être out** estar out (dépassé).

outarde *f* avutarda (oiseau).

outardeau *m* pollo de la avutarda.

outil [uti] *m* herramienta *f*, útil (p us) ‖ FIG instrumento, herramienta *f*; **la langue est l'outil de l'écrivain** la lengua es el instrumento del escritor ‖ **outils agricoles** ou **aratoires** aperos de labranza ou agrícolas.

outillage [utijaʒ] *m* herramientas *f pl*, herramental (outils), aperos *pl* (surtout agricoles) ‖ maquinaria *f*, utillaje.

outillé, e [utije] *adj* equipado, da; provisto, ta de herramientas ou de maquinaria.

outiller [3] [utije] *v tr* equipar, proveer de herramientas ou de maquinaria ‖ FIG preparar; **il est bien outillé pour la vie** está bien preparado para la vida.

outilleur [utijœr] *m* obrero especialista en una máquina determinada.

outlaw [awtlo] *m* forajido, proscrito, bandido.

outrage *m* ultraje, ofensa *f* ‖ injuria *f*; **accabler d'outrages** llenar de injurias; **les outrages du temps** las injurias del tiempo ■ **outrage à magistrat** desacato a un magistrado ‖ **outrage aux bonnes mœurs** ultraje a las buenas costumbres ‖ **outrage public à la pudeur** ultraje público al pudor ■ **délit d'outrage au chef de l'État** delito de injurias al jefe del Estado ‖ **les derniers outrages** los mayores ultrajes.

outrageant, e [utraʒɑ̃, ɑ̃t] *adj* ultrajante; injurioso, sa ‖ ofensivo, va (propos).

outrager [17] *v tr* ultrajar, injuriar, agraviar; **outrager en paroles** ultrajar de palabra ‖ FIG atentar contra, ofender; **outrager la morale** atentar contra la moral ‖ DR injuriar.

outrageusement *adv* excesivamente, extremadamente; **outrageusement bête** extremadamente necio.

outrageux, euse *adj* injurioso, sa; ultrajoso, sa; ultrajante.

outrance *f* exageración, exceso *m* ‖ **à outrance** a ultranza, hasta el extremo (jusqu'au bout), sin tregua, a muerte (combat).

outrancier, ère *adj* exagerado, da; excesivo, va; desmedido, da (démesuré).

outre *f* odre *m*, pellejo *m* ‖ FAM **être plein comme une outre** estar como una cuba.

outre *prép* [▷ SYN] además de (en plus); **outre cela** además de esto ‖ allende, más allá de, tras al otro lado de, del otro lado de (au-delà de) ■ **outre mesure** sin medida, desmesuradamente, fuera de toda medida ‖ **outre que** además de que ■ **d'outre en outre** de parte a parte ‖ **en outre** además, por añadidura ‖ **passer outre à** hacer caso omiso de, no hacer caso de, no tener en cuenta.
‖ OBSERV En outre debe emplearse sin complemento; por lo tanto conviene evitar la expresión en outre de.
‖ SYN indépendamment independientemente; par-dessus por encima.

outré, e *adj* exagerado, da ‖ FIG [▷ SYN] irritado, da; indignado, da.
‖ SYN indigné indignado; révolté sublevado; scandalisé escandalizado.

outre-Atlantique *loc adv* al otro lado del Atlántico.

outrecuidance [utrəkɥidɑ̃s] *f* suficiencia, presunción, fatuidad, desfachatez.

outrecuidant, e [utrəkɥidɑ̃, ɑ̃t] *adj* presuntuoso, sa; petulante; fatuo, tua (fat).

outre-Manche *loc adv* más allá de la Mancha.

outremer [utrəmɛr] *m* lapislázuli (pierre) ‖ azul de ultramar (couleur).

outre-mer *loc adv* ultramar; aller outre-mer ir a ultramar ▌ produits d'outre-mer ultramarinos.

outre-monts [utrəmɔ̃] *loc adv* allende los montes, tras los montes.

outrepasser [3] *v tr* sobrepasar, extralimitarse en.
◇ *v intr* salirse los perros del coto de caza.

outrer [3] *v tr* extremar, desmedir (exagérer) ▌ irritar, indignar; vos paroles l'ont outré sus palabras le han indignado.

outre-Rhin [utrərɛ̃] *loc adv* allende el Rin.

outre-tombe *loc adv* ultratumba.

outsider [awtsajdœr] *m* outsider, posible vencedor, no favorito.

Ouvéa ▬ **Uvéa**.

ouvert, e *adj* abierto, ta; fenêtre ouverte ventana abierta; voyelle ouverte vocal abierta ▌ FIG abierto, ta; franco, ca; comunicativo, va; caractère ouvert carácter comunicativo ▌ inteligente; despejado, da; un esprit ouvert un espíritu inteligente ▌ declarado, da; abierto, ta; guerre ouverte guerra declarada ▌ expuesto, ta; maison ouverte à tous les vents casa expuesta a todos los vientos ▌ INFORM abierto, ta; programme ouvert rutina abierta ▌ SPORTS reñido, da; duro, ra (compétition) ■ lettre ouverte carta abierta ▌ porte grande ouverte puerta abierta de par en par ▌ ville ouverte ciudad abierta (non fortifiée) ▌ visage ouvert rostro franco ■ à bras ouverts con los brazos abiertos, cordialmente ▌ à cœur ouvert con toda franqueza, con el corazón en la mano ▌ à livre ouvert sin preparación, de corrido; traduire à livre ouvert traducir de corrido ▌ tenir table ouverte tener mesa franca.

ouvertement *adv* abiertamente, francamente.

ouverture *f* abertura (en général) ▌ boca (grotte, puits, port) ▌ apertura (d'une réunion, exposition, etc.) ▌ salida (jeux de cartes), apertura (aux échecs, au rugby) ▌ hueco *m* (trou) ▌ vano *m*, hueco *m* (de portes et de fenêtres) ▌ obertura (musique) ▌ proposición; faire des ouvertures de paix hacer proposiciones de paz ■ ouverture à gauche apertura a la izquierda (en politique) ▌ ouverture de crédits alocación de crédito ▌ ouverture de la chasse levantamiento de la veda, desvede ▌ ouverture d'esprit anchura de miras ▌ ouverture du diaphragme abertura del diafragma ■ heures d'ouverture horario de atención al público ▌ séance d'ouverture sesión inaugural ou de apertura.

ouvrable *adj* laborable, hábil, de trabajo; jour ouvrable día laborable ▌ labrable, laborable; matière ouvrable materia labrable.

ouvrage *m* obra *f*, trabajo, labor *f* (en général); ouvrage de menuiserie labor de carpintería ▌ labor *f* (d'aiguille) ▌ obra *f* (production littéraire, livre) ▌ MIL elemento autónomo de una línea fortificada ■ MIL ouvrage à cornes hornabeque ▌ CONSTR ouvrage d'art obra de fábrica ▌ panier ou corbeille à ouvrage cesta de labores ▌ table à ouvrage costurero ■ avoir le ou du cœur à l'ouvrage trabajar con ganas.

▌ OBSERV En algunas expresiones familiares ouvrage es femenino: c'est de la belle ouvrage.

ouvragé, e; ouvré, e *adj* labrado, da (façonné) ▌ bordado, da (brodé); calado, da (ajouré).

ouvrager [17] *v tr* labrar ▌ tallar (bois).

ouvrant, e *adj* que se abre ▌ AUTOM toit ouvrant techo corredizo.

ouvré, e *adj* ▬ **ouvragé** ▌ jour ouvré día trabajado.

ouvre-boîtes *m inv* abrelatas.

ouvre-bouteilles *m inv* abrebotellas.

ouvre-huîtres *m inv* abreostras.

ouvre-lettres *m inv* abrecartas, plegadera *f*.

ouvrer [3] *v tr & intr* labrar.

ouvreur, euse *m & f* abridor, ra (qui ouvre) ▌ artífice, artesano *m* ▌ mano *f* (jeux de cartes), declarante (au bridge).
➤ **ouvreuse** *f* acomodadora (dans un théâtre ou cinéma).

ouvrier, ère [uvrije, ɛr] *m & f* obrero, ra; les ouvriers se plaignent los obreros se quejan ▌ obrero, ra; operario, ria; ouvrier électricien operario electricista ■ ouvrier agricole trabajador agrícola ou del campo ▌ ouvrier d'usine obrero industrial ▌ ouvrier professionnel operario diplomado ou titulado ▌ ouvrier qualifié obrero cualificado ▌ ouvrier saisonnier obrero temporero ou estacional ▌ ouvrier spécialisé obrero especializado.
◇ *adj* obrero, ra; classe ouvrière clase obrera ▌ cheville ouvrière clavija maestra ▌ FIG être la cheville ouvrière ser el alma.
➤ **ouvrière** *f* obrera (abeille).

ouvriérisme *m* obrerismo.

ouvriériste *adj & s* obrerista.

ouvrir [34] *v tr* abrir (en général) ▌ FIG inaugurar, abrir; ouvrir le bal abrir el baile ▌ fundar, abrir; ouvrir une école fundar una escuela ▌ poner; ouvrir la radio poner la radio ▌ entablar (des négociations) ■ ouvrir des horizons abrir horizontes ▌ ouvrir la chasse levantar la veda ▌ FIG ouvrir la porte à dejar paso a (aux abus) ▌ ouvrir l'appétit abrir el apetito ▌ ouvrir le dialogue abrir el diálogo ▌ MIL ouvrir le feu romper el fuego ▌ ouvrir l'esprit despertar la inteligencia ou el entendimiento ▌ ouvrir les oreilles aguzar el oído ▌ ouvrir les yeux à quelqu'un abrir los ojos a alguien ▌ ouvrir un compte abrir una cuenta ▌ ouvrir une session abrir una sesión.
◇ *v intr* dar, dar acceso; cette porte ouvre sur le jardin esta puerta da al jardín ▌ abrir; le magasin ouvre le dimanche el almacén abre el domingo ▌ abrir, ser mano (jeux de cartes); ouvrir à trèfle abrir con tréboles.
➤ **s'ouvrir** *v pr* abrirse ▌ dar; porte qui s'ouvre sur la rue puerta que da a la calle ▌ abrirse (fleurs) ▌ comenzar, iniciarse; l'année s'ouvre sur un grave événement el año comienza con un grave suceso ▌ explayarse (s'expliquer) ▌ FIG s'ouvrir à quelqu'un confiarse a alguien ▌ s'ouvrir les veines cortarse ou abrirse las venas.

ouvroir *m* obrador (pour des travaux de lingerie) ▌ ropero (d'une paroisse).

Ouzbékistan *n pr* GÉOGR l'Ouzbékistan Uzbekistán.

ouzo *m* ouzo [licor de anís de origen griego].

ovaire *m* ovario.

ovalbumine *f* albúmina de la clara de huevo.

ovale *adj* [▷ SYN] oval; ovalado, da.
◇ *m* GÉOM óvalo.
■ SYN ovoïde ovoideo; oviforme oviforme.

ovalisation *f* MÉCAN desgaste *m*, desigual en las paredes de un cilindro, ovalización.

ovaliser [3] *v tr* MÉCAN desgastar, ovalizar; cylindre ovalisé cilindro desgastado.

ovariectomie *f* ovariectomía.

ovarien, enne *adj* ovárico, ca.

ovariotomie *f* MÉD ovariotomía.

ovarique *adj* ovárico, ca.

ovarite *f* MÉD ovaritis.

ovation *f* ovación ▌ faire une ovation ovacionar.

ovationner [3] *v tr* ovacionar, aclamar.

ove *m* ARCHIT óvolo, ovo (moulure) ▌ GÉOM óvalo.

ové, e *adj* ovado, da; aovado, da.

overdose *f* sobredosis.

ovibos [ɔvibɔs] *m* ZOOL buey almizclero.

Ovide *n pr* Ovidio.

ovidés [ɔvide] *m pl* ZOOL óvidos.

oviducte *m* oviducto ▌ huevera *f* (des ovipares).

ovin, e *adj & s m* ovino, na.

ovinés *m pl* ZOOL ovinos.

ovipare *adj & s* ovíparo, ra.

oviparité *f* oviparidad.

ovipositeur; oviscapte *m* oviscapto.

OVNI; ovni (abr de objet volant non identifié) *m* OVNI.

ovocyte; oocyte *m* BIOL ovocito, oocito.

ovogenèse *f* ovogénesis.

ovoïde *adj* ovoide.

ovovivipare *adj & s* ovovivíparo, ra.

ovulaire *adj* ovular.

ovulation *f* ovulación.

ovule *m* óvulo.

ovuler [3] *v intr* ovular.

oxacide; oxyacide *m* CHIM oxácido.

oxalate *m* CHIM oxalato.

oxalide [ɔksalid] *f*; **oxalis** [ɔksalis] *m* BOT oxálida *f*, acederilla *f*, aleluya *f*.

oxalique *adj* CHIM oxálico, ca.

oxalis ▬ **oxalide**.

oxford [ɔksfɔrd] *m* oxford (tissu).

oxhydrique *adj* CHIM oxhídrico, ca; chalumeau oxhydrique soplete oxhídrico.

oxhydryle *m* CHIM oxhidrilo.

oxyacétylénique *adj* oxiacetilénico, ca.

oxyacide ▬ **oxacide**.

oxycarboné, e *adj* oxicarbonado, da.

oxychlorure *m* CHIM oxicloruro.

oxycoupage *m* TECHN corte de los metales con soplete oxhídrico, oxicorte.

oxycrat [ɔksikra] *m* vinagrada *f* (boisson).

oxydable *adj* oxidable.

oxydant, e *adj & s m* oxidante.

oxydase *f* CHIM oxidasa.

oxydation *f* oxidación.

oxyde *m* óxido; oxyde de carbone óxido de carbono.

oxyder [3] *v tr* oxidar.
- **s'oxyder** *v pr* oxidarse.

oxydoréduction *f* oxidorreducción.

oxygénation *f* oxigenación.

oxygène *m* oxígeno.

oxygéné, e *adj* oxigenado, da; eau oxygénée agua oxigenada ‖ cheveux oxygénés pelo oxigenado.

oxygéner [18] *v tr* oxigenar.
- **s'oxygéner** *v pr* oxigenarse (prendre l'air).

oxygénothérapie *f* oxigenoterapia.

oxyhémoglobine *f* oxihemoglobina.

oxylithe *f* CHIM oxilita.

oxymel *m* ojimiel.

oxysulfure *m* oxisulfuro.

oxyton *m* GRAMM oxítono.

oxyure *m* oxiuro, lombriz *f* (parasite de l'intestin).

oyat [ɔja] *m* BOT carrizo.

Ozalid® *m* IMPR Ozalid.

ozène *m* MÉD ocena *f*.

ozokérite; ozocérite *f* ozokerita, parafina.

ozonateur ➤ ozoniseur.

ozone *m* CHIM ozono.

ozoné, e *adj* ozonado, da.

ozonisation *f* ozonización, ozonificación.

ozoniser [3] *v tr* ozonar, ozonificar.

ozoniseur; ozonateur *m* ozonador, ozonizador.

ozonosphère *f* ozonosfera.

p; P *m* p *f*.
| **OBSERV** La p, cuyo sonido es igual al de la p española, es muda en algunas palabras como baptême, baptistère, exempt, exempter, sculpter, sculpteur, compte, promptitude, sept, septième. La p final no se pronuncia en camp, champ, drap, sirop, loup, sparadrap, galop, trop, beaucoup, coup.

P. (abr écrite de **Père**) P.

Pa (abr écrite de **pascal**) Pa.

PA (abr écrite de **petites annonces**) anuncios *m pl* breves.

PAC (abr de **politique agricole commune**) *f* PAC.

paca *m* paca *f* (rongeur américain).

PACA; Paca (abr de **Provence-Alpes-Côte d'Azur**) *f* región francesa.

pacage *m* pasto, pastizal, pastura *f* || pasturaje (communal) || **AGRIC** pastoreo || **droit de pacage** derecho de pasto.

pacager [17] *v tr & intr* hacer pastar, apacentar.

pacane *f* pacana (fruit).

pacanier *m* pacana *f* (arbre).

pacemaker *m* **MÉD** marcapasos.

pacfung [pakfuŋ] *m* alpaca *f*, metal blanco.

pacha *m* bajá, pachá (gallicisme) || **vivre comme un pacha** vivir como un pachá.

pachalik *m* bajalato.

pachanga *f* pachanga (danse).

pachto; pachtou *m* **LING** pashto, pashtu.

pachyderme *adj & s m* **ZOOL** paquidermo.

pachydermie *f* **MÉD** paquidermia.

pacificateur, trice *adj & s* pacificador, ra || **FIG** apaciguador, ra.

pacification *f* pacificación || **FIG** apaciguamiento *m*.

pacifier [9] *v tr* pacificar; **pacifier les peuples** pacificar a los pueblos || **FIG** apaciguar; **pacifier les esprits** apaciguar los ánimos.

pacifique *adj* pacífico, ca.

Pacifique *n pr m* **GÉOGR** **le Pacifique** el Pacífico.

pacifiquement *adv* pacíficamente.

pacifisme *m* pacifismo.

pacifiste *adj & s* pacifista.

pack *m* pack (banquise et rugby).

packaging *m* embalaje, envase.

pacotille [pakɔtij] *f* pacotilla || **MAR** pacotilla, ancheta || **vendeur de pacotille** pacotillero.

pacquage *m* embarrilado [del pescado].

pacquer [3] *v tr* embarrilar [el pescado].

pacte *m* pacto; **pacte de non-agression** pacto de no agresión.

pactiser [3] *v intr* pactar, hacer un pacto || **FIG** transigir, contemporizar (transiger) || **FIG** **pactiser avec sa conscience** acallar la conciencia.

Pactole *n pr m* **le Pactole** el Pactolo.

paddock *m* paddock, potrero (enclos) || paddock, recinto reservado en los hipódromos para pasear de la brida a los caballos (hippodrome).

paddy *m inv* casulla, paddy (riz).

padine *f* alga marina en forma de abanico.

padischah; padichah [padiʃa] *m* sultán turco.

padou *m* hiladillo, cinta *f* de hilo y seda (ruban) || cinta *f* roja (faveur).

padouan, e *adj* paduano, na; patavino, na.

Padouan, e *m & f* paduano, na; patavino, na.

Padoue *n pr* **GÉOGR** Padua.

pæan [peã] ➡ **péan**.

paella [paela] *f* paella.

Paestum [pestɔm] *n pr* **GÉOGR** Pesto.

paf *adj* **FAM** borracho perdido, curda, trompa.

paf! *interj* ¡paf!, ¡zas!

PAF (abr de **paysage audiovisuel français**) *m* conjunto de las emisoras de radio y televisión en Francia.

pagaie [pagɛ] *f* **MAR** zagual *m*, canalete *m*, pagaya (aviron court).

pagaille; pagaïe; pagaye [pagaj] *f* **FAM** desorden *m*, follón *m* || **en pagaille** en desorden (en désordre), a espuertas, a porrillo (en quantité).

paganiser [3] *v tr & intr* paganizar.

paganisme *m* paganismo.

pagaye ➡ **pagaille**.

pagayer [11] [pageje] *v intr* remar con zagual ou pagaya.

pagayeur, euse [pagejœr, øz] *m & f* persona que rema con zagual.

page *f* página || plana (d'un journal) || **FIG** página, episodio *m* || cuartilla, hoja (feuillet) || carilla (d'écriture ou de papier à lettres) ■ **page blanche** página en blanco || **page de garde** guarda || **INFORM** **page d'accueil** página inicial ou central ■ **belle page** recto || **fausse page** verso || **metteur en pages** compaginador (d'imprimerie), confeccionador (dans la salle de rédaction) || **mise en pages** compaginación, confección ■ **FAM** **être à la page** estar al día ou al tanto ou al corriente || **mettre en pages** compaginar, confeccionar || **FIG** **tournons la page** borrón y cuenta nueva.

page *m* paje ■ (vieilli) **effronté comme un page** muy fresco, muy descarado.

pagel *m* pagel (poisson).

pageot [paʒo] *m* **ARG** catre, piltra *f* (lit).

pagination *f* paginación, foliación.

paginer [3] *v tr* paginar, foliar.

pagne *m* taparrabo.

pagnon *m* paño negro fino de Sedán (tissu).

pagnoter [3]
➡ **se pagnoter** *v pr* **ARG** acostarse, meterse en la piltra.

pagode *f* pagoda || figura chinesca de cabeza móvil (figurine) || ídolo *m* (idole) || moneda de oro de India (monnaie) || **manche pagode** manga estrecha hasta el codo y acampanada hasta el puño.

pagodon *m* pequeña pagoda *f*.

pagre *m* pagro (poisson).

pagure *m* paguro, ermitaño (bernard-l'ermite).

Pahouins *n pr m pl* pahouines (tribu du Congo).

paidologie ➡ **pédologie**.

paie [pe]; **paye** [pej] *f* paga; **bulletin ou feuille de paie** hoja de paga || **FAM** deudor *m* (débiteur) ■ **double paie** paga extraordinaria || **haute paie** sobresueldo, gratificación || **faire la paie** pagar, dar la paga.

paiement; payement [pemã] *m* pago; **paiement anticipé** pago anticipado; **paiement comptant** pago al contado.

païen, enne [pajɛ̃, ɛn] *adj & s* pagano, na.
| **SYN** idolâtre idólatra; mécréant descreído; infidèle infiel.

paierie [peri] *f* pagaduría, caja.

paillage [pajaʒ] *m* empajado.

paillard, e [pajar, ard] *adj & s* lascivo, va; verde; libertino, na (débauché) || (vx) que duerme sobre paja.

paillarder [3] [pajarde] *v intr* (p us & vx) entregarse al libertinaje, vivir disolutamente.
➡ **se paillarder** *v pr* **FAM** pasárselo en grande.

paillardise [pajardiz] *f* libertinaje *m*, lujuria ‖ verdulería, chiste *m* verde (mot ou récit grivois).

paillasse [pajas] *f* jergón *m*, colchón *m* de paja (matelas).

paillasse *m* payaso, bufón ‖ (vx) camaleón (homme changeant).

paillasson *m* felpudo, esterilla *f* ‖ AGRIC estera *f*, pajote (pour protéger les plantes).

paillassonnage [pajasɔnaʒ] *m* cubrimiento con esteras ou pajotes.

paillassonner [3] [pajasɔne] *v tr* AGRIC esterar, cubrir con esteras ou pajotes.

paille [paj] *f* paja ‖ TECHN quebraza, defecto *m*, pelo *m* ■ paille de fer estropajo metálico ou de acero ■ chaise de paille silla de enea ‖ feu de paille llamarada ‖ homme de paille testaferro, hombre de paja ‖ une paille! ¡una bicoca! ‖ vin de paille vino de paja ‖ FIG être sur la paille no tener ni donde caerse muerto, estar en la miseria ‖ mettre sur la paille dejar en la ruina, arruinar, dejar sin un cuarto ‖ rompre la paille romper un acuerdo, enfadarse ‖ tirer à la courte paille echar pajas ‖ voir la paille dans l'œil du prochain et ne pas voir la poutre que l'on a dans le sien ver la paja en el ojo del vecino y no la viga en el nuestro.
◇ *adj inv* pajizo, za; color de paja; un ruban paille una cinta pajiza.

paillé *m* AGRIC estiércol en el que la paja no está aún descompuesta.

paillé, e *adj* pajizo, za; de color de paja ‖ TECHN que tiene quebrazas ou pelos (métaux).

paille-en-queue *m* faetón, rabo de junco (oiseau).
▎ OBSERV pl pailles-en-queue.

pailler *m* pajar (grenier) ‖ almiar, montón de paja (meule de paille).

pailler [3] *v tr* cubrir de paja, empajar ‖ poner asiento y respaldo de enea (chaise).

paillet [pajɛ] *adj & s m* claro (vin) ‖ MAR pallete.

pailletage [pajtaʒ] *m* bordado, recamado con lentejuelas.

pailleté, e [pajte] *adj* bordado, da ou recamado, da con lentejuelas.

pailleter [27] *v tr* bordar, recamar con lentejuelas ‖ salpicar (parsemer).

pailleteur *m* lavador de oro.

paillette [pajɛt] *f* lentejuela (sur une étoffe) ‖ pepita (d'or) ‖ hojuela de soldadura (soudure) ‖ laminilla, hoja (de mica) ‖ jardín *m* (dans une pierre précieuse) ‖ muelle *m* (ressort) ‖ savon en paillettes jabón en escamas.

pailleux, euse *adj* que tiene quebrazas ou pelos (métal) ‖ fumier pailleux estiércol pajoso.

paillis [paji] *m* AGRIC capa *f* de paja, pajote (couche de paille) ‖ montón de paja (tas de paille).

paillon *m* cascarilla *f*, laminilla *f* de cobre (mince feuille de cuivre) ‖ lentejuela *f* grande (grosse paillette) ‖ funda *f* de paja (pour les bouteilles) ‖ eslabón (maille) ‖ cesto de panadero (paneton) ‖ filtro de paja (filtre).

paillot [pajo] *m* jergón pequeño.

paillote *f* choza de paja.

pain *m* pan; morceau de pain pedazo de pan; pain frais, rassis, grillé, frit pan tierno, duro, tostado, frito ‖ pastilla *f* (de savon) ‖ librillo (de cire) ‖ FIG pan, sustento; gagner son pain ganarse el pan ■ pain à cacheter oblea, lacre ‖ pain à chanter hostia no consagrada ‖ pain anglais, viennois pan de flor, de Viena ‖ pain au lait bollo de leche ‖ pain azyme pan ázimo ‖ pain bénit pan bendito ‖ pain bis pan bazo, moreno ‖ pain blanc pan blanco ou candeal ‖ pain complet pan integral ‖ pain de campagne pan artesano ‖ pain de fantaisie pan de lujo ‖ pain de Gênes pan genovés ‖ pain de glace barra de hielo ‖ pain de gruau pan de flor ‖ pain de maïs borona ‖ pain de ménage pan casero ‖ pain de mie pan de molde ou francés ‖ pain d'épice alajú ‖ pain de poisson, de légumes pudín ou budín de pescado, de legumbres ‖ pain-de-pourceau pamporcino (plante) ‖ pain de seigle pan de centeno ‖ pain de sucre pilón ou pan de azúcar ‖ pain mollet mollete ‖ pain noir pan de centeno ‖ pain perdu torrija ■ arbre à pain árbol del pan ‖ notre pain quotidien el pan nuestro de cada día ‖ petit pain panecillo ■ en pain de sucre en forma de cono ‖ pour une bouchée de pain por un mendrugo de pan ■ FIG & FAM avoir du pain sur la planche tener trabajo para rato, tener tela para cortar, haber tela de que cortar ‖ c'est pain bénit le está bien empleado, para que aprenda ‖ être au pain et à l'eau ou au pain sec estar a pan y agua ‖ être bon comme du pain ou comme du bon pain ser más bueno que el pan, ser bueno como un pedazo de pan ‖ l'homme ne vit pas seulement de pain no sólo de pan vive el hombre ‖ manger son pain blanc le premier dejar el rabo por desollar ‖ se vendre comme des petits pains venderse como rosquillas ou como panecillos.

pair *m* par (noble).
▎ OBSERV El femenino es pairesse.

pair, e *adj* par; nombre pair número par.
➡ **pair** *m* par *f*, paridad *f*, igualdad *f* en el cambio; change au pair cambio a la par ■ aller de pair avec correr parejas con, ir a la par de, correr paralelos ‖ être au pair dans une maison prestar algunos servicios domésticos a cambio de la comida y el alojamiento [en España se dice más bien vivir con una familia para cuidar a los niños o dar clases de idiomas, etc.] ‖ hors de pair, hors pair sin igual, sin par, sin rival.
➡ **pairs** *m pl* pares, iguales, semejantes; jugé par ses pairs juzgado por sus iguales.

paire *f* par *m*; une paire de chaussures un par de zapatos ‖ pareja; une paire de pigeons una pareja de palomas ‖ yunta (de bœufs), tronco *m* (de chevaux) ‖ pareja, par *m* (d'amis) ‖ pareja (poker); deux paires doble pareja ■ une paire de lunettes gafas, anteojos ■ FAM c'est une autre paire de manches eso es harina de otro costal, eso es otro cantar ‖ FIG les deux font la paire allá se van, son tal para cual.

pairesse *f* paresa, mujer de un par de Inglaterra.

pairie *f* dignidad, título *m* de par.

pairle *m* BLAS palio, perla *f*.

paisible *adj* [▷ SYN] apacible, pacífico ‖ sosegado, da; tranquilo, la (tranquille).

▎ SYN pacifique pacífico; pacifiste pacifista; pantouflard casero.

paisiblement *adv* apaciblemente.

paissance *f* apacentamiento *m*.

paissant, e *adj* que pace.

paisseau *m* rodrigón (échalas).

paître [91] *v tr* apacentar, llevar (los animales) a pacer.
◇ *v intr* pacer, pastar (brouter) ‖ FIG & FAM envoyer paître mandar a paseo ou a la porra ou a hacer gárgaras.

paix [pɛ] *f* paz ‖ tranquilidad, calma ‖ portapaz ■ paix fourrée paz fingida ‖ paix romaine paz octaviana ■ FIG avoir la conscience en paix tener la conciencia tranquila ‖ faire la paix hacer las paces ‖ FAM ficher la paix dejar en paz ‖ laisser en paix dejar en paz ‖ pour avoir la paix para estar tranquilo.
➡ **paix!** *interj* ¡silencio!, ¡chitón!, ¡paz!

Pakistan *n pr m* GÉOGR le Pakistan (el) Pakistán ou Paquistán.

pakistanais, e *adj* paquistaní, pakistaní.

Pakistanais, e *m & f* paquistaní, pakistaní.

pal *m* palo, estaca *f* ‖ empalamiento (supplice) ‖ BLAS palo.
▎ OBSERV pl pals.

PAL (abr de phase alternating line) *adj* PAL; système PAL sistema PAL.

palabre *f* conferencia con un jefe negro (français d'Afrique) ‖ palabrería, verborrea, palabreo *m*.

palabrer [3] *v intr* charlotear, palabrear (discourir).

palace *m* hotel de gran lujo.

paladin *m* paladín.

palafitte *m* palafito (construction lacustre).

palais [palɛ] *m* palacio ‖ curia *f*; style de palais estilo de curia; gens du palais gente de curia ‖ ANAT paladar, cielo de la boca ‖ FIG paladar, gusto; avoir le palais fin tener paladar delicado ■ le palais Bourbon edificio donde se reúne la Asamblea Nacional francesa ‖ le palais des Papes el palacio papal en Aviñón ‖ palais de justice palacio de justicia, audiencia ‖ petit palais palacete ‖ palais des expositions palacio de exposiciones.
▎ LE PALAIS DES PAPES ——
Este edificio histórico es el marco prestigioso de los espectáculos más importantes del "Festival d'Avignon".

palan *m* aparejo, polipasto (système de poulies).

palanche *f* palanca.

palançon *m* CONSTR aguja *f* de los tapiales.

palancre; palangre *f* palangre *m*, espinel *m* (pêche).

palanque *f* palanque, estacada.

palanquée *f* MAR carga de eslinga.

palanquer [3] *v intr* maniobrar con un aparejo.
◇ *v tr* proveer de una estacada.

palanquin *m* palanquín.

palastre; palâtre *m* palastro (d'une serrure).

palatal, e *adj & s f* GRAMM palatal, paladial.

palatalisation *f* palatalización.

palataliser [3] *v tr* palatalizar.

palatin, e *adj* & *s* palatino, na.
➡ **palatine** *f* (vx) palatina (fourrure).

Palatin *n pr* GÉOGR le mont Palatin el monte Palatino.

Palatinat [palatina] *n pr m* GÉOGR le Palatinat el Palatinado.

palâtre ➥ **palastre**.

pale *f* compuerta de molino ∥ álabe *m*, paleta (d'une roue à aubes) ∥ pala (d'hélice) ∥ ECCLÉS hijuela, palia ∥ MAR pala (de l'aviron).

pâle *adj* pálido, da ▪ bleu pâle azul celeste; rose pâle rosa pálido ∥ pâle comme un linge ou comme la mort blanco como el papel ∥ pâle de colère ciego de ira ∥ style pâle estilo descolorido, apagado ∥ une pâle imitation una pálida imitación ▪ FAM se faire porter pâle darse de baja.
┃ SYN blafard macilento; blême descolorido; livide lívido; terreux terroso; hâve macilento.

palé, e *adj* BLAS palado, da.

pale-ale [pɛlɛl] *m* pelel, cerveza *f* inglesa clara.
┃ OBSERV On trouve l'orthographe pelel, critiquable, dans le Dictionnaire de l'Académie espagnole.

palée *f* zampeado *m*.

palefrenier [palfrənje] *m* palafrenero, mozo de caballerizas.

palefroi [palfrwa] *m* palafrén (cheval de parade).

palémon *m* palemón, gamba *f*.

paléobotanique *f* paleobotánica.

paléogène *adj* & *s* paleógeno, na.

paléogéographie *f* paleogeografía.

paléographe *m* paleógrafo.

paléographie *f* paleografía.

paléographique *adj* paleográfico, ca.

paléolithique *adj* & *s m* paleolítico, ca.

paléontologie *f* paleontología.

paléontologique *adj* paleontológico, ca.

paléontologiste; paléontologue *m* paleontólogo.

paléothérium [paleɔterjɔm] *m* paleoterio (fossile).

paléozoïque *adj* & *s m* GÉOL paleozoico, ca.

Palerme *n pr* GÉOGR Palermo.

palermitain, e *adj* palermitano, na; panormitano, na.

Palermitain, e *m* & *f* palermitano, na; panormitano, na.

paleron *m* paletilla *f* (du bétail) ∥ espaldilla *f* (boucherie).

Palestine *n pr f* GÉOGR la Palestine Palestina.

palestinien, enne *adj* palestino, na.

Palestinien, enne *m* & *f* palestino, na.

palestre *f* palestra.

palet [palɛ] *m* chito, chita *f* (jeu) ∥ tejo (disque pour le jeu de palet).

paletot [palto] *m* gabán, abrigo, paletó (p us).

palette *f* paleta (d'un peintre) ∥ álabe *m*, pala, paleta (d'une roue hydraulique) ∥ espaldilla (boucherie) ∥ pala (raquette) ∥ FAM paletón *m*,

paleta (dent) ∥ TECHN paleta ∥ INFORM palette graphique paleta gráfica.

palétuvier *m* mangle (arbre).

pâleur *f* palidez.

pâli, e *adj* & *s m* pali (langue de l'Inde).

pâlichon, onne *adj* FAM paliducho, cha.

palier *m* descansillo, rellano, meseta *f* (d'un escalier) ∥ parte *f* plana ou nivel de una carretera, de una vía férrea ∥ FIG grado, escalón, nivel (échelon) ∥ MÉCAN apoyo, cojinete, "palier" (support) ▪ mes voisins de palier mis vecinos de piso ou de rellano ∥ par paliers escalonadamente, gradualmente ∥ vol en palier vuelo a altura constante ▪ habiter sur le même palier vivir en el mismo piso.

palière *adj f* a nivel del descansillo.

palification *f* fortificación con pilotes, zampeado *m*.

palifier [9] *v tr* zampear.

palikare *m* palikar (soldat grec).

palimpseste [palɛ̃psɛst] *m* palimpsesto.

palindrome *adj* & *s m* palíndromo, capicúa.

palingénésie *f* palingenesia.

palingénésique *adj* palingenésico, ca.

palinodie *f* palinodia ∥ chanter la palinodie cantar la palinodia, retractarse.

pâlir [32] *v intr* palidecer ▪ pâlir sur les livres quemarse las pestañas estudiando, no levantar (la) cabeza de los libros ▪ faire pâlir infundir temor (inspirer de la crainte), hacer palidecer (éclipser) ∥ son étoile pâlit su poder disminuye, su ocaso se acerca.
◇ *v tr* descolorar; le soleil pâlit les rideaux el sol descolora las cortinas.

palis [pali] *m* estaca *f* (pieu) ∥ estacada *f*, empalizada *f* (enceinte de pieux).

palissade *f* empalizada, estacada, vallado *m*.

palissader [3] *v tr* empalizar, vallar, cercar.

palissadique *adj* BOT parenquimatoso, sa.

palissage *m* colocación *f* en espaldera.

palissandre *m* palisandro.

pâlissant, e *adj* que palidece.

palisser [3] *v tr* poner en espaldera.

palisson *m* suavizador de gamucero.

palissonner [3] *v tr* sobar, suavizar las pieles.

palissonneur *adj* & *s m* obrero que suaviza las pieles.

paliure *m* espina *f* santa (arbrisseau).

palladium [paladjɔm] *m* paladio (métal) ∥ paladión (statue de Pallas) ∥ FIG defensa *f*, resguardo, salvaguardia *f*, paladión.

Pallas [palas] *n pr* Palas.

palléal, e *adj* del manto de moluscos.

palliatif, ive *adj* & *s m* paliativo, va.

palliation *f* paliación.

pallier [9] *v tr* paliar ∥ mitigar, calmar momentáneamente, paliar (calmer).

pallium [paljɔm] *m* palio.

Palma *n pr* GÉOGR Palma de Majorque Palma de Mallorca.

palma-christi *m* BOT palmacristi *f*, ricino (ricin).

palmaire *adj* palmar; muscle palmaire músculo palmar.

palmarès *m* lista *f* de premios (école) ∥ lista *f* de los resultados (sport, concours) ∥ historial, hoja *f* de servicios.

palmarium [palmarjɔm] *m* invernadero para palmeras.

palmatifide *adj* palmatífido, da.

palmature *f* palmeado *m* (des objets) ∥ membrana interdigital de los palmípedos.

palme *f* BOT palma ∥ palmera (palmier) ∥ palmo *m* (mesure) ∥ palma (insigne) ∥ aleta (de nageur) ▪ palmes académiques condecoración francesa al mérito académico ∥ FIG remporter la palme llevarse la palma.

palmé, e *adj* palmeado, da; palmado, da.

palmer [palmɛr] *m* palmer, tornillo micrométrico, calibrador.

palmer [3] [palme] *v tr* TECHN aplanar cabezas de agujas.

palmeraie *f* palmeral *m*, palmar *m*.

palmette *f* ARCHIT palmeta ∥ árbol *m* frutal en espaldar.

palmier *m* BOT palmera *f* ∥ palmera *f* (gâteau) ▪ palmier-dattier palma datilera, palmera ∥ palmier nain palmito.

palmifide *adj* palmífido, da; palmatífido, da.

palmipède *adj* & *s m* palmípedo, da.

palmiséqué, e *adj* palmisecado, da.

palmiste *m* palmito.

palmitate *m* CHIM palmitato.

palmite *m* palmita *f* (moelle de palmier).

palmitine *f* palmitina (cire).

palmitique *adj m* CHIM palmítico.

palmure *f* membrana interdigital de los palmípedos.

Palmyre *n pr* GÉOGR Palmira.

palois, e [palwa, az] *adj* de Pau.

Palois, e *m* & *f* natural ou habitante de Pau.

palombe *f* paloma torcaz (pigeon ramier).

palonnier *m* balancín (d'une voiture) ∥ barra *f* de carga ou de acoplamiento de cargas ∥ AVIAT palanca *f* de mando del timón.

palot [palo] *m* estaca *f* (pour pêcher) ∥ pala estrecha (bêche).

pâlot, otte [palo, ɔt] *adj* paliducho, cha; descolorido, da.

palourde *f* almeja (clovisse).

palpable *adj* palpable.

palpation *f* MÉD palpación, palpadura, palpamiento *m*.

palpe *m* palpo.

palpébral, e *adj* palpebral; muscles palpébraux músculos palpebrales.

palper [3] *v tr* palpar (toucher) ∥ FIG & FAM meterse en el bolsillo, embolsarse, cobrar, recibir dinero (toucher de l'argent).

palpeur *m* barra *f* calibradora; pie de rey; palpador.

palpitant, e *adj* palpitante ∥ FIG & FAM palpitante (gallicisme), emocionante.
➡ **palpitant** *m* FAM corazón.

palpitation *f* palpitación.

palpiter [3] *v tr* palpitar.

palplanche *f* tablestaca.

palsambleu! *interj* (p us) ¡pardiez!, ¡cáspita!

paltoquet [paltɔkɛ] *m* FAM patán, palurdo.

palu *m* FAM paludismo.

palud; palude [palyd] *m* pantano (marais).

paludarium [palydarjɔm] *m* criadero de animales anfibios.

palude ► **palud**.

paludéen, enne [palydeɛ̃, ɛn] *adj* palúdico, ca; fièvre paludéenne fiebre palúdica.

paludier *m* salinero.

paludine *f* paludina (mollusque).

paludique *adj* palúdico, ca.

paludisme *m* MÉD paludismo, malaria *f* (malaria).

palus [paly] *m* tierra *f* de aluvión bordelesa ▌ vino de la región bordelesa.

palustre *adj* palustre ▌ MÉD palúdico, ca.

palynologie *f* palinología (étude des pollens).

pâmer [3] *v intr & pr* pasmarse, desfallecer ▌ extasiarse (s'émerveiller) ▌ TECHN destemplarse (acier) ■ **se pâmer de joie** volverse loco de alegría ▌ **se pâmer de rire** desternillarse de risa.

Pamir *n pr m* GÉOGR le Pamir el Pamir.

pâmoison *f* pasmo *m* ▌ soponcio *m*, patatús *m* (mots familiers) ▌ **tomber en pâmoison** desmayarse, dar un patatús ou un soponcio.

pampa *f* pampa.

Pampelune *n pr* GÉOGR Pamplona [en España].

pampéro *m* pampero (vent de la pampa).

Pamphile *n pr* Pánfilo.

pamphlet [pɑ̃flɛ] *m* libelo, panfleto (gallicisme).

pamphlétaire *m* libelista, autor de libelos; panfletista (gallicisme).

pampille [pɑ̃pij] *f* adorno *m* de pasamanería.

pamplemousse *m* pomelo [(Amér) toronja *f*].

pamplemoussier *m* pomelo [(Amér) toronjo].

pampre *m* pámpano (rameau de vigne).

pan *m* faldón (d'un vêtement) ▌ pañal (d'une chemise) ▌ lienzo de pared (de mur) ▌ cara *f*, lado (face) ▌ palmo, cuarta *f* (empan) ▌ batea *f* (batée) ▌ pan coupé chaflán.

pan! *interj* ¡zas!, ¡pum!

Pan *n pr* MYTH Pan.

panabase *f* MIN panabasa.

panacée *f* panacea (remède).

panachage *m* mezcla *f*, mezcolanza *f* (mélange).

panache *m* penacho (d'un casque) ▌ FIG & FAM brillo, brillantez *f*, lustre (ce qui a de l'éclat) ▌ corona *f* (d'une lampe) ▌ ARCHIT pechina *f* (d'une voûte) ▌ FIG faire panache apearse por las orejas (cavalier), volcar, dar una vuelta de campana (voiture).

panaché, e *adj* empenachado, da (orné d'un panache) ▌ abigarrado, da (de diverses couleurs) ▌ mezclado, da (mélangé) ▌ FAM heterogéneo, a; variado, da (style) ■ **bière panachée** cerveza con gaseosa ▌ **glace panachée** helado de varios gustos ▌ **haricots panachés** judías blancas y verdes ▌ **légumes panachés** verduras mezcladas ▌ **tulipe panachée** tulipa de colores ou en mosaico.

panacher [3] *v tr* empenachar, poner un penacho (orner d'un panache) ▌ abigarrar (orner de couleurs variées) ▌ mezclar, entremezclar (mélanger) ▌ FIG inscribir en una papeleta de voto candidatos de listas diferentes (élections).

► **se panacher** *v pr* tomar colores variados.

panachure *f* mancha (tache d'une couleur différente).

panade *f* sopa de pan ▌ FAM miseria (misère).

panafricain, e *adj* panafricano, na.

panafricanisme *m* panafricanismo.

panais [panɛ] *m* BOT pastinaca *f*, chirivía *f*.

panama *m* jipijapa, panamá (chapeau).

Panama *n pr* GÉOGR le Panama Panamá (État) ▌ Panamá (ville).

Paname *n pr* POP París.

panaméen, enne *adj* panameño, ña.

Panaméen, enne *m & f* panameño, ña.

panaméricain, e *adj* panamericano, na.

panaméricanisme *m* panamericanismo.

panaméricaniste *adj & s* panamericanista.

panarabisme *m* panarabismo.

panard, e *adj* patizambo, ba; zambo, ba (cheval).

► **panard** *m* FAM pinrel, queso (pied).

panaris *m* MÉD panadizo, uñero, panarizo.

panatela *m* panetela *f* (cigare).

panathénaïque; panathénien, enne *adj* panatenaico, ca; relativo a las panateneas.

panathénées *f pl* panateneas (fêtes grecques).

panathénien, enne ► **panathénaïque**.

panax [panaks] *m* BOT aralia *f*, pánace *f*.

panca; panka; punka *m* abano, abanico colgado del techo.

pancalisme *m* PHILOS pancalismo.

pancarte *f* cartel *m*, pancarta.

panchen-lama *m* panchen-lama [denominación tibetana].

▌ OBSERV pl panchen-lamas.

panchromatique *adj* PHOT pancromático, ca.

panclastite *f* panclastita (explosif).

pancosmisme *m* PHILOS pancosmismo.

Pancrace *n pr* Pancracio.

pancratiaste *m* pancraciasta.

pancréas [pɑ̃kreas] *m* ANAT páncreas.

pancréatine *f* pancreatina.

pancréatique *adj* pancreático, ca.

pancréatite *f* MÉD pancreatitis, inflamación del páncreas.

panda *m* panda (mammifère de l'Himalaya).

pandanus [pɑ̃danys] *m* BOT pandano.

pandectes [pɑ̃dɛkt] *f pl* DR pandectas.

pandémie *f* MÉD pandemia.

pandémique *adj* pandémico, ca.

pandémonium [pɑ̃demɔnjɔm] *m* pandemónium, pandemonio.

pandiculation *f* MÉD pandiculación (mot savant), desperezo *m* (mot usuel), desperezo *m* (action de s'étirer).

pandit [pɑ̃dit] *m* pandit, sabio brahmán.

pandore *m* FAM gendarme, guiri.

◇ *f* bandola (instrument à cordes).

Pandore *n pr* MYTH Pandora.

pandour *m* (ancien) panduro, soldado húngaro ▌ FIG hombre brutal, bandido.

pané, e *adj* empanado, da; côtelette panée chuleta empanada ▌ eau panée agua panada.

panégyrique *m* panegírico.

panégyriste *m* panegirista.

panel *m* panel [en encuestas].

paner [3] *v tr* empanar.

panerée *f* cestada, cesta (contenu d'un panier).

paneterie *f* panetería (dans un palais) ▌ depósito *m* de pan.

panetier *m* HIST panetero (d'un palais) ▌ panadero.

panetière *f* (ancien) zurrón *m* (gibecière) ▌ (ancien) armario *m* del pan (armoire pour le pain) ▌ panera (corbeille) ▌ bolsa del pan (sac).

paneton *m* cestillo (de boulanger).

paneuropéen, enne *adj & s* paneuropeo, a.

pangermanisme *m* pangermanismo.

pangermaniste *adj & s* pangermanista.

pangolin *m* pangolín (mammifère).

panhellénisme *m* panhelenismo.

panic *m* panizo (plante).

panicaut [paniko] *m* cardo borriquero, cardo corredor (chardon).

panicule *f* BOT panícula.

paniculé, e *adj* BOT paniculado, da.

panier *m* [▷ SYN] cesta *f*, cesto ▌ canasta *f* (à linge) ▌ cesta *f* de la compra (à provisions) ▌ papelera *f*, cesto de los papeles (corbeille à papier) ▌ enceste, cesto, punto (but au basketball) ▌ (ancien) miriñaque (crinoline) ■ **panier à bouteilles** botellero ▌ **panier à ouvrage** costurero, cesta de labores ▌ **panier à salade** cesto para escurrir la ensalada (pour la salade), coche celular (pour prisonniers) ▌ FIG **panier de crabes** nido de víboras, jaula de grillos ▌ **panier de la ménagère** cesta de la compra ▌ **panier percé** manirroto, ta; despilfarrador, ra; saco roto ■ **le dessus du panier** lo mejorcito, la flor y nata ■ **faire danser l'anse du panier** sisar ▌ **mettre au panier** tirar a la basura ▌ **on peut tous les mettre dans le même panier** están todos cortados con el mismo patrón ou con la misma tijera.

▌ SYN corbeille canasto, canasta; bannette canastilla; manne, mannette canasta.

panière *f* canasta, cesta para el pan.

panier-repas *m* comida *f* fría para viajes.
▌ OBSERV pl paniers-repas.

panifiable *adj* panificable.

panification *f* panificación.

panifier [9] *v tr* panificar.

panini *m* panini, bocadillo caliente.
▌ OBSERV pl panini ou paninis.

paniquard *adj & s m* FAM alarmista.

panique *adj* pánico, ca ▌ peur panique pavor, miedo cerval.
◇ *f* pánico *m*; jeter ou semer la panique sembrar el pánico.

paniquer [3] *v tr* aterrorizar.
◇ *v intr* entrarle el pánico a alguien.
➤ **se paniquer** *v pr* FAM agobiarse.

panislamisme *m* panislamismo.

panka ➥ **panca**.

panne *f* pana (tissu) ▌ avería (de voiture) ▌ apagón *m*, corte *m* (d'électricité) ▌ teja cumbrera (tuile) ▌ manteca, grasa de cerdo, pella (graisse de porc) ▌ banda, faja (de nuages) ▌ atasco *m*, parada, detención (arrêt) ▌ ARCHIT viga, correa (d'un comble) ▌ TECHN boca (du marteau) ▌ THÉÂTR embolado *m*, papel *m* malo (mauvais rôle) ▌ FAM avoir une panne, être ou rester ou tomber en panne tener una avería (auto) ▌ avoir une panne sèche quedarse sin gasolina ▌ FAM être dans la panne estar en la miseria, estar a dos velas ▌ MAR être en panne pairar, estar al pairo ou en facha ▌ FIG rester en panne quedarse plantado ▌ MAR se mettre en panne ponerse al pairo, ponerse en facha.

panné, e *adj & s* FAM (vieilli) tronado, da; sin dinero.

panneau *m* ARCHIT tablero, entrepaño ▌ panel, cuarterón (d'une porte) ▌ cartel, cartelera *f* (affiche), tablero (tableau) ▌ tabla *f* (peinture) ▌ MAR cuartel de escotilla ▌ tabla *f* (couture) ▌ cubierta *f* de un cristal (horticulture) ▌ red *f* de caza (chasse) ▌ almohadilla *f*, baste de la albarda ▌ AVIAT pantalla *f* ■ **panneau d'affichage** tablón de anuncios ▌ **panneau de signalisation** señal de tráfico ▌ **panneau d'interdiction de stationner** señal de prohibido estacionar ▌ **panneau électoral** cartel electoral ▌ **panneau indicateur** disco (rond), placa (de formes diverses) ▌ **panneau publicitaire** valla publicitaria ▌ FIG **tomber** ou **donner dans le panneau** caer en la trampa, dejarse engañar, tragar el anzuelo.

panneautage [panotaʒ] *m* caza *f* con redes.

panneauter [3] *v intr* cazar con redes.

panneauteur *adj & s m* cazador con red.

panneton *m* TECHN paletón (d'une clef).

pannicule *m* ANAT paniculo.

panonceau *m* escudo que señalaba la jurisdicción señorial ▌ rótulo, placa *f* (à la porte de certains établissements).

panoplie *f* panoplia.

panoptique *adj & s m* panóptico, ca.

panorama *m* panorama.

panoramique *adj* panorámico, ca; écran panoramique pantalla panorámica.
◇ *m* CINÉM panorámica *f* (prise de vue).

panoufle *f* adorno *m* de piel de carnero.

pansage *m* limpieza *f* de un animal.

panse *f* FAM panza, barriga ▌ herbario *m*, panza (des ruminants) ▌ panza (d'une cruche).

pansement *m* cura *f*, apósito; faire un pansement hacer una cura, poner un apósito ▌ tirita (pansement adhésif).

panser [3] *v tr* curar (une blessure) ▌ vendar (bander) ▌ almohazar, limpiar (un cheval).

panslavisme *m* paneslavismo.

panslaviste *adj & s* paneslavista.

pansu, e *adj & s* panzudo, da; barrigón, ona; barrigudo, da (ventru).
◇ *adj* panzudo, da (renflé).

pantagruélique *adj* pantagruélico, ca.

pantagruélisme *m* pantagruelismo.

pantagruéliste *m & f* pantagruelista.

pantalon *m* pantalón, pantalones *pl*; pantalon de golf pantalón bombacho; pantalon de ski pantalón de esquí.

Pantalon *n pr* Pantalón.

pantalonnade *f* bufonada, payasada (bouffonnerie) ▌ FIG farsa, hipocresía (hypocrisie).

pantalonnier, ère *m & f* pantalonero, ra.

pante *m* ARG (vx) tío, gachó (homme).

pantelant, e *adj* palpitante (palpitant) ▌ jadeante (haletant).

panteler [24] *v intr* jadear (haleter).

pantenne; pantène *f* red para cazar pájaros (filet) ■ MAR **en pantenne** en desorden ▌ **vergues en pantenne** vergas terciadas en señal de duelo.

panthéisme *m* panteísmo.

panthéiste *adj & s* panteísta.

panthéistique *adj* panteístico, ca.

Panthéon *m* le Panthéon el Panteón [templo donde están enterrados hombres ilustres en París].
▌ OBSERV Le Panteón désigne surtout le caveau de famille.

panthère *f* pantera.

pantière *f* red de caza (filet de chasse).

pantin *m* pelele, títere, muñeco, monigote.
▌ SYN marionnette marioneta, títere; fantoche fantoche; polichinelle polichinela; guignol guiñol.

pantographe *m* pantógrafo.

pantoire *f* MAR brazalote *m*.

pantois [pãtwa] *adj m* (vx) jadeante (haletant) ▌ FIG & FAM estupefacto, atónito, patidifuso (déconcerté); rester pantois quedarse estupefacto.

pantomètre *m* pantómetra *f*.

pantomime *f* pantomima.
◇ *m* (p us) pantomimo.

pantouflard *m* FAM casero (casanier).

pantoufle *f* zapatilla, pantufla, pantuflo *m* (chaussure d'intérieur) ■ FIG & FAM **en pantoufles** con toda comodidad, a sus anchas ▌ FAM **raisonner comme une pantoufle** pensar con los pies, hablar a tontas y a locas.

pantouflier, ère *m & f* zapatillero, ra.

pantoum *m* poema de origen malayo.

panure *f* pan *m* rallado.

Panurge *n pr* faire comme les moutons de Panurge donde va Vicente, ahí va la gente.

panzer [pãdzɛr] *m* carro (blindé).

PAO (abr de publication assistée par ordinateur) *f* PAO, autoedición.

paon [pã] *m* pavo real, pavón ▌ pavón (papillon) ▌ FIG hombre vanidoso ■ **être fier comme un paon** hincharse como un pavo ▌ **se parer des plumes du paon** vestirse ou engalanarse con plumas ajenas.

paonne [pan] *f* pava real.

paonneau [pano] *m* pavipollo real.

papa *m* papá ■ FAM **papa gâteau** padrazo ▌ FAM **bon papa** abuelito (grand-père), buen hombre ▌ **mon petit papa** papaíto ■ FAM **à la papa** a la pata la llana, simplemente; cachazudamente, con calma ▌ **de papa** de otra época, de antes, de la otra generación.

papable *adj* papable, que puede ser elegido Papa.

papaïne *f* CHIM papaína.

papal, e *adj* papal; pouvoirs papaux poderes papales.

papalin, e *adj* FAM & PÉJ (vx) del papa, papal.
➤ **papalin** *m* (vx) papalino (soldat du pape).

papas [papas] *m* papas, sacerdote griego.

papauté *f* papado *m*, pontificado *m*.

papaver [papavɛr] *m* adormidera *f* (pavot).

papavéracées *f pl* BOT papaveráceas.

papavérine *f* CHIM papaverina.

papaye [papaj] *f* papaya (fruit).

papayer [papɛje] *m* papayo (arbre).

pape *m* papa.

Papeete *n pr* GÉOGR Papeete.

papegai; papegeai *m* (vieilli) papagayo (perroquet) ▌ pájaro que sirve de blanco.

papelard, e *adj* hipócrita; camandulero, ra.
➤ **papelard** *m* camandulero, santurrón (faux dévot) ▌ FAM papelucho.

papelardise *f* hipocresía, camandulería.

papelonné, e *adj* BLAS papelonado, da.

paperasse *f* papelucho *m*, papelote *m*.

paperasser [3] *v intr* papelear, revolver papeles.

paperasserie [paprasri] *f* papeleo *m*; paperasserie administrative papeleo administrativo.

paperassier, ère *adj & s* amigo, amiga de papeleo.

papesse *f* papisa.

papeterie [papɛtri] *f* papelería (commerce) ▌ papelera, fábrica de papel (fabrique) ▌ recado *m* de escribir (nécessaire pour écrire).

papetier, ère [papɛtje, ɛr] *adj & s* papelero, ra; vendedor, ra, fabricante de papel.

papi; papy *m* abuelo [lenguaje infantil].

papier *m* papel; papier ordinaire papel corriente ▌ letra *f*, documento de comercio, efecto (lettre de commerce) ▌ FAM artículo periodístico, papel ▌ **les papiers** la documentación *f sing*, documentos, papeles (d'identité, etc.) ■ **papier à cigarettes** papel de fumar ▌ **papier à dessin** papel de dibujo ▌ **papier à lettres** papel de cartas ou de escribir ▌ **papier (d')aluminium** papel de aluminio ▌ **papier à**

musique papel pautado ▌ **papier autographique** papel autográfico ▌ **papier bible** papel biblia ▌ **papier brouillon** borrador ▌ **papier bulle** papel de pruebas ▌ **papier buvard** papel secante ▌ **papier carbone** papel de carbón ▌ **papier collant** papel engomado ou de pegar ▌ **papier couché** papel cuché ▌ **papier couronne** papel de marca ▌ **papier-cuir** cartón cuero ▌ **papier d'argent, d'étain** papel de plata, de estaño ▌ **papier d'Arménie** papel de Armenia ▌ **papier d'emballage** papel de envolver ▌ **papier de soie** papel de culebrilla ou de seda ▌ **papier de verre** papel de lija ▌ **papier écolier** papel de marca, papel de cuartillas ▌ **papier-émeri** papel esmerilado ▌ **papier en continu** papel continuo ▌ **papier-filtre** papel de filtro ▌ **papier glacé** papel glaseado ou de brillo ▌ **papier gommé** papel engomado ▌ **papier gris** papel de estraza ou de añafea ▌ **papier hygiénique** papel higiénico ou sánico ou de retrete ▌ **papier joseph** papel tela ▌ **papier journal** papel de periódico ▌ **papier kraft** papel kraft (papier d'emballage) ▌ **papier libre** papel sin sellar ▌ **papier mâché** cartón piedra ▌ **papier machine** papel de máquina ou para máquina(s) de escribir ▌ **papier non rogné** papel de barba ▌ **papier-parchemin** pergamino vegetal ▌ **papier peint** papel pintado ▌ **papier pelure** papel cebolla ▌ **papier quadrillé** papel cuadriculado ▌ **papier rayé** papel pautado ▌ **papier recyclé** papel reciclado ▌ **papiers de bord** papeles de a bordo ▌ **papier sulfurisé** papel vegetal ▌ **papier timbré** papel sellado ou de pagos ▌ **papier toile** papel tela ▌ **papier velin** papel vitela ▌ **papier vergé** papel vergé ou verjurado ■ **petit papier** papeleta (examen) ▌ **sans papiers d'identité** indocumentado ■ FIG **avoir une figure ou une mine de papier mâché** tener cara de pan mascado ou de acelga ▌ FIG & FAM **être dans les petits papiers de quelqu'un** estar bien con uno, tener buenas aldabas con uno ▌ **être réglé comme du papier à musique** ser un cronómetro (exact), ser automático ▌ **mettre ou coucher sur le papier** poner por escrito ▌ **mettre les papiers en règle** arreglar los papeles ▌ **noircir du papier** emborronar papel ou cuartillas ▌ **tirer un petit papier** sacar una papeleta (examen).

papier-calque *m* papel de calco.
▌ OBSERV pl papiers-calque.

papier-monnaie *m* papel moneda.
▌ OBSERV pl papiers-monnaies.

papilionacé, e *adj & s f pl* BOT papilionáceo, a.

papillaire [papilɛʀ] *adj* ANAT papilar.

papille [papij] *f* ANAT papila.

papilleux, euse [papijø, øz] *adj* papiloso, sa; cubierto, ta de papilas.

papillifère [papilifɛʀ] *adj* papilífero, ra.

papillome [papijom] *m* MÉD papiloma.

papillon [papijɔ̃] *m* mariposa *f* ▌ FIG mariposón, veleta *f* (homme volage) ▌ mapa pequeño que se pone en una esquina de uno grande ▌ cartel pequeño de anuncio (affiche) ▌ comunicado a la prensa ▌ quemador de gas (bec de gaz) ▌ palometa *f*, mariposa *f* (écrou) ▌ IMPR banderilla *f* ▌ TECHN válvula *f*, mariposa *f* (soupape) ■ **papillon de nuit** falena ■ **brasse papillon** mariposa ▌ FAM minute, papillon! ¡un momento, rico! ▌ **nœud papillon** pajarita ■ **avoir des papillons noirs** tener ideas ne-

gras ▌ **courir après les papillons** distraerse con naderías.

papillonage; papillonnage; papillonement *m* mariposeo.

papillonner [3] *v intr* FAM mariposear.

papillotage *m* pestañeo, parpadeo (des yeux) ▌ deslumbramiento (éblouissement) ▌ mariposeo (peinture) ▌ espejeo (miroitement) ▌ IMPR remosqueo.

papillotant, e [papijɔtɑ̃, ɑ̃t] *adj* deslumbrador, ra.

papillote [papijɔt] *f* papillote *m* (pour les cheveux) ▌ caramelo *m* envuelto en papel rizado (bonbon) ▌ **en papillote** a la papillote (cuisine).

papillotement [papijɔtmɑ̃] *m* deslumbramiento.

papilloter [3] *v tr* poner papillotes.
◇ *v intr* pestañear, parpadear (les yeux).

Papinien *n pr* Papiniano.

papion *m* papión, cinocéfalo (singe).

papisme *m* papismo.

papiste *m & f* papista.

papotage *m* FAM parloteo, charloteo, cháchara *f* (bavardage frivole).

papoter [3] *v intr* FAM parlotear, charlotear, chacharear, estar de cháchara.

papou, e *adj & s m* papú.
▌ OBSERV pl papúes.

Papouasie *n pr f* HIST la Papouasie Papuasia.

Papouasie-Nouvelle-Guinée *n pr f* GÉOGR la Papouasie-Nouvelle-Guinée Papúa y Nueva Guinea.

paprika *m* paprika *f*, pimiento picante molido.

papule *f* pápula.

papuleux, euse *adj* papuloso, sa; cubierto, ta de pápulas.

papy ▬ **papi**.

papyrologie *f* papirología.

papyrologue *m & f* papirólogo, ga.

papyrus [papirys] *m* papiro (plante).

Pâque *f* Pascua (fête juive).

paquebot [pakbo] *m* paquebote, buque transatlántico [(*Amér*) paquete].

pâquerette [pakʀɛt] *f* margarita, maya (fleur).

pâques [pak] *m* Pascua *f* [de Resurrección] (jour); **il viendra à Pâques** vendrá por Pascua ▌ Semana *f* Santa (période) ■ **Pâques closes** domingo de Cuasimodo ■ **dimanche de Pâques** domingo de Resurrección, Pascua Florida ▌ **les vacances de Pâques** vacaciones de Semana Santa ■ **à Pâques ou à la Trinité** cuando las ranas críen pelos ▌ **faire ses pâques** comulgar por Pascua Florida, cumplir con la Iglesia.

▌ OBSERV Pascua a en espagnol un sens plus étendu qu'en français. La fête de Pâques est la Pascua de Resurrección ou Florida, la Pascua del Espíritu Santo est la Pentecôte; Pascuas (au pluriel) désigne la période entre Noël et l'Épiphanie (¡Felices Pascuas! joyeux Noël!). Pour désigner les fêtes relatives à l'anniversaire de la résurrection du Christ on emploie plus volontiers en espagnol Semana Santa que Pascua qui est ambigu (en Semana Santa iremos a la sierra à Pâques nous irons à la montagne).

▌ PÂQUES ─────────
En las fiestas de Pascua, en Francia se regalan golosinas con forma de huevos y de campanas. Según la leyenda, las campanas de las iglesias vuelan a Roma en Pascuas.

Pâques *n pr* GÉOGR **l'île de Pâques** la isla de Pascua.

paquet [pakɛ] *m* [▷ SYN] paquete; **un paquet de livres** un paquete de libros ▌ bulto; **un paquet de linge** un bulto de ropa ▌ (vx) correo de un transatlántico (courrier) ▌ FAM adefesio, persona *f* mal trajeada|persona *f* pesada (importun) ▌ INFORM paquete (de données) ■ **paquet de cigarettes** cajetilla ou paquete de cigarrillos ▌ MAR paquete de mer golpe de mar ▌ **paquet de nerfs** manojo de nervios ▌ **par petits paquets** poco a poco ■ FIG & FAM **faire son paquet** liar el petate, marcharse ▌ FAM **mettre le paquet** jugar el todo por el todo (ne pas lésiner), echar toda la carne en el asador, echar el resto (fournir un gros effort) ▌ **recevoir son paquet** recibir una bronca|**risquer le paquet** jugárselo todo a una carta.

▌ SYN colis bulto, fardo, paquete; balle bala, fardo; ballot bulto, fardo; FAM balluchon hatillo, lío.

paquetage *m* empaquetado, empaque (action de paqueter) ▌ MIL impedimenta *f*, equipo completo de un soldado.

paqueteur, euse *m & f* empacador, ra; empaquetador, ra.

paquetier *m* IMPR paquetero.

pâquis [paki] *m* pasto (pâturage).

par *prép* por (lieu, moyen, instrument, cause, manière, auteur, ordre) ▌ con; **prouver par des exemples** demostrar con ejemplos ▌ en; **arriver par bateau** llegar en barco; **par une chaude après-midi** en una tarde calurosa ▌ a; **gagner tant par mois** ganar tanto al mes ▌ de; **prendre par la main** coger de la mano ▌ por ou gérondif; **il commença par rire** empezó por reírse ou riéndose ■ **par-ci, par-là** aquí y allá ▌ **par conséquent** por consiguiente ▌ **par contre** en cambio ▌ **par-dedans** en el interior ▌ **par-dehors** por fuera ▌ **par-delà** más allá ▌ **par-derrière** por detrás ▌ **par-devant** por delante, ante ▌ **par ici** por aquí ▌ **par là** por allí (direction), así (de cette manière) ■ **de par** por ou en; **de par le monde** por el mundo; **en nombre de; de par le roi** en nombre del rey; **en virtud de; de par la loi** en virtud de la ley.

para *m* para (monnaie turque) ▌ FAM paraca, paracaidista militar.

parabase *f* parábasis.

parabellum [parabɛlɔm] *m* parabellum (pistolet).

parabole *f* parábola.

parabolique *adj & s* parabólico, ca.

paraboliquement *adv* de modo parabólico.

paraboloïdal, e *adj* paraboloidal.

paraboloïde *m* GÉOM paraboloide.

paracentèse [parasɛ̃tɛz] *f* MÉD paracentesis.

parachèvement *m* acabamiento, remate, perfeccionamiento.

parachever [19] *v tr* acabar, rematar, concluir.

parachimique *adj* paraquímico, ca.

parachronisme *m* paracronismo.

parachutage *m* lanzamiento en paracaídas.

parachute *m* paracaídas.

parachuter [3] *v tr* lanzar en paracaídas ‖ FIG & FAM nombrar de improviso (nommer).

parachutisme *m* paracaidismo.

parachutiste *adj* & *s* paracaidista.

paraclet [paraklɛ] *m* RELIG paráclito, paracleto.

parade *f* parada (du cheval) ‖ FIG [▷ SYN] alarde *m*, ostentación, gala (ostentation) ‖ MIL desfile *m*, parada ‖ quite *m*, parada (escrime) ‖ parada (football) ‖ escena burlesca de presentación, exhibición (dans un théâtre forain) ■ de parade de gala, de lujo; tenue de parade uniforme de gala ‖ lit de parade lecho mortuorio ‖ faire parade hacer alarde.
‖ SYN étalage alarde; montre muestra; ostentation ostentación.

parader [3] *v intr* desfilar (troupes) ‖ manejar (un cheval) ‖ FIG pavonearse, darse postín (se pavaner).

paradeur *m* ostentoso, presuntuoso, postinero.

paradière *f* paradera [red para pescar].

paradigme *m* paradigma (exemple).

paradis [paradi] *m* paraíso; paradis terrestre paraíso terrenal ‖ gloria *f*, cielo (ciel) ‖ variedad *f* de manzana ‖ THÉÂTR paraíso, gallinero ■ graine de paradis malagueta, amomo ‖ oiseau de paradis ave del paraíso ■ c'est le paradis sur terre es el Paraíso terrenal, es Jauja ‖ FIG être au paradis estar en la gloria ‖ il ne l'emportera pas en paradis ya las pagará.

paradisiaque *adj* paradisiaco, ca; paradisíaco, ca; bonheur paradisiaque felicidad paradisíaca.

paradisier *m* ave *f* del paraíso (oiseau).

parados [parado] *m* través (fortification).

paradoxal, e *adj* paradójico, ca; des esprits paradoxaux espíritus paradójicos.

paradoxalement *adv* paradójicamente.

paradoxe [paradɔks] *m* paradoja *f*.

paraétatique *adj* paraestatal.

parafe ➤ **paraphe**.

parafer ➤ **parapher**.

paraffinage *m* parafinado.

paraffine *f* CHIM parafina.

paraffiner [3] *v tr* parafinar ‖ papier paraffiné papel parafinado.

parafiscal, e *adj* parafiscal; organismes parafiscaux organismos parafiscales.

parafiscalité *f* parafiscalidad.

parafoudre *m* pararrayos.

parage *m* (vx) alcurnia *f*, linaje (noblesse) ‖ laboreo de las viñas en otoño (vignes) ‖ MAR aguas *f pl*, paraje ‖ TECHN pulimento (polissage).
➤ **parages** *m pl* parajes (endroit) ■ être ou se trouver dans les parages (de) FIG no estar muy lejos (de).

paragraphe *m* párrafo (mot usuel), parágrafo (p us) [(*Amér*) acápite] ‖ apartado (de loi, d'article).

paragrêle *adj* contra el granizo, paragranizo.

Paraguay [paragwɛ] *n pr m* GÉOGR le Paraguay Paraguay (État) ‖ le Paraguay el Paraguay (fleuve).

paraguayen, enne [paragwajɛ̃, ɛn] *adj* paraguayo, ya.

Paraguayen, enne *m* & *f* paraguayo, ya.

paraison *m* TECHN trabajo del vidrio sobre el mármol ‖ masa *f* de vidrio (masse vitreuse).

paraître [91] *v intr* [▷ SYN] aparecer, salir, surgir; dès que le soleil parut en cuanto salió el sol ‖ mostrarse; paraître en public mostrarse en público ‖ parecer; il paraît malade parece enfermo ‖ publicarse, salir a luz; vient de paraître acaba de publicarse ‖ parecer tener, representar, aparentar; il ne paraît pas son âge no representa la edad que tiene ‖ manifestarse (se manifester) ‖ presentarse, comparecer (comparaître) ‖ FIG distinguirse, aparentar, brillar (briller) ■ paraître en scène salir al escenario (entrer en scène), aparecer en escena (se produire) ‖ paraître à l'écran salir en televisión ■ chercher à paraître darse postín ‖ faire paraître dejar ver, mostrar (montrer), aparentar (simuler), publicar (publier), hacer comparecer (en justice) ‖ laisser paraître quelque chose dejar traslucir algo.
◇ *v impers* parecer; à ce qu'il paraît según parece ■ il paraît que parece ser que, parece que ‖ il y paraît se ve, se conoce, se nota.
‖ SYN apparaître aparecer; surgir surgir; poindre despuntar.

Paralipomènes *n pr m pl* Paralipómenos.

parallactique *adj* ASTRON paraláctico, ca.

parallaxe *f* ASTRON paralaje.

parallèle *adj* paralelo, la ■ barres parallèles barras paralelas (gymnastique) ‖ les « Vies parallèles », de Plutarque las "Vidas paralelas", de Plutarco ‖ marché parallèle mercado paralelo ■ établir ou faire un parallèle entre establecer un paralelo entre ‖ mettre en parallèle comparar.
◇ *m* paralelo; le seizième parallèle el paralelo dieciséis.
◇ *f* paralela ‖ ÉLECTR en parallèle en derivación.

parallèlement *adv* paralelamente.

parallélépipède; parallélipipède *m* paralelepípedo.

parallélisme *m* paralelismo.

paralléliste *adj* & *s* relativo al paralelismo.

parallélogramme *m* paralelogramo.

paralogisme *m* paralogismo (raisonnement faux).

paralysant, e *adj* paralizador, ra; paralizante.

paralyser [3] *v tr* paralizar.

paralysie *f* parálisis ‖ paralysie infantile parálisis infantil, poliomielitis.
‖ SYN parésie paresia; hémiplégie hemiplejía; paraplégie paraplejía; engourdissement embotamiento, adormecimiento; catalepsie catalepsia.

paralytique *adj* & *s* paralítico, ca.
‖ SYN paralysé paralizado; perclus baldado; impotent impotente.

paramagnétique *adj* ÉLECTR paramagnético, ca.

paramécie *f* paramecio *m*.

paramédical, e *adj* paramédico, ca.

paramètre *m* GÉOM parámetro.

paramétrer [18] *v tr* definir ou establecer parámetros ‖ INFORM parametrizar.

paramétrique *adj* paramétrico, ca.

paramidophénol *m* paramidofenol.

paramilitaire *adj* paramilitar.

paramnésie *f* MÉD paramnesia.

Paraná; Parana *n pr m* GÉOGR le Paraná Paraná, Parana (État) ‖ le Paraná el Paraná ou Parana (fleuve).

parangon *m* prototipo, modelo, parangón (modèle) ‖ diamante ou perla *f* sin defecto.

parangonnage *m* IMPR acción *f* de parangonar.

parangonner [3] *v tr* & *intr* IMPR parangonar.

paranoïa *f* paranoia.

paranoïaque *adj* & *s* paranoico, ca.

paranormal, e *adj* paranormal.

paranymphe *m* paraninfo ‖ padre, padrino ‖ (vx) discurso de elogio a un recién licenciado.

parapente *m* SPORTS parapente (parachute).

parapet [parapɛ] *m* parapeto ‖ pretil, antepecho, parapeto (garde-fou).

paraphe; parafe *m* rúbrica *f* (trait accompagnant la signature).

parapher; parafer [3] *v tr* rubricar.

paraphernal, e *adj* DR parafernal; biens paraphernaux bienes parafernales.

paraphrase *f* paráfrasis ‖ FIG perorata, discurso *m* largo y confuso.

paraphraser [3] *v tr* parafrasear ‖ FIG amplificar, exaltar (amplifier).

paraphraseur, euse *m* & *f* parafraseador, ra.

paraphrastique *adj* parafrástico, ca.

paraphyse *f* paráfisis.

paraplégie *f* MÉD paraplejía.

paraplégique *adj* & *s* parapléjico, ca.

parapluie [paraplɥi] *m* paraguas; parapluie pliant paraguas plegable ‖ parapluie atomique ou nucléaire paraguas atómico ou nuclear.

parapsychologie *f* parapsicología.

parasange *f* parasanga (mesure perse).

parascève [parasɛv] *f* parasceve, Viernes *m* Santo ‖ víspera del sábado para los judíos.

parascolaire *adj* extracurricular.

parasitaire *adj* parasitario, ria; parasítico, ca.

parasite *adj* parásito, ta.
◇ *m* parásito.
➤ **parasites** *m pl* parásitos (radio).

parasiter [3] *v tr* vivir en parásito sobre (animal ou végétal).

parasiticide *adj* & *s m* parasiticida.

parasitique *adj* parasítico, ca.

parasitisme *m* parasitismo.

parasol *m* quitasol, parasol.

parasoleil [parasɔlɛj] *m* PHOT parasol.

parasympathique *adj* & *s m* parasimpático, ca.

parathyphoïde *adj* & *s f* paratifoideo, a.

parathyrine; parathormone *f* tiroxina.

parathyroïdes *adj* & *s f pl* paratiroides.

paratonnerre *m* pararrayos.

paratuberculeux, euse *adj* MÉD paratuberculoso, sa.

paratyphique *adj* & *s* paratífico, ca.

paravent *m* biombo (meuble mobile) ‖ tapadera *f*, pantalla *f*.

parbleu! *interj* ¡pues claro!

parc [park] *m* parque ‖ majada *f*, cercado (pour le bétail) ‖ aprisco, redil (pour les moutons) ‖ vivero, criadero (de poissons) ‖ coto (de chasse) ‖ estacionamiento, aparcamiento (pour les voitures) ‖ jaula *f*, parque (pour bébé) ‖ MIL parque; parc d'artillerie parque de artillería ■ parc à huîtres ostrero, ostral, criadero de ostras ‖ parc automobile parque automóvil ‖ parc d'attractions parque de atracciones ‖ parc de stationnement parque de estacionamiento ‖ parc national parque nacional ‖ parc naturel parque natural ‖ parc zoologique parque zoológico.

parcage *m* encierro en la majada ou el redil, redileo ‖ sirle (engrais) ‖ aparcamiento (de voitures).

parcellaire *adj* parcelario, ria.

parcellarisation; parcellisation *f* parcelación.

parcellariser; parcelliser [3] *v tr* parcelar.

parcelle *f* parcela (de terre) ‖ partícula, ápice *m* (petite quantité).

parcellement *m* parcelación *f*, división *f* en parcelas.

parcellisation ▻ parcellarisation.

parcelliser ▻ parcellariser.

parce que *loc conj* [▷ SYN] porque ‖ FAM porque sí, porque no (pour affirmer, pour nier catégoriquement).

┃ SYN à cause de a causa de; puisque puesto que; vu que en vista de que; attendu que dado que; car pues, puesto que.

parchemin *m* pergamino ‖ papier-parchemin papel pergamino, pergamino vegetal.

parcheminé, e *adj* apergaminado, da.

parcheminer [3] *v tr* apergaminar.

parcheminerie *f* arte *m*, comercio *m* y fabricación de pergaminos.

parchemineux, euse *adj* apergaminado, da.

parcheminier, ère *m* & *f* TECHN pergaminero, ra.

parcimonie *f* parsimonia.

┃ OBSERV Remarquer le s qui remplace le c français.

parcimonieusement *adv* parsimoniosamente, con parsimonia.

parcimonieux, euse *adj* parsimonioso, sa.

parcmètre; parcomètre *m* parquímetro.

parcourir [45] *v tr* recorrer; parcourir une ville recorrer una ciudad ‖ hojear (un livre) ‖ parcourir des yeux recorrer con la vista.

parcours [parkur] *m* recorrido, trayecto ‖ libre parcours libre tránsito.

par-dedans *adv* por dentro.

par-dehors *adv* por fuera.

par-derrière *adv* por detrás (par l'arrière) ‖ FIG a espaldas de uno (en cachette).

par-dessous *adv* por debajo.
◇ *prép* por debajo de.

pardessus [pardəsy] *m* abrigo, gabán.

par-dessus *adv* por encima.
◇ *prép* por encima de.

par-devant *adv* por delante.
◇ *prép* por delante de.

pardi!; pardieu! *interj* ¡pues claro!, ¡naturalmente!, ¡ya lo creo!

pardon *m* [▷ SYN] perdón (d'une faute, d'une offense) ‖ romería *f*, peregrinación *f* (en Bretagne) ■ demander pardon pedir perdón, disculparse ‖ je vous demande pardon usted perdone, perdone, dispense, disculpe.
➤ **pardons** *m pl* RELIG indulgencias *f*.
➤ **pardon!** *interj* ¡perdón!, ¡usted dispense!, ¡perdone usted!

┃ SYN rémission remisión; absolution absolución.

pardonnable *adj* perdonable, disculpable.

pardonner [3] *v tr* perdonar.
◇ *v intr* perdonar; une maladie qui ne pardonne pas una enfermedad que no perdona ‖ perdonar, dispensar, disculpar; pardonnez-moi d'arriver si tard dispénseme por llegar tan tarde.

┃ SYN excuser excusar; absoudre absolver; acquitter absolver.

paré, e *adj* adornado, da; engalanado, da; paré de fleurs adornado con ou de flores ■ bal paré baile de etiqueta ‖ MAR paré! ¡listo! ‖ titre paré título ejecutorio.

pare-balles *m inv* abrigo a prueba de balas (abri) ‖ chaleco de protección contra las balas (vêtement).

pare-boue [parbu] *m inv* guardabarros (garde-boue).

pare-brise [parbriz] *m inv* parabrisas.

pare-chocs [parʃɔk] *m inv* parachoques.

pare-clous [parklu] *m inv* corbata *f* de neumático.

pare-éclats [parekla] *m inv* MIL parapeto [contra la metralla].

pare-étincelles *m inv* parachispas.

pare-feu *m inv* cortafuego.

parégorique *adj* paregórico, ca.

pareil, eille [parɛj] *adj* igual; parecido, da; semejante, similar ‖ tal, semejante; un pareil ouvrage semejante tal obra ■ en pareil cas en semejante caso ‖ sans pareil sin igual, sin par ■ FAM c'est du pareil au même es exactamente igual, lo mismo da, es lo mismo ‖ c'est toujours pareil siempre pasa lo mismo, es siempre lo mismo ‖ n'avoir jamais rien vu de pareil no haber visto nunca cosa semejante.
➤ **pareil** *adv* igual, de la misma manera; être habillés pareil estar vestidos de la misma manera ‖ faire pareil hacer lo mismo.
➤ **pareil** *m* igual, semejante ‖ n'avoir pas son pareil ser de lo que no hay.
➤ **pareille** *f* rendre la pareille pagar con la misma moneda.

pareillement *adv* igualmente, de la misma manera ‖ también, asimismo (aussi) ‖ igualmente (de même).

parélie ▻ parhélie.

parement *m* paramento, ornamento ‖ bocamanga *f* (revers) ‖ ECCLÉS frontal (d'un autel) ‖ paramento (maçonnerie, menuiserie) ‖ bordillo (d'un chemin) ‖ épée de parement espada de gala ou de ceremonia.

parementer [3] *v tr* revestir de un paramento, paramentar.

parencéphale *m* parencéfalo.

parenchymateux, euse *adj* parenquimatoso, sa.

parenchyme *m* ANAT & BOT parénquima.

parent, e *m* & *f* pariente, ta ■ parent éloigné pariente lejano ‖ parent par alliance pariente político.
◇ *adj* pariente, ta; allegado, da ‖ FIG pariente, ta; semejante ■ être parent de ser padres de (père ou mère de), ser pariente de (membre de la famille).
➤ **parents** *m pl* padres (le père et la mère) ‖ parientes, parentela *f*, deudos (famille) ‖ ascendientes (ancêtres) ■ parents spirituels padrinos ‖ grands-parents abuelos.

parental, e ou **aux** *adj* paterno, na (autorité) ‖ por paternidad (congé).

parentales [parɑ̃tal]; **parentalies** [parɑ̃tali] *f pl* parentales (fêtes en l'honneur des morts).

parenté *f* parentesco *m* ‖ parentela, parientes *m pl* (ensemble des parents) ‖ similitud (d'opinions) ‖ parenté spirituelle parentesco espiritual.

parentèle *f* LITT parentela (plus usité qu'en français).

parenthèse *f* paréntesis *m* ‖ entre parenthèses, par parenthèse entre paréntesis ‖ ouvrir, fermer la parenthèse abrir, cerrar el paréntesis.

paréo *m* pareo (pagne).

parer [3] *v tr* [▷ SYN] engalanar, adornar (orner) ‖ parar, evitar (détourner) ‖ limpiar (la viande, les légumes) ‖ CONSTR descafilar, agramilar (les briques) ‖ aderezar (un plat) ‖ MAR aparejar (l'ancre) ‖ TECHN chiflar (amincir les peaux) ‖ VÉTÉR despalmar, rebajar el casco (du cheval) ‖ parer de bijoux alhajar.
◇ *v intr* precaverse; parer à un danger precaverse de un peligro ‖ remediar; parer à un inconvénient remediar un inconveniente ‖ prevenirse, prever; parer à toute éventualité prevenirse contra toda eventualidad, prever toda eventualidad ‖ solucionar; parer au plus pressé solucionar lo más urgente.
➤ **se parer** *v pr* engalanarse (s'orner) ‖ hacer alarde (se vanter) ‖ precaverse; se parer contre la misère precaverse contra la miseria.

┃ SYN arranger arreglar; endimancher endomingar; FAM attifer emperifollar; pomponner emperejilar.

parère *m* DR parecer, dictamen.

parésie *m* MÉD paresia.

pare-soleil *m inv* quitasol, parasol.

paresse *f* pereza, holgazanería ‖ paresse d'esprit pereza mental.

paresser [4] *v intr* FAM holgazanear, hacer el vago.

paresseusement *adv* perezosamente.

paresseux, euse *adj* & *s* [▷ SYN] perezoso, sa.

paresseux *m pl* ZOOL perezosos.
| SYN fainéant haragán; FAM flemmard gandul; FAM cossard haragán; FAM feignant vago; FAM cancre calamidad.

paresthésie *f* parestesia.

pareur, euse *m & f* obrero, ra que da la última mano a una obra | encargado de chiflar los curtidos.
◆ **pareuse** *f* aprestadora (encolleuse).

parfaire [109] *v tr* perfeccionar, pulir, dar los últimos toques (achever) | completar; parfaire une somme completar una cantidad.
| SYN finir, achever acabar; parachever consumar, rematar; châtier limar, pulir; fignoler esmerar, refinar; perler bordar; limer limar; ciseler cincelar.

parfait, e *adj* [▷ SYN] perfecto, ta | absoluto, ta; un silence parfait un silencio absoluto | perfecto, ta; consumado, da; un parfait imbécile un imbécil consumado | c'est parfait!, parfait! ¡está bien!, ¡muy bien! | voilà qui est parfait esto está muy bien ou perfecto.
◆ **parfait** *m* GRAMM pretérito perfecto | helado de café (glace) | perfección *f*.
| SYN bien bien; impeccable impecable.

parfaitement *adv* perfectamente | FAM sí, seguro, ya lo creo (oui).

parfilage *m* deshiladura *f* [de los hilos de oro].

parfiler [3] *v tr* deshilar [hilos de oro].

parfilure *f* hilo *m* de oro o de plata deshilachado | hilo *m* de oro o de plata tejido con seda.

parfois [parfwa] *adv* a veces, algunas veces, de vez en cuando.

parfondre [73] *v tr* TECHN fundir los colores con igualdad (terme d'émailleur).

parfum [parfœ̃] *m* [▷ SYN] perfume | gusto (de glace) | ARG être au parfum estar en el ajo.
| SYN arôme aroma; aromate aroma; bouquet buqué (gallicisme), aroma; fumet husmo, tufo; fragance fragancia.

parfumé, e *adj* perfumado, da | parfumé à con sabor a (aromatisé).

parfumer [3] *v tr* perfumar; parfumé à la violette perfumado a la violeta.
◆ **se parfumer** *v pr* perfumarse.

parfumerie *f* perfumería; acheter de la parfumerie comprarse perfumería.

parfumeur, euse *m & f* perfumista; perfumero, ra.
◇ *adj* de perfumes.

parhélie; parélie *m* ASTRON parhelio, parhelia *f*.

pari *m* apuesta *f*; faire un pari hacer una apuesta ■ Pari mutuel urbain (PMU) apuestas mutuas (courses de chevaux), quinielas (football) | tenir un pari hacer una apuesta, apostar.

paria *m* paria.

pariade *f* pareo *m* (accouplement des oiseaux) | pareja de aves.

pariage *m* condominio (association féodale).

parian *m* porcelana *f* que imita el mármol de Paros.

paridés *m pl* páridos (oiseaux).

paridigité *adj & s m* paridígito, ta.

parier [9] *v tr* apostar, hacer una apuesta ■ parier à coup sûr apostar sobre seguro | parier tout l'or du monde apostar la cabeza ■ il y a gros ou beaucoup ou tout à parier mucho apostaría que ■ combien paries-tu que...? ¿cuánto va que...? ¿cuánto te apuestas que...? | je te parie que non! ¡a que no!

pariétaire *f* parietaria (plante).

pariétal, e *adj & s m* ANAT parietal; les os pariétaux los huesos parietales.

parieur, euse *m & f* apostante | quinielista (football).

parigot, e *adj & s* FAM parisiense.

paripenné, e *adj* BOT pinado, da.

Paris [pari] *n pr* GÉOGR París | FIG Paris ne s'est pas fait en un jour no se ganó Zamora en una hora.

> PARIS
> **1.** El nombre "Paris" seguido de un número romano designa las universidades parisinas: "Paris VII" (facultad de ciencias de Jussieu), "Paris IV" (la Sorbona), "Paris X" (universidad de Nanterre), etc.
> **2.** Cuando el nombre "Paris" va seguido de un ordinal, entonces hace referencia al distrito postal: "Paris quinzième", "Paris quatrième", etc.

Pâris [pari] *n pr* MYTH Paris.

paris-brest *m inv* CULIN rosquilla *f* de pasta de lionesas con almendras.

Pariscope *n pr m* revista semanal en la que figura el programa de todos los acontecimientos culturales parisienses.

parisette *f* uva de raposa (plante).

parisianisme *m* parisianismo, costumbre *f* ou locución *f* parisiense.

parisien, enne *adj & s* parisiense, parisién; parisino, na.
> OBSERV Parisino et parisién, bien que très employés, sont considérés comme des gallicismes.

parisis [parizis] *adj inv* acuñado en París (monnaie).

parisyllabe; parisyllabique *adj & s m* GRAMM parisílabo, ba; parasilábico, ca.

paritaire *adj* paritario, ria | commission paritaire tribunal mixto, comité paritario.

parité *f* paridad | ÉCON parité de change paridad de cambio.

parjure *adj & s* perjuro, ra (personne).
◇ *m* perjurio (faux serment).

parjurer [3]
◆ **se parjurer** *v pr* perjurar, jurar en falso.

parka *m & f* parka *f*.

Parkérisation® *f* TECHN parkerización.

parking [parkiŋ] *m* aparcamiento de coches (parcage).

Parkinson [parkinsɔn] *n pr* maladie de Parkinson enfermedad de Parkinson.

parlant, e *adj* que habla, parlante | FIG expresivo, va (regard) | muy parecido, da; que está hablando (portrait) ■ BLAS armes parlantes armas parlantes | cinéma parlant cine sonoro | témoignages parlants testimonios convincentes.
◇ *p pr* généralement parlant en términos generales.

parlé, e *adj* hablado, da; l'anglais parlé el inglés hablado | oral.
◆ **parlé** *m* parte *f* hablada (d'une opérette).

parlement *m* parlamento.

parlementaire *adj* parlamentario, ria; régime parlementaire régimen parlamentario.
◇ *m & f* diputado, da; parlamentario, ria.

parlementarisme *m* parlamentarismo.

parlementer [3] *v intr* parlamentar.

parler [3] *v tr & intr* [▷ SYN] hablar; parler le français hablar el francés | hablar de; parler affaires hablar de negocios | sonar (résonner) | hablar, mandar; l'honneur parle el honor manda ■ parler à bâtons rompus hablar sin ton ni son ou sin orden ni concierto | parler à haute voix hablar en voz alta | parler à mots couverts hablar a medias palabras | parler à son bonnet hablar para su coleto ou para el cuello de su camisa | parler à tort et à travers hablar a tontas y a locas | parler au cœur emocionar, hablar al alma | parler au hasard hablar sin ton ni son | parler clair et net hablar clara y llanamente | parler d'abondance improvisar | parler de choses et d'autres hablar de todo un poco | parler de la pluie et du beau temps hablar de cosas sin importancia | parler de sang-froid hablar serenamente | parler d'or hablar de perlas | parler du nez hablar gangoso, ganguear | parler en l'air hablar sin reflexión ou con ligereza | parler en maître hablar como maestro | parler français comme une vache espagnole hablar el francés muy mal | parler gras hablar con la garganta ou groseramente | parler petit nègre hablar como los indios | parler pour ne rien dire hablar por hablar | parler pour rire hablar en broma | parler raison hablar razonablemente ou sensatamente | parlons peu, mais parlons bien pocas palabras, pero buenas ■ cela ne vaut pas la peine d'en parler no vale ou no merece la pena que se hable de eso | c'est une façon de parler es un decir | faire parler de soi dar que decir, dar que hablar | moi qui vous parle aquí donde usted me oye | n'en parlons plus! ¡no hablemos más de eso! | on en parle la gente lo dice, lo dicen | quand on parle du loup on en voit la queue hablando del rey de Roma, por la puerta asoma | sans parler de sin hablar de, sin mencionar a | tout parle pour lui todo habla en su favor | trouver à qui parler encontrar la horma de su zapato | FAM vous parlez!, tu parles! ¡qué va!, ¡que se cree usted!, ¡que crees tú eso!, ¡y tú que lo digas!
> OBSERV El participio parlé es siempre invariable: ils se sont parlé longtemps.
> SYN causer charlar; bavarder charlar; converser conversar; deviser platicar; conférer conferenciar, conferir; consulter consultar; s'entretenir conversar.

parler *m* habla *f* (langage) | dialecto, lenguaje ■ avoir son franc-parler no tener pelos en la lengua | jamais beau parler n'écorche la langue hablar bien no cuesta dinero ou no cuesta nada.

parleur, euse *m & f* hablador, ra; parlanchín, ina ■ beau parleur pico de oro, hombre de labia | haut-parleur altavoz.

parloir *m* locutorio, sala *f* de visitas.

parlote; parlotte *f* (p us) FAM reunión en la que los abogados jóvenes ejercitan su oratoria ‖ conversación, parleta, cháchara (conversation).

parme *adj inv* color de malva.

Parme *n pr* GÉOGR Parma.

parmélie *f* parmelita, género *m* de liquen.

Parménide *n pr* Parménides.

parmesan, e *adj* parmesano, na.
◆ **parmesan** *m* queso parmesano.

Parmesan, e *m & f* parmesano, na.

parmi *prép* entre ‖ **parmi nous** entre nosotros.

> OBSERV **Parmi** se utiliza delante de un sustantivo en plural o de un nombre colectivo, mientras que **entre** sólo se emplea con dos personas o cosas.

Parnasse *n pr m* Parnaso.

parnassien, enne *adj & s* POÉT parnasiano, na.

parodie *f* parodia.

parodier [9] *v tr* parodiar.

parodique *adj* paródico, ca.

parodiste *m* parodista, autor de parodias.
◇ *adj* relativo a la parodia.

paroi *f* pared ‖ tabique *m* (cloison) ‖ casco *m* (d'un tuyau).

paroisse *f* parroquia (église et juridiction) ‖ parroquia, feligresía (juridiction) ‖ **coq de paroisse** gallito del pueblo, cacique.

paroissial, e *adj* parroquial.

paroissien, enne *m & f* feligrés, esa.
◆ **paroissien** *m* FAM **un drôle de paroissien** un tipo raro ‖ devocionario (livre de messe).

parole *f* palabra ‖ voz, habla *m* (ton de la voix); **avoir la parole douce** tener una voz suave ‖ dicho *m*, frase (sentence); **parole mémorable** dicho memorable ‖ paso *m* (cartes) ‖ **les paroles d'une chanson** la letra de una canción ■ **parole** paso (bridge) ‖ **parole d'honneur** palabra de honor ‖ **paroles en l'air** palabras al viento ‖ **paroles tendres** ternezas ■ **homme de parole** hombre de palabra ‖ **ma parole** palabra, palabra de honor ‖ **ma parole!** ¡por Dios! ‖ **sur parole** bajo palabra ‖ **temps de parole** tiempo concedido para hacer uso de la palabra ■ **adresser la parole** dirigir la palabra ‖ **avoir la parole brève** gastar pocas palabras, hablar poco ‖ **avoir la parole facile** tener la lengua suelta ‖ **bercer de belles paroles** entretener con buenas palabras ‖ **c'est un moulin à paroles** habla como una cotorra ‖ **couper la parole** cortar la palabra, interrumpir ‖ **demander la parole** pedir la palabra ‖ **donner la parole** conceder la palabra ‖ **je vous crois sur parole** me basta con su palabra ‖ **la parole est à M...** tiene la palabra el señor... ‖ **la parole est d'argent, le silence d'or** en boca cerrada no entran moscas ‖ **les paroles s'envolent, les écrits restent** las palabras se las lleva el viento ‖ **manquer à sa parole** faltar a su palabra ‖ **n'avoir qu'une parole** no tener más que una palabra ‖ **passer parole** pasar (au bridge) ‖ **porter la parole** ser el portavoz ‖ **prendre la parole** tomar la palabra, hacer uso de la palabra ‖ **sur ces bonnes paroles** dichas ou con estas palabras ‖ **tenir parole** cumplir con su palabra.

paroli *m* pároli, paroli (jeux).

parolier *m* libretista (d'un opéra, d'une opérette, etc.) ‖ autor de la letra (d'une chanson).

paronomase *f* paronomasia, aliteración.

paronyme *m* GRAMM parónimo.

paronymie *m* GRAMM paronimia.

paronymique *adj* paronímico, ca; parónimo, ma.

paronyque *f* nevadilla (plante herbacée).

paroptique *adj* paróptico, ca.

paros [parɔs] *m* mármol de Paros.

parotide *adj & s f* ANAT parótida.

parotidien, enne *adj* de las parótidas.

parotidite *f* parotiditis.

parousie *f* RELIG parusía.

paroxysme *m* paroxismo.

paroxysmique; paroxymal *adj* MÉD paroxismal.

paroxystique *adj* paroxístico, ca.

paroxyton *adj* GRAMM paroxítono, na; grave.
◇ *m* vocablo paroxítono.

parpaillot, e [parpajo, ɔt] *m & f* calvinista ‖ FAM protestante.

parpaing [parpɛ̃] *m* CONSTR perpiaño, piedra *f* sillar.

parquement *m* acorralamiento, encierro (du bétail).

parquer [3] *v tr* acorralar, encerrar (les animaux) ‖ establecer (un parc d'artillerie) ‖ aparcar (une voiture).
◇ *v intr* redilear, amajadar (mettre le bétail dans un parc).

Parques *n pr f pl* MYTH **les Parques** Parcas.

parquet [parkɛ] *m* (ancien) estrado (d'un tribunal) ‖ autoridades *f pl* judiciales ‖ ministerio fiscal (ministère public) ‖ corro de Bolsa (en Bourse) ‖ CONSTR entarimado, parquet, parqué (du sol) ■ **parquet à bâtons rompus** entarimado en espinapez ‖ MAR **parquet de chargement** compartimiento de una bodega donde se carga el grano ‖ **parquet de chauffe** suelo de caldeo ‖ **parquet d'élevage** corral (pour volailles) ‖ **parquet en point de Hongrie** entarimado de punto de Hungría.

parquetage [parkətaʒ] *m* CONSTR entarimado, ensamblaje.

parqueter [27] [parkəte] *v tr* entarimar.

parqueterie [parkɛtri] *m* oficio *m* del entarimador.

parqueteur [parkətœr] *adj & s m* entarimador.

parqueur, euse *m & f* persona que guarda el ganado en el corral ‖ ostrero, ra (huîtres).

parrain [parɛ̃] *m* padrino.

parrainage *m* padrinazgo.

parrainer [4] *v tr* apadrinar.

parricide *adj & s* parricida (personne).
◇ *m* parricidio (crime du parricide).

parse ➤ **parsi**.

parsec *m* ASTRON parsec.

parsemer [19] *v tr* sembrar, esparcir (répandre) ‖ constelar (d'étoiles) ‖ salpicar; **un texte parsemé de citations latines** un texto salpicado de citas latinas.

parsi, e; parse *adj & s* parsi.

parsisme *m* parsismo [religión de Zoroastro].

part [par] *m* parto (accouchement des animaux) ‖ DR recién nacido ■ **supposition de part** parto supuesto ‖ **suppresion de part** ocultación de parto.

> OBSERV Le mot espagnol **parto** est le terme courant pour désigner l'**accouchement** aussi bien des personnes que des animaux.

part [par] *f* parte ■ **à part** aparte; **c'est une enfant à part** es una niña aparte; aparte, excepto; **à part cela tout va bien** excepto eso todo va bien ‖ **à part entière** de pleno derecho ‖ **à part soi** para sus adentros ‖ **d'autre part** por otra parte ‖ **de la part de** de parte de ‖ **de part en part** de parte a parte ‖ **de part et d'autre** de una y otra parte, por ambas partes ‖ **de toutes parts** de ou por todas partes ‖ **la part du lion** la mejor parte ‖ **lettre** ou **billet de faire part** esquela (décès), participación (mariage) ‖ **membre à part entière** miembro de pleno derecho ‖ **mis à part** aparte ‖ **nulle part** en ninguna parte ‖ **pour ma part** por mi parte, en cuanto a mí ‖ **quelque part** en alguna parte ‖ **pour une large** ou **une bonne part** en gran medida ■ FIG & FAM **avoir part au gâteau** sacar tajada ‖ **faire bande à part** hacer rancho aparte ‖ **c'est de la part de qui?** ¿de parte de quién? ‖ FIG **faire la part belle à quelqu'un** concederle a alguien gran ventaja ‖ **faire la part de** tener en cuenta ‖ **faire la part des choses** tenerlo todo en cuenta ‖ **faire la part du feu** abandonar una parte para no perderlo todo ‖ **faire part à deux** ir a medias ‖ **faire part de** dar parte de, dar conocimiento de ‖ **mettre à part** poner de lado ou aparte ‖ **prendre en bonne, mauvaise part** tomar en buen, mal sentido ‖ **prendre part aux bénéfices** participar ou tener parte en los beneficios de un negocio ‖ **prendre sa part** asumir la parte que le corresponde ‖ **savoir de bonne part** saber de buena tinta.

> SYN **contingent** contingente; **lot** lote; **partage** reparto.

part. (abr écrite de **particulier**) part.

partage *m* reparto, partición *f*, repartición *f* ‖ parte *f*, porción *f* (portion) ‖ partición *f* (d'une succession) ‖ empate, repartición *f* de votos (égalité) ■ **partage d'opinions** división de opiniones ■ **acte, extrait de partage** hijuela *f* ‖ GÉOGR **ligne de partage des eaux** línea divisoria de las aguas ‖ **sans partage** por completo, exclusivamente, enteramente ■ **avoir en partage** tocar ou caer en suerte en un reparto; **il a eu cette ferme en partage** le ha tocado esta finca en el reparto.

partagé, e *adj* partido, da; repartido, da; compartido, da ‖ correspondido, da (amour) ■ **bien partagé du sort** favorecido por la suerte ‖ **être partagé entre** dudar entre ‖ **être partagé sur** tener sentimientos encontrados ou contradictorios acerca de ‖ **les avis sont partagés** las opiniones están divididas.

partageable [partaʒabl] *adj* divisible, partible, repartible.

partageant [partaʒɑ̃] *m* partícipe, participante.

partager [17] *v tr* [▷ SYN] partir, repartir, dividir (diviser) ‖ compartir; **partager le pouvoir** compartir el poder ‖ dotar (douer); **la nature l'a bien partagé** la naturaleza lo ha dotado bien ‖ dividir (séparer en parties opposées)

I FIG tomar parte en, participar de (participer à) **I** partager en deux partir por la mitad **I** partager en frères partir como hermanos **I** partager entre distribuir entre **I** FIG partager la joie de quelqu'un asociarse a la alegría de uno, tomar parte en ella **I** partager la poire en deux partir la diferencia por igual **I** partager le même sort qu'un autre seguir la suerte de otro **I** partager les risques compartir los riesgos **I** partager les voix salir empatados (vote) **I** partager l'opinion de quelqu'un compartir la opinión de alguien, ser de la misma opinión que alguien.

➦ **se partager** v pr partirse, repartirse **I** dividirse (routes).

I SYN diviser dividir; fragmenter fragmentar; morceler dividir en trozos.

partageux, euse adj & s partidario, ria del reparto y la comunidad de bienes.

partagiciel m INFORM shareware, programa compartido.

partance f MAR leva, partida, salida **I** MAR en partance en franquía, a punto de salir.

partant, e adj dispuesto, ta; être partant pour quelque chose estar dispuesto a ou para hacer algo.
◇ m & f que parte, persona f que se va **I** competidor, ra (concurrent).

partant conj por consiguiente, por lo tanto.

partenaire m & f compañero, ra; pareja f (au jeu) **I** pareja f (cavalier) **I** socio, cia (affaires, etc.) **I** copartícipe (projet) **I** asociado, da; miembro asociado (d'une organisation) **I** firmante (signataire) **I** interlocutor, ra (dans un entretien) **I** partenaires commerciaux países que mantienen relaciones comerciales, terceros contratantes **I** partenaires sociaux actores ou agentes sociales.

partenariat m colaboración f.

parterre m cuadro, arriate (de jardin) **I** THÉÂTR patio de butacas (lieu et spectateurs) ■ FAM prendre un billet de parterre coger una liebre, dar con los huesos en el suelo (tomber).

parthe adj & s parto, ta; la flèche du Parthe la flecha del parto.

Parthe m & f parto, ta.

parthénogénèse f partenogénesis.

parthénogénétique adj partenogenético, ca.

Parthénon n pr m Partenón.

parti m partido (politique) **I** [▷ SYN] bando (faction) **I** decisión f, determinación f; prendre un parti tomar una decisión **I** partido (personne à marier); un beau parti un buen partido **I** MIL partida f, comando ■ parti pris prejuicio, idea preconcebida **I** esprit de parti partidismo, espíritu de partido ■ à parti pris, point de conseil a decisión tomada, es inútil el consejo **I** en prendre son parti resignarse **I** faire un mauvais parti à hacer pasar un mal rato a **I** prendre le parti de quelqu'un declararse a favor de alguien **I** prendre parti pour tomar partido por **I** prendre son parti d'une chose resignarse a una cosa, aguantarse con ella; j'en prends mon parti me resigno a ello **I** tirer parti sacar partido, provecho.

I SYN faction facción; clan clan; secte secta.

parti, e adj FAM achispado, da; ligeramente borracho, cha.

parti, e; partite adj BLAS partido, da.

partiaire [parsjɛr] adj colon partiaire aparcero.

partial, e [parsjal] adj parcial; des juges partiaux jueces parciales.

partialement [parsjalmã] adv con parcialidad, parcialmente.

partialité [parsjalite] f parcialidad.

participant, e adj & s participante, partícipe **I** concursante (à un concours).
◇ adj particionero, ra.

participatif, ive adj de participación.

participation f participación; participation à un crime participación en un crimen; participation aux bénéfices participación en los beneficios **I** asistencia, participación; conférence avec la participation de conferencia con asistencia de.

participe m GRAMM participio ■ participe passé participio pasivo ou de pretérito **I** participe présent participio de presente ou activo.

participer [3] v intr participar, tomar parte; participer aux bénéfices participar en las ganancias, en los beneficios (économie) **I** participar; le mulet participe de l'âne et du cheval el mulo participa del burro y del caballo **I** intervenir, participar; à combien de films as-tu participé? ¿en cuántas películas has intervenido?

I SYN avoir part tener parte; prendre part tomar parte; se mêler meterse, mezclarse; partager compartir.

participial, e adj participial; des emplois participiaux empleos participales.

particularisation f particularización.

particulariser [3] v tr particularizar.

➦ **se particulariser** v pr particularizarse, distinguirse, singularizarse.

particularisme m particularismo.

particulariste adj & s particularista.

particularité f particularidad.

particule f partícula.

I SYN molécule molécula; atome átomo; corpuscule corpúsculo; électron electrón; proton protón; neutron neutrón.

particulier, ère adj particular; chambre particulière habitación particular **I** particular, especial; dans certains cas particuliers en ciertos casos especiales **I** particular, personal; l'intérêt particulier doit s'effacer devant l'intérêt général el interés personal debe desaparecer ante el interés general **I** peculiar, particular (caractéristique) **I** cours particulier clase particular.

➦ **particulier** m particular **I** FAM individuo, quídam (individu) ■ en particulier en particular, particularmente **I** en son particulier en su fuero interno **I** « particulier vend... » "particular vende..."

particulièrement adv particularmente, sobre todo, especialmente.

partie f [▷ SYN] parte **I** partida (jeux, chasse, etc.) **I** ramo m, especialidad, competencia; être très fort dans sa partie ser muy fuerte en su ramo; ce n'est pas ma partie no es mi especialidad ou de mi competencia **I** parte, parte litigante (dans un procès) **I** COMM par-

tida; comptabilité en partie double, simple contabilidad por partida doble, simple **I** MUS parte ■ partie adverse parte contraria **I** DR partie civile parte civil **I** partie lésée parte perjudicada ou ofendida **I** partie de campagne jira campestre, partida de campo, excursión al campo **I** partie de plaisir excursión (divertissement), placer (chose agréable, amusante) **I** partie nulle tablas (échecs, dames) ■ les parties belligérantes los beligerantes **I** les parties en présence los asistentes **I** les parties intéressées los interesados ■ en grande partie en gran parte **I** en partie en parte **I** en parties égales por partes iguales, mitad por mitad ■ avoir affaire à forte partie tener que habérselas con un adversario temible **I** avoir la partie belle llevar las de ganar, ponérselo todo a uno como a Felipe II **I** avoir partie gagnée dar la partida por ganada **I** avoir partie liée avec quelqu'un estar conchabado con alguien **I** ce n'est que partie remise es cosa diferida **I** être juge et partie ser juez y parte **I** faire partie de formar parte de, integrar **I** prendre quelqu'un à partie tomarla con uno, atacar a uno **I** quitter la partie abandonar el juego (jeu), renunciar, abandonar (renoncer).

➦ **parties** f pl órganos m pl genitales, las partes (organes génitaux).

I SYN portion porción; pièce pieza; morceau pedazo; fraction fracción; fragment fragmento; éclat astilla; parcelle partícula; lambeau jirón; bribe pizca, migaja.

partiel, elle [parsjɛl] adj parcial.

partiellement adv parcialmente.

partir [43] v intr [▷ SYN] salir, partir; partir pour l'Espagne salir para España; trois routes partent du village tres carreteras salen del pueblo **I** marcharse, irse (s'en aller) **I** salir; il partit comme un trait salir disparado **I** saltar; le bouchon est parti el tapón ha saltado **I** arrancar, ponerse en marcha; un moteur qui part difficilement un motor que arranca difícilmente **I** FAM lanzarse; partir dans une longue explication lanzarse a una larga explicación **I** salir (cartes) **I** dispararse (une arme) **I** salir, proceder (émaner, provenir) **I** partir; partir d'une hypothèse partir de una hipótesis ■ partir d'un éclat de rire soltar una carcajada ■ à partir de a partir de **I** à partir d'ici desde aquí **I** avoir maille à partir avec quelqu'un tener que ver con uno, habérselas con uno **I** FAM être parti estar achispado **I** être parti de rien haber empezado con nada **I** FAM la voilà partie! ¡ya está!, ¡ya ha empezado! (à rire, etc.).

OBSERV En francés partir se emplea siempre con el auxiliar être.

SYN s'en aller irse; se retirer retirarse; s'en retourner volverse; filer largarse; FAM décamper poner pies en polvorosa; déguerpir largarse; prendre le large largarse, fletarse (américanisme); FAM se débiner pirarse, najarse; FAM se carapater pirarse; FAM prendre ses cliques et ses claques liar el petate; FAM mettre les voiles levantar el vuelo.

partisan, e adj & s partidario, ria (adepte) **I** seguidor, ra; partidario, ria (d'une doctrine) ■ querelles partisanes querellas partidistas **I** être partisan de ser partidario de.

➦ **partisan** m MIL guerrillero ■ guerre de partisans guerrilla.

SYN adepte adepto; recrue recluta; prosélyte prosélito; militant militante; sectaire sectario;

satellite satélite; **adhérent** adherente; **affilié** afiliado.

partite ➤ **parti**.

partiteur *m* partidor.

partitif, ive *adj & s m* GRAMM partitivo, va; article partitif artículo partitivo.

partition *f* partición, división (division d'un territoire, d'un écu) ‖ MUS partitura.

partout [partu] *adv* por todas partes, en todas partes ■ **partout ailleurs** en cualquier otra parte ‖ **partout où** en cualquier parte donde, donde quiera que ■ **de partout** de todas partes ‖ **deux partout** empatados, empate a dos (football) ‖ **quinze partout** quince iguales, iguales a quince (tennis).

parturiente *f* parturienta.

parturition [partyrisjɔ̃] *f* parto *m*.

parulie *f* MÉD párulis *m*, flemón *m* (inflammation des gencives).

parure *f* adorno *m*, ornato *m* ‖ aderezo *m*, juego *m*; **une parure de diamants** un aderezo de diamantes ‖ juego *m* de ropa interior femenina (lingerie) ‖ juego *m* de mangas y cuello ‖ TECHN caedura, recortes *m pl* (rognure) ‖ **parure de berceau, de lit** juego de cuna, de cama.

  SYN ajustement ajuste, compostura; parement ornamento; atours galas.

parurerie *f* bisutería.

parurier, ère *m & f* fabricante, vendedor, ra de bisutería.

parution [parysjɔ̃] *f* publicación, aparición, salida (d'un livre).

parvenir [40] *v intr* llegar (arriver) ‖ hacer fortuna ‖ medrar (s'élever) ‖ alcanzar, conseguir; parvenir aux honneurs alcanzar los honores ‖ **faire parvenir quelque chose à quelqu'un** hacer llegar ou enviar algo a alguien.

  OBSERV Se conjuga con el auxiliar être.

parvenu, e *m & f* nuevo rico, nueva rica; advenedizo, za.

parvis [parvi] *m* atrio (atrium) ‖ plaza *f* (esplanade devant une église) ‖ pórtico, nártex.

pas [pɑ] *m* paso; faire un pas en arrière dar un paso hacia atrás ‖ escalón, paso (marche) ‖ precedencia *f*, preeminencia *f* (préséance) ‖ diligencia *f*, paso (démarche) ‖ paso (danse) ‖ MUS marcha *f* ■ pas allongé paso castellano (chevaux) ‖ MIL pas accéléré, cadencé, sans cadence, de charge, de route, de l'oie paso acelerado, acompasado, ligero ou ordinario, de carga ou de ataque, de maniobra, de la oca ‖ pas de course carrera, paso de carga ‖ pas d'hélice, de vis paso de hélice, de rosca ‖ pas de porte umbral ‖ pas de quatre paso de cuatro ‖ pas en arrière paso hacia atrás ‖ pas gymnastique ou de gymnastique paso ligero ou gimnástico ■ à grands pas a paso largo, a zancadas ‖ à pas comptés con pasos contados ‖ à pas de géant a pasos agigantados, con pasos de gigante ‖ à pas de loup de puntillas, sin meter ruido ‖ au pas al paso ‖ de ce pas ahora mismo ‖ d'un bon pas a buen paso ‖ faux pas tropezón, paso en falso, desliz, traspiés ‖ pas à pas paso a paso ‖ traces de pas huellas de pasos, pisadas ■ aller bon pas ir a buen paso ‖ allonger le pas alargar el paso ‖ avancer de quatre pas adelantar cuatro pasos

‖ être dans un mauvais pas estar en un mal paso ‖ faire les cent pas rondar la calle ‖ FIG faire les premiers pas dar los primeros pasos ‖ faire un faux pas dar un paso en falso, dar un tropezón ‖ faire un pas dar un paso ‖ faire un pas de clerc cometer una pifia ‖ FIG il n'y a que le premier pas qui coûte lo difícil es el primer paso, todo es empezar ‖ FIG marcher à pas comptés ir a pasos contados ‖ marcher sur les pas de quelqu'un pisar las huellas de alguien ‖ marquer le pas marcar el paso ‖ mettre quelqu'un au pas meter en cintura, meter en vereda ‖ prendre le pas sur quelqu'un ganar por la mano a uno ‖ revenir ou retourner sur ses pas desandar lo andado, volverse atrás ‖ tirer d'un mauvais pas sacar de un apuro ou de un mal paso.

pas [pɑ] *adv* no ■ pas beaucoup no mucho ‖ pas de sucre, merci sin azúcar, por favor ‖ pas du tout en absoluto, de ningún modo ‖ pas encore aún no, todavía no ‖ pas mal regular, no está mal ‖ pas mal de monde bastante gente ‖ pas plus tard qu'hier ayer mismo ‖ pas un ni uno ‖ pas vrai no es verdad ‖ pas vrai? ¿verdad? ■ même pas ni siquiera ‖ non pas que no es que ‖ presque pas casi nada, apenas ‖ une pomme pas mûre una manzana que no está madura ■ ceci est à vous ou pas? ¿esto es o no es suyo? ‖ il m'a dit de ne pas le faire me dijo que no lo hiciera.

  OBSERV En ne... pas, no se traduce pas: ne viens pas no vengas; ne pas venir no venir.

PAS (abr de acide para-amino-salicylique) *m* PAS.

pas-à-pas *adj inv* INFORM paso a paso.
  ◇ *m inv* MÉCAN & INFORM paso a paso.

pascal *m* pascal (unité de pression).

Pascal *n pr* Pascual.

PASCAL; Pascal *m* INFORM PASCAL, Pascal.

pascal, e *adj* pascual; agneau pascal cordero pascual.

  OBSERV pl pascals ou pascaux.

Pascale *n pr* Pascuala.

pascalien, enne *adj* referente ou adicto a Pascal.

pas-d'âne [pɑdɑn] *m inv* BOT tusilago ‖ gavilán, guardamano (d'épée) ‖ escalerilla *f* (escalier).

Pas-de-Calais *n pr m* GÉOGR Paso de Calais.

pas-de-porte *m inv* COMM traspaso, llave *f*.

Pasiphaé *n pr* MYTH Pasífae.

paso doble *m* MUS pasodoble.

pasquin *m* THÉÂTR gracioso (bouffon) ‖ (vx) pasquín (pamphlet).

passable *adj* pasable; pasadero, ra; regular ‖ aprobado, da (note).

passablement *adv* medianamente, pasaderamente (moyennement) ‖ algo, un poco; une plaisanterie passablement risquée una broma un poco arriesgada.

passacaille [pasakaj] *f* MUS pasacalle *m*.

passade *f* capricho *m* pasajero, antojo *m* (caprice) ‖ breve estancia ‖ zambullida, ahogadilla (natation) ‖ pasada (passage) ‖ ÉQUIT pasada.

passage *m* paso; le passage de la ligne el paso del ecuador ‖ paso; ôtez-vous de mon passage quítese de mi paso ‖ travesía *f* (traversée) ‖ pasaje (prix d'une traversée) ‖ tránsito (droit qu'on paie pour passer) ‖ servidumbre *f* de paso, paso (droit de passer) ‖ pasaje, pasadizo, callejón (ruelle) ‖ alfombra *f* estrecha, estera *f* (tapis étroit) ‖ paso, transición *f* (transition) ‖ paso de costado (cheval) ‖ pasaje (d'un livre) ‖ CINÉM pase (projection) ■ passage à niveau paso a nivel ‖ FAM passage à tabac paliza, zurra ‖ FIG passage à vide momento crítico ‖ passage clouté paso de peatones ‖ passage interdit prohibido el paso ‖ passage protégé paso protegido ■ au passage de paso ‖ de passage de paso ‖ oiseaux de passage aves de paso ou migratorias ■ laissez le passage! ¡paso! ‖ prendre au passage coger al paso ‖ se frayer un passage abrirse paso.

passager, ère *adj* [▷ SYN] pasajero, ra; un malaise passager un malestar pasajero ‖ oiseau passager ave de paso ou migratoria.
  ◇ *m & f* pasajero, ra (voyageur); les passagers d'un avion los pasajeros de un avión ‖ passager clandestin polizón, pasajero clandestino.

  SYN provisoire provisional, provisorio (américanisme); momentané momentáneo; éphémère efímero; fugitif fugitivo; fugace fugaz; transitoire transitorio; précaire precario; temporaire temporal; intérimaire interino.

passagèrement *adv* pasajeramente.

passant, e *adj* de mucho tráfico ou tránsito; concurrido, da; rue très passante calle de mucho tránsito.
  ◇ *m & f* transeúnte.
  ● passant *m* presilla *f* (de ceinture).

passation [pasasjɔ̃] *f* otorgamiento *m* de una escritura ou de un contrato, asiento contable ‖ passation des pouvoirs entrega ou transmisión de poderes.

passavant *m* pasamano, paso de popa a proa ‖ COMM pase, guía *f*.

passe [pɑs] *f* paso *m* (des oiseaux migrateurs) ‖ pase *m* (sports, magnétisme) ‖ vuelta (d'un câble) ‖ pasa (jeux) ‖ parte delantera de un sombrero (d'un chapeau) ‖ IMPR perdido *m* ‖ MAR paso *m*, pasaje *m* (chenal) ‖ TECHN pasada ■ maison de passe casa de citas ‖ mauvaise passe mal paso ‖ mot de passe contraseña, santo y seña ‖ passe d'armes enfrentamiento dialéctico ‖ volumes de passe libros fuera de tirada ■ être dans une bonne, mauvaise passe pasar por un buen, mal momento ‖ être en passe de estar en trance de.

passé, e *adj* pasado, da ‖ descolorido, da; pasado, da (décoloré) ■ passé de mode pasado de moda ‖ passé maître maestro consumado ■ ces jours passés los días pasados ‖ il a dix ans passés tiene diez años cumplidos ‖ il est 9 heures passées son más de las nueve, son las nueve y pico, son las nueve dadas.
  ● passé *m* pasado ‖ GRAMM pretérito; passé antérieur pretérito anterior; passé composé pretérito perfecto; passé simple pretérito indefinido ‖ le passé est le passé, n'en parlons plus lo pasado pasado.

passé *prép* después de (après); passé dix heures después de las diez.

passe-boules *m inv* tragabolas.

passe-carreau *m* medio queso (fer de tailleur).

▌ **OBSERV** pl passe-carreaux.

passe-crassane f inv variedad de pera de invierno.

passe-droit [pasdrwa] m favor, atropello.

▌ **OBSERV** pl passe-droits.

passée f pasada (bécasses) ▌ pisada, huella (trace d'un animal).

passe-lacet [paslase] m pasador, pasacintas (aiguille).

▌ **OBSERV** pl passe-lacets.

passe-lait [pasle] m inv colador para la leche.

passement m pasamano.

passementer [3] v tr pasamanar.

passementerie [pasmãtri] f pasamanería.

passementier, ère m & f pasamanero, ra.

passe-montagne m pasamontañas.

▌ **OBSERV** pl passe-montagnes.

passe-partout [paspartu] m inv llave f maestra (clef) ▌ orla f, marco (cadre) ▌ tronzador, sierra f (scie).

◇ adj inv que sirve para todo ▌ phrase, formule, mot passe-partout comodín.

passe-passe m inv tour de passe-passe juego de manos, pasapasa (du prestidigitateur) ▌ FIG jugarreta f (mauvaise plaisanterie) ▌ faire des tours de passe-passe hacer juegos malabares.

passe-pied [paspje] m paspié, baile de Bretaña.

▌ **OBSERV** pl passe-pieds.

passe-plat m ventanilla f [entre la cocina y la sala de un restaurante].

▌ **OBSERV** pl passe-plats.

passepoil m ribete, vivo, cordoncillo (couture).

passepoiler [3] v tr ribetear.

passeport [paspɔr] m pasaporte.

passer [3] v intr [▷ SYN] pasar; passer devant quelqu'un pasar ante alguien; passer chez quelqu'un pasar por casa de alguien; passer sur un pont pasar por un puente ▌ representarse (une pièce) ▌ ponerse, proyectarse, echarse (un film) ▌ salir, pasar; passer au tableau salir a la pizarra ▌ pasar, transcurrir (s'écouler); quinze jours sont passés han transcurrido quince días ▌ pasar (perdre son tour) ▌ ascender a; passer capitaine ascender a capitán ▌ comerse, irse (la couleur) ▌ pasarse; passer à l'ennemi pasarse al enemigo ▌ aprobarse, adoptarse; la loi est passée la ley ha sido aprobada ▌ digerirse (un mets) ▌ marchitarse (se faner) ▌ ser admitido, introducirse; ce mot a passé dans notre langue esta palabra ha sido admitida en nuestro idioma ▌ FAM morir, desaparecer, pasar a mejor vida ■ passer à côté de la question salirse del tema ▌ passer à l'action pasar a la acción ▌ passer à l'opposition pasarse a la oposición ▌ passer à la radio, télévision salir en la radio, en la televisión ▌ passer à table sentarse a la mesa ▌ passer au rouge, au vert pasar con el disco cerrado, abierto ▌ passer au salon pasar a la sala ou al salón ▌ passer aux aveux decidirse a confesar ▌ passer de bouche en bouche ir de boca en boca ▌ passer de mode pasar de moda, quedarse anticuado ▌ passer de vie à trépas pasar de vida a muerte ▌ AUTOM passer en ou la seconde poner la segunda ▌ passer mal sentar mal; ce repas passe mal

me ha sentado mal la comida ▌ passer outre hacer caso omiso de ▌ passer par-dessus bord caerse al agua ▌ passer par la tête pasar por la cabeza, ocurrírsele a uno ▌ passer par les armes pasar por las armas ▌ passer pour pasar por ▌ passer prendre quelqu'un pasar a buscar a alguien ▌ FAM passer sous le nez pasar por debajo de las narices ▌ FIG passer sur pasar por alto ■ en passant de paso ▌ en passer par resignarse a ▌ faire passer quelqu'un, quelque chose pour considerar a alguien, algo como ▌ FAM faire passer l'envie ou le goût de quitarle a uno las ganas ou la costumbre de ▌ passe! ¡está bien! ▌ passe encore de le penser, mais de le dire! que lo piense aún, ¡pero que lo diga! ▌ passe pour des médisances, mais... que sean maledicencias, pase, pero... ▌ passez-moi ce mot válgame la palabra ▌ passons! ¡dejemos eso ou ese detalle de lado!, ¡pasemos! ▌ y passer pasar por ello (en faire l'expérience), gastarse, irse en ello (être rabonné).

◇ v tr [▷ SYN] pasar; passer une rivière pasar un río ▌ sobrepasar, pasar; passer la limite d'âge sobrepasar el límite de edad ▌ adelantar, pasar (dépasser) ▌ ponerse (un vêtement) ▌ poner ou pasar con (téléphone); passez-moi la secrétaire póngame con la secretaria; je vous passe M. X le paso con el Sr. X ▌ colar, pasar (filtrer) ▌ pasar, poner en circulación (de la monnaie) ▌ pasar por alto; passer une faute pasar por alto una falta ▌ satisfacer (une envie) ▌ seguir; passez votre chemin siga su camino ▌ hacer, firmar (un contrat) ▌ concertar; passer un marché concertar un negocio ▌ COMM pasar (en compte) ▌ pasar, entrar (contrebande); passer quelque chose en fraude pasar algo de contrabando ▌ representar (une pièce) ▌ echar, poner (un film) ■ passer commande hacer un pedido ▌ passer dans les mœurs ser un hecho habitual ▌ passer dans l'usage ser de uso corriente ▌ passer la main par la portière pasar la mano por la puerta ▌ passer la parole à quelqu'un ceder la palabra a alguien ▌ THÉÂTR passer la rampe tener cierto éxito ▌ FAM passer l'arme à gauche estirar la pata, palmar ▌ passer l'éponge hacer borrón y cuenta nueva ▌ passer le balai, l'aspirateur pasar la escoba, la aspiradora ▌ passer maître dans l'art de ser maestro en ▌ passer quelque chose en revue analizar ou examinar ou estudiar algo, pasar revista a algo ▌ passer quelqu'un à tabac molerle a uno a golpes, zurrarle la badana, sacudirle el polvo ▌ passer quelqu'un au fil de l'épée pasar a alguien a cuchillo ▌ passer son chemin pasar de largo ▌ passer son temps à pasarse el tiempo en ▌ passer sous silence pasar por alto, pasar en silencio, silenciar ▌ passer un examen examinarse ▌ passer un mauvais quart d'heure pasar un mal rato ▌ passer un régiment en revue pasar revista a un regimiento ▌ passer un savon echar un jabón, un rapapolvo, una bronca ■ comme si rien ne s'était passé como si nada ▌ FAM je l'ai senti passer me ha hecho la pascua ▌ j'en passe et des meilleures, et j'en passe! y me quedo corto ▌ qu'est-ce que je lui ai passé! ¡menuda bronca se ha llevado!

➤ **se passer** v pr pasar, transcurrir (s'écouler); le temps se passe à ne rien faire el tiempo transcurre sin hacer nada ▌ arreglárselas sin; nous nous passons de femme de ménage nos arreglamos sin asistenta ▌ ocu-

rrir, suceder, pasar (avoir lieu); que se passe-t-il? ¿qué pasa? ▌ prescindir, privarse, abstenerse (se priver de) ■ je me serais bien passé de cette grippe menuda gracia me ha hecho esta gripe ▌ se passer de l'eau sur le visage pasarse agua por la cara ▌ se passer les mains sous l'eau lavarse las manos.

▌ SYN dépasser rebasar, pasar, sobrepujar, dejar atrás, superar; outrepasser sobrepasar; excéder exceder.

passerage f mastuerzo m (cresson des prés).

passereau [pasro] m pájaro.

passerelle f pasarela ■ passerelle de manœuvre ou de commandement puente de mando ▌ AVIAT passerelle télescopique pasarela de acceso ▌ INFORM puerta de acceso.

passerine f paserino m (oiseau).

passerinette f curruca (fauvette).

passerose f BOT malvarrosa [(Amér) varita de San José].

passe-temps [pastã] m inv pasatiempo, entretenimiento.

passe-thé m inv colador para el té.

passeur, euse m & f barquero, ra ▌ pasador, ra (à la frontière).

passe-velours m inv BOT amaranto.

passe-volant m MIL soldado (figurado), hombre de paja.

▌ **OBSERV** pl passe-volants.

passible adj pasible, punible, merecedor de (condamnation) ▌ sujeto, ta; passible de droits de douane sujeto a derechos aduaneros.

passif, ive adj & s m pasivo, va.

➤ **passif** m GRAMM voz f pasiva; mettre une phrase au passif poner una frase en voz pasiva.

passifloracées f pl BOT pasifloráceas.

passiflore f pasionaria, pasiflora (fleur).

passim [pasim] adv aquí y allá, en diferentes sitios, pássim.

passing-shot [pasiŋʃot] m passing-shot (tennis).

▌ **OBSERV** pl passing-shots.

passion f pasión; avoir la passion de la musique tener pasión por la música ▌ RELIG Pasión; la Passion selon saint Matthieu la Pasión según San Mateo ■ BOT fleur ou arbre de la Passion pasionaria ▌ fruit de la passion pasionaria, murucuyá ■ se laisser emporter par la passion dejarse llevar por las pasiones.

passioniste m pasionista.

passionnaire m pasionario (livre).

passionnant, e adj apasionante; une histoire passionnante una historia apasionante.

passionné, e adj & s apasionado, da; être passionné de quelque chose estar apasionado por algo.

◇ m & f apasionado, da; c'est un passionné d'échecs es un apasionado del ajedrez.

passionnel, elle adj pasional.

passionnément adv apasionadamente.

passionner [3] v tr apasionar.

➤ **se passionner** v pr apasionarse.

passivement adv pasivamente.

passivité f pasividad.

passoire *f* colador *m*, pasador *m* (ustensile de cuisine).

pastel *m* pastel, lápiz de pastel (crayon) ▌dibujo al pastel (dessin) ▌ pastel, hierba *f* pastel, glasto (plante).

▌ **OBSERV** Le mot espagnol **pastel** signifie également **pâté** et **gâteau**.

pastellage *m* alcorza *f* (cuisine).

pasteller [26] *v tr* pintar *ou* dibujar al pastel.

pastelliste *m* & *f* pastelista (peintre).

pastenague *f* pastinaca (poisson).

pastèque *f* sandía.

pasteur *m* pastor; **le Bon Pasteur** el Buen Pastor.

▌ **OBSERV** En el sentido de pastor de ganado se dice generalmente en francés **berger**.

pasteurien; pastorien, enne *adj* pasteuriano, na; de Pasteur.

pasteurisation *f* pasterización, pasteurización.

pasteurisé, e *adj* pasterizado, da; pasteurizado, da; **lait pasteurisé** leche pasterizada.

pasteuriser [3] *v tr* pasterizar, pasteurizar.

pastiche; pastichage *m* imitación *f*, plagio, remedo, pastiche (gallicisme).

pasticher [3] *v tr* remedar, imitar, plagiar.

pasticheur, euse *m* & *f* plagiario, ria; imitador, ra.

pastillage [pastijaʒ] *m* figurilla *f* de alcorza (pâtisserie) ▌terracota *f* (ouvrage d'argile).

pastille [pastij] *f* pastilla ▌pebete *m* (parfum).

pastilleur, euse [pastijœr, øz] *m* & *f* confitero, ra que hace pastillas ▌máquina *f* para hacer pastillas.

pastis [pastis] *m* anisado (liqueur anisée) ▌**FIG** & **FAM** follón, lío (gâchis).

pastoral, e *adj* pastoral, pastoril ▌**la Symphonie pastorale** la Sinfonía pastoral.

➤ **pastorale** *f* pastoral.

▌ **SYN** églogue égloga; idylle idilio; bucolique bucólica.

pastorat *m* pastoría *f* (fonction de pasteur spirituel).

pastorien, enne ➤ **pasteurien**.

pastoureau *m* pastorcillo, zagal; **les pastoureaux de Provence** los pastorcillos de Provenza.

pastourelle *f* pastorcilla, zagala (jeune bergère) ▌pastorela (composition poétique, danse).

pat [pat] *adj m* ahogado (aux échecs).

patache *f* galera, diligencia (voiture) ▌patache *m* (bateau) ▌lancha, falúa (de la douane) ▌**FAM** coche *m* malo, cacharro *m* (mauvaise voiture).

patachon *m* patrón de un patache ▌**FAM** **vie de patachon** vida de juerga continua.

patagon, onne *adj* patagón, ona.

Patagon, onne *m* & *f* patagón, ona.

Patagonie *n pr* **GÉOGR** **la Patagonie** Patagonia.

patapouf *m* **FAM** hombre gordo, gordinflón (homme) ▌caída *f* ruidosa *ou* ridícula, batacazo (chute) ▌¡cataplum! (bruit).

pataquès [patakɛs] *m* lapsus linguae, gazapo.

pataras [patara] *m* **MAR** patarráez (hauban supplémentaire).

patarasse *f* **MAR** pitarrasa.

patard; patar [patar] *m* (vx) cuarto, ochavo (petite monnaie).

patate *f* **BOT** batata, boniato *m* ▌**FAM** patata, papa (pomme de terre) ■ **patate douce** batata ▌**FAM quelle patate!** ¡qué cernícalo!

patati, patata *interj* patatín, patatán; que patatín, que patatán.

patatras! [patatra] *interj* ¡cataplum!

pataud, e [pato, od] *adj* & *s* **FAM** palurdo, da; patán; tolondro, dra (rustre).

◇ *m* & *f* patón, ona; patudo, da (chiens) ▌**FAM** persona regordeta.

Pataugas® *m* botines de tela gruesa especiales para caminatas.

pataugeage; pataugement *m* chapoteo.

pataugeoire *f* piscina infantil.

patauger [17] *v intr* chapotear ▌**FIG** & **FAM** enredarse, atascarse (s'embrouiller).

▌ **SYN** barboter chapotear; patrouiller chapotear.

pataugeur, euse *adj* & *s* que chapotea.

patchouli [patʃuli] *m* pachulí (parfum, plante).

patchwork *m* patchwork.

pâte *f* pasta ▌masa (du pain) ▌**FIG** & **FAM** madera, carácter *m*, índole *m* (caractère) ■ **pâte à choux** pasta de lionesas ▌**pâte à frire** albardilla ▌**pâte à modeler** plastilina ▌**pâte à papier** lechada, pasta de papel ▌**pâte brisée** masa quebrada, pastaflora ▌**pâte d'amandes** pasta de almendras ▌**pâte de bois** pulpa de madera ▌**pâte de coing** carne de membrillo ▌**pâte de fruit** dulce de fruta ▌**pâte dentifrice** pasta dentífrica, crema dental ▌**pâte feuilletée** pasta de hojaldre, masa hojaldrada ▌**pâtes alimentaires** pastas alimenticias ■ **fromage à pâte dure, molle** queso blando, queso duro ■ **FAM bonne pâte** buena persona, buen hombre, hombre de buena pasta ■ **FIG mettre la main à la pâte** poner manos a la obra ▌**IMPR tombé en pâte** empastelado.

pâté *m* pasta *f* de hígado, "foie gras" (charcuterie) ▌pastel (de viande ou poisson); **pâté de lièvre** pastel de liebre ▌**FIG** & **FAM** borrón, mancha *f* de tinta (d'encre) ▌manzana *f* [(*Amér*) cuadra] (de maisons) ▌**IMPR** pastel, conjunto de letras mezcladas ■ **pâté de sable** flan de arena ▌**pâté en croûte** empanada *f*.

▌ **OBSERV 1.** Pâté no tiene el sentido de **pastel** [dulce].
2. Il faut remarquer qu'en espagnol on emploie le terme **foie gras** pour n'importe quel pâté, que ce soit du foie gras véritable ou non.

pâtée *f* cebo *m* (pour engraisser la volaille) ▌comida (pour les animaux) ▌**FAM** comida ▌papas *pl* (soupe épaisse).

patelin, e *adj* & *s* zalamero, ra.

➤ **patelin** *m* **FAM** pueblo, pueblucho (village).

patelinage *m*; **patelinerie** *f* zalamería *f*.

pateliner [3] *v intr* hacer zalamerías.

◇ *v tr* tratar con zalamería.

patelinerie ➤ **patelinage**.

patelle *f* lapa (mollusque) ▌fuente (plat) ▌**ANAT** rótula, patela (rotule).

patène *f* **ECCLÉS** patena.

patenôtre *f* (vx) padrenuestro *m* (oraison dominicale) ▌**FAM** rezo *m* (prière).

➤ **patenôtres** *f pl* (vx) cuentas de rosario (grains de chapelet) ▌(vx) letanía *sing*, palabras sin sentido (paroles inintelligibles).

patent, e [patã, ãt] *adj* patente (évident) ▌**lettres patentes** letras patentes.

patentable *adj* sujeto a patente.

patentage *m* **TECHN** temple especial.

patente *f* patente ■ **MAR patente de santé, nette, suspecte** patente de sanidad, limpia, sucia.

patenté, e *adj* & *s* patentado, da ▌competente, titular (attitré) ▌**FIG** & **FAM** de marca mayor; absoluto, ta; total.

patenter [3] *v tr* patentar, conceder patente.

pater *m inv* padrenuestro (oraison).

◇ *m* diez, cuenta *f* gruesa del rosario (d'un chapelet).

patère *f* pátera (coupe ancienne) ▌alzapaño *m* (de rideau) ▌percha, colgador *m*, gancho *m* (pour chapeaux, vêtements).

paternalisme *m* paternalismo.

paternaliste *adj* paternalista.

paterne *adj* almibarado, da (doucereux).

paternel, elle *adj* paterno, na; **grand-père paternel** abuelo paterno ▌paternal; **autorité paternelle** autoridad paternal.

➤ **paternel** *m* **FAM** padre, viejo (père).

paternellement *adv* paternalmente.

paternité *f* paternidad ▌**recherche de paternité** investigación de la paternidad.

pâteux, euse *adj* pastoso, sa ▌**avoir la bouche ou la langue pâteuse** tener la lengua estropajosa *ou* pastosa.

pathétique *adj* patético, ca.

◇ *adj* & *s m* **ANAT** patético, ca.
◇ *m* el género patético.

pathétiquement *adv* patéticamente.

pathétisme *m* patetismo.

pathogène *adj* patógeno, na.

pathogénie *f* **MÉD** patogenia.

pathogénique *adj* patogénico, ca.

pathognomonique [patɔgnɔmɔnik] *adj* patognomónico, ca.

pathologie *f* patología.

pathologique *adj* patológico, ca.

pathologiquement *adv* en términos patológicos.

pathologiste *adj* & *s* patólogo, ga.

pathos [patos] *m* **FAM** énfasis *f*.

patibulaire *adj* patibulario, ria; **fourches patibulaires** horcas patibularias ▌**FIG** **mine ou air patibulaire** rostro patibulario.

patiemment [pasjamã] *adv* pacientemente, con paciencia.

patience [pasjãs] *f* paciencia ▌solitario *m* (jeu de cartes) ▌romanza (plante) ▌**MIL** tablilla con una ranura para limpiar varios botones del uniforme al mismo tiempo ■ **patience!** ¡paciencia! ■ **être à bout de patience** estar hasta la coronilla, habérsele agotado a uno la paciencia ▌**la patience vient à bout de tout** con paciencia todo se alcanza *ou* se gana el cielo ▌**mettre la patience à rude épreuve** probar la paciencia ‖ **perdre patience** perder la paciencia ‖ **prendre en patience** llevar con paciencia ‖ **prendre patience** tener paciencia ‖ **s'armer de patience** armarse de paciencia.

patient, e [pasjɑ̃, ɑ̃t] *adj* & *s* paciente.

patienter [3] [pasjɑ̃te] *v intr* tener paciencia, armarse de paciencia ‖ esperar (attendre).

patin *m* patín; **patins à roulettes** patines de ruedas; **patins à glace** patines de cuchilla ‖ solera *f* (rail) ‖ **AVIAT** patín ‖ **TECHN** zapata *f*, (d'un frein) ‖ zapata *f*, eslabón (de chenille) ‖ calzo (construction) ‖ suela *f* (semelle).

patinage *m* patinaje; **patinage à roulettes** patinaje sobre ruedas; **patinage artistique** patinaje artístico ‖ patinazo (de roues).

patine *f* pátina.

patiner [3] *v intr* patinar.
◇ *v tr* dar pátina.

patinette *f* patineta (trottinette).

patineur, euse *m* & *f* patinador, ra.

patinoire *f* patinadero *m*, pista de patinar.

patio [patjo] ou [pasjo] *m* patio.

pâtir [32] *v intr* padecer, sufrir ‖ resentirse, sufrir las consecuencias (supporter les conséquences) ‖ vivir pobremente ‖ **pâtir de** padecer.

patiras [patiʁa] *m* **FAM** cabeza *f* de turco.

pâtis [pati] *m* apacentadero, dehesa *f*.

pâtisser [3] *v intr* hacer pasteles.
◇ *v tr* amasar (la farine).

pâtisserie *f* pastelería, repostería (art et boutique) ‖ pastel *m*, dulce *m* (gâteau).

pâtissier, ère *m* & *f* pastelero, ra; repostero, ra ‖ **crème pâtissière** crema.

pâtisson *m* calabaza *f* bonetera (courge).

patoche *f* **FAM** manaza, mano grande (grosse main).

patois, e [patwa, az] *adj* dialectal, provincial; **chanson patoise** cantar dialectal.
➤ **patois** *m* habla *f* regional y popular, patois ‖ **FAM** jerga *f* (charabia).

patoisant, e *adj* referente a un habla regional.
◇ *m* & *f* persona que habla un lenguaje regional.

patoiser [3] *v intr* hablar un lenguaje regional.

pâton *m* pedazo de pasta.

patouillard [patujaʁ] *m* **MAR** & **FAM** carraca *f* (bateau).

patouiller [3] [patuje] *v intr* **FAM** chapotear.
◇ *v tr* manosear (tripoter).

patraque *f* **FAM** cacharro *m*, cascajo *m*, máquina que anda mal.
◇ *adj* **FAM** achacoso, sa; pachucho, cha.

Patras *n pr* **GÉOGR** Patrás.

pâtre *m* pastor [de ganado].

patriarcal, e *adj* patriarcal; **régimes patriarcaux** regímenes patriarcales.

patriarcat [patʁijaʁka] *m* patriarcado.

patriarche [patʁijaʁʃ] *m* patriarca.

patrice *m* patricio.

Patrice *n pr* Patricio.

patricial, e *adj* patricio, cia.

patriciat [patʁisja] *m* patriciado.

patricien, enne [patʁisjɛ̃, ɛn] *adj* & *s* patricio, cia.

Patrick *n pr* Patricio; **saint Patrick** san Patricio.

patrie *f* patria; **la mère patrie** la madre patria; **céleste patrie** patria celestial.

patrimoine *m* patrimonio, acervo; **patrimoine génétique, héréditaire** patrimonio genético, hereditario; **patrimoine culturel** acervo cultural.

patrimonial, e *adj* patrimonial; **biens patrimoniaux** bienes patrimoniales.

patriotard, e *adj* & *s* **FAM** patriotero, ra.

patriote *adj* & *s* patriota.

> **SYN** nationaliste nacionalista; patriotard patriotero; chauvin patriotero; cocardier patriotero.

patriotique *adj* patriótico, ca.

patriotiquement *adv* de manera patriótica.

patriotisme *m* patriotismo.

patristique *adj* & *s f* patrístico, ca.

Patrocle *n pr* **MYTH** Patroclo.

patrologie *f* patrología.

patron, onne *m* & *f* dueño, ña; amo, ma (chef) ‖ patrono, na (protecteur, saint).
➤ **patron** *m* patrono, empresario [(*Amér*) empleador] ‖ jefe (d'un bureau) ‖ patrón (modèle) ‖ **MAR** patrón.

patronage *m* patrocinio (protection) ‖ patronato (société) ‖ círculo recreativo juvenil (d'une paroisse, d'une école) ‖ **sous le patronage de** patrocinado por.

patronal, e *adj* patronal; **syndicats patronaux** sindicatos patronales ‖ empresarial; **des initiatives patronales** iniciativas empresariales.

patronat [patʁɔna] *m* empresariado, empresarios *pl*, patronato (p us).

patronner [3] *v tr* patrocinar ‖ **TECHN** calcar ou cortar sobre un patrón.

patronnesse *adj f* patrocinadora, protectora (de bienfaisance).

patronyme *m* patronímico, nombre patronímico.

patronymique *adj* patronímico, ca.

patrouille [patʁuj] *f* patrulla.

patrouiller [3] [patʁuje] *v intr* **MIL** patrullar ‖ **FAM** chapotear (patauger).

patrouilleur [patʁujœʁ] *m* patrullero (bateau) ‖ avión de reconocimiento (avion) ‖ soldado que patrulla.

patte *f* pata (des animaux) ‖ pabellón *m* (d'un instrument) ‖ grapa, clavo *m* (clou) ‖ garabato *m*, garfio *m* (crochet) ‖ presilla, trabilla (de pantalon) ‖ lengüeta, oreja (d'un portefeuille) ‖ cartera, golpe *m* (des poches) ‖ rabillo *m* (attache) ‖ garra; **pattes d'astrakan** garras de astracán ‖ **FAM** pata (jambe) ‖ mano (main) ‖ **FIG** & **FAM** mano (adresse); **avoir de la patte** tener buena mano ‖ **MAR** uña (de l'ancre) ‖ **MIL** charretera, hombrera (d'épaule) ‖ **MUS** pauta (de papier à musique) ■ **MÉCAN** **patte d'araignée** pata de araña, ranura de engrase ‖ **patte de derrière** pie ‖ **patte de devant** mano ‖ **patte de lièvre** difumino ‖ **pattes de lapin** patillas cortas ‖ **FAM** **pattes de mouche** patas de mosca, garabatos (écriture) ■ **FIG** & **FAM** **coup de patte** indirecta ■ **pantalon à pattes d'éléphant** pantalones de campana ■ **FAM** **à pattes** a pata, a patita ‖ **bas les pattes!** ¡manos quietas! ‖ **court sur pattes** paticorto ‖ **haut sur pattes** patilargo ■ **avoir un fil à la patte** estar cogido ‖ **donne la patte!** ¡da la mano! (chien) ‖ **FIG** **faire patte de velours** esconder las uñas, tratar con suavidad y dulzura ‖ **FAM** **graisser la patte** untar la mano, sobornar ‖ **marcher à quatre pattes** andar a gatas ‖ **montrer patte blanche** darse a conocer, demostrar que uno tiene carta blanca ‖ **ne remuer ni pied ni patte** no mover ni pie ni mano ‖ **FIG** **tomber entre** ou **sous les pattes de quelqu'un** caer en las garras de uno, caer en poder de uno.

patté, e *adj* **BLAS** paté.

patte-d'oie *f* encrucijada (carrefour) ‖ pata de gallo (rides) ‖ **MAR** pata de ganso; **en patte d'oie** a pata de ganso.

> **OBSERV** pl pattes-d'oie.

patte-fiche *f* **TECHN** clavo *m* de ala de mosca.

> **OBSERV** pl pattes-fiches.

pattemouille [patmuj] *f* sarga, almohadilla, trapo *m* mojado para planchar.

pattinsonage *m* procedimiento de Pattinson para separar la plata del plomo.

pattu, e *adj* patudo, da (qui a de grosses pattes) ‖ calzado, da; gabacho, cha (pigeon).

pâturable *adj* pacedero, ra.

pâturage *m* pasto, pasturaje, dehesa *f*; de gros pâturages pastos feraces ‖ pastoreo, pasto (action) ‖ **pâturage communal** pasto comunal, dula.

> **SYN** prairie pradera; pré prado; embouche dehesa, engordadero; pâtis apacentadero; parc aprisco; pâture dehesa; pacage pasturaje.

pâture *f* pasto *m*, pienso *m*, forraje *m* (fourrage) ‖ dehesa (pâturage) ‖ **FAM** pitanza, comida ‖ **FIG** pasto *m*, comidilla; **incident qui a servi de pâture aux journaux** incidente que ha sido la comidilla de los periódicos ‖ **droit de pâture** derecho de pasturaje ou de pastoreo ■ **vaine pâture** pasto en lugar inculto, pasto libre, dula ■ **FIG** **donner en pâture** entregar.

pâturer [3] *v intr* pacer, pastar, pastorear.

pâturin *m* poa *f* (plante graminée).

paturon *m* cuartilla *f* (des chevaux).

pauciflore *adj* paucífloro, ra; de pocas flores.

Paul *n pr* Pablo ‖ Paulo (pape).

Paule *n pr* Paula.

paulette *f* **HIST** impuesto *m* anual de la Hacienda y Justicia.

Paulette *n pr* Paulita.

paulicien *m* pauliciano.

paulien, enne *adj* **DR** revocatorio, ria.

Pauline *n pr* Paulina.

paulinien, enne *adj* paulino, na.

paulinisme *m* paulinismo.

pauliste *m* paulista.

paulownia [polɔnja] *m* **BOT** paulonia *f*.

paume *f* palma (de la main) ‖ pelota (jeu) ‖ frontón *m* [(*Amér*) cancha] (terrain) ‖ palmo *m* (mesure) ‖ **CONSTR** lengüeta.

paumé, e *adj* FAM perdido, da [desorientado].
◇ *m & f* colgado, da.

paumelle *f* rempujo *m* (gant de cuir) ∎ BOT ladilla ∎ TECHN pulidor *m* (pour polir) ∎ pernio *m* (penture).

paumer [3] *v tr* ARG (vx) golpear con la palma de la mano ∎ FAM perder.

paumier *m* pelotero, fabricante de pelotas ∎ dueño de un frontón.

paumoyer [13] [pomwaje] *v tr* tirar de un cable con las manos ∎ medir a palmos ∎ coser con rempujo.

paumure *f* candil *m* (d'un cerf).

paupérisation *f* pauperización, empobrecimiento *m* (appauvrissement).

paupérisme *m* pauperismo.

paupière *f* ANAT párpado *m* ∎ fard à paupières sombra de ojos ∎ FIG ouvrir, fermer les paupières abrir, cerrar los ojos.

paupiette *f* CULIN pulpeta; paupiettes de veau pulpetas ou rizos de ternera.

pause *f* pausa ∎ parada, detención, alto *m* (arrêt) ∎ MUS pausa, silencio *m* ∎ SPORTS descanso *m* (repos) ∎ MIL faire la pause descansar un rato.
∎ SYN station estancia; halte alto.

pause-café *f* pausa para el café.

pauser [3] *v intr* hacer una pausa, descansar.

pauvre *adj* pobre ∎ triste; un pauvre salaire un triste sueldo ∎ pauvre homme pobre hombre, infeliz ∎ mon pauvre ami! ¡hombre! ∎ FAM un pauvre type un desgraciado.
◇ *m* pobre ∎ pauvre d'esprit mentecato.

pauvrement *adv* pobremente (misérablement) ∎ insuficientemente (médiocrement).

pauvresse *f* pobre, mendiga (femme pauvre).

pauvret, ette *adj & s* pobrete; pobrecillo, lla.

pauvreté *f* pobreza; pauvreté n'est pas vice pobreza no es vileza.
∎ SYN besoin necesidad; gêne escasez; nécessité necesidad; dénuement indigencia, inopia; indigence indigencia; misère miseria; pénurie penuria; impécuniosité escasez, falta de dinero; paupérisme pauperismo; FAM débine, FAM dèche miseria, pobreza; FAM mouise necesidad, apuro; FAM panade miseria; FAM purée estrechez, miseria.

pavage [pava3]; **pavement** [pavmᾶ] *m* empedrado (de pierres) ∎ adoquinado (de pavés) ∎ pavimento (surface portante) ∎ empedramiento (action) ∎ pavage en bois entarugado.

pavane *f* pavana (danse).

pavaner [3]
◆ **se pavaner** *v pr* pavonearse.

pavé *m* adoquín (pierre taillée) ∎ tarugo (pavé de bois) ∎ empedrado, adoquinado, pavimento (sol pavé) ∎ calle *f*, arroyo (la rue) ∎ FIG & FAM golpe (coup) ∎ ladrillo (livre très épais) ∎ INFORM pavé numérique teclado ou bloque numérico ∎ FIG le pavé de l'ours elogio torpe ∎ battre le pavé callejear ∎ être sur le pavé estar en la calle (être à la rue), no tener colocación (être sans emploi) ∎ mettre sur le pavé poner a uno en la calle ou en el arroyo ∎ FIG tenir le haut du pavé estar en el candelero ou en primera fila.

pavée *f* BOT purpúrea.

pavement ▬ **pavage**.

paver [3] *v tr* solar, pavimentar (recouvrir); paver en mosaïque solar con ou de mosaico ∎ empedrar (empierrer) ∎ adoquinar (de pavés) ∎ entarugar (en bois) ∎ FIG cubrir, llenar de (remplir) ∎ l'enfer est pavé de bonnes intentions el infierno está lleno de buenas intenciones.

pavesan, anne *adj* paviano, na (de Pavie).

Pavesan, anne *m & f* paviano, na.

paveur *m* empedrador, solador.

pavie *m* pavía (pêche).

Pavie *n pr* GÉOGR Pavía.

pavillon [pavijɔ̃] *m* pabellón (drapeau) ∎ chalet (petit), hotelito (grand) ∎ pabellón (dans une exposition) ∎ pabellón, bocina *f* (tube acoustique) ∎ techo (d'une voiture) ∎ ANAT pabellón (oreille externe) ∎ ARCHIT pabellón ∎ ECCLÉS palia *f* (du tabernacle) ∎ MIL tienda *f* de campaña (tente) ∎ MAR pavillon de complaisance pabellón de conveniencia ∎ MAR amener pavillon arriar bandera, rendirse ∎ FIG & FAM baisser pavillon arriar pabellón, dar su brazo a torcer, ceder ∎ mettre le pavillon en berne poner la bandera a media asta.

pavillonnaire *adj* urbanizado, da ∎ zone pavillonnaire urbanización.

pavillonnerie *f* fábrica de banderas (atelier) ∎ cuarto *m* de banderas (magasin).

pavimenteux, euse *adj* pavimentoso, sa.

Pavlov [pavlɔf] *n pr* Pávlov; ils réagissent comme les chiens de Pavlov reaccionan como los perros de Pávlov.

pavois [pavwa] *m* MAR empavesada *f*, pavesada *f* ∎ pavés, escudo grande (bouclier) ∎ FIG élever sur le pavois poner por las nubes.

pavoisé, e *adj* empavesado, da.

pavoisement *m* MAR empavesado.

pavoiser [3] *v tr* empavesar (un bateau) ∎ engalanar, poner colgaduras en (un édifice).
◇ *v intr* poner colgaduras ∎ FIG & FAM echar las campanas al vuelo (manifester une grande joie) ∎ echar sangre por las narices (boxeur).

pavot [pavo] *m* adormidera *f* (plante).
∎ SYN coquelicot amapola; œillette adormidera; ponceau amapola.

payable [pɛjabl] *adj* pagadero, ra; pagable; payable en trente jours pagadero en treinta días ∎ payable à la livraison a pagar a la recepción.

payant, e [pɛjɑ̃, ɑ̃t] *adj* que paga (spectateur) ∎ de pago (que l'on paie) ∎ FAM rentable; provechoso, sa ∎ que compensa; des résultats payants resultados que compensan.
◆ **payant** *m* el que paga.

paye [pɛj] ▬ **paie**.

payé, e [pɛje] *adj* pagado, da; payé d'un sourire pagado con una sonrisa ∎ être payé de retour ser correspondido.

payement [pɛjmɑ̃] ▬ **paiement**.

payer [11] [pɛje] *v tr* [▷ SYN] pagar; payer un employé pagar a un empleado ∎ pagar, abonar; payer ses dettes abonar sus deudas ∎ recompensar; être payé de ses efforts encontrarse recompensado por sus esfuerzos ∎ payer à la livraison pagar a la ou contra entrega ∎ payer à vue pagar a la vista ∎ FIG

payer cher quelque chose sacrificarse por algo ∎ payer comptant pagar al contado ∎ payer de dar pruebas de, mostrar; payer d'audace dar pruebas de atrevimiento ∎ payer de retour corresponder ∎ payer de sa personne dar la cara, exponerse (s'exposer), darse por entero (se consacrer) ∎ payer de sa poche poner de su bolsillo ∎ payer de sa vie, de ses deniers pagar con su vida, con su dinero ∎ payer d'ingratitude ser ingrato ∎ payer en espèces pagar en metálico ou en efectivo ∎ payer les pots cassés pagar los vidrios rotos, pagar el pato ∎ payer quelqu'un avec la monnaie de sa pièce pagar con la misma moneda ∎ payer rubis sur l'ongle pagar a tocateja ∎ être payé de sa personne ser muy creído de sí mismo ∎ être payé pour le savoir tener la experiencia desgraciada de saberlo ∎ il me l'a fait payer 10 francs me cobró 10 francos ∎ il me le paiera me las pagará.
◇ *v intr* FAM rentar, ser productivo, va ∎ compensar, dar resultado; la générosité ne paie pas la generosidad no compensa ∎ cela ne paie pas de mine eso tiene mal aspecto.
◆ **se payer** *v pr* pagarse ∎ darse; je vais me payer une vie de roi me voy a dar una vida de rey ∎ obsequiarse, darse el gusto de, permitirse el capricho de ∎ cobrar, cobrarse (toucher); paie-toi ce que je te dois cóbrate lo que te debo ∎ se payer de contentarse con, arreglárselas con ∎ se payer de mots hablar mucho y hacer poco ∎ se payer la tête ou la figure de quelqu'un tomar el pelo a uno, pitorrearse de uno.
∎ SYN acquitter satisfacer; défrayer costear; financer financiar; régler satisfacer, pagar; rémunérer remunerar; solder saldar, liquidar; verser abonar; FAM casquer soltar la mosca, cascar; FAM cracher escupir.

payeur, euse [pɛjœr, øz] *adj & s* pagador, ra ∎ habilitado (des traitements, etc.) ∎ mauvais payeur cliente moroso.

pays [pei] *m* país; les pays européens los países europeos ∎ [▷ SYN] tierra *f*, terruño, patria *f* chica (terroir); provincial qui regrette son pays provinciano que echa de menos su tierra ∎ tierra *f* (contrée); Montreuil est le pays des pêches Montreuil es tierra de melocotones ∎ FAM paisano, na (du même village); c'est mon pays es paisano mío ∎ pays de cocagne tierra de Jauja ∎ de mon pays de mi tierra ∎ du pays de la región ∎ mal du pays nostalgia, morriña ∎ arriver de son pays, être bien de son pays acabar de llegar de su tierra, ser provinciano ∎ être en pays de connaissance estar entre amigos ∎ voir du pays ver mundo.
∎ SYN région región; contrée comarca; lieu lugar; climat clima; terroir terruño; parage paraje; FAM patelin pueblo.

paysage [peiza3] *m* paisaje ∎ paysage audiovisuel, politique panorama audiovisual, político ∎ FAM cela fait bien dans le paysage hace buen efecto, adorna.

paysager, ère *adj* que está destinado a producir un efecto de paisaje natural (jardin) ∎ abierto, ta (bureau).

paysagiste [peiza3ist] *adj & s* paisajista.

paysan, anne [peizᾶ, an] *adj & s* campesino, na.
∎ SYN campagnard campesino; rural rural; villageois aldeano, lugareño; cultivateur labrador; rustre palurdo, cateto; terrien hombre del campo; serf siervo; vilain villano; roturier ple-

beyo; manant palurdo; PÉJ (VX) croquant cateto; FAM & PÉJ cul-terreux destripaterrones; FAM & PÉJ pedzouille cateto.

paysannat [peizana] *m* los campesinos *pl*, la clase *f* de los campesinos, la clase *f* agraria [(Amér) campesinado].

paysannerie [peizanri] *f* naturaleza campesina ‖ gente campesina ‖ rusticidad (grossièreté) ‖ escenas *pl* de costumbres campesinas.

Pays-Bas [peiba] *n pr m pl* GÉOGR les Pays-Bas los Países Bajos, Holanda.

> OBSERV Le terme Países Bajos a un contenu historique pour l'Espagne. Il correspond aux territoires qui étaient sous la domination au siècle d'or et comprenaient la Hollande, la Belgique et une partie du nord de la France.

Pays basque *n pr m* GÉOGR le Pays basque el País Vasco ou Vascovia (région) ‖ le Pays basque las provincias vascongadas (provinces espagnoles).

Pays de la Loire *n pr m pl* GÉOGR Pays de la Loire; dans les Pays de la Loire en Pays de la Loire.

> PAYS DE LA LOIRE
> Esta región administrativa comprende los departamentos de Loire-Atlantique, Maine-et-Loire, Mayenne, Sarthe y Vendée. Capital: Nantes.

payse [peiz] *f* paisana (compatriote).

PC *m* (abr de Parti communiste) PC ‖ (abr de permis de construire) permiso de construcción ‖ (abr de personal computer) PC ‖ (abr de petite ceinture) línea de autobuses de circunvalación de París ‖ (abr de poste de commandement) PM ‖ (abr de prêt conventionné) préstamo concertado que en general favorece al deudor.

pcc (abr écrite de pour copie conforme) copia certificada.

pce (abr écrite de pièce) hab.

Pce (abr écrite de prince) príncipe.

Pcesse (abr écrite de princesse) princesa.

PCF (abr de parti communiste français) *m* PCF.

> PCF
> Surgido de la escisión del partido socialista en 1920 , y basado en los principios leninistas, el partido comunista francés desarrolló un papel determinante en la Resistencia durante la Segunda Guerra Mundial y más tarde en la creación del sistema de seguridad social. Su popularidad ha disminuido desde la desintegración de la URSS. Georges Marchais fue su secretario general de 1972 a 1994.

PCI (abr de Parti communiste italien) *m* PCI.

PCV (abr de à percevoir) *m* a cobro revertido ‖ appel en PCV llamada a cobro revertido.

P-DG; PDG (abr de Président-directeur général) *m* Director General [(Amér) Gerente General].

PEA (abr de plan d'épargne en actions) *m* PAA.

péage *m* peaje; pont à péage puente de peaje ‖ chaîne à péage canal de pago (télévision).

péager, ère *m & f* peajero, ra.

péan; pæan *m* peán (hymne).

peau [po] *f* [▷ SYN] piel (d'homme) ‖ cutis *m* (du visage) ‖ piel, pellejo *m* (d'animal) ‖ pellejo *m* (peau flasque) ‖ piel (d'un fruit) ‖ pellejo *m* (des raisins) ‖ monda, mondadura (des pommes

de terre) ‖ piel, cáscara (d'orange, de banane) ‖ FAM nata (du lait) ‖ FIG & FAM pellejo *m*, pelleja; défendre sa peau defender el pellejo ■ peau d'âne diploma, pergamino ‖ peau de chagrin piel de zapa ‖ peau de chamois gamuza ‖ peau d'Espagne piel de olor ‖ peau de tambour parche de tambor ■ gants de peau guantes de piel ‖ (injur) une vieille peau un vejestorio ■ FAM avoir la peau de quelqu'un cargarse a uno ‖ avoir le diable dans la peau ser de la piel del diablo ‖ avoir quelqu'un dans la peau tener a alguien en la masa de la sangre ‖ crever dans sa peau reventar de gordo (obèse), reventar de rabia (de dépit) ‖ entrer dans la peau de son personnage identificarse con el personaje (acteur) ‖ être bien, mal dans sa peau sentirse, no sentirse bien en su pellejo ‖ être dans la peau de quelqu'un estar en el pellejo de alguien ‖ faire bon marché de sa peau jugarse el pellejo ‖ faire peau neuve cambiar de vida (de vie), de conducta (de conduite), de traje (de vêtements) ‖ il mourra dans sa peau, il ne changera jamais de peau genio y figura hasta la sepultura ‖ il ne faut pas vendre la peau de l'ours avant de l'avoir tué eso es el cuento de la lechera ‖ je ne voudrais pas être dans sa peau no quisiera estar en su pellejo ‖ le loup mourra dans sa peau muda el lobo los dientes, mas no las mientes ‖ n'avoir que la peau et ou sur les os estar en los huesos, estar hecho un esqueleto ‖ ne pas tenir dans sa peau no llegarle a uno a la camisa al cuerpo (de peur), no caber en el pellejo (de joie, etc.) ‖ risquer sa peau jugarse el pellejo ‖ sauver sa peau salvar el pellejo ‖ se mettre dans la peau de quelqu'un ponerse en el lugar de alguien ‖ vendre cher sa peau vender cara su vida.

> SYN épiderme epidermis; derme dermis; tégument tegumento; cuir cuero.

peaucier *adj & s m* cutáneo (muscle).

peaufiner [3] *v tr* pasar con una gamuza (passer une peau de chamois).

peau-rouge *m* piel roja (indien).

> OBSERV pl peaux-rouges.

peausserie [posri] *f* pellejería.

peaussier *adj & s m* pellejero, zurrador.

pébrine *f* pebrina del gusano de seda (maladie des vers à soie).

pec [pɛk] *adj* recién salado (hareng).

pécari *m* pecarí, pécari, saíno (animal).

peccabilité *f* pecabilidad.

peccable *adj* pecable.

peccadille *f* pecadillo *m*, peccata minuta.

pechblende [pɛʃblɛ̃d] *f* pecblenda.

pêche *f* BOT melocotón *m* [(Amér) durazno] (fruit) ‖ pesca; la pêche du saumon la pesca del salmón; la pêche à la ligne la pesca con caña; pêche côtière, en haute mer pesca de bajura ou de litoral, de altura ‖ pêche au chalut pesca de arrastre ‖ pêche sous-marine pesca submarina ‖ port de pêche puerto pesquero ■ FAM avoir la pêche tener marcha.

péché *m* pecado; péché mortel, véniel, originel pecado mortal, venial, original ■ péché mignon flaco, debilidad, vicio favorito ■ à tout péché miséricorde toda falta merece perdón, no hay pecado sin remisión.

pécher [18] *v intr* pecar ■ pécher en paroles, par ignorance pecar de palabra, por ignorancia ‖ pécher par bêtise pecar de necio.

pêcher *m* melocotonero [(Amér) duraznero] (arbre).

pêcher [4] *v tr* pescar; pêcher à la ligne pescar con caña ‖ FIG & FAM pescar; où as-tu pêché cette nouvelle? ¿dónde has pescado esta noticia? ‖ pêcher en eau trouble pescar en río revuelto.

pêchère!; peuchère! *interj* ¡caramba!

pêcherie *f* pesquería, pesquera ‖ explotación de la pesca.

pêchette *f* cangrejera, red pequeña.

pêcheur, eresse *adj & s* pecador, ra.

pêcheur, euse *adj & s* pescador, ra; pêcheur à la ligne pescador de caña; pêcheur de perles pescador de perlas.

▷ *adj* pesquero, ra; bateau pêcheur barco pesquero.

pecnot ► péquenot.

pécoptéris [pekɔpteris] *m* pecopteris (fougère).

pécore *f* (p us) pécora, bestia ‖ FIG & FAM tonta, mema (stupide).

pecten [pɛkten] *m* ZOOL pectén.

pectine *f* CHIM pectina.

pectiné, e *adj* pectíneo, a (muscle).

pectique *adj* CHIM péctico, ca.

pectoral, e *adj* pectoral; pâte pectorale pasta pectoral.

► **pectoral** *m* pectoral ‖ racional, pectoral (des juifs).

pectoraux *m pl* pectorales.

pectose *m* CHIM pectosa *f*.

péculat [pekyla] *m* DR peculado.

pécule *m* peculio.

pécune *f* (vx) pecunia.

pécuniaire *adj* pecuniario, ria; peine pécuniaire pena pecuniaria.

pécuniairement *adv* pecunariamente.

pédagogie *f* pedagogía.

pédagogique *adj* pedagógico, ca.

pédagogiquement *adv* pedagógicamente.

pédagogue *m* pedagogo.

pédale *f* pedal *m*; les pédales d'une bicyclette los pedales de una bicicleta ‖ FIG & FAM ciclismo *m* (sports) ‖ TFAM (injur) marica *m* (homosexuel) ■ pédale de l'orgue contra ‖ FIG & FAM mettre la pédale douce poner la sordina ‖ perdre les pédales perder los estribos.

pédaler [3] *v intr* pedalear, dar a los pedales ‖ ir en bicicleta ‖ FAM correr.

pédaleur, euse *m & f* FAM ciclista.

pédalier *m* piñón mayor, plato [neologismo] (bicyclette) ‖ teclado, pedal (de l'orgue).

Pédalo® *m* hidropedal.

pédant, e *adj & s* pedante.

> SYN magister magíster; pédagogue pedagogo; savantasse sabihondo; pontife pontífice; cuistre pedante.

pédanterie *f*; **pédantisme** *m* pedantería *f*, pedantismo *m*.

pédantesque *adj* pedantesco, ca.

pédantiser [3] *v intr* pedantear, hacer el pedante.

pédantisme ▬ **pédanterie**.

pédé *m* VULG & PÉJ maricón, joto (*Amér*).

pédéraste *m* pederasta.

pédérastie *f* pederastia.

pédestre *adj* pedestre ‖ randonnée pédestre senderismo.

pédestrement *adv* pedestremente, andando.

pédiatre *m* pediatra, pedíatra (*médecin pour enfants*).

pédiatrie *f* pediatría.

pedibus [pedibys] *adv* FAM a pata.

pédicellaire *m* pedicelario.

pédicelle *m* pedunculillo, pedicelo.

pédicellé, e *adj* pedicelado, da; pedunculado, da.

pédiculaire *adj* pedicular (*des poux*).
◇ *f* algarabía, hierba piojera (*herbe aux poux*).

pédicule *m* ANAT pedúnculo ‖ BOT pedículo, pedúnculo.

pédiculé, e *adj* pedunculado, da.

pédiculose *f* MÉD pediculosis (phtiriase).

pédicure *m* & *f* pedicuro, ra; callista FAM.

pédieux, euse *adj* ANAT del pie.

pedigree [pedigre] *m* pedigree, pedigrí, carta *f* de origen, genealogía *f* de un animal de raza.

pédimane *adj* & *s* ZOOL pedimano, na.

pédologie; paidologie *f* pedología, paidología, estudio del niño.

pédologie *f* pedología, edafología (science du sol).

pédologue *m* pedólogo, paidólogo.

pédonculaire *adj* peduncular.

pédoncule *m* pedúnculo.

pédonculé, e *adj* pedunculado, da.

pédophile *adj* & *s* pedófilo, la.

pedzouille *m* FAM & PÉJ paleto, cateto.

peeling *m* peeling (cosmétique).

pégase *m* pegaso (poisson).

Pégase *n pr* MYTH Pegaso.

PEGC (abr de professeur d'enseignement général de collège) *m* profesor cualificado para enseñar una o dos asignaturas a alumnos de 11 a 15 años, en escuelas francesas secundarias.

pegmatite *f* MIN pegmatita.

pègre *f* hampa.

pehlvi *m* LING pelvi (perse).

peignage *m* peinado, cardadura *f* ‖ taller de cardadura (lieu).

peigne [pɛɲ] *m* peine ‖ peineta *f* (peigne haut) ‖ carda *f* (pour la laine) ‖ rastrillo (pour le lin et le chanvre) ‖ venera *f*, peine (mollusque) ‖ plantilla *f* (des décorateurs) ■ BOT peigne-de-Vénus quijones ‖ peigne fin peine espeso, lendrera ■ FAM sale comme un peigne más sucio que un palo de gallinero ■ FIG passer un quartier au peigne fin registrar un barrio a fondo ‖ se donner un coup de peigne pasarse el peine.

peigné *m* tejido peinado.

peignée *f* FAM paliza, zurra; flanquer une peignée dar una paliza ‖ cardada (textile).

peigner [4] *v tr* peinar ‖ TECHN cardar, peinar (textile) ‖ rastrillar (le lin, le chanvre).
➤ **se peigner** *v pr* peinarse.

peigneur, euse *adj* & *s* cardador, ra; rastrillador, ra; pelaire.
➤ **peigneuse** *f* carda (machine).

peignier *adj* & *s m* peinero, peinetero, fabricante ou vendedor de peines.

peignoir [pɛɲwar] *m* bata *f* (robe de chambre) ‖ peinador (pour se coiffer) ‖ albornoz (sortie de bain).

peignures *f pl* peinaduras.

peille *f* trapo *m* para hacer papel.

peinard, e [pɛnar, ard] *adj* FAM pancho, cha ‖ on est peinard ici se está la mar de bien aquí.

peinardement *adv* MFAM pancho.

peindre [81] *v tr* pintar; peindre en rouge pintar de rojo; peindre à fresque, à la brosse, à l'huile, en détrempe pintar al fresco, a la brocha, al óleo, al temple ‖ FIG pintar, describir (décrire).
⎸ SYN brosser bosquejar; décrire describir; dépeindre describir, pintar; FAM barbouiller pintarrajear; peinturlurer pintarrajear; portraiturer retratar.

peine *f* [▷ SYN] pena; peine capitale, afflictive, de mort, infamante pena capital, aflictiva, de muerte, infamante ‖ trabajo *m*, esfuerzo *m* (travail) ‖ pesar *m* (chagrin) ‖ dificultad; avoir de la peine à marcher tener dificultad para andar ■ à grand-peine a duras penas ‖ à peine apenas ‖ avec peine difícilmente, con pena ‖ comme une âme en peine como un alma en pena ‖ homme de peine peón, azacán, mozo ‖ pour la peine en premio ‖ sous peine de so pena de, bajo pena de ■ à chaque jour suffit sa peine cada día trae su afán ‖ ce n'est pas la peine de no merece ou no vale la pena ‖ donnez-vous la peine de vous asseoir tome asiento por favor ‖ est-ce bien la peine de...? ¿de qué sirve...? ‖ être dans la peine estar afligido ‖ être ou se mettre en peine de inquietarse por, preocuparse por ‖ faire de la peine dar pena ‖ faire peine dar lástima, dar pena ‖ j'ai peine à le dire me cuesta trabajo decirlo ‖ mourir à la peine morir trabajando ‖ on n'a rien sans peine no hay atajo sin trabajo ‖ perdre sa peine perder el tiempo ‖ se donner de la peine hacer grandes esfuerzos ‖ se donner ou prendre la peine de tomarse el trabajo ou la molestia de ‖ valoir la peine merecer ou valer la pena.
⎸ SYN mal daño, mal; douleur dolor; crève-cœur desconsuelo; souffrance sufrimiento, padecimiento; amertume amargura; tourment tormento; affliction aflicción, cuita; désolation desolación; tribulation tribulación; croix cruz.

LA PEINE DE MORT ─────────
La pena de muerte fue abolida en Francia en 1981.

peiné, e [pene] *adj* apenado, da; pesaroso, sa.

peiner [4] [pene] *v tr* afligir, apenar ‖ (vx) cansar, dar que hacer, fatigar.
◇ *v intr* penar, padecer, sufrir ‖ tener dificultad ou trabajo; peiner pour faire un travail tener dificultad para hacer un trabajo.

➤ **se peiner** *v pr* (vx) cansarse, darse mucho trabajo.

peint, e [pɛ̃, pɛ̃t] *adj* pintado, da.

peintre *m* pintor ■ peintre en bâtiment pintor de brocha gorda ■ artiste peintre pintor de cuadros ‖ femme peintre pintora.
⎸ SYN FAM barbouilleur pintamonas, mamarrachista; badigeonneur pintor de brocha gorda; rapin pintorzuelo, pintor bohemio.

peintre-graveur *m* grabador.
⎸ OBSERV *pl* peintres-graveurs.

peinture *f* pintura; peinture à l'huile pintura al óleo ■ peinture à la détrempe pintura al temple ‖ peinture à l'eau acuarela ‖ « peinture fraîche » "recién pintado" ‖ peinture mate, brillante pintura mate, brillante ■ FIG en peinture en apariencia ‖ FIG & FAM ne pas pouvoir voir quelqu'un en peinture no poder ver a alguien ni en pintura ou ni pintado.

peinturer [3] *v tr* pintar.
⎸ OBSERV Peinturer es pintar de brocha gorda y peindre pintar como artista.

peinturlurer [3] *v tr* & *intr* FAM pintarrajear, pintorrear.

péjoratif, ive *adj* despectivo, va; peyorativo, va.

péjorativement *adv* despectivamente, peyorativamente.

pékan *m* pecán, marta *f* del Canadá.

pékin *m* pequín (tissu) ‖ FAM paisano, el que no es militar.

Pékin *n pr* GÉOGR Pekín, Pequín.

pékinois, e *adj* pekinés, esa; pequinés, esa.
➤ **pékinois** *m* pekinés, pequinés (chien) ‖ LING pekinés, pequinés.

Pékinois, e *m* & *f* pekinés, esa; pequinés, esa.

PEL (abr de plan d'épargne logement) *m* plan francés de ahorro para la adquisición de una vivienda.

pelade *f* MÉD peladera, alopecia.

pelage *m* pelaje (les poils) ‖ peladura *f*, pelado (action).

Pélage *n pr* Pelayo.

pélagianisme *m* pelagianismo (hérésie).

Pélagie *n pr* Pelagia.

pélagien, enne *adj* & *s* pelagiano, na.

pélagique *adj* pelágico, ca (de la haute mer); faune pélagique fauna pelágica.

pelain *m* pelambre (bain de chaux).

pélamide; pélamyde *f* pelámide (poisson).

pelaner [3] *v tr* pelambrar.

pelard *adj m* bois pelard madera descortezada.

pélargonium [pelargɔnjɔm] *m* pelargonio (fleur).

pelasge *adj* & *s* HIST pelasgo, ga.

pélasgien, enne; pélasgique *adj* pelásgico, ca (relatif aux Pélasges).

pelé, e *adj* pelado, da ‖ pelado, da; mondado, da (pommes de terre, etc.).
◇ *m* & *f* pelón, ona; calvo, va (chauve) ‖ FIG & FAM quatre pelés et un tondu cuatro pelados, cuatro gatos.

Pelée *n pr* GÉOGR la montagne Pelée la montaña Pelada.

péléen, enne *adj* peleano, na.

pêle-mêle *adv* confusamente, en desorden, en barullo.
◇ *m inv* revoltijo, desorden, mescolanza *f*, batiborrillo (mélange) | marco para varias fotografías (cadre).

peler [25] *v tr* pelar, apelambrar, quitar el pelo (ôter le poil) | pelar, mondar, quitar la piel (fruits, légumes) | descortezar (un arbre).
◇ *v intr* mudar la piel.

pèlerin, e [pɛlrɛ̃, in] *m & f* peregrino, na | (vx) viajero, ra; viajante (voyageur).
➡ **pèlerin** *m* halcón (faucon) | langosta *f* (criquet) | tiburón (requin).

pèlerinage [pɛlrinaʒ] *m* peregrinación *f*; pèlerinage à Saint-Jacques-de-Compostelle peregrinación a Santiago de Compostela | romería *f*; aller en pèlerinage à un ermitage ir de romería a una ermita | lugar de peregrinación (lieu).

pèlerine *f* esclavina (vêtement).

pélican *m* ZOOL pelícano, alcatraz (d'Amérique) | pelícano (outil de dentiste).

pelisse *f* pelliza | MIL pelliza, dormán *m*.

pellagre *f* MÉD pelagra.

pellagreux, euse *adj & s* pelagroso, sa.

pelle *f* [▷ SYN] pala | pala, hoja (d'aviron) | paleta (à gâteaux) | recogedor *m* (à balayures) ■ **pelle mécanique** pala mecánica ou cargadora, excavadora ■ FAM à la pelle a patadas, en abundancia, a espuertas, a porrillo, a punta de pala | FAM ramasser une pelle coger una liebre, caerse (tomber), fracasar (échouer) | FIG & FAM remuer l'argent à la pelle apalear el dinero.
|| SYN bêche laya; houe azada.

pelle-bêche *f* pala de zapador.
|| OBSERV pl pelles-bêches.

pelle-pioche *f* MIL zapapico *m*.
|| OBSERV pl pelles-pioches.

pellet [pɛlɛ] *m* tableta *f* destinada a ser introducida bajo la piel.

pelletage *m* TECHN apaleo, paleo.

pelletée *f* palada, paletada, pala | FIG multitud, carretada (grande quantité).

pelleter [27] *v tr* apalear; pelleter des grains apalear los granos | palear, remover con la pala.

pelleterie [pɛltri] *f* peletería.

pelleteur *m* paleador, obrero que trabaja con la pala.

pelleteur, euse [pɛltœr, øz] *m & f* pelleteuse chargeuse pala cargadora.
➡ **pelleteuse** *f* TECHN excavadora, pala, cargadora.

pelletier, ère *adj & s* peletero, ra.

pelliculage *m* PHOT peliculado.

pelliculaire *adj* pelicular.

pellicule *f* pellejo *m* (du raisin) | caspa (du cuir chevelu) | PHOT película, carrete *m*.

pelliculeux, euse *adj* peliculoso, sa | casposo, sa (cheveu).

pellucide *adj* translúcido, da.

pélobate *m* especie *f* de sapo (crapaud).

pélodyte *m* especie *f* de sapo pequeño.

Péloponnèse *n pr m* GÉOGR le Péloponnèse el Peloponeso.

péloponnésien, enne *adj & s* peloponesio, sia.

pelotage [plɔtaʒ] *m* ovillado (laine) | devanado (fil) | FAM sobo, manoseo, magreo.

pelotari *m* pelotari (joueur de pelote basque).

pelote [plɔt] *f* pelota, bola (boule) | SPORTS pelota; pelote basque pelota vasca | ovillo *m*, madeja (de laine, de fil) | acerico *m*, almohadilla (pour piquer les épingles) | estrella (tache blanche sur le front des chevaux) ■ **avoir les nerfs en pelote** tener los nervios de punta | FIG & FAM faire sa pelote hacer su agosto, ahorrar.

peloter [3] [plɔte] *v tr* ovillar (laine) | enrollar (ficelle) | pescar con cebo (pêche) | FAM sobar, manosear, magrear (caresser) | (vielli) FIG dar coba, hacer la pelotilla (aduler).

peloteur, euse [plɔtœr, øz] *adj & s* devanador, ra | FAM sobón, ona (qui caresse) | (vx) cobista; pelotillero, ra (flatteur).
➡ **peloteuse** *f* devanadera (machine).

peloton [plɔtɔ̃] *m* pelotón (groupe) | ovillo pequeño, ovillejo (petite pelote) | (vx) acerico | MIL pelotón; peloton d'exécution pelotón de ejecución.

pelotonnement *m* ovillado, devanado (laines, fil) | apelotonamiento, acurrucamiento.

pelotonner [3] *v tr* ovillar, devanar, hacer ovillos (faire des pelotes).
➡ **se pelotonner** *v pr* ovillarse, hacerse un ovillo | FIG acurrucarse, arrebujarse, apelotonarse (se blottir).

pelouse *f* césped *m* | cuadro *m* de césped en un jardín | entrada (d'un champ de course).

peltaste *m* peltasta.

pelte *f* pelta, adarga (bouclier).

pelté, e *adj* BOT peltado, da (feuille).

peluche *f* felpa (étoffe) | pelusa | animal en peluche muñeco de peluche.

peluché, e *adj* afelpado, da; felpudo, da.

pelucher [3] *v intr* soltar pelusa, deshilacharse (les étoffes).

pelucheux, euse *adj* que se deshilacha.

pelure *f* piel (des fruits) | mondadura, monda (d'orange, de pomme de terre) | pellejo *m* (de raisin) | tintillo (vin) | FAM gabán *m*, abrigo *m* ■ **pelure d'oignon** binza, tela de cebolla (pellicule) ■ **papier pelure** papel cebolla.

pélusiaque *adj* de Pelusio.

pelvien, enne *adj* ANAT pelviano, na; de la pelvis.

pelvis [pɛlvis] *m* ANAT pelvis *f*.
|| OBSERV En francés la palabra usual es bassin.

pemmican *m* carne *f* seca.

pemphigus [pɑ̃figys] *m* MÉD pénfigo.

pénal, e *adj* penal; codes pénaux códigos penales.

pénalement *adv* criminalmente, en lo penal; être pénalement responsable ser criminalmente responsable.

pénalisation *f* SPORTS castigo *m*, falta, penalidad | multa (bridge).

pénaliser [3] *v tr* señalar una falta, infligir un castigo (sports).

pénalité *f* penalidad.

penalty [penalti] *m* penalty, castigo máximo (football).
|| OBSERV pl penaltys.

pénates [penat] *m pl* penates | FAM regagner ses pénates volver a casa.

penaud, e [pəno, od] *adj* corrido, da; confuso, sa; avergonzado, da.

penchant *m* [▷ SYN] (vx) inclinación *f*, pendiente *f* (pente) | FIG inclinación *f*, propensión *f*; avoir un penchant pour la musique tener inclinación hacia la música.
| SYN pente pendiente, cuesta; déclivité declive; inclinaison inclinación; tendance tendencia, propensión; faible debilidad, predilección; disposition disposición; aptitude aptitud; goût afición; propension propensión; vocation vocación; inclination inclinación.

penché, e *adj* inclinado, da; la tour penchée de Pise la torre inclinada de Pisa; penché en avant inclinado hacia adelante | FAM airs penchés ademanes afectados.

pencher [3] *v tr* inclinar.
◇ *v intr* inclinarse, ladearse, estar ladeado | FIG propender a, ser propenso a, inclinarse a (être porté à) | estar en declive (terrain) | correr; État qui penche vers sa ruine Estado que corre a la ruina ■ **pencher pour** inclinarse a ■ **faire pencher la balance** inclinar el fiel de la balanza.
➡ **se pencher** *v pr* inclinarse ■ **se pencher au dehors** asomarse | se pencher sur estudiar, examinar.

pendable *adj* que merece la horca | condenable, digno de castigo | tour pendable mala pasada, jugarreta, fechoría, barrabasada.

pendage *m* GÉOL buzamiento (d'un filon).

pendaison *f* horca; mériter la pendaison merecer la horca | acción de colgar | pendaison de crémaillère inauguración (con festejo) de una casa.

pendant *prép* durante; pendant une semaine durante una semana | pendant ce temps-là mientras tanto, entretanto, durante ese tiempo | pendant que mientras, mientras que.
| SYN durant durante, mientras; tandis que mientras que.

pendant, e *adj* colgante, que cuelga, pendiente | FIG pendiente, por resolver (affaire) | fruits pendants par branches et par racines cosechas sin hacer.
➡ **pendant** *m* pareja *f*; compañero, ra (objet semblable) | FIG semejante, igual (semblable); l'un est le pendant de l'autre el uno es el igual del otro | MIL tirante (de l'épée) ■ **pendants d'oreilles** pendientes, zarcillos ■ **faire pendant** hacer juego ou pareja.

pendard, e *m & f* FAM granuja; pillo, lla.

pendeloque *f* almendra, colgante *m* (d'un lustre) | colgante *m* (de boucle d'oreilles) | dije *m* (breloque).

pendentif *m* ARCHIT pechina *f* | colgante, dije, "pendentif" (bijou).

penderie *f* guardarropa *m*, ropero *m*.

pendiller [3] [pɑ̃dije] *v intr* balancearse, colgar.

pendillon [pɑ̃dijɔ̃] *m* horquilla *f* (de pendule) | dije (breloque).

Pendjab [pɛndʒab] *n pr m* GÉOGR (le) Pendjab Panjāb ou Pendjab ou Punjab.

pendjabi [pɛndʒabi] *m* punjabí.

pendoir *m* colgadero (crochet).

pendouiller [3] [pãduje] *v intr* FAM balancearse (pendre mollement) ‖ colgar ridículamente.

pendre [73] *v tr* colgar, suspender; pendre un jambon colgar un jamón ‖ ahorcar, colgar (un criminel).
◇ *v intr* colgar, estar colgado, pender; pendre à colgar de ‖ colgar; une robe qui pend d'un côté un vestido que cuelga de un lado ■ FAM cela lui pend au nez eso le amenaza ‖ dire pis que pendre de quelqu'un desollar vivo a alguien, echar pestes de alguien ‖ FIG être pendu à estar pendiente de ‖ il est bon à pendre merece la horca ‖ FAM va te faire pendre! ¡que te parta un rayo!
➠ **se pendre** *v pr* colgarse; se pendre à une branche colgarse de una rama ‖ ahorcarse (se donner la mort).

pendu, e *adj* colgado, da; suspendido, da (suspendu) ‖ ahorcado, da (par pendaison) ■ FAM avoir la langue bien pendue tener la lengua muy suelta, no tener pelos en la lengua ‖ je veux bien être pendu si que me ahorquen si.
➠ **pendu** *m* ahorcado ■ veine de pendu suerte loca, potra ■ il ne faut pas parler de corde dans la maison d'un pendu no hay que mentar la soga en casa del ahorcado.

pendulaire *adj* pendular (mouvement).

pendule *m* péndulo, péndola *f* ‖ pendule compensateur péndola compensadora.
◇ *f* reloj *m* [de pared, de chimenea].

pendulette *f* reloj *m* pequeño.

pêne *m* pestillo (d'une serrure) ‖ pêne dormant pestillo de golpe.

Pénélope *n pr* MYTH Penélope.

pénéplaine *f* GÉOGR penillanura.

pénétrabilité *f* penetrabilidad.

pénétrable *adj* penetrable.

pénétrant, e *adj* penetrante.

pénétration *f* penetración.

pénétré, e *adj* penetrado, da ‖ convencido, da; d'un ton pénétré con tono convencido ‖ lleno, na; pénétré de repentir lleno de arrepentimiento ‖ être pénétré de soi-même, de son importance ser pagado de sí mismo.

pénétrer [18] *v tr & intr* penetrar ‖ FIG calar, penetrar, entrar; pénétrer à fond dans l'âme humaine calar hondamente en el alma humana.
➠ **se pénétrer** *v pr* convencerse; se pénétrer d'une vérité convencerse de una verdad.

pénible *adj* penoso, sa; ‖ FAM pesado, da (ennuyeux).

péniblement *adv* a duras penas.

péniche *f* MAR gabarra, chalana (bateau) ‖ péniche de débarquement barcaza de desembarco.

pénicillé, e *adj* en forma de pincel.

pénicilline *f* MÉD penicilina.

pénicillium [penisiljɔm] *m* penicillium (moisissure).

pénil [penil] *m* ANAT pubis.

péninsulaire *adj* peninsular.

péninsule *f* península; la péninsule Ibérique la península Ibérica.

pénis [penis] *m* ANAT pene.

pénitence *f* penitencia; en ou pour pénitence como penitencia ‖ castigo *m* (punition) ■ faire pénitence hacer penitencia ‖ mettre en pénitence castigar.

pénitencerie *f* penitenciaría ‖ la Sacrée Pénitencerie la Penitenciaría (tribunal, à Rome).

pénitencier *m* penitenciario (prêtre) ‖ penitenciaría *f*, penal.

pénitent, e *adj & s* penitente.

pénitentiaire [penitãsjɛr] *adj* penitenciario, ria.

pénitentiaux [penitãsjo] *adj m pl* penitenciales (psaumes).

pénitentiel [penitãsjɛl] *m* penitencial.

pennage *m* plumaje.

penne *f* pena, pluma grande (plume) ‖ barbas *pl*, plumas *pl* (d'une flèche) ‖ pezuelo (d'une étoffe) ‖ MAR pena, penol *m* (d'antenne).

penné, e *adj* pinado, da (feuille).

penniforme *adj* peniforme, en forma de pluma.

Pennines *n pr f pl* GÉOGR les Pennines los Peninos.

pennon *m* pendón.

Pennsylvanie *n pr f* GÉOGR la Pennsylvanie Pennsylvania, Pensilvania.

pennsylvanien, enne *adj* pensilvano, na.

Pennsylvanien, enne *m & f* pensilvano, na.

penny [peni] *m* penique.
‖ OBSERV pl pence (monnaie) ou pennies (pièces).

pénombre *f* penumbra.

penon *m* MAR cataviento.

pensable *adj* concebible ‖ ce n'est pas pensable ¡será posible!
‖ OBSERV Se emplea sobre todo en forma negativa.

pensant, e *adj* pensante, que piensa ■ homme bien pensant hombre de bien ‖ journal bien pensant periódico tradicionalista.

pense-bête *m* recordatorio.
‖ OBSERV pl pense-bêtes.

pensée *f* [▷ SYN] pensamiento *m* ‖ parecer *m* (opinion) ‖ idea; la pensée de la mort la idea de la muerte ‖ recuerdo *m* (souvenir) ‖ BOT pensamiento *m*, trinitaria (fleur) ■ arrière-pensée segunda intención, reserva mental ‖ libre pensée libre pensamiento ■ en pensée en el pensamiento ou la mente ‖ il me vient à la pensée me viene a las mentes, se me ocurre ‖ se représenter quelque chose par la pensée formarse una idea de algo, imaginarse algo.
‖ SYN imagination imaginación; sentence sentencia; maxime máxima; aphorisme aforismo; axiome axioma; apophtegme apotegma; devise divisa; adage adagio; proverbe proverbio; dicton refrán, dicho; dit dicho; réflexion reflexión; remarque, observation observación; considération consideración.

penser [3] *v intr & tr* pensar, creer; je pense que creo que ■ penser à pensar en; penser à tout pensar en todo ‖ penser à mal tener malas intenciones ■ au moment où l'on y

pense le moins cuando menos se piensa ‖ donner ou laisser à penser dar que pensar ‖ je n'en pense pas moins creo que se queda usted corto ‖ je ne pense pas no creo ‖ je pense, donc je suis pienso, luego existo ‖ liberté de penser libertad de pensamiento ‖ n'y pensons plus olvidemos eso ‖ penses-tu! ¡ni hablar!, ¡que te crees tú eso!, ¡qué va! ‖ qu'en pensez-vous? ¿qué le parece?, ¿qué opina? ‖ tout bien pensé pensándolo bien, mirándolo bien ‖ tu n'y penses pas! ¡ni lo sueñes!
‖ SYN rêver soñar; rêvasser soñar vagamente, desvariar; songer pensar; réfléchir reflexionar, discurrir; méditer meditar, cavilar; spéculer especular; se recueillir recogerse, ensimismarse; délibérer deliberar; FAM ruminer rumiar; cogiter cavilar.

penser *m* POÉT pensamiento.

penseur, euse *m & f* pensador, ra ‖ librepenseur librepensador.

pensif, ive *adj* pensativo, va.

pension *f* [▷ SYN] pensión ‖ pensionado *m*, colegio *m* de internos, internado *m* (maison d'éducation) ‖ pensión pasiva (de l'État) ■ pension complète pensión completa ‖ pension de famille casa de huéspedes ‖ pension de guerre, d'invalidité pensión de guerra, pensión de ou prestación por invalidez ‖ pension de retraite, alimentaire pensión de retiro, alimenticia ‖ pension viagère pensión vitalicia ■ élève en demi-pension alumno mediopensionista ■ être en pension estar interno en un colegio ‖ mettre en pension meter en internado ‖ prendre pension hospedarse ‖ prendre quelqu'un en pension hospedar.
‖ SYN pensionnat colegio de internos; internat internado; institution institución.

pensionnaire *m & f* huésped, da (hôte); pensionista; interno, na (dans un collège) ‖ pensionado, da; pensionista (qui reçoit une pension) ‖ actor fijo y a sueldo del Teatro Francés (Comédie-Française) ■ demi-pensionnaire medio pensionista (dans un lycée).

pensionnat *m* internado, colegio de internos, pensionado.

pensionné, e *adj & s* pensionado, da ‖ les pensionnés de l'État las clases pasivas.

pensionner [3] *v tr* pensionar.

pensivement *adv* pensativamente.

pensum [pɛsɔm] *m* pensum, castigo.
‖ OBSERV pl pensums.

pentacle *m* estrella *f* de cinco puntas, pentáculo.

pentacorde [pɛtakɔrd] *m* MUS pentacordio.

pentadactyle [pɛtadaktil] *adj* pentadáctilo, la; de cinco dedos.

pentadécagone [pɛtadekagɔn] *m* GÉOM pentadecágono.

pentaèdre [pɛtaɛdr] *m* GÉOM pentaedro.
◇ *adj* pentaédrico, ca.

pentagonal, e [pɛtagɔnal] *adj* pentagonal; prismes pentagonaux prismas pentagonales.

pentagone [pɛtagɔn] *m* pentágono.
◇ *adj* (vx) pentagonal, pentágono, na.

Pentagone [pɛtagɔn] *n pr m* le Pentagone el Pentágono.

pentamère [pɛ̃tamɛr] *adj* & *s m* pentámero, ra (insecte).

pentamètre [pɛ̃tamɛtr] *m* POÉT pentámetro.

pentane [pɛ̃tan] *m* CHIM pentano.

pentapétale [pɛ̃tapetal] *adj* pentapétalo, la; pentepétalo, la.

Pentapole [pɛ̃tapɔl] *n pr f* HIST la Pentapole la Pentápolis.

pentarchie [pɛ̃tarʃi] *f* pentarquía.

Pentateuque [pɛ̃tatøk] *n pr m* Pentateuco.

pentathlon [pɛ̃tatlɔ̃] *m* pentatlón (épreuve athlétique).

pentatome [pɛ̃tatɔm] *m* pentatoma (punaise).

pentatonique [pɛ̃tatɔnik] *adj* MUS pentatónico, ca.

pente [pɑ̃t] *f* pendiente, cuesta; **pente douce, raide** pendiente suave, pronunciada ou empinada ‖ inclinación, declive *m* (inclination) ‖ FIG inclinación, propensión (penchant) ■ **à deux pentes** de dos aguas (toiture) ‖ **en pente** inclinado, da; en pendiente ■ FAM **avoir le gosier ou la dalle en pente** beber como una cuba ‖ **être sur la mauvaise pente** andar por mal camino.

Pentecôte *n pr f* Pentecostés *m*; **à la Pentecôte** por Pentecostés ‖ **lundi de Pentecôte** lunes de Pentecostés.

pentélique *adj* pentélico, ca.

Penthésilée [pɛ̃tezile] *n pr* MYTH Pentesilea.

penthiobarbital [pɛ̃tjobarbital]; **pentothal** [pɛ̃tɔtal] *m* pentotal (barbiturique).

pentode; penthode [pɛ̃tɔd] *f* pentodo *m*.

pentose *f* CHIM pentosa.

pentothal ➤ **penthiobarbital**.

pentu, e *adj* en pendiente, inclinado, da.

penture [pɑ̃tyr] *f* pernio *m* (d'un gond) ‖ MAR herrajes *m pl* del timón (du gouvernail).

pénultième *adj* & *s f* penúltimo, ma.
‖ OBSERV Penúltimo es plus courant en espagnol que penúltième en français.

pénurie *f* penuria, escasez; **pénurie de main-d'œuvre** escasez de mano de obra.

péotte *f* góndola ligera del Adriático.

PEP; Pep (abr de plan d'épargne populaire) *m* plan francés de ahorro popular.

pépé *m* FAM abuelito (grand-père), papá grande (*Amér*) ‖ PÉJ abuelo (homme âgé).

pépée *f* FAM gachí.

pépère *m* FAM abuelito (grand-père) ‖ abuelo (homme d'un certain âge).
◇ *adj* FAM tranquilo, la; comodón, ona; **une vie pépère** una vida tranquila ‖ macanudo, da (formidable).

pépettes *f pl* FAM (vieilli) monises *m pl*, perras.

pépie *f* moquillo *m*, pepita (des oiseaux) ‖ FIG & FAM **avoir la pépie** tener mucha sed, estar seco.

pépiement [pepimɑ̃] *m* pío, piar (des oiseaux).

pépier [9] *v intr* piar (oiseaux).

pépin *m* pipa *f*, pepita *f* (des fruits) ‖ FAM paraguas (parapluie) ‖ FAM engorro, lío (difficulté).
‖ OBSERV Le mot espagnol pepino signifie concombre.

Pépin *n pr* Pipino.

pépinière *f* vivero *m*, semillero *m*, almáciga, plantario *m* (d'arbres) ‖ FIG cantera, vivero *m*; **c'est une pépinière d'artistes** es una cantera de artistas.

pépiniériste *adj* & *s* arbolista, encargado de un vivero.
‖ SYN arboriculteur arboricultor; sylviculteur silvicultor.

pépite *f* pepita (de métal).

péplum [peplɔm]; **péplos** [peplɔs] *m* peplo.
‖ OBSERV pl péplums.

pépon *m*; **péponide** *f* BOT pepónide *f*.

peppermint *m* pipermín, licor de menta.

PEPS (abr de premier entré, premier sorti) primero en entrar, primero en salir.

pepsine *f* CHIM pepsina.

peptidique *adj* CHIM peptídico, ca.

peptique *adj* péptico, ca.

peptone *f* CHIM peptona.

péquenot; pecnot; péquenaud, e [pɛkno, od] *m* & *f* FAM & PÉJ palurdo, da; cateto, ta; paleto.

péquin *m* FAM paisano, el que no es militar.

PER (abr de plan d'épargne retraite) *m* plan francés de ahorro para la jubilación.

perborate *m* CHIM perborato.

perçage *m* agujereamiento, taladro, perforación *f*, horadación *f*.

percale *f* percal *m* (tissu).

percaline *f* percalina (tissu).

perçant, e *adj* horadante; puntiagudo, da (outil) ‖ FIG agudo, da (vue, douleur, voix) ‖ perspicaz, penetrante (esprit).

perce *f* taladro *m* (outil) ‖ agujero *m* (trou) ■ **en perce** abierto (tonneau) ‖ **mettre en perce** abrir (tonneau).

perce-bois *m inv* carcoma *f*.

percée *f* abertura, boquete *m* (ouverture) ‖ paso *m* (dans une forêt) ‖ claro *m* (en peinture) ‖ ARCHIT luz, vano *m* (porte, fenêtre) ‖ MIL brecha, ruptura, penetración ■ **faire une percée** abrirse paso ‖ **ouvrir une percée** abrir una calle.

percement *m* abertura *f*, perforación *f* ‖ apertura *f* (d'une rue).

perce-muraille *f* BOT parietaria.
‖ OBSERV pl perce-murailles.

perce-neige *f inv* narciso *m* de las nieves (fleur).

perce-oreille [pɛrsɔrɛj] *m* tijereta *f*, cortapicos (forficule).
‖ OBSERV pl perce-oreilles.

perce-pierre *f* hinojo *m* marino.
‖ OBSERV pl perce-pierres.

percepteur, trice *adj* perceptor, ra.
➤ **percepteur** *m* recaudador de contribuciones (d'impôts).

perceptibilité *f* perceptibilidad.

perceptible *adj* perceptible.

perceptiblement [pɛrsɛptiblǝmɑ̃] *adv* perceptiblemente.

perceptif, ive *adj* PHILOS perceptivo, va.

perception *f* [▷ SYN] percepción (sens) ‖ recaudación (d'impôts) ‖ oficina de recaudador (bureau) ‖ recette et perception depositaría-pagaduría.
‖ SYN sensation sensación; sentiment sentimiento.

perceptionisme; perceptionnisme *m* percepcionismo.

percer [16] *v tr* [▷ SYN] horadar, taladrar, agujerear (trouer) ‖ abrir (rue, fenêtre) ‖ perforar, abrir; **percer un tunnel** perforar un túnel ‖ atravesar, hender; **percer la foule** hender la muchedumbre ‖ atravesar; **le soleil perce les nuages** el sol atraviesa las nubes ‖ traspasar (transpercer); **percer le cœur** traspasar el corazón ‖ calar (l'eau) ‖ abrir (mettre en perce) ‖ FIG penetrar, adivinar; **percer un secret** penetrar un secreto ‖ **percer ses dents** echar los dientes.
◇ *v intr* abrirse, reventarse (un abcès) ‖ manifestarse, traslucirse (se déceler) ‖ FIG hacer carrera, abrirse camino; **cet homme percera** este hombre se abrirá camino ‖ MIL abrirse paso ■ **percer à jour** calar de parte a parte.
‖ SYN transpercer calar; cribler acribillar; forer barrenar; perforer perforar; piquer punzar; trouer agujerear; tarauder taladrar.

percerette *f* taladro *m*, barrena.

perceur, euse *adj* & *s* taladrador, ra; perforador, ra.
➥ **perceuse** *f* taladradora.

percevable *adj* percibible, cobrable, recaudable ‖ perceptible (visible).

percevoir [52] *v tr* percibir, cobrar, recaudar (de l'argent) ‖ FIG [▷ SYN] percibir; **percevoir un bruit** percibir un ruido.
‖ SYN remarquer notar, observar; distinguer distinguir; discerner discernir; saisir captar, entender.

perche *f* [▷ SYN] vara, garrocha (gaule) ‖ trole *m* (de tramway) ‖ estaca (à houblon) ‖ pértiga; **saut à la perche** salto con pértiga ‖ pértica (mesure agraire) ‖ perca (poisson) ‖ asta (du cerf) ‖ alcándara (fauconnerie) ■ **perche à son** brazo ou pértiga del micrófono ‖ FIG **tendre la perche à quelqu'un** echar un cable a uno, ayudar a alguien ‖ **une grande perche** una espingarda.
‖ SYN gaule vara; gaffe bichero.

perchée *f* surco *m* de viña.

percher [3] *v intr* & *pr* posarse, encaramarse ‖ FIG & FAM vivir, alojarse (loger).
◇ *v intr* encaramar, colocar en un sitio elevado.

percheron, onne *adj* del Perche.
➥ **percheron** *m* percherón (grand cheval robuste).

Percheron, onne *m* & *f* natural ou habitante del Perche.

percheur, euse *adj* que se posa (oiseaux).

perchis [pɛrʃi] *m* monte de árboles de diez a veinte años ‖ estacada *f* (clôture).

perchiste *m* saltador de pértiga.

perchlorate [pɛrklɔrat] *m* CHIM perclorato.

perchlorique [pɛrklɔrik] *adj* CHIM perclórico, ca.

perchlorure [pɛrklɔryr] *m* CHIM percloruro.

perchoir *m* percha *f*, vara *f* (des oiseaux) ‖ palo (de poulailler) ‖ alcándara *f*, percha *f* (en fauconnerie) ‖ varilla *f* (dans une cage).

perclus, e [pɛrkly, yz] *adj* baldado, da; tullido, da.

percnoptère *m* abanto, alimoche (vautour).

perçoir *m* TECHN taladro, barrena *f*.

percolateur *m* percolador, cafetera *f* de filtro muy grande.

perçu, e [pɛrsy] *adj* percibido, da ‖ cobrado, da (argent).

percussion *f* percusión; arme à percussion arma de percusión; instrument à percussion instrumento de percusión.

percussionniste *m* & *f* percusionista.

percutant, e *adj* percutiente ‖ FIG & FAM contundente (frappant).

percuter [3] *v tr* percutir.
◇ *v intr* chocar (heurter).

percuteur *m* percutor, percusor.

percuti-réaction *f* MÉD cutireacción.

perdable *adj* perdible.

perdant, e *adj* & *s* perdedor, ra ■ les numéros perdants los números no agraciados ou no premiados ‖ partir perdant no salir favorito (un cheval), ir vendido (à un examen).

perditance *f* ÉLECTR conductividad ou conductancia total.

perdition *f* perdición; lieu de perdition antro de perdición ‖ en perdition en peligro de naufragio.

perdre [77] *v tr* perder; perdre beaucoup d'argent au jeu perder mucho dinero en el juego ‖ echar a perder, estropear, perder (abîmer); chapeau perdu par la pluie sombrero estropeado por la lluvia ■ perdre au change perder en el cambio ‖ perdre courage desanimarse, descorazonarse ‖ perdre de vue perder de vista ‖ FAM perdre la tête ou le nord ou la tramontane ou les pédales perder la cabeza ou los estribos ‖ perdre le fil d'un discours perder el hilo de un discurso ‖ perdre l'esprit perder la razón ou el juicio ‖ perdre pied perder pie ‖ perdre ses moyens perder sus facultades ‖ perdre son temps perder el tiempo ■ à perdre haleine hasta perder el aliento ou la respiración ‖ tu ne perds rien pour attendre ya verás lo que es bueno.
◇ *v intr* perder ‖ perder valor, valer menos (valoir moins) ‖ salirse (fuir) ‖ MAR bajar ‖ navire qui perd barco que no avanza ou que avanza poco.
➠ **se perdre** *v pr* perderse ‖ je m'y perds no comprendo nada, estoy hecho un lío.

perdreau *m* perdigón (oiseau).

perdrigon *m* pernigón (prune).

perdrix [pɛrdri] *f* perdiz (oiseau) ■ perdrix blanche, grise perdiz blanca, pardilla.

perdu, e *adj* perdido, da ‖ desahuciado, da (malade) ‖ invisible; reprise perdue remiendo invisible ‖ esfumado, da (peinture); contours perdus contornos esfumados ■ perdu de dettes agobiado ou acribillado de deudas ■ à corps perdu temerariamente, impetuosamente, a cuerpo descubierto ‖ à fonds perdus a fondo perdido ou muerto ou vitalicio ‖ à vos moments perdus en sus ratos libres, a ratos perdidos ‖ peine perdue trabajo inútil, trabajo perdido ‖ sentinelle perdue centinela avanzada ‖ se sentir tout perdu no hallarse ‖ un de perdu, dix de retrouvés cuando una puerta se cierra ciento se abren.
◇ *m* & *f* FAM loco, ca; comme un perdu como un loco.

perdurer [3] *v intr* perdurar.

père *m* padre ‖ FAM tío; le père François el tío Paco ■ père conscrit padre conscripto, senador de la antigua Roma ‖ père noble barba (au théâtre) ‖ Père Noël Papá Noel ‖ père nourricier padre nutricio, marido de la nodriza ‖ père spirituel director ou padre espiritual ■ beau-père suegro, padre político ‖ de père en fils de padres a hijos ‖ Dieu le Père Dios Padre ‖ grand-père abuelo ‖ FAM gros père gordinflón ‖ le Père éternel el Padre Eterno ‖ le Saint-Père el Padre Santo, el Santo Padre, el Papa [suele criticarse como galicismo la forma Santo Padre] ‖ les Pères de l'Église los Santos Padres, los Padres de la Iglesia ‖ le père et mère los padres ‖ mon père padre (à un prêtre) ‖ petits pères padres mínimos ‖ placement de père de famille inversión segura ‖ tel père tel fils de tal palo tal astilla ■ c'est bien le fils de son père de casta le viene al galgo.

pérégrination *f* peregrinación.
■ OBSERV Peregrinación en el sentido de romería se traduce por pèlerinage, o por pardon en Bretaña.

pérégriner [3] *v intr* (p us) peregrinar.

péremption [perɑ̃psjɔ̃] *f* caducidad de la instancia, perención (p us) ‖ date de péremption fecha de caducidad.

péremptoire [perɑ̃ptwar] *adj* perentorio, ria.

péremptoirement [perɑ̃ptwarmɑ̃] *adv* perentoriamente.

pérennant, e *adj* BOT que puede ser perenne.

pérenne *adj* (p us) perenne.

pérenniser [3] *v tr* perpetuar, hacer perenne.

pérennité *f* perennidad.

péréquation *f* perecuación, reparto *m* por igual, distribución equitativa, compensación.

perfectibilité *f* perfectibilidad.

perfectible *adj* perfectible.

perfection [perfɛksjɔ̃] *f* perfección ‖ à la perfection a la perfección, perfectamente.

perfectionné, e *adj* perfeccionado, da.

perfectionnement [perfɛksjɔnmɑ̃] *m* perfeccionamiento.

perfectionner [3] [perfɛksjɔne] *v tr* perfeccionar.
➠ **se perfectionner** *v pr* mejorar; se perfectionner en anglais mejorar sus conocimientos de inglés.

perfectionnisme *m* perfeccionismo.

perfectionniste *adj* & *s* perfeccionista.

Perfecto® *m* cazadora de piel.

perfide *adj* & *s* pérfido, da.

perfidement *adv* (soutenu) pérfidamente.

perfidie *f* perfidia.

perfolié, e *adj* BOT perfoliado, da.

perforage *m* (p us) perforación *f*.

perforant, e *adj* perforante ‖ ulcère perforant úlcera perforada.

perforateur, trice *adj* & *s* perforador, ra.

perforation *f* perforación.

perforatrice *f* perforadora (machine).

perforé, e *adj* perforado, da; bande perforée cinta perforada; carte perforée tarjeta perforada.

perforer [3] *v tr* perforar.

perforeuse *f* perforadora (machine) ‖ perforista (personne).

performance *f* resultado *m*, marca ‖ cualidades *pl* técnicas, prestación (d'un véhicule, etc.) ‖ hazaña, hecho *m* fuera de lo corriente.

performant, e *adj* de excelentes resultados prácticos, muy eficiente ou potente, de altas calidades técnicas.

perfusion *f* MÉD perfusión; perfusion intraveineuse, rectale perfusión intravenosa, endovenosa, rectal ‖ faire une perfusion à quelqu'un hacer una perfusión a alguien.

Pergame *n pr* GÉOGR Pérgamo.

pergola *f* pérgola.

perhydrol *m* perhidrol (eau oxygénée).

péri *f* peri [genio persa].

périanthe *m* BOT perianto.

périarthrite *f* MÉD periartritis.

péribole *m* períbolo (des temples grecs).

péricarde *m* ANAT pericardio.

péricardite *f* MÉD pericarditis.

péricarpe *m* BOT pericarpio.

Périclès *n pr* Pericles.

péricliter [3] *v intr* periclitar, decaer.

péricrâne *m* ANAT pericráneo.

péricycle *m* BOT periciclo.

péridot [perido] *m* MIN peridoto.

péridural, e *adj* peridural.
➠ **péridurale** *f* peridural.

périgée *m* ASTRON perigeo.

Périgord *n pr m* GÉOGR le Périgord Perigord.

périgourdin, e *adj* del Perigord, de Périgueux.

Périgourdin, e *m* & *f* natural ou habitante del Périgord, de Périgueux.

périgueux *m* piedra *f* negra del Perigord.

périhélie *m* ASTRON perihelio.

péril [peril] *m* peligro, riesgo (risque); braver le péril arrostrar el peligro; en péril de mort en peligro de muerte ■ à ses risques et périls por su cuenta y riesgo ‖ au péril de sa vie con riesgo de la vida, a costa de su vida ‖ il n'y a pas péril en la demeure nada se pierde por esperar.

périlleusement *adv* peligrosamente.

périlleux, euse [perijø, øz] *adj* peligroso, sa ‖ saut périlleux salto mortal.

périmé, e *adj* caducado, da; sin vigencia; prescrito, ta ‖ FIG anticuado, da ‖ superado, da; caduco, ca (dépassé).

périmer [3]
➠ **se périmer** *v pr* caducar (document), prescribir (un procès) ‖ être périmé estar caducado (document), estar prescrito (procès), estar fuera de moda (démodé).

périmètre *m* perímetro.

périnatal, e *adj* MÉD perinatal.
■ OBSERV pl périnatals o périnataux.

périnatalogie *f* MÉD perinatología.

périnéal, e *adj* ANAT perineal.

périnée *m* ANAT perineo.

périnéorraphie *f* MÉD perineorrafia.

période *f* período *m*, periodo *m* ∥ ASTRON période de révolution período de revolución ∥ MÉD période d'incubation período de incubación.

périodicité *f* periodicidad.

périodique *adj* periódico, ca ∥ garniture ou serviette périodique compresa.
◇ *m* publicación *f* periódica (revue) ∥ département de périodiques hemeroteca.

┃ OBSERV Ne pas confondre le mot français *périodique* avec le mot espagnol *periódico*, qui signifie journal.

périodiquement *adv* periódicamente.

périœciens *m pl* periecos.

périoste *m* ANAT periostio.

periostite *f* MÉD periostitis.

périostose *f* MÉD periostosis.

péripatéticien, enne *adj & s* peripatético, ca.
➡ **péripatéticienne** *f* IRON meretriz (prostituée).

péripatétique *adj* peripatético, ca.

péripatétisme *m* peripatetismo.

péripétie [peripesi] *f* peripecia.

périphérie *f* periferia ∥ extrarradio *m* (d'une ville).

périphérique *adj* periférico, ca ∥ boulevard périphérique carretera de circunvalación (d'une ville).
◇ *m* INFORM periférico.

périphlébite *f* MÉD periflebitis.

périphrase *f* perífrasis.

périphraser [3] *v intr* perifrasear.

périphrastique *adj* perifrástico, ca.

périple *m* periplo.

périploca *m* BOT cornicabra *f*.

péripneumonie *f* MÉD perineumonía, pulmonía.

péripneumonique *f* perineumónico, ca.

périptère *adj & s m* ARCHIT períptero, ra.

périr [32] *v intr* perecer (mourir) ∥ naufragar (faire naufrage) ∥ tener su fin, desaparecer (disparaître) ∥ FIG périr d'ennui morirse de aburrimiento.

périsciens [perisjɛ̃] *m pl* periscios.

périscolaire *adj* extraescolar.

périscope *m* periscopio.

périscopique *adj* periscópico, ca.

périsperme *m* perisperma.

périsplénite *f* MÉD perisplenitis, peritonitis.

périsprit [perispri] *m* periespíritu.

périssable *adj* perecedero, ra; denrées périssables productos ou artículos perecederos ∥ caduco, ca.

périssodactyles *m pl* ZOOL perisodáctilos.

périssoire *f* esquife *m*, piragua (embarcation).

périssologie *f* perisología (pléonasme).

péristaltique *adj* ANAT peristáltico, ca.

péristome *m* peristoma.

péristyle *m* ARCHIT peristilo.

périsystole *f* MÉD perisístole.

périthèce *m* BOT peritecio.

péritoine *m* ANAT peritoneo.

péritonéal, e *adj* peritoneal.

péritonite *f* peritonitis.

pérityphlite *f* peritiflitis, pericecitis.

perle *f* perla; perle de culture perla cultivada ∥ cuenta, perla (ornement sphérique de verre, de métal, etc.) ∥ FAM gazapo *m* ∥ FIG perla, alhaja (très beau) ∥ IMPR perla, tipo *m* de cuatro puntos ▪ gris perle gris perla ▪ enfiler des perles ensartar perlas (unir), perder el tiempo ∥ jeter des perles aux pourceaux echar margaritas a los puercos.

perlé, e *adj* perlado, da; en forma de perla ∥ adornado con perlas; aljofarado, da ∥ perlado, da; "perlé" (tissu) ∥ FIG primoroso, sa; de perlas (soigné) ▪ grève perlée huelga intermitente, obstrucción concertada a la producción ∥ orge perlé cebada perlada.

perlèche; pourlèche *f* boquera (maladie de la commissure des lèvres).

perler [3] *v tr* adornar con perlas ∥ mondar, pelar (le riz, l'orge) ∥ FIG bordar, hacer de perlas, ejecutar con primor.
◇ *v intr* cubrirse de gotas, gotear (le front, etc.).

perlier, ère *adj* perlero, ra; industrie perlière industria perlera ∥ huître perlière madreperla.

perlimpinpin *m* poudre de perlimpinpin polvos de la madre Celestina.

perm; perme *f* FAM permi *m*, permiso *m*; être en perm estar con permiso; j'ai eu une perm d'un mois he conseguido un permiso de un mes.

permalloy [pɛrmalwa] ou [pɛrmalɔj] *m* aleación *f* de hierro y níquel.

permanence *f* permanencia ∥ comisaría central (commissariat) ∥ servicio *m* permanente ∥ estudio *m* (lycée) ▪ en permanence sin interrupción, permanentemente ▪ assurer une permanence atender al servicio ∥ être de permanence estar de guardia ou de servicio.

permanent, e *adj & s* permanente ∥ cinéma permanent cine de sesión continua.
➡ **permanente** *f* permanente (des cheveux).

permanganate *m* CHIM permanganato.

perme ➡ **perm**.

perméabilité *f* permeabilidad.

perméable *adj* permeable ∥ FIG permeable, influenciable.

perméance *f* TECHN conductibilidad magnética.

permettre [84] *v tr* permitir ∥ permitir, autorizar; permettre de prendre permitir tomar, autorizar tomar ▪ il me permet de venir me permite venir ou que venga ∥ permettez! ¡disculpe!
➡ **se permettre** *v pr* permitirse ∥ on peut se permettre de dire no es aventurado decir, cabe decir.

permien, enne *adj & s m* GÉOL pérmico, ca; permiano, na.

permis [pɛrmi] *m* permiso, licencia *f* ▪ permis de chasse, de pêche licencia de caza, de pesca ∥ permis de circulation billete de libre circulación, pase ∥ permis de conduire carnet de conducir (expression courante), permiso de conducción ou de conducir (dénomination officielle) ∥ permis de construire permiso ou licencia de construcción ou edificación ∥ permis de séjour permiso de residencia ∥ permis de travail permiso de trabajo ∥ permis d'inhumer licencia de enterramiento ∥ permis poids lourds permiso de ou para conducir camiones.

permis, e [pɛrmi, iz] *adj* permitido, da; lícito, ta ▪ il se croit tout permis se cree que todo le está permitido, se cree que todo el monte es orégano ∥ s'il m'était permis si me fuera permitido, si se me permitiese.

┃ SYN licite lícito; loisible lícito; légitime legítimo; légal legal.

permissif, ive *adj* permisivo, va.

permission *f* permiso *m*; demander la permission de pedir permiso para ▪ MIL permission libérable permiso limitado ▪ avec votre permission con permiso ou con su permiso ∥ en permission con ou de permiso ▪ avoir la permission de estar autorizado para.

┃ SYN autorisation autorización; permis permiso; congé permiso; licence licencia.

permissionnaire *m* militar con permiso.

permissivité *f* permisividad.

permutabilité *f* permutabilidad.

permutable *adj* permutable.

permutant, e *m & f* permutante, que permuta.

permutation *f* permuta (d'employés), permutación (action) ∥ MATH permutación.

permuter [3] *v tr & intr* permutar.

permuteur *m* permutador.

pernicieusement *adv* perniciosamente.

pernicieux, euse *adj* pernicioso, sa.

perniciosité *f* calidad de pernicioso.

péroné *m* ANAT peroné (os).

péronier, ère *adj & s m* peroneo, a.

péronnelle *f* FAM bachillera, parlanchina.

péronosporacées *f pl* BOT peronosporáceas.

péroraison *f* peroración.

pérorer [3] *v intr* perorar.

péroreur, euse *m & f* perorador, ra; discurseante.

Pérou *n pr m* GÉOGR le Pérou (el) Perú ∥ FIG ce n'est pas le Pérou no es cosa ou nada del otro jueves.

Pérouse *n pr* GÉOGR Perugia.

peroxyde *m* CHIM peróxido.

peroxyder [3] *v tr* CHIM peroxidar.

perpendiculaire *adj & s f* GÉOM perpendicular.

perpendiculairement *adv* perpendicularmente.

perpendicularité *f* perpendicularidad.

perpète; perpette
➡ **à perpète; à perpette** *loc adv* FAM por siempre jamás (jamais) ∥ en el quinto pino (très loin).

perpétration *f* perpetración.

perpétrer [18] *v tr* perpetrar, cometer.

perpette ➡ **perpète**.

perpétuation *f* perpetuación.

perpétuel, elle [pɛrpetɥɛl] *adj* perpetuo, tua ‖ perenne (éternel) ‖ **mouvement perpétuel** movimiento continuo.

perpétuellement *adv* perpetuamente.

perpétuer [7] *v tr* perpetuar.

perpétuité *f* perpetuidad ‖ **travaux forcés à perpétuité** cadena perpetua ■ **être condamné à perpétuité** estar condenado a reclusión perpetua.

Perpignan *n pr* GÉOGR Perpiñán.

perplexe *adj* perplejo, ja.

perplexité *f* perplejidad.

perquisiteur, trice *adj* pesquisidor, ra; indagador, ra.

perquisition *f* pesquisa, indagación.

perquisitionner [3] *v intr* indagar, perquirir, hacer pesquisas.

perquisitionneur *m* pesquisidor.

perré *m* revestimiento de piedras, muro de contención (maçonnerie).

Perrette *n pr* Perrette et le pot au lait el cuento de la lechera.

perrière *f* balista.

perron *m* escalinata *f*.

perroquet *m* loro, papagayo (oiseau) ‖ FIG loro, papagayo ‖ mezcla de anisado y licor de menta (apéritif) ‖ MAR juanete, perroquete ■ **perroquet de fougue** sobremesa ■ **grand perroquet** juanete mayor ‖ **petit perroquet** juanete de proa.

perruche *f* cotorra (oiseau) ‖ MAR perico *m*.

perruque *f* peluca, bisoñé *m* ‖ FIG & FAM **vieille perruque** hombre de ideas rancias ou anticuadas.

perruquier *m* peluquero ‖ FAM rapabarbas.

pers, e [pɛr, pɛrs] *adj* garzo, za; **yeux pers** ojos garzos ‖ de color verdoso.

persan, e *adj* persa.
➡ **persan** *m* LING persa.

Persan, e *m & f* persa.

perse *adj* persa.
◇ *f* persiana (tissu).
◇ *m* LING persa.

Perse *m & f* persa.

Perse *n pr f* la Perse Persia (ancien nom de l'Iran).

persécutant, e *adj* perseguidor, ra; que persigue ‖ importuno, na; molesto, ta (qui importune).

persécuté, e *adj & s* perseguido, da.

persécuter [3] *v tr* perseguir ‖ acosar (harceler); **être persécuté par les créanciers** ser acosado por los acreedores.

persécuteur, trice *adj & s* perseguidor, ra ‖ importuno, na.

persécution *f* persecución ‖ **manie de la persécution** manía persecutoria.

Persée *n pr* MYTH Perseo.

perséides *f pl* ASTRON perseidas.

persel [pɛrsɛl] *m* CHIM persal.

Perséphone *n pr* MYTH Perséfone.

persévérance *f* perseverancia.

persévérant, e *adj & s* perseverante.

persévérer [18] *v intr* perseverar ‖ **persévérer à croire que** persistir en creerse que.

Pershing [pɛrʃiŋ] *n pr* **missile Pershing** mísil Pershing.

persicaire *f* persicaria, duraznillo *m* (plante).

persicot *m* (p us) rosolí de albérchigo.

persienne *f* persiana.

persiflage *m* burla *f*, guasa *f*, chifla *f*, chunga *f*, tomadura *f* de pelo ‖ **avec persiflage** con retintín.

persifler [3] *v tr* burlarse de, guasearse de, tomar el pelo a.

persifleur, euse *adj & s* burlón, ona; zumbón, ona; guasón, ona.

persil [pɛrsi] *m* perejil (plante) ‖ FIG & FAM **faire son persil** hacer su agosto.

persillade [pɛrsijad] *f* lonchas *pl* de vaca frías con perejil, emperejilado *m*.

persillé, e [pɛrsije] *adj* de pasta verde (fromage) ‖ entreverada (viande).

persiller [3] *v tr* manchar de puntitos verdes.

persillère [pɛrsijɛr] *f* tarro *m* de perejil.

persique *adj* pérsico, ca.

Persique *n pr* GÉOGR **le golfe Persique** el golfo Pérsico.

persistance *f* persistencia; **mettre de la persistance à** tener persistencia en.

persistant, e *adj* persistente ‖ perenne (feuille); **à feuillage persistant** de hojas perennes.

persister [3] *v intr* persistir; **il persiste à le croire** persiste en creérselo ‖ perseverar; **il persiste à travailler** persevera en trabajar.

personé, e *adj f* BOT personada.

personnage *m* personaje ‖ **figura** *f* de Belén ou de Nacimiento (de crèche) ‖ individuo; **triste personnage** pobre individuo ■ **quel grossier personnage!** ¡qué tipo más grosero! ■ **faire le grand personnage** dárselas de importante.

personnalisation *f* personalización.

personnaliser [3] *v tr* personalizar, personificar.

personnalisme *m* personalismo.

personnaliste *adj & s* personalista.

personnalité *f* [▷ SYN] personalidad.
➡ **personnalités** *f pl* (vieilli) alusiones personales.
| SYN personnage personaje; notable personaje notable; notabilité notabilidad; grand grande; célébrité celebridad; sommité, notabilité lumbrera; FAM quelqu'un alguien; huile, grosse légume pez gordo.

personne *f* [▷ SYN] persona ■ **personne à charge** persona a cargo ‖ **personne âgée** persona de edad ‖ **personne civile** persona civil ‖ **personne morale** persona moral ■ **en personne** en persona, personalmente (par soi-même), personificado, da; **c'est l'avarice en personne** es la avaricia personificada ‖ **grande personne** persona mayor ‖ **jeune personne** señorita, joven ‖ **les grandes personnes** los mayores ■ **donner 10 francs par personne** dar 10 francos por persona ‖ **être**

bien fait de sa personne tener buena facha ‖ **être content de sa personne** estar satisfecho de sí mismo ‖ **être personne à** ser capaz de ‖ **être satisfait de sa (petite) personne** estar muy satisfecho de sí mismo ‖ **il aime sa personne** es muy comodón ‖ **répondre de la personne de quelqu'un** responder de alguien.
◇ *pron indéf m* nadie; **personne n'est venu** nadie ha venido; **personne d'autre** nadie más ■ **personne ne dit mieux?** ¿no vale más?, ¿nadie da más? ‖ **y aller de sa personne** poner de su parte.
| OBSERV Personne, pronombre, exige la partícula negativa ne en la construcción de la frase.
| SYN homme hombre; femme mujer; personnage personaje; individu individuo; être ser; mortel mortal; quidam quídam; créature criatura.

personnel, elle *adj* [▷ SYN] personal ‖ **j'ai des idées personnelles à ce sujet** tengo mis ideas acerca del asunto.
➡ **personnel** *m* personal ‖ plantilla *f*; **faire partie du personnel d'une entreprise** estar en plantilla en una empresa ■ **personnel d'encadrement** personal directivo ou de mando ‖ **personnel enseignant** cuerpo docente ‖ **personnel intérimaire** personal interino ‖ **personnel temporaire** personal temporero ou de temporada ■ **service du personnel** departamento de personal.
| SYN propre propio; particulier particular; égoïste egoísta; égocentrique egocéntrico.

personnellement *adv* personalmente.

personnification *f* personificación.

personnifier [9] *v tr* personificar ‖ **c'est l'honnêteté personnifiée** es la honestidad personificada.

perspectif, ive *adj* perspectivo, va.
➡ **perspective** *f* perspectiva ■ **perspective aérienne, cavalière** perspectiva aérea, caballera ■ **en perspective** en perspectiva.

perspectivisme *m* perspectivismo.

perspicace *adj* perspicaz.

perspicacité *f* perspicacia.

perspiration *f* perspiración, transpiración insensible.

persuader [3] *v tr* persuadir; **persuader quelqu'un de venir** persuadir a uno que venga ‖ **j'en suis persuadé** estoy totalmente convencido de ello.

persuasif, ive *adj* persuasivo, va.

persuasion *f* persuasión.

persulfate *m* CHIM persulfato.

persulfure *m* CHIM persulfuro.

persulfuré, e *adj* CHIM persulfurado, da.

perte *f* pérdida ‖ FIG perdición, ruina (ruine) ‖ condenación, perdición (d'une âme) ‖ MIL baja (mort), pérdidas *pl* (quantité perdue) ‖ **perte de connaissance** pérdida del sentido ou del conocimiento ‖ **perte de jouissances d'un droit** pérdida de la titularidad de un derecho ‖ MÉD **perte de sang** hemorragia, flujo de sangre ‖ **pertes blanches** leucorrea ‖ **perte sèche** pérdida total ‖ COMM **profits et pertes** pérdidas y ganancias ■ **à perte** con pérdida ‖ **à perte de vue** hasta perderse de vista, muy lejos ‖ (p us) **à perte d'haleine** hasta perder la respiración ‖ **avec pertes et fracas** de patitas en la calle, con cajas destempladas ▌ en pure perte para nada, sin provecho alguno ▪ courir à sa perte irse a la ruina ▌ FIG être en perte de vitesse perder el dinamismo, el prestigio, la popularidad ▌ renvoyer avec pertes et fracas despedir con cajas destempladas.

Perth *n pr* GÉOGR Perth.

pertinacité *f* pertinacia, obstinación.

pertinemment [pertinamɑ̃] *adv* pertinentemente, oportunamente, como conviene ▌ a ciencia cierta, positivamente.

pertinence *f* pertinencia.

pertinent, e *adj* pertinente ▌ une requête pertinente una demanda que procede ou procedente ou pertinente.

pertuis [pertɥi] *m* angostura *f*, estrechamiento de un río (d'un fleuve) ▌ paso, brazo de mar estrecho (détroit) ▌ ojo (d'une clef) ▌ puerto, alfoz (dans les montagnes).

pertuisane *f* partesana (arme).

pertuisanier *m* partesanero (soldat).

perturbateur, trice *adj* & *s* perturbador, ra.

perturbation *f* perturbación; jeter la perturbation sembrar la perturbación ▌ perturbation atmosphérique perturbación atmosférica.

perturber [3] *v tr* perturbar.

pérugin, e *adj* & *s* perusino, na.

péruvien, enne *adj* peruano, na.

Péruvien, enne *m* & *f* peruano, na.

pervenche *f* hierba doncella, vincapervinca ▌ FAM agente de policía encargada de echar una multa [uniforme azul claro].

pervers, e [perver, ers] *adj* & *s* perverso, sa. ◇ *adj* depravado, da.

perversion *f* perversión, pervertimiento *m*.

perversité *f* perversidad.

pervertir [32] *v tr* pervertir (rendre mauvais) ▌ desnaturalizar, alterar (dénaturer).

pervertissement *m* perversión *f*, pervertimiento.

pervertisseur, euse *adj* & *s* pervertidor, ra; corruptor, ra.

pesade *f* ÉQUIT corveta, encabritamiento *m* (cheval).

pesage [pəzaʒ] *m* peso; une méthode de pesage un método de peso ▌ peso, pesaje (des jockeys, boxeurs, etc.).
▌ OBSERV Pesaje est un gallicisme très employé.

pesamment *adv* pesadamente (lourdement) ▌ torpemente (gauchement).

pesant, e [pəzɑ̃, ɑ̃t] *adj* [▷ SYN] pesado, da; un pesant fardeau un bulto pesado ▌ grave (attiré vers la terre) ▌ fuerte; des coups pesants golpes fuertes ▌ pesado, da; atmosphère pesante atmósfera pesada ▌ pesado, da; lento, ta (lent, pénible) ▌ duro, ra; penoso, sa; un esclavage pesant una penosa esclavitud ▌ torpe, poco suelto (style); pesado, da; poco entretenido, da (auteur) ▪ avoir la main pesante no ser ágil de manos; tener la mano dura (être fort) ▌ avoir la tête pesante tener la cabeza pesada.
➤ **pesant** *adv* de peso; dix kilogrammes pesant diez kilogramos de peso.

➤ **pesant** *m* (vx) peso (poids) ▌ il vaut son pesant d'or vale su peso en oro, vale un Perú ou un Potosí.
▌ SYN lourd pesado; massif macizo.

pesanteur *f* PHYS gravedad, fuerza de atracción de la Tierra, pesantez (p us); lois de la pesanteur leyes de la gravedad ▌ peso *m*; faire sentir la pesanteur de son bras hacer sentir el peso de su brazo ▌ torpeza en los movimientos, pesadez (lourdeur dans les mouvements) ▌ poca vivacidad ▌ pesadez (d'estomac) ▌ absence de pesanteur, non-pesanteur ingravidez.

pèse; pèze *m* FAM parné, pasta *f*, moni (argent).

pèse-acide [pɛzasid] *m* CHIM pesaácidos, areómetro.
▌ OBSERV pl pèse-acide o pèse-acides.

pèse-alcool [pɛzalkɔl] *m* CHIM alcoholímetro.
▌ OBSERV pl pèse-alcool o pèse-alcools.

pèse-bébé *m* pesabebés, peso ou balanza *f* para niños.
▌ OBSERV pl pèse-bébé o pèse-bébés.

pesée [pəze] *f* peso *m* (poids) ▌ pesada, peso *m* ▌ palancada, empuje *m*, esfuerzo *m* (effort fait avec un levier) ▌ añadidura (du pain) ▌ pesaje *m* (gallicisme), peso *m* (des boxeurs, etc.).

pèse-esprit [pɛzɛspri] *m* alcoholímetro.
▌ OBSERV pl pèse-esprit o pèse-esprits.

pèse-lait *m* galactómetro, pesaleche.
▌ OBSERV pl pèse-lait o pèse laits.

pèse-lettre *m* pesacartas.
▌ OBSERV pl pèse-lettre o pèse-lettres.

pèse-liqueur *m* pesalicores.
▌ OBSERV pl pèse-liqueur o pèse-liqueurs.

pèse-moût *m* CHIM glucómetro.
▌ OBSERV pl pèse-moût o pèse-moûts.

pèse-personne *m* báscula *f* de baño.
▌ OBSERV pl pèse-personne OU pèse-personnes.

peser [19] *v tr* pesar ▌ FIG examinar, sopesar, ponderar; peser mûrement les choses examinar con atención las cosas ▌ pesar, medir, calcular; peser ses paroles medir sus palabras ▌ peser le pour et le contre pesar el pro y el contra.
◇ *v intr* pesar; peser lourd pesar mucho ▌ bajar (levier) ▌ pesar en (la conscience) ▪ peser sur hacer fuerza en ▌ peser sur les épaules abrumar, recaer, ser ou constituir un peso ▌ peser sur l'estomac ser de digestión pesada ▪ ne pas peser lourd no tener mucho peso, ser cosa de poco peso, tener poca consistencia.

pèse-sel *m* pesasales, areómetro para sales.
▌ OBSERV pl pèse-sel o pèse-sels.

pèse-sirop *m* areómetro para jarabes.
▌ OBSERV pl pèse-sirop o pèse-sirops.

peseta *f* peseta (monnaie).

pesette [pəzɛt] *f* pesillo *m* de precisión, balanza pequeña.

peseur, euse *m* & *f* pesador, ra.

peso *m* peso (monnaie).

peson [pəzɔ̃] *m* dinamómetro, peso.

pessaire *m* MÉD pesario.

pesse *f* BOT picea.

pessimisme *m* pesimismo.

pessimiste *adj* & *s* pesimista.
▌ SYN alarmiste alarmista; paniquard alarmista; défaitiste derrotista.

peste *f* peste; peste bubonique peste bubónica ▌ FIG peste (chose mauvaise) ▪ petite peste demonio, persona maliciosa ▪ fuir quelqu'un comme la peste huir de uno como de la peste.
➤ **peste!** *interj* ¡diablo!, ¡maldita sea! ▌ peste soit de lui! ¡mala peste se lo lleve!

pester [3] *v intr* echar pestes (contra), echar sapos y gusanos, tronar contra.

pesteux, euse; pestifère *adj* pestífero, ra.

pesticide *adj* & *s m* plaguicida.

pestifère ➤ **pesteux**.

pestiféré, e *adj* & *s* apestado, da (malade de la peste).

pestilence *f* pestilencia.

pestilentiel, elle *adj* pestífero, ra; pestilencial.

pet [pɛ] *m* FAM pedo; lâcher un pet tirarse un pedo.

pétale *m* BOT pétalo.

pétalé, e *adj* BOT con pétalos.

pétalisme *m* petalismo (ostracisme à Syracuse).

pétaloïde *adj* BOT petaloideo, a.

pétanque *f* petanca [especie de juego de bolos].

pétant, e *adj* FAM en punto.

pétarade *f* pedorrera (suite de pets) ▌ detonaciones *pl*, traquidos *m pl*, explosión (suite de détonations) ▌ FIG ruido *m*.

pétarader [3] *v intr* producir una serie de traquidos ou detonaciones ou explosiones.

pétard [petar] *m* petardo, cohete ▌ FAM revólver ▌ FIG & FAM escándalo, tremolina *f*; faire du pétard armar la tremolina ▌ FAM trasero, asentaderas *f pl* ▪ petit pétard buscapiés ▪ FAM il va y avoir du pétard se va a armar la gorda ou un bollo ou la de Dios es Cristo ▌ nom d'un pétard! ¡caramba!, ¡canastos!

pétase *m* capacete de Mercurio, petaso.

Pétaud *n pr* la cour du roi Pétaud la casa de Tócame Roque.

pétaudière *f* FAM casa de Tócame Roque.

pétauriste *m* ZOOL ardilla *f* de Australia.

pet-de-nonne [pedn ɔn] *m* buñuelo de viento, suspiro de monja.
▌ OBSERV pl pets-de-nonne.

pétéchial, e [peteʃjal] *adj* petequial.

pétéchie [peteʃi] *f* MÉD petequia.

pet-en-l'air [petɑ̃lɛr] *m inv* FAM batín corto.

péter [18] *v intr* FAM peer, peerse, ventosear (faire un pet) ▌ estallar, reventar (crever), romper (rompre) ▌ chisporrotear, chasquear (dans le feu) ▌ il faut que ça pète tiene que ir volando.

Peter Pan [pitœrpɑ̃] *n pr* Peter Pan.

pète-sec *adj* & *s m inv* FAM mandón, ona; persona autoritaria.

péteux, euse *m* & *f* FAM cagueta (lâche).

pétillant, e *adj* chispeante ▌ burbujeante; espumoso, sa (vin) ▌ chisporroteante (feu)

FIG chispeante, centelleante (spirituel) | vivo, va; chispeante; **yeux pétillants** ojos vivos | **personne pétillante d'esprit** persona chispeante de ingenio.

pétillement *m* chisporroteo | viveza *f*, chispas *f pl* (d'esprit) | burbujeo (du vin) | brillo (des yeux).

pétiller [3] *v intr* [▷ **SYN**] chisporrotear | ser espumoso, burbujear (vin) | **FIG** chispear, brillar ■ **pétiller de joie, de colère, d'impatience** saltar, chispear de alegría, de cólera, de impaciencia | **pétiller d'esprit** tener un ingenio chispeante ■ **FIG le sang lui pétille dans les veines** la sangre le hierve en las venas.

> **SYN** crépiter crepitar; péter chisporrotear, chasquear.

pétiole [pesjɔl] *m* **BOT** peciolo, pecíolo.

petiot, e [pətjo, ɔt] *adj & s* **FAM** pequeñín, ina; chiquitín, ina.

petit, e [pəti, it] *adj* [▷ **SYN**] pequeño, ña | bajo, ja; **un homme petit** un hombre bajo | **FIG** humilde; **petites gens** gente humilde | mezquino, na; ruin (mesquin) | insignificante; **un petit historien** un historiador insignificante ■ **petite heure** hora escasa | **petite main** oficiala de modista | **petite santé** salud delicada | **petite vérole** viruela | **petit pois** guisante | **petits soins** atenciones delicadas ■ **le petit monde** los niños, la gente menuda | **les petites annonces** los anuncios por palabras | **mon petit monsieur** señor mío ■ **au petit bonheur** a lo que salga, a la buena de Dios, a ojo, por las buenas, al buen tuntún | **en petit** en resumen, en pequeño | **petit à petit** poco a poco ■ **cet enfant est déjà un petit homme** este niño ya es un hombrecito | **être aux petits soins pour** cuidar mucho a, tener atenciones delicadas con | **petit à petit l'oiseau fait son nid** poco a poco hila la vieja el copo | **se faire petit ou tout petit** hacerse chiquito (très discret), humillarse (se rabaisser).

◇ *m & f* pequeño, ña; niño, ña; crío, cría; peque; **apporter des bonbons aux petits** traer caramelos a los niños ■ **la classe des petits** la clase de los pequeños | **mon petit, ma petite** hijo, hijito; hija, hijita; chiquillo, chiquilla | **pauvre petit** pobrecito | **pour petits et grands** para chicos y grandes ou niños y adultos.

➡ **petit** *m* cría *f* (des animaux) | pollo, polluelo (des oiseaux) | cachorro (du chien, du loup, etc.) | pequeño (de petite taille) | humilde, pobre (humble) | **lo pequeño** (sens abstrait) ■ **les infiniment petits** los infinitamente pequeños | **les tout petits** los pequeñuelos, los pequeñines, la gente menuda | **faire des petits** parir (les animaux), tener cola (avoir des suites), multiplicarse (augmenter).

> **OBSERV** En général le français petit placé devant un nom qu'il qualifie se traduit par un diminutif qui varie selon qu'il a un contenu péjoratif ou non. Ainsi l'on dira **un petit livre** un librito, et **un petit fonctionnaire** un funcionarucho.

> **SYN** exigu exiguo; minuscule minúsculo; infime ínfimo.

petit-beurre *m* galleta *f* (gâteau sec).

> **OBSERV** pl petits-beurre.

petit-bois *m* marco (d'une fenêtre).

> **OBSERV** pl petits-bois.

petit-bourgeois, petite-bourgeoise *adj* de la clase media inferior, de la pequeña burguesía.

◇ *m & f* pequeño burgués, pequeña burguesa.

> **OBSERV** pl petits-bourgeois, petites-bourgeoises.

petite-fille *f* nieta.

> **OBSERV** pl petites-filles.

petitement *adv* en corta cantidad, poquito | pobremente, modestamente, con estrechez (pauvrement) | mezquinamente; **vivre petitement** vivir mezquinamente | con bajeza, bajamente; **se venger petitement** vengarse con bajeza | **être logé petitement** vivir en un piso pequeño.

petite-nièce *f* sobrina segunda, sobrina nieta.

> **OBSERV** pl petites-nièces.

petites-maisons *f pl* casa *sing* de locos, manicomio *m sing*.

petitesse *f* [▷ **SYN**] pequeñez | **FIG** bajeza, pequeñez | **ne pas s'arrêter à des petitesses** no reparar en pequeñeces, no andarse con chiquitas.

> **SYN** étroitesse estrechez; mesquinerie mezquinería.

petit-fils [pətifis] ou [ptifis] *m* nieto.

> **OBSERV** pl petits-fils.

petit-foc *m* **MAR** petifoque.

> **OBSERV** pl petits-focs.

petit-four *m* canapé (salé) | pastelito (sucré).

> **OBSERV** pl petits-four.

petit-grain *m* petit-grain (fruit).

> **OBSERV** pl petits-grains.

petit-gris [pətigri] ou [ptigri] *m* gris, ardilla *f*, petigrís (fourrure) | especie *f* de caracol.

> **OBSERV** pl petits-gris.

pétition *f* petición, instancia, solicitud (requête) | **pétition de principe** petición de principio | **faire signer une pétition** recoger firmas para (una petición).

pétitionnaire *m & f* solicitante; peticionario, ria.

pétitionnement *m* petición *f*.

pétitionner [3] *v intr* presentar una petición, solicitar.

petit-lait *m* suero.

> **OBSERV** pl petits-laits.

petit-maître *m* petimetre.

> **OBSERV** pl petits-maîtres.

petit-nègre *m sing* **FAM** jerga *f* que consiste principalmente en hablar siempre en infinitivo | **parler petit-nègre** hablar como los indios.

petit-neveu *m* sobrino segundo, sobrino nieto.

> **OBSERV** pl petits-neveux.

pétitoire *adj* petitorio, ria.

◇ *m* pedimento.

petits-enfants [pətizɑ̃fɑ̃] ou [ptizɑ̃fɑ̃] *m pl* nietos.

petit-suisse *m* queso blanco, "petit-suisse".

> **OBSERV** pl petits-suisses.

pétoche *f* **FAM** canguelo *m*, mieditis; **avoir la pétoche** tener mieditis.

pétoire *f* cerbatana | **FAM** escopeta mala.

peton *m* **FAM** piececito.

pétoncle *m* pechina *f* (mollusque).

Pétra *n pr* **GÉOGR** Petra.

Pétrarque *n pr* Petrarca.

petrarquisme *m* petrarquismo.

pétrarquiste *adj & s* petrarquista.

pétré, e *adj* pétreo, a; de piedra | **l'Arabie Pétrée** Arabia Pétrea.

pétrel *m* petrel (oiseau) | **grand pétrel** pájaro diablo.

pétreux, euse *adj* pétreo, a; petroso, sa | **ANAT** petroso, sa; relativo al peñasco.

pétri, e *adj* amasado, da | **FIG** lleno, na; hinchado, da (d'orgueil) | formado, da; modelado, da; torneado, da.

pétrifiant, e *adj* petrificante.

pétrification *f* petrificación.

pétrifié, e *adj* petrificado, da (ébahi).

pétrifier [9] *v tr* petrificar | **FIG** petrificar, dejar atónito (méduser).

pétrin *m* artesa *f*, amasadera *f* | **FIG & FAM** aprieto, apuro, atolladero; **être dans le pétrin** estar en un apuro.

pétrir [32] *v tr* amasar (la farine, etc.) | dar masajes (les muscles) | **FIG** formar, modelar (façonner) | llenar (remplir); **pétri d'orgueil** lleno de orgullo.

pétrissable *adj* amasable (la pâte) | moldeable (l'esprit).

pétrissage; pétrissement *m* amasamiento | masaje.

pétrisseur, euse *adj & s* amasador, ra.

➡ **pétrisseuse** *f* amasadora (machine).

pétrochimie *f* petroquímica.

pétrochimique *adj* petroquímico, ca.

pétrodollar *m* petrodólar.

pétrogale *m* petrogale, canguro pequeño.

pétrographie *f* petrografía.

pétrographique *adj* petrográfico, ca.

pétrole *m* petróleo; **pétrole brut, lampant, léger, lourd, moyen** petróleo crudo ou bruto, lampante ou flamígero, ligero, pesado, medio | **bleu pétrole** azul verdoso.

pétrolette *f* **FAM** velomotor *m*.

pétroleuse *f* mujer de armas tomar.

pétrolier, ère *adj* petrolero, ra.

➡ **pétrolier** *m* petrolero (navire) | técnico del petróleo.

pétrolifère *adj* petrolífero, ra [(Amér) petrolero, ra].

Pétrone *n pr* Petronio.

Pétronille *n pr* Petronila.

petto

➡ **in petto** *loc ital* para sí, para sus adentros, para su coleto.

pétulance *f* impetuosidad, viveza (vivacité).

> **OBSERV** Le mot espagnol petulancia n'a pas le sens de pétulance mais celui d'arrogance.

pétulant, e *adj & s* vivo, va; impetuoso, sa (impétueux).

pétunia *m* **BOT** petunia *f*.

peu *adv & s m* poco; **manger peu** comer poco; **attendez un peu** espere un poco ■ **peu à peu** poquito a poco, poco a poco | **peu après** poco después | **peu de** poco, poca; pocos, pocas; **peu de personnes** po personas ▌ **peu de chose** poca cosa ▌ **peu importe** ¡qué más da!, poca importancia tiene ▌ **peu ou point** casi nada; ningún, ninguna ▌ **peu ou prou** poco o mucho ▌ **peu souvent** pocas veces, rara vez ■ **à peu de chose près, à peu près** poco más o menos, cosa de, aproximadamente ▌ **dans peu de temps** dentro de poco ▌ **depuis peu** hace poco tiempo, desde hace poco ▌ **fort peu** muy poco ▌ **le peu de gens qui... la poca gente que...** ▌ **pour peu de temps** por poco tiempo ▌ **pour peu que** a poco que, por poco que ▌ **pour un peu** por poco, poco ha faltado para que ▌ **quelque peu** un poco, algo ▌ **si peu que ce soit** por muy poco que sea ▌ **si peu que rien** poquísimo, apenas nada ▌ **sous peu, avant peu, dans peu** dentro de poco ▌ FAM **un petit peu, un tout petit peu** un poquitín, un poquito ▌ **un peu!** ya lo creo (certainement) ▌ **un peu beaucoup** demasiado ■ **c'est si peu de chose** es tan poca cosa ▌ **c'est un peu fort!** ¡esto es demasiado! ■ **essayez un peu!** ¡atrévase! ▌ **excusez du peu!** ¡poca cosa! ▌ **ou peu s'en faut** o poco menos ▌ **peu s'en est fallu, il s'en est fallu de peu** por poco, poco faltó; **peu s'en est fallu que je ne vinsse** por poco venía, poco faltó para que viniera ▌ **peu s'en faut** poco falta ▌ **tant soit peu, un tant soit peu** un poquito, un poquitín, por poco que sea ▌ **vivre de peu** vivir con poco ▌ FAM **y aller un peu fort** exagerar, pasarse de la raya.

▌ **OBSERV 1.** Lorsque peu de signifie quelques il se traduit en espagnol par l'adjectif poco, poca, qui s'accorde en genre et en nombre avec le mot auquel il se rapporte.
2. Después de peu el verbo concuerda con el complemento. Cuando le peu significa la falta de el participio queda invariable. En cambio si es el equivalente de cierta cantidad el verbo concuerda con el sustantivo que sigue peu.

peucédan m BOT peucédano, servato.

peuchère! ▶ **pechère!**

peuh! [pø] *interj* ¡bah!, ¡pchs!

Peuls n pr m pl peul.

peuplade f pueblo m primitivo, tribu.

peuple [pœpl] m [▷ SYN] pueblo ▌ FAM muchedumbre f (foule) ■ FAM **il y a du peuple** hay un mogollón de gente ▌ **le bas peuple** el pueblo bajo, el vulgo ▌ **le menu** ou **petit peuple** el pueblo humilde.
◇ *adj inv* populachero, ra; vulgar (vulgaire); **cela fait peuple, c'est peuple** eso es populachero.
▌ SYN population población; habitants habitantes.

peuplé, e *adj* poblado, da.

peuplement m población f, asentamiento (colonisation) ▌ plantación f, repoblación f (sur un terrain).

peupler [5] v tr poblar.
◇ v intr multiplicarse, proliferar.

peupleraie f alameda.

peuplier m álamo (arbre) ■ **peuplier blanc** álamo blanco ▌ **peuplier noir** álamo negro, chopo ▌ **peuplier tremble** álamo temblón.

peur f miedo m, temor m, susto m; **avoir grand peur** tener mucho miedo ■ **peur bleue** miedo cerval, pavor ■ **de peur de** por miedo a, por temor a ▌ **de peur que** por temor de que ■ **à faire peur** que mete miedo, que asusta ▌ **avoir peur** temer, tener miedo; **avoir peur de la foudre** temer al rayo ▌ **avoir peur de son ombre** tener miedo hasta de la sombra de sí mismo ▌ **avoir peur d'un rien** asustarse por nada ▌ **en être quitte pour la peur** pasar un buen susto ▌ **faire peur** dar miedo, asustar (effrayer) ▌ **il y a eu plus de peur que de mal** fue mayor el miedo que el daño, tuvo más miedo que otra cosa ▌ **j'ai bien peur de me** temo que, tengo miedo de que ▌ **j'ai peur qu'il ne vienne** temo que venga ▌ **j'en ai bien peur** me lo temo ▌ **laid à faire peur** más feo que Picio, de un feo que asusta ou que mete miedo ou que da un susto al miedo ▌ **mourir de peur** morirse de miedo ▌ **prendre peur** asustarse ▌ **sans peur et sans reproche** sin miedo y sin tacha ▌ **trembler de peur** temblar de miedo.

peureusement *adv* miedosamente.

peureux, euse *adj & s* miedoso, sa; temeroso, sa; asustadizo, za.

peut-être [pøtɛtr] *adv* puede ser, quizá, tal vez, acaso; **peut-être le sait-il** quizá lo sepa ▌ **peut-être bien** es muy posible, quizá, a lo mejor ▌ **peut-être bien que oui** a lo mejor sí.

peyotl [pejɔtl] m peyote (plante).

pèze ▶ **pèse**.

pfennig [pfɛnig] m inv pfennig (monnaie allemande).

PGCD (abr de plus grand commun diviseur) m m.c.d.

pH (abr de potentiel hydrogène) m pH.

phacochère m facoquero (sanglier).

phacomètre m facómetro.

phaéton m faetón (voiture) ▌ cochero, carretero (cocher) ▌ faetón (oiseau).

Phaéton [faetɔ̃] n pr GÉOGR Faetón.

phagédénique *adj* MÉD fagedénico, ca.

phagédénisme m MÉD fagedenismo.

phagocytaire *adj* fagocitario, ria.

phagocyte m fagocito.

phagocyter [3] v tr MÉD fagocitar ▌ FIG fagocitar.

phagocytose f fagocitosis.

phalange f falange.

phalanger m ZOOL falangero.

phalangette f falangeta (doigts).

phalangien, enne *adj* ANAT falangiano, na.

phalangine f falangina (doigts).

phalangiste *adj & s* falangista.

phalanstère m falansterio.

phalanstérien, enne *adj & s* falansteriano, na.

phalène f falena (papillon).

phalère f falera (insecte).

phalline f CHIM falina.

phallique *adj* fálico, ca.

phallocrate *adj & s* falócrata.

phallocratie f falocracia.

phalloïde *adj* faloide.

phallus [falys] m falo.

phanère m fánero.

phanérogame *adj & s f* BOT fanerógamo, ma.

phanérogamie f BOT fanerogamia.

phantasme m ilusión f óptica, visión f.

pharamineux, euse ▶ **faramineux**.

pharaon m faraón.

pharaonien, enne; pharaonique *adj* faraónico, ca.

phare m faro ▌ AUTOM faro ■ AUTOM **phare code** luz de cruce ■ AUTOM **rouler en phares** llevar la luz de carretera ▌ **se mettre en phares** encender las luces largas ou de carretera.

pharillon m lámpara f (de pêche) ▌ pesca f con lámpara.

pharisaïque *adj* farisaico, ca.

pharisaïsme m fariseísmo, farisaísmo.

pharisien m fariseo.

pharmaceutique *adj* farmacéutico, ca.

pharmacie f farmacia, botica FAM ▌ botiquín m (trousse ou armoire) ▌ **exercer la pharmacie** ser farmacéutico.

pharmacien, enne m & f farmacéutico, ca; boticario, ria FAM ▌ **pharmacien capitaine** capitán de Farmacia.

pharmacodynamie f farmacodinamia.

pharmacologie f farmacología.

pharmacologique *adj* farmacológico, ca.

pharmacologiste; pharmacologue m & f farmacólogo, ga.

pharmacopée f farmacopea.

Pharnace n pr Farnaces.

Pharsale n pr GÉOGR Farsalia.

pharyngé, e *adj* ANAT faríngeo, a.

pharyngien, enne *adj* ANAT faríngeo, a.

pharyngite f MÉD faringitis.

pharyngo-laryngite f faringolaringitis.

pharyngoscope m MÉD faringoscopio.

pharyngotomie f faringotomía.

pharynx [farɛ̃ks] m ANAT faringe f.

phase f fase.
▌ SYN période período; degré grado; échelon escalón; palier grado; étape etapa; stade estadio.

phasianidés m pl fasiánidos (oiseaux).

phasme m fasmo (insecte).

phéaciens m pl feacios.

Phébus [febys] n pr MYTH Febo.

Phèdre n pr MYTH Fedra (fabuliste latin) ▌ **le Phèdre** Fedro (dialogue platonicien).

phelloderme m BOT felodermo.

phellogène *adj* felógeno, na.

phénakistiscope m PHYS fenakistiscopio.

phénanthrène m CHIM fenantreno.

phénate m CHIM fenato.

Phénicie n pr f GÉOGR la Phénicie Fenicia.

phénicien, enne *adj* fenicio, cia.
➤ **phénicien** m LING fenicio.

Phénicien, enne m & f fenicio, cia.

phénique *adj* CHIM fénico, ca.

phéniqué, e *adj* fenicado, da.

phénix [feniks] ▶ **phoenix**.

phénol m CHIM fenol.

phénolique *adj* CHIM fenólico, ca.

phénoménal, e *adj* fenomenal; **des vols phénoménaux** robos fenomenales.

phénomène *m* fenómeno.

☐ SYN monstre monstruo; **prodige** prodigio.

phénoménisme *m* fenomenismo.

phénoméniste *m* fenomenista.

phénoménologie *f* fenomenología.

phénoménologique *adj* fenomenológico, ca.

phénoménologue *m* fenomenólogo.

phénoplaste *m* fenoplasta.

phénotype *m* fenotipo.

phénylamine *f* CHIM fenilamina.

phényle *m* CHIM fenilo.

phéophycées *f pl* feofíceas (algues).

phi *m inv* fi *f*, phi *f* (lettre grecque).

Phidias *n pr* Fidias.

Philadelphie *n pr* GÉOGR Filadelfia.

philante *m* avispón (insecte).

philanthrope *adj & s* filántropo, pa.

philanthropie *f* filantropía.

philanthropique *adj* filantrópico, ca.

philanthropisme *m* filantropismo.

philatélie *f* filatelia.

philatéliste *m & f* filatelista.

Philémon *n pr* MYTH Filemón.

philharmonie *f* MUS filarmonía.

philharmonique *adj* MUS filarmónico, ca.

philhellène *adj & s* filheleno, na (ami des Grecs).

philhellénique *adj* filhelénico, ca.

philhellénisme *m* filhelenismo, helenofilia *f*.

philibeg; filibeg *m* faldellín escocés.

Philibert [filibɛr] *n pr* Filiberto.

Philippe *n pr* Felipe (prénom) ‖ Filipo (roi de Macédoine).

Philippines *n pr f pl* GÉOGR les Philippines (las) Filipinas.

philippique *f* filípica (discours).

philistin *m* FAM filisteo, bárbaro, ostrogodo (ignorant).

Philistins *n pr m pl* les Philistins los filisteos.

philo *f* FAM filosofía.

Philoctète *n pr* MYTH Filoctetes.

philodendron [filɔdɛ̃drɔ̃] *m* BOT filodendro.

philologie *f* filología.

philologique *adj* filológico, ca.

philologue *m* filólogo.

philomèle *f* filomela (rossignol).

Philomène *n pr* Filomena.

philosophale *adj f* filosofal; pierre philosophale piedra filosofal.

philosophe *adj & s* filósofo, fa; vivre en philosophe vivir como un filósofo.

philosopher [3] *v intr* filosofar.

philosophie *f* filosofía ‖ (vx) faire sa philosophie estudiar el bachillerato de letras.

philosophique *adj* filosófico, ca.

philosophiquement *adv* filosóficamente.

Philostrate *n pr* Filostrato, Filóstrato.

philotechnie *f* filotecnia (amour des arts).

philotechnique *adj* filotécnico, ca (ami des arts).

philtre *m* filtro, brebaje mágico, bebedizo.

phimosis [fimozis] *m* MÉD fimosis *f*.

phlébite *f* MÉD flebitis.

phléborragie *f* MÉD fleborragia.

phlébotome *m* flebótomo, lanceta *f* (insecte).

phlébotomie *f* MÉD flebotomía, sangría.

phlegmasie *f* MÉD flegmasía, inflamación interna.

phlegmon; flegmon *m* MÉD flemón, flegmón.

phlegmoneux, euse *adj* MÉD flemonoso, sa.

phléole ➤ fléole.

phlogiste *m* CHIM flogisto.

phlogose *f* MÉD flogosis.

phlomis *m* BOT aguavientos.

phlox *m* flox (plante).

phlyctène *f* MÉD flictena.

Phnom Penh *n pr* GÉOGR Phnom Penh.

phobie *f* fobia.

phobique *adj* fóbico, ca.

Phocée *n pr f* HIST Focea.

Phocide *n pr f* GÉOGR la Phocide Fócida.

phocidien, enne *adj & s* focense.

phocomélie *f* MÉD focomelia.

phœnix; phénix [feniks] *m* fénix (palmier).

pholade *f* fólade (mollusque).

phonation *f* fonación.

phone *m* fono, fonio, fon (unité de sonorité).

phonème *m* fonema.

phonendoscope *m* fonendoscopio.

phonéticien, enne *m & f* fonetista.

phonétique *adj & s f* fonético, ca.

phonétiquement *adv* fonéticamente.

phonétisme *m* fonetismo.

phoniatre *m & f* foniatra.

phoniatrie *f* foniatría.

phonie [fɔni] *f* fonía.

phonique *adj* fónico, ca.

phono *m* FAM fonógrafo.

phonocontrôle *m* fonocontrol.

phonogénique *adj* fonogénico, ca.

phonogramme *m* fonograma.

phonographe *m* fonógrafo.

phonographie *f* fonografía.

phonographique *adj* fonográfico, ca.

phonolite; phonolithe *f* fonolita (roche).

phonolitique; phonolithique *adj* GÉOGR fonolítico, ca.

phonologie *f* fonología.

phonomètre *m* fonómetro.

phonométrie *f* fonometría.

phonothèque *f* fonoteca.

phoque *m* foca *f* (animal).

phormium *m* lino de Nueva Zelanda.

phosgène *m* CHIM fosgeno.

phosphatage *m* fosfatado.

phosphate *m* CHIM fosfato.

phosphaté, e *adj* CHIM fosfatado, da.

phosphater [3] *v tr* fosfatar.

phosphatique *adj* fosfático, ca.

phosphaturie *f* MÉD fosfaturia, exceso *m* de fósforo en la orina.

phosphène *m* fosfeno.

phosphines *f pl* CHIM fosfinas.

phosphite *m* CHIM fosfito.

phosphore *m* CHIM fósforo ‖ projectile au phosphore proyectil de fósforo.

phosphoré, e *adj* fosforado, da.

phosphorescence *f* fosforescencia.

phosphorescent, e *adj* fosforescente.

phosphoreux, euse *adj* fosforoso, sa.

phosphorique *adj* fosfórico, ca; acide phosphorique ácido fosfórico.

phosphorisation *f* fosforización.

phosphorisme *m* MÉD fosforismo.

phosphorite *f* MIN fosforita.

phosphoroscope *m* fosforoscopio.

phosphure *m* CHIM fosfuro.

phot [fɔt] *m* PHYS foto (unité d'éclairage).

photo *f* foto; faire ou prendre des photos hacer ou sacar fotos ■ photo d'identité foto de carné ou carnet ‖ photo en couleurs foto en color ■ en photo en foto ■ faire de la photo dedicarse a la fotografía ‖ prendre en photo fotografiar.
◇ *adj inv* fotográfico, ca; appareil, pellicule photo cámara ou máquina, película fotográfica.

photochimie *f* fotoquímica.

photochimique *adj* fotoquímico, ca.

photochromie *f* fotocromía.

photocomposition *f* fotocomposición.

photoconducteur, trice *adj* fotoconductor, ra.

photocopie *f* fotocopia.

photocopier [9] *v tr* fotocopiar.

photocopieur; photocopieuse *m & f* fotocopiadora *f*.

photoélasticimétrie *f* fotoelasticimetría.

photoélasticité *f* fotoelasticidad.

photoélectricité *f* fotoelectricidad.

photoélectrique *adj* fotoeléctrico, ca.

photo-finish [fɔtɔfiniʃ] *f* cámara en los finales de carrera.
☐ OBSERV pl photos-finish.

photogène *adj* fotógeno, na.

photogénie *f* fotogenia.

photogénique *adj* fotogénico, ca.

photoglyptie [fɔtɔglipsi] *f* huecograbado *m*.

photogramme *m* fotograma.

photogrammétrie *f* fotogrametría.

photographe *m & f* fotógrafo, fa.

photographie *f* fotografía ‖ faire de la photographie dedicarse a la fotografía.

photographier [9] *v tr* hacer una fotografía, fotografiar, sacar una foto de ‖ se faire photographier sacarse una fotografía.

photographique *adj* fotográfico, ca ‖ appareil photographique máquina fotográfica ou de fotografiar.

photographiquement *adv* fotográficamente.

photograveur [fɔtogravœr] *m* fotograbador.

photogravure *f* fotograbado *m*.

photolithographie *f* fotolitografía.

photolithographier [9] *v tr* fotolitografiar.

photolithographique *adj* fotolitográfico, ca.

photoluminescence *f* fotoluminiscencia.

photolyse *f* fotólisis.

Photomaton® *m* fotomatón.

photomécanique *adj* fotomecánico, ca.

photomètre *m* fotómetro.

photométrie *f* fotometría.

photométrique *adj* fotométrico, ca.

photomicrographie *f* fotomicrografía.

photomontage *m* fotomontaje.

photon *m* PHYS fotón.

photonique *adj* PHYS del fotón.

photopériodisme *m* BOT fotoperiodismo.

photophobe *adj & s* MÉD fotófobo, ba.

photophobie *f* MÉD fotofobia.

photophone *m* PHYS fotófono.

photophore *m* fotóforo, lámpara *f* fijada al casco (mineurs).

photopile *f* fotopila.

photoreportage *m* reportaje fotográfico.

photo-robot [fɔtɔrɔbo] *f* foto robot.
‖ OBSERV pl photos-robots.

photosculpture [fɔtɔskyltyr] *f* fotoescultura.

photosensible *adj* fotosensible.

photosphère [fɔtɔsfɛr] *f* ASTRON fotosfera.

photostat [fɔtɔsta] *m* fotostato.

photostyle *m* INFORM lápiz óptico.

photosynthèse *f* fotosíntesis.

photosynthétique *adj* fotosintético, ca.

phototactisme *m* fototactismo.

phototélégraphe *m* fototelégrafo.

photothèque *f* fototeca, archivo *m*; fotográfico.

photothérapie *f* MÉD fototerapia.

phototropisme *m* fototropismo.

phototype *m* fototipo.

phototypie *f* IMPR fototipia.

phototypographie *f* IMPR fototipografía.

phrase *f* frase ‖ GRAMM oración, frase ■ phrase toute faite frase estereotipada ou hecha ou acuñada ‖ sans phrases sin ambigüedades, sin rodeos ■ FAM faire des phrases hacer frases, hablar enfáticamente ou con prosopopeya.

phraséologie *f* fraseología.

phraséologique *adj* fraseológico, ca.

phraser [3] *v intr* frasear, hacer frases.

phraseur, euse *m & f* hablador, ra; fabricante de frases; c'est un phraseur es un hablador.

phratrie *f* fratría (Antiquité grecque).

phréatique *adj* subterráneo, a; freático, ca.

phrénique *adj* ANAT frénico, ca.

phrénologie *f* frenología.

phrénologique *adj* frenológico, ca.

phrygane *f* frígano *m* (insecte).

Phrygie *n pr f* HIST la Phrygie Frigia.

phrygien, enne *adj* frigio, gia.

Phrygien, enne *m & f* frigio, gia.

phtaléine *f* CHIM ftaleína.

phtalique *adj m* CHIM ftálico, ca.

phtiriasis *m*; **phtiriase** *f* MÉD ftiriasis *f*, pediculosis *f*.

phtisie [ftizi] *f* MÉD tisis.

phtisiologie [ftizjɔlɔʒi] *f* tisiología.

phtisiologue [ftizjɔlɔg] *m* tisiólogo.

phtisique [ftizik] *adj & s* tísico, ca.

phycoïdées *f pl* BOT ficoídeas.

phycomycètes *m pl* BOT ficomicetos.

phylactère *m* filacteria *f*.

phylarque *m* filarca (chef de tribu).

phylétique *adj* filético, ca.

phyllade *m* MIN filado.

phyllanter *m* sarandí (arbre d'Amérique).

phyllie *f* filia (insecte).

phyllode *m* BOT filodio.

phyllopodes *m pl* filópodos (crustacés).

phylloxéra; phylloxera *m* filoxera *f*.

phylloxéré, e *adj* filoxerado, da; con la filoxera.

phylloxérien, enne *adj* filoxérico, ca.

phylloxérique *adj* filoxérico, ca.

phylum [filɔm] *m* BIOL filo.

physalie *f* ZOOL fisalia.

physalis [fizalis] *m* BOT alquequenje.

physicien, enne *m & f* físico, ca.

physico-chimie *f* fisicoquímica.
‖ OBSERV pl physico-chimies.

physico-chimique *adj* fisicoquímico, ca.
‖ OBSERV pl physico-chimiques.

physico-mathématique *adj* fisicomatemático, ca; sciences physico-mathématiques ciencias fisicomatemáticas.
‖ OBSERV pl physico-mathématiques.

physico-théologique *adj* fisicoteológico, ca.
‖ OBSERV pl physico-théologiques.

physiocrate *adj & s* fisiócrata.

physiocratie *f* fisiocracia.

physiognomonie [fizjɔgnɔmɔni] *f* fisiognomonía.

physiognomonique [fizjɔgnɔmɔnik] *adj* fisiognomónico, ca; de la fisiognomonía.

physiognomoniste [fizjɔgnɔmɔnist] *m & f* fisiognomonista.

physiographe *m* fisiógrafo.

physiographie *f* fisiografía.

physiologie *f* fisiología.

physiologique *adj* fisiológico, ca.

physiologiquement *adv* fisiológicamente.

physiologiste *m & f* fisiólogo, ga.

physionomie *f* fisonomía, fisionomía (moins courant); physionomie malheureuse fisonomía poco agraciada.

physionomique *adj* fisonómico, ca.

physionomiste *adj & s* fisonomista.

physiopathologie *f* fisiopatología.

physiothérapie *f* fisioterapia.

physique *adj* físico, ca.
◇ *f* física; physique nucléaire física nuclear.
◇ *m* físico (physionomie); avoir un beau physique tener un físico agradable ‖ avoir le physique de l'emploi irle a uno muy bien un papel ou un oficio, encajar muy bien en un papel.

physiquement *adv* físicamente.

physoïde *adj* fisoideo, a (en forme de vessie).

physostigma *m* fisostigma, haba *f* de Calabar.

physostigmine *f* fisostigmina, eserina.

physostomes *m pl* fisóstomos (poissons).

phytéléphas [fitelefas] *m* fitelefas (arbre).

phytine *f* fitina.

phytobiologie *f* fitobiología.

phytogène *adj* fitógeno, na.

phytographie *f* BOT fitografía.

phytolaque *m* fitolaca *f* (plante).

phytologie *f* BOT fitología.

phytopathologie *f* fitopatología.

phytophage *adj* fitófago, ga.

phytopharmacie *f* fitofarmacia.

phytothérapie *f* fitoterapia.

phytozoaire *m* fitozoario (zoophyte).

pi *m inv* pi (lettre grecque) ‖ MATH pi (3, 1416).

piaculaire *adj* expiatorio, ria.

piaf [pjaf] *m* FAM gorrión (moineau).

piaffement *m* acción *f* de piafar, pataleo.

piaffer [3] *v intr* piafar (cheval) ‖ FIG pavonearse, ostentar ‖ FIG piaffer d'impatience saltar ou brincar de impaciencia.

piaffeur, euse *adj & s m* piafador, ra (chevaux).

piaillard, e [pjajar, ard] *adj & s* FAM pión, ona (oiseaux) ‖ chillón, ona (personnes).

piaillement [pjajmɑ̃] *m* chillido, piada *f* (oiseaux) ‖ gritería *f*, griterío, chillido (personnes).

piailler [3] [pjaje] *v intr* piar (les oiseaux) ‖ FAM chillar (les personnes).
‖ SYN crier gritar.

piaillerie [pjajri] *f* FAM pío *m* (oiseaux) ‖ gritería, griterío *m*, chillido *m* (personnes).

piailleur, euse *m & f* FAM pión, ona (oiseaux) ‖ chillón, ona; pión, ona (personnes).

pian *m* pián (maladie).

pianino *m* pianino, piano vertical pequeño.

pianissimo *adv* MUS pianísimo.

pianiste *m & f* pianista.

pianistique *adj* pianístico, ca; del piano.

piano *m* MUS piano ■ piano à queue piano de cola ‖ piano demi-queue piano de media cola ‖ piano droit piano vertical ‖ FAM piano du pauvre acordeón ‖ pianoforte pianoforte,

piano ‖ **piano mécanique** organillo ‖ **piano oblique** piano diagonal.

piano adv MUS piano.

pianola m MUS pianola f.

pianotage m FAM & MUS tecleo.

pianoter [3] v intr MUS teclear ‖ golpetear.

piassava m piasava f (plante).

piastre f piastra.

piat [pja] m picazo (oiseau).

piaule f FAM habitación, cuarto m (chambre).

piaulement [pjolmã] m FAM pío.

piauler [3] v intr piar (les poulets) ‖ chillar (les enfants).

piaulis [pjoli] m FAM gorjeo de las aves.

PIB (abr de produit intérieur brut) m PIB.

pibale f ZOOL angula (civelle).

pible
  ➡ **à pible** loc adv MAR tiple, palo de una sola pieza (mât).

pibrock [pibrɔk] m gaita f escocesa ‖ música f para gaita.

pic m pico (outil) ‖ pico, picacho (montagne) ‖ MAR perilla f de mesana ‖ pájaro carpintero, pico (pivert) ■ **abîme à pic** abismo vertical ‖ **couler à pic** irse a pique ‖ FIG & FAM **tomber à pic** venir de primera ou de perilla, caer como pedrada en ojo de boticario.

pica m MÉD pica f, malacia f.

picador m picador (corrida).

picaduros m purito (petit cigare).

picaillons [pikajɔ̃] m pl FAM cuartos, parné sing, pasta f sing (argent).

picard, e adj picardo, da (de Picardie).
  ➡ **picard** m LING dialecto picardo.

Picard, e m & f picardo, da (de Picardie).

picardan m vino moscatel.

Picardie n pr f GÉOGR (la) Picardie Picardía.

LA PICARDIE
Esta región administrativa comprende los departamentos de Aisne, Oise y Somme. Capital: Amiens.

picarel m esmarrido (poisson).

picaresque adj picaresco, ca.

picaro m pícaro.

piccolo; picolo FAM vino corriente y flojo ‖ MUS flautín.

picéa m picea f (arbre).

pichenette f FAM papirotazo m, capón (chiquenaude).

pichet [piʃɛ] m jarro, pichel (petit broc).

picholine [pikɔlin] f aceituna verde aliñada.

pickles [pikœls] m pl encurtidos.

pickpocket [pikpɔkɛt] m ratero (voleur).

pick-up [pikœp] m inv fonocaptor (d'un poste de radio) ‖ tocadiscos, pick-up (phonographe électrique).

picoler [3] v intr FAM pimplar, soplar, empinar el codo (boire).

picolet [pikɔlɛ] m picolete (serrure).

picoline f CHIM picolina.

picolo m ➡ **piccolo**.

picorer [3] v intr picotear, picar, buscar alimentos (les oiseaux) ‖ (vx) merodear, pecorear (marauder).
  ◇ v tr picar, picotear, comer poco.

picot [piko] m garrancho, pico (d'un morceau de bois) ‖ cuña f de madera (coin de bois) ‖ pico (marteau des carriers) ‖ puntilla f, piquillo (d'une dentelle) ‖ red f (filet) ‖ paja f fina (paille).

picotage m picoteo ‖ picor, picazón f (picotement).

picote f (p us) picote m (tissu) ‖ (p us) MÉD viruelas pl (variole).

picoté, e adj picado, da; picoteado, da.

picotement m picor, picazón f, comezón f.

picoter [3] v tr picotear (becqueter) ‖ picar, causar picazón (démanger) ‖ picar (un papier) ‖ poner cuñas (mines) ‖ FIG picar, zaherir (taquiner).

picotin m picotín (mesure) ‖ pienso (pour les chevaux).

picpouille; picpoul m vino del Sur de Francia.

picrate m CHIM picrato ‖ FAM vino peleón (vin ordinaire), vinate, mollate, pirriaque (vin).

picrique adj m CHIM pícrico (acide).

picte adj picto, ta.

Picte m & f picto, ta; **les Pictes** los pictos.

pictogramme m pictograma.

pictographie f pictografía.

pictural, e adj pictórico, ca; **des ornements picturaux** ornamentos pictóricos.

pic-vert ➡ **pivert**.
  ▨ OBSERV pl pics-verts.

pie [pi] f urraca, picaza (oiseau) ‖ FAM cotorra; **jaser comme une pie** hablar como una cotorra ‖ pío, pía (couleur); **des chevaux pie** caballos píos ‖ **voleur comme une pie** más ladrón que siete ■ FIG **trouver la pie au nid** hacer un descubrimiento maravilloso.
  ▨ OBSERV Pie, adjetivo de color, es invariable.

pie [pi] adj pío, pía; piadoso, sa (pieux); **œuvres pies** obras pías.

Pie [pi] n pr Pío; **Pie IX** Pío IX [Nono].

pièce f pieza; **les pièces d'une machine** las piezas de una máquina ‖ habitación, cuarto m (salle); **un deux-pièces** un piso de dos habitaciones ‖ remiendo m, pieza (raccommodage); **mettre une pièce à un pantalon** poner una pieza a un pantalón; **mettre une pièce à une chaussure** poner un remiendo a un zapato ‖ pedazo m (morceau) ‖ cada uno m, unidad (chaque); **cent francs pièce** cien francos cada uno; **vendu à la pièce** vendido por unidades ‖ pieza (chasse, tissu) ‖ moneda, pieza (monnaie) ‖ documento m; **pièce d'identité** documento de identidad ‖ pieza (échecs, héraldique) ‖ obra; **pièce de vers** obra en verso; **pièce de musique** obra de música ‖ obra de teatro; **pièce en cinq actes** obra de teatro en cinco actos ‖ MIL pieza (bouche à feu) ‖ escuadra de arma colectiva (d'un canon) ■ **pièce à conviction** cuerpo del delito, pieza de convicción ‖ **pièce à l'appui** comprobante ‖ **pièce d'eau** estanque ‖ **pièce de bétail** cabeza de ganado, res ‖ **pièce de charpente** viga ‖ **pièce de rechange, détachée** pieza de recambio, de repuesto ‖ **pièce de résistance**

plato fuerte ou de resistencia ‖ **pièce de terre** haza ‖ **pièce de vin** tonel de vino ‖ **pièce justificative** comprobante, documento justificativo, justificante ‖ **pièce montée** plato montado ■ **de toutes pièces** completamente ‖ **en pièces détachées** desarmado ‖ **pièce à pièce** pieza por pieza ‖ **tout d'une pièce** de un solo bloque, de una sola pieza; envarado, rígido, tieso; **marcher tout d'une pièce** andar envarado, rígido (sans souplesse), de un tirón (d'un trait); **faire sa nuit tout d'une pièce** dormir de un tirón ‖ **un deux-pièces** un bañador de dos piezas ou de dos cuerpos (maillot de bain), un dos piezas (vêtement) ‖ **un maillot une pièce** un bañador ‖ **armé de toutes pièces** armado de pies a cabeza ‖ **c'est inventé de toutes pièces** es pura invención ‖ FAM **donner la pièce** dar una propina ‖ **faire pièce à quelqu'un** ir en contra de uno (s'opposer) ‖ **fait de pièces et de morceaux** hecho de retazos ‖ **juger sur pièce** juzgar de viso ‖ **mettre en pièces** hacer pedazos ou añicos (briser), despedazar, destrozar (par des médisances), desbaratar, hacer trizas (l'ennemi) ‖ **payer à la pièce** pagar a destajo ‖ FAM **nous ne sommes pas aux pièces** lo que hacemos no corre prisa ‖ **tomber en pièces** caerse a pedazos ‖ **travailler à la pièce** ou **aux pièces** trabajar a destajo ‖ **vendre à la pièce** vender por pieza.

  ▨ **PIÈCE**
En Francia, se clasifican los pisos en función del número de habitaciones (excluidas la cocina y el cuarto de baño). "Un deux-pièces" es un piso con una sala de estar y un dormitorio; "un cinq-pièces" es un piso con cinco habitaciones.

piécette f moneda pequeña, monedilla ‖ obrita de teatro.
  ➡ **piécettes** f pl ARCHIT rondelas.

pied [pje] m pie (en général) ‖ pata f (support); **une table à quatre pieds** una mesa de cuatro patas ‖ **pies** pl; **elle était au pied du lit** estaba a los pies de la cama ‖ pata f (cuisine) ■ **pied à coulisse** pie de rey, compás de corredera ‖ **pied de devant** mano (du cheval) ‖ **pied de fonte horma** (cordonnier) ‖ **pied de montoir** pie de cabalgar ‖ **pied de nez** palmo de narices ‖ **pied de porc** mano de cerdo ‖ **pied de vigne** cepa ‖ **pied fourchu** pata hendida ‖ **pieds nus, nu-pieds** descalzo, za; **elle marche pieds nus** anda descalza ‖ **pieds plats** pies planos ■ **à pied** a pie (en marchant), pie a tierra (militaire), al pie del cañón ‖ **à pied d'œuvre** sobre el terreno ‖ **à pied sec** a pie enjuto ‖ **à pieds joints** a pie juntillas, con los pies juntos ‖ **au petit pied** de poca monta ‖ **au pied de la lettre** al pie de la letra ‖ **au pied du mur** entre la espada y la pared ‖ **au pied levé** de repente, improvisadamente, de improviso ‖ **aux pieds de quelqu'un** a los pies de alguien ‖ **coup de pied** puntapié, patada ‖ **de la tête aux pieds, des pieds à la tête** de pies a cabeza ‖ **de pied en cap** de pies a cabeza ‖ **de pied ferme** a pie firme ‖ **de plain-pied** al mismo nivel ‖ **en pied** de cuerpo entero (portrait) ‖ **le pied à l'étrier** con el pie en el estribo ‖ **pied à pied** paso a paso ‖ **sur le même pied, sur un pied d'égalité** en un pie de igualdad ‖ **sur le pied de** a razón, en plan de ‖ **sur le pied de guerre** en pie de guerra ‖ **sur pied** en pie; levantado, da (guéri); preparado, da; listo, ta (prêt); establecido, da (établi); en pie, antes de la cosecha (avant la récolte), en vivo (animal) ▌ **sur un grand pied** en plan grande, a lo grande ▌ **sur un pied d'égalité** en igualdad de condiciones ▌ **sur un pied d'intimité** en un plan de intimidad ■ **attendre de pied ferme** esperar a pie firme ▌ **avoir bon pied bon œil** estar más sano que una manzana, ser fuerte como un roble ▌ **avoir le pied marin** ser muy marinero, no marearse ▌ **avoir pied** hacer pie (dans l'eau) ▌ **avoir toujours un pied en l'air** estar siempre con un pie en el aire ▌ **avoir un pied dans la fosse** ou **dans la tombe** tener un pie en el sepulcro ▌ **avoir un pied quelque part** meter un pie ou tener entrada en algún sitio ▌ FAM **casser les pieds de quelqu'un** dar la lata ou fastidiar a alguien ▌ FAM **cela lui fait les pieds** lo tiene bien merecido (c'est bien fait), le da una lección, es un buen escarmiento ▌ **envoyer son pied quelque part** largar una patada en el trasero ▌ **être bête comme ses pieds** ser tonto de capirote ▌ **être sur un bon pied** estar en buena situación ▌ **faire des pieds et des mains** revolver Roma con Santiago, hacer todo lo posible ▌ FAM **faire du pied à quelqu'un** dar con el pie a alguien ▌ **faire le pied de grue** estar de plantón, esperar en vano ▌ **faire un pied de nez** hacer burla con la mano, hacer un palmo de narices (pour se moquer) ▌ **fouler aux pieds** pisotear ▌ **lâcher pied** perder pie, perder terreno, cejar ▌ FAM **lever le pied** largarse, fugarse ▌ **marcher sur les pieds de quelqu'un** pisotear, apabullar ▌ **mettre le pied** ou **les pieds à** poner los pies en ▌ **mettre les pieds dans le plat** meter la pata ▌ **mettre pied à terre** poner pie en tierra, apearse ▌ **mettre quelqu'un à pied** poner a uno en la puerta de la calle, despedir ▌ **mettre sur pied** poner en pie ▌ **ne pas se donner de coups de pied** no tener abuela, ser muy engreído ▌ **ne plus mettre les pieds dans un endroit** no poner más los pies en un sitio ▌ **ne pouvoir mettre un pied devant l'autre** no tenerse en pie ▌ **ne pas savoir sur quel pied danser** no saber a qué son bailar, no saber a qué atenerse, no saber a qué carta quedarse ▌ **partir du bon pied** entrar con buen pie ▌ **perdre pied** no hacer pie, perder pie ▌ **pieds et poings liés** atado de pies y manos ▌ **prendre pied** asentarse ▌ **prendre quelqu'un au pied levé** coger a uno de improviso ▌ **remettre quelqu'un sur pied** levantar a alguien (relever), hacer a alguien levantar cabeza (rétablir) ▌ **retomber sur ses pieds** caer de pie ▌ FAM **se casser les pieds** aburrirse como una ostra ▌ **se lever du pied gauche** ou **du mauvais pied** levantarse con el pie izquierdo ▌ **taper du pied** golpear el suelo con el pie (frapper le sol), patalear (les enfants), patear (en signe de désapprobation) ▌ FAM **travailler comme un pied** trabajar con los pies.

pied-à-terre [pjetatɛr] m inv apeadero, vivienda f de paso.

pied-bot [pjebo] m patizambo.
▌ OBSERV pl pieds-bots.

pied-d'alouette m BOT espuela f de caballero.
▌ OBSERV pl pieds-d'alouette.

pied-de-biche [pjedbiʃ] m sacaclavos, uña f (pour extraire des clous) ▌ pie prensatelas, prensilla f (couture) ▌ pinzas f pl de dentista (de dentiste) ▌ empuñadura f, llamador (de sonnette).

▌ OBSERV pl pieds-de-biche.

pied-de-cheval m ostión, ostra f portuguesa.
▌ OBSERV pl pieds-de-cheval.

pied-de-chèvre m TECHN palanqueta f, pie de cabra (levier) ▌ armazón f de cabria, travesaño.
▌ OBSERV pl pieds-de-chèvre.

pied-de-loup m BOT licopodio (lycopode).
▌ OBSERV pl pieds-de-loup.

pied-de-mouche m IMPR calderón.
▌ OBSERV pl pieds-de-mouche.

pied-de-poule [pjedpul] m pata f de gallo.
▌ OBSERV pl pieds-de-poule.

pied-de-veau [pjedvo] m BOT aro pie de becerro.
▌ OBSERV pl pieds-de-veau.

pied-d'oiseau m serradella f (plante).
▌ OBSERV pl pieds-d'oiseau.

pied-droit; piédroit [pjedrwa] m ARCHIT macho (pilier) ▌ larguero, montante, jambas f pl (jambage d'une porte ou d'une fenêtre).
▌ OBSERV pl pieds-droits.

piédestal m pedestal; des piédestaux de marbre pedestales de mármol ▌ FIG **mettre quelqu'un sur un piédestal** poner a alguien por las nubes ou en los altares.

pied-fort; piéfort m moneda f más gruesa que la ordinaria y que sirve de modelo para acuñar, patrón de moneda.

piedmont ► **piémont**.

pied-noir [pjenwar] m & f francés que vivía en Argelia antes de su independencia.
▌ OBSERV pl pieds-noirs.

> **PIED-NOIR** —————————
> Así se llamó a los antiguos colonos franceses de Argelia cuando volvieron a Francia después de la proclamación de la independencia de Argelia en 1962. Muchos se instalaron en ciudades costeras del sur de Francia.

piédouche m basa f de un busto.

piège m trampa f, cepo; **tendre un piège** tender una trampa ■ **piège explosif** mina con trampa ■ **donner** ou **tomber dans le piège** caer en la trampa ▌ **dresser un piège** armar una trampa ▌ FIG **prendre au piège** atrapar ▌ **se laisser prendre à son propre piège** caer en sus propias redes.

▌ SYN traquenard armadijo; embuscade emboscada; embûche celada; attrape trampa; chausse-trape trampa; guêpier avispero.

piégeage [pjeʒaʒ] m caza f con trampa ▌ MIL colocación f de trampas explosivas.

piéger [22] v tr coger en la trampa ▌ colocar minas en (des engins explosifs) ▌ colocar un explosivo en (une voiture, etc.) ▌ **lettre, voiture piégée** carta-bomba, coche-bomba ▌ **piéger une mine** colocar una trampa en una mina.

piégeur m cazador con trampas.

pie-grièche [pigrijɛʃ] f alcaudón m, pega reborda, desollador m (oiseau) ▌ FAM arpía (femme acariâtre).
▌ OBSERV pl pies-grièches.

pie-mère [pimɛr] f ANAT piamadre, piamáter.
▌ OBSERV pl pies-mères.

piémont; piedmont m llanura f un poco inclinada al pie de una montaña.

Piémont n pr m GÉOGR le Piémont Piamonte.

piémontais, e adj & s piamontés, esa.

piéride f piéride (papillon).

pierraille [pjɛraj] f grava, cascajo m.

pierre f piedra ▌ terrón m (morceau de sucre) ▌ MÉD piedra, cálculo m ■ **pierre à aiguiser** piedra de amolar ou de afilar, amoladera ▌ **pierre à bâtir** piedra de construcción ▌ **pierre à briquet** piedra de mechero ou de encendedor ▌ **pierre à feu** ou **à fusil** pedernal, piedra de chispa ▌ **pierre angulaire** ou **fondamentale** piedra angular ou fundamental ▌ **pierre d'achoppement** escollo ▌ **pierre d'aimant** piedra imán ▌ **pierre d'attente** adaraja ▌ **pierre d'autel** ara ▌ **pierre de taille** sillar, cantería, piedra de sillería ▌ **pierre de touche** piedra de toque ▌ **pierre d'évier** pila ▌ **pierre fine** piedra fina ▌ **pierre infernale** piedra infernal, nitrato de plata ▌ **pierre levée** menhir ▌ **pierre météorique** piedra meteórica ▌ **pierre philosophale** piedra filosofal ▌ **pierre plate** piedra plana ou lancha ▌ **pierre ponce** piedra pómez ▌ **pierre précieuse** piedra preciosa ▌ **pierre tombale** lápida sepulcral ■ **coup de pierre** pedrada ▌ **fusil à pierre** escopeta de chispa ▌ **mur de pierres sèches** muro de piedra en seco ▌ **tailleur de pierre** picapedrero, cantero ■ **dur comme la pierre** duro como un pedernal ou como la piedra ■ **ce jour est marqué d'une pierre blanche** es un día señalado, es un día señalado con piedra blanca ▌ FAM **être malheureux comme les pierres** ser el rigor de las desdichas ▌ FIG **faire d'une pierre deux coups** matar dos pájaros de un tiro ▌ **geler à pierre fendre** helarse las piedras ▌ **jeter des pierres dans le jardin de quelqu'un** tirar piedras al tejado ajeno ▌ **jeter la pierre et cacher le bras** tirar la piedra y esconder la mano ▌ **n'avoir pas une pierre où reposer sa tête** no tener donde caerse muerto ▌ **pierre qui roule n'amasse pas mousse** piedra movediza nunca moho cobija ▌ **poser la première pierre** poner la primera piedra.

Pierre n pr Pedro.

pierrée f tarjea, atarjea, canal m de desagüe hecho con piedras.

pierreries [pjɛrri] f pl pedrerías, piedras preciosas.

pierrette f piedrecilla, china (caillou) ▌ mujer disfrazada de Pierrot.

Pierrette n pr Petra.

pierreux, euse adj pedregoso, sa (rempli de pierres) ▌ pétreo, a (comme la pierre).

pierrier m (ancien) MIL pedrero.

pierrot [pjɛro] m pierrot (masque) ▌ gorrión (moineau).

Pierrot [pjɛro] n pr Perico, Periquillo, Pedrito.

pietà f inv piedad (peinture, sculpture).

piétaille f MIL & FAM infantería, pipis m pl.

piété f piedad ■ **piété filiale** amor filial ■ **œuvres de piété** obras pías.

piétement m TECHN travesaños pl (d'un meuble).

piéter [18] v intr tener el pie en la raya (au jeu de boules) ▌ correr, corretear (les oiseaux).

➤ **se piéter** v pr ponerse de puntillas (sur la pointe des pieds).

piétin m reblandecimiento (des céréales) ▌ VÉTÉR despeadura f.

piétinement *m* pisoteo ▌ pataleo (gigotement) ▌ FIG poco adelanto, estancamiento (d'une conférence).

piétiner [3] *v tr* [▷ SYN 1] pisotear.
◇ *v intr* [▷ SYN 2] patear, patalear; **piétiner de colère** patalear de cólera ▌ FIG estancarse, no haber ningún adelanto, atascarse (ne pas avancer) ▌ **piétiner sur place** marcar el paso.
▌ SYN **1.** fouler hollar.
2. piaffer piafar; trépigner patear, patalear.

piétisme *m* pietismo (doctrine religieuse).

piétiste *adj & s* pietista.

piéton *m* peatón, transeúnte ▌**passage pour piétons** paso de peatones.

piétonnier, ère *adj* peatonal.

piètre *adj* pobre, ruin, de poco valor, sin valor; malo, la ▌ **faire piètre figure** hacer un pobre papel.

piètrement *adv* mediocremente.

pieu *m* [▷ SYN] estaca *f* ▌ FAM piltra *f*, catre (lit).
▌ SYN poteau poste; piquet estaca; pal palo.

pieusement *adv* piadosamente (religieusement) ▌ FIG devotamente (soigneusement).

pieuter [3]
➡ **se pieuter** *v pr* FAM meterse en la piltra, acostarse (se coucher).

pieuvre *f* pulpo *m* (poulpe) ▌ pulpo *m* (pour fixer) ▌ FIG persona exigente.

pieux, euse [pjø, øz] *adj* piadoso, sa ▌respetuoso, sa; **un fils pieux** un hijo respetuoso ▌ devoto, ta; **soins pieux** cuidados devotos ▌ **pieux mensonge** mentira piadosa.

pièze *f* pieza (unité de pression).

piézo-électricité *f* piezoelectricidad.

piézo-électrique *adj* piezoeléctrico, ca.

piézomètre *m* PHYS piezómetro.

pif [pif] *m* FAM napias *f pl*, nariparipa *f* (nez) ▌ FAM **au pif** a ojímetro.

pif!, paf! *onomatopée* ¡zis!, ¡zas!

piffer [3] *v tr* FAM tragar; **ne pas pouvoir le piffer** no poder tragarle.

pifomètre *m* FAM **mesurer au pifomètre** medir a ojo de buen cubero ou a ojímetro ou a bulto.

Pigalle [pigal] *n pr* GÉOGR barrio parisiense en el que se encuentra el famoso "Moulin-Rouge".

pige *f* medida de longitud, escala ▌ IMPR regla de calibre ▌ tarea normal (tâche) ▌ trabajo *m* por líneas (journal) ▌ FAM año *m* (année) ▌ FAM **faire la pige à quelqu'un** pasar ou adelantar a uno, ir más de prisa que él (aller plus vite), dar ciento y raya (faire mieux).

pigeon [piʒɔ̃] *m* [▷ SYN] palomo (oiseau) ▌ pella *f* de yeso (plâtre) ▌ FIG & FAM primo, palomino, bobalicón (dupe) ▌ **pigeon ramier** paloma torcaz ▌ **pigeon vole** juego de prendas ▌ **pigeon voyageur** paloma mensajera ▌ **gorge-de-pigeon** color tornasolado (couleur) ▌ **tir au pigeon** tiro de pichón ▌ **tir au pigeon d'argile** tiro al plato.
▌ SYN colombe paloma; palombe paloma silvestre; tourterelle tórtola; biset paloma zurita.

pigeonnant, e [piʒɔnɑ̃, ɑ̃t] *adj* FAM **gorge pigeonnante** pechos subidos.

pigeonne *f* paloma, pichona (femelle du pigeon).

pigeonneau *m* pichón (jeune pigeon) ▌ FIG & FAM primo, inocentón (que l'on dupe).

pigeonner [3] *v tr* FAM embaucar (duper).

pigeonnier *m* palomar ▌ FAM desván, buhardilla *f* (mansarde).

piger [17] *v tr* FAM chanelar, comprender, entender (comprendre) ▌ mirar, fijarse en (regarder) ▌ pescar (attraper) ▌ FAM **ne rien piger** no entender ni jota, quedarse en ayunas ou in albis.

pigiste *m & f* persona que trabaja por líneas ▌ periodista independiente (journaliste).

pigment *m* pigmento.

pigmentaire *adj* pigmentario, ria.

pigmentation *f* pigmentación.

pigmenter [3] *v tr* pigmentar.

pignade *f* pinar *m* (forêt de pins maritimes).

pigne *f* piña (pomme de pin) ▌ piñón *m* (graine).

pignocher [3] *v tr* mordisquear (manger par petits morceaux) ▌ pintar con pequeñas pinceladas (peindre).

pignon *m* ARCHIT aguilón ▌ BOT piñón (graine de la pomme de pin) ▌ TECHN piñón, ruedecilla *f* dentada; **pignon de renvoi** piñón de cambio ■ **pin pignon** pino piñonero ou real ■ **avoir pignon sur rue** tener casa propia.

pignoratif, ive [piɲɔratif, iv] *adj* DR pignoraticio, cia.

pignouf [piɲuf] *m* FAM patán (homme grossier).

pilaf, pilau; pilaw *m* arroz blanco (riz).

pilage *m* machacado, trituración *f*.

pilaire *adj* piloso, sa.

pilastre *m* pilastra *f*.

pilau ➡ **pilaf**.

pilaw ➡ **pilaf**.

pile *f* pila ▌ pila, rimero *m*; **une pile de bois** una pila de leña ▌ machón *m*, pila, pilar *m* (d'un pont) ▌ cruz, reverso *m* (d'une monnaie) ▌ BLAS pila ▌ PHYS pila; **pile électrique, atomique** pila eléctrica, atómica ■ **pile ou face** cara o cruz.
◇ *adv* justo, al pelo, en punto ■ FAM **à deux heures pile** a las dos en punto ■ FAM **arriver pile, tomber pile** llegar justo (arriver juste), venir al pelo (bien tomber) ▌ FAM **s'arrêter pile** pararse en seco ou justo.

pilée *f* pilada.

piler [3] *v tr* [▷ SYN] majar, machacar, triturar ▌ FAM moler a palos (battre) ▌ FAM **se faire piler** sufrir un fracaso aplastante.
▌ SYN pulvériser pulverizar; moudre moler.

pilet [pilɛ] *m* pato bravío, lavanco (canard sauvage).

pileur, euse *adj & s* moledor, ra; triturador, ra.

pileux, euse *adj* piloso, sa; **système pileux** sistema piloso.

pilier *m* pilar ▌ poste (poteau) ▌ FIG sostén, soporte, apoyo (soutien) ▌ asiduo (de cabaret), elemento básico, pilar (de société) ▌ pilar (rugby).

pilifère *adj* pilífero, ra.

piliforme *adj* piliforme.

pillage [pijaʒ] *m* pillaje, saqueo (mot le plus usuel) ▌ plagio ▌ **mettre au pillage** saquear.
▌ SYN saccage saqueo; sac saco.

pillard, e [pijar, ard] *adj & s* saqueador, ra; (p us) pillador, ra ▌ ladrón, ona (voleur) ▌ plagiario, ria (plagiaire).

piller [3] [pije] *v tr* saquear (s'emparer par la violence) ▌ robar, despojar (voler) ▌ plagiar, copiar (plagier).

pilleur, euse [pijœr, øz] *adj & s* saqueador, ra ▌ plagiario, ria ▌ MAR **pilleur d'épave** raquero.

pilocarpe *m* BOT pilocarpo, jaborandi.

pilocarpine *f* pilocarpina.

pilon *m* mano *f*, maja *f* (du mortier) ▌ mazo (de moulin à foulon) ▌ pisón (pour les terres) ▌ FAM muslo, pata *f* (de volaille) ▌ pata *f* de palo, pierna *f* de madera (jambe de bois) ■ **marteau-pilon** martillo pilón ▌ **mettre un ouvrage au pilon** destruir la edición de una obra.

pilonnage *m* apisonamiento (de la terre), machacado, majamiento ▌ MIL machaqueo, bombardeo intensivo, martilleo (bombardement intense).

pilonner [3] *v tr* apisonar (la terre), machacar, majar ▌ MIL machacar, martillear a cañonazos.

pilori *m* picota *f* ▌ FIG **mettre ou clouer au pilori** poner en la picota, señalar a la vergüenza pública.

pilo-sébacé, e *adj* pilosebáceo, a.
▌ OBSERV *pl* pilo-sébacés, pilo-sébacées.

piloselle *f* velosilla (plante).

pilosité *f* pilosidad, vellosidad.

pilot [pilo] *m* pilote, estaca *f* (pieu) ▌ montón de sal (tas de sel) ▌ trapos *pl* (pour faire du papier).

pilotage *m* AVIAT pilotaje, vuelo; **pilotage sans visibilité** vuelo sin visibilidad; **pilotage manuel** pilotaje manual ▌ MAR pilotaje, practicaje ▌ CONSTR pilotaje, estacado.

pilote *m* AVIAT piloto; **pilote de ligne** piloto de línea ou civil ▌ FIG guía, piloto ▌ MAR [▷ SYN] práctico, piloto ▌ ZOOL pez piloto ▌ **pilote automatique** autopiloto ▌ **pilote côtier** piloto práctico ▌ **pilote d'essai** piloto de pruebas ▌ **pilote hauturier** piloto de altura ▌ **pilote lamaneur** piloto de puerto.
◇ *adj* piloto, modelo; **usine pilote** fábrica piloto; **ferme pilote** granja modelo ■ **bateau pilote** barco de práctico.
▌ SYN timonier timonel; nautonier nauta; nocher nauta.

piloter [3] *v tr* pilotar, conducir (une auto, un avion, etc.) ▌ CONSTR zampear, poner estacas ou pilotes ▌ FIG & FAM guiar, dirigir.

pilotin *m* MAR aprendiz de piloto, pilotín (p us).

pilotis [piloti] *m* pilotes *pl*, zampas *f pl*; **bâti sur pilotis** construido sobre pilotes.

pilou *m* felpa *f* de algodón.

pilpoul *m* discusión *f* sobre un tema hebraico.

pilulaire *adj* de píldoras, pilular.

pilule *f* píldora ■ FIG & FAM **avaler la pilule** tragarse la píldora ▌ **dorer la pilule** dorar la píldora ▌ **prendre la pilule** tomar la píldora.

pilulier *m* pildorero.

pilum [pilɔm] *m* pilo, venablo (javelot romain).

pimbêche *adj* & *s* FAM marisabidilla, tontivana, impertinente.

⬦ *adj* & *s f* cursi, cursilona.

| SYN mijaurée pamplinosa; FAM chipie arpía, pécora; FAM chichiteuse amanerada, cursi; FAM pécore pécora.

piment *m* guindilla *f*, pimiento chile (plante) ‖ FIG sal *f* y pimienta *f*, sabor ■ piment carré pimiento morrón (poivron) ‖ piment d'Amérique ají ‖ piment rouge pimiento, guindilla, ñora.

pimentade *f* salsa de guindilla.

pimenté, e *adj* salpimentado, da ‖ FIG picante.

pimenter [3] *v tr* sazonar con guindilla ‖ FIG hacer picante, salpimentar, sazonar (un récit).

pimpant, e *adj* pimpante; peripuesto, ta; rozagante.

pimperneau; pimpeneau *m* anguila *f* de agua salada.

pimprenelle *f* BOT pimpinela.

pin *m* pino (arbre) ■ pin d'Alep pincarrasco, pino carrasco ‖ pin laricio pino negro ou negral ‖ pin maritime pino marítimo ‖ pin pignon ou parasol pino piñonero, pino real ‖ pin sylvestre pino albar ou silvestre ‖ pomme de pin piña.

pinacle *m* pináculo ‖ pináculo (cartes) ■ FIG au pinacle en el pináculo, en la cumbre ‖ porter quelqu'un au pinacle poner a alguien en el pináculo ou por las nubes.

pinacoline *f* CHIM pinacolina.

pinacothèque *f* pinacoteca.

pinaillage *m* FAM chinchorrería *f*, minuciosidad *f* ou meticulosidad *f* exagerada.

pinailler [3] *v intr* FAM ser minucioso ou meticuloso ou quisquilloso.

pinailleur, euse *adj* & *s* FAM quisquilloso, sa.

pinard [pinar] *m* FAM mollate, vinate, pirriaque (vin).

pinasse *f* pinaza (embarcation).

pinastre *m* pino marítimo, pinastro, pino rodeno.

pinçade [pɛ̃sad] *f* (vx) pellizco *m*.

pinçage *m* desmoche (des bourgeons).

pinçard, e *adj* & *s* estacado, da; topino, na.

pince *f* garra, presa ‖ pinza (couture); pinces lâchées pinzas sueltas ‖ lumbre (d'un fer à cheval) ‖ mano, garras *pl* (du pied des animaux) ‖ tenazas *pl* (d'une cheminée, des forgerons) ‖ boca, pata (de langoustes, de homards) ‖ FAM mano; serrer la pince dar la mano ‖ pata, patita (pied) ‖ TECHN pinza (outil) ‖ palanca, alzaprima (levier) ■ pince à dessin pinza sujetapapeles ‖ pince à épiler pinzas, pinzas de depilar ‖ pince à gaz mordaza de gas ‖ pince à glace pinza para hielo ‖ pince à linge alfiler de la ropa ‖ pince à sucre tenacillas para el azúcar ‖ pince universelle alicate ou tenaza universal.

➡ **pinces** *f pl* palas, pinzas (dents de devant) ‖ alicates *m*, pinzas (outil) ■ pinces de cycliste pinzas de ciclista.

pincé *m* MUS punteado.

pincé, e *adj* ajustado, da; entallado, da (couture) ‖ encogido, apretado (lèvre) ‖ FIG afectado, da (manière).

pinceau *m* pincel (d'artiste peintre), brocha *f* (gros pinceau de peintre en bâtiment) ‖ pequeño haz luminoso (faisceau lumineux) ‖ FAM pinrel (pied) ‖ coup de pinceau pincelada (d'un tableau), brochazo (de bâtiment).

pincée *f* pizca; une pincée de sel una pizca de sal ‖ pulgarada; une pincée de tabac una pulgarada de tabaco.

pincelier *m* pincelero (pour laver les pinceaux).

pincement *m* pellizco ‖ desmoche (des bourgeons) ‖ encogimiento (des lèvres) ‖ AUTOM convergencia *f* de las ruedas delanteras (des roues d'une auto) ‖ FIG escozor, picor (de jalousie) ‖ MUS punteado ‖ avoir un pincement au cœur tener encogido el corazón.

pince-monseigneur *f* palanqueta, ganzúa.

■ OBSERV pl pinces-monseigneur.

pince-nez [pɛ̃sne] *m inv* quevedos *pl*, lentes *pl*.

| OBSERV Pince-nez se emplea en singular: porter un pince-nez.

pincer [16] *v tr* pellizcar, dar pellizcos (avec les doigts) ‖ coger (prendre) ‖ coger con las tenazas (avec des pinces) ‖ apretar (les lèvres) ‖ despuntar, desmochar (les plantes) ‖ ajustar (ajuster), entallar (à la taille) ‖ FIG & FAM coger, pescar (surprendre, arrêter) ‖ MAR puntear ‖ MUS puntear, pisar.

⬦ *v intr* FIG picar; le froid pince el frío pica ‖ FAM en pincer pour estar colado por.

➡ **se pincer** *v pr* apretarse; se pincer le doigt apretarse el dedo ‖ se pincer le nez apretarse la nariz, pinzarse la nariz.

pince-sans-rire *m* & *f inv* persona *f* graciosa ou chistosa que tiene un aspecto serio.

pincette *f* pinza pequeña.

➡ **pincettes** *f pl* tenazas (pour le feu) ‖ FAM (vx) remo *m sing*, piernas (jambes) ‖ FAM il n'est pas à prendre avec des pincettes está que bufa.

pinchard, e *adj* & *s* gris (cheval).

pinçon [pɛ̃sɔ̃] *m* pellizco ‖ cardenal (marque sur la peau).

pinçure [pɛ̃syr] *f* pellizco *m* ‖ arruga, pliegue *m* (plissement).

Pindare *n pr* Píndaro.

pindarique *adj* pindárico, ca.

pindariser [3] *v intr* gongorizar, hablar ou escribir ampulosa ou oscuramente.

pindarisme *m* pindarismo.

Pinde *n pr m* GÉOGR le Pinde el Pindo.

pinéal, e *adj* ANAT pineal; corps pinéaux cuerpos pineales.

pineau *m* uva *f* tintilla de Borgoña ‖ vino generoso de Charentes.

pinède; pineraie *f* pinar *m*, pineda.

pinène *m* CHIM pineno.

pineraie ➡ **pinède**.

pingouin [pɛ̃gwɛ̃] *m* pingüino (oiseau).

ping-pong [piŋpɔ̃g] *m* tenis de mesa, ping pong.

pingre *adj* & *s* FAM agarrado, da; roñica; mon oncle est un pingre mi tío es un roñica.

pingrerie *f* roñosería, tacañería.

pinière *f* pinar *m*, pineda (pinède).

pinique *adj* CHIM pínico (acide).

pinnatifide *adj* pinnatífido, da (feuille).

pinne *f* ostraperla (mollusque).

pinnée *adj* pinada (feuille).

pinnipède *adj* & *s* ZOOL pinnípedo, da.

pinnothère *m* cangrejo pequeño de mar.

pinnule *f* pínula (topographie).

Pinocchio *n pr* Pinocho.

pinot [pino] *m* uva *f* tintilla de Borgoña.

pinque *f* MAR pingue *m* (navire ancien).

pin's *m* pin.

pinsapo *m* BOT pinsapo.

pinson *m* pinzón (oiseau) ‖ gai comme un pinson alegre como unas castañuelas ou unas Pascuas.

pintade *f* pintada, gallineta (en Argentine).

pintadeau *m* pollo de pintada.

pintadine *f* madreperla, ostra perlífera.

pinte *f* pinta (mesure).

pinter [3] *v intr* & *pr* FAM trincar de lo lindo, empinar el codo (boire).

pin-up [pinœp] *f* pin-up, joven guapa y escultural.

pinyin *m* pinyin (système de transcription de l'écriture chinoise).

piochage *m* cava *f* ‖ trabajo con el pico.

pioche *f* piocha, pico *m*, zapapico *m*, piqueta.

piochement *m* cava *f*.

piocher [3] *v tr* cavar (creuser) ‖ robar (les cartes) ‖ FIG & FAM empollar, estudiar; piocher la chimie empollar química.

piocheur, euse *adj* & *s* cavador, ra ‖ FIG & FAM empollón, ona; estudiante aplicado, da ‖ FAM trabajador, ra.

➡ **piocheuse** *f* excavadora (machine).

piochon *m* pico, piqueta *f*.

piolet [pjɔlɛ] *m* piolet, bastón de montañero (en Espagne), piqueta *f* (en Amérique).

pion, pionne *m* & *f* peón (aux échecs), ficha *f* (aux dames), persona joven, generalmente estudiante, encargada de la disciplina en un colegio, ≈ vigilante, ta.

➡ **pion** *m* FIG FAM damer le pion à quelqu'un ganarle a uno por la mano, ganar la partida a uno.

| LE PION
| En los colegios franceses, los "pions" (llamados oficialmente "surveillants") se encargan de vigilar a los alumnos fuera de las clases; suelen ser jóvenes que realizan este trabajo para pagarse los estudios.

pioncer [16] *v intr* FAM dormir.

pionner [3] *v intr* comerse peones (échecs) ou fichas (dames).

pionnier *m* MIL zapador, gastador (sapeur) ‖ FIG precursor, adelantado; explorador, colonizador.

■ OBSERV On emploie souvent le gallicisme pionero.

pioupiou *m* FAM (vieilli) guripa, sorche (soldat).

pipa *m* pipa (crapaud).

pipe *f* [▷ **SYN**] pipa; **fumer la pipe** fumar en pipa; **pipe de bruyère** pipa de brezo ▍ pipa, barrica (tonneau) ▍ tubo *m* (tuyau) ▍ **FAM casser sa pipe** estirar la pata, hincar el pico (mourir) ▍ **FAM fumer sa pipe** rabiar ▍ **par tête de pipe** por barba, por persona.

▍ **SYN FAM** bouffarde cachimba; narguilé narguile.

pipeau *m* caramillo (flûte) ▍ reclamo para cazar (pour imiter le cri des oiseaux) ▍ trampa *f* para cazar pájaros.

▬ **pipeaux** *m pl* varillas *f*, enligadas (chasse) ▍ **FIG** & **FAM** artimañas *f*, añagazas *f*, trampas *f*.

pipée *f* caza con reclamo ▍ **FIG** artimañas *pl*.

pipelet, ette *m* & *f* **FAM** portero, ra.

pipeline; pipe-line [piplin] ou [pajplajn] *m* oleoducto (de pétrole), gasoducto (de gaz).

▍ **OBSERV** pl pipelines; pipe-lines.

piper [3] *v tr* cazar con reclamo ▍ (vieilli) **FIG** engañar (tromper) ▍ hacer fullerías [con los dados o las cartas] (tricher) ■ **les dés sont pipés** los dados están trucados ■ **FAM il s'est fait piper** lo trincaron ▍ **ne pas piper, ne pas piper mot** no decir ni pío, no decir esta boca es mía.

pipéracées *f pl* **BOT** piperáceas.

piperade *f* **CULIN** tortilla de pimientos morrones y tomates.

pipérazine *f* **CHIM** piperacina.

piper-cub [pipœrkœb] *m* **MIL** avión de observación.

▍ **OBSERV** pl piper-cubs.

pipéridine *f* **CHIM** piperidina.

piperie *f* fullería, trampa (tromperie au jeu) ▍ engaño *m*, fraude *m* (fourberie).

piperine *f* piperina.

pipéronal *m* **CHIM** piperonal.

pipette *f* pipeta (tube) ▍ pipa pequeña.

pipeur *m* fullero (tricheur).

pipi *m* **FAM** pipí; **faire pipi** hacer pipí.

pipier, ère *adj* pipero, ra.

◇ *m* & *f* fabricante de pipas.

pipistrelle *f* pipistrelo *m* (chauve-souris).

pipit; pitpit *m* pitpit (oiseau).

pipo *m* **FAM** alumno de la Escuela Politécnica.

piquage *m* picado (des pierres) ▍ costura *f*, cosido a máquina.

piquant, e *adj* punzante, en punta (qui pique) ▍ picante; **sauce piquante** salsa picante ▍ agudo, da; penetrante; **froid piquant** frío penetrante ▍ **FIG** picante, mordaz, punzante (satirique) ▍ excitante (excitant).

▬ **piquant** *m* espina *f*, pincho, púa *f* ▍ **FIG** lo chistoso, lo curioso, lo interesante (ce qu'il y a de curieux).

pique *f* pica (arme) ▍ pica, puya (dans les courses de taureaux) ▍ regatón *m* (de canne de skieur) ▍ **FIG** indirecta; **envoyer** ou **lancer des piques** tirar indirectas ▍ **MUS** púa.

◇ *m* picos *pl* (carte) ▍ **être fichu comme l'as de pique** ir hecho un adefesio, estar mal vestido.

piqué, e *adj* picado, da; echado a perder (boisson) ▍ picado, da (fruit, etc.) ▍ cosido a máquina (cousu) ▍ **FAM** picado, da; disgus-

tado, da (offensé) ▍ chiflado, da (fou) ▍ **MUS** picado, da ▍ **n'être pas piqué des vers** no ser moco de pavo, no ser manco.

▬ **piqué** *m* piqué (tissu) ▍ **AVIAT** picado; **en piqué** en picado.

pique-assiette [pikasjɛt] *m* **FAM** gorrón.

▍ **OBSERV** pl pique-assiette ou pique-assiettes.

pique-bœuf *m* boyero (charretier) ▍ espulgabuey (oiseau).

▍ **OBSERV** pl pique-bœufs.

pique-bois *m inv* pico carpintero, pájaro carpintero.

pique-feu *m* **TECHN** atizador (tisonnier). ·

▍ **OBSERV** pl pique-feu ou pique-feux.

pique-fleurs *m inv* portaflores.

pique-nique *m* comida *f* campestre, jira *f* campestre.

▍ **OBSERV** pl pique-niques.

pique-niquer [3] *v intr* comer en el campo, ir de jira campestre.

pique-niqueur, euse *m* & *f* excursionista que va a comer al campo.

▍ **OBSERV** pl pique-niqueurs, pique-niqueuses.

pique-notes *m inv* gancho para colgar papeles.

piquepouille *m* vino del Sur de Francia.

piquer [3] *v tr* pinchar; **les épines piquent** las espinas pinchan ▍ picar (insecte) ▍ morder; **se faire piquer par un serpent** ser mordido por una serpiente ▍ poner una inyección (faire une piqûre), vacunar (vacciner) ▍ picar, apolillar (ronger, se dit des insectes) ▍ picar (le vent, le froid, etc.) ▍ coser, pespuntear (coudre) ▍ coser a máquina ▍ puntear, estarcir (un dessin) ▍ mechar (larder de la viande) ▍ tirarse de cabeza; **piquer une tête dans l'eau** tirarse de cabeza al agua ▍ embastar (matelas) ▍ picar (au billard) ▍ dar; **piquer les heures** dar las horas ▍ **FIG** picar (l'amour-propre) ▍ picar, mover; **piquer la curiosité** mover la curiosidad ▍ escocer, picar (une réflexion) ▍ lastimar, picar, molestar (fâcher) ▍ **MUS** picar ▍ **FAM** birlar, robar (voler) ▍ **TAUROM** picar ■ **piquer au vif** herir en carne viva ▍ **piquer du nez** caerse de narices ▍ **piquer quelqu'un d'honneur** picarle a uno en el amor propio ▍ **piquer un fard** ponerse uno como un tomate, subírsele a uno el pavo ▍ **piquer une crise** coger una rabieta ▍ **piquer un cent mètres** salir pitando ▍ **piquer un somme** dar una cabezada, echar un sueñecito, descabezar un sueño.

◇ *v intr* pinchar ▍ **AVIAT** descender en picado, picar ▍ **FAM se faire piquer** ser cogido, coger.

▬ **se piquer** *v pr* pincharse ▍ picarse (le bois, etc.) ▍ agriarse, echarse a perder (une boisson) ▍ presumir, dárselas de (se vanter) ▍ picarse, enfadarse; **il se pique d'un rien** se pica por nada ■ **se piquer au jeu** empicarse en el juego ▍ **se piquer d'honneur** poner todo su amor propio.

piquet *m* estaca *f*, jalón, poste (pieu) ▍ piquete, jalón (jalon) ▍ penitencia *f*, poste, castigo de pie [en las escuelas] ▍ monis (au croquet) ▍ juego de los cientos (jeu de cartes) ▍ **MIL** piquete (escorte), retén (troupe dans la caserne, pompiers) ▍ pelotón, piquete; **piquet d'exécution** pelotón de ejecución ■ **piquet de grève** piquete de huelga ▍ **piquet d'incendie** brigada contra incendios ■ **FAM être planté comme un piquet** estar cuajado como un

poste ▍ **être raide comme un piquet** estar más tieso que un huso ou que el palo de la escoba ou que un ajo.

piquetage [pikta3] *m* jalonado, jalonamiento.

piqueter [27] *v tr* jalonar, señalar con estacas ou piquetes ▍ puntear (marquer par des points).

piquette *f* aguapié ▍ pirriaque *m*, vino *m* peleón, vinucho *m* (mauvais vin).

piqueur *m* montero de caza (chasse) ▍ criado que precedía al coche de su señor ▍ encargado, capataz (surveillant des maçons) ▍ sobrestante (des ponts et chaussées) ▍ **piqueur de vin** catavinos, catador de vinos.

piqueur, euse *adj* chupador, ra (insecte).

◇ *m* & *f* **TECHN** obrero, obrera que cose a máquina.

piqueux *m* montero de caza (chasse à courre).

piquier *m* piquero, pica *f* (soldat).

piquoir *m* punzón (dessin).

piqûre [pikyr] *f* picadura (d'un insecte), pinchazo *m* (d'un objet) ▍ pespunte *m*, costura (couture) ▍ puntada; **3 500 piqûres à la minute** 3 500 puntadas por minuto ▍ inyección (injection); **faire des piqûres** poner inyecciones ▍ basta (d'un matelas).

piranha [pirana]; **piraya** [piraja] *m* piraña *f*.

piratage *m* piratería *f* ▍ **INFORM** pirateo.

pirate *m* [▷ **SYN**] pirata ▍ barco pirata (bateau) ▍ **édition, émission pirate** edición, emisión pirata ▍ **pirate de l'air** secuestrador [de avión], pirata del aire.

▍ **SYN** forban pirata; corsaire corsario; flibustier filibustero; boucanier bucanero.

pirater [3] *v intr* piratear.

piraterie *f* piratería; **piraterie aérienne** piratería aérea.

piraya ▬ **piranha**.

pire *adj* peor.

◇ *m* lo peor, lo más malo ▍ **en mettant les choses au pire** en el peor de los casos.

▍ **OBSERV** Pire como adjetivo es corrientemente sustituido por moins bien (ce film est moins bien que l'autre, esta película es peor que la otra).

Pirée *n pr* **GÉOGR Le Pirée** El Pireo.

piriforme *adj* piriforme.

pirogue *f* piragua (canot).

piroguier *m* piragüero.

pirouette [pirwɛt] *f* pirueta, voltereta ▍ peonza, perinola (toton) ▍ **FIG** cambio *m* brusco, cambiazo *m* (changement brusque) ▍ **FAM répondre par des pirouettes** salirse por la tangente, responder por peteneras.

pirouettement *m* pirueteo, sucesión *f* de piruetas.

pirouetter [4] *v intr* piruetear ▍ **FIG** cambiar de opinión.

pis [pi] *m* ubre *f*, teta *f* (mamelle d'un animal).

pis [pi] *adv* peor; **il est pis que jamais** está peor que nunca ■ **au pis aller** en el peor de los casos, por mal que venga, poniéndose en lo peor ▍ **de mal en pis** de mal en peor ▍ **de pis en pis** cada vez peor ▍ **tant pis** mala suerte ▍ **tant pis pour toi, pour lui** peor para ti, para él ▌ **tant pis pour moi, pour nous!** ¡qué le vamos a hacer!

◇ *adj* peor; **c'est encore pis** es aún peor ▌ **qui pis est** y lo que es peor.

◇ *m* lo peor ▌ **pis-aller** mal menor, último recurso ▌ **le pis-aller** lo peor que puede suceder ▌ **un pis-aller** remedio para salir del paso ■ **dire pis que pendre de quelqu'un** desollar vivo a alguien, echar pestes de alguien ▌ **mettre les choses au pis** ponerse en lo peor de los casos.

pisan, e *adj* pisano, na.

Pisan, e *m* & *f* pisano, na.

piscicole [pisikɔl] *adj* piscícola.

pisciculteur *m* piscicultor.

pisciculture *f* piscicultura.

pisciforme *adj* pisciforme.

piscine *f* piscina [(*Amér*) pileta, alberca] ▌ **piscine couverte** piscina cubierta.

piscivore *adj* & *s* piscívoro, ra.

Pise *n pr* GÉOGR Pisa; **la tour de Pise** la torre de Pisa.

pisé *m* CONSTR adobe.

pisiforme *adj* & *s m* ANAT pisiforme (os).

pisolithe *f* MIN pisolita.

pisolithique *adj* MIN pisolítico, ca.

pissat [pisa] *m* orines *pl*.

pisse *f* TFAM orina.

pisse-froid *m inv* FAM aguafiestas.

pissement *m* meada *f* ▌ **pissement de sang** orina de sangre.

pissenlit *m* BOT cardillo, tagarnina *f*, diente de león (dent-de-lion) ▌ FAM **manger les pissenlits par la racine** estar mascando tierra, criar malvas.

pisser [3] *v intr* & *tr* TFAM mear ▌ **laisser pisser le mérinos** dejar el agua correr.

pissette *f* matraz *m* de lavabo.

pisseur, euse *m* & *f* meón, ona.

pisseux, euse *adj* meado, da; orinado, da; **linge pisseux** ropa meada ▌ **couleur pisseuse** color amarillo sucio.

pissoir *m* FAM meadero (urinoir).

pissoter [3] *v intr* FAM mear.

pissotière *f* FAM meadero *m*.

pistache *f* pistacho *m*, alfóncigo *m* (fruit) ■ **pistache de terre** cacahuete, maní.

◇ *adj inv* **couleur pistache** color verde claro.

pistachier *m* pistachero, alfóncigo (arbuste).

pistage *m* rastreo, acción *f* de seguir la pista.

pistard *m* corredor en pista (cycliste).

piste *f* pista, huella ▌ **pista** (de course, d'avions, etc.) ■ **piste balisée** pista señalizada ▌ **piste cavalière** camino de herradura ▌ **piste cendrée** pista de ceniza ▌ **piste cyclable** carril-bici ▌ TECHN **piste sonore** banda sonora (cinéma) ▌ **tour de piste** vuelta; **faire un tour de piste** dar una vuelta ■ **être sur la bonne, la mauvaise piste** llevar buen camino, estar equivocado ▌ FIG **être sur la piste de quelqu'un** estar buscando a, buscar la pista de alguien ▌ **mettre sur une fausse piste** des-

pistar ▌ **suivre à la piste** seguir la pista ou el rastro ou los pasos.

pister [3] *v tr* FAM seguir la pista, rastrear.

pisteur *m* encargado, da de las pistas de esquí.

pistil *m* BOT pistilo.

pistole *f* doblón *m* (monnaie d'or) ▌ (ancien) moneda de diez francos ▌ celda de pago (prison).

pistolet [pistɔlɛ] *m* [▷ SYN] pistola *f* (arme) ▌ plantilla *f*, regla *f* de curvas (de dessinateur) ▌ pistola *f*, pulverizador, aerógrafo (pour peindre) ▌ bollo de pan (en Belgique) ▌ FAM orinal ▌ FIG & FAM tipo, pájaro, persona *f* curiosa; **quel drôle de pistolet!** ¡vaya un tipo! ▌ MAR pescante ■ **pistolet à air comprimé** escopeta de aire comprimido ▌ **pistolet à eau** pistola de agua ■ **coup de pistolet** tiro de pistola, pistoletazo.

▌ SYN revolver revólver; browning browning; colt colt.

pistolet-mitrailleur *m* pistola *f* ametralladora.

▌ OBSERV pl pistolets-mitrailleurs.

piston *m* émbolo, pistón ▌ muelle, botón (ressort) ▌ FAM enchufe (recommandation) ▌ MUS cornetín de pistón ou de llaves ▌ pistón, llave *f* (de certains instruments) ■ TECHN **piston plongeur** chupón ■ FIG & FAM **avoir du piston** estar enchufado, tener enchufe, estar recomendado.

pistonnage *m* FAM enchufe, recomendación *f*.

pistonner [3] *v tr* FAM enchufar, recomendar ▌ proteger ▌ FAM **se faire pistonner** tener un enchufe, conseguir una recomendación.

pistou *m* CULIN **soupe au pistou** sopa de verduras con una picada de albahaca y ajo.

pitance *f* pitanza.

pitch *m* SPORTS pitch (golf).

pitchpin [pitʃpɛ̃] *m* BOT pitchpín, pino de Virginia, pino (de) tea.

pite *f* pita (plante).

piteusement *adv* patéticamente.

piteux, euse *adj* lastimoso, sa; lamentable; **il est en piteux état** ha quedado en un estado lastimoso ▌ FAM **mine piteuse** cara triste.

pithécanthrope *m* pitecántropo, antropopiteco.

pithiatique *adj* & *s* pitiático, ca.

pithiatisme *m* pitiatismo.

pitié *f* [▷ SYN] piedad (invocation) ▌ lástima; **avoir pitié de** tener lástima de ■ **par pitié!** ¡por piedad! ▌ **sans pitié** sin piedad ■ **à faire pitié** que da lástima ou pena; **il chante à faire pitié** canta que da lástima ▌ **faire pitié** dar lástima ▌ **prendre quelqu'un en pitié** tener lástima de alguien, compadecer a uno.

▌ OBSERV Piedad a aussi en espagnol le sens de piété.

▌ SYN miséricorde misericordia; compassion compasión; commisération conmiseración.

piton *m* armella *f*, cáncamo (clou à tête en anneau) ▌ escarpia, alcayata (crochet) ▌ pico, cresta *f* (d'une montagne) ▌ pitón, clavija *f* de escalada (alpinisme).

pitoyable [pitwajabl] *adj* [▷ SYN] lastimoso, sa (qui fait pitié) ▌ lamentable (mauvais) ▌ piadoso, sa; compasivo, va (qui a de la pitié).

▌ SYN piteux lastimoso, triste; déplorable deplorable; lamentable lamentable.

pitoyablement *adv* lamentablemente.

pitpit ➤ pipit.

pitre *m* payaso, bufón; **faire le pitre** hacer el payaso.

pitrerie *f* payasada, bufonada.

pittoresque *adj* pintoresco, ca ▌ pictórico, ca (de la peinture).

◇ *m* lo pintoresco, pintoresquismo.

Pittsburgh *n pr* GÉOGR Pittsburgh.

pituitaire *adj* pituitario, ria.

pituite *f* pituita.

pituiter [3] *v intr* cantar la codorniz.

pityriasis [pitirjazis] *m* MÉD pitiriasis *f*.

pivert; pic-vert [piver] *m* ZOOL picamaderos, pájaro carpintero.

pivoine *f* peonía, saltaojos *m* (plante) ▌ FAM **rouge comme une pivoine** rojo como una amapola, colorado como un tomate.

pivot [pivo] *m* gorrón, pivote (axe) ▌ FIG eje, soporte, base *f*, elemento principal (agent principal) ▌ pivote (basket) ▌ BOT nabo, raíz *f* vertical (racine).

pivotant, e *adj* BOT pivotante, nabiforme ▌ giratorio, ria; que gira (qui pivote).

pivoter [3] *v intr* girar sobre su eje, dar vueltas sobre su eje (tourner) ▌ BOT penetrar verticalmente (une racine) ■ **pivoter sur ses talons** girar sobre los talones.

pixel *m* INFORM pixel.

pizza [pidza] *f* pizza.

pizzeria *f* pizzería.

pizzicato [pidzikato] *adv* MUS pizzicato, punteado.

PJ *f* (abr de **police judiciaire**) policía judicial. ◇ (abr écrite de **pièces jointes**) adj.

PL (abr écrite de **poids lourd**) vehículo pesado.

pl. (abr écrite de **planche**) *f* lámina.

Pl.; pl. (abr écrite de **place**) Pza.

PL/1 (abr de **Programming Language One**) *m* PL/1.

placage *m* enchapado, chapeado ▌ placaje (rugby).

placard [plakar] *m* armario empotrado (armoire encastrée), alacena *f* ▌ capa *f* espesa (de peinture) ▌ cartel (affiche); **placard publicitaire** cartel publicitario ▌ IMPR galerada *f*, prueba *f* de imprenta.

placarder [3] *v tr* fijar carteles ▌ satirizar, zaherir (railler dans des écrits) ▌ sacar galeradas ou pruebas de imprenta (imprimerie).

placardeur *m* fijador de carteles.

place *f* sitio *m*, lugar *m* (endroit) ▌ plaza (dans une ville) ▌ colocación, cargo *m*, puesto *m* (emploi) ▌ puesto *m* (d'un écolier) ▌ asiento *m* (dans une voiture, en train) ▌ localidad, entrada (dans un théâtre, un cinéma, etc.) ▌ plaza (ville de garnison) ▌ importancia; **ce pays accorde une grande place aux arts** este país da una gran importancia a las artes ▌ espacio *m*; **article qui occupe beaucoup de place** (dans les journaux), artículo que ocupa mucho espacio [en los periódicos] ■ **place boursière** plaza bursátil ❘ **place d'armes** plaza de armas, armería ❘ **place de choix** lugar preferente ❘ **place d'honneur** sitio de honor ❘ **place forte** plaza fuerte ■ **homme en place** hombre bien colocado ❘ **voiture de place** coche de punto ■ **à la place de** en lugar de, en vez de ❘ **à ta place** en tu lugar ❘ **au** ou **en lieu et place de** en su lugar ❘ **de place en place** de acá para allá, de aquí para allí ❘ **sur place** en el mismo lugar, sobre el propio terreno, in situ ❘ **ce n'est pas ma place** no pinto nada ❘ **demeurer en place** no moverse ❘ **être en place** estar empleado ❘ **faire du sur place** seguir a máquina parada (cyclisme) ❘ **faire la place** ser corredor de comercio ❘ **faire place à** hacer ou dejar sitio a, dar paso a ❘ **faire place nette** despejar un lugar, dejar el terreno libre ❘ **faire une place** dejar un sitio ❘ **il y a vingt places assises, debout** hay veinte plazas con asiento, de pie ❘ **je ne voudrais pas être à sa place!** ¡no me gustaría estar en su pellejo! ❘ **moi, à votre place, je...** yo, que usted... ❘ **ne pas se sentir à sa place** no sentirse cómodo ❘ **ne pas tenir** ou **rester en place** no poder estarse quieto ❘ **prendre place** colocarse, tomar sitio ❘ **remettre quelqu'un à sa place** poner a uno en su sitio, llamar a uno al orden ❘ **se mettre à la place de quelqu'un** ponerse en el lugar de alguien ❘ **se rendre sur place** ir sobre el terreno ou personarse en un lugar ❘ **tenir sa place** tener su puesto.

➤ **place!** *interj* ¡paso libre!, ¡despejen!

LES PLACES

la place **Beauvau** la plaza Beauvau en París (se refiere también al Ministerio del Interior cuyas oficinas están instaladas en esta plaza);
la place de la **Concorde** la plaza de la Concordia en París (una de las plazas más importantes y animadas de la capital, construida durante el reinado de Luis XV);
la place du **Colonel-Fabien** la plaza del Colonel-Fabien en París (se refiere también a la sede del partido comunista, situada en esta plaza);
la place de **Grève** la plaza de Grève, antiguamente plaza de l'Hôtel de Ville de París (allí se reunía la gente que buscaba trabajo, lo cual explica el origen de la expresión "se mettre en grève");
la place **Rouge** la plaza Roja;
la place **Saint-Marc** la plaza de San Marcos;
la place **Tian'anmen** la Plaza Tiananmen;
la place **Vendôme** la plaza Vendôme en París (este nombre evoca la opulencia y el lujo porque allí se encuentran el hotel Ritz y grandes joyerías);
la place des **Vosges** la plaza des Vosges (elegante y hermosa plaza situada en el Marais en París, y construida durante el reinado de Enrique IV).

placé, e *adj* situado, da; **être bien, mal placé** estar bien, mal situado; **être haut placé** FIG estar bien situado ❘ **être bien, mal placé pour faire qqch** ser el más, el menos indicado para hacer algo (pour savoir, juger, obtenir etc); **il est mal placé pour critiquer** es el menos indicado para criticar; **il est bien placé pour ce poste** es el más indicado para este puesto ❘ **c'est de l'orgueil mal placé** no tiene por qué estar orgulloso, sa (fondé).

placebo *m* placebo.

placement *m* colocación *f* ❘ colocación *f*, empleo (emploi) ❘ inversión *f* (d'un capital) ❘ venta *f*, colocación *f* (vente) ❘ **bureau de pla-**

cement agencia de colocaciones, oficina de colocación.

placenta [plasẽta] *m* ANAT & BOT placenta *f*.

placentaire [plasẽtɛr] *adj* placentario, ria. ◇ *m* placentario (mammifère).

placentation [plasẽtasjɔ̃] *f* BOT placentación.

placer [16] *v tr* [▷ SYN] colocar, poner (établir) ❘ vender, colocar (vendre) ❘ invertir (de l'argent) ❘ acomodar (dans un spectacle public) ❘ FIG colocar (dans un emploi) ■ **placer la balle** colocar el balón ❘ **placer son coup** colocar un directo (boxe) ■ **être bien, mal placé** estar bien, mal situado; estar bien, mal comunicado (quartier) ❘ **être bien, mal placé pour faire quelque chose** estar, no estar en el mejor lugar para hacer algo ❘ **je n'ai pu placer un mot** no he podido meter baza en la conversación, no he podido decir esta boca es mía.
➤ **se placer** *v pr* colocarse ❘ **se placer au premier rang** ponerse en primera fila.

│ SYN **situer** situar; **installer** instalar; **loger** alojar; FAM **caser** colocar; **nicher** meter.

placer *m* MIN placer (d'or).

placet [plasɛ] *m* petición *f*, memorial, instancia *f* ❘ plácet (diplomatique) ❘ DR súplica *f*, demanda *f*.

placeur, euse *m & f* acomodador, ra (dans un théâtre) ❘ agente de colocaciones (qui procure un emploi) ❘ corredor, ra; representante (commercial).

placide *adj* plácido, da.

Placide *n pr* Plácido.

placidement *adv* plácidamente.

placidité *f* placidez.

placier, ère *m & f* corredor, ra (commerce) ❘ placero (de marché) ❘ acomodador, ra (au cinéma).

plafond *m* techo (d'une chambre) ❘ pintura *f* de un techo ❘ altura *f* (de nuages) ❘ AVIAT altura *f* máxima ❘ FIG tope, límite ❘ MÉCAN velocidad *f* máxima ❘ FAM chola *f* (tête) ■ **faux plafond** cielo raso ❘ **prix plafond** precio tope ■ **crever le plafond** rebasar el tope ou el límite ❘ **sauter au plafond** saltar ou dar brincos de alegría.

plafonnage *m* techado.

plafonné, e *adj* ÉCON culminado, da.

plafonnement *m* tope, límite.

plafonner [3] *v tr* techar (garnir d'un plafond).
◇ *v intr* llegar al límite ou al tope ou al máximo (faire le maximum) ❘ volar lo más alto posible (avion) ❘ ir a la velocidad máxima (voiture, etc.).

plafonneur *adj & s m* techador.

plafonnier *m* luz *f* del techo, lámpara *f* de techo, luz *f* cenital (voitures).

plagal, e *adj & s m* MUS plagal; **mouvements plagaux** movimientos plagales.

plage *f* playa (rivage marin) ❘ clima *m* (climat) ❘ MAR puente *m*, cubierta corrida ❘ zona ❘ **plage arrière** bandeja (d'une voiture).

plagiaire *m* plagiario.

plagiat [plaʒja] *m* plagio.

plagier [9] [plaʒje] *v tr* plagiar.

plagiostomes *m pl* ZOOL plagióstomos.

plagiste *m & f* administrador, ra de playa privada.

plaid [plɛd] *m* manta *f* de viaje (couverture de voyage) ❘ gabán escocés (manteau).

plaid [plɛ] *m* (p us) DR alegato, informe, defensa *f* (plaidoyer) ❘ (p us) audiencia *f* ❘ HIST asamblea *f* (au temps des Mérovingiens).

plaidable *adj* DR defendible.

plaidant, e *adj* litigante, pleiteante; **les parties plaidantes** las partes litigantes ❘ **avocat plaidant** abogado demandante.

plaider [4] *v intr* litigar, pleitear ❘ informar, abogar, defender (défendre) ❘ hablar en favor de, abogar por (influencer en faveur de) ❘ **plaider coupable** solicitar la declaración de culpabilidad, declararse culpable.
◇ *v tr* defender ❘ hablar en favor de, sostener (soutenir) ■ **plaider le faux pour savoir le vrai** decir mentira para sacar verdad ❘ **plaider une cause** defender una causa ❘ **plaider un fait** hacer valer un hecho.

plaideur, euse *m & f* litigante, pleiteante (d'un procès) ❘ pleitista (qui aime les procès).

plaidoirie *f* DR alegato *m*, defensa, informe *m* ❘ abogacía (art de plaider).

plaidoyer *m* alegato, defensa *f* en favor ❘ DR alegato, defensa *f*, informe.

plaie [plɛ] *f* herida (blessure) ❘ llaga, úlcera (ulcère) ❘ cicatriz (cicatrice) ❘ plaga (fléau) ❘ FIG herida, llaga (morale) ■ **quelle plaie!** ¡qué lata! ❘ FIG **mettre le doigt sur la plaie** poner el dedo en la llaga ❘ **ne rêver que plaies et bosses** buscar camorra, soñar siempre con peleas ❘ **retourner le couteau dans la plaie** hurgar en la herida, renovar la herida, herir en carne viva.

plaignant, e *adj & s* DR demandante, querellante.

plain, e *adj* llano, na; plano, na.

plain-chant *m* MUS canto llano.
│ OBSERV pl plains-chants.

plaindre [80] *v tr* compadecer a, tener lástima de; **plaindre les malheureux** compadecer a los desgraciados ■ **être à plaindre** ser digno de compasión ❘ **n'être pas à plaindre** no tener por qué quejarse, no ser digno de lástima.
➤ **se plaindre** *v pr* quejarse; **se plaindre de quelqu'un** quejarse de uno ❘ presentar una denuncia, denunciar, querellarse (en justice).

plaine *f* llano *m*, llanura, planicie ■ **plaine du ciel** ou **céleste** espacios celestes ❘ **plaine littorale** planicie litoral ■ **haute plaine** altiplanicie, altillanura ❘ POÉT **la plaine liquide** el mar.

plain-pied
➤ **de plain-pied** *loc adv* a la misma altura (pièce) ❘ FIG de lleno (directement) ❘ FIG al mismo nivel (au même niveau).

plainte *f* [▷ SYN] queja; **ses plaintes sont mal fondées** sus quejas están mal fundadas ❘ quejido *m*, lamento *m*; **les plaintes d'un blessé** los quejidos de un herido ❘ DR denuncia, querella, demanda ■ **déposer une plainte** presentar una denuncia ❘ **porter plainte** denunciar, querellarse.

│ SYN **gémissement** gemido; **geignement** gimoteo; **lamentation** lamentación, lamento; **jérémiade** jeremiada; **doléances** queja.

plaintif, ive *adj* quejumbroso, sa; lastimero, ra.

plaintivement *adv* lastimeramente.

plaire [110] *v intr* gustar, agradar, placer; **cela me plaît** eso me gusta ▮ **avoir le don de plaire** tener don de gente.

◇ *v impers* querer, desear, gustar; **je ferai ce qu'il vous plaira** haré lo que desee ▪ **à Dieu ne plaise** no lo quiera Dios ▮ **comme il vous plaira** como usted quiera, como le guste ▮ **il plaît à le gusta a ▮ plaît-il?**, ¿qué desea?, ¿decía usted? ▮ **plaise à Dieu!**, **plût à Dieu que!** ¡ojalá!, ¡Dios lo quiera!, ¡quiera Dios! ▮ **s'il plaît à Dieu** si Dios quiere, Dios mediante ▮ **s'il vous plaît** por favor.

◆ **se plaire** *v pr* complacerse en, estar a gusto con (prendre plaisir à) ▮ gustarse, agradarse; **ils se plaisent** se gustan ▮ estar a gusto, encontrarse a gusto; **il se plaît à la campagne** está a gusto en el campo ▮ darse bien (plantes) ▮ vivir bien (les animaux).
▮ **OBSERV** Le participe passé de plaire est le même que celui de pleuvoir: plu.
SYN satisfaire satisfacer; convenir convenir; agréer agradar; sourire sonreír; complaire complacer; **FAM** botter gustar.

plaisamment *adv* agradablemente, con gracia (agréablement) ▮ ridículamente.

plaisance
◆ **de plaisance** *loc adv* de recreo; **bateau, maison de plaisance** barco, casa de recreo ▮ **navigation de plaisance** navegación deportiva ou de recreo.

Plaisance *n pr* GÉOGR Plasencia.

plaisancier, ère *adj* deportista náutico, ca; balandrista.

plaisant, e *adj* agradable; grato, ta (agréable) ▮ gracioso, sa; divertido, da (qui fait rire).
◆ **plaisant** *m* gracioso, chistoso; **faire le plaisant** hacerse el gracioso ▮ lo gracioso, lo divertido, lo gracioso del caso (le côté curieux) ▮ **mauvais plaisant** bromista pesado, persona de mala sombra.

plaisanter [3] *v intr* bromear, chancearse ▮ FIG bromear, no hablar en serio ▪ **il ne plaisante pas** no se anda con chiquitas, no gasta bromas ▮ **je ne plaisante pas** no estoy bromeando, hablo en serio ▮ **on ne plaisante pas avec cela** esto no es cosa de broma ▮ **pour plaisanter** en broma ▮ FAM **vous plaisantez!** ¡usted está hablando en broma!, ¡no será verdad!

◇ *v tr* burlarse, dar broma, tomar el pelo (railler).

plaisanterie *f* [▷ SYN] broma, chanza ▮ chiste *m* (jeu de mots) ▪ **plaisanterie à part** broma aparte, hablando en serio ▪ **mauvaise plaisanterie** broma pesada, broma de mal gusto ▮ **par plaisanterie** de broma ▮ **trêve de plaisanterie** dejémonos de bromas ▮ FAM **entendre ou comprendre la plaisanterie** admitir bromas, tener correa ▮ **tourner en plaisanterie** tomar a broma, quitar importancia.
▮ **SYN** boutade ocurrencia; facétie chiste, gracia; badinage, badinerie broma, chanza; gaudriole chocarrería; blague broma; galéjade burla, cuchufleta; bouffonnerie bufonada; quolibet pulla, rechifla, chirigota; lazzi burla; canular novatada, broma; goguenarderie sorna, guasa; mise en boîte tomadura de pelo.

plaisantin *m* bromista, guasón.

plaisir *m* [▷ SYN] placer; **les plaisirs de la vie** los placeres de la vida ▮ gusto; **tu as beaucoup de plaisir à le faire** tienes mucho gusto en hacerlo ▮ goce; **les plaisirs de l'âme** los goces del alma ▮ favor; **faites-moi le plaisir de dîner avec nous** hágame el favor de cenar con nosotros ▮ recreo; **voyage de plaisir** viaje de recreo ▮ diversión *f* (divertissement) ▮ barquillo (oublie) ▪ **bon plaisir** capricho, voluntad arbitraria ▮ **menus plaisirs** gastos menudos para cosas agradables ▮ **partie de plaisir** jira, excursión de recreo, diversión ▪ **à plaisir** sin motivo ▮ **avec plaisir** con gusto, con mucho gusto ▮ **pour ton plaisir** por tu gusto ▪ **au plaisir de vous revoir** hasta la vista ▮ **faire le plaisir de** hacer el favor de, tener la bondad de ▮ **faire plaisir à quelqu'un** dar gusto, agradar, ser agradable a uno (plaire) ▮ **gâcher son plaisir à quelqu'un** aguarle la fiesta a alguien ▮ **M. et Mme X ont le plaisir de vous faire part de** el Sr. X y Sra. tienen el placer de comunicarle ▮ **prendre plaisir à** complacerse en, gustar de ▮ **se faire un plaisir de** tener mucho gusto en ▮ **tel est notre plaisir ou notre bon plaisir** esta es nuestra voluntad.
▮ **SYN** agrément encanto; joie alegría; délice delicia; délectation deleite; régal regalo; volupté voluptuosidad; sensualité sensualidad; jouissance goce, fruición.

plan *m* plano (surface) ▮ plano (tracé) ▮ plano; **le plan de Paris** el plano de París ▮ plano (cinéma) ▮ plan (projet) ▮ **arrêter un plan** fijar un plan ▮ plan; **plan quinquennal** plan quinquenal; **plan d'aménagement** plan de ordenación ▮ terreno, orden, punto de vista, plan; **sur le plan économique** en el terreno económico, desde el punto de vista económico ▮ planta *f* (d'une maison) ▮ plano (aviation) ▮ ARCHIT plano ▮ FIG plano ▮ término, plano (d'un tableau); **au premier plan** en primer plano ▪ **plan américain** plano americano (cinéma) ▮ **plan d'action** plan de acción ▮ **plan d'attaque, de campagne** plan de ataque, de campaña ▮ **plan de queue** timón ▮ **plan de tir** plano de tiro ▮ **plan de travail** superficie de trabajo (cuisine) ▮ **plan d'eau** estanque ▮ **plan de vol** plan de vuelo ▮ **plan général** ou **d'ensemble** plano largo ou de conjunto ▪ **arrière-plan** segundo término, plano de fondo (peinture), segundo plano (cinéma) ▮ **gros plan, premier plan** primer plano ▪ **être au premier plan** estar en primer término ▮ FAM **laisser en plan** dejar plantado ou en la estacada, abandonar ▮ **mettre quelque chose au premier plan** poner algo en primer plano ▮ **rester en plan** quedarse en suspenso ou parado ▮ **sur tous les plans** en todos los aspectos.
▮ **OBSERV** Il faut remarquer que plano corresponde à quelque chose de concret (tracé, surface), alors que plan est en quelque sorte l'équivalent de projet.

plan, e *adj* plano, na.

planage *m* TECHN cepillado, doladura, *f* (bois) ▮ aplanamiento (d'une tôle) ▮ planeo, vuelo planeado (vol plané).

planche *f* tabla, tablón *m* (de bois) ▮ plancha (de métal) ▮ lámina (gravure) ▮ hondón *m* (sole, grille) ▮ AGRIC arriate *m*, tabla (jardinage) ▪ TECHN **planche à découper** tajo, tabla de cortar ▮ **planche à dessin** tablero de dibujo ▮ **planche à repasser** mesa de planchar ▮ **planche à roulettes** monopatín ▮ **planche à voile**

plancha a vela ▮ FIG **planche de salut**, **la dernière planche** tabla de salvación, el último recurso ▪ **avoir du pain sur la planche** tener trabajo para rato, tener tela que cortar, haber tela que cortar ▮ **faire la planche** hacer el muerto, hacer la plancha (dans l'eau).

◆ **planches** *f pl* tablas (théâtre); **monter sur les planches** pisar las tablas ▪ MAR **jour de planches** tiempo de que dispone un barco para descargar.

planchéiage *m* entarimado, entablado.

planchéier [4] [plɑ̃ʃeje] *v tr* entarimar, entablar.

planchéieur [plɑ̃ʃejœr] *m* entarimador.

plancher *m* piso, suelo ▮ FIG nivel, base *f* ▪ FAM **le plancher des vaches** la tierra firme ▪ FAM **débarrasser le plancher** largarse, ahuecar el ala.

planchette *f* tablilla ▮ plancheta (topographie) ▮ **planchette de bord** tablero de instrumentos (d'avion).

planchiste *m* & *f* windsurfista.

plançon *m* AGRIC estaca *f*, plantón.

plan-concave *adj* planocóncavo, va.
▮ **OBSERV** pl plan-concaves.

plan-convexe *adj* planoconvexo, xa.
▮ **OBSERV** pl plan-convexes.

plancton *m* plancton.

plane *f* plana (outil pour dégrossir le bois) ▮ cuchilla (de pelletier).

planéité *f* lo plano *m*.

planement *m* planeo, vuelo planeado.

planer [3] *v intr* cernerse (les oiseaux) ▮ planear (un avion); **vol plané** vuelo planeado ▮ dominar (voir de haut) ▮ FIG cernerse, pesar (menacer) ▮ estar en las nubes (être distrait) ▮ **il plane des doutes sur sa conduite** hay sospechas sobre su conducta ▮ POP pillar un bolingón (sous l'effet de la drogue).
◇ *v tr* alisar, cepillar (le bois) ▮ pulir, aplanar (les métaux) ▮ pelar, quitar los pelos (enlever les poils).

planétaire *adj* & *s m* planetario, ria ▮ TECHN **planétaire de différentiel** piñón planetario.

planétairement *adv* de modo planetario.

planétarium [planetarjɔm] *m* planetarium, planetario.

planète *f* planeta *m*.

planétoïde *m* planetoide, asteroide.

planeur *m* planador (ouvrier) ▮ planeador, avión sin motor; **vol en planeur** vuelo sin motor.

planeuse *f* cepilladora mecánica.

planèze *f* meseta basáltica triangular.

planificateur, trice *adj* & *s* planificador, ra.
◆ **planificateur** *m* comisario de un plan económico.

planification *f* planificación.

planifier [9] *v tr* planificar.

planimètre *m* planímetro.

planimétrie *f* planimetría.

planisme *m* plan de conjunto.

planisphère *m* planisferio.

planning [planiŋ] *m* plan de trabajo, planificación *f*, programación *f*, planning ▮ **planning familial** planificación familiar.

planoir *m* TECHN aplanador, cincel (ciseau).

planorbe *f* ZOOL planorbis.

planque *f* FAM escondite *m*, zulo *m* (endroit caché) | enchufe *m*.

planqué, e *adj & s* FAM enchufado, da [en un buen puesto]; emboscado, da (pendant la guerre).

planquer [3] *v tr* FAM esconder (cacher).
➤ **se planquer** *v pr* FAM esconderse, ponerse a cubierto (se mettre à couvert) | MIL & FAM emboscarse (à l'abri), enchufarse (à une bonne place).

plant [plɑ̃] *m* planta *f*, plantón (jeune tige) | plantío, plantel (terrain planté).

plantage *m* plantación *f*.

Plantagenêt *n pr* Plantagenet.

plantaginacées *f pl* BOT plantagináceas.

plantain *m* BOT llantén, plantaina *f*, zaragatona *f* | plátano macho *ou* de América | plantain d'eau llantén de agua, alisma.

plantaire *adj* ANAT plantar.

plantard *m* estaca *f*, madero (plançon).

plantation *f* plantación (action) | plantación, plantío *m* (résultat) | instalación de un decorado (théâtre).

plante *f* planta ■ plante d'appartement planta de interior | plante du pied planta del pie | plante fourragère planta forrajera | plante grasse planta carnosa | plante grimpante planta trepadora | plante potagère hortaliza | plante verte planta verde ■ jardin des plantes jardín botánico.

planter [3] *v tr* plantar | clavar en tierra, hincar (enfoncer en terre) | poner; planter un clou poner un clavo | fijar, montar (des tentes) | izar, enarbolar (arborer); planter un drapeau izar una bandera | FIG colocar, poner (dresser) ■ planter quelqu'un là dejar plantado a uno ■ FAM aller planter ses choux retirarse al campo | être bien planté ser bien plantado, tener buena planta | tout planter là dejar todo plantado.
➤ **se planter** *v pr* FAM plantarse (se poster).

planteur *m* plantador | propietario de una plantación.

planteuse *f* plantadora (machine agricole).

plantigrade *adj & s* ZOOL plantígrado, da.

plantoir *m* plantador, almocafre (outil).

planton *m* MIL ordenanza, plantón (p us).

plantule *f* BOT plántula.

plantureusement *adv* LITT abundantemente, de manera fértil.

plantureux, euse *adj* abundante; copioso, sa (repas, etc.) | fértil (sol) | corpulento, ta; relleno, na; metido en carnes (gros) | FIG enjundioso, sa; fértil, lleno de ideas (style).

plaque *f* placa | plancha, lámina, placa (lame) | chapa, placa (d'identité) | placa (décoration) | placa (photographique) | plataforma (de machine) | FIG centro *m*, eje *m*, nudo *m* ■ plaque commémorative lápida conmemorativa | plaque chauffante *ou* de cuisson placa eléctrica | plaque de beurre paquete de mantequilla | plaque de chocolat tableta de chocolate | plaque de couche cantonera (d'arme) | plaque de police *ou* minéralogique matrícula (d'une voiture) | plaque tournante placa

ou plataforma giratoria (chemins de fer), pivote, centro (axe).

plaqué, e *adj* chapado, da; chapeado, da; enchapado, da; plaqué d'or chapado de oro | pegado, da; adherido, da (collé) | des cheveux plaqués pelo pegado.
➤ **plaqué** *m* TECHN madera *f* contrachapada (bois) | plaqué (métal).

plaquer [3] *v tr* chapar, contrachapar, contrachapear, enchapar (couvrir d'une feuille) | pegar, adherir (coller) | trasplantar (du gazon) | sujetar para detener, hacer un placaje (rugby), poner las espaldas en el suelo (lutte) | FAM plantar, dejar plantado, abandonar ■ plaquer des accords tocar acordes simultáneamente | se plaquer par terre pegarse al suelo.

plaquette *f* placa, medalla conmemorativa (médaille du souvenir) | opúsculo *m*, librito *m*, folleto *m* (petit livre) | plaqueta (du sang) | AUTOM plaquette de frein chapa de freno.

plaqueur *m* TECHN chapista, chapeador | laminador, dorador (métaux).

plasma *m* BIOL plasma (sang).

plasmatique *adj* plasmático, ca.

plasmodium [plasmɔdjɔm] *m* plasmodio.

plasmolyse *f* BIOL plasmólisis (cellule).

plastic *m* plástico, explosivo plástico.

plasticage ➤ **plastiquage**.

plasticien, enne *adj* cirujano plástico, cirujana plástica | artista plástico, ca.

plasticité *f* plasticidad.

plastifiant, e *adj & s m* plastificante.

plastification *f* plastificado *m*, plastificación.

plastifié, e *adj* plastificado, da.

plastifier [9] *v tr* plastificar.

plastiquage; plasticage *m* voladura *f* con plástico.

plastique *adj* plástico, ca.
◇ *m* materia *f* plástica, plástico (matière) | plástico (explosif).
◇ *f* plástica.

plastiquer [3] *v tr* volar, agredir con plástico.

plastiqueur *m* agresor que emplea el plástico.

plastron *m* pechera *f* (de chemise) | plastrón (cravate) | peto (de cuirasse, de tortue) | peto (d'escrime) | MIL enemigo figurado.

plastronner [3] *v intr* tirarse a fondo (escrime) | FAM sacar el pecho | FIG gallear, darse importancia | dárselas de guapo (faire le beau).

plastronneur, euse *adj & s* FAM presumido, da; farolero, ra.

plat [pla] *m* fuente *f*; plat allant au four fuente de horno | lo llano (d'un pays) | lo plano, hoja *f* (d'une épée) | batea *f* (wagon) | cara *f* (d'un brillant) | plato (repas); déjeuner composé de trois plats almuerzo compuesto de tres platos | pletina *f* (métallurgie) | tapa *f* (reliure) | platillo (d'une balance) ■ plat à barbe bacía (pour le rasage) | plat à hors-d'œuvre entremesero | plat à poisson besuguera | plat cuisiné plato precocinado | plat d'aviron pala de remo | plat de côtes falda (viande) | plat de résistance plato fuerte | plat du jour plato del día | plats préparés platos preparados

■ coup de plat d'épée cintarazo | le plat de la main la palma de la mano | le premier plat el primer plato | sur le plat al plato (œufs) | sur un plat d'argent en bandeja de plata ■ FAM en faire tout un plat hacerse una montaña *ou* hacerse un mundo de algo | FAM faire du plat dar la coba (flatter), camelar (baratiner) | FIG mettre les petits plats dans les grands tirar la casa por la ventana | mettre les pieds dans le plat meter la pata.

plat, e [pla, plat] *adj* llano, na; terrain plat terreno llano | sereno, na; tranquilo, la; mer plate mar tranquilo | liso, sa; poitrine plate pecho liso | aplastado, da; un visage plat una cara aplastada | llano, na; assiette plate plato llano | chato, ta; bateau plat barco chato | lacio, cia; cheveux plats pelos lacios | rastrero, ra (vil) | SPORTS liso; cent mètres plat cien metros lisos | FIG sin sabor; insulso, sa; insípido, da; anodino, na (sans attrait); sin relieve, sosaina (sans relief) | vacío, a (bourse) | plat personnage persona anodina ■ angle plat ángulo plano | calme plat calma chicha | chaussures plates zapatos planos *ou* sin tacones | courses plates carreras sin obstáculos | eau plate agua natural (eau du robinet) | nez plat nariz chata | nœud plat nudo de envergue *ou* de rizo | pieds plats pies planos | rimes plates versos pareados | teinte plate color uniforme *ou* liso ■ à plat ventre boca abajo, cuerpo a tierra | être plat comme une galette quedar como si lo hubieran planchado ■ à plat de plano, a todo lo largo (en largeur); desinflado, da (pneus); descargado, da (batterie); agotado, da; rendido, da (fatigué); muy bajo, ja (moral) | tomber à plat no hacer gracia.

platanaie [platanɛ] *f* platanar *m*, platanal *m*.

platane *m* plátano (arbre) | faux platane sicomoro, plátano falso, arce blanco.
| OBSERV Plátano significa aussi (et surtout) banane, bananier.

plat-bord [plabɔr] *m* MAR borda *f*, regala *f*, falca *f* | maderos de un barco desguazado.
| OBSERV pl plats-bords.

plate *f* chata, barco *m* chato, batea (bateau).

plateau *m* bandeja *f* (plat); plateau à fromages bandeja de quesos | platillo (d'une balance) | banco (de sable, de roches) | escena *f*, escenario, tablado (théâtre) | plató (de cinéma *ou* de télévision) | batea *f* (wagon) | plato giratorio (de tourne-disque) | pista *f* (gymnastique) | plato (de bicyclette) | plato (d'embrayage) | GÉOGR meseta *f*, planicie *f* | haut plateau altiplanicie [(*Amér*) altiplano].

plateau-repas *m* bandeja *f* de comida.
| OBSERV pl plateaux-repas.

plate-bande *f* arriate *m*, platabanda (d'un parterre) | ARCHIT platabanda, moldura plana (moulure) | marcher sur les plates-bandes de quelqu'un meterse en el terreno de uno.
| OBSERV pl plates-bandes.

platée *f* fuente, plato *m* (contenu) | CONSTR cimientos *m pl*.

plate-forme *f* plataforma | azotea (toit plat uni) | batea, vagón *m* descubierto (wagon plat) | viga (solive) ■ plate-forme de forage *ou* pétrolière plataforma petrolífera | FIG & FAM plate-forme électorale programa electoral.
| OBSERV pl plates-formes.

platelage *m* entarimado | enrejado (de pont).

plate-longe f ronzal m ▌traba (entrave).
▌ OBSERV pl plates-longes.

platement adv llanamente, con sencillez ▌ vulgarmente, prosaicamente, sin brillantez.

plateresque adj ARCHIT plateresco, ca.

plathelminthes m pl ZOOL platelmintos.

platière f arroyo m (de rue).

platinage m platinado.

platine m platino (métal); mousse de platine esponja de platino.
◇ f chapa (d'une serrure) ▌llave (d'une arme à feu) ▌ platina (d'une montre, d'une machine pneumatique) ▌muelle m (de couteau) ▌cuadro m, platina (d'une presse) ▌plato m (d'un tourne-disque) ▌ platine disque giradiscos ▌platine laser platina láser.
◇ adj inv platino; blond platine rubio platino.

platiné, e adj platino (couleur).

platiner [3] v tr platinar ▌ teñir de rubio platino, platinar (cheveux) ▌ blonde platinée rubia platino.

platinifère adj platinífero, ra.

platinite f platinita (métal).

platinoïde m CHIM platinoide.

platitude f banalidad, simpleza ▌ bajeza, vileza, carácter m rastrero (ce qui est avilissant) ▌ insipidez, sosería (sans force ni saveur) ▌ lugar común m, tópico m (lieu commun) ▌faire des platitudes dar coba.

Platon n pr Platón.

platonicien, enne adj & s platónico, ca.

platonique adj platónico, ca.

platoniquement adv platónicamente.

platonisme m platonismo.

plâtrage m enyesado ▌escayolado (chirurgie).

plâtras [platra] m cascote (débris).

plâtre m yeso ▌escayola f (pour la chirurgie) ▌ estatua f de yeso ▌ carrière de plâtre yesera, yesar ▌dans le plâtre escayolado, da (membre) ▌ FIG battre comme plâtre dar una paliza soberana, moler a palos ▌essuyer les plâtres estrenar una casa ou un local (d'une maison), pagar la novatada ou ser el primero en sufrir los inconvenientes de algo (de quelque chose de nouveau), ser telonero (au théâtre).

plâtré, e adj enyesado, da ▌escayolado, da (chirurgie) ▌ FIG pintado, da (fardé) ▌fingido, da; simulado, da (feint) ▌vin plâtré vino enyesado.

plâtrer [3] v tr enyesar ▌escayolar (chirurgie) ▌ enlucir, revocar (couvrir de plâtre) ▌enyesar, clarificar con yeso (les vins) ▌AGRIC abonar con yeso (amender avec du plâtre) ▌FIG fingir, simular, solapar (feindre) ▌enharinar, pintar, componer (farder).

plâtrerie f obra en yeso (ouvrage) ▌yesería (usine).

plâtreux, euse adj yesoso, sa.

plâtrier adj & s m yesero, ra.

plâtrière f yesera, yesar m (carrière) ▌yesería (usine).

platyrrhiniens; platyrhiniens m pl ZOOL platirrinos.

plausibilité f plausibilidad.

plausible adj plausible.
▌ SYN vraisemblable verosímil; probable probable.

Plaute n pr Plauto.

play-back [plɛbak] m inv play back, playback (cinéma).

play-boy m playboy.
▌ OBSERV pl play-boys.

plèbe f plebe.

plébéien, enne adj & s plebeyo, ya.

plébiscitaire adj plebiscitario, ria.

plébiscite m plebiscito.

plébisciter [3] v tr plebiscitar.

plectognathes [plɛktɔgnat] m pl ZOOL plectognatos.

plectre m MUS plectro, púa f.

pléiade f pléyade.

Pléiades n pr f pl MYTH Pléyades.

plein, e adj [▷ SYN] lleno, na; sac plein de farine saco lleno de harina ▌pleno, na (mot recherché); en pleine possession de en plena posesión de ▌pleno, na; pleins pouvoirs plenos poderes ▌ macizo, za; compacto, ta; mur plein pared maciza ▌ completo, ta; entero, ra (entier) ▌ lleno, na; relleno, na (gros); visage plein cara rellena ▌ preñada, llena (enceinte); chatte pleine gata preñada ▌que sólo piensa en (entièrement occupé); auteur plein de son sujet escritor que sólo piensa en su tema ▌FAM repleto, ta (gavé); plein de nourriture repleto de comida ▌FIG lleno, na; plein de joie lleno de alegría ▌ plein aux as que tiene muchos cuartos, más rico que Creso ▌ARCHIT plein cintre medio punto; arc (en ou de) plein cintre arco de medio punto ▌FIG plein de soi-même poseído de su persona, creído de sí mismo ▌plein de vin ebrio ▌pleine lune luna llena ▌pleine mer pleamar (marée), alta mar (le large) ▌ bois plein espesura ▌ voix pleine voz llena ▌ à plein de lleno ▌à plein régime a todo motor ▌à pleines mains a manos llenas ▌à pleines voiles a toda vela ▌à plein gaz a todo gas ▌ à plein temps de dedicación exclusiva, de plena dedicación (travail), la jornada completa; travailler à plein temps trabajar la jornada completa ▌de plein droit con pleno derecho ▌en plein en pleno, en medio de; en plein désert en medio del desierto; complètamente, de lleno (entièrement) ▌en plein air al aire libre ▌ en plein hiver en pleno invierno ▌ en plein jour a la luz del día, en pleno día ▌en plein milieu justo en el medio ▌ plein à craquer abarrotado, atestado, lleno de bote en bote ▌ avoir le cœur plein tener el corazón acongojado ▌avoir les mains pleines tener las manos llenas.
◆ plein prép en avoir plein la tête estar hasta los pelos ▌FAM en avoir plein le dos estar hasta la coronilla ▌en avoir plein les pattes estar derrengado ou extenuado; avoir de l'argent plein les poches tener los bolsillos llenos de dinero.
◆ plein adv lleno, na adj, completamente ▌FAM tout plein muchísimo, muchísima; il a tout plein d'argent tiene muchísimo dinero; muy, sumamente ▌joli tout plein muy lindo.
◆ plein m lo lleno; le plein et le vide lo lleno y lo vacío ▌ lo grueso, trazo grueso (écriture) ▌máximo (maximum) ▌macizo (d'un mur) ▌MAR marea f alta (marée haute) ▌cargamento completo ▌ le plein de la luna la luna llena ▌FIG battre son plein estar en marea alta (mer), estar en pleno apogeo ou en su punto culminante (à son point culminant) ▌faire le plein llenar completamente, repostar a tope (d'essence), llenarse completamente, estar abarrotado; ce théâtre fait le plein à chaque représentation este teatro se llena completamente en cada función; faire le plein des voix lograr el mayor número de votos.
▌ SYN rempli lleno, relleno; complet completo, lleno; comble colmado; bondé atestado; imbu imbuido; FAM bourré atestado.

pleinement adv plenamente, enteramente.

plein-emploi; plein emploi m inv pleno empleo.

plein-temps m & adj inv jornada f completa ▌dedicación f plena, plena dedicación.
▌ OBSERV pl pleins-temps.

plein-vent m árbol sin espaldera.
▌ OBSERV pl pleins-vents.

pléistocène adj & s m GÉOL pleistoceno, na.

plénier, ère adj plenario, ria; indulgence plénière indulgencia plenaria; cour plénière asamblea plenaria ▌ séance plénière pleno, sesión plenaria.

plénipotentiaire adj & s m plenipotenciario.

plénitude f plenitud.

pléonasme m GRAMM pleonasmo (répétition).
▌ SYN battologie batología; tautologie tautología.

pléonastique adj pleonástico, ca.

pleroma m BOT pleroma.

plésiosaure m ZOOL plesiosauro (fossile).

pléthore f plétora.

pléthorique adj pletórico, ca.

pleur [plœr] m llanto, lloro.
◆ pleurs m pl lágrimas f, llanto sing (larmes) ▌BOT lágrimas (de la vigne) ▌ essuyer les pleurs de quelqu'un enjugar el llanto de alguien, ser el paño de lágrimas de alguien ▌ être (tout) en pleurs llorar a lágrima viva ▌être noyé de pleurs estar anegado en llanto ▌il y aura des pleurs et des grincements de dents allí será el llorar y el crujir de dientes ▌répandre des pleurs derramar lágrimas.
▌ OBSERV Se emplea casi exclusivamente la forma plural: pleurs.

pleural, e adj pleural; pleurítico, ca; épanchements pleuraux derrames pleuríticos.

pleurant, e adj lloroso, sa.
◆ pleurant m estatua llorante.

pleurard, e m & s llorón, ona.
◇ adj lloroso, sa; plañidero, ra (plaintif).

pleurer [5] v intr & tr llorar; pleurer un père, pleurer ses fautes llorar a su padre, llorar sus faltas ▌ pleurer à chaudes larmes llorar a lágrima viva ▌ pleurer auprès d'un chef llorarle al jefe ▌pleurer comme un veau berrear ▌pleurer toutes les larmes de son corps estar hecho un mar de lágrimas ▌ bête à pleurer tonto que da lástima (personne), de llorar (chose) ▌ne pleurez pas sur moi no lloréis por mí.

SYN sangloter sollozar; larmoyer lagrimear; pleurnicher lloriquear; **FAM** chialer llorar.

pleurésie *f* MÉD pleuresía.

pleurétique *adj & s* pleurético, ca.

pleureur, euse *adj & s* llorón, ona ‖ saule pleureur sauce llorón.

➤ **pleureuse** *f* plañidera (dans les funérailles).

pleurite *f* MÉD pleuritis.

pleurnichage *m*; **pleurnichement** *m*; **pleurnicherie** *f* lloriqueo *m*.

pleurnichard, e *adj* FAM lacrimoso, sa (voix).

pleurnichement ➤ pleurnichage.

pleurnicher [3] *v intr* lloriquear.

pleurnicherie ➤ pleurnichage.

pleurnicheur, euse *adj & s* llorón, ona.

pleurodynie *f* MÉD pleurodinia.

pleuronecte *m* pleuronecto (poisson).

pleuronectidés *m pl* pleuronéctidos.

pleuropneumonie *f* MÉD pleuroneumonía.

pleurote *m* pleuroto (champignon).

pleutre [pløtr] *m* vil, cobarde.

pleutrerie *f* vileza, bajeza, cobardía.

pleuvasser; pleuviner; pleuvoter [3] *v intr* FAM llovizar, chispear.

pleuvoir [68] [pløvwar] *v impers* llover; il pleut sans cesse no para de llover ■ pleuvoir à torrents ou à seaux ou à verse ou des hallebardes llover a cántaros ou a chuzos, diluviar ■ cesser de pleuvoir escampar, dejar ou parar de·llover ‖ qu'il pleuve ou qu'il vente aunque llueva, llueva o truene.
◇ *v intr* llover; les coups pleuvaient los golpes llovían.

▌ **OBSERV** Le participe passé de pleuvoir est le même que celui de plaire: plu.

pleuvoter ➤ pleuvasser.

plèvre *f* ANAT pleura.

Plexiglas® *m* plexiglás.

plexus [plɛksys] *m* ANAT plexo; plexus solaire plexo solar.

pleyon [plɛjɔ̃] *m* rama *f* arqueada ‖ tomiza *f* (pour attacher).

pli *m* pliegue, doblez *f* ‖ sobre (enveloppe) ‖ pliego, carta *f* ‖ raya *f*; le pli du pantalon la raya del pantalón ‖ tabla *f*, pliegue; les plis d'une jupe las tablas de una falda ‖ arruga *f*; cette robe fait des plis este vestido hace arrugas ‖ alforza (pour raccourcir une manche de chemise) ‖ arruga *f* (ride) ‖ baza *f* (levée au jeu de cartes) ‖ fuelle; les plis d'un accordéon los fuelles de un acordeón ‖ FIG hábito, costumbre *f* (habitude) ‖ GÉOL pliegue, repliegue ■ pli chargé carta con valores declarados ‖ pli de terrain hondonada ‖ pli du bras coyuntura ‖ pli du jarret corva ‖ faux pli arruga ‖ mise en plis marcado (coiffure) ■ FIG & FAM cela ne fait pas un pli eso no ofrece la menor duda, no hay problema ‖ faire une mise en plis marcar el pelo (coiffure) ‖ prendre le pli de tomar la costumbre de hacer algo ‖ prendre son pli asentarse (vêtement) ‖ FIG prendre un mauvais pli tomar una mala costumbre.

pliable *adj* plegable, flexible ‖ FIG manejable, dócil (docile).

pliage *m* doblado, plegado.

pliant, e *adj* flexible ‖ plegable (qui peut être plié); lit pliant cama plegable ‖ FIG dócil, manejable.

➤ **pliant** *m* silla *f* de tijera (siège).

plie [pli] *f* platija, acedía (poisson).

plié *m* flexión *f*.

pliement [plimɑ̃] *m* doblado, plegado.

plier [10] *v tr* [▷ SYN 1] doblar, plegar ‖ cerrar (un éventail) ‖ desmontar (une tente) ‖ FIG doblegar, someter (assujettir) ‖ MAR recoger (les voiles) ‖ FAM plier bagage tomar las de Villadiego (s'enfuir), liar el petate, irse al otro barrio (mourir).
◇ *v intr* [▷ SYN 2] ceder, curvarse (s'affaisser) ‖ FIG doblegarse (se soumettre) ‖ MIL replegarse, retroceder, ceder (reculer); l'armée pliait el ejército se replegaba ■ plier sous le poids des années estar abrumado por la edad ■ FAM être plié en deux doblarse por la cintura, partirse de risa ‖ il vaut mieux plier que rompre antes doblar que quebrar ‖ IMPR machine à plier à poches, à couteaux plegadora de bolsas, de cuchillas.

▌ **OBSERV** Doblar a surtout le sens de plier en deux: plier une branche doblar una rama; plegar signifie au propre plisser, faire des plis: plier un papier plegar un papel.
SYN 1. ployer plegar; courber encorvar; fléchir cimbrear.
2. succomber sucumbir.

plieur, euse *adj & s* plegador, ra.

➤ **plieuse** *f* máquina plegadora, plegadora.

Pline *n pr* Plinio.

plinthe *f* ARCHIT plinto *m* (d'une colonne) ‖ zócalo *m*, cenefa (planche de mur).

pliocène *adj & s m* GÉOL plioceno.

plioir [plijwar] *m* plegadera *f*, cortapapeles (couteau à papier) ‖ carretel (pêche).

plissage *m* plegado ‖ plisado (gallicisme).

plissé *m* plegado (papier), tableado (étoffes), plisado (gallicisme).

plissement *m* plegado (action) ‖ GÉOL plegamiento, pliegue.

plisser [3] *v tr* [▷ SYN] plegar (faire des plis à) ‖ hacer tablas, plisar (gallicisme) ‖ fruncir, arrugar; plisser le front fruncir el ceño.
◇ *v intr* tener pliegues, formar tablas (avoir des plis), arrugarse.

▌ **SYN** froncer fruncir; chiffonner arrugar.

plisseur, euse *m & f* que hace pliegues.

➤ **plisseuse** *f* máquina de hacer pliegues ou tablas.

plissure *f* plegado *m*, conjunto *m* de pliegues.

pliure [plijyr] *f* plegado *m* (action) ‖ taller *m* de tableado ou de plisado (étoffe) ou de plegado (papier).

ploc *m* borra *f* (de draps) ‖ MAR masilla *f* (calfat).

ploiement [plwamɑ̃] *m* doblado, vencimiento, doblamiento ‖ hundimiento.

plomb [plɔ̃] *m* plomo (métal) ‖ plomo, perdigón (de chasse) ‖ vertedero, pila *f* (évier) ‖ precinto, marchamo (sceau de plomb) ‖ tufo (gaz méphitique) ‖ ÉLECTR plomo (coupe-circuit) ‖ MAR escandallo, sonda *f* (sonde) ■ plomb de chasse perdigón ■ fil à plomb plomada ‖ menu plomb mostacilla ‖ sommeil de plomb sueño de plomo ou muy pesado ■ à plomb a plomo (verticalement) ■ avoir du plomb dans l'aile estar alicaído, estar para el arrastre, estar al borde de la ruina ‖ avoir un sommeil de plomb tener un sueño de plomo, muy pesado ‖ mettre les plombs precintar ‖ n'avoir pas de plomb dans la tête no tener la cabeza bien sentada, ser ligero de cascos.

plombage *m* emplomado (action de plomber) ‖ empaste (d'une dent) ‖ precintado, precinto (d'un colis, etc.).

plombaginacées *f pl* BOT plombagináceas.

plombagine *f* MIN plombagina, grafito *m*.

plombé, e *adj* emplomado, da ‖ empastado, da (dent) ‖ precintado, da; marchamado, da (colis) ‖ plomizo, za; de color de plomo (couleur).

plombée *f* arma emplomada ‖ plomada (filet, linge) ‖ plomo *m* (ligne).

plomber [3] *v tr* emplomar ‖ precintar, marchamar (un colis) ‖ bollar (une pièce d'étoffe) ‖ empastar (une dent) ‖ aplomar (vérifier la verticalité).

➤ **se plomber** *v pr* tomar color plomizo.

plomberie *f* fontanería (métier de plombier).

plombeur *m* precintador, marchamador.

plombier *m* fontanero (ouvrier qui installe l'eau, le gaz) ‖ plomero (ouvrier qui travaille le plomb).

plombières *f* helado *m* de frutas confitadas.

plombifère *adj* plomífero, ra.

plombure *f* emplomado *m* (d'un vitrail).

plommée *f* maza de plomo ‖ mangual *m* (fléau d'armes) ‖ espada corta y pesada.

plonge *f* inmersión, zambullida ‖ faire la plonge lavar ou fregar los platos (dans un restaurant).

plongeant, e *adj* que se sumerge, que se hunde en el agua (qui plonge) ‖ de arriba abajo (de haut en bas) ‖ desde lo alto; vue plongeante vista desde lo alto ■ capot plongeant morro bajo ‖ MIL tir plongeant tiro oblicuo.

plongée *f* talud *m*, declive *m* (d'un parapet) ‖ inmersión, sumersión (action de submerger) ‖ vista desde lo alto (point de vue) ‖ plano *m* tomado de arriba abajo, picado *m* (cinéma) ■ plongée sous-marine submarinismo ■ en plongée sumergido (sous-marin).

plongement *m* inmersión *f*.

plongeoir [plɔ̃ʒwar] *m* trampolín, tablón.

plongeon *m* zambullida *f*, chapuzón (action de plonger dans l'eau) ‖ buceo (sous l'eau) ‖ SPORTS salto de trampolín [(*Amér*) clavado] (saut) ‖ estirada *f* ‖ caída *f* (chute) ‖ somorgujo (oiseau) ■ plongeon de haut vol salto de palanca ■ faire un plongeon zambullirse, chapuzarse, tirarse de cabeza, saltar (sauter d'un tremplin), hacer una estirada, tirarse (football), escabullirse (disparaître), hacer una reverencia (révérence).

plonger [17] *v tr* sumergir (submerger) ‖ hundir, bañar (enfoncer dans un liquide) ‖ FIG sumir, hundir (dans la tristesse, dans la misère, etc.) ‖ hundir, clavar (un poignard) ‖ hundir, meter (dans sa poche, etc.) ‖ echar (jeter profondément) ■ plonger dans l'obscurité dejar a oscuras ‖ plonger quelqu'un dans l'embarras poner a alguien en un apuro ‖ **plonger ses regards** mirar de arriba abajo ■ **plongé dans l'obscurité** a oscuras ■ **être plongé dans de profondes réflexions** estar ensimismado en hondas reflexiones.

◇ *v intr* zambullirse, chapuzarse (dans l'eau) ‖ bucear (travailler sous l'eau) ‖ saltar, tirarse (sauter d'un plongeoir) ‖ dominar (regarder de haut en bas); **le regard plonge dans l'abîme** la mirada domina el abismo ‖ FIG desaparecer, hundirse (disparaître) ‖ **plonger dans un sommeil profond** dormirse profundamente.

◆ **se plonger** *v pr* sumirse, abismarse, hundirse (se livrer entièrement).

plongeur, euse *m & f* SPORTS submarinista ‖ saltador, ra (qui saute d'un tremplin) ‖ lavaplatos (dans un restaurant), buzo (scaphandrier).

◆ **plongeur** *m* émbolo de sumersión (piston).

plot [plo] *m* transmisor eléctrico (d'un tramway) ‖ plataforma *f* de salida (natation) ‖ ÉLECTR contacto; **plots de contact** contactos del interruptor.

plouc *adj inv & s* FAM paleto, ta; rústico, ca.

plouf! *onomatopée* ¡pluf!

ploutocrate *m* plutócrata.

ploutocratie *f* plutocracia.

ploutocratique *adj* plutocrático, ca.

ployable [plwajabl] *adj* flexible, plegable.

ployage [plwajaʒ] *m* plegado, encorvamiento.

ployer [13] [plwaje] *v tr* doblar, encorvar, plegar (plier) ‖ FIG doblegar.

◇ *v intr* ceder bajo el peso, vencerse, hundirse, cimbrear (fléchir) ‖ FIG doblegarse, someterse (céder) ‖ MIL replegarse, ceder terreno.

pluie [plɥi] *f* lluvia ■ **pluie battante** lluvia recia ‖ **pluie brève** lluvia de poca duración ‖ **pluie fine** lluvia menuda ‖ **pluies acides** lluvia ácida ■ **sous la pluie** bajo la lluvia ■ **après la pluie le beau temps** después de la tempestad viene la calma ‖ **ennuyeux comme la pluie** muy pesado, muy cargante, más pesado que un saco de plomo ■ **faire la pluie et le beau temps** ser el amo, ser el que hace y deshace ‖ **le temps est à la pluie** el tiempo anuncia lluvia, parece que va a llover ‖ **parler de la pluie et du beau temps** hablar de cosas sin importancia ou indiferentes ‖ **petite pluie abat grand vent** causas pequeñas suelen traer grandes efectos ■ FAM **ne pas être tombé de la dernière pluie** no haber nacido ayer.

> SYN **bruine** llovizna, cernidillo; **crachin** orvallo, sirimiri; **ondée** chaparrón; **grain** turbonada; **giboulée** chubasco; **averse** aguacero; **déluge** diluvio, FAM **flotte** lluvia; **saucée** chaparrón.

plumage *m* plumaje.

plumaison *f* desplumadura.

plumard [plymar] *m* (p us) plumero (plumeau) ‖ FAM piltra *f* (lit).

plumasserie *f* plumajería.

plumassier, ère *adj & s* plumajero, ra.

plum-cake [plumkɛk] *m* bizcocho de pasas.

plume *f* pluma ‖ pluma, plumilla (d'un stylo) ■ **plume stylographique** pluma estilográfica, estilográfica (stylo) ■ **guerre de plume** diatriba escrita ‖ **homme de plume** escritor ‖ lit

de plume colchón de plumas ‖ **poids plume** peso pluma (boxe) ‖ **trait de plume** plumazo ■ **à la plume** con pluma, de pluma; **dessin à la plume** dibujo de pluma ■ **écrire au courant de la plume** escribir a vuela pluma ou al correr de la pluma ‖ FIG **laisser des plumes** salir desplumado ou trasquilado ‖ **prendre la plume** tomar la pluma, ponerse a escribir ‖ **se parer des plumes du paon** engalanarse con plumas ajenas ‖ FAM **voler dans les plumes à quelqu'un** arremeter contra alguien.

plumeau *m* plumero.

plumée *f* plumada (encre) ‖ plumazón *m* (plume d'un oiseau) ‖ desplume *m* (action de plumer).

plumer [3] *v tr* desplumar ‖ FIG & FAM desplumar, pelar (dépouiller).

plumet [plymɛ] *m* MIL plumero, penacho de plumas.

plumeté, e *adj* BLAS mosqueado, da.

plumetis [plymti] *m* bordado de realce, plumetís.

plumeur, euse *m & f* desplumador, ra; persona *f* que pela las aves.

plumeux, euse *adj* plumoso, sa; cubierto de plumas ‖ hecho con plumas.

plumier *m* plumero, estuche de plumas.

> OBSERV Se emplea a veces el galicismo plumier.

plumitif *m* DR registro de audiencia, papel de oficio ‖ FAM plumífero, escribiente.

plum-pudding [plumpudiŋ] *m* pudín, budín.

plumule *f* BOT plúmula ‖ ZOOL plumón *m* (petites plumes).

plupart [plypar]

◆ **la plupart** *f* la mayor parte, la mayoría ■ **la plupart du temps** la mayoría de las veces, casi siempre ‖ **pour la plupart** la inmensa mayoría, la mayor parte.

> OBSERV El verbo debe ir en plural cuando la plupart significa la mayoría de los hombres, y cuando va seguido de un nombre en plural: la plupart écrivent ce mot ainsi, la plupart des gens sont partis; debe ir en singular cuando el nombre también es singular: la plupart du peuple est mécontent.

plural, e *adj* plural; **votes pluraux** votaciones plurales.

pluralisme *m* pluralismo.

pluraliste *adj* pluralista.

pluralité *f* pluralidad.

pluricellulaire *adj* pluricelular.

pluridimensionnel, elle *adj* pluridimensional.

pluridisciplinaire *adj* pluridisciplinario, ria.

pluriel, elle *adj & s m* plural.

pluripartisme *m* pluripartidismo.

plurivalent, e *adj* CHIM polivalente.

plus [ply] ou [plys] *adv* más (davantage); **j'ai plus de temps que toi** tengo más tiempo que tú ‖ más; **deux plus cinq font sept** dos más cinco son siete ■ **plus de** más de (davantage), basta de, no más, ya no hay (assez), no hay (manque) ‖ **plus d'une fois** más de una vez ‖ **plus grand** mayor, más grande ‖ **plus... moins** cuanto más ou mientras más... menos; **plus je le vois, moins je le comprends** cuanto más le veo, menos

le comprendo ‖ **plus ou moins** más o menos ‖ **plus petit** menor, más pequeño ‖ **plus... plus** cuanto más... más; **plus je le connais, plus je l'aime** cuanto más le conozco más le quiero ‖ **plus qu'il n'en faut** más de la cuenta ‖ **plus tôt** antes, más temprano ■ **au plus**, tout au plus a lo sumo, cuando más, a lo más ‖ **au plus tard** lo más tarde, a más tardar ‖ **au plus tôt** cuanto antes ‖ **bien plus** mucho más (beaucoup), más aún (plus encore) ‖ **d'autant plus que** toda vez que, tanto más cuanto que ‖ **de plus** además (en outre), de más, de sobra (en trop), más aún (encore) ‖ **de plus en plus** cada vez más, más y más ‖ **en plus** además (en outre), aparte, no comprendido (prix) ‖ **le plus** el más; **le plus joli** el más bonito (lorsque cette locution est accompagnée d'un substantif, celui-ci se place en espagnol entre el et más); **l'enfant le plus intelligent** el niño más inteligente; más; **celui qui travaillera le plus** el que más trabaje ‖ **ne plus** no más; **basta de** ‖ **ne... plus** no... más, ya no; **il ne travaille plus ici** ya no trabaja aquí ‖ **ne... plus que** no... ya más que; **il ne me reste plus qu'un livre** no me queda ya más que un libro ‖ **ni plus ni moins** ni más ni menos, nada más y nada menos ‖ **non plus** tampoco ‖ **pas plus no más** ‖ **pas plus que** como tampoco ‖ **sans plus** sin más ‖ **tant et plus** tanto y más, mucho ‖ **tout au plus** todo lo más, a lo sumo, a lo más ■ **à n'en pouvoir plus** a más no poder ‖ **il n'est plus** ha dejado de existir ‖ **qui peut le plus peut le moins** el que puede lo más puede lo menos ‖ **qui plus est** y lo que es más, y además ‖ **qui plus qui moins** quien más quien menos, el que más y el que menos, cual más cual menos ‖ **sans plus parler** sin decir más.

◇ *m* lo más ‖ MATH más (signe).

> OBSERV 1. Pronunciación: En plus no se pronuncia la s final delante de una consonante y en las locuciones negativas ne plus y non plus: il est plu(s) fort que moi; je ne vais plu(s). No obstante, en terminología de matemática, la s se pronuncia siempre (2 plus 2) y también ha de hacerse el enlace cuando la palabra siguiente empieza por vocal. La s se pronuncia normalmente en la palabra compuesta plus-que-parfait y también se hace generalmente cuando significa davantage (il en a plus que moi).
> 2. Plus grand et plus petit ont deux traductions en espagnol, mayor, más grande et menor, más pequeño, respectivement, mais les plus correctes sont mayor et menor.

plusieurs [plyzjœr] *adj & pr indéf pl* varios, rias; algunos, nas.

plus-que-parfait [plyskəparfɛ] *m* GRAMM pluscuamperfecto.

> OBSERV pl plus-que-parfaits.

plus-value [plyvaly] *f* plusvalía, aumento *m* de valor (augmentation de valeur) ‖ superávit *m*, excedente *m* (impôts).

> OBSERV pl plus-values.

Plutarque *n pr* Plutarco.

Pluton *n pr* ASTRON & MYTH Plutón.

plutonien, enne; plutonique *adj* GÉOL plutónico, ca; plutoniano, na.

plutonisme *m* GÉOL plutonismo.

plutonium [plytɔnjɔm] *m* plutonio (métal).

plutôt [plyto] *adv* antes, antes bien, primero; **plutôt mourir que céder** antes morir que ceder ‖ más bien; **il est plutôt bavard** es más bien parlanchín ‖ un tanto; **il est plutôt**

extraordinaire es un tanto extraordinario ∥ mejor dicho, más bien; **grand ou plutôt gigantesque** alto o mejor dicho gigantesco ∥ **si no**; **essayez plutôt vous-même** intente si no usted mismo.

▪ **OBSERV** Evítese la confusión con **plus tôt** antes, más temprano.

Plutus [plytys] *n pr* **MYTH** Pluto.

pluvial, e *adj* pluvial, de lluvia; **régimes pluviaux** regímenes pluviales.

pluviale *m* capa *f* pluvial (ecclésiastique).

pluvier *m* chorlito real (oiseau).

pluvieux, euse *adj* lluvioso, sa; pluvioso, sa.

pluviographe *m* pluviógrafo.

pluviomètre *m* pluviómetro.

pluviométrie *f* pluviometría.

pluviométrique *adj* pluviométrico, ca.

pluviôse *m* pluvioso [quinto mes del calendario republicano francés].

pluviosité *f* pluviosidad.

PM *f* (abr de **préparation militaire**) preparación al servicio militar ∥ (abr de **police militaire**) PM. ◇ *m* (abr écrite de **petit modèle**) modelo pequeño.

P.-M. (abr de **pistolet-mitrailleur**) *m* **MIL** pistola *f* a metralladora.

PMA *f* (abr de **procréation médicalement assistée**) PMA. ◇ *m pl* (abr de **pays les moins avancés**) PMA.

PME (abr de **petites et moyennes entreprises**) *f pl* PYME *f*.

PMI *f pl* (abr de **petites et moyennes industries**) PMI *f*. ◇ *f* (abr de **protection maternelle et infantile**) protección a la madre y al niño.

PMO (abr de **pièces et main-d'œuvre**) *adj* **prix PMO** precio piezas y mano de obra incluidas.

PMU (abr de **Pari mutuel urbain**) *m* quinielas hípicas en Francia.

▪ **LE PMU** ──────────────
Estas iniciales, que se pueden leer en las fachadas de muchos bares en Francia, indican que allí se puede jugar a las quinielas.

PNB (abr de **produit national brut**) *m* PNB.

pneu [pnø] *m* neumático (pneumatique) ∥ cubierta *f* (sans chambre à air) ■ **pneu à plat** neumático desinflado ∥ **pneu increvable** neumático contra pinchazos.

▪ **OBSERV** pl **pneus**.

pneumatique *adj* neumático, ca. ◇ *m* neumático (de roue) ∥ continental (lettre). ◇ *f* **PHYS** (ancien) neumática (science).

▪ **OBSERV** El **pneumatique** es una carta que, en ciertas grandes ciudades, es expedida rápidamente gracias a una red urbana de tubos de aire comprimido. Por lo tanto el equivalente español propuesto, **continental**, es bastante impreciso.

pneumatologie *f* neumatología.

pneumectomie ► **pneumonectomie**.

pneumo *m* **FAM** neumo, neumotórax.

pneumocoque *m* neumococo.

pneumogastrique *adj* & *s* neumogástrico, ca.

pneumographie *f* neumografía.

pneumologie *f* neumología.

pneumologue *m* tisiólogo.

pneumonectomie; **pneumectomie** *f* neumotomía.

pneumonie *f* **MÉD** neumonía, pulmonía.

pneumonique *adj* neumónico, ca.

pneumothorax *m* neumotórax.

PNUD; Pnud (abr de **Programmme des Nations unies pour le développement**) *m* PNUD.

PNUE; Pnue (abr de **Programme des Nations unies pour l'environnement**) *m* PNUMA.

Pô *n pr m* **GÉOGR** **le Pô** el Po.

PO (abr écrite de **petites ondes**) OM.

pochade *f* boceto *m*, bosquejo *m*, apunte *m* (peinture) ∥ improvisación, obra escrita rápidamente, entretenimiento *m* (littérature).

pochard, e [pɔʃar, ard] *adj* & *s* **FAM** borracho, cha (ivrogne).

pocharder [3]
➤ **se pocharder** *v pr* **FAM** emborracharse.

pochardise *f* **FAM** (vx) borrachera.

poche *f* bolsillo *m*; **poche de veste** bolsillo de chaqueta ∥ bolsa, buche *m* (faux pli d'un vêtement), rodillera (aux genoux) ∥ bolsa, cartera (serviette) ∥ costal *m*, saco *m* (sac) ∥ buche *m* (jabot des oiseaux) ∥ bolsa (sac de papier) ∥ copo *m*, manga, bolsa (d'un filet de pêche) ∥ capucha, capuchón *m* (du poulpe) ∥ red (filet pour chasser) ∥ bolsa; **des poches sous les yeux** bolsas bajo los ojos ∥ **MÉD** bolsa (d'un abcès) ∥ **MIN** & **MIL** bolsa ■ **poche de coulée** caldero de colada (sidérurgie) ∥ **poche plaquée** bolsillo de parche ∥ **poches à revers ou à rabat** bolsillos con cartera ∥ **argent de poche** dinero para gastos menudos ∥ **de poche** (livre, sous-marin) ∥ **format de poche** de bolsillo ∥ **FIG les mains dans les poches** con las manos en los bolsillos ■ **avoir quelqu'un dans sa poche** tener a alguien en el bolsillo **ou** en el bote ∥ **connaître comme sa poche** conocer como la palma de la mano ∥ **FAM c'est dans la poche** está chupado ∥ **mettre en poche** meterse en el bolsillo ∥ **FIG n'avoir pas sa langue dans sa poche** no tener pelos en la lengua ∥ **ne pas avoir les yeux dans sa poche** no tener telarañas en los ojos ∥ **y être de sa poche** poner en su bolsillo.

poché, e *adj* **CULIN** escalfado, da ∥ **a la funerala** (œil).

pocher [3] *v tr* escalfar (œufs) ∥ esbozar, hacer un apunte (ébaucher) ∥ **pocher l'œil à quelqu'un** poner a uno un ojo a la funerala. ◇ *v intr* formar bolsas **ou** buches (un vêtement).

pochet [pɔʃɛ] *m* morral (sacoche) ∥ **AGRIC** hoyo en que se siembra.

pochetée *f* (vx) bolsillo *m*, contenido *m* de un bolsillo ∥ **FAM** (vx) majadería, sandez (bêtise) ∥ **FAM** (vieilli) majadero *m*, gilí *m*, jilí *m* (niais).

pocheter [27] *v tr* llevar en el bolsillo.

pochette *f* bolsillito *m* (petite poche) ∥ redecilla (petit filet) ∥ violín de bolsillo (petit violon) ∥ pañuelo *m* que se pone en el bolsillo superior de la chaqueta (mouchoir) ∥ estuche *m* (de compas) ∥ librillo *m*, carterilla ∥ **une pochette de papier à fumer** un librillo de papel de fumar; **une pochette d'allumettes** una carterilla

de cerillas ∥ sobre *m* (enveloppe) ∥ bolso *m* de mano (sac) ∥ funda (de disque).

pochette-surprise *f* sorpresa [cucurucho].

▪ **OBSERV** pl **pochettes-surprises**.

pocheuse *f* escalfador *m*.

pochoir *m* plantilla *f* **ou** chapa *f* de estarcir, patrón estarcido (pour colorier).

pochon *m* cucharón (cuiller à pot).

poco a poco *loc adv* **MUS** poco a poco.

podagre *adj* & *s* gotoso, sa. ◇ *f* **MÉD** podagra, gota en el pie.

podaire *f* **MATH** podaria.

podestat [pɔdɛsta] *m* podestá, alcalde italiano.

podium [pɔdjɔm] *m* podio.

podologie *f* **MÉD** podología.

podologue *m* & *f* **MÉD** podólogo, ga.

podomètre *m* podómetro.

podzol [pɔdzɔl] *m* podzol.

podzolique *adj* relativo al podzol.

poêle [pwal] *m* estufa *f* (de chauffage) ∥ velo nupcial, yugo (dans les mariages) ∥ palio (dais) ∥ paño mortuorio (du cercueil) ∥ **tenir les cordons du poêle** llevar las cintas del féretro. ◇ *f* sartén (plat de cuisine) ∥ tostador *m* (à marrons) ■ **poêle à frire** sartén ∥ **FIG** & **FAM tenir la queue de la poêle** tener la sartén por el mango.

poêlée [pwale] *f* sartenada (contenu).

poêlier [pwalje] *m* fumista, estufista, calefactor.

poêlon [pwalɔ̃] *m* cazo, sartén *f* sin mango.

poêlonnée [pwalɔne] *f* contenido *m* de un cazo.

poème *m* poema ∥ libreto (d'un opéra) ∥ **FIG** poema.

poésie *f* poesía.

poète *adj* & *s* poeta.

▪ **SYN** chantre cantor; barde bardo; aède aedo; rhapsode rapsoda; versificateur versificador; rimeur rimador; rimailleur poetastro.

poétereau [pɔetro] *m* **FAM** poetastro.

poétesse *f* poetisa.

poétique *adj* & *s f* poético, ca.

poétiquement *adv* poéticamente.

poétiser [3] *v intr* poetizar.

pognon; poignon parné, pasta *f* (argent).

pogrom; pogrome *m* pogrom, pogromo.

poids [pwa] *m* peso; **le poids d'un corps** el peso de un cuerpo ∥ pesa *f* (pour peser); **une balance et ses poids** una balanza y sus pesas ∥ pesa *f* (d'une horloge) ∥ **SPORTS** peso ∥ pesa *f* (en gymnastique) ∥ **FIG** peso, fuerza *f* (force) ∥ peso, carga *f*, lastre; **le poids des affaires** el peso de los negocios ■ **poids atomique, moléculaire, spécifique** peso atómico, molecular, específico ∥ **poids et haltères** levantamiento de pesas ∥ **poids et mesures** pesas y medidas ∥ **poids lourd** vehículo de carga pesado (camion) ∥ **poids lourd, mi-lourd, moyen, plume, coq, mouche** peso pesado, semipesado, medio, pluma, gallo, mosca (boxeo) ∥ **poids mort** peso muerto, lastre ∥ **poids utile** peso útil ∥ **poids vif** peso en vivo (boucherie) ■ **au poids** al peso ∥ **au poids de l'or** a peso de oro ∥ **de poids** de peso; **argument de poids** argumento de peso ■ **avoir deux poids et**

deux mesures aplicar la ley del embudo ▌ **faire bon poids** pesar corrido, dar buen peso ▌FIG **faire le poids** tener talla, tener las cualidades requeridas ▌**prendre du poids** engordar ▌**tomber de tout son poids** desplomarse.

poignant, e *adj* punzante (douleur) ▌FIG desgarrador, ra (déchirant) ▌ emocionante (émouvant) ▌angustioso, sa (angoissant).

poignard [pwaɲar] *m* puñal ▌ puntilla *f* (pour achever le taureau) ■ **coup de poignard** puñalada ▌FIG **mettre le poignard sous** ou **sur la gorge** poner un puñal en el pecho.

▌ SYN dague daga; stylet estilete; baïonnette bayoneta.

poignarder [3] *v tr* apuñalar, dar de puñaladas, acuchillar ▌FIG causar dolor profundo.

poignardeur, euse *adj & s* apuñalador, ra; persona que mata a puñaladas.

poigne [pwaɲ] *f* fuerza en los puños ▌FAM energía, fuerza, vigor *m* ■ FAM **homme à poigne** hombre enérgico ou de autoridad férrea.

poignée *f* puñado *m*; **une poignée de sable** un puñado de arena ▌empuñadura, puño *m*; **la poignée d'un sabre** la empuñadura de un sable ▌ mango *m* (manche) ▌ asa (d'une valise, etc.) ▌ picaporte *m*, manilla, manija, tirador *m* (des portes et des fenêtres) ▌ agarrador *m* (de fer à repasser) ▌tirador *m* (d'un tiroir) ▌palanca (du frein) ▌ garganta (de la crosse d'une arme) ▌llave, llavín *m* (d'un robinet) ▌FIG puñado *m* (petit nombre); **une poignée de soldats** un puñado de soldados ■ **à poignées** a puñados, a manos llenas ▌**donner une poignée de main** dar un apretón de manos.

poignet [pwaɲɛ] *m* muñeca *f* (de la main) ▌ puño (d'une chemise) ▌ **à la force du poignet** a pulso.

poignon ► **pognon**.

poil [pwal] *m* pelo ■ **poil à gratter** picapica ▌**poil follet** bozo ■ FAM **à poil** en cueros, en pelota (nu) ▌**à trois** ou **à quatre poils** de pelo en pecho (courageux) ▌**à un poil près** por poco, por el pelo de una hormiga ▌**au poil** macanudo, ¡magnífico! ▌**au quart de poil** al pelo, con gran precisión ▌**de tout poil** de toda calaña ■ FAM **avoir un poil dans la main** ser más vago que la chaqueta de un guardia, no mover ni un dedo ▌FAM **être de mauvais poil** estar de mal humor ▌**monter à poil** montar a pelo (un cheval) ▌**reprendre du poil de la bête** remontar la pendiente.

▌ SYN pelage pelaje; robe (d'un animal) pelaje; fourrure piel; laine lana; toison vellón.

poilant, e *adj* FAM de mondarse de risa, mondante.

poil-de-carotte *adj inv* FAM pelirrojo, ja *adj*.

poiler [3]

► **se poiler** *v pr* FAM mondarse de risa.

poilu, e *adj* [▷ SYN] peludo, da; velludo, da.

► **poilu** *m* soldado francés de la Primera Guerra mundial, veterano ▌hombre de pelo en pecho, valiente.

▌ SYN velludo; barbu barbudo; moustachu bigotudo; pubescent pubescente.

poinçon [pwɛ̃sɔ̃] *m* TECHN punzón (pour percer) ▌buril (de graveur) ▌troquel, cuño (médailles, monnaies) ▌ contraste (marque sur l'or ou

l'argent) ▌ sacabocados, taladro, taladrador (emporte-pièce) ▌lezna *f* (de sellier) ▌rompedera *f*, martillo (pour la pierre) ▌ tonel, barrica *f* (tonneau) ▌puntero (forge) ▌ ARCHIT pendolón, cuchillo, péndola *f*, pie derecho (d'un comble) ▌poinçon de garantie sello de contraste.

poinçonnage; poinçonnement *m* contraste, marca *f*, sello ▌taladro, perforación *f* ▌picado (d'un billet de métro, etc.).

poinçonner [3] *v tr* contrastar (l'or, l'argent) ▌picar (les billets de transport) ▌taladrar, perforar.

poinçonneur, euse *adj & s* empleado que pica los billetes.

► **poinçonneuse** *f* taladradora, perforadora (de billets).

poindre [82] *v tr* punzar, pinchar (piquer).
◇ *v intr* despuntar, asomar, rayar (le jour, la lumière) ▌brotar, comenzar a salir (les plantes) ▌FIG despuntar, aparecer.

▌ OBSERV Este verbo se conjuga casi únicamente en el presente de infinitivo y en las terceras personas de singular del presente, imperfecto y futuro de indicativo.

poing [pwɛ̃] *m* puño ■ **poing américain** anillo de hierro ■ **coup de poing** puñetazo ▌**les poings sur les hanches** con los brazos en jarras ■ FIG **dormir à poings fermés** dormir a pierna suelta ▌**faire le coup de poing** andar a puñetazos ▌**montrer le poing à quelqu'un** amenazar a alguien con el puño ▌**pieds et poings liés** atado de pies y manos ▌**se mordre** ou **se ronger les poings** morderse ou comerse los nudillos ou los puños.

point [pwɛ̃] *m* punto ▌puntada *f*, punto (couture); **faire de gros points** dar grandes puntadas ▌punto (dentelle); **point de Venise** punto de Venecia ▌ punto (écriture) ▌ punto, extremo; **on a traité différents points** se han tratado varios puntos ▌JEUX & SPORTS punto, tanto ▌nota *f*, punto (note d'un écolier) ▌punzada *f* (douleur) ▌ agujero, punto (trou) ▌pinta *f*, mancha *f* (tache) ▌ entero (Bourse); **ces actions ont perdu beaucoup de points** esas acciones han perdido muchos enteros ▌IMPR punto ▌ MUS puntillo, punto ■ **point à l'aiguille** punto de aguja ▌**point à la ligne** punto y aparte [(*Amér*) punto acápite] ▌**point arrière** pespunte ▌**point chaud** lugar turbulento, punto conflictivo, zona peligrosa ▌**point culminant** punto culminante ▌**point d'appui** punto de apoyo ▌**point d'arrivée** punto de llegada, conclusión ▌**point de chaînette** punto de cadeneta ▌**point de chute** punto de caída, lugar de descenso ▌**point d'eau** aguadero, puesto de aprovisionamiento de agua ▌**point d'éclair, d'écoulement, de rosée** punto de inflamación, de flujo, de rocío (pétrole) ▌**point de côté** dolor de costado, punzada en el costado ▌**point de croix** punto de cruz ▌**point de départ** punto de partida ▌**point de mire** punto de mira, mira ▌**point (de) mousse, de jersey** punto de musgo ou santa clara, de media ou jersey ▌**point de non-retour** situación irreversible, punto sin retorno ▌**point d'épine, point russe** punto ruso ▌**point de repère** punto de referencia ▌**point de reprise** zurcido ▌**point de tige** punto de tallo ▌**point de vente** punto de venta, expendeduría ▌**point de vue** punto de vista ▌**point d'exclamation** admiración, signo de admiración ▌**point d'honneur** pundonor, amor propio

▌**point d'interrogation** interrogación, signo de interrogación ▌MUS **point d'orgue** calderón ▌**point d'ourlet** punto de dobladillo ▌**point du jour** aurora, amanecer ▌**point faible** punto débil ou flaco ▌**point final** punto final ▌**point mort** punto muerto, estancamiento ▌**point natte** punto de trencilla ▌**point noué** nudo ▌**point-virgule, point et virgule** punto y coma ▌**points cardinaux** puntos cardinales ▌**points de suspension** puntos suspensivos ▌**points de suture** puntos de sutura ▌INFORM **point d'accès** ou **de connexion** punto de presencia ou conexión ■ **bon point** buena nota (école) ■ **à point** en su punto (cuisine), a punto, a propósito (à propos) ▌**à point nommé** a punto, en el momento preciso ou oportuno ▌**à tel point que** hasta tal punto que ▌**au dernier point, au plus haut point** en sumo grado, en grado máximo, extremadamente ▌**au point a punto** ▌**de point en point** punto por punto ▌**de tout point, en tout point** de todo punto, enteramente, en todo ▌**du point de vue** desde el punto de vista ▌**mal en point** en mal estado ▌**sur le point de** a punto de ■ **donner des points** dar puntos ou tantos de ventaja ▌**donner un bon point** dar una buena nota ▌**faire le point** señalar el punto, tomar la estrella (mer), encontrar el punto de estación (topographie), analizar la situación, hacer el balance, concretar, recapitular (faire le bilan) ▌**jouer en cent points** jugar una partida a cien puntos ▌**marquer des points** puntuar (sports), apuntarse un tanto (figuré) ▌**marquer un point** apuntarse un tanto (succès), marcar un tanto ou un gol (football), marcar una cesta (basket), marcar un punto ▌**mettre au point** poner en su punto, acabar, dar el último toque (perfectionner), poner a punto (un projet, une machine), desbastar (le marbre), enfocar (photo), puntualizar (préciser) ▌**rendre des points** dar ventaja (au jeu) ▌**tout vient à point à qui sait attendre** con el tiempo todo se consigue ▌**un point c'est tout** y ya está, nada más, y sanseacabó ▌**venir à point** venir a punto ou al pelo ou como anillo al dedo.

point [pwɛ̃] *adv* (vx) no; **vous mentez point** usted miente no ■ **point aussi** tampoco ▌**point de** no hay; **point d'argent, point d'amis** no hay dinero, no hay amigos; **point de peuple qui n'aime l'indépendance** no hay pueblo a quien no guste la independencia ▌**point du tout** de ningún modo, de ninguna manera, en absoluto ■ **ne... point** no; **je ne partirai point** no me iré ▌**peu** ou **point** poco o nada.

pointage; pointement *m* puntería *f* (d'une arme); **pointage en hauteur** puntería en alcance ▌enfoque (d'un télescope) ▌anotación *f*, control (pour signaler) ▌recuento (des voix) ▌control de entrada y salida (des usines) ▌tanteo (jeu) ▌MAR apunte.

pointe *f* punta ▌punta, puntilla (clou) ▌remate *m*, extremo *m*; **pointe d'un clocher** remate de un campanario ▌aguja, punzón *m*, buril *m* (de graveur) ▌pico *m* (d'un col) ▌guía; **les pointes d'une moustache** las guías del bigote ▌nesga (couture) ▌pizca, poco *m* (un peu) ▌pañuelo *m*, pico *m* (fichu) ▌pico *m* (de lange) ▌ GÉOGR punta ▌ MIL punta (d'avant-garde) ■ TECHN **pointe à tracer** puntilla ▌**pointe d'ail** punta de ajo ▌**pointe d'asperge** cabeza de espárrago ‖ TECHN **pointe de diamant** punta de diamante ‖ **pointe de feu** botón de fuego ‖ **pointe de tension** pico de tensión ‖ **pointe de vitesse** acelerón ‖ **pointe sèche** punta seca ■ **coup de pointe** estocada ‖ **heures de pointe** horas punta ‖ **la pointe du jour** el alba, la aurora, el amanecer ‖ **une pointe d'ironie, de raillerie** cierta ironía, cierto tono de burla ■ **à la pointe de l'épée** con la punta de la espada, por la fuerza de las armas, a viva fuerza ‖ **en pointe** en punta ■ **être à la pointe du progrès** ser el más adelantado ‖ **faire des pointes** bailar de puntas ‖ **industrie de pointe** industria de vanguardia ‖ MIL **lancer des pointes** lanzar incursiones ‖ **sur la pointe des pieds** de puntillas ‖ **pousser une pointe jusqu'à** llegar hasta.

pointeau m TECHN punzón ‖ aguja f de válvula (pour régler le débit) ‖ listero (d'un chantier) ‖ **pointeau de carburateur** punzón ou aguja de la cuba del carburador.

pointement ➞ **pointage**.

pointer [3] v tr herir con la punta de una espada ou de un sable, dar una estocada ‖ apuntar (avec une arme) ‖ enfocar (avec des jumelles) ‖ apuntar, anotar (noter) ‖ marcar, señalar (marquer) ‖ puntear, hacer puntos (faire des points) ‖ puntear (sur une liste) ‖ poner de punta, levantar, enderezar (dresser en pointe) ‖ aguzar (les oreilles) ‖ JEUX tantear ‖ fichar (les heures de travail) ‖ hacer el recuento de (un scrutin) ‖ MUS puntear.
◇ v intr despuntar, empezar a salir (commencer à pousser) ‖ despuntar (le jour, l'aube) ‖ remontarse, alzarse, elevarse en el aire (s'élever en l'air) ‖ encabritarse (le cheval) ‖ picar, fichar (dans une usine).
➞ **se pointer** v pr FAM apostarse (se poster) ‖ llegar (arriver).

pointer m perro de muestra inglés.

pointerolle f MIN punterola.

pointe-sèche m grabado con punta seca.
▆ OBSERV pl points-sèches.

pointeur m apuntador (qui pointe une arme) ‖ listero (qui pointe, qui note) ‖ apuntador, arrimador (pétanque) ‖ INFORM puntero, indicador.

pointeuse f máquina para fichar, punteadora.

pointil ➞ **pontil**.

pointillage [pwɛ̃tijaʒ] m punteado.

pointillé [pwɛ̃tije] m punteado ‖ grabado punteado ‖ línea f de puntos, trepado (coupon) ‖ **découper suivant le pointillé** cortar siguiendo la línea de puntos ou el punteado.

pointillement [pwɛ̃tijmɑ̃] m punteado.

pointiller [3] [pwɛ̃tije] v tr puntear, dibujar puntos (tracer par points).
◇ v intr puntear, hacer puntos (faire des points) ‖ FIG discutir por menudencias, ser quisquilloso (chicaner).

pointillerie [pwɛ̃tijri] f quisquilla, tiquismiquis m pl, tiquis miquis m pl, minucia.

pointilleux, euse [pwɛ̃tijø, øz] adj puntilloso, sa; quisquilloso, sa.

pointillisme [pwɛ̃tijism] m puntillismo (peinture).

pointilliste [pwɛ̃tijist] adj & s puntillista (peintre).

pointu, e adj puntiagudo, da; picudo, da ‖ FIG agudo, da (voix).
▆ SYN aigu agudo; acéré acerado; piquant punzante.

pointure f número m, medida (des chaussures, des gants, des cols, etc.) ‖ IMPR puntura (organe de la presse) ‖ puntizón m (trou) ‖ MAR empuñidura.

point-virgule punto y coma.
▆ OBSERV pl points-virgules.

poire f pera (fruit) ‖ pera, perilla (électrique, etc.) ‖ FAM primo m (naïf) ‖ FAM jeta, cara, rostro m (visage) ‖ **poire à poudre** polvorín, cebador (poudrière de chasse) ‖ **poire d'avocat** aguacate ‖ **poire fondante** pera de agua ■ **en poire** en forma de pera ‖ **entre la poire et le fromage** a los postres, al final de la comida ■ **couper la poire en deux** partir la diferencia ‖ FAM (vieilli) **faire sa poire** presumir, darse importancia ‖ FIG **garder une poire pour la soif** ahorrar ou guardar algo para después.

poiré m sidra f de peras, perada f.

poireau m puerro (plante) ‖ FIG verruga f (verrue) ‖ FAM **faire le poireau** estar de plantón, esperar mucho.

poireauter; poiroter [3] v intr FAM esperar mucho ‖ FAM **faire poireauter** dar un plantón.

poirée f BOT acelga (bette).

poirier m peral (arbre) ■ **poirier sauvage** guadepero (arbre) ■ **faire le poirier** hacer el pino (gymnastique).

poiroter ➞ **poireauter**.

pois [pwa] m guisante ■ **pois cassés** guisantes majados ‖ **pois chiche** garbanzo ‖ **pois de senteur** guisante de olor ‖ **pois mange-tout** tirabeque, guisante mollar ■ **petits pois** guisantes ‖ **tissu à pois** tejido de lunares.

poise m poise (unité de viscosité).

poiseuille m poiseuille (unité de viscosité).

poison m veneno (mot usuel), ponzoña f (mot littéraire) ‖ FAM mala persona f, peste f, mal bicho, lengua f viperina (personne méchante), rollo, persona f pesada (personne ennuyeuse).
▆ OBSERV Veneno équivaut aussi en espagnol à venin.
▆ SYN venin ponzoña; toxique tóxico; toxine toxina; virus virus.

poissard, e adj populachero, ra; grosero, ra (grossier).
➞ **poissarde** f PÉJ (vieilli) pescadera, verdulera.

poisse f FAM mala pata, la negra (déveine) ‖ FAM **porter la poisse** ser gafe.

poisser [3] v tr untar con pez, empegar (coller avec de la poix) ‖ FIG embadurnar; poisser de miel embadurnar con miel ‖ dejar pegajoso (coller) ‖ FAM birlar (voler) ‖ trincar (arrêter).

poisseux, euse adj pegajoso, sa; peguntoso, sa (qui poisse) ‖ pringoso, sa (poissé).

poisson m ZOOL pez, pescado ■ FIG **poisson d'avril** broma tradicional francesa que se gasta el primero de abril, ≃ inocentada f; **poisson d'avril!** ¡inocente! ‖ **poissons rouges** peces de colores ‖ **poisson volant** pez volador ■ **comme un poisson dans l'eau** como el pez en el agua ‖ **ni chair ni poisson** ni carne ni pescado, ni chicha ni limonada ■ **avoir du**

sang de poisson tener sangre de horchata ‖ **c'est l'histoire du poisson qui se mord la queue** es la pescadilla mordiéndose la cola ■ **être Poissons** ser Piscis ‖ **finir en queue de poisson** quedarse en agua de borrajas ‖ **le gros poisson mange le petit** el pez grande se come al chico ‖ **pêcher** ou **prendre du poisson** ou **des poissons** pescar.
▆ OBSERV Pez tant qu'il est dans l'eau; pescado une fois qu'il a été pêché pour l'alimentation.
▆ LE POISSON D'AVRIL
El primero de abril en Francia, se suelen gastar bromas como el 28 de diciembre en España. Una vez descubierta la broma, el autor dice a su víctima: "Poisson d'avril!"

poisson-chat m siluro (silure).
▆ OBSERV pl poissons-chats.

poisson-épée m pez espada (espadon).
▆ OBSERV pl poissons-épées.

poisson-lune m pez luna.
▆ OBSERV pl poissons-lunes.

poissonnerie f pescadería.

poissonneux, euse adj abundante en peces.

poissonnier, ère m & f pescadero, ra (vendeur).
➞ **poissonnière** f besuguera (ustensile).

Poissons m pl ASTRON & ASTROL Piscis.

poisson-scie m pez sierra.
▆ OBSERV pl poissons-scies.

poitevin, e adj del Poitou, de Poitiers.

Poitevin, e m & f natural ou habitante del Poitou, de Poitiers.

Poitiers n pr GÉOGR Poitiers.

Poitou n pr m GÉOGR le Poitou Poitou.

Poitou-Charentes n pr GÉOGR Poitou-Charentes; **la région Poitou-Charentes** la región de Poitou-Charentes; **en Poitou-Charentes** en Poitou-Charentes.
▆ POITOU-CHARENTES
Esta región administrativa comprende los departamentos de Charente, Charente-Maritime, Deux-Sèvres y Vienne. Capital: Poitiers.

poitrail [pwatraj] m pecho (du cheval) ‖ antepecho (harnais) ‖ ARCHIT dintel.

poitrinaire adj & s MÉD enfermo, ma del pecho.
▆ OBSERV Esta palabra y su sinónimo phtisique (tísico, ca) han caído en desuso, reemplazadas por tuberculeux.

poitrine f pecho m; maladie de poitrine enfermedad del pecho ‖ pecho (de femme) ‖ costillar m (boucherie).

poitrinière f petral m (harnais).

poivrade f pebrada, pebre m (sauce).

poivre m pimienta f ■ **poivre de Cayenne** pimienta de Cayena ‖ **poivre en grains, moulu** pimienta en grano, molida ‖ FAM **poivre et sel** entrecano (cheveux) ‖ **poivre long** pimiento de cornetilla ■ **cher comme poivre** carísimo.

poivré, e adj sazonado con pimienta (assaisonné) ‖ picante; licencioso, sa (licencieux) ‖ FAM (vx) por las nubes (très cher).

poivrer [3] v tr sazonar con pimienta ‖ FIG salpimentar (récit).

poivrier m pimentero.

poivrière *f* pimentero *m* (ustensile) ∥ pimental *m* (plantation) ∥ atalaya (d'une forteresse).

poivron *m* pimiento morrón (fruit).

poivrot, e *m* & *f* FAM borracho empedernido, borracha empedernida (ivrogne).

poix [pwa] *f* pez ∥ coller comme poix pegarse como la pez.

poker [pɔkɛr] *m* JEUX póker, póquer ∥ poker dice, poker d'as póker de dados ∥ partie de poker partida de póquer.

polacre *f* MAR polacra (embarcation).

polaire *adj* polar; cercle polaire, terres polaires círculo polar, tierras polares.

Polaire *n pr f* ASTRON l'étoile Polaire ou la Polaire la estrella Polar ou la Polar.

polar *m* FAM novela, película policíaca.

polarimètre *m* PHYS polarímetro.

polarisateur, trice *adj* polarizador, ra.

polarisation *f* polarización.

polariscope *m* PHYS polariscopio.

polarisé, e *adj* polarizado, da ∥ FAM être complètement polarisé par no pensar más que en.

polariser [3] *v tr* polarizar.
➥ **se polariser** *v pr* polarizarse.

polariseur *m* polarizador.

polarité *f* polaridad.

Polaroid® [pɔlarɔid] *m* polaroid® *f*.

polatouche *m* guinguí, ardilla *f* voladora (écureuil volant).

polder *m* pólder.

pôle *m* polo; pôle Nord, Sud polo Norte, Sur ∥ FIG pôle d'attraction polo de atención ∥ ÉLECTR pôle négatif, positif polo negativo, positivo.

polémarque *m* polemarca.

polémique *adj* & *s* polémico, ca.

polémiquer [3] *v intr* polemizar.

polémiste *m* & *f* polemista.

polémologie *f* polemología.

polémoniacées *f pl* BOT polemoniáceas.

polémonie *f* BOT polemonio *m*.

polenta [pɔlɛnta] *f* polenta, gachas *pl* de maíz ou de castañas.

poli, e *adj* pulido, da; liso, sa (lisse) ∥ FIG pulido, da; esmerado, da (fini) ∥ pulido, da; refinado, da (élégant) ∥ [▷ SYN] educado, da; fino, na; cortés (courtois).
➥ **poli** *m* pulimento, bruñido.
∥ SYN affable afable; gracieux gracioso; courtois cortés; galant caballeroso; obséquieux obsequioso; civil civil; honnête honesto; civilisé civilizado.

police *f* policía ∥ póliza; police d'assurance póliza de seguro ■ IMPR police de caractères fuente ∥ police de la route policía de tráfico ∥ police judiciaire (PJ) policía judicial ∥ police parallèle policía paralela ∥ police secours servicio urgente de policía ∥ Police nationale policía nacional francesa ■ agent de police agente de policía, guardia urbano, guardia ∥ MIL bonnet de police gorro de cuartel ∥ peine de police pena de policía ■ faire la police vigilar ∥ assurer la police de ou dans mantener el orden de ou en.
∥ LA POLICE NATIONALE
∥ La "Police nationale" obedece a las órdenes

del Ministerio del Interior. La "Gendarmerie", en cambio, es un cuerpo militar y trabaja sobre todo en las zonas rurales.

policé, e *adj* refinado, da.

policer [16] *v tr* civilizar ∥ mejorar las costumbres de (adoucir les mœurs) ∥ dictar leyes prudentes y sensatas.

polichinelle *m* polichinela ∥ mener une vie de polichinelle llevar una vida de juerguista.

Polichinelle *n pr* Polichinela ∥ secret de Polichinelle secreto a voces.

policier, ère *adj* policiaco, ca; policíaco, ca; film, roman policier película, novela policíaca.
➥ **policier** *m* [▷ SYN] policía.
∥ SYN détective detective; limier sabueso; sbire esbirro; roussin chapa; FAM flic poli, polizonte.

policlinique *f* policlínica.

poliment *adv* con educación, educadamente, finamente, cortésmente.

polio *f* FAM polio (poliomyélite).

poliomyélite *f* MÉD poliomielitis, parálisis infantil.

poliomyélitique *adj* & *s* poliomielítico, ca.

poliorcétique *f* MIL poliorcética.

polipeux, euse *adj* poliposo, sa; polipoideo, a.

polir [32] *v tr* pulir, pulimentar (une surface), bruñir (un métal) ∥ ciclar (joaillerie) ∥ FIG pulir.
∥ SYN poncer dar con piedra pómez, apomazar; lisser alisar; frotter frotar; fourbir acicalar; astiquer lustrar.

polissable *adj* que puede pulirse o bruñirse.

polissage *m* pulimento, pulido ∥ bruñido (métal).

polisseur, euse *m* & *f* pulidor, ra; bruñidor, ra.
➥ **polisseuse** *f* pulidora (machine).

polissoir *m* pulidor, bruñidor (outils).

polisson, onne *m* & *f* tunantuelo, la; bribonzuelo, la (enfant malpropre, mal élevé) ∥ chiquillo travieso (espiègle) ∥ perdido, da; truhán, ana; pillo, lla (débauché) ∥ pícaro, ra; granujilla (coquin).
◇ *adj* FAM verde, libre; licencioso, sa (licencieux).

polissonner [3] *v intr* bribonear, golfear ∥ hacer travesuras.

polissonnerie *f* pillería, bribonada ∥ diablura, travesura (enfants) ∥ indecencia, dicho *m* verde (propos libre).

poliste *f* polista (guêpe).

politburo *m* politburó.

politesse *f* cortesía, urbanidad (comportement) ∥ delicadeza, cumplido *m*, atención (action) ∥ marques de politesse atenciones ∥ par politesse por cumplir ■ FIG brûler la politesse despedirse a la francesa, marcharse bruscamente (partir), faltar a una cita (manquer à un rendez-vous) ∥ c'est le moindre des politesses es lo menos que se puede hacer ∥ faire assaut de politesse rivalizar en cortesía ∥ je lui apprendrai la politesse va a saber quien soy yo ∥ pour lui faire une politesse para quedar bien ∥ rendre la politesse devol-

ver el cumplido ∥ se confondre en politesses deshacerse en cumplidos.

politicard, e *adj* & *s* politicastro, tra.

politicien, enne *m* & *f* político, ca ∥ politicastro, tra (en mauvaise part).

politicologue ➥ **politologue**.

politique *adj* & *s* político, ca.
◇ *f* política; politique étrangère ou extérieure, intérieure política exterior, interior.

politiquement *adv* políticamente.

politiquer [3] *v intr* politiquear.

politisation *f* politización, imposición de un carácter político.

politiser [3] *v tr* politizar, dar un carácter político.

politologue; politicologue *m* & *f* politólogo, ga.

poljé *m* GÉOL poljé.

polka *f* polca (danse et air) ∥ pain polka pan adornado con cuadritos.

pollakiurie *f* MÉD polaquiuria, angurria.

pollen [pɔlɛn] *m* BOT polen.

pollicitation *f* DR pollicitación.

pollinique *adj* BOT polínico, ca.

pollinisation *f* BOT polinización.

polluant, e *adj* & *s m* contaminante.

polluer [7] *v tr* (vx) manchar, mancillar, profanar ∥ contaminar (l'air, l'eau); polluer une rivière contaminar un río.

pollution *f* (vx) profanación, mancha ∥ polución ∥ contaminación (de l'air, de l'eau); pollution atmosphérique contaminación del ambiente.

Pollux *n pr* MYTH Pólux.

polo *m* polo (jeu et vêtement) ∥ joueur de polo polista.

polochon *m* FAM almohada *f* larga, travesaño, travesero (traversin).

Pologne *n pr f* GÉOGR la Pologne Polonia.

polonais, e *adj* polaco, ca.
➥ **polonais** *m* LING polaco.
➥ **polonaise** *f* polaca (redingote et danse) ∥ MUS polonesa ∥ bizcocho empapado en ron, relleno de frutas confitadas y crema pastelera, y recubierto de merengue y almendras ralladas (gâteau).

Polonais, e *m* & *f* polaco, ca.

polonium [pɔlɔnjɔm] *m* polonio (métal).

poltron, onne *adj* & *s* cobarde.
∥ SYN peureux miedoso; couard capón, cobarde; FAM poule mouillée gallina; froussard mandria; foireux cagón; péteux cagueta; trouillard miedoso, cagueta.

poltronnerie *f* cobardía.

poly *m* FAM apuntes a multicopista.
■ OBSERV *pl* polys.

polyacide *adj* & *s m* poliácido.

polyakène *m* BOT poliaquenio.

polyalcool *m* CHIM polialcohol.

polyamide *m* poliamida *f*.

polyandre *adj f* poliandra.

polyandrie *f* poliandria.

polyarchie *f* poliarquía.

polyarthrite *f* poliartritis.

Polycarpe *n pr* Policarpo.

polycéphale *adj* policéfalo, la.

polychroïsme *m* policroísmo.

polychrome *adj* policromo, ma.

polychromie *f* policromía.

polyclinique *f* policlínica.

polycopie *f* copia hecha con multicopista.

polycopié, e *adj* policopiado, da, multicopiado, da.
➠ **polycopié** *m* policopia *f*, multicopia *f*.

polycopier [9] *v tr* multicopiar, tirar ou hacer a multicopista ‖ **machine à polycopier** multicopista.

polyculture *f* AGRIC policultivo *m*, cultivo *m* de plantas diferentes en la misma tierra.

polycyclique *adj* policíclico, ca.

polydactylie *f* polidactilia.

polydipsie *f* MÉD polidipsia.

polyèdre *adj m & s m* GÉOM poliedro.

polyédrique *adj* poliédrico, ca.

polyembryonie *f* formación de varios embriones.

polyester *m* poliéster.

polyéthylène *m* CHIM polietileno.

Polyeucte *n pr* Polieucto, Poliuto.

polygalacées *adj f & s f pl* BOT poligaláceas.

polygame *adj & s m* polígamo, ma.

polygamie *f* poligamia.

polygénisme *m* poligenismo.

polyglotte *adj & s* políglota, ta; poligloto, ta.

polygonacées *f pl* BOT poligonáceas.

polygonal, e *adj* GÉOM poligonal.

polygonation *f* poligonación.

polygone *m* GÉOM & MIL polígono.

polygraphe *m & f* polígrafo, fa.

polygraphie *f* poligrafía.

polymère *adj & s m* CHIM polímero, ra.

polymérisation *f* CHIM polimerización.

polymériser [3] *v tr* CHIM polimerizar.

polymètre *m* polímetro.

polymorphe *adj* polimorfo, fa.

polymorphisme *m* polimorfismo.

Polynésie *n pr f* GÉOGR la Polynésie Polinesia; la Polynésie française la Polinesia francesa.

polynésien, enne *adj* polinesio, sia.
➠ **polynésien** *m* LING polinesio.

Polynésien, enne *m & f* polinesio, sia.

polynévrite *f* polineuritis.

polynôme *m* MATH polinomio.

polynucléaire *adj* polinuclear.
◇ *m* leucocito de núcleo lobulado.

polype *m* pólipo.

polypeptide *m* CHIM polipéptido.

polypétale *adj* BOT polipétalo, la.

polyphagie *f* polifagia.

polyphasé, e *adj* ÉLECTR polifásico, ca.

Polyphème *n pr* MYTH Polifemo.

polyphonie *f* MUS polifonía.

polyphonique *adj* polifónico, ca.

polypier *m* polipero.

polyploïde *adj* poliploide.

polypode *m* BOT polipodio.

polypore *m* BOT políporo.

polyptère *m* políptero (poisson).

polyptyque *m* políptico.

polysaccharide *m* polisacárido.

polysarcie *f* MÉD polisarcia.

polysémie *f* polisemia.

polysinthétique *adj* LING polisintético, ca.

polysoc *adj* AGRIC polisurco, de varias rejas (charrue).

polystyle *adj* ARCHIT polistilo, la.

polystyrène *m* CHIM poliestireno.

polysyllabe; polysyllabique *adj* polisílabo, ba; polisilábico, ca.

polysyndète *f* GRAMM polisíndeton *m*.

polytechnicien *m* politécnico, alumno ou antiguo alumno de la Escuela Politécnica de París.

polytechnique *adj* politécnico, ca ‖ l'École polytechnique escuela parisina de ingeniería.

> **POLYTECHNIQUE**
> Fundada en 1794, esta prestigiosa escuela mantiene estrechos lazos con el Ministerio de Defensa y forma a ingenieros para todos los altos cargos civiles y militares. Situada anteriormente en el corazón del distrito 5 de París, la escuela se mudó a las afueras, a Palaiseau, en los años 70. Se le llama igualmente la "X".

polythéisme *m* politeísmo.

polythéiste *adj & s* politeísta.

polytric [politrik] *m* musgo (mousse).

polyurie *f* MÉD poliuria.

polyurique *adj & s* MÉD poliúrico, ca.

polyvalent, e *adj & s m* polivalente.

pomelo *m* BOT pomelo.

Poméranie *n pr f* GÉOGR la Poméranie Pomerania.

poméranien, enne *adj & s* pomerano, na.

pomiculteur *m* pomicultor.

pommade *f* pomada ‖ FIG & FAM passer de la pommade à quelqu'un dar coba a alguien, pasar la mano por el lomo a alguien.

pommader [3] *v tr* untar de pomada ou cosmético (cheveux).
➠ **se pommader** *v pr* untarse de pomada ou cosmético (cheveux).

pommard [pɔmar] *m* vino de Pommard [Borgoña].

pomme *f* manzana (fruit); pomme à couteau manzana de mesa ‖ cogollo *m*, repollo *m* (de chou ou de salade) ‖ pomo *m* (d'une canne) ‖ pera, perilla (ornement) ‖ FAM jeta, hocico *m* (tête) ■ pommes allumettes patatas paja ‖ pomme cuite manzana asada ‖ ANAT pomme d'Adam nuez ‖ pomme d'amour tomate ‖ pomme d'arrosoir alcachofa [de regadera] ‖ FIG pomme de discorde manzana de la discordia ‖ pomme de mât perilla de palo, tope de mastelero ‖ pomme de pin piña ‖ pomme de raquette higo chumbo ‖ pommes vapeur patatas fritas a la inglesa ‖ pommes vapeur patatas al vapor ■ FAM aux pommes macanudo, de rechupete ‖ FAM ma pomme mi

menda (moi) ‖ FAM tomber dans les pommes darle a uno un sopitipando, darle a uno un patatús, caerse redondo, desmayarse.

pommé, e *adj* repolludo, da (chou, salade) ‖ rematado, da; de remate; sot pommé tonto de remate.

pommeau *m* pomo, empuñadura *f* (de l'épée) ‖ perilla *f* (de la selle).

pomme de terre *f* patata, papa (Amér); pommes de terre à l'eau, au four patatas hervidas, al horno ou asadas; pommes de terre frites patatas fritas; pommes de terre en robe des champs patatas cocidas con su piel; pommes de terre sautées patatas salteadas; pomme de terre nouvelle patata temprana. ‖ OBSERV pl pommes de terre.

pommelé, e [pɔmle] *adj* aborregado (ciel) ‖ tordo, da (cheval).

pommeler [24]
➠ **se pommeler** *v pr* aborregarse (le ciel).

pommelle *f* rallo *m*, rejilla para evitar los atoramientos (à l'entrée d'un tuyau).

pommer [3] *v intr* AGRIC repollarse, acogollarse (choux, etc.).

pommeraie *f* AGRIC manzanar *m*, pomar *m*.

pommette *f* perilla, bolilla (ornement) ‖ ANAT pómulo *m*.

pommier *m* BOT manzano (arbre).

pomologie *f* AGRIC pomología.

pomologique *adj* pomológico, ca.

pomologue; pomologiste *m* pomólogo.

Pomone *n pr* MYTH Pomona.

Pompadour *m* estilo Pompadour.

pompage *m* aspiración *f* con la bomba, extracción *f* por medio de una bomba, bombeo ‖ station de pompage estación de bombeo.

pompe *f* bomba (machine); pompe aspirante et foulante bomba aspirante e impelente ‖ pompa, pomposidad, fausto *m* (apparat); en grande pompe con gran pompa ‖ pompe à chapelets ou à godets noria ‖ pompe à eau bomba de agua ‖ pompe à essence surtidor de gasolina ‖ pompe à graisser bomba de engrase ‖ pompe à incendie bomba de incendios ‖ pompe à injection bomba de inyección ‖ pompe à pneumatique bomba neumática ou de aire ‖ pompe de bicyclette bomba de bicicleta, bombín ■ (par plaisanterie) château la pompe agua ‖ FIG & FAM coup de pompe cansancio repentino, desfallecimiento ‖ serrure à pompe cerradura de bombilla ■ FAM à toute pompe a todo gas ‖ en grande pompe con gran pompa.
➠ **pompes** *f pl* FIG pompas, placeres *m* frívolos ‖ pompas; pompes funèbres pompas fúnebres ‖ FAM zapatos *m* (chaussures).

Pompée *n pr* Pompeyo.

Pompéi [pɔpei] *n pr* GÉOGR Pompeya.

pompéien, enne *adj & s m* pompeyano, na.

pomper [3] *v tr* dar a la bomba, sacar con la bomba, bombear ‖ aspirar (l'éléphant, etc.) ‖ empapar, absorber (absorber) ‖ ARG SCOL copiar (copier) ‖ FAM trincar, pimplar, beber (boire) ‖ cansar (fatiguer), agotar (épuiser) ‖ chupar (l'argent).

pompette *adj* FAM achispado, da (ivre).

pompeusement *adv* pomposamente.

pompeux, euse *adj* pomposo, sa.

pompier *m* bombero (pour éteindre le feu) | oficial de sastre retocador (tailleur).

➤ **pompier, ère** *adj* FAM vulgar; ramplón, ona; sin mérito.

pompile *m* abeja *f* albañila (insecte).

pompiste *m* encargado de un surtidor de gasolina | MAR encargado de las bombas.

pompon *m* borla *f* (ornement) | borla *f* (de coiffure de marin, etc.) ■ rose pompon rosa de pitiminí ■ FAM avoir le pompon llevarse la palma, ser mejor que ninguno | FAM (vieilli) avoir son pompon estar achispado, estar entre dos luces.

pomponner [3] *v tr* adornar con borlas ou madroños (avec des pompons) | ataviar, emperejilar (parer) | FIG adornar con afectación | engalanar (parer) | pomponner un cheval enjaezar un caballo.

➤ **se pomponner** *v pr* emperejilarse, vestirse con esmero, acicalarse.

ponant *m* poniente.

ponantais, e *adj & s* de Poniente (de l'Occident).

ponçage [pɔ̃saʒ] *m* pulimento, acción *f* de apomazar | acuchillado (du parquet).

ponce *f* piedra pómez (pierre ponce) | cisquero *m* (pour dessins piqués).

ponceau *m* puentecillo (petit pont) | BOT amapola *f* (coquelicot).

◇ *adj inv* punzó (couleur).

Ponce Pilate *n pr* Poncio Pilato.

poncer [16] *v tr* dar ou pulimentar con piedra pómez, apomazar (polir) | acuchillar (le parquet) | estarcir (dessin).

ponceux, euse *adj* de la naturaleza de la piedra pómez.

➤ **ponceuse** *f* lijadora (machine) | acuchillador *m* (pour le parquet).

poncho *m* poncho.

poncif *m* estarcido, dibujo picado | tópico, vulgaridad *f*, trivialidad *f* (littérature, beaux-arts).

poncirue *m* ponci, poncidre, poncil (variété de citron).

ponction [pɔ̃ksjɔ̃] *f* MÉD punción | FIG faire une ponction sur hacer una sangría en.

ponctionner [3] [pɔ̃ksjɔne] *v tr* MÉD hacer punciones, puncionar.

ponctualité [pɔ̃ktɥalite] *f* puntualidad.

ponctuation *f* puntuación.

ponctué, e *adj* marcados los signos de puntuación | punteado, da; marcado con puntos | moteado, da (plumage).

ponctuel, elle *adj* puntual | constituido por un punto.

ponctuellement *adv* puntualmente.

ponctuer [7] *v tr* puntuar | FIG subrayar, acentuar, marcar; ponctuer chaque mot d'un geste subrayar cada palabra con un ademán.

pondaison *f* puesta, postura (des animaux).

pondérable *adj* ponderable.

pondéral, e *adj* ponderal; titres pondéraux títulos ponderales.

pondérateur, trice *adj* ponderador, ra; ponderativo, va.

pondération *f* ponderación.

pondéré, e *adj* ponderado, da.

pondérer [18] *v tr* ponderar, sopesar.

pondéreux, euse *adj* ponderoso, sa; pesado, da.

pondeur, euse *adj & s* ponedora (oiseaux) | FIG & FAM prolífico, ca; fecundo, da | un pondeur de prose un prosista prolífico ou fecundo.

pondoir *m* ponedero, nidal.

pondre [75] *v tr* poner (oiseaux) | aovar (autres animaux) | FIG & FAM parir, escribir; pondre une tragédie escribir una tragedia.

poney [pɔne] *m* poney (cheval).

pongé *m* pongis (tissu).

pongiste *m & f* SPORTS jugador, ra de tenis de mesa ou ping pong.

pongo *m* pongo (orang-outan).

pont [pɔ̃] *m* [▷ SYN] puente | cubierta *f* (d'un bateau) | fullería *f* (tricherie aux cartes) | puente (entre deux jours de fêtes) | ÉLECTR puente; pont de Wheatstone puente de Wheatstone | MUS puente metódico, trozo de transición ■ pont à bascule puente basculante | pont aérien puente aéreo | pont arrière puente trasero (automobile) | pont aux ânes demostración del teorema del cuadrado de la hipotenusa (géométrie), puente de los asnos, escollo en el que sólo tropiezan los ignorantes (difficultés) | pont biais puente en esviaje | pont de bateaux puente de pontones ou barcos | pont de graissage rampa de engrase | pont d'envol cubierta de vuelos | pont élévateur elevador | Ponts et chaussées Caminos, Canales y Puertos | pont roulant puente grúa de corredera | pont-route, pont routier puente vial ou de carretera | ponts et chaussées caminos, canales y puertos | pont suspendu puente colgante | pont tournant puente giratorio | pont transbordeur puente transbordador ■ MAR faux pont sollado | tête de pont cabeza de puente ou de desembarco ■ couper dans le pont cortar en la carta abarquillada (jeu), caer en la trampa (se laisser tromper) | couper les ponts derrière soi quemar las naves | depuis lors beaucoup d'eau est passée sous les ponts ¡pues no ha llovido poco desde entonces! | faire le pont hacer puente | faire le pont avec une carte abarquillar una carta | faire un pont d'or hacer un puente de plata | jeter un pont sur tender un puente sobre | servir de pont servir de intermediario.

| SYN ponceau puentecillo; passerelle pasarela; viaduc viaducto.

pontage *m* construcción *f* de un puente militar.

ponte *f* puesta, postura (oiseaux) | JEUX punto *m* | cargamento *m* de cubierta.

◇ *m* FAM mandamás, personaje importante.

ponté, e *adj* MAR cubierto, ta; con puente.

pontédéria *m* BOT aguapé, camalote.

ponter [3] *v intr* JEUX hacer una puesta, apuntar.

◇ *v tr* tender un puente (établir un pont).

pontet [pɔ̃tɛ] *m* guardamonte (armes à feu).

Pont-Euxin *n pr m* HIST le Pont-Euxin Ponto Euxino (ancien nom de la mer Noire).

pontier *m* conductor de un puente grúa de corredera.

pontife *m* pontífice (ecclésiastique); souverain pontife, pontife romain sumo pontífice, pontífice romano (le pape) | FIG & FAM mandón, mandamás.

pontifiant, e *adj* FAM enfático, ca; sentencioso, sa.

pontifical, e *adj & s m* pontifical; ornements pontificaux ornamentos pontificales.

pontificat [pɔ̃tifika] *m* pontificado.

pontifier [9] *v intr* pontificar | FIG & FAM perorar enfáticamente (parler avec emphase), actuar pomposamente, poner cátedra.

pontil; pointil *m* TECHN puntel (verrerie).

pontique *adj & s* póntico, ca.

pont-l'évêque *m inv* cierto queso blando de Normandía.

pont-levis [pɔ̃lǝvi] *m* puente levadizo. ▯ OBSERV pl ponts-levis.

Pont-Neuf *n pr m* le Pont-Neuf famoso puente en el Sena situado en el corazón de París; se porter ou être solide comme le Pont-Neuf estar más sano que una manzana.

Pontoise *n pr* GÉOGR Pontoise | FAM revenir de Pontoise caer de un nido.

ponton *m* MAR pontón.

pontonnier *m* pontonero (militaire) | jefe de embarcadero (service de bateaux).

pont-rail *m* puente ferroviario. ▯ OBSERV pl ponts-rails.

pont-route ➤ pont. ▯ OBSERV pl ponts-routes.

pontuseau *m* TECHN puntizón (du papier).

pool [pul] *m* pool, comunidad *f* (entente) | pool dactylographique servicio de mecanografía.

Poona ➤ Pune.

pop; pop music *adj inv & s f* pop, música pop. ▯ OBSERV pl pops; pop musics.

pop-corn *m inv* roseta *f*, palomita *f* (maïs grillé).

pope *m* pope (prêtre).

popeline *f* popelín *m*, popelina (tissu).

poplité, e *adj* ANAT poplíteo, a.

pop music ➤ pop.

popote *f* FAM cocina, comida; faire la popote hacer la comida | imperio *m* (restaurant d'officiers).

◇ *adj inv* FAM casero, ra (casanier) | prosaico, ca; vulgar.

populace *f* populacho *m*. | SYN commun común; vulgaire vulgo; masse masa; plèbe plebe; tourbe turba, turbamulta; canaille canalla; pègre hampa; racaille chusma; vermine escoria.

populacier, ère *adj* populachero, ra.

populage *m* botón de oro (plante).

populaire *adj* popular. ➤ **populaires** *f pl* entradas de general.

populairement *adv* popularmente.

populariser [3] *v tr* popularizar.

popularité *f* popularidad.

population *f* población ▮ población, vecindario *m* (d'une ville).
▮ **OBSERV** La palabra francesa population no tiene el sentido de **pueblo, ciudad.**

populationniste *adj* & *s* que tiende a favorecer el crecimiento de la población.

populéum [pɔpyleɔm] *m* populeón (pharmacie).

populeux, euse *adj* populoso, sa.

populisme *m* partido de tendencia popular ▮ popularismo (littérature).

populiste *adj* & *s* populista ▮ popularista (littérature).

populo *m* **FAM** plebe *f*, pueblo, populacho.

poquer [3] *v intr* poquer, arrojar la bola con efecto para que se quede donde cae.

poquet [pɔkɛ] *m* **AGRIC** hoyo de siembra.

porc [pɔr] *m* [▷ **SYN**] cerdo, puerco (cochon) ▮ carne de cerdo (viande); **manger du porc** comer carne de cerdo ▮ **FIG** puerco (homme sale).
▮ **SYN** pourceau cochino; cochon cochino; verrat verraco, cerdo macho; goret gorrino; truie cerda.

porcelaine [pɔrsəlɛn] *f* porcelana (poterie) ▮ **ZOOL** margarita (coquillage).

porcelainier, ère *adj* & *s* porcelanista.

porcelet [pɔrsəlɛ] *m* lechón, cochinillo ▮ **porcelet rôti** cuchifrito.

porc-épic [pɔrkepik] *m* puerco espín.
▮ **OBSERV** pl porcs-épics.

porchaison *f* época en que el jabalí está cebado.

porche *m* porche (d'église, de pavillon), portal, soportal (d'un immeuble).

porcher, ère *m* & *f* porquerizo, za; porquero, ra.

porcherie *f* pocilga, porqueriza, cochinera.

porcin, e *adj* porcino, na; porcuno, na; de cerda.
➤ **porcin** *m* porcino.

pore [pɔr] *m* poro.

poreux, euse *adj* poroso, sa.

porion *m* capataz de mina.

porno *adj* **FAM** porno.
◇ *m* género porno ▮ película, libro porno.

pornographe *m* pornógrafo.

pornographie *f* pornografía.

pornographique *adj* pornográfico, ca.

porosité *f* porosidad.

porphyre *m* **MIN** pórfido, pórfiro.

porphyrique *adj* porfírico, ca.

porphyriser [3] *v tr* porfirizar.

porphyrogénète *adj* & *s* porfirogéneto.

porphyroïde *adj* porfídico, ca.

porque *f* **MAR** bulárcama.

porracé, e *adj* porráceo, a; verdoso, sa (couleur).

porridge [pɔridʒ] *m* gachas *f pl* de avena.

port [pɔr] *m* [▷ **SYN**] puerto; **port franc** puerto franco ▮ puerto (col des Pyrénées) ▮ porte (action de porter) ▮ porte (prix du transport); **franco de port** franco de porte ▮ posición *f*, aspecto ▮ porte, continente (maintien) ▮ **FIG** puerto, refugio (asile, refuge) ▪ **port d'armes** tenencia de armas ▮ **port d'attache** puerto de amarre **ou** de matrícula (bateau), domicilio, residencia (personne) ▮ **port de commerce, de pêche** puerto comercial, pesquero ▮ **port de plaisance** puerto deportivo ▮ **port de salut** puerto de salvación ▮ **port d'escale** puerto de escala ▮ **COMM port dû** portes debidos ▮ **port payé** portes pagados ▮ **MAR port en lourd** carga máxima, peso muerto ▮ **port illégal** uso indebido ▮ **port marchand** puerto de carga ▮ **INFORM port parallèle** puerto paralelo ▮ **port série** puerto serial ▪ **FIG arriver à bon port** llegar felizmente, llegar a buen puerto.
▮ **SYN** rade rada; havre abra.

portabilité *f* **INFORM** portabilidad (logiciel).

portable *adj* transportable ▮ que puede llevarse (vêtement) ▮ portátil, transportable (appareil).

portage *m* transporte, porte ▮ transporte por tierra (d'une embarcation).

portail [pɔrtaj] *m* pórtico.

portance *f* **AVIAT** fuerza de sustentación (avions).

portant, e *adj* **TECHN** que lleva **ou** sostiene; sustentador, ra (qui porte) ▪ **à bout portant** a quemarropa, a boca de jarro ▮ **bien portant** con buena salud ▮ **mal portant** con mala salud.
➤ **portant** *m* asa *f* (anse) ▮ bastidor (théâtre).

portatif, ive *adj* portátil.

Port-au-Prince *n pr* **GÉOGR** Puerto Príncipe.

porte *f* [▷ **SYN**] puerta ▮ puerta (skis) ▮ compuerta (d'écluse) ▪ **porte à claire-voie** cancilla ▮ **porte à glissière** puerta corredera ▮ **TECHN porte d'agrafe** hembra de corchete ▮ **porte de derrière** puerta trasera ▮ **AVIAT porte d'embarquement** puerta de embarque ▮ **porte d'entrée** puerta de entrada ▮ **porte de secours** salida de emergencia ▮ **porte de service** puerta de servicio ▮ **porte vitrée** puerta con cristales, puerta vidriera ▪ **fausse porte** puerta falsa ou excusada ▮ **le pas de la porte** el umbral ▪ **de porte en porte** de puerta en puerta, de casa en casa ▮ **porte à porte** pared por medio (à côté) ▪ **écouter aux portes** escuchar detrás de las puertas ▮ **FIG enfoncer une porte ouverte** descubrir el Mediterráneo, hacer algo que ya está hecho ▮ **être aimable comme une porte de prison** ser un oso ▮ **FIG fermer la porte au nez** dar con la puerta en las narices ▮ **frapper à la porte** llamar a la puerta ▮ **FIG frapper à toutes les portes** tocar todos los registros ▮ **il faut qu'une porte soit ouverte ou fermée** no hay término medio, hay que decidirse ▮ **laisser la porte ouverte à** dejar la posibilidad de ▮ **FIG mettre à la porte** echar a la calle ▮ **mettre la clef sous la porte** marcharse furtivamente ▮ **ouvrir la porte à** dar lugar a, dar paso a, abrir la puerta a, hacer posible ▮ **FAM prendre la porte** coger la puerta, tomar el portante ▮ **refuser sa porte** negarse a recibir ▮ **se ménager une porte de sortie** dejar **ou** reservarse una puerta abierta **ou** una puerta de escape.
◇ *adj* **ANAT** porta (veine).
▮ **SYN** portail, portique pórtico; huis puerta; poterne poterna; **FAM** lourde puerta.

Porte; Sublime-Porte *n pr f* la Sublime-Porte la Sublime Puerta.

porté, e *adj* inclinado, da; predispuesto, ta (enclin) ▮ transportado, da (transporté) ▮ anotado, da; apuntado, da (noté) ▪ **c'est bien porté** es lo que se estila ▮ **être porté sur** ser muy dado a, ser muy aficionado a.

porte-à-faux [pɔrtafo] *m inv* voladizo ▮ **en porte(-)à(-)faux** en vilo, en falso.

porte-affiches [pɔrtafiʃ] *m inv* tablón de anuncios, cartelera *f*.

porte-aigle [pɔrtɛgl] *m inv* (ancien) abanderado.

porte-aiguille [pɔrteɡɥij] *m inv* **MÉD** & **TECHN** portaagujas.

porte-aiguilles *m inv* alfiletero, acerico.

porte-allumettes [pɔrtalymɛt] *m inv* fosforera *f*, cerillera *f*.

porte-amarre [pɔrtamar] *m inv* & *adj inv* **MAR** lanzacabos.

porte-à-porte [pɔrtapɔrt] *m inv* venta *f* directa ▮ **faire du porte-à-porte** vender a domicilio.

porte-assiette [pɔrtasjɛt] *m* salvamanteles (pour protéger la nappe).
▮ **OBSERV** pl porte-assiettes.

porte-avions *m inv* portaviones, portaaviones.

porte-bagages [pɔrtbagaʒ] **ou** [pɔrtəbagaʒ] *m inv* portaequipaje.

porte-baïonnette *m* **MIL** tahalí de bayoneta **ou** de machete.
▮ **OBSERV** pl porte-baïonnette **ou** porte-baïonnettes.

porte-balais *m inv* funda *f* de escobilla.

porte-bannière *m* abanderado.
▮ **OBSERV** pl porte-bannière **ou** porte-bannières.

porte-bébé *m* mochila *f* portabebés.
▮ **OBSERV** pl porte-bébés.

porte-billets [pɔrtbijɛ] **ou** [pɔrtəbijɛ] *m inv* billetero.

porte-bonheur *m inv* amuleto, mascota *f* ▮ pulsera *f* de una pieza (bracelet).

porte-bouquet [pɔrtbukɛ] **ou** [pɔrtəbukɛ] *m inv* florero.

porte-bouteilles [pɔrtbutɛj] **ou** [pɔrtəbutɛj] *m inv* botellero, portabotellas.

porte-brancard *m inv* sufra *f* de camilla.

porte-cartes; porte-carte *m inv* tarjetero (cartes de visite), portadocumentos (pour papiers d'identité), portaplanos (de cartes et plans).

porte-chapeaux *m inv* percha *f* para sombreros.

porte-cigares *m inv* cigarrera *f*, petaca *f* para puros.

porte-cigarettes *m inv* pitillera *f*.

porte-clefs [pɔrtəklɛ] *m inv* llavero.

porte-copie *m inv* atril de mecanógrafa.

porte-couteau *m* salvamantel para cuchillos.
▮ **OBSERV** pl porte-couteau **ou** porte-couteaux.

porte-crayon [pɔrtkrɛjɔ̃] **ou** [pɔrtəkrɛjɔ̃] *m* portalápiz.
▮ **OBSERV** pl porte-crayon **ou** porte-crayons.

porte-croix [pɔrtəkrwa] *m inv* crucero.

porte-documents *m inv* portadocumentos, cartera *f* [(Amér) portafolio].

porte-drapeau *m* abanderado ▌ être le porte-drapeau de abanderar, ser el abanderado de.
▌ OBSERV pl porte-drapeau OU porte-drapeaux.

portée *f* camada, cama (d'animaux) ▌alcance *m* (d'une arme, d'une phrase, etc.); à portée de la main al alcance de la mano; à longue portée de largo alcance ▌alcance *m*, capacidad, comprensión; ceci est hors de sa portée esto está por encima de sus capacidades ▌ alcance *m*, fuerza; théorie d'une grande portée teoría de mucho alcance ▌MUS pentagrama *m* ▌TECHN tramo *m*, luz, arco *m* (de l'arche d'un pont) ■ à la portée de toutes les bourses al alcance de todos los bolsillos ▌à portée de fusil a tiro de fusil ▌à portée de voix al alcance del oído.

porte-enseigne [pɔrtɑ̃sɛɲ] *m inv* abanderado.
▌ OBSERV pl porte-enseigne OU porte-enseignes.

porte-épée [pɔrtepe] *m* portaespada.
▌ OBSERV pl porte-épée OU porte-épées.

porte-étendard [pɔrtetɑ̃dar] *m* portaestandarte (officier) ▌cuja *f* (étui).
▌ OBSERV pl porte-étendard OU porte-étendards.

porte-étrivière [pɔrtetrivjɛr] *m* estribera.
▌ OBSERV pl porte-étrivière OU porte-étrivières.

portefaix [pɔrtɑfɛ] *m* mozo de cuerda ou de cordel.
▌ SYN fort cargador; déchargeur, débardeur descargador; docker docker, cargador de muelle; porteur mozo de equipajes.

porte-fanion *m* MIL portaguión, guión, banderín (individuo).
▌ OBSERV pl porte-fanion OU porte-fanions.

porte-fenêtre *f* puerta vidriera, ventana vidriera.
▌ OBSERV pl portes-fenêtres.

portefeuille [pɔrtɑfœj] *m* cartera *f* (de poche) ▌COMM cartera *f* (effets) ▌FIG cartera *f* (ministère); ministre sans portefeuille ministro sin cartera ▌lit en portefeuille petaca.

porte-fort *m inv* DR fiador ▌estipulación *f* por otro.

porte-greffe *m* BOT árbol silvestre que lleva un injerto, patrón de injerto.
▌ OBSERV pl porte-greffe OU porte-greffes.

porte-hauban *m* MAR mesa *f* de guarnición.
▌ OBSERV pl porte-haubans.

porte-jarretelles *m inv* liguero.

porte-jupe *m inv* enfaldador, prendero (pince).

porte-malheur *m inv* persona *f* ou cosa *f* de mal agüero, gafe, cenizo; un oiseau porte-malheur un pájaro de mal agüero.

portemanteau *m* percha *f*, perchero ▌ portamantas (de voyage) ▌MIL maletín de grupa ▌MAR pescante (bossoir).

portement *m* portement de croix Cristo con la cruz a cuestas.

porte-menu *m* soporte de menú ou de minuta.
▌ OBSERV pl porte-menu OU porte-menus.

porte-mine *m* lapicero, portaminas *f inv*.

porte-mire *m* portamira (topographie).

porte-monnaie [pɔrtmɔnɛ] *m inv* portamonedas, monedero.

porte-montre *m* relojera *f*.
▌ OBSERV pl porte-montre OU porte-montres.

porte-mors [pɔrtɑmɔr] *m inv* quijera *f*.

porte-mousqueton *m inv* anilla *f* portamosquetón ou portafusil (support de l'arme) ▌mosquetón (agrafe de chaîne de montre).

porte-musc *m inv* ZOOL almizclero.

porte-musique *m inv* musiquero.

porte-objet *m* platina *f*, portaobjeto.
▌ OBSERV pl porte-objet OU porte-objets.

porte-outil [pɔrtuti] *m* portaherramientas.
▌ OBSERV pl porte-outil OU porte-outils.

porte-parapluie *m* paragüero.
▌ OBSERV pl porte-parapluie OU porte-parapluies.

porte-parole *m inv* portavoz ▌(Amér) vocero].

porte-photo *m* portarretrato.

porte-plat [pɔrtɑpla] *m inv* salvamanteles, portaplatos (de table).

porte-plume *m* palillero, portaplumas.
▌ OBSERV pl porte-plume OU porte-plumes.

porte-queue *m* caudatario (d'un prélat).

porter [3] *v tr* [▷ SYN] llevar (soutenir et transporter) ▌ llevar (vêtement); porter la robe, la soutane llevar toga, sotana ▌ llevar; il ne porte plus le deuil ya no lleva luto ▌llevar (tenir); porter la tête haute llevar la cabeza alta ▌dirigir, fijar; porter les regards sur fijar la mirada en ▌poner, fijar (l'attention); porter intérêt à quelqu'un manifestar interés por alguien ▌ producir; argent qui porte intérêt dinero que produce interés ▌ inducir, incitar; porter un jeune au mal inducir a un joven a obrar mal ▌dar, traer; porter malheur dar mala suerte ▌ producir, dar; un arbre qui porte beaucoup de fruits árbol que produce muchas frutas ▌llevar en su seno (avoir en gestation) ▌poner en, apuntar en, inscribir en, anotar en; porter un nom sur une liste poner un nombre en una lista ▌poner, ingresar; porter une somme en compte poner una cantidad en cuenta ▌ apuntar; porter présent apuntar presente ▌ asentar (commerce); porter sur les livres asentar en los libros ▌dar, asestar (un coup) ▌MAR arrastrar, llevar; le courant porte au large la corriente arrastra mar adentro ▌MIL terciar (l'arme) ■ porter à croire hacer creer ▌porter amitié à quelqu'un tener cariño a alguien ▌ porter atteinte causar perjuicio, ir contra ▌porter aux nues poner por las nubes ▌porter bien le vin aguantar bebiendo ▌porter bien son âge representar la edad que se tiene ▌ porter bonheur à quelqu'un traer buena suerte a alguien ▌ porter en avant adelantar ▌ porter en compte acreditar en cuenta ▌ porter envie à quelqu'un envidiar a alguien ▌porter la culotte llevar los pantalones ▌porter la main sur quelqu'un levantar la mano a alguien ▌ porter les armes ser soldado ▌porter plainte denunciar ▌porter préjudice causar perjuicio ▌ porter quelqu'un dans son cœur llevar a alguien en el corazón ▌porter respect à respetar a, tener respeto a ▌ porter ses pas vers un lieu ir a un lugar ▌porter sur le dos llevar a cuestas ▌porter témoignage ser testigo de ▌ porter un coup à perjudicar, menoscabar, reducir ▌porter un fait à la connaissance de quelqu'un notificar algo a alguien ▌porter un jugement emitir un juicio ▌porter un toast à brindar por, ofrecer un brindis por ▌se faire porter malade declararse enfermo, darse de baja.
◇ *v intr* descansar en, apoyarse en; l'édifice porte sur une colonne el edificio se apoya en una columna ▌alcanzar (arme); porter loin alcanzar lejos ▌surtir efecto, causar impresión, dar resultado (avoir son effet); son allusion a porté su alusión surtió efecto ▌alcanzar (la vue) ▌tratar de, referirse a, tener por objeto; sur quoi porte votre critique? ¿de qué trata su crítica? ▌ referirse a, abarcar, cubrir (englober) ▌ estar preñada; la chatte porte huit semaines la gata está preñada durante ocho semanas ▌MAR dirigirse ■ porté à dado a, inclinado a, predispuesto a; porté à la générosité dado a la generosidad ▌porter à faux estar en falso (construction), no ser concluyente ou fundado (jugement), estar hecho en vano (action) ▌porter à la tête subirse a la cabeza ▌ porter sur referirse a ▌ porter sur les nerfs crispar, atacar los nervios ■ être porté sur ser aficionado a ▌l'eau de mer porte mieux que l'eau douce el agua de mar sostiene más que el agua dulce.

◆ **se porter** *v pr* dirigirse; se porter vers quelqu'un dirigirse hacia uno ▌estar, encontrarse (santé); se porter bien, mal estar bien, mal; comment vous portez-vous? ¿cómo está usted? ▌entregarse, abandonarse (se livrer); se porter à des excès entregarse a excesos ▌presentarse como; se porter candidat presentarse como candidato ▌llevarse, estilarse (un vêtement); ces chapeaux ne se portent plus esos sombreros ya no se llevan ▌ llevarse (être porté) ▌dejarse llevar (se laisser emporter) ▌estar orientado hacia, recaer en (soupçons) ■ se porter candidat à presentarse como candidato a ▌se porter fort pour salir fiador de ▌se porter garant pour responder por, garantizar a, salir fiador de, avalar a ▌ DR se porter partie constituirse parte.
▌ OBSERV Portarse en espagnol signifie se conduire, se tenir, se comporter: portarse bien se tenir bien, se bien conduire.
▌ SYN transporter transportar, trasladar; reporter volver a llevar; coltiner cargar; trimbaler acarrear, llevar a cuestas; transférer transferir; arborer enarbolar.

porter [pɔrtɛr] *m* pórter (bière).

porte-revues *m inv* revistero.

porterie *f* portería.

porte-savon [pɔrtsavɔ̃] *m* jabonera *f*.
▌ OBSERV pl porte-savon OU porte-savons.

porte-serviettes *m inv* toallero.

porte-trait *m inv* alzatirantes.

porteur, euse *adj* portador, ra.
◇ *m & f* portador, ra (qui porte) ■ porteur d'eau aguador ▌porteur de mauvaises nouvelles correo de malas nuevas.
◇ *m* mozo de equipajes (gares) ▌DR porteur de contraintes comisionado de apremios ▌ porteur d'une obligation tenedor de una obligación ■ au porteur al portador.

porte-vent *m inv* tubo conductor de viento (d'orgue).

porte-voix [pɔrtvwa] *m inv* megáfono, bocina *f*, portavoz.

portier, ère *m & f* portero, ra (d'une maison).
◇ *adj* frère portier hermano portero.
◆ **portier** *m* portero (gardien de but) ▌ostiario (clerc) ▌portier robot portero eléctrico.

portière *f* portezuela (de voiture) ▌ puerta (de train) ▌cortina (de porte), portier *m* (gallicisme) ▮ MIL compuerta, balsa (franchissement de cours d'eau).

portière *adj f* paridera.
▮ OBSERV Aplícase solamente a los animales.

portillon *m* portillo ▮ portillon automatique puerta automática, portillera automática (métro).

portion [pɔrsjɔ̃] *f* [▷ SYN] porción ▮ ración (au restaurant) ▮ mettre à la portion congrue poner a régimen, poner a media ración.
▮ SYN ration ración; part parte.

Portioncule [pɔrsjɔ̃kyl] *n pr f* porciúncula.

portique *m* pórtico ▮ cuadro sueco (de gymnastique) ▮ grue à portique, portique roulant grúa pórtico.
▮ SYN porche portal; péristyle peristilo; narthex nártex.

portland [pɔrtlɑ̃d] *m* cemento portland.

Port-Louis *n pr* Port Louis, Port-Louis.

porto *m* vino de Oporto.

Porto *n pr* GÉOGR Oporto, Porto.

Port of Spain [pɔrtɔfspɛn] *n pr* GÉOGR Puerto España.

Porto-Novo *n pr* GÉOGR Porto-Novo, Porto Novo.

portor *m* mármol negro veteado de amarillo.

portoricain, e *adj* puertorriqueño, ña; portorriqueño, ña.

Portoricain, e *m & f* puertorriqueño, ña; portorriqueño, ña.

Porto Rico; Puerto Rico *n pr m* GÉOGR le Porto Rico ou Puerto Rico Puerto Rico.

portrait [pɔrtrɛ] *m* [▷ SYN] retrato; portrait en pied retrato de cuerpo entero; portrait en buste retrato de medio cuerpo ▮ FIG semblanza *f* (description d'une personne) ▮ description *f* FIG & FAM cara *f* ▪ FIG c'est le portrait de es el retrato de, se parece mucho a (personne) ▮ c'est tout le portrait de son père es el vivo retrato de su padre, es su padre clavado.
▮ SYN effigie efigie; image imagen; figure figura.

portraitiste *m & f* retratista.

portrait-robot *m* retrato-robot.
▮ OBSERV pl portraits-robots.

portraiturer [3] *v tr* retratar.

Port-Saïd *n pr* GÉOGR Port Said.

Port-Salut® [pɔrsaly] *m inv* port-salut, cierto queso francés de la región del Maine.

portuaire *adj* portuario, ria.

portugais, e *adj* portugués, esa; luso, sa; lusitano, na.
▬ **portugais** *m* LING portugués.
▬ **portugaise** *f* variedad de ostra de concha grande e irregular.

Portugais, e *m & f* portugués, esa.

Portugal *n pr m* GÉOGR le Portugal Portugal.

portulan *m* MAR portulado (carte).

portune *m* cámbaro mazorgano (étrille).

POS; Pos (abr de plan d'occupation des sols) *m* plan de aprovechamiento urbanístico.

posage *m* instalación *f*, colocación *f*; posage d'une sonnette instalación de un timbre eléctrico.

pose *f* colocación, instalación; pose de la première pierre colocación de la primera piedra ▮ sesión (du modèle) ▮ exposición (photographie); temps de pose tiempo de exposición ▮ foto; rouleau de 36 poses carrete de 36 fotos ▮ actitud, postura (attitude); prendre une pose indolente tomar una postura indolente ▮ tendido *m*, instalación (voie ferrée, électricité, gaz) ▮ ARCHIT asiento *m* (tuiles, briques) ▮ FIG afectación, actitud estudiada.

posé, e *adj* puesto, ta; colocado, da (placé, mis) ▮ [▷ SYN] tranquilo, la; comedido, da; sosegado, da (tranquille) ▮ FIG sentado, da; admitido, da (admis); ceci posé sentado esto ▪ à main posée pausadamente y con aplicación, tranquilamente ▮ MUS voix posée voz segura ou un voz no vacila.
▮ SYN réfléchi reflexivo, juicioso; rassis sereno, aleccionado, sentado.

Poséidon *n pr* MYTH Poseidón.

posément *adv* pausadamente, lentamente, tranquilamente.

posemètre *m* fotómetro, exposímetro (photographie).

poser [3] *v tr* poner, colocar (placer); poser un objet sur la table poner un objeto encima de la mesa ▮ escribir, poner; je pose 6 et je retiens 3 pongo 6 y llevo 3 ▮ plantear; poser un problème plantear un problema ▮ desembarazarse, dejar (se débarrasser) ▮ establecer, asentar (établir) ▮ hacer; poser une question hacer una pregunta ▮ deponer, abandonar; poser les armes deponer las armas ▮ enunciar, poner (énoncer); poser ses conditions poner sus condiciones ▮ presentar; poser sa candidature presentar su candidatura ▮ poner, instalar (l'électricité, le gaz) ▮ hacer el tendido de, tender (ligne télégraphique, voie de chemin de fer) ▮ ARCHIT asentar, echar (pierre, brique); poser les fondements asentar los cimientos ▮ FIG dar fama ou notoriedad ou categoría, procurar consideración ▮ MATH enunciar (un théorème) ▮ FAM poser un lapin dar un plantón.
◇ *v intr* descansar en, apoyarse en (s'appuyer) ▮ posar, servir de modelo (en peinture) ▮ posar, tomar postura conveniente para retratarse ▮ FIG darse tono, presumir, fardar (affecter) ▮ poser à dárselas de.
▬ **se poser** *v pr* ponerse, colocarse, posarse (les oiseaux) ▮ aterrizar, posarse, tomar tierra (les avions) ▮ FIG [▷ SYN] erigirse en, dárselas de, echárselas de; se poser en vainqueur dárselas de vencedor ▮ FAM comme idiot tu te poses là a idiota no hay quien te gane.
▮ SYN plastronner gallear; FAM crâner fanfarronear, chulearse; faire le beau dárselas de guapo.

poseur, euse *adj & s* FAM presumido, da; vanidoso, sa; postinero, ra; fardón, ona.
▬ **poseur** *m* instalador ▪ MAR poseur de mines minador (bateau) ▮ poseur de parquets entarimador ▮ poseur de voies ferrées asentador de vías.

positif, ive *adj & s m* positivo, va.
▬ **positif** *m* PHOT positiva *f*.

position *f* [▷ SYN] posición, postura; changer de position cambiar de postura ▮ FIG empleo *m*, cargo *m*; avoir une position chez tener un empleo en la casa ▮ FIG prendre position tomar una posición ▮ MIL posición (dé-

fensive), situación ▮ partida (d'un tarif de douane).
▮ SYN disposition disposición; situation situación.

positionnement *m* posicionamiento.

positionner [3] *v tr* colocar, situar, posicionar [barbarismo].

positivement *adv* positivamente ▮ francamente (vraiment).

positivisme *m* positivismo.

positiviste *adj & s* positivista.

positivité *f* carácter *m* positivo, positividad.

positron; positon *m* PHYS positrón, positón (électron positif).

posologie *f* MÉD posología.

possédant, e *adj & s* poseedor, ra.

possédé, e *adj* poseído, da (dominé).
◇ *adj & s* endemoniado, da; poseso, sa (démoniaque) ▮ energúmeno, na (personne violente) ▮ crier comme un possédé gritar como un endemoniado ou un energúmeno.

posséder [18] *v tr* poseer, tener (avoir) ▮ dominar (maîtriser) ▪ FIG dominar, conocer a fondo ou bien; posséder les mathématiques dominar las matemáticas ▮ FAM posséder quelqu'un dársela a uno con queso, pegársela a uno.
▬ **se posséder** *v pr* dominarse, ser dueño de sí mismo.

possesseur *m* poseedor, ra; posesor, ra.

possessif, ive *adj & s m* posesivo; adjectif, pronom possessif adjetivo, pronombre posesivo.

possession *f* posesión ▮ en pleine possession de ses moyens con pleno dominio de sus facultades.

possessionnel, elle *adj* posesional.

possessoire *adj* DR posesorio, ria.
◇ *m* derecho posesorio.

possibilité *f* posibilidad ▮ posibilidad, eventualidad.

possible *adj* [▷ SYN] posible ▪ aussitôt que possible tan pronto como sea posible ▮ autant que possible en ou dentro de lo posible, dentro de lo que cabe ▮ si possible si es posible ▪ rendre possible hacer posible ▮ pas possible! ¡no me digas!, ¡no es verdad!
◇ *m* lo posible; dans la mesure du possible en la medida de lo posible ▮ faire (tout) son possible hacer (todo) lo posible ▪ au possible en sumo grado, a más no poder; être avare au possible ser avaro en sumo grado.
◇ *adv* (vx) es posible, quizás (peut-être).
▮ SYN faisable factible, hacedero; réalisable realizable; praticable practicable.

postage *m* remisión *f* ou expedición *f* al correo.

postal, e *adj* postal; colis postal paquete postal; carte postale tarjeta postal; mandats postaux giros postales.

postclassique *adj* posclásico, ca.

postcombustion *f* TECHN postcombustión.

postcommunion *f* RELIG poscomunión.

postcure *f* convalecencia, readaptación prolongada, seguimiento *m* médico prolongado.

postdate *f* posfecha, fecha posterior a la verdadera.

▌ OBSERV Ce terme ne doit pas être confondu avec l'espagnol posdata ou postdata, qui signifie post-scriptum.

postdater [3] *v tr* poner fecha posterior a la verdadera, posfechar.

▌ OBSERV Voir remarque ci-dessus.

poste *f* posta (de chevaux) ▌ correo *m*, correos *m pl*, casa de correos (administration, bureau); **aller à la poste** ir a correos ■ **poste restante** lista de correos [(*Amér*) poste restante]; **écrire poste restante** escribir a la lista de correos ■ **agent** ou **employé des postes** empleado de correos ▌ **bureau de poste d'un quartier** estafeta de correos de un barrio ▌ FAM **c'est passé comme une lettre à la poste** se lo ha ou se lo han tragado ▌ **mettre une lettre à la poste** echar una carta al correo.

◇ *m* puesto; **le poste du pilote** el puesto del piloto ▌ MIL puesto; **poste avancé** puesto avanzado ▌ empleo, cargo, puesto (emploi) ▌ asiento, partida *f* (d'un compte) ▌ extensión *f* (téléphone) ■ **poste d'aiguillage** caseta ou cabina de cambio de agujas ▌ **poste d'eau** boca de riego ou de agua ▌ **poste de combat** puesto avanzado ▌ **poste de commandement (PC)** puesto de mando (PM), cuartel general; **il a établi son PC à Paris** ha establecido su cuartel general en París ▌ **poste de contrôle** puesto de control ▌ **poste de douane** estación de aduanas ▌ **poste de police** cuerpo de guardia (militaire), puesto de policía ▌ **poste de radio** aparato de radio ▌ **poste de ravitaillement** puesto de abastecimiento ▌ **poste de secours** puesto de socorro (le long d'une route), casa de socorro (dans une ville) ▌ **poste d'essence** surtidor de gasolina ▌ **poste de surveillance** avanzadilla ▌ **poste de télévision** aparato de televisión ▌ **poste de travail** puesto de trabajo ▌ **poste d'incendie** boca de incendio ▌ **poste émetteur** emisora ▌ **poste tarifaire** partida arancelaria ■ **conduire quelqu'un au poste** llevar a alguien a la prevención ou al cuartelillo.

▌ LA POSTE ─────────
Los correos franceses se encargan de recoger, repartir la correspondencia y prestar servicios bancarios. Mucha gente tiene una cuenta corriente y domicilia su pensión y sus recibos en "La Poste".

poster [3] *v tr* apostar, poner (placer) ▌ echar al correo ou al buzón (courrier) ▌ INFORM enviar, publicar.

postérieur, e *adj* posterior.
◆ **postérieur** *m* FAM trasero.

postérieurement *adv* posteriormente.

postériorité *f* posterioridad.

postérité *f* posteridad.

▌ SYN descendance descendencia; enfants hijos; progéniture progenitura.

postes *f pl* ARCHIT postas (ornements).

postface *f* nota final de un libro, advertencia final.

posthume *adj* póstumo, ma.

posthypophyse *f* posthipófisis.

postiche *adj* postizo, za; **cheveux postiches** cabellos postizos ▌ FIG falso, sa; artificial; simulado, da (faux); **douleur postiche** dolor simulado.

◇ *m* adorno artificial (ornement) ▌ postizo (cheveux).

postier, ère *m & f* empleado, empleada de correos ▌ caballo *m* de posta (cheval).

postillon [pɔstijɔ̃] *m* postillón (conducteur) ▌ delantero (d'un équipage) ▌ FAM partícula *f* de saliva que salta al hablar, cura *f*, perdigón (salive); **envoyer des postillons** echar perdigones.

postillonner [3] [pɔstijɔne] *v intr* FAM espurrear saliva al hablar, echar perdigones.

postimpressionnisme *m* ARTS postimpresionismo.

postimpressionniste *adj & s* ARTS postimpresionista.

postindustriel, elle *adj* postindustrial.

Post-it® *m inv* post-it.

postmoderne *adj & s* posmoderno, na.

postnatal, e *adj* posnatal.

▌ OBSERV pl postnatals o postnataux.

postopératoire *adj* postoperatorio, ria.

postposer [3] *v tr* posponer.

postscolaire *adj* postescolar.

post-scriptum [pɔstskriptɔm] *m inv* posdata *f*, post scriptum.

postsynchronisation *f* CINÉM postsincronización, grabación posterior del sonido.

postsynchroniser [3] *v tr* CINÉM postsincronizar, grabar posteriormente el sonido.

postulant, e *adj & s* postulante.

▌ SYN prétendant pretendiente; candidat candidato; poursuivant demandante; aspirant aspirante; impétrant impetrante.

postulat [pɔstyla] *m* postulado.

postulateur *m* postulador.

postulation *f* postulación ▌ DR procuración.

postuler [3] *v tr* postular.

posture *f* postura ▌ FIG situación, posición, postura; **être en mauvaise posture** hallarse en una mala posición ou situación.

pot [po] *m* vasija *f*, cacharro (en général) ▌ tarro, bote (de conserves, de médicaments, etc.) ▌ jarro (pot avec une anse et un bec), orza *f* (pot sans anse ni bec) ▌ maceta *f*, tiesto (à fleurs) ▌ olla *f* (marmite à large ouverture et à deux anses), puchero (marmite à ouverture étroite et à une anse) ▌ FAM vaso, copa *f*; **payer un pot à un ami** invitar a tomar un vaso a un amigo ■ **pot à eau** jarra de agua ▌ **pot au lait** lechera (domestique), cántara, cántaro (pour le transport) ▌ **pot de chambre** orinal [(*Amér*) bacín, orinal, escupidera] ▌ FAM **pot de colle** pelmazo (importun) ▌ **pot d'échappement** silencioso ■ **à la fortune du pot** a la pata la llana, sin cumplidos, en confianza ▌ FAM **manque de pot!** ¡mala pata!, ¡mala suerte! ▌ FIG **sourd comme un pot** más sordo que una tapia ▌ FAM **avoir du pot** tener potra ou suerte ▌ FAM **boire** ou **prendre un pot** tomar una copa ▌ FIG **c'est un pot à tabac** es un tapón de alberca ▌ **découvrir le pot aux roses** descubrir el pastel, descubrir el secreto, tirar de la manta ▌ **payer les pots cassés** pagar los vidrios rotos, pagar el pato ▌ **tourner autour du pot** andar con rodeos, andarse por las ramas.

potable *adj* potable ▌ FIG & FAM potable, pasable, aceptable, regular.

potache *m* FAM colegial.

potage *m* sopa *f* ▌ FIG **pour tout potage** en todo y por todo, por junto, todo junto.

▌ OBSERV Il ne faut pas confondre le potage français (sopa) et le potaje espagnol, plat de légumes (haricots, lentilles, pois chiches, etc.).

potager, ère *adj* hortense; hortelano, na ▌ **jardin potager** huerto, huerta ▌ **plante potagère** hortaliza.

◆ **potager** *m* huerta *f*, huerto.

potamochère *m* potamoquero (porc).

potard *m* FAM (vx) boticario.

potasse *f* CHIM potasa.

potasser [3] *v tr & intr* FAM empollar (étudier).

potassique *adj* potásico, ca.

potassium [pɔtasjɔm] *m* potasio (métal).

pot-au-feu [pɔtofø] *m inv* olla *f*, puchero (marmite), cocido, puchero (mets), carne *f* para el cocido (viande).

◇ *adj inv* FAM casero, ra; de su casa (attaché à son ménage).

pot-de-vin [pɔdvɛ̃] *m* gratificación *f*, guante, mamelas *f pl*, soborno.

▌ OBSERV pl pots-de-vin.

pote *m* FAM amigacho.

poteau *m* poste; **poteau télégraphique** poste telegráfico; **poteau indicateur** poste indicador ▌ línea *f* de llegada, llegada *f*, meta *f* (ligne d'arrivée), línea *f* de salida (ligne de départ) ▌ **poste** (football) ▌ **au poteau!** ¡al paredón! (à mort!).

potée *f* olla, jarro *m* (contenu); **une potée de vin** un jarro de vino ▌ guiso *m* de nabos, coles y carne, pote *m* (mets) ▌ TECHN arcilla para moldes (pour moules) ▌ **potée d'émeri** polvos de esmeril.

potelé, e *adj* rollizo, za; regordete, ta.

potence *f* horca (supplice et instrument) ▌ jabalcón *m* ▌ BLAS potenza ▌ CONSTR pescante *m* (pour suspendre) ▌ MAR guindaste *m* ▌ FIG **gibier de potence** carne de horca.

potencé, e *adj* BLAS potenzado, da.

potentat [pɔtɑ̃ta] *m* potentado.

potentialité [pɔtɑ̃sjalite] *f* potencialidad.

potentiel, elle [pɔtɑ̃sjɛl] *adj & s m* potencial.

potentiellement *adv* potencialmente.

potentille [pɔtɑ̃tij] *f* potentila (plante).

potentiomètre [pɔtɑ̃sjɔmɛtr] *m* ÉLECTR potenciómetro.

poterie [pɔtri] *f* vasija de barro ou de metal (récipient) ▌ alfarería (fabrique, art) ▌ cañería de barro (tuyaux).

poterne *f* poterna, portillo *m*, postigo *m*.

potestatif, ive *adj* DR potestativo, va.

potiche *f* jarrón *m*, jarro *m* de porcelana.

potier *m* alfarero ▌ fabricante ou vendedor de vasijas.

potin *m* FAM cotilleo, chisme (cancan) ▌ jaleo, alboroto (tapage) ▌ TECHN aleación *f* de cobre, estaño y plomo (alliage).

potiner [3] *v intr* FAM chismorrear, cotillear.

potinier, ère *adj & s* FAM (vieilli) chismoso, sa; cotilla.

◆ **potinière** *f* FAM (vx) mentidero *m*, lugar *m* donde se chismorrea.

potion f poción.

potiron m BOT calabaza f.

potomètre m BOT potómetro.

pot-pourri [popuri] m FAM olla f podrida, especie f de puchero (mets) ▌ FIG popurrí (musique).
▌ OBSERV pl pots-pourris.

potron-jaquet [pɔtrõʒakɛ]; **potron-minet** [pɔtrõminɛ]
➡ **dès potron-jaquet; dès potron-minet** loc adv al amanecer, de mañanita.

Potsdam n pr GÉOGR Potsdam.

pou m piojo (insecte) ■ **laid comme un pou** más feo que Picio, más feo que un coco ■ FAM **chercher des poux à quelqu'un** buscar las cosquillas a uno.
▌ OBSERV pl poux.

pouacre adj & s FAM marrano, na; sucio, cia.

pouah! interj ¡uf!, ¡fo!, ¡puaj! [indica repugnancia].

poubelle f cubo m de la basura.

pouce m pulgar (doigt de la main), dedo gordo del pie (du pied) ▌ pulgada f, pulgarada f (mesure) ▌ FIG pulgada f, ápice m ■ FAM **donner un coup de pouce** echar un cable ou una mano, dar un empujón ▌ **manger sur le pouce** comer de pie y de prisa ▌ FIG **mettre les pouces** darse por vencido, acabar por ceder ▌ **ne pas quitter d'un pouce** no dejar un solo instante ▌ FIG **se mordre les pouces** comerse los nudillos, morderse las manos ou los dedos, roerse los puños ▌ **se tourner les pouces** estar mano sobre mano, estar con los brazos cruzados ▌ FIG **sucer son pouce** chuparse el dedo.
➡ **pouce!** interj ¡para!, ¡un momento! (aux jeux).

pouce-pied [puspje] m percebe (mollusque).
▌ OBSERV pl pouces-pieds.

Poucet [pusɛ] n pr m **le Petit Poucet** Pulgarcito.

poucettes f pl empulgueras.

Pouchkine n pr Pushkin (écrivain).

poucier m dedil para el pulgar ▌ palanqueta f de picaporte.

pou-de-soie; poult-de-soie; pout-de-soie m pul de seda (tissu).

pouding [pudiŋ] ➡ **pudding**.

poudingue m GÉOL pudinga f.

poudrage m empolvado, espolvoreado ▌ AGRIC espolvoreado.

poudre f pólvora (explosif); poudre à canon pólvora de cañón ▌ polvo m (matière pulvérisée); sucre en poudre azúcar en polvo ▌ polvos m pl (composition médicinale, cosmétique, etc.); poudre de riz polvos de arroz ▌ arenilla (pour l'écriture) ■ **poudre à éternuer** estornutatorio ▌ **poudre à récurer** polvos detergentes ▌ **poudre de perlimpinpin** polvos de la madre Celestina ▌ **poudre sans fumée** pólvora sin humo ■ **coton-poudre** algodón pólvora ▌ **en poudre** en polvo, molido ■ FIG **il n'a pas inventé la poudre** no ha inventado la pólvora ▌ **jeter de la poudre aux yeux** engañar con falsas apariencias ▌ FIG **mettre en poudre** pulverizar, reducir a polvo ▌ **mettre le feu aux poudres** hacer estallar ou saltar (une affaire) ▌ FAM **prendre la poudre d'escampette** poner pies en polvorosa, tomar las de Villadiego ▌ **se répandre comme une traînée de poudre** propagarse como un reguero de pólvora ▌ **tirer sa poudre aux moineaux** gastar la pólvora en salvas.

poudrer [3] v tr empolvar.
➡ **se poudrer** v pr empolvarse.

poudrerie f fábrica de pólvora y explosivos.

poudrette f polvo m fino (poudre fine) ▌ AGRIC excremento m seco pulverizado (engrais).

poudreux, euse adj polvoroso, sa (couvert de poudre) ▌ polvoriento, ta (couvert de poussière) ▌ en polvo; neige poudreuse nieve en polvo.
➡ **poudreuse** f mesa de tocador (toilette) ▌ nieve en polvo ▌ AGRIC espolvoreadora ▌ talquera.

poudrier m salvadera f (pour l'écriture) ▌ azucarero (sucrier) ▌ polvera f (pour poudre de riz) ▌ pirotécnico, polvorista (ouvrier).

poudrière f polvorín m ▌ FIG ce pays est une poudrière este país es un barril de pólvora ou un polvorín.

poudroiement [pudrwamã] m polvareda f ▌ empolvamiento (action).

poudroyer [13] [pudrwaje] v intr empolvar ▌ levantarse una polvareda.

pouf m taburete bajo de asiento relleno, puf (gallicisme) ▌ ahuecador (pour les jupes) ▌ anuncio enfático y engañoso (annonce).

pouf! interj ¡zas!, ¡puf!, ¡paf!

pouffer [3] v intr reventar de risa.

pouh! interj ¡zas!, ¡puf!, ¡paf!

pouillard [pujar] m perdigón (perdreau), pollo del faisán (faisandeau).

pouillé [puje] m estado ou inventario de los beneficios de una diócesis.

Pouille n pr f; **Pouilles** n pr f pl GÉOGR la Pouille, les Pouilles Apulia.

pouillerie [pujri] f FAM (vx) pordiosería (pauvreté) ▌ avaricia (avarice) ▌ pocilga (lieu malpropre).

pouilles [puj] f pl chanter pouilles cantar las cuarenta.

pouilleux, euse [pujø, øz] adj & s piojoso, sa.

pouillot [pujo] m lúgano (oiseau).

pouillouse f MAR vela de estay mayor.

poujadisme m le poujadisme movimiento político efímero fundado por Pierre Poujade.

LE POUJADISME
Este movimiento político de derechas, respaldado por los artesanos, pequeños comerciantes y agricultores, fue impulsado por Pierre Poujade. Obtuvo la elección de más de 50 diputados en 1956, pero fue de poca duración. Hoy en día, el poujadisme caracteriza una mentalidad reacia al cambio entre grupos tradicionalistas amenazados por los desarrollos económicos.

poulaille [pulaj] f volatería (volaille).

poulailler [pulaje] m gallinero (pour les poules) ▌ paraíso, gallinero (théâtre).

poulaillerie [pulajri] f pollería.

poulain m potro, jaco (cheval) ▌ piel f de potro (fourrure) ▌ carretilla f (chariot) ▌ FIG pupilo, apadrinado (protégé).

poulaine f MAR beque m, enjaretado m de proa (proue) ▌ zapato m de punta retorcida.

poularde f polla cebada, capón m.

poule f gallina ▌ SPORTS liga, grupo m, campeonato m ▌ puesta, polla (au jeu) ▌ guerra (billard) ▌ FAM (vieilli) zorra, prostituée ■ CULIN poule au pot puchero de gallina ■ **poule d'eau** polla de agua ▌ **poule de Barbarie** gallina de Guinea ▌ **poule de bois** ganga (gélinotte) ▌ **poule des sables** perdiz de mar (glaréole) ▌ **poule d'Inde** pava ▌ **poule faisane** faisana ▌ FIG **poule mouillée** gallina, cobarde ▌ **poule pondeuse** gallina ponedora ▌ **poule sultane** calamón ■ **la poule aux œufs d'or** la gallina de los huevos de oro ▌ **mère poule** clueca (sens propre), madraza (sens figuré) ■ FIG & FAM **avoir la chair de poule** tener carne de gallina ▌ **mettre la poule au pot** echar la gallina en la olla ▌ **quand les poules auront des dents** cuando las ranas críen pelos.

poulet [pulɛ] m pollo; poulet de grain, de chair pollo tomatero, de cría ▌ FAM pichón (terme affectueux) ▌ FAM poli, policía.

poulette f pollita, polla ▌ FAM pichona (terme affectueux).
◇ adj sauce poulette salsa blanca [mantequilla, huevo y vinagre].

pouliche f potra, potranca (jument).

poulie f MAR motón m; poulie à fouet motón de rabiza ▌ TECHN polea, garrucha.

poulinement m parto de la yegua.

pouliner [3] v intr parir [la yegua].

poulinière adj & s f yegua de vientre.

pouliot [puljo] m BOT poleo ▌ TECHN torno de un carro (treuil).

poulot, otte m & f FAM monín, ina; pichón, ona (terme affectueux).

poulpe m pulpo (pieuvre).

pouls [pu] m ANAT pulso ■ **se tâter le pouls** pensarlo bien ▌ **tâter ou prendre le pouls** tomar el pulso.

poult-de-soie ➡ **pou-de-soie**.

poumon m ANAT pulmón ■ MÉD poumon artificiel pulmón artificial ▌ poumon d'acier pulmón de acero ■ **crier à pleins poumons** gritar con todas las fuerzas de los pulmones.

poupard, e m & f (vieilli) rorro, a; niño m en pañales (bébé).
◇ adj FAM aniñado, da; mofletudo, da.
➡ **poupard** m (vx) pepona f (poupée).

poupart [pupar] m cangrejo de mar.

poupe f MAR popa ▌ avoir le vent en poupe ir viento en popa.

poupée f muñeca (jouet); poupée de chiffon, de son muñeca de trapo, de serrín ▌ cabezal m, soporte m, contrapunta (d'un tour) ▌ copo m, husada (pour quenouille) ▌ muñeca (mannequin) ▌ dedil m (pansement au doigt) ▌ FAM & PÉJ muchacha, chica, gachí ■ **jardin de poupée** jardín miniatura ▌ **maison de poupée** casa de muñecas.

poupin, e adj frescote, ta; rubicundo, da; sonrosado, da.

poupon, onne m & f nene, na; rorro, rra ▌ angelote m (niño rollizo) (enfant potelé).

pouponner [3] v intr FAM cuidar a un nene.

pouponnière *f* guardería infantil (crèche).

poupoule *f* POP (vx) querida, novia (terme affectueux).

pour *prép* para (indiquant le but, la destination); **cette cravate est pour toi** esta corbata es para ti; **je pars pour Madrid** salgo para Madrid ‖ para (par rapport à); **grand pour son âge** crecido para su edad ‖ para (deux actions successives); **il tomba pour ne plus se relever** cayó para no volverse a levantar ‖ por (à cause de, parce que); **on l'a puni pour avoir menti** lo han castigado por haber mentido ‖ por (au prix de, en échange de); **prendre une chose pour une autre** tomar una cosa por otra ‖ por (pour une durée, une quantité, une somme de); **un engagement pour un an** un contrato por un año; **donner treize objets pour douze** dar trece objetos por doce; **vendre pour mille francs de marchandises** vender por mil francos de mercancías ‖ por (en faveur de, en défense de); **mourir pour la patrie** morir por la patria; **l'amour d'une mère pour son fils** el amor de una madre por su hijo ‖ por (comme, en qualité de); **prendre pour domestique** tomar por criado; **laisser pour mort** dejar por muerto ‖ [▷ SYN] por (quant à); **pour ma part j'y consens** por mi parte consiento en ello ‖ por (à la place de); **je le fais pour toi** lo hago por ti ‖ por (en échange); **dent pour dent** diente por diente ■ **pour autant** por eso ‖ **pour cent** por ciento ‖ **pour de bon** de verdad, de veras, en serio ‖ **pour le moins** por lo menos ‖ **pour lors** entonces ‖ **pour peu que** por poco que ‖ **pour que...** para que...
◇ *m inv* pro; **le pour et le contre** el pro y el contra.

| SYN quant à en cuanto a; afin de a fin de; dans le but de con objeto de; en vue de con objeto de.

pourboire *m* propina *f*.

pourceau *m* cerdo, puerco, cochino.

pour-cent *m inv* tanto por ciento, porcentaje.

pourcentage *m* porcentaje, tanto por ciento.

pourchasser [3] *v tr* perseguir, ir a la caza de, hostigar.

pourchasseur *m* perseguidor ‖ **pourchasseur de dots** cazador de dotes.

pourfendeur *m* perdonavidas, matasiete.

pourfendre [73] *v tr* partir de un tajo, atravesar de una estocada.

pourlèche ▬ **perlèche**.

pourlécher [18] *v tr* relamer.
◆ **se pourlécher** *v pr* relamerse ‖ **s'en pourlécher les babines** chuparse los dedos, relamerse.

pourparlers *m pl* conversación *f sing*, negociaciones *f*, trato *sing* ■ **engager les pourparlers** entablar las negociaciones ‖ **être en pourparlers** estar al habla, estar en tratos.

pourpier *m* BOT verdolaga *f*.

pourpoint [purpwɛ̃] *m* jubón, justillo (vêtement) ‖ farseto (pour armure) ‖ **à brûle-pourpoint** a quema ropa, a quemarropa.

pourpre *f* púrpura (étoffe et dignité).
◇ *m* púrpura *f* (couleur, maladie, mollusque).
◇ *adj* púrpura.

pourpré, e *adj* purpúreo, a ‖ MÉD **fièvre pourprée** urticaria.

pourprin, e *adj* (vx) purpurino, na.
◆ **pourprin** *m* color purpurino (couleur).

pourquoi *conj & adv* por qué; **pourquoi vous fâchez-vous?** ¿por qué se enfada usted? ‖ para qué, por qué (but); **pourquoi a-t-il pris cela?** ¿para qué ha tomado esto? ‖ a qué, por qué (but immédiat); **pourquoi es-tu venu?** ¿a qué has venido? ‖ **c'est pourquoi** por esta razón, por eso.
◇ *m inv* porqué; **savoir le pourquoi de chaque chose** saber el porqué de cada cosa.
| OBSERV Ne pas confondre avec l'espagnol porque (parce que), en un mot.

pourri, e *adj* podrido, da ‖ **temps pourri** tiempo asqueroso.
◆ **pourri** *m* lo podrido ‖ **sentir le pourri** oler a podrido.

pourrir [32] *v tr* podrir, pudrir.
◇ *v intr & pr* [▷ SYN] podrirse, pudrirse.
| SYN se décomposer descomponerse; se corrompre corromperse; se gâter echarse a perder; croupir encenagarse; se putréfier podrirse; se faisander manirse.

pourrissable *adj* corruptible, putrescible.

pourrissement *m* podredumbre *f*.

pourrissoir *m* pudridero, podridero.

pourriture *f* podredumbre ‖ caquexia (cachexie) ‖ FIG corrupción ■ MÉD **pourriture d'hôpital** gangrena ‖ **quelle pourriture!** ¡qué porquería!, ¡qué asco!

poursuite *f* persecución, perseguimiento *m* (p us); **la poursuite d'un voleur** la persecución de un ladrón ‖ prosecución, continuación; **la poursuite d'une affaire** la prosecución de un negocio ‖ carrera de persecución (courses) ‖ MIL persecución del enemigo ■ **à la poursuite de** en persecución de ‖ **être ou se mettre à la poursuite de** perseguir a.
◆ **poursuites** *f pl* diligencias, gestiones (démarches) ‖ DR diligencias.

poursuiteur *m* FAM perseguidor.

poursuivant, e *adj & s* perseguidor, ra ‖ pretendiente (d'une femme) ‖ DR demandante, querellante.

poursuiveur *m* perseguidor.

poursuivre [89] *v tr* [▷ SYN] perseguir; **poursuivre un voleur** perseguir a un ladrón ‖ proseguir (continuer); **poursuivre son chemin** proseguir su camino ‖ buscar; **poursuivre la gloire** buscar la gloria ‖ acosar, hostigar; **poursuivre quelqu'un de ses menaces** acosar a uno con amenazas ‖ DR perseguir judicialmente ‖ demandar (en justice).
◆ **se poursuivre** *v pr* seguirse, proseguirse.
| SYN pourchasser perseguir; talonner pisar los talones; traquer acosar.

pourtant *conj* sin embargo, a pesar de ello, no obstante, con todo.
| OBSERV Por lo tanto veut dire par conséquent.

pourtour *m* contorno, perímetro.

pourvoi *m* DR apelación *f*, recurso ■ **pourvoi à une vacance** provisión de una vacante ‖ **pourvoi en cassation** recurso de casación ‖ **pourvoi en grâce** petición de indulto.

pourvoir [64] *v intr* subvenir a, atender a, ocuparse de; **pourvoir à ses besoins** subvenir a sus necesidades; **pourvoir à son éducation** atender a su educación.
◇ *v tr* proveer, suministrar, abastecer (fournir) ‖ colocar a (établir) ‖ cubrir; **pourvoir une vacance** cubrir una vacante ‖ FIG dotar, ornar; **pourvu de grandes qualités** dotado de grandes cualidades.
◆ **se pourvoir** *v pr* proveerse ‖ DR interponer recurso de, recurrir, apelar; **se pourvoir en cassation** recurrir en casación.

pourvoyeur, euse [purvwajœr, øz] *m & f* proveedor, ra; abastecedor, ra.
◆ **pourvoyeur** *m* MIL proveedor (de pièce).

pourvu, e *adj* provisto, ta ‖ **pourvu que** con tal que (du moment que), ojalá; **pourvu qu'il fasse beau!** ¡ojalá haga buen tiempo!

poussah *m* dominguillo, tentempié (magot) ‖ FAM tonel, retaco (obèse).

pousse *f* brote *m*, retoño *m* (des plantes) ‖ salida, crecimiento *m* (des dents) ‖ torcedura (du vin) ‖ VÉTÉR huélfago *m*.

pousse-café *m inv* FAM copita *f* después del café, poscafé (p us).

pousse-cailloux [puskaju] *m inv* ARG MIL (vx) soldado de infantería, pipiolo.

poussée *f* empujón *m* ‖ empuje *m* (d'avion) ‖ FIG acceso *m*; **poussée de fanatisme** acceso de fanatismo ‖ ola; **poussée inflationniste** ola inflacionista ‖ estirón *m* (de croissance) ‖ ARCHIT empuje *m* (pression) ‖ MÉD acceso *m* ‖ PHYS empuje *m* (d'un fluide).

pousse-pied [puspje] *m inv* percebe (mollusque).

pousse-pousse *m inv* cochecillo chino tirado por un hombre.

pousser [3] *v tr* [▷ SYN] empujar ‖ lanzar, dar (cri, soupir, etc.) ‖ hacer adelantar, favorecer (favoriser) ‖ estimular (stimuler) ‖ llevar (entraîner) ‖ impulsar, dar un impulso, impeler (donner une impulsion) ‖ correr (déplacer) ‖ extender (étendre) ‖ echar (poils, cheveux, dents, etc.) ‖ activar, avivar (le feu) ‖ hacer avanzar; **pousser un troupeau** hacer avanzar un rebaño ‖ hacer más profundo, examinar a fondo, llevar muy lejos (approfondir) ‖ pujar (aux enchères) ‖ trabajar (une œuvre d'art) ‖ dar, tirar; **pousser une estocade** tirar una estocada ‖ BOT echar, producir (plantes) ‖ FIG incitar, mover a, inducir; **pousser à la dépense** incitar al gasto ‖ extremar; **pousser le zèle jusqu'à** extremar su celo hasta ■ FIG **pousser à bout** sacar de sus casillas (énerver), forzar a fondo, apurar (forcer à fond) ‖ **pousser au noir** cargar de tinta ‖ **pousser du coude** dar codazos ou con el codo ‖ **pousser la fenêtre** entornar ou cerrar un poco la ventana ‖ **pousser le dévouement jusqu'à** sacrificarse hasta el punto de ‖ **pousser une chanson** echar una canción ‖ **pousser un élève** hacer adelantar a un alumno.
◇ *v intr* empujar ‖ nacer, salir (les dents, les pousses d'une plante, etc.) ‖ crecer (croître) ‖ llegar, seguir (poursuivre son chemin) ■ **pousser à la roue** dar un empujón, echar una mano ‖ **pousser comme de la mauvaise herbe** crecer como la cizaña ‖ **pousser comme des champignons** crecer como hongos.
◆ **se pousser** *v pr* empujarse ‖ echarse a un lado, correrse (faire de la place) ‖ abrirse camino (faire son chemin).

| SYN repousser rechazar, repeler; rejeter rechazar, rehusar; chasser echar fuera, expulsar; refouler hacer retroceder, rechazar; bouter botar, arrojar, expulsar.

poussette *f* cochecito *m* de niños, coche silla *m* (voiture) ▌empujón *m* (cyclisme) ▌carrito *m* (pour les provisions).

poussier *m* polvo de carbón, carbonilla *f*, carbón en polvo.

poussière *f* polvo *m*; faire de la poussière levantar polvo ▌ mota; avoir une poussière dans l'œil tener una mota en el ojo ▪ BOT poussière fécondante polen ▌ poussières radioactives cenizas radiactivas ▪ coup de poussière explosión en una mina ▌ FAM et des poussières y pico (somme) ▪ faire mordre la poussière à un ennemi abatir a un enemigo ▌ FIG mordre la poussière morder el polvo ▌ réduire en poussière hacer añicos, hacer polvo ▌ tomber en poussière hacerse polvo.

▌ SYN poudre polvo, polvos; poussier carbonilla.

poussiéreux, euse *adj* polvoriento, ta.

poussif, ive *adj* que parece huélfago ▌ FAM que se ahoga (voiture) ▌ MÉD asmático, ca.

poussin *m* polluelo, pollito ▌ FIG nene (enfant) ▌ MIL cadete, novato del ejército del aire, gurripato.

poussinière *f* pollera.

poussivement *adv* con sofoco.

poussoir *m* botón, pulsador.

pout-de-soie ➤ **pou-de-soie**.

poutrage *m* CONSTR viguería *f*.

poutre *f* viga.

poutrelle *f* vigueta.

pouture *f* AGRIC engorde *m* en el establo.

pouvoir [58] *v tr* poder ▪ n'en pouvoir mais no poder más (être épuisé), no poderlo remediar (n'y rien pouvoir) ▌ n'en pouvoir plus no poder más ▌ne pas pouvoir s'empêcher de no poder menos de ou sino ▪ il se peut que puede ser que, es posible que ▌ on ne peut mieux mejor imposible ▌ on ne peut plus no puede ser más ▌ on peut dire que cabe decir que, podemos decir que ▌ puis-je entrer? ¿se puede?, ¿puedo pasar? ▌ puissiez-vous réussir! ¡ojalá lo consiga usted! ▌ qui peut le plus peut le moins quien puede lo más puede lo menos ▌ tu ne peux pas savoir! ¡ni te imaginas, ni te lo imaginas! ▌ tu peux le dire! ¡seguro que sí!

pouvoir *m* poder; pouvoir législatif, exécutif, judiciaire poder legislativo, ejecutivo, judicial ▪ pouvoir absolu poder absoluto ▌pouvoir d'achat poder adquisitivo ▌pouvoir par-devant notaire poder ante notario ▪ fondé de pouvoir apoderado ▌les pouvoirs publics los poderes públicos ▌pleins pouvoirs plenos poderes ▪ au pouvoir de bajo el poder de.

pouzzolane [puzɔlan] *f* puzolana.

Poznan; Poznań *n pr* GÉOGR Poznań.

pp (abr écrite de pages) págs.

PP (abr de préventive de la pellagre) *adj* vitamine PP vitamina PP.

p.p. (abr écrite de par procuration) p.p.

PPCM (abr de plus petit commun multiple) *m* m.c.m.

PQ *m* TFAM (abr de papier-cul) papel de wáter.

◇ (abr écrite de province du Québec) provin-

cia de Quebec ▌ (abr écrite de premier quartier (de lune)) cuarto creciente.

PQR (abr de presse quotidienne régionale) *f* prensa diaria regional.

Pr (abr écrite de Professeur) Prof., Profa.

PR (abr écrite de poste restante) lista de correos.

◇ *m* (abr de Parti Républicain) partido político francés de derechas.

Prado *n pr m* le (musée national du) Prado el (museo del) Prado.

praesidium [prezidjɔm] *m* (ancien) presidium (en URSS).

pragmatique *adj & s f* pragmático, ca.

pragmatisme *m* pragmatismo.

pragmatiste *adj & s* pragmatista.

Prague *n pr* GÉOGR Praga.

praire *f* almeja grande (mollusque).

prairial [prɛrjal] *m* pradial (mois du calendrier républicain français).

prairie *f* prado *m* (pré), pradera (naturelle).

prâkrit *m* pracrito, prácrito (de l'Inde).

pralin *m* abono mezclado con tierra ▌garapiña *f* (sucre cuit).

pralinage *m* garapiñado.

praline *f* almendra garapiñada.

praliné *m* chocolate con almendras garapiñadas.

praliner [3] *v tr* garapiñar.

praséodyme *m* praseodimio (métal).

prasme *f* prasma.

praticabilité *f* practicabilidad, carácter *m* transitable.

praticable *adj* practicable ▌ transitable (chemin) ▌(vx) tratable, sociable (personnes).
◇ *m* practicable (théâtre), grúa *f* móvil (cinéma).

praticien [pratisjɛ̃] *m* MÉD práctico facultativo ▌DR escribano, procurador.

pratiquant, e *adj & s* practicante.

pratique *adj* práctico, ca ▌ travaux pratiques prácticas, clases prácticas.
◇ *f* práctica; mettre en pratique poner en práctica ▌ procedimiento *m*, práctica (procédé) ▌ costumbre, uso *m* (coutume) ▌ trato *m* (fréquentation) ▌pito *m* (pour marionnettes) ▌parroquiano *m* (client) ▌MAR plática.
◇ *m* MAR práctico (piloto).

➤ **pratiques** *f pl* prácticas, devociones (religieuses).

pratiquement *adv* en la práctica (en fait) ▌prácticamente (quasiment).

pratiquer [3] *v tr* [▷ SYN] practicar ▌ tratar (fréquenter), abrir, practicar (exécuter).
◇ *v intr* practicar (une religion).

➤ **se pratiquer** *v pr* practicarse ▌ existir; la politique qui se pratique ici la política que existe aquí.

▌ SYN exercer ejercer; professer profesar.

Pravda *n pr f* la Pravda la Pravda.

praxis *f* praxis.

Praxitèle *n pr* Praxiteles.

pré *m* prado ▌ FIG aller sur le pré tener un desafío.

préado *m & f* FAM preadolescente.

préalable *adj* previo, via ▪ condition préalable condición previa, requisito previo ▌ question préalable cuestión previa ▌ sans avis préalable sin previo aviso.
◇ *m* condición *f* previa ▌cuestión *f* previa ▌au préalable previamente, de antemano.

préalablement *adv* previamente.

Préalpes [prealp] *n pr f pl* les Préalpes los Prealpes.

préalpin, e *adj* relativo a los Prealpes.

préambule *m* preámbulo.

préamplificateur *m* preamplificador (radio).

préau *m* patio (de monastère, de prison) ▌cobertizo del patio de recreo (écoles), sala *f* grande en las escuelas.

préavis [preavi] *m* aviso previo ▌ préavis de licenciement notificación previa de despido ▌ avec préavis con aviso (communication téléphonique).

préaviser [3] *v tr* avisar anticipadamente, prevenir.

prébende [prebɑ̃d] *f* prebenda.

prébendé, e *adj & s* prebendado, da.

prébendier *m* prebendado.

précaire *adj* precario, ria.

précairement *adv* precariamente.

précambrien *adj & s m* precámbrico, ca; precambriano, na.

précancéreux, euse *adj* precanceroso, sa.

précarité *f* estado *m* precario, lo precario *m*, el carácter *m* precario, precariedad.

précaution *f* precaución ▪ précautions oratoires advertencias ▪ par précaution por precaución ou previsión ▌ pour plus de précaution para mayor seguridad ▪ prendre des précautions ou ses précautions tomar precauciones.

précautionner [3] *v tr* precaver, prevenir.
➤ **se précautionner** *v pr* precaverse, prevenirse.

précautionneusement [prekosjɔnøzmɑ̃] *adv* precavidamente, cautamente (avec circonspection) ▌cautamente (avec soin).

précautionneux, euse *adj* precavido, da.

précédemment [presedamɑ̃] *adv* anteriormente.

précédent, e *adj* precedente, anterior; le jour précédent el día anterior.
➤ **précédent** *m* antecedente, precedente ▌sans précédent sin precedentes.

précéder [18] *v tr* preceder.

préceinte *f* MAR cinta.

précellence *f* preeminencia, excelencia.

préceltique *adj* precéltico, ca.

précepte *m* precepto.

précepteur, trice *m & f* preceptor, ra.

préceptoral, e *adj* preceptoril.

préceptorat [preseptɔra] *m* preceptorado.

précession *f* ASTRON precesión; précession des équinoxes precesión de los equinoccios.

préchambre *f* antecámara (de moteur Diesel).

préchauffage *m* calentamiento previo, precalentamiento.

préchauffer [3] *v tr* precalentar.

prêche *m* prédica *f* (sermon protestant).

prêcher [4] *v tr* predicar ‖ FIG recomendar; prêcher l'économie recomendar la economía ‖ prêcher le faux pour savoir le vrai decir mentira para sacar verdad.
<> *v intr* predicar; prêcher d'exemple predicar con el ejemplo; prêcher dans le désert predicar en el desierto ‖ prêcher pour son saint, pour sa paroisse barrer hacia dentro ‖ prêcher un converti gastar saliva en balde, hablar inútilmente.

prêcheur, euse *m & f* predicador, ra.

prêchi-prêcha *m* FAM sermoneo, letanía *f.*

précieusement *adv* preciosamente ‖ afectadamente, con afectación, amaneradamente.

précieux, euse *adj* precioso, sa; métaux précieux metales preciosos ‖ FAM amanerado, da (manière); afectado, da (affecté) ‖ culterano, na; rebuscado, da (langage); style précieux estilo rebuscado.
→ **précieux** *m* amaneramiento (affectation).
→ **précieuse** *f* marisabidilla, preciosa.
‖ OBSERV La palabra francesa précieux no tiene el sentido de charmant, joli.

préciosité *f* afectación, amaneramiento *m* ‖ preciosidad, culteranismo *m* (du style).
‖ OBSERV La palabra francesa préciosité no tiene el sentido de cosa valiosa o muy mona.

précipice *m* precipicio.

précipitamment *adv* precipitadamente.

précipitation *f* precipitación.

précipité, e *adj & s m* precipitado, da.

précipiter [3] *v tr & intr* precipitar.
→ **se précipiter** *v pr* precipitarse ‖ se précipiter au-devant de quelqu'un correr al encuentro de alguien.

préciput [presipyt] *m* DR mejora *f.*

préciputaire *adj* DR de la mejora.

précis, e [presi, iz] *adj* preciso, sa ‖ conciso, sa; preciso, sa; style précis estilo conciso ‖ en punto; trois heures précises las tres en punto ‖ fijo, ja; determinado, da; date précise fecha fija ‖ MIL preciso (tir).
→ **précis** *m* compendio (livre); précis de géométrie compendio de geometría.

précisément *adv* precisamente.

préciser [3] *v tr* precisar ‖ especificar (un point).
‖ OBSERV La palabra francesa préciser no tiene los sentidos de obligar y de necesitar que tiene el verbo español precisar.

précision *f* precisión; instrument de précision instrumento de precisión.

précité, e *adj* precitado, da; antes citado, da; susodicho, cha.

précoce *adj* precoz (personnes, saisons) ‖ temprano, na; precoz (végétaux).

précocement *adv* de manera precoz, con precocidad.

précocité *f* precocidad.

précolombien, enne *adj* precolombino, na.

précombustion *f* precombustión (de moteur Diesel).

précompression *f* TECHN precompresión.

précompte [prekɔ̃t] *m* descuento anticipado, suma *f* a deducir.

précompter [3] [prekɔ̃te] *v tr* descontar.

préconception *f* idea preconcebida.

préconcevoir [52] *v tr* preconcebir.

préconçu, e [prekɔ̃sy] *adj* preconcebido, da.

préconisateur ► **préconiseur**.

préconisation *f* preconización.

préconiser [3] *v tr* preconizar ‖ postular, preconizar (des mesures).

préconiseur; préconisateur *m* preconizador.

précontraindre [80] *v tr* CONSTR pretensar.

précontraint, e *adj* CONSTR pretensado, da; recomprimido, da (béton).
→ **précontrainte** *f* pretensado *m* (béton).

précordial, e *adj* ANAT precordial; troubles précordiaux trastornos precordiales.

précuire [98] *v tr* precocinar.

précuit, e *adj* precocinado, da.

précurseur *adj & s* precursor, ra ‖ MIL détachement précurseur partida aposentadora.

prédateur, trice *adj* de rapiña (animal).

prédécédé, e *adj* (p us) premoriente.

prédécesseur *m* predecesor, ra; antecesor, ra.
‖ OBSERV Prédécesseur no tiene femenino correspondiente en francés. Se dice: elle fut son prédécesseur.

prédécoupé, e *adj* precortado, da.

prédelle *f* parte inferior de un cuadro.

prédestination *f* predestinación.

prédestiné, e *adj & s* predestinado, da.

prédestiner [3] *v tr* predestinar.

prédéterminant, e *adj* predeterminante.

prédétermination *f* predeterminación.

prédéterminer [3] *v tr* predeterminar.

prédial, e *adj* predial.

prédicable *adj* predicable.

prédicant *m* predicante, pastor protestante.

prédicat [predika] *m* predicado.
‖ OBSERV La palabra francesa prédicat no se emplea; se le prefiere el sinónimo attribut.

prédicateur, trice *m & f* predicador, ra.

prédicatif, ive *adj* GRAMM predicativo, va.

prédication *f* predicación.

prédiction *f* predicción.

prédigéré, e *adj* predigerido, da.

prédilection *f* predilección; avoir une prédilection pour tener predilección por.

prédire [103] *v tr* predecir, vaticinar.

prédisposer [3] *v tr* predisponer.

prédisposition *f* predisposición ‖ MÉD propensión.

prédominance *f* predominio.

prédominant, e *adj* predominante.

prédominer [3] *v intr* predominar.

prédorsal, e *adj* predorsal.

préélectoral, e *adj* preelectoral.

préemballé, e *adj* envasado, da [alimentos frescos].

prééminence *f* preeminencia.

prééminent, e *adj* preeminente.

préemption [preɑ̃psjɔ̃] *f* derecho *m* preferente de compra, derecho *m* de retracto.

préencollé, e *adj* engomado, da.

préétabli, e *adj* preestablecido, da.

préétablir [32] *v tr* preestablecer.

préexcellence *f* excelencia suma, preexcelencia.

préexistant, e *adj* preexistente.

préexistence *f* preexistencia.

préexister [3] *v intr* preexistir.

préfabrication *f* prefabricación.

préfabriqué, e *adj* prefabricado, da.

préface *f* prefacio *m.*
‖ SYN discours préliminaire discurso preliminar; introduction introducción; avant-propos advertencia; préambule preámbulo; avertissement advertencia; avis aviso; prologue prólogo.

préfacer [16] *v tr* prologar, hacer un prefacio.

préfacier *m* prologuista.

préfectoral, e *adj* prefectoral ‖ arrêtés préfectoraux órdenes gubernativas.

préfecture *f* prefectura, ≃ gobierno *m* civil ■ préfecture de police jefatura de policía ‖ préfecture maritime departamento *m* marítimo.
‖ LA PRÉFECTURE
Es el centro administrativo del "département". Esta palabra también se refiere a la ciudad donde están instaladas estas oficinas. Se acude a la "préfecture" para pedir la expedición del permiso de conducir o de la "carte de séjour", por ejemplo.

préférable *adj* preferible.

préférablement *adv* preferentemente, preferiblemente.

préféré, e *adj & s* preferido, da; predilecto, ta.

préférence *f* preferencia ■ de préférence preferentemente, con preferencia ‖ ordre de préférence orden de prelación ■ donner la préférence à quelqu'un dar preferencia a alguien ‖ obtenir la préférence sur ser preferido a.

préférentiel, elle *adj* preferencial, preferente; traitement préférentiel trato preferente.

préférentiellement *adv* preferentemente.

préférer [18] *v tr* preferir; je préfère de beaucoup cette solution prefiero con mucho esta solución.

préfet [prefɛ] *m* prefecto, ≃ gobernador civil ■ préfet de police uno de los prefectos de París, encargado exclusivamente de la policía ‖ préfet maritime jefe de un departamento marítimo.
‖ LE PRÉFET
Este cuerpo de funcionarios fue creado por Napoleón en 1800. El "préfet" es el representante del Estado y el administrador general del departamento.

préfète *f* FAM mujer del prefecto, gobernadora.

préfiguration *f* prefiguración.

préfigurer [3] *v tr* prefigurar.

préfix, e [prefiks] *adj* prefijado, da.

préfixation *f* GRAMM prefijación.

préfixe *m* GRAMM prefijo.

préfixer [3] *v tr* fijar antes, prefijar ‖ poner un prefijo.

préfixion *f* DR prefinición.

préfloraison *f* BOT prefloración.

préfoliation; préfoliaison *f* BOT prefoliación.

préformation *f* preformación.

préformer [3] *v tr* preformar, formar con anterioridad.

pré-gazon *m* prado artificial.

préglaciaire *adj* GÉOL preglaciar.

prégnance *f* imposición.

prégnant, e *adj* que se impone.

préhenseur [preãsœr] *adj* prensor.

préhensible [preãsibl] *adj m* prensible.

préhensile [preãsil] *adj* prensil; **singe à queue préhensile** mono de cola prensil.

préhension [preãsjɔ̃] *f* prensión.

préhistoire *f* prehistoria.

préhistorien, enne *m & f* tratadista de prehistoria, especialista en prehistoria; prehistoriador, ra.

préhistorique *adj* prehistórico, ca.

préhominidés; préhominiens *m pl* prehomínidos (primates de l'ère quaternaire).

préinscription *f* preinscripción.

préjudice *m* perjuicio ■ **au préjudice de** en detrimento de, con menoscabo de, en perjuicio de ‖ **sans préjudice de** sin perjuicio de ‖ **porter préjudice à** perjudicar a.

> SYN **dommage** daño; **tort** perjuicio; **détriment** detrimento, menoscabo; **lésion** lesión; **dam** daño, perjuicio.

préjudiciable *adj* perjudicial.

préjudiciel, elle *adj* DR prejudicial.

> OBSERV L'espagnol **perjudicial** correspond au français **préjudiciable**.

préjugé *m* prejuicio ‖ **avoir un préjugé contre** tener prejuicios contra.

> SYN **prévention** prevención; **parti pris** prejuicio.

préjuger [17] *v tr* prejuzgar, implicar ‖ juzgar de antemano ‖ DR fallar provisionalmente.

prélart [prelar] *m* MAR cubrecarga, encerado, lona *f* impermeable.

prélasser [3]

➤ **se prélasser** *v pr* descansar cómodamente; **se prélasser dans un fauteuil** descansar cómodamente en un sillón.

prélat [prela] *m* prelado.

prélature *f* prelatura.

prélavage *m* prelavado.

prèle; prêle; presle *f* BOT cola de caballo.

prélegs [prelɛg] *m* DR manda *f* ou legado que debe satisfacerse antes de la partición.

prélèvement *m* deducción *f*, descuento previo (déduction) ‖ toma *f* (prise); **prélèvement de sang** toma de sangre ‖ muestra *f*; **faire un prélèvement sur le lait** sacar una muestra de la leche ‖ DR extracción *f*.

prélever [19] [prelve] *v tr* deducir, descontar previamente (déduire) ‖ tomar, sacar muestras [de una cosa] ‖ **prélever du sang** tomar ou sacar sangre ‖ **prélever sur un compte** cargar en una cuenta.

préliminaire *adj & s m pl* preliminar.

> SYN **prélude** preludio; **prodrome** pródromo; **préface** prefacio; **prologue** prólogo; **exorde** exordio; **préambule** preámbulo.

prélude *m* preludio.

préluder [3] *v intr* preludiar ‖ FIG preludiar, preparar, iniciar.

prématuré, e *adj & s* prematuro, ra; **retraite prématurée** retiro prematuro ‖ precoz ‖ prematuro, ra (né avant terme) ‖ BOT temprano, na (précoce).

prématurément *adv* prematuramente.

préméditation *f* premeditación.

préméditer [3] *v tr* premeditar.

prémices [premis] *f pl* primicias.

premier, ère *adj* [▷ SYN] primero, ra ■ **premier âge** primera infancia ‖ MIL **premier bureau d'état-major** Primera Sección de Estado Mayor ‖ MAR **premier maître** contramaestre de segunda ‖ **Premier ministre** primer ministro ‖ **le premier étage** el primer piso, el principal ‖ **le premier venu** un cualquiera, el primero que llega ‖ **matières premières** materias primas ‖ MATH **nombre premier** número primo ‖ **au premier abord** a primera vista ‖ **de premier choix** de primera calidad ‖ **de premier ordre** de gran calidad ou valor ‖ **de première importance** de mucha importancia ‖ **du premier coup** a la primera ‖ **(enfant) du premier lit** (hijo) de primeras nupcias ‖ **en premier lieu** en primer lugar.

➤ **premier** *m* primero; **le premier de tous** el primero de ou entre todos ‖ primer piso ‖ primera *f* (dans les charades) ■ **jeune premier** galán joven ‖ **le premier de l'an** el día de año nuevo ‖ **il vaut mieux être le premier dans son village que le second à Rome** más vale ser cabeza de ratón que cola de león.

➤ **première** *f* primera; **voyager en première** viajar en primera ‖ encargada de un taller de costura ‖ clase que corresponde al sexto año de bachillerato español ‖ primera ascensión (alpinisme) ‖ IMPR galerada, primera prueba ‖ THÉÂTR estreno *m*, primera representación ■ **première classe** soldado de primera ‖ **une première mondiale** una primicia mundial ■ FAM **de première** de primera ‖ **jeune première** primera actriz.

> OBSERV L'adjectif masculin **primero** perd le o final lorsqu'il est suivi d'un nom: **le premier livre** el primer libro, mais on dira **el libro primero**.
> SYN **primitif** primitivo; **primordial** primordial; **initial** inicial; **prime** primero.

premièrement *adv* primero.

premier-né *adj & s m* primogénito.

> OBSERV pl **premiers-nés.** Se puede decir en femenino, aunque sea poco empleado, **fille première-née** (primogénita).

prémilitaire *adj* premilitar.

prémisse *f* premisa.

prémolaire *f* premolar *m* (dent).

prémonition *f* premonición.

prémonitoire *adj* premonitorio, ria.

prémontré *m* premonstratense (religieux).

prémunir [32] *v tr* prevenir, precaver.

➤ **se prémunir** *v pr* prevenirse.

prémunition *f* prevención.

prenable *adj* conquistable, expugnable (ville) ‖ FIG seductible, conquistable (personnes).

prenant, e *adj* prensil; **queue prenante** cola prensil ‖ adherente (collant) ‖ DR que recibe ou cobra; **partie prenante** el que cobra ou percibe ‖ FIG sobrecogedor, ra (voix).

prénatal, e *adj* prenatal ‖ **allocations prénatales** subsidios familiares percibidos por la futura madre antes de nacer el niño.

> OBSERV pl **prénatals** o **prénataux.**

prendre [79] *v tr* [▷ SYN] tomar, coger; **prendre un livre** tomar un libro ‖ tomar; **prendre son déjeuner** tomar el almuerzo ‖ recoger; **je vous prendrai à une heure** le recogeré a la una ‖ dar; **un frisson m'a pris** me dio un escalofrío ‖ agarrarse; **la fumée me prend à la gorge** el humo se me agarra a la garganta ‖ cobrar, llevar; **vous prenez trop cher** usted cobra demasiado ‖ llevar; **prenez-moi dans votre voiture** lléveme en su coche ‖ sacar, tomar; **prendre des places** sacar entradas ‖ coger; **prendre froid** coger frío ‖ tomar; **prendre une ville** tomar una ciudad ‖ requerir, tomar; **prendre beaucoup de temps** requerir mucho tiempo ‖ prender, coger, detener, atrapar (arrêter) ‖ **prendre un voleur** prender a un ladrón (échecs, dames); **prendre un cavalier** comer un caballo ‖ ocupar; **être très pris** estar muy ocupado ‖ tomar; **prendre une commande** tomar un pedido ‖ sacar, tomar; **prendre une photo** sacar una foto ‖ pescar, capturar (du poisson) ‖ cobrar; **prendre son importance** cobrar su importancia ‖ FAM recibir; **prendre une gifle** recibir una bofetada ■ **prendre acte** levantar acta ‖ **prendre à l'écart** llevar aparte ‖ **prendre au dépourvu** coger ou pillar desprevenido ou descuidado ‖ **prendre au mot** coger la palabra ‖ **prendre au pied de la lettre** tomar al pie de la letra ‖ **prendre au sérieux, au tragique** tomar en serio, trágicamente ‖ **prendre congé** despedirse ‖ **prendre contact** entrar en contacto ‖ **prendre courage** animarse ‖ **prendre de l'âge** entrar en años ‖ **prendre de la place** coger ou ocupar sitio ‖ **prendre de l'intérêt à** interesarse por ‖ **prendre des cartes** robar cartas ‖ **prendre des nouvelles de** preguntar por ‖ **prendre des renseignements** informarse ‖ **prendre deux kilos** engordar dos kilos ‖ **prendre du ventre** echar barriga ‖ **prendre en main une affaire** encargarse de un negocio ‖ **prendre exemple sur** tomar como ejemplo a ‖ **prendre fait et cause pour** declararse en favor de ‖ **prendre femme** casarse ‖ **prendre feu** incendiarse (s'enflammer), encenderse (s'emporter) ‖ **prendre garde à** tener cuidado con ‖ **prendre la défense de** salir en defensa de ‖ **prendre la mer** hacerse a la mar ‖ **prendre la mouche** picarse, enfadarse ‖ **prendre la place de quelqu'un** sustituir a alguien (remplacer), quitar el puesto a alguien (enlever) ‖ **prendre l'avis de** pedir consejo a ‖ **prendre l'eau** calarse ‖ **prendre le jour** dejar pasar la luz ‖ **prendre le large** irse mar adentro (un bateau), largarse (s'en aller) ‖ **prendre les armes** tomar las armas ‖ **prendre les choses comme elles viennent** aceptar las cosas como vengan, resignarse ‖ **prendre mal** coger un resfriado (s'enrhumer), tomar a mal (se fâcher) ‖ **prendre naissance** tener origen ‖ **prendre**

note tomar nota ‖ prendre par la main coger de la mano ‖ prendre part à participar en ‖ prendre parti pour tomar partido por, decidirse a favor de ‖ prendre pitié de tener lástima de ‖ prendre place sentarse ‖ prendre plaisir à tener gusto en ‖ prendre quelque chose sur soi llevar algo consigo ‖ prendre quelqu'un de vitesse ser más rápido que uno ‖ prendre quelqu'un en amitié cobrarle cariño a uno ‖ prendre quelqu'un en grippe tener ojeriza ou inquina a uno, tomarlas con uno ‖ prendre quelqu'un par les sentiments sacar partido de las debilidades de alguien ‖ prendre racine echar raíces ‖ prendre sa source nacer (rivière) ‖ prendre ses fonctions asumir sus funciones ‖ prendre son bien où on le trouve cada cual se defiende como puede ‖ prendre son temps no precipitarse ‖ prendre son vol despegar (avión) ‖ prendre sous son aile coger bajo su manto ‖ prendre sous son bonnet cargar con la responsabilidad de ‖ prendre sur le fait coger in fraganti ‖ prendre un engagement comprometerse ‖ prendre une personne pour une autre tomar una persona por otra ‖ prendre un rendez-vous avec citarse con ■ à tout prendre mirándolo bien, después de todo ‖ c'est à prendre ou à laisser lo toma o lo deja ‖ il faut en prendre et en laisser de dinero y calidad la mitad de la mitad ‖ je vous y prends le sorprendo ‖ le prendre de haut hablar con altanería ‖ le prendre sur tel ton hablar con cierto tono ‖ mal prendre une observation tomar a mal una observación ‖ on ne m'y prendra plus no me cogerán otra vez ‖ on ne sait par quel bout le prendre no se sabe por donde cogerle ‖ pour qui me prenez-vous? ¿por quién me toma usted? ‖ qu'est-ce qui lui prend? ¿qué le pasa? ‖ qu'est-ce qu'il va prendre! ¡la que se va a ganar! ‖ un mal de dents le prend tiene de repente un dolor de muelas.
◇ v intr agarrar, echar raíces; ces plantes ont bien pris estas plantas han agarrado bien ‖ espesarse (chocolat, etc), trabarse (mayonnaise), tomar consistencia (crème), helarse, congelarse, cuajarse (glace, fleuve) ‖ cuajarse (lait) ‖ agarrar (vaccin) ‖ agarrar, aferrar (l'ancre) ‖ prender (feu) ‖ cuajar; cette mode ne prend pas esta moda no cuaja ‖ tener éxito ou aceptación (avoir du succès) ‖ fijarse (couleur) ‖ pasar por la cabeza, ocurrir, antojar; cela m'a pris de partir se me ocurrió irme ‖ arrancar de, empezar en; les Champs Élysées prennent à la place de la Concorde los Campos Elíseos arrancan de la plaza de la Concordia ‖ dar, entrar; l'envie lui prit de chanter le dieron ganas de cantar ‖ coger, tomar; prendre à droite coger a la derecha ‖ fraguar (ciment) ‖ encenderse, arder; l'allumette prend se enciende ou arde la cerilla ‖ FAM ser creído ou aceptado; votre mensonge n'a pas pris su mentira no ha sido creída ■ prendre au plus court coger ou tomar el camino más corto ‖ prendre du bon côté tomar bien ‖ prendre sur soi dominarse ‖ prendre sur soi de comprometerse a ■ ça ne prend pas esto no pasa, esto no hay quien se lo trague, de eso nada ‖ être bien pris estar bien proporcionado.
◇ v impers ocurrir, suceder (arriver) ■ bien, mal lui en prit tuvo una buena, mala idea ‖ s'il vous en prend envie si le da la gana de hacerlo.

◆ se prendre v pr ponerse, echarse, comenzar; il se prit à pleurer se puso a llorar ‖ cogerse (laisser saisir) ‖ helarse; la Seine se prend el Sena se hiela ‖ atacar; s'en prendre à plus fort que soi atacar a alguien más fuerte que uno ‖ tomarse (remède) ‖ engancharse; se prendre à un clou engancharse a un clavo ‖ MÉD estar afectado ■ se prendre au jeu tomarlo en serio ‖ se prendre d'amitié pour cobrar cariño a ‖ se prendre les doigts dans pillarse los dedos en ‖ se prendre pour dárselas de, creerse ■ comment s'y prendre? ¿cómo hacerlo? ‖ savoir comment s'y prendre avec quelqu'un saber manejar a alguien ‖ s'en prendre à quelqu'un echar la culpa a uno, tomarla con uno ‖ s'y prendre à deux fois intentar dos veces ‖ s'y prendre à l'avance tomarlo por anticipación ou anticipadamente ‖ s'y prendre à temps hacer las cosas a su debido tiempo ‖ s'y prendre bien, mal hacerlo ou arreglárselas bien, mal.

◻ OBSERV Coger a, dans certains pays d'Amérique latine, un sens inconvenant. On le remplace soit par tomar, soit par agarrar: prendre le tramway agarrar el tranvía.

◻ SYN saisir agarrar; s'emparer adueñarse; se saisir apoderarse; arrêter detener; appréhender aprehender; colleter apercollar; empoigner, harponner echar el guante; FAM agrafer echar el guante.

preneur, euse adj & s tomador, ra ‖ arrendatario, ria (à bail) ‖ comprador, ra (acheteur) ■ benne preneuse pala mecánica ■ être preneur ser comprador ‖ trouver preneur encontrar comprador.

prénom [prenɔ̃] m nombre, nombre de pila.

◻ OBSERV Nombre désigne aussi bien en espagnol le prénom seul que le prénom suivi du nom de famille ou apellido.

prénommé, e adj & s llamado, da; le prénommé Pierre el llamado Pedro ‖ DR arriba nombrado ou mencionado, el susodicho; le prénommé el arriba nombrado, el susodicho.

prénommer [3] v tr llamar, dar nombre de pila.

prénotion f prenoción.

prénuptial, e [prenypsjal] adj prenupcial.

préoccupant, e adj que preocupa.

préoccupation f preocupación.

préoccupé, e adj preocupado, da.

préoccuper [3] v tr preocupar.
◆ se préoccuper v pr preocuparse.

prépaiement [prepemã] m pago anticipado.

préparateur, trice m & f preparador, ra ‖ practicante (en pharmacie) ‖ auxiliar (de laboratoire).

préparatif m preparativo.
◻ SYN apprêts aprestos; appareil aparato.

préparation f preparación.

préparatoire adj preparatorio, ria.

préparer [3] v tr preparar.
◆ se préparer v pr prepararse; se préparer à partir prepararse para salir.

◻ SYN disposer disponer; apprêter aprestar; organiser organizar; élaborer elaborar; concerter concertar; combiner combinar; mûrir madurar; mijoter cocer a fuego lento.

prépondérance f preponderancia.

prépondérant, e adj preponderante.

préposé, e m & f encargado, da ■ préposé des douanes aduanero ‖ préposé des postes cartero.

préposer [3] v tr encargar de; préposer quelqu'un au téléphone encargar a alguien del teléfono.

prépositif, ive adj GRAMM prepositivo, va.

préposition f GRAMM preposición.

prépositivement adv con carácter prepositivo.

prépotence f prepotencia.

prépuce m ANAT prepucio.

préraphaélisme m prerrafaelismo.

préraphaélite adj & s prerrafaelista, prerrafaelita.

préréglé, e adj preseleccionado, da, presintonizado, da (radio, etc.).

préretraite f jubilación anticipada.

prérogative f prerrogativa.

préromantisme m prerromanticismo.

près [pre] adv cerca ■ près de cerca de ■ à beaucoup près ni con mucho ‖ à cela près excepto eso ‖ à cette somme près poco más o menos, casi, aproximadamente ‖ de près de cerca (peu éloigné), al raso (à ras) ‖ tout près muy cerca, cerquita ‖ FAM être près de ses sous ser agarrado ou roñica ‖ je ne suis pas à mille francs près mil francos no significan mucho para mí ‖ je ne suis pas près de lui pardonner no estoy como para perdonárselo ‖ ne pas y regarder de près no ser exigente ‖ serrer de près seguir de cerca.
◇ prép cerca de; ambassadeur près le Saint-Siège embajador cerca de la Santa Sede.

présage m presagio ‖ tirer un présage de presagiar algo de.

présager [17] v tr presagiar.

présalaire m gratificación f dada a un meritorio.

pré-salé m carnero cebado con pastos salados [a orillas del mar] ‖ carne f de este carnero.
◻ OBSERV pl prés-salés.

présanctifié, e adj & s presantificado, da.

presbyte adj & s présbita.

presbytéral, e adj presbiteral.

presbytère m rectoral f, casa f del cura ou parroquial.
◻ OBSERV Presbítero en espagnol est synonyme de sacerdote prêtre, et presbiterio est le sanctuaire (espace clos devant l'autel).

presbytérianisme m presbiterianismo.

presbytérien, enne adj & s presbiteriano, na.

presbytérium [presbiterjɔm] m RELIG presbiterio.

presbytie [presbisi] f MÉD presbicia.

prescience [presjãs] f presciencia.

prescient, e [presjã, ãt] adj presciente.

préscolaire adj preescolar.

prescriptible adj prescriptible.

prescription f prescripción.

prescrire [99] v tr prescribir ‖ MÉD recetar.

préséance f precedencia, prelación.

présélecteur m preselector (radio).

présélection f preselección.

préselectionner [3] *v tr* preseleccionar.

présence *f* presencia; **en présence** en presencia ■ **présence d'esprit** presencia de ánimo ■ **faire acte de présence** hacer acto de presencia, hacerse ver.

présent, e *adj* presente.
➤ **présent** *m* obsequio, presente (cadeau) ‖ presente (temps actuel) ‖ asistente (personne) ‖ GRAMM presente ‖ **un présent des dieux** un don del cielo ■ **à présent** ahora ‖ **à présent que** ahora que ‖ **dès à présent** desde ahora ■ **être présent à tout** ou **partout** estar en todo ‖ **faire présent de** regalar.

présentable *adj* presentable.

présentateur, trice *m & f* presentador, ra (dans un cabaret, théâtre, etc) ‖ locutor, ra (radio et télévision).

présentation *f* presentación.

présentement *adv* ahora, actualmente, en la actualidad.

présenter [3] *v tr* presentar ‖ MIL **présenter les armes** presentar armas.
➤ **se présenter** *v pr* presentarse; **l'affaire se présente bien** el negocio se presenta bien ‖ **se présenter en personne** personarse.

présentoir *m* expositor [objeto].

préservateur, trice *adj* preservador, ra.

préservatif, ive *adj & s m* preservativo, va.

préservation *f* preservación.

préserver [3] *v tr* preservar.

préside *m* presidio colonial.

présidence *f* presidencia.

président *m* presidente ■ **président-directeur général** director gerente ‖ **président du jury** presidente del jurado.

présidente *f* presidenta.

présidentiable *adj* presidenciable.

présidentiel, elle *adj* presidencial.
➤ **présidentielles** *f pl* **les présidentielles** las elecciones presidenciales francesas.

> **LES PRÉSIDENTIELLES**
> En el régimen de la Quinta República francesa, se elige por sufragio universal al presidente por un mandato de siete años renovable ("le septennat"). Los candidatos suelen ser nombrados por sus partidos respectivos, pero cualquier persona que recoja el número necesario de apoyos puede presentarse. Si ningún candidato alcanza la mayoría absoluta en la primera vuelta, se organiza dos semanas más tarde una segunda vuelta entre los dos candidatos que han obtenido más votos.

présider [3] *v tr* presidir.
◇ *v intr* cuidar de, dirigir; **présider aux préparatifs de la fête** dirigir los preparativos de la fiesta.

présidial, le *adj* HIST de un Tribunal de Primera Instancia.
➤ **présidial** *m* HIST Tribunal de Primera Instancia.

présidialité *f* HIST jurisdicción de un Tribunal de Primera Instancia.

présidium [prezidjɔm] *m* presidium (présidence du Conseil suprême des soviets).

presle ➤ **prèle**.

présomptif, ive [prezɔ̃ptif, iv] *adj* presunto, ta (héritier).

présomption [prezɔ̃psjɔ̃] *f* presunción ‖ DR **présomption légale** presunción de ley ou de solo derecho.

présomptueux, euse [prezɔ̃ptɥø, øz] *adj & s* presuntuoso, sa; presumido, da.

presque [prɛsk] *adv* casi ‖ **la presque totalité de** casi la totalidad de ‖ **presque pas** apenas.
▣ OBSERV La e final sólo se elide en presqu'île.

presqu'île *f* península.

pressage *m* prensado.

pressant, e *adj* urgente, acuciante; **besoin pressant** necesidad urgente ‖ apremiante; **un ordre pressant** una orden apremiante ‖ perentorio, ria; **sur un ton pressant** con un tono perentorio ‖ **se faire pressant** hacerse acuciante.

press-book [prɛsbuk] *m* book.
▣ OBSERV pl press-books.

presse *f* prensa (machine); **presse à copier** prensa de copiar; **presse hydraulique** prensa hidráulica ‖ prensa (imprimerie et journaux) ‖ tropel *m*, gentío *m* (foule) ‖ prisa, urgencia; **il n'y a pas presse** no corre prisa ‖ tornillo *m* de banco (en menuiserie) ■ IMPR **presse à platine** minerva ‖ **presse d'information** prensa informativa ‖ **presse du cœur** prensa del corazón ‖ **presse féminine** prensa femenina ■ **liberté de la presse** libertad de imprenta (livres), libertad de prensa (journaux) ‖ **ouvrage sous presse** libro en prensa ou que ha entrado en máquina ‖ **service de presse** servicio de información ■ FIG **avoir bonne, mauvaise presse** tener buena, mala prensa, tener buen, mal cartel ‖ **mettre sous presse** poner en prensa.

> **LA PRESSE**
> Los principales periódicos franceses son:
> l'Équipe: diario deportivo muy popular;
> le Figaro: diario de calidad cuyos lectores son conservadores en su mayoría;
> France-Dimanche: periódico popular con una tendencia al sensacionalismo, sale los fines de semana;
> France-Soir: periódico conservador de calidad;
> l'Humanité ("l'Huma"): diario de calidad y órgano del partido comunista francés;
> Libération ("Libé"): diario de calidad cuyos lectores son de izquierdas en su mayoría;
> le Monde: periódico de calidad cuyos lectores son de centroizquierda en su mayoría, sale por las tardes.

pressé, e *adj* prensado, da (avec une presse) ‖ exprimido, da; estrujado, da (comprimé) ‖ apretado, da (serré) ‖ acosado, da; perseguido, da (poursuivi) ‖ apremiado, da; acuciado, da; **pressé par la soif** acuciado por la sed ‖ ansioso, sa; deseoso, sa; impaciente; **pressé de sortir** ansioso de salir ‖ presuroso, sa; que tiene prisa; **pressé de partir** presuroso de marcharse ‖ urgente; **le plus pressé** lo más urgente; **affaire pressée** negocio urgente ‖ repetido, da; **frapper à coups pressés** llamar con golpes repetidos ■ **citron pressé** limón natural ■ **aller au plus pressé** acudir a lo más urgente ‖ **être pressé** tener prisa (personne), correr prisa (chose) ‖ **n'avoir rien de plus pressé que de** lo que más urge ou lo más interesante es (le plus urgent), faltarle tiempo a uno para (s'empresser de).

presse-citron *m* exprimelimones, exprimidor de limones.
▣ OBSERV pl presse-citron ou presse-citrons.

pressée *f* prensada.

presse-étoupe *m* TECHN prensaestopa.
▣ OBSERV pl presse-étoupe ou presse-étoupes.

presse-fruits [prɛsfrɥi] *m inv* licuador, exprimidor.

pressentiment *m* presentimiento, corazonada *f*.
▣ SYN intuition intuición; prémonition premonición.

pressentir [37] *v tr* [▷ SYN] presentir ‖ FIG sondear; **pressentir quelqu'un sur ses intentions** sondear las intenciones de uno ‖ proponer (proposer).
▣ SYN se douter presumir; soupçonner sospechar; deviner adivinar; flairer olfatear, oler; subodorer barruntar; prévoir prever.

presse-papiers *m inv* pisapapeles.

presse-purée *m inv* pasapuré.

presser [4] *v tr* [▷ SYN] apretar (serrer); **presser les rangs** apretar las filas ‖ estrechar (entre les bras) ‖ prensar (avec une presse) ‖ exprimir, estrujar (un fruit) ‖ ejercer una presión ‖ apretar, pulsar (un bouton) ‖ acosar, hostigar (harceler); **presser l'ennemi** acosar ou hostigar al enemigo ‖ acuciar; **presser quelqu'un de questions** acuciar a alguien con preguntas ‖ acuciar, obligar, apurar, forzar (obliger); **pressé par le besoin** acuciado por la necesidad ‖ atormentar (tourmenter) ‖ apresurar (hâter) ‖ apretar (le pas) ‖ **presser sur la gachette** oprimir el gatillo ‖ **presser le mouvement** acelerar.
◇ *v intr* urgir, correr prisa, ser urgente; **l'affaire presse** el asunto urge ■ FIG & FAM **presser quelqu'un comme un citron** sacarle el jugo a alguien ■ **le temps presse** el tiempo apremia ‖ **pressons!** ¡de prisa!
➤ **se presser** *v pr* apresurarse, darse prisa (se hâter); **se presser de manger** apresurarse a comer ‖ apretujarse, apiñarse (venir en grand nombre).
▣ SYN serrer apretar; comprimer comprimir; tasser apretujar; fouler hollar; pressurer estrujar.

presseur, euse *adj & s* prensador, ra.

pressier *m* prensista (imprimeur).

pressing [presiŋ] *m* planchado (repassage) ‖ taller de planchado (atelier).

pression *f* presión; **pression atmosphérique** presión atmosférica; **pression artérielle** presión arterial ■ **bouton-pression** automático ‖ **sous pression** bajo presión ‖ **faire pression** ejercer presión.

pressoir *m* lagar (raisins, olives, pommes), prensa *f* (fruits et graines).

pressurage *m* prensado, prensadura *f* (action de presser) ‖ mosto (moût).

pressurer [3] *v tr* prensar ‖ pisar (le raisin), prensar (les pommes) ‖ estrujar, sacar el jugo (fruits) ‖ FIG oprimir, abrumar (d'impôts, d'exigences) ‖ sacar el dinero, exprimir, estrujar (tirer de l'argent).

pressureur *m* lagarero ‖ FIG explotador, aprovechón (exploiteur).

pressurisation *f* presurización.

pressurisé, e *adj* comprimido, da a la presión normal (air) ‖ sobrecomprimido, da (surcomprimé).

pressuriser [3] *v tr* presurizar, sobrecomprimir.

prestance *f* buena presencia, empaque *m*, prestancia.

prestant *m* flautado (de l'orgue).

prestataire *m & f* contribuyente en especies ▌ **prestataire de services** prestador de servicios ▌INFORM **prestataire d'accès Internet** prestatario de acceso Internet.

prestation *f* prestación (de capitaux) ▌prestación personal (impôt pour certains services) ■ **prestation de serment** jura, prestación de juramento ▌**prestations de service** prestación de servicios ▌**prestations familiales** subsidios familiares.

preste *adj* pronto, ta (rapide) ▌hábil, ágil.
➡ **preste!** *interj* (vx) ¡pronto!, ¡vivo!

prestement *adv* prontamente, pronto.

prestesse *f* presteza, prontitud.

prestidigitateur *m* prestidigitador.
▌ SYN illusionniste ilusionista; escamoteur escamoteador.

prestidigitation *f* prestidigitación.

prestige *m* prestigio.

prestigieux, euse *adj* prestigioso, sa.

presto; prestissimo *adv* MUS presto, prestísimo.

présumable *adj* presumible.

présumé, e *adj* presunto, ta.
▌ OBSERV L'adjectif espagnol presumido a le sens de présomptueux, prétentieux.

présumer [3] *v tr & intr* presumir (supposer).

présupposé *m* presupuesto, supuesto.

présupposer [3] *v tr* presuponer.

présupposition *f* presuposición.

présure *f* cuajo *m*.

présurer [3] *v tr* cuajar.

prêt, e [prɛ, prɛt] *adj* presto, ta; pronto, ta; dispuesto, ta; **prêt à partir** dispuesto para la marcha ▌dispuesto, ta; **être prêt à tout** estar dispuesto a todo ▌listo, ta; **être prêt** estar listo ▌**se tenir prêt** estar preparado.
➡ **prêt** *m* préstamo; **prêt sur gages** préstamo sobre prendas ▌MIL haberes *pl* de un soldado ▌**prêt franc** rebaje de rancho y sobras.

prêtable *adj* prestable.

prétantaine; prétentaine *f* (vieilli) **courir la prétantaine** ou **prétentaine** andar de picos pardos.

prêt-à-porter [prɛtapɔrte] *m* ropa *f* de confección, "prêt-à-porter".
▌ OBSERV pl prêts-à-porter.

prêté, e *adj* prestado, da.
➡ **prêté** *m* (vx) **prêté rendu** represalia justificada ■ **c'est un prêté pour un rendu** donde las dan las toman, es pagar con la misma moneda ▌**un prêté vaut un rendu** una buena obra se paga con otra.

prétendant, e *m & f* pretendiente, ta.

prétendre [73] *v tr* pretender.
◇ *v intr* aspirar, pretender; **prétendre aux honneurs** aspirar a los honores, pretender honores.

prétendu, e *adj* presunto, ta; supuesto, ta; **un prétendu gentilhomme** un supuesto hidalgo.
◇ *m & f* FAM prometido, da.

prétendument *adv* supuestamente.

prête-nom *m* testaferro.
▌ OBSERV pl prête-noms.

prétentaine ➡ **prétantaine**.

prétentieusement [pretɑ̃sjøzmɑ̃] *adv* presuntuosamente.

prétentieux, euse [pretɑ̃sjø, øz] *adj & s* presuntuoso, sa; presumido, da.

prétention [pretɑ̃sjɔ̃] *f* pretensión ▌**sans prétention** sin pretensiones ▌**avoir beaucoup de prétentions** tener muchas pretensiones ou muchos humos.

prêter [4] *v tr* prestar; **prêter à intérêt** prestar con interés ■ **prêter assistance** asistir, prestar asistencia ▌**prêter attention** prestar atención ▌**prêter la main** ayudar, echar una mano ▌**prêter l'oreille** prestar oídos ▌FIG **prêter main forte** ayudar con todas sus fuerzas, echar una mano ▌**prêter secours** prestar socorro, socorrer ▌**prêter serment** prestar juramento, jurar ▌**si Dieu lui prête vie** si Dios le guarda.
◇ *v intr* prestar, dar de sí (s'étendre); **cette étoffe prête** esta tela da de sí ■ **prêter à** dar motivo a ▌**prêter à rire** hacer reír.
➡ **se prêter** *v pr* prestarse, consentir.

prétérit [preterit] *m* GRAMM pretérito indefinido e imperfecto inglés.

prétérition *f* preterición.

préteur *m* pretor (magistrat romain).

prêteur, euse *adj* aficionado a prestar.
◇ *m & f* prestador, ra (occasionnel) ▌prestamista (de profession) ▌**prêteur sur gages** prestamista a cambio de un empeño.

prétexte *adj & s f* pretexta (toge).
◇ *m* pretexto; **sous prétexte que** so ou con el pretexto de que; **sous aucun prétexte** bajo ningún pretexto ▌**servir de prétexte pour** servir de pretexto para, dar pie para.

prétexter [4] *v tr* pretextar.
▌ SYN alléguer alegar; objecter objetar; opposer oponer.

pretintaille [prɛtɛ̃taj] *f* faralá *m*.

prétoire *m* pretorio (romain) ▌DR sala *f* de audiencias.

Pretoria; Prétoria *n pr* GÉOGR Pretoria.

prétorial, e *adj* pretorial; **droits prétoriaux** derechos pretoriales.

prétorien, enne *adj & s m* pretoriano, na.

prêtraille [prɛtraj] *f* clerigalla.

prétraitement *m* INFORM procesamiento ou proceso ou tratamiento previo ▌TECHN tratamiento previo.

prêtre *m* sacerdote.
▌ SYN ecclésiastique eclesiástico; abbé abad, padre; vicaire vicario; pasteur pastor; prédicant predicador; curé párroco, cura; chapelain capellán.

prêtresse *f* sacerdotisa.

prêtrise *f* sacerdocio *m*.

préture *f* pretura, pretoría.

preuve [prœv] *f* prueba ■ **preuve écrite** prueba escrita ▌**preuve matérielle** prueba material ▌**preuves à l'appui** pruebas al canto ■ **à preuve** damos como prueba ▌**jusqu'à preuve du contraire** salvo prueba en contrario ou en contra ▌**en être la meilleure preuve** ser la mejor prueba de algo, ser buena muestra de algo ▌**faire preuve de** dar pruebas ou muestras de, manifestar, demostrar ▌**faires ses preuves** dar prueba de sus aptitu-

des ▌**la preuve en est que** prueba de ello es que.
▌ OBSERV Le mot espagnol prueba a aussi le sens d'épreuve et d'essai.
▌ SYN démonstration demostración; argument argumento.

preux [prø] *adj & s m inv* (vx) valiente, hombre de pro.

prévaloir [61] *v intr* prevalecer, prevaler; **son opinion prévalut** su parecer prevaleció.
➡ **se prévaloir** *v pr* prevalerse, prevalecerse; **se prévaloir de sa naissance** prevalerse de su alcurnia ▌invocar; **se prévaloir d'un article pour** invocar un artículo para.
▌ SYN prédominer predominar; l'emporter sur sobrepujar.

prévaricateur, trice *adj & s* prevaricador, ra.

prévarication *f* prevaricación.

prévariquer [3] *v intr* prevaricar.

prévenance *f* atención, deferencia, obsequio *m*.

prévenant, e *adj* atento, ta; solícito, ta.

prévenir [40] [prevnir] *v tr* prevenir; **prévenir un malheur** prevenir una desgracia ▌prevenir, avisar; **prévenir quelqu'un de son arrivée** avisar a uno de su llegada ▌prevenir, precaver, prever (une maladie) ▌FIG anticiparse a (devancer) ■ **être prévenu contre quelqu'un, en sa faveur** tener malos, buenos informes de una persona; **estar mal, bien dispuesto para con alguien** ▌**mieux vaut prévenir que guérir** más vale prevenir que curar.

préventif, ive *adj* preventivo, va; **détention préventive** prisión ou detención preventiva; **mesure préventive** medida preventiva.

prévention *f* prevención (préjugé) ▌prevención (des accidents) ▌**en prévention** en prisión preventiva (justice).

préventivement *adv* preventivamente (comme précaution).

préventorium [prevɑ̃tɔrjɔm] *m* preventorio.
▌ OBSERV pl préventoriums.

prévenu, e *adj* prevenido, da ▌dispuesto, ta; **être prévenu contre, en faveur de** estar mal, bien dispuesto para con.
◇ *m & f* acusado, da; procesado, da; reo, rea.

préverbe *m* prefijo que va delante del verbo.

prévisible *adj* previsible.

prévision *f* previsión ▌**prévisions météorologiques** ou **du temps** pronóstico meteorológico ou del tiempo, predicciones ou previsiones meteorológicas ou del tiempo.

prévisionnel, elle *adj* preventivo, va.

prévisionniste *adj & s* previsionista.

prévoir [63] *v tr* prever.

prévôt [prevo] *m* preboste (officier seigneurial) ▌ayudante de maestro de esgrima (escrime).

prévôtal, e *adj* prebostal; **des tribunaux prévôtaux** tribunales prebostales.

prévôtalement *adv* sin apelación, prebostalmente; **juger prévôtalement** juzgar sin apelación.

prévôté *f* HIST prebostazgo *m* ▌MIL cuerpo *m* de Policía Militar.

prévoyance *f* previsión ■ avec prévoyance precavidamente ▌ caisse de prévoyance caja de previsión.

prévoyant, e *adj* previsor, ra; precavido, da.

prévu, e *adj* previsto, ta.

Priam *n pr* MYTH Príamo.

priant, e *adj* orante, rogante.

priapée *f* priapea.

priapisme *m* MÉD priapismo.

prie-Dieu *m inv* reclinatorio.

prier [10] *v tr* [▷ SYN] orar, rezar; prier Dieu rezar a Dios ▌ rogar (demander); je vous prie de venir le ruego que venga ▌ invitar, convidar; prier quelqu'un à dîner invitar a alguien a cenar ▌ prier de rogar que ■ je vous en prie se lo ruego, por favor ou por Dios ▌ je vous prie d'agréer, Monsieur, mes salutations distinguées queda de Ud. su affmo. y s. s. ou le saluda atentamente ▌ je vous prie de bien vouloir le ruego si a bien lo tiene, le ruego tenga la amabilidad de ▌ je vous prie de vouloir bien le ruego tenga a bien ▌ se faire prier hacerse rogar.
⎢ SYN conjurer conjurar; adjurer adjurar; supplier suplicar; implorer implorar; invoquer invocar.

prière *f* [▷ SYN 1] ruego *m*, súplica; à ma prière a ruego mío ▌ [▷ SYN 2] oración, plegaria (prière religieuse) ■ prières publiques rogativas ■ livre de prières devocionario, libro de oraciones ■ prière de se ruega ▌ prière d'insérer se ruega la publicación ■ faire des prières pour demander quelque chose hacer rogativas para pedir algo ▌ faire sa prière, être en prière rezar.
⎢ SYN 1. supplique súplica; supplication suplicación.
⎢ 2. litanie letanía; patenôtre padrenuestro; oraison oración.

prieur, e *m & f* prior, ra.

prieuré *m* priorato.

prima donna *f* prima donna.
⎢ OBSERV pl prima donna ou prime donne.

primage *m* MAR prima *f* de flete.

primaire *adj* primario, ria ▌ FIG & FAM de cortos alcances ■ école primaire escuela primaria, escuela de primera enseñanza ▌ enseignement primaire primera enseñanza ▌ GÉOL terrains primaires terrenos primarios.
◇ *m* ÉLECTR primario (circuit).

primarité *f* carácter *m* primario.

primat [prima] *m* primado (prélat) ▌ prioridad *f*, primacía *f* (philosophie).

primate *m* ZOOL primate; primates primates (ordre) ▌ FAM gorila (brute).

primatial, e *adj* primacial; primado, da.

primauté *f* primacía, preeminencia.

prime *adj* primo, ma ▌ prime jeunesse tierna infancia.
◇ *f* prima (heure canonique) ▌ primera posición (escrime) ▌ prima; prime à l'exportation prima a la exportación; prime d'assurance prima de seguro ▌ sobresueldo *m* (d'un salaire) ■ prime de risque prima de riesgo ▌ prime de transport subsidio de transporte ■ de prime abord en el primer momento ▌ faire prime ser buscado, ser apreciado.

primer [3] *v intr* sobresalir, ser el primero (surpasser) ▌ tener prelación; la générosité de-

---

vrait primer sur l'égoïsme haría falta que la generosidad tuviese prelación sobre el egoísmo.
◇ *v tr* ser más importante que, superar a (l'emporter sur) ▌ recompensar, premiar, conceder un premio (récompenser).

primerose [primroz] *f* BOT malvarrosa.

primesautier, ère *adj* espontáneo, a; vivo, va.

primeur *f* primicia ▌ FIG principio *m* (commencement) ▌ vin primeur ou de primeur vino del año en curso puesto a la venta el tercer jueves de noviembre [Francia] ▌ avoir la primeur de tener las primicias de.
➥ **primeurs** *f pl* frutas ou verduras tempranas (horticulture) ▌ marchand de primeurs frutería.

primeuriste *m* productor de frutas o de verduras tempranas.

primevère *f* primavera, prímula (plante).

primicier *m* primicerio, chantre.

primidi *m* primidi [primer día de la década en el calendario republicano francés].

primipare *adj & s f* primeriza, primípara.

primitif, ive *adj & s* primitivo, va.
➥ **primitif** *m* primitivo (peintre).
➥ **primitive** *f* MATH primitiva.

primitivement *adv* primitivamente.

primitivisme *m* primitivismo.

primo *adv* primero, en primer lugar, primeramente.

primogéniture *f* primogenitura.

primo-infection *f* primoinfección.
⎢ OBSERV pl primo-infections.

primordial, e *adj* primordial; principes primordiaux principios primordiales.

primordialité *f* primordialidad.

primulacées *f pl* BOT primuláceas.

prince *m* príncipe; prince héritier príncipe heredero ■ prince charmant príncipe azul ▌ FIG prince de la science príncipe de la ciencia ■ FAM être bon prince ser acomodaticio ▌ vivre en prince vivir a lo príncipe.

prince-de-galles *m inv & adj inv* príncipe de Gales (tissu).

Prince-Édouard *n pr* l'île du Prince-Édouard la isla del Príncipe Eduardo.

princeps *adj* princeps, príncipe (édition).

princesse *f* princesa ▌ FIG el Estado; voyager aux frais de la princesse viajar a costa del Estado ■ faire la princesse dárselas de princesa.

princier, ère *adj* principesco, ca; de príncipe.

princièrement *adv* a lo príncipe, principescamente.

principal, e *adj & s* [▷ SYN] principal; les points principaux los puntos principales.
➥ **principal** *m* lo principal ▌ el principal ▌ director de colegio ▌ capital; principal et intérêts capital e intereses ▌ DR lo esencial de una acción judicial.
⎢ SYN capital capital; cardinal cardinal; essentiel esencial; fondamental fundamental; dominant dominante.

principalat [prēsipala] *m* rectorado, dirección *f* de un colegio.

principalement *adv* principalmente.

---

principat [prēsipa] *m* principado.

principauté *f* principado *m*.

principe *m* principio ▌ norma *f*; principe essentiel norma esencial ■ de principe de principio ▌ en principe en principio ▌ par principe por principio ▌ pour le principe por principios ■ partir du principe que dar por sentado que.
⎢ SYN élément elemento; rudiment rudimento.

printanier, ère *adj* primaveral ▌ FIG juvenil, primaveral; grâce printanière gracia juvenil.

printemps [prētā] *m* primavera *f* (saison) ▌ abril (année); une jeune fille de quinze printemps una muchacha de quince abriles ▌ temperatura *f* clemente (température douce) ▌ FIG juventud *f* (jeunesse).

priodonte *m* ZOOL priodonte.

priorat [priɔra] *m* priorato.

prioritaire *adj & s* prioritario, ria.

prioritairement *adv* con prioridad.

priorité *f* prioridad ▌ preferencia de paso, prioridad, mano (code de la route) ■ priorité à droite prioridad de paso a la derecha ■ en priorité en prioridad ▌ avoir la priorité sur tener prioridad sobre.

pris, e [pri, priz] *adj* tomado, da ▌ cogido, da; agarrado, da ▌ sacado, da (du grec, du latin) ▌ prendido, da (saisi) ▌ lleno, na; pris de peur lleno de miedo ▌ atacado, da (d'une maladie) ▌ helado, da (gelé) ▌ cuajado, da (caillé) ▌ FIG prendado, da; seducido, da (séduit) ■ pris dans un piège cogido en la trampa ▌ pris de vin ebrio ▌ parti pris prejuicio ▌ taille bien prise talle proporcionado ■ avoir le nez pris tener la nariz tapada ▌ c'est autant de pris! ¡que me quiten lo bailado! ▌ tel est pris qui croyait prendre ir por lana y volver trasquilado.

priscillianisme *m* priscilianismo.

priscillianiste *adj & s* priscilianista; prisciliano, na.

prise *f* toma; prise de contact, de possession, d'habit toma de contacto, de posesión, de hábito ▌ toma, conquista (conquête) ▌ presa, botín *m* (butin) ▌ agarradero *m*, presa, asidero *m* (pour saisir) ▌ toma (de tabac) ▌ coagulación (caillement) ▌ solidificación (de l'eau) ▌ fraguado *m* (du ciment) ▌ llave, presa (lutte) ▌ posición (de raquette) ▌ toma (d'eau, d'air) ▌ presa (alpinisme) ▌ presa, captura (de poissons) ▌ MÉD toma; prise de sang toma de sangre; administrer un antibiotique en six prises administrar un antibiótico en seis tomas ▌ ÉLECTR enchufe *m*, toma, conexión ▌ MAR apresamiento *m* (d'un navire), presa (le navire pris) ■ DR prise à partie acción judicial contra un juez ▌ prise d'armes acto militar con armas ▌ prise d'eau presa (déviation), caz (d'un moulin) ▌ FAM prise de bec agarrada, riña ▌ prise de commandement toma de mando ▌ prise de conscience conciencia ▌ prise de corps captura, prisión ▌ prise de fonction toma de posesión ▌ prise de participation participación en una sociedad ▌ prise de position postura, posición ▌ prise de son grabación, registro del sonido, toma de sonido ▌ prise de tabac toma de rapé ou de polvo de tabaco ▌ prise de terre toma de tierra ▌ prise de vues toma de vistas ▌ prise directe directa; se mettre en prise directe poner la directa ▌ prise d'otages toma de rehenes ■ **avoir prise sur quelqu'un** tener mucho ascendiente sobre uno (influence), hacer mella en alguien (impression) ▌**donner prise à** dar pábulo a, dar pie a, dar motivo a ▌**en venir aux prises** llegar a las manos, estar en conflicto ▌**être** ou **se trouver aux prises avec** enfrentarse con, luchar contra ▌AUTOM **être en prise** tener una marcha puesta ▌**faire prise** cuajarse (le lait), fraguarse (le plâtre, le mortier) ▌**lâcher prise** soltar prenda ou la presa, ceder ▌**mettre aux prises** poner frente a frente, enfrentar ▌**mettre en prise** poner una velocidad (un automóvil) ▌**n'offrir aucune prise** no dar pie.

prisé, e *adj* preciado, da.

prisée *f* tasación, estimación (aux enchères).

priser [3] *v tr* valuar, apreciar, tasar (mettre un prix) ▌celebrar, ponderar (faire cas de) ▌tener en gran estima (aimer) ▌tomar (aspirer par le nez); **priser du tabac** tomar rapé.

priseur, euse *m* & *f* tasador, ra; **commissaire-priseur** tasador de subastas ▌tabaquista, tomador de rapé.

prismatique *adj* prismático, ca.

prisme *m* prisma.

prison *f* [▷ SYN] cárcel, prisión ▌MIL calabozo *m* ■ **prison à perpétuité** cadena perpetua ■ **aller, être en prison** ir a la cárcel, estar encarcelado ▌**être aimable comme une porte de prison** ser una arpía ▌**être condamné à 5 ans de prison** ser condenado a 5 años de prisión ou de cárcel ▌**être triste comme une porte de prison** ser triste como un día sin pan ▌**faire de la prison** estar en la cárcel ▌**mettre en prison** meter en la cárcel, encarcelar.

▌ SYN pénitencier penitenciaría; cellule celda; cachot calabozo; cabanon jaula; geôle cárcel; basse-fosse mazmorra; oubliettes mazmorra; FAM violon casilla; ARG tôle chirona.

prisonnier, ère *adj* & *s* [▷ SYN] preso, sa; encarcelado, da (en prison) ▌prisionero, ra (de guerre).

▌ SYN détenu detenido; captif cautivo; interné internado; bagnard presidiario; réclusionnaire recluso; condamné condenado.

privatif, ive *adj* GRAMM privativo, va.

privation *f* privación.

privatisation *f* ÉCON privatización.

privatiser [3] *v tr* ÉCON privatizar.

privauté *f* familiaridad excesiva, confianza excesiva.

privé, e *adj* particular (sans fonctions publiques) ▌particular (correspondance, propriété) ▌privado, da (intime); **la vie privée** la vida privada ▌(vx) amaestrado, da; **oiseau privé** pájaro amaestrado.

◆ **privé** *m* privado, intimidad *f* (vie intime); **en public et dans le privé** en público y en privado.

priver [3] *v tr* privar ▌castigar (de dessert, de récréation, etc.); **être privé de dessert** estar castigado sin postre.

◆ **se priver** *v pr* privarse.

privilège *m* privilegio.

▌ SYN prérogative prerrogativa; monopole monopolio; passe-droit favor.

privilégié, e *adj* & *s* privilegiado, da.

privilégier [9] *v tr* privilegiar.

prix [pri] *m* precio (coût) ▌premio (récompense); **distribution des prix** reparto de premios ▌pago, castigo (punition); **recevoir les prix de ses fautes** recibir el pago de sus faltas ■ **prix conseillé** precio aconsejado ▌**prix courant** tarifa, lista de precios (liste des prix), precio corriente (prix du moment) ▌**prix coûtant** precio de fábrica ▌**prix d'achat, de vente** precio de compra, de venta ▌**prix d'encouragement** precio de estímulo ▌**prix de revient** precio de coste ▌**prix doux** precio arreglado ▌**prix fixe** precio fijo ▌**prix fort** precio fuerte ▌**prix littéraire** premio literario ▌**prix marchand** precio corriente ▌**prix taxé** precio de tasa ■ **à bas prix** barato ■ **à aucun prix** por nada del mundo ▌**à prix d'or** a precio de oro ▌**à prix unique** de precio fijo ▌**à tout prix** a todo coste, cueste lo que cueste ▌**au prix de** a costa de; **au prix d'un effort** a costa de un esfuerzo; en comparación con; **ce n'est rien au prix de** no es nada en comparación con ▌**au prix fort** muy caro ▌**de prix** de mucho valor, de precio ▌**hors de prix** carísimo ▌**juste prix** precio moderado ▌**pour prix de** en premio de ■ **à quelque prix que ce soit** a cualquier precio, cueste lo que cueste ▌**au prix où est le beurre** en los tiempos que estamos ▌**coûter les yeux de la tête** ou **un prix fou** costar un ojo de la cara ou un riñón ou un sentido ▌**mettre à prix** la tête de quelqu'un poner a precio la cabeza de uno ▌**remporter le prix** llevarse el premio, llevarse la palma.

pro *adj* & *s* FAM profesional.

probabilisme *m* probabilismo.

probabiliste *adj* & *s* probabilista.

probabilité *f* probabilidad; **calcul des probabilités** cálculo de probabilidades.

probable *adj* probable.

probablement *adv* probablemente.

probant, e *adj* convincente.

probation *f* probación (de religieux).

probatique *adj f* probática (piscine).

probatoire *adj* probatorio, ria.

probe *adj* probo, ba.

probité *f* probidad.

problématique *adj* problemático, ca.

problématiquement *adv* problemáticamente.

problème *m* problema; **poser, résoudre un problème** plantear, resolver ou solucionar un problema ■ FAM **il n'y a pas de problème** no hay problema; **pour ce qui est de l'appartement, il n'y a pas de problème** por lo del piso, no hay problema; **cuesta lo que cueste; cette année, il n'y a pas de problème, il doit réussir son examen** este año, cueste lo que cueste, tiene que aprobar.

proboscidiens [prɔbɔsidjɛ̃] *m pl* proboscidios.

procaïne *f* procaína.

procédé *m* [▷ SYN] proceder, conducta *f*, modo; **bons, mauvais procédés** buenos, malos modos ▌procedimiento, método (méthode) ▌suela *f* (queues de billard) ▌**c'est un échange de bons procédés** amor con amor se paga.

▌ SYN conduite conducta; comportement comportamiento.

procéder [18] *v tr* & *intr* proceder ■ **procéder de** proceder de, provenir de ▌**procéder par recoupements** atar cabos.

procédure *f* DR procedimiento *m* (forme) ▌proceso *m* (instruction) ▌actuación (ensemble d'actes juridiques) ▌trámite *m*, gestión (tramitation) ■ **procédure d'expropriation** proceso expropiatorio ■ **code de procédure civile** ley de enjuiciamiento civil ▌**la Procédure** el derecho procesal.

procédurier, ère *adj* DR sumarial.

◇ *adj* & *s* pleitista, picapleitos (chicanier).

procès [prɔsɛ] *m* DR [▷ SYN] proceso, causa *f* (mot le plus courant); **gagner, perdre un procès** ganar, perder un proceso ▌sumario (ensemble de pièces produites) ▌MÉD proceso (ciliaire) ■ FIG **sans autre forme de procès** sin pararse en barras, sin más ni menos ▌**sans forme de procès** sin forma de juicio ■ **être en procès avec** tener un pleito con ▌**faire le procès de** acusar, procesar, sentar en el banquillo a ▌**faire un procès à** poner un pleito a ▌FIG **gagner, perdre son procès** tener éxito, fracasar.

▐ SYN affaire causa; débat debate.

processeur *m* INFORM procesador ▌**processeur vectoriel** procesador vectorial.

processif, ive *adj* pleitista, picapleitos.

procession *f* procesión.

processionnaire *adj f* & *s f* ZOOL procesionaria (chenille).

processionnal *m* procesionario (livre).

processionnel, elle *adj* procesional.

processus [prɔsesys] *m* proceso, desarrollo.

procès-verbal *m* atestado; **dresser procès-verbal** hacer un atestado ▌acta *f* (d'une séance); **dresser le procès-verbal** levantar acta ▌boletín ou notificación *f* de denuncia ou de multa (amende).

▐ OBSERV pl procès-verbaux.

prochain, e *adj* próximo, ma; que viene; **la semaine prochaine** la semana próxima ▌cercano, na (endroit).

◆ **prochain** *m* prójimo; **on doit assister son prochain** hay que ayudar al prójimo.

prochainement *adv* próximamente, pronto, en breve, dentro de poco.

▌ OBSERV Prochainement no tiene en francés el sentido de poco más o menos.

proche *adj* [▷ SYN] cercano, na (lieu); **maison proche de l'église** casa cercana a la iglesia ▌próximo, ma (temps) ▌cerca; **il est proche du sol** está cerca del suelo ▌cercano, na (famille); **proche parent** pariente cercano ▌allegado, da; **dans les milieux proches de la présidence** en los círculos allegados a la presidencia ■ **de proche en proche** poco a poco, progresivamente ▌**l'heure est proche** se acerca la hora.

◇ *m* & *f* pariente; deudo, da; allegado, da ▌**l'un de ses proches** uno de sus allegados.

▌ SYN prochain próximo; voisin vecino; avoisinant vecino; immédiat inmediato; contigu contiguo, inmediato; attenant lindante, contiguo; adjacent adyacente; limitrophe limítrofe.

Proche-Orient *n pr m* GÉOGR **le Proche-Orient** el Oriente Próximo, el Próximo Oriente.

prochordés ▬ procordés.

proclamateur, trice *m* & *f* proclamador, ra.

proclamation f proclamación (action), proclama (écrit).

proclamer [3] v tr proclamar.

proclitique adj & s m GRAMM proclítico, ca.

proconsul m procónsul.

proconsulaire adj proconsular.

proconsulat [prokɔ̃syla] m proconsulado.

procordés; prochordés m pl ZOOL procordados.

procréateur, trice adj & s procreador, ra.

procréation f procreación.

procréer [15] v tr procrear.

proctite f MÉD proctitis.

proctologie f MÉD proctología.

procurateur m HIST procurador.

procuratie [prɔkyrasi] f procuraduría.

procuration f poder m, procuración ■ donner procuration dar poderes ▌ se marier par procuration casarse por poderes.

procuratrice f DR procuradora.

procure f RELIG procura, procuraduría.

procurer [3] v tr proporcionar, facilitar; il m'a procuré du travail me proporcionó trabajo.
⟨ SYN fournir proporcionar; munir de suministrar; nantir de proveer de.

procureur m procurador ▌ DR fiscal, acusador público ■ procureur de la République fiscal, ministerio público, procurador de la República ▌ procureur général fiscal del Tribunal Supremo.

prodigalité f prodigalidad.

prodige m prodigio, portento ▌ tenir du prodige parecer prodigioso, ser portentoso.

prodigieusement adv prodigiosamente.

prodigieux, euse adj prodigioso, sa; portentoso, sa; réussite prodigieuse éxito prodigioso.

prodigue adj & s pródigo, ga; l'Enfant prodigue el Hijo pródigo.

prodiguer [3] v tr prodigar.
➡ **se prodiguer** v pr prodigarse.

prodrome m pródromo.

producer [prɔdjusər] m CINÉM productor.

producteur, trice adj & s productor, ra.

productibilité f productibilidad.

productible adj productible.

productif, ive adj productivo, va.

production f producción ▌ presentación, exhibición; production d'une pièce presentación de un documento.

productivité f productividad.

produire [98] v tr [▷ SYN] producir ▌ enseñar, exhibir; produire un passeport enseñar un pasaporte ▌ presentar; produire des témoins presentar testigos ▌ produire de l'effet producir ou surtir efecto.
➡ **se produire** v pr producirse ▌ darse a conocer ▌ presentarse (spectacle, acteur).
⟨ SYN composer componer; faire hacer; fabriquer fabricar.

produit, e adj producido, da.
➡ **produit** m producto ▌ MATH producto ▌ produit d'entretien producto de limpieza ▌ produit des ventes producto de las ventas ▌ produit national brut producto nacional bruto ▌ produit net producto neto ▌ produit (pour la) vaisselle lavavajillas ▌ produits agricoles productos agrícolas ▌ produits alimentaires productos alimenticios ▌ produits de beauté productos de belleza.
▌ SYN résultat resultado; fruit fruto.

proème m proemio (préface).

proéminence f prominencia.

proéminent, e adj prominente.

prof m & f FAM profe.

profanateur, trice adj & s profanador, ra.

profanation f profanación ▌ FIG prostitución, profanación.

profane adj & s profano, na ▌ profane en la matière lego en la materia.

profaner [3] v tr profanar ▌ FIG prostituir, profanar.

profectif, ive adj DR profecticio, cia (biens).

proférer [18] v tr proferir.

profès, esse [prɔfɛ, ɛs] adj & s profeso, sa (religieux).

professer [4] v tr profesar (des opinions) ▌ ejercer (exercer) ▌ enseñar (enseigner).

professeur m profesor, ra ▌ catedrático, ca (de lycée, d'université) ■ les professeurs el profesorado, el cuerpo de profesores (corps) ▌ professeur suppléant profesor auxiliar.
▌ OBSERV La palabra professeur no tiene forma femenina (elle est professeur de piano).

profession f profesión (métier) ▌ sans profession sin profesión, "sus labores" ▌ faire profession de hacer profesión de.
▌ SYN métier oficio; art arte; carrière carrera; partie ramo.

professionnalisme m profesionalismo.

professionnel, elle adj & s profesional.

professionnellement adv profesionalmente.

professoral, e adj profesoral; travaux professoraux trabajos profesorales.

professorat [prɔfesɔra] m profesorado.

profil [prɔfil] m perfil ▌ línea f (d'une voiture) ▌ sección f, corte (coupe) ▌ TECHN perfil.

profilé, e adj perfilado, da ▌ estilizado, da; aerodinámico, ca (avion, voiture).
➡ **profilé** m TECHN perfil.

profilée f serie de objetos de perfil.

profiler [3] v tr perfilar.
➡ **se profiler** v pr perfilarse.

profit [prɔfi] m provecho; lire avec profit leer con provecho ▌ ganancia f; ses profits pécuniers sus ganancias pecuniarias ■ COMM pertes et profits pérdidas y ganancias ■ au profit de en beneficio de, en provecho de ▌ faire du profit ser ventajoso ▌ faire son profit de, mettre à profit aprovechar ▌ tirer profit sacar provecho, aprovecharse.
▌ SYN avantage ventaja; utilité utilidad; parti partido; aubaine ganga.

profitable adj provechoso, sa; útil.

profitant, e adj FAM provechoso, sa; de uso económico (avantageux) ▌ aprovechado, da; il est très profitant es muy aprovechado.

profiter [3] v intr sacar provecho de (tirer un gain) ▌ aprovechar (tirer une utilité); profiter de l'occasion aprovechar la ocasión ▌ ser provechoso (être utile) ▌ crecer (grandir), engordar (grossir); enfant qui profite niño que crece (grandit), que engorda (grossit).

profiterole f profiteroles f pl au chocolat profiteroles m pl con chocolate (gâteau).

profiteur, euse m & f aprovechado, da; aprovechón, ona; logrero, ra.

profond, e adj profundo, da; hondo, da ▌ FIG profundo, da; redomado, da; acabado, da (consommé) ▌ oscuro, ra; bleu profond azul oscuro ▌ voix profonde voz ahuecada ▌ FIG au plus profond de en lo más hondo de.

profondément adv profundamente.

profondeur f profundidad ▌ FIG hondura, profundidad (difficile) ▌ MIL fondo (d'une colonne) ■ de la profondeur de de dentro de, del fondo de ▌ en profondeur a fondo ▌ passe en profondeur pase adelantado (sports).

profus, e [prɔfy, yz] adj profuso, sa.

profusion f profusión.

progéniteur m progenitor.

progéniture f progenitura, progenie, prole.

progestatif, ive adj MÉD progestágeno, na.
➡ **progestatif** m progestágeno.

progestérone f progesterona.

progiciel m INFORM paquete de programas ou de software; progiciel d'application paquete de programas de aplicación; progiciel intégré paquete integrado.

proglottis m segmento de cestodo.

prognathe [prɔgnat] adj & s prognato, ta.

prognathisme [prɔgnatism] m prognatismo.

programmable adj programable.

programmateur, trice adj & s programador, ra.

programmation f programación, fijación de un programa.

programme m programa ▌ FIG & FAM au programme de ce soir lo previsto de esta noche ▌ INFORM programme d'application programa aplicativo.

programmé, e adj programado, da.

programmer [3] v tr programar, establecer un programa.

programmeur, euse m & f INFORM programador, dora.

progrès [prɔgrɛ] m progreso, adelanto ■ être en progrès estar adelantado ▌ faire des progrès adelantar, hacer adelantos.

progresser [4] v intr progresar ▌ MIL avanzar.

progressif, ive adj progresivo, va.

progression f progresión ▌ MIL avance m ▌ MATH progression arithmétique, géométrique progresión aritmética, geométrica.

progressisme m progresismo.

progressiste adj & s progresista.

progressivement adv progresivamente.
▌ SYN graduellement gradualmente; peu à peu poco a poco; petit à petit poquito a poco.

progressivité f progresividad.

prohibé, e adj prohibido, da.

prohiber [3] v tr prohibir.

prohibitif, ive adj prohibitivo, va.

prohibition *f* prohibición.

prohibitionnisme *m* prohibicionismo.

prohibitionniste *adj* & *s* prohibicionista.

proie [prwa] *f* presa; le renard et sa proie la zorra y su presa ‖ FIG botín *m*, presa (butin) ■ oiseau de proie ave de rapiña ou rapaz ■ être en proie à ou la proie de ser presa de ou víctima de ‖ être la proie des flammes ser pasto de las llamas.

projecteur *m* proyector, reflector, foco (source lumineuse) ‖ proyector (photo, cinéma).

projectif, ive *adj* proyectivo, va.

projectile *m* proyectil ■ projectile atomique, brisant proyectil atómico, rompedor ‖ projectile téléguidé proyectil teledirigido ou teleguiado.
◇ *adj* (vx) propulsor, ra.

projection *f* proyección ‖ proyección, exhibición (dans un cinéma).

projectionniste *m* CINÉM proyeccionista.

projecture *f* ARCHIT proyectura.

projet [prɔʒɛ] *m* proyecto; ce n'est encore qu'un projet no es más que un proyecto ‖ plan; n'avoir aucun projet cet après-midi no tener ningún plan para esta tarde.
▨ SYN méditer meditar; préméditer premeditar.

projeter [27] *v tr* [▷ SYN] proyectar ‖ planear ‖ proyectar, exhibir (au cinéma) ‖ être projeté hors de salir despedido ou disparado fuera de.

projeteur, euse *m* & *f* proyectista.

Prokofiev *n pr* Prokófiev.

prolactine *f* prolactina.

prolan *m* prolán.

prolapsus [prolapsys] *m* MÉD prolapso.

prolégomènes *m pl* prolegómenos.

prolepse *f* prolepsis.

prolétaire *adj* & *s* proletario, ria.

prolétariat [proletarja] *m* proletariado.

prolétarien, enne *adj* proletario, ria; del proletariado.

prolétarisation *f* proletarización.

prolétariser [3] *v tr* proletarizar.

prolifération *f* proliferación.

prolifère *adj* prolífero, ra.

proliférer [18] *v intr* proliferar.

prolifique *adj* prolífico, ca.

prolixe *adj* prolijo, ja.

prolixité *f* prolijidad.

prolo *m* & *f* FAM proleta.

PROLOG; prolog *m* INFORM PROLOG.

prologue *m* prólogo.

prolongateur *m* ÉLECTR prolongador.

prolongation *f* prolongación, prórroga ‖ prórroga (d'un match).

prolonge *f* armón *m*, prolonga.

prolongement *m* prolongamiento ‖ repercusión *f*; cette affaire a eu des prolongements en Europe este asunto ha tenido repercusiones en Europa.

prolonger [17] *v tr* prolongar.
➥ **se prolonger** *v pr* prolongarse.
▨ SYN allonger alargar; proroger prorrogar.

promenade [prɔmnad] *f* paseo *m* (action et lieu); faire une promenade dar un paseo.
▌ SYN excursion excursión; randonnée paseata, caminata; tournée gira, vuelta; balade paseo; vadrouille callejeo.

promener [19] [prɔmne] *v tr* pasear ‖ FIG & FAM envoyer promener mandar a paseo ‖ FIG envoyer tout promener echarlo todo a rodar.
➥ **se promener** *v pr* pasearse.

promeneur, euse [prɔmnœr, øz] *m* & *f* paseante.

promenoir [prɔmnwar] *m* paseo cubierto (promenade) ‖ pasillo [localidades de pie] (théâtre).

promesse *f* promesa; tenir sa promesse cumplir su promesa ‖ promesse de mariage desposorios.

Prométhée *n pr* MYTH Prometeo.

prométhéen, enne [prometeɛ̃, ɛn] *adj* prometeico, ca.

prométhéum [prometeɔm] *m* CHIM prometeo.

prometteur, euse *adj* & *s* prometedor, ra.

promettre [84] *v tr* & *intr* [▷ SYN] prometer; promettre de faire une chose prometer hacer una cosa ■ promettre et tenir c'est deux del dicho al hecho hay mucho trecho ‖ promettre monts et merveilles prometer el oro y el moro ■ FAM cela promet! ¡lo que nos espera! (c'est mal parti), empieza bien, tiene un buen arranque (cela commence bien) ‖ cette personne promet esta persona llegará (sens positif), buen camino lleva, pronto empieza ése (sens négatif).
➥ **se promettre** *v pr* prometerse ‖ proponerse, tomar la resolución de ‖ s'en promettre de belles prometérselas felices.
▌ SYN donner sa parole dar su palabra; s'engager comprometerse; jurer jurar.

promis, e *adj* prometido, da ■ chose promise, chose due lo prometido es deuda ‖ terre promise tierra de promisión.
◇ *m* & *f* prometido, da; novio, via (fiancé).

promiscue [prɔmisky] *adj f* DR promiscua.

promiscuité [prɔmiskɥite] *f* promiscuidad.

promission *f* promisión; terre de promission tierra de promisión.

promo *f* FAM promoción (étudiants, militaires).

promontoire *m* promontorio.

promoteur, trice *m* & *f* promotor, ra.

promotion *f* promoción ‖ promoción, ascenso *m* (militaires).

promotionnel, elle *adj* promocional.

promouvoir [56] *v tr* promover ‖ elevar (à une dignité ou fonction) ‖ promover, ascender (militaires) ‖ llevar a cabo (mettre à exécution).
▌ OBSERV Este verbo se usa solamente en el infinitivo, en los tiempos compuestos y en la voz pasiva.

prompt, e [prɔ̃, prɔ̃t] *adj* pronto, ta ‖ rápido, da ■ avoir la main prompte tener las manos largas ‖ avoir l'esprit prompt ser vivo de genio.

promptement [prɔ̃tmɑ̃] *adv* prontamente.

prompteur *m* prompter, apuntador (télévision).

promptitude [prɔ̃ptityd] ou [prɔ̃tityd] *f* prontitud.

promu, e *adj* promovido, da ‖ elevado, da (dignitaire) ‖ promovido, ascendido (militaire).

promulgation *f* promulgación.

promulguer [3] *v tr* promulgar.

pronaos [prɔnaɔs] *m* ARCHIT pronaos.

pronateur, trice *adj* & *s m* ANAT pronador, ra.

pronation *f* ANAT pronación.

prône *m* plática *f*, sermón dominical ‖ FIG & FAM recommander quelqu'un au prône quejarse de uno ante sus superiores.

prôner [3] *v tr* predicar (prêcher) ‖ preconizar, recomendar (recommander) ‖ FIG celebrar, defender, ensalzar, encomiar (vanter).

prôneur, euse *m* & *f* encomiador, ra; ponderador, ra.

pronom *m* GRAMM pronombre.

pronominal, e *adj* GRAMM pronominal; adjectifs pronominaux adjetivos pronominales.

pronominalement *adv* con carácter pronominal.

prononçable *adj* pronunciable.

prononcé, e *adj* pronunciado, da ‖ señalado, da; saliente; abultado, da; marcado, da; pronunciado, da (gallicisme); traits bien prononcés rasgos muy marcados ‖ firme, formal (arrêté) ‖ FIG resuelto, ta; decidido, da (décidé); caractère prononcé carácter resuelto.
➥ **prononcé** *m* DR fallo, pronunciamiento (d'un jugement).

prononcer [16] *v tr* [▷ SYN] pronunciar.
◇ *v intr* DR fallar, sentenciar, pronunciar (la sentence).
➥ **se prononcer** *v pr* pronunciarse ‖ decidirse.
▌ SYN articuler articular; proférer proferir; énoncer enunciar.

prononciation *f* pronunciación ‖ DR fallo *m*, sentencia (d'un jugement), declaración (d'un arrêt).

pronostic [prɔnɔstik] *m* pronóstico ‖ concours de pronostics quiniela.

pronostique *adj* MÉD relativo al pronóstico; sintomático, ca.

pronostiquer [3] *v tr* pronosticar.

pronostiqueur, euse *m* & *f* pronosticador, ra.

pronunciamiento *m* pronunciamiento.

propagande *f* propaganda.

propagandiste *adj* & *s* propagandista.

propagateur, trice *adj* & *s* propagador, ra ‖ propalador, ra (des bruits).

propagation *f* propagación.
▨ SYN expansion expansión; diffusion difusión.

propager [17] *v tr* [▷ SYN] propagar (communiquer) ‖ propalar (divulguer).
▌ SYN répandre esparcir; diffuser difundir; colporter divulgar; vulgariser vulgarizar; semer sembrar; populariser popularizar.

propagule *f* BOT propágulo *m*.

propane *m* CHIM propano (gaz).

proparoxyton *adj* & *s m* GRAMM proparoxítono.

propédeutique *adj* propedéutico, ca. ◇ *f* (ancien) curso *m* y examen *m* preuniversitario.

propension *f* propensión ▌ avoir de la propension à ser propenso a.

propergol *m* propergol.

prophase *f* profase.

prophète *m* profeta; nul n'est prophète en son pays nadie es profeta en su tierra ▌ prophète de malheur pájaro de mal agüero.

prophétesse *f* profetisa.

prophétie [prɔfesi] *f* profecía.

prophétique *adj* profético, ca.

prophétiquement *adv* proféticamente.

prophétiser [3] *v tr* profetizar.

prophylactique *adj* MÉD profiláctico, ca.

prophylaxie *f* MÉD profilaxis, profilaxia, profiláctica.

propice *adj* propicio, cia; circonstances propices circunstancias propicias.

propitiateur, trice *adj & s* propiciador, ra.

propitiation *f* propiciación.

propitiatoire *adj & s m* propiciatorio, ria.

propolis [prɔpolis] *f* propóleos *m*.

proportion *f* proporción; observer les proportions guardar las proporciones ▌ hors de proportion desproporcionado ▌ toute proportion gardée guardando las proporciones, teniéndolo todo en cuenta.

proportionnable *adj* proporcionable.

proportionnalité *f* proporcionalidad.

proportionné, e *adj* proporcionado, da.

proportionnel, elle *adj* proporcional.

proportionnellement *adv* proporcionalmente.

proportionner [3] *v tr* proporcionar.
▌ OBSERV Proportionner n'a pas le sens espagnol de fournir, procurer.

propos [prɔpo] *m* [▷ SYN] palabras *f pl*, declaración *f*; tenir des propos subversifs hacer declaraciones subversivas, pronunciar palabras subversivas ▌ conversación *f*, charla *f* (causerie) ▌ propósito, intención *f* (but) ▌ tema; changeons de propos cambiemos de tema ■ propos galants piropos, requiebros ▌ propos injurieux injurias ■ à ce propos a propósito de eso, a este respecto ▌ à propos a propósito, oportunamente ▌ à propos de a propósito de ▌ à propos de rien sin motivo ▌ à quel propos?, à propos de quoi? ¿por qué razón? ▌ à tout propos a cada paso ▌ de propos délibéré de intento, adrede, deliberadamente ▌ ferme propos firme propósito ▌ hors de propos que no es del caso, que no viene a cuento, fuera de lugar ▌ mal à propos poco a propósito, inoportunamente, intempestivamente ▌ venir à propos venir al caso, venir a cuento.
▌ SYN discours discurso; boniment charla, perorata.

proposable *adj* que puede proponerse.

proposer [3] *v tr* proponer; proposer un achat proponer una compra.
➡ **se proposer** *v pr* proponerse; il se propose de partir se propone marcharse ▌ ofrecerse; se proposer pour un emploi ofrecerse para un empleo.

proposition *f* proposición, propuesta; sur proposition de a propuesta de ▌ propuesta (avancement) ▌ GRAMM oración ▌ DR proposition de loi proposición de ley.

propre *adj* propio, pia (qui appartient); son propre fils su propio hijo ▌ propio, pia; con su mismo ou misma; écrire de sa propre main escribir con su propia mano ▌ mismo, ma; propio, pia; ce furent ses propres paroles éstas fueron sus mismas palabras ▌ limpio, pia (net); un mouchoir propre un pañuelo limpio ▌ propio, pia (approprié pour) ▌ exacto, ta; justo, ta; expression propre expresión exacta ▌ FIG limpio, pia (décent) ■ au propre en sentido propio (sens propre), en limpio (net) ▌ LING bien propre bien proprio, parafernal ▌ en main propre personalmente, en propias manos ▌ sens propre, nom propre sentido propio, nombre propio.
◇ *m* lo propio ■ de son propre de su cosecha ▌ me voilà propre! ¡buena la he hecho!, ¡estoy listo!, ¡estoy aviado! ■ appartenir à quelqu'un en propre pertenecer (algo) exclusivamente a alguien ▌ c'est du propre! ¡buena la ha hecho usted!
➡ **propres** *m pl* DR propres, biens propres bienes propios, parafernales.

propre-à-rien *m & f* nulidad *f*, inútil.
▌ OBSERV pl propres-à-rien.

proprement *adv* propiamente (exactement) ▌ limpiamente (avec propreté) ▌ convenientemente, decentemente (convenablement) ■ proprement dit propiamente dicho, dicho con propiedad ■ à proprement parler hablando con propiedad, mejor dicho.

propret, ette *adj* limpito, ta; aseadito, ta.

propreté *f* limpieza ▌ soins de propreté aseo, aseo corporal.

propréteur *m* propretor (magistrat romain).

proprétures *f* propretura.

propriétaire *m & f* [▷ SYN] propietario, ria ▌ casero, ra; propietario, ria; dueño, ña (d'un immeuble) ■ propriétaire foncier propietario de bienes inmuebles ■ gros propriétaire terrien latifundista, gran terrateniente ▌ nu-propriétaire nudo propietario.
▌ SYN possesseur poseedor; maître dueño.

propriété *f* propiedad ▌ casa de campo (maison de campagne), finca (exploitation agricole), casa de recreo (d'agrément) ▌ posesiones *pl*; il est mort dans sa propriété ha muerto en sus posesiones ■ propriété artistique et littéraire propiedad intelectual ▌ propriété industrielle propiedad industrial ▌ nue-propriété nuda propiedad.

propulser [3] *v tr* propulsar.

propulseur *adj m & s m* propulsor.

propulsif, ive *adj* propulsivo, va.

propulsion *f* propulsión; propulsion à réaction propulsión a chorro.

propylée *m* propileo.

proquesteur [prokestœr] *m* procuestor.

prorata *m inv* prorrata *f*, parte *f* ▌ au prorata a prorrata, a prorrateo.

prorogatif, ive *adj* prorrogativo, va.

prorogation *f* prórroga.

proroger [17] *v tr* prorrogar; proroger un paiement prorrogar un pago.

prosaïque *adj* prosaico, ca; considérations prosaïques consideraciones prosaicas.

prosaïquement [prozaikmᾱ] *adv* prosaicamente.

prosaïsme *m* prosaísmo.

prosateur *m* prosista.

proscenium [prɔsenjɔm] *m* proscenio (théâtre).

proscripteur *m* proscriptor.

proscription *f* proscripción (exil) ▌ FIG abolición.

proscrire [99] *v tr* proscribir (frapper de proscription) ▌ FIG abolir.

proscrit, e *m & f* proscrito, ta.

prose *f* prosa.

prosecteur *m* prosector, preparador de las disecciones.

prosélyte *m* prosélito.

prosélytique *adj* proselitista.

prosélytisme *m* proselitismo.

Proserpine *n pr* MYTH Proserpina.

prosimiens *m pl* ZOOL prosimios (lémuriens).

prosobranches *m pl* prosobranquios (mollusques).

prosodie *f* GRAMM prosodia.

prosodique *adj* GRAMM prosódico, ca.

prosopopée *f* prosopopeya.

prospect *m* distancia mínima entre dos edificios ▌ cliente posible ou potencial.

prospecter [4] *v tr* hacer una prospección, prospectar (minéraux) ▌ buscar clientes nuevos, prospectar (clientèle).

prospecteur *m* prospector.

prospecteur-placier *m* funcionario francés que analiza el mercado del trabajo y orienta a los solicitantes de empleo.
▌ OBSERV pl prospecteurs-placiers.

prospectif, ive *adj* del futuro.
➡ **prospective** *f* prospectiva.

prospection *f* prospección ▌ investigación, prospección (du marché).

prospectus [prɔspɛktys] *m* prospecto.
▌ SYN tract octavilla; programme programa.

Prosper [prɔspɛr] *n pr* Próspero.

prospère *adj* próspero, ra.

prospérer [18] *v intr* prosperar.

prospérité *f* prosperidad.

prostate *f* ANAT próstata.

prostatique *adj* MÉD prostático, ca.

prostatite *f* MÉD prostatitis.

prosternation *f*; **prosternement** *m* prosternación *f*.

prosterner [3] *v tr* hacer prosternarse.
➡ **se prosterner** *v pr* prosternarse.

prosthèse; prothèse *f* GRAMM prótesis.

prostituée *f* prostituta.
▌ SYN courtisane cortesana; femme galante mundana; poule zorra; hétaïre hetaira; grue zorra; catin ramera, buscona; gourgandine pelandusca; raccoleuse buscona; péripatéticienne carrerista.

prostituer [7] *v tr* prostituir.
➡ **se prostituer** *v pr* prostituirse.

prostitution *f* prostitución.

prostration *f* prostración.

prostré, e *adj* prostrado, da.

prostyle *m* ARCHIT próstilo.

protactinium *m* CHIM protactinio (métal).

protagoniste *m* protagonista.

protargol *m* CHIM protargol.

protase *f* prótasis.

prote *m* regente de imprenta.

protéase *f* CHIM proteasa.

protecteur, trice *adj* & *s* protector, ra.
- **Protecteur** *m* protector (d'Angleterre).
  ‖ SYN providence providencia; mécène mecenas.

protection *f* protección ■ protection civile protección civil ‖ Protection maternelle et infantile (PMI) protección materno-infantil ■ écran de protection pantalla protectora ■ prendre un air de protection tomar aire protector.
  SYN appui apoyo; auspices auspicio; sauvegarde salvaguardia; tutelle tutela; patronage patronato, patronazgo; égide égida.

protectionnisme *m* proteccionismo.

protectionniste *adj* & *s m* proteccionista.

protectorat [pʀɔtɛktɔʀa] *m* protectorado.

protée *m* proteo.

Protée *n pr* MYTH Proteo.

protégé, e *m* & *f* protegido, da.

protège-bas *m inv* protector (para las medias).

protège-cahier [pʀɔtɛʒkaje] *m* forro de cuaderno.
  ‖ OBSERV pl protège-cahiers.

protège-dents [pʀɔtɛʒdɑ̃] *m inv* protector (boxe).

protège-jambe *m* defensa *f* (moto) ‖ espinillera *f* (hockey).
  ‖ OBSERV pl protège-jambes.

protéger [22] *v tr* proteger, amparar ‖ proteger (les lettres, un candidat).
  SYN défendre defender; soutenir sostener; garantir garantizar; préserver preservar; abriter abrigar; immuniser inmunizar; prémunir precaver; sauver salvar.

protège-slip *m* salva slip .
  ‖ OBSERV pl protège-slips.

protège-tibia *m* espinillera *f*.
  ‖ OBSERV pl protège-tibias.

protéide *m* CHIM proteido.

protéiforme *adj* proteiforme.

protéine *f* CHIM proteína.

protéique; protéinique *adj* proteico, ca ‖ CHIM proteínico, ca.

protèle *m* proteles (hyène).

protéolytique *adj* proteolítico, ca.

protérandrie *f* BOT protandria.

protestable *adj* DR protestable.

protestant, e *adj* & *s* protestante.
  SYN réformé reformado; huguenot hugonote; parpaillot hereje.

protestantisme *m* protestantismo.

protestataire *adj* & *s* protestador, ra; protestante.

protestation *f* protesta, protestación.

protester [3] *v intr* [▷ SYN] protestar (réclamer) ‖ protester de, asegurar; protester de son innocence protestar de su inocencia.

◇ *v tr* COMM protestar (faire un protêt).
  ‖ SYN récrier (se) protestar; râler, rouspéter refunfuñar; grogner gruñir.

protêt [pʀɔtɛ] *m* COMM protesto.

prothalle *m* protalo.

prothèse *f* MÉD prótesis; prothèse dentaire prótesis dental ‖ GRAMM prótesis.

prothétique *adj* GRAMM protético, ca ‖ MÉD relativo a la prótesis.

prothorax *m* protórax (des insectes).

prothrombine *f* CHIM protrombina.

protides *m pl* prótidos.

protistes *m pl* protistas.

protococcales *f pl* BOT protocales.

protocolaire *adj* protocolar.

protocole *m* formulario (formulaire) ‖ protocolo (procès-verbal diplomatique) ‖ [▷ SYN] protocolo [ceremonial] ‖ DR estatuto formal, formulario ■ protocole d'accord convenio ou acuerdo (básico) ‖ INFORM protocole de communication protocolo de comunicación ‖ MÉD protocole opératoire protocolo quirúrgico.
  SYN cérémonial ceremonial; étiquette etiqueta.

protocordés *m pl* ZOOL protocordados, procordados.

protogine *f* MIN protogina.

protogynie *f* BOT protoginia.

protohistoire *f* protohistoria.

protomartyr *m* protomártir.

proton *m* PHYS protón.

protonéma *m* BOT protonema.

protonique *adj* protónico, ca.

protonotaire *m* protonotario.

protophytes *m pl* BOT protofitos.

protoplasme; protoplasma *m* protoplasma.

protoplasmique *adj* protoplásmico, ca; protoplasmático, ca.

protoptère *m* protopterus (poisson).

prototype *m* prototipo.

protoxyde *m* CHIM protóxido.

protozoaires *m pl* ZOOL protozoos, protozoarios.

protractile *adj* protráctil.

protubérance *f* protuberancia.
  ‖ SYN bosse joroba, bulto, chichón.

protubérant, e *adj* protuberante ‖ yeux protubérants ojos saltones.

protuteur, trice *m* & *f* DR protutor, ra.

prou *adv* (p us) mucho (beaucoup) ■ ni peu ni prou ni poco ni mucho, de ningún modo ‖ peu ou prou más o menos (plus ou moins).

proudhonien, enne *adj* relativo a Proudhon.

proue [pʀu] *f* MAR proa ‖ MAR figure de proue mascarón de proa.

prouesse [pʀuɛs] *f* proeza, hazaña.

prouvable *adj* demostrable, probable.
  ‖ OBSERV Prouvable no tiene el sentido de verosímil.

prouver [3] *v tr* probar, demostrar (démontrer); cela ne prouve rien eso no demuestra nada.

OBSERV Probar a aussi en espagnol le sens d'éprouver, essayer et de goûter.
  SYN démontrer demostrar; montrer mostrar; établir establecer; justifier justificar.

provenance *f* procedencia ‖ en provenance de procedente de.

provençal, e *adj* & *s* provenzal; des chants provençaux cantos provenzales ‖ à la provençale a lo provenzal.
- **provençal** *m* LING provenzal.

Provence *n pr f* GÉOGR la Provence (la) Provenza.

Provence-Alpes-Côte d'Azur *n pr f* GÉOGR Provenza-Alpes-Costa Azul; en Provence-Alpes-Côte d'Azur en la región de Provenza-Alpes-Costa Azul.

PROVENCE-ALPES-CÔTE-D'AZUR
Esta región administrativa, también llamada PACA, comprende los departamentos de Alpes-de-Haute-Provence, Alpes-Maritimes, Bouches-du-Rhône, Hautes-Alpes, Var y Vaucluse. Capital: Marseille (Marsella).

provende *f* pienso *m* (pour les bestiaux) ‖ (p us) provisión de víveres (vivres).

provenir [40] [pʀɔvniʀ] *v intr* proceder, provenir.
  OBSERV Procéder en francés tiene sobre todo el sentido de efectuar, obrar.

proverbe *m* proverbio, refrán ‖ passer en proverbe hacerse proverbial.

proverbial, e *adj* proverbial; des dictons proverbiaux dichos proverbiales.

providence *f* providencia.

providentialisme *m* providencialismo.

providentialiste *adj* providencialista.

providentiel, elle *adj* providencial.

providentiellement [pʀɔvidɑ̃sjɛlmɑ̃] *adv* providencialmente.

provignage; provignement *m* AGRIC amugronamiento (marcottage).

provigner [3] *v tr* AGRIC amugronar (la vigne).
◇ *v intr* echar renuevos (se multiplier).

provin *m* AGRIC mugrón, provena *f*.

province *f* provincia, región ■ en province en provincias, fuera de la capital ‖ la province los provincianos; la province est mécontente los provincianos están descontentos.
  OBSERV À l'ancienne province française correspond l'actuelle región espagnole, tandis que la provincia espagnole équivaut au département français. En Amérique latine, provincia équivaut, suivant les pays, à département, province ou même canton.

Provinces Maritimes *n pr f pl* GÉOGR les Provinces Maritimes las Provincias Marítimas.

Provinces-Unies *n pr f pl* GÉOGR les Provinces-Unies las Provincias Unidas.

provincial, e *adj* provincial; des tribunaux provinciaux tribunales provinciales ‖ provinciano, na (qui est gauche, emprunté).
◇ *m* & *f* provinciano, na.
- **provincial** *m* RELIG provincial (supérieur).

provincialat [pʀɔvɛ̃sjala] *m* RELIG provincialato.

provincialisme *m* provincialismo.

proviseur *m* director de un Instituto de enseñanza media.

provision *f* [▷ SYN] provisión, abastecimiento *m* ‖ COMM provisión de fondos (couverture) ‖ DR anticipo *m* sobre los honorarios (d'un avoué) ■ chèque sans provision cheque sin fondos ‖ placard ou armoire à provisions armario de las provisiones ■ par provision provisionalmente ■ faire ses provisions abastecerse.

  │ SYN approvisionnement abasto; victuaille vitualla; provende pienso.

provisionnel, elle *adj* provisional ‖ versement provisionnel desembolso a cuenta.

provisoire *adj* provisional [(*Amér*) provisorio, ria] ‖ DR mise en liberté provisoire puesta en libertad provisional.
  ◇ *m* lo provisional.

provisoirement *adv* provisionalmente, provisoriamente.

provisorat [provizora] *m* dirección *f* de un Instituto.

provitamine *f* CHIM provitamina.

provocant, e *adj* provocante.

provocateur, trice *adj* & *s* provocador, ra.

provocation *f* provocación.

provoquer [3] *v tr* provocar.

prox. (abr écrite de **proximité**) prox. commerces cerca tiendas.

proxène *m* proxeno (magistrat grec).

proxénète *m* & *f* proxeneta; alcahuete, ta.

proxénétisme *m* proxenetismo, alcahuetería *f*.

proximité *f* proximidad ‖ à proximité de en las cercanías de, junto a, cerca de.

proyer [prwaje] *m* emberiza (oiseau).

prude *adj* & *s f* gazmoño, ña; mojigato, ta ‖ solapado, da.

  │ SYN pudique púdico, pudoroso; puritain puritano; FAM pudibond pudibundo; collet monté encopetado; FAM bégueule gazmoño.

pruderie *f* gazmoñería, mojigatería.

prud'homal, e *adj* de la Magistratura del Trabajo; juges prud'homaux jueces de la Magistratura del Trabajo.

prud'homie [prydɔmi] *f* probidad (probité).

prud'homme *m* (vx) hombre bueno (probe) ‖ hombre experimentado y de buen consejo (expérimenté) ‖ miembro de la Magistratura del Trabajo ■ conseil de prud'hommes Magistratura del Trabajo, tribunal de conciliación laboral ‖ FAM monsieur Prudhomme burgués necio.

prudhommerie *f* vanidad necia.

prudhommesque *adj* necio, cia.

pruine *f* polvillo *m* que cubre algunas frutas.

prune *f* ciruela (fruit) ■ prune de Damas ciruela damascena ‖ prune reine-claude ciruela claudia ■ FIG pour des prunes por ou para nada, en balde.

pruneau *m* ciruela *f* pasa ‖ FAM peladilla *f* (projectile).

prunelée *f* mermelada de ciruelas.

prunelle *f* endrina (fruit) ‖ licor *m* de endrina (liqueur) ‖ niña, pupila; comme la prunelle de ses yeux como la niña de sus ojos.

prunellier *m* endrino (arbre).

prunier *m* ciruelo (arbre).

prurigineux, euse *adj* MÉD pruriginoso, sa.

prurigo *m* MÉD prurigo.

prurit [pryrit] *m* MÉD prurito.

Prusse *n pr f* GÉOGR la Prusse Prusia ‖ travailler pour le roi de Prusse trabajar para el obispo.

prussiate *m* CHIM prusiato.

prussien, enne *adj* prusiano, na ‖ à la prussienne con regularidad automática.

Prussien, enne *m* & *f* prusiano, na.

prussique *adj m* CHIM prúsico.

prytane *m* prítane (magistrat).

prytanée *m* pritaneo ‖ prytanée militaire academia militar preparatoria en Francia (école).

PS (abr de **parti socialiste**) *m* partido socialista francés.

  │ **PS**
  │ El partido socialista francés nació de la fusión de la SFIO con varios clubes, entre 1969 y 1971. Su representante más famoso fue François Mitterrand, Presidente de la República francesa de 1981 a 1995.

P.-S. (abr de **post-scriptum**) *m* PD *f*, PS.

PSA (abr de **Peugeot société anonyme**) holding francés especializado en la producción de automóviles.

psallette *f* coro *m* de iglesia.

psalliote *m* salioto (champignon).

psalmiste *m* salmista.

psalmodie *f* salmodia.

psalmodier [9] *v tr* & *intr* salmodiar.

psaltérion *m* MUS salterio.

psaume *m* salmo.

psautier *m* salterio.

pseudarthrose *f* MÉD seudoartrosis.

pseudofécondation *f* BOT partenogénesis.

pseudonyme *adj* & *s m* seudónimo, ma.

pseudonymie *f* seudonimia.

pseudopode *m* seudópodo (des protozoaires).

PS-G (abr de **Paris St-Germain**) *m* club de fútbol de París.

psi *m* psi *f*.

PSIG (abr de **Peloton de surveillance et d'intervention de la gendarmerie**) *m* cuerpo de vigilancia e intervención de la gendarmería francesa.

psittacidés *m pl* psitácidos (perroquets).

psittacisme *m* psitacismo.

psittacose *f* psitacosis.

psoas [psɔas] *m* psoas (muscle).

psoque *m* ZOOL psoco, psocóptero.

psore *f* MÉD psora.

psoriasique *adj* MÉD psórico, ca.

psoriasis [psɔrjazis] *m* MÉD psoriasis *f*.

PSU (abr de **Parti socialiste unifié**) *m* antiguo partido socialista francés.

psychanaliser [3] *v tr* hacer un psicoanálisis ou un sicoanálisis, psicoanalizar.

psychanalyse *f* psicoanálisis *m*, sicoanálisis *m*.

psychanalyste *adj* & *s m* psicoanalista, sicoanalista.

psychanalytique *adj* psicoanalítico, ca; sicoanalítico, ca.

psychasthénie *f* psicastenia, sicastenia.

psychasthénique *adj* psicasténico, ca; sicasténico, ca.

psyché [psiʃe] *f* psique, espejo *m* (miroir) ‖ psique (âme).

Psyché [psiʃe] *n pr* MYTH Psique, Psiquis.

psychédélique [psikedelik] *adj* psicodélico, ca.

psychiatre [psikjatr] *m* MÉD psiquiatra, siquiatra.

psychiatrie [psikjatri] *f* MÉD psiquiatría, siquiatría.

psychiatrique [psikjatrik] *adj* psiquiátrico, ca; siquiátrico, ca.

psychique [psiʃik] *adj* psíquico, ca; síquico, ca.

psychisme [psiʃism] *m* psiquismo, siquismo.

psychochirurgie *f* MÉD psicocirugía, sicocirugía.

psychodrame *m* MÉD psicodrama, sicodrama.

psychologie *f* psicología, sicología.

psychologique *adj* psicológico, ca; sicológico, ca; guerre psychologique guerra psicológica.

psychologiquement *adv* psicológicamente.

psychologisme *m* PHILOS psicologismo, sicologismo.

psychologiste *adj* & *s* psicologista, sicologista.

psychologue *adj* & *s* psicólogo, ga; sicólogo, ga.

psychométrie *f* psicometría, sicometría.

psychomoteur, trice [psikɔmɔtœr, tris] *adj* psicomotor, triz.

psychonévrose *f* psiconeurosis, siconeurosis.

psychopathe *adj* psicopático, ca; sicopático, ca.
  ◇ *m* & *f* psicópata, sicópata.

psychopathie *f* psicopatía, sicopatía.

psychopathologie *f* psicopatología, sicopatología.

psychopédagogie *f* psicopedagogía, sicopedagogía.

psychopédagogue *m* & *f* psicopedágogo.

psychophysiologie *f* psicofisiología, sicofisiología.

psychophysique f psicofísica, sicofísica.

psychopompe adj psicopompo.

psychose f psicosis, sicosis.

psychosomatique adj psicosomático, ca; sicosomático, ca.

psychotechnicien, enne m & f psicotécnico, ca; sicotécnico, ca.

psychotechnique f psicotecnia, sicotecnia.

psychothérapeute [psikɔterapøt] m & f psicoterapeuta.

psychothérapie f psicoterapia, sicoterapia.

psychromètre [psikrɔmetr] m psicrómetro.

psychrométrie [psikɔmetri] f psicometría (mesure de l'hygrométrie de l'air).

psylle m encantador de serpientes.

psyllium [psiljɔm] m semilla f de zaragatona.

Pta (abr écrite de peseta) Pta.

PTCA (abr de poids total en charge autorisé) m peso máximo en carga autorizado.

Pte (abr écrite de porte) pta. ‖ (abr écrite de pointe) Pta.

ptéranodon m pteranodon (reptile volant).

ptéridophytes m pl BOT pteridofitas f.

ptéridospermées f pl pteridospermas.

ptérodactyle m pterodáctilo (fossile).

ptéropodes m pl ZOOL pterópodos.

ptérosauriens m pl pterosaurios.

ptérygoïdien, enne adj & s m ANAT pterigoideo, a.

ptérygotes m pl ZOOL pterigotos.

ptolémaïque adj ptolemaico, ca; tolemaico, ca.

Ptolémée n pr Ptolomeo, Tolomeo.

ptomaïne f CHIM ptomaína, tomaína.

ptôse f MÉD ptosis (descente d'un organe).

PTT (abr de Administration des Postes et Télécommunications et de la Télédiffusion) f pl antiguo servicio público francés de correos y telecomunicaciones.

ptyaline f CHIM ptialina.

ptyalisme m MÉD ptialismo.

puant, e [pɥɑ̃, pɥɑ̃t] adj hediondo, da; apestoso, sa ‖ FIG insoportable ‖ vanidoso, sa; fatuo, tua ■ boules puantes bombas fétidas, bolillas pestosas.

puanteur f hediondez, mal olor m, peste, pestazo m.

pub [pyb] f FAM anuncio m; la pub los anuncios.

pub [pœb] m pub [británico] (bar).

pubère adj & s púber, ra; jeune fille pubère joven púbera.

puberté f pubertad.

pubescence f pubescencia.

pubescent, e adj pubescente.

pubien, enne adj pubiano, na.

pubis [pybis] m ANAT pubis.

publiable adj publicable.

public, ique adj & s m público, ca ■ en public en público ■ biens publics bien común ‖ le grand public el público en general ‖ ministère public ministerio fiscal ■ être tombé dans le domaine public ser del dominio público.

publicain m publicano ‖ FAM hombre de negocios, negociante.

publication f publicación ‖ INFORM publication assistée par ordinateur autoedición.
> SYN édition edición; apparition aparición; lancement lanzamiento.

publiciste m & f publicista.

publicitaire adj publicitario, ria.
◇ m & f anunciante, agente publicitario, publicista.

publicité f publicidad, propaganda.
> SYN réclame reclamo; propagande propaganda; battage propaganda exagerada; FAM tam-tam ruido, bombo.

publier [10] v tr publicar ‖ pregonar (proclamer).

publiquement adv públicamente.

publireportage m publirreportaje.

puccinie [pyksini] f puccinia (champignon).

puce [pys] f pulga (insecte) ■ marché aux Puces Rastro [en Madrid] ■ FIG avoir la puce à l'oreille tener la mosca detrás de la oreja ‖ chercher des puces à quelqu'un buscarle a uno las cosquillas ‖ secouer les puces à quelqu'un sacudirle las pulgas a alguien ‖ INFORM chip m, microchip m, pastilla electrónica.
◇ adj inv de color pardo (on emploie parfois le gallicisme pus).

puceau, elle adj & s virgen, virgo FAM ‖ la Pucelle Juana de Arco, la Doncella de Orleáns.

pucelage m FAM doncellez, virginidad.

puceron [pysrɔ̃] m ZOOL pulgón.

puche f camaronera (filet).

pucheux m cazo (raffinage du sucre).

pucier m ARG piltra f.

pudding; pouding [pudiŋ] m pudín, budín, pudding (gâteau).

puddlage [pœdlaʒ] m TECHN pudelado, pudelaje, pudelación f.

puddler [3] v tr TECHN pudelar.

puddleur adj & s m TECHN pudelador.

pudeur f pudor m.
> SYN timidité timidez; honte vergüenza; vergogne vergüenza.

pudibond, e adj pudibundo, da; pudoroso, sa.

pudibonderie f pudibundez.

pudicité f pudicicia, castidad.

pudique adj púdico, ca.

pudiquement adv púdicamente.

Pueblo n pr m pl pueblo, pueblos.

puer [7] [pɥe] v intr & tr heder, apestar ‖ puer le tabac apestar a tabaco.
■ SYN empester apestar; sentir mauvais oler mal.

puéricultrice f puericultora.

puériculture f puericultura.

puéril, e adj pueril.

puérilement adv puérilmente.

puérilisme m puerilismo, retraso mental.

puérilité f puerilidad.

puerpéral, e adj puerperal; fièvre puerpérale fiebre puerperal.

puerpéralité f puerperalidad.

Puerto Rico ▶ Porto-Rico.

PUF; Puf (abr de Presses Universitaires de France) f pl editorial francesa.

puffin m fardela f (oiseau).

pugilat [pyʒila] m pugilato.

pugiliste m pugilista, púgil, boxeador.

pugnace adj tenaz.

pugnacité f tenacidad.

puîné, e adj & s menor (dernier); segundo, da; segundón, ona (second).

puis [pɥi] adv después, luego ■ et puis además, y además, por otra parte (en outre, d'ailleurs) ‖ et puis? ¿bueno y qué?, ¿y qué?
> SYN après después; ensuite luego, a continuación.

puisage; puisement m acción f de sacar ou de extraer, saca f, extracción f ‖ servitude de puisage servidumbre de sacar agua.

puisard m pozo negro (puits) ‖ sumidero (égout) ‖ TECHN sumidero (de mine).

puisatier adj & s m pocero.

puisement ▶ puisage.

puiser [3] v tr & intr sacar, tomar; puiser de l'eau à une rivière sacar agua de un río ■ puiser aux sources beber en las fuentes ‖ FIG puiser des forces sacar fuerzas.
> SYN tirer sacar; extraire extraer; pomper dar a la bomba.

puisette f cazo m.

puisoir m cazo, vasija f para extraer líquidos.

puisque conj puesto que, ya que, pues; viens puisqu'il le faut ven, ya que es preciso.

puissamment adv poderosamente ‖ sumamente, extremadamente.

puissance f poder m (pouvoir, autorité) ‖ fuerza (force) ‖ PHYS, MATH & PHILOS potencia; élever un nombre à la puissance quatre elevar un número a la cuarta potencia; la puissance d'un moteur la potencia de un motor; puissance au frein potencia al freno ou efectiva ‖ potencia (État) ‖ capacidad; avoir une grande puissance de travail tener una gran capacidad de trabajo ‖ facilidad; puissance d'oubli facilidad para olvidar ■ puissance paternelle potestad paternal, patria potestad ■ en puissance en potencia ■ être en puissance de estar bajo el poder de ‖ MATH trois puissance quatre tres elevado a la cuarta potencia, tres elevado a cuatro.
➡ puissances f pl potencias.

puissant, e adj poderoso, sa (qui a du pouvoir) ‖ potente; une machine puissante una máquina potente ‖ poderoso, sa; remède puissant remedio poderoso ‖ corpulento, ta.
➡ puissant m poderoso.

puits [pɥi] m pozo; puits artésien pozo artesiano; puits perdu pozo negro ‖ MAR & MIN pozo ‖ FIG puits de science pozo de ciencia, persona muy sabia ‖ puits sans fond pozo sin fondo, airón.

pulicaire f BOT pulicaria.

pull; pull-over m jersey.
■ OBSERV pl pull-overs.

pullman m pullman.

pullorose *f* pulorosis.

pull-over ➠ **pull**.

pullulant, e *adj* pululante.

pullulation *f*; **pullulement** *m* pululación *f*.

pulluler [3] *v intr* pulular.

pulmonaire *adj* pulmonar (du poumon). ◇ *f* BOT pulmonaria.

pulmoné, e *adj* & *s m pl* pulmonado, da.

pulpaire *adj* pulpario, ria.

pulpe *f* pulpa; pulpe dentaire pulpa dental; pulpe d'un fruit pulpa de un fruto.

pulpeux, euse *adj* pulposo, sa.

pulpite *f* MÉD pulpitis.

pulque *m* pulque (boisson).

pulsatif, ive *adj* pulsativo, va.

pulsation *f* pulsación.

pulsion *f* impulsión.

pulsomètre *m* TECHN pulsómetro (pompe).

pulsoréacteur *m* AVIAT pulsorreactor (moteur).

pultacé, e *adj* pultáceo, a.

pulvérin *m* (p us) polvorín (poudre).

pulvérisable *adj* pulverizable.

pulvérisateur *m* pulverizador.

pulvérisation *f* pulverización ‖ AUTOM petroleado *m*.

pulvériser [3] *v tr* pulverizar ‖ AUTOM petrolear.

pulvériseur *m* AGRIC desterronador.

pulvérulence *f* pulverulencia.

pulvérulent, e *adj* pulverulento, ta.

puma *m* ZOOL puma (cougouar).

puna *f* MÉD soroche *m*, puna ‖ puna (haute plaine).

punais, e *adj* & *s* de nariz fétida.

punaise *f* chinche (insecte) ‖ chinche, chincheta (clou) ■ punaise d'eau garapito ‖ punaise des bois mariquita.

punch [pɔ̃ʃ] *m* ponche (boisson) ‖ SPORTS pegada *f* ‖ bol à punch ponchera.

puncheur [pœnʃœr] *m* pegador (boxeur).

punching-ball [pœnʃiŋbol] *m* punching ball. ‖ OBSERV pl punching-balls.

punctum [pɔ̃ktɔm] *m* PHYS punto; punctum remotum punto remoto.

Pune; Poona *n pr* GÉOGR Pune, Poona.

puni, e *adj* & *s* castigado, da (écoles) ‖ arrestado, da (militaire).

punique *adj* púnico, ca ‖ FIG foi punique mala fe, fe púnica.

punir [32] *v tr* [▷ SYN] castigar; puni de sa témérité castigado por su temeridad ‖ condenar; punir de prison, de mort condenar a la cárcel, a muerte ‖ on est toujours puni par où l'on a péché en el pecado va la penitencia.

┃ SYN châtier castigar; corriger corregir; frapper castigar; sévir castigar.

punissable *adj* castigable.

punitif, ive *adj* punitivo, va.

punition *f* [▷ SYN] castigo *m* ‖ DR pena ‖ MIL castigo *m*, arresto *m* ‖ en punition como castigo.

┃ SYN pénitence penitencia; peine pena; sanction sanción; pensum castigo; pénalité penalidad; pénalisation penalización.

punk [pœnk] *adj inv* & *s* punk.

punka ➠ **panca**.

pupillaire [pypilɛr] *adj* pupilar.

pupillarité [pypilarite] *f* DR pupilaje *m*.

pupille [pypij] *m* & *f* DR pupilo, la (orphelin) ■ pupille de la nation huérfano de guerra ‖ pupille de l'État hospiciano, inclusero. ◇ *f* pupila, niña (de l'œil).

pupinisation *f* ÉLECTR pupinización.

pupipare *adj* ZOOL pupíparo, ra.

pupitre *m* pupitre ‖ MUS atril ‖ consola *f* (d'un ordinateur).

pur, e *adj* puro, ra ‖ limpio, pia; pur de tout crime limpio de cualquier crimen ■ cheval pur sang caballo pura sangre ‖ en pure perte en balde, inútilmente, en vano.

pureau *m* parte *f* limpia de una pizarra, de una teja.

purée *f* puré *m* (mets) ‖ FAM estrechez, miseria (pauvreté) ‖ FIG & FAM être dans la purée estar a dos velas, estar sin un céntimo.

purement *adv* puramente, meramente ‖ purement et simplement pura y simplemente, lisa y llanamente.

pureté [pyrte] *f* pureza ‖ FIG pureté de sang limpieza de sangre.

purgatif, ive *adj* purgativo, va. ➠ **purgatif** *m* purga *f*, purgante.

purgation *f* MÉD purgación.

┃ OBSERV Le terme espagnol est, au singulier, moins usité que purga; au pluriel, il désigne la blennorragie.

purgatoire *m* purgatorio.

purge *f* purga, purgante *m* (médication) ‖ desagüe *m*, conducto *m* de evacuación ‖ DR cancelación ‖ FIG purga (politique).

purgeoir [pyrʒwar] *m* estanque de depuración de agua con filtro de arena.

purger [17] *v tr* MÉD purgar ‖ purificar, depurar (purifier), acrisolar (les métaux) ‖ limpiar, librar de; purger une mer des pirates limpiar de piratas un mar ‖ purgar, expiar; purger une peine expiar una pena ‖ DR cancelar, redimir (hypothèque) ‖ TECHN limpiar, purgar ‖ purger sa contumace constituirse prisionero.

➠ **se purger** *v pr* purgarse.

purgeur *m* TECHN purgador.

purifiant, e *adj* purificante.

purificateur, trice *adj* & *s* purificador, ra.

purification *f* purificación.

purificatoire *m* purificador. ◇ *adj* purificatorio, ria; purificador, ra.

purifier [9] *v tr* purificar.

┃ SYN épurer depurar; purger purgar; assainir sanear; clarifier clarificar.

purin *m* aguas *f pl* de estiércol, jugo de estiércol.

purisme *m* purismo.

puriste *adj* & *s* purista.

puritain, e *adj* & *s* puritano, na.

puritanisme *m* puritanismo.

puron *m* suero de leche sin cuajo.

purot [pyro] *m* foso que recoge las aguas del estiércol.

purotin *m* FAM (vieilli) pobretón, pobre.

purpura *m* MÉD púrpura *f*.

purpuracé, e *adj* purpúreo, a.

purpurin, e *adj* purpurina.

pur-sang [pyrsɑ̃] *m inv* caballo de pura sangre.

purulence *f* MÉD purulencia.

purulent, e *adj* MÉD purulento, ta.

pus [py] *m* MÉD pus.

puseyisme *m* puseyismo [de Pusey].

pusillanime [pyzilanim] *adj* pusilánime.

pusillanimité [pyzilanimite] *f* pusilanimidad.

pustule *f* MÉD pústula.

pustulé, e *adj* pustuloso, sa.

pustuleux, euse *adj* pustuloso, sa.

putain *f* VULG (injur) puta, ramera.

putatif, ive *adj* putativo, va (supposé).

pute *f* VULG puta.

putiet [pytje]; **putier** [pytje] *m* cerezo silvestre (merisier).

putois [pytwa] *m* turón (animal) ‖ pincel de alfarero ‖ FAM crier comme un putois gritar desaforadamente.

putréfaction *f* putrefacción, pudrición.

putréfiable *adj* putrescible.

putréfier [9] *v tr* pudrir.

putrescence *f* putrescencia (p us), putrefacción.

putrescent, e *adj* putrescente.

putrescibilité *f* putridez, corruptibilidad.

putrescible *adj* putrescible.

putride *adj* pútrido, da.

putridité *f* putridez.

putsch [putʃ] *m* alzamiento, putsch, golpe.

putschiste *adj* & *s* golpista.

puy [pɥi] *m* monte, montaña *f*.

Puy-de-Dôme [pɥidədom] *n pr m* GÉOGR Puy-de-Dôme; dans le Puy-de-Dôme en Puy-de-Dôme.

puzzle [pœzl] *m* rompecabezas (jeu).

P-V (abr de procès-verbal) *m* multa *f*.

PVC (abr de PolyVinylChloride) *m* PVC.

PVD (abr de pays en voie de développement) *m* PVD.

px à déb. (abr écrite de prix à débattre) precio negociable.

pycnomètre *m* picnómetro.

pyélite *f* MÉD pielitis.

pyélo-néphrite *f* pielonefritis.

pygargue *m* pigargo (oiseau).

Pygmalion *n pr* MYTH Pigmalión.

pygmée *m* & *f* pigmeo, a.

Pygmées *n pr m pl* pigmeos.

pyjama *m* pijama.

Pylade *n pr* MYTH Pílades.

pylône *m* pilón (en Égypte) ‖ pilar (pilier) ‖ TECHN poste (poteau).

pylore *m* ANAT píloro.

pylorique *adj* pilórico, ca.

pyogène *adj* MÉD piógeno, na.

Pyongyang *n pr* GÉOGR Pyongyang, P'yong-yang.

pyorrhée *f* MÉD piorrea.

pyrale *f* pirausta, piral (insecte).

pyramidal, e *adj* piramidal; objets pyramidaux objetos piramidales ▌ FIG enorme, garrafal (énorme).

pyramide *f* pirámide ■ pyramide des âges pirámide de las edades [estructura por edades] ▌tronc de pyramide tronco de pirámide.

pyramidé, e *adj* piramidal.

pyramidion *m* ARCHIT piramidión.

pyrène *m* CHIM pireno.

pyrénéen, enne *adj* pirenaico, ca.

Pyrénéen, enne *m & f* pirenaico, ca.

Pyrénées *n pr f pl* GÉOGR les Pyrénées los Pirineos.

▌ LA PAIX DES PYRÉNÉES
El tratado firmado el 7 de noviembre de 1659, por Mazarino y Luis Méndez de Haro, puso fin a las hostilidades entre Francia y España. Ésta cedió a Francia parte del Rosellón, Artois y varias ciudades en Flandes. Se acordó la boda entre Luis XIV y la hija de Felipe IV, María Teresa, que así renunciaba a sus derechos a la Corona de España a cambio de una cuantiosa dote.

Pyrénées-Atlantiques *n pr f pl* GÉOGR Pyrénées-Atlantiques; dans les Pyrénées-Atlantiques en Pyrénées-Atlantiques.

Pyrénées-Orientales *n pr f pl* GÉOGR Pyrénées-Orientales; dans les Pyrénées-Orientales en Pyrénées-Orientales.

pyrénéite *f* pireneita (grenat).

pyrénomycètes *m pl* pirenomicetos.

pyrèthre *m* BOT pelitre.

pyrétothérapie *f* MÉD piretoterapia.

Pyrex® *m* Pirex [vidrio que resiste al fuego].

pyrexie *f* MÉD pirexia.

pyridine *f* CHIM piridina.

pyrite *f* MIN pirita.

pyriteux, euse *adj* piritoso, sa.

pyrogallique *adj m* pirogálico, ca.

pyrogénation *f* pirogenación.

pyrogéné, e *adj* CHIM pirogenado, da.

pyrographe *m* pirógrafo.

pyrograver [3] *v tr* pirograbar.

pyrograveur *m* obrero que hace pirograbados.

pyrogravure *f* pirograbado *m*.

pyrole *f* BOT pírola.

pyroligneux, euse *adj* CHIM piroleñoso, sa.

pyrolusite *m* MIN pirolusita.

pyrolyse *f* pirolisis.

pyromancie *f* piromancia.

pyromane *m* pirómano.

pyromètre *m* pirómetro (thermomètre).

pyrométrie *f* pirometría.

pyrométrique *adj* pirométrico, ca.

pyrophore *m* CHIM piróforo.

pyrophorique *adj* CHIM pirofórico, ca.

pyrophosphorique *adj* pirofosfórico, ca.

pyroscaphe *m* piróscafo [barco de vapor].

pyrosulfurique *adj* pirosulfúrico, ca.

pyrotechnicien *m* pirotécnico.

pyrotechnie *f* pirotecnia.

pyrotechnique *adj* pirotécnico, ca.

pyroxène *m* MIN piroxeno.

pyroxilé, e *adj* piroxilado, da.

pyroxyle *m* CHIM piróxilo.

pyroxyline *f* CHIM piroxilina.

pyrrhique *f* pírrico, ca.
◇ *m* POÉT (ancien) pirriquio.

Pyrrhon *n pr* Pirrón.

pyrrhonien, enne *adj & s* pirrónico, ca (sceptique).

pyrrhonisme *m* pirronismo (scepticisme).

Pyrrhos; Pyrrhus *n pr* Pirro; victoire à la Pyrrhus victoria pírrica.

pyrrole; pyrrol *m* pirrol.

pyruvique *adj* CHIM pirúvico, ca.

Pythagore *n pr* Pitágoras.

pythagoricien, enne *adj & s* pitagórico, ca.

pythagorique *adj* pitagórico, ca.

pythagorisme *m* pitagorismo.

Pythias [pitjas] *n pr* Pitias.

pythie *f* pitonisa, pitia.

pythien, enne *adj* MYTH pitio, tia.

pythiques *adj m pl* píticos (jeux).

python *m* pitón (serpent).

Python *n pr m* MYTH Pitón.

pythonisse *f* pitonisa.

pyurie *f* MÉD piuria.

pyxide *f* BOT pixidio *m* ▌ECCLÉS píxide.

q; Q [ky] *m* q *f.*

OBSERV Esta letra tiene igual sonido en español que en francés. Generalmente va seguida de u, excepto en final de palabra. En las combinaciones que, qui, la u es muda en francés, excepto en algunas voces como questeur, questure, quetsche. Los grupos qua y quo se pronuncian en general cua, cuo, salvo algunas excepciones que se señalan en la pronunciación figurada.

Qatar *n pr m* GÉOGR le Qatar Qatar, Katar.

qatari [katari] *adj* qatarí.

Qatari *m & f* qatarí.

QCM (abr de questionnaire à choix multiple) *m* examen de tipo test.

QG (abr de quartier général) *m* CG.

QHS (abr de quartier de haute sécurité) *m* departamento de alta seguridad, en las cárceles francesas.

QI (abr de quotient intellectuel) *m* CI.

Qom; Qum *n pr* GÉOGR Qum, Qom.

qqch (abr écrite de quelque chose) algo.

qqn (abr écrite de quelqu'un) alguien.

QSR (abr de quartier de sécurité renforcée) *m* departamento de seguridad reforzada.

quadragénaire [kwadraʒenɛr] *adj & s* cuadragenario, ria; cuarentón, ona FAM.

quadragésimal, e *adj* (p us) cuaresmal; sermons quadragésimaux sermones cuaresmales.

quadragésime *f* (vx) cuaresma ‖ dimanche de la quadragésime domingo de la cuadragésima.

quadrangle *m* GÉOM cuadrángulo.

quadrangulaire *adj* GÉOM cuadrangular.

quadrant [kadrɑ̃] *m* GÉOM cuadrante.

quadratin *m* IMPR cuadratín.

quadratique *adj* relativo al cuadrado ■ MATH équation quadratique ecuación de segundo grado ‖ PHYS système quadratique sistema tetragonal (cristallographie).

quadrature *f* GÉOM cuadratura ‖ FIG c'est la quadrature du cercle es la cuadratura del círculo.

quadrette *f* equipo *m* de cuatro jugadores (au jeu de boules).

quadriceps *adj & s m* cuadriceps (muscle).

quadrichromie *f* cuatricromía.

quadriennal, e *adj* cuadrienal, cuatrienal.

quadrifide *adj* cuadrífido, da (feuille).

quadrifolié, e *adj* cuadrifolio, lia.

quadrige *m* cuadriga *f.*

quadrijumeaux *adj m pl* ANAT cuadrigéminos.

quadrilatéral, e *adj* cuadrilátero, ra; terrains quadrilatéraux terrenos cuadriláteros.

quadrilatère *adj & s m* GÉOM cuadrilátero.

quadrillage [kadrijaʒ] *m* cuadrícula *f* ‖ cuadriculado ‖ MIL división *f* en zonas.

quadrille [kadrij] *m* contradanza *f* (danse), lanceros *pl* ‖ grupo de jinetes (dans un carrousel).

quadriller [3] [kadrije] *v tr* cuadricular ‖ MIL dividir en zonas.

quadrillion ▸ quatrillion.

quadrimoteur *adj & s m* AVIAT cuatrimotor, tetramotor.

quadripartite *adj* cuadripartito, ta.

quadriphonie [kwadrifɔni] *f* cuadrafonía.

quadripolaire *adj* de cuatro polos.

quadriréacteur *adj & s m* AVIAT cuatrirreactor.

quadrivalence *f* CHIM tetravalencia.

quadrivalent, e *adj* CHIM tetravalente.

quadrivium [kwadrivjɔm] *m* cuadrivio.

quadrumane *adj & s m* ZOOL cuadrumano, na.

quadrupède *adj m & s m* cuadrúpedo.

quadruple *adj* cuádruple ‖ MUS quadruple croche semifusa.
◇ *m* cuádruplo.

quadruplement *m* cuadruplicación *f.*

quadrupler [3] *v tr & intr* cuadruplicar.

quadruplés, ées [kwadryple] *m & f pl* cuatrillizos, zas (enfants).

quadruplex *m* cuádruplex (télégraphe).

quadruplication *f* cuadruplicación.

quadrysillabe *m* cuatrisílabo.

quadrysillabique *adj* cuatrisílabo, ba.

quai [kɛ] *m* muelle (d'un cours d'eau, au bord de la mer); se mettre à quai atracar al muelle ‖ avenida *f*, paseo (entre l'eau et les maisons) ‖ andén (chemin de fer).

QUAI
Los nombres "Quai d'Orsay" y "Quai des Orfèvres" se utilizan a menudo para hacer referencia a los ministerios situados en las calles del mismo nombre: el Ministerio de Asuntos Extranjeros y la Policía Judicial, respectivamente. Por su parte, el "Quai de Conti" designa la "Académie française", academia de la lengua francesa.

quaker, keresse [kwɛkœr, krɛs] *m & f* cuáquero, ra.

quakerisme [kwɛkərism] *m* cuaquerismo.

qualifiable [kalifjabl] *adj* calificable ‖ ce n'est pas qualifiable no tiene nombre (indignation).

qualificateur [kalifikatœr] *m* calificador (du Saint-Office).

qualificatif, ive [kalifikatif, iv] *adj & s m* calificativo, va.

qualification [kalifikasjɔ̃] *f* calificación (attribution) ‖ calificación (pour une épreuve sportive) ‖ capacitación, cualificación (d'un ouvrier); contrat de qualification contrato de cualificación.

qualifié, e [kalifje] *adj* calificado, da ‖ capacitado, da; il n'est pas très qualifié pour faire ce travail no está muy capacitado para efectuar esa labor ■ ouvrier qualifié obrero cualificado ou especializado ‖ DR vol qualifié robo con agravantes.

qualifier [9] [kalifje] *v tr* calificar ‖ cualificar (un ouvrier).
➤ se qualifier *v pr* calificarse.

qualitatif, ive *adj* cualitativo, va.

qualitativement *adv* cualitativamente.

qualité [kalite] *f* cualidad (propriété caractéristique); la vitesse, qualité essentielle d'un avion la velocidad, cualidad esencial de un avión ‖ calidad (ensemble des qualités); un avion de qualité un avión de calidad ‖ calidad; préférer la qualité à la quantité preferir la calidad a la cantidad ‖ calidad (condition); qualité de citoyen calidad de ciudadano ■ qualité de la vie calidad de vida ‖ rapport qualité-prix relación calidad precio ‖ homme de qualité hombre de calidad ‖ en qualité de en calidad de, como ■ avoir qualité pour tener autoridad para, estar autorizado para.
➤ **qualités** *f pl* DR apuntamiento *m sing* ‖ aptitud, cualidad, disposiciones *pl*, dotes *pl*; cet enfant a de bonnes qualités este niño manifiesta buenas disposiciones.

quand [kɑ̃] *adv* cuándo; quand partez-vous? ¿cuándo sale usted?
◇ *conj* cuando; en el momento en que; quand il est arrivé, il m'a salué cuando llegó, me saludó; quand vous serez vieux cuando sea usted viejo ‖ aun cuando; quand je le saurais, je me tairais aun cuando lo supiese, me callaría; quand bien même je parlerais, ils me feraient taire cuando hablase, me harían callar ■ FAM quand même a pesar de todo, con todo y con eso; on me l'a défendu, mais

je le ferai quand même me lo han prohibido, pero lo haré a pesar de todo ∥ quand même, quand bien même aun cuando, incluso si ∥ FAM quand même! ¡vamos!, ¡lo que faltaba!

> OBSERV Cuando porte un accent écrit sur le a lorsque c'est un adverbe interrogatif. Lorsque la conjonction quand introduit une préposition subordonnée au futur en français, la conjonction équivalente cuando doit être suivie du présent du subjonctif en espagnol.

quant, e [kɑ̃, ɑ̃t] *adj* (vx) cuanto, ta; **quantes fois** cuantas veces ∥ **toutes et quantes fois que** todas las veces que.

quant à [kɑ̃ta] *loc prép* en cuanto a, con respecto a, por lo que se refiere a.

quanta [kwɑ̃ta] *m pl* PHYS quanta, cuanta.

> OBSERV El singular de quanta es quantum.

quant-à-moi [kɑ̃tamwa] *m inv*; **quant-à-soi** [kɑ̃taswa] *m inv* reserva *f*, actitud *f* de reserva; **rester sur son quant-à-soi** guardar las distancias.

quantième [kɑ̃tjɛm] *m* día; **ne pas savoir le quantième du mois où l'on est** no saber el día del mes en que estamos.

quantifiable *adj* que se puede cuantificar.

quantification [kɑ̃tifikasjɔ̃] *f* cuantificación, determinación de la cantidad.

quantifier [9] [kɑ̃tifje] *v tr* determinar la cantidad de algo ∥ PHYS cuantificar, aplicar a un fenómeno la teoría de los quanta.

quantique [kɑ̃tik] ou [kwɑ̃tik] *adj* cuántico, ca; **mécanique quantique** mecánica cuántica ∥ **physique quantique** física cuántica.

quantitatif, ive [kɑ̃titatif, iv] *adj* cuantitativo, va ∥ CHIM **analyse quantitative** análisis cuantitativo.

quantitativement *adv* cuantitativamente.

quantité [kɑ̃tite] *f* cantidad; **mesurer une quantité** medir una cantidad ∥ **una gran cantidad**, un gran número *m*; **quantité de gens disent** una gran cantidad de gente dice ∥ ÉLECTR cantidad adjective, adverbe de quantité adjetivo, adverbio de cantidad ∎ **du travail en quantité** trabajo en cantidad ∥ **en grande quantité** en gran cantidad ∥ **en quantités industrielles** en cantidades industriales.

> OBSERV El verbo (o adjetivo) puede concordar con el complemento: une quantité d'enfants parurent, quantité de gens en sont sûrs.

quantum [kwɑ̃tɔm] *m* cantidad *f* (dans une répartition) ∥ cuantía *f* (montant d'une indemnisation) ∥ PHYS quantum.

> OBSERV pl quanta.

quarantaine [karɑ̃tɛn] *f* cuarentena (âge) ∥ cuarentena, unos *m pl* cuarenta; **une quarantaine de soldats** unos cuarenta soldados ∥ cuarentena (navire, malade) ∎ **avoir la quarantaine** tener los cuarenta, ser un cuarentón ∥ **mettre quelqu'un en quarantaine** poner a alguien en cuarentena.

quarante [karɑ̃t] *adj num card & s m* cuarenta ∥ FAM **les Quarante** los miembros de la Academia Francesa ∥ **se moquer d'une chose comme de l'an quarante** importarle a uno algo un bledo.

quarante-huitard, e *adj & s* HIST revolucionario, ria de 1848 [Francia].

quarantenaire [karɑ̃tnɛr] *adj* de cuarentena, cuarentenal; **mesures quarantenaires** medidas de cuarentena.

> *m* lugar de cuarentena, lazareto.

quarantième [karɑ̃tjɛm] *adj num ord & s* cuadragésimo, ma ∥ cuarentavo, va (fraction).

quarderonner [3] [kardərɔne] *v tr* ARCHIT redondear un ángulo en cuarto bocel.

quark [kwark] *m* PHYS quark.

quart, e [kar, kart] *adj* MÉD **fièvre quarte** cuartana.

➔ **quart** *m* cuarto (heure) ∥ cuarto, cuarta *f* parte; **un quart de mètre** un cuarto de metro; **trois est le quart de douze** tres es la cuarta parte de doce ∥ botella *f* de a cuarto; **un quart d'eau minérale** una botella de a cuarto de agua mineral ∥ MAR guardia *f*, cuarto; **être de quart** estar de guardia ∥ MIL taza metálica (gobelet) ∎ MUS **quart de soupir** silencio de semicorchea ∥ SPORTS **quarts de finale** cuartos de final ∎ **les trois quarts du temps** casi siempre, la mayor parte del tiempo ∥ **portrait de trois quarts** retrato de medio perfil ∎ FIG **au quart de tour** a la primera ∥ **aux trois quarts** en gran parte, casi totalmente ∥ **pour le quart d'heure** por el momento, por ahora ∥ FIG **démarrer au quart de tour** arrancar a la primera ∥ **il est le quart** son y cuarto ∥ **il est moins le quart** son las menos cuarto ∥ **passer un mauvais quart d'heure** pasar un mal rato ∥ MAR **prendre le quart** entrar de guardia.

quartager [17] [kartaʒe] *v tr* AGRIC cuartar, dar una cuarta labor.

quartannier [kartanje] *m* jabalí de cuatro años.

quartaut [karto] *m* cuarterola *f*, pequeño tonel para vino o cerveza *f* [de capacidad variable según las regiones].

quart-de-cercle [kardəsɛrkl] *m* ASTRON (ancien) segmento graduado.

> OBSERV pl quarts-de-cercle.

quart-de-pouce [kardəpus] *m* cuentahílos.

> OBSERV pl quarts-de-pouce.

quart-de-rond [kardərɔ̃] *m* ARCHIT cuarto bocel.

> OBSERV pl quarts-de-rond.

quarte [kart] *f* cuartillo *m* (unité de mesure) ∥ cuarta (parade d'escrime).

quarté [karte] *m* quiniela hípica donde hay que acertar los cuatro primeros caballos.

quartefeuille [kartəfœj] *f* BLAS florón *m* de cuatro hojas.

quartelette [kartəlɛt] *f* pizarra pequeña.

quartenier [kartənje] *m* (ancien) jefe de la policía en un barrio (sous l'Ancien Régime).

quarteron [kartərɔ̃] *m* cuarterón (mesure de poids) ∥ FIG puñado, pequeño número; **un quarteron d'officiers** un puñado de oficiales.

quarteron, onne [kartərɔ̃, ɔn] *adj & s* cuarterón, ona (métis).

quartet [kwarte] *m* INFORM cuarteto.

quartette *m* MUS cuarteto.

quartidi *m* cuarto día de la década en el calendario republicano francés.

quartier [kartje] *m* cuarta *f* parte, cuarto (en général) ∥ gajo, casco (d'orange) ∥ trozo, porción *f* (d'une tarte) ∥ cuarto (d'un bœuf) ∥ barrio (d'une ville) ∥ contrafuerte (de chaussure) ∥ fal-

dón (de selle) ∥ trimestre ∥ cuarto (degré de descendance dans une famille) ∥ ASTRON cuarto; **premier, dernier quartier** cuarto creciente, menguante ∥ BLAS cuartel ∥ FIG gracia *f*, perdón ∥ MIL acuartelamiento (lieu occupé par la troupe) ∎ **quartier commerçant, résidentiel** barrio comercial, residencial ∥ **quartier de haute sécurité (QHS)** departamento de alta seguridad (prison) ∥ CONSTR **quartier de pierre** bloque de piedra ∥ MIL **quartier d'hiver, quartier général** cuartel ou refugio de invierno, cuartel general ∎ **pas de quartier!** ¡guerra sin cuartel! ∎ **avoir quartier libre** estar ou dejar libre ∥ **avoir ses quartiers de noblesse** ser de alta alcurnia, de rancio abolengo ∥ **donner, faire quartier** dar cuartel, acordar gracia.

quartier-maître *m* MAR cabo de la marina.

> OBSERV pl quartiers-maîtres.

quarto [kwarto] *adv* cuarto, en cuarto lugar.

quartz [kwarts] *m* MIN cuarzo.

quartzeux, euse [kwartsø, øz] *adj* GÉOL cuarzoso, sa.

quartzifère [kwartsifɛr] *adj* cuarcífero, ra.

quartzite [kwartsit] *m* cuarcita *f*.

quasar *m* ASTRON quásar.

quasi [kazi] *m* trozo de pierna (de bœuf ou de veau).

quasi [kazi] *adv* casi.

quasi-contrat [kasikɔ̃tra] *m* DR cuasicontrato.

> OBSERV pl quasi-contrats.

quasi-délit [kazideli] *m* DR cuasidelito.

> OBSERV pl quasi-délits.

quasiment [kazimɑ̃] *adv* FAM casi.

Quasimodo [kazimodo] *f* RELIG Domingo *m* de Cuasimodo.

> *n pr* LITT Quasimodo.

quassia [kasja] ou [kwasja]; **quassier** *m* BOT cuasia.

quassine [kasin] *f* CHIM cuasina, cuasita.

quater [kwatɛr] *adv* por cuarta vez ∥ en cuarto lugar.

quaternaire [kwatɛrnɛr] *adj* que vale cuatro ou es divisible por cuatro ∥ CHIM & MATH cuaternario, ria.

> *adj & s m* cuaternario, ria; **ère quaternaire, le quaternaire** era cuaternaria, el cuaternario.

quaterne *f* cuaterna (à la loterie).

quaternion *m* MATH cuaternio, cuaternión.

quatorze [katɔrz] *adj & s m* catorce.

> *adj ord* catorce; decimocuarto, ta; **chapitre quatorze** capítulo catorce ou decimocuarto ∥ **Louis XIV (quatorze)** Luis XIV [catorce].

quatorzième [katɔrzjɛm] *adj ord & s* decimocuarto, ta ∥ catorzavo, va (fraction) ∥ **le quatorzième siècle** el siglo catorce.

quatorzièmement [katɔrzjɛmmɑ̃] *adv* en decimocuarto lugar.

quatrain [katrɛ̃] *m* cuarteto (vers de onze syllabes) ∥ cuarteta *f* (vers octosyllabe).

quatre [katr] *adj num & s m* cuatro; **quatre à quatre** de cuatro en cuatro ∥ **à quatre pattes** a cuatro patas ∥ MUS **morceau à quatre mains** pieza a cuatro manos (piano) ∎ cou-

per les cheveux en quatre hilar muy fino, cortar un pelo en el aire ▮ **FAM** se mettre en quatre pour quelqu'un desvivirse por alguien, deshacerse en atenciones con alguien, tratar a cuerpo de rey ▮ se tenir à quatre dominarse, contenerse, aguantarse.
◇ *adj ord* cuarto; Henri IV (quatre) Enrique IV [cuarto].

Quatre-Cantons *n pr m pl* **GÉOGR** le lac des Quatre-Cantons el lago de los Cuatro Cantones.

quatre-cent-vingt-et-un [katrəsɑ̃vɛ̃teœ̃] ou [katsɑ̃vɛ̃teœ̃] *m* cuatrocientos veintiuno [juego de dados].

quatre-de-chiffre [katrədəʃifr] *m inv* trampa *f* para pájaros ou ratones.

quatre-épices [katrepis] *m inv* **BOT** neguilla *f*.

quatre-feuilles [katrəfœj] *m inv* **ARCHIT** cuatrifolio.

quatre-huit [katrəɥit] *m inv* **MUS** compás de cuatro por ocho.

quatre-mâts [katrəma] *m inv* **MAR** velero de cuatro palos.

quatre-quarts *m inv* **CULIN** bizcocho compuesto de cuatro ingredientes en partes iguales.

quatre-quatre *m inv* **MUS** medida en cuatro tiempos.
◇ *f* ou *m inv* coche todo terreno.

quatre-saisons [katrəsɛzɔ̃] ou [katsɛzɔ̃] *f inv* **BOT** variedad de fresa ▮ marchande des quatre-saisons verdulera ambulante.

quatre-temps *m pl* **ECCLÉS** témporas *f*.

quatre-vingt ► **quatre-vingts**.

quatre-vingt-dix [katrəvɛ̃dis] *adj & s m* noventa.

quatre-vingt-dixième [katrəvɛ̃dizjɛm] *adj & s* nonagésimo, ma ▮ noventavo, va (fraction).

quatre-vingtième [katrəvɛ̃tjɛm] *adj & s* octogésimo, ma ▮ ochentavo, va (fraction).

quatre-vingts; quatre-vingt [katrəvɛ̃] *adj & s m* ochenta.
▮ **OBSERV** Pierde la s cuando precede a otro número: quatre-vingt-quatre ochenta y cuatro; y cuando es empleado como adjetivo numeral: page quatre-vingt, année mille huit cent quatre-vingt.

quatrième [katrijɛm] *adj ord & s* cuarto, ta.
◇ *f* cuarta (jeu de cartes) ▮ tercer curso *m* de bachillerato ▮ **MATH** quatrième proportionnelle cuarta proporcional.

quatrièmement [katrijɛmmɑ̃] *adv* en cuarto lugar, cuarto.

quatrillion [katrijɔ̃]; **quadrillion** [kadrijɔ̃] *m* cuatrillón.

quattrocento [kwatrotʃento] *m* siglo XV, quattrocento.

quatuor [kwatɥɔr] *m* **MUS** cuarteto.

que [kə] *pron rel* que; le livre que je lis el libro que estoy leyendo ▮ a quien, al que, a la que, al cual, a la cual; la personne que j'aime la persona a quien quiero.
◇ *pron interr* qué; que dis-tu? ¿qué dices? ▮ de qué, para qué; que lui sert de parler s'il ne peut rien prouver? ¿de qué le sirve hablar si no puede demostrar nada? ▮ qu'est-ce que...? ¿qué es lo que...? ¿qué...?
◇ *conj* que; je veux que tu viennes quiero

que vengas ▮ para que; venez que l'on vous félicite venga para que le felicitemos ▮ antes que; je n'irai pas que tout ne soit prêt no iré antes que todo esté listo ▮ ya que (puisque) ▮ que (pour exprimer un souhait, un ordre, une imprécation); qu'il s'en aille que se vaya (quelquefois le "que" peut être supprimé: que je meure si... muera yo si...) ▮ Que ne se traduit pas lorsqu'il remplace certaines conjonctions ou adverbes déjà exprimés; quand on est riche et qu'on est généreux cuando se es rico y se es generoso; s'il m'écrit et qu'il me demande de l'argent si me escribe y me pide dinero. ▮ Que de ne se traduit pas; c'est une faute que de s'obstiner es un error obstinarse ▮ que non! ¡ca!, ¡claro que no! ▮ que si! ¡claro que sí! ▮ à peine... que apenas... cuando ▮ aussi bien que tan bien como ▮ aussi... que tan... como ▮ autant... que tanto... como ▮ c'est... que es... donde (lieu), es... cuando (temps), es... como (manière), es... a quien (personne) ▮ d'autant plus que tanto más cuanto que ▮ il n'est que de no hay más que ▮ moins, plus... que menos, más... que ▮ si... que tan... que ▮ tout autre que cualquier otro que no fuese.
◇ *adv* qué; que vous êtes jolie! ¡qué guapa está! ▮ por qué; que ne le disiez-vous? ¿por qué no lo decía? ▮ que de cuánto, ta; que d'hommes! ¡cuántos hombres! ▮ que ne... je quién; que ne puis-je aller en vacances! ¡quien pudiera irse de vacaciones! ▮ cruel que vous êtes! ¡qué cruel es usted!

Québec *n pr* **GÉOGR** le Québec (el) Quebec (province); la province de ou du Québec la provincia de ou del Quebec ▮ Quebec (ville).

LE QUÉBEC
Fundada por Champlain en 1608, esta provincia canadiense es francófona en su mayoría aunque fue incorporada a la Corona británica en 1763. Hoy en día, el francés es el idioma oficial del Quebec que se ha convertido en el principal centro de la cultura franco-canadiense.

québécisme *m* giro propio a la lengua francesa hablada en Quebec.

québécois, e *adj* quebequés, esa.

Québécois, e *m & f* quebequés, esa.

quebracho *m* quebracho (arbre).

quechua; quichua *m* **LING** quechua, quichua.

Queensland *n pr m* **GÉOGR** le Queensland Queensland.

quel, elle *adj interr & exclam* qué (devant un nom ou un adjectif); quelle chance! ¡qué suerte!; quelle personne sympathique! ¡qué persona más simpática! ▮ cuál (devant un verbe); quel est votre but? ¿cuál es su propósito? ¿quién; quel est cet homme? ¿quién es este hombre? ▮ quel que cualquiera que; quels que soient les dangers, je les affronterai cualesquiera que sean los peligros, los arrostraré.

quelconque *adj indéf* cualquiera, cualquier; donner un prétexte quelconque dar cualquier pretexto ▮ **FAM** mediocre, del montón; un livre quelconque un libro mediocre.
▮ **OBSERV** Cualquiera pierd son a final lorsqu'il est placé immédiatement devant un nom ou un adjectif: un jour quelconque cualquier día; un pauvre homme quelconque cualquier pobre hombre. Le pluriel de cualquiera est cuales-

quiera: des choses quelconques cualesquiera cosas.

quelque [kɛlk] ou [kɛlkə] *adj indéf* alguno, na; as-tu quelque livre à me prêter? ¿tienes algún libro que dejarme? ▪ quelque chose algo; je vais vous montrer quelque chose de beau le voy a enseñar algo bonito ▮ quelque part en algún sitio; ce livre doit être quelque part este libro tiene que estar en algún sitio; en cierto sitio (coup de pied) ▮ quelque... que por mucho... que, por más... que; quelque effort qu'il fasse il n'arrive à rien por mucho esfuerzo que haga no consigue nada ▮ quelque... que, quelque... qui cualquiera que sea... que; quelques sujets que l'on discute cualesquiera que sean los temas que se discuten ▮ quelque temps algún tiempo ▪ ce mot me dit quelque chose esta palabra me suena, me dice algo ▮ ce visage me dit quelque chose esta cara me suena ou me resulta conocida ou me recuerda algo.
◇ *adv* cerca de; unos, unas; aproximadamente; il y a quelque six semaines hace unas seis semanas ▮ por, por muy, por más; quelque habile qu'il soit por muy hábil que sea ▮ quelque peu un poco, algo.
➤ **quelques** *adj indéf pl* algunos, nas; unos, unas; il a quelques amis tiene unos amigos ▮ unos pocos, unos cuantos, alguno que otro, uno que otro; il a écrit quelques pièces de théâtre ha escrito unas cuantas obras ou alguna que otra obra de teatro ▮ quelques autres otros pocos ▮ cent francs et quelques cien francos y pico.
▮ **OBSERV 1.** Alguno s'apocope en algún devant un substantif masculin singulier (quelque jour algún día).
2. La e final del adjetivo quelque no se elide nunca excepto delante de un o une (quelqu'un alguien; quelqu'une alguna).

quelquefois *adv* algunas veces, a veces.
▮ **OBSERV** No se confunda quelquefois a veces, con quelques fois varias veces.
SYN parfois a veces; de temps en temps de vez en cuando, de cuando en cuando.

quelques-uns, unes [kɛlkəzœ̃, yn] *pron indéf pl* varios, varias; algunos, algunas.

quelqu'un, e [kɛlkœ̃, yn] *pron indéf* alguien; quelqu'un est-il venu? ¿ha venido alguien? ▮ alguno, na; uno, una; quelqu'un de mes amis alguno de mis amigos ▮ **FAM** il se croit quelqu'un se cree alguien.

quémander [3] *v tr & intr* mendigar; quémander un emploi mendigar un empleo.

quémandeur, euse *m & f* pedigüeño, ña.

qu'en-dira-t-on *m inv* le qu'en-dira-t-on el qué dirán.

quenelle [kənɛl] *f* **CULIN** especie de croqueta [con pescado o carne].

quenotte *f* **FAM** dientecillo *m* (d'enfant).

quenouille [kənuj] *f* rueca (pour filer) ▮ copo *m*, husada, rocada; filer deux quenouilles hilar dos copos ▮ árbol *m* cortado en forma de huso ▮ tope *m* de obturación (obturateur pour le métal fondu) ▮ **AGRIC** tallo *m* (tige) ▮ tomber en quenouille recaer en hembra (un héritage).

Quentin [kɑ̃tɛ̃] *n pr* Quintín.

quérable *adj* **DR** requerible (un certificat, une créance).

quercitrine *f* **CHIM** quercitrina.

quercitron *m* quercitrón (teinture).

Quercy *n pr m* **GÉOGR** le Quercy Quercy.

querelle [kərɛl] *f* disputa, pendencia, camorra (rixe); **chercher querelle** buscar camorra ‖ (vx) querella (contestation) ■ **querelle d'Allemand** disputa sin fundamento ■ **épouser la querelle de quelqu'un** ponerse de parte de alguien.

quereller [4] [kərɛle] *v tr* reñir, regañar.
➤ **se quereller** *v pr* pelearse.

querelleur, euse [kərɛlœr, øz] *adj & s* pendenciero, ra; camorrista.

quérir *v tr* buscar, traer (chercher); **envoyer quérir le médecin** mandar buscar al médico.

| OBSERV Úsase solamente el infinitivo después de los verbos aller, envoyer y venir.

questeur [kɛstœr] *m* cuestor (à Rome) ‖ administrador de una asamblea legislativa.

question [kɛstjɔ̃] *f* pregunta; **poser une question** hacer una pregunta ‖ cuestión (sujet à discuter); **mettre une question sur le tapis** poner una cuestión sobre el tapete ‖ HIST tormento *m* (torture); **soumettre à la question** dar tormento ‖ cuestión, cosa; **c'est une question de vie ou de mort** es cuestión de vida o muerte ‖ tema *m*, asunto *m*; **des questions d'ordre général** asuntos de orden general ‖ problema *m*; **c'est là une question économique** eso es un problema económico; **questions sociales** problemas sociales ■ **question de confiance** voto de confianza ‖ **question piège** pregunta capciosa ‖ **question subsidiaire** pregunta subsidiaria ‖ INFORM **questions fréquentes** preguntas frecuentes ■ **la personne, le type en question** la persona, el tipo de marras ■ **en question de** que se trata; **l'affaire en question** el asunto de que se trata ‖ **pas question!** ¡ni hablar!, ¡ni pensarlo! ‖ **quelle question!** ¡vaya pregunta! ■ **être en question** estar puesto en tela de juicio ‖ **il en est question** así parece ‖ **il est question de** se trata de (il s'agit), parece que (il semble) ‖ **il n'est pas question d'y aller** ni hablar de ir ‖ **mettre en question** poner en duda ou en tela de juicio (examiner), someter a discusión (discuter) ‖ **poser la question de confiance** plantear ou presentar la cuestión de confianza ‖ **qu'il n'en soit plus question** que no se vuelva a hablar más de esto ‖ **remettre en question** volver a discutir ‖ **sortir de la question** salirse del tema.

questionnaire *m* cuestionario (recueil de questions) ‖ (vx) verdugo.

questionner [3] *v tr* preguntar, interrogar ‖ (vx) torturar, dar tormento.

questionneur, euse *adj & s* preguntón, ona; **un enfant questionneur** un niño preguntón.

questure [kɛstyr] *f* HIST cuestura ‖ oficina administrativa (d'une assemblée).

quête [kɛt] *f* LITT busca, búsqueda (recherche) ‖ colecta (à l'église); **faire la quête** hacer una colecta ‖ cuestación (sur la voie publique) ‖ MAR inclinación (d'un mât) ‖ ángulo *m* entre la quilla y el codaste ‖ **en quête de** en busca de, en pos de.

quêter [4] *v tr* buscar (chercher) ‖ ventear (chasse).
◇ *v intr* hacer la colecta, pedir (à l'église), postular (sur la voie publique).

quêteur, euse *adj & s* limosnero, ra (religieux) ‖ postulante, ta (sur la voie publique)

‖ ventor (chien) ‖ **quêteur d'honneurs** buscador de honores.

quetsche [kwɛtʃ] *f* ciruela damascena ‖ aguardiente *m* de ciruelas.

queue [kø] *f* cola (poissons, oiseaux, chevaux, animaux en général, robe) ‖ rabo *m* (chiens, taureaux, souris, chats, quadrupèdes) ‖ mango *m* (d'un ustensile) ‖ FIG cola (file d'attente, dernière partie d'un cortège) ‖ taco *m* de billar ‖ faldón *m* (d'une jaquette) ‖ fin *m*, final *m* ‖ cola (d'une comète, d'un avion) ‖ BOT pecíolo *m* (des feuilles), rabillo *m* (des fleurs et des fruits) ‖ IMPR rabo *m* (d'une lettre), birlí *m* (fin de page en blanc) ■ **queue de cheval** cola, coleta (coiffure) ‖ **coup de queue** coletazo ‖ **fausse queue** pifia (au billard) ‖ **piano à queue** piano de cola ‖ **tête à queue** tornillazo (dérapage d'une voiture) ■ **à la queue leu leu** en fila india, uno tras otro ‖ **en queue** en la cola (d'un train, d'un métro, etc.) ‖ **sans queue ni tête** sin pies ni cabeza ■ **avoir la queue basse** tener el rabo entre las piernas ‖ **faire la queue** hacer cola ‖ **faire une queue de poisson** cerrarse ‖ **finir en queue de poisson** quedar en agua de borrajas ‖ FAM **n'en avoir pas la queue d'un** estar sin un cuarto, estar pelado ‖ **prendre la queue, se mettre à la queue** ponerse a la cola ‖ **remuer, battre la queue** colear, dar coletazos ‖ **tenir la queue de la poêle** tener la sartén por el mango ‖ FAM **tirer le diable par la queue** estar a la cuarta pregunta.

queue-d'aronde *f* TECHN cola de milano, cola de pato (assemblage).
| OBSERV pl queues-d'aronde.

queue-de-cheval [køtʃəval] *f* cola de caballo.
| OBSERV pl queues-de-cheval.

queue-de-cochon *f* TECHN barrena de gusanillo.
| OBSERV pl queues-de-cochon.

queue-de-morue *f* pincel *m* plano (pinceau) ‖ FAM frac *m* (habit).
| OBSERV pl queues-de-morue.

queue-de-pie [kødpi] *f* FAM chaqué *m* (habit).
| OBSERV pl queues-de-pie.

queue de poisson *f* **faire des queues de poisson** cerrarse; **le camion m'a fait une queue de poisson** el camión me ha cerrado.
| OBSERV pl queues de poisson.

queue-de-rat [kødra] *f* TECHN cola de rata, limatón *m* (lime) ‖ MAR rabo *m* de rata.
| OBSERV pl queues-de-rat.

queue-de-renard [kødrənar] *f* BOT cola de zorra ‖ formón *m* (outil).
| OBSERV pl queues-de-renard.

queusot *m* tubo de vidrio para hacer el vacío.

queuter [3] *v intr* retacar (au billard) ‖ arrastrar (au croquet).

queux [kø] *f* afiladera, piedra de afilar oblonga.
◇ *m* (vx) cocinero; **un maître queux** un buen cocinero (cuisinier).

qui *pron rel* que; **l'homme qui vient** el hombre que viene ‖ quien; **qui trop embrasse mal étreint** quien mucho abarca poco aprieta ‖ quien, quienes, el que, los que, la que, la que, el cual, los cuales, la cual, las cuales (précédé d'une préposition); **ceux pour qui je parle** aquellos para quienes hablo ■ **qui...**

qui quién... quién ■ **celui qui** el que, quien ‖ **ce qui** lo que ■ **chez qui** en cuya casa, en casa de quien ■ **c'est moi qui** soy yo quien ‖ **c'est... qui** es... quien ou el que; **c'est son père qui parle** es su padre el que habla ‖ **il n'y a personne qui** no hay quien, no hay nadie que ‖ **qui pis est** lo que es peor ‖ **qui que ce soit** quienquiera ou cualquiera que sea.
◇ *pron interr* quién, quiénes; **qui sont ces deux garçons?** ¿quiénes son estos dos chicos?; **dis-moi qui va venir** dime quién va a venir; **pour qui voterons-nous?** ¿por quién votaremos? ‖ a quién; **qui as-tu rencontré?** ¿a quién has encontrado?

quia [kɥija]
➤ **à quia** *loc adv* sin saber qué hacer, qué responder ■ **être réduit à quia** estar en la mayor miseria ‖ **mettre à quia** dejar chafado ou cortado.

quiche [kiʃ] *f* tarta con tocino y jamón [entremés de Lorena].

quichua ➤ quechua.

quiconque *pron rel indéf* quienquiera que, cualquiera que; **quiconque le verra** quienquiera que le vea ‖ cualquiera, cualquier otro, cualquier; **vous le faites mieux que quiconque** lo hace mejor que cualquiera.
| OBSERV El pronombre quiconque no tiene ni plural ni forma femenina y, mientras en francés va seguido del indicativo, en español va siempre seguido del subjuntivo (quiconque est mère cualquiera que sea madre).

Quid [kwid] *m* **le Quid** enciclopedia francesa que recoge acontecimientos y cifras.

quidam [kɥidam] ou [kidam] *m* FAM quídam, fulano.

quiètement [kjɛtmɑ̃] *adv* tranquilamente, sosegadamente.

quiétisme [kjetism] *m* quietismo.

quiétiste [kjetist] *adj & s* quietista.

quiétude [kjetyd] *f* quietud, sosiego *m* ‖ **en toute quiétude** con toda tranquilidad.

quignon [kiɲɔ̃] *m* mendrugo, zoquete de pan.

quille [kij] *f* bolo *m* (jeu) ‖ MAR quilla (de bateau) ‖ MIL & ARG licencia ■ FAM zancas *pl* [jambe] ■ **quille de roulis** quilla de balance ‖ **recevoir quelqu'un comme un chien dans un jeu de quilles** recibir a alguien como perros en misa ou de mala manera.

quiller [3] *v intr* plantar los bolos (redresser les quilles) ‖ sortear la salida (déterminer le premier).

quillette [kijɛt] *f* rama de mimbre que se planta.

quillier [kije] *m* plataforma *f* donde se plantan los bolos ‖ juego de bolos (ensemble des quilles).

quillon [kijɔ̃] *m* gavilán (d'épée).

quinaire *adj & s m* quinario, ria.

quincaille [kɛ̃kaj] *f* FAM (vx) quincalla.

quincaillerie [kɛ̃kajri] *f* quincalla (marchandise métallique) ‖ ferretería, quincallería (magasin) ‖ FAM chatarra (objets sans valeur).

quincaillier, ère [kɛ̃kaje, ɛr] *m & f* ferretero, ra; quincallero, ra.

quinconce [kɛ̃kɔ̃s] *m* AGRIC tresbolillo; **plantation en quinconce** plantación al tresbolillo.

quindecemvirs [kɥɛ̃desɛmvir] *m pl* quinde-cenviros (à Rome).

quine [kin] *m* quinterno *m* (au jeu du loto).

quiné, e *adj* dispuesto de cinco en cinco.

quinine *f* quinina.

quinoa *m* quinua, quinoa (plante).

quinola *m* jota ou "valet" de corazones (au jeu de reversi).

quinoléine *f* CHIM quinoleína.

quinone *f* CHIM quinona.

quinquagénaire [kɛ̃kaʒenɛr] ou [kɥɛ̃kwaʒenɛr] *adj & s* quincuagenario, ria; cincuentón, ona FAM.

quinquagésime [kɛ̃kwaʒesim] *f* ECCLÉS quincuagésima.

quinquennal, e [kɛ̃kenal] *adj* quinquenal; jeux quinquennaux juegos quinquenales.

quinquennat [kɛ̃kena] *m* quinquenio.

quinquerce *m* pentatlón romano.

quinquet [kɛ̃kɛ] *m* (ancien) quinqué (lampe).
➠ **quinquets** *m pl* FAM (vieilli) clisos, sacáis (yeux).

quinquina [kɛ̃kina] *m* quino, quina *f* (arbre) ‖ MÉD quina *f*, quinquina *f* ‖ vino quinado (vin).

quint, e [kɛ̃, ɛ̃t] *adj ord* quinto; Charles Quint Carlos V [quinto].

quintaine *f* estafermo *m* (mannequin) ‖ FIG servir de quintaine ser cabeza de turco.

quintal *m* quintal (poids).
▌ OBSERV Le quintal métrique pèse 100 kg. L'ancien quintal espagnol (non métrique) pesait 100 livres.

quinte [kɛ̃t] *f* MUS quinta ‖ escalera (au poker); quinte au roi, quinte flush ou floche escalera al rey, escalera de color; quinte majeure escalera máxima ‖ quinta (escrime) ‖ MÉD acceso *m*, ataque *m* de tos (toux) ‖ FAM capricho *m*, humorada (caprice).

quintefeuille [kɛ̃tfœj] *f* BOT quinquefolio *m*, cincoenrama.
◇ *m* ARCHIT quinquefolio (ornement).

quintessence *f* quintaesencia.
▌ SYN suc zumo, jugo; moelle médula, medula; extrait extracto.

quintessencié, e *adj* quintaesenciado, da.

quintessencier [9] *v tr* quintaesenciar.

quintette [kɛ̃tɛt] ou [kɥɛ̃tɛt] *m* MUS quinteto.

quinteux, euse *adj* intermitente, por accesos (toux) ‖ FIG caprichoso, sa; malhumorado, da.

quintidi [kɛ̃tidi] *m* quintidi [quinto día de la década en el calendario republicano francés].

quintil [kɛ̃til] *m* quintilla *f* (strophe de cinq vers).

Quintillien [kɛ̃tiljɛ̃] *n pr* Quintiliano.

quintillion [kɥɛ̃tiljɔ̃] ou [kɛ̃tiljɔ̃] *m* quintillón.

quinto [kɥɛ̃to] *adv* (p us) quinto [en quinto lugar].

quintuple [kɛ̃typl] *adj & s m* quíntuplo, pla.

quintupler [3] *v tr & intr* quintuplicar.

quintuplés, ées *m & f pl* quintillizos, zas.

quinzaine [kɛ̃zɛn] *f* quincena, dos semanas ‖ unos quince, quincena (environ quinze) ‖ une quinzaine publicitaire, commerciale una quincena publicitaria, comercial.

quinze [kɛ̃z] *adj num inv* quince; dans quinze jours dentro de quince días ou dos semanas.
◇ *m inv* quince (chiffre) ‖ SPORTS le quinze de France el equipo nacional de rugby francés.
▌ 1515 ───
La fecha de la batalla de Marignano es tan conocida en Francia como 1492 en España: "moi, à part 1515, je ne connais rien à l'histoire de France".

Quinze-Vingts [kɛ̃zvɛ̃] *n pr m pl* les Quinze-Vingts en París, antiguo hospicio para ciegos, hoy servicio hospitalario de oftalmología.

quinzième [kɛ̃zjɛm] *adj ord & s* decimoquinto, ta ‖ quinzavo, va (fraction).

quinzièmement [kɛ̃zjɛmmɑ̃] *adv* en decimoquinto lugar.

quipo [kipo] *m* quipos (cordelettes des Quichuas).

quiproquo [kiprɔko] *m* quid pro quo, equivocación *f*.

Quirinal *n pr* GÉOGR le mont Quirinal el monte Quirinal.

quirite *m* quirite, ciudadano de Roma.

quiscale *m* quiscal (oiseau).

Quito *n pr* GÉOGR Quito.

quittance *f* recibo *m* ‖ FIG donner quittance de liberar de (une obligation), pagar (une dette).

quittancer [16] *v tr* dar recibo.

quitte *adj* libre; reconnaître un débiteur quitte de sa dette reconocer a un deudor libre de su deuda; être quitte de soucis estar libre de preocupaciones ‖ exento, ta; être quitte d'impôts estar exento de impuestos ■ quitte à con riesgo de, con peligro de; quitte à perdre sa place con riesgo de perder su puesto; sin perjuicio que, a reserva de; un système nommé aujourd'hui libéralisme, quitte à prendre demain un autre nom un sistema llamado hoy liberalismo, sin perjuicio que tome mañana otro nombre; aunque tenga, incluso si; je veux le renvoyer, quitte à lui payer une indemnité quiero echarle, incluso si tengo que pagarle una indemnización ‖ quitte ou double doble o nada, lo toma o lo deja (jeu) ■ en être quitte à bon marché salir bien parado ‖ en être quitte pour librarse con; en être quitte pour un avertissement librarse con una advertencia; costarle a uno; j'en suis quitte pour un million me cuesta un millón ‖ en être quitte pour la peur no haber sido más que el susto ‖ être quitte avec quelqu'un estar en paz con alguien ‖ être quitte de haberse librado de; être quitte d'une visite haberse librado de una visita ‖ jouer à quitte ou double jugar a doble o nada (jeu), jugarse el todo por el todo (tout risquer).
▌ OBSERV Quitte à es invariable.

quitter [3] *v tr* dejar, abandonar; quitter la partie abandonar la partida; quitter sa famille dejar su familia; quitter ses fonctions abandonar sus funciones ‖ irse de, marcharse de; quitter un lieu, son pays irse de un sitio, de su país ‖ quitarse, despojarse de; quitter son pardessus quitarse el abrigo ‖ separarse de; ne pas quitter quelqu'un d'un pas no separarse de uno ni un paso ‖ salirse de; fleuve qui a quitté son lit río que se ha salido de su cauce ‖ (vx) liberar, dispensar; quitter quelqu'un d'une dette dispensar a uno de una deuda ■ quitter la chambre salir de la habitación (malade) ‖ quitter la route (voiture), salirse de la carretera, despistarse ‖ quitter le droit chemin apartarse del buen camino ‖ quitter le lit levantarse ‖ quitter l'habit religieux salirse del convento, renunciar al hábito ‖ quitter un chemin apartarse de un camino ■ la vie l'a quittée se le ha ido ‖ ne pas quitter acompañar siempre, no dejar en paz; un désir qui ne nous quitte jamais un deseo que nos acompaña siempre; la maladie ne la quitte plus la enfermedad no la deja en paz; estar siempre presente; son souvenir ne me quitte pas su recuerdo está siempre presente en mí ‖ ne pas quitter des yeux no quitar la vista ou los ojos de encima, no apartar la vista de ‖ ne pas quitter quelqu'un d'une semelle pisar los talones de uno, no dejarle a uno ‖ quand l'âme quitte le corps cuando el alma se separa del cuerpo.
◇ *v intr* irse, marcharse (s'en aller) ‖ ne quittez pas no se retire (téléphone).
➠ **se quitter** *v pr* separarse; ils se sont quittés définitivement se separaron definitivamente ‖ separarse, despedirse; nous nous sommes quittés à l'aéroport nos despedimos en el aeropuerto.

quitus [kitys] *m* finiquito, descargo.

qui vive? *interj* ¿quién vive?
➠ **qui-vive** *m* être sur le qui-vive estar en alerta continua, estar muy atento.

Qum ➠ **Qom**.

quoi [kwa] *pron rel* que, lo que; c'est à quoi je pensais es en lo que pensaba; il n'y a pas de quoi se vanter no hay de qué estar orgulloso ■ quoi que por más que; quoi que vous disiez por más que usted diga ■ à cause de quoi por cuya causa ‖ en vue de quoi con cuyo objeto ‖ n'importe quoi cualquier cosa ‖ sans quoi sino, sin lo cual; j'ai la fièvre, sans quoi je serais venu tengo fiebre, sino hubiera ido ■ as-tu de quoi écrire? ¿tienes con qué escribir? ‖ il n'a pas de quoi se l'acheter no tiene con qué comprárselo ‖ il n'y a pas de quoi de nada, no hay de qué ‖ il n'y a pas de quoi être fier no hay por qué estar orgulloso ‖ il y a de quoi no es para menos; je me suis fâchée, mais il y avait de quoi me he enfadado, pero no era para menos ‖ quoi qu'il en soit sea lo que sea, sea lo que fuere ‖ quoi qu'on en dise a pesar de lo que se diga, dígase lo que se diga ‖ un je-ne-sais-quoi un no sé qué.
➠ **quoi?** *pron interr* qué; à quoi pensez-vous? ¿en qué piensa usted?, ¿en qué está usted pensando?; je ne sais pas de quoi il s'agit no sé de qué se trata ■ à quoi bon? ¿para qué? ‖ en quoi puis-je vous aider? ¿en qué puedo ayudarle? ‖ quoi de plus normal que es muy lógico que ‖ quoi faire? ¿qué hemos de hacer?
➠ **quoi!** *interj* ¡cómo! (comment); quoi! vous partez? ¡cómo! ¿se marcha usted? ¡vamos!, ¡vaya!, ¡hombre! (à la fin d'une phrase); c'est un bon garçon, quoi! es un buen chico, ¡vaya!; soyez poli, quoi! sea usted correcto, ¡vamos!; et puis quoi encore! y, ¿qué más quieres?

quoique *conj* aunque.

OBSERV 1. La conjunción **quoique** va siempre seguida del subjuntivo. La **e** final se elide solamente delante de una vocal.
2. La conjonction **aunque** est suivie de l'indicatif lorsqu'elle introduit un fait présenté comme réel, et du subjonctif si ce fait est présenté comme hypothétique.
SYN bien que, encore que aunque.

quolibet [kɔlibɛ] *m* pulla *f*, pullazo, rechifla *f*, chirigota *f*.

quorum [kɔrɔm] ou [kwɔrɔm] *m* quórum (d'une assemblée); **atteindre le quorum** tener quórum.

quota [kɔta] ou [kwɔta] *m* cuota *f*, cupo, contingente; **quota d'importation** cuota de importación.

quote-part [kɔtpar] *f* cuota, parte proporcional.

OBSERV pl quotes-parts.

SYN quotité cuota; **contribution** contribución; **cotisation** cotización; **écot** escote; **prorata** prorrateo.

quotidien, enne [kɔtidjɛ̃, ɛn] *adj* diario, ria; cotidiano, na.

➤ **quotidien** *m* diario, periódico (journal); **le quotidien du soir** el periódico de la tarde.

quotidiennement *adv* diariamente, a diario, cotidianamente.

quotidienneté *f* cotidianeidad.

quotient [kɔsjɑ̃] *m* MATH cociente, razón *f* ‖ **quotient intellectuel** coeficiente intelectual.

quotité [kɔtite] *f* cuota, parte ‖ DR **quotité disponible** tercio de libre disposición en una herencia.

R

r; R *m* r *f.*

OBSERV La letra r tiene un sonido más gutural en francés que en español. El sonido de la rr doble no se distingue en general del de la r, excepto en las voces que empiezan por los prefijos ir..., inter..., sur... como irrégulier irregular; interrègne interregno; surrénal suprarrenal, en que suenan dos r. La r es muda al final de los polisílabos en er o ier, portier [pɔrtje] portero; aimer [eme] amar, así como en los sustantivos monsieur [məsjø] señor, messieurs [mesjø] señores. En los monosílabos en er o ier se pronuncia la r, excepto en el caso de los verbos, como lier [lje] liar, atar; etc.

R (abr écrite de **roentgen**) R ▐ (abr écrite de **rand**) R.

r° (abr écrite de **recto**) recto.

ra *m inv* ra, rataplán [redoble del tambor].

Râ ➞ Rê.

rab; rabe *m* FAM ➠ **rabiot** ▐ il y a du rab hay de sobra ▐ vouloir du rab querer más.

rabâchage *m* FAM machaqueo, machaconería *f*, repetición *f*.

rabâcher [3] *v tr* machacar, machaconear, repetir.
◇ *v intr* repetirse.

rabâcheur, euse *adj & s* FAM machacón, ona.

rabais [rabɛ] *m* rebaja *f*, descuento ▐ baja *f* (des eaux) ■ adjuger au rabais adjudicar al mejor postor ▐ mettre au rabais rebajar ▐ vendre au rabais vender con rebaja.

rabaissant, e *adj* humillante.

rabaissement *m* rebaja *f*, disminución *f* (diminution) ▐ descenso, bajada *f* (descente) ▐ FIG rebajamiento (humiliation).

rabaisser [4] *v tr* bajar (descendre) ▐ bajar, rebajar (prix) ▐ FIG rebajar (abaisser) ▐ FIG & FAM rabaisser le caquet de quelqu'un bajar los humos a alguien.
➞ **se rabaisser** *v pr* rebajarse.

raban *m* MAR rebenque.

rabane *f* tejido *m* de rafia.

rabanter [3] *v tr* MAR sujetar con rebenques.

rabat [raba] *m* alzacuello, collarín (des ecclésiastiques) ▐ golilla *f* (des magistrats) ▐ rebote (d'une balle) ▐ birla *f* (quilles) ▐ ojeo (chasse) ▐ campana *f* (cheminée) ▐ rebaja *f*, baja *f* (prix) ▐ carterilla *f* (d'une poche) ▐ solapa *f* (livre).

Rabat *n pr* GÉOGR Rabat.

rabat-joie [rabaʒwa] *adj & s m inv* aguafiestas.

rabattable *adj* abatible.

rabattage *m* ojeo (chasse) ▐ rebaja *f*, baja *f* (rabais) ▐ AGRIC poda *f*, desmoche (des arbres).

rabattement *m* doblamiento, doblez *f* (action de plier) ▐ GÉOM proyección *f*.

rabatteur *m* ojeador ▐ FAM gancho (pour attirer des clients).

rabattoir *m* doblador, instrumento para doblar los bordes ▐ martillo de pizarrero (d'un ardoisier).

rabattre [83] *v tr* bajar; rabattre les bords d'un chapeau bajar las alas de un sombrero ▐ abatir (faire tomber) ▐ doblar, plegar (replier) ▐ rebajar, descontar; rabattre dix mille francs rebajar diez mil francos ▐ volver; col rabattu cuello vuelto ▐ planchar, sentar; rabattre un pli planchar una arruga ▐ ojear (chasse) ▐ allanar (la terre) ▐ remachar (un clou) ▐ rebajar (la couleur) ▐ pulimentar (le marbre) ▐ enganchar, pescar (des clients) ▐ rechazar, parar (un coup) ▐ birlar (au jeu de quilles) ▐ AGRIC podar, chapodar, desmochar (élaguer) ▐ GÉOM proyectar, abatir ▐ FIG rebajar, abatir (l'orgueil, etc.) ▐ FAM rabattre le caquet cerrar el pico (faire taire), bajar los humos (humilier).
◇ *v intr* torcer, tirar; rabattre sur le bord de la mer tirar hacia orillas del mar ▐ cerrar (tricot) ■ rabattre de rebajar ■ il faut en rabattre hay que ceder, hay que bajar sus pretensiones.
➞ **se rabattre** *v pr* recaer (retomber) ▐ volverse, echarse; se rabattre vers ou sur volverse hacia ▐ conformarse; n'ayant plus de viande, il se rabattit sur les légumes como ya no le quedaba carne se conformó con las verduras.

rabattu, e *adj* vuelto, ta; un chapeau à bords rabattus un sombrero con las alas vueltas ▐ chapeau rabattu sur les yeux sombrero inclinado hacia adelante.

rabbi *m* rabí (titre).

rabbin *m* rabino.

rabbinat [rabina] *m* rabinato, dignidad *f* de rabino.

rabbinique *adj* rabínico, ca.

rabbinisme *m* rabinismo (doctrine des rabbins).

rabdomancie *f* rabdomancia.

rabe ➠ rab.

rabelaisien, enne *adj & s* rabelesiano, na.

rabibocher [3] *v tr* FAM arreglar, componer, apañar (raccommoder) ▐ FIG & FAM hacer las paces entre, reconciliar; rabibocher deux amis hacer las paces entre dos amigos.

rabiot [rabjo]; **rab** *m* MIL & FAM sobras *f pl* de rancho (de vivres) ▐ recargo en el servicio (temps de service supplémentaire) ▐ suplemento, excedente, sobras *f pl* (de nourriture) ▐ trabajo suplementario, suplemento (de travail).

rabioter [3] *v tr* FAM mangar, hurtar, birlar, hacerse con.

rabique *adj* MÉD rábico, ca; virus rabique virus rábico.

râble *m* lomo, solomillo, rabada *f* ▐ rabadilla *f* (d'un lapin, d'un lièvre) ▐ TECHN hurgón (pour fourgonner) ▐ paleta *f* de fundidor ▐ MAR costillas *f*, cuadernas *f* (du bateau).

râblé, e *adj* FIG fornido, da; recio, cia; robusto, ta ▐ lomudo, da (un lièvre).

râblure *f* MAR alefriz *m* (du bordage).

rabonnir [32] *v tr* mejorar; les bonnes caves rabonnissent le vin las bodegas buenas mejoran el vino.
◇ *v intr* mejorarse.

rabot [rabo] *m* TECHN cepillo, garlopa *f* (de menuisier) ▐ batidera *f* (de maçon) ▐ raspador (de mine) ■ rabot à diamant diamante de vidriero ▐ TECHN rabot à moulures repasadera ▐ FIG passer le rabot cepillar, pulir, dar el último toque.

rabotage *m* cepillado, cepilladura *f.*

raboter [3] *v tr* cepillar, acepillar (le bois) ▐ FIG pulir, limar, corregir (polir).

raboteur *m* obrero que cepilla, acepillador.

raboteuse *f* cepilladora, labra (machine).

raboteux, euse *adj* áspero, ra; rasposo, sa ▐ desigual; escabroso, sa (inégal); chemin raboteux camino escabroso ▐ FIG tosco, ca; desigual; áspero, ra (style).

rabougri, e *adj* desmirriado, da; desmedrado, da; canijo, ja; encanijado, da (chétif).

SYN rachitique raquítico; ratatiné arrugado, acartonado, apergaminado.

rabougrir [32] *v intr* desmedrar, no crecer, encanijarse, ponerse canijo.
◇ *v tr* desmedrar, impedir el desarrollo, retrasar el crecimiento (retarder la croissance de); le froid rabougrit les arbres el frío impide el desarrollo de los árboles.
➞ **se rabougrir** *v pr* encogerse, achicarse (se recroqueviller) ▐ FIG embotarse, perder sus cualidades (perdre ses qualités).

rabougrissement *m* desmedro, desmejora *f* ▮ encogimiento, achicamiento ▮ FIG embotamiento, pérdida *f* de facultades.

rabouillère [rabujɛr] *f* gazapera, madriguera (terrier de lapins).

rabouilleur, euse [rabujœr, øz] *m* & *f* (VX) pescador que enturbia el agua.

rabouter [3] *v tr* empalmar, unir, ensamblar (des pièces de bois, de fer) ▮ coser dos telas, hacer añadidos (des étoffes).

rabrouer [3] *v tr* acoger, tratar con aspereza ▮ regañar, reprender ásperamente (gronder rudement).

rabroueur, euse *adj* & *s* regañón, ona; persona de mal genio (grondeur).

raca *m* loco, imbécil ▮ crier raca à quelqu'un decir injurias a uno.

racage *m* MAR racamento, racamenta *f*.

racahout [rakaut] *m* racahut (fécule alimentaire arabe).

racaille [rakaj] *f* chusma, gentuza, canalla (rebut de la société) ▮ desecho *m*, sobra, escoria (rebut).

raccommodable *adj* componible, reparable, que puede componerse ou arreglarse (réparable) ▮ remendable (avec une pièce), que puede zurcirse (avec une reprise) ▮ FIG que tiene arreglo, que puede arreglarse.

raccommodage *m* compostura *f*, arreglo (réparation) ▮ remiendo (pièce), zurcido (reprise).

raccommodement *m* reconciliación *f*, arreglo.

raccommoder [3] *v tr* componer, arreglar, reparar (réparer) ▮ [▷ SYN] remendar (rapiécer), zurcir (repriser), repasar (remettre en état) ▮ lañar, remendar (la vaisselle) ▮ FIG reconciliar, hacer las paces ▮ rehacer, echar un remiendo a (sa fortune) ▮ arreglar, reparar (une gaffe).
➤ **se raccommoder** *v pr* FIG reconciliarse, hacer las paces.

▮ SYN repriser, stopper zurcir; rapiécer, rapetasser remendar; ravauder remendar, zurcir.

raccommodeur, euse *m* & *f* reparador, ra ▮ lañador, ra (de vaisselle).

raccompagner [3] *v tr* acompañar a, despedir a (des visites).

raccord [rakɔr] *m* racor, empalme, enlace, unión *f* ▮ empalme, boquilla *f*, acoplamiento, enchufe flexible (de deux tuyaux) ▮ unión *f*, manguito, racor ▮ retoque (maquillage) ▮ CINÉM ajuste ▮ raccord de maçonnerie retoque de albañilería ▮ raccord de peinture retoque de pintura ▮ TECHN raccord fileté manguito de unión.

raccordé, e *adj* enlazado, da ▮ enchufado, da [tubos].

raccordement *m* empalme, conexión *f*, enlace ▮ empalme (chemin de fer) ■ bretelle de raccordement carretera de enlace ▮ voie de raccordement vía de maniobra.

raccorder [3] *v tr* empalmar, enlazar (joindre par un raccord) ▮ enlazar (relier) ▮ retocar, restaurar, reparar (réparer) ▮ ajustar retocar (maquillage) ▮ casar (tissus) ▮ TECHN conectar, enchufar; raccorder au réseau téléphonique conectar a la red telefónica.

raccourci, e *adj* abreviado, da (texte) ▮ acortado, da (vêtement) ▮ à bras raccourcis a brazo partido.
➤ **raccourci** *m* reducción *f* ▮ atajo, trocha *f* (chemin plus court) ▮ ARTS escorzo ▮ expresión *f* concisa ▮ en raccourci en resumen, en pocas palabras, en síntesis.

raccourcir [32] *v tr* acortar ▮ abreviar (abréger) ▮ encoger (rétrécir) ▮ FAM guillotinar, decapitar, cortar la cabeza ou el cuello (guillotiner).
◇ *v intr* & *pr* acortarse ▮ menguar (les jours) ▮ encoger (rétrécir) ▮ acortar el camino (chemin).

raccourcissement *m* acortamiento ▮ encogimiento (rétrécissement).

raccroc [rakro] *m* chiripa *f*, chamba *f* (au billard) ▮ par raccroc por ou de chiripa, por casualidad.

raccrochage *m* chiripa *f* ▮ pesca *f* (des passants) ▮ recuperación *f* (rattrapage).

raccrocher [3] *v tr* & *intr* volver a colgar; raccrocher un tableau volver a colgar un cuadro ▮ volver a enganchar; raccrocher une remorque volver a enganchar un remolque ▮ colgar (le téléphone) ▮ agarrar, recuperar, pescar, coger (ce qui s'échappe) ▮ FIG detener, parar (arrêter) ▮ cazar, enganchar (raccoler) ▮ ne raccrochez pas no cuelgue, no se retire (le téléphone).
➤ **se raccrocher** *v pr* agarrarse, aferrarse.

raccrocheur, euse *m* & *f* chambón, ona; chiripero, ra (au jeu).

raccrocheuse *f* FAM buscona, carrerista.

race *f* raza; race jaune raza amarilla ▮ FIG casta; chien de bonne race perro de buena casta ▮ bon chien chasse de race de casta le viene al galgo el ser rabilargo.

▮ SYN sang sangre; acabit índole; maison casa; engeance ralea; souche tronco, cepa; lignée linaje, estirpe; lignage alcurnia.

racé, e *adj* de raza (animal) ▮ con clase; fino, na (une personne).

racémique *adj* CHIM racémico, ca (acide).

racer *m* caballo de carreras (cheval) ▮ yate ou balandro de regatas (yacht).

raceur, euse *adj* & *s* semental de raza.

rachat [raʃa] *m* [▷ SYN] rescate, redención *f*; le rachat des captifs el rescate de los cautivos ▮ nueva *f* compra, DR retroventa *f* ▮ perdón, remisión *f*, indulto (pardon).

▮ SYN rédemption redención; salut salvación.

Rachel *n pr* Raquel.

rachetable *adj* rescatable, redimible ▮ que se puede volver a comprar ▮ perdonable, redimible (une faute).

racheter [28] *v tr* rescatar, redimir; racheter des captifs rescatar cautivos ▮ volver a comprar, comprar de nuevo (acheter de nouveau) ▮ comprar (acheter) ▮ liberarse (d'une obligation) ▮ FIG compensar, salvar; racheter ses défauts par ses qualités compensar sus defectos con sus cualidades; sa gentillesse rachète tout su simpatía lo salva todo ▮ ganar el perdón por, redimir; racheter ses péchés ganar el perdón por sus pecados.
➤ **se racheter** *v pr* rescatarse, redimirse ▮ FIG desquitarse (se rattraper).

racheteur, euse *m* & *f* comprador, ra ▮ redimidor, ra; rescatador, ra (de captifs).

rachialgie [raʃjalʒi] *f* MÉD raquialgia, dolor *m* en el raquis.

rachianesthésie; rachi-anesthésie [raʃianɛstezi]; **rachianalgésie** [raʃianalʒezi] *f* MÉD raquianestesia.

rachidien, enne [raʃidjɛ̃, ɛn] *adj* raquídeo, a (bulbe).

rachis [raʃis] *m* ANAT raquis.

rachitique [raʃitik] *adj* & *s* raquítico, ca.

rachitisme [raʃitism] *m* raquitismo.

Rachmaninov; Rakhmaninov [rakmaninɔf] *n pr* Rajmáninov.

racial, e *adj* racial; troubles raciaux trastornos raciales.

racinage *m* raíces *f pl* alimenticias ▮ cocimiento de maíz y hojas de nogal (décoction) ▮ dibujo que imita raíces, jaspeado (reliure).

racinal *m* viga *f* maestra.

racine *f* [▷ SYN] raíz; racines adventives raíces adventicias ▮ raigón *m*, raíz (des dents) ▮ MATH raíz ▮ GRAMM raíz ▮ sedal *m* (de ligne de pêche) ■ MATH racine carrée, cubique raíz cuadrada, cúbica ■ BOT racine pivotante raíz columnar ou nabiforme ou pivotante ■ FIG couper le mal dans sa racine ou à la racine cortar de raíz, extirpar ou arrancar el mal de raíz ▮ prendre racine arraigar, echar raíces, enraizar.

▮ SYN radicelle raicilla; souche tocón.

raciner [3] *v tr* teñir de color de nogal ▮ pintar ou dibujar raíces, jaspear (sur un livre).

racinien, enne *adj* raciniano, na; propio de Racine.

racisme *m* racismo.

raciste *adj* & *s* racista.

rack *m* (mot anglais) rack (meuble).

racket [rakɛt] *m* chantaje, extorsión *f*.

racketter [4] *v tr* extorsionar.

racketteur; racketter *m* chantajista.

raclage; raclement *m* raspado, raspadura *f*, raedura *f* ▮ poda *f*, limpia *f* (des taillis).

racle *f* MAR rasqueta ▮ raspador *m*, rascador *m* (grattoir).

raclée *f* FAM paliza, palizón *m*, tunda, vapuleo *m*.

raclement ➤ raclage.

racler [3] *v tr* raspar, rascar ▮ rastrillar (les terres) ▮ rasar, pasar el rasero (rader) ▮ FAM rascar, tocar mal (un instrument) ▮ FIG racler les fonds de tiroir rascarse los bolsillos.
➤ **se racler** *v pr* se racler la gorge aclararse la voz, carraspear.

raclette *f* raspador *m*, rascador *m*, raedera, rasqueta.

racleur *m* FAM rascatripas (mauvais joueur de violon) ▮ AUTOM racleur d'huile rascador de aceite.

racloir *m* rascador, raedera *f* (outil) ▮ MAR rasqueta *f*.

racloire *m* rasero (radoire).

raclure *f* raspadura, raedura.

racolage *m* (VX) MIL enganche, reclutamiento ▮ provocación *f* (de fille de la rue).

racoler [3] *v tr* (vx) MIL enganchar, reclutar ▌echar el gancho, enganchar, pescar ▌hacer la buscona (prostituée).

racoleur, euse *adj & s* (vx) MIL enganchador, reclutador ▌gancho (recruteur de clients). ◇ *m & f* FAM buscón, na; carrerista; fulano, na.

racontable *adj* contable, narrable.

racontar *m* FAM chisme, cotilleo, comadreo, habladuría *f* (cancan).

raconter [3] *v tr* contar, relatar, referir; raconter une histoire contar una historia ▌FAM en raconter hablar mucho y exageradamente ▌ne me raconte pas d'histoires no me vengas con cuentos ▌raconter des histoires meter cuentos.

▌ SYN rapporter referir; rendre compte dar cuenta; relater relatar.

raconteur, euse *m & f* cuentista.

racoon [rakun] *m* ZOOL mapache (raton laveur).

racorni, e *adj* reseco, ca ▌acartonado, da (papier).

racornir [32] *v tr* endurecer, acartonar, poner duro (endurcir).
➡ **se racornir** *v pr* endurecerse, resecarse, ponerse duro (devenir dur) ▌FAM apergaminarse, acartonarse, amojamarse (devenir maigre et sec) ▌FIG perder la sensibilidad, endurecerse.

racornissement *m* endurecimiento, arrugamiento ▌FIG pérdida *f* de la sensibilidad, endurecimiento (durcissement).

radar *m* radar ■ écran radar pantalla de radar ▌système radar sistema de radar.

radariste *m* radarista, operador de radar.

rade *f* rada, ensenada ▌FAM laisser, rester en rade dejar, quedarse plantado ou en la estacada.

radeau *m* balsa *f*; radeau de sauvetage balsa salvavidas ▌armadía *f* (train de bois).

Radegonde *n pr* Radegunda.

rader [3] *v tr* pasar el rasero, rasar (mesure) ▌MAR (p us) anclar, meter un barco en una rada.

radiaire *adj & s m* ZOOL radiado, da.

radial, e *adj* radial; pneu à carcasse radiale neumático radial.
➡ **radiale** *f* carretera radial urbana (voie routière).

radian *m* MATH radián.

radiance *f* brillo *m*, resplandor *m* ▌irradiación ▌difusión, expansión.

radiant, e *adj* radiante.

radiateur *m* radiador; radiateur électrique, à gaz radiador eléctrico, de gas.

radiatif, ive *adj* radiativo, va.

radiation *f* PHYS radiación ▌cancelación (action de rayer) ▌exclusión, supresión (d'une liste).

radical, e *adj & s m* radical.

radicalement *adv* radicalmente.

radicaliser [3] *v tr* radicalizar.
➡ **se radicaliser** *v pr* radicalizarse.

radicalisme *m* radicalismo (politique radicale).

radical-socialisme *m* radicalsocialismo.

radical-socialiste *adj & s* radicalsocialista.
▢ OBSERV pl radicaux-socialistes.

radicant, e *adj* radicante, de muchas raíces.

radicelle *f* raicilla.

radicicole *adj* BOT radicícola.

radiciflore *adj* BOT radicifloro, ra.

radicivore *adj* radicívoro, ra.

radicotomie *f* MÉD radicotomía.

radiculaire *adj* radicular.

radicule *f* BOT radícula, rejo *m*.

radié, e *adj & s* BOT radiado, da.

radier *m* TECHN encachado, solera *f* ▌pilar (d'un pont, etc.).

radier [9] *v tr* tachar, rayar, borrar (rayer) ▌excluir, descartar (exclure) ▌MÉD radiar, tratar con rayos X ▌MIL dar de baja, expulsar de las filas militares.

radiesthésie *f* radiestesia.

radiesthésiste *m & f* radiestesista.

radieux, euse *adj* radiante (rayonnant) ▌rebosante, resplandeciente (de joie).

radifère *adj* radífero, ra; que contiene radio.

radin *adj & s* FAM roñoso, sa; avaro, ra; tacaño, ña; roñica.

radiner [3]
➡ **se radiner** *v pr* FAM llegar, plantarse (arriver), ir (aller).
▢ OBSERV Úsase también como intransitivo.

radio *f* radio (radiodiffusion, radiotéléphonie) ▌MÉD ➡ **radiographie** ■ poste de radio aparato de radio, radio ■ passer à la radio salir en la radio ▌se faire faire une radio des poumons hacerse una radiografía de los pulmones. ◇ *m* radio (radiotélégraphiste) ▌radiotelefonista.

radioactif, ive *adj* radiactivo, va; radioactivo, va.

radioactivité *f* NUCL radiactividad, radioactividad ▌radioactivité naturelle, résiduelle radioactividad natural, residual.

radioalignement *m* radioalineación *f*.

radioaltimètre *m* radioaltímetro.

radioamateur *m* radioaficionado, da.

radioastronomie *f* radioastronomía.

radiobalisage *m* señalización *f* por medio de la radio, radiobaliza, radioconducción.

radiobaliser [3] *v tr* señalar por radio.

radiobiologie *f* radiobiología.

radio-carpien, enne *adj* ANAT radiocarpiano, na (muscle).
▢ OBSERV pl radio-carpiens, radio-carpiennes.

radiocassette *m* radiocasete.

radiochimie *f* radioquímica.

radiocinématographie *f* radiocinematografía.

radiocobalt *m* radiocobalto.

radiocommande *f* dirección por radio.

radiocommunication *f* radiocomunicación.

radiocompas [radjokɔ̃pa] *m* radiocompás, radiogoniómetro.

radioconducteur *m* radioconductor, cohesor.

radio-cubital, e *adj* ANAT radiocubital.
▢ OBSERV pl radio-cubitaux, radio-cubitales.

radiodermite *f* radiodermatitis, radiodermitis.

radiodétection *f* detección con la radio, radiolocalización.

radiodiagnostic *m* radiodiagnosis *f*.

radiodiffuser [3] *v tr* radiar, radiodifundir.

radiodiffusion *f* radiodifusión ▌station de radiodiffusion estación de radiodifusión, radiodifusora, radioemisora.

radioélectricien *m* técnico de radio.

radioélectricité *f* radioelectricidad.

radioélectrique *adj* radioeléctrico, ca.

radioélément *m* cuerpo radiactivo, radioelemento.

radiofréquence *f* radiofrecuencia.

radiogène *adj* radiógeno, na.

radiogoniomètre *m* radiogoniómetro.

radiogoniométrie *f* radiogoniometría.

radiogramme *m* radiograma.

radiographie; radio *f* radiografía ▌se faire faire une radio hacerse una radiografía.

radiographier [9] *v tr* radiografiar ▌se faire radiographier hacerse radiografías.

radiographique *adj* radiográfico, ca.

radioguidage *m* dirección *f* por radio.

radioguider [3] *v tr* dirigir por radio.

radio-isotope *m* radioisótopo.
▢ OBSERV pl radio-isotopes.

radiolaires *m pl* ZOOL radiolarios.

radiolocation; radiolocalisation *f* radiolocalización.

radiologie *f* radiología.

radiologique *adj* radiológico, ca.

radiologue; radiologiste *m & f* radiólogo, ga.

radiométallographie *f* radiometalografía.

radiomètre *m* radiómetro.

radiométrie *f* radiometría.

radiométrique *adj* radiométrico, ca.

radiomicromètre *m* radiomicrómetro.

radionavigant *m* radionavegante.

radionavigation *f* radionavegación.

radiophare *m* radiofaro.

radiophone *m* radiófono.

radiophonie *f* radiofonía.

radiophonique *adj* radiofónico, ca; programme ou émission, jeu radiophonique programa, concurso radiofónico.

radiophotographie *f* radiofotografía.

radiorécepteur *m* radiorreceptor.

radioreportage *m* reportaje radiofónico.

radioreporter *m* reportero de la radio.

radioréveil; radio-réveil *m* radiorreloj.
▢ OBSERV pl radioréveils; radios-réveils.

radioscopie *f* radioscopia.

radioscopique *adj* radioscópico, ca.

radiosensibilité *f* radiosensibilidad.

radiosignalisation *f* radioseñalización.

radiosondage *m* radiosondeo.

radiosonde *f* radiosonda.

radio-taxi *m* radiotaxi.
◾ OBSERV pl radio-taxis.

radiotechnicien *m* radiotécnico.

radiotechnique *adj* & *s f* radiotécnico, ca.

radiotélégramme *m* radiotelegrama, radiograma, despacho radiotelegráfico.

radiotélégraphie *f* radiotelegrafía.

radiotélégraphier [9] *v tr* radiotelegrafiar.

radiotélégraphique *adj* radiotelegráfico, ca.

radiotélégraphiste *m* radiotelegrafista.

radiotéléphone *m* radioteléfono.

radiotéléphonie *f* radiotelefonía.

radiotéléphonique *adj* radiotelefónico, ca.

radiotéléphoniste *m* & *f* radiotelefonista.

radiotélescope *m* radiotelescopio.

radiotélévisé, e *adj* radiotelevisado, da.

radiothérapie *f* radioterapia.

radiothérapique *adj* radioterápico, ca.

radiothorium [radjotɔrjɔm] *m* radiotorio.

radis [radi] *m* rábano (plante); **radis noir** rábano negro ‖ FAM cuarto, blanca *f*, perra *f* (argent); **n'avoir pas un radis** estar sin blanca, no tener una perra ‖ FAM **ça ne vaut pas un radis** esto no vale un pito ou un real ou un comino.
▌ OBSERV La palabra radis, con el sentido de dinero, sólo puede emplearse con una negación.

radium [radjɔm] *m* radio (métal).

radiumthérapie [radjɔmterapi] *f* radiumterapia, radioterapia.

radius [radjys] *m* ANAT radio (os).

radjah [radʒa] *m* rajá.

radoire *f* rasero *m*.

radon *m* radón, emanación del radio.

radotage *m* chochez *f*, chochera *f* ‖ desatino, necedad *f* (niaiserie).

radoter [3] *v intr* chochear, desatinar, decir tonterías ‖ repetirse (rabâcher).

radoteur, euse *adj* chocho, cha.
◇ *m* & *f* viejo chocho, vieja chocha.

radoub [radu] *m* MAR carena *f* ‖ MAR bassin ou cale de radoub carenero, dique de carena.

radouber [3] *v tr* MAR carenar, reparar.

radoucir [32] *v tr* suavizar, ablandar ‖ suavizar, templar, dulcificar (le temps) ‖ FIG aplacar, sosegar (apaiser); suavizar, ablandar (rendre traitable).
◆ **se radoucir** *v pr* templarse (le temps) ‖ aplacarse, ablandarse.

radoucissement *m* suavización *f* (du caractère) ‖ mejora *f*, mejoría *f*, mejoramiento (du temps).

rafale *f* ráfaga, racha (de vent) ‖ ráfaga (d'armes à feu); **rafale de mitrailleuse** ráfaga de ametralladora ‖ **tir par rafales** tiro de ametralladora.

raffermir [32] *v tr* fortificar, fortalecer (renforcer); **raffermir les gencives** fortificar las encías ‖ endurecer (durcir) ‖ consolidar (consoli-

der) ‖ FIG afianzar, consolidar, afirmar, asegurar (établir solidement).
◆ **se raffermir** *v pr* endurecerse ‖ fortalecerse ‖ afianzarse.

raffermissement *m* robustecimiento, fortalecimiento ‖ endurecimiento; **raffermissement du sol** endurecimiento del suelo ‖ consolidación *f* (consolidation).

raffinage *m* refinado, refinación *f*, refino.

raffiné, e *adj* refinado, da; fino, na.
◇ *m* & *f* persona de gusto refinado.

raffinement [rafinmã] *m* refinamiento.

raffiner [3] [rafine] *v tr* refinar.
◇ *v intr* sutilizar, afinar (subtiliser).

raffinerie [rafinri] *f* refinería.

raffineur, euse *adj* & *s* refinador, ra.

raffoler [3] *v intr* estar loco ou chiflado por, tener mucha afición a, pirrarse por; **je raffole de la musique** estoy loco por la música.

raffut [rafy] *m* FAM jaleo, follón; **faire du raffut** armar jaleo ‖ **il va y avoir du raffut** se va a armar la gorda ou la de Dios es Cristo.

raffûter [3] *v tr* afilar, sacar filo a (affûter).

rafiau; rafiot [rafjo] *m* barca *f* velera ‖ carraca *f*, barcucho, carcamán.

rafistolage *m* FAM remiendo, chapucería *f*, chapuza *f*.

rafistoler [3] *v tr* FAM remendar, hacer una chapuza (raccomoder).

rafistoleur, euse *m* & *f* FAM remendón, ona; chapucero, ra.

rafle *f* saqueo *m* (action de tout emporter) ‖ redada, batida, razzia (de la police) ‖ carozo *m* (du maïs) ‖ escobajo *m* (de raisin) ‖ red (filet).

rafler [3] *v tr* saquear, robar ‖ arramblar con, llevarse, cargar con (tout emporter) ‖ rafler tout alzarse con el santo y la limosna.

rafraîchir [32] *v tr* enfriar, refrescar; **rafraîchir de l'eau** enfriar agua ‖ retocar, poner como nuevo; **rafraîchir une robe** retocar un vestido ‖ remozar; **rafraîchir un vêtement** remozar un vestido ‖ cortar las puntas, igualar, recortar (un taillis, etc.) ‖ descansar (reposer) ‖ AGRIC labrar por segunda vez ‖ ARTS avivar ◾ FIG **rafraîchir la mémoire** refrescar la memoria ‖ **rafraîchir les cheveux** arreglar el cuello (homme), cortar ou entresacar el pelo (femme).
◇ *v intr* refrescar, enfriarse (liquide).
◆ **se rafraîchir** *v pr* tomar un refrigerio ou un refresco, tomar ou beber algo fresco ‖ refrescar; **le temps se rafraîchit** el tiempo refresca.

rafraîchissant, e *adj* refrescante, refrigerante.

rafraîchissement *m* enfriamiento (baisse de température) ‖ restauración *f* (d'un tableau) ‖ retoque (d'un vêtement, des cheveux) ‖ refresco (boisson fraîche) ‖ remozamiento (rajeunissement).

rafraîchissoir; rafraîchisseur *m* enfriadera *f*, fresquera *f*.

raft [raft]; **rafting** [raftiŋ] *m* rafting.

ragaillardir [32] [ragajardir] *v tr* FAM remozar, revigorizar.

rage *f* rabia ‖ pasión, afición violenta (passion violente) ‖ MÉD rabia ‖ dolor *m*; **rage de**

dents dolor de muelas ◾ **à la rage** rabiosamente ‖ **écumer de rage** echar espumarajos de cólera ‖ **faire rage** causar estragos, asolar (tempête), hacer furor (une mode, une danse), tener violencia extrema.

rageant, e [raʒɑ̃, ɑ̃t] *adj* FAM que da rabia ‖ **c'est rageant** es para indignarse.

rager [17] *v intr* FAM rabiar, encoraginarse.
▌ SYN enrager dar rabia; écumer echar espumarajos; endêver rabiar; FAM (vieilli) fumer bufar de cólera.

rageur, euse *adj* & *s* FAM rabioso, sa; iracundo, da; colérico, ca.

rageusement *adv* con rabia.

raglan *m* raglán (pardessus).
◇ *adj inv* raglán; **manches raglan** mangas raglán.

ragondin *m* ZOOL coipo, quiyá.

ragot, e [rago, ɔt] *adj* & *s m* recogido, da; corto de patas y grueso (cheval).
◆ **ragot** *m* FAM chisme, cuento, cotilleo, hablilla *f* (cancan) ‖ jabato de dos años (sanglier).

ragoût [ragu] *m* guisado, guiso ‖ FIG salsa *f*, incentivo, atracción *f*.

ragoûtant, e *adj* apetitoso, sa; sabroso, sa (mets); peu ragoûtant poco apetitoso ‖ agradable; grato, ta (spectacle).
▌ OBSERV Ragoûtant se emplea únicamente en formas negativas: peu ragoûtant, pas très ragoûtant.

ragréer [15] *v tr* revocar (une façade) ‖ reconstruir, restaurar (remettre à neuf).

ragtime *m* MUS ragtime.

raguer [3] *v intr* MAR desgastarse, rozarse (s'user).

rahat-loukoum [raatlukum]; **rahat-lokoum; loukoum** *m* rahat lokum, dulce oriental.
▌ OBSERV pl rahat-loukoums; rahat-lokoums; loukoums.

rai [rɛ] *m* rayo (de lumière) ‖ radio (d'une roue).

raïa; raya *m* súbdito turco que no es musulmán.

raid [rɛd] *m* raid, incursión *f*, correría *f* ‖ carrera *f* de resistencia (sports) ‖ **raids aériens** incursiones aéreas.

raide; roide (vx) *adj* tieso, sa; rígido, da; **jambe raide** pierna rígida ‖ tenso, sa; tirante (tendu) ‖ empinado, da; duro, ra (pente) ‖ lacio (cheveux) ‖ estirado, da; tieso, sa; envarado, da; **marcher raide** andar estirado ‖ FIG rígido, da; inflexible; **des principes raides** principios inflexibles ‖ FAM fuerte (fort) ‖ violento, ta; **un argument un peu raide** un argumento algo violento ◾ **raide comme la justice** más tieso que un huso ‖ **raide comme un manche à balai** más tieso que un ajo ◾ **corde raide** cuerda floja ‖ FAM **c'est (un peu) raide** eso es el colmo, eso pasa de castaño oscuro, no hay quien se lo crea ‖ FAM **être raide** ou **raide comme un passe-lacet** estar sin un cuarto ou sin una perra ou sin dinero, estar pelado ‖ **être tué raide** quedarse en el sitio ‖ **tomber raide mort** caer muerto en redondo, quedarse en el sitio.

rai-de-cœur *m* ARCHIT corazón.
◾ OBSERV pl rais-de-cœur.

raidement *adv* con tiesura ‖ FIG rígidamente, inflexiblemente.

raideur; roideur (vx) *f* rigidez, tiesura ‖ tiesura, falta de soltura **ou** de flexibilidad, envaramiento *m* (manque de souplesse) ‖ pendiente, inclinación (d'un escalier, d'un chemin) ‖ FIG rigidez, severidad ‖ tirantez, tensión (tension) ‖ firmeza, tenacidad, dureza (fermeté).

raidillon [redijɔ̃] *m* repecho, costanilla *f*.

raidir; roidir (vx) [32] *v tr* atiesar, poner tieso (rendre raide) ‖ [▷ SYN] estirar, atirantar, poner tirante (tendre) ‖ MAR tesar ‖ FIG endurecerse, curtir.
◇ *v intr* ponerse tieso **ou** rígido.
➤ **se raidir** *v pr* ponerse tieso **ou** rígido ‖ envararse, ponerse tieso (devenir raide) ‖ FIG resistir, mantenerse firme.
☐ SYN tendre estirar; bander tensar, atirantar.

raidissement *m* rigidez *f*, tiesura *f* ‖ FIG tirandez *f*, endurecimiento (relations).

raidisseur *m* TECHN tensor, templador.

raie [rɛ] *f* raya (trait) ‖ raya (des cheveux) ‖ AGRIC entresurco *m*, surco *m* de arado ‖ ZOOL raya (poisson) ‖ raies du spectre líneas del espectro ‖ raie tachetée escrita (poisson).

raifort [refɔr] *m* rábano blanco ‖ raifort sauvage rábano silvestre.

rail [raj] *m* riel, raíl, carril ‖ ferrocarril; transport par rail transporte por ferrocarril ■ rail à gorge raíl guía ‖ rail conducteur carril conductor.

railler [3] [raje] *v tr* burlarse de, hacer burla de, chancear, meterse con.
◇ *v intr* burlarse, bromear (se moquer).
☐ SYN se moquer burlarse, mofarse; LITT se gausser guasearse; bafouer mofarse; persifler rechiflar; FAM blaguer bromear; FAM chiner chunguearse, burlarse; FAM se payer la tête, mettre en boîte tomar el pelo; FAM charrier pitorrearse.

raillerie [rajri] *f* burla, broma ‖ entendre la raillerie aguantar bromas, tener correa.
☐ SYN moquerie burla, mofa; dérision irrisión; mise en boîte tomadura de pelo; persiflage rechifla; ironie ironía; risée risa; sarcasme sarcasmo; gouaille guasa, chunga; goguenardise sorna.

railleur, euse [rajœr, øz] *adj & s* burlón, ona; chancero, ra; bromista.

rainer [3] *v tr* acanalar, hacer una ranura en.

rainette *f* rubeta, rana de zarzal.

rainurage *m* ranurado.

rainure *f* ranura, canal *m*.

raiponce *f* rapónchigo *m*, ruiponce *m* (plante).

raire [112] *v intr* bramar (cerfs, chevreuils).

raisin *m* uvas *f pl* (fruit de la vigne); grappe de raisin racimo de uvas; j'aime le raisin me gustan las uvas ‖ uva *f* (grain et sens collectif) ‖ papel de marquilla (0, 50 x 0, 65) ■ raisin blanc, noir uva blanca, negra ‖ raisin de table uva de mesa ‖ raisin d'ours gayuba (busserole) ‖ raisin muscat uva moscatel ‖ raisins de Corinthe, de Malaga pasas ou uvas pasas de Corinto, de Málaga ‖ raisins secs pasas, uvas pasas.

raisiné *m* arrope, uvate.

raisinier *m* uvero (arbre d'Amérique).

raison *f* razón ‖ razón, motivo *m*; avoir toutes les raisons de tener sobrados motivos para; ce n'est pas une raison pour no es motivo para ‖ razón, juicio *m*; perdre la raison perder el juicio ‖ âge de raison edad del juicio ■ raison d'État razón de Estado ‖ raison d'être razón de ser ‖ MATH raison directe, inverse d'une progression razón directa, inversa de una progresión ‖ raison sociale razón social, firma ■ mariage de raison matrimonio de conveniencia ou de interés ■ à plus forte raison con mayor motivo ou razón, máxime, cuanto más ‖ à raison de a razón de ‖ ce que de raison lo que es justo, lo razonable ‖ comme de raison como es justo, como se debe, como es lógico ‖ en raison de en razón a, con motivo de (à l'occasion de); dado, da; debido, da a; a causa de (étant donné) ‖ plus que de raison más de lo conveniente ou de lo debido ou de lo justo ‖ pour quelle raison? ¿por qué motivo?, ¿por qué? ‖ pour une raison ou pour une autre por A o por B, por una razón o por otra ‖ raison de plus razón de más para ‖ sans rime ni raison sin ton ni son, sin motivo u ocasión ■ avoir raison tener razón; vous avez tout à fait raison tiene usted toda la razón ‖ avoir raison de hacer bien en; il a raison de partir hace bien en marcharse ‖ avoir raison de quelqu'un vencer a uno, poder más que uno ‖ avoir toujours de bonnes raisons tener excusas para todo ‖ demander raison pedir satisfacción ‖ donner raison à dar razón a ‖ entendre raison avenirse a razones ‖ faire entendre raison hacer entrar en razón, meter en razón ‖ faire raison justificar ‖ il y a raison en tout ou pour tout todo tiene un límite ou un tope ‖ la raison du plus fort est toujours la meilleure el más fuerte siempre lleva las de ganar ‖ la raison vient avec l'âge con los años viene el juicio ‖ FIG mettre à la raison poner ou meter en razón ‖ parler raison hablar razonablemente ou con sentido común ‖ DR pour valoir ce que de raison y para que conste (certificats) ‖ ramener quelqu'un à la raison hacer entrar en razón a alguien ‖ recouvrer la raison recobrar la razón ‖ rendre raison justificar, explicar (justifier), luchar en combate singular (par un duel) ‖ se faire une raison conformarse, darse un motivo, aguantarse ‖ se rendre à la raison reducirse a la razón, avenirse a razones.

raisonnable *adj* racional (doué de raison); être raisonnable ser racional ‖ razonable (conforme à la raison) ‖ prétention raisonnable pretensión razonable ‖ razonable, módico (prix).

raisonnablement *adv* razonablemente (sagement) ‖ moderadamente (modérément).

raisonnant, e *adj* razonante.

raisonné, e *adj* razonado, da; pensado, da ‖ racional; méthode raisonnée método racional.

raisonnement *m* raciocinio (faculté, action ou manière de raisonner); manque de raisonnement carecer de raciocinio ‖ razonamiento (enchaînement d'idées); raisonnement fondé razonamiento fundado ‖ FAM raisonnement cornu razón de pie de banco.
☐ SYN argument argumento; raison razón.

raisonner [3] *v intr* razonar, raciocinar ‖ discutir, hacer reflexiones (discuter) ‖ reflexionar sobre, pensar en; tu raisonnes toujours trop sur tout tú piensas siempre demasiado en todo ■ raisonner comme une pantoufle pensar con los pies ‖ raisonner juste razonar bien.
◇ *v tr* razonar ‖ hablar de (converser sur); raisonner politique hablar de política ‖ hacer entrar en razón, procurar convencer (faire entendre raison).

raisonneur, euse *adj & s* razonador, ra; filosofador, ra ‖ respondón, ona; discutidor, ra (qui discute les ordres).

raja; rajah [radʒa] *m* rajá (prince hindou).

Rajasthan *n pr m* le Rajasthan Rayastán, Rajastán.

rajeunir [32] *v tr & intr* rejuvenecer ‖ remozar; rajeunir une décoration remozar un decorado ‖ hacer más joven, rejuvenecer; cette coiffure vous rajeunit este peinado le hace más joven ‖ renovar (le personnel) ‖ cela ne nous rajeunit pas! ¡esto nos envejece!
➤ **se rajeunir** *v pr* rejuvenecerse ‖ remozarse ‖ quitarse años (se dire plus jeune); se rajeunir de cinq ans quitarse cinco años.

rajeunissant, e *adj* rejuvenecedor, ra.

rajeunissement *m* rejuvenecimiento ‖ remozamiento.

rajeunisseur, euse *m & f* (p us) rejuvenecedor, ra; regenerador, ra.

rajout [raʒu] *m* añadido, añadidura *f*.

rajouter [3] *v tr* añadir (ajouter) ‖ volver a añadir, añadir de nuevo (ajouter de nouveau) ‖ FAM en rajouter cargar las tintas, exagerar.

rajustement; réajustement *m* reajuste; le rajustement des salaires el reajuste de los sueldos ‖ arreglo, compostura *f*.

rajuster; réajuster [3] *v tr* reajustar, volver a ajustar (ajuster de nouveau) ‖ componer, arreglar (remettre en état) ‖ ajustar, encajar bien (adapter).

Rakhmaninov ➤ Rachmaninov.

raki *m* aguardiente de arroz fermentado.

râlant, e *adj* estertoroso, sa; con el estertor (un moribond) ‖ FAM gruñón, ona ‖ FAM c'est râlant es molesto ou engorroso.

râle *m* ZOOL râle d'eau rascón, polla de agua (poule d'eau) ‖ râle des genêts rey de codornices.

râle *m* estertor; le râle de la mort el estertor de la muerte.

râlement *m* estertor (râle) ‖ FAM protesta *f*.

ralenti *m* ralentí, marcha lenta *f*; marcher au ralenti funcionar al ralentí (un moteur) ‖ cámara lenta (cinéma) ‖ au ralenti a marcha lenta, al ralentí (moteur), a cámara lenta (prise de vues), lentamente, lento, despacio (lentement).

ralentir [32] *v tr* aminorar, disminuir, moderar; ralentir le pas aminorar el paso ‖ FIG reducir, disminuir ‖ aminorar la velocidad de, retrasar; la neige ralentit les voitures la nieve retrasa los coches.
◇ *v intr & pr* ir más despacio (modérer la marche) ‖ disminuir (diminuer).

ralentissement *m* disminución *f* de la velocidad ‖ disminución *f*.

ralentisseur *m* decelerador, moderador.

râler [3] *v intr* estar con el estertor de la agonía (moribond) ‖ tener un estertor (un enrhumé) ‖ mugir, bramar (le tigre, le faon) ‖ FAM gruñir, refunfuñar, protestar (grogner).

râleur, euse *adj* & *s* FAM gruñón, ona; protestón, ona.

ralingue *f* MAR relinga.

ralinguer [3] *v tr* & *intr* MAR relingar (une voile).

rallié, e *adj* adherido, da; adicto, ta.
◇ *m* & *f* adherente; adicto, ta.
➨ **rallié** *m* en Francia, los monárquicos o bonapartistas que se adhirieron a la República.

ralliement [ralimã] *m* reunión *f* ∎ MIL toque de llamada [sonnerie pour rallier] ∎ adhesión *f* ∎ point de ralliement punto ou lugar de reunión ∎ signe de ralliement señal de reunión.

rallier [9] [ralje] *v tr* reunir [lo disperso] ∎ ganar, captar (ramener à une cause) ∎ incorporarse, reintegrar, volver a (rejoindre); rallier son poste incorporarse a su cargo ∎ regresar, volver (rentrer) ∎ poner de acuerdo ∎ rallier la terre acercarse a tierra ∎ rallier le bord regresar a bordo ∎ rallier un port ganar un puerto.
➨ **se rallier** *v pr* reunirse ∎ adherirse, suscribirse (à une opinion) ∎ unirse, adscribirse, (à un parti) ∎ fusionarse (deux partis).

rallonge *f* añadido *m*, añadidura ∎ ampliación (élargissement) ∎ alargadera (d'un compas, d'un goniomètre) ∎ larguero *m* (d'une table) ∎ FAM guante *m*, gratificación ∎ FAM nom à rallonge apellido que no se acaba nunca (très long) ∎ table à rallonges mesa con largueros ou extensible.

rallongement *m* alargamiento.

rallonger [17] *v tr* alargar.
◇ *v intr* alargarse.

rallumer [3] *v tr* volver a encender ∎ FIG avivar, reanimar.

rallye [rali] *m* rallye.

RAM; Ram [ram] (abr de Random Access Memory) *f* INFORM RAM.

ramadan *m* ramadán (neuvième mois musulman).

ramage *m* ramaje ∎ gorjeo, canto (des oiseaux) ∎ FIG gorjeo (des enfants) ∎ habla, lenguaje, manera *f* de expresarse (langage) ∎ à ramages rameado, da; tissu à ramages tejido rameado.

ramager [17] *v tr* ramear (tissus).
◇ *v intr* gorjear, cantar (les oiseaux).

ramas *m* montón, hacina *f*, revoltijo (d'objets) ∎ hato, pandilla *f*, banda *f*; ramas de voleurs pandilla de ladrones.

ramassage *m* recogida *f*; le ramassage des papiers la recogida de los papeles ∎ reunión *f* (groupement) ∎ service de ramassage transporte escolar (d'enfants), transporte del personal (d'employés).

ramassé, e *adj* recogido, da (animal) ∎ FAM rechoncho, cha (personne).

ramasse-miettes *m inv* recogemigas.

ramasser [3] *v tr* recoger; ramasser du bois recoger leña ∎ recoger (recueillir) ∎ aunar, reunir; ramasser ses forces aunar sus fuerzas ∎ condensar, resumir (résumer) ∎ reunir (rassembler) ∎ encogar (pelotonner) ∎ FAM llevarse, ganarse; ramasser une gifle llevarse una bofetada ∎ FAM pescar, agarrar, trincar; ramasser un voleur pescar a un ladrón ∎ FAM ramas-

ser une pelle coger una liebre, dar con los huesos en el suelo.
➨ **se ramasser** *v pr* acurrucarse, encogerse (se pelotonner) ∎ FAM levantarse (se relever).

ramasseur, euse *m* & *f* recogedor, ra ∎ coleccionista (collectionneur) ∎ ramasseur de balles recogepelotas ∎ ramasseur de mégots colillero.
➨ **ramasseuse** *f* AGRIC recogedor *m* ∎ ramasseuse de gerbes portagavillas.

ramassis [ramasi] *m* montón, hacina *f*, revoltijo (de choses) ∎ hato, pandilla *f*; ramassis d'escrocs pandilla de estafadores.

rambarde *f* MAR batayola, barandilla.

rambour; rambures *m* manzano asperiego (variété de pommier) ∎ manzana *f* asperiega (variété de pomme).

ramdam [ramdam] *m* FAM alboroto, escándalo (vacarme); faire du ramdam armar escándalo ou alboroto.

rame *f* [▷ SYN] MAR remo *m* (aviron) ∎ resma (de papier) ∎ tren *m*, unidad (métro, train) ∎ AGRIC rodrigón *m*; rame de haricots rodrigón de judías ∎ MIL escalón *m* (de convoi automobile) ∎ être à la rame andar al remo ∎ faire force de rames forzar de remos ∎ FAM ne pas en fiche une rame no dar golpe, estar mano sobre mano.
┃ SYN aviron remo; pagaie pagaya; godille espadilla.

ramé, e *adj* encañado, da; rodrigado, da (plantes) ∎ boulets ramés palanquetas.

rameau *m* ramo (petite branche) ∎ ANAT ramificación *f* ∎ ramal (d'une mine, d'une montagne, etc.) ∎ FIG rama *f* (d'une famille) ∎ dimanche des Rameaux domingo de Ramos.

ramée *f* enramada (abri) ∎ ramaje *m*, ramada, ramas *pl* cortadas (branches coupées).

ramender [3] *v tr* AGRIC mejorar, volver a abonar (fumer de nouveau) ∎ TECHN resanar (les dorures) ∎ remendar, componer (les filets).

ramendeur, euse *m* & *f* remendón, ona.

ramener [19] [ramne] *v tr* traer de nuevo, volver a traer, devolver; je vous ramènerai votre livre demain le devolveré su libro mañana ∎ llevar de nuevo, volver a llevar; je dois ramener l'enfant chez le médecin debo llevar de nuevo al niño al médico ∎ traer consigo; je ramène un ami à dîner traigo conmigo un amigo a cenar ∎ FIG hacer volver; ramener l'abondance hacer volver la abundancia ∎ restablecer; ramener la paix restablecer la paz ∎ volver; la charité sort de l'austérité et y ramène la caridad sale de la austeridad y vuelve a ella ∎ hacer volver; ramener sur le droit chemin hacer volver al buen camino ∎ reducir; la surtaxe a été ramenée de 15 % à 10 % la sobretasa ha sido reducida de 15 % a 10 % ∎ volver a poner, reponer (remettre) ∎ poner, echarse (mettre); ramener ses cheveux en avant echarse los pelos hacia adelante ∎ echar; ramener les bras en arrière echar los brazos hacia atrás ∎ llevar (amener) ∎ acompañar, llevar (reconduire); je vous ramènerai chez vous en voiture le llevaré a su casa en coche ∎ ramener tout à soi pensar sólo en sí mismo, hacerlo girar todo alrededor suyo ∎ FAM la ramener farolearse, darse tono ∎ tout ramener à relacionarlo todo con.

➨ **se ramener** *v pr* se ramener à reducirse a.

ramener *m* ÉQUIT engallamiento (dressage).

ramequin *m* pastelillo de queso ∎ recipiente en el cual se sirve este pastel.

ramer [3] *v intr* remar; ramer contre le courant remar contra corriente ∎ FAM apencar, currelar (travailler beaucoup).
◇ *v tr* AGRIC encañar, rodrigar (les plantes) ∎ FAM il s'y entend comme à ramer les choux no sabe donde tiene las narices.

ramescence [ramesãs] *f* (p us) ramificación.

ramette *f* resmilla (de papier) ∎ IMPR rama.

rameur, euse *m* & *f* remero, ra.
➨ **rameur** *m* remero.

rameuter [3] *v tr* volver a amotinar ∎ atraillar, juntar en jauría (chiens).

rameux, euse *adj* ramoso, sa (qui a beaucoup de branches) ∎ ramificado, da (qui a beaucoup de ramifications).

rami *m* rami (jeu de cartes).

ramie *f* ramio *m* (plante).

ramier *m* paloma *f* torcaz ou zurita.

ramification *f* ramificación.

ramifier [9] *v tr* ramificar.
➨ **se ramifier** *v pr* ramificarse.

ramilles [ramij] *f pl* ramiza *sing*, ramitos *m pl*, támaras.

raminagrobis [raminagrɔbis] *m* micifuz (chat).

ramingue *adj* repropio, pia (cheval).

Ramire *n pr* Ramiro.

ramolli, e *adj* & *s* FAM imbécil; alelado, da; con el cerebro reblandecido.

ramollir [32] *v tr* reblandecer, ablandar ∎ FIG aflojar, debilitar.
➨ **se ramollir** *v pr* reblandecerse, ablandarse ∎ FAM volverse imbécil.

ramollissant, e *adj* que ablanda ou reblandece.
◇ *adj* & *s m* emoliente.

ramollissement *m* reblandecimiento ∎ FIG entontecimiento ∎ MÉD reblandecimiento.

ramonage *m* deshollinamiento ∎ escalada *f* de chimenea (escalade).

ramoner [3] *v tr* deshollinar ∎ escalar de chimenea (alpinisme).

ramoneur *m* deshollinador.

rampant, e *adj* rastrero, ra; animal rampant animal rastrero ∎ FIG rastrero, ra; servil; caractère rampant carácter rastrero ∎ BLAS rampante; lion rampant león rampante ∎ BOT rastrero, ra (plantes) ∎ ARCHIT inclinado, da; en declive, por tranquil; arc rampant arco por tranquil.
◇ *adj* & *s m* MIL & FAM personal de tierra ou que no vuela (dans l'aviation).

rampe *f* barandilla, baranda, pasamanos *m* (balustrade d'un escalier) ∎ rampa (plan incliné) ∎ rampa, declive *m* pendiente (pente douce) ∎ THÉÂTR candilejas *pl*, batería de luces (lumières de scène) ∎ fila de proyectores, batería (aviation) ∎ rampe de lancement rampa ou plataforma de lanzamiento (de fusées) ∎ feux de la rampe candilejas ∎ FAM lâcher la rampe hincar el pico, espichar (mourir).

rampeau *m* desquite, revancha *f* (revanche) ▮ faire ou être rampeau empatar, quedar empatados ou iguales (jeux).

rampement *m* arrastramiento, deslizamiento.

ramper [3] *v intr* arrastrarse, reptar ▮ trepar (le lierre) ▮ FIG arrastrarse, rebajarse (s'humilier).

ramponneau *m* FAM porrazo, metido, empujón.

Ramsès *n pr* Ramsés, Ramesés, Ramosis.

ramure *f* enramada, ramaje *m* (branchage) ▮ cornamenta (d'un animal).

ranatre *f* chinche de agua.

rancard; rancart; rencard [rɑ̃kar] *m* ARG chivateo, soplo (renseignement) ▮ FAM cita *f* (rendez-vous) ▮ FAM donner un rancard citar.

rancart [rɑ̃kar] *m* FAM mettre au rancart arrinconar, arrumbar.

rance *adj* rancio, cia.
◇ *m* lo rancio ▮ sentir le rance oler a rancio.

ranch [rɑ̃tʃ] ou [rɑ̃ʃ]; **rancho** [rɑ̃tʃo] *m* rancho (ferme).
▮ OBSERV pl ranchs ou ranches; ranchos.

ranche *f* clavija que sirve de peldaño.

rancher *m* ranchero (fermier) ▮ telero (de charrette).

rancho ➤ ranch.

ranci *m* olor, sabor a rancio.

rancidité *f* ranciedad, rancidez.

rancio *m* vino rancio.

rancir [32] *v intr* ponerse rancio, enranciarse.

rancissement *m* ranciedad *f*, rancidez *f*.

rancœur *f* rencor *m*, resentimiento *m*, rencilla.

rançon [rɑ̃sɔ̃] *f* rescate *m* ▮ FIG precio *m*, tributo *m*, pago *m*, contrapartida; la rançon de la gloire el precio de la gloria ▮ mettre à rançon exigir ou imponer rescate.

rançonnement *m* rescate ▮ FIG robo, exacción *f* (extorsion).

rançonner [3] *v tr* exigir rescate, poner a precio ▮ robar, despojar ▮ FIG clavar, desollar (demander un prix excessif).

rançonneur, euse *m & f* persona *f* que exige un rescate ▮ desollador, ra; ladrón, ona; abusón, ona.

rancune *f* rencor *m* ▮ FAM sans rancune olvidémoslo, hagamos las paces ▮ garder rancune à quelqu'un guardar rencor a alguien.

rancunier, ère *adj & s* rencoroso, sa.

randonnée *f* revuelta (chasse) ▮ caminata, marcha larga (à pied); il fit une longue randonnée se dio una larga caminata, excursión ▮ vuelta, circuito *m* (en automobile).

randonneur, euse *m & f* caminante (à pied), excursionista (à pied, à cheval, à bicyclette).

rang [rɑ̃] *m* fila *f* ▮ puesto, lugar (place) ▮ [▷ SYN] categoría *f*, clase *f*, rango (classe) ▮ chibalete (d'imprimerie) ▮ hilada *f* (de briques) ▮ vuelta *f* (tricot, collier) ■ MIL rang d'ancienneté orden de antigüedad ■ THÉÂTR premier rang primera fila, fila delantera ■ MIL à vos rangs, fixe! ¡firmes! ▮ de haut rang de mucha categoría, de alto rango, de alta condición ▮ en rang en fila ▮ FAM en rang d'oignons en ristra, en hilera ▮ MIL en rangs serrés en orden cerrado ▮ hors rang sin par, extraordinario ▮ MIL par rang de taille por estatura ■ avoir rang de tener rango de, tener el grado de ■ garder son rang conservar su categoría (sa classe), conservar la formación (militaire) ▮ mettre au rang de colocar entre ▮ ouvrir, serrer les rangs abrir, cerrar las filas ▮ rentrer dans le rang entrar en vereda ▮ MIL rompre les rangs romper filas ▮ se mettre en rang ponerse en fila ▮ se mettre en rangs par quatre ponerse en filas de a cuatro ▮ se mettre sur les rangs ponerse entre los candidatos ou pretendientes ▮ sorti du rang oficial procedente de suboficial, patatero ▮ FAM tenir son rang mantener ou conservar su rango ▮ tenir un rang honorable ocupar una posición honorable.
▮ SYN classe clase; catégorie categoría; condition condición; caste casta.

rangé, e *adj* ordenado, da; une vie rangée una vida ordenada ▮ comedido, da; formal; serio, ria ■ bataille rangée batalla campal ▮ être rangé, être rangé des voitures estar encajado.

rangée *f* hilera, fila; une rangée d'arbres una hilera de árboles ▮ ordenación (tricot).

rangement *m* arreglo, colocación *f* en orden.

ranger [17] *v tr* [▷ SYN] ordenar, arreglar, poner en orden; ranger une pièce arreglar un cuarto ▮ FIG colocar, poner; ranger parmi les meilleurs colocar entre los mejores ▮ incluir, clasificar; ranger un auteur parmi les classiques clasificar a un autor entre los clásicos ▮ guardar, meter; ranger un livre dans un tiroir guardar un libro en un cajón ▮ poner en su sitio (mettre à sa place) ▮ apartar (mettre de côté) ▮ aparcar (voiture) ▮ poner en fila (mettre en rang) ▮ FIG hacer adoptar, hacer compartir; il les a tous rangés à son avis les ha hecho a todos adoptar su opinión ▮ MAR arranchar, costear (longer); ranger une côte arranchar una costa, costear.
➤ **se ranger** *v pr* colocarse ▮ ponerse en fila (se mettre en rang) ▮ adoptar, adherirse a; se ranger à une opinion adoptar una opinión ▮ echarse ou ponerse a un lado, apartarse, dejar paso (s'écarter pour faire place) ▮ FIG sentar cabeza, encajarse, llevar una vida ordenada (mener une vie rangée) ■ se ranger du côté de ponerse del lado de, adoptar ou tomar el partido de ▮ se ranger sous la bannière de alistarse en las filas de.
▮ SYN aligner alinear, poner en fila; arranger arreglar; ordonner ordenar; classer clasificar; sérier disponer en series.

Rangoon *n pr* GÉOGR Rangún.

rani *f* reina ou princesa india ▮ mujer de un rajá.

ranidés [ranide] *m pl* ZOOL ránidos.

ranimer [3] *v tr* reanimar, animar ▮ avivar (le feu).
▮ SYN raviver reavivar; réveiller despertar; revivifier revivificar; rafraîchir refrescar.

ranz des vaches [rɑ̃devaʃ] ou [rɑ̃zdevaʃ] *m* melodía *f* pastoril suiza.

Raoul *n pr* Raúl.

raout [raut] *m* fiesta *f*, reunión *f*, sarao (fête).

rapace *adj & s* rapaz; rapace diurne, nocturne rapaz diurna, nocturna ▮ FIG codicioso, sa; ávido, da.

rapacité *f* rapacidad ▮ FIG avidez, codicia.

râpage *m* raspadura *f*, rallado.

rapatrié, e *adj & s* repatriado, da.

rapatriement [rapatrimɑ̃] *m* repatriación *f*.

rapatrier [10] *v tr* repatriar ▮ FAM (vx) reconciliar (réconcilier).
➤ **se rapatrier** *v pr* (p us) repatriarse.

râpe *f* rallador *m*, rallo *m* (ustensile de cuisine) ▮ TECHN escofina (grosse lime).

râpé, e *adj* raído, da; gastado, da; costume râpé traje raído ▮ rallado, da; fromage râpé queso rallado.
➤ **râpé** *m* queso rallado ▮ rapé, tabaco en polvo (tabac).

râper [3] *v tr* rallar (le pain, le fromage) ▮ raspar (user la surface d'un corps) ▮ limar, escofinar (limer) ▮ FAM raer, usar, gastar (les vêtements).

rapetassage *m* FAM remiendo.

rapetasser [3] *v tr* FAM remendar.

rapetissement *m* achicamiento, empequeñecimiento, reducción *f*.

rapetisser [3] *v tr* empequeñecer, achicar, reducir.
◇ *v intr* disminuir, achicarse ▮ acortarse ▮ encoger (rétrécir).
➤ **se rapetisser** *v pr* achicarse.

râpeux, euse *adj* rasposo, sa; áspero, ra.

Raphaël [rafaɛl] *n pr* Rafael.

raphaélesque [rafaelɛsk] *adj* rafaelesco, ca.

raphé *m* ANAT rafe.

raphia *m* rafia *f* (plante et fibre).

rapiat, e [rapja, at] *adj* FAM roñoso, sa; roñica.

rapide *adj* rápido, da ▮ muy pendiente, muy empinado (très incliné); côte rapide cuesta muy pendiente.
◇ *m* rápido (train, fleuve).

rapidement *adv* rápidamente.

rapidité *f* rapidez.

rapido *adv* FAM rápidamente.

rapiéçage; rapiècement *m* remiendo.

rapiécer [20] *v tr* remendar, poner ou echar una pieza.

rapiécetage *m* remiendo.

rapière *f* espada, estoque *m*.

rapin *m* alumno de una escuela de pintura (élève) ▮ pintorzuelo, pintorcillo (mauvais peintre).

rapine *f* rapiña ▮ botín *m* (ce qui est ravi).
▮ SYN brigandage bandidaje, bandolerismo; déprédation depredación.

rapiner [3] *v intr* rapiñar, robar, pillar.
◇ *v tr* rapiñar.

rapinerie *f* rapiña.

ra-pla-pla *loc* être un peu ra-pla-pla estar un poco decaído, estar aplatanado, no encontrarse muy católico ou pocho ou pachucho.

raplatir [32] *v tr* aplastar de nuevo.

rapointir [32] *v tr* sacar punta a, afilar la punta de.

rappareiller [4] [rapareje] *v tr* emparejar de nuevo, aparejar.

rappariement *m* nuevo emparejamiento.

rapparier [9] *v tr* emparejar de nuevo.

rappel *m* llamamiento, llamada *f* [(*Amér*) llamado] retirada *f*, revocación *f* (d'un ambassadeur) THÉÂTR llamada *f* a escena MIL llamada *f*, llamamiento; battre ou sonner le rappel tocar llamada [con tambor o trompeta] notificación *f* FIG recuerdo, evocación *f*; le rappel du passé el recuerdo del pasado atrasos *pl* (paiement) canto de las perdices (chant des perdreaux) TECHN retroceso (retour en arrière) SPORTS rápel, "rappel" (alpinisme) rappel à l'ordre llamamiento ou llamada al orden rappel de compte pago de un resto de cuenta rappel d'impôt notificación de liquidación de impuestos rappel d'un vaccin revacunación, dosis de recuerdo ■ SPORTS descente en rappel descenso en rápel (alpinisme) lettre de rappel carta de llamada (ambassadeur) MÉD piqûre de rappel revacunación TECHN ressort de rappel muelle antagonista.

rappelable *adj* susceptible de ser llamado.

rappelé, e *adj & s* llamado a filas, movilizado (soldat, réserviste).

rappeler [24] *v tr* volver a llamar, llamar nuevamente llamar; rappeler à l'ordre llamar al orden volver; rappeler à la vie volver a la vida [▷ SYN] recordar (faire revenir à la mémoire); rappeler un fait recordar un hecho retirar, hacer volver; rappeler un ambassadeur retirar un embajador recordar a, parecerse a; il me rappelle sa mère me recuerda a su madre THÉÂTR llamar a escena ■ rappeler ses esprits recobrar el sentido, volver en sí rappeler sous les drapeaux llamar a filas pour autant que je me rappelle si mal no recuerdo, si mi memoria no me engaña veuillez me rappeler au bon souvenir de dele recuerdos a.

◆ **se rappeler** *v pr* recordar, acordarse de; se rappeler quelque chose recordar una cosa.

> OBSERV El verbo pronominal francés va seguido de un complemento directo (se rappeler une chose recordar una cosa) y no es correcto emplear la preposición de excepto con un infinitivo (je me rappelle de l'avoir vu recuerdo haberle visto). Es incorrecto decir je m'en rappelle, en lugar de je me le rappelle o de je m'en souviens. La expresión je m'en rappelle es correcta solamente si en es complemento del nombre y no del verbo: cet évènement est arrivé, je m'en rappelle toutes les circonstances ese acontecimiento sucedió y recuerdo todas sus circunstancias.

> SYN retracer retrazar; évoquer evocar; se souvenir acordarse; se remémorer rememorar.

rappeur, euse *m & f* rapero, ra.

rappliquer [3] *v intr* volver a aplicar FAM presentarse, acudir (venir).

rappointis *m* clavo para sostener el yeso.

rapport [rapɔr] *m* producto, rendimiento; le rapport d'une terre el producto de una tierra; terre en plein rapport tierra en pleno rendimiento renta *f*; immeuble de rapport inmueble de renta analogía *f*, similitud *f*; le rapport de deux caractères la similitud de dos caracteres [▷ SYN] relación *f*; le rapport entre deux choses la relación entre dos cosas relación *f*, trato; être en bons rapports estar en buenas relaciones relato (récit) informe; présenter un rapport au directeur presentar un informe al director

informe, ponencia *f*; le rapport de la commission el informe de la comisión DR dictamen, informe (d'experts) relación *f* (d'un juge) reintegro, restitución *f*, colación *f* (dans une succession) rendición *f* (des comptes) contacto sexual MIL informe, parte MATH razón *f* ■ ÉCON rapport d'activités informe sobre actividades MATH rapport des masses relación de las masas rapport d'expertise informe pericial rapport qualité-prix relación calidad precio rapports de bon voisinage relaciones de buena vecindad terres de rapport tierras de acarreo ■ en rapport avec en relación con, conforme a par rapport à con relación a, en comparación con, respecto a (en comparaison) sous le rapport de desde el punto de vista de, con respecto a sous tous les rapports en todos los aspectos, desde cualquier punto de vista ■ avoir rapport à tener relación con, referirse a entretenir des rapports d'amitié mantener relaciones amistosas être sans rapport avec, n'avoir aucun rapport avec no tener nada que ver con faire le rapport entre relacionar con mettre en rapport poner en relación ou en contacto.

> SYN correspondance correspondencia; relation relación; corrélation correlación.

rapportable *adj* relacionable, imputable acarreable, transportable.

rapporté, e *adj* vuelto a traer, traído de nuevo pièce rapportée trozo adicional (assemblage), elemento ajeno ou añadido a la familia (par alliance).

rapporter [3] *v tr* volver a traer, traer de nuevo (apporter de nouveau) traer; rapporter des cigares de La Havane traer cigarros puros de La Habana devolver, restituir, traer (restituer) producir, dar; cette terre rapporte beaucoup de blé esta tierra da mucho trigo proporcionar; rapporter du profit proporcionar provecho acarrear, transportar, traer relacionar (rapprocher) relatar, referir; rapporter des faits intéressants relatar hechos interesantes informar de, hacer un informe de; rapporter les décisions d'une commission informar de las decisiones de una comisión contar, decir, acusar (redire indiscrètement); personne qui rapporte tout persona que lo cuenta todo FAM acusar, chivarse (moucharder) alegar, citar FIG atribuir (rattacher à) añadir, agregar (ajouter) hacer remontar, trasladar (faire remonter) revocar, anular (une loi, un décret, etc.) GÉOM transportar, llevar al papel, trasladar DR colacionar, traer a colación (dans une succession) informar, exponer, dictaminar (un procès) comparar, convertir (des mesures, des monnaies étrangères) cobrar (à la chasse) rapporter tout à soi hacerlo girar todo alrededor suyo.

◇ *v intr* dar beneficio ou dinero, rentar FAM chivarse cobrar; chien qui rapporte bien perro que cobra bien.

◆ **se rapporter** *v pr* corresponder, estar relacionado con, relacionarse, referirse adaptarse, ajustarse (se joindre) GRAMM referirse s'en rapporter à remitirse a (s'en remettre), fiarse de, confiar en, atenerse a.

rapporteur, euse *adj & s* soplón, ona; chivato, ta; acusica; acusón, ona.

◆ **rapporteur** *m* ponente [(*Amér*) informa-

dor, relator] (d'une assemblée) GÉOM transportador (dessin).

rapprendre; réapprendre [79] *v tr* aprender de nuevo ou otra vez, volver a aprender (étudier) enseñar otra vez, volver a enseñar (enseigner).

rapproché, e *adj* vecino, na; cercano, na (proche, voisin) FIG parecido, da; similar (peu différent) seguido, da; enfants rapprochés niños seguidos.

rapprochement *m* acercamiento, aproximación *f* comparación *f*, paralelo, cotejo (comparaison) FIG reconciliación *f*, acercamiento (réconciliation).

rapprocher [3] *v tr* acercar, aproximar a, arrimar a; rapprocher un fauteuil de la table acercar un sillón a la mesa comparar, cotejar (comparer, confronter) acortar, disminuir, hacer desaparecer (les distances) FIG reconciliar; unir; le malheur rapproche ceux qui souffrent la desdicha une a los que sufren.

◆ **se rapprocher** *v pr* acercarse parecerse, asemejarse, ser similar; son éducation se rapprochait de la mienne su educación se parecía a la mía unirse; ses sourcils noirs se rapprochaient légèrement sus negras cejas casi se unían.

rapsode ▶ rhapsode.

rapsodie ▶ rhapsodie.

rapt [rapt] *m* rapto.

râpure *f* raspadura, ralladura.

raquer [3] *v intr* POP soltar la mosca, pagar.

raquette *f* raqueta (jeux) penca (feuille du nopal) raqueta, barajón *m* (patin pour la neige).

rare *adj* [▷ SYN] raro, ra (peu fréquent) escaso, sa; poco abundante (végétation) ralo, la; barbe rare barba rala PHYS raro (gaz) ■ il est rare que es raro que, es poco frecuente que les vivres sont rares los víveres son escasos ou escasean oiseau rare mirlo blanco FAM vous devenez bien rare, vous vous faites bien rare se le ve a usted muy poco.

> SYN exceptionnel excepcional; inaccoutumé desacostumbrado, inacostumbrado; unique único; curieux curioso; extraordinaire extraordinario.

raréfaction *f* rarefacción, enrarecimiento *m* raréfaction des naissances disminución de la natalidad.

raréfiant, e *adj* rarificativo, va; rarificante.

raréfier [9] *v tr* rarificar, rarefacer (mots savants), enrarecer (mot courant).

rarement [rarmɑ̃] *adv* rara vez, raramente, en muy pocas ocasiones, muy pocas veces.

rarescent, e *adj* enrarecido, da; que se rarifica.

rareté *f* rareza enrarecimiento *m*, rarefacción (de l'air).

> OBSERV Le mot espagnol rareza a surtout le sens d'étrangeté, excentricité.

rarissime *adj* rarísimo, ma.

ras, e [ra, raz] *adj* corto, ta (court); chien à poil ras perro de pelo corto afeitado, da; apurado, da (rasé); barbe rase barba afeitada raso, sa liso, sa; velours ras terciopelo raso ■ ras du cou de cuello cerrado ■ à ras bord colmado au ras de, à ras de al nivel de, a ras de, ras con ras ‖ **rase campagne** campo raso ■ **couper les cheveux ras** cortar el pelo a rape, rapar ‖ **faire table rase** hacer tabla rasa.

RAS (abr de *rien à signaler*) sin novedad.

rasade *f* vaso *m* lleno ‖ gran trago *m*, tragantada; **boire une rasade de** echarse ou beber un gran trago de.

rasage *m* tundido (tissus) ‖ afeitado (barbe).

rasance *f* MIL rasancia.

rasant, e *adj* MIL rasante; **tir rasant** tiro rasante ‖ FAM pesado, da; latoso, sa (ennuyeux) ‖ **rasant le sol** rasando el suelo.

rascasse *f* rescaza (poisson).

rasé, e *adj* rapado, da (crâne) ‖ afeitado, da (barbe); **être rasé de près** tener un afeitado apurado.

rasement *m* arrasamiento.

rase-mottes
➡ **en rase-mottes** *loc adv* AVIAT a ras de tierra, rasando el suelo, rasante (vol).

raser [3] *v tr* afeitar, rasurar (p us); **raser la barbe** afeitar la barba ‖ rapar; **raser le crâne** rapar la cabeza ‖ arrasar, derribar (démolir) ‖ descolmar (rader) ‖ TECHN tundir (tissus), apelambrar (peau) ‖ FIG rozar (frôler), rasar (mot technique) ‖ MAR desarbolar (un navire) ‖ MIL desmantelar; **raser un fort** desmantelar un fuerte ‖ FAM dar la lata ou el tostón, ser pesado; **cette personne me rase** esta persona me da la lata ‖ fastidiar, molestar, ser una lata (déranger) ‖ ser una lata; **ce livre me rase** este libro es una lata para mí ■ **raser le mur** pasar rozando la pared ‖ **se faire raser** afeitarse.
➡ **se raser** *v pr* afeitarse ‖ FAM aburrirse (s'ennuyer) ‖ **se raser de près** apurar bien.

rasette *f* rajeta (tissu) ‖ AGRIC cuchilla delantera, escarda del arado.

raseur, euse *m & f* rapador, ra ‖ tundidor, ra (de tissu).
◇ *adj & s* FAM pesado, da; pelma; pelmazo, za (personne ennuyeuse).

rash [raʃ] *m* sarpullido, erupción *f*.
▨ OBSERV pl rashs ou rashes.

rasibus [razibys] *adv* ras con ras, a ras de, rasando.

ras-le-bol *m inv* FAM fastidio, hastío *m* ‖ **en avoir ras le bol** estar hasta la coronilla.

rasoir *m* navaja *f* de afeitar, navaja *f* barbera (à lame non protégée) ‖ maquinilla *f* de afeitar (avec lame de sûreté) ■ **coupe au rasoir** corte de pelo a la navaja ‖ **lame de rasoir** hoja de afeitar ‖ **rasoir électrique** afeitadora ou maquinilla (de afeitar) eléctrica, rasurador ‖ **rasoir mécanique** maquinilla de afeitar.
◇ *adj* FAM pesado, da; molesto, ta.

Raspoutine *n pr* Rasputín.

rassasiant, e *adj* que sacia, que harta.

rassasié, e *adj* harto, ta; saciado, da.
▨ SYN repu ahíto; saturé saturado.

rassasiement [rasazimã] *m* saciedad *f*, hartura *f*.

rassasier [9] [rasazje] *v tr* saciar, hartar.

rassemblement *m* reunión *f* ‖ concentración *f*, aglomeración *f* ‖ grupo, agrupación *f* ‖ recolección *f* (obtention) ‖ MIL formación *f*.
➡ **rassemblement!** *interj* MIL ¡a formar!

rassembler [3] *v tr* juntar ‖ reunir, agrupar (grouper) ‖ FIG concentrar (concentrer) ‖ poner en orden (remettre en ordre) ‖ recoger el caballo (équitation) ‖ MIL formar ■ **rassembler ses forces** reunir sus fuerzas ‖ **rassembler ses idées** poner en orden sus ideas.

rasseoir [65] [raswar] *v tr* sentar de nuevo ‖ (p us) volver a poner (replacer).
➡ **se rasseoir** *v pr* sentarse de nuevo.

rasséréner [18] *v tr* serenar, sosegar (rendre le calme) ‖ despejar; **ciel rasséréné** cielo despejado.

rassir [32] *v intr* endurecerse (pain).

rassis, e *adj* vuelto a sentar ‖ sentado, da (réfléchi); **esprit rassis** cabeza sentada ‖ sereno, na; tranquilo, la (calme) ‖ **pain rassis** pan sentado, pan duro.

rassortiment ➡ **réassortiment**.

rassurant, e *adj* tranquilizador, ra.

rassuré, e *adj* tranquilo, la; **ne pas être très rassuré** no estar muy tranquilo.

rassurer [3] *v tr* tranquilizar, calmar (rendre la tranquillité).

rasta *m* FAM rastacuero.

rastafari *m & f* rastafari.

rastaquouère *m* FAM & PÉJ rastacuero, advenedizo, vividor.

rastel *m* reunión *f* para beber.

rat [ra] *adj* FIG roñoso, sa; roñica; tacaño, ña (avare).
◇ *m* ZOOL rata *f* ■ **rat de bibliothèque** ratón de biblioteca ‖ **rat-de-cave** torcida de cera, cerilla larga (bougie), inspector de contribuciones ‖ FAM **rat d'église** chupacirios, beato ‖ **rat d'hôtel** rata ou ratero de hotel ‖ **rat musqué** ratón almizclero ■ **mort-aux-rats** matarratas ‖ **petit rat** joven bailarina de la Ópera de París ■ **être fait comme un rat** estar más perdido que Carracuca ‖ **s'ennuyer comme un rat mort** aburrirse como una ostra.

rata *m* FAM guisote, rancho ‖ MIL rancho.

ratafia *m* ratafia *f* (liqueur).

ratage *m* fallo ‖ fracaso (échec).

ratanhia *m* ratania *f* (plante).

rataplan! *interj* ¡rataplán! (du tambour).

ratapoil *m* FAM militarista.

ratatiné, e *adj* FAM arrugado, da; avellanado, da; acartonado, da; apergaminado, da (ridé).

ratatiner [3] *v tr* FAM hacer añicos, hacer polvo (abîmer) ‖ encoger (rapetisser).
➡ **se ratatiner** *v pr* arrugarse, apergaminarse (se rider).

ratatouille [ratatuj] *f* FAM guisote *m*, comistrajo *m*, rancho *m* (ragoût grossier) ‖ **ratatouille niçoise** pisto.

rate *f* ANAT bazo *m* ‖ rata (femelle du rat) ■ FIG **ne pas se fouler la rate** no matarse trabajando, no dar golpe, ser un vago ‖ FIG & FAM **se dilater** ou **se désopiler la rate** reírse a carcajadas, desternillarse de risa.

raté, e *adj* fallado, da ‖ mal hecho, cha; **une robe ratée** un vestido mal hecho ‖ fracasado, da; frustrado, da.
➡ **raté** *m* fallo (de coup de feu, d'allumage) ‖ FIG fracasado (écrivain, acteur, etc.) ■ **avoir des ratés** fallar, ratear (moteur).

➡ **raté!** *interj* ¡por poco!

râteau *m* AGRIC rastrillo (à main), rastro (à cheval) ‖ TECHN rastrillo (de serrures) ‖ raqueta *f* (croupier) ‖ **râteau faneur** rastro henificador.

ratel *m* ratel (sorte de blaireau).

râtelage *m* rastrillado, rastrillaje.

râtelée *f* rastrillada.

râteler [24] *v tr* rastrillar.

râteleur, euse *m & f* rastrillador, ra.

râtelier *m* pesebre, comedero (pour les animaux) ‖ FIG & FAM dentadura *f* (rangées de dents) ‖ dentadura *f* postiza (fausses dents) ‖ herramental (d'un menuisier) ‖ portabobinas *f pl* (cantre) ‖ percha *f* (outils) ‖ taquera *f*, portatacos (billard) ‖ MAR cabillero ■ MIL **ratelier d'armes** armero ■ FIG & FAM **manger à tous les râteliers** servir a Dios y al diablo, sacar partido ou tajada de todas partes.

râtelures *f pl* rastrilladas.

rater [3] *v intr* fallar, errar, marrar (une arme) ‖ fallar (un moteur) ‖ FIG fracasar (échouer).
◇ *v tr* fallar, marrar, errar el tiro ‖ perder; **rater le train** perder el tren ‖ FAM no ver, no encontrar; **je l'ai raté hier à la sortie du théâtre** ayer no lo encontré a la salida del teatro ‖ FIG dejar escapar (laisser échapper); **rater une place** dejar escapar una colocación ‖ hacer mal, no salirle bien a uno (un travail) ■ **rater sa vie** malograr la vida, fracasar ‖ **rater son coup** errar ou fallar el golpe ‖ FIG & FAM **rater un examen** ser suspendido en un examen.

ratiboiser [3] *v tr* FAM limpiar, afanar, mangar (rafler), pelar (prendre l'argent) ‖ FAM apiolar, cargarse (tuer) ‖ arruinar.

raticide *m* raticida.

ratier *adj* de las ratas.
◇ *m* perro ratero.

ratière *f* ratonera (piège).

ratification *f* ratificación.

ratifier [9] *v tr* ratificar.

ratinage *m* TECHN frisado de las telas.

ratine *f* ratina (tissu).

ratiner [3] *v tr* frisar (les étoffes).

ratineuse *f* frisadora.

ratio *m* ratio (en comptabilité).

ratiocination *f* (p us) raciocinio *m*.

ratiociner [3] *v intr* raciocinar.
▨ OBSERV Dícese más raisonner (razonar).

ration *f* ración; **ration alimentaire** ración alimenticia ‖ **mettre à la ration** racionar.

rational *m* racional (des juifs).

rationalisation *f* racionalización.

rationaliser [3] *v tr* racionalizar.

rationalisme *m* racionalismo.

rationaliste *adj & s* racionalista.

rationalité *f* racionalidad.

rationnaire *adj & s* racionado, da; racionista.

rationnel, elle *adj* racional.
➡ **rationnel** *m* lo racional.

rationnellement *adv* de forma racional, racionalmente.

rationnement *m* racionamiento; **carte de rationnement** cartilla de racionamiento; ticket de rationnement cupón de racionamiento.

rationner [3] *v tr* racionar.

Ratisbonne *n pr* GÉOGR Ratisbona.

ratissage *m* AGRIC rastrillaje, rastrillado ▌ MIL operación *f* de limpieza.

ratisser [3] *v tr* rastrillar, pasar el rastrillo (avec un râteau) ▌ FAM limpiar, birlar, pelar (ratiboiser) ▌ MIL hacer una operación de limpieza ▌ FAM je me suis fait ratisser au casino me limpiaron ou me pelaron en el casino.

ratites [ratit] *m pl* aves *f* corredoras.

raton *m* ratoncillo (petit rat) ▌ pastel de queso (gâteau) ▌ raton laveur mapache, oso lavador.

ratonnade *f* FAM & PÉJ incursión violenta contra los africanos del Norte.

RATP (abr de Régie autonome des transports parisiens) *f* empresa pública autónoma de transportes públicos parisinos.

rattachement *m* atadura *f* ▌ FIG relación *f*, conexión *f*, enlace (rapport) ▌ incorporation *f*, unión *f*, integración *f* (territoire) ▌ adhesión *f* (à un parti).

rattacher [3] *v tr* atar (attacher) ▌ atar de nuevo (attacher de nouveau) ▌ incorporar, unir; rattacher la Savoie à la France incorporar Saboya a Francia ▌ FIG relacionar, ligar (relier); rattacher un fait à un autre relacionar un hecho con otro ▌ unir, vincular; elle seule me rattachait au pays solamente ella me vinculaba al país ▌ être rattaché à depender de; service rattaché au ministère servicio que depende del Ministerio.

➤ **se rattacher** *v pr* atarse, sujetarse ▌ FIG apegarse, cobrar apego a ▌ tener conexión, relacionarse ▌ relacionarse, ligarse (se lier à).

rattrapage *m* desquite (d'un dommage) ▌ recuperación *f* (du retard) ▌ alcance (d'une voiture) ▌ cours de rattrapage clase atrasada.

rattraper [3] *v tr* volver a coger, coger (attraper) ▌ alcanzar, coger (atteindre) ▌ recobrar, recuperar; rattraper le temps perdu recuperar el tiempo perdido ▌ arreglar, reparar (une bêtise, une gaffe) ■ FIG on ne m'y rattrapera plus no me cogerán en otra ▌ si je le rattrape! ¡si cae en mis manos!

➤ **se rattraper** *v pr* desquitarse (d'une perte, d'un échec) ▌ recuperarse, recobrarse (se remettre) ▌ agarrarse, asirse; se rattraper à une branche agarrarse de ou a una rama.

raturage *m* tachadura *f* ▌ raspadura *f*, raspado (action de raturer).

rature *f* tachadura, tachón *m* (trait de plume).

raturer [3] *v tr* tachar, rayar, borrar (effacer) ▌ raspar (gratter).

RAU (abr de République Arabe Unie) *f* RAU.

raucheur *m* minero.

raucité *f* (p us) ronquera (de la voix).

rauque *adj* [▷ SYN] ronco, ca ▌ POÉT rauco, ca.

▌ OBSERV Le mot espagnol ronco a aussi le sens d'enroué.
▌ SYN enroué ronco; guttural gutural.

rauquement *m* rugido (du tigre).

rauquer [3] *v intr* rugir (le tigre).

ravage *m* estrago, destrozo, devastación *f*; faire des ravages causar estragos *f* ▌ FIG es-

trago; les ravages de la peur los estragos del miedo; faire des ravages hacer estragos (dans les cœurs) ▌ achaque; les ravages du temps los achaques de la vejez.

ravagé, e *adj* asolado, da; devastado, da ▌ FIG descompuesto, ta; destrozado, da; desfigurado, da; visage ravagé par la douleur cara descompuesta por el dolor.

ravager [17] *v tr* asolar, causar estragos, destrozar, devastar.

▌ SYN dévaster devastar; infester infestar; ruiner arruinar; saccager saquear.

ravageur *adj* & *s* devastador, ra; estragador, ra.

ravageuse *f* FAM fulana, furcia.

raval *m* ahondamiento (d'un puits).

ravalement *m* revoque, enlucido (enduit) ▌ ángulo entrante en una obra (enfoncement) ▌ TECHN rebajo, rebajamiento (du bois) ▌ FIG hundimiento (affaissement).

ravaler [3] *v tr* volver a tragar (avaler de nouveau), tragar (avaler) ▌ FIG contener, reprimir; ravaler sa colère, son dégoût contener ou reprimir su ira, su asco ▌ AGRIC desmochar (un arbre) ▌ rebajar (le bois) ▌ FIG rebajar, disminuir, quitar valor, poner por los suelos (le mérite, la valeur) ▌ revocar (une façade) ▌ je lui ferai bien ravaler ses paroles se acordará mucho de lo que ha dicho.

➤ **se ravaler** *v pr* rebajarse, envilecerse.

ravaleur *adj* & *s m* revocador (ouvrier).

ravaudage *m* zurcido (reprise) ▌ remiendo (raccommodage).

ravauder [3] *v tr* zurcir (repriser), remendar (raccommoder).

ravaudeur, euse *m* & *f* remendón, ona.

rave *f* naba (radis).

rave [rɛv] *f* MUS rave.

ravelin *m* revellín.

ravenala *m* BOT ravenala *f*.

ravenelle *f* BOT rabanillo *m* (radis) ▌ mostaza silvestre.

Ravenne *n pr* GÉOGR Ravena.

ravi, e *adj* encantado, da (charmé) ▌ arrebatado, da ▌ embelesado, da (extasié) ▌ ravi de vous connaître encantado de conocerle.

ravier *m* fuente *f* ou platillo para los entremeses.

ravière *f* nabar *m*, plantío *m* de nabos.

ravigotant, e *adj* vigorizador, ra.

ravigote *f* salsa verde.

ravigoter [3] *v tr* FAM vigorizar, reanimar, entonar (remettre en forme).

ravilir [32] *v tr* envilecer (avilir), rebajar (rabaisser).

ravin *m* barranco ▌ hondonada *f* (vallée encaissée).

ravine *f* avenida, torrente *m* (cours d'eau) ▌ torrentera, arroyada, barranco *m* (ravin).

raviné, e *adj* cortado, da; quebrado, da (terrain).

ravinement [ravinmã] *m* abarrancamiento.

raviner [3] *v tr* abarrancar, formar barrancos, arroyar ▌ FIG arrugar, surcar de arrugas; visage raviné par les soucis cara surcada de arrugas a causa de las preocupaciones.

ravineux, euse *adj* abarrancado, da.

ravioli *m* ravioles, raviolis.

ravir [82] *v tr* arrebatar, quitar (enlever de force) ▌ raptar, robar (une personne) ▌ FIG encantar; sa façon de chanter me ravit su manera de cantar me encanta; je suis ravi de vous voir estoy encantado de verle ▌ à ravir a las mil maravillas, de maravilla, que es un primor.

raviser [3]

➤ **se raviser** *v pr* cambiar de opinión, echarse atrás, mudar de parecer.

ravissant, e *adj* FIG encantador, ra (charmant); beauté ravissante belleza encantadora ▌ arrebatador, ra (qui s'empare) ▌ raptor, ra; rapaz; animal ravissant animal rapaz ▌ BLAS rampante.

ravissement *m* arrobamiento, arrebato (extase) ▌ rapto; le ravissement d'Hélène el rapto de Helena ▌ encanto (enchantement) ▌ être dans le ravissement estar encantado ou arrobado.

ravisseur, euse *adj* & *s* raptor, ra ▌ rapaz; les loups ravisseurs los lobos rapaces ▌ arrebatador, ra (qui prend de force) ▌ ladrón, ona (voleur).

ravitaillement [ravitajmã] *m* abastecimiento, suministro ▌ MIL avituallamiento, aprovisionamiento ▌ compra *f*; aller au ravitaillement ir a la compra ▌ ravitaillement en vol abastecimiento en vuelo.

ravitailler [3] [ravitaje] *v tr* abastecer, aprovisionar, suministrar ▌ MIL avituallar, aprovisionar.

➤ **se ravitailler** *v pr* repostarse (essence).

ravitailleur [ravitajœr] *adj* & *s m* abastecedor ▌ MAR barco nodriza ▌ AVIAT avión nodriza.

ravivage *m* decapado, desoxidación *f* (des métaux) ▌ avivamiento (des couleurs).

raviver [3] *v tr* reavivar, avivar (couleur) ▌ atizar, avivar; raviver le feu atizar el fuego ▌ reanimar; liqueur qui ravive les forces licor que reanima las fuerzas ▌ FIG refrescar, reavivar (des souvenirs) ▌ TECHN decapar, desoxidar.

ravoir *v tr* recobrar, recuperar.

▌ OBSERV Este verbo sólo se usa en infinitivo.

raya ➤ raïa.

rayage [rɛjaʒ]; **rayement** [rɛjmã] *m* rayado, estriado (d'un canon).

rayé, e [rɛje] *adj* rayado, da ▌ listado, da; de rayas (tissu) ▌ estriado, da (un canon).

rayement ➤ rayage.

rayer [11] *v tr* rayar ▌ listar (étoffe) ▌ tachar, borrar (effacer) ▌ quitar (enlever) ▌ estriar (un canon) ▌ FIG excluir, radiar, eliminar; rayer des listes excluir de las listas ■ rayer quelqu'un de ce monde ou du nombre des vivants suprimirle a uno (tuer), echar a uno en el olvido (oublier) ▌ rayez cela de vos papiers ou de vos tablettes eso, quíteselo usted de la cabeza.

rayère *f* (p us) tronera, aspillera (ouverture étroite).

ray-grass [rɛgras] *m inv* césped inglés, ballico, vallico (plante).

Raymond [rɛmɔ̃] *n pr* Raimundo, Ramón.

rayon [rɛjɔ̃] *m* rayo (de lumière, du Soleil); darder des rayons arrojar rayos ▌ GÉOM radio;

rayon de courbure radio de curvatura ‖ radio, rayo (d'une roue) ‖ AGRIC surco (sillon) ‖ BOT radio (d'écorce) ‖ anaquel, tabla *f* estante, plúteo (étagère) ‖ sección *f*, departamento (partie d'un magasin); **le rayon des cravates** la sección de corbatas ‖ FIG rayo, viso, destello (lueur) ‖ resquicio; **un rayon d'espoir** un resquicio de esperanza ‖ radio; **rayon d'action** radio de acción; **dans un rayon de vingt kilomètres** en un radio de veinte kilómetros ■ **rayon de braquage** radio de giro (d'un véhicule) ‖ **rayon de miel** panal ‖ **rayons cathodiques, cosmiques, X** rayos catódicos, cósmicos, X ‖ **rayon laser** rayo láser ‖ **rayon visuel** visual ■ **chef de rayon** jefe de sección ou de departamento ■ FAM **ce n'est pas mon rayon** no es asunto mío ‖ **il en connaît un rayon** sabe un rato de eso.

rayonnage *m* AGRIC trazado de surcos ‖ estantería *f*, anaquelería *f* (d'une bibliothèque).

rayonnant, e *adj* radiante (radieux) ‖ resplandeciente (resplendissant) ■ **chaleur rayonnante** calor radiante ou por irradiación ‖ **pouvoir rayonnant** poder de radiación ■ **être rayonnant de bonheur** no caber en sí de gozo, estar loco de contento, rebosar de alegría.

rayonne *f* rayón *m*, rayona, seda artificial.

rayonné, e *adj* radiado, da.
➤ **rayonnés** *m pl* ZOOL (ancien) radiados.

rayonnement *m* brillo, resplandor ‖ radiación *f*, irradiación *f*; **le rayonnement de la chaleur** la radiación del calor ‖ difusión *f*, expansión *f* (propagation) ‖ FIG proyección *f*, irradiación *f*, influencia *f*; **le rayonnement de la culture** la proyección de la cultura ■ **rayonnement solaire** radiación solar ‖ **surface de rayonnement d'un radiateur** superficie radiante de un radiador.

rayonner [3] *v intr* radiar, irradiar (émettre des rayons) ‖ brillar ‖ resplandecer de felicidad, de alegría; **son visage rayonne** su rostro resplandece de felicidad ‖ ir a diferentes puntos [desde un centro] ‖ AGRIC trazar surcos ‖ FIG influir, tener proyección ou ascendiente ‖ PHYS irradiar, emitir radiaciones ‖ **rayonner de bonheur** no caber en sí de gozo, estar loco de contento, rebosar de alegría.

rayure *f* rayado *m*, rayadura (trace) ‖ raya (raie) ‖ lista, raya (de couleur); **chemise à rayures** camisa a rayas ‖ estría (d'arme à feu).

raz [ra] *m* MAR paso, estrecho (chenal) ‖ corriente *f* marina (courant) ‖ **raz de marée** maremoto.
‖ OBSERV La expresión raz de marée es invariable.

razzia [radzja] ou [razja] *f* correría, razzia.

razzier [9] [radzje] *v tr* efectuar una correría en.

RBE (abr de **revenu brut d'exploitation**) *m* resultado bruto de la explotación.

RBL. (abr écrite de **rouble**) RBL.

R-C (abr écrite de **rez-de-chaussée**) B.

r.d. (abr écrite de **rive droite**) or. der.

R-D (abr de **recherche-développement**) *f* I + D.

RDA (abr de **République démocratique allemande**) *f* HIST RDA.

RDB (abr de **revenu disponible brut**) *m* renta disponible bruta.

RdC (abr écrite de **rez-de-chaussée**) Ba.

RDS (abr de **remboursement de la dette sociale**) *m* retención de impuestos encaminada a subsanar el déficit de la seguridad social francesa.

ré *m inv* MUS re.

Rê; Râ *n pr* Ra.

réa *m* MAR roldana *f* (poulie).

réabonnement *m* nueva suscripción *f*, renovación *f* de suscripción (à un journal), nuevo abono, renovación *f* de abono (au théâtre).

réabonner [3] *v tr* renovar la suscripción de (journal) ou el abono de (théâtre).

réabsorber [3] *v tr* reabsorber, absorber de nuevo.

réabsorption *f* reabsorción.

réac *adj & s* FAM carca (réactionnaire).

réaccoutumer [3] *v tr* acostumbrar nuevamente, volver a acostumbrar.

réactance *f* ÉLECTR reactancia.

réacteur *m* PHYS & MÉCAN reactor ‖ NUCL **réacteur nucléaire** reactor nuclear.

réactif, ive *adj & s m* reactivo, va.

réaction *f* reacción ■ **avion à réaction** avión de reacción ‖ **moteur à réaction** motor de reacción ‖ **réaction en chaîne** reacción en cadena ■ **par réaction** como reacción.

réactionnaire *adj & s* reaccionario, ria.

réactivation *f* reactivación.

réactiver [3] *v tr* reactivar ‖ avivar (une flamme).

réactivité *f* reactividad.

réactualisation *f* reactualización.

réactualiser [3] *v tr* reactualizar.

réadaptation *f* readaptación.

réadapter [3] *v tr* readaptar, adaptar de nuevo.

réadjudication *f* nueva adjudicación.

réadmission *f* readmisión, nueva admisión.

ready [rɛdi] *adj* preparado, listo (tennis).

réaffirmation *f* reafirmación, nueva afirmación.

réaffirmer [3] *v tr* reafirmar, volver a afirmar.

réagir [32] *v tr* reaccionar; **il a réagi rapidement** ha reaccionado rápidamente ‖ CHIM reaccionar.

réajourner [3] *v tr* aplazar de nuevo.

réajustement ► **rajustement**.

réajuster ► **rajuster**.

réal, e *adj* HIST real.
➤ **réal** *m* (ancien) real *m* (monnaie espagnole).
‖ OBSERV El plural de la palabra francesa réal es réales.

réalésage *m* MÉCAN rectificado (de cylindre).

réaléser [18] *v tr* MÉCAN rectificar.

réalgar *m* MIN rejalgar.

réalisable *adj* realizable.

réalisateur, trice *adj & s* realizador, ra.
◇ *m & f* realizador (cinéma, télévision) ‖ realizador (œuvre).

réalisation *f* realización.

réaliser [3] *v tr* realizar, hacer; **impossible à réaliser** imposible de realizar ‖ hacer; **réaliser des bénéfices** hacer beneficios ‖ llevar a cabo ou a bien, ejecutar, realizar; **réaliser un projet** llevar a cabo un proyecto ‖ darse cuenta de, percatarse de; **réaliser l'importance des difficultés** darse cuenta de la importancia de las dificultades ‖ cumplir, realizar (un vœu) ‖ dirigir, realizar (un film) ‖ DR realizar; **réaliser ses biens** realizar sus bienes.
➤ **se réaliser** *v pr* realizarse ‖ cumplirse, realizarse (un vœu).

réalisme *m* realismo.

réaliste *adj & s* realista.

réalité *f* realidad ■ **en réalité** en realidad ‖ **être bien dans la réalité** tener los pies en la tierra ‖ **prendre ses désirs pour des réalités** figurársele a uno huéspedes en los dedos.

reality-show; reality show [realitiʃo] *m* reality show.
‖ OBSERV pl reality-shows; reality shows.

réaménagement *m* **réaménagement du territoire** (projet) reordenación *f* territorial ‖ reajuste (de taux d'intérêt).

réamorcer [16] *v tr* reactivar.

réanimation *f* MÉD reanimación; **salle de réanimation** sala de reanimación; **service de réanimation** unidad de vigilancia intensiva.

réanimer [3] *v tr* reanimar.

réannexer [3] *v tr* anexionar ou anexar de nuevo.

réannexion *f* nueva anexión.

réapparaître [91] *v intr* reaparecer, volver a aparecer.

réapparition *f* reaparición, nueva aparición.

réapprendre ► **rapprendre**.

réapprovisionnement [reaprovizjɔnmɑ̃] *m* reabastecimiento, nuevo abastecimiento.

réapprovisionner [3] [reaprovizjɔne] *v tr* reabastecer, abastecer de nuevo.

réargenter [3] *v tr* platear de nuevo.
➤ **se réargenter** *v pr* FAM ponerse uno las botas (s'enrichir).

réarmement [rearməmɑ̃] *m* rearme.

réarmer [3] *v tr* rearmar, armar de nuevo.
➤ **se réarmer** *v pr* rearmarse.

réassignation *f* DR nueva citación, nueva convocatoria.

réassigner [3] *v tr* DR citar de nuevo, convocar nuevamente.

réassort *m* COMM mercancía repuesta.

réassortiment; rassortiment *m* COMM renovación *f* de existencias.

réassortir [32] *v tr* COMM renovar las existencias.

réassurance *f* reaseguro *m*.

réassurer [3] *v tr* reasegurar.

réassureur *m* reasegurador.

rebaptiser [3] [rəbatize] *v tr* rebautizar.

rébarbatif, ive *adj* ingrato, ta; repelente (rebutant) ‖ poco atractivo, va; **un sujet rébarbatif** un tema poco atractivo ‖ árido, da; **un**

problème rébarbatif un problema árido ▌ mine rébarbative cara de pocos amigos, cara huraña ou hosca.

rebâtir [32] *v tr* reedificar, reconstruir.

rebattre [83] *v tr* vencer de nuevo ·(battre de nouveau) ▌ apalear (un tapis, un matelas) ▌ FIG remachar, repetir demasiado, machacar (répéter) ▌ barajar de nuevo (les cartes) ▌ varear (la laine d'un matelas) ▌ rebattre les oreilles à quelqu'un de quelque chose machacar los oídos de uno con algo, calentar los cascos de uno con uno con algo, machaconear a alguien con algo.

rebattu, e *adj* FIG trillado, da; sobado, da; manoseado, da; manido, da; un sujet rebattu un tema trillado ▌ avoir les oreilles rebattues de quelque chose estar harto de oír una cosa.

▌ SYN usé gastado; trivial trivial.

rebec [rəbɛk] *m* rabel (instrument de musique).

Rébecca *n pr* Rebeca (Bible).

rebelle *adj & s* rebelde.
◇ *adj* reacio, cia (hostile); rebelle à quelque chose reacio a algo.

rebeller [4]
➤ se rebeller *v pr* rebelarse.

rébellion [rebɛljɔ̃] *f* rebelión ▌ être en rébellion ouverte contre rebelarse abiertamente contra.

rebiffer [3]
➤ se rebiffer *v pr* FAM resistirse; se rebiffer contre une proposition resistirse a una propuesta ▌ FAM rebelarse, tirar coces; se rebiffer contre rebelarse contra, tirar coces a.

reblanchir [32] *v tr* blanquear nuevamente, volver a blanquear ▌ lavar de nuevo, volver a lavar (laver).
◇ *v intr* ponerse blanco ou blanquear otra vez.

reblochon *m* cierto queso de Saboya.

reboisement *m* repoblación *f* forestal.

reboiser [3] *v tr* repoblar [un monte].

rebond [rəbɔ̃] *m* rebote (d'une balle); faux rebond falso rebote ▌ salto (de l'eau) ▌ salto atrás (bond en arrière).

rebondi, e *adj* FAM rol12o, za; rechoncho, cha; repleto, ta (gros).

rebondir [32] *v intr* rebotar (une balle) ▌ FIG volver a animarse (se ranimer) ▌ volver a cobrar actualidad, volver a ponerse sobre el tapete, reaparecer (réapparaître) ▌ reanudarse (reprendre).

rebondissant, e *adj* que rebota.

rebondissement *m* rebote, rechazo ▌ FIG vuelta *f* al primer plano de la actualidad, vuelta *f* a la actualidad (d'une affaire) ▌ repercusión *f*, secuela *f*.

rebonjour *m* FAM buenos días otra vez.

rebord [rəbɔr] *m* borde, reborde (bord) ▌ resalto (bord saillant) ▌ TECHN pestaña *f* (d'une serrure).

rebot [rəbo] *m* rebote (jeu de pelote basque).

reboucher [3] *v tr* volver a tapar, taponar nuevamente.
➤ se reboucher *v pr* atascarse ou atorarse de nuevo (tuyau).

rebouillir [48] [rəbujir] *v intr* rehervir, hervir de nuevo.

rebours, e [rəbur, urs] *adj* (p us) intratable, arisco, ca ▌ (p us) revirado, da (bois).
➤ **rebours** *m* contrapelo, revés (tissu) ▌ (vx) FIG lo contrario, lo opuesto (le contraire); le rebours du bon sens lo contrario del sentido común ■ à rebours al revés (à l'envers), a contrapelo (à contre-poil) ▌ compte à rebours cuenta hacia atrás (lancement de fusée).

rebouteux, euse; rebouteur, euse *m & f* curandero, ra, yerbatero, ra (*Amér*), ensalmador.

reboutonner [3] *v tr* abrochar de nuevo, volver a abrochar ou a abotonar.

rebras [rəbra] *m* doblez *f*, bocamanga *f* (d'une manche) ▌ TECHN brazo (de gant).

rebroder [3] *v tr* volver a bordar ▌ recamar (broder en relief).

rebroussement *m* rebotadura *f* (des étoffes).

rebrousse-poil [rəbruspwal]
➤ à rebrousse-poil *loc adv* a contrapelo, al revés.

rebrousser [3] *v tr* levantar hacia atrás (poil, plume) ▌ rebrousser chemin desandar lo andado, dar media vuelta, volver sobre sus pasos, dar marcha atrás.
◇ *v intr* retroceder, dar media vuelta, volver hacia atrás.

rebuffade *f* bufido *m*, sufión *m*, feo *m*, desaire *m* (affront) ▌ negativa (refus).

rébus [rebys] *m* jeroglífico.

rebut [rəby] *m* desecho, desperdicio (chose dédaignée) ▌ FIG hez *f*, lo peor; le rebut de la société lo peor de la sociedad ■ de rebut de desecho ▌ mettre au rebut desechar, arrumbar, dar al traste con, archivar.

rebutant, e *adj* repelente; repulsivo, va (qui repousse) ▌ engorroso, sa; cargante (travail).

rebuter [3] *v tr* repeler (repousser) ▌ desechar (mettre au rebut) ▌ desanimar, desalentar, descorazonar, asquear.
➤ se rebuter *v pr* cansarse, hartarse.

recacheter [27] *v tr* volver a cerrar, volver a sellar (une lettre) ▌ volver a lacrar (à la cire).

recadrage *m* nuevo enfoque ▌ CINÉM & PHOT encuadre.

recadrer [3] *v tr* enfocar de nuevo ▌ CINÉM & PHOT cuadrar de nuevo.

recalcification *f* recalcificación.

récalcitrant, e *adj & s* recalcitrante; reacio, cia; rebelde; obstinado, da.

recalculer [3] *v tr* calcular de nuevo, volver a calcular.

recalé, e *adj & s* FAM suspendido, da; cateado, da (à un examen).

recaler [3] *v tr* FAM suspender, catear, cepillar, cargar, dar calabazas (dans un examen) ▌ poner en su sitio (remettre à sa place).

récapitulatif, ive *adj* recapitulativo, va.

récapitulation *f* recapitulación.

récapituler [3] *v tr* recapitular.

recarrelage *m* nuevo enladrillado, nuevo enlosado.

recarreler [24] *v tr* TECHN componer, remendar (des souliers) ▌ enlosar, enladrillar de nuevo (carreler).

Reccared *n pr* Recaredo.

recéder [18] *v tr* ceder de nuevo, devolver.

recel [rəsɛl] *m* encubrimiento, ocultación *f*.

recelé; recèlement *m* encubrimiento, ocultación *f*.

receler [25] *v tr* encubrir, ocultar (personnes, choses) ▌ FIG contener, encerrar, entrañar (renfermer).
▌ OBSERV L'espagnol recelar a le sens de soupçonner, craindre.

receleur, euse *m & f* encubridor, ra; ocultador, ra.

récemment [resamã] *adv* recientemente, hace poco.
▌ SYN depuis peu desde hace poco; fraîchement recién; naguère no hace mucho.

recensement *m* empadronamiento, censo (de la population) ▌ inspección *f* de mercancías (vérification de marchandises) ▌ inventario, recuento (inventaire) ▌ recuento (des voix) ▌ MIL alistamiento (d'une classe).

recenser [3] *v tr* empadronar, hacer el censo ▌ recontar, enumerar (compter) ▌ MIL alistar.

recenseur, euse *adj & s* empadronador, ra; encargado del censo.

recension *f* comparación, cotejo *m* (comparaison) ▌ recensión, reseña (d'un critique).

récent, e *adj* reciente.
▌ SYN frais fresco; moderne moderno.

recentrage *m* reajuste.

recentrer [3] *v tr* reajustar.

recepage; recépage *m* corta *f* a ras de tierra [de un árbol].

receper; recéper [18] *v tr* desmochar, podar (élaguer) ▌ rozar, talar (couper des arbres dans un bois) ▌ igualar (des pilotis).

récépissé *m* recibo, resguardo.

réceptacle *m* receptáculo.

récepteur, trice *adj* receptor, ra.
➤ **récepteur** *m* receptor (radio) ▌ auricular (de téléphone) ▌ colector (d'eaux) ■ INFORM récepteur de papier recogedor de papel ▌ récepteur universel receptor universal (de sang).

réceptif, ive *adj* receptivo, va.

réception *f* recepción ▌ recibimiento *m*, acogida (accueil) ▌ ingreso *m* (dans une école, un groupe) ▌ recepción (radio) ▌ recepción, fiesta (réunion) ▌ caída (d'un saut) ▌ MIL presentación (d'un officier) ▌ comprobación, prueba (d'un pont) ■ accuser réception de acusar recibo de (lettre) ▌ réception d'un appartement entrega de las llaves de un piso ▌ jour, heures de réception día, horas de atención al público.

réceptionnaire *adj & s* receptor, persona que recibe ▌ verificador (de travaux).

réceptionner [3] *v tr* recibir dando la conformidad.

réceptionniste *m & f* recepcionista.

réceptivité *f* receptividad.

recercler [3] *v tr* poner nuevos aros ou cercos.

récessif, ive *adj* recesivo, va.

récession *f* recesión.

recette *f* ingresos *m pl*, entradas *pl* (argent reçu); **compter la recette et la dépense** contar los ingresos y los gastos ou las entradas y las salidas ‖ recaudación, entradas *pl*, taquilla, taquillaje *m* (d'une salle de spectacles) ‖ cobro *m*, recaudación; **faire la recette** efectuar el cobro ‖ recaudación de contribuciones (du percepteur) ‖ receta (de cuisine) ‖ taquilla (guichet) ‖ FIG receta, fórmula; **avoir une recette pour faire fortune** tener una receta para hacer fortuna ‖ MIN cargadero *m* ‖ recepción (de produits) ■ **garçon de recette** cobrador, recaudador ‖ **recette buraliste** expendeduría de tabaco ‖ **recette de bonne femme** receta ou consejo de vieja ‖ **faire de bonnes recettes** hacer una buena recaudación, tener buenos ingresos ‖ **faire recette** ser taquillero, tener mucha taquilla; **un auteur qui fait recette** un autor que es taquillero; ser un éxito de taquilla; **cette pièce a fait recette** esta obra ha sido un éxito de taquilla.

recevabilité *f* DR admisibilidad, procedencia.

recevable *adj* admisible, procedente ‖ válido, da; **candidature recevable** candidatura válida.

receveur, euse *m & f* recaudador, ra (de contributions) ‖ cobrador, ra (dans les autobus, etc.) ‖ jefe (d'un bureau de poste).
◇ *m & f* MÉD receptor, ra; **receveur universel** receptor universal; **receveur d'organes** receptor de órganos.

recevoir [52] *v tr* recibir ‖ cobrar (toucher); **recevoir sa pension** cobrar su pensión ‖ aprobar (à un examen), ingresar (à une grande école).
◇ *v intr* recibir, tener visitas, tener reunión en casa; **nous recevons souvent** tenemos visitas a menudo ■ **être bien, mal reçu** ser recibido de buena, de mala manera ‖ **être reçu** ser recibido (sens général), haber aprobado (à un examen), haber ganado unas oposiciones (à un concours), haber ingresado (à une grande école) ■ **recevoir à bras ouverts** recibir con los brazos abiertos ‖ **être reçu comme un chien dans un jeu de quilles** ser recibido como los perros en misa ‖ **il reçoit de 8 à 10** atiende de 8 a 10 (heures).

réchampir [32] *v tr* destacar ou hacer resaltar los contornos de.

réchampissage *m* resalte (action) ‖ resalto (résultat).

rechange *m* repuesto, recambio; **roue de rechange** rueda de recambio ‖ COMM recambio (d'une traite) ■ **de rechange** de repuesto, de recambio (sens général), de respeto (sens militaire) ‖ **pièce de rechange** recambio, pieza de recambio ou de repuesto ‖ **vêtements de rechange** vestidos para cambiarse.

rechanter [3] *v tr* volver a cantar ‖ (p us) FAM repetir (répéter).

rechapage *m* recauchutado (pneu).

rechaper [3] *v tr* recauchutar (un pneu).

réchapper [3] *v intr* escaparse, librarse, salvarse ■ **il n'en réchappera pas** no tiene salvación ‖ **réchapper à un accident** librarse ou salvarse de un accidente.

recharge *f* recargo *m*, recarga (action) ‖ recarga (d'un accumulateur, etc.) ‖ recambio *m* (rechange) ‖ MIL nueva carga ou ataque.

rechargeable *adj* recargable, recambiable.

rechargement *m* nueva carga *f* ‖ recebo (d'une route).

recharger [17] *v tr* recargar, volver a cargar (arme, batterie) ‖ cargar (un appareil photo) ‖ (p us) atacar de nuevo (attaquer) ‖ recebar, empedrar (une route).

rechasser [3] *v tr* volver a echar, despedir nuevamente ‖ rechazar (repousser).

réchaud [reʃo] *m* infiernillo, cocinilla *f* (à alcool) ‖ hornillo; **réchaud à gaz, électrique** hornillo de gas, eléctrico ‖ calientaplatos (pour chauffer les plats) ‖ **réchaud à charbon** anafe.

réchauffage ➤ réchauffement.

réchauffé *m* cosa *f* ou comida *f* recalentada (chose réchauffée) ‖ FIG & FAM refrito, cosa *f* sabida; **cette pièce est du réchauffé** esta obra de teatro es un refrito.

réchauffement; réchauffage *m* recalentamiento ‖ subida *f* [de la temperatura] ‖ AGRIC abono ou estiércol nuevo (fumier neuf).

réchauffer [3] *v tr* recalentar ‖ calentarse; **réchauffer ses mains** calentarse las manos ‖ FIG reanimar, animar ‖ excitar (le zèle).
➤ **se réchauffer** *v pr* entrar en calor, calentarse ‖ subir; **la température se réchauffe** sube la temperatura.

réchauffeur *m* recalentador, calentador de agua.

réchauffoir *m* calientaplatos.

rechaussement *m* AGRIC & ARCHIT recalzo.

rechausser [3] *v tr* recalzar ‖ volver a poner los zapatos, volver a calzar.

rêche *adj* áspero, ra (au goût et au toucher) ‖ FIG rudo, da; áspero, ra.

recherche *f* busca, búsqueda ‖ averiguación, indagación (enquête) ‖ investigación (scientifique); **Centre national de la recherche scientifique** Consejo Superior de Investigaciones Científicas ‖ FIG refinamiento *m*, rebuscamiento *m*, afectación, atildamiento *m*; **habillé avec recherche** vestido con atildamiento ■ **recherche de paternité** investigación de la paternidad ‖ **recherche fondamentale** investigación básica ■ **à la recherche de** en busca de, en pos de ■ **faire des recherches** investigar, hacer investigaciones ‖ **se mettre ou être à la recherche de** ponerse ou estar en busca de.

recherché, e *adj* buscado, da; **recherché par la police** buscado por la policía ‖ atildado, da; afectado, da; rebuscado, da; refinado, da; **style recherché** estilo atildado ‖ raro, ra; escaso, sa (rare) ‖ solicitado, da; **une personne très recherchée** una persona muy solicitada (pour ses qualités).

rechercher [3] *v tr* volver a buscar (chercher de nouveau) ‖ buscar, rebuscar (chercher avec soin) ‖ investigar, averiguar (sciences, etc.) ‖ [▷ SYN] indagar, investigar (enquêter) ‖ perseguir, buscar ‖ buscar; **rechercher l'amitié de** buscar la amistad de.
‖ SYN perquisitionner hacer una pesquisa, pesquisar; enquêter inquirir, investigar.

rechercheur, euse *m & f* investigador, ra.

rechigné, e *adj* ceñudo, da; malhumorado, da.

rechignement *m* ceño, mal humor, mala cara *f*.

rechigner [3] *v intr* [▷ SYN] refunfuñar, poner mala cara, fruncir el ceño, rechinar ‖ hacer con mala cara ou a regañadientes ‖ **obéir en rechignant** obedecer a regañadientes.
‖ SYN [▷ SYN] renâcler refunfuñar, rezongar; bouder estar de morros.

rechristianiser [3] *v tr* volver a cristianizar.

rechute *f* recaída; **faire une rechute** tener una recaída.

rechuter [3] *v intr* recaer, tener una recaída (un malade) ‖ reincidir (récidiver).

récidivant, e *adj* reincidente.

récidive *f* DR reincidencia ‖ MÉD recidiva ‖ FIG reiteración.

récidiver [3] *v intr* reincidir ‖ MÉD reproducirse (maladie), recaer (malade) ‖ rehacer, repetir (refaire).

récidiviste *adj & s* reincidente.

récidivité *f* reincidencia ‖ MÉD reproducción, propensión a reproducirse, recaída.

récif [resif] *m* arrecife.

Recife *n pr* GÉOGR Recife.

récipiendaire *m* recipiendario [nuevo electo].

récipient [resipjɑ̃] *m* recipiente.
‖ SYN vase jarro, florero; pot jarro, tiesto.

réciprocité *f* reciprocidad ‖ GRAMM reciprocación.

réciproque *adj* [▷ SYN] recíproco, ca.
◇ *f* recíproca ‖ **rendre la réciproque** pagar con la misma moneda (mauvaise action), proceder en justa reciprocidad (sens général).
‖ SYN mutuel mutuo; bilatéral bilateral; synallagmatique sinalagmático.

réciproquement *adv* recíprocamente; **et réciproquement** y viceversa.

récit [resi] *m* relato, narración *f* ‖ MUS recitado.

récital *m* MUS recital.
‖ OBSERV *pl* récitals.

récitant, e *adj & s* THÉÂTR recitador, ra.
◇ *m & f* MUS solista.

récitatif *m* MUS recitativo.

récitation *f* recitación (action) ‖ poesía (texte).

réciter [3] *v tr* [▷ SYN] recitar; **il récite comme un perroquet** recita como un papagayo ‖ contar, referir (raconter) ‖ rezar (une prière) ■ **réciter les leçons** dar las lecciones ‖ **faire réciter les leçons** tomar las lecciones.
‖ SYN débiter recitar; déclamer declamar; psalmodier salmodiar.

réclamant, e *adj & s* DR reclamante.

réclamation *f* reclamación; **le bureau des réclamations** la oficina de reclamaciones.

réclame *m* reclamo (chasse).
◇ *f* publicidad, propaganda, reclamo *m* (publicité) ‖ reclamo *m* (objet) ‖ **article en réclame** artículo de reclamo ‖ FIG **faire de la réclame** hacer propaganda ou publicidad.

réclamer [3] *v tr* [▷ SYN] reclamar ‖ requerir, exigir (avoir besoin de) ‖ FAM llamar (appeler).
◇ *v intr* reclamar (protester).
➤ **se réclamer** *v pr* **se réclamer de** valerse de (invoquer), apelar a (faire appel).
‖ SYN demander pedir; redemander volver a pedir; exiger exigir; revendiquer reivindicar.

reclassement *m* nueva clasificación *f* ▌ readaptación *f*, rehabilitación *f* (de trabajadores).

reclasser [3] *v tr* volver a clasificar ▌ readaptar, rehabilitar.

reclouer [3] *v tr* volver a clavar, clavar de nuevo.

reclure *v tr* recluir.

➡ **se reclure** *v pr* recluirse.

▌ OBSERV Reclure sólo se conjuga para formar los tiempos compuestos y en infinitivo.

reclus, e [rəkly, yz] *m & f* recluso, sa. ◇ *adj* recluido, da; encerrado, da.

▌ OBSERV La forme recluido, da s'emploie pour former les temps composés et comme adjectif. La forme recluso, sa s'emploie comme substantif.

réclusion *f* reclusión; réclusion criminelle reclusión mayor ▌ réclusion à perpétuité reclusión perpetua.

réclusionnaire *m & f* recluso, sa; condenado a la reclusión.

récognitif *adj m* DR de reconocimiento.

récognition *f* reconocimiento *m*.

recoiffer [3] *v tr* volver a peinar, peinar otra vez.

➡ **se recoiffer** *v pr* volverse a peinar, peinarse otra vez (les cheveux) ▌ volver a cubrirse la cabeza (avec un chapeau).

recoin *m* rincón, escondrijo ▌ FIG recoveco, repliegue, lo más íntimo.

récolement *m* comprobación *f*, cotejo (vérification) ▌ ratificación *f* (des témoins).

récoler [3] *v tr* comprobar (vérifier) ▌ DR ratificar.

recollage; recollement *m* nueva pegadura *f*.

récollection *f* RELIG retiro *m*.

recollement ➡ **recollage**.

recoller [3] [rəkɔle] *v tr* volver a pegar ou encolar.

récollet [rekɔlɛ] *m* recoleto (religieux).

récollette *f* recoleta (religieuse).

recoloration *f* nueva coloración.

récoltable *adj* cosechable.

récoltant, e *adj & s* AGRIC propietario que cosecha él mismo sus cultivos.

récolte *f* cosecha; récolte sur pied cosecha sin recoger; récolte stockée cosecha en granero ▌ extracción (sel) ▌ recolección (action) ▌ FIG cosecha, acopio *m*.

récolter [3] *v tr* [▷ SYN] cosechar ▌ recolectar, recoger cosechas (recueillir) ▌ extraer (du sel) ▌ FAM cobrar, ganarse; tu vas récolter une gifle vas a cobrar ou vas a ganarte una torta ▌ ganarse; récolter une punition ganarse un castigo ▌ qui sème le vent récolte la tempête quien siembra vientos recoge tempestades.

▌ SYN recueillir recoger; moissonner segar; ramasser recoger; cueillir coger.

récolteuse *f* AGRIC recolectora (machine).

recommandable *adj* recomendable; peu recommandable poco recomendable.

recommandation *f* [▷ SYN] recomendación ▌ certificación, certificado *m* (du courrier).

▌ SYN apostille apostilla; FAM piston enchufe; appui apoyo.

recommandé, e *adj* recomendado, da ▌ encomendado, da (à Dieu ou aux saints) ▌ certificado, da; envoi en recommandé envío por certificado; lettre recommandée carta certificada.

➡ **recommandé** *m* certificado (lettre, paquet).

recommander [3] *v tr* [▷ SYN] recomendar ▌ encomendar (à Dieu ou aux saints) ▌ certificar (les lettres) ■ il est recommandé de faire se recomienda hacer ▌ je vous recommande d'être prudent le recomiendo sea prudente.

➡ **se recommander** *v pr* encomendarse (à Dieu ou aux saints) ▌ se recommander de quelqu'un valerse de la recomendación de alguien.

▌ SYN conseiller aconsejar; préconiser preconizar; prêcher predicar.

recommandeur *m* recomendante ▌ certificador (d'une lettre).

recommencement *m* repetición *f*, vuelta *f* a empezar, nuevo comienzo ▌ la vie est un perpétuel recommencement la vida es un eterno comenzar.

recommencer [16] *v tr* volver a empezar, empezar de nuevo, volver a hacer; recommencer un travail volver a empezar un trabajo ▌ volver a; recommencer à chanter volver a cantar ▌ repetir; recommencer une expérience repetir un experimento. ◇ *v intr* volver a hacerlo; je ne t'aimerai plus si tu recommences no te querré más si lo vuelves a hacer ■ c'est toujours à recommencer es el cuento de nunca acabar ▌ la pluie recommence vuelve a llover ▌ recommencer de plus belle volver a las andadas.

recomparaître [91] *v intr* volver a comparecer.

récompense *f* recompensa; en récompense como recompensa.

▌ SYN prix premio; prime prima, regalo; rétribution retribución; tribut tributo; rémunération remuneración.

récompenser [3] *v tr* recompensar ▌ compensar (dédommager) ▌ galardonar, premiar; ses œuvres ont été récompensées sus obras han sido premiadas ▌ récompenser d'un travail recompensar por un trabajo.

recomposable *adj* que puede recomponerse ou arreglarse ou reorganizarse.

recomposer [3] *v tr* recomponer, componer de nuevo ▌ arreglar (arranger) ▌ reorganizar.

recomposition *f* recomposición.

recompter [3] [rəkɔ̃te] *v tr* recontar, volver a contar.

réconciliable *adj* reconciliable.

réconciliateur, trice *m & f* reconciliador, ra.

réconciliation *f* reconciliación.

réconcilier [9] *v tr* reconciliar.

➡ **se réconcilier** *v pr* reconciliarse.

recondamner [3] *v tr* volver a condenar, condenar de nuevo.

reconductible *adj* prorrogable.

reconduction *f* reconducción, prórroga, renovación (d'un bail, d'un contrat).

reconduire [98] *v tr* despedir, acompañar a la salida ▌ acompañar; je vais vous reconduire chez vous le voy a acompañar a su casa ▌ DR reconducir, prorrogar ▌ echar, despedir (chasser) ▌ être reconduit prorrogarse, continuar su existencia ou su vigencia ou su aplicación.

reconfirmer [3] *v tr* reconfirmar, volver a confirmar.

réconfort [rekɔ̃fɔr] *m* consuelo, confortación *f* (p us).

réconfortant, e *adj* tónico, ca; reconfortante ▌ FIG alentador, ra; reconfortante; nouvelle réconfortante noticia alentadora.

➡ **réconfortant** *m* tónico, reconstituyente (médicament).

réconforter [3] *v tr* reconfortar, confortar, tonificar, fortificar, entonar (fortifier) ▌ FIG reconfortar, confortar ▌ consolar, alentar.

reconnaissable *adj* reconocible.

reconnaissance *f* reconocimiento *m*; la reconnaissance d'une erreur el reconocimiento de un error; la reconnaissance d'un enfant el reconocimiento de un niño ▌ agradecimiento *m*, reconocimiento *m*, gratitud; la reconnaissance d'un protégé el agradecimiento de un protegido ▌ confesión, reconocimiento *m* (aveu) ▌ resguardo *m*, vale *m* (reçu du dépôt) ▌ papeleta del Monte de Piedad (reçu du mont-de-piété) ▌ MIL reconocimiento *m*; avion de reconnaissance avión de reconocimiento ▌ exploración; faire une reconnaissance en Afrique hacer una exploración en África ■ reconnaissance de dette reconocimiento de deuda ▌ INFORM reconnaissance de la parole ou vocale reconocimiento de (la) voz ▌ reconnaissance des formes reconocimiento de formas ▌ reconnaissance optique de caractères reconocimiento óptico de caracteres ■ MIL en reconnaissance en reconocimiento ▌ faire une reconnaissance reconocer el terreno.

reconnaissant, e *adj* agradecido, da; reconocido, da; je vous suis très reconnaissant de vos paroles le estoy muy agradecido por sus palabras; être reconnaissant envers ses parents estar agradecido a sus padres.

reconnaître [91] *v tr* [▷ SYN 1] conocer, reconocer; avec ce chapeau je ne t'ai pas reconnu con este sombrero no te he conocido ▌ reconocer (un objet, un gouvernement, un enfant) ▌ (p us) agradecer, mostrar gratitud por; reconnaître un service agradecer un favor ▌ [▷ SYN 2] reconocer, admitir (admettre); je lui reconnais certaines qualités le reconozco ciertas cualidades ▌ reconocer, confesar; reconnaître ses torts reconocer sus faltas (avouer) ▌ MIL reconocer, reconocer (le terrain, les lieux) ▌ se faire reconnaître darse a conocer.

➡ **se reconnaître** *v pr* conocerse, reconocerse ▌ orientarse; impossible de se reconnaître dans ce bois imposible orientarse en este bosque ▌ reconocerse; se reconnaître coupable reconocerse culpable ▌ conocerse; l'âge se reconnaît à la fatigue des yeux la edad se conoce por el cansancio de los ojos ▌ verse; il se reconnaît dans ses enfants se ve en sus hijos ■ FAM ne pas s'y reconnaître no entender nada ▌ s'y reconnaître dar en el clavo.

SYN 1. identifier identificar; remettre reconocer.
2. convenir convenir, reconocer.

reconnecter [4] [rəkɔnɛkte] INFORM v tr reconectar (ordinateur).
◆ **se reconnecter** v pr reconectarse.

reconquérir [39] v tr reconquistar ‖ FIG recobrar, recuperar (recouvrer).

reconquête f reconquista ‖ la Reconquête la Reconquista (contre les Maures).

reconsidérer [18] v tr volver a considerar, reconsiderar.

reconstituant, e adj & s m reconstituyente.

reconstituer [7] v tr reconstituir.

reconstitution f reconstitución.

reconstruction f reconstrucción.

reconstruire [98] v tr reconstruir.

reconvention f reconvención.

reconventionnel, elle adj reconvencional.

reconventionnellement [rəkɔ̃vɑ̃sjɔnɛlmɑ̃] adv de manera reconvencional.

reconversion f readaptación.

reconvertir [32] v tr readaptar.

recopier [9] v tr volver a copiar ‖ poner ou sacar en limpio (un brouillon).

recoquiller [3] [rəkɔkije] v tr enroscar, abarquillar, retorcer.

record [rəkɔr] m récord, marca f, plusmarca f ■ record du monde récord del mundo ‖ battre, détenir, établir un record batir, tener, establecer un récord ‖ FAM en un temps record en un tiempo récord.

recordage m encordado (d'une raquette, d'un instrument).

recorder [3] v tr (p us) volver a amarrar con una cuerda (un paquet) ‖ volver a poner las cuerdas (d'une raquette) ‖ (vx) repetir una cosa para recordarla.

recorder m magistrado inglés.

recordman [rəkɔrdman] m; **recordwoman** [rəkɔrdwuman] f recordman, recordwoman, plusmarquista.
OBSERV pl recordmans OU recordmen; recordwomans OU recordwomen.

recorriger [17] v tr corregir otra vez, volver a corregir.

recors [rəkɔr] m (ancien) alguacil, corchete.

recoucher [3] v tr volver a acostar.
◆ **se recoucher** v pr volver a acostarse.

recoudre [86] v tr recoser, volver a coser ‖ (vx) reunir.

recouler [3] v tr volver a fundir, refundir; recouler un canon refundir un cañón.
◇ v intr volver a correr ou a manar ou a salir (un liquide).

recoupage m acción f de recortar, recorte ‖ nueva mezcla f (vins).

recoupe f recorte m (métaux, tissus) ‖ tasquil m (de pierres précieuses) ‖ cabezuela (farine) ‖ renadío m [prados].

recoupement m ARCHIT rebajo, derrame del basamento ‖ comprobación f de hecho (vérification) ‖ intersección f (topographie) ‖ par recoupement atando cabos, por diversos conductos ‖ faire un recoupement ou des recoupements atar ou unir cabos.

recouper [3] v tr recortar, volver a cortar ‖ mezclar (les vins) ‖ retocar (un vêtement) ‖ FIG confirmar, coincidir con; l'explication de son père recoupait la sienne la explicación de su padre confirmaba la suya.
◇ v intr cortar de nuevo (aux cartes).

recourbé, e adj encorvado, da; nez recourbé nariz encorvada ‖ encorvado, da; doblado, da; fil de fer recourbé alambre encorvado.

recourbement m encorvamiento.

recourber [3] v tr encorvar, doblar.

recourbure f (p us) encorvadura.

recourir [45] v intr recurrir a, apelar a, echar mano de (avoir recours à) ‖ correr de nuevo (courir de nouveau) ‖ volver corriendo (revenir en courant).

recours [rəkur] m recurso (appel) ■ recours en cassation recurso de casación ‖ recours en grâce petición de indulto ■ en dernier recours en ou como último recurso ■ avoir recours à recurrir a, valerse de, echar mano de.

recousu, e adj recosido, da.

recouvert, e adj cubierto, ta; recubierto, ta.

recouvrable adj recobrable, recuperable.

recouvrage m acción f de poner nueva tela a un paraguas ou asiento a una silla.

Recouvrance n pr RELIG Notre-Dame de Recouvrance La Virgen de los Remedios.

recouvré, e adj recobrado, da; recuperado, da.

recouvrement m recubrimiento (action de recouvrir) ‖ recuperación f, recobro (action de recouvrer) ‖ recuperación f (santé, force) ‖ recaudación f, cobranza f, cobro (argent, impôt).

recouvrer [3] v tr recobrar, recuperar; recouvrer la vue recobrar la vista ‖ recaudar, cobrar (toucher).

recouvrir [34] v tr [▷ SYN] recubrir, cubrir ‖ retejar (une toiture) ‖ revestir, cubrir; recouvrir de métal revestir con metal ‖ volver a tapizar (un fauteuil) ‖ tapar (un lit) ‖ FIG ocultar, encubrir, tapar (masquer).
◆ **se recouvrir** v pr cubrirse.
SYN joncher cubrir; parsemer esparcir, sembrar.

recracher [3] v intr volver a escupir.
◇ v tr echar, arrojar de la boca, escupir.

récréance f percepción anticipada y provisional de los frutos de un beneficio en litigio ‖ lettres de récréance cartas con que se llama a un embajador.

récréatif, ive adj recreativo, va.

récréation f recreo m, recreación (p us) ■ cour de récréation patio ‖ être en récréation estar en el recreo (école).
SYN amusement entretenimiento; passe-temps pasatiempo; distraction distracción; divertissement diversión; réjouissance regocijo; partie partida; jeu juego.

récréation f INFORM nueva creación.

récréer [15] v tr crear de nuevo, volver a crear.

récréer [15] v tr recrear.
◆ **se récréer** v pr recrearse.

récrément m MÉD recremento.

recrépi, e adj revocado, revocada de nuevo.

recrépir [32] v tr revocar de nuevo, volver a revocar.

recrépissage m nuevo revoque.

recreuser [3] v tr ahondar, cavar más (creuser plus profond) ‖ cavar de nuevo, volver a cavar (creuser de nouveau).

récrier [10]
◆ **se récrier** v pr exclamar (d'étonnement) ‖ clamar, protestar; se récrier contre une injustice clamar contra una injusticia.

récriminateur, trice adj recriminador, ra.

récrimination f recriminación.

récriminatoire adj recriminatorio, ria.

récriminer [3] v intr recriminar; récriminer contre quelqu'un recriminar a alguien.

récrire [99] v tr escribir de nuevo, volver a escribir ‖ contestar por carta (répondre par lettre).

recristallisation f recristalización.

recroître [94] v intr crecer de nuevo, volver a crecer.

recroquevillé, e [rəkrɔkvije] adj acurrucado, da; encogido, da (ramassé) ‖ abarquillado, da.

recroqueviller [3]
◆ **se recroqueviller** v pr abarquillarse (se tordre) ‖ acurrucarse, encogerse (se pelotonner).

recru, e adj molido, da; cansado, da; reventado, da; cheval recru caballo cansado.

recrû m resalvo, renuevo (arbre).

recrudescence [rəkrydesɑ̃s] f recrudecimiento m; recrudescence du froid, d'une maladie recrudecimiento del frío, de una enfermedad ‖ recrudescencia; la recrudescence de la criminalité la recrudescencia de la criminalidad ‖ être en recrudescence recrudecer.

recrudescent, e [rekrydesɑ̃, ɑ̃t] adj recrudescente.

recrue f MIL recluta m ‖ quinto m (conscrit) ‖ neófito, ta; nuevo adherente (d'un groupe).

recrutement m reclutamiento (soldats) ‖ contratación f (employés).

recruter [3] v tr MIL reclutar ‖ contratar (personnel).
◆ **se recruter** v pr contratarse (être recruté) ‖ encontrarse (se trouver).

recruteur m MIL reclutador.

recta adv FAM a toca teja, puntualmente; payer recta pagar a toca teja.

rectal, e adj ANAT rectal; par voie rectale por vía rectal.

rectangle m GÉOM rectángulo.

rectangulaire adj GÉOM rectangular.

recteur, trice adj rector, ra.
◆ **recteur** m rector (université, religieux) ‖ cura (en Bretagne).
◆ **rectrice** f timonera (plume de la queue d'un oiseau).

LE RECTEUR _____
Este representante del ministro de Educación, responsable de la "académie", se encarga del gobierno de las escuelas y universidades de su distrito (dirige los planes de estudio, el personal, etc.).

rectifiable *adj* rectificable.

rectificateur, trice *adj & s m* rectificador, ra.

rectificatif, ive *adj & s* rectificativo, va.

rectification *f* rectificación.

rectifier [9] *v tr* rectificar ‖ MIL corregir (le tir).

rectifieuse *f* rectificadora (machine).

rectiligne *adj* rectilíneo, a.

rectilinéaire *adj* rectilineal.

rectite *f* rectitis.

rectitude *f* rectitud.

recto *m* anverso, recto (d'un papier).

recto-colite *f* MÉD rectocolitis, proctocolitis.
‖ OBSERV pl recto-colites.

rectoral, e *adj* rectoral.

rectorat [rɛktɔra] *m* rectoría *f* (maison du recteur) ‖ rectorado (charge, dignité, durée).

rectoscope *m* MÉD rectoscopio.

rectoscopie *f* MÉD rectoscopia.

rectum [rɛktɔm] *m* ANAT recto (intestin).

reçu, e *adj* recibido, da ‖ ingresado, da; aprobado, da (admis).
➡ **reçu** *m* [▷ SYN] recibo ‖ acquitter un reçu poner el recibí.
‖ SYN acquit recibo; reconnaissance reconocimiento; récépissé recibo; quittance recibo.

recueil [rəkœj] *m* libro, colección *f*; un recueil de poèmes un libro de poemas.

recueillement [rəkœjmã] *m* recogimiento.

recueilli, e [rəkœji] *adj* FIG recogido, da (homme, attitude) ‖ reunido, da; juntado, da (réuni).

recueillir [41] [rəkœjir] *v tr* recoger ‖ juntar, reunir; recueillir des renseignements reunir datos ‖ recoger, acoger (donner asile) ‖ conseguir, obtener, llevarse; recueillir la majorité conseguir la mayoría ‖ allegar (des fonds) ‖ adquirir (un héritage).
➡ **se recueillir** *v pr* recogerse, ensimismarse, concentrar sus ideas ou su atención.

recuire [98] *v tr & intr* recocer, volver a cocer.

recuisson *f* recocido *m*, segunda cochura.

recuit, e [rəkɥi, it] *adj & s m* recocido, da.

recul [rəkyl] *m* [▷ SYN] retroceso; le recul d'un canon el retroceso de un cañón ‖ espacio (place) ‖ alejamiento, distancia *f*; ne pas avoir assez de recul pour juger un tableau no tener suficiente distancia para juzgar un cuadro ‖ FIG perspectiva *f* (dans le temps) ‖ regresión *f*; recul des exportations regresión de las exportaciones ‖ culatazo (d'une arme) ▪ avec le recul con la distancia ‖ avoir un mouvement de recul hacer un movimiento hacia atrás ‖ FIG manquer de recul carecer ou estar falto de perspectiva ‖ prendre du recul retroceder, alejarse (reculer), tener perspectiva.
‖ SYN rétrogradation retrogradación; régression regresión; repli repliegue.

reculade *f* reculada ‖ retirada (retraite).

reculé, e *adj* lejano, na; alejado, da (lointain) ‖ remoto, ta (temps).

reculée *f* espacio *m* para recular.

reculement *m* (vx) retroceso (recul) ‖ courroie de reculement correa de la retranca (harnais).

reculer [3] *v tr* echar hacia atrás, alejar; reculer sa chaise echar su silla hacia atrás ‖ aplazar, diferir (retarder); reculer un paiement aplazar un pago ‖ alejar; reculer ses frontières alejar sus fronteras.
◇ *v intr* retroceder, recular; reculer d'un pas retroceder un paso ‖ vacilar (hésiter) ‖ [▷ SYN] echarse atrás; reculer devant une difficulté echarse atrás ante una dificultad ‖ ir para atrás ‖ retrasar ‖ dar culatazo (un fusil) ▪ ne pas reculer d'un pouce no retroceder de una pulgada ‖ ne reculer devant rien no asustarse de nada, no reparar en nada, no arredrarse por nada ‖ reculer pour mieux sauter esperar el mejor momento.
➡ **se reculer** *v pr* recular, echarse atrás.
‖ SYN lâcher pied renunciar, abandonar; FAM caler rajarse; FAM flancher flaquear.

reculons
➡ **à reculons** *loc adv* andando hacia atrás ‖ FIG andando para atrás como los cangrejos.

récupérable *adj* recuperable.

récupérateur *adj m & s m* recuperador; ressort récupérateur muelle recuperador.

récupération *f* recuperación.
‖ OBSERV Bien que le mot recobro existe c'est recuperación qui est le plus courant.

récupérer [18] *v tr* recuperar (objet, matériel) ‖ recobrar (santé, forces) ‖ recuperar; récupérer une heure de travail recuperar una hora de trabajo (rattraper).
◇ *v intr* recuperarse (reprendre des forces).

récurage *m* fregado.

récurer [3] *v tr* fregar, restregar ‖ poudre à récurer polvos detergentes ‖ tampon à récurer estropajo.

récurrence *f* MÉD recurrencia.

récurrent, e *adj* MÉD recurrente.

récursoire *adj* DR que entabla recurso.

récusable *adj* recusable.

récusation *f* recusación.

récuser [3] *v tr* recusar (un jugement, un tribunal) ‖ rechazar (rejeter).
➡ **se récuser** *v pr* DR declararse incompetente.

recyclage *m* reconversión *f*, reciclaje, reciclado, reciclamiento ▪ recyclage des matériaux reciclado de materiales ‖ cours de recyclage cursos de reciclaje.

recyclé, e *adj* reciclado, da; verre recyclé vidrio reciclado.

recycler [3] *v tr* reconvertir, reciclar.

rédacteur, trice *m & f* redactor, ra ‖ rédacteur en chef redactor jefe.

rédaction *f* [▷ SYN] redacción (l'action, la chose rédigée) ‖ redacción (le personnel, le bureau des rédacteurs).
‖ SYN composition composición; dissertation disertación; narration narración.

rédactionnel, elle *adj* de la redacción, redaccional.

redan; redent *m* rediente, estrella *f* (fortifications) ‖ ARCHIT resalto.

redarguer [3] *v tr* redargüir.

reddition *f* rendición.

redécouvrir [34] *v tr* descubrir de nuevo, volver a descubrir.

redéfaire [109] *v tr* deshacer de nuevo.

redéfinir [32] *v tr* definir de nuevo, volver a definir.

redéfinition *f* redefinición *f*.

redemander [3] *v tr* volver a pedir, pedir otra vez (pétition) ‖ volver a preguntar, preguntar otra vez ‖ pedir la devolución de [lo prestado].

redémarrer [3] *v intr* arrancar de nuevo (un véhicule) ‖ FIG volver a empezar.

rédempteur, trice *adj & s* redentor, ra.

rédemption *f* redención.

rédemptoriste *m* redentorista.

redent ➡ redan.

redéploiement *m* MIL reorganización *f* de un dispositivo militar ‖ ÉCON reorganización *f*, reorientación *f*.

redescendre [73] *v tr & intr* bajar de nuevo, volver a bajar ‖ bajar después de haber subido.

redevable *adj* être redevable de deber; il m'est redevable d'une somme de cent francs me debe una suma de cien francos ‖ FIG je lui suis redevable de la vie le debo la vida.

redevance *f* canon *m*, censo *m* ‖ redevances téléphoniques recibos de teléfono.

redevenir [40] *v intr* volver a ser, ser de nuevo.

redevoir [53] *v tr* quedar debiendo.

rédhibition *f* DR redhibición.

rédhibitoire *adj* DR redhibitorio, ria.

rediffuser [3] *v tr* volver a emitir ou difundir.

rediffusion *f* redifusión.

rédiger [17] *v tr* redactar.

rédimer [3] *v tr* (p us) redimir, rescatar.

redingote *f* levita, redingote *m*.

redire [102] *v tr* repetir; redire toujours la même chose repetir siempre lo mismo ‖ ne pas se le faire redire no hacérselo decir dos veces, no vacilar en hacer algo.
◇ *v intr* censurar, criticar (blâmer); trouver quelque chose à redire tener algo que criticar ‖ trouver à redire à tout tener siempre que decir algo, buscar pelos en la sopa.

rediriger [17] *v tr* INFORM redireccionar.

rediscuter [3] *v tr* discutir de nuevo, volver a discutir.

redistribuer [7] *v tr* volver a distribuir ou a repartir.

redistribution *f* nueva distribución.

redite *f* repetición inútil.

redondance *f* redundancia.

redondant, e *adj* redundante.

redonner [3] *v tr* dar de nuevo, volver a dar ‖ devolver (rétablir, restituer); redonner la santé devolver la salud.
◇ *v intr* reincidir, recaer, volver a caer (retomber); redonner dans le même vice recaer

en el mismo vicio | volver a la carga ou a atacar (revenir à la charge).

redorer [3] *v tr* volver a dorar, redorar | FAM redorer son blason redorar su blasón ou su escudo.

redoublant, e *adj* & *s* repetidor, ra (d'une année scolaire).

redoublé, e *adj* redoblado, da | pas redoublé pasodoble (musique), paso redoblado (militaire) | à coups redoublés con violencia.

redoublement *m* redoblamiento, redoble | aumento, incremento (augmentation) | repetición *f* (d'une année scolaire).

redoubler [3] *v intr* redoblar (réitérer); redoubler d'efforts redoblar sus esfuerzos | arreciar (pluie, vent) | aumentar; la fièvre redouble la fiebre aumenta.

◇ *v tr* poner otro forro (doublure) | repetir; redoubler une classe repetir curso | aumentar, incrementar (accroître) | redoblar, repetir; redoubler une consonne repetir una consonante.

redoul *m* BOT roldón.

redoutable *adj* temible.

redoute *f* MIL reducto *m* | baile *m* (salon de danse).

Redoute *n pr f* la Redoute sociedad francesa de venta por correo.

redouter [3] *v tr* & *intr* temer ■ c'est à redouter es de temer, es temible | redouter de parler no atreverse a hablar.

redoux *m* subida *f* de temperaturas en temporada fría.

redressage *m* enderezamiento.

redresse *f* ARG à la redresse enérgico, ca; un type à la redresse un tío enérgico.

redressement *m* enderezamiento; le redressement d'un clou el enderezamiento de un clavo | enderezamiento (d'un tort) | restablecimiento (remise en état, en marche) | resurgimiento, recuperación *f* (d'un pays) | rectificación *f* (du courant, d'un compte) | redressement fiscal rectificación impositiva | maison de redressement reformatorio.

redresser [4] *v tr* erguir, enderezar (élever) | enderezar, deshacer, reparar (des torts) | hacer resurgir (la nation) | enderezar, poner en su cauce, restablecer (rétablir) | corregir (l'image) | enderezar, poner derecho; redresser une poutre enderezar una viga | ÉLECTR rectificar (courant).

➡ **se redresser** *v pr* erguirse, enderezarse, ponerse derecho | incorporarse (dans le lit) | FIG erguirse.

redresseur *m* ÉLECTR rectificador (de courant) | redresseur de torts desfacedor de entuertos, deshacedor de agravios.

➡ **redresseur, euse** *adj* rectificador, ra.

réducteur, trice *adj* TECHN reductor, ra.
◇ *adj* & *s m* CHIM reductor | PHOT rebajador.

➡ **réducteur** *m* reductor (de vitesse).

réductibilité *f* reducibilidad.

réductible *adj* reducible, reductible.

réduction *f* reducción, aminoración (d'impôts, etc.) | rebaja (de prix).

réduire [98] *v tr* [▷ SYN] reducir; réduire en poussière reducir a polvo; réduire d'un quart reducir en una cuarta parte; réduire au silence reducir al silencio | sofocar (une

émeute), reducir (une résistance) | disminuir (diminuer) | MÉD & MATH reducir ■ réduire à néant aniquilar, dar por tierra | réduire à sa plus simple expression reducir a su más mínima expresión | réduire au silence reducir al silencio, acallar | réduire en esclavage esclavizar | réduire en poudre ou en poussière ou en miettes hacer polvo ou añicos ou trizas ■ en être réduit à no tener más remedio que.

◇ *v intr* reducirse.

| SYN amoindrir aminorar, amenguar; diminuer disminuir; restreindre restringir; raréfier rarefacer; minimiser apocar.

réduit, e [redyi, it] *adj* reducido, da.

➡ **réduit** *m* cuarto pequeño, cuartucho, cuchitril (péjoratif) | MIL reducto.

réduplication *f* reduplicación.

réduve *m* ZOOL reduvio.

rééchelonner [3] *v tr* reprogramar el pago de (dette).

réécouter [3] *v tr* volver a escuchar.

réécrire [99] *v tr* volver a escribir.

réédification *f* reedificación.

réédifier [9] *v tr* reedificar.

rééditer [3] *v tr* reeditar.

réédition *f* reedición.

rééducation *f* reeducación | MÉD reeducación, rehabilitación; rééducation de la parole reeducación de la palabra | centre de rééducation centro de reeducación.

rééduquer [3] *v tr* reeducar.

réel, elle [reel] *adj* [▷ SYN] real | efectivo, va.

➡ **réel** *m* lo real.

| SYN tangible tangible; concret concreto; positif positivo; effectif efectivo; certain cierto.

réélection *f* reelección.

rééligibilité *f* reelegibilidad.

rééligible *adj* reelegible.

réélire [106] *v tr* reelegir.

réellement *adv* realmente.

réélu, e *adj* & *s* reelegido, da; reelecto, ta.

réembarquer [3] *v tr* reembarcar.

réembaucher [3] *v tr* contratar de nuevo (ouvriers).

réemploi ➡ remploi.

réemployer ➡ remployer.

réemprunter ➡ remprunter.

réengagement ➡ rengagement.

réengager ➡ rengager.

réensemencement *m* resiembra *f*.

réensemencer [16] *v tr* sembrar nuevamente, volver a sembrar.

rééquilibrage *m* reequilibrado.

rééquilibrer [3] *v tr* reequilibrar.

réescompte [reeskɔ̃t] *m* COMM redescuento.

réescompter [3] [reeskɔ̃te] *v tr* descontar de nuevo.

réessayer; ressayer [11] *v tr* intentar otra vez ou de nuevo.

réévaluation *f* revaluación.

réévaluer [7] *v tr* revaluar.

réexaminer [3] *v tr* volver a examinar [un asunto].

réexpédier [9] *v tr* reexpedir.

réexpédition *f* reexpedición.

réexporter [3] *v tr* reexportar.

réf. (abr écrite de référence(s)) ref.

refaçonner [3] *v tr* labrar de nuevo.

réfaction *f* refacción.

refaire [109] *v tr* [▷ SYN] rehacer | FAM engañar, pegársela ou dársela a uno.

◇ *v intr* volver a dar las cartas.

➡ **se refaire** *v pr* rehacerse, reponerse | restablecerse (rétablir sa santé) | volver a habituarse | FAM se refaire une beauté arreglarse.

| SYN recommencer volver a empezar; répéter repetir; renouveler renovar; récidiver reincidir; réitérer reiterar.

refait, e *adj* rehecho, cha | FAM il a été refait le han dado el pego.

réfection *f* (vx) refección (repas) | reparación, refacción, refección (remise en état).

réfectoire *m* refectorio, comedor.

refend [rəfɑ̃] *m* ARCHIT pared *f* divisoria ■ bois de refend madera para tablas | élément de refend elemento divisorio | mur de refend tabique (cloison).

refendre [78] *v tr* hender de nuevo.

référé *m* DR recurso de urgencia.

référence *f* referencia ■ ouvrage de référence libro de consulta | faire référence à hacer referencia a | FIG ce n'est pas une référence no sirve de referencia.

➡ **références** *f pl* referencias, informes *m* | ayant des références informado, da (employé).

référendaire *m* refrendario.

◇ *adj* relativo a un referéndum.

référendum [referɛ̃dɔm] *m* referéndum | encuesta *f* (enquête de journal).

référer [18] *v tr* (vx) referir | remitir (remettre).

◇ *v intr* informar; en référer à la direction informar a la dirección.

➡ **se référer** *v pr* referirse.

| OBSERV Le verbe espagnol referir a le sens de raconter.

refermer [3] *v tr* cerrar, volver a cerrar (fermer); refermer une porte cerrar una puerta.

➡ **se refermer** *v pr* cerrarse, volver a cerrarse.

refiler [3] *v tr* FAM colar, pasar; refiler une pièce fausse colar una moneda falsa | colgar, cargar, endosar (un travail).

réfléchi, e *adj* reflejado, da; rayon réfléchi rayo reflejado | GRAMM reflexivo, va (verbe, forme) | reflexivo, va (raisonnable, sérieux); un garçon réfléchi un chico reflexivo | pensado, da; meditado, da; cuerdo, da (idée, etc.).

réfléchir [32] *v tr* reflejar.

◇ *v intr* reflexionar, pensar; il faut que j'y réfléchisse tengo que pensarlo ■ c'est tout réfléchi está decidido, no me lo pienso más | donner à réfléchir dar que pensar | il faut réfléchir avant d'agir mirar antes de saltar, antes que te cases mira lo que haces | tout bien réfléchi, en réfléchissant bien pensándolo bien, mirándolo bien, bien mirado todo.

➡ **se réfléchir** *v pr* reflejarse.

réfléchissant, e *adj* reflejante, reflectante; **surface réfléchissante** superficie reflejante ▌reflectante; reflectorizado, da (plaque).

réflecteur, trice *adj* & *s m* PHYS reflector, ra.
➤ **réflecteur** *m* reflector.

reflet *m* reflejo ▌FIG reflejo, imagen *f*.

refléter [18] *v tr* reflejar; **la glace reflète les rayons lumineux** el espejo refleja los rayos luminosos.
➤ **se refléter** *v pr* reflejarse.

refleurir [32] *v intr* reflorecer.

reflex *adj* réflex.
◇ *m inv* réflex *f*.

réflexe *adj* reflejo, ja; **mouvement réflexe** movimiento reflejo.
◇ *m* reflejo; **réflexe conditionné** reflejo condicionado.

réflexibilité *f* reflexibilidad.

réflexible *adj* reflexible.

réflexif, ive *adj* reflexivo, va (psychologie).

réflexion *f* PHYS reflexión ▌reflexión (action de réfléchir) ▌idea, pensamiento *m* ■ **groupe de réflexion** grupo de reflexión ▌**temps de réflexion** período de reflexión ■ **réflexion faite, à la réflexion** mirándolo bien, pensándolo bien, bien mirado ■ **faire des réflexions** llamar la atención, reprender.

réflexologie *f* reflexología.

refluer [3] [rəflye] *v intr* refluir ▌retroceder, volver; **la foule reflua vers la sortie** la muchedumbre retrocedió hacia la salida ▌volver a (pensées, souvenirs).

reflux [rəfly] *m* [▷ SYN] reflujo (marée) ▌FIG reflejo, retroceso.
▌ SYN **marée** marea baja, bajamar; **jusant** reflujo, yusante.

refondre [75] *v tr* refundir ▌reestructurar (reorganizar).

refonte *f* refundición ▌reestructuración, reforma; **la refonte des institutions** la reestructuración de las instituciones ▌refundición (d'un livre).

reforestation *f* repoblación forestal.

réformable *adj* reformable.

réformateur, trice *adj* & *s* reformador, ra.

réformation *f* reformación.

réforme *f* reforma; **réforme agraire** reforma agraria ▌MIL baja, licencia absoluta (position) ▌reforma (église) ▌**cheval de réforme** caballo de desecho.

réformé, e *adj* & *s* reformado, da.
◇ *adj* & *s m* declarado inútil por enfermo (conscrit), dado de baja (militaire en service).

réformer [3] *v tr* reformar ▌MIL declarar inútil por enfermo, dar de baja ▌desechar (un cheval).
➤ **se réformer** *v pr* reformarse, corregirse.

reformer [3] *v tr* volver a crear; **reformer les rangs** MIL reorganizar las filas.

réformisme *m* reformismo.

réformiste *adj* & *s* reformista.

refouiller [3] [rəfuje] *v tr* ahondar un hueco (sculpture).

refoulé, e *adj* & *s* inhibido, da.

refoulement *m* rechazo, retroceso ▌impulsión *f*, descarga *f* (pompe) ▌compresión (d'un gaz) ▌inhibición *f*, tendencia *f* reprimida, represión *f* (d'un désir, d'un sentiment) ▌enfurtido (des étoffes), curtido (du cuir) ▌expulsión *f*.

refouler [3] *v tr* rechazar, hacer retroceder ▌echar, expulsar ▌comprimir (gaz, etc.) ▌atacar (la poudre d'une arme à feu) ▌enfurtir (les étoffes), curtir (le cuir) ▌FIG ahogar, contener; **refouler ses pleurs** ahogar el llanto ▌inhibir, reprimir, contener, comprimir (un désir, une sensation).

refouloir *m* (ancien) atacador.

réfractaire *adj* refractario, ria ▌rebelde; refractario, ria (rebelle) ▌**soldat réfractaire** insumiso.

réfracter [3] *v tr* refractar.

réfracteur *m* refractor.
➤ **réfracteur, trice** *adj* refractivo, va.

réfractif, ive *adj* refractivo, va.

réfraction *f* PHYS refracción.

réfractomètre *m* refractómetro.

refrain [rəfrɛ̃] *m* estribillo (de chanson) ▌canción *f*, cantinela *f* (répétition, rengaine).
▌ OBSERV Le mot espagnol **refrán** a le sens de proverbe, dicton.

réfrangibilité [refrãʒibilite] *f* refrangibilidad.

réfrangible *adj* refrangible.

refrapper [3] *v tr* golpear nuevamente ▌volver a golpear ▌acuñar de nuevo (monnaie).

refrènement *m* refrenamiento.

refréner [18] *v tr* refrenar.

réfrigérant, e *adj* refrigerante ▌FIG no muy caluroso, sa; **accueil réfrigérant** acogida no muy calurosa.
➤ **réfrigérant** *m* enfriador.

réfrigérateur, trice *adj* refrigerador, ra.
➤ **réfrigérateur** *m* refrigerador, frigorífico, nevera *f*.

réfrigération *f* refrigeración.

réfrigérer [18] *v tr* refrigerar.

réfringence [refrɛ̃ʒãs] *f* PHYS refrigencia.

réfringent, e [refrɛ̃ʒã, ãt] *adj* PHYS refringente.

refroidir [32] *v tr* [▷ SYN] enfriar; **refroidir l'eau** enfriar el agua ■ FIG aplacar, apagar, enfriar; **refroidir l'enthousiasme** aplacar el entusiasmo ▌ARG apilar, cargarse, dejar fiambre (tuer) ▌TECHN refrigerar.
◇ *v intr* enfriarse; **la soupe refroidit** la sopa se enfría.
➤ **se refroidir** *v pr* MÉD enfriarse, resfriarse.
▌ SYN **tiédir** templar; **attiédir** entibiar; **rafraîchir** refrescar.

refroidissement *m* enfriamiento ▌MÉD enfriamiento, resfriado ▌refrigeración *f* (moteur); **circuit de refroidissement** circuito de refrigeración ▌FIG enfriamiento (relations).

refroidisseur *m* enfriador.

refroidissoir *m* enfriadero, enfriador.

refuge *m* refugio ▌amparo (protection, surtout morale) ▌isleta *f*, refugio (trottoir) ▌**demander refuge à quelqu'un** pedir asilo a alguien.

réfugié, e *adj* & *s* refugiado, da.

réfugier [9]
➤ **se réfugier** *v pr* refugiarse.

refus [rəfy] *m* [▷ SYN] negativa *f*, negación *f* ▌rechazamiento, rechazo, repulsa *f* (rejet); **refus d'une offre** rechazamiento de una oferta ▌ÉQUIT parón ■ **refus de priorité** incumplimiento del ceda el paso ▌**refus d'obéissance** desobediencia ■ **ce n'est pas de refus** con mucho gusto, no es como para despreciarlo ▌**essuyer un refus** recibir una negativa.
▌ SYN **rebuffade** bufido, feo; **dénégation** denegación; **rejet** rechazamiento.

refusable *adj* rehusable, rechazable, que se puede negar.

refuser [3] *v tr* negar, rehusar, rechazar (rejeter); **refuser un service** rehusar un favor ▌negarse a; **refuser de sortir** negarse a salir ▌negar; **la nature lui a refusé la beauté** la naturaleza le ha negado la belleza ▌suspender (à un examen), dar calabazas FAM ■ **refuser du monde** echar gente, no aceptar gente ▌**refuser la priorité** no respetar la prioridad ou el ceda el paso ▌**refuser sa porte à quelqu'un** cerrar la puerta a alguien.
◇ *v intr* pararse (cheval) ▌ser contrario (vent).
➤ **se refuser** *v pr* negarse; **se refuser à parler** negarse a hablar ▌privarse (se priver); **se refuser tout repos** privarse de todo descanso ▌resistirse; **il se refuse à penser que** se resiste a pensar que ▌**ne rien se refuser** no privarse de nada.

réfutable *adj* refutable.

réfutation *f* refutación.

réfuter [3] *v tr* refutar, rechazar.

reg *m* GÉOGR reg [desierto de piedras].

regagner [3] *v tr* recobrar; **regagner la confiance** recobrar la confianza ▌FIG recuperar; **regagner le temps perdu** recuperar el tiempo perdido ▌volver a ganar; **regagner de l'argent** volver a ganar dinero ▌alcanzar, juntarse con ▌volver (revenir); **regagner son pays** volver a su país ▌**regagner du terrain** recuperar el terreno perdido.

regain [rəgɛ̃] *m* renadío, segundo corte, hierba *f* de segundo corte (d'un pré) ▌FIG renuevo ■ **regain de jeunesse** remozamiento ▌**regain de popularité** nuevo período de popularidad.

régal *m* regalo, placer, delicia *f* (plaisir); **cette musique est un régal pour l'oreille** esta música es un regalo para el oído ▌festín, regalo.
▌ OBSERV En espagnol **regalo** signifie surtout cadeau.

régalade *f* regalo *m*, festín *m* ▌(régional) fogata (flambée) ▌FAM **boire à la régalade** beber a chorro.

régale *f* regalía (droit royal).
◇ *m* realejo (petit orgue).
◇ *adj f* CHIM **eau régale** agua regia.

régaler [3] *v tr* FAM invitar, pagar (payer); **c'est moi qui régale** invito yo ▌amenizar, obsequiar (agrémenter) ▌nivelar, allanar (aplanir).
➤ **se régaler** *v pr* regalarse (d'un repas) ▌FIG disfrutar, gozar; **je vais me régaler** la voy a gozar.

régalia *f* regalía.

régalien, enne *adj* DR de regalía ▌ real (royal).

regard [rəgar] *m* [▷ SYN] mirada *f*; foudroyer du regard fulminar con la mirada ▌TECHN registro, trampilla *f* (égout, machine) ■ regard noir mirada dura ▌ regard perçant mirada aguda ou penetrante ■ droit de regard derecho de fiscalización ▌ long regard mirada penetrante ■ au regard de respecto a ▌ en regard en frente ■ jeter ou lancer un regard echar una mirada ou una ojeada ▌ jeter ses regards sur poner los ojos en (choisir) ▌ menacer du regard amenazar con la mirada ▌ ne pas avoir un regard pour no dignarse mirar a, no hacer caso de ▌ parcourir du regard recorrer con la mirada ▌ se dérober aux regards de huir de las miradas de ■ tourner ses regards vers volver la mirada ou los ojos a.
▌ SYN coup d'œil ojeada, vistazo; œillade guiño; vue vista.

regardant, e *adj* roñoso, sa; tacaño, ña.

regarder [3] *v tr* mirar a; se contenter de regarder les gens qui passent contentarse con mirar a la gente que pasa; la maison regarde le sud la casa mira al Sur ▌FIG mirar, considerar (considérer) ▌ competer a, interesar a, corresponder a, atañer a; affaire qui regarde le pays asunto que compete el país ■ regarder à la dérobée ou du coin de l'œil mirar con el rabillo del ojo, mirar de soslayo ▌ regarder avec des yeux ronds mirar con los ojos abiertos como platos ▌ regarder comme considerar como ▌ regarder dans le blanc des yeux ou droit dans les yeux mirar de hito en hito, fijar la mirada ▌ regarder de biais ou de travers mirar con recelo ▌ regarder de haut mirar por encima del hombro ou de arriba abajo ▌ regarder d'un bon, d'un mauvais œil mirar con buenos, malos ojos [algo] ▌ regarder en face mirar frente a frente ou cara a cara ou a la cara ou a los ojos (dans les yeux), enfrentarse, afrontar, encararse (affronter) ▌ regarder quelqu'un du haut de sa grandeur mirar a alguien por encima del hombro ▌ regarder quelqu'un d'un bon, d'un mauvais œil mirar a alguien con buenos, malos ojos ▌ regarder quelqu'un sous le nez ou entre les yeux mirar provocativamente ■ ça me regarde esto es asunto mío ▌ ça ne me regarde pas esto no es asunto mío (ce n'est pas mon affaire), no me importa (ça m'est égal) ▌ ça vous regarde esto es cosa suya, allá usted ▌ ça vous regarde? ¿y a usted qué le importa?, ¿y a usted qué más le da? ▌ FAM mêlez-vous de ce qui vous regarde no se meta en lo que no le llaman ou en lo que no le importa ▌ non mais tu ne m'as pas regardé! ¡qué te crees!
◇ *v intr* reparar, poner reparo; ne pas y regarder de si près no reparar en detalles ■ sans regarder à la dépense sin mirar ou reparar en gastos ▌ sans y regarder sin reparar en los detalles ▌ y regarder à deux fois pensarlo mucho antes de obrar.
➨ **se regarder** *v pr* mirarse ■ se regarder en chiens de faïence mirarse de hito en hito y con hostilidad ▌ se regarder face à face estar frente por frente.

regarnir [32] *v tr* reguarnecer, guarnecer de nuevo.

régate *f* MAR regata ▌ corbatita de nudo (cravate).

regel [rəʒɛl] *m* nueva helada *f*.

regeler [25] [rəʒle] *v tr & intr* helar de nuevo.

régence *f* regencia.
◇ *adj inv* regencia; style Régence estilo Regencia.
OBSERV El adjetivo Régence se refiere a las costumbres y las modas, los muebles, etc., del tiempo de la regencia, en Francia, de Felipe de Orleáns (en esta acepción lleva mayúscula).

régénérateur, trice *adj & s* regenerador, ra.
➨ **régénérateur** *m* TECHN regenerador.

régénération *f* regeneración.

régénérer [18] *v tr* regenerar ▌TECHN regenerar (caoutchouc).

régent, e *adj & s* regente.
OBSERV Le féminin regenta désigne en espagnol seulement la femme du regente (prote) d'une imprimerie.

régenter [3] *v tr* regentar ▌FIG regentar, dirigir.

reggae *m* MUS reggae.

régicide *adj & s* regicida (assassin).
◇ *m* regicidio (crime).

régie *f* administración de rentas, estanco (de l'État) ▌ control *m* (télévision, cinéma) ■ en régie en administración ▌ la Régie des tabacs la Compañía Arrendataria de Tabacos.

regimber [3] *v intr* respingar (animaux) ▌FIG respingar, forcejear.
➨ **se regimber** *v pr* hacer la contra, enfrentarse a, ir contra, oponerse a.

regimbeur, euse *adj & s* respingón, ona; díscolo, la (indocile).

régime *m* régimen (gouvernement) ▌ racimo (bananes) ▌MÉCAN régimen ▌MÉD régimen, dieta *f*; régime sans sel régimen sin sal; régime lacté dieta láctea ▌ régimen (droit, géographie, etc.) ■ régime matrimonial régimen de bienes en el matrimonio ▌ régime de Sécurité Sociale régimen de la Seguridad Social ▌ régime vieillesse plan de pensiones ■ à plein régime a toda marcha ■ être au régime estar a régimen ou a plan, seguir un plan ▌ se mettre au régime ponerse a régimen.

LE RÉGIME DE SÉCURITÉ SOCIALE
El régimen de seguridad social francés incluye diferentes tipos de "régimes": 1. "Le régime général des salariés", que proporciona una cobertura social a los empleados. 2. "Les régimes spéciaux", que ofrecen una cobertura a medida para ciertos grupos socioprofesionales (funcionarios, mineros, estudiantes, etc.). 3. "Les régimes particuliers", concebidos para las personas que trabajan por cuenta propia. 4. "Les régimes complémentaires", que proponen seguros de vejez adicionales para los asalariados.

régiment *m* MIL regimiento ▌FIG multitud *f*, batallón; un régiment de cousins un batallón de primos ▌FAM servicio militar, mili *f*; un copain de régiment un amigo de la mili ■ FAM faire son régiment hacer el servicio militar, hacer la mili ▌ inconnu au régiment ilustre desconocido.

régimentaire *adj* regimental.

région *f* región ▌MIL región ▌MAR région maritime departamento marítimo.

régional, e *adj* regional.
◇ *m* (vx) red *f* telefónica regional.

régionalisation *f* regionalización.

régionaliser [3] *v tr* regionalizar.

régionalisme *m* regionalismo.

régionaliste *adj & s* regionalista.

régir [32] *v tr* regir ▌ dirigir, gobernar (gouverner) ▌GRAMM regir.

régisseur *m* regidor, administrador ▌THÉÂTR traspunte, regidor de escena ▌ regidor, director de producción (cinéma) ▌jefe de control (du son).

registre *m* registro (livre) ▌ llave *f* [de un fogón, de una caldera de vapor] ▌ control (de tonalité) ▌INFORM registro ▌MUS registro ■ registre de comptabilité registro de contabilidad ▌ registre de l'état civil registro civil ▌ registre foncier registro de la propiedad.

réglable *adj* regulable.

réglage *m* arreglo ▌ reglaje, ajuste (d'un appareil); bague de réglage anillo de ajuste ▌ rayado, pautado (du papier) ▌ corrección *f*, reglaje (du tir) ▌ control (de tonalité) ▌ graduación *f*, regulación *f* (d'une quantité).

règle *f* regla (règlement) ▌ pauta, regla, norma (norme) ▌ norma; règles de la concurrence normas de la competencia ▌ regla (pour tirer des traits) ▌iguala (du maçon) ■ règle à calcul regla de cálculo ▌ règle de conduite norma de conducta ▌ règle de mélange regla de aligación ▌ règle de trois regla de tres ▌ÉCON règles de procédure normas procesales (statuts) ■ à la règle con regla ▌ en règle en regla, en forma debida, como Dios manda; bataille en règle batalla en regla ▌ en règle générale por regla general ■ avoir pour règle de faire... tener por norma hacer... ▌ être de règle ser requisito indispensable, ser imperativo ou obligatorio ▌ être en règle estar en regla ▌ être en règle avec sa conscience tener la conciencia tranquila.
➨ **règles** *f pl* reglas, período *m sing* (menstrues) ▌ dans les règles, dans les règles de l'art con todas las reglas del arte, con todas las de la ley.

réglé, e *adj* [▷ SYN] ordenado, da; regulado, da ▌ regulado, da (appareil) ▌ corregido (tir) ▌ reglado, da; moderado, da ▌ determinado, da; fijado, da; dispositions réglées d'avance disposiciones determinadas de antemano ▌ regular (pouls) ▌ de reglas normales (femmes) ▌ concluido, da; resuelto, ta; c'est une question réglée es asunto concluido ■ MATH surface réglée superficie reglada ■ FAM être réglé comme du papier à musique ser como un cronómetro (exact), ser automático.
▌ SYN rangé ordenado; ordonné ordenado; méthodique metódico; systématique sistemático.

règlement *m* [▷ SYN] reglamento ▌MIL reglamento, ordenanzas *f pl* ▌ liquidación *f*, pago (argent) ▌ arreglo, solución *f*; règlement d'un différend arreglo de una controversia ■ règlement à la commande pago al formalizarse el pedido ▌ règlement de compte ajuste de cuenta (assassinat) ▌ règlement de sécurité reglamento de seguridad ▌ règlement d'une somme liquidación ou pago de una cantidad ▌ règlement en espèces, par chèque pago en efectivo, con cheque ▌ règlement intérieur reglamento interno ▌DR règlement judiciaire procedimiento de suspensión de pagos.
▌ SYN prescription prescripción; loi ley; arrêté decisión; code código; statut estatuto; charte

carta; **constitution** constitución; **canon** canon; **décret** decreto.

réglementaire *adj* reglamentario, ria ‖ **ce n'est pas très réglementaire** no está de acuerdo con los cánones, no es de ley.

réglementairement *adv* reglamentariamente.

réglementarisme *m* reglamentarismo.

réglementation *f* reglamentación ‖ **réglementation des marchés** organización *ou* regulación del mercado.

réglementer [3] *v tr* someter a un reglamento, reglamentar, regular.

régler [18] *v tr* pautar, reglar, rayar (papier) ‖ regular, ajustar (un mécanisme) ‖ FIG arreglar, ordenar, regular; **régler sa vie** ordenar su vida ‖ reglamentar, determinar (décider) ‖ zanjar, arreglar, solucionar; **régler un problème** zanjar un problema ‖ resolver, solventar, dirimir (un différend) ‖ terminar con, concluir (mettre fin à) ‖ liquidar, abonar (compte) ‖ pagar; **régler le boulanger** pagar al panadero ‖ graduar, ajustar; **régler en hauteur** ajustar en altura ■ **régler le tir** ajustar el tiro ‖ **régler sa conduite sur** amoldar *ou* arreglar la conducta a ‖ **régler son compte à quelqu'un** pagarle (le payer), ajustarle a uno las cuentas (se venger), quitarse a uno de encima (s'en débarrasser) ‖ **régler son pas sur** ponerse al compás de ‖ **régler une montre** poner en hora un reloj.

◆ **se régler** *v pr* fijarse, determinarse.

réglet [reglɛ] *m* IMPR & ARCHIT filete ‖ regla *f*, regleta *f* (petite règle).

réglette *f* regleta.

régleur, euse *m & f* ajustador, ra.

◆ **régleur** *m* corrector (tir) ‖ válvula *f* de expansión (détendeur).

◆ **régleuse** *f* IMPR rayadera.

réglisse *f* regaliz *m* ■ **bâton de réglisse** paloduz (racine), barra de regaliz (bonbon) ‖ **jus de réglisse, réglisse** regaliz.

réglo *adj inv* FAM legal.

régloir *m* costa *f* (de cordonnier) ‖ MIL graduador de espoletas (fusées).

réglure *f* rayado *m*, pauta (du papier).

régnant, e *adj* reinante ‖ FIG reinante, dominante.

règne [rɛɲ] *m* reinado; **sous le règne de Néron** durante el reinado de Nerón ‖ reino; **règne animal** reino animal.

régner [8] *v intr* reinar ■ **diviser pour régner** divide y vencerás ‖ **le roi règne et ne gouverne pas** el rey reina pero no gobierna.

regonfler [3] *v tr* rehenchir ‖ inflar de nuevo ‖ FIG & FAM levantar el ánimo, entonar.

regorgement *m* rebosamiento.

regorger [17] *v intr* rebosar, salirse (liquides) ‖ rebosar (abonder) ■ **regorger de santé** rebosar salud ‖ **regorger de biens** nadar en la abundancia.

regrat [rəgra] *m* (vx) venta al por menor.

regratter [3] *v tr* raspar de nuevo (un mur).

regrattier, ère *adj & s* HIST regatón, ona; detallista.

regreffer [4] *v tr* injertar de nuevo.

régresser [4] *v intr* retroceder, perder, experimentar una regresión.

régressif, ive *adj* regresivo, va.

régression *f* regresión, retroceso.

regret [rəgrɛ] *m* pesar, disgusto ‖ queja *f* (plainte) ‖ pena *f*, pesadumbre *f* (chagrin) ■ **à mon vif regret** con mi mayor sentimiento ‖ **à regret** con pesar, a disgusto ‖ **avec tous mes regrets** sintiéndolo en el alma ■ **avoir le regret de, être au regret de** lamentar ou sentir mucho ‖ **en être aux regrets** arrepentirse, estar arrepentido.

regrettable *adj* lamentable, deplorable, triste ■ **il est regrettable que** es una pena que ‖ **perte regrettable** dolorosa pérdida.

regretté, e *adj* sentido, da; lamentado, da ‖ llorado, da (défunt) ‖ echado de menos.

regretter [4] *v tr* [▷ SYN] lamentar, sentir, deplorar ‖ sentir la pérdida de (d'une personne) ‖ echar de menos (une personne ou une chose perdue); **regretter ses camarades** echar de menos a sus compañeros ■ **je le regrette beaucoup** lo siento mucho ou en el alma ‖ **je regrette de ne pas l'avoir vu** siento no haberlo visto.

‖ SYN **déplorer** deplorar; **geindre** gemir, gimotear; **se plaindre** quejarse.

regrimper [3] *v tr & intr* trepar de nuevo, subir otra vez.

regroupement *m* reagrupamiento, reagrupación *f*.

regrouper [3] *v tr* reagrupar.

régulage *m* revestimiento de metal antifricción.

régularisation *f* regularización ‖ regulación; **régularisation d'un cours d'eau** regulación de un curso de agua.

régulariser [3] *v tr* regularizar.

régularité *f* regularidad.

régulateur, trice *adj* regulador, ra.

◆ **régulateur** *m* regulador ■ **régulateur cardiaque** marcapasos, regulador cardíaco, marcador de paso ‖ TECHN **régulateur de vitesse, de température** regulador de velocidad, de temperatura.

régulation *f* regulación ‖ **régulation des naissances** control de natalidad.

régule *m* TECHN régulo, metal antifricción.

réguler [3] *v tr* revestir de metal antifricción.

régulier, ère *adj* regular ‖ puntual (exact) ‖ regular (religieux) ‖ FAM leal.

◆ **régulier** *m* MIL regular.

◆ **régulière** *f* TFAM costilla, parienta (épouse).

‖ OBSERV La palabra francesa **régulier** no tiene nunca el sentido de **mediano** o **así así**, que puede tener la palabra española **regular**.

régulièrement *adv* con regularidad (uniformément, souvent) ‖ de forma regular (légalement).

régurgitation *f* regurgitación.

régurgiter [3] *v tr* regurgitar.

réhabilitable *adj* rehabilitable.

réhabilitant, e *adj* rehabilitador, ra.

réhabilitation *f* rehabilitación.

réhabilité, e *adj & s* rehabilitado, da.

réhabiliter [3] *v tr* rehabilitar.

réhabituer [7] *v tr* acostumbrar de nuevo.

rehaussement [rəosmã] *m* realce ‖ levantamiento.

rehausser [3] [rəose] *v tr* realzar ‖ levantar (élever).

rehaut [rəo] *m* resalto (peinture, etc.).

réhydrater [3] *v tr* rehidratar.

réimperméabiliser [3] *v tr* volver a impermeabilizar.

réimportation *f* COMM reimportación.

réimporter [3] *v tr* COMM reimportar.

réimposer [3] *v tr* ÉCON reimponer.

réimpression *f* reimpresión.

réimprimer [3] *v tr* reimprimir.

Reims *n pr* GÉOGR Reims.

rein [rɛ̃] *m* ANAT [▷ SYN] riñón; **rein artificiel** riñón artificial; **avoir mal aux reins** tener dolor de riñones ‖ ARCHIT riñón.

◆ **reins** *m pl* riñones, lomos ■ **tour de reins** dolor de cintura ■ **avoir les reins solides** tener el riñón bien cubierto, ser pudiente (être puissant) ‖ **casser les reins** deslomar (rouer de coups), cargarse (un adversaire) ‖ FAM **se casser les reins** cargársela.

‖ SYN **lombes** lomos; **râble** lomo; **rognon** riñón.

réincarnation *f* reencarnación.

réincarner [3]

◆ **se réincarner** *v pr* reencarnar.

réincorporer [3] *v tr* reincorporar.

reine *f* reina; **la reine douairière** la reina viuda ‖ reina, abeja maestra (abeille) ‖ reina, dama (aux échecs, aux cartes).

reine-claude *f* ciruela claudia, reina claudia (fruit).

‖ OBSERV pl reines-claudes.

reine-des-prés *f* reina de los prados (fleur).

‖ OBSERV pl reines-des-prés.

reine-marguerite *f* BOT aster *m* de la China.

‖ OBSERV pl reines-marguerites.

reinette *f* reineta (pomme).

réinitialiser [3] *v tr* INFORM reinicializar.

réinscription *f* nueva inscripción.

réinscrire [99] *v tr* inscribir de nuevo.

réinsérer [18] *v tr* reinsertar.

réinsertion *f* reinserción.

réinstallation *f* reinstalación ‖ reasentamiento *m*; **réinstallation des réfugiés** reasentamiento de los refugiados.

réinstaller [3] *v tr* reinstalar ‖ reasentar.

réintégrable *adj* reintegrable.

réintégration *f* reintegración.

réintégrer [18] *v tr* reintegrar ‖ volver a; **réintégrer le domicile conjugal** volver al domicilio conyugal ‖ volver a poner; **réintégrer quelqu'un en prison** volver a poner a uno en la cárcel ‖ volver a dar, devolver (redonner); **réintégrer quelqu'un dans ses biens** devolver a uno sus bienes ‖ rehabilitar (un fonctionnaire).

réintroduire [98] *v tr* introducir de nuevo, volver a introducir.

réinventer [3] *v tr* inventar de nuevo.

réinvestir [32] *v tr* volver a investir (un député) ‖ volver a investir (des capitaux) ‖ MIL sitiar ou cercar de nuevo.

reis [reis] *m pl* reis (monnaie).

réitératif, ive *adj* reiterativo, va.

réitération *f* reiteración.

réitérer [18] *v tr & intr* reiterar.

reître [rɛtr] *m* reitre (soldat allemand) ‖ FIG militarote ‖ **vieux reître** perro viejo.

rejaillir [32] [rɔʒajir] *v intr* saltar (liquides) ‖ reflejarse (lumière) ‖ (vx) rebotar (rebondir) ‖ FIG rejaillir sur recaer sobre, repercutir sobre.

rejaillissement [rɔʒajismɑ̃] *m* salto (d'un liquide) ‖ (vx) rebote (d'une balle) ‖ reflejo (de la lumière) ‖ FIG repercusión *f*.

rejet [rɔʒɛ] *m* desestimación *f*, rechazo; **le rejet de sa demande** la desestimación de su petición ‖ BOT renuevo, retoño ‖ joven enjambre (d'abeilles) ‖ tierra *f* sacada (d'un fossé) ‖ POÉT encabalgamiento ‖ MÉD rechazo.

rejetable *adj* rechazable.

rejeter [27] *v tr* echar de nuevo, volver a echar, tirar de nuevo, volver a tirar; **rejeter un poisson à l'eau** volver a echar un pez al agua ‖ rechazar, arrojar; **rejeter l'ennemi hors d'un pays** arrojar al enemigo fuera de un país ‖ rechazar; **rejeter une demande** rechazar una petición ‖ vomitar, devolver (vomir) ‖ achacar, echar; **rejeter la faute sur quelqu'un** achacar ou echar la culpa a alguien ‖ **rejeter un mot à la fin d'une phrase** trasladar una palabra al final de una frase.
◇ *v intr* BOT retoñar.
➤ **se rejeter** *v pr* echarse; **se rejeter en arrière** echarse atrás ‖ volverse a meter; **se rejeter sur l'étude** volverse a meter en el estudio ‖ recurrir (se reporter).

rejeton *m* BOT retoño, brote, renuevo, vástago ‖ FIG retoño, vástago (descendant).

rejoindre [82] *v tr* reunir, volver a juntar; **rejoindre les lèvres d'une plaie** volver a juntar los bordes de una llaga ‖ reunirse con, juntarse con; **rejoindre ses amis** reunirse con sus amigos ‖ ir a dar; **chemin qui rejoint la route** camino que va a dar a la carretera ‖ [▷ SYN] alcanzar, coger (rattraper) ‖ MIL incorporarse a ‖ FIG acercarse a; **cela rejoint ma pensée** esto se acerca a mis ideas.
➤ **se rejoindre** *v pr* juntarse, reunirse ‖ encontrarse, verse (se retrouver).
▮ SYN rattraper dar alcance; atteindre alcanzar; regagner recobrar, recuperar; rallier juntarse.

rejointoyer [13] [rɔʒwɛ̃twaje] *v tr* ARCHIT rellenar las juntas.

rejouer [6] *v tr & intr* volver a jugar (jeu) ‖ volver a representar (théâtre) ‖ volver a tocar (musique).

réjoui, e *adj* regocijado, da; alegre, jovial; gozoso, sa.

réjouir [32] *v tr* regocijar, alegrar.
➤ **se réjouir** *v pr* alegrarse, regocijarse.

réjouissance *f* regocijo *m*, alegría, júbilo *m* (joie) ‖ (vx) porción de hueso (boucherie).
➤ **réjouissances** *f pl* festejos *m*, fiestas.

réjouissant, e *adj* divertido, da; alegre.

relâchant, e *adj* relajante.

relâche *m* descanso (repos) ‖ día de descanso (théâtre) ■ **sans relâche** sin tregua, sin descanso ‖ **faire relâche** no haber función; ce

théâtre fait relâche no hay función en este teatro.
◇ *f* MAR escala.

relâché, e *adj* relajado, da.

relâchement [rɔlɑʃmɑ̃] *m* relajamiento, relajación *f* (des mœurs, de la discipline, de l'activité) ‖ aflojamiento, flojedad *f* (d'une corde) ‖ relajación *f*, disminución *f*, aflojamiento (de la tension) ‖ MÉD relajación *f* ‖ FAM relajación *f*, soltura *f* de vientre (diarrhée).

relâcher [3] *v tr* aflojar; **relâcher un câble** aflojar un cable ‖ relajar; **relâcher la discipline** relajar la disciplina ‖ soltar, liberar, libertar, devolver la libertad a (un prisonnier) ‖ **relâcher de** ceder en, reducir, disminuir.
◇ *v intr* MAR hacer escala, entrar de arribada.
➤ **se relâcher** *v pr* aflojarse (corde) ‖ relajarse; **la morale s'est relâchée** la moralidad se ha relajado ‖ aflojar, disminuir los esfuerzos; **cet élève s'est relâché en mathématiques** este alumno ha aflojado en matemáticas.

relais [rɔlɛ] *m* parada *f*, posta *f*, relevo (endroit) ‖ caballos *pl* de relevo, posta *f* (chevaux) ‖ albergue (auberge) ‖ SPORTS relevo; **course de relais** carrera de relevos; **équipe de relais** equipo de relevo ‖ descubierto (dans les fleuves) ‖ multiplicador (d'explosifs) ‖ ÉLECTR relé ‖ RAD repetidor, estación *f* de enlace, relé ■ SPORTS **relais quatre nages** relevo estilos ‖ **relais routier** restaurante de carretera ■ FIG **prendre le relais** tomar el relevo, relevar.

relance *f* envite *m* (au poker) ‖ FIG reactivación, nuevo impulso *m*; **relance économique** reactivación económica ‖ resurgimiento *m*; **relance européenne** resurgimiento europeo ‖ **de relance** de insistencia (lettre).

relancer [16] *v tr* lanzar de nuevo, volver a lanzar (lancer de nouveau) ‖ dejar partir, dejar marcharse (faire repartir) ‖ reenvidar (au poker) ‖ FIG reactivar, dar nuevo impulso (l'économie) ‖ FIG & FAM acosar, perseguir, hostigar, no dejar en paz; **relancer quelqu'un** acosar a uno ‖ volver a hablar de, volver a poner sobre el tapete, discutir de nuevo (une question) ‖ reprender, regañar (réprimander) ■ **relancer la conversation** reanimar ou reanudar la conversación ‖ **relancer un client** insistir de nuevo con ou dar otro toque a un cliente.

relaps, e [rɔlaps] *adj & s* relapso, sa.

rélargir [32] *v tr* ensanchar de nuevo.

rélargissement *m* nuevo ensanchamiento ou ensanche.

relater [3] *v tr* relatar.

relatif, ive *adj* relativo, va ‖ relatif à relativo a ou sobre; **étude relative aux liens existants** estudio sobre las relaciones existentes.
➤ **relatif** *m* lo relativo.
▮ OBSERV Il est souvent possible en espagnol de remplacer l'expression relativo a, suivie d'un complément, par ce complément, auquel on ajoute le suffixe ero, era: relatif au blé, à la maison triguero, casero.

relation *f* relación ‖ relación, contacto *m*; **entrer en relation avec quelqu'un** ponerse en relación con alguien ‖ [▷ SYN] relato *m*, narración (récit) ‖ enlace, relación (liaison) ‖ MATH razón, relación.
➤ **relations** *f pl* relaciones, trato *m sing*

‖ relaciones (personnes connues) ■ **relations internationales** relaciones internacionales ‖ **relations publiques** relaciones públicas ‖ **relations sexuelles** relaciones sexuales ■ **mettre quelqu'un en relation avec** poner a alguien en relación con.
▮ SYN compte rendu informe; exposé exposición; procès-verbal acta; historique reseña histórica, historial.

relationnel, elle *adj* relacional.

relative *f* GRAMM oración de relativo.

relativement *adj* relativamente (par rapport à) ‖ **relativement à** respecto a, en lo relativo a (au sujet de), comparado con, en comparación a (par comparaison).

relativiser [3] *v tr* relativizar.

relativisme *m* PHILOS relativismo.

relativiste *adj & s* relativista.

relativité *f* relatividad.

relaver [3] *v tr* volver a lavar.

relax; relaxe *adj* FAM relajado, da; tranquilo, la ‖ **fauteuil relax** tumbona *f*.

relaxant, e *adj* relajante.

relaxation *f* relajación, relajamiento *m* ‖ puesta en libertad, liberación (libération).

relaxe *f* puesta en libertad, liberación.

relaxe *adj* ➥ relax.

relaxer [3] *v tr* poner en libertad, liberar, soltar (mettre en liberté).
➤ **se relaxer** *v pr* FAM relajarse (muscles, esprit).

relayer [11] [rɔlɛje] *v tr* relevar, sustituir (remplacer) ‖ SPORTS hacer el relevo, relevar.
➤ **se relayer** *v pr* alternar, turnarse, relevarse (se remplacer); **se relayer au volant** turnarse en el volante; **se relayer auprès d'un malade** turnarse para cuidar a un enfermo.

relayeur [rɔlɛjœr] *m* miembro de un equipo de relevos (sports).

relecture *f* segunda lectura.

relégation *f* relegación, confinamiento *m*.

reléguer [18] *v tr* relegar, confinar.

relent [rɔlɑ̃] *m* resabio (mauvais goût) ‖ tufo, mal olor (mauvaise odeur) ‖ FIG resabio, resto.
▮ OBSERV L'espagnol relente corresponde en français à serein (humidité).

relevage *m* levantamiento.

relevailles *f pl* ceremonia *sing* religiosa de purificación después del parto.

relève *f* relevo *m* (action et troupe) ‖ **prendre la relève** tomar el relevo, relevar, reemplazar.

relevé, e [rɔlve] *adj* levantado, da ‖ FIG elevado, da; noble (élevé) ‖ relevante, sobresaliente (remarquable) ‖ picante (épicé) ‖ realzado, da (mis en valeur) ‖ peraltado, da (virage).
➤ **relevé** *m* lista *f*, relación *f* detallada (dépenses, gains) ‖ lectura *f*, apunte (d'un compteur) ‖ estado, estadística *f* (statistique) ‖ ARCHIT trazado, levantamiento (d'un plan) ■ **relevé de comptes** extracto de cuentas ‖ **relevé d'identité bancaire (RIB)** certificado del banco donde se especifica el número de cuenta, código de sucursal, etc. del cliente.

relèvement *m* reedificación, refección (d'un mur) ‖ levantamiento (d'une chose tombée) ‖ FIG rehabilitación *f* (d'un délinquant) ‖ mejora *f*; **relèvement de la qualité** mejora de la calidad ▌ determinación *f* de la posición de un punto (topographie) ▌ ANAT & MAR marcación *f* ▌ MAR arrufo (tonture) ▌ FIG renacimiento, levantamiento (d'un peuple) ▌ aumento, subida *f* (augmentation) ▌ aumento; **relèvement du niveau de vie, des droits de douane** aumento del nivel de vida, de los derechos arancelarios.

relever [19] *v tr* levantar, poner de pie (remettre debout) ▌ reedificar, rehacer, reconstruir (reconstruire) ▌ poner a flote (remettre à flot) ▌ levantar, remangar (retrousser) ▌ alzar, levantar (redresser) ▌ FIG levantar, sacar a flote (rétablir la prospérité) ▌ elevar (élever); **le travail relève l'homme** el trabajo eleva al hombre ▌ rehabilitar (un délinquant) ▌ realzar (rehausser) ▌ dar, levantar, animar; **relever le courage** levantar el ánimo ▌ **relever la conversation** animar la conversación ▌ reprender, regañar (reprendre) ▌ señalar, hacer notar, marcar; **relever une faute** señalar una falta ▌ notar, darse cuenta (se rendre compte) ▌ responder a, contestar a; **relever une impertinence** contestar a una impertinencia ▌ retener (une date) ▌ tomar nota, apuntar, sacar notas (prendre note) ▌ determinar la posición (déterminer la position) ▌ peraltar (un virage) ▌ levantar un plano de (topographie) ▌ aumentar, subir (augmenter); **relever les salaires** subir los sueldos ▌ mejorar; **relever le niveau de vie** mejorar el nivel de vida ▌ relevar, reemplazar en un trabajo (relayer) ▌ relevar, revocar (révoquer) ▌ relevar, liberar, eximir de un deber (libérer) ▌ sazonar, poner picante (épicer) ▌ coger (tricot) ▌ recogerse; **relever les cheveux** recogerse el pelo ▌ MAR marcar; **relever sa position** marcar su posición ▌ levar (l'ancre) ▌ **relever la tête** alzar la cabeza ▌ **relever le gant** ou **le défi** recoger el guante, aceptar el desafío ou el reto.
◇ *v intr* depender ▌ **relever de** competer a (être du ressort de), ser muestra ou signo de (être signe de), convalecer de, salir de (se remettre de) ▌ **relever de couches** levantarse después de un parto ▌ **relever de maladie** salir de una enfermedad.
➤ **se relever** *v pr* levantarse, ponerse de pie ▌ salir de la cama ▌ recuperarse, reponerse (se remettre) ▌ relevarse, turnarse (se relayer) ▌ **il ne s'en relèvera pas** no se rehará.

releveur [rəlvœr] *adj* & *s m* ANAT elevador (muscle).

relief *m* relieve; **carte en relief** mapa en relieve ▌ FIG realce, lustre ▌ **bas-relief** bajorrelieve, bajo relieve ▌ **demi-relief** medio relieve ▌ **haut-relief** alto relieve ▌ **broder en relief** bordar en realce, recamar ▌ **mettre en relief** poner de relieve, hacer resaltar.
➤ **reliefs** *m pl* sobras, restos de comida.

relier [9] *v tr* atar de nuevo, volver a atar, atar otra vez (lier de nouveau) ▌ poner en comunicación, comunicar, enlazar, unir, reunir (établir des communications) ▌ conectar (télécommunications) ▌ empalmar, juntar (câbles, fils électriques, etc.) ▌ unir, reunir (rattacher) ▌ enlazar, relacionar ▌ encuadernar (un livre) ▌ poner aros ou cercos (à un tonneau).

relieur, euse *adj* & *s* encuadernador, ra.

religieusement *adv* religiosamente.

religieux, euse *adj* & *s* [▷ SYN] religioso, sa; monje, fraile, monja.
➤ **religieuse** *f* pastelillo *m* de crema.

▌ OBSERV Religioso, religiosa (substantifs) s'emploient moins en espagnol qu'en français. Les mots usuels sont les synonymes monje, monja, fraile.
SYN moine monje, fraile; clerc clérigo; congréganiste congregante; cénobite cenobita; PÉJ (vx) frocard frailuco.

religion *f* religión ▪ **entrer en religion** profesar, entrar en religión, hacerse religioso ▌ **se faire une religion de** imponerse el deber de.
▌ SYN piété piedad; dévotion devoción.

religionnaire *m* (vx) religionario, protestante.

religiosité *f* religiosidad.

reliquaire *m* relicario.

reliquat [rəlika] *m* resto, saldo (d'un compte) ▌ secuelas *f pl*, restos *pl* (d'une maladie).

relique [rəlik] *f* reliquia ▌ **garder comme une relique** guardar como oro en paño.

relire [106] *v tr* releer, leer de nuevo ▌ leer, descifrar.
➤ **se relire** *v pr* releer (sa propre écriture).

reliure *f* encuadernación (de livre) ▌ cubierta (pour fascicules).

relogement *m* alojamiento.

reloger [17] *v tr* alojar en otra casa.

relooker [3] [rəluke] *v tr* FAM cambiar de pinta.

relouer [6] *v tr* realquilar, subarrendar (sous-louer).

réluctance *f* ÉLECTR reluctancia.

reluire [97] *v intr* relucir, brillar.

reluisant, e *adj* reluciente, brillante ▌ FIG & FAM brillante; lucido, da; **situation pas très reluisante** situación no muy lucida.
▌ OBSERV Reluisant en su acepción familiar se emplea generalmente en forma negativa.

reluquer [3] *v tr* FAM echar el ojo, diquelar.

rem *m* PHYS rem (unité).

remâcher [3] *v tr* volver a mascar, rumiar ▌ FIG rumiar (une idée).

remaillage [rəmajaʒ]; **remmaillage** [rɑ̃majaʒ] *m* cogida *f* de puntos ou de carreras (de bas).

remailler; **remmailler** [3] [rəmaje] *v tr* remellar (les peaux) ▌ coger puntos ou las carreras [a las medias] (bas).

remake [rimɛk] *m* nueva versión *f* (d'un film).

rémanence *f* ÉLECTR remanencia.

rémanent, e *adj* remanente.

remaniable *adj* modificable (modifiable).

remaniement [rəmanimɑ̃] *m* revisión *f*, arreglo (révision) ▌ modificación *f*, transformación *f* (modification) ▌ cambio, reforma *f* ▌ reorganización *f*, cambio en la composición (d'un gouvernement); **remaniement ministériel** reorganización ministerial ▌ IMPR recorrido.

remanier [9] *v tr* rehacer, retocar (retoucher) ▌ modificar, arreglar, transformar (modifier) ▌ cambiar, reformar (changer) ▌ reorganizar (un gouvernement) ▌ IMPR recorrer.

remariage *m* segundas nupcias *f pl*, nuevo casamiento.

remarier [9] *v tr* volver a casar.
➤ **se remarier** *v pr* volver a casarse.

remarquable *adj* notable; **remarquable par sa taille** notable por su estatura ▌ extraordinario, ria; excelente; **un chanteur remarquable** un cantor extraordinario ▌ señalado, da; **il a fait un travail remarquable** ha hecho un trabajo señalado ▌ relevante; **il lui a rendu un service remarquable** le ha prestado un servicio relevante.

remarquablement *adv* sumamente; **il est remarquablement intelligent** es sumamente inteligente.

remarque *f* nota, advertencia ▌ observación; **une remarque intéressante, désagréable** una observación interesante, desagradable.

remarqué, e *adj* señalado, da; **une absence remarquée** una ausencia señalada.

remarquer [3] *v tr* observar, notar, ver; **il enleva des taches qu'il avait remarquées** quitó unas manchas que había observado ▌ notar, darse cuenta de; **remarquer la différence** notar la diferencia; **remarquer l'absence de quelqu'un** darse cuenta de la ausencia de uno; **remarquer quelque chose au premier coup d'œil** notar algo a primera vista ▌ fijarse en; **as-tu remarqué l'air qu'il a?** ¿te has fijado en el aspecto que tiene?; **remarquer quelqu'un** fijarse en uno ▌ señalar, notar; **le journaliste remarque dans son article l'importance de la question** el periodista señala en su artículo la importancia del problema ▌ ver; **j'ai remarqué une très jolie robe** he visto un vestido muy bonito ▌ decir; **et pourtant, remarqua la duchesse** y sin embargo, dijo la duquesa ▌ marcar de nuevo, volver a marcar (marquer de nouveau) ▪ **remarque bien que** mira que, ahora que, te advierto que ▪ **être remarqué** ser visto ▌ **faire remarquer** hacer ver, hacer notar, señalar ▌ **je vous ferai remarquer que** le advierto que ▌ **se faire remarquer** llamar la atención.
➤ **se remarquer** *v pr* notarse, verse.

remballage *m* nuevo embalaje.

remballer [3] *v tr* embalar (emballer) ▌ volver a embalar (emballer de nouveau) ▌ FIG & FAM pasaportar, despachar, mandar a paseo.

rembarquement *m* reembarco (personnes), reembarque (choses).

rembarquer [3] *v tr* reembarcar.
◇ *v intr* & *pr* reembarcarse.

rembarrer [3] *v tr* FAM reñir, echar una bronca a (reprendre).

remblai *m* terraplén (masse de matière pour élever un terrain) ▌ terraplenado (action) ▌ **terres de remblai** tierras de acarreo.

remblaver [3] *v tr* volver a sembrar, resembrar.

remblayage [rɑ̃blɛjaʒ] *m* terraplenado.

remblayer [11] [rɑ̃blɛje] *v tr* terraplenar, rellenar.

remblayeuse [rɑ̃blɛjøz] *f* máquina de rellenar (pour remblayer).

rembobiner [3] *v tr* rebobinar.

remboîtage; **remboîtement** *m* encaje, reducción *f* (d'un os) ▌ reencuadernación *f* (d'un livre).

remboîter [3] *v tr* MÉD encajar, reducir (un os) ▌ reencuadernar (un livre).

rembourrage *m* relleno (d'un siège) ▌ hombrera (d'une veste) ▌ paja *f*, relleno (remplissage).

rembourré, e *adj* relleno, na (rempli) ‖ blando, da; **siège bien rembourré** asiento muy blando ■ FAM **bien rembourré** rellenito, metido en carnes (grassouillet) ‖ **être rembourré de noyaux de pêches** ser duro como la piedra.

rembourrer [3] *v tr* rellenar.

rembourrure *f* relleno *m*, borra *f*.

remboursable *adj* reembolsable ‖ reintegrable (loterie).

remboursé, e *adj* reembolsado, da.

remboursement *m* reembolso ‖ reintegro (loterie) ‖ devolución *f* del importe (d'une place) ‖ **envoyer contre remboursement** enviar contra reembolso.

rembourser [3] *v tr* reembolsar, devolver el dinero ‖ resarcir, reintegrar ■ **être remboursé à la loterie** cobrar el reintegro ‖ **rembourser des billets** devolver el importe de las entradas.

Rembrandt [rãbrã] *n pr* Rembrandt.

rembranesque *adj* propio de *ou* relativo a Rembrandt.

rembruni, e *adj* oscurecido, da ‖ FIG entristecido, da (attristé).

rembrunir [32] *v tr* oscurecer, ponerse más oscuro (rendre plus foncé) ‖ FIG entristecer, contristar (attrister).

➤ **se rembrunir** *v pr* entristecerse ‖ nublarse, entoldarse (le temps).

rembrunissement *m* oscurecimiento ‖ FIG entristecimiento.

rembuchement; rembucher *m* emboscamiento (d'un animal).

rembucher [3] *v tr* emboscarse (un animal).

remède *m* remedio, medicamento, medicina *f* ■ **remède de bonne femme** remedio casero ■ **à chose faite point de remède** a lo hecho pecho ■ **être sans remède** no haber remedio ‖ **le remède est pire que le mal** el remedio es peor que la enfermedad ‖ **porter remède à** remediar.

▌ SYN panacée panacea; antidote antídoto.

remédiable *adj* remediable.

remédier [9] *v intr* remediar, poner remedio ‖ **remédier aux abus** terminar con los abusos.

▌ SYN suppléer suplir; pallier paliar.

remembrement [rǝmãbrǝmã] *m* concentración *f* parcelaria.

remembrer [3] *v tr* concentrar, reunir, llevar a cabo la concentración parcelaria (terres).

remémoration *f* rememoración.

remémorer [3] *v tr* rememorar, recordar.

remerciement [rǝmɛrsimã] *m* agradecimiento; **avec tous mes remerciements** con mis más expresivas gracias; **lettre de remerciement** carta de agradecimiento.

➤ **remerciements** *m pl* gracias *f*; **adresser des remerciements** dar las gracias.

remercier [9] [rǝmɛrsje] *v tr* dar las gracias, agradecer (rendre grâce) ‖ rehusar cortésmente (refuser) ‖ despedir (renvoyer) ■ **en vous remerciant** agradeciéndole, le agradezco, le doy las gracias, dándole las gracias ‖ **je vous remercie** muchas gracias, se lo agradezco ‖ **je vous remercie de vos bontés** le agradezco sus amabilidades.

réméré *m* DR retroventa *f* ‖ **vendre à réméré** retrovender ‖ **vente à réméré** venta con pacto de retro.

remettage *m* TECHN remetido de la urdimbre.

remettre [84] *v tr* volver a poner, volver a meter; **remettre un enfant dans son lit** volver a meter un niño en su cama ‖ volver a ponerse, ponerse de nuevo; **remettre sa veste** volver a ponerse la chaqueta ‖ volver a poner, restablecer (ramener) ‖ reponer (une pièce de théâtre) ‖ imponer (décoration) ‖ reconocer, acordarse de; **je vous remets à présent** ahora le reconozco ‖ devolver; **remettre un enfant à sa famille** devolver un niño a su familia ‖ dar, entregar (donner) ‖ entregar; **remettre une lettre, les pouvoirs, un prix, un devoir au professeur** entregar una carta, los poderes, un premio, un deber al profesor ‖ confiar, poner en manos de (une affaire) ‖ dejar en manos de; **remettre les choses au hasard** dejar las cosas en manos del azar ‖ remitir, condonar (faire grâce de) ‖ rebajar (une peine) ‖ aplazar, dejar para más adelante (différer) ‖ reponer, restablecer; **l'air de la campagne l'a remis** el aire del campo le ha restablecido ‖ arreglar, componer (en état) ‖ encajar (une luxation) ■ **remettre à flot** sacar *ou* poner a flote ‖ **remettre à neuf** reparar, dejar como nuevo ‖ **remettre au pas** meter en cintura ‖ FAM **remettre ça** volver a empezar ‖ **remettre en état une machine** revisar una máquina ‖ FIG **remettre quelqu'un à sa place** parar los pies a alguien, poner a uno en su sitio ‖ **remettre quelqu'un d'aplomb** poner a uno como nuevo ‖ **remettre ses pouvoirs à** pasar *ou* entregar los poderes a ‖ **remettre une coutume en usage** hacer renacer una costumbre ‖ FAM **remettez la même chose** vuelva a llenar (au bar) ■ **en remettre** exagerar, camelar, cargar la mano ‖ **il ne faut pas remettre au lendemain ce que l'on peut faire le jour même** no dejes para mañana lo que puedas hacer hoy.

➤ **se remettre** *v pr* reponerse, restablecerse, recuperarse (d'une maladie, d'une émotion) ‖ mejorar, aclararse, despejarse (le temps) ‖ volver a sentarse; **se remettre à table** volver a sentarse en la mesa ‖ volver a, volver a empezar (recommencer); **se remettre à jouer** volver a jugar ‖ tranquilizarse, sosegarse (se calmer) ‖ rehacerse (d'une perte) ■ **se remettre à flot** ponerse a flote ‖ **se remettre en selle** volver a montar a caballo (à cheval), recuperarse (dans une affaire) ‖ **se remettre entre les mains de Dieu** encomendarse a Dios ‖ **se remettre entre les mains de quelqu'un** ponerse en manos de alguien, encomendarse a alguien ■ **remettez-vous!** ¡tranquilícese! ‖ **s'en remettre à quelqu'un** contar con alguien, remitirse a alguien.

remeubler [5] *v tr* amueblar de nuevo.

Remi; Remy *n pr* Remigio.

rémige *f* remera (plume).

remilitarisation *f* remilitarización.

remilitariser [3] *v tr* remilitarizar.

réminiscence *f* reminiscencia.

remis, e [rǝmi, iz] *adj* (participe passé de remettre) aplazado, da; diferido, da ‖ **c'est partie remise** será para otra vez.

remisage *m* encierro de un coche en la cochera.

remise *f* reposición ‖ remisión (action d'envoyer) ‖ entrega (livraison) ‖ remesa, envío *m* (envoi) ‖ entrega (d'un prix) ‖ remisión, perdón *m* (d'une peine) ‖ descuento *m*, rebaja (escompte) ‖ condonación, cancelación (d'une dette) ‖ comisión (d'un représentant) ‖ demora, dilación, aplazamiento *m* (délai) ‖ cochera, cobertizo *m* (pour les voitures) ‖ **remise à neuf** renovación ‖ **remise en état** arreglo, revisión ‖ **remise en jeu** saque (sports) ‖ **remise en place** colocación ‖ **voiture de remise** *ou* **de grande remise** coche de alquiler.

remiser [3] *v tr* encerrar en la cochera ‖ guardar (ranger) ‖ FAM echar con cajas destempladas (renvoyer), parar los pies (remettre à sa place) ‖ volver a hacer una puesta (au jeu).

➤ **se remiser** *v pr* posarse, ocultarse (le gibier à plume).

remisier *m* corredor de agente de bolsa.

rémissible *adj* remisible.

rémission *f* remisión, perdón *m* ‖ alivio *m* (d'une maladie) ‖ **sans rémission** sin remisión, sin remedio (implacablement), sin interrupción.

rémittence *f* MÉD remitencia.

rémittent, e *adj* MÉD remitente.

rémiz [remiz] *m* pájaro moscón.

remmaillage [rãmajaʒ] *m* remalladura *f*, remiendo de una red (d'un filet) ‖ ➤ **remaillage**.

remmailler [3] *v tr* remallar, componer las mallas [de una red] (d'un filet) ‖ ➤ **remailler**.

remmailleur, euse [rãmajœr, øz] *m & f* zurcidor, ra.

➤ **remmailleuse** *f* remalladora (machine), zurcidora (ouvrière).

remmailloter [3] [rãmajɔte] *v tr* cambiar de nuevo los pañales a un niño.

remmancher [3] [rãmãʃe] *v tr* poner nuevo mango.

remmener [19] [rãmne] *v tr* volver a llevar.

remmoulage *m* moldeado (fonderie).

remmouler [3] *v tr* moldear (fonderie).

remodelage *m* remodelación *f*.

remodeler [25] *v tr* remodelar.

rémois, e *adj* remense, de Reims.

Rémois, e *m & f* remense.

remontage *m* remonta *f*, colocación *f* de suelas nuevas (de chaussures) ‖ armado (d'une arme) ‖ nuevo montaje (d'une machine) ‖ subida *f* (montée).

remontant, e *adj* ascendente, que sube ‖ estimulante; tónico, ca.

➤ **remontant** *m* tónico, estimulante.

remonte *f* MIL remonta ‖ subida (rivière).

remontée *f* subida, ascenso *m* ‖ **remontée mécanique** remontes (ski).

remonte-pente *m* telesquí, telearrastre.

▌ OBSERV pl remonte-pentes.

remonter [3] *v intr* volver a subir, subir de nuevo; **remonter dans la chambre** volver a subir a su cuarto ‖ volver a montar (à cheval) ‖ volver a subir (baromètre, fièvre, prix) ‖ levantar (jupe) ‖ subir (s'élever) ‖ remontarse, elevarse; **remonter à l'Antiquité** remontarse a la Antigüedad ▮ remontar, navegar río arriba ■ **remonter à** tener su origen en ▮ **remonter à la surface** salir a flote ▮ **FAM remonter au déluge** ser del año de Maricastaña ▮ **MAR remonter au vent** remontar, ganar barlovento ■ **FAM être remonté** estar muy animado ▮ **ses actions remontent** sus acciones se cotizan más. ◇ v tr volver a subir; **remonter la côte** volver a subir la cuesta ▮ elevar, levantar (un mur) ▮ subir más (un tableau) ▮ levantar; **remonter son col** levantar el cuello ▮ dar cuerda (montre) ▮ montar de nuevo, volver a armar (machine, etc.) ▮ reponer, montar de nuevo (pièce de théâtre) ▮ reponer, renovar, reconstruir (regarnir) ▮ echar suelas (aux chaussures) ▮ subirse (ses chaussettes) ▮ [▷ **SYN** **FIG** estimular, animar, entonar (réconforter) ▮ **MIL** remontar ■ **FIG remonter le courant** ir a contracorriente ▮ **remonter la pente ou le courant** subir la cuesta ▮ **remonter le moral** levantar el ánimo ▮ **remonter un fleuve** subir un río, ir a contracorriente, ir río arriba.

➤ **se remonter** v pr reponerse, fortificarse, cobrar fuerzas.

▮ **SYN** réconforter confortar; revigorer, ravigoter vigorizar; ragaillardir remozar; fortifier fortificar.

remonteur, euse m & f montador, ra (d'une machine).

remontoir m corona f (montre).

remontrance f amonestación, reprimenda, reconvención ▮ **faire une remontrance** amonestar.

remontrer [3] v tr volver a enseñar ou mostrar ▮ (vx) advertir, hacer ver (faire voir) ▮ **en remontrer à quelqu'un** dar una lección a uno, darle cien vueltas a uno.

rémora m rémora f (poisson) ▮ (p us) **FIG** rémora f, obstáculo.

remordre [73] v tr & intr remorder, volver a morder.

remords [rəmɔr] m remordimiento.

remorque f remolque m; **remorque basculante** remolque volquete ■ **à la remorque** a remolque ■ **prendre un bateau en remorque** llevar un barco a remolque ▮ **se mettre ou être à la remorque de quelqu'un** ir a remolque de alguien.

remorquer [3] v tr remolcar ▮ **FIG** arrastrar, remolcar ▮ **MAR remorquer à couple** remolcar abarloado.

remorqueur, euse adj & s m remolcador, ra.

remoudre [85] v tr volver a moler.

remouiller [3] [rəmuje] v tr remojar (des étoffes) ▮ fondear de nuevo (un bateau).

rémoulade f salsa mayonesa con mostaza.

remoulage m moyuelo, afrecho (son) ▮ remoldeado, nuevo moldeado ▮ segunda molienda f.

remouler [3] v tr volver a moldear.

rémouleur m afilador, amolador (aiguiseur).

remous [rəmu] m remolino ▮ **FIG** remolino, alboroto, agitación f.

rempaillage [rɑ̃pajaʒ] m asiento nuevo puesto a una silla.

rempailler [3] [rɑ̃paje] v tr poner asiento nuevo a una silla.

rempailleur, euse m & f sillero, ra.

rempaqueter [27] v tr empaquetar de nuevo.

rempart [rɑ̃par] m muralla f (fortification) ▮ **FIG** defensa f, amparo, escudo.

rempiétement m consolidación f de los cimientos (d'un mur, d'un édifice).

rempiéter [18] v tr soletar, echar soletas (refaire le pied d'un bas).

rempiler [3] v tr volver a amontonar. ◇ v intr **MIL & ARG** reengancharse.

remplaçable adj reemplazable, remplazable; sustituible, substituible.

remplaçant, e m & f sustituto, ta; substituto, ta; reemplazante, remplazante ▮ suplente, reserva **SPORTS**.

remplacement m reemplazo; sustitución, substitución ■ **assurer le remplacement de quelqu'un** sustituir a alguien ▮ **faire des remplacements** hacer sustituciones.

▮ **SYN** substitution sustitución; subrogation subrogación; commutation conmutación.

remplacer [16] v tr reemplazar, remplazar, sustituir, substituir, suplir; **remplacer une chose par une autre** reemplazar una cosa por otra ▮ reemplazar, cambiar (renouveler) ■ **je me suis fait remplacer** me han sustituido ▮ **remplacer au pied levé** reemplazar de improviso ou en el último momento.

▮ **SYN** relayer relevar; relever relevar; succéder suceder; suppléer suplir; supplanter suplantar; substituer sustituir.

remplage m ripio, cascote, relleno (maçonnerie).

rempli m alforza f, pliegue, doblez (couture).

rempli, e adj lleno, na; relleno, na ▮ **FIG être rempli de soi-même** estar muy creído ou pagado de sí mismo, darse tono.

remplier [9] v tr echar una alforza.

remplir [32] v tr llenar de nuevo, rellenar ▮ completar (compléter) ▮ rellenar; **remplir un formulaire** rellenar un formulario ▮ ejercer, desempeñar, ocupar (une fonction) ▮ responder a, satisfacer a (répondre à) ▮ emplear (employer); **bien remplir son temps** emplear bien el tiempo ▮ ocupar (occuper) ▮ reparar (dentelle) ▮ cumplir con (un devoir, une promesse) ▮ **remplir les conditions requises** cumplir con los requisitos, satisfacer todos los requisitos.

➤ **se remplir** v pr llenarse ▮ **FAM** hartarse, llenarse (se rassasier).

remplissage m relleno ▮ **FIG** relleno, broza f, paja f, inutilidades f pl; **faire du remplissage** meter broza ▮ reparación f de encajes ▮ **MAR** tarugo (pièce de bois) ▮ matériau de remplissage material de relleno.

remploi; réemploi m nuevo empleo (de fonds), reinversión f ▮ **DR** adquisición f de un inmueble con el producto de los bienes dotales.

remployer [rɑ̃plwaje]; **réemployer** [reɑ̃plwaje] [13] v tr volver a emplear, emplear de nuevo.

remplumer [3] v tr cubrir de plumas (technique). ➤ **se remplumer** v pr echar plumas, cu-

brirse de plumas, pelechar ▮ **FIG & FAM** engordar (grossir), reponerse (santé), recobrarse, recuperarse (affaires).

rempocher [3] v tr volver a embolsar, volver a cobrar.

rempoissonnement m repoblación f con peces.

rempoissonner [3] v tr repoblar (un étang, etc.).

remporter [3] v tr llevarse ▮ **FIG** conseguir, lograr, obtener ▮ ganar (gagner) ▮ **remporter la palme** llevarse la palma.

rempotage m trasplante.

rempoter [3] v tr trasplantar de una maceta a otra.

remprunter; réemprunter [3] v tr tomar ou pedir prestado de nuevo.

remuable adj removible.

remuage m acción f de mover ou remover, meneo ▮ trasiego (du vin) ▮ apaleo (du blé).

remuant, e adj inquieto, ta; bullicioso, sa ▮ revoltoso, sa (enfant).

remue [rəmy] f trashumación (bétail).

remué, e adj emocionado, da.

remue-ménage [rəmymenaʒ] m inv trastorno, mudanza f ▮ trajín, barullo ▮ **il y a un grand remue-ménage** está todo patas arriba.

remue-méninges m inv reunión f creativa [en la que cada participante expone espontáneamente sus ideas] (brainstorming).

remuement [rəmymɑ̃] m movimiento, meneo ▮ (vx) **FIG** disturbios pl, revuelta f, agitación f (troubles).

remuer [7] v tr mover, menear; **remuer la main** mover la mano ▮ cambiar de sitio, mudar (changer de place) ▮ remover, mover (le café, les liquides) ▮ **FIG** conmover, mover (émouvoir) ▮ poner en movimiento; **remuer beaucoup de monde** poner en movimiento a mucha gente ▮ agitar; **le scandale a remué la ville** el escándalo ha agitado la ciudad ■ **remuer ciel et terre** revolver Roma con Santiago ▮ **remuer l'argent à la pelle** apalear oro, estar forrado ▮ **remuer la terre** remover la tierra. ◇ v intr moverse, menearse.

➤ **se remuer** v pr [▷ **SYN**] moverse ▮ **FIG** moverse.

▮ **SYN** bouger menearse, moverse; **FAM** grouiller moverse; **FAM** gigoter patalear.

remueur, euse adj & s bullicioso, sa; inquieto, ta; bullidor, ra.

remugle m (vx) olor a humedad.

rémunérateur, trice adj & s remunerador, ra.

rémunération f remuneración; **rémunération en nature** remuneración en especie.

rémunératoire adj remuneratorio, ria.

rémunérer [18] v tr remunerar.

Remus [remys] n pr **MYTH** Remo.

Remy ➤ Remi.

renâcler [3] v intr resoplar ▮ **FIG & FAM** rezongar, refunfuñar.

renaissance f [▷ **SYN**] renacimiento m ▮ **FIG** renovación f.

➤ **Renaissance** f la Renaissance el renacimiento.

Renaissance *adj inv* ARCHIT & ARTS renacentista.

SYN résurrection resurrección régénération regeneración.

renaissant, e *adj* renaciente ‖ renacentista (art).

renaître [92] *v intr* renacer ‖ reaparecer; *les fleurs renaissent au printemps* las flores reaparecen en primavera ‖ FIG reponerse, cobrar fuerzas (reprendre des forces).

◇ *v tr* renaître à volver a tener, estar animado por; **renaître à l'espoir** volver a tener esperanza ‖ **renaître à la vie** renacer a la vida, volver a vivir.

rénal, e *adj* ANAT renal.

renard [rənar] *m* zorro ‖ FIG zorro (rusé) ‖ fisura *f*, grieta *f* (d'un réservoir) ‖ "renard", piel de zorro (fourrure) ‖ **vieux renard** viejo zorro, zorrastrón, perro viejo.

renarde *f* zorra.

renardeau *m* zorrillo.

renardière *f* zorrera.

Renaud [rəno] *n pr* Reinaldo.

renauder [3] *v intr* FAM (vx) gruñir, refunfuñar (grogner).

rencaissage; rencaissement *m* nuevo ingreso en caja.

rencaisser [4] *v tr* volver a ingresar en caja, reintegrar.

rencard [rɑ̃kar] ➡ **rancard**.

rencarder ➡ **rancarder**.

renchaîner [3] *v tr* encadenar nuevamente.

renchéri, e *adj & s* (vx) desdeñoso, sa; orgulloso, sa.

renchérir [32] *v intr* encarecerse, ponerse más caro ‖ FIG ponderar, encarecer.

renchérissement *m* encarecimiento.

renchérisseur, euse *m & f* encarecedor, ra.

rencogner [3] *v tr* FAM arrinconar.

se rencogner *v pr* arrinconarse ‖ acurrucarse (se pelotonner).

rencontre *f* encuentro *m* (personnes ou choses) ‖ casualidad, coincidencia ‖ ocasión, coyuntura (occasion) ‖ choque *m*, refriega (choc imprévu de troupes) ‖ reunión ‖ entrevista (entrevue) ‖ desafío *m*, duelo *m* ‖ encuentro *m*, partido *m* (match) ■ **de rencontre** de ocasión ‖ **point de rencontre** punto de confluencia ‖ **un ami de rencontre** un conocido ■ **aller à la rencontre** ir ou salir al encuentro ‖ **faire de mauvaises rencontres** topar con mala gente ‖ **faire une rencontre** encontrarse con alguien.

rencontrer [3] *v tr* encontrar ‖ dar con, dar en, topar con, tropezar (heurter) ‖ entrevistarse con (avoir une entrevue) ‖ enfrentarse con (match).

se rencontrer *v pr* encontrarse, coincidir ‖ conocerse ‖ verse; *où allons-nous nous rencontrer?* ¿dónde nos vamos a ver? ‖ existir, encontrarse; *cela ne se rencontre guère* esto apenas existe ‖ confluir (cours d'eau, chemins, etc.) ‖ enfrentarse (deux équipes, deux armées).

rendement *m* [▷ SYN] rendimiento ‖ producto (produit) ■ **à plein rendement** a pleno rendimiento, con el máximo rendimiento

ÉCON **taux de rendement actuariel** tipo ou tasa de rendimiento actuarial.

SYN production producción; rapport producto, renta.

rendez-vous *m inv* cita *f* ‖ lugar de la cita, sitio de la reunión ‖ cita *f*, encuentro (spatial) ■ **consultation sur rendez-vous** consulta previa, petición de hora ‖ **donner rendez-vous** citar, dar cita ‖ **fixer un rendez-vous** citarse, darse cita ‖ **prendre rendez-vous** citarse, quedar (deux amis) ‖ **prendre rendez-vous, demander un rendez-vous** pedir hora (chez le médecin).

rendormir [36] *v tr* volver a dormir.

se rendormir *v pr* dormirse de nuevo.

rendosser [3] *v tr* volver a ponerse (un vêtement).

rendre [73] *v tr* devolver, restituir; *rendre un livre emprunté* devolver un libro prestado ‖ rendir, entregar; **rendre une place, les armes** rendir una plaza, las armas ‖ producir, rendir, dar (rapporter) ‖ devolver; *rendre un article défectueux* devolver un artículo defectuoso ‖ devolver, hacer recobrar; *rendre la santé* devolver la salud ‖ volver; *le succès l'a rendu fou* el éxito le ha vuelto loco ‖ poner; *cet examen me rend malade* este examen me pone enfermo ‖ hacer; *cela te rendrait heureux* esto te haría feliz ‖ expresar, reflejar; *cela rend sa pensée* esto refleja su pensamiento ‖ reproducir; *copie qui rend parfaitement l'original* copia que reproduce perfectamente el original ‖ traducir (traduire) ‖ rendir, tributar; **rendre hommage** rendir homenaje ‖ pronunciar, fallar, dictar; **rendre un verdict** pronunciar un veredicto ‖ emitir, producir, dar; **rendre un son** emitir un sonido ‖ exhalar, desprender; **rendre une bonne odeur** exhalar buen olor ‖ corresponder, devolver (une invitation) ‖ devolver, arrojar, vomitar (vomir) ‖ decir, expresar; *une photographie qui ne rend rien* una fotografía que no dice nada ‖ (vx) entregar, llevar (porter) ‖ llevar, conducir (amener) ■ **rendre compte** dar cuenta, dar parte ‖ **rendre des comptes** rendir ou dar cuentas ‖ **rendre des points à** sacar puntos a ‖ **rendre gloire** glorificar ‖ **rendre gorge** devolver a la fuerza ‖ **rendre grâce** ou **grâces** dar las gracias, agradecer ‖ **rendre justice** hacer justicia, reconocer los méritos ‖ **rendre la justice** administrar la justicia ‖ **rendre l'âme** ou **l'esprit** entregar el alma, exhalar el último suspiro ou el postrer aliento ‖ **rendre la monnaie** dar la vuelta ‖ **rendre la pareille** ou **la monnaie de sa pièce** pagar con la misma moneda ‖ **rendre la parole** devolver la palabra ‖ **rendre le bien pour le mal** devolver bien por mal ‖ MIL **rendre les armes** rendir ou entregar las armas, declararse vencido ‖ **rendre plus petit** achicar, hacer más pequeño ‖ **rendre raison de** dar razón de, explicar ‖ **rendre réponse** dar una contestación, contestar, responder ‖ **rendre sa visite à quelqu'un** devolver la visita a alguien ‖ **rendre service** hacer un favor, prestar ayuda ou servicio ‖ **rendre témoignage** dar ou prestar testimonio ‖ FAM **rendre tripes et boyaux** echar las entrañas, vomitar ‖ **rendre visite** hacer una visita, visitar ■ **Dieu vous le rende!** ¡Dios se lo pague! ‖ *il faut rendre à César ce qui est à César* hay que dar a César lo que es de César.

◇ *v intr* devolver, arrojar, vomitar; *avoir*

envie de rendre tener ganas de devolver ‖ tener éxito (réussir) ‖ rendir, dar un rendimiento (machine), ser productivo (une affaire).

se rendre *v pr* ir, trasladarse, dirigirse (aller) ‖ acudir; **se rendre à un endroit** acudir a un lugar ‖ rendirse, someterse, entregarse (capituler) ‖ darse, entregarse (une femme) ‖ ponerse, volverse; **se rendre malade** ponerse enfermo ‖ traducirse (un mot) ‖ FIG hacerse, mostrarse (se montrer); **se rendre utile** hacerse útil ‖ someterse, acceder, estar de acuerdo (accéder) ‖ reconocer; **se rendre à l'évidence** reconocer la evidencia ‖ admitir; **se rendre aux raisons de quelqu'un** admitir las razones de uno ■ **se rendre compte** darse cuenta ‖ **se rendre coupable** ser culpable ‖ **se rendre maître** hacerse dueño (propriétaire), hacerse maestro (savoir).

rendu *m* COMM devolución *f* ‖ *c'est un prêté pour un rendu* donde las dan las toman, eso es pagar con la misma moneda.

rendu, e *adj* devuelto, ta ‖ conducido, da; transportado, da ‖ llegado, da (arrivé); *enfin nous voilà rendus* por fin hemos llegado ‖ rendido, da; cansado, da (fatigué) ‖ FIG expresado, da (exprimé).

rêne *f* rienda (plus usité au pluriel) ‖ FIG rienda; **les rênes du gouvernement** las riendas del gobierno ‖ **fausse rêne** falsa rienda, engallador.

SYN guide rienda; bride brida; licou cabestro; licol cabestro, ronzal.

René *n pr* Renato.

Renée [rəne] *n pr* Renata.

renégat, e [rənega, at] *adj & s* renegado, da.

renégocier [9] *v tr* renegociar.

reneiger [23] *v impers* volver a nevar.

rénette *f* legra, legrón *m*, pujavante *m* (pour rogner le sabot du cheval).

renfaîter [3] *v tr* retejar.

renfermé, e *adj* encerrado, da ‖ reservado, da; poco comunicativo, va (peu communicatif).

renfermé *m* sentir le renfermé oler a cerrado.

renfermement *m* encierro.

renfermer [3] *v tr* encerrar (enfermer) ‖ volver a encerrar (enfermer de nouveau) ‖ FIG encerrar, contener, entrañar (contenir) ‖ resumir, compendiar, sintetizar (restreindre) ‖ mantener oculto, ocultar, esconder (cacher).

se renfermer *v pr* encerrarse ‖ FIG ensimismarse, concentrarse ‖ limitarse, reducirse (se limiter).

renfiler [3] *v tr* enhebrar de nuevo, volver a ensartar.

renflammer [3] *v tr* inflamar de nuevo.

renflé, e *adj* hinchado, da; abultado, da ‖ ARCHIT colonne renflée columna con éntasis.

renflement *m* abultamiento, hinchazón *f* ‖ dilatación *f*.

renfler [3] *v tr* hinchar, inflar (gonfler) ‖ dilatar, abultar.

◇ *v intr* hincharse, aumentar de volumen.

renflouage [rɑ̃fluaʒ]; **renflouement** [rɑ̃flumɑ̃] *m* MAR desencalladura *f*.

renflouer [3] *v tr* MAR desencallar, poner a flote ▌ FIG poner ou sacar a flote, sacar de apuros, sacar adelante.

renfoncé, e *adj* hundido, da; des yeux renfoncés ojos hundidos.

renfoncement *m* hueco, oquedad *f* (creux) ▌ hundimiento (enfoncement) ▌ IMPR cuadratín.

renfoncer [16] *v tr* hundir más ▌ calarse, encasquetarse (le chapeau) ▌ FIG ocultar, no dejar ver (larmes, chagrin).

renforçateur [rɑ̃fɔrsatœr] *m* reforzador (photo).

renforcé, e *adj* reforzado, da.

renforcement *m* refuerzo (action) ▌ fortalecimiento; le renforcement de l'économie el fortalecimiento de la economía.

renforcer [16] *v tr* reforzar ▌ extremar (la surveillance) ▌ dar mayor intensidad a (un son) ▌ intensificar, acentuar ▌ fortalecer.
➤ **se renforcer** *v pr* reforzarse ▌ intensificarse; les relations se renforceront las relaciones se intensificarán.

renformir [32] *v tr* reparar (un muro).

renfort *m* refuerzo ▌ MIL refuerzo; arriver en renfort llegar de refuerzo ■ à grand renfort de con gran acompañamiento de, con gran cantidad de ▌ à grand renfort de trompettes a bombo y platillos ▌ envoyer des renforts enviar refuerzos.

renfrogné, e *adj* & *s* enfadado, da; ceñudo, da.

renfrognement *m* hosquedad *f*.

renfrogner [3]
➤ **se renfrogner** *v pr* ponerse ceñudo, enfadarse, enfurruñarse.

rengagé *m* reenganchado (soldat).

rengagement; réengagement *m* nuevo empeño (pignoration) ▌ nuevo contrato (contrat) ▌ nuevo compromiso (nouvel engagement) ▌ MIL reenganche.

rengager; réengager [17] *v tr* empeñar de nuevo (emprunter) ▌ contratar de nuevo, volver a contratar (contrat) ▌ MIL reenganchar.
➤ **se rengager** *v pr* MIL reengancharse ▌ comprometerse de nuevo.

rengaine *f* canción muy oída (chanson) ▌ FIG & FAM estribillo *m*, cantinela, canción (paroles); la même rengaine la eterna cantinela, la misma canción.

rengainer [4] *v tr* envainar, volver a envainar ▌ FIG tragarse ou comerse uno lo que se iba a decir.

rengorgement *m* pavoneo, engallamiento.

rengorger [17]
➤ **se rengorger** *v pr* pavonearse, sacar el pecho ▌ FIG pavonearse, darse importancia, engallarse.

rengraisser [4] *v tr* volver a cebar (engraisser de nouveau).
◇ *v intr* volver a engordar (redevenir gras).

rengrènement *m* resello (des monnaies) ▌ MÉCAN nuevo engranaje.

rengréner; rengrener [25] *v tr* resellar (les monnaies) ▌ remoler (la farine) ▌ MÉCAN engrenar nuevamente.

reniable *adj* negable ▌ que puede ou que debe renegarse.

reniement [rənimɑ̃] *m* negación *f*; le reniement de saint Pierre la negación de San Pedro ▌ (p us) reniego, blasfemia *f* (blasphème).

renier [9] *v tr* negar (nier) ▌ renegar de; renier sa famille renegar de su familia ▌ renegar, blasfemar (blasphémer) ▌ desdecirse; renier ses opinions desdecirse de sus opiniones ▌ no reconocer (sa signature) ▌ repudiar (abjurer).

reniflard [rəniflar] *m* MÉCAN válvula *f* de escape ▌ grifo de purga, ventilador del cárter (du carter).

reniflement [rənifləmɑ̃] *m* sorbo ▌ resoplido.

renifler [3] [rənifle] *v intr* sorber, aspirar con la nariz (aspirer par le nez), resoplar ▌ FIG & FAM renifler sur hacer asco a, poner cara de asco ante.
◇ *v tr* aspirar por la nariz (aspirer par le nez) ▌ FIG oler, tener viento, husmear (flairer).

renifleur, euse *adj* & *s* FAM sorbedor, ra.

réniforme *adj* reniforme; arriñonado, da.

rénitence *f* renitencia.

rénitent, e *adj* & *s* renitente.

renne [rɛn] *m* ZOOL reno.

Rennes *n pr* GÉOGR Rennes.

renom *m* renombre, fama *f* (célébrité).

renommé, e *adj* famoso, sa; afamado, da; reputado, da; renombrado, da (célèbre) ▌ reelegido, da (élu de nouveau).

renommée *f* fama, renombre *m*, celebridad (célébrité) ▌ fama, reputación ▌ voz pública (voix publique).

renommer [3] *v tr* reelegir, elegir de nuevo (élire de nouveau) ▌ volver a nombrar, nombrar de nuevo (nommer de nouveau) ▌ afamar, dar fama ou celebridad (donner de la célébrité) ▌ INFORM renombrar.

renonce *f* fallo *m*, renuncio *m* (jeux).

renoncement [rənɔ̃smɑ̃] *m* renuncia *f*, renunciamiento, renunciación *f*.

> SYN renonciation renuncia; abandon abandono; cession cesión; concession concesión; désistement desistimiento.

renoncer [16] *v intr* [▷ SYN] renunciar ▌ fallar, renunciar (au jeu de cartes) ■ renoncer à ses droits renunciar a sus derechos ▌ renoncer à soi-même hacer renuncia de sí mismo.
◇ *v tr* repudiar (répudier).

> SYN abandonner abandonar; abdiquer abdicar; se désister desistir; se départir abandonar; déclarer forfait renunciar, retirarse.

renonciataire *m* & *f* renunciatario, ria.

renonciateur, trice *m* & *f* renunciante.

renonciation *f* renuncia, renunciación.

> OBSERV Renoncement representa un renunciamiento moral; renonciation tiene un sentido material o legal.

renonculacées *f pl* BOT ranunculáceas.

renoncule *f* BOT ranúnculo *m*.

renouée *f* centinodia (plante).

renouement [rənumɑ̃] *m* reanudación *f*, reanudamiento.

renouer [6] *v tr* reanudar ▌ renovar; renouer une alliance renovar una alianza ▌ volver a anudar ou a atar (nouer de nouveau) ▌ renouer le fil de ses pensées encontrar la idea que se había ido de la cabeza.
◇ *v intr* reconciliarse, reanudar una amistad, una relación ▌ restablecer; renouer avec une tradition restablecer una tradición.

renouveau *m* primavera *f* (printemps) ▌ FIG renovación *f*, renacimiento, vuelta *f*, renuevo, rebrote.

renouvelable [rənuvlabl] *adj* renovable.

renouvelant, e [rənuvlɑ̃, ɑ̃t] *m* & *f* niño, niña que hace la segunda comunión.

renouveler [24] [rənuvle] *v tr* renovar ▌ cambiar ▌ volver a empezar, repetir (recommencer) ▌ traer de nuevo, resucitar (faire renaître) ▌ dar nueva vida a.
◇ *v intr* renovar los votos, etc.
➤ **se renouveler** *v pr* renovarse ▌ reaparecer, repetirse, volver a producirse.

renouvellement [rənuvelmɑ̃] *m* renovación *f* ▌ cambio (changement) ▌ aumento, desarrollo, incremento (accroissement) ▌ reposición *f*; renouvellement des stocks reposición de existencias ▌ renovación *f* (des vœux).

rénovateur, trice *adj* & *s* renovador, ra.

rénovation *f* renovación (des vœux, d'un passeport) ▌ cambio *m* (changement) ▌ mejora (changement en mieux).

rénover [3] *v tr* renovar.

renseigné, e [rɑ̃seɲe] *adj* informado, da.

renseignement [rɑ̃seɲmɑ̃] ou [rɑ̃seɲəmɑ̃] *m* información *f*; service de renseignements servicio de información ▌ informe; fournir des renseignements dar informes ▌ dato; par manque de renseignements por falta de datos ■ à titre de renseignement a título de información.
➤ **renseignements** *m pl* oficina *f sing* de información; s'adresser aux renseignements dirigirse a la oficina de información ▌ informaciones (téléphone) ▌ Renseignements généraux servicios secretos de la policía francesa ▌ renseignements techniques características técnicas ■ aller aux renseignements, prendre des renseignements tomar informes, informarse.

> LES RENSEIGNEMENTS GÉNÉRAUX
> Creado durante el gobierno de Vichy, este organismo es el servicio de inteligencia del ministerio del Interior. Recopila informaciones sobre los partidos políticos, los grupos de presión y varios particulares.

renseigner [4] [rɑ̃seɲe] *v tr* informar, dar informes (donner des renseignements).
➤ **se renseigner** *v pr* informarse.

> SYN apprendre enterar, enseñar; initier iniciar; faire savoir dar a conocer; FAM tuyauter informar.

rentabilisation *f* rentabilización.

rentabiliser [3] *v tr* rentabilizar.

rentabilité *f* rentabilidad ▌ ÉCON taux de rentabilité tasa de rentabilidad.

rentable *adj* rentable; productivo, va; que puede producir beneficios.

rentamer [3] *v tr* volver a empezar (un discours).

rente *f* renta ■ rente foncière renta de bienes raíces, del suelo ▌ rente sur l'État renta pagada por el Estado ▌ rente viagère renta vitalicia ▌ vivre de ses rentes vivir de renta.

renté, e *adj* rentado, da; acaudalado, da ▌ être bien, mal renté tener buenas, malas rentas.

renter [3] *v tr* asignar una renta a (assigner une rente).

rentier, ère *m* & *f* rentista.

rentoilage *m* traslado de una pintura a un lienzo nuevo.

rentoiler [3] *v tr* pegar un lienzo nuevo a una pintura para conservarla ‖ cambiar la tela de una prenda.

rentoileur, euse *m* & *f* reparador, ra de cuadros.

rentrage *m* recogida *f*, entrada *f*.

rentraiture *f* zurcido *m*.

rentrant, e *adj* & *s* entrante.

➡ **rentrant** *m* jugador que sustituye a otro que sale (joueur).

rentrayage [rɑ̃trɛjaʒ] *f* (p us) zurcido *m*.

rentrayeur, euse *m* & *f* zurcidor, ra.

rentré, e *adj* entrado, da (entré) ‖ entrado de nuevo ‖ encajado, da (emboîté) ‖ reconcentrado, da; contenido, da; **colère rentrée** ira contenida ‖ interior (intérieur) ‖ hundido, da; **avoir les yeux rentrés** tener los ojos hundidos ‖ vuelto, ta (revenu); **il est déjà rentré** ya ha vuelto.

➡ **rentré** *m* metido (couture).

rentre-dedans *m inv* FAM ligue; **faire du rentre-dedans** ligar.

rentrée [rɑ̃tre] *f* reapertura, reanudación de la actividad, apertura; **la rentrée des classes** la vuelta al colegio; **la rentrée scolaire** la reapertura del curso escolar ‖ vuelta, regreso *m*, retorno *m* (retour) ‖ ingreso *m*, entrada (perception d'un revenu) ‖ recaudación (impôts) ‖ robo *m* (au jeu de cartes) ‖ AGRIC recogida, recolección ‖ THÉÂTR reaparición, vuelta a escena (d'un acteur) ■ **rentrée des vacances** vuelta de las vacaciones ‖ **rentrée politique, parlementaire** reanudación de las tareas políticas, parlamentarias ‖ **rentrée théâtrale** comienzo de la temporada, nueva temporada de teatro ■ **faire sa rentrée** reaparecer, volver a escena.

> LA RENTRÉE
> En Francia, la fecha en la que los niños vuelven a comenzar las clases tiene un significado cultural considerable. Es en efecto el momento, tras la larga interrupción estival, "les grandes vacances", en el que las actividades política, comercial y estudiantil retoman su curso.

rentrer [3] *v intr* entrar (entrer) ‖ volver a entrar, entrar de nuevo (entrer de nouveau) ‖ recogerse, volver; **rentrer tard le soir** recogerse tarde por la noche ‖ encajar (s'emboîter) ‖ penetrar (pénétrer) ‖ entrar, estar comprendido (être compris) ‖ ingresar en caja, (être payé) ‖ quedarse; **à minuit, la ville rentre dans le silence** a medianoche, la ciudad se queda silenciosa ‖ regresar, volver (revenir); **rentrer de son bureau** volver de su oficina ‖ FIG entrar; **cela rentre dans mes attributions** esto entra en mis atribuciones ‖ encajar, entrar; **cela rentre dans mes projets** esto encaja en mis proyectos ‖ reanudar sus sesiones (un tribunal) ‖ reanudar las clases (élèves) ‖ FAM estrellarse contra; **la voiture est rentrée dans un arbre** el coche se estrelló contra un árbol ‖ reaparecer (un acteur) ‖ volver a la pantalla (au cinéma) ■ **rentrer dans** recuperar, recobrar ‖ **rentrer dans la compétence de** ser de la competencia de ‖ **rentrer dans les bonnes grâces de quelqu'un** obtener de nuevo el favor de alguien ‖ **rentrer dans l'ordre** volver a la normalidad ou a lo normal ‖ FAM **rentrer dans sa coquille** meterse en su cascarón ‖ **rentrer dans ses droits** recobrar sus derechos ‖ **rentrer dans son argent, dans son bien** recuperar su dinero, sus bienes ‖ **rentrer en grâce** recuperar la confianza, ser perdonado ‖ **rentrer en lice** salir a la palestra, entrar en liza ‖ **rentrer en soi-même** reconcentrarse, ensimismarse.

◇ *v tr* recoger, guardar, poner al abrigo; **rentrer la moisson** recoger las mieses ‖ meter ‖ meter hacia dentro; **rentrer l'estomac** meter hacia dentro el estómago ‖ IMPR hacer un cuadratín ‖ ocultar (cacher) ‖ **rentrer les joues** hundir las mejillas ‖ **rentrer ses larmes** reprimir el llanto, tragarse las lágrimas.

renversable *adj* invertible, que puede invertirse ‖ derribarse, que puede derribarse.

renversant, e *adj* FAM asombroso, sa.

renverse *f* MAR viento *m* contrario ■ **à la renverse** de espaldas, boca arriba ‖ FIG **tomber à la renverse** quedarse patidifuso ou con la boca abierta (d'étonnement), caerse (de rire).

renversé, e *adj* derribado, da; volcado, da ‖ atropellado, da (par une voiture) ‖ invertido, da; **image renversée** imagen invertida ‖ echado para atrás; **la tête renversée** la cabeza echada hacia atrás ou para atrás ‖ descompuesto, ta; trastornado, da (troublé); **figure renversée** cara descompuesta ‖ sorprendido, da; estupefacto, ta ■ **crème renversée** natillas *f* ‖ **c'est le monde renversé** es el mundo al revés.

renversement *m* caída *f*, vuelco ‖ trastorno, cambio profundo (bouleversement) ‖ FIG caída *f*, derrumbamiento ‖ derrocamiento (d'un régime) ‖ MÉCAN inversión *f* ‖ MUS transposición *f* ‖ inversión *f*, alteración *f*; **renversement des alliances** inversión de las alianzas ■ **renversement de la situation** cambio radical de la situación ‖ **renversement de l'esprit** trastocamiento de las ideas ‖ **renversement de marche** cambio de marcha.

renverser [3] *v tr* invertir; **renverser une image** invertir una imagen ‖ trastocar, cambiar completamente; **la situation a été renversée à la dernière minute** la situación ha cambiado completamente en el último minuto ‖ FAM dejar estupefacto, asombrar (étonner) ‖ derribar, echar abajo (abattre) ‖ **renverser un mur** derribar una pared ‖ volcar (un verre) ‖ derramar (un liquide) ‖ volcar, tirar al suelo (jeter à terre) ‖ atropellar, arrollar; **il a été renversé par une voiture** ha sido atropellado por un coche ‖ echar para atrás; **renversant la tête** echando la cabeza para atrás ‖ FIG derribar, echar abajo, derrocar; **renverser un gouvernement** derribar un gobierno ■ FIG **renverser la vapeur** cambiar radicalmente de actitud ■ **cette histoire m'a renversé** esa historia me ha tirado de espaldas ‖ **les rôles sont renversés** se han cambiado los papeles.

➡ **se renverser** *v pr* volcarse (une barque) ‖ caerse (un verre) ‖ derramarse (un liquide) ‖ invertirse ‖ **se renverser sur le dos** recostarse, echarse de espaldas ‖ **se renverser sur une chaise** retreparse, respaldarse.

renvidage *m* devanado, enrollamiento.

renvider [3] *v tr* devanar, enrollar en un carrete.

renvideur, euse *adj* & *s m* devanador, ra.

renvoi *m* devolución *f*; **renvoi de marchandises** devolución de mercaderías ‖ reexpedición *f* (d'une lettre) ‖ destitución *f* (destitution); **le renvoi d'un ministre** la destitución de un ministro ‖ despido (congé) ‖ expulsión *f* (d'un élève) ‖ DR remisión *f* (devant un juge, une commission) ‖ aplazamiento (ajournement) ‖ licencia *f* (des soldats) ‖ remisión *f*, llamada *f* (dans un livre) ‖ eructo (éructation) ‖ MUS signo de repetición ‖ PHYS reflexión *f* (de la lumière, du son) ■ **avoir des renvois** eructar.

renvoyer [30] [rɑ̃vwaje] *v tr* devolver (rendre) ‖ volver a enviar (envoyer de nouveau) ‖ devolver (une balle) ‖ reexpedir; **renvoyer une lettre** reexpedir una carta ‖ reflejar (lumière) ‖ [▷ SYN] FIG reflejar ‖ destituir; **renvoyer un fonctionnaire** destituir a un funcionario ‖ despedir, echar (congédier) ‖ expulsar (un élève) ‖ licenciar (un soldat) ‖ hacer volver (faire retourner) ‖ absolver, declarar inocente (décharger d'une accusation) ‖ DR remitir, enviar al juez competente ‖ aplazar, diferir (ajourner) ‖ remitir (à un document) ‖ restar (tennis) ■ FIG **renvoyer la balle** devolver la pelota ‖ **renvoyer quelqu'un avec pertes et fracas** despedir con cajas destempladas.

> SYN **réfléchir** reflejar; **répercuter** repercutir; **faire écho** hacer eco; **répéter** repetir.

renvoyeur [rɑ̃vwajœr] *m* restón (tennis).

réoccupation *f* nueva ocupación.

réoccuper [3] *v tr* ocupar nuevamente, volver a ocupar.

réopérer [18] *v tr* volver a operar, operar de nuevo.

réorganisateur, trice *adj* & *s* reorganizador, ra.

réorganisation *f* reorganización.

réorganiser [3] *v tr* reorganizar.

réorientation *f* nueva orientación.

réorienter [3] *v tr* reorientar.

réouverture *f* reapertura.

repaire *m* guarida *f*.

repairer [4] *v intr* guarecerse, estar en la guarida.

repaître [91] *v tr* alimentar, mantener.

◇ *v intr* pacer, pastar (paître) ‖ comer (manger).

➡ **se repaître** *v pr* alimentarse, mantenerse, sustentarse ■ **se repaître de chimères** alimentarse ou vivir de quimeras ‖ **se repaître de sang, de carnage** ser sanguinario, encarnizarse.

répandage *m* derramamiento.

répandeuse *f* TECHN distribuidora.

répandre [74] *v tr* derramar, verter (verser un liquide, du sel, etc.) ‖ echar, esparcir, desparramar (étaler des choses non liquides) ‖ infundir, inspirar; **répandre la terreur** infundir terror ‖ dar, proporcionar; **répandre la joie** dar alegría ‖ desprender, difundir; **le Soleil répand sa lumière** el Sol difunde su luz ‖ FIG propagar, difundir, propalar (propager); **répandre une nouvelle** difundir una noticia ‖ emanar, desprender, despedir (exhaler) ‖ distribuir, repartir (distribuer).

➡ **se répandre** *v pr* derramarse ‖ aparecer, pintarse, reflejarse; **le bonheur se répandait sur son visage** la felicidad se reflejaba en su rostro ∥ manifestarse (se montrer) ∥ propalarse, esparcirse, difundirse (se propager) ∥ cundir; **l'inquiétude se répand** cunde la inquietud ∥ FIG deshacerse (en compliments) ∥ prorrumpir (en injures, en récriminations).

répandu, e *adj* derramado, da; vertido, da ∥ FIG difundido, da; esparcido, da; propalado, da (de propagé) ∥ generalizado, da; admitido comúnmente; **l'opinion la plus répandue** la opinión más generalizada ∥ mundano, na (mondain).

réparable *adj* reparable ∥ remediable (une affaire).

reparaître [91] [rəparɛtr] *v intr* reaparecer.

réparateur, trice *adj & s* reparador, ra.

réparation *f* reparación ∥ restablecimiento *m* (de la santé) ∥ reparo *m* (édifice) ∥ FIG reparación, satisfacción (d'un préjudice); **demander la réparation d'une offense** pedir reparación de una ofensa ∥ **réparation par les armes** duelo, desafío ▪ **coup de pied de réparation** penalty, castigo máximo (football) ∥ **en réparation** no funciona (ascenseur) ∥ **point de réparation** punto de penalty (football) ∥ **surface de réparation** área de castigo (football).

réparer [3] *v tr* [▷ SYN] reparar, arreglar ∥ mejorar, poner orden (améliorer) ∥ reponer, reparar, restablecer (rétablir) ∥ reparar, expiar (une offense) ▪ **réparer une perte** compensar una pérdida ∥ **réparer un oubli** subsanar un olvido.

> SYN restaurer restaurar; arranger arreglar; raccommoder remendar; FAM retaper apañar; réviser revisar; FAM rabibocher arreglar, componer.

reparler [3] *v intr* volver a hablar, hablar otra vez.

repartager [17] *v tr* repartir de nuevo.

repartie *f* réplica, salida; **avoir la repartie facile** tener la réplica viva.

repartir [43] *v tr* replicar (répliquer).
◇ *v intr* volver a marcharse, volver a irse ∥ **repartir à zéro** volver a empezar de cero.

répartir [32] *v tr* repartir, distribuir.

répartiteur *m* repartidor, partidor.

répartition *f* reparto *m*, repartición, distribución ∥ derrama (impôts) ∥ distribución; **répartition géographique de la population** distribución geográfica de la población.

reparution *f* reedición.

repas [rəpa] *m* comida *f* ∥ **à l'heure des repas** a la hora de la comida ou de comer.

> SYN déjeuner almuerzo, comida; petit déjeuner desayuno; dîner cena; souper cena; dînette comidita; lunch lunch; banquet banquete; agape ágape; réfection refección, refacción; collation colación; goûter merienda.

repassage *m* nuevo paso (nouveau passage) ∥ afilado *f*, amoladura *f* (aiguisage) ∥ vaciado (d'une lame) ∥ planchado (du linge) ∥ repaso (leçon).

repasser [3] *v tr & intr* pasar de nuevo, volver a pasar (passer de nouveau) ∥ FAM **tu repasseras!** ¡puedes esperar sentado!, ¡vas dado!
◇ *v tr* afilar (aiguiser) ∥ vaciar (une lame) ∥ planchar (le linge); **un pantalon bien repassé** un pantalón bien planchado ∥ volver a pasar, pasar (passer de nouveau) ∥ volver a pasar (un plat) ∥ dar, dejar (laisser) ∥ FIG repasar (une

leçon, un rôle, etc.) ∥ repasar, examinar de nuevo (examiner de nouveau) ∥ evocar, recapacitar (évoquer) ▪ **fer à repasser** plancha ∥ **pierre à repasser** amoladera, piedra de afilar.

> OBSERV Repasar, en parlant du linge, signifie en espagnol l'examiner, et le repriser s'il y a lieu.

repasseur *m* afilador, amolador (rémouleur).

repasseuse *f* planchadora.

repavage *m* nuevo empedrado, nueva pavimentación *f*.

repaver [3] *v tr* adoquinar, empedrar de nuevo.

repayer [11] [rəpeje] *v tr* volver a pagar.

repêchage *m* acción *f* de sacar del agua ∥ examen suplementario, repesca *f* ∥ FAM ayuda *f*, socorro (secours) ∥ SPORTS repesca *f* ∥ recuperación *f*, rescate (d'un astronaute).

repêcher [4] *v tr* volver a pescar ∥ sacar del agua (retirer de l'eau) ∥ FIG & FAM sacar de un mal paso, un apuro ∥ aceptar ou admitir ou aprobar a un candidato después de una nueva deliberación ou un nuevo examen, repescar ∥ rescatar, recuperar (un astronaute) ∥ SPORTS repescar.

repeindre [81] *v tr* repintar, pintar de nuevo.

repeint, e [rəpɛ̃, ɛ̃t] *adj* pintado, da de nuevo.
◇ *m* retoque (dans un tableau).

rependre [73] *v tr* colgar de nuevo.

repenser [3] *v tr & intr* repensar, pensar de nuevo.

repentance *f* (vieilli) arrepentimiento *m*.

repentant, e *adj* arrepentido, da.

repenti, e *adj & s* arrepentido, da.

repentir *m* arrepentimiento ∥ **avoir le repentir de** arrepentirse de, tener arrepentimiento por.

repentir [37]
➡ **se repentir** *v pr* arrepentirse ∥ FAM **vous vous en repentirez!** ¡ya se arrepentirá!, ¡me las pagará!

repérable *adj* localizable, reconocible.

repérage *m* punto de referencia ∥ marcación *f* [señalamiento de marcas o puntos] ∥ localización *f* ∥ descubrimiento ∥ **repérage par le son** fonolocalización.

repercer [16] *v tr* horadar, perforar de nuevo ∥ calar (ajourer).

répercussion *f* repercusión ∥ FIG repercusión, impacto *m*, consecuencia.

répercuter [3] *v tr* repercutir.
➡ **se répercuter** *v pr* FIG reflejarse (sur quelque chose).

reperdre [77] *v tr* volver a perder.

repère *m* señal *f*, marca *f* (marque) ∥ indicación *f* ∥ placa *f* (indiquant l'altitude d'un lieu) ∥ **point de repère** punto de referencia.

repérer [18] *v tr* marcar, señalar (marquer) ∥ identificar (identifier) ∥ descubrir, localizar (découvrir) ∥ MIL localizar ∥ FAM ver, notar (remarquer); **si tu continues tu vas te faire repérer!** ¡si sigues te van a fichar!
➡ **se repérer** *v pr* orientarse ∥ darse cuenta de donde se está.

répertoire *m* repertorio ∥ agenda *f*, librito (carnet) ∥ FIG enciclopedia *f*, archivo (personne) ∥ fichero (fichier) ∥ listín (de téléphone) ∥ THÉÂTR repertorio; **mettre au répertoire** poner en el repertorio ∥ INFORM directorio.

répertorier [9] *v tr* establecer un repertorio de ∥ inscribir en un repertorio ∥ catalogar.

répéter [18] *v tr* [▷ SYN] repetir ∥ THÉÂTR ensayar ∥ repasar, volver a explicar un curso (donner des répétitions) ∥ reflejar, reproducir (réfléchir) ∥ DR reclamar ∥ **répéter sur tous les tons** repetir en todos los tonos.
➡ **se répéter** *v pr* repetirse.

> SYN redire decir de nuevo; réitérer reiterar; bisser bisar; ressasser machacar, repetir; rabâcher machaconear, repetir en forma pesada; radoter chochear.

répéteur *m* repetidor (téléphone).

répétiteur, trice *m & f* profesor particular ∥ pasante (de collège).

répétitif, ive *adj* repetitivo, va.

répétition *f* repetición ∥ clase particular, repaso *m* (leçon particulière) ∥ THÉÂTR ensayo *m*; **répétition générale** ensayo general ∥ **arme à répétition** arma de repetición.

> SYN redite repetición inútil; refrain estribillo; ritournelle ritornelo; leitmotiv leitmotiv; allitération aliteración; rengaine cantinela; scie lata.

répétitivité *f* repetitividad.

répétitorat [repetitɔra] *m* pasantía *f*.

repeuplement [rəpœpləmɑ̃] *m* repoblación *f*.

repeupler [5] [rəpœple] *v tr* repoblar.

repic [rəpik] *m* repique (cartes).

repiquage; repiquement *m* reparación *f* de un empedrado ∥ AGRIC trasplante.

repiquer [3] *v tr* repicar, picar de nuevo ∥ reparar un empedrado ∥ coser nuevamente a máquina ∥ AGRIC traspasar, replantar.
◇ *v intr* volver a la carga, volver a empezar.

> OBSERV Repicar signifie surtout en espagnol sonner les cloches (au sens propre).

répit [repi] *m* tregua *f*, respiro, descanso ▪ **sans répit** sin tregua, sin cesar ∥ **un instant de répit** un momento de tranquilidad.

replacement *m* reposición *f*, acción *f* de reponer ∥ nueva colocación *f*.

replacer [16] *v tr* reponer, colocar de nuevo ∥ colocar de nuevo (un fonctionnaire).

replanir [32] *v tr* cepillar, alisar (le bois).

replanissage *m* cepillado, aplanamiento.

replanter [3] *v tr* replantar.

replat [rəpla] *m* rellano (sur un versant).

replâtrage *m* revoque, repellado, enlucido ∥ FIG chapuza *f*, mala compostura *f* (rafistolage) ∥ arreglo, parches *pl* (arrangement).

replâtrer [3] *v tr* revocar, repellar ∥ FIG hacer chapuzas (rafistoler) ∥ arreglar, poner parches.

replet, ète [rəplɛ, ɛt] *adj* rechoncho, cha.

réplétif, ive *adj* repletivo, va.

réplétion *f* repleción.

repleuvoir [68] *v intr* volver a llover.

repli *m* doblez *f*, pliegue, repliegue ∥ FIG recoveco; **les replis du cœur** los recovecos del corazón ‖ MIL. repliegue ‖ debilitación *f*, repliegue (de la Bourse).

➤ **replis** *m pl* ondulaciones *f* (terrain).

repliable *adj* replegable, plegable.

repliement [rəplimã]; **reploiement** [rəplwamã] *m* MIL. repliegue ‖ plegadura *f*, repliegue.

replier [10]; **reployer** [13] [rəplwaje] *v tr* replegar ‖ doblar.

➤ **se replier** *v pr* replegarse ‖ doblarse, enroscarse (se courber) ‖ MIL. replegarse, retroceder ‖ retroceder (la Bourse) ‖ **se replier sur soi-même** recogerse en sí mismo.

réplique *f* réplica, contestación ‖ ARTS réplica, copia ‖ THÉÂTR. entrada ‖ **argument sans réplique** argumento terminante.

répliquer [3] *v tr & intr* replicar.

replisser [3] *v tr* replegar, doblar de nuevo ‖ volver a plisar (une jupe).

reploiement [rəplwamã] ➤ **repliement**.

replonger [17] *v tr* sumergir de nuevo ‖ FIG. sumir.

◇ *v intr* zambullirse de nuevo, tirarse de nuevo al agua ‖ volver a sumergirse, sumergirse otra vez.

➤ **se replonger** *v pr* volver a sumirse; **se replonger dans les études** volver a sumirse en los estudios.

reployer [rəplwaje] ➤ **replier**.

repolir [32] *v tr* repulir, pulir nuevamente.

repolissage *m* repulido.

répondant *m* fiador, garante (garant) ‖ crédito, solvencia *f*; **commerçant qui a du répondant** comerciante que tiene crédito ‖ asistente, el que ayuda a la misa (à la messe).

répondeur, euse *adj* respondón, ona.

➤ **répondeur** *m* contestador automático (téléphone).

répondeur-enregistreur [repɔ̃dœrɑ̃rəʒistrœr] *m* contestador automático.

▨ OBSERV. *pl* répondeurs-enregistreurs.

répondre [75] *v tr* [▷ SYN] contestar, responder (faire une réponse) ‖ asegurar (affirmer); **je vous réponds qu'il en est ainsi** le aseguro que es así ‖ **répondre la messe** ayudar a misa.

◇ *v intr* contestar, responder; **il est difficile de vous répondre** es difícil contestarle ‖ responder, contestar; **répondre à un appel** responder a un llamamiento ‖ FIG. responder, corresponder; **répondre aux bienfaits** responder a los favores ‖ responder, salir fiador, garantizar (se porter garant) ‖ responder, replicar, ser respondón (répliquer) ‖ responder (moteur) ‖ contestar (téléphone) ‖ ayudar (à la messe) ■ **répondre aux besoins** satisfacer ou cubrir las necesidades ‖ **répondre de quelqu'un** responder de uno ‖ **répondre du tac au tac** contestar ou responder sin titubear ou en el acto ■ **je ne réponds plus de rien** no me hago responsable de nada, yo no quiero saber nada ‖ **j'en réponds** respondo de ello, se lo garantizo ‖ **ne pas daigner répondre** dar la callada por respuesta, no dignarse contestar ‖ **tu pourrais bien répondre!** por lo menos ¡contesta!

➤ **se répondre** *v pr* corresponderse.

▌ SYN. repartir replicar; riposter responder; répliquer replicar; objecter objetar; rétorquer contestar; récriminer recriminar.

répons [repɔ̃] *m* responsorio ‖ responso (pour les défunts); **dire un répons** rezar un responso.

réponse *f* respuesta, contestación ■ **réponse de Normand** contestación ambigua ■ **bulletin-réponse** hoja de respuesta ‖ **en réponse à** en respuesta a ‖ **avoir réponse à tout** no quedarse nunca callado, tener siempre respuesta.

repopulation *f* repoblación.

report *m* COMM. suma *f* anterior, suma *f* y sigue, saldo (dans une facture, un livre de commerce, etc.) ‖ aplazamiento, postergación *f* (d'une question) ‖ doble prórroga *f* (en Bourse) ‖ IMPR. reporte (lithographie).

reportage *m* reportaje.

reporter [rəpɔrtɛr] *m* reportero, reporter.

reporter [3] [rəpɔrte] *v tr* volver a llevar, llevar de nuevo ‖ transportar, trasladar, situar (transporter) ‖ llevar, poner (à la page suivante) ‖ reportar (lithographie) ‖ aplazar, diferir (réunion, question) ‖ doblar (en Bourse) ‖ volver; **reporter son affection sur les malheureux** volver su cariño hacia los desgraciados.

➤ **se reporter** *v pr* transportarse con el pensamiento a [un tiempo anterior] ‖ referirse, remitirse (se référer) ‖ compararse (considérer) ‖ recordar, traer a colación (faire retour sur) ‖ **à reporter** suma y sigue.

reporteur *m* vendedor de valores a plazos (Bourse) ‖ IMPR. reportista.

repos [rəpo] *m* descanso, reposo; **travailler sans repos** trabajar sin descanso ‖ paz *f*; **avoir la conscience en repos** tener la conciencia en paz ‖ tranquilidad *f*, quietud *f*, sosiego (tranquillité) ‖ sueño; **perdre le repos** perder el sueño ‖ pausa *f* (dans la lecture, en musique) ‖ cesura *f* (en poésie) ‖ descansillo, descanso (palier) ■ **repos éternel** descanso eterno ■ **champ de repos** cementerio, campo santo, camposanto ■ **de tout repos** muy fácil, tirado, descansado (aisé), seguro (sûr) ■ **être au repos** estar descansado ‖ **jouir d'un repos bien gagné** gozar de un bien merecido reposo ‖ **prendre un peu de repos** descansar un poco.

➤ **repos!** *interj* MIL. en su lugar ¡descanso!

reposant, e *adj* que descansa ou reposa; descansado, da; **vie reposante** vida descansada.

repose *f* reposición.

reposé, e *adj* descansado, da; reposado, da ‖ fresco, ca; **teint reposé** tez fresca ‖ reposado, da (liquides) ‖ **à tête reposée** con toda tranquilidad, con reflexión, con calma.

reposée *f* cama [lugar de descanso de un animal durante el día].

repose-pieds *m inv*; **repose-pied** *m* reposapiés (d'une moto, etc.).

▨ OBSERV. *pl* repose-pieds.

reposer [3] *v tr* [▷ SYN] descansar (mot courant), reposar (mot littéraire) ‖ volver a poner (poser de nouveau) ‖ calmar, sosegar (procurer du calme) ■ MIL. **reposer les armes** descansar las armas ‖ **reposer ses yeux** ou **sa vue sur** detener la mirada en, fijarse en ‖ MIL. **reposez armes!** ¡descansen armas!

◇ *v intr* descansar, dormir ‖ reposarse, sentarse (un liquide) ‖ descansar; **ici repose** aquí descansa ‖ estar depositado, encontrarse (être déposé) ‖ descansar (s'appuyer sur) ‖ FIG.

apoyarse *f*, fundarse (être fondé) ‖ fundamentarse; **cela repose sur des principes solides** esto se fundamenta en principios sólidos ‖ estar puesto (être placé).

➤ **se reposer** *v pr* descansar, reposar; **se reposer sur un lit** descansar en una cama ‖ FIG. apoyarse en ‖ **se reposer sur ses lauriers** dormirse en los laureles.

▌ SYN. s'arrêter detenerse; se relâcher aflojar; reprendre haleine recobrar aliento; se délasser descansar, solazarse; se relaxer relajarse; faire trêve dar tregua; soulager aliviar.

repose-tête *m inv* reposacabezas (d'un siège).

repositionner [3] *v tr* volver a poner en su sitio.

reposoir *m* (vx) lugar de descanso ‖ monumento, estación *f* (du saint sacrement).

repoussage *m* repujado, repulsado (des métaux).

repoussant, e *adj* repulsivo, va; repelente.

repousse *f* crecimiento *m* (cheveux) ‖ AGRIC. brote *m*, rebrote *m*, retoño *m*.

repoussé *m* TECHN. repujado.

repoussement *m* culatazo (d'un fusil), retroceso (d'un canon).

repousser [3] *v tr* [▷ SYN] rechazar; **repousser une offre, la tentation** rechazar una oferta, la tentación ‖ repeler, rechazar (une attaque) ‖ rechazar, rehusar (refuser) ‖ repeler (répugner) ‖ volver a empujar, empujar; **repousser une chaise** empujar una silla ‖ aplazar, diferir (reporter) ‖ TECHN. repujar (travailler en relief) ‖ **repousser une pensée** ahuyentar un pensamiento.

◇ *v intr* echar renuevos, brotar, echar brotes (une plante) ‖ volver a crecer ou a salir (les cheveux, les dents, etc.) ‖ dar culatazo (fusil), retroceder (canon).

▌ SYN. refouler rechazar; rejeter arrojar; répudier repudiar; écarter apartar; éliminer, évincer eliminar; exclure excluir; bannir desterrar; proscrire proscribir; refuser rehusar; dédaigner desdeñar; récuser recusar; décliner declinar; rebuter desechar.

repoussoir *m* TECHN. botador (menuisier) ‖ cincel, cercador (de tailleur) ‖ bajapieles (manucure) ‖ FAM. petardo, birria *f* (femme laide).

répréhensible [repreɑ̃sibl] *adj* reprensible.

reprendre [79] *v tr* volver a tomar; **reprendre une ville** volver a tomar una ciudad ‖ volver a coger; **reprendre un prisonnier** volver a coger un prisionero ‖ repetir; **reprendre du potage** repetir de sopa ‖ recuperar, recobrar; **reprendre son souffle** recobrar aliento ‖ reintegrar, volver a ocupar; **reprendre sa place** reintegrar su puesto ‖ readmitir (un employé) ‖ volver a ponerse; **reprendre ses habits d'été** volver a ponerse la ropa de verano ‖ estrechar; **reprendre une robe** estrechar un vestido ‖ recoger; **je viendrai vous reprendre** vendré a recogerle ‖ reprender, censurar (blâmer) ‖ corregir (les fautes) ‖ proseguir, reemprender, reanudar; **reprendre un travail, une conversation** proseguir un trabajo, reanudar una conversación ‖ volver a examinar ou a estudiar (un problème) ‖ volver a hacer, rehacer (refaire) ‖ reparar; **reprendre un mur** reparar una pared ‖ THÉÂTR. repetir (recommencer) ‖ reponer, reestrenar (une pièce) ‖ recomprar (racheter) ■ **reprendre connaissance** recuperar el conocimiento ‖ **reprendre cou-**

rage recobrar ánimo ▎reprendre des forces tomar fuerzas, recobrar las fuerzas ▎reprendre du poil de la bête remontar la pendiente, recobrar ánimo ▎reprendre en main volver a ocuparse de ▎reprendre goût à volver a interesarse por ▎reprendre haleine recobrar aliento ▎reprendre la mer hacerse a la mar ▎reprendre la route reemprender el viaje, volver a ponerse en camino ▎reprendre le dessus rehacerse, volver a tomar ventaja ▎reprendre sa parole retirar su palabra ▎reprendre ses esprits volver en sí, recuperar ou recobrar el sentido (revenir à soi), recobrar el dominio de mí mismo (se remettre) ▎reprendre ses habitudes volver a sus costumbres ▎reprendre son cours reanudarse ■ on ne m'y reprendra plus no me cogerán otra vez, no me volverá a pasar ▎pour reprendre la formule de mon père para decirlo con las palabras de mi padre ▎que je ne vous y reprenne plus no lo vuelva a hacer.
◇ *v intr* proseguir, contestar (répondre) ▎proseguir, decir; je reconnais, reprit-il, que vous avez raison reconozco, prosiguió, que tiene usted razón ▎AGRIC agarrar, arraigar (une plante) ▎reanudarse; les relations économiques ont repris se han reanudado las relaciones económicas ▎reactivarse, recuperarse (les affaires) ▎recuperarse (un malade) ▎volver; la pluie a repris vuelve a llover; le froid reprend el frío vuelve ▎reprendre du poids ganar peso ▎reprendre le collier volver al trabajo.
➥ **se reprendre** *v pr* ser tomado de nuevo ▎empezar de nuevo, volver a empezar (recommencer) ▎recuperar ou recobrar el dominio de sí mismo ▎corregirse, rectificarse, retractarse (se rétracter) ■ se reprendre à espérer recobrar la esperanza ▎s'y reprendre à plusieurs fois no hacer una cosa a la primera.

repreneur *m* ÉCON persona que se hace cargo de una empresa que presenta dificultades.

représailles [rəprezaj] *f pl* represalias; user de représailles tomar ou ejercer represalias.

représentable *adj* representable.

représentant, e *adj* representante.
◇ *m & f* representante; heredero, ra ▎DR heredero por representación ▎representante (qui a un mandat) ▎[▷ SYN] representante, agente comercial; représentant de commerce representante comercial ▎représentant habilité representante habilitado ou autorizado.
▎SYN placier corredor; voyageur viajante; courrier corredor.

représentatif, ive *adj* representativo, va.

représentation *f* nueva presentación ▎representación, imagen ▎representación, función (théâtre) ▎FIG representación ▎frais de représentation gastos de representación.

représentativité *f* calidad de representativo.

représenter [3] *v tr* representar (présenter de nouveau) ▎representar (reproduire) ▎representar a; représenter un ministre representar a un ministro ▎representar, constituir ▎representar (théâtre) ▎representar, suponer, significar, equivaler a; œuvre qui représente dix ans de travail obra que representa diez años de trabajo.
◇ *v intr* representar.

➥ **se représenter** *v pr* representarse ▎volver a presentarse (examen) ▎figurarse, imaginarse ▎darse cuenta de; vous représentez-vous ce que cela signifie pour moi? ¿se da usted cuenta de lo que eso significa para mí?

répressible *adj* reprimible.

répressif, ive *adj* represivo, va.

répression *f* represión; mesures de répression medidas represivas.

réprimandable *adj* reprensible.

réprimande *f* reprimenda, reprensión.

réprimander [3] *v tr* reprender.
▎SYN reprendre reprender; gronder regañar; blâmer censurar; attraper echar una bronca, regañar; houspiller zarandear; morigéner reprender; fustiger fustigar; admonester amonestar; chapitrer echar una bronca, sermonear; sermonner sermonear; disputer reñir, reprender; FAM savonner dar un jabón; moucher dar una lección; semoncer reconvenir; FAM engueuler poner de vuelta y media, echar una bronca.

réprimer [3] *v tr* reprimir (enrayer).

repris, e [rəpri, iz] *adj* vuelto a tomar, a coger, etc. ▎continuado, da.
➥ **repris** *m* repris de justice persona con antecedentes penales.

reprisage *m* zurcido.

reprise *f* recuperación, nueva toma (nouvelle prise) ▎reanudación; reprise des relations diplomatiques reanudación de las relaciones diplomáticas; reprise des hostilités reanudación de las hostilidades ▎reactivación, recuperación (Bourse) ▎nuevo incremento *m*, nuevo desarrollo *m* (essor) ▎AUTOM poder *m* de aceleración, "reprise" ▎zurcido *m*, remiendo *m* (à une étoffe) ▎reestreno *m*, reposición (théâtre, cinéma) ▎asalto *m* (escrime, boxe, etc.) ▎empalme *m* (football) ▎MUS vuelta, repetición ▎estribillo *m* (d'une chanson) ▎reparación (réparation) ▎traspaso *m* (d'un appartement) ▎TECHN represa (hydraulique) ▎reprise économique recuperación económica, expansión.
➥ **reprises** *f pl* bienes *m* propios de cada uno de los esposos que se retiran antes de repartir los bienes gananciales ou de la comunidad ■ à deux, trois... reprises dos, tres... veces ▎à plusieurs reprises repetidas veces, en varias ocasiones, varias veces.

repriser [3] *v tr* zurcir (raccommoder); aiguille à repriser aguja de zurcir; coton à repriser algodón de zurcir.

réprobateur, trice *adj* reprobador, ra.

réprobation *f* reprobación.

reprochable *adj* reprochable, censurable ▎DR recusable.

reproche *m* [▷ SYN] reproche ▎crítica *f*; quel reproche peux-tu me faire? ¿qué crítica puedes hacerme?; le seul reproche que je fasse à ce film c'est son manque de réalisme la única crítica que hago a esta película es su falta de realismo ▎defecto; je peux faire un reproche à ta robe puedo encontrar un defecto en tu vestido ▎pega *f*; tu ne peux faire qu'un reproche à ma voiture sólo puedes encontrar una pega en mi coche ▎cargo, reproche; le seul reproche à faire à ta mère est de ne pas savoir être mère el único cargo que se puede hacer a tu madre es el

de no saber ser madre ▎recriminación *f*; les reproches d'un pays à un autre las recriminaciones de un país a otro ▎queja *f*; les reproches d'une personne lésée las quejas de una persona perjudicada ▎reparo; tu ne cesses de faire des reproches à la cuisine de ce pays estás siempre poniendo reparos a la cocina de este país ▎DR razón *f* de una acusación ■ sans reproche sin tacha; le chevalier sans peur et sans reproche el Caballero sin miedo y sin tacha ▎ton, air de reproche tono, cara de reproche ■ faire le reproche de echar en cara; tu m'en fais toujours le reproche siempre me lo estás echando en cara ▎se faire le reproche de acusarse de; je ne peux pas me faire le reproche de quoi que ce soit no me puedo acusar de nada.
▎SYN remontrance amonestación, reprimenda, reconvención; réprimande reprimenda; semonce sermón; observation observación; grief queja; récrimination recriminación; accusation acusación; imputation imputación.

reprocher [3] *v tr* reprochar ▎echar en cara, reprochar; je lui reproche sa négligence le echo en cara su negligencia; on lui reproche sa richesse le echan en cara su riqueza ▎criticar, censurar; je lui reproche sa façon de faire le critico su manera de obrar; je ne reproche rien au système no critico nada del sistema ou en el sistema; reprocher un défaut censurar un defecto ▎acusar de; je lui reproche tous nos malheurs le acuso de todas nuestras desdichas ▎culpar de, echar la culpa de; je lui reproche notre défaite le culpo de nuestra derrota ▎reprobar, recriminar; reprocher à quelqu'un sa conduite reprobar a alguien su comportamiento ▎DR recusar ▎je ne vous reproche rien no le digo nada.
➥ **se reprocher** *v pr* reprocharse.

reproducteur, trice *adj* reproductor, ra; organes reproducteurs órganos reproductores.
◇ *m & f* reproductor, ra (animal employé à la reproduction).
➥ **reproducteur** *m* semental (animal mâle).
➥ **reproductrice** *f* máquina reproductora.

reproductibilité *f* reproductibilidad.

reproductible *adj* reproductible.

reproductif, ive *adj* reproductivo, va.

reproduction *f* reproducción ▎reproduction interdite prohibida la reproducción.

reproductivité *f* reproductividad.

reproduire [98] *v tr* reproducir; reproduire un tableau reproducir un cuadro ▎presentar de nuevo (présenter de nouveau).
➥ **se reproduire** *v pr* reproducirse.

reproduit, e *adj* reproducido, da.

reprogrammer [3] *v tr* volver a programar.

reprographie *f* reprografía.

réprouvé, e *adj* reprobado, da.
◇ *m & f* réprobo, ba.

reprouver [3] *v tr* volver a demostrar.

réprouver [3] *v tr* reprobar (condamner).

reps [rɛps] *m* reps (étoffe).

reptation *f* reptación.

reptile *adj & s m* reptil.

reptilien, enne *adj* reptil.

repu, e *adj* ahíto, ta; harto, ta.

républicain, e *adj* & *s* republicano, na.

républicanisme *m* republicanismo (qualité, sentiments de républicain).

republier [9] *v tr* publicar de nuevo, volver a publicar.

république *f* república.

République centrafricaine *n pr f* República Centroafricana.

République Dominicaine *n pr f* GÉOGR República Dominicana.

République populaire démocratique de Corée *n pr* GÉOGR República Democrática Popular de Corea.

répudiation *f* repudiación, repudio *m*.

répudier [9] *v tr* repudiar.

répugnance *f* repugnancia ■ avoir de la répugnance pour tener repugnancia a ∥ avoir ou éprouver de la répugnance à faire quelque chose hacer algo con repugnancia ∥ éprouver de la répugnance pour sentir repugnancia por.

SYN répulsion repulsión; dégoût asco, hastío; nausée náusea; antipathie antipatía; aversion aversión.

répugnant, e *adj* repugnante.

répugner [3] *v intr* repugnar, repeler; les araignées me répugnent las arañas me repugnan; je répugne à faire ce travail el hacer este trabajo me repele.

répulsif, ive *adj* repulsivo, va; repelente.

répulsion *f* repulsión.

réputation *f* reputación, fama; avoir une bonne réputation tener buena reputación, buena fama ■ de réputation mondiale de fama mundial ■ avoir la réputation d'être... tener la reputación de ser... ∥ connaître quelqu'un de réputation conocer a alguien por su reputación.

SYN considération consideración; célébrité celebridad; notoriété notoriedad; renom, renommée fama, renombre; popularité popularidad.

réputé, e *adj* famoso, sa; reputado, da.

réputer [3] *v tr* reputar ∥ être réputé pour ser reputado por.

requérable *adj* requerible, exigible.

requérant, e *adj* & *s* DR demandante.

requérir [39] *v tr* requerir ∥ pedir, solicitar (demander) ∥ DR demandar (en justice).

requestionner [3] *v tr* volver a preguntar.

requête *f* demanda, solicitud, petición (prière) ∥ DR demanda, requerimiento *m* ■ à la requête de a instancia de, a petición de ∥ chambre des requêtes sala del Tribunal Supremo francés que estatuye sobre la admisión de los recursos de casación ∥ maître des requêtes relator del Consejo de Estado.

SYN pétition petición; supplique súplica.

requiem [rekчiεm] *m inv* réquiem ∥ FAM avoir une face ou un visage ou un air de requiem tener cara de cuaresma ou de muerto.

requin *m* tiburón.

requinquer [3] *v tr* FAM vestir de pies a cabeza, vestir bien (une personne) ∥ dar buen aspecto a, poner como nuevo, dejar nueva (une chose) ∥ FIG entonar, animar, poner como nuevo.

➡ **se requinquer** *v pr* FAM recobrar la salud, reponerse (se rétablir) ∥ entonarse (se remonter) ∥ emperejilarse (s'attifer).

requis, e *adj* requerido, da; necesario, ria.

réquisit *m* requisito, premisa *f*, presupuesto (hypothèse).

réquisition *f* DR requerimiento *m*, alegato *m*, demanda (demande) ∥ informe *m* (du procureur de la République) ∥ requisición, requisa (embargo).

réquisitionner [3] *v tr* requisar (biens) ∥ militarizar (grévistes).

réquisitoire *m* DR pedimento del fiscal, requisitoria *f*, informe ∥ FIG acusación *f*, inculpación *f* (requête); réquisitoire contre acusación contra.

réquisitorial, e *adj* acusatorio, ria.

RER (abr de réseau express régional) *m* red de trenes de cercanías en París.

LE RER

Estas líneas de cercanía que enlazan París con su periferia reúnen las ventajas del metro y del tren: los "RER" salen cada 15 minutos, son muy rápidos y comunican con ciudades bastante lejanas.

RES (abr de rachat de l'entreprise par ses salariés) *m* adquisición *f* de una empresa por parte de sus empleados.

resaler [3] [rəsale] *v tr* volver a salar.

resalir [32] [rəsalir] *v tr* volver a ensuciar.

resaluer [3] [rəsalЧe] *v tr* saludar de nuevo.

resarcelé, e *adj* BLAS ribeteado, da.

rescapé, e *adj* & *s* superviviente.

rescindable [rəsēdabl] *adj* rescindible.

rescindant, e [rəsēdã, ãt] *adj* DR rescisorio, ria.

➡ **rescindant** *m* DR demanda *f* de rescisión.

rescinder [3] [rəsēde] *v tr* (p us) rescindir (annuler).

rescision *f* rescisión.

rescisoire *adj* rescisorio, ria.
◇ *m* acción *f* rescisoria.

rescousse *f* auxilio *m*, socorro *m*; aller à la rescousse ir en auxilio ■ appeler quelqu'un à la rescousse pedir socorro a alguien ∥ venir à la rescousse de acudir en ayuda de.

rescrit [reskri] *m* DR rescripto.

réseau *m* red *f* (filet) ∥ red *f* (de chemin de fer, routier, téléphonique, de distribution) ∥ INFORM red; réseau local red de área local ∥ redecilla *f* (pour les cheveux) ∥ randa *f* (fond d'une dentelle) ∥ redecilla *f* (des ruminants) ■ le réseau câblé la red por cable ∥ le réseau ferré la red ferroviaria ∥ réseau de barbelés alambrada.

résection *f* resección (amputation).

réséda *m* reseda *f* (plante).

réséquer [18] [reseke] *v tr* resecar, practicar una resección.

réservataire *m* heredero con derecho a legítima.

réservation *f* reserva (de place).

réserve *f* reserva (chose réservée) ∥ reserva, comedimiento *m*, discreción ∥ reserva, excepción, restricción ∥ complemento *m* (complément) ∥ reserva, salvedad; un règlement sans réserve un reglamento sin salvedad ∥ reservado *m* (espace réservé) ∥ coto *m* vedado, vedado *m* de caza (chasse), reserva (pêche) ∥ reservado (liturgie) ∥ MIL reserva ■ DR réserve légale reserva legal ou legítima ∥ réserve naturelle reserva natural ∥ ÉCON réserves de change reservas de divisas ∥ réserves obligatoires reservas obligatorias ■ à la réserve de a excepción de, excepto ∥ à la réserve que salvo que ∥ assorti de réserves con reservas ∥ en réserve de reserva ∥ MIL officier de réserve oficial de complemento ∥ sans réserve sin reserva, sin excepción, sin salvedades ∥ sous réserve de a reserva de ∥ sous toute réserve sin garantía, con muchas reservas ■ faire des réserves sur poner en duda, reservarse el juicio acerca de ∥ se tenir sur la réserve estar sobre aviso, estar en guardia.

réservé, e *adj* reservado, da ∥ comedido, da (retenu).

réserver [3] *v tr* reservar.

➡ **se réserver** *v pr* reservarse; se réserver le droit de reservarse el derecho de.

réserviste *m* MIL reservista.

réservoir *m* reserva *f* (d'objets) ∥ depósito (de gaz), depósito, tanque (d'essence) ∥ vivero (pour le poisson) ∥ [▷ SYN] alberca *f*, arca *f* de agua, tanque (hydraulique) ∥ FIG cantera *f* (pépinière); réservoir d'hommes cantera humana.

SYN citerne cisterna, aljibe; château d'eau arca de agua, depósito.

résidant, e *adj* & *s* residente.
◇ *adj* radicado, da; residente; résidant à Paris radicado en París.

résidence *f* residencia ■ résidence générale Alta Comisaría (dans un protectorat) ∥ résidence principale vivienda habitual ∥ résidence secondaire segunda vivienda ∥ résidence universitaire residencia universitaria ■ en résidence surveillée en residencia forzosa.

résident *m* residente ∥ ministro residente (diplomate) ∥ résident général Alto Comisario.

résidentiel, elle *adj* residencial ∥ unité résidentielle unidad residencial.

résider [3] *v intr* residir (demeurer) ∥ residir, radicarse (s'établir) ∥ FIG residir, estribar, radicar; la difficulté réside en ceci la dificultad radica en esto.

résidu *m* residuo.

résiduaire [reziдЧer] *adj* residual; eaux résiduaires aguas residuales.

résiduel, elle [reziдЧel] *adj* residual.

résignataire *m* resignatario.

résignation *f* resignación ∥ DR renuncia.

résigné, e *adj* & *s* resignado, da.

résigner [3] *v tr* resignar, renunciar.

➡ **se résigner** *v pr* resignarse ∥ resignarse a, conformarse con.

résiliable *adj* rescindible, anulable.

résiliation *f* rescisión, anulación.

résilience *f* PHYS resistencia de un material al choque, resiliencia.

résilier [9] *v tr* rescindir, invalidar, anular.

résille [rezij] *f* redecilla (pour les cheveux) ∥ rejilla (d'un vitrail).

résine *f* resina.

SYN gemme resina; baume bálsamo; laque laca.

résiné, e *adj* resinoso, sa.
➡ **résiné** *m* vino resinoso (vin).

résiner [3] *v tr* resinar; résiner un pin resinar un pino ‖ untar de resina (enduire de résine).

résineux, euse *adj* resinoso, sa.
➤ **résineux** *m* árbol acuicifolio, conífera *f*.

résingle [resɛ̃gl] *f* TECHN desabollador *m*.

résinier, ère *adj & s* resinero, ra.

résinifère *adj* resinífero, ra.

résipiscence [resipisɑ̃s] *f* arrepentimiento *m* ‖ recevoir à résipiscence perdonar.

résistance *f* resistencia (endurance) ‖ resistencia (électrique) ■ MIL centre de résistance centro de resistencia ‖ HIST la Résistance la Resistencia (francesa durante la Segunda Guerra Mundial) ‖ pièce ou plat de résistance plato fuerte.

LA RÉSISTANCE
Este movimiento clandestino y antialemán se creó después del armisticio franco-alemán en 1940, y se hizo más influyente después del llamamiento por radio del general de Gaulle desde Londres, el 18 de junio del mismo año. El movimiento ganó el apoyo activo del partido comunista francés tras la invasión de la URSS por las tropas alemanas. Deseoso de imponerse como el líder del movimiento de resistencia unificado, el general de Gaulle integró a todos los principales grupos clandestinos en el "Conseil national de la Résistance". En mayo de 1943, creó el comité francés de liberación nacional en Argelia, que luego se convirtió en el gobierno provisional de la República en 1944.

résistant, e *adj* [▷ SYN] resistente.
◇ *m & f* miembro *m* de la Resistencia, resistente.
‖ SYN solide sólido; tenace tenaz; FAM dur à cuire duro de pelar.

résister [3] *v intr* [▷ SYN] resistir; résister à l'ennemi resistir al enemigo ‖ FIG ser difícil de cortar, ser muy duro; cette viande résiste esta carne es muy dura ‖ résister à la tentation resistir la tentación.
‖ SYN se défendre defenderse; réagir reaccionar; regimber respingar; se rebiffer resistirse, rebelarse.

résistivité *f* ÉLECTR resistividad, resistencia específica.

résolu, e *adj* resuelto, ta; decidido, da; un homme résolu un hombre decidido ‖ solucionado, da; concluido, da (question) ‖ être résolu à estar resuelto ou decidido a.

résoluble *adj* resoluble ‖ DR rescindible (contrat).

résolument *adv* resueltamente, enérgicamente, decididamente.

résolutif, ive *adj & s m* resolutivo, va.

résolution *f* resolución ‖ DR rescisión, resolución (d'un contrat) ‖ solución, resolución (d'un problème) ‖ resolución (d'une image) ‖ resolución (texte).

résolutoire *adj* resolutorio, ria.

résonance *f* resonancia; caisse de résonance caja de resonancia.

résonateur, trice *adj & s m* resonador, ra.

résonnant, e *adj* resonante, sonoro, ra; une salle trop résonnante una sala demasiado resonante ‖ retumbante, resonante (voix).

résonner [3] *v intr* resonar ‖ FIG résonner du bruit de proclamar.

résorbant, e *adj* reabsorbente.

résorber [3] *v tr* reabsorber, resorber ‖ FIG enjugar, reabsorber; résorber un déficit enjugar un déficit ‖ acabar con, suprimir; résorber le chômage acabar con el desempleo.
➤ **se résorber** *v pr* reabsorberse, resorberse.

résorcine *f*; **résorcinol** *m* CHIM resorcina *f*.

résorption [rezɔrpsjɔ̃] *f* resorción, reabsorción.

résoudre [88] *v tr* [▷ SYN] resolver (décomposer) ‖ resolver, solucionar; résoudre un problème resolver un problema ‖ MÉD resolver ‖ DR rescindir, anular (annuler) ■ résoudre de decidir, resolver; il résolut de venir decidió venir ‖ résoudre quelqu'un à decidirle a uno a ou para.
◇ *v impers* il a été résolu que han resuelto que, resolvieron que.
➤ **se résoudre** *v pr* resolverse ‖ reducirse, convertirse; tout cela se résout à rien todo se reduce a ou se convierte en nada ‖ conformarse, decidirse; il s'est résolu à partir se decidió a ou se conformó con irse ‖ MÉD resolverse.
‖ SYN régler resolver, solucionar, liquidar; solutionner solucionar.

respect [rɛspɛ] *m* [▷ SYN] respeto; inspirer du respect infundir respeto ‖ acatamiento, respeto (d'une loi) ■ respect humain respeto humano ‖ sauf votre respect con perdón de usted ■ manquer de respect à faltarle el respeto a ‖ tenir en respect tener a raya, contener.
➤ **respects** *m pl* saludos respetuosos ■ mes respects saludos respetuosos (en général), a sus órdenes (militaires) ‖ présenter ses respects dirigir sus saludos respetuosos.
‖ SYN vénération veneración; révérence reverencia.

respectabilité *f* respetabilidad.

respectable *adj* respetable.

respecter [4] *v tr* respetar ‖ acatar, respetar (une loi) ‖ faire respecter ses droits hacer respetar sus derechos.
➤ **se respecter** *v pr* respetarse ‖ preciarse; comme tout Espagnol qui se respecte como cualquier español que se precia.

respectif, ive *adj* respectivo, va.

respectivement *adv* respectivamente.

respectueusement *adv* respetuosamente.

respectueux, euse *adj* respetuoso, sa.
➤ **respectueuse** *f* FAM ramera, prostituta.

respirable *adj* respirable.

respirateur *adj m & s m* respirador.

respiration *f* respiración; respiration artificielle respiración artificial ‖ retenir sa respiration contener la respiración.

respiratoire *adj* respiratorio, ria.

respirer [3] *v tr & intr* [▷ SYN] respirar; respirer à pleins poumons respirar a todo pulmón ‖ FIG reflejar; un visage qui respire la bonté una cara que refleja la bondad ‖ je respire! ¡qué peso se me ha quitado de encima!, ¡qué alivio!
‖ SYN soupirer suspirar; s'ébrouer resoplar; haleter, panteler jadear.

resplendir [32] *v intr* resplandecer.

resplendissant, e *adj* resplandeciente.

resplendissement *m* resplandor, resplandecimiento.

responsabilisation *f* acción de responsabilizar.

responsabiliser [3] *v tr* responsabilizar.

responsabilité *f* responsabilidad ■ DR responsabilité civile responsabilidad civil ‖ responsabilité pénale, morale, collective responsabilidad penal, moral, colectiva ■ prendre ses responsabilités hacerse cargo de sus propias responsabilidades ‖ refuser la responsabilité de declinar la responsabilidad de.

responsable *adj & s* responsable ‖ rendre responsable de echar la culpa de, hacer responsable de.
◇ *m & f* encargado, da (d'un service) ‖ responsable syndical enlace ou delegado sindical.

responsorial *m* RELIG responsorio.

resquille [rɛskij] *f* FAM sisa (argent) ‖ c'est de la resquille esto es colarse.

resquiller [3] [rɛskije] *v intr* FAM colarse (se glisser) ‖ sisar (de l'argent).

resquilleur, euse [rɛskijœr, øz] *m & f* FAM colón, ona ‖ persona que sisa; sisador, ra.

ressac [rəsak] *m* resaca.

ressaigner [3] *v tr & intr* volver a sangrar, sangrar de nuevo.

ressaisir [32] *v tr* asir de nuevo ‖ coger de nuevo, volver a coger (reprendre) ‖ reconquistar (reconquérir) ‖ DR reembargar (saisir de nouveau) ‖ recobrar (reprendre possession).
➤ **se ressaisir** *v pr* apoderarse de nuevo (s'emparer de nouveau) ‖ volver a coger, coger de nuevo (reprendre) ‖ FIG rehacerse, serenarse, reponerse (se maîtriser).

ressasser [3] *v tr* tamizar, cerner de nuevo ‖ FIG machacar, repetir (répéter).

ressasseur, euse *adj & s* machacón, ona.

ressaut [rəso] *m* resalto (saillie) ‖ salto de agua (différence de niveau) ‖ desnivel (de terrain).

ressauter [3] *v intr* resaltar, sobresalir (faire ressaut) ‖ saltar de nuevo, volver a saltar (sauter de nouveau).

ressayer ➤ **réessayer**.

resseller [26] *v tr* ensillar de nuevo.

ressemblance *f* parecido *m*, semejanza (similitude).

ressemblant, e *adj* parecido, da; portrait ressemblant retrato parecido.

ressembler [3] *v intr* parecerse (a); cela ressemble à un avion esto se parece a un avión ‖ parecerse (a), haber salido (a); cet enfant ressemble à sa mère este niño ha salido a su madre ■ cela ne vous ressemble pas esto no parece cosa suya ‖ cela ne ressemble à rien esto no vale nada.
➤ **se ressembler** *v pr* parecerse ‖ qui se ressemble s'assemble cada oveja con su pareja.
‖ OBSERV El participio pasado ressemblé es invariable: elles se sont ressemblé longtemps.

ressemelage [rəsəmlaʒ] *m* remonta *f* (ressemelage complet) ‖ media suela *f* (demi-semelle).

ressemeler [3] [rəsəmle] *v tr* remontar (ressemeler entièrement) ‖ echar medias suelas (poser une demi-semelle).

ressemer [19] *v tr* sembrar de nuevo.

ressentiment *m* resentimiento.

> **SYN** rancune rencor; malveillance malevolencia; animosité animosidad; inimitié enemistad; hostilité hostilidad; haine odio.

ressentir [37] *v tr* sentir; ressentir un choc sentir un choque ‖ experimentar (éprouver); ressentir de l'amitié experimentar amistad.

➤ **se ressentir** *v pr* resentirse; se ressentir de la conduite de quelqu'un resentirse por la conducta de uno ‖ **FAM** je ne m'en ressens pas no me apetece, no estoy para eso.

resserre [rəsɛr] *f* cuarto *m* trastero.

resserré, e *adj* estrecho, cha; angosto, ta (étroit) ‖ apretado, da (serré) ‖ cerrado, da (pores) ‖ **FIG** limitado, da.

resserrement *m* apretamiento (d'une vis) ‖ **FIG** estrechamiento, fortalecimiento; resserrement des liens économiques estrechamiento de los lazos económicos.

resserrer [4] *v tr* apretar; resserrer une vis apretar un tornillo ‖ estrechar (rendre plus étroit) ‖ guardar; resserrer un objet dans un tiroir guardar un objeto en un cajón ‖ cerrar (les pores) ‖ encerrar; des montagnes resserrent cette ville unas montañas encierran esta ciudad ‖ **FIG** estrechar, afianzar; resserrer les liens de l'affection estrechar los lazos del cariño ‖ abreviar (abréger).

➤ **se resserrer** *v pr* estrecharse (devenir plus étroit) ‖ encerrarse (se renfermer) ‖ **FIG** encogerse (le cœur).

resservir [38] *v tr & intr* servir de nuevo, volver a servir ‖ **FIG & FAM** sacar a colación (redire). ·

ressort [rəsɔr] *m* resorte, muelle (terme usuel); ressort à boudin muelle en espiral ‖ incumbencia *f*, competencia *f*; ceci n'est pas de mon ressort esto no es de mi incumbencia ‖ **DR** instancia *f*; juger en dernier ressort juzgar en última instancia ‖ **FIG** nervio, energía *f*, fuerza *f* (force) ‖ dinamismo ‖ motor (d'une œuvre) ■ ressort à lames ballesta, resorte de láminas ‖ ressort de rappel muelle de retorno.

ressortir [32] *v intr* resaltar, destacarse; cet ornement ne ressort pas sur le fond este adorno no resalta sobre el fondo ‖ volver a salir (sortir de nouveau) ‖ resultar, deducirse; de ceci il ressort que de esto resulta que ‖ faire ressortir destacar, hacer resaltar.

◇ *v tr* **DR** ressortir à un tribunal ser de la jurisdicción de un tribunal ‖ **FIG** salir a (ressembler).

ressortissant, e *adj* de la jurisdicción de [un tribunal].

◇ *m & f* natural, nacional, súbdito; les ressortissants d'un pays los naturales ou nacionales de un país.

ressouder [3] *v tr* soldar de nuevo.

ressource *f* recurso *m*; homme de ressource hombre de recursos ‖ **AVIAT** enderezamiento *m* ■ les ressources économiques los recursos económicos ■ avoir la ressource de tener el recurso de ‖ être à bout de ressources haber agotado todos los recursos ‖ leur seule ressource était de... su único recurso era...

ressourcer [16]

➤ **se ressourcer** *v pr* volver a sus raíces profundas.

ressouvenance *f* (vx) recuerdo *m*, remembranza.

ressouvenir [40]

➤ **se ressouvenir** *v pr* acordarse de, recordar.

ressouvenir *m* recuerdo.

ressuage [rəsɥaʒ] *m* nuevo sudor ‖ rezumo (d'un vase, d'un mur) ‖ licuación *f* (alliage) ‖ batido (du fer).

ressuer [3] [rəsɥe] *v intr* rezumar (un mur) ‖ batir (l'acier).

ressui *m* querencia *f* (vénerie).

ressurgir ➤ resurgir.

ressuscité, e *adj & s* resucitado, da.

ressusciter [3] *v tr & intr* resucitar.

ressuyer [14] [rəsɥije] *v tr* secar (sécher) ‖ secar de nuevo, volver a secar.

restant, e *adj* restante ‖ poste restante lista de correos; écrire poste restante escribir a la lista de correos.

➤ **restant** *m* resto.

restau ➤ resto.

restaurant *m* restaurante, restaurant, restorán, casa *f* de comidas ‖ comedor (d'un hôtel, universitaire) ■ restaurant d'entreprise restaurante de empresa ‖ restaurant universitaire (RU) restaurante universitario.

> **SYN** brasserie cervecería; buffet fonda; buvette cantina; grill-room parrilla; gargote figón, tasca.

restaurateur, trice *m & f* restaurador, ra (de tableaux).

◇ *m & f* encargado, da ou dueño, ña de un restaurante (patron d'un restaurant).

restauration *f* restauración ‖ restauration rapide, fast-food ou comida rápida.

restaurer [3] *v tr* restaurar.

➤ **se restaurer** *v pr* comer.

reste *m* [▷ **SYN**] resto; le reste de sa fortune el resto de su fortuna ‖ resto, remanente (d'une somme) ‖ **MATH** resto ■ reste d'accent deje, dejo ‖ au reste, du reste además, por lo demás ‖ de reste de sobra; avoir de l'argent de reste tener dinero de sobra ‖ et le reste, et tout le reste y lo demás, y todo lo demás ‖ quant au reste por lo demás ■ demeurer en reste ser deudor, quedar debiendo ‖ jouer son reste echar el resto ‖ n'être jamais en reste no ir a la zaga ‖ ne pas demander son reste no pedir más explicaciones, marcharse sin decir nada ‖ ne pas demeurer en reste pagar con la misma moneda (rendre la pareille), no ir a la zaga.

➤ **restes** *m pl* restos ‖ restos (dépouille mortelle) ‖ sobras *f*; les restes d'un repas las sobras de una comida.

> **SYN** restant resto; solde saldo; reliquat resto, saldo; rogatons sobras.

rester [3] *v intr* quedar, quedarse; rester bouche bée quedarse boquiabierto ‖ ser todavía (continuer à être); elle reste belle malgré son âge a pesar de su edad es todavía guapa ‖ tardar; rester trop longtemps à faire quelque chose tardar demasiado en hacer algo ‖ quedarse, permanecer; elle est restée trois ans à Madrid ella se quedó tres años en Madrid ■ rester court quedarse cortado ‖ **FAM** rester en carafe quedarse plantado ‖ rester en route quedarse en el camino ‖ rester soi-même ser siempre el mismo ‖ rester

sur le carreau quedarse en el sitio ‖ rester sur sa faim quedarse con las ganas ‖ rester sur une impression quedarse con una impresión ‖ restons-en là no insistamos, dejémoslo ■ en rester à no llegar más lejos que ‖ en rester là no pasar de ahí ‖ y rester quedarse ahí, morir.

◇ *v impers* il reste queda, quedan ‖ il reste à queda ou quedan por ‖ il n'en reste pas moins que sin embargo, lo cual quiere decir que ‖ reste à savoir si queda por saber si.

> **OBSERV** Il ne faut pas confondre le verbe français rester avec le verbe espagnol restar, qui a le sens de soustraire.

restituable *adj* restituible ‖ **DR** rehabilitable, que puede ser rehabilitado.

restituer [7] *v tr* restituir ‖ **DR** rehabilitar ‖ **FAM** devolver (vomir).

restituteur *adj m & s m* restituidor.

restitution *f* restitución.

resto; restau *m* **FAM** restaurante; resto-U comedor universitario; les Restos du cœur centro de distribución de comida para los necesitados.

> **LES RESTOS DU CŒUR**
>
> Creados por el actor Coluche, los "Restos du cœur" (el nombre completo es "les Restaurants du cœur") son dirigidos por voluntarios que distribuyen comida gratuita a los necesitados y a las personas sin techo, en invierno en particular.

Restoroute® *m* albergue de carretera ou de autopista.

resto-U [rɛstoy] (abr de restaurant universitaire) *m* **FAM** comedor universitario.

restreindre [81] *v tr* restringir ‖ limitar, reducir; restreindre la production limitar la producción.

➤ **se restreindre** *v pr* restringirse.

restreint, e [rɛstrɛ̃, ɛ̃t] *adj* limitado, da.

restrictif, ive *adj* restrictivo, va.

restriction *f* restricción; restrictions à l'importation restricciones a las importaciones; sans restriction sin restricciones.

restringent, e *adj* restringente.

restructuration *f* reestructuración.

restructurer [3] *v tr* reestructurar.

resucée *f* **FAM** algo ya muy visto.

résultant, e *adj & s f* resultante.

résultat [rezylta] *m* [▷ **SYN**] resultado ‖ resultado, logro, éxito (réussite) ‖ résultats sportifs resultados deportivos ‖ saldo *sing* (solde).

> **SYN** dénouement desenlace; conclusion conclusión; solution solución; issue, aboutissement resultado, desenlace; résultante resultante; fin fin, final.

résulter [3] *v intr* resultar, derivarse, provenir; la révolte résulta du mécontentement el motín provino del descontento ‖ [▷ **SYN**] resultar, deducirse; il en résulte de ello se deduce.

> **OBSERV** Résulter se emplea únicamente en la tercera persona, en el infinitivo y en los participios.
> **SYN** s'ensuivre seguirse, resultar; ressortir deducirse.

résumé, e *adj* resumido, da.

➤ **résumé** *m* resumen; un résumé d'histoire un resumen de historia ‖ compendio (précis) ‖ en résumé en resumen.

résumer [3] *v tr* resumir, hacer un resumen de, extractar, compendiar.

➤ **se résumer** *v pr* resumirse ▮ decir en pocas palabras ▮ **résumons-nous** concretemos.

resurchauffeur *m* TECHN recalentador.

résurgence *f* resurgencia, resurgimiento *m*.

résurgent, e *adj* resurgente.

resurgir; ressurgir [32] *v intr* resurgir.

résurrection *f* resurrección ▮ FIG reaparición.

retable *m* retablo.

rétablir [32] *v tr* [▷ SYN] restablecer; rétablir la vérité restablecer la verdad ▮ rétablir quelqu'un dans ses droits restituir a alguien sus derechos.

➤ **se rétablir** *v pr* restablecerse.

┃ SYN relever levantar; restituer restituir; restaurer restaurar; replacer colocar de nuevo; remettre volver a poner; réhabiliter rehabilitar; réintégrer reintegrar.

rétablissement *m* restablecimiento.

retaille [rətaj] *f* recorte *m* (morceau) ▮ nueva talla (pierre précieuse) ▮ estría (meule).

retailler [3] [rətaje] *v tr* recortar, volver a cortar ▮ volver a sacar punta a (crayon).

rétamage *m* restañadura *f* (p us), estañado.

rétamer [3] *v tr* restañar (p us), estañar ▮ POP ajumar (enivrer) ▮ hacer polvo (démolir).

rétameur *m* estañador.

retapage *m* FAM arreglo, compostura *f*.

retape *f* POP faire la retape hacer la carrera (prostituée).

retaper [3] *v tr* FAM componer, apañar, arreglar; retaper un vieux vêtement arreglar un vestido viejo ▮ retaper un lit hacer la cama a la inglesa.

➤ **se retaper** *v pr* FAM remontar la pendiente, restablecerse.

retard [rətar] *m* retraso, tardanza; avoir du retard dans son travail tener retraso en su trabajo ▮ retardo (d'une fusée) ■ retard scolaire retraso escolar ■ AUTOM retard à l'admission retardo de la admisión ▮ retard à l'allumage retraso en el encendido ▮ sans retard sin retraso ■ arriver en retard llegar tarde, llegar con retraso ou con atraso ▮ prendre du retard atrasarse, retrasarse, tomar ou coger retraso ▮ rattraper son retard recuperar el retraso.

retardataire *adj* & *s* retrasado, da ▮ rezagado, da (courses).

retardateur, trice *adj* que retrasa.

retardé, e *adj* & *s* atrasado, da (mental) ▮ retardado, da; mouvement retardé movimiento retardado.

retardement *m* (vieilli) retraso ▮ bombe à retardement bomba de retardo ou con mecanismo de relojería.

retarder [3] *v tr* [▷ SYN] demorar, retrasar; retarder son voyage demorar el viaje ▮ diferir, aplazar (conférence, etc.) ▮ retardar, retrasar; la pluie nous a retardés la lluvia nos ha retrasado; j'ai été retardé me he retrasado.

◇ *v tr* & *intr* atrasar; ma montre retarde de dix minutes mi reloj atrasa diez minutos ▮ FAM tu retardes! no estás al tanto.

┃ SYN tarder tardar; différer diferir; temporiser contemporizar; remettre posponer, aplazar; surseoir sobreseer; ajourner aplazar.

reteindre [81] [rətɛ̃dr] *v tr* reteñir.

retéléphoner [3] *v tr* telefonear de nuevo, volver a telefonear.

retendre [73] *v tr* volver a tender (piège) ▮ volver a tensar (câble).

retenir [40] *v tr* retener (garder); retenir une somme d'argent retener una cantidad de dinero ▮ retener, detener; la peur le retint el miedo le detuvo ▮ retener, deducir, descontar (déduire); retenir une partie du salaire descontar parte del salario; retenir sur le salaire deducir del salario ▮ [▷ SYN] contener (ne pas laisser passer) ▮ contener, reprimir; retenir l'envie de rire contener las ganas de reír ▮ sujetar (attacher) ▮ recordar (se souvenir); retenir une date recordar una fecha ▮ MATH llevarse (dans une soustraction) ▮ reservar; retenir une chambre reservar una habitación ▮ seleccionar (choisir) ▮ apalabrar (des domestiques) ▮ retenir à dîner retener a cenar ▮ retenir sa langue cerrar los labios, guardar la lengua ▮ retenir son haleine retener el aliento ■ je ne vous retiens pas usted puede marcharse ▮ FAM je vous retiens! ¡me las pagará usted!, ¡ya le ajustaré las cuentas! ▮ votre demande a retenu toute notre attention su solicitud ha merecido nuestro mayor interés.

➤ **se retenir** *v pr* contenerse, retenerse, moderarse (se contenir) ▮ agarrarse (s'accrocher); se retenir à une branche agarrarse de una rama ▮ FAM aguantarse.

┃ SYN maintenir mantener; contenir contener; réserver reservar; arrêter fijar.

rétention *f* retención ▮ MÉD rétention d'urine retención de orina.

rétentionnaire *m* & *f* DR detentor, ra.

retentir [32] *v intr* resonar, sonar ▮ repercutirse.

retentissant, e *adj* resonante ▮ ruidoso, sa; estrepitoso, sa; fragoso, sa (bruyant) ▮ sonoro, ra; une voix retentissante una voz sonora ▮ retumbante (tonnerre) ▮ clamoroso, sa; aparatoso, sa; rotundo, da; succès retentissant éxito clamoroso.

retentissement *m* resonancia *f* ▮ ruido (bruit) ▮ estruendo, retumbo (tonnerre) ▮ FIG repercusión *f*, consecuencia *f* ▮ resonancia *f*; ce discours a eu un grand retentissement este discurso ha tenido gran resonancia.

retenu, e *adj* retenido, da ▮ detenido, da (arrêté) ▮ moderado, da (prudent, circonspect) ▮ descontado, da; deducido, da; retenido, da (déduit) ▮ contenido, da; reprimido, da (réprimé) ▮ reservado, da (chambre d'hôtel).

retenue [rətəny] *f* descuento *m*, deducción; retenue sur le salaire deducción del salario ▮ retención; la retenue des marchandises à la douane la retención de las mercancías en la aduana ▮ MAR retenida (câble) ▮ [▷ SYN] FIG moderación, discreción, comedimiento; agir avec retenue obrar con moderación ▮ castigo *m* sin salir (à l'école) ▮ MATH lo que se lleva ▮ represa (d'un bief) ■ retenue à la source retención (fiscal) en la fuente ▮ retenue d'eau embalse ■ être en retenue estar castigado sin salir.

┃ SYN modération moderación; pondération ponderación; tempérance templanza.

reterser [3]; **retercer** [16] *v tr* AGRIC binar, rebinar.

rétiaire [retjer] ou [resjer] *m* reciario (gladiateur).

réticence *f* reticencia (omission, rhétorique) ▮ reparo *m*; approuver quelque chose avec certaines réticences aprobar algo con ciertos reparos ▮ resistencia.

réticent, e *adj* reticente ▮ reacio, cia; à sa proposition, il se montra réticent ante su propuesta, se mostró reacio.

réticulaire *adj* reticular.

réticule *m* redecilla *f* (pour les cheveux) ▮ retículo (optique) ▮ bolso ridículo (sac).

réticulé, e *adj* reticulado, da.

rétif, ive *adj* repropio, pia (cheval) ▮ FIG reacio, cia.

rétine *f* ANAT retina.

rétinien, enne *adj* ANAT retiniano, na.

rétinite *f* MÉD retinitis.

rétinol *m* retinol, vitamina A.

rétique ➤ **rhétique**.

retirage *m* reimpresión *f*, nueva *f* tirada.

retiration *f* IMPR retiración; presse à retiration prensa de retiración.

retiré, e *adj* retirado, da ▮ apartado, da; alejado, da; aislado, da; retirado, da (isolé).

retirer [3] *v tr* tirar de nuevo, volver a tirar (tirer de nouveau) ▮ retirar, apartar (écarter) ▮ IMPR retirar ▮ sacar; retirer ses mains de ses poches sacar las manos de los bolsillos ▮ sacar; retirer de l'argent d'une banque sacar dinero de un banco; retirer un enfant d'une pension sacar un niño de una pensión ▮ sacar, recoger; retirer son passeport sacar su pasaporte; retirer les billets de théâtre recoger las entradas de teatro ▮ quitar; retire ta main quita la mano; il m'a retiré les clés de la maison me ha quitado las llaves de la casa ▮ quitarse; retirer ses chaussures quitarse los zapatos ▮ retirar; je retire ce que j'ai dit retiro lo dicho ▮ sacar (extraire); on retire du sucre de la betterave se saca azúcar de la remolacha ▮ sortear de nuevo (la loterie) ▮ FIG retirar, privar de; retirer sa confiance à quelqu'un retirar la confianza a uno ▮ quitar; son échec ne lui retire rien su fracaso no le quita nada ▮ retirer du profit, un bénéfice sacar provecho, un beneficio.

➤ **se retirer** *v pr* retirarse, irse, marcharse; se retirer dans sa chambre retirarse a su cuarto ▮ recogerse; il se retire toujours à neuf heures se recoge siempre a las nueve ▮ retirarse, jubilarse (prendre sa retraite) ▮ volver a su cauce (cours d'eau) ▮ retirarse; se retirer à la campagne retirarse al campo; se retirer des affaires retirarse de los negocios ▮ retirarse (la mer) ▮ encoger (rétrécir).

retissage *m* retejido.

retisser [3] *v tr* retejer.

rétivité *f* carácter *m* reacio.

retombe *f* ARCHIT arranque *m* (d'une voûte).

retombé *m* caída *f* [coreografía].

retombée *f* ARCHIT arranque *m* (d'une voûte) ▮ caída (d'une draperie).

➤ **retombées** *f pl* lluvia *sing* (radioactive) ▮ FIG consecuencias, repercusiones ▮ efectos *m*.

retomber [3] *v intr* recaer, volver a caer ‖ caer; ses cheveux lui retombent sur les épaules su pelo le cae sobre los hombros ‖ volver a caer; retomber malade volver a caer enfermo ‖ volver a bajar (fièvre, avion) ‖ FIG caer; retomber dans les mêmes erreurs caer en los mismos errores ∎ retomber sur caer encima; la poutre retomba sur lui la viga le cayó encima; recaer sobre; la faute retombe toujours sur moi la culpa recae siempre sobre mí; la conversation retombe toujours sur la même question la conversación recae siempre sobre el mismo tema ‖ FIG retomber sur la tête ou le nez de quelqu'un salirle a uno el tiro por la culata ‖ retomber sur ses pieds salir siempre con la suya.

retondre [73] *v tr* esquilar nuevamente ‖ ARCHIT tallar de nuevo.

retordage; retordement *m* retorcido, retorcedura *f*.

retordoir *m* retorcedor.

retordre [76] *v tr* retorcer ‖ FAM donner du fil à retordre dar mucha guerra, dar que hacer.

réto-roman, e ➤ **rhéto-roman**.

rétorquer [3] *v tr* redargüir ‖ contestar, replicar (répondre).

retors, e [rətɔr, ɔrs] *adj* retorcido, da ‖ FIG marrullero, ra; ladino, na.
➤ **retors** *m* retor (tissu) ‖ marrullero, ladino.

rétorsion *f* retorsión ‖ FIG retorsión, represalia; mesures de rétorsion medidas de represalia.

retouche *f* retoque *m* ‖ faire une retouche ou des retouches hacer un arreglo ou arreglos, hacer un retoque ou retoques.

retoucher [3] *v tr & intr* retocar.

retoucheur, euse *m & f* retocador, ra.

retour *m* vuelta *f*, regreso; un retour facile un regreso fácil; être de retour estar de vuelta ‖ vuelta *f*, retorno; le retour du printemps la vuelta de la primavera ‖ retorno; retour à la terre retorno al campo ‖ vuelta *f*; billet aller-retour billete de ida y vuelta ‖ embozo (du drap du lit) ‖ reciprocidad *f*; l'amitié demande du retour la amistad requiere reciprocidad ‖ ARCHIT vuelta *f*, esconce, ángulo; retour d'équerre vuelta a escuadra ‖ DR reintegro ∎ retour à l'envoyeur devuélvase al remitente ‖ retour aux sources vuelta a los orígenes ou a las raíces ‖ retour d'âge menopausia ‖ retour de bâton tiro por la culata ‖ retour de chariot retorno de carro ‖ retour de flamme retorno de llama ‖ AUTOM retour de manivelle retroceso de manivela ‖ FIG retours en arrière miradas atrás ‖ INFORM retour chariot retorno del carro ‖ touche retour ou touche entrée tecla de retorno ∎ à mon retour cuando vuelva ‖ FAM cheval de retour reincidente ‖ FAM choc en retour choque de rechazo ‖ esprit de retour añoranza ‖ match de retour partido de vuelta ‖ par retour du courrier a vuelta de correo ‖ par un juste retour des choses en justa compensación ‖ pendant le retour durante la vuelta ‖ retour de, au retour de de regreso de, de vuelta de ‖ sans retour sin remisión, definitivamente ∎ être sur le retour ou sur son retour envejecer (vieillir), estar para volver (revenir) ‖ faire un retour sur soi-même examinar

retrospectivamente su conducta ‖ payer de retour corresponder, pagar con la misma moneda.

retournage *m* vuelta *f* del revés (vêtement).

retourne *f* vuelta (carte) ‖ continuación de un artículo en otra plana (dans un journal).

retournement *m* vuelta *f*, cambio total (d'une situation) ‖ inversión *f*; retournement des alliances inversión de las alianzas ‖ AVIAT vuelta *f* de campana, vuelta *f* sobre el ala.

retourner [3] *v tr* volver ou dar la vuelta a, volver del revés (tourner à l'envers) ‖ volver, dar vueltas a (tourner à l'envers) ‖ volver, dar vueltas a (tourner dans tous les sens) ‖ reexpedir (une lettre) ‖ devolver (rendre) ‖ volver; on a retourné contre lui ses propres arguments han vuelto contra él sus propios argumentos ‖ volver boca arriba (carte) ‖ FIG dar vueltas a; retourner une idée dans sa tête dar vueltas a una idea en la cabeza ∎ retourner la salade mover la ensalada ‖ retourner le foin voltear el heno ‖ retourner la terre labrar la tierra, roturar, voltear la tierra ‖ retourner quelqu'un hacer cambiar de opinión ou volver del revés (influencer) ou emocionar ou conmover ou trastornar (émouvoir) a alguien ‖ FAM retourner quelqu'un comme une crêpe manejar a uno a su antojo, hacer con uno lo que se quiere ‖ FAM retourner sa veste chaquetear, volver la casaca ‖ retourner son compliment à quelqu'un devolver el cumplido a alguien ‖ retourner sur le dos, sur le ventre volver boca arriba, boca abajo ‖ retourner une gifle pegar una bofetada ‖ retourner une situation cambiar por completo una situación ‖ retourner un vêtement volver un vestido ‖ ne retourne pas cette histoire dans la tête no le des más vueltas a este asunto.
◇ *v intr* volver, regresar; retourner à la maison volver a casa ‖ volver; retourner à la mer volver al mar ‖ devolver (être restitué) ∎ retourner en arrière volver hacia atrás ‖ retourner sur ses pas desandar lo andado ‖ savoir de quoi il retourne saber de qué se trata ou lo que pasa.
➤ **se retourner** *v pr* volverse (pour regarder) ‖ dar vueltas (s'agiter) ‖ acogerse a (revenir à) ‖ FIG arreglar las cosas (prendre ses dispositions) ∎ je n'ai même pas le temps de me retourner no tengo tiempo para nada ‖ s'en retourner volver, regresar, irse ‖ s'en retourner comme on était venu irse como se había venido ‖ se retourner contre volverse en contra.

retracer [16] *v tr* trazar de nuevo ‖ FIG describir (décrire) ‖ recordar (rappeler).

rétractable *adj* retractable; concession rétractable concesión retractable.

rétractation *f* retractación.
▪ SYN désaveu desaprobación, desautorización.

rétracter [3] *v tr* retraer (contracter) ‖ FIG retractar (désavouer); rétracter une opinion retractar una opinión.
➤ **se rétracter** *v pr* retraerse ‖ FIG retractarse.

rétractibilité *f* retractibilidad.

rétractif, ive *adj* retractivo, va.

rétractile *adj* retráctil.

rétractilité *f* retractilidad.

rétraction *f* retracción.

retraduire [98] *v tr* traducir de nuevo, volver a traducir.

retraire [112] *v tr* DR retraer.

retrait [rətrɛ] *m* contracción *f*, disminución *f*, encogimiento (des matériaux) ‖ suspensión *f*; retrait d'emploi suspensión de empleo ‖ suspensión *f*, retirada *f* (d'un permis) ‖ retirada *f*; le retrait des troupes la retirada de las tropas; le retrait de la mer la retirada del mar ‖ retirada *f* (d'un projet de loi) ‖ salida *f* (d'un compte) ‖ ARCHIT releje ‖ retractación *f* (de la Bourse) ‖ DR retracto ∎ DR retrait d'autorisation retracto de autorización ∎ en retrait hacia atrás ‖ maison construite en retrait de la rue casa retranqueada ‖ SPORTS passe en retrait pase hacia atrás.

retraitant, e *m & f* persona *f* que hace un retiro espiritual.

retraite *f* jubilación (fonctionnaire) ‖ retiro (militaire) ‖ retirada; la retraite de l'armée d'occupation la retirada del ejército de ocupación ‖ retirada, retreta, toque *m* (sonnerie); battre la retraite tocar retreta ‖ retiro *m*, pensión (solde); toucher sa retraite cobrar la pensión ou el retiro ‖ retiro *m*; une retraite agréable un agradable retiro ‖ retiro *m* (religion) ‖ ARCHIT releje *m* ‖ COMM resaca (effet de commerce) ∎ retraite anticipée jubilación anticipada ∎ l'âge de la retraite la edad de la jubilación ‖ maison de retraite asilo para ancianos ‖ retraite aux flambeaux desfile con antorchas ∎ en retraite jubilado (fonctionnaire), retirado (militaire) ∎ battre en retraite batirse en retirada (armée), retirarse (se retirer), retroceder, cejar, echarse atrás (céder) ‖ couvrir une retraite cubrir la retirada ‖ faire une retraite hacer un retiro ‖ mettre à la retraite retirar, jubilar ‖ mettre un objet à la retraite arrinconar, arrumbar un objeto ‖ prendre sa retraite retirarse (militaire), jubilarse (fonctionnaire) ‖ sonner la retraite tocar retreta (chasse).

▌ **LA RETRAITE**
En Francia, los hombres y las mujeres pueden jubilarse a los 65 años.

retraité, e *adj & s* retirado, da (commerçant, militaire) ‖ jubilado, da (fonctionnaire).

retraitement *m* recuperación; usine de retraitement fábrica de recuperación.

retraiter [4] *v tr* reprocesar.

retranchement *m* supresión *f* ‖ disminución *f* (diminution) ‖ substracción *f* (d'un chiffre) ‖ MIL atrincheramiento ‖ FIG baluarte, reducto ‖ FIG pousser quelqu'un dans ses derniers retranchements acorralar a uno.

retrancher [3] *v tr* suprimir ‖ (vieilli) cercenar (diminuer) ‖ [▷ SYN] restar, substraer (soustraire); retrancher de ou sur restar ou substraer de.
➤ **se retrancher** *v pr* parapetarse; se retrancher derrière un mur parapetarse tras un muro ‖ encerrarse; se retrancher dans sa chambre encerrarse en su habitación ‖ FIG escudarse, ampararse.

▌ SYN soustraire sustraer, restar; déduire deducir; défalquer descontar, deducir; rogner cercenar, recortar.

retranscription *f* nueva transcripción.

retranscrire [99] *v tr* transcribir nuevamente.

retransmettre [84] *v tr* retransmitir, radiar (radio), televisar (télévision).

retransmission *f* retransmisión.

retravailler [3] [rətravaje] *v tr & intr* trabajar de nuevo, volver a trabajar.

retraverser [3] *v tr* atravesar de nuevo, volver a atravesar.

retrayant, e [rətrɛjɑ̃, ɑ̃t] *adj & s* DR retrayente.

rétréci, e *adj* estrechado, da ‖ encogido, da; achicado, da (tissu) ‖ FIG limitado, da (idée) ‖ cerrado, da (esprit) ‖ chaussée rétrécie estrechamiento de carretera.

rétrécir [32] *v tr* estrechar; rétrécir un vêtement estrechar un traje ‖ encoger; le lavage rétrécit certains tissus el lavado encoge ciertos tejidos.
◇ *v intr & pr* estrecharse; ici, la route se rétrécit aquí la carretera se estrecha ‖ encoger (un tissu) ‖ FIG limitarse.

rétrécissement *m* estrechamiento (de la route) ‖ encogimiento (d'un tissu) ‖ MÉD estrechamiento, constricción *f*.

rétreindre [81] *v tr* (p us) labrar a martillo.

retrempe [rətrɑ̃p] *f* TECHN nuevo temple *m*, revenido *m*.

retremper [3] *v tr* remojar (mouiller de nouveau) ‖ dar un nuevo temple (donner une nouvelle trempe) ‖ FIG fortalecer.
◆ **se retremper** *v pr* FIG fortalecerse, cobrar nuevo vigor ‖ se retremper dans l'atmosphère familiale meterse de nuevo en el ambiente familiar.

rétribuer [7] *v tr* retribuir.

rétribution *f* retribución.
> SYN rémunération remuneración; appointements sueldo; salaire salario; paye paga; traitement, solde sueldo; honoraires honorarios; émoluments emolumentos; vacation dietas.

rétro *m* retroceso (billard).
◇ *adj inv* FAM retro.

rétroactif, ive *adj* retroactivo, va.

rétroaction *f* retroacción.

rétroactivement *adv* con efectos retroactivos.

rétroactivité *f* retroactividad ‖ la non-rétroactivité d'une loi la irretroactividad de una ley.

rétroagir [32] *v intr* tener efecto retroactivo.

rétrocéder [18] *v tr* DR hacer la retrocesión de.

rétrocessif, ive *adj* DR retrocesivo, va.

rétrocession *f* DR retrocesión.
‖ OBSERV L'espagnol retroceso a le sens de recul.

rétroflexion *f* MÉD retroversión, retroflexión.

rétrofusée *f* retrocohete *m*.

rétrogradation *f* retrogradación ‖ MIL degradación.

rétrograde *adj & s* retrógrado, da ‖ effet rétrograde retroceso (billard).

rétrograder [3] *v tr* MIL degradar.
◇ *v intr* retroceder, retrogradar ‖ AUTOM retroceder.

rétrogression *f* retrogresión, retroceso *m*.

rétroprojecteur *m* retroproyector.

rétropropulsion *f* retropropulsión.

rétrospectif, ive *adj* retrospectivo, va.
◆ **rétrospective** *f* retrospectiva.

rétrospection *f* retrospección.

rétrospectivement *adv* a posteriori.

retroussage *m* IMPR impresión *f* al agua fuerte.

retroussé, e *adj* arremangado, da (manches) ‖ nez retroussé nariz respingona.

retroussement *m* arremango, remango.

retrousser [3] *v tr* remangar, arremangar (manches) ‖ retorcer (moustaches) ‖ levantar, alzar (soulever) ‖ recoger (sa jupe).
◆ **se retrousser** *v pr* recogerse.

retroussis [rətrusi] *m* vuelta *f* (d'un chapeau) ‖ enfaldo (d'un vêtement) ‖ bocamanga *f* (d'une manche) ‖ campana *f* (d'une botte).

retrouvailles [rətruvaj] *f pl* FAM reencuentro *m sing*, encuentro *m sing*.

retrouver [3] *v tr* [▷ SYN] encontrar; j'ai retrouvé ma montre he encontrado mi reloj; retrouver un coupable encontrar a un culpable ‖ volver a encontrar, recobrar; retrouver la bonne humeur recobrar el buen humor ‖ recobrar, recuperar (la santé, la parole) ‖ volver a encontrar (chemin, direction) ‖ reunirse; j'irai vous retrouver me reuniré con usted ‖ reunirse con, volver a encontrarse con; il est heureux de retrouver ses parents se alegra de reunirse con sus padres ‖ FIG reconocer (reconnaître) ‖ acordarse de; j'ai retrouvé son nom me acuerdo de su apellido ▪ je vous retrouverai! ¡nos volveremos a encontrar! ‖ un de perdu, dix de retrouvés cuando una puerta se cierra, ciento se abren.
◆ **se retrouver** *v pr* encontrarse; se retrouver seul encontrarse solo ‖ reunirse; ils se retrouveront à Paris se reunirán en París ‖ coincidir (se rencontrer par hasard) ‖ encontrarse a sí mismo ‖ volver a encontrar el camino, orientarse ▪ FIG ne pas s'y retrouver estar perdido ‖ s'y retrouver no perder dinero.
> SYN recouvrer recobrar; récupérer recuperar; reprendre volver a tomar; ressaisir reconquistar.

rétroversion *f* retroversión.

rétroviseur *m* retrovisor.

rets [rɛ] *m* red *f* (filet) ‖ FIG red *f*, trampa *f* (ruse).

reuchlinien, enne *adj* reucliniano, na.

réuni, e *adj* reunido, da.

réunification *f* reunificación.

réunifier [9] *v tr* reunificar.

réunion *f* reunión.
> SYN assemblée asamblea; congrès congreso; meeting mitin; comice comicio; conciliabule conciliábulo; consistoire consistorio.

Réunion *n pr f* GÉOGR la Réunion la ou La Reunión.

réunionnais, e *adj* de la Reunión.

Réunionnais, e *m & f* natural ou habitante de la Reunión.

réunir [32] *v tr* reunir; réunir les troupes reunir las tropas ‖ convocar; réunir le Sénat convocar el Senado ‖ unir (mettre en communication) ‖ juntar (rapprocher) ‖ sumar; trois pays qui réunissent cent millions d'habitants tres países que suman cien millones de habitantes ‖ FIG reunir.

◆ **se réunir** *v pr* reunirse; les députés vont se réunir los diputados van a reunirse ‖ congregarse, reunirse (se grouper).

réussi, e *adj* acertado, da; atinado, da (bien trouvé) ‖ logrado, da; conseguido, da (bien exécuté) ‖ que ha tenido éxito (qui a eu du succès).

réussir [32] [reysir] *v tr* conseguir, lograr; réussir un but conseguir un gol ‖ llevar a bien; réussir une entreprise llevar a bien una empresa ‖ sacar; réussir un problème sacar un problema ‖ salirle bien a uno; réussir un tableau salirle bien a uno un cuadro.
◇ *v intr* ser un éxito; ce film a réussi esta película ha sido un éxito ‖ tener éxito; un écrivain qui commence à réussir un escritor que empieza a tener éxito ‖ [▷ SYN] triunfar; pour réussir il faut avoir de l'audace para triunfar hace falta tener osadía ‖ ir bien, sentar bien; ce médicament lui réussit esta medicina le sienta bien ‖ salir bien; tout lui réussit todo le sale bien ‖ ir bien, marchar; ses affaires réussissent sus negocios van bien ‖ salir adelante; mes enfants ont tous réussi todos mis hijos han salido adelante ‖ tener resultado satisfactorio; cette opération chirurgicale a réussi esta operación quirúrgica ha tenido resultado satisfactorio ‖ darse bien; la vigne réussit dans cette région la vid se da bien en esta región ‖ acertar; réussir un concours radiophonique acertar un concurso radiofónico ‖ aprobar; réussir son examen d'entrée aprobar el examen de ingreso ▪ réussir à llegar a, conseguir, lograr; il a réussi à faire ce qu'il voulait ha conseguido hacer lo que quería; conseguir; j'ai réussi à me ruiner he conseguido arruinarme ‖ réussir du premier coup conseguirlo a la primera ▪ faire réussir sacar adelante, llevar a bien, conseguir ou lograr realizar; il a fait réussir ce projet ha sacado adelante este proyecto.
‖ SYN percer hacer carrera; parvenir hacer fortuna; arriver triunfar en la vida; prospérer prosperar; fleurir florecer.

réussite *f* éxito *m*; la réussite d'un ouvrage, d'une entreprise el éxito de una obra, de una empresa ‖ triunfo *m*; ce garçon est certain de sa réussite este chico está seguro de su triunfo ‖ acierto *m*; ce titre est une réussite este título es un acierto ‖ logro *m*, consecución; c'est une des réussites du régime es uno de los logros del régimen ‖ solitario *m* (jeu de cartes).

réutilisable *adj* reutilizable.

réutiliser [3] *v tr* reutilizar.

revaccination [rəvaksinasjɔ̃] *f* revacunación, revacuna.

revacciner [3] [rəvaksine] *v tr* revacunar.

revaloir [60] *v tr* pagar (payer en mal); je lui revaudrai cela ya me lo pagará ‖ devolver (rendre l'équivalent en bien).

revalorisation *f* revalorización.

revaloriser [3] *v tr* revalorar, revalorizar.

revanchard, e [rəvɑ̃ʃar, ard] *adj & s* revanchista.

revanche *f* desquite *m*, revancha (gallicisme très employé) ▪ à charge de revanche en desquite, como revancha ‖ en revanche en cambio, en compensación ▪ prendre sa revanche desquitarse, tomar la revancha.

revancher [3]

➤ **se revancher** *v pr* (vx) desquitarse.

rêvasser [3] *v intr* soñar despierto.

rêvasserie *f* ensueño *m*, FIG desvarío *m*, quimera, divagación.

rêvasseur, euse *adj* soñador, ra.

rêve *m* [▷ SYN] sueño; passer comme un rêve pasar como un sueño ‖ ensueño; un pays de rêve un país de ensueño ▪ le rêve de sa vie su sueño dorado ▪ faire un rêve éveillé soñar despierto ‖ il a fait un beau rêve ha sido como un sueño.

‖ SYN songe sueño; cauchemar pesadilla; rêverie ensueño; rêvasserie divagación, desvarío.

rêvé, e *adj* ideal.

revêche *adj* arisco, ca; áspero, ra ‖ FIG áspero, ra; brusco, ca.

réveil *m* despertar; le réveil du printemps el despertar de la primavera ‖ ➤ **réveille-matin** ‖ MIL diana *f*; sonner le réveil tocar diana.

réveille-matin [revɛjmatɛ̃] *m inv*; **réveil** [revɛj] *m* despertador (pendule).

réveiller [4] [reveje] *v tr* despertar.

➤ **se réveiller** *v pr* despertarse; se réveiller en sursaut despertarse sobresaltado ‖ espabilarse, despabilarse (se réveiller complètement).

réveillon [revɛjɔ̃] *m* cena *f* [de medianoche] en Nochebuena o en Nochevieja; "réveillon" (gallicisme).

réveillonner [3] [revɛjɔne] *v intr* cenar [a medianoche] en Nochebuena o en Nochevieja.

révélateur, trice *adj* revelador, ra.

➤ **révélateur** *m* PHOT revelador.

révélation *f* revelación.

révéler [18] *v tr* revelar.

➤ **se révéler** *v pr* revelarse ‖ demostrarse, aparecer ▪ se révéler facile, faux resultar fácil, falso ‖ se révéler un allié sûr revelarse como un fiel aliado.

revenant, e *adj* (vx) ameno, na; placentero, ra (qui plaît).

◇ *m & f* resucitado, da (personne que l'on n'avait pas vue depuis longtemps).

➤ **revenant** *m* aparecido, espectro (spectre).

revendeur, euse *adj & s* revendedor, ra.

revendicateur, trice *adj* reivindicador, ra.

revendicatif, ive *adj* reivindicativo, va.

revendication *f* reivindicación; revendications sociales reivindicaciones sociales; journée de revendication jornada de reivindicación.

revendiquer [3] *v tr* reivindicar, reclamar (réclamer) ‖ asumir; revendiquer la responsabilité d'un acte asumir la responsabilidad de una acción ‖ adjudicarse (un attentat, etc.).

revendre [73] *v tr* revender ▪ avoir de l'esprit à revendre tener toda la gracia, sobrarle a uno gracia ‖ en avoir à revendre tener de sobra (de una cosa).

revenez-y [rəvnezi] *m inv* FAM recuerdo de lo pasado ‖ gustillo [recuerdo de una cosa gustosa] ‖ FIG vuelta *f*, repetición *f*.

revenir [40] [rəvnir] *v intr* volver, regresar; revenir à la maison volver a casa ‖ FIG volver;

revenons à notre sujet volvamos a nuestro tema ‖ recobrar (santé, etc.) ‖ volver (reparaître); le temps passé ne revient pas el tiempo pasado no vuelve ‖ volver; produit qui fait revenir les cheveux à leur couleur naturelle producto que vuelve el pelo a su color natural ‖ volver a hacer ou a emplear; revenir aux mêmes procédés volver a emplear los mismos procedimientos ‖ salir, resultar; cela me revient cher, à vingt francs eso me sale caro, a veinte francos ‖ sonar (se souvenir); son nom me revient su nombre me suena ‖ acordarse de; mes jeunes années me reviennent me acuerdo de mis años mozos ‖ repetir; le goût de la sardine me revient la sardina me repite ‖ gustar, hacer gracia, caer simpático (plaire); cet homme ne me revient pas este hombre no me cae simpático ‖ retractarse ‖ corresponder, tocar, pertenecer; cela vous revient eso le corresponde ‖ repetirse, volver a plantearse; cette question revient toujours esta cuestión se repite siempre ‖ repetirse; fête qui revient toujours à la même date fiesta que se repite siempre en la misma fecha ‖ volverse como era; ce tissu est bien revenu au lavage este tejido se ha vuelto como era después de haberlo lavado ‖ llegar a los oídos de (venir aux oreilles) ‖ FAM dar el primer paso para una reconciliación ‖ aparecerse; les fantômes reviennent la nuit au château los fantasmas se aparecen en el castillo por la noche ▪ revenir à venir a ser; cela revient au même viene a ser lo mismo ‖ revenir à dire querer decir ‖ revenir à la charge volver al ataque ou a la carga ‖ revenir à quelqu'un reconciliarse con (se réconcilier), resultarle simpático a uno ‖ revenir à soi volver en sí, recobrar el sentido ‖ revenir au bercail volver al redil, volver a la querencia ‖ revenir au même venir a ser lo mismo ‖ revenir bredouille volver con las manos vacías ‖ revenir de reponerse (maladie), estar de vuelta de; il est revenu de tout está de vuelta de todo; cambiar; revenir d'une opinion cambiar de opinión; hartarse, cansarse; c'est une mode dont on est revenu es una moda de la cual nos hemos cansado ‖ revenir de loin haberse librado de una buena ‖ revenir de Pontoise caerse de un nido ‖ revenir de ses fautes enmendarse ‖ revenir d'une erreur caer en la cuenta de una equivocación, salir de un error ‖ revenir en arrière volverse para atrás ‖ revenir sur volver a hablar de ‖ revenir sur le compte de quelqu'un cambiar de opinión respecto a alguien ‖ revenir sur le tapis volver a ponerse sobre el tapete, plantearse de nuevo (question) ‖ revenir sur sa parole retirar la palabra ‖ revenir sur ses pas desandar lo andado, volverse atrás ‖ revenir sur une question echarse atrás ‖ revenons à nos moutons volvamos a nuestro tema ou al grano ou a lo mismo ou al asunto ▪ à chacun ce qui lui revient a cada cual lo suyo ‖ cela revient à dire lo que quiere decir ‖ en revenir librarse, escaparse (danger, maladie) ‖ en revenir à volver a; pour en revenir à nos problèmes para volver a nuestros problemas ‖ faire revenir pasar por el fuego, rehogar (viande) ‖ il n'y a pas à y revenir no hay que hablar más del asunto, no hay que darle más vueltas ‖ inutile de revenir là-dessus no vale la pena insistir ‖ je n'en reviens pas! ¡aún no me lo creo!, ¡no doy crédito a mis ojos!, ¡me he quedado viendo

visiones!, ¡no salgo de mi asombro! ‖ FAM s'en revenir volver, regresar ‖ y revenir volver a lo de siempre.

revente *f* reventa.

revenu *m* renta *f*; revenu brut renta bruta ‖ provecho (profit) ‖ ingreso, ganancias *f pl*; revenus accessoires, secondaires ingresos adicionales, accesorios ▪ revenu imposable líquido imponible ‖ revenu national brut producto nacional bruto ‖ revenu net ingreso, renta ‖ revenu par habitant renta per cápita ▪ impôt sur le revenu impuesto sobre la renta.

revenu, e *adj* decepcionado, da; desengañado, da; desilusionado, da; de vuelta.

revenue [rəvny] *f* BOT reveno *m*.

rêver [4] *v tr* soñar con; rêver la gloire soñar con la gloria.

◇ *v tr & intr* soñar; rêver de quelqu'un soñar con alguien; rêver de richesses soñar con riquezas ‖ pensar; il y a un an qu'il rêve à ce projet hace un año que piensa en este proyecto ‖ imaginarse; je n'ai jamais dit cela, vous l'avez rêvé no dije nunca esto, usted se lo ha imaginado ▪ rêver de soñar con ‖ rêver tout éveillé soñar despierto ▪ ne rêver que plaies et bosses soñar siempre con peleas ‖ FAM tu rêves! ¡qué te crees!, ¡ni pensarlo!

réverbérant, e *adj* reverberante.

réverbération *f* reverberación.

réverbère *m* reverbero; four à réverbère horno de reverbero ‖ farol, reverbero (pour l'éclairage public) ▪ allumeur de réverbères farolero.

réverbérer [18] *v tr* reverberar.

➤ **se réverbérer** *v pr* reverberar, reflejarse.

reverchon *f* cereza gordal (cerise).

reverdir [32] *v intr* reverdecer ‖ FIG reverdecer, remozarse.

◇ *v tr* volver verde ‖ volver a pintar de verde.

révérence *f* reverencia ▪ (vieilli) révérence parler, sauf révérence con perdón, con perdón sea dicho ‖ tirer sa révérence saludar (saluer), irse (s'en aller), decir que ni hablar (refuser).

révérenciel, elle *adj* reverencial.

révérencieux, euse *adj* reverente.

révérend, e [reverɑ̃, ɑ̃d] *adj & s* reverendo, da.

révérendissime *adj* reverendísimo, ma.

révérer [18] *v tr* reverenciar (honorer).

rêverie [revri] *f* ensueño *m* ‖ ensueño *m*, ilusión ▪ être perdu dans ses rêveries estar en las nubes ‖ les rêveries du promeneur solitaire reflexiones de un paseante solitario.

revers [rəvɛr] *m* revés (envers) ‖ vuelta *f* (de vêtement) ‖ reverso (d'une médaille) ‖ solapa *f* (de col) ‖ revés, desgracia *f* (malheur) ‖ dorso (main) ‖ cruz *f* (monnaie) ‖ revés (tennis) ‖ campana *f* (botte) ▪ FIG revers de fortune reveses de fortuna ‖ revers de la médaille la otra cara, el lado malo [de un asunto] ‖ revers de main revés, manotazo ▪ à revers de revés; prendre à revers tomar de revés ‖ de revers de costado, de flanco.

reversal, e *adj* de garantía.

reversement *m* transferencia *f* (fonds).

reverser [3] *v tr* echar de nuevo ‖ volver a verter; **reverser de l'eau sur le sol** volver a verter agua por el suelo ‖ DR imputar.

reversi; reversis [rəvɛrsi] *m* revesino (jeu de cartes).

réversibilité *f* reversibilidad.

réversible *adj* reversible ‖ de dos caras (tissu).

réversion *f* reversión.

reversis ➡ reversi.

reversoir *m* presa *f* (barrage).

revêtement *m* revestimiento (du sol, du mur) ‖ cubierta *f* (câble).

revêtir [44] *v tr* revestir ‖ ponerse, vestirse (un vêtement) ‖ cubrir (envelopper) ‖ asumir.

rêveur, euse *adj & s* soñador, ra ‖ **ça me laisse rêveur** eso me deja pensativo, eso me da que pensar.

> SYN pensif pensativo; penseur pensador; méditatif meditabundo, meditativo.

rêveusement *adv* distraídamente; **regarder rêveusement par la fenêtre** mirar distraídamente por la ventana.

revient [rəvjɛ̃] *m* coste ‖ **prix de revient** precio de coste, precio de fábrica.

revigorer [3] *v tr* vigorizar, vigorar.

revirement *m* mudanza *f* (changement) ‖ FIG cambio brusco, viraje ‖ MAR virada *f*.

révisable *adj* revisable.

réviser [3] *v tr* revisar (examiner à nouveau) ‖ repasar (leçon).

réviseur *m* revisor.

révision *f* revisión ‖ repaso *m* (leçon) ■ conseil de révision junta de clasificación (conscrits) ‖ **faire ses révisions** repasar (leçons) ‖ AUTOM la révision des 10 000 km la revisión de los 10 000 km.

révisionnisme *m* revisionismo.

révisionniste *adj & s m* revisionista.

revisser [3] *v tr* volver a atornillar.

revitaliser [3] *v tr* revitalizar.

revivification *f* revivificación.

revivifier [9] *v tr* revivificar.

reviviscence *f* reviviscencia.

reviviscent, e *adj* reviviscente.

revivre [90] *v intr* revivir ■ **faire revivre** resucitar ‖ **faire revivre un mort** resucitar a un muerto; **ce vin est capable de faire revivre un mort** este vino es capaz de resucitar a un muerto.

révocabilité *f* revocabilidad.

révocable *adj* revocable.

révocation *f* revocación ‖ MIL expulsión.

révocatoire *adj* revocatorio, ria.

revoici *adv* FAM aquí otra vez ‖ **nous revoici** henos aquí de nuevo, aquí nos tiene otra vez.

revoilà *adv* FAM ahí de nuevo ‖ **les revoilà** helos ahí de nuevo, aquí les tiene otra vez.

revoir [62] *v tr* ver de nuevo ‖ [▷ SYN] reexaminar, revisar (reviser) ‖ repasar (leçon) ‖ representarse (imaginer).

➡ **se revoir** *v pr* volverse a ver, verse otra vez ‖ verse, imaginarse; **je me revois à Paris en 1968** me veo en París en 1968.

➡ **revoir** *m* (vx) adiós, despedida *f* ‖ **au revoir** hasta la vista, adiós (moins précis que le français **adieu**), hasta luego (à tout à l'heure) ■ **dire au revoir à quelqu'un** decir adiós ou despedir a alguien.

> SYN retoucher retocar; remanier modificar; corriger corregir; réviser revisar; rectifier rectificar; reconsidérer reconsiderar.

revoler [3] *v tr* revolar, volver a volar ‖ robar de nuevo (dérober de nouveau).

révoltant, e *adj* escandaloso, sa; indignante.

révolte *f* rebelión, revuelta.

révolté, e *adj & s* rebelde; sublevado, da; revoltoso, sa ‖ indignado, da.

révolter [3] *v tr* (p us) rebelar, sublevar ‖ FIG escandalizar, indignar ‖ chocar.

➡ **se révolter** *v pr* rebelarse, sublevarse ‖ FIG sublevarse.

révolu, e *adj* cumplido, da; **vingt ans révolus** veinte años cumplidos ‖ pasado, da; caduco, ca; anticuado, da (périmé).

révolution *f* revolución; **la révolution industrielle** la revolución industrial ‖ **la Révolution (française)** la revolución francesa.

> SYN rébellion rebelión; insurrection insurrección; soulèvement sublevación.

> **LA RÉVOLUTION FRANÇAISE**
> El acontecimiento más importante en la historia de Francia desembocó en la constitución igualitaria del régimen republicano. Precipitado por las injusticias sociales y los escándalos financieros de la monarquía del Ancien Régime, fue un período turbulento que se inició con la toma de la Bastilla en 1789 y acabó a finales del siglo XIX. Fue marcado por la Declaración de los Derechos del Hombre, la ejecución de Luis XIV, el Terror (1793) y la guerra contra las otras potencias europeas.

révolutionnaire *adj & s* revolucionario, ria.

révolutionnairement [revɔlysjɔnɛrmɑ̃] *adv* de manera revolucionaria.

révolutionner [3] *v tr* revolucionar ‖ FIG alborotar (mettre en effervescence) ‖ agitar.

revolver [revɔlvɛr] *m* revólver (arme) ‖ **poche revolver** bolsillo trasero de un pantalón.

révoquer [3] *v tr* revocar (annuler) ‖ despedir (congédier un employé, etc.), revocar (un fonctionnaire) ‖ **révoquer en doute** poner en duda.

> OBSERV En español revocar a aussi le sens de blanchir à la chaux.

revouloir [57] *v tr* querer de nuevo.

revu, e *adj* revisado, da ‖ vuelto a ver ‖ **revu et corrigé** corregido y aumentado.

revue [rəvy] *f* revista ■ **revue de presse** revista de prensa ■ POP **être de la revue** quedarse con dos palmos de narices ‖ **passer en revue** pasar revista a (troupes), analizar, pasar revista, examinar, estudiar (des problèmes).

revuiste *m* THÉÂTR autor de revistas.

révulsé, e *adj* descompuesto, ta; trastornado, da (le visage) ‖ en blanco (les yeux).

révulser [3]
➡ **se révulser** *v pr* descomponerse.

révulsif, ive *adj & s m* MÉD revulsivo, va.

révulsion *f* MÉD revulsión.

rewriting [rirajtiŋ] *m* corrección *f* de estilo.

Reykjavík; Reykjavik *n pr* GÉOGR Reykjavíik, Reikiavik.

rez-de-chaussée [redʃose] *m inv* bajo, planta *f* baja, piso bajo.

rez-de-jardin *m inv* planta *f* baja con jardín.

RF (abr écrite de République française) RF.

RFA (abr de République fédérale d'Allemagne) *f* HIST RFA.

RFI (abr de Radio France Internationale) *f* radio internacional francesa que emite programas para el mundo francófono.

RFO (abr de Radio-télévision française d'outre-mer) *f* radio televisión francesa de ultramar.

RG (abr de Renseignements généraux) *m pl* servicios secretos de la policía francesa.

r.g. (abr écrite de rive gauche) or. izq.

Rh (abr écrite de Rhésus) Rh.

rhabillage [rabijaʒ]; **rhabillement** [rabijmɑ̃] *m* compostura *f* (d'une montre).

rhabiller [3] [rabije] *v tr* vestir de nuevo ‖ componer (raccommoder), reparar, ajustar ‖ FIG renovar, remozar (des idées).

➡ **se rhabiller** *v pr* vestirse de nuevo, vestirse otra vez.

rhabilleur, euse [rabijœr, øz] *m & f* reparador, ra; ajustador, ra.

Rhadamante *n pr* MYTH Radamanto.

rhamnacées *f pl* BOT ramnáceas.

rhamnus [ramnys] *m* BOT ramno, cambrón.

rhapsode; rapsode *m* rapsoda.

rhapsodie; rapsodie *f* rapsodia.

rhapsodiste *m* compositor de rapsodias.

Rhéa *n pr* MYTH Rea.

rhénan, e *adj & s* renano, na.

Rhénan *n pr m* GÉOGR **le Rhénan** el Renano.

Rhénanie *n pr f* GÉOGR **la Rhénanie** Renania.

Rhénanie-du-Nord-Westphalie *n pr f* GÉOGR **la Rhénanie-du-Nord-Westphalie** Renania del Norte-Westfalia.

Rhénanie-Palatinat *n pr f* GÉOGR **la Rhénanie-Palatinat** Renania-Palatinado.

rhénium [renjɔm] *m* renio (métal).

rhéomètre *m* reómetro.

rhéophore *m* reóforo.

rhéostat [reɔsta] *m* PHYS reóstato, reostato.

rhéostatique *adj* PHYS reostático, ca.

rhésus [rezys] *m* macaco ■ **facteur Rhésus (Rh)** factor Rhesus (Rh) ‖ **rhésus positif, négatif** Rh positivo, negativo.

rhéteur *m* retórico.

Rhétie [reti] *n pr f* HIST **la Rhétie** Retia, Recia.

rhétien, enne [retjɛ̃, ɛn] *adj* recio, cia.

Rhétien, enne [retjɛ̃, ɛn] *m & f* recio, cia.

rhétique; rétique *adj & s m* LING rético, ca.

rhétoricien, enne *adj & s* retórico, ca.

rhétorique *f* retórica ‖ (ancien) última clase del bachillerato francés (jusqu'en 1885).

rhéto-roman, e; réto-roman, e *adj & s m* LING retorromano, na.

Rhin *n pr m* GÉOGR le Rhin el Rin.

rhinanthe *m* BOT rinanto.

rhinencéphale *m* rinencéfalo.

rhingrave *m* HIST ringrave.

rhinite *f* MÉD rinitis.

rhinocéros *m* rinoceronte.

rhino-laryngite *f* MÉD rinolaringitis.
☐ OBSERV pl rhino-laryngites.

rhinologie *f* MÉD rinología.

rhino-pharyngite *f* MÉD rinofaringitis.
☐ OBSERV pl rhino-pharyngites.

rhino-pharynx [rinofarɛ̃ks] *m inv* rinofaringe *f*.

rhinoplastie *f* MÉD rinoplastia.

rhinoscopie *f* MÉD rinoscopia.

rhizocarpacées *f pl* BOT rizocarpáceas.

rhizome *m* BOT rizoma.

rhizophage *adj* rizófago, ga.

rhizophore *m* BOT rizófora *f*, mangle.

rhizopodes *m pl* rizópodos (protozoaires).

rhodamine *f* CHIM rodamina.

rhodanien, enne *adj* rodaniano, na; del Ródano.

Rhode Island *n pr m* GÉOGR le Rhode Island Rhode Island.

Rhodes [rɔd] *n pr* GÉOGR Rodas; le colosse de Rhodes el coloso de Rodas.

Rhodésie *n pr f* HIST la Rhodésie Rodesia, Rhodesia.

rhodien, enne *adj* de Rodas [en Grecia].

Rhodien, enne *m & f* natural ou habitante de Rodas.

rhodique *adj* CHIM ródico, ca.

rhodium [rɔdjɔm] *m* CHIM rodio.

rhododendron [rɔdɔdɛ̃drɔ̃] *m* BOT rododendro.

rhodophycées *f pl* rodofíceas, algas rojas.

rhombe *m* (vx) rombo (losange).

rhombique *adj* rómbico, ca.

rhomboèdre *m* romboedro.

rhomboédrique *adj* romboédrico, ca.

rhomboïdal, e *adj* romboidal.

rhomboïde *adj* romboideo, a.
◇ *m* romboide.

Rhône *n pr m* GÉOGR le Rhône el Ródano.

Rhônes-Alpes *n pr* GÉOGR Ródano-Alpes; la région Rhône-Alpes la región de Ródano-Alpes.

┃ **RHÔNES-ALPES**
Esta región administrativa comprende los departamentos de Ain, Ardèche, Drôme, Haute-Savoie, Isère, Loire, Rhône y Savoie. Capital: Lyon.

rhotacisme *m* rotacismo (phonétique).

Rhovyl® *m* rhovil.

rhubarbe *f* BOT ruibarbo *m*.

rhum [rɔm] *m* ron.

rhumatisant, e *adj & s* reumático, ca; vieillard rhumatisant anciano reumático.

rhumatismal, e *adj* reumático, ca; douleur rhumatismale dolor reumático.

rhumatisme *m* reumatismo, reúma, reuma.

rhumatologie *f* MÉD reumatología.

rhumatologue *m & f* reumatólogo, ga.

rhumb [rɔ̃b] *m* MAR rumbo.

rhume *m* resfriado, constipado, catarro ■ rhume de cerveau catarro nasal, coriza ┃ rhume de poitrine catarro ┃ rhume des foins rinitis alérgica, polinosis.

┃ OBSERV L'espagnol constipado n'a rien à voir avec le français constipé, qui correspond à l'espagnol estreñido.

rhumerie [rɔmri] *f* destilería de ron.

rhus [rys] *m* BOT zumaque.

rhynchite [rɛ̃kit] *m* ZOOL gorgojo (charançon).

rhytidome *m* BOT ritidoma.

rhyton *m* ritón (vase ancien).

RI *m* (abr de régiment d'infanterie) regimiento de infantería.
◇ *m pl* (abr de Républicains indépendants) partido político francés de derechas.

ria *f* ría.

Riad ▶ Riyad.

Rialto *n pr m* le (pont du) Rialto (el puente de) Rialto.

riant, e [rijɑ̃, ɑ̃t] *adj* risueño, ña; riente.

RIB; Rib (abr de relevé d'identité bancaire) *m* certificado de identificación bancaria que incluye el número de cuenta, la sucursal, etc.

┃ **LE RIB**
El "RIB" es un documento donde constan todos los datos bancarios de una persona. Las empresas, los proveedores de servicios y las instituciones financieras pueden pedirlo para realizar domiciliaciones de pago.

ribambelle *f* sarta, retahíla; une ribambelle d'enfants una retahíla de niños.

ribaud, e [ribo, od] *adj & s* (vx) ribaldo, da.

ribaudequin *m* ribadoquín.

riblette *f* filete a la parrilla.

riblon *f* chatarra *f*.

riboflavine *f* MÉD riboflavina.

ribonucléique *adj* BIOL ribonucleico; acide ribonucléique ácido ribonucleico.

ribord [ribɔr] *m* MAR tablón de forro.

ribote *f* FAM jarana, francachela ┃ être en ribote estar de juerga.

ribouis [ribwi] *m* POP zapato viejo.

ribouldingue *f* POP juerga, jarana; faire la ribouldingue irse ou estar de juerga.

ribouler [3] *v intr* POP ribouler des yeux volver los ojos a todos lados.

ricanement *m* risa *f* burlona ou socarrona.

ricaner [3] *v intr* reír burlonamente, reír sarcásticamente.

ricaneur, euse *adj & s* burlón, ona; socarrón, ona.

RICE; Rice [ris] (abr de relevé d'identité de caisse d'épargne) *m* certificado de identificación emitido por una caja de ahorro y que incluye el número de cuenta, la sucursal, etc.

Richard [riʃar] *n pr* Ricardo.

richard, e *m & f* FAM ricacho, cha; ricachón, ona.

riche *adj & s* [▷ SYN] rico, ca ■ RELIG la parabole du mauvais riche la parábola del rico avariento ┃ nouveau riche nuevo rico ■ cela fait riche eso viste bien.
◇ *adj* FAM estupendo, da; magnífico, ca; une riche idée una idea estupenda ■ FAM c'est une riche nature es una persona excelente ┃ être riche de poseer ┃ être riche de possibilités ofrecer muchas posibilidades.

┃ SYN aisé acomodado; cossu acaudalado; fortuné afortunado; richissime riquísimo; nabab nabab; parvenu advenedizo; capitaliste capitalista; ploutocrate plutócrata; POP richard, rupin ricachón.

richement *adv* ricamente.

richesse *f* riqueza.

┃ SYN aisance, aise desahogo, buena posición, acomodo; fortune fortuna; opulence opulencia; prospérité prosperidad; abondance abundancia.

richissime *adj* riquísimo, ma.

ricin *m* BOT ricino ┃ huile de ricin aceite de ricino.

riciné, e *adj* ricinado, da.

ricocher [3] *v intr* rebotar.

ricochet *m* rebote ┃ FIG par ricochet por carambola, de rebote.
➥ **ricochets** *m pl* cabrillas *f*, pijotas *f* (jeu).

ric-rac *adv* FAM il nous a payés ric-rac nos pagó con exactitud (très exactement) ┃ FAM avec mon petit salaire, à la fin du mois c'est ric-rac con mi sueldito, a fines de mes resulta justo (de justesse).

rictus [riktys] *m* rictus, risilla *f*; rictus sardonique risa sardónica.

ridage *m* MAR acolladura *f*.

ride *f* arruga; des rides sillonnaient son front tenía la frente surcada de arrugas ┃ onda, pliegue *m* (pli).

ridé, e *adj* arrugado, da; front ridé frente arrugada.

rideau *m* cortina *f* (de porte), visillo (de fenêtre); tirer le rideau correr la cortina ┃ cortina *f* (de fumée, etc.) ┃ pantalla *f* (de cheminée) ┃ THÉÂTR telón; lever le rideau levantar el telón; le baisser du rideau la caída del telón ■ double rideau cortina ┃ lever de rideau piececilla que empieza un espectáculo, combate ou partido telonero (boxe, football) ■ rideau de douche cortina de ducha ┃ rideau de fer telón metálico (au théâtre), telón de acero (frontière fermée) ┃ rideau de scène telón de boca ┃ rideau métallique cierre metálico (de magasin) ■ tirer le rideau sur correr un velo sobre.

ridée *f* red para cazar alondras.

ridelle *f* adral *m* (de voiture).

ridement *m* arrugamiento.

rider [3] *v tr* arrugar ┃ FIG rizar (les flots) ┃ MAR acollar.

ridicule *adj* [▷ SYN] ridículo, la; tourner en ridicule poner en ridículo, ridiculizar ┃ se rendre ridicule hacer el ridículo.
◇ *m* ridiculez *f*, lo ridículo ■ braver le ridicule importarle a uno poco quedar en ridículo ┃ couvrir de ridicule ridiculizar.

┃ SYN risible risible; grotesque grotesco; burlesque burlesco.

ridiculement *adv* ridículamente.

ridiculiser [3] *v tr* ridiculizar.

ridoir *m* MAR acollador.

ridule *f* arruguita de la piel.

rien [rjɛ̃] *pron indéf* nada; ne rien faire no hacer nada; qu'avez-vous répondu? rien ¿qué respondió usted? nada ∥ algo; est-il rien de plus beau? ¿hay algo más bonito? ■ rien de nada; il n'a rien fait de nouveau no ha hecho nada nuevo; nada de; ce roman n'a rien d'extraordinaire esta novela no tiene nada de extraordinario ∥ rien de rien, rien du tout nada de nada ∥ rien moins que nada menos que ∥ rien que cela nada más que eso ∥ rien qu'un moment sólo un momento ■ de rien de nada, no hay de qué (réponse à "merci") ∥ pour rien por nada; je ne le ferais pour rien au monde no lo haría por nada en el mundo; en balde; faire un effort pour rien hacer un esfuerzo en balde ∥ un bon à rien un inútil ■ ça ne fait rien no importa ∥ cela ne me dit rien no me dice nada, no me apetece (ne pas en avoir envie), no me suena (ne pas connaître) ∥ ce n'est pas rien no es moco de pavo ∥ comme si de rien n'était como si nada, como si tal cosa ∥ compter pour rien no hacer caso de ∥ il n'en est rien no hay nada de eso ∥ je n'y suis pour rien no tengo nada que ver con eso ∥ ne servir à rien no servir para nada ∥ n'être rien no ser nadie, ser un Don Nadie ∥ n'être rien à quelqu'un no tocarle nada a uno (parenté) ∥ qui ne risque rien n'a rien el que no se aventura no pasa el mar ∥ rien à faire ni pensarlo ∥ rien que d'y penser, d'y songer sólo con pensarlo ∥ sans avoir l'air de rien como quien no quiere la cosa.

◇ *adv* POP tampoco (ironique); il fait rien froid ce matin! ¡tampoco hace frío esta mañana!

◇ *m* [▷ SYN] pequeñez *f*, nadería *f*; un rien lui fait peur una pequeñez le asusta ∥ cero; quarante à rien cuarenta a cero (tennis) ■ en moins de rien, en un rien de temps en un santiamén, en menos que canta un gallo ∥ un rien-du-tout un Don Nadie ∥ un tout petit rien una nimiedad, una nadería.

➠ **riens** *m pl* bagatelas *f*, naderías *f*, cosas *f* sin importancia; s'amuser à des riens entretenerse con cosas sin importancia.

| OBSERV Le pronom espagnol nada peut être placé avant ou après le verbe. S'il est placé avant, il exclut toute autre négation (il ne fait rien nada hace); s'il est placé après, la négation est nécessaire (il ne dit rien no dice nada).

| SYN babiole friolera, fruslería; bagatelle, foutaise, vétille bagatela, fruslería; minutie nimiedad, minucia; misère miseria; niaiserie bobería; broutille nadería, pamplina; fifrelin pito.

riesling [risliŋ] *m* clase de vino blanco seco de la región de Alsacia.

rieur, euse [rijœr, øz] *adj & s* reídor, ra; el que ríe.

rif; riffe; riffle *m* ARG bronca *f*, combate ∥ cachorrillo [revólver].

Rif *n pr m* GÉOGR le Rif el Rif.

rifain, e *adj & s* rifeño, ña, del Rif.

riffe ➤ rif.

riffle ➤ rif.

riflard *m* garlopín (de menuisier) ∥ POP gran paraguas ∥ TECHN lima *f* gruesa.

rifle *m* rifle; rifle à six coups rifle de seis tiros.

rifler [3] *v tr* (p us) arañar (égratigner) ∥ TECHN limar con una escofina.

rifloir *m* lima *f* curva ou encorvada (lime).

Rift Valley [riftvalɛ] *n pr f* GÉOGR la Rift Valley la Rift-Valley.

Riga *n pr* GÉOGR Riga.

rigaudon; rigodon *m* rigodón (danse).

rigide *adj* rígido, da ∥ FIG rígido, da.

rigidement *adv* rígidamente.

rigidifier [9] *v tr* volver ou hacer rígido, da.

rigidité *f* rigidez.

rigodon ➤ rigaudon.

rigolade *f* POP risa, broma, guasa, chirigota; prendre quelque chose à la rigolade tomar algo en broma ou a guasa ou a chirigota; aimer la rigolade ser amigo de bromas, estar siempre de guasa ∥ FAM tontería, chorrada, cosa muy fácil; c'est de la rigolade es una chorrada.

rigolage *m* AGRIC riego.

rigolard, e *adj & s m* POP guasón, ona; chusco, ca; bromista (drôle).

rigole *f* [▷ SYN] reguero *m*, reguera ∥ acequia, reguera (pour l'arrosage) ∥ zanja (tranchée) ∥ arroyuelo *m* (ruisseau) ∥ rigole de décharge canal de desagüe, desaguadero.

| SYN caniveau arroyo, cuneta [de la calle]; ruisseau arroyo; fossé zanja, cuneta [carretera]; cassis badén.

rigoler [3] *v intr* POP reírse ∥ pasarlo en grande, divertirse mucho ∥ hablar en broma, bromear, guasearse ∥ POP histoire de rigoler en plan de broma.

◇ *v tr* AGRIC abrir regueros en.

rigoleur, euse *adj* POP bromista; cachondo, da.

rigolo, ote *adj & s* POP gracioso, sa; chusco, ca ■ POP ce n'est pas rigolo no tiene ni pizca de gracia ∥ je ne trouve pas ça rigolo no le veo la gracia.

➠ **rigolo** *m* POP revólver.

rigorisme *m* rigorismo.

rigoriste *adj & s* rigorista.

rigoureusement *adv* con rigor, rigurosamente (durement) ∥ rigurosamente (absolument).

rigoureux, euse *adj* riguroso, sa ∥ [▷ SYN] crudo, da; riguroso, sa (temps).

| SYN inclément inclemente; âpre áspero.

rigueur *f* rigor *m* ∥ crudeza, rigor *m* (du temps) ■ à la rigueur si acaso, como máximo (tout au plus), más o menos (plus ou moins), si no hay más remedio, si es necesario (si c'est indispensable) ∥ de rigueur de rigor ■ tenir rigueur guardar rencor, no perdonar.

rikiki ➤ riquiqui.

rillettes [rijɛt] *f pl* chicharrones *m* finos.

rillons [rijɔ̃] *m pl* chicharrones.

Rilsan® *m* rilsan.

rimailler [3] [rimaje] *v intr* hacer versos malos.

rimailleur [rimajœr] *m* FAM poetastro, coplero, rimador (mauvais poète).

rimaye [rimaj] ou [rimɛ] *f* rimaya (d'un glacier).

rime *f* rima ■ sans rime ni raison sin ton ni son ■ n'avoir ni rime ni raison no tener pies ni cabeza.

rimer [3] *v intr* rimar ■ FIG à quoi cela rime-t-il? ¿y eso a qué viene? ∥ cela ne rime à rien eso no viene a cuento ∥ n'entendre ni rime ni raison no atender a razones.

◇ *v tr* versificar.

rimeur *m* FAM poetastro.

Rimini *n pr* GÉOGR Rímini.

Rimmel® *m* rimel, cosmético para las pestañas.

Rimski-Korsakov [rimskikɔrsakɔf] *n pr* Rimski Kórsakov.

rinçage [rɛ̃saʒ] *m* aclarado (du linge) ∥ enjuague.

rinceau *m* follaje (ornement).

rince-bouche *m inv* enjuagadientes, enjuague.

rince-bouteilles [rɛ̃sbutɛj] *m inv* escobilla *f* para lavar las botellas.

rince-doigts [rɛ̃sdwa] *m inv* enjuague, lavafrutas.

rincée *f* POP paliza (volée).

rincer [16] *v tr* enjuagar ∥ aclarar (les cheveux, le linge) ∥ FAM calar (mouiller); je me suis fait rincer me he calado ∥ POP dar un rapapolvo.

➠ **se rincer** *v pr* FAM se rincer la dalle echarse un trago, mojar la canal maestra ∥ se rincer l'œil regodearse (spectacle licencieux).

rincette *f* FAM trago *m* de aguardiente [que se echa en la taza después de bebido el café].

rinceur, euse *m & f* enjuagador, ra (personne).

➠ **rinceuse** *f* lavadora (de bouteilles).

rinçure *f* enjuagadura, agua de aclarado.

ring [riŋ] *m* ring, cuadrilátero (boxe) ∥ FIG monter sur le ring lanzarse a la lucha.

ringard, e [rɛ̃gar] *adj & s* FAM carroza, hortera.

➠ **ringard** *m* hurgón, atizadero (tisonnier).

ringardage [rɛ̃gardaʒ] *m* atizamiento (d'un foyer).

Río Bravo *n pr m* GÉOGR le Río Bravo el río Bravo.

Rio de Janeiro *n pr* GÉOGR Río de Janeiro.

Rio de la Plata *n pr m* GÉOGR le Rio de la Plata el Río de la Plata.

Rio Grande *n pr m* GÉOGR le Rio Grande el río Grande ∥ le Rio Grande do Norte Río Grande do Norte ou del Norte ∥ le Rio Grande do Sul Río Grande do Sul ou del Sur.

Rioja *n pr* GÉOGR La Rioja La Rioja (en Espagne).

ripage; ripement *m* raído (grattage) ∥ MAR corrimiento [carga] ∥ desplazamiento lateral, deslizamiento; poussoir de ripage empujador de deslizamiento.

ripaille *f* FAM francachela, comilona; faire ripaille estar de francachela.

ripailler [3] [ripaje] *v intr* FAM estar de francachela, de comilona.

ripailleur, euse [ripajœr, øz] *m & f* amigo, amiga de francachelas ou de comilonas.

ripaton *m* POP zapato (chaussure) | pinrel, pie (pied) | jouer des ripatons poner pies en polvorosa.

ripe *f* raedera.

ripement ➤ ripage.

riper [3] *v tr* raer, raspar (gratter) | desplazar (une voie ferrée) | MAR lascar (la chaîne de l'ancre).
◇ *v intr* patinar (déraper) | FIG & POP pirárselas.

Ripolin® *m* ripolín (peinture émail).

riposte *f* réplica | respuesta (escrime, lutte).

riposter [3] *v intr* replicar | parar atacando (escrime).

ripuaire *adj & s* ripuario, ria.

Riquet [rikɛ] *n pr* Riquete; Riquet à la houppe Riquete el del Copete.

riquiqui; rikiki *adj inv* FAM chiquitín, ina.

rire *m* risa *f* ■ fou rire risa nerviosa ou loca, ataque de risa | rire forcé risa de conejo.
▌ SYN sourire sonrisa; risée burla; rictus rictus; risette risita.

rire [95] *v intr* reír, reírse; il n'y a pas de quoi rire no hay de qué reírse ■ rire à la barbe ou au nez de quelqu'un reírse de uno en su cara | rire aux éclats ou à gorge déployée reírse a carcajadas ou a mandíbula batiente | rire dans sa barbe reír para su coleto | rire du bout des lèvres, des dents, jaune reír sin ganas, reír de dientes afuera | rire sous cape reír para sus adentros ■ rira bien qui rira le dernier quien ríe el último ríe mejor, al freír será el reír ■ avoir le mot pour rire ser chistoso | FAM étouffer ou pouffer ou crever de rire reventar de risa | il n'y a pas là de quoi rire no tiene ninguna gracia | mourir de rire morirse de risa; c'est à mourir de rire es para morirse de risa | ne pas avoir envie de rire, ne pas avoir le cœur à rire no estar para bromas | pour rire en broma, en son de burla (pour plaisanter), de mentirijillas (ce n'est pas vrai) | prêter à rire dar que reír | se tordre de rire desternillarse de risa | vous voulez rire usted bromea, no habla usted en serio.
➤ **se rire** *v pr* reírse.
▌ SYN sourire sonreír; s'esclaffer reír a carcajadas; pouffer reventar de risa; glousser reír ahogadamente; ricaner reír sarcásticamente; FAM rigoler reírse; se gondoler, se tordre, se dilater la rate, se marrer desternillarse de risa.

ris [ri] *m* (VX) POÉT risa | MAR rizo; prendre des ris tomar rizos | ris de veau molleja.

risban *m* fortín de puerto.

risberme *f* MIL reparo *m* de fajinas y estacas.

RISC [risk] (abr de Reduced Instruction Set Computer) *m inv* INFORM RISC.

risée *f* risotada | burla, mofa (moquerie) | irrisión (objet de moquerie) | hazmerreír *m* (personne dont on se moque); il est la risée de tout le voisinage es el hazmerreír de todo el barrio | ráfaga (vent).

risette *f* risita, sonrisita (d'un enfant) | faire risette sonreír (se dit des enfants).

risible *adj* risible.

risorius [rizɔrjys] *m* músculo risorio.

risotto [rizɔto] *m* CULIN risotto.

risque *m* riesgo ■ assurance tous risques seguro todo riesgo | groupe à risque grupo expuesto a riesgos | groupe à haut risque grupo de alto riesgo ■ à ses risques et périls por su cuenta y riesgo | au risque de a riesgo de ■ prendre des risques arriesgarse.

risqué, e *adj* arriesgado, da (entreprise, expédition) | atrevido, da (plaisanterie).

risquer [3] *v tr* arriesgar | arriesgar, jugarse; risquer sa vie arriesgar la vida | amenazar; cela risquait de ne pas lui être favorable eso amenazaba con no serle favorable | atreverse a hacer; il a risqué une allusion se atrevió a hacer una alusión | aventurar; risquer une nouvelle théorie aventurar una nueva teoría ■ risquer de correr peligro de | risquer le coup ou le paquet probar ventura | risquer le tout pour le tout jugarse el todo por el todo, poner toda la carne en el asador | risquer sa peau jugarse el tipo ou el pellejo | risquer un regard echar una mirada furtiva ■ qui ne risque rien n'a rien quien no se arriesga no pasa la mar.
➤ **se risquer** *v pr* arriesgarse.

risque-tout [riskǝtu] *m & f* temerario, ria.

riss GÉOL riss.

rissole *f* empanadilla rellena (pâtisserie) | red para pescar boquerones (filet).

rissoler [3] *v tr & intr* CULIN dorar.

rissolette *f* tostada rellena de carne.

ristourne *f* comisión (représentant) | bonificación anual (coopératives, assurances) | rebaja, descuento *m* (réduction) | MAR anulación.

ristourner [3] *v tr* bonificar (coopératives, etc.) | hacer una rebaja ou un descuento (faire une réduction) | pagar una comisión (représentant) | MAR anular.

rite *m* rito; rites d'initiation ritos de iniciación.

ritournelle *f* ritornelo *m* | FAM toujours la même ritournelle siempre la misma canción ou la misma cantinela.

ritualiser [3] *v tr* ritualizar.

ritualisme *m* ritualismo.

ritualiste *adj & s* ritualista.

rituel, elle *adj* ritual.
➤ **rituel** *m* ritual, libro ritual.

rituellement *adv* ritualmente.

riv. (abr écrite de rivière) r.

rivage *m* orilla *f*, ribera *f*; sur le rivage en la orilla.

rival, e *adj & s* rival; l'emporter sur ses rivaux vencer a sus rivales | sans rival inigualable, sin igual.
▌ SYN concurrent competidor; compétiteur competidor, contendiente.

rivaliser [3] *v intr* rivalizar, competir; rivaliser de politesse rivalizar en cortesía.

rivalité *f* rivalidad.

rive *f* orilla, ribera | rive droite, gauche orilla norte, sur del sena en París | entrada (d'un four).
▌ **RIVE DROITE/GAUCHE**
La "rive droite", orilla norte del Sena a su paso por París, se relaciona habitualmente con negocios y comercios y tiene la reputación de contar con una población más conservadora que la "rive gauche". En la "rive gauche", orilla sur, se agrupan los distritos parisinos donde se concentran galerías de arte, librerías y universidades.

rivelaine *f* pico *m* de minero.

river [3] *v tr* remachar, roblar | FIG clavar; il avait les yeux rivés sur le revolver tenía la mirada clavada en el revólver | FAM river son clou à quelqu'un dejar parado ou seco a alguien (faire taire).

riverain, e *adj & s* ribereño, ña (d'un cours d'eau) | les riverains d'une rue los habitantes ou los vecinos de una calle.

riveraineté *f* derecho *m* de los ribereños.

rivet [rivɛ] *m* remache, roblón; rivet à tête plate, fraisée, ronde roblón de cabeza plana, fresada, redonda | clavillo (d'un éventail, etc.).

rivetage *m* remache, robladura *f*.

riveter [27] [rivte] *v tr* remachar, roblar.

riveteuse; riveuse *f* máquina remachadora.

riveur *m* remachador.

riveuse ➤ riveteuse.

Riviera *n pr f* GÉOGR la Riviera La Riviera.

rivière *f* río *m* [corriente de agua de mediana importancia afluente de otra] | ÉQUIT ría (obstacle) | une rivière de diamants un collar de brillantes.

rivoir *m* remachadora *f* (machine) | martillo para remachar (marteau).

rivure *f* remache *m*, robladura (rivetage) | remache *m* (rivet) | pasador *m* (de charnière).

rixdale *f* rixdal *m* (monnaie).

rixe *f* riña.

Riyad; Riad *n pr* GÉOGR Riad, Riyād.

riz [ri] *m* arroz; riz décortiqué arroz descascarillado ou sin cáscara ■ riz à la créole arroz blanco | riz au lait arroz con leche ■ poudre de riz polvos (cosmétique).

rizerie [rizri] *f* molino *m* arrocero.

riziculteur *m* cultivador de arroz; arrocero.

riziculture *f* cultivo *m* del arroz.

rizier, ère *adj* arrocero, ra.
➤ **rizière** *f* arrozal *m* (champ de riz).

riz-pain-sel *m inv* FAM oficial del economato de víveres (militaire).

RMC (abr de Radio Monte-Carlo) *f* cadena de radio independiente.

RMI (abr de revenu minimum d'insertion) *m* ayuda estatal para la inserción social de personas sin ingresos.

RMiste [ɛrɛmist] *m & f* persona que cobra la ayuda estatal para la inserción social.

RN (abr de route nationale) *f* N.

RNIS (abr de réseau numérique à intégration de services) *m* INFORM RDSI.

road-movie; road movie [rodmuvi] *m* CINÉM road movie.
▌ OBSERV pl road-movies; road movies.

roast-beef; rosbif [rosbif] *m* rosbif.
▌ OBSERV pl roast-beefs; rosbifs.

rob [rɔb] *m* arrope | rob, robre, rubber (au bridge).

robage *m* puesta *f* de la capa al cigarro puro.

robe *f* vestido *m* [especialmente de mujer], traje *m*; robe de laine vestido de lana | hábito *m* (de religieux, de religieuse) | toga (des gens de loi) | pelo *m*, pelaje *m* (d'un animal)

‖ capa (du cheval) ‖ capa (enveloppe du cigare) ‖ piel, telilla (de l'oignon) ■ **robe de baptême** traje de bautizo ‖ **robe de chambre** bata ‖ **robe de grossesse** vestido premamá ‖ **robe du soir** ou **de soirée** traje de noche ‖ **robe montante** vestido cerrado ■ pommes de terre en robe de chambre ou des champs patatas hervidas ou asadas con su piel.

Robert [ʀɔbɛʀ] *n pr* Roberto.

robeuse *f* encapadora de cigarros puros.

robin *m* FAM golilla (homme de loi).

Robin des bois *n pr* Robin Hood.

robinet [ʀɔbinɛ] *m* grifo, llave *f* ‖ canilla *f*, espita *f* (de tonneau) ■ **robinet d'arrêt** llave de paso ‖ **robinet d'évacuation** llave de purga ‖ **robinet du gaz** llave de paso del gas ‖ **robinet mélangeur** grifo monomando.

robinetier [ʀɔbinɛtje] *m* fabricante de grifos.

robinetterie [ʀɔbinɛtʀi] *f* fontanería, grifería (ensemble) ‖ fábrica de grifos.

robinier *m* robinia *f*, falsa acacia *f*.

Robinson Crusoé *n pr* Robinsón Crusoe.

roboratif, ive *adj* roborativo, va.

robot [ʀɔbo] *m* robot, autómata ‖ **robot de cuisine** robot de cocina.

roboticien, enne *m* & *f* especialista en robótica.

robotique *f* INFORM robótica.

robotisation *f* automatización.

robotiser [3] *v tr* robotizar.

robre *m* robre, rubber, rob (au bridge).

roburite *f* roburita (explosif).

robuste *adj* robusto, ta ‖ sólido, da.

robustesse *f* robustez ‖ solidez (solidité).

roc [ʀɔk] *m* roca *f*, peña *f* (grosse masse rocheuse) ‖ **dur comme un roc** duro como la roca.

▓ SYN roche roca; rocher peñasco.

rocade *f* MIL circunvalación, carretera paralela al frente ‖ carretera de circunvalación (route).

rocaille [ʀɔkaj] *f* rocalla.

◇ *adj inv* ARTS grutesco, ca; **architecture rocaille** arquitectura grutesca.

rocailleur [ʀɔkajœʀ] *m* fabricante de rocalla.

rocailleux, euse [ʀɔkajø, øz] *adj* rocalloso, sa; pedregoso, sa ‖ FIG áspero, ra; duro, ra (style).

rocambole *f* chalote *m*, rocambola (espèce d'ail) ‖ chiste *m* muy visto (plaisanterie) ‖ cachivache *m* (objet sans valeur).

rocambolesque *adj* fantástico, ca.

rocantin ▬ **roquentin**.

Roch [ʀɔk] *n pr* Roque.

rochage *m* galleo (métallurgie) ‖ espolvoreado con bórax (de deux pièces métalliques).

roche *f* roca, peña ■ **eau de roche** agua de manantial ‖ **noblesse de vieille roche** nobleza de rancio abolengo ■ FIG **clair comme de l'eau de roche** más claro que el agua, de una claridad meridiana ‖ **il y a anguille sous roche** hay gato encerrado.

rocher *m* peñasco, peñón, peña *f*; **escalader un rocher** escalar una peña ‖ ANAT peñasco (de l'oreille) ‖ ZOOL peñasco (coquillage) ‖ **le rocher de Gibraltar** el peñón de Gibraltar.

rocher [3] *v intr* TECHN gallear (argent fondu) ‖ echar giste, espumar (bière).
◇ *v tr* cubrir con bórax (soudure).

rochet [ʀɔʃɛ] *m* roquete (vêtement ecclésiastique) ‖ bobina *f* (pour la soie) ‖ **roue à rochet** rueda de trinquete.

Rocheuses *n pr f pl* GÉOGR **les (montagnes) Rocheuses** las (montañas) Rocosas ou Rocallosas.

rocheux, euse *adj* rocoso, sa ‖ **montagnes Rocheuses** montañas Rocosas ou Rocallosas.

Roch ha-Shana [ʀɔʃaʃana] *m* Ros Ha-sana.

rochier *m* halcón roqués (faucon).

rock [ʀɔk] *m* rocho (oiseau fabuleux).

rock *m*; **rock and roll** [ʀɔkɛnʀɔl] *m inv* rock and roll.

rocker; **rockeur, euse** *m* & *f* rockero, ra.

rocket *f* cohete *m* (fusée).

rocking-chair [ʀɔkinʃɛʀ] ou [ʀɔkintʃɛʀ] *m* mecedora *f*.
▓ OBSERV *pl* rocking-chairs.

rococo *m* rococó (style).
◇ *adj inv* charro, rra; recargado, da; **ornement rococo** adorno charro ‖ anticuado, da (vieilli).

rocou *m* bija *f* (peinture).

rocouer [3] *v tr* embijar.

rocouyer [ʀɔkuje] *m* bija *f*, achiote (arbre).

rodage *m* TECHN esmerilado (de soupapes) ‖ rodaje (moteur, voiture).

rôdailler [3] [ʀɔdaje] *v intr* FAM vagabundear.

rodé, e *adj* rodado, da ‖ puesto, ta (personne).

rodéo *m* rodeo ‖ FAM carrera de coches y motos.

roder [3] *v tr* esmerilar (les soupapes) ‖ rodar (une voiture, un moteur) ‖ FIG experimentar; **c'est une méthode bien rodée** es un método muy experimentado.
▓ OBSERV Le verbe espagnol rodar a surtout le sens de rouler.

rôder [3] *v intr* vagabundear ‖ merodear (marauder).

rôdeur, euse *m* & *f* vagabundo, da.

Rodolphe *n pr* Rodolfo.

rodomont *m* baladrón.

rodomontade *f* baladronada.

Rodrigue *n pr* Rodrigo.

roentgen ▬ **röntgen**.

rogations *f pl* rogativas (prières publiques).

rogatoire *adj* rogatorio, ria; **commission rogatoire** comisión rogatoria.

rogaton *m* FAM sobra *f*, resto.

Roger *n pr* Roger, Rogelio.

rognage *m* recorte, recortadura *f* ‖ AGRIC cercenadura *f* ‖ IMPR refilado (action).

rogne *f* IMPR refilado *m* (coupe au massicot) ‖ POP rabia, berrinche *m* ■ POP **être en rogne** estar rabiando ‖ **se mettre en rogne** rabiar, coger un berrinche.

rogne-pied [ʀɔɲpje] *m* VÉTÉR legrón.

rogner [3] *v tr* recortar (découper) ‖ AGRIC cercenar (enlever en coupant) ‖ FAM rebajar; **rogner le traitement de quelqu'un** rebajarle el sueldo a uno ‖ IMPR refilar ‖ VÉTÉR rebajar (le sabot).
◇ *v intr* POP gruñir, murmurar, rabiar.

rogneur, euse *adj* & *s* cortador, ra ‖ IMPR guillotinador, ra.

rognon *m* CULIN riñón; **rognons au Xérès** riñones al Jerez.

rognonner [3] *v tr* FAM refunfuñar, gruñir.

rognure [ʀɔɲyʀ] *f* recorte *m* (métal, cuir, papier) ‖ refilado *m* (action de rogner).

rogomme *m* POP aguardiente ‖ **voix de rogomme** voz aguardentosa.

rogue *adj* arrogante; altanero, ra.

rogue *f* raba (œufs de morue pour la pêche) ‖ huevas *pl* (de poisson, en général).

rogué, e *adj* que tiene huevas (poissons).

rohart [ʀɔaʀ] *m* marfil de hipopótamo o de morsa.

roi *m* rey ‖ rey (jeux) ‖ FIG rey; **le roi de la jungle, de l'acier** el rey de la selva, del acero ■ **roi des cailles** rey de codornices (oiseau) ‖ **roi des harengs** achagual (poisson) ■ **de par le roi** en nombre del rey ‖ **la fête des Rois** el día de Reyes ‖ **morceau de roi** bocado de cardenal ■ **tirer les Rois** comer el roscón de Reyes dentro del cual una figurita designa "rey" al que le toca ‖ **travailler pour le roi de Prusse** trabajar para el obispo.

TIRER LES ROIS
Los franceses celebran tradicionalmente la Epifanía con un roscón de reyes rellenado de crema de almendras ("la galette des Rois") dentro del cual se esconde una pequeña figurita de porcelana, "la fève" (antiguamente una haba seca). Se reparte el roscón y la persona que se encuentra la "fève" se convierte en el "rey" o "reina" y recibe una corona de cartón. Esta tradición se llama "tirer les Rois".

---

roide ▬ **raide**.

roideur ▬ **raideur**.

roidir ▬ **raidir**.

Roi-Soleil *n pr m* **le Roi-Soleil** el Rey Sol.

roitelet *m* reyezuelo, reyecillo (roi) ‖ reyezuelo, abadejo, régulo (oiseau).

rôlage *m* enrollado (du tabac).

Roland [ʀɔlɑ̃] *n pr* Rolando, Roldán, Orlando.

Roland-Garros *n pr* Roland-Garros.

rôle *m* cometido, función *f*, finalidad *f* (d'un médecin, d'un militaire, etc.) ‖ nómina *f*, lista *f*, rol (liste) ‖ DR turno de causas y pleitos ‖ foja *f* (feuillet) ‖ registro, estado (registre) ‖ rollo (de tabac) ‖ THÉÂTR papel ■ MAR **rôle d'équipage** rol ■ **à tour de rôle** por turno, uno tras otro ■ **avoir le beau rôle** lucirse, quedar bien ‖ **jouer** ou **tenir un rôle** representar ou interpretar un papel (au théâtre) ‖ **jouer un grand rôle** desempeñar un gran papel ‖ **les rôles sont renversés** se cambiaron los papeles.

rôlet [ʀɔlɛ] *m* (vx) papel corto, papelillo (théâtre).

rôle-titre [ʀɔltitʀ] *m* papel protagonista.

roller [ʀɔlɛʀ] *m* SPORTS roller, patín en línea.

rollier *m* rabilargo, gálgulo (oiseau).

rollmops [ʀɔlmɔps] *m* arenque escabechado.

rom *adj* que pertenece a los gitanos.

ROM; Rom [ʀɔm] (abr de **read only memory**) *f* ROM.

Romagne *n pr* GÉOGR la Romagne Romaña.

romaillet [rɔmajɛ] *m* MAR tarugo de madera.

Romain [rɔmɛ̃] *n pr* Román (prénom).

romain, e *adj* romano, na ■ chiffres romains números romanos.

➡ **romain** *m* IMPR letra *f* redonda, letra *f* romanilla.

Romain, e *m & f* romano, na ■ travail de Romain obra de romanos.

romaine *f* romana (balance) ‖ lechuga romana (laitue).

roman *m* novela *f*; roman à l'eau de rose novela rosa ‖ HIST romance, narración *f* en lengua romance ■ roman d'espionnage novela de espionaje ‖ roman noir novela negra ‖ roman policier, de cape et d'épée novela policíaca, de capa y espada.

roman, e *adj & s m* LING romance; les langues romanes las lenguas romances ‖ románico, ca (architecture).

romance *f* romanza (musique).

romancer [16] *v tr* novelar; une biographie romancée una biografía novelada.

romancero *m* romancero.

romanche *m* LING romanche, rético, retorromano.

romancier, ère *m & f* novelista.

romand, e *adj* la Suisse romande Suiza de lengua francesa.

romanesque *adj* novelesco, ca ‖ fabuloso, sa (fabuleux) ‖ romanticón, ona; avoir un esprit romanesque tener un espíritu romanticón.

◇ *m* lo novelesco; les femmes aiment le romanesque a las mujeres les gusta lo novelesco.

roman-feuilleton [rɔmɑ̃fœjtɔ̃] *m* folletín, novela *f* por entregas.

▮ OBSERV pl romans-feuilletons.

roman-fleuve *m* novela *f* muy larga, novelón, "novela *f* río".

▮ OBSERV pl romans-fleuves.

romani; romanichel, elle *m & f* gitano, na; cíngaro, ra (tzigane).

➡ **romani** *m* LING caló.

romaniser [3] *v tr* romanizar.

◇ *v intr* abrazar la religión católica.

romaniste *m & f* romanista.

roman-photo *m* fotonovela *f*.

▮ OBSERV pl romans-photos.

romantique *adj & s* romántico, ca; poète romantique poeta romántico.

romantisme *m* romanticismo.

romarin *m* BOT romero.

rombière *f* POP gachí, mujer (femme) ‖ vieja pretenciosa (vieille).

Rome *n pr* GÉOGR Roma ‖ tous les chemins mènent à Rome por todas partes se va a Roma.

Roméo *n pr* Romeo.

rompement [rɔ̃pmɑ̃] *m* (p us) rompimiento ‖ (vx) rompement de tête quebradero de cabeza.

rompis [rɔ̃pi] *m* árbol roto por el viento.

rompre [78] *v tr* romper, quebrar (briser) ‖ romper, cortar, interrumpir; rompre les re-

lations avec quelqu'un romper las relaciones con uno ‖ partir (le pain) ‖ hacer añicos, romper (déchirer) ‖ dominar, domeñar; rompre la résistance de quelqu'un domeñar la resistencia de uno ‖ FIG romper; rompre la tête à quelqu'un romper la cabeza a uno ‖ domar, desbravar (un cheval) ‖ AGRIC roturar, romper ■ MIL romper; rompez les rangs! ¡rompan filas! ■ rompre le fil de son discours cortar el hilo del discurso ‖ rompre le jeûne quebrantar ou romper el ayuno ‖ rompre son ban quebrantar el destierro ■ à tout rompre ruidosamente, a rabiar; applaudir à tout rompre aplaudir ruidosamente.

◇ *v intr* ceder, romperse; cette poutre finira par rompre esta viga acabará cediendo ‖ reñir, romper, terminar; Frédéric et Isabelle ont rompu Federico e Isabel han reñido ‖ FIG romper; rompre avec son passé romper con el pasado.

➡ **se rompre** *v pr* romperse, quebrarse ‖ se rompre le cou desnucarse, romperse la crisma.

▮ SYN se fendre henderse, agrietarse; éclater estallar, reventar; crever reventar; claquer crujir; péter estallar, reventar.

rompu, e *adj* roto, ta (cassé) ‖ FIG rendido, da; molido, da; extenuado, da; roto, ta; deshecho, cha (harassé) ‖ molido, da; avoir les jambes rompues tener las piernas molidas ‖ ducho, cha; avezado, da; curtido, da; diestro, tra; un homme rompu aux affaires un hombre curtido en los negocios; être rompu aux affaires ser diestro ou estar avezado en los negocios ‖ BLAS rompido, da ‖ parler à bâtons rompus hablar sin ton ni son ou sin orden ni concierto.

romsteck; rumsteck [rɔmstɛk] *m* lomo de vaca (boucherie).

Romulus [rɔmylys] *n pr* Rómulo.

ronce [rɔ̃s] *f* zarza, espino *m* ‖ FIG espina, abrojo *m*, escollo *m* (difficulté) ‖ veta redondeada (dans certains bois) ■ ronce artificielle alambre espinoso, espino artificial, alambrada ‖ ronce de noyer veta de nogal.

ronceraie *f* zarzal *m*.

ronceux, euse *adj* zarzoso, sa; lleno de zarzas ‖ de vetas redondeadas (bois).

Roncevaux *n pr* GÉOGR Roncesvalles.

▮ RONCEVAUX
En este valle de los Pirineos fue atacada y vencida por los vascones, el 15 de agosto de 778, la retaguardia de Carlomagno. Este acontecimiento dio lugar a un romance épico del siglo XII, "la Chanson de Roland", en el que se ensalzaba el heroísmo de Roldán, una de las desafortunadas víctimas.

ronchon, onne *adj & s* FAM refunfuñón, ona; gruñón, ona; rezongador, ra.

ronchonnement *m* FAM queja *f*, refunfuño.

ronchonner [3] *v intr* FAM refunfuñar, rezongar, gruñir.

ronchonneur, euse *adj & s* FAM gruñón, ona; rezongón, ona; refunfuñón, ona.

roncier *m*; **roncière** *f* zarzal *m*.

rond, e [rɔ̃, rɔ̃d] *adj* redondo, da; une pomme ronde una manzana redonda ‖ FIG claro, ra; decidido, da; être rond en affaires ser claro en los negocios ‖ importante, grande; gagner une somme assez ronde ganar una cantidad bastante importante ‖ FAM

regordete, ta; rechoncho, cha (gros) ‖ POP trompa; borracho, cha (ivre) ‖ redonda (lettre) ■ compte rond, nombre rond cuenta redonda, número redondo ‖ mille francs tout rond mil francos justos ■ POP être rond comme une barrique estar borracho como una cuba.

➡ **rond** *m* [▷ SYN] redondel, círculo, anillo (cercle) ‖ raja *f*, rodaja *f* (de saucisson) ‖ rosquilla *f* (de fumée) ‖ POP blanca *f*, cuarto, perra *f* (argent) ■ rond de serviette servilletero, aro para la servilleta ■ faire des ronds de jambe hacer zalamerías ‖ POP rester comme deux ronds de flan quedarse con la boca abierta.

➡ **rond** *adv* en rond formando un círculo; s'asseoir en rond sentarse formando un círculo ‖ FAM ne pas tourner rond estar chiflado, no estar bueno de la cabeza ‖ tourner en rond estar dando vueltas ‖ tourner rond marchar bien (moteur, affaires).

▮ SYN circonférence circunferencia; cercle círculo; orbite órbita; cerne cerco.

rondache *f* rodela (bouclier).

rondade *f* carrerilla (prise d'élan).

rond-de-cuir *m* FAM chupatintas, cagatinta.

▮ OBSERV pl ronds-de-cuir.

ronde *f* ronda (inspection) ‖ redondilla, letra redonda (lettre) ‖ MIL ronda; chemin de ronde camino de ronda ‖ MUS semibreve, redonda (note) ‖ corro *m* (danse) ‖ à la ronde a la redonda (alentour), por turno, en corro (chacun son tour).

rondeau *m* letrilla *f*, rondel (poème) ‖ MUS rondó ‖ rulo, rodillo (rouleau).

▮ OBSERV En música es más corriente escribir esta palabra francesa rondo.

ronde-bosse *f* ARTS alto relieve *m*.

▮ OBSERV pl rondes-bosses.

rondel *m* rondel.

rondelet, ette [rɔ̃dlɛ, ɛt] *adj* regordete, ta; rollizo, za; metido en carne ■ bourse rondelette bolsa repleta ‖ somme rondelette buena cantidad, cantidad importante.

rondelette *f* MAR lona, lienzo *m* (toile à voiles) ‖ seda de clase inferior (soie) ‖ lino *m* (lin).

rondelle *f* arandela; rondelle d'arrêt arandela de retención ‖ rodaja (de cuir) ‖ cincel *m* pequeño (de sculpteur) ‖ rodaja (de citron, de saucisson) ‖ rodela (bouclier) ‖ arandela (de lance).

rondement *adv* sin rodeos (franchement) ‖ con decisión (avec détermination) ‖ prontamente, rápidamente (promptement).

rondeur *f* redondez; la rondeur de la Terre la redondez de la Tierra ‖ FIG armonía, elegancia (du style) ‖ franqueza, naturalidad (franchise) ‖ FAM curva (du corps).

rondier *m* BOT palmito, palma *f* de abanico.

rondin *m* leño (bois à brûler) ‖ palo, garrote (gourdin) ‖ TECHN mandril, rodillo (mandril) ‖ rollizo (de toit) ‖ chaquetilla *f* (de garçon de café) ‖ rollizo (de fortification).

rondir [32] *v tr* cortar [pizarras] (les ardoises).

◇ *v intr* redondearse (s'arrondir).

rondo *m* MUS rondó.

rondouillard, e [rɔ̃dujar, ard] *adj* FAM regordete, ta; rollizo, za (gros).

rond-point [rɔ̃pwɛ̃] *m* glorieta *f*, plaza *f* circular, rotonda *f* (place) ‖ encrucijada *f* (carrefour).

■ OBSERV pl ronds-points.

Ronéo® *f* mimeógrafo *m*.

ronéoter; ronéotyper [3] *v tr* mimeografiar.

ronflant, e *adj* sonoro, ra; ruidoso, sa (sonore) ‖ FIG rimbombante, retumbante (style).

ronflement *m* ronquido ‖ ronquido, zumbido (du moteur) ‖ FIG zumbido, rugido.

ronfler [3] *v intr* roncar (respirer bruyamment) ‖ FIG zumbar, resonar ‖ retumbar (le canon).

ronfleur, euse *m & f* roncador, ra.
➤ **ronfleur** *m* TECHN zumbador.

rongeant, e [rɔ̃ʒɑ̃, ɑ̃t] *adj* corrosivo, va (corrosif) ‖ roedor, ra (animal) ‖ FIG atormentador, ra; que carcome.

rongement *m* roedura *f* ‖ FIG remordimiento.

ronger [17] *v tr* [▷ SYN] roer ‖ carcomer; les vers rongent le bois los gusanos carcomen la madera ‖ carcomer, apolillar (les mites) ‖ socavar, minar (miner) ‖ corroer (un métal) ‖ minar, consumir (une maladie) ‖ FIG consumir, atormentar, carcomer (tourmenter) ‖ ronger son frein tascar el freno.
➤ **se ronger** *v pr* FIG atormentarse, devorarse, carcomerse (d'impatience, d'inquiétude) ‖ se ronger les ongles, les poings morderse las uñas, los puños.

■ SYN grignoter roer; corroder corroer.

rongeur, euse *adj & s m* roedor, ra (mammifère) ‖ que corroe (qui corrode) ‖ FIG atormentador, ra; devorador, ra (tourmenteur) ‖ ver rongeur gusanillo de la conciencia (remords), carcoma (cause de ruine).

ronron; ronronnement *m* ronroneo (du chat) ‖ zumbido (d'un moteur) ‖ FIG ruido monótono (bruit).

ronronner [3] *v intr* ronronear.

röntgen; roentgen [rœntgɛn] *m* roentgen (unité de rayonnement).

roque *m* enroque (aux échecs); petit, grand roque enroque corto, largo.

roquefort [rɔkfɔr] *m* roquefort (fromage).

roquentin; rocantin *m* viejo ridículo, viejo verde (vieillard).

roquer [3] *v intr* enrocar (aux échecs).

roquet [rɔkɛ] *m* gozque (chien) ‖ FIG mequetrefe, chisgarabís.

roquette *f* jaramago *m*, oruga (plante) ‖ roqueta (fortification) ‖ MIL cohete *m*; roquette antichar cohete anticarro.

rorqual *m* ZOOL rorcual (baleine).

ros [ro] *m* peine de tejedor.
■ OBSERV Le ros est en espagnol un shako.

rosace *f* rosetón *m*, rosa.

rosacé, e *adj* rosáceo, a.
➤ **rosacée** *f* MÉD acné rosácea ‖ BOT rosácea.

rosage *m* BOT rododendro ‖ TECHN avivamiento (teinture).

rosaire *m* rosario.

rosalbin *m* cacatúa *f* (cacatois).

Rosalie *n pr* Rosalía.

rosaniline *f* CHIM rosanilina.

rosat [roza] *adj inv* rosado, da (miel, pommade).

rosâtre *adj* de color que tira a rosáceo.

rosbif ➤ **roast-beef**.

rose *f* rosa; bouquet de roses ramo de rosas ‖ ARCHIT rosetón *m*, rosa (rosace) ■ rose de chien escaramujo ‖ rose de Jérico rosa de Jericó ‖ rose de Noël eléboro negro ‖ MAR rose des vents rosa de los vientos ou náutica ‖ rose pompon rosa de pitiminí ‖ rose sauvage escaramujo ‖ rose trémière alcea, malva loca, malvarrosa ■ diamant en rose diamante rosa ‖ eau de rose agua de rosa ‖ roman à l'eau de rose novela rosa ■ découvrir le pot aux roses descubrir el pastel ‖ FAM envoyer sur les roses mandar a paseo ou a la porra ‖ être sur des roses vivir en un lecho de rosas ou rodeado de placeres ‖ il n'y a pas de rose sans épines no hay rosa sin espinas, no hay miel sin hiel.
◇ *adj & s m* rosa (couleur); des étoffes roses tejidos rosa; un rose clair un rosa claro ‖ rose bonbon rosa fuerte ‖ tout n'est pas rose dans la vie la vida no es senda de rosas ‖ voir tout en rose verlo todo color de rosa.

■ ROSE ——————
En Francia, la rosa es el emblema del partido socialista, y por ello, el adjetivo "rose" se utiliza a menudo para caracterizar a los simpatizantes socialistas: "ce maire est un peu moins rose que son prédécesseur". Este término hace también referencia a las "messageries roses" y al "Minitel rose", que son líneas de llamadas eróticas disponibles en el "Minitel". "Les villes roses", las ciudades rosas, son las que como Albi, Montauban y Toulouse, están construidas en piedra rosa. "Le carnet rose" es la rúbrica periodística donde se encuentran "bodas y nacimientos".

Rose *n pr* Rosa.

rosé, e *adj* rosado, da.
◇ *adj & s m* clarete, rosado (vin).

roseau *m* BOT caña *f* ‖ FIG persona *f* frágil ou débil ‖ roseau commun caña común, carrizo.

rose-croix *m inv* rosa *f* cruz.

rosée [roze] *f* rocío *m* ■ goutte de rosée gota de rocío ‖ point de rosée punto de condensación ‖ FIG tendre comme la rosée muy tierno.

roselier, ère *adj* que produce cañas.
➤ **roselière** *f* cañaveral *m*, cañal *m*, cañar *m*, cañizar *m*.

Rosemonde *n pr* Rosamunda.

roséole *f* MÉD roséola.

roser [3] *v tr* teñir de rosa, dar color de rosa ‖ sonrosar (le teint).

roseraie [rozrɛ] *f* rosaleda, rosalera.

rosette *f* roseta ‖ lazada (nœud) ‖ botón *m* de condecoración (décoration) ‖ tinta encarnada (encre rouge) ‖ cobre *m* rojo (cuivre) ‖ rodaja (d'éperon).

Rosette *n pr* pierre de Rosette piedra de Rosetta ou Roseta.

roseur *f* lo rosado *m* (de la peau).

rosier *m* rosal ‖ rosier muscat mosqueta.

rosière *f* doncella virtuosa.

rosiériste *m* jardinero que cultiva rosas.

rosir [32] *v intr* sonrosarse, tomar color de rosa.

rossard [rɔsar] *m* POP penco, jamelgo (mauvais cheval) ‖ FAM vago, haragán (mauvais sujet).

rosse *f* matalón *m*, rocín *m*, caballejo *m* ‖ FAM vago, ga; haragán, ana (fainéant) ‖ mala persona; marrajo, ja (méchant).
◇ *adj* FAM malvado, da; malo, la; marrajo, ja ■ chanson rosse canción irónica ou mordaz ‖ un coup rosse una mala pasada, una mala jugada.

rossée *f* FAM paliza, vapuleo *m*, mano *m* de palos.

rosser [3] *v tr* FAM dar una tunda, vapulear, dar una mano de palos.

rosserie *f* FAM mala pasada, faena, mala jugada, jugarreta, perrería (action rosse) ‖ impertinencia, grosería (parole).

rossignol *m* ruiseñor (oiseau) ‖ ganzúa *f* (crochet pour ouvrir les serrures) ‖ mercancía *f* invendible, cosa *f* pasada de moda.

rossinante *f* rocinante *m*, rocín *m*.

rossolis [rɔssoli] *m* rosoli (liqueur) ‖ BOT drósera *f*.

Rostov-sur-le-Don *n pr* GÉOGR Rostov del Don.

rostral, e *adj* rostrado, da; rostral, en forma de espolón de barco; colonne, couronne rostrale columna, corona rostrada.

rostre *m* MAR espolón, rostro (éperon) ‖ boca *f* (insectes, crustacés).
■ OBSERV Le mot espagnol rostro, dans son acception la plus courante, signifie visage.

rot [ro] *m* FAM regüeldo (éructation), flato (de nourrisson).

rôt [ro] *m* asado (rôti).

rotacé, e *adj* BOT rotáceo, a.

rotang [rɔtɑ̃g] *m* rota *f*, roten (plante).

rotarien *m* rotario.

rotateur, trice *adj* rotador, ra; rotatorio, ria.
➤ **rotateur** *m* ZOOL rotífero.

rotatif, ive *adj* rotativo, va.
➤ **rotative** *f* IMPR rotativa.

rotation *f* rotación ‖ rotación, sucesión [de cultivos] (assolement) ‖ rotación, movimiento *m*; rotation des stocks movimiento de existencias.

rotativiste *m* IMPR maquinista de rotativa.

rotatoire *adj* rotatorio, ria.

rote [rɔt] *f* rota (tribunal romain) ‖ cítara (instrument de musique).

roter [3] *v intr* FAM regoldar ‖ eructar (terme poli) ‖ echar flatos (nourrisson).

rôti *m* asado; un rôti de mouton un asado de cordero.

rôtie *f* tostada.

rotifères *m pl* ZOOL rotíferos.

rotin *m* rota *f* (plante) ‖ bastón de caña, bejuco (canne) ‖ POP blanca *f*, gorda *f* (sou) ‖ meubles en rotin muebles de mimbre.

rôtir [32] *v tr* asar.
◇ *v intr & pr* asarse (viande) ‖ tostarse (personne au soleil).

■ SYN griller tostar, asar; brûler quemar.

rôtissage *m* asado.

rôtisserie *f* establecimiento *m* donde se sirven asados.

rôtisseur, euse *m* & *f* dueño de un establecimiento de asados ▌persona que asa.

rôtissoire *f* asador *m* (appareil), horno *m* de asados (four).

rotogravure *f* rotograbado *m*, heliograbado *m* tramado.

rotonde *f* rotonda ▌depósito *m* de locomotoras, rotonda.

rotondité *f* redondez ▌FAM obesidad, gordura.

rotor *m* MÉCAN rotor; **rotor entraîneur** rotor conductor ▌AVIAT rotor (d'hélicoptère).

Rotterdam *n pr* GÉOGR Rotterdam.

rotule *f* ANAT & MÉCAN rótula.

rotulien, enne *adj* rotular; rotuliano, na.

roture *f* estado *m* llano, plebe.

roturier, ère *adj* & *s* plebeyo, ya ▌pechero, ra (au Moyen Âge).

rouable *m* rastro, rastrillo sin dientes (râteau) ▌hurgón de panadero (de boulanger).

rouage *m* rueda *f* ▌FIG mecanismo, engranaje; **le rouage administratif** el mecanismo administrativo.

➡ **rouages** *m pl* rodaje *sing*, conjunto *sing* ou juego *sing* de ruedas.

rouan, anne *adj* & *s m* ruano, na; roano, na (cheval).

rouanne *f* gubia (outil à bois) ▌barrena, taladro *m* (grosse vrille).

roublard, e *adj* & *s* FAM tunante; astuto, ta (rusé).

roublarder [3] *v intr* FAM usar de astucias, ser marrullero.

roublardise *f* FAM tunantería, picardía, marrullería, astucia.

rouble *m* rublo (monnaie russe).

roucoulade ➡ **roucoulement**.

roucoulant, e *adj* arrullador, ra.

roucoulement *m*; **roucoulade** *f* arrullo.

roucouler [3] *v intr* arrullar ▌FIG arrullar, hacer caritas ou arrumacos (deux amoureux) ▌cantar melancólicamente, hacer gorgoritos.

roue [ru] *f* rueda; *véhicule à deux roues* vehículo de dos ruedas ▌rueda (supplice) ▌MAR aduja (d'un câble) ■ **roue à aubes** rueda de paletas ou de álabes ▌**roue à rochet** rueda de trinquete ▌**roue arrière** rueda trasera ▌**roue à sabots** noria (élévation d'eau) ▌**roue d'échappement** rueda catalina (montre) ▌**roue de fromage** pan de queso ▌**roue dentée** rueda dentada ▌**roue de secours** ou de rechange rueda de repuesto ou de recambio (auto) ▌**roue libre** rueda libre ■ FAM **la cinquième roue du carrosse** el último mono, el último mico ▌**la grande roue** la noria (fête foraine) ▌FIG **la roue de la fortune** la rueda de la fortuna ▌**faire la roue** hacer la rueda (le paon), pavonearse (se pavaner) ▌**mettre des bâtons dans les roues** poner trabas, estorbar, entorpecer ▌FIG **pousser à la roue** ayudar, echar una mano, empujar el carro.

roué, e *adj* molido, da; apaleado, da (battu) ▌vivales; lagartón, ona; taimado, da (rusé).

◇ *m* & *f* enrodado, da, que ha sufrido el tormento de la rueda ▌vivales; lagartón, ona; taimado, maulero, ra (rusé) ▌persona *f* sin principios.

➡ **roué** *m* HIST elegante, libertino [del tiempo de la Regencia en Francia].

rouelle *f* rueda, rodaja.

Rouen *n pr* GÉOGR Ruán.

rouennais, e [rwanɛ, ɛz] *adj* ruanés, esa; de Ruán.

Rouennais, e [rwanɛ, ɛz] *m* & *f* ruanés, esa.

rouennerie [rwanri] *f* ruán *m* (étoffe).

rouennier [rwanje] *m* vendedor de telas de ruán.

rouer [6] *v tr* enrodar, atormentar en la rueda ▌**rouer de coups** apalear, moler a palos, vapulear.

◇ *v intr* hacer la rueda (un oiseau).

rouerie [ruri] *f* astucia, pillería, marrullería.

rouet [ruɛ] *m* torno (machine à filer) ▌rueda *f* (d'arquebuse) ▌TECHN roldana *f* (d'une poulie) ▌rodete (de serrure).

rouf [ruf] *m* MAR carroza *f*, camareta *f* alta.

rouflaquette *f* garceta, patilla.

rouge *adj* [▷ SYN] rojo, ja; encarnado, da; colorado, da ▌candente; **fer rouge** hierro candente ■ **viande rouge** carne roja ▌**être rouge comme une écrevisse** ou comme un coq ou comme une pivoine ou comme une tomate estar más rojo que un cangrejo (par le soleil), estar ou ponerse más colorado que un tomate (de honte) ▌**être sur la liste rouge** no figurar en la guía telefónica.

◇ *adj* & *s m* tinto (vin) ▌FAM rojo (communiste).

◇ *m* rojo, encarnado, colorado ▌rubor, colores *pl* ▌carmín, rojo de labios (fard) ▌tinto (vin) ▌mingo (au billard) ■ **rouge blanc** rojo blanco ▌**rouge cerise** rojo cereza ▌**rouge feu** rojo candente, color de fuego ▌**rouge vif** rojo vivo ■ FAM **petit rouge** tintorro ▌**tube de rouge à lèvres** rojo de labios ■ **chauffer au rouge** poner al rojo ▌**devenir rouge** ponerse colorado, subirse los colores a la cara, ruborizarse ▌**le feu est au rouge** el disco está en rojo ▌**le rouge lui monte au visage** se le suben los colores a la cara, se le sube el pavo ▌**passer au rouge** ponerse rojo (signal) ▌**porter au rouge** poner al rojo (métal) ▌**se mettre du rouge** pintarse los labios.

◇ *adv* **se fâcher tout rouge** ponerse furioso, ponerse rojo de ira, echar chiribitas, echar rayos y centellas ▌**voir rouge** ponerse furioso.

│ OBSERV En espagnol **rojo** est le terme général (la Croix-Rouge la Cruz Roja); **encarnado** et **colorado** font plutôt partie du langage familier (un œillet rouge un clavel encarnado; rouge de honte colorado de vergüenza).

│ SYN **incarnat** encarnado; **vermeil** bermejo; **écarlate** escarlata; **vermillon** bermellón; **pourpre** púrpura; **cramoisi** carmesí; **rubicond** rubicundo; FAM **rougeaud** coloradote.

Rouge *n pr* GÉOGR **la mer Rouge** el mar Rojo.

rougeâtre [ruʒatr] *adj* rojizo, za.

rougeaud, e [ruʒo, od] *adj* & *s* FAM coloradote, ta.

rouge-gorge *m* petirrojo (oiseau).

│ OBSERV pl rouges-gorges.

rougeoiement [ruʒwamɑ̃] *m* resplandor ou reflejo rojo.

rougeole [ruʒɔl] *f* MÉD sarampión *m* ▌BOT melampiro *m* silvestre.

rougeoleux, euse *adj* & *s* que tiene sarampión.

rougeoyer [13] [ruʒwaje] *v intr* enrojecer.

rouge-queue *m* colirrojo (oiseau).

│ OBSERV pl rouges-queues.

rouget [ruʒɛ] *m* salmonete (poisson) ▌VÉTÉR **rouget du porc** mal rojo, erisipela porcina ▌**rouget grondin** rubio (poisson).

rougeur *f* color *m* rojo; **la rougeur des lèvres** el color rojo de los labios ▌FIG rubor *m* (d'émotion ou de honte).

➡ **rougeurs** *f pl* manchas rojas (sur la peau).

rougir [32] *v tr* enrojecer, poner rojo ▌poner al rojo (le fer).

◇ *v intr* enrojecer, ponerse rojo ▌FIG ruborizarse, sonrojarse, ponerse colorado ▌ponerse al rojo (fer) ■ **eau rougie** agua con un poco de vino tinto ▌**faire rougir** ruborizar ▌**rougir jusqu'à la racine des cheveux** ponerse como un pavo, subírsele a uno el pavo.

rougissant, e *adj* enrojecido, da ▌FIG sonrojado, da; ruborizado, da (d'émotion).

rougissement *m* enrojecimiento.

rouille [ruj] *f* herrumbre, orín *m*, moho *m* ▌BOT roya; **rouille brune du blé** roya parda del trigo.

rouillé, e [ruje] *adj* herrumbroso, sa; mohoso, sa; enmohecido, da ▌BOT dañado de roya.

rouiller [3] [ruje] *v tr* enmohecer, poner mohoso, oxidar ▌FIG embotar, entorpecer (l'esprit) ▌AGRIC producir la roya, el tizón (sur les céréales).

◇ *v intr* & *pr* enmohecerse, ponerse mohoso, oxidarse.

rouillure [rujyr] *f* enmohecimiento *m*, oxidación.

rouir [32] *v tr* enriar (le lin, le chanvre).

rouissage [rwisaʒ] *m* enriamiento.

rouissoir [rwiswar] *m* alberca *f*, poza *f* [para enriar].

roulade *f* voltereta (galipette) ▌CULIN filete *m* relleno ▌MUS trino *m*, gorgorito *m*.

roulage *m* rodaje, rodadura *f* ▌apisonamiento (avec un rouleau) ▌acarreo (transport) ▌agencia *f* de transportes (entreprise) ▌AGRIC rulado ▌AVIAT **piste de roulage** pista de despegue.

roulant, e *adj* que rueda bien (qui roule bien) ▌carretero (chemin) ▌POP para partirse de risa; **une histoire roulante** un chiste para partirse de risa ■ **cuisine roulante, roulante** cocina móvil de campaña ▌**escalier roulant** escalera mecánica ▌**fauteuil roulant** cochecito de inválidos, sillón de ruedas (des invalides) ▌**feu roulant** fuego graneado ▌**matériel roulant** material móvil (chemin de fer) ▌**personnel roulant** personal empleado en transportes públicos.

roule *m* rodillo (de tailleur de pierres).

roulé, e *adj* vuelto, ta (col) ▌LING vibrante ▌**bien roulé** *loc* FAM bien plantado.

➡ **roulé** *m* CULIN ≃ brazo de gitano.

rouleau *m* rodillo (cylindre de bois, etc.) ▌rollo (de papier) ▌paquete cilíndrico, cartucho (de pièces de monnaie) ▌rodillo (encreur, à pâtisserie, etc.) ▌rulo (coiffure) ■ **rouleau compresseur** apisonadora ▌**rouleau de pellicule** rollo de película ‖ CULIN rouleau de printemps rollo de primavera ‖ FIG & FAM être au bout du rouleau no saber ya qué decir, acabársele a uno la cuerda (se taire), no poder más (être épuisé), estar en las últimas (près de mourir).

rouleauté, e ⮞ **roulotté.**

roulé-boulé *m* voltereta *f* [acción de hacerse un ovillo para amortiguar una caída].

▨ OBSERV pl roulés-boulés.

roulement *m* rodadura *f* (mouvement de ce qui roule) ‖ circulación *f* ‖ MUS gorjeo, trino ‖ redoble (du tambour) ‖ fragor (du tonnerre) ‖ FIG turno, relevo ▪ fonds de roulement fondo de operaciones ‖ roulement à billes rodamiento *ou* cojinete de bolas ‖ service par roulement servicio por turno *ou* rotación.

rouler [3] *v tr* hacer rodar, rodar; rouler un tonneau hacer rodar un tonel ‖ mover, desplazar (un fauteuil) ‖ enrollar (un tissu, du papier) ‖ envolver; roulé dans une couverture envuelto en una manta ‖ pasar el rodillo por; rouler la pâte pasar el rodillo por la pasta ‖ apisonar (passer le rouleau compresseur) ‖ FAM timar, dársela, pegársela (tromper); rouler quelqu'un timar a uno ‖ arrastrar; la rivière roule des cailloux el río arrastra piedras ‖ FIG tener en la cabeza (dans l'esprit) ▪ rouler les épaules, les hanches contonear los hombros, las caderas ‖ rouler les « r » pronunciar fuerte las erres ‖ rouler les yeux hacer juegos de ojos ‖ rouler sa bosse rodar por el mundo, correr mundo ‖ rouler une cigarette liar un cigarrillo.
◇ *v intr* rodar ‖ rodar, marchar, avanzar; l'automobile roule bien el automóvil rueda bien ‖ FIG correr, rodar; ce jeune homme a beaucoup roulé este muchacho ha corrido mucho ‖ caerse rodando; l'enfant a roulé du haut de l'escalier el niño se ha caído rodando desde lo alto de la escalera ‖ dar vueltas; mille projets roulaient dans sa tête mil proyectos daban vueltas en su cabeza ‖ circular; l'argent roule beaucoup en Amérique el dinero circula mucho en América ‖ girar, tratar de; la conversation a roulé sur la politique la conversación ha girado sobre la política ‖ turnarse (se relayer) ‖ IMPR marchar, funcionar (une rotative) ‖ MAR balancearse ▪ FAM ça roule todo marcha bien, la cosa va pitando ‖ rouler sur l'or apalear los millones, estar forrado ‖ tout roule là-dessus todo gira sobre eso.
⮞ **se rouler** *v pr* revolverse ‖ revolcarse; se rouler sur le gazon, par terre revolcarse sobre el césped, en el suelo ‖ FIG & FAM se rouler par terre tirarse al suelo de risa.

roulette *f* ruedecilla (petite roue) ‖ ruleta, rodillo *m* trazador (de tailleur) ‖ ruleta (jeu) ‖ torno *m*, fresa (du dentiste) ▪ la roulette russe la ruleta rusa ‖ patins à roulettes patines de ruedas ▪ FIG aller comme sur des roulettes ir como sobre ruedas, ir como una seda.

rouleur, euse *m & f* FAM obrero, ra que cambia a menudo de taller.
⮞ **rouleur** *m* llanista, corredor de llano (cycliste).
⮞ **rouleuse** *f* FAM zorra (femme publique) ‖ máquina de liar cigarrillos.

roulier *m* HIST carretero (voiturier).

roulis [ʁuli] *m* balanceo, balance (d'un bateau, d'un avion) ‖ MAR quille de roulis quilla de balance.

roulotte *f* carromato *m*, carro *m* de feriante (des forains) ‖ remolque *m* habitable, caravana (de tourisme).

roulotté, e; rouleauté, e *adj* enrollado, da (couture).
⮞ **roulotté** *m* dobladillo (couture).

roulotter [3] *v tr* hacer un dobladillo (ourler).

roulure *f* BOT acebolladura ‖ FIG & POP suripanta, mujer de la vida (prostituée).

roumain, e *adj* rumano, na.
⮞ **roumain** *m* LING rumano.

Roumain, e *m & f* rumano, na.

Roumanie *n pr f* GÉOGR la Roumanie Rumania, Rumanía.

Roumélie *n pr f* GÉOGR la Roumélie Rumelia.

roumi *adj* rumí (nom que les musulmans donnent aux chrétiens).

round [ʁund] *ou* [ʁawnd] *m* asalto, "round" (boxe); combat en 15 rounds combate en 15 asaltos.

roupie *f* FAM velas *f pl* (humeur du nez) ‖ rupia (monnaie de l'Inde).

roupiller [3] [ʁupije] *v intr* POP dormir, echar un sueño.

roupilleur, euse [ʁupijœʁ, øz] *adj & s* POP dormilón, ona.

roupillon [ʁupijɔ̃] *m* POP sueño (sommeil) ‖ POP piquer un roupillon echar una cabezada.

rouquin, e *adj & s* POP pelirrojo, ja.
⮞ **rouquin** *m* POP tintorro, morapio (vin rouge).

rouscaille [ʁuskaj] *f* FAM reclamación.

rouscailler [3] [ʁuskaje] *v intr* FAM protestar, rajar.

rouscailleur, euse [ʁuskajœʁ, øz] *m & f* protestón, ona; quejica.

rouspétance *f* FAM protesta, gruñonería.

rouspéter [18] *v intr* FAM protestar, rajar, gruñir, refunfuñar ‖ sans rouspéter sin chistar.

rouspéteur, euse *adj & s* FAM protestón, ona; gruñón, ona.

roussâtre *adj* rojizo, za.

rousse *f* POP la policía, la poli.

rousseau *m* (vx) pelirrojo ‖ besugo (dorade).

rousselet [ʁuslɛ] *m* cermeña *f* (poire).

rousserolle *f* curruca (oiseau).

roussette *f* lija (squale) ‖ panique *m* (grande chauve-souris).

rousseur *f* color *m* rojo, rubicundez ‖ tache de rousseur peca.

roussi, e *adj* tostado, da; quemado, da; chamuscado, da.
⮞ **roussi** *m* olor a quemado, chamuscina *f* ‖ FIG sentir le roussi oler a chamusquina.

roussiller [3] [ʁusije] *v tr* chamuscar.

Roussillon [ʁusijɔ̃] *n pr m* GÉOGR le Roussillon Rosellón.

roussin *m* rocín ‖ POP policía, poli ‖ un roussin d'Arcadie un asno.

roussir [32] *v tr* enrojecer (rendre roux) ‖ chamuscar, quemar (brûler légèrement) ‖ CULIN hacer dorar, dar una vuelta (dans un corps gras).
◇ *v intr* enrojecer (devenir roux) ‖ chamuscarse, quemarse ligeramente.

roussissement *m*; **roussissure** *f* chamusquina *f*, quemadura *f* ‖ CULIN dorado *m*.

routage *m* envío, expedición *f*, transporte.

routailler [3] [rutaje] *v tr* asenderear (le gibier).

routard, e *m & f* FAM mochilero *m*.

route *f* carretera (voie carrossable) ‖ ruta, vía (voie de communication) ‖ FIG camino *m*, senda, vía; suivre la bonne route seguir el buen camino ‖ curso *m*, recorrido *m*; la route du Soleil el curso del Sol ‖ MAR derrota, rumbo *m* ‖ MIL itinerario *m* ▪ route aérienne, maritime vía aérea, marítima ‖ route à grande circulation carretera general, de primer orden ‖ route départementale, nationale carretera secundaria *ou* comarcal, nacional ‖ route glissante firme resbaladizo ‖ (ancien) route royale camino real ‖ route stratégique pista militar ▪ code de la route código de circulación ‖ feuille de route hoja de ruta ‖ grandroute carretera general ▪ bonne route! ¡buen viaje! ‖ MIL en colonne de route en columna de viaje ‖ en cours de route en el camino ‖ en route! ¡en marcha! ‖ FAM en route, mauvaise troupe! ¡adelante! ▪ barrer la route à quelqu'un cortar el paso *ou* interceptar el camino a uno ‖ faire de la route conducir por carretera ‖ faire fausse route ir descaminado, errar el camino, equivocarse ‖ faire route avec quelqu'un ir acompañado por ‖ faire route vers ir en dirección a, seguir el camino hacia ‖ laisser en route dejar en el camino ‖ se mettre en route ponerse en marcha.

router [3] *v tr* expedir (la correspondance) ‖ cursar (un document).

routeur *m* INFORM router, enrutador.

routier, ère *adj* de camino, de carreteras; carte routière mapa de carreteras ▪ gare routière estación de autobuses *ou* de autocares ‖ relais routier albergue de carretera.
⮞ **routier** *m* corredor de carretera (cycliste) ‖ guía (scout) ‖ camionero, conductor de camiones ‖ MAR portulano, atlas marítimo ‖ FAM vieux routier perro viejo, hombre de mucha experiencia ‖ HIST salteadores de caminos, forajidos.
⮞ **routière** *f* automóvil *m* para carretera.

routine *f* rutina; s'affranchir de la routine apartarse de la rutina.

routinier, ère *adj* rutinario, ria; rutinero, ra.

routoir *m* bolsa *f*, poza *f* (pour rouir le chanvre).

rouverin; rouverain *adj m* quebradizo.

rouvieux *m* VÉTÉR sarna *f* perruna, sarna *f* caballar.
◇ *adj m & s m* sarnoso (cheval).

rouvraie [ʁuvʁɛ] *f* robledal *m*.

rouvre *m* roble.

rouvrir [34] *v tr & intr* volver a abrir.
⮞ **se rouvrir** *v pr* volverse a abrir.

roux, rousse [ru, rus] *adj* rojizo, za ▌ pelirrojo, ja; **une femme rousse** una mujer pelirroja ▌ **lune rousse** luna de abril. ◇ *m & f* pelirrojo, ja; **une rousse** una pelirroja.
➤ **roux** *m* color rojizo ▌ CULIN salsa *f* rubia.

royal, e [rwajal] *adj* real; **famille royale** familia real ▌ FIG regio, gia; **un luxe royal** un lujo regio ■ **aigle royal** águila real ▌ **prince royal** príncipe heredero.
▌ OBSERV Real en español a tiene el sens de réel.

royale *f* perilla (barbe).

royalement *adv* regiamente, como a un rey ▌ FAM **s'en moquer royalement** importarle a uno un comino, traer sin cuidado.

royalisme *m* monarquismo, realismo.

royaliste *adj & s* monárquico; ca; realista ▌ **être plus royaliste que le roi** ser más papista que el papa.
▌ SYN monarchiste monárquico; légitimiste legitimista.

royalties [rwajaltiz] *f pl* regalías, royalties *m pl*.

royaume [rwajom] *m* reino ■ **le royaume des cieux** el reino de los cielos ▌ **le royaume des morts, le sombre royaume** los infiernos ▌ **pas pour un royaume** por nada en el mundo, por todo el oro del mundo ■ **au royaume des aveugles les borgnes sont rois** en el país de los ciegos ou en tierra de ciegos el tuerto es rey.

Royaume-Uni *n pr m* GÉOGR **le Royaume-Uni** el Reino Unido [de Gran Bretaña e Irlanda].

royauté [rwajote] *f* realeza, dignidad real ▌ monarquía; **les erreurs de la royauté** los errores de la monarquía.

RP *f pl* (abr de **relations publiques**) RP. ◇ *f* (abr de **recette principale**) central (poste), Delegación de Hacienda (impôts) ▌ (abr de **région parisienne**) región parisina. ◇ (abr écrite de **Révérend Père**) Rvdo.

RPR (abr de **Rassemblement pour la République**) *m* partido político francés de derechas.
▌ LE RPR
El partido de derechas, fundado por Jacques Chirac, se inspira en las ideas políticas del general de Gaulle.

RSFSR (abr de **République socialiste fédérative soviétique de Russie**) *n pr f* HIST **(la) RSFSR** la RSFSR.

RSVP (abr écrite de **répondez s'il vous plaît**) SRC.

RTB (abr de **Radio-télévision belge**) *f* radiotelevisión belga.

rte (abr écrite de **route**) ctra.

RTL *f* (abr de **Radio-télévision Luxembourg**) radiotelevisión de Luxemburgo ▌ (abr de **résistance transistor logique**) RTL.

RTVE (abr de **Radio-télévision espagnole**) *f* RTVE.

ru *m* arroyuelo.

RU (abr de **restaurant universitaire**) *m* comedor universitario.

ruade *f* coz; **lancer une ruade** dar una coz ▌ FIG embestida, embate *m*.

Ruanda ➤ **Rwanda**.

ruban *m* cinta *f*; **ruban adhésif** cinta adhesiva ▌ condecoración *f* (décoration) ▌ ARCHIT cinta *f* (ornement) ▌ **ruban carbone** cinta de carbono ▌ **ruban encreur** cinta de máquina ▌ **ruban magnétique** cinta magnetofónica ▌ INFORM **ruban perforé** cinta perforada ■ **mètre à ruban** cinta métrica ■ **porter le ruban rouge** pertenecer a la Legión de Honor.
➤ **rubans** *m pl* CULIN cintas *f*, tallarines.

rubané, e *adj* encintado, da ▌**canon rubané** cañón fabricado con hierro retorcido.

rubaner [3] *v tr* encintar ▌ dar la forma de una cinta (aplatir en ruban).

rubanerie *f* cintería.

rubaneur, euse *adj* encintador, ra.

rubanier, ère *adj* cintero, ra.
➤ **rubanier** *m* BOT platanaria *f*.

rubéfaction *f* MÉD rubefacción.

rubéfiant, e *adj & s m* MÉD rubefaciente.

rubéfier [9] *v tr* rubificar.

rubellite *f* MIN turmalina roja.

rubéole *f* MÉD rubéola.

rubéoleux, euse; rubéolique *adj & s* que tiene la rubéola.

rubescent, e *adj* rubescente.

rubiacées *f pl* BOT rubiáceas.

rubican *adj m & s m* rubicán (cheval).

rubicelle *f* rubicela, rubí *m* claro.

Rubicon *n pr m* GÉOGR Rubicón; **franchir le Rubicon** pasar el Rubicón.

rubicond, e [rybikɔ̃, ɔ̃d] *adj* rubicundo, da.

rubidium [rybidjɔm] *m* rubidio (métal).

rubiette *f* pelirrojo *m* (oiseau).

rubigineux, euse *adj* herrumbroso, sa; mohoso, sa.

rubis [rybi] *m* rubí (pierre) ■ **rubis balais** rubí balaje ▌ **rubis spinelle** espinela ■ FIG **faire rubis sur l'ongle** apurar un vaso de vino ▌ **payer rubis sur l'ongle** pagar a toca teja ou hasta el último céntimo.

rubrique *f* rúbrica (titre) ▌ sección, rúbrica (dans un journal) ▌ **rubrique des chiens écrasés** sucesos, noticias diversas.

rubriquer [3] *v tr* adornar con rúbricas.

ruche *f* colmena (d'abeilles) ▌ nasa (pêche) ▌ encañonado *m* de tul ou encaje ▌ FIG enjambre *m*, hormiguero *m* (grande agglomération).

ruché *m* banda *f* de encaje ou tul.

ruchée *f* enjambre *m* (essaim) ▌ panal *m* de miel.

rucher *m* colmenar (endroit) ▌ conjunto de colmenas (ensemble).

rucher [3] *v tr* encañonar, plisar ▌ poner una banda de encaje ou tul.

rude *adj* áspero, ra; basto, ta; **peau rude** piel áspera ▌ áspero, ra; desigual (raboteux); **chemin rude** camino desigual ▌ bronco, ca; **voix rude** voz bronca ▌ rudo, da; duro, ra; penoso, sa; fatigoso, sa (pénible); **être mis à rude épreuve** estar sometido a ruda prueba ▌ duro, ra; riguroso, sa; **un caractère rude** un carácter riguroso ▌ duro, ra; riguroso, sa; crudo, da; **un hiver rude** un invierno riguroso ▌ áspero, ra; **un vin rude** un vino áspero

▌ temible (redoutable); **rude adversaire** adversario temible ▌ FAM **un rude gaillard** un mozo con toda la barba.

rudement *adv* bruscamente, duramente, rudamente ▌ FAM un rato, muy; mucho, cha; **c'est rudement bon** es un rato bueno.

rudenté, e *adj* ARCHIT adornado con molduras.

rudenter [3] *v tr* ARCHIT adornar con molduras.

rudenture *f* ARCHIT junquillo *m*, moldura (moulure).

rudéral, e *adj* BOT que crece entre los escombros.

rudération *f* empedrado *m*.

rudesse *f* aspereza, dureza, tosquedad ▌ rudeza (dureté) ▌ rigor *m* (du climat) ▌ **traiter quelqu'un avec rudesse** tratar duramente a uno.

rudiment *m* rudimento.

rudimentaire *adj* rudimentario, ria.

rudoiement [rydwamɑ̃] *m* maltrato, maltratamiento.

rudoyer [13] [rydwaje] *v tr* maltratar, tratar duramente.

rue *f* [▷ SYN] calle ▌ THÉÂTR bastidores *m pl* ▌ ruda (plante) ■ **à tous les coins de rue** a la vuelta de la esquina ▌**grand-rue** calle mayor ▌ **homme de la rue** hombre de la calle ▌ **les rues en sont pavées** hay por todas partes ■ **ça court les rues** hasta los tontos lo saben, es archisabido (connu), es corriente, se encuentra a la vuelta de la esquina (courant) ▌ **être à la rue** estar en la calle ▌ **descendre dans la rue** echarse a la calle.
▌ SYN **avenue** avenida; **boulevard** bulevar; **boulevard extérieur** camino de circunvalación ou de ronda; **voie publique** vía pública; **chemin** camino; **artère** arteria; **ruelle** callejuela, callejón; **passage** pasaje; **impasse, cul-de-sac** callejón sin salida.
▌ RUE
Se suele emplear el nombre de ciertas calles de París para referirse a los organismos e instituciones situados allí: "la rue de Grenelle", por el Ministerio de Educación; "la rue de Valois", por el Ministerio de Cultura; "la rue de Solferino", por la sede del partido socialista; "la rue d'Ulm", por la École Normale Supérieure; y "la rue de Varenne", por la residencia del Primer ministro.

ruée *f* riada, oleada, avalancha; **la ruée des touristes vers l'Espagne** la riada de turistas hacia España ▌embestida, acometida.

ruelle *f* callejuela, callejón *m* ▌ espacio *m* entre la cama y la pared (de lit) ▌(vx) alcoba.

ruer [7] *v intr* cocear, dar coces (le cheval) ▌FAM **ruer dans les brancards** tirar coces a.
➤ **se ruer** *v pr* arrojarse, abalanzarse, precipitarse.

rueur, euse *adj & s* coceador, ra.

ruffian; rufian; rufien *m* rufián.

Rufin *n pr* Rufino.

rugby *m* rugby ▌ **rugby à treize, à quinze** rugby a trece, a quince.

rugbyman [rygbiman] *m* jugador de rugby.
▌ OBSERV pl rugbymen.

rugine *f* MÉD legra, raspador *m*.

ruginer [3] *v tr* MÉD legrar, raspar.

rugir [32] *v intr* rugir (le lion, le tigre) ‖ himplar, rugir (la panthère, l'once) ‖ FIG rugir, bramar (de colère).
◇ *v tr* proferir; **rugir des menaces** proferir amenazas.

rugissant, e *adj* rugiente, que ruge.

rugissement *m* rugido ‖ FIG bramido.

rugosité *f* rugosidad, aspereza.

rugueux, euse [rygø, øz] *adj* [▷ SYN] rugoso, sa.
➤ **rugueux** *m* rascador (d'un artifice).
▪ SYN raboteux rasposo; rêche áspero.

Ruhr *n pr f* GÉOGR la Ruhr el Ruhr.

ruiler [3] *v tr* repellar con yeso.

ruine *f* ruina ▪ **en ruine** ruinoso ‖ **être, tomber en ruine** estar, caer en ruinas.
▪ SYN décombres escombros; débris restos; plâtras, gravats, gravois cascotes; vestiges vestigios.

ruiné, e *adj* arruinado, da.

ruiner [3] *v tr* arrasar, asolar; **la grêle a ruiné les vignes** el granizo ha asolado las viñas ‖ FIG arruinar, echar a perder; **la débauche a ruiné sa santé** los excesos han arruinado su salud ‖ echar por tierra, anular, invalidar (infirmer); **objection qui ruine un raisonnement** objeción que echa por tierra un razonamiento.
➤ **se ruiner** *v pr* arruinarse.

ruineux, euse *adj* ruinoso, sa.

ruisseau *m* arroyo ‖ lecho, cauce de un arroyo (lit) ‖ arroyo, cuneta *f* (dans une rue) ‖ FIG río (de larmes) ▪ **tirer du ruisseau** sacar del arroyo ‖ **traîner dans le ruisseau** ser muy corriente ou vulgar (être commun), poner por los suelos ou de vuelta y media ou como los trapos (avilir).

ruisselant, e *adj* chorreando, que chorrea ‖ FIG rutilante, brillante; **ruisselant de pierreries** rutilante de pedrerías ‖ **ruisselant de sueur** chorreando sudor, sudando la gota gorda.

ruisseler [24] *v intr* chorrear ‖ FIG brillar.

ruisselet [rɥislɛ] *m* arroyuelo, regato.

ruissellement [rɥisɛlmɑ̃] *m* chorreo, chorro ‖ brillo, resplandor, destellos *pl* (de lumière) ‖ arroyada *f* (écoulement des eaux).

rumb [rɔ̃b] *m* MAR rumbo (rhumb).

rumba *f* rumba (danse) ‖ **danser la rumba** bailar la rumba, rumbearse.

rumen *m* panza *f*.

rumeur *f* rumor *m* ‖ **rumeur publique** vox populi, rumor general.

rumex *m* BOT rúmex, romaza *f*.

ruminant, e *adj* & *s m* rumiante.

rumination *f*; **ruminement** *m* rumia *f*.

ruminer [3] *v tr* rumiar ‖ FIG rumiar, dar vueltas a un asunto.

rumsteck [rɔmstɛk] ➤ **romsteck**.

runes *f pl* runas (écriture).

runique *adj* rúnico, ca.

ruolz [rɥɔls] *m* ruolz, metal blanco.

Rupert [rypɛr] *n pr* Ruperto.

rupestre *adj* rupestre.

RUPI (abr écrite de **roupie indienne**) *f* RUPI.

rupicole *m* gallo de roca (oiseau).

rupin, e *adj* & *s* POP ricachón, ona; pudiente.
◇ *adj* POP elegantón, ona.

RUPP (abr écrite de **roupie du Pakistan**) *f* RUPP.

rupteur *m* ÉLECTR ruptor, interruptor.

rupture *f* rotura (d'un câble, d'une poutre) ‖ quebrantamiento *m* (du jeûne) ‖ ruptura (d'un contrat, des hostilités, des relations diplomatiques) ‖ rotura, fractura (d'un os) ▪ **rupture de ban** quebrantamiento de destierro ‖ COMM **rupture de stock** agotamiento de existencias ▪ ÉLECTR **courant de rupture** corriente de ruptura ‖ MIL **projectile de rupture** proyectil perforante.

rural, e *adj* rural, del campo, agrícola; **les problèmes ruraux** los problemas rurales.
➤ **ruraux** *m pl* campesinos, aldeanos.

ruse *f* astucia, ardid *m*, artimaña, añagaza; **user de ruse** valerse de astucias.
▪ SYN artifice artificio; finesse ardid, triquiñuela; stratagème estratagema; astuce astucia; perfidie perfidia; machiavélisme maquiavelismo; finasserie trapacería; rouerie astucia, pillería; POP roublardise marrullería, picardía.

rusé, e *adj* & *s* astuto, ta; artero, ra.

ruser [3] *v intr* usar de ardides, obrar con astucia.

rush [rœʃ] *m* esfuerzo final, "sprint" (dans une course) ‖ riada *f*, oleada *f*, avalancha *f* (ruée).
▪ OBSERV pl rushs ou rushes.

russe *adj* ruso, sa.
◇ *m* LING ruso.

Russe *m* & *f* ruso, sa.

Russie *n pr f* GÉOGR la Russie Rusia.

russification *f* rusificación.

russifier [9] *v tr* rusificar.

russophile *adj* & *s* rusófilo, la.

russule *f* rúsula (champignon).

rustaud, e [rysto, od] *adj* & *s* rústico, ca; patán; tosco, ca; palurdo, da.

rustauderie *f* rusticidad, grosería, patanería.

rusticage *m* CONSTR mezcla *f* muy clara.

rusticité *f* rusticidad.

Rustine® *f* parche *m* (de caoutchouc).

rustique *adj* rústico, ca.
◇ *m* escoda *f* (marteau de tailleur de pierre).

rustiquer [3] *v tr* escodar, tallar rústicamente (tailler) ‖ revocar una pared en estilo rústico (crépir).

rustre *adj* grosero, ra (grossier) ‖ zafio, fia; basto, ta (sans éducation).
◇ *m* patán.

rustrerie *f* grosería, zafiedad.

rut [ryt] *m* celo (des animaux); **être en rut** estar en celo.

rutabaga *m* colinabo, nabo sueco.

rutacées *f pl* BOT rutáceas.

Ruth [ryt] *n pr* Rut.

ruthène *adj* & *s* ruteno, na.

Ruthénie subcarpatique *n pr f* GÉOGR Rutenia subcarpática.

ruthénium [rytenjɔm] *m* rutenio (métal).

rutilance *f*; **rutilement** *m* brillo *m*, aspecto *m* rutilante.

rutilant, e *adj* rutilante.

rutile *m* MIN rutilo, crispita *f*.

rutilement ➤ **rutilance**.

rutiler [3] *v intr* rutilar ‖ FIG resplandecer, brillar.

RV (abr écrite de **rendez-vous**) cita.

Rwanda; Ruanda *n pr m* GÉOGR le Rwanda Ruanda, Rwanda.

rythme *m* ritmo; **au rythme de 10 par jour** a un ritmo de 10 al día.
▪ SYN mesure compás; cadence cadencia.

rythmé, e *adj* rítmico, ca; cadencioso, sa.

rythmer [3] *v tr* ritmar, dar ritmo, hacer rítmico.

rythmique *adj* & *s f* rítmico, ca.

S

s; S *m s f.*

▌ **OBSERV** La s francesa se pronuncia como la española: 1° en principio de palabras, como **savoir** saber; 2° al final de algunas voces, sobre todo de origen extranjero, como **atlas**, **pancréas**, particularmente en nombres propios (**Damas**, **Caracas**, **Texas**); 3° en medio de dicción cuando está duplicada, como en **passage** pasaje; **lasser** cansar, o cuando va seguida de consonante, como en **presque** casi; **pastèque** sandía.

Se pronuncia como z francesa: 1° entre dos vocales, como en **rose** rosa; **friser** rizar; 2° en final de dicción enlazada con la palabra que empiece por vocal o h muda, como **ses amis** sus amigos; **trois hommes** tres hombres. No se suele pronunciar al final de las palabras (**pas**), excepto en algunos casos mencionados anteriormente.

Exceptúanse ciertos compuestos con prefijos, como **parasol**, **monosyllabe**, **antiseptique**, en los que la s francesa se pronuncia como la s española.

En los compuestos que empiezan con **les**, **des**, **mes**, la s es muda; **lesquels** los cuales; **mesdames** señoras; **desquels** de los cuales. También es muda en varios nombres propios que empiezan por **Des** seguidos de consonante, como **Descartes**, **Despréaux**.

s/ (abr écrite de **sur**).

S (abr écrite de **sud**) S.

sa *adj poss f* su ➡ **son**.

SA (abr de **société anonyme**) *f* SA.

Saba *n pr* **la reine de Saba** la reina de Saba (Bible).

sabayon *m* especie de natillas.

sabbat [saba] *m* **RELIG** sábado (jour de repos pour les juifs) ▌ aquelarre (des sorciers) ▌ **FIG & FAM** algazara *f*, escandalera *f* (vacarme).

sabbatique *adj* sabático, ca; **année sabbatique** año sabático.

sabéen, enne [sabeɛ̃, ɛn] *adj & s* sabeo, a.

sabéisme *m* **RELIG** sabeísmo (hérésie).

sabelle *f* **ZOOL** sabela (ver marin).

sabellianisme *m* sabelianismo (hérésie).

sabellien, enne *adj & s* sabeliano, na (hérétique).

Sabin, e *m & f* sabino, na; **l'enlèvement des Sabines** el rapto de la sabinas; **les Sabins** los sabinos.

sabine *f* **BOT** sabina.

Sabinien *n pr* Sabiniano.

sabir *m* lengua *f* franca utilizada antiguamente en los puertos del Mediterráneo ▌ **FAM** jerigonza *f*.

sablage *m* enarenamiento ▌ arenado, limpieza *f* con chorro de arena.

sable *m* arena *f*; **sables mouvants** arenas movedizas ▌ **MÉD** arenilla *f* (calcul) ▌ **BLAS** sable (noir) ▌ **ZOOL** cibelina *f* (martre) ▌ **FIG avoir du sable dans les yeux** tener los ojos cargados de sueño ▌ **bâtir sur le sable** edificar sobre arena.

▌ **SYN** gravier grava; sablon arenilla; gravillon gravilla.

sablé, e *adj* enarenado, da ▌ **pâte sablée** pastaflora.

➡ **sablé** *m* galleta *f* parecida al polvorón (pâtisserie).

sabler [3] *v tr* enarenar (un jardin, une voie ferrée) ▌ **TECHN** arenar, limpiar con chorro de arena (décaper) ▌ **FIG** beber de un golpe (vins) ▌ **sabler le champagne** celebrar algún acontecimiento con champaña.

sableur *m* obrero que moldea con arena ▌ obrero que limpia con arena.

sableux, euse *adj* arenoso, sa.

➡ **sableuse** *f* **TECHN** arenador *m*.

sablier *m* ampolleta *f*, reloj de arena (horloge) ▌ salvadera *f*, arenillero (pour sécher l'encre) ▌ azufrador (de vignes).

sablière *f* arenal *m* (carrière) ▌ **CONSTR** solera (charpente) ▌ **TECHN** arenero *m* (locomotive).

sablon *m* arenilla *f*.

sablonner [3] *v tr* limpiar con arena, arenar.

sablonneux, euse *adj* arenoso, sa.

sablonnière *f* arenal *m* (lieu).

sabord [sabɔʀ] *m* **MAR** porta *f*.

sabordage; sabordement *m* **MAR** barreno ▌ **FIG** suspensión *f* voluntaria (d'un journal).

saborder [3] *v tr* **MAR** dar barreno, barrenar ▌ **FIG** dar barreno, hacer fracasar (faire échouer).

➡ **se saborder** *v pr* suspender voluntariamente (une entreprise financièrement viable) ▌ **MAR** hundir voluntariamente un navío.

sabot [sabo] *m* casco (chevaux), pezuña *f* (ruminants) ▌ [▷ **SYN**] zueco, almadreña *f* (chaussure de bois) ▌ peonza *f* (toupie) ▌ **TECHN** zapata *f* (de frein) ▌ azuche (de pieu) ▌ **FAM** (vieilli) cacharro, trasto ▌ polibán (baignoire sabot) ▌ carrito (au baccara) ■ **FIG & FAM avoir du foin dans ses sabots** estar forrado (paysan) ▌ **dormir comme un sabot** dormir como un tronco ▌ **je te vois venir avec tes gros sabots** te conozco mascarita aunque vengas disfrazada ▌ **sabot de Denver** cepo (pour bloquer une voiture).

▌ **SYN** galoche galocha; socque chanclo.

sabotage *m* sabotaje (détérioration).

saboter [3] *v intr* hacer ruido con los zuecos ▌ fabricar zuecos ▌ jugar a la peonza.

◇ *v tr* **TECHN** poner azuche a ▌ **FIG** sabotear, deteriorar; **saboter une entreprise** sabotear une empresa ▌ chapucear, frangollar (bâcler).

saboterie [sabɔtʀi] *f* fábrica de zuecos.

saboteur, euse *m & f* saboteador, ra ▌ chapucero, ra (qui travaille mal).

sabotier, ère *m & f* almadreñero, ra (qui fait des sabots).

➡ **sabotière** *f* (vx) danza rústica (en sabots).

sabouler [3] *v tr* **FAM** zamarrear, sacudir (réprimander).

sabre *m* sable; **mettre sabre au clair** desenvainar el sable ▌ **sabre d'abattis** machete ▌ **FAM sabre de bois!** ¡caramba!, ¡canastos! ■ **coup de sabre** sablazo ▌ **traîneur de sabre** perdonavidas, militarote fanfarrón ■ **faire du sabre** tirar el sable (escrime).

sabre-baïonnette *m* cuchillo bayoneta.

▌ **OBSERV** pl sabres-baïonnettes.

sabrer [3] *v tr* acuchillar, dar sablazos a (frapper avec le sabre) ▌ **FIG & FAM** chapucear, frangollar (bâcler) ▌ tachar (biffer) ▌ criticar.

sabretache [sabʀətaʃ] *f* (ancien) **MIL** portapliegos *m*.

sabreur *m* esgrimidor de sable ▌ **FIG & FAM** chapucero (mauvais ouvrier).

saburral, e *adj* **MÉD** saburral.

sac [sak] *m* [▷ **SYN**] saco (pour marchandises) ▌ bolso (sac à main) ▌ bolsa *f* (en papier fin), cartucho (en papier fort) ▌ talego, talega *f* (de toile) ▌ costal (pour les céréales) ▌ bolsa *f*; **le sac du plombier** la bolsa del fontanero ▌ sayal (de moine) ▌ **MAR** saco ▌ (vx) panza *f*, andorga *f* (ventre) ■ **sac à dos** mochila *f* (de soldat ou de camping) ▌ **sac à malice** saco de prestidigitador ▌ **sac à ouvrage** bolsa de labores ▌ **sac à pain, à linge** talega de pan, de ropa sucia ▌ **sac à provisions** bolsa para la compra ▌ **MIL sac à terre** saco terrero ▌ **FAM sac à vin** zaque, borracho ▌ **sac de couchage** saco de dormir ▌ **sac de plage** bolsa de playa ▌ **sac de voyage** bolso de viaje ▌ **sac en plastique** bolsa de plástico ▌ **sac postal** saca de correspondencia ▌ **sac-poubelle** bolsa de basura ■ **course en sac** carrera de sacos ▌ **homme de sac et de corde** bandido ▌ **robe sac** vestido saco ▌ **ils sont à mettre dans le même sac** son de la misma ralea ▌ **FAM l'affaire est dans le sac** el negocio es cosa hecha ou está en el bote ou está chupado ▮ FIG prendre quelqu'un la main dans le sac coger a alguien con las manos en la masa ou in fraganti ▮ FAM vider son sac desahogarse, vaciar el saco (de gré), desembuchar (de force).

▮ SYN bissac bizaza (p us), alforja; besace alforjas; havresac mochila, morral.

sac [sak] *m* saqueo, saco (pillage) ▮ mettre à sac saquear, entrar a saco en.

saccade *f* sofrenada, sobarbada (chevaux).

saccadé, e *adj* brusco, ca; a tirones (mouvement) ▮ entrecortado, da (voix) ▮ irregular (pouls, etc.) ▮ nervioso, sa (rire) ▮ FIG cortado, da (style).

saccader [3] *v tr* dar tirones ou sacudidas ▮ ÉQUIT sofrenar.

saccage *m* saqueo, saco.

saccager [17] *v tr* saquear, asolar (mettre à sac) ▮ destrozar, hacer polvo (détériorer) ▮ FAM revolver, trastornar (bouleverser).

saccageur, euse *adj* & *s* saqueador, ra.

saccharase *f* invertina (invertine, sucrase).

saccharate *m* CHIM sacarato.

saccharifère *adj* sacarífero, ra.

saccharification *f* sacarificación.

saccharifier [9] *v tr* sacarificar.

saccharimètre *m* TECHN sacarímetro.

saccharimétrie *f* TECHN sacarimetría.

saccharin, e *adj* sacarino, na.

saccharine *f* CHIM sacarina.

saccharoïde *adj* sacaroideo, a.

saccharolé *m* sacarolado.

saccharomyces [sakaromisɛs] *m pl* sacaromicetos.

saccharose *m* CHIM sacarosa *f*.

saccharure *m* sacaruro.

saccule *m* ANAT sáculo.

sacculine *f* especie parásita de cirrópodo.

SACEM (abr de Société des auteurs, compositeurs et éditeurs de musique) *f* sociedad general de autores francesa, ≃ SGAE.

sacerdoce [sasɛrdɔs] *m* sacerdocio.

sacerdotal, e *adj* sacerdotal.

sachée *f* saco *m*, talegada (contenu).

sachem [saʃɛm] *m* sachem.

sachet [saʃɛ] *m* saquito, bolsita *f* (petit sac) ▮ almohadilla *f* perfumada ▮ sobrecito (de safran), sobre (soupe, thé) ▮ MÉD papelillo (de bismuth) ▮ MIL saquete (de canon).

sacoche *f* bolso *m*, morral *m*, talego *m* (bourse) ▮ cartera (de bicyclette, d'écolier, du facteur) ▮ bolsa, zurrón *m* (du harnais) ▮ sacoche à outils bolsa de herramientas.

sacolève *f*; **sacoléva** *m* MAR sacoleva *f*.

sac-poubelle *m* bolsa de basura.

▮ OBSERV pl sacs-poubelle.

sacquer ➦ saquer.

sacral, e *adj* sacro, cra [sagrado].

sacralisation *f* sacralización.

sacraliser [3] *v tr* sacralizar.

sacramentaire *m* RELIG (vx) sacramentario, misal (livre).

◇ *m* & *f* HIST sacramentario, ria (secte).

sacramental *m* sacramental.

sacramentel, elle *adj* sacramental.

sacre *m* consagración *f* (d'un évêque) ▮ coronación *f* (d'un roi) ▮ ZOOL sacre (gerfaut) ▮ le sacre du printemps la consagración de la primavera.

sacré, e *adj* [▷ SYN] sagrado, da; feu sacré fuego sagrado ▮ FAM maldito, ta; dichoso, sa; sacré menteur! ¡maldito embustero!; ce sacré monde este maldito mundo ▮ imponente, fenomenal; il a un sacré talent! ¡tiene un talento imponente! ▮ ECCLÉS le Sacré Collège el Sacro Colegio ▮ FAM une sacrée chance una chamba, una chiripa ▮ un sacré temps un tiempo horrible, un asco de tiempo ▮ voie sacrée vía sacra.

➦ **sacré** *m* lo sagrado.

▮ SYN inviolable inviolable; intangible intangible; tabou tabú.

sacré, e *adj* ANAT sacro, cra (du sacrum).

sacrebleu! *interj* ¡diantre!, ¡rediez!

Sacré-Cœur [sakrekœr] *m* Sagrado Corazón.

sacrement *m* RELIG sacramento ▪ le saint sacrement el Santísimo Sacramento ▮ recevoir les derniers sacrements recibir los sacramentos.

sacrément *adv* FAM de lo más, en grado sumo.

sacrer [3] *v tr* consagrar (consacrer) ▮ coronar (un roi).

◇ *v intr* jurar, blasfemar (jurer) ▮ soltar tacos (dire des gros mots).

sacret [sakrɛ] *m* ZOOL sacre, terzuelo (faucon).

sacrificateur, trice *m* & *f* sacrificador, ra.

sacrificatoire *adj* sacrificatorio, ria.

sacrifice *m* sacrificio ▮ faire le sacrifice de sacrificar.

▮ SYN dévouement abnegación; abnégation abnegación; holocauste holocausto; renonciation renunciación; altruisme altruismo.

sacrificiel, elle *adj* relativo, va a un sacrificio ritual.

sacrifié, e *adj* & *s* sacrificado, da ▮ víctima (génération) ▮ prix sacrifiés precios regalados.

sacrifier [9] *v tr* sacrificar.

◇ *v intr* ofrecer un sacrificio; sacrifier aux dieux ofrecer un sacrificio a los dioses ▪ sacrifier à la mode seguir la moda ▮ sacrifier à une passion entregarse a una pasión.

➦ **se sacrifier** *v pr* sacrificarse; se sacrifier sur l'autel de l'amitié sacrificarse en aras de la amistad.

sacrilège *adj* & *s* sacrílego, ga.

◇ *m* sacrilegio (acte).

sacripant *m* bribón, tuno, pillo.

sacristain *m* ECCLÉS sacristán.

sacristi!; sapristi! *interj* FAM ¡caramba!, ¡caracoles!, ¡cáspita!

sacristie *f* sacristía.

sacristine *f* sacristana (religieuse).

sacro-saint, e *adj* sacrosanto, ta.

▮ OBSERV pl sacro-saints, sacro-saintes.

sacrum [sakrɔm] *m* ANAT sacro, hueso sacro.

sadducéen, enne ➦ saducéen.

sadique *adj* & *s* sádico, ca.

sadiquement *adv* con sadismo.

sadisme *m* sadismo.

sadomasochisme [sadomazɔʃism] *m* sadomasoquismo.

sadomasochiste *adj* & *s* sadomasoquista.

saducéen, enne; sadducéen, enne [sadysɛ̃, ɛn] *adj* & *s* saduceo, a.

SAE (abr de Society of Automotive Engineers) *f* SAE.

safari *m* safari, cacería *f*; faire un safari hacer un safari.

safari-photo *m* safari fotográfico.

▮ OBSERV pl safaris-photos.

SAFER; Safer [safɛr] (abr de Société d'aménagement foncier et d'établissement régional) *f* sociedad mixta francesa de mejora de las estructuras agrarias.

safran *m* azafrán (plante et gouvernail) ▮ safran bâtard azafrán bastardo, alazor, romí.

safrané, e *adj* azafranado, da.

safraner [3] *v tr* azafranar.

safranière *f* azafranal *m*.

safre *m* MIN zafre.

saga *f* saga.

sagace *adj* sagaz.

sagacité *f* sagacidad.

sagaie [sagɛ] *f* azagaya (javelot).

sagard [sagar] *m* aserrador.

sage *adj* prudente; cuerdo, da; un sage conseiller un consejero prudente; tu es fou, il est sage estás loco, él es cuerdo ▮ moderado, da (modéré) ▮ sensato, ta; de sages paroles palabras sensatas ▮ honesto, ta (conduite, mœurs) ▮ tranquilo, la; bueno, na; les enfants doivent être sages los niños tienen que ser buenos ou quedarse tranquilos ▮ seria, formal, casta (femme) ▮ être sage comme une image ser bueno como un santo.

◇ *m* sabio ▮ consejero técnico ▮ les sept sages de la Grèce los siete sabios de Grecia.

sage-femme *f* comadrona, partera.

▮ OBSERV pl sages-femmes.

sagement *adv* prudentemente, con tino.

sagesse *f* sabiduría, cordura, prudencia; agir avec sagesse obrar con sabiduría, con cordura ▮ buena conducta, docilidad, obediencia (d'un enfant); prix de sagesse premio de buena conducta ▮ sensatez; la sagesse d'une réponse la sensatez de una contestación ▮ formalidad, seriedad (femme) ▮ sabiduría (connaissance) ▮ RELIG sabiduría, sapiencia; le livre de la Sagesse el libro de la Sabiduría ▮ dent de sagesse muela del juicio.

▮ OBSERV Sabiduría, en espagnol, a surtout le sens de science, de même que sabio a celui de savant.

sagittaire *f* BOT sagitaria.

◇ *m* sagitario (archer).

Sagittaire *m* ASTRON & ASTROL Sagitario; être Sagittaire ser Sagitario.

sagittal, e *adj* sagital.

sagitté, e *adj* sagitado, da.

Sagonte *n pr* GÉOGR Sagunto.

sagou *m* sagú (fécule).

sagouier ➦ sagoutier.

sagouin *m* ZOOL zagüí, sagüí.

sagouin, e [sagwɛ̃, in] *adj* & *s* FAM marrano, na; gorrino, na; cochino, na (malpropre).

sagoutier; sagouier *m* BOT sagú.

Sahara *n pr m* GÉOGR le (désert du) Sahara el (desierto del) Sahara ou Sáhara; le Sahara occidental el Sahara ou Sáhara Occidental.

saharien, enne *adj* sahariano, na; sahárico, ca; del Sahara.

Saharien, enne *m & f* sahariano, na; sahárico, ca.

Sahel *n pr m* GÉOGR le Sahel Sahel.

sahraoui, e *adj* saharaui.

Sahraoui, e *m & f* saharaui.

Saïda ➡ **Sayda**.

saie *f* sayo *m* (manteau) ‖ sedera (d'orfèvre).

saietter [3] [sɛjete] *v tr* sedear.

saïga *m* ZOOL saiga.

saignant, e [sɛɲɑ̃, ɑ̃t] *adj* sangriento, ta; sangrante; **blessure saignante** herida sangrante ‖ FIG plaie encore saignante herida no cicatrizada (douleur récente) ‖ **viande saignante** carne poco hecha.

saignée [seɲe] *f* MÉD sangría ‖ ANAT sangría, sangradura (pli de coude) ‖ sangría (d'un arbre) ‖ sangradera, sangradura (rigole) ‖ FIG & FAM sangría (sacrifice d'argent).

saignement [sɛɲmɑ̃] *m* desangramiento ‖ saignement de nez hemorragia nasal.

saigner [4] *v tr* sangrar; **saigner un malade** sangrar a un enfermo ‖ desangrar; **saigner un agneau** desangrar un cordero ‖ desangrar (terrain) ‖ FIG & FAM chupar la sangre a, sangrar a, sacar todo el dinero de (quelqu'un) ‖ **saigner quelqu'un à blanc** desangrarle a uno (médecine), esquilmarle a uno (dépouiller).
◇ *v intr* echar sangre, sangrar; **saigner du nez** echar sangre por la nariz, sangrar por la nariz ■ **saigner comme un bœuf** sangrar como un cochino ou un toro ■ FIG **la plaie saigne encore** la herida está aún abierta.

➡ **se saigner** *v pr* sangrarse ‖ FIG & FAM sacrificarse, dar más de lo que se puede ‖ FIG & FAM **se saigner aux quatre veines** dar cuanto se tiene.

saigneur *m* sangrador.

saigneux, euse *adj* ensangrentado, da; sangriento, ta.

saillant [sajɑ̃] *m* saliente.

saillant, e [sajɑ̃, ɑ̃t] *adj* saliente; saledizo, za; voladizo, za (qui fait saillie) ‖ saltón, ona; **yeux saillants** ojos saltones ‖ FIG destacado, da; notable; **les événements les plus saillants d'une époque** los acontecimientos más destacados de una época ‖ agudo, da; sobresaliente; **idée saillante** idea aguda.

saillie *f* ARCHIT vuelo *m*, voladizo *m*, saliente *m*, saledizo *m* ‖ bulto *m* (relief); **en saillie** de bulto ‖ relieve *m* (peinture) ‖ protuberancia, prominencia (protubérance) ‖ ímpetu *m*, arranque *m*, arrebato *m* (élan) ‖ FIG agudeza, detalle *m*, ocurrencia (trait d'esprit) ‖ ZOOL cubrición, monta (accouplement) ‖ **faire saillie** emerger, salir.

saillir [50] [sajir] *v intr* saltar, manar, brotar (jaillir) ‖ ARCHIT sobresalir, volar (un balcon).

saillir [32] *v tr* ZOOL cubrir, montar (couvrir).
‖ OBSERV Este verbo sólo se conjuga en la 3ª persona del singular y del plural de tiempos simples y compuestos, y en el participio.

saïmiri *m* ZOOL saimirí.

sain, e [sɛ̃, sɛn] *adj* [▷ SYN] sano, na ‖ saneado, da; **des finances saines** hacienda sa-

neada ■ **sain de corps et d'esprit** sano de cuerpo y alma ‖ **sain et sauf** sano y salvo; ileso ■ **être sain d'esprit** estar en su sano juicio.
‖ SYN salubre salubre; salutaire saludable.

sainbois; sain-bois [sɛ̃bwa] *m* BOT torvisco (garou).

saindoux [sɛ̃du] *m* manteca *f* de cerdo.

sainement [sɛnmɑ̃] *adv* sanamente (d'une manière saine) ‖ FIG juiciosamente (judicieusement).

sainfoin *m* BOT esparceta *f*, pipirigallo, gallocresta *f*.

saint, e *adj* santo, ta; **une vie sainte** una vida santa; **la semaine sainte** la Semana Santa ‖ **l'Écriture sainte** la Sagrada Escritura; **la Sainte Famille** la Sagrada Familia; **l'histoire sainte** la historia sagrada ■ **la Saint-Jean** el día de San Juan ‖ **la Saint-Sylvestre** el día de Nochevieja ‖ **la (Très) Sainte Vierge** la Virgen Santísima ‖ **le Saint Empire romain germanique** el Sacro Imperio Romano Germánico ‖ **les Lieux saints, la Terre sainte** tierra Santa ‖ **toute la sainte journée** todo el santo día ‖ **un saint homme** un santo varón.
◇ *m & f* [▷ SYN] santo, ta ■ **saint des saints** sanctasanctórum ■ **ne savoir à quel saint se vouer** no saber a qué santo encomendarse ‖ **prêcher pour son saint** alabar a su santo, barrer hacia adentro.

‖ OBSERV **1.** Saint se escribe con minúscula delante de un nombre propio: saint Paul. Se escribe con mayúscula para designar una fiesta: la Saint-Sylvestre.
2. Devant les noms des saints Domingo, Tomé, Tomás et Toribio, on met santo au lieu de san.
‖ SYN bienheureux bienaventurado; élu elegido.

Saint-Barthélemy *n pr f* HIST la Saint-Barthélemy la noche de San Bartolomé.

saint-bernard [sɛ̃bernar] *m inv* ZOOL perro de San Bernardo.

saint-crépin *m inv* herramientas *f pl* de zapatero ‖ FIG bártulos *pl* (objets).

saint-cyrien *m* cadete de la Academia General Militar de Saint-Cyr [actualmente en Coëtquidan].
‖ OBSERV pl saint-cyriens.

Saint-Domingue [sɛ̃dɔmɛ̃g] *n pr* GÉOGR Santo Domingo (de Guzmán) (ville).

sainte-barbe *f inv* MAR santabárbara.

Sainte-Hélène *n pr* GÉOGR Santa Elena.

Sainte-Lucie *n pr* GÉOGR Santa Lucía [en las Pequeñas Antillas].

saintement *adv* santamente.

saint-émilion *m inv* vino tinto de Burdeos elaborado en la región de Saint-Émilion.

sainte-nitouche *f* mosquita muerta.
‖ OBSERV pl saintes-nitouches.

Saintes *n pr f pl* GÉOGR les (îles des) Saintes Las Santas; **aux Saintes** en Las Santas (situation), a Las Santas (direction).

Saint-Esprit [sɛ̃tɛspri] *m* Espíritu Santo ‖ **par l'opération du Saint-Esprit** por arte de magia, por arte de birlibirloque, por obra y gracia del Espíritu Santo.

sainteté *f* santidad ‖ **Sa Sainteté** Su Santidad.

Saint-Étienne *n pr* GÉOGR Saint-Etienne, Saint-Étienne.

saint-frusquin *m inv* FAM bártulos *pl*.

Saint-Gall *n pr* GÉOGR Sankt-Gallen.

saint-germain *m inv* variedad de pera de agua.

Saint-Germain-des-Prés *n pr* Saint-Germain-des-Prés.

‖ SAINT-GERMAIN-DES-PRÉS
El barrio literario de París, situado en la orilla izquierda del Sena, es famoso por sus librerías, editoriales, bares literarios y locales nocturnos. Su período de esplendor fueron los años que siguieron a la Segunda Guerra Mundial, cuando Sartre y otros intelectuales existencialistas se reunían en los bares de la zona.

saint-glinglin [sɛ̃glɛ̃glɛ̃]
➡ **à la saint-glinglin** *loc adv* FAM cuando las ranas críen pelo.

Saint-Gothard *n pr m* GÉOGR le Saint-Gothard el San Gotardo; **le col du Saint-Gothard** el paso de San Gotardo.

Saint-Graal [sɛ̃gral] ➡ **Graal**.

Saint-Guy *n pr* **danse de Saint-Guy** baile *m* de San Vito.

saint-honoré *m inv* pastel con nata (gâteau).

Saint-Jacques *n pr* **coquille Saint-Jacques** vieira.

Saint-Jacques-de-Compostelle *n pr* GÉOGR Santiago de Compostela.

Saint-Jean *n pr f* la Saint-Jean el día de San Juan; **feux de la Saint-Jean** hogueras de San Juan.

Saint-Laurent *n pr m* GÉOGR le Saint-Laurent el San Lorenzo.

Saint-Malo *n pr* GÉOGR Saint-Malo.

Saint-Marc [sɛ̃mar] *n pr f* GÉOGR la place Saint-Marc la plaza San Marcos.

Saint-Marin *n pr* GÉOGR San Marino.

Saint-Médard *n pr f* **s'il pleut ou quand il pleut à la Saint-Médard, il pleut quarante jours plus tard** ≃ si llueve por san Pedro, lloverá un mes a reo.

saint-nectaire *m inv* queso francés de la región de Auvernia.

Saint-Nicolas *n pr f* la Saint-Nicolas el día de San Nicolás.

Saint-Office [sɛ̃tɔfis] *m* Santo Oficio.

Saintonge *n pr f* GÉOGR la Saintonge Saintonge.

Saint-Patrick *n pr f* la Saint-Patrick la fiesta de San Patricio.

Saint-Père *m* Santo Padre (le pape).
‖ OBSERV pl Saints-Pères.

Saint-Pétersbourg *n pr* San Petersburgo.

saint-pierre *m inv* pez de San Pedro.

Saint-Pierre *n pr* GÉOGR Saint-Pierre (chef-lieu de Saint-Pierre-et-Miquelon) ‖ San Pedro de Roma (basilique de Rome).

Saint-Pierre-et-Miquelon *n pr* GÉOGR Saint-Pierre y Miquelon.

Saint-Quentin *n pr* GÉOGR San Quintín.

Saint-Sébastien *n pr* GÉOGR San Sebastián.

Saint-Sépulcre *n pr m* le Saint-Sépulcre el Santo sepulcro.

Saint-Siège *m* Santa Sede *f*.

saint-simonien, enne *adj* & *s* PHILOS sansimoniano, na.

▪ OBSERV pl saint-simoniens, saint-simoniennes.

saint-simonisme *m* PHILOS sansimonismo.

Saint-Sylvestre *f* la Saint-Sylvestre la Nochevieja.

saint-synode *m* RELIG Santo Sínodo.

▪ OBSERV pl saints-synodes.

Saint-Valentin *n pr f* la Saint-Valentin la fiesta de San Valentín.

Saint-Vincent-et-les Grenadines *n pr* GÉOGR San Vicente y Granadinas.

saisi, e *adj* & *s* DR embargado, da ▮ recogido, da; retirado, da de la circulación (journal) ▮ decomisado, da (à la douane).

saisie *f* DR embargo *m*, incautación; saisie conservatoire embargo preventivo ▮ recogida, secuestro *m*, retirada de la circulación (d'un journal) ▮ MAR embargo *m* (d'un navire) ▮ decomiso *m* (à la douane) ▮ INFORM saisie de données entrada de datos.

saisie-arrêt *f* DR embargo *m* de retención.

▪ OBSERV pl saisies-arrêts.

saisie-brandon *f* DR embargo *m* de la cosecha en pie.

▪ OBSERV pl saisies-brandons.

saisie-exécution *f* DR ejecución de embargo.

▪ OBSERV pl saisies-exécutions.

saisie-gagerie *f* DR embargo *m* provisional.

▪ OBSERV pl saisies-gageries.

saisie-revendication *f* DR embargo *m* de bienes litigiosos.

▪ OBSERV pl saisies-revendications.

saisine *f* DR toma de posesión ▮ MAR trapa (cordage).

saisir [32] *v tr* agarrar, asir, coger; saisir par le poignet agarrar por la muñeca ▮ coger, prender; saisir un bandit prender a un bandido ▮ CULIN soasar (exposer à feu vif) ▮ FIG captar, comprender; saisir une pensée captar un pensamiento ▮ aprovechar; saisir l'occasion aprovechar la ocasión ▮ sobrecoger (le froid, la peur, etc.) ▮ sorprender, pasmar, dejar estupefacto ou pasmado (surprendre) ▮ DR embargar; saisir un mobilier embargar un mobiliario ▮ incautarse de; l'État a saisi ses biens el Estado se ha incautado de sus bienes ▮ decomisar (à la douane) ▮ someter a; saisir une commission d'un projet de loi someter un proyecto de ley a una comisión ▮ recoger, secuestrar, retirar de la circulación ▮ apoderarse de; saisir les rênes de l'État apoderarse de las riendas del Estado ▮ ver (voir) ▮ oír, sentir (entendre) ■ le comité est saisi d'un rapport el comité tiene ante sí un informe ▮ saisir les tribunaux apelar a la justicia.

➡ **se saisir** *v pr* DR hacerse cargo de ▮ coger, agarrar; se saisir d'une carabine coger una carabina.

saisissable *adj* DR embargable ▮ que se puede coger ▮ comprensible.

saisissant, e *adj* sorprendente, que deja pasmado; pasmoso, sa (surprenant) ▮ penetrante, que sobrecoge (froid) ▮ DR que embarga ▮ que recoge ou retira de la circulación (un journal).

➡ **saisissant** *m* DR embargante.

saisissement *m* sobrecogimiento (de froid, de frayeur) ▮ FIG pasmo, sobrecogimiento (émotion).

saison *f* estación ▮ tiempo *m*, época; saison des semailles época de siembras ▮ tiempo *m*; fruit de saison fruta del tiempo ▮ temporada (dans une station thermale ou autre) ▮ temporada (de théâtre, sports, etc.) ■ saison des amours estación de los amores ▮ saison des pluies estación de las lluvias ■ basse, haute saison temporada baja, alta ▮ la belle saison la buena temporada ▮ la saison creuse la temporada baja ▮ la saison nouvelle la primavera ■ de demi-saison de entretiempo ▮ hors de saison inoportuno, na ▮ marchand de(s) quatre-saisons verdulero ambulante ▮ mortesaison temporada de calma ou de poca venta ▮ tarif hors saison tarifa de fuera de temporada (hôtel) ou de temporada baja (avion) ■ faire la saison hacer su agosto (un commerçant).

saisonnalité *f* carácter *m* estacional.

saisonnier, ère *adj* estacional ▮ de la temporada, temporal.

◇ *m* & *f* trabajador, ra temporal ou de temporada.

sajou [saʒu] *m* ZOOL sajú, mono capuchino.

saké; saki *m* saki (boisson).

Sakhaline *n pr* GÉOGR l'île Sakhaline la isla Sajalín.

saki *m* ZOOL sakí (singe).

salace *adj* salaz.

salade *f* ensalada; salade de tomates ensalada de tomates ▮ ensalada, ensaladilla; salade russe ensaladilla, ensalada rusa ▮ escarola (scarole), lechuga (laitue) ▮ FAM follón *m*, mezcolanza (mélange) ▮ lío *m*, cuento *m* (boniment) ▮ celada (casque) ■ salade de fruits macedonia de frutas ▮ salade niçoise ensalada "niçoise" ■ haricots en salade ensalada de judías, judías en ensalada ▮ FAM panier à salade coche celular ■ FAM faire une salade enredar, confundirlo todo ▮ raconter des salades contar mentiras, venir con cuentos.

saladero *m* saladero (où l'on sale de la viande en Amérique du Sud).

saladier *m* ensaladera *f*.

salage *m* salazón *f*, saladura *f*.

salaire *m* salario, jornal (journalier), sueldo (mensuel) ▮ FIG recompensa *f* (récompense), castigo, merecido (châtiment) ■ salaire de base sueldo base ▮ salaire de début salario inicial ou de entrada ▮ salaire de misère sueldo de hambre ▮ (ancien) salaire minimum interprofessionnel de croissance (SMIC) salario mínimo ▮ salaire réel salario real ■ échelle des salaires escala de salarios.

salaison *f* salazón, saladura ▮ salazón (denrée alimentaire salée).

salamalecs [salamalɛk] *m pl* FAM zalema *f*.

salamandre *f* ZOOL salamandra.

➡ **Salamandre®** *f* salamandra [estufa].

Salamanque *n pr* GÉOGR Salamanca.

salami *m* especie *f* de salchichón [(*Amér*) salame].

salangane *f* salangana (oiseau).

salanque *f* saladar *m*, marisma.

salant *adj m* salino, na ▮ marais salant salina.

◇ *m* marisma *f*.

salarial, e *adj* salarial.

salariat [salarja] *m* salariado.

salarié, e *adj* & *s* asalariado, da.

salarier [9] *v tr* asalariar.

salaud; salop, e [salo, ɔp] *m* & *f* VULG (injur) cabrón, ona.

sale *adj* sucio, cia (malpropre) ▮ sucio, cia; un blanc sale un blanco sucio ▮ FIG sucio, cia; inmundo, da; indecente (qui blesse la pudeur) ▮ sucio, cia (contraire à l'honneur) ▮ FAM malo, la; une sale affaire un mal negocio, un asunto malo; un sale tour una mala jugada (très désagréable) ■ un sale type una mala persona ■ être sale comme un peigne estar más sucio que el palo de un gallinero ▮ quel sale temps! ¡vaya un tiempo de perros!

salé, e *adj* salado, da ▮ FIG & FAM picante (piquant); subido, da de tono; verde (grivois) ▮ FAM excesivo, va; disparatado, da; une note salée una cuenta disparatada.

➡ **salé** *m* carne *f* de cerdo salada ▮ petit salé saladillo.

salement *adv* de una manera sucia (malproprement) ▮ FAM de aúpa (très).

salep [salɛp] *m* salep (farine).

saler [3] *v tr* salar; saler du porc salar carne de cerdo ▮ echar ou poner sal (dans un plat) ▮ FIG & FAM clavar; ce restaurateur sale ses clients el dueño de este restaurante clava a sus clientes ▮ cargar; aujourd'hui il a salé sa note hoy ha cargado la cuenta ▮ castigar severamente (punir) ▮ saler et épicer sazonar (cuisine).

Salerne *n pr* GÉOGR Salerno.

saleron *m* tacita *f* del salero.

salésien, enne *m* & *f* salesiano, na.

saleté [salte] *f* suciedad; la saleté d'une rue la suciedad de una calle ▮ basura, suciedad, inmundicia; balayer des saletés barrer basuras ▮ mota (dans l'œil) ▮ FIG & FAM guarrería, perrería, marranada; faire une saleté hacer una marranada ▮ marranada, porquería, verdulería; dire des saletés decir verdulerías ▮ porquería (personne).

saleur, euse *m* & *f* salador, ra.

salicacées *f pl* BOT salicáceas, salicíneas.

salicaire *f* BOT salicaria (plante).

salicine *f* salicina.

salicole *adj* salinero, ra; industrie salicole industria salinera.

salicoque *f* ZOOL camarón *m*, quisquilla (crevette).

salicorne *f* BOT barrilla, salicor *m*.

salicylate *m* CHIM salicilato.

salicylique *adj* CHIM salicílico, ca.

salien, ienne *adj* & *s* HIST salio, lia.

salière *f* salero *m* (à sel) ▮ fosa supraorbitaria (des chevaux) ▮ FAM hoyuelo *m* de la clavícula (creux).

salifiable *adj* CHIM salificable.

salification *f* CHIM salificación.

salifier [9] *v tr* CHIM salificar.

saligaud, e [saligo, od] *m* & *f* FAM marrano, na; cochino, na (sale) ▮ sinvergüenza, canalla (malhonnête).

salignon *m* pan de sal.

salin, e *adj* salino, na.
- **salin** *m* salina *f* (d'eau salée).
- **saline** *f* salina (du sous-sol).

salinage *m* TECHN salero, salín, espumero.

salinier *m* salinero.

salinité *f* salinidad.

salique *adj* sálico, ca.

salir [32] *v tr* [▷ SYN] manchar, ensuciar, macular; il a sali la nappe ha manchado el mantel ‖ mancillar (souiller) ‖ FIG manchar (rendre impur) ‖ mancillar, manchar; salir la réputation de quelqu'un manchar la reputación de uno ‖ salir du papier emborronar cuartillas.

  SYN polluer manchar; tacher manchar; encrasser enmugrecer; graisser pringar; maculer macular; barbouiller embadurnar; culotter ennegrecer.

salissant, e *adj* sucio, cia; un travail salissant un trabajo sucio ‖ poco sufrido, da; le blanc est une couleur salissante el blanco es un color poco sufrido ‖ que se mancha ou ensucia mucho.

salisson *f* FAM porcachona (souillon).

salissure *f* mancha (tache), suciedad (saleté).

salivaire *adj* ANAT salival, salivar ‖ glandes salivaires glándulas salivales.

salivant, e *adj* salivoso, sa.

salivation *f* salivación.

salive *f* saliva ■ FAM avaler ou ravaler sa salive tragar saliva ‖ dépenser beaucoup de salive gastar saliva, hablar por los codos ‖ perdre sa salive hablar inútilmente, gastar saliva en balde.

  SYN écume espuma; bave baba.

saliver [3] *v intr* salivar.

salle *f* sala ■ salle à manger comedor ‖ salle commune sala común (hôpital) ‖ salle d'armes sala de esgrima ‖ salle d'attente sala de espera ‖ salle d'eau aseo ‖ salle de bains cuarto de baño ‖ salle de cinéma sala de cine ‖ salle de classe aula ‖ salle de concert sala de conciertos ‖ salle de consultation consulta ‖ salle de danse sala ou salón de baile ‖ salle de jeux sala de juegos ‖ salle d'embarquement sala de embarque (aéroport) ‖ salle de police cuarto de prevención ‖ salle de projection sala de proyección ‖ salle de séjour cuarto de estar ‖ salle des fêtes salón de actos ‖ salle des machines sala de máquinas ‖ salle des pas perdus antesala, vestíbulo, salón de espera (tribunaux), pasillos (Parlement) ‖ salle des ventes sala de subastas ‖ salle d'exclusivité cine de estreno ‖ salle d'exposition sala de exposiciones ‖ salle d'opérations quirófano ‖ salle obscure sala de cine ■ faire salle comble tener un lleno (théâtre).

salmigondis [salmigɔ̃di] *m* CULIN ropa *f* vieja (mets) ‖ FIG revoltijo, mezcolanza *f* (mélange).

salmis [salmi] *m* CULIN guiso de caza menor.

salmonelle *f* BIOL salmonela.

salmonellose *f* VÉTÉR & MÉD salmonelosis.

salmoniculture *f* cría de salmones.

salmonidés *m pl* ZOOL salmónidos.

saloir *m* saladero.

salol *m* CHIM salol.

Salomé *n pr* Salomé.

Salomon *n pr* Salomón ‖ GÉOGR les îles Salomon las islas Salomón.

salon *m* salón, sala *f* ‖ salón, tertulia *f* (littéraire, etc.) ‖ exposición *f* (de peinture, sculpture, etc.) ■ salon de coiffure salón de peluquería, peluquería ‖ salon de l'automobile salón del automóvil ‖ salon de thé salón de té ‖ salon de toilettage peluquería canina ‖ salon du livre Feria del libro.

Salonique *n pr f* GÉOGR la Salonique Salónica.

salonnier *m* (p us) crítico de arte, cronista de exposiciones.

salop, e ▶ **salaud**.

salopard [salɔpar] *m* VULG cabrón.

salope *f* VULG (injur) puerca, marrana (femme).

saloper [3] *v tr* FAM chapucear, chafallar.

saloperie *f* porquería, mamarrachada, marranada, cochinada.

salopette *f* peto *m* de trabajo, mono *m* (de travail) ‖ babero *m*, delantal *m* (d'enfant).

Salouen *n pr f ou m* GÉOGR la ou le Salouen el Saluén ou Salween.

salpêtrage *m* salitral industrial.

salpêtre *m* salitre, nitro, nitrato ‖ salpêtre du Chili nitrato de Chile.

salpêtrer [4] *v tr* mezclar con salitre (mélanger) ‖ cubrir de salitre (un mur).

salpêtrier *m* salitrero (ouvrier).

salpêtrière *f* TECHN salitral *m*, salitrera (gisement) ‖ salitrería (fabrique).

Salpêtrière *n pr f* la Salpêtrière hospital parisiense.

salpicon *m* CULIN salpicón.

salpingite *f* MÉD salpingitis.

salsa *f* salsa [baile].

salse *f* volcán *m* de lava salada.

salsepareille [salsəparɛj] *f* BOT zarzaparrilla.

salsifis [salsifi] *m* BOT salsifí (plante) ‖ salsifis d'Espagne ou noir escorzonera.

salsolacées *f pl* BOT salsoláceas.

SALT [salt] (abr de Strategic Arms Limitation Talks) *m pl* SALT *f pl*.

saltarelle *f* saltarelo *m* (danse).

saltimbanque *m* saltimbanqui.

  SYN bateleur tititiretero; baladin farsante; banquiste saltimbanqui; forain feriante; bouffon bufón.

Salt Lake City [sɔltlɛksiti] *n pr* GÉOGR Salt Lake City.

salto *m* SPORTS salto mortal; salto arrière salto mortal hacia atrás.

salubre *adj* salubre, saludable.

salubrité *f* salubridad ‖ salubrité publique higiene pública.

saluer [7] *v tr* saludar; saluer de la main un ami saludar con la mano a un amigo ‖ FIG proclamar, declarar por aclamación; l'armée le salua empereur el ejército lo proclamó emperador ‖ acoger; saluer avec faveur une élection acoger favorablemente una elección.

salure *f* salsedumbre.

salut [saly] *m* salvación *f*; devoir son salut à la fuite deber su salvación a la huida ‖ RELIG salvación *f*; prier pour son salut rogar por la salvación de su alma ‖ bendición *f* ‖ MIL [▷ SYN] saludo (salutation) ■ Armée du Salut Ejército de Salvación.

- **salut!** *interj* FAM ¡hola! (bonjour), ¡adiós! (au revoir).

  SYN salutation saludo, salutación; révérence reverencia; courbette inclinación, cabezada; salamalec zalema.

salutaire *adj* saludable.

salutation *f* saludo *m*, salutación ‖ RELIG salutation angélique salutación angélica.
- **salutations** *f pl* recuerdos *m* ‖ recevez mes salutations distinguées ou respectueuses reciban un atento saludo.

salutiste *adj & s* salutista (de l'Armée du Salut).

Salvador *n pr m* GÉOGR le Salvador El Salvador; il vient du Salvador viene de El Salvador.

salvadorien, enne *adj* salvadoreño, ña.

Salvadorien, enne *m & f* salvadoreño, ña.

salvateur, trice *adj & s* salvador, ra.

salve *f* salva ‖ FIG salve d'applaudissements salva de aplausos.

salvé *m* RELIG salve *f* (prière).

salvia *m* BOT salvia *f*.

Salzbourg *n pr* GÉOGR Salzburgo.

SAM [sam] (abr de sol-air missile) *m* SAM.

samare *f* sámara (fruit).

Samarie *n pr f* GÉOGR la Samarie Samaria (région) ‖ Samaria (ville).

samaritain, e *adj & s* samaritano, na.

samarium [samarjɔm] *m* samario (métal).

samba *f* samba (danse).

samedi *m* sábado; samedi saint sábado Santo ou de Gloria.

samnite *adj & s* HIST samnita.

Samoa *n pr f pl* GÉOGR les Samoa Samoa.

samole *m* BOT pamplina *f* de agua.

Samothrace *n pr* GÉOGR Samotracia.

samouraï *m* samurai.

samovar *m* samovar.

samoyède *adj* samoyedo.
◇ *m* LING samoyedo.

Samoyède *m & f* samoyedo.

sampan; sampang *m* MAR sampán.

sampler [sãplœr] *m* MUS & CINÉM mezcla *f*.

sampler [sãple] *v tr* MUS & CINÉM mezclar.

Samson [sãsɔ̃] *n pr* Sansón.

SAMU (abr de service d'aide médicale d'urgence) *m* servicio móvil de urgencias médicas.

sana *m* FAM sanatorio.

Sanaa *n pr* GÉOGR San'a, Sanaa, Sana.

sanatorium [sanatɔrjɔm] *m* sanatorio antituberculoso.

  OBSERV pl sanatoriums.
  SYN préventorium preventorio; solarium solario.

san-benito; sambenito [sãbenito] *m* HIST sambenito (casaque).

  OBSERV pl san-benitos.

sanctifiant, e [sãktifjã, ãt] *adj* sanctificante.

sanctificateur, trice *adj* & *s* santificador, ra.

sanctification *f* santificación.

sanctifier [9] *v tr* santificar.

sanction [sɑ̃ksjɔ̃] *f* sanción (approbation ou peine); **prendre des sanctions contre** sancionar.

sanctionner [3] *v tr* [▷ SYN] sancionar; **sanctionner une loi** sancionar una ley ▌ FAM sancionar, castigar (punir).

▌ SYN approuver aprobar; confirmer confirmar; ratifier ratificar; entériner ratificar, confirmar; homologuer homologar.

sanctuaire [sɑ̃ktɥer] *m* santuario.

sanctus [sɑ̃ktys] *m* RELIG sanctus.

sandale *f* sandalia.

sandalette *f* sandalia [que deja el pie muy descubierto].

sandaraque *f* sandáraca (résine).

sanderling [sɑ̃dɛrlɛ̃] *m* ZOOL sanderling (échassier).

sandix; sandyx *m* sandix.

Sandow® [sɑ̃do] *m* goma *f* tensora (gymnastique) ▌AVIAT cable elástico (pour planeurs).

sandre *m* ou *f* lucioperca *m* (poisson).

sandwich [sɑ̃dwitʃ] *m* bocadillo ▌ emparedado, sandwich (de pain de mie) ▪ homme sandwich hombre anuncio ▌ SPORTS prendre en sandwich hacer obstrucción.

▌ OBSERV pl sandwichs o sandwiches.

sandyx ▶ sandix.

San Francisco *n pr* GÉOGR San Francisco ▶ baie.

sang [sɑ̃] *m* sangre *f* ▌FIG sangre *f*, linaje, parentesco (descendance) ▪ coup de sang hemorragia *f* cerebral, apoplejía *f* ▌ demi-sang caballo cruzado ▌ donneur de sang donante de sangre ▌ la voix du sang la voz de la sangre ▌ pur-sang pura sangre ▪ FIG & FAM avoir du sang dans les veines tener sangre en las venas, no tener sangre de horchata ▌ avoir du sang de navet tener sangre de horchata ▌ avoir du sang de poulet ser un gallina ▌ FIG avoir du sang sur les mains tener las manos manchadas de sangre ▌ avoir le sang chaud tener la sangre caliente, ser ardoroso ▌ avoir quelque chose dans le sang tener algo en la masa de la sangre, llevar algo en la sangre ▌ avoir quelqu'un dans le sang estar por los huesos de alguien ▌ être tout en sang estar bañado en sangre ▌ faire couler le sang derramar sangre ▌ fouetter quelqu'un jusqu'au sang azotar a alguien hasta hacerle sangre ▌ laver un affront dans le sang lavar una afrenta con sangre ▌ mon sang n'a fait qu'un tour se me heló la sangre en las venas ▌ ne pas se faire de mauvais sang tomar las cosas con tranquilidad ▌ se faire du bon sang darse buena vida, pasarlo bien ▌ se faire du mauvais sang quemarse la sangre, preocuparse mucho.

sang-dragon; sang-de-dragon *m inv* sangre *f* de drago.

sang-froid [sɑ̃frwa] *m inv* sangre *f* fría ▪ de sang-froid a sangre fría ▌ perdre son sang-froid perder la sangre fría, perder los estribos.

sanglant, e [sɑ̃glɑ̃, ɑ̃t] *adj* sangriento, ta; ensangrentado, da ▌ FIG sangriento, ta; **de sanglants reproches** reproches sangrientos.

sangle *f* cincha (harnais) ▌ banda (de parachute) ▌ francalete *m*, correa (courroie) ▌ MAR pallete *m* ▌lit de sangle catre de tijera.

sangler [3] *v tr* ceñir (ceindre), ajustar, apretar (serrer) ▌ cinchar (un cheval) ▌ azotar a, dar cintarazos a (frapper) ▌ asestar; **sangler un coup de fouet à quelqu'un** asestar un latigazo a alguien.

sanglier *m* ZOOL jabalí.

▌ OBSERV Le pluriel du mot jabalí est jabalíes.

sanglot *m* sollozo; **éclater en sanglots** prorrumpir en sollozos.

sangloter [3] *v intr* sollozar.

sang-mêlé *m* & *f inv* mestizo, za.

sangria [sɑ̃grija] *f* sangría [bebida].

sangsue [sɑ̃sy] *f* ZOOL sanguijuela ▌FIG chupón, ona (personne qui soutire de l'argent).

sanguin, e [sɑ̃gɛ̃, in] *adj* sanguíneo, a (tempérament) ▪ groupe sanguin grupo sanguíneo ▌ orange sanguine naranja sanguina ou de sangre ▌ vaisseaux sanguins vasos sanguíneos.

sanguinaire *adj* sanguinario, ria; **un tyran sanguinaire** un tirano sanguinario.
◇ *f* BOT sanguinaria.

Sanguinaires *n pr f pl* GÉOGR **les (îles) Sanguinaires** las (islas) Sanguinarias.

sanguine *f* sanguina (crayon et dessin) ▌ sanguina (orange) ▌ sanguinaria (pierre).

sanguinolent, e [sɑ̃ginɔlɑ̃, ɑ̃t] *adj* sanguinolento, ta.

sanguisorbe *f* BOT pimpinela, sanguisorba.

sanhédrin [sanedrɛ̃] *m* sanedrín.

sanicle; sanicule *f* BOT sanícula.

sanie *f* MÉD sanie, sanies.

sanieux, euse *adj* MÉD sanioso, sa.

Sanisette® *f* FAM aseos públicos automáticos.

sanitaire *adj* sanitario, ria; **cordon sanitaire** cordón sanitario ▪ appareil sanitaire aparato sanitario ▌ installation sanitaire instalación sanitaria.

San José [sɑ̃ʒoze] *n pr* San José.

San Juan [sanrwan] *n pr* San Juan.

sans [sɑ̃] *prép* sin ▪ sans cela, sans quoi si no ▌ sans cesse sin cesar ▌ sans doute sin duda ▌ sans fil inalámbrico, sin hilos ▌ sans inconvénient sin inconvenientes ▌ sans manches sin mangas ▌ sans qu'il s'en aperçoive sin que se dé cuenta ▌ sans scrupules sin escrúpulos ▪ non sans peine con mucha dificultad.

sans-abri [sɑ̃zabri] *m* & *f inv* desalojado, da; sin hogar.

San Salvador *n pr* GÉOGR San Salvador.

sans-cœur *m inv* desalmado, da.

sanscrit, e; sanskrit, e [sɑ̃skri, it] *adj* & *s m* LING sánscrito, ta.

sans-culotte *m* HIST sans-culotte [revolucionario francés de 1792]; **les sans-culottes** los sans-culotte.

▌ OBSERV pl sans-culottes.
▌ LES SANS-CULOTTES ___
Así se llamó a los revolucionarios republicanos durante la Convención (1792-1795) por-

que en vez de llevar el calzón corto ("culottes") de los aristócratas, adoptaron el pantalón de la gente del pueblo. Este término se usa hoy en día para referirse a una persona con ideas revolucionarias radicales.

sans-culottide *f* día complementario en el calendario republicano francés.
▌ OBSERV pl sans-culottides.

sans-emploi *m inv* & *f inv* desempleado, da.

sansevière [sɑ̃səvjɛr] *f* BOT sansevieria.

sans-façon *m inv* descaro.

sans-faute *m inv* algo sin tacha ou intachable.

sans-fil *m inv* teléfono inalámbrico.

sans-filiste *m* radioaficionado, da.
▌ OBSERV pl sans-filistes.

sans-gêne *m inv* descaro, desparpajo, familiaridad *f* excesiva, frescura *f*.
◇ *m* & *f inv* FAM fresco, ca; descarado, da.

sanskrit, e ▶ sanscrit.

sanskritiste *m* & *f* sanscritista.

sans-le-sou [sɑ̃lsu] *m* & *f inv* pobretón, ona; pelado, da.

sans-logis [sɑ̃lɔʒi] *m* & *f* desalojado, da.

sansonnet [sɑ̃sɔne] *m* ZOOL estornino.

sans-plomb *m inv* sin plomo.

sans-souci *adj* & *s inv* indiferente; despreocupado, da; descuidado, da.

sans-travail *m inv* parado.

Santa Cruz *n pr* GÉOGR Santa Cruz de la Sierra (en Bolivie).

Santa Fe [sɑ̃tafe] *n pr* GÉOGR Santa Fe (en Argentine et aux États-Unis).

Santa Fe de Bogotá ▶ Bogotá.

santal *m* BOT sándalo.

santaline *f* santalina.

santé *f* salud; **recouvrer la santé** recobrar la salud ▪ la Santé publique Sanidad Pública ▌ maison de santé sanatorio psiquiátrico, casa de reposo ▌petite santé salud delicada, poca salud ▌ service de santé Cuerpo de Sanidad Militar ▪ à votre santé a su salud ▪ avoir une santé de fer tener una salud de hierro ▌ être en bonne santé estar bien de salud ▌ boire à la santé de brindar por, beber a la salud de.

santiag [sɑ̃tjag] *f* campera.

Santiago *n pr* GÉOGR Santiago [de Chile].

santoline *f* BOT santolina, abrótano *m*.

santon *m* santón (religieux musulman) ▌ figurita *f* de nacimiento (personnage de crèche).

santonine *f* BOT santónico *m* ▌ santonina (médicament).

Santorin *n pr* GÉOGR Santorín.

sanve *f* BOT mostaza silvestre.

Saône [son] *n pr f* GÉOGR **la Saône** el Saona.

Saône-et-Loire [sonelwar] *n pr f* GÉOGR Saône-et-Loire; **en Saône-et-Loire** en Saône-et-Loire.

São Paulo [saopolo] *n pr* GÉOGR São Paulo (ville) ▌l'État de São Paulo el estado de São Paulo.

São Tomé et Príncipe *n pr m* GÉOGR le São Tomé et Príncipe Santo Tomé y Príncipe.

saoudien, enne *adj* saudí.

Saoudien, enne *m* & *f* saudí.

saoul, e [su, sul] ➟ **soûl**.

saouler [sule] ➟ **soûler**.

sapajou *m* ZOOL sajú, mono capuchino ‖FIG mico, mequetrefe (petit homme laid).

sape *f* zapa (tranchée) ‖FAM arma *m* de ingenieros ‖FAM trapos *m pl* (vêtement) ‖FIG travail de sape labor de zapa.

sapement [sapmɑ̃] *m* zapa *f*.

saper [3] *v tr* zapar, minar ‖FIG socavar (détruire sournoisement) ‖FAM être bien sapé estar bien maqueado, ir de tiros largos.

saperde *f* ZOOL saperda.

saperlipopette! *interj* FAM ¡canastos!, ¡caracoles!

sapeur *m* MIL zapador.

sapeur-pompier *m* bombero.
  ☐ OBSERV pl sapeurs-pompiers.

saphène *adj & s f* ANAT safena; veine saphène vena safena.

saphique *adj* sáfico, ca; vers saphique verso sáfico.

saphir *m* zafiro.

saphisme *m* safismo, lesbianismo.

Sapho ➟ **Sappho**.

sapide *adj* sápido, da.

sapidité *f* sapidez.

sapience [sapjɑ̃s] *f* (vx) sapiencia ▪ livre de la sapience libro sapiencial ‖ (vx) Pays de sapience Normandía.

sapientiaux [spjɛ̃sjo] *adj m pl* sapienciales (livres).

sapin *m* BOT abeto (arbre) ‖ pino (bois) ‖ sapin blanc ou argenté abeto común, pinabete ‖ sapin de Noël árbol de Navidad ‖ FAM sentir le sapin oler a difunto.

sapindacées *f pl* BOT sapindáceas.

sapine *f* cuartón *m*, listón *m* de abeto (bois) ‖ cubeta de pino (baquet) ‖ TECHN grúa para la construcción de edificios (grue).

sapinette *f* BOT picea ‖ cerveza de yemas de abeto (boisson).

sapinière *f* BOT abetal *m*, abetar *m*.

saponacé, e *adj* saponáceo, a; jabonoso, sa.

saponaire *f* BOT saponaria, jabonera.

saponifiable *adj* saponificable.

saponification *f* CHIM saponificación.

saponifier [9] *v tr* CHIM saponificar.

saponine *f* CHIM saponina.

sapotacées *f pl* BOT sapotáceas.

sapote; sapotille *f* BOT zapote.

sapotier; sapotillier *m* BOT chicozapote, zapotillo (arbre).

sapotille ➟ **sapote**.

sapotillier ➟ **sapotier**.

sappan *m* BOT sibucao, sapan.

Sappho; Sapho *n pr* Safo.

sapristi! ➟ **sacristi!**

saprophage *adj & s m* ZOOL saprófago, ga.

saprophyte *adj & s m* BOT saprófito, ta.

saquer; sacquer [3] *v tr* FAM poner de patitas en la calle, echar (chasser) ‖FAM calificar bajo, tirar al degüello (dans un examen).

sar *m* sargo, mojarra *f* (poisson).

SAR (abr écrite de Son Altesse Royale) SAR.

Sara ➟ **Sarah**.

sarabande *f* MUS zarabanda ‖ FAM jaleo *m*, zarabanda.

Saragosse *n pr* GÉOGR Zaragoza.

Sarah; Sara *n pr* Sara.

Sarajevo *n pr* GÉOGR Sarajevo.

Sarawak [sarawak] *n pr* GÉOGR le Sarawak Sarawak.

sarbacane *f* cerbatana.

sarcasme *m* sarcasmo.

sarcastique *adj* sarcástico, ca.

sarcastiquement *adv* sarcásticamente.

sarcelle *f* ZOOL cerceta.

sarclage *m* AGRIC escarda *f*, escardadura *f*, sachadura *f*, salladura *f*.

sarcler [3] *v tr* AGRIC escardar, sachar.

sarcleur *m* AGRIC escardador, sachador.

sarcloir *m* AGRIC escardillo, sacho, sallete.

sarclure *f* AGRIC hierba escardada.

sarcoïde *f* MÉD sarcoma *m* benigno.

sarcomateux, euse *adj* MÉD sarcomatoso, sa.

sarcome *m* MÉD sarcoma.

sarcophage *m* sarcófago.

sarcoplasme *m* sarcoplasma.

sarcopte *m* ZOOL sarcopto, arador.

Sardaigne *n pr f* GÉOGR la Sardaigne Cerdeña.

Sardanapale *n pr* Sardanápalo.

sardane *f* sardana (danse).

sarde *adj* sardo, da.
  ◇ *m* LING sardo.

Sarde *m & f* sardo, da.

sardine *f* sardina (poisson); sardines à l'huile sardinas en aceite ‖FAM sardineta (galon).

sardinerie *f* conservería de sardinas.

sardinier, ère *adj & s* sardinero, ra.
  ➤ **sardinier** *m* barco *m* sardinero, sardinera *f* (bateau) ‖ sardinal *m* (filet).

sardoine [sardwan] *f* sardónice (pierre).

sardonique *adj* sardónico, ca.

sardoniquement *adv* de modo sardónico.

sargasse *f* BOT sargazo *m*.

Sargasses *n pr f pl* GÉOGR la mer des Sargasses el mar de los Sargazos.

sari *m* sari [traje tradicional femenino de la India].

sarigue *f* ZOOL zarigüeya.
  ☐ OBSERV La palabra francesa sarigue se usa frecuentemente como masculino.

sarisse *f* sarisa, lanza macedónica.

SARL; Sarl (abr de société à responsabilité limitée) *f* SL; Leduc, SARL Leduc, SL.

sarmate *adj & s* sármata.

Sarmates *n pr m pl* sármatas.

Sarmatie [sarmati] *n pr f* HIST la Sarmatie Sarmacia.

sarment *m* BOT sarmiento.

sarmenteux, euse *adj* BOT sarmentoso, sa.

sarong *m* sarong, faldilla *f* de los malayos.

sarracénia *f* BOT sarracena.

sarrasin, e *adj & s* sarraceno, na (musulman).
  ➤ **sarrasin** *m* alforfón, trigo sarraceno (plante).
  ➤ **sarrasine** *f* rastrillo *m* (herse).

sarrau *m* blusa *f*, blusón.
  ☐ OBSERV pl sarraus o sarraux.

Sarre *n pr f* GÉOGR la Sarre Sarre (Land) ‖ la Sarre el Sarre (rivière).

Sarrebruck *n pr* GÉOGR Sarrebruck.

sarrette *f* BOT serrátula.

sarriette *f* BOT ajedrea.

sarrois, e *adj* del Sarre.

Sarrois, e *m & f* natural ou habitante del Sarre.

Sarthe *n pr f* GÉOGR Sarthe (département); dans la Sarthe en Sarthe.

sas [sas] *m* TECHN cedazo, tamiz (crible) ‖ cámara *f* de la esclusa (d'une écluse) ‖esclusa *f* de aire, compartimiento estanco (écluse d'air).

SAS (abr écrite de Son Altesse Sérénissime) SAS.

Saskatchewan [saskatʃewan] *n pr f* GÉOGR le Saskatchewan Saskatchewan (province), el Saskatchewan (rivière).

sassafras [sasafra] *m* BOT sasafrás.

sassement *m* cernido.

sasser [3] *v tr* cerner (cribler) ‖ hacer pasar por la esclusa (un bateau) ‖FIG sasser et ressasser une affaire dar cien vueltas a un asunto.

sasseur, euse *m & f* cernador, ra.
  ➤ **sasseur** *m* cedazo, tamiz.

Satan *n pr* Satanás, Satán.

satané, e *adj* FAM endiablado, da; endemoniado, da; il fait un satané temps hace un tiempo endemoniado ‖ maldito, ta; satané coquin! ¡maldito pillo!

satanique *adj* satánico, ca.

satanisme *m* satanismo.

satellisation [satelizasjɔ̃] *f* satelización.

satelliser [3] *v tr* satelizar, poner en órbita (un satellite artificiel).

satellite *m* ASTRON satélite ‖ MÉCAN satélite (pignon) ‖ satellite artificiel satélite artificial ‖ satellite de télécommunications satélite de comunicaciones ‖ satellite météorologique satélite meteorológico ‖ satellite scientifique satélite científico.
  ◇ *adj & s m* satélite; pays satellite país satélite.

satellite-relais *m* satélite de comunicaciones.
  ☐ OBSERV pl satellites-relais.

satiété [sasjete] *f* saciedad ‖ jusqu'à satiété hasta la saciedad, hasta más no poder.

satin *m* raso, satén (étoffe) ‖FIG peau de satin piel aterciopelada.

satinage *m* satinado.

satiné, e *adj* satinado, da ‖ arrasado, da (tissus).
  ➤ **satiné** *m* lustre, brillo.

satiner [3] *v tr* satinar.

satinette *f* rasete *m* (tissu).

satineur, euse *adj & s* satinador, ra.

satire *f* sátira ‖faire la satire de satirizar.

SYN épigramme epigrama; diatribe diatriba; pamphlet panfleto; libellé libelo; pasquin pasquín.

satirique *adj & s* satírico, ca.

satiriquement *adv* satíricamente.

satiriser [3] *v tr* satirizar.

satiriste *m* satírico.

satisfaction *f* satisfacción; à ma grande satisfaction para mi gran satisfacción ■ donner satisfaction à quelqu'un dar satisfacción a alguien; satisfacer a alguien por una ofensa ou un agravio ▮ obtenir satisfaction obtener una satisfacción ou una reparación.

satisfactoire *adj* satisfactorio, ria.

satisfaire [109] *v tr* satisfacer; satisfaire sa curiosité satisfacer su curiosidad ▮ atender, satisfacer (une demande) ▮ satisfaire à ses devoirs cumplir con su deber.

> **SYN** exaucer satisfacer a; combler colmar; contenter contentar.

satisfaisant, e *adj* satisfactorio, ria.

satisfait, e *adj* satisfecho, cha.

satisfecit [satisfesit] *m inv* testimonio, certificado de satisfacción.

satrape *m* sátrapa (gouverneur) ▮ **FIG** sátrapa, déspota.

satrapie *f* satrapía.

satrapique *adj* del sátrapa.

saturabilité *f* **CHIM** saturabilidad.

saturable *adj* **CHIM** saturable.

saturant, e *adj* **CHIM** saturante.

saturateur *m* saturador.

saturation *f* saturación ▮ arriver à saturation saturar.

saturé, e *adj* saturado, da ▮ **FIG** saturado, da; harto, ta (rassasié).

saturer [3] *v tr* saturar ▮ **FIG** saturar, saciar, colmar (rassasier).

saturnales *f pl* **HIST** saturnales.

Saturne *n pr* **ASTRON & MYTH** Saturno.

saturnie *f* **ZOOL** pavón *m* nocturno.

saturnien, enne *adj* saturnio, nia (de Saturne).

saturnin, e *adj* saturnino, na (du plomb); colique saturnine cólico saturnino.

Saturnin *n pr* Saturnino.

Saturnine *n pr* Saturnina.

saturnisme *m* **MÉD** saturnismo.

satyre *m* **MYTH** sátiro (demi-dieu) ▮ **FIG** sátiro (débauché) ▮ **ZOOL** sátiro.

satyriasis *m* **MÉD** satiriasis *f*.

satyrique *adj* satírico, ca.

SAU (abr de surface agricole utile) *f* superficie agrícola útil.

sauce [sos] *f* salsa; lier une sauce trabar una salsa ▮ carboncillo *m* (fusain) ▮ **FIG** complemento *m*, accesorios *m pl* ■ sauce blanche, blonde salsa blanca, rubia ▮ sauce tomate salsa de tomate ■ **FIG** à toutes les sauces bueno para todo, en todas las formas▮ mettre à toutes les sauces estar siempre con (choses), servir para todo, ser el comodín (personne).

> **OBSERV** Le mot sauce existe en espagnol, mais il signifie saule.

saucé, e *adj* plateado, da (une monnaie).

saucée *f* **FAM** chubasco *m*, chaparrón *m* (averse) ▮ paliza (correction).

saucer [16] *v tr* mojar en salsa, rebañar; saucer son pain rebañar el pan ▮ **FIG & FAM** calar, empapar; l'averse nous a saucés el chaparrón nos ha empapado (tremper) ▮ echar una bronca a (réprimander).

saucier *m* encargado de las salsas.

saucière *f* salsera.

saucisse *f* salchicha, longaniza (charcuterie) ▮ **MIL & FAM** salchicha (ballon d'observation) ▮ **FAM** majadero *m*, bobo *m* ▮ **FIG** ne pas attacher ses chiens avec des saucisses ser tacaño ou roñoso.

saucisson *m* salchichón (charcuterie) ▮ **MIL** salchicha *f* (de mine).

saucissonner [3] *v intr* **FAM** picar (manger).
> *v tr* **FAM** trocear (tronçonner) ▮ encordelar (ficeler).

sauf [sof] *prép* salvo, excepto; sauf erreur ou omission salvo error u omisión ■ sauf à a reserva de ▮ sauf avis contraire salvo opinión contraria ▮ sauf empêchement salvo impedimento ▮ sauf imprévu salvo imprevistos ▮ sauf que salvo que, excepto que; tout s'est bien passé sauf qu'il a plu toute la journée todo fue bien salvo que llovió todo el día ▮ sauf votre respect con perdón de usted.

sauf, sauve [sof, sov] *adj* salvado, da; l'honneur est sauf el honor está salvado ■ sain et sauf sano y salvo ■ avoir la vie sauve salir ileso ▮ laisser la vie sauve à quelqu'un perdonar la vida a alguien.

sauf-conduit [sofkɔ̃dɥi] *m* salvoconducto.
▮ **OBSERV** pl sauf-conduits.

sauge *f* salvia (plante).

saugrenu, e [sogrəny] *adj* descabellado, da; estrafalario, ria; ridículo, la.

Saül [sayl] *n pr* Saúl.

saulaie [sole]; **saussaie** [sosɛ] *f* **BOT** salceda, saucedal *m*.

saule *m* **BOT** sauce, salce ▮ saule pleureur sauce llorón.

saulée *f* **BOT** hilera de sauces.

saumâtre *adj* salobre ▮ **FIG** desagradable; molesto, ta; pesado, da; plaisanterie saumâtre broma desagradable ▮ je l'ai trouvée saumâtre me ha hecho poquísima gracia.

saumon *m* **ZOOL** salmón ▮ **TECHN** galápago (fonderie).
> *adj inv* asalmonado, da (couleur).

saumoné, e *adj* salmonado, da; asalmonado, da; truite saumonée trucha salmonada.

saumoneau *m* salmoncillo.

> **OBSERV** L'espagnol salmonete désigne le rouget barbet.

Saumur *m* vino blanco francés de la región del Loira.

saumurage *m* salazón *f* en salmuera.

saumure *f* **CULIN** salmuera.

saumuse *f* salmuera.

sauna [sona] *m* sauna *f*.

saunage [sonaʒ] *m*; **saunaison** [sonɛzɔ̃] *f* extracción *f* y venta *f* de la sal ▮ época *f* de extracción de la sal ▮ **HIST** faux saunage contrabando de sal.

sauner [3] *v intr* extraer sal (extraire) ▮ producir sal (produire).

saunier *m* salinero ▮ faux saunier antiguo contrabandista de sal (sous l'Ancien Régime).

saupiquet *m* salmorejo, salsa *f* picante.

saupoudrage *m* espolvoreamiento.

saupoudrer [3] *v tr* espolvorear ▮ **FIG** salpicar, entreverar; saupoudrer son discours de citations latines salpicar su discurso de citas latinas.

saupoudreuse *f* espolvoreador *m*.

saur [sɔr] *adj* ahumado, da (fumé); hareng saur arenque ahumado.

saurage *m* **TECHN** ahumado, cura *f* al humo.

saurel *m* **ZOOL** jurel (poisson).

saurer [3] *v tr* ahumar (poisson).

sauret [sorɛ] *adj* ahumado, da (hareng).

saurien [sorjɛ̃] *m* **ZOOL** saurio.

saurin *m* arenque recién ahumado.

saurissage *m* **TECHN** ahumado, cura *f* al humo.

saurisseur *adj & s* curador de conservas al humo.

saussaie [sosɛ] ➤ **saulaie**.

saut [so] *m* [▷ **SYN**] salto; faire un saut dar un salto ▮ brinco (bond) ▮ salto de agua, cascada *f* (chute d'eau) ▮ cubrición *f* (étalon) ▮ **FIG** cambio brusco, salto ■ saut à ouverture retardée salto con apertura retardada (parachute) ▮ saut de carpe salto de la carpa ▮ saut de mouton salto de carnero (cheval) ▮ saut de page salto de página ▮ **SPORTS** saut en hauteur, en longueur, à la perche salto de altura, de longitud, con pértiga ▮ saut en parachute salto con paracaídas ▮ saut périlleux salto mortal ■ au saut du lit al salir de la cama, al levantarse ▮ de plein saut de pronto, súbitamente ■ **FIG & FAM** faire le grand saut estirar la pata (mourir) ▮ **FIG** faire le saut pasar el Rubicón ▮ faire un saut chez quelqu'un dar ou pegar un salto a casa de uno ▮ ne faire qu'un saut jusqu'à ponerse de un salto en.
▮ **SYN** bond brinco, bote; sautillement saltito; soubresaut sobresalto; sursaut sobresalto, repullo; ricochet rebote.

sautage *m* voladura *f* (d'une mine).

saut-de-lit [sodli] *m* salto de cama, bata *f*.
▮ **OBSERV** pl sauts-de-lit.

saut-de-loup [sodlu] *m* salto de lobo (fossé).
▮ **OBSERV** pl sauts-de-loup.

saut-de-mouton [sodmutɔ̃] *m* cruce superpuesto, paso superior (route, chemin de fer).
▮ **OBSERV** pl sauts-de-mouton.

saute *f* cambio *m* brusco ■ **MAR** saute de vent salto *m* de viento ▮ saute de température cambio brusco de temperatura ▮ **FIG** saute d'humeur cambio brusco de humor.

sauté *m* **CULIN** salteado.

sautelle *f* **AGRIC** mugrón *m*, acodo *m*.

saute-mouton *m* **JEUX** pídola *f*; jouer à saute-mouton jugar a la pídola.

sauter [3] *v intr* saltar; sauter de bas en haut saltar de abajo arriba ▮ echarse, lanzarse; sauter au cou de quelqu'un echarse en brazos de uno ▮ pasar, saltar; sauter d'un sujet à l'autre pasar de un tema a otro; élève qui saute de troisième en première alumno que

salta de cuarto a sexto ‖ estallar; **la pou-drière a sauté** el polvorín ha estallado ‖ cu-brir (étalon) ‖ **FAM** pegar un salto (aller) ‖ **FIG** hundirse, arruinarse (la banque) ‖ caer (un gou-vernement) ‖ saltar, brincar (de joie) ‖ **MAR** cam-biar bruscamente de dirección (le vent) ■ **sauter à la corde** saltar a la cuerda ‖ **sauter à pieds joints, à cloche-pied** saltar a pie juntil-las ou con los pies juntos, con un pie ‖ **FIG sauter aux nues, en l'air, jusqu'au plafond** po-nerse hecho una fiera ‖ **sauter aux yeux** saltar a la vista ‖ **FAM et que ça saute!** ¡y volando! ■ **faire sauter** saltear (cuire à feu vif), asaltar, atracar (une caisse), forzar, violar (une serrure), desbancar (la banque), volar (une poudrière), derribar (un gouvernement), quitar de en me-dio, suprimir (quelqu'un) ‖ **se faire sauter la cervelle** saltarse ou levantarse la tapa de los sesos.
◇ *v tr* saltar, franquear, salvar (une haie, un fossé) ‖ saltarse, omitir (une ligne, un repas) ‖ **CULIN** saltear ‖ **FAM la sauter** morirse de hambre.

sautereau [sotʁo] *m* **MUS** macillo.

sauterelle [sotʁɛl] *f* **ZOOL** saltamontes *m* (pe-tite), langosta (grosse) ‖ **TECHN** falsa escuadra (équerre) ‖ cinta transportadora elevadora (bande transporteuse).
┃ **OBSERV** Langosta significa également en espagnol *langouste* et, abusivement, *homard.*

sauterie *f* **FAM** guateque *m*.

sauternes *m* vino bordelés de Sauternes.

saute-ruisseau *m inv* **LITT** mandadero.

sauteur, euse *adj* & *s* saltador, ra ‖ **FIG** & **FAM** veleta *f*, persona *f* inconstante (personne peu sérieuse) ‖ **SPORTS** sauteur à la perche salta-dor de pértiga ‖ sauteur en longueur, en hau-teur saltador de longitud, de altura.
➤ **sauteur** *m* caballo de saltos (cheval) ‖ saltador (insecte).

sauteuse *f* sartén para saltear (casserole).

sautillant, e [sotijɑ̃, ɑ̃t] *adj* brincador, ra ‖ **FIG** descosido, da; cortado, da (style).

sautillement [sotijmɑ̃] *m* saltillo, saltito.

sautiller [3] [sotije] *v intr* brincar, dar salti-tos ‖ **FIG** ser descosido (style).

sautoir *m* aspa *f* (croix) ‖ sartén *f* para sal-tear ‖ saltadero (endroit pour sauter) ‖ collar muy largo (collier) ‖ **BLAS** sotuer ‖ **en sautoir** en el pecho (ru-ban d'un ordre).

sauvage *adj* & *s* **ZOOL** salvaje; bravío, a (ani-maux) ‖ **BOT** silvestre, borde ‖ **FIG** salvaje (non civilisé) ‖ huraño, ña; arisco, ca (solitaire) ‖ bár-baro, ra (brute).

sauvagement *adv* salvajemente.

sauvageon [sovaʒɔ̃] *m* **AGRIC** arbolillo sil-vestre ou borde.

sauvageon, onne [sovaʒɔ̃, ɔn] *m* & *f* inso-ciable (adulte), salvaje (enfant).

sauvagerie [sovaʒʁi] *f* salvajismo *m* (état) ‖ salvajada (action) ‖ insociabilidad, huraña.

sauvagin, e [sovaʒɛ̃, in] *adj* & *s m* salvajino, na.
➤ **sauvagine** *f* salvajina (p us).

sauvegarde *f* salvaguardia, salvaguarda; **les lois sont la sauvegarde de la liberté** las leyes son la salvaguardia de la libertad ‖ **MAR** varón *m* ‖ **INFORM** copia de seguridad,

salvaguarda, backup *m* ‖ **DR clause de sauve-garde** cláusula de salvaguardia.

sauvegarder [3] *v tr* salvaguardar, prote-ger, salvar.

sauve-qui-peut [sovkipø] *m inv* desbandada *f*.

sauver [3] *v tr* salvar; **sauver un naufragé** salvar a un náufrago ‖ salvar, preservar; **sau-ver son honneur** preservar su honor ■ **sau-ver la vie à quelqu'un** salvarle la vida a al-guien ‖ **sauver les apparences** cubrir las apa-riencias.
➤ **se sauver** *v pr* salvarse ‖ escaparse, lar-garse (s'enfuir) ‖ irse (partir) ‖ salirse (liquide) ‖ **sauve qui peut!** ¡sálvese quien pueda!

sauvetage *m* salvamento ■ **sauvetage en montagne** salvamento ou rescate de mon-taña ■ **MAR bouée de sauvetage** guindola, salvavidas ‖ **canot de sauvetage** bote de sal-vamento, bote salvavidas ‖ **ceinture, gilet de sauvetage** cinturón, chaleco salvavidas ‖ **so-ciété de sauvetage** sociedad de salvamento de náufragos.

sauveteur *adj* & *s* salvador (celui qui sauve) ‖ salvavidas (qui sert à sauver).

sauvette
➤ **à la sauvette** *loc adv* **FIG** & **FAM** de prisa y corriendo, precipitadamente ‖ **marchand à la sauvette** vendedor ambulante no autori-zado.

sauveur *adj* & *s* salvador; **le sauveur de son père** el salvador de su padre ‖ salvador, li-bertador (libérateur) ‖ **RELIG le Sauveur** el Sal-vador.
┃ **OBSERV** El femenino de la palabra *sauveur* es *salvatrice.*

SAV (abr de *service après-vente*) *m* servicio posventa.

savamment *adv* sabiamente ‖ sabiendo a qué atenerse, con conocimiento de causa (en connaissance de cause).

savane *f* sabana (dans la zone tropicale).
┃ **OBSERV** Ne pas confondre avec le mot *sábana* qui porte un accent et signifie *drap de lit.*

savant, e *adj* [▷ **SYN**] sabio, bia; erudito, ta ‖ hábil; **une manœuvre savante** una manio-bra hábil ‖ amaestrado, da; sabio, bia; **chien savant** perro amaestrado ‖ **femme savante** marisabidilla ‖ **mot savant** palabra culta ‖ **so-ciété savante** sociedad científica.
◇ *m* & *f* sabio, bia ‖ científico *m*.
┃ **SYN** *érudit* erudito; *docte* docto; *lettré* letrado; *omniscient* omnisciente.

savarin *m* saboyana *f*, bizcocho borracho (gâteau).

savate *f* chancla (soulier usé) ‖ chancleta (soulier sans talon); **en savates** en chancletas ‖ boxeo *m* francés (sports) ‖ **FIG** torpe *m* (mala-droit) ‖ **MAR** anguila ‖ **FAM traîner la savate** estar en la miseria, andar a la cuarta pre-gunta.

savetier *m* zapatero remendón (cordonnier).

saveur *f* sabor *m* ‖ **avoir la saveur de** tener sabor a, saber a.
┃ **SYN** *sapidité* sapidez; *goût* gusto.

Savoie *n pr* **GÉOGR la Savoie** Saboya.

savoir [59] *v tr* saber; **je le sais bien** ya lo sé ‖ poder (seulement avec le verbe au conditionnel); **rien ne saurait m'en empêcher** nada me lo podría impedir ■ **savoir de bonne source** sa-

ber de buena tinta ‖ **savoir gré** agradecer ‖ **savoir par cœur** saber de memoria ‖ **savoir sur le bout du doigt** saber de corrido, al de-dillo, de carretilla ‖ **savoir y faire** saber arre-glárselas ■ **à savoir, savoir a saber** ‖ **comme chacun sait** como es sabido ‖ **Dieu sait, Dieu seul le sait** sabe Dios ‖ **en savoir bien d'autres** ser capaz de eso y de mucho más ‖ **en sa-voir long** saber un rato de eso, tener mucha letra menuda ‖ **faire savoir** dar a conocer (informer), hacer saber (une autorité) ‖ **je crois savoir que** tengo entendido que ‖ **ne pas être sans savoir que** no ignorar que ‖ **ne pas savoir où se mettre** no saber dónde meterse ‖ **ne savoir à quel saint se vouer** no saber a qué santo encomendarse ‖ **ne pas savoir sur quel pied danser** no saber a qué carta quedarse ‖ **ne vouloir rien savoir** no querer saber nada ‖ **on ne saurait dire** no podemos decir ‖ **reste à savoir** queda por saber, sólo queda por saber ‖ **un je-ne-sais-quoi** un no sé qué.
◇ *v intr* saber ■ **je n'en sais rien** no sé nada, no tengo ni idea ‖ **pas que je sache** que yo sepa no ‖ **tu ne peux pas savoir!** ¡no ou ni te imaginas!
➤ **se savoir** *v pr* saberse; **tout finit par se savoir** todo acaba sabiéndose, todo llega a saberse ‖ **cette fille se sait jolie** esta mucha-cha sabe que es guapa.

savoir *m* saber, sabiduría *f*, cultura *f*; **homme de grand savoir** hombre de gran cul-tura.
┃ **SYN** *science* ciencia; *érudition* erudición; *con-naissance* conocimiento; *culture* cultura; *doc-trine* doctrina; *cognition* cognición; *omnis-cience* omnisciencia.

savoir-faire *m inv* tacto, tino, mano *f* izquierda (habileté) ‖ conocimientos especia-lizados ou prácticos ou técnicos, tecnología *f*, pericia *f*, "savoir faire" (compétence profes-sionnelle).

savoir-vivre *m inv* mundología *f*, usos so-ciales *m pl*, trato social.
┃ **SYN** *politesse* cortesía, urbanidad; *éducation* educación; *correction* corrección, buenos mo-dales.

savon *m* jabón; **savon de toilette** jabón de tocador ou de olor; **savon en paillettes** jabón en escamas; **savon de Marseille** jabón de Marsella ‖ **FIG** & **FAM** jabón, bronca *f*, rapa-polvo (réprimande); **passer un savon à quelqu'un** dar un jabón ou echar una bronca a alguien ‖ **savon à barbe** jabón de afeitar ■ **boîte à savon** jabonera ‖ **bulle de savon** burbuja ou pompa de jabón.
┃ **LE SAVON DE MARSEILLE** ────────
La industria jabonera existe en Marsella desde el siglo XVI. El jabón de Marsella se vende por ladrillos y es famoso por su pu-reza.

savonnage *m* enjabonado, jabonadura *f*, enjabonadura *f*.

savonner [3] *v tr* enjabonar, jabonar ‖ **FIG** & **FAM** dar un jabón, echar una bronca.

savonnerie *f* jabonería ‖ **la Savonnerie** la Savonnerie, antigua manufactura real de tapices en Francia.

savonnette *f* pastilla de jabón ‖ **montre à savonnette** reloj de bolsillo con tapa, sabo-neta.

savonneux, euse *adj* jabonoso, sa.

savonnier, ère *adj* & *s* jabonero, ra.
➤ **savonnier** *m* **BOT** jaboncillo (arbre).

savourer [3] *v tr* saborear.

savoureux, euse *adj* sabroso, sa.

savoyard, e [savwajar, ard] *adj* saboyano, na.

Savoyard, e *m & f* saboyano, na.

saxatile *adj* BOT saxátil.

saxe *m* porcelana *f* de Sajonia; un service de vieux saxe un servicio de vieja porcelana de Sajonia.

Saxe *n pr f* GÉOGR Sajonia.

saxhorn [saksɔrn] *m* MUS bombardino (instrument).

saxicole *adj* saxátil.

saxifragacées *f pl* BOT saxifragáceas.

saxifrage *f* BOT saxífraga.

saxo *m* FAM saxo.

saxon, onne *adj* sajón, ona.

Saxon, onne *m & f* sajón, ona.

saxophone *m* MUS saxofón, saxófono.

saxophoniste *m & f* MUS saxofonista.

Sayda; Saïda *n pr* GÉOGR Sayda, Saida.

saynète [sɛnɛt] *f* THÉÂTR sainete *m*.
  SYN intermède entremés; sketch sketch.

sayon [sɛjɔ̃] *m* sayo.

SBB (abr de **Schweizerische Bundesbahn**) *f* compañía de ferrocarriles suizos.

sbire *m* esbirro, polizonte.

sc. (abr écrite de **scène**) esc.

s/c (abr écrite de **sous couvert de**) a/c.

scabieux, euse [skabjø, øz] *adj* MÉD escabioso, sa.
  ➡ **scabieuse** *f* BOT escabiosa.

scabreux, euse *adj* escabroso, sa; un sujet scabreux un tema escabroso.

scaferlati [skaferlati] *m* tabaco de hebra.

scalaire *adj* escalar.
  ◇ *m* angelote, pez ángel (poisson).

scalde *m* escaldo.

scalène *adj m* GÉOM escaleno.

scalp *m* cuero cabelludo, cabellera *f* (trophée chez les Amérindiens).

scalpel *m* MÉD escalpelo.

scalper [3] *v tr* escalpar, despojar del cuero cabelludo.

scampi [skãpi] *m* CULIN ≃ gambas *f pl* fritas.

scandale *m* escándalo; faire un ou du scandale armar un escándalo ■ pierre de scandale piedra de escándalo ■ au grand scandale de escandalizando a.
  SYN esclandre, éclat escándalo; FAM pétard rebumbio, tremolina.

scandaleusement *adv* escandalosamente.

scandaleux, euse *adj* escandaloso, sa.

scandaliser [3] *v tr* escandalizar; scandaliser ses voisins escandalizar a los vecinos.
  ➡ **se scandaliser** *v pr* escandalizarse; se scandaliser de escandalizarse con.

scander [3] *v tr* POÉT escandir, medir ‖ MUS acompasar.

scandinave *adj* escandinavo, va.

Scandinave *m & f* escandinavo, va.

Scandinavie *n pr f* GÉOGR la Scandinavie Escandinavia.

scandium [skãdjɔm] *m* CHIM escandio.

Scanie *n pr f* GÉOGR (la) Scanie Escania.

scanner; scanneur *m* MÉD escáner, tomógrafo ‖ INFORM escáner.

scanographe *m* MÉD escáner, tomógrafo.

scanographie *f* MÉD tomografía computada (procédé) ‖ escanograma (image obtenue).

scansion *f* POÉT escansión.

scaphandre *m* escafandra *f*, escafandro.

scaphandrier *m* buzo.

scaphite *m* escafites *pl* (ammonite du crétacé).

scaphoïde *adj & s m* ANAT escafoides.

scapin *m* criado de teatro italiano ‖ FAM intrigante.

scapulaire *m* RELIG escapulario.
  ◇ *adj* ANAT escapular [del hombro].

scapulo-huméral, e *adj* escapulohumeral.
  OBSERV pl scapulo-huméraux, scapulo-humérales.

scarabée *m* ZOOL escarabajo.

scarabéidés *m pl* escarabeidos, coleópteros con antenas.

Scaramouche [skaramuʃ] *n pr* Scaramuccia.

scare *m* ZOOL escaro.

scarieux, euse *adj* BOT escarioso, sa.

scarificateur *m* AGRIC & MÉD escarificadora *f*.

scarification *f* MÉD escarificación.

scarifier [9] *v tr* AGRIC & MÉD escarificar.

scarlatine *f* MÉD escarlatina.

scarole *f* BOT escarola.

scat *m* canción *f* de jazz con letra improvisada ou disparatada (improvisation).

scatologie *f* escatología [broma soez].
  OBSERV Il existe également en espagnol le mot escatología, qui n'a pas la même racine que le précédent et qui signifie en français eschatologie, c'est-à-dire ce qui a trait à la vie d'outre-tombe.

scatologique *adj* escatológico, ca.

scatophile *adj* ZOOL escatófilo, la.

sceau [so] *m* sello ‖ garde des Sceaux ministro de Justicia ‖ FIG sous le sceau du secret bajo secreto.
  OBSERV L'espagnol sello a en outre le sens très courant de timbre (vignette postale, fiscale) et de cachet (pharmaceutique).

sceau-de-Salomon *m* BOT sello de Salomón.

scélérat, e [selera, at] *adj & s* malvado, da (méchant, criminel); perverso, sa; alevoso, sa (perfide) ‖ FIG & FAM bribonzuelo, la; pillo, lla.

scélératesse [seleratɛs] *f* maldad, perversidad.

scellage [selaʒ] *m* empotramiento.

scellé, e [sele] *adj* sellado, da; precintado, da ‖ AUTOM circuit scellé circuito precintado.
  ➡ **scellés** *m pl* sello *sing*, precinto *sing* sellado ‖ DR bris de scellés violación de sello, quebrantamiento de sello ‖ mettre les scellés precintar ‖ sous scellés precintado, da.

scellement [selmã] *m* TECHN empotramiento.

sceller [4] [sele] *v tr* sellar; sceller d'un cachet de cire sellar con sello de lacre ‖ FIG poner el sello a, confirmar (confirmer) ‖ precintar (une porte) ‖ TECHN empotrar (fixer) ‖ tapar (boucher) ‖ FIG sellar, asegurar, consolidar; sceller l'amitié sellar la amistad.

scénario; scenario [senarjo] *m* argumento (canevas d'une pièce) ‖ CINÉM guión.
  OBSERV 1. Ne pas confondre avec l'espagnol escenario, qui signifie en français scène.
  2. pl scénarios; scenarii.

scénariste [senarist] *m* CINÉM guionista ‖ THÉÂTR autor de argumentos.

scène [sɛn] *f* THÉÂTR escena, escenario *m*; être sur scène estar en el escenario ‖ escena (subdivision d'un acte) ‖ tablas *pl* (art dramatique) ‖ escena; c'est une scène attendrissante es una escena conmovedora ‖ teatro; cette pièce a été la scène du crime este cuarto ha sido el teatro del crimen ‖ FAM riña, disputa, altercado *m*; une scène de ménage una riña conyugal ■ sur le devant de la scène en primer plano ■ entrer en scène salir a escena ‖ faire une scène à quelqu'un hacer una escena ou armar un escándalo a uno ‖ mettre en scène dirigir (cinéma, théâtre) ‖ mettre sur ou porter à la scène llevar a la escena ‖ monter sur scène pisar el escenario ‖ porter à la scène llevar a escena ‖ sortir de scène hacer mutis.

scénique [senik] *adj* escénico, ca.

scéniquement *adv* de modo escénico.

scénographe *m* escenógrafo.

scénographie *f* escenografía.

scepticisme [sɛptisism] *m* escepticismo.

sceptique [sɛptik] *adj & s* escéptico, ca.

sceptre [sɛptr] *m* cetro ‖ FIG sceptre de fer gobierno de hierro ou despótico.

SCH (abr écrite de **schilling**) SCH.

Schaffhouse *n pr* GÉOGR Schaffhausen.

schah; shah; chah [ʃa] *m* cha, chah, shah (roi d'Iran).

schako [ʃako] ➡ **shako**.

schappe [ʃap] *m* borra *f* de seda, seda *f* azache.

schapska [ʃapska] *m* MIL chascás.

Schéhérazade; Shéhérazade [ʃeerazad] *n pr* Scheherazade.

scheidage [ʃedaʒ] *m* selección *f*, apartado (du minerai).

schéma [ʃema] *m* esquema (dessin) ‖ FIG esquema, plan (d'un projet, d'un ouvrage).

schématique *adj* esquemático, ca.

schématiquement *adv* mediante esquemas (par un dessin) ‖ esquemáticamente (en résumé).

schématisation *f* esquematización.

schématiser [3] *v tr* esquematizar.

schématisme *m* esquematismo.

schème *m* PHILOS esquema.

schéol [ʃeɔl] *m* el más allá (chez les juifs).

scherzo [skerdzo]; **scherzando** [skerdzãdo] *adv & s m* MUS scherzo.

schiedam [skidam] *m* aguardiente holandés y belga.

schilling [ʃiliŋ] *m* schilling (monnaie de l'Autriche).

schismatique [ʃismatik] *adj & s* RELIG cismático, ca.

schisme *m* RELIG cisma.

schiste *m* MIN esquisto | pizarra *f*; schiste bitumineux pizarra bituminosa.

schisteux, euse *adj* esquistoso, sa; laminar; pizarroso, sa.

schizoïde *adj* MÉD esquizoide.

schizophrène [skizɔfrɛn] *m* & *f* esquizofrénico, ca.

schizophrénie [skizɔfreni] *f* MÉD esquizofrenia.

schizophrénique [skizɔfrenik] *adj* MÉD esquizofrénico, ca.

schizothymie [skizɔtimi] *f* MÉD esquizotimia.

schlague [ʃlag] *f* MIL carrera de baquetas en el ejército alemán (punition).

schlamm [ʃlam] *m* TECHN residuos *pl* procedentes de la trituración.

schlass [ʃlas] *adj* FAM cansado.

Schleswig-Holstein *n pr m* GÉOGR le Schleswig-Holstein Schleswig-Holstein.

schlich [ʃliʃ] *m* mineral triturado.

schlinguer; chlinguer [3] [ʃlɛ̃ge] *v intr* VULG apestar.

schlittage [ʃlitaʒ] *m* arrastre de maderas en trineo [en los Vosgos franceses].

schlitte [ʃlit] *f* trineo *m* para arrastrar maderas.

schlitter [3] [ʃlite] *v tr* transportar en trineo.

schlitteur [ʃlitœr] *adj* & *s m* maderero que conduce el trineo.

schmilblik [ʃmilblik] *m* FAM ça ne fait pas avancer le schmilblik no hemos avanzado ni un ápice.

schnaps [ʃnaps] *m* FAM aguardiente.

schnauzer [ʃnozer] ou [ʃnawzœr] *m* especie de perro grifo.

schnock; chnoque [ʃnɔk] *m* TFAM un vieux schnock un viejo chocho.

schnorchel [ʃnɔrkel] *m* MAR schnorchel, doble tubo para alimentar de aire a un submarino.

scholiaste ⟶ scoliaste.

scholie ⟶ scolie.

schooner [ʃunɛr] *m* MAR escuna *f*, goleta *f*.

Schtroumpf, Schtroumpfette [ʃtrumf, ɛt] *n pr* pitufo, fa; les Schtroumpfs los pitufos.

Schubert [ʃubɛr] *n pr* Schubert.

schupo [ʃupo] *m* agente de policía alemán.

schuss [ʃus] *m* schuss (ski); descendre en schuss descender en schuss.

Schwyz [ʃviz] *n pr* GÉOGR Schwyz; le canton de Schwyz el cantón de Schwyz.

SCI (abr de société civile immobilière) *f* SCI.

sciable [sjabl] *adj* aserradizo, za; serradizo, za.

sciage *m* aserradura *f* (action) | bois de sciage madera serradiza.

Scialytique® *m* dispositivo de alumbrado sin sombra.

sciatique *adj* & *s f* ciático, ca; nerf sciatique nervio ciático.

scie [si] *f* TECHN sierra; scie à métaux sierra para metales | pez *m* sierra (poisson) | FAM lata, tabarra, pesadez (chose ennuyeuse), tos-

tón *m* (personne ennuyeuse) | estribillo *m* (rengaine) ■ scie à bois sierra para leña | scie à contourner ou à découper segueta | scie à ruban sierra de cinta | scie à tronçonner tronzador | scie circulaire sierra circular | scie de long sierra abrazadera | scie égoïne ou à main serrucho | scie sauteuse sierra alternativa vertical ■ en dents de scie en forma de sierra.

sciemment [sjamã] *adv* a sabiendas.

science *f* ciencia ■ sciences naturelles ciencias naturales | sciences humaines, sociales ciencias humanas, sociales | sciences politiques (sciences po) ciencias políticas ■ de science certaine a ciencia cierta.

science-fiction *f* ciencia ficción.
■ OBSERV *pl* sciences-fictions.

sciène *f* ZOOL esciena.

scientifique *adj* & *s* científico, ca.

scientifiquement *adv* científicamente.

scientisme *m* cientificismo.

scientiste *adj* & *s* partidario, ria del cientificismo.

scientologie *f* cientología.

scier [9] [sje] *v tr* serrar, aserrar | FIG & FAM dejar de una pieza (étonner vivement); cette nouvelle m'a scié esta noticia me ha dejado de una pieza | MAR ciar | FIG & FAM scier le dos à quelqu'un dar la lata ou el tostón a alguien.

scierie [siri] *f* aserradero *m*, serrería.

scieur [sjœr] *m* aserrador, serrador | scieur de long chiquichaque.

scieuse [sjøz] *f* TECHN aserradora, máquina aserradora.

scille [sil] *f* BOT cebolla albarrana, escila.

Scilly [sili] *n pr f pl* GÉOGR les (îles) Scilly las (islas) Scilly; aux Scilly en las Scilly (situation), a las Scilly (direction).

scincidés; scincoïdes *m pl* ZOOL escíncidos.

scinder [3] [sɛ̃de] *v tr* escindir, separar, dividir.

scinque [sɛ̃k] *m* ZOOL escinco.

scintillant, e [sɛ̃tijã, ãt] *adj* centelleante | titilante (une étoile) | brillante, chispeante (le style).

scintillation [sɛ̃tijasjɔ̃] *f*; **scintillement** [sɛ̃tijmã] *m* centelleo *m*.

scintiller [3] [sɛ̃tije] *v intr* centellear, cintilar | titilar (les étoiles) | FIG brillar.

scion [sjɔ̃] *m* AGRIC retoño, renuevo, pimpollo (pousse) | púa *f* (pour greffer) | rabiza *f* (de la canne à pêche).

sciotte [sjɔt] *f* sierra de marmolista.

Scipion [sipjɔ̃] *n pr* Escipión.

scirpe [sirp] *m* BOT castañuela *f*.

scissile [sisil] *adj* MIN hendible.

scission [sisjɔ̃] *f* escisión.

scissionniste *adj* & *s* escisionista.

scissipare *adj* ZOOL escísiparo, ra; fisíparo, ra.

scissiparité *f* escisiparidad, fisiparidad.

scissure *f* ANAT hendidura.

sciure [sjyr] *f* serrín *m*, aserrín *m* (de bois).

sciuridés *m pl* ZOOL esciúridos.

scléranthe [sklerãt] *m* BOT escleranto.

sclérenchyme *m* BOT esclerénquima *f*.

scléreux, euse *adj* MÉD escleroso, sa.

sclérophylle *adj* BOT esclerófilo, la.

scléroprotéine *f* escleroproteína.

sclérose *f* MÉD esclerosis; sclérose en plaques (SEP) esclerosis en placas.

sclérosé, e *adj* MÉD escleroso, sa.

scléroser [3]
➤ **se scléroser** *v pr* endurecerse | FIG estancarse, padecer esclerosis (habitudes, institutions, etc.).

sclérotique *f* ANAT esclerótica.

scolaire *adj* escolar; année scolaire curso escolar | d'âge scolaire en edad escolar.

scolarisable *adj* que puede ser escolarizado, da.

scolarisation *f* escolarización | asistencia a las escuelas.

scolariser [3] *v tr* escolarizar, dar instrucción.

scolarité *f* escolaridad; scolarité obligatoire escolaridad obligatoria ■ âge de scolarité edad escolar | frais de scolarité gastos de escolaridad.

scolasticat *m* seminario de teología, escolasticado.

scolastique *adj* escolástico, ca.
⟶ *m* escolástico (écrivain).
⟶ *f* escolástica (enseignement).

scolex *m* ZOOL escólex.

scoliaste; scholiaste *m* escoliasta, escoliador.

scolie; scholie *m* MATH escolio.
⟶ *f* GRAMM escolio *m*.

scoliose *f* MÉD escoliosis.

scolopendre *f* ZOOL escolopendra, ciempiés | BOT escolopendra, lengua de ciervo.

scolyte *m* ZOOL escólito.

scombridés *m pl* escómbridos (poissons).

sconse [skɔ̃s] *m* piel *f* de mofeta.

scoop [skup] *m* scoop, pisotón [jerga periodística].

scooter [skutœr] *m* scooter.

scootériste [skuterist] *m* & *f* conductor, conductora de scooter.

Scope (abr de CinémaScope®) *m* FAM cinemascope.

scopolamine *f* escopolamina.

scorbut [skɔrbyt] *m* MÉD escorbuto.

scorbutique *adj* & *s* MÉD escorbútico, ca.

score *m* tanteo (sports) | ouvrir le score abrir ou hacer funcionar el marcador.

scorie *f* escoria.

scorpène *f* escorpina, escorpena (poisson).

scorpion *m* ZOOL escorpión, alacrán | MIL escorpión.

Scorpion *m* ASTRON & ASTROL Escorpión; être Scorpion ser Escorpión.

scorsonère *f* escorzonera (salsifis).

scotch [skɔtʃ] *m* whisky (escocés).
■ OBSERV *pl* scotchs ou scotches.

Scotch® [skɔtʃ] *m* celo.

scotcher [3] *v tr* pegar con celo.

scotie *f* ARCHIT escocia.

scotisme *m* PHILOS escotismo.

scottish [skɔtiʃ] *f* chotis *m* (danse).

scottish-terrier [skɔtiʃterje] *m* perro zarcero de pelo duro.
　OBSERV pl scottish-terriers.

scout [skut] *m* scout, explorador.

scout, e [skut] *adj* de los exploradores.

scoutisme [skutism] *m* escutismo, organización *f* de exploradores.

SCP (abr de société civile professionnelle) *f* SCP.

Scrabble® [skrabəl] ou [skrabl] *m* JEUX scrabble.

scraper [skrapœr] *m* TECHN traílla *f*, excavadora *f*.

scratch [skratʃ] *adj & s m* SPORTS scratch.

scratcher [3] [skratʃe] *v tr* eliminar, descalificar (d'une épreuve sportive).

scribe *m* escriba (dans l'Antiquité) ▌ escribiente (qui fait des écritures) ▌ FAM chupatintas, plumífero.

scribouillard *m* FAM chupatintas, plumífero.

script [skript] *m* script, texto, copia *f*, guión.

scripte *m & f* CINÉM script, anotador, ra.

scripteur [skriptœr] *m* escriptor, escritor.

script-girl [skriptgœrl] *f* CINÉM script-girl, anotadora.
　OBSERV pl script-girls.

scriptural, e; scripturaire *adj* escriturario, ria.

scrofulaire *f* BOT escrofularia.

scrofulariacées *f pl* BOT escrofulariáceas.

scrofule *f* MÉD escrófula.

scrofuleux, euse *adj & s* escrofuloso, sa.

scrotum [skrɔtɔm] *m* ANAT escroto.

scrubber *m* TECHN depurador.

scrupule *m* escrúpulo; être sans scrupule no tener ningún escrúpulo ▌ se faire scrupule de quelque chose tener escrúpulos ou dudas con respecto a algo.

scrupuleusement *adv* escrupulosamente.

scrupuleux, euse *adj* escrupuloso, sa.

scrutateur, trice *adj & s m* escrutador, ra; escudriñador, ra.

scruter [3] *v tr* escudriñar, escrutar ▌ scruter l'horizon otear el horizonte.

scrutin *m* escrutinio, recuento de votos; dépouiller le scrutin efectuar el escrutinio, hacer el recuento de votos ▪ scrutin à deux tours votación ou elecciones a dos vueltas ▌ scrutin de ballotage votación de desempate, votación adicional ▌ scrutin proportionnel, majoritaire escrutinio proporcional, mayoritario ▌ scrutin uninominal escrutinio uninominal.

scull [skœl] *m* skull (embarcation).

sculpter [3] [skylte] *v tr* esculpir; sculpter sur marbre esculpir en mármol.

sculpteur [skyltœr] *m* escultor, tallista.
　SYN statuaire estatuario; modeleur modelador; imagier imaginero.

sculptural, e [skyltyral] *adj* escultural.

sculpture [skyltyr] *f* escultura; sculpture sur bois escultura en madera.

➦ **sculptures** *f pl* dibujos *m*, ranuras, resaltos *m* (pneus).

scutellaire *f* BOT escutelaria.

Scylla [sila] *n pr* Escila.

scyphozoaires *m pl* ZOOL acalefos.

scythe *adj* escita.

Scythe *m & f* escita.

Scythie *n pr f* HIST la Scythie Escitia.

scythique *adj* escítico, ca.

sdb (abr écrite de salle de bains) b.

SDECE [sdɛk] (abr de Service de documentation extérieure et de contre-espionnage) *m* servicio de inteligencia francés, hasta 1982.

SDF (abr de sans domicile fixe) *m & f* sin hogar *m & f inv*.

SDN (abr de Société des Nations) *f* SDN.

se [sə] *pron pers réfl* se.
　OBSERV Lorsque le pronom espagnol se accompagne un verbe à l'infinitif ou au gérondif, il est obligatoirement enclitique (se faire hacerse; en se promenant paseándose).

SE (abr écrite de Son Excellence) SE.

S-E (abr écrite de Sud-Est) SE.

sea-line *m* oleoducto submarino.
　OBSERV pl sea-lines.

séance *f* sesión; ouvrir, lever la séance abrir, levantar la sesión ▪ séance de cinéma sesión de cine ▌ séance plénière pleno, sesión plenaria ▌ séance tenante acto continuo ou sobre la marcha ▪ en séance publique en sesión pública.

séant, e *adj* decente; decoroso, sa (décent) ▌ que celebra sus sesiones (siégeant).

➦ **séant** *m* postura *f* del que está sentado ▪ être sur son séant estar sentado ▌ se mettre sur son séant incorporarse, sentarse.

seau [so] *m* cubo ▌ FAM il pleut à seaux llueve a cántaros ▌ cubitera (seau à glace).

sébacé, e *adj* sebáceo, a; glandes sébacées glándulas sebáceas.

sébaste *m* ZOOL escorpina *f*, rescaza *f*.

Sébastien *n pr* Sebastián.

Sébastopol *n pr* GÉOGR Sebastopol.

sébile *f* platillo *m*, escudilla.

sebkha *f* lago *m* salado (en Afrique du Nord).

séborrhée *f* MÉD seborrea.

sébum [sebɔm] *m* sebo.

sec, sèche [sɛk, sɛʃ] *adj* seco, ca; terrain, temps sec terreno, tiempo seco ▌ paso, sa; seco, ca (fruits) ▌ enjuto, ta (maigre) ▌ FIG seco, ca; un bruit sec un ruido seco; une réponse sèche una respuesta seca ▪ nourrice sèche ama seca ▌ pain, vin sec pan, vino seco ▌ perte sèche pérdida completa ▌ raisins secs pasas, uvas pasas ▪ à pied sec a pie enjuto ▌ FAM en cinq sec en un dos por tres.

➦ **sec** *m* seco, lo seco ▌ pienso seco (pour les bestiaux) ▪ au sec en seco ▌ tenir au sec guárdese en sitio seco (médicament).

➦ **sec** *adv* secamente; parler sec hablar secamente ▌ rotundamente, tajantemente, sin rodeos; il m'a dit non tout sec me dijo no rotundamente ▪ boire sec ser un gran bebedor ▪ à sec en seco; nettoyer à sec limpiar en seco; pelado, da; tronado, da (sans argent); vacío, a (vide); agotado, da; ce poète est à sec este poeta está agotado ▌ MAR à sec de voile a palo seco ▪ FAM mettre quelqu'un à sec dejarle a uno limpio (ruiner).

sécable *adj* divisible, cortable.

SECAM; Secam (abr de séquentiel à mémoire) *adj* SECAM *m*.

sécant, e *adj & s f* GÉOM secante.

sécateur *m* AGRIC podadera *f*, tijera *f* para podar.

sécession [sesesjɔ̃] *f* secesión ▌ la guerre de Sécession la guerra de Secesión ▌ faire sécession separarse de.

sécessionniste *adj & s* secesionista.

séchage *m* secado, secamiento.

sèche *f* FAM pitillo *m*, cigarro, cilindrín *m* (cigarette); griller une sèche echar un pitillo.

sèche-cheveux [sɛʃʃəvø] *m* secador [de pelo].

sèche-linge *m inv* secadora *f*.

sèche-mains *m inv* secamanos automático.

sèchement *adv* secamente; répondre sèchement contestar secamente.

sécher [18] *v tr* [▷ SYN] secar ▌ FIG fumarse [la clase] ARG SCOL.
　◇ *v intr* secarse ▌ estar pez ou pegado ARG SCOL ▌ hacer novillos (faire l'école buissonnière) ▪ FIG sécher de dépit reventar de despecho ▌ sécher sur pied consumirse de tristeza.
　SYN dessécher desecar; racornir endurecer, apergaminar, encoger; tarir agotar; déshydrater deshidratar; parcheminer apergaminar.

sécheresse [sɛʃrɛs] *f* sequedad ▌ AGRIC sequía ▌ FIG sequedad, esterilidad (absence d'images) ▌ sequedad, aridez (de l'âme) ▌ aridez (du style) ▌ sequedad (du ton).

sécherie [seʃri] *f* secadero *m*.

sécheur *m* secadero.

sécheuse *f* secadora.

séchoir *m* secadero (lieu) ▌ secador (appareil) ▌ tendedero (pour étendre le linge).

second, e [səgɔ̃, ɔ̃d] *adj* segundo, da ▌ secundario, ria; un ouvrage de second intérêt una obra de interés secundario ▪ de seconde main de segunda mano, de lance ▪ être dans un état second estar fuera de la realidad ▌ trouver un second souffle encontrar un nuevo impulso.

➦ **second** *m* segundo (personne ou chose en deuxième rang) ▌ suplente, segundo (suppléant) ▌ segundo piso ▌ padrino (duel) ▌ subcampeón (dans un championnat) ▪ MAR capitaine en second el segundo de a bordo ▌ MIL commandant en second segundo jefe.

➦ **seconde** *f* AUTOM segunda (boîte de vitesses) ▌ segunda (qui vient en deuxième rang) ▌ seconde, classe de seconde quinto año de bachillerato (lycée).

secondaire [səgɔ̃der] *adj* secundario, ria ▪ enseignement secondaire segunda enseñanza, enseñanza media ▌ secteur secondaire sector secundario ou industrial.
　◇ *m* secundario.
　SYN accessoire accesorio; subsidiaire subsidiario; concomitant concomitante.

secondairement *adv* accesoriamente.

seconde [səgɔ̃d] *f* segundo *m* (angle et temps) ▌ segunda (de devinette, d'escrime) ▌ voyager en seconde viajar en segunda.

secondement [səgɔ̃dmɑ̃] *adv* segundamente, en segundo lugar.

seconder [3] [səgɔ̃de] *v tr* secundar.
▪ **SYN** aider ayudar; assister asistir; servir servir.

secouement [səkumã] *m* sacudida *f.*

secouer [6] *v tr* [▷ **SYN**] sacudir; secouer un torchon sacudir un trapo ▮ zarandear (agiter très fort) ▮ agitar; secouer la tête agitar la cabeza ▮ **FIG** trastornar; sa maladie l'a secoué su enfermedad lo ha trastornado ▮ impresionar, trastornar; cette nouvelle m'a secoué esta noticia me ha impresionado ▮ **FIG & FAM** reñir, sacudir (réprimander) ▪ secouer la poussière d'un tapis sacudir una alfombra ▮ secouer le joug sacudir el yugo ▮ **FIG & FAM** secouer les puces sacudir el polvo.
➡ **se secouer** *v pr* sacudirse ▮ **FAM** reaccionar (ne pas se laisser aller).
▮ **SYN** balloter bambolear, tambalear; cahoter traquetear.

secourable *adj* caritativo, va; compasivo, va.

secourir [45] *v tr* socorrer; secourir les pauvres socorrer a los pobres.

secourisme *m* socorrismo.

secouriste *m & f* socorrista.

secours [səkur] *m* socorro, auxilio; appeler au secours pedir socorro; porter secours prestar socorro ▪ le secours en montagne auxilio ou socorro en montaña ▮ roue de secours rueda de repuesto ▮ sortie de secours salida de emergencia ▪ au secours! ¡auxilio!, ¡socorro! ▮ appeler quelqu'un à son secours pedir auxilio a alguien ▮ être d'un grand secours ser de una gran ayuda.
◇ *m pl* refuerzos (troupes) ▮ donativos (dons) ▪ premiers secours primeros auxilios.

secousse *f* sacudida; secousse tellurique sacudida telúrica ▮ **FIG** conmoción; une secousse politique una conmoción política.

secret [səkrɛ] *m* secreto; le secret de Polichinelle el secreto a voces ▪ secret de fabrication secreto de fabricación ▮ secret médical secreto médico ▮ serrure à secret cerradura de secreto ▪ en secret en secreto ▪ être tenu au secret professionnel estar obligado ou vinculado por el secreto profesional ▮ garder un secret, observer un secret guardar un secreto ▮ mettre au secret incomunicar, dejar incomunicado ▮ parler en secret secretear.

secret, ète [səkrɛ, ɛt] *adj* secreto, ta.

secrétaire *m & f* secretario, ria ▪ secrétaire de mairie secretario municipal ▮ secrétaire d'ambassade secretario de embajada ▮ secrétaire de direction secretaria de dirección ▮ secrétaire d'État ministro (ministre), secretario de Estado (aux États-Unis et au Vatican) ▮ secrétaire de rédaction secretario de redacción ▮ secrétaire général (SG) secretario general ▮ secrétaire médicale secretaria médica.
◇ *m* escritorio, secreter (meuble) ▮ **ZOOL** serpentario.

secrétairerie [səkretɛrri] *f* secretaría.

secrétariat [səkretarja] *m* secretaría *f* (bureau) ▮ secretariado (emploi).

secrète *f* **RELIG** secreta.

secrètement *adv* secretamente.
▮ **SYN** en secret en secreto; en cachette a escondidas; à la dérobée a hurtadillas; furtivement furtivamente; sourdement sordamente; en sous-main bajo mano; en tapinois de tapadillo; en catimini de callada, callandito.

sécréter [18] *v tr* segregar, secretar.

sécréteur, euse ou **trice** *adj* secretor, ra; secretorio, ria.

sécrétine *f* secretina.

sécrétion *f* **ANAT** secreción.

sécrétoire *adj* **ANAT** secretorio, ria.

sectaire *adj & s* sectario, ria.

sectarisme *m* sectarismo.

sectateur, trice *m & f* sectador, ra; sectario, ria.

secte *f* secta.

secteur *m* **GÉOM** sector; secteur circulaire, sphérique sector circular, esférico ▮ **ÉCON** sector; secteur primaire, secondaire, tertiaire sector primario ou agropecuario, secundario ou industrial, terciario ou de servicios ▮ secteur public, privé sector público, privado ▮ **MIL** sector ▮ **ÉLECTR** red *f*; brancher sur le secteur conectar con la red; fonctionne sur pile et secteur funciona con pila ou pilas y con electricidad.

section *f* sección, corte *m* (coupe) ▮ sección, departamento *m* (administration); section du Conseil d'État sección del Consejo de Estado ▪ section conique sección cónica ▮ section d'autoroute tramo de autopista ▮ section électorale distrito electoral ▮ section littéraire, scientifique letras, ciencias ▮ **MUS** section rythmique sección rítmica.

sectionnement *m* seccionamiento, corte ▮ división *f.*

sectionner [3] *v tr* seccionar, cortar, partir.
▮ **SYN** fractionner fraccionar; segmenter segmentar; fragmenter fragmentar; scinder escindir.

sectionneur *m* **ÉLECTR** seccionador.

sectoriel, elle *adj* sectorial.

sectorisation *f* división ou organización en sectores.

sectoriser [3] *v tr* dividir ou organizar en sectores.

séculaire *adj* secular.

sécularisation *f* secularización.

séculariser [3] *v tr* secularizar.

séculier, ère *adj* secular (du siècle, du monde); clergé séculier clero secular ▮ bras séculier brazo secular.
➡ **séculier** *m* seglar, lego ▮ laico (laïque).

secundo [səgɔ̃do] *adv* en segundo lugar, segundamente.

sécurisant, e *adj* que da seguridad.

sécuriser [3] *v tr* dar seguridad, tranquilizar.

sécuritaire *adj* relativo, va a la seguridad pública.

sécurité *f* seguridad ▮ seguro *m* (d'une arme) ▪ forces de sécurité fuerzas de seguridad ▮ la sécurité de l'emploi la seguridad del empleo ▮ la sécurité internationale la seguridad internacional ▮ la sécurité routière la seguridad vial ▮ système de sécurité sistema de seguridad ▪ être en sécurité estar fuera de peligro.
➡ **Sécurité sociale** *f* ≃ Seguridad Social (organisme) ▮ seguros *m pl* sociales (assurances).

▮ **LA SÉCURITÉ SOCIALE** _____
La seguridad social francesa, la "Sécu" como se le llama más familiarmente, fue creada en 1945-46. Es un régimen público de protección social que propone prestaciones de salud, de seguros de vejez y de viudez, de bajas por enfermedad y de descanso prenatal y posnatal. La seguridad social está financiada por las cotizaciones pagadas por los jefes de empresas (cotizaciones patronales) y por los empleados (cotizaciones salariales). Numerosos franceses suelen contratar además un seguro social complementario, una "mutuelle", que asegura todo o parte de los gastos que no son reembolsados por la seguridad social.

sedan *m* paño de Sedán.

sédatif, ive *adj & s m* **MÉD** sedativo, va; sedante; ordonner un sédatif recetar un sedante.

sédation *f* **MÉD** sedación.

sédentaire *adj & s* sedentario, ria.

sédentarisation *f* asentamiento *m* de los nómadas.

sédentariser [3] *v tr* asentar a los nómadas.

sédentarité *f* estado sedentario.

sedia gestatoria [sedjaʒestatɔrja] *f* silla gestatoria (du pape).

sédiment *m* sedimento.

sédimentaire *adj* sedimentario, ria.

sédimentation *f* sedimentación.

séditieux, euse *adj & s* sedicioso, sa.

sédition *f* sedición.

séducteur, trice *adj & s* seductor, ra.

séduction *f* seducción ▮ atractivo *m* (attrait irrésistible).

séduire [98] *v tr* seducir, cautivar; séduire par de belles promesses seducir con hermosas promesas ▮ seducir (une femme) ▮ sobornar, corromper; séduire un témoin sobornar a un testigo.

séduisant, e *adj* seductor, ra; atractivo, va.

sédum [sedɔm] *m* **BOT** telefio.

séfarade *adj & s* sefardí.

ségala *m* **AGRIC** centenal.

segment [sɛgmɑ̃] *m* **GÉOM & MÉCAN** segmento.

segmentaire *adj* segmentario, ria.

segmentation *f* segmentación.

segmenter [3] *v tr* segmentar.

Ségovie *n pr* **GÉOGR** Segovia.

ségrairie *f* bosque *m* en condominio (bois) ▮ condominio *m* de un bosque (possession).

ségrais *m* bosque aislado.

ségrégatif, ive *adj* segregativo, va.

ségrégation *f* segregación; ségrégation raciale segregación racial.

ségrégationnisme *m* segregacionismo, segregación *f* racial.

ségrégationniste *adj & s* segregacionista.

séguedille [segədij] *f* **MUS** seguidilla.

séguia *f* acequia (en Afrique du Nord).

seiche *f* sepia, jibia ▮ **GÉOGR** variación del nivel, desnivel *m* (d'un lac).

séide [seid] *m* secuaz, satélite.

seigle [sɛgl] *m* BOT centeno; **seigle ergoté** centeno atizonado.

seigneur [sɛnœr] *m* [▷ SYN] señor ■ **le Seigneur** Dios, el Señor ‖ **Notre Seigneur** nuestro Señor, Jesucristo ‖ **Seigneur!, Seigneur Dieu!** ¡Dios mío! ‖ **seigneur et maître** dueño y señor ■ **à tout seigneur tout honneur** a tal señor tal honor ■ **faire le seigneur** tener muchos humos, dárselas de señor ‖ **vivre en grand seigneur** vivir a lo grande.

> OBSERV La palabra francesa **seigneur** no tiene nunca el sentido de caballero que tiene la palabra española **señor**.
> SYN **suzerain, souverain** soberano; **sire** señor.

seigneuriage [sɛnœrjaʒ] *m* señorío (droit d'un seigneur) ‖ señoreaje (droit du roi).

seigneurial, e [sɛnœrjal] *adj* señoril, señorial.

seigneurie [sɛnœri] *f* señorío *m* (autorité et territoire) ‖ señoría (titre); **votre seigneurie** su señoría.

seille [sɛj] *f* herrada (en bois) ‖ cubo *m*, balde *m* de lona (en toile).

seillon [sɛjɔ̃] *m* cubeta *f*.

seime [sɛm] *f* cuarto *m* (du sabot du cheval).

sein [sɛ̃] *m* ANAT [▷ SYN] pecho; **donner le sein à un nourrisson** dar el pecho a un nene ‖ FIG pecho, seno; **presser contre son sein** apretar contra su pecho ‖ seno, centro; **dans le sein de la Terre** en el seno de la Tierra ■ **le sein d'Abraham** el seno de Abraham ■ **au sein de** dentro de, en el mismo, en el seno de.

> SYN **mamelle** teta, mama; **téton** pezón; **mamelon** pezón; **gorge, poitrine** pecho; **giron** regazo.

Sein *n pr* GÉOGR **l'île de Sein** la isla de Sein.

Seine *n pr f* GÉOGR **la Seine** el Sena.

seine; senne *f* jábega, traína.

Seine-et-Marne *n pr f* GÉOGR Seine-et-Marne; **en Seine-et-Marne** en Seine-et-Marne.

Seine-Maritime *n pr f* GÉOGR Seine-Maritime; **en Seine-Maritime** en Seine-Maritime.

Seine-Saint-Denis *n pr f* GÉOGR Seine-Saint-Denis; **en Seine-Saint-Denis** en Seine-Saint-Denis.

seing [sɛ̃] *m* DR firma *f* ■ **blanc-seing** firma en blanco ‖ **sous seing privé** sin legalizar.

> OBSERV El español **firma** se traduce en general por **signature**.

séisme *m* seísmo, sismo, terremoto.

> SYN **tremblement de terre** terremoto; **cataclysme** cataclismo.

séismicité; sismicité *f* frecuencia de seísmos.

séismique; sismique *adj* sísmico, ca.

séismographe; sismographe *m* sismógrafo.

séismologie; sismologie *f* sismología.

SEITA (abr de Société nationale d'exploitation industrielle des tabacs et allumettes) *f* sociedad pública francesa de explotación industrial de tabacos y fósforos, ≃ Tabacalera SA.

seize [sɛz] *adj & s m inv* dieciséis, diez y seis.

seizième [sɛzjɛm] *adj num* decimosexto, ta ‖ **le seizième siècle** el siglo dieciséis.

◇ *m & f* decimosexto, ta.

◇ *m* dieciseisavo, dieciseisava parte *f* ‖ **le 16e** barrio lujoso del oeste de París.

LE SEIZIÈME
Este término, que propiamente hace referencia al distrito 16 de París, representa un medio social, un estilo de vida y una moda vestimentaria de las capas mejor asentadas de la población.

seizièmement *adv* decimosexto.

séjour *m* estancia *f*, permanencia *f* (dans un lieu); **un court séjour à Paris** una breve estancia en París ‖ temporada (temps); **faire un séjour à** pasar una temporada en ‖ morada *f* (demeure), mansión *f* (résidence) ■ **carte de séjour** tarjeta de residencia ‖ **salle de séjour** cuarto de estar.

séjourner [3] *v intr* permanecer, residir (résider) ‖ estarse, quedarse (rester) ‖ [▷ SYN] estancarse, remansarse (eau).

> SYN **stagner** estancarse; **croupir** estancarse; **s'arrêter** detenerse.

sel [sɛl] *m* sal *f*; **sel marin** sal marina; **sel gemme** sal gema, sal pedrés ‖ CHIM sal *f* ‖ FIG sal *f* (finesse d'esprit) ■ FIG **sel attique** sal ática, aticismo ‖ **sel d'Angleterre ou d'Epsom ou de magnésie ou de Sedlitz** sal de Higuera (sulfate de magnésium) ‖ **sel de Glauber** sulfato de sosa ‖ **sel de Saturne** sal de plomo ou de Saturno ‖ **sel de Vichy** bicarbonato de sosa ‖ **sel d'oseille** sal de acederas ‖ **sel gris, de cuisine** sal morena, de cocina.

➤ **sels** *m pl* sales *f* (pour ranimer) ‖ **sels de bain** sales de baño.

sélaciens *m pl* ZOOL selacios.

sélaginelle *f* BOT selaginella.

sélect, e [selɛkt] *adj* FAM selecto, ta.

sélecteur *m* selector.

sélectif, ive *adj* selectivo, va.

sélection *f* selección ■ **sélection naturelle** selección natural ‖ **sélection professionnelle** selección de personal ■ SPORTS **épreuve de sélection** prueba eliminatoria ou clasificatoria ‖ **faire, opérer une sélection parmi** seleccionar ou elegir ou escoger entre (varias personas o cosas).

sélectionné, e *adj & s* seleccionado, da (joueur).

sélectionner [3] *v tr* seleccionar, escoger.

sélectionneur, euse *adj & s* seleccionador, ra.

sélectivement *adv* selectivamente, por selección.

sélectivité *f* RAD selectividad.

séléniate; sélénate *m* CHIM seleniato.

sélénieux *adj m* CHIM selenioso.

sélénique *adj m* CHIM selénico.

sélénite *m* selenita *f*.

séléniteux, euse *adj* CHIM selenitoso, sa.

sélénium [selenjɔm] *m* CHIM selenio.

séléniure *m* CHIM seleniuro; **séléniure de gallium** seleniuro de galio.

sélénographie *f* ASTRON selenografía.

sélénographique *adj* selenográfico, ca.

sélénologie *f* selenología.

Séleucides *m pl* HIST Seleúcidas.

Séleucos *n pr* Seleuco.

self [self] *f* ÉLECTR self *m*, carrete *m* de selfinducción.

self *m* FAM autoservicio, self-service.

self-control [selfkɔ̃trol] *m inv* autocontrol *m*.

self-government [selfɡɔvernment] *m* autogobierno.

> OBSERV pl **self-governments**.

self-inductance [selfɛ̃dyktãs] *f* ÉLECTR autoinductancia.

> OBSERV pl **self-inductances**.

self-induction [selfɛ̃dyksjɔ̃] *f* ÉLECTR autoinducción, selfinducción.

> OBSERV pl **self-inductions**.

self-made-man [selfmɛdman] *m* (mot anglais) self-made man.

> OBSERV pl **self-made-men**.

self-service *m* autoservicio, self-service.

> OBSERV pl **self-services**.

selle *f* silla, silla de montar (pour cavalier) ‖ sillín *m* (de bicyclette) ‖ banco *m* (de sculpteur) ‖ faldilla, cuarto *m* trasero (viande) ‖ deposición (évacuation par les voies naturelles) ■ **selle anglaise** silla inglesa, galápago ■ **cheval de selle** caballo de silla ■ **aller à la selle** ir al retrete, hacer sus necesidades ‖ FIG **être bien en selle** estar bien amarrado [en su empleo] ‖ **remettre quelqu'un en selle** sacarle a uno adelante.

> OBSERV Le mot espagnol **silla** signifie principalement **chaise**.

seller [4] *v tr* ensillar.

sellerie *f* guarnicionería, talabartería (profession) ‖ guarniciones *pl*, arreos *m pl* (harnais) ‖ guadarnés *m*, guarnés *m* (magasin de harnais).

sellette *f* banquillo *m* (de l'accusé) ‖ banco *m* (de sculpteur) ‖ asiento *m* suspendido (maçons et peintres) ‖ sillín *m* (harnais) ‖ asiento *m* abatible (de stalle) ■ FIG **être sur la sellette** estar en el banquillo de los acusados ‖ **mettre ou tenir quelqu'un sur la sellette** agobiar a preguntas.

sellier *m* guarnicionero, talabartero.

selon [səlɔ̃] *prép* según; **selon les cas** según los casos; **selon cet auteur** según este autor ‖ conforme a, según; **j'ai agi selon vos désirs** he actuado conforme a sus deseos ■ **selon lui, moi** a su, a mi modo de ver ‖ **selon que** según que ■ FAM **c'est selon** según, depende.

> SYN **d'après** con arreglo a; **conformément à** conforme a.

SEM (abr de société d'économie mixte) *f* sociedad de economía mixta.

S.Ém. (abr écrite de Son Éminence) S.Em.

semailles [səmaj] *f pl* siembra *sing*, sementera *sing*.

semaine *f* semana; **la semaine des quatre jeudis** la semana que no tenga viernes ‖ salario semanal, semana (des ouvriers) ■ **semaine anglaise** semana inglesa ‖ **semaine sainte** Semana Santa ■ **en semaine** durante la semana ■ **être de semaine** estar de semana ‖ **il y a plus de jours que de semaines** hay más días que longanizas ‖ **prêter à la petite semaine** prestar a dita.

semainier, ère *m & f* semanero, ra.

➤ **semainier** *m* (ancien) semanario (boîte à rasoirs) ‖ semanario (bracelet) ‖ agenda *f* semanal.

sémantique *adj & s f* semántico, ca.

sémantiquement *adv* de modo semántico.

sémaphore *m* semáforo (chemin de fer, maritime).

sémaphorique *adj* semafórico, ca.

semblable [sɑ̃blabl] *adj & s* semejante ▮ il n'a pas son semblable pour no hay quien le gane a.

  ▮ SYN ressemblant parecido; analogue análogo; équivalent equivalente; adéquat adecuado; similaire similar; conforme conforme; pareil igual; tel tal, como; identique idéntico; FAM kif-kif igualito.

semblablement *adv* semejantemente.

semblant *m* apariencia *f*; un semblant d'amitié una apariencia de amistad ▮ faire semblant de hacer como si ou que, fingir, hacer el paripé de, simular que ▮ faire semblant de ne pas voir hacer la vista gorda ▮ FAM ne faire semblant de rien disimular, aparentar indiferencia.

sembler [3] *v intr* [▷ SYN] parecer; cela me semble bon eso me parece bueno.
  ◇ *v impers* parecer; il semble que parece que ▮ ce me semble a mi parecer, en mi opinión, a mi juicio ▮ comme bon vous semblera como le parezca ▮ il me semble me parece ▮ que vous semble-t-il de cela? ¿qué le parece a usted esto? ▮ si bon vous semble si le parece bien.
  ▮ SYN paraître parecer; avoir l'air parecer.

séméiologie; sémiologie *f* MÉD semiología, semiótica.

séméiologique; sémiologique *adj* MÉD semiológico, ca.

semelle [sɑmɛl] *f* suela (sous les chaussures) ▮ plantilla (dans les chaussures) ▮ soleta (d'un bas) ▮ solera (poutre) ▮ zapata (d'ancre) ▮ pie *m* (mesure) ◼ semelle compensée suela compensada ◼ battre la semelle golpear el suelo con los pies para calentarlos ▮ FIG ne pas avancer d'une semelle no avanzar ni un paso ▮ ne pas quitter quelqu'un d'une semelle no dejar a uno a sol ni a sombra, pisarle los talones a uno ▮ ne pas reculer d'une semelle no ceder un ápice.

semence *f* AGRIC simiente, semilla (graine) ▮ ANAT semen *m* ▮ tachuela (petit clou) ▮ perlitas *pl*, aljófar *m* (perles) ▮ FIG semilla, germen *m*.

semen-contra [semɛnkɔ̃tra] *m inv* MÉD semencontra, santónico.

semer [19] [sɑme] *v tr* sembrar; semer des céréales sembrar cereales ▮ sembrar, esparcir (disséminer); semer des fleurs sur son passage sembrar flores al pasar ▮ FIG sembrar, propagar, esparcir (répandre); semer la discorde sembrar la discordia ▮ FAM dejar tirado, muy atrás a (un concurrent) ▮ librarse de; semer un importun librarse de un majadero ▮ despistarse de; les bandits ont semé la police los bandidos se han despistado de la policía ◼ semer à tous vents sembrar a los cuatro vientos ▮ semer son argent distribuir dinero a manos llenas ▮ semé de difficultés lleno de dificultades.

semestre *m* semestre.

semestriel, elle *adj* semestral.

semestriellement *adv* semestralmente.

semeur, euse *m & f* sembrador, ra ▮ FIG propagador, ra; semeur de faux bruits propagador de noticias falsas.

semi-aride *adj* semiárido, da; casi árido, da.
  ▮ OBSERV pl semi-arides.

semi-automatique *adj* MIL semiautomático, ca.
  ▮ OBSERV pl semi-automatiques.

semi-chenillé, e [səmiʃənije] *adj* semioruga; véhicule semi-chenillé vehículo semioruga.
  ▮ OBSERV pl semi-chenillés, semi-chenillées.

semi-circulaire *adj* semicircular.
  ▮ OBSERV pl semi-circulaires.

semi-coke *m* semicoque.
  ▮ OBSERV pl semi-cokes.

semi-conducteur *m* ÉLECTR semiconductor.
  ▮ OBSERV pl semi-conducteurs.

semi-fini *adj m* semiacabado, semimanufacturado; produits semi-finis productos semiacabados.
  ▮ OBSERV pl semi-finis.

semi-liberté *f* en semi-liberté ≃ en régimen abierto.
  ▮ OBSERV pl semi-libertés.

sémillant, e [semijɑ̃, ɑ̃t] *adj* vivaracho, cha (vif) ▮ vivo, va (spirituel).

sémillon [semijɔ̃] *m* cepa *f* blanca de Burdeos (raisin).

semi-lunaire *adj* ANAT semilunar.
  ▮ OBSERV pl semi-lunaires.

séminaire *m* seminario (école, groupe, réunion) ▮ petit séminaire seminario menor.

séminal, e *adj* seminal.

séminariste *m* seminarista.

Séminoles *n pr m pl* les Séminoles los Seminola.

semi-nomade *adj & s* seminómada.
  ▮ OBSERV pl semi-nomades.

semi-nomadisme *m* seminomadismo.
  ▮ OBSERV pl semi-nomadismes.

sémiologie ➡ **séméiologie**.

sémiologique ➡ **séméiologique**.

sémiotique *f* semiótica.

semi-ouvré, e *adj* semimanufacturado, da.
  ▮ OBSERV pl semi-ouvrés, semi-ouvrées.

semi-perméable *adj* PHYS semipermeable.
  ▮ OBSERV pl semi-perméables.

semi-public, ique *adj* semipúblico, ca.
  ▮ OBSERV pl semi-publics, semi-publiques.

Sémiramis *n pr* Semíramis.

semi-remorque *f* semirremolque *m*.
  ▮ OBSERV pl semi-remorques.

semi-rigide *adj* semirrígido, da.
  ▮ OBSERV pl semi-rigides.

semis [səmi] *m* siembra *f*, sembradura *f* (semailles) ▮ sembrado, sementera *f* (champ ensemencé) ▮ almáciga *f*, semillero (plant).

sémististe ➡ **sémitisant**.

sémite *adj & s* semita.

sémitique *adj* semítico, ca.
  ◇ *m* LING semítico.

sémitisant, e; sémitiste *m & f* semitista.

sémitisme *m* semitismo.

semi-voyelle [səmivwajɛl] *f* GRAMM semivocal.
  ▮ OBSERV pl semi-voyelles.

semnopithèque *m* ZOOL semnopiteco.

semoir *m* AGRIC sembradora *f* (machine) ▮ sementero (sac).

semonce *f* amonestación, reprimenda, reconvención ▮ MAR coup de canon de semonce disparo de advertencia ou de aviso.

semoncer [16] *v tr* LITT amonestar, reprender, reconvenir.
  ▮ OBSERV La palabra francesa reconvenir sólo tiene un sentido jurídico.

semoule *f* sémola ▮ sucre semoule azúcar en polvo.

semper virens [sɛ̃pervirɛ̃s] *m inv* BOT planta *f* perenne.

sempiternel, elle *adj* sempiterno, na.

sempiternellement *adv* sempiternamente.

sen [sɛn] *m* sen (unité monétaire).

sénat [sena] *m* senado ▮ le Sénat el Senado.

  ▮ LE SÉNAT
  El Senado francés representa la cámara más alta del parlamento. Sus miembros son elegidos por los diputados de la "Assemblée nationale" y por ciertas personalidades del gobierno por un periodo de nueve años. Si el Presidente de la República se viera en la imposibilidad de ejercer sus funciones, sería el Presidente del Senado el que desempeñaría ese cargo. Los poderes del "Sénat" son prácticamente los mismos que los de la "Assemblée nationale" aunque, en caso de desacuerdo entre las dos cámaras, la "Assemblée nationale" puede no tomar en cuenta las decisiones del "Sénat".

sénateur *m* senador ▮ FAM train de sénateur paso lento, aire grave.

sénatorerie *f* senaduría.

sénatorial, e *adj* senatorial; senatorio, ria.

sénatus-consulte [senatyskɔ̃sylt] *m* senadoconsulto.

séné *m* BOT sen, sena *f* ▮ faux séné espantalobos.

sénéchal *m* senescal.

sénéchaussée *f* senescalía, senescalado *m*.

séneçon *m* BOT hierba *f* cana, pan de pájaros, auzón.

Sénégal *n pr m* GÉOGR le Sénégal Senegal (État) ▮ le Sénégal el Senegal (fleuve).

sénégalais, e *adj* senegalés, esa.

Sénégalais, e *m & f* senegalés, esa.

Sénèque *n pr* Séneca.

sénescence [senesɑ̃s] *f* BIOL senescencia.

sénescent, e [senesɑ̃, ɑ̃t] *adj* senescente ▮ BLAS senestrado, da.

senestre; sénestre *f* siniestra.

senestré, e *adj* BLAS siniestrado, da.

sénevé *m* BOT mostaza *f* negra ▮ le grain de sénevé el grano de mostaza (Bible).

sénile *adj* senil.

sénilité *f* senilidad.

senior [senjɔr] *adj & s* SPORTS senior.

senne ➡ **seine**.

sens [sɑ̃s] *m* sentido; le sens de la vue el sentido de la vista; sens commun sentido co-

mún ▌[▷ SYN] sentido, razón; perdre l'usage des sens perder uno el sentido ▪ sens unique, interdit dirección única, prohibida (circulation) ▪ bon sens sensatez, sentido común ▪ à double sens de doble sentido (mot), de dirección doble (circulation) ▌à mon sens a mi entender, a mi juicio ▌dans ou en un sens en cierto sentido ou modo ▌dans le mauvais sens en sentido contrario ou opuesto ▌dans le sens de la longueur, de la largeur en sentido longitudinal, transversal ▌dans le sens des aiguilles d'une montre en el sentido de las manecillas ou agujas del reloj ▌en ce sens que en el sentido de que ▌en dépit du bon sens en contra del sentido común, sin sentido común ▌sens dessus dessous trastornado, da (moralement), en desorden, patas arriba (en désordre) ▌sens devant derrière del revés ▪ abonder dans le sens de quelqu'un abundar en la opinión ou en las ideas de uno, ser del mismo parecer que otro ▌avoir le sens de la mesure ser mesurado ▌avoir le sens des affaires tener sentido de los negocios ▌reprendre (l'usage de) ses sens recobrar el conocimiento (reprendre connaissance) ▌tomber sous le sens ser evidente, caer de su peso ▌ça n'a pas de sens (eso) no tiene sentido.
▌ SYN raison razón; discernement discernimiento; jugeotte caletre.

sensass adj inv FAM guay.

sensation f sensación ▪ nouvelle à sensation noticia sensacional ▪ FIG faire sensation impresionar, causar sensación.

sensationnalisme m sensacionalismo.

sensationnel, elle adj sensacional.
◆ **sensationnel** m FAM lo sensacional.

sensé, e adj sensato, ta; cuerdo, da.

sensément adv (soutenu) con sensatez.

sensibilisateur, trice adj & s sensibilizador, ra.

sensibilisation f PHOT sensibilización.

sensibiliser [3] v tr PHOT sensibilizar ▌despertar ou aguzar la sensibilidad ▌tocar en; sensibiliser l'amour propre tocar el amor propio ▌conmover; sensibiliser l'opinion publique conmover la opinión pública.

sensibilité f sensibilidad.
▌ SYN sensiblerie sensiblería; émotivité emotividad.

sensible adj [▷ SYN] sensible; point sensible punto sensible ▌apreciable, notable, sensible; progrès sensibles progresos notables.
▌ SYN douillet delicado; impressionnable impresionable.

sensiblement adv sensiblemente ▌ils ont sensiblement le même poids pesan prácticamente ou casi lo mismo.

sensiblerie f sensiblería.

sensitif, ive adj sensitivo, va.
◇ m & f persona excesivamente susceptible.
◆ **sensitive** f BOT sensitiva.

sensoriel, elle adj sensorial; sensorio, ria.

sensorimétrique adj que mide las sensaciones.

sensualisme m sensualismo.

sensualiste adj & s sensualista.

sensualité f sensualidad.

sensuel, elle adj & s sensual.

sente f senda, sendero m.

sentence f sentencia (phrase et jugement).

sentencieusement adv sentenciosamente.

sentencieux, euse adj sentencioso, sa.

senteur f olor m ▌BOT pois de senteur guisante de olor.

senti, e adj sentido, da ▌FIG claro, ra; observation bien sentie observación bien clara.

sentier m sendero, senda f ▌FIG camino; hors des sentiers battus fuera de los caminos trillados.

sentiment m sentimiento; avoir de bons sentiments tener buenos sentimientos ▌sentir, sentimiento; le sentiment de la nation el sentir de la nación ▪ avoir le sentiment que darle a uno la impresión que, parecerle a uno que ▌faire du sentiment ser sensiblero; caer en la sensiblería ▌recevez mes sentiments respectueux reciban un respetuoso saludo ▌si vous me prenez par les sentiments si apela a mis sentimientos.

sentimental, e adj sentimental.

sentimentalement adv sentimentalmente.

sentimentalisme m sentimentalismo.

sentimentalité f sentimentalismo m.

sentine f MAR sentina.

sentinelle f centinela m; en sentinelle de centinela ▌(trivial) catalina (excrément).

sentir [37] v tr [▷ SYN 1] sentir; sentir une violente douleur sentir un dolor violento ▌[▷ SYN 2] oler; sentir un parfum oler un perfume ▌oler a (dégager une odeur); ce mouchoir sent la lavande este pañuelo huele a lavanda ▌saber (avoir le goût de) ▌apreciar, sentir; sentir la poésie sentir la poesía ▌notar; on sent de la gaieté sous chacun de ses mots se nota alegría en cada una de sus palabras ▌FIG oler a, tener trazas de; cela sent le roman esto tiene trazas de novela ▪ FAM sentir le roussi oler a chamusquina ▌sentir le sapin oler a difunto ▪ cela sent la fin está en las últimas ▌FIG & FAM ne pouvoir sentir quelqu'un no poder sufrir, no tragar a alguien, atragantársele a uno alguien ▌se faire sentir sentirse, notarse; le froid commence à se faire sentir comienza a sentirse el frío.
◇ v intr oler; sentir bon, mauvais oler bien, mal; ce poisson sent este pescado huele.
◆ **se sentir** v pr sentirse; je me sens mal me siento mal ▌ne plus se sentir de joie no poder contener la alegría ▌se sentir le courage, la force de sentirse con valor, fuerzas para.
▌ SYN 1. ressentir sentir; éprouver experimentar.
▌ 2. fleurer oler a; subodorer barruntar; flairer olfatear.

seoir [67] [swar] v intr sentar, ir bien, favorecer (convenir) ▌estar sito; maison sise dans le centre casa sita en el centro ▌celebrar sesiones; la cour séant à Paris el tribunal celebrando sus sesiones en París ▌estar sentado; Jésus-Christ sied à la droite du Père Jesucristo está sentado a la diestra de Dios Padre.
◇ v impers convenir ▌comme il sied como conviene.

▌ OBSERV Seoir no se emplea en infinitivo y sólo se emplea en la tercera persona de los tiempos simples.

Séoul n pr GÉOGR Seúl, Sóul.

sep m dental (de charrue).

SEP (abr de sclérose en plaques) f EM.

sépale m BOT sépalo.

sépaloïde adj sepaloideo, a.

séparable adj separable.

séparateur, trice adj & m separador, ra.

séparation f separación ▌DR séparation de biens separación de bienes ▌séparation de corps separación [matrimonial].

séparatisme m separatismo.

séparatiste adj & s separatista.

séparé, e adj separado, da ▌diferente; distinto, ta; des intérêts séparés intereses diferentes.

séparément adv por separado.

séparer [3] v tr [▷ SYN] separar; séparer les bons d'avec les méchants separar los buenos de los malos ▌dividir; séparer une chambre en trois dividir una habitación en tres.
◆ **se séparer** v pr separarse ▌separarse, despedirse (prendre congé) ▌dividirse ▌DR separarse, no vivir juntos los esposos.
▌ SYN diviser dividir; dissocier disociar; disjoindre, désunir desunir; détacher apartar.

sépia f ZOOL jibia, sepia ▌sepia m (couleur) ▌dibujo m hecho con sepia (dessin).

seps [sɛps] m ZOOL seps, eslizón.

sept [sɛt] adj num & s inv siete ▌séptimo; Charles VII (septième) Carlos VII [séptimo].

septain [sɛtɛ̃] m estrofa f de siete versos.

septante [sɛptɑ̃t] adj num & s inv setenta (en Belgique et en Suisse).

Septante n pr f la (version des) Septante la (versión de los) Setenta (Bible).

septembre [sɛptɑ̃br] m septiembre, setiembre.

septemvir [sɛptɛmvir] m septenviro.

septénaire [sɛptener] adj & s m septenario, ria.

septennal, e adj septenal.

septennalité f calidad de septenal.

septennat m septenio ▌septenio (mandat de sept ans).

septentrion m septentrión.

septentrional, e adj septentrional.

septicémie f septicemia.

septicémique adj septicémico, ca.

septicité f septicidad.

septidi m séptimo día de la década en el calendario republicano francés.

septième [sɛtjɛm] adj num ord & s séptimo, ma ▌FIG septième ciel séptimo cielo.
◇ m la séptima parte f.
◇ f curso m de ingreso en Bachillerato ▌MUS séptima.

septièmement [sɛtjɛmmɑ̃]; **septimo** [sɛptimo] adv en séptimo lugar.

septique adj séptico, ca.

septuagénaire adj & s septuagenario, ria.

septuagésime *f* septuagésima.

septuor *m* MUS septeto.

septuple *adj* & *s m* séptuplo, pla.

septupler [3] *v tr* septuplicar.
◇ *v intr* septuplicarse, septuplicar.

sépulcral, e *adj* sepulcral ‖ FIG voix sépulcrale voz sepulcral.

sépulcre *m* sepulcro.

sépulture *f* sepultura.

séquanais, e [sekwanɛ, ɛz] *adj* sécuano, na.

séquelle [sekɛl] *f* pandilla, caterva (suite de gens méprisables) ‖ FIG sarta, retahíla, cáfila (de questions, de remarques) ‖ secuela (suites d'une maladie).

séquençage *m* BIOL triplete.

séquence [sekɑ̃s] *f* RELIG secuencia ‖ CINÉM secuencia, escena ‖ escalera (jeux).

séquentiel, elle *adj* INFORM secuencial.

séquestration [sekɛstrasjɔ̃] *f* secuestro *m*, secuestración.

séquestre [sekɛstr] *m* secuestro, embargo (saisie) ■ séquestre judiciaire depósito judicial ■ lever le séquestre desembargar ‖ mettre sous séquestre embargar.

séquestrer [3] [sekɛstre] *v tr* secuestrar, embargar (saisir) ‖ FIG secuestrar (isoler une personne).
➦ **se séquestrer** *v pr* FIG encerrarse, aislarse del trato social.

sequin *m* cequí (monnaie arabe).

séquoia [sekɔja] *m* secoya *f* (arbre).

sérac *m* GÉOL sérac, aglomeración *f* de bloques de hielo en un glaciar ‖ queso blanco de los Alpes.

sérail [seraj] *m* serrallo (harem) ‖ palacio ‖ FIG rentrer au sérail introducirse en las altas esferas.

sérançage *m* rastrillado.

sérancer [16] *v tr* rastrillar (le chanvre, le lin).

sérapéum [serapeɔm] *m* serapeo (temple dans l'Antiquité).

séraphin *m* serafín (esprit céleste).

Séraphin *n pr* Serafín.

séraphique *adj* seráfico, ca ‖ le docteur séraphique el Doctor Seráfico [San Buenaventura].

serbe *adj* serbio, bia; servio, via.
◇ *m* LING serbio; servio.

Serbe *m* & *f* serbio, bia; servio, via.

Serbie *n pr f* GÉOGR la Serbie Serbia, Servia.

serbo-croate *adj* serbocroata, servocroata.
◇ *m* LING serbocroata.
‖ OBSERV pl serbo-croates.

Serbo-croate *m* & *f* serbocroata, servocroata.

Sercq [sɛrk] *n pr* GÉOGR (l'île de) Sercq (la isla de) Sark.

serdeau *m* sausería *f* (office) ‖ sausier (officier de bouche).

séré *m* requesón (fromage blanc).

serein, e [sərɛ̃, ɛn] *adj* sereno, na; temps serein tiempo sereno ‖ sereno, na; apacible (tranquille).
➦ **serein** *m* LITT sereno, relente (humidité nocturne).

OBSERV Le mot espagnol sereno désigne aussi le veilleur de nuit.

sereinement *adv* serenamente, con serenidad.

sérénade *f* serenata.

sérénissime *adj* serenísimo, ma (titre).

sérénité *f* serenidad (du ciel) ‖ FIG serenidad, calma ‖ serenidad (titre).

séreux, euse *adj* & *s f* seroso, sa.

serf, serve [sɛrf, sɛrv] *adj* esclavo, va; servil ‖ FIG servil.
◇ *m* & *f* siervo, va.

serfouette *f* AGRIC binador *m*, escardillo *m*.

serfouir [32] *v tr* AGRIC binar, escardillar.

serfouissage *m* escarda *f*.

serge *f* sarga (tissu).

Serge *n pr* Sergio.

sergent *m* MIL sargento ‖ TECHN cárcel *f* (serre-joint) ■ sergent de ville agente de policía, guardia municipal.

sergent-chef *m* ≃ sargento primero.
‖ OBSERV pl sergents-chefs.

sergent-major *m* grado militar francés situado entre sargento primero y ayudante.
‖ OBSERV pl sergents-majors.

sergette *f* jerguilla, sargueta (tissu).

séricicole *adj* sericícola.

sériciculteur *m* sericicultor, sericultor.

sériciculture *f* sericicultura, sericultura.

séricigène *adj* sericígeno, na.

série *f* [▷ SYN] serie; en série en serie ‖ serie (au billard) ‖ SPORTS categoría ■ série limitée serie limitada ‖ série noire serie de calamidades ou de desgracias ■ imprimante série impresora serial ou carácter por carácter ‖ soldes de fin de séries saldos de restos de serie ■ de série de serie ‖ hors série excepcional, fuera de serie.

OBSERV Cuando série va seguido por un complemento en plural, el verbo se suele poner también en plural: la série de crimes qui ont été commis; con une série se puede emplear tanto el singular como el plural: une série d'articles qui traite de ce sujet.
SYN succession sucesión; séquelle sarta, cáfila; kyrielle retahíla; ribambelle runfla.

sériel, elle *adj* relativo, va a una serie ‖ MUS musique sérielle música serial.

sérier [9] *v tr* seriar, disponer en serie.

sérieusement *adv* seriamente, en serio; parler sérieusement hablar seriamente ‖ gravemente, de gravedad; être sérieusement malade estar gravemente enfermo.

sérieux, euse *adj* serio, ria; il est trop sérieux, il ne rit jamais es demasiado serio, no se ríe nunca; ce n'est pas sérieux ¡eso no es serio! ‖ serio, ria; formal (sage) ‖ grave; une maladie sérieuse una enfermedad grave ‖ importante; de sérieuses modifications modificaciones importantes.
➦ **sérieux** *m* seriedad *f*, gravedad *f* ‖ manque de sérieux informalidad, falta de seriedad ‖ garder son sérieux contener la risa ‖ manquer de sérieux no tener fundamento (argument) ‖ prendre au sérieux tomar en serio.

sérigraphie *f* serigrafía.

serin, e [sərɛ̃, in] *m* & *f* ZOOL canario *m*, canaria *f* ‖ FIG & FAM primo, ma; tonto, ta.

sérine *f* CHIM serina.

seriner [3] *v tr* (p us) enseñar a cantar por medio de un organillo [a un pájaro] ‖ FIG & FAM machacar (répéter pour apprendre), estar siempre con (répéter).

serinette *f* organillo *m* para enseñar a los canarios a cantar.

seringa; seringat *m* BOT jeringuilla *f*.

seringage *m* riego en forma de lluvia fina.

seringat ➤ seringa.

seringue *f* jeringa (à lavements) ‖ jeringuilla (à injections).

sérique *adj* seroso, sa (du sérum).

serment *m* [▷ SYN] juramento ‖ FIG promesa *f* solemne ■ serment d'Hippocrate juramento hipocrático ‖ FAM serment d'ivrogne promesa de borracho ‖ serment judiciaire juramento judicial ‖ sous la foi du serment bajo juramento ‖ prêter serment prestar juramento ■ faire le serment de jurar ‖ faire un faux serment jurar en falso.
‖ SYN vœu voto; jurement juramento.

sermon *m* [▷ SYN] RELIG sermón ‖ FAM sermón, prédica *f*.
‖ SYN prédication predicación; prêche prédica; exhortation exhortación; homélie homilía.

sermonnaire *m* sermonario (recueil) ‖ predicador, autor de sermones.

sermonner [3] *v tr* sermonear.
◇ *v intr* FAM sermonear, predicar.

sermonneur, euse *m* & *f* sermoneador, ra.

SERNAM; Sernam (abr de Service national de messageries) *m* empresa de la SNCF especializada en el transporte de paquetes.

sérodiagnostic *m* MÉD serodiagnóstico.

sérologie *f* serología.

séronégatif, ive *adj* & *s* MÉD seronegativo, va.

séropositif, ive *adj* & *s* MÉD seropositivo, va.

séropositivité *f* seropositividad.

sérosité *f* serosidad.

sérothérapie *f* MÉD sueroterapia, seroterapia.

sérovaccination *f* vacuna con suero.

serpe *f* hocino *m*, podadera, podón *m* ‖ FIG & FAM taillé à la serpe hecho muy groseramente ou a patadas.

serpent [sɛrpɑ̃] *m* ZOOL serpiente *f* ‖ FIG víbora *f*, serpiente *f* (personne perfide) ‖ MUS serpentón ■ serpent à lunettes serpiente de anteojo, naja ‖ serpent à sonnette serpiente de cascabel, crótalo ‖ FIG serpent de mer serpiente de verano (nouvelle) ‖ ÉCON serpent monétaire (européen) serpiente monetaria (europea) ■ FIG langue de serpent lengua de víbora ou viperina ‖ réchauffer un serpent dans son sein criar cuervos.

serpentaire *f* BOT serpentario, dragontea.
◇ *m* ZOOL serpentario.

serpenteau *m* ZOOL serpezuela *f*, sierpecilla *f* ‖ buscapiés (fusée).

serpentement *m* serpenteo.

serpenter [3] *v intr* serpentear, culebrear.

serpentin *m* serpentín (tuyau) ∥ serpentina *f* (ruban de papier) ∥ **MIL** serpentín (pièce d'artillerie).

serpentine *f* **MIN & MIL** serpentina.

serpette *f* **AGRIC** podadera pequeña, navaja jardinera.

serpigineux, euse *adj* **MÉD** serpiginoso, sa.

serpillière [sɛrpijɛr] *f* arpillera (pour emballage) ∥ aljofifa, bayeta (pour le nettoyage) ∥ delantal *m* basto (tablier).

serpolet [sɛrpɔlɛ] *m* **BOT** serpol, tomillo.

serpule *f* **ZOOL** sérpula.

serrage *m* presión *f*; collier de serrage abrazadera de presión ∥ ajuste (assemblage).

serran *m* **ZOOL** raño, perca *f* de mar.

serratule *f* **BOT** serratula.

serre *f* invernadero *m*, invernáculo *m*, estufa (pour plantes) ∥ presión (pression) ■ serre chaude estufa, invernadero caliente ∥ serre froide invernadero frío ∥ effet de serre efecto invernadero.

➤ **serres** *f pl* garras (d'oiseau).

serré, e *adj* apretado, da ∥ ceñido, da; estrecho, cha (robe) ∥ **FIG** oprimido, da; encogido, da; en un puño; avoir le cœur serré tener el corazón en un puño ∥ **FAM** agarrado, da (avare) ∥ reñido, da (combat, lutte) ∥ porfiado, da (discussion) ∥ conciso, sa (style); riguroso, sa (raisonnement, logique) ∥ avoir le gosier serré atravesársele a uno un nudo en la garganta.

➤ **serré** *adv* écrire serré apretado ∥ jouer serré jugar sobre seguro ou con tiento (jeux), obrar con cautela (agir avec prudence).

serre-file *m* **MIL** cabo de fila ∥ buque cierra filas.
∥ **OBSERV** pl serre-files.

serre-fils [sɛrfil] *m inv* **ÉLECTR** borne, contacto para alambres eléctricos.

serre-frein; serre-freins *m inv* **TECHN** guardafrenos.

serre-joint [sɛrʒwɛ̃] *m inv* **TECHN** cárcel *f*.
∥ **OBSERV** pl serre-joints.

serre-livres *m inv* sujetalibros.

serrement *m* estrechamiento, apretón; serrement de mains apretón de manos ∥ barrera *f* de madera (de mine) ∥ **FIG** serrement de cœur angustia, congoja.

serrer [4] *v tr* [▷ **SYN**] apretar; serrer les dents apretar los dientes; serrer un nœud apretar un nudo ∥ dar, estrechar (la main) ∥ estrechar (étreindre) ∥ ceñir; serrer la taille avec une bande ceñir la cintura con una faja ∥ guardar, encerrar; serrer quelque chose dans un tiroir guardar algo en un cajón ∥ ceñirse, pegarse; serrer à droite ceñirse a la derecha; serrer le trottoir pegarse a la acera ∥ apretar (chaussure) ∥ estar estrecho; cette robe me serre este vestido me está estrecho ∥ ceñirse a; serrer le sujet ceñirse al tema ∥ cerrar, estrechar (joindre, rapprocher); serrer les rangs estrechar filas ∥ **MAR** aferrar, cargar (les voiles) ∥ **FIG** oprimir; serrer le cœur oprimir el corazón ■ serrer de près perseguir de cerca, acosar ∥ serrer la gorge estrangular ∥ serrer la queue ir con el rabo entre las piernas ∥ **FIG** serrer la vis apretar las clavijas ∥ serrer le style escribir concisamente ∥ serrer son jeu jugar sobre seguro ■ être serrés comme des sardines ou comme des harengs estar como sardinas en lata ou como arenques en banasta.

➤ **se serrer** *v pr* estrecharse, apretujarse (les uns contre les autres) ∥ ceñirse (la taille) ■ **FIG & FAM** se serrer la ceinture apretarse el cinturón ∥ se serrer la main estrecharse la mano ∥ son cœur se serre se le encoge el corazón.
∥ **SYN** bloquer apretar a fondo; brider apretar, sujetar; étreindre apretar, abrazar; embrasser abarcar (comprendre), abrazar (avec les bras).

serre-tête *m inv* pañuelo para la cabeza (carré) ∥ casco (pour écouteurs) ∥ cinta *f* elástica para el pelo, diadema *f*.

serriste *m* **AGRIC** explotador de un invernadero.

serrure *f* cerradura ∥ forcer une serrure descerrajar, forzar una cerradura.

serrurerie [seryrri] *f* cerrajería; serrurerie d'art cerrajería artística.

serrurier *m* cerrajero.

sertão [sɛrtã] *m* sertao (région semi-aride du nord-est du Brésil).

serte *f* engaste *m* (enchâssement).

sertir [32] *v tr* engastar (des pierres précieuses) ∥ rebordear, embutir, engastar, unir (des tôles).

sertissage *m* engaste (action) ∥ **TECHN** rebordeo, engarce, embutido (des tôles).

sertisseur, euse *adj & s* engastador, ra.
➤ **sertisseur** *m* máquina *f* de engatillar (boîtes de conserve).

sertissure *f* engaste *m* (d'une pierre).

Sertorius [sɛrtɔrjys] *n pr* Sertorio.

sérum [serɔm] *m* **MÉD** suero ■ sérum antidiphtérique suero antidiftérico ∥ sérum antilymphocytaire suero antilinfocitario ∥ sérum antivenimeux suero antivenenoso ∥ sérum de vérité suero de la verdad ∥ sérum sanguin suero sanguíneo ou hemático.

servage *m* servidumbre *f* ∥ **FIG** vasallaje.

serval *m* **ZOOL** gato cerval.
∥ **OBSERV** pl servals.

servant *adj m* sirviente ∥ cavalier servant escudero (écuyer) ∥ chevalier servant galán ∥ **RELIG** frère servant donado, hermano lego.
◇ *m* **MIL** sirviente (d'une arme) ∥ jugador que saca, saque, sacador (sports).

servante *f* [▷ **SYN**] criada, sirvienta, moza de servicio (domestique) ∥ trinchero *m* (table de service) ∥ tentemozo *m* (support) (vieilli) servidora ∥ servante de Jésus-Christ monja.
∥ **SYN** domestique criada; fille de service criada, moza; femme de chambre doncella, camarera; femme de ménage asistenta; soubrette doncella; chambrière, camériste, caméristre camarera; bonne criada; souillon fregona; bonniche criada joven, marmota.

serveur, euse *m & f* camarero, ra (restaurant).
➤ **serveur** *m* **JEUX** saque, sacador ∥ **INFORM** servidor (centre serveur).

serviabilité *f* obsequiosidad.

serviable *adj* servicial; un homme très serviable un hombre muy servicial.

service *m* servicio (public, domestiques) ∥ servicio, vajilla *f* (vaisselle); service de faïence vajilla de loza ∥ servicio (linge de table) ∥ [▷ **SYN**] favor; rendre un service prestar ou hacer un favor ∥ servicio (dans un restaurant) ∥ turno, servicio; le policier de service el policía de turno ∥ juego, servicio (thé, café) ∥ departamento (entreprise) ∥ **RELIG** oficio (office), funeral (funérailles) ∥ **SPORTS** saque; être au service tener el saque; enlever le service romper el saque ■ service après-vente (SAV) servicio posventa ∥ service d'ordre servicio de orden ∥ service export departamento de exportación ∥ service militaire servicio militar ■ services secrets servicio de contraespionaje ∥ services sociaux servicios sociales ■ à votre service servidor de usted, a su disposición ∥ heures de service horas de servicio ∥ hors service fuera de servicio ∥ mort au service de la patrie muerto en acto de servicio ∥ pendant le service durante el servicio ∥ porte de service puerta de servicio ∥ premier service primer turno (de comedor) ∥ qu'y a-t-il pour votre service? ¿qué se le ofrece?, ¿en qué puedo servirle? ■ avoir 25 ans de service tener 25 años de servicio ∥ être en service chez quelqu'un servir en casa de alguien (como empleado o doméstico) ∥ être, mettre en service funcionar, poner en funcionamiento ou en servicio ∥ faire le service servir la comida ∥ rendre de grands services à prestar un gran servicio ou mucha ayuda a (personne), servir mucho a, ser muy útil para, tener gran utilidad para (chose) ∥ rendre un mauvais service causar perjuicio ∥ reprendre du service reincorporarse al servicio.
∥ **SYN** bienfait beneficio, favor; bons offices buenos oficios; plaisir favor.

SERVICE MILITAIRE
El servicio militar (limitado ahora a diez meses) ya no es obligatorio para los franceses nacidos después del 31 de diciembre de 1978. Los jóvenes que lo deseen pueden prestar el servicio militar en el marco de un programa de ayuda a los países en vías de desarrollo, llamado "la coopération". Trabajan como profesores, ingenieros, médicos, etc.

serviette *f* servilleta (de table) ∥ toalla (de toilette) ∥ cartera (pour documents), cartapacio *m* (d'écolier) ∥ serviette hygiénique ou périodique paño higiénico.

serviette-éponge *f* toalla de felpa.
∥ **OBSERV** pl serviettes-éponges.

servile *adj* servil.
∥ **SYN** rampant rastrero; obséquieux obsequioso; pied-plat persona vil.

servilement *adv* servilmente.

servilité *f* servilismo *m*.

servir [38] *v tr* servir a; servir un prince servir a un príncipe ∥ servir; servir à dîner servir la cena; servir le dessert servir el postre; servir à table servir en la mesa; qu'est-ce que je vous sers? ¿qué le sirvo? ∥ ayudar a (messe) ∥ atender (un client); on vous sert? ¿le atienden? ∥ favorecer, servir; les circonstances m'ont servi las circunstancias me han favorecido ∥ rematar (un animal) ∥ pagar (rente) ∥ servir, asistir con naipe del mismo palo (cartes) ∥ **FAM** sacar, venir con; il nous sert toujours la même histoire siempre nos viene con la misma historia ∥ (vx) servir une dame hacer la corte a una dama.
◇ *v intr* servir; servir à servir para; cela ne sert à rien (eso) no sirve para nada ∥ ser, hacer de; servir de mère à quelqu'un ser una

madre para alguien; il lui sert d'interprète es su intérprete ▮servir, hacer el servicio militar ▮hacer el saque, sacar, servir (tennis) ▮servir de ser utilizado como, servir de; cet imperméable me sert de manteau utilizo este impermeable como abrigo.

➥ **se servir** *v pr* servirse, valerse, usar, utilizar (d'un instrument) ▮servirse (de viande, de vin) ▮aprovecharse, servirse, valerse; **se servir des circonstances** aprovecharse de las circunstancias.

servites *m pl* servitas (ordre religieux).

serviteur *m* [▷ SYN] servidor ▪ FIG **serviteur de Dieu** siervo de Dios ▮**serviteur de l'État** funcionario ▪ **je suis votre serviteur** servidor de usted ▮**votre très humble serviteur** su seguro servidor.

▮ SYN domestique criado; valet criado; laquais lacayo; larbin criado.

servitude *f* servidumbre ▮DR **servitude de passage** servidumbre de paso ▪ MAR **bâtiment de servitude** barco de servicio (dans un port).

▮ SYN esclavage esclavitud; servage servidumbre.

servocommande *f* servomando *m*.

servofrein *m* MÉCAN servofreno.

servomécanisme *m* servomecanismo.

servomoteur *m* MÉCAN servomotor.

ses *adj poss pl* sus; **ses livres** sus libros.
▪ OBSERV pl de son et de sa.

sésame *m* BOT sésamo, alegría *f*.

sésamoïde *adj* ANAT sesamoideo, a.

sesbanie *f* BOT sesbania.

sesquioxyde [sɛskiɔksid] *m* CHIM sesquióxido.

sessile *adj* BOT sésil; sentado, da.

session *f* período *m* de sesiones, reunión (d'une assemblée) ▮sesión (d'un concile) ▮vistas *pl* (de la cour d'assises) ▮exámenes *m pl*; **session de septembre** exámenes de septiembre.

sesterce *m* sestercio (monnaie).

set [sɛt] *m* set (tennis) ▮CINÉM plató ▮**set de table** mantel individual.

sétacé, e *adj* cerdoso, sa.

Seth [sɛt] *n pr* Set.

setier *m* sentario (mesure ancienne).

séton *m* MÉD sedal ▮**plaie en séton** herida de refilón.

setter [sɛtɛr] *m* ZOOL setter (chien).

seuil *m* umbral (d'une porte) ▮FIG umbral; **le seuil de la vie** el umbral de la vida ▮**puertas** *f pl*; **être au seuil d'un conflit** estar a las puertas de un conflicto ▮GÉOGR paso bajo [por el que comunican dos regiones] ▮MAR fondo elevado del mar ▪ ÉCON **seuil de rentabilité** punto neutro *ou* de equilibrio financiero ▮**seuil d'excitation** umbral de excitación (physiologie).

seul, e *adj* solo, la; **vivre seul** vivir solo ▮único, ca; **le seul coupable** el único culpable ▮sólo; **seule une femme le sait** sólo lo sabe una mujer ▮simple; **le seul consentement suffit** el simple consentimiento basta ▪ **seul à seul, tout seul** a solas ▪ **comme un seul homme** como un solo hombre ▪ **d'un seul coup** de un solo golpe, de una sola vez (en une fois), de pronto, de improviso, de repente (soudain) ▮**pas un seul** ni uno, ni si-

quiera uno ▪ **cela va tout seul** eso marcha solo, no hay problema ▮**parler tout seul** hablar solo.

◇ *m & f* único, ca; **c'est le seul qui me reste** es el único que me queda ▮**un seul, une seule** uno, una.

seulement *adv* solamente, sólo ▮pero, sólo que; **il consent, seulement il demande que...** consiente, pero pide que... ▪ non solamente, no sólo ▮**pas seulement** ni aun, ni siquiera ▮**si seulement... si** al menos..., si por lo menos... ▪ **il vient d'arriver seulement** acaba sólo *ou* justo de llegar.

seulet, ette [sœlɛ, ɛt] *adj* POÉT solito, ta.

sève *f* BOT savia ▮FIG vigor *m*, energía, savia.

sévère *adj* severo, ra; **regard sévère** mirada severa ▮grave, importante (pertes) ▮sobrio, bria; severo, ra; **lignes sévères** líneas sobrias.

sévèrement *adv* severamente, con severidad (durement) ▮severamente (gravement).

Séverin *n pr* Severino.

sévérité *f* severidad.

sévices *m pl* sevicia *f sing*, malos tratos.

sévillan, e *adj* sevillano, na.

Sévillan, e *n & f* sevillano, na.

Séville [sevij] *n pr* GÉOGR Sevilla.

sévir [32] *v intr* obrar con severidad, actuar con rigor ▮castigar sin consideración (punir) ▮FIG reinar, hacer estragos (épidémie, calamité); **le froid sévit** reina el frío.

sevrage *m* destete (enfant) ▮AGRIC corte (d'une marcotte).

sevrer [19] *v tr* destetar (enfants) ▮FIG privar (priver) ▮AGRIC cortar (une marcotte).

sèvres *m* porcelana *f* de Sèvres.

Sèvres *n pr* GÉOGR Sèvres.

sévrienne *f* alumna de la Escuela Normal de Sèvres.

sexagénaire *adj & s* sexagenario, ria.

sexagésimal, e *adj* sexagesimal.

sexagésime *f* RELIG sexagésima.

sex-appeal [sɛksapil] *m* sex-appeal.
▪ OBSERV pl sex-appeals.

S.Exc. (abr écrite de Son Excellence) SE.

sexe *m* sexo ▪ FAM **le sexe faible, le beau sexe** el sexo débil, el bello sexo ▮**le sexe fort** el sexo fuerte.

sexisme *m* sexismo.

sexiste *adj & s* sexista.

sexologie *f* sexología.

sexologue *m & f* sexólogo.

sex-shop *m* sex-shop.
▪ OBSERV pl sex-shops.

sextant *m* sextante.

sexte *f* RELIG sexta.

sextidi *m* sextidi.

sextine *f* POÉT sextina.

sexto *adv* sexto, en sexto lugar.

sextolet [sɛkstɔlɛ] *m* MUS sextillo.

sextuor [sɛkstɥɔr] *m* MUS sexteto.

sextuple *adj & s m* séxtuplo, pla.

sextupler [3] *v tr & intr* sextuplicar.

sexualité *f* sexualidad.

sexué, e *adj* sexuado, da.

sexuel, elle *adj* sexual; **acte sexuel** acto sexual.

sexuellement *adv* sexualmente.

sexy *adj inv* sexy.

seyant, e *adj* que sienta bien, que favorece (vêtement, coiffure).

Seychelles *n pr f pl* GÉOGR **les (îles) Seychelles** las (islas) Seychelles.

SFIO (abr de Section française de l'Internationale ouvrière) *f* denominación del partido socialista francés entre 1905 y 1971.

sforzando [sfɔrzãdo] *adv* MUS sforzando.

SG (abr de Secrétaire général) *m* Secretario General.

SGA (abr de secrétaire général adjoint) *m* Secretario General Adjunto.

SGBD (abr de système de gestion de base de données) *m* SGBD.

SGEN (abr de Syndicat général de l'Éducation nationale) *m* sindicato francés de la educación pública.

SGML (abr de standard generalized mark-up language) *m* INFORM SGML.

sgraffite *m* esgrafito, esgrafiado (fresque).

Shaba [ʃaba] *n pr* Shaba.

shah [ʃa] ➥ **schah**.

shaker [ʃekœr] *m* shaker, coctelera *f*.

shakespearien, enne [ʃɛkspirjɛ̃, ɛn] *adj* shakespeariano, na.

shako; schako [ʃako] *m* chacó, shakó.

shampooing; shampoing [ʃɑ̃pwɛ̃] *m* champú ▪ **shampooing colorant** champú colorante ▮**shampooing traitant** champú de tratamiento ▪ **se faire un shampooing** lavarse el pelo *ou* la cabeza.

shampouiner [3] *v tr* lavar con champú.

shampouineur, euse *m & f* máquina *f* para limpiar alfombras con un producto espumoso (appareil) ▮ayudante de peluquería (employé).

Shanghai; Changhai *n pr* GÉOGR Shangai, Shanghai.

Shéhérazade ➥ **Schéhérazade**.

shérif [ʃerif] *m* shérif, chérif.

sherpa *m* sherpa.

sherry [ʃeri] *m* sherry, vino de Jerez.
▪ OBSERV pl sherrys *ou* sherries.

shetland *m* ZOOL caballo de islas Shetland (poneys) ▮shetland (tissu); **pull shetland** jersey de lana shetland.

Shetland *n pr f pl* GÉOGR **les (îles) Shetland** las (islas) Shetland.

shilling [ʃiliŋ] *m* chelín.

shimmy [ʃimi] *m* shimmy (danse) ▮AUTOM trepidación *f* oscilante, "shimmy".

shinto [ʃinto]; **shintoïsme** [ʃintɔism] *m* sintoísmo.

shintoïste [ʃintɔist] *adj & s* sintoísta.

shit [ʃit] *m* FAM quif, grifa.

shocking! [ʃɔkiŋ] *interj* ¡qué barbaridad!

shogun; shogoun *m* taicún.

shoot [ʃut] *m* chut, tiro, disparo (football).

shooter [3] [ʃute] *v intr* chutar (football).
➥ **se shooter** *v pr* FAM chutarse (drogue).

shopping *m* compras *f pl*; faire du shopping ir de compras ou de tiendas.

short [ʃɔrt] *m* pantalón corto, "short".

show *m* (mot anglais) show.

show-business [ʃobiznɛs]; **show-biz** [ʃobiz] FAM *m inv* (mot anglais) mundo del espectáculo.

shrapnel; shrapnell [ʃrapnɛl] *m* MIL shrapnel (projectile).

shunt [ʃœt] *m* ÉLECTR shunt, derivación *f*.

shuntage *m* shuntado (chemin de fer).

shunter [3] [ʃœte] *v tr* poner una derivación.

si *conj* si; si tu viens tu seras reçu si vienes serás recibido ‖ ¡ojalá! (souhait, regret); si je pouvais le faire ¡ojalá pudiese hacerlo! ■ si ce n'est sino ‖ si ce n'est que excepto que, salvo que ‖ s'il est aimable, eux, par contre él es amable; ellos, en cambio (opposition) ‖ si seulement si por lo menos, ojalá ‖ si tant est que si es cierto que.

> OBSERV **1.** Delante de il, si pierde su vocal; por lo tanto se escribe s'il vient (y no si il vient).
> **2.** Lorsque la proposition subordonnée introduite par si est à l'imparfait ou au plus-que-parfait de l'indicatif en français, elle doit être à l'imparfait ou au plus-que-parfait du subjonctif en espagnol: j'irais si tu le désirais iría si lo desearas.

si *adv* tan (tellement, aussi); pas si tôt no tan pronto ou temprano; c'est un si gentil garçon! ¡es tan buen chico! ‖ sí (affirmation en réponse à une interrogative négative); mais si, que si claro que sí; je vous assure que si le aseguro que sí ‖ no; Paul n'est pas venu, si? Pablo no vino, ¿no? ‖ por; si pressé qu'il soit por mucha prisa que tenga; si peu que ce soit por poco que sea ‖ si bien que tanto que, de tal modo ou manera que, así que.

si *m inv* el sí; avec lui il y a toujours des si et des mais con él siempre hay los sí y los pero ‖ MUS si.

SI (abr de Système international) SI.

SI (abr de syndicat d'initiative) *m* ≃ oficina *f* de turismo.

sial *m* GÉOL sial.

sialis [sjalis] *m* ZOOL sialis.

Sialkot [sialkɔt] *n pr* GÉOGR Sialkot.

sialorrhée *f* sialorrea, salivación excesiva.

Siam *n pr m* GÉOGR & HIST le Siam Siam (ancien nom de la Thaïlande).

siamois, e *adj* siamés, esa ‖ frères siamois hermanos siameses.

siamois *m* LING siamés.

Siamois, e *m & f* siamés, esa.

Sibérie *n pr f* GÉOGR la Sibérie Siberia.

sibérien, enne *adj* siberiano, na.

Sibérien, enne *m & f* siberiano, na.

sibilant, e *adj* MÉD sibilante, silbante.

sibylle [sibil] *f* sibila.

sibyllin, e *adj* sibilino, na.

sic *adv* sic.

sicaire *m* sicario.

SICAV; Sicav (abr de société d'investissement à capital variable) *f* sociedad gestora de fondos de inversión

siccatif, ive [sikatif, iv] *adj & s m* secante; huile siccative aceite secante ‖ MÉD desecativo, va.

siccité [siksite] *f* desecación, sequedad.

Sicile *n pr f* GÉOGR la Sicile Sicilia.

sicilien, enne *adj & s* siciliano, na.

Sicilien, enne *m & f* siciliano, na.

sicle *m* siclo (poids et monnaie).

SICOB; Sicob [sikɔb] (abr de Salon des Industries du Commerce et de l'Organisation du bureau) *m* salón internacional parisiense de la informática, telemática y ofimática.

SIDA; sida (abr de syndrome immunodéficitaire acquis) *m* SIDA, sida; sida avéré sida diagnosticado.

side-car [sajdkar] ou [sidkar] *m* sidecar. ‖ ▶ OBSERV *pl* side-cars.

sidéen, enne *adj & s* sidático, ca.

sidéral, e *adj* ASTRON sideral; sidéreo, a.

sidérant, e *adj* FAM apabullante.

sidéré, e *adj* pasmado, da.

sidérer [18] *v tr* FAM dejar estupefacto, ta; quitar el hipo.

sidérite *f* MIN siderita, siderosa (sidérose).

sidérolithique *adj* GÉOL siderolítico, ca.

sidérose *f* MIN siderosa.

sidérostat [siderɔsta] *m* sideróstato.

sidéroxylon *m* BOT sideroxilón.

sidérurgie *f* siderurgia.

sidérurgique *adj* siderúrgico, ca.

sidérurgiste *m* especialista en siderurgia.

sidi *m* FAM moro, morángano [radicado en Francia].

sidologue *m & f* MÉD especialista de sida (médecin).

Sidon *n pr* GÉOGR Sidón.

siècle *m* siglo ‖ mundo, siglo (le monde) ■ au cours des siècles al correr de los siglos ‖ dans tous les siècles des siècles por los siglos de los siglos ‖ le XXᵉ siècle el siglo XX.

siège *m* asiento (meuble); prenez un siège tome asiento ‖ asiento (d'un juge ou d'un tribunal) ‖ escaño, puesto [(*Amér*) banco] (d'une assemblée) ‖ pescante (du cocher) ‖ capital *f* (d'un empire) ‖ oficina *f* central, residencia *f*, sede *f* (d'une administration) ‖ domicilio social (d'une société) ‖ MÉCAN asiento (de soupape) ‖ MÉD centro, foco (d'une maladie) ‖ MIL sitio, cerco ■ AUTOM siège avant, arrière asiento delantero, trasero ‖ siège baquet asiento bajo y cóncavo [de los coches deportivos] ‖ siège épiscopal sede ou silla episcopal ■ bain de siège baño de asiento ‖ état de siège estado de sitio ‖ le Saint-Siège la Santa Sede ‖ lever le siège levantar el sitio (militaire), levantar el vuelo, ahuecar el ala (s'en aller).

siéger [22] *v intr* ocupar un escaño; siéger au Sénat ocupar un escaño en el Senado ‖ celebrar sesión, reunirse (se réunir) ‖ tener su domicilio ou sede, residir (résider) ‖ FIG residir, estar, radicar, hallarse; c'est là que siège le mal ahí es donde reside el mal.

Siegfried *n pr* Sigfrido.

siemens [simɛns] ou [zimɛns] *m* siemens (unité de conductance).

sien, sienne [sjɛ̃, sjɛn] *adj & pron poss* suyo, ya; cette valise est la sienne esta maleta es la suya.

sien *m* lo suyo; à chacun le sien a cada cual lo suyo ‖ y mettre du sien contribuir personalmente, poner de su lado.

siens *m pl* los suyos (les parents).

siennes *f pl* faire des siennes hacer de las suyas.

Sienne *n pr* GÉOGR Siena ‖ terre de Sienne tierra de Siena, siena.

siennois, e *adj* sienés, esa.

Siennois, e *m & f* sienés, esa.

sierra *f* GÉOGR sierra.

Sierra Leone [sjeraleon] *n pr f* GÉOGR (la) Sierra Leone (la) Sierra Leona.

sieste *f* siesta; faire la sieste dormir la siesta.

sieur [sjœr] *m* señor ‖ le sieur Joseph el tal José [despectivo].

sifflage *m* VÉTÉR huélfago.

sifflant, e *adj* sibilante, silbante.

sifflement *m* silbido ‖ silbido, pitido (du train).

siffler [3] *v tr & intr* silbar; siffler son chien silbar al perro ‖ pitar (avec un sifflet); siffler la fin d'un match pitar el final de un partido ‖ FIG silbar, pitar, abuchear; siffler une pièce silbar una obra de teatro ‖ FAM soplarse, echarse al coleto; siffler un verre soplarse un vaso.

sifflet [siflɛ] *m* pito, silbato (instrument) ‖ FAM (vx) frac, smoking ■ coup de sifflet silbido, pitido ‖ en sifflet en bisel; tailler en sifflet cortar en bisel ‖ FIG & FAM couper le sifflet degollar, cortar la garganta (tuer), dejar a uno cortado, achantar (mettre hors d'état de répondre).

sifflets *m pl* FIG silbidos, silba *f*, pita *f* (désapprobation).

siffleur, euse *adj & s* silbador, ra.

sifflotement *m* silbido ligero.

siffloter [3] *v intr & tr* silbotear, silbar ligeramente.

sifilet [sifilɛ] *m* ZOOL ave *f* del paraíso, sifilete.

sigillaire [siʒilɛr] *adj & s f* sigilario, ria.

sigillé, e [siʒile] *adj* sigilado, da (scellé).

sigillographie [siʒilɔgrafi] *f* sigilografía.

sigillographique [siʒilɔgrafik] *adj* sigilográfico, ca.

sigisbée *m* (IRON ou vx) chichisbeo (ironique).

Sigismond *n pr* Segismundo.

sigle *m* sigla *f*.

sigma *m* sigma *f* (lettre grecque).

sigmoïde *adj* ANAT sigmoideo, a; sigmoides.

signal *m* señal *f*; signaux de circulation señales de tráfico; signal d'alarme señal de alarma ‖ signo; signaux en morse signos Morse ■ signal analogique señal analógica ‖ signal d'alerte, de détresse señal de advertencia, de auxilio ou de socorro ‖ signal horaire señal horaria ‖ signal optique, sonore señal óptica, acústica ■ donner le signal dar la señal ‖ **donner le signal du départ** dar la salida.

signalé, e *adj* señalado, da.

signalement *m* filiación *f*, señas *f pl*, descripción *f* (d'un individu) ‖ **prendre le signalement** filiar.

signaler [3] *v tr* señalar ‖ dar a conocer, mostrar ‖ advertir, apuntar; **signaler quelques oublis** advertir algunos olvidos ■ **rien à signaler** sin novedad, nada nuevo ‖ **signaler quelqu'un à la police** denunciar a alguien a la policía.
➤ **se signaler** *v pr* señalarse, distinguirse ‖ **se signaler à l'attention de quelqu'un** llamar la atención de alguien.

signalétique *adj* que contiene la filiación; descriptivo, va.
◇ *f* señalización (moyens de signalisation).

signaleur *m* encargado de hacer señales [(*Amér*) señalero].

signalisation *f* señalización (trafic) ‖ señalamiento *m* (utilisation des signaux) ‖ **panneau de signalisation** señal de tráfico.

signaliser [3] *v tr* señalizar.

signataire *adj & s* firmante; signatario, ria.

signature *f* [▷ **SYN**] firma (nom) ‖ **IMPR** signatura (d'une feuille imprimée).

> **SYN** *paraphe* rúbrica; *griffe* estampilla; *émargement* firma al margen; *seing* seña; *contreseing* contraseña.

signe [siɲ] *m* signo; **signe de ponctuation** signo de puntuación ‖ señal *f*, seña *f*; **parler par signes, faire des signes** hablar por señas, hacer señas ‖ señal *f*; **bon signe** buena señal ‖ muestra, *f*; **il donne des signes de faiblesse** da muestras de debilidad ‖ **ASTROL** signo (zodiaque) ‖ **MATH** signo (symbole) ■ **signe de la croix** señal de la Cruz ‖ **signe de ralliement** seña de reunión, contraseña ‖ **signe distinctif** señal ‖ **signes extérieurs** signos exteriores ‖ **signes particuliers** señas particulares ■ **en signe de** en señal de ‖ **sous le signe de** bajo la influencia de (astrologie) ■ **c'est bon signe** es buena señal ‖ **faire le signe de la croix** santiguarse, persignarse ‖ **faire signe** avisar ‖ **faire signe à quelqu'un d'entrer** hacer señas a alguien para que entre ‖ **faire un signe de la main, de la tête** hacer una seña con la mano, con la cabeza ‖ **ne pas donner signe de vie** no dar señales de vida.

signer [3] *v tr* firmar; **signer d'un pseudonyme** firmar con un seudónimo ‖ **signer de son sang** sellar con su sangre (les martyrs) ‖ **signer son nom** firmar, poner su firma.
➤ **se signer** *v pr* santiguarse, persignarse.

signet *m* registro (pour marquer les pages) ‖ **INFORM** marca, referencia.

signifiant *m* significante.

significatif, ive *adj* significativo, va.

signification *f* significado *m*, significación ‖ **DR** notificación (d'un acte, d'un jugement).

signifier [9] *v tr* significar ‖ **DR** notificar (par voie judiciaire).

sikh *adj & s* sij (sanskrit, disciple).

sil *m* sil (ocre).

silence *m* silencio ‖ **MUS** silencio, pausa *f* ■ **faire silence, garder le silence** guardar silencio, callar ‖ **passer sous silence** pasar en silencio, pasar por alto, callar, silenciar ‖ **réduire au silence** reducir al silencio, silenciar.

silencieusement *adv* silenciosamente.

silencieux, euse *adj* [▷ **SYN**] silencioso, sa.
➤ **silencieux** *m* silenciador, silencioso (automobiles) ‖ silenciador (arme à feu).
▪ **SYN** *taciturne* taciturno; *muet* mudo, callado.

silène *f* **BOT** silene *m*.

Silène *n pr* **MYTH** Sileno.

Silésie *n pr f* **GÉOGR** la Silésie Silesia.

silésien, enne *adj* silesio, sia; silesiano, na.
➤ **silésienne** *f* silesiana (étoffe).

Silésien, enne *m & f* silesio, sia; silesiano, na.

silex [silɛks] *m* sílex, pedernal.

silhouette *f* silueta.

silhouetter [4] *v tr* siluetear.
➤ **se silhouetter** *v pr* perfilarse.

silicate *m* **CHIM** silicato.

silice *f* **CHIM** sílice.

siliceux, euse *adj* **CHIM** silíceo, a.

silicique *adj* silícico, ca.

silicium [silisjɔm] *m* **CHIM** silicio; **plaquette de silicium** placa de silicio.

siliciure *m* **CHIM** siliciuro.

silicone *m* **CHIM** silicona *f*.

silicose *f* **MÉD** silicosis.

silicule *f* **BOT** silícula.

silique *f* **BOT** silicua.

sillage [sijaʒ] *m* **MAR** estela *f* ‖ **FIG** **marcher dans le sillage de quelqu'un** seguir las huellas ou los pasos de alguien.

sillet [sijɛ] *m* **MUS** ceja *f*, cejilla *f*.

sillon [sijɔ̃] *m* surco ‖ **FIG** estela *f*, rastro (trace) ‖ **FIG** **faire** ou **creuser son sillon** labrarse un camino.
➤ **sillons** *m pl* arrugas *f* (rides).

sillonner [3] [sijɔne] *v tr* hacer surcos en (tracer des sillons) ‖ **FIG** surcar, atravesar; **de belles routes sillonnent la France** buenas carreteras surcan Francia ‖ **visage sillonné de rides** rostro surcado de arrugas.

silo *m* silo.

silotage *m* **AGRIC** ensilaje.

silphe *m* **ZOOL** silfo.

silure *m* siluro, bagre (poisson).

silurien, enne *adj & s m* **GÉOL** silúrico, ca; siluriano, na.

silves *f pl* silva *sing*.

sima *m* **GÉOL** sima *f*.

simagrées *f pl* melindres *m*, remilgos *m*.

simarre *f* especie de sotana bajo la toga.

simaruba *m* **BOT** simaruba *f*.

simarubacées *f pl* **BOT** simarubáceas.

simbleau *m* compás de cuerda (de charpentier).

Siméon *n pr* Simeón.

simien, enne *adj* **ZOOL** símico, ca.
➤ **simien** *m* simio.

simiesque *adj* simiesco, ca.

similaire *adj* similar.

similarité *f* similitud, semejanza.

simili- *préf* símili, imitación de, artificial; **similimarbre** similimármol, imitación de mármol.
➤ **simili** *m* **FAM** imitación *f*.
➤ **simili** *f* similigrabado *m*.

similicuir *m* polipiel *f*.

similigravure *f* **IMPR** autotipia, similigrabado *m*.

similisage *m* **TECHN** mercerizado (du coton).

similiste *m* especialista en similigrabado.

similitude *f* similitud, semejanza ‖ símil *m* (analogie) ‖ **MATH** semejanza; **rapport de similitude** relación de semejanza.

Simon *n pr* Simón.

simoniaque *adj & s* simoniaco, ca; simoniático, ca.

simonie *f* simonía.

simoun *m* simún.

simple *adj* [▷ **SYN**] simple (pur); **corps simple** cuerpo simple ‖ simple (seul); **un simple geste** un simple gesto ‖ sencillo, lla; fácil; **un procédé tout simple** un procedimiento muy sencillo ‖ sencillo, lla (sans ornement) ‖ llano, na; sencillo, lla; campechano, na (sans façon) ‖ simple (naïf) ‖ solo, la; **souliers à simple semelle** zapatos con una sola suela ‖ **BOT** simple ■ **FAM** **simple comme bonjour** tirado, muy fácil ‖ **simple d'esprit** inocente, simple ‖ **simple soldat** soldado raso ■ **GRAMM** **passé simple** pretérito indefinido ‖ **un simple particulier** un particular ‖ **une simple formalité** una mera formalidad.
◇ *m* simple (niais) ‖ simple (tennis); **simple dames** simple femenino ■ **passer du simple au double** multiplicarse por dos, duplicarse.
➤ **simples** *m pl* (vieilli) **MÉD** simples (plantes) ‖ gente *f sing* sencilla.

> **SYN** *sommaire* somero; *rudimentaire* rudimentario; *élémentaire* elemental; *primitif* primitivo.

simplement *adv* simplemente, sencillamente ■ **purement et simplement** pura y simplemente, pura y llanamente ‖ **tout simplement** nada menos que; **il risque tout simplement sa vie** arriesga nada menos que su vida.

simplet, ette [sɛ̃plɛ, ɛt] *adj* simplón, ona.

simplicité *f* sencillez, naturalidad, llaneza (de mœurs); **en toute simplicité** con sencillez ‖ sencillez; **un mécanisme d'une grande simplicité** un mecanismo de gran sencillez ‖ simpleza (niaiserie) ‖ simplicidad (absence de mélange).

simplifiable *adj* simplificable.

simplificateur, trice *adj & s* simplificador, ra.

simplification *f* simplificación.

simplifier [9] *v tr* simplificar.

simplisme *m* simplismo.

simpliste *adj & s* simplista.

Simplon *n pr m* **GÉOGR** le Simplon el Simplon.

simulacre *m* simulacro.

simulateur, trice *adj & s* simulador, ra; **un habile simulateur** un hábil simulador.
➤ **simulateur** *m* **AVIAT** simulateur de vol simulador de vuelo.

simulation *f* simulación ‖ DR simulación ‖ ÉCON modèle de simulation modelo de simulación.

simulé, e *adj* simulado, da.

simuler [3] *v tr* simular; simuler une maladie simular una enfermedad.

simulie *f* ZOOL simúlido *m*.

simultané, e *adj* simultáneo, a.

simultanéisme *m* simultaneísmo (procédé de narration).

simultanéité *f* simultaneidad.

simultanément *adv* simultáneamente.

Sinaï *n pr m* GÉOGR le Sinaï el Sinaí.

sinanthrope *m* sinántropo.

sinapisé, e *adj* con polvo de mostaza; un cataplasme sinapisé una cataplasma con polvo de mostaza.

sinapisme *m* MÉD sinapismo.

sincère *adj* sincero, ra ‖ sentido, da; émotion sincère sentida emoción ■ sincères condoléances sentido pésame ■ agréez mes sincères salutations reciba un atento saludo (lettre).

sincèrement *adv* sinceramente; francamente (franchement); sincèrement vôtre sinceramente suyo.

sincérité *f* sinceridad; en toute sincérité con sinceridad ‖ franqueza; pardonnez (à) ma sincérité dispense mi franqueza.

sincipital, e *adj* sincipital.

sinciput [sẽsipyt] *m* ANAT sincipucio.

sinécure *f* sinecura, canonjía.

sine die [sinedie] *loc adv* sine die, sin fijar fecha ou día.

sine qua non [sinekwanɔn] *loc adj inv* sine qua non, indispensable; condition sine qua non condición sine qua non.

Singapour [sẽgapur] *n pr* GÉOGR Singapur.

singapourien, enne *adj* singapurense.

Singapourien, enne *m & f* singapurense.

singe [sẽʒ] *m* ZOOL mono, mona *f* ‖ FIG imitamonos, imitador, remedador (imitateur) ‖ macaco, hombre feo (laid) ‖ ARG patrono [entre obreros] ‖ MIL & FAM carne *f* en lata (viande) ■ malin comme un singe astuto como un zorro ■ faire le singe hacer el tonto ■ payer en monnaie de singe pagar con promesas vanas.

> **OBSERV 1.** Singe se aplica a ambos géneros. La hembra también se llama guenon.
> **2.** En espagnol, le mot mona est des deux genres quand on l'applique au singe du Maroc et de Gibraltar. Familièrement mono, na adjectif, signifie aussi mignon, onne.

singer [17] *v tr* remedar, imitar.

singerie *f* jaula de monos (ménagerie) ‖ FIG mueca, gesto *m*, visaje *m* (grimace) ‖ remedo *m*, imitación (imitation) ‖ FAM carantoña.

single [singəl] *m* single, simple (tennis).

singleton *m* semifallo, singleton (au bridge).

singulariser [3] *v tr* singularizar.
  ➤ **se singulariser** *v pr* singularizarse, distinguirse (se faire remarquer).

singularité *f* singularidad.
  ➤ **singularités** *f pl* rarezas, extravagancias (extravagances).

singulier, ère *adj & s m* singular ‖ GRAMM singular ‖ combat singulier duelo.

singulièrement *adv* de forma singular (bizarrement) ‖ extraordinariamente (beaucoup) ‖ especialmente (notamment).

siniser [3] *v tr* dar carácter chino (a una cosa).

sinistre *adj* siniestro, tra; spectacle sinistre espectáculo siniestro.
  ⬦ *m* siniestro (fait dommageable).

sinistré, e *adj & s* siniestrado, da; víctima de un siniestro; afectado, da; damnificado, da.

sinistrement *adv* siniestramente.

sinistrose *f* pesimismo *m*.

Sinn Féin [sinfɛjn] *n pr m* Sinn Féin.

sinoc ➤ **sinoque**.

sinologie *f* sinología.

sinologue *m & f* sinólogo, ga.

sinon *conj* si no (autrement); obéis, sinon tu seras puni obedece, si no serás castigado ‖ sino (excepté); personne ne le sait sinon toi nadie lo sabe sino tú ‖ sinon que sino que.

> **OBSERV** Sino en espagnol a aussi le sens de mais: ce n'est pas lui, mais toi no es él, sino tú.

sinople *m* BLAS sinople.

sinoque; sinoc *adj & s* FAM guillado, da; locatis.

sinueux, euse [sinɥø, øz] *adj* sinuoso, sa.

sinuosité *f* sinuosidad.

sinus [sinys] *m* MATH & ANAT seno.

sinusite *f* MÉD sinusitis.

sinusoïdal, e *adj* GÉOM sinusoidal.

sinusoïde *adj* GÉOM sinusoide.

sionisme *m* sionismo.

sioniste *adj & s* sionista.

Sioux [sju] *m* Siux (Indiens d'Amérique).

siphoïde *adj* en forma de sifón.

siphomycètes *m pl* ficomicetos (champignons).

siphon *m* sifón (tube recourbé, bouteille) ‖ bombillo, sifón (d'évier, de tout-à-l'égout, etc.).

siphonné, e *adj* POP majareta, chiflado, da.

siphonner [3] *v tr* trasegar con sifón.

siphonophores *m pl* ZOOL sifonóforos.

sir [sœr] *m* sir (titre anglais).

sire *m* señor (titre) ‖ majestad *f* (roi) ‖ FAM un pauvre sire un pobre diablo ‖ un triste sire un hombre vil.

sirène *f* sirena (monstre) ‖ sirena (signal acoustique); sirène d'alarme sirena de alarma ‖ FIG sirena, ninfa.

> **LES SIRÈNES**
> Las sirenas que se utilizan en caso de emergencia se prueban en Francia el primer miércoles de cada mes (excepto en la región de París donde se prueban cada dos meses).

siréniens *m pl* ZOOL sirénidos, sirenios.

sirex *m* ZOOL sirex.

Sirius [sirjys] *n pr* ASTRON Sirio.

sirocco; siroco *m* siroco.

sirop [siro] *m* jarabe, sirope (pharmacie) ‖ almíbar, jarabe; fruits au sirop frutas en almíbar; sirop de menthe jarabe de menta.

siroter [3] *v tr & intr* FAM beber a sorbitos, beborrotear (boire en savourant).

SIRPA; Sirpa (abr de Service d'information et de renseignement du public de l'armée) *m* servicio de información del ejército francés.

sirupeux, euse *adj* almibarado, da ‖ de consistencia de jarabe.

sirventès; sirvente *m* serventesio (poésie).

sis, e [si, siz] *adj* sito, ta; situado, da; une maison sise à Paris una casa sita en París.
  ■ **OBSERV** participe passé du verbe seoir.

sisal *m* BOT sisal, pita *f*, agave.

sismique ➤ **séismique**.

sismité ➤ **séismité**.

sismographe ➤ **séismographe**.

sismologie ➤ **séismologie**.

sismologue *m & f* sismólogo, ga.

sister-ship [sistœrʃip] *m* barco gemelo.

sistre *m* MUS sistro (instrument).

sisymbre *m* BOT sisimbrio, jaramago.

Sisyphe *n pr* MYTH Sísifo; mythe de Sisyphe mito de Sísifo.

sitar *m* (mot hindi) MUS cítara *f*.

sitariste *m* MUS citarista.

sitcom [sitkɔm] *m & f* telecomedia *f*.

site *m* paraje, vista *f*, perspectiva *f*; un site sauvage un paraje salvaje ‖ MIL ángulo de situación ‖ INFORM site Web localización ou sitio Web ■ site archéologique emplazamiento arqueológico ‖ site nucléaire emplazamiento nuclear ‖ site pittoresque sitio ou paraje pintoresco ‖ sites naturels, historiques sitios ou emplazamientos naturales, históricos ‖ sites touristiques sitios ou emplazamientos turísticos.

sit-in *m inv* sentada *f* (manifestation non violente).

sitôt [sito] *adv* tan pronto ‖ tan pronto como, en cuanto; sitôt ce dictionnaire fini, j'en ferai un autre tan pronto como acabe este diccionario haré otro, en cuanto acabe este diccionario haré otro ■ sitôt que tan pronto como, luego que, al instante que ■ de sitôt tan pronto ‖ sitôt dit sitôt fait dicho y hecho.

sittelle; sittèle *f* herrerillo *m* (oiseau).

situation *f* situación ‖ empleo *m*, colocación, puesto *m* (emploi); avoir une bonne situation tener un buen empleo; situation sociale posición social ■ situation de famille estado civil ‖ FAM situation intéressante estado interesante ■ être en situation de faire quelque chose estar en posición de hacer algo.

situé, e *adj* situado, da; colocado, da ‖ situado, da; localizado, da.

situer [7] *v tr* situar ‖ situar, localizar [(*Amér*) ubicar].

sium [sjɔm] *m* BOT berrera *f*.

SIVOM; Sivom [sivɔm] (abr de Syndicat intercommunal à vocation multiple) *m* organismo público francés que gestiona los servicios municipales.

SIVP (abr de stage d'insertion à la vie professionnelle) *m* cursillo de reintegración a la vida profesional, en Francia.

six [sis] ou [siz delante de una vocal o h muda, si delante de una consonante] *adj num* & *s m inv* seis ▌ sexto, ta; **Alphonse VI** (sixième) Alfonso VI [sexto].

sixain ▬ **sizain**.

six-huit *m* MUS compás de seis por ocho.

sixième [sizjɛm] *adj num ord* & *s* sexto, ta.
◇ *m* sexto (la sixième partie) ▌ sexto piso (étage).
◇ *f* primer curso *m* de bachillerato [francés] ▌ **examen d'entrée en sixième** examen de ingreso de bachillerato.

sixièmement *adv* en sexto lugar.

six-quatre-deux [siskatdø]
➤ **à la six-quatre-deux** *loc adv* FAM sin cuidado, por las buenas, a la buena de Dios.

sixte *f* MUS sexta (intervalle).

Sixte *n pr* Sixto.

Sixtine *n pr* la chapelle Sixtine la Capilla Sixtina.

sizain; sixain [sizɛ̃] *m* sextilla *f* (poème) ▌ paquete de seis barajas (cartes).

sizerin *m* ZOOL pardillo (linotte).

S.J.® (abr écrite de Societatis Jesus) S.J.®

ska *m* MUS ska.

Skaï® [skaj] *m* skay (matériau).

skateboard [skɛtbɔrd] *m* monopatín, skateboard.

skating [skɛtiŋ] *m* patinaje.

skeleton [skɛlɛtɔn] *m* tobogán metálico articulado.

sketch *m* CINÉM & THÉÂTR sketch, escena *f* corta de carácter generalmente cómico.
▌ OBSERV pl sketchs ou sketches.

ski *m* esquí ▪ **ski alpin** esquí alpino ▌ **ski de fond** ou **de randonnée** esquí de fondo ▌ **ski de piste** esquí de pista ▌ **ski nautique** esquí acuático ▌ **skis courts** esquís cortos ▪ **faire du ski** esquiar.

skiable *adj* apto para practicar el esquí (piste).

skier [10] *v intr* esquiar.

skieur, euse *m* & *f* esquiador, ra ▌ MIL éclaireur skieur esquiador escalador.

skiff; skif *m* MAR esquife.

skinhead [skinɛd] *m* & *f* cabeza rapada, skin head.

skip *m* (mot anglais) MIN skip, esquip (appareil élévateur).

skipper [skipœr] *m* (mot anglais) skipper.

skunks; skuns [skɔ̃s] *m* piel *f* de mofeta (fourrure).

Skye [skaj] *n pr* GÉOGR (l'île de) Skye (la isla de) Skye.

skye-terrier [skajtɛrje] *m* ZOOL perro terrier de Skye.
▌ OBSERV pl skye-terriers.

slalom [slalɔm] *m* slalom, eslalom (en ski); **slalom géant, spécial** slalom gigante, especial ▌ FIG & FAM **faire du slalom entre** zigzaguear entre.

slalomer [3] *v intr* SPORTS efectuar un recorrido en slalom.

slalomeur, euse *m* & *f* SPORTS especialista en slalom.

slang [slãg] *m* slang (argot anglais).

slave *adj* eslavo, va.

Slave *m* & *f* eslavo, va.

slavisant, e *m* & *f* especialista en estudios eslavos.

slaviser [3] *v tr* eslavizar.

slavisme *m* eslavismo (panslavisme).

slavon, onne *adj* eslavo, va; eslavón, ona.
➤ **slavon** *m* LING eslavo.

Slavon, onne *m* & *f* eslavo, va; eslavón, ona.

Slavonie *n pr f* GÉOGR la Slavonie Eslavonia.

slavophile *adj* & *s* eslavófilo, la.

SLBM (abr de Submarine Launched Ballistic Missile) *m* SLBM.

SLCM (abr de Submarine Launched Cruise Missile) *m* SLCM.

sleeping-car [slipiŋkar] *m* coche cama.
▌ OBSERV pl sleeping-cars.

slip *m* slip, calzoncillos *pl* ▌ MAR grada *f* (navires).

s.l.n.d. (abr écrite de sans lieu ni date) fecha y origen desconocidos.

slogan *m* eslogan, "slogan".

sloop [slup] *m* MAR balandra *f*, "sloop".

slot *m* INFORM slot d'extension ranura *f* de expansión,

sloughi [slugi] *m* ZOOL galgo de África.

slovaque *adj* eslovaco, ca.
◇ *m* LING eslovaco.

Slovaque *m* & *f* eslovaco, ca.

Slovaquie *n pr f* GÉOGR la Slovaquie Eslovaquia.

slovène *adj* esloveno, na.
◇ *m* LING esloveno.

Slovène *m* & *f* esloveno, na.

Slovénie *n pr f* GÉOGR la Slovénie Eslovenia.

slow [slo] *m* agarrado [baile], balada *f* [canción].

SM *f* (abr écrite de Sa Majesté) SM.
◇ *m* (abr de sado-masochisme) sado-maso.

SMAG; Smag [smag] (abr de salaire minimum agricole garanti) *m* salario mínimo agrícola francés.

smala; smalah *f* casa y equipo de un jefe árabe ▌ FAM familión *m* (famille nombreuse).

smalt *m* esmalte (couleur).
▌ OBSERV Le sens courant de esmalte est émail.

smaltite; smaltine *f* MIN esmaltina.

smaragdin, e *adj* esmeraldino, na.

smart *adj* FAM elegantón, ona; elegante.

smash [smaʃ] ou [smatʃ] *m* "smash", mate (tennis, volley-ball).
▌ OBSERV pl smash ou smashes.

smasher [3] [smaʃe] ou [smatʃe] *v intr* dar un mate.

SME (abr de Système monétaire européen) *m* SME.

smectique *adj* esméctico, ca.

SMIC; Smic (abr de salaire minimum interprofessionnel de croissance) *m* (ancien) salario mínimo interprofesional en Francia, ≃ SMI.

smicard, e *m* & *f* FAM persona que gana el salario mínimo.

smilax *m* BOT zarzaparrilla *f*.

smillage [smijaʒ] *m* TECHN escodadura *f*.

smille [smij] *f* TECHN escoda.

smiller [3] [smije] *v tr* TECHN escodar.

smocks *m pl* pliegues fruncidos y bordados.

smog *m* smog (environnement).

smoking [smɔkiŋ] *m* "smoking", esmoquin.

SMTP (abr de Simple Mail Transfer Proctol) *m* SMTP (protocole).

SMUR; Smur (abr de Service médical d'urgence et de réanimation) *m* servicio médico francés de urgencias y reanimación.

Smyrne *n pr* GÉOGR Esmirna.

snack-bar; snack *m* snack-bar, cafetería *f*.
▌ OBSERV pl snack-bars; snacks.

SNC (abr écrite de service non compris) servicio no incluido.

SNCB (abr de Société nationale des chemins de fer belges) *f* compañía nacional de ferrocarriles belgas.

SNCF (abr de Société nationale des chemins de fer français) *f* compañía nacional de ferrocarriles franceses, ≃ RENFE.

SNES; Snes (abr de Syndicat national de l'enseignement secondaire) *m* sindicato nacional francés de enseñanza media.

Sne-sup (abr de Syndicat national de l'enseignement supérieur) *m* sindicato francés de la enseñanza universitaria.

SNI (abr de Syndicat national des instituteurs) *m* sindicato francés de maestros.

SNJ (abr de Syndicat national des journalistes) *m* sindicato francés de periodistas.

snob *adj* & *s* "snob", esnob.
▌ OBSERV Snob no tiene forma femenina, se dice elle est snob, il est snob.

snober [3] *v tr* desdeñar, menospreciar.

snobinard *m* FAM snob, lechuguino.

snobinette *f* niña repipi.

snobisme *m* "snobismo", esnobismo.

SNSM (abr de Société nationale de sauvetage en mer) *f* sociedad nacional francesa de salvamento en el mar.

s.o. (abr écrite de sans objet) no se aplica.

S-O (abr écrite de Sud-Ouest) SO.

sobre *adj* sobrio, bria.

sobrement *adv* sobriamente.

sobriété *f* [▷ SYN] sobriedad ▌ FIG moderación.
▌ SYN frugalité frugalidad; tempérance templanza.

sobriquet [sɔbrikɛ] *m* apodo, mote.

soc *m* reja *f* (de la charrue).

Sochaux *n pr* GÉOGR ciudad francesa donde están instaladas las fábricas de Peugeot.

sociabilité *f* sociabilidad.

sociable *adj* sociable ▌ **être très sociable** ser muy sociable, tener don de gentes.

social, e *adj* social ▪ **aide sociale** ayuda social ▌ **charges sociales** cargas sociales.
➤ **social** *m* lo social (le social).

social-démocrate, sociale-démocrate *adj* & *s* socialdemócrata.
▌ OBSERV pl sociaux-démocrates, sociales-démocrates.

social-démocratie *f* socialdemocracia.
▌ OBSERV pl social-démocraties.

socialement *adv* socialmente.

socialisant, e *adj* & *s* que tiende hacia el socialismo, socialistoide.

socialisation *f* socialización.

socialiser [3] *v tr* socializar.

socialisme *m* socialismo.

socialiste *adj* & *s* socialista.

socialité *f* carácter *m* social.

sociétaire *adj* & *s* socio, cia (d'une société ou association) | societario, ria; miembro (d'une corporation) | sociétaire de la Comédie-Française actor de esta compañía que participa en la distribución de los beneficios del teatro.

sociétariat [sɔsjetarja] *m* cualidad *f* de actor de la "Comédie-Française" que participa en la distribución de beneficios.

société *f* [▷ SYN] sociedad ■ société anonyme (SA) sociedad anónima (S.A.) | société à responsabilité limitée (SARL) sociedad (de responsabilidad) limitada (S.L.) | société d'abondance, de consommation sociedad opulenta, de consumo | société de capitaux sociedad de capitales | Société de Jésus Compañía de Jesús | société de services sociedad de servicios | société d'investissement sociedad de inversiones | société d'investissement à capital variable (SICAV) sociedad gestora del fondo de inversión mobiliaria | société en commandite sociedad comanditaria ou en commandita | société en nom collectif sociedad (regular) colectiva | société mère sociedad matriz | société par actions sociedad por acciones | société savante sociedad científica ■ la bonne société, la haute société la buena sociedad, la alta sociedad | la société industrielle la sociedad industrial ■ MATH règle de société regla de compañía.

| SYN compagnie compañía; cartel cártel; consortium consorcio; trust trust; holding holding; pool pool.

Socin *n pr* Socino.

socinianisme *m* RELIG socinianismo.

socinien, enne *adj* & *s* sociniano, na.

socioculturel, elle *adj* sociocultural.

socio-économique *adj* socioeconómico, ca.

| OBSERV pl socio-économiques.

sociolinguistique *f* sociolingüística.
◇ *adj* sociolingüístico, ca.

sociologie *f* sociología.

sociologique *adj* sociológico, ca.

sociologiquement *adv* sociológicamente, en términos sociológicos.

sociologisme *m* sociologismo.

sociologiste *adj* & *s* sociologista.

sociologue *m* & *f* sociólogo, ga.

sociométrie *f* sociometría.

sociopolitique *adj* sociopolítico, ca.

socioprofessionnel, elle *adj* socioprofesional.

socle *m* ARCHIT & GÉOL zócalo | pedestal, peana *f* (piédestal).

socque *m* chanclo, zoclo.

socquette *f* calcetín *m* bajo.

Socrate *n pr* Sócrates.

socratique *adj* socrático, ca.

soda *m* soda *f* (boisson gazeuse).

sodé, e *adj* que contiene sodio o sosa.

sodique *adj* sódico, ca.

sodium [sɔdjɔm] *m* sodio (métal).

sodoku *m* MÉD sodoku.

Sodome *n pr* HIST Sodoma; Sodome et Gomorrhe Sodoma y Gomorra.

sodomie *f* sodomía.

sodomiser [3] *v tr* sodomizar.

sodomite *adj* & *s* sodomita.

sœur [sœr] *f* hermana; sœur consanguine hermana de padre | RELIG hermana | sor (devant un nom propre); sœur Marie sor María ■ sœur de lait hermana de leche ■ belle sœur cuñada | FAM bonne sœur monja, hermana | demi-sœur hermanastra | FAM & IRON et ta sœur! ¡tu tía! | les Neuf Sœurs las Musas | les Petites Sœurs des pauvres las Hermanitas de los pobres.

sœurette *f* FAM hermanita.

sofa *m* sofá.

soffite *m* ARCHIT sofito.

Sofia; Sophia *n pr* GÉOGR Sofía [cuidad].

SOFRES; Sofres (abr de Société française d'enquêtes par sondage) *f* sociedad francesa de sondeos de opinión.

soft *m inv* FAM abr de software.
◇ *adj inv* sentimental (film, roman).

software *m* INFORM software, programa.

soi [swa] *pron pers* sí, sí mismo, sí misma; parler de soi hablar de sí mismo | sí mismo, sí misma; il faut oser être soi hay que atreverse a ser sí mismo ■ à part soi para sí, para sus adentros | avec soi consigo | chez soi en su casa, en su país | en soi consigo; ce qui est sincère porte en soi son charme lo que es sincero lleva consigo su encanto; en sí, de por sí; une chose bonne en soi una cosa buena en sí | soi-même uno mismo | sur soi consigo; porter sur soi llevar consigo ■ avoir un chez-soi tener casa propia | cela va de soi eso cae de su peso, ni que decir tiene | prendre quelque chose sur soi tomar la responsabilidad de algo | rentrer en soi adentrarse en uno mismo | revenir à soi volver en sí.

soi-disant *adj inv* supuesto, ta; titulado, da | un soi-disant peintre un supuesto pintor.
◇ *adv* por lo que dicen, aparentemente.

| OBSERV El adjetivo soi-disant, por su etimología, tendría que aplicarse únicamente a personas, pero se emplea frecuentemente también para las cosas (ce soi-disant défaut).

soie [swa] *f* seda (matière et tissu); soie crue ou grège seda cruda | cerda (poil dur du porc, du sanglier) | espiga (d'arme blanche).

soierie [swari] *f* sedería (tissu et fabrique).

soif *f* sed; avoir grand-soif tener mucha sed | FIG sed; la soif de l'or la sed del oro ■ FAM jusqu'à plus soif hasta hartarse ■ avoir soif de tener sed de | boire à sa soif beber hasta hartarse | donner soif à quelqu'un abrir las ganas a alguien.

soiffard, e *m* & *f* FAM borrachín, ina.

soignant, e *adj* & *s* sanitario, ria.

soigné, e *adj* esmerado, da; curioso, sa; aseado, da; arreglado, da.

soigner [3] *v tr* [▷ SYN] cuidar a; soigner un vieillard cuidar a un anciano | asistir a, atender a; le médecin soigne le malade el médico asiste al enfermo | esmerarse; soigner sa diction esmerarse al hablar | pulir; soigner son style pulir el estilo | tratar (une dent, une affection), curar (guérir) | someter a tratamiento ■ FIG & FAM soigner quelqu'un ocuparse de alguien.
◆ **se soigner** *v pr* cuidarse.

| SYN choyer, dorloter, chouchouter mimar.

soigneur *m* SPORTS entrenador, cuidador.

soigneusement *adv* cuidadosamente.

soigneux, euse *adj* cuidadoso, sa | esmerado, da (travail).

soin [swɛ̃] *m* [▷ SYN] cuidado; travailler avec soin trabajar con cuidado | esmero; écrire avec soin escribir con esmero | solicitud *f*, cuidado; entourer quelqu'un de soins rodear a alguien de cuidados | soins curas *f* (à l'infirmerie) ■ soins de beauté cuidados de belleza | soins dentaires curas dentales | soins du corps cuidados del cuerpo | soins intensifs cuidados intensivos | soins médicaux curas médicas, asistencia facultativa | soins tout particuliers especiales atenciones ■ les premiers soins los primeros auxilios | manque de soin abandono | avoir soin de ocuparse de | confier le soin de encargar | donner des soins à quelqu'un prestar asistencia a uno (médicaux), cuidar a uno | être aux petits soins avec tener mil delicadezas con, tratar con mucho miramiento a | Madame Dupuy, aux bons soins de M. Martin Señor Martín, para entregar a la señora de Dupuy (lettres) | prendre soin de ocuparse de (s'occuper), esforzarse en | soins du visage tratamiento facial.

| SYN attention atención; application aplicación; diligence diligencia; minutie minucia; vigilance vigilancia; sollicitude solicitud.

soir *m* tarde *f* (avant le coucher du soleil); six heures du soir las seis de la tarde | noche *f* (à partir de huit heures environ); à dix heures du soir a las diez de la noche ■ MIL appel du soir lista de retreta | demain soir mañana por la noche | hier soir, hier au soir anoche, ayer por la noche | FIG le soir de la vie el ocaso de la vida, la vejez | robe du soir traje de noche ■ à ce soir hasta la noche.

soirée *f* noche [hasta la hora de acostarse]; dans la soirée por la noche | reunión, tertulia nocturna | velada, fiesta de noche, sarao *m* | soirée dansante baile de noche | soirée de gala función de gala (théâtre), baile de gala | FAM soirée télé noche de tele ■ en soirée de noche (spectacle).

soit [swa] ou [swat] *adv* sea, bien está (acceptation); vous aimez cela, soit a usted le gusta eso, bien está.
◇ *conj* es decir, o sea, cosa de; il a perdu une forte somme, soit un million ha perdido una fuerte suma, es decir un millón ○ sea, supongamos (supposition); soit 4 à multiplier par 3 sea que 4 se multiplique por 3 | soit que ya sea | soit... soit ya... ya, sea... sea; soit l'un soit l'autre ya uno ya otro | un tant soit peu un poquito.

soixantaine [swasɑ̃tɛn] *f* sesenta (soixante), unos sesenta, sesenta poco más o menos (environ soixante) | la soixantaine los sesenta, la edad de sesenta años (âge).

soixante [swasɑ̃t] *adj num* & *s m inv* sesenta.

soixante-dix *adj* & *s m inv* setenta.

soixante-dixième *adj* & *s* septuagésimo, ma.
◇ *m* setentavo, setentava parte *f*.

soixante-huitard, e *adj* & *s* FAM progre del 68.

soixantième [swasɑ̃tjɛm] *adj* & *s* sexagésimo, ma; sesentavo, va.
◇ *m* sesentavo, sesenta *f* parte (fraction).

soja [sɔʒa] *m* BOT soja *f*; germes de soja brotes de soja, soja germinada.

sol *m* suelo; sol fertile suelo fértil; à même le sol en el santo suelo ‖ terreno; sol argileux terreno arcilloso ‖ CHIM sol (colloïde) ‖ MUS sol (note) ‖ sol (unité monétaire du Pérou).

solaire *adj* solar; système solaire sistema solar ■ cadran solaire reloj de sol ‖ ANAT plexus solaire plexo solar.
◇ *m* TECHN lo solar (techniques et industries).

solanacées *f pl* BOT solanáceas.

solarium [sɔlarjɔm] *m* solario.

soldanelle *f* BOT soldanella.

soldat [sɔlda] *m* soldado ■ soldat de plomb soldadito de plomo ‖ soldat de première classe soldado de primera ‖ soldat de deuxième classe, simple soldat soldado raso ■ le Soldat inconnu el Soldado Desconocido.
▮ SYN militaire militar; recrue recluta; conscrit quinto; bleu novato; grognard veterano; combattant combatiente; mercenaire mercenario; reître reitre; soudard, traîneur de sabre militarote; fantassin infante.

soldate *f* FAM mujer soldado (femme soldat).

soldatesque *adj* & *s f* soldadesco, ca.

solde *f* sueldo *m*; être à la solde de estar a sueldo de ‖ MIL base *f*, paga (de gradé, d'officier); demi-solde media paga.
◇ *m* COMM saldo (d'un compte); solde débiteur, créditeur saldo deudor, acreedor ‖ saldo, rebaja *f*, liquidación *f* (de marchandises); la saison des soldes la temporada de las rebajas.

solder [3] *v tr* COMM saldar, liquidar (un compte, des marchandises) ‖ MIL pagar (la troupe).
➤ **se solder** *v pr* resultar; les négociations se sont soldées par un échec las negociaciones resultaron un fracaso.

soldeur, euse *m* & *f* saldista (commerçant).

sole *f* lenguado *m* (poisson) ‖ palma (du cheval) ‖ AGRIC añojal *m*, parcela de cultivo (pièce de terre) ‖ MAR fondo *m* de un barco plano ‖ TECHN solera (fours).

soléaire *adj* ANAT muscle soléaire sóleo.

solécisme *m* GRAMM solecismo.

soleil [sɔlɛj] *m* sol; la lumière du soleil la luz del sol ‖ girándula *f*, rueda *f* (feu d'artifice) ‖ BOT girasol ■ soleil levant, couchant sol naciente, poniente ■ au grand soleil a plena luz del día ‖ au lever du soleil al salir el sol ‖ au soleil bajo el sol ‖ au soleil couchant al ponerse el sol ‖ coup de soleil quemadura de sol (brûlure), insolación ‖ en plein soleil a pleno sol ‖ le Roi-Soleil el Rey Sol [Luis XIV] ‖ le soleil de minuit el sol de medianoche ‖ FIG sous le soleil bajo el sol, en el mundo; rien de nouveau sous le soleil no hay nada

nuevo bajo el sol ■ avoir des biens au soleil tener bienes inmuebles ‖ avoir sa place au soleil tener una buena situación ‖ FAM piquer un soleil ruborizarse, ponerse colorado ‖ FIG se tenir près du soleil arrimarse al sol que más calienta ou a buen árbol (près d'un personnage important).

solen [sɔlen] *m* solen, cuchillo, muergo (mollusque).

solennel, elle [sɔlanɛl] *adj* solemne.

solennellement *adv* solemnemente.

solenniser [3] [sɔlanize] *v tr* solemnizar.

solennité [sɔlenite] *f* solemnidad.

solénoïdal, e *adj* del solenoide.

solénoïde *m* PHYS solenoide.

soleret [sɔlrɛ] *m* escarpe (armure).

Soleure *n pr* GÉOGR Solothurn; le canton de Soleure el cantón de Solothurn.

Solex® *m* ciclomotor de marca Solex.

solfatare *f* solfatara.

solfège *m* MUS solfeo.

solfier [9] *v tr* MUS solfear; solfier un morceau solfear una partitura.

solidago *m* BOT solidago.

solidaire *adj* solidario, ria; être solidaire de ser solidario con.

solidairement *adv* solidariamente.

solidariser [3] *v tr* solidarizar.
➤ **se solidariser** *v pr* solidarizarse; se solidariser avec les grévistes solidarizarse con los huelguistas.

solidarité *f* solidaridad.

solide *adj* sólido, da ‖ resistente (matériel) ‖ FIG firme, asentado, da; consistente, sólido, da (des connaissances) ‖ sustancial, consistente (argument, discours) ‖ auténtico, ca; verdadero, ra; de solides avantages verdaderas ventajas ■ un solide gaillard un chicarrón, un mocetón ‖ avoir les nerfs solides tener los nervios bien templados ‖ FIG avoir les reins solides tener las espaldas cubiertas.
◇ *m* MATH & PHYS sólido.

solidement *adv* sólidamente.

solidification *f* solidificación.

solidifier [9] *v tr* solidificar.
➤ **se solidifier** *v pr* solidificarse.

solidité *f* solidez (résistance) ‖ FIG firmeza, consistencia (esprit, jugement).

soliflore *m* florero para una sola flor (vase).

soliloque *m* soliloquio.

soliloquer [3] *v intr* soliloquiar (p us), hablar a solas.

Soliman Ier le Magnifique *n pr* Solimán I el Magnífico.

solin *m* CONSTR bovedilla *f* ‖ relleno (de plâtre).

solipède *adj* & *s m* solípedo, da.

solipsisme *m* PHILOS solipsismo.

soliste *adj* & *s* MUS solista.

solitaire *adj* solitario, ria ‖ MÉD ver solitaire solitaria.
◇ *m* anacoreta, ermitaño (moine) ‖ solitario (diamant) ‖ JEUX solitario ‖ viejo jabalí macho (sanglier) ‖ SPORTS en solitaire en solitario.

solitairement *adv* solo, solitariamente; se promener solitairement pasearse solo; vivre solitairement vivir solo.

solitude *f* soledad.

solivage *m* CONSTR viguería *f*, envigado.

solive *f* CONSTR viga, vigueta.

soliveau *m* CONSTR vigueta *f* ‖ FIG & FAM zoquete, leño (homme sans caractère).

Soljenitsyne [sɔlʒenitsin] *n pr* Silzhenitsin.

sollicitation *f* solicitación, ruego *m* (prière); des sollicitations émouvantes ruegos conmovedores ‖ FIG tentación; les sollicitations de l'amour las tentaciones del amor.

solliciter [3] *v tr* [▷ SYN] solicitar, pedir; solliciter un emploi solicitar un empleo ‖ FIG incitar, tentar, excitar; solliciter à la révolte incitar a la revuelta.
▮ SYN postuler postular; quêter pedir; mendier, quémander mendigar; mendigoter pordiosear.

solliciteur, euse *m* & *f* solicitador, ra; solicitante.

sollicitude *f* solicitud.
▮ OBSERV En espagnol una solicitud es aussi une lettre de demande.

solo *adj* & *s m* MUS solo.
▮ OBSERV pl solos o soli.

Sologne *n pr* GÉOGR la Sologne Sologne.

solognot, e *adj* de Sologne [región de Francia].

Solognot, e *m* & *f* natural ou habitante de Sologne.

Solon *n pr* Solón.

solstice *m* solsticio; solstice d'été, d'hiver solsticio de verano, de invierno.

solsticial, e *adj* solsticial.

solubiliser [3] *v tr* solubilizar, hacer soluble.

solubilité *f* solubilidad.

soluble *adj* soluble; café soluble café soluble.

soluté *m* solución *f*, disolución *f* (dans un liquide).

solution *f* solución, disolución (dans un liquide) ‖ solución (d'un problème, d'une équation) ‖ solución (dénouement) ‖ DR fin *m*, terminación (d'un procès) ■ la solution de facilité el camino más fácil ‖ solution de continuité solución de continuidad (interruption) ‖ MATH solution étrangère solución extraña.

solutionner [3] *v tr* solucionar, resolver.

solutréen, enne *adj* & *s m* solutrense (préhistoire).

solvabilité *f* solvencia.

solvable *adj* solvente.

solvant *m* disolvente.

soma *m* BIOL soma.

Somalie *n pr f* GÉOGR la Somalie Somalia.

somatique *adj* somático, ca.

somatiser [3] *v tr* somatizar (psychologie).

sombre *adj* sombrío, a; une maison sombre una casa sombría ‖ oscuro, ra (couleur) ‖ tenebroso, sa (ténébreux), lóbrego, ga (mot poétique); nuit sombre noche tenebrosa ‖ FIG sombrío, a; negro, gra (inquiétant); un sombre avenir un porvenir sombrío ‖ sombrío, a; melancólico, ca; taciturno, na ■ il fait sombre está oscuro, hay poca luz ‖ FIG une sombre brute un tío bestia.

sombrement *adv* sombrío, tenebrosamente.

sombrer [3] *v intr* MAR zozobrar, hundirse, irse a pique (un bateau) ‖ FIG venirse abajo, hundirse; entreprise qui sombre empresa que se viene abajo ‖ caer; sombrer dans l'oubli caer en el olvido ▪ sombrer corps et biens zozobrar, hundirse ‖ FIG sombrer dans le vice hundirse en el vicio ▪ sa fortune a sombré perdió su fortuna.

sombrero *m* sombrero de ala ancha [cordobés o mejicano].
‖ OBSERV Los franceses sólo aplican la palabra española a los sombreros anteriormente indicados. En los demás casos un sombrero es un chapeau.

sommaire [sɔmɛr] *adj* sumario, ria (bref); justice sommaire justicia sumaria ‖ somero, ra; escueto, ta (superficiel) ▪ exécution sommaire ejecución sumaria ‖ exposé sommaire exposición sumaria, resumen.
◇ *m* sumario, resumen ‖ IMPR índice (table des matières) ‖ faire le sommaire de hacer el resumen ou el sumario de.

sommairement *adv* sumariamente (brièvement), someramente (superficiellement).

sommation *f* intimación, conminación; sommation par huissier intimación judicial ‖ DR requerimiento *m* ‖ orden ou mandato *m* conminatorio (appel) ‖ aviso *m*, advertencia (avertissement) ‖ (p us) MATH suma.

somme [sɔm] *f* [▷ SYN] suma (addition) ‖ cantidad, suma (d'argent); emprunter une grosse somme pedir prestada una cantidad crecida ▪ somme théologique suma teológica ‖ somme toute, en somme en resumidas cuentas, en resumen, en suma ▪ bête de somme bestia de carga, acémila (mot le plus usité) ‖ faire la somme sumar, hacer la suma.
◇ *m* sueño; faire un somme echar un sueño ‖ faire un petit somme echar una cabezada.
‖ SYN total total; montant importe.

Somme *n pr f* GÉOGR la Somme el Somme (fleuve) ‖ Somme (département); dans la Somme en Somme ‖ HIST les batailles de la Somme las batallas de Somme.

sommeil [sɔmɛj] *m* sueño; sommeil de plomb, lourd sueño de plomo, pesado ▪ FIG le sommeil éternel el descanso eterno ‖ MÉD maladie du sommeil enfermedad del sueño ▪ dormir du sommeil du juste dormir el sueño de los justos ‖ FIG mettre une affaire en sommeil aplazar un asunto ‖ tomber de sommeil caerse de sueño.
‖ OBSERV Le mot espagnol signifie à la fois somme, sommeil, songe et rêve.
‖ SYN somme sueño; sieste siesta; méridienne siesta; FAM roupillon cabezada.

sommeiller [4] [sɔmeje] *v intr* dormitar (d'un sommeil léger) ‖ FIG descansar, estar en calma; la nuit quand tout sommeille por la noche cuando todo descansa ou está en calma.

sommelier, ère [sɔmǝlje, ɛr] *m & f* sumiller *m* (ancien fonctionnaire royal) ‖ sumiller *m* (nom officiel mais p us), bodeguero, ra; botillero *m* (chargé du service des vins).

sommellerie [sɔmɛlri] *f* HIST sumillería ‖ servicio *m* del "sommelier" ou bodeguero ou sumiller (restaurant).

sommer [3] *v tr* intimar, conminar, mandar (commander), requerir, ordenar (ordonner);
je vous somme de répondre le ordeno que conteste ‖ MATH sumar, adicionar.

sommet [sɔmɛ] *m* [▷ SYN] cumbre *f*, cima *f*, cúspide *f* (d'une montagne, d'un édifice, etc.) ‖ GÉOM vértice (d'un angle), cúspide *f* (d'une pyramide, d'un cône) ‖ cumbre *f* (réunion) ▪ conférence au sommet conferencia (internacional) de alto nivel ou en la cumbre (chefs d'État) ‖ rencontre au sommet encuentro de alto nivel.
‖ SYN sommité cúspide; cime cima; comble colmo; pinacle pináculo; crête cresta; couronnement remate; faîte techumbre, remate; tête copa, cima; mamelon cerro; haut alto; pointe punta; aiguille pico; piton picacho; culmen culmen (mot latin).

sommier *m* somier (de lit); sommier à lattes, à ressorts somier de tablas fijas, de muelles ‖ dintel (d'une porte) ‖ yugo (d'une cloche) ‖ secreto (d'un orgue) ‖ travesaño (d'une grille) ‖ ARCHIT sotabanco, salmer (de voûte d'arc) ‖ COMM libro de caja (registre) ‖ sommiers judiciaires fichero central.

sommité [sɔmite] *f* cúspide, cumbre, cima ‖ FIG notabilidad, eminencia, lumbrera (personnage).

somnambule *adj & s* sonámbulo, la.

somnambulisme *m* sonambulismo.

somnifère *adj & s m* somnífero, ra; soporífero, ra ‖ FAM soporífero, ra; lecture somnifère lectura soporífera.

somnolence *f* somnolencia.

somnolent, e *adj* soñoliento, ta.

somnoler [3] *v intr* dormitar.

somptuaire *adj* suntuario, ria ▪ dépenses somptuaires gastos suntuarios ‖ lois somptuaires leyes suntuarias ou contra el lujo.

somptueusement *adv* suntuosamente.

somptueux, euse *adj* suntuoso, sa.

somptuosité *f* suntuosidad.

son *m* [▷ SYN] sonido; son aigu sonido agudo ‖ son (son agréable); au son de la guitare al son de la guitarra ‖ salvado, afrecho (des céréales) ▪ son et lumière luz y sonido ▪ MIL boule de son pan de munición ‖ prise de son grabación ‖ FAM tache de son peca.
‖ SYN bruit ruido; ton tono; tonalité tonalidad; timbre timbre; éclat fragor.

son, sa *adj poss de la 3ᵉ pers* su; son père su padre; sa maison su casa; ses valises sus maletas ▪ faire son malin hacer el pillo, dárselas de pillo ‖ sentir son ou sa... oler a...
‖ OBSERV El plural de son o sa es: ses sus.

sonar *m* MAR sonar (appareil de détection par le son).

sonate *f* MUS sonata.

sonatine *f* MUS sonatina.

sondage *m* sondeo; sondage d'opinion sondeo de opinión; sondage sur un échantillon représentatif sondeo sobre una muestra representativa.

sonde *f* MAR & MÉD sonda ‖ TECHN sonda, barrena (pour forages) ‖ pincho *m*, aguja *f* (de douanier) ‖ cala (pour le fromage) ‖ sonde à laser sonda de láser ‖ sonde spatiale sonda espacial.

sondé, e encuestado, da.

Sonde *n pr f* GÉOGR l'archipel de la Sonde el archipiélago de la Sonda.

sonder [3] *v tr* sondar, sondear (un terrain, un puits) ‖ MÉD sondar ‖ FIG sondear, tantear (la pensée, les intentions) ▪ sonder l'opinion publique sondear ou tantear ou pulsar la opinión pública, tomar el pulso a la opinión pública.

sondeur *m* sondeador (celui qui sonde) ‖ sonda *f* (appareil).

sondeuse *f* sonda pequeña (pour le forage des petits puits).

songe [sɔ̃ʒ] *m* sueño ‖ FIG ensueño (illusion) ▪ en songe en sueños ‖ faire un songe tener un sueño, soñar.

songe-creux [sɔ̃ʒkrø] *m inv* visionario, soñador, chiflado.

songer [17] *v intr* soñar (rêver) ‖ pensar; songer à son avenir pensar en el porvenir ▪ songez que considere que ‖ songez-y! ¡piénselo bien!, ¡tenga cuidado! ▪ n'y songez pas! ¡ni lo sueñe!, ¡ni lo piense!

songerie [sɔ̃ʒri] *f* ensueño *m* (rêverie).

songeur, euse *adj & f* (p us) soñador, ra.
◇ *adj* ensimismado, da; pensativo, va; un air songeur un aire ensimismado ‖ ça me laisse songeur eso me da que pensar.

sonique *adj* del sonido; vitesse sonique velocidad del sonido.

sonnaille [sɔnaj] *f* cencerro *m*, esquila.

sonnailler [sɔnaje] *m* cabestro, guía (animal de tête).

sonnailler [3] [sɔnaje] *v intr* FAM llamar constantemente sin motivo.

sonnant, e *adj* sonante, sonoro, ra ‖ en punto; à midi sonnant a las doce en punto ‖ espèces sonnantes et trébuchantes moneda contante y sonante ‖ horloge sonnante reloj que da las horas.

sonné, e *adj* dada (heure); il est dix heures sonnées son las diez dadas ‖ cumplido, da; il a cinquante ans sonnés tiene cincuenta años cumplidos ‖ FAM guillado, da; chiflado, da (fou) ‖ castigado, da (boxeur) ‖ que ha recibido una buena solfa.

sonner [3] *v intr* sonar (rendre un son) ‖ tañer (les cloches) ‖ tocar; sonner du clairon tocar la corneta ‖ tocar el timbre (à la porte) ‖ tocar la campanilla (le sacristain) ‖ dar; midi sonne dan las doce ‖ sonar, llegar; la dernière heure a sonné la última hora ha llegado ▪ sonner creux sonar a hueco ▪ faire sonner recalcar, ponderar ‖ FIG mot qui sonne mal palabra malsonante.
◇ *v tr* [▷ SYN] tocar, tañer (tirer des sons); sonner la cloche tocar la campana ‖ tocar a (annoncer); sonner la messe tocar a misa; sonner le tocsin tocar a rebato ‖ tocar el timbre, llamar (au moyen d'une sonnette); sonner la bonne llamar a la criada ‖ FAM dar un palizón (frapper) ‖ sonner le creux sonar a hueco ‖ MIL sonner la retraite tocar retreta ‖ FAM sonner les cloches à quelqu'un echarle la bronca a uno.
‖ SYN tinter tocar, tañer; carillonner repicar; tintinnabuler tintinear, cascabelear.

sonnerie [sɔnri] *f* campaneo *m*, repique *m* (des cloches) ‖ timbre *m* (d'un réveil, d'un téléphone, d'une porte), campana *f* (de pendule) ‖ MIL toque *m* de trompeta ‖ sonnerie d'alarme timbre de alarma.

sonnet [sɔnɛ] *m* POÉT soneto; sonnet estrambot soneto con estrambote.

sonnette *f* campanilla ▌ cascabel *m* (grelot) ▌ timbre *m*; appuyer sur la sonnette tocar el timbre ▌ TECHN martinete *m* (de mouton) ▪ serpent à sonnette serpiente de cascabel (crotale) ▪ sonnette d'alarme timbre de alarma ▌ FIG tirer la sonnette d'alarme dar la alarma.

sonneur *m* campanero.

sono *f* FAM sonorización.

sonomètre *m* PHYS sonómetro.

Sonora *n pr* GÉOGR le désert de Sonora el desierto de Sonora.

sonore *adj* sonoro, ra ▌ effets sonores efectos de sonido.
▌ SYN ronflant sonoro; retentissant retumbante, fragoso; résonnant resonante; vibrant vibrante; sonnant sonante; tonitruant estruendoso.

sonorisation *f* sonorización ▌ megafonía (d'une salle de conférence, etc.).

sonoriser [3] *v tr* sonorizar.

sonorité *f* sonoridad.

Sophia ➧ **Sofia**.

Sophie *n pr* Sofía [nombre].

sophisme *m* sofisma.

sophiste *adj & s* sofista.

sophistication *f* sofisticación ▌ adulteración (d'une substance).

sophistique *adj & s f* sofístico, ca.

sophistiqué, e *adj* sofisticado, da ▌ arreglado, da; falsificado, da.

sophistiquer [3] *v tr* adulterar (frelater).

Sophocle *n pr* Sófocles.

sophora *m* BOT sófora *f*.

sophrologie *f* sofrología.

soporifique *adj & s m* soporífico, ca.

sopraniste *m* eunuco con voz de soprano.

soprano *m* MUS soprano, tiple.
▊ OBSERV pl sopranos ou soprani.

sorbe *f* serba (fruit du sorbier).

sorbet [sɔrbɛ] *m* sorbete.

sorbetière *f* sorbetera, heladera.

sorbier *m* BOT serbal.

sorbonnard [sɔrbɔnar] *m* FAM estudiante o profesor de la Sorbona.

Sorbonne *n pr f* la Sorbonne la Sorbona.
▌ **LA SORBONNE** ───────
La Sorbona es la universidad más antigua de París. Agrupa las facultades de letras ("La Sorbonne" o "Paris IV") y de derecho (el "Panthéon-Sorbonne" o "Paris I"). La "Sorbonne nouvelle" es el nombre de la facultad de letras situada en la rue Censier, más conocida como "Paris III".

sorcellerie [sɔrsɛlri] *f* brujería, hechicería.

sorcier, ère [sɔrsje, ɛr] *m & f* brujo, ja; hechicero, ra ▪ FAM une vieille sorcière una bruja, una vieja malvada ▌ FIG & FAM ce n'est pas sorcier no es nada del otro jueves ▌ il ne faut pas être grand sorcier pour no hay que ser una lumbrera para ▌ ne pas être grand sorcier no ser un mago.

sordide *adj* sórdido, da.

sordidement *adv* sórdidamente.

sordidité *f* sordidez.

sore *m* BOT soro (fougère).

sorgho *m* BOT sorgo, zahína *f*.

sorite *m* sorites (logique).

Sorlingues *n pr f pl* GÉOGR les (îles) Sorlingues las (islas) Sorlingues; aux Sorlingues en las Sorlingues (situation), a las Sorlingues (direction).

sornette *f* cuento *m*, camelo *m*, sandez ▌ laissez là toutes ces sornettes! ¡déjese de cuentos!, ¡basta de pamplinas!
▌ SYN calembredaine cuchufleta, chirigota; baliverne pamplina; faribole, billevesée pamplina, cuento.

sort [sɔr] *m* suerte *f*; le sort en a décidé ainsi así lo ha querido la suerte ▌ fortuna *f*; braver les coups du sort arrostrar las veleidades de la fortuna ▌ destino; notre sort en dépend nuestro destino depende de ello ▌ aojo, sortilegio, maleficio (maléfice) ▪ tirage au sort sorteo ▪ jeter au sort, jeter le sort echar suertes ▌ jeter un sort hechizar, aojar ▌ le sort en est jeté la suerte está echada ▌ tirer au sort sortear (une chose), entrar en suerte, quintar (les conscrits).

sortable *adj* adecuado, da; conveniente ▌ FAM presentable, decente ▌ ne pas être sortable ser impresentable.

sortant, e *adj & s* saliente, que sale.

sorte *f* suerte, clase (espèce); toutes sortes de bêtes toda clase *sing* de animales ▌ clase, tipo *m*; couleurs de diverses sortes colores de diversos tipos ▌ clase, índole; impôts de toutes sortes impuestos de toda índole ▌ especie; une sorte de una especie de ▌ modo *m*, manera (façon); il faut vous y prendre de cette sorte tiene que hacerlo de este modo ▪ de la sorte de este modo ▌ de sorte que, en sorte que de modo que ▌ de telle sorte de tal modo ▌ en quelque sorte en cierto modo, por decirlo así ▌ faire en sorte que procurar que.

sortie *f* [▷ SYN] salida; à la sortie a la salida ▌ invectiva, salida ▌ INFORM salida, output *m* ▌ THÉÂTR mutis *m* ▪ « sortie de camions » "salida de camiones" ▌ sortie de l'école, de l'usine salida de la escuela, de la fábrica ▌ sortie de secours salida de incendio ou de emergencia ▪ bulletin de sortie alta (à l'hôpital) ▪ faire sa sortie estrenarse (un film) ▌ FIG faire une sortie à quelqu'un armar bruscamente una bronca a alguien ▌ se ménager une porte de sortie prepararse una salida ou una puerta de escape.
▌ SYN issue salida, escape; débouché salida.

sortie-de-bain *f* albornoz *m* (peignoir).
▊ OBSERV pl sorties-de-bain.

sortie-de-bal *f* salida de teatro (manteau).
▊ OBSERV pl sorties-de-bal.

sortilège *m* sortilegio.

sortir [32] *v intr* salir; sortir de chez soi salir de casa ▌ salirse; sortir de l'ordinaire salirse de lo corriente ▌ ser, proceder (d'une école); il sort de Saint-Cyr procede de Saint-Cyr ▌ despedir, desprenderse (une odeur) ▌ estrenarse (un film) ▌ librarse; sortir d'une difficulté librarse de una dificultad ▌ FAM sortir de acabar de; il sort d'être malade acaba de estar enfermo ▌ sortir de bonne famille proceder, descender de buena familia ▌ sortir de la coquille salir del cascarón ▌ sortir de la tête ou

de l'esprit irse de la cabeza ▌ sortir de rien salir de la nada ▌ sortir des bornes rebasar los límites ▌ sortir de ses gonds salirse de sus casillas ▌ sortir de table levantarse de la mesa ▌ MIL sortir du rang ser patatero FAM proceder de la tropa ▌ sortir du sujet apartarse ou salirse del tema ▌ INFORM sortir du système salir del sistema ▌ sortir quelqu'un d'embarras sacar a uno de apuro ▌ ne pas sortir de là mantenerse en sus trece.
◇ *v tr* sacar; sortir la voiture sacar el coche; sortir un nouveau modèle sacar un nuevo modelo ▌ publicar (un livre) ▌ COMM poner en venta (mettre en vente) ▌ FAM echar, expulsar, poner de patitas en la calle; sortir un importun echar a un importuno▌echar, decir (dire) ▌ au sortir de a la salida de, al salir de.

➧ **se sortir** *v pr* FAM s'en sortir arreglárselas, componérselas, conseguir salir del apuro.

SOS [ɛsoɛs] (abr de save our souls) *m* (signal de détresse) SOS; lancer un SOS lanzar un SOS ▌ FAM (demande d'argent) envoyer un SOS à ses parents lanzar un SOS a sus padres ▌ (dans des noms de sociétés) SOS médecins urgencias médicas; SOS dépannage servicio de reparaciones urgentes.

sosie [sozi] *m* sosia.

sot, sotte [so, sɔt] *adj & s* [▷ SYN] tonto, ta; necio, cia; bobo, ba ▌ ridículo, la; absurdo, da.
▌ SYN imbécile imbécil; FAM pauvre d'esprit pobre diablo; bête tonto, bobo; bêta bobalicón, simplón; buse cernícalo; béjaune pipiolo, novato; FAM cornichon bobo; FAM moule zoquete; FAM tourte zopenco; FAM (VX) ballot ceporro; FAM cruche porro, bodoque, alma de cántaro.

sotie ➧ **sottie**.

sot-l'y-laisse *m inv* rabadilla *f* de ave.

sottement *adv* tontamente.

sottie; sotie [sɔti] *f* "Sotie", farsa, sátira [género dramático francés de los siglos XIV y XV].

sottise *f* tontería, necedad (défaut d'esprit, action sotte) ▌ disparate *m*, sandez (bêtise) ▌ majadería; dire des sottises decir majaderías.

sottisier *m* repertorio de sandeces, disparatorio.

sou *m* perra chica *f*, cinco céntimos ▌ FAM perra *f*, cuarto (argent); avoir des sous tener perras ▪ sou du franc rebaja de 5 % hecha al criado del comprador ▪ appareil ou machine à sous máquina tragaperras ▌ gros sou, petit sou perra gorda, perra chica [monedas de 5 y 10 céntimos] ▌ un sans-le-sou un pelado ▪ au sou la livre proporcionalmente, a prorrateo ▌ FAM de quatre sous de cuatro cuartos ▌ jusqu'au dernier sou hasta el último céntimo ▪ FAM être belle comme un sou neuf ser bella como el Sol ▌ être près de ses sous ser un agarrado ▌ être propre comme un sou neuf estar limpio como un chorro de oro ▌ FIG n'avoir pas le sou, être sans le sou ou sans un sou vaillant no tener un real, no tener ni una lata, estar sin blanca ▌ n'avoir pas un sou de ou pas pour un sou de carecer de, no tener ni pizca de.

Souabe *n pr f* GÉOGR (la) Souabe Suabia.

souage ➧ **suage**.

souahéli, e ➧ **swahili**.

soubassement _m_ ARCHIT basamento, zócalo ‖ rodapié (d'un lit).

soubresaut [subrəso] _m_ sobresalto (émotion) ‖ repullo, estremecimiento (sursaut) ‖ FIG coletazo; **les derniers soubresauts du régime** los últimos coletazos del régimen ‖ corcovo, espantada _f_ (d'animal).

soubrette _f_ confidenta, graciosa (de théâtre) ‖ FIG doncella, criada (servante).

souche [suʃ] _f_ cepa, tocón _m_ (d'un arbre) ‖ tronco _m_, origen _m_ (d'une famille) ‖ origen _m_; **mot de souche indo-européenne** palabra de origen indoeuropeo ‖ raíz (racine) ‖ matriz (d'un registre) ‖ cepa (d'un virus) ‖ FIG tarugo _m_, zoquete _m_, mastuerzo _m_ (bûche) ■ **registre à souches** talonario ‖ **de vieille souche** de rancio abolengo ■ **dormir comme une souche** dormir como un tronco ‖ **faire souche** tener descendencia.

souchet [suʃɛ] _m_ BOT juncia _f_ ‖ **souchet comestible** chufa, cotufa.

souci _m_ [▷ SYN] preocupación _f_, cuidado; **vivre sans souci** vivir sin preocupaciones ‖ deseo (désir) ‖ objeto de desvelo ou de preocupaciones (objet de soins) ‖ BOT maravilla _f_, caléndula _f_ ■ **par souci de** por deseo de ■ **avoir le souci de** dar importancia a ‖ **se faire du souci** preocuparse ■ **c'est là le moindre ou le cadet de mes soucis** es lo que menos me preocupa.

┃ SYN contrariété contrariedad; ennui disgusto; désagrément desagrado; préoccupation preocupación; sollicitude solicitud; tracas molestia; tracasserie enredo, molestia; tourment tormento; soin aflicción, cuita; embêtement fastidio; empoisonnement engorro, lata; tintouin mareo.

soucier [9]
➥ **se soucier** _v pr_ preocuparse, inquietarse; **je ne m'en soucie guère** no me preocupo mucho por ello ‖ **s'en soucier comme de l'an quarante** importarle a uno un comino.

soucieusement _adv_ cuidadosamente (avec inquiétude).

soucieux, euse _adj_ cuidadoso, sa; atento, ta (attentif) ‖ inquieto, ta; preocupado, da; desasosegado, da (inquiet) ‖ atento; **soucieux de bien parler** atento a hablar bien.

soucoupe _f_ platillo _m_ (de tasse) ‖ **soucoupe volante** platillo volante.

soudable _adj_ soldable.

soudage _m_ soldadura _f_.

soudain _adv_ súbitamente, de repente; **soudain il se leva** de repente se levantó.

soudain, e _adj_ súbito, ta; repentino, na; **mort soudaine** muerte repentina.
┃ SYN subit súbito; foudroyant fulminante.

soudainement _adv_ repentinamente, súbitamente.

soudaineté _f_ lo súbito _m_, lo repentino _m_.

soudan _m_ HIST sultán de Siria y Egipto (sultan).

Soudan _n pr m_ GÉOGR **le Soudan** (el) Sudán.

soudanais, e _adj_ sudanés, esa.

Soudanais, e _m & f_ sudanés, esa.

soudant, e _adj_ listo para la soldadura (fer).

soudard [sudar] _m_ (vx) soldadote, militarote ‖ individuo tosco y grosero.

soude _f_ sosa, barrilla ‖ CHIM sosa; **soude caustique** sosa cáustica.

souder [3] _v tr_ TECHN soldar.
➥ **se souder** _v pr_ soldarse ‖ FIG agruparse, apiñarse (autour d'un chef).

soudeur, euse _m & f_ soldador, ra.

soudier, ère _adj_ industrie soudière industria de la sosa.
➥ **soudier** _m_ fabricante ou obrero que trabaja la sosa.
➥ **soudière** _f_ fábrica de sosa.

soudoyer [13] [sudwaje] _v tr_ asalariar (avoir à solde) ‖ sobornar (suborner).

soudure _f_ soldadura (métal, os) ■ **soudure autogène** soldadura autógena ■ FIG **faire la soudure** avec hacer durar hasta, empalmar con (entre deux récoltes, deux livraisons, etc.).

soue [su] _f_ pocilga, porqueriza, zahurda (porcherie).

soufflage _m_ sopladura _f_ (action de souffler) ‖ soplado (du verre) ‖ MAR embono (revêtement de la coque).

soufflant, e _adj_ **machine soufflante** termo soplante ‖ FAM **record soufflant** récord que quita el hipo.

soufflante _f_ TECHN ventilador _m_, inyector _m_ de aire.

soufflard [suflar] _m_ geiser toscano (vapeur volcanique).

souffle _m_ soplo (de l'air) ‖ soplo (avec la bouche) ‖ onda _f_ de choque (d'explosion) ‖ soplo (cardiaque); **souffle au cœur** soplo en el corazón ‖ hálito, aliento (haleine); **perdre le souffle** perder el aliento ‖ FIG soplo, inspiración _f_ ■ **dernier souffle** último respiro ■ **à bout ou hors de souffle** sin aliento ■ **avoir le souffle court** tener poco resuello ‖ FAM **couper le souffle** dejar sin respiración ‖ **en avoir le souffle coupé** quitarle a uno el hipo ‖ **manquer de souffle** no poder respirar, faltar la respiración ‖ **n'avoir plus que le souffle** estar agonizando ‖ **ne tenir qu'à un souffle** estar pendiente de un hilo ‖ **retenir son souffle** contener ou aguantar la respiración.

soufflé, e _adj_ abuñuelado, da; inflado, da; hinchado, da ‖ **omelette soufflée** tortilla de viento.
➥ **soufflé** _m_ CULIN "soufflé".

soufflement _m_ soplo, soplido.

souffler [3] _v intr_ soplar; **le vent souffle** el viento sopla; **souffler avec la bouche** soplar con la boca ‖ resoplar; **souffler comme un bœuf** resoplar como un buey ‖ respirar; **laisser les chevaux souffler** dejar respirar a los caballos.
◇ _v tr_ soplar, aventar (le feu) ‖ apagar, soplar; **souffler une chandelle** apagar una vela ‖ hinchar (gonfler) ‖ FIG inspirar, sugerir (une idée), sembrar (la discorde, la haine, etc.) ‖ apuntar, soplar (une leçon), apuntar (théâtre) ‖ soplar (jeu de dames) ‖ volar (par une explosion) ‖ TECHN soplar (le verre) ‖ FAM dejar patitieso (étonner) ■ **souffler le chaud et le froid** jugar con dos barajas ‖ **souffler quelques mots dans l'oreille de quelqu'un** susurrar unas palabras en el oído de alguien ‖ **souffler un emploi à quelqu'un** birlar ou quitar un empleo a alguien ■ **ne pas souffler mot** no decir ni pío, no chistar, no rechistar.

soufflerie _f_ fuelles _m pl_ (d'orgue, de forge) ‖ soplador _m_ (de gaz carbonique) ‖ TECHN **soufflerie aérodynamique** túnel aerodinámico.

soufflet [suflɛ] _m_ fuelle (pour souffler) ‖ fuelle (d'un vêtement, d'appareil photographique) ‖ fuelle (entre deux voitures de chemin de fer) ‖ bofetón, bofetada _f_, guantazo (gifle).

souffleter [27] _v tr_ abofetear ‖ FIG insultar, dar un bofetón.

souffleur, euse _m & f_ soplador, ra (qui souffle) ‖ que respira con dificultad (qui respire mal).
➥ **souffleur** _m_ soplador (de verre) ‖ entonador (orgues) ‖ apuntador (théâtre) ‖ ZOOL delfín grande ‖ **trou du souffleur** concha del apuntador (théâtre).
➥ **souffleuse** _f_ sopladora (appareil à air comprimé pour la manutention de produits pulvérulents).

soufflure _f_ TECHN sopladura, venteadura (dans le métal).

souffrance _f_ sufrimiento _m_, padecimiento _m_ (douleur) ■ FIG **en souffrance** en suspenso, en retardo, detenido, da (objet non réclamé) ‖ **jour de souffrance** luz de medianería.

souffrant, e _adj_ indispuesto, ta; enfermo, ma; malo, la (malade) ‖ doliente, paciente (qui souffre) ‖ RELIG **Église souffrante** Iglesia purgante.

souffre-douleur _m inv_ macho ou burro de carga, sufrelotodo, víctima _f_ (celui qui fait tout le travail) ‖ hazmerreír, juguete (tête de Turc).

souffreteux, euse _adj_ miserable, necesitado, da; falto, ta de todo (misérable) ‖ achacoso, sa (malade).

souffrir [34] _v tr & intr_ [▷ SYN] sufrir, padecer (d'une douleur physique ou morale); **souffrir d'une rage de dents** padecer un dolor de muelas; **souffrir le martyre** sufrir como un condenado ‖ soportar, aguantar, tolerar; **ne pas pouvoir souffrir quelqu'un** no poder aguantar a alguien ‖ permitir; **souffrez que je revienne sur permita** que le hable de nuevo de ‖ pasar, sentir; **souffrir la soif** pasar sed.
➥ **se souffrir** _v pr_ sufrirse (se supporter mutuellement).

┃ SYN endurer aguantar; supporter soportar, sobrellevar; subir sufrir; pâtir pasar, padecer; digérer digerir; tolérer tolerar; permettre permitir.

soufi; sufi _adj inv & s m_ (de l'arabe) sofí.

soufisme; sufisme _m_ sufismo, sofismo.

soufrage _m_ azuframiento, azufrado.

soufre _m_ azufre (métalloïde); **fleur de soufre** flor de azufre.

soufrer [3] _v tr_ azufrar.

soufreur, euse _m & f_ azufrador, ra (celui qui soufre).
➥ **soufreuse** _f_ sulfatador _m_, azufrador _m_ (appareil).

soufrière _f_ azufrera, azufral _m_ (gisement).

soufroir _m_ TECHN azufrador.

souhait [swɛ] _m_ anhelo, deseo, antojo (désir) ‖ voto (vœu) ■ **souhaits de bonne année** felicitaciones de Año Nuevo ■ **à souhait** a pedir de boca, a medida del deseo ‖ **à vos souhaits!** ¡Jesús, María y José!, ¡Jesús! (à celui qui éternue) ‖ **tous nos souhaits** de todos nuestros deseos de.

souhaitable [swɛtabl] *adj* deseable.

souhaiter [4] [swɛte] *v tr* desear (désirer); il serait à souhaiter que sería de desear que; je vous souhaite une bonne et heureuse année le deseo un feliz Año Nuevo ▮ hacer votos por (formuler des vœux) ▪ **souhaiter la bonne année** felicitar el día de Año Nuevo ▮ souhaiter le bonjour, le bonsoir dar los buenos días, las buenas tardes ▮ souhaiter sa fête à quelqu'un felicitar a alguien por su santo ▮ **FAM** je vous en souhaite se va usted a divertir (ironique).

souillard [sujar] *m* desaguadero, sumidero.

souille [suj] *f* baña, bañadero *m*, bañil *m* (bourbier de sangliers) ▮ huella en el suelo de un obús que rebota ▮ **MAR** cama, hoyo *m* (de la coque dans le sable).

souiller [3] [suje] *v tr* manchar ▮ **FIG** manchar (mot usuel), deshonrar, mancillar (mot littéraire); souiller son nom mancillar su nombre ▮ souiller ses mains de sang mancharse las manos de sangre.

▮ **SYN** polluer contaminar; salir ensuciar; tacher manchar; profaner profanar.

souillon [sujɔ̃] *m & f* **FAM** puerco, ca; porcachón, ona (malpropre) ▮ fregona *f* (femme de ménage).

souillure [sujyr] *f* mancha; veston couvert de souillures chaqueta cubierta de manchas ▮ **FIG** mancha, mancilla (mot littéraire), deshonra (déshonneur); une souillure dans son passé una mancha en su pasado.

souimanga; soui-manga [swimɑ̃ga] *m* **ZOOL** suimanga.

souk [suk] *m* zoco (marché).

soûl, e; saoul, e [su, sul] *adj* borracho, cha; embriagado, da ▮ **FIG** harto, ta; être soûl de musique estar harto de música.

▶ **soûl** *m* en avoir tout son soûl tener todo lo necesario, tener todo cuanto se quiere.

soul [sɔl] *f* soul (music) soul *m*.

soulagement *m* alivio (physique et moral); soupir de soulagement suspiro de alivio ▮ consuelo (moral).

soulager [17] *v tr* aligerar, aliviar, descargar; soulager un portefaix aligerar a un mozo de cuerda ▮ [▷ **SYN**] aliviar; soulager un chagrin aliviar una pena ▮ socorrer; soulager les pauvres socorrer a los menesterosos ▮ **CONSTR** poner un contrafuerte ▮ (par plaisanterie) birlar, mangar (voler).

▶ **se soulager** *v pr* aliviarse ▮ **FAM** hacer una necesidad.

▮ **SYN** alléger aligerar, suavizar; calmer calmar; apaiser apaciguar, aplacar.

soulane *f* solana (adret).

soûlard, e [sular, ard]; **soûlaud, e** [sulo, od] *adj & s* **FAM** borrachín, ina; pellejo *m*.

soûler; saouler [3] [sule] *v tr* emborrachar, embriagar (enivrer) ▮ hartar, atracar (gorger) ▮ **FIG** hartar, saciar (un désir, etc.) ▮ marear (étourdir); il m'a soûlé de paroles me ha mareado con su palabrería.

▶ **se soûler** *v pr* hartarse, atracarse (se gorger) ▮ emborracharse, embriagarse (s'enivrer).

soûlerie *f* borrachera (partie de débauche).

soulevé *m* levantamiento (haltérophilie).

soulèvement *m* levantamiento ▮ **GÉOL** levantamiento (du sol) ▮ agitación *f*; le soulève-

ment des flots la agitación de las olas ▮ **FIG** sublevación *f*, alzamiento, motín (révolte) ▮ sublevación *f* (indignation) ▮ **MÉD** soulèvement du cœur basca, náuseas, arcadas.

soulever [19] [sulve] *v tr* levantar; soulever un fardeau levantar un bulto; le vent soulève de la poussière el viento levanta polvo ▮ indignar; son insolence souleva l'assemblée su insolencia indignó a la asamblea ▮ [▷ **SYN**] **FIG** sublevar, alzar, levantar (pousser à la révolte) ▮ promover, provocar (une dispute), plantear (un problème, une question), ocasionar ▮ soulever le cœur revolver el estómago, asquear.

▶ **se soulever** *v pr* levantarse (s'élever) ▮ **FIG** sublevarse, alzarse, rebelarse (se révolter).

▮ **SYN** ameuter amotinar; agiter agitar; déchaîner desencadenar.

soulier *m* zapato (chaussure); souliers plats, à talons zapatos planos, de tacón ▮ **FIG & FAM** être dans ses petits souliers estar incómodo.

soulignage; soulignement *m* subrayado.

souligner [3] *v tr* subrayar (d'un trait) ▮ [▷ **SYN**] **FIG** recalcar, subrayar, hacer hincapié en (insister).

▮ **SYN** relever hacer resaltar; noter notar.

soûlographie *f* **FAM** borrachera, orgía.

soulte *f* **DR** compensación [que se da para igualar una cuenta] ▮ comisión bajo cuerda (dessous-de-table).

soumettre [84] *v tr* someter; soumettre les rebelles someter a los rebeldes ▮ **FIG** dominar; soumettre ses passions dominar sus pasiones ▮ subordinar, supeditar; soumettre la raison à la foi subordinar la razón a la fe ▮ someter (au jugement de quelqu'un); soumettre un projet à someter un proyecto a ▮ exponer (exposer).

▶ **se soumettre** *v pr* someterse, conformarse; je me soumets à votre décision me someto a su decisión.

soumis, e [sumi, iz] *adj* sumiso, sa; soumis aux lois sumiso a la ley ▮ sumiso, sa; obediente; un enfant soumis un niño obediente ▮ sometido, da; sujeto, ta; revenus soumis à l'impôt rentas sujetas a impuestos.

soumission *f* sumisión ▮ licitación, oferta.

soumissionnaire *m* postor, licitador.

soumissionner [3] *v tr* licitar (dans une adjudication, un marché, etc.).

soupape *f* **TECHN** válvula; soupape de sûreté ou de sécurité válvula de seguridad ▮ réglage, rodage de soupapes reglaje, esmerilado de válvulas.

soupçon [supsɔ̃] *m* sospecha *f*; j'ai des soupçons tengo sospechas ▮ **FAM** pizca *f*, un poquito, gota *f*; un soupçon de poivre una pizca de pimienta; un soupçon de vin una gota de vino ▮ au-dessus de tout soupçon por encima de toda sospecha.

soupçonnable *adj* sospechoso, sa.

soupçonner [3] *v tr* sospechar; nous le soupçonnons de mentir sospechamos que miente.

▮ **SYN** suspecter recelar.

soupçonneusement [supsɔnøzmɑ̃] *adv* suspicazmente.

soupçonneux, euse *adj* suspicaz, receloso, sa; desconfiado, da.

soupe *f* sopa; soupe à l'oignon, de poissons sopa de cebollas, de pescado ▮ **MIL & FAM** rancho *m*, comida, fajina (sonnerie) ▮ soupe populaire comedor de beneficencia ▪ s'emporter comme une soupe au lait irritarse de pronto ▮ **FIG & FAM** trempé comme une soupe hecho una sopa, calado hasta los huesos (mouillé).

soupente *f* sobradillo *m*, caramanchón *m* (d'un escalier) ▮ conjunto *m* de correas para la suspensión de los coches antiguos, sopanda.

souper [3] *v intr* cenar ▮ **FAM** avoir soupé d'une chose estar harto ou hasta la coronilla de una cosa.

souper *m* cena *f* [en los medios rurales o después de una función de noche].

soupeser [19] *v tr* sopesar.

soupeur, euse *m & f* persona que cena.

soupier, ère *adj* **FAM** aficionado, da a la sopa.

soupière *f* sopera (récipient).

soupir *m* suspiro; il poussa un soupir dio un suspiro ▮ **MUS** suspiro (silence) ▪ soupir de soulagement respiro de alivio ▪ jusqu'au dernier soupir hasta la muerte ▮ rendre le dernier soupir exhalar el último suspiro.

soupirail [supiraj] *m* tragaluz.

soupirant *m* pretendiente, adorador, el que suspira por una mujer.

soupirer [3] *v intr* suspirar ▮ soupirer pour ou vers ou après suspirar por; soupirer pour une femme suspirar por una mujer.

◇ *v tr* **POÉT** cantar lastimeramente, suspirar ▮ suspirar (exprimer par des soupirs); soupirer ses peines suspirar de pena.

souple *adj* [▷ **SYN** 1] flexible; l'osier est souple el mimbre es flexible ▮ ágil, flexible, suelto, ta (les membres) ▮ [▷ **SYN** 2] **FIG** flexible, dócil ▪ **INFORM** disque souple disco flexible, floppy disk ▪ **FIG** avoir l'échine souple mostrarse servil ▮ être souple comme un gant ser suave como un guante.

▮ **SYN 1.** flexible flexible; maniable manejable; élastique elástico.

▮ **2.** obéissant obediente; docile dócil.

souplement *adv* ágilmente.

souplesse *f* flexibilidad (flexibilité) ▮ agilidad, soltura (agilité) ▮ suavidad (douceur) ▮ tacto *m* (habileté) ▮ en souplesse con soltura.

souquenille [suknij] *f* guardapolvo *m* basto, blusón *m* ▮ **FIG** guiñapo *m*, harapo *m* (vêtement usé).

souquer [3] *v tr* **MAR** azocar (serrer).

◇ *v intr* hacer algo con todas sus fuerzas (faire effort).

sourate ▶ surate.

source *f* fuente, manantial *m*; les sources du Nil las fuentes del Nilo; source thermale, d'eau minérale fuente termal, de agua mineral ▮ fuente, origen *m*, principio *m*; une source de profits una fuente de ingresos ▮ **FIG** fuente (document où l'on puise) ▮ **INFORM** fuente ▮ **FIG** de bonne source de buena tinta ▮ de source certaine de ciencia cierta ▮ de sources dignes de foi de fuentes fidedignas ▪ chose qui coule de source cosa fácil, natural, que se desprende naturalmente, que cae por su peso ▌ **prendre sa source à, dans** nacer en (cours d'eau) ▌**tenir une nouvelle de bonne source** saber algo de buena tinta.

sourcier *m* zahorí (prospecteur de sources).

sourcil [sursi] *m* ANAT ceja *f* ▌FIG **froncer le sourcil** fruncir el ceño, arrugar el entrecejo.

sourcilier, ère [sursilje, ɛr] *adj* ciliar, superciliar.

sourciller [3] [sursije] *v intr* fruncir las cejas ▌FIG **ne pas sourciller** quedarse impasible ou sin pestañear.

sourcilleux, euse [sursijø, øz] *adj* altivo, va; altanero, ra (hautain).

sourd, e [sur, surd] *adj* sordo, da ▌FIG sordo, da (insensible) ▌[▷ SYN] sordo, da; **bruit sourd** ruido sordo; **voix sourde** voz sorda ▪ FAM **sourd comme un pot** sordo como una tapia ▪ **être sourd à** hacer caso omiso de ▌**faire la sourde oreille** hacerse el sordo, hacer oídos de mercader, no darse por enterado.
◇ *m & f* sordo, da; **un sourd de naissance** un sordo de nacimiento ▪ **crier comme un sourd** gritar como un loco ou muy fuerte ▌**frapper comme un sourd** golpear con brutalidad ▌**il n'est pire sourd que celui qui ne veut pas entendre** no hay peor sordo que el que no quiere oír.
▌ SYN **caverneux** cavernoso; **sépulcral** sepulcral.

sourdement *adv* sordamente ▌secretamente (en secret).

sourdine *f* MUS sordina ▪ FIG **mettre une sourdine** moderar, poner sordina (prétentions, plaintes) ▪ **en sourdine** a la sordina, a la sorda.

sourd-muet, sourde-muette [surmɥɛ, surdmɥɛt] *adj & s* sordomudo, da.
▌ OBSERV pl sourds-muets, sourdes-muettes.

sourdre [73] *v intr* brotar, manar (l'eau) ▌FIG surgir, resultar.
▌ OBSERV Sólo se usa en infinitivo y a veces en la 3ª persona del presente de indicativo.

souriant, e *adj* sonriente, risueño, ña.

souriceau *m* ratoncillo.

souricier *m* ratonero.

souricière *f* ratonera ▌**tomber dans une souricière** caer en la ratonera, en una trampa.

sourire [95] *v intr* sonreír, sonreírse ▌agradar, convenir (plaire); **ce projet me sourit** este proyecto me agrada ▌FIG **la vie lui sourit** la vida le sonríe.

sourire *m* sonrisa *f*; **il avait le sourire aux lèvres** estaba con la sonrisa en los labios ▌**garder le sourire** conservar la sonrisa.

souris [suri] *f* ratón *m* ▌carne pegada al hueso (de gigot) ▌INFORM ratón *m* ▌**rata d'hôtel** rata de hotel ▌**souris qui n'a qu'un trou est bientôt prise** quien no tiene más que un recurso pronto está apurado ▌FIG **on entendrait trotter une souris** se oiría volar una mosca.

sournois, e *adj & s* [▷ SYN] hipócrita, solapado, da ▌socarrón, ona.
▌ SYN **dissimulé** disimulado; **rusé** astuto; **fourbe** trapacista, pérfido; **sycophante** sicofante.

sournoisement *adv* socarronamente.

sournoiserie [surnwazri] *f* disimulación, hipocresía.

sous [su] *prép* debajo de, bajo; **sous la table** debajo de la mesa; **marcher sous la pluie** andar bajo la lluvia ▌bajo; **sous clef** bajo llave; **sous la tutelle de** bajo la tutela de; **sous le feu de l'ennemi** bajo el fuego del enemigo; **sous l'effet de la drogue** bajo los efectos de la droga; **sous l'influence de** bajo la influencia de; **sous enveloppe** bajo sobre; **sous serment** bajo juramento ▌con; **sous une forme humaine** con forma humana; **sous le titre de** con el título de ▌dentro de; **sous huitaine** dentro de ocho días; **sous peu** dentro de poco ▌durante el reinado de; **sous Louis XIII** durante el reinado de Luis XIII ▌so; **sous couleur** so color; **sous cape** so capa; **sous prétexte** so pretexto; **sous peine** so pena ▌a; **sous les ordres de** a las órdenes de; **sous réserve de** a reserva de ▪ **sous cet angle** desde este punto de vista ▌**sous le coup de** movido por ▌**sous les yeux** ante los ojos ▪ **être sous le vent** estar a sotavento ▌**passer sous silence** silenciar.

sous-alimentation [suzalimãtasjɔ̃] *f* subalimentación, desnutrición.
▌ OBSERV pl sous-alimentations.

sous-alimenté, e [suzalimãte] *adj* subalimentado, da.

sous-alimenter [3] [suzalimãte] *v tr* subalimentar.

sous-amendement [suzamãdmã] *m* modificación *f* en una enmienda.
▌ OBSERV pl sous-amendements.

sous-barbe *f* barbada ▌MAR barboquejo *m*.
▌ OBSERV pl sous-barbes.

sous-bois *m inv* maleza *f* ▌paisaje de un bosque.

sous-brigadier *m* subrigadier.
▌ OBSERV pl sous-brigadiers.

sous-calibré, e *adj* MIL subcalibrado, da.
▌ OBSERV pl sous-calibrés, sous-calibrées.

sous-chef [suʃɛf] *m* subjefe, segundo jefe (d'un bureau).
▌ OBSERV pl sous-chefs.

sous-classe *f* BOT & ZOOL subclase.
▌ OBSERV pl sous-classes.

sous-clavier, ère *adj* ANAT subclavio, via.
▌ OBSERV pl sous-claviers, sous-clavières.

sous-commission *f* subcomisión; **sous-commission parlementaire** subcomisión parlamentaria.
▌ OBSERV pl sous-commissions.

sous-consommation *f* subconsumo *m*, consumo *m* anormalmente bajo.
▌ OBSERV pl sous-consommations.

souscripteur *m* suscriptor ▌firmante (signataire).

souscription *f* suscripción, firma ▌despedida y firma (d'une lettre).

souscrire [99] *v tr* suscribir, firmar.
◇ *v intr* suscribir, convenir (adhérer à un avis) ▌suscribirse (s'engager à payer).

sous-cutané, e *adj* subcutáneo, a; **piqûre sous-cutanée** inyección subcutánea.
▌ OBSERV pl sous-cutanés, sous-cutanées.

sous-délégué, e *adj & f* subdelegado, da.
▌ OBSERV pl sous-délégués, sous-déléguées.

sous-développé, e *adj* subdesarrollado, da; poco desarrollado, da.
▌ OBSERV pl sous-développés, sous-développées.

sous-développement *m* subdesarrollo.
▌ OBSERV pl sous-développements.

sous-diaconat [sudjakɔna] *m* subdiaconado.
▌ OBSERV pl sous-diaconats.

sous-diacre *m* subdiácono.
▌ OBSERV pl sous-diacres.

sous-directeur, trice *m & f* subdirector, ra.
▌ OBSERV pl sous-directeurs, sous-directrices.

sous-dominante *f* MUS subdominante.
▌ OBSERV pl sous-dominantes.

sous-emploi *m* subempleo, paro encubierto.
▌ OBSERV pl sous-emplois.

sous-employer [13] *v tr* subemplear.

sous-ensemble *m* subconjunto.
▌ OBSERV pl sous-ensembles.

sous-entendre [73] *v tr* sobrentender, sobreentender.
➤ **se sous-entendre** *v pr* sobrentenderse, sobreentenderse.

sous-entendu, e *adj* sobrentendido, da; sobreentendido, da; **une phrase sous-entendue** una frase sobrentendida.
➤ **sous-entendu** *m* supuesto, segunda *f* intención ▌**parler par sous-entendus** hablar con segundas.
▌ OBSERV pl sous-entendus, sous-entendues.

sous-entrepreneur *m* ayudante de contratista.
▌ OBSERV pl sous-entrepreneurs.

sous-équipé, e *adj* equipado, da insuficientemente.
▌ OBSERV pl sous-équipés, sous-équipées.

sous-équipement *m* ÉCON equipamiento insuficiente.
▌ OBSERV pl sous-équipements.

sous-estimer [3]; **sous-évaluer** [7] *v tr* subestimar, infravalorar, tener en menos.

sous-exploiter [3] *v tr* ÉCON subexplotar.

sous-exposé, e *adj* subexpuesto, ta.

sous-exposer [3] [suzɛkspoze] *v tr* PHOT subexponer, exponer insuficientemente.

sous-exposition *f* PHOT subexposición.
▌ OBSERV pl sous-expositions.

sous-faîte [sufɛt] *m* CONSTR parhilera *f*.
▌ OBSERV pl sous-faîtes.

sous-fifre *m* FAM subalterno ▌empleaducho.
▌ OBSERV pl sous-fifres.

sous-garde *f* guardamonte *m* (arme à feu).
▌ OBSERV pl sous-gardes.

sous-genre *m* subgénero.
▌ OBSERV pl sous-genres.

sous-gorge *f inv* ahogadero *m* (bride de cheval).

sous-gouverneur *m* subgobernador.
▌ OBSERV pl sous-gouverneurs.

sous-ingénieur [suzɛ̃ʒenjœr] *m* ayudante de ingeniero.
▌ OBSERV pl sous-ingénieurs.

sous-inspecteur *m* subinspector.
▌ OBSERV pl sous-inspecteurs.

sous-intendant *m* subintendente.
▌ OBSERV pl sous-intendants.

sous-jacent, e [suʒasã, ãt] *adj* subyacente.
▌ OBSERV pl sous-jacents, sous-jacentes.

sous-jupe *f* falda bajera.
▌ OBSERV pl sous-jupes.

Sous-le-Vent *n pr* GÉOGR les îles Sous-le-Vent las islas de Sotavento.

sous-lieutenant *m* MIL subteniente ‖ alférez.
▫ OBSERV pl sous-lieutenants.

sous-locataire *m & f* subarrendatario, ria.
▫ OBSERV pl sous-locataires.

sous-location *f* subarriendo *m*.
▫ OBSERV pl sous-locations.

sous-louer [6] *v tr* subarrendar, realquilar.

sous-main *m inv* carpeta *f*, cartapacio (pour écrire) ‖ en sous-main bajo mano, en secreto.

sous-marin, e *adj* submarino, na.
➧ **sous-marin** *m* MAR submarino (bâtiment).
▫ OBSERV pl sous-marins, sous-marines.

sous-marinier *m* MAR submarinista.
▫ OBSERV pl sous-mariniers.

sous-marque *f* submarca.
▫ OBSERV pl sous-marques.

sous-maxillaire [sumaksilɛr] *adj* ANAT submaxilar.
▫ OBSERV pl sous-maxillaires.

sous-médicalisé, e *adj* que carece de una infraestructura médica adecuada [país, región].
▫ OBSERV pl sous-médicalisés, sous-médicalisées.

sous-multiple *adj & s m* MATH submúltiplo, pla.
▫ OBSERV pl sous-multiples.

sous-nappe *f* mantel *m* bajero, muletón *m*.
▫ OBSERV pl sous-nappes.

sous-normale *f* GÉOM subnormal.
▫ OBSERV pl sous-normales.

sous-œuvre [suzœvr]
➧ **en sous-œuvre** *loc adv* CONSTR de recalce ‖ reprendre en sous-œuvre recalzar.

sous-off *m* MIL & FAM suboficial.
▫ OBSERV pl sous-offs.

sous-officier *m* MIL suboficial.
▫ OBSERV pl sous-officiers.

sous-orbitaire *adj* suborbitario, ria.
▫ OBSERV pl sous-orbitaires.

sous-ordre *m* subordinado, subalterno (subordonné) ‖ BOT & ZOOL suborden ‖ en sous-ordre bajo las órdenes de otro.
▫ OBSERV pl sous-ordres.

sous-palan
➧ **en sous-palan** *loc adv* COMM preparado para el embarque (marchandises).

sous-payer [11] *v tr* pagar mal.

sous-peuplé, e *adj* subpoblado, da.
▫ OBSERV pl sous-peuplés, sous-peuplées.

sous-peuplement *m* subpoblación *f*.
▫ OBSERV pl sous-peuplements.

sous-pied [supje] *m* trabilla *f* (de guêtre, de pantalon).
▫ OBSERV pl sous-pieds.

sous-préfectoral, e *adj* subprefectoral.
▫ OBSERV pl sous-préfectoraux, sous-préfectorales.

sous-préfecture *f* subprefectura.
▫ OBSERV pl sous-préfectures.

sous-préfet [suprefɛ] *m* subprefecto.
▫ OBSERV pl sous-préfets.

sous-production *f* subproducción, producción deficitaria.
▫ OBSERV pl sous-productions.

sous-produit [suprɔdɥi] *m* subproducto.
▫ OBSERV pl sous-produits.

sous-programme *m* INFORM subprograma, subrutina.
▫ OBSERV pl sous-programmes.

sous-pull *m* jersey fino que se lleva debajo de otro.
▫ OBSERV pl sous-pulls.

sous-répertoire *m* INFORM subdirectorio.

sous-secrétaire *m* subsecretario; sous-secrétaire d'État subsecretario de Estado.
▫ OBSERV pl sous-secrétaires.

sous-secrétariat *m* subsecretaría *f*.
▫ OBSERV pl sous-secrétariats.

sous-seing [susɛ̃]; **sous-seing privé** *m inv* DR contrato privado, escritura *f* privada.

soussigné, e *adj & s* infrascrito, ta ■ le soussigné el abajo firmante, el infrascrito ■ je soussigné el que suscribe.

soussigner [3] *v tr* firmar (al pie de un escrito].

sous-sol *m* subsuelo (du terrain) ‖ sótano (d'un bâtiment).
▫ OBSERV pl sous-sols.

sous-station *f* subestación.
▫ OBSERV pl sous-stations.

sous-tangente *f* GÉOM subtangente.
▫ OBSERV pl sous-tangentes.

sous-tasse *f* platillo *m*.
▫ OBSERV pl sous-tasses.

sous-tendre [73] *v tr* GÉOM subtender.

sous-tension *f* MÉD hipotensión.
▫ OBSERV pl sous-tensions.

sous-titre *m* subtítulo.
▫ OBSERV pl sous-titres.

sous-titrer [3] *v tr* poner subtítulo a, subtitular.

soustractif, ive *adj* relativo a la sustracción.

soustraction *f* sustracción, substracción (détournement) ‖ MATH sustracción, resta.
▫ OBSERV L'orthographe sustracción (sans b) est actuellement la plus courante. Il en est ainsi de tous les mots espagnols commençant par subst.

soustraire [112] *v tr* sustraer, substraer, robar (voler) ‖ MATH sustraer, restar.
➧ **se soustraire** *v pr* sustraerse, apartarse (se dérober).

sous-traitance *f* subcontratación.
▫ OBSERV pl sous-traitances.

sous-traitant *m* segundo contratista, subcontratista, contratista subsidiario.
▫ OBSERV pl sous-traitants.

sous-traiter [4] *v tr* ceder en subcontrato ‖ tomar en subcontrato.

sous-ventrière *f* barriguera, zambarco *m* (harnais).
▫ OBSERV pl sous-ventrières.

sous-verge *m inv* MIL caballo de derecha en un tiro de artillería (cheval) ‖ FAM ayudante de un jefe, segundo.

sous-verre *m inv* cuadrito montado a la inglesa.

sous-vêtement *m* prenda *f* interior.
➧ **sous-vêtements** *m pl* ropa *f sing*, ropa *f sing* interior.

soutache *f* trencilla, sutás *m* (de passementerie).

soutacher [3] *v tr* guarnecer con trencilla, trencillar.

soutane *f* sotana.

soutanelle *f* sotanilla.

soute *f* MAR pañol *m* ‖ cala de equipaje, bodega (avion) ■ soute à charbon carbonera ‖ soute à munitions polvorín.

soutenable *adj* sustentable, sostenible (opinion) ‖ soportable (supportable).

soutenance *f* defensa *ou* mantenimiento *m* de una tesis.

soutenant *m* sustentante (d'une thèse).

soutènement *m* sostenimiento ‖ sostén (soutien) ‖ mur de soutènement muro de contención.

souteneur *m* sostenedor, el que sostiene ‖ rufián, chulo.

soutenir [40] [sutnir] *v tr* [▷ SYN] sostener; soutenir une poutre sostener una viga; soutenir une attaque sostener un ataque ‖ mantener (prix) ‖ mantener, sustentar, sostener (opinion) ‖ amparar; soutenir une famille amparar una familia ‖ afirmar; je vous soutiens que le afirmo que ‖ MIL apoyar ■ soutenir la gageure mantenerse en sus trece ‖ soutenir le regard de quelqu'un aguantar la mirada de alguien ‖ soutenir une thèse presentar y defender una tesis.
➧ **se soutenir** *v pr* sostenerse; se soutenir en l'air sostenerse en el aire ‖ ampararse, sostenerse, ayudarse; se soutenir mutuellement sostenerse mutuamente.
▫ SYN supporter soportar; étayer apuntalar; maintenir mantener; étançonner apuntalar, jabalconar; épauler respaldar, proteger.

soutenu, e *adj* constante, persistente ‖ noble, elevado, da (style) ‖ sostenido, da (à la Bourse).

souterrain, e *adj* subterráneo, a; chemin souterrain camino subterráneo ‖ FIG voies souterraines vías ocultas, caminos secretos.
➧ **souterrain** *m* [▷ SYN] subterráneo.
▫ SYN tunnel túnel; galerie galería.

soutien *m* [▷ SYN] sostén ‖ apoyo, ayuda *f* (aide) ‖ pour le soutien de la communauté para el sostenimiento de la comunidad ‖ mantenimiento (des prix) ‖ amparo, protección *f* ‖ MIL apoyo ■ soutien de famille sostén de familia, mozo exento de servicio militar por cargas de familia ‖ apporter son soutien apoyar.
▫ SYN support soporte; appui apoyo.

soutien-gorge *m* sostén, sujetador.
▫ OBSERV pl soutiens-gorge.

soutier *m* MAR pañolero.

soutirage *m* trasiego (d'un liquide).

soutirer [3] *v tr* trasegar (un liquide) ‖ FIG sonsacar, sacar con maña (obtenir par adresse).

soutra; sutra *m* sutra.

souvenance *f* avoir souvenance de qqch tener remembranza de algo.

souvenir [40] [suvnir]
➧ **se souvenir** *v pr* acordarse; souvenez-vous de moi acuérdese de mí ■ je m'en souviendrai no se me olvidará ‖ vous souvient-il? ¿se acuerda usted de que?

souvenir *m* memoria *f* (mémoire); échapper au souvenir irse de la memoria ‖ recuerdo (impression précédente); souvenir confus recuerdo confuso ‖ recuerdo (cadeau) ‖ **bons souvenirs, meilleurs souvenirs** muchos recuerdos.

souvent *adv* frecuentemente, a menudo, muchas veces ‖ **le plus souvent** las más de las veces, la mayoría de las veces.

souverain, e [suvrɛ̃, ɛn] *adj & s* soberano, na; **puissance souveraine** poder soberano; **remède souverain** remedio soberano ‖ sumo, ma; supremo, ma; **le souverain pontife** el sumo pontífice; **cour souveraine** tribunal supremo.
➤ **souverain** *m* soberano, libra *f* esterlina [moneda de oro inglesa].

souverainement *adv* soberanamente.

souveraineté [suvrɛnte] *f* soberanía; **la souveraineté de la nation** la soberanía de la nación ‖ supremacía; **la souveraineté de la raison** la supremacía de la razón ‖ FIG autoridad moral.

soviet [sɔvjɛt] *m* soviet.

soviétique *adj* soviético, ca.

Soviétique *m & f* soviético, ca.

soviétisation *f* sovietización.

soviétiser [3] *v tr* sovietizar.

soviétologue *m & f* sovietólogo, ga.

sovkhoze [sɔvkoz] *m* sovjoz, granja *f* modelo soviética (ferme).

soya [sɔja] *m* soja, soya (plante).

soyer [swaje] *m* copa *f* de champán helado que se bebe con paja.

soyeux, euse [swajø, øz] *adj* sedoso, sa.
➤ **soyeux** *m* negociante en seda.

S-P (abr de Saint-Père) *m* Sto Padre.

SPA (abr de Société protectrice des animaux) *f* sociedad protectora de animales.

spacieusement *adv* ampliamente.

spacieux, euse *adj* espacioso, sa.

spadassin *m* espadachín, pendenciero (bretteur) ‖ FIG asesino a sueldo (assassin à gages).

spadice *m* BOT espádice.

spadille [spadij] *m* as de picos (cartes).

spaghetti [spageti] *m pl* espaguetis.
‖ OBSERV pl spaghetti ou spaghettis.

spahi [spai] *m* espahí (soldat français d'Afrique).

spalax *m* ZOOL rata *f* topo.

spallation *f* espalación (éclatement du noyau d'un atome).

spalter [spaltɛr] *m* brocha *f* de vetear.

sparadrap [sparadra] *m* esparadrapo.

spart; sparte [spart] *m* BOT esparto.

Spartacus [spartakys] *n pr* Espartaco.

Sparte *n pr* HIST Esparta.

sparte ➥ **spart**.

spartéine *f* MÉD esparteína.

sparterie *f* espartería.

spartiate [sparsjat] *adj & s* espartano, na; esparciata ‖ **à la spartiate** espartanamente, severamente.
◇ *f* sandalia.

spasme *m* espasmo.

spasmodique *adj* espasmódico, ca.

spasmophilie *f* espasmofilia.

spatangue *m* variedad de erizo de mar.

spath [spat] *m* MIN espato; **spath d'Islande** espato de Islandia; **spath fluor** espato flúor.

spathe [spat] *f* BOT espata.

spathique *adj* MIN espático, ca.

spatial, e [spasjal] *adj* espacial; **engins spatiaux** vehículos espaciales.

spationaute *m & f* astronauta (astronaute).

spatio-temporel, elle *adj* espacio-temporal.
‖ OBSERV pl spatio-temporels, spatio-temporelles.

spatule *f* espátula.

spatulé, e *adj* espatulado, da (doigt).

speaker [spikœr] *m* presidente de la Cámara de los Comunes, en el Reino Unido ‖ locutor.

spécial, e *adj* especial.
➤ **spéciale** *f* clase de matemáticas superiores (classe).

spécialement *adv* especialmente; **pas spécialement** no especialmente.

spécialisation *f* especialización.

spécialisé, e *adj* especializado, da.

spécialiser [3] *v tr* especializar; **spécialiser un ouvrier** especializar a un obrero ‖ particularizar, especificar (spécifier).
➤ **se spécialiser** *v pr* especializarse; **se spécialiser dans l'électronique** especializarse en electrónica.

spécialiste *adj & s* especialista.

spécialité *f* especialidad ‖ MÉD específico *m* (médicament).

spécieusement *adv* de manera especiosa.

spécieux, euse *adj* especioso, sa; aparente.

spécificatif, ive *adj* especificativo, va.

spécification *f* especificación.

spécificité *f* especificidad, carácter *m* específico.

spécifier [9] *v tr* especificar.

spécifique *adj* específico, ca; **poids spécifique** peso específico.

spécifiquement *adv* específicamente.

spécimen [spesimɛn] *m* muestra *f*, espécimen (échantillon) ‖ ejemplar; **un spécimen magnifique de scarabée** un ejemplar magnífico de escarabajo.

spéciosité *f* especiosidad.

spectacle *m* espectáculo ‖ **spectacle permanent** sesión continua (cinéma) ‖ **se donner en spectacle, servir de spectacle** ser el espectáculo, servir de diversión.
‖ SYN scène escena; séance función.

spectaculaire *adj* espectacular ‖ espectacular; aparatoso, sa; **accident spectaculaire** accidente aparatoso.

spectateur, trice *m & f* espectador, ra; **en spectateur** como espectador.

spectral, e *adj* espectral (fantomatique) ‖ PHYS espectral; **analyse spectrale** análisis espectral.

spectre [spɛktr] *m* espectro ■ PHYS **spectre d'absorption** espectro de absorción ‖ **spectre solaire** espectro solar.

spectrogramme *m* espectrograma.

spectrographe *m* PHYS espectrógrafo.

spectrographie *f* PHYS espectrografía.

spectrohéliographe *m* espectroheliógrafo.

spectromètre *m* PHYS espectrómetro; **spectromètre à laser** espectrómetro de láser.

spectroscope *m* PHYS espectroscopio.

spectroscopie *f* PHYS espectroscopia.

spectroscopique *adj* espectroscópico, ca.

spéculaire *adj* especular, especulario, ria.
◇ *f* BOT especularia, espejo *m* de Venus (miroir-de-Vénus).

spéculateur, trice *m & f* especulador, ra.

spéculatif, ive *adj* especulativo, va.

spéculation *f* especulación.
‖ SYN agiotage agio; boursicotage pequeña especulación en la Bolsa.

spéculativement *adv* especulativamente.

spéculer [3] *v intr* especular; **spéculer sur** especular con.

spéculum [spekylɔm] *m* espéculo.

speech [spitʃ] *m* FAM discurso.
‖ OBSERV pl speechs ou speeches.

spéléologie *f* espeleología.

spéléologique *adj* espeleológico, ca.

spéléologue; spéléologiste *m* espeleólogo.

spencer [spɛnsœr] *m* spencer (vêtement).

spergule *f* espérgula, esparcilla (plante).

spermacéti *m* esperma *f* de ballena, espermaceti.

spermaphytes ➥ **spermatophytes**.

spermatique *adj* espermático, ca.

spermatogenèse *f* espermatogénesis.

spermatophytes; spermaphytes *f pl* espermatofitas, fanerógamas.

spermatozoïde *m* espermatozoide.

sperme *m* esperma *m* et *f* ‖ MÉD **don de sperme** donación de esperma ‖ **donneur de sperme** donante de esperma.

spermicide *adj & s m* MÉD espermicida, espermaticida.

spermophile *m* ZOOL espermófilo.

sphacèle *m* MÉD esfacelo.

sphaigne [sfɛɲ] *f* BOT esfagno.

sphénoïdal, e *adj* ANAT esfenoidal.

sphénoïde *adj & s m* ANAT esfenoides.

sphère *f* GÉOM & ASTRON esfera; **sphère armillaire** esfera armilar; **sphère céleste** esfera celeste ‖ FIG esfera (milieu); **sphère d'activité** esfera de acción ‖ bombo *m* (de la loterie).

sphéricité *f* esfericidad.

sphérique *adj* esférico, ca.

sphéroïdal, e *adj* esferoidal.

sphéroïde *m* esferoide.

sphéromètre *m* esferómetro.

sphex *m* esfexa *f* (insecte).

sphincter [sfɛktɛr] *m* ANAT esfínter.

sphinx [sfɛ̃ks] *m* esfinge *f*.
‖ OBSERV El femenino es sphinge.

sphygmogramme *m* MÉD esfigmograma.

sphygmographe *m* MÉD esfigmógrafo.

sphygmomanomètre; sphygmotensiomètre *m* MÉD esfigmomanómetro.

sphyrène *f* esfirena (poisson).

spi ➤ spinnaker.

spic *m* BOT espliego (lavande) ‖ huile de spic ou d'aspic esencia de espliego.

spiciforme *adj* BOT espiciforme.

spicilège *m* espicilegio (recueil).

spicule *m* espícula *f*.

spider [spidɛr] *m* AUTOM spider.

spiegel [ʃpigœl] *m* TECHN arrabio especular.

spin [spin] *m* PHYS espín (moment cinétique de l'électron).

spinal, e *adj* ANAT espinal.

spinelle *m* espinela *f* (rubis).

spinnaker [spinekœr]; **spi** [spi] *m* (mot anglais) spinnaker, balón, vela *f* (voile).

spinozisme *m* espinosismo.

spiral, e *adj* espiral.
➤ **spiral** *m* espiral *f*, muelle real (de montre).

spirale *f* GÉOM espiral (courbe) ‖ AVIAT espiral.

spiralé, e *adj* en forma de espiral.

spirante *f* espirante (fricative).

spire *f* espira.

Spire *n pr* GÉOGR Espira.

spirée *f* BOT espirea.

spirifer [spirifɛr] *m* espirífero (brachiopode).

spirille [spirij] *m* espirilo (bactérie).

spirillose [spiriloz] *f* espirilosis.

spirite *adj* & *s* espiritista.

spiritisme *m* espiritismo.

spiritual [spiritwol] *m* (mot anglais) espiritual [canto religioso].
▮ OBSERV *pl* spirituals.

spiritualisation *f* espiritualización.

spiritualiser [3] *v tr* espiritualizar.

spiritualisme *m* espiritualismo.

spiritualiste *adj* & *s* espiritualista.

spiritualité *f* espiritualidad.

spirituel, elle *adj* espiritual (incorporel) ‖ sacro, cra; religioso, sa; concert spirituel concierto de música sacra ou religiosa ‖ ingenioso, sa; inteligente, agudo, da; une réplique spirituelle una réplica ingeniosa, aguda ■ directeur spirituel director espiritual ‖ être spirituel tener gracia, ser gracioso.
➤ **spirituel** *m* lo espiritual.

spirituellement *adv* espiritualmente (en esprit) ‖ ingeniosamente, con agudeza (avec esprit); répondre spirituellement contestar con agudeza.

spiritueux, euse *adj* & *s m* espiritoso, sa; espirituoso, sa (alcoolique).

spirochète [spiroket] *m* ZOOL espiroqueta *f*.

spirochétose [spiroketoz] *f* MÉD espiroquetosis.

spiroïdal, e *adj* espiroidal; espiroideo, a.

spiromètre *m* MÉD espirómetro.

Spitzberg; Spitsberg [spidzbɛrg] *n pr m* GÉOGR (l'île de) Spitzberg ou Spitsberg (la isla de) Spitzberg ou Spitsberg.

splanchnique [splɑknik] *adj* ANAT esplácnico, ca.

spleen [splin] *m* muermo (ennui, hypocondrie) ‖ avoir le spleen estar melancólico.

splendeur *f* esplendor *m*.

splendide *adj* espléndido, da.

splendidement *adv* espléndidamente.

splénique *adj* ANAT esplénico, ca.

splénite *f* MÉD esplenitis.

splénius [splenjys] *m* esplenio (muscle).

spoliateur, trice *adj* & *s* espoliador, ra; expoliador, ra.

spoliation *f* expoliación, despojo *m*.

spolier [9] *v tr* expoliar, espoliar, despojar (déposséder).

spondaïque *adj* POÉT espondaico, ca.

spondée *m* POÉT espondeo.

spondias [spɔdjas] *m* jobo (arbre).

spondyle *m* ANAT espóndilo, espóndil.

spongiaires [spɔ̃ʒjɛr] *m pl* ZOOL espongiarios.

spongieux, euse [spɔ̃ʒjø, øz] *adj* esponjoso, sa.

spongiosité [spɔ̃ʒjozite] *f* esponjosidad.

sponsor *m* esponsor, patrocinador.
▮ OBSERV Se recomienda sustituir este anglicismo por el término francés commanditaire.

sponsoring [spɔ̃sɔriŋ]; **sponsorat** *m* patrocinio.
▮ OBSERV Es aconsejable el uso de la palabra francesa parrainage.

sponsorisation *f* patrocinio *m*.

sponsoriser [3] *v tr* patrocinar.

spontané, e *adj* espontáneo, a.
▮ SYN naturel natural; impulsif impulsivo; primesautier espontáneo, irreflexivo.

spontanéité *f* espontaneidad.

spontanément *adv* espontáneamente.

Sporades *n pr f pl* GÉOGR les îles Sporades las islas Espóradas ou Espórades.

sporadicité *f* MÉD esporadicidad.

sporadique *adj* esporádico, ca.

sporadiquement *adv* esporádicamente.

sporange *m* BOT esporangio.

spore *f* BOT espora.

sporozoaires *m pl* ZOOL esporozoarios.

sport [spɔr] *m* deporte; sports d'hiver deportes de invierno ■ sport de combat deporte de lucha ‖ sport de défense deporte de defensa ‖ sport individuel, d'équipe deporte individual, de equipo ■ faire du sport practicar los deportes.
◇ *adj inv* de sport, deportivo, va; une veste sport una chaqueta de sport ‖ FAM être sport portarse como un caballero.

sportif, ive *adj* deportivo, va ‖ les résultats sportifs los resultados deportivos.
◇ *m* & *f* deportista.

sportivement *adv* deportivamente, con deportividad.

sportivité *f* deportividad.

sportsman [spɔrtsman] *m* deportista, sportsman.

sportule *f* espórtula.

sporulation *f* BOT esporulación.

sporuler [3] *v intr* formarse las esporas.

spot [spɔt] *m* punto luminoso ‖ foco (projecteur) ‖ espacio (publicitaire) ‖ spot d'exploration punto de exploración (télévision).

Spot (abr de Satellite pour l'observation de la Terre) *m* satélite civil francés lanzado al espacio en 1986.

Spoutnik [sputnik] *m* "Sputnik", satélite artificial soviético.

sprat [sprat] *m* sprat, especie de arenque.

spray [sprɛ] *m* (mot anglais) spray, pulverizador.

sprint [sprint] *m* SPORTS "sprint", esfuerzo final ‖ FAM piquer un sprint echar una carrera.

sprinter [sprintœr] *m* SPORTS "sprinter", velocista.

sprinter [3] *v intr* esprintar.

spumescent, e *adj* espumecente.

spumeux, euse *adj* espumoso, sa.

spumosité *f* espumosidad.

sq (abr écrite de sequiturque) sq.

sqq (abr écrite de sequunturque) sqq.

squale [skwal] *m* ZOOL escualo.

squame [skwam] *f* escama.

squameux, euse [skwamø, øz] *adj* escamoso, sa.

squamule [skwamyl] *f* escamilla.

square [skwar] *m* jardinillo (cour), plazoleta *f*, plaza *f* ajardinada.

squash [skwaʃ] *m* SPORTS (mot anglais) squash.

squat [skwat] *m* (mot anglais) ocupación *f* ilegal de una vivienda, vivienda *f* ocupada ilegalmente.

squatine *m* angelote (requin).

squatter [skwatœr] *m* squatter, ocupante ilegal de una vivienda.

squatter [skwate]; **squattériser** [3] [skwaterize] *v tr* ocupar ilegalmente una vivienda.

squelette [skœlɛt] *m* esqueleto.

squelettique *adj* esquelético, ca.

squille [skij] *f* ZOOL esquila, camarón *m*.

squirre; squirrhe [skir] *m* MÉD cirro, escirro.

squirreux, euse [skirø, øz] *adj* MÉD cirroso, sa; escirroso, sa.

squirrhe ➤ squirre.

Sri Lanka *n pr m* GÉOGR le Sri Lanka Srī Lanka, Sri Lanka.

SS (abr écrite de Sécurité sociale) Seguridad Social.

SS (abr de Schutz Staffel) *m* un SS un SS.

S.S. (abr écrite de Sa Sainteté) SS.

SSBS (abr de sol-sol balistique stratégique) *m* SSBS.

S-S-E (abr écrite de sud-sud-est) SSE.

SSII [ɛsɛsdøzi] (abr de société de services et d'ingénierie informatiques) *f* sociedad de servicios e ingeniería informática.

S-S-O (abr écrite de sud-sud-ouest) SSO.

SSR (abr de Société suisse de radiodiffusion et télévision) *f* compañía de radiotelevisión suiza.

St (abr écrite de Saint) S., Sto

stabat mater [stabatmatɛr] *m inv* stábat [himno a la Virgen].

stabilisant *m* estabilizante.

stabilisateur, trice *adj* & *s m* estabilizador, ra.

stabilisation f estabilización.

stabiliser [3] v tr estabilizar.

➤ **se stabiliser** v pr estabilizarse.

stabilité f estabilidad.

stable adj estable; **équilibre stable** equilibrio estable; **paix stable** paz estable.

stabulation f estabulación.

staccato [stakato] adv & s m MUS staccato.

stade m estadio (mesure) ‖ SPORTS estadio; **un stade olympique** un estadio olímpico ‖ FIG fase f, grado, estadio; **les différents stades d'une évolution** las diferentes fases de una evolución.

stadia f estadía f (topographie).

staff [staf] m CONSTR estaf, estuco ‖ FAM staff, equipo directivo ‖ staff, equipo de trabajo.

staffeur [stafœr] m estucador.

stage m pasantía f (avocat) ‖ período de prácticas (pratique) ‖ cursillo (théorique); **un stage d'informatique** un cursillo de informática ‖ FIG preparación f ■ **stage de formation** cursillo de capacitación ‖ **stage de perfectionnement** cursillo de perfeccionamiento ‖ **stage d'initiation** cursillo de iniciación.

stagiaire adj & s que está de prueba, de prácticas (à l'essai) ‖ **professeur stagiaire** profesor cursillista.

◇ m & f pasante (d'avocat) ‖ cursillista.

stagnant, e [stagnã, ãt] adj estancado, da; **eaux stagnantes** aguas estancadas ‖ FIG estancado, da; **affaire stagnante** asunto estancado.

stagnation [stagnasjɔ̃] f estancamiento m, estancación; **stagnation de l'eau, des affaires** estancamiento del agua, de los negocios. ‖ SYN marasme marasmo; stase éstasis.

stagner [3] [stagne] v intr estancarse.

stakhanovisme m stajanovismo.

stakhanoviste m & f stajanovista.

stalactite f estalactita.

stalagmite f estalagmita.

stalagmomètre m estalagmómetro.

stalagmométrie f estalagmometría.

Staline n pr Stalin.

Stalingrad [stalingrad] n pr HIST Stalingrado, Stalingrad (ancien nom de Volgograd).

stalinien, enne adj stalinista, staliniano, na.

stalinisme m stalinismo.

stalle f silla de coro (église) ‖ luneta, butaca (théâtres) ‖ compartimiento m para un caballo en las cuadras (pour chevaux).

staminal, e adj BOT estamíneo, a.

staminé, e; staminifère adj BOT estaminífero, ra.

stance f POÉT estancia (strophe). ‖ SYN strophe estrofa; couplet cuplé, estrofa.

stand [stãd] m stand, caseta f (d'exposition) ‖ barraca f de tiro al blanco (de tir) ‖ SPORTS **stand de ravitaillement** puesto de avituallamiento ‖ MIL stand de tir galería de tiro.

standard [stãdar] adj estándar, tipo (type); **modèle standard** modelo estándar ‖ de serie, estándar; **une voiture standard** un coche de serie.

◇ m centralita f telefónica ‖ FIG standard de

vie tren ou nivel de vida.

standardisation f standardización, normalización, tipificación.

standardiser [3] v tr standardizar, normalizar, tipificar.

standardiste m telefonista.

standing [standiŋ] m nivel de vida ‖ categoría f; **un appartement de grand standing** un apartamento de gran categoría.

Stanislas [stanislas] n pr Estanislao.

stannate m estannato.

stanneux adj m estañoso.

stannifère adj estannífero, ra.

stannique adj estánnico, ca.

staphisaigre f BOT estafisagria, hierba piojera (herbe aux poux).

staphylin, e adj & s ANAT estafilino, na (relatif à la luette).

➤ **staphylin** m estafilino, asnillo (insecte).

staphylococcie [stafilokɔksi] f estafilococia.

staphylocoque m estafilococo.

staphylome m estafiloma (tumeur).

star f estrella de cine, "star" (étoile).

starie ➤ **estarie**.

starlette f actriz de cine principiante.

starter [starter] m juez de salida (courses) ‖ AUTOM estrangulador, starter, estárter; **mettre le starter** encender el estárter ou el starter.

starting-block [startiŋblɔk] m SPORTS taco de salida.

‖ OBSERV pl starting-blocks.

stase f MÉD éstasis.

stathouder [statudɛr] m estatúder.

stathoudérat [statudera] m estatuderato.

statice m BOT statice.

station [stasjɔ̃] f posición, postura; **station verticale** posición vertical ‖ pausa, parada (pause) ‖ estación (de métro) ‖ parada (de taxis, d'autobus) ‖ estación (archéologique, météorologique, de villégiature, etc.) ‖ emisora, estación emisora (radio) ‖ RELIG estación ■ MÉD **station debout** posición vertical ‖ **station balnéaire** ciudad costera, pueblo costeño (lieu de vacances en bord de mer) ‖ AUTOM **station de lavage** túnel de lavado ‖ **station de poursuite** estación de seguimiento (de fusées) ‖ **station de ski** estación de esquí ‖ **station de sports d'hiver** estación de deportes de invierno ‖ INFORM **station de travail** estación de trabajo ‖ ASTRON **station orbitale, spatiale** estación espacial ‖ **station thermale** estación climática, balneario.

stationnaire adj estacionario, ria.

◇ m MAR barco vigía (à l'entrée d'un port, d'une rade).

stationnement m estacionamiento, aparcamiento ■ **stationnement alterné** estacionamiento alterno ‖ **stationnement interdit** prohibido el estacionamiento ‖ **stationnement payant** estacionamiento de pago.

stationner [3] v intr estacionarse, aparcar ‖ **défense de stationner** prohibido aparcar.

station-service f estación de servicio.

‖ OBSERV pl stations-service.

statique adj & s f estático, ca.

statiquement adv estáticamente.

statisticien, enne m & f estadista, estadístico, ca.

statistique adj & s f estadístico, ca.

statistiquement adv estadísticamente.

stator m TECHN estator.

statoréacteur m TECHN estatorreactor.

statuaire adj estatuario, ria.

◇ m & f estatuario, ria (sculpteur).

◇ f estatuaria (art).

statue f estatua.

statuer [7] v tr & intr estatuir ‖ **statuer à l'unanimité** resolver por unanimidad.

statuette f figurina, estatuilla.

statufier [9] v tr FAM levantar una estatua a.

statu quo [statykwo] m inv statu quo.

stature f estatura; **de haute stature** de gran estatura.

statut [staty] m estatuto.

statutaire adj estatutario, ria.

statutairement adv según los estatutos.

staurotide; staurolite f MIN estaurótida (pierre de croix).

Stavisky n pr **l'affaire Stavisky** el caso Stavisky.

> STAVISKY
>
> Este famoso timador murió en extrañas circunstancias después de descubrir un enorme fraude en el que estaban comprometidos numerosos políticos muy influyentes. Su muerte desembocó en "los disturbios de Stavisky" de 1934. La inevitable politización del conflicto entre la derecha y la izquierda provocó la caída del gobierno de Daladier y marcó el inicio del "Front Populaire".

stayer [stɛjœr] m corredor ciclista de medio fondo tras moto (coureur).

Ste (abr écrite de **Sainte**) Sta.

Sté (abr écrite de **société**) Sdad.

steak [stɛk] m (mot anglais) bistec, bisté (bifteck).

steamer [stimœr] m MAR vapor (bateau).

stéarate m estearato.

stéarine f estearina.

stéarinerie f fábrica de estearina.

stéarique adj esteárico, ca.

stéatite f MIN esteatita.

stéatome m MÉD esteatoma.

stéatose f esteatosis.

steeple-chase [stipɔltʃez] m steeple-chase, carrera f de obstáculos.

‖ OBSERV pl steeple-chases.

stégomyie; stegomya f ZOOL estegomía, mosquito m de la fiebre amarilla.

stèle f estela (monument).

stellage m COMM operación f con doble opción (à la Bourse).

stellaire adj ASTRON estelar (des étoiles) ‖ estrellado, da (rayonné en étoile).

◇ f BOT estelaria, pie m de león.

stellionat [steljɔna] m DR estelionato.

stellionataire adj & s culpable de estelionato.

stem; stemm m SPORTS stemm (ski).

stemmate m ZOOL ocelo, estema.

stencil [stɛnsil] *m* cliché ou clisé de multicopista, sténcil.

sténo ▸ **sténographe**.

sténo ▸ **sténographie**.

sténodactylo *m & f* taquimecanógrafo, fa.

sténodactylographie *f* taquimecanografía.

sténogramme *m* estenograma, texto taquigrafiado.

sténographe; sténo *m & f* taquígrafo, fa; estenógrafo, fa.

sténographie; sténo *f* taquigrafía, estenografía.

sténographier [9] *v tr* taquigrafiar, estenografiar.

sténographique *adj* taquigráfico, ca; estenográfico, ca.

sténosage *m* TECHN tratamiento para endurecer las fibras celulósicas.

sténose *f* MÉD estenosis.

sténotype *f* estenotipo *m*, máquina de taquigrafía.

sténotyper [3] *v tr* taquigrafiar con máquina.

sténotypie *f* estenotipia, taquigrafía mecánica.

sténotypiste *m & f* taquígrafo, taquígrafa a máquina, estenotipista.

stentor [stɑ̃tɔr] *m* ZOOL esténtor ‖ voix de stentor voz estentórea.
➤ **Stentor** *n pr* MYTH Esténtor.

stéphanois, e *adj* de Saint-Étienne [ciudad].

Stéphanois, e *m & f* natural ou habitante de Saint-Étienne.

steppe *f* estepa.

stepper; steppeur *m* caballo trotón.

steppique *adj* estepario, ria.

stéradian *m* estereorradián (unité d'angle solide).

stérage *m* medición *f* por estéreos (mesurage).

stercoraire *m* gaviota *f* ladrona (mouette).

stercoral, e *adj* estercóreo, a.

sterculiacées *f pl* BOT esterculiáceas.

stère *m* estéreo (mesure pour le bois).

stéréo *adj & s* FAM estéreo.

stéréobate *m* ARCHIT estereóbato.

stéréochimie *f* estereoquímica.

stéréogramme *m* estereograma.

stéréographique *adj* estereográfico, ca.

stéréomètre *m* estereómetro.

stéréométrie *f* estereometría.

stéréométrique *adj* estereométrico, ca.

stéréophonie *f* estereofonía; émission en stéréophonie emisión en estereofonía.

stéréophonique *adj* estereofónico, ca.

stéréophotographie *f* estereofotografía.

stéréoscope *m* estereoscopio.

stéréoscopie *f* estereoscopia.

stéréoscopique *adj* estereoscópico, ca.

stéréotomie *f* estereotomía.

stéréotomique *adj* estereotómico, ca.

stéréotype *m* estereotipo (cliché).

stéréotypé, e *adj* estereotipado, da.

stéréotyper [3] *v tr* estereotipar (clicher) ‖ FIG estereotipar, repetir maquinalmente ou inexpresivamente ‖ un sourire stéréotypé una sonrisa estereotipada ou maquinal.

stéréotypie *f* estereotipia.

stérer [18] *v tr* medir por estéreos.

stérile *adj* estéril.
SYN infécond infecundo; infructueux infructuoso; infertile estéril; ingrat ingrato; pauvre pobre.

stérilet *m* sterilet, dispositivo intrauterino (DIU).

stérilisant, e *adj* esterilizador, ra.

stérilisateur *m* esterilizador.

stérilisation *f* esterilización.

stérilisé, e *adj* esterilizado, da.

stériliser [3] *v tr* esterilizar.

stérilité *f* esterilidad.

sterlet [stɛrlɛ] *m* esturión (esturgeon).

sterling [stɛrliŋ] *adj inv* esterlina; livre sterling libra esterlina ‖ zone sterling zona de la libra esterlina.

sternal, e *adj* del esternón.

sterne *f* esterna, golondrina de mar (hirondelle de mer).

sterno-cléido-mastoïdien *adj m & s m* ANAT esternocleidomastoideo.

sternum [stɛrnɔm] *m* ANAT esternón.

sternutation *f* estornudo *m*.

sternutatoire *adj* estornutatorio, ria.

stérol *m* CHIM esterol.

stertoreux, euse *adj* MÉD estertoroso, sa.

stéthoscope *m* estetoscopio.

steward [stiwart] ou [stjuward] *m* camarero, auxiliar [de barco o de avión].

sthène *m* estenio (unité de force).

stibié, e *adj* antimonial, que contiene antimonio.

stibine *f* MIN estibina.

stick [stik] *m* bastoncillo, vara *f* ‖ stick, bastón (hockey) ‖ patrulla *f* (de parachutistes).

stigma *m* BIOL estigma.

stigmate *m* estigma ‖ llaga *f* (d'un saint).

stigmatisation *f* estigmatización.

stigmatiser [3] *v tr* estigmatizar ‖ FIG estigmatizar, condenar.

stigmatisme *m* estigmatismo (optique).

stilbène *m* CHIM estilbeno.

stilligoutte [stiligut] *m* cuentagotas (comptegouttes).

stimulant, e *adj* estimulante.
➤ **stimulant** *m* estimulante ‖ FIG estimulante, acicate.

stimulateur, trice *m & f* estimulador, ra ‖ MÉD stimulateur cardiaque estimulador cardíaco, marcapasos (pacemaker).

stimulation *f* estímulo *m*, estimulación.

stimuler [3] *v tr* estimular; stimuler un enfant estimular a un niño.

stimulus [stimylys] *m* estímulo.
OBSERV pl stimuli o stimulus.

stipe *f* BOT estípite.

stipendié, e *adj & s* estipendiado, da; asalariado, da.
OBSERV En francés, esta palabra tiene un sentido despectivo.

stipendier [9] *v tr* estipendiar, asalariar; stipendier des assassins asalariar asesinos.

stipulaire *adj* BOT referente a la estípula.

stipulation *f* estipulación.

stipule *f* BOT estípula.

stipuler [3] *v tr* estipular.

STO (abr de service du travail obligatoire) *m* HIST trabajos forzados realizados por franceses enviados a Alemania.

stock *m* existencias *f pl*, provisión *f*, "stock" ‖ reservas *f pl*, depósito.

stockage *m* almacenamiento (réserves), abastecimiento (approvisionnement) ‖ INFORM almacenamiento ‖ NUCL stockage des déchets radioactifs almacenamiento de residuos radioactivos.

stock-car [stɔkkar] *m* stock-car, automóvil que participa en carreras donde se permiten choques y obstrucciones ‖ carrera *f* de estos automóviles (course).
OBSERV pl stock-cars.

stocker [3] *v tr* almacenar ‖ INFORM archivar.

stockfisch [stɔkfiʃ] *m* estocafís, pejepalo (poisson sec).

Stockholm [stɔkɔlm] *n pr* GÉOGR Estocolmo.

stockiste *m* COMM almacenista, distribuidor, depositario.

stoïcien, enne *adj & s* estoico, ca.

stoïcisme *m* estoicismo.

stoïque *adj* estoico, ca (impassible); il est stoïque es estoico.
◇ *adj & s* estoico, ca (de l'école stoïcienne); l'école stoïque la escuela estoica.

stoïquement *adv* estoicamente.

stolon *m* BOT estolón, latiguillo.

stolonifère *adj* BOT estolonífero, ra.

stomacal, e *adj* estomacal.

stomachique *adj & s m* estomacal.

stomate *m* BOT estoma.

stomatique *adj* MÉD estomático, ca.

stomatite *f* MÉD estomatitis.

stomatologie *f* MÉD estomatología.

stomatologiste; stomatologue *m & f* MÉD estomatólogo, ga.

stomoxe *m* mosca *f* de los establos.

stop *m* stop (route) ‖ stop, punto (télégrammes) ‖ AUTOM luz *f* de faro (feux arrière).
◇ *interj* ¡alto!, ¡pare! (ordre d'arrêter).

stoppage *m* zurcido (d'une déchirure).

stopper [3] *v tr* parar, detener (arrêter) ‖ zurcir (repriser).
◇ *v intr* pararse, detenerse ‖ zurcir.

stoppeur, euse *adj & s* zurcidor, ra.
◇ *m & f* FAM autoestopista (auto-stoppeur).
➤ **stoppeur** *m* SPORTS defensa (football).

storax; styrax *m* estoraque (résine).

store [stɔr] *m* persiana *f* (à lamelles), toldo (en toile) ‖ cortinilla *f* (intérieur) ‖ store vénitien persiana veneciana.

strabisme *m* estrabismo.

stradivarius [stradivarjys] *m* estradivario (violon).

stramoine *f* estramonio *m* (plante).

strangulation *f* estrangulación.

strapontin *m* traspuntín, trasportín, traspontín, asiento plegable.

stras ► strass.

Strasbourg *n pr* GÉOGR Estrasburgo.

strass; stras *m* estrás [cristal] ‖ FIG oropel (faux éclat).

strasse *f* adúcar *m* (p us), borra de la seda (de soie) ‖ papel *m* de estraza (papier).

stratagème *m* estratagema *f*; user de stratagèmes emplear estratagemas.

strate *f* GÉOL estrato *m*.

stratège *m* MIL estratega, estratego (p us).

stratégie *f* MIL estrategia.

stratégique *adj* estratégico, ca.

stratégiquement *adv* estratégicamente.

stratification *f* GÉOL estratificación.

stratifié, e *adj & s m* estratificado, da.

stratifier [9] *v tr* GÉOL estratificar.

stratigraphie *f* GÉOL estratigrafía.

stratigraphique *adj* estratigráfico, ca.

strato-cumulus [stratokymylys] *m inv* estratocúmulo.

stratopause *f* estratopausa.

stratosphère *f* estratosfera.

stratosphérique *adj* estratosférico, ca; ballon stratosphérique globo estratosférico.

stratus [stratys] *m* estrato (nuage).

Stravinski *n pr* Stavinski.

streptococcie [streptokɔksi] *f* MÉD estreptococia.

streptocoque *m* estreptococo.

streptomycine *f* MÉD estreptomicina.

stress [stres] *m inv* estrés.

stressant, e *adj* estresante.

stressé, e *adj* estresado, da.

stresser [4] *v tr* estresar.

Stretch® [stretʃ] *m inv* stretch® *m*.

stretching [stretʃiŋ] *m* stretching.

striation [striasjɔ̃] *f* estriación.

strict, e [strikt] *adj* estricto, ta; dans la plus stricte intimité en la más estricta intimidad ■ le strict minimum, le strict nécessaire sólo lo mínimo, lo estrictamente necesario ‖ son droit le plus strict su justo derecho.

strictement *adv* estrictamente ‖ strictement interdit terminantemente prohibido.

striction [striksjɔ̃] *f* MÉD constricción, estricción.

stricto sensu [striktosɛ̃sy] *loc adv* strictu sensu.

stridence *f* estridencia.

strident, e *adj* estridente.

stridulant, e *adj* estridulante.

stridulation *f* estridor *m*, chirrido *m* (du grillon).

striduler [3] *v tr* estridular, chirriar.

strie [stri] *f* estría.

strié, e *adj* estriado, da.

strier [10] *v tr* estriar.

strige; stryge *f* estriga [vampiro fabuloso].

strigidés *m pl* ZOOL estrígidos.

strigile *m* frotador para la piel (dans l'Antiquité).

string [striŋ] *m* tanga (maillot de bain).

strip-tease *m* strip-tease.
‖ OBSERV *pl* strip-teases.

strip-teaseur, strip-teaseuse *f* hombre o mujer que hace strip-tease.
‖ OBSERV *pl* strip-teaseurs, strip-teaseuses.

striure [strijyr] *f* estriado *m* (état) ‖ estría (strie).

strix *m* estrige *f* (chouette).

strobile *m* BOT estróbilo.

stroboscope *m* estroboscopio.

stroboscopie *f* estroboscopia.

strombe *m* estrombo (mollusque).

Stromboli *n pr m* GÉOGR le Stromboli el Estrómboli.

strombolien, enne *adj* estromboliano, na ‖ GÉOL estromboliano, estromboliense (volcan).

strongle; strongyle *m* estróngilo (ver).

strongylose *f* VÉTÉR estrongilosis, infección causada por estróngilos.

strontiane [strɔ̃sjan] *f* MIN estronciana.

strontium [strɔ̃sjɔm] *m* CHIM estroncio (métal).

strophantine *f* MÉD estrofantina.

strophantus *m* BOT estrofanto.

strophe *f* estrofa.

structural, e *adj* estructural.

structuralisme *m* estructuralismo.

structuraliste *adj & s m* estructuralista.

structurant, e *adj* estructurante.

structuration *f* estructuración.

structure *f* estructura ‖ structures touristiques d'accueil estructuras turísticas ‖ INFORM structure des données estructura de los datos.

structurel, elle *adj* estructural.

structurellement *adv* estructuralmente.

structurer [3] *v tr* estructurar, dar una estructura a.

strume *m* (vx) MÉD escrófula *f*.

strychnine *f* estricnina.

strychnos [striknos] *m* BOT estricno.

stryge ► strige.

Stuart [stjuart] *n pr* Estuardo.

stuc *m* estuco.

stucage *m* estucado.

stucateur *m* estuquista.

stud-book [stœdbuk] *m* libro con la genealogía de un caballo.
‖ OBSERV *pl* stud-books.

studette *f* pequeño estudio *m* [apartamento].

studieusement *adv* con aplicación.

studieux, euse *adj* estudioso, sa; un élève studieux un alumno estudioso.

studio *m* estudio; studio de peintre estudio de pintor; studio radiophonique, cinémato-

graphique estudio radiofónico, cinematográfico ‖ estudio, apartamento de una sola habitación.

stupa; stoupa *m* stupa (monument funéraire bouddhiste).

stupéfaction *f* estupefacción ‖ être frappé de stupéfaction quedarse estupefacto.

stupéfait, e *adj* estupefacto, ta; demeurer stupéfait quedarse estupefacto.

stupéfiant, e *adj* estupefaciente, estupefactivo, va (remède) ‖ FIG estupefaciente; nouvelle stupéfiante noticia estupefaciente.
 ➡ **stupéfiant** *m* estupefaciente (médicament).

stupéfier [9] *v tr* MÉD entorpecer, pasmar ‖ FIG pasmar, dejar estupefacto; sa réponse m'a stupéfié su respuesta me ha dejado estupefacto.

stupeur *f* estupor *m*.

stupide [stypid] *adj* [▷ SYN] estúpido, da; un homme stupide un hombre estúpido ‖ estupefacto, ta; atónito, ta; demeurer stupide devant un malheur quedarse estupefacto ante una desgracia.
‖ SYN abruti embrutecido, atontado; idiot idiota; inepte inepto; incapable incapaz; FAM crétin cretino; niais bobo; sot tonto.

stupidement *adv* estúpidamente.

stupidité *f* estupidez.

stupre *m* estupro.

stups *m pl* FAM estupefacientes; brigade des stups brigada de estupefacientes.

stuquer [3] *v tr* estucar.

Stuttgart *n pr* GÉOGR Stuttgart.

stygien, enne *adj* MYTH estigio, gia; infernal.

style *m* estilo ‖ BOT estilo ‖ TECHN estilete (d'appareil enregistreur) ■ de grand style brillante; une offensive de grand style una ofensiva brillante ‖ meuble de style mueble de estilo ‖ style de vie estilo de vida.

stylé, e *adj* con clase, que tiene mucho estilo.

styler [3] *v tr* enseñar a servir, adiestrar, acostumbrar; styler la nouvelle bonne enseñar a servir a la nueva criada ‖ FIG formar, dar un estilo.
‖ OBSERV Le verbe styler ne doit jamais être traduit par le verbe estilarse, qui signifie être en vogue ou à la mode.

stylet [stilɛ] *m* estilete.

stylisation *f* estilización.

styliser [3] *v tr* estilizar.

stylisme *m* estilismo, rebuscamiento.

styliste *m & f* estilista.

stylisticien, enne *m & f* especialista en estilística.

stylistique *f* estilística.

stylite *m* estilita (ermite).

stylo *m* FAM pluma *f* ■ stylo à encre pluma estilográfica ‖ stylo à bille bolígrafo.

stylobate *m* ARCHIT estilóbato.

stylo-feutre *m* rotulador.
‖ OBSERV *pl* stylos-feutres.

stylographe *m* pluma *f* estilográfica.

Stylomine® *m* portaminas (porte-mine).

styptique *adj* & *s m* MÉD estíptico, ca (astringent).

styrax [stiraks] ➡ **storax**.

styrène; styrolène *m* CHIM estireno, estiroleno.

Styrie *n pr f* la Styrie Estiria.

styrolène ➡ **styrène**.

Styx *n pr m* MYTH le Styx la laguna Estigia.

su, e *part pass* sabido, da; il l'a su aujourd'hui lo ha sabido hoy.
➡ **su** *m* au vu et au su de tous a vista y ciencia de todos.
▨ OBSERV participe passé de savoir.

suage; souage *m* agua *f* que resuda el leño al arder ▮ reborde (d'un plat) ▮ base de candelabro (de flambeau).

suaire *m* sudario; le saint suaire el santo sudario.

suave [sɥav] *adj* suave.

suavement *adv* suavemente.

suavité *f* suavidad.

subaigu, ë *adj* subagudo, da.

subalpin, e *adj* subalpino, na.

subalterne *adj* & *s* subalterno, na.

subaquatique *adj* subacuático, ca.

subconscience *f* subconsciencia.

subconscient, e *adj* & *s m* subconsciente.

subcontraire *adj* subcontrario, ria.

subcutané, e *adj* subcutáneo, a.

subdélégation *f* subdelegación.

subdélégué *m* subdelegado.

subdéléguer [18] *v tr* subdelegar.

subdésertique *adj* GÉOGR subdesértico, ca.

subdiviser [3] *v tr* subdividir.

subdivision *f* [▷ SYN] subdivisión ▮ MIL circunscripción.
▨ SYN ramification ramificación; embranchement ramo.

subdivisionnaire *adj* subdivisionario, ria.

subéreux, euse *adj* suberoso, sa.

subérine *f* BOT suberina.

subintrant, e *adj* MÉD subintrante.

subir [32] *v tr* sufrir; subir des revers sufrir reveses; subir un examen sufrir un examen ▮ experimentar; subir une rénovation totale experimentar una renovación completa.
▨ OBSERV Le verbe espagnol subir signifie monter.

subit, e [sybi, it] *adj* súbito, ta; repentino, na ▮ repentino, na; mort subite muerte repentina.

subitement [sybitmɑ̃] *adv* súbitamente, de repente.

subito *adv* FAM súbitamente.

subjacent, e *adj* subyacente.

subjectif, ive *adj* subjetivo, va.
➡ **subjectif** *m* lo subjetivo.

subjectivement *adv* subjetivamente.

subjectivisme *m* subjetivismo.

subjectiviste *adj* & *s* subjetivista.

subjectivité *f* subjetividad.

subjonctif, ive [sybʒɔ̃ktif, iv] *adj* & *s m* GRAMM subjuntivo, va.

subjuguer [3] *v tr* subyugar.

sublimation *f* sublimación.

sublime *adj* sublime.
◇ *m* lo sublime.

sublimé *m* CHIM sublimado; sublimé corrosif sublimado corrosivo.

sublimement *adv* sublimemente.

Sublime-Porte ➡ **Porte**.

sublimer [3] *v tr* sublimar.

subliminal, e *adj* subconsciente.

sublimité *f* sublimidad.

sublingual, e [syblɛ̃gwal] *adj* ANAT sublingual.

sublunaire *adj* sublunar ▮ FIG le monde sublunaire la Tierra.

submergé, e *adj* submergé de FIG agobiado de.

submerger [17] *v tr* sumergir ▮ inundar.

submersible *adj* & *s m* sumergible.

submersion *f* sumersión.

subodorer [3] *v tr* olfatear (sentir) ▮ FIG olerse, barruntar (pressentir); subodorer une intrigue olerse una intriga.

subordination *f* subordinación.
▨ SYN dépendance dependencia; sujétion sujeción; assujettissement sometimiento; servitude servidumbre; esclavage esclavitud; joug yugo; vassalité vasallaje.

subordonné, e *adj* & *s* subordinado, da ▮ GRAMM proposition subordonnée oración subordinada.

subordonner [3] *v tr* subordinar ▮ subordinar, supeditar; nos réussites sont subordonnées à nos efforts nuestros éxitos están supeditados a nuestros esfuerzos.

subornation *f* soborno *m*, sobornación.

suborner [3] *v tr* sobornar.

suborneur, euse *adj* & *s* sobornador, ra.

subrécargue *m* MAR sobrecargo.

subreptice [sybʀɛptis] *adj* subrepticio, cia.

subrepticement *adv* subrepticiamente.

subrogateur *adj* & *s m* DR subrogador.

subrogatif, ive *adj* subrogativo, va.

subrogation *f* DR subrogación.

subrogatoire *adj* DR subrogatorio, ria.

subrogé, e *adj* DR subrogado, da ▮ subrogé tuteur protutor.

subroger [17] *v tr* DR subrogar.

subséquemment [sybsekamɑ̃] *adv* subsiguientemente ▮ FAM por consiguiente.

subséquent, e [sybsekɑ̃, ɑ̃t] *adj* subsecuente, subsiguiente.

subside *m* subsidio.
▨ SYN subvention subvención; allocation subsidio, socorro; secours socorro.

subsidence *f* GÉOL subsidencia.

subsidiaire *adj* subsidiario, ria; question subsidiaire pregunta subsidiaria.

subsistance [sybzistɑ̃s] *f* subsistencia ▮ pourvoir à la subsistance de quelqu'un proveer a la subsistencia de alguien.

subsistant, e [sybzistɑ̃, ɑ̃t] *adj* & *s m* subsistente.

subsister [3] [sybziste] *v intr* subsistir.
▨ SYN durer durar; demeurer permanecer; rester quedar; surnager sobrenadar.

subsonique *adj* subsónico, ca; avion subsonique avión subsónico.

substance *f* sustancia, substancia; substance active sustancia activa ▮ en substance en sustancia.
▨ OBSERV L'orthographe sustancia (sans b) est actuellement la plus courante. Il en est de même pour tous les mots espagnols commençant par subst.
SYN corps cuerpo; élément elemento.

substantialisme *m* PHILOS sustancialismo, substancialismo.

substantialiste *adj* sustancialista, substancialista.

substantialité *f* sustancialidad, substancialidad.

substantiel, elle *adj* sustancial, substancial, sustancioso, sa; substancioso, sa (un aliment) ▮ sustancial, substancial, esencial (un livre) ▮ FAM considerable; obtenir des avantages substantiels obtener ventajas considerables.

substantiellement *adv* sustancialmente.

substantif, ive *adj* & *s m* sustantivo, va ▮ GRAMM substantivo, va.

substantivement *adv* substantivamente.

substantiver [3] *v tr* sustantivar, substantivar.

substituable *adj* sustituible, substituible.

substituer [7] *v tr* sustituir, substituir.
➡ **se substituer** *v pr* sustituir, substituir, ponerse en el sitio de, reemplazar, la république se substitue à la monarchie la República sustituye a la Monarquía.

substitut [sybstity] *m* sustituto, substituto.

substitutif, ive *adj* substitutivo, va.

substitution *f* sustitución, substitución ▮ DR peine de substitution conmutación de pena ▮ substitution d'enfant sustitución de hijo.

substrat [sybstra]; **substratum** [sybstratɔm] *m* PHILOS & GÉOL substrato.

subterfuge *m* subterfugio.

subtil, e *adj* sutil.
➡ **subtil** *m* lo sutil.

subtilement *adv* sutilmente.

subtilisation *f* sutilización.

subtiliser [3] *v tr* sutilizar, pulir; subtiliser son style pulir su estilo ▮ FAM birlar, limpiar, hurtar (dérober).
◇ *v intr* sutilizar; il ne faut pas trop subtiliser no conviene sutilizar con exceso ▮ obrar con sutilezas.

subtilité *f* sutileza, sutilidad.

subtropical, e *adj* subtropical.

subulé, e *adj* puntiagudo, da.

suburbain, e *adj* suburbano, na.

suburbicaire *adj* suburbicario, ria.

subvenir [40] *v intr* subvenir, atender, satisfacer; subvenir à ses besoins satisfacer sus necesidades.
▨ OBSERV Subvenir sólo admite el auxiliar avoir: j'ai subvenu à ses besoins.

subvention *f* subvención.

subventionner [3] *v tr* subvencionar.

subversif, ive *adj* subversivo, va.

subversion *f* subversión.

suc *m* jugo (en général); suc gastrique jugo gástrico; suc de viande jugo de carne ‖ zumo (jus de plante ou de fruits) ‖ FIG esencia *f*.

succédané, e *adj* & *s m* sucedáneo, a.

succéder [18] *v intr* suceder; les vivants succèdent aux morts los vivos suceden a los muertos ‖ FIG heredar.

➤ **se succéder** *v pr* sucederse.
‖ OBSERV Succéder no tiene en francés la acepción española de ocurrir.

succès [syksɛ] *m* éxito; avoir du succès tener éxito ▪ succès de librairie éxito comercial [de un libro] ‖ succès fou ou éclatant éxito clamoroso ‖ une pièce à succès un éxito teatral ▪ sans succès sin éxito.
‖ OBSERV 1. La palabra española suceso significa en francés évènement.
2. On emploie fréquemment et à tort le gallicisme suceso avec le sens de succès.
‖ SYN réussite acierto; avantage ventaja; victoire victoria; triomphe triunfo.

successeur *m* sucesor, ra.
‖ OBSERV La palabra francesa successeur no tiene forma femenina; se dice: Élisabeth II a été le successeur de George VI Isabel II fue la sucesora de Jorge VI.

successibilité *f* DR derecho *m* de sucesión.

successible *adj* DR sucesible.

successif, ive *adj* sucesivo, va ‖ DR droits successifs derechos de sucesión.

succession *f* sucesión; la succession des évènements la sucesión de los acontecimientos ‖ DR [▷ SYN] sucesión, herencia (héritage) ‖ prendre la succession suceder.
‖ SYN héritage herencia; hérédité herencia; patrimoine patrimonio.

successivement *adv* sucesivamente.

successoral, e *adj* DR sucesorio, ria; loi successorale ley sucesoria.

succin [syksɛ̃] *m* succino (ambre jaune).

succinct, e [syksɛ̃, ɛ̃t] *adj* sucinto, ta; récit succinct relato sucinto; réponse succincte respuesta sucinta ‖ FAM escaso, sa; poco abundante; repas succinct comida escasa.

succinctement [syksɛ̃tmɑ̃] *adv* sucintamente.

succinique [syksinik] *adj m* CHIM succínico.

succion [sysjɔ̃] ou [syksjɔ̃] *f* succión.

succomber [3] *v intr* sucumbir ‖ FIG sucumbir, ceder; succomber à la tentation ceder a la tentación.

succube *m* súcubo (démon).

succulence *f* suculencia.

succulent, e *adj* suculento, ta.

succursale *adj* & *s f* sucursal ‖ magasin à succursales multiples tienda con múltiples sucursales.
‖ SYN filiale filial; annexe anejo.

succussion *f* MÉD sacudimiento *m* (secousse).

sucement *m* chupadura *f*.

sucer [16] *v tr* chupar ‖ FAM chuparse; sucer son doigt chuparse el dedo ‖ FAM sucer avec le lait mamarlo (recevoir dès l'enfance).
‖ SYN téter mamar; suçoter chupetear.

sucette *f* chupete *m* (tétine) ‖ chupón *m*, pirulí *m* [(Amér) chupete *m*] (bonbon).

suceur, euse *adj* & *s* chupador, ra; chupón, ona FAM.

suçoir [syswar] *m* BOT chupón ‖ ZOOL trompa *f* (d'insecte).

suçon [sysɔ̃] *m* FAM chupetón, chupendo.

suçoter [3] [sysɔte] *v tr* chupetear.

sucrage *m* azucarado, azucaramiento.

sucrant, e *adj* endulzante, edulcorante.

sucrase *m* sacarato.

sucre *m* azúcar *f* ou *m*; sucre de canne, de betterave azúcar de caña, de remolacha ▪ sucre brut azúcar mascabado ou moscabado ‖ sucre candi azúcar cande, candi ‖ sucre cristallisé azúcar cristalizada ‖ sucre de lait lactosa ‖ sucre de pomme caramelo de manzana ‖ sucre d'orge pirulí, caramelo largo en forma de palito ‖ sucre en morceaux azúcar de cortadillo ou en terrones ‖ sucre en poudre azúcar en polvo ‖ sucre raffiné azúcar refinada ‖ sucre roux azúcar morena ▪ pain de sucre pilón ou pan de azúcar ‖ un morceau de sucre, un sucre FAM un terrón de azúcar ▪ en pain de sucre en forma de cono ‖ FIG & FAM casser du sucre sur le dos de quelqu'un cortar un traje, murmurar contra ou criticar a alguien ‖ être tout sucre, tout miel ser meloso y amable.
‖ OBSERV En espagnol, le féminin est plus courant que le masculin. Par contre, le pluriel est toujours du genre masculin: los azúcares finos.

sucré, e *adj* azucarado, da ‖ FIG meloso, sa; melindroso, sa (d'une douceur affectée).
◇ *m* & *f* melindroso, sa; faire la sucrée hacer la melindrosa.

sucrer [3] *v tr* azucarar, echar azúcar en; sucrer le café echar azúcar en el café ‖ endulzar; sucrer avec du miel endulzar con miel ‖ FIG & FAM sucrer les fraises tener las manos temblonas.
➤ **se sucrer** *v pr* FAM echarse azúcar ‖ FAM aprovecharse de todo, ponerse las botas.

sucrerie *f* azucarera, fábrica de azúcar, ingenio *m* de azúcar.
➤ **sucreries** *f pl* golosinas, dulces *m* (friandises).

sucrette *f* pastilla de sacarina.

sucrier, ère [sykrije, ɛr] *adj* azucarero, ra; industrie sucrière industria azucarera.
➤ **sucrier** *m* azucarero (récipient).

sucrin *adj m* & *s m* melón muy dulce, como la miel.

sud *adj inv* & *s m inv* sur (point cardinal) ‖ sud; sud-ouest sudoeste.

sud-africain, e *adj* sudafricano, na.
‖ OBSERV pl sud-africains, sud-africaines.

Sud-Africain, e *m* & *f* sudafricano, na.

sud-américain, e *adj* sudamericano, na.
‖ OBSERV pl sud-américains, sud-américaines.

Sud-Américain, e *m* & *f* sudamericano, na.

sudation *f* sudación.

sudatoire *adj* sudatorio, ria.

sud-coréen, enne [sydkɔreɛ̃, ɛn] *adj* surcoreano, na; de Corea del Sur.
‖ OBSERV pl sud-coréens, sud-coréennes.

Sud-Coréen, enne *m* & *f* surcoreano, na.

sud-est *adj inv* & *s m inv* sudeste, sureste.

Sudètes *m pl* sudetes (population allemande de la Bohême).

sudiste *adj* & *s* sudista (pendant la guerre de Sécession, aux États-Unis).

sudorifère ➤ sudoripare.

sudorifique *adj* & *s m* MÉD sudorífico, ca.

sudoripare; sudorifère *adj* sudoríparo, ra.

sud-ouest *adj inv* & *s m inv* sudoeste, suroeste.

suède *m* piel *f* de Suecia, suecia *f* (peau).

Suède [sɥɛd] *n pr f* GÉOGR la Suède Suecia.

suédé *m* imitación de piel de Suecia.

suédine *f* tejido *m* que imita la gamuza (étoffe).

suédois, e *adj* sueco, ca; de Suecia ‖ allumettes suédoises fósforos que no se encienden sino con un rascador especial.
➤ **suédois** *m* LING sueco.

Suédois, e *m* & *f* sueco, ca.

suée [sɥe] *f* sudación abundante (action de suer) ‖ FIG & FAM sudor *m* (peine) ‖ canguelo *m*, susto *m*, mal rato *m* (peur).

suer [7] *v intr* sudar (transpirer) ‖ rezumarse (suinter); le mur sue la pared se rezuma ▪ suer à grosses gouttes sudar la gota gorda ‖ FIG & FAM faire suer cargar, jorobar, jeringar ‖ FAM faire suer le burnous sacar todo el jugo.
◇ *v tr* sudar ‖ rezumar ‖ FAM suer sang et eau sudar a chorros, sudar tinta.

Suétone *n pr* Suetonio.

suette *f* MÉD enfermedad con sudor abundante.

sueur *f* sudor *m* ▪ à la sueur de son front con el sudor de su frente ▪ avoir des sueurs froides tener sudores fríos ‖ être tout en sueur estar bañado en sudor.

Suez *n pr* GÉOGR le canal de Suez el canal de Suez.

suffète *m* sufete (magistrat suprême de Carthage).

suffire [100] *v intr* bastar, ser suficiente; ce qu'il possède lui suffit lo que posee le basta ‖ cela suffit basta, es bastante, ya está bien.
➤ **se suffire** *v pr* bastarse a sí mismo.
◇ *v impers* il suffit, suffit basta, es bastante, ya está bien ▪ il suffit de basta con ‖ il suffit que basta (con) que.

suffisamment *adv* suficientemente; avoir suffisamment pour tener (lo) suficiente para; suffisamment de livres suficientes libros.

suffisance *f* cantidad suficiente; avoir sa suffisance de pain tener cantidad suficiente de pan ‖ suficiencia, presunción (présomption) ‖ à suffisance, en suffisance suficientemente, bastante.

suffisant, e *adj* suficiente.
◇ *adj* & *s* presumido, da; engreído, da; suficiente (vaniteux).

suffixal, e *adj* por sufijos; dérivation suffixale derivación por sufijos.

suffixation *f* formación de palabras mediante sufijos.

suffixe *m* GRAMM sufijo.

suffocant, e *adj* sofocante, sofocador, ra.

suffocation *f* sofocación, sofoco *m*.

suffoquer [3] *v tr* sofocar ‖ FIG sofocar (émouvoir) ‖ dejar sin respiración, quitar el hipo (étonner).
◇ *v intr* ahogarse (étouffer) ‖ FIG encenderse *v pr*; **suffoquer de colère** encenderse de ou en ira.

suffragant *adj m & s m* sufragáneo.

suffrage *m* sufragio; **suffrage universel** sufragio universal ■ **suffrage capacitaire** sufragio restringido ‖ **suffrage direct, indirect** sufragio directo, indirecto ‖ **suffrages valablement exprimés** votos válidos.

suffragette *f* sufragista.

suffusion *f* MÉD sufusión.

sufi ► **soufi**.

sufisme ► **soufisme**.

suggérer [18] [sygʒere] *v tr* sugerir; **on lui suggéra de parler** le sugirieron que hablase.

suggestif, ive [sygʒestif, iv] *adj* sugestivo, va; sugerente.

suggestion [sygʒestjɔ̃] *f* sugerencia (action de suggérer); sugestión (action de suggestionner); **suggestion hypnotique** sugestión hipnótica.

suggestionner [3] *v tr* sugestionar.

suggestivité *f* lo sugestivo *m*.

suicidaire *adj* suicida.

suicide *adj* suicida; **opération suicide** operación suicida.
◇ *m* suicidio.

suicidé, e *m & f* suicida.

suicider [3]
► **se suicider** *v pr* suicidarse.

suidés *m pl* ZOOL suidos (porcins).

suie [sɥi] *f* hollín *m*.

suif [sɥif] *m* sebo ‖(vieilli) jabón, bronca *f*.

suiffer [3] *v tr* ensebar ‖ MAR embrear (un bateau).

suiffeux, euse *adj* sebáceo, a.

sui generis [sɥiʒeneris] *loc adv* sui géneris (de son espèce).

suint [sɥɛ̃] *m* grasa *f* de la lana, churre ‖ escoria *f* (du verre).

suintant, e [sɥɛ̃tɑ̃, ɑ̃t] *adj* que rezuma ‖ supurante (plaie).

suintement [sɥɛ̃tmɑ̃] *m* rezumamiento, chorreo (d'un liquide) ‖ supuración *f* (d'une plaie).

suinter [3] [sɥɛ̃te] *v intr* [▷ SYN] rezumarse, chorrear ‖ MÉD supurar.
▮ SYN exsuder exsudar; transsuder trasudar.

suisse *adj* suizo, za; **montre suisse** reloj suizo.
◇ *m* pertiguero (d'église) ‖ quesito blanco, "petit suisse" (fromage).

Suisse *n pr* GÉOGR la Suisse Suiza.

Suisse *m & f* suizo, za (habitant, e de la Suisse).

Suissesse *f* suiza (habitante de la Suisse).

suite *f* séquito *m*, cortejo *m* (d'un souverain) ‖ comitiva, acompañantes *m pl*; **le ministre et sa suite** el ministro y sus acompañantes ‖ serie, sucesión (de nombres, de succès) ‖ "suite", apartamento *m* (dans un hôtel) ‖ continuación; **attendons la suite du récit** esperemos la continuación del relato ‖ curso *m*; la **suite des événements** el desarrollo de los acontecimientos ‖ MUS "suite" ‖ [▷ SYN] consecuencia, resultado *m*; **son discours aura des suites** su discurso tendrá consecuencias ‖ orden *m*, ilación; **paroles sans suite** palabras sin orden ■ **esprit de suite** perseverancia ■ **à la suite** a continuación ‖ **de suite** seguidamente, seguido, sin interrupción; **faire dix kilomètres de suite** andar diez kilómetros seguidos ‖ **par la suite** más tarde, luego ‖ **par suite** a consecuencia, como consecuencia ‖ **suite à votre lettre** du en contestación a su carta del ‖ **tout de suite** de ou en seguida; **venez tout de suite** venga en seguida ■ **avoir de la suite dans les idées** ser pertinaz ‖ **donner suite à** dar curso, cursar ‖ **faire suite à** ser continuación de ‖ **faire suite à une lettre** responder a una carta ‖ **prendre la suite de** suceder a.
▮ SYN conséquence consecuencia; effet efecto.

suitée *adj f* dícese de la yegua con su potro.

suivant *prép* según; **suivant les mérites de chacun** según los méritos de cada cual; **suivant Homère** según Homero ‖ siguiendo, en la misma dirección que (dans la direction de) ‖ **suivant que** según que, conforme.

suivant, e *adj* [▷ SYN] siguiente; **chapitre suivant** capítulo siguiente.
◇ *m & f* acompañante.
► **suivant** *m* **au suivant!** ¡el siguiente!
► **suivante** *f* doncella (servante) ‖ THÉÂTR doncella.
▮ SYN subséquent subsiguiente; postérieur posterior; ultérieur ulterior.

suiveur *m* FAM hombre que sigue a las mujeres en la calle ‖ seguidor (course cycliste).
► **suiveur, euse** *adj* de seguimiento; **voiture suiveuse** coche de seguimiento (cyclisme).

suivi, e *adj* seguido, da ‖ ordenado, da; **raisonnement bien suivi** razonamiento bien ordenado ‖ continuo, nua; **correspondance suivie** correspondencia continua ‖ concurrido, da; frecuentado, da; **conférence très, peu suivie** conferencia muy, poco concurrida ‖ COMM de producción continua.
► **suivi** *m* control (contrôle).

suivisme *m* borreguismo.

suivre [89] *v tr* seguir; **suivre les prescriptions du médecin** seguir las prescripciones del médico ‖ oír, escuchar, seguir (un discours) ‖ asistir a, dar; **suivre des cours de langues** dar clases de idiomas ‖ comprender; **bien suivre un cours de mathématiques** comprender bien una lección de matemáticas ‖ comprender; **suivez-moi bien** compréndame ‖ enterarse; **tu me suis?** ¿te enteras? ‖ prestar atención a (être attentif) ‖ dejarse guiar por, seguir; **suivre son imagination** dejarse guiar por la imaginación ‖ hacer caso a, seguir los consejos de, escuchar a; **s'il m'avait suivi il aurait réussi** si me hubiese hecho caso hubiera logrado su propósito ‖ ocuparse de; **suivre ses élèves** ocuparse de los alumnos ‖ seguir produciendo (un article) ‖ perseguir; **des soucis qui nous suivent** preocupaciones que nos persiguen; **suivre un but** perseguir un objetivo ■ FAM **suivre le mouvement** bailar al son que tocan ‖ **suivre quelqu'un de près** seguir a uno de cerca, vigilar a uno estrechamente (surveiller), pisarle a uno los talones ‖ **suivre quelqu'un des yeux** seguir a uno con los ojos, no perder de vista a uno ‖ **suivre sa destinée** conformarse con el propio destino ‖ **suivre son cours** seguir su curso.
◇ *v intr* seguir; **c'est à vous de suivre** a usted le toca seguir; **ce qui suit** lo que sigue ‖ estar atento (élève) ‖ **à suivre** continuará (article de journal, histoire, etc.) ‖ **faire suivre** remítase a las nuevas señas ou al destinatario (lettre).
◇ *v impers* resultar, inferirse, desprenderse, implicar; **il suit de là que** de ello se desprende que, esto implica que.
► **se suivre** *v pr* seguirse ‖ sucederse, seguirse; **les jours se suivent** los días se suceden ‖ encadenarse, eslabonarse; **ces raisonnements se suivent** estos razonamientos se encadenan.

sujet [syʒɛ] *m* motivo, causa *f*; **sujet d'espoir** motivo de esperanza ‖ asunto, tema (matière); **le sujet d'une conférence** el tema de una conferencia ‖ sujeto, persona *f* (personne); **mauvais sujet** mala persona ‖ GRAMM & PHILOS sujeto ‖ MÉD paciente (malade), sujeto (cadavre) ‖ MUS tema ‖ ZOOL & BOT sujeto (animal ou végétal) ■ **sujet de conversation** tema de conversación ‖ **sujet d'examen** tema de examen ‖ **sujet d'expérience** conejillo de Indias ‖ **sujet porte-greffe** porta injerto, patrón ■ **à ce sujet** referente a esto ‖ **au sujet de** a propósito de, respecto a, relativo a ■ **avoir sujet de se plaindre** tener motivo para quejarse ‖ **c'est à quel sujet?** ¿de qué se trata? ‖ **donner sujet** dar motivo ou pie ■ **entrer dans le vif du sujet** entrar en el meollo del asunto ‖ **sortir du sujet** salirse del tema.

sujet, ette [syʒɛ, ɛt] *adj* sujeto, ta (astreint); sometido, da (soumis); expuesto, ta (exposé) ‖ propenso, sa (enclin) ‖ **être sujet à caution** estar ou poner en tela de juicio, estar en entredicho ou poco seguro.
◇ *m & f* súbdito, ta (d'un souverain).

sujétion *f* sujeción.

sulcature *f* surco *m*, acanaladura.

sulciforme *adj* en forma de surco, acanalado, da.

sulfamide *m* sulfamida *f*.

sulfatage *m* sulfatado.

sulfate *m* CHIM sulfato.

sulfaté, e *adj* CHIM sulfatado, da.

sulfater [3] *v tr* sulfatar.

sulfhydrique *adj* CHIM sulfhídrico, ca.

sulfinisation *f* TECHN cementación al azufre.

sulfitage *m* TECHN sulfitado.

sulfite *m* sulfito.

sulfocarbonate *m* sulfocarbonato.

sulfocarbonique *adj* sulfocarbónico, ca.

sulfosel *m* sulfosal *f*.

sulfovinique *adj* sulfovínico, ca.

sulfurage *m* AGRIC sulfurado.

sulfuration *f* sulfuración.

sulfure *m* CHIM sulfuro.

sulfuré, e *adj* sulfurado, da ‖ **hydrogène sulfuré** ácido sulfhídrico.

sulfurer [3] *v tr* CHIM sulfurar.

sulfureux, euse *adj* sulfuroso, sa.

sulfurique *adj* CHIM sulfúrico, ca; **acide sulfurique** ácido sulfúrico.

sulfurisé, e *adj* sulfurizado, da; **papier sulfurisé** papel sulfurizado.

sulfuriser [3] *v tr* sulfurizar.

sulky [sylki] *m* sulky (voiture).

Sulpice *n pr* Sulpicio.

sultan *m* sultán (souverain).

sultanat [syltana] *m* sultanía *f*, sultanato.

sultane *f* sultana (femme du sultan).

sumac *m* BOT zumaque.

Sumatra *n pr* GÉOGR Sumatra.

Sumer [symɛr] *n pr* HIST Sumer.

sumérien, enne *adj* sumerio, ria.
➤ **sumérien** *m* LING sumerio.

Sumérien, enne *m & f* sumerio, ria.

summum [sɔmmɔm] *m* súmmum, lo sumo.

sumo [symo] ou [sumo] *m* sumo (lutte).

sunlight [sœnlajt] *m* CINÉM foco potente para la toma de vistas.

sunna [suna] ou [syna] *f* sunna (loi mahométane).

sunnite *adj & s* suní, sunnita (musulman).

super *m* FAM súper *f*, supercarburante, plomo.

superbe *adj* soberbio, bia (orgueilleux) ∥ soberbio, bia; magnífico, ca; **un cadeau superbe** un regalo soberbio.
◇ *f* soberbia, orgullo *m*.

superbement *adv* magníficamente.

supercarburant *m* supercarburante, gasolina *f* plomo.

supercherie *f* superchería.

supère *adj* BOT súpero, ra.

supérette *f* supermercado (supermarché).

superfétation *f* redundancia ∥ BIOL superfetación.

superfétatoire *adj* redundante.

superficie *f* superficie.

superficiel, elle *adj* superficial.

superficiellement *adv* superficialmente.

superfin, e *adj* superfino, na.

superfinition *f* último acabado *m*.

superflu, e *adj* superfluo, flua.
➤ **superflu** *m* lo superfluo.

superfluité *f* superfluidad.

superforme *f* FAM excelente forma [física, moral].

superforteresse *f* superfortaleza (avion).

super-g (abr de **super-géant**) *m inv* SPORTS súper-g.

super-géant *m* SPORTS supergigante.
▨ OBSERV pl super-géants.

superhétérodyne *adj* superheterodino, na.

super-huit *adj inv* CINÉM super 8; **caméra, film super-huit** cámara, película super 8.
◇ *m inv* super 8.

supérieur, e *adj* [▷ SYN] superior; **à l'étage supérieur** en la planta ou el piso superior; **supérieur en nombre** superior en número ∎ **air supérieur** aires de superioridad ∥ **l'autorité supérieure** la superioridad ∥ RELIG **Mère**

supérieure madre superiora ∥ MIL **officiers supérieurs** jefes.
◇ *m & f* superior, ra; **obéir à un supérieur** obedecer a un superior; **le supérieur du couvent** el superior del convento.
▎ OBSERV L'adjectif espagnol superior est des deux genres, mais le nom a aussi la forme féminine.
▎ SYN extra extra, de primera; fameux famoso.

Supérieur *n pr* GÉOGR **le lac Supérieur** el lago Superior.

supérieurement *adv* superiormente.

supériorité *f* superioridad.
▎ SYN préexcellence preexcelencia; prééminence preeminencia; primauté primacía; prépotence prepotencia; prépondérance preponderancia; suprématie supremacía; hégémonie hegemonía.

superlatif, ive *adj & s m* superlativo, va; **terminaison superlative** terminación superlativa ∥ **au superlatif** en grado superlativo, en sumo grado.

super-lourd; superlourd *m* SPORTS superpesado.
▨ OBSERV pl super-lourds.

supermarché *m* supermercado.

supernova *f* ASTRON supernova.

superordinateur *m* supercomputador.

superovarié, e *adj* BOT superovárico, ca; superovariado, da.

superphosphate *m* CHIM superfosfato.

superposable *adj* superponible, que puede superponerse.

superposé, e *adj* superpuesto, ta; sobrepuesto, ta ∥ **lits superposés** literas.

superposer [3] *v tr* superponer, sobreponer.
➤ **se superposer** *v pr* superponerse, sobreponerse.

superposition *f* superposición.

superproduction *f* superproducción (film).

superpuissance *f* superpotencia.

supersonique *adj* supersónico, ca; **vitesse supersonique** velocidad supersónica.

superstar *f* FAM superestrella.

superstitieusement *adv* supersticiosamente.

superstitieux, euse *adj & s* supersticioso, sa.

superstition *f* superstición.

superstructure *f* superestructura.

superviser [3] *v tr* supervisar.

superviseur *m* supervisor.

supervision *f* supervisión.

supin *m* GRAMM supino.

supinateur *adj & s m* ANAT supinador.

supination *f* supinación.

supplanter [3] *v tr* suplantar.

suppléance [sypleɑ̃s] *f* suplencia.

suppléant, e [sypleɑ̃, ɑ̃t] *adj & s* suplente; **médecin suppléant** médico suplente.

suppléer [15] [syplee] *v tr & intr* suplir (compléter) ∥ suplir, reemplazar (remplacer); **suppléer une chose par une autre** suplir una cosa con otra ∥ **suppléer au manque d'instruction** suplir la falta de instrucción.

supplément *m* suplemento ∎ DR **supplément d'enquête** nuevas diligencias en el sumario ∥ **supplément d'information** suplemento de información ∥ **un supplément de 100 francs** un suplemento de 100 francos ∥ **un supplément de frites** un suplemento de patatas fritas.
▎ SYN complément complemento; rabiot sobrante, excedente.

supplémentaire *adj* suplementario, ria; adicional ∥ extraordinario, ria; **heures supplémentaires** horas extraordinarias ∎ **contributions supplémentaires** contribuciones suplementarias (résolution) ∥ **lit supplémentaire** cama supletoria.

supplétif, ive *adj* MIL dícese de las tropas indígenas alistadas temporalmente en las tropas regulares francesas.

supplétoire *adj* DR supletorio, ria.

suppliant, e *adj & s* suplicante.

supplication *f* súplica, suplicación.

supplice *m* suplicio, tormento, tortura *f* ∥ FIG **être au supplice** estar atormentado.
▎ SYN tourment tormento; torture tortura; martyre martirio.

supplicié, e *m & f* ajusticiado, da.

supplicier [9] *v tr* ejecutar, ajusticiar (exécuter) ∥ FIG atormentar, torturar (tourmenter).

supplier [10] *v tr* suplicar, rogar; **je vous en supplie** se lo ruego; **supplier quelqu'un de venir** suplicar a uno que venga.

supplique *f* súplica, petición por escrito ∥ súplica, ruego *m*.

support [sypɔr] *m* soporte ∥ FIG apoyo, sostén (soutien) ∥ INFORM soporte; **support de données** soporte de datos ∥ BLAS soporte ∎ **support audiovisuel** soporte audiovisual ∥ **support publicitaire** soporte publicitario.

supportable *adj* soportable.

supporter *m* partidario, ria; seguidor, ra (d'une personne, d'une idée) ∥ SPORTS hincha FAM.

supporter [3] *v tr* sostener (soutenir); **colonnes supportant une voûte** columnas que sostienen una bóveda ∥ sufragar; **supporter les frais du voyage** sufragar los gastos del viaje ∥ soportar; **supporter le froid** soportar el frío ∥ soportar, aguantar; **ne pas supporter les enfants** no soportar a los niños ∥ resistir; **ce livre ne supporte pas la critique** este libro no resiste la crítica.
➤ **se supporter** *v pr* soportarse, tolerarse mutuamente.

supposable *adj* que se puede suponer.

supposé, e *adj* supuesto, ta.
➤ **supposé** *prép* (vieilli) suponiendo, dando por supuesto, si se supone ∥ **supposé que** en el supuesto de que.

supposer [3] *v tr* [▷ SYN] suponer ∥ indicar ∥ **à supposer que** suponiendo que.
▎ SYN présupposer presuponer; poser admitir; présumer presumir.

supposition *f* suposición, supuesto *m* ∎ DR **supposition d'enfant** suposición de parto ∥ FAM **une supposition que** supongamos que.
▎ SYN hypothèse hipótesis; conjecture conjetura; présomption presunción.

suppositoire *m* MÉD supositorio.

suppôt [sypo] *m* agente ‖ FIG secuaz ‖ suppôt de Bacchus borracho ‖ suppôt de Satan satélite de Satán, mala persona.

suppression *f* supresión ‖ DR suppression de part ou d'enfant ocultación de parto.

supprimer [3] *v tr* suprimir ‖ FAM exterminar, suprimir (tuer).

➥ **se supprimer** *v pr* suicidarse, quitarse de en medio.

suppurant, e *adj* MÉD supurante.

suppuration *f* MÉD supuración.

suppurer [3] *v intr* supurar.

supputation *f* suputación.

supputer [3] *v tr* suputar (calculer).

supra *adv* supra.

supraconduction; supraconductivité *f* supraconductividad.

supranational, e *adj* supranacional.

supranationalité *f* supranacionalidad.

suprasensible *adj* suprasensible.

supraterrestre *adj* supraterrestre.

suprématie *f* supremacía.

suprême *adj* supremo, ma; chef suprême jefe supremo ‖ sumo, ma; au suprême degré en sumo grado ■ Cour suprême Tribunal Supremo ‖ volontés suprêmes últimas voluntades ■ FAM c'est une bêtise suprême es una solemne tontería.

◇ *m* CULIN partes *f pl* más delicadas de un ave servidas con su salsa, suprema *f*.

suprêmement *adv* extraordinariamente.

sur [syr] *prép* en; s'asseoir sur une chaise sentarse en una silla; sur le boulevard en el bulevar; lire sur un journal leer en un periódico; frapper sur le visage golpear en el rostro; il y a un bon programme sur la première chaîne hay un buen programa en el primer canal; graver sur bois grabar en madera; sur 2 km en 2 km; sur toute la ligne en toda la línea ‖ sobre, encima de; le livre est sur la table el libro está sobre la mesa ‖ encima de; les nuages sont sur nos têtes las nubes están encima de nuestras cabezas ‖ sobre; avoir une grande influence sur quelqu'un tener mucha influencia sobre alguien ‖ en, sobre; nous ne sommes pas d'accord sur cela no estamos de acuerdo en esto ‖ acerca de, sobre; on peut parler longtemps sur ce sujet se puede hablar mucho tiempo acerca de este tema ‖ por; 6 m de long sur 4 de large 6 metros de largo por 4 de ancho; juger quelqu'un sur les apparences juzgar a uno por las apariencias; sur l'honneur por el honor; sur l'ordre de por mandato de, entre; sur cent invités il en est venu cinq de cien invitados vinieron cinco; trois fois sur dix tres veces de diez ‖ de cada; un sur deux uno de cada dos ‖ de; prendre sur son capital tomar de su capital; Francfort-sur-le-Main Francfort del Meno ‖ con; parler sur un ton tragique hablar con un tono trágico; compter sur quelqu'un contar con alguien ‖ a, hacia; tourner sur la droite torcer a la derecha; se diriger sur Le Havre dirigirse hacia El Havre ‖ hacia, sobre; sur les trois heures sobre las tres ‖ a; sur sa demande a petición suya; mes fenêtres donnent sur la rue mis ventanas dan a la calle; gagner du terrain sur l'ennemi ganar terreno al enemigo ‖ bajo; sur la recommandation de bajo la recomen-

dación de ‖ mediante; sur présentation de la carte mediante presentación de la tarjeta ‖ tras; écrire lettre sur lettre escribir carta tras carta ■ sur ce en esto ‖ sur le tard bastante tarde ‖ sur l'heure sin demora, inmediatamente, acto seguido ■ aller sur les lieux personarse (la police) ‖ FIG avoir les deux pieds sur terre no andar por las nubes ‖ je vous crois sur parole me basta con su palabra ‖ prendre quelque chose sur soi tomar la responsabilidad de algo ‖ rester sur son appétit quedarse con las ganas ‖ revenir sur ses pas desandar lo andado.

sur, e *adj* ácido, da; agridulce, acedo, da; pomme sure manzana agridulce.

sûr, e *adj* seguro, ra; j'en suis sûr estoy seguro de ello; remède sûr remedio seguro; peu sûr poco seguro ■ sûr de quelque chose seguro de algo ‖ sûr de soi seguro de sí mismo ■ à coup sûr con toda seguridad, seguramente ‖ bien sûr! ¡claro!, ¡desde luego!, ¡naturalmente! ‖ FAM pour sûr de seguro, por cierto ■ avoir la main sûre tener la mano firme ‖ avoir le coup d'œil sûr tener mucho ojo, ser un lince ‖ FAM j'en suis sûr et certain estoy convencido de ello ‖ le plus sûr est de lo más seguro es ‖ mettre en lieu sûr poner a buen recaudo.

surabondamment *adv* superabundantemente.

surabondance *f* superabundancia.

surabondant, e *adj* superabundante (abondant) ‖ superfluo, flua; détails surabondants detalles superfluos.

surabonder [3] *v intr* superabundar.

suractivité *f* superactividad.

surah *m* surá (étoffe).

suraigu, ë *adj* sobreagudo, da; muy agudo, da.

surajouter [3] *v tr* sobreañadir.

sural, e *adj* ANAT sural.

suralimentation *f* sobrealimentación.

suralimenter [3] *v tr* sobrealimentar.

suranné, e *adj* caduco, ca; prescrito, ta (prescrit) ‖ anticuado, da (démodé).

surarbitre *m* árbitro supremo.

surate; sourate *f* sura (Coran).

surbaissé, e *adj* rebajado, da.

surbaissement *m* rebajamiento.

surbaisser [4] *v tr* ARCHIT rebajar.

surboum [syrbum] *f* FAM guateque *m*, asalto *m*.

surcapitalisation *f* supercapitalización.

surcharge *f* sobrecarga (de poids) ‖ recargo *m* (impôts) ‖ sobrecarga (sur un timbre-poste) ‖ enmienda, corrección [sobre un escrito] ■ surcharge de bagages sobrecarga ou exceso de equipaje ‖ surcharge de travail exceso de trabajo.

surcharger [17] *v tr* sobrecargar ‖ recargar, cargar excesivamente ‖ enmendar (corriger) ‖ abrumar (charges, impôts).

surchauffe *f* recalentamiento *m*.

surchauffé, e *adj* con la calefacción muy alta ‖ FIG excitado, da.

surchauffer [3] *v tr* calentar demasiado ‖ TECHN recalentar, sobrecalentar (la vapeur).

surchauffeur *m* TECHN recalentador, calentador.

surchemise *f* camisa gruesa que se lleva encima de la ropa.

surchoix [syrʃwa] *m* primera calidad *f*.

surclasser [3] *v tr* dominar, patentizar una superioridad manifiesta sobre.

surcomposé, e *adj* GRAMM doblemente compuesto.

surcompression *f* surcompresión.

surcomprimé, e *adj* TECHN moteur surcomprimé motor con supercompresión.

surcomprimer [3] *v tr* supercomprimir.

surconsommation *f* ÉCON consumo *m* excesivo.

surcontre *m* redoble (au bridge).

surcontrer [3] *v tr* redoblar, hacer redoble (au bridge).

surcostal, e *adj* ANAT supercostal.

surcoupe *f* contrafallo *m* (jeux).

surcouper [3] *v tr* contrafallar (jeux).

surcoût *m* coste suplementario.

surcroît [syrkrwa] *m* aumento, acrecentamiento ■ de ou par surcroît además, por añadidura ‖ pour surcroît de bonheur para colmo de felicidad.

surdent *f* sobrediente *m* (dent de lait) ‖ VÉTÉR diente *m* del caballo más largo que los otros.

surdi-mutité *f* sordomudez.
   OBSERV pl surdi-mutités.

surdité *f* sordera; atteint de surdité totale aquejado de sordera total.

surdorer [3] *v tr* sobredorar.

surdos [syrdo] *m* lomera *f* (harnais).

surdosage *m* sobredosificación *f*.

surdose *f* sobredosis (overdose).

surdoué, e *adj* superdotado, da.

sureau *m* BOT saúco.

sureffectif *m* exceso de personas ‖ personnel en sureffectif exceso de personal ou de plantilla.

surélévation *f* alzamiento *m* ‖ mayor elevación añadida a una fábrica ‖ subida, aumento *m*.

surélever [19] [syrelve] *v tr* sobrealzar, realzar, dar mayor altura ‖ aumentar, subir.

sûrement *adv* seguramente (certainement, sans doute); sûrement pas! FAM ¡ni hablar! ‖ con seguridad (en sûreté).

suréminent, e *adj* supereminente.

surémission *f* emisión excesiva.

suremploi *m* ÉCON exceso de empleo.

surenchère *f* sobrepuja ‖ FIG afán *m* de emulación ‖ sobremarca (bridge) ■ surenchère de violence escalada de violencia ‖ surenchère électorale aumento de promesas electorales, demagogia.

surenchérir [32] *v intr* sobrepujar ‖ FIG prometer más que otro.

surenchérissement *m* sobrepuja *f* ‖ nuevo aumento de precio.

surenchérisseur, euse *m & f* pujador, ra; persona que sobrepuja.

surendetté *adj* sobreendeudado, da.

surendettement *m* ÉCON sobreendeudamiento.

surentraînement *m* exceso de entrenamiento, sobreentrenamiento.

surentraîner [4] *v tr* entrenar con exceso, sobreentrenar.

suréquipé, e *adj* equipado, equipada con exceso.

surérogatoire *adj* supererogatorio, ria.

surestarie *f* MAR sobrestadía.

surestimation *f* sobrestimación, supervaloración.

surestimer [3] *v tr* sobrestimar, supervalorar.

suret, ette [syrɛ, ɛt] *adj* agrillo, lla; agrete.

sûreté [syrte] *f* seguridad; serrure de sûreté cerradura de seguridad ▌ MIL seguro *m* (d'une arme), seguridad (des troupes) ▪ la Sûreté nationale, la Sûreté la Policía ▌ sûreté nucléaire seguridad nuclear ▪ en sûreté seguro, en seguridad, a salvo ▌ pour plus de sûreté para más seguridad.

surévalué, e *adj* sobrevalorado, da.

surévaluer [7] *v tr* sobrestimar, supervalorar, sobrevalorar.

surexcitable *adj* sobreexcitable.

surexcitant, e *adj & s m* sobreexcitante.

surexcitation *f* sobrexcitación, sobreexcitación.

surexciter [3] *v tr* sobrexcitar, sobreexcitar.

surexposé, e *adj* PHOT sobreexpuesto, ta.

surexposer [3] *v tr* PHOT sobreexponer, exponer demasiado.

surexposition *f* PHOT sobreexposición, exceso *m* de exposición.

surf [sœrf] *m* SPORTS surf.

surfaçage *m* TECHN refrentado, pulido de una superficie.

surface *f* [▷ SYN] superficie; la surface de la Terre la superficie de la Tierra ▌ GÉOM superficie, área; 100 m² de surface 100 m² de superficie ▪ surface de réparation área de castigo (football) ▌ AVIAT surface portante superficie sustentadora ▪ MAR faire surface salir a la superficie.

┃ SYN étendue extensión; superficie superficie; aire área; contenance contenido.

surfacer [16] *v tr* TECHN refrentar, pulir una superficie.

surfaire [109] *v tr* encarecer, pedir muy caro (un prix) ▌ sobrestimar, alabar mucho (vanter exagérément).

surfait, e *adj* sobrestimado, da.

surfaix [syrfɛ] *m* sobrecincha *f*, cinchuela *f* (harnais).

surfer [3] [sœrfe] *v intr* SPORTS practicar surf ▌ INFORM navegar.

surfeur, euse [sœrfœr, øz] *m & f* SPORTS surfista.

surfil [syrfil] *m* sobrehilado.

surfilage [syrfilaʒ] *m* sobrehilado.

surfiler [3] [syrfile] *v tr* sobrehilar.

surfin, e [syrfɛ̃, in] *adj* superfino, na; sobrefino, na.

surfusion *f* PHYS sobrefusión.

surgélation *f* congelación.

surgelé, e *adj & s m* CULIN congelado, da.

surgeler [25] *v tr* congelar (à très basse température).

surgénérateur, trice; surrégénérateur, trice *adj & s m* NUCL reactor reproductor.

surgeon [syrʒɔ̃] *m* BOT retoño, vástago.

surgir [32] *v intr* surgir.

surgissement *m* surgimiento.

surhaussé, e [syrose] *adj* ARCHIT realzado, da; peraltado, da (arc, voûte).

surhaussement [surosmɑ̃] *m* ARCHIT alzamiento (d'une construction) ▌ peralte (arc, voûte).

surhausser [3] [syrose] *v tr* ARCHIT sobrealzar, realzar (augmenter la hauteur) ▌ peraltar (arc, voûte) ▌ FIG encarecer (prix).

surhomme [syrɔm] *m* superhombre.

surhumain, e [syrymɛ̃, ɛn] *adj* sobrehumano, na.

suricate; surikate *m* ZOOL suricata *f*.

surimposer [3] *v tr* recargar, aumentar (impôt).

surimposition *f* recargo *m*, aumento *m* de impuesto.

surimpression *f* PHOT sobreimpresión, doble impresión.

surin *m* manzano borde ▌ ARG navaja *f*, cuchillo.

Surinam; Suriname *n pr m* le Surinam ou Suriname Surinam; au Surinam ou Suriname en Surinam (situation), a Surinam (direction).

suriner; chouriner [3] *v tr* ARG acuchillar, apuñalar.

surinfection *f* MÉD segunda infección.

surintendance *f* superintendencia.

surintendant, e *m & f* superintendente, ta ▌ HIST superintendente en la Francia del Antiguo Régimen.

surintensité *f* ÉLECTR superintensidad.

surir [32] *v intr* acedarse, agriarse.

surjaler [3] *v tr* MAR enceparse (ancre).

surjet [syrʒɛ] *m* punto por encima, rebatido (couture).

surjeter [27] *v tr* coser a punto por encima, rebatir.

sur-le-champ *adv* en el acto; obéir sur-le-champ obedecer en el acto ▌ en seguida; arriver sur-le-champ llegar en seguida.

surlendemain *m* dos días después, a los dos días.

surligner [3] *v tr* marcar con rotulador fluorescente.

surligneur *m* rotulador fluorescente (feutre).

surlonge *f* lomo *m* de la vaca.

surmédicalisation *f* uso *m* excesivo de técnicas médicas.

surmédicaliser [3] *v tr* hacer uso excesivo de técnicas médicas.

surmenage *m* agotamiento por cansancio excesivo, surmenage; surmenage intellectuel surmenage intelectual.

surmené, e *adj* agotado, da.

surmener [19] *v tr* hacer trabajar demasiado, agotar por cansancio excesivo.

surmoi *m* PHILOS superyó, superego.

surmontable *adj* superable.

surmonter [3] *v tr* coronar, rematar; une statue surmonte l'édifice una estatua remata el edificio ▌ rebasar (dépasser) ▌ FIG [▷ SYN] superar, vencer; surmonter les difficultés superar las dificultades.

┃ SYN vaincre vencer; triompher de triunfar de; dompter domar; maîtriser dominar; réduire reducir; mater someter.

surmortalité *f* exceso *m* del índice de mortalidad.

surmoulage *m* segundo vaciado.

surmoule *m* segundo molde.

surmouler [3] *v tr* moldear de nuevo, sacar segundo molde.

surmulet [syrmylɛ] *m* salmonete (rouget).

surmulot [syrmylo] *m* ZOOL rata *f* de campo.

surmultiplié, e *adj* vitesse surmultipliée superdirecta, directa multiplicada (automobile).

surnager [17] *v intr* sobrenadar (flotter) ▌ FIG subsistir, sobrevivir, perdurar.

surnatalité *f* exceso *m* del índice de natalidad.

surnaturel, elle *adj* sobrenatural ▌ FIG prodigioso, sa; extraordinario, ria; adresse surnaturelle destreza prodigiosa.
➤ **surnaturel** *m* lo sobrenatural.

surnom [syrnɔ̃] *m* sobrenombre, apodo, mote.

┃ SYN sobriquet apodo; pseudonyme seudónimo.

surnombre *m* excedente, demasía *f* ▌ être en surnombre estar de sobra ou de más, sobrar.

surnommer [3] *v tr* apodar, dar un sobrenombre (donner un sobriquet)˙ ▌ denominar, llamar (appeler).

surnuméraire *adj & s m* supernumerario, ria.

suroffre *f* oferta mejor.

suroît [syrwa] *m* MAR sudeste (vent) ▌ impermeable con capucha ▌ sueste (chapeau).

suros [syro] ou [syrɔs] *m* sobrecaña *f* (du cheval).

suroxyder [3] *v tr* superoxidar.

suroxygéné, e *adj* superoxigenado, da.

surpassement *m* superación *f*.

surpasser [3] *v tr* [▷ SYN] sobrepasar, superar, rebasar (dépasser) ▌ aventajar, estar por encima de (être supérieur); surpasser tous les élèves estar por encima de todos los alumnos.
➤ **se surpasser** *v pr* superarse, sobrepasarse a sí mismo (faire encore mieux).

┃ SYN dépasser superar; devancer adelantarse a; primer superar; FAM enfoncer derrotar.

surpaye [syrpɛj] *f* sobrepaga, gratificación (salaire).

surpayer [11] [syrpɛje] *v tr* pagar con sobreprecio (payer cher).

surpeuplé, e *adj* superpoblado, da.

surpeuplement *m* exceso de población, superpoblación *f*.

surpiqûre *f* sobrecostura (couture).

surplace *m* "surplace", "standing", inmovilidad *f* de un ciclista en equilibrio.

surplis [syrpli] *m* sobrepelliz (vêtement d'église).

surplomb [syrplɔ̃] *m* ARCHIT desplome, vuelo.

surplombement [syrplɔ̃bmɑ̃] *m* desplome, inclinación *f* (d'un mur).

surplomber [3] [syrplɔ̃be] *v intr* estar inclinado ou fuera de la vertical (un mur).
⟨⟩ *v tr* dominar, estar suspendido sobre.

surplus [syrply] *m* demasía *f* (excès) ▮ excedente, sobrante (excédent) ▮ au surplus por lo demás.
⟨⟩ *m pl* material *sing* militar sobrante de una campaña, excedentes; surplus américains excedentes americanos.

surpopulation *f* excedente *m* de población, superpoblación.

surprenant, e *adj* sorprendente.

surprendre [79] *v tr* sorprender ▮ interceptar, descubrir (un secret) ▮ abusar de, burlar (tromper); surprendre la bonne foi de quelqu'un abusar de la buena voluntad de alguien; surprendre la confiance burlar la confianza.
➡ **se surprendre** *v pr* se surprendre à faire quelque chose percatarse uno de que está haciendo algo involuntariamente.

surpression *f* TECHN superpresión.

surprime *f* sobreprima (assurance).

surpris, e *adj* sorprendido, da.
▮ SYN étonné asombrado; stupéfait estupefacto; saisi sobrecogido; renversé estupefacto.

surprise *f* sorpresa; il m'a fait une surprise me dio una sorpresa ▮ voyage sans surprise viaje sin problemas ▮ par surprise por sorpresa.

surprise-partie *f* guateque *m*, asalto *m*.
▮ OBSERV pl surprises-parties.

surproduction *f* superproducción.

surproduire [98] *v tr* producir excesivamente.

surréalisme *m* surrealismo.

surréaliste *adj & s* surrealista.

surréel, elle *adj* surreal.

surrégénérateur, trice ➤ surgénérateur.

surrénal, e *adj* ANAT suprarrenal.

sursalaire *m* subsidio familiar.

sursaturation *f* supersaturación, sobresaturación.

sursaturer [3] *v tr* supersaturar, sobresaturar ▮ FIG hartar.

sursaut [syrso] *m* sobresalto, repullo FAM ▮ arranque; sursaut d'énergie arranque de energía ▮ FIG coletazo; les derniers sursauts du régime los últimos coletazos del régimen ▮ en sursaut sobresaltado, súbitamente; s'éveiller en sursaut despertarse sobresaltado.

sursauter [3] *v intr* sobresaltarse ▮ faire sursauter sobresaltar.

sursemer [25] *v tr* AGRIC sobresembrar.

surseoir [66] [syrswar] *v intr* aplazar, diferir; surseoir à une exécution aplazar una ejecución ▮ DR sobreseer.

sursis [syrsi] *m* plazo, prórroga *f* ▮ DR avec sursis con la sentencia en suspenso (condamnation) ▮ MIL sursis d'incorporation prórroga.

sursitaire *m & f* persona que beneficia de una prórroga.

surtaux [syrto] *m* imposición *f* excesiva.

surtaxe *f* recargo *m* ▮ sobretasa; surtaxe postale sobretasa postal.

surtaxer [3] *v tr* poner una sobretasa, gravar, recargar (taxe, impôt).

surtension *f* ÉLECTR supertensión, sobretensión.

surtout [syrtu] *adv* sobre todo, principalmente, especialmente.
⟨⟩ *m* (ancien) sobretodo, capote, gabán (vêtement) ▮ centro de mesa (de table).

surveillance [syrvejɑ̃s] *f* vigilancia ▮ la surveillance du territoire la vigilancia del territorio (contre-espionnage) ▮ sous surveillance sometido a vigilancia, vigilado ▮ sous la surveillance de al cuidado de.

surveillant, e *adj & s* vigilante ▮ inspector (d'études).

surveiller [4] [syrveje] *v tr* [▷ SYN] vigilar ▮ cuidar (soigner) ▮ surveiller son langage, sa ligne cuidar el lenguaje, la línea.
➡ **se surveiller** *v pr* vigilarse ▮ observarse (soi-même) ▮ cuidarse (après une maladie).
▮ SYN observer observar; suivre seguir.

survenance *f* sobrevenida (arrivée soudaine) ▮ DR supervención (venue après coup).

survenir [40] *v intr* sobrevenir, venir ou ocurrir de improviso.

survente *f* venta con alto margen de beneficio.

survenue *f* sobrevenida, venida inesperada.

survêtement *m* chandal (vêtement de sport).

survie [syrvi] *f* supervivencia ▮ équipement de survie equipo de supervivencia ▮ une survie de quelques mois una supervivencia de algunos meses.

survivance *f* supervivencia (fait de survivre) ▮ futura (droit à la succession d'une charge).

survivant, e *adj & s* superviviente.

survivre [90] *v tr & intr* sobrevivir; la victime a peu de chances de survivre la víctima tiene pocas posibilidades de sobrevivir.

survol *m* AVIAT vuelo por encima de.

survoler [3] *v tr* AVIAT sobrevolar, volar sobre ou por encima de ▮ FIG tocar por encima; survoler une question tocar por encima un asunto.

survoltage *m* ÉLECTR aumento de voltaje, sobrevoltaje, sobretensión *f*.

survolté, e *adj* sobrevoltado, da; lampe survoltée lámpara sobrevoltada.

survolter [3] *v tr* aumentar el voltaje ▮ FIG electrizar, sobreexcitar.

survolteur *m* ÉLECTR elevador de voltaje.

survolteur-dévolteur *m* elevador-reductor.
▮ OBSERV pl survolteurs-dévolteurs.

sus [sy] ou [sys] *adv* sobre, encima ▮ en sus encima, además, por añadidura ▮ en sus de además de ▮ courir sus à quelqu'un echarse sobre uno.

➡ **sus!** *interj* ¡vamos!, ¡anda!, ¡dale!

susbande [sysbɑ̃d] *f* sobremuñonera (du canon).

susceptibilité *f* susceptibilidad.

susceptible *adj* [▷ SYN] susceptible (très sensible) ▮ capaz de, apto, ta para (capable) ▮ susceptible d'amélioration ou d'être amélioré susceptible de mejora ou de mejorarse.
▮ SYN ombrageux desconfiado, receloso; irritable irritable; chatouilleux quisquilloso.

susciter [3] *v tr* suscitar ▮ crear.

suscription *f* sobrescrito *m*.
▮ OBSERV En espagnol, suscripción a le sens d'abonnement et de souscription.

susdit, e [sysdi, it] *adj & s* susodicho, cha; antedicho, cha.

sus-dominante [sysdɔminɑ̃t] *f* MUS superdominante.
▮ OBSERV pl sus-dominantes.

sus-hépatique *adj* ANAT suprahepático, ca.
▮ OBSERV pl sus-hépatiques.

sus-maxillaire [sysmaksiler] *adj & s m* ANAT supramaxilar.
▮ OBSERV pl sus-maxillaires.

susmentionné, e [sysmɑ̃sjɔne] *adj* susodicho, cha; arriba citado.

susnommé, e [sysnɔme] *adj & s* susodicho, cha; arriba nombrado.

suspect, e [syspε, εkt] *adj & s* sospechoso, sa.
▮ SYN douteux dudoso; équivoque equívoco; louche equívoco, sospechoso.

suspecter [4] *v tr* sospechar de (soupçonner); on suspecte Pierre se sospecha de Pedro ▮ poner en duda; suspecter l'honnêteté de quelqu'un poner en duda la honradez de uno.

suspendre [73] *v tr* colgar, suspender; suspendre au plafond colgar del techo ▮ suspender, interrumpir (interrompre) ▮ suspender, privar temporalmente de sus funciones (un fonctionnaire) ▮ suspender (un journal, des paiements).

suspendu, e *adj* suspendido, da; colgado, da ▮ suspendido, da; con suspensión (voiture) ▮ cesante; fonctionnaire suspendu funcionario cesante ▮ TECHN pont suspendu puente colgante ▮ être suspendu aux lèvres de quelqu'un estar pendiente de los labios de alguien.

suspens [syspɑ̃] *adj* suspenso ▮ en suspens en suspenso ▮ problèmes en suspens problemas pendientes.

suspense [syspɑ̃s] *f* ECCLÉS suspensión (peine).

suspense [syspεns] *m* "suspense" (d'un film, d'un roman, etc.).

suspenseur *adj & s m* ANAT suspensorio.

suspensif, ive *adj* suspensivo, va; points suspensifs puntos suspensivos.

suspension *f* suspensión ▮ lámpara colgante, colgante *m* (lustre) ▮ points de suspension puntos suspensivos ▮ DR suspension d'audience suspensión de la audiencia, de la vista.

suspensoir *m* MÉD suspensorio (bandage).

suspente *f* cuerda ou cordón *m* de suspensión (ballon, etc.).

suspicieux, euse *adj* suspicaz.

suspicion *f* sospecha, recelo *m*.

sustentation *f* sustentación.

sustenter [3] *v tr* sustentar, mantener (le corps, l'esprit) ‖AVIAT sustentar.

susurrement [sysyrmã] *m* susurro.

susurrer [3] [sysyre] *v tr & intr* susurrar.

sutural, e *adj* sutural.

suture *f* sutura; **point de suture** punto de sutura.

suturer [3] *v tr* suturar.

Suzanne *n pr* Susana.

suzerain, e *adj* soberano, na.
◇ *m & f* señor, ra feudal.

suzeraineté *f* soberanía feudal, señorío *m* feudal.

svastika; swastika [svastika] *m* svástica, cruz *f* gamada.

svelte *adj* esbelto, ta.

sveltesse *f* esbeltez.

SVP (abr de **s'il vous plaît**) por favor.

swahili; souahéli, e *adj & s m* LING suajili.

swastika ➥ **svastika**.

Swaziland *n pr m* GÉOGR **le Swaziland** Swazilandia, Suazilandia.

sweater [switœr] ou [swetœr] *m* suéter, jersey (gilet).

sweat-shirt [switʃœrt] ou [swetʃœrt] *m* sudadera *f*.
‖ OBSERV pl sweat-shirts.

swing [swiŋ] *m* "swing" (boxe et musique de jazz).

sybarite *adj & s* sibarita.

sybaritique *adj* sibarítico, ca.

sybaritisme *m* sibaritismo.

sycomore *m* BOT sicómoro, sicomoro.

sycophante *m* sicofanta (vx), denunciador.

Sydney *n pr* GÉOGR Sydney, Sidney.

syénite *f* GÉOL sienita.

syllabaire *m* cartilla *f*, silabario.

syllabation *f* silabeo *m*.

syllabe *f* sílaba.

syllabique *adj* silábico, ca.

syllabisme *m* silabismo.

syllabus [silabys] *m* syllabus, lista *f* de errores referentes a la fe.

syllepse *f* GRAMM silepsis.

syllogisme *m* silogismo.

syllogistique *adj* silogístico, ca.

sylphe *m* MYTH silfo.

sylphide *f* sílfide.

sylvain *m* silvano (divinité des forêts).
➥ **sylvain, e** *adj* selvático, ca (qui habite les forêts).

sylvanite *f* MIN silvanita.

sylve *f* (p us) selva.

sylvestre *adj* silvestre; **pin sylvestre** pino silvestre.

Sylvestre *n pr* Silvestre ■ ➥ **Saint-Sylvestre** ‖ **le dîner de la Saint-Sylvestre** la cena de fin de año ou de Nochevieja.

sylvicole *adj* silvícola.

sylviculteur *m* silvicultor.

sylviculture *f* silvicultura.

Sylvie *n pr* Silvia.

sylvinite *f* silvinita.

symbiose [sɛ̃bjoz] *f* simbiosis.

symbiote *m* simbionte.

symbiotique *adj* simbiótico, ca.

symbole *m* símbolo; **symbole graphique** símbolo gráfico.
▦ SYN emblème emblema; attribut atributo.

symbolique *adj* simbólico, ca.
◇ *m* lo simbólico; **le symbolique et le sacré** lo simbólico y lo sagrado.
◇ *f* simbología.

symboliquement *adv* simbólicamente.

symbolisation *f* simbolización.

symboliser [3] *v tr* simbolizar.

symbolisme *m* simbolismo.

symboliste *adj & s* simbolista.

symétrie *f* simetría.

symétrique *adj* simétrico, ca.
◇ *m* MATH elemento simétrico.

symétriquement *adv* simétricamente.

sympa *adj* FAM simpaticón, ona.

sympathie *f* simpatía ■ **témoignages de sympathie** muestras de simpatía (d'estime), pésame (deuil), felicitación, enhorabuena (félicitation) ■ **accueillir avec sympathie** recibir con simpatía ‖ **avoir de la sympathie pour quelqu'un** sentir simpatía por alguien ‖ **croyez à toute ma sympathie** con toda mi simpatía, con todo mi afecto ‖ **exploser par sympathie** explotar por simpatía.
▦ SYN estime estima, estimación, aprecio; intérêt interés.

sympathique *adj* simpático, ca; **je le trouve sympathique** me cae simpático ‖ **encre sympathique** tinta simpática.
◇ *m* ANAT simpático.

sympathiquement *adv* simpáticamente.

sympathisant, e *adj & s* simpatizante.

sympathiser [3] *v intr* simpatizar.

symphonie *f* sinfonía.

symphonique *adj* sinfónico, ca.

symphoniste *m* sinfonista.

symphyse *f* ANAT sínfisis.

symposion [sɛ̃pozjɔ̃]; **symposium** [sɛ̃pozjɔm] *m* simposio, simposium.

symptomatique [sɛ̃ptɔmatik] *adj* sintomático, ca.

symptomatologie [sɛ̃ptɔmatɔlɔʒi] *f* sintomatología.

symptôme [sɛ̃ptom] *m* síntoma.
▦ SYN syndrome síndrome; prodrome pródromo.

synagogue *f* sinagoga.

synalèphe *f* GRAMM sinalefa.

synallagmatique *adj* sinalagmático, ca.

synanthérées *f pl* BOT sinantéreas.

synapse *f* sinapsis (neurologie).

synarchie *f* sinarquía.

synarthrose *f* ANAT sinartrosis.

synchrocyclotron [sɛ̃krɔsiklɔtrɔ̃] *m* sincrociclotrón.

synchrone *adj* sincrónico, ca; síncrono, na; **moteur synchrone** motor síncrono.

synchronie [sɛ̃krɔni] *f* sincronía.

synchronique *adj* sincrónico, ca; **tableau synchronique** cuadro sincrónico.

synchroniquement *adv* sincrónicamente.

synchronisation *f* sincronización.

synchroniser [3] *v tr* sincronizar.

synchronisme *m* sincronismo.

synchrotron *m* sincrotrón.

synclinal, e *adj & s m* GÉOL sinclinal.

syncopal, e *adj* sincopal.

syncope *f* síncope *m* ‖ GRAMM & MUS síncopa.

syncopé, e *adj* MUS sincopado, da.

syncoper [3] *v tr* GRAMM & MUS sincopar.

syncrétisme *m* sincretismo.

syndactyle *adj* sindáctilo, la.

syndic *m* síndico ‖ presidente, delegado de la comunidad de propietarios.

> ▮ LE SYNDIC
> Un "syndic" es un organismo que representa los intereses de los propietarios de los pisos de un edificio, denominados colectivamente el "syndicat de copropriété". La función del "syndic" es la de asegurar la conversación del edificio y organizar reuniones para votar sobre las reparaciones o reformas necesarias. Los servicios del "syndic" corren a cargo de los propietarios del edificio.

syndical, e *adj* sindical.

syndicalisme *m* sindicalismo.

syndicaliste *adj & s* sindicalista.

syndicat [sɛ̃dika] *m* sindicato; **syndicat ouvrier, patronal** sindicato obrero, de la patronal ■ **syndicat de propriétaires** comunidad de propietarios ‖ **syndicat d'initiative** oficina de turismo.
▦ SYN union unión; mutuelle, mutualité mutualidad; association asociación; compagnonnage gremio.

syndicataire *m* sindicado.

syndiqué, e *adj & s* sindicado, da.

syndiquer [3] *v tr* sindicar.
➥ **se syndiquer** *v pr* sindicarse, afiliarse a un sindicato.

syndrome *m* MÉD síndrome.

synecdoque *f* sinécdoque.

synérèse *f* GRAMM sinéresis.

synergie *f* sinergia.

synergique *adj* sinérgico, ca.

synesthésie *f* sinestesia.

synodal, e *adj* sinodal.

synode *m* sínodo.

synodique *adj* ASTRON & RELIG sinódico, ca.

synonyme *adj & s m* sinónimo, ma.

synonymie *f* sinonimia.

synonymique *adj* sinonímico, ca.

synopsis [sinɔpsis] *f* sinopsis.
◇ *m* CINÉM guión.

synoptique *adj* sinóptico, ca; **tableau synoptique** cuadro sinóptico.

synovial, e *adj* ANAT sinovial.
◇ *adj & s f* bourse synoviale, synoviale cápsula sinovial ou articular.

synovie *f* sinovia ▌épanchement de synovie derrame sinovial.

synovite *f* MÉD sinovitis.

syntactique [sētaktik]; **syntaxique** [sētaksik] *adj & s f* GRAMM sintáctico, ca.

syntagme *m* sintagma.

syntaxe *f* GRAMM sintaxis.

syntaxique ➤ **syntactique**.

synthé *m* FAM sintetizador.

synthèse *f* síntesis; faire la synthèse de hacer la síntesis de.

synthétique *adj* sintético, ca.

synthétiquement *adv* sintéticamente.

synthétiser [3] *v tr* sintetizar.

synthétiseur *m* MUS sintetizador.

syntonie *f* ÉLECTR sintonía.

syntonisation *f* sintonización.

syntoniser [3] *v tr* sintonizar.

syphilide *f* MÉD sifílide.

syphilis [sifilis] *f* MÉD sífilis.

syphilitique *adj & s* MÉD sifilítico, ca.

Syracuse *n pr* GÉOGR Siracusa.

syriaque *adj* siriaco, ca.
◇ *m* LING siriaco.

Syrie *n pr f* GÉOGR la Syrie Siria.

syrien, enne *adj* sirio, ria; siriaco, ca (de Syrie).

Syrien, enne *m & f* sirio, ria; siriaco, ca.

systématique *adj & s f* sistemático, ca.

systématiquement *adv* sistemáticamente, por sistema.

systématisation *f* sistematización.

systématiser [3] *v tr* sistematizar.

système *m* sistema; système nerveux sistema nervioso; système métrique sistema métrico ■ AUTOM système ABS sistema ABS (freins) ▌FAM système D [abr de débrouillard] receta *f* casera ▌système décimal sistema decimal ▌système solaire sistema solar ▌INFORM système de gestion de base de données sistema de gestión de base de datos ▌système de numération sistema numérico▌système de traitement des données sistema de tratamiento de datos ▌système d'exploitation sistema operativo ▌système expert sistema experto ■ par système por sistema, de propósito deliberado ■ FAM taper sur le système quemar la sangre.

systole *f* ANAT sístole.

systyle *adj & s m* ARCHIT sístilo.

syzygie [siziʒi] *f* ASTRON sicigia.

T

t; T *m* t *f.*

> **OBSERV** En medio de dicción, seguida de una i y otra vocal que no sea e cerrada o abierta, se pronuncia la t como la s española: patience [pasjɑ̃s]. Esta regla tiene algunas excepciones. La t final no se pronuncia salvo delante de las palabras que empiezan por vocal o h muda. Suena, sin embargo, aun delante de una consonante o h aspirada, en accessit, chut, but, scorbut, granit.

t. (abr écrite de **tome**) t.

T (abr écrite de **téra**) T ‖ (abr écrite de **tesla**) T.

ta *adj poss f* tu; ta cravate tu corbata.

TAA (abr de **trains autos accompagnées**) *m* tren con servicio de transporte de coches.

tabac *m* tabaco; tabac brun tabaco negro ‖ **FAM** estanco (bureau de tabac); passer devant le tabac pasar delante del estanco ■ tabac à chiquer tabaco de mascar ‖ tabac à priser tabaco en polvo ‖ tabac gris picadura ■ blague à tabac petaca ‖ bureau de tabac estanco, expendeduría de tabaco (nom officiel) ‖ **FIG** & **FAM** pot à tabac tapón de alberca, retaco, persona regordeta ■ du même tabac de la misma clase ■ **FAM** c'est le même tabac es lo mismo ‖ passer à tabac sacudir el polvo, zurrar la badana, dar una paliza.
◇ *adj inv* de color tabaco.
➤ **tabacs** *m pl* tabacalera *f sing* (administration des tabacs).

tabagie *f* (vx) fumadero *m* (lieu où l'on fume) ‖ lugar *m*, que huele a tabaco.

tabagisme *m* **MÉD** nicotismo, nicotinismo.

tabard; tabar [tabar] *m* tabardo (manteau).

tabarinade *m* bufonada *f*, payasada *f*, farsa *f.*

tabasser [3] *v tr* **FAM** sacudir el polvo, zurrar la badana, dar una tunda.

tabatière *f* tabaquera [caja para rapé] ‖ tragaluz *m* (fenêtre) ‖ fenêtre à tabatière lumbrera, buhardilla.

tabellaire *adj* impression tabellaire impresión con planchas grabadas.

tabellion *m* tabelión (p us), escribano ‖ **FAM** notario.

tabernacle *m* tabernáculo (chez les juifs) ‖ sagrario, tabernáculo (liturgie catholique).

tabès [tabɛs] *m* **MÉD** tabes *f*, ataxia *f* locomotriz.

tabétique *adj* & *s* enfermo, enferma de tabes.

tablature *f* tabladura (notation musicale) ‖ (vx) **FIG**; donner de la tablature marear, suscitar dificultades.

table *f* mesa (meuble) ‖ **FIG** comida, mesa, yantar *m* (p us); chez Durand la table est excellente en casa de Durand la comida es excelente ‖ comensales *m pl* (convives) ‖ placa (plaque) ‖ **GÉOGR** mesa, meseta ‖ **MATH** tabla (de multiplication, de logarithmes) ■ table à dessin tablero de dibujo, mesa de dibujante ‖ table basse mesa baja ‖ table de communion, sainte table comulgatorio, sagrada mesa ‖ table d'écoute puesto de escucha ‖ table de nuit ou de chevet mesilla de noche ‖ table de rotation mesa rotatoria ‖ table des matières índice (d'un livre) ‖ **MUS** table d'harmonie tabla de armonía ‖ table d'hôte mesa redonda (dans une pension de famille) ‖ **MÉD** table d'opération mesa de operaciones ‖ table d'orientation mapa de orientación ‖ **SPORTS** table finlandaise tabla finlandesa ‖ table ronde mesa redonda (débat) ‖ table roulante carrito ‖ tables de la loi tablas de la ley ‖ tables gigognes mesas de nido ‖ **INFORM** table traçante plotter, trazador de gráficos ■ à table! ¡a comer!, ¡a la mesa! ■ aimer la table gustarle a uno la buena comida ‖ desservir la table quitar la mesa ‖ dresser ou mettre la table poner la mesa ‖ faire table rase hacer tabla rasa ‖ mettre quelqu'un sur table d'écoute poner a alguien bajo escucha telefónica ‖ se mettre à table sentarse en la mesa (pour manger), confesar, cantar de plano (avouer) ‖ sortir de table, quitter la table, se lever de table levantarse de la mesa ‖ tenir table ouverte tener mesa franca ‖ traîner à table quedarse de sobremesa.

tableau *m* [▷ **SYN**] cuadro (peinture); un tableau de Goya un cuadro de Goya ‖ cuadro (de contrôle) ‖ cuadro, tabla *f* (historique, chronologique) ‖ **FIG** cuadro, descripción *f*, panorama ‖ tablero, encerado, pizarra *f* (dans les écoles) ‖ paño (cartes) ‖ **THÉÂTR** cuadro ■ tableau d'affichage tablón ou tablilla de anuncios (pour annoncer), marcador (sports) ‖ **MAR** tableau arrière espejo de popa ‖ tableau d'avancement lista de ascenso, escalafón (du personnel) ‖ tableau de bord salpicadero, tablero de mandos (automobile), tablero ou cuadro de instrumentos (avion) ‖ tableau de chasse piezas cobradas ‖ tableau de l'effectif plantilla ‖ tableau de maître obra maestra ‖ tableau d'honneur cuadro de honor ‖ tableau horaire indicador de horarios (trains) ‖ tableau vivant cuadro viviente ■ **FAM** vieux tableau vejestorio, vieja pelleja ‖ quel tableau! ¡vaya un cuadro!, ¡qué espectáculo! ‖ jouer ou miser sur les deux tableaux jugar a

dos paños ‖ **FAM** vous voyez d'ici le tableau! ¡imagínese qué escena!

> **SYN** toile lienzo; peinture pintura; pochade boceto; esquisse esbozo; **FAM** croûte mamarracho.

tableautin *m* cuadrito.

tablée *f* conjunto *m* de comensales.

tabler [3] *v intr* contar con; tabler sur quelque chose contar con algo.

tabletier, ère *m* & *f* fabricante ou vendedor de piezas de ajedrez, damas, etc.

tablette *f* tabla, anaquel *m*, entrepaño *m* (rayon) ‖ antepecho (d'un balcon), alféizar (d'une fenêtre) ‖ repisa (d'une cheminée, de salle de bains, de radiateur) ‖ tableta, pastilla (d'un médicament, de chocolat).
➤ **tablettes** *f pl* **HIST** tablillas (pour écrire) ■ **FIG** & **FAM** mettez cela sur vos tablettes métaselo en la cabeza, tome buena nota de eso ‖ rayer quelque chose de ses tablettes borrar algo de la lista, no contar más con algo.

tableur *m* **INFORM** hoja *f* de cálculo ou electrónica.

tablier [tablije] *m* delantal, mandil (pour préserver les vêtements), babero, baby (d'enfant) ‖ tablero (d'échecs, de dames) ‖ tablero, piso (d'un pont) ‖ cortina *f*, pantalla *f* (d'une cheminée) ‖ salpicadero (de voiture) ■ **FAM** rendre son tablier devolver los trastos, tomar el portante.

tabloïd; tabloïde *adj* de formato pequeño.
◇ *m* tabloide.

tabor *m* tabor (bataillon de tirailleurs marocains).

Tabor ➤ **Thabor.**

tabou *adj* tabú, sagrado, da.
◇ *m* tabú (objet sacré).

taboulé *m* plato libanés elaborado con sémola de trigo, cebolla y tomate picado.

tabouret [taburɛ] *m* taburete, banqueta *f* (siège) ‖ escabel, tarima *f* (pour les pieds).

Tabriz *n pr* **GÉOGR** Tabrīz, Tabriz.

tabulaire *adj* tabular.

tabulateur *m* tabulador.

tabulatrice *f* **TECHN** tabuladora.

tac *m* tac, zas (coup, bruit sec) ‖ **FIG** répondre ou riposter du tac au tac responder inmediatamente en los mismos términos.

TAC (abr de **train auto-couchettes**) *m* expreso con servicio de transporte de coches.

tacaud [tako] *m* gado (poisson).

tacet [tasɛt] *m* MUS silencio, pausa *f*.

tache *f* [▷ SYN] mancha ‖ FIG tacha, defecto *m*; une vie sans tache una vida sin tacha ■ tache de vin antojo (sur la peau) ‖ taches de rousseur pecas ■ FIG faire tache desentonar (dans une réunion) ‖ faire tache d'huile extenderse como mancha de aceite (une nouvelle).

‖ SYN souillure mancha, mancilla; macule mácula; bavure tinta, corrida; pâté borrón.

tâche *f* tarea, labor ■ tâche répétitive tarea repetitiva ‖ tâches ménagères quehaceres domésticos ■ à la tâche a destajo ‖ mourir à la tâche morir con las botas puestas, al pie del cañón ‖ FIG prendre à tâche de poner empeño en, esforzarse en ‖ remplir sa tâche cumplir su cometido ‖ se tuer à la tâche matarse trabajando.

tachéomètre [takeɔmɛtr] *m* taquímetro (topographie).

tachéométrie [takeɔmɛtri] *f* taquimetría.

tacher [3] *v tr* manchar ‖ FIG mancillar, manchar, macular.

tâcher [3] *v intr* tratar de, hacer por, procurar; il tâche de se faire connaître trata de darse a conocer.

tâcheron *m* destajista, obrero a destajo.

tacheté, e *adj* tacheté de moteado de.

tacheter [27] *v tr* motear, salpicar de manchas.

tachisme *m* tachismo (peinture).

tachiste *m & f* tachista (peintre).

tachycardie [takikardi] *f* taquicardia.

tachygraphie [takigrafi] *f* (p us) taquigrafía (sténographie).

tachygraphique [takigrafik] *adj* (p us) taquigráfico, ca.

tachymètre [takimɛtr] *m* TECHN tacómetro ‖ AUTOM cuentarrevoluciones.

tacite *adj* tácito, ta.

Tacite *n pr* Tácito.

tacitement *adv* tácitamente.

taciturne *adj* taciturno, na.

taciturnité *f* taciturnidad.

tacon *m* esguín (jeune saumon).

tacot [tako] *m* FAM cacharro, cafetera *f* (vieux véhicule).

tact [takt] *m* [▷ SYN] tacto (sensation) ‖ FIG tacto, discreción *f*; manque de tact falta de tacto; avoir du tact tener tacto.

‖ SYN toucher tacto; attouchement toque; contact contacto.

tacticien *m* táctico.

tactile *adj* táctil.

tactique *adj* táctico, ca; l'emploi tactique des avions el uso táctico de los aviones.

◇ *f* táctica; tactique navale táctica naval.

tactiquement *adv* en términos de táctica.

tactisme *m* tactismo, tropismo.

tadjik [tadʒik] *adj* tayik.

Tadjik *m & f* tayik.

Tadjikistan *n pr m* GÉOGR le Tadjikistan Tadzhikistán, Tadzhikia, Tayikistán.

Tadj Mahall; Taj Mahal *n pr m* Tây Mahall, Tãj Mahal, Taj Mahal.

tadorne *m* lavanco, ánade silvestre (oiseau).

tael [taɛl] *m* tael (monnaie chinoise).

tænia [tenja] *m* tenia *f*, solitaria *f*.

taffe *f* FAM fumada.

taffetas [tafta] *m* tafetán.

tafia *m* tafia *f*, aguardiente de caña.

tag *m* pintada *f*, graffiti.

tagal *m* LING tagalo ‖ cáñamo de Manila, abacá.

Tage *n pr m* GÉOGR le Tage el Tajo.

tagète *m* clavelón (œillet d'Inde).

tagine ➤ **tajine**.

tagliatelles *f pl* tallarines *m pl*.

taguer [3] *v tr* hacer pintadas ou graffitis en.

tagueur, euse [tagœr, øz] *m & f* autor, ra de pintadas, graffitero, ra.

Tahiti *n pr* GÉOGR Tahití.

tahitien, enne *adj* tahitiano, na.

◆ **tahitien** *m* LING tahitiano.

Tahitien, enne *m & f* tahitiano, na.

taïaut!; tayaut! [tajo] *interj* (vieilli) ¡hala! [grito del cazador para lanzar los perros a la caza].

Taibei ➤ **Taipei**.

taie [tɛ] *f* funda [de almohada] ‖ MÉD nube, mancha en la córnea.

taïga *f* taiga (forêt).

taillable [tajabl] *adj & s* pechero, ra (sujet à l'impôt de la taille).

taillade [tajad] *f* tajo *m*, sajadura, cortadura (dans la chair) ‖ cuchillada, abertura (dans une étoffe).

taillader [3] [tajade] *v tr* acuchillar, hacer cortaduras en (la chair) ‖ acuchillar (une étoffe).

taillage [tajaʒ] *m* corte, labra *f* (d'un engrenage).

taillanderie [tajãdri] *f* cuchillería, herrería de corte.

taillandier *m* cuchillero, herrero de corte.

taillant [tajã] *m* filo, corte.

taille [taj] *f* corte *m* (action de tailler) ‖ filo *m*, corte *m* (tranchant) ‖ talla, estatura (stature) ‖ tamaño *m*; animaux de grande taille animales de gran tamaño ‖ dimensión, extensión (grandeur); la taille d'un pays las dimensiones de un país ‖ talle *m*, cintura (partie du corps); avoir une taille de guêpe tener una cintura de avispa ‖ talla, número *m*, medida (d'un vêtement) ‖ talla, pecho *m* (impôt sur les roturiers) ‖ talla (gravure du diamant) ‖ tarja (pour les ventes à crédit) ‖ juego *m* (au baccara) ‖ AGRIC poda, tala (des arbres) ‖ MÉD litotomía, cistotomía, talla (opération de la vessie) ■ taille de pierres labra de piedras ‖ taille fine, taille bien prise talle esbelto ■ basse taille bajo profundo (voix) ‖ pierre de taille sillar ■ de taille enorme, inmenso ‖ en taille a cuerpo gentil (sans manteau) ‖ par rang de taille por orden de estatura ■ être de taille à ser capaz de, tener talla para, ser de talla para.

taillé, e [taje] *adj* tallado, da; cortado, da (coupé) ‖ taillé en pointe tallado en punta, afilado ‖ listo, ta; preparado, da; presto, ta (préparé) ‖ hecho para, propio para, idóneo (fait pour) ‖ hecho, cha; un homme bien taillé

un hombre bien hecho ‖ tajado, da (blason) ‖ FIG proporcionado, da ■ taillés sur le même patron cortados por el mismo patrón ■ être taillé pour tener disposición para, ser capaz de, tener talla para.

taille-crayon *m* sacapuntas.

▨ OBSERV pl taille-crayon o taille-crayons.

taille-douce *f* TECHN grabado *m* en dulce.

▨ OBSERV pl tailles-douces.

taille-mer *m inv* tajamar (de navire).

taille-ongles [tajɔ̃gl] *m inv* cortaúñas.

tailler [3] [taje] *v tr* cortar ‖ podar, talar (les arbres) ‖ afilar, sacar punta (un crayon) ‖ tajar (une plume) ‖ tallar, labrar (la pierre, les diamants) ‖ cortar, arreglar (façonner) ‖ ser banquero, tallar (au baccara) ‖ MÉD hacer la operación de la talla ou litotomía ‖ HIST gravar con impuestos ■ tailler dans le vif cortar en carne viva ‖ tailler en pièces destrozar, hacer trizas ‖ tailler la soupe cortar pan para la sopa ‖ FAM tailler une bavette echar un párrafo, charlar.

◆ **se tailler** *v pr* FAM largarse, pirárselas (partir) ■ se tailler une place de choix obtener una situación envidiable ‖ se tailler un succès lograr un éxito.

taillerie [tajri] *f* talla (des pierres fines) ‖ taller *m* de diamantista.

tailleur [tajœr] *m* cantero (de pierres) ‖ sastre (couture) ‖ traje sastre ou de chaqueta, sastre (costume tailleur) ‖ tailleur pour dames modista ‖ assis en tailleur sentado con las piernas cruzadas.

▨ OBSERV Le barbarisme modisto est assez répandu pour traduire tailleur pour dames.

tailleur-pantalon *m* traje pantalón.

▨ OBSERV pl tailleurs-pantalons.

taillis [taji] *m* bosquecillo, monte bajo.

◇ *adj* tallar; bois taillis monte tallar.

tailloir [tajwar] *m* ARCHIT ábaco ‖ tajo (pour couper la viande).

tain *m* azogue (amalgame appliqué à une glace).

Taipei; Taibei; T'ai-pei *n pr* GÉOGR Taibei, T'ai-pei, Tapei, Taipeh.

taire [111] *v tr* [▷ SYN] callar ‖ faire taire mandar callar, acallar, imponer silencio.

◆ **se taire** *v pr* callarse ■ se taire sur ou de no decir nada de ‖ taisez-vous! ¡cállese!, ¡cállense! (pluriel) ‖ tais-toi! ¡cállate!

▨ OBSERV El participio pasado de se taire concuerda siempre con el sujeto: elles se sont tues, ils se sont tus.

‖ SYN cacher ocultar; celer celar, ocultar; dissimuler disimular; voiler velar.

Taïwan; Taiwan *n pr* GÉOGR Taiwan.

tajine; tagine *m* estofado de carne o de verduras servido en un cuenco con tapa cónica típica del norte de África.

Taj Mahal ➤ **Tadj Mahall**.

talapoin *m* sacerdote budista siamés.

talc [talk] *m* talco.

taled [taled] *m* taled.

talent [talɑ̃] *m* talento (monnaie, poids) ‖ talento (aptitude) ■ un peintre de talent un pintor de valor ■ avoir du talent tener talento ‖ forcer son talent pasarse de la raya.

talentueux, euse *adj* FAM talentoso, sa; talentudo, da.

taler [3] *v tr* golpear (meurtrir les fruits).

taleth [talɛt] *m* taled (voile des juifs).

talion *m* talión; **loi du talion** ley del talión.

talisman *m* talismán.

talismanique *adj* talismánico, ca.

talitre *m* ZOOL pulga *f* de mar.

talkie-walkie [tɔkiwɔki] *m* walkie-talkie.

tallage *m* BOT amacollamiento.

talle *f* BOT retoño *m*, vástago *m*.

taller [3] *v intr* BOT retoñar.

tallipot *m* BOT burí.

talmouse *f* (vx) quesadilla, pastel *m* de hojaldre (pâtisserie) ▌ FAM (vx) sopapo *m*, soplamocos *m* (gifle).

Talmud [talmyd] *n pr m* Talmud.

talmudique *adj* talmúdico, ca.

talmudiste *m & f* talmudista.

taloche *f* FAM pescozón *m*, capón *m*, capirotazo *m* (coup sur la tête) ▌llana, esparavel *m* (de maçon).

talocher [3] *v tr* FAM dar un pescozón.

talon *m* talón (du pied, d'un bas) ▌ tacón (d'une chaussure) ▌ pulpejo (des chevaux) ▌ extremidad *f* (d'un pain) ▌montón, paquete (aux cartes) ▌talón (d'un pneumatique) ▌maza *f* (billard) ▌cazoleta *f* (d'une pipe) ▌matriz *f* (d'un carnet) ▌ ARCHIT talón (moulure) ▌ MAR talón (extrémité postérieure de la quille) ▌ MUS talón del arco ▌ **talon d'Achille** talón de Aquiles ▌**talon de chèque** matriz de un cheque ▌**talon de collier** aguja (boucherie) ▌ HIST **talon rouge** cortesano ▌**talons aiguilles** tacones de aguja ▌**talons plats** tacones planos ■ **assis sur les talons** en cuclillas ▌**avoir l'estomac dans les talons** tener el estómago en los pies, ladrarle a uno el estómago ▌**être toujours aux talons** ou **sur les talons de quelqu'un** estar pegado a los talones de uno ▌**marcher sur les talons de quelqu'un** seguir de cerca a uno, pisarle a uno los talones ▌ FIG **montrer les talons** echarse a correr, irse ▌**tourner les talons** volver las espaldas, dar media vuelta.

talonnage *m* talonaje, envío del balón hacia atrás (rugby).

talonner [3] *v tr* seguir de cerca, pisar los talones ▌espolear, picar con la espuela (un cheval) ▌ FIG acosar, acuciar, hostigar, perseguir (presser vivement) ▌talonar, enviar (el balón) hacia atrás (rugby).
◇ *v intr* dar con el fondo el talón de un barco.

talonnette *f* talón *m* reforzado (bas, chaussette) ▌ talonera, refuerzo *m* en los bajos (pantalon) ▌plantilla, talonera (à l'intérieur de la chaussure).

talonneur *m* talonador (rugby).

talonnières *f pl* talares *m* (ailes de Mercure).

talpack *m* especie de ros [de la caballería francesa del siglo XIX].

talquer [3] *v tr* espolvorear con talco.

talqueux, euse *adj* talcoso, sa.

talus [taly] *m* [▷ SYN] talud, declive ▌ MIL escarpa *f* ■ **talus de déblai** talud de excavación ▌**talus de remblai** terraplén ■ **tailler** ou **couper en talus** cortar oblicuamente ou al sesgo.

▌ SYN **remblai** terraplén; **glacis** glacis.

talweg; thalweg [talvɛg] *m* vaguada *f*.

tamandua *m* tamanduá (mammifère).

Tamanghasset ➣ **Tamanrasset**.

tamanoir *m* oso hormiguero (grand fourmilier).

Tamanrasset; Tamanghasset *n pr* GÉOGR Tamanrasset.

tamarin *m* tamarindo (arbre et fruit) ▌ tití (singe).

tamarinier *m* tamarindo (arbre).

tamaris [tamaris] *m* taray, tamariz, tamarisco (arbre).

tambouille [tābuj] *f* FAM guisote *m* ▌**faire la tambouille** guisar.

tambour *m* [▷ SYN] tambor; **battre le tambour** tocar el tambor; **être le tambour du régiment** ser tambor del regimiento ▌cancel (à l'entrée d'un édifice) ▌bastidor, tambor (pour broder) ▌ ARCHIT tambor (d'une colonne, d'une coupole) ▌ TECHN tambor (de frein, de machine à laver), cilindro (de treuil) ■ **tambour de basque** pandero, pandereta ■ **sans tambour ni trompette** sin bombos ni platillos ▌ INFORM **tambour magnétique** tambor magnético ■ FIG & FAM **mener tambour battant** llevar a la baqueta (quelqu'un), llevar a buen paso (quelque chose).

▌ SYN **tambourin** tamboril; **timbale** timbal; **tam-tam** tam-tam, tantán.

tambourin *m* tamboril, pandereta *f*.

tambourinage; tambourinement *m* tamborileo.

tambourinaire *m* tamborilero (en Provence).

tambourinement ➣ **tambourinage**.

tambouriner [3] *v intr* tamborilear (avec les doigts) ▌repiquetear; **la pluie tambourinait sur le toit** la lluvia repiqueteaba en el tejado ▌tocar el tambor (battre du tambour).
◇ *v tr* tocar con el tambor ▌anunciar al son del tambor ▌ pregonar, anunciar a bombo y platillo.

tambourineur *m* tamborilero.

tambour-major *m* tambor mayor.
▌ OBSERV pl tambours-majors.

Tamerlan *n pr* Tīmūr Lang, Tamerlán.

tamier *m* BOT nueza *f* negra.

tamil ➣ **tamoul**.

tamis [tami] *m* tamiz, cedazo; **tamis vibrant** tamiz vibratorio ▌ FIG **passer au tamis** cribar, pasar por la criba.

tamisage *m* cernido, cribado, tamizado.

Tamise *n pr f* GÉOGR **la Tamise** el Támesis.

tamisé, e *adj* tamizado, da (lumière).

tamiser [3] *v tr & intr* [▷ SYN] tamizar, cerner ▌tamizar, dejar pasar (laisser passer).
▌ SYN **cribler** cribar; **sasser** cerner; **vanner** ahechar, cribar; **bluter** cerner.

tamiseur, euse *adj & s* cernedor, ra.
➣ **tamiseuse** *f* TECHN cernedor *m*.

tamoul; tamil *m* LING tamil.

tamoul, e *adj* tamil.

Tamoul, e *m & f* tamil.

tampico *m* ixtle, pita *f* (agave).

tampon *m* tapón (bouchon) ▌ tampón, almohadilla *f* (pour encrer) ▌ tampón, sello

---

(cachet) ▌matasellos (de la poste) ▌muñequilla *f*, muñeca *f* (pour frotter ou imprégner) ▌tope (chemin de fer) ▌tapaboca (d'un canon) ▌taco (cheville) ▌tapadera *f* (d'un égout, d'un puisard) ▌ FIG amortiguador, tapón ▌ MÉD tapón (pour pansement) ▌ (vx) MIL asistente, ordenanza ■ **tampon à récurer** estropajo ▌**tampon hygiénique** ou **périodique** tampón higiénico ■ FAM **coup de tampon** porrazo, trompazo ▌ **État tampon** Estado tapón ▌ INFORM **mémoire tampon** memoria intermedia, buffer, memoria tampón ■ **servir de tampon** amortiguar los golpes.

tamponnement *m* choque, topetazo (de deux trains) ▌ MÉD taponamiento.

tamponner [3] *v tr* taponar (boucher) ▌dar con la muñequilla (un meuble) ▌ topar (des trains) ▌ poner un taco (dans un mur) ▌ sellar (apposer un cachet).
➣ **se tamponner** *v pr* chocar (deux véhicules).

tamponneur, euse *adj* que choca ▌ **auto tamponneuse** auto de choque.

tamponnoir *m* taladro, cortafrío (outil).

tam-tam [tamtam] *m* gong, batintín ▌tantán, tam-tam (en Afrique) ▌ FAM publicidad *f*, bombo (publicité); **faire beaucoup de tam-tam** dar mucho bombo ▌escándalo (vacarme).
▌ OBSERV pl tam-tams.

tan [tā] *m* casca *f*, corteza *f* de la encina (pour le tannage des peaux).

tanaisie *f* tanaceto *m* (plante).

Tananarive *n pr* HIST Tananarive (ancien nom d'Antananarivo).

tancer [16] *v tr* reprender, increpar.

tanche *f* tenca (poisson).

Tancrède *n pr* Tancredo.

tandem [tādɛm] *m* tándem.

tandis [tādi] ou [tādis] *adv* (vx) mientras ▌**tandis que** mientras que.

tangage *m* MAR cabeceo.

Tanganyika *n pr* GÉOGR **le lac Tanganyika** el lago Tanganyika.

tangara *m* tanagra *f*, tangará (oiseau).

tangence *f* GÉOM tangencia.

tangent, e *adj* tangente ▌ FAM por los pelos, justo.

tangente *f* GÉOM tangente ▌ ARG SCOL (vx) bedel *m* (appariteur de faculté) ▌ FIG & FAM **s'échapper par** ou **prendre la tangente** salirse por la tangente.

tangentiel, elle *adj* tangencial ▌PHYS **accélération tangentielle** aceleración tangencial.

Tanger *n pr* GÉOGR Tánger.

tangibilité *f* tangibilidad.

tangible *adj* tangible.

tangiblement *adv* LITT de manera tangible.

tango *m* tango (danse).
◇ *adj inv* color anaranjado (couleur orangée).

tangon *m* MAR tangón, botalón.

tangue *f* limo *m*, cieno *m* marino.

tanguer [3] *v intr* MAR cabecear, arfar ▌bambolearse (vaciller).

tanguière *f* ciénaga marina.

tanière *f* guarida, cubil *m*, madriguera (des animaux) ∥ cuchitril *m* (taudis).

tanin ➤ tannin.

taniser ➤ tanniser.

tank [tɑ̃k] *m* tanque, carro de combate (char de combat) ∥ depósito, tanque (réservoir).

tanker *m* MAR petrolero.

tannage *m* curtido, curtimiento (du cuir).

tannant, e *adj* curtiente ∥ FIG & FAM cargante, pesado, da (ennuyeux).

tanne *f* barro *m*, barrillo *m* (dans les pores de la peau).

tanné, e *adj* curtido, da (cuirs) ∥ bronceado, da; tostado, da; curtido, da (peau humaine).
➤ **tanné** *m* color bronceado.

tannée *f* casca (pour tannage) ∥ FAM zurra, paliza, palizón *m*, tunda, manta de palos.

tanner [3] *v tr* curtir, zurrar (les cuirs) ∥ FIG & FAM dar la lata, cargar, molestar ∥ FAM zurrar, pegar ∥ tanner le cuir zurrar la badana.

tannerie *f* curtiduría, tenería.

tanneur *adj & s m* curtidor.

tannin; tanin *m* tanino.

tannique *adj* tánico, ca.

tanniser; taniser [3] *v tr* echar tanino en (un vin) ∥ echar casca a (une poudre ou un liquide).

tanrec [tɑ̃rɛk] *m* ZOOL tanrec.

tan-sad [tɑ̃sad] *m* sillín para el pasajero (d'une motocyclette).

tant *adv* tanto, ta; tantos, tas; il a tant d'argent tiene tanto dinero; j'ai tant d'amies tengo tantas amigas ∥ tanto, hasta tal punto; il a tant mangé ha comido tanto ∥ de tan, de, por lo; je ne pouvais dormir tant j'étais soucieux no podía dormir de tan preocupado como estaba ou de preocupado que estaba ou por lo preocupado que estaba ∥ tant bien que mal mal que bien, más o menos bien ∥ tant et plus muchísimo, tanto y más ∥ tant mieux tanto mejor, mejor que mejor, mejor ∥ tant pis! ¡tanto peor!, ¡qué le vamos a hacer! ∥ tant pour cent tanto por ciento ∥ tant qu'à faire de camino, de paso; je dois aller à Rouen et tant qu'à faire j'irai voir ma famille tengo que ir a Ruán y de camino iré a ver a mi familia ∥ tant que mientras; tant qu'il pleuvra je ne sortirai pas mientras llueva no saldré; hasta donde; tant que la vue peut s'étendre hasta donde alcanza la vista; tanto como, todo el tiempo que; garde-le tant que tu voudras quédatelo todo el tiempo que quieras; tanto que; il pleura tant qu'il s'endormit lloró tanto que se durmió ∥ tant... que tanto... como; tant ici qu'ailleurs tanto aquí como en otra parte ∥ tant s'en faut ni con mucho, ni con mucho menos ∥ tant soit peu, un tant soit peu un tanto, algo, por poco que sea ■ en tant que como, en calidad de ■ comme il y en a tant como hay tantos ∥ si tant est que suponiendo que, si es cierto que, si es que ∥ tous tant que nous sommes nosotros todos.

tantale *m* tantalio (métal) ∥ tántalo (oiseau).

Tantale *n pr* MYTH Tántalo; supplice de Tantale suplicio de Tántalo.

tante *f* tía; grand-tante tía abuela ∥ VULG marica *m*, mariquita (pédéraste) ■ tante à la mode de Bretagne tía segunda ■ FAM (vieilli) chez ma tante en Peñaranda, en el Monte de Piedad.

tantième *adj* enésimo, ma; la tantième partie d'un tout la enésima parte de un todo.
◇ *m* tanto por ciento, porcentaje, tanto, parte *f* proporcional (pourcentage).

tantine *f* FAM tita.

tantinet [tɑ̃tinɛ] *m* poquito, pizca *f*; un tantinet de sucre una pizca de azúcar ∥ un tantinet algo, un poco; il est un tantinet malin es un poco malicioso.

tantôt [tɑ̃to] *adv* luego, dentro de poco; je vous verrai tantôt le veré luego ∥ hace poco, hace un rato, antes (avant); je suis venu tantôt vine hace un rato ∥ por la tarde (l'après-midi); je reviendrai tantôt volveré por la tarde ■ tantôt... tantôt tan pronto... como, tan pronto... tan pronto, ya... ya, unas veces... otras veces, ora... ora; tantôt il est d'un avis, tantôt d'un autre unas veces es de un parecer, otras de otro ■ à tantôt hasta pronto, hasta luego (à bientôt), hasta la tarde (à cet après-midi).

Tanzanie *n pr f* GÉOGR la Tanzanie Tanzania.

TAO (abr de traduction assistée par ordinateur) *f* TAO.

taoïsme *m* taoísmo.

taoïste *adj & s* taoísta.

taon [tɑ̃] *m* tábano, tabarro.

tapage *m* [▷ SYN] alboroto, jaleo ∥ FIG ruido, escándalo ∥ FAM sablazo (emprunt) ■ tapage nocturne escándalo nocturno ■ cette nouvelle fera du tapage esta noticia dará mucho que hablar ■ faire du tapage alborotar, armar jaleo.

> SYN tintamarre batahola, estruendo; **bruit** ruido; **fracas** estrépito; **vacarme** tumulto; FAM **boucan** bochinche; **charivari** jaleo, cencerrada; **rumeur** rumor; **brouhaha** algazara, guirigay; **tam-tam** publicidad, bombo; FAM **sérénade** serenata; FAM **pétard** gresca; **potin** barahúnda; FAM **raffut** algazara, bochinche.

tapager [17] *v intr* hacer ruido, alborotar.

tapageur, euse *adj & s* alborotador, ra; ruidoso, sa.
◇ *adj* FIG llamativo, va; chillón, ona (criard) ∥ escandaloso, sa (qui fait scandale) ∥ publicité tapageuse publicidad a bombo y platillos.

tapageusement *adv* con alboroto, escandalosamente.

tapant, e *adj* FAM en punto; midi tapant las doce en punto.

tape *f* palmada, cachete *m*, sopapo *m* (gifle) ∥ tapón *m* (bouchon) ∥ mandilete *m*, tapabocas *m* (du canon).

tapé, e *adj* mecanografiado, da (dactylographié) ∥ FIG & FAM chiflado, da; tocado, da (fou) ∥ bien hecho, bien dicho, oportuno, na; fetén, de primera; réponse bien tapée contestación oportuna.

tape-à-l'œil [tapalœj] *adj inv* FAM llamativo, va; vistoso, sa.
◇ *m inv* camelo, farfolla *f*, bambolla *f*.

tapecul; tape-cul [tapky] *m* tílburi [de dos asientos] ∥ cacharro, carraca *f* (vieille voiture) ∥ balancín (balançoire) ∥ MAR ala *f* de cangreja (voile).

□ OBSERV pl tapeculs; tape-culs.

tapée *f* FAM porrada, la mar de, gran cantidad; une tapée d'enfants la mar de niños.

tapement *m* (p us) golpe, porrazo, choque.

tapenade *f* condimento a base de aceitunas negras, alcaparras, anchoas molidas con zumo de limón y aceite de oliva.

taper [3] *v tr* pegar, dar un cachete, dar un sopapo (battre) ∥ dar; taper deux coups à la porte dar dos golpes en la puerta ∥ golpear, dar golpes; taper un enfant avec un balai golpear a un niño con una escoba ∥ FAM dar un sablazo, sablear, sacar (emprunter de l'argent); taper quelqu'un de 10 francs sacarle a alguien 10 francos ∥ mecanografiar, escribir a máquina (dactylographier) ∥ aporrear, tocar (sur le piano).
◇ *v intr* subirse a la cabeza (le vin) ∥ pegar, apretar; le soleil tape dur el sol pega fuerte ∥ taper à côté fallar el golpe ∥ taper à la machine escribir a máquina ∥ taper dans les réserves echar mano a las reservas ∥ taper dans le tas escoger a bulto ou al buen tuntún ∥ taper dans l'œil entrar por los ojos (chose), hacer tilín, caer en gracia (personne) ∥ taper de golpear con ∥ taper du pied patear ∥ taper sur golpear ∥ taper sur l'épaule tocar ou dar una palmadita en el hombro ∥ taper sur les nerfs poner nervioso, crispar los nervios ∥ taper sur le ventre à quelqu'un tratar a alguien con mucha familiaridad ∥ taper sur quelqu'un poner como un trapo, criticar a alguien.
➤ **se taper** *v pr* FAM cargarse, chuparse (une corvée) ∥ FAM zamparse, soplarse (manger, boire) ■ FAM se taper dessus zurrarse la badana ∥ FAM se taper la cloche darse una comilona, llenarse el buche ∥ tu peux te taper espérate sentado ∥ FAM une histoire à se taper le derrière par terre una historia para desternillarse de risa.

tapette *f* golpecito *m*, palmadita, cachete *m* ∥ macillo *m* (outil) ∥ muñequilla de grabador ∥ VULG marica *m* (pédéraste) ∥ FAM parlanchín *m*, hablador *m* ∥ avoir une fière tapette gustarle mucho a uno el charloteo.

tapeur, euse *m & f* persona *f* aficionada a pegar, pegón, ona (frappeur) ∥ FAM sablista *m* (emprunteur).

tapin *m* MIL & FAM tambor (tambour et soldat).

tapinois
➤ **en tapinois** *loc adv* FAM a escondidas, a la chita callando, de tapadillo, de ocultis.

tapioca *m* tapioca *f* ∥ sopa *f* de tapioca.

tapir *m* tapir (mammifère).

tapir [32]
➤ **se tapir** *v pr* agazaparse, agacharse ∥ FIG encerrarse, retirarse.

tapis [tapi] *m* [▷ SYN] alfombra *f* (pour le parquet) ∥ tapete (pour un meuble) ∥ tapiz (tapisserie) ∥ paño, tapete (de billard) ∥ FAM lona *f* (boxe); envoyer au tapis hacer besar la lona ■ tapis de selle manta sudadera ∥ tapis de sol colchoneta dura ∥ tapis roulant transportador, cinta transportadora (para mercancías), pasillo rodante (para personas) ∥ tapis vert tapete verde (table de jeu) ■ aller au tapis besar la lona, caer derribado (en boxe) ∥ amuser le tapis divertir la concurrencia ∥ être sur le tapis, tenir quelqu'un sur le tapis estar sobre el tapete, ser objeto de la conversación ‖ mettre sur le tapis poner sobre el tapete (une question).

‖ SYN tapisserie tapiz; tenture colgadura; carpette alfombrilla; moquette moqueta.

tapis-brosse *m* felpudo.

‖ OBSERV pl tapis-brosses.

tapisser [3] *v tr* tapizar (les murs, les fauteuils) ‖ empapelar (mettre du papier sur les murs) ‖ adornar con colgaduras (orner de tentures) ‖ cubrir, revestir (une surface).

tapisserie *f* tapicería (pour les meubles) ‖ tapiz *m* (pour les murs) ‖ tapicería (art de tapisser) ‖ colgadura (tenture) ‖ empapelado *m* (papier) ■ tapisserie de haute, de basse lisse tapiz de alto, de bajo lizo ■ FIG faire tapisserie quedarse en el poyete, comer pavo (au bal).

tapissier, ère *m & f* tapicero, ra ‖ empapelador, ra (personne qui tapisse les murs).
➔ **tapissière** *f* (ancien) coche *m* abierto de mudanza ‖ (ancien) jardinera *f* (omnibus).

tapissier-décorateur *m* tapicero-decorador.

‖ OBSERV pl tapissiers-décorateurs.

tapon *m* rebujo (bouchon d'étoffe).

tapotage; tapotement *m* golpeteo ‖ FAM aporreamiento, aporreo (du piano).

tapoter [3] *v tr* golpetear, dar golpecitos ‖ tapoter au piano aporrear el piano.

taquage *m* IMPR igualado (des feuilles).

taque *f* MÉCAN taca (plaque de fonte).

taquer [3] *v tr* IMPR nivelar con el tamborilete (une forme), igualar (des feuilles).

taquet [takɛ] *m* taco, cuña ‖ estaca *f* (piquet de bois) ‖ uña *f* tope, taqué (d'un mécanisme) ‖ IMPR uña *f* ‖ MAR cornamusa *f* (pour amarrer) ‖ taquet de pont prensacabos.

taquin, e *adj & s* guasón, ona.

taquiner [3] *v tr* [▷ SYN] hacer rabiar, pinchar ‖ FIG inquietar ligeramente ‖ FIG & FAM taquiner la dame de pique tirar de la oreja a Jorge ‖ taquiner le goujon pescar con caña.

‖ SYN agacer provocar; impatienter impacientar; contrarier contrariar.

taquinerie *f* broma, pulla, guasa (action) ‖ guasa (caractère).

taquoir *m* tamborilete (de typographe).

tarabiscot [tarabisko] *m* avivador (moulure et outil).

tarabiscoté, e *adj* rococó (meuble) ‖ rocambolesco, ca (histoire).

tarabiscoter [3] *v tr* adornar con avivadores (moulures) ‖ FIG recargar, alambicar, rebuscar (orner).

tarabuster [3] *v tr* FAM molestar, dar la lata.

tarage *m* destara *f*.

tarama *m* CULIN "tarama" [especie de paté a base de huevos de pescado].

tarare! *interj* FAM ¡quia!, ¡ca! (marque l'incrédulité).

tarare *m* AGRIC aventadora *f*, tarara *f*.

tarasque *f* tarasca (animal monstrueux).

taratata! *interj* FAM ¡ni hablar!, ¡vamos anda!, ¡anda ya! (dédain).

taraud [taro] *m* TECHN terraja *f*, macho de aterrajar ou de roscar.

taraudage *m* aterrajado, roscado.

tarauder [3] *v tr* aterrajar (fileter) ‖ perforar (percer).

taraudeuse *f* aterrajadora, máquina de aterrajar.

tarbouch; tarbouche *m* fez con borla, tarbuch [gorro turco y griego].

tard [tar] *adv* tarde; mieux vaut tard que jamais más vale tarde que nunca ■ au plus tard lo más tarde, a más tardar ‖ tôt ou tard tarde o temprano.
◇ *m* anochecer, atardecer; sur le tard al anochecer ‖ FIG sur le tard en el ocaso de la vida.

tarder [3] *v intr* tardar; pourquoi avez-vous tant tardé? ¿por qué ha tardado usted tanto? ■ tarder à tardar en ■ il me tarde de espero con impaciencia, estoy impaciente por.

tardif, ive *adj* tardío, a.

tardigrade *adj & s m* ZOOL tardígrado, da.

tardillon, onne [tardijɔ̃, ɔn] *m & f* FAM hijo tardío, hija tardía.

tardivement *adv* tarde.

tardiveté *f* desarrollo *m* tardío (des plantes).

tare *f* tara (poids de l'emballage) ‖ defecto *m*, vicio *m* (du bétail) ‖ FIG tara, tacha, defecto *m* ‖ deterioro *m*, avería (perte de valeur) ‖ faire la tare equilibrar los platillos de una balanza.

taré, e *adj* averiado, da; deteriorado, da (marchandise) ‖ FIG viciado, da; corrompido, da (corrompu) ‖ tarado, da (qui a un défaut).

Tarente *n pr* GÉOGR Tarento.

tarentelle *f* tarantela (danse et musique).

tarentin, e *adj & s* tarentino, na.

tarentule *f* tarántula ‖ piqué ou mordu de la tarentule picado por la tarántula.

tarer [3] *v tr* destarar (emballage) ‖ deteriorar, estropear, causar merma ‖ FIG manchar, mancillar; tarer la réputation manchar la reputación.

taret [tarɛ] *m* taraza *f* (mollusque).

targe *f* tarja (bouclier).

targette *f* pestillo *m*, pasador *m*, colanilla.

targuer [3]
➔ **se targuer** *v pr* hacer alarde, jactarse.

targui, e *adj & s* targui (touareg).

targum [targɔm] *m* tárgum (Bible).

taricheute [tarikøt] *m* embalsamador egipcio.

tarière *f* taladro *m* (outil pour percer) ‖ ZOOL oviscapto *m*.

tarif [tarif] *m* tarifa *f*, lista *f* de precios (tableau des prix) ‖ arancel (droit de douane) ‖ voyager à plein tarif, à tarif réduit viajar con tarifa completa, con tarifa reducida.

tarifaire *adj* arancelario, ria.

tarifer [3] *v tr* tarifar.

tarification *f* fijación de tarifa.

tarin *m* verderón, chamariz (oiseau) ‖ FAM napias *f pl*, narizota *f* (nez).

tarir [32] *v tr* agotar, secar (mettre à sec) ‖ hacer cesar, parar (faire cesser) ‖ terminar ou acabar con (en finir avec).
◇ *v intr* agotarse, secarse; la source a tari tout à coup el manantial se ha agotado de

repente ‖ FIG cesar ou pararse ou parar de hablar; ne pas tarir sur un problème no parar de hablar de un problema ‖ ne pas tarir d'éloges sur hacerse lenguas de.

tarissable *adj* agotable.

tarissement *m* agotamiento, desecación *f* (d'une source) ‖ FIG agotamiento.

tarlatane *f* tarlatana (tissu).

tarmacadam *m* macadam alquitranado.

Tarn *n pr m* GÉOGR Tarn (département); dans le Tarn en Tarn ‖ le Tarn el Tarn (rivière).

Tarn-et-Garonne *n pr m* GÉOGR Tarn-et-Garonne; dans le Tarn-et-Garonne en Tarn-et-Garonne.

tarot [taro] *m* naipe [diferente de los ordinarios y a los que se atribuye poder adivinatorio].

taroté, e *adj* con el dorso rayado (cartes).

tarpan *m* tarpán (cheval sauvage d'Asie).

Tarpeia *n pr* MYTH Tarpeya.

Tarpéienne *n pr* roche Tarpéienne roca Tarpeya.

tarpon *m* tarpón (poisson).

Tarquin *n pr* Tarquino.

Tarraconaise *n pr* HIST la Tarraconaise Tarraconense.

Tarragone *n pr* GÉOGR Tarragona.

tarse *m* tarso.

tarsectomie *f* MÉD tarsectomía.

tarsien, enne *adj* ANAT del tarso.
➔ **tarsien** *m* ZOOL társido.

tarsier *m* tarsio (mammifère).

Tartan® *m* tartán, tela *f* escocesa.

tartane *f* tartana (bateau).

tartare *adj & s* tártaro, ra ‖ CULIN sauce tartare salsa tártara ‖ steak tartare bistec tártaro.

Tartares ➤ **Tatars**.

tartarin *m* fanfarrón, baladrón.

tarte *f* tarta (pâtisserie); tarte aux pommes tarta de manzana ‖ FAM guantada, tortazo *m*, torta (gifle) ‖ FIG & FAM tarte à la crème tópico.
◇ *adj* FAM cursi.

tartelette *f* tartita, pastelillo *m*.

Tartempion *m* Fulano.

tartiflette *f* tarta de patatas y queso de Saboya.

tartine *f* [▷ SYN] rebanada de pan con mantequilla, miel, mermelada, etc. ‖ FIG & FAM rollo *m*, escrito *m* ou discurso *m* pesado.

‖ SYN beurrée rebanada de pan con mantequilla; rôtie tostada (grillé); croûton cuscurro; toast tostada.

tartiner [3] *v tr* untar una rebanada de pan con mantequilla, miel o mermelada ‖ fromage à tartiner queso para untar.
◇ *v intr* FAM dar el rollo.

tartrate *m* CHIM tartrato.

tartre *m* tártaro (dépôt que laisse le vin) ‖ sarro (des dents) ‖ incrustación *f*, sarro (des chaudières, des canalisations, etc.) ‖ crème de tartre crémor tártaro.

tartré, e *adj* con tártaro.

tartreux, euse *adj* tartaroso, sa.

tartrique *adj* CHIM tártrico, ca.

tartufe; tartuffe _m_ tartufo, hipócrita, mojigato, ta.

tartuferie; tartufferie _f_ hipocresía, mojigatería.

Tartuffe; Tartufe _n pr_ Tartufo.

tartuffe ➡ **tartufe**.

tartufferie ➡ **tartuferie**.

tas [ta] _m_ montón, pila _f_ (monceau) **|** FIG & FAM partida _f_, banda _f_; **tas de paresseux** partida de holgazanes **|** la mar _f_, un montón; **un tas de choses à dire** la mar de cosas que contar **|** tas, yunque pequeño (petite enclume) **■** CONSTR **tas de charge** hilada **| tas de fumier** estercolero, montón de estiércol **■** **apprendre sur le tas** formarse en el puesto de trabajo **| grève sur le tas** huelga de brazos caídos **| taper dans le tas** dar palos de ciego (frapper au hasard), coger en el montón ou a bulto (prendre dans la masse).

Tasman _n pr_ GÉOGR **la mer de Tasman** el mar de Tasmania.

Tasmanie _n pr f_ GÉOGR **(la) Tasmanie** Tasmania.

tasmanien, enne _adj_ tasmanio, nia.

Tasmanien, enne _m & f_ tasmanio, nia.

Tass _n pr_ Tass (presse).

tasse _f_ taza **■** FAM **la grande tasse** el mar, el charco **| tasse à café** taza de café **| tasse à thé** taza de té **■** **boire la tasse** tragar agua (au cours d'une baignade) **| faire boire la tasse** dar una ahogadilla.

tassé, e _adj_ apretado, da; comprimido, da (serré) **|** encogido, da; achaparrado, da; **vieillard tassé** viejo encogido **|** FAM bien servido, da; cargado, da; **un whisky bien tassé** un whisky bien servido.

Tasse _n pr m_ **le Tasse** Tasso.

tasseau _m_ cuña _f_, calzo (cale de bois) **|** tas (enclume) **|** CONSTR punto de apoyo de un andamio.

tassement _m_ asiento, asentamiento (d'une construction) **|** apisonado, apisonamiento (de la terre).

tasser [3] _v tr_ apilar, amontonar (mettre en tas) **|** apisonar (aplatir) **|** apretujar, aplastar, comprimir (réduire de volume) **|** apiñar, amontonar (des personnes, des groupes). ◇ _v intr_ crecer (une plante). ➡ **se tasser** _v pr_ hundirse (s'affaisser) **|** achaparrarse (l'homme) **|** apretujarse, apiñarse, apretarse (se serrer) **|** FIG & FAM calmarse, arreglarse (une affaire).

tassette _f_ escarcela (d'armure).

tassili _m_ meseta (au Sahara).

taste-vin ➡ **tâte-vin**.

tata _f_ tita (langage enfantin).

Tatarie _n pr f_ GÉOGR **le détroit de Tatarie** el estrecho de Tartaria.

Tatars; Tatares; Tartares _n pr m pl_ Tátaros, Tártaros.

Tatarstan _n pr m_ GÉOGR **le Tatarstan** Tatarstán.

tâtement _m_ tiento (action de tâter).

tâter [3] _v tr_ tentar, tocar (toucher) **|** tantear, sondear; **tâter le terrain** tantear el terreno **|** FIG probar (essayer); **tâter d'un métier** probar un oficio **|** (vieilli) probar, gustar, catar (d'un

mets) **■** FIG **tâter le pavé** ir a tientas **| tâter le pouls** tomar el pulso. ➡ **se tâter** _v pr_ tentarse, palparse **|** reflexionar, pensarlo bien (réfléchir).

tâte-vin [tɑtvɛ̃]; **taste-vin** _m inv_ catavinos (tasse) **|** pipeta _f_ (tube).

tatillon, onne [tatijɔ̃, ɔn] _adj & s_ FAM puntilloso, sa; reparón, ona.

tâtonnement _m_ marcha _f_ a tientas **|** FIG tanteo, sondeo, titubeo (recherche hésitante).

tâtonner [3] _v intr_ buscar a tientas (chercher en tâtant) **|** FIG tantear, titubear (hésiter) **|** marcher en tâtonnant andar a tientas.

tâtons [tatɔ̃] ➡ **à tâtons** _loc adv_ a tientas, a ciegas; **avancer à tâtons** ir a tientas.

tatou _m_ ZOOL tatú.

tatouage _m_ tatuaje.

tatouer [6] _v tr_ tatuar.

tatoueur _adj & s m_ tatuador, persona _f_ que tatúa.

tau _m_ tau (lettre grecque) **|** tau, tao, cruz _f_ de San Antonio (figure héraldique).

taud [to] _m_; **taude** [tod] _f_ MAR toldo _m_ de lona embreada.

taudis [todi] _m_ cuchitril, tugurio, zaquizamí.

taulard, e; tôlard, e _m & f_ ARG recluso, sa.

taule; tôle _f_ ARG chirona, cárcel (prison).

taulier, ière; tôlier, ière _m & f_ ARG patrón; dueño, ña (patron).

taupe _f_ topo _m_ (animal) **|** ARG SCOL clase preparatoria para la Escuela Politécnica **■** FAM & PÉJ **vieille taupe** carcamal, vejestorio **■** **noir comme une taupe** negro como el carbón, como el azabache **■** FAM **aller au royaume des taupes** irse al otro barrio, morir **|** il est myope comme une taupe no ve tres en un burro.

taupé, e _adj_ parecido a la piel de topo.

taupe-grillon _m_ ZOOL cortón, grillo real.

taupier _m_ cazador de topos.

taupière _f_ trampa para coger topos.

taupin _m_ elátero (insecte) **|** (vx) MIL zapador **|** ARG SCOL opositor a la Escuela Politécnica.

taupinière _f_ topera, topinera (d'une taupe) **|** FIG montículo _m_, collado _m_ (élévation).

taure _f_ ternera, becerra.

taureau _m_ toro (animal); **taureau de combat** toro de lidia **|** FIG toro, roble (personne vigoureuse) **|** prendre le taureau par les cornes coger al toro por los cuernos.

Tauride _n pr_ HIST Táuride (ancien nom de la Crimée).

taurillon [tɔrijɔ̃] _m_ becerro, añojo.

taurin, e _adj_ taurino, na.

taurobole _m_ tauróbolo (sacrifice).

tauromachie _f_ tauromaquia.

tauromachique _adj_ tauromáquico, ca.

Taurus [torys] _n pr m_ GÉOGR **le Taurus** el Taurus ou Tauro.

tautologie _f_ tautología (répétition inutile).

tautologique _adj_ tautológico, ca.

taux [to] _m_ tasa _f_ (prix fixé) **|** tipo de interés, tanto por ciento, rédito (intérêt annuel) **|** por-

centaje, proporción _f_ (proportion) **|** índice, coeficiente, tasa _f_ (d'augmentation); **taux d'accroissement** índice ou coeficiente de incremento **|** coeficiente, grado; **taux d'invalidité** coeficiente de invalidez **|** nivel, precio (prix) **■** MÉD **taux de cholestérol** índice de colesterol **|** MÉCAN **taux de compression** relación de compresión **| taux de fécondité** índice de fecundidad **| taux de mortalité** índice de mortalidad **■** ÉCON **taux annuel de croissance économique** tasa anual de crecimiento económico **| taux de change** tipo de cambio **| taux de chômage** tasa de desempleo **| taux de couverture** tasa de cobertura **| taux d'escompte** tipo de descuento **| taux d'inflation** tasa de inflación **| taux d'intérêt** tipo de interés **| taux directeur** tipo director **| taux préférentiel** tipo preferencial.

tavaïole; tavaïolle _f_ paño _m_ (liturgie).

taveler [24] _v tr_ manchar, salpicar.

tavellage _m_ devanado (de la soie).

tavelle _f_ devanadera (dévidoir pour la soie) **|** palanca (de charrette).

taveller [26] _v tr_ devanar [la seda].

tavelure _f_ mancha (sur la peau, sur les fruits).

taverne _f_ taberna **|** restaurante _m_ de lujo, hostería.

tavernier, ère _m & f_ tabernero, ra.

taxacées _f pl_ BOT taxáceas.

taxateur _adj m & s m_ tasador.

taxation _f_ tasación (action) **|** fijación (des prix, des salaires).

taxe _f_ tasa, tarifa (prix officiellement fixé) **|** impuesto _m_, contribución; **taxe de luxe** impuesto de lujo **| tasación de las costas judiciales **|** arancel _m_ (de douane) **■** **taxe à la valeur ajoutée (TVA)** impuesto al valor añadido ou agregado (IVA) **| taxe de base** tarifa mínima (téléphone) **| taxe professionnelle** Impuesto sobre los Rendimientos del Trabajo Personal **| toutes taxes comprises** IVA incluido.

taxer [3] _v tr_ tasar (fixer les prix) **|** gravar, poner un impuesto a, imponer una carga a (mettre un impôt sur) **|** fijar las costas judiciales **|** FIG tachar, acusar; **taxer quelqu'un d'avarice** tachar a uno de avaricia.

> OBSERV **Taxer de** se construye siempre con un sustantivo, y se dice **taxer quelqu'un de sottise**, pero **traiter quelqu'un de sot**.

taxi _m_ taxi (auto de location) **|** chauffeur de taxi taxista.

taxiarque _m_ comandante de una taxiarquía (en Grèce ancienne).

taxidermie _f_ taxidermia.

taxidermiste _m & f_ taxidermista.

taximètre _m_ taxímetro.

taxinomie ➡ **taxonomie**.

Taxiphone® _m_ teléfono público con fichas.

taxonomie; taxinomie _f_ taxonomía.

tayaut! ➡ **taïaut!**

taylorisation [tɛlɔrizasjɔ̃] _f_ taylorización [organización metódica del trabajo].

tayloriser [3] [tɛlɔrize] _v tr_ aplicar el sistema de Taylor.

taylorisme [tɛlɔrism] _m_ taylorismo.

TB (abr écrite de **très bien**) ≃ Sob.

TBE (abr écrite de **très bon état**) en muy buen estado.

Tbilissi [tbilisi] Tibilisi.

TCA (abr de **taxe sur le chiffre d'affaires**) *f* ITE *m*.

TCF (abr de **Touring Club de France**) *m* asociación francesa de defensa y fomento del turismo.

Tchad *n pr* GÉOGR le Tchad (el) Chad.

tchadien, enne *adj* chadiano, na.
➡ **tchadien** *m* LING chadiano.

tchadien, enne *m & f* chadiano, na.

tchador *m* chador.

Tchaïkovski [tʃajkɔfski] *n pr* Chaikovski.

Tchang Kaï-check ➡ **Jiang Jieshi**.

tchécoslovaque *adj* checoslovaco, ca.

tchécoslovaque *m & f* checoslovaco, ca.

Tchécoslovaquie *n pr f* HIST la Tchécoslovaquie Checoslovaquia.

Tchekhov [tʃekɔf] *n pr* Anton Tchekhov Antón Chéjov.

tchèque *adj* checo, ca.
◇ *m* LING checo.

Tchèque *m & f* checo, ca.

Tchernenko [tʃernenko] *n pr* Chernenko.

Tchernobyl [tʃernɔbil] *n pr* GÉOGR Chernobil.

tchétchène *adj* chechén.

Tchétchène *m & f* chechén; les Tchétchènes los chechenes.

TCP/IP (abr écrite de **Transmission Control Protocol/ Internet Protocol**) INFORM protocole TCP/IP protocolo TCP/IP.

TCS (abr de **Touring Club de Suisse**) *m* asociación suiza de defensa y fomento del turismo.

TD (abr de **travaux dirigés**) *m pl* prácticas.

> **TD**
> En las universidades francesas, la enseñanza se imparte en forma de "cours magistraux" (clases magistrales) y de "travaux dirigés" (clases prácticas con grupos más reducidos de estudiantes).

TdF (abr de **Télévision de France**) *f* sociedad de difusión y transmisión de las emisoras de la televisión pública francesa.

te *pron pers* te; je te donne te doy.

> OBSERV Lorsque le pronom est complément d'un verbe à l'infinitif ou au gérondif, il est proclitique en français et enclitique en espagnol (je vais te le donner voy a dártelo; en te voyant viéndote).

té *m* te *f* (lettre) | te *f* (équerre).

té! *interj* FAM ¡hombre!, ¡vaya! [empleada en el sur de Francia].

tea-room [tirum] *m* salón de té.

tec [tɛk] (abr de **tonne d'équivalent charbon**) *f* tec.

technétium [tɛknesjɔm] *m* CHIM tecnecio.

technicien, enne [tɛknisjɛ̃, ɛn] *m & f* técnico *m*, especialista.

technicité *f* tecnicismo *m*, tecnicidad.

technico-commercial, e *adj* técnico comercial; ingénieur technico-commercial ingeniero técnico comercial.

> OBSERV pl technico-commerciaux, technico-commerciales.

Technicolor® *m* Tecnicolor®.

technique *adj & s f* técnico, ca; expression technique expresión técnica | enseignement technique enseñanza laboral.

techniquement *adv* técnicamente.

technocrate *m & f* tecnócrata.

technocratie *f* tecnocracia.

technographie *f* tecnografía.

technographique *adj* tecnográfico, ca.

technologie *f* tecnología.

technologique *adj* tecnológico, ca.

technologue; technologiste *m* tecnólogo.

teck; tek *m* teca *f* (arbre).

teckel *m* teckel.

tectonique *adj & s f* GÉOL tectónico, ca; tectonique des plaques tectónica de placas.

Te Deum [tedeɔm] *m* Tedéum, tedéum, te deum.

TEE (abr de **Trans-Europ-Express**) *m* TEE.

teen-ager [tinedʒœr] *m & f* adolescente.
OBSERV pl teen-agers.

tee-shirt [tiʃœrt] *m* niqui [(*Amér*) playera *f*].
OBSERV pl tee-shirts.

Téflon® *m* teflón.

TEG (abr de **taux effectif global**) *m* TIEG.

tégénaire *f* tegenaria (araignée).

Tegucigalpa [tegysigalpa] Tegucigalpa.

tégument *m* tegumento.

tégumentaire *adj* tegumentario, ria.

Téhéran *n pr* GÉOGR Teherán.

Tehuantepec *n pr* GÉOGR isthme de Tehuantepec istmo de Tehuantepec.

teigne [tɛɲ] *f* polilla (insecte) | FIG & FAM bicho *m* malo, bicharraco *m* (personne méchante) | MÉD tiña (du cuir chevelu) | VÉTÉR arestín *m*.

teigneux, euse *adj & s* tiñoso, sa.

teillage [tɛjaʒ]; **tillage** [tijaʒ] *m* agramado.

teille [tɛj]; **tille** [tij] *f* agramiza (du chanvre) | líber *m* (du tilleul).

teiller [tɛje]; **tiller** [3] [tije] *v tr* agramar.

teilleur, euse [tɛjœr, øz] *m & f* agramador, ra.
➡ **teilleuse** *f* agramadera (machine).

teindre [81] *v tr* teñir; teindre en bleu marine teñir de azul marino.
➡ **se teindre** *v pr* teñirse el pelo (les cheveux).

teint [tɛ̃] *m* tinte, colorido (d'un tissu) | tez *f*, color (du visage) | FIG bon teint cien por cien, convencido | bon teint, grand teint color sólido (tissu) | fond de teint maquillaje de base | avoir un teint de papier mâché estar pálido como la cera.

teint, e *adj* teñido, da.

teinte *f* tinte *m*, color *m*; teinte plate tinte uniforme | FIG matiz *m*, tinte *m*, visos *m pl*, tono *m*, un poco; une teinte d'ironie un poco de ironía.

teinté, e *adj* teñido, da | ahumado, da (verres) | moreno, na (peau).

teinter [3] *v tr* teñir.

teinture *f* tintura, tinte *m* | tintura (pharmacie) | FIG barniz *m*, baño *m* (connaissance superficielle) | teinture d'iode tintura de yodo.

teinturerie [tɛ̃tyrri] *f* tintorería, tinte *m* | donner un vêtement à la teinturerie llevar un traje a la tintorería.

teinturier, ère *adj & s* tintorero, ra.

tek ➡ **teck**.

tel, telle *adj indéf* tal, semejante | tal, este; tel est mon avis este es mi parecer | tal, tan grande (si grand) | tel père, tel fils de tal palo tal astilla | tel que tal como (comme), tal cual, tal y como (ainsi) | de telle sorte que de tal manera que | il n'y a rien de tel pour no hay nada como eso para.
◇ *pron indéf* quien, alguien; tel rit aujourd'hui qui pleurera demain quien ríe hoy llorará mañana | Un tel, Une telle Fulano, Fulana [de Tal].

> OBSERV 1. Tel concuerda con el nombre o pronombre que viene después: tel homme, telles femmes; tel que con el nombre que precede: les bêtes féroces telles que le lion, le tigre...; comme tel con el nombre que se sobreentiende: la musique est un art international et comme tel refuse les frontières.
> 2. En français, il n'y a qu'un mot pour désigner divers individus: j'ai rencontré Un tel, Un tel et Un tel encontré a Fulano, Mengano, Zutano y Perengano.

tél. (abr écrite de **téléphone**) tel., teléf.

télamon *m* ARCHIT telamón, atlante.

télautographe *m* telautógrafo.

Tel-Aviv [telaviv] *n pr* GÉOGR Tel-Aviv; Tel-Aviv-Jaffa Tel-Aviv-Jaffa.

télé *f* FAM tele (télévision).

téléachat *m* telecompra *f*.

télébenne ➡ **télécabine**.

Téléboutique® *f* teletienda.

télécabine; télébenne *f* teleférico *m*, telecabina *m* ou *f*.

Télécarte® *f* tarjeta telefónica.

téléchargement *m* INFORM cargamiento, descargamiento.

télécharger [17] *v tr* INFORM cargar, descargar.

télécinématographe; télécinéma *m* telecinematógrafo, telecine.

télécommande *f* telemando *m*, mando *m* a distancia.

télécommander [3] *v tr* teledirigir.

télécommunication *f* telecomunicación.

téléconférence *f* teleconferencia.

télécopie *f* fax *m* [documento].

télédétection *f* teledetección.

télédiffuser [3] *v tr* emitir por televisión.

télédiffusion *f* teledifusión.

télédistribution *f* teledistribución.

télédocumentation *f* teledocumentación.

télédynamie *f* teledinamia.

télédynamique *adj* teledinámico, ca.

télé-enseignement *m* enseñanza *f* a distancia.
OBSERV pl télé-enseignements.

téléférique ➡ **téléphérique**.

téléfilm *m* telefilme.

télégestion *f* INFORM teleproceso *m*, teleprocesamiento *m*.

télégramme *m* telegrama | télégramme téléphoné telefonema.

télégraphe *m* telégrafo.

télégraphie *f* telegrafía; **télégraphie sans fil** telegrafía sin hilos.

télégraphier [9] *v tr* & *intr* telegrafiar.

télégraphique *adj* telegráfico, ca.

télégraphiquement *adv* telegráficamente.

télégraphiste *adj* & *s* telegrafista.

téléguidage *m* dirección *f* a distancia.

téléguidé, e *adj* teleguiado, da; teledirigido, da.

téléguider [3] *v tr* teleguiar, teledirigir.

téléimpression *f* teleimpresión.

téléimprimeur *m* teleimpresor.

téléinformatique *f* INFORM teleinformática.

télékinésie *f* telequinesia.

télémaintenance *f* telemantenimiento *m*.

télémanipulateur *m* telemanipulador.

Télémaque *n pr* MYTH Telémaco.

télématique *f* telemática.

télémécanicien *m* especialista en telecomunicaciones.

télémécanique *f* telemecánica.

télémesure *f* telemedición.

télémètre *m* telémetro.

télémétreur *m* especialista en el empleo del telémetro.

télémétrie *f* telemetría.

télémétrique *adj* telemétrico, ca.

téléobjectif *m* teleobjetivo.

téléologie *f* teleología.

téléologique *adj* teleológico, ca.

téléosaure *m* teleosaurio (crocodile fossile).

téléostéens [teleɔsteɛ̃] *m pl* ZOOL teleósteos.

télépathe *adj* & *s* telépata ‖ médium.

télépathie *f* telepatía.

télépathique *adj* telepático, ca.

téléphérage *m* transporte por cables aéreos.

téléphérique; téléférique *adj* & *s m* teleférico, ca.

téléphonage *m* transmisión *f* de telegramas por teléfono.

téléphone *m* teléfono ■ **téléphone à pièces** teléfono de monedas ‖ FAM **téléphone arabe** de boca en boca ‖ **téléphone à touches** teléfono de teclas ‖ **téléphone rouge** teléfono rojo ‖ **téléphone sans fil** teléfono sin hilos ou inalámbrico ■ FAM **coup de téléphone** llamada telefónica, telefonazo ■ **avoir le téléphone** tener teléfono ‖ **il est au téléphone** está hablando por teléfono.

téléphoner [3] *v tr* & *intr* telefonear.

téléphonie *f* telefonía; **téléphonie sans fil** telefonía sin hilos.

téléphonique *adj* telefónico, ca ■ **appel téléphonique** llamada telefónica ‖ **cabine téléphonique** cabina telefónica ‖ **conversation téléphonique** conversación telefónica.

téléphoniquement *adv* telefónicamente.

téléphoniste *m* & *f* telefonista.

téléphotographie; téléphoto *f* telefotografía, telefoto.

télépointage *m* puntería *f* a distancia.

téléradiographie *f* telerradiografía.

télescopage *m* choque de frente [vehículos].

télescope *m* telescopio.

télescoper [3] *v tr* chocar de frente.
➡ **se télescoper** *v pr* chocar de frente [dos vehículos].

télescopique *adj* telescópico, ca; **tube télescopique** tubo telescópico.

téléscripteur *m* teleimpresor.

télésiège *m* telesilla.

télésignalisation *f* teleseñalización.

téléski *m* telesquí ■ **téléski à archets** telesilla ‖ **téléski à perche** telearrastre.

téléspectateur, trice *m* & *f* telespectador, ra; televidente.

télesthésie *f* telestesia, telepatía.

télésurveillance *f* televigilancia.

Télétel® *m* servicio de videotex francés.

télétexte *m* teletexto.

Téléthon *n pr m* concurso televisivo francés dedicado a recoger fondos para la lucha contra enfermedades raras.

télétraitement *m* teleproceso ‖ INFORM teleproceso, teleprocesamiento (téléinformatique), teletratamiento ‖ **télétraitement par lots** teletratamiento por lotes.

télétransmission *f* teletransmisión.

Télétype® *m* teletipo.

télévisé, e *adj* televisado, da ‖ **journal télévisé** telediario.

téléviser [3] *v tr* televisar.

téléviseur *adj m* & *s m* televisor.

télévision *f* televisión ■ **télévision à péage** televisión de pago ou de abonados ‖ **télévision par câble** televisión por cable ■ **poste de télévision** televisor ■ **avoir la télévision** tener televisión ‖ **passer à la télévision** salir en televisión.

télévisuel, elle *adj* televisivo, va.

télex *m* télex.

télexer [4] *v tr* enviar por télex.

tell *m* colina *f* artificial (au Proche-Orient).

tellement *adv* de tal suerte, de tal manera (de telle sorte) ‖ tan; **il est tellement idiot** es tan idiota ‖ tanto; **tu n'es pas méchant, mais Pierre l'est tellement** no eres malo, pero Pedro lo es tanto ‖ tanto, ta; **il est venu tellement de fois** ha venido tantas veces ■ **tellement que** de tal modo que, de tal suerte que ‖ (vx) **tellement quellement** así así ■ FAM **pas tellement** no mucho, no tanto; **aimes-tu la musique? pas tellement** ¿te gusta la música? no tanto; **nous ne nous amusons pas tellement** no nos divertimos mucho; no muy, no tan; **il n'est pas tellement sympathique** no es tan simpático; **il ne travaille pas tellement bien** no trabaja muy bien.

tellière *m* & *adj* marca francesa de papel (34 x 44 cm).

tellure *m* telurio (métal).

tellureux, euse *adj* CHIM teluroso, sa.

tellurhydrique *adj* CHIM telurhídrico, ca.

tellurique; tellurien, enne *adj* telúrico, ca; **secousse tellurique** sacudida telúrica.

tellurisme *m* telurismo.

tellurure *m* CHIM telururo.

Telnet *m* INFORM Telnet; **protocole Telnet** protocolo Telnet.

télophase *f* BIOL telofase.

telson *m* ZOOL telson.

téméraire *adj* & *s* temerario, ria.

témérité *f* temeridad.

témoignage *m* testimonio ‖ FIG muestra *f*, prueba *f*; **témoignage de sympathie** muestras de simpatía ■ **être appelé en témoignage** ser llamado como testigo ‖ **porter un faux témoignage** levantar falso testimonio ‖ **rendre témoignage à quelqu'un** rendir homenaje a alguien ‖ **rendre témoignage de** dar fe de.
‖ SYN **marque** muestra; **preuve** prueba; **signe** señal; **témoin** testigo.

témoigner [3] *v intr* testimoniar, atestiguar, testificar ‖ declarar como testigo (porter témoignage) ‖ **témoigner pour, contre** declarar a favor, en contra.
◇ *v tr* manifestar, mostrar; **témoigner de la joie** manifestar alegría ‖ demostrar, ser prueba de, dar prueba de; **gestes qui témoignent une vive surprise** gestos que demuestran una viva sorpresa ■ **témoigner quelque chose pour, contre** declarar algo a favor, en contra.

témoin [temwɛ̃] *m* testigo *m* et *f* ‖ padrino (d'un duel) ‖ prueba *f*; **il est ici, témoin ses traces** está aquí, prueba de ello sus huellas ‖ testigo (dans une course de relais) ‖ TECHN testigo, muestra *f* ■ **témoin à charge, à décharge** testigo de cargo, de descargo ‖ **Témoin de Jéhovah** Testigo de Jehová ‖ **témoin d'un mariage** padrino ou madrina de una boda ‖ **témoin oculaire** testigo de vista ou ocular ■ **appartement témoin** piso de muestra, piso piloto ‖ **lampe témoin** lámpara indicadora ou testigo ■ **Dieu m'est témoin** Dios es testigo ‖ **prendre à témoin** tomar por testigo.
‖ OBSERV **Témoin** no tiene forma femenina en francés: se dice **cette femme est un témoin sûr.**

tempe *f* sien.

tempérament *m* temperamento ‖ FIG carácter, genio, índole *f* ‖ templanza *f*, moderación *f* ‖ MUS temperamento ■ **vente à tempérament** venta a plazos ■ **avoir du tempérament** tener temperamento.

tempérance *f* templanza ‖ **société de tempérance** asociación antialcohólica.

tempérant, e *adj* temperante (qui modère) ‖ mesurado, da; moderado, da; templado, da (sobre).

température *f* temperatura ‖ fiebre, calentura (fièvre) ■ FIG **prendre la température** tantear el terreno ‖ **prendre sa température** tomarse la temperatura (fièvre).

tempéré, e *adj* templado, da [(Amér) temperado, da] (température).

tempérer [18] *v tr* temperar, templar ‖ FIG templar, moderar, calmar (calmer).

tempête *f* [▷ SYN] tempestad, temporal *m* (en mer), tormenta (à terre) ‖ FIG torrente *m* (d'injures) ■ **tempête de neige** nevasca ‖ **tempête de sable** tempestad de arena ‖ **vent de tempête** viento tempestuoso ■ **braver la tempête** capear el temporal.

SYN tourmente tormenta; bourrasque borrasca; raz de marée maremoto.

tempêter [4] *v intr* echar pestes, vociferar.

tempétueux, euse *adj* tempestuoso, sa.

temple *m* templo.

templier *m* templario.

tempo [tɛmpo] *m* MUS tiempo, movimiento.

temporaire *adj* temporal, temporario, ria; travail temporaire trabajo temporal ‖ temporero, ra (saisonnier).

temporairement *adv* temporalmente.

temporal, e *adj & s m* temporal (de la tempe).

temporalité *f* temporalidad.

temporel, elle *adj* temporal; pouvoir temporel poder temporal; existence temporelle existencia temporal.

➤ **temporel** *m* lo temporal ‖ temporalidades *f pl* (ecclésiastique).

temporisateur, trice *adj & s* contemporizador, ra, transigente.

temporisation *f* contemporización.

temporiser [3] *v intr* contemporizar.

temporiseur *m* contemporizador, temporizador.

temps [tɑ̃] *m* tiempo (durée, atmosphère) ‖ época *f*, estación *f*, tiempo (saison) ‖ AUTOM, GRAMM, MUS & SPORTS tiempo ■ INFORM temps d'accès tiempo de acceso ‖ temps d'arrêt parada, detención momentánea ‖ temps de chien tiempo de perros ‖ temps de pose tiempo de exposición (photographie) ‖ INFORM temps de réponse tiempo de respuesta ‖ temps mort tiempo muerto ‖ INFORM temps partagé tiempo compartido ‖ temps réel tiempo real ■ beau temps buen tiempo ‖ gros temps temporal, mar gruesa ‖ la plupart du temps la mayoría de las veces, en muchas ocasiones ‖ le bon vieux temps los buenos tiempos ‖ le temps libre el tiempo libre ■ à plein temps de dedicación exclusiva, de plena dedicación ‖ après la pluie, le beau temps después de la tempestad viene la calma ‖ à temps a tiempo, con tiempo (assez tôt), temporal, por tiempo limitado (durée limitée) ‖ à temps partiel a tiempo parcial (travail) ‖ à temps perdu a ratos perdidos ‖ au temps de en tiempos de ‖ au temps jadis antaño ‖ au temps où les bêtes parlaient en tiempos de Maricastaña ou del rey que rabió ‖ avant le temps antes de tiempo, prematuramente ‖ dans ce temps hoy día ‖ dans la nuit des temps en la noche de los tiempos ‖ dans le temps antiguamente, antaño ‖ dans le temps que en el tiempo que, mientras ‖ de ou en tout temps siempre, toda la vida ‖ de mon temps en mis tiempos, en mi época ‖ depuis le temps desde entonces (depuis lors), desde ‖ de temps à autre, de temps en temps de vez en cuando, de cuando en cuando ‖ en ce temps-là por aquel tiempo ‖ en deux temps, trois mouvements en un dos por tres, en dos patadas (très vite) ‖ en même temps al mismo tiempo, a la vez ‖ en son temps en su momento, a su tiempo ‖ en temps de paix, de guerre en tiempos de paz, de guerra ‖ en temps ordinaire corrientemente ‖ en temps utile en tiempo hábil ou oportuno, a su debido tiempo ‖ en temps voulu a tiempo ‖ entre-temps entre tanto

■ FAM avoir fait son temps haber cumplido el tiempo de su servicio [militar], estar fuera de uso (être hors d'usage) ‖ avoir le temps tener tiempo ‖ avoir tout juste le temps de faire quelque chose tener el tiempo justo para hacer algo ‖ être de son temps ser muy de su época ‖ gagner du temps ganar tiempo ‖ il est grand temps que, il est plus que temps que ya es hora que ‖ il est temps de ya es hora de ‖ il est toujours temps de siempre se está a tiempo de ‖ il n'y a pas de temps à perdre no hay tiempo que perder ‖ il y a beau temps hace mucho tiempo ‖ laisser faire le temps dar tiempo al tiempo ‖ les temps changent los tiempos cambian ‖ les temps sont durs los tiempos son difíciles ‖ le temps c'est de l'argent el tiempo es oro ‖ le temps me dure el tiempo se me hace largo ‖ le temps presse urge ‖ par le temps qui court hoy en día ‖ passer son temps à lire pasarse el tiempo leyendo ‖ perdre son temps perder el tiempo ‖ prendre le temps comme il vient tomar las cosas como vienen ‖ prendre son temps tomarse tiempo, tomarlo con tiempo ‖ rester un bon bout de temps quedarse mucho tiempo ‖ se donner du bon temps pegarse una buena vida ‖ travailler à plein temps trabajar la jornada completa ‖ tromper ou tuer ou faire passer le temps matar el tiempo.

tenable *adj* defendible (défendable); cette situation n'est pas tenable esa situación no es defendible.

▨ OBSERV Se emplea sobre todo con la negación y entonces se traduce por insostenible.

tenace *adj* tenaz, resistente a la ruptura (résistant à la rupture) ‖ pegajoso, sa; tenaz (qui adhère) ‖ FIG terco, ca; tenaz (têtu).

tenacement *adv* de manera tenaz, con tenacidad.

ténacité *f* tenacidad.

tenaille *f*; **tenailles** [tənaj] *f pl* tenazas *pl* ‖ MIL tenaza *sing* (fortification).

tenaillement [tənajmɑ̃] *m* atenazamiento, tortura *f* con las tenazas.

tenailler [3] [tənaje] *v tr* atenacear, atenazar (torturer avec des tenailles) ‖ FIG atormentar, hacer sufrir.

tenailles ➤ **tenaille.**

tenancier, ère *m & f* colono *m*, cortijero, ra; arrendatario, ria (d'une métairie) ‖ gerente, encargado, da (d'un hôtel, d'une maison de jeux) ‖ HIST terrazguero *m*.

tenant, e *adj* séance tenante en el acto.

◇ *m & f* poseedor, ra (d'un titre, d'un record).

➤ **tenant** *m* mantenedor (dans un tournoi) ‖ FIG paladín, defensor, partidario (d'une opinion) ‖ BLAS tenante ■ les tenants et les aboutissants d'une terre las tierras colindantes ou confines ■ d'un seul tenant, tout d'un tenant de una sola pieza ‖ connaître les tenants et les aboutissants d'une affaire conocer los pormenores ou el intríngulis de un asunto.

tendance *f* tendencia ‖ FIG inclinación, propensión, signo *m* ‖ ÉCON tendance à la hausse, à la baisse tendencia al alza, a la baja ‖ la tendance est orientée à la hausse, à la baisse la tendencia se orienta al alza, a la baja ‖ avoir tendance à tener tendencia a, tender a.

tendancieusement *adv* tendenciosamente.

tendancieux, euse *adj* tendencioso, sa.

tendant, e *adj* tendente, que tiende.

tendelet [tɑ̃dəlɛ] *m* tendal, toldilla *f*.

tendelle *f* trampa para cazar tordos.

tender [tɑ̃dɛr] *m* ténder (de locomotive).

tenderie *f* caza con trampas ‖ sitio *m* sembrado de trampas.

tendeur *m* tensor ‖ cazador con trampas (chasseur).

tendineux, euse *adj* tendinoso, sa ‖ viande tendineuse carne fibrosa, con tendones.

tendinite *f* tendinitis *f inv*.

tendoir *m* tendedero (de linge).

tendon *m* tendón; tendon d'Achille tendón de Aquiles.

▨ SYN ligament ligamento; nerf nervio.

tendre *adj* tierno, na; blando, da ‖ tierno, na (jeune); dès l'âge le plus tendre desde la más tierna edad ‖ FIG [▷ SYN] tierno, sensible; cœur tendre corazón tierno ‖ cariñoso, sa (affectueux); paroles tendres palabras cariñosas ‖ tierno, na; suave (couleur) ‖ sentimental, dulce (touchant); une chanson tendre una canción sentimental ■ FIG avoir la peau tendre ser muy susceptible.

◇ *m* (vx) amor, ternura *f*.

▨ SYN sensible sensible; sentimental sentimental; romanesque romántico.

tendre [73] *v tr* tender ‖ estirar, poner tirante, atirantar, tensar (tirer) ‖ alargar; tendre le bras alargar el brazo ‖ tapizar, empapelar (tapisser) ‖ armar (dresser); tendre une tente armar una tienda de campaña ‖ tender, preparar; tendre un piège tender un lazo ■ tendre la main pedir limosna (demander l'aumône), ayudar, tender la mano (aider) ‖ tendre la perche à quelqu'un echar un capote a uno ‖ tendre les bras abrir los brazos (s'offrir) ‖ tendre l'oreille aguzar ou aplicar el oído ‖ tendre son esprit aguzar el entendimiento.

◇ *v intr* encaminarse, dirigirse, tender; tendre à la perfection tender a la perfección.

tendrement *adv* tiernamente, cariñosamente.

tendresse *f* ternura, cariño *m*.

➤ **tendresses** *f pl* caricias, pruebas de afecto.

tendreté *f* blandura, ternura (de la viande).

tendron *m* retoño, pimpollo (rejeton) ‖ ternillas *f pl* (viande) ‖ FIG & FAM pimpollo, guayabo, jovencita *f* (très jeune personne).

tendu, e *adj* tenso, sa; tirante (en état de tension) ‖ tenso, sa; esprit tendu espíritu tenso ‖ FIG tirante; rapports tendus relaciones tirantes ‖ MIL tenso, sa (tir, trajectoire) ■ caractère tendu tirantez ‖ situation tendue situación tirante ou crítica ‖ style tendu estilo forzado.

ténèbres *f pl* tinieblas.

ténébreux, euse *adj* tenebroso, sa ‖ un beau ténébreux una belleza melancólica.

ténébrion *m* tenebrión (insecte).

tènement *m* HIST terrazgo.

Tenerife; Ténériffe *n pr* GÉOGR Tenerife.

ténesme *m* MÉD tenesmo, pujo.

teneur *f* tenor *m*, contenido *m*, texto *m* (texte littéral) ▌proporción, cantidad (dose).

teneur, euse *m* & *f* poseedor, ra; tenedor, ra (qui a une chose) ▪ IMPR teneur de copie atendedor ▌teneur de livres tenedor de libros.

▌ OBSERV Tenedor a surtout en espagnol le sens de fourchette.

ténia *m* tenia *f*, solitaria *f* (ver).

ténifuge *adj* & *s m* MÉD tenífugo, ga.

tenir [40] *v tr*

1. SENS GÉNÉRAL
2. RETENIR
3. DIRIGER
4. ENTRETENIR
5. CONTENIR, RENFERMER
6. SOUTENIR
7. OCCUPER
8. FAIRE HONNEUR À
9. ÉMETTRE
10. CONSIDÉRER
11. S'EMPARER DE
12. LOCUTIONS DIVERSES

1. SENS GÉNÉRAL tener, tener cogido (à la main, dans les bras); **tenir un enfant dans ses bras** tener un niño en brazos; **tenir un chapeau à la main** tener un sombrero en la mano ▌mantener; **tenir les yeux fermés** mantener los ojos cerrados; **tenir quelqu'un éveillé** mantener despierto a uno ▌tener, poseer; **tenir un emploi** tener un empleo ▌tener; **le médecin m'a tenu longtemps dans la salle d'attente** el médico me ha tenido mucho tiempo en la sala de espera ▌tener, poner; **tiens-le droit** ponlo derecho ▌FAM haber agarrado ou pescado; **tenir une bonne grippe** haber agarrado una buena gripe ▪ **tenir quelque chose de** provenir algo de; **je tiens cette montre de mon père** este reloj proviene de mi padre; saber algo por; **il tient cette nouvelle du roi** sabe esta noticia por el rey

2. RETENIR retener; **tenir par le bras** retener por el brazo; **tenir son souffle** retener la respiración ▌sujetar; **ce tableau est tenu par un clou** este cuadro está sujeto por un clavo ▪ **tenir sa langue** retener la lengua, callarse ▌**tenir ses élèves** tener en mano a sus alumnos

3. DIRIGER llevar, estar encargado de; **tenir un hôtel** llevar un hotel ▌regentar (un bureau de tabac)

4. ENTRETENIR mantener, cuidar; **bien tenir une maison** cuidar bien una casa ▌tener, mantener; **tenir en bon état** tener en buen estado

5. CONTENIR, RENFERMER contener, tener capacidad para; **cette bouteille tient un litre** esta botella contiene un litro; **un stade qui tient cent mille personnes** un estadio que tiene capacidad para cien mil personas

6. SOUTENIR sostener, soportar; **des colonnes qui tiennent le fronton** columnas que sostienen el frontón

7. OCCUPER ocupar, coger; **ces livres tiennent beaucoup de place** estos libros ocupan mucho sitio; **ce travail m'a tenu toute la matinée** este trabajo me ha cogido toda la ma-

ñana ▌ocupar, estar en; **tenir le premier rang** ocupar la primera fila

8. FAIRE HONNEUR À cumplir; **tenir sa promesse** ou **sa parole** cumplir (con) su promesa, cumplir su palabra

9. ÉMETTRE proferir; **tenir des propos injurieux** proferir palabras injuriosas ▌pronunciar; **tenir un discours** pronunciar un discurso ▌decir; **tenir des propos déplacés** decir palabras fuera de lugar ▌sostener; **tenir une conversation** sostener una conversación ▌hacer, sostener; **tenir un raisonnement absurde** hacer un razonamiento absurdo

10. CONSIDÉRER tenir comme dar por; **je tiens l'affaire comme faite** doy por hecho el negocio ▌**tenir pour** tener por, considerar como; **tenir quelqu'un pour intelligent** tener a alguien por inteligente

11. S'EMPARER DE apoderarse de, dominar; **quand la colère le tient** cuando la cólera se apodera de él

12. LOCUTIONS DIVERSES tenir à jour tener al día ▌tenir au courant tener al corriente ▌tenir au frais consérvese en lugar fresco (un produit) ▌tenir compagnie hacer compañía, acompañar ▌tenir compte de tener en cuenta ▌tenir conseil tener ou celebrar un consejo (réunir), deliberar ▌tenir de bonne source saber de buena tinta ▌tenir en échec hacer fracasar (l'ennemi), empatar (une équipe) ▌tenir en grande estime tener en mucho ▌tenir garnison estar de guarnición ▌tenir la droite, la gauche ir ou circular por la derecha, por la izquierda ▌tenir l'affiche continuar en cartel (un film, une pièce) ▌tenir l'alcool aguantar el alcohol ▌tenir la mer navegar bien ▌tenir la route agarrarse, tener buena adherencia ou estabilidad (une voiture) ▌tenir la tête estar en cabeza ▌tenir le lit guardar cama ▌tenir le pouvoir ejercer el poder ▌tenir les livres, la caisse llevar ou tener los libros, la caja ▌FAM tenir le vin ser una esponja, aguantar mucho (pouvoir boire beaucoup) ▌tenir lieu de hacer las veces de, reemplazar ▌tenir quelqu'un à distance mantener alguien a distancia ou a raya ▌tenir quelqu'un en respect hacerse respetar por alguien ▌tenir sa classe mantener el orden en su clase (un professeur) ▌tenir secret guardar secreto ▌tenir son rang mantener su puesto ▌tenir son sérieux mantenerse ou quedarse serio ▌tenir sur les fonts baptismaux sacar de pila ▌tenir tête resistir, hacer frente ▌tenir tout de quelqu'un deberlo todo a alguien ▌MIL tenir une position defender una posición ▌tenir une réunion celebrar una reunión ▌tenir un pari hacer una apuesta, apostar ▌tenir un rôle desempeñar un papel ▌tiens, tenez toma, tome ou tomad; tiens, voici ton livre toma, aquí tienes tu libro; mira, mire ou mirad (écoute, regarde) ▌tiens! ¡hombre!, ¡vaya! (exprime la surprise); tiens!... que c'est drôle! ¡hombre!, ¡qué divertido! ▪ faire tenir entregar.

◇ *v intr* tocar con, estar contiguo a; **ma maison tient à la sienne** mi casa toca con la suya ▌sostenerse; **tenir sur ses jambes** sostenerse de pie ▌estar unido; **la corde tient au mur** la cuerda está unida al muro ▌estar sujeto; **armoire qui tient au mur** armario que está sujeto a la pared ▌durar, subsistir; **cette mode ne tiendra pas** esta moda no durará ▌resistir, aguantar; **les soldats tiennent** los soldados resisten; **ce mur tient bon** este

muro resiste bien ▌agarrar (une couleur, une chose collée) ▌cuajar (la neige) ▌caber; **ce livre tient dans ma poche** este libro cabe en mi bolsillo; **on tient à huit à cette table** en esta mesa cabemos ocho personas ▌deberse a, obedecer a, ser el resultado de; **cela tient à plusieurs raisons** esto se debe a varias razones ▌tener algo de, parecer; **cela tient du roman** esto tiene algo de novela; **cela tient du miracle** esto parece un milagro ▌tener algo de, salir a, parecerse a; **cet enfant tient de son père** este niño tiene algo de su padre ▌tener empeño en, tener interés por; **il tient à nous voir** tiene empeño en vernos ▌querer; **nous tenons à vous remercier de** queremos agradecerle su aprecio, tener apego; **il tient à sa réputation** él aprecia su reputación ▌relacionarse, referirse; **tout ce qui tient à lui** todo lo que se refiere a él ▌depender; **cela tient à vous** eso depende de usted ▌aceptar el envite (aux cartes) ▌poder sostenerse; **une affirmation qui ne tient pas** una afirmación que no puede sostenerse ▌mantenerse, seguir en pie; **notre marché tiendra** nuestro trato se mantendrá ▌resistir; **tenir contre les pleurs** resistir a las lágrimas ▪ **tenir à cœur** preocupar enormemente (inquiéter), interesar muchísimo (intéresser) ▌**tenir à sa peau** apreciar su pellejo ▌**tenir bon** ou **ferme** sujetarse bien (clou), resistir mucho, aguantar, mantenerse firme (résister) ▌**tenir en haleine** tener en vilo ▌**tenir pour** ser partidario de ▌**cela ne tient pas debout** esto no tiene ni pies ni cabeza ▌**cela ne tient qu'à un fil** esto está pendiente de un hilo ▌**c'est à n'y pas tenir** esto es algo inaguantable, no hay quien lo aguante ▌FAM **en tenir pour** estar por los huesos de, estar chalado por (amoureux), estar por (en faveur de) ▌**être tenu de** estar obligado a ▌**il a de qui tenir!** ¡tiene a quién salir! ¡de casta le viene al galgo el ser rabilargo! ▌**je n'y tiens pas** no me interesa nada, no tengo ningún interés por ello, no me apetece ▌**ne pas pouvoir tenir en place** no poder estarse quieto ▌**ne plus tenir** no poder más ▌**ne tenir à rien** no importarle a uno nada ▌**y tenir** tener mucho interés por ello, apetecer ▌**y tenir comme à la prunelle de ses yeux** quererlo más que a las niñas de sus ojos.

◇ *v impers* il ne tient qu'à lui sólo depende de él, no depende más que de él, en sus manos está ▌**il n'y a pas de mais qui tienne** no hay pero que valga ▌**il vaut mieux tenir que courir** más vale pájaro en mano que ciento volando ▌**qu'à cela ne tienne** que no quede por eso.

➤ **se tenir** *v pr* agarrarse, cogerse; **tenez-vous par la main** cójanse de la mano ▌estar cogido, tenerse, estar agarrado; **ils se tenaient par la main** estaban cogidos de la mano ▌estar; **il se tenait derrière lui** estaba detrás de él; **se tenir à la disposition de** estar a la disposición de ▌quedarse, permanecer; **tenez-vous là** quédese ahí ▌estarse; **se tenir tranquille** estarse quieto ▌mantenerse; **tenez-vous droit** manténgase derecho ▌comportarse, portarse; **se tenir bien** comportarse bien ▌considerarse, darse por; **il se tient pour battu** se considera vencido ▌tener lugar, celebrarse; **la fête se tient sur la place** la fiesta tiene lugar en la plaza ▌estar unido; **deux planches qui se tiennent** dos tablas que están unidas ▌ser lógico, ser coherente (un raisonnement) ▌ estar íntimamente relacionado; **dans le monde tout se tient** en el mundo todo está íntimamente relacionado ▌ retenerse, contenerse (se retenir) ■ **se tenir mal** tener una mala postura ou una postura viciosa (position), portarse mal (conduite) ▌ **se tenir mal à table** guardar mala compostura en la mesa ▌**se tenir prêt** estar listo ▌**se tenir prêt à** estar dispuesto a, prepararse a ▌**se tenir sur le qui-vive** estar sobreaviso ▌**se tenir sur ses gardes** estar alerta ■ **ne pas se tenir de joie** no caber en sí de gozo ▌**savoir à quoi s'en tenir** saber a qué atenerse ▌**se le tenir pour dit** darse por enterado ou avisado ▌**s'en tenir** ou **se tenir à** atenerse a, limitarse a ▌**s'en tenir là** no ir más allá, parar en eso ▌ **tenez-vous bien!** ¡mucho ojo!, ¡cuidado! (avertissement, menace) ▌ **tiens-toi bien** ponte bien (redresse-toi).

Tennessee *n pr m* GÉOGR **le Tennessee** el Tennessee (rivière) ▌ **Tennessee** (État des États-Unis).

tennis [tenis] *m* tenis; **court de tennis** campo de tenis ■ **tennis de table** tenis de mesa, ping-pong ■ **joueur de tennis** tenista.

tennisman *m* tenista.
▌ OBSERV pl **tennismen.**

tenon *m* TECHN espiga *f*, macho.

ténor *m* tenor.

ténorino *m* tenorino, tenor ligero.

ténorisant, e *adj* atenorado, da.

ténoriser [3] *v intr* tener voz de tenor.

ténotomie *f* MÉD tenotomía.

tenseur *adj & s m* ANAT tensor.

tensioactif, ive *adj* tensioactivo, va.

tensiomètre *m* tensiómetro.

tension *f* tensión; **tension artérielle** tensión arterial; **tension nerveuse** tensión nerviosa ▌ tirantez, tensión; **tension entre deux pays** tirantez entre dos países; **tension raciale** tensión racial ■ **tension d'esprit** esfuerzo mental, atención ■ **avoir de la tension** tener la tensión alta.

tenson *m* POÉT tensón.

tentaculaire *adj* tentacular.

tentacule *m* tentáculo.

tentant, e *adj* tentador, ra (chose qui tente).

tentateur, trice *adj & s* tentador, ra (qui tente).

tentation *f* tentación.

tentative *f* tentativa ▌ DR intento *m* ■ **tentative de suicide** tentativa de suicidio ▌ **tentative d'évasion** tentativa de fuga.

tente *f* [▷ SYN] tienda de campaña [(*Amér*) carpa]; **dresser une tente** armar una tienda de campaña ▌ **toldo** *m* (bâche) ▌ MÉD **tente à oxygène** cámara ou tienda de oxígeno.
▌ SYN **chapiteau** lona de circo; **tabernacle** tabernáculo; **tendelet** tendal, toldilla; **vélum** toldo; **vélarium** velario.

tente-abri [tɑ̃tabri] *f* tienda de campaña ligera.
▌ OBSERV pl **tentes-abris.**

tenter [3] *v tr* intentar (essayer); **tenter une entreprise** intentar una empresa ▌ [▷ SYN] tentar (chercher à séduire); **le serpent tenta Ève** la serpiente tentó a Eva ■ **tenter de** tratar de, intentar, procurar ▌ **tenter sa chance** probar fortuna.

▌ SYN **séduire** seducir; **allécher** atraer.

tenthrède *f* tentredo *m* (insecte).

tenture *f* colgadura (tapisserie) ▌ papel *m* pintado (pour tapisser les murs) ▌ colgadura negra, paño *m* fúnebre (étoffe noire).

tenu, e *adj* obligado, da; **être tenu de venir** estar obligado a venir ▌ sostenido, da; firme (valeurs en Bourse) ■ **bien tenu** bien cuidado, bien atendido ▌ **compte tenu du fait que** habida cuenta de que ▌ **mal tenu** descuidado.

➤ **tenu** *m* retención *f* (de la balle au basket, etc.).

ténu, e *adj* tenue.

tenue *f* modales *m pl*, porte *m*, buenos *m pl* modos (comportement) ▌ vestimenta, manera de vestirse (manière de se vêtir) ▌ celebración, sesión (réunion) ▌ tenida (assemblée des francs-maçons) ▌ dignidad (dignité) ▌ tónica, firmeza (des valeurs en Bourse) ▌ asiento *m* (du cavalier) ▌ uniforme *m* (militaire), traje *m* (civil) ▌ FIG dirección, cuidado *m*, orden *m* (d'une maison, classe, etc.) ▌ presentación; **il a toujours une tenue impeccable** su presentación es siempre impecable ▌ corrección (de style) ▌ MUS prolongación ■ **tenue de cérémonie, grande tenue** uniforme de gala ▌ **tenue de combat** traje de campaña ▌ COMM **tenue de livres** teneduría de libros ▌ **tenue de parade** uniforme de gala ou de formación ▌ **tenue de route** adherencia, estabilidad [de un coche] ▌ **tenue de soirée** traje de etiqueta ▌ **tenue de soirée de rigueur** se ruega etiqueta ▌ **tenue de sortie, de travail** uniforme de paseo, de diario ▌ **tenue de sport** ropa deportiva ▌ **tenue de ville** traje de calle ▌ **tenue de voyage** ropa de viaje ■ **en grande tenue** de etiqueta, de gala ▌ **en tenue de uniforme** ▌FAM **en tenue légère, en petite tenue** en paños menores ▌ **tout d'une tenue, d'une seule tenue** todo seguido ■ **avoir de la tenue** tener buenos modales ▌ **manquer de tenue** no saber comportarse, no tener buenos modales ▌ **se mettre en tenue** vestirse de uniforme.

ténuirostre *m* ZOOL tenuirrostro.

ténuité *f* tenuidad.

téorbe; théorbe *m* MUS tiorba *f* (luth).

tep [tɛp] (abr de **tonne d'équivalent pétrole**) *f* tep.

TEP [tɛp] (abr de **Théâtre de l'Est parisien**) *m* teatro parisiense.

téphillim [tefilim] *m pl* filacteria *f sing*.

tepidarium [tepidarjɔm] *m* tepidario.

tequila *f* tequila *m* ou *f*.

ter *adv* tres veces (trois fois) ▌ por tercera vez (pour la troisième fois) ▌ triplicado (numéro).

tératogène *adj* teratógeno, na.

tératologie *f* teratología.

tératologique *adj* teratológico, ca.

tératologiste *m* teratólogo.

terbium [tɛrbjɔm] *m* terbio (métal).

tercer [16]; **terser** [3] *v tr* AGRIC terciar.

tercet [tɛrsɛ] *m* terceto (vers).

térébelle *f* terebella (ver marin).

térébenthine *f* trementina ▌ **essence de térébenthine** esencia de trementina, aguarrás.

térébinthacées *f pl* BOT terebintáceas.

térébinthe *m* terebinto (arbre).

térébrant, e *adj* MÉD terebrante (douleur).

térébratule *f* terebrátula.

Térence *n pr* Terencio.

Teresa *n pr* **Mère Teresa** madre Teresa de Calcuta.

Tergal® *m* Tergal (tissu synthétique).

tergal, e *adj* dorsal.

tergiversation *f* vacilación, titubeo *m* (hésitation).

tergiverser [3] *v intr* vacilar, titubear (hésiter).

▌ OBSERV Il existe en espagnol les mots **tergiversar** et **tergiversación**, mais ils n'ont que le sens de mal interpréter et de mauvaise interprétation.

terme *m* [▷ SYN] término ▌ término, plazo (délai); **à terme échu** a plazo vencido ▌ **alquiler trimestral** (loyer trimestriel) ▌ término, vocablo, palabra *f* (mot) ▌ COMM vencimiento ▌ MATH término ■ **terme de rigueur** término ou plazo perentorio ■ **moyen terme** término medio ▌ **opération à long terme** operación a largo plazo ▌ **vente à terme** venta a plazos ■ **aux termes de la loi** según la ley ▌ **avant terme** antes de tiempo, prematuramente ▌ **en d'autres termes** en otros términos, con otras palabras ▌ **en termes propres** con los términos adecuados ■ **arriver à son terme** terminar ou llegar a su fin ▌ **enfant né à terme** nacido a los nueve meses ▌ **être en bons termes** estar en buenos términos, mantener buenas relaciones ▌ **être** ou **toucher à son terme** acabándose, estar en las últimas ▌ **être sur son terme** estar fuera de cuenta (une femme) ▌ **mettre un terme à** dar por terminado, poner término ou punto final a ▌ **peser** ou **mesurer ses termes** medir sus palabras ▌ **venir à terme** vencer (une dette).

▌ SYN **limite** límite; **borne** límite, mojón; **confins** confines.

Terme *n pr* MYTH Término.

terminaison *f* terminación.

terminal, e *adj* terminal ▌ **classes terminales** últimos cursos del bachillerato.

➤ **terminal** *m* TECHN terminal ▌INFORM **terminal conversationnel** terminal conversacional ▌ **terminal graphique** terminal gráfico ▌ **terminal vidéo** terminal vídeo.

terminatif, ive *adj* terminativo, va.

terminer [3] *v tr* terminar (achever); **terminer ses études** terminar sus estudios ▌ limitar, delimitar; **mur qui termine un jardin** muro que limita un jardín ▌ acabar, rematar (finir avec soin).

➤ **se terminer** *v pr* terminarse, acabarse.

terminologie *f* terminología.

terminologique *adj* terminológico, ca.

terminus [tɛrminys] *m* término, final de línea (d'une ligne de transport).

termite *m* comején, termes (fourmi blanche).
▌ OBSERV On emploie le gallicisme **termita.**

termitière *f* comejenera, termitero *m* (nid de termites).

ternaire *adj* ternario, ria.

terne *m* terna *f* (au jeu de dés) ▌ terno (à la loterie).

terne *adj* apagado, da; sin brillo.
▌ SYN **effacé** borroso; **mat** mate.

ternir [32] *v tr* empañar ‖ deslustrar (une étoffe).

ternissement *m* empañamiento.

ternissure *f* empañadura, falta de brillo.

terpène *m* CHIM terpeno.

terpine *f* CHIM terpina.

terpinéol; terpinol *m* CHIM terpinol.

Terpsichore *n pr* MYTH Terpsícore.

terrage *m* terrazgo (droit féodal) ‖ blanqueo (du sucre). ‖ AGRIC abono.

terrain *m* terreno ‖ campo (de sports); terrain de football campo de fútbol ■ terrain à bâtir solar ‖ terrain d'atterrissage campo de aterrizaje ‖ terrain d'aviation campo de aviación ‖ terrain de camping terreno de camping ‖ terrain de culture tierra de cultivo ou de labranza ‖ terrain d'en-but área de gol (rugby) ‖ terrain de sport campo de deportes ou deportivo ‖ terrain vague solar ■ sur le terrain en el mismo sitio ■ FIG abandonner le terrain dejar el campo libre, huir ‖ aller sur le terrain tener un desafío ‖ déblayer le terrain zanjar las dificultades ‖ être sur son terrain estar en su elemento ‖ tâter ou sonder ou reconnaître le terrain tantear ou reconocer el terreno ‖ trouver un terrain d'entente ponerse de acuerdo.

terraqué, e *adj* terráqueo, a.

terrarium [terarjɔm] *m* terrario.

terrasse *f* terraza, bancal *m*, arriate *m* (levée de terre); champ en terrasse campo de bancales ‖ terraza, terrado *m*, azotea (toiture plate) ‖ terraza (de café).

terrassement *m* excavación *f*, movimiento de tierras, remoción *f* de tierras (travail du terrassier) ‖ explanación *f*, desmonte, nivelación (d'un terrain).

terrasser [3] *v tr* cavar (creuser la terre) ‖ nivelar, terraplenar (égaliser un terrain) ‖ derribar, tirar al suelo (jeter par terre) ‖ FIG vencer (vaincre), consternar (abattre) ‖ terrassé par la maladie fulminado por la enfermedad.

terrassier *m* terraplenador, jornalero que trabaja en desmontes.

terrasson *m* terrado pequeño, terradillo.

terre *f* tierra ‖ suelo *m*; se coucher par terre acostarse en el suelo ‖ barro *m*; pot en terre jarro de barro ■ terre à blé tierra paniega ou de pan llevar ‖ terre à foulon tierra de batán ‖ terre à potier barro de alfareros ‖ terre cuite barro cocido, terracota ‖ terre de bruyère mezcla de arena y mantillo ‖ terre de Sienne tierra de Siena ‖ terre d'ombre sombra de Venecia ou de viejo ‖ terre forte ou grasse tierra de miga ‖ terre glaise barro, greda ‖ terre promise tierra prometida ou de Promisión ‖ terre réfractaire talque ‖ Terre sainte tierra Santa ‖ terres rares tierras raras ■ esprit terre à terre espíritu prosaico ‖ fonds de terre finca rústica ‖ la terre ferme la tierra firme ‖ travail de la terre cultivo de la tierra ■ à terre, par terre en el suelo, al suelo, por tierra ‖ FIG avoir les deux pieds sur terre tener la cabeza sobre los hombros ‖ être sur la Terre existir ‖ flanquer par terre desbaratar, tirar por tierra (projet) ‖ jeter par terre tirar al suelo, derribar ‖ mettre par terre poner en el suelo ‖ mettre pied à terre poner pie en tierra, apearse ‖ mettre ou por-ter en terre enterrar, sepultar ‖ remuer ciel et terre remover Roma con Santiago ‖ tomber par terre caerse al suelo.

‖ SYN monde mundo; globe globo; terrain terreno; terreau mantillo; terroir terruño; sol suelo; glèbe gleba; humus humus; champ campo; clos cercado, finquita; closeau, closerie cercado, finquita.

terreau *m* mantillo.

terreautage *m* AGRIC abono con mantillo.

terreauter [3] *v tr* abonar ou fertilizar con mantillo.

Terre de Feu *n pr* GÉOGR (la) Terre de Feu Tierra del Fuego.

terre-neuvas ► **terre-neuvier**.

terre-neuve *m inv* terranova (chien).

Terre-Neuve *n pr f* GÉOGR Terranova.

terre-neuvier; terre-neuvas *m* pescador de bacalao en los bancos de Terranova (pêcheur) ‖ bacaladero que va a Terranova (bateau).

‖ OBSERV pl terre-neuviers; terre-neuvas.

terre-plein [terplɛ̃] *m* terraplén ‖ explanada *f* (fortification).

‖ OBSERV pl terre-pleins.

terrer [4] *v tr* AGRIC acollar, echar tierra (mettre de la nouvelle terre) ‖ cubrir de tierra, enterrar (couvrir de terre).

► **se terrer** *v pr* meterse en una madriguera (un lapin) ‖ FIG esconderse, apartarse (une personne).

terrestre *adj* terrestre; animaux terrestres animales terrestres ‖ terrenal; paradis terrestre paraíso terrenal ‖ terreno, na; les intérêts terrestres los intereses terrenos ‖ terráqueo; le globe terrestre el globo terráqueo.

terreur *f* terror *m* ‖ terreur panique pánico *m*, pavor *m* ‖ HIST la Terreur el Terror.

┌ **LA TERREUR**
Entre 1793 y 1794, los "Montagnards" encabezados por Robespierre llevaron a cabo numerosas detenciones, juicios sumarios y ejecuciones. "La Grande Terreur" empezó el 10 de junio de 1794 y acabó con la caída de Robespierre, el 9 de termidor (27 de junio de 1794).

terreux, euse *adj* terroso, sa.

terri ► **terril**.

terrible *adj* terrible.

‖ SYN formidable formidable; redoutable temible.

terriblement *adv* terriblemente; il a terriblement grandi ha crecido muchísimo.

terricole *adj* terrícola.

terrien, enne *adj & s* terrateniente (qui possède plusieurs terres) ‖ habitante de la Tierra (qui habite la Terre) ‖ rural ‖ FAM hombre de tierra adentro (qui n'est pas marin) ‖ propriétaire terrien terrateniente.

terrier *m* madriguera *f* (trou dans la terre) ‖ FIG madriguera *f*, guarida *f* (lieu retiré) ‖ terrier, zarcero, ra (chien de chasse) ‖ fox-terrier fox-terrier.

► **terrier** *adj m* DR (ancien) livre terrier libro becerro.

terrifiant, e *adj* terrorífico, ca; aterrador, ra.

terrifié, e *adj* aterrado, da.

terrifier [9] *v tr* aterrar, aterrorizar.

terrigène *adj* terrígeno, na.

terril; terri [teri] *m* escorial, terreno (amas de déblais).

terrine *f* lebrillo *m*, barreño *m* (vase de terre) ‖ conserva de carnes en tarro, terrina (gallicisme).

terrir [32] *v intr* tocar tierra (un bateau).

territoire *m* territorio.

Territoire de Belfort *n pr* GÉOGR le Territoire de Belfort el territorio de Belfort.

Territoires du Nord-Ouest *n pr m pl* GÉOGR les Territoires du Nord-Ouest los Territorios del Noroeste.

territorial, e *adj* territorial ■ MIL armée territoriale, territoriale segunda reserva ‖ collectivités territoriales jurisdicciones territoriales ‖ eaux territoriales aguas jurisdiccionales.

► **territorial** *m* soldado de la segunda reserva.

territorialement *adv* de modo territorial, con territorialidad.

territorialité *f* territorialidad.

terroir *m* terruño, tierra *f*, patria *f* chica; sentir le terroir recordar ou traer a la memoria el terruño ‖ avoir l'accent du terroir tener el deje ou el dejo de la región, de la provincia.

terroriser [3] *v tr* aterrorizar, asustar.

terrorisme *m* terrorismo.

terroriste *adj & s* terrorista.

terser ► **tercer**.

tertiaire [tersjer] *adj & s* terciario, ria ‖ ère tertiaire, tertiaire era terciaria, el Terciario.

tertio [tersjo] *adv* tercero, en tercer lugar.

tertre *m* cerro, colina *f* ‖ tertre funéraire túmulo funerario.

Tertullien *n pr* Tertuliano.

terzetto [terdzeto] *m* MUS terceto.

tes [te] *adj poss pl* tus; tes amis et tes amies tus amigos y tus amigas.

Tessin *n pr m* GÉOGR le Tessin el Ticino ou Tesino.

tessiture *f* tesitura.

tesson *m* casco, tiesto ‖ tessons de bouteille cascos de botella.

test [test] *m* test, prueba *f*; test d'aptitude test de aptitud ‖ caparazón, concha *f* [de moluscos y tortugas].

test ► **têt**.

testacé, e *adj* testáceo, a.

testament *m* testamento; Ancien, Nouveau Testament Antiguo, Nuevo Testamento ■ testament authentique testamento abierto ‖ testament mystique ou secret testamento cerrado ‖ testament olographe testamento ológrafo ■ faire son testament hacer testamento.

testamentaire *adj* testamentario, ria ‖ exécuteur testamentaire albacea.

testateur, trice *m & f* testador, ra.

tester [3] *v intr* testar, hacer testamento.
◇ *v tr* someter a una prueba ou a un test.

testiculaire *adj* testicular.

testicule *m* ANAT & ZOOL testículo.

testimonial, e *adj* testimonial, testifical.

teston *m* testón (ancienne monnaie d'argent).

testostérone *f* testosterona.

têt [tɛ]; **test** *m* CHIM copela *f* de ensayos ▐ ZOOL testuz.

Têt [tɛt]; **Têt Nguyên Dan** *n pr m* la fête du Têt ou Têt Nguyên Dan la fiesta del Têt Nguyen Dan.

tétanie *f;* **tétanisme** *m* tetania *f,* tetanismo *m.*

tétanique *adj* tetánico, ca.

tétaniser [3] *v tr* causar tétanos, tetanizar.

tétanisme ▬ **tétanie**.

tétanos [tetanos] *m* MÉD tétanos.

têtard *m* renacuajo (première forme de la grenouille) ▐ árbol desmochado (arbre).

tête [tɛt] *f* ANAT & ZOOL [▷ SYN] cabeza; la tête de l'homme, cinquante têtes de bétail la cabeza del hombre, cincuenta cabezas de ganado ▐ cara (visage) ▐ FAM cara (expression du visage); faire la mauvaise tête poner mala cara ▐ cabeza; cela nous revient à tant par tête tocamos a tanto por cabeza ▐ FIG cabeza (esprit, raison, imagination, volonté, caractère, etc.); avoir une chose en tête tener una cosa en la cabeza; perdre la tête perder la cabeza ▐ cabeza (extrémité renflée d'un objet, commencement); tête d'épingle, d'ail, d'un chapitre, d'un convoi cabeza de alfiler, de ajo, de un capítulo, de un convoy ▐ cabecera (de lit) ▐ copa (d'un arbre) ▐ cotillo *m* (d'un marteau) ■ tête atomique cabeza atómica ▐ FIG tête baissée con los ojos cerrados, de cabeza, sin pensarlo, sin reflexionar, ciegamente; les soldats attaquèrent tête baissée los soldados atacaron ciegamente ▐ tête brûlée bala rasa, cabeza loca ▐ tête carrée cabezón, cabezotas, terco ▐ tête chaude impulsivo, brusco ▐ tête chercheuse cabeza buscadora (fusée) ▐ tête couronnée testa coronada ▐ tête d'affiche cabecera del reparto (théâtre) ▐ tête de... pedazo de..., so... ▐ tête de bétail cabeza de ganado, res ▐ tête d'éruption árbol de Navidad (mines) ▐ tête de ligne cabeza de línea ▐ tête de linotte cabeza de chorlito ▐ tête de mort calavera (squelette humain), queso de bola (fromage) ▐ tête d'enregistrement, de lecture, d'effacement cabeza de grabación, sonora, supresora (magnétophone) ▐ FAM tête de pipe barba; à tant par tête de pipe a tanto por barba ▐ MIL tête de pont, de plage cabeza de puente, de playa ▐ SPORTS tête de série cabeza de serie (tennis) ▐ tête de turc cabeza de turco ▐ CULIN tête de veau cabeza de ternera ▐ tête nue descubierto, sin sombrero, a pelo ■ coup de tête cabezazo, testarazo (coup avec la tête), cabezonada, capricho (action peu réfléchie) ▐ forte tête carácter fuerte ▐ homme de tête hombre muy entero ▐ mal de tête dolor de cabeza ▐ mauvaise tête mala cabeza ▐ prise de tête comedura de coco ▐ voix de tête voz de falsete ■ à la tête de al frente de ▐ à tête reposée con toda tranquilidad, con sosiego ▐ de la tête aux pieds de la cabeza a los pies, de arriba abajo ▐ de tête mentalmente; faire une multiplication de tête hacer una multiplicación mentalmente ▐ en tête (de) delante (de) ▐ en tête-à-tête a solas, mano a mano, frente a frente, cara a cara ▐ la tête haute, basse con la cabeza alta, cabizbajo ▐ la tête la première de cabeza; il tomba la tête la première cayó de cabeza ▐ sur la tête de a nombre de (sous le nom), por la salud de (ser-

ment) ■ avoir en tête de tener en la cabeza, tener la intención de ▐ avoir la tête dure ser duro de mollera ▐ avoir la tête près du bonnet tener un genio vivo, ser irascible ▐ avoir la tête qui tourne marearse ▐ avoir la tête sur les épaules tener la cabeza encima de los hombros ▐ avoir sa tête ou toute sa tête estar en sus cabales, conservar la cabeza ▐ avoir ses têtes tener sus manías ▐ avoir une bonne tête tener una cara simpática ▐ FAM ça me prend la tête me tiene frito ou negro [un asunto] ▐ ça (ne) va pas, la tête? ¿estás loco? ▐ casser la tête poner la cabeza bomba ▐ couper la tête d'un arbre desmochar un árbol ▐ courber la tête bajar la cabeza ▐ coûter les yeux de la tête costar un ojo de la cara ▐ donner sa tête à couper jugarse la cabeza ou el cuello ▐ en avoir par-dessus la tête estar hasta la coronilla ou hasta los pelos ou hasta las narices ▐ en faire à sa tête obrar a su antojo ▐ (en) faire une tête poner una (mala) cara ▐ faire la tête estar de morros (bouder), poner mala cara ▐ faire une tête dar un cabezazo (au football) ▐ faire une tête de poner cara de ▐ gagner d'une tête ganar por una cabeza (turf) ▐ garder toute sa tête tener sangre fría ▐ jeter à la tête echar en cara ▐ jurer sur la tête de quelqu'un jurar por alguien ou por la salud de alguien ▐ laver la tête à quelqu'un echar una bronca a alguien ▐ marcher sur la tête estar tarumba ▐ mettre sur la tête de poner a nombre de ▐ monter à la tête subirse a la cabeza ▐ monter la tête à quelqu'un hincharle a uno la cabeza contra alguien ou contra algo ▐ n'avoir ni queue ni tête no tener ni pies ni cabeza ▐ n'avoir pas de tête no tener cabeza ▐ n'en faire qu'à sa tête hacer uno lo que le da la gana ▐ FAM ne pas se casser la tête no quebrarse, no herniarse ▐ ne savoir où donner de la tête andar de cabeza ▐ passer par la tête une idée ocurrírsele a uno una idea ▐ payer de sa tête pagar con la cabeza ou con su vida ▐ payer tant par tête ou par tête de pipe FAM pagar tanto por cabeza ou por barba FAM ▐ piquer une tête tirarse de cabeza ▐ prendre la tête encabezar (mener) ▐ FAM prendre la tête à quelqu'un traerle a uno negro (ennuyer) ▐ se jeter à la tête de quelqu'un insinuarse (faire des avances) ▐ se mettre dans la tête ou en tête meterse en la cabeza ▐ se monter la tête hacerse ilusiones ▐ se payer la tête de quelqu'un tomarle el pelo a uno ▐ se creuser ou se casser la tête quebrarse la cabeza ▐ se taper la tête contre les murs darse de cabeza contra la pared ▐ tenir tête resistir, hacer frente ▐ tourner la tête subir a la cabeza.

▐ SYN (vx) chef cabeza; FAM caboche, FAM ciboulot chola.

tête-à-queue [tɛtakø] *m inv* vuelta *f* completa de dirección, tornillazo (voiture, cheval); faire un tête-à-queue dar un tornillazo ou una vuelta completa de dirección.

tête-à-tête [tɛtatɛt] *m inv* entrevista *f* ou conversación *f* a solas, mano a mano ▐ confidente (canapé à deux places) ▐ tú y yo, servicio de café para dos personas.

têteau *m* extremidad *f* de una rama.

tête-bêche *adv* pies contra cabeza.

tête-de-loup [tɛtdəlu] *f* escobón *m,* deshollinador *m,* cabeza de fraile.

▐ OBSERV pl têtes-de-loup.

tête-de-nègre *adj inv* & *s f* castaño oscuro (couleur).

▐ OBSERV pl têtes-de-nègre.

tétée *f* FAM mamada.

téter [8] *v tr* mamar ■ donner à téter dar de mamar, dar el pecho ▐ téter sa mère tomar el pecho.

téterelle *f* sacaleche *m,* mamadera.

têtière *f* cabezada (de la bride d'un cheval) ▐ cabezal *m,* funda (d'un fauteuil) ▐ MAR gratil *m* (de la voile).

tétin *m* pezón.

tétine *f* teta, ubre (des femelles des mammifères) ▐ tetina, boquilla (d'un biberon).

téton *m* FAM pecho, teta *f* (de la femme) ▐ TECHN tetón, espiga *f* (saillie).

Tétouan *n pr* GÉOGR Tetuán.

tétracorde *m* tetracordio.

tétradactyle *adj* ZOOL tetradáctilo, la.

tétraèdre *m* GÉOM tetraedro.

tétraédrique *adj* GÉOM tetraédrico, ca.

tétragone *adj* GÉOM tetrágono, na.

tétragonia *f;* **tétragone** *m* BOT tetragonio *m* (sorte d'épinard).

tétralogie *f* tetralogía.

tétramère *adj* ZOOL tetrámero, ra.

tétramètre *adj* de cuatro metros. ◇ *m* verso de cuatro metros.

tétraplégique *adj* tetrapléjico, ca.

tétrapode *adj* & *s m* ZOOL tetrápodo, da.

tétraptère *adj* ZOOL tetráptero, ra.

tétrarchat [tetrarka] *m* tetrarquía *f.*

tétrarchie [tetrarʃi] *f* tetrarquía.

tétrarque *m* tetrarca.

tétras [tetra] *m* urogallo (oiseau).

tétrastyle *adj* & *s m* ARCHIT tetrástilo.

tétrasyllabe; tétrasyllabique *adj* tetrasílabo, ba; cuatrisílabo, ba.

tétrasyllabique *adj* tetrasilábico, ca.

tétravalent, e *adj* CHIM tetravalente.

tétrode *m* RAD tetrodo.

tette *f* pezón *m,* teta (des animaux).

têtu, e *adj* & *s* testarudo, da; terco, ca; cabezón, ona; être têtu comme une mule ser terco como un aragonés.

▐ SYN entêté terco; entier inflexible; obstiné obstinado; opiniâtre pertinaz, porfiado; acharné encarnizado; persévérant perseverante; tenace tenaz; FAM buté porfiado; cabochard cabezota, cabezón.

teuf-teuf [tœftœf] *m* FAM cacharro, cafetera *f* (automobile).

▐ OBSERV pl teufs-teufs.

teuton, onne *adj* teutón, ona.

teutonique *adj* teutónico, ca.

Teutons *n pr m pl* teutones.

Texas [teksas] *n pr m* GÉOGR le Texas Texas, Tejas.

texte *m* texto; restituer un texte restablecer un texto ▐ texte de loi texto legal ▐ THÉÂTR apprendre son texte aprenderse el papel.

▐ SYN contexte contexto; teneur tenor; manuscrit manuscrito; original, copie original.

textile *adj* textil; industrie textile industria textil.

◇ *m* tejido; **textile artificiel** tejido artificial.

texto *adv* FAM textualmente.

textuel, elle *adj* textual.

textuellement *adv* textualmente.

texture *f* textura, contextura, tejido *m*.

TF1 (abr de **Télévision française 1**) *f* antigua cadena de televisión pública francesa, actualmente cadena privada.

TG (abr de **Trésorerie générale**) *f* tesorería general.

TGI (abr de **tribunal de grande instance**) *m* ≃ audiencia *f* provincial ou regional.

TGV (abr de **train à grande vitesse**) *m* TAV.

th (abr écrite de **thermie**) th.

Thabor; Tabor *n pr m* GÉOGR **le Thabor** ou **Tabor** el Tabor.

Thaddée *n pr* Tadeo.

thaï, ïe [taj] *adj & s m* LING thai (langue du Sud-Est asiatique).

thaïlandais, e *adj* tailandés, esa.

Thaïlandais, e *m & f* tailandés, esa.

Thaïlande *n pr f* GÉOGR **la Thaïlande** Tailandia, Thailandia.

Thaïs *n pr m pl* thais, tais.

thalamus *m* ANAT tálamo.

thalassothérapie *f* MÉD talasoterapia.

thaler *m* (ancien) tálero, taler (monnaie allemande).

Thalès *n pr* Tales.

Thalie *n pr* MYTH Talía.

thalle *m* BOT talo (des lichens).

thallium [taljɔm] *m* talio (métal).

thallophytes *m pl* BOT talofitas *f*.

thalweg [talveg] ►► **talweg**.

thapsia *m* tapsia (plante).

thaumaturge *m* taumaturgo.

thaumaturgie *f* taumaturgia.

thé *m* té; **thé au lait, au citron** té con leche, con limón ‖ **thé dansant** té baile ‖ **prendre le thé** tomar el té.

théatin *m* teatino.

théâtral, e *adj* teatral; **groupes théâtraux** grupos teatrales.

théâtralement *adv* teatralmente.

théâtre *m* teatro (lieu, littérature, profession) ‖ FIG teatro, escenario; **cette ville fut le théâtre d'un grand évènement** esta ciudad fue teatro de un gran suceso ■ **théâtre boulevardier** ou **de boulevard** teatro ligero ou de género chico ‖ **théâtre de poche** teatro de dimensiones reducidas ‖ MIL **théâtre des opérations** teatro de operaciones ‖ **théâtre filmé** teatro filmado ■ **coup de théâtre** lance imprevisto, sorpresa ‖ **pièce de théâtre** obra de teatro ou teatral ■ **faire du théâtre** trabajar en el teatro ‖ **mettre un roman au théâtre** poner una novela en escena, adaptar una novela al teatro.

  SYN FAM **boui-boui** teatrucho, teatrillo; **scène** escenario; **planches** tablas; **plateau** tablado.

théâtreuse *f* comedianta mala.

thébaïde *f* tebaida (solitude).

Thébaïde *n pr f* HIST **la Thébaïde** Tebaida.

thébain, e *adj* tebano, na.

Thébain, e *m & f* tebano, na.

thébaïne *f* tebaína (alcaloïde).

thébaïque *adj* tebaico, ca (d'opium).

thébaïsme *m* tebaísmo (empoisonnement par l'opium).

Thèbes [tɛb] *n pr* GÉOGR Tebas.

théier [teje] *m* té (arbuste).

théière [tejɛr] *f* tetera.

théine *f* teína (alcaloïde).

théisme *m* teísmo (doctrine) ‖ intoxicación *f* mediante el té.

théiste *adj & s* teísta.

thématique *adj* temático, ca.

thème *m* tema ‖ traducción *f* inversa ‖ GRAMM tema, radical ‖ MIL & MUS tema ■ **thème astral** carta astral ‖ FAM **fort en thème** empollón (étudiant).

Thémis [temis] *n pr* MYTH Temis.

Thémistocle *n pr* Temístocles.

thénar *m* ANAT tenar.

théobromine *f* teobromina (alcaloïde du cacao).

théocratie *f* teocracia.

théocratique *adj* teocrático, ca.

Théocrite *n pr* Teócrito.

théodicée *f* teodicea.

théodolite *m* teodolito.

Théodora *n pr* Teodora.

Théodore *n pr* Teodoro.

Théodoric *n pr* Teodorico.

Théodose *n pr* Teodosio.

théodosien, enne *adj* teodosiano, na.

théogonie *f* teogonía.

théogonique *adj* teogónico, ca.

théologal, e *adj* teologal.

théologie *f* teología.

théologien [teɔlɔʒjɛ̃] *m* teólogo.

théologique *adj* teológico, ca.

théologiquement *adv* teológicamente.

théologiser [3] *v intr* teologizar.

Théophane *n pr* Teófanes.

théophilanthrope *m & f* teofilántropo, pa.

théophilanthropie *f* teofilantropía.

Théophile *n pr* Teófilo.

Théophraste *n pr* Teofrasto.

théophylline *f* teofilina.

théorbe ►► **téorbe**.

théorématique *adj* teoremático, ca.

théorème *m* teorema.

théorétique *adj* teorético, ca.

théoricien, enne *m & f* teórico, ca.

théorie *f* teoría ‖ **en théorie** teóricamente, en teoría.

théorique *adj* teórico, ca.

théoriquement *adv* teóricamente.

théoriser [3] *v tr & intr* teorizar.

théosophe *m* teósofo.

théosophie *f* teosofía.

théosophique *adj* teosófico, ca.

thèque *f* BOT teca.

thérapeute *m & f* terapeuta.

thérapeutique *adj & s f* terapéutico, ca.

thérapie *f* terapia, terapéutica; **thérapie de groupe** terapia de grupo.

Thérèse *n pr* Teresa.

Thérèse d'Avila *n pr* **sainte Thérèse d'Avila** santa Teresa de Jesús.

thériaque *f* triaca, teriaca.

thermal, e *adj* termal ■ **cure thermale** cura termal ‖ **station thermale** estación termal, balneario, caldas.

thermalisme *m* estado termal ‖ organización *f* y explotación *f* de las fuentes termales.

thermalité *f* termalidad.

thermes [tɛrm] *m pl* termas *f*, caldas *f*.

thermicité *f* termicidad.

thermidor *m* termidor [undécimo mes del calendario republicano francés].

    THERMIDOR (AN II)
El 8 de termidor del año II, Robespierre atacó a sus enemigos en la Convención. El 9, lo detuvieron y el 10, lo ejecutaron junto con sus partidarios.

thermidorien, enne *adj & s* termidoriano, na.

thermie *f* PHYS termia.

thermique *adj* térmico, ca.

thermite *f* termita (soudure autogène).

thermocautère *m* termocauterio.

thermochimie *f* termoquímica.

thermochimique *adj* termoquímico, ca.

thermocollant, e *adj* termoadhesivo, va.

thermocouple *m* termopar, par termoeléctrico.

thermodurcissable *adj* termoestable, que se endurece con el calor.

thermodynamique *f* termodinámica.

thermoélectricité *f* termoelectricidad.

thermoélectrique *adj* termoeléctrico, ca; **couple thermoélectrique** par termoeléctrico.

thermogène *adj* termógeno, na.

thermographe *m* termógrafo.

thermoïonique; thermo-ionique *adj* termoiónico, ca.

thermomètre *m* termómetro; **thermomètre à maximum et à minimum, médical** termómetro de máxima y mínima, clínico.

thermométrie *f* termometría.

thermométrique *adj* termométrico, ca.

thermonucléaire *adj* termonuclear.

thermopile *f* ÉLECTR termopila.

thermoplastique *adj* termoplástico, ca.

thermoplongeur *m* calentador a inmersión.

thermopompe *f* termobomba.

thermopropulsion *f* termopropulsión.

Thermopyles *n pr f pl* GÉOGR Termópilas.

thermorégulation *f* termorregulación, regulación térmica.

Thermos® [tɛrmos] *f* termo *m*, termos *m* (récipient isolant).

thermoscope *m* termoscopio (thermomètre différentiel).

thermosiphon *m* termosifón.

thermostat [tɛrmɔsta] *m* termostato.

thésard, e *m* & *f* FAM doctorando, da.

thésaurisation *f* atesoramiento *m*, acumulación de riquezas.

thésauriser [3] *v tr* atesorar.

thesauriseur, euse *adj* & *s* atesorador, ra.

thésaurus; thesaurus [tezɔrys] *m inv* tesauro *m*.

thèse *f* tesis (proposition, opinion); roman à thèse novela de tesis ▌ tesis (de doctorat) ▪ en thèse générale generalmente hablando, de manera general ▪ FIG cela change la thèse eso es otro cantar, esto cambia el problema.

> ┌── **THÈSE, ANTITHÈSE, SYNTHÈSE** ──────
> Es la estructura tradicional de una argumentación teórica (un ensayo en particular), tal como se suele enseñar en las escuelas francesas.

Thésée *n pr* MYTH Teseo.

thesmophories *f pl* tesmoforias (fêtes à Athènes).

thesmothète *m* tesmóteta.

Thespiades *f pl* Tespíades (les muses).

thespien, enne *adj* & *s* tespio, pia.

Thespies [tɛspi] *n pr* HIST Tespia.

Thespis [tɛspis] *n pr* Tespis.

Thessalie *n pr f* GÉOGR la Thessalie Tesalia.

thessalien, enne *adj* tesaliense; tesalio, lia.

Thessalien, enne *m* & *f* tesaliense; tesalio, lia.

Thessalonique *n pr f* GÉOGR la Thessalonique Tesalónica.

thêta *m* theta *f* (lettre grecque).

Thétis *n pr* MYTH Tetis.

théurgie [teyrʒi] *f* teúrgia.

théurgique *adj* teúrgico, ca.

thiamine *f* tiamina, vitamina B₁.

Thibaud; Thibaut [tibo] *n pr* Teobaldo.

thibaude *f* arpillera, harpillera (étoffe).

Thibaut ➡ Thibaud.

thiol *m* CHIM tiol.

thionine *f* MÉD tionina.

thionique *adj* CHIM tiónico, ca.

thixotropie *f* tixotropia.

thlaspi [tlaspi] *m* tlaspi, carraspique (plante).

Thomas [tɔma] *n pr* Tomás.

Thomas d'Aquin *n pr* saint Thomas d'Aquin santo Tomás de Aquino.

thomise *m* tomisa *f* (araignée).

thomisme *m* tomismo.

thon *m* atún (poisson).

thonaire; thonnaire *m* almadraba *f* (filet).

thonidés *m pl* túnidos.

thonier *m* barco atunero.

thonine *f* tonina [atún del Mediterráneo].

thonnaire ➡ thonaire.

Thor; Tor [tɔr] *n pr* Thor, Tor.

Thora ➡ Torah.

thoracentèse *f* MÉD toracentesis, toracocentesis.

thoracique *adj* torácico, ca.

thoracoplastie *f* MÉD toracoplastia, plastia.

thorax *m* ANAT tórax.

thorite *f* MIN torita.

thorium [tɔrjɔm] *m* torio (métal).

Thot; Thoth [tɔt] *n pr* Tot, Thot.

Thoune *n pr* GÉOGR Thun.

thrace *adj* tracio, cia.

Thrace *m* & *f* tracio, cia.

Thrace *n pr f* GÉOGR la Thrace Tracia.

Thrasybule *n pr* Trasíbulo.

thrène *m* treno, canto fúnebre.

thridace *f* tridacio *m*.

thriller [srilœr] ou [trilœr] *m* thriller.

thrombine *f* trombina.

thrombocyte *m* trombocito.

thrombose *f* MÉD trombosis; thrombose coronaire trombosis coronaria.

thrombus [trɔbys] *m* MÉD trombo, coágulo de sangre.

Thucydide *n pr* Tucídides.

thulium [tyljɔm] *m* tulio (terre rare).

thune; tune *f* FAM guita *f inv*, pasta *f inv*.

Thurgovie *n pr f* GÉOGR la Thurgovie Turgovia.

thuriféraire *m* turiferario ▌ FIG adulón, ona; cobista (flatteur).

Thuringe *n pr f* GÉOGR Turingia.

thuringien, enne *adj* turingio, gia.

Thuringien, enne *m* & *f* turingio, gia.

thuya [tyja] *m* tuya *f* (arbre).

thyiade *f* bacante.

thylacine *m* tilacino (marsupial).

thym [tɛ̃] *m* tomillo (plante).

thyméléacées *f pl* BOT timeleáceas.

thymique *adj* ANAT tímico, ca.

thymol *m* CHIM timol.

thymus [timys] *m* timo (glande de la gorge).

thyratron *m* ÉLECTR tiratrón.

thyroïde *adj* ANAT tiroideo, a.
> *f* tiroides *m*.

thyroïdectomie *f* MÉD tiroidectomía.

thyroïdien, enne *adj* ANAT tiroideo, a.

thyroïdine *f* tiroidina.

thyroïdite *f* MÉD tiroiditis.

thyroxine *f* tiroxina.

thyrse *m* tirso ▌ BOT tirso, panoja *f*.

thysanoures [tizanur] *m pl* ZOOL tisanuros.

TI (abr de tribunal d'instance) *m* juzgado municipal.

tiare *f* tiara.

Tibère *n pr* Tiberio.

Tibériade *n pr* GÉOGR Tiberíades.

Tibesti *n pr m* GÉOGR le Tibesti el Tibesti.

Tibet *n pr m* GÉOGR le Tibet el Tibet, Tíbet.

tibétain, e *adj* tibetano, na.
➡ **tibétain** *m* LING tibetano.

Tibétain, e *m* & *f* tibetano, na.

tibia *m* ANAT tibia *f*.

tibial, e *adj* tibial, de la tibia.

Tibre *n pr m* GÉOGR le Tibre el Tíber.

Tibulle *n pr* Tibulo.

Tiburce *n pr* Tiburcio.

tic *m* tic (contraction nerveuse chez l'homme) ▌ FIG tic, manía *f* ▌ muletilla *f* (de langage) ▌ VÉTÉR tiro.

ticket [tikɛ] *m* billete (d'autobus, de chemin de fer) ▌ entrada *f* (de cinéma) ▌ tique ▌ cupón (d'une carte de rationnement) ▪ ticket de caisse tique de caja ▪ ticket de quai billete de andén ▪ ticket modérateur porcentaje de los gastos que corresponde pagar al asegurado social (sécurité sociale).

ticket-repas *m* tiquet restaurante *m*.

tic-tac *m inv* tictac (onomatopée du bruit de l'horloge).

tictaquer [3] *v intr* hacer tictac.

tiédasse *adj* PÉJ calentorro, rra.

tiède *adj* tibio, bia; templado, da; un bain tiède un baño tibio.
> *adv* boire tiède beber cosas templadas.

tièdement *adv* sin gran entusiasmo.

tiédeur *f* tibieza.

tiédir [32] *v tr* entibiar, templar.
> *v intr* entibiarse.

tien, tienne *adj* & *pron poss* tuyo, ya.
> *m* & *f* lo tuyo, la tuya ▪ à la tienne! ¡salud! (à ta santé!) ▌ les tiens los tuyos, tus parientes ▪ FAM tu fais des tiennes haces de las tuyas ▌ un tiens vaut mieux que deux tu l'auras más vale un toma que dos te daré, más vale pájaro en mano que ciento volando.

tiens! [tjɛ̃] *interj* ¡hombre!, ¡vaya! (du verbe tenir).

tierce *f* escalerilla (série de trois cartes de même couleur) ▌ tercia (escrime); tercia (office divin) ▌ BLAS tercia ▌ IMPR última prueba.

tiercé, e *adj* BLAS terciado, da; tiercé en fasce terciado en faja.
➡ **tiercé** *m* apuesta *f* triple gemela (pari aux courses de chevaux).

tiercefeuille *f* BLAS trifolio *m*, flor de tres pétalos.

tiercelet [tjɛrsəlɛ] *m* terzuelo (oiseau de proie mâle).

tiercer [16] *v tr* AGRIC terciar [dar la tercera labor].

tierceron *m* ARCHIT arco tercelete.

tiers, tierce [tjɛr, tjɛrs] *adj* tercer (devant un nom masculin singulier); tercero, ra; un tiers parti un tercer partido; une tierce personne una tercera persona ▪ DR tierce opposition tercería ▌ tiers état el Estado llano ▌ RELIG tiers ordre orden tercera ▌ tiers payant pago directo por el seguro social de los gastos de una enfermedad (sécurité sociale) ▌ tiers provisionnel abono a cuenta de una tercera parte del impuesto sobre la renta (impôts) ▪ fièvre tierce fiebre terciana.
➡ **tiers** *m* tercio, tercera *f* parte; le tiers d'une pomme la tercera parte de una manzana ▌ tercero, tercera *f* persona; porter tort à un tiers causar daño a un tercero ▪ assurance au tiers seguro contra tercera persona ▌ être en tiers ser tercero (dans une réunion).

tiers-monde *m* tercer mundo.

tiers-mondisation *f* tercermundización.

tiers-mondiste *adj* & *s* tercermundista.
▌ OBSERV pl tiers-mondistes.

tiers-point *m* ARCHIT vértice *f* de una ojiva, terciario ‖ MAR vela *f* latina ‖ TECHN lima *f* triangular ‖ voûte en tiers-point bóveda ojival.

tif *m*; **tiffes** *m pl* [tif] FAM pelo (cheveu).
➤ **tifs** *m pl* FAM greñas *f pl.*

TIG (abr de travail d'intérêt général) *m* periodo de trabajo no remunerado impuesto a un delincuente.

tige [tiʒ] *f* BOT [▷ SYN] tallo *m*, tronco *m* ‖ caña (graminées) ‖ tronco *m* (ancêtre dont provient une famille) ‖ ARCHIT caña, fuste *m* (d'une colonne) ‖ caña (d'une botte) ‖ tija (de la clef) ‖ varilla, barra (barre) ‖ MÉCAN vástago *m* (d'un piston, de perforation) ‖ FAM vieille tige aviador veterano.

⸾ SYN souche cepa; stipe estípite; tronc tronco; chaume caña; pédicule pedículo; hampe bohordo.

tigelle *f* BOT plúmula.

tigette *f* ARCHIT caulículo *m* (de chapiteau).

tiglon ➤ **tigron**.

tignasse *f* FAM greñas *pl*, pelambrera (chevelure).

Tigre *n pr m* GÉOGR le Tigre el Tigris.

tigre, esse *m & f* tigre (animal).
➤ **tigresse** *f* FIG mujer muy celosa, fiera.
⸾ OBSERV Le féminin de tigre (tigresse) se traduit en espagnol par tigre hembra. Le tigre américain, ou jaguar, donne au féminin tigra.

tigré, e *adj* atigrado, da.

tigridie *f* flor de la maravilla (plante).

tigron; tiglon *m* cruce de tigre y león.

tilbury *m* tílburi.

tilde *m* tilde *f.*

tiliacées *f pl* tiliáceas.

tillac [tijak] *m* (ancien) MAR tilla *f*, cubierta *f* del puente.

tillage [tijaʒ] ➤ **teillage**.

tillandsie [tijãdsi] ou [tilãdsi]; **tillandsia** [tijãdsja] ou [tilãdsja] *f* BOT tillandsia.

tille ➤ **teille**.

tiller ➤ **teiller**.

tilleul [tijœl] *m* tilo, tila *f* (arbre) ‖ tila *f* (fleur, infusion).

tilt *m* tilt; faire tilt FAM & FIG encender la bombilla.

timbale *f* timbal *m* ‖ cubilete *m*, vaso *m* metálico (pour boire) ‖ molde *m* de cocina cilíndrico (cuisine) ‖ timbal *m* (mets) ‖ FIG & FAM décrocher la timbale ganar el premio, llevarse la palma.

timbalier *m* timbalero.

timbrage *m* timbrado, sellado.

timbre *m* sello [(Amér) estampilla *f*] (timbre-poste) ‖ timbre (timbre fiscal) ‖ timbre, campanilla *f* (sonnerie) ‖ timbre, metal (de la voix) ‖ sello, estampilla *f* (cachet) ‖ sello (instrument servant à apposer des marques) ‖ BLAS timbre ‖ MUS timbre (son caractéristique d'un instrument) ‖ TECHN presión *f* máxima (d'une chaudière) ‖ FIG avoir le timbre fêlé estar algo tocado, andar mal de la cabeza.

⸾ LE TIMBRE FISCAL
Estos sellos se venden en los estancos y se ponen en algunos documentos (permiso de conducir, carné de identidad, multa, etc.) para probar que se ha pagado al Estado el correspondiente impuesto o cantidad debida.

timbré, e *adj* sellado, da (enveloppe); timbrado, da (document) ‖ FIG & FAM tocado de la cabeza; il est un peu timbré está tocado de la cabeza ‖ papier timbré papel timbrado.

timbre-poste *m* sello de correos [(Amér) estampilla *f*].
⸾ OBSERV pl timbres-poste.

timbre-quittance *m* timbre móvil (sur les quittances, reçus, etc.), póliza *f* (sur les actes civils et judiciaires).
⸾ OBSERV pl timbres-quittances.

timbrer [3] *v tr* sellar, timbrar (p us) ‖ poner un sello, franquear (lettre).

timbreuse *f* máquina de timbrar.

timide *adj & s* tímido, da.

timidement *adv* tímidamente.

timidité *f* timidez.

timing [tajmiŋ] *m* programa, timing.

timon *m* lanza *f*, pértigo (d'une voiture) ‖ FIG timón, dirección *f* ‖ MAR caña *f* del timón (barre de gouvernail).

timonerie *f* MAR timonera, cámara del timón ‖ AUTOM mandos *m pl* (de la direction ou des freins).

timonier *m* timonel, timonero (qui tient le gouvernail) ‖ caballo de tronco (cheval).

timoré, e *adj & s* timorato, ta; indeciso, sa.

Timothée *n pr* Timoteo.

tin *m* MAR picadero.

tinamou *m* tinamú (oiseau).

tincal *m* (p us) atíncar, bórax.

tinctorial, e *adj* tintóreo, a.

tine *f* tina, cuba.

tinette *f* barril *m*, barrilete *m* (pour la graisse) ‖ tonel *m* de poceros.

tintamarre *m* estruendo, batahola *f.*

tintement *m* tintineo ■ tintement des cloches tañido de las campanas ‖ tintement d'oreilles zumbido de oídos.

tinter [3] *v tr & intr* tocar, tañer (cloche) ‖ zumbar (bourdonner); les oreilles me tintent me zumban los oídos.

tintin! *interj* FAM ¡ni hablar!, ¡nanay!

tintinnabuler [3] *v intr* tintinear, cascabelear (un grelot).

Tintoret [tɛ̃tɔrɛ] *n pr* le Tintoret el Tintoretto ou Tintoreto.

tintouin [tɛ̃twɛ̃] *m* FAM mareo, inquietud *f*, preocupación *f* (souci).

TIP (abr de titre interbancaire de paiement) *m* orden *f* de pago interbancaria.

tiphoïdique ➤ **typhoïdique**.

Tipp-Ex® *m* Tipp-Ex®.

tipule *f* típula (insecte).

tique *f* garrapata (parasite).

tiquer [3] *v intr* tener un tic (avoir un tic) ‖ FIG & FAM poner mala cara, poner cara de pocos amigos ‖ VÉTÉR padecer tiro ‖ FAM il n'a pas tiqué no ha chistado, no ha dicho esta boca es mía.

tiqueté, e *adj* moteado, da; salpicado, da (tacheté).

tiqueture *f* moteado *m*, salpicado *m.*

tiqueur, euse *m & f* persona que tiene un tic ‖ VÉTÉR caballo que padece tiro.

tir *m* tiro; tir à blanc, à boulet, d'écharpe tiro de fogueo, con bola, oblicuo ■ tir à la cible tiro al blanco ‖ tir à l'arc tiro con arco ‖ tir au but tiro a gol, remate (football) ‖ tir aux pigeons tiro de pichón ‖ tir aux pigeons d'argile tiro al plato ‖ tir de barrage fuego de barrera ‖ tir de mitraillette disparo de metralleta ‖ tir d'obus cañonazo ■ ligne de tir línea de tiro.

TIR (abr écrite de transports internationaux routiers) TIR.

tirade *f* perorata (discours) ‖ tirada (de vers) ‖ parlamento *m* (théâtre) ‖ sarta, ristra, retahíla (d'injures).

tirage *m* emisión *f*, libranza *f* (d'une traite) ‖ desembolso (versement) ‖ tiro (d'une cheminée) camino de sirga (halage) ‖ sorteo (loterie) ‖ FIG & FAM dificultad *f*; il y a du tirage hay dificultad ‖ IMPR tirada *f* ‖ PHOT copia *f*, prueba *f* (épreuve), positivado, tiraje (action) ‖ TECHN tirado (de métaux), devanado (de la soie) ■ IMPR tirage à part separata ‖ tirage au sort sorteo ‖ tirage d'une loterie sorteo de una lotería ‖ IMPR tirage en creux ou en hélio huecograbado ‖ tirage sur papier positivado (photo) ■ COMM droits de tirage spéciaux derechos especiales de giro.

tiraillement [tirajmã] *m* tirón, estirón ‖ retortijón (d'estomac).
➤ **tiraillements** *m pl* FIG dificultades *f*, disensiones *f*, desavenencias *f*, tirantez *f sing.*

tirailler [3] [tiraje] *v tr* dar tirones ‖ FIG importunar, molestar (importuner) ‖ atraer en dos sentidos diferentes.
◇ *v intr* tirotear.

tirailleur [tirajœr] *m* MIL tirador, cazador ■ (ancien) régiment de tirailleurs regimiento de tropas indígenas ■ marcher en tirailleur marchar en orden disperso ou en guerrilla.

Tirana *n pr* GÉOGR Tirana.

tirant *m* cordón de bolsa (d'une bourse) ‖ tirante de bota (ganse servant à tirer la tige d'une chaussure) ‖ tendón, nervio (dans la viande) ‖ ARCHIT tirante (d'un toit) ‖ tirant d'air altura que media entre un puente y el nivel del agua ‖ tirant d'eau calado (d'un bateau).

tirasse *f* red para cazar codornices ou perdices, percha ‖ MUS pedal *m* de acoplamiento.

tire *f* tirada, tirón *m* ‖ voleur à la tire carterista, ratero, descuidero.

tiré, e *adj* tirado, da ‖ sacado, da (extrait) ‖ cansado, da; descompuesto, ta (visage) ■ FAM tiré par les cheveux traído por los pelos, sin venir a cuento ‖ FIG être tiré à quatre épingles estar de punta en blanco ou muy compuesto ou peripuesto.
➤ **tiré** *m* monte de caza, matorral (taillis) ‖ caza *f* (gibier) ‖ COMM librado, da [persona contra quien se gira una letra] ‖ tiré à part tirada aparte, separata (reproduction).

tire-au-flanc [tiroflã] *m inv* FAM vago, holgazán.

tire-bonde *m* sacatapón (pour les tonneaux).
⸾ OBSERV pl tire-bondes.

tire-botte *m* sacabotas, tirabotas.
⸾ OBSERV pl tire-bottes.

tire-bouchon *m* sacacorchos ∥ tirabuzón (cheveux) ∥ **SPORTS** tirabuzón (plongeon) ∥ **en tire-bouchon** en espiral.
▯ **OBSERV** pl tire-bouchons.

tire-bouchonné, e *adj* en forma de tirabuzón.
▯ **OBSERV** pl tire-bouchonnés, tire-bouchonnées.

tire-bouchonner [3] *v tr* dar forma de tirabuzón.

tire-bourre *m inv* sacatrapos, sacatacos.

tire-bouton *m* abotonador, abrochador.
▯ **OBSERV** pl tire-boutons.

tire-braise *m* hurgón (de boulanger).
▯ **OBSERV** pl tire-braise ou tire-braises.

tire-cendre *m inv* **MIN** turmalina *f*.

tire-clou *m* sacaclavos, desclavador.
▯ **OBSERV** pl tire-clous.

tire-d'aile
➥ **à tire-d'aile** *loc adv* a aletazos, con vuelo rápido, a todo vuelo.

tirée *f* **FAM** tirada (longue distance).

tire-fesses *m inv* **FAM** percha *f*.

tire-feu *m inv* botafuego.

tire-fond *m inv* tirafondo (chemin de fer) ∥ anilla *f* (d'un plafond).

tire-laine *m inv* (vx) capeador, ladrón de capas.

tire-lait [tirlɛ] *m inv* mamadera *f*, sacaleche.

tire-larigot
➥ **à tire-larigot** *loc adv* **FAM** úsase en la locución; **boire à tire-larigot** beber como una esponja.

tire-ligne *m* tiralíneas.
▯ **OBSERV** pl tire-lignes.

tirelire *f* alcancía, hucha ∥ **FAM** (vieilli) buche *m* (estomac).

tire-pied [tirpje] *m* tirapié.
▯ **OBSERV** pl tire-pieds.

tirer [3] *v tr* [▷ **SYN 1**] tirar de (amener vers soi); **cheval qui tire une voiture** caballo que tira de un coche ∥ sacar; **tirer de l'argent, l'épée** sacar dinero, la espada; **tirer profit** sacar provecho ∥ sacar; **tirer des conclusions** sacar conclusiones ∥ sacar, hacer salir (faire sortir une personne); **tirer quelqu'un de prison, d'embarras** sacar a alguien de prisión, de apuros ∥ sacar, coger (de l'eau) ∥ tirar (de la bière) ∥ tirar, trazar (une ligne, un plan) ∥ estirar (bas, jupe) ∥ tirar, imprimir (une estampe, un livre) ∥ [▷ **SYN 2**] tirar, disparar; **tirer un lièvre** tirar a una liebre; **tirer un coup de canon** tirar un cañonazo ∥ tomar, sacar; **tirer un mot du latin** tomar una palabra del latín ∥ extraer, sacar (extraire); **on tire le sucre de la betterave** el azúcar se saca de la remolacha ∥ correr; **tirer les rideaux** correr las cortinas ∥ ordeñar (traire) ∥ quitar (ôter) ∥ sortear (loterie) ∥ **TECHN** tirar (l'or) ∥ chutar, tirar, rematar (football) ∥ **COMM** extender, librar (un chèque), girar, librar (une traite) ∥ **FAM** tirarse, churparse; **tirer six mois de prison** tirarse seis meses de cárcel ∥ **PHOT** revelar ▪ **tirer à blanc** disparar con munición de fogueo ∥ **tirer à soi** barrer para adentro ∥ **tirer au clair** poner en claro, sacar en limpio ∥ **tirer avantage de** sacar provecho de, aprovecharse de ∥ **FIG tirer des plans** trazar planes ∥ **tirer la jambe** renquear ∥ **tirer la langue** sacar la lengua (moquerie), tener la lengua fuera (fatigue) ∥ **tirer la porte** cerrar la puerta ∥ **tirer les cartes** echar las cartas (prédire la destinée) ∥ **tirer les larmes des yeux** hacer saltar las lágrimas ∥ **tirer les Rois** repartir el roscón de Reyes ∥ **tirer les vers du nez** tirar de la lengua, sonsacar ∥ **tirer parti** sacar partido ∥ **tirer quelqu'un de la boue** sacar del arroyo ∥ **tirer sa révérence** decir adiós, despedirse ∥ **tirer sa source ou son origine** proceder, descender, tener su origen ∥ **tirer son chapeau à quelqu'un** quitarse el sombrero, descubrirse (pour saluer), descubrirse (pour admirer) ∥ **tirer son épingle du jeu** arreglárselas, salir bien de un mal paso ∥ **tirer une affaire au clair** poner en claro un asunto ∥ **tirer une courroie** estirar ou tensar una correa ∥ **tirer une épine du pied** quitar un peso de encima ∥ **tirer une épreuve** hacer una copia (photo) ∥ **tirer un feu d'artifice** quemar una colección de fuegos artificiales ∥ **tirer vanité de** hacer alarde de, vanagloriarse de, envanecerse de ∥ **tirer vengeance de** vengarse de ▪ **navire qui tire six mètres d'eau** barco de seis metros de calado.

◇ *v intr* tirar; **tirer sur la bride** tirar de la brida ∥ tirar, disparar; **tirer sur quelqu'un** disparar a alguien ∥ tirar; **tirer à l'arc** tirar con arco ∥ tirar; **cette cheminée tire bien** esta chimenea tira bien ∥ tirar a (sur une couleur); **ce manteau tire sur le bleu** este abrigo tira a azul ▪ **tirer à la courte paille** echar pajas ∥ **tirer à sa fin** tocar a su fin, llegar al final ∥ **tirer au but** tirar a gol (football) ∥ **FAM tirer au flanc** hacerse el remolón ∥ **tirer au jugé** ou **au hasard** tirar a bulto ∥ **tirer au sort** sortear ∥ **tirer des armes** esgrimir ∥ **tirer juste** tirar con precisión ▪ **cela ne tire pas à conséquence** esto no tiene importancia.

➥ **se tirer** *v pr* salir, librarse, zafarse; **se tirer d'un trou** salir de un boquete; **se tirer d'une situation délicate** salir de una situación delicada ∥ cumplir; **il s'est bien tiré de sa mission** ha cumplido bien su misión ∥ **FAM** largarse, pirárselas (s'en aller) ▪ **se tirer d'affaire** salir adelante, salir bien de un apuro ▪ **s'en tirer** salir, salir bien; **l'opération était grave mais le malade s'en est (bien) tiré** la operación era grave pero el enfermo ha salido bien; tirar; **il s'en tire avec 300 francs par mois** tira con 300 francos al mes ∥ **s'en tirer par une pirouette** salir por la tangente.

▯ **SYN 1.** tirailler dar tirones; haler halar.
2. **FAM** canarder tirar a cubierto; mitrailler ametrallar; tirailler tirotear.

tiret [tirɛ] *m* raya *f* ∥ guión (trait d'union).

▯ **OBSERV** El tiret (raya) se utiliza para separar oraciones incidentales, para indicar el diálogo, y equivale a un paréntesis. Gráficamente es algo más largo que el trait d'union, usado en los nombres compuestos.

tiretaine *f* tiritaña (tissu).

tirette *f* cordón *m* de cortinas (de rideaux) ∥ tablero *m* que sirve de mesa ∥ presilla (pour suspendre les robes) ∥ **table à tirette** mesa extensible.

tireur, euse *m & f* tirador, ra; **bon tireur** buen tirador ∥ librador, girador de una letra de cambio ▪ **tireur d'armes** maestro de esgrima ∥ tireur, **tireuse de cartes** echador, echadora de cartas ∥ **tireur d'élite** tirador de primera ∥ **tireur d'or** tirador de oro.

➥ **tireuse** *f* **PHOT** tiradora, máquina para sacar copias.

tire-veille *m inv* **MAR** guarda de escala ∥ guardín del timón.

tiroir *m* cajón (boîte) ∥ **MÉCAN** corredera *f*, distribuidor (d'une machine à vapeur) ▪ **THÉÂTR pièce à tiroirs** folla.

tiroir-caisse *m* caja *f* registradora.
▯ **OBSERV** pl tiroirs-caisses.

tironien, enne *adj* **notes tironiennes** notas tironianas (sténographie).

tisane *f* tisana ∥ **tisane de Champagne** champaña suave.

tison *m* tizón, ascua *f* ∥ cerilla *f* que el viento no puede apagar (allumette) ∥ **FIG** rescoldo (d'une passion).

tisonné, e *adj* rodado, da (cheval).

tisonner [3] *v intr & tr* atizar, tizonear (le feu).

tisonnier *m* atizador, hurgón (pour le feu).

tissage *m* tejido (action et ouvrage) ∥ fábrica *f* de tejidos.

tisser [3] *v tr* tejer.

tisserand [tisrɑ̃] *m* tejedor.

tisserin [tisrɛ̃] *m* tejedor (oiseau).

tisseur *adj m & s m* tejedor.

tissu *m* tejido, tela *f* ∥ **ANAT** tejido ∥ **FIG** tejido, sarta *f*; **un tissu de mensonges** una sarta de embustes ▪ **ÉCON tissu industriel** red industrial ∥ **tissu urbain** ordenación del espacio urbano, estructura urbana.

tissu, e *adj* tejido, da.

tissu-éponge *m* felpa *f*, tela *f* de rizo.
▯ **OBSERV** pl tissus-éponges.

tissulaire *adj* relativo a los tejidos orgánicos.

tissure *f* textura, trama.

tissuterie *f* pasamanería.

tissutier *m* pasamanero.

titan *m* titán ∥ **de titan** titánico, ca; **un travail de titan** un trabajo titánico.

Titan *n pr* **ASTRON** Titán ∥ (missile) Titan misil Titán (armée).
➥ **Titans** *n pr m pl* **MYTH les Titans** los Titanes.

titane *m* titanio (métal).

titanesque; titanique *adj* titánico, ca.

Tite-Live *n pr* Tito Livio.

tithymale *m* titímalo (plante).

titi *m* **FAM** golfillo de París.

Titicaca *n pr* **GÉOGR le lac Titicaca** el lago Titicaca.

Titien [tisjɛ̃] *n pr* **le Titien** Tiziano, Ticiano.

titillant, e [titijɑ̃, ɑ̃t] *adj* titilante.

titillation [titijasjɔ̃] *f* titilación ∥ cosquilleo *m*, cosquilla (chatouillement).

titiller [3] [titije] *v intr* titilar, titilear.
◇ *v tr* cosquillear.

titrage *m* graduación *f* (de l'alcool).

titre *m* título (inscription, subdivision, de propriété, qualification, dignité) ∥ ley *f* (d'un métal), dosificación *f* (d'une solution) ∥ grado, graduación *f* (d'alcool) ∥ tratamiento; **on donne aux rois le titre de Votre Majesté** los reyes tienen tratamiento de Su Majestad ▪ **titre au porteur** título al portador ∥ **titre coté** título cotizable ∥ **titre courant** titulillo, folio explicativo ‖ titre de paiement título de pago ‖ titre de transport billete ‖ ÉCON titres participatifs títulos de participación ■ dépôt de titres depósito de valores ‖ IMPR faux titre anteportada, portadilla ‖ recrutement sur titres selección por méritos ■ à des titres différents por razones distintas ‖ à divers titres por distintos conceptos ‖ à juste titre de derecho, con toda la razón, con mucha razón ‖ à plusieurs titres por varios conceptos ‖ à quel titre? ¿con qué título? ‖ à titre de, au titre de como, en concepto de, a título de, en calidad de ‖ à titre d'essai a título de prueba ‖ à titre d'information a título de información ‖ à titre exceptionnel excepcionalmente ‖ à titre gracieux ou gratuit graciosamente, gratis ‖ à très juste titre con razón que le sobra ‖ au même titre con el mismo título ‖ en titre titular; professeur en titre profesor titular ■ avoir des titres tener títulos para.

titrer [3] *v tr* conceder un título (donner un titre) ‖ determinar la graduación, titular.

titreuse *f* máquina para componer títulos.

titubant, e *adj* titubeante, vacilante.

tituber [3] *v intr* titubear.

titulaire *adj & s* titular ‖ numerario, ria (professeur, etc.) ‖ titulaire d'un compte cuentacorrentista ‖ évêque titulaire obispo titular.

titularisation *f* nombramiento *m* como titular, titularización.

titulariser [3] *v tr* titularizar, hacer titular.

Titus [titys] *n pr* Tito ‖ à la Titus a lo Tito.

tmèse *f* tmesis (grammaire).

TNP (abr de **Théâtre national populaire**) *m* compañía de teatro parisiense subvencionada por el Estado.

TNT (abr de **trinitrotoluène**) *m* TNT.

TO (abr écrite de **toit ouvrant**) *m* techo solar.

toast [tost] *m* brindis ‖ tostada *f* (pain grillé) ‖ porter un toast à brindar por.

toaster [3] [toste] *v intr* (p us) brindar por.

toasteur [tostœr] *m* tostador (grille-pain).

Tobie *n pr* Tobías.

toboggan *m* tobogán ‖ AVIAT toboggan de secours rampa de emergencia.

Tobrouk *n pr* GÉOGR Tubruq, Tobruk.

toc [tɔk] *m* pam pam (onomatopée pour exprimer un choc) ‖ FAM bisutería *f*, imitación *f*, joya *f* falsa; un bijou en toc una joya de bisutería ‖ TECHN mandril (d'un tour).
◇ *adj inv* chapucero, ra; de baratija; de pacotilla; ça fait toc parece de baratija.

tocade *f* FAM capricho *m*, chifladura.

tocante ► **toquante**.

tocard, e *adj* FAM feo, a (laid); malo, la; de tres al cuarto (mauvais).

tocard; toquard *m* FAM caballo de carrera malo.

toccata [tɔkata] *f* MUS tocata.

tocsin *m* rebato, toque de alarma ‖ sonner le tocsin tocar a rebato, dar la alarma.

toc-toc *adj inv* FAM chiflado, da; guillado, da.

tofu [tɔfu] *m* tofu.

toge *f* toga.

Togo *n pr m* GÉOGR le Togo Togo.

tohu-bohu [tɔybɔy] *m inv* FAM confusión *f*, barullo, caos.

toi *pron pers* tú (sujet), te (complément direct), ti (complément indirect); c'est toi eres tú; toi, tu mens tú mientes; il travaille mieux que toi trabaja mejor que tú; tais-toi cállate; on dit de toi se dice de ti; c'est à toi qu'il parle a ti es a quien habla ■ à toi tuyo, ya ‖ avec toi contigo (pléonasme de construction, d'après le latin cumte-cum) ‖ idiot toi-même! ¡tonto tú! ■ à toi de jouer a ti te toca jugar.
▌ OBSERV Il faut remarquer qu'avec l'impératif le pronom est enclitique.

toilage *m* fondo de un encaje.

toile *f* tela; toile de coton tela de algodón ‖ lienzo *m* (tissu de lin) ‖ lienzo *m* (peinture) ‖ lona (à voile, à bâche) ‖ THÉÂTR telón *m* (rideau) ‖ toile à bâches lona ‖ toile à sacs ou de jute tela de saco ‖ toile cirée hule ‖ toile d'araignée telaraña ‖ toile de fond telón de foro (au théâtre) ‖ toile de sauvetage lona de salvamento (pompiers) ‖ toile de tente tela de tienda ■ grosse toile tela basta ‖ village de toile ciudad de lona ■ dormir ou coucher sous la toile dormir en tienda de campaña.
▌ OBSERV Tela en espagnol a surtout le sens d'étoffe.

toilerie *f* lienzo *m*, lona (tissu de lin ou de chanvre) ‖ lencería (commerce de toiles).

toilettage *m* aseo (animaux).

toilette *f* aseo *m*, limpieza personal (action de se laver) ‖ tocador *m*, lavabo *m* (meuble) ‖ traje *m*, vestido *m* (vêtements de femme) ‖ holandilla, lienzo *m* fino (toile fine) ‖ paño *m* para envolver (pour envelopper) ‖ limpieza, lavado *m* (d'une auto) ‖ toilette intime higiene íntima ■ cabinet de toilette aseo, cuarto de aseo ‖ nécessaire de toilette neceser de aseo, fin de semana ‖ objets de toilette artículos de tocador ■ être en grande toilette estar en traje de gala ‖ faire sa toilette lavarse (se laver), arreglarse, componerse (s'habiller).
➥ **toilettes** *f pl* servicios *m pl* [(Amér) baño *m sing*] (cabinet d'aisances); les toilettes des dames, des messieurs los servicios para damas, para caballeros.

toilier, ère *adj & f* lencero, ra.

toise *f* (ancien) toesa (mesure de longueur) ‖ talla, marca (pour mesurer la taille) ■ mesurer les autres à sa toise medir a los demás por su mismo rasero ‖ passer à la toise tallarse.

toisé *m* CONSTR estimación *f*, evaluación *f* (des travaux du bâtiment).

toisement *m* talla *f*, medición *f* de la estatura.

toiser [3] *v intr* tallar, medir la estatura (mesurer les hommes avec la toise) ‖ FIG mirar de arriba abajo (regarder avec dédain).

toison *f* vellón *m* (laine d'un animal) ‖ FAM greñas *pl*, melena, pelambre (chevelure) ‖ MYTH Toison d'or vellocino de oro ■ ordre de la Toison d'or orden del Toisón de Oro.

toit [twa] *m* tejado (couverture d'un bâtiment) ‖ techo; toit de chaume techo de paja ‖ FIG techo, hogar (maison) ‖ MIN pendiente (d'un filon) ■ toit ouvrant techo corredizo (d'une voiture) ‖ FIG crier ou publier sur les toits pregonar a voz en grito, decir a voces ‖ habiter sous le même toit vivir bajo el mismo techo.

toiture *f* tejado *m*, techumbre, techado *m*.

tokai; tokay [tɔke] *m* tokai (vin).

Tokyo; Tōkyō *n pr* GÉOGR Tōkyō, Tokio.

tôlage *m* chapado ‖ chapistería, planchistería.

tôlard, e ► **taulard**.

tôle *f* chapa, palastro *m*; tôle ondulée chapa ondulada ‖ ► **taule**.

Tolède *n pr* GÉOGR Toledo.

tolérable *adj* tolerable.

tolérance *f* tolerancia; tolérance religieuse tolerancia religiosa ■ maison de tolérance casa de trato, mancebía.

tolérant, e *adj* tolerante.

tolérantisme *m* tolerantismo.

tolérer [18] *v tr* tolerar.

tôlerie *f* fabricación de chapas de hierro ‖ objeto *m* de chapa ‖ taller *m* del chapista, chapistería.

tolet [tɔle] *m* MAR escálamo, tolete.

tolétière *f* MAR chumacera, escalamera.

tôlier *adj & s* chapista.

tôlier, ère ► **taulier**.

tolite *f* tolita, trilita (explosif).

tollé *f* tole, clamor de indignación.

Tolstoï [tɔlstɔj] *n pr* Léon Tolstoï Liev Nikoláievich Tolstói.

toltèque *adj* tolteca.

Toltèque *m & f* tolteca.

tolu *m* bálsamo de Tolú.

toluène *m* CHIM tolueno.

toluidine *f* CHIM toluidina.

toluol *m* CHIM toluol.

TOM (abr de **territoire d'outre-mer**) *m* territorio de ultramar francés.

tomahawk [tɔmaok] *m* tomahawk, hacha *f* de guerra [de los pieles rojas].

tomaison *f* IMPR indicación de tomo, signatura (livres).

tomate *f* tomate *m*, tomatera (plante) ‖ tomate *m* (fruit).

tombac *m* tumbaga *f* amarilla (alliage).

tombal, e *adj* sepulcral, tumbal; pierre tombale lápida sepulcral.

tombant, e *adj* caído, da; que se cae, caedizo, za (qui tombe) ‖ lacio, cia (cheveux) ‖ BOT inclinado; tige tombante tallo inclinado ■ à la nuit tombante al anochecer, al caer la noche ‖ jour tombant el atardecer.

tombe *f* tumba, sepulcro *m* ■ avoir un pied dans la tombe tener un pie en el sepulcro ‖ descendre dans la tombe bajar al sepulcro.
▌ SYN fosse fosa; caveau panteón; sépulture sepultura; sépulcre sepulcro; tombeau tumba; mausolée mausoleo; cénotaphe cenotafio; hypogée hipogeo; sarcophage sarcófago.

tombeau *m* tumba *f* ■ à tombeau ouvert a toda velocidad, a todo correr, a tumba abierta ‖ FIG se creuser un tombeau labrarse su propia ruina.

tombée *f* caída ‖ à la tombée de la nuit, à la tombée du jour al atardecer, a la caída de la tarde.

tombelle *f* túmulo *m*.

tomber [3] *v intr* [▷ **SYN**] caer, caerse; le livre est tombé par terre el libro cayó al suelo; Pierre est tombé par terre Pedro se cayó al suelo ‖ **FIG** caer; **tomber dans l'indigence, en disgrâce** caer en la indigencia, en desgracia; **nos illusions tombent une à une** nuestras ilusiones caen una tras otra; **style qui tombe dans le ridicule** estilo que cae en lo ridículo ‖ arrojarse; **tomber aux pieds de quelqu'un** arrojarse a los pies de alguien ‖ caer (le jour, la nuit) ‖ caer; **cette fête tombe un jeudi** esa fiesta cae en jueves ‖ ponerse, caer; **tomber malade** ponerse enfermo ‖ caer, morir; **le capitaine est tombé à la tête de ses hommes** el capitán cayó al frente de sus hombres ‖ caer; **le gouvernement tombera** el gobierno caerá ‖ caer; **une robe qui tombe bien** un vestido que cae bien; **les cheveux lui tombent sur les épaules** el pelo le cae sobre los hombros ‖ caerse; **mes cheveux tombent** se me cae el pelo ‖ decaer; la **conversation tombe** la conversación decae ‖ decaer, perder fuerza; **l'intérêt de la pièce tombe pendant le deuxième acte** el interés de la pieza decae durante el segundo acto ‖ amainar, calmarse; **le vent est tombé** el viento ha amainado ‖ bajar; **sa fièvre est tombée** le ha bajado la fiebre ‖ recaer; la **conversation tomba sur lui** la conversación recayó sobre él ‖ recaer, caer; **tout tombe toujours sur moi** todo me cae siempre encima ‖ encontrar, dar con (trouver) ‖ dar a, desembocar en; **rue qui tombe dans une avenue** calle que da a una avenida ‖ coincidir con; **mon anniversaire tombe en même temps que le tien** mi cumpleaños coincide con el tuyo ‖ **FIG** caerse; **tomber de sommeil** caerse de sueño ■ **tomber à la renverse** caerse de espaldas ‖ **tomber amoureux** enamorarse ‖ **tomber à pic, bien tomber** venir de perilla, venir al pelo, llegar como pedrada en ojo de boticario ‖ **tomber aux mains de** ou **entre les mains de** caer en manos de ‖ **tomber bien, mal** venir ou caer bien, mal ‖ **tomber bien bas** venir a menos ‖ **tomber comme des mouches** caer como moscas ‖ **tomber comme une masse** caer como muerto ‖ **tomber d'accord** ponerse de acuerdo ‖ **tomber dans l'erreur** incurrir en ou cometer un error ‖ **tomber dans les pommes** darle a uno un patatús ou un soponcio ‖ **tomber de haut** ou **des nues** caer de las nubes, quedarse atónito ‖ **tomber dessus** echarse encima ‖ **tomber en arrêt** ponerse (chien) ‖ **tomber en désuétude** caer en desuso ‖ **tomber en pièces** caerse a pedazos ‖ **tomber en lambeaux** caer hecho jirones ‖ **tomber en poussière** convertirse en polvo ‖ **tomber en ruine** caerse en ruinas, desmoronarse ‖ **tomber raide mort** quedarse en el sitio, morir en el acto ‖ **tomber sous la main de** llegar a las manos de ‖ **tomber sous le sens** caer de su peso, ser evidente ‖ **tomber sur l'ennemi** precipitarse contra el enemigo ‖ **tomber sur quelqu'un** encontrarse a alguien (rencontrer par hasard), emprenderla con alguien (attaquer vivement en paroles) ■ **tombé à l'eau** malogrado [proyecto] ■ **c'est tombé à l'eau!** ¡mi gozo en un pozo! ‖ **laisser tomber** dejar, abandonar, dar de lado (une affaire), dejar plantado, plantar (un amoureux), bajar (la voix) ‖ **FAM laisse tomber!** ¡déjalo! ‖ **les bras m'en tombent** me he quedado de una pieza, me

extraña muchísimo ‖ **ne pas tomber dans l'oreille d'un sourd** no caer en saco roto.
◇ *v impers* il est tombé de la grêle ha caído granizo.
◇ *v tr* **SPORTS** tumbar, derribar; **tomber un adversaire** tumbar un adversario ‖ **tomber la veste** quitarse la chaqueta.

> **SYN** s'abattre abatirse, desplomarse; s'affaisser desplomarse; basculer voltear; **FAM** dégringoler caer rodando; rouler rodar; débouler rodar abajo; choir caer; s'étaler caer de bruces; se flanquer par terre dar un guarrazo; chuter caer; s'affaler desplomarse.

tomber *m* puesta *f* de espalda (lutte).

tombereau *m* volquete ‖ carretada *f* (contenu) ‖ carreta *f* (pour les condamnés à mort).

tombeur *m* luchador que derriba a sus adversarios ‖ **tombeur de femmes** seductor, don Juan, conquistador, tenorio.

tombola *f* tómbola, rifa.

tombolo *m* cordón litoral, tómbolo.

Tombouctou *n pr* **GÉOGR** Tombouctou, Tombuctú.

tome *m* tomo.

tomenteux, euse *adj* **BOT** tomentoso, sa.

tomer [3] *v tr* dividir en tomos (livres) ‖ poner la signatura (feuilles).

tomme *f* queso *m* de Saboya.

tommette; tomette *f* baldosín *m*.

tommy [tɔmi] *m* **FAM** soldado inglés.
■ **OBSERV** pl tommys ou tommies.

tomographie *f* tomografía.

tom-pouce [tɔmpus] *m inv* **FAM** enano, hombrecillo ‖ paraguas corto de señora.

ton [tɔ̃], **ta** [ta], **tes** [te] *adj poss* tu, tus; **ton frère** tu hermano; **ta cousine** tu prima; **tes amis** tus amigos; **ton âme** tu alma.

ton *m* tono (de la voix, d'un instrument, d'une couleur, etc.) ■ **de bon, mauvais ton** de buen, mal tono ou estilo ‖ **ton sur ton** en el mismo tono ■ **changer de ton** mudar de tono ‖ **donner le ton** marcar la tónica, llevar la voz cantante ‖ **élever** ou **hausser le ton** subir el tono, subirse de tono ‖ **se donner un ton** darse tono ‖ **si vous le prenez sur ce ton** si lo toma usted así.

ton *f* tonelada inglesa (1 016 kg).

tonal, e *adj* **MUS** tonal; **systèmes tonals** sistemas tonales.

tonalité *f* **ARTS** tonalidad ‖ señal de llamada (téléphone) ‖ **tonalité continue** tonalidad continua.

tondage *m* esquileo (des animaux) ‖ tundido, tundidura *f* (des draps).

tondaille [tɔ̃daj] *f* esquileo *m*, esquila (des bêtes).

tondaison ➤ **tonte**.

tondeur, euse *m & f* esquilador, ra.
➤ **tondeuse** *f* tundidora (pour les étoffes) ‖ esquiladora (pour tondre les animaux) ‖ maquinilla (pour les cheveux de l'homme) ‖ cortacéspedes *m*, cortadora de césped (pour le gazon).

tondre [75] *v tr* esquilar (des animaux) ‖ pelar, cortar el pelo (les personnes) ‖ **FAM** rapar, cortar (couper les cheveux ras) ‖ **TECHN** tundir (les étoffes) ‖ cortar el césped, igualar (le gazon) ‖ podar, recortar (tailler ras) ‖ **FAM** pelar,

desplumar (exploiter) ‖ **FIG** cargar con fuertes impuestos, esquilmar ‖ **tondre un œuf** ser muy avaro.

tondu, e *adj* esquilado, da (un animal) ‖ tundido, da (étoffes) ‖ pelado, da (qui a les cheveux coupés) ‖ rapado, da (tondu ras) ‖ igualado, da (pré).
◇ *m & f* pelado, da; rapado, da ‖ **FAM le Petit Tondu** Napoléon I.

toner *m* **TECHN** tóner.

Tonga *n pr f pl* **GÉOGR les (îles) Tonga** las (islas) Tonga; **aux Tonga** en las Tonga (situation), a las Tonga (direction).

tonicardiaque *adj & s* tónico cardíaco.

tonicité *f* tonicidad.

tonifiant, e *adj* tónico, ca; tonificante.

tonification *f* tonificación.

tonifier [9] *v tr* tonificar, entonar.

tonique *adj* tónico, ca; **accent tonique** acento tónico.
◇ *adj & s m* tónico, ca; **remède tonique** remedio tónico; **le quinquina est un tonique** la quina es un tónico.
◇ *f* **MUS** tónica.

tonitruant, e *adj* atronador, ra; estruendoso, sa.

tonitruer [3] *v intr* atronar.

tonka *f* **BOT** haba tonca.

Tonkin *n pr m* **GÉOGR le Tonkin** Tonkín, Tonquín.

tonkinois, e *adj* tonquinés, esa.

Tonkinois, e *m & f* tonquinés, esa.

tonlieu *m* **DR** peaje (impôt sur les marchandises transportées au Moyen Âge).

tonnage *m* **MAR** tonelaje, arqueo (capacité d'un navire).

tonnant, e *adj* tonante; **Jupiter tonnant** Júpiter tonante ‖ estruendoso, sa ‖ **FIG voix tonnante** voz de trueno.

tonne *f* tonelada (unité de poids) ‖ cuba (récipient de bois) ‖ **MAR** boya (bouée) ‖ **armure à tonne** armadura de tonelete.

tonneau *m* [▷ **SYN**] tonel (récipient) ‖ **MAR** tonelada *f* (mesure) ‖ rana *f* (jeu) ‖ vuelta *f* de campana; **la voiture fit un tonneau** el coche dio una vuelta de campana ‖ cochecito de paseo (voiture légère et découverte) ‖ **AVIAT** tonel (acrobatie).

> **SYN** baril, caque barril; tine tina; tinette barril; fût pipa; futaille tonel; barrique barrica; quartaut cuarterola; foudre cuba; boucaut bocoy; cercle casco.

tonnelage *m* tonelería *f*.

tonnelet [tɔnlɛ] *m* tonelete, barrilito.

tonnelier [tɔnəlje] *m* tonelero.

tonnelle *f* cenador *m* (dans un jardin) ‖ manga (de chasse) ‖ **ARCHIT** bóveda de medio punto (voûte).

tonnellerie *f* tonelería (profession).

tonner [3] *v intr* tronar, atronar ‖ retumbar (le canon) ‖ **FIG tonner contre** echar pestes contra, tronar contra.
◇ *v impers* tronar.

tonnerre *m* trueno; **le roulement du tonnerre** el fragor del trueno ‖ rayo (foudre) ‖ **TECHN** recámara *f* (d'une arme) ‖ salva *f*; **un tonnerre d'applaudissements** una salva de aplausos ■ **coup de tonnerre** trueno (bruit), acontecimiento fatal ou imprevisto (événement fatal) ▌ **voix de tonnerre** voz de trueno, voz atronadora ▪ **FAM** **du tonnerre** bárbaro, ra; chanchi; macanudo, da ▌ **tonnerre de Dieu!** ¡ira de Dios!

tonsure *f* tonsura (cérémonie religieuse) ▌tonsura, coronilla (couronne sur la tête).

tonsuré, e *adj & s m* tonsurado.

tonsurer [3] *v tr* tonsurar.

tonte; tondaison *f* esquila, esquileo *m* (action et époque) ▌ lana esquilada (laine tondue) ▌ corte *m*, igualado *m* (du gazon).

tontine *f* tontina (groupement mutualiste) ▌ envoltura de paja (pour transporter un arbre).

tontinier, ère *m & f* suscriptor, ra de una tontina.

tontisse *adj & s f* que queda de la tundidura ▌ **bourre tontisse** tundizno, borra de la tunda.

tonton *m* FAM tío, tito (oncle).

tonture *f* tundido *m*, tunda (des draps) ▌ lana de esquileo, tundizno *m* (bourre) ▌ **MAR** arrufo *m*.

tonus [tɔnys] *m* tono (contraction permanente du muscle) ▌ FIG vigor.

top! *interj* ¡top! [voz que indica el comienzo o el fin de una maniobra].

➤ **top** *m* señal *f*; **au troisième top il sera exactement 8 heures 6 minutes** al oír la tercera señal serán exactamente las ocho y seis minutos.

topaze *f* topacio *m*.

toper [3] *v intr* darse la mano, chocarla (se serrer la main) ▌ consentir, aceptar ▌ FAM **tope là** chócala, vengan esos cinco.

topette *f* frasco *m*.

tophus [tɔfys] *m* MÉD nodo, tofo.

topinambour *m* BOT topinambur, aguaturma *f*, pataca *f*.

topique *adj & s* MÉD tópico, ca.

▌ OBSERV Topique no tiene el sentido de lugar común (lieu commun) que tiene el español tópico.

topo *m* FAM plano, croquis (plan) ▌ exposición *f*, explicación *f*.

topographe *m* topógrafo.

topographie *f* topografía.

topographique *adj* topográfico, ca.

topologie *f* topología.

toponyme *m* topónimo.

toponymie *f* toponimia.

toponymique *adj* toponímico, ca.

top secret *adj inv* top secret, alto secreto.

toquade *f* FAM capricho *m*, chifladura.

toquante; tocante *f* ARG reloj *m*.

toquard [tɔkar] ➤ **tocard**.

toque *f* birrete *m*, bonete *m* (de magistrat) ▌ gorra, visera (de jockey) ▌ gorro *m* (de cuisinier) ▌ toca, casquete *m* (chapeau de femme) ▌ montera (sports).

toqué, e *adj & s* FAM chiflado, da; guillado, da (fou) ▌ loco por, enamorado perdido de (très épris).

toquer [3]

➤ **se toquer de** *v pr* chiflarse por, encapricharse por.

toquet [tɔkɛ] *m* cofia *f* (petite toque) ▌ gorrita *f* de niño.

Tor ➤ **Thor**.

Torah; Tora; Thora [tɔra] *n pr f* la Torah ou Tora ou Thora la Torá (Bible).

torche *f* antorcha, tea, hacha, hachón *m* ▌ tapón *m* de paja (bouchon de paille) ▌ rodete *m* (pour porter une charge sur la tête) ▌ **parachute en torche** paracaídas que no se despliega completamente.

torché, e *adj* FAM **c'est torché!** ¡bien empleado lo tiene! ▌ **ouvrage mal torché** chapuza ▌ **personne mal torchée** persona mal trajeada.

torcher [3] *v tr* limpiar (avec un linge, papier, etc.) ▌ tapiar con adobe ▌ FAM chapucear, hacer mal y de prisa (faire à la hâte) ▌ rebañar (une assiette) ▌ zurrar, pegar (battre).

➤ **se torcher** *v pr* limpiarse.

torchère *f* hachón *m*, hachero *m*, tedero *m*.

torchis [tɔrʃi] *m* adobe.

torchon *m* paño, trapo de cocina ▌ FIG & FAM fregona *f* ▌ FAM **coup de torchon** gresca, pendencia ▌ **papier-torchon** papel para acuarela ▌ FIG **le torchon brûle** la cosa está que arde.

torchonner [3] *v tr* limpiar con un trapo ▌ FIG & FAM chapucear (mal faire une chose).

torcol *m* torcecuello (oiseau).

tordage *m* TECHN torcido (de la soie).

tordant, e *adj* FAM de caerse de risa, desternillante.

tord-boyaux [tɔrbwajo] *m inv* FAM matarratas [aguardiente fuerte y malo].

tordeur, euse *m & f* torcedor, ra (de la laine, de la soie, etc.).

➤ **tordeuse** *f* piral, pirausta (insecte).

tord-nez [tɔrne] *m inv* VÉTÉR acial.

tordoir *m* torcedero, torcedor (pour tordre les fils) ▌ tortor (garrot pour tordre).

tordre [76] *v tr* torcer (une corde, etc.) ▌ retorcer, estrujar (le linge) ▌ retorcer (tourner violemment); **tordre le cou** retorcer el pescuezo.

➤ **se tordre** *v pr* torcerse, retorcerse, doblarse ▌ retorcerse (les mains, la moustache, etc.), mesarse (les cheveux) ▪ **se tordre de douleur** retorcerse de dolor ▌ FAM **se tordre de rire** desternillarse, partirse de risa ▌ **se tordre le pied** torcerse el pie.

tordu, e *adj* FAM [▷ SYN] torcido, da.

◇ *adj & s* FAM idiota, majadero.

▌ SYN **tors** torcido; **tortu** torcido; **tortueux** tortuoso; **sinueux** sinuoso; **tortillé** retorcido.

tore *m* ARCHIT toro, bocel (moulure) ▌ GÉOM toro.

toréador *m* (vx) torero.

toréer [15] *v intr* torear ▌ **toréer à cheval** rejonear.

torero *m* torero.

toreutique *f* (p us) escultura en madera, marfil o metal.

torgnole *f* FAM tornisco *m*, manotazo *m*.

toril *m* toril, chiquero.

tornade *f* tornado *m* (cyclone).

toron *m* cable trenzado, cabo (assemblage de fils) ▌ ARCHIT bocel, toro (moulure).

toronneuse *f* trenzadora, máquina para trenzar cables y maromas.

Toronto *n pr* GÉOGR Toronto.

torpédo *f* AUTOM torpedo *m*.

torpeur *f* torpor *m*, entorpecimiento *m*.

torpide *adj* entorpecido, da; entumecido, da ▌ tórpido, da (maladie, plaie).

torpillage [tɔrpijaʒ] *m* torpedeamiento, torpedeo.

torpille [tɔrpij] *f* torpedo *m* (poisson) ▌ torpedo *m* (engin de guerre).

torpiller [3] [tɔrpije] *v tr* torpedear ▌ FIG torpedear, hacer fracasar (un projet).

torpillerie [tɔrpijri] *f* almacén *m* de torpedos.

torpilleur [tɔrpijœr] *m* torpedero (bateau) ▌ torpedista (marin).

torque [tɔrk] *f* alambre *m* enrollado (fil de fer) ▌ rollo *m* de tabaco de mascar (tabac) ▌ BLAS rodete *m*.

◇ *m* torques *f* (collier gaulois).

torréfacteur *m* torrefactor, tostador de café.

torréfaction *f* torrefacción, tostadura, tostado *m*.

torréfié *adj* torrefacto, ta; tostado, da (le café).

torréfier [9] *v tr* torrefactar, tostar (mot usuel).

torrent *m* torrente ▌ FIG torrente, gran cantidad *f* ▪ **à torrents** a torrentes, a cántaros ▌ lit **d'un torrent** torrentera.

torrentiel, elle *adj* torrencial.

torrentueux, euse *adj* torrencial, torrentoso, sa.

torride *adj* tórrido, da.

tors, e [tɔr, tɔrs] *adj* torcido, da; retorcido, da ▌ ARCHIT **colonne torse** columna salomónica.

➤ **tors** *m* torsión *f*, torcedura *f* (des fils) ▌ torzal, cordón de seda (de soie).

torsade *f* franja de cadeneta (pour tapissiers) ▌ canelón *m*, entorchado *m* (passementerie) ▌ ARCHIT espirales ▌ TECHN empalme *m* (joint de deux fils) ▌ **torsade d'épaulette** entorchado de charretera.

torsader [3] *v tr* retorcer ▌ entorchar, hacer entorchados (passementerie).

torse *m* torso ▌ ARCHIT salomónica.

torsion *f* [▷ SYN] torsión ▌ retorcimiento ▌ MÉCAN torsión; **barre de torsion** barra de torsión.

▌ SYN **tortillement** retorcimiento; **contorsion** contorsión; **distorsion** distorsión.

tort [tɔr] *m* culpa *f*, sinrazón *f*; **reconnaître ses torts** reconocer su culpa ▌ daño, perjuicio (préjudice); **réparer le tort qu'on a fait** reparar el daño que se ha hecho ▌ error (erreur) ▪ **à tort** sin razón, sin ningún motivo, injustamente ▌ **à tort et à travers** a tontas y a locas, a diestro y siniestro ▌ **à tort ou à raison** con razón o sin ella, con derecho o sin él ▪ **avoir tort** tener la culpa (être coupable), no tener razón (soutenir une chose fausse), hacer mal en, no deber, cometer un error en; **il a tort de rire** hace mal en reírse; **ir descaminado; il n'avait pas tort d'écrire que** no iba descaminado al escribir que ▌ **donner tort à**

quelqu'un quitarle la razón a alguien ▮ **être dans son tort** infringir la ley ou el reglamento (infraction), cometer un error ▮ **faire tort à** perjudicar, hacer daño ▮ **mettre quelqu'un dans son tort** hacer caer en falta a alguien ▮ **redresser des torts** deshacer entuertos ou agravios.

torticolis *m* MÉD tortícolis *f* ou *m* (douleurs au cou).

tortil *m* BLAS tortillo (de la couronne de baron) ▮ rodete (de tête de Maure).

◆ **tortillard** *m* FAM tren carreta (chemin de fer secondaire).

tortille [tɔrtij] *f*; **tortillère** [tɔrtijɛr] *f* sendero tortuoso (sentier).

tortillé, e [tɔrtije] *adj* retorcido, da; enroscado, da.

tortillement [tɔrtijmɑ̃] *m* retorcimiento ▮ FIG & FAM disculpa *f*, rodeo, subterfugio ▮ contoneo, meneo de caderas (des hanches).

tortiller [3] *v tr* retorcer, torcer (une corde). ◇ *v intr* FIG & FAM andar con rodeos ▮ FAM **il n'y a pas à tortiller** no hay que darle vueltas ▮ **tortiller des hanches** contonearse. ◆ **se tortiller** *v pr* enroscarse, retorcerse (se replier).

tortillère ▸ **tortille**.

tortillon [tɔrtijɔ̃] *m* moño, coco (coiffure) ▮ rodete (pour porter un fardeau sur la tête) ▮ difumino, esfumino (dessin) ▮ ropa retorcida (de linge).

tortionnaire [tɔrsjɔnɛr] *adj* de tortura, de tormento; **appareil tortionnaire** aparato de tortura. ◇ *m & f* verdugo *m*.

tortis [tɔrti] *m* torzal, cuerda *f*.

tortu, e *adj* torcido, da; de través; **arbre tortu** árbol torcido ▮ FIG falso, sa; torcido, da; **raisonnement tortu** razonamiento falso.

tortue *f* tortuga (reptile) ▮ testudo *m*, tortuga (abri formé par les boucliers) ▮ **tortue caret** carey ▮ **tortue marine** galápago, tortuga de mar ▮ FIG **à pas de tortue** a paso de tortuga ▮ **marcher comme une tortue** andar a paso de tortuga.

Tortue *n pr f* GÉOGR **(l'île de) la Tortue** (la isla de) la Torguga.

tortueux, euse *adj* tortuoso, sa.

tortuosité *f* tortuosidad.

torturant, e *adj* que atormenta, que tortura.

torture *f* tortura, tormento *m* ▪ **mettre à la torture** dar tormento (torturer), poner en un brete, en un aprieto ▮ FIG **mettre son esprit à la torture** devanarse los sesos.

torturer [3] *v tr* torturar, atormentar ▮ **torturer un texte** alterar, desfigurar un texto. ◆ **se torturer** *v pr* torturarse, atormentarse ▮ **se torturer l'esprit** devanarse los sesos.

torve *adj* torvo, va; avieso, sa; **un regard torve** una mirada torva.

tory [tɔri] *adj & s m* tory (conservateur).

torysme *m* torismo.

toscan, e *adj* toscano, na; **ordre toscan** orden toscano.

◆ **toscan** *m* LING toscano (dialecte).

Toscan, e *m & f* toscano, na.

Toscane *n pr f* GÉOGR **la Toscane** Toscana.

tôt [to] *adv* temprano, pronto (de bonne heure); **se coucher tôt** acostarse temprano ▮ [▷ SYN] presto, pronto (vite) ▪ **au plus tôt** cuanto antes, lo más pronto (le plus rapidement possible), no antes de (sûrement pas avant) ▮ **le plus tôt possible** lo antes posible ▮ **tôt ou tard** tarde o temprano, más tarde o más temprano ▪ **avoir tôt fait de** no tardar nada en ▮ **ce n'est pas trop tôt!** ¡a buena hora! ▮ **le plus tôt sera le mieux** cuanto antes mejor.

▮ SYN **vite** pronto; **promptement** prontamente; **rapidement** rápidamente; FAM **dare-dare** en seguida.

total, e *adj & s m* total ▪ **au total** en resumen, en resumidas cuentas, total ▮ **ce fut un triomphe total** fue un triunfo total.

totalement *adv* totalmente.

totalisateur, trice *adj* totalizador, ra.

◆ **totalisateur** *m* máquina *f* de sumar, totalizador.

totalisation *f* totalización.

totaliser [3] *v tr* totalizar, sumar.

totaliseur *m* máquina *f* de sumar, totalizador.

totalitaire *adj* totalitario, ria.

totalitarisme *m* totalitarismo.

totalité *f* totalidad ▮ **en totalité** totalmente, completamente.

totem [tɔtɛm] *m* tótem.

totémique *adj* totémico, ca.

totémisme *m* totemismo.

toto *m* FAM piojo, cáncano (pou) ▮ FAM chacho, titi (terme d'affection pour un enfant).

toton *m* perinola *f* ▮ FIG **faire tourner quelqu'un comme un toton** hacer bailar a alguien como un trompo, traer el retortero.

Totonaques *n pr m pl* totonacas, totonacos, totonecas.

touage *m* MAR atoaje, remolque.

touaille [twaj] *f* (vx) toalla.

touareg *m* LING tuareg.

toubib [tubib] *m* FAM médico, galeno.

toucan *m* tucán (oiseau).

touchant *prép* tocante a, con respecto a.

touchant, e *adj* conmovedor, ra; **discours touchant** discurso conmovedor.

touchau; toucheau *m* parragón, piedra *f* de toque.

touche *f* toque *m* (action de toucher) ▮ toque *m* (essai de l'or) ▮ tecla (d'un piano, d'une machine à écrire) ▮ traste *m* (d'une guitare) ▮ diapasón *m* (d'un violon) ▮ mordida, picada (à la pêche) ▮ pincelada (peinture) ▮ estilo *m* (d'un écrivain) ▮ tocado *m* (escrime) ▮ pica, vara para conducir los bueyes (gaule) ▮ FAM facha, pinta (aspect) ▮ SPORTS línea de banda (ligne), fuera de banda (sortie), saque *m* de banda (remise en jeu), toque *m* (façon de frapper la balle) ▪ **touche de but** lateral de gol (rugby) ▪ INFORM **touche à effleurement** tecla táctil ▮ **touche d'annulation** tecla de anulación ▮ **touche de commande** tecla de control ▮ **touche de correction** tecla de corrección ▮ **touche de fonction** tecla de función ▮ **touche retour** tecla de retorno ▮ **touche de verrouillage** tecla de anclaje ou de bloqueo ▪ SPORTS **juge de touche** juez de línea ou de banda ▮ **pierre de touche** piedra de toque ▪ FAM **avoir une drôle de touche** tener una pinta muy rara ▮ FAM **avoir une touche avec une femme** timarse con una mujer ▮ **faire une touche** timarse ▮ SPORTS **mettre en touche** echar fuera por la línea de banda ▮ SPORTS **rester sur la touche** quedarse en la banda.

touche-à-tout [tuʃatu] *adj & s inv* FAM metomentodo, entremetido, da; entrometido, da.

toucheau ▸ **touchau**.

toucher [3] *v tr* [▷ SYN 1] tocar; **toucher un objet** tocar un objeto ▮ tocar, estar a la vera (être proche de) ▮ tocar (jouer d'un instrument de musique) ▮ [▷ SYN 2] cobrar (recevoir); **toucher de l'argent** cobrar dinero ▮ afectar; **être touché par des mesures** ser afectado por medidas ▮ abordar; **toucher un problème** abordar un problema ▮ tocar (escrime) ▮ dar; **toucher la cible** dar en el blanco ▮ conducir, guiar con la pica (les bœufs) ▮ tocar, ser pariente; **il me touche de près** es un pariente cercano ▮ pisar; **enfin il a touché la terre espagnole** al fin pisó tierra española ▮ FAM decir (dire); **je lui en toucherai un mot** le diré dos palabras sobre ello ▮ FIG atañer, concernir (regarder); **cela ne me touche en rien** eso no me concierne ▮ conmover, impresionar; **son malheur me touche** su desgracia me conmueve ▮ entrar en relación con, tomar contacto con (prendre contact avec) ▮ MAR tocar en, hacer escala en ▪ **toucher au but** ou **le but** llegar a la meta ▮ **toucher au vif** tocar en lo vivo ▮ **toucher de près** interesar personalmente (intéresser), ser muy allegado (très lié) ▮ **touchez là** vengan esos cinco, chóquela. ◇ *v intr* tocar (porter la main sur) ▮ lindar con, estar junto a (être contigu); **maison qui touche un rempart** casa que linda con las murallas ▪ **toucher à sa fin** ir acabándose, tocar a su fin, acercarse al fin ▮ **toucher de près à**, **toucher à** ser casi igual que, parecerse mucho a ▮ **toucher juste** dar en el quid ou en el clavo ▪ **il n'a pas l'air d'y toucher** parece que en su vida ha roto un plato ▮ **sans avoir l'air d'y toucher** como quien no quiere la cosa.

▮ SYN **1. palper** palpar; **tâter** tentar; **manier** manejar.

▮ **2. recouvrer** cobrar; **encaisser** cobrar; **retirer** sacar; FAM **palper** cobrar.

toucher *m* tacto (sens) ▮ MÉD palpación *f* ▮ MUS ejecución *f* (doigté).

touchette *f* traste *m* (d'une guitare).

toucheur *m* vaquero, boyero (conducteur de bestiaux).

touée *f* MAR atoaje *m* (touage) ▮ longitud de la estacha.

touer [3] *v tr* MAR atoar, llevar a remolque (remorquer).

toueur, euse *adj & s* MAR remolcador, ra.

touffe *f* mata; **touffe d'herbe** mata de hierba ▮ manojo *m* (bouquet, poignée de brins, de fleurs) ▮ [▷ SYN] mechón *m* (de cheveux) ▮ copo *m* (de laine).

▮ SYN **toupet** tupé; **houppe** copete; **huppe** moño; **aigrette** aigrón.

touffeur *f* tufo *m*, tufarada.

touffu, e *adj* [▷ **SYN**] tupido, da (serré) ▌frondoso, sa (arbre) ▌**FIG** farragoso, sa; prolijo, ja.
▌ **SYN** épais espeso; dru tupido, apretado.

touillage [tujaʒ] *m* mezcla *f*.

touille [tuj] *f* lija (poisson).

touiller [3] *v tr* **FAM** remover; touiller la salade remover la ensalada.

toujours [tuʒur] *adv* [▷ **SYN**] siempre; toujours pareil siempre lo mismo ▌todavía, aún (encore); êtes-vous toujours là? ¿está usted todavía ahí? (au sens de **continuer à**, se rend par seguir avec un participe présent: je suis toujours content de lui sigo estando contento con él) ▌por ahora, mientras tanto; payez toujours, et nous verrons après por ahora pague, veremos después ▪ pour toujours para siempre ▌toujours est-il en todo caso, lo cierto es que ▌toujours plus, toujours moins cada vez más, cada vez menos.
▌ **SYN** continuellement continuamente; constamment constantemente; assidûment asiduamente; sans cesse sin cesar; sans relâche sin descanso.

Toulon *n pr* **GÉOGR** Toulon, Tolón.

toulonnais, e *adj* tolonés, esa (de Toulon).

Toulonnais, e *m & f* tolonés, esa.

toulousain, e *adj* tolosano, na.

Toulousain, e *m & f* tolosano, na.

Toulouse *n pr* **GÉOGR** Toulouse, Tolosa [en Francia].

toundra [tundra] *f* tundra (steppe).

toupet [tupɛ] *m* mechón, tufo (touffe de cheveux) ▌tupé, copete (cheveux relevés sur le front) ▌**FIG** & **FAM** caradura *f*, frescura *f*, rostro; il a un toupet! ¡tiene una caradura! ▌faux toupet peluca que cubre sólo la parte superior de la cabeza.

toupie *f* trompo *m*, peonza (jouet) ▌torno *m*, fresa (outil) ▌tourner comme une toupie dar vueltas como una peonza.

toupiller [3] [tupije] *v tr* tornear, fresar.
◇ *v intr* dar vueltas como un trompo.

toupilleuse [tupijøz] *f* torno *m*, fresa (toupie) ▌**IMPR** tupis.

toupillon [tupijɔ̃] *m* mechón de pelo ▌grupo de ramas mal dispuestas.

toupin *m* galapo, cerrador (outil du cordier).

touque *f* lata, bidón *m* (récipient de fer-blanc) ▌damajuana, garrafón *m* (grande bouteille).

tour *f* torre (bâtiment élevé, pièce du jeu des échecs) ▪ **ARCHIT** tour d'angle torre de ángulo ▌tour d'échelle almizcate ▌tour de contrôle torre de mando ou de control (aérodrome) ▌**MIN** & **CHIM** tour de dégazolinage torre de desgasolinado ▌**CHIM** tour de fractionnement columna de fraccionamiento ▌tour de guet atalaya ▌**AVIAT** tour de lancement torre de lanzamiento ▌tour de montage torre de montaje ▌**NUCL** tour de réfrigération torre de refrigeración ▌tour flanquante torre flanqueante ▌tour de relais poste repetidor (radio).

tour *m* torno (machine-outil) ▌torno (dans les monastères et les hospices) ▌vuelta *f*; un tour de roue una vuelta de rueda; faire le tour de la ville dar la vuelta a la ciudad ▌revolución *f*; cinq cents tours à la minute quinientas revoluciones por minuto ▌vuelta *f*, paseo (promenade); faire un tour le matin dar una vuelta por la mañana ▌rodeo (détour) ▌faena *f*, jugada *f*, pasada *f*; jouer un mauvais tour à quelqu'un jugar una mala pasada a uno ▌vuelta *f*; élu au premier tour elegido en la primera vuelta ▌[▷ **SYN**] circunferencia *f*, perímetro; avoir cent mètres de tour tener cien metros de circunferencia ▌perímetro; tour de poitrine perímetro torácico ▌sesgo, cariz, carácter, aspecto; cette affaire prend un mauvais tour este asunto toma mal sesgo ▌giro (locution) ▌vez *f*, turno; parler à son tour hablar a su vez ▌número, suerte *f*; faire un tour d'équilibre, de prestidigitation hacer un número de equilibrio, de prestidigitación ▌torre (jeux) ▌vuelta *f*, "tour" (unité d'angle) ▪ tour de chant actuación (d'un chanteur) ▌tour de cou cuello (pièce d'habillement) ▌tour de faveur turno preferente ▌tour de force proeza, hazaña, cosa difícil ▌Tour de France Tour de Francia ▌tour de main habilidad manual ▌tour de passe-passe juego de manos ▌tour de reins lumbago, derrengadura ▌tour de scrutin vuelta de escrutinio ▌tour de tête contorno de la cabeza ▌tour d'horizon examen general de la situación, panorama, ojeada, vista de conjunto ▪ mauvais tour mala pasada, broma pesada, jugarreta ▌un tour pour rien una vuelta de favor, gratis ▪ à tour de bras con todas las fuerzas ▌à tour de rôle por turno, en su orden ▌chacun son tour a cada cual su turno ▌en un tour de main en un santiamén, en un abrir y cerrar de ojos ▌tour à tour por turno (l'un après l'autre), a veces, a ratos; il est tour à tour souriant et sérieux a veces está sonriente y otras veces serio ▪ avoir plus d'un tour dans son sac tener siempre salida para todo ▌donner un tour de vis apretar un tornillo ▌faire le tour de dar la vuelta a ▌faire le tour du cadran dormir doce horas de un tirón ▌faire un tour d'horizon examinar la situación ▌fait au tour bien hecho, bien torneado ▌fermer à double tour cerrar con dos vueltas, con siete llaves ▌**FAM** jouer un sale tour à quelqu'un jugar una mala pasada a uno.
▌ **SYN** circonférence circunferencia; circuit circuito; pourtour contorno, vuelta; périmètre perímetro; contour contorno.

LE TOUR DE FRANCE ────────
Esta vuelta ciclista de renombre internacional empieza cada año en una ciudad distinta, pero la recta final siempre tiene lugar en los Campos Elíseos de París. La emoción general suscitada por esta carrera y la imagen heroica de numerosos "coureurs-cyclistes" reflejan el interés de los franceses por el ciclismo en general.

touraillage [turajaʒ] *m* **TECHN** desecación *f* de la malta (bière).

touraille [turaj] *f* estufa de cervecero ▌grano *m* de cebada tratado en la estufa.

touraillon [turajɔ̃] *m* germen de cebada secado en la estufa.

Touraine *n pr f* **GÉOGR** la Touraine Turena.

tourangeau, elle *adj* turonense.

Tourangeau, elle *m & f* turonense.

touranien, enne *adj* turanio, nia.

Touranien, enne *m & f* turanio, nia.

tourbe *f* turba (charbon) ▌(p us) turbamulta, turba (foule).

tourbeux, euse *adj* turboso, sa; que contiene turba.

tourbier *m* propietario u obrero de una turbera.

tourbière *f* turbera, turbal *m*.

tourbillon [turbijɔ̃] *m* torbellino (d'air), remolino (d'eau) ▌**FIG** torbellino ▌tourbillon de poussière polvareda, tolvanera.

tourbillonnant, e *adj* remolinante ▌**FIG** turbulento, ta; impetuoso, sa.

tourbillonnement *m* remolino, torbellino.

tourbillonner [3] *v intr* arremolinarse, remolinar, remolinear ▌**FIG** girar, dar vueltas; le monde tourbillonne autour de lui el mundo gira a su alrededor.

tourd [tur] *m* (vx) tordo (oiseau).

tourélie *f* **ARCHIT** torreta.

tourelle *f* torrecilla, garita ▌**MIL** torreta (d'un char, d'un avion, etc.) ▌torre (de bateau de guerre) ▌tourelle à trois objectifs torreta para tres objetivos, plataforma con tres objetivos [tomavistas] (caméra).

touret [turɛ] *m* torno (à meuler, à polir, des cordiers, de gravier) ▌carrete (de ligne à pêcher) ▌touret de nez antifaz (loup).

Tourguéniev [turgenjɛf] *n pr* Turguéniev, Turguenev.

tourie *f* damajuana, bombona (grande bouteille).

tourier, ère *adj* & *s* tornero, ra ▌sœur tourière hermana tornera.

tourillon [turijɔ̃] *m* gorrón, eje, espiga *f* (axe) ▌gozne, espiga *f* (d'une porte, d'une grille) ▌**TECHN** muñón giratorio ▌muñón (du canon).

tourisme *m* turismo ▪ agence de tourisme agencia de turismo ▌avion de tourisme avioneta ▌voiture de tourisme turismo ▪ faire du tourisme hacer turismo.

touriste *m & f* turista.

touristique *adj* turístico, ca.

tour-lanterne *f* cimborio *m*.

tourlourou *m* (vieilli) guripa, sorche (soldat).

tourmaline *f* turmalina.

tourment *m* tormento.

tourmentant, e *adj* atormentador, ra.

tourmente *f* tormenta.

tourmenté, e *adj* atormentado, da ▌**FIG** penoso, sa; trabajoso, sa; hecho con dificultad ▌rebuscado, da (style) ▌desigual, escabroso, sa; accidentado, da (terrain) ▌agitado, da (mer).

tourmenter [3] *v tr* [▷ **SYN**] atormentar, hacer sufrir; la goutte le tourmente la gota le hace sufrir ▌agitar violentamente, sacudir ▌**FIG** acosar, importunar (harceler).
➤ **se tourmenter** *v pr* atormentarse, inquietarse (s'inquiéter).
▌ **SYN** inquiéter inquietar, intranquilizar; préoccuper preocupar; tracasser molestar; poursuivre, persécuter perseguir; harceler hostigar; assiéger asediar; obséder obsesionar; torturer torturar, atormentar; tenailler atenazar; molester molestar; vexer vejar; mortifier mortificar; **FAM** asticoter, exciter excitar; tarabuster molestar.

tourmenteur, euse *adj* & *s* atormentador, ra.

tourmentin *m* MAR tormentín (voile).

tournage *m* torneado, torneadura *f* (travail au tour) ▌ rodaje (d'un film); **tournage en extérieur** rodaje en exteriores.

tournailler [3] [turnaje] *v intr* FAM dar vueltas, andar de acá para allá.

tournant *m* vuelta *f*, recodo, revuelta *f* ▌ rueda *f* de molino (roue de moulin) ▌ FIG viraje decisivo, hito, momento crucial; **la Révolution française marque un tournant dans l'histoire** la Revolución francesa marca un viraje decisivo en la historia▌rodeo, vuelta *f* (moyen détourné) ▌ MAR remolino (tourbillon) ▌ FIG **je t'attends au tournant!** ¡te espero en la esquina!

tournant, e *adj* giratorio, ria; **pont tournant** puente giratorio ▌ giratorio, ria; de revolución; **machine tournante** máquina de revolución ▌sinuoso, sa, que da vueltas; **rue tournante** calle sinuosa ▌ **escalier tournant** escalera de caracol ▌ **grève tournante** huelga escalonada ou alternativa ou por turno ▌ MIL **mouvement tournant** movimiento envolvente ▌ **plaque tournante** placa giratoria (plate-forme).

tourné, e *adj* torneado, da; labrado a torno (objet) ▌ echado a perder, rancio, cia (abîmé en général); agriado, da; avinagrado, da (vin); pintado, da (fruits); cortado, da (lait); enverado, da (raisin) ▌ orientado, da (orienté) ▌ FIG **bien tourné, mal tourné** bien, mal formado ou hecho; **un compliment fort bien tourné** un cumplido muy bien hecho ▌ **phrase bien tournée** frase bien construida ▌ FIG **avoir l'esprit mal tourné** ser un malpensado.

tourne-à-gauche *m inv* TECHN triscador (pour les scies) ▌volvedor (pour faire tourner une tige) ▌palanca *f* para atornillar, volvedor (levier) ▌terraja *f* (du serrurier).

tournebouler [3] *v tr* FAM hacer perder la chaveta, volver tarumba (rendre fou).

tournebroche *m* asador.

tourne-disque *m* tocadiscos.
▌ OBSERV pl tourne-disques.

tournedos [turnǝdo] *m* filete de vaca grueso, "tournedós" (gallicisme).

tournée *f* viaje *m* ou visita de inspección (d'un fonctionnaire) ▌ viaje *m* de negocios (voyage d'affaires) ▌ronda (du facteur) ▌gira (de théâtre) ▌ FAM (vieilli) paliza, soba ▌ FAM ronda, convidada (à boire).

tourne-feuille [turnǝfœj] *m* MUS aparato para pasar las hojas (d'un cahier de musique).
▌ OBSERV pl tourne-feuilles.

tournemain *m* (vx) **en un tournemain** en un abrir y cerrar de ojos, en un periquete, en un santiamén.

tournement *m* (p us) vuelta *f*, giro.

tourne-pierre *m* revuelvepiedras (oiseau).
▌ OBSERV pl tourne-pierres.

tourner [3] *v tr* [▷ SYN 1] dar vueltas a, girar; **tourner une broche** dar vueltas a un asador ▌enrollar, liar; **tourner un fil autour d'un bâton** enrollar un hilo alrededor de un palo ▌volver, girar, tornar (p us) ▌ **tourner la tête** volver la cabeza ▌pasar; **tourner les pages d'un livre** pasar las páginas de un libro ▌dirigir, volver, tornar (p us); **tourner les yeux vers quelqu'un** dirigir los ojos hacia alguien ▌rodear, dar un rodeo a; **tourner une montagne** rodear una montaña ▌ FIG eludir, evitar, sortear; **tourner une difficulté** eludir una dificultad ▌tornear, labrar; **tourner un pied de table** tornear una pata de mesa ▌redactar (une lettre), construir, componer (une phrase) ▌examinar, dar vueltas a (une affaire) ▌tomar a ou por lo, echarse a, interpretar; **il tourne tout au tragique** toma todo por lo trágico; **il tourne tout en plaisanterie** se lo echa todo a broma ▌volver, poner; **tourner une phrase à la forme passive** poner una frase en forma pasiva ▌rodar (un film) ▌ FIG **tourner la page** hacer borrón y cuenta nueva ▌ **tourner la tête à quelqu'un** volver loco ou trastornar a alguien ▌ **tourner le dos à quelqu'un** dar la espalda a uno ▌ **tourner le sang** ou **les sangs** ou **les sens** dejar helada la sangre, dejar helado, trastornar ▌ **tourner les pieds** torcer los pies (en marchant) ▌ **tourner les talons** volver las espaldas, dar media vuelta ▌ **tourner quelqu'un en ridicule** ridiculizar a uno ▌ **tourner ses armes contre** tomar las armas contra ▌ **tournez, s'il vous plaît** (TSVP) véase al dorso ou a la vuelta.
◇ *v intr* [▷ SYN 2] girar, dar vueltas; **la Terre tourne autour du Soleil** la Tierra gira alrededor del Sol ▌torcer, doblar; **le chemin tourne à gauche** el camino tuerce a la izquierda ▌tomar la curva; **le chauffeur a tourné trop court** el chófer ha tomado la curva demasiado cerrada ▌cambiar; **le vent a tourné** el viento ha cambiado ▌echarse a perder, ponerse rancio (s'abîmer en général), cortarse (le lait), agriarse, avinagrarse (le vin), pintarse (fruits), enverarse (raisin) ▌serpentear (être sinueux) ▌redundar en; **cela tournera à sa gloire** esto redundará en su gloria ▌volverse; **cette couleur tourne au bleu** este color se vuelve azul ▌funcionar; **tourner à vide** funcionar en balde ▌ FIG inclinarse hacia; **elle tourne à la dévotion** ella se inclina hacia la devoción ▌volverse, ponerse; **cette affaire tourne au tragique** este asunto se pone trágico ▌ponerse, volverse, tornarse; **le temps tourne à la pluie** el tiempo se está volviendo lluvioso ▌girar; **conversation qui tourne autour d'un seul sujet** conversación que gira alrededor de un solo tema ▌trabajar (dans un film) ▌acogollarse (chou) ▌ **tourner à la graisse** ahilarse ▌ **tourner à l'aigre** agriarse ▌ **tourner à tous les vents** ser un veleta, cambiar a menudo de opinión ▌ **tourner autour de quelqu'un** andar rondando a uno ▌ **tourner autour du pot** andarse con rodeos ▌ **tourner bride** volver sobre sus pasos ▌ **tourner casaque** chaquetear FAM ▌ **tourner court** cambiar, desviarse (une conversation), malograrse (un projet, une affaire) ▌ FAM **tourner de l'œil** darle a uno un patatús, desmayarse ▌ **tourner du côté de quelqu'un** ponerse de parte de ▌ **tourner en dérision** ridiculizar ▌ **tourner en rond** estar dando vueltas, ir de un lado para otro ▌ **tourner rond** marchar bien, carburar, pitar (moteur, affaire) ▌ **bien tourner** salir bien, tomar buen rumbo (une affaire), salir bueno (une personne) ▌ **faire tourner en bourrique** volver tarumba ▌ **la chance a tourné** ha cambiado la suerte ▌ **la tête lui tourne** la cabeza le da vueltas (il a des vertiges) ▌ **mal tourner** echarse a perder; **ce jeune homme a mal tourné** este muchacho se ha echado a perder; **tomar mal sesgo** ou **mal cariz**; **cette entreprise a mal tourné** esta empresa ha tomado mal sesgo ▌ **ne pas tourner rond** no marchar bien (moteur, affaire), no andar bien de la cabeza (personne) ▌ **silence, on tourne** acción (cinéma).

➤ **se tourner** *v pr* tornarse, volverse; **leur doute s'était tourné en admiration** su duda se había tornado en ou vuelto admiración ▌ **se tourner contre quelqu'un** volverse contra alguien ▌ **se tourner le dos** darse de espaldas ▌ FIG **se tourner les pouces** estar con los brazos cruzados, estar mano sobre mano ▌ **ne savoir où se tourner** no saber con qué carta quedarse (quel parti prendre), no saber a quién acudir (à qui s'adresser).
┃ SYN **1.** rouler rodar; tordre torcer; tortiller retorcer; tortillonner enroscar.
┃ **2.** pivoter girar; tourbillonner remolinar, remolinear; tournoyer dar vueltas; virer virar; revolter voltejear; FAM tournailler dar vueltas.

tournerie *f* tornería, taller *m* de tornero.

tournesol *m* girasol, tornasol, mirasol (plante) ▌tornasol (colorant).

tournette *f* devanadera (dévidoir) ▌jaula de ardilla (cage) ▌plataforma giratoria (de potier) ▌ IMPR torniquete *m*.

tourneur *m* tornero.

tourneuse *f* devanadora de seda (ouvrière).

tourne-vent *m inv* sombrerete (d'une cheminée).

tournevis [turnǝvis] *m* destornillador; **tournevis cruciforme** destornillador de estrella.

tournicoter [3] *v intr* FAM dar vueltas.

tourniller [3] [turnije] *v intr* serpentear (un chemin).

tourniole *m* panadizo *m* (panaris).

tourniquer [3] *v intr* FAM dar vueltas, andar de acá para allá (tournailler).

tourniquet [turnikɛ] *m* torniquete, molinete (porte) ▌torniquete (garrot) ▌rueda *f*, ruleta *f* (jeu) ▌ MAR molinete ▌ ARG MIL **passer au tourniquet** comparecer en Consejo de Guerra.

tournis [turni] *m* VÉTÉR modorra *f*, tornada *f* ▌mareo (malaise, vertige) ▌ **avoir le tournis** estar mareado ▌ **donner le tournis** marear a alguien.

tournisse *f* CONSTR travesaño *m* de refuerzo.

tournoi *m* HIST torneo ▌ SPORTS torneo, competición *f* (de tennis, de bridge).

tournoiement [turnwamã] *m* remolino (d'un liquide, de l'air, de la poussière) ▌ FIG torbellino; **le tournoiement des passions** el torbellino de las pasiones ▌vahído (vertige).

tournois *adj inv* tornés, esa (monnaie); **une livre tournois** una libra tornesa.

tournoyant, e *adj* que gira, que da vueltas, que hace ou forma remolinos.

tournoyer [13] *v intr* arremolinarse, hacer ou formar remolinos; **les feuilles mortes tournoient** las hojas muertas se arremolinan ▌ FIG dar vueltas; **ces pensées tournoyaient dans sa tête** estos pensamientos daban vueltas en su cabeza ▌serpentear; **sentiers qui tournoient entre les montagnes** sendas que serpentean entre las montañas ▌ir de acá para allá, vagar (errer çà et là).

tournure *f* giro *m*, sesgo *m*, cariz *m*; **cette affaire a pris une mauvaise tournure** este asunto ha tomado mal cariz ‖ carácter *m*, manera de ser; **tournure d'esprit poétique** carácter poético ‖ porte *m* (d'une personne) ‖ giro *m* (d'une phrase) ‖ torneadura, viruta (déchet métallique) ‖ miriñaque *m* (bouffant élastique) ‖ **tournure d'esprit** manera de ver las cosas ■ **prendre tournure** concretarse [un asunto, un proyecto].

touron *m* turrón (sucrerie).

tour-opérateur *m* touroperador (voyagiste).

◾ OBSERV pl tour-opérateurs.

Tours *n pr* GÉOGR Tours.

tourte *f* tortada (tarte) ‖ hogaza redonda (pain) ‖ borujo *m*, torta de orujo ‖ FIG & FAM mentecato *m*, zoquete *m* (imbécile).

tourteau *m* hogaza *f* redonda (pain) ‖ borujo, torta *f* de orujo ‖ buey de mar, masera *f* (gros crabe) ‖ BLAS roel, tortillo.

tourtereau *m* tortolillo (jeune tourterelle) ‖ FIG tórtolo, hombre amartelado.

➤ **tourtereaux** *f pl* FIG tórtolos, tortolitos, enamorados.

tourterelle *f* tórtola.

tourtière *f* tortera (récipient).

tous [tus] ➤ **todos**.

◾ OBSERV pl de tout.

touselle *f* trigo *m* chamorro (blé).

Toussaint *f* la Toussaint el día de Todos los Santos.

> **LA TOUSSAINT**
> El día de Todos los Santos es festivo en Francia. Es una ocasión para ir al cementerio a depositar flores (crisantemos por lo general) en las tumbas.

tousser [3] *v intr* toser.

tousserie *f* golpe *m* de tos, tosidura.

tousseur, euse *adj* & *s* FAM tosigoso, sa; tosedor, ra.

toussotement *m* tosiqueo.

toussoter [3] *v intr* tosiquear.

tout, e [tu, tut] *adj indéf* todo, da; cualquier; **tout travail mérite salaire** todo trabajo merece salario ‖ todo, da; **toute la ville en parle** toda la ciudad habla de esto; **tous les hommes** todos los hombres ‖ único, ca; **cet enfant est toute ma joie** este niño es mi única alegría ■ **tout autre** cualquier otro ‖ **tout ce qui** todo lo que; **tout ce qui naît doit mourir** todo lo que nace ha de morir ‖ **tout ce qu'il y a de** todo lo que hay; **tout ce qu'il y a de mieux** todo lo mejor que hay; todos los; **tout ce qu'il y a d'artistes en France** todos los artistas de Francia ‖ **tout ce qu'il y a de plus** de lo más; **c'est tout ce qu'il y a de plus beau** esto es lo más hermoso que hay; **tout ce qu'il y a de plus satisfaisant** de lo más satisfactorio ‖ **tout le monde** todo el mundo ‖ **tout seul** solo ‖ FAM **tout un chacun** cada quisque, cada hijo de vecino ‖ **tout compte fait** mirándolo bien, en resumidas cuentas ‖ **tomber de tout son long** caer cuan largo se es ‖ **Tout Paris** París en pleno ‖ **monsieur Tout le monde** el hombre de la calle ■ **tous autant que vous êtes** todos ustedes ‖ **tous ceux qui** todos los que, cuantos ‖ **tous les deux** los dos, ambos; **tous les trois**, etc. los tres, etc. ‖ **tous les jours** todos los días, cada día ‖ **tous**

les... qui todos los... que, cuantos...; **tous les peintres qui réussissent** cuantos pintores tienen éxito; **tous les hommes que tu connais ne sont pas intelligents** todos los hombres que conoces no son inteligentes ‖ **tous les trois jours** cada tres días ‖ **tous risques** a todo riesgo (assurance) ■ **à tout hasard** por si acaso, a todo evento ‖ **de toute façon** de todas formas ou maneras, de todos modos ‖ **de toutes ses forces** con todas sus fuerzas ‖ **de tout mon cœur** con toda mi alma, de todo corazón ‖ **en tout cas** de todas formas, en todo caso ■ **faire tout son possible** hacer todo lo posible ‖ **il est tout le portrait de son père** es el verdadero retrato de su padre ‖ **une femme de toute beauté** una mujer de una belleza perfecta.

◇ *pron indéf* todo, da; **tout est prêt** todo está preparado; **toutes sont venues** todas han venido ■ **tout compris** todo incluido ‖ **tout compté** considerándolo todo ■ **après tout** después de todo, al fin y al cabo ‖ **avant tout** antes que nada ‖ **et tout et tout** y toda la pesca ‖ **et voilà tout** y con eso se acabó, y eso es todo ‖ **avoir tout du...** tener pinta de... ‖ **il faut de tout pour faire un monde** de todo hay en la viña del señor ‖ **tout est là** eso es la madre del cordero, eso es el busilis ‖ **comme tout** sumamente, muy; **il est gentil comme tout** es muy simpático ‖ **en tout** en conjunto, en total ‖ **en tout et pour tout** en total ‖ **une fois pour toutes** de una vez para siempre ■ **à tout prendre** mirándolo bien, considerándolo todo ‖ **avoir tout de** parecerse mucho a, salir a; **il a tout de son père** se parece mucho a su padre ‖ **c'est tout** ya está, nada más, eso es todo ‖ **c'est tout dire** qué más puede decirse, con eso queda todo dicho ‖ **pour tout aller** para ou de diario (robe).

◇ *adv* Se puede traducir por **muy** seguido del adverbio o adjetivo español correspondiente o por el adjetivo con el sufijo superlativo ísimo; **tout nettement** muy claramente, clarísimo; **ils sont partis tout contents** salieron muy contentos, contentísimos ‖ todo, da; completamente; **elle était toute couverte de boue** estaba toda cubierta de lodo ‖ **tout en** (devant un gérondif) no se traduce, basta poner el verbo en gerundio o en pretérito imperfecto precedido de mientras (para indicar simultaneidad), o se traduce por **aunque** (quoique) y el verbo se pone en pretérito imperfecto o gerundio; **travailler tout en chantant** trabajar cantando, trabajar mientras cantaba; **il accepta cette situation tout en regrettant la précédente** aceptó esta situación aunque echaba de menos ou echando de menos la anterior ‖ **tout à coup** de repente, de pronto ‖ **tout à la fois** de una vez ‖ **tout à l'heure** hace un rato (il y a un instant), dentro de poco, luego (plus tard) ‖ **tout au moins, à tout le moins** al menos, por lo menos ‖ **tout au plus** todo lo más, a lo sumo ‖ **tout autant** lo mismo ‖ **tout autre** completamente ou muy distinto ‖ **tout à vous** le saluda atentamente (dans une lettre) ‖ **tout bas** bajito, en voz baja ‖ **tout court** a secas ‖ **tout de go** inmediatamente ‖ **tout de même** sin embargo, a pesar de todo ‖ **tout de suite** en seguida ‖ **tout doucement, tout doux** muy despacito, con cuidado ‖ **tout d'un coup** de golpe, de una vez ‖ **tout en bas, tout en haut** abajo del todo, arriba del

todo ‖ **tout fait** preparado (repas), de confección (vêtements) ‖ **tout juste** justo, justito; **avoir tout juste de quoi vivre** tener justo para vivir ‖ **tout... que** por muy... que, por más... que, por, aunque; **tout savants qu'ils sont** por muy sabios que sean, aunque sean muy sabios ■ **à tout à l'heure** hasta luego, hasta ahora ‖ **le tout premier, la toute première** el primero de todos, la primera de todas ‖ **pour tout de bon** de una vez, seriamente ‖ **un tout petit peu** un poquito ■ **allez tout droit** siga recto, vaya seguido (direction) ‖ **c'est tout autre chose** eso es otra cosa ‖ **c'est tout un, c'est tout comme** da lo mismo, es la misma cosa, es lo mismo ‖ FAM **elle est mignonne tout plein** ella es muy linda ‖ **être tout en larmes** estar bañado en lágrimas ‖ **être tout yeux, tout oreilles** ser todo ojos, todo oídos.

◇ *m* todo, el todo; **je prends le tout** lo tomo todo ■ **le tout** lo importante; **le tout est de réussir** lo importante es conseguirlo ‖ **le tout ensemble** el conjunto ■ **du tout, pas du tout** de ningún modo, de ninguna manera, en absoluto ‖ **du tout au tout** totalmente, completamente ‖ **pas du tout** nada; **il ne s'arrêta pas du tout** no se detuvo nada ‖ **rien du tout** nada absolutamente; **pas du tout** de ningún modo, de ninguna manera ■ **ce n'est pas le tout** ou **pas tout ça mais...** con todo y con eso ‖ **former un tout** formar un conjunto ‖ **risquer** ou **jouer le tout pour le tout** jugarse el todo por el todo, poner toda la carne en el asador.

> OBSERV 1. El plural de tout, e empleado como adjetivo indefinido es tous, toutes. El plural de tout empleado como nombre es touts: plusieurs touts distintos.
> 2. Tout adverbio es generalmente invariable. Pero a veces por razones de eufonía varía cuando precede un adjetivo femenino que empieza por una consonante o una h aspirada: elle est toute surprise, toute honteuse; des carafes toutes pleines.

tout à fait *adv* del todo, completamente.

tout-à-l'égout [tutalegu] *m inv* sistema *m* de evacuación directa a la cloaca, caño.

Toutankhamon *n pr* Tut Anj Amón, Tutankamón, Tutankamen, Tutankhamón.

toute-bonne *f* todabuena (plante) ‖ variedad de pera (poire).

◾ OBSERV pl toutes-bonnes.

toute-épice *f* BOT arañuela.

◾ OBSERV pl toutes-épices.

toutefois [tutfwa] *adv* sin embargo, no obstante ‖ **si toutefois** si es que.

toute-puissance *f sing* omnipotencia.

toutou *m* FAM perro, guauguau (dans le langage des enfants).

tout-petit *m* **les tout-petits** los pequeñines.

◾ OBSERV pl tout-petits.

tout-puissant, toute-puissante *adj* & *s* todopoderoso, sa; omnipotente.

➤ **Tout-Puissant** *m* **le Tout-Puissant** el Todopoderoso, Dios.

◾ OBSERV pl tout-puissants, toutes-puissantes.

tout-venant *m sing* MIN hulla *f* en bruto ‖ mercancía *f* no seleccionada.

toux [tu] *f* tos.

toxémie; toxhémie *f* toxemia; **toxémie gravidique** toxemia del embarazo.

toxicité *f* toxicidad.

toxicologie *f* toxicología.

toxicologique *adj* toxicológico, ca.

toxicologue *m* toxicólogo.

toxicomane *adj* & *s* toxicómano, na.

toxicomanie *f* toxicomanía.

toxicose *f* toxicosis.

toxine *f* toxina.

toxique *adj* & *s m* tóxico, ca.

TP *m pl* (abr de **travaux pratiques**) prácticas *f* ‖ (abr de **travaux publics**) obras *f* públicas. ◇ *m* (abr de **Trésor public**) Tesoro Público.

TPG (abr de **trésorier-payeur général**) *m* Tesorero General.

tps (abr écrite de **temps**) t.

tr (abr écrite de **tours**) rev.

traban *m* HIST alabardero.

trabe *f* asta (hampe).

trabée *f* trábea (toge romaine).

trac [trak] *m* FAM nerviosismo, miedo (au moment de paraître en public) ■ FAM **tout à trac** sin reflexión, bruscamente ■ **avoir le trac** ponerse nervioso.

traçage *m* trazado.

traçant, e *adj* BOT rastrero, ra (racine) ‖ MIL **balle traçante** bala trazadora ‖ **table traçante** plotter, trazador de gráficos.

tracas [traka] *m* preocupación *f*, inquietud *f*; **les tracas d'un père** las preocupaciones de un padre ‖ molestia *f* (embarras) ‖ (vieilli) ajetreo, tráfago ‖ CONSTR trampa *f* (ouverture dans le plancher).

tracassant, e *adj* inquietante ‖ molesto, ta; **des affaires tracassantes** asuntos molestos.

tracasser [3] *v tr* inquietar, preocupar; **sa santé me tracasse** su salud me inquieta ‖ molestar (embarrasser). ◇ *v intr* ajetrearse, ir de un lado para otro.

tracasserie *f* preocupación, fastidio *m* ‖ molestia, enredo *m*; **les tracasseries de la vie** las molestias de la vida ‖ pesadez, molestia (importunité).

tracassier, ère *adj* & *s* molesto, ta; **un enfant tracassier** un niño molesto ‖ enredador, ra; lioso, sa.

tracassin *m* FAM desazón *f* ‖ **avoir le tracassin** moverse más que el rabo de una lagartija.

trace *f* [▷ SYN] rastro *m*, huella (empreinte) ‖ FIG huella (dans l'esprit) ‖ señal, marca (cicatrice) ‖ indicio *m*; **déceler des traces d'albumine** descubrir indicios de albúmina ‖ rodada (des roues) ‖ GÉOM traza ■ **à la trace** por las huellas ‖ **traces de pas** pisadas [huellas] ■ **être sur la trace de** estar sobre la pista de ‖ FIG **marcher sur** ou **suivre les traces de quelqu'un** seguir las huellas ou el ejemplo de uno, imitarle ‖ **ne pas trouver trace de** no encontrar rastro ou huellas de ‖ **suivre à la trace** rastrear.

| SYN empreinte huella; marque señal; ornière carril; piste pista; sillon surco; stigmate estigma; traînée reguero; vestige vestigio.

tracé *m* trazado.

tracement *m* trazado.

tracer [16] *v tr* trazar (des lignes, des lettres) ‖ FIG pintar; **tracer un tableau sinistre** pintar un cuadro siniestro. ◇ *v intr* rastrear (les plantes) ‖ socavar la tierra (les taupes) ‖ FAM ir a todo gas ou a toda mecha (aller vite).

traceret *m* punzón.

traceur, euse *adj* & *s* trazador, ra. ◇ **traceur** *m* INFORM traceur (de courbes) plotter.

trachéal, e [trakeal] *adj* traqueal.

trachée [traʃe] *f* ANAT tráquea.

trachée-artère [traʃearter] *f* traquearteria, tráquea. | OBSERV pl trachées-artères.

trachéen, enne [trakeɛ̃, en] *adj* traqueal.

trachéite [trakeit] *f* traqueítis.

trachéotomie [trakeɔtɔmi] *f* traqueotomía.

trachome [trakom] *m* tracoma (conjonctivite).

trachyte [trakit] *m* traquita *f* (roche).

traçoir *m* punzón.

tract [trakt] *m* octavilla *f*, pasquín, libelo.

tractation *f* trato *m*.

tracter [3] *v tr* remolcar.

tracteur *m* tractor; **tracteur sur chenilles** tractor oruga ‖ **conducteur de tracteur** tractorista.

tractif, ive *adj* tractivo, va.

traction *f* tracción ‖ AUTOM propulsión total, doble tracción ‖ **traction avant, traction** tracción delantera (d'une voiture) ‖ **traction toutes roues** propulsión total.

tractoriste *m* & *f* AGRIC tractorista.

tractus [traktys] *m* ANAT tracto; **tractus génital** tracto genital.

tradescantia *m* BOT tradescantia.

trade-union [tredjunjɔn] ou [tredynjɔn] *f* trade unión. | OBSERV pl trade-unions.

traditeur *m* traditor.

tradition *f* tradición ‖ THÉÂTR morcilla [palabra o frase añadida por el actor] ■ **aux vieilles traditions** de mucha solera, de rancio abolengo ‖ **il est de tradition que** es tradicional que.

traditionalisme *m* tradicionalismo.

traditionaliste *adj* & *s* tradicionalista.

traditionnaire *adj* & *s* tradicionario, ria.

traditionnel, elle *adj* tradicional.

traditionnellement *adv* tradicionalmente.

traducteur, trice *m* & *f* traductor, ra. | SYN interprète intérprete; truchement truchimán; drogman trujamán.

traduction *f* traducción ■ INFORM **traduction assistée par ordinateur** traducción asistida por ordenador ‖ **traduction automatique** traducción automática. | SYN version traducción directa, versión; thème traducción inversa.

traduire [98] *v tr* traducir; **traduire un texte de l'espagnol en français** traducir un texto del español al francés ‖ DR citar en ou ante la justicia, citar, hacer comparecer; **traduire en conseil de guerre** hacer comparecer ou citar ante un consejo de guerra ‖ FIG expresar, manifestar, traducir, reflejar; **nos yeux traduisent nos sentiments** nuestros ojos expresan nuestros sentimientos ■ **traduire à livre ouvert** traducir directamente ou de corrido. ◆ **se traduire** *v pr* manifestarse, traducirse.

traduisible *adj* traducible.

Trafalgar *n pr* GÉOGR Trafalgar ‖ FAM **coup de Trafalgar** desastre, descalabro.

trafic [trafik] *m* circulación *f*, tráfico (des véhicules) ‖ tráfico, comercio ‖ FAM trapicheo, tejemaneje, trapisonda *f* ■ **trafic automobile** tránsito rodado ‖ **trafic d'armes** tráfico de armas ‖ **trafic de drogue** tráfico de droga ‖ **trafic de transit** tráfico de tránsito ■ **le trafic des voyageurs** el tráfico de pasajeros.

trafiquant, e; trafiqueur, euse *m* & *f* traficante.

trafiquer [3] *v intr* traficar, comerciar ‖ FAM trapichear, trapisondar.

trafiqueur, euse ➡ **trafiquant**.

tragédie *f* tragedia.

tragédien, enne *m* & *f* actor, actriz trágico, ca.

tragi-comédie *f* tragicomedia. | OBSERV pl tragi-comédies.

tragi-comique *adj* tragicómico, ca. | OBSERV pl tragi-comiques.

tragique *adj* trágico, ca; **situation tragique** situación trágica. ◇ *m* tragedia *f*, el género trágico ‖ trágico (auteur de tragédies) ‖ lo trágico; **le tragique de certaines situations** lo trágico de ciertas situaciones ■ **prendre au tragique** tomar por lo trágico ‖ **tourner au tragique** tomar mal aspecto, ponerse trágico.

tragiquement *adv* trágicamente.

tragopan *m* tragopán, faisán de la India.

tragus [tragys] *m* ANAT trago (de l'oreille).

trahir [32] [trair] *v tr* traicionar; **trahir sa patrie** traicionar la patria; **trahir la pensée d'un écrivain** traicionar el pensamiento de un escritor ‖ faltar a; **trahir sa promesse** faltar a su palabra ‖ revelar, descubrir; **trahir un secret** descubrir un secreto ‖ defraudar; **trahir la confiance d'un ami** defraudar la confianza de un amigo.

trahison *f* traición; **haute trahison** alta traición ‖ **par trahison** a traición. | SYN déloyauté deslealtad; félonie felonía; forfaiture felonía; prévarication prevaricación, prevaricato.

traille [traj] *f* balsa transbordadora (bac) ‖ andarivel (câble) ‖ traína, red barredera (chalut).

train *m* paso, marcha *f* (d'une bête) ‖ tren; **train express, mixte, omnibus, rapide** tren expreso, mixto, ómnibus, rápido ‖ **train à grande vitesse (TGV)** Tren de Alta Velocidad (TAV) ‖ **train autocouchettes** expreso con servicio de transporte de coches ‖ tren, convoy; **un train de camions** un convoy de camiones ‖ FAM jaleo, alboroto (vacarme) ■ FAM trasero ‖ TECHN carro, juego, tren ■ TECHN **train à brames** tren de laminación ‖ AUTOM **train avant, arrière** tren delantero, trasero ‖ **train d'atterrissage** tren de aterrizaje ‖ **train de bois flotté** armadía, almadía ‖ **train de ceinture** tren de circunvalación ‖ **train de devant, de derrière** cuartos delanteros, traseros (d'un cheval) **TECHN** train dégrossisseur tren desbastador **train de laminoir** tren de laminador **train d'engrenages** tren de engranajes **train de plaisir** tren de recreo, tren botijo **train de pneus** juego de neumáticos **MIL** train des équipages tren de equipajes **train de vie** tren de vida, modo de vivir **TECHN** train finisseur tren de acabado **train omnibus** tren ómnibus ou correo **FAM** train onze coche de San Fernando ■ l'arme du train, le train servicio de automovilismo ■ à ce train-là al paso que vamos **à fond de train** a todo correr, a toda marcha **en train de** (se traduit en espagnol par le gérondif du verbe correspondant); **en train de manger** comiendo ■ aller bon train ir a buen paso **aller son petit train** ir poquito a poco **aller son train** seguir su camino ou su curso **aller un train d'enfer** ir a todo correr **FAM** être dans le train vivir con su tiempo **être en train** estar en forma, estar animado (plein d'allant), estar en curso (en cours) **être en train de** (suivi de l'infinitif), estar (suivi du gérondif); **être en train de lire** estar leyendo **mener grand train** llevar una vida por todo lo alto, vivir a todo tren **mener quelqu'un bon train** tratar a alguien a la baqueta **mener une affaire bon train** llevar un asunto a buen paso ou a buena marcha **mettre en train** animar, excitar (animer), poner en marcha, empezar, principiar (commencer), imponer en la prensa (imprimerie).

traînage m arrastre **transporte por trineo.

traînailler [trenaje] ➤ **traînasser**.

traînant, e adj que arrastra, rastrero, ra **FIG** monótono, na; lánguido, da; cansino, na; **voix traînante** voz cansina.

traînard, e m & f **FAM** rezagado, da (resté en arrière) **FIG** persona pesada, posma.
➤ **traînard** m carro de bancada (du tour).

traînasser; traînailler [3] v tr **FAM** prolongar, dar largas a, hacer durar; **traînasser une affaire** dar largas a un asunto **arrastrar; marcher en traînassant ses pantoufles** andar arrastrando las zapatillas.
◇ v intr **FAM** corretear, vagar, callejear (errer).

traîne f arrastre m (action de traîner) **rastra** (chose que l'on traîne) **cola** (d'une robe, d'une comète) **traína, red barredera** (filet) ■ à la traîne a remolque **à traîne de cola** (robe) **FIG** être à la traîne ir atrasado ou rezagado.

traîneau m trineo.

traînée f reguero m; **traînée de poudre** reguero de pólvora **estela** (d'une comète) **AVIAT** resistencia aerodinámica (d'un avion) **FAM** mujer tirada ou perdida (femme de mauvaise vie) **MAR** fondo m.

traîne-malheur; traîne-misère m inv **FAM** desdichado, da; desgraciado, da; miserable.

traînement m arrastramiento, arrastre.

traîne-misère ➤ **traîne-malheur**.

traîner [4] v tr tirar de, arrastrar, remolcar; **cheval qui traîne une charrette** caballo que tira de una carreta **arrastrar, acarrear; les égouts traînent des immondices** las alcantarillas acarrean inmundicias **traer; il traîne avec lui toute sa famille** trae consigo toda su familia **FIG** arrastrar, llevar; **traîner une misérable existence** arrastrar una miserable existencia ■ traîner les pieds arrastrar los

pies **traîner quelqu'un dans la boue** hablar pestes de uno, poner a uno como los trapos ou como un trapo, cubrir a uno de oprobio **traîner ou faire traîner une affaire en longueur** dar largas a un asunto, ir dilatando un asunto ■ il a traîné un rhume tout l'hiver ha estado acatarrado durante todo el invierno
◇ v intr rezagarse, quedarse atrás; **coureur qui traîne derrière le peloton de tête** corredor que se queda atrás del pelotón de cabeza **arrastrar, colgar; manteau qui traîne** abrigo que arrastra **FAM** ir tirando; il est très malade et peut traîner encore longtemps está muy enfermo y puede todavía ir tirando mucho tiempo **andar rodando, no estar en su sitio; des livres qui traînent sur une table** libros que andan rodando por encima de la mesa **callejear, vagabundear** (flâner) **traîner en longueur** no acabar nunca, ir para largo.
➤ **se traîner** v pr andar a gatas, arrastrarse; **les enfants aiment à se traîner** a los niños les gusta andar a gatas; **se traîner par terre** arrastrarse por el suelo **andar con dificultad** hacerse largo; **ce film se traîne** esta película se hace larga.

traîneur, euse m & f vagabundo, da (flâneur) **(vx)** rezagado, da (qui reste en arrière) **FAM** traîneur de sabre militarote.

trainglot; tringlot [trɛ̃glo] m **FAM** soldado del servicio de automovilismo.

training [trɛniŋ] m **SPORTS** entrenamiento (entraînement) **chándal** (vêtement).

train-train; trantran m marcha f normal, rutina f.

traire [112] v tr ordeñar **machine à traire** ordeñadora.

trait [trɛ] m tiro; **bêtes de trait** animales de tiro **tiro, tirante** (des chevaux) **[▷ SYN]** raya f, trazo (ligne) **raya** f (alphabet Morse); **avaler d'un trait** beber de un trago **saeta** f, dardo (arme) **tiro, alcance de un arma** (portée); **à un trait d'arbalète** a tiro de ballesta **corte** (de scie) **derecho de apertura** (jeux) **rasgo, característica** f; **c'est un trait de notre époque** es una característica de nuestra época **pullazo, pulla** f (de satire) **ECCLÉS** tracto ■ les traits rasgos, facciones f (du visage) ■ **FIG** trait de flamme palabras inflamadas, apasionadas **trait de génie** rasgo de ingenio **trait de lumière** rayo de luz **trait de plume** plumazo **trait d'esprit** agudeza **trait d'union** guión **[▷ OBSERV** tiret], lazo, vínculo, nexo (lien) ■ à grands traits a grandes rasgos **d'un trait, tout d'un trait** de un tirón **trait pour trait** igualito, clavado (semblable), punto por punto; **copier trait pour trait** copiar punto por punto ■ avoir les traits tirés tener la cara cansada **avoir trait à** referirse a, tener relación con **partir comme un trait** salir disparado, salir como un rayo ou una flecha.

| **SYN** barre barra; bâtons palotes; ligne línea; linéament lineamiento; raie raya.

trait, e adj tirado, da; reducido, da; a hilo; **de l'or trait** oro tirado **ordeñado, da** (vache).

traitable adj tratable, de fácil trato, fácil de tratar (personne) **sujet facilement traitable** tema fácil de tratar.

traitant, e adj de tratamiento; **crème traitante** crema de tratamiento; **shampooing**

traitant champú de tratamiento **médecin traitant** médico de cabecera ou habitual.

traite f tráfico m (de marchandises) **tirada, tirón** m, trecho m (parcours) **ordeño** m (des vaches, etc.) **COMM** letra de cambio, orden de pago ■ traite des Blanches trata de blancas **traite des Noirs** ou **des Nègres, la traite** trata de negros ■ d'une traite de una tirada, de un tirón **COMM** protester une traite protestar una letra.

traité m [▷ SYN 1] tratado; **traité de mathématiques** tratado de matemáticas **[▷ SYN 2]** tratado, convenio; **conclure un traité de commerce** concertar un tratado de comercio.

| **SYN 1.** cours curso; dissertation disertación; essai ensayo; étude estudio; mémoire memoria.
| **2.** accord acuerdo; pacte pacto; alliance alianza; protocole protocolo.

traitement m tratamiento, trato (manière d'agir) **sueldo, paga** f (d'un fonctionnaire) **tratamiento; le traitement des matières premières** el tratamiento de materias primas **MÉD** tratamiento, método de curación; **suivre un traitement** seguir un tratamiento ■ **INFORM** tratamiento, procesamiento **traitement automatique du langage** tratamiento automático del lenguaje **traitement électronique des données** ou **de l'information** proceso electrónico de datos **traitement de l'information** proceso de datos **traitement de texte** procesamiento ou tratamiento de textos **traitement par lots** procesamiento por lotes **traitement séquentiel** tratamiento secuencial.
➤ **traitements** m pl mauvais traitements malos tratamientos ou tratos, vía de hechos.

traiter [4] v tr tratar; **traiter un sujet** tratar un asunto **traiter quelqu'un splendidement** tratar a uno espléndidamente; **bien, mal traiter** tratar bien, mal; **traiter un métal** tratar un metal **asistir** (un malade) **tratar** (une maladie) ■ traiter comme un chien tratar como a un perro **traiter de** tratar de, calificar de; **traiter quelqu'un de voleur** tratar a uno de ladrón **traiter de haut** ou **de haut en bas** tratar con desdén **traiter d'une façon cavalière** ou **par-dessous la jambe** tratar por encima del hombro **traiter quelqu'un en parent pauvre** tratar a alguien como a la oveja negra.
◇ v intr negociar; **traiter de la paix** negociar la paz **hablar, tratar** (parler de) **hacer un tratado; traiter de la métallurgie** hacer un tratado de metalurgia.
➤ **se traiter** v pr negociarse; **les blés se traitent cher cette année** los trigos se negocian caro este año.

traiteur m casa f de comidas de encargo.

traître, esse adj & s traidor, ra ■ en traître a traición, traidoramente **pas un traître mot** ni una palabra ■ prendre quelqu'un en traître tratar a alguien de manera desleal.

traîtreusement adv traidoramente.

traîtrise f traición, perfidia, alevosía.

Trajan n pr Trajano.

Trajane n pr colonne Trajane columna trajana.

trajectoire f trayectoria **MIL** trajectoire tendue trayectoria tensa.

trajet [traʒɛ] *m* trayecto, recorrido (parcours) ∥ travesía *f* (traversée).
∥ SYN chemin camino; parcours recorrido; traite tirón; traversée travesía; FAM trotte caminata.

tralala *m* FAM aparato, pompa *f*; et tout le tralala y toda la pompa ∥ en grand tralala vestido de tiros largos.

tram [tram] *m* FAM tranvía.

tramail; trémail *m* trasmallo (filet).

trame *f* trama (des fils) ∥ trama, retícula (en photogravure) ∥ TECHN trama ∥ FIG [▷ SYN] trama, enredo *m* (d'une tragédie) ∥ POÉT la trame de nos jours la vida.
∥ SYN affabulation, fabulation fabulación; intrigue intriga; scénario guión; synopsis guión.

tramer [3] *v tr* tramar, urdir.
➤ **se tramer** *v pr* tramarse.

trameur, euse *m & f* tramador, ra (ouvrier).
➤ **trameuse** *f* tramadora (appareil).

traminot [tramino] *m* tranviario.

tramontane *f* tramontana ∥ FIG perdre la tramontane perder la cabeza ou la tramontana.

tramp [trãmp] *m* MAR carguero de servicio irregular.

trampoline *m* cama *f* elástica.

tramway [tramwɛ] *m* tranvía.

tranchage *m* corte (action de couper) ∥ chapeado, corte de la madera en chapas (du bois).

tranchant *m* [▷ SYN] corte, filo, tajo; épée à deux tranchants espada de dos filos ∥ cortadera *f* (d'apiculteur) ∥ FIG arme à double tranchant arma de dos filos.
∥ SYN fil filo; taillant corte.

tranchant, e *adj* [▷ SYN] cortante, afilado, da (qui coupe) ∥ FIG decisivo, va; resuelto, ta; tajante; ton tranchant tono decisivo ∥ couleurs tranchantes colores que contrastan ou contrastados.
∥ SYN aiguisé, affilé afilado; coupant cortante.

tranche *f* [▷ SYN] rebanada (de pain), loncha, lonja (de jambon), tajada (de viande), rodaja, raja (de saucisson), raja (de poisson, de fromage) ∥ raja, tajada (de pastèque, de melon) ∥ canto *m* (d'un livre, d'une monnaie, d'une planche) ∥ placa, plancha (de marbre, de pierre) ∥ grupo (de chiffres) ∥ serie (d'une émission financière) ∥ sorteo *m*; tranche spéciale de Noël sorteo extraordinario de Navidad ∥ TECHN cortadera ■ tranche à froid cortafrío ∥ FIG tranche de vie episodio de la vida real ∥ ÉCON tranche d'imposition grupo impositivo ∥ tranche grasse babilla (bœuf) ■ dorure sur tranche canto dorado (reliure) ∥ pain de mie coupé en tranches pan de molde cortado ■ se payer une tranche de rire, s'en payer une tranche desternillarse de risa.
∥ SYN rondelle rodaja; rouelle rodaja; tronçon trozo.

tranché, e *adj* tajante (péremptoire) ∥ FIG marcado, da; contrastado, da (couleur) ∥ BLAS partido en banda, tronchado, da.

tranchée *f* zanja (excavation) ∥ MIL [▷ SYN] trinchera ∥ tranchée d'écoulement desagüe ■ voie en tranchée trinchera (chemin de fer).
➤ **tranchées** *f pl* MÉD cólicos *m* agudos ∥ tranchées utérines entuertos.
∥ SYN approches aproches; boyau ramal de trinchera; cheminement trabajo de zapa; sape zapa.

tranchée-abri *f* MIL trinchera con abrigo.
▣ OBSERV pl tranchées-abris.

tranchefile *f* cabezada, cabecera, cadeneta (reliure).

tranchefiler [3] *v tr* poner cabecera ou cadenetas, cabecear [un libro].

tranche-montagne *m* FAM fanfarrón, matasiete.

trancher [3] *v tr* cortar, cercenar ∥ cortar, trinchar (la viande) ∥ FIG zanjar, resolver, dilucidar; trancher la difficulté zanjar la dificultad ∥ trancher le cou, la gorge, la tête degollar, pasar a cuchillo.
◇ *v intr* decidir, resolver ∥ FIG resaltar, contrastar (les couleurs) ∥ contrastar; cela tranche sur sa modération habituelle esto contrasta con su moderación habitual ■ trancher dans le vif cortar por lo sano ∥ trancher net cortar en seco.

tranchet [trãʃɛ] *m* chaira *f*, cuchilla de zapatero.

trancheur *m* cortador ∥ trinchador (de viande).

trancheuse *f* cortadora.

tranchoir *m* tajo, tajadero.

tranquille [trãkil] *adj* tranquilo, la; quieto, ta; se tenir tranquille quedarse quieto ∥ recoleto, ta; une place tranquille una plaza recoleta ■ avoir la conscience tranquille tener la conciencia tranquila ∥ être tranquille comme Baptiste quedarse tan tranquilo ∥ laisse-moi tranquille déjame en paz ∥ soyez tranquille no se preocupe.

tranquillement *adv* tranquilamente.

tranquillisant, e *adj* tranquilizador, ra.
➤ **tranquillisant** *m* MÉD calmante, tranquilizante, sedante.

tranquilliser [3] *v tr* tranquilizar; tranquilliser l'esprit par de bonnes paroles tranquilizar el espíritu con buenas palabras.
➤ **se tranquilliser** *v pr* tranquilizarse.

tranquillité *f* tranquilidad ∥ tranquillité d'esprit tranquilidad de espíritu ∥ en toute tranquillité con toda tranquilidad, sin ninguna preocupación.
∥ SYN bonace bonanza; calme calma; paix paz; quiétude quietud; sérénité serenidad.

transaction [trãzaksjɔ̃] *f* transacción.
∥ SYN affaire negocio; marché trato.

transactionnel, elle *adj* transaccional.

transafricain, e *adj* transafricano, na.

transalpin, e *adj* transalpino, na.

transandin, e *adj* transandino, na.

transat *m* FAM tumbona *f*.

transatlantique *adj* transatlántico, ca.
◇ *m* transatlántico (paquebot) ∥ tumbona *f* (fauteuil pliant).

transbahuter [3] *v tr* FAM trasladar, cambiar de sitio.

transbordement *m* transbordo.

transborder [3] *v tr* transbordar.

transbordeur *adj & s m* transbordador; pont transbordeur puente transbordador.

transcaspien, enne *adj* transcaspiano, na.

Transcaucasie *n pr f* GÉOGR la Transcaucasie Transcaucasia.

transcaucasien, enne *adj* transcaucásico, ca.

transcendance *f* trascendencia.

transcendant, e *adj* trascendental, trascendente, transcendental, transcendente ∥ sobresaliente, transcendente (supérieur) ∥ MATH nombre transcendant número transcendente.

transcendantal, e *adj* trascendental, transcendental.

transcendantalisme *m* transcendentalismo.

transcender [3] *v tr* PHILOS transcender, trascender.

transcodage *m* transcodificación.

transcoder [3] *v tr* transcodificar.

transcontinental, e *adj & s m* transcontinental.

transcripteur *m* transcriptor (appareil) ∥ copista (personne qui transcrit).

transcription *f* copia, transcripción ∥ DR registro *m*, copia en un registro ∥ MUS transcripción.

transcrire [99] *v tr* copiar, transcribir (musique, écriture).

transe *f* ansia, ansiedad, congoja, zozobra ∥ trance *m* (d'un médium) ■ entrer en transes extasiarse, enajenarse ∥ être en transes estar transportado.

transenne *f* reja de capilla en las catacumbas romanas.

transept [trãsɛpt] *m* ARCHIT crucero (d'une église); bras du transept nave del crucero.

transférable *adj* transferible.

transfèrement *m* traslado.

transférer [18] *v tr* transferir ∥ trasladar; transférer un prisonnier trasladar a un prisionero ∥ traspasar (un fonds de commerce, un joueur professionnel).

transfert [trãsfɛr] *m* transferencia *f* (de fonds) ∥ traslado; transfert de reliques traslado de reliquias ∥ traspaso (d'un fonds de commerce, d'un joueur professionnel) ∥ transmisión *f* (de biens immobiliers) ∥ ÉCON transferts sociaux transferencias sociales.

transfiguration *f* transfiguración.

transfigurer [3] *v tr* transfigurar.
➤ **se transfigurer** *v pr* transfigurarse.

transfilage *m* MAR amarradura *f*.

transfiler [3] *v tr* MAR amarrar [con un cabo].

transfini, e *adj* transfinito, ta.

transfixion *f* transfixión.

transformable *adj* transformable.

transformateur, trice *adj* transformador, ra ∥ transformateur-élévateur elevador.

transformation *f* transformación ∥ transformación de ensayo (rugby) ∥ industries de transformation industrias de la transformación.

transformée *f* MATH transformada.

transformer [3] *v tr* [▷ SYN] transformar.
➤ **se transformer** *v pr* transformarse.
∥ SYN changer cambiar; convertir convertir; muer mudar; transmuer transmutar.

transformisme *m* transformismo.

transformiste *adj & s* transformista.

transfuge *m* tránsfuga.

transfuser [3] *v tr* transfundir ‖ hacer una transfusión de (du sang) ‖ FIG transfundir.

transfusion *f* transfusión; transfusion de sang transfusión de sangre.

transgénique *adj* transgénico.

transgresser [4] *v tr* transgredir, quebrantar, infringir ‖ transgresser la loi quebrantar ou transgredir la ley.

transgresseur *m* transgresor, infractor.

transgressif, ive *adj* transgresivo, va.

transgression *f* transgresión, infracción ‖ GÉOL transgression marine transgresión marina.

transhumance [trãzymãs] *adj* trashumancia, trashumación.

transhumant, e [trãzymã, ãt] *adj* trashumante.

transhumer [3] [trãzyme] *v intr* trashumar. ◇ *v tr* hacer trashumar.

transi, e *adj* transido, da ‖ aterido, da; transido, da (de froid) ‖ FAM amoureux transi enamorado perdido.
▌ SYN figé paralizado; frissonnant tiritando; gelé helado; grelottant tiritando; glacé helado.

transiger [17] [trãziʒe] *v intr* transigir ‖ FIG transiger avec son devoir, sa conscience, son honneur no cumplir estrictamente con su deber, ir en contra de su conciencia, faltar a su honor.

transir [32] [trãzir] *v tr* helar, pasmar (de froid) ‖ FIG estremecer, pasmar (de peur). ◇ *v intr* (vx) aterirse, helarse, tiritar (de froid).

transistor *m* RAD transistor ‖ poste à transistors radio de transistores.

transistorisé, e *adj* transistorizado, da.

transit [trãzit] *m* tránsito; marchandises en transit mercancías en tránsito.

transitaire [trãziter] *adj* de tránsito; la France est un pays transitaire Francia es un país de tránsito. ◇ *m & f* agente de tránsito.

transiter [3] [trãzite] *v tr* llevar en tránsito. ◇ *v intr* estar en tránsito.

transitif, ive [trãzitif, iv] *adj & s m* transitivo, va.

transition [trãzisjɔ̃] *f* transición.

transitivement *adv* de manera transitiva, como transitivo.

transitivité [trãzitivite] *f* carácter *m* transitivo.

transitoire [trãzitwar] *adj* transitorio, ria.

Transjordanie *n pr f* HIST la Transjordanie Transjordania.

Transkei *n pr m* HIST le Transkei Transkei.

translatif, ive *adj* traslativo, va.

translation *f* [▷ SYN] traslado *m* (transfert) ‖ GÉOM traslación.
▌ SYN transfert, transfèrement transferencia; transport transporte.

translittération *f* transcripción (d'un alphabet dans un autre).

translucide *adj* translúcido, da.

translucidité *f* translucidez.

transmetteur *m* transmisor.

transmettre [84] *v tr* transmitir.
▨ SYN communiquer comunicar; passer pasar.

transmigration *f* transmigración.

transmigrer [3] *v intr* transmigrar.

transmissibilité *f* transmisibilidad.

transmissible *f* transmisible.

transmission *f* transmisión ■ INFORM transmission de données transmisión de datos ‖ transmission de pensée transmisión del pensamiento ‖ transmission par chaîne transmisión por cadena ‖ transmission par friction transmisión por fricción.

transmuable; transmutable *adj* transmutable.

transmuer; transmuter [3] *v tr* transmutar, transmudar (p us).

transmutabilité *f* transmutabilidad.

transmutable ▬ **transmuable**.

transmutation *f* transmutación.

transmuter ▬ **transmuer**.

transocéanique [trãzɔseanik] *adj* transoceánico, ca.

Transpac [trãspak] *n pr* red de conmutación de paquetes francesa.

transpadan, e *adj* transpadano, na (d'au-delà du Pô).

transparaître [91] *v intr* transparentarse, traslucirse.

transparence *f* transparencia.

transparent, e *adj* [▷ SYN] transparente. ◆ **transparent** *m* falsilla *f* (guide-âne) ‖ transparente (décoration).
▌ SYN clair claro; cristallin cristalino; limpide límpido.

transpercement *m* horadación *f*, perforación *f* (d'une montagne).

transpercer [16] *v tr* atravesar, traspasar (avec une arme) ‖ atravesar, traspasar, calar; la pluie ne peut transpercer un imperméable la lluvia no puede atravesar un impermeable ‖ traspasar, horadar (une montagne).

transpiration *f* sudor *m*, transpiración ‖ BOT transpiración.

transpirer [3] *v intr* sudar, transpirar ‖ FIG traslucirse (un secret).

transplant *m* MÉD transplante.

transplantable *adj* trasplantable.

transplantation *f*; **transplantement** *m* MÉD trasplante *m*, trasplantación *f*.

transplanter [3] *v tr* trasplantar.

transport [trãspɔr] *m* transporte (de marchandises) ‖ traspaso, transferencia *f*, cesión *f* (cession) ‖ DR inspección *f* ocular, visita *f* ‖ transporte (bateau) ‖ FIG [▷ SYN] transporte, arrebato (sentiment violent); transport de colère arrebato de cólera ‖ transport de joie exultación ‖ MÉD transport au cerveau delirio (délire), congestión (congestion).
◆ **transports** *m pl* transportes (ensemble) ■ transports en commun transportes públicos ‖ transports routiers transportes por carretera ‖ transports terrestres transportes terrestres.
▨ SYN extase éxtasis; ravissement arrobamiento.

transportable *adj* transportable, trasladable.

transportation *f* DR deportación, destierro *m*.

transporté, e *adj* transportado, da; arrebatado, da.
◆ **transporté** *m* DR deportado, desterrado.

transporter [3] *v tr* [▷ SYN] transportar; transporter des voyageurs transportar viajeros ‖ trasladar; transporter sur la scène un fait historique trasladar a la escena un hecho histórico ‖ deportar, desterrar (déporter) ‖ DR transmitir, ceder, transferir (une somme) ‖ FIG arrebatar (ravir), poner fuera de sí, sacar de quicio (mettre hors de soi).
◆ **se transporter** *v pr* trasladarse, pasar de un lugar a otro ‖ FIG trasladarse.
▌ SYN déménager mudar; transiter transitar; véhiculer vehicular; voiturer transportar en coche.

transporteur, euse *adj* transportador, ra.
◆ **transporteur** *m* transportista; la responsabilité du transporteur la responsabilidad del transportista ■ transporteur à bande cinta transportadora ‖ transporteur aérien *ou* à câbles transportador aéreo, teleférico industrial.

transposable *adj* MUS transportable, que se puede poner en otro tono.

transposer [3] *v tr* transponer ‖ MUS transportar.

transpositeur *adj m* MUS instrument transpositeur instrumento que transporta ou transportador.

transposition *f* transposición ‖ MUS transporte *m*.

transpyrénéen, enne *adj* transpirenaico, ca.

transsaharien, enne *adj & s m* transahariano, na.

transsexuel, elle *adj & s* transexual.

transsibérien, enne *adj & s m* transiberiano, na.

transsonique *adj* transónico, ca (vitesse).

transsubstantiation *f* RELIG transubstanciación.

transsudation *f* trasudor *m*, trasudación.

transsuder [3] *v intr* trasudar, rezumarse.

transtévérin, e *adj & s* transtiberino, na.

transuranien, enne *adj* CHIM transuránico, ca.

Transvaal *n pr m* GÉOGR le Transvaal Transvaal.

transvasement *m* trasiego, transvase.

transvaser [3] *v tr* trasegar, transvasar (un liquide).

transversal, e *adj* transversal.
◆ **transversale** *f* MATH transversal.

transversalement *adv* de manera transversal.

transverse *adj* transverso, sa.

transvider [3] *v tr* transvasar, trasegar.

transylvain, e; transylvanien, enne *adj* transilvano, na.

Transylvain, e; Transylvanien, enne *m & f* transilvano, na.

Transylvanie *n pr f* GÉOGR la Transylvanie Transilvania.

transylvanien, enne ► **transylvain**.

trantran ► **train-train**.

trapèze *m* ANAT & GÉOM trapecio ‖ trapecio (appareil de gymnastique).
◇ *adj* trapecio; **robe trapèze, muscle trapèze** vestido trapecio, músculo trapecio.

trapéziste *m* & *f* trapecista.

trapézoïdal, e *adj* trapezoidal.

trapézoïde *adj* trapezoidal.
◇ *m* trapezoide.

Trappe *n pr f* **la Trappe** la Trapa (abbaye et ordre religieux).

trappe *f* trampa, trampilla (porte au niveau du sol) ‖ puerta *ou* ventana de corredera (à coulisse) ‖ trampa (piège) ‖ FIG trampa, artimaña, ardid *m* (ruse) ‖ MAR escotilla, escotillón *m*.

trappeur *m* trampero (chasseur).

trappillon [trapijɔ̃] *m* cierre (d'une trappe) ‖ escotillón (théâtre).

trappiste *m* trapense (religieux).

trappistine *f* monja trapense ‖ licor *m* de las monjas trapenses.

trapu, e *adj* rechoncho, cha; achaparrado, da.
| SYN râblé fornido; FAM courtaud cachigordo; nabot retaco, tapón.

traque *f* batida, ojeo *m* (à la chasse).

traqué, e *adj* acosado, da; acorralado, da ‖ cercado, da (entouré).

traquenard [traknar] *m* cepo, trampa *f* ‖ FIG lazo, emboscada *f*, trampa *f* ‖ pasitrote, paso cansino (allure des chevaux).

traquer [3] *v tr* acosar, acorralar (encercler le gibier) ‖ ojear, batir (rabattre le gibier) ‖ FIG acosar, acorralar (quelqu'un).

traquet [trakɛ] *m* cítola *f*, tarabilla *f* (du moulin) ‖ moscareta *f* (oiseau).

traqueur *m* ojeador, batidor (à la chasse).

Trasimène *n pr* GÉOGR **le lac Trasimène** el lago Trasimeno.

trauma *m* trauma.

traumatique *adj* traumático, ca.

traumatisant, e *adj* traumatizante.

traumatiser [3] *v tr* traumatizar.

traumatisme *m* traumatismo, trauma; **traumatisme crânien** traumatismo craneal.

traumatologie *f* traumatología.

travail [travaj] *m* [▷ SYN] trabajo; **travail manuel, intellectuel** trabajo manual, intelectual ‖ faena *f*; **les travaux des champs** las faenas del campo ‖ obra *f* (ouvrage) ‖ labor *f*; **un bijou d'un beau travail** una joya de primorosa labor ‖ alabeo, pandeo, arqueamiento (du bois) ‖ hozadero (du sanglier) ‖ PHYS trabajo ■ MÉD **en travail** de parto ‖ **travail à la chaîne** producción en línea *ou* en cadena ‖ **travail au noir** trabajo negro *ou* clandestino ‖ DR **travail d'intérêt général (TIG)** trabajo penitenciario ‖ **travail intérimaire** trabajo interino ‖ **travail posté** trabajo por turnos ‖ **travail saisonnier** trabajo estacional ■ **accident du travail** accidente de trabajo ‖ **un travail de cheval** un trabajo de negros ‖ **un travail de Romains** una obra de romanos ‖ **un travail de Titan** un trabajo titánico ■ **être sans travail** estar desempleado *ou* sin trabajo.
◆ **travaux** *m pl* obras *f*; **travaux publics**

obras públicas ‖ trabajos ■ **travaux de dame** labores femeninas ‖ **travaux d'Hercule** trabajos de Hércules ‖ **travaux dirigés (TD)** clases *f* prácticas ‖ **travaux d'utilité collective** trabajos de utilidad pública ‖ **travaux forcés** trabajos forzados *ou* forzosos ‖ **travaux forcés à perpétuité** cadena perpetua ‖ **travaux manuels** trabajos manuales ‖ **travaux ménagers** quehaceres domésticos, labores caseras ‖ **travaux pratiques** prácticas (étude).
| SYN besogne tarea, faena; corvée faena, carga; labeur labor; mission misión; occupation ocupación; œuvre obra; ouvrage labor, obra, tâche tarea; FAM boulot trabajo; FAM turbin tajo.

travail [travaj] *m* potro (pour maintenir les animaux domestiques).
| OBSERV pl travails.

travaillé, e [travaje] *adj* trabajado, da ‖ obsesionado, da; **travaillé par une idée** obsesionado por una idea ‖ atormentado, da; **travaillé par la maladie** atormentado por la enfermedad ‖ trabajado, da; pulido, da; **style travaillé** estilo trabajado ‖ labrado, da (bois).

travailler [3] [travaje] *v intr* [▷ SYN] trabajar; **travailler à un ouvrage** trabajar en una obra ‖ producir, rentar (l'argent) ‖ fermentar (le vin) ‖ estudiar; **il ne travaille pas à l'école** no estudia en el colegio ‖ alabearse, arquearse, combarse (le bois) ‖ alterarse (couleurs) ‖ estar en actividad (l'imagination) ■ **travailler à l'heure, à la tâche** trabajar por horas, a destajo ‖ **travailler comme un forcené** trabajar como un descosido ‖ FIG & FAM **travailler du chapeau** estar chiflado, faltarle a uno un tornillo ‖ **travailler pour des prunes** trabajar para el obispo *ou* en balde.
◇ *v tr* labrar, trabajar (façonner) ‖ trabajar, pulir, hacer con esmero (s'appliquer à) ‖ FIG agitar, excitar ‖ atormentar ‖ preocupar (inquiéter) ‖ adulterar (le vin).
| SYN besogner afanarse; FAM bosser currelar; FAM boulonner apencar; FAM bûcher trabajar intensamente; bricoler chapucear; ouvrager, ouvrer labrar.

travailleur, euse [travajœr, øz] *adj* & *s* [▷ SYN] trabajador, ra; productor, ra ‖ obrero, ra; **parti des travailleurs** partido obrero ‖ estudioso, sa; **garçon très travailleur** muchacho muy estudioso ■ **travailleur à domicile** trabajador a domicilio ‖ **travailleur ambulant** trabajador ambulante ‖ **travailleur de force** obrero ‖ **travailleur immigré** trabajador emigrante ‖ **travailleur indépendant** trabajador independiente ‖ **travailleur saisonnier** trabajador de temporada ‖ **travailleuse familiale** auxiliar del hogar (aide ménagère).
◆ **travailleuse** *f* mesita de costura.
| SYN journalier jornalero; manœuvre bracero; ouvrier obrero; prolétaire proletario; salarié asalariado.

travaillisme [travajism] *m* laborismo.

travailliste [travajist] *adj* & *s* laborista.

travée *f* tramo *m* (espace entre deux supports) ‖ bovedilla (d'un toit) ‖ fila (de bancs).

travelage *m* separación *f* entre las traviesas (chemin de fer).

traveller [travlœr] *m inv* cheque *m* de viaje.

travelling [travliŋ] *m* CINÉM travelling, travelín; **travelling optique** travelín óptico.

travelo *m* FAM travesti.

travers [travɛr] *m* defecto (défaut) ‖ ancho, anchura *f*; **un travers de doigt** el ancho de un dedo ‖ MAR través ■ **à través** a tort et à travers a tontas y a locas, a troche y moche ‖ **à travers** a través ‖ **à travers champs** a campo traviesa ‖ **au travers de** por en medio, por entre ‖ **de travers, en travers de** través ■ **aller de travers** ir al revés ‖ **avaler de travers** atragantarse ‖ **avoir l'esprit de travers** tener mal genio, tener el genio atravesado ‖ **chacun a ses travers** de cuerdo y loco todos tenemos un poco ‖ **comprendre de travers** comprender al revés ‖ **entendre de travers** oír al revés ‖ **faire tout de travers** no hacer nada a derechas ‖ **mettre en travers** atravesar, poner atravesado ‖ **passer au travers de** librarse de ‖ **regarder de travers** mirar con mala cara *ou* de lado ‖ **se regarder de travers** mirarse de reojo.

traversable *adj* atravesable.

traverse *f* travesaño *m*, larguero *m* (pièce de bois) ‖ atajo *m*, trocha (chemin plus court) ‖ traviesa (d'une voie ferrée) ‖ través *m* (parapet) ‖ FIG **se mettre à la traverse** obstaculizar.
◆ **traverses** *f pl* contratiempos *m*, obstáculos *m*, reveses *m*.

traversée *f* travesía ‖ **traversée de voie** cruce de vías (chemin de fer) ‖ FIG **la traversée du désert** período difícil en la vida de alguien.

traverser [3] *v tr* atravesar, cruzar (un pays, la rue) ‖ traspasar, calar; **la pluie traverse son manteau** la lluvia traspasa su abrigo ‖ FIG atravesar, pasar; **traverser des temps malheureux** atravesar malos tiempos ■ **traverser de part en part** atravesar de parte a parte ‖ **traverser l'esprit** pasar por la cabeza, cruzar por la imaginación.

traversier, ère *adj* transversal; **un chemin traversier** un camino transversal ‖ **flûte traversière** flauta travesera.

traversin *m* travesaño, cabezal, almohada *f* larga (oreiller) ‖ astil (d'une balance) ‖ tabla *f* del fondo (d'un tonneau).

traversine *f* travesaño *m* (reliant des pilotis, d'un grillage) ‖ cierre *m* (d'une écluse).

travertin *m* travertino, toba *f* calcárea.

travesti, e *adj* & *s m* disfrazado, da ‖ **bal travesti** baile de disfraces.
◆ **travesti** *m* disfraz, traje de máscara (déguisement).
| OBSERV El sustantivo francés travesti no tiene forma femenina.

travestir [32] *v tr* disfrazar ‖ parodiar (imiter en style burlesque) ‖ interpretar torcidamente, desnaturalizar, tergiversar (donner une fausse interprétation).
◆ **se travestir** *v pr* disfrazarse; **se travestir en Pierrot** disfrazarse de Pierrot.

travestissement *m* disfraz ‖ FIG alteración *f*, interpretación *f* torcida.

travestisseur, euse *adj* & *s* parodista.

traviole
◆ **de traviole** *loc adv* FAM de través.

travouil [travuj]; **travoul** [travul] *m* devanadera *f*.

travure *f* soporte *m* de una bóveda.

trayeur, euse *m* & *f* ordeñador, ra.
◆ **trayeuse** *f* ordeñadora, máquina de ordeñar.

trayon [trɛjɔ̃] *m* pezón (d'animaux).

trébuchant, e *adj* que tropieza ‖ trabucante (monnaie) ‖ espèces sonnantes et trébuchantes dinero contante y sonante.

trébuchement *m* traspié, tropezón, tropiezo.

trébucher [3] *v intr* tropezar, dar un traspié; trébucher sur une pierre tropezar con ou contra ou en una piedra ‖ FIG tropezar (commettre une faute) ‖ caer, dar en tierra (tomber) ‖ correr el peso (dans une balance).
◇ *v tr* (p us) pesar (les monnaies).

trébuchet [trebyʃɛ] *m* pesillo (petite balance) ‖ armadijo (pièce) ‖ trabuco (machine de guerre au Moyen Âge).

trécheur ▬ **trescheur**.

tréfilage *m* trefilado.

tréfiler [3] *v tr* trefilar, estirar (un métal).

tréfilerie *f* trefilería, fábrica de alambre.

tréfileur *m* trefilador, tirador (de métaux).

trèfle *m* trébol (plante); trèfle à quatre feuilles trébol de cuatro hojas; trèfle incarnat trébol encarnado ‖ trébol [uno de los palos de que se compone la baraja francesa] ‖ ARCHIT ornamento trilobulado ‖ ARG (vieilli) parné, moni (argent) ‖ croisement en trèfle trébol de cambio de dirección (autoroute).

tréflé, e *adj* BLAS trebolado, da.

tréflière *f* trebolar *m*, campo *m* de trébol.

tréfonds [trefɔ̃] *m* subsuelo (propriété) ‖ FIG le fonds et le tréfonds lo más recóndito, los pormenores; le fonds et le tréfonds d'une affaire los pormenores de un asunto.

treillage [trejaʒ] *m* enrejado, reja *f*, encañado ‖ emparrado (pour la vigne).

treillager [17] *v tr* enrejar, poner enrejado ‖ emparrar (une vigne).

treillageur *m* constructor de enrejados.

treille *f* emparrado *m*, parra ‖ le jus de la treille el vino.

treillis [treji] *m* enrejado (treillage) ‖ cuadrícula *f* (dessin) ‖ terliz, arpillera *f* (toile grossière) ‖ FIG traje de faena ‖ treillis en bois entramado.

treillisser [3] *v tr* poner un enrejado a.

treize [trɛz] *adj num* & *s m* trece ‖ decimotercio; Louis XIII (treizième) Luis XIII (decimotercio) ‖ treize à la douzaine trece por docena.

treizième *adj num ord* decimotercio, cia; decimotercero, ra ‖ treizième siècle siglo trece.
◇ *m* trezavo (fraction).

treizièmement *adv* en decimotercer lugar.

trekking [trekiŋ]; **treck** *m* trekking.

tréma *m* GRAMM diéresis *f*, crema *f*.

trémail [tremaj] ▬ **tramail**.

trématage *m* adelanto (d'un bateau).

trémater [3] *v tr* & *intr* adelantar [a un buque].

trématode *adj* & *s m* ZOOL trematodo, da.

tremblaie [trɑ̃blɛ] *f* alameda.

tremblant, e *adj* tembloroso, sa; trémulo, la ‖ vacilante, poco firme; pont tremblant puente vacilante ‖ FIG temeroso, sa (craintif).
➤ **tremblante** *f* VÉTÉR trembladera (du mouton).

tremble *m* tiemblo, álamo temblón (peuplier).

tremblé, e *adj* tremblón, ona (écriture) ‖ MUS tremolado, da; sons tremblés sonidos tremolados ‖ IMPR filet tremblé, tremblé filete ondulado.

tremblement *m* temblor (agitation) ‖ trepidación *f* (d'un corps matériel) ‖ FIG temblor, temor (crainte), estremecimiento ‖ MUS trémolo ■ tremblement de terre terremoto, temblor de tierra ■ FAM et tout le tremblement y toda la pesca (choses).

trembler [3] *v intr* temblar ‖ [▷ SYN] estremecerse, trepidar ‖ tiritar (de froid, de fièvre) ‖ FIG temer, estremecerse (avoir peur) ‖ vacilar (la lumière) ‖ ser temblorosa (voix) ■ trembler comme une feuille temblar como un azogado ‖ trembler pour tener miedo por ■ à faire trembler que mete miedo ‖ faire trembler asustar, espantar.

    SYN frémir estremecerse; frissonner tiritar, estremecerse, sentir escalofríos; grelotter tiritar; trépider trepidar; FAM trembloter temblequear.

trembleur, euse *adj* & *s* temblador, ra ‖ FIG medroso, sa; tembloroso, sa (craintif).
➤ **trembleuse** *f* mancerina, platillo *m* con su jícara.
➤ **trembleur** *m* ÉLECTR interruptor automático ‖ cuáquero (quaker).

tremblotant, e *adj* FAM tembloroso, sa; vacilante.

tremblote *f* FAM avoir la tremblote tener mieditis ou canguelo (peur), tener una tiritona (de froid).

tremblotement *m* temblequeo, temblor.

trembloter [3] *v intr* FAM temblequear.

trémelle *f* tremella (champignon).

trémie *f* tolva de molino ‖ comedero *m* (mangeoire).

trémière *f* malvarrosa (rose).

trémois *m* trigo tremés ou tremesino.

trémolo *m* MUS trémolo ‖ FIG temblor (de la voix).

trémoussement *m* zarandeo, meneo ‖ aleteo (des oiseaux).

trémousser [3] *v intr* aletear (en parlant des oiseaux).
➤ **se trémousser** *v pr* agitarse, menearse (se remuer) ‖ FIG moverse mucho (se donner du mal).

trempage *m* remojo.

trempe *f* remojo *m* (action de tremper dans un liquide) ‖ agua de fermentación (bière) ‖ TECHN temple *m* (de l'acier, du verre, etc.) ‖ FIG temple *m* (caractère); un homme de cette trempe un hombre de ese temple ‖ FAM paliza, zurra, solfa.

trempé, e *adj* mojado, da; remojado, da; empapado, da (mouillé, imbibé) ‖ aguado, da (mêlé d'eau) ‖ cubierto, ta; bañado, da; trempé de sueur bañado en sudor ‖ templado, da (métal, verre) ‖ FIG enérgico, ca; vigoroso, sa ‖ FAM trempé comme une soupe hecho una sopa, calado hasta los huesos.

tremper [3] *v tr* [▷ SYN] mojar, bañar, meter en un líquido; tremper la plume dans l'encre mojar la pluma en tinta ‖ empapar, remojar; tremper du pain dans la soupe remojar pan en la sopa ‖ aguar, bautizar FAM tremper son vin aguar el vino ‖ TECHN templar (un métal, le verre, etc.) ‖ FIG templar, dar temple ■ tremper la soupe echar caldo a las sopas ‖ FIG tremper ses mains dans le sang ensangrentarse las manos, mancharse las manos de sangre ■ être trempé estar empapado, estar hecho una sopa.
◇ *v intr* estar en remojo, remojarse; pain qui trempe dans l'eau pan que se remoja en el agua ‖ FAM participar en, estar pringado en; il a trempé dans ce crime está pringado en este crimen ■ faire tremper poner en remojo (aliments), remojar (le linge) ‖ se faire tremper par une averse quedar empapado por un chaparrón.
➤ **se tremper** *v pr* remojarse, darse un remojo.

    SYN arroser regar, rociar; baigner bañar; délaver deslavar; doucher duchar; imbiber empapar; inonder inundar; mouiller mojar; rincer poner como una sopa; FAM saucer calar.

trempette *f* sopita, rebanadita de pan ■ faire la trempette mojar una sopita ‖ FAM faire trempette darse un chapuzón, darse un baño.

trempeur *adj m* & *s m* templador, obrero que templa el acero ‖ IMPR mojador, operario que moja el papel de impresión.

tremplin *m* trampolín (à la piscine, en montagne) ‖ FIG trampolín, base *f* ‖ tremplin de haut vol palanca (piscine).

trémulation *f* temblor *m* rápido.

trenail [trənaj] *m* clavija *f* (de tire-fond).

trench-coat [trenʃkot] *m* trinchera *f*.
    OBSERV pl trench-coats.

trentain *m* empate a treinta (à la pelote) ‖ ECCLÉS misas *f pl* gregorianas (série de trente messes pour un défunt).

trentaine *f* treintena, unos *m pl* treinta ‖ avoir la trentaine estar en los treinta.

trente *adj num* & *s m* treinta ■ trente-et-quarante treinta y cuarenta (jeu) ■ trente-et-un treinta y un (jeu) ‖ trente-trois tours treinta y tres revoluciones, elepé (disque) ■ tous les trente-six du mois de higos a brevas ■ FAM se mettre sur son trente-et-un estar vestido de punta en blanco.

Trente *n pr* GÉOGR Trento.

trentenaire *adj* treintañal, que dura treinta años.

trente-trois-tours *m inv* elepé *m*, long-play *m*.

trentième [trɑ̃tjɛm] *adj num ord* trigésimo, ma.
◇ *m* & *f* treintavo, va.
◇ *m* la trigésima *f* parte (fraction) ‖ le trentième du mois el treinta del mes.

trentièmement *adv* en trigésimo lugar.

trépan *m* MÉD trépano (instrument) ‖ MÉD trepanación *f* (opération) ‖ TECHN taladro, trépano (pour percer) ‖ perforadora *f*, trépano (outil de sondage).

trépanation *f* MÉD trepanación.

trépaner [3] *v tr* trepanar.

trépang [trepɑ̃] ▬ **tripang**.

trépas [trepa] *m* óbito, tránsito (vx) ‖ FAM passer de vie à trépas pasar a mejor vida, morir.

trépassé, e *adj* & *s* muerto, ta; difunto, ta; finado, da ▌ **la fête des Trépassés** el día de los Difuntos.

trépasser [3] *v intr* fallecer, morir.

trépidant, e *adj* trepidante.

trépidation *f* trepidación (des vitres, du sol) ▌ agitación (des membres, des nerfs).

trépider [3] *v intr* trepidar.

trépied [trepje] *m* trébedes *f pl* (ustensile de cuisine) ▌ trípode (d'Apollon) ▌ **PHOT** trípode.

trépignement *m* pataleo.

trépigner [3] *v intr* patalear, patear. ◇ *v tr* pisar, pisotear (fouler aux pieds).

trépointe *f* vira (de soulier).

tréponème *m* **MÉD** treponema.

très *adv* muy; **très vite** muy pronto ▌ muy, ísimo, ma (suffixe); **très vieux** muy viejo, viejísimo; **très agréable** muy agradable, agradabilísimo ▌ **FAM** mucho, cha; **j'ai très froid, très faim** tengo mucho frío, mucha hambre ▌ **FAM très très grand** grandísimo. ▌ **SYN** fort sumamente; bien muy, bastante.

trésaille [trezaj] *f* tabla, travesaño *m* (de charrette).

trescheur [treʃœr]; **trécheur** [treʃœr] *m* **BLAS** trechor.

Très-Haut *n pr m* **le Très-Haut** Dios, el Todopoderoso.

trésor *m* tesoro ▌ **trésor public** tesoro, erario público.

trésorerie [trezɔrri] *f* tesorería ▌ ministerio *m* de Hacienda (en Grande-Bretagne) ■ **difficultés de trésorerie** dificultades en la tesorería ▌ **ÉCON rapport de trésorerie** informe de tesorería.

trésorier, ère *m* & *f* tesorero, ra. ➤ **trésorier** *m* **MIL** cajero, pagador.

tressage *m* trenzado.

tressaillement [tresajmɑ̃] *m* estremecimiento, sobresalto.

tressailli [tresaji] *adj m* **nerf, tendon treissailli** nervio, tendón salido de su sitio.

tressaillir [47] [tresajir] *v intr* estremecerse, vibrar (de joie, d'émotion). ▌ **SYN** sursauter, tressauter sobresaltarse.

tressauter [3] *v intr* sobresaltarse; **tressauter devant un danger** sobresaltarse ante un peligro.

tresse *f* trenza ▌ soga (cordage).

tresser [4] *v tr* trenzar.

tresseur, euse *m* & *f* trenzador, ra.

tréteau *m* caballete. ➤ **tréteaux** *m pl* tablado *sing*, tablas *f* ▌ **FIG monter sur les tréteaux** pisar las tablas (devenir comédien).

treuil [trœj] *m* torno de mano.

trêve *f* tregua; **faire trêve** dar tregua ■ **trêve de Dieu** Tregua de Dios ▌ **trêve de plaisanteries, de compliments** basta de bromas, de cumplidos ■ **sans trêve** sin tregua ■ **ne pas donner de trêve** no dar el menor descanso, no dar tregua. ▌ **SYN** cessez-le-feu alto el fuego; suspension d'armes suspensión de armas; armistice armisticio.

Trèves *n pr* **GÉOGR** Tréveris.

trévire *f* **MAR** tiravira.

trévirer [3] *v tr* arriar con la tiravira.

tri *m* selección *f*, clasificación *f* (triage) ▌ **bureau de tri, tri** sala de batalla (à la poste).

triacide *m* triácido.

triade *f* tríada.

triage *m* selección *f*, clasificación *f* (des charbons) ▌ apartado, clasificación *f* (du courrier) ▌ limpia *f*, expurgo (des grains) ▌ baza *f* extra (cartes) ▌ **gare de triage** estación de apartado ou de clasificación.

triangle *m* **GÉOM** triángulo ▌ **MAR** guindola *f* ▌ **MUS** triángulo ▌ **AUTOM triangle de signalisation** triángulo de señalización.

triangulaire *adj* triangular; **pyramide triangulaire** pirámide triangular; **tournoi triangulaire** torneo triangular. ◇ *m* **ANAT** triangular.

triangulateur *m* triangulador.

triangulation *f* triangulación.

trianguler [3] *v tr* triangular.

trias [trijas] *m* **GÉOL** triásico, trías (période).

triasique [triazik] *adj* **GÉOL** triásico, ca.

triathlon [trijatlɔ̃] *m* triatlón.

triatomique *adj* triatómico, ca.

tribal, e *adj* tribal.

triballe *f* **TECHN** debó *m* (pour battre les peaux).

triballer [3] *v tr* suavizar con el debó (les peaux).

tribart [tribar] *m* tramojo, horca *f* (pour les porcs, les veaux, etc.) ▌ trangallo (pour les chiens).

tribasique *adj* **CHIM** tribásico, ca.

triboélectricité *f* electricidad estática por frotamiento.

tribomètre *m* **PHYS** tribómetro.

tribométrie *f* **PHYS** tribometría.

tribord [tribɔr] *m* **MAR** estribor.

tribordais *m* **MAR** marinero de estribor.

triboulet [tribulɛ] *m* varilla *f* de joyero para medir el diámetro de los anillos.

tribraque *m* **POÉT** tribraquio.

tribu *f* tribu.

tribulation *f* tribulación.

tribulus [tribylys] *m* tríbulo (plante).

tribun *m* tribuno; **tribun du peuple, militaire** tribuno de la plebe, militar.

tribunal *m* tribunal; **tribunal de Dieu** tribunal de Dios; **tribunal de la pénitence** tribunal de la penitencia; **tribunal pour enfants** tribunal de menores ■ **tribunal administratif** tribunal administrativo ou de lo contencioso ▌ **tribunal correctionnel** tribunal correccional ▌ **tribunal de grande instance** Juzgado de Primera Instancia ▌ **tribunal de police** tribunal de policía ▌ **tribunal d'instance** tribunal de instancia. ▌ **SYN** cour sala; conseil consejo.

tribunat [tribyna] *m* tribunado.

tribune *f* tribuna ■ **tribune libre** tribuna libre (presse) ▌ **tribune sacrée** púlpito ■ **ce journal lui a offert une tribune** ese diario le ofreció una tribuna.

tribunitien, enne *adj* tribunicio, cia.

tribut [triby] *m* tributo ▌ **FIG** retribución *f*, pago (rétribution).

tributaire *adj* tributario, ria ▌ afluente, tributario, ria (cours d'eau).

tricalcique *adj* tricálcico, ca.

tricard, e *adj* & *s* **ARG.**

tricennal, e *adj* tricenal.

tricentenaire *m* tricentenario.

tricéphale *adj* tricéfalo, la; tricípite.

triceps [trisɛps] *adj* & *s m* tríceps (muscle).

tricératops *m* triceratops (fossile).

triche *f* **FAM** trampa, fullería ▌ **à la triche** trampeando, haciendo trampas.

tricher [3] *v tr* & *intr* hacer trampas ou fullerías, trampear; **tricher au jeu** hacer trampas en el juego ▌ engañar (tromper) ▌ **FIG** tapar, disimular un defecto del mejor modo posible.

tricherie *f* fullería, trampa (au jeu); **gagner par tricherie** ganar con trampas ▌ **FIG** trampa, ardid *m*.

tricheur, euse *m* & *f* tramposo, sa; fullero, ra.

trichine [trikin] *f* triquina.

trichineux, euse [trikinø, øz] *adj* triquinoso, sa.

trichinose [trikinoz] *f* **MÉD** triquinosis.

trichite [trikit] *f* **MIN** triquito *m*.

trichocéphale [trikosefal] *m* **ZOOL** tricocéfalo.

trichoma [trikoma]; **trichome** [trikom] *m* **MÉD** plica *f*.

trichomonas [trikomɔnas] *m* tricomonas (protozoaire).

trichophyton [trikɔfitɔ̃] *m* tricófito (champignon).

trichrome *adj* tricromo, ma.

trichromie *f* tricromía.

trick; tri *m* tresillo (jeu) ▌ baza *f* (au bridge).

triclinium [triklinjɔm] *m* triclinio.

tricoises *f pl* tenazas de herrador.

tricolore *adj* tricolor ▌ **le drapeau tricolore** la bandera francesa tricolor.

tricorne *adj* (vx) tricorne, tricornio. ◇ *m* sombrero de tres picos, tricornio.

tricot [triko] *m* punto, tejido de punto; **elle faisait du tricot** hacía punto ▌ prenda *f* de punto ▌ jersey, chaleco de punto (pull-over) ▌ género de punto (tissu) ▌ **tricot de corps, de peau** camiseta.

tricotage *m* punto de aguja, labor *f* de punto.

tricoté, e *adj* de punto; **bas tricotés** medias de punto.

tricoter [3] *v tr* & *intr* hacer punto; **elle tricote toute la journée** hace punto todo el día ▌ hacer medias, tricotar [(Amér)] tejer] ▌ **FAM** dar una tunda ▌ **FAM** bailar (danser) ▌ andar muy deprisa (marcher vite) ■ **FAM tricoter des jambes** irse uno que se las pela, correr mucho (courir) ■ **aiguille à tricoter** aguja de hacer punto ▌ **machine à tricoter** máquina de tricotar, tricotosa [(Amér)] tejedora].

tricoteur, euse *m* & *f* persona que hace punto, calcetero, ra. ➤ **tricoteur** *m* telar de tejidos de punto.

tricoteuse *f* máquina de hacer punto, máquina de tricotar, tricotosa [(*Amér*) tejedora].

Tricouni® *m* clavo de los zapatos de alpinista.

trictrac *m* tablas *f pl* reales, chaquete (jeu).

tricuspide *adj* tricúspide.

tricycle *m* triciclo.

tridacne *m* tridacna *f* (mollusque).

tridactyle *adj* tridáctilo, la.

trident *m* tridente (sceptre de Neptune) ‖ tridente, fisga *f* (pour pêcher) ‖ AGRIC azadón de tres dientes.

tridenté, e *adj* tridente.

tridimensionnel, elle *adj* tridimensional.

triduum [tridyɔm] *m* triduo.

trièdre *adj* & *s m* GÉOM triedro, dra.

triennal, e *adj* trienal.

trier [10] *v tr* escoger, separar, clasificar, seleccionar ‖ limpiar, expurgar (les grains) ‖ desborrar, quitar la borra (la laine) ‖ apartar (le minerai) ‖ clasificar (le courrier) ■ **trier sur le volet** escoger con cuidado.

triérarque *m* cómitre (d'une trirème).

trière; trirème *f* trirreme *m* (galère antique).

Trieste *n pr* GÉOGR Trieste.

trieur, euse *m* & *f* escogedor, ra.
➡ **trieur** *m* clasificadora *f*, seleccionador, separador (des grains, du charbon).
➡ **trieuse** *f* máquina para limpiar la lana, desborradora.

trifide *adj* trífido, da.

trifolié, e *adj* BOT trifoliado, da.

triforium [trifɔrjɔm] *m* ARCHIT triforio.

trifouiller [3] [trifuje] *v tr* FAM revolver, hurgar, manosear.

trigémellaire *adj* MÉD triple; **grossesse trigémellaire** embarazo triple.

trigéminé, e *adj* trigémino, na.

trigle *f* trigla, trilla (poisson).

triglyphe *m* ARCHIT triglifo.

trigone *adj* trígono, na; triangular.

trigonelle *f* BOT alholva, fenogreco *m*.

trigonocéphale *m* ZOOL trigonocéfalo.

trigonométrie *f* trigonometría; **trigonométrie rectiligne** trigonometría plana.

trigonométrique *adj* trigonométrico, ca.

trijumeau *adj m* & *s m* ANAT trigémino (nerf).

trilatéral, e *adj* trilateral, trilátero, ra.

trilingue *adj* trilingüe.

trilitère; trilittère *adj* trilítero, ra.

trille [trij] *m* MUS trino.

triller [3] *v intr* MUS hacer trinos, trinar.

trillion [triljɔ̃] *m* trillón.

trilobé, e *adj* trilobulado, da; trebolado, da.

trilobites *m pl* ZOOL trilobites.

triloculaire *adj* BOT trilocular.

trilogie *f* trilogía.

trilogique *adj* trilógico, ca.

trim. (abr écrite de **trimestre**) trim. ‖ (abr écrite de **trimestriel**) trim.

trimaran *m* trimarán.

trimard [trimar] *m* ARG (vx) carretera *f*, camino.

trimarder [3] *v intr* vagabundear.

trimardeur *m* ARG (vx) vagabundo.

trimbalage; trimbalement *m* FAM acarreo.

trimbaler [3] *v tr* FAM acarrear, cargar con, llevar a cuestas.

trimer [3] *v intr* FAM ajetrearse, trajinar, andar sin descanso, matarse (se fatiguer) ‖ pringar, currelar, apencar (travailler).

trimestre *m* trimestre.

trimestriel, elle *adj* trimestral.

trimestriellement *adv* trimestralmente, por trimestre.

triméthylamine *f* CHIM trimetilamina.

trimètre *adj* & *s m* trímetro (vers).

trimoteur *adj m* & *s m* trimotor (avion).

trinervé, e *adj* BOT trinervado, da.

tringle *f* varilla, barra (des rideaux) ‖ vástago *m* (tige) ‖ ARCHIT filete *m*, moldura ■ **tringle chemin de fer** riel (pour les rideaux) ■ FAM **se mettre la tringle** apretarse el cinturón.

tringlette *f* varilla ‖ tingle (outil des vitriers).

tringlot [trɛ̃glo] ➡ **trainglot**.

trinitaire *m* & *f* trinitario, ria.

trinité *f* trinidad ‖ **à Pâques ou à la Trinité** cuando las ranas críen pelos.

Trinité *n pr f* GÉOGR **La Trinité** Trinidad ‖ RELIG **La Trinité** la Santísima Trinidad.

Trinité-et-Tobago *n pr* GÉOGR Trinidad y Tobago.

trinitrotoluène *m* trinitrotolueno.

trinôme *m* MATH trinomio.

trinquart [trɛ̃kar] *m* barco de pesca [de arenques].

trinqueballe [trɛ̃kbal] ➡ **triqueballe**.

trinquer [3] *v intr* brindar (choquer les verres) ‖ FAM beber, trincar (boire) ‖ FAM pagar el pato ‖ **trinquer à la santé de quelqu'un** brindar por uno.

trinquet [trɛ̃kɛ] *m* MAR trinquete (mât).

trinquette *f* MAR trinquetilla.

trinqueur *m* FAM bebedor.

trio *m* MUS terceto, trío (composition et musiciens) ‖ trío (réunion de trois personnes ou choses) ‖ TECHN laminador de tres cilindros.

triode *adj* RAD tríodo, da.
◇ *f* tríodo *m*.

triolet [triɔlɛ] *m* MUS tresillo ‖ letrilla *f* (composition poétique) ‖ BOT trébol (trèfle).

triomphal, e *adj* triunfal.

triomphalement *adv* triunfalmente.

triomphalisme *m* triunfalismo.

triomphaliste *adj* & *s* triunfalista.

triomphant, e *adj* triunfante.

triomphateur, trice *adj* & *s* triunfador, ra.

triomphe *m* triunfo ‖ acto de fin de curso (à l'école de Saint-Cyr) ■ **être reçu en triomphe** ser recibido en olor de multitud ‖ **porter en triomphe** aclamar triunfalmente, llevar a ou en hombros.

triompher [3] *v intr* triunfar ‖ sobresalir, distinguirse (exceller) ‖ hacer alarde, vanagloriarse (tirer vanité de) ‖ **triompher de** triunfar sobre.

trionyx *m* trionyx (tortue).

trioxyde *m* CHIM trióxido.

trip *m* ARG viaje.

tripaille [tripaj] *f* mondongo *m*, tripas *pl*.

tripale *adj* de tres palas (hélice).

tripang [tripɑ̃]; **trépang** *m* ZOOL tripang, trepang (holothurie comestible).

triparti, e; tripartite *adj* tripartito, ta.

tripartisme *m* tripartismo, asociación *f* de tres partidos.

tripartite ➡ **triparti**.

tripartition *f* tripartición.

tripatouillage [tripatujaʒ] *m* FAM retoque burdo (d'une œuvre littéraire) ‖ manoseo.

tripatouiller [3] [tripatuje] *v tr* FAM retocar burdamente (une œuvre littéraire) ‖ manosear.

tripe *f* tripa, mondongo *m* (boyau) ‖ FAM tripa, agalla (de l'homme) ‖ tripa (d'un cigare) ■ **œufs à la tripe** huevos duros en salsa de cebollas.
➡ **tripes** *f pl* callos *m*, tripicallos (mets); **tripes à la mode de Caen** especie de callos a la madrileña ‖ FAM **rendre tripes et boyaux** echar las tripas.

tripe-madame ➡ **trique-madame**.

triperie *f* casquería, tripería, mondonguería.

tripette *f* tripilla, tripa pequeña ‖ FIG & FAM **cela ne vaut pas tripette** eso no vale un comino ou un pito.

triphasé, e *adj* trifásico, ca (courant).

triphénylméthane *m* CHIM trifenilmetano.

triphtongue *f* GRAMM triptongo *m*.

tripier, ère *m* & *f* casquero, ra; tripero, ra; mondonguero, ra.

triplace *adj* triplaza, de tres plazas ou asientos.

triplan *m* triplano (avion).

triple *adj* & *s m* triple ■ MUS **triple croche** fusa ‖ **triple saut** triple salto ■ **en triple exemplaire** por triplicado.

triplé *m* combinación de los tres caballos ganadores (au turf) ‖ SPORTS triplete.
➡ **triplés, ées** *m* & *f pl* trillizos, zas; (*Amér*) triates *m pl*.

triplement *m* triplicación *f*.

triplement *adv* triplemente, tres veces más.

tripler [3] *v tr* triplicar.
◇ *v intr* triplicarse.

triplet [triplɛ] *m* triplete, objetivo de tres lentes.

triplette *f* bicicleta de tres plazas.

Triplex® *m* triplex (verre, acier).

triplicata *m inv* triplicado, copia *f* por triplicado.

triplure *f* entretela (étoffe).

tripode *adj* MAR trípode (mât).

tripodie *f* verso *m* de tres pies.

tripoli *m* trípoli (roche).

Tripoli *n pr* GÉOGR Trípoli.

tripolitain, e *adj* tripolitano, na.

Tripolitain, e *m* & *f* tripolitano, na.

Tripolitaine *n pr f* GÉOGR la Tripolitaine Tripolitania.

triporteur *m* triciclo de reparto, carrillo ▌motocarro (avec moteur).

tripot [tripo] *m* garito, timba *f* (maison de jeu) ▌FIG garito, antro (maison mal fréquentée).

tripotage *m* FAM manoseo, toqueteo, sobadura *f* ▌chanchullo, tejemaneje (opération malhonnête).

tripotée *f* FAM paliza, soba (rossée) ▌montón *m*, pila, caterva (tas).

tripoter [3] *v tr* FAM manosear, sobar; tripoter un tissu manosear una tela ▌toquetear, manosear (un mécanisme).
◇ *v intr* trapichear, hacer chanchullos, hacer negocios sucios (spéculer).

tripoteur, euse *m* & *f* FAM sobón, ona; manoseador, ra ▌FIG persona que hace negocios sucios, chanchullero, ra; especulador, ra.

triptyque *m* tríptico.

trique *f* FAM garrote *m*, tranca, estaca ▌coup de trique garrotazo, palo.

triqueballe; trinqueballe *f* carromato *m*, carreta ▌MIL furgón *m* de artillería.

trique-madame; tripe-madame *f* BOT telefio *m*.

triquer [3] *v tr* apalear, dar palos.

triquet [trikɛ] *m* pala *f* (pour jouer à la paume) ▌andamio (échafaudage) ▌escalera *f* doble (échelle).

trirectangle *adj m* GÉOM trirrectángulo.

trirègne *m* tiara *f* del Papa.

trirème ➥ **trière**.

trisaïeul, e [trizajœl] *m* & *f* tatarabuelo, la.

trisannuel, elle *adj* trienal.

trisecteur, trice *adj* GÉOM trisector, triz.

trisection *f* GÉOM trisección.

trismus [trismys]; **trisme** [trism] *m* MÉD trismo, contracción *f* tetánica.

trisoc [trisɔk] *m* arado de tres rejas.

trisser [3] *v tr* hacer repetir por tercera vez.
◇ *v intr* chirriar, gritar (hirondelle).
➦ **se trisser** *v pr* FAM pirárselas, largarse (s'en aller).

Tristan *n pr* Tristan et Iseut Tristán e Iseo (littérature) ▌MUS « Tristan et Isolde » Wagner "Tristán e Isolda" Wagner.

triste *adj* triste; un souvenir triste un recuerdo triste ■ triste comme un lendemain de fête más triste que un entierro de tercera, más triste que un velatorio ▌une triste réputation una reputación infame ▌un triste individu un sinvergüenza ▌un triste repas una comida floja ■ FAM c'est pas triste! ¡tiene tela!, ¡tiene lo suyo! ▌faire triste figure ou mine à poner mala cara a.
▌ OBSERV Triste tiene en francés un sentido diferente según va colocado antes o después del nombre: un repas triste una comida triste; un triste repas una comida floja; une femme triste una mujer triste; une triste femme una mujer despreciable.

SYN morne triste, sombrío; sombre sombrío, lúgubre; funèbre fúnebre; sinistre siniestro.

tristement *adv* tristemente.

tristesse *f* tristeza.

tristounet, ette *adj* FAM tristón, ona.

trisyllabe *adj* & *s m* GRAMM trisílabo, ba.

trisyllabique *adj* trisilábico, ca.

trithérapie *f* MÉD triterapia.

tritium [tritjɔm] *m* CHIM tritio.

triton *m* ZOOL & MYTH tritón ▌MUS trítono.

Triton *n pr* MYTH Tritón.

triturable *adj* triturable.

triturateur *m* triturador.

trituration *f* trituración.

triturer [3] *v tr* triturar.

triumvir *m* triunviro.

triumviral, e *adj* triunviral.

triumvirat [triɔmvira] *m* triunvirato.

trivalent, e *adj* & *s m* CHIM trivalente.

trivial, e *adj* grosero, ra; malsonante (expression, mot) ▌(vieilli) trivial.
▌ OBSERV Les mots espagnols trivial et trivialidad n'ont pas le sens de banal et banalité, qu'ils ont perdu en français.

trivialement *adv* trivialmente.

trivialité *f* grosería ▌(vieilli) trivialidad.

trivium [trivjɔm] *m* trivio, trivium.

tr/mn; tr/min (abr écrite de tour par minute) rpm.

troc *m* trueque, permuta *f* ▌troc pour troc pelo a pelo.

trocart [trɔkar] *m* MÉD trocar.

trochaïque [trɔkaik] *adj* & *s m* POÉT trocaico, ca.

trochanter [trɔkɑ̃ter] *m* ANAT trocánter.

trochantérien, enne [trɔkɑ̃terjɛ̃, ɛn] *adj* del trocánter.

troche *f* ristra, manojo *m*.

trochée *m* troqueo (poésie).
◇ *f* retoño *m* (d'un arbre).

trochet [trɔʃɛ] *m* racimo.

trochilidés [trɔkilide] *m pl* ZOOL troquílidos.

trochiter [trɔkiter] *m* troquiter (de l'humérus).

trochlée [trɔkle] *f* ANAT tróclea.

trochure *f* cuarta asta del ciervo.

troène *m* alheña *f* (arbuste).

troglodyte *m* troglodita.

troglodytique *adj* troglodítico, ca.

trogne *f* cara coloradota (visage enluminé).

trognon *m* troncho (d'un légume) ▌corazón (d'un fruit) ▌FAM ils m'auront jusqu'au trognon me sacarán hasta la médula.

Troie [trwa] *n pr* GÉOGR Troya.

troïka *f* troica.

trois [trwa] *adj num* & *s m* tres ▌tercero, ra; Henri III (troisième) Enrique III [tercero] ■ le trois janvier el tres de enero ▌les trois quarts du temps la mayoría de las veces ▌MATH règle de trois regla de tres ■ en formation par trois, trois par trois en formación de a tres (avions) ▌en trois exemplaires por triplicado, en ejemplar triplicado.

trois-deux *m* MUS compás de tres por dos (mesure).

trois-étoiles *adj inv* de tres estrellas (hôtel) ▌de tres tenedores (restaurant).
◇ *m* tres estrellas (hôtel) ▌tres tenedores (restaurant).

trois-huit *m* MUS compás de tres por ocho ▌faire les trois-huit cubrir un puesto con tres turnos de ocho horas (travail).

troisième *adj num ord* & *s* tercero, ra ▌le troisième âge la tercera edad.
◇ *f* cuarto *m* curso del bachillerato francés.
▌ OBSERV On emploie tercer devant un substantif masculin: le troisième jour el tercer día.

troisièmement *adv* en tercer lugar, tercero.

trois-mâts [trwama] *m inv* MAR buque de tres palos.

trois-pieds [trwapje] *m inv* trébedes *f pl* ▌trípode.

trois-points [trwapwɛ̃] *adj inv* & *s m inv* FAM franc-masón, masón.

trois-ponts [trwapɔ̃] *m inv* navío de tres puentes.

trois-quarts [trwakar] *m inv* berlina *f* grande (coupé) ▌violín pequeño (violon) ▌tres cuartos (vêtements) ▌tres cuartos (rugby).

trois-quatre *m inv* MUS compás de tres por cuatro.

trois-six [trwasis] *m* alcohol de 85 grados.

troll *m* gnomo, geniecillo (scandinave).

trolley [trɔlɛ] *m* trole; tramway à trolley tranvía con trole ▌vagoneta *f* que se desliza por un cable.

trolleybus [trɔlɛbys] *m* trolebús.

trombe *f* tromba, manga; des trombes d'eau trombas de agua ▌en trombe en tromba.

trombidion *m* trombidio (acarien).

trombidiose *f* MÉD trombidiosis.

trombine *f* FAM jeta, cara (visage).

tromblon *m* trabuco naranjero (espingole) ▌bocacha *f* (de fusil lance-grenades).

trombone *m* MUS trombón ▌trombón, caño de lengüeta (orgue) ▌clip (agrafe) ■ trombone à coulisse trombón de varas, sacabuche ▌trombone à pistons trombón de llaves.

tromboniste *m* trombón (musicien).

trommel *m* criba *f* giratoria para clasificar los minerales, tromel.

trompe *f* trompa ▌bocina (d'une auto) ▌ARCHIT trompa ■ ANAT trompe de Fallope ➥ Fallope ▌trompe d'Eustache trompa de Eustaquio ▌trompe utérine trompa uterina.

trompé, e *adj* engañado, da.

trompe-la-mort *m* & *f inv* FAM persona que sale bien de todas las enfermedades.

trompe-l'œil [trɔ̃plœj] *m inv* engañifa *f*, apariencia *f* engañosa ▌efecto (beaux-arts).

tromper [3] *v tr* [▷ SYN 1] engañar; tromper un client engañar a un cliente ▌burlar (se soustraire à); tromper la vigilance burlar la vigilancia ▌ser infiel a, engañar a (son mari, sa femme) ▌matar; tromper le temps, la faim matar el tiempo, el hambre.
➦ **se tromper** *v pr* [▷ SYN 2] equivocarse (faire erreur) ▌equivocarse, engañarse (s'abuser) ■ se tromper de peu equivocarse por

muy poco ‖ si je ne me trompe si no me equivoco.

> **SYN** 1. donner le change engañar; abuser abusar de; attraper engañar; enjôler engatusar; décevoir desengañar; frustrer defraudar, frustrar; leurrer embaucar; bluffer blufar; frauder defraudar; duper embaucar; trahir traicionar; tricher trampear, hacer trampas; surprendre sorprender, engañar; **FAM** empaumer, embobiner, embobeliner liar, embaucar; monter le coup, monter un bateau pegársela a uno; blouser engañar; rouler pegarla, dársela; **FAM** carotter timar; **FAM** refaire dar gato por liebre.
> 2. s'abuser engañarse, equivocarse; se méprendre equivocarse, confundirse; errer errar; faillir faltar, fallar; aberrer aberrar, equivocarse; se ficher dedans colarse; **FAM** se gourer colarse, columpiarse.

tromperie f engaño m, engañifa.

> **SYN** fourberie engaño, trapacería; supercherie superchería.

trompeter [27] v intr tocar la trompeta, trompetear (jouer de la trompette) ‖ chillar (en parlant de l'aigle, du cygne, de la grue).
<> v tr **FAM** cacarear, pregonar (une nouvelle).

trompeteur m trompetero (qui sonne de la trompette) ‖ buccinador (muscle).

trompette f [▷ **SYN**] trompeta (instrument de musique) ‖ **FAM** cara (visage) ■ trompette à clefs corneta de llaves ‖ trompette marine trompa marina ■ nez en trompette nariz respingona ‖ **FIG** & **FAM** sans tambour ni trompette sin ruido, sin bombo ni platillos.
<> m trompeta (musicien).

> **SYN** clairon clarín; trompe trompa.

trompettiste m & f trompeta.

trompeur, euse adj & s engañoso, sa; engañador, ra.
<> m & f (vieilli) embustero, ra.

> **SYN** fallacieux falaz; insidieux insidioso; captieux capcioso; menteur mentiroso, embustero; mensonger engañoso.

trompeusement adv engañosamente.

trompillon [tʀɔpijɔ̃] m **ARCHIT** trompillón.

tronc [tʀɔ̃] m tronco (arbre, homme, colonne, famille) ‖ cepillo (dans une église) ■ tronc commun sección común (dans l'enseignement) ‖ tronc de cône cono truncado ‖ tronc de pyramide pirámide truncada.

troncature f truncamiento m.

tronche; tronce f leño m, tronco m

tronche f **FAM** cabezota (tête), jeta (visage).

tronchet [tʀɔ̃ʃɛ] m tajo.

tronçon m trozo ‖ maslo (de queue de cheval) ‖ ramal, tramo (de chemin de fer, de route).

tronconique adj troncónico, ca; en forma de cono truncado.

tronçonnage m división en trozos.

tronçonner [3] v tr hacer trozos, cortar en trozos, trocear ‖ tronzar (le bois).

tronçonneuse f máquina de tronzar, tronzador m.

trône m trono; monter sur le trône subir al trono ‖ silla f (des évêques) ‖ **FAM** orinal (vase de nuit).
> **trônes** m pl **RELIG** tronos (chœur des anges).

trôner [3] v intr **FIG** darse importancia, pavonearse (faire l'important) ‖ dominar, reinar (occuper la première place).

> **OBSERV** Tronar en espagnol signifie tonner.

trônière f tronera (pour les canons).

tronqué, e adj truncado, da.

tronquer [3] v tr truncar (un texte, une colonne) ‖ mutilar (une statue).

trop adv demasiado; trop manger comer demasiado ‖ muy; vous êtes trop gentil es usted muy amable ■ de trop, en trop de sobra, de más; être de trop estar de sobra ‖ ni trop ni trop peu ni tanto ni tan calvo ‖ **FAM** par trop demasiado ‖ pas trop no mucho ‖ trop de demasiado, da ■ c'en est trop ya es demasiado, eso pasa de la raya ‖ en faire un peu trop pasarse, excederse ‖ ne pas avoir trop de no tener demasiado, no estar sobrado de ‖ si ce n'est pas trop demander si no es molestia, si no es abuso.
<> m exceso, demasía f.

trope m tropo (rhétorique).

trophée m trofeo.

trophique adj trófico, ca.

tropical, e adj tropical.

tropicalisation f tropicalización.

tropicalisé, e adj tropicalizado, da.

tropique adj & s m trópico, ca; tropique du Cancer, du Capricorne trópico de Cáncer, de Capricornio.

tropisme m tropismo.

tropologie f tropología.

tropologique adj tropológico, ca.

tropopause f tropopausa.

troposphère f troposfera.

trop-perçu m lo cobrado de más, el cobro indebido.
> **OBSERV** pl trop-perçus.

trop-plein m exceso, sobrante (d'un récipient) ‖ rebosadero, desagüe (système d'écoulement) ‖ **AUTOM** tubo de desagüe.
> **OBSERV** pl trop-pleins.

troque m caracola f (mollusque).

troquer [3] v tr trocar; troquer une chose contre une autre trocar una cosa por otra.

troquet m **FAM** bareto.

troqueur, euse m & f **FAM** cambalachero, ra (qui aime à faire des échanges).

trot [tʀo] m trote (allure du cheval) ■ trot allongé, grand trot trote largo ‖ trot assis trote a la española ou sentado ‖ trot enlevé trote a la inglesa ‖ trot raccourci, petit trot trote corto ■ au trot al trote, de prisa, vivamente.

Trotski n pr Trotski.

trotte f **FAM** trecho m, tirada, caminata (distance) ‖ tout d'une trotte de un tirón.

trotte-menu adj inv que lleva un trote menudo ‖ la gent trotte-menu la raza ratonil.

trotter [3] v intr trotar, ir al trote ‖ **FAM** corretear, callejear ‖ trotter par ou dans la cervelle de quelqu'un dar vueltas en la cabeza de uno, preocuparle.
> **se trotter** v pr **FAM** (vieilli) largarse (se sauver).

trotteur, euse adj & s trotón, ona; trotador, ra (cheval) ‖ persona que anda rápido.
> **trotteuse** f segundero m (aiguille d'une montre).

trottinement m trotecillo.

trottiner [3] v intr trotar corto (un cheval) ‖ andar a paso cortito y muy deprisa, corretear.

trottinette f patineta (patinette).

trottoir m acera f (de rue) ‖ andén (dans une gare) ■ trottoir cyclable pista para ciclistas ‖ trottoir roulant plataforma móvil ■ faire le trottoir hacer la carrera, dedicarse a la prostitución callejera.

trou m [▷ **SYN**] agujero, orificio, boquete ‖ **FAM** ‖ hoyo (cavité faite dans le sol) ‖ bache (route) ‖ agujero, roto, tomate [familiar] (aux chaussettes) ‖ madriguera f (des animaux), ratonera (de souris) ‖ ojo (de la serrure) ‖ piquera f (de la fonte), bigotera f (du laitier) ‖ picadura f (de variole) ‖ **FIG** & **FAM** rincón, poblacho, villorrio (petite localité) ‖ fallo, bache (de la mémoire) ‖ **FAM** chirona f (prison) ‖ **THÉÂTR** concha f (du souffleur) ‖ hoyo (au golf) ■ **AVIAT** trou d'air bache (dépression), chimenea (de parachute) ‖ **TECHN** trou de coulée piquera, colada (hauts-fourneaux) ‖ **MAR** trou d'écoute escotera ‖ trou de loup pozo de lobo (fortification) ‖ trou d'obus embudo de granada ‖ **ASTRON** trou noir agujero negro [región del espacio] ‖ **CULIN** trou normand licor que se toma entre dos platos para estimular el apetito ■ avoir des trous de mémoire tener lapsus de memoria ‖ **FAM** boire comme un trou beber como una cuba ‖ boucher un trou tapar un agujero, pagar una deuda ‖ **FIG** & **FAM** faire un trou à la Lune irse sin pagar ‖ **FIG** faire son trou hacerse un hueco, colocarse bien, establecerse.

> **SYN** vide vacío; ouverture abertura; orifice orificio; trouée boquete, brecha (militaire); percée paso; brèche brecha; creux hueco; enfoncement hundimiento.

troubadour m [▷ **SYN**] trovador.
<> adj trovadoresco, ca.

> **SYN** trouvère trovador; jongleur juglar; ménestrel ministril; félibre felibre.

troublant, e adj turbador, ra ‖ **FIG** inquietante, sorprendente.

trouble m disturbio, desorden, desconcierto (agitation tumultueuse) ‖ desavenencia f, disensión f (désunion) ‖ turbación f, confusión f, rubor.
> **troubles** m pl disturbios, revueltas f (soulèvement populaire) ‖ trastornos; des troubles mentaux trastornos mentales; troubles de la personnalité trastornos de la personalidad; troubles de la vision trastornos de la visión.

trouble f ► truble.

trouble adj turbio, bia ‖ confuso, sa; empañado, da (pas clair) ‖ movido, da; desenfocado, da (photo) ‖ **FIG** pêcher en eau trouble pescar en río revuelto.
<> adv confusamente, poco claro; voir trouble ver poco claro.

troublé, e adj turbado, da.

trouble-fête m & f inv aguafiestas.

troubler [3] v tr enturbiar (rendre trouble) ‖ turbar, agitar, revolver (agiter) ‖ turbar, impresionar (inquiéter, intimider) ‖ [▷ **SYN**] perturbar, trastornar (causer du désordre) ‖ desunir, sembrar la discordia (causer la mésintelligence) ‖ trastornar, turbar; troubler la raison trastornar la razón ‖ aguar, turbar (une fête).
> **se troubler** v pr enturbiarse, ponerse turbio ‖ cubrirse de nubes, entoldarse (le ciel)

▌ FIG turbarse, perder la serenidad, embrollarse (s'embarrasser).

▌ SYN perturber perturbar; dérégler descomponer, desarreglar; détraquer trastornar; désorganiser desorganizar; déranger desordenar.

trouée *f* portillo *m*, abertura, boquete *m* (dans une haie) ▌ boquete *m*, tala (dans un bois) ▌ MIL brecha, ruptura (du front) ▌ **faire une trouée** abrirse paso.

trouer [3] *v tr* agujerear, horadar ▌ MIL abrir una brecha ou un paso.

troufion *m* FAM sorche, guripa (soldat).

trouillard, e [trujar, ard] *adj & s* FAM miedoso, sa; cagueta.

trouille [truj] *f* FAM canguelo *m*, jindama, mieditis (peur); **avoir la trouille** tener canguelo.

trou-madame *m* boliche (jeu).

troupe *f* [▷ SYN] tropa (de soldats); **troupes aéroportées** tropas aerotransportadas ▌ cuadrilla, banda, tropel *m* (réunion de gens) ▌ bandada (d'oiseaux) ▌ compañía (de théâtre) ■ **troupe de choc** fuerzas de choque ou de asalto ▌ **troupe de ligne** tropa de línea ▌ **troupe d'élite** tropas escogidas ■ **homme de troupe** clase de tropa ■ **en troupe** en grupo, en tropel ■ **en manada** (animaux).

▌ SYN compagnie compañía; bande banda, bandada; caravane caravana; armée ejército; régiment regimiento; bataillon batallón; légion legión; milice milicia; phalange falange; horde horda; gang gang; cohorte cohorte.

troupeau *m* rebaño, manada *f* (d'animaux) ▌ piara (de porcs) ▌ FIG rebaño, grey *f*, feligreses *pl* (d'un diocèse, d'une paroisse) ▌ hato, multitud *f*.

troupiale *m* trupial, turpial (oiseau).

troupier *m* FAM soldado ■ **vieux troupier** veterano ■ **fumer comme un troupier** fumar como una chimenea.

troussage *m* CULIN atado de un ave.

trousse *f* estuche *m*, maletín *m* (de chirurgien, de vétérinaire, etc.) ▌ estuche *m* (de dessin) ■ **trousse à outils** caja de herramientas ▌ **trousse d'écolier** estuche de lápices ▌ **trousse de secours** botiquín de primeros auxilios ▌ **trousse de toilette** neceser de tocador, bolsa de aseo.

➤ **trousses** *f pl* trusas, gregüescos *m* (des pages) ■ **courir comme s'il avait le diable à ses trousses** ir como alma que lleva el diablo ▌ **être aux trousses de quelqu'un** ir pisando los talones a alguien.

troussé, e *adj* hecho, cha; arreglado, da; dispuesto, ta (préparé); **troussé à la diable** hecho a la diabla, muy mal arreglado ■ FAM **compliment bien troussé** cumplido hecho con gracia ▌ **un gaillard bien troussé** un mocetón bien plantado.

trousseau *m* manojo; **trousseau de clefs** manojo de llaves ▌ ajuar, equipo, ropa *f* (d'une fiancée, d'un collégien, etc.) ▌ canastilla *f* (d'un nouveau-né).

trousse-pied [truspje] *m inv* traba *f* para los caballos.

trousse-queue *m inv* baticola *f* (de cheval).

troussequin [truskɛ̃] *m* borrén trasero (d'une selle) ▌ TECHN ➤ **trusquin**.

trousser [3] *v tr* arremangar, levantar, recoger (les vêtements) ▌ remangar, arremangar (les manches) ■ **trousser un compliment** expresar bien un cumplido ▌ **trousser une affaire** despachar rápidamente un negocio ▌ **trousser une volaille** atar un ave para asarla.

➤ **se trousser** *v pr* remangarse, arremangarse, recogerse.

trou-trou *m* pasacintas (ornement de lingerie).

▌ OBSERV pl trou-trous.

trouvable *adj* que se puede hallar ou encontrar.

trouvaille *f* hallazgo *m*, descubrimiento *m* (découverte) ▌ acierto *m*; **le titre de ce livre est une trouvaille** el título de este libro es un acierto.

trouvé, e *adj* encontrado, da; hallado, da ▌ feliz, oportuno, na; acertado, da; **expression trouvée** expresión feliz ■ **bureau des objets trouvés** oficina de objetos perdidos ▌ **enfant trouvé** niño expósito ▌ **tout trouvé** fácil, lógico, natural (qui s'offre naturellement).

trouver [3] *v tr* [▷ SYN] encontrar, hallar, dar con; **trouver un appartement** encontrar un piso ▌ sorprender, coger; **trouver en faute** coger en falta ▌ FIG descubrir, inventar; **trouver un procédé** descubrir un procedimiento ▌ sentir, experimentar; **trouver du plaisir** sentir placer ▌ ver, encontrar; **je vous trouve bonne mine** le encuentro a usted buena cara ▌ acertar (deviner) ■ **trouver à qui parler** encontrar con quien hablar ▌ **trouver à redire** tener algo que decir, poner peros, criticar ▌ **trouver asile** encontrar asilo ▌ **trouver bon, mauvais** encontrar bien, mal ▌ **trouver chaussure à son pied** encontrar la horma de su zapato ▌ **trouver grâce aux yeux de** caer en gracia ▌ **trouver la mort** encontrar la muerte, resultar muerto ▌ **trouver le temps long** hacérsele a uno el tiempo muy largo ▌ **trouver quelqu'un sur son chemin** tropezarse con alguien ▌ **trouver refuge** encontrar refugio ■ **aller** ou **venir trouver quelqu'un** ir a ver a alguien ▌ **je le trouve sympathique** me cae simpático ▌ **la trouver mauvaise** hacerle a uno poca gracia, parecerle mal a uno una cosa ▌ **ne pas pouvoir trouver le sommeil** no poder conciliar el sueño ▌ **ne trouver rien de mieux que** no ocurrírsele a uno otra cosa que.

➤ **se trouver** *v pr* encontrarse, hallarse; **je me trouve à Paris depuis un an** me encuentro en París desde hace un año ▌ sentirse, encontrarse; **le malade se trouve mieux** el enfermo se encuentra mejor ■ **se trouver bien, mal** encontrarse bien, mal ▌ **se trouver nez à nez avec quelqu'un** toparse ou tropezarse con alguien.

◇ *v impers* **il se trouve que** sucede que, ocurre que, resulta que.

▌ SYN découvrir descubrir; rencontrer encontrar, topar con; FAM dénicher descubrir; pêcher pescar.

trouvère *m* trovero.

trouveur, euse *m & f* descubridor, persona que encuentra un objeto perdido.

troyen, enne [trwajɛ̃, ɛn] *adj* troyano, na.

Troyen, enne [trwajɛ̃, ɛn] *m & f* troyano, na.

Troyes *n pr* GÉOGR Troyes.

tr/s (abr écrite de tours par seconde) r.p.s.

truand, e [tryɑ̃, ɑ̃d] *m & f* truhán, ana; pícaro, ra.

truander [3] *v tr* FAM estafar, timar.

truanderie [tryɑ̃dri] *f* truhanería, hampa.

truble; trouble *f* buitrón *m*, manga (pour la pêche).

trublion *m* perturbador, agitador (qui sème le trouble).

truc [tryk] *m* habilidad *f*, maña *f* (adresse) ▌ máquina *f* (théâtre) ▌ truco, suerte *f* (tour de main) ▌ cosa *f*; **tu fais toujours des trucs bizarres** siempre haces cosas extrañas ▌ tranquillo; **trouver le truc** dar con el tranquillo ▌ mecanismo, sistema, añagaza (moyen), mengano (personne) ▌ FAM chisme, cosa *f*, cacharro, chirimbolo (objet dont on ne se rappelle pas le nom) ▌ FAM **c'est pas mon truc** no me va.

truc; truck [tryk] *m* batea *f* (wagon en plateforme).

trucage; truquage *m* falsificación *f* [de objetos antiguos] ▌ fullería *f*, trampa *f* (cartes) ▌ CINÉM efectos especiales, trucaje ▌ **sans trucage** sin trampa ni cartón.

truchement *m* intérprete, intermediario ▌ (vx) trujamán, truchimán ▌ **par le truchement de** por intermedio de, mediante, por mediación de, a través de.

trucider [3] *v tr* FAM cargarse, trucidar (tuer).

truck ➤ **truc**.

truculence *f* truculencia.

truculent, e *adj* truculento, ta.

trudgeon [trœdʒɔ̃] *m* trudgeon, tijera *f* (natation).

truelle *f* TECHN llana, palustre *m*, trulla (outil de maçon) ▌ pala, paleta (pour servir le poisson).

truellée *f* pellada, paletada (de mortier).

truffage *m* CULIN trufado.

truffe *f* trufa (champignon) ▌ FAM napias *pl* (nez) ▌ FAM percebe, zoquete (niais) ▌ CULIN **truffe au chocolat** trufa de chocolate.

truffé, e *adj* trufado, da ▌ FIG **un discours truffé de citations** un discurso repleto de citas.

truffer [3] *v tr* trufar (garnir de truffes) ▌ FIG rellenar, atiborrar.

truffier, ère *adj* que produce trufas ▌ referente a las trufas.

truffière *f* trufera (terrain à truffes).

truie [trɥi] *f* cerda, marrana (femelle du porc).

truisme *m* truismo, perogrullada *f*.

truite *f* trucha (poisson) ▌ **truite saumonée** trucha asalmonada.

truité, e *adj* atruchado, da (fer) ▌ agrietada (poterie) ▌ salpicado, da; manchado, da; moteado, da (tacheté).

trumeau *m* entreventana *f*, entrepaño (mur entre deux fenêtres) ▌ tremó, tremol (glace) ▌ pierna de vaca, jarrete.

truquage ➤ **trucage**.

truquer [3] *v tr* falsificar [objetos antiguos] ▌ falsear (les comptes) ▌ amañar (préparer à l'avance).

◇ *v intr* andarse con trucos, con tejemanejes, trapichear.

truqueur, euse *m* & *f* falsificador, ra.

trusquin; troussequin *m* TECHN gramil (outil).

trusquiner [3] *v tr* trazar líneas con el gramil.

trust [trœst] *m* trust.

truste; trustis *f* mesnada (chez les Francs).

truster [trœste] *v tr* acaparar, monopolizar.

trusteur [trœstœr] *m* organización de un trust.

trustis ➤ **truste**.

trypanosome *m* MÉD tripanosoma.

trypanosomiase *f* tripanosomiasis (maladie).

trypsine *f* BIOL tripsina.

tryptophane *m* CHIM triptófano.

ts (abr écrite de **tous**) tdos.

tsar; tzar [tsar] *m* zar (empereur de Russie).

tsarévitch *m* zarevitz.

tsarine *f* zarina (épouse du tsar).

tsarisme *m* zarismo.

tsariste *adj* & *s* zarista.

tsé-tsé *f inv* tse-tsé, mosca del sueño.

TSF (abr de **télégraphie ou téléphonie sans fils**) *f* (vieilli) TSH.

T-shirt [tiʃœrt] *m* niqui [(*Amér*) playera].

tsigane [tsigan] ➤ **tzigane**.

tsunami *m* maremoto en los mares de Extremo Oriente.

TSVP (abr écrite de **tournez s'il vous plaît**) véase al dorso.

tt (abr écrite de **tout**) tdo.

TT; TTA (abr de **transit temporaire (autorisé)**) *m* tránsito temporal autorizado.

TTC (abr de **toutes taxes comprises**) *f pl* IVA incluido.

tt conf (abr écrite de **tout confort**) con todas las comod.

ttes (abr écrite de **toutes**) tdas.

TTX (abr écrite de **traitement de texte**) tratamiento de texto.

tu *pron pers sing* (de la 2ᵉ pers) tú; tu le connais, moi non tú le conoces, yo no ▌FAM être à tu et à toi tutearse, tratarse de tú por tú.

> OBSERV En général le pronom tu ne se traduit pas en espagnol, il est rendu par le verbe à la 2ᵉ personne du singulier (tu viens? ¿vienes?), il n'est exprimé que lorsque l'on veut insister.

TU (abr de **temps universel**) *m* TU.

tuable *adj* que se puede matar.

tuage *m* (p us) matanza *f* (d'un animal) ▌matanza *f*, carnicería *f* (massacre).

tuant, e *adj* FAM matador, ra; agotador, ra; que mata (pénible) ▌insoportable, intolerable, cargante (assommant).

tub [tyb] *m* bañera *f*, especie *f* de barreño (baignoire) ▌baño (bain qu'on y prend).

tuba *m* MUS tuba *f* (instrument) ▌tubo respiratorio (de plongeur).

tubage *m* entubado (médecine et travaux publics) ▌MIN & CHIM tubería *f* de revestimiento ▌tubage de la trachée intubación.

tube *m* [▷ SYN] tubo ▌ANAT tubo; le tube digestif el tubo digestivo ▌(p us) cañón (d'une arme) ▌respirador (pêche sous-marine) ▌FAM éxito (chanson) ▌POP chistera *f*, sombrero de copa (chapeau) ▌TECHN válvula *f* (radio) ■ tube à essai tubo de ensayo ▌tube au néon tubo de neón ▌tube d'aspersion roseta ▌tube de cachets d'aspirine tubo de aspirinas ▌tube de colle tubo de pegamento ▌tube de dentifrice tubo de pasta de dientes ▌tube de peinture tubo de pintura ▌ÉLECTR tube électronique tubo electrónico, válvula electrónica ▌tube lance-fusées, lance-torpilles tubo lanzacohetes, lanzatorpedos ▌TECHN tubes d'irradiation tubos de carga ■ FAM à plein tube a toda máquina, a toda pastilla.

■ SYN tuyau tubo, cañería; conduit canal.

tuber [3] *v tr* entubar ▌lavar en una bañera (dans un tub).

tubéracé, e *adj* & *s f* BOT tuberáceo, a.

tubercule *m* tubérculo.

tuberculeux, euse *adj* & *s* tuberculoso, sa.

tuberculination; tuberculinisation *f* tuberculinación.

tuberculine *f* MÉD tuberculina.

tuberculinisation ➤ **tuberculination**.

tuberculiniser [3] *v tr* tuberculinizar, practicar la tuberculización.

tuberculisation *f* MÉD tuberculización.

tuberculiser [3] *v tr* MÉD tuberculizar.

tuberculose *f* MÉD tuberculosis.

tubéreux, euse *adj* tuberoso, sa.

➤ **tubéreuse** *f* BOT tuberosa (mot savant), nardo *m* (mot usuel).

tubériforme *adj* tuberiforme.

tubérisation *f* tuberización.

tubérisé, e *adj* en tubérculo; racine tubérisée raíz en tubérculo.

tubérosité *f* tuberosidad.

tubicole *adj* tubícola; annélides tubicoles anélidos tubícolas.

tubipore *m* ZOOL tubíporo.

tubiste *adj* & *s m* obrero que trabaja en campana neumática.

tubitèle; tubitélaire *adj* ZOOL tubítelo, la.

tubulaire *adj* tubular ▌chaudière tubulaire caldera tubular.

tubulé, e *adj* tubulado, da.

tubuleux, euse *adj* tubuloso, sa.

tubuliflore *adj* BOT de flores tubulares.

tubulure *f* abertura de frasco ou matraz ▌tubería, conducto *m* (conduit) ■ AUTOM tubulure d'admission colector de admisión ▌tubulure d'échappement tobera de escape.

TUC (abr de **travaux d'utilité collective**) *m pl* trabajos de utilidad pública.

tuciste; tucard *m* & *f* persona que realiza un trabajo de utilidad pública.

tudesque *adj* (vx) tudesco, ca.

tudieu! *interj* (vx) ¡por vida de!, ¡vive Dios!

tué, e *adj* & *s* muerto, ta.

tue-chien [tyʃjē] *m inv* hierba *f* mora.

tue-diable [tydjabl] *m inv* arte de pesca.

tue-mouches [tymuʃ] *m inv* BOT falsa oronja.

◇ *adj inv* papier tue-mouches matamoscas.

tuer [7] *v tr* [▷ SYN] matar ▌sacrificar (boucherie) ■ tuer le temps matar el tiempo ▌tuer le ver matar el gusanillo ■ être tué sur le coup morir en el acto.

➤ **se tuer** *v pr* matarse ▌se tuer à matarse (suivi du gérondif).

▌ SYN abattre matar; descendre cargarse; assommer acogotar, matar a palos; assassiner asesinar; supprimer suprimir, eliminar; massacrer, exterminer exterminar; décimer diezmar; empaler empalar; éventrer destripar, despanzurrar; électrocuter electrocutar; égorger degollar; empoisonner envenenar; étrangler estrangular; poignarder apuñalar; (vx) occire matar; trucider trucidar; exécuter ejecutar; achever rematar, finiquitar; lyncher linchar; décapiter decapitar; guillotiner guillotinar; fusiller fusilar; passer par les armes pasar por las armas; lapider lapidar, apedrear; pendre ahorcar, colgar; tuer raide dejar en el sitio, dejar seco; couper la gorge o le cou degollar, cortar el pescuezo; trancher la gorge degollar; FAM brûler la cervelle levantar la tapa de los sesos; casser la tête romper la crisma, desnucar; tordre le cou retorcer el pescuezo; ratiboiser despachar; zigouiller apiolar, escabechar; estourbir despenar.

tuerie [tyri] *f* matanza, carnicería, degollina (massacre).

tue-tête [tytɛt]

➤ **à tue-tête** *loc adv* a voz en grito, a grito pelado; chanter à tue-tête cantar a voz en grito ▌crier à tue-tête desgañitarse gritando.

tueur, euse *m* & *f* asesino, na (de personnes); pistolero (à gages); matador, ra (d'animaux).

➤ **tueur** *m* matarife, jifero (dans les abattoirs).

tuf *m* toba *f* (pierre).

tuffeau; tufeau *m* toba *f* (tuf).

tufier, ère *adj* tobáceo, a.

tuile *f* teja ▌FIG & FAM calamidad, follón *m*, contratiempo *m* ■ tuile cornière teja acanalada ▌tuile de croupe teja de copete ▌tuile faîtière teja cumbrera ▌tuile femelle teja de canalón ▌tuile mâle teja de caballete.

tuileau *m* tejoleta *f*, pedazo de teja.

tuilerie *f* tejar *m*, tejería.

Tuileries *n pr f pl* les Tuileries las Tullerías [jardín en París].

tuilette *f* tejuela, teja pequeña.

tuilier *adj* & *s m* tejero.

tularémie *f* tularemia (maladie).

tulipe *f* tulipán *m* (fleur) ▌tulipa (abat-jour).

tulipier *m* tulipero, tulipanero (arbre) ▌cultivador de tulipanes.

tulle *m* tul (tissu).

tullerie *f* fábrica de tul (fabrique) ▌comercio de tul (commerce).

tullier, ère *adj* del tul; industrie tullière industria del tul.

tulliste *m* & *f* fabricante ou vendedor de tul.

tuméfaction *f* MÉD tumefacción, hinchazón (enflure).

tuméfié, e *adj* tumefacto, ta; hinchado, da.

tuméfier [9] *v tr* MÉD tumefacer (p us), producir tumefacción, hinchar.

tumescence [tymɛsɑ̃s] *f* tumescencia.

tumescent, e [tymɛsɑ̃, ɑ̃t] *adj* tumescente, tumefacto, ta.

tumeur *f* MÉD tumor *m*; **tumeur cancéreuse** tumor cancerígeno.
∎ SYN kyste quiste; fibrome fibroma; apostème apostema.

tumoral, e *adj* tumoral.

tumulaire *adj* tumulario, ria; sepulcral.

tumulte *m* tumulto.
∎ SYN FAM barouf jollín; FAM foin jaleo.

tumultuaire *adj* tumultuario, ria.

tumultueusement *adv* tumultuariamente.

tumultueux, euse *adj* tumultuoso, sa.

tumulus [tymylys] *m* túmulo.
∎ OBSERV pl tumulus o tumuli.

tune ➟ **thune**.

tuner [tynɛr] *m* túner.

tungar [tœgar] *m* ÉLECTR tungar.

tungstate [tœgstat] *m* CHIM tungstato.

tungstène [tœgstɛn] *m* CHIM tungsteno, volframio.

tunicelle *f* tunicela.

tuniciers *m pl* ZOOL tunicados.

tunique *f* túnica ∎ dalmática (de sous-diacre) ∎ ANAT & BOT túnica ∎ MIL guerrera (vareuse d'uniforme).

tuniqué, e *adj* tunicado, da.

Tunis [tynis] *n pr* GÉOGR Túnez [ciudad].

Tunisie *n pr f* GÉOGR la Tunisie Tunicia, Túnez.

tunisien, enne *adj* tunecino, na (de la Tunisie).

Tunisien, enne *m & f* tunecino, na.

tunisois, e *adj* tunecino, na [de la ciudad de Túnez].

Tunisois, e *m & f* tunecino, na.

tunnel *m* túnel; **tunnel aérodynamique** túnel aerodinámico.

TUP (abr de titre universel de paiement) *m* orden *f* de pago universal.

tupa *m* BOT tupa *f*.

tupaïa; tupaja *m* ZOOL tupaya *f*.

tupi *m* LING tupí.

turban *m* turbante ∎ CULIN corona *f*.

turbe *f* DR enquête par turbe investigación de la costumbre, del derecho consuetudinario.

turbellariés *m pl* turbelarios (vers).

turbidité *f* turbiedad.

turbin *m* FAM tajo (travail); **aller au turbin** ir al tajo ∎ **après le turbin** después de currelar.

turbinage *m* centrifugación *f* del jarabe.

turbine *f* MÉCAN turbina; **turbine à vapeur** turbina de vapor ∎ AVIAT turbine-compresseur turbina compresor.

turbiner [3] *v intr* FAM currelar.

turbith *m* turbit (plante) ∎ **turbith minéral** turbit mineral, sulfato mercurial.

turbo *m* turbo (mollusque).

turboalternateur *m* turboalternador.

turbocompresseur *m* turbocompresor.

turbodynamo *f* turbodinamo *m*.

turbohélice *m* turbohélice.

turbomoteur *m* turbomotor.

turbopompe *f* turbobomba.

turbopropulseur *m* turbopropulsor.

turboréacteur *m* turborreactor.

turbosoufflante *f* turbosoplante, sobrealimentador *m*.

turbot [tyrbo] *m* rodaballo (poisson).

turbotière *f* besuguera.

turbotin *m* rodaballo pequeño.

turbotrain *m* turbotrén.

turbulence *f* turbulencia.

turbulent, e *adj* [▷ SYN] turbulento, ta; **esprit turbulent** espíritu turbulento.
◇ *adj & s* revoltoso, sa.
∎ SYN pétulant impetuoso; tumultueux tumultuoso; trépidant trepidante.

➟ **turc** *m* LING turco ∎ (vieilli) ZOOL gusano blanco, larva *f* de abejorro.

Turc, Turque *m & f* turco, ca ∎ **le Grand Turc** el gran turco ∎ **tête de Turc** cabeza de turco ∎ **à la turque** a la turca (à la manière turque), violentamente ∎ **fort comme un Turc** más fuerte que un roble, fuerte como un toro ∎ **traiter de Turc à Maure** tratar a la baqueta ou a palos.

turcique *adj f* ANAT **selle turcique** silla turca.

turco *m* FAM turco [soldado del cuerpo de tiradores argelinos].

turcoman *m* LING turcomano.

turdétans *m pl* turdetanos.

turdidés *m pl* túrdidos (oiseaux).

turf [tœrf] ou [tyrf] *m* turf, hipódromo (terrain de courses) ∎ deporte hípico, hipismo.
∎ OBSERV La palabra francesa **turf** sólo se emplea en singular.

turfiste [tyrfist] *m & f* aficionado, aficionada a las carreras de caballos, turfista.

turgescence *f* MÉD turgencia, hinchazón.

turgescent, e *adj* MÉD turgente, hinchado, da.

Turin *n pr* GÉOGR Turín, Torino.

turion *m* BOT turión, yema *f*.

Turkestan *n pr m* GÉOGR **le Turkestan** Turkestán, Turquestán.

turkmène *m* LING turcomano.

Turkménistan *n pr m*; **Turkménie** *n pr f* GÉOGR le Turkménistan, la Turkménie Turkmenistán.

Turks et Caicos [tyrksekaikos] *n pr f pl* GÉOGR les (îles) Turks et Caicos las (islas) Turks y Caicos.

turlupin *m* chocarrero, bufón.

turlupinade *f* chocarrería, chiste *m* grosero; **débiter des turlupinades** decir chocarrerías.

turlupiner [3] *v tr* FAM atormentar; **cette idée me turlupine** esta idea me atormenta.

turlurette *f* estribillo *m* (refrain).

turlutaine *f* FAM muletilla, coletilla (répétition) ∎ manía, capricho *m*.

turlutte *f* anzuelo *m* de varias puntas.

turlututu *m* FAM flauta *f*, mirlitón (mirliton).
◇ *interj* a otro perro con ese hueso, ya ya, sí sí (exclamation négative).

turne *f* FAM cuarto *m* (chambre).

turnover [tœrnɔvœr] *m* rotación *f* de la mano de obra.

turonien, enne *adj & s m* GÉOL turonense, turoniense.

turpitude *f* infamia, bajeza, torpeza ∎ torpeza, liviandad, impureza.

turquerie *f* FAM brutalidad, crueldad (cruauté) ∎ cuadro *m* ou obra literaria de asunto turco.

turquette *f* BOT herniaria.

Turquie *n pr f* GÉOGR la Turquie Turquía.

turquin *adj m* turquí ∎ **bleu turquin** azul turquí ∎ **marbre turquin** mármol azul veteado de blanco.

turquoise *f* turquesa (pierre).

turriculé, e *adj* turriculado, da (mollusques).

turritelle *f* turritela (mollusque).

tusculanes *f pl* tusculanas (œuvres de Cicéron).

tussah ➟ **tussor**.

tussilage *m* tusilago, fárfara *f* (plante).

tussor; tussore; tussah *m* tusor, seda *f* de bómbice.

tutélaire *adj* tutelar.

tutelle *f* tutela ∎ tutoría (charge) ∎ **territoire sous tutelle** fideicomiso ∎ FIG **être sous la tutelle de quelqu'un** depender de alguien.

tuteur, trice *m & f* tutor, ra ∎ **subrogé tuteur** protutor.
➟ **tuteur** *m* tutor, rodrigón (pour les plantes).

tuteurage *m* rodrigazón *f*.

tuteurer [5] *v tr* rodrigar, enrodrigonar.

tuthie; tutie *f* atutía, tutía, tucía, óxido *m* de cinc.

tutoiement [tytwamɑ̃] *m* tuteo.

tutoyer [13] [tytwaje] *v tr* tutear.

tutrice ➟ **tuteur**.

tutti quanti
➟ **et tutti quanti** *loc adv* y demás.

tutu *m* tonelete, faldilla *f* de bailarina.

tuyau [tɥijo] *m* tubo (pour le passage d'un fluide) ∎ caño (en terre cuite) ∎ cañón (d'une plume d'oiseau, d'une cheminée, d'orgue) ∎ caña *f* (tige creuse) ∎ cañón, pliegue (pli du linge) ∎ FAM informe, noticia *f* confidencial ∎ **tuyau d'arrosage** manga ou manguera de riego ∎ **tuyau d'échappement** tubo de escape ∎ **tuyau de décharge** desaguadero ∎ **tuyau d'incendie** manguera de incendio ∎ FAM **dire dans le tuyau de l'oreille** decir al oído.

tuyautage [tɥijotaʒ] *m* encañonado, acción *f* de encañonar (du linge) ∎ tubería *f* (tuyauterie), colocación *f* de tubos ∎ FAM informe confidencial.

tuyauté, e [tɥijote] *adj* encañonado, da (linge).

tuyauter [3] [tɥijote] *v tr* encañonar (le linge) ∎ FAM informar, dar noticias ou datos confidenciales.

tuyauterie [tɥijotri] *f* cañería ▌tubería (ensemble des tuyaux) ▌cañonería (d'orgue).

tuyère [tɥijɛr] ou [tyjɛr] *f* tobera (de fourneau, de moteur à réaction); **tuyère à air comprimé** tobera de aire comprimido; **tuyère d'éjection** tobera de escape.

TV (abr de **télévision**) *f* TV.

TVA (abr de **taxe sur la valeur ajoutée**) *f* IVA.

TVHD (abr de **télévision à haute définition**) *f* televisión de alta definición.

tweed [twid] *m* tweed, lana *f* escocesa (étoffe).

twin-set [twinsɛt] *m* conjunto (chandail et cardigan).

▌ OBSERV pl twin-sets.

tympan [tɛ̃pɑ̃] *m* ANAT & ARCHIT tímpano ▌IMPR tímpano, bastidor (d'une presse) ▌MÉCAN piñón de engranaje ▌TECHN rueda *f* hidráulica elevadora ▌panel (menuiserie).

tympanique *adj* timpánico, ca.

tympaniser [3] *v tr* (vx) desacreditar públicamente.

tympanisme *m* MÉD timpanismo.

tympanite *f* MÉD timpanitis.

tympanon *m* MUS tímpano (instrument).

tyndallisation *f* tyndalización.

Tyndare *n pr* MYTH Tíndaro.

type *m* tipo ▌FAM tipo (personnage original) ▌IMPR tipo ▌FAM tipo, tío (individu) ▬ FAM **un chic type** un tío estupendo ▌**pauvre type** pobre tipo ▌**sale type** tiparraco, bicharraco, bicho malo ▬ **avoir le type méditerranéen** tener tipo mediterráneo.

typé, e *adj* **personne très typée** persona con un tipo muy acusado.

typer [3] *v tr* caracterizar, representar, diseñar, reproducir perfectamente el tipo de.

typesse *f* FAM (vieilli) tiparraca, gachí.

typha *m* BOT tifa *f*, espadaña *f*.

typhacé, e *adj & s* tifáceo, a.

Typhée *n pr* MYTH Tifeo.

typhique *adj & s* tífico, ca.

typhlite *f* MÉD tiflitis, cecitis.

typho-bacillose *f* tifobacilosis, tifoideo-bacilosis.

typhoïde *adj & s f* MÉD tifoideo, a; **fièvre tiphoïde** fiebre tifoidea.

typhoïdique *adj* tifoídico, ca; relativo a la fiebre tifoidea.

typhon *m* tifón (ouragan).

typhose *f* tifosis.

typhus [tifys] *m* MÉD tifus.

typifié, e *adj* tipificado, da.

typique *adj* típico, ca.

typiquement *adv* típicamente.

typo *m* FAM tipógrafo.
◇ *f* FAM tipografía.

typographe *adj & s* tipógrafo, fa ▌**ouvrier typographe cajista** tipógrafo.

typographie *f* tipografía.

typographique *adj* tipográfico, ca.

typographiquement *adv* tipográficamente.

typologie *f* tipología.

typologique *adj* tipológico, ca.

typomètre *m* tipómetro.

typométrie *f* tipometría.

typtologie *f* tiptología (spiritisme).

Tyr *n pr* HIST Tiro (ancien nom de Sour).

tyran *m* tirano, na ▌bienteveo, pitirre (oiseau).

▌ OBSERV La palabra francesa **tyran** se aplica tanto a una mujer como a un hombre (**cette femme est un tyran**).

tyranneau *m* FAM tiranuelo.

tyrannicide *m & f* tiranicida (meurtrier d'un tyran).
◇ *m* tiranicidio (meurtre d'un tyran).

tyrannie *f* tiranía.

tyrannique *adj* tiránico, ca.

tyranniquement *adv* tiránicamente.

tyranniser [3] *v tr* tiranizar.

tyrannosaure *m* tiranosaurio (reptile).

tyrien, enne *adj* tirio, ria.

Tyrien, enne *m & f* tirio, ria.

Tyrol *n pr m* GÉOGR le Tyrol Tirol.

tyrolien, enne *adj* tirolés, esa.
➔ **tyrolienne** *f* música y baile del Tirol.

Tyrolien, enne *m & f* tirolés, esa.

tyrosine *f* CHIM tirosina.

tyrothricine *f* CHIM tirotricina.

Tyrrhénienne *n pr* GÉOGR la mer Tyrrhénienne el mar Tirreno.

tzar [tsar] ➔ **tsar**.

tzigane; tsigane [tsigan] *m & f* cíngaro, ra; gitano, na.
◇ *m* LING caló.

u; U *m* u *f.*

OBSERV Se pronuncia la u frunciendo los labios en ademán de silbar y dejando oír un sonido entre el sonido de u español y de i. Después de g y q no se pronuncia, como en **quantité** (cantidad), **que, quoi** (que), **qui** (quien), **prodigue** (pródigo), **guitare** (guitarra); pero suena en algunas voces derivadas del latín: **aquatique** [akwatik], **quantum**. Para indicar que la u se pronuncia separadamente de la vocal precedente se la señala con la diéresis, como en **Esaü, Saül, aigüe**.

ubac *m* vertiente *f* norte de una montaña, umbría *f.*

ubiquiste [ybikɥist] *adj* ubicuo, cua.
◇ *adj & s* RELIG ubiquitario, ria.

ubiquité [ybikɥite] *f* ubicuidad; **avoir le don d'ubiquité** tener el don de la ubicuidad.

UDF (abr de Union pour la démocratie française) *f* partido político francés de centroderecha.

L'UDF
Este partido de centroderecha tiene una política europeísta. Su representante más famoso es Valéry Giscard d'Estaing quien fue Presidente de la República francesa de 1974 a 1981.

Udine *n pr* GÉOGR Udine.

UDR (abr de Union pour la défense de la République) *f* partido político francés de derechas.

UEFA (abr de Union of European Football Associations) *f* UEFA.

UEO (abr de Union de l'Europe occidentale) *f* UEO.

UER *f* (abr de unité d'enseignement et de recherche) denominación de los departamentos universitarios franceses hasta 1985 ∥ (abr de Union européenne de radiodiffusion) UER.

UFC (abr de Union fédérale des consommateurs) *f* federación francesa de diversas asociaciones de consumidores.

UFR (abr de unité de formation et de recherche) *f* facultad, instituto o departamento universitario francés.

UHF (abr de ultra-haute fréquence) *f* UHF.

uhlan *m* ulano.

UHT (abr de ultra-haute température) *f* UHT.

UIT (abr de Union internationale des télécommunications) *f* UIT.

uitlander *m* inmigrante británico establecido en el Transvaal.

UJP (abr de Union des jeunes pour le progrès) *f* partido político francés.

ukase [ukaz] *m* ucase, ukase (décret du tsar)
∥ FIG ukase, decisión *f* autoritaria.

Ukraine *n pr f* GÉOGR l'Ukraine Ucrania.

ukrainien, enne *adj* ucranio, nia.
◇ *m* LING ucranio.

Ukrainien, enne *m & f* ucranio, nia.

Ulan Bator ➤ Oulan-Bator.

ulcératif, ive *adj* ulcerante, ulcerativo, va.

ulcération *f* ulceración.
∥ SYN ulcère úlcera; exulcération exulceración.

ulcère *m* MÉD úlcera *f*; **ulcère à l'estomac** úlcera gástrica.

ulcéré, e *adj* ulcerado, da ∥ FIG lastimado, da; dolorido, da.

ulcérer [18] *v tr* ulcerar ∥ FIG ulcerar, lastimar, herir (blesser moralement); **vos critiques l'ont ulcéré** sus críticas le han lastimado.

ulcéreux, euse *adj* ulceroso, sa.

ulcéroïde *adj* ulceroso, sa.

uléma *m* ulema (docteur de la loi musulmane).

uligineux, euse *adj* uliginoso, sa.

ulluque [ylyk] *m* ulluco, melloco (plante).

ULM (abr de ultraléger motorisé) *m* ultraligero.

ulmacées *f pl* BOT ulmáceas.

ulmaire *f* BOT ulmaria, reina de los prados.

Ulpien *n pr* Ulpiano.

Ulric; Ulrich *n pr* Ulrico.

Ulster *n pr f* GÉOGR l'Ulster el Ulster.

ulstérien, enne *adj* de Irlanda del Norte.

Ulstérien, enne *m & f* natural ou habitante de Irlanda del Norte.

ultérieur, e *adj* ulterior ∥ posterior ∥ **remis à une date ultérieure** aplazado para una fecha posterior.

ultérieurement *adv* posteriormente.

ultimatum [yltimatɔm] *m* ultimátum; **signifier un ultimatum** dirigir un ultimátum.
∥ OBSERV pl ultimatums.

ultime *adj* último, ma.

ultimo *adv* últimamente.

ultra *adj & s* extremista, ultra.

ultracentrifugation *f* ultracentrifugación.

ultracentrifugeuse *f* ultracentrifugadora.

ultracourt, e *adj* ultracorto, ta.

ultrafiltration *f* ultrafiltración.

ultramicroscope *m* ultramicroscopio.

ultramicroscopie *f* ultramicroscopia.

ultramoderne *adj* ultramoderno, na.

ultramontain, e *adj & s* ultramontano, na.

ultramontanisme *m* ultramontanismo.

ultrapression *f* ultrapresión.

ultraroyaliste *adj & s* ultrarrealista.

ultrasensible *adj* ultrasensible.

ultrason; ultra-son *m* ultrasonido.
∥ OBSERV pl ultrasons; ultra-sons.

ultraviolet, ette; ultra-violet, ette *adj & s m* ultravioleta, ultraviolado, da.

ultravirus [yltravirys] *m* ultravirus.

ululation *f*; **ululement** *m* ululación *f*, alarido *m*, aullido *m.*

ululer; hululer [3] *v intr & tr* ulular.

ulve *f* ova, ulva (algue).

Ulysse *n pr* MYTH Ulises.

Umayyades ➤ Omeyyades.

un, une *adj num card* uno, una (uno perd sa dernière lettre devant un substantif masculin: **un homme** un hombre) ■ **un à un, un par un** uno por uno, uno a uno ■ FAM **comme pas un** como nadie, como ninguno ∥ **encore un** uno más ∥ **pas un** ni uno, ninguno ∥ **ne faire qu'un** no ser más que uno.
◇ *adj qualif* uno, una (indivisible); **la patrie est une** la patria es una ∥ **c'est tout un** es lo mismo, es todo uno.
◇ *adj num ord* primero, ra; **page un** página primera.
◇ *art indéf* un, una; **un de mes amis** un amigo mío ∥ **un de ces jours** un día de éstos.
◆ **un** *m inv* uno (une unité); **un et un font deux** uno y uno son dos ∥ primera *f* (charade).
◆ **une** *f* **être à la une, faire la une** aparecer en primera plana; **la une** la primera plana, la primera página de un periódico; **ne faire ni une ni deux** no pensárselo dos veces
∥ **Une** primer canal televisivo francés.

LA UNE
Observe la diferencia de sentido entre "la une" y "la Une": "un article à la une du Monde" (un artículo en la primera plana de "Le Monde"); "le reportage hier soir sur la Une" (el reportaje de anoche en TF1).

un, une, uns, unes *pron indéf* uno, una, unos, unas; **l'un est grand, l'autre petit** uno es grande, el otro pequeño ■ **un de, l'un de** uno de ■ **de deux choses l'une** una de dos ∥ FAM **et d'une!** ¡y una! ∥ **l'un après l'autre** uno tras otro ∥ **l'un dans l'autre** uno con otro ∥ **l'un de l'autre** uno de otro ∥ **l'un et l'autre** uno y otro, ambos, los dos ∥ **l'un l'autre, l'un à l'autre, les uns les autres** uno a otro, recíprocamente ‖ ni l'un ni l'autre ni uno ni otro, ninguno de los dos.

  ‖ OBSERV Por razones de eufonía se dice à l'un des élèves (a uno de los alumnos) y no à un des élèves.

unanime *adj* unánime.

unanimement *adv* unánimemente.

unanimisme *m* unanimismo.

unanimiste *adj & s* unanimista.

unanimité *f* unanimidad; approuver à l'unanimité aprobar por unanimidad ‖ faire l'unanimité ser aprobado unánimemente, tener la aprobación de todos.

unau *m* ZOOL perico ligero, perezoso, unáu.

uncia *m* ZOOL onza *f*.

unciforme *adj* ANAT unciforme.

unciné, e *adj* ganchudo, da.

underground [œndœrgrawnd] *adj inv & s m* underground.

UNEDIC (abr de Union nationale interprofessionnelle pour l'emploi dans l'industrie et le commerce) *f* organismo que controla las ASSEDIC.

UNEF; Unef (abr de Union nationale des étudiants de France) *f* sindicato francés de estudiantes.

UNESCO; Unesco (abr de United Nations Educational, Scientific and Cultural Organization) *f* UNESCO, Unesco.

unguéal, e [ɔ̃gɥeal] ou [ɔ̃geal] *adj* ungular (de l'ongle).

unguifère [ɔ̃gɥifɛr] *adj* con uña.

unguis [ɔ̃gɥis] *m* ANAT unguis (os de l'orbite).

uni, e *adj* unido, da; amis très unis amigos muy unidos ‖ llano, na; liso, sa (plat); chemin uni camino llano ‖ liso, sa; de un solo color, sin adornos; chemise unie camisa lisa ‖ igual (sans inégalité) ‖ FIG sencillo, lla; uniforme (sans variété) ‖ uni à unido con ■ galop uni galope sostenido ou regular ‖ rendre uni igualar, unificar.

  ➡ **uni** *m* tela *f* lisa, de un solo color (étoffe).

UNI (abr de Union nationale interuniversitaire) *f* sindicato francés de estudiantes.

uniate *adj & s* uniato (Église).

uniaxe *adj* monoaxial (un minéral).

UNICEF; Unicef (abr de United Nations International Children's Emergency Fund) *f* UNICEF, Unicef.

unicellulaire *adj* unicelular.

unicité *f* unicidad.

unicolore *adj* unicolor, monocromo.

unicorne *m* unicornio.

unidirectionnel, elle *adj* RAD unidireccional.

unième *adj num ordin* primero; vingt et unième vigésimo primero.

  ‖ OBSERV Se emplea sólo a continuación de las decenas y centenas.

unièmement *adj* vingt et unième en vigésimo primer lugar.

unificateur, trice *adj & s* unificador, ra.

unification *f* unificación.

unifier [9] *v tr* unificar.

unifilaire *adj* de un solo hilo.

uniforme *adj* uniforme.

  ‖ SYN égal igual; monotone monótono; monocorde monocorde.

uniforme *m* uniforme; port de l'uniforme uso del uniforme ■ uniforme de parade uniforme de gala ■ endosser ou prendre l'uniforme abrazar la carrera de las armas ‖ quitter l'uniforme volver a la vida civil, retirarse de la carrera militar (soldat de carrière), licenciarse (simple soldat).

uniformément *adv* uniformemente.

uniformisation *f* uniformación.

uniformiser [3] *v tr* uniformar, uniformizar.

uniformité *f* uniformidad.

unijambiste *adj* de una sola pierna.
  ◇ *m & f* persona de una sola pierna.

unilatéral, e *adj* unilateral.

unilatéralement *adv* unilateralmente.

uniloculaire *adj* BOT unilocular.

uniment *adv* igualmente, con igualdad ‖ sostenidamente (cheval) ‖ FIG sencillamente, lisa y llanamente, sin rodeos.

uninominal, e *adj* uninominal.

union *f* unión; l'union de l'âme et du corps la unión del alma y del cuerpo; union douanière unión aduanera ■ union conjugale unión conyugal ‖ union de consommateurs unión de consumidores ‖ Union européenne Unión Europea ‖ union libre unión libre ■ l'union fait la force la unión hace la fuerza ‖ HIST l'Union soviétique la Unión Soviética.

  ‖ SYN alliance alianza; accord acuerdo; entente acuerdo, convenio; intelligence inteligencia; collusion colusión.

unionisme *m* unionismo.

unioniste *adj & s* unionista.

Union sud-africaine *n pr f* HIST Unión Sudafricana.

uniovulé, e *adj* de un solo óvulo.

unipare *adj* uníparo, ra.

unipersonnel, elle *adj* GRAMM unipersonal, impersonal.

unipolaire *adj* unipolar.

unique *adj* único, ca; fils, fille unique hijo único, hija única ‖ unique en France único en Francia.

uniquement *adv* únicamente.

  ‖ SYN seulement solamente, sólo; exclusivement exclusivamente; purement puramente; simplement simplemente.

unir [32] *v tr* [▷ SYN] unir; unir une chose à une autre unir una cosa con otra ‖ igualar, allanar (égaliser) ‖ FIG unir; unir deux familles par un mariage unir dos familias por un matrimonio.

  ➡ **s'unir** *v pr* unirse, casarse (se marier).

  ‖ SYN associer asociar; allier aliar; fédérer federar; confédérer confederar; liguer ligar; coaliser coaligar.

uniréfringent, e *adj* PHYS unirrefringente.

unisexe *adj* unisex.

unisexué, e; unisexuel, elle *adj* BOT unisexual.

unisson *m* MUS unísono, unisón ‖ FIG acuerdo, unísono; se mettre à l'unisson ponerse de acuerdo ou al unísono.

unitaire *adj & s m* unitario, ria.

unitarien, enne *adj & s* RELIG unitario, ria.

unitarisme *m* RELIG unitarismo.

unité *f* unidad; unité d'action, de lieu, de temps unidad de acción, de lugar, de tiempo ‖ INFORM Unité Centrale de Traitement (CPU) unidad central de proceso (CPU) ‖ unité d'alimentation dispositivo *m* de alimentación ‖ unité de disque unidad de disco ‖ unité de disquette(s) disquetera ‖ unité de stockage dispositivo *m* de almacenamiento ‖ unité périphérique dispositivo *m* periférico, unidad periférica; unité de sortie unidad de salida ‖ unité de valeur (UV) asignatura (à l'université).

unitif, ive *adj* unitivo, va.

univalve *adj* univalvo, va.

univers [yniver] *m* universo ‖ univers carcéral mundo de la cárcel.

universalisation *f* universalización.

universaliser [3] *v tr* universalizar.

universalisme *m* universalismo.

universaliste *m & f* universalista.

universalité *f* universalidad ‖ DR totalidad; l'universalité de ses biens la totalidad de sus bienes.

universel, elle *adj* [▷ SYN] universal.
  ➡ **universel** *m* PHILOS lo universal.

  ‖ SYN mondial mundial; général general; commun común.

universellement *adv* universalmente.

universitaire *adj* universitario, ria.
  ◇ *m & f* catedrático, catedrática de universidad.

université *f* universidad; l'université de Paris la Universidad de París.

  ‖ SYN académie academia.

univitellin, e *adj* MÉD univitelino, na.

univocité *f* PHILOS univocación, carácter *m* de unívoco.

univoque *adj* PHILOS unívoco, ca.

UNR (abr de Union pour la Nouvelle République) *f* antiguo partido político gaulista.

untel, unetelle; Untel, Unetelle *m & f* fulano, na.

Unterwald *n pr* GÉOGR le canton d'Unterwald el cantón de Unterwalden.

upas [ypas] *m* upas (arbre).

UPF (abr de Union pour la France) *f* partido político francés.

uppercut [ypɛrkyt] *m* uppercut (boxe).

Uppsala *n pr* GÉOGR Uppsala.

upsilon [ypsilɔn] *m* ypsilon *f*, ípsilon *f*.

UPU (abr de union postale universelle) *f* UPU.

Ur ➡ **Our**.

uranate *m* CHIM uranato.

urane *m* urano, óxido de uranio.

uranie *f* urania (papillon).

uranifère *adj* uranífero, ra; gisement uranifère yacimiento uranífero.

uranique *adj* uránico, ca.

uranite *f* uranita.

uranium [yranjɔm] *m* uranio (métal) ▌ uranium enrichi uranio enriquecido.

uranographe *m* uranógrafo, cosmógrafo.

uranographie *f* uranografía, cosmografía.

uranoplastie *f* MÉD uranoplastia.

Uranus [yranys] *m* Urano.

urate *m* CHIM urato.

urbain, e *adj* urbano, na.

urbanisation *f* urbanización.

urbaniser [3] *v tr* urbanizar.

urbanisme *m* urbanismo.

urbaniste *adj* & *s* urbanista.

urbanité *f* urbanidad, cortesía.

urcéole *m* BOT urcéolo.

urcéolé, e *adj* BOT urceolado, da.

urdu ▬ **ourdou**.

ure ▬ **urus**.

urédinales *f pl* BOT uredinales, uredíneas.

urédospore *f* BOT uredospora.

urée *f* urea.

uréide *m* ureida *f*, ureido.

urémie *f* MÉD uremia.

urémique *adj* urémico, ca.

urétéral, e *adj* ureteral.

uretère *m* ANAT uréter.

urétérite *f* MÉD ureteritis.

urétral, e *adj* uretral.

urètre *m* ANAT uretra *f*.

urétrite *f* MÉD uretritis.

urgence *f* urgencia, emergencia ■ d'urgence urgentemente, con toda urgencia ▌en cas d'urgence en caso de emergencia ■ service des urgences urgencias [hospital].

urgent, e *adj* urgente ▌être urgent urgir; il est urgent d'agir urge obrar.

urger [17] *v intr* FAM ser urgente; ça urge! ¡es urgente!

urgonien *adj* & *s m* GÉOL urgoniense.

Uri *n pr m* GÉOGR le canton d'Uri el cantón de Uri.

uricémie *f* MÉD uricemia.

urinaire *adj* urinario, ria; voies urinaires vías urinarias.

urinal *m* orinal [para enfermos].
▌ OBSERV El orinal ordinario se llama en francés vase de nuit y pot de chambre.

urine *f* orina.

uriner [3] *v intr* orinar.
▌ SYN FAM pisser mear; lâcher de l'eau hacer aguas menores; verter aguas; faire pipi hacer pipí.

urinifère *adj* MÉD urinífero, ra.

urinoir *m* urinario.
▌ SYN vespasienne urinario público; FAM pissotière, pissoir meadero.

urique *adj* úrico, ca.

urne *f* urna ▌aller aux urnes votar.

urobiline *f* urobilina.

urochrome *m* urocromo.

urocystite *f* urocistitis.

urodèles *m pl* ZOOL urodelos.

urodynie *f* urodinia.

uro-génital, e *adj* urogenital.
▐ OBSERV pl uro-génitaux, uro-génitales.

urographie *f* urografía.

urologie *f* urología.

urologue *m* urólogo.

uromètre *m* urómetro.

uropode *m* urópodo.

uropygial, e *adj* uropigal.

uropygienne *adj f* uropigal; glande uropygienne glándula uropigal.

ursidés *m pl* ZOOL úrsidos.

URSS (abr de Union des républiques socialistes soviétiques) *f* HIST URSS.

URSSAF; Urssaf (abr de Union de recouvrement des cotisations de Sécurité sociale et des Allocations familiales) *f* organismo encargado de la recaudación de las cotizaciones de la Seguridad Social y los subsidios familiares, en Francia.

Ursule *n pr* Úrsula.

ursuline *f* ursulina (religieuse).

urticacées *f pl* BOT urticáceas.

urticaire *f* MÉD urticaria.

urticant, e *adj* urticante.

urubu *m* urubú, aura *f* (vautour).

Uruguay [yrygwɛ] *n pr m* GÉOGR l'Uruguay Uruguay.

uruguayen, enne [yrygwejɛ̃, ɛn] *adj* uruguayo, ya.

Uruguayen, enne *m* & *f* uruguayo, ya.

urus [yrys]**; ure** *m* uro (bison d'Europe).

us [ys] *m pl* usos; us et coutumes usos y costumbres.

us terminación de muchas voces latinas ▌FAM mot en us latinajo, palabra técnica derivada del latín.

US (abr de union sportive) *f* CD *m*; l'US (de) Liévin el CD Liévin.

USA (abr de United States of America) *m pl* EE UU, USA.

usage *m* uso, empleo; le bon usage des richesses el buen uso de las riquezas ▌uso, costumbre; aller contre l'usage établi ir contra la costumbre establecida ▌uso, disfrute (jouissance) ■ usage du monde mundología ■ MÉD médicament à usage externe medicamento de uso tópico ■ à l'usage de para uso de ▌d'usage usual, de costumbre ▌hors d'usage desusado, fuera de uso, inservible ▌selon l'usage al uso, según costumbre ■ être en usage estilarse ▌faire usage de hacer uso de, emplear; faire bon usage de hacer buen uso de; ejercer; faire usage du droit de vote ejercer el derecho de voto ▌mettre en usage valerse de.
➤ **usages** *m pl* bienes de propios.

usagé, e *adj* usado, da (vêtements).

usager, ère *m* & *f* usuario, ria; les usagers de la route los usuarios de la carretera.

usé, e *adj* [▷ SYN] usado, da; un manteau usé un abrigo usado ▌desgastado, da; gastado, da (affaibli) ▌manoseado, da; trillado, da (banal) ▌usé jusqu'à la corde raído ■ les eaux usées las aguas residuales.
▐ SYN élimé raído; râpé raído.

user [3] *v tr* gastar, desgastar (détériorer) ▌gastar, consumir (consommer) ▌debilitar, agotar, destruir (la santé) ▌destrozar (les nerfs).
◇ *v intr* [▷ SYN] usar, emplear, valerse de; user de la force emplear la fuerza ▌usar, hacer uso, valerse de; user d'un droit hacer uso de un derecho ■ en user comportarse, obrar, portarse; en user bien avec quelqu'un portarse bien con uno ▌mal user de usar mal de.
➤ **s'user** *v pr* gastarse, desgastarse, deteriorarse.
▌ SYN employer emplear; se servir servirse, valerse; utiliser utilizar.

usinage *m* fabricación *f* ▌mecanizado, operación *f* de mecanizado (à l'aide d'une machine-outil); usinage par abrasion mecanizado con abrasivos.

usine *f* fábrica ■ usine à gaz fábrica de gas ▌usine atomique central atómica ▌usine d'incinération des déchets planta de incineración de desechos ▌usine marémotrice central mareomotriz.
▌ OBSERV En Amérique on emploie le gallicisme usina.
▌ SYN fabrique fábrica; manufacture manufactura.

usiner [3] *v tr* mecanizar, trabajar con una máquina herramienta ▌fabricar.

usinier, ère *adj* fabril.
➤ **usinier** *m* (vx) industrial.

Usinor (abr de Union sidérurgique du nord et de l'est de la France) *f* empresa siderúrgica francesa.

usité, e *adj* usado, da; empleado, da; en uso; mot peu usité palabra poco empleada.

usnée *f* usnea (lichen).

ustensile *m* utensilio; ustensile de cuisine utensilio de cocina.

ustilaginales *f pl* BOT ustilagíneos, as.

usucapion *f* DR usucapión.

usuel, elle [yzɥɛl] *adj* usual.
➤ **usuel** *m* manual, libro de uso corriente.

usuellement *adv* habitualmente.

usufructuaire *adj* usufructuario, ria.

usufruit [yzyfrɥi] *m* DR usufructo ▌avoir l'usufruit de usufructuar.

usufruitier, ère *adj* & *s* usufructuario, ria.

usuraire *adj* usurario, ria; bénéfice usuraire beneficio usurario.

usure *f* usura (intérêt) ▌desgaste *m*, deterioro *m* (détérioration) ▌FIG debilitación ■ FIG guerre d'usure guerra de desgaste ▌FIG rendre avec usure devolver con creces.

usurier, ère *adj* & *s* usurero, ra.
▌ SYN FAM (vieilli) tire-sou tacaño; vautour rapaz.

usurpateur, trice *adj* & *s* usurpador, ra.

usurpation *f* usurpación.

usurpatoire *adj* usurpatorio, ria.

usurper [3] *v tr* & *intr* usurpar.

ut [yt] *m inv* MUS do, ut (vx).

UTA (abr de Union de transports aériens) *f* compañía aérea francesa.

Utah *n pr m* GÉOGR l'Utah Utah.

utérin, e *adj* & *s* uterino, na.

utéromanie *f* furor *m* uterino.

utérus [yterys] *m* ANAT útero.

utile *adj* útil ‖ **se présenter en temps utile** presentarse a su debido tiempo. ◇ *m* lo útil, lo que es útil ‖ **joindre l'utile à l'agréable** unir lo útil con lo agradable.

utilement *adv* útilmente.

utilisable *adj* utilizable, aprovechable.

utilisateur, trice *adj* & *s* utilizador, ra; usuario, ria.

utilisation *f* utilización, aprovechamiento *m*.

utiliser [3] *v tr* utilizar, aprovechar ‖ **utiliser au maximum** apurar.

utilitaire *adj* & *s m* utilitario, ria.

utilitarisme *m* utilitarismo.

utilitariste *adj* & *s* utilitarista.

utilité *f* utilidad; **d'utilité publique** de utilidad pública ‖ **c'est d'une grande utilité** es de una gran utilidad. ➟ **utilités** *f pl* THÉÂTR figurantes *m*, comparsas *m* & *f* ‖ **jouer les utilités** representar pequeños papeles.

Utique *n pr* HIST Útica, Utica.

utopie *f* utopía.

utopique *adj* & *s* utópico, ca.

utopiste *adj* & *s* utopista.

utraquiste [ytrakɥist] *m* RELIG utraquista (hussite).

Utrecht *n pr* GÉOGR Utrecht.

utriculaire *adj* utricular.

utricule *m* utrículo, utrícula *f*.

utriculeux, euse *adj* utriculoso, sa.

UV *f* (abr de **unité de valeur**) ≃ asignatura (en la universidad). ◇ *m* (abr de **ultraviolet**) U.V.; **faire des UV** hacer un bronceado UVA.

UVA (abr de **ultraviolet A**) *m* UVA; **bronzage UVA** bronceado con rayos UVA.

uval, e *adj* uval, de uva.

Uvéa; Ouvéa *n pr* Ouvéa.

uvéal, e *adj* úveo, a.

uvée *f* ANAT úvea ‖ (vx) coroides.

uvéite *f* MÉD uveitis.

uvulaire *adj* uvular.

uvule *f* ANAT úvula, campanilla, galillo *m* (luette).

v; V *m* v *f* ■ décolleté en V escote de pico ▮encolure en V cuello de pico.

▮ **OBSERV** La v francesa (fricativa sonora) se diferencia claramente de la **b** (labial sonora).

V (abr écrite de **volt**) V.

v. (abr écrite de **vers**) **LITT** h. ▮(abr écrite de **verset**) v.

v° (abr écrite de **verso**) verso.

va! *interj* ¡venga!, (*Amer*) ¡ándele! ▮ **FAM** ¡vale!, ¡bueno! (je consens) ▮ va pour cette somme! ¡vaya por esta cantidad!

VA (abr écrite de **voltampère**) VA.

vacance *f* vacante; en cas de vacance de siège en caso de producirse una vacante ▮ **FIG** la vacance du pouvoir el vacío del poder.

◆ **vacances** *f pl* vacaciones; être en vacances estar de vacaciones ■ vacances d'été veraneo, vacaciones de verano ■ grandes vacances vacaciones de verano ▮ passer les vacances d'été à veranear en.

vacancier *m* persona *f* de vacaciones ▮veraneante (en été).

vacant, e *adj* [▷ **SYN**] vacante (non occupé) ▮vacío, a; desocupado, da; logement vacant vivienda vacía ou desocupada ▮ **DR** vacante (succession) ▮desierto, ta; prix déclaré vacant premio declarado desierto ■ biens vacants bienes mostrencos ▮ succession vacante herencia yacente.

▮ **SYN** inoccupé inhabitado; disponible disponible; libre libre; vide vacío.

vacarme *m* jaleo, estrépito; faire du vacarme armar jaleo, formar un estrépito.

vacataire *adj & s* substituto, ta.

vacation [vakasjɔ̃] *f* diligencia (temps consacré à une affaire) ▮dietas *pl*, derechos *m pl* (honoraires).

◆ **vacations** *f pl* vacaciones (d'un tribunal).

vaccaire *f* **BOT** jabonera.

vaccin [vaksɛ̃] *m* **MÉD** vacuna *f*.

vaccinable [vaksinabl] *adj* vacunable.

vaccinal, e [vaksinal] *adj* vaccíneo, a; moyens vaccinaux medios vaccíneos.

vaccinateur, trice [vaksinatœr, tris] *adj & s* **MÉD** vacunador, ra.

vaccination [vaksinasjɔ̃] *f* **MÉD** vacunación.

vaccine [vaksin] *f* **VÉTER** viruela de la vaca ▮vacuna.

vacciner [3] [vaksine] *v tr* vacunar.

vaccinide [vaksinid] *f* **MÉD** vaccínide.

vaccinier [vaksinje] *m* **BOT** arándano, airela.

vaccinifère [vaksinifɛr] *adj* **MÉD** vaccinífero, ra.

vaccinostyle [vaksinɔstil] *m* **MÉD** lanceta *f* para vacunar, vaccinostilo.

vaccinothérapie [vaksinɔterapi] *f* **MÉD** vaccinoterapia.

vache *f* vaca; une vache laitière una vaca lechera ▮ **FAM** hueso *m*, persona severa ou malintencionada ■ vache à eau bolsa de agua ▮ **FAM** vache à lait mina ▮ **FAM** vache à roulettes guardia, polizonte ▮ vache marine vaca marina, manatí ▮ **FIG** vaches maigres, grasses vacas flacas, gordas ■ coup de pied en vache patada alevosa ▮ coup en vache mala jugada ▮ **FAM** la vache! ¡cochino!, ¡cochina! (en parlant d'une personne) ▮le plancher des vaches la tierra firme ▮ **FAM** oh la vache! ¡córcholis! ■ **FAM** il pleut comme vache qui pisse llueve a mares ▮ manger de la vache enragée pasar las de Caín ▮ parler français comme une vache espagnole hablar francés muy mal.

◇ *adj* **FAM** hueso, severo, ra; malintencionado, da; ce professeur est vache este profesor es un hueso; question vache pregunta mal intencionada ▮ **FAM** être vache tener mala leche.

vachement *adv* **FAM** terriblemente, enormemente, estupendamente; cette affaire est vachement compliquée este asunto es terriblemente complicado.

vacher, ère *m & f* vaquero, ra.

vacherie *f* vaquería ▮ **FAM** cochinada, cabronada, faena, mala jugada (mauvais tour).

vacherin *m* pastel de nata y merengue (gâteau) ▮ nombre del queso gruyère en el Franco-Condado (fromage).

vachette *f* vaqueta (cuir).

vacillant, e [vasijɑ̃, ɑ̃t] *adj* vacilante.

vacillation [vasijasjɔ̃] *f* vacilación, balanceo *m* (mouvement) ▮ **FIG** vacilación (irrésolution).

vacillement [vasijmɑ̃] *m* vacilación *f*, balanceo.

vaciller [3] [vasije] *v intr* [▷ **SYN**] vacilar ▮ **FIG** dudar, vacilar.

▮ **SYN** trembler temblar; trembloter temblequear; papilloter titilar.

va-comme-je-te-pousse

◆ **à la va-comme-je-te-pousse** *loc adv* a la buena de Dios.

vacuité *f* vacuidad.

vacuolaire *adj* vacuolar.

vacuole *f* **ANAT** vacuola.

vacuome *m* vacuoma.

vacuum [vakyɔm] *m* **PHYS** vacío (le vide).

vade *f* puesta (jeu).

vade-mecum [vademekɔm] *m inv* vademécum.

vadrouille [vadruj] *f* **MAR** escobón *m*, lampazo *m* (tampon) ▮ **FAM** en vadrouille de picos pardos, de paseo; être en vadrouille andar de picos pardos, estar de paseo.

vadrouiller [3] [vadruje] *v intr* **FAM** andar de picos pardos, callejear, vagabundear, pasearse.

vadrouilleur, euse [vadrujœr, øz] *adj & s* **FAM** callejero, ra.

Vaduz *n pr* **GÉOGR** Vaduz.

va-et-vient *m inv* vaivén (mouvement) ▮ **FIG** intercambio (échange) ▮ muelle (d'une porte) ▮ **MAR** andarivel, estacha *f* (cordage) ▮ **ÉLECTR** conmutador, interruptor (de lampe).

vagabond, e *adj* vagabundo, da ▮ **FIG** errabundo, da; imagination vagabonde imaginación errabunda.

◇ *m & f* [▷ **SYN**] vagabundo, da (sans domicile) ▮ **DR** vago, ga.

▮ **SYN** chemineau vagabundo; errant errante, errático; va-nu-pieds descamisado, desharrapado; (vieilli) galvaudeux gandul; clochard mendigo.

vagabondage *m* vagabundeo ▮vagancia *f* (délit) ▮vagabondage spécial proxenetismo.

vagabonder [3] *v intr* vagabundear ▮ **FIG** mariposear (errer) ▮ **DR** vagar.

vagin *m* **ANAT** vagina *f*.

vaginal, e *adj* vaginal.

vaginalite *f* **MÉD** vaginalitis.

vaginisme *m* vaginismo.

vaginite *f* **MÉD** vaginitis.

vagir [32] *v intr* llorar, dar vagidos (le nouveau-né) ▮chillar (le lièvre).

vagissant, e *adj* lloroso, sa ▮plañidero, ra (plaintif).

vagissement *m* vagido ▮chillido (du lièvre).

vagotomie *f* **MÉD** vagotomía.

vagotonie *f* **MÉD** vagotonía.

vagotonique *adj* **MÉD** vagotónico, ca.

vague *adj* [▷ **SYN**] vago, ga; de vagues promesses promesas vagas ▮ baldío, a (non cultivé) ▮ **MÉD** vago (nerf) ▮terrain vague solar.

◇ *m* vacío (vide) ▮ **FIG** vaguedad *f*; le vague de ses propos la vaguedad de sus palabras ■ avoir du vague à l'âme sentir nostalgia ou morriña ▮avoir les yeux dans le vague, regarder dans le vague tener la mirada perdida ▌ rester dans le vague decir vaguedades, no precisar mucho ▌ se perdre dans le vague andarse con vaguedades.

◇ *f* ola (lame) ▌ FIG oleada, ola ▌ la nouvelle vague la nueva ola ▌ vague de chaleur, de froid ola de calor, de frío.

SYN indéterminé indeterminado; indéfini indefinido; incertain incierto; indécis indeciso; imprécis impreciso; timide tímido; vaporeux, flou vaporoso.

LA NOUVELLE VAGUE
Esta expresión se aplica a un grupo de cineastas franceses, entre los cuales François Truffaut y Jean-Luc Godard, que rompieron con el estilo y métodos convencionales del cine a finales de los años 50 y produjeron algunas de las películas más influyentes de la época usando técnicas sencillas y escenarios reales.

vaguelette *f* ola pequeña.

vaguement [vagmã] *adv* algo, un tanto, más o menos, vagamente ▌ apenas, poco; connaissez-vous Saint-Jean-de-Luz? – très vaguement ¿conoce usted San Juan de Luz? – apenas.

vaguemestre *m* vaguemaestre ▌ suboficial, cartero (postier militaire).

vaguer [3] *v intr* vagar.

vahiné *f* tahitiana.

vaigrage *m* MAR forro interior.

vaigre *f* MAR tabla de forro, vagra.

vaillamment [vajamã] *adv* valientemente.

vaillance [vajãs] *f* valentía, valor *m* (valeur) ▌ánimo *m* (courage).

vaillant, e [vajã, ãt] *adj* valiente, valeroso, sa ▌ animoso, sa (courageux) ▌ trabajador, ra ▌ à cœur vaillant, rien d'impossible el mundo es de los audaces ▌ pas un sou vaillant ni un cuarto.

vain, e *adj* vano, na; vaines excuses vanas excusas ■ vaine pâture pastos libres, pasto comunal ■ en vain en vano, en balde.

vaincre [114] *v tr* [▷ SYN] vencer; vaincre l'ennemi vencer al enemigo ▌ FIG salvar, vencer; vaincre les obstacles salvar los obstáculos.

➡ se vaincre *v pr* vencerse, dominarse.

SYN battre batir, derrotar; défaire deshacer; déconfire desbaratar; culbuter arrollar; écraser aplastar; anéantir aniquilar; tailler en pièces destrozar; rouler revolcar; brosser zurrar; sacudir el polvo; rosser dar una tunda.

vaincu, e *adj & s* vencido, da; s'avouer vaincu darse por vencido ▌malheur aux vaincus! ¡ay de los vencidos!

vainement *adv* vanamente, en vano.

vainqueur *m* vencedor ▌ en vainqueur en plan de vencedor.

◇ *adj m* [▷ SYN] vencedor, ra (qui a vaincu); victorioso, sa; triunfante, triunfador, ra ▌ air vainqueur aire arrogante ou de suficiencia.

OBSERV Esta palabra no tiene forma femenina en francés, se dice "elle fut le vainqueur", "elle sortit vainqueur de ce concours".
SYN victorieux victorioso; gagnant ganador, premiado.

vair *m* (p us) vero, marta cebellina *f* (fourrure) ▌BLAS vero.

vairé, e *adj* BLAS verado, da.

vairon *m* gobio (poisson).

vairon *adj m* de color diferente (yeux).

vaisseau *m* MAR buque, navío, nave *f* (navire); capitaine de vaisseau capitán de navío; vaisseau amiral, fantôme buque insignia, fantasma ▌ANAT vaso; vaisseaux sanguins vasos sanguíneos ▌ ARCHIT nave *f* (nef) ▌ BOT vaso ■ un vaisseau spatial una nave espacial ■ FIG brûler ses vaisseaux quemar las naves.

vaisseau-école *m* buque escuela.
▌ OBSERV pl vaisseaux-écoles.

vaisselier *m* vasar, platero.

vaisselle *f* vajilla ■ vaisselle plate vajilla de oro o plata ■ eau de vaisselle agua de fregar ▌ faire ou laver la vaisselle fregar los platos ▌ s'envoyer la vaisselle à la tête tirarse los trastos a la cabeza.

vaissellerie *f* conjunto *m* de utensilios de cocina ▌fabricación de utensilios de cocina.

val *m* val (vx), valle ▌ par monts et par vaux por montes y por valles (partout).
▌ OBSERV pl vals ou vaux.

Val [val] (abr de véhicule automatique léger) *m* servicio de trenes urbanos automáticos.

valable *adj* valedero, ra; válido, da; quittance valable recibo válido ▌ admisible, aceptable; excuse valable excusa admisible ▌ de valor (personne, œuvre) ▌ que sirve, que vale; des conseils valables pour toute une vie consejos que sirven para toda la vida.

valablement *adv* válidamente, legítimamente.

Valachie *n pr f* GÉOGR la Valachie Valaquia.

Valais *n pr m* GÉOGR le Valais Valais.

valaque *adj* valaco, ca.

Valaque *m & f* valaco, ca.

Val d'Aoste *n pr m* GÉOGR le Val d'Aoste el Valle de Aosta.

Val-de-Grâce *n pr m* hospital militar parisiense.

Val-de-Marne *n pr m* GÉOGR Val-de-Marne; dans le Val-de-Marne en Val-de-Marne.

Val-d'Oise *n pr m* GÉOGR Val-d'Oise; dans le Val-d'Oise en Val-d'Oise.

valence *f* naranja de Valencia (orange) ▌CHIM valencia.

Valence *n pr* GÉOGR Valencia (en Espagne).

valencien, enne; valentien, enne *adj* valenciano, na.

valenciennes *f* encaje *m* de Valenciennes.

Valenciennes *n pr* GÉOGR Valenciennes.

valentien, enne ➡ **valencien**.

Valentin *n pr* Valentín.

Valentine *n pr* Valentina.

valentinite *f* MIN valentinita.

Valère *n pr* Valerio.

valérianacées *f pl* BOT valerianáceas.

valérianate *m* CHIM valerianato.

valériane *f* valeriana (plante).

valérianelle *f* BOT valerianela.

valérianique; valérique *adj* CHIM valeriánico, ca.

Valérie *n pr* Valeria.

Valérien *n pr* Valeriano.

valérique ➡ **valérianique**.

valet [vale] *m* criado, sirviente ▌ FIG lacayo ▌ valet, jota *f* (jeu de cartes français); valet de trèfle valet de trébol; sota *f* (jeu de cartes espagnol) ▌ pesa *f* suspendida de un cordel para cerrar una puerta (contrepoids) ▌ TECHN barrilete, siete (de menuisier) ▌ valet de chambre ayuda de cámara (chez soi), camarero, mozo de habitación (dans un hôtel) ▌valet de charrue, de ferme mozo de labranza, gañán ▌valet de comédie criado de comedia, gracioso ▌ valet d'écurie mozo de cuadra ▌ valet d'établi soporte de banco de carpintero ▌ valet de nuit galán de noche (meuble) ▌ valet de pied lacayo ■ maître valet manijero, capataz agrícola ▌tel maître tel valet a tal amo tal criado.

valetaille [valtaj] *f* conjunto *m* de criados, gente de librea ▌lacayo *m*.
▌ OBSERV Esta palabra tiene hoy en francés un sentido muy despectivo.

Valette *n pr* GÉOGR La Valette La Valetta.

valétudinaire *adj* valetudinario, ria.

valeur *f* valor *m*, valía; artiste de valeur artista de valor; objet de valeur objeto de valor ▌ intensidad (d'une couleur) ▌ valentía, valor *m* (vaillance) ▌ equivalencia, lo equivalente a (quantité) ▌ COMM valor *m*; valeur en compte valor en cuenta ▌MATH valor *m*; valeur absolue, relative valor absoluto, relativo ▌MUS valor *m* (des notes) ▌ COMM valeur fournie valor recibido ▌ valeur marchande valor comercial ▌ÉCON valeur nominale valor nominal ▌valeur or valor en oro ▌valeurs déclarées valores declarados ▌ valeurs immobilières valores inmuebles ▌ valeurs mobilières valores mobiliarios ■ attacher de la valeur à dar mucha importancia a ▌ donner de la valeur dar valor, avalorar ▌ mettre en valeur dar valor, avalorar (valoriser), hacer fructificar, aprovechar, beneficiar (des terres), hacer resaltar, poner de relieve (des qualités) ▌prendre de la valeur aumentar de valor una cosa.

valeureusement *adv* valerosamente.

valeureux, euse *adj* valeroso, sa.

Val-Hall ➡ **Walhalla**.

validation *f* validación.

valide *adj* sano, na; válido, da (personne) ▌ FIG válido, da; contrat valide contrato válido.

◇ *m & f* persona válida ou sana.

validement *adv* válidamente.

valider [3] *v tr* validar.

validité *f* validez.

valine *f* CHIM valina.

valise *f* maleta ▌ valija; valise diplomatique valija diplomática ▌ petite valise maleta pequeña, maletín ■ faire sa valise hacer la maleta.

valkyrie *f* MYTH valkiria.

vallée *f* [▷ SYN] valle *m* ▌cuenca (d'une mine) ▌FIG vallée de larmes valle de lágrimas.
SYN vallon vallejo; val val, nava; combe abra; cluse corte, hoz.

Vallée de la Mort *n pr f* GÉOGR la Vallée de la Mort el Valle de la Muerte.

valleuse *f* pequeño valle sin agua y con paredes abruptas.

vallon *m* pequeño valle, vallejo.

vallonné, e *adj* ondulado, da (terrain).

vallonnement *m* ondulación *f* (du terrain).

valoir [60] *v intr* valer; cette montre vaut trois cents francs este reloj vale trescientos francos ‖ sentar; le vin ne me vaut rien el vino no me sienta bien ■ autant vaut lo mismo da ‖ à valoir sur a cuenta de ‖ cela ne me dit rien qui vaille eso me da mala espina ‖ faire valoir hacer valer (appliquer), beneficiarse de (tirer parti), aprovechar, beneficiar (des terres), realzar (mettre en relief), ensalzar (vanter), valerse de, esgrimir (se prévaloir de) ‖ ils se valent son tal para cual (personnes), vienen a ser lo mismo (choses) ‖ l'un vaut l'autre allá se van los dos ‖ ne pas valoir cher no valer un comino ‖ que vaut ce candidat? ¿qué valía tiene este candidato? ‖ se faire valoir darse a valer, lucirse ‖ un rien-qui-vaille un inútil ‖ vaille que vaille mal que bien.
◇ *v tr* valer; la gloire que ses exploits lui ont value la gloria que le han valido sus hazañas ‖ equivaler a; une blanche en musique vaut deux noires una blanca en música equivale a dos negras ‖ merecer; le paysage vaut une visite el paisaje merece una visita; valoir la peine merecer la pena ‖ dar, proporcionar (donner) ‖ ser equiparable ou equivalente a; rien ne vaut ce pays nada es equiparable a este país.
◇ *v impers* valer; il vaut mieux más vale, es mejor.

┃ OBSERV El participio pasado del verbo valoir, valu, es variable cuando significa proporcionar (la gloire que cette action lui a value) pero queda invariable cuando tiene el sentido de tener el valor (il ne vaut plus la somme qu'il a valu).

valorisant, e *adj* valorizante, gratificante.

valorisation *f* valorización.

valoriser [3] *v tr* valorizar.

Valparaíso; Valparaiso *n pr* GÉOGR Valparaíso [de Chile].

valse *f* vals *m* ‖ FIG la valse des étiquettes ou des prix la subida incesante de los precios.

valser [3] *v intr* bailar un vals, valsar (danser) ■ FAM envoyer quelqu'un valser poner a alguien de patitas en la calle ‖ FIG faire valser l'argent derrochar ‖ FIG & FAM faire valser quelqu'un traer a alguno al retortero.
◇ *v tr* bailar como vals.

valseur, euse *m & f* valsador, ra; que baila el vals.

valvaire *adj* valvar.

valve *f* valva (de mollusque) ‖ valva, ventalla (d'un fruit) ‖ MÉCAN válvula ‖ RAD válvula, lámpara.

valvé, e *adj* valvado, da; con valvas.

valvulaire *adj* valvular.

valvule *f* ANAT válvula (des veines).

vamp [vãp] *f* CINÉM mujer fatal, vampiresa.

vamper [3] *v tr* seducir.

vampire *m* vampiro (spectre) ‖ FIG sanguijuela *f* ‖ vampiro (chauve-souris).

vampiriser [3] *v tr* vampirizar.

vampirisme *m* vampirismo.

van *m* harnero (pour le grain) ‖ furgón para el transporte de caballos (voiture).

vanadinite *f* CHIM vanadinita.

vanadique *adj* vanádico, ca.

vanadium [vanadjɔm] *m* vanadio (métal).

Vancouver *n pr* GÉOGR Vancouver.

vandale *adj & s* vándalo, la.

vandalisme *m* vandalismo.

vandoise *f* dardo *m*, albur *m* (poisson).

vanesse *f* vanesa (papillon).

vanille [vanij] *f* vainilla (fruit) ■ à la vanille de vainilla ‖ glace à la vanille helado mantecado ou de vainilla.

vanillé, e [vanije] *adj* aromatizado, da con vainilla.

vanillerie [vanijri]; **vanillière** [vanijɛr] *f* plantación de vainilla.

vanillier [vanije] *m* vainilla *f* (plante).

vanillière ➤ vanillerie.

vanilline [vanilin] *f* CHIM vanilina, vainillina.

vanillon [vanijɔ̃] *m* variedad de vainilla.

vanisé, e *adj* TECHN mezclado, da con seda, nylon, etc. (laine).

vanité *f* vanidad ■ sans vanité sin jactancia ‖ tirer vanité de vanagloriarse de, envanecerse con.

vaniteusement *adv* con vanidad, vanagloriosamente.

vaniteux, euse *adj & s* vanidoso, sa.

┃ SYN vain vano; important importante; superbe soberbio; présomptueux presuntuoso; prétentieux pretencioso; poseur fachendoso; fat fatuo; plastronneur fachendoso; snob snob; suffisant presumido; crâneur fanfarrón; faraud guapo, majo, orondo.

vanity-case [vanitikɛz] *m* neceser [de material rígido].

▨ OBSERV pl vanity-cases.

vannage *m* ahecho, cribado (du grain) ‖ conjunto de compuertas de una acequia o presa (vannes).

vanne *f* TECHN compuerta, alza (sur un cours d'eau) ‖ válvula (sur une tuyauterie) ‖ FAM pulla; lancer des vannes à quelqu'un lanzar pullas a uno.

vanné, e *adj* FAM reventado, da.

vanneau *m* avefría *f* (oiseau).

vannée ➤ vannure.

vannelle; vantelle *f* compuerta pequeña (cours d'eau) ‖ válvula (valve).

vanner [3] *v tr* ahechar, cribar (le grain) ‖ batir (une crème) ‖ FAM reventar (fatiguer) ‖ poner compuertas (à un cours d'eau).
◇ *v tr & v intr* FAM lanzar pullas a (se moquer).

vannerie *f* cestería.

vannet [vanɛ] *m* red *f* de parada (filet).

vanneur, euse *adj & s* ahechador, ra; obrero, ra; cribador, ra.

vannier, ère *m & f* cestero, ra.

vannure; vannée *f* AGRIC ahechaduras *pl*, granzas *pl*.

vantail *m* hoja *f*, batiente (de porte ou de fenêtre).

▨ OBSERV pl vantaux.

vantard, e *adj & s* jactancioso, sa.

vantardise *f* jactancia, vanagloria.

vantelle ➤ vannelle.

vanter [3] *v tr* [▷ SYN] alabar, ponderar el mérito de ‖ ses mérites ne sont pas assez vantés sus méritos no están bien ponderados.
➡ **se vanter** *v pr* jactarse, vanagloriarse, presumir.

┃ SYN célébrer celebrar; rehausser realzar; porter au pinacle poner por las nubes, encomiar desmedidamente; aduler adular; louer alabar, elogiar; prôner pregonar.

vanterie *f* jactancia ‖ autobombo *m* (à soi-même).

Vanuatu *n pr m* GÉOGR le Vanuatu Vanuatu.

va-nu-pieds [vanypje] *m & f inv* descamisado, da; desharrapado, da.

vapes *f pl* FAM tomber dans les vapes (s'évanouir) caer redondo, da; être dans les vapes (être distrait) estar en las nubes.

vapeur *f* vapor *m*; vapeur d'eau vapor de agua ■ FIG à toute vapeur a todo vapor, a toda máquina ‖ bateau, machine à vapeur barco, máquina de vapor ‖ les vapeurs du vin los vapores del vino ‖ pommes vapeur patatas al vapor ■ CULIN cuit à la vapeur cocido al vapor ‖ FIG renverser la vapeur cambiar radicalmente.

vapeur *m* MAR vapor (navire).

vapocuiseur *m* olla *f* a presión.

vaporeux, euse *adj* vaporoso, sa (ciel, lumière, tissu) ‖ FIG nebuloso, sa; oscuro, ra (style, etc.).

vaporisage *m* vaporización (des tissus).

vaporisateur *m* vaporizador, pulverizador.

vaporisation *f* vaporización.

┃ SYN évaporation evaporación; volatilisation volatilización; pulvérisation pulverización.

vaporiser [3] *v tr* vaporizar.

vaporiste *m* maquinista (chemin de fer).

vaquer [3] *v intr* vacar, estar vacante, estar disponible (être vacant) ‖ interrumpir sus funciones ‖ dedicarse a, consagrarse a, ocuparse en (s'appliquer à); vaquer à ses affaires dedicarse a sus negocios.

var *m* ÉLECTR var.

Var *n pr m* GÉOGR le Var el Var (fleuve).

varaigne *f* portillo *m* de salinas.

varan *m* ZOOL varano.

varangue *f* MAR varenga.

varappe *f* escalamiento *m* de peñascos (alpinisme).

varappeur, euse *m & f* escalador, ra.

varech [varɛk] *m* BOT varec (algue).

vareuse *f* marinera (de marin) ‖ guerrera (veste d'uniforme) ‖ chaquetón *m* (veste).

variabilité *f* variabilidad.

variable *adj & s f* variable.

variant, e *adj* vario, ria.
➡ **variante** *f* variante.

variateur *m* MÉCAN variador.

variation *f* variación.

varice *f* varice.

varicelle *f* varicela, viruelas *pl* locas.

varicocèle *f* varicocele *m*.

varié, e *adj* variado, da; hors-d'œuvre variés entremeses variados.

varier [9] *v tr* variar; varier son alimentation variar la alimentación.
◇ *v intr* variar; ses réponses varient sus respuestas varían ‖ cambiar, diferir; les mœurs varient d'un pays à l'autre las costumbres cambian de un país a otro ‖ MATH variar.

variété *f* variedad ‖ variedad, tipo *m*; il existe de nombreuses variétés d'arbres existen numerosos tipos de árboles.
➤ **variétés** *f pl* variedades; spectacle de variétés espectáculo de variedades.

variole *f* MÉD viruela, viruelas *pl*.
‖ OBSERV S'emploie surtout au pluriel en espagnol.

variolé, e *adj & s* picado de viruelas, virolento, ta.

varioleux, euse *adj & s* varioloso, sa; virolento, ta.

variolique *adj* variólico, ca; varioloso, sa.

variolisation *f* MÉD variolización.

variqueux, euse *adj* varicoso, sa.

varlet [varlɛ] *m* doncel (jeune noble au service d'un seigneur) ‖ TECHN barrilete.

varlope *f* TECHN garlopa (rabot).

varloper [3] *v tr* TECHN cepillar, acepillar.

Varna *n pr* GÉOGR Varna.

varron *m* larva *f* de hipoderma, rezno (parasite).

Varsovie *n pr* GÉOGR Varsovia; le pacte de Varsovie el pacto de Varsovia.

varsovienne *f* varsoviana (danse).

vasard, e *adj* cenagoso, sa.
➤ **vasard** *m* fondo cenagoso.

Vascons [vaskõ] *n pr m pl* vascones.

vasculaire *adj* vascular.

vascularisation *f* vascularización.

vascularisé, e *adj* vascularizado, da.

vase *m* vaso (récipient) ‖ jarrón (d'art) ‖ florero (fleurs) ■ vase de nuit orinal ‖ PHYS vases communicants vasos comunicantes ‖ RELIG vases sacrés vasos sagrados ‖ FIG en vase clos aislado, da.
◇ *f* limo *m*, cieno *m*, fango *m*.

vaseline [vazlin] *f* vaselina.

vaseux, euse *adj* cenagoso, sa; fangoso, sa; limoso, sa ‖ FIG & FAM hecho polvo, molido, da; desfallecido, da (fatigué) ‖ mediocre, deslucido, da (médiocre); con muy poca gracia (astuce).

vasière *f* cenagal *m* ‖ criadero *m* de mejillones.

vasistas [vazistas] *m* montante (porte), tragaluz, ventanilla *f* (mansarde).

vasoconstricteur *adj & s m* vasoconstrictor.

vasoconstriction *f* vasoconstricción.

vasodilatateur *adj & s m* vasodilatador.

vasomoteur, trice *adj & s m* vasomotor, ra (nerfs).

vasotomie; vasectomie *f* MÉD vasotomía.

vasouillard, e *adj* FAM mediocre (médiocre) ‖ indeciso, torpe (confus).

vasque *f* pilón *m*, pila (de fontaine) ‖ centro *m* de mesa.

vassal, e *adj & s* vasallo, lla; États vassaux Estados vasallos.

vassaliser [3] *v tr* avasallar.

vassalité *f*; **vasselage** *m* avasallamiento *m* ‖ vasallaje *m*.

vassiveau *m* añal, cordero de menos de dos años.

vaste *adj* vasto, ta; extenso, sa; grande, amplio, mayor; des ensembles industriels plus vastes conjuntos industriales mayores ‖ FAM enorme, mayúsculo, la; une vaste bêtise una tontería mayúscula.

Vatican *n pr m* GÉOGR le Vatican el Vaticano; l'État de la cité du Vatican la Ciudad del Vaticano; le premier/deuxième concile du Vatican el concilio Vaticano I/II.

vaticane *adj f* vaticana; politique vaticane política vaticana.

vaticinateur, trice *m & f* vaticinador, ra.

vaticination *f* vaticinio *m*.

vaticiner [3] *v intr* vaticinar, pronosticar, adivinar.

va-tout [vatu] *m inv* resto (mise de tout l'argent des jeux) ‖ FIG jouer son va-tout jugar el todo por el todo, echar *ou* envidar el resto.

Vaucluse *n pr m* GÉOGR le Vaucluse Vaucluse.

vauclusien, enne *adj* del departamento francés de Vaucluse ‖ source vauclusienne resurgimiento de un río subterráneo, ojo.

Vaud *n pr* GÉOGR le canton de Vaud el cantón de Vaud.

vaudeville *m* vodevil, vaudeville (gallicismes), comedia *f* ligera.

vaudevillesque *adj* vodevilesco, ca; vaudevillesco, ca (gallicismes).

vaudevilliste *m* vodevilista, vaudevillista.

Vaudois, e *m & f* RELIG valdense (secte) ‖ natural de Vaud (Suisse).

vaudou *m* vudú.

vau-l'eau [volo]
➤ **à vau-l'eau** *loc adv* río abajo, siguiendo la corriente, aguas abajo ‖ s'en aller à vau-l'eau salir mal, irse a pique, fracasar (aller mal).

vaurien, enne *m & f* golfo, fa.
‖ SYN voyou golfo; garnement bribón; gredin pillo; canaille canalla; crapule tipo crapuloso; sacripant tuno, pícaro; dévoyé perdido; arsouille chulo, truhán; chenapan granuja, pillo; galvaudeux golfo; fripouille granuja; goujat, gouape granuja.

vautoir *m* peine distribuidor (textile).

vautour *m* ZOOL buitre ‖ FIG hombre rapaz, usurero, logrero (usurier).

vautré, e *adj* echado, da; tendido, da.

vautrer [3]
➤ **se vautrer** *v pr* revolcarse en, tenderse en; se vautrer sur l'herbe tenderse en la hierba ‖ repantigarse, arrellanarse (dans un fauteuil).

vau-vent [vovã]
➤ **à vau-vent** *loc adv* a favor del viento.

vavassal; vavasseur *m* HIST valvasor (féodalité).

va-vite
➤ **à la va-vite** *loc adv* FAM de prisa y corriendo.

vd (abr écrite de vend) vde.

VDQS (abr de vin délimité de qualité supérieure) *m* clasificación secundaria que recoge aquellos vinos franceses que no entran dentro de los vinos con denominación de origen.

vds (abr écrite de vends) vdo.

veau *m* ternero, becerro (animal); veau de lait ternero lechal ‖ ternera *f* (viande); un rôti de veau un asado de ternera ‖ becerro (peau) ‖ FAM cacharro (voiture) ■ ZOOL veau marin becerro marino, foca (phoque) ■ FIG adorer le veau d'or adorar el becerro de oro ‖ faire le veau, s'étendre comme un veau tenderse a la bartola ‖ pleurer comme un veau berrear ‖ tuer le veau gras echar la casa por la ventana.

vecteur *adj m & s m* vector; rayon vecteur radio vector.

vectoriel, elle *adj* vectorial; calcul vectoriel cálculo vectorial.

vécu, e *adj* vivido, da.

Véda *m* Veda (livre sacré de l'Inde).

vedettariat *m* (système) star-system ‖ estrellato (fait d'être une vedette).

vedette *f* MAR lancha motora, motora ‖ primera figura, estrella (artiste) ‖ divo, va; astro (acteur connu) ‖ figura; la grande vedette sera le président de la République la gran figura será el presidente de la República ‖ divo, va (opéra) ■ vedette de sauvetage lancha salvavidas ‖ vedette lance-torpilles lancha torpedera ‖ un combat vedette un combate estelar ■ IMPR en vedette en un solo renglón ‖ mettre en vedette poner en primer plano, en evidencia, destacar ‖ tenir *ou* avoir la vedette estar en la primera plana de la actualidad.

védique *adj* RELIG védico, ca.
◇ *m* LING védico.

védisme *m* RELIG vedismo.

Véga *n pr* ASTRON Vega.

végétal, e *adj & s m* vegetal; médicaments végétaux medicinas vegetales.

végétalisme *m* vegetalismo, vegetarianismo.

végétarien, enne *adj & s* vegetariano, na.
■ SYN herbivore herbívoro; frugivore frugívoro.

végétarisme *m* vegetarianismo.

végétatif, ive *adj* vegetativo, va ■ BOT appareil végétatif aparato vegetativo ‖ ANAT système nerveux végétatif sistema nervioso vegetativo ‖ vie végétative vida vegetativa.

végétation *f* vegetación; la végétation des tropiques la vegetación de los trópicos.
➤ **végétations** *f pl* MÉD vegetaciones.

végéter [18] *v intr* vegetar ‖ FIG vegetar, ir tirando FAM.

véhémence *f* vehemencia.

véhément, e *adj* vehemente.

véhémentement *adv* LITT vehementemente.

véhiculaire *adj* langue véhiculaire lengua de relación.

véhicule *m* vehículo; véhicule utilitaire utilitario, vehículo comercial.

véhiculer [3] *v tr* transportar en vehículo ‖ FIG comunicar, transmitir.

veille [vɛj] *f* insomnio *m*, desvelo *m* (insomnie) ‖ vela, vigilia (temps de la nuit que l'on passe sans dormir) ▌víspera (jour précédent) ▌vigilia (d'une fête) ▌ **à la veille de** en vísperas de (près de) ▌ **la veille au soir** la noche anterior.

➤ **veilles** f pl vigilias (études, travaux de nuit).

veillée [veje] f velada ▌ vela (d'un malade) ▌ velatorio m (d'un défunt) ▌ **faire sa veillée d'armes** velar las armas.

veiller [4] [veje] v intr velar (ne pas dormir) ▌vigilar; **le concierge veille à la sortie de l'établissement** el conserje vigila a la salida del establecimiento ▌ quedarse sin dormir; **elle dut veiller toute la nuit pour achever sa robe** tuvo que quedarse sin dormir toda la noche para acabar su vestido ▌ tener cuidado con (prendre garde à) ▌ FIG cuidar, velar; **veiller à la sécurité de quelqu'un** cuidar de la seguridad de alguien ▌ hacer guardia; **deux soldats veillaient aux portes du palais** dos soldados hacían guardia en las puertas del palacio ■ **veiller à ce que** procurar que ▌ **veiller au grain** vigilar los golpes de viento (maritime), estar ojo avizor, estar preparado para una eventualidad (être vigilant).

◇ v tr velar, cuidar; **veiller un malade** velar a un enfermo.

veilleur, euse [vejœr, øz] m & f vigilante ▌ **veilleur de nuit** sereno (des rues), guarda nocturno ou de noche (d'une usine).

veilleuse [vejøz] f mariposa (à huile) ▌ lamparilla de noche (lampe) ▌ piloto m, llama auxiliar (pour allumer un appareil) ■ FAM **la mettre en veilleuse** poner punto en boca ▌ **mettre en veilleuse** poner a media luz (une lumière), disminuir, limitar alguna actividad (restreindre une activité) ▌ AUTOM **mettre les phares en veilleuse** poner luces de población.

veinard, e adj & s FAM potroso, sa; chambón, ona; suertudo, da.

veine f ANAT vena ▌ MIN vena, veta (filon) ▌ TECHN vena, veta (d'une pierre, bois, etc.) ▌ FAM chamba, potra (chance) ■ FAM **veine de pendu** suerte loca ▌ **veine poétique** vena poética ■ **en veine de** en vena de ▌ **pas de veine!** ¡qué mala pata! ■ FIG & FAM **être en veine** estar uno en vena.

veiné, e adj veteado, da.

veiner [4] v tr vetear.

veinette f brocha de vetear.

veineux, euse adj venoso, sa (des veines); **sang veineux** sangre venosa ▌ veteado, da; que tiene vetas; **pierre veineuse** piedra veteada.

veinule f ANAT venilla.

veinure f TECHN veteado m.

vêlage m parición f ou parto de la vaca.

vélaire adj & s f GRAMM velar.

vélani m roble asiático (chêne).

vélar m BOT sisimbrio, jaramago.

vélarium [velarjɔm] m velario.

velche; welsch [velʃ] adj & s extranjero, ra. ◇ m (vx) patán, hombre ignorante.

Velcro® m velcro®.

veld m meseta f esteparia del África meridional.

vêlement m parición f ou parto de la vaca.

vêler [4] v intr parir la vaca.

vélie f tejedor m (araignée de mer).

vélin m vitela f (parchemin).
◇ adj m & s m **papier vélin, vélin** papel vitela.

véliplanchiste m & f windsurfista.

vélique adj MAR vélico, ca; relativo a las velas; **point, centre vélique** punto, centro vélico.

vélite m MIL vélite [soldado romano].

vélivole adj & s aficionado a los vuelos sin motor.

velléitaire adj & s veleidoso, sa.

velléité [veleite] f veleidad.

vélo m FAM bici f, bicicleta f.

véloce adj veloz.

vélocifère m celerífero.

vélocipède m velocípedo.

vélocité f (p us) velocidad.

▌ OBSERV La palabra usual para traducir velocidad al francés es **vitesse**.

vélodrome m velódromo.

vélomoteur m velomotor.

velot [vəlo] m piel f de becerro nonato.

velours [vəlur] m terciopelo, velludillo, veludillo (de coton) ▌ FIG lo aterciopelado; **le velours d'une pêche** lo aterciopelado de un melocotón ■ **velours côtelé** pana, pana de canutillo ■ **patte de velours** pata de gallo con las uñas escondidas ▌ FAM **sur du velours** fácilmente, sobre seguro (avec certitude) ■ FIG **c'est comme un velours** es puro terciopelo ▌ **faire patte de velours** esconder las uñas, ocultar la mala intención con palabras agradables ▌ **faire un velours** hacer mal un enlace de palabras.

velouté, e adj aterciopelado, da ▌ FIG suave (vin), untuoso, sa (crème).
➤ **velouté** m lo aterciopelado; **le velouté d'une étoffe** lo aterciopelado de una tela ▌ CULIN crema [sopa de puré]; **velouté d'asperges** crema de espárragos; **velouté de tomates** crema de tomate.

veloutement m aterciopelado (action).

velouter [3] v tr aterciopelar.

veloutier m terciopelero.

veloutine f velludillo m (étoffe).

Velpeau n pr **bande Velpeau** vendaje de Velpeau.

velte f vara para aforar toneles.

velu, e adj velludo, da; velloso, sa.

vélum [velɔm] m entoldado, toldo.
▌ OBSERV pl **vélums**.

velvet [velvet] m veludillo (tissus).

velvote f BOT linaria.

venaison f caza (gibier).

vénal, e adj venal ▌ FIG venal, interesado, da.

vénalité f venalidad.

venant, e adj & s viniente, que llega, que viene ■ **allants et venants** yentes y vinientes, los que van y vienen ▌ **bien venant** que viene bien (qui vient bien), que crece con vigor (qui profite).
➤ **venant** m viniente ■ **à tout venant** al primero que llega.

Venceslas; Wenceslas [vɛ̃sɛslas] n pr Venceslao, Wenceslao.

vendable adj vendible.

vendange f vendimia.

vendangeoir [vɑ̃dɑ̃ʒwar] m cuévano (panier).

vendanger [17] v tr & intr vendimiar.

vendangerot [vɑ̃dɑ̃ʒro] m cuévano (panier).

vendangette f tordo m (grive).

vendangeur, euse m & f vendimiador, ra.

Vendée n pr f GÉOGR **la Vendée** Vendée, Vandea.

vendéen, enne adj vandeano, na.

Vendéen, enne m & f vandeano, na.

vendémiaire m vendimiario [mes del calendario revolucionario francés].

vendetta f venganza, vendetta [guerra entre dos familias en Córcega y en algunas regiones de Italia].

vendeur, euse m & f vendedor, ra (marchand) ▌ dependiente, ta (employé).

vendre [73] v tr [▷ SYN] vender; **vendre des oranges** vender naranjas; **vendre un tableau cent mille francs** vender un cuadro en ou por cien mil francos ▌ FIG vender; **vendre sa conscience** vender la conciencia ▌ traicionar, denunciar, vender; **vendre ses complices** denunciar a sus cómplices ■ **vendre à perte** vender con pérdida ▌ **vendre à terme** ou **à tempérament** vender a plazos ▌ **vendre aux enchères** vender en pública subasta ▌ **vendre comptant** vender al contado ▌ FIG & FAM **vendre la mèche** dar el soplo, descubrir el pastel, revelar un secreto ▌ **vendre la peau de l'ours avant de l'avoir tué** vender la piel del oso antes de haberlo matado ▌ **vendre quelque chose pour rien** vender algo por nada.
➤ **se vendre** v pr venderse, dejarse sobornar ▌ **il s'est vendu par cette réflexion** esta reflexión le ha vendido [delatado].

▌ SYN **aliéner** enajenar; **céder** ceder; **se défaire** deshacerse; **débiter** despachar, expender; **brocanter** chamarilear; **bazarder** pulir; **liquider** liquidar; **réaliser** realizar; **brader** expender, liquidar.

vendredi m viernes; **vendredi prochain** el viernes próximo.

Vendredi n pr Viernes (dans Robinson Crusoé) ▌ **j'ai été son Vendredi** he sido su fiel criado.

vendu, e adj & s vendido, da.

venelle f callejón m, callejuela.

vénéneux, euse adj venenoso, sa; **champignon vénéneux** seta venenosa.

vénérable adj & s venerable; **vieillard vénérable** anciano venerable.

vénération f veneración.

vénérer [18] v tr venerar.

vénéricarde f ZOOL venericardia.

vénerie [venri] f montería.

vénérien, enne adj venéreo, a; **maladie vénérienne** enfermedad venérea.

venet [vəne] m red f de parada (filet).

Vénètes n pr m pl vénetos.

Vénétie n pr f GÉOGR **la Vénétie** el Véneto.

venette f FAM jindama, mieditis.

veneur m montero; **grand veneur** montero mayor.

Venezuela *n pr m* GÉOGR le Venezuela Venezuela.

vénézuélien, enne *adj* venezolano, na.

Vénézuélien, enne *m & f* venezolano, na.

vengeance [vãʒãs] *f* venganza ■ crier, demander vengeance clamar venganza ❙ tirer vengeance vengarse.
❙ SYN représailles represalias; vindicte vindicta; vendetta vendetta, venganza.

venger [17] *v tr* vengar; venger une offense grave vengar una ofensa grave.
➤ **se venger** *v pr* vengarse ❙ se venger par des bienfaits devolver bien por mal.

vengeur, eresse *adj & s* vengador, ra.

véniel, elle *adj* venial; péché véniel pecado venial ❙ sin gravedad.

venimeux, euse *adj* venenoso, sa (animaux); un serpent venimeux una serpiente venenosa ❙ FIG venenoso, sa (méchant) ❙ langue venimeuse lengua viperina.
❙ OBSERV L'espagnol venenoso correspond à la fois à vénéneux et à venimeux.

venimosité *f* venenosidad.

venin *m* veneno, ponzoña *f* (p us); le venin d'un serpent el veneno de una serpiente.

venir [40] *v intr* venir; il va venir él va a venir ❙ venir, proceder; ce thé vient de Ceylan este té viene de Ceilán; ce mot vient du latin esta palabra procede del latín ❙ venir, seguir (succéder); le printemps vient après l'hiver la primavera viene después del invierno o sigue al invierno ❙ venir; le pouvoir vient du peuple el poder viene del pueblo ❙ llegar, venir; la mort vient sans qu'on s'en doute la muerte viene cuando menos se espera ❙ [▷ SYN] llegar; un malheur ne vient jamais seul una desgracia nunca llega sola; l'heure est venue ya llegó la hora ❙ llegar; l'eau ne venait pas au robinet el agua no llegaba al grifo ❙ llegar (arriver) ❙ entrar; il vient de l'air par la porte entra aire por la puerta ❙ FIG llegar; il me vient à l'épaule me llega al hombro ❙ darse, salir (plantes) ❙ crecer (pousser); cet arbre vient bien este árbol crece bien ❙ acercarse; venir à lui acercarse a él ❙ caer, salir; le vin vient goutte à goutte el vino cae gota a gota ❙ formar; il lui est venu une tumeur se le ha formado un tumor ■ venir à bout de terminar, llevar a cabo ❙ venir à l'idée ocurrírsele a uno ❙ venir à point venir de perlas ou a punto ❙ venir à rien venir a menos, quedarse en nada ❙ venir au monde nacer ❙ venir bien, mal salir bien, mal (épreuve) ❙ venir de acabar de; je viens d'arriver acabo de llegar ❙ à venir venidero, venidera ❙ en venir à venir a, llegar a (arriver à), pasar a, llegar a; j'en viens à votre question paso ahora a su pregunta ❙ en venir aux faits ir al grano ❙ en venir aux mains llegar a las manos, pelearse ❙ faire venir llamar (personne), mandar traer (chose) ❙ laisser venir esperar antes de obrar ❙ ne faire qu'aller et venir irse sólo un momento ❙ FIG voir venir quelqu'un verle a uno venir, adivinar las intenciones de uno ❙ vouloir en venir à tener como objetivo ■ FAM ça vient? ¿estamos?, ¿listo? ❙ garçon? – je viens, madame ¿camarero? – voy, señora ❙ où voulez-vous en venir? ¿a dónde quiere usted ir a parar?, ¿qué quiere usted decir? ❙ s'il venait à pleuvoir si lloviera ❙ tout vient à point à qui sait attendre todo llega a su debido

tiempo ❙ FAM viens-y pour voir! (défi) ¡ven acá y nos veremos!
▮ OBSERV Cuando se trata de un lugar que no es el mismo que el sitio en el que se encuentra la persona que habla, se emplea el verbo ir: sa mère lui écrit de venir près d'elle su madre le escribe que vaya junto a ella; je viens! ¡voy!
❙ SYN arriver llegar; survenir sobrevenir; FAM s'amener llegar; surgir surgir; naître nacer.

Venise *n pr* GÉOGR Venecia.

vénitien, enne *adj* veneciano, na.

Vénitien, enne *m & f* veneciano, na.

vent [vã] *m* [▷ SYN] viento; vent arrière, debout viento en popa, en contra ❙ viento, aire; il y a beaucoup de vent hace mucho aire ❙ aire; faire du vent avec un éventail hacer aire con un abanico ❙ gas, ventosidad *f*; avoir des vents tener ventosidades ❙ olor (vénerie) ❙ viento (direction); je sème à tout vent siembro a los cuatro vientos ❙ MUS viento; instruments à vent instrumentos de viento ■ contre vents et marées contra viento y marea ❙ coup de vent ráfaga de viento ❙ FAM du vent! ¡lárguese!, ¡aire! ❙ en coup de vent de prisa y corriendo ❙ en plein vent en lugar expuesto al viento ■ aller au vent ganar el viento ❙ aller contre le vent hurtar el viento ❙ aller le nez au vent ir muy tieso ❙ FIG aller plus vite que le vent ir como el viento ❙ aller selon le vent ir al amparo del viento, ir con la corriente ❙ allez, et bon vent! ¡váyase con Dios! ❙ autant en emporte le vent lo que el viento se llevó ❙ avoir bon vent tener viento favorable ❙ FAM avoir du vent dans les voiles estar achispado ou calamocano ❙ avoir vent de quelque chose llegar algo a los oídos de uno, barruntar ❙ FAM ce que vous dites, c'est du vent lo que dice son palabras al aire ❙ MAR être au vent estar a barlovento ❙ être dans le vent seguir la moda ou el movimiento ❙ MAR être sous le vent estar a sotavento ❙ fendre le vent cortar el aire ❙ le vent a tourné el viento ha cambiado (temps), se han vuelto las tornas (chance) ❙ le vent est tombé amainó el viento ❙ quel bon vent vous amène? ¿qué le trae por aquí? ❙ qui sème le vent récolte la tempête quien siembra vientos recoge tempestades ❙ tourner à tout vent moverse a todos los vientos ❙ MAR venir au vent orzar.
❙ SYN brise brisa; zéphir céfiro; aquilon aquilón, norte; bise cierzo; autan altano; noroît noroeste; auster austro; mistral mistral; tramontane tramontana; mousson monzón; sirocco siroco; simoun simún; blizzard blizzard.

Vent *n pr* GÉOGR les îles du Vent las islas de Barlovento.

ventage *m* cribado, ahecho (des grains).

ventail *m*; **ventaille** *f* ventalle *m*.
▮ OBSERV pl ventaux.

vente *f* venta; la vente du lait la venta de leche ❙ corte *m*, tala (de árboles) ■ vente à crédit venta a crédito ❙ vente à tempérament ou à terme venta a plazos ❙ vente au comptant venta al contado ❙ vente au détail venta al por menor ❙ vente aux enchères subasta, almoneda ❙ vente de charité venta benéfica ❙ vente en gros venta al por mayor ❙ vente par correspondance (VPC) venta por correspondencia ■ mettre en vente poner a la venta ou en venta.

venté, e *adj* venteado, da.

venteaux [vãto] *m pl* respiraderos.

venter [3] *v imp* ventear, soplar el viento.

venteux, euse *adj* ventoso, sa; mars est venteux marzo es ventoso ❙ ventoso, sa; flatulento, ta; légumes venteux legumbres flatulentas.

ventilateur *m* ventilador.

ventilation *f* ventilación (aération) ❙ distribución, desglose *m* (sur différents comptes); ventilation des frais généraux desglose de los gastos generales ❙ clasificación.

ventiler [3] *v tr* ventilar (aérer) ❙ desglosar, distribuir (les articles d'un compte) ❙ clasificar.

ventileuse *f* ZOOL abeja ventiladora.

ventis [vãti] *m* árboles derribados por el viento.

ventôse *m* ventoso [mes del calendario revolucionario francés].

ventouse *f* ventosa ❙ TECHN respiradero *m* (ouverture).

ventral, e *adj* ventral.

ventre *m* ANAT [▷ SYN] vientre ❙ FAM barriga *f*, tripa *f* POP ❙ vientre, barriga *f*, panza *f* (d'un vase, d'un bateau) ❙ ARCHIT pandeo, panza *f* ❙ antinodo (acoustique) ■ FIG ventre à terre a galope tendido, a todo escape ■ à plat ventre boca abajo ❙ FAM à ventre déboutonné a dos carrillos, hasta reventar ❙ bas ventre hipogastrio, bajo vientre ❙ sur le ventre boca abajo ■ avoir, prendre du ventre tener, echar barriga ❙ avoir dans le ventre tener dentro de sí, tener en las entrañas ❙ avoir du cœur au ventre tener mucho valor ❙ FIG avoir le ventre creux tener un vacío en el estómago ❙ avoir le ventre plein estar harto ❙ donner un coup de ventre dar un barrigazo ❙ FIG & FAM en avoir dans le ventre tener muchas agallas ou hígado ❙ savoir ce que quelqu'un a dans le ventre saber lo que piensa uno (sa pensée), saber lo que vale uno (ce qu'il vaut) ❙ taper sur le ventre de quelqu'un tratarlo con familiaridad ❙ ventre affamé n'a point d'oreilles el hambre es mala consejera.
❙ SYN abdomen abdomen; FAM panse panza; bedaine barriga, curva de la felicidad; bedon panza, andorga.

ventrebleu! *interj* FAM ¡voto a Judas! ❙ ¡cáspita!

ventrée *f* ventregada (portée) ❙ FAM panzada, atracón *m*.

ventriculaire *adj* ANAT ventricular.

ventricule *m* ANAT ventrículo.

ventriculographie *f* MÉD ventriculografía.

ventrière *f* ventrera, barriguera (harnais).

ventriloque *adj & s* ventrílocuo, a.

ventriloquie *f* ventriloquia.

ventripotent, e *adj* FAM ventrudo, da; panzudo, da; barrigudo, da; tripudo, da.

ventru, e *adj* FAM barrigón, ona (personne) ❙ abombado, da (cruche, commode).

venturi *m* pulverizador de gasolina.

venu, e *adj* conseguido, da; realizado, da; une estampe bien venue una estampa bien realizada ❙ venido, da; bien venu bien venido ■ venu de que viene de, procedente de ❙ être mal venu ser poco oportuno.
◇ *m & f* el que llega, la que llega; écouter

le premier venu escuchar al primero que llega ▌llegado, da; nouveau venu recién llegado.

venue f llegada, venida; **allées et venues** idas y venidas ▌crecida, desarrollo m; **arbre d'une belle venue** árbol de gran desarrollo ▌un conte d'une belle venue un cuento escrito con acierto ou con talento.

vénus [venys] f venus (mollusque).

Vénus [venys] n pr MYTH Venus; la Vénus de Milo la Venus de Milo.

vénusté f venustidad, elegancia.

vêpres [vepr] f pl vísperas (partie de l'office) ▌HIST Vêpres siciliennes vísperas sicilianas.

ver m ZOOL gusano ▌MÉD verme ■ ver à soie gusano de seda ▌ver blanc larva de abejorro ▌ver de terre lombriz ▌ver luisant luciérnaga (luciole) ▌ver solitaire solitaria ▌vers intestinaux lombrices intestinales ■ écrasé comme un ver aplastado como una cucaracha ▌nu comme un ver en cueros vivos ■ FIG avoir le ver solitaire tener la solitaria ▌FIG & FAM tirer les vers du nez tirar de la lengua, sonsacar ▌FAM tuer le ver matar el gusanillo.

véracité f veracidad.

véraison f envero m (des fruits).

véranda f veranda ▌mirador m, cierro de cristales m (galerie).

vératre m veratro (plante) ▌vératre blanc vedegambre.

vératrine f CHIM veratrina.

verbal, e adj verbal ▌procès verbal atestado, denuncia escrita, información sumaria (constat de délit), acta (compte rendu).

verbalement adv verbalmente.

verbalisateur adj & s m encargado de redactar una denuncia.

verbalisation f formalización de un atestado (délit) ▌levantamiento m de acta (compte rendu).

verbaliser [3] v intr formalizar el atestado (dresser le procès verbal), proceder contra (poursuivre) ▌levantar acta (faire le compte rendu).

verbalisme m verbalismo.

verbe m palabra f, voz f ▌RELIG verbo (deuxième personne de la sainte Trinité) ▌GRAMM verbo ▌avoir le verbe haut hablar fuerte.

verbénacées f pl BOT verbenáceas.

verbeux, euse adj verboso, sa.

verbiage m palabrería f, verborrea f.

verboquet [verbɔke] m braga f (cordage).

verbosité f verbosidad.

verdage m AGRIC abono vegetal.

verdâtre adj verdusco, ca; verdoso, sa.

verdelet, ette adj verde aún, poco maduro ▌vin verdelet vino agrillo.

verdet [verde] m CHIM verdete, cardenillo.

verdeur f acidez, agrura (du vin) ▌falta de madurez (fruits) ▌humedad de la madera verde (du bois) ▌FIG verdor m, vigor m (jeunesse, vigueur) ▌carácter licencioso m, lo verde, lo licencioso; la verdeur de ses propos lo licencioso de sus palabras.

verdict [verdikt] m DR veredicto; verdict d'acquittement veredicto de inculpabilidad.

verdier m verderón (oiseau) ▌antiguo jefe de guardias forestales.

verdir [32] v tr pintar de verde. ◇ v intr verdecer, verdear, reverdecer (la terre, les arbres) ▌verdear (devenir vert) ▌ponerse verde (de peur, de colère, etc.) ▌criar cardenillo (le cuivre).

verdissage m pintura de verde.

verdissement [verdismɑ̃]; **verdoiement** [verdwamɑ̃] m el verdear.

verdoyant, e [verdwajɑ̃, ɑ̃t] adj verde, verdoso, sa; que verdece.

verdoyer [13] [verdwaje] v intr verdecer, verdear ▌reverdecer.

Verdun n pr GÉOGR Verdún; la bataille de Verdun la batalla de Verdún.

> **VERDUN**
> Esta ciudad tuvo una gran importancia estratégica a lo largo de la historia de Francia. En 843 se firmó el tratado de Verdún que estableció la existencia de la futura Francia. La ciudad sufrió dos ocupaciones de las fuerzas prusianas en 1792 y 1870, y el asedio de las tropas alemanas en 1916, que duró diez meses. La victoria de los franceses, al mando de Pétain, se obtuvo a duras penas y costó numerosas vidas, por lo que se grabó profundamente en la memoria del pueblo francés.

verdunisation f adición de cloro al agua en pequeñas dosis.

verduniser [3] v tr adicionar cloro al agua en pequeña cantidad.

verdure f verde m, verdor m (des plantes) ▌hierba, césped m, plantas que cubren un terreno, como las de los prados, etc. ▌verdura, hortalizas pl (herbe, feuillages, plantes potagères).

> ▌OBSERV Le mot verduras désigne surtout les légumes verts.

vérétille [veretij] m ZOOL veretílido.

véreux, euse adj agusanado, da (qui a des vers) ▌FIG dudoso, sa (douteux); sospechoso, sa (suspect) ▌poco limpio, pia; turbio, bia (malhonnête).

verge f vara (de bois) ▌varilla (de métal) ▌MAR caña (de l'ancre) ▌ANAT verga ▌TECHN astil m (de fléau) ▌eje m de áncora (d'une horloge).

➡ **verges** f pl varas, azotes m ▌donner des verges pour se faire battre ou fouetter dar armas al enemigo.

vergé, e adj acanillado, da (tissu) ▌papier vergé papel vergé.

vergeoise f azúcar mascabado (sucre).

verger m vergel, huerto (jardin).

vergeté, e adj BLAS vergeteado, da ▌listado, da; veteado, da.

vergette f vergueta, varilla (petite verge) ▌cepillo m (brosse) ▌BLAS vergueta.

vergetures f pl MÉD estrías, veteaduras, vetas (de la peau) ▌verdugones m (de coups).

vergeure [verʒyr] f veta, raya [relieve del papel] ▌alambres de latón que se ponen en la forma para señalar vetas en el papel.

verglacé, e adj cubierto, ta de hielo; helado, da (chaussée).

verglacer [16] v impers formarse hielo en el pavimento.

verglas [vergla] m hielo en el pavimento.

vergne m aliso (arbre).

vergogne f vergüenza; sans vergogne sin vergüenza.

vergue f MAR verga.

véridique adj verídico, ca.

véridiquement adv verdaderamente.

vérifiable adj comprobable.

vérificateur, trice adj & s verificador, ra; comprobador, ra; perito (expert) ▌vérificateur des comptes interventor de cuentas.

vérificatif, ive adj verificativo, va.

vérification f comprobación, verificación ▌examen m, revisión ▌contraste m (des poids et mesures) ■ vérification des comptes intervención de cuentas ▌vérification d'identité control de identidad.

vérifier [9] v tr [▷ SYN] comprobar, verificar ▌examinar, revisar ▌confirmar, justificar.

> ▌SYN constater comprobar; avérer comprobar; contrôler controlar.

vérin m TECHN gato, elevador; vérin à vis gato de rosca ou de tornillo; vérin hydraulique gato hidráulico.

vérine; verrine f MAR cabo m ▌lámpara, farol m (au gouvernail).

vérisme m verismo.

vériste adj & s verista.

véritable adj verdadero, ra ▌legítimo, ma; cuir véritable cuero legítimo ▌legítimo, ma; de ley (métal) ▌c'est un véritable désastre es un verdadero desastre.

véritablement adv verdaderamente.

vérité f [▷ SYN] verdad ▌naturalidad (portrait) ■ vérité de La Palice perogrullada ▌minute de vérité hora de la verdad ■ à la vérité a decir verdad, la verdad sea dicha ▌en vérité en ou de verdad, verdaderamente ■ FAM dire ses (quatre) vérités à quelqu'un decir a uno cuatro verdades ▌il n'y a que la vérité qui blesse sólo la verdad ofende ▌toutes les vérités ne sont pas bonnes à dire no todas las verdades son para dichas.

> ▌SYN axiome axioma; truisme truísmo; lapalissade perogrullada; véracité veracidad.

verjus [verʒy] m agraz.

verjuté, e adj agraceño, ña.

verlan m jerga que consiste en hablar invirtiendo las sílabas de las palabras.

> **LE VERLAN**
> Este tipo de germanía muy popular entre los jóvenes consiste en invertir las sílabas de las palabras. El término "verlan" es la palabra "l'envers" pronunciada al revés. Hemos aquí numerosos ejemplos de "verlan": "ripou" (por "pourri", que se aplica a un policía corrupto), "laisse béton!" (por "laisse tomber!" - ¡déjalo!), y "meuf" (por "femme"). El término "beur" procede de la versión "verlan" de "arabe".

vermée f pesca con gusanos.

vermeil, eille [vermej] adj bermejo, ja (rouge).

➡ **vermeil** m TECHN corladura f (argent doré).

vermet [verme] m ZOOL vermeto.

vermicelle m fideos pl (pâtes alimentaires) ▌sopa f de fideos (potage).

vermicellerie f fábrica ou fabricación de fideos.

vermiculaire adj vermicular.

vermiculé, e *adj* vermiculado, da.

vermiculure *f* adorno vermiculado.

vermidiens *m pl* ZOOL vermídeos.

vermiforme *adj* vermiforme.

vermifuge *adj & s m* MÉD vermífugo, ga; vermicida.

vermille [vɛrmij] *f* palangre *m* de río (ligne de fond).

vermiller [3] *v intr* hozar (le sanglier).

vermillon [vɛrmijɔ̃] *m* bermellón (couleur).

vermillonner [3] [vɛrmijɔne] *v tr* pintar con bermellón.

vermine *f* miseria (parasites) ‖ FIG chusma, gentuza.

vermineux, euse *adj* MÉD verminoso, sa (maladie) ‖ piojoso, sa (pouilleux).

vermis [vɛrmis] *m* ANAT vermis.

vermisseau *m* gusanillo.

vermivore *adj* ZOOL vermívoro, ra.

Vermont *n pr m* GÉOGR le Vermont Vermont.

vermouler [3]
➤ **se vermouler** *v pr* carcomerse.

vermoulu, e *adj* carcomido, da (bois).

vermoulure *f* carcoma (du bois).

vermouth *m* vermut, vermú (apéritif).

vernaculaire *adj* vernáculo, la.

vernal, e *adj* vernal (du printemps).

vernalisation *f* AGRIC vernalización.

verni, e *adj* de charol (chaussures); être verni FAM tener chiripa.

vernier *m* TECHN nonio, vernier.

vernir [32] *v tr* barnizar ‖ charolar (chaussures) ■ souliers vernis zapatos de charol ■ FAM être verni tener chamba, potra.

vernis [vɛrni] *m* barniz (enduit) ‖ vidriado, barniz vítreo (pour la porcelaine) ‖ charol (pour les cuirs) ‖ FIG baño, barniz, capa *f*; un vernis d'éducation un barniz de educación ‖ BOT barniz ‖ vernis à ongles laca ou esmalte para uñas.

vernissage *m* barnizado ‖ FIG inauguración *f* de una exposición de arte, apertura *f*.

vernissé, e *adj* barnizado, da (verni) ‖ vidriado, da (céramique) ‖ lustroso, sa (brillant) ‖ acharolado, da (cuir).

vernisser [3] *v tr* vidriar (la poterie).

vernisseur, euse *m & f* barnizador, ra; laqueador, ra (qui vernit) ‖ fabricante de barnices.

vérole *f* sífilis ‖ MÉD petite vérole viruelas; marqué de petite vérole picado de viruelas.

Vérone *n pr* GÉOGR Verona.

Véronèse *n pr* el Veronés.

véronique *f* verónica (plante) ‖ verónica (tauromachie).

Véronique *n pr* Verónica.

verrat [vɛra] *m* verraco (porc).

verre *m* vidrio; verre à vitres vidrio de ventanas ‖ cristal (verre fin); verre à glaces cristal de lunas (pour l'eau), copa *f* (pour le vin, l'alcool) ‖ copa *f*; je t'offre un verre te invito a una copa ‖ cristal (d'un tableau) ‖ casco (bouteille vide) ‖ lente, cristal de gafas ■ verre à dents vaso para los dientes ‖ verre à pied copa ‖ verre à vin, à liqueur vaso de vino, de licor ‖ verre cathédrale cristal amartillado ‖ verre de contact lente de contacto ‖ verre de lampe tubo ‖ verre de montre cristal de reloj ‖ verre dépoli vidrio deslustrado ou esmerilado ‖ verre dormant, châssis de verre vidriera, vidrio armado ‖ verre grossissant cristal de aumento ‖ verres fumés cristales ahumados ■ fibre de verre fibra de vidrio ‖ papier de verre papel de lija ‖ petit verre copita ■ FAM casser son verre de montre romperse la rabadilla ‖ choquer les verres brindar ‖ mettre sous verre poner en un cuadro ‖ prendre un verre tomar una copa.
➤ **verres** *m pl* FAM gafas *f* (lunettes); porter des verres llevar gafas.

| OBSERV L'espagnol cristal désigne le verre ordinaire (carreau), ou vidrio, et le cristal proprement dit.

verré, e *adj* salpicado, da de vidrio molido ‖ papier verré papel de lija.

verrerie [vɛrri] *f* vidriería (fabrique où l'on fait le verre) ‖ cristalería (fabrique et objets en verre).

verrier *m* vidriero ‖ vasera *f* (pour les verres à boire).

verrière *f* vasera (pour placer les verres) ‖ vidriera (d'église) ‖ cristalera (toit).

verrine *f* globo *m* de cristal [de relicario]
➤ **vérine**.

verroterie *f* abalorio *m*, bujería de vidrio.

verrou *m* cerrojo, pestillo; tirer, ouvrir le verrou echar, descorrer el cerrojo ‖ cerrojo (d'une arme) ‖ FIG cerrojo (football) ■ verrou de sûreté pasador de seguridad ■ FIG être sous les verrous estar en chirona.

verrouillage [vɛrujaʒ] *m* bloqueo (d'une arme) ‖ el cerrar (fermeture) ‖ enclavamiento ‖ AUTOM verrouillage automatique cierre automático.

verrouiller [3] [vɛruje] *v tr* echar el cerrojo, cerrar con cerrojo ‖ bloquear (une arme) ‖ encerrar (un prisonnier).
➤ **se verrouiller** *v pr* encerrarse, echar el cerrojo a su puerta.

verrucosité *f* verrugosidad.

verrue [vɛry] *f* MÉD verruga ‖ lunar *m*, mancha, defecto *m*.

verruqueux, euse *adj* verrugoso, sa.

vers [vɛr] *m* verso; vers libres versos libres ‖ vers blanc verso blanco ou suelto.

vers [vɛr] *prép* hacia, con dirección a (en direction de); aller vers le nord ir hacia el norte ‖ a; il m'a envoyé vers vous me envió a usted ‖ hacia, alrededor de, sobre las, a eso de; vers midi hacia el mediodía, a eso de las doce.

versaillais, e [vɛrsajɛ, ɛz] *adj* versallesco, ca.

Versaillais, e *m & f* versallesco, ca.

Versailles [vɛrsaj] *n pr* GÉOGR Versalles; le château de Versailles el palacio de Versalles.

| VERSAILLES ———
El mayor palacio de Francia fue construido por Le Vau y Mansart, y sus jardines por Le Nôtre. Su edificación, que costó muchísimo dinero, fue encargada por Luis XIV y fue completada en el siglo XVIII. Fue la residencia de la corte hasta la época de la Revolución. Allí se firmaron numerosos tratados, incluido el de 1919 que marcó el fin de la Primera Guerra Mundial.

versant *m* vertiente *f*, ladera *f* (pente) ‖ FIG lado, semblante, aspecto.

versatile *adj* versátil.

versatilité *f* versatilidad.

verse *f* encamado *m*, caída de las mieses (moissons) ‖ pleuvoir à verse llover a cántaros, a mares.

versé, e *adj* versado, da; être versé dans ser versado en.

verseau *m* CONSTR pendiente.

Verseau *m* ASTRON & ASTROL Acuario; être Verseau ser Acuario.

versement *m* pago, entrega *f* (d'argent) ‖ desembolso (déboursement) ‖ ingreso, imposición *f* (à un compte courant) ■ versements échelonnés pago a plazos ■ premier versement desembolso inicial, entrada.

verser [3] *v tr* [▷ SYN] verter, derramar (répandre); verser son sang derramar la sangre ‖ echar; verser de l'eau, du sel dans une casserole echar agua, sal en un cazo ‖ dar; verser à boire dar de beber ‖ escanciar, echar (du vin) ‖ entregar, dar, abonar (de l'argent), ingresar (à un compte courant) ‖ pagar, abonar (une cotisation) ‖ desembolsar (débourser) ‖ volcar (un véhicule) ‖ encamar, tumbar (moissons) ‖ cubrir (le ridicule), sembrar (la paix, la haine) ‖ verser des pleurs ou des larmes derramar lágrimas.
◇ *v intr* volcarse (une voiture) ‖ inclinarse por (avoir un penchant) ‖ FIG caer (tomber) ‖ encamarse, acostarse (les céréales).
➤ **se verser** *v pr* echarse; se verser à boire echarse de beber ‖ servirse; se verser un verre servirse una copa.

| SYN répandre derramar; épandre esparcir; renverser volcar.

verset [vɛrsɛ] *m* versículo.

verseur, euse *adj & s m* echador, vertedor.

verseuse *f* jarra, cafetera.

versiculet [vɛrsikylɛ] *m* verso pequeño.

versificateur, trice *m & f* versificador, ra.

versification *f* versificación.

versifier [9] *v intr* versificar.
◇ *v tr* poner en verso, versificar.

version *f* versión; version originale versión original ‖ versión, traducción directa; version espagnole traducción directa del español.

verso *m* vuelta *f*, verso, dorso, reverso (dos d'un feuillet).

versoir *m* vertedera *f* (charrue).

verste *f* versta (mesure).

versus [vɛrsys] *prép* versus.

vert, e [vɛr, vɛrt] *adj* [▷ SYN] verde (couleur); espaces verts zonas verdes ‖ BOT verde (pas mûr, pas sec); raisins verts, bois vert uva verde, leña verde ‖ FAM lozano, na; vigoroso, sa; une verte vieillesse una vejez lozana ‖ fuerte, severo, ra; une verte réprimande una severa reprimenda ‖ verde, licencioso, sa; en raconter de vertes contar cosas verdes ■ FIG & FAM en voir des vertes et des pas mûres pasar las negras ou las moradas ■ langue verte germanía ‖ légumes verts verduras, hortalizas ‖ un vert galant un don Juan, un mujeriego ‖ vin vert vino agraz ‖ volée de bois vert tunda de palos, paliza ■ FIG donner le feu vert dejar paso libre.

vert *m* verde; aimer le vert gustarle a uno el verde ‖ AGRIC forraje verde ‖ disco verde (signal) ■ **vert bouteille** verde botella ‖ **vert d'eau** verde mar ‖ **vert pomme** verde manzana ‖ se mettre au vert irse a descansar al campo.

‖ OBSERV El adjetivo **vert** queda invariable si va seguido de un adjetivo o de un nombre que lo modifica (des robes **vert** foncé, des chapeaux **vert** bouteille).
‖ SYN glauque glauco; céladon verdeceledón.

vert-de-gris [vɛrdəgri] *m inv* cardenillo, verdín.

vert-de-grisé, e *adj* con cardenillo.
‖ OBSERV pl vert-de-grisés, vert-de-grisées.

vertébral, e *adj* ANAT vertebral; disques vertébraux discos vertebrales.

vertèbre *f* ANAT vértebra.

vertébré, e *adj & s m* vertebrado, da.

vertement *adv* agriamente, severamente, con aspereza; tancer vertement amonestar agriamente.

vertical, e *adj* vertical; cercles verticaux círculos verticales.
➥ **verticale** *f* GÉOM vertical (ligne).
➥ **vertical** *m* ASTRON vertical.

verticalement *adv* verticalmente.

verticalité *f* verticalidad.

verticille [vɛrtisij] *m* BOT verticilo.

verticillé, e [vɛrtisile] ou [vɛrtisije] *adj* BOT verticilado, da.

vertige *m* vértigo; avoir le vertige tener vértigo ‖ FIG vértigo, extravío (étourdissement).
‖ SYN étourdissement mareo; tournis mareo; enivrement ebriedad.

vertigineux, euse *adj* vertiginoso, sa.

vertigo *m* VÉTÉR vértigo.

vertu *f* virtud (d'une personne) ‖ virtud, propiedad (d'une plante) ‖ castidad, honra, honestidad (chasteté féminine) ■ en vertu de en virtud de, conforme a ‖ faire de nécessité vertu hacer de tripas corazón.

vertueusement *adv* virtuosamente.

vertueux, euse *adj* virtuoso, sa.

vertugadin *m* verdugado ‖ césped en explanada (pelouse).

verve *f* inspiración, numen *m* (force de l'imagination) ‖ être en verve estar inspirado ou locuaz.

verveine *f* BOT verbena.

verveux *m* garlito (filet).

vésanie *f* MÉD vesania.

vesce [vɛs] *f* vicia, arveja (plante).

vésical, e *adj* ANAT vesical; organes vésicaux órganos vesicales.

vésicant, e *adj & s m* MÉD vesicante.

vésication *f* MÉD vesicación.

vésicatoire *adj & s m* MÉD vejigatorio, ria; vesicatorio, ria.

vésiculaire *adj* vesicular.

vésicule *f* ANAT vesícula; vésicule biliaire vesícula biliar.

vésiculeux, euse *adj* vesiculoso, sa.

vesou *m* guarapo (de canne à sucre).

Vespa® *f* vespa®.

Vespasien *n pr* Vespasiano.

vespasienne *f* urinario *m* público.

vespéral, e *adj* verpertino, na (du soir).

vespertilion *m* vespertilio (chauve-souris).

vespidés [vɛspide] *m pl* ZOOL véspidos.

Vespucci; Vespuce *n pr* Vespucci, Vespucio.

vesse *f* FAM (vieilli) pedo *m* sin ruido, zullón *m*, follón *m*, ventosidad sin ruido ‖ jindama, mieditis.

vesse-de-loup [vɛsdəlu] *f* BOT bejín, pedo de lobo.
‖ OBSERV pl vesses-de-loup.

vesser [3] *v tr* FAM (vx) ventosear, peerse.

vessie [vɛsi] *f* ANAT vejiga ■ vessie natatoire vejiga natatoria ■ FIG prendre des vessies pour des lanternes confundir Roma con Santiago, confudir la gimnasia con la magnesia.

vessigon *m* VÉTÉR alifate, corvaza *f* (tumeur).

vestale *f* vestal.

vestalies *f pl* vestalias.

veste *f* chaqueta, americana [(*Amér.*) saco] (vêtement) ■ veste droite, croisée chaqueta recta, cruzada ■ FAM remporter ou prendre une veste llevar calabazas, llevarse un chasco ‖ FAM retourner sa veste cambiarse la chaqueta, chaquetear ‖ FAM tomber la veste quitarse la chaqueta.

vestiaire *m* guardarropa *f*, vestuario.

vestibulaire *adj* ANAT vestibular.

vestibule *m* ANAT vestíbulo ‖ ARCHIT [▷ SYN] vestíbulo, zaguán.
‖ SYN entrée entrada; galerie galería; hall hall; antichambre antesala.

vestige *m* vestigio.

vestimentaire *adj* de ropa, de indumentaria.

veston *m* chaqueta *f*, americana *f* ■ veston d'intérieur batín ■ en veston con chaqueta.

Vésuve *n pr m* GÉOGR le Vésuve el Vesubio.

vétéciste *m & f* SPORTS usuario de une BTC.

vêtement *m* [▷ SYN] traje; vêtement d'homme traje de hombre ‖ ropa *f*; le manteau est un vêtement d'hiver el abrigo es ropa de invierno ‖ FIG vestidura *f* ‖ vêtements de dessous ropa interior.

‖ SYN habit traje; costume indumentaria; habillement ropa; complet traje, terno, flux; accoutrement traje ou vestido ridículo; toilette vestido, atavío; robe vestido; uniforme, tenue uniforme; livrée librea; frac frac; défroque vestido viejo; effets prendas; FAM affaires ropa; hardes trapos; nippes pingos; FAM fringues, FAM frusques pingos.

vétéran *m* veterano.

vétérinaire *adj & s* veterinario, ria ‖ médecine vétérinaire veterinaria.

vététiste *m & f* SPORTS usuario de una bicicleta montañera ou BTT ou mountain-bike.

vétillard, e [vetijar, ard] *adj & s* quisquilloso, sa.

vétille [vetij] *f* fruslería, bagatela, pamplina ‖ pour une vétille por un quítame allá esas pajas.

vétiller [3] [vetije] *v intr* entretenerse en bagatelas, en pamplinas ‖ reparar en todo (critiquer) ‖ buscarle tres pies al gato (être pointilleux).

vétilleux, euse [vetijø, øz] *adj* puntilloso, sa; quisquilloso, sa (personnes); minucioso, sa (choses).

vêtir [44] *v tr* vestir ‖ vêtir une robe ponerse un vestido.
➥ **se vêtir** *v pr* vestirse.
‖ SYN revêtir revestir; habiller vestir, poner; costumer trajear; affubler de envolver, encubrir con, poner; FAM fagoter poner como un adefesio; accoutrer ataviar; PÉJ harnacher ataviar; FAM nipper vestir; PÉJ déguiser disfrazar.

vétiver *m* espicanardo, vetiver (plante).

veto [veto] *m inv* veto (opposition) ‖ mettre ou opposer son veto vetar, poner el veto.

vêtu, e *adj* vestido, da; toute de noir vêtue toda vestida de negro ‖ chaudement vêtu bien abrigado.

vêture *f* RELIG toma de hábito (prise d'habit).

vétuste *adj* vetusto, ta.

vétusté *f* vetustez.

veuf, veuve *adj & s* viudo, da; veuve Dubois la viuda de Dubois ‖ pension de veuve viudedad.
➥ **veuve** *f* ARG (ancien) la guillotina.

veule [vøl] *adj* FAM apático, ca; abúlico, ca; pasivo, va (sans énergie) ‖ pusilánime (lâche).

veulerie [vølri] *f* apatía, pasividad, abulia, falta de energía ‖ pusilanimidad (lâcheté).

veuvage [vœvaʒ] *m* viudez *f*.

veuve ➥ **veuf**.

vexant, e *adj* molesto, ta; cargante, vejatorio, ria; que contraría.

vexateur, trice *adj & s* vejatorio, ria (qui vexe).

vexation [vɛksasjɔ̃] *f* vejación, molestia.

vexatoire [vɛksatwar] *adj* vejatorio, ria.

vexer [4] *v tr* vejar, molestar, picar.
➥ **se vexer** *v pr* molestarse, incomodarse, amoscarse, picarse.

VF (abr de **version française**) *f* versión francesa [películas].

VGE (abr de **Valéry Giscard d'Estaing**) *n pr* Valéry Giscard d'Estaing.

VHF (abr de **very high frequency**) *f* VHF.

VHS (abr de **Video Home System**) *m* VHS.

via *prép* por, vía; Madrid-Londres « via » Paris Madrid-Londres vía París.

viabiliser [3] *v tr* hacer viable (entreprise) ‖ acondicionar (terrain).

viabilité *f* viabilidad (d'un enfant) ‖ calidad de transitable (chemin).

viable *adj* viable (qui peut vivre) ‖ transitable (chemin) ‖ factible (projet).
‖ OBSERV Lorsqu'il s'agit d'un chemin, les gallicismes **viable** et **practicable** sont souvent employés.

viaduc *m* viaducto.

viager, ère *adj* vitalicio, cia ‖ pension ou rente viagère pensión o renta vitalicia, vitalicio.
➥ **viager** *m* renta *f* vitalicia ‖ mettre en viager hacer un vitalicio.

viande f carne; viande de bœuf carne de vaca; **viande garnie** carne con guarnición; **viande hachée, saignante** carne picada, poco hecha ▪ **viande blanche** ternera, conejo, aves ‖ **viande noire** caza ‖ **viande rouge** vaca, cordero.

‖ OBSERV Vianda en espagnol signifie seulement nourriture.

viander [3] v intr pastar, pacer (pâturer).

viatique m viático.

vibices f pl manchas moradas en la piel.

vibord m MAR antepecho.

vibrage m vibración f, vibrado (du béton).

vibrant, e adj vibrante.

vibraphone m vibráfono.

vibratile adj vibrátil.

vibration f vibración.

vibrato m MUS vibrato (corde), trémolo (voix).

vibratoire adj vibratorio, ria.

vibré adj m vibrado (béton).

vibrer [3] v intr vibrar.

vibreur m vibrador.

vibrion m vibrión.

vibrisse f pelo m [del interior de las narices] ‖ pluma filiforme (plume).

vibromasseur m vibrador.

vicaire m vicario.

vicairie ➤ vicariat.

vicarial, e adj vicarial; pouvoirs vicariaux poderes vicariales.

vicariant, e adj BIOL supletorio, ria.

vicariat [vikarja] m; **vicairie** [vikɛri] f vicariato m, vicaría f.

vice m vicio ‖ resabio (d'un cheval) ‖ DR vice de forme vicio de forma.

vice-amiral [visamiral] m vicealmirante.
‖ OBSERV pl vice-amiraux.

vice-amirauté [visamirote] f vicealmirantazgo.
‖ OBSERV pl vice-amirautés.

vice-chancelier m vicecanciller.
‖ OBSERV pl vice-chanceliers.

vice-consul m vicecónsul.
‖ OBSERV pl vice-consuls.

vice-consulat m viceconsulado.
‖ OBSERV pl vice-consulats.

vice-légat m vicelegado.
‖ OBSERV pl vice-légats.

vice-légation f vicelegación.
‖ OBSERV pl vice-légations.

Vicence n pr GÉOGR Vicenza.

vicennal, e adj vicenal; jeux vicennaux juegos vicenales.

vice-présidence f vicepresidencia.
‖ OBSERV pl vice-présidences.

vice-président, e m & f vicepresidente, ta.
‖ OBSERV pl vice-présidents, vice-présidentes.

vice-recteur m vicerrector.
‖ OBSERV pl vice-recteurs.

vice-reine f virreina.
‖ OBSERV pl vice-reines.

vice-roi m virrey.
‖ OBSERV pl vice-rois.

vice-royauté f virreinato m.
‖ OBSERV pl vice-royautés.

vicésimal, e adj vigesimal; nombres vicésimaux números vigesimales.

vice versa [visversa] ou [viseversa] loc adv viceversa.

vichy m vichy (étoffe).

LE GOUVERNEMENT DE VICHY

Vichy fue la residencia del gobierno francés dirigido por el mariscal Pétain entre 1940 y 1944, durante la ocupación alemana. El régimen autoritario, tradicionalista y de derechas de Pétain ensalzó los valores del "nuevo orden" y de la "revolución nacional": "trabajo, familia y patria". El gobierno de Vichy colaboró con los alemanes y deportó a numerosos judíos franceses después de 1942. Reducido a un gobierno títere tras la invasión de la zona libre por los alemanes, se derrumbó después de la victoria de los aliados.

vichyssois, e adj de Vichy.

viciable adj viciable.

viciateur, trice adj viciador, ra.

viciation f enviciamiento m.

vicié, e adj viciado, da.

vicier [9] v tr viciar ‖ enviciar (une personne).
➤ **se vicier** v pr viciarse.

vicieusement adv viciosamente.

vicieux, euse adj & s [▷ SYN] vicioso, sa ‖ falso, sa; resabiado, da (chevaux) ‖ cercle vicieux círculo vicioso.

‖ SYN corrompu corrompido; dépravé depravado; pervers perverso; dissolu disoluto.

vicinal, e adj vecinal; chemins vicinaux caminos vecinales.

vicinalité f cualidad de vecinal (chemins).

vicissitude f vicisitud.

vicomptal, e adj vizcondal; droits vicomtaux derechos vizcondales.

vicomte m vizconde.

vicomté m vizcondado.

vicomtesse f vizcondesa.

victimaire m victimario (sacrificateur).

victime f víctima ▪ **être la victime de** ser la víctima de (celui qui souffre de), ser el perjudicado por (celui à qui nuit) ‖ **être victime d'une attaque** ser víctima de un ataque [cerebral].

‖ SYN martyr mártir; proie presa; souffre-douleur burro de carga, cabeza de turco.

victoire f victoria, triunfo m (triomphe) ▪ **chanter** ou **crier victoire** cantar victoria.

victoria f victoria (voiture).

Victoria n pr GÉOGR le lac Victoria el lago Victoria.

victoria regia m victoria regia [(Amér) aguapé, maíz del agua].

victorien, enne adj victoriano, na.

victorieusement adv victoriosamente.

victorieux, euse adj victorioso, sa.

victuailles [viktɥaj] f pl vituallas.

vidage m vaciamiento ‖ INFORM vidage de la mémoire vaciado de la memoria.

vidange f vaciado m (action de vider) ‖ limpieza (des égouts) ▪ **en vidange** empezado, da; medio lleno (tonneaux, bouteilles) ‖ **tuyau de vidange** tubo de desagüe ▪ **faire la vidange** cambiar el aceite (d'une automobile).

vidanger [17] v tr vaciar, limpiar (les fosses d'aisances) ‖ vaciar (un récipient) ‖ cambiar el aceite (d'une voiture).

vidangeur m pocero.

vide adj vacío, cía; **un tiroir vide** un cajón vacío; **salle vide** sala vacía ‖ FIG falto, ta; vacío, cía; **un esprit vide d'idées** un espíritu falto de ideas ‖ vacío, cía; **avoir la tête vide** tener la cabeza vacía ‖ desprovisto, ta; **mot vide de sens** palabra desprovista de sentido ‖ vacante; **laisser un siège de député vide** dejar un escaño vacante.

◇ m PHYS vacío; **faire le vide** hacer el vacío ‖ ARCHIT hueco ‖ hueco (de temps) ‖ vacío; **sa mort fait un grand vide** su muerte deja un gran vacío ‖ vacante f; **combler les vides dans une administration** cubrir las vacantes en una administración ‖ interrupción f, vacío ▪ **à vide** vacío ‖ PHYS cloche à vide campana neumática ‖ emballé sous vide envasado al vacío ou sin aire ▪ avoir peur du vide tener vértigo [temor a las alturas] ‖ faire le vide autour de quelqu'un hacer el vacío a uno ‖ parler dans le vide hablar para las paredes ‖ tourner à vide girar loco (un moteur).

vidé, e adj reventado, da.

vide-bouteille; vide-bouteilles [vidbutɛj] m (ancien) casita f de campo (maison) ‖ sifón de botella.
‖ OBSERV pl vide-bouteilles.

vide-cave m bomba f para achicar agua.
‖ OBSERV pl vide-cave ou vide-caves.

videlle f cuchillo m para vaciar frutas (couteau) ‖ zurcido m sin pieza (reprise).

vidéo adj inv RAD vídeo.

vidéocassette f cinta de vídeo, videocasete m.

vidéodisque m videodisco.

vidéofréquence f videofrecuencia.

vidéophone m videoteléfono (téléphone) ‖ videoportero (à l'entrée d'une résidence).

vide-ordures [vidɔrdyr] m inv colector ou vertedero de basuras.

vidéothèque f videoteca.

vidéotransmission f videotransmisión.

vide-poches m inv canastillo, cajita f [para poner lo que se lleva en los bolsillos].

vide-pomme m inv utensilio para vaciar las manzanas.

vider [3] v tr [▷ SYN] vaciar; **vider un tonneau** vaciar un tonel ‖ beber; **vider une bouteille** beber una botella ‖ desocupar, desalojar; **vider les lieux** desocupar una casa ‖ terminar, liquidar (une question) ‖ destripar, vaciar (volailles) ‖ limpiar (poissons) ‖ FAM echar, poner de patitas en la calle ‖ FIG agotar, reventar (épuiser) ▪ **vider les arçons** ou **les étriers** apearse por las orejas, caerse del caballo ‖ FIG & FAM vider les lieux ou le plancher largarse ‖ vider son sac desembuchar (de force), vaciar el saco, desahogarse (de gré) ‖ se faire vider ser echado.

➤ **se vider** v pr vaciarse ‖ liquidarse, arreglarse.

‖ SYN évacuer evacuar; vidanger vaciar; nettoyer limpiar.

videur, euse m & f destripador, ra ‖ vaciador, ra.

vide-vite [vidvit] m inv TECHN vaciador de urgencia [de un depósito de combustible].

vidimer [3] *v tr* cotejar, confrontar [una copia con su original].

vidoir *m* basurero, vertedero.

vidrecome *m* velicomen.

viduité *f* viudez.

  OBSERV Viduité se aplica sobre todo a la viudez de las mujeres.

vidure *f* vaciadura.

vie [vi] *f* vida; assurance sur la vie seguro de vida; changer de vie mudar de vida ■ vie de bâton de chaise ou de patachon ou de Polichinelle vida de juerguista ‖ vie de bohème vida bohemia ■ gens de mauvaise vie gente de mal vivir ‖ niveau de vie nivel de vida ■ à la vie à la mort hasta la muerte, para siempre jamás ‖ à vie vitalicio, cia; pension à vie pensión vitalicia; perpetuo, tua; secrétaire à vie secretario perpetuo ‖ de ma vie en mi vida ‖ en vie, tout en vie vivo, va ‖ jamais de la vie nunca jamás (à aucun moment), en modo alguno (nullement) ‖ la vie durant durante toda la vida ‖ pour la vie para toda la vida, de por vida ‖ sur ma vie por mi vida ■ avoir la vie dure tener siete vidas como los gatos ‖ c'est la vie! ¡la vida! ‖ donner la vie à dar vida à ‖ donner sa vie dar la vida ‖ faire bonne vie darse buena vida ‖ FAM faire la vie juerguearse (vivre dans la débauche) ‖ faire une vie armar un escándalo ou la de Dios es Cristo ‖ gagner sa vie ganarse la vida ‖ jouer avec sa vie ou la vie jugarse la vida ‖ mener la vie dure à quelqu'un hacer la vida imposible a alguien ‖ passer à une vie meilleure pasar a mejor vida ‖ passer de vie à trépas irse al otro mundo ‖ rendre la vie reanimar ‖ FAM rendre la vie dure ou impossible à quelqu'un hacerle a uno la vida imposible, dar mala vida a uno ‖ sa vie ne tient qu'à un fil su vida está pendiente de un hilo.

  SYN existence existencia; jours días; destinée vida, existencia; destin destino.

vieil [vjɛj] *adj m* viejo ■ vieil ivoire marfil cansado ‖ vieil or oro viejo.

  OBSERV Este adjetivo se emplea en vez de vieux delante de las palabras que empiezan con vocal o h muda: un vieil arbre un árbol viejo; un vieil homme un hombre viejo.

vieil; vieille [vjɛj] ➤ **vieux**.

vieillard [vjɛjar] *m* anciano, viejo.

  SYN patriarche patriarca; barbon vejete; géronte vejestorio.

vieille *f* budión (poisson).

Vieille-Castille *n pr f* GÉOGR la Vieille-Castille Castilla la Vieja.

vieillerie [vjɛjri] *f* antigualla (vieilles choses) ‖ FIG chochez, vejez (propos).

vieillesse [vjɛjɛs] *f* vejez; bâton de vieillesse báculo de la vejez ‖ mourir de vieillesse morir de viejo.

  SYN caducité caduquez; décrépitude decrepitud; vieillerie vejestorio.

vieilli, e [vjɛji] *adj* envejecido, da; avejentado, da ‖ FIG anticuado, da (suranné).

vieillir [32] [vjɛjir] *v intr* envejecer (devenir vieux), avejentarse (paraître vieux) ‖ FIG anticuarse (se démoder).

  ◇ *v tr* envejecer, avejentar (faire paraître vieux).

  ➤ **se vieillir** *v pr* avejentarse, envejecerse.

vieillissant, e [vjɛjisɑ̃, ɑ̃t] *adj* que envejece.

vieillissement [vjɛjismɑ̃] *m* envejecimiento, avejentamiento.

vieillot, otte [vjɛjo, ɔt] *adj* avejentado, da anticuado, da.

vièle *f* MUS vihuela de arco.

vielle *f* MUS zanfonía, viella (instrument).

vielleur, euse *m & f* tocador, dora de zanfonía.

Vienne *n pr* GÉOGR Viena.

viennois, e *adj* vienés, esa (d'Autriche) ‖ vienense (de France).

Viennois, e *m & f* vienés, esa (d'Autriche) ‖ vienense (de France).

viennoiserie *f* ≃ bollería.

  ▌ VIENNOISERIE

  Este término genérico se aplica a toda clase de bollos, en especial los que se comen a la hora del desayuno en Francia: croissant, pain au chocolat, pain aux raisins y brioche. También se refiere a la tienda donde se venden dichos bollos.

vierge *f* virgen ‖ la Sainte Vierge Marie, la Sainte Vierge la Virgen Santísima, María Santísima.

  ◇ *adj* virgen; forêt vierge selva virgen ‖ FIG limpio, pia; casier judiciaire vierge registro de antecedentes penales limpio ‖ film vierge película virgen ou no impresionada.

Vierge *f* ASTRON & ASTROL Virgen; être Vierge ser Virgen.

Vierges *n pr* GÉOGR les îles Vierges las islas Vírgenes.

Viêt Nam; Sud Vietnam; Sud Viêt-nam *n pr m* GÉOGR le Viêt Nam ou Sud Vietnam ou Sud Viêt-nam Vietnam del Sur.

Viêt-nam; Viêt Nam; Vietnam [vjɛtnam] *n pr m* GÉOGR le Viêt-nam ou Viêt Nam ou Vietnam (el) Vietnam; au Vietnam en Vietnam (situation), a Vietnam (direction); un ancien du Viêt-nam un veterano del Vietnam.

vietnamien, enne *adj* vietnamita.

  ➤ **vietnamien** *m* LING vietnamita.

Vietnamien, enne *m & f* vietnamita.

vieux [vjø]; **vieil, vieille** [vjɛj] *adj* viejo, ja; un vieil homme un hombre viejo; je suis plus vieux que vous yo soy más viejo que usted ‖ veterano, na; un vieux journaliste un periodista veterano ‖ inveterado, da; de toda la vida, de siempre; un vieil ivrogne un borracho de siempre ‖ antiguo, gua; de toda la vida (ami) ‖ anticuado, da (mot) ‖ rancio, cia; vieille tradition rancia tradición ‖ añejo, ja (vin) ‖ viejo, ja; usado, da; un vieux chapeau un sombrero usado ■ vieille branche compañero, amigote ■ vieux beau viejo coquetón ‖ vieux garçon, vieille fille solterón, ona ‖ vieux jeu chapado a la antigua ■ le bon vieux temps los buenos tiempos ‖ les vieux jours la vejez, los últimos días ■ être vieux comme Hérode ou comme Mathusalem ser más viejo que Matusalén.

  ➤ **vieux** *m* lo viejo.

  ➤ **vieux, vieille** *m & f* viejo, ja; anciano, na; les jeunes et les vieux los jóvenes y los viejos ‖ viejo, ja (parents) ■ mon vieux!, ma vieille! ¡hombre!, ¡mujer!; ravi de te voir, mon vieux! encantado de verte ¡hombre! ‖ un vieux de la vieille un viejo experimentado, un veterano ■ avoir un coup de vieux envejecer de golpe.

vif, vive [vif, viv] *adj* vivo, va (vivant) ‖ FIG vivo, va; pronto, ta; raudo, da (brillant, prompt); avoir l'imagination vive ser vivo de imaginación ‖ vivo, va; impetuoso, sa; impulsivo, va; un enfant très vif un niño muy impetuoso ‖ agudo, da; fino, na; odorat très vif olfato muy fino ‖ mordaz, incisivo, va; de vifs reproches reproches mordaces ‖ gran, intenso, sa; vif intérêt gran interés ‖ intenso, sa; froid vif, douleur vive frío, dolor intenso ‖ subido, da; vivo, va (couleur, odeur); rouge vif rojo subido ■ brûlé vif quemado vivo ‖ MAR eaux vives aguas vivas ‖ haie vive seto vivo ■ de vive force a viva fuerza ‖ de vive voix de viva voz, de palabra ■ avoir les nerfs à vif tener los nervios de punta ‖ être vif comme la poudre ser un fuguillas ou un polvorilla.

  ➤ **vif** *m* lo importante; le vif d'un sujet lo importante de un tema ■ entrer dans le vif du sujet entrar en el meollo del tema ‖ mettre à vif poner en carne viva ‖ piquer au vif herir en lo vivo ‖ prendre sur le vif reproducir del natural ‖ toucher au vif tocar en la herida ou en el punto sensible ‖ trancher dans le vif cortar por lo sano.

vif-argent *m* azogue, mercurio ‖ FIG avoir du vif-argent dans les veines tener azogue en las venas.

  ▌ OBSERV pl vifs-argents.

vigie *f* vigía *m* ‖ atalaya *m* ‖ garita (wagon).

vigilamment *adv* vigilantemente.

vigilance *f* vigilancia.

vigilant, e *adj* vigilante.

vigile *m* vigilante (dans une banque, etc.) ‖ guarda jurado (dans des locaux administratifs) ‖ HIST vigilante.

  ◇ *f* RELIG vigilia.

vigne *f* vid (plante) ‖ [▷ SYN] viña (vignoble) ■ vigne vierge viña loca ‖ feuille de vigne hoja de parra ou de vid, pámpano ‖ jeune vigne majuelo ‖ pied de vigne cepa ■ FIG être dans les vignes du Seigneur estar borracho.

  ▌ SYN vignoble viñedo; clos pago.

vigneau *m* BOT aliaga *f*, aulaga *f* (ajonc) ‖ bígaro, bigarro (bigorneau).

vigneron, onne *m & f* viñador, ra; viñatero, ra.

  ▌ SYN viticulteur viticultor; vendangeur vendimiador.

vignette *f* viñeta ‖ mercurial (plante) ‖ timbre *m*, precinto *m*, estampilla (de paiement des droits) ‖ adhesivo que se coloca en el parabrisas para probar que se ha pagado el impuesto de circulación (d'automobile).

  ▌ LA VIGNETTE

  1. La "vignette automobile" es un adhesivo de forma redonda que los automovilistas colocan en el parabrisas para probar que han pagado el impuesto de circulación.
  2. La palabra "vignette" también se refiere a la pegatina que figura en el embalaje de los medicamentos y que los asegurados han de quitar y poner en la "feuille de soins" para pedir el reembolso de sus gastos médicos a la "Sécurité sociale".

vignettiste *m & f* el que hace viñetas.

vigneture *f* viñatura [adorno de hojas de vid].

vignoble *m* viñedo.

  ◇ *adj* (vieilli) vinícola.

vigogne *f* vicuña.

vigoureusement *adv* vigorosamente.

vigoureux, euse *adj* vigoroso, sa.

viguerie *f* veguería.

vigueur *f* vigor *m* ■ **en vigueur** en vigor, vigente ■ **cesser d'être en vigueur** dejar de surtir efectos, dejar de estar vigente ▌ **être en vigueur** estar en vigor ou vigente, regir.

viguier *m* veguer (magistrat).

VIH [veiaʃ] (abr de virus immunodéficient humain) *m* VIH.

viking [vikiŋ] *m* vikingo.

Vikings *n pr m pl* vikingos.

vil, e *adj* vil ▌ FIG abyecto, ta ▌ **acheter à vil prix** comprar a bajo precio.

vilain, e *adj* [▷ SYN] feo, a (laid) ▌ malo, la; despreciable, ruin; **une vilaine action** una acción despreciable ▌ desagradable, malo, la; **un vilain chemin** un camino malo ■ **le vilain monsieur** el coco, el bu ■ **il fait vilain** hace mal tiempo.
◇ *m & f* villano, na (personne infâme) ▌ (ancien) villano, campesino, na.
➡ **vilain** *m* FAM escándalo, disputa *f*; **il y a eu du vilain** se ha armado un escándalo.
▌ SYN **laid** feo; **affreux** espantoso; **horrible** horrible; **hideux** horroroso; **moche** feúcho; **tocard** feo.

vilainement *adv* villanamente, despreciablemente ▌ feamente, de un modo feo (désagréable).

vilayet *m* vilayato.

vilebrequin [vilbrəkē] *m* TECHN berbiquí ▌ MÉCAN cigüeñal.

vilement *adv* vilmente, bajamente.

vilenie [vileni] ou [vilni] *f* [▷ SYN] bajeza, villanía.
▌ SYN **méchanceté** maldad; **saleté** porquería; **crasse** charranada; FAM **saloperie** marranada; FAM **vacherie** cochinería, cochinada.

vilipender [3] *v tr* vilipendiar.

villa *f* chalet *m*, chalé *m*, hotelito *m*, villa, quinta (maison).
▌ SYN **pavillon** pabellón; **cottage** cottage; **chalet** chalet.

village *m* aldea *f*, pueblo, lugar ■ **village de toile** ciudad de lona ▌ **village de vacances** campamento de turismo ■ **l'idiot du village** el tonto del pueblo.

villageois, e [vilaʒwa, az] *adj & s* lugareño, ña; aldeano, na.

villanelle *f* villanesca (petite chanson et danse) ▌ villancejo *m*, villancico *m* (de Noël).

ville *f* ciudad, villa (p us); **aller en ville** ir a la ciudad ■ **ville d'eau** estación balnearia ▌ **ville forte** plaza fuerte ■ **en ville** ciudad, interior (lettres) ▌ **habit ou tenue de ville** traje de calle ▌ **hôtel de ville** ayuntamiento ▌ **sergent de ville** guardia urbano ■ **déjeuner, dîner en ville** almorzar, cenar fuera de casa.
▌ OBSERV Ciudad (cité) était un titre accordé jadis seulement à de grandes villes jouissant de certains privilèges. Il s'est étendu depuis à toute ville de quelque importance. Cependant Madrid se nomme toujours la villa del oso y el madroño, comme la désignent ses armoiries. Villa s'applique couramment à toute petite ville qui n'est ni port ni place forte. Urbe, terme littéraire, désigne toutes les grandes agglomérations.
▌ SYN **cité** ciudad; **localité** lugar; **agglomération** aglomeración.

ville-champignon *f* ciudad hongo [de crecimiento muy rápido].

▌ OBSERV pl villes-champignons.

villégiateur *m* persona *f* de vacaciones en el campo, la montaña, etc., veraneante (en été).

villégiature *f* veraneo *m* (en été), temporada de descanso y vacaciones ▌ **aller en villégiature** ir de veraneo.

villégiaturer [3] *v intr* veranear (en été), descansar, pasar una temporada, estar de vacaciones fuera de casa.

Villette *n pr* **la Villette** complejo cultural en el norte de París.

villeux, euse [vilø, øz] *adj* velloso, sa.

villosité *f* vellosidad.

Vilnius [vilnjys] *n pr* GÉOGR Vilnius, Vilna.

vin *m* vino ▌ **vin blanc** vino blanco ▌ **vin coupé** vino aguado ▌ **vin de dessert** vino de postre, vino generoso ▌ **vin de goutte** vino de lágrima ▌ **vin de messe** vino de consagrar ▌ **vin de table** vino de mesa ▌ **vin d'honneur** vino de honor ▌ **vin doux** vino dulce ▌ **vin en fût** vino a granel ▌ **vin généreux** vino generoso ▌ **vin mousseux** vino espumoso ▌ **vin rosé** vino clarete ou rosado ▌ **vin rouge** vino tinto ▌ **vin vieux** vino añejo ■ **gros vin** vino peleón, pirriaque ▌ **tache de vin** mancha en la piel ■ **dans le vin** borracho ■ **avoir le vin gai** ponerse alegre ▌ **avoir le vin mauvais** tener mal vino ▌ FAM **cuver son vin** dormir la mona ▌ **être entre deux vins** estar entre Pinto y Valdemoro ▌ **être pris de vin** estar borracho ▌ **le vin est tiré, il faut le boire** a lo hecho pecho ▌ FIG **mettre de l'eau dans son vin** bajar de ou el tono, moderar las pretensiones.

vinage *m* encabezado (des vins).

vinaigre *m* vinagre; **vinaigre d'alcool** vinagre de alcohol; **vinaigre de vin** vinagre de vino ■ FAM **faire vinaigre** aligerar, darse prisa ▌ **tourner au vinaigre** torcerse las cosas, ponerse las cosas feas.
◇ *interj* ¡tocino! (au jeu de la corde pour demander que l'on tourne plus vite).

vinaigrer [4] *v tr* echar vinagre, envinagrar.

vinaigrerie *f* fábrica de vinagre.

vinaigrette *f* vinagreta (sauce) ▌ carricoche antiguo [con dos ruedas].

vinaigrier *m* vinagrero (qui fait et vend du vinaigre) ▌ vinagrera *f* (burette à vinaigre) ▌ BOT zumaque (sumac des corroyeurs).

vinaire *adj* vinario, ria.

vinasse *f* vinaza (vin tiré des lies et des marcs) ▌ vinote *m*, residuos *m pl* de la destilación de licores alcohólicos ▌ FAM vinazo *m*, vino *m* peleón.

Vincent *n pr* Vicente.

vindicatif, ive *adj* vindicativo, va; vengativo, va.

vindicte *f* vindicta, venganza; **vindicte publique** vindicta pública.

vinée *f* cosecha de vino ▌ sarmiento *m*.

viner [3] *v tr* encabezar (les vins).

vineux, euse *adj* vinoso, sa (de vin, semblable au vin); **couleur vineuse** color vinoso ▌ fuerte, espirituoso (vin) ▌ vinícola (pays).

vingt [vē] *adj num* veinte; **vingt personnes** veinte personas ▌ vigésimo, ma; veinte; **page vingt** página vigésima.

◇ *m* veinte.
▌ OBSERV Cuando se multiplica vingt se pone en plural (**quatre-vingts** ochenta). Sin embargo, es invariable cuando va seguido de otro número (**quatre-vingt-un** ochenta y uno).

vingtaine [vēten] *f* veintena, unos veinte.

vingtième [vētjem] *adj num ord & s m* vigésimo, ma ▌ **la vingtième partie** la veinteava parte.

vingtièmement *adv* en vigésimo lugar.

vinicole *adj* vinícola, vitivinícola.

viniculture *f* vinicultura.

vinifère *adj* vinífero, ra.

vinification *f* vinificación.

vinique *adj* vínico, ca.

vinosité *f* vinosidad.

Vintimille [vētimij] *n pr* GÉOGR Ventinuglia.

vinyle *m* CHIM vinilo.

vinylique *adj* vinílico, ca.

viol *m* violación *f*.

violacé, e *adj* violáceo, a; violado, da; cárdeno, na.
➡ **violacée** *f* BOT violácea.

violacer [16] *v intr* tirar a violado.

violat [vjɔla] *adj m* (p us) de violeta; **miel violat** miel de violetas.

violateur, trice *m & f* violador, ra.

violation *f* [▷ SYN] violación (d'un secret) ▌ profanación, violación (d'une chose sainte).
▌ SYN **infraction** infracción; **manquement** falta.

violâtre *adj* violáceo, a; amoratado, da.

viole [vjɔl] *f* MUS viola.

violemment [vjɔlamɑ̃] *adv* violentamente.

violence *f* violencia ■ **faire violence à** forzar, violentar (contraindre), violentar (violer) ▌ **se faire violence** contenerse ▌ **user de violence** ser violento.

violent, e *adj* violento, ta ▌ FAM violento, excesivo (exagéré).
▌ OBSERV **1.** Violento en espagnol a aussi le sens de gêné: estar violento ne pas être à l'aise, être gêné.
2. Violent en francés no tiene el sentido de molestia como en la expresión ponerse violento o estar violento en un lugar, no estar a gusto.

violenter [3] *v tr* violentar.

violer [3] *v tr* violar.

violet, ette *adj & s* violado, da; morado, da; **devenir violet de colère** ponerse morado de ira.
➡ **violet** *m* violeta, morado (couleur).
➡ **violette** *f* violeta (fleur).

violeur *m* violador.

violine *adj* violeta púrpura (couleur).

violiste *m & f* viola (joueur de viole).

violon *m* violín (instrument de musique) ▌ violín, violinista (musicien) ▌ FIG & FAM chirona *f*; **mettre au violon** meter en chirona (arrêter) ■ **violon d'Ingres** pasatiempo favorito ▌ MUS **premier violon** primer violín [violinista] ■ FIG **payer les violons** pagar los gastos de una fiesta.
▌ OBSERV Ne pas confondre le violon français (en espagnol **violín**) avec le **violón** espagnol qui est la contrebasse.

violoncelle *m* MUS violonchelo, violoncelo (instrument à cordes) ▌violonchelista, violoncelista (artiste qui en joue).

violoncelliste *m & f* violonchelista, violoncelista.

violone *f* MUS violón *m*.

violoneux *m* FAM rascatripas, violinista malo.

violoniste *m & f* violinista.

viorne *f* viburno *m* (arbrisseau).

VIP [viajpi] ou [veipe] (abr de very important person) *m* VIP.

vipère *f* víbora (serpent venimeux) ▌FAM víbora (personne médisante) ▌langue de vipère lengua viperina.

vipereau; vipéreau; vipériau *m* viborezno.

vipéridés *m pl* ZOOL vipéridos.

vipérin, e *adj* viperino, na.

virage *m* curva *f*, vuelta *f*, viraje; virage dangereux, en épingle à cheveux curva peligrosa, muy cerrada ▌PHOT viraje ▌MAR virada *f* ▌FIG viraje; politique qui prend un virage dangereux política que toma un viraje peligroso ▪ MÉD virage de la cuti-réaction momento en que la cutirreacción pasa de negativa a positiva ▌virage relevé, non relevé curva peraltada, muy abierta ▌virage sans visibilité curva sin visibilidad ▪ prendre un virage à la corde ceñirse mucho a la curva, tomar la curva muy cerrada.

virago *f* virago *m*, marimacho *m*.

viral, e *adj* viral.

vire *f* cornisa rocosa (montagne).

virée *f* FAM vuelta, garbeo *m* (promenade); faire une virée dans les bois darse una vuelta por los bosques ▌tournées et virées idas y venidas.

virelai *m* POÉT balada *f* francesa con estribillo [siglo XIII].

virement *m* MAR virada *f* ▌COMM transferencia *f* ▌virement postal giro postal.

virer [3] *v intr* girar, dar vueltas ▌torcer; virez à gauche tuerza a la izquierda ▌tomar la curva (une voiture); virer court tomar la curva demasiado cerrada ▌cambiar (de couleur) ▌CHIM virar ▌PHOT rebajar, virar ▌MÉD volverse positiva (cuti) ▌MAR virar ▪ virer à ou vers volverse hacia ▌virer de bord virar de bordo (bateau), chaquetear, cambiar de camisa, volverse la casaca (d'opinion).
◇ *v tr* COMM hacer una transferencia de, transferir ▌girar (virement postal) ▌FAM tirar (jeter bas) ▌FAM poner de patitas en la calle, echar (expulser) ▌MÉD virer sa cuti-réaction ou sa cuti ser sensible a la cutirreacción, virar la dermorreacción, volverse positiva la cutirreacción.

virescence [viresɑ̃s] *f* virescencia.

vireton *m* viratón, virote, vira *f* (flèche).

vireur *m* virador.

vireux, euse *adj* venenoso, sa; nocivo, va (plante) ▌nauseabundo, da; maloliente (odeur).

virevolte *f* escarceos *m pl*, caracoleos *m pl* (d'un cheval).

virevolter [3] *v intr* hacer escarceos (un cheval) ▌dar vueltas y revueltas, dar vueltas, girar.

Virgile *n pr* Virgilio.

virginal, e *adj* virginal.

Virginie *n pr* Virginia.

Virginie-Occidentale *n pr f* GÉOGR (la) Virginie-Occidentale Virginia Occidental.

virginité *f* virginidad.

virgule *f* GRAMM coma ▌bacille virgule vírgula, vibrión del cólera ▌INFORM virgule flottante coma flotante.

virguler [3] *v tr* poner comas a.

viril, e *adj* viril, varonil.

viriliser [3] *v tr* virilizar, dar carácter viril.

virilisme *m* virilismo.

virilité *f* virilidad.

virolage *m* colocación *f* de la virola.

virole *f* TECHN virola, abrazadera de mango (anneau de métal) ▌troquel *m* (monnaie) ▌junta (pour réunir) ▌contera (de canne).

viroler [3] *v tr* poner virolas.

virologie *f* virología.

virologiste; virologue *m & f* virólogo, ga.

virtualité *f* virtualidad.

virtuel, elle *adj* virtual.

virtuellement *adv* virtualmente (potentiellement) ▌prácticamente (pratiquement).

virtuose *m & f* virtuoso, sa.

virtuosité *f* virtuosidad.

virulence *f* virulencia.

virulent, e *adj* virulento, ta.

virure *f* MAR traca, hilada, trancanil *m*.

virus [virys] *m* MÉD virus ▌FIG microbio, virus, contagio ▌virus filtrant virus filtrable, ultravirus.

vis [vis] *f* tornillo *m*; vis sans fin tornillo sin fin ▪ vis à tête plate, ronde tornillo de cabeza plana, redonda ▌vis calante tornillo de calce ▌vis femelle tuerca ▌vis mère tuerca matriz ou partida ▌vis platinée platino, contacto del ruptor ▪ escalier à vis escalera de caracol ▌pas de vis paso de rosca ▌FIG & FAM serrer la vis à quelqu'un apretar las clavijas ou los tornillos a alguien.

visa *m* COMM visto bueno, refrendo ▌visado [(Amér) visa *f*] (de passeport).

visage *m* rostro, cara *f*, faz *f* (figure) ▌semblante (aspect); un visage sévère un semblante severo ▌faux visage mascarilla ▪ à deux visages de dos caras ▌à visage découvert a cara descubierta ▌changer de visage cambiar de cara, cambiarse los colores de la cara ▌faire bon, mauvais visage poner buena, mala cara; recibir bien, mal ▌se composer un visage poner cara de circunstancias.

visagisme *m* técnica *f* facial.

visagiste *m & f* visajista, técnico facial, especialista de la belleza de la cara.

vis-à-vis [vizavi] *prép* [▷ SYN] enfrente de, frente a frente; vis-à-vis de la mairie enfrente de la alcaldía ▌être sincère vis-à-vis de soi-même ser sincero consigo mismo ou hacia sí mismo.
◇ *m* FAM persona colocada enfrente ou frente a otra; mon vis-à-vis à table la persona colocada frente a mí en la mesa ▌confidente (canapé) ▪ vis-à-vis de con respecto a, referente a, con relación a (en ce qui concerne), con, para con (envers).
▌SYN en face enfrente; face à face cara a cara; à l'opposite al lado opuesto; en regard enfrente.

viscache *f* vizcacha (rongeur).

viscéral, e [viseral] *adj* ANAT visceral; arcs viscéraux arcos viscerales.

viscère [viser] *m* ANAT víscera *f*.

viscose *f* CHIM viscosa.

viscosimètre *m* viscosímetro.

viscosité *f* viscosidad.

visé, e *adj* aludido, da (concerné) ▌pretendido, da (convoité).

visée *f* mirada ▌puntería (direction) ▌FIG objetivo *m*, mira, intención (but); des visées ambitieuses objetivos ambiciosos ▪ ligne de visée línea de mira ▪ avoir de hautes visées picar muy alto ▌faire des visées tirar visuales (topographie).

viser [3] *v tr & intr* apuntar a; viser un oiseau apuntar a un pájaro ▌apuntar, dirigir la puntería ▌PHOT enfocar ▌FIG poner la mira en, aspirar a, no buscar más que, dirigir sus esfuerzos a; viser la popularité no buscar más que la popularidad ▌tender, intentar, pretender (tendre); il vise à me nuire tiende a perjudicarme ▌FAM echar un ojo (regarder) ▪ ceci vise à el objeto es, se pretende ▌qui vise à encaminado a ▌se sentir visé darse por aludido.
◇ *v tr* visar, poner el visado (passeport) ▌refrendar, poner el visto bueno (document).

viseur *m* visor (optique) ▌mira *f* (armes) ▌PHOT enfocador.

visibilité *f* visibilidad; pilotage sans visibilité vuelo sin visibilidad.

visible *adj* [▷ SYN] visible ▌FAM visible, que puede recibir visitas ▌FIG patente, evidente.
▌SYN perceptible perceptible; apercevable visible; apparent aparente; ostensible ostensible.

visiblement *adv* visiblemente.

visière *f* visera (de casque, de casquette, d'auto) ▌FIG rompre en visière atacar ou contradecir abierta y violentamente.

visigoth, e ⮞ **wisigoth**.

vision *f* visión.
▌SYN apparition aparición; mirage espejismo; hallucination alucinación; phantasme, fantasme fantasma.

visionnaire *adj & s* visionario, ria.
▌SYN illuminé iluminado.

visionner [3] *v tr* ver (una película) antes de su distribución, visionar.

visionneuse *f* PHOT visionadora.

visitandine *f* RELIG salesa [monja].

visitation *f* visitación.

Visitation *f* RELIG la Visitation la Visitación.

visitatrice *f* RELIG visitadora.

visite *f* visita; visite de condoléance visita de pésame; avoir ou recevoir de la visite recibir visitas ▌inspección (d'un appareil) ▌MAR fondeo *m* (inspection d'un bateau) ▌MIL revista ▪ visite de politesse visita de cumplido ▌visite médicale examen ou reconocimiento médico ▪ carte de visite tarjeta de visita ▌DR droit de visite derecho de visita ▌heures de visite horas de visita (hôpital, prison) ▪ être en visite chez quelqu'un estar de visita en casa de alguien ▌faire une visite à quelqu'un hacer una visita ou visitar a alguien ‖ rendre à quelqu'un sa visite devolver a alguien una visita ‖ rendre visite visitar.

visiter [3] *v tr* visitar ‖ visitar, inspeccionar; l'évêque visite son diocèse el obispo inspecciona su diócesis.

visiteur, euse *adj & s* visitador, ra; visitante, visita *f* (qui est en visite) ‖ visitador, ra (inspecteur) ‖ vista *m* (inspecteur de la douane).

vison *m* ZOOL visón.

visqueux, euse *adj* viscoso, sa; pegajoso, sa.

vissage *m* atornillamiento.

visser [3] *v tr* atornillar (fixer avec des vis) ‖ apretar, enroscar (serrer) ‖ FIG & FAM apretar las clavijas ou los tornillos a alguien.

visserie *f* tornillos *m pl*, pernos *m pl*, tuercas *pl* ‖ fábrica de tornillos y artículos similares (usine) ‖ choix de visserie surtido de tornillos, pernos y tuercas (vis, écrous, etc.).

vistavision *f* vistavisión (cinéma).

Vistule *n pr f* GÉOGR la Vistule el Vístula.

visu
◆ **de visu** *loc adv* con mis, tus, etc. propios ojos.

visualisation *f* visualización.

visualiser [3] *v tr* hacer visible, visualizar.

visuel, elle *adj* visual.
◆ **visuel** *m* diana *f* (cible) ‖ INFORM visual; visuel graphique visual gráfico.

visuellement *adv* visualmente.

Vital *n pr* Vidal, Vital.

vital, e *adj* vital; les organes vitaux órganos vitales ‖ FIG vital, fundamental.

vitalisation *f* vitalización.

vitaliser [3] *v tr* dar vitalidad a, vitalizar, vivificar.

vitalisme *m* vitalismo.

vitalité *f* vitalidad.

vitamine *f* vitamina.

vitaminé, e *adj* vitaminado, da.

vitaminique *adj* vitamínico, ca.

vitaminisation *f* vitaminación.

vite *adj* rápido, da; veloz; les coureurs les plus vites los corredores más rápidos.
◇ *adv* de prisa, deprisa, rápidamente; parler vite hablar de prisa ■ au plus vite lo más pronto ou de prisa posible ■ aller vite ou un peu vite ir demasiado de prisa ‖ aller vite en besogne despachar el trabajo (être expéditif), imaginar ya las cosas hechas (imaginer) ‖ faire vite ir de prisa, apresurarse ‖ travailler à la va-vite trabajar a la ligera ■ ce sera vite fait se hará rápidamente ‖ viens vite! ¡ven deprisa!
◆ **vite!** *interj* ¡pronto!, ¡de prisa!, ¡a toda prisa!

vitellin, e *adj* BIOL vitelino, na.

Vitellius [vitɛljys] *n pr* Vitelio.

vitellus [vitɛlys] *m* BIOL vitelo (de l'œuf).

vitelotte *f* patata larga y encarnada.

vitesse *f* velocidad; la vitesse de la lumière la velocidad de la luz ‖ rapidez, celeridad (promptitude) ‖ AUTOM velocidad; changer de vitesse cambiar de velocidad ■ vitesse de croisière velocidad de crucero ‖ vitesse de

pointe velocidad punta ‖ vitesse moyenne velocidad media ■ AUTOM boîte de vitesses caja de cambios ‖ grande, petite vitesse gran, pequeña velocidad (chemin de fer) ■ à toute vitesse a toda velocidad, a todo correr, a escape ‖ FAM en quatrième vitesse a todo gas, volando, zumbando ‖ en vitesse con rapidez, velozmente, pronto ■ engager une vitesse meter una velocidad ‖ être en perte de vitesse perder velocidad (avion) ‖ faire de la vitesse correr mucho ‖ gagner de vitesse tomar la delantera, ganar por la mano ‖ prendre de vitesse ganar por la mano.
‖ SYN rapidité rapidez; célérité celeridad; promptitude prontitud; vivacité vivacidad; diligence diligencia; prestesse presteza; hâte prisa; vélocité velocidad.

viticole *adj* vitícola.

viticulteur *m* viticultor.

viticulture *f* viticultura.

vitiligo *m* MÉD vitíligo, despigmentación *f* de la piel.

vitrage *m* encristalado (action de vitrer) ‖ acristalamiento ‖ double vitrage doble acristalamiento ‖ vidriera *f* (porte, châssis vitré) ‖ transparente, visillo (rideau).

vitrail [vitraj] *m* vidriera *f*, vitral; des vitraux splendides vidrieras espléndidas.

vitre *f* cristal *m* (de fenêtre) ‖ FIG & FAM casser les vitres armar un escándalo, formar la tremolina.
‖ SYN glace luna; carreau cristal; cristal cristal.

vitré, e *adj* con cristales, cerrado con vidrieras, guarnecido de vidrios ‖ vítreo, a; électricité vitrée electricidad vítrea ■ ANAT humeur vitrée humor vítreo ‖ porte vitrée vidriera.

vitrer [3] *v tr* poner cristales, cerrar con vidrieras.

vitrerie *f* cristalería, vidriería.

vitreux, euse *adj* vítreo, a (de verre) ‖ vidrioso, sa (œil, regard).

vitrier *m* vidriero.

vitrière *f* cuadrado *m* de varillas de hierro.

vitrifiable *adj* vitrificable.

vitrificateur, trice *adj* vitrificador, ra.

vitrification *f* vitrificación.

vitrifier [9] *v tr* vitrificar.
◆ **se vitrifier** *v pr* vitrificarse.

vitrine *f* escaparate *m* [(*Amér*) vidriera, vitrina] (sur la rue) ‖ vitrina (armoire) ‖ en vitrine en escaparate.

vitriol *m* CHIM vitriolo ‖ huile de vitriol aceite de vitriolo, ácido sulfúrico concentrado ‖ FIG un article au vitriol un artículo mordaz ou incisivo.

vitriolage *m* acción de vitriolar ‖ baño de vitriolo.

vitriolé, e *adj* vitriolado, da ‖ quemado ou desfigurado con vitriolo.

vitrioler [3] *v tr* echar vitriolo, vitriolar.

vitrioleur, euse *m & f* agresor con vitriolo.

Vitruve *n pr* Vitrubio, Vitruvio.

vitulaire *adj* VÉTÉR puerperal de las vacas [fièvre].

vitupération *f* vituperación.

vitupérer [18] *v tr* vituperar (blâmer).

vivable *adj* FAM soportable, tolerable.

vivace *adj* vivaz ‖ MUS vivace.

vivacité *f* vivacidad, viveza ‖ violencia; la vivacité d'une critique la violencia de una crítica.

vivandier, ère *m & f* MIL vivandero, ra.

vivant, e *adj* [▷ SYN] vivo, va; viviente ‖ FIG vivo, va; langue vivante lengua viva ‖ lleno de vida; roman vivant novela llena de vida ‖ animado, da; une rue vivante una calle animada ‖ muy parecido, da; vivo, va (portrait); c'est le portrait vivant de son père es el vivo retrato de su padre ■ Dieu vivant Dios vivo ‖ moi vivant mientras yo viva ‖ tableau vivant cuadro viviente.
◆ **vivant** *m* vivo, viviente, que vive; les vivants et les morts los vivos y los muertos ■ FAM bon vivant hombre regalón ‖ de son vivant, du vivant de en vida de [cuando vivía] ‖ en son vivant en vida suya.
‖ SYN viable viable; vivace vivaz; vital vital.

vivarium [vivarjɔm] *m* ZOOL vivero.

vivat! [viva] *interj* ¡viva! (pour applaudir).
◆ **vivat** *m* viva, vítor, aclamación *f*; pousser des vivats dar vivas.

vive *f* peje *m* araña (poisson).
◆ **vive!** *interj* ¡viva! ‖ vive les vacances! ¡viva las vacaciones!

vive-la-joie *m inv* FAM viva la virgen.

vivement *adv* vivamente ‖ pronto, rápidamente ‖ enérgicamente ‖ profundamente, grandemente; vivement touché profundamente afectado.
◆ **vivement!** *interj* que llegue(n) pronto; vivement les vacances! ¡que lleguen pronto las vacaciones!

viverridés *m pl* ZOOL vivérridos.

viveur, euse *m & f* vividor, ra.

vividité *f* viveza.

vivier *m* vivero de peces.

vivifiant, e *adj* vivificante.

vivificateur, trice *adj* vivificador, ra.

vivification *f* vivificación.

vivifier [9] *v tr* vivificar.

vivipare *adj & s* ZOOL vivíparo, ra.

viviparité *f* ZOOL viviparidad.

vivisection *f* vivisección.

vivoter [3] *v intr* FAM ir viviendo, ir tirando, ir pasando, vivir con trabajo.

vivre [90] *v intr* vivir; les perroquets vivent longtemps los loros viven muchos años ‖ vivir (habiter); vivre à la campagne vivir en el campo ‖ alimentarse (se nourrir); vivre de légumes alimentarse con legumbres ‖ vivir (subvenir à ses besoins); vivre de son travail vivir de su trabajo ‖ durar; sa gloire vivra éternellement su gloria durará eternamente ■ vivre au jour le jour vivir al día ‖ vivre avec convivir con ‖ vivre chichement vivir miserablemente ‖ vivre d'amour et d'eau fraîche vivir con pan y cebollas ‖ vivre de rien vivir con poco ■ FAM apprendre à vivre à quelqu'un meter a uno en cintura, ponerle a uno las peras a cuarto ‖ cette coutume a vécu esta costumbre ha muerto ‖ être facile à vivre tener buen carácter ‖ être sur le qui-vive estar alerta ou ojo avizor ‖ il fait bon vivre se vive bien ‖ ne pas vivre no vivir de inquietud ‖ **qui vive?** ¿quién vive? (sentinelle) ‖ **qui vivra verra** vivir para ver.

vivre *m* alimento [úsase en singular sólo en la frase: **avoir le vivre et le couvert** tener casa y comida].

➡ **vivres** *m pl* víveres ‖ **couper les vivres à quelqu'un** cortarle los víveres a alguien, dejar a uno sin recursos.

vivrier, ère *adj* alimenticio, cia [úsase principalmente en la locución: **cultures vivrières** huerta, cultivo de plantas comestibles].

➡ **vivrier** *m* MIL (ancien) abastecedor, ra (fournisseur).

vizir *m* visir.

vizirat [vizira] *m* visirato.

VL (abr de **véhicule lourd**) *m* vehículo pesado.

Vladimir *n pr* Vladimiro.

Vladivostok *n pr* GÉOGR Vladivostok.

vlan!; v'lan! *interj* ¡zas!, ¡paf!

VO (abr de **version originale**) *f* VO ‖ **voir un film en VO** ver una película en versión original.

vocable *m* vocablo, palabra *f* ‖ advocación *f* (d'une église).

vocabulaire *m* vocabulario.

vocal, e *adj* vocal; **organes vocaux** órganos vocales.

vocalement *adv* vocalmente.

vocalique *adj* vocálico, ca.

vocalisateur, trice *m & f* vocalizador, ra.

vocalisation *f* vocalización.

vocalise *f* vocalización.

vocaliser [3] *v intr & tr* vocalizar.

vocalisme *m* vocalismo.

vocatif *m* GRAMM vocativo.

vocation *f* vocación; **avoir la vocation** tener vocación.

voceratrice *f* plañidera de voceros.

vocero *m* canto fúnebre corso (chant).

vociférant, e *adj* vociferante.

vociférateur, trice *m & f* vociferador, ra.

vociférations *f pl* vociferaciones.

vociférer [18] *v tr & intr* vociferar.

vodka *f* vodka *m*.

vœu [vø] *m* voto; **prononcer ses vœux** pronunciar sus votos; **faire vœu de chasteté** hacer voto de castidad ‖ deseo; **c'est mon vœu le plus cher** es mi mayor deseo ■ **vœux de bonheur** votos de felicidad ‖ **vœux de nouvel an** felicitación por Año Nuevo ■ **faire vœu de** prometer, jurar ‖ **faire ou former des vœux pour** hacer ou formular votos por ‖ **mes meilleurs vœux** muchas felicidades, enhorabuena ‖ **présenter ses vœux** felicitar (nouvel an, anniversaire, etc.), dar la enhorabuena (mariage) ‖ **tous mes vœux** mi más cordial enhorabuena.

vogue *f* boga (action de voguer) ‖ FIG boga, fama, moda (mode); **être en vogue** estar en boga, estar de moda.

voguer [3] *v intr* MAR bogar, remar (ramer) ‖ navegar (naviguer) ■ **voguer à pleines voiles** ir viento en popa ■ **vogue la galère!** ¡y ruede la bola!, ¡venga lo que viniere!

voici *prép* he aquí (p us), aquí está; **me voici** aquí estoy; **te voici** hete aquí, aquí estás ‖ aquí; **le voici qui vient** aquí viene ‖ este, esta, esto es; estos, estas son; **voici mes enfants** estos son mis hijos; **la table que voici** esta mesa ‖ aquí tiene, aquí está; **voici ce que vous m'avez demandé** aquí tiene lo que me ha pedido ‖ hace; **voici une heure que j'attends** hace una hora que espero ‖ ya; **nous voici arrivés** ya hemos llegado ‖ será; **voici bientôt le jour de ta fête** pronto será el día de tu santo ‖ hará, harán; **voici bientôt trois mois que je ne l'ai pas vu** pronto harán tres meses que no le he visto ■ **voici, monsieur** tenga señor ‖ **voici que** ya; **voici qu'il pleut** ya está lloviendo ‖ **nous y voici** ya estamos.

> OBSERV Dans les expressions he aquí et he ahí les pronoms personnels me, te, le, lo, la, los, las, nos, os sont obligatoirement enclitiques (ex: heos aquí vous voici).

voie [vwa] *f* [▷ SYN] vía, ruta; **voie publique** vía pública; **par la voie des airs** por vía aérea ‖ vía (chemin de fer) ‖ FIG camino *m*, senda (chemin), medio *m* (moyen); **par la voie de la persuasion** por medio de la persuasión ‖ conducto *m*; **par voie de presse** por conducto de la prensa ‖ calle, vía, carril *m* (d'autoroute) ‖ huella, pista (du gibier) ‖ ANAT vía; **voies urinaires** vías urinarias ‖ ASTRON vía; **Voie lactée** Vía láctea ‖ TECHN vía (automobile) ‖ triscadura (d'une scie) ‖ carga (de bois de chauffage) ■ MAR **voie d'eau** vía de agua ‖ **voie de communication** vía de comunicación ‖ DR **voie de droit** procedimiento jurídico ‖ **voie de garage** vía muerta ‖ **voie de salut** camino de salvación ‖ **voie express** vía rápida ‖ **voie privée** vía privada ‖ **voies de fait** vías de hecho ‖ **la voie publique** la vía pública ■ **par des voies détournées** indirectamente ‖ **par la voie hiérarchique** por conducto regular ou reglamentario ‖ MÉD **par voie buccale** ou **orale** por vía oral ‖ **par voie rectale** por vía rectal ■ **pays en voie de développement** países en vías ou en trance de desarrollo ‖ **route à deux, trois voies** carretera de dos, tres carriles ■ **être en bonne voie** ir por buen camino ‖ **être en voie de** estar en vías de, en curso de, en trance de ‖ FIG **être sur une voie de garage** estar dejado de lado ‖ **mettre sur la voie** encaminar, encauzar ‖ FIG **ouvrir la voie** dejar ou dar el paso, dar lugar.

> SYN route carretera, camino, ruta, estrada (vx); chaussée calzada, arrecife (p us); artère arteria.

voïévode ➡ **voïvode**.

voïévodie ➡ **voïvodie**.

voilà *prép* he aquí (p us), ahí está; **la voilà** hela ahí, ahí está ‖ ahí; **le voilà qui vient** ahí viene ‖ ese, esa, eso es; esos, esas son; **voilà ses raisons** esas son sus razones; **la maison que voilà** esa casa ‖ hace; **voilà trois heures que je suis là** hace tres horas que estoy aquí ‖ ya; **nous voilà arrivés** ya hemos llegado ‖ eso sí que es; **voilà une bonne action** eso sí que es una buena acción ■ **voilà que** ya ‖ **voilà tout** eso es todo ■ **nous y voilà** ya estamos ■ FAM **en veux-tu, en voilà** a porrillo ‖ **ne voilà-t-il pas que, voilà-t-il pas que** resulta que, héteme aquí que ‖ **nous voilà bien!** ¡estamos arreglados ou aviados!

➡ **voilà!** *interj* ¡toma!, ¡ya está bien! ‖ **en voilà assez!** ¡basta!, ¡ya está bien!

voilage *m* adorno transparente en un vestido ‖ cortinaje, visillos *pl* (des fenêtres).

voile *m* velo; **voile de mariée** velo de novia ‖ FIG [▷ SYN] manto ‖ PHOT veladura *f* ■ ANAT **voile du palais** velo del paladar, cielo de la boca ■ FIG **sous le voile de** so capa de, con apariencia de, con el pretexto de; **sous le voile de l'amitié** so capa de amistad ■ FIG **avoir un voile sur** ou **devant les yeux** tener los ojos vendados ou una venda ante los ojos ‖ **jeter** ou **mettre un voile sur** correr un tupido velo sobre, tapar con un manto, correr un velo sobre ‖ RELIG **prendre le voile** profesar, tomar el velo.

▨ SYN manteau manto; masque disfraz.

voile *f* MAR vela ‖ FIG vela (bateau à voiles) ‖ regata ■ **voile carrée, à livarde, de cape, d'étai** vela cangreja, de abanico ou tarquina, de capa, de estay ■ **bateau à voiles** barco de vela, velero ‖ **grand-voile** vela mayor ■ **à pleines voiles** a toda vela, a todo trapo ‖ **toutes voiles dehors** a toda vela ‖ AVIAT **vol à voile** vuelo sin motor ■ **faire de la voile** practicar el deporte de la vela ‖ **faire voile sur** navegar rumbo a ‖ **mettre à la voile** hacerse a la vela, alzar velas (s'embarquer) ‖ FAM **mettre les voiles** ahuecar el ala, largarse.

voilé, e *adj* velado, da ‖ con velo, con manto (avec un voile) ‖ FIG oculto, ta; tapado, da ‖ tomada, velada, empañada (voix) ‖ alabeado, da (bois) ‖ torcido, da (métal, roue de vélo) ‖ aparejado, da (bateau) ‖ PHOT velado, da.

voilement *m* alabeo.

voiler [3] *v tr* poner las velas, aparejar (bateau) ‖ cubrir, tapar, ocultar (cacher) ‖ FIG velar, disimular ‖ PHOT velar.

◇ *v intr* alabearse, combarse, torcerse (se courber, se gauchir).

➡ **se voiler** *v pr* velarse (se mettre un voile) ‖ **se voiler la face** cubrirse ou taparse la cara.

voilerie *f* velería, taller *m* de velas para barcos.

voilette *f* velo *m* (des dames).

voilier *m* velero (qui fait des voiles) ‖ MAR velero (bateau à voiles); **fin voilier** buen velero ‖ ave de alto vuelo.

voilure *f* MAR velamen *m* ‖ TECHN alabeo *m* (bois, roues) ‖ AVIAT planos *m pl* sustentadores del avión ‖ MAR **centre de voilure** centro vélico.

voir [62] *v tr* [▷ SYN] ver

1. PERCEVOIR
2. DISTINGUER, OBSERVER
3. EXAMINER
4. VISITER, RENCONTRER
5. CONNAÎTRE, DÉCOUVRIR, SAVOIR
6. CONCEVOIR, IMAGINER
7. MÉDECINE
8. LOCUTIONS

1. PERCEVOIR ver; **je l'ai vu de mes propres yeux** lo he visto con mis propios ojos ‖ ver, leer; **je l'ai vu dans le journal** lo he leído en el periódico ‖ ver, comprender; **je ne vois pas ce que vous voulez dire** no comprendo lo que quiere usted decir ‖ ver, prever; **je ne vois pas la fin de nos problèmes** no veo el fin de nuestros problemas ‖ apreciar, ver; **sa fa-**

çon de voir les choses su manera de ver las cosas ■ il ne voit pas plus loin que le bout de son nez no ve más allá de sus narices ▌ voir page deux véase la página dos

2. DISTINGUER, OBSERVER ver, observar, mirar; voir au microscope observar al microscopio ▌ distinguir, ver; je vois des arbres à l'horizon veo árboles en el horizonte

3. EXAMINER examinar, ver; voir de plus près examinar de más cerca ▌ ver; je vais voir si je peux voy a ver si puedo ▌ ver, experimentar; il a vu bien des malheurs ha visto muchas desgracias ▌ nous verrons ça ya veremos

4. VISITER, RENCONTRER ver, visitar; aller voir quelqu'un ir a ver a alguien ▌ je l'ai vu par hasard lo he visto por casualidad ▌ on ne te voit plus no hay quien te vea

5. CONNAÎTRE, DÉCOUVRIR, SAVOIR ver; je n'ai jamais vu une chose pareille nunca he visto cosa igual ou tal cosa ▌ ver, saber; je vais voir s'il y a quelqu'un voy a ver si hay alguien ▌ c'est à voir es digno de verse, hay que verlo (valoir la peine), esto habría que verlo (douteux)

6. CONCEVOIR, IMAGINER ver; à ce que je vois por lo que veo ▌ imaginarse, ver; je ne le vois pas homme d'affaires no me lo imagino hombre de negocios

7. MÉDECINE ver, examinar; voir un malade examinar a un enfermo; consultar; voir son médecin consultar al médico

8. LOCUTIONS voir d'un bon, d'un mauvais œil ver con buenos, con malos ojos ▌ voir le jour salir a la luz, publicarse (un livre) ▌ FIG voir mal ou difficilement que ver pocas posibilidades de que ▌ voir trente-six chandelles ver las estrellas ▌ voir venir quelqu'un conocer las intenciones de alguien ▌ FAM voyez-vous? ¿comprende usted? ▌ voyons voir a ver, veamos ■ à ce que je vois por lo que veo, por lo visto ▌ FAM dites-moi dígame a ver ▌ écoutez voir oiga ▌ en avoir vu bien d'autres estar curado de espanto ▌ en faire voir à quelqu'un hacer pasar las negras a alguien, dar mucho trabajo ou mucha guerra a alguien ▌ en voir de toutes les couleurs pasarlas negras ou moradas ▌ FAM essayez voir mire a ver ▌ être beau à voir ser digno de verse ▌ FAM faire voir enseñar (montrer), llevar (conduire) ▌ je le vois d'ici! ¡como si lo viera! ▌ laissez voir manifestar, mostrar (faire preuve) ▌ FAM montrez voir deje que vea ▌ n'avoir rien à voir avec no tener nada que ver con ▌ ne pas pouvoir voir quelqu'un tener a uno entre ceja y ceja, no poder ver a uno ▌ n'y voir goutte no ver ni jota (rien voir), quedarse en ayunas ou in albis (ne rien comprendre) ▌ FAM regardez voir mire ▌ se faire bien voir ser bien mirado ▌ FAM tu vas voir ce que tu vas voir ya verás lo que es bueno ▌ TFAM va te faire voir! ¡vete a paseo!

◇ v intr ver ▌ mirar; voyez à ce qu'il ne manque de rien mire a que no le falte nada ■ voir de loin ver de lejos ▌ vois-tu, voyez-vous ya ves, ya ve usted ▌ voyons! ¡veamos!, ¡vamos! ■ avoir à voir à tener que ver en ▌ on verra ya veremos ▌ pour voir para ver, para probar.

◆ **se voir** v pr verse; cela se voit tous les jours esto se ve todos los días ▌ verse, tratarse (se fréquenter).

▌ OBSERV Las expresiones corrientes dites voir, écoutez voir, essayez voir, voyons voir son bar-

barismos y no deben usarse. El participio pasado vu seguido de un infinitivo concuerda sólo si va precedido por el complemento directo del infinitivo (je les ai vus bâtir les he visto construir; la maison que j'ai vu bâtir la casa que he visto edificar). No se debe decir il y a longtemps que je ne l'ai pas vu sino il y a longtemps que je ne l'ai vu.

▌ SYN apercevoir divisar; aviser notar; entrevoir entrever; découvrir descubrir; repérer observar; remarquer observar; surprendre sorprender.

voire adv (vx) ciertamente, en verdad ▌ incluso, hasta, aún; il est probable, voire certain que es probable, incluso seguro que.

voirie f servicio m de vías públicas, vialidad (administration) ▌ red de comunicaciones (voies de communication) ▌ servicios m pl municipales de limpieza ▌ servicio m de vías y obras ▌ vertedero m (d'ordures).

voisin, e adj & s vecino, na.
◇ adj vecino, na; próximo, ma; cercano, na (proche) ▌ semejante; parecido, da.
◇ m & f persona que está al lado ▌ prójimo (prochain) ▌ voisin de palier vecino que vive en la misma planta.

voisinage m vecindad f (proximité) ▌ vecindario (habitants, voisins) ▌ cercanía f (environs) ▌ politique de bon voisinage política de buena vecindad.

voisiner [3] v intr ser vecinos de ▌ estar cerca de ou al lado de ▌ FAM tratar con los vecinos.

voiturage m transporte, porte, acarreo.

voiture f [▷ SYN] carruaje m (véhicule à roues) ▌ coche m [(Amér) carro m] (automobile) ▌ coche m (chemin de fer, à cheval) ▌ carro m (grosse voiture de transport hippomobile) ■ voiture à bras carro con varales ▌ voiture d'enfant cochecito de niño ▌ voiture de place coche de punto ▌ voiture de sport coche deportivo ▌ voiture d'infirme silla de ruedas ▌ voitures-couchettes coches literas (train) ▌ voiture tout terrain vehículo para todo terreno ■ messieurs les voyageurs, en voiture! señores viajeros, ¡al tren! ▌ toute la voiture jeta de hauts cris todas las personas que iban en el coche gritaron con fuerza.

▌ SYN véhicule vehículo; patache carrucho; guimbarde carricoche; bagnole cafetera (auto); tacot cacharro; teuf-teuf coche antiguo.

voiturée f carro m, carretada (de marchandises) ▌ todo un coche, un coche lleno (de personnes).

voiture-lit [vwatyrli] f coche m cama.
▌ OBSERV pl voitures-lits.

voiturer [3] v tr transportar en coche (des personnes) ▌ acarrear (des marchandises).

voiture-restaurant f coche m restaurante.
▌ OBSERV pl voitures-restaurants.

voiturette f cochecillo m.

voiturier m carretero (de marchandises) ▌ cochero (de personnes).

voïvode [bɔ́ivɔd]; **voïévode** [vɔievɔd] m voivoda (titre).

voïvodie [bɔ́ivɔdi]; **voïévodie** [vɔievɔdi] f voivodato m, división administrativa de Polonia.

voix [vwa] f voz; voix de crécelle voz chillona; voix creuse voz cavernosa; avoir une

belle voix tener buena voz ▌ voto m; donner sa voix dar su voto; motion approuvée par douze voix contre neuf moción aprobada por doce votos a favor y nueve en contra ▌ GRAMM voz; voix passive voz pasiva ▌ consejo m (conseil), advertencia, mandato m (ordre) ■ voix clGramm voz; voix passive voz pasiva ▌ consejo m (conseil), advertencia, mandato m (ordre) ■ voix claironnante voz atiplada ou estridente ou clara y aguda ▌ voix de dessus tiple ▌ voix prépondérante voto de calidad ■ grosse voix vozarrón ▌ la voix de la conscience la voz de la conciencia ▌ la voix de la raison la voz de la razón ▌ la voix du sang la llamada de la sangre ■ à voix haute en voz alta ▌ à voix basse en voz baja ▌ de vive voix de palabra, de viva voz ▌ aller aux voix votar ▌ avoir de la voix tener voz ▌ avoir voix délibérative tener voz y voto ▌ baisser la voix bajar la voz ▌ élever la voix levantar la voz ▌ faire la grosse voix levantar ou alzar la voz ▌ mettre aux voix poner a votación ▌ ne pas avoir voix au chapitre no tener vela en el entierro, no tener ni voz ni voto.

vol m vuelo ▌ bandada f (groupe d'oiseaux) ■ vol à voile vuelo a vela ou sin motor ▌ vol de nuit vuelo nocturno ▌ vol en rase-mottes, d'essai, en palier vuelo a ras de tierra, de prueba, horizontal ▌ SPORTS vol libre vuelo libre ▌ vol plané vuelo planeado ■ au vol al vuelo ▌ à vol d'oiseau en línea recta (distance), a vuelo de pájaro (vue) ▌ FIG de haut vol de mucho vuelo ▌ prendre son vol emprender el vuelo ▌ saisir l'occasion au vol coger la ocasión por los pelos.

vol m robo ■ vol à la tire ratería ▌ vol à l'étalage robo de escaparate ▌ vol à main armée atraco ▌ vol avec effraction robo con fractura ▌ vol qualifié robo con agravantes.

▌ SYN escroquerie estafa; maraudage merodeo; volerie ratería, ladronería; larcin hurto.

vol. (abr écrite de **volume**) vol.

volage adj voluble, versátil; veleidoso, sa; cambiante (changeant) ▌ infiel (infidèle).

volaille [vɔlaj] f aves pl de corral, volatería; donner à manger à la volaille dar de comer a las aves de corral ▌ ave de corral.

▌ OBSERV En espagnol on préfère nommer la volaille dont il s'agit: manger une volaille comer una gallina (une poule), un pato (un canard), etc.

volailler; volailleur m vendedor de aves, recovero, gallinero (marchand) ▌ (p us) gallinero (poulailler).

volant m volante (ornement, jouet) ▌ TECHN volante (roue) ▌ AUTOM volante ▌ COMM reservas f pl (réserve) ▌ talón (de registre).

volant, e adj volante, volador, ra (qui vole) ▌ volante, itinerante (qui se déplace) ▌ flotante, ondeante (agité par le vent) ■ feuille volante hoja suelta ou volante ▌ fusée volante cohete ▌ AVIAT le personnel volant, les volants el personal de vuelo ▌ table volante velador ▌ MÉD petite vérole volante varicela.

volapük m LING volapuk.

volatil, e adj volátil.

volatile m volátil (qui vole).

volatilisable adj volatilizable.

volatilisation f volatilización.

volatiliser [3] v tr volatilizar.

volatilité f CHIM volatilidad.

vol-au-vent [vɔlovɑ̃] *m inv* volován, "vol-au-vent", pastel relleno de pescado o carne.

volcan *m* volcán.

volcanique; vulcanique *adj* volcánico, ca.

volcaniser [3] *v tr* volcanizar.

volcanisme *m* volcanismo.

volcanologie ► **vulcanologie**.

volcanologue ► **vulcanologue**.

vole *f* bola, bolo *m* (cartes).

volée *f* vuelo *m* (vol) ▌ bandada (d'oiseaux); une volée de moineaux una bandada de gorriones ▌ repique *m*, tañido *m*, campanada (de cloches) ▌ ARCHIT tramo *m*, tiro *m* (d'escalier) ▌ MAR andanada (décharge) ▌ MIL caña, bolada (du canon) ▌ FAM [▷ SYN] paliza (coups) ▌ SPORTS voleo *m* (de la balle) ▌ TECHN aguilón *m* (de grue), volea (de voiture) ▬ demi-volée de rebote ▬ à la volée al vuelo; saisir à la volée coger al vuelo ▌ FIG de haute volée de alto rango, de alto copete ▌ prendre sa volée alzar *ou* emprender el vuelo (partir), emanciparse, volar con sus propias alas (s'émanciper) ▌ AGRIC semer à la volée sembrar al voleo ▌ sonner à grande *ou* à toute volée echar *ou* tocar a vuelo (les cloches).

> SYN bastonnade tunda de palos, apaleo; correction paliza; fessée azotina, azotaina; FAM dégelée, tannée zurra; FAM (VX) frottée friega; FAM peignée zurribanda; FAM pile, FAM tripotée tollina; FAM raclée tunda; FAM rossée solfa; FAM trempe solfa.

voler [3] *v intr* volar (oiseaux, avions) ▌ FIG volar, correr (courir) ▬ voler au secours de volar en socorro de ▌ voler de ses propres ailes volar con sus propias alas ▌ voler en éclats hacerse pedazos ▬ on entendrait voler une mouche se podría oír el vuelo de una mosca.

◇ *v tr* cazar; vautour volant un lièvre azor cazando una liebre.

voler [3] *v tr* robar ▌ FAM il ne l'a pas volé le está bien empleado, lo tiene bien merecido.

> SYN exploiter explotar; piller saquear; déposséder desposeer; enlever quitar; priver privar; escroquer estafar; extorquer despojar; dérober hurtar, robar; dépouiller despojar; détrousser saltear; dévaliser desvalijar; s'approprier apropiarse; cambrioler robar en las casas; FAM barboter birlar; chiper mangar, limpiar; empiler estafar; faucher mangar; carotter estafar; estamper timar; piquer birlar.

volerie *f* (ancien) volatería (chasse) ▌ FAM latrocinio *m*, robo *m*, rapiña (vol).

volet [vɔlɛ] *m* [▷ SYN] postigo (de fenêtre) ▌tabla *f* de cierre (de boutique) ▌ hoja *f*, parte *f* (d'un triptyque) ▌ tabla *f* (planche pour trier) ▌ AVIAT flap, alerón ▌ MÉCAN válvula *f* ▌ FIG parte *f* (partie) ▌aspecto ▌ FIG trié sur le volet muy escogido.

> SYN contrevent contraventana; jalousie celosía; persienne persiana.

voleter [27] [vɔlte] *v intr* revolotear.

volettement [vɔlɛtmɑ̃] *m* revoloteo.

voleur, euse *adj & s* ladrón, ona ▬ voleur à la roulotte ladrón que opera en los coches estacionados ▌voleur à la tire carterista ▌voleur à l'étalage mechero ▌voleur de bestiaux cuatrero ▌voleur de cœurs ladrón de corazones ▌voleur de grand chemin bandolero, salteador de caminos ▌voleur d'enfants raptador de niños ▬ au voleur! ¡ladrón!, ¡ladrones!

> SYN cleptomane cleptómano; pickpocket carterista; filou ratero.

Volga *n pr f* GÉOGR la Volga el Volga.

Volgograd *n pr* GÉOGR Volgogrado.

volière *f* pajarera.

volige *f* CONSTR chilla, ripia (planche).

voligeage [vɔliʒaʒ] *m* CONSTR chillado, entarimado.

voliger [17] *v tr* enripiar, entarimar.

volis [vɔli] *m* copa rota de un árbol.

volitif, ive *adj* volitivo, va.

volition *f* volición.

volley-ball [vɔlɛbol] *m* SPORTS balonvolea.
> OBSERV pl volley-balls.

volleyeur, euse [vɔlɛjœr, øz] *m & f* jugador, jugadora de balonvolea.

volontaire *adj & s* voluntario, ria (de son gré) ▌ voluntarioso, sa; voluntario, ria (entêté).

volontairement *adv* voluntariamente (de son gré) ▌ voluntariosamente (avec entêtement).

> SYN de bon gré voluntariosamente, de buen grado; volontiers con gusto, gustoso; bénévolement benévolamente; de bonne grâce amablemente.

volontariat *m* MIL voluntariado.

volontariste *adj & s* voluntarista.

volonté *f* voluntad ▬ à volonté a discreción, a gusto de uno ▌de bonne volonté de buena voluntad, con gusto ▌ MIL feu à volonté fuego a discreción ▌mauvaise volonté mala voluntad ▌ n'en faire qu'à sa volonté no hacer más que su capricho, salirse siempre con la suya.

→ **volontés** *f pl* caprichos, antojos ▌ FAM faire ses quatre volontés hacer su santa voluntad.

> SYN dessein designio; intention intención; vouloir voluntad.

volontiers [vɔlɔ̃tje] *adv* gustoso, sa; con gusto, de buena gana, de buen grado, gustosamente ▌fácilmente, naturalmente (naturellement).

Volsques [vɔlsk] *m pl* Volscos.

volt [vɔlt] *m* ÉLECTR voltio.

Volta *n pr f* GÉOGR la Volta el Volta.

voltage *m* ÉLECTR voltaje.

voltaïque *adj* ÉLECTR voltaico, ca.

voltaire *m* sillón de respaldo alto (fauteuil), silla *f* poltrona.

voltairianisme *m* volterianismo.

voltairien, ienne *adj & s* volteriano, na.

voltaïsation *f* MÉD voltaización.

voltamètre *m* ÉLECTR voltámetro.

voltampère *m* ÉLECTR voltamperio.

volte *f* volteo *m*, vuelta (mouvement du cheval) ▌ SPORTS esquiva, parada.

volte-face *f inv* media vuelta; faire volte-face dar media vuelta ▌ FIG cambio *m* súbito de opinión, cambiazo *m*.

volter [3] *v intr* dar media vuelta, girar sobre sí mismo ▌voltear (équitation).

voltige *f* cuerda floja (corde) ▌ ejercicios *m pl* de trapecio (au cirque) ▌ volteo *m* (équitation) ▌ acrobacia aérea ▌ FIG haute voltige acrobacia, malabarismo.

voltigement *m* revoloteo.

voltiger [17] *v intr* revolotear (voler) ▌ voltear (à la corde raide) ▌ caracolear (un cheval) ▌ flotar, ondear (un drapeau) ▌ FIG mariposear (papillonner).

voltigeur *m* volatinero, ra (cirque); volteador, ra ▌ MIL tirador, cazador (soldat) ▌ cigarro puro.

voltmètre *m* ÉLECTR voltímetro.

volubile *adj* BOT voluble ▌ FIG locuaz.

volubilis [vɔlybilis] *m* BOT enredadera *f* de campanillas (liseron).

volubilité *f* locuacidad, volubilidad.

volucelle *f* ZOOL volucella.

volume *m* volumen (livre, grosseur, mathématiques) ▌ caudal (débit d'eau) ▌ espacio, bulto; pour qu'il fasse moins de volume para que ocupe menos espacio, para que haga menos bulto ▌fuerza *f* (des sons) ▌volumen (de la voix).

volumètre *m* volúmetro.

volumétrie *f* volumetría.

volumétrique *adj* volumétrico, ca.

volumineux, euse *adj* voluminoso, sa.

volupté *f* voluptuosidad.

voluptueusement *adv* voluptuosamente.

voluptueux, euse *adj & s* voluptuoso, sa.

volute *f* ARCHIT voluta ▌ FIG voluta, espiral (de fumée).

volvaire *f* volvaria (champignon).

volvulus [vɔlvylys] *m* MÉD vólvulo, íleo (occlusion intestinale).

vomer [vɔmɛr] *m* ANAT vómer.

vomérien, enne *adj* vomeriano, na.

vomi *m* vómito, vomitona *f*.

vomique *adj & s f* vómica; noix vomique nuez vómica.

vomiquier *m* árbol que produce la nuez vómica.

vomir [32] *v tr* vomitar; vomir son repas vomitar la comida ▌FIG vomir des injures vomitar injurias ▬ cela fait vomir, cela ferait vomir, c'est à faire vomir da náuseas.

> SYN rendre devolver; regorger rebosar; régurgiter regurgitar.

vomissement *m* vómito.

vomissure *f* vomitona, vómito *m*.

vomitif, ive *adj & s m* MÉD vomitivo, va.

vomito; vomito negro *m* MÉD vómito negro, fiebre *f* amarilla.

vomitoire *m* vomitorio.

vomito negro ► **vomito**.

vorace *adj* voraz.

voracement *adv* vorazmente.

voracité *f* voracidad ▌ FIG avidez, codicia (avidité).

vorticelle *f* ZOOL vorticela.

vos [vo] *adj poss pl* vuestros, tras; vos fils et vos filles vuestros hijos y vuestras hijas (quand il s'agit d'une ou de plusieurs personnes qui ne se tutoient pas, on traduit en espagnol par sus ou de usted ou de ustedes: vos enfants sus hijos, los hijos de usted, de ustedes. On dit aussi pléonastiquement: sus hijos de usted).

■ OBSERV pl de votre.

Vosges [voʒ] n pr f pl GÉOGR les Vosges los Vosgos (massif).

vosgien, enne [voʒjɛ̃, ɛn] adj de los Vosgos.

Vosgien, enne [voʒjɛ̃, ɛn] m & f natural ou habitante de los Vosgos.

votant, e adj & s m votante.

votation f votación (action).

vote m voto; motiver son vote explicar el voto ▌ votación f (action); vote à main levée votación a mano alzada; vote par appel nominal votación nominal ▪ vote à bulletin secret votación secreta ▌ vote par correspondance votación ou voto por correo ▌ vote par procuration voto por poder.
  ▌ SYN suffrage sufragio; scrutin escrutinio; référendum referéndum; plébiscite plebiscito.

voter [3] v intr & tr votar; voter par assis et levés votar puestos de pie.

votif, ive adj votivo, va.

vôtre [votr]
  ➤ **le vôtre, la vôtre** pron poss sing el vuestro, la vuestra, lo vuestro (s'il s'agit de personnes qui ne se tutoient pas, on traduit par el suyo, la suya, lo suyo, el de usted, la de usted, lo de usted: notre pays et le vôtre nuestro país y el suyo).
  ➤ **les vôtres** pron poss pl los vuestros, las vuestras; los suyos, las suyas; los, las de usted ou los, las de ustedes.

votre [votr] adj poss vuestro, vuestra; votre livre vuestro libro; votre maison vuestra casa (quand il s'agit d'une ou de plusieurs personnes qui ne se tutoient pas, on traduit par su ou de usted ou de ustedes: votre maison su casa, la casa de usted. On dit aussi: su casa de usted ou de ustedes).
  ▌ OBSERV pl vos.

vouer [6] [vwe] v tr consagrar, dedicar (consacrer) ▌ poner bajo la advocación (d'un saint) ▌ profesar; vouer un amour profond à profesar un amor profundo a ▌ prometer por voto (promettre) ▌ être voué à l'échec estar condenado al fracaso, no poder ser sino un fracaso.
  ➤ **se vouer** v pr consagrarse ▌ ne savoir à quel saint se vouer no saber a qué santo encomendarse.

vouge m guja f (arme ancienne) ▌ AGRIC podadera f (serpe).

vouivre f BLAS bicha, sierpe (guivre).

vouloir [57] v tr querer; voulez-vous me prêter de l'argent? ¿quiere dejarme dinero? ▌ querer, desear; faites ce que vous voudrez haga usted lo que quiera ▌ requerir, necesitar; la vigne veut de grands soins la viña requiere muchos cuidados ▌ exigir (exiger) ▌ mandar; comme le veut l'histoire como lo manda la historia ▌ esperar, querer; que veut-il de moi? ¿qué espera de mí? ▌ querer, hacer el favor de; voulez-vous vous taire haga el favor de callarse ▌ querer ver; je ne vous veux plus ici no quiero verle más por aquí ▪ vouloir bien consentir ▌ vouloir du bien, du mal à quelqu'un desear bien, mal a alguien ▪ veuillez sírvase usted, tenga a

bien, dígnese usted ▌ veuillez agréer, monsieur, l'expression de mes sentiments dévoués le saluda atentamente su seguro servidor ▪ qu'on le veuille ou non quiérase o no ▌ sans le vouloir sin querer ▪ savoir ce que parler veut dire comprender el sentido oculto de ciertas palabras ▌ si je mens, je veux bien être pendu si miento, que me ahorquen ▪ bien vouloir tener a bien ▌ Dieu le veuille! ¡Dios lo quiera! ▌ je veux bien no veo inconveniente, no veo nada en contra ▌ je veux bien admettre reconozco.
  ◇ v intr querer; je ne veux pas de ses excuses no quiero sus excusas ▪ en vouloir à quelqu'un tener algo contra alguien, estar resentido con alguien ▌ s'en vouloir de sentir, estar avergonzado por; je m'en veux d'avoir fait cela siento haber hecho esto, estoy avergonzado por haber hecho esto.

vouloir m voluntad f (volonté); bon, mauvais vouloir buena, mala voluntad.

vous [vu] pron pers de la 2ᵉ pers du pl des deux genres
  1. PRONOM SUJET vosotros, vosotras [quand il s'agit de personnes qui se tutoient]; vous êtes vosotros sois ▌ ustedes (quand il s'agit de personnes qui ne se tutoient pas); vous êtes ustedes son ▌ usted (par politesse lorsqu'on s'adresse à une seule personne); vous êtes trop bon es usted demasiado bueno ▪ c'est à vous es suyo ou de usted ou de ustedes ▌ c'est à vous de a usted le toca, usted debe ▌ de vous à moi de usted a mí, entre nosotros dos ▌ vos (appartient au style soutenu et ne s'emploie que pour s'adresser à Dieu ou aux saints); vous êtes tout-puissant vos sois todopoderoso
  2. PRONOM COMPLÉMENT os (personnes qui se tutoient); je vous vois os veo; je vous le dirai os lo diré ▌ les, las [a ustedes] (personnes qui ne se tutoient pas); je vous connais les conozco; se (avec un double complément); je vous le dirai se lo diré ▌ le, la [a usted] (marque de politesse); je vous vois le veo; se (avec un double complément); je vous l'apporterai se lo traeré.
  ▌ OBSERV Généralement en espagnol on n'exprime le pronom sujet que pour insister: vous mangez coméis; vous, vous mangez vosotros coméis. Les pronoms compléments sont obligatoirement enclitiques avec le gérondif, l'impératif et l'infinitif: j'irai vous voir iré a verles; les pronoms usted et ustedes s'écrivent en abrégé Ud., Uds. ou Vd., Vds.

vousseau ➤ voussoir.

voussoiement [vuswamɑ̃] ➤ vouvoiement.

voussoir; vousseau m ARCHIT dovela f.

voussoyer [13] [vuswaje] ➤ vouvoyer.

voussure f ARCHIT superficie abovedada ▌ dovelaje m.

voûte f ARCHIT bóveda ▌ MAR bovedilla ▌ TECHN copa, bóveda (du fourneau) ▪ voûte à tonnelle bóveda de cañón ▌ voûte d'arête bóveda por aristas ▌ voûte d'ogive bóveda ojival ▌ ANAT voûte du crâne, du palais bóveda craneal, palatina ou cielo de la boca ▌ voûte en arc de cloître bóveda en rincón de claustro, bóveda claustral ▌ voûte en berceau bóveda de medio punto ou de cañón ▌ voûte en plein cintre bóveda de medio punto ▌ voûte lambrissée bóveda con casetones ▌ ANAT voûte plantaire bóveda plantar ▪ clef de voûte clave de bóveda ▌ la voûte du ciel la bóveda celeste.

voûté, e adj abovedado, da (en voûte) ▌ encorvado, da (courbé) ▌ avoir le dos voûté ser cargado de espaldas.

voûter [3] v tr ARCHIT abovedar (couvrir avec une voûte) ▌ FIG encorvar (courber).
  ➤ **se voûter** v pr encorvarse (se courber).

vouvoiement [vuvwamɑ̃]; **voussoiement** [vuswamɑ̃] m tratamiento de usted ou de vos.

vouvoyer [vuvwaje]; **voussoyer** [13] [vuswaje] v tr hablar ou tratar de usted ou de vos a alguien.

voyage [vwajaʒ] m viaje; bon voyage! ¡buen viaje! ▪ voyage à forfait viaje todo comprendido ▌ voyage au long cours gran viaje ▌ voyage d'affaires viaje de negocios ▌ voyage de noces viaje de novios ▌ voyage organisé viaje organizado ▪ les gens du voyage los saltimbanquis ▪ aller en voyage ir de viaje ▌ être en voyage estar de viaje ▌ FIG faire le grand voyage irse al otro barrio, irse de este mundo ou al otro mundo, morir.
  ▌ SYN déplacement traslado, desplazamiento (gallicisme); tournée gira; expédition expedición; exploration exploración; croisière crucero; pérégrination peregrinación; pèlerinage romería; périple periplo.

voyager [17] [vwajaʒe] v intr viajar; voyager en Espagne viajar por España.

voyageur, euse [vwajaʒœr, øz] m & f viajero, ra.
  ◇ adj commis voyageur, voyageur de commerce viajante [de comercio] ▌ pigeon voyageur paloma mensajera.

voyagiste m & f tour operador m, tour operadora f.

voyance f videncia.

voyant, e adj vidente ▌ FIG llamativo, va; vistoso, sa (qui se remarque); chillón, ona; vivo, va (couleur).
  ➤ **voyant** m vidente (illuminé) ▌ MAR señal f de boya ou baliza ▌ TECHN indicador luminoso de un aparato, chivato ▌ INFORM voyant d'affichage display.
  ➤ **voyante** f vidente, adivina, pitonisa.

voyelle f GRAMM vocal.

voyer [vwaje] m (vx) veedor (des routes).
  ◇ adj m agent voyer veedor de caminos, inspector de carreteras (ingénieur du service vicinal).

voyeur, euse m & f mirón, ona.

voyeurisme m voyeurismo.

voyou m golfo, gamberro, granuja.
  ◇ adj de golfo; prendre des airs voyous dárselas de golfo.
  ▌ OBSERV adj f voyoute (p us).

VPC (abr de vente par correspondance) f venta por correspondencia.

vrac
  ➤ **en vrac** loc adv a granel, en montón ▌ en desorden.

vrai, e adj [▷ SYN] verdadero, ra; cierto, ta; un vrai diamant un diamante verdadero ▪ vrai de vrai de verdad de las buenas ▌ vrai, quel travail! ¡vaya trabajo! ▪ aussi vrai que tan verdad como ▌ pas vrai? ¿verdad? ▪ c'est si vrai que tan es así que, es tan verdad que ▌ c'est vrai es verdad ▌ dire vrai decir la verdad ▌ est-ce vrai?, vrai? ¿de verdad? ▌ il est vrai verdad es ▌ il n'en est pas moins vrai que si bien verdad es ▌ il n'est que trop vrai que por desgracia es demasiado cierto que ou es la pura verdad que ▌s'il est vrai que si es cierto que ▌toujours est-il vrai que, il est vrai que también es verdad que, si bien es verdad que, es verdad que.

◇ m & f auténtico, ca; **les parfums, les vrais, sont chers** los perfumes, los auténticos, son caros ▌**FAM un vrai de vrai** uno de verdad.

◆ **vrai** m verdad f, lo verdadero (vérité) ■ **être dans le vrai** tener razón, estar en lo cierto ■ **au vrai, de vrai** en verdad, en realidad, la verdad sea dicha ▌**à vrai dire** a decir verdad, en realidad, la verdad sea dicha, lo cierto es que ▌**FAM pour de vrai** de veras.

▌SYN **véritable** verdadero, cierto; **avéré** comprobado; **exact** exacto; **authentique** auténtico; **juste** justo; **véridique** verídico.

vraiment adv verdaderamente, de verdad, de veras (véritablement) ■ **vraiment?** ¿de verdad?, ¿de veras? ■ **oui vraiment** realmente, sin duda.

vraisemblable adj verosímil ▌probable.
◇ m lo verosímil, la verosimilitud f.

vraisemblablement adv probablemente, aparentemente.

vraisemblance f verosimilitud ▌probabilidad.

V/Réf. (abr écrite de **Votre référence**) S/Rfa.

vrillage [vrijaʒ] m retorcimiento (des matières textiles) ▌AVIAT torsión (d'une hélice, d'une aile).

vrille [vrij] f BOT tijereta, zarcillo m (filament) ▌TECHN barrena (pour percer) ▌barrena (avion).

vrillé, e [vrije] adj barrenado, da (percé) ▌retorcido, da (enroulé en vrille) ▌BOT que tiene zarcillos ou tijeretas ▌AVIAT **tomber en vrille** hacer la barrena.

vrillée [vrije] f BOT correhuela.

vriller [3] [vrije] v tr barrenar (percer).
◇ v intr ensortijarse, enroscarse (se tordre) ▌elevarse en espiral ▌hacer la barrena (un avion).

vrillette [vrijɛt] f carcoma (coléoptère).

vrombir [32] v intr zumbar.

vrombissement m zumbido (d'un moteur).

VRP (abr de **voyageur représentant placier**) m viajante.

VSAT [vesat] (abr de **very small aperture terminal**) m inv VSAT.

VTC (abr de **vélo tout chemin**) m SPORTS BTC f.

VTT (abr de **vélo tout terrain**) m BTT f.

vu, e adj visto, ta ▌FIG visto, ta; considerado, da; **être bien, mal vu** estar bien, mal visto ou considerado ▌estudiado, da (étudié) ■ **c'est tout vu** todo está visto ▌**ni vu ni connu** ni visto ni oído.

◆ **vu** prép en vista de, a la vista de; **vu les circonstances** en vista de las circunstancias ▌dado, da; considerando, teniendo en cuenta, a causa de (en raison de) ■ **vu que** visto que, en vista de que ▌**vu l'article 2** teniendo en cuenta ou dado ou según el artículo 2.

◆ **vu** m **au vu et au su de tous** a la vista y conocimiento de todos, a cara descubierta.

vue [vy] f vista; **vue perçante** vista aguda ou penetrante ▌[▷ SYN] vista (panorama); **offrir une belle vue** tener una vista magnífica ▌impresión; **échange de vues** cambio de impresiones ▌opinión, punto m de vista; **je ne partage pas vos vues** no comparto sus opiniones ▌proyecto m, designio m; **seconder les vues de quelqu'un** secundar los proyectos de uno ▌examen m ▌ARCHIT luz, hueco m ■ **vue d'ensemble** visión de conjunto ▌**vue faible** poca vista ▌**vue imprenable** sin servidumbre de luces ■ **dessin à vue** dibujo hecho a ojo ▌CINÉM **prise de vues** toma de vistas ▌**servitude de vue** servidumbre de luces ■ **à la vue de** al ver, viendo ▌**à perte de vue** hasta perderse de vista ▌**à première vue** a primera ou simple vista ▌**au ou du point de vue** desde el punto de vista ▌**à vue** a la vista; **payable à vue** pagadero a la vista ▌**à vue de nez** a ojo, a ojo de buen cubero ▌**à vue d'œil** a ojos vistas ▌**en vue a** la vista; **mettre en vue** poner a la vista ▌**en vue de** con vistas ou miras a, con objeto de (pour), a la vista de (près) ■ **avoir des vues élevées** tener altas miras ▌**avoir des vues sur** echar el ojo, poner las miras en ▌**avoir en vue** tener a la vista (projet), tener presente, tener en cuenta (tenir compte) ▌**avoir la vue basse** ou **courte** ser corto de vista ▌**avoir une vue longue** ser largo de vista ▌**avoir vue sur** dar a; **avoir vue sur la mer** dar al mar ▌**détourner la vue** apartar la vista ▌FAM **en mettre plein la vue** dar en las narices, deslumbrar ▌**être très en vue** estar muy a la vista ou en primer plano ▌**garder à vue** vigilar (suspect) ▌**ne pas perdre quelque chose de vue** no perder algo de vista.

▌SYN **paysage** paisaje; **site** lugar bonito, paisaje; **panorama** panorama; **perspective** perspectiva.

Vulcain n pr MYTH Vulcano.

vulcanien, enne adj & s vulcanio, nia (appartenant à Vulcain ou au feu).

vulcanique ► **volcanique**.

vulcanisation f TECHN vulcanización.

vulcanisé, e adj TECHN vulcanizado, da; **caoutchouc vulcanisé** caucho vulcanizado.

vulcaniser [3] v tr TECHN vulcanizar.

vulcanologie; volcanologie f vulcanología.

vulcanologue; volcanologue m & f vulcanologista, vulcanólogo.

vulgaire adj [▷ SYN] vulgar.
◇ m vulgo m (le commun) ▌vulgaridad f, lo vulgar; **tomber dans le vulgaire** caer en la vulgaridad.

▌SYN **populaire** popular; **commun** común; **trivial** trivial; **prosaïque** prosaico; **bas** bajo.

vulgairement adv vulgarmente.

vulgarisateur, trice adj & s vulgarizador, ra.

vulgarisation f vulgarización, divulgación; **ouvrage de vulgarisation** obra de divulgación.

vulgariser [3] v tr vulgarizar.

vulgarisme m vulgarismo.

vulgarité f vulgaridad.

Vulgate f Vulgata (Bible).

vulgo adv vulgarmente, vulgo.

vulnérabilité f vulnerabilidad.

vulnérable adj vulnerable.

vulnéraire adj MÉD vulnerario, ria.
◇ f BOT vulneraria.

vulpin m BOT cola f de zorra.

vultueux, euse adj MÉD vultuoso, sa.

vulvaire f BOT vulvaria (plante).
◇ adj vulvar.

vulve f ANAT vulva.

vulvite f MÉD vulvitis.

Vve (abr écrite de **veuve**) vda.

VVF (abr de **Villages-Vacances-Familles**) m asociación francesa de promoción del turismo familiar en campamentos.

vx (abr écrite de **vieux**) ant.

w; W [dubləve] *m* w *f*, v doble.

> **OBSERV** Se pronuncia como u en las palabras que vienen del inglés y el holandés, y como v en las que proceden del alemán. Hace excepción la palabra **wagon**, de origen inglés, en la que la w se pronuncia como v.

W (abr écrite de **watt**) W.

Wadden [waden]; **Waddenzee** *n pr* GÉOGR la mer des Wadden ou Waddenzee Waddenzee ou el mar de los Wadden.

wagage [wagaʒ] *m* tarquín, limo de río.

Wagner [vagner] *n pr* Wagner.

wagnérien, enne [vagnerjɛ̃, ɛn] *adj & s* wagneriano, na.

wagon [vagɔ̃] *m* vagón (marchandises); **wagon à bestiaux** vagón para ganado ‖ coche (voyageurs) ‖ ARCHIT conducto de humos ‖ **wagon plat** batea.

wagon-bar [vagɔ̃bar] *m* coche bar.
> **OBSERV** pl wagons-bars.

wagon-citerne [vagɔ̃sitɛrn] *m* vagón cisterna.
> **OBSERV** pl wagons-citernes.

wagon-foudre [vagɔ̃fudr] *m* vagón cuba.
> **OBSERV** pl wagons-foudres.

wagon-lit [vagɔ̃li] *m* coche cama.
> **OBSERV** pl wagons-lits.

wagonnée [vagɔne] *f* vagón *m* [contenido].

wagonnet [vagɔnɛ] *m* vagoneta *f*.

wagonnier [vagɔnje] *m* vagonero.

wagon-poste [vagɔ̃pɔst] *m* coche de correo.
> **OBSERV** pl wagons-poste.

wagon-réservoir [vagɔ̃rezɛrvwar] *m* vagón cisterna.
> **OBSERV** pl wagons-réservoirs.

wagon-restaurant [vagɔ̃rɛstɔrɑ̃] *m* coche ou vagón restaurante, coche comedor.
> **OBSERV** pl wagons-restaurants.

wagon-salon [vagɔ̃salɔ̃] *m* coche salón.
> **OBSERV** pl wagons-salons.

wagon-tombereau [vagɔ̃tɔ̃bro] *m* vagón basculante, volquete.
> **OBSERV** pl wagons-tombereaux.

wahhabite [waabit] *adj & s* wahabita, uahabita.

Walhalla [valala]; **Val-Hall** *n pr m* le Walhalla ou Val-Hall el Valhala ou Valhalla ou Vall-holl.

walkie-talkie *m* radioteléfono portátil.

Walkman® [wɔkman] *m* walkman.

walk-over *m* SPORTS incomparecencia *f*.

walkyrie [valkiri] *f* walkiria (divinité).

Wallis-et-Futuna *n pr* GÉOGR Wallis y Futuna.

wallon, onne [walɔ̃, ɔn] *adj* valón, ona.
➤ **wallon** *m* LING valón.

Wallon, onne [walɔ̃, ɔn] *m & f* valón, ona.

Wallonie *n pr f* GÉOGR la Wallonie Valonia.

wapiti [wapiti] *m* uapití, wapití (cerf).

warrant [warɑ̃] *m* COMM warrant, recibo de depósito ‖ **warrant agricole** título prendario.

warranter [3] [warɑ̃te] *v tr* COMM garantizar mercancías con un warrant.

Washington *n pr* GÉOGR Washington.

washingtonia [waʃiŋtɔnja] *f* BOT washingtonia (palmier).

wassingue [wasɛ̃g] *f* arpillera, aljofifa.

water-ballast [watɛrbalast] *m* water ballast, tanque de agua, aljibe para lastre en barcos y submarinos.
> **OBSERV** pl water-ballasts.

water-closet [watɛrklɔzɛt] *m* retrete, wáter FAM.
> **OBSERV** pl water-closets.

watergang [watɛrgɑ̃g] *m* canal que bordea un pólder en Holanda.

Watergate [watɛrgɛt] *n pr m* le (scandale du) Watergate el (escándalo del) Watergate.

water-polo [watɛrpolo] *m* SPORTS polo acuático, waterpolo.
> **OBSERV** pl water-polos.

waterproof [watɛrpruf] *m* abrigo impermeable.

waterproof [watɛrpruf] *adj inv* resistente al agua, waterproof.

waters *m pl* wáter, retrete.

watt [wat] *m* ÉLECTR vatio (unité).

wattheure [watœr] *m* ÉLECTR vatio-hora.

wattman [watman] *m* conductor de tranvía (de tramway), maquinista (d'une locomotrice).
> **OBSERV** pl wattmen.

wattmètre [watmɛtr] *m* ÉLECTR vatímetro.

Wb (abr écrite de **weber**) Wb.

W-C (abr de **water-closet**) *m pl* WC *m*.

Web *m* INFORM Web, tela de araña mundial.

weber [vebɛr] *m* ÉLECTR wéber, weberio.

week-end [wikɛnd] *m* fin de semana, weekend.
> **OBSERV** pl week-ends.

Wellington *n pr* GÉOGR Wellington.

wellingtonia [wɛliŋtɔnja] *f* BOT secoya.

welsch ➤ **velche**.

welter [wɛltɛr] *m* peso semimedio, welter (boxe).

Wenceslas [vɛ̃seslas] ➤ **Venceslas**.

western [wɛstɛrn] *m* película *f* del Oeste (film).

Westphalie [vɛsfali] *n pr f* GÉOGR la Westphalie Westfalia.

Wh (abr écrite de **wattheure**) Wh.

wharf [warf] *m* embarcadero, muelle de madera o de hierro que avanza en el mar.

whig [wig] *adj & m* whig (libéral).

whisky [wiski] *m* whisky (liqueur).
> **OBSERV** pl whiskys ou whiskies.

whist [wist] *m* whist (jeu de cartes).

white-spirit [wajtspirit] *m* aguarrás (solvant).
> **OBSERV** pl white-spirit ou white-spirits.

Whitney *n pr* GÉOGR le mont Whitney el monte Whitney.

Wight [wajt] *n pr* GÉOGR (l'île de) Wight (la isla de) Wight.

wigwam [wigwam] *m* wigwam [aldea india en Norteamérica].

williams *f* pera williams (poire).

winch [winʃ] *m* MAR chigre, maquinilla *f*.
> **OBSERV** pl winchs ou winches.

winchester [winʃɛstɛr] *m* winchester, fusil de repetición.

Winnipeg *n pr* GÉOGR le lac Winnipeg el lago Winnipeg.

wintergreen [wintœrgrin] *m* wintergreen, gaulteria.

Wisconsin *n pr m* GÉOGR le Wisconsin (rivière) el Wisconsin ‖ le Wisconsin Wisconsin (État des États-Unis).

wisigoth, e; visigoth, e [vizigo, ɔt] *adj* visigodo, da.

Wisigoth, e; Visigoth, e *m & f* visigodo, da.

wisigothique [vizigɔtik] *adj* visigótico, ca.

wolfram [vɔlfram] *m* volframio, tungsteno.

wolframite *f* volframita.

Wolof; Ouolof [wɔlɔf] *m & f* les Wolofs ou Ouolofs los uolof ou wolof.
➤ *m* LING uolof, wolof.

won *m* won (monnaie coréenne).

World Wide Web; WWW *m* INFORM WWW, tela de araña mundial.

wormien [vɔrmjɛ̃] *adj m* MÉD wormiano (os).

Wuppertal *n pr* GÉOGR Wuppertal.

wurtembergeois, e [vyrtɛ̃berʒwa, az] *adj*
wurtembergués, esa.

Wurtembergeois, e [vyrtɛ̃berʒwa, az] *m & f*
wurtembergués, esa.

WWW ▬ World Wide Web.

wyandotte [vjɑ̃dɔt] *adj & s* zool wyandotte
[raza mixta de gallináceas].

Wyoming *n pr m* GÉOGR le Wyoming Wyoming.

WYSIWYG [wiziwig] (abr de what you see is
what you get) WYSIWYG.

X

x; X [iks] *m* x *f* ∥ MATH x (inconnue) ▪ l'X la Escuela Politécnica ∥ monsieur X el señor X ∥ DR plainte contre X denuncia contra persona ou personas desconocidas ∥ rayons X rayos X ∥ un X un alumno de la Escuela Politécnica.
⫽ **OBSERV** La x se pronuncia: 1° como la x española (cs): extrême extremo; 2° como **gs** suave: examen examen; 3° como **s**: Bruxelles Bruselas, Auxerre; 4° como la s suave francesa: deuxième segundo; 5° como k: exception excepción.

Xanthippos *n pr* Jantipo.

xanthome *m* MÉD xantoma.

xantine *f* CHIM xantina.

xantophylle *f* BOT xantófila.

Xavier [gzavje] *n pr* Javier.

xénon *m* CHIM xenón (gaz).

xénophile *adj & s* xenófilo.

xénophilie *f* xenofilia.

xénophobe *adj & s* xenófobo, ba.

xénophobie *f* xenofobia.

Xénophon [gzenɔfɔ̃] *n pr* Jenofonte.

xéranthème *m* BOT xeranthemum.

xérès *m* vino de Jerez.

Xérès [kseʀes]; **Jerez** *n pr* GÉOGR Jerez.

xérodermie *f* MÉD xerodermia.

Xérographie® *f* xerografía.

xérophile *adj* xerófilo, la.

xérophtalmie *f* MÉD xeroftalmía.

xérosis *f* MÉD xerosis.

xérus [gzeʀys] ou [kseʀys] *m* ZOOL roedor africano.

Xerxès *n pr* Jerjes.

xi; ksi *m* xi (lettre grecque).

xiphoïde *adj* ANAT xifoides.

xiphoïdien, enne *adj* ANAT xifoideo, a.

xylène *m* CHIM xileno (hydrocarbure).

xylocope *m* xilócopo.

xylographe *m & f* xilógrafo, fa.

xylographie *f* xilografía.

xylographique *adj* xilográfico, ca.

xyloïdine *f* CHIM xiloidina.

xylol *m* xilol.

xylophage *adj & s m* ZOOL xilófago, ga.

xylophone *m* MUS xilófono (instrument).

xyste [ksist] *m* HIST xisto (gymnase).

y; Y *m* y *f.*

| **OBSERV** Nunca se usa la y como consonante y su sonido es siempre el de la i. Entre dos vocales equivale a dos íes, como en **pays**, **royaume**.

y *adv* allí, ahí; **il y est** está allí o ahí; **j'y vais** voy; **allez-y!** ¡hala!, ¡venga!; **il y a hay** | pronombre personal de ambos géneros y números. Equivale según los casos a **a él, a ella, a ello, a ellas, a ellos, de él, en él**, etc.; **ne vous y fiez pas** no se fíe usted de él, de ella, etc. | **j'y suis** aquí estoy (lieu), ya caigo, comprendo (je comprends) | **y compris** incluido, comprendido.

Y (abr écrite de **yen**) Y.

yacht [jɔt] *m* MAR yate (bateau) | balandro (à voile).

yacht-club [jɔtklœb] *m* club náutico.
| **OBSERV** pl yacht-clubs.

yachting [jɔtiŋ] *m* navegación *f* a vela, navegación *f* de recreo (sport).

yachtman [jɔtman]; **yachtsman** *m* propietario de un yate | que se dedica al yachting.

yack; yak *m* yac (buffle).

Yafo ► **Jaffa**.

Yakoutie ► **Iakoutie**.

Yalta; Ialta *n pr* Yalta; **conférence de Yalta** conferencia de Yalta.

Yangzi Jiang *n pr m* GÉOGR **le Yangzi Jiang** el Yangzi Jiang ou Yang Tsê-Kiang ou Yang-tsê ou Yangtsé.

yankee [jãŋki] *adj* & *s* yanqui.

Yaoundé *n pr* GÉOGR Yaoundé, Yaundé.

yaourt [jaurt] ► **yogourt**.

yaourtière *f* yogurtera.

yard [jard] *m* yarda *f* (mesure).

yatagan *m* yatagán (sabre).

yearling *m* ZOOL caballo de un año ou pura sangre (pur sang).

yèble ► **hièble**.

Yellowstone *n pr m* : **le Yellowstone** el Yellowstone.

Yémen *n pr m* GÉOGR **le Yémen** Yemen | HIST **le Yémen du Nord** el Yemen del Norte; **le Yémen du Sud** el Yemen del Sur.

yéménite *adj* & *s* yemení, yemenita.

yen [jɛn] *m* yen (monnaie japonaise).

yeoman *m* yeoman, alabardero de la Torre de Londres.

Yeu [jø] *n pr* GÉOGR **(l'île d')Yeu** (la isla de) Yeu.

yeuse *f* encina (chêne).

yeux [jø] *m pl* ojos.

yé-yé *adj inv* & *s inv* (vieilli) yeyé.

yiddish *m* judeoalemán.

ylang-ylang [ilãilã] ou [ilãgilãg] *m* ilang ilang (plante).
| **OBSERV** pl ylangs-ylangs.

yod *m* yod.

yoga *m* yoga.

yoghourt ► **yogourt**.

yogi [jɔgi] *m* yogui (ascète).

yogourt [jogurt]; **yaourt** [jaurt]; **yoghourt** [jogurt] *m* yogur.

yohimbine *f* CHIM yohimbina.

Yokohama [jɔkɔama] *n pr* GÉOGR Yokohama.

yole *f* MAR yola (canot).

Yom Kippour *n pr m* Yom Kippur.

Yonne *n pr f* GÉOGR Yonne (département); **dans l'Yonne** en Yonne.

yougoslave *adj* yugoslavo, va.

Yougoslave *m* & *f* yugoslavo, va.

Yougoslavie *n pr f* GÉOGR Yugoslavia; **l'ex-Yougoslavie** la ex Yugoslavia; **république fédérale de Yougoslavie** República Federal de Yugoslavia.

youpi! *interj* ¡yupi!

youpin, e *adj* & *s* FAM (injur & raciste) judío, a (péjoratif).

yourte; iourte *f* cabaña de los pastores mongoles, yurta (tente).

youyou *m* MAR chinchorro, yuyú, bote ligero.

Yo-Yo® *m inv* yoyo (jouet).

ypérite *f* yperita (gaz).

ypréau *m* álamo blanco (peuplier).

ysopet [izɔpɛ] *m* colección de fábulas en la Edad Media.

ytterbium [iterbjɔm] *m* iterbio (métal).

yttria *m* CHIM itria *f.*

yttrialite *f* itrialita.

yttrifère *adj* que contiene itrio.

yttrium [itrijɔm] *m* itrio (métal).

Yucatán; Yucatan [jukatan] *n pr m* GÉOGR **le Yucatán** ou **Yucatan** el Yucatán.

yucca [juka] *m* yuca *f* (plante).

Yukon [jukɔ̃] *n pr m* GÉOGR **le Yukon** el Yukón (territoire) | el Yukón (fleuve).

Yunnan; Yun-nan [junan] *n pr m* GÉOGR **le Yunnan** ou **Yun-nan** el Yunnan ou Yun-nan.

Yvelines *n pr f pl* GÉOGR Yvelines; **dans les Yvelines** en Yvelines.

z; Z *m* z *f.*

▌ OBSERV El sonido de la z francesa, consonante sibilante sonora, no tiene equivalente en español.

zabre *m* zabro (insecte).

ZAC; Zac [zak] (abr de zone d'aménagement concerté) *f* zona francesa de ordenación territorial concertada.

Zacharie [zakari] *n pr* Zacarías.

ZAD; Zad [zad] (abr de zone d'aménagement différé) *f* zona francesa de ordenación territorial ulterior.

zagale *f* azagaya (sagaie).

Zagreb *n pr* GÉOGR Zagreb.

zain [zɛ̃] *adj m* zaíno (cheval).

Zaïre *n pr m* HIST le Zaïre (el) Zaire (ancien nom du Congo) ▌ GÉOGR le Zaïre el Zaire (fleuve).

zaïrois, e *adj* zaireño, ña.

Zaïrois, e *m & f* zaireño, ña.

zakouski *m pl* entremeses rusos.

Zambèze *n pr m* GÉOGR le Zambèze (el) Zambeze, Zambezi.

Zambie *n pr f* GÉOGR la Zambie Zambia.

zambien, enne *adj* zambiano, na.

Zambien, enne *m & f* zambiano, na.

zambo *m* zambo.

zancle *m* zanclo (poisson).

zanzibar; zanzi *m* juego de dados.

Zanzibar *n pr* GÉOGR Zanzíbar.

zaouïa *f* escuela musulmana ▌ mezquita con derecho de asilo.

Zapojjia *n pr* GÉOGR Zaporozhie.

Zapotèques *n pr m pl* les Zapotèques los zapotecas.

zapper [3] *v intr* hacer zapping (télévision).

zapping *m* zapping (télévision).

Zarathushtra; Zarathoustra *n pr* Zarathustra.

zazou *m* FAM nombre dado en París durante la segunda guerra mundial a la juventud excéntrica.

Zébédée *n pr* Zebedeo.

zèbre *m* ZOOL cebra *f* ▌ FAM elemento, individuo; drôle de zèbre! ¡vaya elemento! ▌ FAM courir comme un zèbre correr como un gamo.

zébré, e *adj* cebrado, da ▌ rayado, con listas (tissu).

zébrer [18] *v tr* rayar.

zébrure *f* rayado *m*, listado *m* de la piel.

zébu *m* cebú (mammifère).

Zélande *n pr f* GÉOGR Zelanda.

zélateur, trice *n & f* defensor, ra; celador, ra.

zèle *m* celo, interés ▌ faire du zèle mostrar demasiado celo, propasarse.

zélé, e *adj & s* celoso, sa; afanoso, sa; activo, va.

zélote *m* celote, zelota, celador (juif).

zemstvo *m* zemstvo (assemblée russe).

zen *adj & s m* zen.

zend, e [zɛ̃d] *adj & s m* LING zendo, da.

zénith [zenit] *m* ASTRON cenit, zenit ▌ FIG punto máximo, apogeo; sa gloire est au zénith su gloria está en su punto máximo.

zénithal, e [zenital] *adj* cenital.

Zénobie *n pr* Zenobia.

Zénon *n pr* Zenón.

zéolithe; zéolite *f* MIN zeolita.

ZEP; Zep [zɛp] (abr de zone d'éducation prioritaire) *f* zona francesa de educación prioritaria.

zéphyr *m* céfiro (vent, toile).

zéphyrien, enne *adj* ligero, ra; danse zéphyrienne danza ligera.

Zéphyrin *n pr* Ceferino.

Zéphyrine *n pr* Ceferina.

zeppelin [zɛplɛ̃] *m* zepelín (dirigeable).

zéro *m* cero ▌ FAM nada ▌ FIG un zéro un cero a la izquierda, un ser inútil ▌ PHYS zéro absolu cero absoluto ■ au-dessous de zéro bajo cero; six degrés au-dessous de zéro seis grados bajo cero ▌ SPORTS trois buts à zéro tres goles a cero ■ partir de zéro empezar de cero ▌ repartir à zéro volver a empezar. ◇ *adj num card* ninguno, na; zéro faute ninguna falta; zéro franc ningún franco.

zérotage *m* determinación *f* del cero en un termómetro.

zest [zɛst] *m* entre le zist et le zest ni bien ni mal, así así, ni fu ni fa ▌ être entre le zist et le zest no saber qué partido tomar.

zeste *m* cáscara *f* (d'orange ou de citron) ▌ tastana *f*, bizna *f* (cloison de la noix) ▌ FIG cosa sin valor ▌ cela ne vaut pas un zeste eso no vale un comino.

zester [3] *v tr* mondar, pelar, descascarar.

zêta *m* zeta *f* (lettre grecque).

zeugma *m* GRAMM zeugma *f.*

Zeus *n pr* MYTH Zeus.

zézaiement; zézayement [zezɛmɑ̃] *m* ceceo.

▌ OBSERV El ceceo francés consiste en pronunciar como z la j y la g, y como s la ch.

zézayer [11] [zezɛje] *v intr* cecear.

▌ SYN bléser sesear, tartajear; FAM zozoter cecear.

Zhejiang [zeɖjɑ̃g] *n pr m* GÉOGR le Zhejiang el Zhejiang ou Chô-kiang ou Chekiang.

Zhou Enlai; Chou En-Lai *n pr* Zhou Enlai, Chen Ngen-lai, Chu En-lai.

ZI (abr de zone industrielle) *f* zona industrial.

zibeline *f* ZOOL marta cibelina ou cebellina.

zieuter ➤ zyeuter.

ZIF [zif] (abr de zone d'intervention foncière) *f* zona de intervención territorial que los municipios franceses pueden crear.

zig; zigue *m* FAM gachó, tipo, individuo; un zig peu recommandable un gachó poco recomendable.

ziggourat *f* zigurat (tour).

zigoto; zigoteau *m* FAM gachó ▌ FAM faire le zigoto dárselas de listo.

zigouiller [3] *v tr* FAM apiolar (tuer).

zigue ➤ zig.

zigzag *m* zigzag ▌ faire des zigzags andar haciendo eses, andar zigzagueando, hacer zigzagueos.

zigzagué, e *adj* en zigzag.

zigzaguer [3] *v intr* zigzaguear ▌ FAM ir haciendo eses.

Zimbabwe *n pr m* GÉOGR le Zimbabwe Zimbabwe, Zimbabue.

zinc [zɛ̃g] *m* cinc, zinc (métal) ▌ FAM mostrador de un bar ▌ ARG (vieilli) cacharro, avión.

zincage ➤ zingage.

zincographie *f* cincografía.

zincogravure *f* cincograbado *m.*

zingage; zincage *m* TECHN galvanización con cinc.

zingaro *m* zíngaro, gitano.

zingibéracé, e *adj & s f* BOT cingiberáceo, a.

zinguer [3] *v tr* TECHN galvanizar con cinc; tôle zinguée chapa galvanizada ▌ cubrir de cinc (un toit).

zingueur *adj & s m* cinquero.

zinnia *m* BOT zinnia *f*, rascamoño.

zinzin *adj* FAM chiflado, da (dérangé). ◇ *m* FAM cacharro (engin bruyant) ▌ cacharro, cachivache, trasto (truc) ‖ ÉCON & FAM inversionista institucional.

zinzinuler [3] *v intr* cantar de algunos pájaros (la mésange).

Zip® *m* cremallera *f*, zíper (*Amér*).

zipper [3] *v tr* poner cremalleras a.

zircon *m* circón (pierre).

zircone *f* CHIM circona (oxyde).

zirconite *f* CHIM circonita.

zirconium [zirkɔnjɔm] *m* CHIM circonio.

zist ➤ **zest**.

zizanie *f* BOT cizaña (ivraie) ‖ FIG cizaña (discorde); semer la zizanie sembrar cizaña.

zizi *m* verdón, emberizo (oiseau).

zloty *m* zloty (monnaie).

zoanthaires [zoɑ̃tɛr] *m pl* ZOOL zoantarios.

zoanthropie *f* MÉD zoantropía.

zodiacal, e *adj* ASTRON & ASTROL zodiacal.

zodiaque *m* ASTRON & ASTROL zodíaco.

zoécie *f* ZOOL zoecia.

zoïle *m* zoilo (critique).

zombie; zombi *m* zombie, zombi ‖ FIG & FAM zombi (amorphe).

zon *m* onomatopeya del sonido de los instrumentos de cuerda.

zona *m* MÉD zona *f*.

zonal, e *adj* zonal.

zone *f* zona ‖ área (surface) ‖ chabolismo; la zone a disparu el chabolismo ha desaparecido ‖ chabolas; il vit dans la zone vive en las chabolas ‖ INFORM campo (champ) ■ zone bleue zona azul ‖ MIL zone d'action zona de acción ‖ zone de développement polo de desarrollo ‖ zone d'extension urbaine ou d'urbanisation área de ensanche ou de urbanización ‖ zone d'influence zona de influencia ‖ zone dollar, franc, sterling zona del dólar, del franco, de la libra esterlina ‖ zone érogène zona erógena ‖ zone franche zona franca ‖ zone frontière zona fronteriza ‖ zone industrielle zona industrial ‖ zone interdite zona prohibida ‖ HIST zone libre, occupée zona libre, ocupada en Francia durante la segunda guerra mundial ‖ ÉCON zone monétaire zona monetaria ‖ zone piétonnière ou piétonne zona de peatones ou peatonal ‖ zone résidentielle zona residen-

cial ‖ zone surveillée zona vigilada ‖ zone torride, tempérée, glaciale zona tórrida, templada, glacial ■ FIG & FAM de deuxième zone de segunda clase.

LES ZONES

1. La región de París está dividida en varias zonas de tarifas de los transportes públicos. Las zonas 1 y 2 cubren el área metropolitana y las ciudades circunvecinas. Las demás zonas cubren las afueras propiamente dicho: "j'habite en zone 3", "une carte orange quatre zones".
2. Francia está dividida en tres regiones educativas ("zones" A, B y C). Las escuelas de estas diferentes zonas no tienen las mismas fechas de vacaciones, lo cual permite evitar el colapso del sistema de transporte y de la infraestructura turística del país.

zonure *m* ZOOL zonúrido.

zoo [zo] *m* zoo, parque zoológico.

zoogéographie *f* zoogeografía.

zooglée *f* BIOL zooglea.

zooïde *adj* zooide.

zoolâtre *m* zoólatra.

zoolâtrie *f* zoolatría.

zoolite *m* zoolito.

zoologie *f* zoología.

zoologique *adj* zoológico, ca.

zoologiste; zoologue *m & f* zoólogo.

zoom [zum] *m* zoom.

zoomorphisme *m* zoomorfismo.

zoonose *f* zoonosis *f inv*.

zoophile [zoɔfil] *adj & s* zoófilo, la.

zoophilie *f* zoofilia.

zoophobie *f* zoofobia.

zoophore *m* ARCHIT zoóforo.

zoophorique *adj* ARCHIT zoofórico.

zoophyte *m* zoófito.

zooplancton *m* zooplancton.

zoopsie *f* MÉD zoopsia.

zoosporange *m* zoosporangio.

zoospore *f* BOT zoospora.

zootaxie *f* zootaxia.

zootechnicien, enne *adj & s* zootécnico, ca.

zootechnique *f* zootecnia.

zoothérapeutique *adj* zooterapéutica.

zoothérapie *f* zooterapia.

zootrope *m* zoótropo.

zorille [zɔrij] *f* zorrillo *m*, mofeta (mammifère).

Zoroastre *n pr* Zoroastro.

zoroastrien, enne *adj & s* zoroástrico, ca.

zoroastrisme *m* zoroastrismo.

zostère *f* zostera (algue).

zostérien, enne *adj* MÉD relativo a la zona (maladie).

zouave [zwav] *m* zuavo (soldat) ‖ FAM faire le zouave hacer el oso, dárselas de payaso.

Zoug *n pr* GÉOGR Zug ‖ le lac de Zoug el lago de Zug.

zouk *m* zouk (danse antillaise).

zoulou *adj* zulú.

Zoulou, e *m & f* zulú.

Zoulouland *n pr* GÉOGR le Zoulouland Zululandia.

zozo *m* FAM bobo, ba.

zozotement *m* FAM ceceo.

zozoter [3] *v intr* cecear.

ZUP; Zup (abr de zone à urbaniser par priorité) *f* zona de urbanización prioritaria, en Francia.

Zurich *n pr* GÉOGR Zurich; le lac de Zurich el lago de Zurich.

zut! [zyt] *interj* FAM ¡cáscaras!, ¡jolín!, ¡jolines!

zwinglianisme [zwɛ̃glijanism] *m* RELIG zwinglianismo.

zwinglien, enne [zwɛ̃glijɛ̃, ɛn] *adj & s* RELIG zwingliano, na.

zyeuter; zieuter [3] [zjøte] *v tr* FAM diquelar, guipar.

zygène *f* ZOOL esfinge (papillon).

zygoma *m* ANAT cigoma, zigoma (os).

zygomatique *adj* ANAT cigomático, ca; arcade zygomatique arco cigomático.

zygomycètes *m pl* cigomicetos.

zygote *m* BIOL zigoto.

zymase *f* CHIM zimasa.

zymotechnie *f* cimotecnia.

zythum [zitɔm]**; zython** [zitɔ̃] *m* cerveza de los antiguos egipcios.

Imprimé en Italie par

LA TIPOGRAFICA VARESE
Società per Azioni
Varese
Dépôt légal : Décembre 2005
N° projet : 11002745

ARGENTINA - DIVISIÓN ADMINISTRATIVA
ARGENTINE - DIVISIONS ADMINISTRATIVES

BOLIVIA
BOLIVIE

PARAGUAY

BRASIL
BRÉSIL

JUJUY
San Salvador de Jujuy

Trópico de Capricornio
Tropique du Capricorne

Llullaillaco 6723 m

SALTA
Salta

Río Pilcomayo

Río Bermejo

FORMOSA
Formosa

ASUNCIÓN

San Miguel de Tucumán

Ojos del Salado 6880 m
Cerro Bonete 6872 m

CATAMARCA
Catamarca

TUCUMÁN

SANTIAGO DEL ESTERO

Santiago del Estero

CHACO
Resistencia

MISIONES
Posadas

Corrientes
CORRIENTES

La Rioja

Salinas Grandes

SANTA FE

Pôrto Alegre

LA RIOJA

L. Mar Chiquita

Río Salado

Río Paraná

Río Uruguay

SAN JUAN
San Juan

Aconcagua 6959 m

CÓRDOBA

Córdoba

Santa Fe

Paraná

ENTRE RÍOS

URUGUAY

SANTIAGO
Tupungato 6800 m

Mendoza

San Luis

SAN LUIS

Rosario

MENDOZA

BUENOS AIRES

MONTEVIDEO

Río de la Plata

La Plata

CHILE
CHILI

BUENOS AIRES

Santa Rosa

LA PAMPA

Mar del Plata

OCÉANO PACÍFICO
OCÉAN PACIFIQUE

NEUQUÉN
Neuquén

Río Colorado

Bahía Blanca

Río Negro

RÍO NEGRO

Viedma

OCÉANO ATLÁNTICO
OCÉAN ATLANTIQUE

Golfo San Matías
Golfe San Matías

Río Chubut

Patagonia
Patagonie

Península Valdés
Péninsule Valdés

Rawson

Cabo Dos Bahías
Cap Dos Bahías

Mar Argentino
Mer Argentine

CHUBUT

L. Colhué Huapí

L. Musters

Comodoro Rivadavia

Golfo San Jorge
Golfe San Jorge

Río Deseado

L. Buenos Aires

Puerto Deseado

SANTA CRUZ

L. San Martín

L. Viedma

Malvinas
Îles Malouines

L. Argentino

Santa Cruz

Bahía Grande

Río Gallegos

Estrecho de Magallanes
Détroit de Magellan

Estrecho de Magallanes
Détroit de Magellan

TIERRA DEL FUEGO
TERRE DE FEU

Ushuaia

Cabo de Hornos
Cap Horn

Cordillera de los Andes
Cordillère des Andes

■	Capital de Estado *Capitale d'État*
●	Capital de Provincia *Capitale de province*
●	Ciudad principal *Ville principale*
•	Otra ciudad *Autre ville*
	Frontera internacional *Frontière internationale*
	Límite de Provincia *Limite de province*

500 2000 4000 m

400 km